Fezer (Hrsg.)

Lauterkeitsrecht

Kommentar zum Gesetz gegen den unlauteren Wettbewerb (UWG)

Band 1

Lauterkeitsrecht

Kommentar zum Gesetz gegen den unlauteren Wettbewerb (UWG)

Herausgegeben von

Professor Dr. Karl-Heinz Fezer

Ordinarius an der Universität Konstanz
Honorarprofessor an der Universität Leipzig
Richter am Oberlandesgericht Stuttgart

Bearbeitet von

Prof. Dr. Ekkehard *Becker-Eberhard,* Universität Leipzig; Patrick *von Braunmühl,* Rechtsanwalt in Berlin; Prof. Dr. Wolfgang *Büscher,* Richter am Bundesgerichtshof; Prof. Dr. Karl-Heinz *Fezer,* Universität Konstanz; Prof. Dr. Horst-Peter *Götting,* LL.M., Technische Universität Dresden; Prof. Dr. Rainer *Hausmann,* Universität Konstanz; Dr. Manfred *Hecker,* Rechtsanwalt in Köln; Prof. Dr. Paul W. *Hertin,* Rechtsanwalt in Berlin; Prof. Dr. Thomas *Hoeren,* Westfälische Wilhelms-Universität Münster; Dr. Gisela *Jung-Weiser,* Rechtsanwältin in Frankfurt; Prof. Dr. Stefan *Koos,* Universität der Bundeswehr München; Prof. Dr. Johannes *Kreile,* Rechtsanwalt in München; Jens-Peter *Lachmann,* Rechtsanwalt und Notar in Berlin; Prof. Dr. Peter *Mankowski,* Universität Hamburg; Prof. Dr. Claudius *Marx,* IHK Hochrhein-Bodensee; Dr. Hans-Kurt *Mees,* Richter am Bundesgerichtshof a.D.; Prof. Dr. Alfred Hagen *Meyer,* Rechtsanwalt in München; Prof. Dr. Axel *Nordemann,* Rechtsanwalt in Potsdam; Dr. Eva Inés *Obergfell,* Wissenschaftliche Assistentin an der Technischen Universität München; Prof. Dr. Christian *Osterrieth,* Rechtsanwalt in Düsseldorf; Prof. Dr. Karl-Nikolaus *Peifer,* Universität zu Köln; Prof. Dr. Matthias *Prinz,* LL.M., Rechtsanwalt in Hamburg; Dr. Andreas *Reinhart,* Rechtsanwalt in München; Prof. Dr. Rudolf *Rengier,* Universität Konstanz; Prof. Dr. Inge *Scherer,* Bayerische Julius-Maximilians-Universität Würzburg; Dr. Jürg *Simon,* Rechtsanwalt in Zürich; Prof. Dr. Anja *Steinbeck,* Universität zu Köln; Prof. Dr. Georg *Wenglorz,* Fachhochschule Trier; Prof. Dr. Andreas *Wiebe,* LL.M., Georg-August-Universität Göttingen

Band 1: §§ 1–4 UWG

Verlag C.H. Beck München 2010

Zitiervorschlag: Fezer/*Bearbeiter* UWG § … Rn. …

Verlag C. H. Beck im Internet:
beck.de

ISBN 978 3 406 59376 5

Wilhelmstr. 9, 80801 München
Satz: Druckerei C. H. Beck, Nördlingen
(Adresse wie Verlag)
Druck: Kösel GmbH & Co. KG
Am Buchweg 1, 87452 Altusried-Krugzell

Gedruckt auf säurefreiem, alterungsbeständigem Papier
(hergestellt aus chlorfrei gebleichtem Zellstoff)

... zu repräsentieren, seine Zeit zu repräsentieren,
und etwas zu präsentieren,
für das die Zeit noch nicht gekommen ist.

Ingeborg Bachmann

Vorwort

Aus Gründen der historischen Entwicklung der nationalen Lauterkeitsrechtsordnungen in den Mitgliedstaaten der EU wird die Diskussion um eine *Europäisierung des Lauterkeitsrechts* seit Jahrzehnten von einem Dualismus eines verbraucherbezogenen Lauterkeitsrechts einerseits und eines mitbewerberbezogenen Lauterkeitsrechts andererseits beherrscht. Die *Richtlinie über unlautere Geschäftspraktiken* (UGP-RL) vom 11. Mai 2005, die am 12. Juni 2005 in Kraft getreten ist, wurde durch das Erste Gesetz zur Änderung des Gesetzes gegen den unlauteren Wettbewerb vom 22. Dezember 2008, das am 30. Dezember 2008 in Kraft getreten ist, umgesetzt. Die *Vollharmonisierung* der nationalen Regeln für unlautere Geschäftspraktiken zwischen Unternehmen und Verbrauchern bedeutet, dass die Mitgliedstaaten keine strengeren als die in der UGP-RL festgelegten Maßnahmen erlassen dürfen, und zwar auch nicht, um ein höheres Verbraucherschutzniveau zu erreichen. Die *Teilharmonisierung* bedeutet, dass die Rechtsharmonisierung allein den Geschäftsverkehr zwischen Unternehmen und Verbrauchern (b2c-Geschäftsverkehr) und nicht den Geschäftsverkehr zwischen den Unternehmen untereinander (b2b-Geschäftsverkehr) betrifft. Die UGP-RL stellt gegenüber dem Integrationsmodell der Schutzzwecktrias einen fundamentalen Paradigmenwechsel im europäischen Lauterkeitsrecht dar.

Innerhalb des Gesamtbereichs des Lauterkeitsrechts besteht zwar eine Schutzzweckparität und ist von der Gleichwertigkeit und Gleichrangigkeit der Verbraucherinteressen und der Wettbewerberinteressen auszugehen. Die *konzeptionelle Ausrichtung der UGP-RL* bedeutet aber, dass im koordinierten Bereich des Lauterkeitsrechts des b2c-Geschäftsverkehrs unmittelbarer Verbraucherschutz durch Lauterkeitsrecht und ein *Vorrang der Verbraucherinteressen als Auslegungsdirektive* besteht. Die Rechtsharmonisierung des Lauterkeitsrechts soll die Verbraucher und die Unternehmen in die Lage versetzen, sich an einem einzigen Rechtsrahmen zu orientieren, der auf einem klar definierten Rechtskonzept beruht, das alle Aspekte unlauterer Geschäftspraktiken in der europäischen Union regelt. Eine gemeinschaftsrechtliche Rechtsharmonisierung des lauterkeitsrechtlichen Mitbewerberschutzrechts im b2b-Geschäftsverkehr ist dringend geboten.

Die *Harmonisierung des Lauterkeitsrechts als Marktrecht des b2c-Geschäftsverkehrs* bedeutet einen wesentlichen Reformschritt des UWG 2008 gegenüber der Modernisierung des UWG 2004. Der konzeptionelle Unterschied zwischen der UGP-RL und dem UWG 2004 verlangte vom Gesetzgeber der UWG-Novelle 2008 zwar gesetzestechnisch keine Umsetzung dahin, dass es zwei gesonderter Gesetze zur Regelung des b2c-Geschäftsverkehrs als verbraucherbezogenes Lauterkeitsrechts und des b2b-Geschäftsverkehrs als mitbewerberbezogenes Lauterkeitsrecht bedurft hätte. Die formale Gesetzeseinheit des lauterkeitsrechtlichen Verbraucherschutzes und des lauterkeitsrechtlichen Mitbewerberschutzes im UWG 2008 verlangt aber, das materielle Lauterkeitsrecht des b2c-Geschäftsverkehrs von dem materiellen Lauterkeitsrecht des b2b-Geschäftsverkehrs rechtsinhaltlich zu trennen. Das *verbraucherbezogene und das mitbewerberbezogene Lauterkeitsrecht* im UWG 2008 stellen ausschließlich *eine rechtsformale Gesetzeseinheit* und *keine materiellrechtliche Rechtseinheit* des Lauterkeitsrechts dar. Der *Dualismus der Lauterkeitsrechtsordnungen* innerhalb des UWG 2008 als Marktrecht begründet Marktverhaltensnormen unterschiedlicher Schutzrichtung an die Unternehmen als die Normadressaten der lauterkeitsrechtlichen Verbotstatbestände.

Vorwort

Grundlage des Kommentars ist die originäre Konzeption der Erstauflage, die dahin geht, die umfassenden *Hauptkommentare* der einzelnen Vorschriften des UWG, die eine vollständige Kommentierung des Lauterkeitsrechts enthalten, zu lauterkeitsrechtlichen Einzelthemen durch eigenständige *Spezialkommentare,* die in der Wettbewerbspraxis bedeutsame Fallkonstellationen in besonderen Expertisen analysieren, zu ergänzen und zu vertiefen. Neben einer präzisen Darstellung der die Rechtspraxis bestimmenden Rechtsprechung und des Meinungsstands in der Rechtswissenschaft soll die Konzeption des Kommentars der Pluralität der Rechtsauffassungen ein Forum bieten, das die Dynamik der europäischen Rechtsentwicklung sowohl in der praktischen Rechtsanwendung als auch in der rechtswissenschaftlichen Diskussion zur Geltung bringt. Nach wie vor prägt die Meinungsvielfalt die Kultur der Kommentierungen.

Herr Professor Dr. *Wilhelm Nordemann,* dem ich herzlich für seine Mitarbeit danke, übertrug seine Kommentierung zu § 4 Nr. 7 und 8 UWG an seinen Sohn, Herrn Professor Dr. *Axel Nordemann,* den ich im Kreis der Autoren herzlich begrüße.

Als Herausgeber des Kommentars danke ich meinen wissenschaftlichen Assistentinnen, Frau Rechtsreferendarin *Yvonne Puchinger* und Frau Rechtsassessorin *Daniela Schork,* sowie insbesondere meiner Sekretärin, Frau *Melanie Weiß,* für die engagierte Unterstützung bei der Organisation und Herstellung der Dokumentation, des Entscheidungsregisters und des Sachverzeichnisses sowie des druckfertigen Gesamtmanuskripts.

Konstanz, im August 2009 *Karl-Heinz Fezer*

Aus dem Vorwort zur ersten Auflage

Das *Gesetz gegen den unlauteren Wettbewerb* (UWG) vom 3. Juli 2004, das am 8. Juli 2004 in Kraft trat und das UWG vom 7. Juni 1909 ablöste, stellt eine grundlegende Reform des deutschen Lauterkeitsrechts dar. Nach der Aufhebung des Rabattgesetzes und der Zugabeverordnung im Jahre 2001, sowie der nur schrittweise erfolgenden gemeinschaftsrechtlichen Teilharmonisierung des Verbraucherschutzrechts und Lauterkeitsrechts bestand ein Handlungsbedarf an einer eurokompatiblen Modernisierung des nationalen Wettbewerbsrechts.

Wesentliche Stichworte der UWG-Reform sind: *Liberalisierung* und *Deregulierung,* die mit der Aufhebung abstrakter Gefährdungstatbestände und eines bürokratischen Sonderveranstaltungsrechts, sowie der Einführung einer wettbewerbsrechtlichen Bagatellklausel verwirklicht werden; *Schutzzweckparität* der Wettbewerber und der Verbraucher als Marktteilnehmer und damit eine Verstärkung des wirtschaftlichen Verbraucherschutzes durch Lauterkeitsrecht; erste normative Ansätze eines wettbewerbsrechtlichen *Informationsmodells* des Verbraucherschutzes zur Herstellung von *Markttransparenz; Europäisierung* des Lauterkeitsrechts, deren gemeinschaftsrechtliche Topoi das europäische Verbraucherleitbild, der europäische Verhältnismäßigkeitsgrundsatz und das gemeinschaftsrechtliche Binnenmarktprinzip sind. Das neue UWG, das treffender als ein Gesetz zum Schutz des lauteren Wettbewerbs tituliert wird, zentriert um den unbestimmten *Rechtsbegriff der Lauterkeit* im Wettbewerb. Die richterrechtliche Konkretisierung der Lauterkeit im Wettbewerbsrecht ist sowohl dem tradierten Schutz des Leistungswettbewerbs im Lichte einer sozialrechtlichen Wettbewerbstheorie verantwortet, als auch den Reformzielen eines originären Verbraucherschutzes durch Lauterkeitsrecht und einer Markttransparenzpolitik im Wettbewerb verpflichtet.

Konstanz, im Oktober 2004 *Karl-Heinz Fezer*

Verzeichnis der Bearbeiter

Prof. Dr. Ekkehard Becker-Eberhard	Werbung der freien Berufe, Rechtsanwaltswerbung
Patrick von Braunmühl	§ 10 UWG
Prof. Dr. Wolfgang Büscher	§§ 8, 11 bis 14 UWG
Prof. Dr. Karl-Heinz Fezer	Einleitung, §§ 1 bis 3 UWG, Dokumentation, Register
Prof. Dr. Horst-Peter Götting	§ 4 Nr. 9 bis 11 UWG
Prof. Dr. Rainer Hausmann/ Dr. Eva Inés Obergfell	Internationales Wettbewerbsprivatrecht, Internationales Wettbewerbsverfahrensrecht
Dr. Manfred Hecker[1]	§ 4 Nr. 5 und Nr. 6 UWG, Anhang UWG Nr. 16 und 17
Prof. Dr. Paul W. Hertin	Formatschutz
Prof. Dr. Thomas Hoeren	§ 4 Nr. 3 UWG, Informationspflichten im Internet, Anhang UWG Nr. 11
Dr. Gisela Jung-Weiser	Domainrecht
Prof. Dr. Stefan Koos	§§ 6 und 9 UWG, Wettbewerb der öffentlichen Hand
Prof. Dr. Johannes Kreile	Werbung in Film und Fernsehen
Jens-Peter Lachmann	Vergleichende Produkttests
Prof. Dr. Peter Mankowski	§ 7 UWG, Wettbewerbsrecht des Internet, Anhang UWG Nr. 26 und 29
Prof. Dr. Claudius Marx	Geografische Herkunftsangaben
Dr. Hans-Kurt Mees	§ 15 UWG
Prof. Dr. Alfred Hagen Meyer/ Dr. Andreas Reinhart	Lebensmittel- und Heilmittelwerbung
Prof. Dr. Axel Nordemann	§ 4 Nr. 7 und Nr. 8 UWG
Prof. Dr. Christian Osterrieth	Allgemeine Marktbehinderung
Prof. Dr. Karl-Nikolaus Peifer	§§ 5 und 5a UWG, Anhang UWG Nr. 1 bis 10, 12 bis 15, 18, 19, 21 bis 24
Prof. Dr. Matthias Prinz[2]	Presse im Wettbewerbsrecht
Prof. Dr. Rudolf Rengier	§§ 16 bis 20 UWG
Prof. Dr. Inge Scherer	§ 4 Nr. 2 UWG
Prof. Dr. Jürg Simon	Selektiver Vertrieb und Vertikal-GVO
Prof. Dr. Anja Steinbeck	§ 4 Nr. 1 und Nr. 4 UWG, Anhang UWG Nr. 25, 27, 30
Prof. Dr. Georg Wenglorz	Preisangabenrecht
Prof. Dr. Andreas Wiebe	Umweltwerbung

Dank für die unterstützende Tätigkeit an
[1] Dr. Markus Ruttig (bei § 4 Nr. 6 UWG).
[2] Dr. Patricia Kinzel, Dr. Matthias Lehr, Dr. Michael Veddern.

Verzeichnis der Bearbeiter

Inhaltsverzeichnis

Vorwort ... V
Aus dem Vorwort zu ersten Auflage ... VI
Bearbeiterverzeichnis ... VII
Abkürzungsverzeichnis ... XV
Literaturverzeichnis ... XXXIII

Band 1

Erster Teil
Kommentar zum UWG

Gesetzestext des UWG ... 3

Kommentierung zum UWG ... 17

Einleitung

Abschnitt 1. Geschichte, Systematik, Grundlagen

A. Geschichte des Lauterkeitsrechts ... 23
B. Die Modernisierung des Lauterkeitsrechts im UWG 2004 (UWG-Reform) ... 35
C. Die Europäisierung des Lauterkeitsrechts im UWG 2008 als originäres Verbraucherschutzrecht des b2c-Geschäftsverkehrs (UWG-Novelle) ... 45
D. Das Gesetz zur Bekämpfung unerlaubter Telefonwerbung und zur Verbesserung des Verbraucherschutzes bei besonderen Vertriebsformen vom 29. Juli 2009 ... 74
E. Markt und Wettbewerb ... 80
F. Werbung als kommerzielle Kommunikation ... 104
G. Normenkonkurrenz zwischen Lauterkeitsrecht und Immaterialgüterrecht ... 109
H. Defizit an Verbraucherrechten im Lauterkeitsrecht ... 126
I. Schranken der Rechtswirksamkeit von Folgeverträgen unlauteren Wettbewerbs ... 131
J. Richtlinienkonforme und richtlinienoptimierende Auslegung ... 135

Abschnitt 2. Internationales Wettbewerbsrecht

Teil 1. Internationales Wettbewerbsprivatrecht ... 139
Teil 2. Internationales Wettbewerbsverfahrensrecht ... 313

Kapitel 1. Allgemeine Bestimmungen

§ 1 Zweck des Gesetzes ... 403
§ 2 Definitionen ... 436
§ 3 Verbot unlauterer geschäftlicher Handlungen ... 569
§ 4 Beispiele unlauterer geschäftlicher Handlungen ... 644

Regelbeispiele des § 4 Nr. 1 bis 11 ... 645

Unangemessene unsachliche Beeinflussung (§ 4 Nr. 1) ... 692
Ausnutzung der geschäftlichen Unerfahrenheit, Leichtgläubigkeit, Angst oder Zwangslage (§ 4 Nr. 2) ... 825
Schleichwerbung (§ 4 Nr. 3) ... 909
Informationspflichten bei Verkaufsförderungsmaßnahmen (§ 4 Nr. 4) ... 958

Transparenzgebot bei Preisausschreiben und Gewinnspielen (§ 4 Nr. 5) 975
Kopplungsverbot bei Preisausschreiben und Gewinnspielen (§ 4 Nr. 6) 1030
Geschäftsehrverletzung (§ 4 Nr. 7) 1073
Anschwärzung (§ 4 Nr. 8) 1110
Wettbewerbsrechtlicher Leistungsschutz (§ 4 Nr. 9) 1133
Behinderungswettbewerb (§ 4 Nr. 10) 1197
Rechtsbruch (§ 4 Nr. 11) 1265

Wettbewerbsrechtliche Spezialthemen 1333

Allgemeine Marktbehinderung (S 1) 1333
Umweltwerbung (S 2) 1447
Werbung der freien Berufe, Rechtsanwaltswerbung (S 3) 1487
Lebensmittel- und Heilmittelwerbung (S 4) 1563
Werbung in Film und Fernsehen (S 5) 1728
Formatschutz (S 6) 1771
Presse im Wettbewerbsrecht (S 7) 1809
Vergleichende Produkttests (S 8) 1918
Selektiver Vertrieb und Vertikal-GVO (S 9) 1978
Geografische Herkunftsangaben (S 10) 2004
Domainrecht (S 11) 2115
Wettbewerbsrecht des Internet (S 12) 2208
Informationspflichten im Internet (S 13) 2313
Preisangabenrecht (S 14) 2337
Wettbewerb der öffentlichen Hand (S 15) 2423

Band 2

§ 5 Irreführende geschäftliche Handlungen 1
§ 5a Irreführung durch Unterlassen 340
§ 6 Vergleichende Werbung 394
§ 7 Unzumutbare Belästigungen 562

Kapitel 2. Rechtsfolgen

§ 8 Beseitigung und Unterlassung 695
§ 9 Schadensersatz 812
§ 10 Gewinnabschöpfung 839
§ 11 Verjährung 942

Kapitel 3. Verfahrensvorschriften

§ 12 Anspruchsdurchsetzung, Veröffentlichungsbefugnis, Streitwertminderung 973
§ 13 Sachliche Zuständigkeit 1085
§ 14 Örtliche Zuständigkeit 1102
§ 15 Einigungsstellen 1128

Kapitel 4. Straf- und Bußgeldvorschriften

§ 16 Strafbare Werbung 1163
§ 17 Verrat von Geschäfts- und Betriebsgeheimnissen 1208
§ 18 Verwertung von Vorlagen 1230
§ 19 Verleiten und Erbieten zum Verrat 1238
§ 20 Bußgeldvorschriften 1242

Anhang
(zu § 3 Abs. 3)

Unzulässige geschäftliche Handlungen im Sinne des § 3 Abs. 3

Unwahre Angabe der Unterzeichnung eines Verhaltenskodexes (Nr. 1 Anh. UWG) ... 1255
Verwendung von Gütezeichen ohne Genehmigung (Nr. 2 Anh. UWG) ... 1264
Unwahre Angabe der Billigung eines Verhaltenskodexes (Nr. 3 Anh. UWG) ... 1273
Unwahre Angabe der Bestätigung, Billigung oder Genehmigung eines Unternehmens, einer geschäftlichen Handlung oder eines Produkts (Nr. 4 Anh. UWG) ... 1278
Lockangebote (Nr. 5 Anh. UWG) ... 1285
Anlocken und Umlenken – „bait and switch"-Technik (Nr. 6 Anh. UWG) ... 1296
Befristete Angebote zur Erzeugung von Entscheidungsdruck (Nr. 7 Anh. UWG) 1301
Leistungserbringung in anderer Sprache (Nr. 8 Anh. UWG) ... 1307
Unwahre oder täuschende Angaben über die Verkehrsfähigkeit eines Produkts (Nr. 9 Anh. UWG) ... 1311
Verbraucherrechte als Selbstverständlichkeiten (Nr. 10 Anh. UWG) ... 1314
Als Information getarnte Werbung (Nr. 11 Anh. UWG) ... 1317
Sicherheit als Vermarktungsargument – Angstwerbung (Nr. 12 Anh. UWG) ... 1320
Imitationsmarketing als irreführende Produktvermarktung (Nr. 13 Anh. UWG) 1324
Schneeballsysteme und Pyramidensysteme (Nr. 14 Anh. UWG) ... 1329
Unwahre Angabe der Geschäftsaufgabe oder der Geschäftsverlegung (Nr. 15 Anh. UWG) ... 1333
Produktbezogene Angaben über erhöhte Gewinnchancen bei einem Glücksspiel (Nr. 16 Anh. UWG) ... 1337
Unwahre oder täuschende Angaben über Gewinnzusagen (Nr. 17 Anh. UWG) .. 1349
Unwahre Heilwirkungsaussagen (Nr. 18 Anh. UWG) ... 1360
Unwahre Marktinformationen (Nr. 19 Anh. UWG) ... 1365
Gewinnspiele ohne angemessene Preisvergabe (Nr. 20 Anh. UWG) ... 1369
Unwahre Behauptung von Gratisangeboten (Nr. 21 Anh. UWG) ... 1379
Unterschieben einer Rechnung oder Zahlungsaufforderung in Werbematerial (Nr. 22 Anh. UWG) ... 1384
Unwahre oder täuschende Angaben über den Zweck unternehmerischen Handelns (Nr. 23 Anh. UWG) ... 1388
Unwahre oder täuschende Angaben über ausländischen Kundendienst (Nr. 24 Anh. UWG) ... 1392
Vertragsschluss als Bedingung für das Verlassen der Geschäftsräume (Nr. 25 Anh. UWG) ... 1396
Nichtbeachtung der Aufforderung zum Verlassen der Wohnung des Verbrauchers (Nr. 26 Anh. UWG) ... 1399
Abhalten von der Durchsetzung der Verbraucherrechte aus einem Versicherungsvertrag (Nr. 27 Anh. UWG) ... 1409
Aufforderung an Kinder zum Produkterwerb (Nr. 28 Anh. UWG) ... 1414
Zahlungsaufforderung für nicht bestellte Produkte (Nr. 29 Anh. UWG) ... 1423
Angabe einer Gefährdung des Arbeitsplatzes oder Lebensunterhalts des Unternehmers ohne Produktabnahme (Nr. 30 Anh. UWG) ... 1431

Zweiter Teil
Dokumentation

I. Gesetzestexte des UWG 2004, UWG 1909 und UWG 1896; Gesetzesbegründungen des UWG 2008 und UWG 2004

1. Gesetz gegen den unlauteren Wettbewerb (UWG) vom 3. Juli 2004 1438
2. Gesetz gegen den unlauteren Wettbewerb (UWG) in der Fassung der Bekanntmachung vom 7. Juni 1909 1446
3. Gesetz zur Bekämpfung des unlauteren Wettbewerbes (UWG) vom 27. Mai 1896 1454
4. Amtliche Begründung zum Entwurf eines Ersten Gesetzes zur Änderung des Gesetzes gegen den unlauteren Wettbewerb vom 20. August 2008 1457
5. Amtliche Begründung zum Entwurf eines Gesetzes gegen den unlauteren Wettbewerb (UWG) vom 22. August 2003 1487

II. Nationale Rechtsvorschriften

1. Lebensmittel-, Bedarfsgegenstände- und Futtermittelgesetzbuch (Lebensmittel- und Futtermittelgesetzbuch – LFGB) in der Fassung der Bekanntmachung vom 24. Juli 2009 1510
2. Verordnung über diätetische Lebensmittel (Diätverordnung) in der Fassung der Bekanntmachung vom 28. April 2005 1551
3. Gesetz über die Werbung auf dem Gebiete des Heilwesens (Heilmittelwerbegesetz – HWG) in der Fassung der Bekanntmachung vom 19. Oktober 1994 1594
4. Gesetz über den Verkehr mit Arzneimitteln (Arzneimittelgesetz – AMG) in der Fassung der Bekanntmachung vom 12. Dezember 2005 1599
5. Weingesetz (WeinG) in der Fassung der Bekanntmachung vom 16. Mai 2001 (Auszug) 1695
6. Vorläufiges Tabakgesetz (VTabakG) in der Fassung der Bekanntmachung vom 9. September 1997 1701
7. Telemediengesetz (TMG) vom 26. Februar 2007 1703
8. Staatsvertrag über den Schutz der Menschenwürde und den Jugendschutz in Rundfunk und Telemedien (Jugendmedienschutz-Staatsvertrag – JMStV) vom 10. September 2002 1709
9. Preisangabenverordnung (PAngV) in der Fassung der Bekanntmachung vom 18. Oktober 2002 1719
10. Gesetz über den Ladenschluss (LadSchlG) in der Fassung der Bekanntmachung vom 2. Juni 2003 1730
11. Gesetz über Unterlassungsklagen bei Verbraucherrechts- und anderen Verstößen (Unterlassungsklagengesetz – UKlaG) in der Fassung der Bekanntmachung vom 27. August 2002 1736
12. Gesetz über die Durchsetzung der Verbraucherschutzgesetze bei innergemeinschaftlichen Verstößen (EG-Verbraucherschutzdurchsetzungsgesetz – VSchDG) vom 21. Dezember 2006 1741
13. Verordnungen der Bundesländer über Einigungsstellen nach dem UWG 1749
14. ZAW-Richtlinien redaktionell gestaltete Anzeigen in der Fassung vom Januar 2003 1783
15. Deutscher Werberat. Grundregeln zur kommerziellen Kommunikation – Oktober 2007 1785
16. Deutscher Werberat. Grundsätze des DeutschenWerberats zur Herabwürdigung und Diskriminierung von Personen – Fassung von 2004 1786

17. Deutscher Werberat. Verhaltensregeln des Deutschen Werberats für die Werbung mit und vor Kindern in Hörfunk und Fernsehen – Fassung von 1998 1787
18. Deutscher Werberat. Verhaltensregeln des Deutschen Werberats über die kommerzielle Kommunikation für Lebensmittel – Fassung von Juli 2009 1789
19. Deutscher Werberat. Verhaltensregeln des Deutschen Werberats über die kommerzielle Kommunikation für alkoholhaltige Getränke – Fassung von April 2009 1791
20. Wettbewerbsrichtlinien der Versicherungswirtschaft in der Fassung vom 1. September 2006 1793
21. Publizistische Grundsätze (Pressekodex) – Richtlinien für die publizistische Arbeit nach den Empfehlungen des Deutschen Presserats in der Fassung vom 3. Dezember 2008 1804

III. Internationale und Europäische Rechtsvorschriften

1. Pariser Verbandsübereinkunft zum Schutz des gewerblichen Eigentums vom 20. März 1883 1814
2. Richtlinie 2005/29/EG des Europäischen Parlaments und des Rates vom 11. Mai 2005 über unlautere Geschäftspraktiken im binnenmarktinternen Geschäftsverkehr zwischen Unternehmen und Verbrauchern (Richtlinie über unlautere Geschäftspraktiken) 1829
3. Richtlinie 2006/114/EG des Europäischen Parlaments und des Rates vom 12. Dezember 2006 über irreführende und vergleichende Werbung (kodifizierte Fassung) 1844
4. Richtlinie 2000/31/EG des Europäischen Parlaments und des Rates vom 8. Juni 2000 über bestimmte rechtliche Aspekte der Dienste der Informationsgesellschaft, insbesondere des elektronischen Geschäftsverkehrs, im Binnenmarkt („Richtlinie über den elektronischen Geschäftsverkehr") 1849
5. Richtlinie 2002/58/EG des Europäischen Parlaments und des Rates vom 12. Juli 2002 über die Verarbeitung personenbezogener Daten und den Schutz der Privatsphäre in der elektronischen Kommunikation (Datenschutzrichtlinie für elektronische Kommunikation) 1865
6. Richtlinie 97/7/EG des Europäischen Parlaments und des Rates vom 20. Mai 1997 über den Verbraucherschutz bei Vertragsabschlüssen im Fernabsatz 1877
7. Verordnung (EG) Nr. 1924/2006 des Europäischen Parlaments und des Rates vom 20. Dezember 2006 über nährwert- und gesundheitsbezogene Angaben über Lebensmittel 1885
8. Verordnung (EG) Nr. 178/2002 des Europäischen Parlaments und des Rates vom 28. Januar 2002 zur Festlegung der allgemeinen Grundsätze und Anforderungen des Lebensmittelrechts, zur Errichtung der Europäischen Behörde für Lebensmittelsicherheit und zur Festlegung von Verfahren zur Lebensmittelsicherheit 1903
9. Richtlinie des Rates vom 27. Juli 1976 zur Angleichung der Rechtsvorschriften der Mitgliedstaaten über kosmetische Mittel (76/768/EWG) (konsolidierte Fassung) 1931
10. Richtlinie 2003/33/EG des Europäischen Parlaments und des Rates vom 26. Mai 2003 zur Angleichung der Rechts- und Verwaltungsvorschriften der Mitgliedstaaten über Werbung und Sponsoring zugunsten von Tabakerzeugnissen 2041
11. Richtlinie 89/552/EWG des Europäischen Parlaments und des Rates vom 3. Oktober 1989 zur Koordinierung bestimmter Rechts- und Verwaltungsvorschriften der Mitgliedstaaten über die Bereitstellung audiovisueller Mediendienste (Richtlinie über audiovisuelle Mediendienste) 2045

Dritter Teil
Register

Entscheidungsregister 1961

Sachverzeichnis 2103

Abkürzungsverzeichnis

a.	auch; am; aus
aA	anderer Auffassung
aaO	am angegebenen Ort
abgedr.	abgedruckt
ABl.	Amtsblatt
abl.	ablehnend
Abs.	Absatz
Abschn.	Abschnitt
AcP	Archiv für die civilistische Praxis
Admin-C	administrativer Ansprechpartner
ADR	Alternative Dispute Resolution
aE	am Ende
AE	Alternativ-Entwurf
AG-UWG	Arbeitsgemeinschaft-UWG
AGZ	Allgemeine Prinzipien des Zivilrechts
ähnl.	ähnlich
ÄndG	Änderungsgesetz
ÄnderungsVO	Änderungsverordnung
aF	alte Fassung
AfP	Zeitschrift für Medien und Kommunikationsrecht (früher Archiv für Presserecht)
AG	Aktiengesellschaft; Amtsgericht; Ausführungsgesetz
AGB	Allgemeine Geschäftsbedingungen
AGBG	Gesetz zur Regelung des Rechts der Allgemeinen Geschäftsbedingungen
AGB-RL	Richtlinie 93/13/EWG des Rates vom 5. April 1993 über missbräuchliche Klauseln in Verbraucherverträgen
AGH	Anwaltsgerichtshof
AgrarR	Agrarrecht
AIBD	Association of International Bond Dealers
AIPPO	Associação Internacional dos Pintores de Palhacinhos Originais
AktG	Aktiengesetz
All E.R.	All England Law Reports
allg.	allgemein
allgM	allgemeine Meinung
ALR	Allgemeines Landrecht für die preußischen Staaten (gültig ab 1. Juni 1794); American Law Reports
aM	anderer Meinung
AMG	Arzneimittelgesetz
amtl.	amtlich
anfängl.	anfänglich
Anh.	Anhang
Anm.	Anmerkung
Anm. d. Verf.	Anmerkung des Verfassers
Ann. Inst. Dr. Int.	Annuaire de l'Institute de droit International
Ann.Prop. Ind.	Annales de la propriété industrielle, artistique, littéraire
Anwalt	Anwalt DAS MAGAZIN
AnwBl.	Anwaltsblatt

Abkürzungsverzeichnis

AnwG	Bundesgesetz vom 23. Juni 2000 über die Freizügigkeit der Anwältinnen und Anwälte (Anwaltsgesetz, BGFA; AS 2002 863)
AnwGH	Anwaltsgerichtshof
AöR	Archiv des öffentlichen Rechts
ApBetrO	Apothekerbetriebsordnung
ApG	Gesetz über das Apothekerwesen
APNIC	Asia Pacific Network Information Center
ApothG	s. ApG
ARB	Advertising Review Board (USA)
ArchPT	Archiv für Post und Telekommunikation
ArchPR	s. AfP
ARD	Arbeitsgemeinschaft der öffentlich-rechtlichen Rundfunkanstalten der Bundesrepublik Deutschland
ArbGG	Arbeitsgerichtsgesetz
ARIN	American Registry for Internet Numbers
Art.	Artikel
ASA	Advertising Standards Authority (GB)
AS CII	American Standard Code for Information Interchange
AT	Allgemeiner Teil
Aufl.	Auflage
AVAG	Anerkennungs- und Vollstreckungsausführungsgesetz
AVO	Arbeitsverwaltungsordnung, Ausgleichsverordnung, Auswahlverordnung
AWD	Außenwirtschaftsdienst des Betriebs-Beraters
Az.	Aktenzeichen
B2B	Business to Business
B2C	Business to Consumer
Bad.Württ.	Baden-Württemberg
BAG	Bundesarbeitsgericht
BAGE	Entscheidungen des Bundesarbeitsgerichts
BAnz	Bundesanzeiger
BApO	Bundesapothekerordnung
Basler JurMitt	Basler Juristische Mitteilungen
BausparkassenG	Bausparkassengesetz
BayArchG	Bayrisches Architektengesetz
BayGO	Bayrische Gemeindeordnung
BayObLG	Bayerisches Oberstes Landesgericht
BayObLGSt	Entscheidungen des Bayerischen Obersten Landesgerichts in Strafsachen
BayVGH	Sammlung von Entscheidungen des Bayrischen Verwaltungsgerichtshofes
BB	Der Betriebs-Berater
BBl.	Bundesblatt der Schweizerischen Eidgenossenschaft
Bd.	Band
Bde.	Bände
BDSG	Bundesdatenschutzgesetz
Begr.	Begriff; Begründung
Beil.	Beilage
beispw.	beispielsweise
Bekl.	Beklagter
BekM.	Bekanntmachung
ber.	berichtigt
BerufsO	Berufsordnung

Beschl.	Beschluss
betr.	betreffend
Bez.	Bezeichnung
BFH	Bundesfinanzhof
BfR	Bundesinstitut für Risikobewertung
BG	schweizerisches Bundesgericht
BGB	Bürgerliches Gesetzbuch
BGB-InfoV	BGB-Informationspflichtenverordnung
BGBl.	Bundesgesetzblatt
BGE	Entscheidungen des schweizerischen Bundesgerichts
BGesundheitsBl.	Bundesgesundheitsblatt
BGH	Bundesgerichtshof
BGH-Report	Schnelldienst zur höchst- und obergerichtlichen Rechtsprechung im Zivilrecht
BGHSt	Entscheidungen des Bundesgerichtshofes in Strafsachen
BGHZ	Entscheidungen des Bundesgerichtshofes in Zivilsachen
BgVV	Bundesinstitut für gesundheitlichen Verbraucherschutz und Veterinärmedizin
BImSchG	Bundesimmissionsschutzgesetz
BKartA	Bundeskartellamt
BKR	Zeitschrift für Banken- und Kapitalmarktrecht
Bl.	Blatt
Bl. f.PMZ	Blatt für Patent-, Muster- und Zeichenwesen
BlgNR	Beilagen zu den stenographischen Protokollen des Nationalrats
BLL	Bund für Lebensmittelrecht und Lebensmittelkunde e. V.
BMJ	Bundesministerium der Justiz
BMVEL	Bundesministerium für Verbraucherschutz, Ernährung und Landwirtschaft
BNotO	Bundesnotarordnung
BOPA	Boletín Oficial del Principado de Asturias
BORA	Berufsordnung für Rechtsanwälte
BOStB	Berufsordnung der Bundes-Steuerberaterkammer
BPatG	Bundespatentgericht
BPatGE	Entscheidungen des Bundespatentgerichts
BR	Bundesrat
BRAGO	Bundesrechtsanwaltsgebührenordnung
BRAK	Bundesrechtsanwaltskammer
BRAK-Mitt.	BRAK-Mitteilungen
BRAO	Bundesrechtsanwaltsordnung
BRD	Bundesrepublik Deutschland
BR-Drucks.	Bundesrat-Drucksache
BremLMG	Bremisches Landesmediengesetz
Bsp.	Beispiel
BSpG	Bausparkassengesetz
BT	Bundestag; Besonderer Teil
BTÄO	Bundes-Tierärzteordnung
BT-Drucks.	Bundestag-Drucksache
Btx	Bildschirmtext
BundesärzteO	Bundesärzteordnung
Bus. Lawyer	Business Lawyer
BVerfG	Bundesverfassungsgericht
BVerfGE	Entscheidungen des Bundesverfassungsgerichts
BVerwGE	Entscheidungen des Bundesverwaltungsgerichts

bzgl.	bezüglich
bzw.	beziehungsweise
ca.	circa
C. A.	Court of Appeal, Cour d'appel
CAP	Committee of Advertising Practice
CAP Code	British Code of Advertising, Sales Promotion and Direct Marketing
Cass.	Arrêt de la Cour de cassation
Cass. civ. DS	Arrêt de la chambre civile de la Cour de cassation
Cass. com.	Arrêt de la chambre commerciale de la Cour de cassation
Cass. Crim.	Arrêt de la chambre criminelle de la Cour de cassation
C2B	Consumer to Business
C. C.	Code de la Consommation
C. civ.	Codice Civile
ccTLDs	country code Top-Level-Domains (geografische Top-Level-Domains)
C. D. Cal.	Central District of California
CDU	Christlich Demokratische Union Deutschlands
CENELEC	Comité Européen de Normalisation Electrotechnique
CH	Schweiz
CH. D.	Chancery Division
CHF	Schweizer Franken
Cir.	Circuit
Civ. Just. Q.	Civil Justice Quarterly
CLP	China Law and Practice
Clunet (JDI)	Journal du droit international, fondée par E. Clunet
CMA	Centrale Marketing-Gesellschaft der deutschen Agrarwirtschaft mbH
CMAR	Control of Misleading Advertisements Regulations
CMR	Convention relative au Contrat de transport international des marchandises par route (Beförderungsvertrag im internationalen Straßenverkehr)
Co.	Company
CODEC	coding and decoding
Columbia L. Rev.	Columbia Law Review
Comp. L. & Sec. Rep.	Company Law and Securities Reports
CR	Computer und Recht
CRi	Computer und Recht International
CSU	Christlich Soziale Union
c't	Magazin für Computertechnik
d.	durch; der
DAR	Deutsches Autorecht
DAZ	Deutsche Apotheker Zeitung
DB	Der Betrieb
D. Colo.	District Court for District of Colorado
D. Conn.	District Court for District of Connecticut
DDR	Deutsche Demokratische Republik
dems.	demselben
DENIC	Deutsches Network Information Center
dens.	denselben
ders.	derselbe
Deutschlandradio-StV	Deutschlandradio-Staatsvertrag
Dez.	Dezember
DG	Durchführungsgesetz

DGE	Entwurf eines Durchführungsgesetzes
d.h.	das heißt
DiätVO	Diätverordnung
dies.	dieselbe, dieselben
diff.	differenzierend
DIHK	Deutsche Industrie- und Handelskammer
DIHT	Deutscher Industrie- und Handelstag
DIN	Deutsche Industrienorm
DJT	Deutscher Juristentag
DJZ	Deutsche Juristenzeitung
DLR	Deutsche Lebensmittel-Rundschau
DM	Deutsche Mark
DNotZ	Deutsche Notar-Zeitschrift
DNS	Domain Name System
DÖV	Die Öffentliche Verwaltung
Dok.	Dokument
DPMA	Deutsches Patent- und Markenamt
DRiZ	Deutsche Richterzeitung
DRS	Dispute Resolution Service
D.S.	Dalloz-Sirey
DStR	Deutsche Steuer-Rundschau; Deutsches Steuerrecht; Deutsches Strafrecht
dt.	deutscher
DuD	Datenschutz und Daten
DVB	Digital Video Broadcasting
DVBl.	Deutsches Verwaltungsblatt
DVD	Digital Versatile Disc
DWG	Dateiformat von AutoCAD
DZWir	Deutsche Zeitschrift für Wirtschafts- und Insolvenzrecht
EA	Europa-Archiv
EAG	Europäische Atom-Gemeinschaft
EASA	European Aviation Safety Agency
ECRL	E-Commerce-Richtlinie
ecolex	Zeitschrift für Wirtschaftsrecht (Österreich)
E-Commerce-Richtlinie	Richtlinie 2000/31/EG des Europäischen Parlaments und des Rates vom 8. Juni 2000 über bestimmte Aspekte der Dienste der Informationsgesellschaft, insbesondere des elektronischen Geschäftsverkehrs im Binnenmarkt
E.D.Mo.	District Court for the Eastern District of Missouri
effekt.	effektiv
EFSA	European Food Safety Authority
EFTA	European Free Trade Association
e.G.	eingetragene Genossenschaft
EG	Einführungsgesetz; Europäische Gemeinschaft
EGBGB	Einführungsgesetz zum Bürgerlichen Gesetzbuch
EGG	Elektronischer Geschäftsverkehr-Gesetz
EGHE	Entscheidungen der Ehrengerichtshöfe der Rechtsanwaltschaft des Bundesgebietes
EGMR	Entscheidungen des Europäischen Gerichtshofs für Menschenrechte
EGStGB	Einführungsgesetz zum Strafgesetzbuch
EGV	Vertrag zur Gründung der Europäischen Gemeinschaft
EichG	Gesetz über das Meß- und Eichwesen

Abkürzungsverzeichnis

Einf.	Einführung
Einl.	Einleitung
EIPR	European Intellectual Property Review
EL	Ergänzungslieferung
ELR	European Law Reporter
EMRK	Europäische Konvention zum Schutze der Menschenrechte und Grundfreiheiten
endg.	endgültig
engl.	englisch
entspr.	entsprechend, entspricht
EPÜ	Europäisches Patentübereinkommen
E.R.	English Reports
ERDRP	Eligibility Requirement Dispute Resolution Policy
EStG	Einkommensteuergesetz
etc.	et cetera
ETS I	European Telecommunications Standards Institute
EU	Europäische Union
EuGH	Gerichtshof der Europäischen Gemeinschaften
EuGVÜ	Brüsseler Übereinkommen über die gerichtliche Zuständigkeit und die Vollstreckung von Entscheidungen in Zivil- und Handelssachen vom 27. September 1968
EuGVO	Verordnung (EG) Nr. 44/2001 des Rates vom 22. Dezember 2000 über die gerichtliche Zuständigkeit und die Anerkennung und Vollstreckung von Entscheidungen in Zivil- und Handelssachen
EuGVVO	s. EuGVO
EuLF	European Legal Forum
EUR	Euro
EuR	Europarecht
Euredia	European Banking and Financial Law Journal
Eur. L. Reporter	European Law Reporter
Eur. L. Rev.	European Law Review
EuZW	Europäische Zeitschrift für Wirtschaftsrecht
e. V.	eingetragener Verein
EVÜ	Europäisches Schuldvertragsübereinkommen
EWG	Europäische Wirtschaftsgemeinschaft
EWGV	Vertrag über die Europäische Wirtschaftsgemeinschaft
EWiR	Entscheidungen zum Wirtschaftsrecht
EWIV	Europäische Wirtschaftliche Interessenvereinigung
EWS	Europäisches Währungssystem; Europäisches Wirtschafts- und Steuerrecht
f	folgend, folgende (Seiten)
FamRZ	Zeitschrift für das gesamte Familienrecht
FAO	Fachanwaltsordnung; Food and Agriculture Organization of the United Nations
FAS	Frankfurter Allgemeine Sonntagszeitung
FAZ	Frankfurter Allgemeine Zeitung
Feb.	Februar
FernabsatzRL	Richtlinie 97/7/EG des Europäischen Parlaments und des Rates vom 20. Mai 1997 über den Verbraucherschutz bei Vertragsabschlüssen im Fernabsatz
FernAbsG	Fernabsatzgesetz
ff	folgende (Seiten)
FGO	Finanzgerichtsordnung

FLF .... Finanzierung, Leasing, Factoring (vormals: Teilzahlungswirtschaft)
Fn .... Fußnote
Foro pad. .... Foro Padone
FPVO .... Feststellungsprüfungsverordnung Baden-Württemberg
frz. .... französisch
FS .... Festschrift
F. S. R. .... Fleet Street Reports of Patent Cases
F. Supp. .... Federal Supplement
FTC/F. T. C. .... Federal Trade Commission Decisions
FX .... Faxue (Rechtswissenschaft – Zeitschrift)
FZRB .... Fazhi Ribao (Legal Daily – Tageszeitung)
GA .... Generalanwalt; Goltdammers's Archiv für Strafrecht
GastG .... Gaststättengesetz
GATT .... General Agreement on Tariffs and Trade (Allgemeines Zoll- und Handelsabkommen)
Gaz.Pal. .... Gazette du Palais
GbR .... Gesellschaft bürgerlichen Rechts
geänd. .... geändert
GebrMG .... Gebrauchsmustergesetz
GebVerz .... Allgemeines Gebührenverzeichnis
gem. .... gemäß
GEMA .... Gesellschaft für musikalische Aufführungs- und mechanische Vervielfältigungsrechte
GenG .... Genossenschaftsgesetz
Ges. .... Gesetz
GeschmMG .... Geschmacksmustergesetz
GesRZ .... Der Gesellschafter
GewArch .... Gewerbearchiv für das Deutsche Reich; Gewerbearchiv
GewO .... Gewerbeordnung
GfK .... Gesellschaft für Konsum-, Markt- und Absatzforschung, Nürnberg
GG .... Grundgesetz
g. g. A. .... geschützte geografische Angaben
g. g. U. .... geschützte geografische Ursprungsbezeichnung
ggfs. .... gegebenenfalls
gHA .... geografische Herkunftsangabe
GKG .... Gerichtskostengesetz
GKV .... Gesetzliche Krankenversicherung
GmbH .... Gesellschaft mit beschränkter Haftung
GmbHG .... Gesetz betreffend die Gesellschaften mit beschränkter Haftung
GmbHR .... GmbH-Rundschau
GmS-OBG .... Gemeinsamer Senat der obersten Gerichtshöfe des Bundes
GMV .... Gemeinschaftsmarkenverordnung
GoA .... Geschäftsführung ohne Auftrag
GRUR .... Gewerblicher Rechtsschutz und Urheberrecht
GRUR Ausl. .... Gewerblicher Rechtsschutz und Urheberrecht, Auslands- und internationaler Teil
GRUR Int. .... Gewerblicher Rechtsschutz und Urheberrecht, Internationaler Teil (vormals: Auslands- und internationaler Teil)
GRUR-RR .... Gewerblicher Rechtsschutz und Urheberrecht/Rechtsprechungs-report
grVerbrSchG .... griechisches Verbraucherschutzgesetz
GrZS .... Großer Zivilsenat beim Bundesgerichtshof

GS .... geprüfte Sicherheit – Prüfzeichen
gTLDs .... generische Top-Level-Domains
g. U. .... geschützte Ursprungsbezeichnung
GVBl. .... Gesetz- und Verordnungsblatt
GVG .... Gerichtsverfassungsgesetz
GVÜ .... Gerichts- und Vollstreckungsübereinkommen
GWB .... Gesetz gegen Wettbewerbsbeschränkungen
GWYGB .... Zhonghua Renmin Gongheguo Gouwuyuan Gongbao (Amtsblatt des Saatsrats der VR China)
GZT .... Gemeinsamer Zolltarif
HABM .... Harmonisierungsamt für den Binnenmarkt
Halbs. .... Halbsatz
HandwO .... Handwerksordnung
HansOLG .... Hanseatisches Oberlandesgericht
HarvardJ. L. & Tech. Harvard Journal of Law and Technology
Harvard L. Rev. .... Harvard Law Review
Hdb. .... Handbuch
HeilpraktikerG .... Heilpraktikergesetz
HeilwWerbG .... Gesetz über die Werbung auf dem Gebiete des Heilwesens
Hess. .... Hessen
HGB .... Handelsgesetzbuch
hL .... herrschende Lehre
HLSchG .... Halbleiterschutzgesetz
hM .... herrschende Meinung
HOAI .... Honorarordnung für Architekten und Ingenieure
HPG .... Heilpraktikergesetz
HREF .... Handelsrechtsreform
HRefG .... Handelsrechtsreformgesetz
Hrsg. .... Herausgeber
HTML .... Hypertext Markup Language
HWiG .... Haustürwiderrufsgesetz
HWG .... Gesetz über die Werbung auf dem Gebiete des Heilwesens
IANA .... Internet Assigned Numbers Authority
ICA .... International Co-operative Alliance
ICANN .... Internet Corporation for Assigned Names and Numbers
ICC .... Intergovernmental Copyright Committee; International Chamber of Commerce
ICLQ .... International and Comparative Law Quarterly
ICOM .... International Council of Museums
idF .... in der Fassung
idR .... in der Regel
idS .... in diesem Sinne
i. E. .... im Ergebnis
ieS .... im engeren Sinne
IFD .... Institut für Demoskopie in Allensbach
IFM .... Institut für Marktforschung in Leipzig
IHK .... Industrie- und Handelskammer
IHK-Gesetz .... Gesetz über die Industrie- und Handelskammern
i. H. v. .... in Höhe von
IIC .... International Review of Industrial Property and Copyright Law
ILO .... International Labour Organization
I. L. Pr. .... Illinois Law and Practice
IMG-Links .... Image Links

Inc.	Incorporated
inkl.	inklusive
insbes.	insbesondere
insg.	insgesamt
InsO	Insolvenzordnung
Int. Comp. L. Q.	International and Comparative Law Quarterly
IntEncCompL	International Encyclopedia of Comparative Law
InterNIC	International Network Information Center
Int'l. Bus Lawyer	International Business Lawyer
Int. Rev. L. Comp. & Tech.	International Review of Law, Computer and Technology
Int. Wettbewerb	Internationaler Wettbewerb
IP	Internet Protocol
IP-Claim	vorab registrierte Marke
IPng	Internet Protocol Next Generation
IPR	Internationales Privatrecht
IPrax.	Praxis des Internationalen Privat- und Verfahrensrechts
IPRG	Schweizerisches Bundesgesetz vom 18. Dezember 1987 über das Internationale Privatrecht (IPRG; AS 1998 1776); Österreichisches Bundesgesetz vom 15. Juni 1978 über das internationale Privatrecht (IPR-Gesetz; BGBl. Nr. 304/1978)
IPRspr.	Die deutsche Rechtsprechung auf dem Gebiet des internationalen Privatrechts (Sonderheft der Zeitschrift für ausländisches und internationales Privatrecht)
IPv6	Internet Protocol Version 6
iRd	im Rahmen des, der
iSd	im Sinne des, der
ISDN	Integrated Service Digital Network
iSe	im Sinne eines, einer
ISO	International Organization for Standardization
ISP	Internet Service Provider
iSv	im Sinne von
ITC	International Trade Centre UNCTAD/WTO
ITRB	US Information Technology Resources Board
IuKDG	Informations- und Kommunikationsdienste-Gesetz
iVm	in Verbindung mit
IZPR	Deutsches Internationales Zivilprozessrecht
JA	Juristische Arbeitsblätter
JbItR	Jahrbuch für Italienisches Recht
JBl.	Juristische Blätter
J. B. L.	Journal of Business Law
J. Comp. & Info. L.	Journal of Computer and Information Law
J. C. P.	Judge of the Prize Court
JILT	Journal of Information Law and Technology
J. Marketing Research	Journal of Marketing Research
J. Marshall J. Comp. & Info. L.	John Marshall Journal of Computer and Information Law
JMBl.	Justiz-Ministerialblatt für Thüringen
JMStV	Staatsvertrag über den Schutz der Menschenwürde und den Jugendschutz in Rundfunk und Telemedien
J. Pol. Econ.	Journal of Political Economy
JR	Justizrat; Juristische Rundschau

Abkürzungsverzeichnis

J. T.	Journal de tribunaux (Belgien)
JurA	Juristische Analysen
Jura	Jura
JurBüro	Das juristische Büro
JurPC	Jur-PC
JuS	Juristische Schulung
JVA	Justizvollzugsanstalt
JW	Juristische Wochenschrift
JZ	Juristen-Zeitung
KäseVO	Käseverordnung
KaffeeVO	Kaffeeverordnung
KAGG	Gesetz über Kapitalanlagegesellschaften
Kap.	Kapitel
KartG	österreichisches Kartellgesetz (öBGBl. Nr. I 600/1988)
KfH	Kammer für Handelssachen
KG	Kammergericht; Kommanditgesellschaft; schweizerisches Kartellgesetz
KGaA	Kommanditgesellschaft auf Aktien
KJ	Kritische Justiz, Vierteljahreszeitschrift
KK-Verfahren	Verfahren zur Konnektivitäts-Koordination
KO	Konkursordnung
KOM	Dokumente der EU-Kommission für die anderen Organe (Legislativvorschläge, Mitteilungen, Berichte usw.)
KosmetikVO	Verordnung über kosmetische Mittel
K&R	Kommunikation und Recht
krit.	kritisch
KUG	Gesetz betreffend das Urheberrecht an Werken der bildenden Künste und der Photographie
KWG	Kreditwesengesetz
LACNIC	Latin American and Caribbean Internet Adresses Registry
LAG	Landesarbeitsgericht
La Ley	La Ley: Revista Juridica Argentina
LauterkeitsRL	Lauterkeitsrichtlinie
LauterkeitsRL-E	Entwurf einer Lauterkeitsrichtlinie
LCG	Ley sobre condiciones generales de contractión (Gesetz über allgemeine Geschäftsbedingungen – Spanien)
LChG	Lebensmittelchemische Gesellschaft
LDC	Ley de Defensa de la Competencia
Lebensmittel & Recht	Lebensmittel und Recht
Lebensmittelkennzeichnungs VO	Lebensmittelkennzeichnungsverordnung
LEC	Ley de enjuiciamiento civil (Zivilprozessordnung – Spanien)
Lfg.	Lieferung
LFGB	Lebensmittel- und Futtermittelgesetzbuch
LG	Landgericht
LGDCU	Ley 20/88 de la Defensa de los Consumidores y Usarios (Verbraucherschutzgesetz – Spanien)
LGP	Ley 34/88 General de la Publicidad
li.	links
li. Sp.	linke Spalte
lit.	litera (Buchstabe)
LKV	landwirtschaftliche Krankenversicherung; Los-Kennzeichnungsverordnung; Landes- und Kommunalverwaltung

Lloyd's Mar. Com. L. Q.	Lloyd's Maritime and Commercial Law Quarterly
LM	Das Nachschlagewerk des Bundesgerichtshofs in Zivilsachen, herausgegeben von Lindenmaier und Möhring
LMBG	Lebensmittel- und Bedarfsgegenständegesetz
LMKV	Lebensmittelkennzeichnungsverordnung
LMuR	Lebensmittel und Recht
Losebl.	Loseblattsammlung
LPG	Landwirtschaftliche Produktionsgenossenschaft
LPresseG	Landespressegesetz
LRE	Sammlung lebensmittelrechtlicher Entscheidungen
Ls	Leitsatz
LSG	Landessozialgericht
Ltd.	Limited
LUA	Lissaboner Abkommen über den Schutz der Ursprungsbezeichnungen und ihre internationale Registrierung
LugÜ	Übereinkommen über die gerichtliche Zuständigkeit und die Vollstreckung gerichtlicher Entscheidungen in Zivil- und Handelssachen vom 16. September 1988
LZ	Leipziger Zeitschrift
m.	mit
MA	Markenartikel
m. abl. Anm.	mit ablehnender Anmerkung/mit ablehnenden Anmerkungen
MaBV	Makler- und Bauträgerverordnung
m. Anm.	mit Anmerkung(en)
MarkenG	Gesetz über den Schutz von Marken und sonstigen Kennzeichen (Markengesetz – MarkenG)
MarkenR	Markenrecht
m. ausf. Nachw.	mit ausführlichen Nachweisen
m. ausf. w. Nachw.	mit ausführlichen weiteren Nachweisen
MBlNW	Ministerialblatt für das Land Nordrhein-Westfalen
MBO	Musterberufsordnung
MBO-Ä	Musterberufsordnung für die deutschen Ärztinnen und Ärzte
MD	Mitteilungsdienst Verband sozialer Wettbewerb
MDR	Monatsschrift für deutsches Recht
MDStV	Mediendienste-Staatsvertrag
mE	meines Erachtens
MedienG	Mediengesetz
MedR	Medizinrecht
m. einz. Nachw.	mit einzelnen Nachweisen
Mfg.	Mittelstandsförderungsgesetz
mHa	mit Hinweis auf
MHA	Madrider Abkommen über die Unterdrückung falscher oder irreführender Herkunftsangaben auf Waren
MI	Minnesota
Minn. L. Rev.	Minnesota Law Review
Mio.	Million/Millionen
Mitt.	Mitteilungen der deutschen Patentanwälte
m. krit. Anm.	mit kritischer Anmerkung/mit kritischen Anmerkungen
MMR	Multimedia und Recht
MMS	Multimedia Messaging Service
mN	mit Nachweisen
MPG	Medizinproduktegesetz

MPI	Max-Planck-Institut
MR	Markenrecht
M&R	Medien und Recht
Mrd.	Milliarde/Milliarden
MTA	Technischer Assistent in der Medizin
MTVO	Mineral- und Tafelwasserverordnung
Multimedia & Ent. L. Online News	Multimedia and Entertainment Law Online News
MuW	Markenschutz und Wettbewerb (Jahr, Seite)
MWBO	(Muster-)Weiterbildungsordnung
mwH	mit weiteren Hinweisen
mwN	mit weiteren Nachweisen
MwSt	Mehrwertsteuer
m. zust. Anm.	mit zustimmender Anmerkung/mit zustimmenden Anmerkungen
Nachw.	Nachweis
Nährwert-KennzeichnungsVO	Nährwert-Kennzeichnungsverordnung
NährwertVO	Nährwertverordnung
NCPC	Nouveau Code de procédure civile
NDA-Panel	Gremium für diätetische Produkte, Ernährung und Allergien (s. EFSA)
N. D. Cal.	Northern District of California
Nds. GVBl.	Niedersächsisches Gesetzes- und Verordnungsblatt
NdsRpfl	Niedersächsische Rechtspflege
Neubearb.	Neubearbeitung
nF	neue Fassung
NIC	Network Information Center
NJ	Neue Justiz
NJOZ	Neue juristische Online-Zeitschrift
NJW	Neue Juristische Wochenschrift
NJW-Cor	Computerreport der NJW
NJWE-WettbR	Neue Juristische Wochenschrift – Entscheidungsdienst Wettbewerbsrecht
NJW-RR	Neue Juristische Wochenschrift – Rechtsprechungs-Report Zivilrecht
NKV	Verordnung über nährwertbezogene Angaben bei Lebensmitteln und die Nährwertkennzeichnung von Lebensmitteln
Nov.	November
Nr.	Nummer; Erwägungsgrund
NRW	Nordrhein-Westfalen
NS I	Network Solution Inc.
NStZ	Neue Zeitschrift für Strafrecht
NStZ-RR	NStZ-Rechtsprechungs-Report Strafrecht
NVG	Österreichisches Nahversorgungsgesetz vom 29. Juni 1977 idF von 1993
nvwr	Neues vom Wirtschaftsrecht
NVwZ	Neue Zeitschrift für Verwaltungsrecht
NVwZ-RR	Neue Zeitschrift für Verwaltungsrecht – Rechtsprechungs-Report
NW	Nordrhein-Westfalen
NWGO	Nordrhein-Westfälische Gemeindeordnung
N. Y. L. J.	New York Law Journal
NZA-RR	Neue Zeitschrift für Arbeits- und Sozialrecht – Rechtsprechungs-Report

NZG	Neue Zeitschrift für Gesellschaftsrecht
NZM	Neue Zeitschrift für Miet- und Wohnungsrecht
o. ä.	oder ähnlich
ÖBA	Österreichisches Bankarchiv
öBGBl.	Österreichisches Bundesgesetzblatt
ÖBl.	Österreichische Blätter für gewerblichen Rechtsschutz und Urheberrecht
öECG	österreichisches E-Commerce Gesetz (öBGBl. Nr. I 152/2001)
öFernabsatzG	österreichisches Fernabsatzgesetz (öBGBl. Nr. I 185/1999)
o. g.	oben genannt
öIPRG	österreichisches IPR-Gesetz (s. a. IPRG)
öJN	österreichische Jurisdiktionsnorm (öRGBl. 1895/111)
ÖJZ	Österreichische Juristenzeitung
öKSchG	österreichisches Konsumentenschutzgesetz (öBGBl. Nr. I 1979/140)
OEM	Original equipment manufacturer
öOGH	Oberster Gerichtshof (Österreich)
öTKG	österreichisches Telekommunikationsgesetz (öBGBl. Nr. I 1997/100)
öUWG	österreichisches Gesetz gegen den unlauteren Wettbewerb (öBGBl. Nr. I 1984/448)
öVfGH	Österreichischer Verfassungsgerichtshof
öZPO	österreichische Zivilprozessordnung (öRGBl. Nr. 113/1895)
ÖZW	Österreichische Zeitschrift für Wirtschaftsrecht
OFCOM	Office of Communications (Großbritannien)
OG	Schweizerisches Bundesgesetz vom 16. Dezember 1943 über die Organisation der Bundesrechtspflege (Bundesrechtspflege, OG; BS 3 531)
OGAW	Organismen für gemeinsame Anlagen in Wertpapiere
OHG	Offene Handelsgesellschaft
OLG	Oberlandesgericht
OLGE	Entscheidungen der Oberlandesgerichte einschließlich freiwillige Gerichtsbarkeit
OLG-NL	OLG-Rechtsprechung Neue Länder
OLGR	OLG-Report: Zivilrechtsprechung der Oberlandesgerichte
O. L. D.	Ohio Lower Court Decisions
OLG-Rep	s. OLGR
OLGZ	Entscheidungen der Oberlandesgerichte in Zivilsachen einschließlich der freiwilligen Gerichtsbarkeit (1965–1994; seitdem: FGPrax)
ORDO	Jahrbuch für die Ordnung von Wirtschaft und Gesellschaft
ORF-G	Bundesgesetz über den Österreichischen Rundfunk (öBGBl. Nr. I 379/1984)
OVG	Oberverwaltungsgericht
OwiG (OWiG)	Gesetz über Ordnungswidrigkeiten
PAngV	Preisangabenverordnung
PAO	Patentanwaltsordnung
PartGG	Partnerschaftsgesellschaftsgesetz
PatAnwO	s. PAO
PatG	Patentgesetz
PatKostG	Patentkostengesetz
PBV	Pflege-Buchführungsverordnung
Pf.	Pfennig
PflSchG	Pflanzenschutzgesetz

PKH	Prozesskostenhilfe
PR	Pacific Reporter; Parliamentary Reports; Patent Roll
pr.	preußisch
PrAG	österreichisches Preisauszeichnungsgesetz (öBGBl. Nr. I 146/1992)
PrivatfernsehG	österreichisches Bundesgesetz, mit dem Bestimmungen für privates Fernsehen erlassen werden (öBGBl. I Nr. 84/2001)
PrivatradioG	österreichisches Bundesgesetz, mit dem Bestimmungen für privaten Hörfunk erlassen werden (öBGBl. I Nr. 20/2001)
ProfE	Professorenentwurf
PTA	Pharmazeutisch-Technischer Assistent
PVÜ	Pariser Verbandsübereinkunft zum Schutz des gewerblichen Eigentums
pVV	positive Vertragsverletzung
RabattG	Rabattgesetz
RabelsZ	Rabels Zeitschrift für ausländisches und internationales Privatrecht
RÄndStV	Rundfunkänderungsstaatsvertrag
RÄStV	s. RÄndStV
RAL	Reichsausschuss für Lieferbedingungen
RAO	Rechtsanwaltsordnung
RArbG	Richter am Arbeitsgericht
RBerG	Rechtsberatungsgesetz
RBremenG	Radio-Bremen Gesetz
RdJB	Recht der Jugend und des Bildungswesens
RdW	Recht der Wirtschaft; Österreichisches Recht der Wirtschaft
re.	rechts
Rec. des Cours	Recueil des Cours
red.	redaktionell
RefE	Referentenentwurf
Reg.	Regierung; Register
RegBegr.	Regierungsbegründung
RegE	Regierungsentwurf
re. Sp.	rechte Spalte
Rev. crit.	Revue critique
Rev. crit. dr. int. pr.	Revue critique de droit international privé
Rev. dr. U. E.	Revue du droit de l'Union Européenne
RDPI	Revue de Droit de Propriété Intellectuelle
RDV	Recht der Datenverarbeitung
RfStV	Rundfunkstaatsvertrag
RG	Reichsgericht
RGBl.	Reichsgesetzblatt
RGebStV	Rundfunkgebührenstaatsvertrag
RGSt	Entscheidungen des Reichsgerichts in Strafsachen
RGZ	Entscheidungen des Reichsgerichts in Zivilsachen
Rich. J. L. & Tech.	Richmond Journal of Law and Technology
RIPE NCC	Réseaux IP Européens Network Coordination Center
R. I. P. I. A.	Revue international de la propriété industrielle et artistique
RiStBV	Richtlinien für das Strafverfahren und das Bußgeldverfahren
Riv. crit. dir. priv.	Rivista critica di diritto internazionale privato
Riv. dir. ind.	Rivista di diritto industriale
Riv. dir. int. priv. proc.	Rivista di diritto internazionale privato e processuale
Riv. div. Int.	Rivista di diritto internazionale
RIW	Recht der Internationalen Wirtschaft

RL .... Richtlinie
RL-E .... Richtlinienentwurf
Rn .... Randnummer
RPC .... Reports of Patent, Design and Trade Marks Cases
Rpfleger .... Der Deutsche Rechtspfleger
RPflG .... Rechtspflegergesetz
RPW .... Recht und Politik des Wettbewerbs
Rs. .... Rechtssache
Rspr. .... Rechtsprechung
Rspr.Nachw. .... Rechtsprechungsnachweise
RStV .... Rundfunkstaatsvertrag
RTVG .... schweizerisches Bundesgesetz vom 21. Juni 1991 über Radio und Fernsehen (AS 1992 601)
RTVV .... schweizerische Radio- und Fernsehverordnung vom 6. Oktober 1997 (AS 1997 2903)
RVG .... Rechtsanwaltsvergütungsgesetz
S. .... Seite
s. .... siehe
s. a. .... siehe auch
saarländ. .... saarländisch
sächs. .... sächsisch
SächsArchG .... Sächsisches Architektengesetz
SchlHA .... Schleswig-Holsteinischer Anzeiger
SchOG .... Gesetz zur Ordnung des Schulwesens im Saarland
SchVG .... Schulverwaltungsgesetz
schwIPRG .... s. IPRG
SchwJZ .... schweizerische Juristenzeitung
schwUWG .... schweizerisches Bundesgesetz vom 19. Dezember 1986 gegen den unlauteren Wettbewerb (AS 1988 223)
S. D. N. Y. .... Southern District of New York
sec. .... section
SGB V .... Sozialgesetzbuch, Buch V, Gesetzliche Krankenversicherung
SGB IX .... Sozialgesetzbuch, Buch IX, Rehabilitation und Teilhabe behinderter Menschen
SGG .... Sozialgerichtsgesetz
sic! .... Zeitschrift für Immaterialgüter-, Informations- und Wettbewerbsrecht
SIGMA .... Gesellschaft für internationale Marktforschung und Beratung in Mannheim
SLD .... Second-Level-Domain
Slg. .... amtliche Sammlung der Entscheidungen des EuGH
SMI .... Schweizer Börsenindex
SMS .... Short Message Service
so .... siehe oben
sog. .... sogenannt
SolingenG .... Gesetz zum Schutz des Namens Solingen
SolingenV .... Verordnung zum Schutz des Namens Solingen
SortSchG .... Sortenschutzgesetz
Sp. .... Spalte
SPD .... Sozialdemokratische Partei Deutschlands
Spez. .... Spezialthema
SSchG .... Gesetz über die Erbschafts- und Schenkungsteuer
StA .... Staatsanwaltschaft

StBerG .... Steuerberatungsgesetz
Stbg .... Die Steuerberatung
StGB .... Strafgesetzbuch
sTLDs .... gesponsorte Top-Level-Domains
StoffR .... Zeitschrift für Stoffrecht
STOP .... Start-up Trademark Opposition Policy
StPO .... Strafprozessordnung
str. .... strittig
stRspr. .... ständige Rechtsprechung
StV .... Strafverteidiger
s. u. .... siehe unten
sub .... Subadressierung
sUWG .... s. schwUWG
SWF-StV .... Staatsvertrag über den Südwestfunk
SWR-StV .... Staatsvertrag über den Südwestrundfunk
SZ .... Süddeutsche Zeitung
SZIER .... Schweizerische Zeitschrift für internationales und europäisches Recht
TabakStG .... Tabaksteuergesetz
TCP .... Transmission Control Protocol
TDDSG .... Gesetz über den Datenschutz bei Telediensten
TDG .... Teledienstegesetz
TGI .... Tribunal de grand instance
TKG .... Telekommunikationsgesetz
TKMR .... Telekommunikations- & Medienrecht
TLD .... Top-Level-Domain
TNS Emnid .... Institut für Markt-, Media- und Meinungsforschung, Bielefeld
Tolley's Comm. L. .... Tolley's Communications Law
Trib. .... Tribunal
Trib. corr. .... Tribunal correctionnel
TRIPS .... Agreement on Trade-Related Aspects of Intellectual Property Rights (Übereinkommen über handelsbezogene Aspekte der Rechte des geistigen Eigentums)
TÜV .... Technischer Überwachungsverein
Tz .... Textziffer
TzWrG .... Teilzeitwohnrechtegesetz
u. .... und
u. a. .... und andere
ua .... unter anderem
uä .... und ähnliches
UBA .... Umweltbundesamt
UDRP .... Uniform Domain Name Dispute Resolution Policy
Überbl. .... Überblick
UFITA .... Archiv für Urheber-, Film-, Funk- und Theaterrecht
UGP-RL .... Richtlinie 2005/29/EG des Europäischen Parlaments und des Rates vom 11. Mai 2005 über unlautere Geschäftspraktiken im binnenmarktinternen Geschäftsverkehr zwischen Unternehmen und Verbrauchern und zur Änderung der Richtlinie 84/450/EWG des Rates, der Richtlinien 97/7/EG, 98/27/EG und 2002/65/EG des Europäischen Parlaments und des Rates sowie der Verordnung (EG) Nr. 2006/2004 des Europäischen Parlaments und des Rates (Richtlinie über unlautere Geschäftspraktiken)
UKlaG .... Unterlassungsklagengesetz

UL-Werte	Upload-Werte
Umdr.	Umdrehung
Unterabs.	Unterabsatz
UrhG	Urheberrechtsgesetz
URL	Uniform Ressource Locator
Urt.	Urteil
U.S.	United States
USA	United States of America
US C	University of Southern California
U.S.C.	United States Code
U.S.C.A.	United States Code Annotated
USPQ	United States Patent Quarterly
UStG	Umsatzsteuergesetz
usw.	und so weiter
uU	unter Umständen
UWG	Gesetz gegen den unlauteren Wettbewerb
UWG-ÄnderungsG	UWG-Änderungsgesetz
UWG-E	UWG-Entwurf
v.	vom; von; versus
v.a.	vor allem
Var.	Variante
VB	Visual Basic
vBP	vBulletin Portal
VDE	Verband deutscher Elektrotechniker
VerbrKrG	Verbraucherkreditgesetz
VerkaufsförderungsVO	Verkaufsförderungsverordnung
VerkMitt	Verkehrsrechtliche Mitteilungen
VersR	Versicherungsrecht
Verw.	Die Verwaltung
VG	Verwaltungsgericht
VGH	Verwaltungsgerichtshof
vgl.	vergleiche
VHB	Allgemeine Hausratsversicherungsbedingungen; Vergabehandbuch für die Durchführung von Bauaufgaben des Bundes im Zuständigkeitsbereich der Finanzbauverwaltung
VHS	Volkshochschule
VIZ	Zeitschrift für Vermögens- und Immobilienrecht
VO	Verordnung
VO-E	Verordnungsentwurf
Vorbem.	Vorbemerkung
VSG	Verbraucherschutzgesetz
VuR	Verbraucher und Recht
VVDStRL	Veröffentlichungen der Vereinigung der Deutschen Staatsrechtslehrer
VVG	Gesetz über den Versicherungsvertrag
VwGO	Verwaltungsgerichtsordnung
VwGOÄndG	Gesetz zur Änderung der Verwaltungsgerichtsordnung
vzbv	Verbraucherzentrale Bundesverband
wbl	Wirtschaftsrechtliche Blätter
WeinG	Weingesetz
WerbeG	Werbegesetz
WIPO	World Intellectual Property Organization (Weltorganisation für geistiges Eigentum)
WiStG	Wirtschaftsstrafgesetz

wistra	Zeitschrift für Wirtschafts- und Steuerstrafrecht
WiVerw	Wirtschaft und Verwaltung
WLR	Weekly Law Reports
WM	Wertpapiermitteilungen
wN	weitere Nachweise
WP	Wirtschaftsprüfer
WPO	Gesetz über eine Berufsordnung der Wirtschaftsprüfer
WRP	Wettbewerb in Recht und Praxis
WTO	World Trade Organization (Welthandelsorganisation)
WuB	Entscheidungssammlung zum Wirtschafts- und Bankrecht
WuW	Wirtschaft und Wettbewerb
WuW/E	Wirtschaft und Wettbewerb. Entscheidungssammlung zum Kartellrecht
WWW	World Wide Web
WZG	Warenzeichengesetz
Yb. Eur. L.	Yearbook of European Law
ZahnheilkundeG	Zahnheilkundegesetz
ZAW	Zentralverband der deutschen Werbewirtschaft
zB	zum Beispiel
ZBB	Zeitschrift für Bankrecht und Bankwirtschaft
ZDF-StV	ZDF-Staatsvertrag
ZEuP	Zeitschrift für Europäisches Privatrecht
ZfgG	Zeitschrift für das gesamte Genossenschaftswesen
ZfhF	Zeitschrift für handelswirtschaftliche Forschung
ZfIR	Zeitschrift für Immobilienrecht
ZFP	Zeitschrift für Politik
ZfRV	Zeitschrift für Rechtsvergleichung, Internationales Privatrecht und Europarecht
ZGS	Zeitschrift für das gesamte Schuldrecht
ZHG	Zahnheilkundegesetz
ZHR	Zeitschrift für das gesamte Handelsrecht
Ziff.	Ziffer
ZIP	Zeitschrift für Wirtschaftsrecht
zit.	zitiert
ZKDSG	Zugangskontrolldiensteschutzgesetz
ZLR	Zeitschrift für das gesamte Lebensmittelrecht
ZMR	Zeitschrift für Miet- und Raumrecht
ZNotP	Zeitschrift für die NotarPraxis
ZPO	Zivilprozessordnung
ZRP	Zeitschrift für Rechtspolitik
Zs.	Zeitschrift
ZStW	Zeitschrift für die gesamte Strafrechtswissenschaft
ZugabeVO	Zugabeverordnung
zul.	zuletzt
ZUM	Zeitschrift für Urheber- und Medienrecht
ZUM-RD	Zeitschrift für Urheber- und Medienrecht Rechtsprechungsdienst
zust.	zustimmend
ZVersWiss	Zeitschrift für die gesamte Versicherungswissenschaft (vormals: Versicherungswissenschaftliches Archiv)
ZVglRWiss	Zeitschrift für vergleichende Rechtswissenschaft
ZZP	Zeitschrift für Zivilprozess
ZZP Int.	ZZP Internationaler Teil
ZZulV	Zusatzstoff-Zulassungsverordnung

Literaturverzeichnis[1]

Ackermann, Brunhilde, Wettbewerbsrecht unter Berücksichtigung europarechtlicher Bezüge, Berlin, Heidelberg, 1997

Ahrens, Hans-Jürgen, Wettbewerbsverfahrensrecht, Köln, 1983

Ahrens, Hans-Jürgen, Der Wettbewerbsprozess, Ein Praxishandbuch, 6. Aufl., Köln, 2009

Ahrens, Hans-Jürgen/Spätgens, Klaus, Die gütliche Streiterledigung in UWG-Sachen, 2. Aufl., Köln, 1987

Ahrens, Hans-Jürgen/Spätgens, Klaus, Einstweiliger Rechtsschutz und Vollstreckung in UWG-Sachen, 4. Aufl., Köln, 2001

Amann, Joachim/Graf Lambsdorff, Hans-Georg, Rechtsfragen in Wettbewerb und Werbung (RWW), Stuttgart, München, Hannover, Berlin, Weimar, Dresden, Stand Juli 2003

v. Bar, Christian/Mankowski, Peter, Internationales Privatrecht, Bd. 1, Allgemeine Lehren, 2. Aufl., München, 2003; Bd. 2, Besonderer Teil, 1991

Bartenbach, Kurt, Patentlizenz- und Know-how-Vertrag, 6. Aufl., Köln, 2006

Baudenbacher, Carl, Lauterkeitsrecht, Kommentar zum Gesetz gegen den unlauteren Wettbewerb (UWG), St. Gallen, Berlin, Basel, 2001

Baumbach, Adolf, Kommentar zum Wettbewerbsrecht (Wettbewerbsgesetz und wettbewerbsrechtliche Vorschriften des Warenzeichengesetzes, Bürgerlichen Gesetzbuchs und Handelsgesetzbuchs), 1. Aufl., Berlin, 1929

Baumbach, Adolf/Hefermehl, Wolfgang, Wettbewerbsrecht, Gesetz gegen den unlauteren Wettbewerb, Zugabeverordnung, Rabattgesetz und Nebengesetze, 22. Aufl., München, 2001

Baumbach, Adolf/Lauterbach, Wolfgang/Albers, Jan/Hartmann, Peter, Zivilprozessordnung mit FamFG, GVG und anderen Nebengesetzen, 67. Aufl., München, 2009

Beater, Axel, Nachahmen im Wettbewerb, Tübingen, 1995

Beater, Axel, Verbraucherschutz und Schutzzweckdenken im Wettbewerbsrecht, Tübingen, 2000

Beater, Axel, Unlauterer Wettbewerb, München, 2002

Becher, Carl, Kommentar zum Gesetz gegen den unlauteren Wettbewerb, 2. Aufl., München, Berlin, 1932

Berlit, Wolfgang, Wettbewerbsrecht, 7. Aufl., München, 2009

Berneke, Wilhelm, Die einstweilige Verfügung in Wettbewerbssachen, 2. Aufl., München, 2003

Bettinger, Torsten, Handbuch des Domainrechts, Nationale Schutzsysteme und Internationale Streitbeilegung, Köln, 2008

Binder, Bruno, Wirtschaftsrecht, 2. Aufl., Wien, 1999

Boesche, Katharina Vera, Wettbewerbsrecht, 2. Aufl., Heidelberg, 2007

Böhm, Franz, Wettbewerb und Monopolkampf, Eine Untersuchung zur Frage des wirtschaftlichen Kampfrechts und zur Frage der rechtlichen Struktur der geltenden Wirtschaftsordnung, Berlin, 1933

Borck, Hans-Günther, Die anwaltliche Praxis in Wettbewerbssachen, Stuttgart, 1992

Brömmelmeyer, Christoph, Internetwettbewerbsrecht, Tübingen, 2007

Bülow, Peter/Ring, Gerhard, Heilmittelwerbegesetz, 3. Aufl., Köln, 2005

v. Büren, Roland/David, Lucas (Hrsg.), Schweizerisches Immaterialgüter- und Wettbewerbsrecht, Bd. I, Allgemeiner Teil, 1. Teilbd., Grundlagen, 2. Aufl., Basel, 2002; Bd. V, Wettbewerbsrecht, 1. Teilbd., Lauterkeitsrecht, 2. Aufl., Basel, 1998

---

[1] Publikationen, die während der Drucklegung erschienen sind, konnten nur noch vereinzelt berücksichtigt werden.

Literaturverzeichnis

v. Büren, Roland/Marbach, Eugen/Ducrey, Patrik, Immaterialgüter- und Wettbewerbsrecht, 3. Aufl., Bern, 2008

Büscher, Wolfgang/Dittmer, Stefan/Schiwy, Peter, Gewerblicher Rechtsschutz Urheberrecht Medienrecht, Kommentar, Köln, 2008

Callmann, Rudolf, Der unlautere Wettbewerb, Kommentar zum Gesetz gegen den unlauteren Wettbewerb, 2. Aufl., Mannheim, Berlin, Leipzig, 1932

Cox, Helmut/Jens, Uwe/Markert, Kurt, Handbuch des Wettbewerbs, Wettbewerbstheorie, Wettbewerbspolitik, Wettbewerbsrecht, München, 1981

David, Lucas/Jacobs, Reto, Schweizerisches Wettbewerbsrecht, 4. Aufl., Bern, 2005

Dauses, Manfred A. (Hrsg.), Handbuch des EU-Wirtschaftsrechts, Bd. 1 und 2, München, 2003

Dethloff, Nina, Europäisierung des Wettbewerbsrechts, Tübingen, 2001

Doepner, Ulf, Heilmittelwerbegesetz, 2. Aufl., München, 2000

Dreier, Thomas/Schulze, Gernot, Urheberrechtsgesetz, Kommentar, 3. Aufl., München, 2008

Drexl, Josef, Die wirtschaftliche Selbstbestimmung des Verbrauchers, Eine Studie zum Privat- und Wirtschaftsrecht unter Berücksichtigung gemeinschaftlicher Bezüge, Tübingen, 1998

Ekey, Friedrich L./Klippel, Diethelm, Heidelberger Kommentar zum Markenrecht, MarkenG, GMV und Markenrecht ausgewählter ausländischer Staaten, Heidelberg, 2003

Ekey, Friedrich L./Klippel, Diethelm/Bender, Achim, Markenrecht, Band 1, Markengesetz und Markenrecht ausgewählter ausländischer Staaten, 2. Aufl., Heidelberg, 2009

Ekey, Friedrich L./Klippel, Diethelm/Kotthoff, Jost/Meckel, Astrid/Plaß, Gunda, Heidelberger Kommentar zum Wettbewerbsrecht, 2. Aufl., Heidelberg, 2005

Emmerich, Volker, Kartellrecht, 11. Aufl., München, 2008

Emmerich, Volker, Unlauterer Wettbewerb, 8. Aufl., München, 2009

Eucken, Walter, Grundsätze der Wirtschaftspolitik, 2. Aufl., Tübingen, 1955

Fezer, Karl-Heinz, Teilhabe und Verantwortung, Die personale Funktionsweise des subjektiven Privatrechts, München, 1986

Fezer, Karl-Heinz/Stefan Koos, Internationales Wirtschaftsrecht, J. von Staudingers Kommentar zum Bürgerlichen Gesetzbuch, EGBGB/IPR, IntWirtschR, Berlin, 2006

Fezer, Karl-Heinz, Markenrecht, Kommentar zum Markengesetz, zur Pariser Verbandsübereinkunft und zum Madrider Markenabkommen, Dokumentation des nationalen, europäischen und internationalen Kennzeichenrechts, 4. Aufl., München, 2009

Fikentscher, Wolfgang, Wettbewerb und Gewerblicher Rechtsschutz, Die Stellung des Rechts der Wettbewerbsbeschränkungen in der Rechtsordnung, München, Berlin, 1958

Fikentscher, Wolfgang, Wirtschaftsrecht, Bd. I, Weltwirtschaftsrecht, Europäisches Wirtschaftsrecht, München, 1983; Bd. II, Deutsches Wirtschaftsrecht, München, 1983

Finger, Christian, Reichsgesetz gegen den unlauteren Wettbewerb vom 7. Juni 1909 nebst dem Rechte am Namen (§ 12 BGB) und § 826 BGB, 4. Aufl., Berlin, 1911

Fitz, Hanns/Gamerith, Helmut, Handelsrecht – Wettbewerbsrecht, Unlauterer Wettbewerb und Kartelle, 6. Aufl., Wien, 2008

Fromm, Friedrich K./Nordemann, Wilhelm, Urheberrecht, Kommentar zum Urheberrechtsgesetz, zum Verlagsgesetz und zum Urheberrechtswahrnehmungsgesetz, hrsg. von Nordemann, Wilhelm/Nordemann, Axel/Nordemann, Jan Bernd, 10. Aufl., Stuttgart, 2008

Hefermehl, Wolfgang/Köhler, Helmut/Bornkamm, Joachim, Gesetz gegen den unlauteren Wettbewerb, 27. Aufl., München, 2009

v. Gamm, Otto-Friedrich, Wettbewerbsrechtliche Nebengesetze, Köln, Berlin, Bonn, München, 1977

v. Gamm, Otto-Friedrich, Wettbewerbs- und Wettbewerbsverfahrensrecht, Bd. 1, Wettbewerbsrecht; 5. Aufl., Köln, Berlin, Bonn, München, 1987

v. Gamm, Otto Friedrich, Gesetz gegen den unlauteren Wettbewerb, 3. Aufl., Köln, Berlin, Bonn, München, 1993

Gloy, Wolfgang/Loschelder, Michael, Handbuch des Wettbewerbsrechts, 3. Aufl., München, 2005

v. Godin, Hans, Wettbewerbsrecht, Kommentar zum Gesetz gegen den unlauteren Wettbewerb und zum Zugabe- und Rabattrecht, 2. Aufl., Berlin, 1974

Götting, Horst-Peter, Wettbewerbsrecht, München, 2005

Götting, Horst-Peter, Gewerblicher Rechtsschutz (Patent-, Gebrauchsmuster-, Geschmacksmuster-, Marken- und Wettbewerbsrecht), 8. Aufl., München, 2007.

v. der Groeben, Hans/Schwarze, Jürgen, Kommentar zum Vertrag über die Europäische Union und zur Gründung der Europäischen Gemeinschaft, 6. Aufl., Baden-Baden, 2003

Harte-Bavendamm, Henning/Henning-Bodewig, Frauke, Gesetz gegen den unlauteren Wettbewerb (UWG), Mit Preisangabenverordnung, Kommentar, 2. Aufl., München, 2009

Hasselblatt, Gordian N. (Hrsg.), Münchener Anwaltshandbuch Gewerblicher Rechtsschutz, 3. Aufl., München, 2009

Hauser, Werner/Thomasser, Andreas, Wettbewerbs- und Immaterialgüterrecht, Wien, 1998

Hefermehl, Wolfgang/Fezer, Karl-Heinz, Der Schutz der Marke im Gemeinsamen Markt, in: *Hefermehl, Wolfgang/Ipsen, Hans Peter/Schluep, Walter R./Sieben, Günter,* Nationaler Markenschutz und freier Warenverkehr in der Europäischen Gemeinschaft, München, 1979

Heermann, Peter W., Warenverkehrsfreiheit und deutsches Unlauterkeitsrecht, München 2004

Herdegen, Matthias, Internationales Wirtschaftsrecht, 8. Aufl., München, 2009

Hertin, Paul W., Urheberrecht, 2. Aufl., München, 2008

Hoeren, Thomas/Sieber, Ulrich, Handbuch Mulitmedia-Recht, Rechtsfragen des elektronischen Geschäftsverkehrs, München, 2009

Hösch, Ulrich, Grundlagen des Wettbewerbsrechts, Stuttgart, 1996

Immenga, Ulrich/Mestmäcker, Ernst-Joachim, EG-Wettbewerbsrecht, München, 1997

Immenga, Ulrich/Mestmäcker, Ernst-Joachim, Gesetz gegen Wettbewerbsbeschränkungen (GWB), 4. Aufl., München, 2007

Ingerl, Reinhard/Rohnke, Christian, Markengesetz, Kommentar, 2. Aufl., München, 2003

Ivanov, Daniel, Rechtsgüterschutz und Rechtsgut des Bundesgesetzes gegen den unlauteren Wettbewerb (UWG), Bern, 2003

v. Jacobs, Rainer/Lindacher, Walter F./Teplitzky, Otto, Großkommentar zum Gesetz gegen den unlauteren Wettbewerb mit Nebengesetzen, Berlin, New-York, 1992 ff

Kehl, Dieter, Wettbewerbsrecht, Köln, Berlin, Bonn, München, 1990

Kilian, Wolfgang, Europäisches Wirtschaftsrecht, EG-Wirtschaftsrecht und Bezüge zum deutschen Recht, 3. Aufl., München, 2008

Kilian, Wolfgang/Heussen, Benno, Computerrechts-Handbuch: Computertechnologie in der Rechts- und Wirtschaftspraxis, 27. Aufl., München, 2009

Knöpfle, Robert, Der Rechtsbegriff „Wettbewerb" und die Realität des Wirtschaftslebens, Köln, Berlin, Bonn, München, 1966

Köhler, Markus/Arndt, Hans-Wolfgang/Fetzer, Thomas, Recht des Internet, 6. Aufl., Heidelberg, 2008

Kohler, Josef, Der unlautere Wettbewerb, Darstellung des Wettbewerbsrechts, Berlin, Leipzig, 1914

Koppensteiner, Hans-Georg, Wettbewerbsrecht, Bd. 2, Unlauterer Wettbewerb, 2. Aufl., Wien, 1987

Koppensteiner, Hans-Georg, Österreichisches und Europäisches Wettbewerbsrecht, Wettbewerbsbeschränkungen, Unlauterer Wettbewerb, Marken, 3. Aufl., Wien, 1997

Koppensteiner, Hans-Georg, Österreichisches und Europäisches Wirtschaftsprivatrecht, Bd. 6/2, Wettbewerbsrecht – UWG, 3. Aufl., 1998

Krimphove, Dieter, Europäisches Werberecht, München, 2002

Kroeber-Riel, Werner/Weinberg, Peter/Gröppel-Klein, Andrea, Konsumentenverhalten, 9. Aufl., München, 2009

Kucsko, Guido, Österreichisches und europäisches Wettbewerbs-, Marken-, Muster- und Patentrecht, 4. Aufl., Wien, 1995

Kummer, Max, Anwendungsbereich und Schutzgut der privatrechtlichen Rechtssätze gegen unlauteren und gegen freiheitsbeschränkenden Wettbewerb, Bern, 1960

Lange, Knut W./Spätgens, Klaus, Rabatte und Zugaben im Wettbewerb: Das neue Recht nach Wegfall von RabattG und ZugabeVO, München, 2001

Langen, Eugen/Bunte, Hermann J., Kommentar zum deutschen und europäischen Kartellrecht, 10. Aufl., Berlin, 2006

Lehmler, Lutz, UWG, Kommentar zum Wettbewerbsrecht, Köln, 2007

Lettl, Tobias, Der lauterkeitsrechtliche Schutz vor irreführender Werbung in Europa, München, 2004

Lettl, Tobias, Wettbewerbsrecht, München, 2009

Lobe, Adolf, Die Bekämpfung des unlauteren Wettbewerbs, Bd. I, Der unlautere Wettbewerb als Rechtsverletzung nach dem Bürgerlichen Gesetzbuch und den Nebengesetzen, Leipzig, 1907

Loewenheim, Ulrich/Koch, Frank A./Hage, Markus, Praxis des Online-Rechts, Weinheim, 1998

Löffler, Martin, Presserecht, Kommentar, 5. Aufl., München, 2006

Marshall, Hans, Unlauterer Wettbewerb, 2. Aufl., München, 1993

Melullis, Klaus-J., Handbuch des Wettbewerbsprozesses unter besonderer Berücksichtigung der Rechtsprechung, 3. Aufl., Köln, 2000

Mes, Peter, Münchener Prozessformularbuch, Bd. 5, Gewerblicher Rechtsschutz, Urheber- und Prozessrecht, 2. Aufl., München, 2005

Mestmäcker, Ernst-Joachim, Europäisches Wettbewerbsrecht, 1974

Mestmäcker, Ernst-Joachim/Schweitzer, Heike, Europäisches Wettbewerbsrecht, 2. Aufl., München, 2004

Micklitz, Hans W./Stadler, Astrid, Unrechtsgewinnabschöpfung, Möglichkeiten und Perspektiven eines kollektiven Schadenersatzanspruches im UWG, Baden-Baden, 2003

Möschel, Wernhard, Recht der Wettbewerbsbeschränkungen, Köln, Berlin, Bonn, München, 1983

Münchener Kommentar zum Lauterkeitsrecht, hrsg. von *Heermann, Peter* und *Hirsch, Günter,* München, 2006

Nerreter, Paul, Allgemeine Grundlagen eines deutschen Wettbewerbsrechtes, Berlin, 1936

Nirk, Rudolf/Kurtze, Helmut, Wettbewerbsstreitigkeiten, München, 1992

Nordemann, Axel/Nordemann, Jan Bernd/Nordemann, Willhelm, Wettbewerbsrecht Markenrecht, 10. Aufl., Baden-Baden, 2004

Pedrazzini, Mario M./Pedrazzini, Federico A., Unlauterer Wettbewerb, UWG, 2. Aufl., Bern, 2002

Pedrazzini, Mario M./v. Büren, Roland/Marbach, Eugen, Immaterialgüter- und Wettbewerbsrecht, Bern, 1998

Pfaff, Dieter/Osterrieth, Christian, Lizenzverträge, Formularkommentar, 2. Aufl., München, 2004

Piper, Henning/Ohly, Ansgar, Gesetz gegen den unlauteren Wettbewerb, Kommentar, 4. Aufl., München, 2006

Prinz, Matthias/Peters, Butz, Medienrecht, Die zivilrechtlichen Ansprüche, München, 1999

Raschauer, Bernhard (Hrsg.), Grundriss des österreichischen Wirtschaftsrechts, 2. Aufl., Wien, 2003

Reich, Norbert/Micklitz, Hans W., Europäisches Verbraucherrecht, 4. Aufl., Baden-Baden, 2003

Rinck, Gerd/Schwark, Eberhard, Wirtschaftsrecht – Wirtschaftsverfassung, Kartellrecht, Wettbewerbsrecht, Wirtschaftsverwaltung, Köln, Berlin, Bonn, München, 6. Aufl., 1986

Rittner, Fritz, Wirtschaftsrecht mit Wettbewerbs- und Kartellrecht, Heidelberg, Karlsruhe, 1979; Wirtschaftsrecht, 2. Aufl., Heidelberg, 1987

Rittner, Fritz/Kulka, Michael, Wettbewerbs- und Kartellrecht, Eine systematische Darstellung des deutschen und europäischen Rechts für Studium und Praxis, 7. Aufl., Heidelberg, 2008

Rosenthal, Alfred, Wettbewerbsgesetz nebst den materiellen Vorschriften des Warenzeichengesetzes, 8. Aufl., Berlin, 1930

Rosenthal, Alfred/Leffmann, Ernst, Kommentar zum Gesetz gegen den unlauteren Wettbewerb, 9, Aufl., Berlin, Frankfurt, 1969

Sambuc, Thomas, Der UWG-Nachahmungsschutz, München, 1996

Sandrock, Otto, Grundbegriffe des GWB, München, 1968

Schricker, Gerhard, Gesetzesverletzung und Sittenverstoß, München, 1970

Schricker, Gerhard (Hrsg.), Recht der Werbung in Europa, Bonn, 1995 ff

Schricker, Gerhard (Hrsg.), Urheberrecht, Kommentar, 3. Aufl., München, 2006

Speckmann, Gerhard, Wettbewerbsrecht, UWG – Markenrechtsverletzung – Wettbewerbsverfahrensrecht, 3. Aufl., Köln, Berlin, Bonn, München, 2000

Ströbele, Paul/Hacker, Franz, Markengesetz, 9. Aufl., Köln, 2009

Teplitzky, Otto, Wettbewerbsrechtliche Ansprüche und Verfahren, Unterlassung – Beseitigung – Schadensersatz, Anspruchsdurchsetzung und Anspruchsabwehr, 9. Aufl., Köln, Berlin, Bonn, München, 2007

Tetzner, Heinrich, Kommentar zum Gesetz gegen den unlauteren Wettbewerb, Köln, 1957

Tilmann, Winfried, Wirtschaftsrecht, Berlin, Heidelberg, New York, Tokyo, 1986

Ulmer, Eugen, Sinnzusammenhänge im modernen Wettbewerbsrecht, Berlin, 1932

Ulmer, Eugen/Reimer, Dietrich, Das Recht des unlauteren Wettbewerbs in den Mitgliedstaaten der Europäischen Wirtschaftsgemeinschaft, Bd. 3, Deutschland, München, 1968

Ullmann, Eike, jurisPraxisKommentar, UWG, Gesetz gegen den unlauteren Wettbewerb, 2. Aufl., Saarbrücken, 2009

Wiltschek, Lothar, UWG, Gesetz gegen den unlauteren Wettbewerb samt Durchführungsverordnungen, Zuständigkeitsvorschriften, Lebensmittelkennzeichnungsverordnung, Nahversorgungsgesetz und einschlägigen EG-Richtlinien mit Anmerkungen und Entscheidungen, 7. Aufl., Wien, 2003

Erster Teil
Kommentar zum UWG

Übersicht

Gesetzestext des UWG 3
Kommentierung zum UWG 17

Gesetzestext des UWG

Gesetz gegen den unlauteren Wettbewerb (UWG)

vom 3. Juli 2004 (BGBl. I S. 1414),
zuletzt geändert durch Gesetz vom 29. Juli 2009 (BGBl. I S. 2413)

Inhaltsübersicht

Kapitel 1. Allgemeine Bestimmungen	§§
Zweck des Gesetzes	1
Definitionen	2
Verbot unlauterer geschäftlicher Verbindungen	3
Beispiele unlauterer geschäftlicher Handlungen	4
Irreführende geschäftliche Handlungen	5
Irreführung durch Unterlassen	5 a
Vergleichende Werbung	6
Unzumutbare Belästigungen	7
Kapitel 2. Rechtsfolgen	
Beseitigung und Unterlassung	8
Schadensersatz	9
Gewinnabschöpfung	10
Verjährung	11
Kapitel 3. Verfahrensvorschriften	
Anspruchsdurchsetzung, Veröffentlichungsbefugnis, Streitwertminderung	12
Sachliche Zuständigkeit	13
Örtliche Zuständigkeit	14
Einigungsstellen	15
Kapitel 4. Straf- und Bußgeldvorschriften	
Strafbare Werbung	16
Verrat von Geschäfts- und Betriebsgeheimnissen	17
Verwertung von Vorlagen	18
Verleiten und Erbieten zum Verrat	19
Bußgeldvorschriften	20

Anhang
(zu § 3 Abs. 3)

Kapitel 1. Allgemeine Bestimmungen

§ 1 Zweck des Gesetzes. [1]Dieses Gesetz dient dem Schutz der Mitbewerber, der Verbraucherinnen und Verbraucher sowie der sonstigen Marktteilnehmer vor unlauteren geschäftlichen Handlungen. [2]Es schützt zugleich das Interesse der Allgemeinheit an einem unverfälschten Wettbewerb.

§ 2 Definitionen. (1) Im Sinne dieses Gesetzes bedeutet

1. „geschäftliche Handlung" jedes Verhalten einer Person zugunsten des eigenen oder eines fremden Unternehmens vor, bei oder nach einem Geschäftsabschluss, das mit der Förderung des Absatzes oder des Bezugs von Waren oder Dienstleistungen oder mit dem Abschluss oder der Durchführung eines Vertrags über Waren oder Dienstleistungen objektiv zusammenhängt; als Waren gelten auch Grundstücke, als Dienstleistungen auch Rechte und Verpflichtungen;

2. „Marktteilnehmer“ neben Mitbewerbern und Verbrauchern alle Personen, die als Anbieter oder Nachfrager von Waren oder Dienstleistungen tätig sind;
3. „Mitbewerber“ jeder Unternehmer, der mit einem oder mehreren Unternehmern als Anbieter oder Nachfrager von Waren oder Dienstleistungen in einem konkreten Wettbewerbsverhältnis steht;
4. „Nachricht“ jede Information, die zwischen einer endlichen Zahl von Beteiligten über einen öffentlich zugänglichen elektronischen Kommunikationsdienst ausgetauscht oder weitergeleitet wird; dies schließt nicht Informationen ein, die als Teil eines Rundfunkdienstes über ein elektronisches Kommunikationsnetz an die Öffentlichkeit weitergeleitet werden, soweit die Informationen nicht mit dem identifizierbaren Teilnehmer oder Nutzer, der sie erhält, in Verbindung gebracht werden können;
5. „Verhaltenskodex“ Vereinbarungen oder Vorschriften über das Verhalten von Unternehmern, zu welchem diese sich in Bezug auf Wirtschaftszweige oder einzelne geschäftliche Handlungen verpflichtet haben, ohne dass sich solche Verpflichtungen aus Gesetzes- oder Verwaltungsvorschriften ergeben;
6. „Unternehmer“ jede natürliche oder juristische Person, die geschäftliche Handlungen im Rahmen ihrer gewerblichen, handwerklichen oder beruflichen Tätigkeit vornimmt, und jede Person, die im Namen oder Auftrag einer solchen Person handelt;
7. „fachliche Sorgfalt“ der Standard an Fachkenntnissen und Sorgfalt, von dem billigerweise angenommen werden kann, dass ein Unternehmer ihn in seinem Tätigkeitsbereich gegenüber Verbrauchern nach Treu und Glauben unter Berücksichtigung der Marktgepflogenheiten einhält.

(2) Für den Verbraucherbegriff gilt § 13 des Bürgerlichen Gesetzbuchs entsprechend.

§ 3 Verbot unlauterer geschäftlicher Handlungen. (1) Unlautere geschäftliche Handlungen sind unzulässig, wenn sie geeignet sind, die Interessen von Mitbewerbern, Verbrauchern oder sonstigen Marktteilnehmern spürbar zu beeinträchtigen.

(2) [1] Geschäftliche Handlungen gegenüber Verbrauchern sind jedenfalls dann unzulässig, wenn sie nicht der für den Unternehmer geltenden fachlichen Sorgfalt entsprechen und dazu geeignet sind, die Fähigkeit des Verbrauchers, sich auf Grund von Informationen zu entscheiden, spürbar zu beeinträchtigen und ihn damit zu einer geschäftlichen Entscheidung zu veranlassen, die er andernfalls nicht getroffen hätte. [2] Dabei ist auf den durchschnittlichen Verbraucher oder, wenn sich die geschäftliche Handlung an eine bestimmte Gruppe von Verbrauchern wendet, auf ein durchschnittliches Mitglied dieser Gruppe abzustellen. [3] Auf die Sicht eines durchschnittlichen Mitglieds einer auf Grund von geistigen oder körperlichen Gebrechen, Alter oder Leichtgläubigkeit besonders schutzbedürftigen und eindeutig identifizierbaren Gruppe von Verbrauchern ist abzustellen, wenn für den Unternehmer vorhersehbar ist, dass seine geschäftliche Handlung nur diese Gruppe betrifft.

(3) Die im Anhang dieses Gesetzes aufgeführten geschäftlichen Handlungen gegenüber Verbrauchern sind stets unzulässig.

§ 4 Beispiele unlauterer geschäftlicher Handlungen. Unlauter handelt insbesondere, wer

1. geschäftliche Handlungen vornimmt, die geeignet sind, die Entscheidungsfreiheit der Verbraucher oder sonstiger Marktteilnehmer durch Ausübung von Druck, in menschenverachtender Weise oder durch sonstigen unangemessenen unsachlichen Einfluss zu beeinträchtigen;
2. geschäftliche Handlungen vornimmt, die geeignet sind, geistige oder körperliche Gebrechen, das Alter, die geschäftliche Unerfahrenheit, die Leichtgläubigkeit, die Angst oder die Zwangslage von Verbrauchern auszunutzen;
3. den Werbecharakter von geschäftlichen Handlungen verschleiert;

4. bei Verkaufsförderungsmaßnahmen wie Preisnachlässen, Zugaben oder Geschenken die Bedingungen für ihre Inanspruchnahme nicht klar und eindeutig angibt;
5. bei Preisausschreiben oder Gewinnspielen mit Werbecharakter die Teilnahmebedingungen nicht klar und eindeutig angibt;
6. die Teilnahme von Verbrauchern an einem Preisausschreiben oder Gewinnspiel von dem Erwerb einer Ware oder der Inanspruchnahme einer Dienstleistung abhängig macht, es sei denn, das Preisausschreiben oder Gewinnspiel ist naturgemäß mit der Ware oder der Dienstleistung verbunden;
7. die Kennzeichen, Waren, Dienstleistungen, Tätigkeiten oder persönlichen oder geschäftlichen Verhältnisse eines Mitbewerbers herabsetzt oder verunglimpft;
8. über die Waren, Dienstleistungen oder das Unternehmen eines Mitbewerbers oder über den Unternehmer oder ein Mitglied der Unternehmensleitung Tatsachen behauptet oder verbreitet, die geeignet sind, den Betrieb des Unternehmens oder den Kredit des Unternehmers zu schädigen, sofern die Tatsachen nicht erweislich wahr sind; handelt es sich um vertrauliche Mitteilungen und hat der Mitteilende oder der Empfänger der Mitteilung an ihr ein berechtigtes Interesse, so ist die Handlung nur dann unlauter, wenn die Tatsachen der Wahrheit zuwider behauptet oder verbreitet wurden;
9. Waren oder Dienstleistungen anbietet, die eine Nachahmung der Waren oder Dienstleistungen eines Mitbewerbers sind, wenn er
   a) eine vermeidbare Täuschung der Abnehmer über die betriebliche Herkunft herbeiführt,
   b) die Wertschätzung der nachgeahmten Ware oder Dienstleistung unangemessen ausnutzt oder beeinträchtigt oder
   c) die für die Nachahmung erforderlichen Kenntnisse oder Unterlagen unredlich erlangt hat;
10. Mitbewerber gezielt behindert;
11. einer gesetzlichen Vorschrift zuwiderhandelt, die auch dazu bestimmt ist, im Interesse der Marktteilnehmer das Marktverhalten zu regeln.

§ 5 Irreführende geschäftliche Handlungen. (1) [1]Unlauter handelt, wer eine irreführende geschäftliche Handlung vornimmt. [2]Eine geschäftliche Handlung ist irreführend, wenn sie unwahre Angaben enthält oder sonstige zur Täuschung geeignete Angaben über folgende Umstände enthält:

1. die wesentlichen Merkmale der Ware oder Dienstleistung wie Verfügbarkeit, Art, Ausführung, Vorteile, Risiken, Zusammensetzung, Zubehör, Verfahren oder Zeitpunkt der Herstellung, Lieferung oder Erbringung, Zwecktauglichkeit, Verwendungsmöglichkeit, Menge, Beschaffenheit, Kundendienst und Beschwerdeverfahren, geographische oder betriebliche Herkunft, von der Verwendung zu erwartende Ergebnisse oder die Ergebnisse oder wesentlichen Bestandteile von Tests der Waren oder Dienstleistungen;
2. den Anlass des Verkaufs wie das Vorhandensein eines besonderen Preisvorteils, den Preis oder die Art und Weise, in der er berechnet wird, oder die Bedingungen, unter denen die Ware geliefert oder die Dienstleistung erbracht wird;
3. die Person, Eigenschaften oder Rechte des Unternehmers wie Identität, Vermögen einschließlich der Rechte des geistigen Eigentums, den Umfang von Verpflichtungen, Befähigung, Status, Zulassung, Mitgliedschaften oder Beziehungen, Auszeichnungen oder Ehrungen, Beweggründe für die geschäftliche Handlung oder die Art des Vertriebs;
4. Aussagen oder Symbole, die im Zusammenhang mit direktem oder indirektem Sponsoring stehen oder sich auf eine Zulassung des Unternehmers oder der Waren oder Dienstleistungen beziehen;
5. die Notwendigkeit einer Leistung, eines Ersatzteils, eines Austauschs oder einer Reparatur;

6. die Einhaltung eines Verhaltenskodexes, auf den sich der Unternehmer verbindlich verpflichtet hat, wenn er auf diese Bindung hinweist, oder
7. Rechte des Verbrauchers, insbesondere solche auf Grund von Garantieversprechen oder Gewährleistungsrechte bei Leistungsstörungen.

(2) Eine geschäftliche Handlung ist auch irreführend, wenn sie im Zusammenhang mit der Vermarktung von Waren oder Dienstleistungen einschließlich vergleichender Werbung eine Verwechslungsgefahr mit einer anderen Ware oder Dienstleistung oder mit der Marke oder einem anderen Kennzeichen eines Mitbewerbers hervorruft.

(3) Angaben im Sinne von Absatz 1 Satz 2 sind auch Angaben im Rahmen vergleichender Werbung sowie bildliche Darstellungen und sonstige Veranstaltungen, die darauf zielen und geeignet sind, solche Angaben zu ersetzen.

(4) [1]Es wird vermutet, dass es irreführend ist, mit der Herabsetzung eines Preises zu werben, sofern der Preis nur für eine unangemessen kurze Zeit gefordert worden ist. [2]Ist streitig, ob und in welchem Zeitraum der Preis gefordert worden ist, so trifft die Beweislast denjenigen, der mit der Preisherabsetzung geworben hat.

§ 5a Irreführung durch Unterlassen. (1) Bei der Beurteilung, ob das Verschweigen einer Tatsache irreführend ist, sind insbesondere deren Bedeutung für die geschäftliche Entscheidung nach der Verkehrsauffassung sowie die Eignung des Verschweigens zur Beeinflussung der Entscheidung zu berücksichtigen.

(2) Unlauter handelt, wer die Entscheidungsfähigkeit von Verbrauchern im Sinne des § 3 Abs. 2 dadurch beeinflusst, dass er eine Information vorenthält, die im konkreten Fall unter Berücksichtigung aller Umstände einschließlich der Beschränkungen des Kommunikationsmittels wesentlich ist.

(3) Werden Waren oder Dienstleistungen unter Hinweis auf deren Merkmale und Preis in einer dem verwendeten Kommunikationsmittel angemessenen Weise so angeboten, dass ein durchschnittlicher Verbraucher das Geschäft abschließen kann, gelten folgende Informationen als wesentlich im Sinne des Absatzes 2, sofern sie sich nicht unmittelbar aus den Umständen ergeben:

1. alle wesentlichen Merkmale der Ware oder Dienstleistung in dem dieser und dem verwendeten Kommunikationsmittel angemessenen Umfang;
2. die Identität und Anschrift des Unternehmers, gegebenenfalls die Identität und Anschrift des Unternehmers, für den er handelt;
3. der Endpreis oder in Fällen, in denen ein solcher Preis auf Grund der Beschaffenheit der Ware oder Dienstleistung nicht im Voraus berechnet werden kann, die Art der Preisberechnung sowie gegebenenfalls alle zusätzlichen Fracht-, Liefer- und Zustellkosten oder in Fällen, in denen diese Kosten nicht im Voraus berechnet werden können, die Tatsache, dass solche zusätzlichen Kosten anfallen können;
4. Zahlungs-, Liefer- und Leistungsbedingungen sowie Verfahren zum Umgang mit Beschwerden, soweit sie von Erfordernissen der fachlichen Sorgfalt abweichen, und
5. das Bestehen eines Rechts zum Rücktritt oder Widerruf.

(4) Als wesentlich im Sinne des Absatzes 1 gelten auch Informationen, die dem Verbraucher auf Grund gemeinschaftsrechtlicher Verordnungen oder nach Rechtsvorschriften zur Umsetzung gemeinschaftsrechtlicher Richtlinien für kommerzielle Kommunikation einschließlich Werbung und Marketing nicht vorenthalten werden dürfen.

§ 6 Vergleichende Werbung. (1) Vergleichende Werbung ist jede Werbung, die unmittelbar oder mittelbar einen Mitbewerber oder die von einem Mitbewerber angebotenen Waren oder Dienstleistungen erkennbar macht.

(2) Unlauter handelt, wer vergleichend wirbt, wenn der Vergleich

1. sich nicht auf Waren oder Dienstleistungen für den gleichen Bedarf oder dieselbe Zweckbestimmung bezieht,

2. nicht objektiv auf eine oder mehrere wesentliche, relevante, nachprüfbare und typische Eigenschaften oder den Preis dieser Waren oder Dienstleistungen bezogen ist,
3. im geschäftlichen Verkehr zu einer Gefahr von Verwechslungen zwischen dem Werbenden und einem Mitbewerber oder zwischen den von diesen angebotenen Waren oder Dienstleistungen oder den von ihnen verwendeten Kennzeichen führt,
4. den Ruf des von einem Mitbewerber verwendeten Kennzeichens in unlauterer Weise ausnutzt oder beeinträchtigt,
5. die Waren, Dienstleistungen, Tätigkeiten oder persönlichen oder geschäftlichten Verhältnisse eines Mitbewerbers herabsetzt oder verunglimpft oder
6. eine Ware oder Dienstleistung als Imitation oder Nachahmung einer unter einem geschützten Kennzeichen vertriebenen Ware oder Dienstleistung darstellt.

§ 7 Unzumutbare Belästigungen. (1) [1]Eine geschäftliche Handlung, durch die ein Marktteilnehmer in unzumutbarer Weise belästigt wird, ist unzulässig. [2]Dies gilt insbesondere für Werbung, obwohl erkennbar ist, dass der angesprochene Marktteilnehmer diese Werbung nicht wünscht.

(2) Eine unzumutbare Belästigung ist stets anzunehmen

1. bei Werbung unter Verwendung eines in den Nummern 2 und 3 nicht aufgeführten, für den Fernabsatz geeigneten Mittels der kommerziellen Kommunikation, durch die ein Verbraucher hartnäckig angesprochen wird, obwohl er dies erkennbar nicht wünscht;
2. bei Werbung mit einem Telefonanruf gegenüber einem Verbraucher ohne dessen vorherige ausdrückliche Einwilligung oder gegenüber einem sonstigen Marktteilnehmer ohne dessen zumindest mutmaßliche Einwilligung;
3. bei Werbung unter Verwendung einer automatischen Anrufmaschine, eines Faxgerätes oder elektronischer Post, ohne dass eine vorherige ausdrückliche Einwilligung des Adressaten vorliegt, oder
4. bei Werbung mit einer Nachricht, bei der die Identität des Absenders, in dessen Auftrag die Nachricht übermittelt wird, verschleiert oder verheimlicht wird oder bei der keine gültige Adresse vorhanden ist, an die der Empfänger eine Aufforderung zur Einstellung solcher Nachrichten richten kann, ohne dass hierfür andere als die Übermittlungskosten nach den Basistarifen entstehen.

(3) Abweichend von Absatz 2 Nr. 3 ist eine unzumutbare Belästigung bei einer Werbung unter Verwendung elektronischer Post nicht anzunehmen, wenn

1. ein Unternehmer im Zusammenhang mit dem Verkauf einer Ware oder Dienstleistung von dem Kunden dessen elektronische Postadresse erhalten hat,
2. der Unternehmer die Adresse zur Direktwerbung für eigene ähnliche Waren oder Dienstleistungen verwendet,
3. der Kunde der Verwendung nicht widersprochen hat und
4. der Kunde bei Erhebung der Adresse und bei jeder Verwendung klar und deutlich darauf hingewiesen wird, dass er der Verwendung jederzeit widersprechen kann, ohne dass hierfür andere als die Übermittlungskosten nach den Basistarifen entstehen.

Kapitel 2. Rechtsfolgen

§ 8 Beseitigung und Unterlassung. (1) [1]Wer eine nach § 3 oder § 7 unzulässige geschäftliche Handlung vornimmt, kann auf Beseitigung und bei Wiederholungsgefahr auf Unterlassung in Anspruch genommen werden. [2]Der Anspruch auf Unterlassung besteht bereits dann, wenn eine derartige Zuwiderhandlung gegen § 3 oder § 7 droht.

(2) Werden die Zuwiderhandlungen in einem Unternehmen von einem Mitarbeiter oder Beauftragten begangen, so sind der Unterlassungsanspruch und der Beseitigungsanspruch auch gegen den Inhaber des Unternehmens begründet.

(3) Die Ansprüche aus Absatz 1 stehen zu:

1. jedem Mitbewerber;
2. rechtsfähigen Verbänden zur Förderung gewerblicher oder selbständiger beruflicher Interessen, soweit ihnen eine erhebliche Zahl von Unternehmern angehört, die Waren oder Dienstleistungen gleicher oder verwandter Art auf demselben Markt vertreiben, soweit sie insbesondere nach ihrer personellen, sachlichen und finanziellen Ausstattung imstande sind, ihre satzungsmäßigen Aufgaben der Verfolgung gewerblicher oder selbständiger beruflicher Interessen tatsächlich wahrzunehmen und soweit die Zuwiderhandlung die Interessen ihrer Mitglieder berührt;
3. qualifizierten Einrichtungen, die nachweisen, dass sie in die Liste qualifizierter Einrichtungen nach § 4 des Unterlassungsklagengesetzes oder in dem Verzeichnis der Kommission der Europäischen Gemeinschaften nach Artikel 4 der Richtlinie 98/27/EG des Europäischen Parlaments und des Rates vom 19. Mai 1998 über Unterlassungsklagen zum Schutz der Verbraucherinteressen (ABl. EG Nr. L 166 S. 51) eingetragen sind;
4. den Industrie- und Handelskammern oder den Handwerkskammern.

(4) Die Geltendmachung der in Absatz 1 bezeichneten Ansprüche ist unzulässig, wenn sie unter Berücksichtigung der gesamten Umstände missbräuchlich ist, insbesondere wenn sie vorwiegend dazu dient, gegen den Zuwiderhandelnden einen Anspruch auf Ersatz von Aufwendungen oder Kosten der Rechtsverfolgung entstehen zu lassen.

(5) [1] § 13 des Unterlassungsklagengesetzes ist entsprechend anzuwenden; in § 13 Abs. 1 und 3 Satz 2 des Unterlassungsklagengesetzes treten an die Stelle des Anspruchs gemäß § 1 oder § 2 des Unterlassungsklagengesetzes die Unterlassungsansprüche nach dieser Vorschrift. [2] Im Übrigen findet das Unterlassungsklagengesetz keine Anwendung, es sei denn, es liegt ein Fall des § 4a des Unterlassungsklagengesetzes vor.

§ 9 Schadensersatz. [1] Wer vorsätzlich oder fahrlässig eine nach § 3 oder § 7 unzulässige geschäftliche Handlung vornimmt, ist den Mitbewerbern zum Ersatz des daraus entstehenden Schadens verpflichtet. [2] Gegen verantwortliche Personen von periodischen Druckschriften kann der Anspruch auf Schadensersatz nur bei einer vorsätzlichen Zuwiderhandlung geltend gemacht werden.

§ 10 Gewinnabschöpfung. (1) Wer vorsätzlich eine nach § 3 oder § 7 unzulässige geschäftliche Handlung vornimmt und hierdurch zu Lasten einer Vielzahl von Abnehmern einen Gewinn erzielt, kann von den gemäß § 8 Abs. 3 Nr. 2 bis 4 zur Geltendmachung eines Unterlassungsanspruchs Berechtigten auf Herausgabe dieses Gewinns an den Bundeshaushalt in Anspruch genommen werden.

(2) [1] Auf den Gewinn sind die Leistungen anzurechnen, die der Schuldner auf Grund der Zuwiderhandlung an Dritte oder an den Staat erbracht hat. [2] Soweit der Schuldner solche Leistungen erst nach Erfüllung des Anspruchs nach Absatz 1 erbracht hat, erstattet die zuständige Stelle des Bundes dem Schuldner den abgeführten Gewinn in Höhe der nachgewiesenen Zahlungen zurück.

(3) Beanspruchen mehrere Gläubiger den Gewinn, so gelten die §§ 428 bis 430 des Bürgerlichen Gesetzbuchs entsprechend.

(4) [1] Die Gläubiger haben der zuständigen Stelle des Bundes über die Geltendmachung von Ansprüchen nach Absatz 1 Auskunft zu erteilen. [2] Sie können von der zuständigen Stelle des Bundes Erstattung der für die Geltendmachung des Anspruchs erforderlichen Aufwendungen verlangen, soweit sie vom Schuldner keinen Ausgleich erlangen können. [3] Der Erstattungsanspruch ist auf die Höhe des an den Bundeshaushalt abgeführten Gewinns beschränkt.

(5) Zuständige Stelle im Sinn der Absätze 2 und 4 ist das Bundesamt für Justiz.

§ 11 Verjährung. (1) Die Ansprüche aus §§ 8, 9 und 12 Abs. 1 Satz 2 verjähren in sechs Monaten.

(2) Die Verjährungsfrist beginnt, wenn

1. der Anspruch entstanden ist und
2. der Gläubiger von den den Anspruch begründenden Umständen und der Person des Schuldners Kenntnis erlangt oder ohne grobe Fahrlässigkeit erlangen müsste.

(3) Schadensersatzansprüche verjähren ohne Rücksicht auf die Kenntnis oder grob fahrlässige Unkenntnis in zehn Jahren von ihrer Entstehung, spätestens in 30 Jahren von der den Schaden auslösenden Handlung an.

(4) Andere Ansprüche verjähren ohne Rücksicht auf die Kenntnis oder grob fahrlässige Unkenntnis in drei Jahren von der Entstehung an.

Kapitel 3. Verfahrensvorschriften

§ 12 Anspruchsdurchsetzung, Veröffentlichungsbefugnis, Streitwertminderung. (1) [1]Die zur Geltendmachung eines Unterlassungsanspruchs Berechtigten sollen den Schuldner vor der Einleitung eines gerichtlichen Verfahrens abmahnen und ihm Gelegenheit geben, den Streit durch Abgabe einer mit einer angemessenen Vertragsstrafe bewehrten Unterlassungsverpflichtung beizulegen. [2]Soweit die Abmahnung berechtigt ist, kann der Ersatz der erforderlichen Aufwendungen verlangt werden.

(2) Zur Sicherung der in diesem Gesetz bezeichneten Ansprüche auf Unterlassung können einstweilige Verfügungen auch ohne die Darlegung und Glaubhaftmachung der in den §§ 935 und 940 der Zivilprozessordnung bezeichneten Voraussetzungen erlassen werden.

(3) [1]Ist auf Grund dieses Gesetzes Klage auf Unterlassung erhoben worden, so kann das Gericht der obsiegenden Partei die Befugnis zusprechen, das Urteil auf Kosten der unterliegenden Partei öffentlich bekannt zu machen, wenn sie ein berechtigtes Interesse dartut. [2]Art und Umfang der Bekanntmachung werden im Urteil bestimmt. [3]Die Befugnis erlischt, wenn von ihr nicht innerhalb von drei Monaten nach Eintritt der Rechtskraft Gebrauch gemacht worden ist. [4]Der Ausspruch nach Satz 1 ist nicht vorläufig vollstreckbar.

(4) Bei der Bemessung des Streitwerts für Ansprüche nach § 8 Abs. 1 ist es wertmindernd zu berücksichtigen, wenn die Sache nach Art und Umfang einfach gelagert ist oder wenn die Belastung einer der Parteien mit den Prozesskosten nach dem vollen Streitwert angesichts ihrer Vermögens- und Einkommensverhältnisse nicht tragbar erscheint.

§ 13 Sachliche Zuständigkeit. (1) [1]Für alle bürgerlichen Rechtsstreitigkeiten, mit denen ein Anspruch auf Grund dieses Gesetzes geltend gemacht wird, sind die Landgerichte ausschließlich zuständig. [2]Es gilt § 95 Abs. 1 Nr. 5 des Gerichtsverfassungsgesetzes.

(2) [1]Die Landesregierungen werden ermächtigt, durch Rechtsverordnung für die Bezirke mehrerer Landgerichte eines von ihnen als Gericht für Wettbewerbsstreitsachen zu bestimmen, wenn dies der Rechtspflege in Wettbewerbsstreitsachen, insbesondere der Sicherung einer einheitlichen Rechtsprechung, dienlich ist. [2]Die Landesregierungen können die Ermächtigung auf die Landesjustizverwaltungen übertragen.

§ 14 Örtliche Zuständigkeit. (1) [1]Für Klagen auf Grund dieses Gesetzes ist das Gericht zuständig, in dessen Bezirk der Beklagte seine gewerbliche oder selbständige berufliche Niederlassung oder in Ermangelung einer solchen seinen Wohnsitz hat. [2]Hat der Beklagte auch keinen Wohnsitz, so ist sein inländischer Aufenthaltsort maßgeblich.

(2) [1]Für Klagen auf Grund dieses Gesetzes ist außerdem nur das Gericht zuständig, in dessen Bezirk die Handlung begangen ist. [2]Satz 1 gilt für Klagen, die von den nach § 8 Abs. 3 Nr. 2 bis 4 zur Geltendmachung eines Unterlassungsanspruchs Berechtigten erhoben werden, nur dann, wenn der Beklagte im Inland weder eine gewerbliche oder selbständige berufliche Niederlassung noch einen Wohnsitz hat.

§ 15 Einigungsstellen. (1) Die Landesregierungen errichten bei Industrie- und Handelskammern Einigungsstellen zur Beilegung von bürgerlichen Rechtsstreitigkeiten, in denen ein Anspruch auf Grund dieses Gesetzes geltend gemacht wird (Einigungsstellen).

(2) [1]Die Einigungsstellen sind mit einer vorsitzenden Person, die die Befähigung zum Richteramt nach dem Deutschen Richtergesetz hat, und beisitzenden Personen zu besetzen. [2]Als beisitzende Personen werden im Falle einer Anrufung durch eine nach § 8 Abs. 3 Nr. 3 zur Geltendmachung eines Unterlassungsanspruchs berechtigte qualifizierte Einrichtung Unternehmer und Verbraucher in gleicher Anzahl tätig, sonst mindestens zwei sachverständige Unternehmer. [3]Die vorsitzende Person soll auf dem Gebiet des Wettbewerbsrechts erfahren sein. [4]Die beisitzenden Personen werden von der vorsitzenden Person für den jeweiligen Streitfall aus einer alljährlich für das Kalenderjahr aufzustellenden Liste berufen. [5]Die Berufung soll im Einvernehmen mit den Parteien erfolgen. [6]Für die Ausschließung und Ablehnung von Mitgliedern der Einigungsstelle sind die §§ 41 bis 43 und § 44 Abs. 2 bis 4 der Zivilprozessordnung entsprechend anzuwenden. [7]Über das Ablehnungsgesuch entscheidet das für den Sitz der Einigungsstelle zuständige Landgericht (Kammer für Handelssachen oder, falls es an einer solchen fehlt, Zivilkammer).

(3) [1]Die Einigungsstellen können bei bürgerlichen Rechtsstreitigkeiten, in denen ein Anspruch auf Grund dieses Gesetzes geltend gemacht wird, angerufen werden, wenn der Gegner zustimmt. [2]Soweit die Wettbewerbshandlungen Verbraucher betreffen, können die Einigungsstellen von jeder Partei zu einer Aussprache mit dem Gegner über den Streitfall angerufen werden; einer Zustimmung des Gegners bedarf es nicht.

(4) Für die Zuständigkeit der Einigungsstellen ist § 14 entsprechend anzuwenden.

(5) [1]Die der Einigungsstelle vorsitzende Person kann das persönliche Erscheinen der Parteien anordnen. [2]Gegen eine unentschuldigt ausbleibende Partei kann die Einigungsstelle ein Ordnungsgeld festsetzen. [3]Gegen die Anordnung des persönlichen Erscheinens und gegen die Festsetzung des Ordnungsgeldes findet die sofortige Beschwerde nach den Vorschriften der Zivilprozessordnung an das für den Sitz der Einigungsstelle zuständige Landgericht (Kammer für Handelssachen oder, falls es an einer solchen fehlt, Zivilkammer) statt.

(6) [1]Die Einigungsstelle hat einen gütlichen Ausgleich anzustreben. [2]Sie kann den Parteien einen schriftlichen, mit Gründen versehenen Einigungsvorschlag machen. [3]Der Einigungsvorschlag und seine Begründung dürfen nur mit Zustimmung der Parteien veröffentlicht werden.

(7) [1]Kommt ein Vergleich zustande, so muss er in einem besonderen Schriftstück niedergelegt und unter Angabe des Tages seines Zustandeskommens von den Mitgliedern der Einigungsstelle, welche in der Verhandlung mitgewirkt haben, sowie von den Parteien unterschrieben werden. [2]Aus einem vor der Einigungsstelle geschlossenen Vergleich findet die Zwangsvollstreckung statt; § 797 a der Zivilprozessordnung ist entsprechend anzuwenden.

(8) Die Einigungsstelle kann, wenn sie den geltend gemachten Anspruch von vornherein für unbegründet oder sich selbst für unzuständig erachtet, die Einleitung von Einigungsverhandlungen ablehnen.

(9) [1]Durch die Anrufung der Einigungsstelle wird die Verjährung in gleicher Weise wie durch Klageerhebung gehemmt. [2]Kommt ein Vergleich nicht zustande, so ist der Zeit-

punkt, zu dem das Verfahren beendet ist, von der Einigungsstelle festzustellen. [3]Die vorsitzende Person hat dies den Parteien mitzuteilen.

(10) [1]Ist ein Rechtsstreit der in Absatz 3 Satz 2 bezeichneten Art ohne vorherige Anrufung der Einigungsstelle anhängig gemacht worden, so kann das Gericht auf Antrag den Parteien unter Anberaumung eines neuen Termins aufgeben, vor diesem Termin die Einigungsstelle zur Herbeiführung eines gütlichen Ausgleichs anzurufen. [2]In dem Verfahren über den Antrag auf Erlass einer einstweiligen Verfügung ist diese Anordnung nur zulässig, wenn der Gegner zustimmt. [3]Absatz 8 ist nicht anzuwenden. [4]Ist ein Verfahren vor der Einigungsstelle anhängig, so ist eine erst nach Anrufung der Einigungsstelle erhobene Klage des Antragsgegners auf Feststellung, dass der geltend gemachte Anspruch nicht bestehe, nicht zulässig.

(11) [1]Die Landesregierungen werden ermächtigt, durch Rechtsverordnung die zur Durchführung der vorstehenden Bestimmungen und zur Regelung des Verfahrens vor den Einigungsstellen erforderlichen Vorschriften zu erlassen, insbesondere über die Aufsicht über die Einigungsstellen, über ihre Besetzung unter angemessener Beteiligung der nicht den Industrie- und Handelskammern angehörenden Unternehmern (§ 2 Abs. 2 bis 6 des Gesetzes zur vorläufigen Regelung des Rechts der Industrie- und Handelskammern in der im Bundesgesetzblatt Teil III, Gliederungsnummer 701–1, veröffentlichten bereinigten Fassung), und über die Vollstreckung von Ordnungsgeldern, sowie Bestimmungen über die Erhebung von Auslagen durch die Einigungsstelle zu treffen. [2]Bei der Besetzung der Einigungsstellen sind die Vorschläge der für ein Bundesland errichteten, mit öffentlichen Mitteln geförderten Verbraucherzentralen zur Bestimmung der in Absatz 2 Satz 2 genannten Verbraucher zu berücksichtigen.

(12) Abweichend von Absatz 2 Satz 1 kann in den Ländern Brandenburg, Mecklenburg-Vorpommern, Sachsen, Sachsen-Anhalt und Thüringen die Einigungsstelle auch mit einem Rechtskundigen als Vorsitzendem besetzt werden, der die Befähigung zum Berufsrichter nach dem Recht der Deutschen Demokratischen Republik erworben hat.

Kapitel 4. Straf- und Bußgeldvorschriften

§ 16 Strafbare Werbung. (1) Wer in der Absicht, den Anschein eines besonders günstigen Angebots hervorzurufen, in öffentlichen Bekanntmachungen oder in Mitteilungen, die für einen größeren Kreis von Personen bestimmt sind, durch unwahre Angaben irreführend wirbt, wird mit Freiheitsstrafe bis zu zwei Jahren oder mit Geldstrafe bestraft.

(2) Wer es im geschäftlichen Verkehr unternimmt, Verbraucher zur Abnahme von Waren, Dienstleistungen oder Rechten durch das Versprechen zu veranlassen, sie würden entweder vom Veranstalter selbst oder von einem Dritten besondere Vorteile erlangen, wenn sie andere zum Abschluss gleichartiger Geschäfte veranlassen, die ihrerseits nach der Art dieser Werbung derartige Vorteile für eine entsprechende Werbung weiterer Abnehmer erlangen sollen, wird mit Freiheitsstrafe bis zu zwei Jahren oder mit Geldstrafe bestraft.

§ 17 Verrat von Geschäfts- und Betriebsgeheimnissen. (1) Wer als eine bei einem Unternehmen beschäftigte Person ein Geschäfts- oder Betriebsgeheimnis, das ihr im Rahmen des Dienstverhältnisses anvertraut worden oder zugänglich geworden ist, während der Geltungsdauer des Dienstverhältnisses unbefugt an jemand zu Zwecken des Wettbewerbs, aus Eigennutz, zugunsten eines Dritten oder in der Absicht, dem Inhaber des Unternehmens Schaden zuzufügen, mitteilt, wird mit Freiheitsstrafe bis zu drei Jahren oder mit Geldstrafe bestraft.

(2) Ebenso wird bestraft, wer zu Zwecken des Wettbewerbs, aus Eigennutz, zugunsten eines Dritten oder in der Absicht, dem Inhaber des Unternehmens Schaden zuzufügen,

1. sich ein Geschäfts- oder Betriebsgeheimnis durch
   a) Anwendung technischer Mittel,
   b) Herstellung einer verkörperten Wiedergabe des Geheimnisses oder
   c) Wegnahme einer Sache, in der das Geheimnis verkörpert ist,

   unbefugt verschafft oder sichert oder
2. ein Geschäfts- oder Betriebsgeheimnis, das er durch eine der in Absatz 1 bezeichneten Mitteilungen oder durch eine eigene oder fremde Handlung nach Nummer 1 erlangt oder sich sonst unbefugt verschafft oder gesichert hat, unbefugt verwertet oder jemandem mitteilt.

(3) Der Versuch ist strafbar.

(4) [1]In besonders schweren Fällen ist die Strafe Freiheitsstrafe bis zu fünf Jahren oder Geldstrafe. [2]Ein besonders schwerer Fall liegt in der Regel vor, wenn der Täter
1. gewerbsmäßig handelt,
2. bei der Mitteilung weiß, dass das Geheimnis im Ausland verwertet werden soll, oder
3. eine Verwertung nach Absatz 2 Nr. 2 im Ausland selbst vornimmt.

(5) Die Tat wird nur auf Antrag verfolgt, es sei denn, dass die Strafverfolgungsbehörde wegen des besonderen öffentlichen Interesses an der Strafverfolgung ein Einschreiten von Amts wegen für geboten hält.

(6) § 5 Nr. 7 des Strafgesetzbuches gilt entsprechend.

§ 18 Verwertung von Vorlagen. (1) Wer die ihm im geschäftlichen Verkehr anvertrauten Vorlagen oder Vorschriften technischer Art, insbesondere Zeichnungen, Modelle, Schablonen, Schnitte, Rezepte, zu Zwecken des Wettbewerbs oder aus Eigennutz unbefugt verwertet oder jemandem mitteilt, wird mit Freiheitsstrafe bis zu zwei Jahren oder mit Geldstrafe bestraft.

(2) Der Versuch ist strafbar.

(3) Die Tat wird nur auf Antrag verfolgt, es sei denn, dass die Strafverfolgungsbehörde wegen des besonderen öffentlichen Interesses an der Strafverfolgung ein Einschreiten von Amts wegen für geboten hält.

(4) § 5 Nr. 7 des Strafgesetzbuches gilt entsprechend.

§ 19 Verleiten und Erbieten zum Verrat. (1) Wer zu Zwecken des Wettbewerbs oder aus Eigennutz jemanden zu bestimmen versucht, eine Straftat nach § 17 oder § 18 zu begehen oder zu einer solchen Straftat anzustiften, wird mit Freiheitsstrafe bis zu zwei Jahren oder mit Geldstrafe bestraft.

(2) Ebenso wird bestraft, wer zu Zwecken des Wettbewerbs oder aus Eigennutz sich bereit erklärt oder das Erbieten eines anderen annimmt oder mit einem anderen verabredet, eine Straftat nach § 17 oder § 18 zu begehen oder zu ihr anzustiften.

(3) § 31 des Strafgesetzbuches gilt entsprechend.

(4) Die Tat wird nur auf Antrag verfolgt, es sei denn, dass die Strafverfolgungsbehörde wegen des besonderen öffentlichen Interesses an der Strafverfolgung ein Einschreiten von Amts wegen für geboten hält.

(5) § 5 Nr. 7 des Strafgesetzbuches gilt entsprechend.

§ 20 Bußgeldvorschriften. (1) Ordnungswidrig handelt, wer vorsätzlich oder fahrlässig entgegen § 7 Abs. 1 in Verbindung mit Abs. 2 Nr. 2 gegenüber einem Verbraucher ohne dessen vorherige ausdrückliche Einwilligung mit einem Telefonanruf wirbt.

(2) Die Ordnungswidrigkeit kann mit einer Geldbuße bis zu fünfzigtausend Euro geahndet werden.

(3) Verwaltungsbehörde im Sinne des § 36 Abs. 1 Nr. 1 des Gesetzes über Ordnungswidrigkeit ist die Bundesnetzagentur für Elektrizität, Gas, Telekommunikation, Post und Eisenbahnen.

Anhang
(zu § 3 Abs. 3)

Unzulässige geschäftliche Handlungen im Sinne des § 3 Abs. 3 sind

1. die unwahre Angabe eines Unternehmers, zu den Unterzeichnern eines Verhaltenskodexes zu gehören;
2. die Verwendung von Gütezeichen, Qualitätskennzeichen oder Ähnlichem ohne die erforderliche Genehmigung;
3. die unwahre Angabe, ein Verhaltenskodex sei von einer öffentlichen oder anderen Stelle gebilligt;
4. die unwahre Angabe, ein Unternehmer, eine von ihm vorgenommene geschäftliche Handlung oder eine Ware oder Dienstleistung sei von einer öffentlichen oder privaten Stelle bestätigt, gebilligt oder genehmigt worden, oder die unwahre Angabe, den Bedingungen für die Bestätigung, Billigung oder Genehmigung werde entsprochen;
5. Waren- oder Dienstleistungsangebote im Sinne des § 5a Abs. 3 zu einem bestimmten Preis, wenn der Unternehmer nicht darüber aufklärt, dass er hinreichende Gründe für die Annahme hat, er werde nicht in der Lage sein, diese oder gleichartige Waren oder Dienstleistungen für einen angemessenen Zeitraum in angemessener Menge zum genannten Preis bereitzustellen oder bereitstellen zu lassen (Lockangebote). Ist die Bevorratung kürzer als zwei Tage, obliegt es dem Unternehmer, die Angemessenheit nachzuweisen;
6. Waren- oder Dienstleistungsangebote im Sinne des § 5a Abs. 3 zu einem bestimmten Preis, wenn der Unternehmer sodann in der Absicht, stattdessen eine andere Ware oder Dienstleistung abzusetzen, eine fehlerhafte Ausführung der Ware oder Dienstleistung vorführt oder sich weigert zu zeigen, was er beworben hat, oder sich weigert, Bestellungen dafür anzunehmen oder die beworbene Leistung innerhalb einer vertretbaren Zeit zu erbringen;
7. die unwahre Angabe, bestimmte Waren oder Dienstleistungen seien allgemein oder zu bestimmten Bedingungen nur für einen sehr begrenzten Zeitraum verfügbar, um den Verbraucher zu einer sofortigen geschäftlichen Entscheidung zu veranlassen, ohne dass dieser Zeit und Gelegenheit hat, sich auf Grund von Informationen zu entscheiden;
8. Kundendienstleistungen in einer anderen Sprache als derjenigen, in der die Verhandlungen vor dem Abschluss des Geschäfts geführt worden sind, wenn die ursprünglich verwendete Sprache nicht Amtssprache des Mitgliedstaats ist, in dem der Unternehmer niedergelassen ist; dies gilt nicht, soweit Verbraucher vor dem Abschluss des Geschäfts darüber aufgeklärt werden, dass diese Leistungen in einer anderen als der ursprünglich verwendeten Sprache erbracht werden;
9. die unwahre Angabe oder das Erwecken des unzutreffenden Eindrucks, eine Ware oder Dienstleistung sei verkehrsfähig;
10. die unwahre Angabe oder das Erwecken des unzutreffenden Eindrucks, gesetzlich bestehende Rechte stellten eine Besonderheit des Angebots dar;
11. der vom Unternehmer finanzierte Einsatz redaktioneller Inhalte zu Zwecken der Verkaufsförderung, ohne dass sich dieser Zusammenhang aus dem Inhalt oder aus der Art der optischen oder akustischen Darstellung eindeutig ergibt (als Information getarnte Werbung);
12. unwahre Angaben über Art und Ausmaß einer Gefahr für die persönliche Sicherheit des Verbrauchers oder seiner Familie für den Fall, dass er die angebotene Ware nicht erwirbt oder die angebotene Dienstleistung nicht in Anspruch nimmt;

13. Werbung für eine Ware oder Dienstleistung, die der Ware oder Dienstleistung eines Mitbewerbers ähnlich ist, wenn dies in der Absicht geschieht, über die betriebliche Herkunft der beworbenen Ware oder Dienstleistung zu täuschen;
14. die Einführung, der Betrieb oder die Förderung eines Systems zur Verkaufsförderung, das den Eindruck vermittelt, allein oder hauptsächlich durch die Einführung weiterer Teilnehmer in das System könne eine Vergütung erlangt werden (Schneeball- oder Pyramidensystem);
15. die unwahre Angabe, der Unternehmer werde demnächst sein Geschäft aufgeben oder seine Geschäftsräume verlegen;
16. die Angabe, durch eine bestimmte Ware oder Dienstleistung ließen sich die Gewinnchancen bei einem Glücksspiel erhöhen;
17. die unwahre Angabe oder das Erwecken des unzutreffenden Eindrucks, der Verbraucher habe bereits einen Preis gewonnen oder werde ihn gewinnen oder werde durch eine bestimmte Handlung einen Preis gewinnen oder einen sonstigen Vorteil erlangen, wenn es einen solchen Preis oder Vorteil tatsächlich nicht gibt, oder wenn jedenfalls die Möglichkeit, einen Preis oder sonstigen Vorteil zu erlangen, von der Zahlung eines Geldbetrags oder der Übernahme von Kosten abhängig gemacht wird;
18. die unwahre Angabe, eine Ware oder Dienstleistung könne Krankheiten, Funktionsstörungen oder Missbildungen heilen;
19. eine unwahre Angabe über die Marktbedingungen oder Bezugsquellen, um den Verbraucher dazu zu bewegen, eine Ware oder Dienstleistung zu weniger günstigen Bedingungen als den allgemeinen Marktbedingungen abzunehmen oder in Anspruch zu nehmen;
20. das Angebot eines Wettbewerbs oder Preisausschreibens, wenn weder die in Aussicht gestellten Preise noch ein angemessenes Äquivalent vergeben werden;
21. das Angebot einer Ware oder Dienstleistung als „gratis“, „umsonst“, „kostenfrei“ oder dergleichen, wenn hierfür gleichwohl Kosten zu tragen sind; dies gilt nicht für Kosten, die im Zusammenhang mit dem Eingehen auf das Waren- oder Dienstleitungsangebot oder für die Abholung oder Lieferung der Ware oder die Inanspruchnahme der Dienstleistung unvermeidbar sind;
22. die Übermittlung von Werbematerial unter Beifügung einer Zahlungsaufforderung, wenn damit der unzutreffende Eindruck vermittelt wird, die beworbene Ware oder Dienstleistung sei bereits bestellt;
23. die unwahre Angabe oder das Erwecken des unzutreffenden Eindrucks, der Unternehmer sei Verbraucher oder nicht für Zwecke seines Geschäfts, Handels, Gewerbes oder Berufs tätig;
24. die unwahre Angabe oder das Erwecken des unzutreffenden Eindrucks, es sei im Zusammenhang mit Waren oder Dienstleistungen in einem anderen Mitgliedstaat der Europäischen Union als dem des Warenkaufs oder der Dienstleistung ein Kundendienst verfügbar;
25. das Erwecken des Eindrucks, der Verbraucher könne bestimmte Räumlichkeiten nicht ohne vorherigen Vertragsabschluss verlassen;
26. bei persönlichem Aufsuchen in der Wohnung die Nichtbeachtung einer Aufforderung des Besuchten, diese zu verlassen oder nicht zu ihr zurückzukehren, es sei denn, der Besuch ist zur rechtmäßigen Durchsetzung einer vertraglichen Verpflichtung gerechtfertigt;
27. Maßnahmen, durch die der Verbraucher von der Durchsetzung seiner vertraglichen Rechte aus einem Versicherungsverhältnis dadurch abgehalten werden soll, dass von ihm bei der Geltendmachung seines Anspruchs die Vorlage von Unterlagen verlangt wird, die zum Nachweis dieses Anspruchs nicht erforderlich sind, oder dass Schreiben zur Geltendmachung eines solchen Anspruchs systematisch nicht beantwortet werden;
28. die in eine Werbung einbezogene unmittelbare Aufforderung an Kinder, selbst die beworbene Ware zu erwerben oder die beworbene Dienstleistung in Anspruch zu nehmen oder ihre Eltern oder andere Erwachsene dazu zu veranlassen;

29. die Aufforderung zur Bezahlung nicht bestellter Waren oder Dienstleistungen oder eine Aufforderung zur Rücksendung oder Aufbewahrung nicht bestellter Sachen, sofern es sich nicht um eine nach den Vorschriften über Vertragsabschlüsse im Fernabsatz zulässige Ersatzlieferung handelt und
30. die ausdrückliche Angabe, dass der Arbeitsplatz oder Lebensunterhalt des Unternehmers gefährdet sei, wenn der Verbraucher die Ware oder Dienstleistung nicht abnehme.

Kommentierung zum UWG*

Gesetz gegen den unlauteren Wettbewerb (UWG)

vom 3. Juli 2004 (BGBl. I S. 1414)

Einleitung

Kurzübersicht

	Rn
Abschnitt 1. Geschichte, Systematik, Grundlagen	**E 1**
A. Geschichte des Lauterkeitsrechts	E 1
B. Die Modernisierung des Lauterkeitsrechts im UWG 2004 (UWG-Reform)	E 39
C. Die Europäisierung des Lauterkeitsrechts im UWG 2008 als originäres Verbraucherschutzrecht des b2c-Geschäftsverkehrs (UWG-Novelle)	E 80
D. Das Gesetz zur Bekämpfung unerlaubter Telefonwerbung und zur Verbesserung des Verbraucherschutzes bei besonderen Vertriebsformen vom 29. Juli 2009	E 193
E. Markt und Wettbewerb	E 214
F. Werbung als kommerzielle Kommunikation	E 302
G. Normenkonkurrenz zwischen Lauterkeitsrecht und Immaterialgüterrecht	E 316
H. Defizit an Verbraucherrechten im Lauterkeitsrecht	E 378
I. Schranken der Rechtswirksamkeit von Folgeverträgen unlauteren Wettbewerbs	E 396
J. Richtlinienkonforme und richtlinienoptimierende Auslegung	E 416
Abschnitt 2. Internationales Wettbewerbsrecht	**I**
Teil 1. Internationales Wettbewerbsprivatrecht	**I 1**
A. Einleitung	I 1
B. Internationales Lauterkeitsrecht im europäischen Vergleich	I 75
C. Gemeinschaftsrecht	I 94
D. Bestimmung des Wettbewerbsstatuts	I 176
Teil 2. Internationales Wettbewerbsverfahrensrecht	**I 349**
A. Internationale Zuständigkeit	I 349
B. Verfahren des einstweiligen Rechtsschutzes	I 470
C. Ermittlung und Beweis ausländischen Wettbewerbsrechts	I 498
D. Internationale Verbandsklage	I 519

* Paragrafen ohne Gesetzesangaben sind solche des UWG.

Abschnitt 1. Geschichte, Systematik, Grundlagen

Übersicht

	Rn
A. Geschichte des Lauterkeitsrechts	**1**
I. Die Vorgeschichte: das Versagen der reichsgerichtlichen Rechtsprechung	1
1. Vom Privilegienrecht der Zunftwirtschaft zum Merkantilismus und Frühkapitalismus	1
2. Die Gewerbefreiheit der Gewerbeordnung des Jahres 1869	4
3. Lauterkeitsrecht als Missbrauchsschranke der freien Konkurrenz	6
a) Geistiges Eigentum, Kennzeichenschutz und Lauterkeitsrecht	6
b) Die Anfänge des gesetzlichen Markenschutzes	7
c) Der Ursprung der Konkurrenzlehre in der Rechtsprechung des RG	11
aa) Die reichsgerichtliche Doktrin von der erschöpfenden Regelung des Markenschutzes	11
bb) Subsidiäre Anwendbarkeit des Wettbewerbsrechts	12
4. Lauterkeitsrechtliches Rechtsdenken in der Gesetzgebung	13
II. Das Gesetz zur Bekämpfung des unlauteren Wettbewerbes vom 27. Mai 1896	16
1. Der Diskurs über den Schutz des lauteren Wettbewerbs	17
2. Die Spezialtatbestände des unlauteren Wettbewerbs im UWG 1896	18
3. Das Mitbewerberschutzrecht des UWG 1896	19
4. Der Deliktsschutz gegen unlauteren Wettbewerb nach den §§ 823 Abs. 1, 824 und 826 BGB	20
III. Das Gesetz gegen den unlauteren Wettbewerb vom 7. Juni 1909	21
1. Subsidiärer Mitbewerberschutz vor unlauterem Wettbewerb nach § 826 BGB	22
2. Die Geburtsstunde der wettbewerbsrechtlichen Generalklausel	25
3. Paradigmenwechsel im Schutzzweck des Lauterkeitsrechts	27
4. Regelungsübersicht und Systematik des UWG 1909	28
a) Rechtssystematik und Normzweck	28
b) Regelungsgegenstände und Fallkonstellationen	30
5. Gesetzesänderungen des UWG 1909 und wettbewerbsrechtliche Nebengesetze	32
IV. Die UWG-Reformen der Jahre 2004 und 2008	37
B. Die Modernisierung des Lauterkeitsrechts im UWG 2004 (UWG-Reform)	**39**
I. Das Gesetz gegen den unlauteren Wettbewerb vom 3. Juli 2004	39
1. Nationale Rechtsebene	40
2. Europäische Rechtsebene	46
3. Entstehungsgeschichte des Entwurfs zum UWG 2004	52
II. Regelungsübersicht und Systematik des UWG 2004	68
1. Zielsetzung und Schwerpunkte der Reform des Gesetzes gegen den unlauteren Wettbewerb (UWG 2004)	68
a) Anlass der UWG-Reform 2004	68
b) Schwerpunkte der UWG-Reform 2004	69
2. Überblick über die gesetzliche Regelung des UWG 2004	73
C. Die Europäisierung des Lauterkeitsrechts im UWG 2008 als originäres Verbraucherschutzrecht des b2 c-Geschäftsverkehrs (UWG-Novelle)	**80**
I. Auf dem Weg zu einem europäischen Lauterkeitsrecht	80
1. Primärrechtliche Regelungsansätze eines europäischen Lauterkeitsrechts im EG-Vertrag	80
a) Gewährleistung eines redlichen Wettbewerbs als Auslegungsdirektive	80
b) Historische Hindernisse einer Rechtsharmonisierung des Lauterkeitsrechts	81
c) Die Interdependenz des Lauterkeitsrechts zu den Wettbewerbsregeln der Artt. 81 ff EGV	83
d) Schutz vor Wettbewerbsverfälschungen nach Art. 3 Abs. 1 lit. g EGV	84
e) Grundfreiheiten und Produktverkehrsfreiheit im EG-Vertrag	85

Rn

f) Verbraucherschutz als Politik der Gemeinschaft nach Art. 3 Abs. 1 lit. t EGV ... 87
2. Sekundärrecht der Gemeinschaft ... 89

II. Die Richtlinie 2005/29/EG über unlautere Geschäftspraktiken (UGP-RL) vom 11. Mai 2005 ... 90
1. Die Vorgeschichte der UGP-RL als Diskurs über die europäische Konzeption eines lauterkeitsrechtlichen Verbraucherschutzes ... 90
a) Das Grünbuch der Kommission zur kommerziellen Kommunikation im Binnenmarkt ... 90
b) Das Grünbuch der Kommission zum Verbraucherschutz in der Europäischen Union ... 100
c) Die Sales Promotion-Verordnung ... 104
d) Die Richtlinie über unlautere Geschäftspraktiken (UGP-RL) ... 106
2. Systematik und Regelungsinhalt der UGP-RL ... 107
a) Zeitliche Rechtsgeltung der UGP-RL ... 107
b) Harmonisierungsqualität ... 108
c) Telos der UGP-RL als zwingende Auslegungsdirektive ... 111
aa) Richtlinienkonforme und richtlinienoptimierende Auslegung ... 111
bb) Gesetzessprache der UGP-RL ... 114
d) Originärer Verbraucherschutz durch Lauterkeitsrecht als Politik der Richtlinie ... 117
e) Binnenmarktprinzip ... 123
f) Regelungsinhalt der UGP-RL ... 124
aa) Normzweck der Richtlinie nach Art. 1 UGP-RL ... 124
bb) Generalklausel des Verbots unlauterer Geschäftspraktiken nach Art. 5 UGP-RL ... 126
(1) Richterrecht und europäische Rechtsmethodik ... 126
(2) Unlauterkeitsbegründende Beurteilungskriterien des Art. 5 Abs. 2 lit. a und b UGP-RL ... 127
(3) Normatives Modell des Durchschnittsverbrauchers ... 130
(4) Offene Generalklausel unlauterer Geschäftspraktiken ... 133
(5) Die per se-Verbote unlauterer Geschäftspraktiken der Black List 134
cc) Das Verbot irreführender oder aggressiver Geschäftspraktiken (Artt. 6 bis 9 UGP-RL) ... 137
dd) Das Verbot irreführender Geschäftspraktiken nach den Artt. 6 und 7 UGP-RL ... 138
(1) Das Irreführungsverbot als lauterkeitsrechtlicher Verbraucherschutz im b2c-Geschäftsverkehr ... 138
(2) Unwahre und täuschende Geschäftspraktiken nach Art. 6 Abs. 1 UGP-RL ... 141
(3) Die irreführende Produktvermarktung nach Art. 6 Abs. 2 UGP-RL ... 142
(4) Das Verbot irreführender Unterlassungen nach Art. 7 UGP-RL als Informationsmodell des lauterkeitsrechtlichen Verbraucherschutzes ... 143
(5) Informationspflichten der Unternehmen und Informationsrechte der Verbraucher ... 150
(6) Professionelle Informationsverarbeitung, normatives Modell des verständigen Marktbürgers und information overkill ... 155
ee) Das Verbot aggressiver Geschäftspraktiken nach den Artt. 8 und 9 UGP-RL ... 156
ff) Schlussbestimmungen ... 158
3. Vorrangige Rechtsvorschriften der Gemeinschaft und der Mitgliedstaaten ... 160
a) Rechtsvorschriften in Bezug auf die Gesundheits- und Sicherheitsaspekte von Produkten (Art. 3 Abs. 3 UGP-RL) ... 161
b) Rechtsvorschriften zur Regelung besonderer Aspekte unlauterer Geschäftspraktiken (Art. 3 Abs. 4 UGP-RL) ... 162
c) Übergangszeitraum bei einer Umsetzung von Richtlinien mit Mindestangleichungsklauseln (Art. 3 Abs. 5 UGP-RL) ... 166
d) Rechtsvorschriften im Zusammenhang mit Finanzdienstleistungen und Immobilien (Art. 3 Abs. 9 UGP-RL) ... 167

III. Das Gesetz gegen den unlauteren Wettbewerb in der Fassung vom 22. Dezember 2008 ... 168

Rn

1. Umsetzung der UGP-RL durch das Erste Gesetz zur Änderung des Gesetzes gegen den unlauteren Wettbewerb vom 22. Dezember 2008 ... 168
a) Umsetzungsfrist der UGP-RL und Inkrafttreten des UWG 2008 ... 168
b) Lauterkeitsrechtlicher Verbraucherschutz im b2c-Geschäftsverkehr als Telos der UGP-RL ... 170
2. Rechtssystematik und Regelungsinhalt des UWG 2008 ... 171
a) Die Abwehrhaltung des Gesetzgebers gegenüber der europäischen Verbraucherschutzkonzeption bei der Umsetzung der UGP-RL ... 171
b) Fallbeispiel zur Trennung des verbraucherbezogenen und mitbewerberbezogenen Lauterkeitsschutzes ... 175
aa) Irreführende Produktvermarktung nach Art. 6 Abs. 1 lit. a UGP-RL und § 5 Abs. 2 UWG 2008 ... 175
bb) Kontroverser Diskurs im Gesetzgebungsverfahren zur Umsetzung der UGP-RL ... 176
cc) Verbraucherbezogener Irreführungsschutz und mitbewerberbezogener Leistungsschutz ... 183
c) Gesetzesänderungen im Einzelnen ... 184

D. Das Gesetz zur Bekämpfung unerlaubter Telefonwerbung und zur Verbesserung des Verbraucherschutzes bei besonderen Vertriebsformen vom 29. Juli 2009 ... 193

I. Handlungsbedarf des Gesetzgebers: unlautere Telefonwerbung als millionenfache Wettbewerbsdelikte ... 193
1. Das rasante Wachstum des unlauteren Telefonmarketings ... 193
2. Vorgeschichte des Gesetzgebungsverfahrens ... 195
3. Die Bestätigungslösung im Kontext des Problems einer grundsätzlichen Rechtswirksamkeit von Folgeverträgen unlauteren Wettbewerbs ... 196
II. Gesetzgebungsverfahren und Regelungsinhalt des Gesetzes zur Bekämpfung unerlaubter Telefonwerbung ... 200
1. Gesetzentwurf der Bundesregierung ... 201
2. Bestätigungslösung ... 202
3. Regelungsinhalt ... 210
a) Erfordernis einer ausdrücklichen Einwilligung in § 7 Abs. 2 Nr. 2 1. Alt. UWG 2008 ... 211
b) Bußgeldvorschriften des § 20 UWG 2008 ... 213

E. Markt und Wettbewerb ... 214

I. Wettbewerbsrecht als Teil eines verfassungsgebundenen Wirtschaftsrechts ... 214
1. Von der Antinomie des UWG und GWB zum Monismus im Wettbewerbsrecht ... 214
a) Interessendualismus der Unternehmen und Verbraucher im Marktwettbewerb ... 214
b) Wechselwirkungstheorie zum Rechtsverhältnis zwischen UWG und GWB ... 216
aa) Zur Normativität des Rechtsinhalts der Wettbewerbsfreiheit ... 216
bb) Interesseninterdependenz im Wettbewerbsrecht ... 217
2. Ethisierung und Internationalisierung des Wirtschaftsrechts ... 218
a) Die normative Handelnsordnung des Wettbewerbsrechts als Teil des Wirtschaftsrechts ... 218
b) Die Verfassungsbindung des globalen Marktwettbewerbs ... 220
3. Wettbewerbsrecht und Verfassung ... 223
a) Normative Rahmenordnung des Marktverhaltens ... 223
b) Verfassungsbindung des Marktwettbewerbs statt wirtschaftspolitischer Neutralität des Grundgesetzes ... 225
c) Rechtliche Anerkennung der sozialen Marktwirtschaft als Wirtschaftsverfassung der Bundesrepublik Deutschland ... 227
d) Ökosoziale Marktwirtschaft als Staatsziel in Landesverfassungen ... 229
e) Wirtschaftsordnung einer offenen Marktwirtschaft mit freiem Wettbewerb im EG-Vertrag ... 230
aa) EG-Vertrag ... 231
bb) Rechtsprechung des EuGH ... 232
4. Nachhaltigkeit als Rechtsprinzip ... 233
a) Interdependenz der politischen und wirtschaftlichen Ordnungen einer Gesellschaft ... 233
b) Nachhaltigkeitsstrategien ... 234

Rn

5. Globaler Leistungswettbewerb und sozialethische Unternehmensverantwortung ... 235
a) Verantwortungsethik im Marktwettbewerb ... 235
b) CSR-Standards als wesentliche Informationen innerhalb des lauterkeitsrechtlichen Informationsmodells ... 238

II. Theorien des Marktes und des Wettbewerbs ... 241
1. Markttheorien ... 241
a) Die Frage nach der Idee des Marktes ... 241
b) Topographie des Marktes ... 243
c) Preistheorie des Marktes ... 246
d) Dialogtheorie des Marktes ... 247
e) Marxistische Marktkritik ... 250
f) Markt und Plan ... 252
g) Systemtheorie des Marktes ... 254
aa) Selbstkonstitution des Marktes als eines sozialen Systems ... 254
bb) Monetäre Marktvermittlung ... 258
h) Markt als rechtsfunktionale Kategorie verfasster Freiheit und Verantwortung ... 260
2. Wettbewerbstheorien ... 262
a) Wettbewerbsfunktionen ... 262
b) Modell der vollkommenen Konkurrenz ... 264
c) Konzeptionen einer workable competition ... 267
d) Theorie der Wettbewerbsfreiheit ... 269

III. Theorie der verantworteten Marktwirtschaft ... 277
1. Evolutionstheorie des Marktes und des Wettbewerbs ... 277
a) Regelungsaufgaben des Gesetzgebers zur Gewährleistung optimaler Wettbewerbsintensität ... 277
b) Kritischer Rationalismus und marktwirtschaftliche Wettbewerbstheorie ... 279
2. Marktwettbewerb zwischen Freiheit und Verantwortung ... 280
3. Transnationale Marktwirtschaft und Ökonomie der Entwicklungs- und Schwellenländer ... 283
4. Vom homo oeconomicus zum homo constitutionis ... 288
a) Pluralistische Rechtstheorie ... 288
b) Kritik der ökonomischen Rechtstheorie ... 289
aa) Das Menschenbild des homo oeconomicus ... 290
bb) Das Menschenbild des homo constitutionis ... 292

IV. Die Rechtsverbindlichkeit der sozialen Marktverantwortung ... 294
1. Soziale Grundwerte als Auslegungsdirektive ... 294
2. Statuslehre und Verantwortungsstufung ... 296
a) Rechtserheblichkeit der wirtschaftlichen und sozialen Machtstellung eines Unternehmens am Markt im Lauterkeitsrecht ... 296
b) Verantwortungsstufung und Folgenanalyse ... 298

F. Werbung als kommerzielle Kommunikation ... 302

I. Wirtschaftswerbung als Gegenstand des Lauterkeitsrechts ... 302
1. Formen der Wirtschaftswerbung ... 302
2. Von der persuasiven Reklame zur informativen Kommunikation ... 304
3. Begriff der Werbung und der kommerziellen Kommunikation ... 306

II. Werbung und Verfassung ... 312
1. Grundrechtsschutz der kommerziellen Kommunikation ... 312
2. Kein lauterkeitsrechtliches Deutungsmonopol ... 314

G. Normenkonkurrenz zwischen Lauterkeitsrecht und Immaterialgüterrecht ... 316

I. Normenkonkurrenz als Ausgangspunkt der Konkurrenzlehre ... 316
1. Restriktive Abgrenzungstheorien ... 316
2. Autonome Anwendung des UWG ... 320

II. Kumulative und subsidiäre Normenkonkurrenz des Lauterkeitsrechts zum Immaterialgüterrecht ... 322
1. Normenkonkurrenz und Auslegung ... 322
a) Relevanz der Normzwecke der Konkurrenznormen ... 322
b) Anspruchskonkurrenz und Anspruchsnormenkonkurrenz ... 324
c) Arten verdrängender Gesetzeskonkurrenz ... 325

Rn

2. Kumulative Normenkonkurrenz ... 326
a) Autonome Gesetzesanwendung ... 326
b) Reziproke Folgerungen ... 328
3. Subsidiäre Normenkonkurrenz ... 329
a) Subsidiäre Immaterialgüterrechtstatbestände im Lauterkeitsrecht ... 329
b) Subsidiarität als Auslegungsregel ... 330
4. Abschließende Regelung, spezialgesetzliche Normierung und Begrenzungsfunktion als methodische Stichworte der Rechtsprechung zum MarkenG ... 332
5. Lex specialis derogat legi generali ... 335

III. Normenkonkurrenz als Ausgangspunkt des Gemeinschaftsrechts ... 336
1. Europäisches Richtlinienrecht ... 336
2. Gemeinschaftsmarkenrecht (GMV) ... 339
3. Richtlinie über unlautere Geschäftspraktiken (UGP-RL) ... 342
4. Richtlinie über irreführende und vergleichende Werbung (WerbeRL) ... 344

IV. Irreführende Produktvermarktung durch Kennzeichenimitationsmarketing als originärer Verbraucherschutz ... 345
1. Irreführende Produktvermarktung nach Art. 6 Abs. 2 lit. a UGP-RL ... 345
2. Irreführende Produktvermarktung nach § 5 Abs. 2 UWG ... 350

V. Normenkonkurrenz zwischen MRL und WerbeRL ... 351

VI. Ergänzender Kennzeichenschutz nach dem UWG ... 355
1. Versteckte und offene Anlehnung an ein fremdes Kennzeichen ... 356
2. Systematische Kennzeichennachahmung ... 358
3. Rufausbeutung eines Kennzeichens ... 359
4. Vermeidbare Herkunftstäuschung ... 360
5. Verwendung einer geografischen Herkunftsangabe als Firmenbestandteil ... 361
6. Irreführende Benutzung des Begriffs der Marke ... 362
7. Irreführende Kennzeichenrechtsanmaßung ... 363
8. Generische Verwendung eines Kennzeichens ... 370
9. Verkehrsverwirrung ... 371
10. Bösgläubige Anmeldung einer Marke ... 372
a) Rechtsentwicklung ... 372
b) Besitzstandsstörung, Sperrmarke als Behinderungswettbewerb und Sperrwirkung der Marke als zweckfremdes Mittel des Wettbewerbskampfes ... 373
11. Registrierung, Konnektierung und Benutzung eines Domainnamens als unlauterer Behinderungswettbewerb ... 375
12. Ergänzender wettbewerbsrechtlicher Leistungsschutz ... 376

H. Defizit an Verbraucherrechten im Lauterkeitsrecht ... 378

I. Lauterkeitsrechtliches Informationsmodell des Verbraucherschutzes ... 378

II. Rechtspolitisches Postulat eines verbraucherschützenden Sanktionenrechts im Lichte der UGP-RL ... 383
1. Kanon der Verbraucherrechte im Sanktionenrecht ... 383
2. Markttransparenz und Informationspflichten ... 394

I. Schranken der Rechtswirksamkeit von Folgeverträgen unlauteren Wettbewerbs ... 396

I. Begründung und Reichweite des Grundsatzes von der Wirksamkeit der Folgeverträge unlauteren Wettbewerbs ... 397
1. Folgeverträge unlauteren Wettbewerbs ... 397
2. Bürgerlichrechtliche Nichtigkeitsgründe ... 398
a) Nichtigkeit des Folgevertrages nach § 134 BGB ... 399
b) Nichtigkeit des Folgevertrages nach § 138 BGB ... 401
3. Ausnahmesachverhalte nichtiger Folgeverträge ... 403

II. Unlauterkeit und Vertragsbindung ... 406
1. Rechtssicherheit im Vertragsrecht und Reuerecht des Verbrauchers ... 406
2. Nichteintritt der Vertragsbindung zur Abwehr eines Eingriffs in Verbraucherrechte – Vertrag ohne Rechtsbindung ... 409

III. Begriff des Folgevertrages ... 412

IV. Rechtstechniken eines Vertrages ohne Rechtsbindung ... 415

Rn
J. Richtlinienkonforme und richtlinienoptimierende Auslegung 416
I. Richtlinienkonforme Auslegung 416
1. Wirksamkeitsmaxime (effet utile) 416
2. Checks and balances-Prinzip 419
II. Telos der UGP-RL und richtlinienoptimierende Auslegung 421
1. Maximum an Rechtsangleichung der mitgliedstaatlichen Lauterkeitsrechtsordnungen 421
2. Subsidiaritätsprinzip 423

A. Geschichte des Lauterkeitsrechts

Schrifttum: *Baumbach,* Kommentar zum Wettbewerbsrecht, 1929; *Beater,* Unlauterer Wettbewerb, 2002, S. 69 ff; *ders.,* Entwicklungen des Wettbewerbsrechts durch die gesetzgebende und die rechtsprechende Gewalt – Eine rechtshistorische und rechtsvergleichende Skizze, in: FS Erdmann, 2002, 513 ff.; *Böhm,* Wettbewerb und Monopolkampf, 1933; *Coing,* Europäisches Privatrecht, Bd. II, 19. Jahrhundert, 1989, S. 148 ff; *Emmerich,* Unlauterer Wettbewerb, 8. Aufl., 2009, S. 2 ff; *Fezer,* Die Haltung der Rechtswissenschaften zu den Kartellen bis 1914, in: Pohl (Hrsg.), Kartelle und Kartellgesetzgebung in Praxis und Rechtsprechung vom 19. Jahrhundert bis zur Gegenwart, 1985, S. 51 ff; *ders.,* Teilhabe und Verantwortung – Die personale Funktionsweise des subjektiven Privatrechts, 1986, S. 423 ff; *ders.,* Zur Begriffsgeschichte des Wirtschaftsrechts seit der Gründung der Bundesrepublik, in: Mohnhaupt, Rechtsgeschichte in den beiden deutschen Staaten (1988 bis 1990), Beispiele, Parallelen, Positionen, 1991, 705 ff; *ders.,* Markenrecht, 4. Aufl., 2009, Einl. A MarkenG, Rn 1 ff; *Fikentscher,* Wettbewerb und gewerblicher Rechtsschutz, Die Stellung des Rechts der Wettbewerbsbeschränkungen in der Rechtsordnung, 1958, S. 133 ff; *Götting,* Wettbewerbsrecht, 2005, S. 74 ff; *H. Isay,* Das Rechtsgut des Wettbewerbsrechts; *Kohler, M.,* Das Verbrechen des unlauteren Wettbewerbs, 1901; *Kohler,* Der unlautere Wettbewerb, Darstellung des Wettbewerbsrechts, 1914, S. 33 ff; *Lammel,* Wettbewerbsfreiheit und Staatsintervention – Zur Entwicklung des Wettbewerbsrechts im 19. Jahrhundert, GRUR 1986, 362 ff; *Lass,* Rechtsgrundsätze des Reichsgerichts und anderer hoher Gerichtshöfe Deutschlands auf dem Gebiete des Urheber-, Muster-, Marken- und Patentrechts, 1893; *Lobe,* Die Bekämpfung des unlauteren Wettbewerbs, I. Bd., Der unlautere Wettbewerb als Rechtsverletzung, 1907, III. Bd., Materialien des Gesetzes zur Bekämpfung des unlauteren Wettbewerbs vom 27. 5. 1896, 1907; *ders.,* Die Entwicklung des Schutzes gegen unlauteren Wettbewerb nach der Rechtsprechung des Reichsgerichts, GRUR 1931, 1215; *van Look,* Die zivilrechtlichen Generalklauseln in der Rechtsprechung des Reichsgerichts 1933–1945, JR 2000, 89 ff; *Marcinowski,* Die Deutsche Gewerbe-Ordnung für die Praxis in der Preußischen Monarchie, 6. Aufl., 1898; *Ohly,* Richterrecht und Generalklausel im Recht des unlauteren Wettbewerbs, 1997, S. 199 ff; *A. Osterrieth,* Zwanglose Betrachtungen über § 1 des neuen Wettbewerbsgesetzes, GRUR 1909, 399 ff; *Pollmann,* Parlamentarismus im Norddeutschen Bund 1867–1870, 1985, S. 475 ff; *Schricker,* 100 Jahre Gesetz gegen den unlauteren Wettbewerb – Licht und Schatten, GRUR Int. 1996, 473 ff; *Schünemann,* Geschichtliche Entwicklung, in: *Jacobs/Lindacher/Teplitzky* (Hrsg.), Großkommentar zum UWG, 1991, Einl. Rn B 1 ff; *v. Stechow,* Das UWG vom 27. Mai 1896 – Entstehungsgeschichte und Wirkung, 2002, S. 35 ff; *Stegemann,* Unlauteres Geschäftsgebahren, Heft 2, Berichte, Anträge, 1894; *E. Ulmer,* Sinnzusammenhänge im modernen Wettbewerbsrecht, 1932; *Wadle,* Das Markenschutzgesetz von 1874, JuS 1974, 761 ff; *ders.,* Entwicklungslinien des deutschen Markenschutzes im 19. Jahrhundert, GRUR 1979, 383 ff; *ders.,* Das Reichsgesetz zur Bekämpfung des unlauteren Wettbewerbs von 1896 – Etappe eines zögerlichen Beginns, JuS 1996, 1064 ff; *ders.,* Geistiges Eigentum, Bausteine zur Rechtsgeschichte, 1996.

I. Die Vorgeschichte: das Versagen der reichsgerichtlichen Rechtsprechung

1. Vom Privilegienrecht der Zunftwirtschaft zum Merkantilismus und Frühkapitalismus

In der **Neuzeit** spiegeln zu allen Rechtszeiten die Rechtsgrundlagen des **Wettbewerbsrechts** als **Kartellrecht** zum Schutz der Freiheit des Wettbewerbs und als **Lauterkeitsrecht** zum Schutz der Fairness im Marktgeschehen das lebenswirkliche Sozialmodell einer historischen Gesellschaft. Wirtschaftsrechtsgeschichte ist ein prägender Teil der Kulturgeschichte des Rechts.[1] Bei aller gebotenen Vorsicht des Urteils dürfte für die **Vorzeit** in einer verallgemeinernden Betrachtungsweise gelten, dass in allen Kulturen die Anfänge des 1

[1] Siehe zur Begriffsgeschichte des Wirtschaftsrechts *Fezer* in: Mohnhaupt S. 705 ff.

Rechtslebens sowie der Ursprung des Wirtschaftens vor die historische Zeit eines Volkes zurückreichen. Zugleich dürfte eine weitere Annahme gerechtfertigt sein: In einer jeden Rechtsepoche bedingt das Verständnis des **Rechts als einer normativen Handelnsordnung** der Menschen einer bestimmten Gesellschaft die Bezugnahme oder gar die Interdependenz zu der **Ökonomie des historischen Gemeinwesens.**

2 Schon die Wirtschaftsverfassungen der **Antike** enthielten staatliche planende und private autonome Gestaltungselemente. Staatliche Lenkung beherrschte die Naturalwirtschaft, den Handel prägte die private Geldwirtschaft. Den Staat Roms kennzeichnete die Latifundienwirtschaft und das Sklaventum. Staatsbetriebe und kapitalistische Unternehmen, staatliche Reglementierung und freies Gewinnstreben mischten sich. Wirtschaftsrechtliche Normen – Vorschriften, die die Wirtschaft betrafen – existierten selbstverständlich schon; man denke nur an Maße und Gewichte und an das Geldwesen. Doch es fehlte ein Wirtschaftsrecht als eine systematische Einheit, das zudem einer der Systematisierung des Rechts wenig geneigten römischen Rechtswissenschaft widersprochen hätte.

3 Stichworte der **mittelalterlichen Wirtschaft** sind Grundherrschaft und Fronwirtschaft, Marktregal und Marktgenossenschaften, städtisches Handwerk und Zunftordnung, sowie Ausdehnung des Fernhandels. Es bildete aber auch das mittelalterliche Rechtswesen kein eigenständiges Wirtschaftsrecht aus. Es bleibt der Neuzeit vorbehalten, auf der Grundlage **merkantilistischer Systeme** Wirtschaftsverfassungen des Frühkapitalismus zu organisieren. Die Ideen der Aufklärung und des Liberalismus bedingen das Postulat der Vertrags-, Gewerbe- und Handelsfreiheit, die das Privilegienrecht ablösen. Die **Blüte des Kapitalismus** veränderte nachhaltig das Bild vom wirtschaftenden Menschen. Es wird eine der wesentlichen Aufgaben der Rechtsordnung, die Grundlagen für das freie Wirtschaften der Bürger zu schaffen. Wirtschaftsrecht und insbesondere Wettbewerbsrecht ist auf dem Weg.

2. Die Gewerbefreiheit der Gewerbeordnung des Jahres 1869

4 Die mit der **Theorie des ökonomischen Liberalismus** einhergehende Liberalisierung der Wirtschaft in der zweiten Hälfte des 19. Jahrhunderts befreite Gewerbe und Handel von den reglementierenden Fesseln der Zunftwirtschaft und der staatlichen Kontrolle einer behördlichen Gewerbepolitik. Die Gewerbeberechtigung war nicht länger privilegierten Korporationen und einzelnen Personen der Zünfte, Gilden und Innungen vorbehalten. In einem Beschluss vom 21. Oktober 1867 forderte der Reichstag des Norddeutschen Bundes den Bundeskanzler auf, im nächsten Reichstag eine allgemeine auf dem Prinzip der Gewerbefreiheit beruhende Gewerbeordnung zur Beschlussfassung vorzulegen. In einem Bundesgesetz vom 8. Juli 1868 wurden schon die Grundsätze für eine deutsche Gewerbeordnung publiziert, zu denen an erster Stelle die Aufhebung des den Zünften und kaufmännischen Korporationen zustehenden Rechts, andere vom Betrieb eines Gewerbes auszuschließen, gehörte. Dieses Gesetz wurde durch die **Gewerbeordnung** vom 21. Juni 1869,[2] die zunächst für den Norddeutschen Bund erlassen wurde, aufgehoben. Die Verfassungsurkunde des Deutschen Reiches vom 16. April 1871 begründete die Zuständigkeit der Reichsgesetzgebung für das Gewerberecht; mit der Gründung des Deutschen Reichs im Jahre 1871 erlangte die Gewerbeordnung als Reichsgesetz Geltung.[3] Mit der Einführung der **Gewerbefreiheit**[4] in der Gewerbeordnung des Jahres 1869 wurde eine Privatrechtsgesellschaft von Marktbürgern konstituiert, die auf der Anerkennung eines unbeschränkten Selbstbestimmungsrechts der Wirtschaftssubjekte beruhte.[5] Am Ende des Zunftzwanges und der Epoche des Merkantilismus stand die Aufhebung des gewerbepolizeilichen Gewerberechts. An die Stelle einer Reglementierung der Warenproduktion durch

[2] RGBl. S. 245.

[3] Reichsgesetz vom 22. 4. 1871 RGBl. S. 87. Zu der folgenden Entwicklung der Gesetzgebung in den Ländern des Deutschen Reiches siehe die Darstellung von *Marcinowski* Gewerbe-Ordnung S. 4 ff.

[4] Siehe die Darstellung der Geschichte der Gewerbeordnung bei *Pollmann* S. 475 ff.

[5] Siehe zur vergleichbaren Entwicklung einer Kartellierung der Wirtschaft *Fezer* Teilhabe 1986 S. 432 ff.

Fabrikationsregeln trat die unternehmerische Freiheit in Handwerk und Handel, über die Art und Weise der Herstellung und den Absatz der Waren zu entscheiden. Nach § 1 Abs. 1 GewO war der Betrieb eines Gewerbes Jedermann gestattet. Folge der wirtschaftlichen Handlungsfreiheit war die **freie Konkurrenz** der Gewerbetreibenden.

Die neue Freiheit barg ihren **Missbrauch** in sich. Das Unwesen der Schmarotzer und 5
Plagiatoren nahm überhand, das Anschwärzen der Konkurrenten und betrügerische und schwindelhafte Reklame waren gang und gäbe, Spekulantentum und Preisschleuderei[6] waren verbreitetes Geschäftsgebaren und die Kartellierung der Wirtschaftsstrukturen vermachtete die Märkte. Als eine Errungenschaft der französischen Revolutionsgesetzgebung hatte sich der Gedanke des **Erfinder- und Autorenschutzes** sowie des **Kennzeichenschutzes** Bahn gebrochen.[7] Die wirtschaftliche Verwertung von geistigem Eigentum wurde einem Wirtschaftssubjekt zur ausschließlichen Verwertung gesetzlich zugesprochen. Die Ausnutzung des guten Rufs eines Produkts und die Täuschung des Publikums waren Tatbestände, die sich rasch ausbreiteten und nach rechtlichen **Schranken der Gewerbefreiheit** verlangten.

3. Lauterkeitsrecht als Missbrauchsschranke der freien Konkurrenz

a) Geistiges Eigentum, Kennzeichenschutz und Lauterkeitsrecht. In vorbildlicher 6
Weise entstand in Frankreich das **Recht der concurrence déloyale** zum Schutz der Namen, Firmen, Marken und wohlerworbenen Kundenbeziehungen. **Geistiges Eigentum** (propriété immatérielle, industrielle), dessen Verletzung als **unlauterer Wettbewerb** sanktioniert wurde, entstand. In Deutschland, wo die Geschichte der deutschen Gesetzgebung im Markenrecht mit dem Markenschutzgesetz aus dem Jahre 1874[8] begann, verkannte die **reichsgerichtliche Rechtsprechung** die Zeichen der Zeit und versagte den Schutz vor unlauterem Wettbewerb.[9] Eine böswillige, auf Schädigung des Konkurrenten und Täuschung des Publikums berechnete Benutzung eines fremden Markenzeichens könne nicht als eine unerlaubte Handlung angesehen und geahndet werden, da das MarkenschutzG einen solchen Schutz mit seinen alleinigen Bedingungen einheitlich und **erschöpfend** habe regeln wollen. Einem Warenzeichen komme kein Rechtsschutz gegen Usurpierungen zu, auch wenn diese absichtlich zum Zwecke der Täuschung erfolgten.[10] Die aus Art. 1382 Code civil von der französischen Rechtsprechung hergeleiteten Grundsätze von der concurrence déloyale lehnte das RG ausdrücklich ab.[11] Eine subsidiäre Anwendung der allge-

---

[6] Siehe dazu die Feldstudie zur Rabattbewegung im deutschen Buchhandel im 19. Jahrhundert, an deren Ende die berühmten Urteile „Börsenverein I und II“ (RGZ 28, 238 ff; RGZ 56, 273 ff) des RG in den Buchhändlerprozessen standen, *Fezer* Teilhabe 1986 S. 396 ff, 412 ff.

[7] Siehe dazu die schöne Darstellung bei *Coing* S. 148 ff.

[8] Gesetz über Markenschutz vom 30. 11. 1874, RGBl. S. 143; siehe dazu die Darstellung bei *Fezer* MarkenG Einl. A Rn 21.

[9] Siehe die geradezu zynische Darstellung der Rechtsprechung des RG bei *Lass* S. 2: „Wer durch die unwahre Behauptung, Erfinder zu sein, für seine Fabrikate Reklame macht, handelt nicht dolos. Es mag unmoralisch sein, wissentlich die Unwahrheit zu sagen, gesetzlich verboten ist dies in der Allgemeinheit nicht. Solange Übertreibungen gesetzlich nicht verboten sind, kann man solchem Wesen gerichtlich nicht beikommen“.

[10] Siehe dazu erstmals das Grundsatzurteil vom 30. 11. 1880 RGZ 3, 67, 69 – Apollinarisbrunnen, → Rn 11; weiterführend RGZ 18, 93, 99 – Reiner Kakao. Ein lösliches Pulver, ein Urteil, in dem das RG eine sogenannte dezeptive Marke, deren Gebrauch auf eine Täuschung des Publikums abzielte und ein dolus in Richtung täuschender Konkurrenzveranstaltungen bestand, als rechtswirksam beurteilte. (S. 101: „Es müsste alsdann auch in Deutschland die Nachahmung von Geschäftsschildern, Warenverpackungen, Etiketten, Geschäftsausstattungen, wenn sie zur Begünstigung von Verwechslungen geschieht, verfolgbar sein, was bisher nicht angenommen worden ist. Was speziell das Publikum anlangt, so kann im einzelnen Falle der Verkauf möglicherweise den Tatbestand eines Betruges enthalten. Aber von einem Rechte des Publikums, durch dessen Verletzung das Prinzip des Markenschutzgesetzes gebeugt zu werden vermöchte, kann nicht die Rede sein.“). Die vom RG beschriebenen Nachahmungstatbestände sind vergleichbar den Fallkonstellationen des Produktimitationsmarketings und des Kennzeichenimitationsmarketings nach § 5 Abs. 2 UWG und Nr. 13 des Anhangs zu § 3 Abs. 3 UWG; siehe dazu *Fezer* GRUR 2009, 451 ff.

[11] RGZ 20, 71, 75.

meinen Vorschriften des bürgerlichen Rechts zum Schutze des lauteren Wettbewerbs schloss das RG nachdrücklich aus.[12]

7 **b) Die Anfänge des gesetzlichen Markenschutzes.** Die Anfänge des gesetzlichen Markenschutzes in Deutschland stellen gleichsam den Versuch eines flankierenden Wettbewerbsschutzes vor einem **Missbrauch der errungenen Gewerbefreiheit** dar. Schon die **Verordnung zum Schutze der Fabrikzeichen an Eisen- und Stahlwaren** in der Provinz Westphalen und der Rheinprovinz vom 18. September 1847[13] enthielt die Regelung, ein Zeichen, welches ein Gewerbetreibender zu seinem ausschließlichen Gebrauch wählen wolle, müsse sich von anderen, in den Zeichenrollen bereits eingetragenen oder zur Eintragung früher angemeldeten Zeichen hinlänglich unterscheiden. Die Markenschutzgesetzgebung des Deutschen Reiches gründete auf einer Vielzahl von Verordnungen und Gesetzen in den deutschen Ländern,[14] sowie auf vergleichbaren Vorarbeiten an Kennzeichenschutzgesetzen in fast allen europäischen Staaten in der zweiten Hälfte des 19. Jahrhunderts.[15]

8 Die Geschichte der deutschen Gesetzgebung im Markenrecht begann mit dem **Markenschutzgesetz** aus dem Jahre 1874.[16] Im Anschluss an die europäische Rechtsentwicklung war das Innovative des MarkenschutzG im Geltungsbereich des Deutschen Reiches eine doppelte Weichenstellung: die Anerkennung des Warenzeichens als ein originäres Rechtsinstitut und die Einführung eines (noch unvollkommenen) zivilrechtlichen Sanktionenrechts als Schutzinstrument. Vor Inkrafttreten des MarkenschutzG bestand nach § 287 Abs. 1 des Strafgesetzbuches des Deutschen Reiches ausschließlich ein **strafrechtlicher Zeichenschutz** gegen eine fälschliche Bezeichnung von Waren oder deren Verpackung mit dem Namen oder der Firma eines inländischen Fabrikunternehmers, Produzenten oder Kaufmanns und gegen das Inverkehrbringen wissentlich fälschlich bezeichneter Waren.[17] Schutzgegenstände des MarkenschutzG waren nicht nur die als Warenbezeichnungen benutzten Namen und Firmen – gleichsam im Sinne von Unternehmenskennzeichen und Handelsnamen –, sondern der Markenschutz wurde gegenüber dem Strafrechtsschutz auf Warenzeichen im Sinne von Zeichen nach § 1 MarkenschutzG ausgedehnt, die von Gewerbetreibenden zur Unterscheidung ihrer Waren von den Waren anderer Gewerbetreibenden auf den Waren selbst oder auf deren Verpackung angebracht wurden.

9 Mit dem **Gesetz zum Schutz der Waarenbezeichnungen** vom 12. Mai 1894, das am 1. Oktober 1894 in Kraft trat,[18] suchte der Gesetzgeber der am MarkenschutzG von 1874 geübten Kritik Rechnung zu tragen und die Schutzlücken des MarkenschutzG, die von der reichsgerichtlichen Rechtsprechung vertieft wurden, zu schließen.[19] Mit diesem Gesetz hatte sich der Gesetzgeber die Aufgabe gestellt, neben einer wirksameren Gestaltung des Rechtsschutzes gegen die Nachahmung von eingetragenen Warenzeichen einen Schutz auch gegen andere auf dem Gebiet der Warenbezeichnung liegende Missbräuche einzuführen, die, ohne unter den Begriff der Zeichenverletzung zu fallen, doch ebenso wie diese geeignet seien, berechtigte Interessen von Gewerbsgenossen zu verletzen und das Publikum über die Herkunft, über die Beschaffenheit und den Wert von Waren irrezuführen.[20] Zur Verbesserung des Kennzeichenschutzes vor einer Täuschung in Handel und

---

[12] Siehe dazu die Darstellung bei *Lobe* I. Bd. S. 122ff.

[13] Gesetz-Sammlung für die Königlichen Preußischen Staaten Nr. 35 vom 18. 9. 1847.

[14] *Wadle* Fabrikzeichenschutz und Markenrecht, 1. Teil, S. 71ff.

[15] *Coing* Europäisches Privatrecht Bd. II S. 168ff.

[16] Gesetz über Markenschutz vom 30. November 1874, das am 1. Mai 1875 in Kraft trat (RGBl. S. 143); zur fehlsamen Auslegung des MarkenschutzG durch die reichsgerichtliche Rechtsprechung, die den Anwendungsbereich des Gesetzes als eine erschöpfende Regelung verstand, → Rn 6.

[17] § 287 Abs. 1 des Gesetzes, betreffend die Redaktion des Strafgesetzbuches für den Norddeutschen Bund als Strafgesetzbuch für das Deutsche Reich vom 15. 5. 1871, RGBl. S. 127.

[18] RGBl. S. 441.

[19] Siehe zur Geschichte des Markenrechts und zur Gesetzesgeschichte *Fezer* MarkenG Einl. A Rn 1ff, 21ff (mit umfassenden Nachweisen).

[20] So die Beurteilung des MarkenschutzG in der Begründung zum Entwurf eines Gesetzes zur Bekämpfung des unlauteren Wettbewerbs, Reichstagsvorlage vom 3. 12. 1895, Begründung zum 1. Entwurf des

Verkehr wurde die **unbefugte Nachahmung** einer im Verkehr als Kennzeichen geltenden **Ausstattung** nach § 15 WaarenbezeichnungsG und die Verwendung einer unrichtigen **geografischen Ursprungsbezeichnung** nach § 16 WaarenbezeichungsG mit Strafe bedroht.

Das WaarenbezeichnungsschutzG von 1894 wurde durch das **Warenzeichengesetz** (WZG) vom 5. Mai 1936 abgelöst.[21] In Umsetzung europäischen Richtlinienrechts[22] wurde das **Markengesetz** (MarkenG) vom 25. Oktober 1994 erlassen, das am 1. Januar 1995 in Kraft trat.[23] 10

c) Der Ursprung der Konkurrenzlehre in der Rechtsprechung des RG. aa) Die reichsgerichtliche Doktrin von der erschöpfenden Regelung des Markenschutzes. Die unsägliche Theorie von einem angeblichen **numerus clausus** der Immaterialgüterrechte und dem **abschließenden Charakter** der Sonderrechtsgesetze[24] des geistigen Eigentums nimmt in diesem frühen Stadium der Entwicklung des Lauterkeitsrechts seinen Anfang.[25] Die höchstrichterlichen Formulierungen in der Rechtsprechung des BGH zum abschließenden Charakter des Markenschutzes im MarkenG gegenüber dem UWG in den Grundsatzurteilen „MAC Dog“[26] und „shell.de“[27] erinnern stark an die reichsgerichtliche Sentenz in dem Urteil „Apollinarisbrunnen“[28] zum Verhältnis des MarkenschutzG von 1874 zu Art. 1382 Code civil. Das MarkenschutzG habe sich zur Aufgabe gestellt, den Schutz der Warenbezeichnungen auch zivilrechtlich für das Deutsche Reich einheitlich und erschöpfend zu regeln. Es wäre damit unvereinbar, eine Handlung, welche nach dem MarkenschutzG erlaubt sei, im Geltungsgebiet des Art. 1382 Code civil als eine widerrechtliche, welche zum Schadensersatz verpflichten würde, anzusehen. Das RG gestand eine Anwendbarkeit des Art. 1382 Code civil in dieser Hinsicht nicht zu. Es ist nicht weiter zu erörtern, ob das RG den Zivilrechtsschutz einer Warenbezeichnung nach der deliktsrechtlichen Generalklausel des Code civil allgemein ausschließen wollte (erschöpfende Regelung), oder innerhalb der Anwendung des Zivilrechtsschutzes der Warenbezeichnung auf die konkrete Fallkonstellation den Regelungsgehalt des MarkenschutzG zu berücksichtigen verlangte („in dieser Hinsicht“). 11

bb) Subsidiäre Anwendbarkeit des Wettbewerbsrechts. Die reichsgerichtliche Doktrin von der erschöpfenden Regelung des Zeichenrechts wurde nach Inkrafttreten des UWG von 1896 aufgegeben und von der Lehre vom (ergänzenden) bürgerlichrechtlichen und wettbewerbsrechtlichen Rechtsschutz abgelöst.[29] Festzuhalten bleibt, dass sich ausge- 12

UWG vom 27. 5. 1896, Stenographische Berichte der Verhandlungen des Reichstags, 9. Legislaturperiode, IV. Session, 1895/97, Bd. 151, Berlin, 1896, Anlage Nr. 35, 1. Anlageband, S. 98, 99.

[21] RGBl. II S. 134.

[22] Erste Richtlinie des Rates zur Angleichung der Rechtsvorschriften der Mitgliedstaaten über die Marken vom 21. 12. 1988 (89/104/EWG; AB. EG L 40 vom 11. 2. 1989 S. 1).

[23] Gesetz über den Schutz von Marken und sonstigen Kennzeichen (Markengesetz – MarkenG), BGBl. I S. 3082.

[24] Zur Anspruchskonkurrenz im Immaterialgüterrecht → Rn 95 ff; siehe zur Normenkonkurrenz zwischen UWG und MarkenG die ausführliche Darstellung des Diskussionsstandes bei *Fezer* § 2 MarkenG Rn 26 ff.

[25] Siehe dazu die frühe Kritik von *Baumbach* S. 123 („Es entwickelten sich in Deutschland betrübliche Zustände. Aber jeder Fortschritt wurde vom RG mit rauher Hand geknickt.“); *Lobe* GRUR 1931, 1215. Nach *Kohler* S. 36 fand der Begriff des unlauteren Wettbewerbs manche Bedenken und erhob gegen die kühne französische Art der Rechtspflege die damalige Pedanterie deutschen Gerichtswesens manchen Widerspruch; auch finde sich in der Beweisfrage viel Kleinliches, Doktrinäres und Bürokratisch-Unpraktisches. Siehe zum Verständnis des MarkenschutzG und des ADHGB als abschließende Regelung auch die kritische Darstellung bei *Beater* S. 92.

[26] BGH GRUR 1999, 161 – MAC Dog.

[27] BGH GRUR 2002, 622, 623 – shell.de.

[28] In der Entscheidung RGZ 3, 67 – Apollinarisbrunnen aus dem Jahre 1880 ging es sachverhaltlich um die Zeichenkollision der Firma “Apollinarisbrunnen, vormals Kreuzberg”, einer zu Remagen bestehenden Aktiengesellschaft, Klägerin, und ihrem Warenzeichen mit der Bezeichnung “Apollinisbrunnen”, die von dem in Mainz wohnenden Beklagten für das Wasser der Salzquelle zu Cronthal im Taunus benutzt wurde.

[29] Siehe dazu zum Verhältnis des Musterschutzes zum Zeichenschutz das Urteil vom 16. 1. 1897 RGZ 38, 128, 130 ff – Cigarettenausstattungen; zum Verhältnis des Warenzeichenschutzes zum Recht des unlaute-

hend von dem „Apollinarisbrunnen"-Urteil des RG und dessen Überwindung nach der Kodifikation des Lauterkeitsrechts die ständige Rechtsprechung des RG und des BGH von der **subsidiären Anwendbarkeit des Wettbewerbsrechts** auf den Schutz von Warenzeichen entwickelte.[30] Die reichsgerichtliche Rechtsprechung war zudem noch bis in den Übergang zum 20. Jahrhundert der Privilegientheorie verhaftet,[31] ohne die subjektivrechtliche Struktur des Warenzeichenrechts und dessen Rechtsnatur als eines Individualrechts seiner Judikatur zugrundegelegt zu haben.[32]

4. Lauterkeitsrechtliches Rechtsdenken in der Gesetzgebung

13 Das **Versagen der reichsgerichtlichen Rechtsprechung** in den Anfängen des Wirtschaftsdeliktsrechts im Übergang des 19. zum 20. Jahrhundert stellte zwar eine Barriere zur richterrechtlichen Bewältigung des Missbrauchs der Wettbewerbsfreiheit und des Schutzes vor illoyaler Konkurrenz dar, ebnete aber zugleich den Weg für den Gesetzgeber, den Freiheitsschutz im Wirtschaftsrecht durch den Lauterkeitsschutz zu ergänzen.[33] Vorreiter des **lauterkeitsrechtlichen Rechtsdenkens** in einem freiheitlichen Wirtschaftsdeliktsrecht war *Lobe* in der Diskussion auf dem 29. Deutschen Juristentag im Jahre 1908.[34] *Lobe* beschrieb das gesamte Wirtschaftsleben als ein System der Interessengegensätze und Interessenkämpfe. Die Ausübung der gewerblichen Tätigkeit bringe notwendig **Interessengegensätze wirtschaftlicher, gesellschaftlicher, sozialer und politischer Natur** zwischen drei Interessengruppen hervor: zwischen Arbeitgebern und Arbeitnehmern, zwischen Anbietern und Abnehmern gewerblicher Leistungen und zwischen den Anbietern gleichartiger gewerblicher Leistungen untereinander. Die Austragung der Interessengegensätze im freien Spiel der Kräfte führe zu Interessenkämpfen, deren Ziel es sei, gegenseitig in die nicht als fremde Rechtskreise geschützten Interessenkreise der anderen Seite einzudringen. Dem Recht komme die Aufgabe zu, die im Interessenkampf zur Durchsetzung der eigenen Interessen angewandten Mittel zu beurteilen.

14 Die **Rechtsfrage** wurde gestellt, ob die Maßnahme außer dem unverbotenen Angriffe auf die insoweit rechtlich nicht geschützte Willensfreiheit noch einen Eingriff in einen anderen Rechtskreis, einen **Angriff auf ein anderes Rechtsgut** bedeute. Zur Beantwortung der Frage zeichnete *Lobe* den Weg der wirtschaftlichen Entwicklung von der grundherrlichen Gebundenheit über die Zwangsgewalt der Zünfte zur landesherrlichen Gewalt der Obrigkeit, Bindungen, die mit der Einführung der Gewerbefreiheit, die eine Freigabe der Regulierung der Interessengegensätze auf wirtschaftlichem Gebiet gebracht hätte, ihr Ende gefunden hätten. *Lobe* beklagte das **unzureichende Maß an rechtlicher Kontrolle,** wenn die zur Durchsetzung von wirtschaftlichen Interessen angewandten Mittel ausschließlich unter den Gesichtspunkt einer unzulässigen Beeinträchtigung von Vermögensinteressen nach dem bürgerlichrechtlichen Deliktsrecht beurteilt würden, da das Vermögen

---

ren Wettbewerbs das Urteil vom 11. 6. 1901 RGZ 48, 233, 235 ff – Zwillingszeichen; in beiden Urteilen wurde trotz der ausdrücklichen Charakterisierung des WarenbezeichnungsschutzG als eines Spezialgesetzes die Anwendung der außerzeichengesetzlichen Normen zum Schutz der Warenzeichen anerkannt.

[30] Das Konkurrenzverhältnis des WZG zum UWG im Sinne einer Normenkonkurrenz wurde von *Wolfgang Hefermehl* auf die prägnante Formel gebracht: Die Benutzung einer Marke kann markenrechtlich zulässig, wettbewerbsrechtlich unzulässig sein (*Baumbach/Hefermehl,* Warenzeichenrecht, 12. Aufl., 1985, Einleitung WZG, Rn 44). Die Zurückführung des Markenrechts auf die Wurzeln des Wettbewerbsrechts habe zu einer wertvollen Vertiefung des Markenrechts geführt. Siehe dazu schon die zutreffenden Ausführungen von *Kohler* Recht des Markenschutzes 1884 S. 161: „Die Marke darf nicht rechtswidrig sein; sie darf nicht in das Recht eines Dritten eingreifen; jede gegen das Recht eines Dritten verstoßende Marke entbehrt des rechtlichen Schutzes."

[31] So zutreffend *Wadle* GRUR 1979, 383, 388.

[32] Zur Verortung des Markenschutzes im System der subjektiven Privatrechte grundlegend *Josef Kohler,* Das Recht des Markenschutzes, 1884.

[33] Siehe dazu ausführlich die Darstellung des Weges vom Freiheitsschutz zum Lauterkeitsschutz innerhalb der Rechtsprechung zu den rechtlichen Schranken des Boykotts zur Zeit der Jahrhundertwende vom 19. zum 20. Jahrhundert *Fezer* Teilhabe 1986 446 ff.

[34] *Lobe* Koreferat, Verhandl. 29. DJT 1908 Bd. 5 1909 S. 173 ff.

nur mittelbar betroffen sei. Unmittelbarer Angriffsgegenstand sei die **Erwerbstätigkeit** und damit das Arbeiten des Menschen.

15 Mit der Thematisierung eines originär **lauterkeitsrechtlichen Rechtsdenkens** innerhalb der wirtschaftsrechtlichen Systematisierung der Missbrauchsschranken der wirtschaftlichen Handlungsfreiheit wurden die Grundlagen für die **Rechtsakte der Gesetzgebung** zum Schutz des lauteren Wettbewerbs gelegt.

II. Das Gesetz zur Bekämpfung des unlauteren Wettbewerbes vom 27. Mai 1896

16 Das **Gesetz zur Bekämpfung des unlauteren Wettbewerbes** vom 27. Mai 1896 trat am 1. Juli 1896 in Kraft.

1. Der Diskurs über den Schutz des lauteren Wettbewerbs

17 Das Versagen der reichsgerichtlichen Rechtsprechung, den Missbräuchen eines ungezügelten Konkurrenzkampfes Herr zu werden und die immanenten Schranken der Wettbewerbsfreiheit auszubilden, führte zu einem öffentlichen Diskurs über den Schutz des lauteren Wettbewerbs in Rechtswissenschaft und Wirtschaftspraxis. Am 19. Dezember 1891 wurde in Berlin der „Verein für den Schutz des gewerblichen Eigentums" zu dem Zweck gegründet, den unlauteren Wettbewerb zu bekämpfen und eine Änderung der Gesetzgebung zu erzwingen. Die vielfältigen Initiativen in Wissenschaft und Praxis[35] bereiteten den Boden für das **Gesetz zur Bekämpfung unlauteren Wettbewerbs** vom 27. Mai 1896,[36] das der Vorläufer des Gesetzes gegen den unlauteren Wettbewerb vom 7. Juli 1909 war.[37] Nach der **Begründung** zum Ersten Entwurf verfolgte das UWG 1896 das begrenzte Ziel, gegen „gewisse Mittel, welche moralisch verwerflich, wenngleich vom Gesetze bisher nicht verboten sind", Abhilfe zu schaffen, wenn die Mittel „zu dem Zwecke angewendet werden, um **unberechtigte Vorteile gegenüber den Konkurrenten** zu gewinnen".[38] In den Worten des RG bezweckte das Gesetz, „die besonders ausgeprägt zu Tage tretenden Auswüchse des missbräuchlichen Wettbewerbs abzuschneiden."[39]

2. Die Spezialtatbestände des unlauteren Wettbewerbs im UWG 1896

18 Die zivilrechtlichen und strafrechtlichen Verbotsnormen des UWG 1896, das keine allgemeine Generalklausel eines Verbots unlauteren Wettbewerbs enthielt, wurden als **fünf Spezialtatbestände** strukturiert. Gegenstände der Verbotsnormen waren die Verbreitung unrichtiger Angaben tatsächlicher Art in öffentlichen Bekanntmachungen und Mitteilungen im Sinne der **unwahren Reklame** (§§ 1 bis 4 UWG 1896), der Verstoß gegen vorgeschriebene **Maßeinheiten** der Zahl, der Länge und des Gewichts (§ 5 UWG 1896), die **Anschwärzung** (§§ 6 und 7 UWG 1896), der lauterkeitsrechtliche Schutz der **Unternehmenskennzeichen** (Name, Firma und besondere Bezeichnung eines Erwerbsgeschäfts oder gewerblichen Unternehmens), sowie der Wettbewerbsschutz des **Titels einer Druckschrift** (§ 8 UWG 1896) und der Verrat von **Geschäfts- und Betriebsgeheimnissen** (§§ 9 und 10 UWG 1896).

---

[35] Siehe ausführlich zum Gang des Gesetzgebungsverfahrens *v. Stechow* S. 155 ff; siehe die Übersicht zu den materiellrechtlichen Regeln und dem Sanktionenrecht bei *Beater* Unl. Wettb. S. 94 ff; dazu auch *Wadle* JuS 1996, 1064 ff; schon *Lobe* Das Gesetz zur Bekämpfung des unlauteren Wettbewerbs vom 27. Mai 1896, Systematische Darstellung, 1896.

[36] RGBl. S. 441.

[37] → Rn 21 ff.

[38] Begründung zum 1. Entwurf des UWG vom 27. 5. 1896, Stenographische Berichte der Verhandlungen des Reichstags, 9. Legislaturperiode, IV. Session, 1895/97, Bd. 151, Berlin, 1896, Anlage Nr. 35, 1. Anlageband, S. 99 ff, 101.

[39] Grundsatzurteil vom 11. 4. 1901 RGZ 48, 114, 119 – Brisbane Segelgeschäft.

3. Das Mitbewerberschutzrecht des UWG 1896

19 Das UWG 1896 diente allein dem **Individualschutz** der einzelnen Mitbewerber.[40] Das spricht deutlich eine vielzitierte Wendung der Gesetzesbegründung aus:[41] „Der Schutz des konsumierenden Publikums gegen Übervorteilungen ist nicht der unmittelbare Zweck eines gegen den unlauteren Wettbewerb gerichteten Gesetzes, wenngleich Maßregeln, die in den gegenseitigen Beziehungen der Gewerbetreibenden Treu und Glauben zu befestigen bestimmt sind, mittelbar auch dem Interesse ihrer Abnehmer entgegenkommen werden." Das Verbot unlauteren Wettbewerbs wurde in Spezialtatbeständen realisiert, die als ein **Mitbewerberschutzrecht** im Sinne des Konkurrentenschutzes zu verstehen waren. Es stellt eine den Schutzzweck des Lauterkeitsrechts verfälschende und zudem nicht belegte Interpretation des UWG 1896 dar, wenn in pauschalierender Weise behauptet wird, an der Wiege des UWG habe von Anfang an gleichberechtigt der Gedanke des Mittelstandsschutzes und des Verbraucherschutzes gestanden; bei einer solchen doppelten Zielsetzung sei es bis zur Schutzzweckbestimmung des § 1 UWG 2004 geblieben.[42] Der Verbraucherschutz lag vielmehr vollständig außerhalb des Lauterkeitsrechts im ausgehenden 19. Jahrhundert bis – zumindest in Deutschland – in die zweite Hälfte des 20. Jahrhunderts.

4. Der Deliktsschutz gegen unlauteren Wettbewerb nach den §§ 823 Abs. 1, 824 und 826 BGB

20 Die speziellen Verbotstatbestände des UWG 1896 hinterließen zahlreiche **Lücken im Schutzsystem** gegen Schädigungen durch unlauteren Wettbewerb. Der Gesetzgeber des UWG 1896 konnte sich noch nicht zu einem umfassenden Schutzsystem gegen unlauteren Wettbewerb – etwa im Sinne einer Generalklausel – entscheiden,[43] wie es durch die französische Rechtsprechung in Auslegung des Art. 1382 Code civil entwickelt worden war.[44] Nach dem Inkrafttreten des Bürgerlichen Gesetzbuches am 1. Januar 1900 sah sich das RG insoweit veranlasst, neben dem deliktsrechtlichen Schutz des Rechts am eingerichteten und ausgeübten Gewerbebetrieb nach § 823 Abs. 1 BGB und der Kreditgefährdung nach § 824 BGB auf dem Gebiet der Wettbewerbshandlungen ergänzend die deliktsrechtliche **Vorschrift des § 826 BGB** anzuwenden.[45] Nach Ansicht des RG diente das Verbot der sittenwidrigen vorsätzlichen Schädigung nach § 826 BGB dazu, „eine Schutzwehr gegen illoyale Handlungen in umfassender Weise zu gewähren."[46] Ein bürgerlichrechtlicher Deliktsschutz des unlauteren Wettbewerbs mit einem umfassenden Geltungsanspruch im Sinne eines deliktsrechtlichen Mitbewerberschutzrechts war von der Judikatur anerkannt.

III. Das Gesetz gegen den unlauteren Wettbewerb vom 7. Juni 1909

21 Das **Gesetz gegen den unlauteren Wettbewerb** vom 7. Juni 1909 trat am 1. Oktober 1909 in Kraft.

---

[40] So auch *Götting* Wettbewerbsrecht § 3 Rn 4; *Beater* Unl. Wettb. S. 95.

[41] Begründung zum 1. Entwurf (Fn 38).

[42] So unhaltbar *Emmerich* Unl. Wettb. S. 3 f.

[43] → nur RGZ 20, 71, 75; → Rn .6.

[44] In der Begründung (→ Fn 38) wird ausgeführt, wenn zu Gunsten einer allgemeinen Bestimmung bemerkt worden sei, dass bei der überaus großen Mannigfaltigkeit der Schleichwege, welche die Unredlichkeit für ihre Zwecke zu finden wisse, nur eine allgemein gehaltene Vorschrift jede denkbare Erscheinungsform des unlauteren Geschäftsgebahrens zu treffen vermöge, so sei dem entgegenzuhalten, dass es zur Zeit nur darauf ankommen könne, bestimmte, nach den bisherigen Erfahrungen für den redlichen Erwerbsgenossen besonders nachteilige Missbräuche zu verhindern (S. 100).

[45] Siehe dazu *Schmid* GRUR 1903, 103 ff; *Oertmann* DJZ 1904, 616 ff; siehe zu diesen Anfängen eines das UWG 1896 ergänzenden Deliktsschutzes nach den §§ 823 Abs. 1, 824 und 826 BGB *Beater*, Unl. Wettb. S. 97 f.

[46] Urt. v. 11. 4. 1901, RGZ 48, 114, 119 – Brisbane-Segelgeschäft; → Rn 17

1. Subsidiärer Mitbewerberschutz vor unlauterem Wettbewerb nach § 826 BGB

Nach der in der Rechtsprechung zur Zeit der Jahrhundertwende des 19. zum 20. Jahrhundert sich verfestigenden Lehre von der kumulativen oder zumindest subsidiären Anwendung der bürgerlichrechtlichen Vorschriften der §§ 823 Abs. 1 (Eingriff in das Recht am eingerichteten und ausgeübten Gewerbebetrieb), 824 (Kreditgefährdung) und 826 (sittenwidrige vorsätzliche Schädigung) BGB[47] wurde der **Mitbewerberschutz vor illoyaler Konkurrenz** sowohl nach den speziellen Verbotstatbeständen des UWG 1896,[48] als auch nach dem Deliktsrecht des BGB entwickelt. Die Konkurrenzlehre von der autonomen Normenkonkurrenz, die eine kumulative oder zumindest subsidiäre Anwendbarkeit des Lauterkeitsrechts verlangt, nimmt an diesem Ort ihren Anfang und legt den Grund für eine allgemeingültige Methodik, die Konkurrenzen der Immaterialgüterrechte untereinander und im Verhältnis zum Wettbewerbsrecht als Kartellrecht und Lauterkeitsrecht zu bestimmen.[49] 22

Nach wie vor war die Rechtsauffassung vorherrschend, dass nach den Rechtsgrundsätzen der reichsgerichtlichen Rechtsprechung, wie sie namentlich in dem Grundsatzurteil „Brisbane-Segelgeschäft" vom 11. April 1901[50] aufgestellt wurden, neben dem UWG 1896 vor allem die **Vorschrift des § 826 BGB** auch auf das Gebiet der Wettbewerbshandlungen anzuwenden sei. Das RG anerkannte ein Bedürfnis an einem bürgerlichrechtlichen Rechtsschutz gegenüber Schädigungen im Gewerbebetrieb durch unlauteren Wettbewerb. Der lautere Wettbewerb sei von dem UWG 1896 als ein Spezialgesetz nicht ausschließend geregelt. Das BGB trete ergänzend in die Lücken des UWG 1896, das die besonders ausgeprägt zu Tage tretenden Auswüchse des missbräuchlichen Wettbewerbs abschneide. Die Vorschrift des § 826 BGB sei dazu geeignet und vom Gesetzgeber dazu bestimmt, namentlich für den geschäftlichen Verkehr eine Schutzwehr gegen illoyale Handlungen in umfassender Weise zu gewähren.[51] Das Verbot der sittenwidrigen vorsätzlichen Schädigung nach § 826 BGB sollte besonders auch gegen den Missbrauch der Gewerbefreiheit durch Gewinnsüchtige Ausbeutung oder durch Vergewaltigung anderer Schutz gewähren.[52] 23

Die Formel des RG, § 826 BGB sei dazu bestimmt, eine Schutzwehr gegen illoyale Handlungen in umfassender Weise zu gewähren und die Lücken der Spezialgesetze auszufüllen, wurde in der Begründung der Reichstagsvorlage eines Entwurfs eines Gesetzes gegen den unlauteren Wettbewerb im Jahre 1909 noch als der wesentliche Grund herangezogen, bei dieser Rechtslage könne von der Aufnahme einer Generalklausel in das Wettbewerbsgesetz abgesehen werden.[53] Auch wenn in der Rechtswissenschaft und Rechtspraxis die Auffassung vorherrschte, dass das UWG 1896 sich in seinen Grundlagen bewährt und dazu beigetragen hatte, den Grundsätzen über **Treu und Glauben** im Geschäftsleben mehr und mehr Geltung zu verschaffen, so waren doch die namentlich von den wirtschaftlich schwächeren Kreisen des Erwerbslebens an die Wirksamkeit des UWG geknüpften Erwartungen nicht überall in Erfüllung gegangen. 24

---

[47] Die ursprüngliche Lehre des RG von dem abschließenden Charakter der Sonderrechtsgesetze, auf die die verfehlte Theorie von einem angeblichen numerus clausus der Immaterialgüterrechte zurückgeführt werden kann (RGZ 3, 67 – Apollinarisbrunnen; → Rn 11), wurde recht bald aufgegeben und von dem Rechtssatz einer subsidiären Anwendbarkeit des Wettbewerbsrechts abgelöst (RGZ 38, 128 – Cigarettenausstattungen; → Rn 12).

[48] → Rn 18.

[49] Zur Anspruchskonkurrenz im Immaterialgüterrecht → Rn 316ff; siehe zur Nomenkonkurrenz zwischen UWG und MarkenG die ausführliche Darstellung des Diskussionsstandes bei *Fezer* § 2 MarkenG Rn 21ff.

[50] RGZ 48, 114 – Brisbane-Segelgeschäft; siehe schon RGZ 25, 347; RGZ 38, 379; siehe dazu *Schmid* GRUR 1903, 103; *Oertmann* DJZ 1904, 616.

[51] RGZ 48, 114, 119 – Brisbane-Segelgeschäft.

[52] RGZ 48, 114, 125 – Brisbane-Segelgeschäft.

[53] Entwurf eines Gesetzes gegen den unlauteren Wettbewerb, Verhandlungen des Reichstags. XII. Legislaturperiode. I. Session. Bd. 252. Anlagen zu den Stenographischen Berichten. Nr. 1109. 1909, S. 1, 9f.

2. Die Geburtsstunde der wettbewerbsrechtlichen Generalklausel

25 Bei der **Revision des UWG** 1896 standen namentlich als zu bewältigende Probleme im Vordergrund: die Einführung einer Generalklausel, die es ermöglichen sollte, manche bis zu diesem Zeitpunkt nicht verfolgbaren Unlauterkeiten zu erfassen, die Verschärfung des Strafschutzes und der Haftung des Geschäftsherrn für die Handlungen seiner Angestellten, die bessere Verhinderung der Quantitäts- und Qualitätsverschleierung, die missbräuchliche Bezeichnung von Waren als Konkurrenzwaren und vor allem die Auswüchse im Ausverkaufswesen, die Preisschleuderei und die Lockartikel, das Übermaß in der Rabattgewährung und im Zugabewesen, die Bekämpfung des Ausstellungsschwindels und die Bestechung von Angestellten.[54] Die Rechtspraxis zeigte, dass die bestehenden Schutzlücken des UWG 1896 erheblich waren und nicht ausschließlich in Anwendung des bürgerlichrechtlichen Deliktsrechts geschlossen werden konnten. Vor allem erwies sich der Deliktsschutz des unlauteren Wettbewerbs nach der bürgerlichrechtlichen Generalklausel einer sittenwidrigen vorsätzlichen Schädigung nach § 826 BGB als unzulänglich, da ein Nachweis des Schädigungsvorsatzes regelmäßig scheiterte.

26 Bei den Beratungen des Entwurfs des UWG 1909 setzte sich die Rechtsauffassung durch, dass die Einführung einer **Generalklausel zum Schutz des lauteren Wettbewerbs** geboten und notwendig sei.[55] Der Wortlaut des Gesetzes, in dem die Unlauterkeit des Wettbewerbs mit den Worten eines **Verstoßes gegen die guten Sitten** umschrieben wird, macht bei einer Analyse der Gesetzesberatungen des Entwurfs erkennbar, wie dessen ursprüngliche Regelung der unwahren Reklame vor dem Hintergrund des ergänzend anzuwendenden § 826 BGB über die verschiedenen Änderungsanträge zu der Generalklausel einer wettbewerblichen Sittenwidrigkeit zum Schutz des lauteren Wettbewerbs mutierte. Die Gesetzesberatungen zum UWG 1909 wurde zur Geburtsstunde der wettbewerbsrechtlichen Generalklausel zum Schutz des lauteren Wettbewerbs, die zu einem gesetzgeberischen Erfolgsmodell zur Bekämpfung des unlauteren Wettbewerbs avancierte und als das **Herzstück des UWG** zum Vorbild und prägenden Bestandteil des europäischen Lauterkeitsrechts wurde.

3. Paradigmenwechsel im Schutzzweck des Lauterkeitsrechts

27 Das UWG von 1909 behielt die Schutzrichtung eines **ausschließlichen Konkurrentenschutzes** bei. Repräsentativ für das Rechtsverständnis des UWG 1909 als ein reines Mitbewerberschutzrecht ist die Kommentierung von *Adolf Baumbach,* der in der ersten Auflage seines Kommentars zum Wettbewerbsrecht im Jahre 1929 noch wörtlich feststellte, es sei „ein grundlegender, nicht auszurottender Irrtum, dass das deutsche Wettbewerbsrecht auch das Publikum, den Verbraucher, schütze."[56] Der Wandel des Wettbewerbsdeliktsrechts von einem **individualrechtlichen** zu einem **sozialrechtlichen** Verständnis[57] und die Ausbildung der Schutzzwecktrias vollzieht sich erst nach der bahnbrechenden Untersuchung von *Eugen Ulmer,* der in seiner Heidelberger Antrittsvorlesung im Jahre 1931 die „Sinnzusammenhänge im modernen Wettbewerbsrecht" analysierte.[58] Nachdem in den 50er und

---

[54] → Fn 53, S. 7f.

[55] In dem Bericht der 35. Kommission zur Vorberatung des Entwurfs eines Gesetzes gegen den unlauteren Wettbewerb (Reichstag. Aktenstück Nr. 1390) und namentlich in der Ersten Beratung des Entwurfs im Reichstag (193. Sitzung am 25. 1. 1909, S. 6523ff) wird das Ringen um die Notwendigkeit und Praktikabilität einer lauterkeitsrechtlichen Generalklausel augenscheinlich. Die Gesetzesberatungen zeichnen den Weg von der im Entwurf zunächst noch in Anlehnung an das UWG 1896 vorgeschlagenen Vorschrift der unwahren Reklame über zahlreiche Änderungsanträge zu der schließlich Gesetz gewordenen Generalklausel des § 1 UWG 1909, die unverändert bis zum UWG 2004 nahezu ein Jahrhundert als das Herzstück des UWG das Lauterkeitsrecht bestimmte. Die Vorschrift des § 1 UWG 1909 lautete: „Wer im geschäftlichen Verkehre zu Zwecken des Wettbewerbes Handlungen vornimmt, die gegen die guten Sitten verstoßen, kann auf Unterlassung und Schadensersatz in Anspruch genommen werden."

[56] *Baumbach* S. 128.

[57] → § 1 Rn 35ff.

[58] *E. Ulmer* Sinnzusammenhänge im modernen Wettbewerbsrecht 1932.

60er Jahren des vergangenen Jahrhunderts der Schutz von wesentlichen **Allgemeininteressen** in den Normzweck des UWG 1909 einbezogen wurde und vornehmlich in den 70er Jahren die **Verbraucherinteressen** innerhalb des **integrativen Normmodells der Schutzzwecktrias** (Schutz der Mitbewerberinteressen, der Verbraucherinteressen und der Allgemeininteressen) rechtliche Anerkennung fanden, wurde in Ansätzen im UWG 2004 und wird endgültig konzeptionell im UWG 2008 das **europäische Schutzmodell eines lauterkeitsrechtlichen Verbraucherschutzes** realisiert.[59] Die Entwicklungsgeschichte des Paradigmenwechsels im Schutzzweck des Lauterkeitsrechts beschreibt einen Weg, der von den Anfängen des reinen Mitbewerberschutzrechts des UWG 1896 zur Konzeption eines originären Verbraucherschutzes durch Lauterkeitsrecht im UWG 2008 führt.

4. Regelungsübersicht und Systematik des UWG 1909

a) Rechtssystematik und Normzweck. Die Systematik des UWG 1909, das nahezu ein Jahrhundert geltendes Recht war und erst vom UWG 2004 abgelöst wurde, wird von der wettbewerbsrechtlichen Generalklausel des § 1 UWG 1909 beherrscht. Nach der großen Generalklausel des § 1 UWG 1909 wird der unlautere Wettbewerb als eine im geschäftlichen Verkehr zu Zwecken des Wettbewerbs vorgenommene Handlung umschrieben, die gegen die guten Sitten verstößt. Aufgabe der Generalklausel war es, die Schutzlücken des UWG 1896 zu schließen und eine umfassende Sanktionierung des unlauteren Wettbewerbs im Sinne eines reinen Mitbewerberschutzrechts zu gewährleisten. Bei dem **Begriff des unlauteren Wettbewerbs** – concurrence déloyale im Gegensatz zur concurrence illicite – handelt es sich um die innerhalb der internationalen Verbandsverträge im 19. Jahrhundert gebräuchliche Wortwahl. Nach Art. 10bis PVÜ wird der unlautere Wettbewerb als eine Wettbewerbshandlung definiert, die den **anständigen Gepflogenheiten in Gewerbe oder Handel** zuwiderläuft.[60] Die gesetzliche Definition der Unlauterkeit im Wettbewerb als ein **Verstoß gegen die guten Sitten** erklärt sich als ein methodischer Regress auf die im bürgerlichrechtlichen Deliktsrecht anerkannte, generalklauselartige Umschreibung des zivilen Unrechts als eines Sittenverstoßes in § 826 BGB. In der Reichstagsdebatte wurde ausgeführt, es handle sich darum, dem in § 826 BGB ausgesprochenen Grundsatz eine **besondere Richtung auf das Gebiet des unlauteren Wettbewerbs** zu geben.[61] 28

Aus der Begründung zum Entwurf des UWG 1909, der die Generalklausel noch nicht enthielt, ergibt sich zudem, dass mit der Einführung der Sittenwidrigkeitsklausel keine konzeptionelle Inhaltsänderung der Schutzrichtung des UWG verbunden war, sondern allein der Anwendungsbereich des Wettbewerbsgesetzes eine Ausdehnung erfahren sollte. Es wird auf die in der Rechtswissenschaft und Rechtspraxis herrschende Auffassung verwiesen, dass das UWG 1896 sich in seinen Grundlagen bewährt und im Allgemeinen dazu beigetragen habe, den Grundsätzen über **Treu und Glauben im Geschäftsleben** mehr und mehr Geltung zu verschaffen.[62] Es ist rechtstheoretisch bemerkenswert, wie die Grundsätze von Treu und Glauben im Geschäftsleben innerhalb eines Mitbewerberschutzrechts ohne weiteres mit der Gute-Sitten-Norm im Wettbewerb identifiziert werden. 29

b) Regelungsgegenstände und Fallkonstellationen. Nach der **großen Generalklausel** eines Verbots des unlauteren Wettbewerbs nach § 1 UWG 1909 kann auf Unterlassung und Schadensersatz in Anspruch genommen werden, wer im geschäftlichen Verkehr zu Zwecken des Wettbewerbs Handlungen vornimmt, die gegen die guten Sitten verstoßen. In der Fundamentalnorm des neuen Wettbewerbsrechts wird die **Unlauterkeit als Sittenwid-** 30

---

59 → Rn 80 ff.

60 Siehe zur Begriffsbestimmung des unlauteren Wettbewerbs nach Art. 10bis Abs. 2 PVÜ *Fezer* MarkenG Art. 10bis PVÜ Rn 2.

61 Bericht der 35. Kommission zur Vorberatung des Entwurfs eines Gesetzes gegen den unlauteren Wettbewerb, Reichstag.Aktenstück Nr. 1390, S. 8433, 8434.

62 Begründung zum Entwurf eines Gesetzes gegen den unlauteren Wettbewerb – Drucks. Nr. 1109, Verhandlungen des Reichstags. XII. Legislaturperiode. I. Session., Bd. 252, Stenographische Berichte, 1909.

rigkeit im Wettbewerb umschrieben. Die Konkretisierung der Generalklausel durch einen generalklauselartigen unbestimmten Rechtsbegriff erklärt sich aus dem methodischen Rückgriff auf die bürgerlichrechtliche Deliktsnorm des § 826 BGB.[63] In der Gesetzesbegründung wird der sittenwidrige Wettbewerb an dem Beurteilungsmaßstab der Grundsätze von Treu und Glauben im Geschäftsleben ausgerichtet.[64] Die im Geschäftsleben geltende Treu und Glauben-Formel verweist mittelbar auf die Handelsbräuche unter Kaufleuten, die als Verkehrssitten im Handel verstanden werden. Das entspricht widerrum der Definition des unlauteren Wettbewerbs in Art. 10bis Abs. 2 PVÜ, nach dem eine Wettbewerbshandlung unlauter ist, die den anständigen Gepflogenheiten in Gewerbe oder Handel zuwiderläuft.

31 Die §§ 3 bis 10 UWG 1909 enthielten verschiedene Fallkonstellationen der **unerlaubten Werbung.** Von besonderer Bedeutung war von Anfang an auch die **kleine Generalklausel** der **irreführenden Werbung** nach § 3 UWG 1909, die durch die strafbare Werbung nach § 4 UWG 1909 ergänzt wurde. Die §§ 6 bis 9 UWG 1909 enthielten Regelungen des **Ausverkaufswesens,** wie den Konkurswareverkauf nach § 6 UWG 1909, die Ankündigung eines Ausverkaufs nach § 7 UWG 1909, die Strafvorschrift des Vorschiebens oder Nachschiebens von Waren im Falle der Ankündigung eines Ausverkaufs nach § 8 UWG 1909 und wegen Geschäftsaufgabe und Räumungsverkaufs nach § 9 UWG 1909. Geregelt waren weiterhin als spezielle Fallkonstellationen die **Bestechung** (Schmieren) nach § 12 UWG 1909, die **Geschäftsehrverletzung** in den §§ 14 (Anschwärzung) und 15 (Geschäftliche Verleumdung) UWG 1909, der **Geheimnisverrat** nach § 17 UWG 1909 und die **Freibeuterei** nach § 18 UWG 1909. Der Schutz der **geschäftlichen Bezeichnungen** (Name, Firma, besondere Bezeichnung eines Erwerbsgeschäfts oder eines gewerblichen Unternehmens und die Bezeichnung einer Druckschrift) waren in § 16 UWG 1909 geregelt.

5. Gesetzesänderungen des UWG 1909 und wettbewerbsrechtliche Nebengesetze

32 Die **Zugabeverordnung** vom 9. März 1932,[65] die Zugaben als eine Form der Wertreklame verbot und deren Regelungen des Zugabewesens vorwiegend einem **gewerbepolizeilichen Zweck** dienten, und das **Rabattgesetz** vom 25. November 1933,[66] das Auswüchse der Rabattierung, die zunehmend an die Stelle der verbotenen Zugaben traten, verhindern sollte und vorwiegend dem **Schutz mittelständischer Interessen** diente, bestimmten nachhaltig das Wettbewerbsgeschehen in Deutschland bis zu der Aufhebung der ZugabeVO und des RabattG im Jahre 2001.[67]

33 Ende der 60er Jahre und Mitte der 80er Jahre des 20. Jahrhunderts wurde das UWG 1909 erneut im Interesse des **Mittelstandsschutzes** um weitere Spezialtatbestände ergänzt. Innerhalb der UWG-Novelle des Jahres 1969[68] wurde das allgemeine Irreführungsverbot der kleinen Generalklausel des § 3 UWG 1909 durch zwei Sondertatbestände ergänzt. Die §§ 6a und 6b UWG aF regelten die Werbung bestimmter **Direktvertriebssysteme** an (private/gewerbliche) Letztverbraucher, und zwar § 6a Abs. 1 UWG aF die **Herstellerwerbung** und § 6a Abs. 2 UWG aF die **Großhändlerwerbung** gegenüber dem letzten Verbraucher, und § 6b UWG aF den **Kaufscheinhandel.**[69] Die als abstrakte Gefährdungstatbestände konzipierten Verbotsnormen stellten weitreichende Reglementierungen innovativer Verkaufsstrategien dar.

---

[63] → Rn 20ff.

[64] Begründung zum Entwurf des UWG 1909 → Rn 17.

[65] Verordnung des Reichspräsidenten zum Schutze der Wirtschaft vom 9. 3. 1932, RGBl. I S. 121.

[66] Gesetz über Preisnächlässe (Rabattgesetz) vom 25. 11. 1933, RGBl. I S. 1011.

[67] Gesetz zur Aufhebung der Zugabeverordnung und zur Anpassung weiterer Rechtsvorschriften vom 23. 7. 2001, BGBl. I S. 1661, Begründung zum Gesetzentwurf BT-Drucks. 14/5441; Gesetz zur Aufhebung des Rabattgesetzes und zur Anpassung anderer Rechtsvorschriften vom 23. 7. 2001, BGBl. I S. 1663, Begründung zum Gesetzentwurf BT-Drucks. 14/5594.

[68] Gesetz zur Änderung des Gesetzes gegen den unlauteren Wettbewerb vom 26. 6. 1969, BGBl. I S. 633.

[69] Siehe zum Kaufscheinhandel ausführlich *Fezer* Der Kaufscheinbegriff 1989; zur Hersteller- und Großhändlerwerbung nach § 6a UWG aF *Fezer* BB 1976, 705.

Im Jahre 1986 wurden zwei weitere abstrakte Gefährdungstatbestände in das UWG 1909 eingeführt und zwar das Verbot der **Werbung mit mengenmäßigen Beschränkungen und Eigenvergleichen** nach § 6d UWG aF, und die **Werbung mit Preisgegenüberstellungen** nach § 6e UWG aF.[70] Die den freien Wettbewerb sachwidrig beschränkenden und wohl gemeinschaftsrechtlich auch bedenklichen Verbote der §§ 6d und 6e UWG aF wurden schon im Jahre 1994 – gleichsam als ein erster Schritt zu Deregulierung des reglementierten und nicht mehr eurokompatiblen UWG – aufgehoben.[71] Der Mittelstandsschutz erwies sich als eine illegitime Schutzrichtung des Lauterkeitsrechts. **34**

Im Jahre 1986 wurde im Interesse einer stärkeren Bekämpfung der Wirtschaftskriminalität auch das Verbot der **progressiven Kundenwerbung** nach § 6c UWG aF in das UWG 1909 eingefügt; das Verbot wurde als ein abstrakter Gefährdungstatbestand normiert.[72] Der Straftatbestand des § 6c UWG aF wurde bei der UWG-Reform des Jahres 2004 sprachlich neu gefasst und mit einer Einschränkung des geschützten Adressatenkreises als strafbare Werbung nach § 16 Abs. 2 UWG geregelt; die Strafvorschrift wurde unverändert in das UWG 2008 übernommen. **35**

Im Jahre 2000 wurde in Umsetzung europäischen **Richtlinienrechts**[73] die Zulässigkeit der **vergleichenden Werbung** im UWG geregelt, nach dem in Konkretisierung der großen Generalklausel des § 1 UWG 1909 bis zu diesem Zeitpunkt ein grundsätzliches Verbot der vergleichenden Werbung bei anerkannten Ausnahmetatbeständen galt. Das Recht der vergleichenden Werbung wurde in § 2 UWG aF abschließend geregelt;[74] § 2 UWG aF wurde als § 6 UWG unverändert in das UWG 2008 übernommen. **36**

IV. Die UWG-Reformen der Jahre 2004 und 2008

Zielsetzung der **UWG-Reform des Jahres 2004** war es, eine **Modernisierung des UWG** 1909 im Sinne einer **Deregulierung**, **Liberalisierung** und **Europäisierung** des Lauterkeitsrechts zu bewirken. Der Reformprozess und das Gesetz gegen den unlauteren Wettbewerb vom 3. Juli 2004 werden ausführlich dargestellt.[75] **37**

Zielsetzung der **UWG-Reform des Jahres 2008** war es, die **Richtlinie 2005/29/EG über unlautere Geschäftspraktiken** im binnenmarktinternen Geschäftsverkehr zwischen Unternehmen und Verbrauchern in das nationale Lauterkeitsrecht umzusetzen. Das Gesetzgebungsverfahren des Ersten Gesetzes zur Änderung des Gesetzes gegen den unlauteren Wettbewerb vom 22. Dezember 2008, das eine Europäisierung des Lauterkeitsrechts im UWG 2008 als **originäres Verbraucherschutzrecht im b2c-Geschäftsverkehr** bewirkte, wird ausführlich dargestellt.[76] **38**

B. Die Modernisierung des Lauterkeitsrechts im UWG 2004 (UWG-Reform)

Schrifttum: *Alexander,* Die strafbare Werbung in der UWG-Reform, WRP 2004, 407; *Apostolopoulos,* Neuere Entwicklungen im europäischen Lauterkeitsrecht: Problematische Aspekte und Vorschläge, WRP 2004, 841; *Benz,* Werbung vor Kindern unter Lauterkeitsgesichtspunkten – Zum Entwurf eines Gesetzes gegen den unlauteren Wettbewerb, § 4 Nr. 2, WRP 2003, 1160; *Berlit,* Das neue Gesetz gegen den unlaute-

---

70 Gesetz zur Änderung wirtschafts-, verbraucher-, arbeits- und sozialrechtlicher Vorschriften vom 25. 7. 1986, BGBl. I S. 1169.

71 Gesetz zur Änderung des Gesetzes gegen den unlauteren Wettbewerb vom 25. 7. 1994, BGBl. I S. 1738.

72 Zweites Gesetz zur Bekämpfung der Wirtschaftskriminalität (2. WiKG) vom 15. 5. 1986, BGBl. I S. 721.

73 Richtlinie 97/55/EG des Europäischen Parlaments und des Rates vom 6. 10. 1997 zur Änderung der Richtlinie 84/450/EWG über irreführende Werbung, ABl. EG 1997 Nr. L 290 vom 23. 10. 1997 S. 18.

74 Gesetz zur vergleichenden Werbung und zur Änderung wettbewerbsrechtlicher Vorschriften vom 1. 9. 2000, BGBl. I S. 1374.

75 → Rn 39 ff.

76 → Rn 80 ff.

ren Wettbewerb – Von den guten Sitten zum unlauteren Verfälschen, WRP 2003, 563; *ders.*, Handel im Wandel: Die Warenbevorratung bei Sonderangeboten und Sonderveranstaltungen gem. §§ 5 Abs. 4, Abs. 5, 3 UWG, WRP 2004, 1245; *Beuchler,* Konferenz des vzbv zur EU-Harmonisierung des Wettbewerbsrechts am 31. 10. 2002 in Berlin, VuR 2003, 38; *Bruhn,* Fachausschuss für Wettbewerbs- und Markenrecht, GRUR 2003, 132; *Busch,* Ein europäischer Rechtsrahmen für das Lauterkeitsrecht? – Der Vorschlag der Europäischen Kommission für eine Richtlinie über unlautere Geschäftspraktiken, EuLF 2004, 91; *Detjen,* Bericht aus Berlin, ZRP 2003, 109; *Deutsche Vereinigung für gewerblichen Rechtsschutz und Urheberrecht,* Stellungnahme zum Entwurf für eine europäische Richtlinie und ein deutsches Gesetz gegen unlauteren Wettbewerb von Köhler/Bornkamm/Henning-Bodewig, GRUR 2003, 32; *Doepner,* Unlauterer Wettbewerb durch Verletzung von Marktzutrittsregelungen, WRP 2003, 1292; *Eck,* Fachausschuss für Wettbewerbs- und Markenrecht, GRUR 2002, 505; *Engels,* Die Auswirkungen der UWG-Reform auf Medien und Kommunikation, AfP 2004, 316; *Engels/Salomon,* Vom Lauterkeitsrecht zum Verbraucherschutz: UWG-Reform 2003, WRP 2004, 32; *Eppe,* Der lauterkeitsrechtliche Tatbestand des übertriebenen Anlockens im Wandel – am Beispiel der Wertreklame, WRP 2004, 153; *Ernst,* Abmahnungen aufgrund von Normen außerhalb des UWG, WRP 2004, 1133; *Fezer,* Modernisierung des deutschen Rechts gegen den unlauteren Wettbewerb auf der Grundlage einer Europäisierung des Wettbewerbsrechts, WRP 2001, 989; *ders.*, Das wettbewerbsrechtliche Vertragsauflösungsrecht in der UWG-Reform – Zur Notwendigkeit eines wettbewerbsrechtlichen Vertragsauflösungsrechts wegen Vorliegens verbraucherschützender Regelungslücken und Durchsetzungsdefiziten bei bestimmten Fallkonstellationen unlauteren Wettbewerbs, WRP 2003, 127; *Frenzel,* Neukonzeption des Rechtsbruchtatbestands abgeschlossen – Zu § 3 i. V. m. § 4 Nr. 11 UWG, WRP 2004, 1137; *Gamerith,* Neue Herausforderungen für ein europäisches Lauterkeitsrecht – Studie für den Arbeitskreis „UWG" des Bundesministeriums für Wirtschaft und Arbeit, WRP 2003, 143; *Geis,* Das Lauterkeitsrecht in der rechtspolitischen Diskussion, FS Tilmann, 2003, S. 121; *Göhre,* Frischer Wind aus Brüssel? – Der Vorschlag der Europäischen Kommission für eine Verordnung über Verkaufsförderung im Binnenmarkt und das Grünbuch der Europäischen Kommission zum Verbraucherschutz in der Europäischen Union, WRP 2002, 36; *Günther/Beyerlein,* Zur Zulässigkeit von Zugaben nach dem Wegfall der Zugabeverordnung, WRP 2004, 1142; *Hartwig,* Neuere Literatur zum Verhältnis von Werbung und Meinungsfreiheit – Besprechung der Festschriften für Helm, Erdmann und Ulmer, WRP 2003, 1113; *Heermann,* Die Erheblichkeitsschwelle iSd § 3 UWG-E, GRUR 2004, 94; *Henning-Bodewig,* Das Europäische Wettbewerbsrecht: Eine Zwischenbilanz, GRUR Int. 2002, 389; *dies.*, Richtlinienvorschlag über unlautere Geschäftpraktiken und UWG-Reform, GRUR Int. 2004, 183; *dies.*, Das neue Gesetz gegen den unlauteren Wettbewerb, GRUR 2004, 713; *Ingerl,* Der wettbewerbsrechtliche Kennzeichenschutz und sein Verhältnis zum MarkenG in der neueren Rechtsprechung des BGH und in der UWG-Reform, WRP 2004, 809; *Joppich,* Das Internet als Informationsnetz? – Zur urheber- und wettbewerbsrechtlichen Zulässigkeit von Deep Links, CR 2003, 504; *Keber,* Neues zu SPAM: Ein lang ersehntes Urteil des Bundesgerichtshofes, die Richtlinie 2002/58/EG und die UWG Novelle – Ist nunmehr auch die Bestätigungsmail des double-opt-in Systems unzulässig?, JurPC 2004, Web-Dok. 218/2004; *Keßler/Micklitz,* BB-Europareport: Der Richtlinienvorschlag über unlautere Praktiken im binnenmarktinternen Geschäftsverkehr, BB 2003, 2073; *Köhler,* UWG-Reform und Verbraucherschutz, GRUR 2003, 265; *ders.*, Kopplungsangebote (einschließlich Zugaben) im geltenden und künftigen Wettbewerbsrecht, GRUR 2003, 729; *ders.*, Der Rechtsbruchstatbestand im neuen UWG, GRUR 2004, 381; *ders.*, Das neue UWG, NJW 2004, 2121; *ders.*, Die „Bagatellklausel" in § 3 UWG, GRUR 2005, 1; *ders.*, Zur Umsetzung der Richtlinie über unlautere Geschäftspraktiken, GRUR 2005, 793; *Köhler/Bornkamm/Henning-Bodewig,* Vorschlag für eine Richtlinie zum Lauterkeitsrecht und eine UWG-Reform, WRP 2002, 1317; *dies.*, Stellungnahme zum Entwurf für eine europäische Richtlinie und ein deutsches Gesetz gegen unlauteren Wettbewerb, GRUR 2003, 127; *Köhler/Lettl,* Das geltende europäische Lauterkeitsrecht, der Vorschlag für eine EG-Richtlinie über unlautere Geschäftspraktiken und die UWG-Reform, WRP 2003, 1019; *Kollmann,* Technische Normen und Prüfzeichen im Wettbewerbsrecht, GRUR 2004, 6; *Kretschmer,* Aktuelle Berichte – Dezember 2002 – Bundesjustizministerium: Arbeitsgruppe zur Modernisierung des UWG, GRUR 2002, 1041; *Krüger/v. Gamm,* Europäisches Recht und deutsche UWG-Reform, EuLF 2004, 98; *Kunz-Hallstein/Loschelder,* Stellungnahme zum „Grünbuch zum Verbraucherschutz in der Europäischen Union", GRUR 2002, 408; *dies.*, Zum Vorschlag für eine Verordnung über „Verkaufsförderung im Binnenmarkt", GRUR 2002, 410; *Leistner/Pothmann,* E-mail-Direktmarketing im neuen europäischen Recht und in der UWG-Reform, WRP 2003, 815; *Lettl,* Die wettbewerbswidrige Ad hoc-Mitteilung, ZGR 2003, 853; *ders.*, Der Schutz der Verbraucher nach der UWG-Reform, GRUR 2004, 449; *ders.*, Gemeinschaftsrecht und neues UWG, WRP 2004, 1079; *ders.*, Das neue UWG, 2004; *Micklitz/Keßler,* Europäisches Lauterkeitsrecht – Dogmatische und ökonomische Aspekte einer Harmonisierung des Wettbewerbsverhaltensrechts im europäischen Binnenmarkt, GRUR Int. 2002, 885; *dies.*, Funktionswandel des UWG, WRP 2003, 919; *Münker/Kaestner,* Das reformierte UWG im Überblick – Die Sicht der Praxis, BB 2004, 1689; *Nippe,* Die Neuordnung des Rechts der Sonder- und Räumungsverkäufe im Vorschlag für eine UWG-Reform und im Referentenentwurf, WRP 2003, 568; *Ohly,* Die wettbewerbsrechtliche Beurteilung von Gesamtpreisangeboten, NJW 2003, 2135; *ders.*, Das neue UWG – Mehr Freiheit für den Wettbewerb?, GRUR 2004, 889; *Omsels,* Zur Unlauterkeit der gezielten Behinderung von Mitbewerbern (§ 4 Nr. 10 UWG), WRP 2004, 136; *Oppermann/Müller,* Wie verbraucherfreundlich muss das neue UWG sein? – Eine Synopse lauterkeitsrechtlicher Instrumente, GRUR 2005, 280; *Paschke,* Zur Liberalisierung des Rechts des Telefonmarketing, WRP 2002, 1219; *Pluskat,* Das kombinierte Warenangebot – dieses Mal als unzulässiges verdecktes Kopplungsgeschäft, WRP 2002, 789; *dies.*, Zur Zulässigkeit von Kopplungsgeschäften – Zugleich Besprechung des

Urteils des BGH WRP 2002, 1256 – Kopplungsangebot I, WRP 2002, 1381; *dies.*, Kopplungsangebote und kein Ende – Zugleich Besprechung des Urteils des BGH vom 27. 2. 2003 – I ZR 253/0 – WRP 2003, 743, WRP 2004, 282; *Quiring,* Die Abwerbung von Mitarbeitern im Licht der UWG-Reform – und vice versa, WRP 2003, 1181; *Reichelsdorfer,* Schadensersatzhaftung für Angestellte und Beauftragte nach § 13 Abs. 4 UWG? – Keine Neuregelung der Schadensersatzhaftung für Dritte durch die UWG-Reform 2003 – Eine verpasste Chance? WRP 2004, 828; *Reinhard,* Verbraucherschutz durch EU-Richtlinien – Der acquis communautaire des Verbraucherrechts, EuLF 2004, 86; *Sack,* Der Gewinnabschöpfungsanspruch von Verbänden in der geplanten UWG-Novelle, WRP 2003, 549; *ders.*, Regierungsentwurf einer UWG-Novelle – ausgewählte Probleme, BB 2003, 1073; *ders.*, Vergleichende Werbung und die Erheblichkeitsschwelle in § 3 des Regierungsentwurfs einer UWG-Novelle, WRP 2004, 30; *ders.,* Folgeverträge unlauteren Wettbewerbs, GRUR 2004, 625; *ders.,* Zur Anwendbarkeit von § 6 UWG auf Werbung für Ersatzteile und Zubehör, GRUR 2004, 720; *Säcker,* Das UWG zwischen den Mühlsteinen europäischer Harmonisierung und grundrechtsgebotener Liberalisierung, WRP 2004, 1199; *Schindler,* Die Klagebefugnis im Wettbewerbsprozess nach der UWG-Reform, WRP 2004, 835; *Schlappa,* Neukonzeption des Wettbewerbsschutzes für Vertriebsbindungen, JA 2003, 809; *Schloßer,* Unlautere Werbung durch Stellenanzeigen, WRP 2004, 145; *Schnorr/Wissing,* Reform des Gesetzes gegen den unlauteren Wettbewerb, ZRP 2002, 143; *Schricker/Henning-Bodewig,* Elemente einer Harmonisierung des Rechts des unlauteren Wettbewerbs in der Europäischen Union, WRP 2001, 1367; *Schulze/Janssen,* Das Recht des unlauteren Wettbewerbs in den EU-Mitgliedstaaten, EuLF 2004, 77; *Schünemann,* Wettbewerbsrecht im Wandel?, WRP 2002, 1345; *ders.*, „Unlauterkeit" in den Generalklauseln und Interessenabwägung nach neuem UWG, WRP 2004, 925; *Sosnitza,* Das Koordinatensystem des Rechts des unlauteren Wettbewerbs im Spannungsfeld zwischen Europa und Deutschland – Zum Regierungsentwurf zur Reform des UWG vom 9. 5. 2003, GRUR 2003, 739; *Stadler/Micklitz,* Der Reformvorschlag der UWG-Novelle für eine Verbandsklage auf Gewinnabschöpfung, WRP 2003, 559; *Trube,* „Mondpreiswerbung" und der geplante § 5 Abs. 4 UWG, WRP 2003, 1301; *ders.*, Das (neue) Gesetz gegen den unlauteren Wettbewerb (UWG), JurPC 2004, Web-Dok. 228/2004; *Ullmann,* Das Koordinatensystem des Rechts des unlauteren Wettbewerbs im Spannungsfeld von Europa und Deutschland, GRUR 2003, 817; *Veelken,* Kundenfang gegenüber dem Verbraucher – Bemerkungen zum EG-Richtlinienentwurf über unlautere Geschäftspraktiken, WRP 2004, 1; *Vormann,* § 7 UWG auf dem Prüfstand – Der Fall C&A, ZRP 2002, 56; *Weiler,* Psychischer Kaufzwang – Ein Abschiedsplädoyer, WRP 2002, 871; *ders.*, Ein lauterkeitsrechtliches Vertragslösungsrecht des Verbrauchers?, WRP 2003, 423; *Wiebe,* Die „guten Sitten" im Wettbewerb – eine europäische Regelungsaufgabe?, WRP 2002, 283; *Wimmer-Leonhardt,* UWG-Reform und Gewinnabschöpfungsanspruch oder „Die Wiederkehr der Drachen", GRUR 2004, 12; *Wollschläger,* Die Reform des Wettbewerbsrechts, IR 2004, 82; *Wuttke,* Die Konvergenz des nationalen und des europäischen Irreführungsbegriffs, WRP 2004, 820; *Zettel,* Das neue Gesetz gegen den unlauteren Wettbewerb, MDR 2004, 1040.

Schrifttum: Siehe auch die Schrifttumsangaben Einleitung E vor Rn 1 und vor Rn 80.

I. Das Gesetz gegen den unlauteren Wettbewerb vom 3. Juli 2004

Das **Gesetz gegen den unlauteren Wettbewerb (UWG)** vom 3. Juli 2004 ist am 8. Juli 2004 in Kraft getreten. Die wesentlichen Gründe, die eine grundlegende **Reform des UWG** notwendig machten, lagen sowohl auf der nationalen als auch auf der europäischen Rechtsebene. 39

1. Nationale Rechtsebene

Unter dem Titel einer Modernisierung des nationalen Wettbewerbsrechts ging es um die Aufgaben einer **Deregulierung, Liberalisierung** und **Europäisierung** des Lauterkeitsrechts. Die **Aufhebung des Rabattgesetzes und der Zugabeverordnung** im Jahre 2001 hatten bezweckt, die Wirksamkeit des Wettbewerbs mit innovativen Verkaufsmethoden und Marketingstrategien zu beleben und ein unterschiedliches Schutzniveau des Lauterkeitsrechts online und offline zu verhindern. Unabhängig von der Euroinkompatibilität und Inakzeptanz des Verkaufsveranstaltungsrechts des UWG konterkarierte der Fortbestand des Verkaufsveranstaltungsrechts die Intention einer ersatzlosen Aufhebung des Rabattrechts und Zugaberechts, indem in der instanzgerichtlichen Rechtsprechung die Entwicklung innovativer Verkaufsmethoden und Werbestrategien den ohnehin einer Modernisierung des Lauterkeitsrechts inadäquaten Schranken des Verkaufsveranstaltungsrechts unterworfen wurden. 40

Das **Recht der Verkaufsveranstaltungen** (Sonderveranstaltungen, Jubiläumsverkäufe, Schlussverkäufe und Räumungsverkäufe) ging auf die Verordnung zum Schutz der Wirt- 41 schaft vom 9. März 1932[77] und das Gesetz vom 26. Februar 1935[78] zurück. Durch das Gesetz zur Änderung wirtschafts-, verbraucher-, arbeits- und sozialrechtlicher Vorschriften vom 25. Juli 1986[79] wurde das Recht der Verkaufsveranstaltungen des Handels in den Vorschriften der §§ 7 und 8 UWG aF zusammengefasst. Das Ordnungswidrigkeitenrecht wurde aufgehoben und die Regelung auf die Verbotstatbestände mit den zivilrechtlichen Sanktionen des Anspruchs auf Unterlassung und Schadensersatz beschränkt. Das grundsätzliche Verbot der Verkaufsveranstaltungen im Einzelhandel als unzulässige Sonderveranstaltungen stellte eine **unangemessene Reglementierung** der Verkaufsaktionen und Werbestrategien im Handel dar.[80] Das Verbot der Sonderveranstaltungen, dessen Ursprung im Konkurrentenschutz lag, war im Interesse der Verbraucher nicht länger geboten, deren angemessenen Schutz die wettbewerbsrechtliche Generalklausel und die Spezialtatbestände des Lauterkeitsrechts gewährleisteten.

42 Die Gründe, die hinsichtlich einer Euroinkompatibilität und einer Inakzeptanz des Verkaufsveranstaltungsrechts vorgetragen wurden, galten nicht minder für die Reglementierung der **Räumungsverkäufe** nach § 8 UWG aF.

43 Als zu strenge **Werberestriktionen** waren auch die abstrakten Gefährdungstatbestände der Verbote der **Hersteller- und Großhändlerwerbung** nach § 6a UWG aF und des Verbots des **Kaufscheinhandels** nach § 6b UWG aF zu beurteilen, die nicht nur einen Fremdkörper im nationalen Lauterkeitsrecht darstellten, sondern auch weder mit dem europäischen Verbraucherleitbild[81] eines mündigen Marktbürgers noch mit dem eine europäische Rechtsharmonisierung des Lauterkeitsrechts bestimmenden Verhältnismäßigkeitsgrundsatz[82] vereinbar waren. Es war eine Aufgabe der UWG-Reform, zunächst das nationale Haus in Ordnung zu bringen, um ein Signal für eine europäische Rechtsharmonisierung des Lauterkeitsrechts zu geben.

44 Ein zentrales Anliegen der UWG-Reform war eine **Stärkung des Verbraucherschutzes.** Zielsetzung war es, eine **Schutzzweckparität** zwischen den Interessen der Mitbewerber und den Interessen der Verbraucher herzustellen. Es bestand zudem die Gefahr einer Zweispurigkeit im Wettbewerbsrecht des elektronischen Handels einerseits und des herkömmlichen Handels andererseits. Die Gründe lagen in erster Linie an einer Umsetzung des **Herkunftslandprinzips** im elektronischen Geschäftsverkehr der kommerziellen Kommunikation. Es bestand die Notwendigkeit einer einheitlichen Geltung der wettbewerbsrechtlichen Regeln online und offline.

45 Eine **Verbesserung der Markttransparenz** im Sinne aller Marktteilnehmer sollte namentlich durch eine **Normierung von Informationspflichten** erreicht werden. Fallkonstellationen der Werbung, die nach dem UWG 1909 auch in den innerhalb der Jahrzehnte seiner Geltung vorgenommenen Gesetzesänderungen nicht normiert waren, sollten – wie etwa die Kinderwerbung oder die menschenverachtende – oder allgemein die diskriminierende – Werbung einer lauterkeitsrechtlichen Regelung zugeführt werden.

2. Europäische Rechtsebene

46 Auf der europäischen Rechtsebene bestand die dringende Notwendigkeit einer **Rechtsharmonisierung des Lauterkeitsrechts** in den Mitgliedstaaten der Europäischen Gemeinschaft. Die gemeinschaftsrechtlichen Rahmenbedingungen eines europäischen Lauterkeitsrechts veränderten sich durch die im Laufe der vorangegangenen Jahre vorgenommene

---

[77] RGBl. I S. 121.

[78] RGBl. I S. 311; siehe dazu die Amtliche Begründung DJ 1935, 424.

[79] BGBl. I S. 1169.

[80] In der Arbeitsgruppe „Überprüfung des Wettbewerbsrechts" schon des Jahres 1996 wurde die Berechtigung eines grundsätzlichen Verbots der Sonderveranstaltungen nach den §§ 7 und 8 UWG eingehend diskutiert; Änderungen der nicht mehr zeitgemäßen Regelungen wurden zwar vorgeschlagen, aber an dem grundsätzlichen Verbot von Sonderveranstaltungen festgehalten.

[81] Zum europäischen Verbraucherleitbild als Beurteilungsmaßstab der Unlauterkeit → § 3 Rn 238 ff.

[82] Zum europäischen Verhältnismäßigkeitsgrundsatz als Beurteilungsmaßstab der Unlauterkeit → § 3 Rn 242 ff.

Teilharmonisierung, die gleichsam zu einem **europäischen Flickerlteppich** des Lauterkeitsrechts führte. Die bereits erfolgte Rechtsharmonisierung durch EG-Richtlinienrecht, namentlich auf (Teil)Gebieten des **Werberechts** und des **Verbraucherschutzrechts**, war die gemeinschaftsrechtliche Grundlage der mit der UWG-Reform angestrebten Modernisierung des Lauterkeitsrechts in Europa.

Gegenstände der Rechtsharmonisierung im Lauterkeitsrecht waren die Richtlinien zur **irreführenden Werbung,**[83] zur **vergleichenden Werbung**[84] und zum **elektronischen Handel.**[85] Gegenstände der Rechtsharmonisierung im Verbraucherschutzrecht waren namentlich die Richtlinien zur **Produkthaftung,**[86] zur **Produktsicherheit**,[87] zu den **Haustürgeschäften,**[88] zum **Missbrauch von Allgemeinen Geschäftsbedingungen in Verbraucherverträgen,**[89] zu **Pauschalreisen,**[90] zu **Vertragsabschlüssen im Fernabsatz,**[91] zum **Verbraucherkredit,**[92] zum **Teilzeiteigentum,**[93] zu **elektronischen Signaturen**[94] und zum **elektronischen Zahlungsverkehr.**[95] 47

Im Bereich der EG-Richtlinien, die sich auf die technische Verbreitung von Informationen bezogen, bestand eine Tendenz zur Anknüpfung an das Recht am Ausstrahlungsort beziehungsweise am Ursprungsort der Information und damit zur Anwendung des Herkunftslandprinzips. 48

Das galt namentlich für die **Fernsehrichtlinie,**[96] die **Satelliten- und Kabelweiterverbreitungsrichtlinie**[97] und die **E-Commerce-Richtlinie,**[98] die sich im Grundsatz auf das Lauterkeitsrecht der Mitgliedstaaten bezog. Die namentlich nach dem Inkrafttreten der 49

---

[83] RL 84/450/EWG des Rates vom 10. 9. 1984 zur Angleichung der Rechts- und Verwaltungsvorschriften der Mitgliedstaaten über irreführende Werbung, ABl. EG Nr. L 250 vom 19. 9. 1984, S. 17.

[84] RL 97/55/EG des Europäischen Parlaments und des Rates vom 6. 10. 1997 zur Änderung der Richtlinie 84/450/EWG über irreführende Werbung zwecks Einbeziehung der vergleichenden Werbung, ABl. EG Nr. L 290 vom 23. 10. 1997, S. 18.

[85] RL 2000/31/EG des Europäischen Parlaments und des Rates vom 8. 6. 2000 über bestimmte rechtliche Aspekte der Dienste der Informationsgesellschaft, insbesondere des elektronischen Geschäftsverkehrs im Binnenmarkt (RL über den elektronischen Geschäftsverkehr), ABl. EG Nr. L 178 vom 17. 7. 2000, S. 1.

[86] RL 85/374/EWG des Rates vom 25. 7. 1985 zur Angleichung der Rechts- und Verwaltungsvorschriften der Mitgliedstaaten über die Haftung für fehlerhafte Produkte, ABl. EG Nr. L 210 vom 7. 8. 1985, S. 29.

[87] RL 92/59/EWG des Rates vom 29. 6. 1992 über die allgemeine Produktsicherheit, ABl. EG Nr. L 228 vom 11. 8. 1992, S. 24.

[88] RL 85/577/EWG des Rates vom 20. 12. 1985 betreffend den Verbraucherschutz im Falle von außerhalb von Geschäftsräumen geschlossenen Verträgen, ABl. EG Nr. L 372 vom 31. 12. 1985, S. 31.

[89] RL 93/13/EWG des Rates vom 5. 4. 1993 über missbräuchliche Klauseln in Verbraucherverträgen, ABl. EG Nr. L 95 vom 21. 4. 1993, S. 29.

[90] RL 90/314/EWG des Rates vom 13. 6. 1990 über Pauschalreisen, ABl. EG Nr. L 158 vom 23. 6. 1990, S. 59.

[91] RL 97/7/EG des Europäischen Parlaments und des Rates vom 20. 5. 1997 über den Verbraucherschutz bei Vertragsabschlüssen im Fernabsatz, ABl. EG Nr. L 144 vom 4. 6. 1997, S. 19.

[92] RL 87/102/EWG des Rates vom 22. 12. 1986 zur Angleichung der Rechts- und Verwaltungsvorschriften der Mitgliedstaaten über den Verbraucherkredit, ABl. EG Nr. L 42 vom 12. 2. 1987, S. 48.

[93] RL 94/47/EG des Europäischen Parlaments und des Rates vom 26. 10. 1994 zum Schutz der Erwerber im Hinblick auf bestimmte Aspekte von Verträgen über den Erwerb von Teilzeitnutzungsrechten an Immobilien, ABl. EG Nr. L 280 vom 29. 10. 1994, S. 83.

[94] RL 1999/93/EG des Europäischen Parlaments und des Rates vom 13. 12. 1999 über gemeinschaftliche Rahmenbedingungen für elektronische Signaturen, ABl. EG Nr. L 13 vom 19. 1. 2000, S. 2.

[95] RL 97/5/EG des Europäischen Parlaments und des Rates vom 27. 1. 1997 über grenzüberschreitende Überweisungen, ABl. EG Nr. L 43 vom 14. 2. 1997, S. 25.

[96] Art. 2 Abs. 1 RL 89/552/EWG des Rates vom 3. 10. 1989 zur Koordinierung bestimmter Rechts- und Verwaltungsvorschriften der Mitgliedstaaten über die Ausübung der Fernsehtätigkeit, ABl. EG Nr. L 298 vom 17. 10. 1989, S. 23.

[97] Art. 1 Abs. 2b RL 93/83/EWG des Rates 27. 9. 1993 zur Koordinierung bestimmter urheber- und leistungsschutzrechtlicher Vorschriften betreffend Satellitenrundfunk und Kabelweiterverbreitung (Satelliten- und Kabelweiterverbreitungsrichtlinie) ABl. EG Nr. L 248 vom 6. 10. 1993, S. 15.

[98] Art. 3 Abs. 1 RL 2000/31/EG des Europäischen Parlaments und des Rates vom 8. 6. 2000 über bestimmte rechtliche Aspekte der Dienste der Informationsgesellschaft, insbesondere des elektronischen Geschäftsverkehrs im Binnenmarkt (RL über den elektronischen Geschäftsverkehr), ABl. EG Nr. L 178 vom 17. 7. 2000, S. 1.

E-Commerce-Richtlinie berechtigten Sorgen um eine durch das **Herkunftslandprinzip** erzwungene Rechtsharmonisierung eines europäischen Lauterkeitsrechts auf niedrigstem Niveau („race to the bottom"), sowie um die Zunahme einer Inländerdiskriminierung im Lauterkeitsrecht machten den Handlungsbedarf des europäischen Richtliniengebers zu einer sachgerechten Rechtsharmonisierung im Lauterkeitsrecht offenkundig.

50 Europäische Signale zu einem Wandel des nationalen Lauterkeitsrechts waren weiterhin der europäische **Verhältnismäßigkeitsgrundsatz,** wie er in der Rechtsprechung des EuGH zu den Grundfreiheiten des EG-Vertrages entwickelt wurde, und das europäische **Verbraucherleitbild** des informierten und verständigen Marktbürgers, das die Rechtsprechung des EuGH im Wettbewerbsrecht und im Markenrecht prägt und von der nationalen Rechtsprechung des BGH – wenngleich modifiziert – schrittweise übernommen wurde.

51 Impulse für eine europäische Rechtsharmonisierung kamen zudem aus der europäischen Rechtspolitik. Zu nennen sind vor allem die **Entwürfe** einer **Sales-Promotion-Verordnung**[99] und einer **Lauterkeits-Richtlinie.**[100] Von besonderer Bedeutung für das Verständnis des Systems des Verbraucherschutzes in der Europäischen Gemeinschaft war und ist nach wie vor das **Grünbuch zum Verbraucherschutz** in der Europäischen Union.[101]

3. Entstehungsgeschichte des Entwurfs zum UWG 2004

52 Bei dem Bundesministerium der Justiz wurde im Jahre 2001 eine **Arbeitsgruppe Unlauterer Wettbewerb** eingesetzt, der Mitglieder aus Rechtswissenschaft, Rechtsprechung, Rechtsanwaltschaft und Wirtschaftspraxis, Vertreter der Spitzenverbände der Industrie, des Handels und des Handwerks, der Verbraucher und der Gewerkschaften angehörten. Aufgabe der Arbeitsgruppe war es zum Einen, die Auswirkungen der Aufhebung von Rabattgesetz und Zugabeverordnung auf dem Markt und dessen Entwicklung zu beobachten, um erforderliche Maßnahmen zur Ergänzung der Rechtsänderungen vorzuschlagen. Zum Anderen sollte die Arbeitsgruppe Konzeptionen für eine Fortentwicklung des europäischen Lauterkeitsrechts und für eine europakonforme Modernisierung des Gesetzes gegen den unlauteren Wettbewerb entwerfen.[102]

53 Im Auftrag des Bundesministeriums der Justiz wurden **zwei Gutachten** zu einer Reform des nationalen UWG erstellt, die als Arbeitsunterlage für die Arbeitsgruppe unlauterer Wettbewerb dienten. In dem Rechtsgutachten von *Karl-Heinz Fezer* vom 15. Juni 2001[103] mit dem Titel „Modernisierung des deutschen Rechts gegen den unlauteren Wettbewerb auf der Grundlage einer Europäisierung des Wettbewerbsrechts" wurden anhand einer Überprüfung des geltenden Lauterkeitsrechts die rechtlichen Prinzipien und Strukturen einschließlich neuer Fallkonstellationen und Tatbestände erarbeitet, die ein modernes und eurokompatibles Lauterkeitsrecht prägen sollten. In dem Gutachten von *Gerhard Schricker* und *Frauke Henning-Bodewig* vom Juli 2001[104] mit dem Titel „Elemente einer Harmonisierung des Rechts des unlauteren Wettbewerbs in der Europäischen Union" sollten rechtsvergleichend die Gegenstände einer Harmonisierung des Lauterkeitsrechts in den Mitgliedstaaten der EU dargestellt werden.

54 Dem Rechtsgutachter *Karl-Heinz Fezer* war namentlich die Aufgabe gestellt, im Sinne einer Deregulierung und Liberalisierung einerseits das geltende Lauterkeitsrecht auf überkommene Rechtsstrukturen und reglementierende Verbotstatbestände zu überprüfen, an-

[99] Vorschlag für eine VO des Europäischen Parlaments und des Rates über Verkaufsförderung im Binnenmarkt, KOM(2001) 546 endg. vom 15. 1. 2002 und KOM(2002) 585 endg. vom 25. 10. 2002.

[100] Vorschlag für eine RL des Europäischen Parlaments und des Rates über unlautere Geschäftspraktiken im binnenmarktinternen Geschäftsverkehr zwischen Unternehmen und Verbrauchern und zur Änderung der RL 84/450/EWG, 97/7/EG und 98/27/EG, KOM(2003) 356 endg. vom 18. Juni 2003.

[101] Grünbuch zum Verbraucherschutz in der Europäischen Union, KOM(2001) 531 endg. vom 2. 10. 2001.

[102] Siehe dazu BT-Drucks. 14/5594 vom 15. 3. 2001 S. 9.

[103] *Fezer* WRP 2001, 989.

[104] *Schricker/Henning-Bodewig* WRP 2001, 1367.

dererseits Defizite an modernen Rechtsstrukturen aus Gründen der internationalen Wirtschaftsentwicklung aufzuzeigen. Das galt namentlich wegen der europäischen Rechtsentwicklung in Umsetzung des zahlreichen Richtlinienrechts (europäischer Flickerlteppich des Lauterkeitsrechts) und der Erfordernisse einer Rechtsharmonisierung; einzubeziehen waren die defizitären Verbraucherrechte im tradierten Lauterkeitsrecht und die Regelungsunterschiede innerhalb der Werbepraktiken online und offline. Darzustellen war, ob und inwieweit ein **Handlungsbedarf des Gesetzgebers** bestand, um den Anforderungen eines international in das Zentrum rückenden Verbraucherschutzrechts Rechnung zu tragen. Stichworte waren die Herstellung von Markttransparenz, die Normierung von Informationspflichten zu Gunsten des verständigen Verbrauchers als mündigem Marktbürger und die Problematik der Verbraucherrechte im Lauterkeitsrecht einschließlich eines effektiven Sanktionenrechts der Verbraucher. Über den allgemeinen Verbraucherschutz im Lauterkeitsrecht hinaus sollten besonders schutzwürdige Personengruppen beschrieben und spezielle Schutztatbestände (menschenverachtende und diskriminierende Werbung, Kinderwerbung und Umweltwerbung) dargestellt werden.

Von den Mitgliedern der Arbeitsgruppe und aus den beteiligten Verkehrskreisen wurden **55** Stellungnahmen zu den beiden Rechtsgutachten von *Fezer* und *Schricker/Henning-Bodewig* abgegeben. In neun Sitzungen wurden nahezu sämtliche Regelungsgegenstände einer nationalen Reform und eines europäischen Lauterkeitsrechts eingehend diskutiert.

Nach heftigen Diskussionen wurde in der sechsten Sitzung über die **Reformvorschläge,** die in dem Gutachten von *Karl-Heinz Fezer* vorgetragen wurden, ein **Konsens** über verschiedene Regelungsgegenstände hergestellt.[105] **56**

(1) Der Schutzzweck des UWG sollte verdeutlicht und modernisiert werden. Das UWG **57** diene dem Schutz der Verbraucher, der Mitbewerber und der sonstigen Marktbeteiligten vor unlauterem Wettbewerb.

(2) Die Rolle des Verbrauchers im Wettbewerbsrecht sollte gestärkt werden. Markttrans- **58** parenz sei eine unabdingbare Voraussetzung für den modernen Leistungswettbewerb. Eine sachgerechte Kaufentscheidung sei nur möglich, wenn dem Verbraucher alle Informationen zur Verfügung stünden, die für den Preis und die Qualität eines Angebots relevant seien.

(3) Das Sonderveranstaltungs- und Räumungsverkaufsverbot sei nach Abschaffung von **59** Rabattgesetz und Zugabeverordnung nicht mehr zeitgemäß und sollte aufgehoben werden. Es war allerdings noch zu klären, ob Auffangnormen zum Schutz der Verbraucher und der Mitbewerber erforderlich seien.

(4) Ordnungsrechtliche Tatbestände, die ihre praktische Bedeutung verloren hätten, soll- **60** ten aufgehoben werden, wie etwa die abstrakten Gefährdungstatbestände der Herstellerwerbung und der Großhändlerwerbung sowie der Kaufscheinhandel (§§ 6a und 6b UWG).

(5) Mit einer Spürbarkeitsgrenze sollten Bagatellfälle aus dem Anwendungsbereich des **61** UWG ausgenommen werden.

(6) Das Wettbewerbsrecht für den online- und offline-Handel müsse einheitlich sein. **62** Unterschiede, die durch die Richtlinie über den elektronischen Geschäftsverkehr entstanden seien, sollten ausgeglichen werden.

Über weitere Problembereiche des Lauterkeitsrechts, die vornehmlich die konzeptionelle **63** Ausrichtung des Verbraucherschutzes innerhalb des Lauterkeitsrechts betrafen, konnte innerhalb der Arbeitsgruppe kein einheitliches Meinungsbild hergestellt werden. Es bestand weiterer **Diskussionsbedarf** namentlich über die Struktur des UWG: duales System von Mitbewerberschutzrecht und originären Verbraucherrechten im Sinne einer Schutzzweckparität oder integratives Modell der tradierten Schutzzwecktrias der Interessen der Verbraucher, Wettbewerber und der Allgemeinheit, über die Systematik des UWG und damit über das Verhältnis der Generalklausel zu den Regelbeispielen und Spezialtatbeständen, über die

[105] Ergebnisvermerk vom 17. 10. 2002 über die 6. Sitzung der Arbeitsgruppe Unlauterer Wettbewerb vom 25. 6. 2002 in Berlin.

Anerkennung von Verbraucherrechten und die Normierung von unmittelbaren – individuellen und kollektiven – Sanktionenrechten der Verbraucher, über die Kodifizierung eines lauterkeitsrechtlichen Leistungsschutzes und über das Verbot der menschenverachtenden und diskriminierenden Werbung.

64 Aufgrund einer Initiative des Bundesministeriums der Wirtschaft wurde auf der Grundlage des erzielten Konsenses über die rechtsgutachterlichen Reformvorschläge von den Mitgliedern der Arbeitsgruppe *Joachim Bornkamm, Frauke Hennig-Bodewig* und *Helmut Köhler* ein **Gesetz- und Richtlinienentwurf** ausformuliert und ebenfalls zur Grundlage der weiteren Diskussion in der Arbeitsgruppe gemacht.[106]

65 In der Arbeitsgruppe bestand Einigkeit dahin, in einer **Schutzzweckklausel** den Normzweck des Lauterkeitsrechts zu konkretisieren und zur Stärkung des Verbraucherschutzes den **Verbraucher in den Wortlaut des Gesetzestextes** aufzunehmen.[107] Die große Generalklausel sollte im Sinne einer **beredten Generalklausel** im Wege einer Aufzählung von Beispielsfällen konkretisiert werden. Aufgenommen wurden nur solche beispielhaften Fallkonstellationen, über die als kodifizierte Rechtsprechung im Sinne der fünf Fallgruppen des *Hefermehl*'schen Systems allgemeine Einigkeit bestand, und solche Beispielsfälle, die in Umsetzung europäischen Richtlinienrechts geboten waren; die Ausarbeitung und Konkretisierung weiterer Fallkonstellationen unlauteren Wettbewerbs, über die wegen des kontroversen Diskussionsstandes (diskriminierende Werbung, Kinderwerbung) oder aus Zeitgründen kein Konsens erzielt werden konnte, sollte ausdrücklich für die weitere Rechtsentwicklung offengehalten werden.

66 Die Reformarbeiten und die Intention des Gesetzgebers werden grob verfälscht, wenn der Beispielskatalog der beredten Generalklausel dahin interpretiert wird, es handle sich bei dem die höchstrichterliche Rechtsprechung kodifizierenden Beispielskatalog des § 4 Nr. 1 bis 11 UWG 2004 um einen solchen **Kernbestand des traditionellen Lauterkeitsrechts,** dessen Fortentwicklung auf der Grundlage der großen Generalklausel am Unrechtsgehalt der überkommenen und allein konsensfähigen Fallkonstellationen zu orientieren und nur vorsichtig und **ausnahmsweise in seltenen Fallkonstellationen zu ergänzen** sei. Die **Offenheit der Generalklausel** als die zentrale Norm des Lauterkeitsrechts, die rechtstheoretisch eine Delegationsnorm zur Fortbildung des Rechts durch Richterrecht darstellt,[108] sollte – darüber bestand zur Zeit des Gesetzgebungsverfahrens noch Einigkeit – im Gegenteil nicht beschädigt werden. Der Beispielskatalog sollte vielmehr ein Signal an den europäischen Richtliniengeber sein, das den nationalen Kernbestand an unlauterem Wettbewerb dokumentiert, den die Konkretisierung einer Generalklausel als Mindeststandard unlauterer Fallkonstellationen beinhaltet. Die Gesetzgebungstechnik einer Generalklausel mit Beispielskatalog sollte gleichsam die Skepsis, die sowohl innerhalb der Kommission als auch teilweise in den Mitgliedstaaten gegenüber einer generalklauselartigen Norm als Rechtsgrundlage einer Harmonisierung des Lauterkeitsrechts im Binnenmarkt bestand, zerstreuen. Eine restriktive Interpretation der Generalklauseltechnik des Gesetzgebers in den §§ 3 und 4 Nr. 1 bis 11 UWG 2004 tendiert dazu, die überkommenen Fallkonstellationen unlauteren Wettbewerbs, wie sie in der höchstrichterlichen Rechtsprechung in Jahrzehnten herausgearbeitet worden sind, festzuschreiben. Folge einer solchen Interpretationsmethode ist die Gefahr einer **Versteinerung der tradierten Rechtsstrukturen** der Unlauterkeit. Das gilt nicht nur für die Fallkonstellationen unlauteren Wettbewerbsverhaltens als solche, sondern auch für den Zeitgeist der Tatbestände, die nicht unter der Programmatik der Schutzzweckklausel des § 1 UWG 2004 entstanden und ausdifferenziert formuliert worden sind.[109]

---

[106] *Köhler/Bornkamm/Henning-Bodewig* WRP 2002, 1317.

[107] Siehe zu dem Reformvorschlag einer Normzweckklausel und zum Zweckartikel im schweizerischen Lauterkeitsrecht schon das Gutachten von *Fezer* WRP 2001, 989, 997.

[108] → § 3 Rn 208.

[109] Einsichtig beschreibt *Schuhmacher* diese Gefahr einer Versteinerung der höchstrichterlichen Rechtsprechung für die UWG-Novelle 2007 in Österreich dahin, wenn die bisherige Rechtsprechung zur Konkreti-

67 Am 22. August 2003 legte die **Bundesregierung** einen **Entwurf eines Gesetzes gegen den unlauteren Wettbewerb** vor.[110] Aufgrund der Stellungnahme des Bundesrats[111] und der dazu erfolgten Gegenäußerung der Bundesregierung[112] wurden in dem Regierungsentwurf einige Änderungen vorgenommen. Im Bundesrat wurden weiterhin namentlich die Normierung eines Gewinnabschöpfungsanspruchs und die vorgesehene Liberalisierung der Telefonwerbung kritisch behandelt. Die Änderungsvorschläge des Bundesrates wurden nach einer erfolglosen Anrufung des Ermittlungsausschusses vom Bundestag am 16. Juni 2004 zurückgewiesen.

II. Regelungsübersicht und Systematik des UWG 2004

1. Zielsetzung und Schwerpunkte der Reform des Gesetzes gegen den unlauteren Wettbewerb (UWG 2004)

68 **a) Anlass der UWG-Reform 2004.** Das Gesetz gegen den unlauteren Wettbewerb (UWG) vom 3. Juli 2004, das am 8. Juli 2004 in Kraft trat und das UWG vom 7. Juni 1909 mit Wirkung vom 8. Juli 2004 aufhob, stellt eine erste **Modernisierung** des deutschen Rechts gegen den unlauteren Wettbewerb dar („Das nationale Haus in Ordnung bringen.") und zwar auf der Grundlage einer intendierten und in Segmenten realisierten **Europäisierung** des Wettbewerbsrechts. Nach der Aufhebung des Rabattgesetzes und der Zugabeverordnung war es die Absicht des Gesetzgebers, das Gesetz gegen den unlauteren Wettbewerb umfassend zu reformieren. Der **Handlungsbedarf für eine große UWG-Reform**[113] bestand für den Gesetzgeber namentlich wegen einer nur unzureichenden Liberalisierung und einer notwendigen Entbürokratisierung des Lauterkeitsrechts, einer Reglementierung des Bereichs des Sonderveranstaltungsrechts, der im internationalen Vergleich in einzelnen Bereichen besonders restriktiven Rechtssätze des Lauterkeitsrechts, der Rechtsentwicklung im europäischen Wettbewerbsrecht und namentlich im E-Commerce-Recht und des unzureichenden Schutzes der Verbraucher.

69 **b) Schwerpunkte der UWG-Reform 2004.** Ein inhaltlicher Schwerpunkt der UWG-Reform sollte eine **Stärkung des Verbraucherschutzes** durch das Lauterkeitsrecht sein. Erstmals in der Geschichte des UWG wird der Schutz der Verbraucherinnen und der Verbraucher in den Normtext des Gesetzes aufgenommen. Nach der **Schutzzweckklausel des § 1 UWG 2004** diente – und dient – das UWG dem Schutz der Mitbewerber, der Verbraucherinnen und der Verbraucher sowie der sonstigen Marktteilnehmer vor unlauterem Wettbewerb (S. 1) und zugleich dem Interesse der Allgemeinheit an einem unverfälschten Wettbewerb (S. 2). Die Anwendung des UWG in der Rechtspraxis und namentlich die richterrechtliche Rechtsfindung sollte in den kommenden Jahren zeigen, ob die Verbraucherrechte im UWG tatsächlich eine Stärkung erfahren werden, oder ob sich die Erwähnung der Verbraucher als ein bloßes Lippenbekenntnis erweisen wird.

70 Das Verbot unlauteren Wettbewerbs in der **Generalklausel des § 3 UWG 2004** wurde konkretisiert durch **Regelbeispiele** unlauteren Wettbewerbs in § 4 Nr. 1 bis 11 UWG aF und wurde ergänzt durch die **Spezialtatbestände** eines Verbots der irreführenden Werbung nach § 5 UWG 2004, einer Regelung der vergleichenden Werbung nach § 6 UWG 2004 und eines Verbots der unzumutbaren Belästigungen nach § 7 UWG 2004. Die **beredte Generalklausel** der §§ 3 und 4 Nr. 1 bis 11 UWG 2004 sollte die Markttransparenz

---

sierung der großen Generalklausel mit den höheren Weihen einer ausdrücklich erklärten Absicht des Gesetzgebers versehen werde, werde eine Weiterentwicklung des Rechts gegen den unlauteren Wettbewerb verhindert, die im Bereich der Generalklausel eine genuine Aufgabe der Judikatur sei; *Schuhmacher,* wbl. 2007, 557, 560 f.

[110] BT-Drucks. 15/1487 vom 22. 8. 2003.

[111] BT-Drucks. 15/1487 vom 22. 8. 2003 S. 29.

[112] BT-Drucks. 15/1487 vom 22. 8. 2003 S. 40.

[113] → Rn 54 ff.

erhöhen und der europäischen Rechtsentwicklung ein Signal geben. Die Regelbeispiele des § 4 Nr. 1 bis 11 UWG 2004 stellten keinen umfassenden Katalog der tradierten Fallgruppen der großen Generalklausel des § 1 UWG 1909 dar. Im Gesetzgebungsverfahren bestand Einigkeit dahin, einerseits nur solche Fallkonstellationen des lauterkeitsrechtlichen Richterrechts und des *Hefermehl*'schen Systems der fünf Fallgruppen zu kodifizieren, über deren Tatbestandsvoraussetzungen und Unrechtsgehalt ein Konsens erreichbar war, und andererseits solche Regelbeispiele zu normieren, die in Umsetzung des europäischen Richtlinienrechts geboten waren. Die Entwicklung noch nicht konsensfähiger Fallkonstellationen, wie etwa die Kinderwerbung oder die diskriminierende Werbung, sollten der zukünftigen Konkretisierung der Generalklausel des § 3 UWG 2004 vorbehalten bleiben, die als ein **entwicklungsoffener Normtext** verstanden wurde.

71 Das **Sonderveranstaltungsrecht** der §§ 7 und 8 UWG 1909 wurde aufgehoben. Die bürokratische Reglementierung des Rechts der **Schlussverkäufe, Jubiläumsverkäufe** und **Räumungsverkäufe** entfiel. Die Vermutungsregelung des § 5 Abs. 4 UWG 2004, die eine Präzisierung des Irreführungsverbots hinsichtlich der Werbung mit einer Preissenkung bezweckte, sollte ein Korrektiv für die Liberalisierung der Preiswerbung darstellen und zu einer Erhöhung der Preistransparenz führen. Die als wettbewerbsrechtliche Gefährdungstatbestände bestehenden Verbote besonderer Werbe- und Vertriebsmethoden des § 6a UWG aF, der die **Hersteller- und Großhändlerwerbung** gegenüber dem Letztverbraucher regelte, und des § 6b UWG aF, der den **Kaufscheinhandel** regelte, wurden ersatzlos aufgehoben. Das galt auch für den **Insolvenzwarenverkauf** nach § 6 UWG aF. Das in § 13a UWG aF geregelte **Rücktrittsrecht bei strafbarer irreführender Werbung** wurde ersatzlos aufgehoben; die Bedeutungslosigkeit des verbraucherschützenden Rücktrittsrechts in der Rechtspraxis beruhte einerseits auf den Nachweisschwierigkeiten der engen Tatbestandsvoraussetzungen einer strafbaren Werbung und andererseits auf der Notwendigkeit eines Aktivwerdens auf Seiten der Verbraucher.

72 Der neu eingeführte **Gewinnabschöpfungsanspruch** nach § 10 UWG 2004 setzte tatbestandlich eine vorsätzliche Zuwiderhandlung, sowie eine Gewinnerzielung auf Kosten einer Vielzahl von Abnehmern voraus. Aktivlegitimiert wurden die Verbände nach § 8 Abs. 2 Nr. 2 bis 4 UWG 2004. Der abgeschöpfte Gewinn war nach Abzug der zur Geltendmachung des Anspruchs erforderlichen Aufwendungen an den Bundeshaushalt herauszugeben.

2. Überblick über die gesetzliche Regelung des UWG 2004

73 Gegenstand des UWG 2004 war das Lauterkeitsrecht (Wettbewerbsrecht im engeren Sinne). Das UWG 2004 bestand aus fünf Kapiteln. Das UWG 2004 regelte sowohl das **materielle Lauterkeitsrecht** (Kapitel 1 und 2) als auch das **formelle Wettbewerbsverfahrensrecht** (Kapitel 3). Kapitel 4 enthielt Strafvorschriften und Kapitel 5 enthielt Schlussbestimmungen.

74 Das materielle Lauterkeitsrecht enthielt in Kapitel 1 (§§ 1 bis 7 UWG 2004) die allgemeinen Bestimmungen und regelte in Kapitel 2 (§§ 8 bis 11 UWG 2004) die Rechtsfolgen. Den Kern des materiellen Lauterkeitsrechts bildeten die Tatbestände des unlauteren Wettbewerbs (§§ 3 bis 7 UWG 2004).

75 Die **Schutzzweckklausel** des § 1 UWG 2004 normierte den Zweck des UWG 2004. Das UWG diente dem Schutz der Mitbewerber, der Verbraucherinnen und der Verbraucher sowie der sonstigen Marktteilnehmer vor unlauterem Wettbewerb und schützte zugleich das Interesse der Allgemeinheit an einem unverfälschten Wettbewerb. Die Vorschrift des § 2 UWG 2004 definierte die im UWG 2004 verwendeten **Begriffe,** und zwar in Absatz 1 den Begriff der Wettbewerbshandlung (Nr. 1), den Begriff des Marktteilnehmers (Nr. 2), den Begriff des Mitbewerbers (Nr. 3) und den Begriff der Nachricht (Nr. 4) und verwies in Absatz 2 auf eine entsprechende Anwendung des Begriffs des Verbrauchers in § 13 BGB und des Begriffs des Unternehmers in § 14 BGB.

Die **Generalklausel** des § 3 UWG 2004 verbot unlauteren Wettbewerb. Nach dieser Vorschrift waren unlautere Wettbewerbshandlungen, die geeignet waren, den Wettbewerb zum Nachteil der Mitbewerber, der Verbraucher und der sonstigen Marktteilnehmer nicht nur unerheblich zu beeinträchtigen, unzulässig. Die Unlauterkeit im Sinne des § 3 UWG 2004 wurden durch die nicht abschließenden **Regelbeispiele** unlauteren Wettbewerbs in § 4 Nr. 1 bis 11 UWG 2004 konkretisiert. Das Verbot unlauteren Wettbewerbs wurde ergänzt durch die **Spezialtatbestände** eines Verbots der irreführenden Werbung nach § 5 UWG 2004, einer Regelung der vergleichenden Werbung nach § 6 UWG 2004 und eines Verbots der unzumutbaren Belästigungen nach § 7 UWG 2004. 76

Die **Rechtsfolgen,** die bei einem Verstoß gegen einen Verbotstatbestand der §§ 3 bis 7 UWG 2004 eintraten, wurden in den §§ 8 bis 11 UWG 2004 des zweiten Kapitels geregelt. Die Vorschriften regelten den Anspruch auf **Beseitigung** und **Unterlassung** (§ 8 UWG 2004), den Anspruch auf **Schadensersatz** (§ 9 UWG 2004) und den Anspruch auf **Gewinnabschöpfung** (§ 10 UWG 2004). § 11 UWG 2004 regelte die **Verjährung.** 77

Kapitel 3 enthielt die **Verfahrensvorschriften** (§§ 12 bis 15 UWG 2004). § 12 UWG 2004 regelte die **Anspruchsdurchsetzung,** die **Veröffentlichungsbefugnis** und die **Streitwertminderung.** Die **sachliche Zuständigkeit** war in § 13 UWG 2004, die **örtliche Zuständigkeit** in § 14 UWG 2004 geregelt. § 15 UWG 2004 regelte das Verfahren der **Einigungsstellen.** 78

In den **Strafvorschriften** des Kapitels 4 (§§ 16 bis 19 UWG 2004) waren als Straftatbestände die **strafbare Werbung** in § 16 UWG 2004, der **Verrat von Geschäfts- und Betriebsgeheimnissen** in § 17 UWG 2004, die **Verwertung von Vorlagen** in § 18 UWG 2004 und das **Verleiten und Erbieten zum Verrat** in § 19 UWG 2004 geregelt. Das Kapitel 5 enthielt die **Schlussbestimmungen** (§§ 20 bis 22 UWG 2004). 79

C. Die Europäisierung des Lauterkeitsrechts im UWG 2008 als originäres Verbraucherschutzrecht des b2c-Geschäftsverkehrs (UWG-Novelle)

Schrifttum: *Alexander,* Die Sanktions- und Verfahrensvorschriften der Richtlinie 2005/29/EG über unlautere Geschäftspraktiken im Binnenmarkt – Umsetzungsbedarf in Deutschland?, GRUR Int. 2005, 809; *Augenhofer,* Ein „Flickenteppich" oder doch der „große Wurf"? – Überlegungen zur neuen RL über unlautere Geschäftspraktiken, ZfRV 2005, 204; *dies.,* Individualrechtliche Ansprüche des Verbrauchers bei unlauterem Wettbewerbsverhalten des Unternehmers, WRP 2006, 169; *Beater,* Europäisches Recht gegen unlauteren Wettbewerb – Ansatzpunkte, Grundlagen, Entwicklung, Erforderlichkeit, ZEuP 2003, 11; *ders.,* Mitbewerber und sonstige unternehmerische Marktteilnehmer – Wandel, Bedeutung und Abgrenzung der unternehmensbezogenen Schutzzwecke des UWG, WRP 2009, 768; *Boesche,* Über die Folgen der Vollharmonisierung und die vergebliche Rettung der Zugabeverbote, WRP 2009, 661; *Büllesbach,* Auslegung der irreführenden Geschäftspraktiken des Anhangs I der Richtlinie 2005/29/EG über unlautere Geschäftspraktiken, 2008; *Collins,* The Forthcoming EC Directive on Unfair Commercial Practices, 2004; *Deutsche Vereinigung für gewerblichen Rechtsschutz und Urheberrecht,* Stellungnahme zum „Grünbuch zum Verbraucherschutz in der Europäischen Union", GRUR 2002, 408; *Fehringer/Freund,* Die Umsetzung der Richtlinie über unlautere Geschäftspraktiken in das UWG – Was bringt die UWG-Novelle 2007 neues?, Medien und Recht 2007, 115; *Fezer,* Modernisierung des deutschen Rechts gegen den unlauteren Wettbewerb auf der Grundlage einer Europäisierung des Wettbewerbsrechts, WRP 2001, 989; *ders.,* Wettbewerbsrecht als Verbraucherschutz – Das Informationsmodell im Kommissionsentwurf über Verkaufsförderung, WuW 2002, 217; *ders.,* Plädoyer für eine offensive Umsetzung der Richtlinie über unlautere Geschäftspraktiken in das deutsche UWG – Originärer Verbraucherschutz durch Lauterkeitsrecht als Paradigma der europäischen Rechtsharmonisierung, WRP 2006, 781; *ders.,* Imitationsmarketing – Die irreführende Produktvermarktung im Sinne der europäischen Lauterkeitsrichtlinie (Art. 6 Abs. 2 lit. a RL), MarkenR 2006, 511; *ders.,* Das Informationsgebot der Lauterkeitsrichtlinie als subjektives Verbraucherrecht – Zur Umsetzung des Art. 7 der Richtlinie über unlautere Geschäftspraktiken in § 5 UWG, WRP 2007, 1021; *ders.,* Imitationsmarketing als irreführende Produktvermarktung (§ 5 Abs. 2 UWG; Nr. 13 Anhang zu § 3 Abs. 3 UWG), GRUR 2009, 451; *Gamerith,* Neue Herausforderungen für ein europäisches Lauterkeitsrecht. Studie für den Arbeitskreis „UWG" des Bundesministeriums für Wirtschaft und Arbeit, WRP 2003, 143; *ders.,* Der Richtlinienvorschlag über unlautere Geschäftspraktiken – Möglichkeiten einer harmonischen Umsetzung, Studie für den Arbeitskreis „UWG" des Bundesministeriums für Wirtschaft und Arbeit, WRP 2005, 391; *ders.,* Richtlinie über unlautere Geschäftspraktiken erlassen, ÖBl. 2005, 145; *Glöckner,* Richtlinienvorschlag über unlautere

Geschäftspraktiken, deutsches UWG oder die schwierige Umsetzung von europarechtlichen Generalklauseln, WRP 2004, 936; *ders.*, Europäisches Lauterkeitsrecht, 2006; *ders.*, Wettbewerbsbezogenes Verständnis der Unlauterkeit und Vorsprungserlangung durch Rechtsbruch, GRUR 2008, 960; *Glöckner/Henning-Bodewig*, EG-Richtlinie über unlautere Geschäftspraktiken: Was wird aus dem "neuen" UWG?, WRP 2005, 1311; *Göhre*, Frischer Wind aus Brüssel? – Der Vorschlag der Europäischen Kommission für eine Verordnung über Verkaufsförderung im Binnenmarkt und das Grünbuch der Europäischen Kommission zum Verbraucherschutz in der Europäischen Union, WRP 2002, 36; *Gomille*, Äußerungsfreiheit und geschäftliche Handlung, WRP 2009, 525; *Handig*, Vorschlag einer RL gegen unlautere Geschäftspraktiken, ecolex 2003, 637; *ders.*, EG-Richtlinie gegen unlautere Geschäftspraktiken, ÖBl. 2005, 196; *Hecker*, Die Richtlinie über unlautere Geschäftspraktiken: Einige Gedanken zu den „aggressiven Geschäftspraktiken" – Umsetzung in das deutsche Recht, WRP 2006, 640; *Helm*, Der Abschied vom „verständigen" Verbraucher, WRP 2005, 931; *Henning-Bodewig.*, Das Europäische Wettbewerbsrecht: Eine Zwischenbilanz, GRUR Int. 2002, 389; *dies.*, Das Europäische Lauterkeitsrechts: B2C, B2B oder doch besser beides?, FS Tilmann, 2003, S. 149 ff; *dies.*, Richtlinienvorschlag über unlautere Geschäftspraktiken und UWG-Reform, GRUR Int. 2004, 273; *dies.*, Die Richtlinie 2005/29/EG über unlautere Geschäftspraktiken, GRUR Int. 2005, 629; *dies.*, Das neue UWG – von Brüsseler Gnaden?, FS Schricker, 2005, S. 705; *dies.*, Neuorientierung von § 4 Nr. 1 und 2 UWG?, WRP 2006, 621; *dies.*, Unfair Competition Law – European Union and Member States, 2006; *Henning-Bodewig/Schricker*, Stellungnahme des Max-Planck-Instituts für ausländisches und internationales Patent-, Urheber- und Wettbewerbsrecht zum Grünbuch zum Verbraucherschutz in der EU KOM (2002) 531 endg, GRUR Int. 2002, 319; *Hoeren*, Das neue UWG – der Regierungsentwurf im Überblick, BB 2008, 1182; *ders.*, Das neue UWG und dessen Auswirkungen auf den B2B-Bereich, WRP 2009, 789; *Keßler*, Lauterkeitsschutz und Wettbewerbsordnung – zur Umsetzung der Richtlinie 2005/29/EG über unlautere Geschäftspraktiken in Deutschland und Österreich, WRP 2007, 714; *Keßler/Micklitz*, Der Richtlinienvorschlag über unlautere Praktiken im binnenmarktinternen Geschäftsverkehr, BB 2003, 2073; *dies.*, Die Richtlinie 2005/29/EG über unlautere Geschäftspraktiken im binnenmarktinternen Geschäftsverkehr zwischen Unternehmen und Verbrauchern, BB 2005, 2; *Köhler*, Zur Umsetzung der Richtlinie über unlautere Geschäftspraktiken, GRUR 2005, 793; *ders.*, Die Bedeutung der Richtlinie 2005/29/EG über unlautere Geschäftspraktiken und ihre Auswirkungen für Lebensmittelrecht und Lebensmittelwirtschaft, ZLR 2006, 3; *ders.*, Das Verhältnis des Wettbewerbsrechts zum Recht des geistigen Eigentums – Zur Notwendigkeit einer Neubestimmung aufgrund der Richtlinie über unlautere Geschäftspraktiken, GRUR 2007, 548; *ders.*, Vom deutschen zum europäischen Lauterkeitsrecht, NJW 2008, 3032; *ders.*, Die Unlauterkeitstatbestände des § 4 UWG und ihre Auslegung im Lichte der Richtlinie über unlautere Geschäftspraktiken, GRUR 2008, 841; *ders.*, Die UWG-Novelle 2008, WRP 2009, 109; *ders.*, Ist der Unlauterkeitstatbestand des § 4 Nr. 6 UWG mit der Richtlinie über unlautere Geschäftspraktiken vereinbar?, GRUR 2009, 626; *ders.*, Der Schutz vor Produktnachahmung im Markenrecht, Geschmacksmusterrecht und neuem Lauterkeitsrecht, GRUR 2009, 445; *Köhler/Bornkamm/Henning-Bodewig*, Vorschlag für eine Richtlinie zum Lauterkeitsrecht und eine UWG-Reform, WRP 2002, 1317; *Köhler/Lettl*, Das geltende europäische Lauterkeitsrecht – der Vorschlag für eine EG-Richtlinie über unlautere Geschäftspraktiken und die UWG-Reform, WRP 2003, 1019, 1046; *Koos*, Europäischer Lauterkeitsmaßstab und globale Integration, 1996; *Koppensteiner*, Grundfragen des UWG, wbl. 2006, 553; *ders.*, Das UWG nach der Novelle 2007, wbl. 2009, 1; *Körber/Heinlein*, Informationspflichten und neues UWG, WRP 2009, 780; *Krejci/Keßler/Augenhofer*, Lauterkeitsrecht im Umbruch. Europa. Deutschland. Österreich, 2005; *Kulka*, Der Entwurf eines „Ersten Gesetzes zur Änderung des Gesetzes gegen den unlauteren Wettbewerb", DB 2008, 1548; *Lettl*, Gemeinschaftsrecht und neues UWG, WRP 2004, 1079; *ders.*, Irreführung durch Lock(vogel)angebote im derzeitigen und künftigen UWG, WRP 2008, 155; *Lutz*, Veränderungen des Wettbewerbsrechts im Zug der Richtlinie über unlautere Geschäftspraktiken, GRUR 2006, 908; *Micklitz/Keßler*, Europäisches Lauterkeitsrecht. Dogmatische und ökonomische Aspekte einer Harmonisierung des Wettbewerbsverhaltensrechts im europäischen Binnenmarkt, GRUR Int. 2002, 885; *Ohly*, Die Bemühungen um eine Rechtsvereinheitlichung auf EU-Ebene von den Anfängen bis zur Richtlinie über irreführende Werbung von 1984, in: Schricker/Henning-Bodewig, Neuordnung des Wettbewerbsrechts, 1999, 69 ff; *ders.*, Bausteine eines europäischen Lauterkeitsrechts, WRP 2008, 177; *Peifer*, Die Zukunft der irreführenden Geschäftspraktiken, WRP 2008, 556; *Piekenbrock*, Die Bedeutung des Herkunftslandprinzips im europäischen Wettbewerbsrecht, GRUR Int. 2005, 997; *Röttinger*, „Unfair commercial practices" – Ein Beispiel europarechtlicher Rechtssetzung mit vielen offenen Fragen, MR 2003, 246; *Scherer*, Ende der Werbung in Massenmedien? – Überlegungen zu Art. 5 Abs. 3 RLUnlGP/§ 3 Abs. 1 Satz 2 UWG-RefE, WRP 2008, 563; *dies.*, Die „wesentliche Beeinflussung" nach der Richtlinie über unlautere Geschäftspraktiken, WRP 2008, 708; *dies.*, Case law in Gesetzesform – Die Schwarze Liste als neuer UWG-Anhang, NJW 2009, 324; *dies.*, Verleiten zum Vertragsbruch – Neukonzeption aufgrund § 10 Nr. 10 UWG und der RL-UGP, WRP 2009, 518; *dies.*, Lauterkeitsrecht und Leistungsstörungsrecht – Veränderung des Verhältnisses durch § 2 I Nr. 1 UWG?, WRP 2009, 761; *Chr. Schmidt*, Unlauter und darüber hinaus ..., GRUR 2009, 353; *Schöttle*, Die Schwarze Liste – Übersicht über die neuen Spezialtatbestände des Anhangs zu § 3 Abs. 3 UWG, WRP 2009, 673; *Schuhmacher*, Zur Umsetzung der Richtlinie über unlautere Geschäftspraktiken, FS Koppensteiner, 2006, S. 139; *ders.*, Die UWG-Novelle 2007, wbl 2007, 557; *Schulte-Nölke/Busch*, Der Vorschlag der Kommission für eine Richtlinie über unlautere Geschäftspraktiken, ZEuP 2004, 99; *Seichter*, Der Umsetzungsbedarf der Richtlinie über unlautere Geschäftspraktiken, WRP 2005, 1087; *Seidelberger*, Vorschläge für eine europäische Harmonisierung des Lauterkeitsrechts, ÖBl. 2002, 57; *Sosnitza*, Die Richtlinie über unlautere Geschäftspraktiken – Voll- oder Teilharmonisierung?,

WRP 2006, 1; *ders.*, Der Gesetzentwurf zur Umsetzung der Richtlinie über unlautere Geschäftspraktiken, WRP 2008, 1014; *Steinbeck*, Richtlinie über unlautere Geschäftspraktiken: Irreführende Geschäftspraktiken – Umsetzung in das deutsche Recht, WRP 2006, 632; *dies.*, Der Beispielskatalog des § 4 UWG – Bewährungsprobe bestanden, GRUR 2008, 848; *Stuyck/Terryn/van Dyck,* Confidence through fairness? The new Directive on unfair Business-to-Consumer Commercial Practices in the Internal Market, CML Rev 43 (2006) 107; *Veelken,* Kundenfang gegenüber dem Verbraucher. Bemerkungen zum EG-Richtlinienentwurf über unlautere Geschäftspraktiken, WRP 2004, 1; *Wiebe,* Umsetzung der Geschäftspraktikenrichtlinie, JBl. 2007, 69.

Schrifttum: Siehe auch die Schrifttumsangaben Einleitung E vor Rn 1 und vor Rn 39.

I. Auf dem Weg zu einem europäischen Lauterkeitsrecht

1. Primärrechtliche Regelungsansätze eines europäischen Lauterkeitsrechts im EG-Vertrag

a) Gewährleistung eines redlichen Wettbewerbs als Auslegungsdirektive. Schon 80
in der **Präambel des EWGV** vom 25. März 1957, die unverändert in den EGV in der Fassung des Unionsvertrages von Maastricht übernommen wurde, wird im vierten Erwägungsgrund die gemeinsame Zielsetzung der Mitgliedstaaten formuliert, einen **redlichen Wettbewerb** zu gewährleisten. Als Vertragsbestandteil ist die Präambel bei der Auslegung des EGV rechtserheblich. Innerhalb der Aufgaben der Gemeinschaft nach Art. 2 EGV, namentlich der Errichtung eines Gemeinsamen Marktes und der Förderung einer harmonischen, ausgewogenen und nachhaltigen Entwicklung des Wirtschaftslebens, und innerhalb der Verwirklichung der Ziele der Gemeinschaft nach Art. 3 Abs. 1 EGV, namentlich dem Verbot der Maßnahmen gleicher Wirkung (lit. a), der Beseitigung der Hindernisse für den freien Waren-, Personen-, Dienstleistungs- und Kapitalverkehr (lit. c) und eines den Wettbewerb innerhalb des Binnenmarkts vor Verfälschungen schützenden Systems (lit. g) kommt der Präambel die Funktion einer **Auslegungsdirektive** innerhalb des rechtlichen Rahmens des Tätigwerdens der Gemeinschaft nach Art. 308 EGV zu.[114] Von den Anfängen an wird innerhalb der Europäischen Gemeinschaft die Gewährleistung eines redlichen Wettbewerbs als eines der wesentlichen Ziele der wirtschaftlichen Integration verstanden.

b) Historische Hindernisse einer Rechtsharmonisierung des Lauterkeitsrechts. 81
Das europäische Wettbewerbsrecht beschränkt sich im Primärrecht des EGV auf die Regelungen des Kartellrechts in den Artt. 81 ff EGV; das Lauterkeitsrecht entbehrt einer primärrechtlichen Rechtsgrundlage im EGV. Die Gründe für den ursprünglichen **Verzicht auf ein europäisches Primärrecht zum Schutz des lauteren Wettbewerbs** sind vielschichtig. Wesentlich dürfte vor allem sein, dass einerseits der gemeinschaftsrechtlichen Normierung des Kartellrechts keine nationalen Kartellrechtsordnungen, die einer grenzüberschreitenden Regelung und Vergemeinschaftung hätten entgegenstehen können, in den Mitgliedstaaten geltendes Recht waren, andererseits die mitgliedstaatlichen Lauterkeitsrechtsordnungen in einer jahrzehntelangen Tradition bedeutsame Unterschiede in der rechtlichen Dogmatik und Regelungstechnik aufwiesen und von kultureller Verschiedenheit geprägt waren, die eine Rechtsvereinheitlichung zum damaligen Zeitpunkt innerhalb der Gemeinschaft als unüberwindbar erscheinen ließen. Die **kontinentaleuropäische Tradition** eines grundsätzlichen Verbots des unlauteren Wettbewerbs, das als Deliktsrecht konzipiert war und rechtsmethodisch durch richterrechtliche Konkretisierung einer Generalklausel ausgebildet wurde, widersprach konträr dem **Präjudizienrecht** des Common Law. Als ein nicht minder bedeutsames Hindernis einer Rechtsharmonisierung des redlichen Wettbewerbs erwies sich von Anfang an das **polare Vorverständnis im Normzweck** des Lauterkeitsrechts, das einerseits als ein individualrechtliches Schutzinstrument im primären Unternehmensinteresse (Mitbewerberrecht), wie etwa die Geschichte des UWG in Deutschland beweist, oder andererseits als ein den kollektiven Interessen der Marktgegen-

[114] Siehe zur rechtlichen Bedeutung der Präambel Streinz/*Streinz* EUV/EGV, Präambel EGV Rn 10 ff.

seite verpflichtetes Schutzinstrument (Verbraucherrecht), wie etwa in den skandinavischen Rechtsordnungen, verstanden wurde.

82 Der deliktsrechtliche Ursprung des Lauterkeitsrechts und dessen sich verfestigendes Rechtsverständnis als ein primäres Wettbewerberschutzrecht stand in einem nahezu unversöhnlichen Gegensatz zum wettbewerblichen Verbraucherschutzrecht als Marktverhaltensrecht zur Gewährleistung eines lauteren Wettbewerbs. Dabei spielte weniger eine Rolle, ob das Lauterkeitsdeliktsrecht in einem eigenen Gesetz gegen den unlauteren Wettbewerb mit einer wettbewerblichen Generalklausel normiert oder aus der allgemeinen Generalklausel des Deliktsrechts, wie innerhalb der an die Naturrechtsgesetzbücher angelehnten deliktischen Generalklauseln in Frankreich und Italien, rechtsfortbildend entwickelt wurde.[115] Die frühen Versuche einer Rechtsharmonisierung des Lauterkeitsrechts in den Mitgliedstaaten der Gemeinschaft in den 1960er und 1970er Jahren scheiterten nicht zuletzt an den **rechtsinhaltlich und rechtstechnisch konträren Konzeptionen des Lauterkeitsrechts** innerhalb der Privatrechtsordnungen der Mitgliedstaaten. Das gilt auch für die grandiose Studie von *Eugen Ulmer,* die im Auftrag der Kommission rechtsvergleichend zum Recht des unlauteren Wettbewerbs in den Mitgliedstaaten der EWG erarbeitet wurde.[116] Die rechtsvergleichende Intention des Reformvorhabens zielte auf eine rechtsharmonisierende Implementierung eines **Integrationsmodells des Interessenschutzes** der Wettbewerber, der Verbraucher und der Allgemeinheit.

83 **c) Die Interdependenz des Lauterkeitsrechts zu den Wettbewerbsregeln der Artt. 81 ff EGV.** Die primärrechtlichen Rechtsgrundlagen des EG-Vertrages wurden zur Konstituierung eines eigenständigen Lauterkeitsrechts nicht oder nur in marginalen Ansätzen aktiviert. Schon die europäischen **Wettbewerbsregeln** des gemeinschaftsrechtlichen Kartellrechts der Artt. 81 ff EGV hätten einen zureichenden Regelungsansatz zur Ausbildung gemeinschaftsrechtlicher Lauterkeitsstandards geboten.[117] Der Schutz des freien Wettbewerbs im Binnenmarkt als einer rechtlichen Institution besteht nicht nur aus originär kartellrechtlichen, sondern auch aus lauterkeitsrechtlichen Gründen nicht unbeschränkt. Der Topos der Einheit des Wettbewerbsrechts[118] macht den Rechtssatz plausibel, dass gemeinschaftsrechtliche Lauterkeitsstandards untrennbar mit dem gemeinschaftsrechtlichen Kartellrecht verbunden sind. Die Lauterkeit des Handelsverkehrs ist conditio sine qua non eines am Leistungswettbewerb orientierten Systems eines unverfälschten Wettbewerbs.

84 **d) Schutz vor Wettbewerbsverfälschungen nach Art. 3 Abs. 1 lit. g EGV.** Auch wenn dieser primärrechtliche Regelungsansatz in den europäischen Wettbewerbsregeln der Artt. 81 ff EGV in den 1990er Jahren nicht weiterverfolgt wurde, so besteht auch gegenwärtig die Notwendigkeit, die Konnexität zwischen Lauterkeitsrecht und Kartellrecht und damit zwischen **Leistungsschutz** und Lauterkeitsschutz herzustellen. Das gilt namentlich für das Tätigkeitsfeld der Gemeinschaft nach Art. 3 Abs. 1 lit. g EGV, der den **Schutz vor Wettbewerbsverfälschungen** zur Bedingung eines funktionsfähigen Wettbewerbs erklärt. Auch wenn die primärrechtliche Regelung zum Schutz des Systems eines unverfälschten Wettbewerbs über das Kartellverbot (Art. 81 EGV), das Machtmissbrauchsverbot (Art. 82 EGV) und das Verbot wettbewerbsverfälschender staatlicher Beihilfen (Art. 87 EGV) nicht als ein allgemeiner Auffangtatbestand – etwa auch zur Konstituierung konkreter Lauterkeitsstandards im Handelsverkehr des Binnenmarkts – verstanden wird,[119] ist doch der Bedingungszusammenhang zwischen unverfälschtem und redlichem Wettbewerb unverkennbar. So wird etwa im schweizerischen Gesetz gegen den unlauteren Wettbewerb in dem an den Anfang des Normtextes gestellten Zweckartikel der lautere und unverfälschte Wettbe-

---

[115] Siehe zur Wirkungsgeschichte des Naturrechts im Privatrecht und zum Verhältnis des Naturrechts zum bürgerlichrechtlichen Deliktsrecht *Fezer* Teilhabe und Verantwortung 1986, S. 195 ff, 468 ff.

[116] *E. Ulmer* Das Recht des unlauteren Wettbewerbs in den Mitgliedstaaten der Europäischen Wirtschaftsgemeinschaft, Bd. I, Vergleichende Darstellung mit Vorschlägen zur Rechtsangleichung, 1965.

[117] Siehe dazu schon *Koos* 1996, S. 55 ff.

[118] → Rn 216 ff.

[119] Siehe dazu schon EuGH Slg. 1991, I-107, Rn 10 – Alsthom.

werb zum Schutzobjekt erklärt. Auch nach geltendem Recht sollte die Interdependenz zwischen Wettbewerbsverfälschung und unlauterem Marktverhalten innerhalb eines Systems eines funktionsfähigen Wettbewerbs im Interesse eines unternehmerischen Leistungsschutzes nicht vernachlässigt werden.

e) Grundfreiheiten und Produktverkehrsfreiheit im EG-Vertrag. Von den **Grundfreiheiten des EGV,** die der primärrechtlichen Gewährleistung des Binnenmarkts im Sinne eines einheitlichen Wirtschaftsraums eines Gemeinsamen Marktes dienen, kommt namentlich der rechtlichen Konkretisierung der **Produktverkehrsfreiheit** und das ist insbesondere die Warenverkehrsfreiheit nach den Artt. 23, 28ff EGV in der umfänglichen Rechtsprechung des EuGH Rechtserheblichkeit für das Wettbewerbsrecht zu. Die EuGH-Urteile zum spezifischen Gegenstand des gewerblichen und kommerziellen Eigentums beschreiben zudem den binnenmarktrechtlich zulässigen Rechtsinhalt des geistigen Eigentums. Die Rechtssätze des EuGH bestimmen so das Verhältnis der Immaterialgüterrechte zum Lauterkeitsrecht und Kartellrecht innerhalb des Binnenmarkts. **85**

Die **„Dassonville"-Formel**[120] des EuGH zum Begriff der Maßnahmen gleicher Wirkung, nach der die Rechtfertigungsgründe des Art. 30 EGV keine Korrekturen der weiten Definition des Maßnahmebegriffs zulassen, und die **„Cassis"-Formel**[121] des EuGH, nach der zwingende Erfordernisse der Lauterkeit des Handelsverkehrs und des Verbraucherschutzes als Binnenmarktschranken anerkannt werden, verdeutlichen prägnant den redlichen Wettbewerb zum Schutz eines freien und unverfälschten Wettbewerbs im Binnenmarkt. **86**

f) Verbraucherschutz als Politik der Gemeinschaft nach Art. 3 Abs. 1 lit. t EGV. Nach Art. 3 Abs. 1 lit. t EGV zählt es zu den Tätigkeitsfeldern der Gemeinschaft, einen Beitrag zur Verbesserung des Verbraucherschutzes zu leisten. Der Verbraucherschutz bildet nach Art. 153 EGV eine der wesentlichen Politiken der Gemeinschaft. Nach Art. 153 Abs. 1 EGV leistet die Gemeinschaft zur Förderung der Interessen der Verbraucher und zur **Gewährleistung eines hohen Verbraucherschutzniveaus** einen Beitrag zum Schutz der Gesundheit, der Sicherheit und der wirtschaftlichen Interessen der Verbraucher sowie zur Förderung ihres Rechtes auf Information, Erziehung und Bildung von Vereinigungen zur Wahrung ihrer Interessen. **87**

Die unverkennbaren Verbindungslinien zwischen dem Schutz eines redlichen Wettbewerbs und der Förderung eines hohen Verbraucherschutzniveaus, die nicht zuletzt in den Instrumenten zur Herstellung von **Markttransparenz** liegen, wurden namentlich innerhalb der Rechtswissenschaft und Judikatur in Deutschland zum Lauterkeitsrecht weithin **88**

---

120 EuGH Slg. 1974, I-837, Rn 5 – Dassonville. Die „Dassonville"-Formel lautet: „Jede Handelsregelung der Mitgliedstaaten, die geeignet ist, den innergemeinschaftlichen Handel unmittelbar oder mittelbar, tatsächlich oder potenziell zu behindern, ist als Maßnahme mit gleicher Wirkung wie eine mengenmäßige Beschränkung anzusehen."

121 EuGH Slg. 1979, I-649, Rn 8 – Cassis. Die „Cassis"-Formel lautet: („In Ermangelung einer gemeinschaftlichen Regelung der Herstellung und Vermarktung von Weingeist ... ist es Sache der Mitgliedstaaten, alle die Herstellung und Vermarktung von Weingeist und alkoholischen Getränken betreffenden Vorschriften für ihr Hoheitsgebiet zu erlassen.") „Hemmnisse für den Binnenhandel der Gemeinschaft, die sich aus den Unterschieden der nationalen Regelungen über die Vermarktung dieser Erzeugnisse ergeben, müssen hingenommen werden, soweit diese Bestimmungen notwendig sind, um zwingenden Erfordernissen gerecht zu werden, insbesondere den Erfordernissen einer wirksamen steuerlichen Kontrolle, des Schutzes der öffentlichen Gesundheit, der Lauterkeit des Handelsverkehrs und des Verbraucherschutzes". Die „Cassis"-Formel wurde zur Angleichung der Grundfreiheiten des EGV vom EuGH dahin fortgeschrieben: „Auch stellen nach dem Urteil „Cassis de Dijon" ... Hemmnisse für den freien Warenverkehr, die sich in Ermangelung einer Harmonisierung der Rechtsvorschriften daraus ergeben, daß Waren aus anderen Mitgliedstaaten, die dort rechtmässig hergestellt und in den Verkehr gebracht worden sind, bestimmten Vorschriften entsprechen müssen (wie etwa hinsichtlich ihrer Bezeichnung, ihrer Form, ihrer Abmessungen, ihres Gewichts, ihrer Zusammensetzung, ihrer Aufmachung, ihrer Etikettierung und ihrer Verpackung), selbst dann, wenn diese Vorschriften unterschiedslos für alle Erzeugnisse gelten, nach Artikel 30 verbotene Maßnahmen gleicher Wirkung dar, sofern sich die Anwendung dieser Vorschriften nicht durch einen Zweck rechtfertigen lässt, der im Allgemeininteresse liegt und den Erfordernissen des freien Warenverkehrs vorgeht"; EuGH Slg. 1997, I-3689, Rn 8 – Vereinigte Familiapress/Bauer Verlag.

nicht anerkannt und deren Ausarbeitung versäumt. Das geltende Lauterkeitsrecht der UGP-RL und des UWG 2008 zwingen nunmehr dazu, das verbraucherbezogene Lauterkeitsrecht und das wettbewerberbezogene Lauterkeitsrecht systematisch zu unterscheiden und den originären Beitrag dieser beiden Regelungsbereiche des b2c-Geschäftsverkehrs und des b2b-Geschäftsverkehrs innerhalb des Wettbewerbsrechts zur Verifizierung eines Systems des freien und fairen Wettbewerbs zu organisieren.

2. Sekundärrecht der Gemeinschaft

89 Schon vor der UGP-RL bestand die dringende Notwendigkeit einer Rechtsharmonisierung des Lauterkeitsrechts in den Mitgliedstaaten der Europäischen Gemeinschaft. Auf der europäischen Rechtsebene war eine Folge der **Teilharmonisierung durch Richtlinienrecht** gleichsam ein europäischer Flickerlteppich des Lauterkeitsrechts. Gegenstände der Rechtsharmonisierung im Lauterkeitsrecht waren vornehmlich (Teil)Gebiete des **Werberechts** und des **Verbraucherschutzrechts.**[122]

II. Die Richtlinie 2005/29/EG über unlautere Geschäftspraktiken (UGP-RL) vom 11. Mai 2005

1. Die Vorgeschichte der UGP-RL als Diskurs über die europäische Konzeption eines lauterkeitsrechtlichen Verbraucherschutzes

90 **a) Das Grünbuch der Kommission zur kommerziellen Kommunikation im Binnenmarkt.** Die Kommission der EG legte am 8. Juni 1996 ein Grünbuch zur kommerziellen Kommunikation im Binnenmarkt vor.[123] Das Grünbuch geht auf einen Beschluss der Kommission vom November 1992 zurück, nach dem das Gesamtkonzept der zukünftigen Politik der Kommission auf dem Gebiet der kommerziellen Kommunikation überarbeitet und die Ergebnisse in Form eines Grünbuchs publiziert werden sollten. Die mit dem Grünbuch verfolgten Zielsetzungen waren, eine **Kohärenz** aller auf EU-Ebene zu ergreifenden, zukünftigen Initiativen zu gewährleisten, und ein **Konzept** zu schaffen, mit dessen Hilfe die Kommission eine Übereinstimmung der nationalen Maßnahmen mit dem Gemeinschaftsrecht erreichen könne.

91 Als Geltungsbereich der kommerziellen Kommunikation werden sämtliche Formen von Werbung, Direktmarketing, Sponsoring, Verkaufsförderung und Öffentlichkeitsarbeit umschrieben.

92 Als vorläufige **Erkenntnisse** wurden fünf prinzipielle Schlussfolgerungen zusammengefasst:

93 (1) Innerhalb des Binnenmarkts nehmen grenzüberschreitende kommerzielle Kommunikationen zu.

94 (2) Derzeit können unterschiedliche nationale Rechtsvorschriften zum Hemmnis für Unternehmen werden, die über die Grenzen ihres Landes hinweg derartige Dienste anbieten wollen. Ferner können Sie Probleme für diejenigen Verbraucher schaffen, die sich gegen ungesetzliche grenzüberschreitende kommerzielle Kommunikationen schützen wollen.

95 (3) Künftig ist zunehmend damit zu rechnen, dass angesichts der steigenden Anzahl an grenzüberschreitenden kommerziellen Kommunikationen einige der genannten Unterschiede zwischen den nationalen rechtlichen Rahmenbedingungen erhebliche Barrieren schaffen werden.

---

[122] Siehe zu den Richtlinien näher → Rn 46 ff.

[123] Grünbuch der Kommission über die kommerzielle Kommunikation im Binnenmarkt vom 8. 5. 1996; siehe dazu *Henning-Bodewig* GRUR Int. 1997, 515; siehe schon *Göhre* WRP 2002, 36; *Schricker/Henning-Bodewig* WRP 2001, 1367, 1378 ff.

(4) Die Gefahr, dass eine solche ungleiche Entwicklung der nationalen rechtlichen Rahmenbedingungen zur Schaffung von Barrieren beiträgt, verstärkt sich mit der Entstehung neuer Dienstleistungen in der Informationsgesellschaft. **96**

(5) Die Verfügbarkeit von Informationen über rechtliche Maßnahmen und Marktentwicklungen auf nationaler und Gemeinschaftsebene wird immer bedeutender. **97**

Zentrale Daten des Grünbuchs sind die Rechtssätze des EuGH zum Verhältnis der kommerziellen Kommunikation im Binnenmarkt zu den Grundfreiheiten wie namentlich der Warenverkehrsfreiheit. Im Kontext der UGP-RL und des UWG 2008 besonders hervorzuheben ist die zentrale Stellung der **Verbraucherinformation,** die das Grünbuch aus der Rechtsprechung des EuGH ableitet.[124] **98**

In dem Grünbuch wird eine **Methodik** zur Beurteilung der Verhältnismäßigkeit einzelstaatlicher Maßnahmen vorgeschlagen, die verschiedene **Beurteilungskriterien** auflistet, wie das Auslösen einer Kettenreaktion durch die Maßnahme, die Art des mit der Maßnahme verfolgten Zieles, der zwischen der Maßnahme und dem verfolgten Ziel bestehende unmittelbare Zusammenhang, die Auswirkungen der Maßnahme auf andere als das verfolgte Ziel und die Wirksamkeit der Maßnahme. Es ist bezeichnend, wie das Rechtsverständnis innerhalb der gemeinschaftsrechtlichen Rechtsarbeiten an einem Gemeinschaftslauterkeitsrecht geradezu wie selbstverständlich von der Rechtserheblichkeit einer **Marktanalyse,** einer **Folgenbewertung** und einem **Reaktionsverhalten der Marktteilnehmer** ausgeht. **99**

b) Das Grünbuch der Kommission zum Verbraucherschutz in der Europäischen Union. Die Kommission der EG legte am 2. Oktober 2001 ein Grünbuch zum Verbraucherschutz in der Europäischen Union vor. In dem Grünbuch wird Verbraucherschutz im Binnenmarkt als eine Regulierung der wirtschaftlichen Interessen der Verbraucher – mit Ausnahme der Bereiche Gesundheit und Sicherheit und anderen Angelegenheiten, die damit in Verbindung stehen – verstanden. Als Ziel der Verbraucherpolitik wird ein Regelungssystem beschrieben, das ein möglichst hohes Verbraucherschutzniveau bei geringstmöglichem Kostenaufwand für die Wirtschaft gewährleisten soll, möglichst unkompliziert, aber dennoch hinreichend flexibel sein soll, um rasch auf das Marktgeschehen reagieren zu können, und gleichzeitig die betroffenen Shake Holder weitestgehend involvieren soll, rechtliche Sicherheit bieten und eine wirksame, effektive Durchsetzung dieses Rechts, insbesondere in grenzübergreifenden Angelegenheiten gewährleisten soll. **100**

In dem Grünbuch wird eine **Rahmenrichtlinie für das Lauterkeitsrecht** vorgeschlagen. Rechtstechnisch soll die Rahmenrichtlinie auf einer **Generalklausel** beruhen, rechtsinhaltlich soll der Anwendungsbereich der Rahmenrichtlinie die **Regelung der Geschäftsbeziehungen zwischen Verbrauchern und Unternehmen** regeln. **101**

Unter dem Begriff der **Lauterkeit des Handelsverkehrs** wird ein korrektes Marktverhalten verstanden. Als Elemente eines lauteren Handels werden etwa die Offenlegung von Informationen, irreführende oder täuschende Geschäftspraktiken und unzulässige Einflussnahme, aber auch Vorschriften im Bereich des Marketings sowie Geschäftspraktiken in den Phasen vor und nach Vertragsabschluss beschrieben. Die primäre Zielsetzung des Grünbuchs ist eine auf dem Lauterkeitsbegriff aufbauende Rahmenrichtlinie zur Regelung des b2c-Geschäftsverkehrs. **102**

In dem Grünbuch wird das **Informationsmodell des lauterkeitsrechtlichen Verbraucherschutzes** als unabdingbar bezeichnet. Angesichts der Bedeutung von Informationspflichten für den Verbraucherschutz und des in Art. 153 EGV verankerten Anspruchs der Verbraucher auf Information sei es in jedem Fall unerlässlich, eine allgemeine Pflicht zur Offenlegung von Informationen vorzusehen. Einer den Unternehmen aufzuerlegenden Verpflichtung, dem Verbraucher alle wesentlichen Informationen rechtzeitig und eindeutig offenzulegen, wird eine Schlüsselfunktion zugesprochen. Das Vorenthalten von Informationen wird als Unlauterkeitstatbestand erkannt. Es soll weiter die Überfrachtung des Kun- **103**

---

[124] Siehe dazu nur EuGH Slg. 1990, I-0667 – GB-INNO-BM; EuGH Slg. 1993, I-2361 – Yves Rocher.

den mit Informationen oder auch der exzessive Gebrauch des Kleingedruckten unterbunden werden.

104 **c) Die Sales Promotion-Verordnung.** Die Kommission der EG legte am 15. Januar 2002 einen Vorschlag für eine Verordnung über Verkaufsförderung im Binnenmarkt vor.[125] Ziel der VerkaufsförderungVO sollte es sein, die Nutzung und die kommerzielle Kommunikation verkaufsfördernder Aktionen zu regeln, um ein reibungsloses Funktionieren des Binnenmarktes zu gewährleisten (Art. 1 VerkaufsförderungVO). Unter **kommerzieller Kommunikation** werden alle Formen der Kommunikation, die der unmittelbaren oder mittelbaren Förderung des Absatzes von Waren und Dienstleistungen oder des Erscheinungsbildes eines Unternehmens, einer Organisation oder einer natürlichen Person dienen, die eine Tätigkeit in Handel, Gewerbe oder Handwerk oder einen reglementierten Beruf ausüben, verstanden (Art. 2 lit. a VerkaufsförderungVO). Art. 4 VerkaufsförderungVO enthält umfängliche Informationsanforderungen, die als **Informationspflichten** bei der Durchführung von Verkaufsförderaktionen ausgestaltet werden.

105 Der Verordnungsvorschlag der Kommission über Verkaufsförderung im Binnenmarkt, dessen Zweck es war, die Zulässigkeit von Verkaufsförderungsmaßnahmen, wie **Rabatte**, **Zugaben**, **Werbegeschenke**, **Gewinnspiele** und **Preisausschreiben** zu regeln, sollte den Bereich der **Wertreklame** (Sales Promotion) rechtsvereinheitlichen und den Verbraucherschutz durch Lauterkeitsrecht forcieren. Rechtstheoretische Grundlage des Verordnungsentwurfs war ein **wettbewerbsrechtliches Informationsmodell des Verbraucherschutzes.**[126] Eine Liberalisierung und Deregulierung des Wettbewerbsrechts wird mit der Normierung von Informationspflichten der Wettbewerber verbunden. An die Stelle von Verbotsgrundsätzen treten sanktionierte Informationspflichten. Dieser Denkansatz entspricht dem europäischen Verbraucherleitbild des informierten, aufmerksamen und verständigen Marktbürgers. Die Sales Promotion-Verordnung gab ein Signal in die Richtung des von der Kommission favorisierten Theorieansatzes eines originären Verbraucherschutzes durch Lauterkeitsrecht, in dessen Richtung auch das Grünbuch zum Verbraucherschutz zu verstehen war.

106 **d) Die Richtlinie über unlautere Geschäftspraktiken (UGP-RL).** In dem Jahrzehnt der Vorarbeiten zur Richtlinie über unlautere Geschäftspraktiken wird die Diskussion innerhalb der europäischen Kommission von dem **Dualismus** eines **verbraucherbezogenen Lauterkeitsrechts** einerseits und eines **wettbewerberbezogenen Lauterkeitsrechts** andererseits beherrscht. Die **Schutzzweckverschiedenheit** des Lauterkeitsrechts zur Regelung des b2c-Geschäftsverkehrs und des b2b-Geschäftsverkehrs stellt ein fundamentales Datum innerhalb der Rechtsentwicklung eines europäischen Lauterkeitsrechts dar. Vor diesem Hintergrund ist die konkrete Entstehungsgeschichte der Richtlinie über unlautere Geschäftspraktiken zu verstehen.

2. Systematik und Regelungsinhalt der UGP-RL

107 **a) Zeitliche Rechtsgeltung der UGP-RL.** Nach Art. 20 UGP-RL ist die Richtlinie über unlautere Geschäftspraktiken am 12. Juni 2005 in Kraft getreten. Art. 19 UGP-RL regelt die Umsetzung der Richtlinie in nationales Recht. Die Umsetzungsfrist endete am 12. Juni 2007 (Art. 19 Abs. 1 S. 1 UGP-RL). Die Mitgliedstaaten waren verpflichtet, das Richtlinienrecht nach sechs Monaten ab dem 12. Dezember 2007 anzuwenden (Art. 19 Abs. 2 S. 1 UGP-RL). Art. 3 Abs. 5 UGP-RL enthält eine sechsjährige Übergangsfrist für strengeres Lauterkeitsrecht der Mitgliedstaaten. Das sind die zeitlichen Rechtsgeltungsdaten. Nach Ablauf der Umsetzungsfrist(en) kam und kommt der UGP-RL in den Mitgliedstaaten **unmittelbare Rechtsgeltung** zu. Nach dem Ersten Gesetz zur Änderung des Gesetzes gegen den unlauteren Wettbewerb vom 22. Dezember 2008 ist die Änderung des UWG in der Fassung vom 3. Juli 2004 am 30. Dezember 2008 in Kraft getreten.

---

[125] KOM (2001) 546.
[126] *Fezer* WuW 2002, 217.

b) Harmonisierungsqualität. Die Harmonisierungsqualität der durch die UGP-RL angestrebten Rechtsvereinheitlichung des Lauterkeitsrechts im b2c-Geschäftsverkehr bestimmt den Intensitätsgrad der unmittelbaren Rechtswirkung der UGP-RL innerhalb der nationalen Lauterkeitsrechtsordnungen der Mitgliedstaaten und die Reichweite der den nationalen Gesetzgebern verbleibenden Regelungskompetenzen. Zudem ist die Harmonisierungsqualität rechtserheblich für die Direktive einer richtlinienkonformen und richtlinienoptimierenden Auslegung. 108

Es handelt sich bei der UGP-RL nicht nur um eine Mindestharmonisierung, sondern um eine **Vollharmonisierung.**[127] Die UGP-RL gibt den nationalen Lauterkeitsrechtsordnungen der Mitgliedstaaten nicht nur Mindeststandards vor, sondern verlangte eine 1:1-Umsetzung des Richtlinienrechts. Die einheitlichen Regeln für unlautere Geschäftspraktiken zwischen Unternehmen und Verbrauchern, die von der UGP-RL aufgestellt werden, sollen zu einem reibungslosen Funktionieren des Binnenmarkts und zum Erreichen eines hohen Verbraucherschutzniveaus beitragen. Eine vollständige Harmonisierung auf Gemeinschaftsebene bedeutet, dass die Mitgliedstaaten keine strengeren als die in der UGP-RL festgelegten Maßnahmen erlassen dürfen und zwar auch nicht, um ein höheres Verbraucherschutzniveau zu erreichen.[128] Die Vollharmonisierung des Lauterkeitsrechts durch die UGP-RL soll die Verbraucher und die Unternehmen in die Lage versetzen, sich **an einem einzigen Rechtsrahmen zu orientieren**, der auf einem **klar definierten Rechtskonzept** beruht, das **alle Aspekte unlauterer Geschäftspraktiken** in der europäischen Union regelt.[129] 109

Zu beachten ist allerdings, dass es sich nur um eine **Teilharmonisierung** und nicht um eine Gesamtharmonisierung des Lauterkeitsrechts handelt. Die Rechtsharmonisierung betrifft allein den Geschäftsverkehr zwischen Unternehmen und Verbrauchern (b2c-Geschäftsverkehr) und nicht den Geschäftsverkehr zwischen den Unternehmen untereinander (b2b-Geschäftsverkehr). Gegenstand der Vollharmonisierung ist ausschließlich das verbraucherbezogene Lauterkeitsrecht und damit der lauterkeitsrechtliche Verbraucherschutz und nicht das mitbewerberbezogene Lauterkeitsrecht und damit nicht der lauterkeitsrechtliche Wettbewerberschutz. Die UGP-RL stellt insoweit einen fundamentalen Paradigmenwechsel im europäischen Lauterkeitsrecht dar. Das bedeutet nicht, dass aus der Sicht des Richtlinienrechts die wirtschaftlichen Interessen der rechtmäßig handelnden Mitbewerber allgemein für weniger schutzwürdig gehalten würden. Der Lauterkeitsschutz der UGP-RL schützt auch **mittelbar die Unternehmen** vor solchen Mitbewerbern, die sich nicht an die Regeln der UGP-RL halten, und gewährleistet auf diese Weise den lauteren Wettbewerb in dem koordinierten Bereich des Lauterkeitsrechts.[130] 110

c) Telos der UGP-RL als zwingende Auslegungsdirektive. aa) Richtlinienkonforme und richtlinienoptimierende Auslegung. Für die theoretische, praktische und forensische Rechtsgestaltung in den Mitgliedstaaten ist das **Telos der UGP-RL** die maßgebliche **Auslegungsdirektive** und zugleich ein Markstein der Europäisierung des Lauterkeitsrechts in der Europäischen Union. Nach der in diesem Kommentar vertretenen Rechtsmethodik verlangt die an den gemeinschaftsrechtlichen Zielsetzungen orientierte gemeinschaftsrechtliche **Wirksamkeitsmaxime** (effet utile) nicht nur eine richtlinienkonforme Auslegung, sondern auch eine richtlinienoptimierende Auslegung der in Umsetzung einer Richtlinie erlassenen Gesetze der Mitgliedstaaten.[131] Dabei steht die effektive Rechtsdurchsetzung unter dem Vorbehalt des **Checks and Balances-Grundsatzes** des internationalen Handelsrechts und der Geltung des gemeinschaftsrechtlichen **Grundsatzes der** 111

---

[127] Teilweise wird auch der Ausdruck Totalharmonisierung gebraucht.

[128] EuGH, Rs. C-261/07 und C-299/07, GRUR 2009, 599, Rn 51, 52 – VTB/Total Belgium und Galatea BVBA/Sanoma Magazines Belgium NV.

[129] Siehe dazu Erwägungsgrund 12 der UGP-RL ABl. EG Nr. L 149, S. 24.

[130] Siehe die Schlussanträge der Generalanwältin *Verica Trstenjak* vom 21. 10. 2008 in der verb. Rs. C-261/07 und C-299/07, Rn 72 – VTB/Total Belgium und Galatea BVBA/Sanoma Magazines Belgium NV.

[131] → Rn 421 f.

Verhältnismäßigkeit, der die Berücksichtigung der Prinzipien der **Eignung des Mittels**, des **Vorrangs des milderen Mittels** und der **Verhältnismäßigkeit zwischen Mittel und Zweck** verlangt.

112 Das Gebot einer **richtlinienkonformen und richtlinienoptimierenden Auslegung** ist das Instrument zur Realisierung des gemeinschaftsrechtlichen Geltungsanspruchs. Regelungsziel einer Vollharmonisierung ist die **maximale Angleichung der nationalen Regelungen.**[132] Es ist eine vornehme Aufgabe der Profession in den Mitgliedstaaten, die gemeinschaftsrechtlichen Rechtsbegriffe der UGP-RL mit europäischem Leben zu erfüllen. Der EuGH wird dieser Rechtsarbeit die Wegkarte vorgeben. Der Rechtsinhalt der UGP-RL gilt 1:1 als nationales Lauterkeitsrecht, und zwar unabhängig von der Art und Weise der mitgliedstaatlichen Umsetzung. Der EuGH wird die Rechtsbegriffe und die Rechtssprache des Textes der Richtlinie verbindlich auslegen. Den unmittelbaren Geltungsanspruch der UGP-RL in den Mitgliedstaaten anzuerkennen, heißt, die **Politik und den Geist des europäischen Lauterkeitsrechts** innerhalb der mitgliedstaatlichen Rechtsordnung anzunehmen.

113 Das **Subsidiaritätsprinzip** dient zudem der notwendigen Ausbalancierung einer richtlinienkonformen Auslegung des Gemeinschaftsrechts. Eine Folge der Wirksamkeitsmaxime darf und wird selbstverständlich nicht sein, dass die europäische Union über die Umsetzung, Auslegung und Anwendung des primären und sekundären Gemeinschaftsrechts gleichsam zu einer Art „Bundesstaat im Recht" mutiert. Innerhalb einer **teleologischen Auslegung** versteht das BVerfG in dem „Maastricht"-Urteil[133] zutreffend den **effet utile** im Sinne einer **Berücksichtigung der nützlichen Wirkung** als Auslegungsziel dahin, die Vertragsauslegung solle im Sinne einer **größtmöglichen Ausschöpfung der Gemeinschaftsbefugnisse** erfolgen. Auch wenn die effet utile-Rechtsprechung des EuGH weithin nicht so weit zu interpretieren sein sollte, sondern allein eine Auslegung dahin verlangt, dass der **praktischen Wirksamkeit** des Gemeinschaftsrechts Rechnung getragen wird, so bedeutet dies gleichwohl, dass Folge der Umsetzung und Anwendung des Gemeinschaftsrechts nicht sein darf, dass die **volle Wirksamkeit des Gemeinschaftsrechts beeinträchtigt** wird.[134] Die Rechtsmethodik zum Gemeinschaftsrecht erzwingt zwar keine richtlinienoptimierende Auslegung, sofern die Anforderungen an eine richtlinienkonforme Auslegung gewahrt sind. Dem **Verfassungsgrundsatz der Effektivität** kommt aber eine richtlinienoptimierende Auslegung näher als eine richtlinienminimierende Auslegung.

114 **bb) Gesetzessprache der UGP-RL.** Der Geltungsanspruch des Richtlinienrechts bezieht sich allein auf den Rechtsinhalt und nicht auf die Rechtssystematik und die Gesetzessprache. Recht existiert als Sprache.[135] Recht wird in Sätzen gesetzt und in Worten gesprochen. Die Verantwortung für die Sprache eines Gesetzes trägt der Gesetzgeber. Das sind in den Mitgliedstaaten die nationalen Parlamente; es ist nicht der europäische Richtliniengeber. In der Diskussion um den **Modus der Richtlinienumsetzung** wurde allerdings nicht selten die gesetzgeberische Verantwortung für das Sprachbild des Rechts verharmlost. Eine minimalistische Änderung des UWG im Sinne einer nur zwingend notwendigen Umset-

---

[132] Siehe zum Ziel der UGP-RL einer umfassenden und maximalen Regelung auf Gemeinschaftsebene die Schlussanträge der Generalanwältin *Verica Trstenjak* vom 21. 10. 2008 in der verb. Rs. C-261/07 und C-299/07, Rn 73, 76 – VTB/Total Belgium und Galatea BVBA/Sanoma Magazines Belgium NV.

[133] BVerfG 89, 155, 210 – Maastricht; siehe dazu restriktiver *Everling* EuR 1994, 127; *Pernice/Mayer* in: Grabitz/Hilf, Das Recht der Europäischen Union, Art. 220 EGV Rn 46, die allein auf die *praktische Wirksamkeit* als Auslegungsdirektive für das Gemeinschaftsrecht abstellen; *Schwarze* in: Schwarze (Hrsg.) EU-Kommentar, 2. Aufl. 2009, Art. 220 EGV Rn 29.

[134] EuGH verb. Rs C-6/90 und C-9/90, Slg. 1991, I-5357, 5414 – Francovich.

[135] In seiner „Rechtstheorie" leitet *Rüthers* das Kapitel zu „Recht und Sprache" mit dem schönen Konfuzius-Wort ein: „Wenn die Sprache nicht stimmt, dann ist alles, was gesagt wird, nicht das, was gemeint ist. ... Trifft die Justiz nicht, so weiß das Volk nicht, wohin Hand und Fuß setzen. Also dulde man keine Willkür in den Worten." (*Rüthers* Rechtstheorie 4. Aufl. 2008, S. 117 ff). Von *v. Ihering* stammt das Bonmot, ihn interessiere die Sprache mehr als die Jurisprudenz (*Ehrenberg, Helene* Rudolf von Ihering in Briefen an seine Freunde 1913, S. 23).

zung zu propagieren, beförderte das Vorurteil gegen die Politik der UGP-RL und begründete die Gefahr, die gesetzgeberische Chance, den europäischen Rechtsinhalten eine nationale Rechtsgestalt zu geben, zu vertun. Eine solche **Minimallösung** wurde zunächst innerhalb des Bundesministeriums der Justiz für die Umsetzung der UGP-RL in das deutsche UWG favorisiert, nachträglich aber zumindest in Stücken wieder zurückgenommen.

Das Kleinreden der UGP-RL innerhalb der Vorarbeiten an dem UWG 2008 zeigte sich exemplarisch an der Diskussion um die Umsetzung des Anhangs I der UGP-RL, der die irreführenden und aggressiven Geschäftspraktiken enthält, die unter allen Umständen – ohne zusätzliche Wertungsmöglichkeit im Sinne einer allgemeinen Unlauterkeit – als unlauter gelten. So wurde für die Neufassung des deutschen UWG in Umsetzung der UGP-RL für die per se-Verbote der Black List ein Ort empfohlen, der „so wenig wie möglich auffallen sollte"; empfohlen wurde, der Gesetzgeber solle sich mit einem Verweis auf den Richtlinien-Anhang in der Gesetzesbegründung begnügen, oder er sollte allenfalls die Anhang-Technik der UGP-RL in das UWG übertragen. Der Gesetzgeber ist diesem Vorschlag nicht gefolgt und normierte die Rechtsfolge der stets-Unzulässigkeit der per se-Verbotstatbestände gesetzestechnisch einwandfrei in § 3 Abs. 3 UWG 2008 unter Verweis auf den Anhang des UWG. Auf diese Weise sind die Verbotstatbestände der irreführenden und aggressiven Geschäftspraktiken des Anhangs I der UGP-RL in den Gesetzestext des UWG integriert. 115

Im Übrigen besteht nur eine inhaltliche und nicht auch eine formale Umsetzungspflicht; weder ein unklarer Richtlinientext noch eine unsystematische Auflistung der per se-Verbotstatbestände bedürfen einer Umsetzung. Es ist im Gegenteil die vornehme Aufgabe der mitgliedstaatlichen Parlamente, ihre Gesetzgebungskunst zu beweisen. Es sollte allerdings auch nicht ohne Not von der **Sprache des Richtlinientextes** abgewichen werden, um keine unnötigen Auslegungsdispute zu provozieren. Das gilt namentlich für den blutleeren **Begriff der geschäftlichen Handlung,** der seinem unmittelbaren Wortsinn nach nichts anderes als die bare Selbstverständlichkeit besagt, dass im Anwendungsbereich des Lauterkeitsrechts das Handeln eines Unternehmens im geschäftlichen Verkehr zu erfolgen habe. Der Gesetzgeber, der sich vorschnell die unverhohlene Skepsis mancher Diskutanten gegenüber den Geschäftspraktiken als einem angeblich neuartigen Begriff des europäischen Richtlinienrechts zu Eigen machte, übersah geschichtsvergessen, dass es sich bei dem Begriff der Geschäftspraktik um eine historische Umschreibung aus der Frühzeit der Gesetzesgeschichte des deutschen UWG handelt.[136] Im verbraucherbezogenen Lauterkeitsrecht des b2c-Geschäftsverkehrs ist der Richtlinienbegriff der Geschäftspraktik seinem Rechtsinhalt nach rechtsverbindlich; eine Auslegungskontroverse über den Wortlautunterschied zum Begriff der geschäftlichen Handlung ist überflüssig.[137] 116

d) Originärer Verbraucherschutz durch Lauterkeitsrecht als Politik der Richtlinie. Das tradierte **Integrationsmodell der Schutzzwecktrias** beschreibt mittelbaren Verbraucherschutz durch Lauterkeitsrecht.[138] Die Interdependenz des Konkurrentenschutzes und des Verbraucherschutzes im Wettbewerb ist die **ideologische Basis der Normzwecklehre** im tradierten UWG und auch noch in der Richtlinie über irreführende Werbung. Die **Normzweckklausel des § 1 UWG 2004** stellte schon eine konzeptionelle Verlagerung des Schwerpunkts der Schutzzwecke des Lauterkeitsrechts dar. Der **Dualismus der Schutzzwecke** in § 1 S. 1 UWG 2004 war eine Folge der von dem Gesetzgeber des UWG 2004 beabsichtigten Verstärkung des wirtschaftlichen Verbraucherschutzes im Wettbewerbsrecht. Der Normzweck der Schutzzweckklausel zielt auf eine **Schutzzweckparität** der Wettbewerber und der Verbraucher, mit der die Gleichrangigkeit und Gleichwertigkeit der wirtschaftlichen Interessen dieser Marktteilnehmer beschrieben wird. 117

---

[136] → Rn § 2 B 21.

[137] Zu den Begriffen der geschäftlichen Handlung, der Geschäftspraktik und der Wettbewerbshandlung → § 2 B Rn 1 ff.

[138] Zur Rechtserheblichkeit der Schutzzwecktrias und deren Reichweite im UWG 2008 → § 1 Rn 11 ff.

118 Zwischen den Marktteilnehmern besteht ein **horizontales und ein vertikales Marktverhältnis,** das die **beiden wesentlichen Schutzrichtungen des Lauterkeitsrechts** bestimmt. Horizontal ist das Konkurrenzverhältnis der Mitbewerber untereinander (business to business, b2b), vertikal das Austauschverhältnis zwischen den anbietenden Wettbewerbern (Unternehmen) und den nachfragenden Verbrauchern (business to consumers, b2c). Im UWG 2004 wurden wirtschaftlicher Konkurrentenschutz und wirtschaftlicher Verbraucherschutz noch nicht als polare Konzeptionen verstanden. Nach dem Integrationsmodell der Schutzzwecktrias im deutschen Lauterkeitsrecht wurden noch im UWG 2004 das Mitbewerberrecht und das Verbraucherrecht im Wettbewerb gesetzestechnisch als eine einheitliche Kodifikation normiert.

119 Die UGP-RL geht sowohl **gesetzestechnisch formal** als auch **rechtsinhaltlich konzeptionell** einen anderen Weg. Gegenstand der Rechtsangleichung sind nur solche Rechtsvorschriften, die die wirtschaftlichen Interessen der Verbraucher **unmittelbar** und dadurch die wirtschaftlichen Interessen rechtmäßig handelnder Wettbewerber nur **mittelbar** schädigen. Die Richtlinie bezieht sich deshalb nur auf solche Geschäftspraktiken, die in einem unmittelbaren Zusammenhang mit der Beeinflussung der geschäftlichen Entscheidungen des Verbrauchers in Bezug auf Produkte stehen. Die UGP-RL bezieht sich nicht auf solche Geschäftspraktiken, die vorrangig anderen Zielen dienen, wie etwa bei kommerziellen, für Investoren gedachten Mitteilungen, wie Jahresberichte und Unternehmensprospekte. Konzeptionell schützt die UGP-RL unmittelbar nur die wirtschaftlichen Interessen der Verbraucher vor unlauteren Geschäftspraktiken im Geschäftsverkehr zwischen Unternehmen und Verbrauchern. Sie schützt nur mittelbar die rechtsmäßig handelnden Unternehmen vor Mitbewerbern, die sich nicht an die Regeln der UGP-RL halten, und gewährleistet damit einen lauteren Wettbewerb in dem durch die Richtlinie koordinierten Bereich.[139]

120 Schon in der Diskussion um die Umsetzung der UGP-RL wurde der Verbraucher als Schutzsubjekt der Richtlinie und damit der Anwendungsbereich des harmonisierten Lauterkeitsrechts nicht immer eindeutig bestimmt. Als Verbraucher im Sinne des unmittelbaren Verbraucherschutzes der UGP-RL ist nur der **private Verbraucher** zu verstehen. Der gewerbliche Kunde eines Unternehmens wird dem Mitbewerber eines Unternehmens gleichgestellt und unterfällt damit dem nichtharmonisierten b2b-Geschäftsverkehr.

121 In der Präambel der Richtlinie wird zutreffend darauf hingewiesen, es gebe selbstverständlich andere Geschäftspraktiken, die zwar nicht den Verbraucher schädigten, sich jedoch nachteilig für die Mitbewerber und gewerblichen Kunden auswirken könnten.[140] Es wird der Kommission aufgegeben, sorgfältig zu prüfen, ob auf dem Gebiet des unlauteren Wettbewerbs über den Regelungsbereich der UGP-RL hinausgehende, gemeinschaftliche Maßnahmen erforderlich seien. Der Kommission wird weiter aufgegeben, gegebenenfalls einen **Gesetzgebungsvorschlag** zur Erfassung dieser anderen Aspekte des unlauteren Wettbewerbs vorzulegen. Die Forderung einer **Rechtsharmonisierung des Mitbewerberschutzrechts** im b2b-Geschäftsverkehr kann nur nachdrücklich das Wort geredet werden. Eine gemeinschaftsrechtliche Rechtsharmonisierung des Mitbewerberschutzrechts im b2b-Geschäftsverkehr als Lauterkeitsrecht ist dringend geboten.[141]

122 Die **konzeptionelle Ausrichtung der UGP-RL** bedeutet aber, dass im koordinierten Bereich des Lauterkeitsrechts allein **originärer Verbraucherschutz durch Lauterkeitsrecht** besteht. Der konzeptionelle Unterschied zwischen der UGP-RL und dem UWG 2004 verlangte zwar gesetzestechnisch keine Umsetzung dahin, dass es zwei gesonderter

---

[139] So ausdrücklich die Präambel der UGP-RL in Erwägungsgrund 8. S. 1 und 2.

[140] So ausdrücklich die Präambel der UGP-RL in Erwägungsgrund 8. S. 3 und 4.

[141] Siehe zu dieser Forderung schon *Fezer* WRP 2006, 781, 784. Der Satz von *Baumbach* in der Ersten Auflage seines Kommentars zum Wettbewerbsrecht im Jahre 1929, es sei ein grundlegender, nicht auszurottender Irrtum, dass das deutsche Wettbewerbsrecht auch das Publikum, den Verbraucher, schütze (S. 128), könnte ansonsten eine sarkastische Umkehrung dahin erfahren, es sei ein grundlegender Irrtum, dass das europäische Wettbewerbsrecht auch den Wettbewerber schütze.

Gesetze zur Regelung des b2c-Geschäftsverkehrs als **verbraucherbezogenes Lauterkeitsrecht** und des b2b-Geschäftsverkehrs als **mitbewerberbezogenes Lauterkeitsrecht** bedarf. Die formale Gesetzeseinheit des lauterkeitsrechtlichen Verbraucherschutzes und des lauterkeitsrechtlichen Konkurrentenschutzes im UWG 2008 darf aber nach der Umsetzung der UGP-RL nicht verdecken, dass **die b2c-Verbotstatbestände des UWG 2008 im Interesse eines unmittelbaren Verbraucherschutzes auszulegen** sind.

e) Binnenmarktprinzip. Innerhalb der rechtstheoretischen Konzeption eines europäischen Lauterkeitsrechts bilden das **Binnenmarktziel als Rechtsprinzip** und der **Binnenmarkt als Rechtsbegriff** einen primärrechtlichen Ausgangspunkt.[142] Nach Art. 4 UGP-RL ist es den Mitgliedstaaten verboten, den freien Dienstleistungsverkehr und den freien Warenverkehr aus Gründen, die mit dem durch die UGP-RL harmonisierten Bereich zusammenhängen, einzuschränken. Der Gesetzgeber des UWG 2008 sah zutreffend keinen Umsetzungsbedarf hinsichtlich des in Art. 4 UGP-RL niedergelegten Binnenmarktprinzips. Nach den primärrechtlichen Grundfreiheiten des EGV besteht im Binnenmarkt die Waren- und Dienstleistungsfreiheit, deren Rechtserheblichkeit unabhängig von einer sekundärrechtlichen Regelung besteht. Ein zwingender Sachgrund, Art. 4 UGP-RL nicht nur als eine Klarstellung der primärrechtlichen Grundfreiheiten zu verstehen, sondern als Normierung des Herkunftslandprinzips auszulegen, besteht nicht.[143] Die Prinzipien eines freien Binnenmarktes sind mit den Prinzipien der Freiheit und Lauterkeit des Wettbewerbs sowie eines effektiven Verbraucherschutzes dem Instrumentarium einer praktischen Konkordanz in Einklang zu bringen. 123

f) Regelungsinhalt der UGP-RL. aa) Normzweck der Richtlinie nach Art. 1 UGP-RL. Normzweck der UGP-RL ist die Rechtsharmonisierung des Lauterkeitsrechts durch Angleichung der Rechts- und Verwaltungsvorschriften der Mitgliedstaaten über unlautere Geschäftspraktiken (Art. 1 UGP-RL). Die einheitlichen Regeln für unlautere Geschäftspraktiken zwischen Unternehmen und Verbrauchern, die von der UGP-RL aufgestellt werden, sollen zu einem reibungslosen Funktionieren des Binnenmarkts und zum Erreichen eines hohen Verbraucherschutzniveaus beitragen.[144] Gegenstand der **Rechtsharmonisierung** ist das **verbraucherbezogene Lauterkeitsrecht im b2c-Geschäftsverkehr** und nicht das mitbewerberbezogene Lauterkeitsrecht im b2b-Geschäftsverkehr. Es handelt sich um eine Vollharmonisierung und nicht nur um eine Mindestharmonisierung sowie um eine Teilharmonisierung und nicht um eine Gesamtharmonisierung des Lauterkeitsrechts.[145] Eine vollständige Harmonisierung auf Gemeinschaftsebene bedeutet, dass die Mitgliedstaaten keine strengeren als die in der UGP-RL festgelegten Maßnahmen erlassen dürfen und zwar auch nicht, um ein höheres Verbraucherschutzniveau zu erreichen.[146] Die **zentrale Schutzrichtung** des lauterkeitsrechtlichen Verbraucherschutzes wird in Art. 1 UGP-RL bestimmt: Unlautere Geschäftspraktiken sind solche, die die wirtschaftlichen Interessen der Verbraucher beeinträchtigen. Diese Schutzzweckbestimmung in Art. 1 UGP-RL konkretisiert Erwägungsgrund 8 der Präambel, der ausdrücklich den **Primat der Verbraucherinteressen** vor den Mitbewerberinteressen als **Auslegungsdirektive** bestimmt. Die UGP-RL schützt **unmittelbar** die wirtschaftlichen Interessen der Verbraucher vor 124

[142] Zur Rechtserheblichkeit des Binnenmarktprinzips als Rechtswidrigkeitskriterium der Unlauterkeit → § 3 Rn 246f.

[143] Nach Harte/Henning/*Glöckner* UWG Einl B Rn 274 soll Art. 4 UGP-RL das Herkunftslandprinzip anordnen. Dieser Auslegung des Art. 4 UGP-RL ist entgegenzuhalten, dass die ursprünglich in dem Vorschlag für eine Richtlinie über unlautere Geschäftspraktiken (KOM [2003] 356 endg.) enthaltenen Prinzipien (Herkunftslandprinzip und Prinzip der Kontrolle an der Quelle) nicht in den Richtlinientext aufgenommen wurden. Zum *Herkunftslandprinzip* siehe Fezer/*Hausmann/Obergfell* UWG Einleitung I Rn 112ff; *Fezer/Koos* Staudinger IntWirtschR 2006 Rn 520ff; *Fezer/Koos* IPRax 2000, 349.

[144] EuGH, Rs. C-261/07 und C-299/07, GRUR 2009, 599, Rn 51 – VTB/Total Belgium und Galatea BVBA/Sanoma Magazines Belgium NV.

[145] → Rn 108ff.

[146] EuGH, Rs. C-261/07 und C-299/07, GRUR 2009, 599, Rn 52 – VTB/Total Belgium und Galatea BVBA/Sanoma Magazines Belgium NV.

unlauteren Geschäftspraktiken im Geschäftsverkehr zwischen Unternehmen und Verbrauchern. Sie schützt somit auch, aber auch nur **mittelbar** rechtmäßig handelnde Unternehmen vor Mitbewerbern, die sich nicht an die Regeln der UGP-RL halten.[147] Die Formulierung in der Präambel, die rechtmäßig handelnden Unternehmen seien vor den unlauter handelnden Mitbewerbern „somit auch mittelbar" geschützt, verdeutlicht nochmals sprachlich den Vorrang der Verbraucherinteressen als konstitutiv zur Begründung der Unlauterkeit einer Geschäftspraktik im harmonisierten Lauterkeitsrecht des b2c-Geschäftsverkehrs. Der **mittelbare Mitbewerberschutz** als eine Folge des originären Verbraucherschutzes stellt nur einen **objektiven Reflex** der lauterkeitsrechtlichen Normen des b2c-Geschäftsverkehrs dar.

125 Die Rechtsangleichung des verbraucherbezogenen Lauterkeitsrechts stellt zugleich einen Beitrag zur Verwirklichung der **primärrechtlichen Politiken der Gemeinschaft** dar. Nach Art. 1 UGP-RL soll die Richtlinie zu einem reibungslosen Funktionieren des Binnenmarkts (das entspricht dem Tätigkeitsbereich der EG nach Art. 3 Abs. 1 lit. c EGV) und zum Erreichen eines hohen Verbraucherschutzniveaus (das entspricht dem Tätigkeitsbereich der EG nach Art. 3 Abs. 1 lit. t EGV) beitragen.

126 **bb) Generalklausel des Verbots unlauterer Geschäftspraktiken nach Art. 5 UGP-RL. (1) Richterrecht und europäische Rechtsmethodik.** Die Einführung einer **lauterkeitsrechtlichen Generalklausel** in das europäische Richtlinienrecht bedeutet einen rechtsmethodischen Fortschritt innerhalb der Rechtsharmonisierung in den Mitgliedstaaten der EG. Die Generalklausel, die als eine **Delegationsnorm jurisdiktiver Rechtssetzung**[148] verstanden werden kann, stellt eine Rechtsgrundlage zur richterrechtlichen Konkretisierung von Rechtssätzen zu solchen unlauteren Geschäftspraktiken dar, die nicht in den verschiedenen Verbotstatbeständen der UGP-RL ausdrücklich normiert sind. Die Rechtsarbeit an einer gemeinschaftsrechtlichen Generalklausel bedarf einer **europäischen Rechtsmethodik,** die – das Rechtsverständnis von Gesetzesrecht und Präjudizienrecht in den verschiedenen Rechtskreisen der EG einbeziehend – einen gemeinschaftsrechtlichen, „harmonisierten" Auslegungskanon erarbeitet. Die ehrgeizige Zielsetzung der Einführung einer gemeinschaftsrechtlichen Generalklausel im harmonisierten Lauterkeitsrecht geht dahin, die in den Mitgliedstaaten **existierenden unterschiedlichen Generalklauseln und Rechtsgrundsätze zu ersetzen,** um die Ziele der Gemeinschaft, wie namentlich die Beseitigung von Hemmnissen für den Binnenmarkt, zu erreichen.[149]

127 **(2) Unlauterkeitsbegründende Beurteilungskriterien des Art. 5 Abs. 2 lit. a und b UGP-RL.** Die Generalklausel der UGP-RL ist in einer präzisen und bündigen Sprache formuliert. Nach Art. 5 Abs. 1 UGP-RL sind unlautere Geschäftspraktiken verboten.[150] Die **Unlauterkeit einer Geschäftspraktik**[151] wird in Art. 5 Abs. 2 lit. a und b UGP-RL konkretisiert. Art. 5 UGP-RL verbietet unlautere Geschäftspraktiken und benennt die **Kriterien,** anhand deren die **Unlauterkeit zu bestimmen** ist.[152] Es ist zu beachten, dass die beiden Konkretisierungen der lit. a und b in Art. 5 Abs. 2 UGP-RL keine beispielhaften Erläuterungen darstellen, deren Aufzählung – anders als die insbesondere-Aufzählung der unlauteren Geschäftspraktiken als irreführend und aggressiv in Art. 5 Abs. 4 lit. a und b UGP-RL – nicht als ein offener Beispielskatalog unlauterkeitsbegründender

---

[147] So die Präambel der UGP-RL in Erwägungsgrund 8 S. 1 und 2.

[148] → § 3 Rn 208.

[149] Siehe dazu Erwägungsgrund 13 der UGP-RL ABl. EG Nr. L 149, S. 24.

[150] In der vom Bundesministerium der Justiz im Jahre 2001 eingesetzten Arbeitsgruppe Unlauterer Wettbewerb, in der die Vorarbeiten für eine Modernisierung des Gesetzes gegen den unlauteren Wettbewerb und des UWG 2004 geleistet und diskutiert wurden, wurde von *Karl-Heinz Fezer* als Rechtsgutachter schon als Gesetzeswortlaut einer neuen Generalklausel für das modernisierte UWG 2004 der Wortlaut vorgeschlagen: „Unlautere Wettbewerbshandlungen sind verboten."; der Mehrheit der Arbeitsgruppe erschien die Formulierung als zu kurz gegriffen und wenig aussagekräftig.

[151] → § 3 Rn 174ff.

[152] EuGH, Rs. C-261/07 und C-299/07, GRUR 2009, 599, Rn 53 – VTB/Total Belgium und Galatea BVBA/Sanoma Magazines Belgium NV.

Beurteilungskriterien formuliert ist. Nach Art. 5 Abs. 2 UGP-RL ist eine Geschäftspraktik unlauter, wenn sie den Erfordernissen der beruflichen Sorgfaltspflicht widerspricht und in Bezug auf das jeweilige Produkt das wirtschaftliche Verhalten des Durchschnittsverbrauchers wesentlich beeinflusst oder dazu geeignet ist, es wesentlich zu beeinflussen.[153]

Eine Geschäftspraktik ist nach Art. 5 Abs. 2 lit. a UGP-RL unlauter, wenn sie den Er- **128** fordernissen der **beruflichen Sorgfaltspflicht** widerspricht.[154] Das Unlauterkeitskriterium einer beruflichen Sorgfaltspflichtverletzung eines Unternehmens im b2c-Geschäftsverkehr stellt einen zumindest dem ersten Anschein nach im deutschen Lauterkeitsrecht ungewohnten Wertungsaspekt dar.[155]

Eine Geschäftspraktik ist nach Art. 5 Abs. 2 lit. b UGP-RL unlauter, wenn sie in Bezug **129** auf das jeweilige Produkt das wirtschaftliche Verhalten eines (Durchschnitts)Verbrauchers oder einer bestimmten Gruppe von Verbrauchern wesentlich beeinflusst oder dazu geeignet ist, es wesentlich zu beeinflussen. Das Unlauterkeitsmerkmal einer **wesentlichen Beeinflussung des wirtschaftlichen Verbraucherverhaltens** – oder der Eignung der Geschäftspraktik zu einer wesentlichen Beeinflussung des wirtschaftlichen Verbraucherverhaltens – wird im Katalog der Definitionen des Art. 2 UGP-RL rechtsverbindlich definiert. In Art. 2 lit. e UGP-RL wird das Unlauterkeitskriterium einer wesentlichen Beeinflussung des wirtschaftlichen Verhaltens des Verbrauchers dahin erläutert, es handle sich um die Anwendung einer Geschäftspraktik, um die Fähigkeit des Verbrauchers, eine **informierte Entscheidung** zu treffen, spürbar zu beeinträchtigen, und damit den Verbraucher zu einer geschäftlichen Entscheidung zu veranlassen, die er **andernfalls nicht getroffen** hätte. Die Definition des Art. 2 lit. e UGP-RL legt den Kern der verbraucherbezogenen Unlauterkeit einer Geschäftspraktik im b2c-Geschäftsverkehr anhand von **zwei Beurteilungskriterien** fest, die **kumulativ** vorliegen müssen: die spürbare Beeinträchtigung der Fähigkeit des Verbrauchers zu einer informierten Entscheidung und die Veranlassung zu einer andernfalls nicht getroffenen geschäftlichen Verbraucherentscheidung. Die Unlauterkeit ist auf die **zentrale Funktion des Verbrauchers im Marktwettbewerb** bezogen. Ein hohes Verbraucherschutzniveau im Sinne einer Informiertheit der Verbraucher über die Produkte am Markt ist die Basis von Markttransparenz.

(3) Normatives Modell des Durchschnittsverbrauchers. Als Verbraucher wird in **130** Art. 5 Abs. 2 lit. b UGP-RL der **Durchschnittsverbraucher** bezeichnet. In der Präambel der Richtlinie wird klargestellt, dass es sich bei dem Begriff des Durchschnittsverbrauchers um das europäische Verbraucherleitbild handelt. Auch wenn angezeigt sei, alle Verbraucher vor unlauteren Geschäftspraktiken zu schützen, sei entsprechend der Rechtsprechung des EuGH erforderlich, die Auswirkungen (einer unlauteren Geschäftspraktik) auf einen **fiktiven typischen Verbraucher** zu prüfen.[156] Die Erwägungsgründe machen deutlich, dass es sich bei dem europäischen Verbraucherleitbild um ein **normatives** Modell handelt, auch wenn nicht ausgeschlossen ist, im Wege von demoskopischen Gutachten auf die **empirischen** Tatsachengrundlagen des Verbraucherverhaltens zurückzugreifen.[157] In den Erwägungsgründen der Richtlinie wird auch zum Ausdruck gebracht, dass es sich bei dem europäischen Verbraucherleitbild der Rechtsprechung des EuGH um eine Ausprägung des gemeinschaftsrechtlichen Verhältnismäßigkeitsprinzips handelt, dessen Anwendung den Lauterkeitsschutz einschränkt. Das europäische Verbraucherleitbild dehnt andererseits zugleich den Lauterkeitsschutz aus, um die wirksame Anwendung der vorgesehenen Schutzmaßnahmen der UGP-RL zu ermöglichen (Wirksamkeitsmaxime). Als Maßstab ist von dem Durchschnittsverbraucher auszugehen ist, der **angemessen gut unterrichtet** und **angemessen aufmerksam** und **kritisch** ist.

---

[153] EuGH, Rs. C-261/07 und C-299/07, GRUR 2009, 599, Rn 54 – VTB/Total Belgium und Galatea BVBA/Sanoma Magazines Belgium NV.
[154] → § 3 Rn 26.
[155] → § 3 Rn 26.
[156] So ausdrücklich die Präambel der UGP-RL in Erwägungsgrund 18 S. 1.
[157] Siehe zum europäischen Verbraucherleitbild → § 3 Rn 238 ff.

131 Wenn sich die Geschäftspraktik an eine bestimmte Gruppe von Verbrauchern wendet, dann ist statt auf den Durchschnittsverbraucher als einzelnen Verbraucher auf das **durchschnittliche Mitglied der Gruppe von Verbrauchern** abzustellen (Art. 5 Abs. 2 lit. b UGP-RL).

132 Wenn die Geschäftspraktik sich an eine **Verbrauchergruppe von besonderer Schutzbedürftigkeit** wendet, ist die Unlauterkeit der Geschäftspraktik aus der Perspektive eines durchschnittlichen Mitglieds dieser Gruppe zu beurteilen. Es handelt sich um solche eindeutig identifizierbaren Gruppen von Verbrauchern, die auf Grund von geistigen oder körperlichen Gebrechen, Alter oder Leichtgläubigkeit im Hinblick auf die Geschäftspraktiken oder die den Geschäftspraktiken zugrunde liegenden Produkte besonders schutzbedürftig sind. Erforderlich ist, dass die wesentliche Beeinflussung des wirtschaftlichen Verhaltens der besonders schutzbedürftigen Verbrauchergruppe in einer für den Gewerbetreibenden vernünftigerweise vorhersehbaren Art und Weise voraussichtlich eintreten wird.

133 **(4) Offene Generalklausel unlauterer Geschäftspraktiken.** Die Verbotsnorm des Art. 5 UGP-RL stellt als eine Generalklausel die zentrale Grundnorm des harmonisierten Lauterkeitsrechts dar. In der Präambel der UGP-RL wird die Vorschrift des Art. 5 UGP-RL als das **einzige, gemeinsame generelle Verbot** bezeichnet, das die unlauteren Geschäftspraktiken, die das wirtschaftliche Verhalten der Verbraucher beeinträchtigen, umfasst. Das generelle Verbot werde durch Regeln über die beiden bei weitem am meisten verbreiteten Arten von Geschäftspraktiken – die irreführenden und die aggressiven Geschäftspraktiken – konkretisiert.[158] Die **Rechtsnatur** des Art. 5 Abs. 1 UGP-RL als einer **offenen Generalklausel unlauterer Geschäftspraktiken** wird an den Verweisungsnormen des Art. 5 Abs. 4 und 5 UGP-RL anschaulich. Art. 5 Abs. 4 lit. a UGP-RL verweist auf die in Abschnitt 1 der UGP-RL geregelten **irreführenden Geschäftspraktiken** (Artt. 6 und 7 UGP-RL) und in Art. 5 Abs. 4 lit. b UGP-RL auf die in Abschnitt 2 der UGP-RL geregelten **aggressiven Geschäftspraktiken** (Artt. 8 und 9 UGP-RL). Die **insbesondere-Formulierung** des Art. 5 Abs. 4 UGP-RL regelt ausdrücklich, dass es sich bei den Verbotstatbeständen der irreführenden und aggressiven Geschäftspraktiken nach den Artt. 6 bis 9 UGP-RL um Spezialtatbestände handelt, die **keine abschließende Regelung** der unlauteren Geschäftspraktiken darstellen. Die Bestimmung des Art. 5 Abs. 4 UGP-RL definiert **zwei präzise Kategorien** von unlauteren Geschäftspraktiken, die den Kriterien der Artt. 6 bis 9 UGP-RL entsprechen. Nach den Artt. 6 bis 9 UGP-RL sind irreführende und aggressive Geschäftspraktiken verboten, wenn sie **unter Berücksichtigung ihrer Merkmale und des konkreten Falls** einen Durchschnittsverbraucher zu einer geschäftlichen Entscheidung veranlassen oder zu veranlassen geeignet sind, die er sonst nicht getroffen hätte.[159]

134 **(5) Die per se-Verbote unlauterer Geschäftspraktiken der Black List.** In Art. 5 Abs. 5 S. 1 UGP-RL wird auf Anhang I der UGP-RL verwiesen, der irreführende (Nr. 1 bis 23) und aggressive (Nr. 24 bis 31) Geschäftspraktiken enthält, die **unter allen Umständen als unlauter** gelten. Art. 5 Abs. 5 S. 2 UGP-RL stellt klar, dass diese Liste der per se-Verbote unlauterer Geschäftspraktiken einheitlich in allen Mitgliedstaaten gilt; eine Änderung der per se-Verbote kann nur durch eine Änderung der UGP-RL erfolgen. Es handelt sich um eine erschöpfende Liste von 31 Geschäftspraktiken.[160] Der **abschließende Charakter der Black List** an unlauteren Geschäftspraktiken bedeutet einen ersten Unterschied zu der nicht abschließenden Regelung der irreführenden und aggressiven Geschäftspraktiken in den Artt. 6 bis 9 UGP-RL auf der Grundlage des Art. 5 Abs. 2 bis 4 UGP-RL.

---

158 Siehe dazu Erwägungsgrund 13 der UGP-RL ABl. EG Nr. L 149, S. 24.

159 EuGH, Rs. C-261/07 und C-299/07, GRUR 2009, 599, Rn 55 – VTB/Total Belgium und Galatea BVBA/Sanoma Magazines Belgium NV.

160 EuGH, Rs. C-261/07 und C-299/07, GRUR 2009, 599, Rn 56 – VTB/Total Belgium und Galatea BVBA/Sanoma Magazines Belgium NV.

135 Der zweite Unterschied besteht in der Art und Weise der Berücksichtigung der konkreten Umstände der einzelnen Fallkonstellationen. Diese Differenzierung zwischen den irreführenden und aggressiven Geschäftspraktiken im Sinne der Artt. 6 bis 9 UGP-RL zu den Geschäftspraktiken des Anhangs I der UGP-RL besagt, dass es sich bei den Fallkonstellationen des Anhangs I um solche Geschäftspraktiken handelt, die unter allen Umständen als unlauter gelten („per se-Verbote"). Die Rechtsqualität der **„unter allen Umständen-Unlauterkeit"** wird in Erwägungsgrund 17 der Präambel der UGP-RL dahin umschrieben, es handle sich um die einzigen Geschäftspraktiken, die **ohne eine Beurteilung des Einzelfalls anhand der Bestimmungen der Artt. 5 bis 9 UGP-RL** als unlauter gelten können. Der EuGH nimmt in dem Grundsatzurteil „VTB/Total u. Galatea/Sanoma" ausdrücklich auf diese Umschreibung zur Feststellung der Unlauterkeit der Geschäftspraktiken des Anhangs I der UGP-RL – ohne eine Beurteilung des Einzefalls anhand der Bestimmungen der Artt. 5 bis 9 UGP-RL – Bezug.[161] Aus diesen Gründen ist eine nationale Regelung nicht mit der UGP-RL vereinbar, die von bestimmten Ausnahmen abgesehen Kopplungsangebote eines Verkäufers an einen Verbraucher **ungeachtet der spezifischen Umstände des konkreten Falles** verbietet. Die **Vermutung der Rechtswidrigkeit** von Kopplungsangeboten ist nicht richtlinienkonform.[162]

136 Eine eigenständige Rechtswertung der Unlauterkeit im Sinne einer **Einzelfallbeurteilung** ist allein bei den Tatbeständen der irreführenden und aggressiven Geschäftspraktiken des Anhangs I der UGP-RL entbehrlich. Bei allen anderen Geschäftspraktiken ist die Unlauterkeit im Sinne des Art. 5 Abs. 2 lit. a und b UGP-RL im Sinne einer verbraucherbezogenen Unlauterkeit unrechtsbegründend festzustellen. Bei Anwendung der UGP-RL – insbesondere bei der Anwendung der Generalklauseln – gilt der in der Präambel der UGP-RL formulierte Rechtsgrundsatz, dass eine **umfassende Würdigung der Umstände des Einzelfalles** geboten ist.[163]

137 **cc) Das Verbot irreführender oder aggressiver Geschäftspraktiken (Artt. 6 bis 9 UGP-RL).** Die Regelungen der irreführenden und aggressiven Geschäftspraktiken in den Abschnitten 1 und 2 der UGP-RL enthalten **spezielle Verbotstatbestände** unlauterer Geschäftspraktiken, die, einem **nicht abschließenden Beispielskatalog** vergleichbar, die Generalklausel des Verbots unlauterer Geschäftspraktiken im Sinne des § 5 Abs. 1 UGP-RL konkretisieren. Der EuGH spricht von **zwei präzisen Kategorien** von unlauteren Geschäftspraktiken, die den Kriterien der Artt. 6 bis 9 UGP-RL entsprechen.[164]

138 **dd) Das Verbot irreführender Geschäftspraktiken nach den Artt. 6 und 7 UGP-RL. (1) Das Irreführungsverbot als lauterkeitsrechtlicher Verbraucherschutz im b2c-Geschäftsverkehr.** Der Anwendungsbereich des Verbots der irreführenden Geschäftspraktiken nach den Artt. 6 und 7 UGP-RL in Verbindung mit Art. 5 Abs. 4 UGP-RL ist entsprechend dem allgemeinen Geltungsbereich der UGP-RL auf den b2c-Geschäftsverkehr zu beschränken. Die UGP-RL normiert das **Irreführungsverbot als lauterkeitsrechtlichen Verbraucherschutz** im b2c-Geschäftsverkehr.

139 Die Begrenzung des Geltungsbereichs der Irreführungsverbote des europäischen Richtlinienrechts, die sich schon aus einer rechtssystematischen und teleologischen Auslegung der Verbotstatbestände unterschiedlicher Rechtsgrundlagen ergibt, wird zudem in der Richtlinie ausdrücklich geregelt. Art. 14 UGP-RL enthält eine Änderung der Richtlinie

---

[161] EuGH, Rs. C-261/07 und C-299/07, GRUR 2009, 599, Rn 56 – VTB/Total Belgium und Galatea BVBA/Sanoma Magazines Belgium NV.

[162] EuGH, Rs. C-261/07 und C-299/07, GRUR 2009, 599, Rn 59 – VTB/Total Belgium und Galatea BVBA/Sanoma Magazines Belgium NV; siehe zur Kopplung eines Gewinnspiels mit dem Erwerb einer Ware den Vorlagebeschluss des BGH GRUR 2008, 807 – Millionen-Chance; dazu *Leible* LMK 2008, 269 263; siehe auch *Köhler* GRUR 2009, 626.

[163] Siehe dazu Erwägungsgrund 7 der UGP-RL ABl. EG Nr. L 149, S. 23.

[164] EuGH, Rs. C-261/07 und C-299/07, GRUR 2009, 599, Rn 55 – VTB/Total Belgium und Galatea BVBA/Sanoma Magazines Belgium NV.

84/450/EWG über irreführende Werbung.[165] In Abgrenzung des Anwendungsbereichs der UGP-RL wird der Geltungsbereich der Irreführungsrichtlinie in dem Zweckartikel des Art. 1 RL 2006/114/EG auf den **Schutz von Gewerbetreibenden vor irreführender Werbung** und deren unlautere Auswirkungen sowie die Festlegung der Bedingungen für zulässige vergleichende Werbung begrenzt.

140 Die Regelungstechnik des Richtlinienrechts stellt klar, dass eine Trennung der Anwendungsbereiche des verbraucherbezogenen Lauterkeitsrechts im b2c-Geschäftsverkehr und des mitbewerberbezogenen Lauterkeitsrechts im b2b-Geschäftsverkehr bei der Subsumtion der Lebenssachverhalte unter die Verbotstatbestände zwingend geboten ist. Die Interpretation des Verbots unlauterer Geschäftspraktiken als Rechtseinheit des b2c-Geschäftsverkehrs und des b2b-Geschäftsverkehrs missachtet die vom Richtlinienrecht vorgegebene **materiellrechtliche Trennung der Anwendungsbereiche** des verbraucherbezogenen und des mitbewerberbezogenen Lauterkeitsrechts. Nach dem verbindlichen Richtlinienrecht besteht zwischen den beiden Rechtskreisen des verbraucherbezogenen und mitbewerberbezogenen Lauterkeitsrechts keine materiellrechtliche Rechtseinheit.[166] Die vom deutschen Gesetzgeber bei der Umsetzung der UGP-RL gewählte Gesetzeseinheit des Lauterkeitsrechts im UWG 2008 stellt nur eine historisch begründbare, gesetzestechnische und rechtsformale Rechtseinheit dar. Eine Vermengung der Anwendungsbereiche des zu unterscheidenden Richtlinienrechts missachtet deren spezifische Schutzzwecke mit der Folge einer Verwässerung oder gar Aushöhlung des Geltungsanspruchs des Richtlinienrechts. Die Unrechtskonstitution des Irreführungsschutzes folgt im verbraucherbezogenen Lauterkeitsrecht des b2c-Geschäftsverkehrs einerseits und dem mitbewerberbezogenen Lauterkeitsrecht des b2b-Geschäftsverkehrs andererseits unterschiedlichen Schutzzwecken, die nach dem **normspezifischen Vorrang der Verbraucherinteressen oder Mitbewerberinteressen** anhand verschiedener Beurteilungskriterien der Unlauterkeit zu konkretisieren sind.

141 **(2) Unwahre und täuschende Geschäftspraktiken nach Art. 6 Abs. 1 UGP-RL.** Art. 6 Abs. 1 UGP-RL beschreibt die **Tatbestandsvoraussetzungen,** bei deren Vorliegen eine Geschäftspraktik als irreführend gilt. Eine Geschäftspraxis ist irreführend, wenn sie **unwahr** oder **täuschend** ist und den Verbraucher zu einer ansonsten nicht getroffenen geschäftlichen Entscheidung veranlasst. Unwahr ist eine irreführende Geschäftspraktik, wenn sie falsche Angaben enthält (Art. 6 Abs. 1 1. Alt UGP-RL). Täuschend oder zur Täuschung geeignet ist eine irreführende Geschäftspraktik, wenn sie in irgendeiner Weise, einschließlich sämtlicher Umstände ihrer Präsentation, selbst mit sachlich richtigen Angaben den Durchschnittsverbraucher in Bezug auf einen oder mehrere der in Art. 6 Abs. 1 lit. a bis g UGP-RL aufgeführten Punkte täuscht.

142 **(3) Die irreführende Produktvermarktung nach Art. 6 Abs. 2 UGP-RL.** Nach Art. 6 Abs. 2 UGP-RL werden zwei Fallkonstellationen einer irreführenden Geschäftspraktik unterschieden, die eine irreführende Veranlassung des Verbrauchers zu einer geschäftlichen Entscheidung, die er ansonsten nicht getroffen hätte, zum Gegenstand haben. Nach Art. 6 Abs. 2 lit. a UGP-RL ist die **irreführende Produktvermarktung** verboten.

---

[165] Richtlinie des Rates zur Angleichung der Rechts- und Verwaltungsvorschriften der Mitgliedstaaten über irreführende Werbung (84/450/EWG) vom 10. 9. 1984, ABl. EG Nr. L 250 vom 19. 9. 1984 S. 17; Richtlinie des Europäischen Parlaments und des Rates zur Änderung der Richtlinie 84/450/EWG über irreführende Werbung zwecks Einbeziehung der vergleichenden Werbung (97/55/EG) vom 6. 10. 1997, ABl. EG Nr. L 290 vom 23. 10. 1997 S. 18; Richtlinie des Rates über irreführende und vergleichende Werbung (konsolidierte Fassung) (84/450/EWG) vom 10. 9. 1984, ABl. EG Nr. L 250 vom 19. 1984 S. 17; geändert durch Richtlinie 97/55/EG vom 6. 10. 1997, ABl. EG Nr. L 290 S. 18; nunmehr Richtlinie 2006/114/EG des Europäischen Parlaments und des Rates über irreführende und vergleichende Werbung vom 12. 12. 2006, ABl. EG Nr. L 376 S. 21.

[166] Die Kritik an einer schutzspezifischen Trennung des Verbraucherschutzrechts von dem Mitbewerberschutzrecht und die damit einhergehende Klage einer Rechtsaufspaltung ist verfehlt; so aber *Henning-Bodewig/Schricker* GRUR Int. 2002, 319, 320; *Gamerith* WRP 2003, 143, 162; *ders.* WRP 2005, 395, 413; auch Harte/Henning/*Glöckner* UWG Einl B Rn 235; → § 1 Rn 27 ff.

Gegenstand einer irreführenden Produktvermarktung ist das **Imitationsmarketing,** bei dem zwischen **Produktimitationsmarketing** und **Kennzeichenimitationsmarketing** unterschieden werden kann.[167] Nach Art. 6 Abs. 2 lit. b UGP-RL stellt die **Nichteinhaltung von verpflichtenden Verhaltenskodizes** eine irreführende Geschäftspraktik dar.

(4) Das Verbot irreführender Unterlassungen nach Art. 7 UGP-RL als Informationsmodell des lauterkeitsrechtlichen Verbraucherschutzes. Regelungsgegenstand des Art. 7 UGP-RL sind die **irreführenden Unterlassungen.** Diese Unterscheidung zwischen irreführenden Handlungen und irreführenden Unterlassungen knüpft zwar an die im europäischen Deliktsrecht anerkannte Zweiteilung an. Die konkrete Ausgestaltung der Regelung der irreführenden Unterlassungen in Art. 7 UGP-RL zeigt aber, dass in Art. 7 UGP-RL ausschließlich in dessen Überschrift mit dem Titel „Irreführende Unterlassungen" und somit nur formal die deliktsrechtliche Zweiteilung des Handlungsbegriffs übernommen wird. Die konkrete Normierung von **originären Informationspflichten** in Art. 7 UGP-RL geht sowohl konzeptionell als auch in der inhaltlichen Reichweite weit über die **Statuierung von Aufklärungspflichten im Sinne eines Unterlassungsdelikts** hinaus. Mit der Regelung der irreführenden Unterlassungen in Art. 7 UGP-RL wird das Informationsmodell des lauterkeitsrechtlichen Verbraucherschutzes umgesetzt, das die europäische Diskussion während der Vorarbeiten an der UGP-RL bestimmte.[168] 143

Nach Art. 7 Abs. 1 UGP-RL gilt eine Geschäftspraktik als irreführend, wenn sie im konkreten Fall unter Berücksichtigung aller tatsächlichen Umstände und der Beschränkungen des Kommunikationsmediums wesentliche Informationen vorenthält, die der durchschnittliche Verbraucher je nach den Umständen benötigt, um eine informierte geschäftliche Entscheidung zu treffen, und die somit einen Durchschnittsverbraucher zu einer geschäftlichen Entscheidung veranlasst oder zu veranlassen geeignet ist, die er sonst nicht getroffen hätte. Der Tatbestand des Unterlassens liegt in Absatz 1 im **Vorenthalten wesentlicher Informationen.** 144

Nach Art. 7 Abs. 2 UGP-RL gilt als irreführende Unterlassung auch, wenn ein Gewerbetreibender wesentliche Informationen im Sinne von Art. 7 Abs. 1 UGP-RL unter Berücksichtigung der darin beschriebenen Einzelheiten verheimlicht, oder auf unklare, unverständliche, zweideutige Weise oder nicht rechtzeitig bereitstellt, oder wenn er den kommerziellen Zweck der Geschäftspraktik nicht kenntlich macht, sofern es sich nicht unmittelbar aus den Umständen ergibt, und diese jeweils einen Durchschnittsverbraucher zu einer geschäftlichen Entscheidung veranlasst oder zu veranlassen geeignet ist, die er ansonsten nicht getroffen hätte. Der Tatbestand des Unterlassens liegt in Absatz 2 im **Verheimlichen wesentlicher Informationen**, im **unzureichenden Bereitstellen wesentlicher Informationen,** wenn dies auf unklare, unverständliche, zweideutige Weise oder nicht rechtzeitig erfolgt, und im **Nichtkenntlichmachen des kommerziellen Zwecks** einer Geschäftspraktik. 145

Topos des Art. 7 UGP-RL ist die **informierte geschäftliche Entscheidung des Verbrauchers.** Im Definitionen-Katalog des Art. 2 UGP-RL wird unter lit. e der Begriff der wesentlichen Beeinflussung des wirtschaftlichen Verhaltens des Verbrauchers dahin umschrieben, die Formulierung bezeichne die Anwendung einer Geschäftspraktik, um die Fähigkeit des Verbrauchers, eine informierte Entscheidung zu treffen, spürbar zu beeinträchtigen und damit den Verbraucher zu einer geschäftlichen Entscheidung zu veranlassen, die er andernfalls nicht getroffen hätte. Nach den Erwägungsgründen in der Präambel der UGP-RL umfasst der Begriff der irreführenden Geschäftspraktiken auch solche Praktiken, die den Verbraucher durch Täuschung davon abhalten, eine informierte und deshalb effektive Wahl zu treffen. Im Hinblick auf Unterlassungen lege die Richtlinie deshalb eine be- 146

---

[167] Siehe zum Imitationsmarketing als irreführender Produktvermarktung nach Art. 6 Abs. 2 lit. a UGP-RL und zum Verhältnis der Regelung zu dem per se-Verbot der Nr. 13 des Anhangs I der UGP-RL *Fezer* GRUR 2009, 451 ff.

[168] → Rn 103, 105.

stimmte Anzahl von **Basisinformationen** fest, die der Verbraucher benötige, um eine informierte geschäftliche Entscheidung treffen zu können.

147 Art. 7 Abs. 3 UGP-RL enthält eine **Medienklausel** zur Berücksichtigung räumlicher oder zeitlicher Beschränkungen eines Kommunikationsmediums.

148 Einen **Beispielskatalog wesentlicher Informationen** normiert Art. 7 Abs. 4 UGP-RL für den Fall der Aufforderung zum Kauf.

149 Nach Art. 7 Abs. 5 UGP-RL, der ausdrücklich von Informationsanforderungen spricht, gelten die **im Gemeinschaftsrecht festgelegten Informationsanforderungen** in Bezug auf kommerzielle Kommunikation einschließlich Werbung oder Marketing als wesentlich.

150 **(5) Informationspflichten der Unternehmen und Informationsrechte der Verbraucher.** Art. 7 UGP-RL ist Ausdruck eines **Paradigmenwechsels** im europäischen Lauterkeitsrecht, dessen Politikansatz ein **Informationsmodell des lauterkeitsrechtlichen Verbraucherschutzes** ist. Die in Art. 7 UGP-RL normierten Informationsanforderungen und Informationspflichten dienen dazu, die Fähigkeit des Verbrauchers, eine informierte Entscheidung zu treffen (Art. 2 lit. e UGP-RL), zu gewährleisten. In der Richtlinie werden eigenständige **Informationspflichten der Unternehmen** konstituiert. Die Vorschrift des Art. 7 Abs. 1 UGP-RL normiert einen **generalklauselartigen Tatbestand der Informationspflichten** von Unternehmen im Geschäftsverkehr mit Verbrauchern. Die Normierung von Informationspflichten der Unternehmen stellt insoweit eine Liberalisierung und Deregulierung des europäischen Lauterkeitsrechts dar, als an die Stelle von Verbotsgrundsätzen sanktionierte Informationspflichten treten. Dieser Theorieansatz entspricht dem europäischen Verbraucherleitbild des informierten und verständigen Marktbürgers. Die Normierung lauterkeitsrechtlicher Sanktionen im unmittelbaren Verbraucherinteresse begründet **Informationsrechte der Verbraucher** im b2c-Geschäftsverkehr.[169]

151 Eine **Informationspflicht im Rechtssinne** des Art. 7 Abs. 1 UGP-RL liegt dann vor, wenn es sich um eine wesentliche Information handelt, die der Verbraucher benötigt, um eine informierte geschäftliche Entscheidung zu treffen. Die **Wesentlichkeit einer Information** für den Verbraucher bestimmt sich nach dem generellen Normzweck der Richtlinie, die Fähigkeit des Verbrauchers zu gewährleisten, eine informierte geschäftliche Entscheidung zu treffen. Für die besondere Fallkonstellation einer Aufforderung zum Kauf fingiert Art. 7 Abs. 4 UGP-RL bestimmte Informationen als wesentlich.

152 Art. 7 Abs. 1 UGP-RL normiert als eine **Generalklausel** das Gebot an Unternehmen, wesentliche Informationen dem Verbraucher nicht vorzuenthalten. Art. 7 Abs. 2 UGP-RL erweitert das Informationsgebot über den Tatbestand des Vorenthaltens hinaus auf die weiteren Tatbestände des Verheimlichens wesentlicher Informationen, des unzureichenden oder nicht rechtzeitigen Bereitstellens wesentlicher Informationen und des Nichtkenntlichmachens des kommerziellen Zwecks der Geschäftspraktik.

153 Das **europäische Informationsmodell** als Regelungsansatz der UGP-RL, die Informationspflichten der Unternehmen und Informationsrechte der Verbraucher begründet, unterscheidet sich von der deliktsrechtlichen Konzeption einer Begründung von **lauterkeitsrechtlichen Aufklärungspflichten,** die in der höchstrichterlichen Rechtsprechung zur Irreführung durch das Verschweigen einer Tatsache nach § 5 Abs. 2 S. 2 UWG 2004 nur zurückhaltend anerkannt wurden. Die restriktive Rechtspraxis zum Umfang von Aufklärungspflichten, nach der eine Ableitung allgemeiner Informationspflichten zur Verbraucheraufklärung aus dem Irreführungsverbot abgelehnt wurde, bestätigt die „Regenwaldprojekt"-Rechtsprechung des BGH aus dem Jahre 2006,[170] auch wenn der BGH zutreffend von dem Grundsatz der Zulässigkeit der **Sponsoringwerbung** ausgeht und die ablehnen-

---

[169] Zum Informationsgebot der UGP-RL als ein subjektives Verbraucherrecht ausführlich *Fezer* WRP 2007, 1021 ff; siehe schon *Fezer* WuW 2002, 217; ausdrücklich zustimmend zur Umsetzung der UGP-RL durch die UWG-Novelle 2007 in das österreichische UWG *Schuhmacher* wbl 2007, 557, 563; siehe auch *ders.* FS Koppensteiner 2006 S. 139 ff; *Körber/Heinlein* WRP 2009, 780.

[170] BGH GRUR 2007, 247 – Regenwaldprojekt I; siehe dazu *Fezer* WRP 2007, 1021, 1025 f.

de Haltung der höchstrichterlichen Rechtsprechung gegenüber der Umweltwerbung überwindet.[171] Zur Beurteilung eines Verstoßes gegen das Irreführungsverbot nach § 5 UWG 2004 bei einer Verknüpfung des Produktabsatzes mit dem Versprechen einer Sponsoringleistung geht der BGH von der Entscheidung des Reformgesetzgebers des UWG 2004 aus, der sich ausdrücklich gegen ein allgemeines Transparenzgebot entschieden habe. Der Gesetzgeber[172] habe Informationspflichten vielmehr nur bei Verkaufsförderungsmaßnahmen und Preisausschreiben oder Gewinnspielen in § 4 Nr. 4 und 5 UWG 2004 vorgesehen und in § 5 Abs. 2 S. 2 UWG 2004 nur anerkannt, dass das Verschweigen einer Tatsache irreführend sein könne. Erst wenn die Werbung konkrete, für die Kaufentscheidung relevante, irrige Vorstellungen hervorrufe, ergebe sich aus dem Irreführungsverbot eine Verpflichtung des werbenden Unternehmens zu aufklärenden Hinweisen.

Die restriktive Haltung der höchstrichterlichen Rechtsprechung gegenüber der Begründung von lauterkeitsrechtlichen Aufklärungspflichten bestätigt eindrucksvoll, dass in der Tradition der deliktsrechtlichen Konzeption des Irreführungsverbots die lauterkeitsrechtliche Statuierung allgemeiner Informationspflichten zur Verbraucheraufklärung oder gar eines allgemeinen Informationsgebots an die werbenden Unternehmen methodisch im Wege des Richterrechts nicht als zulässig erachtet wurde. Die deliktsrechtliche Konzeption der Irreführung durch Unterlassen im Sinne des Verschweigens einer Tatsache stellte keine Rechtsgrundlage zur Konstituierung von umfassenden Informationspflichten zur Verbraucheraufklärung dar. Das Informationsmodell des Art. 7 UGP-RL geht von einem anderen Regelungsansatz aus. 154

(6) Professionelle Informationsverarbeitung, normatives Modell des verständigen Marktbürgers und information overkill. Der gegen ein Informationsgebot von manchen vorgetragene Einwand, die Vielzahl der Informationen überfordere und verunsichere den Verbraucher, und eine Folge der Informationsflut sei eine kontraproduktive Informationsübersättigung des Verbrauchers (information overkill), verkennt die **Steuerungsfunktion des Informationsparadigmas** im Marktwettbewerb. Es geht nicht darum, dass der einzelne Verbraucher die Gesamtheit der Informationen wahrnimmt und verarbeitet. Ausgangspunkt des **normativen Verbraucherleitbildes** ist es, dass für den Verbraucher zumutbare Möglichkeiten der Informationsbeschaffung bestehen, aus deren Informationsgehalt sich der mündige Marktbürger als ein verständiger Verbraucher ableitet. Es ist Aufgabe der Profession der Verbraucher (Verbraucherverbände, Verbraucherzentralen, Stiftung Warentest, Presse und allgemeine Medien), die **von den Unternehmen vorgehaltenen und zumutbar zugänglichen Informationen** zu sammeln, zu sichten, auszuwerten und dem Verbraucher zu berichten. In der UGP-RL wird der Paradigmenwechsel zu einem Informationsmodell des lauterkeitsrechtlichen Verbraucherschutzes vollzogen, wie er sich schon innerhalb der europäischen Rechtspolitik vor Inkrafttreten des UWG 2004 abzeichnete.[173] 155

ee) Das Verbot aggressiver Geschäftspraktiken nach den Artt. 8 und 9 UGP-RL. Das Verbot der aggressiven Geschäftspraktiken in den Artt. 8 und 9 UGP-RL regelt die Mittel der **Belästigung**, der **Nötigung,** einschließlich der Anwendung **körperlicher Gewalt**, und die unzulässige **Beeinflussung.** Nach Art. 8 UGP-RL bezweckt das Verbot der aggressiven Geschäftspraktiken, die Entscheidungs- oder Verhaltensfreiheit des Durchschnittsverbrauchers vor einer **erheblichen** Beeinträchtigung zu schützen. In der Präambel der UGP-RL wird von einer **wesentlichen** Beeinträchtigung der Wahlfreiheit des Verbrauchers gesprochen.[174] 156

Art. 9 lit. a bis e UGP-RL beschreibt **Umstände und Verhaltensweisen,** auf die bei der Feststellung der aggressiven Mittel abzustellen ist. 157

---

[171] Zur Zulässigkeit der Umweltwerbung siehe schon *Fezer* JZ 1992, 443 ff; *Federhoff-Rink* Umweltschutz und Wettbewerbsrecht im europäischen Binnenmarkt 1994.

[172] Siehe dazu die ablehnenden Äußerungen in der Gesetzesbegründung UWG 2004 BT-Drucks. 15/1487 S. 20.

[173] → Rn 103, 105.

[174] So ausdrücklich Erwägungsgrund 16 der Präambel der UGP-RL ABl. EG Nr. L 149 S. 25.

158 **ff) Schlussbestimmungen.** Kapitel 4 der UGP-RL enthält die **Schlussbestimmungen.** Art. 11 UGP-RL verpflichtet die Mitgliedstaaten, geeignete und wirksame Mittel zur Bekämpfung unlauterer Geschäftspraktiken vorzusehen, um die Einhaltung der Richtlinie durchzusetzen. Nach Art. 13 S. 1 UGP-RL ist es Sache der Mitgliedstaaten, die **Sanktionen** festzulegen, die bei Verstößen gegen die nationalen Vorschriften zur Umsetzung der UGP-RL anzuwenden sind, und alle geeigneten Maßnahmen, um die Durchsetzung der UGP-RL sicherzustellen, zu treffen. Art. 13 S. 2 UGP-RL formuliert ausdrücklich die im europäischen Richtlinienrecht allgemein geltende **Wirksamkeitsmaxime.** Die von den Mitgliedstaaten festzulegenden Sanktionen müssen **wirksam**, **verhältnismäßig** und **abschreckend** sein.

159 Die Artt. 14ff UGP-RL enthalten solche Regelungen, die sich als **Folgeänderungen** aus der Normierung des verbraucherbezogenen Lauterkeitsrechts der UGP-RL ergeben.

3. Vorrangige Rechtsvorschriften der Gemeinschaft und der Mitgliedstaaten

160 Art. 3 UGP-RL regelt den **Anwendungsbereich** des gemeinschaftsrechtlichen Verbots unlauterer Geschäftspraktiken. Nach Art. 3 Abs. 3 UGP-RL bleiben bestimmte Rechtsvorschriften der Gemeinschaft oder der Mitgliedstaaten von den Vorschriften der UGP-RL unberührt. Nach Art. 3 Abs. 4 UGP-RL besteht bei bestimmten Kollisionen von Bestimmungen der UGP-RL mit anderen Rechtsvorschriften der Gemeinschaft ein Vorrang dieser besondere Aspekte regelnden Rechtsvorschriften, die für diese besonderen Aspekte maßgebend sind.

161 **a) Rechtsvorschriften in Bezug auf die Gesundheits- und Sicherheitsaspekte von Produkten (Art. 3 Abs. 3 UGP-RL).** Nach Art. 3 Abs. 3 UGP-RL gilt die Richtlinie nicht für Rechtsvorschriften der Gemeinschaft oder der Mitgliedstaaten, die sich auf **Gesundheits- oder Sicherheitsaspekte** von Waren oder Dienstleistungen beziehen; diese Rechtsvorschriften bleiben von der UGP-RL unberührt.

162 **b) Rechtsvorschriften zur Regelung besonderer Aspekte unlauterer Geschäftspraktiken (Art. 3 Abs. 4 UGP-RL).** Wenn Bestimmungen der UGP-RL mit anderen Rechtsvorschriften der Gemeinschaft, die **besondere Aspekte unlauterer Geschäftspraktiken** regeln, kollidieren, dann gehen nach Art. 3 Abs. 4 UGP-RL die besonderen Rechtsvorschriften vor und sind für die besonderen Aspekte maßgebend. Die Regelung der Vorrangigkeit nach Art. 3 Abs. 4 UGP-RL soll sicherstellen, dass die UGP-RL insbesondere in Fällen, in denen Einzelvorschriften über unlautere Geschäftspraktiken in speziellen Sektoren anwendbar sind, auf das geltende Gemeinschaftsrecht abgestimmt werden.[175] Die UGP-RL gilt deshalb nur insoweit, als keine spezifischen Vorschriften des Gemeinschaftsrechts vorliegen, die spezielle Aspekte unlauterer Geschäftspraktiken regeln, wie etwa **Informationsanforderungen** oder Regeln darüber, wie **dem Verbraucher Informationen zu vermitteln** sind. Die UGP-RL bietet den Verbrauchern in den Fällen Schutz, in denen es keine spezifischen sektoralen Vorschriften auf Gemeinschaftsebene gibt, und untersagt es Gewerbetreibenden, eine Fehlvorstellung von der Art ihrer Produkte zu wecken. Nach den Erwägungsgründen der Richtlinie wird dies für besonders wichtig bei komplexen Produkten mit einem hohen Risikograd für die Verbraucher, wie etwa bestimmten **Finanzdienstleistungen,** gehalten.

163 Nach der Gesetzesbegründung zur Umsetzung der UGP-RL zählen zu solchen vorrangigen gemeinschaftsrechtlichen Rechtsakten, die besondere Aspekte unlauterer geschäftlicher Handlungen regeln, namentlich die folgenden Richtlinien.[176] (1) Richtlinie 2006/114/EG des Europäischen Parlaments und des Rates vom 12. Dezember 2006 über irreführende und vergleichende Werbung (kodifizierte Fassung), ABl. EG Nr. L 376 S. 21. (2) Richtlinie 97/7/EG des Europäischen Parlaments und des Rates vom 20. Mai 1997

[175] Siehe dazu Erwägungsgrund 10 der UGP-RL ABl. EG Nr. L 149, S. 23f.
[176] Gesetzesbegründung UWG 2008 BT-Drucks. 16/10145 S. 21f.

über den Verbraucherschutz bei Vertragsabschlüssen im Fernabsatz, ABl. EG Nr. L 144 S. 19; (3) Richtlinie 98/27/EG des Europäischen Parlaments und des Rates vom 19. Mai 1998 über Unterlassungsklagen zum Schutz der Verbraucherinteressen, ABl. EG Nr. L 166 S. 51; (4) Richtlinie 2002/65/EG des Europäischen Parlaments und des Rates vom 23. September 2002 über den Fernabsatz von Finanzdienstleistungen an Verbraucher und zur Änderung der Richtlinie 90/619/EWG des Rates und der Richtlinien 97/7/EG und 98/27/EG, ABl. EG Nr. L 271 S. 16; (5) Richtlinie 89/552/EWG des Europäischen Parlaments und des Rates vom 3. Oktober 1989 zur Koordinierung bestimmter Rechts- und Verwaltungsvorschriften der Mitgliedstaaten über die Bereitstellung audiovisueller Mediendienste (Richtlinie über audiovisuelle Mediendienste), ABl. EG Nr. L 332 S. 27.

Spezielle Aspekte unlauterer geschäftlicher Handlungen regeln auch verschiedene vertragsbezogene Richtlinien. (1) Richtlinie 2008/48/EG des Europäischen Parlaments und des Rates vom 23. April 2008 über Verbraucherkreditverträge und zur Aufhebung der Richtlinie 87/102/EWG des Rates, ABl. EU Nr. L 133 S. 66; (2) Richtlinie 90/314/EWG des Rates vom 13. Juni 1990 über Pauschalreisen, ABl. EG Nr. L 158 S. 59; (3) Richtlinie 94/47/EG des Europäischen Parlaments und des Rates vom 26. Oktober 1994 zum Schutz der Erwerber im Hinblick auf bestimmte Aspekte von Verträgen über den Erwerb von Teilzeitnutzungsrechten an Immobilien, ABl. EG Nr. L 280 S. 83; (4) Richtlinie 1999/44/EG des Europäischen Parlaments und des Rates vom 25. Mai 1999 zu bestimmten Aspekten des Verbrauchsgüterkaufs und der Garantien für Verbrauchsgüter, ABl. EG Nr. L 171 S. 12; (5) Richtlinie 2000/31/EG des Europäischen Parlaments und des Rates vom 8. Juni 2000 über bestimmte rechtliche Aspekte der Dienste der Informationsgesellschaft, insbesondere des elektronischen Geschäftsverkehrs, im Binnenmarkt (Richtlinie über den elektronischen Geschäftsverkehr), ABl. EG Nr. L 178 S. 1; (6) Richtlinie 2002/58/EG des Europäischen Parlaments und des Rates vom 12. Juli 2002 über die Verarbeitung personenbezogener Daten und den Schutz der Privatsphäre in der elektronischen Kommunikation (Datenschutzrichtlinie für elektronische Kommunikation), ABl. EG Nr. L 201 S. 37. **164**

Die zur Umsetzung dieser Richtlinien erlassenen innerstaatlichen Rechtsvorschriften waren grundsätzlich beizubehalten. **165**

c) Übergangszeitraum bei einer Umsetzung von Richtlinien mit Mindestangleichungsklauseln (Art. 3 Abs. 5 UGP-RL). Nach Art. 3 Abs. 5 können die Mitgliedstaaten in dem durch die UGP-RL harmonisierten Bereich für einen Zeitraum von sechs Jahren ab dem 12. Juni 2007 restriktivere oder strengere Vorschriften beibehalten, die sie zur Umsetzung von Richtlinien mit **Mindestangleichungsklauseln** erlassen haben. Im Ergebnis wirkt sich diese Übergangsregelung auf die Umsetzung der UGP-RL nicht aus, weil es im deutschen Recht keine Vorschriften gibt, welche die umzusetzende Richtlinie berühren, über die Mindeststandards der von der europäischen Kommission mitgeteilten Richtlinien hinausgehen und die restriktiver oder strenger sind als die umzusetzende Richtlinie.[177] Da die UGP-RL überprüft werden soll, um sicherzustellen, dass Handelshemmnisse für den Binnenmarkt beseitigt und ein hohes Verbraucherschutzniveau erreicht wurden, kann diese Überprüfung auch zu einem Vorschlag der Kommission zur Änderung der UGP-RL führen, der eine begrenzte Verlängerung der Geltungsdauer der Ausnahmeregelung des Art. 3 Abs. 5 UGP-RL vorsieht.[178] **166**

d) Rechtsvorschriften im Zusammenhang mit Finanzdienstleistungen und Immobilien (Art. 3 Abs. 9 UGP-RL). Nach Art. 3 Abs. 9 können im Zusammenhang mit **Finanzdienstleistungen** im Sinne der Richtlinie 2002/65/EG[179] und im Zusammenhang **167**

---

[177] Gesetzesbegründung UWG 2008 BT-Drucks. 16/10145 S. 23.

[178] Siehe dazu Erwägungsgrund 24 der UGP-RL ABl. EG Nr. L 149, S. 25.

[179] Richtlinie 2002/65/EG vom 23. 9. 2002 über den Fernabsatz von Finanzdienstleistungen an Verbraucher und zur Änderung der Richtlinie 90/619/EWG des Rates und der Richtlinien 97/7/EG und 98/27/EG, ABl. EG Nr. L 271 S. 16.

mit **Immobilien** die Mitgliedstaaten Anforderungen stellen, die im Vergleich zu dem durch die UGP-RL angeglichenen Bereich restriktiver und strenger sind. Wegen der Komplexität der Finanzdienstleistungen und Immobilien und der diesen Produkten inhärenten ernsten Risiken kann erforderlich sein, dass im Recht der Mitgliedstaaten detaillierte Anforderungen an die betreffenden Unternehmen gestellt werden und ihnen positive Verpflichtungen auferlegt werden. Soweit auf dem Gebiet der Finanzdienstleistungen und Immobilien das Recht der Mitgliedstaaten zum Schutz der wirtschaftlichen Interessen der Verbraucher über die Regelungen der UGP-RL hinausgeht, bleiben diese Vorschriften von der Richtlinie unberührt.[180]

III. Das Gesetz gegen den unlauteren Wettbewerb in der Fassung vom 22. Dezember 2008

1. Umsetzung der UGP-RL durch das Erste Gesetz zur Änderung des Gesetzes gegen den unlauteren Wettbewerb vom 22. Dezember 2008

168 **a) Umsetzungsfrist der UGP-RL und Inkrafttreten des UWG 2008.** Das Erste Gesetz zur Änderung des Gesetzes gegen den unlauteren Wettbewerb vom 22. Dezember 2008[181] diente der **Umsetzung der Richtlinie 2005/29/EG** des Europäischen Parlaments und des Rates vom 11. Mai 2005 über unlautere Geschäftspraktiken im binnenmarktinternen Geschäftsverkehr zwischen Unternehmen und Verbrauchern und zur Änderung der Richtlinie 84/450/EWG des Rates, der Richtlinien 97/7/EG, 98/27/EG und 2002/65/EG des Europäischen Parlaments und des Rates sowie der Verordnung (EG) Nr. 2006/2004 des Europäischen Parlaments und des Rates (Richtlinie über unlautere Geschäftspraktiken).[182]

169 Nach Art. 19 Abs. 1 S. 1 UGP-RL endete die Frist zur Umsetzung der Richtlinie über unlautere Geschäftspraktiken am 12. Juni 2007. Die Mitgliedstaaten waren nach Art. 19 Abs. 2 S. 1 UGP-RL verpflichtet, das Richtlinienrecht nach sechs Monaten ab dem 12. Dezember 2007 anzuwenden. Nach Art. 3 Abs. 5 UGP-RL besteht eine sechsjährige Übergangsfrist für strengeres Lauterkeitsrecht in den Mitgliedstaaten. Nach dem Ersten Gesetz zur Änderung des Gesetzes gegen den unlauteren Wettbewerb vom 22. Dezember 2008 ist die Änderung des UWG in der Fassung vom 3. Juli 2004 am 30. Dezember 2008 in Kraft getreten.

170 **b) Lauterkeitsrechtlicher Verbraucherschutz im b2 c-Geschäftsverkehr als Telos der UGP-RL.** Die UGP-RL geht sowohl **gesetzestechnisch formal** als auch **rechtsinhaltlich konzeptionell** einen anderen Weg als das nationale Lauterkeitsrecht des UWG 2004.[183] Regelungsgegenstand der UGP-RL ist ein **originärer Verbraucherschutz durch Lauterkeitsrecht** im b2c-Geschäftsverkehr. Das Gebot einer richtlinienkonformen und richtlinienoptimierenden Auslegung als das Instrument zur Realisierung des gemeinschaftsrechtlichen Geltungsanspruchs verlangt, die Politik und den Geist des europäischen Lauterkeitsrechts innerhalb der mitgliedstaatlichen Lauterkeitsrechtsordnungen anzunehmen. Der Rechtsinhalt der UGP-RL gilt 1:1 als nationales Lauterkeitsrecht, und zwar unabhängig von der Art und Weise der mitgliedstaatlichen Umsetzung. Nach der Umsetzung der UGP-RL ist bei der Rechtsanwendung des UWG 2008 geboten, von der europäischen Lauterkeitsrechtskonzeption der UGP-RL bei der Auslegung der Vorschriften des UWG 2008 auszugehen, die Schutzrichtung eines unmittelbaren Verbraucherschutzes im b2c-Geschäftsverkehr im Sinne einer Auslegungsdirektive zu realisieren und innerhalb des verbraucherbezogenen Lauterkeitsrechts des UWG 2008 sich der konkreten Ausgestaltung der lauterkeitsrechtlichen Verbotstatbestände in der UGP-RL zu vergewissern.

---

[180] Siehe dazu Erwägungsgrund 9 der UGP-RL ABl. EG Nr. L 149, S. 23.
[181] BGBl. I S. 2949.
[182] ABl. EG Nr. L 149 S. 22; zur UGP-RL → Rn 90 ff.
[183] Siehe ausführlich zur Systematik und zum Regelungsinhalt der UGP-RL → Rn 107 ff.

2. Rechtssystematik und Regelungsinhalt des UWG 2008

a) Die Abwehrhaltung des Gesetzgebers gegenüber der europäischen Verbraucherschutzkonzeption bei der Umsetzung der UGP-RL. Bei der Umsetzung der UGP-RL durch ein Erstes Änderungsgesetz zum UWG im Jahre 2008 geht der Gesetzgeber davon aus, er habe aus Anlass der UWG-Reform des Jahres 2004 im Vorgriff auf den Erlass der Richtlinie über unlautere Geschäftspraktiken bereits einen großen Teil der Richtlinienvorschriften umgesetzt. Da der Gesetzgeber bei der Reform des UWG im Jahre 2004 bereits die damals zu erwartenden gemeinschaftsrechtlichen Vorgaben berücksichtigt habe, weiche das UWG 2004 nur insoweit und zum Teil von der UGP-RL ab, als diese erst nach dem Erlass des UWG 2004 verabschiedet worden sei.[184] Auch wenn als eine Folge der Gesetzesberatungen eine sprachliche Umsetzung der UGP-RL im Wortlaut des Gesetzestextes zumindest in der Art und Weise erfolgt ist, dass einer richtlinienkonformen Auslegung und damit einer Realisierung der europäischen Lauterkeitsrechtskonzeption Rechnung getragen werden kann, so bleibt doch die zurückhaltende Skepsis und gar ablehnende Haltung in der Gesetzesbegründung gegenüber der Konzeption eines originären Verbraucherschutzes durch Lauterkeitsrecht aufrechterhalten, die schon die UWG-Reform des Jahres 2004 mitbestimmte. 171

Auch wenn nach allgemeiner Übereinstimmung der deutsche Gesetzgeber daran festhalten konnte, die speziell das Lauterkeitsrecht betreffenden Vorschriften des **Mitbewerberschutzes** und des **Verbraucherschutzes** in einem einheitlichen Gesetz zusammenzufassen, so wird diese Rechtstechnik des Gesetzgebers, die nicht zu beanstanden ist, in der Gesetzesbegründung rechtsinhaltlich interpretiert. Es wird ausgeführt, der **integrierte Ansatz** trage dem Umstand Rechnung, dass das **Verhalten von Unternehmen am Markt im Prinzip unteilbar** sei. Schon diese Formulierung eines integrierten Ansatzes verweist auf das Integrationsmodell der Schutzzwecktrias, die als rechtsinhaltlicher Auslegungskanon in der Gesetzesbegründung der UWG-Reform des Jahres 2004 schon der Schutzzweckbestimmung des § 1 UWG 2004 unterlegt wurde; entgegen der konträren Schutzkonzeption der UGP-RL wird in der Gesetzesbegründung des UWG 2008 die Fortgeltung der Schutzzwecktrias suggeriert. Noch wesentlicher sind die weiteren Ausführungen in der Gesetzesbegründung, die eindeutig der Konzeption der UGP-RL, die ausschließlich das verbraucherbezogene Lauterkeitsrecht im b2c-Geschäftsverkehr regelt, widersprechen. Innerhalb des Anwendungsbereichs der UGP-RL wird die Unlauterkeit des Marktverhaltens eines Unternehmens konstitutiv nach den unmittelbaren Verbraucherinteressen rechtsinhaltlich beurteilt. Die Aussage in der Gesetzesbegründung, durch ein unlauteres Verhalten würden Verbraucher und Mitbewerber im Regelfall gleichermaßen geschädigt, mag empirisch so feststellbar sein. Der **empirische Befund** hat allerdings nichts damit zu tun, aus welchen **Rechtsgründen** der europäische Richtliniengeber verbindlich die Unlauterkeit des Marktverhaltens eines Unternehmens gegenüber einem Verbraucher normativ als gegeben erachtet. 172

Das verbraucherbezogene und das mitbewerberbezogene Lauterkeitsrecht im UWG 2008 stellen ausschließlich eine **rechtsformale Gesetzeseinheit,** nicht aber eine **materiellrechtliche Rechtseinheit** des Lauterkeitsrechts dar. Die rechtsinhaltliche Zweiteilung des Lauterkeitsrechts in den b2c-Geschäftsverkehr und den b2b-Geschäftsverkehr verlangt, den **Vorrang der Verbraucherinteressen** im harmonisierten Lauterkeitsrecht der UGP-RL als **Auslegungsdirektive** bei der Normanwendung der lauterkeitsrechtlichen Verbotstatbestände des b2c-Geschäftsverkehrs anzuerkennen. Die Aussage in der Gesetzesbegründung, sowohl Verbraucher als auch Mitbewerber erwarteten die Einhaltung bestimmter Regeln der Lauterkeit im Geschäftsverkehr, stellt eine Selbstverständlichkeit und kein Gegenargument gegen den originären Verbraucherschutz durch Lauterkeitsrecht dar. Die weitere Aussage, diese Regeln sollten – möglichst durch denselben Rechtsakt – sowohl Ver- 173

[184] Begründung zum Gesetzentwurf der Bundesregierung BT-Drucks. 16/10145 vom 20. 8. 2008 S. 15f.

braucher als auch Mitbewerber vor unlauterem Marktverhalten schützen, ist hinsichtlich des Postulats, Schutzinstrument solle derselbe Rechtsakt sein, unbegründet und unhaltbar.

174 Die Verweigerungshaltung des Gesetzgebers gegenüber einer rechtsinhaltlichen Umsetzung der UGP-RL wird in der Gesetzesbegründung zur **Umsetzung des Zweckartikels** des Art. 1 UGP-RL anschaulich. In der Gesetzesbegründung wird ausgeführt, der in Art. 1 UGP-RL normierte Schutzzweck werde von der Schutzzweckbestimmung des § 1 UWG 2004 bereits mitumfasst. Da § 1 UWG 2004 den Schutz von Verbraucherinnen und Verbrauchern vor unlauterem Wettbewerb ausdrücklich nenne, liege bereits eine richtlinienkonforme Schutzzweckbestimmung vor. Dabei sei unschädlich, dass das UWG darüber hinaus auch Mitbewerber, sonstige Marktteilnehmer und gewisse Interessen der Allgemeinheit schütze. Denn der insoweit weitere Schutzbereich des UWG sei nicht Regelungsgegenstand der UGP-RL; für den Bereich des Mitbewerberschutzes und des Schutzes der Allgemeinheit enthalte die UGP-RL keine Vorgaben.[185] Gesetzestechnisch formal ist die Aussage der Gesetzesbegründung zutreffend, da der in § 1 S. 1 UWG 2004 formulierte Dualismus der Schutzzwecke eine rechtsinhaltliche Auslegung im Sinne der Schutzrechtskonzeption der UGP-RL zulässt. Im Schrifttum wird diese Art und Weise der Umsetzungspraxis weithin rechtsinhaltlich dahin instrumentalisiert, als bestehe eine lauterkeitsrechtliche Kontinuität, ausgehend von den zum UWG 1909 in der Rechtswissenschaft und höchstrichterlichen Rechtsprechung entwickelten Fallgruppen über das in der Schutzzwecktrias zum Ausdruck kommende Rechtsverständnis zu der erstmals in das UWG 2004 eingeführte Schutzzweckbestimmung des § 1 UWG 2004 bis zu der hinsichtlich der Schutzzwecke unveränderten Schutzzweckbestimmung des § 1 UWG 2008. Wenn in Kommentaren[186] das Rechtsverständnis des Lauterkeitsrechts nach der Umsetzung der UGP-RL dahin geht, mit der Aufnahme des Verbraucherschutzes in die Schutzzweckbestimmung des § 1 UWG 2004 sei schon keine inhaltliche Neuausrichtung des Lauterkeitsrechts verbunden gewesen, und wenn die Regelbeispiele des § 4 Nr. 1 bis 11 UWG 2004/2008 im Wesentlichen als eine Kodifikation der höchstrichterlichen Rechtsprechung und der im Schrifttum anerkannten Fallgruppen dargestellt werden, die den auslegungsbedürftigen Rechtsinhalt der Normzweckklausel des § 1 UWG 2008 als wichtige Anhaltspunkte mitbestimmen, und wenn zugleich die Gesetzesänderung des § 1 UWG 2008 gegenüber § 1 UWG 2004 auf die Normerweiterung durch den Begriff der geschäftlichen Handlung beschränkt wird, dann bleiben von der europäischen Schutzrechtskonzeption eines lauterkeitsrechtlichen Verbraucherschutzes nur noch Marginalien übrig.

175 **b) Fallbeispiel zur Trennung des verbraucherbezogenen und mitbewerberbezogenen Lauterkeitsschutzes. aa) Irreführende Produktvermarktung nach Art. 6 Abs. 1 lit. a UGP-RL und § 5 Abs. 2 UWG 2008.** Die Notwendigkeit und Sachgerechtigkeit einer rechtsinhaltlichen **Zweiteilung des Lauterkeitsrechts** in den b2c-Geschäftsverkehr und den b2b-Geschäftsverkehr und den damit verbundenen Vorrang der Verbraucherinteressen im harmonisierten Lauterkeitsrecht der UGP-RL als Auslegungsdirektive ist an einem **Beispiel** zu erläutern. Gegenstand der **irreführenden Produktvermarktung** nach Art. 6 Abs. 2 lit. a UGP-RL und nach § 5 Abs. 2 UWG 2008 ist das Produktimitationsmarketing und das Kennzeichenimitationsmarketing als die beiden bedeutsamen Fallkonstellationen des allgemeinen Imitationsmarketings; Gegenstand der Fallkonstellation des Imitationsmarketings nach Nr. 13 des Anhangs I der UGP-RL und in richtlinienkonformer Auslegung der Nr. 13 des Anhangs zu § 3 Abs. 3 UWG 2008 ist zudem eine kommerzielle Kommunikationsstrategie im Sinne einer irreführenden Produktvermarktung.[187]

176 **bb) Kontroverser Diskurs im Gesetzgebungsverfahren zur Umsetzung der UGP-RL.** Im **Gesetzgebungsverfahren** zur Umsetzung der UGP-RL bestand zunächst die Absicht, die Regelung des Art. 6 Abs. 2 lit. a UGP-RL nicht ausdrücklich umzusetzen.

---

[185] Begründung zum Gesetzentwurf der Bundesregierung BT-Drucks. 16/10145 vom 20. 8. 2008 S. 16.
[186] In diesem Sinne etwa Hefermehl/*Köhler*/Bornkamm § 1 UWG Rn 2, 8.
[187] Siehe zum Imitationsmarketing als irreführender Produktvermarktung *Fezer* GRUR 2009, 451 ff.

Im **Referentenentwurf**[188] war innerhalb des Verbots der irreführenden Werbung nach § 5 UWG 2004 noch keine entsprechende Regelung vorgesehen. Die Begründung ging dahin, Art. 6 Abs. 2 lit. a UGP-RL stelle eine Fallkonstellation der Täuschung über die betriebliche Herkunft eines Produkts dar; der Gesetzestext des § 5 Abs. 2 Nr. 1 UWG 2004 bedürfe keiner Anpassung an Art. 6 Abs. 2 lit. a UGP-RL. Im Anschluss an das „shell.de"-Urteil des BGH[189] wurde im Sinne der Vorrangthese davon ausgegangen, das lauterkeitsrechtliche Irreführungsverbot werde im Regelfall durch den im MarkenG vorgesehene kennzeichenrechtlichen Schutz verdrängt. Bei der Beurteilung einer Irreführung nach § 5 Abs. 2 Nr. 1 UWG 2004 seien auch Angaben über die Merkmale der Waren oder Dienstleistungen zu berücksichtigen, wozu auch die betriebliche Herkunft zähle. Die Vorschrift des § 5 Abs. 2 Nr. 1 UWG 2004 stehe deshalb in Konkurrenz zu den Rechten, die dem Inhaber einer Marke oder Unternehmensbezeichnung im Falle der Verletzung dieser Rechte nach den §§ 12 BGB und 14, 15 MarkenG zustünden. Der Grund liege darin, dass Marken und Unternehmensbezeichnungen nach der Verkehrsauffassung als ein Hinweis auf die betriebliche Herkunft verstanden würden. Wettbewerbsrechtliche Ansprüche kämen nur dann in Betracht, wenn das Kennzeichen über den Hinweis auf die betriebliche Herkunft hinaus weitere Informationen transportiere, dass heißt, wenn die Herkunftsangabe nicht nur identifiziere, sondern darüber hinaus besondere Gütevorstellungen erwecke, die der Verkehr mit der fraglichen Bezeichnung verbinde. Dahinter stehe die Erwägung, dass in einem solchen Fall nicht nur das Individualinteresse des Inhabers verletzt werde, sondern auch das Allgemeininteresse, insbesondere das Interesse der Verbraucher, die mit dem Kennzeichen eine Vorstellung besonderer Güte verbänden.

Auch in den ersten **Stellungnahmen** zur Umsetzung des Art. 6 Abs. 2 lit. a UGP-RL 177
wurde weithin der originäre Regelungsgegenstand des lauterkeitsrechtlichen Verbraucherschutzes verkannt und die Entbehrlichkeit einer Umsetzung des Richtlinienrechts überwiegend mit einem Verweis auf die kennzeichenrechtlichen Schutztatbestände des MarkenG, den mitbewerberbezogenen Leistungsschutz nach § 4 Nr. 9 lit. a UWG 2004 und das allgemeine Verbot der Irreführung über die betriebliche Herkunft nach § 5 Abs. 1 S. 2 Nr. 1 UWG zu begründen versucht.[190]

Die nachhaltige **Kritik an einer solchen Bagatellisierung des verbraucherschüt-** 178
zenden Lauterkeitstatbestands der irreführenden Produktvermarktung, die im Schrifttum[191] und auch von der Europäischen Kommission an dem Referentenentwurf geübt wurde, veranlasste den Gesetzgeber zu der ausdrücklichen Umsetzung des Art. 6 Abs. 2 lit. a UGP-RL in § 5 Abs. 2 UWG 2008. Wenn in der Begründung des Referentenentwurfes Art. 6 Abs. 2 lit. a UGP-RL noch dahin umschrieben wurde, es handele sich der Sache nach um Fälle einer Täuschung über die betriebliche Herkunft, so wird in der Begründung zum **Gesetzentwurf** der Bundesregierung vom 20. August 2008[192] das Verhältnis der Regelung der UGP-RL zum UWG dahin umschrieben, das geltende Recht des UWG 2004 enthalte verwandte Vorschriften zum einen in § 4 Nr. 9 lit. a UWG und zum anderen in § 5 Abs. 2 Nr. 1 UWG. Der Regelungsgehalt des § 4 Nr. 9 UWG werde von Art. 6 Abs. 2 lit. a UGP-RL nicht berührt. Denn die Richtlinie betreffe die Irreführung der Verbraucher, die mit der Verwechslung von Waren oder Dienstleistungen oder diesbe-

188 Referentenentwurf vom 27. 7. 2007, Erstes Gesetz zur Änderung des Gesetzes gegen den unlauteren Wettbewerb S. 29 ff.

189 BGHZ 149, 191, 195 f – shell.de.

190 Siehe dazu nur *Glöckner/Henning-Bodewig* WRP 2005, 1311, 1331, nach denen es einer expliziten Umsetzung nicht bedürfe und diese auch nicht zweckmäßig sei; *Köhler* GRUR 2007, 548, 551, der eine integrierte Umsetzung innerhalb des Tatbestands des wettbewerbsrechtlichen Leistungsschutzes nach § 4 Nr. 9 lit. a UWG 2004 als einer Fallkonstellation der vermeidbaren Abnehmertäuschung über die betriebliche Herkunft vorschlug; siehe dazu *Ohly* GRUR 2007, 731, 740; zurückhaltender *Seichter* WRP 2005, 1087, 1092, der zumindest im Interesse der Rechtssicherheit eine Richtlinienumsetzung zur Klarstellung verlangte.

191 *Fezer* MarkenR 2006, 511.

192 Begründung zum Gesetzentwurf der Bundesregierung BT-Drucks. 16/10 145 vom 20. 8. 2008 S. 16.

züglicher Kennzeichen einhergehen könne. Aspekte des Leistungsschutzes enthalte die Regelung der Richtlinie hingegen nicht. Damit liege § 4 Nr. 9 UWG außerhalb des Anwendungsbereichs der Richtlinie, weshalb diese Vorschrift unverändert bleiben könne. Zur Vorrangthese wird nunmehr ausgeführt, Art. 6 Abs. 2 lit. a UGP-RL sehe einen Vorrang zugunsten des Markenrechts nicht vor. Es sei zweifelhaft, ob diese Bestimmung ausschließlich Fallkonstellationen betreffe, bei denen über den Hinweis auf die betriebliche Herkunft hinaus weitere Informationen vermittelt würden. Es bleibe der Rechtsprechung überlassen, das Verhältnis zwischen kennzeichenrechtlichen und lauterkeitsrechtlichen Ansprüchen im Lichte der Neufassung des Gesetzes weiter zu konkretisieren.

179 Trotz der Kritik in der **Stellungnahme des Bundesrates** an diesen Ausführungen in der Gesetzesbegründung zum Verhältnis des Art. 6 Abs. 2 lit. a UGP-RL zur Vorrangthese der höchstrichterlichen Rechtsprechung wurde die im Gesetzentwurf der Bundesregierung vorgeschlagene Regelung des § 5 Abs. 2 UWG, wie vorgesehen, verabschiedet. Der Bundesrat hatte zutreffend erkannt, dass der Gesetzgeber nunmehr anders als zuvor im Referentenentwurf die Notwendigkeit einer Umsetzung von Art. 6 Abs. 2 lit. a UGP-RL in einer eigenen Vorschrift bejahte, da er offensichtlich die bestehenden Regelungen als nicht mehr ausreichend ansehe. Das Petitum des Bundesrats ging dahin, dann solle der Gesetzgeber dieses Verhältnis aber auch zum Ausdruck bringen. Es bestehe ansonsten die Gefahr – oder genauer formuliert: die zwingende (und begrüßenswerte) Folge –, dass die Fassung des neuen § 5 Abs. 2 UWG dahin verstanden werden könne, dass der nach bisherigem Recht von der Rechtsprechung grundsätzlich anerkannte Vorrang des Kennzeichenrechts nicht mehr gelten solle. Auch dazu sollte sich der Gesetzgeber, wenn er eine Neufassung vornehme, äußern.

180 Diese Diskussion innerhalb der Verfassungsorgane macht anschaulich, dass im Gesetzgebungsverfahren schlussendlich davon ausgegangen wurde, dass eine Täuschung über die betriebliche Herkunft kein zwingendes Tatbestandsmerkmal einer Anwendung des Art. 6 Abs. 2 lit. a UGP-RL und dessen Umsetzung in § 5 Abs. 2 UWG darstellt.

181 Der Reformgesetzgeber wählte allerdings eine abweichende **sprachliche Fassung** gegenüber dem Richtlinientext, nach dem eine Geschäftspraktik als irreführend „gilt", wenn die tatbestandlichen Voraussetzungen erfüllt sind. Nach ersten Formulierungsvarianten im Gesetzgebungsverfahren zum UWG 2008 und zur Umsetzung des Art. 6 Abs. 2 lit. a UGP-RL, die einer Aufweichung der Fiktion oder der unwiderlegbaren Vermutung einer Irreführung Vorschub geleistet hätten, entschloss sich der Gesetzgeber nach der Kritik sowohl auf nationaler als auch auf europäischer Ebene an dem Text des Umsetzungsvorschlags zu dem klarstellenden Gesetzeswortlaut in § 5 Abs. 2 UWG 2008: „Eine geschäftliche Handlung ist auch irreführend, wenn …". Diese sprachliche Fassung ist richtlinienkonform im Sinne der **Irreführungsfiktion** oder der **unwiderlegbaren Vermutung einer Irreführung** auszulegen und bedeutet der Sache nach keinen Unterschied zum Richtlinienrecht.

182 Es ist eine wesentliche Folge der richtlinienadäquaten Umsetzung des § 5 Abs. 2 UWG 2008, dass die Auslegung dieses originären Verbraucherschutztatbestandes des Lauterkeitsrechts nicht an den kennzeichenrechtlichen und mitbewerberbezogenen Topoi einer Irreführung über die betriebliche Herkunft oder einer vermeidbaren Herkunftstäuschung inhaltlich auszurichten ist. Die Tatbestandsvoraussetzungen der irreführenden Produktvermarktung sind anhand der verbraucherbezogenen Interessen an dem Schutz einer informierten Geschäftsentscheidung des Verbrauchers im b2c-Geschäftsverkehr auszulegen.

183 **cc) Verbraucherbezogener Irreführungsschutz und mitbewerberbezogener Leistungsschutz.** Der Richtlinientatbestand der **irreführenden Produktvermarktung nach § 5 Abs. 2 UWG 2008** stellt originären **Verbraucherschutz** durch Lauterkeitsrecht im b2c-Geschäftsverkehr dar, dessen Auslegung einen Vorrang der Verbraucherinteressen verlangt. Um einen Verbotstatbestand des lauterkeitsrechtlichen **Mitbewerberschutzes** handelt es sich bei dem **Leistungsschutz nach § 4 Nr. 9 UWG 2008,** der als nicht

abschließende Unlauterkeitstatbestände die vermeidbare Herkunftstäuschung (lit. a), die Rufausbeutung und die Rufbeeinträchtigung (lit. b) und das Erschleichen und den Vertrauensbruch (lit. c) kennt. Zweck des lauterkeitsrechtlichen Leistungsschutzes ist der Konkurrentenschutz im b2b-Geschäftsverkehr. Innerhalb des mitbewerberbezogenen Lauterkeitsschutzes besteht bei der Auslegung ein Vorrang der Mitbewerberinteressen. Die Tatbestände des verbraucherbezogenen und des mitbewerberbezogenen Lauterkeitsschutzes sind parallel anzuwenden, da der lauterkeitsrechtliche Leistungsschutz in der UGP-RL nicht geregelt ist. Soweit allerdings ein Lauterkeitstatbestand einen Regelungsgegenstand der UGP-RL darstellt, ist diese Regelung abschließend und als originärer Verbraucherschutz durch Lauterkeitsrecht zu verstehen. Mitbewerberinteressen vermögen den verbraucherrechtlichen Lauterkeitstatbestand weder einzuschränken noch auszudehnen.

c) Gesetzesänderungen im Einzelnen. Es sind an dieser Stelle nur die wesentlichen **184**
Gesetzesänderungen gegenüber dem UWG 2004 zu nennen.

Die in der **Normzweckklausel** des § 1 UWG 2008 vorgenommene Ersetzung der **185**
Wörter „vor unlauterem Wettbewerb" in § 1 S. 1 UWG 2004 durch den Begriff der „unlauteren geschäftlichen Handlungen" in § 1 S. 1 UWG 2008 stellt eine terminologische Anpassung an die Definition des § 2 Nr. 1 UWG 2008 dar, in der der Begriff der Wettbewerbshandlung durch den Begriff der geschäftlichen Handlung ersetzt wurde. Mit dem **Begriff der geschäftlichen Handlung** wird klargestellt, dass die geschäftlichen Handlungen eines Unternehmens gegenüber dem Verbraucher innerhalb des **gesamten Zeitraums vor, während und nach einem Vertragsabschluss** unter den Anwendungsbereich des Lauterkeitsrechts zu subsumieren sind.

In dem **Katalog der Definitionen** des § 2 UWG 2008 werden außer der Ersetzung **186**
des Begriffs der Wettbewerbshandlung durch den Begriff der **geschäftlichen Handlung** in § 2 Nr. 1 UWG 2008, die Begriffe **Verhaltenskodex** (Nr. 5), **Unternehmer** (Nr. 6) und **fachliche Sorgfalt** (Nr. 7) definiert.

Die **Generalklausel** des § 3 UWG 2008 wurde neu gefasst. Das Tatbestandsmerkmal **187**
einer Beeinträchtigung des Wettbewerbs zum Nachteil von Marktteilnehmern wurde zugunsten der Einführung des Merkmals einer Beeinträchtigung ihrer Interessen aufgegeben. Bei der Regelung der Bagatellklausel wurde das Tatbestandsmerkmal der nicht nur unerheblichen Beeinträchtigung durch das Merkmal der Spürbarkeit ersetzt. Der neue § 3 Abs. 2 dient der Umsetzung von Art. 5 Abs. 2 und 3 UGP-RL.

§ 3 Abs. 3 UWG 2008 enthält die gesetzliche Transformation der als **Black List** bezeich- **188**
neten, lauterkeitsrechtlichen per se-Verbotstatbestände des Anhangs zum UWG 2008. Von Interesse ist die **Gesetzesbegründung** aus rechtsmethodischer Sicht. Da die in der Black List aufgeführten geschäftlichen Handlungen gegenüber Verbrauchern ohne Rücksicht auf die nach der lauterkeitsrechtlichen Generalklausel sonst maßgebliche Erheblichkeitsschwelle als Verbote ohne Wertungsvorbehalt stets unzulässig seien und es auf die spürbare Beeinträchtigung von Verbraucherinteressen nicht ankomme, handele es sich um eine **Ausnahme** von dem sonst geltenden Grundsatz einer einheitlichen Anwendung des Gesetzes auf Mitbewerber, Verbraucher und sonstige Marktteilnehmer. Die Ausnahme sei gerechtfertigt, weil die auf Art. 5 Abs. 5 UGP-RL in Verbindung mit deren Anhang I zurückgehende Regelung aus Gründen des Verbraucherschutzes besonders streng ausgefallen sei. Es wäre nicht gerechtfertigt, den kaufmännischen Verkehr mit derart starren Regeln zu belasten. Die vom Gesetzgeber als Ausnahme von der angeblichen Rechtseinheit des Verbraucherschutzes und des Mitbewerberschutzes apostrophierte Rechtslage stellt nichts anderes als die rechtsmethodische Regel der UGP-RL dar, den verbraucherbezogenen Lauterkeitsschutzes im b2c-Geschäftsverkehr von dem mitbewerberzogenen Lauterkeitsschutz im b2b-Geschäftsverkehr materiellrechtlich zu trennen und normzweckspezifisch auszulegen.

Die Vorschrift des § 4 UWG 2008, die die Regelbeispiele unlauterer geschäftlicher **189**
Handlungen in Nr. 1 bis 11, wie schon im UWG 2004, beibehält, wird in einigen wenigen Einzelpunkten geändert.

190 Das **Verbot der irreführenden Werbung** nach § 5 UWG 2004 wird in Umsetzung der UGP-RL grundlegend geändert. Regelungsgegenstand des § 5 UWG 2008 sind die **irreführenden geschäftlichen Handlungen,** Regelungsgegenstand des neuen § 5 a UWG 2008 ist die **Irreführung durch Unterlassen.** Der Gesetzgeber konnte sich erst nach langem Zögern entschließen, das lauterkeitsrechtliche Informationsmodell des Verbraucherschutzes, das in Art. 7 UGP-RL geregelt ist, ausdrücklich umzusetzen. Noch in dem Diskussionsentwurf des Bundesministeriums der Justiz zu einem Ersten Gesetz zur Änderung des Gesetzes gegen den unlauteren Wettbewerb (UWG) vom 8. Mai 2007 erfolgte die Umsetzung des Art. 7 UGP-RL über irreführende Unterlassungen in einem Regelungsvorschlag des § 5 Abs. 4 S. 1, der das Verschweigen eines Umstandes regelte. Bei der Beurteilung, ob das Verschweigen eines Umstandes irreführend sei, komme es insbesondere darauf an, ob dieser nach der Verkehrsauffassung für die geschäftliche Entscheidung wesentlich und dazu geeignet sei, die Entscheidung zu beeinflussen. Die mangelnde Richtlinienkonformität dieses Regelungsvorschlages in dem Diskussionsentwurf[193] gründete vor allem darauf, dass das Informationsgebot der UGP-RL Informationspflichten der Unternehmen und damit korrespondierende Verbraucherrechte begründet.[194]

191 Die Gesetzesänderungen, die bei den Vorschriften der §§ 6 bis 10 UWG 2008 vorgenommen wurden, werden bei der Kommentierung der einzelnen Paragraphen benannt.

192 Der **Anhang** zu § 3 Abs. 3 UWG 2008, der an das Ende des Gesetzestextes gestellt wurde, entspricht im Wesentlichen dem Anhang I der UGP-RL, der die irreführenden (Nr. 1 bis 24) und aggressiven (Nr. 25 bis 30) geschäftlichen Handlungen normiert, die unter allen Umständen unlauter und stets unzulässig sind. Die Nummernfolge des Anhangs zu § 3 Abs. 3 UWG 2008 entspricht grundsätzlich der Reihenfolge des Anhangs I der UGP-RL. Eine Ausnahme gilt für Nr. 31 des Anhangs I der UGP-RL, die im Zusammenhang mit der irreführenden geschäftlichen Handlung der Nr. 17 des Anhangs zu § 3 Abs. 3 UWG 2008 geregelt wird.

D. Das Gesetz zur Bekämpfung unerlaubter Telefonwerbung und zur Verbesserung des Verbraucherschutzes bei besonderer Vertriebsformen vom 29. Juli 2009

I. Handlungsbedarf des Gesetzgebers: unlautere Telefonwerbung als millionenfache Wettbewerbsdelikte

1. Das rasante Wachstum des unlauteren Telefonmarketings

193 In den Jahren nach Inkrafttreten der UWG-Reform des Jahres 2004, bei der einer der inhaltlichen Schwerpunkte eine Stärkung des Verbraucherschutzes durch Lauterkeitsrecht war, breitete sich das **Telefonmarketing** in einem rasanten Tempo aus. Die Normierung des lauterkeitsrechtlichen Verbots der **Werbung mit Telefonanrufen gegenüber Verbrauchern ohne deren Einwilligung** nach § 7 Abs. 2 Nr. 2 1. Alt. UWG bei der UWG-Reform des Jahres 2004 bedeutete nicht nur eine Kodifizierung der höchstrichterlichen Rechtsprechung zum UWG 1909,[195] sondern auch eine Umsetzung europäischen

[193] Siehe zur Kritik *Fezer* WRP 2007, 1021, 1028 f.

[194] Zum Informationsmodell des Verbraucherschutzes → Rn 143, 378.

[195] Siehe zur Entwicklung der höchstrichterlichen Rechtsprechung BGH GRUR 1970, 523 – Telefonwerbung I; BGH GRUR 1989, 753 – Telefonwerbung II; BGH GRUR 1990, 280 – Telefonwerbung III; BGH GRUR 1991, 764 – Telefonwerbung IV; BGH GRUR 1995, 220 – Telefonwerbung V; BGH WRP 1999, 847 – Private Vorsorge bei Arbeitslosigkeit; BGH GRUR 2000, 818 – Telefonwerbung VI; BGH GRUR 2001, 1181 – Telefonwerbung für Blindenwaren; BGH GRUR 2002, 637 – Werbefinanzierte Telefongespräche.

Richtlinienrechts.[196] Schon in der Amtlichen Begründung zum UWG 2004[197] wurde die gesetzliche Einschränkung der Telefonwerbung gegenüber Privatpersonen ausdrücklich damit gerechtfertigt, dass mit einem Anruf zuhause ein **erheblicher Eingriff in die Individualsphäre** des Anschlussinhabers verbunden sei. Der Angerufene werde veranlasst, das Gespräch zunächst anzunehmen und wegen der Ungewissheit über den Zweck des Anrufs meist genötigt, sich auf das Gespräch einzulassen. Gerade weil sich der Anschlussinhaber gegen das **Eindringen in seine Privatsphäre** nicht von vornherein wehren könne, sei schon das Anrufen als solches wegen Belästigung anstößig. Im Anschluss an eine Entscheidung des OLG Stuttgart[198] wird in der Gegenäußerung der Bundesregierung zur Stellungnahme des Bundesrates[199] die Rechtswidrigkeit eines unerbetenen Telefonanrufs ausdrücklich **individualrechtlich** begründet. Die Rechtsprechung habe solche Anrufe ohne vorherige Einwilligung nicht nur als unlautere Wettbewerbshandlung, sondern auch als einen Eingriff in das durch § 823 Abs. 1 BGB geschützte allgemeine Persönlichkeitsrecht gewertet.

Nach einer **demoskopischen Erhebung** der Gesellschaft für Konsumforschung (GfK), 194
Nürnberg wies die Entwicklung der Werbeanrufe in Deutschland im Jahre 2006 gegenüber dem Vorjahre eine Zuwachsrate von etwa einem Drittel auf. Im ersten Quartal des Jahres 2006 wurden von der GfK 82,6 Millionen telefonischer Werbekontakte ermittelt. Die Top-Branchen mit den höchsten Marktanteilen im Telefonmarketing waren Lotterien und Gewinnspiele, Telekommunikation, Bücher und Medien, gefolgt von Nahrungsmitteln und Getränken, Textilien, Versicherungen und Reisen. Der Verbraucherzentrale Bundesverband e. V., Berlin publizierte alarmierende Daten und verlangte schärfere Sanktionen bei Verstößen gegen das Verbot der unlauteren Telefonwerbung.[200]

2. Vorgeschichte des Gesetzgebungsverfahrens

Schon die Vorgeschichte des Gesetzgebungsverfahrens zur Verstärkung des Verbraucher- 195
schutzes gegenüber verbotener Telefonwerbung zeigt, dass die **Kernproblematik des unlauteren Telefonmarketings** in der **Rechtswirksamkeit der Verträge,** die während der verbotenen Telefonwerbung abgeschlossen werden, besteht. In Gesellschaft und Politik wurde die Frage aufgeworfen, ob die UWG-Sanktionen gegen die unlautere Telefonwerbung verschärft werden müssten, und welche gesetzlichen Maßnahmen ergriffen werden sollten. Im **Bundesministerium der Justiz** wurde geprüft, ob ein Handlungsbedarf des Gesetzgebers bestehe und wurde erwogen, die verbotene Telefonwerbung mit Bußgeldtatbeständen zu sanktionieren. Der Vorsitzender der **Verbraucherschutzministerkonferenz,** der Baden-Württembergische Verbraucherminister *Peter Hauk*, hielt eine Verbesserung der gesetzlichen Rahmenbedingungen für notwendig; sogenannte **Folgeverträge verbotener Telefonwerbung** dürften den Verbraucher nicht binden.[201] Die **Verbraucherkommission Baden-Württemberg,** ein unabhängiges Gremium zur Politikberatung der Landesregierung, beschäftigte sich seit Herbst 2006 mit dem gesetzlichen Instrumentarium eines effektiven Rechtsschutzes der Verbraucher vor unlauterer Telefonwerbung. Die Kommissi-

---

[196] Siehe zur Gesetzgebungsgeschichte ausführlich Fezer/*Mankowski* § 7 UWG Rn 5; MünchKomm/*Leible*, Kommentar zum Lauterkeitsrecht, 2006, § 7 UWG Rn 8 ff.

[197] Gesetzesbegründung UWG 2004 BT-Drucks. 15/1487 S. 12.

[198] Das OLG Stuttgart NJW 1988, 2615 gewährte einen Anspruch auf Unterlassung nach den §§ 823 Abs. 1, 1004 BGB, da unerbetene Telefonanrufe das Persönlichkeitsrecht des Angerufenen auch dann verletzten, wenn sie von einer politischen Partei während des Wahlkampfs vorgenommen würden.

[199] Gesetzesbegründung UWG 2004 BT-Drucks. 15/1487 S. 42 zu Nr. 13.

[200] Pressemitteilung des *Verbraucherzentrale Bundesverbands e. V.* vom 31. 1. 2007.

[201] Pressemitteilung des *Ministeriums für Ernährung und ländlichen Raum* Baden-Württemberg vom 21. 5. 2007: Da im Bereich der Zeitungs-Abonnements sowie der Wett- und Lotterie-Dienstleistungen nach geltendem Recht ein Widerrufsrecht nicht bestehe, wäre es das Mindeste für den Verbraucher, wenn er auch hier die Möglichkeit des Widerrufs erhalte, besser noch, ein Vertrag erst dann zustande komme, wenn der Verbraucher diesem nachträglich aktiv zustimme. Auch weitere Maßnahmen, wie die Einführung eines Bußgelds, sowie das Verbot einer Rufnummernunterdrückung, seien möglich.

on schlug eine Gesetzesänderung durch Ergänzung des § 7 UWG dahin vor, einen Folgevertrag einer Werbung mit einem Telefonanruf gegenüber einem Verbraucher ohne dessen Einwilligung für unwirksam zu erklären und dem Unternehmer die Beweislast für das Vorliegen der Einwilligung zu übertragen.[202] Dieser Gesetzgebungsvorschlag wurde vom **Verbraucherzentrale Bundesverband e. V.** in einer Stellungnahme vom 31. Mai 2007 an das Bundesministerium für Ernährung, Landwirtschaft und Verbraucherschutz unterstützt.

3. Die Bestätigungslösung im Kontext des Problems einer grundsätzlichen Rechtswirksamkeit von Folgeverträgen unlauteren Wettbewerbs

196 Nach der Rechtslage im UWG 2004 stellte sich die Rechtslage zum verbotenen Telefonmarketing zwar so dar, dass die Werbung mit Telefonanrufen gegenüber Verbrauchern ohne deren Einwilligung als unzumutbare Belästigung nach § 7 Abs. 2 Nr. 2 2. Alt. UWG 2004 verboten war. Folge des Werbeverbots war es aber insbesondere nur, dass gegen das unlauter werbende Unternehmen ein Unterlassungsanspruch bestand. Ein Vertrag, den der Werbende mit dem Verbraucher bei dem Telefonat abschloss, war wirksam und für den Verbraucher rechtsverbindlich. Das nach geltendem Recht bestehende, kurzfristige Widerrufsrecht, das einem jeden Verbraucher allgemein auch bei einem mit seiner Einwilligung abgeschlossenen Fernabsatzvertrag zusteht, stellt keine Sanktion gegen die verbotene Telefonwerbung dar.

197 Die **Gesetzesinitiativen der Verbraucherorganisationen** gingen von der Rechtserkenntnis aus, dass eine wirksame Bekämpfung der verbotenen Telefonwerbung effektiv nur dadurch erreicht werden könne, dass der Gesetzgeber die auf Grund der verbotenen Telefonwerbung abgeschlossenen Verbraucherverträge für unwirksam erklärt. Unlautere Telefonwerbung lohne sich wirtschaftlich für das werbende Unternehmen nur dann nicht, wenn die **Folgeverträge des verbotenen Telefonmarketings für den Verbraucher nicht rechtsverbindlich** sind. Wenn Verbraucherverträge als Folge unlauterer Telefonwerbung den Verbraucher nicht binden, dann ist der Verbraucherschutz vor allem deshalb effizient, weil das werbende Unternehmen die vorherige Einwilligung des Verbrauchers mit dem Telefonanruf nachweisen muss, wenn sich das Unternehmen auf die Rechtswirksamkeit des Vertrages beruft. Namentlich ältere Menschen, die das Opfer von angeblich oder auch tatsächlich am Telefon abgeschlossenen Verträgen sind, werden durch diese **Verteilung der Beweislast** effektiv geschützt. In der Rechtspraxis nach der UWG-Reform des Jahres 2004 zeigte sich seit Inkrafttreten des neuen UWG, dass einerseits das an sich begrüßenswerte opt-in-Prinzip die belästigende Telefonwerbung nicht einzudämmen vermochte, und dass andererseits das **Widerrufsrecht des BGB** bei Fernabsatzverträgen, das ein allgemeines Verbraucherrecht darstellt, dem Verbraucher nur unzureichenden Schutz vor einem durch **unlauteres Marktverhalten** zustande gekommenen Vertragsverhältnis gibt. Die Unlauterkeit der Vertragsanbahnung und Vertragsbindung blieb vertragsrechtlich sanktionslos. Zwar besteht bei einem telefonisch abgeschlossenen Vertrag zwischen Verbraucher und Unternehmen ein Widerrufsrecht des Verbrauchers nach den Regeln über Fernabsatzverträge. Nach § 312d Abs. 1 S. 1 BGB steht dem Verbraucher bei einem Fernabsatzvertrag ein fristgebundenes (14 Tage) Widerrufsrecht nach § 355 BGB zu. Die Tatsache, dass der Vertrag durch ein unlauteres Marktverhalten, das sich unmittelbar und zielgerichtet an den einzelnen Verbraucher richtet, zustande kam, wirkte sich nach dem Widerrufsrecht des BGB nicht auf die Rechtswirksamkeit des Vertrages aus.

198 Im Lauterkeitsrecht war und ist zwar von dem Grundsatz auszugehen, dass **Folgeverträge unlauteren Wettbewerbs grundsätzlich wirksam** sind, weil das unlautere Marktverhalten des werbenden Unternehmens nicht die Wirksamkeit der abgeschlossenen Ver-

---

[202] Siehe dazu die Pressemitteilung der *Verbraucherkommission Baden-Württemberg* vom 21. 5. 2007 zu einem „Vorschlag zu einer Gesetzesänderung des Gesetzes gegen den unlauteren Wettbewerb (UWG) zur Stärkung des Verbraucherschutzes bei unlauterer Telefonwerbung" (*Fezer/Brönneke*).

träge erfasst.[203] Die Begründung für die grundsätzliche Wirksamkeit eines Folgevertrages besteht darin, dass bei der unlauteren Werbung – wie etwa einer Anzeigenwerbung oder der Fernsehwerbung – die Ursächlichkeit der unlauteren Werbung für den Vertragsschluss mit dem Verbraucher nur schwer nachweisbar ist. Es soll vermieden werden, dass ein Verbraucher, der die unlautere Werbung nicht kannte, sich im Nachhinein von dem abgeschlossenen Vertrag lösen kann, wenn er von der Unlauterkeit der Werbung erfährt.

Eine solche Fallkonstellation einer Rechtsunsicherheit über die Wirksamkeit von Verbraucherverträgen besteht bei der Werbung mit Telefonanrufen gegenüber Verbrauchern ohne deren Einwilligung für das werbende Unternehmen gerade nicht. Diese Art der Telefonwerbung richtet sich in einem einzelnen Telefonat jeweils **zielgerichtet und unmittelbar an einen konkreten Verbraucher** und nicht an eine unbestimmte Vielzahl von Verbrauchern. Die Rechtsfolge der Unwirksamkeit betrifft ausschließlich einen bestimmten Verbrauchervertrag. Es liegt ein deliktsrechtlicher Eingriff in die Privatsphäre des Verbrauchers und damit in das Persönlichkeitsrecht als eines Individualrechts vor. Die Nichtigkeit oder Unwirksamkeit des Folgevertrages oder die rechtliche Unverbindlichkeit für den Verbraucher im Sinne der Bestätigungslösung ist akzessorisch zum Fehlen der Einwilligung des Verbrauchers zum Eingriff in sein Individualrechtsgut. Die lauterkeitsrechtliche Unwirksamkeit entspricht dem Rechtsgedanken des § 134 BGB. Für das werbende Unternehmen besteht keine Rechtsunsicherheit, da dem werbenden Unternehmen bekannt ist, ob eine vorherige Einwilligung des Verbrauchers vorliegt. **199**

II. Gesetzgebungsverfahren und Regelungsinhalt des Gesetzes zur Bekämpfung unerlaubter Telefonwerbung

Das Gesetz zur Bekämpfung unerlaubter Telefonwerbung und zur Verbesserung des Verbraucherschutzes bei besonderen Vertriebsformen vom 29. Juli 2009 ist am 4. August 2009 in Kraft getreten. **200**

1. Gesetzentwurf der Bundesregierung

In dem Gesetzentwurf der Bundesregierung zur Bekämpfung der unerlaubten Telefonwerbung vom 31. Oktober 2008[204] wird von der Erkenntnis ausgegangen, dass die Durchsetzung des geltenden Rechts zur unlauteren Telefonwerbung in der Praxis auf Schwierigkeiten stößt. Der **Gesetzentwurf** soll diesem Zustand entgegenwirken. Die Verbraucher sollten sich gegen die Folgen, die aus vermeintlich oder tatsächlich untergeschobenen Verträgen in Zusammenhang mit der Telefonwerbung resultieren, aber auch gegen die sogenannten Kostenfallen im Internet besser zur Wehr setzen können. Dem Verbraucher solle auch bei telefonisch geschlossenen Verträgen über die Lieferung von Zeitungen, Zeitschriften und Illustrierten sowie über die Erbringung von Wett- und Lotterie-Dienstleistungen ermöglicht werden, sich mittels eines Widerrufs von dem Vertrag zu lösen. Zum anderen solle dem Verbraucher bei allen Fernabsatzverträgen über die Erbringung von Dienstleistungen noch bis zur vollständigen Vertragserfüllung ein Widerrufsrecht zustehen, wenn keine ordnungsgemäße Widerrufsbelehrung vorliege. Bei Ersetzung eines bestehenden Dauerschuldverhältnisses durch ein neues unter Verwendung besonderer Vertriebsformen solle zusätzlich die Kündigung des bestehenden Vertrags oder die Vollmacht dazu der Textform bedürfen. Weiterhin sollen Verstöße gegen das bestehende Verbot der unerlaubten Telefonwerbung künftig mit einer Geldbuße geahndet werden können. Schließlich solle die Rufnummernunterdrückung bei Werbung mit einem Telefonanruf verboten werden, und Verstöße hiergegen sollten ebenfalls mit einer Geldbuße geahndet werden können. In dem Gesetzentwurf der Bundesregierung wird allerdings abgelehnt, über das allgemein **201**

---

[203] → Rn 397 ff.

[204] Entwurf eines Gesetzes zur Bekämpfung unerlaubter Telefonwerbung und zur Verbesserung des Verbraucherschutzes bei besonderen Vertriebsformen vom 31. 10. 2008 BT-Drucks. 16/10734.

bestehende Widerrufsrecht nach BGB hinaus an der Rechtswirksamkeit eines Verbrauchervertrages, der während eines verbotenen Telefonmarketings abgeschlossen wird, eine gesetzliche Änderung vorzunehmen.

2. Bestätigungslösung

202 Im Gesetzgebungsverfahren wurde der Gesetzgebungsvorschlag der Verbraucherorganisationen dahin weiterentwickelt, die Rechtswirksamkeit des Verbrauchervertrages von einer nach dem Telefonat abzugebenden Erklärung abhängig zu machen. Diese von *Karl-Heinz Fezer* vorgeschlagene **Bestätigungslösung** war Gegenstand der einstimmig verabschiedeten **Stellungnahme des Bundesrates** zum Gesetzentwurf der Bundesregierung.[205] Der Bundesrat schlug eine Änderung des UWG 2004 dahin vor, der Regelung der unzumutbaren Belästigungen nach § 7 UWG 2004 einen neuen Absatz 4 anzufügen. Nach dieser Regelung sollte die auf einen Vertragsschluss gerichtete Willenserklärung, die ein Verbraucher bei einem Telefonanruf nach § 7 Abs. 2 Nr. 2 UWG 2004 abgibt, erst wirksam werden, wenn der Verbraucher sie durch eine **nachfolgende Erklärung in Textform (§ 126b BGB) innerhalb von zwei Wochen bestätigt.** Der Unternehmer sollte die **Beweislast** dafür tragen, dass eine unzumutbare Belästigung des Verbrauchers nach § 7 Abs. 2 Nr. 2 UWG 2004 nicht vorgelegen habe. Die Begründung dieses Gesetzesvorschlags der Bestätigungslösung ging im Wesentlichen dahin, dass zwar bei einem telefonisch abgeschlossenen Vertrag zwischen Verbraucher und Unternehmen, der nach § 312b BGB den Regelungen des Fernabsatzrechts unterfalle, ein 14-tägiges Widerrufsrecht des Verbrauchers nach den §§ 312d, 355 BGB bestehe. Dabei wirke sich aber der Umstand, dass der Vertragsschluss durch ein unlauteres Marktverhalten zustande komme, das sich unmittelbar und zielgerichtet an den einzelnen Verbraucher richte, de lege lata nicht auf die Rechtswirksamkeit des Vertrages aus. Die Unlauterkeit bleibe vertragsrechtlich sanktionslos. Für die Abgabe der Bestätigung werde dem Verbraucher eine Frist von zwei Wochen eingeräumt. Er habe damit ausreichend Zeit, sich für oder gegen einen Vertragsschluss zu entscheiden. Das Unternehmen bleibe damit abweichend von § 147 Abs. 1 S. 2 BGB spätestens bis zum Ablauf der Bestätigungsfrist an seine telefonisch abgegebenen Vertragserklärungen gebunden. Wenn sich der Verbraucher innerhalb der Frist für den Vertragsschluss entscheide, komme der Vertrag erst ab Bestätigung in Textform nach § 126b BGB wirksam zustande. Ein Unternehmer könne die Unsicherheit eines überraschend angerufenen Verbrauchers nicht mehr ausnutzen, indem er im Nachgang zu dem unerlaubt geführten Telefonat, etwa in Form eines per Post übersandten Bestätigungsschreibens, eine telefonisch Vertragszusage des Verbrauchers behaupte. Die Regelung der Beweislast führe zu einer Beweispflicht des Unternehmens dafür, dass der Werbeanruf nicht unlauter war, sondern eine Einwilligung des Verbrauchers nach § 7 Abs. 2 Nr. 2 UWG vorgelegen habe. Wenn das Unternehmen diesen Beweis nicht durch Vorlage einer Einwilligung in Textform führen könne, könne er sich auf einen wirksamen Vertragsschluss nur berufen, wenn er eine nachträgliche Bestätigung des Verbrauchers in Textform vorlegen könne.

203 Die Bestätigungslösung stieß auf nachhaltigen Widerstand des Bundesjustizministeriums. In der **Gegenäußerung der Bundesregierung** zu den Vorschlägen des Bundesrates wird die Regelung der Bestätigungslösung abgelehnt.[206] Auch wenn auf den ersten Blick die Bestätigungslösung geeignet erscheine, Verbraucher vor ungewollten Vertragsschlüssen am Telefon zu schützen, überwogen für die Bundesregierung bei näherer Betrachtung jedoch die damit verbundenen Probleme.

204 Die gegen die Bestätigungslösung namentlich aus dem Bundesjustizministerium vorgetragenen Bedenken sind innerhalb eines verbraucherbezogenen Lauterkeitsrechts nicht über-

---

[205] Stellungnahme des Bundesrates BT-Drucks. 16/10734 S. 18, 20f.; Stellungnahme des Sachverständigen *Fezer,* Anhörung des Rechtsausschusses vom 28. 1. 2009, Archiv BT-Protokoll Nr. 125; ungenaue Darstellung bei *Köhler* NJW 2009, 2567, 2569.

[206] Gegenäußerung der Bundesregierung BT-Drucks. 16/10734 S. 23, 24.

zeugend. Der aus den Zeiten des Lauterkeitsrechts als Mitbewerberschutzrecht stammende Hinweis, der Lauterkeitsschutz des UWG werde allein durch den **generalpräventiven Unterlassungsanspruch** gewährleistet, verwundert schon im Hinblick auf die Wirksamkeitsmaxime des europäischen Richtlinienrechts und die damit verbundene Verstärkung der Verbraucherrechte. Die Funktion der Generalprävention der UWG-Sanktionen steht der Bestätigungslösung schon deshalb nicht entgegen, weil es sich bei einem verbotenen Telefonanruf und dem auf diesem beruhenden Vertragsschluss um einen zielgerichteten und unmittelbaren Eingriff in die Privatsphäre eines konkreten einzelnen Verbrauchers handelt; diesen Eingriff in das Persönlichkeitsrecht des Verbrauchers generalpräventiv und effizient abzuwehren, ist gerade Aufgabe des UWG. Ein solcher Unlauterkeitstatbestand, der einen **zielgerichteten Eingriff in die Verbrauchersphäre** darstellt, verlangt eine lauterkeitsrechtliche Sanktion, die das Verbraucherrecht des einzelnen und konkreten Verbrauchers schützt.

Bei dem das **rechtssystematische Verhältnis des UWG zum BGB** betreffenden Einwand handelt es sich um den traditionellen Widerspruch gegen die Annahme der Rechtsunwirksamkeit von Folgeverträgen unlauteren Wettbewerbs, der gerade gegenüber der verbotenen Telefonwerbung nicht besteht. Die Bestätigungslösung führe zu nicht unerheblichen Wertungswidersprüchen. Zwar sei der Werbeanruf ohne Einwilligung des Verbrauchers wettbewerbswidrig. Hinsichtlich der Einflussnahme auf den Willensbildungsprozess des Verbrauchers stehe er aber weder einer arglistigen Täuschung noch einer widerrechtlichen Drohung gleich. Dennoch sei die daran anknüpfende Rechtsfolge (Nichtigkeit unter dem Vorbehalt der Bestätigung) gravierender als die des § 123 Abs. 1 BGB (Anfechtbarkeit). 205

Der in der Gegenäußerung der Bundesregierung zu dem Gesetzesvorschlag in der Stellungnahme des Bundesrates vorgenommene Hinweis auf die Anfechtbarkeit eines Vertrages wegen arglistiger Täuschung nach § 123 Abs. 1 BGB vermag einen Wertungswiderspruch nicht zu begründen. Der Schutz der Entschließungsfreiheit des Verbrauchers in dem Sinne, bei der Telefonwerbung gleichsam aus Gründen einer Abwehr der unzumutbaren Belästigung nicht zu einem ungewollten oder auch nachteiligen Vertragsschluss überrumpelt oder auch nur veranlasst zu werden, stellt nur eine mittelbare Folge und gleichsam einen Reflex des Schutzes der Privatsphäre des Verbrauchers dar. Schutzgut des Verbots der Telefonwerbung ist die Privatsphäre des Verbrauchers und damit das Persönlichkeitsrecht des konkreten Verbrauchers. Bei dem Verbot der Telefonwerbung geht es nicht um den **Schutz der Vertragsfreiheit** im Sinne der Abschluss- und Inhaltsfreiheit, dessen Schutz das Anfechtungsrecht des BGB bezweckt, sondern um die Abwehr eines **deliktsrechtlichen Eingriffs in das Persönlichkeitsrecht des Verbrauchers** als solchen. Der Persönlichkeitsrechtsschutz verlangt, dass die Einwilligung, die Grundlage einer Disposition des Rechtsgutsträgers über sein Rechtsgut darstellt, als Tatbestandsausschließungsgrund klar und eindeutig und zweifelsfrei vorliegen muss, und dass ohne Vorliegen einer vorherigen ausdrücklichen Einwilligung der Eingriff in das Persönlichkeitsrecht des Verbrauchers **keine Rechtsbindung zu begründen** vermag. 206

Das Erfordernis einer **befristeten Bestätigungserklärung** des Verbrauchers in Textform als **Rechtswirksamkeitsvoraussetzung** eines telefonisch abgeschlossenen Vertrages bei unerlaubter Telefonwerbung lässt auch das im Lauterkeitsrecht umstrittene Problem der **Folgeverträge unlauteren Marktverhaltens unberührt.** Nach der höchstrichterlichen Rechtsprechung in Deutschland und der überwiegenden Rechtsansicht im Schrifttum sind Folgeverträge unlauteren Marktverhaltens grundsätzlich rechtswirksam und nur in Ausnahmekonstellationen nichtig.[207] Die allgemeine Problematik besteht darin, dass Werbemaßnahmen grundsätzlich an eine unüberschaubare Vielzahl von Verbrauchern gerichtet sind (Anzeigenwerbung, Rundfunk- und Fernsehwerbung), die vertragsrechtlichen Rechtsfolgen aber zwischen konkreten, individuellen Vertragsparteien bestehen. Diese Problematik besteht bei einem telefonisch abgeschlossenen Vertrag bei der Fallkonstellation einer verbotenen Telefonwerbung gerade nicht, da sich diese zielgerichtet und unmittelbar gegen ei- 207

---

[207] → Rn 396 ff.

nen einzelnen Verbraucher richtet und allein die Rechtswirksamkeit des konkreten Vertrages zwischen diesem Verbraucher und dem verbotenerweise das Telefonat tätigenden Unternehmen betrifft.

208 Die von der Bundesregierung weiter vorgetragenen Gegenargumente, die Bestätigungslösung führe zu einer erheblichen **Rechtsunsicherheit** und sei aus Gründen der Praktikabilität abzulehnen, wurde bei der Anhörung im Rechtsausschusses namentlich aus der gerichtlichen Rechtspraxis entgegnet.[208]

209 Aus Gründen eines wirksamen Schutzes der Verbraucherrechte ist die Ablehnung der Bestätigungslösung zu bedauern. Der vom Bundesrat vorgeschlagene § 7 Abs. 4 UWG (neu) hätte eine effektive, rechtssichere und kostenneutrale Verbesserung des Verbraucherschutzes und eine wirksame Bekämpfung der verbotenen Telefonwerbung dargestellt. Die künftige Entwicklung des Telefonmarketings wird zeigen, ob ohne eine Bestätigungslösung die tausendfachen Persönlichkeitsrechtsverletzungen durch verbotene Telefonwerbung wirkungsvoll eingedämmt werden können.

3. Regelungsinhalt

210 Das Gesetz zur Bekämpfung unerlaubter Telefonwerbung enthält im Wesentlichen **zwei Änderungen** des UWG 2004.

211 **a) Erfordernis einer ausdrücklichen Einwilligung in § 7 Abs. 2 Nr. 2 1. Alt. UWG 2008.** Zur besseren Bekämpfung der unerlaubten Telefonwerbung wurde nunmehr ausdrücklich bestimmt, dass ein Wettbewerbsverstoß dann vorliegt, wenn ein Werbeanruf gegenüber Verbrauchern getätigt wird, ohne dass eine vorherige **ausdrückliche** Einwilligung in diesen Anruf vorliegt. Hiervon soll nach der Gesetzesbegründung ein Anruf eines Unternehmens bei einem Kunden unberührt bleiben, um im Rahmen eines bestehenden Vertragsverhältnisses eine vertragliche Nebenpflicht zu erfüllen. Ein solcher Anruf bleibe auch weiterhin möglich, bei dem es sich nicht um Werbung handelt.

212 Das Erfordernis einer **ausdrücklichen** Einwilligung im Wege der Gesetzesänderung einzuführen, wurde deshalb (zumindest klarstellend) für notwendig erachtet, da nach der in Rechtsprechung und Schrifttum vorherrschenden Meinung zu § 7 Abs. 2 Nr. 2 1. Alt. UWG 2004 für ausreichend gehalten wurde, wenn die erforderliche Einwilligung durch schlüssiges Verhalten **(konkludent)** erfolgte.[209]

213 **b) Bußgeldvorschriften des § 20 UWG 2008.** Nach den **Bußgeldvorschriften** des § 20 UWG 2008 handelt nach Absatz 1 ordnungswidrig, wer vorsätzlich oder fahrlässig entgegen § 7 Abs. 1 und 2 Nr. 2 1. Alt. UWG 2008 gegenüber einem Verbraucher ohne dessen vorherige ausdrückliche Einwilligung mit einem Telefonanruf wirbt. Zusätzlich zu der fortbestehenden zivilrechtlichen Sanktionierung als Lauterkeitsrechtsverstoß wird die unerlaubte Telefonwerbung gegenüber Verbrauchern mit einer von der Bundesnetzagentur zu verhängenden Geldbuße bis zu 50 000 Euro sanktioniert.

E. Markt und Wettbewerb

Schrifttum: *Clark,* Toward a Concept of Workable Competition, A. E. R. 30 (1940) 241; *ders.,* Competition as a Dynamic Process, Washington/D. C. 1961; *Dahrendorf,* Markt und Plan, Zwei Typen der Rationalität, 1966; *Erhard,* Deutsche Wirtschaftspolitik, 1962; *Erhard/Müller-Armack,* Soziale Marktwirtschaft, 1972; *Eucken,* Die Grundlagen der Nationalökonomie, 9. Aufl., 1989; *ders.,* Grundsätze der Wirtschaftspolitik, 7. Aufl., 2004; *Fezer,* Die Pluralität des Rechts, Prolegomena zu einer pluralistischen Privatrechtstheorie, JZ 1985, 762; *ders.,* Aspekte einer Rechtskritik an der economic analysis of law und am property rights approach, JZ 1986, 817; *ders.,* Verantwortete Marktwirtschaft, JZ 1990, 657; *ders.,* Zur Begriffsgeschichte des

---

[208] 125. Sitzung des Rechtsausschusses des Deutschen Bundestages am 28. 1. 2009, BT-Drucks.

[209] Siehe zur Ausdrücklichkeit der Einwilligung als Tatbestandsausschließungsgrund einer Rechtsgutsverletzung und deren Tatbestandvoraussetzungen schon nach der Rechtslage zum UWG 2004 *Fezer* WRP 2007, 855, 862 ff; → Fezer/*Mankowski* § 7 Rn 133.

Wirtschaftsrechts seit der Gründung der Bundesrepublik Deutschland, in: *Mohnhaupt* (Hrsg.), Rechtsgeschichte in den beiden deutschen Staaten (1988–1990) 1991, S. 704; *ders.*, Homo Constitutionis, Über das Verhältnis von Wirtschaft und Verfassung, JuS 1991, 889; *Fikentscher*, Wirtschaftsrecht, Bd. I: Weltwirtschaftsrecht, Europäisches Wirtschaftsrecht; Bd. II: Deutsches Wirtschaftsrecht, 1983; *v. Hayek*, Der Wettbewerb als Entdeckungsverfahren, Kieler Vorträge, gehalten im Institut für Weltwirtschaft an der Universität Kiel, hrsg. von *Erich Schneider*, Neue Folge Bd. 56, 1968; *ders.*, Die Verfassung der Freiheit, 1971; *ders.*, Die Irrtümer des Konstruktivismus und die Grundlagen legitimer Kritik gesellschaftlicher Gebilde, 1975; *Herdegen*, Internationales Wirtschaftsrecht, 4. Aufl., 2003; *Hoppmann*, Das Konzept der optimalen Wettbewerbsintensität, JNSt. 179 (1966) 286; *ders.*, Über Funktionsprinzipien und Funktionsbedingungen des Marktsystems, in: *Wegehenkel* (Hrsg.), Marktwirtschaft und Umwelt, 1981; *ders.*, Wirtschaftsordnung und Wettbewerb, 1988; *Kantzenbach*, Die Funktionsfähigkeit des Wettbewerbs, 2. Aufl., 1967; *Kartte*, Ein neues Leitbild für die Wettbewerbspolitik, 1969; *Kilian*, Europäisches Wirtschaftsrecht, 2. Aufl., 2003; *Koppensteiner*, Wirtschaftsrecht, Rechtstheorie, Bd. 4, 1973, S. 1; *Lampe*, Wettbewerb, Wettbewerbsbeziehungen, Wettbewerbsintensität, 1979; *Luhmann*, Soziale Systeme, 1984; *ders.*, Die Wirtschaft der Gesellschaft, 1988; *Mertens/Kirchner/Schanze*, Wirtschaftsrecht, 2. Aufl., 1982; *Mestmäcker*, Macht-Recht-Wirtschaftsverfassung, ZHR 137 (1973) 97; *ders.*, Recht und ökonomisches Gesetz, Über die Grenzen von Staat, Gesellschaft und Privatautonomie, 2. Aufl., 1984; *ders.*, Wirtschaftsrecht, RabelsZ 54 (1990) 409; *Müller-Armack*, Wirtschaftslenkung und Marktwirtschaft, 1947; *ders.*, Studien zur Sozialen Marktwirtschaft, 1960; *Popper*, Die beiden Grundprobleme der Erkenntnistheorie, 2. Aufl., 1994; *ders.*, Das Elend des Historizismus, 6. Aufl., 1987; *ders.*, Objektive Erkenntnis, Ein evolutionärer Entwurf, 2. Aufl., 1994; *ders.*, Die offene Gesellschaft und ihre Feinde, 6. Aufl., 1980; *ders.*, Logik der Forschung, 10. Aufl., 1994; *Rittner*, Wirtschaftsrecht, 2. Aufl., 1987; *ders.*, Die wirtschaftsrechtliche Ordnung der EG und das Privatrecht, JZ 1990, 838; *Sik*, Humane Wirtschaftsdemokratie, 1979; *Schluep*, Was ist Wirtschaftsrecht?, FS Hug, 1968, S. 25; *D. Schmidtchen*, Wettbewerbspolitik als Aufgabe, 1978; *A. Smith*, Der Wohlstand der Nationen, Eine Untersuchung seiner Natur und seiner Ursachen, Neu aus dem Englischen nach der fünften Auflage übertragen, 1974; *Steindorff*, Einführung in das Wirtschaftsrecht der Bundesrepublik Deutschland, 2. Aufl., 1985; *ders.*, EG-Vertrag und Privatrecht, 1996; *Tilmann*, Wirtschaftsrecht, 1986; *Ulmer*, Der Begriff „Leistungswettbewerb" und seine Bedeutung für die Anwendung von GWB und UWG-Tatbeständen, GRUR 1977, 565.

I. Wettbewerbsrecht als Teil eines verfassungsgebundenen Wirtschaftsrechts

1. Von der Antinomie des UWG und GWB zum Monismus im Wettbewerbsrecht

a) Interessendualismus der Unternehmen und Verbraucher im Marktwettbewerb. Das Recht gegen den unlauteren Wettbewerb (UWG) und das Recht gegen Wettbewerbsbeschränkungen (GWB) sind der historischen Entwicklung entsprechend die **beiden Säulen des deutschen Wettbewerbsrechts** in einem weiten Sinne. Die beiden Rechtskreise schützen die Ordnung des wirtschaftlichen Wettbewerbs der Anbieter und Nachfrager am Markt. UWG und GWB verfolgen eine globale Zielsetzung. Beide Gesetze bezwecken den Schutz des Wettbewerbs als einer Institution in der freiheitlichen Wirtschaftsordnung einer sozialen Marktwirtschaft. Ihr gemeinsamer Schutzzweck soll die bestmögliche Freiheit aller Teilnehmer am Marktgeschehen verbürgen. In einer marktwirtschaftlichen Wettbewerbsordnung gewährleistet der Wettbewerbsschutz die wirtschaftliche Handlungsfreiheit aller Marktteilnehmer: die **Angebotsfreiheit der Wettbewerber** und die **Wahl- und Entscheidungsfreiheit der Verbraucher** (Konsumentensouveränität).[210] Der Interessendualismus der Unternehmen und der Verbraucher kulminiert am Markt in der institutionellen Ordnung eines freien und unverfälschten Wettbewerbs. 214

Zur Sicherung einer freiheitlichen Gesamtordnung des wirtschaftlichen Wettbewerbs schlug der historische Gesetzgeber des deutschen Wirtschaftsrechts in den beiden Grundgesetzen der Wirtschaftsordnung – dem UWG der Jahre 1896 und 1909 einerseits und dem GWB des Jahres 1957, schon der Kartellverordnung des Jahres 1923 andererseits – traditionell verschiedene Wege ein. Die beiden Wettbewerbsgesetze unterscheiden sich im Schwerpunkt ihrer konkreten Regelungszwecke. Zur Kennzeichnung des **doppelten Schutz-** 215

[210] So die Formulierung in der Gesetzesbegründung (BT-Drucks. 15/1487 vom 22. 8. 2003 S. 13) im Anschluss an einen Vorschlag von *Fezer* in der Arbeitsgruppe Unlauterer Wettbewerb (→ Rn 52 ff) zur Präzisierung der Schutzzweckklausel im Sinne eines Interessendualismus und einer Konkretisierung der Lauterkeit im Wettbewerb.

zwecks wird üblicherweise die bündige Formel verwendet: das **UWG** schütze die **Lauterkeit im Wettbewerb,** das **GWB** schütze die **Freiheit des Wettbewerbs.** Diese Aufgabenteilung ist eine Folge der geschichtlichen Entwicklung des Wettbewerbsrechts in Deutschland. Im Anwendungsbereich des UWG geht es in erster Linie um die Beurteilung der Art und Weise einer Wettbewerbshandlung. Der Wettbewerber darf die Freiheit in der Wahl seiner **Wettbewerbsmittel** nicht zu Lasten seiner Mitbewerber missbrauchen. Die Einhaltung der wettbewerblichen Spielregeln auf dem Markt soll ein **Fairplay im Wettbewerb** sicherstellen. Die wesentliche Aufgabe des GWB ist es, den **freien Wettbewerb in seinem Bestand** zu schützen. Die Funktionsfähigkeit eines freien Wettbewerbs ist die erste Voraussetzung für eine dezentrale Steuerung des Marktgeschehens durch wettbewerbliches Handeln, sowie für eine optimale Entfaltung der wirtschaftlichen Handlungsfreiheit aller Marktteilnehmer, das sind die gewerblichen Unternehmen und die privaten Verbraucher. Ein gebräuchliches Bild veranschaulicht die unterschiedliche Blickrichtung von UWG und GWB: In einem sportlichen Wettstreit[211] verhindere das Kartellrecht eine Verständigung der Sportler über den Ablauf und den Ausgang der Veranstaltung, das Lauterkeitsrecht verbiete den Einsatz unsportlicher Kampfmittel.

216 **b) Wechselwirkungstheorie zum Rechtsverhältnis zwischen UWG und GWB. aa) Zur Normativität des Rechtsinhalts der Wettbewerbsfreiheit.** Der Lauterkeitsschutz des UWG, der die lauteren von den unlauteren Wettbewerbshandlungen sondert, um die (Leistungs)Qualität des Wettbewerbs zu schützen, und der Freiheitsschutz des GWB, der den Wettbewerb von strukturellen Beschränkungen freihalten soll, um den Bestand des Wettbewerbs als Institution zu sichern, stehen nach einer in der Frühzeit des Kartellrechts der 1950er Jahre entstandenen und in den ersten Jahrzehnten seiner Geltung weithin verbreiteten Annahme in einem **antinomischen Spannungsverhältnis.** Nach diesem Rechtsverständnis zum Rechtsverhältnis zwischen GWB und UWG errichtet das nach dem UWG bestehende Verbot des unlauteren Wettbewerbs eine materiellrechtliche Schranke der nach dem GWB geschützten Wettbewerbsfreiheit. Die Annahme einer **Antinomie der Schutzzwecke** des UWG und des GWB verkennt, dass erst die Gesamtheit der wettbewerbsrechtlichen Vorschriften des Lauterkeitsrechts und des Kartellrechts den **Rechtsinhalt der Freiheit** zur wirtschaftlichen Betätigung der Marktteilnehmer – und zwar der Unternehmer und der Verbraucher – in einer marktwirtschaftlichen Wettbewerbsordnung normativ bestimmt. Lauterkeit und Freiheit des Wettbewerbs sind keine gegensätzlichen Prinzipien des Wettbewerbsrechts.

217 **bb) Interesseninterdependenz im Wettbewerbsrecht.** Es verfestigte sich zunehmend die Erkenntnis, dass die **Gemeinsamkeit der Schutzzwecke** eine notwendige Brücke zwischen den beiden Wettbewerbsgesetzen des Lauterkeitsrechts und des Kartellrechts schlägt. Zwischen UWG und GWB besteht eine **inhaltliche Wechselwirkung.** Die Wertungen des Rechts gegen Wettbewerbsbeschränkungen sind Bedingungen der Rechtsfindung im UWG. Die Grundlage des Lauterkeitsrechts ist die Ordnung einer durch freien Wettbewerb gesteuerten Marktwirtschaft. Umgekehrt bestimmen die Gebote des Rechts gegen den unlauteren Wettbewerb den Anwendungsbereich des GWB, das weder der Ausschaltung unlauteren Wettbewerbs wehrt, noch der Wettbewerbsfreiheit einen Freibrief ausstellt. Nach der **Wechselwirkungstheorie** ist an die Stelle einer **Antinomie** der Schutzzwecke des UWG und GWB ein **Monismus** der Schutzzielbestimmung des Marktwettbewerbs als Institution und eine **Interesseninterdependenz** im Wettbewerbsrecht eines freien und lauteren Wettbewerbs getreten. Die Kunst der Ausbildung wettbewerbsrechtlicher Rechtssätze im GWB im Interesse des Freiheitsschutzes und im UWG im Interesse des Lauterkeitsschutzes wahrt die Einheit des Wettbewerbsrechts in der Wirtschaftsverfassung einer sozialen Marktwirtschaft.

[211] Berühmt ist die Erläuterung des Begriffs der unlauteren Wettbewerbshandlung anhand der blumigen Schilderung des Sportruderns und des Pferderennens von *Lobe* I. Bd. (→ Fn 8) S. 8 ff.

2. Ethisierung und Internationalisierung des Wirtschaftsrechts

a) Die normative Handelnsordnung des Wettbewerbsrechts als Teil des Wirtschaftsrechts. Das **Wettbewerbsrecht** (Lauterkeitsrecht und Kartellrecht) stellt einen wesentlichen **Teil des Wirtschaftsrechts** dar. Das Wirtschaften ist ein Ursprung der menschlichen Zivilisation. Die historische Vermutung liegt nahe, dass die Ökonomie einer jeden Gesellschaft schon immer zugleich auch ein bevorzugter Gegenstand ihres Rechtslebens war. Denn seit Alters her gilt: **Recht ist Kultur und ereignet sich als Geschichte.** Doch bleiben die Ursprünge weithin verborgen, auf welche Weise der Zusammenhang von Recht und Ökonomie sich historisch einfand und wie – allgemeiner gesprochen – die Kultur einer Gesellschaft sich als Zivilisation verdichtete. Es ist eine Aufgabe der Rechtsethnologie und der rechtsantropologischen Forschung, sich der Untersuchung prähistorischer Rechtsstrukturen zu widmen. Solches Forschen hat den Prozess der Entstehung von Recht und auch der Ökonomie zum Gegenstand. Bei aller gebotenen Vorsicht des Urteils dürfte in verallgemeinender Betrachtungsweise gelten, dass in allen Kulturen die Anfänge des Rechtslebens sowie der Ursprung des Wirtschaftens vor die historische Zeit eines Volkes zurückreichen.[212] Zugleich dürfte eine weitere Annahme gerechtfertigt sein: In einer jeden Rechtsepoche bedingt das Verständnis des **Rechts als einer normativen Handelnsordnung** der Menschen einer bestimmten Gesellschaft die Bezugnahme oder gar die **Interdependenz zu der Ökonomie** des historischen Gemeinwesens. 218

Die **Verrechtlichung der Wirtschaft** ist als ein paralleles Phänomen einer rechtlichen Gestaltung der Wirtschaft und zugleich einer Konstituierung des Wirtschaftsrechts im Sinne einer eigenen Rechtsdisziplin beschreibbar. In den 1960er Jahren stand die Bundesrepublik Deutschland ganz im Zeichen des vollbrachten Wirtschaftswunders. Die Blüte der Volkswirtschaft stabilisierte die freie Marktwirtschaft. Die **Theorie der sozialen Marktwirtschaft,** die eine Synthese zwischen einer marktwirtschaftlichen Wettbewerbsordnung und den sozialen Aufgaben des Staates in einer Gesellschaft suchte, formuliert namentlich von *Ludwig Erhard* und *Alfred Müller-Armack,* bedeutete gleichsam ein Stück staatlicher Abfederung der Marktfolgen einer freien Konkurrenzwirtschaft in den Bereichen eines ohne normative Rahmenordnung unvermeidlichen Marktversagens zur Sicherung der sozialen Interessen der Marktbürger und zum Schutz der Schwächeren in der Gesellschaft. Die Integration der **sozialen Grundwerte** der Gesellschaft, deren Verbürgung sich aus den Grundrechten des Grundgesetzes und den Verfassungsprinzipien wie dem Sozialstaatsprinzip ableiten, garantieren eine über den Freiheitsethos hinausgehende **Ethisierung der Ordo der Marktwirtschaft.** Auf allen Gebieten des Wirtschaftens war nunmehr das Recht auf den Plan gerufen. In zahlreichen Wirtschaftsgesetzen fand dieses Phänomen seinen Niederschlag. Die Zeit war gekommen, in der das Wirtschaftsrecht als eine eigenständige Disziplin des Rechts entstand. Zu dieser Zeit beherrschten **funktionale Wettbewerbstheorien** das Feld, die einem instrumentalen Verständnis des Wirtschaftsrechts – namentlich des Lauterkeitsrechts und des Kartellrechts – den Boden bereiteten.[213] Wirtschaftsrecht als Recht der Wirtschaftsordnung verrechtlichte das Koordinatensystem des Wirtschaftens.[214] 219

b) Die Verfassungsbindung des globalen Marktwettbewerbs. Nach seiner konsolidierenden Verrechtlichung werden das Wirtschaftsrecht und namentlich das Kartellrecht und Lauterkeitsrecht von einer Phase erfasst, die als **Ethisierung** und **Internationalisierung** bezeichnet werden kann. Namentlich *Ernst-Joachim Mestmäckers* Entwurf einer ordoliberalen Rechtstheorie[215] kennzeichnet das Plädoyer, an der strukturellen Entsprechung von marktwirtschaftlichem System und Privatrechtsordnung als Grundlage einer Wirtschafts- 220

---

[212] Siehe dazu *Fezer* Teilhabe und Verantwortung 1986 S. 13 ff, 18 ff; zust. *Mayer-Maly* JZ 1986, 343.

[213] Zur Theorie eines funktionsfähigen Wettbewerbs → Rn 268.

[214] So einsichtig auf die selbstgestellte Frage „Was ist Wirtschaftsrecht?" *Walter R. Schluep* FS Hug S. 25 ff; siehe zum Begriff des Wirtschaftsrechts auch *Koppensteiner* Wirtschaftsrecht, Rechtstheorie, 1973, 1 ff; zur Begriffsgeschichte des Wirtschaftsrechts *Fezer* in Mohnhaupt (Hrsg.) 1991, S. 704 ff.

[215] *Mestmäcker* ZHR 137 (1973) 97 ff und passim.

verfassung festzuhalten. Grundlage eines solchen Rechtsdenkens ist ein normativ-funktionales Verständnis von den Handlungsfreiheiten des Marktbürgers. Mit anderen Worten geht es um die **Gewährleistung privater Planungsfreiheit der Marktteilnehmer** (Unternehmen und Verbraucher) zur Organisation einer dezentralen Steuerung des Marktgeschehens anhand subjektivrechtlicher Handlungsalternativen. Auch nach *Ernst Steindorff,* der Wirtschaftsrecht als ein Instrument der Steuerung und Marktordnung versteht, legitimiert sich Wirtschaftsrecht aufgrund seiner besonderen Steuerungsaufgabe, die sich dort, wo sich das Recht des Marktes und des Wettbewerbs als Steuerungsinstrument bediene und dadurch mittelbar steuere, auch als Aufgabe der Gestaltung einer marktwirtschaftlichen Ordnung bezeichnen lasse.[216] Auch für *Wolfgang Fikentscher,* der Wirtschaftsrecht als das Sonderrecht der Wirtschaftspersonen versteht, ist das allgemeine Kennzeichen des Wirtschaftsbürgers sein selbstständig planendes Auftreten im Wirtschaftsleben in einer freiwirtschaftlichen Ordnung im Gegensatz zu der Eigenschaft als Planungsobjekt in einer planwirtschaftlichen Ordnung.[217]

221 Wirtschafsrecht allgemein und insbesondere Wettbewerbsrecht im Sinne von Kartellrecht und Lauterkeitsrechts werden untrennbar mit dem gesellschaftlichen Konsens über die Wirtschaftsverfassung verbunden. In einer marktwirtschaftlichen Wettbewerbsordnung herrscht deshalb notwendigerweise die wirtschaftliche Handlungsfreiheit der Marktbürger. Diese Ethisierung des Wirtschaftsrechts verweist auf die **Verfassungsbindung** der Wirtschaftsordnung. Zwischen einer Wirtschaftsordnung auf der Grundlage einer marktwirtschaftlichen Wettbewerbsverfassung und dem allgemeinen Sozialmodell einer Gesellschaft bestehen zwingende Interdependenzen.

222 Anders gesagt: **Marktwettbewerb ist verfassungsgebunden.** Die **Globalisierung** der Wirtschaft kommt als ein kulturprägender und rechtsbestimmender Aspekt hinzu. Die intensive Internationalisierung des Wirtschaftsrechts verbietet es, Wirtschaftsrecht, das die transnationalen Wirtschaftsbeziehungen als eine globale Veranstaltung normativ organisiert, vorrangig aus der Perspektive der nationalen Rechtsordnungen zu gestalten. Die Marktwirtschaft ist transnational zu organisieren. Die industrielle Produktion agiert mit internationaler Arbeitsteilung in Ländern unterschiedlichen Sozialniveaus, das Angebot von Waren und Dienstleistungen erfolgt im Wege der Distribution auf internationalen Märkten, die Existenz nationaler wie multinationaler Unternehmen hängt von ihrer internationalen Wettbewerbsfähigkeit ab. Der Traum vom **Weltwirtschaftsrecht** bedarf realiter zu gleichen Stücken einer normativen Organisation der **Marktfreiheit** und der **Marktverantwortung** in den internationalen Wirtschaftsbeziehungen. Innerhalb der Ethik einer globalen Wirtschaftsverfassung im Sinne verantworteter Marktwirtschaft korrelieren Marktfreiheit als Planungsfreiheit der Unternehmen und Verbraucher am Markt und Marktverantwortung aller Marktteilnehmer.[218]

3. Wettbewerbsrecht und Verfassung

223 **a) Normative Rahmenordnung des Marktverhaltens.** Eine marktwirtschaftliche Wettbewerbsordnung als ein soziales System wirkt zwischen den Akteuren auf dem Markt auf der Grundlage einer geltenden Rechtsordnung. Aufgabe des Rechts ist es aber nicht, das wettbewerbliche Marktsystem, das sich als eine spontane Ordnung in einer offenen Gesellschaft evolutiv entfaltet, zu konstituieren und zu reglementieren. Aufgabe des Rechts ist es allein, den Marktwettbewerb als eine soziale Institution der Gesellschaft zu garantieren: Schutz des Wettbewerbs, nicht Instrumentalisierung des Marktes. Das Recht stellt eine **normative Rahmenordnung** für Verhaltensregeln der Marktteilnehmer mit der Zielsetzung zur Verfügung, die Intensität eines freien und lauteren Wettbewerbs auf offenen Märkten zu optimieren.

---

216 *Steindorff* 1985 S. 5.
217 *Fikentscher* Wirtschaftsrecht Bd. I S. 36.
218 → Rn 281 ff.

In erster Linie kommt dem Kartellrecht und dem Lauterkeitsrecht diese Aufgabe zu: Wettbewerbsbeschränkungen zu verhindern, Marktmacht zu kontrollieren, Leistungswettbewerb zu fördern. Die Gesetze des Immaterialgüterrechts vervollständigen den Rechtsschutz der unternehmerischen Leistung. Zwischen Marktwettbewerb und allgemeinem Sozialmodell einer Gesellschaft bestehen zwingende Interdependenzen. Marktwettbewerb ist verfassungsgebunden zu organisieren. Die normative Thematik der **verfassungsrechtlichen Grundlagen der marktwirtschaftlichen Wettbewerbsordnung** ist – namentlich in einer globalen Weltwirtschaft – allerdings noch längst nicht abgeklärt oder gar konsensfähig. 224

b) Verfassungsbindung des Marktwettbewerbs statt wirtschaftspolitischer Neutralität des Grundgesetzes. Die frühe Rechtsprechung des BVerfG[219] ging noch davon aus, die Verfassung der Bundesrepublik Deutschland sei **wirtschaftspolitisch offen** und nicht festgelegt auf ein bestimmtes Wirtschaftssystem. Das Grundgesetz enthalte keine Garantie einer Wettbewerbsordnung der sozialen Marktwirtschaft. Es sei allein eine Aufgabe des Gesetzgebers, die gesetzlichen Grundlagen für die Ordnung der wirtschaftlichen Verhältnisse bereitzustellen. Dem Versuch von *Hans Carl Nipperdey*[220] in den frühen 1950er Jahren, aus dem Grundgesetz eine institutionelle Garantie der sozialen Marktwirtschaft abzuleiten, wurde die Gefolgschaft überwiegend versagt.[221] Die wirtschaftspolitische Regelungsaufgabe und Entscheidungskompetenz des Gesetzgebers werde von dem Grundgesetz nicht auf das konkrete Wirtschaftssystem der sozialen Marktwirtschaft festgelegt. 225

Die zum geflügelten Wort avancierte Formel von der **wirtschaftspolitischen Neutralität des Grundgesetzes**[222] darf nicht dahin missverstanden werden, das Grundgesetz enthalte keine verbindlichen Aussagen zur rechtlichen Gestaltung der Wirtschaftsordnung. Dem Gesetzgeber, dessen anerkannter Gestaltungsspielraum von den Verfassungsprinzipien und dem Grundrechtekatalog von verfassungswegen begrenzt wird, ist kein wirtschaftspolitischer Freibrief ausgestellt. Die Rahmenbedingungen der Verfassung setzen der wirtschaftsrechtlichen Gesetzgebung Schranken. Mit den Geboten des Rechts- und Sozialstaatsprinzips sowie der Geltung der Grundrechte ist allein eine solche Wirtschaftsordnung vereinbar, in der **Vertragsfreiheit** und **Wettbewerbsfreiheit** herrschen. Beide Freiheitsrechte sind Erscheinungsweisen des Grundrechts auf freie Entfaltung der Persönlichkeit, das die wirtschaftliche Betätigungsfreiheit aller Marktteilnehmer – der Unternehmen und der Verbraucher – sichert. Zu den grundgesetzlichen Vorgaben einer Ordnung der Wirtschaftsverhältnisse gehören etwa aber auch der Schutz des privaten Eigentums – auch und gerade an Produktionsmitteln und Immaterialgüterrechten –, die freie Wahl und Ausübung des Berufs, die Freiheit der Vereinigung und Koalition, Freizügigkeit und freier Handel, die Rechte der Meinungs-, Informations- und Pressefreiheit, sowie die Wissenschafts- und Kunstfreiheit. Diese **Freiheitsrechte** sind **Bausteine einer verfassungskonformen Wirtschaftsordnung.** Die Rede von der wirtschaftspolitischen Neutralität des Grundgesetzes sollte wegen ihrer Missverständlichkeit aufgegeben werden. Das Grundgesetz verhält sich gegenüber der Organisation der Wirtschaft nicht wertneutral. Der Marktwettbewerb basiert auf den Grundrechten und Verfassungsprinzipien als einer Werteordnung im Sinne der Rechtsprechung des Bundesverfassungsgerichts. Die Ordo des Wirtschaftens ist verfassungsgebunden. 226

c) Rechtliche Anerkennung der sozialen Marktwirtschaft als Wirtschaftsverfassung der Bundesrepublik Deutschland. Die Realität der sozialen Marktwirtschaft als 227

---

219 BVerfGE 4, 7, 17 – Investitionshilfe; BVerfGE 7, 377, 400 – Apotheken; BVerfGE 30, 292, 317 – Erdölbevorratung; BVerfGE 50, 290, 337 – Mitbestimmung.

220 *Nipperdey* Soziale Marktwirtschaft und GG 1954; *ders.* Die soziale Marktwirtschaft in der Verfassung der Bundesrepublik WuW 1954, 211 ff.

221 Siehe zur Kritik nur *Ehmke* Wirtschaft und Verfassung 1961 S. 84 ff.

222 Siehe ausführlich zu den verfassungsrechtlichen Grundlagen im Sinne der These von der wirtschaftspolitischen Neutralität des Grundgesetzes *Baumbach/Hefermehl* Wettbewerbsrecht, 22. Aufl., 2001, Allg. Rn 42 ff; *Ulmer* GRUR 1977, 565, 578.

eines ökonomischen Erfolgsmodells in der Gesellschaft der Bundesrepublik Deutschland war legitimer Grund zur Zeit der Herstellung der Einheit Deutschlands, im **Staatsvertrag** über die Schaffung einer Währungs-, Wirtschafts- und Sozialunion zwischen der Bundesrepublik Deutschland und der Deutschen Demokratischen Republik[223] und im **Einigungsvertrag**[224] einen **gesetzlichen Grundstein für das Wirtschaftssystem der sozialen Marktwirtschaft** zu legen. Nach Art. 1 Abs. 3 S. 1 des Staatsvertrages wird die Soziale Marktwirtschaft als gemeinsame Wirtschaftsordnung beider Vertragsparteien zur Grundlage der Wirtschaftsunion zwischen der Bundesrepublik Deutschland und der Deutschen Demokratischen Republik bestimmt. Als bestimmende Faktoren der Wirtschaftsunion im Sinne der sozialen Marktwirtschaft werden in Art. 1 Abs. 3 S. 2 des Staatsvertrages das Privateigentum, der **Leistungswettbewerb,** die freie Preisbildung und die grundsätzlich volle Freizügigkeit von Arbeit, Kapital, Gütern und Dienstleistungen genannt. In Art. 1 Abs. 3 S. 3 des Staatsvertrages wird bestimmt, dass die Wirtschaftsunion den Erfordernissen des Umweltschutzes Rechnung trägt. Nach Art. 40 Abs. 1 des Einigungsvertrages gelten die Verpflichtungen aus dem Staatsvertrag fort.

228 Die gesetzliche Anerkennung der sozialen Marktwirtschaft und des Leistungswettbewerbs stellt nicht nur eine unverbindliche Absichtserklärung dar, sondern ist ihrer Rechtsnatur nach als **rechtsverbindlich** zu qualifizieren. Die wirtschaftsverfassungsrechtliche Rechtsqualität der gesetzlichen Verankerung der sozialen Marktwirtschaft als Wirtschaftssystem der Bundesrepublik Deutschland und des Leistungswettbewerbs als ein dem Privateigentum, der Preisgestaltungsfreiheit und der Freizügigkeit gleichrangiges Prinzip bedarf an dieser Stelle keiner näheren verfassungstheoretischen Untersuchung.[225] Das Bekenntnis des Gesetzgebers zum Wirtschaftssystem der sozialen Marktwirtschaft bei der Herstellung der Einheit Deutschlands stellt zumindest mehr als eine nur programmatische Aussage dar.[226] Die Ordo einer verfassungsbasierten Marktwirtschaft ist als eine **wirtschaftsverfassungsrechtliche Zielbestimmung** des Gesetzgebers und als eine **Auslegungsdirektive** für den Rechtsanwender anzuerkennen.

229 **d) Ökosoziale Marktwirschaft als Staatsziel in Landesverfassungen.** Das Wirtschaftsmodell einer sozial gerechten und der Ökologie verpflichteten Marktwirtschaft ist als

---

[223] Gesetz vom 25. 6. 1990 zu dem Vertrag vom 18. 5. 1990 über die Schaffung einer Währungs-, Wirtschafts- und Sozialunion zwischen der Bundesrepublik Deutschland und der Deutschen Demokratischen Republik, BGBl. II S. 537.

[224] Gesetz vom 23. 9. 1990 zu dem Vertrag vom 31. 8. 1990 zwischen der Bundesrepublik Deutschland und der Deutschen Demokratischen Republik über die Herstellung der Einheit Deutschlands – Einigungsvertragsgesetz – und der Vereinbarung vom 18. 9. 1990, BGBl. II S. 889.

[225] Siehe zur verfassungsrechtlichen Diskussion nur einerseits *Isensee/Kirchhof-Rupp* HdbStR Bd. IX, 1997, § 203 Rn 2 ff; zurückhaltender *Maunz/Dyrig-Di Fabio* Art. 2 GG Rn 76 (zu den Grundrechten als Ausdruck der Wirtschaftsverfassung), Rn 116 (zur grundrechtlichen Verortung der Wettbewerbsfreiheit); grundlegend auch *Schmidt-Preuß* DVBl. 1993, 236 ff.

[226] In dem Gemeinsamen Protokoll als Bestandteil des Staatsvertrages werden sieben *Leitsätze zur sozialen Marktwirtschaft* formuliert:

1. Wirtschaftliche Leistungen sollen vorrangig privatwirtschaftlich und im Wettbewerb erbracht werden.
2. Die Vertragsfreiheit wird gewährleistet, In die Freiheit der wirtschaftlichen Betätigung darf nur so wenig wie möglich eingegriffen werden.
3. Unternehmerische Entscheidungen sind frei von Planvorgaben (z. B. im Hinblick auf Produktion, Bezüge, Lieferungen, Investitionen, Arbeitsverhältnisse, Preise und Gewinnverwendung).
4. Private Unternehmen und freie Berufe dürfen nicht schlechter behandelt werden als staatliche und genossenschaftliche Betriebe.
5. Die Preisbildung ist frei, sofern nicht aus zwingenden gesamtwirtschaftlichen Gründen Preise staatlich festgelegt werden.
6. Die Freiheit des Erwerbs, der Verfügung und der Nutzung von Grund und Boden und sonstiger Produktionsmittel wird für wirtschaftliche Tätigkeit gewährleistet.
7. Unternehmen im unmittelbaren oder mittelbaren Staatseigentum werden nach den Grundsätzen der Wirtschaftlichkeit geführt. Sie sind so rasch wie möglich wettbewerblich zu strukturieren und soweit wie möglich in Privateigentum zu überführen. Dabei sollen insbesondere kleineren und mittleren Unternehmen Chancen eröffnet werden.

ein Staatsziel in den Landesverfassungen des Landes **Brandenburg**[227] und des Freistaats **Thüringen**[228] normiert.

e) Wirtschaftsordnung einer offenen Marktwirtschaft mit freiem Wettbewerb im EG-Vertrag. Ein **Wirtschaftssystem verantworteter Freiheitsrechte** bildet auch die Grundlage des Rechts der Europäischen Gemeinschaften und den Inhalt der gemeinschaftsrechtlichen Rechtsprechung des EuGH. 230

aa) EG-Vertrag. Nach Art. 4 Abs. 1 EG-Vertrag umfasst die Tätigkeit der Mitgliedstaaten und der Gemeinschaft im Sinne der Zielbestimmung der EG nach Art. 2 EG-Vertrag die Einführung einer Wirtschaftspolitik, die dem Grundsatz einer offenen Marktwirtschaft mit freiem Wettbewerb verpflichtet ist. Die **Marktwirtschaft** stellt die **gemeinschaftsrechtliche Wirtschaftsverfassung** dar.[229] 231

bb) Rechtsprechung des EuGH. In der Rechtsprechung des EuGH wurde schon frühzeitig die **soziale Funktion der geschützten Rechtsgüter** – wie die Gewährleistung des Eigentums, der Freiheit der Arbeit, des Handels und anderer Berufstätigkeiten – betont.[230] Zur rechtlichen Anerkennung der **Wirtschaftsverfassung der Marktwirtschaft** im Sinne des Grundsatzes einer offenen Marktwirtschaft mit freiem Wettbewerb nach Art. 4 EG-Vertrag formuliert der EuGH – inhaltlich zurückhaltender allein hinsichtlich einer unmittelbaren Ableitung von Individualrechten der EG-Bürger aus dem EG-Vertrag – dahin, es seien keine Bestimmungen, die den Mitgliedstaaten klare und unbedingte Verpflichtungen auferlegten, auf die sich die Einzelnen vor den nationalen Gerichten berufen könnten. Es handele sich dabei nämlich um einen **allgemeinen Grundsatz,** dessen Anwendung komplexe wirtschaftliche Beurteilungen erfordere, die in die Zuständigkeit des Gesetzgebers oder der nationalen Verwaltung fielen.[231] 232

4. Nachhaltigkeit als Rechtsprinzip

a) Interdependenz der politischen und wirtschaftlichen Ordnungen einer Gesellschaft. Marktwettbewerb blüht nur in einer offenen Gesellschaft mit freiheitlicher Verfassung. Die **Wirtschaftsordnung** steht in einer unmittelbaren Wechselwirkung zur **Eigentumsordnung**, **Arbeitsordnung**, **Sozialordnung** und **Kulturordnung** der Gesellschaft. Unter Rückgriff auf *Walter Euckens* frühe Theorie von der **Interdependenz der Ordnungen**[232] wird so auch der Bedingungszusammenhang zwischen **Demokratie, Rechtsstaat und Marktwirtschaft in einer pluralistischen Gesellschaft** beschreibbar. In einer Gesellschaft freier Bürger sind Markt, Parlament und Rechtsverfahren Instrumente prozeduraler Rationalität. 233

b) Nachhaltigkeitsstrategien. Der status quo des Grundgesetzes ist nicht Bedingung des Marktprinzips. Der Markt als ein evolutives System nimmt Teil an der Fortschreibung der verfassungsrechtlichen Freiheitsrechte und Staatszielbestimmungen auf der Grundlage einer pluralistischen Staatsverfassung in einer offenen Gesellschaft. **Arbeit, Wohnen, Bildung** und **Erziehung** sowie der **Schutz der natürlichen Lebensgrundlagen** des Menschen – Umwelt und Evolution im Sinne von **Nachhaltigkeitsstrategien** – harren längst 234

---

227 Nach Art. 42 Abs. 2 S. 1 der Verfassung des Landes Brandenburg vom 20. 8. 1992 gestaltet sich das Wirtschaftsleben nach den *Grundsätzen einer sozial gerechten und dem Schutz der natürlichen Umwelt verpflichteten marktwirtschaftlichen Ordnung*. Nach Satz 2 der Vorschrift ist der Missbrauch wirtschaftlicher Macht unzulässig und zu verhindern.

228 Nach Art. 38 der Verfassung des Freistaats Thüringen vom 25. 10. 1993 hat die Ordnung des Wirtschaftslebens den *Grundsätzen einer sozialen und der Ökologie verpflichteten Marktwirtschaft* zu entsprechen.

229 So zutreffend *Schmidt-Preuß* DVBl. 1993, 236, 244; *Calliess/Ruffert-Häde* Art. 4 EGV Rn 8 (deutliches Bekenntnis zur vom Wettbewerb geprägten Marktwirtschaft).

230 Siehe dazu nur EuGH, Urt. v. 14. 5. 1974, Rs C-4/73, Slg. XX (1974) 491, Rn 14 – Nold.

231 EuGH, Urt. v. 3. 10. 2000. Rs C-9/99, Slg. 2000, I-8207, Rn 25 – Échirolles Distribution SA/Association du Dauphiné u. a.

232 *Eucken* Grundsätze der Wirtschaftspolitik, 7. Aufl. 2004 S. 17ff; siehe dazu die schematische Darstellung bei *Hoppmann* ZfW 28 (1989) 43, 49.

einer verfassungsrechtlichen Verbürgung. Das gilt auch für das Modell der ökosozialen Marktwirtschaft.[233] Auch der EG-Vertrag ist dahin auszulegen, dass der Topos der Nachhaltigkeit nicht nur auf die Umwelt zu beziehen ist. Eine nachhaltige Entwicklung ist als ein umfassendes Postulat des Gemeinschaftsrechts mit einem universalen Wirkungs- und Geltungsanspruch zu verstehen. An Bürgerrechten und elementaren Staatszielbestimmungen nimmt das Marktsystem keinen Schaden. Im Gegenteil: Das ist der Boden, auf dem es gedeiht. Auch die **sozialen Grundrechte** und **ökologischen Staatszielbestimmungen** sind Gegenstand eines politischen Prozesses im Sinne eines evolutiven Entdeckungsverfahrens.

5. Globaler Leistungswettbewerb und sozialethische Unternehmensverantwortung

235 **a) Verantwortungsethik im Marktwettbewerb.** Die Internationalisierung von Produktion und Handel auf transnationalen Märkten globalisiert den Leistungswettbewerb der nationalen und multinationalen Unternehmen. Die Bedingungen und die Auswirkungen des Wirtschaftens und des Konsums werden als eine Folge globalisierter Märkte entkoppelt und nach ökonomischem Kalkül verortet. Innerhalb des weithin nicht regulierten Globalisierungsprozesses wird die **sozialethische Unternehmensverantwortung** als unabdingbare Funktionsbedingung des internationalen Wirtschaftsverkehrs zunehmend deutlich und teils drastisch vor Augen geführt. Die ethischen Grundlagen des Wirtschaftens waren zwar schon *Adam Smith* in seinen grundlegenden Werken[234] selbstverständlich und den Vätern der Marktwirtschaft *(Alfred Müller-Armack, Ludwig Erhard)* als Kern der von ihnen vorgeschlagenen Wirtschaftsordnung vertraut.[235] Innerhalb der Blüte wettbewerbsintensiver Unternehmensorganisationen und Marktstrukturen, die den Industrienationen reichhaltigen Wohlstand bescherten, verlor die Sozialethik als Basis der Ökonomie der Volkswirtschaften immer stärker an Gewicht und an tatsächlicher Geltung.

236 Als gegenläufige Strömungen zu diesem ständigen Verlust an Verantwortungsethik sind namentlich innerhalb der beiden letzten Jahrzehnte **Nachhaltigkeitsstrategien** und das Konzept der **Corporate Social Responsibility** (CSR) im Vordringen. Die ethische Rückbesinnung des Ökonomismus harmoniert mit dem Postulat des Gemeinschaftsrechts, eine nachhaltige Entwicklung zu fördern, mit der rechtlichen Anerkennung der Wirtschaftsverfassung der Marktwirtschaft im Sinne des Grundsatzes einer offenen Marktwirtschaft mit freiem Wettbewerb und deren Verbindung zu den sozialen Funktionen der im EG-Vertrag geschützten Rechtsgüter in der Rechtsprechung des EuGH, mit der rechtlichen Anerkennung der sozialen Marktwirtschaft als Wirtschaftsverfassung der Bundesrepublik Deutschland und der Verankerung der ökosozialen Marktwirtschaft als Staatszielbestimmung in Landesverfassungen, und mit der Anerkennung der Leitbildfunktion des Leistungswettbewerbs sowohl im Einigungsvertrag und Staatsvertrag als auch in der Rechtsprechung des BVerfG.

237 Der **globale Leistungswettbewerb** wird am gesamten **Produktlebenszyklus** inhaltlich orientiert. Neben der **Produktqualität** gewinnt die **Prozessqualität** am Markt an Bedeutung und sollte als gleichrangiger Parameter der unternehmerischen Leistung am Markt auch rechtlich anerkannt werden. Die Qualität einer unternehmerischen Leistung erweist sich nicht nur an den qualitativen Eigenschaften der Ware oder der Dienstleistung, dem Preis des Produkts und den Konditionen seines Erwerbs, sondern auch und mit zunehmender Bedeutung für den Verbraucher an der Art und Weise des Herstellungsprozesses sowie den Bedingungen des Entsorgungsprozesses.

---

[233] Siehe zur (verfassungs)rechtlichen Anerkennung des Systems der ökologischen und sozialen Marktwirtschaft → Rn 227 ff.

[234] *A. Smith* Theory of moral sentiments, 1759; *ders.* An inquiry into the nature and causes of the wealth of nation, 1776.

[235] Siehe schon *David Ricardo* On the principles of political economy and taxation, 1817.

b) CSR-Standards als wesentliche Informationen innerhalb des lauterkeitsrechtlichen Informationsmodells. In dem **Konzept der Corporate Social Responsibility** (CSR) werden die Kriterien der ethischen Unternehmensverantwortung sowohl für die **Produktqualität** und **Prozessqualität** einer unternehmerischen Leistung als auch für die **Organisation des Unternehmens** und für das **gesellschaftliche Engagement** des Unternehmens konkretisiert. **CSR-Kriterienkataloge** werden in internationalen Guidelines, Leitsätzen und Arbeitsnormen als Standards formuliert und publiziert. Zu nennen sind etwa **Global Compact** der Vereinten Nationen,[236] die **OECD-Leitsätze** für multinationale Unternehmen,[237] die **ILO Kernarbeitsnormen,**[238] **Social Accountability 8000**[239] und die **Sustainability Reporting Guidelines.**[240] Unternehmen ergänzen ihren Geschäftsbericht mit einem Nachhaltigkeitsreport oder verfassen einen eigenen Nachhaltigkeitsbericht. Die **Stiftung Warentest** untersucht in vergleichenden Produkttests produktbezogen in Verfolgung eines konkreten Produktzyklusses anhand einer **CSR-Kernkriterienliste** die sozialethische und ökologische Unternehmensverantwortung in wissenschaftsbasierten Untersuchungen.[241] Die von der Stiftung Warentest vergebenen **CSR-Bewertungen** werden von den Unternehmen in die **Produktwerbung** einbezogen. 238

Der neue Begriff eines **sozialethischen Leistungswettbewerbs** konkretisiert Parameter und formuliert Standards, die **innerhalb des Lauterkeitsrechts als rechtserheblich anzuerkennen** sind. Innerhalb der Konzeption des lauterkeitsrechtlichen Verbraucherschutzes wird der **informierte Verbraucher als Träger von marktbezogenen Entscheidungen** in einer globalisierten Wirtschaftsordnung verstanden. Die UGP-RL zentriert um das Schutzziel, die Fähigkeit des Verbrauchers zu gewährleisten, eine informierte geschäftliche Entscheidung zu treffen. Gegenstand einer souveränen Verbraucherentscheidung sind sowohl die **Produktstandards** als auch die **Unternehmensstandards.** Die Prozessqualität eines Produkts bezieht sich auf die Art und Weise der Herstellung einschließlich der Verwendung von Rohstoffen innerhalb der internationalen Arbeitsteilung und der Art der Vertriebswege. **Globalisierte Produktion verlangt globale Information.** 239

---

[236] Global Compact, Initiative der Vereinten Nationen, erstmalig vorgestellt 1999 vom damaligen UN-Generalsekretär *Kofi Annan* in Davos.

[237] OECD-Leitsätze für multinationale Unternehmen, Neufassung 2000, herausgegeben von der Organisation für Wirtschaftliche Zusammenarbeit und Entwicklung (OECD).

[238] Bei den ILO Kernarbeitsnormen handelt es sich um die Grundprinzipien der International Labour Organisation (ILO). Zu diesen Prinzipien zählen die Vereinigungsfreiheit und das Recht auf Kollektivverhandlungen, die Beseitigung der Zwangsarbeit, die Abschaffung der Kinderarbeit und das Verbot der Diskriminierung in Beschäftigung und Beruf. Diese Grundprinzipien haben in acht Übereinkommen, die auch als Kernarbeitsnormen bezeichnet werden, ihre konkrete Ausgestaltung erfahren.

[239] Social Accountability 8000 (SA8000), Internationaler Standard, 3. Aufl. 2008, herausgegeben von SAI-Social Accountability International, New York, USA.

[240] Sustainability Reporting Guidelines, Version 3.0, 2006, herausgegeben von der Global Reporting Initiative (GRI), Amsterdam, Niederlande.

[241] Die Kernkriterien, die der Untersuchung der sozial-ökologischen Unternehmensverantwortung durch die Stiftung Warentest dienen, beschreiben branchenübergreifend wesentliche Aspekte einer sozialökologischen Verantwortung von Unternehmen. Die Kernkriterien sind den übergreifenden Themenfeldern Soziales (Beschäftigte), Soziales (Zulieferer), Umwelt, Verbraucher und Gesellschaft zugeordnet. Grundlage für die Kriterienliste sind Auswertungen von gesellschaftlichen und wissenschaftlichen Meinungsbildungsprozessen über Inhaltsbereiche des verantwortlichen Unternehmensverhaltens, von internationalen und nationalen Konventionen, Standards und Leitlinien zu Themen des verantwortlichen Unternehmensverhaltens, von Kriterien, die im Rahmen von verbraucherorientierten Unternehmenstests verwendet werden, von Kriterien die für das Socially Responsible Investment verwendet werden und von Kriterien, die in der Umwelt-, Sozial- und Nachhaltigkeitsberichterstattung von Unternehmen verwendet werden. Die Anforderungen, die an die Kriterien gestellt werden, sind: Objektivität, Relevanz, Eignung für Vergleiche zwischen allen Unternehmen einer Untersuchung, Eignung für viele Untersuchungen (Kernkriterien), Praktikabilität, Validierbarkeit und keine Bezugnahme auf Geschäftsgeheimnisse. Die Liste der Kernkriterien der sozialökologischen Verantwortung der Unternehmen wird für jede Untersuchung der Stiftung Warentest um projektspezifische Kriterien ergänzt, mit denen auf die Besonderheiten der Herstellung der untersuchten Produkte eingegangen wird. Die Festlegung der projektbezogenen Kriterien erfolgt gesondert für jede Untersuchung.

240 Die **CSR-Kriterien** stellen wesentliche Informationen im Sinne des Informationsgebots des Art. 7 UGP-RL und des § 5a UWG 2008 dar. Die CSR-Kriterien konkretisieren die sozialethische Unternehmensverantwortung in einer globalisierten Weltwirtschaft. Die Ausgrenzung der globalen Information über die Produktionsverhältnisse und Handelsbedingungen eines konkreten Produkts aus dem Informationsgebot der UGP-RL beschädigt die Verbraucherentscheidung im Marktausleseprozess und die Schiedsrichterfunktion des Verbrauchers am Markt. Die CSR-Kriterien als Daten über die Prozessqualität eines Produkts oder über das sozialethische Engagement eines Unternehmens sind **wesentliche Informationen** im Sinne des lauterkeitsrechtlichen Informationsgebots der UGP-RL und dessen Umsetzung in das UWG 2008.[242] Bei diesen Informationen handelt es sich um die Daten des zweiten Preises eines Produkts;[243] das unsichtbare Preisschild wird durch die globalen Informationen lesbar. Die pointierte Formulierung des Bundespräsidenten, ein jedes Produkt habe sozusagen ein **zweites unsichtbares Preisschild** kann als Legitimation eines Informationsgebots an die Unternehmen verstanden werden, dass ein **Verbraucherrecht auf wesentliche Informationen über die Produktqualität und Prozessqualität** der am Markt angebotenen Waren und Dienstleistungen im Lauterkeitsrecht begründet.

II. Theorien des Marktes und des Wettbewerbs

1. Markttheorien

241 **a) Die Frage nach der Idee des Marktes.** Die Thematik, die **Wirtschaftsverfassung** einer Gesellschaft als Grundlage ihrer **Handelnsordnung des Rechts** zu beschreiben, wird beherrscht von der Diskussion um das gegensätzliche Begriffspaar **Markt** und **Plan.** Einen Diskurs über das Thema der Theorien des Marktes, polarisiert zum Plan, zu beginnen, meint in Zeiten der Globalisierung, Ideen nachzudenken, die den **wirtschaftenden Menschen als Weltbürger** betreffen. Von ihren Anfängen an lebt allerdings in der Theorie der bürgerlichen Gesellschaft schon die Idee des Menschen als Weltbürger, der individualistisch und unversalistisch zugleich den Weg zur Weltgesellschaft freier und gleicher Bürger beschreitet.

242 Was ist der Markt? Welche Vorstellungen über die Standards einer historischen Gesellschaft weckt das Phänomen des Marktes? Die Frage steht im Raum: Ist der Markt allein ein allgemeingültiges Modell zur Organisation einer ökonomisch effizienten Wirtschaft oder ist Markt gar ein fundamentales Prinzip zur bestmöglichen Sozialgestaltung der gesellschaftlichen Verhältnisse der Bürger eines Staates oder zwischen den Staaten der Welt? Soll diese Ordo der Bürger von den Prinzipien der – individuellen und kollektiven – Freiheit und Verantwortung zu gleichen Stücken legitimiert sein? Prononciert gefragt: Ist der Markt Bürge einer glücklichen Lebenswelt der Menschen in einer globalisierten Welt?

243 **b) Topographie des Marktes.** Man kann die Antwort auf die prinzipielle Fragestellung nach der Idee des Marktes mit einem schönen Bild zunächst erzählerisch umschreiben: dem Blick aus „Des Vetters Eckfenster", entnommen *E. T. A. Hoffmanns* gleichnamiger Erzählung. Der Blick fällt auf den schönsten Teil der alten und neuen Hauptstadt Deutschlands, den großen Markt Berlins, den Gendarmenmarkt, von Prachtbauten umschlossen,

---

[242] Es mutet geradezu anachronistisch an und ist mit dem europäischen Verbraucherleitbild in einer globalisierten Weltwirtschaft unvereinbar, wenn Aussagen wie *fair trade* oder *Kinderarbeit* als nicht von dem Informationsgebot der UGP-RL erfasst angesehen werden sollen, da diese Aussagen zwar für die Kaufentscheidung des Verbrauchers von Bedeutung seien, aber einen hohen moralischen Symbolwert transportierten. So gehörten das Verbot von Kinderarbeit oder die Produktionsbedingungen vor Ort nur in den *gesellschaftspolitischen Kontext*, der *außerhalb der UGP-RL* stehe; so MünchKommUWG/*Micklitz* Band 1 2006, S. 846. Die Aussage von *Micklitz* ist um so verwunderlicher, als er dem Verständnis des Art. 7 UGP-RL im Sinne eines Informationsparadigmas zustimmt.

[243] Das Bild vom zweiten Preis stammt aus der Rede des Bundespräsidenten *Horst Köhler* auf dem 1. Deutschen Verbrauchertag 2007 am 9. 7. 2007 zu dem Thema „Verbrauchermacht und Verbraucherverantwortung", veranstaltet vom Verbraucherzentrale Bundesverband e. V.

und malt ein artiges Bild vom bunten Leben, das in den verschiedensten Farben im Sonnenschein glänzt und den Eindruck eines großen, vom Winde bewegten, hin und her wogenden Tulpenbeets erweckt. Das anmutige Bild vom bewegenden Wind erscheint nur als eine andere Metapher für die berühmte Umschreibung des Marktgeschehens als der unsichtbaren Hand im freien Spiel der Marktkräfte, der **invisible hand** von *Adam Smith.*

Dem Bildhaften dieser eher romantischen Marktdeutung liegt ein **topographisches Verständnis des Marktes** zugrunde, das einen ersten Zugang zum Begriff des Marktes erschließt und dem näher nachzugehen lohnt. Schon das Forum der römischen Gesellschaft war Zentrum des öffentlichen Lebens, der Geschäftsabschlüsse und des Gerichts sowie der Rechtspflege. Zu allen Zeiten ist beobachtbar: Als Treff der Marktbürger ist der Markt der Ort gesellschaftlicher Kultur. Noch an jedem Samstagmorgen spiegelt der Marktplatz als Ort des Marktgeschehens die kartellrechtlichen Theorien zur Marktabgrenzung wider, die räumlich, zeitlich und sachlich vorzunehmen ist. Die Blumenfrau bietet an der bevorzugten Begegnungsstätte der Touristen oder am Nebenschauplatz des betulichen Vororts ihre Dahlien zu verschiedenen Preisen an, senkt kurz vor Marktende zur Mittagszeit ihre Preise für einen doppelten Strauß, fordert der Witterung wegen für die Blumen derzeit mehr als für das Gemüse. Der **Markt als lokale Stätte** ist jedem konkret und vertraut. Als Topos der Marktbürger ist der Marktplatz ein geographischer Ort des Wirtschaftens. 244

Der **Markt** ist der **ökonomische Ort des Tausches.** Erst im Blick der Wissenschaft verwandelt sich die Realität des Marktplatzes einer Stadt in den idealen Ort des Marktgeschehens in der Welt der ökonomischen Theorie. Der Markt wird zum gedachten Ort, an dem sich Angebot und Nachfrage eines bestimmten Wirtschaftsgutes begegnen. Das Rendezvous von Angebot und Nachfrage am Markt ist kein Spiel des Zufalls. Es ist ein intendiertes Arrangement der Bürger eines Gemeinwesens. Gesellschaftliche Zielsetzung der Einrichtung eines Marktes ist es, eine Begegnung der anbietenden Produzenten von Wirtschaftsgütern mit den nachfragenden Verbrauchern zu provozieren. An der Marktstätte wirtschaften freie Bürger. 245

c) Preistheorie des Marktes. Die Topographie des Marktes beschreibt das Ursprüngliche des Marktgeschehens. Diese Betrachtungsweise leitet über zu einem **modelltheoretischen** Verständnis des Marktes. Aus modelltheoretischer Sicht ist Aufgabe des Marktes als einer gesellschaftlichen Einrichtung die Preisermittlung. Der Markt bestimmt den Preis der angebotenen Waren. Nach der **Preistheorie** verstehen wir unter einem Markt die abstrakte Zusammenfassung aller Angebots- und Nachfragebeziehungen bezüglich eines bestimmten Wirtschaftsgutes unter dem Aspekt der Preisbildung.[244] Den noch unbekannten Preis des Wirtschaftsgutes zu ermitteln, den **Marktpreis,** das ist die Aufgabe des Marktgeschehens. Deshalb ziehen – um nochmals topographisch zu formulieren – die Händler auf die Marktplätze der Städte. Und modelltheoretisch gewendet: Der Marktpreis ist Ausdruck einer freien Preisbildung auf dem relevanten Markt eines Wirtschaftsgutes. 246

d) Dialogtheorie des Marktes. Das topographische und preistheoretische Verständnis des Marktes öffnet nunmehr den Blick zu einer **funktionalen** Betrachtung des Marktgeschehens. Der Markt ist ein **Instrument des Dialogs** der Bürger.[245] Indem dem Markt die Aufgabe zukommt, den Marktpreis zu bilden, ist der Markt nicht nur ein monetärer Mechanismus im gesamtgesellschaftlichen System einer Wirtschaftsordnung. Vielmehr erhellt schon diese kleine Skizze zum Markt: Grundbedingung des Marktes sind die individuellen Freiheiten des Bürgers. Der Markt ist Ausdruck eines freien Lebens in einer offenen Gesellschaft. Der Markt wird zu einer zentralen **Kategorie der Freiheit** in der bürgerlichen Gesellschaft. Der Markt als Freiheitsbürge bedeutet zugleich, dass das Dialoginstrument des Marktes notwendigerweise auch als eine **Kategorie der Verantwortung** 247

---

[244] Zur Preistheorie siehe *Siebert* Einführung in die Volkswirtschaftslehre, 14. Aufl., 2003, S. 99 ff; *Herberg* Preistheorie, 2. Aufl., 1989, Kap. 1, S. 19 ff.

[245] Siehe die schöne Schilderung des Marktes als eines Dialogs über Werte von *Fikentscher* Bd. I S. 10.

der Marktteilnehmer zu verstehen ist.[246] Der **Marktbezug der sozialen Grundwerte einer Gesellschaft** wird in dem dialogischen Marktwettbewerb – nach den verfassungsrechtlichen Vorgaben des Grundgesetzes und des EG-Vertrages – konkretisiert.

248 Der Markt ist – und das sei nachdrücklich auch mit Blick auf den Europäischen Binnenmarkt gesagt – mehr als ein abstrakt-formales Grundmodell ökonomischen Denkens. Schon aus diesem Grund ist der Markt genuin einer sozialistischen Wirtschaft fremd, etymologisch einer offenen Gesellschaft wesenseigen. Das gilt für Recht und Ökonomie zu gleichen Stücken. Der Markt ist das **Fundament einer freiheitlichen Rechts- und Wirtschaftsordnung.** Funktional ist der Markt verfasste Freiheit und zugleich verfasste Verantwortung im Sinne der Einheit von Marktfreiheit und Marktverantwortung.[247]

249 Markt gründet und vertraut auf den freien Konsens der Bürger. Doch ist nicht ausgeschlossen, eher naheliegend, dass eine jede bestimmte historische Gesellschaft die Marktfähigkeit einzelner Güter und Leistungen ablehnt und solche Güter und Leistungen aus dem Marktprinzip herausnimmt. Es kann zudem Zeiten geben, die auch solche des Übergangs oder einer Krise sein können, in denen die äußerste Knappheit eines lebensnotwendigen Gutes die Ursache für eine soziale Unverträglichkeit des Marktwertes bilden kann. Interventionen in Form einer Preisbindung oder Preislenkung können in solchen Situationen eines strukturellen oder systemischen **Marktversagens** das Gebot der Stunde sein. Der Wohnungsmarkt ist und bleibt nur ein Beispiel für eine solche Grenzsituation des Marktes. Die Notwendigkeit, Ausnahmebereiche des Marktes anzuerkennen, mindert nicht die grundlegende Bedeutung des Marktes zur Organisation der bürgerlichen Gesellschaft.

250 **e) Marxistische Marktkritik.** Die marxistische **Kritik am Marktwert,**[248] diesen verstanden als Tauschwert auf der Marktstätte, negiert die reale Grundlage des Marktpreises: den Konsens freier Marktbürger über das monetäre System des Marktes zur Preisbildung. Der Markt ist ein **einverständliches Verfahren der Wertermittlung.** Andere Instrumente der Wertbestimmung von Gütern und Leistungen sind selbstverständlich denkbar. Zu nennen sind nur die Delegation von Entscheidungen zur Preisfestsetzung an gesellschaftliche Gruppen oder Institutionen, die Einrichtung von Sachverständigenräten, die Maßgeblichkeit von Plänen des Staates oder von Wirtschaftseinheiten, die Abstimmung nach dem Mehrheitsprinzip oder vieles mehr bis hin zu dem zweifelhaften Glückslos in einer Lotterie.

251 Die Disparität der marxistischen Wertlehre zum marktwirtschaftlichen Preismechanismus beruht vornehmlich auf einem **Kompetenzkonflikt** zwischen Bürger und Staat. Im prinzipiellen Ansatz gilt: In der Marktwirtschaft entscheiden die Bürger in Verhandlungen, diskursiv, im Dialog – all das sind gleichsinnige Reden über das Verfahren des Marktes – über den Preis, der ihnen ein Gut oder eine Leistung wert ist. Der Gebrauchswert als Nutzen eines Gutes oder einer Leistung hat subjektiv und objektiv nur die Bedeutung eines Indikators im marktmäßigen Tauschprozess. Die marxistische Kritik des Marktprozesses, die an einer Differenzbestimmung zwischen Gebrauchswert und Marktwert ansetzt, die Abschöpfung des Mehrwerts vorhält und den Gebrauchswert anteilig den Wertschaffenden zuzuteilen sucht, bedarf einer staatlichen, politischen oder allgemeiner: **hierarchischen Instanz** zur Festsetzung der Güterwerte anhand einer Bewertung der Arbeit. Das perpetuum mobile des Marxismus ist die hierarchische Bewertung der menschlichen Arbeit. In der Theorie der bürgerlichen Gesellschaft wird diese ökonomische Strategie des Marxismus als die Notwendigkeit einer **Trennung von Staat und Gesellschaft** diskutiert, die Ausfluss des demokratischen Grundprinzips der Gewaltenteilung und Bedingung einer Verfassung von individuellen Bürgerrechten der Menschen ist. Marxismus widerstreitet den Marktfreiheiten der Bürger.

---

[246] → Rn 280ff.

[247] → Rn 280ff.

[248] Zur Auffassung über den Markt von *Karl Marx* siehe die kritische Darstellung von *Sik* Humane Wirtschaftsdemokratie 1979, S. 140ff, die lesenswert ist, auch wenn die Entwicklung der Ökonomie und Politik in den Staaten des Ostens im ausgehenden 20. Jahrhundert den Beweis führte, dass der vorgeschlagene „Dritte Weg" keine taugliche Reform des kommunistischen Systems bieten konnte.

f) Markt und Plan. In verkürzter Sprechweise sind Markt und Plan darstellbar als zwei **Typen der Rationalität**[249] menschlichen Wirtschaftens oder allgemeiner gesprochen: des gesellschaftlichen Handelns. Nach dieser Sicht der Dinge gründet **Planrationalität** auf der Annahme vorausschauender Gewissheit über die künftigen Marktdaten; der Planirrtum ist so vorprogrammiert. Er beruht auf einer Ungewissheit unseres Wissens über die Zukunft der Entwicklung von Wirtschaft und Gesellschaft. Anders geht **Marktrationalität** von der Offenheit des Marktgeschehens aus, da unser Wissen über den Ablauf des wirtschaftlichen Prozesses in der Gesellschaft notwendigerweise nur bruchstückhaft sein kann. **252**

Eine dialogische Markttheorie beschreibt den Markt als eine spontane Ordnung im Sinne von *Friedrich A. Hayeks* Idee der **Handelnsordnung** und der **Evolution.**[250] Die Akteure auf dem Markt bestimmen ihr Marktverhalten nach ihren individuellen Plänen als Marktteilnehmer; das sind (gewerbliche) Unternehmen und (private) Haushalte. Der Marktprozess verlangt von den Marktteilnehmern eine ständige Revision ihrer Planziele und aufgrund neu gewonnener Informationen über Marktdaten die wechselseitige Anpassung des Marktverhaltens. In dieser **Handelnskoordination des Marktverhaltens der Akteure auf dem Markt** zur wechselseitigen Anpassung der individuellen Wirtschaftsziele kommt die **Dynamik des Marktgeschehens** zum Ausdruck. **253**

g) Systemtheorie des Marktes. aa) Selbstkonstitution des Marktes als eines sozialen Systems. Eine dialogische Markttheorie, die auf einer Evolutionstheorie des Marktes beruht, ist zu ergänzen und wird bestätigt von einem neueren Forschungsansatz in der Soziologie des Marktes, auf den ein kurzes Streiflicht zu werfen ist. Ausgangspunkt ist die Deutung des Marktes als eines empirischen Phänomens; es handelt sich um ein **System organisierter Komplexität.** **254**

Als Teil einer evolutionären Markttheorie wendet sich diese empirische Erklärung des Marktprinzips gegen modellhafte Konstruktionen der **Industrieökonomik** und der neoklassischen Preistheorie. Der Vorhalt ist: Solche Gesamtmarktmodelle, die sich an der Vorstellung von allokationstheoretischen Gleichgewichtslagen, mathematischem Optimierungskalkül und allgemein an Prämissen der **Wohlfahrtsökonomie** orientieren, litten im Vergleich zu einer Evolutionstheorie des Marktes an einer modelltheoretischen Realitätsferne. **255**

Ohne diese Grundsatzkritik, der im Prinzip zuzustimmen ist, an dieser Stelle weiter auszubreiten, ist doch auf eine bedeutsame Akzentverschiebung bei der Gegenpaarbildung der Marktwirtschaft zur Planwirtschaft zu verweisen, die von der Systemtheorie des Marktes herausgearbeitet wird. Namentlich der Soziologe *Niklas Luhmann* hat die Systemtheorie anhand des Begriffs der **Selbstreferenz** – andere Begriffe sind Selbstorganisation, Reflexivität oder Autopoiesis – zu einer allgemeinen Theorie der sozialen Systeme fortgeschrieben.[251] Selbstreferenz innerhalb der Systemtheorie bedeutet in grober Vereinfachung: Ein soziales System reproduziert seine Funktionseinheiten, aus denen es besteht, aus sich heraus; es konstituiert sich selbst. Diese **Selbstkonstitution des sozialen Systems** wird ständig neu hergestellt; es reproduziert sich selbst. **256**

Wird die komplexe Organisation des Marktes als ein solches selbstreferenzielles System beschrieben, dann wird anschaulich, dass der Markt als ein soziales System nicht geplant werden kann. Die Marktwirtschaft produziert ihre institutionelle Umwelt originär. Anders gewendet: Das Marktgeschehen bringt, ständig fortschreitend, erst die Marktdaten hervor, die die Bedingungen des Marktverhaltens der Akteure auf dem Markt darstellen. Diese unkontrollierbare **Eigendynamik des Marktsystems** zwingt die Marktteilnehmer zu unmittelbaren Reaktionen auf verändernde Ereignisse im Marktgeschehen – wie etwa Entscheidungen in der Diskontpolitik, Kurseinbrüche von Leitwährungen, Rohstoffverknap- **257**

---

[249] Dazu *Dahrendorf* Markt und Plan 1966.

[250] Siehe dazu grundlegend *v. Hayek* Die Verfassung der Freiheit 1971.

[251] Grdl. *Luhmann* Soziale Systeme 1984; zum Begriff des Marktes *ders.* Die Wirtschaft der Gesellschaft, 1988 S. 91 ff.

pungen auf ausländischen Märkten und anderes mehr, wie internationale Krisen und Konflikte, Kriege und Naturkatastrophen.

258 **bb) Monetäre Marktvermittlung.** Aus solcher Warte erscheinen dann nicht mehr Markt und Plan als die eigentlichen Kontrahenten bei einer Organisation der Volkswirtschaft, sondern der Preismechanismus des Marktes ist die Funktionsbedingung der Marktwirtschaft. Mit anderen Worten: Geld ist instituierte Selbstreferenz.[252] Nach der Systemtheorie ist eine solche **monetäre Vermittlung des Marktgeschehens** das eigentliche Kennzeichen einer marktwirtschaftlichen Wirtschaftsordnung. Das ist auch der Grund, weshalb die Rahmenbedingungen einer Wirtschaftsverfassung – wie etwa die Daten des Rechts – als Instrumente einer regulativen Steuerung einer evolutionären Markttheorie nicht prinzipiell widerstreiten.

259 Eine historische Randnotiz glossiert gleichsam dieses systemtheoretische Verständnis des Marktes in der neueren Soziologie. Schon im Jahre 1946 schrieb einer der Väter der Marktwirtschaft in Deutschland, *Ludwig Erhard,* eine Anmerkung, die in die gleiche Richtung weist.[253] Der eigentliche Gegensatz bestehe nicht zwischen freier Wirtschaft und Planwirtschaft, wie auch nicht zwischen kapitalistischer und sozialistischer Wirtschaft, sondern zwischen Marktwirtschaft mit freier Preisbildung und staatlicher Befehlswirtschaft mit regulativem Eingriff auch in die Verteilung. *Erhards* Plädoyer galt deshalb dem Markt als Votum der gesamten Wirtschaftsgesellschaft.

260 **h) Markt als rechtsfunktionale Kategorie verfasster Freiheit und Verantwortung.** Jede modelltheoretische Version einer Marktlehre bleibt ohne den Rückgriff auf die individuellen Freiheiten des Marktbürgers als Grundbedingungen einer Markttheorie formal und inhaltsleer. Markt ist eine Kategorie der Freiheit und der Verantwortung in der bürgerlichen Gesellschaft. Einer rechtsfunktionalen Dialogtheorie des Marktes sind die individuellen Freiheiten des Marktbürgers – verstanden als **komplementäre Rechtsbereiche alternativen Handelns**[254] – originär und unabdingbar. Vor allem auch aus diesem Grunde ist eine sozialistische Marktwirtschaft ein Widerspruch in sich. Marx und Markt sind unvereinbar.

261 Der Markt als Ort des Dialogs der Bürger basiert auf den individuellen Freiheitsrechten im Sinne von **Unternehmensrechten, Verbraucherrechten** und allgemeinen **Bürgerrechten.** Die Dialogtheorie des Marktes[255] verweist einerseits auf die Optimierung der individuellen Bürgerrechte im Marktgeschehen und stellt andererseits den **Marktbezug** zu einer unabdingbaren Realisierung der sozialen Grundwerte einer konkreten historischen Gesellschaft her. Der Markt als verfasste Freiheitskategorie und verfasste Verantwortungskategorie organisiert sowohl das **monetäre Marktgeschehen** der Preisbildung als auch das **produktive Marktgeschehen** der Qualitätsausrichtung der unternehmerischen Leistungen; dazu gehört auch die ethische Verantwortung der Unternehmen und Verbraucher im Sinne der **Corporate Social Responsibility-Kriterien.** Der Markt als der zentrale Ort der Interaktion der Bürger als Marktteilnehmer dient nicht nur der individuellen und kollektiven Wohlstandsmehrung, sondern auch einer effektiven Verwirklichung der Individualrechte der Bürger im Sinne ihrer Würde und Selbstbestimmung. Das Entdeckungsverfahren des Marktes realisiert als ein soziales System sowohl die **ökonomischen Daten** als

---

[252] So *Luhmann* Die Wirtschaft der Gesellschaft, 1988, S. 16: „Geld hat keinen ‚Eigenwert', es erschöpft seinen Sinn in der Verweisung auf das System, das die Geldverwendung ermöglicht und konditioniert."

[253] *Erhard* in: Deutsche Wirtschaftspolitik, 1962, S. 16ff; *ders.* Studien zur Sozialen Marktwirtschaft, 1960.

[254] Zur Komplementärität und Reziprozität im Privatrecht siehe *Fezer* Teilhabe 1986 S. 365f (grdl. S. 64ff). In einem komplementär koordinierten Lebensbereich entscheidet die Person über die Alternativen ihres Handelns nach einem eigenen Programm der Lebensgestaltung. Die soziale Nützlichkeit des individuellen Verhaltens in concreto ist rechtlich ohne Belang. Der Rechtsinhaber nimmt keine ihm übertragenen Kompetenzen oder gesellschaftlichen Funktionen im Interesse der Gesellschaft wahr, sondern handelt „nach Belieben" im eigenen Interesse. Das ist der Sinn der personalen Freiheit: Autonomie als Selbstgesetzgebung.

[255] → Rn 247ff.

auch die **ethischen Standards** einer Gesellschaft innerhalb der Ordo des Marktrechts als einer verfassungsgebundenen Rahmenordnung.

2. Wettbewerbstheorien

a) Wettbewerbsfunktionen. Der Markt bedarf des Wettbewerbs. Markt ohne Wettbewerb ist wie ein Theater ohne Stücke. Das **Prinzip der Marktwirtschaft** ist der **Wettbewerb.** Der Wettbewerb ist Funktionsbedingung des Marktsystems. Doch was ist das: Wettbewerb? Der Streit innerhalb der Wettbewerbstheorie um das „Wesen des Wettbewerbs" ist brisant und längst nicht entschieden. Weithin Einigkeit herrscht nur im Grundsatz über die gesamtwirtschaftlichen Aufgaben, die dem Wettbewerb in einer Marktwirtschaft zugewiesen werden. Kontrovers diskutiert werden die Bedingungen, unter denen der Wettbewerb die gesamtwirtschaftlichen Probleme bestmöglichst zu lösen in der Lage ist. **262**

Als die wesentlichen **gesamtwirtschaftlichen Wettbewerbsfunktionen** sind zu nennen: einerseits die Bestimmung der **Angebotsstruktur** (Welche Waren werden produziert und welche Dienstleistungen erbracht, aber auch welche Herstellungsverfahren finden Anwendung?), andererseits die Bestimmung der **Nachfragestruktur** (Wie ist die Versorgung der Bevölkerung, die Distribution der Güter und Leistungen sowie deren Entsorgung zu organisieren?), aber auch die Verteilung des gesamtwirtschaftlichen **Produktionsergebnisses.** Die differenzierte Vielgestalt der Wettbewerbstheorien kann plakativ anhand von drei **Grundströmungen** beschrieben werden. **263**

b) Modell der vollkommenen Konkurrenz. Grundlage der klassischen Nationalökonomie *(Adam Smith, David Ricardo)* ist das idealtypische **Modell der vollkommenen Konkurrenz.**[256] Diese Wettbewerbstheorie ist eine Lehre von einem allokationstheoretisch definierten Gleichgewichtszustand. Ihr Inhalt leitet sich von der Bildung eines Gegenpaares ab: Hier Wettbewerb, der die Regel, und da Monopol, das die Ausnahme ist.[257] Die Theorie formuliert die Bedingungen, unter denen sich als Folge des freien Wettbewerbs ein Marktpreis in einem **Zustand des Gleichgewichts** zwischen Angebot und Nachfrage (Gleichgewichtsanalyse) bildet. **264**

Die **wesentlichen Bedingungen** des Wettbewerbsmodells der Neoklassik in der wissenschaftlichen Ökonomie sind namentlich: die Existenz einer Vielzahl von Anbietern und Nachfragern von gleicher Marktstärke, die Homogenität der angebotenen Waren und Dienstleistungen, die Einheitlichkeit der geforderten Preise, die Freiheit des Marktzugangs für alle Marktakteure, sowie die Transparenz der Märkte für Anbieter und Nachfrager. Diese Marktform des vollkommenen Wettbewerbs legte noch der Gesetzgeber dem Gesetz gegen Wettbewerbsbeschränkungen (GWB) zugrunde, der den Schutz des Wettbewerbs als eine staatliche Aufgabe verstand. **265**

Es ist die modelltheoretische Annahme dieser neoklassischen Wettbewerbstheorie wirklichkeitsfremd. Die Annahme einer vollkommenen Konkurrenz widerspricht als eine erkenntnistheoretische Konstellation der Preislehre der Wirklichkeit des Wirtschaftslebens. Ein solches Nirwana[258] eines Zustandes vollkommener Konkurrenz ist für die Realität eines Marktsystems unbrauchbar, das die erheblichen Marktdaten erst im Wettbewerbsgeschehen zwischen den Marktteilnehmern ermittelt. Dem Modell einer vollkommenen Konkurrenz liegt eine **statische Vorstellung vom Wettbewerb** zugrunde. Demgegenüber gehen moderne Wettbewerbstheorien von der Dynamik des wirklichen Wettbewerbs in der Realität des Marktgeschehens aus. Der Wettbewerb ereignet sich in einer **zeitlichen Abfolge verschiedener Phasen** und in einem Wechsel von kompetitiven und monopolistischen Marktverhältnissen. Als ein **dynamisches Geschehen** bestimmt der vorstoßende (agierende) und der nachfolgende (reagierende) Wettbewerb das Verhalten der Marktteilnehmer **266**

---

[256] Zu den Marktformen siehe nur *Eucken* 9. Aufl. 1989, S. 109 ff, 256 Fn 34.
[257] Zur Abgrenzung der Konkurrenz vom Monopol siehe nur *Eucken* (1989) S. 97 ff.
[258] So die schöne Formulierung von *Hoppmann* (1981) 231.

auf einem relevanten Markt. Die **Abgrenzung des relevanten Marktes** erfolgt nach sachlichen, räumlichen und zeitlichen Kriterien.

267 **c) Konzeptionen einer workable competition.** Funktionale Konzeptionen einer **workable competition,** namentlich begründet von *John M. Clark,*[259] unterscheiden sich zwar im einzelnen voneinander, gehen jedoch gemeinsam von der Möglichkeit sogenannter **Markttests** aus. Das Wettbewerbsgeschehen ist anhand eines Katalogs von Merkmalen der **Marktstruktur,** des **Marktverhaltens** und der **Marktergebnisse** dahin zu überprüfen, ob der Wettbewerb die ökonomischen Aufgaben erfüllt, die ihm von der Wettbewerbspolitik zugeschrieben werden. Die Konzeption der workable competition wurde zur Grundlage funktionaler Wettbewerbstheorien, die den Wettbewerb als ein Instrument zur Erreichung gesamtwirtschaftlicher Zielsetzungen verstehen.

268 Vorgabe einer solchen **Theorie eines funktionsfähigen Wettbewerbs** – in Deutschland namentlich von *Erhard Kantzenbach*[260] formuliert – ist es, dem Wettbewerb im Marktgeschehen verschiedene statische und dynamische Funktionen zuzuschreiben. Nach diesem instrumentalen Verständnis vom Wettbewerb wird **optimale Wettbewerbsintensität** in einem weiten Oligopol mit geringer Produktdifferenzierung erreicht. Danach ist es Aufgabe der staatlichen Wettbewerbspolitik, die Balance zwischen Marktstrukturen eines vollkommenen und eines unvollkommenen Wettbewerbs zu wahren, einer Vermachtung der Märkte zu wehren und so dem Wettbewerb als einem allgemeinen Ordnungsprinzip der gesamten Volkswirtschaft bestmögliche Geltung zu verschaffen. Dieser Wettbewerbskonzeption war namentlich in der nationalen Praxis des Wirtschaftslebens nachhaltiger Einfluss beschieden, da sie zum neuen Leitbild des funktionsfähigen Wettbewerbs *(Wolfgang Kartte)*[261] erklärt wurde und sich in der Praxis des Bundeskartellamtes niederschlug.

269 **d) Theorie der Wettbewerbsfreiheit.** Die berechtigte Kritik an den workability-Konzeptionen kommt vor allem aus dem Lager der liberalen oder neoklassischen Wettbewerbstheorien. Es ist nicht zu verkennen: Die operationalen Wettbewerbstheorien eines funktionsfähigen Wettbewerbs geraten in einen notwendigen Widerstreit zu einem (neo)liberalen Verständnis von der Wettbewerbsfreiheit.

270 Nagelprobe ist die sogenannte **„Dilemma-These“.** Grundlage funktionaler Wettbewerbspolitik ist nämlich die Annahme eines Zielkonflikts zwischen der Wettbewerbsfreiheit und der Ökonomie der Marktergebnisse, wie sie die Realität des Wirtschaftslebens hervorbringt. Dieser Spannungszustand ermächtige den Staat zu weitreichenden Eingriffen in das Wettbewerbsgeschehen. Demgegenüber vertraut die neoklassische Wettbewerbstheorie, die namentlich von *Erich Hoppmann*[262] formuliert wurde, auf das ökonomische Optimum als die natürliche Folge der Wahrnehmung von Wettbewerbsfreiheit. Diese **Theorie der Wettbewerbsfreiheit** ist eine Theorie der optimalen Wettbewerbsintensität. Aufgabe der staatlichen Wettbewerbsordnung ist es allein, **künstliche Schranken im Wettbewerb** auszuschalten. Plakativ formuliert: Die Verhinderung von Wettbewerb ist zu verhindern.

271 Die Wettbewerbsfreiheit selbst wird zum normativen Ansatz des gesamten Wettbewerbsrechts gemacht. Wettbewerbsfreiheit meint die Freiheit aller Teilnehmer am Marktgeschehen, die Freiheit der Anbieter von Waren und Dienstleistungen **(Angebotsfreiheit),** sowie die Wahlfreiheit der nachfragenden Verbraucher **(Konsumentensouveränität).** Ein Optimum an Wettbewerbsfreiheit verbürgt allein die Steuerung des Marktgeschehens nach den individuellen Plänen der verschiedenen Akteure auf dem Markt. Aufgabe des Rechts ist es allein, eine **Rahmenordnung** von Verhaltensregeln am Markt zu erstellen.

---

[259] *John Maurice Clark* Toward a Concept of Workable Competition, A. E. R. 30 (1940) 241 ff; *ders.* Competition as a Dynamic Process, Washington/D. C. 1961.

[260] *Kantzenbach* 1967.

[261] *Kartte* 1969.

[262] Siehe nur *Erich Hoppmann* Das Konzept der optimalen Wettbewerbsintensität, JNSt. 179 (1966) 286 ff; auch *ders.* Wirtschaftsordnung und Wettbewerb, 1988; ferner *Hans-Eckard Lampe* Wettbewerb, Wettbewerbsbeziehungen, Wettbewerbsintensität, 1979; *Dieter Schmidtchen* Wettbewerbspolitik als Aufgabe, 1978.

Die Theorie von der optimalen Wettbewerbsintensität qua Wettbewerbsfreiheit, die hier ansatzweise geschildert, heute noch ausdifferenzierter formuliert wird, gewinnt zunehmend, und, wie ich meine zu Recht, deutlich auch an rechtswissenschaftlichem Gewicht und an praktischer Durchsetzung. Sie ist nicht denkbar, ohne die grundlegenden Vorarbeiten von *F. A. von Hayek,* dessen Evolutionstheorie des Marktes als Handelnsordnung schon beschrieben wurde.[263] Ich möchte *von Hayek* selbst zu Wort kommen lassen und aus seinem vielleicht berühmtesten Vortrag zitieren, dessen Titel zu einem geflügelten Wort innerhalb der neueren Wettbewerbstheorie, wenn nicht gar allgemein der Gesellschaftstheorie geworden ist: „Der Wettbewerb als Entdeckungsverfahren."[264] 272

Es ist „nützlich, sich ins Gedächtnis zu rufen, dass überall dort, wo wir uns des Wettbewerbs bedienen, dies nur damit gerechtfertigt werden kann, dass wir die wesentlichen Umstände nicht kennen, die das Handeln der im Wettbewerb Stehenden bestimmen. Im Sport oder bei Prüfungen, bei dem Vergeben von Regierungsaufträgen oder der Verleihung von Preisen für Gedichte und nicht zuletzt in der Wissenschaft, wäre es offensichtlich sinnlos, einen Wettbewerb zu veranstalten, wenn wir im voraus wüssten, wer der Sieger sein wird. Daher möchte ich, wie ich im Titel dieses Vortrags zum Ausdruck gebracht habe, den Wettbewerb einmal systematisch als ein Verfahren zur Entdeckung von Tatsachen betrachten, die ohne sein Bestehen entweder unbekannt bleiben oder doch zumindest nicht genutzt werden würden." 273

Und an anderer Stelle: „Diese wechselseitige Anpassung der individuellen Pläne wird dabei durch einen Vorgang zustandegebracht, den wir, seitdem die Naturwissenschaften auch begonnen haben, sich mit spontanen Ordnungen oder ‚selbst-organisierenden Systemen' zu befassen, gelernt haben, als negative Rückkoppelung zu bezeichnen." 274

Und weiter unter Rückgriff auf *Adam Smiths* Ideen von der Wirtschaft in seinem Wohlstand der Nationen: „Die ‚unsichtbare Hand', die die Preise reguliert, drückt offenbar diese Vorstellung aus. Was *Smith* sagt, ist im wesentlichen, dass auf einem freien Markt die Preise durch negative Rückkoppelung bestimmt werden." 275

Es muss bei diesen kurzen Hinweisen sein Bewenden haben. Festzustellen ist, dass es zwar auf der einen Seite das Verdienst der funktionalen Wettbewerbstheorien ist, die Dynamik des Wettbewerbs als eines komplexen Phänomens in den Vordergrund sowohl einer wirtschaftspolitischen wie auch einer wettbewerbsrechtlichen Betrachtung des Marktgeschehens gerückt zu haben. Es ist zugleich auf der anderen Seite das Verdienst der neoklassischen und neoliberalen Wettbewerbstheorien, der Freiheit der Marktteilnehmer in einem offenen Verfahren des Wettbewerbs im Gegensatz zum Plan einer gelenkten Staatswirtschaft zu einer bestmöglichen Geltung zu verhelfen. 276

III. Theorie der verantworteten Marktwirtschaft

1. Evolutionstheorie des Marktes und des Wettbewerbs

a) Regelungsaufgaben des Gesetzgebers zur Gewährleistung optimaler Wettbewerbsintensität. Grundlage des Wettbewerbs in einer freien Marktwirtschaft ist die Freiheit der wirtschaftlichen Betätigung aller **Marktteilnehmer;** das sind die **gewerblichen Unternehmen** und die **privaten Verbraucher.** Der wirtschaftliche Wettbewerb steuert das Marktgeschehen. Ein offener Verhaltensprozess der Akteure am Markt bestimmt die Marktstrukturen und die Marktergebnisse. Eine **marktwirtschaftliche Wettbewerbsordnung** als ein soziales System wirkt zwischen den Akteuren auf dem Markt auf der Grundlage einer geltenden Rechtsordnung. Aufgabe des Rechts ist es, das wettbewerbliche Marktsystem, das sich als eine spontane Ordnung in einer offenen Gesellschaft evolutiv entfaltet, als eine **soziale Institution der Gesellschaft** zu garantieren. Nach der 277

[263] → Rn 277.
[264] *v. Hayek* 1968 S. 3, 10.

Theorie der Wettbewerbsfreiheit stellt das Recht eine **gesetzliche Rahmenordnung** für Verhaltensregeln der Marktteilnehmer mit der Zielsetzung zur Verfügung, die Intensität eines freien Wettbewerbs auf offenen Märkten zu optimieren.[265]

278 Um einen wirkungsvollen Schutz der Wettbewerbsfreiheit zu gewährleisten, gehört es zu den **Regelungsaufgaben** des Gesetzgebers, den freien Zugang zum Markt für alle Marktteilnehmer zu garantieren, den potentiellen Wettbewerb als Teil des Marktgeschehens mitzuberücksichtigen, neben dem Angebotswettbewerb auch den Nachfragewettbewerb zu schützen, Verfälschungen des Wettbewerbs durch die missbräuchliche Ausübung wirtschaftlicher Macht marktstarker Unternehmen abzuwehren, die Entfaltung eines globalen Leistungswettbewerbs mit dem Preis, der Produktqualität und der Prozessqualität im Sinne der Nachhaltigkeit vor dem Nichtleistungswettbewerb mit leistungsfremden Wettbewerbsmitteln zu bevorzugen, die Konsumentensouveränität der Verbraucher im Sinne der Wahl- und Entscheidungsfreiheit am Markt als einen Teil des Marktgeschehens zu schützen und Markttransparenz im Sinne eines verbraucheraufklärenden Informationsmodells herzustellen. Auf diese Weise erhält die bessere Leistung auf dem Markt im Leistungsvergleich der Wettbewerber ihre Chance. Man kann umschreiben: **Wirtschaftlicher Wettbewerb** ist das eigenverantwortliche Streben aller Marktteilnehmer nach der bestmöglichen Verwertung der eigenen Leistung auf einem Markt der Anbieter und Nachfrager im Interesse der Verbraucher.

279 **b) Kritischer Rationalismus und marktwirtschaftliche Wettbewerbstheorie.** Eine nicht zu übersehende verwandtschaftliche Nähe besteht zwischen der Theorie der Wettbewerbsfreiheit und der von *Karl Popper* begründeten **Wissenschaftstheorie des kritischen Rationalismus.**[266] Auch Poppers Erkenntnislehre ist eine Evolutionstheorie, in der die Kritik das Instrument zur Widerlegung von Theorien ist, um die Probleme der Menschen nach der bestmöglichen Theorie zu lösen. Der kritische Rationalismus beruht auf dem Verzicht auf die Entscheidbarkeit der Wahrheit und auf einem Menschenbild, das von der prinzipiellen Fehlbarkeit des Menschen und seines Wissens um die Welt (Fallibilismus) ausgeht. Als eine **pluralistische Theorie der offenen Gesellschaft** bietet *Poppers* Erkenntnistheorie zugleich einen philosophischen Ausgangspunkt für eine **marktwirtschaftliche Wettbewerbstheorie** auf der Grundlage des Verfassungsrechts des Grundgesetzes.[267]

2. Marktwettbewerb zwischen Freiheit und Verantwortung

280 Markt ist ein gesellschaftliches Instrument zur Verwirklichung individueller Freiheit. Freiheit ist ohne Verantwortung nicht denkbar. Das gilt für die Freiheit des einzelnen Menschen wie für die sozialen Systeme in einer freien Gesellschaft. In diesem Sinne wird **Marktwettbewerb** zugleich zu einem **Prinzip der Individualfreiheit** der einzelnen Marktteilnehmer als auch zu einem **Prinzip der Sozialordnung** eines Gemeinwesens. Zur Selbstverwirklichung des Menschen gehören Selbstbestimmung und Selbstverantwortung zu gleichen Stücken. Die Diskussion um die Verantwortung der Markt- und Wettbewerbsfreiheit wurde bislang nur unzureichend geführt. Vordringliche Aufgabe ist es, die Inhalte der Marktverantwortung näher zu bestimmen und Strategien zur Lösung der gesellschaftlichen Probleme zu entwickeln, die auf der Verantwortungsseite der Marktbilanz einzustellen sind.

281 Als eine **evolutive Theorie der verantworteten Marktwirtschaft** kann die Fortschreibung der Theorie der sozialen Marktwirtschaft, die eine Synthese zwischen marktwirtschaftlicher Wettbewerbsordnung und den sozialen Aufgaben des Staates in einer Ge-

[265] Zur Theorie der optimalen Wettbewerbsintensität → Rn 268.

[266] Siehe nur *Karl Popper* Logik der Forschung, 10. Aufl. 1994; *ders.* Die beiden Grundprobleme der Erkenntnistheorie, 2. Aufl. 1994; *ders.* Objektive Erkenntnis – Ein evolutionärer Entwurf, 2. Aufl. 1994; *ders.* Die offene Gesellschaft und ihre Feinde, 8. Aufl. 2003.

[267] Zu einer *pluralistischen Rechtstheorie* der offenen Gesellschaft siehe *Fezer* Teilhabe 1986 S. 368 ff; *ders.* JZ 1985, 762 ff.

sellschaft sucht, formuliert werden. Unter einer Theorie der verantworteten Marktwirtschaft verstehe ich die Fortschreibung der Theorie der sozialen Marktwirtschaft, die – im Übergang der altliberalen Nationalökonomie von *Franz Böhm* und *Walter Eucken* zum Neoliberalismus und Ordoliberalismus im Sinne der neoklassischen Ökonomie – eine Integration der sozialen Staatsaufgaben in das Freiheitsmodell des Marktwettbewerbs darstellte. Eine Theorie der verantworteten Marktwirtschaft im Sinne einer **Evolutionstheorie des Marktes und des Wettbewerbs** geht einen Schritt weiter. Ausgangspunkt ist die Annahme: Es ist den Prinzipien des Marktes und des Wettbewerbs immanent, nicht nur gesellschaftliches Handeln zur Optimierung der Wettbewerbsintensität zu fördern, sondern nicht minder Strategien zur Wahrnehmung gesellschaftlicher Verantwortung zu entwickeln. **Marktfreiheit** und **Marktverantwortung** sind die beiden – wenn auch zu unterscheidenden – Seiten ein und derselben Medaille einer marktwirtschaftlichen Wettbewerbsordnung.

Dieser normative Denkansatz, der die Prinzipien der Freiheit und Verantwortung im Marktsystem zu integrieren sucht, zeigt sich an dem **Verhältnis von Ökonomie und Ökologie.** In der Theorie der Marktwirtschaft wurde in ihren Anfängen und wird auch heute noch weithin etwa davon ausgegangen, dass dem Marktsystem ein Defizit an Schonung der Umwelt wesenseigen sei. Der Markt tendiere als ein dezentrales Entscheidungssystem auf eine externe Verlagerung der Umweltkosten. Eine Folge dieser Annahme ist es, dass vornehmlich dem Staat die Aufgabe zukommt, Maßnahmen der Kompensation von Umweltschäden zu ergreifen. Sarkastisch formuliert, kommt dem Staat die Rolle eines Reparaturbetriebs in Sachen Umwelt zu. Anders geht eine evolutive Theorie der verantworteten Marktwirtschaft von der Annahme aus: Es folgt aus dem Prinzip der Verantwortung der Marktwirtschaft, im Marktsystem selbst das Prinzip der Ökologie zu verankern. Die **ökologische Orientierung der Ökonomie** ist eine vom Marktsystem zu leistende Strategie. Die gesetzlichen Rahmenbedingungen der marktwirtschaftlichen Wettbewerbsordnung bedürfen einer Veränderung dahin, dass Produktion, Distribution, Verbrauch und Entsorgung sich an den **Präferenzen für ein ökologisches Wachstum** ausrichten. Eine evolutive Theorie verantworterer Marktwirtschaft ist in der Lage, sich zugleich freiheitlich, solidarisch, ökologisch und sozial zu entfalten. 282

3. Transnationale Marktwirtschaft und Ökonomie der Entwicklungs- und Schwellenländer

In einer globalen Welt der internationalen Wirtschaftsbeziehungen wird die Notwendigkeit einer Integration der marktwirtschaftlichen Verantwortung in das wettbewerbliche Marktsystem an der **Ökonomie der Entwicklungs- und Schwellenländer** und deren Arbeitsverhältnissen und Lebensstandards im Verhältnis zu den Industrienationen anschaulich. Die Theorie der Marktwirtschaft war im Ansatz und im historischen Kontext eine Lehre für nationale Märkte. Die Gegenwart einer fortschreitenden Internationalisierung der Wirtschaft beschreibt ein anderes Bild. **Marktwirtschaft ist transnational.** Die industrielle Produktion agiert mit internationaler Arbeitsteilung in Ländern unterschiedlichen Sozialniveaus, das Angebot von Waren und Dienstleistungen erfolgt im Wege der Distribution auf internationalen Märkten und die Produktentsorgung wird global organisiert. Das bedeutet: Die Existenz nationaler wie multinationaler Unternehmen hängt von ihrer **internationalen Wettbewerbsfähigkeit** ab. 283

Nicht erst gegenwärtig[268] ist das System der Weltwirtschaft von zwei Koordinaten charakterisiert: Eine weltweite **Interdependenz der nationalen Volkswirtschaften** zum einen, deren geschichtlicher Werdegang zur Blüte in der Ersten Welt von Nationalstaatlichkeit und Staatsouveränität markiert ist; ein **Nord-Süd-Gefälle** zu den übrigen bis zur Vierten der Welten zum anderen, das die Entwicklungsländer in ihrem Kampf gegen Hunger und Armut in den internationalen Wirtschaftsbeziehungen mit den Industrienationen 284

[268] Siehe dazu schon *Fezer* JZ 1990, 657, 661 ff.

verbindet, einer Schicksalsgemeinschaft gleich. Spätestens seit die Generalversammlung der vereinten Nationen schon im Jahre 1974 die Errichtung einer **Neuen Weltwirtschaftsordnung** deklarierte, ist rund um den Erdball eine intensive Diskussion um die politischen, wirtschaftlichen, sozialen, ökologischen, kulturellen und rechtlichen Rahmenbedingungen einer internationalen Wirtschaftsverfassung entbrannt. In der aktuellen Weltfinanzkrise wird die Problematik nur virulent. Das angestrebte Ziel war und ist eine **Veränderung der Weltwohlfahrt** und damit des Wohlstandsniveaus zu Gunsten der Entwicklungs- und Schwellenländer.

285 Offenkundig zu kurz greift zwar der Vorhalt, der Reichtum der Industrienationen beruhe auf einer Ausbeutung der Länder in Armut, zumal dann, wenn eine Diskreditierung des Marktsystems ins Auge gefasst wird. Offenkundig in gleicher Weise ist allerdings einzuräumen, dass mit der Internationalisierung der marktwirtschaftlichen Wettbewerbsordnung und der Ausdehnung des Immaterialgüterrechtsschutzes[269] die Wahrnehmung einer **internationalen Marktverantwortung** nicht Schritt gehalten hat.

286 Unabdingbar ist eine beschleunigte Integration der Entwicklungs- und Schwellenländer in das System einer weltwirtschaftlichen Arbeitsteilung, die innerhalb der Rahmenordnung einer transnationalen Marktwirtschaft organisiert wird. Die Unausweichlichkeit einer globalen Umverteilung vorhandener Ressourcen bedarf vielfältiger Instrumente einer Kooperation und Integration im Weltwirtschaftsverkehr zwischen den Entwicklungs- und Schwellenländern und den Industrienationen. Wirtschaftliche Eigenständigkeit im Geleit politischer Unabhängigkeit wird dabei Garant der Stabilität in den Staaten der Dritten Welt sein.

287 Ein **Instrument kooperativer Wirtschaftsbeziehungen,** das einer rechtlichen Integration in das Lauterkeitsrecht und allgemein in das Wettbewerbsrecht bedarf, stellt die **Globalisierung der ethischen Unternehmensverantwortung** im Sinne der **Nachhaltigkeitsstrategien** und die rechtliche Anerkennung der **Corporate Social Responsibility-Kriterien** (CSR) dar.

4. Vom homo oeconomicus zum homo constitutionis

288 **a) Pluralistische Rechtstheorie.** Markt als spontane Ordnung freier Bürger ist die Klammer von Wirtschaft und Verfassung. Aufgabe der Rechtswissenschaft ist es, die **verfassungsgebundene Wirtschaftsordnung** auf der Grundlage grundgesetzlicher Inhalte zu beschreiben. Die Wirtschaftsverfassung der marktwirtschaftlichen Wettbewerbsordnung ist Teilstück der Konzeptualisierung einer **pluralistischen Theorie der Gesellschaft und des Rechts.**[270] Aus der Warte der Pluralismustheorie[271] ist das ökonomische Rechtsdenken einer Kritik zu unterziehen.

---

[269] Die berechtigte Forderung nach einem *Technologietransfer* in die Entwicklungs- und Schwellenländer darf die Ambivalenz von Technologie, die zur Zeit noch primär an den Bedürfnissen und Interessen der Industrienationen ausgerichtet ist, im Hinblick auf die Wirtschafts- und Sozialstrukturen der Entwicklungsländer, sowie deren originärer Kultur nicht verkennen. Dem Bild von der technologischen Lücke, das die Unterentwicklung der Dritten Welt im Wesentlichen als einen Mangel an Technologie beschreibt, wurde längst das Bild von der technologischen Falle entgegengehalten, das auf den unleugbaren Zusammenhang zwischen Hochtechnologie, Kapitalintensität, Sozialwesen und Beschäftigungsstruktur aufmerksam macht. Ältere Modernisierungstheorien, die Strategien einer Industrialisierung, Technologisierung, sowie sozialen und politischen Mobilisierung propagieren, und jüngere Dependenztheorien, die von einer Entwicklung der Unterentwicklung warnen und als Folge einer strukturellen Abhängigkeit der Entwicklungsländer diese als Peripherie der Metropolen der Industriestaaten beschreiben, sind nur zwei konträre Denkschulen der Entwicklungstheorien. Internationale Technologiepolitik und Technologietransfer ist als ein wesentlicher Teil einer verantworteten Politik der Entwicklungshilfe notwendig ein Akt der internationalen Marktverantwortung.

[270] Siehe zu einer pluralistischen Rechtstheorie der offenen Gesellschaft *Fezer* JZ 1985, 762 ff; dazu die Erwiderung von *Ott/Schäfer* JZ 1988, 213, 223 ff; dazu die Antwort von *Fezer* JZ 1988, 223 ff; siehe dazu grundlegend und abgewogen *Eidenmüller* Effizienz als Rechtsprinzip, 1995.

[271] Siehe zur Pluralismuskontroverse *Zacher* FS für Sten Gagnér 1990, S. 579 ff; *Brugger* Der Staat 29 (1990) S. 497 ff.

b) Kritik der ökonomischen Rechtstheorie. Die **ökonomische Rechtstheorie** bestimmt die Grundlagen von Wirtschaft und Verfassung einseitig nach den Postulaten ökonomischer Effizienz.[272] Innerhalb der ökonomischen Theorie der Gesellschaft wird der Ökonomismus zu einem Theorem, an dem sich die Ordnungen der Gesellschaft ausrichten sollen. 289

aa) Das Menschenbild des homo oeconomicus. Der ökonomischen Rechtstheorie liegt das Menschenbild des homo oeconomicus zugrunde, das einer evolutiven Theorie der verantworteten Marktwirtschaft als Teil einer pluralistischen Rechtstheorie konträr widerstreitet. Jedem Juristen ist die Einsicht vertraut, dass das **Menschenbild,** das er sich zu Eigen macht, sein **Rechtsdenken** bestimmt. Es ist eine jede Rechtsordnung zu allen Rechtszeiten auf ihr Bild von Menschen befragbar. Man hat die Bindung des Rechts an den Menschen einmal als negatives Naturrecht bezeichnet. Hominum causa omne ius constitutum. In vielfältiger Weise haben die Naturrechtslehren der Neuzeit die Natur des Menschen instrumentalisiert.[273] 290

Das Menschenbild im Konzept der ökonomischen Rechtstheorie ist der homo oeconomicus.[274] Das **universale Verhaltensmodell des homo oeconomicus** formuliert die Entscheidungsrationalität des Menschen auf der Grundlage der Selbstliebe und des Eigennutzes. Besonders prononciert offenbart sich das Menschenbild eines schieren Nutzenmaximierers im sogenannten REMM-Menschen.[275] REMM-Mensch ist der recourceful, evaluative, maximizing man, der als ökonomischer Rollenträger die Rechtsplanung bestimmen soll. Wenn ökonomische Rechtstheoretiker der Kritik am Ökonomismus, die wider eine Rechtsgestaltung nach dem ökonomischen Kalkül streitet, vorhalten, diese polemisiere gegen einen methodischen Individualismus und schreibe dem Menschen im Recht vor, wie er sein solle, statt den Menschen, wie er sei, anzunehmen,[276] dann ist diese Kritik umzukehren. Es ist gerade die ökonomische Rechtstheorie, die von der Verbindlichkeit eines Menschenbildes für die Zukunftsgestaltung des Rechts ausgeht. Die salvatorische Klausel, es werde mit der Annahme, die Wertorientierung des homo oeconomicus sei in der Regel Egoismus und Eigennutz, nicht postuliert, der Mensch solle sich so verhalten, sondern nur behauptet, er tue dies in aller Regel, verhilft wenig. Denn wenn die ökonomische Rechtstheorie die Rechtsgestaltung auf die Wertvorstellungen des homo oeconomicus festschreibt, dann erzwingt die Rechtsgeltung der Rechtsnormen die Verbindlichkeit dieses Menschenbildes der Ökonomie im Recht. Das ökonomische Verhaltensmodell beschneidet den Individualismus methodisch auf den Menschen als selbstgefälligen Nutzenmaximierer. In der Tat: Das mag ein jeder Bürger in einem freien Land mit sich selbst ausmachen. Doch die Idee des Rechts, das auf die **Kultur der Grundrechtsdemokratie** gründet, nimmt am einseitigen[277] Menschenbild des homo oeconomicus Schaden. Denn es ist ein 291

---

[272] Siehe dazu grundlegend *Posner* Economic Analysis of Law, 1. Aufl., 1972 („Whatever its deficiencies, the economic theory of law appears to be the most promising positive theory of law extant.", S. 21); *Leff* Economic Analysis of Law: Some Realism about Nominalism, Virginia Law Review 60 (1974), S. 451 ff; *Polinsky* Economic Analysis as a Potentially Defective Product: A Buyer´s Guide to Posner´s Economic Analysis of Law, Harvard Law Review 87 (1973/74), S. 1655 ff; *Schäfer/Ott* Lehrbuch der ökonomischen Analyse des Zivilrechts, 4. Aufl., 2005; *Kötz/Schäfer* Judex oeconomicus 2003.

[273] Siehe zum Subjektivismus im neuzeitlichen Naturrecht *Fezer* Teilhabe und Verantwortung 1986 S. 173 ff.

[274] *McKenzie-Tullock* Homo oeconomicus, Ökonomische Dimensionen des Alltags 1984; *Schünemann* ARSP 1986, 502 ff; *Zintl* Analyse und Kritik 11 (1989) S. 52 ff; *Kirchgässner* JZ 1991, 104 ff.

[275] Dazu *Tietzel* ZfW 1981, 207, 218 ff.

[276] So *Kirchgässner* JZ 1991, 104 ff.

[277] Der homo oeconomicus mag eine brauchbare Abstraktion zur Theorienbildung in der Politischen Ökonomie sein. Die Realität der bunten Vielfalt menschlichen Lebens verfehlt er. Deshalb sind auch erhebliche Zweifel an den empirischen Annahmen dieses Menschenbildes angebracht; doch mag dies hier auf sich beruhen. Zum Rationalitätsmodell des homo oeconomicus siehe nur die romanhaft eingekleideten Aussagen von *Galbraith* A Tenured Professor 1990, der mit Fug die Annahme rationalen Handelns der Wirtschaftssubjekte bezweifelt. Schon *Dahrendorf* Homo Sociologicus, 16. Aufl., 2006, S. 119 hat zum homo sociologicus einsichtig bemerkt, dass für den Soziologen die menschliche Natur durch das Prinzip des Rollenkonformismus nicht richtig beschrieben werde, vielmehr bestehe nahezu ein Gegensatz zwischen seiner

jeder Octroi eines Menschenbildes einer Rechtsordnung fremd, die von den individuellen Freiheiten des Menschen ausgeht.

292 **bb) Das Menschenbild des homo constitutionis.** Das Menschenbild im Recht einer Verfassung der Freiheit und Würde des Menschen im Sinne des Grundgesetzes ist der **homo constitutionis.** Dieses Menschenbild im Recht der offenen Gesellschaft einer Grundrechtsdemokratie ist notwendigerweise plural. Es lässt die Vielgestalt der Menschenbilder im Rahmen einer freiheitlichen Verfassung zu. Das offene Menschenbild ist aber nicht willkürlich. Homo constitutionis ist ein Mensch der Grundrechtsdemokratie. Die Menschen- und Grundrechte, die Prinzipien des Grundgesetzes und der Länderverfassungen, das Gemeinschaftsrecht der Europäischen Union, sowie die rechtserheblichen Vorgaben der internationalen Konventionen und Erklärungen bilden die rechtlichen Rahmenbedingungen, innerhalb derer allein inhaltliche (Teil)Aussagen über das Menschenbild einer pluralistischen Gesellschaft rechtsverbindlich zu treffen sind. Das Recht beschreibt nur Facetten des Menschen, soweit die Verrechtlichung der menschlichen Freiheit reicht. Das Totale des Menschen, das der homo oeconomicus dekretiert, ist nicht im Blick des Rechts. So tritt der Verfassungsmensch an die Stelle des Wirtschaftsmenschen im Recht. Aus erkenntnistheoretischer Sicht geht damit die Überlegenheit einer **Evolutionstheorie der freiheitlichen Vernunft** gegenüber der Zweckrationalität eines methodischen Individualismus einher, die aus Gründen einer konstitutionellen Unwissenheit des Menschen besteht.[278]

293 Der homo constitutionis ist das Menschenbild einer **Kulturtheorie des Rechts,** die Recht als Interdependenz gesellschaftlicher Ordnungen einer offenen Gesellschaft auf der Grundlage von Verfassung und Menschenrechten beschreibt. Die Verfassung nimmt die Wirtschaft in Obhut, nicht umgekehrt die Wirtschaft die Verfassung in Griff. Aus diesen Gründen ist die ökonomische Theorie des Rechts und der Gesellschaft kein Programm eines freiheitlichen Rechtsdenkens.

IV. Die Rechtsverbindlichkeit der sozialen Marktverantwortung

1. Soziale Grundwerte als Auslegungsdirektive

294 In dem **Wirtschaftssystem einer verantworteten Marktwirtschaft**, die sozial und ökologisch, global und solidarisch organisiert ist, bilden die Grundrechte der Bürger, die nationalen und transnationalen Verfassungsprinzipien der Gesellschaft und die Staatszielbestimmungen der Verfassung(en) die **Basis der rechtlichen Rahmenordnung** des einfachen Gesetzesrechts. Die Rechtsverfassung der Marktwirtschaft konstituiert die Rechtsverbindlichkeit der sozialen Verantwortung der Marktbürger. Die Rechtsregeln des **Marktrechts** als des einfachen Gesetzesrechts, wie das Lauterkeitsrecht und das Kartellrecht, das Immaterialgüterrecht und das Medienrecht, auch allgemein das Vertragsrecht und Deliktsrecht des bürgerlichen Rechts begründen rechtlich durchsetzbare und einklagbare individuelle und kollektive Ansprüche und Sanktionen. In Abgrenzung zu der außerrechtlichen Verantwortung, sei es im Sinne von Religion und Glaube, Ethik und Tugend, die weder rechtlich sanktioniert, noch rechtlich einklagbar ist, gehören zur **Rechtsverbindlichkeit der sozialen Marktverantwortung** auch die sozialen Grundwerte einer Gesellschaft.

295 Die **sozialen Grundwerte einer Gesellschaft** konkretisieren die Immanenzschranken der individuellen Freiheitsrechte und konkretisieren die ethische Verantwortung der Teil-

---

für die Zwecke der Theorie fruchtbaren Konstruktion und seiner Idee der menschlichen Natur. „Was wir in der soziologischen Theorie auf keinen Fall vom Menschen erfahren, ist seine moralische Qualität, also der Mensch, wie wir ihn in der Welt des Handelns erkennen.".

[278] Siehe dazu den Vergleich des vertragstheoretischen Verfassungskonzepts von *Buchanan* mit dem evolutionstheoretischen Verfassungsmodell der Freiheit von *v. Hayek,* den *Hoppmann* ORDO 38, 1987, S. 31 ff, in einer schönen Studie zu einer ökonomischen Theorie der Verfassung angestellt hat. Zur Wissenschaftstheorie des kritischen Rationalismus → Rn 279.

habe der Bürger innerhalb einer Gesellschaft bei der Ausübung ihrer individuellen Freiheitsrechte. Im Rechtssinne bilden die sozialen Grundwerte **Auslegungsdirektiven** bei der Anwendung des Gesetzesrechts. Soziale Grundwerte sind Teilkonkretisierungen des Rechtsinhalts der Freiheit bei der Auslegung nicht nur der **Generalklauseln,** sondern auch der **unbestimmten Rechtsbegriffe** innerhalb der Tatbestände von Rechtsnormen. Indizielle Faktoren der sozialen Grundwerte einer historischen Gesellschaft können **soziale Verhaltensregeln** bilden, die auch in Handelsbräuchen und Verhaltenskodizes, wie in sonstigen Sozialnormen im Sinne von soft law, verfasst sein können.

2. Statuslehre und Verantwortungsstufung

a) Rechtserheblichkeit der wirtschaftlichen und sozialen Machtstellung eines Unternehmens am Markt im Lauterkeitsrecht. In der Zeit der Entstehung des Wettbewerbsrechts war als ein Rechtssatz unabdingbar, dass für alle Wettbewerber die **gleichen Marktverhaltensnormen** gelten. Die lauterkeitsrechtlichen Verhaltensanforderungen an einen Wettbewerber galten unabhängig von seiner wirtschaftlichen und sozialen Machtstellung auf dem Markt und innerhalb der Gesellschaft. Es ist geradezu erstaunlich und zugleich anachronistisch, dass sich dieses Rechtsverständnis innerhalb des Lauterkeitsrechts bis in die Gegenwart als weithin konsensfähig erweist. 296

Im Kartellrecht wurde längst erkannt, dass die kartellrechtlichen Maßstäbe an ein Unternehmen im Wettbewerb von seiner wirtschaftlichen Machtstellung abhängig sind. Vor dem Hintergrund einer **Einheit des Wettbewerbsrechts,**[279] das die polare Gegensätzlichkeit zwischen Lauterkeitsrecht und Kartellrecht überwindet und die Interdependenzen der beiden Rechtskreise als die tragenden Säulen des Wettbewerbsrechts (Wechselwirkungstheorie)[280] betont, sowie in Anbetracht einer **funktionalen Wettbewerbsrechtstheorie,**[281] die auch in der Lage ist, die **Folgenanalyse wettbewerblichen Marktverhaltens** in die rechtliche Betrachtung einzubeziehen, ist geboten, auch im Lauterkeitsrecht die wirtschaftliche und soziale Machtstellung eines Unternehmens bei der Anwendung der lauterkeitsrechtlichen Rechtssätze als rechtserheblich zu berücksichtigen. Innerhalb der Privatrechtsordnung dient die Statuslehre allgemein zu einem **Ausgleich von Ungleichgewichtslagen** der Rechtssubjekte. 297

b) Verantwortungsstufung und Folgenanalyse. Die Rechtserheblichkeit der wirtschaftlichen und sozialen Machtstellung eines Unternehmens am Markt und im Wettbewerb bedeutet rechtstheoretisch die Anerkennung individueller Verantwortung zur Konkretisierung der Handlungsgrenzen bei der Wahrnehmung der individuellen Freiheitsrechte des Marktteilnehmers. Eine solche Belebung individueller Verantwortung für sozialen Ausgleich kann als eine Strategie der Statuisierung beschrieben und mit dem Gedanken einer **Verantwortungsstufung der Marktbürger** verbunden werden. 298

Es wurde schon frühzeitig erkannt, dass in der Gewährleistung eines Individualrechtsschutzes nach allen Seiten anhand eines Systems subjektiver Rechte eine der wesentlichen Ursachen für die Vermachtung der Märkte bestand.[282] Der Grund für die Gefährdung des Freiheitspotenzials der Individualrechte liegt aber darin, dass eine Berücksichtigung der tatsächlichen Macht des Rechtsinhabers bei der Wahrnehmung der Individualrechte rechtlich nicht anerkannt wurde. Die subjektiven Freiheitsrechte böten keinen Ansatzpunkt zur Verhinderung des Missbrauchs wirtschaftlicher Macht.[283] Es ist aber die Gewährleistung individualrechtlicher Rechtsmacht im Wettbewerbsrecht ohne **Abstufung nach der wirtschaftlichen und sozialen Machtstellung** oder dem Grad der Unabhängigkeit der Rechtsperson nicht ein constituens des Privatrechts, sondern allein eine Folge der struktur- 299

---

[279] → Rn 216 ff.
[280] → Rn 216 ff.
[281] → Rn 219.
[282] Siehe dazu *Biedenkopf* FS Böhm 1965, S. 113 ff.
[283] So auch *Säcker* Gruppenautonomie und Übermachtkontrolle im Arbeitsrecht 1972, S. 204.

bestimmenden Funktionalität in der Kultur des frühliberalen Ordnungsmodells einer Verkehrswirtschaft.

300 Die Individualrechte legitimieren zwar die Privatheit der Wirtschaft als eine prinzipiell private Veranstaltung der Wirtschaftssubjekte; es ist aber nicht angemessen, das Phänomen der wirtschaftlichen und sozialen Macht der Privatrechtssubjekte zu tabuisieren.[284] Eine Immanenzlehre zur Aktivierung der sozialen Verantwortung im Wettbewerbsrecht vermag eine Verantwortungsstufung zur Wahrnehmung sozialer Grundwerte gleichsam im Sinne einer **Auslegungsdirektive** zu begründen. Eine solche **Statuslehre,** die innerhalb des Privatrechtssystems und namentlich innerhalb des Wettbewerbsrechts (Kartellrecht und Lauterkeitsrecht) die wirtschaftliche und soziale Machtstellung eines Unternehmens als rechtserheblich anerkennt, vermag in Verbindung mit einer **Folgenanalyse des Marktverhaltens** eine differenzierte Anwendung der lauterkeitsrechtlichen Rechtssätze zu begründen. So bedarf eine an Kinder gerichtete Werbeaussage in einem Massenmedium einer anderen Rechtskonkretisierung der Unlauterkeit als eine vergleichbare Werbeaussage eines lokalen Kleingewerbetreibenden.

301 Im globalen Leistungswettbewerb stellen zudem die **Corporate Social Responsibility-Kriterien** rechtliche Faktoren der ethischen Unternehmensverantwortung dar.[285] Im europäischen Binnenmarkt bedarf es ferner einer konkretisierenden Zuordnung der **sozialen Grundrechte** der Marktbürger zu den **Grundfreiheiten** des EGV im Sinne einer **Nachhaltigkeitsstrategie.**

F. Werbung als kommerzielle Kommunikation

I. Wirtschaftswerbung als Gegenstand des Lauterkeitsrechts

1. Formen der Wirtschaftswerbung

302 Gegenstand des Lauterkeitsrechts ist das gesamte **Marktverhalten** eines Unternehmens im Wettbewerb. Die **Wirtschaftswerbung** stellt einen wesentlichen Ausschnitt aus dem Kreis der Wettbewerbshandlungen von Unternehmen am Markt dar.

303 Die lauterkeitsrechtliche Beurteilung verlangt im Grundsatz keine differenzierende Analyse der verschiedenen **Formen der Wirtschaftswerbung** im weiten Sinne. Marketingtheoretisch wird zur Analyse von Marktstrategien etwa zwischen **klassischer Werbung, Verkaufsförderung** oder **Sales Promotion, Öffentlichkeitsarbeit** oder **Public Relations** und **Sponsoring** oder **Imagewerbung** unterschieden.[286] Als Marktverhalten von Unternehmen sind die verschiedenen Formen der Werbung wettbewerbsrechtlich nach vergleichbaren Kriterien zu beurteilen. Eine differenzierende Beurteilung verlangen die verschiedenen Fallkonstellationen unlauteren Marktverhaltens nach der Unterscheidung zwischen **verbraucherbezogenem** Lauterkeitsrecht im **b2 c-Geschäftsverkehr** und **mitbewerberbezogenem** Lauterkeitsrecht im **b2 b-Geschäftsverkehr**.[287]

2. Von der persuasiven Reklame zur informativen Kommunikation

304 Wirtschaftswerbung ist integrierter Bestandteil der Absatzpolitik eines Unternehmens. Die moderne Marketingtheorie beschreibt die **Werbung** als ein **Instrument der unternehmerischen Kommunikation,**[288] der in einer marktwirtschaftlichen Wettbewerbsord-

---

[284] Siehe zum Meinungsspektrum dieser Problematik *Fezer* Teilhabe und Verantwortung 1986, S. 335 ff.

[285] → Rn 236 ff.

[286] Siehe etwa die Darstellungen bei *Pepels* Handbuch des Marketing, 5. Aufl., 2009 S. 703 ff (klassische Werbemittel), S. 266 ff (nicht-klassische Werbemittel); *Bruhn* in: *Bruhn* (Hrsg.) Handbuch des Marketing 1989 S. 397, 410 ff.

[287] → § 1 Rn 23 ff.

[288] Siehe nur *Nieschlag/Dichtl/Hörschgen* Marketing, 19. Aufl. 2002, S. 988 ff.

nung einer freien Gesellschaft konstitutive Bedeutung zukommt. Auf der Grundlage der Marketingtheorie kann man Werbung kommunikationstheoretisch dahin umschreiben: Werbung ist ein Kommunikationsinstrument der Akteure auf dem Markt, die als Anbieter und Nachfrager von Produkten in kommunikative Beziehungen treten und rechtliche Verhältnisse intendieren. Schon der billige Jakob als Marktschreier auf dem Wochenmarkt wusste um den werbepsychologischen Effekt der Reklame, ein Wort, das von dem lateinischen Verb reclamare, das entgegenschreien bedeutet, abgeleitet ist.

In der zweiten Hälfte des vergangenen Jahrhunderts ist ein Wandel im Werbeverständnis 305 zu beobachten, der plakativ als Weg von der **persuasiven Reklame** zur **informativen Kommunikation** zu beschreiben ist. Der harschen Werbekritik der 1950er Jahre, die das Manipulative und das Suggestive der Reklame anprangerte und Werbung als persuasiv, einer Überredungskunst vergleichbar, diskreditierte, folgte Mitte der 1970er Jahre die Analyse der **Werbung als Information,** die einen Kontext zwischen der Quantität der Werbung und der Qualität der Produkte herstellte und die Werbeintensität als ein Signal optimaler Produktqualität beschrieb.[289]

3. Begriff der Werbung und der kommerziellen Kommunikation

Weder der Begriff der Werbung noch der Begriff der kommerziellen Kommunikation 306 werden in der UGP-RL oder im UWG 2008 näher erläutert. In der **UGP-RL** wird deren Anwendungsbereich als einer Richtlinie über unlautere Geschäftspraktiken anhand einer Definition der **Geschäftspraktiken** im Geschäftsverkehr zwischen Unternehmen und Verbrauchern bestimmt. Nach der Definition des Art. 2 lit. d UGP-RL ist eine Geschäftspraktik im b2c-Geschäftsverkehr jede Handlung, Unterlassung, Verhaltensweise oder Erklärung, **kommerzielle Mitteilung einschließlich Werbung und Marketing** eines Gewerbetreibenden, die unmittelbar mit der Absatzförderung, dem Verkauf oder der Lieferung eines Produkts an Verbraucher zusammenhängt.

Die Definition der **geschäftlichen Handlung in § 2 Nr. 1 UWG 2008,** die den Be- 307 griff der Geschäftspraktik im b2c-Geschäftsverkehr mitumfasst, verzichtet in dem Wortlaut der Begriffsbestimmung auf die in der Definition der Geschäftspraktik in der UGP-RL verwendeten Oberbegriff der kommerziellen Mitteilung, der Werbung und Marketing einschließt. Nach § 2 Abs. 1 Nr. 1 UWG 2008 bedeutet eine geschäftliche Handlung jedes Verhalten einer Person zugunsten des eigenen oder eines fremden Unternehmens vor, bei oder nach einem Geschäftsabschluss, das mit der Förderung des Absatzes oder des Bezugs von Waren oder Dienstleistungen oder mit dem Abschluss oder der Durchführung eines Vertrags über Waren oder Dienstleistungen objektiv zusammenhängt. Der Gesetzeswortlaut der UWG-Definition einer geschäftlichen Handlung ist in richtlinienkonformer Auslegung dahin zu verstehen, dass ein unternehmerisches Verhalten, das als Werbung oder Marketing verstanden wird, unter dem Begriff der geschäftlichen Handlung zu subsumieren ist.

Einen Anhaltspunkt für den **Begriff der Werbung** bietet die Definition in der RL 308 2006/114/EG über irreführende und vergleichende Werbung,[290] auch wenn der Anwendungsbereich der Richtlinie nach Art. 14 UGP-RL auf den Schutz von Gewerbetreibenden und damit den b2b-Geschäftsverkehr beschränkt wurde. Nach Art. 2 lit. a RL 2006/114/EG bedeutet Werbung jede Äußerung bei der Ausübung eines Handels, Gewerbes,

---

[289] In dem im Jahre 1957 erschienen Buch „Die geheimen Verführer" von *Vance Packard* wird *Werbung als Verführung* und als ein Instrument der Manipulation der Verbraucher charakterisiert. Der Buchtitel avancierte zum propagandistischen Schlagwort einer jeden Anti-Werbekampagne. Das kommunikationstheoretische Verständnis der *Werbung als Information* kann als Gegenmodell mit dem Aufsatz „Advertisement as Information" von *Philip Nelson* verbunden werden (Journal of Political Economy 1974, 729 ff). Eine konträre Welt der Werbung zeichnet *Oliviero Toscani* in seinem 1995 erschienen Buch (deutsch 1997) „Die Werbung ist ein lächelndes Aas", das der Werbung als verachteter Kunst ein neues Terrain im öffentlichen Kommunikationsprozess zu gewinnen sucht und *Werbung als Kunst* der Straße, Presse als Dokumentation, Information und Provokation, fantasiereiche Unterhaltung versteht.

[290] Richtlinie 2006/114/EG des Europäischen Parlaments und des Rates über irreführende und vergleichende Werbung vom 12. 12. 2006, ABl. EG Nr. L 376 S. 21.

Handwerks oder freien Berufs mit dem Ziel, den Absatz von Waren oder die Erbringung von Dienstleistungen, einschließlich unbeweglicher Sachen, Rechte und Verpflichtungen, zu fördern.

309 Zur Begriffsbestimmung der **kommerziellen Mitteilung** oder **kommerziellen Kommunikation**[291] kann auf die Begriffsbestimmungen im Grünbuch zur kommerziellen Kommunikation[292] und in der Sales Promotion-Verordnung,[293] die das Rechtsverständnis innerhalb der europäischen Lauterkeitsrechtskonzeption veranschaulichen, zurückgegriffen werden. Eine Begriffsbestimmung der kommerziellen Kommunikation enthält die E-Commerce-Richtlinie.[294] Nach **Art. 2 lit. f RL 2000/31/EG** bezeichnet der Ausdruck kommerzielle Kommunikation alle Formen der Kommunikation, die der unmittelbaren oder mittelbaren Förderung des Absatzes von Waren oder Dienstleistungen oder des Erscheinungsbilds eines Unternehmens, einer Organisation oder einer natürlichen Person dienen, die eine Tätigkeit in Handel, Gewerbe oder Handwerk oder einen reglementierten Beruf ausübt.[295] In dem **Grünbuch** werden als Geltungsbereich der kommerziellen Kommunikation sämtliche Formen von Werbung, Direktmarketing, Sponsoring, Verkaufsförderung und Öffentlichkeitsarbeit umschrieben.[296] Nach **Art. 2 lit. a Verkaufsförderungs-VO** werden unter kommerzieller Kommunikation alle Formen der Kommunikation verstanden, die der unmittelbaren oder mittelbaren Förderung des Absatzes von Waren und Dienstleistungen oder des Erscheinungsbildes eines Unternehmens, einer Organisation oder einer natürlichen Person dienen, die eine Tätigkeit in Handel, Gewerbe oder Handwerk oder einen reglementierten Beruf ausüben.

310 Im **Lauterkeitsrecht** ist allgemein von einem **möglichst weiten Begriff der Werbung als kommerzielle Kommunikation** auszugehen, der grundsätzlich die Formen der klassischen Werbung, der Verkaufsförderung oder sales promotion, der Öffentlichkeitsarbeit eines Unternehmens oder der public relations, sowie des Sponsorings und der Imagewerbung umfasst. Das schließt nicht aus, dass eine differenzierende Beurteilung bei verschiedenen Fallkonstellationen unlauteren Marktverhaltens nach der Unterscheidung zwischen verbraucherbezogenem Lauterkeitsrecht im b2c-Geschäftsverkehr und mitbewerberbezogenem Lauterkeitsrecht im b2b-Geschäftsverkehr dann geboten ist, wenn der konkrete Verbotstatbestand eine restriktivere Auslegung verlangt.

311 Ein Marktverhalten eines Unternehmens im Sinne der kommerziellen Kommunikation liegt auch dann vor, wenn die Maßnahme nur in einem **mittelbaren Zusammenhang mit der Absatzförderung** des Unternehmens steht. Das gilt etwa für die Imagewerbung und das Sponsoring. Unabhängig von dieser definitorischen Begrifflichkeit des Richtlinienrechts liegt eine kommerzielle Kommunikation eines Unternehmens auch dann vor, wenn das Marktverhalten des Unternehmens keinen und zwar auch keinen mittelbaren Zusammenhang mit der Absatzförderung aufweist. Solche Fallkonstellationen sind namentlich im b2b-Geschäftsverkehr, wie etwa bei Maßnahmen des Boykotts, der Arbeitnehmerabwer-

---

[291] Zwischen den Begriffen der kommerziellen Mitteilung und der kommerziellen Kommunikation besteht kein sachlicher Unterschied; der englischsprachige Richtlinientext geht vom Wortlaut commercial communications aus.

[292] Grünbuch der Kommission über die kommerzielle Kommunikation im Binnenmarkt vom 8. 5. 1996.

[293] Vorschlag der Kommission für eine Verordnung über Verkaufsförderung im Binnenmarkt vom 15. 1. 2002; KOM (2001) 546.

[294] Richtlinie 2000/31/EG des Europäischen Parlaments und des Rates vom 8. 6. 2000 über bestimmte rechtliche Aspekte der Dienste der Informationsgesellschaft, insbesondere des elektronischen Geschäftsverkehrs im Binnenmarkt (RL über den elektronischen Geschäftsverkehr), ABl. EG Nr. L 178 vom 17. 7. 2000.

[295] Nach dieser Begriffsbestimmung stellen die folgenden Angaben als solche keine Form der kommerziellen Kommunikation dar: Angaben, die direkten Zugang zur Tätigkeit des Unternehmens bzw der Organisation oder Person ermöglichen, wie insbesondere ein Domain-Name oder eine Adresse der elektronischen Post und Angaben in Bezug auf Waren und Dienstleistungen oder das Erscheinungsbild eines Unternehmens, einer Organisation oder Person, die unabhängig und insbesondere ohne finanzielle Gegenleistung gemacht werden.

[296] Siehe zum Grünbuch → Rn 90ff.

bung und der Unternehmensspionage, gegeben. Die Wortwahl eines unmittelbaren Zusammenhangs mit der Absatzförderung, dem Verkauf oder der Lieferung eines Produkts an Verbraucher innerhalb der Definition der Geschäftspraktiken im Geschäftsverkehr zwischen Unternehmen und Verbraucher in Art. 2 lit. d UGP-RL steht einem extensiven Rechtsverständnis der kommerziellen Kommunikation nicht entgegen. Der Gesetzgeber des UWG 2008 ersetzte das Wort unmittelbar durch das Wort objektiv bei der Definition der geschäftlichen Handlung in § 2 Nr. 1 UWG 2008. Das Abgrenzungsmerkmal eines objektiven Zusammenhangs – und das gilt vergleichbar für das Abgrenzungsmerkmal des unmittelbaren Zusammenhangs in der UGP-RL – dient namentlich dazu, die immanenten Marktwirkungen spezifischer Tätigkeitsbereiche, die regelmäßig außerhalb des Anwendungsbereichs des Lauterkeitsrechts liegen, auszugrenzen.[297]

II. Werbung und Verfassung

1. Grundrechtsschutz der kommerziellen Kommunikation

Wenn auch früher Zweifel am **Grundrechtsschutz der Wirtschaftswerbung** bestanden, so wird heute weithin davon ausgegangen, dass der Inhalt einer Werbaussage am Grundrechtschutz der Meinungs- und Pressefreiheit teilnimmt.[298] Für Werbung herrscht **verfassungsrechtliche Kommunikationsfreiheit.** Allerdings kommt dem Schutz privater und wirtschaftlicher Interessen eine um so größere Bedeutung zu, je weniger es sich bei der Meinungsäußerung um einen **Beitrag zum Meinungskampf in einer die Öffentlichkeit wesentlich berührenden Frage** handelt, sondern um eine unmittelbar gegen jene Interessen gerichtete Äußerung im wirtschaftlichen Verkehr und in Verfolgung eines eigennützigen Ziels, etwa desjenigen einer Verbesserung der eigenen Wettbewerbsposition.[299] In seiner Entscheidung „Mars-Kondom“ hat das BVerfG die Frage, ob Wirtschaftswerbung in den Schutzbereich des Grundrechts der Meinungsfreiheit nach Art. 5 Abs. 1 S. 1 GG und nicht nur in den Schutzbereich des Art. 12 Abs. 1 GG falle, allerdings offen gelassen,[300] jedoch in ständiger Rechtsprechung die Bedeutung des Anzeigenteils für die Erfüllung der Kommunikationsaufgabe der Presse, sowie für die Erhaltung ihrer wirtschaftlichen Grundlagen als wesentliche Voraussetzung ihrer Unabhängigkeit anerkannt.[301] 312

Die Rechtsprechung des BVerfG in den Entscheidungen „Benetton“[302] und „Tier- und Artenschutz“[303] veranschaulicht das rechtsethische Fundament des Wettbewerbsrechts und dessen Verankerung in den verfassungsrechtlichen Prinzipien. Das BVerfG spricht nunmehr in aller Deutlichkeit aus, dass der Schutzbereich der Pressefreiheit den gesamten Inhalt eines Presseorgans und damit auch Werbeanzeigen umfasse. Der in den Schutz der Pressefreiheit eingebettete Schutz des Art. 5 Abs. 1 S. 1 GG erstrecke sich auch auf **kommerzielle Meinungsäußerungen** sowie **reine Wirtschaftswerbung,** die einen wertenden, 313

[297] → § 2 B Rn 169 ff.

[298] Zur Entwicklung von einer prinzipiellen Ablehnung, der Wirtschaftswerbung den Grundrechtsschutz der Meinungs- und Pressefreiheit zu gewähren, über die Anwendung differenzierender Beurteilungskriterien bis zur Anerkennung eines grundrechtlichen Kommunikationsschutzes der Werbung siehe nur *Lerche* Werbung und Verfassung 1967, S. 69 ff; *Oppermann* Wirtschaftswerbung und Art. 5 Grundgesetz, FS Wacke, 1972, S. 393 ff; *Degenhart* Meinungs- und Medienfreiheit in Wirtschaft und Wettbewerb, FS Lukes, 1989, S. 287 ff; *Schmidt-Jortzig* in: *Isensee/Kirchhof* (Hrsg.), Handbuch des Staatsrechts der Bundesrepublik Deutschland, Band VI, Freiheitsrechte, 1989, § 141 Rn. 13 ff; *Degenhart* in: Bonner Kommentar zum Grundgesetz, 1992, Art. 5 Abs. 1 und 2, Rn. 149 ff; aus der Rechtsprechung siehe nur BGHZ 130, 205 ff – Feuer, Eis & Dynamit I; BGH NJW 1995, 3182 f – Feuer, Eis & Dynamit II; BGH WRP 1992, 770 ff – Erdgassteuer; BVerfG NJW 1994, 3342 – Mars-Kondom; BVerfG NJW 1992, 1153; siehe auch BVerfGE 71, 162; anders noch BVerfGE 40, 371, 382.

[299] BVerfG NJW 1992, 1153.

[300] BVerfG NJW 1994, 3342 – Mars-Kondom.

[301] Siehe dazu BVerfGE 64, 109, 114; 21, 271, 278 f.

[302] BVerfGE 102, 347 – Benetton.

[303] BVerfG GRUR 2002, 407 – Tier- und Artenschutz.

meinungsbildenden Inhalt habe. Soweit eine Meinungsäußerung – und darunter wird verstanden: eine Ansicht, ein Werturteil oder eine bestimmte Anschauung – in einem Bild zum Ausdruck komme, falle auch dieses Bild in den Schutzbereich des Art. 5 Abs. 1 S. 1 GG. So beschreibt etwa das BVerfG in der „Benetton"-Entscheidung die drei streitigen Werbefotos der ölverschmutzten Ente, der Kinderarbeit und des mit dem Stempelaufdruck „H. I. V. positiv" versehenen Gesäßes als **sprechende Bilder** mit meinungsbildendem Inhalt, die allgemeine Missstände wie Umweltverschmutzung, Kinderarbeit und Ausgrenzung von HIV-Infizierten veranschaulichten. Die „Benetton"-Rechtsprechung des BVerfG ist zugleich ein Beleg für den Schutz von allgemeinen Gemeinschaftsgütern und Grundwerten der Person innerhalb eines verfassungsnahen und verfassungsoptimierenden Lauterkeitsrechts.[304] In dem „Pharmakartell"-Beschluss[305] wird vom BVerfG nachdrücklich bestätigt, dass zum Schutzbereich der Meinungsfreiheit nach Art. 5 Abs. 1 S. 1 GG auch **Publikationen in einem kommerziellen Kontext** sowie **Wirtschaftswerbung,** wenn sie einen **wertenden, auf Meinungsbildung gerichteten Inhalt** hat, gehören. Sachverhaltlich ging es um die Auseinandersetzung eines Mediziners, der seine Thesen öffentlich in Büchern, Broschüren und auf Veranstaltungen verbreitete, mit der Arzneimittelindustrie, die von ihm als Pharmakartell bezeichnet wurde. Da nicht von einer **Schmähkritik,** bei der nicht mehr die Auseinandersetzung in der Sache, sondern die Diffamierung der Person im Vordergrund stehe, auszugehen war, folgte aus einer **abwägenden Zuordnung der betroffenen Rechtsgüter** die Zulässigkeit der Meinungsäußerung nach Wettbewerbsrecht. Bei der Auslegung des unbestimmten Rechtsbegriffs der Sittenwidrigkeit – im Sinne des § 1 UWG 1909 – im Zusammenhang mit einer Auseinandersetzung um eine Frage von allgemeiner gesellschaftspolitischer Bedeutung sei das Grundrecht aus Art. 5 Abs. 1 S. 1 GG zur Geltung zu bringen.

2. Kein lauterkeitsrechtliches Deutungsmonopol

314 Bei der Konkretisierung der Lauterkeit im Sinne des § 3 besteht bei Fallkonstellationen des Äußerungsrechts **kein Deutungsmonopol der Wettbewerbsgerichte** zum Verständnis von mehrdeutigen Äußerungen. Von dieser Rechtsansicht geht das BVerfG in dem „Benetton"-Urteil aus.[306] Bei der auch unter dem Schutz der **Menschenwürde** nach Art. 1 Abs. 1 GG zu beurteilenden Benetton-Werbung mit dem H. I. V. positiv-Werbebild kam es auf die Mehrdeutigkeit der Anzeige an, die sowohl dahin verstanden werden konnte, sie stempele den Aids-Kranken ab und stelle ihn als aus der menschlichen Gesellschaft ausgegrenzt dar, als auch dahin, es werde auf den kritikwürdigen Zustand der Ausgrenzung H. I. V.-Infizierter in anklagender Tendenz hingewiesen.

315 Das BVerfG stellt klar, dass die Deutung von Äußerungen, die durch Art. 5 Abs. 1 GG geschützt seien, grundsätzlich nur insofern der Nachprüfung durch das BVerfG unterliege, als es die Beachtung der verfassungsrechtlichen Anforderungen zu gewährleisten habe. Es sei nicht Aufgabe des BVerfG, den Sinn einer umstrittenen Äußerung abschließend zu bestimmen oder eine unter Beachtung der grundrechtlichen Anforderungen erfolgte Deutung durch eine andere zu ersetzen, die es für treffender halte.[307]

---

[304] Zum lauterkeitsrechtlichen Schutz von sozialen Grundwerten als marktbezogene Allgemeininteressen → § 1 Rn 82 ff.

[305] BVerfG GRUR 2008, 81 – Pharmakartell.

[306] BVerfGE 102, 347 – Benetton.

[307] Siehe dazu schon *Hoffmann-Riem* ZUM 1996, 1; *Fezer* JZ 1998, 265, 269; siehe auch *Scherer* WRP 2007, 594.

G. Normenkonkurrenz zwischen Lauterkeitsrecht und Immaterialgüterrecht

Schrifttum: *Beier/Kur,* Das Verhältnis von Markenrecht und Recht des unlauteren Wettbewerbs im Wandel der Zeiten, FS Fikentscher, 1998, S. 477; *Bornkamm,* Kennzeichenrecht und Irreführungsverbot – Zur wettbewerbsrechtlichen Beurteilung der irreführenden Kennzeichenbenutzung, in: FS v. Mühlendahl, 2005, S. 9; *ders.,* Markenrecht und wettbewerbsrechtlicher Kennzeichenschutz – Zur Vorrangthese der Rechtsprechung, GRUR 2005, 97; *Büscher,* Schnittstellen zwischen Markenrecht und Wettbewerbsrecht, GRUR 2009, 230; *Bunnenberg,* Das Markenrecht als abschließendes Regelungssystem?, MarkenR 2008, 148; *Deutsch,* Anspruchskonkurrenzen im Marken- und Kennzeichenrecht, WRP 2000, 854; *ders.,* Der Schutz von Marken und Firmen außerhalb des Wettbewerbsbereichs, FS Gaedertz, 1992, S. 99; *Dorndorf,* Schutz vor Herkunftstäuschung und Rufausbeutung, 2005; *Erdmann,* Die zeitliche Begrenzung des ergänzenden wettbewerbsrechtlichen Leistungsschutzes, FS Vieregge, 1995, S. 197; *Fezer,* Markenschutz durch Wettbewerbsrecht, GRUR 1986, 485; *ders.,* Der wettbewerbsrechtliche Schutz der unternehmerischen Leistung, FS GRUR, Bd. II, 1991, S. 939; *ders.,* Leistungsschutz im Wettbewerbsrecht, WRP 1993, 63; *ders.,* Kumulative Normenkonkurrenz im Kennzeichenrecht – Ein Beitrag zur autonomen Anwendung des MarkenG, des UWG und des BGB nach § 2 MarkenG, WRP 2000, 863; *ders.,* Normenkonkurrenz zwischen Kennzeichenrecht und Lauterkeitsrecht – Ein Beitrag zur kumulativen und subsidiären Normenkonkurrenz im Immaterialgüterrecht – Kritik der Vorrangthese des BGH zum MarkenG, WRP 2008, 1; *ders.,* Imitationsmarketing als irreführende Produktvermarktung, GRUR 2009, 451; *v. Gamm,* Der ergänzende wettbewerbsrechtliche Schutz von Kennzeichnungsrechten, Zehn Jahre Bundespatentgericht, 1971, S. 133 ff; *M. Helm,* Zur ergänzenden Anwendung wettbewerbsrechtlicher Bestimmungen auf markenrechtliche Tatbestände, GRUR 2001, 291; *Ingerl,* Der wettbewerbsrechtliche Kennzeichenschutz und sein Verhältnis zum MarkenG in der neueren Rechtsprechung des BGH und in der UWG-Reform, WRP 2004, 809; *Jacobs,* „Die Himmelsscheibe von Nebra" – Gedanken zum Verhältnis von Urheberrechtsschutz und Markenschutz, FS Schricker, 2005, S. 801; *Kaplan,* Das Interesse der Allgemeinheit bei der Konkretisierung der Generalklausel des § 3 UWG – Außerwettbewerbliche Allgemeininteressen im Wettbewerbsrecht, 2008, S. 25 ff; *Kaulmann,* Der Schutz des Werbeslogans vor Nachahmungen, 2006; *Knies,* Der wettbewerbsrechtliche Leistungsschutz – eine unzulässige Rechtsfortbildung?, Diss. Hamburg, 1996; *Köhler,* Der ergänzende Leistungsschutz: Plädoyer für eine gesetzliche Regelung, WRP 1999, 1075; *ders.,* Das Verhältnis des Wettbewerbsrechts zum Recht des geistigen Eigentums, GRUR 2007, 548; *Körner,* Das allgemeine Wettbewerbsrecht als Auffangtatbestand für fehlgeschlagenen oder abgelaufenen Sonderrechtsschutz, FS Ullmann, 2006, S. 701; *Kur,* Der wettbewerbsrechtliche Leistungsschutz, GRUR 1990, 1; *dies.,* Die Schnittstellen zwischen Marken- und Wettbewerbsrecht bei nationalen und bei Gemeinschaftsmarken, MarkenR 2001, 137; *dies.,* Nachahmungsschutz und Freiheit des Warenverkehrs – der wettbewerbsrechtliche Leistungsschutz aus der Perspektive des Gemeinschaftsrechts, FS Ullmann, 2006, S. 717; *Lubberger,* Grundsatz der Nachahmungsfreiheit?, FS Ullmann, 2006, 737; *Ohly,* Gibt es einen Numerus Clausus der Immaterialgüterrechte?, FS Schricker, 2005, S. 105; *ders.,* Klemmbausteine im Wandel der Zeit – ein Plädoyer für eine strikte Subsidiarität des UWG-Markenschutzes, FS Ullmann, 2006, S. 795; *ders.,* Designschutz im Spannungsfeld von Geschmacksmuster-, Kennzeichen- und Lauterkeitsrecht, GRUR 2007, 731; *Pluta,* Der ergänzende wettbewerbsrechtliche Kennzeichenschutz mit Blick auf die Rechtslage in England, USA, Frankreich und Italien, Diss. München, 1977; *Rohnke,* Schutz der Produktgestaltung durch Formmarken und wettbewerbsrechtlichen Leistungsschutz, FS Erdmann, 2002, S. 455; *Sack,* Markenschutz und UWG, WRP 2004, 1405; *ders.,* Das Verhältnis des UWG zum allgemeinen Deliktsrecht, in: FS Ullmann, 2006, S. 825; *Schrader,* Begrenzung des ergänzenden wettbewerbsrechtlichen Leistungsschutzes, WRP 2005, 562; *Schreiber,* Wettbewerbsrechtliche Kennzeichenrechte?, GRUR 2009, 113; *Schulz,* Grenzlinien zwischen Markenrecht und wettbewerblichem Leistungsschutz, FS Helm, 2002, S. 237; *Starck,* Die Auswirkungen des Markengesetzes auf das Gesetz gegen den unlauteren Wettbewerb, DZWir 1996, 313; *ders.,* Bemerkungen zum Regelungsumfang von § 2 MarkenG, FS Erdmann, 2002, S. 485; *Steinbeck,* Zur These vom Vorrang des Markenrechts, in: FS Ullmann, 2006, S. 409; *Stieper,* Das Verhältnis von Immaterialgüterrechtsschutz und Nachahmungsschutz nach neuem UWG, WRP 2006, 291; *Traub,* Zur Ausweitung des Innovationsschutzes durch Immaterialgüterrechte im europäischen Bereich: Gibt es Auswirkungen dieser Tendenz bei dem ergänzenden wettbewerbsrechtlichen Leistungsschutz?, FS Söllner, 2000, S. 1213.

I. Normenkonkurrenz als Ausgangspunkt der Konkurrenzlehre

1. Restriktive Abgrenzungstheorien

Seit den Anfängen der Gesetzesgeschichte wird das **Konkurrenzverhältnis zwischen Lauterkeitsrecht und Immaterialgüterrecht** international kontrovers diskutiert. Die Versuche sind Legion, den Rechtsschutz der gewerblichen Schutzrechte und des Urheberrechts, der Kennzeichenrechte und des Namensrechts, sowie des Rechts am Unterneh- 316 men und des allgemeinen Persönlichkeitsrechts auf den Anwendungsbereich der Sonderrechtsgesetze und des bürgerlichrechtlichen Deliktsrechts zu beschränken. Es bestehen im Wesentlichen drei Argumentationsmuster: die **lex-specialis-Doktrin,** nach der die spezialgesetzlichen Regelungen der Immaterialgüterrechte Normierungen abschließenden Charakters darstellen, die **numerus-clausus-Formel,** nach der ein Rechtsschutz einer immaterialgüterrechtlichen Rechtslage der gesetzlichen Anerkennung durch den Gesetzgeber in einem Sonderrechtsgesetz und regelmäßig der staatlichen Registrierung bedarf, und die **Umwegthese,** nach der Immaterialgüterrechte nicht über den Umweg des lauterkeitsrechtlichen Rechtsschutzes konstituiert werden dürften.[308]

317 Die **restriktiven Abgrenzungstheorien** sind weder rechtstheoretisch haltbar noch rechtspraktisch sachgerecht. Das Lauterkeitsrecht stellt vielmehr den Jungbrunnen des Immaterialgüterrechts dar.[309] In der Tradition eines Jahrhunderts wurde das Lauterkeitsrecht des UWG zu den Immaterialgüterrechten in Rechtsprechung und im überwiegenden Schrifttum nahezu unangefochten nach der **Lehre von der Normenkonkurrenz** beschrieben.

318 Bei der Umsetzung der Ersten Markenrichtlinie[310] in das deutsche Kennzeichenrecht wurde in dem am 1. Januar 1995 in Kraft getretene neue MarkenG in der Vorschrift des § 2 MarkenG das Verhältnis des Markenrechts zur Anwendung anderer Vorschriften ausdrücklich geregelt. Da es das Ziel des Gesetzgebers des MarkenG war, das gesamte Kennzeichenrecht der Marken (§ 1 Nr. 1 MarkenG), der geschäftlichen Bezeichnungen (§ 1 Nr. 2 MarkenG), das sind Unternehmenskennzeichen und Werktitel (§ 5 Abs. 1 MarkenG), und der geografischen Herkunftsangaben (§ 1 Nr. 3 MarkenG) im MarkenG zu vereinheitlichen und damit erstmals ein Kennzeichengesetz im eigentlichen Sinne zu schaffen, erklärt es sich, weshalb sich der Gesetzgeber vor die Aufgabe gestellt sah, eine gesetzliche Regelung zu dem Konkurrenzverhältnis des markengesetzlichen Kennzeichenrechts zu anderen Normbereichen, wie namentlich zum Lauterkeitsrecht, aber auch zum Bürgerlichen Recht, wie dem Namensrecht und dem Deliktsrecht, schließlich auch zum handelsrechtlichen Firmenrecht zu schaffen. Diese Regelungsaufgabe löste der Gesetzgeber mit der Normierung des **§ 2 MarkenG,** der er die Überschrift **Anwendung anderer Vorschriften** gab. Nach der Vorschrift des § 2 MarkenG schließt der Schutz von Marken, geschäftlichen Bezeichnungen und geografischen Herkunftsangaben nach dem MarkenG die Anwendung anderer Vorschriften zum Schutz dieser Kennzeichen nicht aus. Der Wortlaut der Vorschrift ist klar und eindeutig und entspricht der in bewährter Tradition allgemein angewandten Normenkonkurrenz zwischen Lauterkeitsrecht und Immaterialgüterrecht.

319 Der allgemein im Immaterialgüterrecht geltende **Grundsatz der Normenkonkurrenz** wird im Kennzeichenrecht gleichsam von der Rechtsentwicklung bestätigt, die das Markenrecht als einen selbständigen Vermögensgegenstand eines Unternehmens anerkennt (§§ 27ff MarkenG) und das Markeneigentum seiner Rechtsnatur nach als ein gleichwertiges Immaterialgüterrecht kategorisiert. Die mit dem Schlagwort von der **Vorrangthese** umschriebene neue Konkurrenzlehre des I. Zivilsenats des BGH zum Konkurrenzverhältnis zwischen MarkenG und UWG war weder von der Gesetzgebung im Markenrecht veranlasst, noch von der Markenrechtswissenschaft begründet. Nach dem der höchstrichterlichen These vom Vorrang des Markenrechts zugrunde liegenden **Spezialitätsgrundsatz** soll die Anwendung des Lauterkeitsrechts auf den Schutz von Marken und anderen Kennzeichen

---

[308] Siehe die breite Diskussion im schweizerischen Lauterkeitsrecht *Baudenbacher* Art. 1 schwUWG Rn 86ff; *Müller* in: *v. Büren/David* Schweiz. Immaterialgüter- und Wettbewerbsrecht, Bd. V/1, Lauterkeitsrecht 1998 S. 39ff.

[309] Siehe auch die schöne Formulierung von *Dessemontet,* der den unlauteren Wettbewerb als „Werkstatt des geistigen Eigentums" bezeichnet, in: *v. Büren/David* Schweiz. Immaterialgüter- und Wettbewerbsrecht Bd. I/1 Grundlagen 1994, S. 7.

[310] Erste Richtlinie des Rates zur Angleichung der Rechtsvorschriften der Mitgliedstaaten über die Marken (89/104/EWG) vom 21. 12. 1988, ABl. EG Nr. L 40 vom 11. 2. 1989, S. 1; berichtigt am 10. 6. 1989, ABl. EG Nr. L 159, S. 60.

dann ausgeschlossen sein, wenn der Anwendungsbereich des Kennzeichenrechts eröffnet ist.[311] Die Vorrangthese, die sich auch innerhalb der höchstrichterlichen Rechtsprechung auf dem Rückzug zu befinden scheint, ist weder zur Bestimmung des Konkurrenzverhältnisses des Kennzeichenrechts zum Lauterkeitsrecht noch allgemein zum Immaterialgüterrecht geeignet.

2. Autonome Anwendung des UWG

Das Lauterkeitsrecht des UWG beansprucht sowohl im Umfeld des bestehenden Immaterialgüterrechtschutzes als auch im Vorfeld eines entstehenden Immaterialgüterrechtes originäre Geltung. Die Immaterialgüterrechte und das Lauterkeitsrecht bestehen grundsätzlich parallel nebeneinander. Die **autonome Anwendung des UWG** besteht neben den Sonderrechtsgesetzen des Immaterialgüterschutzes.[312] Es besteht eine **kumulative**[313] oder zumindest **subsidiäre**[314] **Normenkonkurrenz.** Die Verschiedenheit der Normzwecke, Schutzvoraussetzungen, Sanktionen und Zuständigkeiten rechtfertigt eine an dem normspezifischen Schutzzweck orientierte, autonome und kumulative oder zumindest subsidiäre Anwendung des UWG neben den zum Schutz der Immaterialgüterrechte bestehenden Normen, wenn die jeweiligen Tatbestandsvoraussetzungen der gesetzlichen Regelungen gegeben sind. Eine kumulative oder auch subsidiäre Anspruchskonkurrenz scheidet nur dann aus, wenn nach dem im Normzweck der Vorschrift zum Ausdruck kommenden Willen des Gesetzgebers der Vorschrift eindeutig ein **abschließender Charakter** zukommt. Das ist im Immaterialgüterrecht im Verhältnis zum Lauterkeitsrecht grundsätzlich und allgemein nicht der Fall. 320

Die Reichweite des lauterkeitsrechtlichen Schutzes der immateriellen Güter bestimmt sich nach dem Normzweck der Sonderrechtsgesetze. Die **Tatbestandsfunktion der gesetzlich geregelten Immaterialgüterrechte** bestimmt im Wege der Auslegung den Anwendungsbereich des Lauterkeitsrechts. Den Immaterialgüterrechten kommt eine **tatbestandliche Begrenzungsfunktion** bei der Konkretisierung der Lauterkeit im Wettbewerb zu. 321

II. Kumulative und subsidiäre Normenkonkurrenz des Lauterkeitsrechts zum Immaterialgüterrecht

1. Normenkonkurrenz und Auslegung

a) Relevanz der Normzwecke der Konkurrenznormen. Die Klärung von Gesetzeskonkurrenz stellt sich regelmäßig als eine schwierige Verhältnisbestimmung von Normen dar. Methodisch ist die Art der Normenkonkurrenz oder Anspruchskonkurrenz nach den anerkannten **Regeln der Auslegung,** wie nach dem Wortlaut, der Entstehungsgeschichte, der Systematik und dem Zweck der Gesetze, sowie nach den Grundsätzen[315] einer richtlinienkonformen und auch richtlinienoptimierenden, einer verfassungskonformen und auch verfassungsnahen Auslegung zu bestimmen. Entscheidend kommt es auf den Vergleich der Normzwecke der konkurrierenden Vorschriften an.[316] Die ausdrückliche Anordnung der Anwendung anderer Vorschriften in einer eigenständigen Norm eines Gesetzes – 322

---

[311] Siehe ausführlich zu den Entwicklungslinien in der höchstrichterlichen Rechtsprechung *Fezer* § 2 MarkenG Rn 5 ff; → Rn 332 ff.

[312] Nach Inkrafttreten des MarkenG ist eine Kontroverse um das Konkurrenzverhältnis des MarkenG zum UWG entstanden; siehe dazu ausführlich die Darstellung bei *Fezer* § 2 MarkenG Rn 1 ff.

[313] → Rn 326 ff.

[314] → Rn 329 ff.

[315] → Rn 416 ff.

[316] Siehe dazu *Rüthers* Rechtstheorie 2007 Rn 766; siehe dazu die beispielhafte Auslegungsanalyse zur Rechtserheblichkeit der Interessen der Allgemeinheit im Sinne des § 1 S. 2 *Kaplan* Das Interesse der Allgemeinheit 2008, S. 25 ff.

wie erstmals in § 2 MarkenG – stellt innerhalb des Zivilrechts eine Besonderheit dar. Regelmäßig ist die Art der Gesetzeskonkurrenz auf Grund eines Vergleichs der Schutzzwecke der konkurrierenden Normen festzustellen. Schon die Tatsache aber, dass der Gesetzgeber in § 2 MarkenG eine ausdrückliche Regelung der Normenkonkurrenz für den Schutz der Kennzeichen geschaffen hat, spricht dafür, dass es sich bei dem Verhältnis des markengesetzlichen Kennzeichenschutzes zum Wettbewerbsrecht und zum bürgerlichen Recht – und das gilt allgemein für die Konkurrenzlehre zum Verhältnis des Lauterkeitsrechts zum Immaterialgüterrecht – nicht nur um eine ergänzende Anwendung der außermarkengesetzlichen oder allgemein der außerimmaterialgütergesetzlichen Vorschriften im herkömmlichen Sinne handelt. Dem Normzweck des § 2 MarkenG wird weder eine spezielle noch eine ausschließlich subsidiäre Anspruchskonkurrenz gerecht. Der ausdrückliche Vorbehalt des Markengesetzgebers für eine Anwendung anderer Vorschriften als des MarkenG kann sachgerecht nur dahin verstanden werden, dass in § 2 MarkenG eine allgemeine Normenkonkurrenz – sei sie kumulativ, sei sie subsidiär – geregelt wird.[317]

323 Die allgemeine Normenkonkurrenz im Sinne einer kumulativen oder subsidiären Anspruchskonkurrenz ist der Regelfall der Gesetzesbindung bei der Subsumtion eines Sachverhalts unter die einschlägigen Gesetze. Dieses Konkurrenzverhältnis einer originären Anwendung des Lauterkeitsrechts gilt allgemein zwischen UWG und den Immaterialgüterrechten im Sinne der Normenkonkurrenz.

324 **b) Anspruchskonkurrenz und Anspruchsnormenkonkurrenz.** In der Konkurrenzlehre wird weithin zwischen Anspruchsnormenkonkurrenz, bei der ein einheitlicher Anspruch auf Grund mehrerer Anspruchsnormen mehrfach begründet wird, und Anspruchskonkurrenz, bei der sich aus mehreren Anspruchsnormen selbständige Ansprüche zur Befriedigung des gleichen wirtschaftlichen Interesses ergeben, unterschieden.[318] Auch wenn man die Aufteilung der traditionellen Konkurrenzlehre in diese beiden Arten der Konkurrenzen für sachgerecht hält, kommt es darauf für die Bestimmung des Verhältnisses des Immaterialgüterrechts zum Lauterkeitsrecht nicht näher an. Die Normzweckverschiedenheit des Rechtsschutzes im Immaterialgüterrecht einerseits und im Lauterkeitsrecht und im bürgerlichen Recht andererseits rechtfertigt die Annahme selbständiger Ansprüche zum Schutz der Immaterialgüterrechte nach den jeweiligen Sonderrechtsgesetzen und dem UWG einschließlich des BGB.

325 **c) Arten verdrängender Gesetzeskonkurrenz.** Es bedarf im vorliegenden Kontext auch nicht einer näheren Darstellung der verschiedenen **Arten einer verdrängenden Gesetzeskonkurrenz,** die das Bestehen einer Normkollision voraussetzt, deren Auflösung die Regeln der **Spezialität, Subsidiarität** und **Konsumtion** dienen.[319] Eine Folge der Verschiedenheit der Normzwecke des Immaterialgüterrechts und des Lauterkeitsrechts sowie des bürgerlichen Rechts ist es, dass allgemein die Normenkonkurrenz der Ausgangspunkt zur Bestimmung des Konkurrenzverhältnisses zwischen Immaterialgüterrecht einerseits und UWG und BGB ist. Innerhalb der allgemein im Immaterialgüterrecht geltenden Normenkonkurrenz ist zwischen kumulativer und subsidiärer Normenkonkurrenz zu unterscheiden.[320]

2. Kumulative Normenkonkurrenz

326 **a) Autonome Gesetzesanwendung.** Unter **kumulativer Normenkonkurrenz** ist die autonome Anwendung der jeweiligen Gesetze im Sinne einer vollständigen Anspruchskonkurrenz zu verstehen. Die immaterialgüterrechtlichen und die lauterkeitsrechtlichen Tatbestände sind auf Grund einer **autonomen Anwendung** parallel nebeneinander anzu-

[317] Siehe dazu *Fezer* § 2 MarkenG Rn 27 ff.

[318] Siehe dazu nur *Georgiades* Die Anspruchskonkurrenz im Zivilrecht und Zivilprozessrecht 1968 S. 167 f, 190 f; siehe allgemein *Dietz* Anspruchskonkurrenz bei Vertragsverletzung und Delikt 1934.

[319] Siehe dazu die Übersicht bei *Rüthers* Rechtstheorie 2007 Rn 770 ff.

[320] Siehe dazu schon *Fezer* WRP 2000, 863; *ders.* WRP 2008, 1.

wenden. Die Tatbestandsfunktion der in den Sonderrechtsgesetzen normierten Immaterialgüterrechte bestimmt methodisch im Wege der Auslegung den Anwendungsbereich der konkurrierenden lauterkeitsrechtlichen Vorschriften **(tatbestandliche Begrenzungsfunktion).** Die Theorie der Begrenzungsfunktion des immaterialgüterrechtlichen Schutzgegenstands eines Immaterialgüterrechts konturiert den Schutzinhalt des subjektiven Ausschließlichkeitsrechts eines konkreten Immaterialgüterrechts **(Schutzgegenstandstheorie[321]).** Die Verschiedenheit der Normzwecke, Schutzvoraussetzungen, Sanktionen und Zuständigkeiten rechtfertigt eine an dem normspezifischen Schutzzweck orientierte, autonome und parallele Anwendung der zum Schutz der Immaterialgüterrechte bestehenden Vorschriften, wenn deren Tatbestandsvoraussetzungen gegeben sind. Eine Anspruchskonkurrenz scheidet nur dann aus, wenn nach dem im Normzweck einer Vorschrift zum Ausdruck kommenden Willen des Gesetzgebers der konkreten Vorschrift eindeutig ein **abschließender Charakter** zukommt. Das ist aber im Immaterialgüterrecht allgemein nicht der Fall.

Im Verhältnis des MarkenG zum UWG wird in der höchstrichterlichen Rechtsprechung 327
zur Zeit nicht von einer kumulativen Normenkonkurrenz ausgegangen. Im Anwendungsbereich der Bestimmungen des MarkenG sei zumindest für eine gleichzeitige Anwendung der §§ 1, 3 UWG aF, 823 BGB grundsätzlich kein Raum.[322]

b) Reziproke Folgerungen. Es bestehen reziproke Folgerungen einer kumulativen 328
Normenkonkurrenz. Das ist beispielhaft an dem Verhältnis des Lauterkeitsrecht zum Markenrecht aufzuzeigen. Es besteht nach der hier vertretenen Auffassung etwa zwischen dem Bekanntheitsschutz der Marke nach § 14 Abs. 2 Nr. 3 MarkenG und der wettbewerbswidrigen Anlehnung an ein fremdes Kennzeichen zur Empfehlung des eigenen Produkts nach § 3 UWG kumulative Normenkonkurrenz.[323] Die parallele Anspruchskonkurrenz ist etwa wegen der im MarkenG und im UWG unterschiedlichen Regelung der Aktivlegitimation und damit zur Gewährleistung einer effizienten Verfolgung von Wettbewerbsverstößen nach § 8 UWG im Interesse des Verbraucherschutzes von Bedeutung.[324] Die Unlauterkeit einer Annäherung an ein fremdes Kennzeichen nach § 3 UWG kann sich aus dem Vorliegen weiterer besonderer Umstände, wie etwa der gesamten Marketingkonzeption, ergeben, selbst wenn die Verwendung des Kennzeichens als solches nicht unter die Schutzbereiche der konkreten Kennzeichen nach dem MarkenG, wie etwa der bekannten Marke nach § 14 Abs. 2 Nr. 3 MarkenG oder der bekannten geschäftlichen Bezeichnung nach § 15 Abs. 3 MarkenG, zu subsumieren ist. Umgekehrt darf auch der markengesetzliche Rechtsschutz nicht ungebührlich beschränkt und unter Hinweis auf das Bestehen von wettbewerbsrechtlichem Rechtsschutz verkürzt werden. Das gilt etwa für den kennzeichenrechtlichen Bekanntheitsschutz der Marke nach § 14 Abs. 2 Nr. 3 MarkenG innerhalb des Produktähnlichkeitsbereichs.[325] Zu verweisen ist nur auf eine Vielzahl von Spezifika des markengesetzlichen Rechtsschutzes, wie etwa eines Herstellungsverbots nach § 14 Abs. 3 Nr. 1 MarkenG, eines Besitzverbots nach § 14 Abs. 3 Nr. 2 MarkenG, der Grenzbeschlagnahme nach den §§ 146 ff MarkenG und der VO (EG) Nr. 1383/2003, der Verhängung von Strafen nach § 143 Abs. 1 Nr. 3 lit. b MarkenG, der Verjährung nach § 20 MarkenG und der Verwirkung nach § 21 MarkenG, aber auch auf verfahrensrechtliche Besonderheiten, wie etwa der Zuständigkeit der Kennzeichengerichte nach § 140 MarkenG oder der Kostenerstattung für einen mitwirkenden Patentanwalt nach § 140 Abs. 3 MarkenG.[326]

---

321 Siehe zur Schutzgegenstandstheorie eines Kennzeichenrechts als eines immaterialgüterrechtlichen Ausschließlichkeitsrechts beispielhaft *Fezer* § 3 MarkenG Rn 355 ff.

322 BGHZ 149, 191, 195 f – shell.de; BGH GRUR 2005, 163, 165 – Aluminiumräder; → Rn 333.

323 Siehe zu dieser Fallkonstellation *Fezer* § 2 MarkenG Rn 63 f.

324 AA *Ingerl/Rohnke* § 2 MarkenG Rn 1, deren Kritik verkennt, dass die Zuerkennung der wettbewerbsrechtlichen Prozessführungsbefugnis das Vorliegen eines Wettbewerbsverstoßes verlangt, der nicht mit einer nur unberechtigten Verwendung der Marke eines Dritten gleichzusetzen ist.

325 Siehe dazu *Fezer* § 14 MarkenG Rn 786.

326 Siehe dazu schon zutreffend *Eichmann* GRUR 1998, 201, 206.

3. Subsidiäre Normenkonkkurrenz

329 **a) Subsidiäre Immaterialgüterrechtstatbestände im Lauterkeitsrecht.** Wenn von einer kumulativen Normenkonkurrenz auszugehen ist, dann besteht eine Parallelität der Ansprüche zwischen den Immaterialgüterrechtsgesetzen und dem UWG im Sinne einer autonomen Anwendung des Immaterialgüterrechts und des Lauterkeitsrechts. Die tatbestandliche Begrenzungsfunktion der Immaterialgüterrechte bestimmt nicht die Anwendbarkeit der konkurrierend anzuwendenden Normen, sondern den Anwendungsbereich der immaterialgüterrechtlichen Vorschriften. Auch wenn hier allgemein die Kumulation zur Bestimmung des Konkurrenzverhältnisses zwischen Immaterialgüterrecht und Lauterkeitsrecht für vorzugswürdig und sachgerecht gehalten wird,[327] dann bedarf es zur Ablehnung des Spezialitätsgrundsatzes zur Bestimmung des Verhältnisses des Immaterialgüterrechts zum Lauterkeitsrecht und damit zum Widerspruch gegen die Annahme eines abschließenden Charakters der Sonderrechtsgesetze nicht notwendig der Annahme einer kumulativen Normenkonkurrenz und einer Diskussion der Auswirkungen der kumulativen Normenkonkurrenz auf das Verhältnis des Immaterialgüterrechtsschutzes zum Lauterkeitsrecht. Innerhalb der Normenkonkurrenz kommt der Subsidiarität innerhalb der Immaterialgüterrechtspraxis die weitaus größere Bedeutung als der Kumulation oder Parallelität der Sonderrechtsgesetzes des Immaterialgüterrechts und UWG zu, da auch von der subsidiären Anwendung des UWG und des BGB neben den Sonderrechtsgesetzen innerhalb der Lehre von der subsidiären Normenkonkurrenz eine Vielzahl von Fallkonstellationen erfasst werden;[328] es besteht insoweit kein Unterschied zur kumulativen Normenkonkurrenz, von deren Reichweite die Fallkonstellationen der subsidiären Normenkonkurrenz ohne Weiteres erfasst werden.

330 **b) Subsidiarität als Auslegungsregel.** Von einer **subsidiären Normenkonkurrenz,** die von der Annahme einer kumulativen Normenkonkurrenz selbstverständlich schon umfasst wird, ist immer dann auszugehen, wenn das UWG zum Schutz eines Immaterialgüterrechts Anwendung findet, weil ein Anspruch zum Schutz dieses Immaterialgüterrechts nach dem jeweiligen Sonderrechtsgesetz nicht besteht. Der Lauterkeitsschutz im Sinne einer subsidiären Normenkonkurrenz greift sowohl zum Rechtsschutz eines Immaterialgüterrechts im Rechtssinne, als auch zum Rechtsschutz einer immaterialgüterrechtlichen Rechtslage, an der ein Sonderrechtsschutz nicht besteht, ein. Dem Versuch, den Spezialitätsgrundsatz mit der Formel von der Begrenzungsfunktion, die der Gefahr einer Aushöhlung der immaterialgüterrechtlichen Ansprüche wehren und den abschließenden Charakter der immaterialgüterrechtlichen Normbereiche belegen soll, liegt ein methodisches Missverständnis über die begrenzende Funktion der Immaterialgüterrechtstatbestände zugrunde. Nach der Konkurrenzlehre bestimmt die Tatbestandsfunktion der in den Immaterialgüterrechtsgesetzen normierten Immaterialgüterrechte (tatbestandliche Begrenzungsfunktion) den Anwendungsbereich der immaterialgüterrechtlichen Vorschriften, nicht aber die Anwendbarkeit der als konkurrierend anzuwendenden Normen.

331 Nach der Rechtsmethodik der Normenkonkurrenz, sei diese kumulativ, sei diese subsidiär, kommt es bei der Anwendung des Lauterkeitsrechts auf Sachverhalte der Immaterialgüterrechte und damit allgemein der Rechte des geistigen Eigentums darauf an, die **tatbestandliche Begrenzungsfunktion** der spezifischen Immaterialgüterrechte bei der Konkretisierung der Lauterkeit im Wettbewerb zu berücksichtigen und im Sinne einer praktischen Konkordanz eine **Schutzzweckkompatibilität** zwischen Immaterialgüterrecht und Lauterkeitsrecht herzustellen. Im Lauterkeitsrecht und im bürgerlichrechtlichen Deliktsrecht kommt die tatbestandliche Begrenzungsfunktion der Immaterialgüterrechte darin zum Ausdruck, dass bei der Subsumtion eines Sachverhalts unter die Vorschriften des

---

[327] → Rn 326 ff.

[328] Siehe beispielhaft zu den kennzeichenrechtlichen Fallkonstellationen innerhalb des Lauterkeitsrechts *Fezer* § 2 MarkenG Rn 62 ff; → Rn 355 ff.

UWG und BGB der **spezifische Gegenstand der Immaterialgüterrechte** im Sinne der Rechtsprechung des EuGH bei der Konkretisierung der Lauterkeit und allgemein bei der zur Feststellung der bürgerlichrechtlichen Rechtswidrigkeit notwendigen Güter- und Interessenabwägung im Deliktsrecht zu berücksichtigen ist.

4. Abschließende Regelung, spezialgesetzliche Normierung und Begrenzungsfunktion als methodische Stichworte der Rechtsprechung zum MarkenG

In der höchstrichterlichen Rechtsprechung zum Konkurrenzverhältnis des UWG zum MarkenG wird in Auslegung des § 2 MarkenG in ständiger Rechtsprechung nach wie vor davon ausgegangen, dass die Vorschriften des UWG und des BGB – zumindest bestimmte Normbereiche wettbewerbsrechtlichen Ursprungs – nur dann anzuwenden sind, wenn der Schutz nach dem MarkenG versage.[329] Auch wenn der BGH nach wie vor im Grundsatz an der **Vorrangthese** festhält, so ist doch zu beobachten, dass das UWG gleichwohl auf verschiedene Fallkonstellationen kennzeichenrechtlicher Rechtsnatur zunehmend Anwendung findet.[330] In jüngerer Zeit ist die höchstrichterliche Rechtsprechung zum Konkurrenzverhältnis zwischen MarkenG und UWG von einer Entwicklung gekennzeichnet, die sich zunehmend als eine Herausbildung von Ausnahmen von der Vorrangthese skizzieren lässt. Der I. Zivilsenat des BGH ist gleichsam auf dem Weg zur Konkurrenzlehre der Subsidiarität.[331] 332

Wenn man die Summe der Urteile des BGH zur Vorrangthese würdigt, dann wird der Rechtssatz vom MarkenG als einer abschließenden Regelung vornehmlich damit begründet, die Vorschriften zu den Marken, den geschäftlichen Bezeichnungen und den geografischen Herkunftsangaben stellten eine umfassende spezialgesetzliche Regelung dar, mit der der bislang in der Rechtsprechung entwickelte Schutz fixiert und ausgebaut werden sollte und mit deren gesetzlicher Festlegung eine Begrenzungsfunktion verbunden sei. Abschließende Regelung, spezialgesetzliche Normierung und Begrenzungsfunktion sind die methodischen Stichworte. Die in dem *MAC Dog*-Urteil formulierte Vorrangthese wird in späteren Entscheidungen zu einem allgemeinen Dogma vom **Vorrang des MarkenG** mit der Behauptung verdichtet, das MarkenG stelle eine umfassende, in sich geschlossene kennzeichenrechtliche Regelung dar, die im Allgemeinen den aus den Generalklauseln der §§ 1 und 3 UWG aF oder des § 823 BGB hergeleiteten Schutz verdränge.[332] Die Formulierungen in der jüngsten Rechtsprechung des BGH sind zurückhaltender, wenn ausgeführt wird, nach § 2 MarkenG schließe der Schutz von Marken nach dem MarkenG die Anwendung anderer Vorschriften zum Schutz dieser Kennzeichen nicht aus.[333] 333

Die höchstrichterliche Formulierung erinnert an eine reichsgerichtliche Sentenz zum Verhältnis des Markenschutzgesetzes von 1874 zu Art. 1382 Code civil. In dem *Apollinarisbrunnen*-Urteil aus dem Jahre 1880[334] ging es sachverhaltlich um die Zeichenkollision der Firma *Apollinarisbrunnen, vormals Kreuzberg*, einer zu Remagen bestehenden Aktiengesellschaft, Klägerin, und ihrem Warenzeichen mit der Bezeichnung *Apollinarisbrunnen*, die von 334

[329] Zum wettbewerbsrechtlichen und bürgerlichrechtlichen Rechtsschutz *bekannter Marken* siehe BGHZ 138, 349 – MAC Dog; zum Rechtsschutz der *geografischen Herkunftsangaben* nach den §§ 1 und 3 UWG aF und §§ 126 ff MarkenG siehe BGH GRUR 1999, 252 – Warsteiner II; zum Rechtsschutz von *Werktiteln* nach § 15 Abs. 2 MarkenG siehe BGH GRUR 2000, 70 – SZENE; zum Rechtsschutz von *Unternehmenskennzeichen* nach § 15 Abs. 2 und 3 MarkenG siehe BGH GRUR 2002, 622 – shell.de; siehe auch den Vorlagebeschluss BGH GRUR Int 2000, 1017 – Davidoff.

[330] Siehe dazu die ausführliche Darstellung bei *Fezer* § 2 MarkenG Rn 5 ff; zu den Sachverhalten des Kennzeichenschutzes nach dem UWG *Fezer* § 2 MarkenG Rn 62 ff; → Rn 355 ff.

[331] Siehe dazu die Darstellung bei *Fezer* § 2 MarkenG Rn 11 ff; siehe dazu auch *Büscher* GRUR 2009, 230 ff.

[332] Siehe dazu nur BGH GRUR 2002, 622, 623 – shell.de; BGH GRUR 2005, 163, 165 – Aluminiumräder.

[333] BGH GRUR 2008, 628, 629 – Imitationswerbung.

[334] RGZ 3, 67 – Apollinarisbrunnen; zum Ursprung der Konkurrenzlehre in der Rechtsprechung des RG → Rn 11 f.

dem in Mainz wohnenden Beklagten für das Wasser der Salzquelle zu Cronthal im Taunus benutzt wurde. Das RG führte aus, das MSchG habe sich zur Aufgabe gestellt, den Schutz der Warenbezeichnungen auch zivilrechtlich für das deutsche Reich einheitlich und erschöpfend zu regeln. Es wäre damit unvereinbar, eine Handlung, welche nach dem Markenschutzgesetz erlaubt sei, im Geltungsgebiet des Art. 1382 Code civil als eine widerrechtliche, welche zum Schadensersatz verpflichten würde, anzusehen. Das RG gestand eine Anwendbarkeit des Art. 1382 Code civil in dieser Hinsicht nicht zu. Es ist nicht weiter zu erörtern, ob das RG den Zivilrechtsschutz einer Warenbezeichnung nach der deliktsrechtlichen Generalklausel des Code civil allgemein ausschließen wollte (erschöpfende Regelung), oder innerhalb der Anwendung des Zivilrechtsschutzes der Warenbezeichnung auf die konkrete Fallkonstellation den Regelungsgehalt des Markenschutzgesetzes zu berücksichtigen verlangte („in dieser Hinsicht"). Festzuhalten bleibt, dass sich vom Ausgangspunkt des *Apollinarisbrunnen*-Urteils des RG aus die ständige Rechtsprechung des RG und des BGH von der subsidiären Anwendbarkeit des Wettbewerbsrechts auf den Schutz von Warenzeichen entwickelte. Das Konkurrenzverhältnis des WZG zum UWG wurde von *Wolfgang Hefermehl* auf die prägnante Formel gebracht: Die Benutzung einer Marke kann markenrechtlich zulässig, wettbewerbsrechtlich unzulässig sein.[335] Die Zurückführung des Markenrechts auf die Wurzel des Wettbewerbsrechts habe zu einer wertvollen Vertiefung des Markenrechts geführt.

5. Lex specialis derogat legi generali

335 Die Vorrangthese der höchstrichterlichen Rechtsprechung zum Konkurrenzverhältnis zwischen MarkenG und UWG in Anwendung des § 2 MarkenG beruht zudem auf einem Fehlverständnis der lex specialis-Regel. Die Regel der Konkurrenzlehre **lex specialis derogat legi generali** dient allein dazu, Widersprüche zwischen verschiedenen Gesetzen zu vermeiden, um die Einheit und Widerspruchslosigkeit der Rechtsordnung zu gewährleisten.[336] Nur dann, wenn die Rechtsfolgen sich ausschließen, führt das logische Verhältnis der Spezialität notwendig zur Verdrängung der allgemeinen Norm, da im ungekehrten Fall die spezielle Norm überhaupt kein Anwendungsgebiet hätte.[337] Die lex specialis-Regel gilt innerhalb der Konkurrenzlehre allgemein zur Bestimmung des Verhältnisses von gewerblichem Rechtsschutz zum Lauterkeitsrecht als überholt.[338] Die verdrängende Spezialität eines Gesetzes, deren Folge die Aufhebung der Normenkonkurrenz ist, bedarf der gesetzlichen Rechtsgrundlage hinsichtlich der abschließenden Regelung eines Gesetzes und der Schutzzweckidentität anhand einer Normzweckanalyse.

III. Normenkonkurrenz als Ausgangspunkt des Gemeinschaftsrechts

1. Europäisches Richtlinienrecht

336 In der Begründung der Vorrangthese in der höchstrichterlichen Rechtsprechung[339] zum Kennzeichenrecht wird erst gar nicht versucht, auf die MRL zurückzugreifen. Es kann wohl kein Streit darüber bestehen, dass der Kennzeichenschutz der MRL schon deshalb nicht abschließend ist, da kennzeichenschützende Vorschriften in anderen Richtlinien enthalten sind. So darf etwa nach den Zulässigkeitsvoraussetzungen einer **vergleichenden Werbung** entsprechend dem Richtlinienrecht[340] eine vergleichende Werbung (1) nicht

---

[335] Siehe *Baumbach/Hefermehl* 22. Aufl., Einl WZG Rn 44.
[336] Siehe dazu nur *Engisch* Einführung in das juristische Denken 2005, S. 209 ff.
[337] So zutreffend *Larenz* Methodenlehre der Rechtswissenschaft 1991, S. 266 ff.
[338] Siehe zu den verschiedenen Abgrenzungstheorien näher *Müller* in: v. Büren/David Schweiz. Immaterialgüter- und Wettbewerbsrecht Bd. V/1 Lauterkeitsrecht, S. 39 ff.
[339] → Rn 333 ff.
[340] Art. 4 RL 2006/114/EG über irreführende und vergleichende Werbung, ABl. EG Nr. L 376 vom 27. 12. 2006.

eine Ware oder eine Dienstleistung als Imitation oder Nachahmung einer Ware oder Dienstleistung mit geschützter Marke oder geschütztem Handelsnamen darstellen (lit. g), (2) keine Verwechslungsgefahr zwischen den Warenzeichen, Warennamen oder sonstigen Kennzeichen des Werbenden und denen eines Mitbewerbers begründen (lit. h), oder (3) den Ruf einer Marke, eines Handelsnamens oder anderer Unterscheidungszeichen eines Mitbewerbers oder der Ursprungsbezeichnung von Konkurrenzerzeugnissen in unlauterer Weise ausnutzen (lit. f).

In der 7. Begründungserwägung der MRL heißt es zudem ausdrücklich, dass diese Richtlinie es nicht ausschließe, dass auf die Marken andere Rechtsvorschriften der Mitgliedstaaten als die des Markenrechts, wie die Vorschriften gegen den unlauteren Wettbewerb, über die zivilrechtliche Haftung oder den Verbraucherschutz, Anwendung fänden. **337**

Generalanwalt *Francis J. Jacobs* wies in seinen Schlussanträgen in der Rechtssache *THOMSON LIFE*[341] ausdrücklich darauf hin, dass das Gemeinschaftsrecht einer Anwendung des Wettbewerbsrecht auf markenrechtliche Sachverhalte nicht entgegenstehe. **338**

2. Gemeinschaftsmarkenrecht (GMV)

Im Gemeinschaftsmarkenrecht ist die Anwendbarkeit des nationalen Lauterkeitsrechts auf den Schutz von **Gemeinschaftsmarken** in Art. 14 Abs. 2 GMV und sind die lauterkeitsrechtlichen Schranken für die Benutzung von Gemeinschaftsmarken nach Art. 106 Abs. 2 GMV ausdrücklich geregelt. **339**

Aus der Sicht des europäischen Gemeinschaftsrechts steht der Vorrangthese zudem die **begrenzte Reichweite der Harmonisierung** entgegen, die sich aus den Erwägungsgründen der MRL (Nr. 4 und 7), sowie aus der ständigen Rechtsprechung des EuGH ergibt.[342] **340**

Der mitgliedstaatliche Regelungsvorbehalt des Art. 5 Abs. 5 MRL bestätigt zudem die Gemeinschaftskonformität der Normenkonkurrenz zwischen harmonisiertem Markenrecht und Lauterkeitsrecht. Dazu ist anzumerken, dass die Vorrangthese des BGH auch den nichtharmonisierten Bereich des Kennzeichenrechts (Benutzungsmarken, Unternehmenskennzeichen, Werktitel, geografische Herkunftsangaben und Ursprungsbezeichnungen) erfasst. **341**

3. Richtlinie über unlautere Geschäftspraktiken (UGP-RL)

Die irreführende Produktvermarktung nach Art. 6 Abs. 2 lit. a UGP-RL stellt einen originären Unlauterkeitstatbestand des europäischen Verbraucherschutzrechts dar.[343] Nach dieser Vorschrift ist Gegenstand einer irreführenden Geschäftspraktik jegliche Art der Vermarktung eines Produkts, einschließlich vergleichender Werbung, die eine Verwechslungsgefahr mit einem anderen Produkt, Warenzeichen, Warennamen oder anderen Kennzeichen eines Mitbewerbers begründet. Das deutsche Lauterkeitsrecht und Kennzeichenrecht kannte vor der Umsetzung der UGP-RL – nach der Umsetzung der UGP-RL ist das Produktimitationsmarketing und das Kennzeichenimitationsmarketing Gegenstand des § 5 Abs. 2 UWG 2008 und der Nr. 13 des Anhangs zu § 3 Abs. 3 UWG 2008[344] – keinen vergleichbaren Verbotstatbestand. Dem Tatbestand der irreführenden Produktvermarktung kommt ein originärer Anwendungsbereich im Geschäftsverkehr zwischen Unternehmen und Verbrauchern zu.[345] **342**

Es geht vorliegend allein um die Feststellung, dass der Normzweck der Lauterkeitsrichtlinie, ausschließlich den b2c-Geschäftsverkehr zum Schutz des informierten Verbrauchers **343**

---

[341] EuGH Schlussanträge vom 9. 6. 2005, Rs. C-120/04, Rn 40 – THOMSON LIFE.

[342] EuGH, Rs. C-313/94, Slg. 1996, I-6039, GRUR Int 1997, 546, 548 – Graffione/Fransa; EuGH, Rs. C-23/01, Slg. 2002, I-10913, GRUR Int 2003, 446, 448 – Robelco/Robeco.

[343] Siehe dazu *Fezer* WRP 2008, 1, 7 ff; *ders.* GRUR 2009, 451 ff.

[344] *Fezer* GRUR 2009, 451, 455 ff.

[345] Zum Imitationsmarketing als irreführende Produktvermarktung siehe schon *Fezer* MarkenR 2006, 511 ff.

zu regeln, eine **Anwendung der Vorrangthese** auf die irreführende Produktvermarktung des Art. 6 Abs. 2 lit. a UGP-RL **ausschließt.**[346] Im lauterkeitsrechtlichen Verbraucherschutz kommt dem spezifischen Gegenstand der Kennzeichenrechte im Wege der Auslegung bei der Subsumtion eines Lebenssachverhalts unter die konkrete Norm eine tatbestandliche Begrenzungsfunktion zu.

4. Richtlinie über irreführende und vergleichende Werbung (WerbeRL)

344 In dem *O₂*-Urteil zur vergleichenden Werbung als rechtserhebliche Markenbenutzung bestimmt der EuGH[347] das Konkurrenzverhältnis zwischen der MRL und der Richtlinie über irreführende und vergleichende Werbung.[348] Der EuGH lehnt die Rechtsauffassung, die WerbeRL sei als lex specialis gegenüber der MRL zu verstehen und regele die Benutzung einer fremden Marke in einer vergleichenden Werbung abschließend, nachdrücklich ab. Er bestimmt das **Verhältnis der MRL zur WerbeRL** im Sinne der Normenkonkurrenz.

IV. Irreführende Produktvermarktung durch Kennzeichenimitationsmarketing als originärer Verbraucherschutz

1. Irreführende Produktvermarktung nach Art. 6 Abs. 2 lit. a UGP-RL

345 Nach Art. 6 Abs. 2 lit. a UGP-RL ist Gegenstand einer irreführenden Geschäftspraktik jegliche Art der Vermarktung eines Produkts, einschließlich vergleichender Werbung, die eine Verwechslungsgefahr mit einem anderen Produkt, Warenzeichen, Warennamen oder anderen Kennzeichen eines Mitbewerbers begründet. Die irreführende Produktvermarktung stellt einen originären Unlauterkeitstatbestand des europäischen Verbraucherschutzrechts dar.[349] Der **Normzweck der Lauterkeitsrichtlinie,** ausschließlich den b2c-Geschäftsverkehr zum Schutz des informierten Verbrauchers zu regeln, schließt eine Anwendung der Vorrangthese auf die irreführende Produktvermarktung des Art. 6 Abs. 2 lit. a UGP-RL aus. Der Anwendungsbereich der irreführenden Produktvermarktung und damit die Auslegung der Tatbestandsmerkmale dieses originären Unlauterkeitstatbestands werden bestimmt von dem Telos der Richtlinie, im Geschäftsverkehr zwischen Unternehmen und Verbrauchern im Interesse der **Markttransparenz** und der **Konsumentensouveränität** des informierten Verbrauchers ein hohes Verbraucherschutzniveau zu garantieren. Es bestehen bei bestimmten Fallkonstellationen der irreführen Produktvermarktung durch ein **Kennzeichenimitationsmarketing** sachverhaltliche Überschneidungen mit anderen Sachverhalten des Lauterkeitsrechts und des Kennzeichenrechts. Wegen der Unterschiede in den Schutzzwecken, Tatbestandsmerkmalen und Rechtsfolgen der Verbotsnormen besteht Normenkonkurrenz.

346 Eine Kennzeichenrechtsverletzung im Sinne der §§ 14 und 15 MarkenG setzt das Vorliegen einer **spezifisch kennzeichenrechtlichen Verwechslungsgefahr** voraus, die sich aus dem Schutz der Kennzeichen als Ausschließlichkeitsrechte im Interesse des Kennzeicheninhabers ableitet und die ökonomischen Funktionen der Kennzeichen im Wettbewerb schützt. Die irreführende Produktvermarktung ist demgegenüber Verbraucherschutz im b2c-Geschäftsverkehr.

347 Die Fallkonstellation der Kennzeichenverwechslung bei einer irreführenden Produktvermarktung hat nichts mit dem lauterkeitsrechtlichen Schutz einer **qualifizierten betrieblichen Herkunftsangabe** zu tun, und zwar unabhängig davon, ob man diesen tra-

[346] Siehe dazu *Fezer* § 2 MarkenG Rn 54; *ders.* GRUR 2009, 451, 454f.

[347] EuGH, Rs. C-533/06, GRUR 2008, 698 – *O₂*.

[348] Kodifiziert und neu verkündet als Richtlinie 2006/114/EG des Europäischen Parlaments und des Rates vom 12. 12. 2006 über irreführende und vergleichende Werbung, ABl. EG Nr. L 376 S. 21.

[349] Siehe dazu *Fezer* WRP 2008, 1, 7ff; zum Imitationsmarketing siehe *Fezer* MarkenR 2006, 511ff.

dierten Schutztatbestand noch für sachgerecht hält oder (eher) nicht. Die UGP-RL schützt den Verbraucher vor irreführenden Kennzeichenpraktiken bei der Produktvermarktung. Der Verwechslungsschutz im Kennzeichenrecht besteht im Interesse des Rechtsinhabers des Ausschließlichkeitsrechts an dem Kennzeichen. Die in den 1970er Jahren geführte Diskussion um die Verbraucherschutzfunktion der Marke ist versandet. Eine originäre Verbraucherschutzfunktion des Kennzeichens ist im MarkenG nicht anerkannt und auch nicht Topos der MRL.

Die irreführende Produktvermarktung des Art. 6 Abs. 2 lit. a UGP-RL hat nichts mit dem **lauterkeitsrechtlichen Leistungsschutz** nach § 4 Nr. 9 UWG zu tun, der als nicht abschließende Unlauterkeitstatbestände die vermeidbare Herkunftstäuschung (lit. a), die Rufausbeutung und Rufbeeinträchtigung (lit. b) und das Erschleichen und den Vertrauensbruch (lit. c) kennt. Zweck des lauterkeitsrechtlichen Leistungsschutzes ist der Konkurrentenschutz im b2b-Geschäftsverkehr. Es kommt deshalb bei der irreführenden Produktvermarktung auch nicht auf die spezifischen Tatbestandsmerkmale des Leistungsschutzes, wie wettbewerblicher Eigenart oder Vermeidbarkeit der Herkunftstäuschung, an. **348**

Das Verbot der unlauteren **vergleichenden Werbung** nach § 6 UWG bezweckt zumindest gleichwertig den Mitbewerberschutz neben dem Verbraucherschutz. Vor allem aber handelt es sich schon wegen der tatbestandlichen Voraussetzung des Vorliegens eines Vergleichstatbestands – aber auch der weiteren Tatbestandsmerkmale der vergleichenden Werbung – nur um einen kleinen Ausschnitt aus dem Sachverhalt der irreführenden Produktvermarktung.[350] **349**

2. Irreführende Produktvermarktung nach § 5 Abs. 2 UWG

Nach dem Ersten Gesetzes zur Änderung des Gesetzes gegen den unlauteren Wettbewerb[351] wurde die Regelung des § 5 Abs. 2 UWG neu in das UWG 2008 eingefügt. Nach § 5 Abs. 2 UWG 2008 ist eine geschäftliche Handlung auch irreführend, wenn sie im Zusammenhang mit der Vermarktung von Waren oder Dienstleistungen einschließlich vergleichender Werbung eine Verwechslungsgefahr mit einer anderen Ware oder Dienstleistung oder mit der Marke oder einem anderen Kennzeichen eines Mitbewerbers hervorruft. Die Neufassung der Vorschrift dient der Umsetzung des Art. 6 Abs. 2 lit. a UGP-RL. In der Gesetzesbegründung heißt es zur **Vorrangthese** der höchstrichterlichen Rechtsprechung, Art. 6 Abs. 2 lit. a UGP-RL sehe einen solchen Vorrang zugunsten des Markenrechts nicht vor. Auch sei zweifelhaft, ob diese Bestimmung ausschließlich Fallkonstellationen betreffe, bei denen über den Hinweis auf die betriebliche Herkunft hinaus weitere Informationen vermittelt würden. Es bleibe der Rechtsprechung überlassen, das Verhältnis zwischen kennzeichenrechtlichen und lauterkeitsrechtlichen Ansprüchen im Lichte der Neufassung des Gesetzes weiter zu konkretisieren. Dem Postulat einer solchen Neuorientierung des Konkurrenzverhältnisses zwischen Kennzeichenrecht und Lauterkeitsrecht wie allgemein im Immaterialgüterrecht ist nachhaltig zuzustimmen. **350**

V. Normenkonkurrenz zwischen MRL und WerbeRL

In dem „O_2"-Urteil zur vergleichenden Werbung als rechtserhebliche Markenbenutzung bestimmt der EuGH[352] das Konkurrenzverhältnis zwischen MRL und WerbeRL in einer geradezu mustergültigen Weise.[353] In seinen Schlussanträgen ging Generalanwalt *Mengozzi* davon aus, die **WerbeRL** sei als **lex specialis gegenüber der MRL** zu verstehen und regele die Benutzung einer fremden Marke in einer vergleichenden Werbung abschlie- **351**

---

[350] Zur vergleichenden Werbung für Parfümimitate durch Produktbezeichnungen siehe BGH GRUR 2008, 628 – Imitationswerbung.

[351] BR-Drucks. 345/08 vom 23. 5. 2008; → Rn 168ff.

[352] EuGH, Rs. C-533/06, GRUR 2008, 698 – O_2.

[353] Siehe zu diesem Grundsatzurteil *Fezer* § 14 MarkenG Rn 94ff.

ßend.[354] Der EuGH lehnt diese Rechtsauffassung nachdrücklich ab und bestimmt das Verhältnis der MRL zur WerbeRL im Sinne der **Normenkonkurrenz.** Auch wenn die Richtlinie 84/450 eine abschließende Harmonisierung der Bedingungen vorgenommen hat, unter denen eine vergleichende Werbung in den Mitgliedstaaten zulässig ist, so kann gleichwohl eine Benutzung einer fremden Marke in einer vergleichenden Werbung auch nach den Bestimmungen der MRL verboten werden.[355]

352 Die Benutzung einer fremden Marke in einer vergleichenden Werbung, die die Zulässigkeitsvoraussetzungen der WerbeRL erfüllt, stellt einen **lauteren Werbevergleich** dar, der nicht nach der MRL verboten ist. Auch wenn die Benutzung einer fremden Marke in einer vergleichenden Werbung eine Benutzung als Marke im Sinne der MRL ist, greift das Verbot der Markenkollisionstatbestände deshalb nicht ein, weil innerhalb des Anwendungsbereichs der MRL der WerbeRL eine Begrenzungsfunktion zukommt. Die Markenbenutzung innerhalb eines lauteren Werbevergleichs stellt keine Markenrechtsverletzung dar.

353 Die Benutzung einer fremden Marke in einer vergleichenden Werbung, die die Zulässigkeitsvoraussetzungen der WerbeRL nicht erfüllt, ist von der Begrenzungsfunktion der WerbeRL innerhalb des Anwendungsbereichs der MRL nicht privilegiert. Ein **unlauterer Werbevergleich** ist nach der MRL verboten, wenn er die rechtlichen Voraussetzungen eines der Kollisionstatbestände erfüllt und damit eine Markenrechtsverletzung darstellt.[356]

354 Die Rechtsauffassung des EuGH zum Konkurrenzverhältnis zwischen WerbeRL und MRL entspricht auch dem Konkurrenzverhältnis der Normenkonkurrenz im Sinne des § 2 MarkenG im Verhältnis des Kennzeichenrechts zum Lauterkeitsrecht.

VI. Ergänzender Kennzeichenschutz nach dem UWG

355 Bei den folgenden Fallkonstellationen handelt es sich um einen nicht abschließenden **Beispielskatalog** von Sachverhalten, die als **ergänzender Kennzeichenschutz** nach Lauterkeitsrecht[357] zu beurteilen sind. Ob die Anwendungsvoraussetzungen des UWG bei der spezifischen Fallkonstellation vorliegen, bedarf in concreto der sorgfältigen Auslegung der einzelnen Vorschrift und der Subsumtion des konkreten Sachverhalts unter den UWG-Verbotstatbestand. Der Streitgegenstand zwischen Kennzeichenschutz und Lauterkeitsschutz ist verschieden.[358]

1. Versteckte und offene Anlehnung an ein fremdes Kennzeichen

356 Nach dem Verbot einer unlauteren geschäftlichen Handlung nach § 3 kann die versteckte und die offene Anlehnung an eine fremde Marke unlauter sein. Die versteckte Anlehnung **(Schmarotzen)** wurde schon nach der Rechtslage im WZG dann als sittenwidrig nach § 1 UWG aF beurteilt, wenn ein Wettbewerber sich bewusst an verkehrsbekannte Merkmale eines fremden Kennzeichens annäherte, um auf diese Weise den guten Ruf des Kennzeichens des Mitbewerbers für seine Produkte auszunutzen.[359] Er schleicht sich gleichsam verdeckt an das fremde Kennzeichen an. Die offene Anlehnung wurde dann als sittenwidrig nach § 1 UWG aF beurteilt, wenn ein Wettbewerber in der Werbung für ein mit seinem Kennzeichen versehenes Produkt ein fremdes Kennzeichen verwendet, um an dem guten Ruf des Kennzeichens des Mitbewerbers zur Empfehlung des eigenen Produkts

[354] Schlussanträge des Generalanwalts *Paolo Mengozzi* Rs. C-533/06 vom 31. Januar 2008 – O2.

[355] EuGH, Rs. C-533/06, GRUR 2008, 698, Rn 37 – O2; siehe dazu auch *Büscher* GRUR 2009, 230 ff.

[356] Siehe dazu auch MüKo/*Menke* § 6 UWG Rn 30; *Ohly* GRUR 2008, 701.

[357] Zum ergänzenden *Kennzeichenschutz nach dem BGB* (Unternehmensschutz und Namensschutz, Deliktsschutz berühmter Kennzeichen, Kennzeichenbeseitigung und Kennzeichenbeschädigung, unberechtigte Kennzeichenrechtsverwarnung) siehe *Fezer* § 2 MarkenG Rn 84 ff.

[358] BGH WRP 2001, 804 – Telefonkarte.

[359] Siehe dazu die Darstellung bei *Baumbach/Hefermehl* Wettbewerbsrecht, 22. Aufl § 1 UWG Rn 560 ff.

teilzuhaben. Unverhohlen wird an fremdem Ruf partizipiert. Weder die versteckte noch die offene Anlehnung verlangten das Vorliegen einer Verwechslungsgefahr.

Die Fallkonstellation einer Anlehnung an ein fremdes Kennzeichen – sei es ein Wortzeichen oder ein Bildzeichen, sei es ein zweidimensionales Zeichen im Sinne einer Mustermarke, ein dreidimensionales Zeichen im Sinne einer Formmarke oder etwa auch ein Hörzeichen – kann auch nach der Rechtslage im MarkenG den spezifischen Gegenstand des Kennzeichens als eines Immaterialgüterrechts in gleicher Weise beeinträchtigen wie ein Tatbestand der Reproduktion einer fremden Leistung im Sinne des ergänzenden lauterkeitsrechtlichen Leistungsschutzes. Es ist deshalb verfehlt, in solchen Fallkonstellationen einen lauterkeitsrechtlichen Kennzeichenschutz nach dem UWG von vornherein abzulehnen.[360] Die Unlauterkeit bestimmt sich namentlich nach der Art und Weise und insbesondere der Intensität der Anlehnung zur Abwehr von Behinderungswettbewerb im Interesse des Schutzes des Kennzeichenwettbewerbs als Leistungswettbewerb. Es sind die Unlauterkeitskriterien herauszubilden, anhand deren in Abgrenzung zum Schutz der Nachahmungsfreiheit die lauterkeitsrechtliche Schutzwürdigkeit des Kennzeichens und die sachliche Rechtfertigung der Anlehnung an das fremde Kennzeichen zu beurteilen sind. Wenn ein Unternehmen Vorratsbehälter für den Haushalt als „L.-Top Party" vertreibt, dann lehnt sich das Unternehmen in unlauterer Weise an den guten Ruf und die in hohem Maße in den einschlägigen Verbraucherkreisen bekannte Bezeichnung „Tupperwareparty" und „Tupperparty" an, unter der Verkaufsveranstaltungen im privaten Rahmen von Beraterinnen und Beratern durchgeführt werden.[361] **357**

2. Systematische Kennzeichennachahmung

Die systematische Kennzeichennachahmung stellte schon nach der Rechtslage im WZG einen unzulässigen Behinderungswettbewerb nach § 1 UWG aF dar.[362] Wenn ein Wettbewerber Kennzeichen eines Konkurrenten systematisch und zielgerichtet nachahmt, dann kann eine wettbewerbswidrige Behinderung auch dann vorliegen, wenn eine Kennzeichenausbeutung etwa wegen der Art und der Qualität der Produkte ausscheidet. Eine **systematische Koordinierung der Kennzeichennachahmungen** begründet die Unlauterkeit im Sinne des § 3 UWG.[363] **358**

3. Rufausbeutung eines Kennzeichens

Als eine Fallkonstellation des wettbewerbsrechtlichen Kennzeichenschutzes entwickelte sich seit Anfang der achtziger Jahre die **Ausbeutung des guten Rufs einer branchenfremde Marke,**[364] die eine Vorreiterrolle für die Einführung des Bekanntheitsschutzes der Marke nach § 14 Abs. 2 Nr. 3 MarkenG und der geschäftlichen Bezeichnungen nach § 15 Abs. 3 MarkenG in das MarkenG spielte. Die leichtfertige Gefährdung wertvoller Kennzeichen, wie namentlich die bewusste Annäherung in verwerflicher Absicht an Kennzeichen mit überragender Verkehrsgeltung, kann aus Gründen der Beeinträchtigung des Mitbewerbers auch nach UWG unlauter sein.[365] **359**

4. Vermeidbare Herkunftstäuschung

Den Wettbewerbstatbestand einer **vermeidbaren Herkunftstäuschung** bei Anlehnung an eine Kombinationsmarke mit einem wettbewerblich eigenartigen Gepräge, das her- **360**

[360] So aber *Ingerl/Rohnke* § 2 MarkenG Rn 4f.

[361] OLG Köln GRUR-RR 2001, 57 – Top-Party.

[362] Siehe allgemein *Baumbach/Hefermehl* Wettbewerbsrecht, 22. Aufl. § 1 UWG Rn 480.

[363] Eine solche systematische Kennzeichennachahmung nach den konkreten Umständen ablehnend OLG Köln NJWE-WettbR 2000, 214, 217 – Blitzgerichte.

[364] Siehe dazu *Baumbach/Hefermehl* Wettbewerbsrecht, 22. Aufl. § 1 UWG Rn 564ff.

[365] Siehe dazu schon BGH GRUR 1968, 371, 377 – Maggi mit Anmerkung von *Hefermehl;* BGH GRUR 1968, 581, 586 – Blunazit.

kunftskennzeichnend wirkt, anerkennt der BGH in Anspruchskonkurrenz.[366] Die Zubilligung eines wettbewerbsrechtlichen Verbotsanspruchs wegen irreführender Verwendung einer betrieblichen (qualifizierten) Herkunftskennzeichnung setzt deren kennzeichenrechtlichen Schutz voraus.[367] Für die Farbausstattung von Dämmstoffplatten in hellem Blau wurde ergänzender wettbewerbsrechtlicher Leistungsschutz nach § 1 UWG aF gewährt, auch wenn mangels Verkehrsdurchsetzung eine Benutzungsmarke an der Farbe noch nicht entstanden war.[368] Wenn eine kennzeichenmäßige Verwendung der kollidierenden Bezeichnung durch den Dritten nicht vorliegt, dann kommt auch nach der höchstrichterlichen Rechtsprechung trotz Geltung der Vorrangthese ein Unterlassungsanspruch wegen vermeidbarer Herkunftstäuschung nach § 3 in Betracht.[369]

5. Verwendung einer geografischen Herkunftsangabe als Firmenbestandteil

361 Die Benutzung einer **mittelbaren Herkunftsangabe** als Bestandteil einer Firma eines einzelnen Unternehmens kann zu einer individuellen Behinderung des Wettbewerbers führen, der die Herkunftsangabe berechtigt als Hinweis auf ein bestimmtes geografisches Gebiet verwendet. Die Kennzeichnungskraft der geografischen Herkunftsangabe kann dadurch beeinträchtigt werden, dass sie in anderer Weise und zwar als Unternehmenskennzeichen benutzt und dadurch ihre Funktion, als Hinweis auf die Herkunft aus einem bestimmten geografischen Gebiet zu dienen, gefährdet wird.[370]

6. Irreführende Benutzung des Begriffs der Marke

362 Ein ergänzender Wettbewerbsschutz der Kennzeichen besteht auf Grund des Verbots der irreführenden Angaben nach § 5. Eine Fallkonstellation des Irreführungsverbots ist etwa die werbliche Verwendung des Begriffs der Marke an sich, wie namentlich der Gebrauch der Begriffe **Markenware** und **Markenqualität**, sowie vornehmlich die Qualitätswerbung für markenlose Ware.[371]

7. Irreführende Kennzeichenrechtsanmaßung

363 Die Behauptung im geschäftlichen Verkehr, an einem nicht geschützten Kennzeichen bestehe Kennzeichenschutz (irreführende Kennzeichenrechtsanmaßung), ist als eine Schutzrechtsanmaßung nach § 5 irreführend. Die Benutzung des Symbols ® (R im Kreis) für eine nicht eingetragene Marke oder ein sonstiges Kennzeichen ist regelmäßig irreführend.[372]

364 Eine Kennzeichenrechtsanmaßung ist selbst ohne Vorliegen einer unrichtigen Vorstellung des Verkehrs über die tatsächlichen Verhältnisse als falsche Selbstanpreisung unlauter nach § 3.[373]

365 Das ®-Symbol darf als Hinweis auf einen bestehenden Registermarkenschutz erst dann verwendet werden, wenn das Zeichen als Marke in das Markenregister eingetragen ist. Die Benutzung des ®-Symbols vor der konstitutiven Registereintragung stellt eine irreführende Kennzeichenrechtsanmaßung dar. Es ist innerhalb des Zeitraums des Anmeldeverfahrens

---

[366] BGH GRUR 1998, 934, 937 – Wunderbaum.

[367] BGH GRUR 1997, 754 – grau/magenta.

[368] OLG Köln GRUR-RR 2001, 26 – Dämmstoffplatten.

[369] Zu § 1 UWG aF hinsichtlich einer nicht kennzeichenmäßig verwendeten Gebäudegestaltung einer Räucherkate siehe BGH GRUR 2005, 419, 422 – Räucherkate.

[370] BGH GRUR 2001, 73 – Stich den Buben; siehe dazu *Busche* LM Nr. 1 zu § 2 MarkenG.

[371] Siehe dazu etwa KG GRUR 1985, 228 – Alternative zur Marke.

[372] BGH GRUR 1990, 364, 365 – Baelz; OLG Hamburg WRP 1986, 290 – Reál Sangria; OLG Stuttgart WRP 1994, 136 – DOMO; OLG Düsseldorf Mitt 1996, 355, 357 – pasofast; KG GRUR-RR 2001, 180 – CHECK IN/checkin.com; zur Anbringung des ®-Symbols an einem beschreibenden Zeichenbestandteil OLG Hamburg WRP 1997, 101 – selenium ACE; zu irreführenden Marken nach § 4 WZG siehe BPatG GRUR 1992, 704 – Royals®; zu Schutzrechtsberühmungen als täuschende Marken im Sinne des § 8 Abs. 2 Nr. 4 MarkenG siehe *Fezer* § 8 MarkenG Rn 574 ff.

[373] So zu § 1 UWG aF OLG Düsseldorf Mitt 1996, 355 – pasofast.

unzulässig, das ®-Symbol für ein noch nicht registriertes Zeichen zu benutzen.[374] Die Tatsache der Registrierung des Zeichens als solche ist ausreichend für die Zulässigkeit der Benutzung. Es kommt nicht darauf an, ob die Eintragung der Marke bestandskräftig ist, oder ob Dritte gegen die Eintragung der Registermarke vorgehen.[375]

Die Grundsätze zur Benutzung des ®-Symbols gelten vergleichbar für andere Symbole, Zeichen oder Umschreibungen, mit denen als Aussage ein Hinweis auf die Eintragung des Zeichens als Registermarke verbunden ist. Zu nennen sind etwa das © oder die Umschreibung copyright, die Zeichen TM,[376] trade mark, die Umschreibung registered, registriert oder sonstige Zeichen und Umschreibungen. **366**

Die Benutzung des ®-Symbols ist nur zulässig als ein Hinweis auf das Bestehen von Registermarkenschutz an dem mit dem ®-Symbol versehenen Zeichen. Bei der konkreten Art und Weise der Verwendung des ®-Symbols darf nicht der Eindruck hervorgerufen werden, dass der Registermarkenschutz, der für das als Marke eingetragene Zeichen besteht, sich auch auf ein anderes Zeichen, wie etwa eine Bildmarke, bezieht, das nicht als Marke in das Markenregister eingetragen ist **(ausdehnende Kennzeichenrechtsanmaßung).** **367**

Die Aussage des ®-Symbols beschränkt sich auf den Hinweis, an dem Zeichen bestehe Registermarkenschutz. Es ist unzulässig, das ®-Symbol für ein Zeichen zu verwenden, an dem zwar ein **Benutzungsmarkenrecht** im Sinne des § 4 Nr. 2 MarkenG besteht, das aber nicht als Registermarke eingetragen ist. Die Gleichwertigkeit des Kennzeichenschutzes einer Benutzungsmarke und einer Registermarke rechtfertigt nicht, das ®-Symbol für nichtregistrierte Kennzeichenrechte zu verwenden.[377] Das ®-Symbol soll dem Verkehr ermöglichen, sich durch Einsicht in das Markenregister und auf dem Wege der Akteneinsicht Informationen über den Rechtsbestand des Markenrechts zu beschaffen. Auch der EuGH ist der Rechtsansicht, dass das ®-Symbol in der Praxis allgemein in dem Sinne verwendet und verstanden werde, dass es angebe, dass die Marke in dem Land eingetragen sei, in dem das Erzeugnis in den Verkehr gebracht werde.[378] Eine solche zuverlässige Informationsquelle besteht bei einem Benutzungsmarkenrecht wie allgemein bei **nichtregistrierten Kennzeichenrechten** nicht. Dieser Grundsatz gilt vergleichbar für die Unternehmenskennzeichen. Der mehrdeutige Hinweis „Markenschutz beansprucht" ist bedenklich und sollte nicht verwendet werden. **368**

Die Benutzung des ®-Symbols ist **innerhalb des gesamten Binnenmarkts** der EU zulässig, wenn nur in einem Mitgliedstaat ein Registermarkenrecht an dem Zeichen besteht, auch wenn in dem Mitgliedstaat, in dem die markierten Produkte auf dem Markt vertrieben werden, ein Registermarkenrecht nicht besteht. Nach der Rechtsprechung des EuGH stellt es eine verbotene Maßnahme gleicher Wirkung nach Art. 28 EG dar, wenn nach dem nationalen Recht des unlauteren Wettbewerbs es einem Wirtschaftsteilnehmer verboten wird, Ware, die mit dem ®-Symbol versehen ist, in Verkehr zu bringen, wenn die Marke nicht in diesem Mitgliedstaat, sondern nur in einem anderen Mitgliedstaat eingetragen ist.[379] **369**

8. Generische Verwendung eines Kennzeichens

Die **gattungsmäßige Verwendung** eines fremden Kennzeichens kann unter besonderen Umständen nach § 3 unlauter sein.[380] **370**

---

[374] AA OLG München Mitt 1997, 126, 127 – Ö mit R im Kreis, das schon während des Anmeldeverfahrens die Benutzung des ®-Symbols für zulässig hält; so im Ergebnis auch *Ingerl/Rohnke* § 2 MarkenG Rn 11, nach denen zu Unrecht die wettbewerbsrechtliche Relevanz der Irreführung während des Anmeldeverfahrens verneint wird.

[375] Zur Fallkonstellation eines eingetragenen, aber schutzunfähigen Gebrauchsmusters siehe OLG Düsseldorf WRP 1999, 218 – Schaukelpferd.

[376] Siehe dazu LG Essen DuD 2004, 312 – TM.

[377] So zum Ausstattungsschutz nach § 25 WZG siehe BGH GRUR 1957, 358 – Kölnisch Eis; aA *Ingerl/Rohnke* § 2 MarkenG Rn 11.

[378] EuGH, Rs. C-238/99, GRUR Int. 1991, 215, 216 – Pall Corp./PJ Dahlhausen.

[379] EuGH, Rs. C-238/99, GRUR Int. 1991, 215, 216 – Pall Corp./PJ Dahlhausen.

[380] So zu § 1 UWG aF BGH GRUR 1964, 82, 83 – Lesering; BGH GRUR 1968, 425, 427 – feuerfest II.

9. Verkehrsverwirrung

371 Der Tatbestand einer **Verkehrsverwirrung** kann einen Tatbestand der Unlauterkeit begründen, auch wenn die Verwendung eines fremden Kennzeichens nicht als eine Benutzung als Marke zu beurteilen ist.[381] Die Benutzung einer geografischen Herkunftsangabe als Firmenbestandteil kann in Folge einer eintretenden Verkehrsverwirrung den Werbewert der geografischen Herkunftsangabe empfindlich schwächen und die Gefahr einer Umwandlung in einen betrieblichen Herkunftshinweis begründen.[382]

10. Bösgläubige Anmeldung einer Marke

372 **a) Rechtsentwicklung.** Als unlauterer Behinderungswettbewerb ist die bösgläubige Anmeldung einer Marke zu beurteilen, die nach der Rechtslage im MarkenG zunächst als ein Nichtigkeitsgrund der Eintragung nach § 50 Abs. 1 Nr. 4 MarkenG aF geregelt war und nunmehr als ein absolutes Schutzhindernis nach § 8 Abs. 2 Nr. 10 MarkenG geregelt ist und einen Nichtigkeitsgrund nach § 50 Abs. 1 MarkenG darstellt. Unabhängig von dem Rechtsverständnis der Normenkonkurrenz nach § 2 MarkenG waren und sind neben dem Nichtigkeitsgrund der bösgläubigen Anmeldung nach § 50 Abs. 1 MarkenG auch der Tatbestand des Behinderungswettbewerbs nach § 1 UWG aF und nunmehr nach den §§ 3 und 4 Nr. 10 UWG, sowie ein wettbewerbsrechtlicher Anspruch auf **Rücknahme der Anmeldung** oder **Löschung der Eintragung** der Marke im Markenregister in Anspruchskonkurrenz anzuerkennen.[383] Auch nach der Rechtsauffassung des BGH stellt der Nichtigkeitsgrund der bösgläubigen Anmeldung nach § 50 Abs. 1 Nr. 4 MarkenG aF keine abschließende Regelung dar,[384] um rechtsmissbräuchliche oder sittenwidrige Markeneintragungen zur Löschung zu bringen. Die markengesetzliche Regelung schloss einen vor den ordentlichen Gerichten zu verfolgenden Anspruch auf Löschung der Marke schon nach § 1 UWG aF wegen bösgläubiger Markenanmeldung nicht aus.[385] Der Gesetzgeber des MarkenG habe den unter Geltung des WZG bestehenden, ergänzenden wettbewerbsrechtlichen Schutz nicht einengen und die grundsätzliche Verteilung der Zuständigkeiten zwischen dem DPMA und den ordentlichen Gerichten erhalten wollen. Unabhängig vom Vorliegen einer bösgläubigen Anmeldung nach § 50 Abs. 1 MarkenG wurde die Geltendmachung einer zu Spekulationszwecken angemeldeten Marke (Spekulationsmarke) als rechtsmissbräuchlich beurteilt.[386]

373 **b) Besitzstandsstörung, Sperrmarke als Behinderungswettbewerb und Sperrwirkung der Marke als zweckfremdes Mittel des Wettbewerbskampfes.** Im Anschluss an das „EQUI 2000"-Urteil,[387] anerkennt der BGH in seinem Grundsatzurteil „AKADEMIKS", dass eine **wettbewerbswidrige Behinderung** grundsätzlich auch durch die Anmeldung und Eintragung einer Marke erfolgen kann.[388] Bei der Beurteilung einer inländischen Markenanmeldung als Behinderungswettbewerb gegenüber einem Inhaber einer ausländischen Marke ist das im Markenrecht geltende **Territorialitätsprinzip** zu beachten.[389] Als eine Folge des Territorialitätsgrundsatzes beurteilt der BGH es im allgemeinen als rechtlich unbedenklich, wenn im Inland ein Zeichen als Marke in Kenntnis des Umstands angemeldet wird, dass ein anderer dasselbe oder ein verwechselbar ähnliches Zeichen im Aus-

---

381 Zur Rechtserheblichkeit eines solchen Kennzeichengebrauchs siehe BGH GRUR 1960, 126 – Sternbild.

382 BGH GRUR 2001, 73 – Stich den Buben.

383 So auch *v. Linstow* MarkenR 1999, 81.

384 So schon BGH GRUR 2001, 242, 244 – Classe E.

385 BGH GRUR 2000, 1032, 1034 – EQUI 2000.

386 BGH GRUR 2001, 242 – Classe E.

387 BGH GRUR 2000, 1032 – EQUI 2000.

388 BGH GRUR 2008, 621 – AKADEMIKS.

389 Siehe zur herrschenden Auslegung des Territorialitätsprinzips, der Auflockerung der territorialen Begrenzung des Markenrechts und zur Berücksichtigung von Auslandssachverhalten bei Markenrechtsverletzungen grundlegend *Staudinger/Fezer/Koos* Internationales Wirtschaftsrecht, 2006 Rn 471 ff.

land als Marke für ähnliche oder sogar identische Waren oder Dienstleistungen benutzt.[390] Einer Anwendung des UWG steht der Territorialitätsgrundsatz dann nicht entgegen, wenn zu der Kenntnis des Markenanmelders von der Benutzung des Zeichens im Ausland besondere Umstände hinzutreten, die das Verhalten des Anmelders als unlauter erscheinen lassen.[391]

Solche die Unlauterkeit der Markenanmeldung begründenden Umstände können in den Fallkonstellationen der Besitzstandsstörung, der Sperrmarke als Behinderungswettbewerb und als zweckfremdes Mittel des Wettbewerbskampfes vorliegen. Eine **unlautere Besitzstandsstörung** liegt dann vor, wenn die Markenanmeldung in Kenntnis eines schutzwürdigen Besitzstands des Vorbenutzers ohne zureichenden Grund für eine identische oder ähnliche Marke und für identische oder ähnliche Waren oder Dienstleistungen mit dem Ziel der Störung des Besitzstands des Vorbenutzers erfolgt.[392] Die Markenanmeldung ist als **unlautere Sperrmarke** zu beurteilen, wenn der Markenanmelder in Kenntnis eines schutzwürdigen Besitzstandes des Vorbenutzers ohne zureichenden sachlichen Grund eine identische oder ähnliche Marke für identische oder ähnliche Waren oder Dienstleistungen in der Absicht, für den Vorbenutzer der ausländischen Marke den Gebrauch der Bezeichnung im Inland zu sperren, eintragen lässt.[393] Eine **unlautere Markenanmeldung** liegt auch dann vor, wenn der Zeichenanmelder die mit der Eintragung des Zeichens kraft Markenrechts entstehende und wettbewerbsrechtlich an sich unbedenkliche **Sperrwirkung zweckfremd als Mittel des Wettbewerbskampfes** einsetzt.[394] Wenn die **Absicht**, die mit der Eintragung eines Zeichens entstehende Sperrwirkung zweckwidrig als Mittel des Wettbewerbskampfes gegen einen Mitbewerber einzusetzen, zwar einen wesentlichen Beweggrund für die Anmeldung einer Marke darstellt, der Anmelder die Marke aber auch für eigene Waren benutzen will, dann ist aufgrund einer Würdigung der Umstände des Einzelfalls zu beurteilen, ob in der Anmeldung der Marke eine wettbewerbswidrige Behinderung im Sinne der §§ 3 und 4 Nr. 10 liegt.[395] 374

11. Registrierung, Konnektierung und Benutzung eines Domainnamens als unlauterer Behinderungswettbewerb

Die Registrierung, Konnektierung und Benutzung eines **Domainnamens** kann den Tatbestand eines unlauteren Behinderungswettbewerbs nach dem UWG darstellen. Die Benutzung des Domainnamen „buecherde.com" einer Buchhandlung mit der Firma „buch.de AG", die zur Verweisung von Internet-Usern auf das eigene Angebot der konkurrierenden Buchhandlung mit der Firma „buecher.de AG" eingesetzt wird, stellt sowohl eine zielgerichtete Behinderung, als auch ein Ausspannen von Kunden dar und ist nach den §§ 3 und 4 Nr. 10 UWG wettbewerbswidrig.[396] 375

12. Ergänzender wettbewerbsrechtlicher Leistungsschutz

Bei der Fallkonstellation des ergänzenden wettbewerbsrechtlichen Leistungsschutzes[397] geht der BGH der Sache nach von einer **subsidiären Normenkonkurrenz** aus. Der BGH 376

[390] Ständige Rechtsprechung BGH GRUR 1987, 292, 294 – KLINT; BGH GRUR 2000, 1032, 1034 – EQUI 2000; BGH GRUR 2005, 581, 582 – The Colour of Elégance.

[391] BGH GRUR 2008, 160, Rn 16 – CORDARONE; BGH GRUR 2008, 621, 623 – AKADEMIKS.

[392] BGH GRUR 1998, 1034, 1036 – Makalu; BGH GRUR 2000, 1032, 1034 – EQUI 2000; BGH GRUR 2005, 414, 417 – Russisches Schaumgebäck; BGH GRUR 2008, 160, Rn 18 – CORADRONE; BGH GRUR 2008, 621, 623 –AKADEMIKS.

[393] BGH GRUR 1998, 1034, 1036 – Makalu; BGH GRUR 2000, 1032, 1034 – EQUI 2000; BGH GRUR 2005, 414, 417 – Russisches Schaumgebäck; BGH GRUR 2008, 160 Rn 18 – CORADRONE; BGH GRUR 2008, 621, 623 –AKADEMIKS.

[394] BGH GRUR 1980, 110, 111 – TORCH; BGH GRUR 1998, 412, 414 – Analgin; BGH GRUR 2005, 581, 582 – The Colour of Elégance; BGH GRUR 2005, 414, 417 – Russisches Schaumgebäck; BGH GRUR 2008, 160, Rn 16 – CORDARONE; BGH GRUR 2008, 621, 623 – AKADEMIKS.

[395] BGH GRUR 2008, 917, 918ff, Rn 23 – EROS.

[396] So zu § 1 UWG aF OLG München GRUR 2000, 518, 519 – buecherde.com.

[397] Siehe dazu einerseits *Fezer/Götting* § 4–9 UWG Rn 28ff; andererseits *Hefermehl/Köhler/Bornkamm* § 4 UWG Rn 9.3.

hält zwar nach wie vor formal an dem Rechtssatz fest, im Anwendungsbereich der Bestimmungen des MarkenG sei für einen lauterkeitsrechtlichen Schutz grundsätzlich kein Raum.[398] In dem Sachverhalt, der dem „Rillenkoffer"-Urteil zugrunde lag, sollen Ansprüche aus ergänzendem wettbewerbsrechtlichen Leistungsschutz durch die Vorschriften des Markenrechts deshalb nicht ausgeschlossen sein, weil, soweit die Ansprüche auf die Grundsätze des ergänzenden wettbewerbsrechtlichen Leistungsschutzes gestützt werden, kein Schutz für eine Kennzeichnung, sondern für die **Produktpalette der Koffer als konkrete Leistungsergebnisse** begehrt werde.[399] Form und Design stellen aber unausweichlich das Problem der Normenkonkurrenz zwischen immaterialgüterrechtlichem Markenschutz und lauterkeitsrechtlichem Leistungsschutz. Der Sache nach geht der BGH von einer subsidiären Normenkonkurrenz aus.

377 Gegenstand des „Handtaschen"-Urteils ist der ergänzende wettbewerbsrechtliche Leistungsschutz wegen der Nachahmung von berühmten Produkten.[400] Ansprüche aus ergänzendem wettbewerbsrechtlichem Leistungsschutz wegen unangemessener Ausnutzung der Wertschätzung eines nachgeahmten Produkts nach den §§ 3, 4 Nr. 9 lit. b gewährt der BGH auch dann, wenn die Gefahr einer Täuschung über die Herkunft beim allgemeinen Publikum eintritt, das bei den Käufern der Handtaschen die Nachahmungen sieht und zu irrigen Vorstellungen über die Echtheit der Nachahmungen verleitet wird. Wenn keine der Fallgruppen des § 4 Nr. 9 lit. a bis c vorliegt, dann soll das Nachahmen eines fremden Produkts nur in Ausnahmefällen nach den Grundsätzen des ergänzenden wettbewerbsrechtlichen Leistungsschutzes unlauter im Sinne von § 3 sein. Ein solcher Ausnahmefall liegt unter besonderen Umständen nach der höchstrichterlichen Rechtsprechung dann vor, wenn der Mitbewerber durch die Nachahmung wettbewerbswidrig behindert wird.

H. Defizit an Verbraucherrechten im Lauterkeitsrecht

I. Lauterkeitsrechtliches Informationsmodell des Verbraucherschutzes

378 Die Modernisierung des Lauterkeitsrechts in den Mitgliedstaaten der Europäischen Union stellt sich als eine Aufgabe der Rechtsvereinheitlichung traditionell unterschiedlicher Schutzrechtskonzeptionen im Sinne einer Europäisierung kompatibler Marktverhaltensstandards im Wettbewerb dar. Diese **gemeinschaftsrechtliche Rechtsharmonisierung** vollzieht sich im Spannungsfeld zwischen **Unternehmensrechten** der Wettbewerber und **Verbraucherrechten** der Konsumenten und damit zwischen lauterkeitsrechtlichem Mitbewerberschutzrecht und lauterkeitsrechtlichem Verbraucherschutzrecht. Die Lauterkeitsrechtsordnungen dienen im Grundsatz einem gleichwertigen Schutz der Rechte und Interessen der Verbraucher und der Unternehmen sowie den Interessen der Allgemeinheit. Zur Rechtsangleichung der in den Mitgliedstaaten der EU verschiedenen Lauterkeitsrechtskonzeptionen wird innerhalb der europäischen Lauterkeitsrechtskonzeption zwischen dem **verbraucherbezogenen und dem mitbewerberbezogenen Lauterkeitsrecht** unterschieden, in denen jeweils die Rechte und Interessen der Marktteilnehmer, deren Schutz primär die jeweilige Normenordnung dient, Vorrang haben. Im Sinne von Auslegungsdirektiven besteht im Lauterkeitsrecht des b2c-Geschäftsverkehrs ein Primat der Verbraucherinteressen, im Lauterkeitsrecht des b2b-Geschäftsverkehrs ein Primat der Mitbewerberinteressen.

[398] BGH GRUR 2006, 329, Rn 36 – Gewinnfahrzeug mit Fremdemblem; BGH WRP 2008, 1196, 1197, Rn 26 – Rillenkoffer.

[399] BGH WRP 2008, 1196, 1197, Rn 26 – Rillenkoffer; siehe schon BGH GRUR 2007, 339 – Stufenleitern, da kein Schutz für eine Kennzeichnung, sondern für die Leitern und Tritte der grünen Produktserie als konkretes Leistungsergebnis begehrt werde.

[400] BGH GRUR 2007, 795 – Handtaschen.

Schlaglichtartig formulierte **Daten** eines solchen Paradigmenwechsels zum Schutz der Verbraucherinteressen im Wettbewerbsrechts sind: die Entwicklung des Lauterkeitsrechts zwischen Beginn und Ende des 20. Jahrhunderts, ausgehend von einem Individualschutz der Mitbewerber auf dem Weg zu einem institutionellen und sozialrechtlichen Verständnis des Wettbewerbsrechts, die Rechtsprechung des EuGH zur Verwirklichung des Binnenmarktzieles als eines Rechtsprinzips zum Schutz der Freiheit des Waren- und Dienstleistungsverkehrs, der rechts- und wirtschaftswissenschaftliche Diskurs zur Integration des Verbraucherrechts in das Recht der Wirtschaftsordnung, die Rechtserheblichkeit der Konsumentensouveränität in einer marktwirtschaftlichen Wettbewerbsordnung, sowie die Stellung der Verbraucher als gleichgewichtige Marktpartner. Verbraucherschutz wird so zu einem eigenständigen Topos einer europäischen Rechtsharmonisierung im Wettbewerbsrecht. 379

Die europäische Rechtsharmonisierung des Lauterkeitsrechts bietet die Chance einer deutlicheren Integration der originären Verbraucherinteressen in das Wettbewerbsrecht zur Stärkung des wirtschaftlichen Verbraucherschutzes. Der als solcher nicht verabschiedete Verordnungsvorschlag der Kommission über Verkaufsförderung im Binnenmarkt,[401] der die Zulässigkeit von Verkaufsförderungsmaßnahmen, wie Rabatte, Zugaben, Werbegeschenke, Gewinnspiele und Preisausschreiben, regelte, und damit den Bereich der Wertreklame (Sales Promotion) zu rechtsvereinheitlichen suchte, bezweckte den Verbraucherschutz durch Lauterkeitsrecht zu forcieren. Rechtstheoretische Grundlage des Verordnungsentwurfs war ein **wettbewerbsrechtliches Informationsmodell** des Verbraucherschutzes. Eine Liberalisierung und Deregulierung des Lauterkeitsrechts wurde mit einer Normierung von Informationspflichten der Unternehmen verbunden. An die Stelle von Verbotsgrundsätzen sollten sanktionierte Informationspflichten treten. 380

Der rechtstheoretische Regelungsansatz der Sales Promotion-Verordnung wurde als ein Informationsmodell des lauterkeitsrechtlichen Verbraucherschutzes in Art. 7 UGP-RL umgesetzt. Die konkrete Normierung von originären Informationspflichten in Art. 7 UGP-RL geht sowohl konzeptionell als auch in der inhaltlichen Reichweite weit über die Statuierung von Aufklärungspflichten im Sinne eines Unterlassungsdelikts hinaus.[402] Das europäische Informationsmodell als lauterkeitsrechtlicher Regelungsansatz der UGP-RL begründet **Informationspflichten der Unternehmen** und **Informationsrechte der Verbraucher.** Der Theorieansatz der UGP-RL entspricht dem **europäischen Verbraucherleitbild** des informierten, aufmerksamen und verständigen Marktbürgers.[403] 381

Der gegen ein Informationsgebot von manchen vorgetragene Einwand, die Vielzahl der Informationen überfordere und verunsichere den Verbraucher, und eine Folge der Informationsflut sei eine kontraproduktive Informationsübersättigung des Verbrauchers **(information overkill),** verkennt die **Steuerungsfunktion des Informationsparadigmas** im Marktwettbewerb. Es geht nicht darum, dass der einzelne Verbraucher die Gesamtheit der vielfältigen und teils komplexen Informationen als Privatperson konkret wahrnimmt und verarbeitet. Ausgangspunkt des **normativen Verbraucherleitbildes** ist es, dass für den Verbraucher zumutbare Möglichkeiten der Informationsbeschaffung bestehen, aus deren Informationsgehalt sich der mündige Marktbürger als ein verständiger Verbraucher ableitet. Es ist Aufgabe der Profession der Verbraucher (Verbraucherverbände, Verbraucherzentralen, Stiftung Warentest, Presse und allgemeine Medien), die **von den Unternehmen vorzuhaltenden und zumutbar zugänglichen Informationen** zu sammeln, zu sichten, auszuwerten und dem Verbraucher zu berichten. 382

---

[401] → Rn 104 f.
[402] Siehe dazu → Rn 143 ff; *Fezer* WRP 2007, 1021 ff.
[403] Siehe zum europäischen Verbraucherleitbild → § 2 I Rn 31; § 3 Rn 115 ff, 238 ff.

II. Rechtspolitisches Postulat eines verbraucherschützenden Sanktionenrechts im Lichte der UGP-RL

1. Kanon der Verbraucherrechte im Sanktionenrecht

383 Ausgangspunkt der Rechtsvereinheitlichung zu einem europäischen Lauterkeitsrecht war auf der europäischen Ebene von Anfang an das Theorem einer **Schutzzweckparität zwischen Verbraucherschutz und Wettbewerberschutz** im Lauterkeitsrecht. An Stelle eines Integrationsmodells des Lauterkeitsschutzes der Mitbewerber, der Verbraucher und der Allgemeinheit liegt der Rechtsharmonisierung des Lauterkeitsrechts durch die UGP-RL ein **Dualismus der Lauterkeitsrechtsordnungen** zugrunde. Regelungsgegenstand des harmonisierten Lauterkeitsrechts der UGP-RL ist der Geschäftsverkehr der Unternehmen mit den Verbrauchern. Das nichtharmonisierte Lauterkeitsrecht des Geschäftsverkehrs zwischen den Unternehmen bedarf dringend der Rechtsangleichung.

384 Das Gebot einer rechtsinhaltlichen Trennung zwischen **verbraucherbezogenem und mitbewerberbezogenem Lauterkeitsrecht** im UWG 2008 realisiert die Schutzzweckparität zwischen Verbraucherschutz und Wettbewerberschutz innerhalb der jeweiligen materiellrechtlich zu unterscheidenden Lauterkeitsrechtsordnung. Im Sinne eines dualen Systems des Lauterkeitsschutzes ist aber nicht nur das materielle Lauterkeitsrecht, sondern sind auch das **Sanktionenrecht** und das **Verfahrensrecht** an den gleichrangigen und gleichgewichtigen Rechten und Interessen der Verbraucher und Wettbewerber auszurichten.[404] Obgleich Art. 13 S. 2 UGP-RL nicht nur **wirksame** und **verhältnismäßige,** sondern auch **abschreckende Sanktionen** zum Schutz der Verbraucherrechte im harmonisierten Lauterkeitsrecht verlangt, bleibt die Lauterkeitsrechtsordnung des UWG 2008 noch weit hinter diesen Anforderungen an einen effektiven Rechtsschutz der Verbraucher im Lauterkeitsrecht zurück. Das gilt auch für die Wettbewerbsverfahrensrechte der Verbraucher.

385 Originäre Rechte der Verbraucher und der Wettbewerber konstituieren den Marktwettbewerb sowohl in einem europäischen Binnenmarkt als auch in einer freien, sozialen und ökologischen Marktwirtschaft der Mitgliedstaaten. Verbraucherschützendes Sanktionenrecht ist eine zwingende Folge eines originären Verbraucherschutzes im materiellen Lauterkeitsrecht. Im Interesse einer **Effektuierung der materiellen Verbraucherrechte** im Lauterkeitsrecht ist es erforderlich, einen **Kanon an verbraucherschützenden Sanktionen** im Lauterkeitsrecht zu normieren, der eine Gleichgewichtslage zum Sanktionenrecht des Wettbewerberschutzes gewährleistet.

386 Einem solchen Reformziel im nationalen und europäischen Lauterkeitsrecht dienen verschiedene Sanktionenrechte des wettbewerbsrechtlichen Verbraucherschutzes, die sich wechselseitig bedingen und ergänzen.

387 Als **verbraucherschützende Sanktionenrechte** im Lauterkeitsrecht sind rechtlich geboten:[405]

388 (1) Ein **individueller Schadensersatzanspruch** der Verbraucher zur Geltendmachung eines für den einzelnen Verbraucher erheblichen Individualschadens.[406]

---

[404] Siehe dazu → Rn 383 ff.

[405] Siehe zu diesen Vorschlägen schon *Fezer* WRP 2003, 127, 128 ff; zur Grundlegung dieser Verbraucherrechte im Lauterkeitsrecht *Fezer* WRP 2001, 989, 998 ff.

[406] Innerhalb des verbraucherbezogenen Lauterkeitsrechts ist namentlich auch unter Berücksichtigung des Art. 13 S. 2 UGP-RL, der wirksame, verhältnismäßige und abschreckende Sanktionen verlangt, unabdingbar, nach der Rechtslage des UWG 2008 einen individuellen Schadenersatzanspruch sowohl des Verbrauchers als des unmittelbar Verletzten im Sinne der §§ 3 und 8 UWG 2008, als auch nach § 823 Abs. 2 BGB in Verbindung mit einem verbraucherschützenden Verbotstatbestand des Lauterkeitsrechts anzuerkennen. Schon zum alten UWG war das monographische Schrifttum innerhalb der Rechtswissenschaft ganz überwiegend der Auffassung, bestimmten lauterkeitsrechtlichen Fallgruppen der großen Generalklausel des § 1 UWG 1909 komme eine verbraucherschützende Funktion im Sinne eines Schutzgesetzes nach § 823 Abs. 2 BGB zu. Die zeitlich weit zurückliegende Rechtsprechung des BGH galt als durch die Fortentwicklung des Wettbewerbsrechts überholt. Das gilt, auch wenn in der Kommentarliteratur zumeist die höchstrichterliche Rechtsprechung noch weitergetragen wurde und wird. Der in der Gesetzesbegründung schon zum UWG

(2) Ein **kollektiver Schadensersatzanspruch** der Verbraucher zur Geltendmachung eines für die Gesamtheit der Verbraucher erheblichen Kollektivschadens, sei es zur Bündelung der Rechtsdurchsetzung individueller Schadensersatzansprüche, sei es zur Summierung von Minimalschäden der Verbraucher im Interesse der Verbraucherarbeit. **389**

(3) Ein **Unrechtsgewinnabschöpfungsanspruch** (Mehrerlösabschöpfung) bei unlauterem Wettbewerb ohne individuelle Schadensfolgen der Verbraucher.[407] **390**

(4) Ein **verschuldensunabhängiges Vertragsauflösungsrecht** des einzelnen Verbrauchers bei gravierenden Eingriffen in Verbraucherrechte des Lauterkeitsrechts unabhängig vom Vorliegen eines individuellen oder kollektiven Verbraucherschadens.[408] **391**

(5) Ein **Auskunftsanspruch** der Verbraucher. **392**

Erst die Umsetzung eines solchen Kanons an verbraucherschützenden Sanktionenrechten stellt die **Schutzzweckparität zwischen Verbrauchern und Unternehmen am Markt** innerhalb der beiden Lauterkeitsrechtsordnungen des verbraucherschützenden und des mitbewerberschützenden Lauterkeitsrechts her. Im UWG 2008 besteht ein deutliches Defizit an Verbraucherrechten im Sanktionenrecht. **393**

2004 unternommene Versuch, durch einen Hinweis auf den *abschließenden Charakter des Sanktionenrechts* im UWG 2004 Verbraucherrechte abzuschneiden, konterkariert den Verbraucherschutz als den vom Gesetzgeber als wesentlich verstandenen Schutzzweck des UWG 2004 und erst recht des UWG 2008 in Umsetzung der UGP-RL. Die Gesetzesbegründung hinsichtlich des abschließenden Charakters der im UWG normierten Rechtsfolgen sollte als ein Beitrag der Ministerialbürokratie nicht für bare Münze genommen werden. Sie erklärt sich allein aus dem Stand der Beratungen in der Arbeitsgruppe Unlauterer Wettbewerb (→ Rn 52 ff), in der von Seiten des Handels und der Industrie, sowie vereinzelt von Vertretern der Rechtswissenschaft und der Rechtsprechung Individualrechte der Verbraucher abgelehnt wurden. Sowohl im österreichischen als auch im schweizerischen Lauterkeitsrecht ist ein individueller Schadensersatzanspruch der Verbraucher anerkannt. S. die Darstellung bei Fezer/*Koos* → § 9 Rn 3 ff.

[407] Der im Sinne einer Stärkung der verbraucherschützenden Sanktionenrechte im UWG 2004 aufgenommene Gewinnabschöpfungsanspruch des § 10 UWG 2004/2008 vermengt den Schadensersatz, der dem Ausgleich eines entstandenen Schadens dient, und die Mehrerlösabschöpfung, die unabhängig von dem Vorliegen eines Schadens den durch eine unlautere geschäftliche Handlung erzielten Mehrerlös abschöpfen soll („Unlauterer Wettbewerb soll sich nicht lohnen."); zu den Einzelheiten des Gewinnabschöpfungsanspruchs siehe die Darstellung bei Fezer/*v. Braunmühl* → § 10 Rn 1 ff.

In der *Rechtspraxis* erweist sich der Gewinnabschöpfungsanspruch weitgehend als ein Papiertiger. Es ist dringend eine *Gesetzesänderung* dahin erforderlich, den Gewinnabschöpfungsanspruch als einen wirksamen Anspruch zur Abschöpfung eines Unrechtsgewinns zu effektuieren. Tatbestandsvoraussetzung des geltenden Gewinnabschöpfungsanspruchs ist die *Verschuldensform des Vorsatzes*. Die unzulässige geschäftliche Handlung muss vorsätzlich erfolgen. Wie nicht anders zu erwarten war und schon während der Reformdiskussion des Jahres 2004 als eine Befürchtung vorgetragen wurde, stellte sich das Erfordernis des Vorsatzes als ein in der Rechtspraxis kaum überwindbares Sanktionshindernis heraus. Noch im Referentenentwurf vom 23. Januar 2003 war grobe Fahrlässigkeit als Verschuldensform vorgesehen. Instanzgerichtliche Entscheidungen, die in den namentlich vom Verbraucherzentrale Bundesverband e. V. geführten Prozessen ergangen sind, zeigen ganz überwiegend, dass die tatbestandliche Voraussetzung auch nur des bedingten Vorsatzes in den konkreten Fallkonstellationen kaum nachweisbar ist. Es ist zwingend erforderlich, die Anwendungsvoraussetzung des Vorsatzes durch die *Verschuldensform der (groben) Fahrlässigkeit* zu ersetzen. Die Effizienz des Gewinnabschöpfungsanspruchs wird in der Rechtspraxis zudem dadurch konterkariert, dass der Gewinn an den Bundeshaushalt herauszugeben ist. Unabhängig davon, dass die aktivlegitimierten Verbände und Einrichtungen ein nicht unerhebliches Prozessrisiko im Unterlegensfalle tragen, ohne eine Saldierungsmöglichkeit gegenüber erfolgreichen Klageverfahren zu haben, vergibt diese Regelung ohne Not die Chance, eine Basis zur Finanzierung der Verbraucherarbeit zu schaffen, und zwar nicht nur im Interesse der Verbraucher, sondern auch im Interesse der lauteren Wettbewerber. Der Neutralisierung der Unrechtsgewinnabschöpfung gegenüber der konkreten Klagepartei ist über ein *institutionalisiertes Finanzierungsmodell* (Fonds, Stiftung) erreichbar.

[408] Zur Notwendigkeit eines wettbewerbsrechtlichen Vertragsauflösungsrechts wegen bestehender verbraucherschützender Regelungslücken und Durchsetzungsdefiziten bei bestimmten Fallkonstellationen unlauteren Wettbewerbs (Direktmarketing, Gewinnspielaktionen, private Schuldenregulierung, Vertrieb von Schlankheitsmitteln, Werbung mit irreführenden Preisangaben, Mehrwertdienste mit 0190er-Rufnummern, Warenbezug bei Nebenverdienst) siehe schon *Fezer* WRP 2003, 127; in der Sache teilweise zustimmend, wenngleich im Ergebnis ablehnend *Weiler* WRP 2003, 423, 427, 428, 431; aA *Köhler* GRUR 2003, 265, der bestehende Schutzlücken bestreitet, allerdings nur einen normativen Vergleich der gesetzlichen Regelungen anstellt, ohne die rechtstatsächlich in der Umsetzung der Rechtsbehelfe entstehenden Schutzdefizite hinreichend zu beachten.

2. Markttransparenz und Informationspflichten

394 Grundlage der europäischen Rechtsharmonisierung im Lauterkeitsrecht ist in Umsetzung der UGP-RL auch im UWG 2008 das lauterkeitsrechtliche **Informationsmodell des Verbraucherschutzes.**[409] Ein solches Postulat wurde nachhaltig in der Vorauflage dieser Kommentierung erhoben,[410] nachdem die UWG-Reform des Jahres 2004 auf die Realisierung von Informationspflichten der Unternehmen und Verbraucherrechten im Lauterkeitsrecht verzichtet hatte.[411] In einem verfassungsnahen und verfassungsoptimierenden Lauterkeitsrecht ist es sachgerecht, aus Gründen des Grundrechtsschutzes der Werbung als kommerzieller Kommunikation[412] der ökonomischen und sozialen Funktion einer **informativen Werbung** Rechtserheblichkeit beizumessen. Das europäische Verbraucherleitbild des informierten und verständigen Marktbürgers basiert auf einem lauterkeitsrechtlichen Informationsmodell. Die allgemeine Zielsetzung des UWG im Sinne der UGP-RL ist deshalb zutreffend auf eine Herstellung von Markttransparenz gerichtet. In einem solchen Modell des lauteren Wettbewerbs kommt einer **Markttransparenzklausel** zur Normierung verbraucherrelevanter Informationspflichten eine zentrale Bedeutung zu.

395 Zur Konzeption eines modernen Werberechts gehört es, den Informationsfluss der verbraucherrelevanten Informationen rechtlich zu fördern. **Informationswerbung**[413] ist lauterkeitsrechtlich schutzwürdig und fördert die Markttransparenz im Sinne einer **Optimierung des Leistungsvergleichs am Markt** und einer **bestmöglichen Verbraucherentscheidung.** Der europäischen Rechtsharmonisierung kam und kommt die Aufgabe zu, eine Markttransparenzklausel über die Normierung von Informationspflichten der

---

409 → Rn 143.

410 Fezer/*Fezer* Vorauflage Einleitung E UWG Rn 104 ff.

411 Der *Reformgesetzgeber* des Jahres 2004 konnte sich nur entschließen, bestimmte Informationspflichten bei bestimmten Fallkonstellationen der Regelbeispiele vorzusehen (Informationspflichten bei den Verkaufsförderungsmaßnahmen einschließlich Preisausschreiben und Gewinnspielen in § 4 Nr. 4 und 5 UWG 2004). Die Begründung für eine *Ablehnung einer allgemeinen Regelung von Informationspflichten* im UWG findet sich in der Gesetzesbegründung zum UWG 2004 zum Verbot irreführender Werbung nach § 5 UWG 2004 (Gesetzesbegründung zum Entwurf eines UWG, BT-Drucks. 15/1487 S. 19). Es wird darauf verwiesen, dass zur Verbesserung des Verbraucherschutzes im Wettbewerb in der Arbeitsgruppe Unlauterer Wettbewerb zum Teil die Forderung erhoben worden sei, eine generelle Regelung zu Informationspflichten in das UWG aufzunehmen (siehe dazu die Stellungnahme von *Fezer* WRP 2003, 127, 142). Der Gesetzentwurf enthalte Informationspflichten aber nur bei Verkaufsförderungsmaßnahmen einschließlich Preisausschreiben und Gewinnspielen in § 4 Nr. 4 und 5 UWG 2004. Dies folge aus dem erhöhten Informationsbedarf der Verbraucher bei diesen Formen der Wertreklame. Die Regelung weiterer Informationspflichten im UWG erscheine dagegen nicht erforderlich. Von den Befürwortern von weiteren Informationspflichten werde zur Begründung eines weitergehenden Regelungsbedarfs ein Paradigmenwechsel im Lauterkeitsrecht angeführt. Dieser Wechsel solle darin liegen, dass die generellen Verbote durch Informationspflichten ersetzt würden. Eine Lockerung des Wettbewerbsrechts sei indes nur dann vertretbar, wenn der Abnehmer ausreichend informiert werde. Diese Überlegungen lägen auch dem von der Europäischen Kommission vorgelegten geänderten Vorschlag für eine Verordnung über Verkaufsförderung im Binnenmarkt zugrunde. Der Gesetzentwurf trage diesem Grundsatz insoweit Rechnung, als mit Blick auf die Aufhebung des Rabattgesetzes und der Zugabeverordnung für diese Formen der Wertreklame in § 4 Nr. 4 UWG 2004 Informationspflichten geregelt würden. Im Übrigen finde jedoch kein Paradigmenwechsel durch eine generelle Aufhebung von Verboten statt, weshalb es nicht gerechtfertigt sei, die Unternehmen mit weitergehenden Informationspflichten zu belasten. In Umsetzung der UGP-RL war der Gesetzgeber der UWG-Novelle 2008 nunmehr gezwungen, das Informationsmodell des lauterkeitsrechtlichen Verbraucherschutzes in § 5 a UWG 2008 zu normieren.

Siehe den früheren Gesetzesvorschlag von *Fezer* WRP 2003, 127, 142 zur Normierung von Informationspflichten in einer Markttransparenzklausel: „Unlauter handelt, wer in der Werbung oder bei dem Angebot von Waren oder Dienstleistungen Informationen zur Herstellung von Markttransparenz nicht mitteilt, an denen ein berechtigtes Interesse der Verbraucher besteht." Das berechtigte Interesse der Verbraucher kann auch als eine widerlegbare Rechtsvermutung dahin formuliert werden: „… Informationen nicht mitteilt, die für die Entscheidung der Verbraucher erheblich sind, es sei denn, an den Informationen besteht kein berechtigtes Interesse der Verbraucher."

412 → Rn 302 ff.

413 Siehe zu einer Analyse der Transaktionskosten der Informationswerbung aus der Sicht der Institutionenökonomik *Krimphove* Europäisches Werberecht 2002 S. 7 ff.

Unternehmen und korrespondierenden Verbraucherrechten im europäischen Lauterkeitsrecht zu implementieren.

I. Schranken der Rechtswirksamkeit von Folgeverträgen unlauteren Wettbewerbs

Im Lauterkeitsrecht wird in ständiger Rechtsprechung und nahezu einhelliger Rechtsansicht in der Kommentarliteratur und im rechtswissenschaftlichen Schrifttum von dem Grundsatz ausgegangen, dass Folgeverträge unlauteren Wettbewerbs wirksam sind.[414] Der tradierte **Rechtssatz von der Wirksamkeit der Folgeverträge unlauteren Wettbewerbs** ist in der Allgemeingültigkeit, wie er zumindest in der Rechtspraxis – von Ausnahmesachverhalten, in denen die Gesamtumstände die Unlauterkeit einer Vertragsdurchsetzung begründen, abgesehen – angewandt wird, **rechtsmethodisch und sachlich nicht gerechtfertigt** und spätestens seit der Umsetzung der UGP-RL, deren primärer Schutzzweck ein unmittelbarer Verbraucherschutz durch Lauterkeitsrecht ist, **zu revidieren.** In der höchstrichterlichen Rechtsprechung und im rechtswissenschaftlichen Schrifttum gibt es gegenwärtig kaum Anzeichen, der prinzipiellen Geltung dieses tradierten Grundsatzes über die anerkannten Ausnahmekonstellationen hinaus deutlicher rechtliche Schranken zu ziehen. **396**

I. Begründung und Reichweite des Grundsatzes von der Wirksamkeit der Folgeverträge unlauteren Wettbewerbs

1. Folgeverträge unlauteren Wettbewerbs

Seit alters her gilt im Anwendungsbereich des UWG der Grundsatz, dass von der **Wirksamkeit der Folgeverträge unlauteren Wettbewerbs** auszugehen ist. Unter einem **Folgevertrag** im Sinne dieses lauterkeitsrechtlichen Rechtssatzes wird ein Vertrag verstanden, der als Folge einer unlauteren geschäftlichen Handlung zwischen dem werbenden Unternehmen und einem Verbraucher (oder einem sonstigen Marktteilnehmer) zustande kommt. Das unlautere Marktverhalten des werbenden Unternehmens muss für den Abschluss des Folgevertrages mit dem Verbraucher zumindest **mitursächlich** sein.[415] **397**

2. Bürgerlichrechtliche Nichtigkeitsgründe

Die bürgerlichrechtlichen Nichtigkeitsgründe eines **Gesetzesverstoßes** im Sinne des § 134 BGB und der **Sittenwidrigkeit des Rechtsgeschäfts** im Sinne des § 138 BGB werden auf die Folgeverträge unlauteren Wettbewerbs grundsätzlich nicht angewandt. **398**

a) Nichtigkeit des Folgevertrages nach § 134 BGB. Rechtsfolge eines Verstoßes gegen ein Verbotsgesetz im Sinne des § 134 BGB ist die Nichtigkeit des Rechtsgeschäfts. Anders als bei der einen Lauterkeitsverstoß begründenden Unlauterkeit einer geschäftlichen Handlung, die allein nach der **Art und Weise des Marktverhaltens** zu beurteilen sei, kommt es bei einem Gesetzesverstoß im Sinne des § 134 BGB auf den **Inhalt des Rechtsgeschäfts** an. Das unlautere Marktverhalten mache den Folgevertrag nicht seinem Inhalt nach gesetzwidrig. Die Verbotstatbestände des UWG werden insgesamt nicht als Verbotsgesetze im Sinne des § 134 BGB verstanden. Der Schutzzweck des Lauterkeitsrechts sei nicht auf die Unwirksamkeit der Folgeverträge gerichtet. **399**

---

414 Siehe dazu nur die Grundsatzurteile BGH GRUR 1990, 522, 528 – HBV-Familien- und Wohnungsrechtsschutz; BGH GRUR 2001, 1178, 1180 – Gewinn-Zertifikat; siehe dazu nur *Traub* GRUR 1980, 673; *Sack* GRUR 2004, 625; *Piper/Ohly* § 3 UWG Rn. 61 ff; Hefermehl/*Köhler*/Bornkamm § 3 UWG Rn 155 ff; zum Zeitraum einer geschäftlichen Handlung → § 2 B Rn 81.

415 Zu einem weiten Begriff des Folgevertrages siehe → Rn 412 ff.

400 Zur Annahme einer Nichtigkeit des Folgevertrages im Sinne des § 134 BGB verlangt die höchstrichterliche Rechtsprechung das Vorliegen eines Gesetzesverstoßes, der **unabhängig von der Unlauterkeit des Marktverhaltens** besteht und den bürgerlichrechtlichen Schutzgesetzverstoß begründet.

401 **b) Nichtigkeit des Folgevertrages nach § 138 BGB**. Rechtsfolge eines Verstoßes gegen die guten Sitten im Sinne des § 138 BGB ist die Nichtigkeit des Rechtsgeschäfts. Die Unlauterkeit einer geschäftlichen Handlung begründet die Sittenwidrigkeit des Folgevertrages im Sinne des § 138 BGB schon deshalb nicht, weil dem auf den Inhalt eines Rechtsgeschäfts bezogenen Begriff der guten Sitten im Sinne des § 138 BGB als einem unbestimmten Rechtsbegriff ein anderer Inhalt zukommt als dem Begriff der guten Sitten im Sinne des § 1 UWG 1909 und damit auch als dem Begriff der Unlauterkeit im Sinne des § 3 UWG 2004/2008. Nicht anders als bei der Anwendung des § 134 BGB gilt für die Anwendung des § 138 BGB, dass sich die Nichtigkeit als Rechtsfolge aus dem **Inhalt des Rechtsgeschäfts** und nicht aus der **Art und Weise des Zustandekommens des Folgevertrages** ergibt.

402 Ausgangspunkt der höchstrichterlichen **Rechtsprechung** ist: § 138 BGB setze der privatautonomen Rechtsgestaltung beim Abschluss von Verträgen Grenzen und wirke damit **Missbräuchen der Privatautonomie** entgegen. Da das UWG die Lauterkeit des Wettbewerbs schütze und an einen Wettbewerbsverstoß gerade nicht die Rechtsfolge der Nichtigkeit, sondern die Verpflichtung zur Unterlassung und bei Verschulden zum Schadensersatz knüpfe, schließe dieser Unterschied es gerade aus, in einer unlauteren geschäftlichen Handlung selbst dann einen Verstoß gegen § 138 BGB zu sehen, wenn das unlautere Marktverhalten auch in einem Rechtsgeschäft seinen Niederschlag findet.[416] Entscheidend kommt es somit allein darauf an, ob der Folgevertrag als Rechtsgeschäft seinem Inhalt nach mit den grundlegenden Wertungen der Rechts- oder Sittenordnung unvereinbar ist.[417]

3. Ausnahmesachverhalte nichtiger Folgeverträge

403 In der Rechtsprechung sind Fallkonstellationen anerkannt, in denen **ausnahmsweise** von der inhaltlichen Nichtigkeit der Folgeverträge als Verbraucherverträge im Sinne der §§ 134 und 138 BGB ausgegangen werden kann. Bei solchen Fallkonstellationen handelt es sich um Geschäftsmodelle und Werbekonzeptionen, die **von vornherein zielgerichtet auf eine Täuschung der Verbraucher angelegt** sind und **systematisch** zu einer Vielzahl von Vertragsabschlüssen mit getäuschten Verbrauchern führen. Bei solchen Fallkonstellationen handelt es sich in der Regel um Betrugstatbestände von strafrechtlicher Erheblichkeit. Zu nennen sind etwa **betrügerische Insertionsofferten, vorgetäuschte Rechnungsstellungen** und Tatbestände des **Adressbuchschwindels.**[418]

404 Die **Vertragsabwicklung** und **Vertragsdurchsetzung** eines durch unlauteres Marktverhalten zustande gekommenen Vertrages stellt nach der höchstrichterlichen Rechtsprechung als solches keinen Unlauterkeitstatbestand dar. Die Abwicklung von Verträgen, zu deren Abschluss der Kunde durch unlautere Mittel veranlasst werden konnte, sei als solche grundsätzlich nicht unlauter.[419] Die Abwicklung von Verträgen werde vom UWG nur dann erfasst, wenn sie nach den gesamten Umständen auch selbst als unlauteres Wettbewerbsverhalten zu würdigen sei. Dies sei schon in vielen Fällen deshalb nicht der Fall, weil der Wettbewerbsverstoß für den Vertragsschluss letztlich **nicht ursächlich** geworden sei. Aber auch dann, wenn der Vertrag unter der Einwirkung des unlauteren Verhaltens zustande gekommen sei und deshalb Willensmängel vorlägen, die zur Anfechtbarkeit oder Nich-

[416] Siehe dazu nur die Formulierungen in BGH GRUR 1990, 522, 528 – HBV-Familien- und Wohnungsrechtsschutz und entsprechend in ständiger Rechtsprechung.
[417] Siehe dazu BGH GRUR 1998, 945, 946 – Co-Verlagsvereinbarung.
[418] Siehe die Nachweise zu einer solchen *zielgerichtet-systematischen Ausbeutung* getäuschter Kunden *Piper/Ohly* § 3 UWG Rn 63, 64.
[419] BGH GRUR 2001, 1178, 1180 – Gewinn-Zertifikat.

tigkeit des Vertrages führten oder ein Rücktrittsrecht nach § 13a UWG aF begründeten, werde die Durchführung des Vertrages nicht allein dadurch selbst wettbewerbsrechtlich unlauter.

In der Rechtsprechung sind allerdings solche Fallgestaltungen anerkannt, in denen die **Fruchtziehung** aus einem unlauteren Verhalten als unlauter beurteilt wird.[420] Die Abwicklung von Verträgen, die aufgrund einer unlauteren Werbung zustande gekommen sind, wird dann als wettbewerbswidrig beurteilt, wenn das Verhalten des Werbenden als ein Betrug im Sinne des § 263 StGB und die Vertragsdurchsetzung als eine bis zur Beendigung des Betrugs mögliche Teilnahme an dem Betrug zu beurteilen ist.[421] 405

II. Unlauterkeit und Vertragsbindung

1. Rechtssicherheit im Vertragsrecht und Reuerecht des Verbrauchers

Abgesehen von den konkreten Anwendungsvoraussetzungen der bürgerlichrechtlichen Nichtigkeitsgründe der §§ 134 und 138 BGB, deren Nichtanwendbarkeit auf unlautere geschäftliche Handlungen den Grundsatz von der Wirksamkeit der Folgeverträge unlauteren Wettbewerbs begründet,[422] sind es vornehmlich **zwei allgemeine Rechtsgedanken,** die zur Rechtfertigung des Prinzips der wirksamen Folgeverträge vorgetragen werden. 406

Es wird einerseits auf die Gefahren für die **Rechtssicherheit im Vertragsrecht** und damit auf eine Gefährdung des Grundsatzes pacta sunt servanda verwiesen, wenn Folge einer unlauteren Vertragsanbahnung die Vertragsnichtigkeit ist. Die zunächst einleuchtende Begründung für die grundsätzliche Wirksamkeit der Folgeverträge unlauteren Wettbewerbs besteht darin, dass bei der unlauteren Werbung – wie etwa bei einer Anzeigenwerbung oder der Rundfunk- und Fernsehwerbung – die **Ursächlichkeit** der unlauteren Werbung für den konkreten Vertragsabschluss mit dem einzelnen Verbraucher nur schwer nachweisbar sein wird. Die Unsicherheit über die Reichweite der einzelnen Verbotstatbestände des UWG würde zudem die Rechtsunsicherheit in das Vertragsrecht verlagern. Im Zusammenhang mit dem Vorschlag der Einführung von **Vertragsauflösungsrechten** bei der UWG-Reform des Jahres 2004 wurde gar eine Absenkung des wettbewerbsrechtlichen Schutzniveaus als eine Folge von Schutzinstrumenten zur Vertragsauflösung befürchtet.[423] 407

Ein wesentlicher Einwand gegen eine Akzessorietät zwischen Unlauterkeit und Vertragsbindung wird andererseits aus der **Rechtssystematik der Vertragsauflösungsrechte des BGB** und deren Verhältnis zum UWG abgeleitet. Außerhalb des Kanons an allgemein zivilrechtlichen Nichtigkeitsgründen, Unwirksamkeitsgründen, Anfechtungsgründen, Widerrufsrechten und Kündigungsrechten sei unbedingt von der **Bestandskraft der Verträge** auszugehen. Es ist sicherlich zutreffend, dass eine lauterkeitsrechtliche Sanktion, die die Vertragsbindung berührt, mit der Rechtssystematik des BGB ausbalanciert sein muss und nicht zu einer Aushöhlung der zivilrechtlichen Vertragsbindung führen darf. Folge des lauterkeitsrechtlichen Verbraucherschutzes darf **kein allgemeines Reurecht des Verbrauchers** sein. Folge einer lauterkeitsrechtlichen Sanktion, die die Vertragsbindung berührt, darf es selbstverständlich nicht sein, dass etwa ein Verbraucher, der im Nachhinein den Vertragsschluss bereut oder sogar die unlautere Werbung nicht kannte, sich von dem abgeschlossenen Vertrag lösen kann, wenn er etwa im Nachhinein von der Unlauterkeit der Werbung erfährt. 408

---

[420] Siehe dazu seit BGH GRUR 1994, 126 – Folgeverträge I.

[421] Siehe dazu BGH GRUR 2001, 1178, 1180 – Gewinn-Zertifikat (mit umfassenden Nachweisen).

[422] → Rn 396.

[423] Siehe zum Gesetzgebungsverfahren und zum Regelungsinhalt des Gesetzes zur Bekämpfung unerlaubter Telefonwerbung und zur Verbesserung des Verbraucherschutzes bei besonderen Vertriebsformen → Rn 193ff.

2. Nichteintritt der Vertragsbindung zur Abwehr eines Eingriffs in Verbraucherrechte – Vertrag ohne Rechtsbindung

409 Eine Fallkonstellation einer Rechtsunsicherheit über die Wirksamkeit von Verbraucherverträgen und die Gefahr einer systemwidrigen Normierung eines allgemeinen Reurechts zugunsten der Verbraucher bestehen dann nicht, wenn es sich bei der unlauteren geschäftlichen Handlung um einen zielgerichteten **Eingriff in ein Verbraucherrecht** – wie etwa das Persönlichkeitsrecht – eines bestimmten Verbrauchers handelt.

410 Eine solche Fallkonstellation wurde innerhalb des Gesetzgebungsverfahrens des Gesetzes zur Bekämpfung unerlaubter Telefonwerbung diskutiert und die sogenannte **Bestätigungslösung** vorgeschlagen, die trotz einstimmiger Annahme durch den Bundesrat vom Gesetzgeber nicht umgesetzt wurde.[424] Das **Verhältnis von Unlauterkeit und Vertragsbindung** ist an der Fallkonstellation der verbotenen Telefonwerbung beispielhaft darzulegen. Bei der Werbung mit Telefonanrufen gegenüber Verbrauchern ohne deren Einwilligung nach § 7 Abs. 2 Nr. 2 1. Alt. besteht eine Rechtsunsicherheit über die Wirksamkeit von Verbraucherverträgen für das werbende Unternehmen nicht. Diese Art der Telefonwerbung richtet sich in einem einzelnen Telefonat **zielgerichtet und unmittelbar an einen konkreten Verbraucher** und nicht an eine unbestimmte Vielzahl von Verbrauchern. Die Rechtsfolge der Nichtigkeit oder Unwirksamkeit des Folgevertrages sowie allgemein die Aufhebung oder der **Nichteintritt der Vertragsbindung** betrifft ausschließlich einen ganz bestimmten Verbrauchervertrag. Die Rechtssicherheit im Vertragsrecht ist nicht gefährdet, da dem Unternehmen bekannt ist, dass das Telefonmarketing ohne vorherige Einwilligung des konkreten Verbrauchers erfolgt ist.

411 Die **lauterkeitsrechtliche Sanktion des Nichteintritts einer Vertragsbindung** eines Verbrauchervertrages harmoniert auch mit der Rechtssystematik des bürgerlichrechtlichen Vertragsrechts. Der Nichteintritt einer Vertragsbindung des Verbrauchervertrages als eines Individualvertrages ist Rechtsfolge des lauterkeitsrechtlichen Deliktstatbestandes eines Eingriffs in die Privatsphäre des Verbrauchers; es liegt Lauterkeitsunrecht im Sinne eines Eingriffs in das Persönlichkeitsrecht als eines Individualrechts und damit ein lauterkeitsrechtlicher Eingriffstatbestand in ein Verbraucherrecht vor. Der Nichteintritt der Vertragsbindung ist akzessorisch zum Fehlen der Einwilligung des einzelnen Verbrauchers in den Eingriff in sein Individualrechtsgut. Das Unternehmen missachtet die **Dispositionsfreiheit des Verbrauchers** über seine Privatsphäre. Der **Vertrag ohne Rechtsbindung** ist eine sachgerechte und angemessene Rechtsfolge zur Abwehr eines Eingriffs in das Persönlichkeitsrecht des Verbrauchers und zur effizienten Durchsetzung des Verbots der unlauteren Geschäftspraktik. Es geht nicht um den Schutz der **Privatautonomie im Sinne von Vertrags(gestaltungs)freiheit;** es geht um den **Freiheitsschutz im Sinne von Rechtsgüterschutz** des Individuums. Der Nichteintritt der Vertragsbindung ist eine Sanktion des Unlauterkeitsdeliktsrechts und nicht ein Instrument der Vertragskorrektur.

III. Begriff des Folgevertrages

412 Mit dem tradierten Begriff des Folgevertrages wird der Kern der Problematik der Art der lauterkeitsrechtlichen Sanktion auf einen unlauteren Eingriff in ein Verbraucherrecht und damit das **Verhältnis von erfolgsbezogener Unlauterkeit und Vertragsbindung** nicht zureichend umschrieben. Der Sprachgebrauch des Folgevertrages ist nur insoweit nahe liegend, als er den Vertragsschluss als eine Folge der unlauteren geschäftlichen Handlung beschreibt. In dem Begriff des Folgevertrages kommt aber nicht zum Ausdruck, dass die **Rechtsqualität der Unlauterkeit** im Sinne eines **Eingriffs in ein Verbraucherrecht** es rechtfertigt, eine Rechtsbindung des Vertrages als eine Folge der Verletzung eines Individualrechtsguts nicht anzuerkennen. Der Rechtsgrund des Vertrages ohne Rechtsbindung liegt

[424] Zur Bestätigungslösung mit Beweislastumkehr und zum Gesetzgebungsverfahren → Rn 202ff.

in der Verletzung eines Individualrechts. Der Begriff des Folgevertrages ist hinsichtlich des Rechtsgrundes der Nichtbindung **restriktiv** zu verstehen.

413 Der Begriff des Folgevertrages ist insoweit **extensiv** zu verstehen, als es um den rechtstatsächlichen Kontext zwischen Geschäftsabschlusses und Unlauterkeitssachverhalt geht. Das ist an dem Beispiel der verbotenen Telefonwerbung zu erläutern. Um die Effizienz einer Anordnung der Nichtbindung des Folgevertrages zu gewährleisten, ist es geboten, jeder Art von rechtsgeschäftlicher oder rechtsgeschäftsähnlicher Erklärung, die während des verbotenen Telefonats abgegeben wird, die Rechtsqualität abzusprechen. Der Nichteintritt der Rechtsbindung gilt für jedes rechtsgeschäftliche Handeln als Folge eines unlauteren Eingriffs in ein Verbraucherrecht. Der Verbraucher muss sich darauf verlassen können, dass als Folge und auf der Grundlage der unlauteren geschäftlichen Handlung, die einen verbotenen Eingriff in sein Individualrechtsgut darstellt, keine Rechtsbindungen für den Verbraucher entstehen.

414 Die lauterkeitsrechtliche Sanktion entspricht als Rechtsfolge der **Anwendung des § 823 Abs. 1 BGB**, da ein rechtswidriger Eingriff in das Persönlichkeitsrecht des Verbrauchers vorliegt, und entspricht der **Anwendung des § 823 Abs. 2 BGB** in Verbindung mit dem Verbot der unlauteren Geschäftspraktik, die einen Eingriff in ein Verbraucherrecht darstellt und deshalb als ein Schutzgesetz im Sinne der UGP-RL zu verstehen ist. Ein **Schadensersatzanspruch** ist auf **Vertragsaufhebung** gerichtet. Es geht nicht um den Schutz der Privatautonomie im Sinne der Vertragsfreiheit, sondern um den Rechtsgüterschutz der Verbraucher.

IV. Rechtstechniken eines Vertrages ohne Rechtsbindung

415 Die lauterkeitsrechtliche Rechtstechnik eines Vertrages ohne Rechtsbindung als Folge eines Eingriffs in Verbraucherrechte durch eine verbotene Geschäftspraktik innerhalb des verbraucherbezogenen Lauterkeitsrechts kann in verschiedenen Rechtsformen gestaltet werden. Der **Nichteintritt einer Vertragsbindung** kann mit dem rechtlichen Instrumentarium einer **anfänglichen und endgültigen Nichtigkeit,**[425] einer **schwebenden Unwirksamkeit mit nachträglicher Genehmigungsmöglichkeit** oder **schriftlichem Zustimmungsvorbehalt,** sowie mit der **Bestätigungslösung** (befristetes Vertragsangebot), die im Gesetzgebungsverfahren des Gesetzes zur Bekämpfung unlauterer Telefonwerbung einstimmig vom Bundesrat als Gesetzesvorschlag verabschiedet wurde, gestaltet werden. Wenn der **Schutzgesetzcharakter** der Verletzung von Verbraucherrechten durch unlautere Geschäftspraktiken anerkannt wird, dann ist eine vergleichbare Rechtsfolge aufgrund eines auf Aufhebung des Rechtsgeschäfts gerichteten Schadensersatzanspruchs nach bürgerlichrechtlichem Deliktsrecht zu erreichen. Die geringere Effektivität der allgemeinen deliktsrechtlichen Problemlösung liegt darin, dass der Verbraucher zur Rechtswahrung selbst aktiv werden muss. Es ist deshalb eine lauterkeitsrechtliche Sanktion zur Effektuierung solcher Verbotstatbestände, die als gravierende Eingriffe in Verbraucherrechte zu qualifizieren sind, als eine **rechtspolitische Forderung an ein verbraucherschützendes Sanktionenrecht** zu erheben.[426]

J. Richtlinienkonforme und richtlinienoptimierende Auslegung

I. Richtlinienkonforme Auslegung

1. Wirksamkeitsmaxime (effet utile)

416 Das **Wirksamkeitsgebot** (effet utile) des Gemeinschaftsrechts verpflichtet die Mitgliedstaaten, bei der Umsetzung einer Richtlinie im Rahmen der ihnen durch Art. 249 Abs. 3

[425] Allgemein zur Nichtigkeit von Folgeverträgen *Fezer* WRP 2007, 855.
[426] Siehe zu einem Kanon an verbraucherschützenden Sanktionen im Lauterkeitsrecht → Rn 383 ff.

EG-Vertrag belassenen Freiheit diejenigen Formen und Mittel zu wählen, die für die Gewährleistung der praktischen Wirksamkeit der Richtlinie unter Berücksichtigung des mit ihr verfolgten Zwecks am geeignetsten sind.[427] Eine entsprechende Regelung enthält Art. 13 S. 1 UGP-RL, nach der die Mitgliedstaaten die Sanktionen festlegen, die bei Verstößen gegen die nationalen Vorschriften zur Umsetzung der UGP-RL anzuwenden sind; die Mitgliedstaaten treffen alle geeigneten Maßnahmen, um ihre Durchsetzung sicherzustellen. Die von den Mitgliedstaaten zu erlassenden, geeigneten Maßnahmen als Sanktionen gegen Gemeinschaftsrechtsverstöße müssen nicht nur **verhältnismäßig,** sondern auch **effektiv** und **abschreckend** sein.[428] Nur auf diese Weise wird die volle Wirksamkeit des europäischen Richtlinienrechts sichergestellt.

417 Nach der ständigen **Rechtsprechung des EuGH** sind die nationalen Gerichte aufgrund des Umsetzungsgebotes nach Art. 249 Abs. 3 EGV (Art. 189 Abs. 3 EGV aF) und des Grundsatzes der Gemeinschaftstreue nach Art. 10 EGV (Art. 5 EGV aF) dem Grundsatz der richtlinienkonformen Auslegung entsprechend verpflichtet, zur Durchführung einer europäischen Richtlinie erlassene Gesetze unter voller Ausschöpfung des Beurteilungsspielraums, den ihnen das nationale Recht einräumt, **im Lichte des Wortlauts und des Zwecks der Richtlinie auszulegen.**[429] In der höchstrichterlichen Rechtsprechung ist diese gemeinschaftsrechtliche Dimension der Gesetzesauslegung anerkannt.[430]

418 Bei der Methode der **richtlinienkonformen Auslegung** handelt es sich der rechtstheoretischen Struktur nach um eine **interpretatorische Vorrangregel.**[431] Sowohl innerhalb der allgemeinen Grenzen der Gesetzesauslegung als auch innerhalb der richterrechtlichen Rechtsfindung ist der Rechtsanwender gemeinschaftsrechtlich verpflichtet, den europäischen Vorgaben des Gemeinschaftsrechts im nationalen Recht ohne weitere Abwägung Geltung zu verschaffen. Soweit das nationale Gesetz nicht in Umsetzung gemeinschaftsrechtlichen Richtlinienrechts erfolgt ist, gilt zwar das Gebot einer richtlinienkonformen Auslegung nicht unmittelbar. Die Prinzipien des europäischen Richtlinienrechts sollten aber als **Auslegungsdirektiven** im Sinne einer **einheitlichen Auslegung des nationalen Rechts** anerkannt werden.[432] Auch wenn der richtlinienkonformen Auslegung bei der Anwendung nicht gemeinschaftsrechtlich umgesetzten, nationalen Rechts nicht per se Vorrang einzuräumen ist, so bilden doch die gemeinschaftsrechtlichen Prinzipien des Richtlinienrechts wesentliche Auslegungskriterien, die bei der interpretatorischen **Gesamtabwägung** zu berücksichtigen sind.[433]

2. Checks and balances-Prinzip

419 Im internationalen Recht des geistigen Eigentums der Welthandelsorganisation wird vergleichbar und weitergehend von einem **checks and balances-Prinzip** ausgegangen. In Art. 41 Abs. 1 S. 1 TRIPS ist die allgemeine Pflicht der Mitglieder normiert, in den nationalen Rechtsordnungen **Durchsetzungsverfahren** vorzusehen, um ein wirksames Vorgehen gegen jede Verletzung von Rechten des geistigen Eigentums einschließlich Eilverfah-

---

[427] EuGH, Rs. C-48/75, Slg. 1976, 497, Rn 75 – Royer; EuGH, Rs. C-58/95, Slg. 1996, I-4345, Rn 14 – Gallotti; EuGH, Rs. C-212/04, Slg. 2006, I-6057, NJW 2006, 2465, Rn 93 – Adeneler.

[428] Art. 13 S. 2 UGP-RL legt ausdrücklich fest, dass die von den Mitgliedstaaten zu treffenden Sanktionen wirksam, verhältnismäßig und abschreckend sein müssen.

[429] EuGH Slg. 1984, 1891, 1909 – von Colson und Kamann; EuGH Slg. 1984, 1921, 1942 – Harz; EuGH Slg. I 1990, 4135, 4159 – Marleasing.

[430] Siehe dazu grundlegend BGHZ 150, 248 (zu einer richtlinienkonform einschränkenden Auslegung des § 5 Abs. 2 HWiG).

[431] Siehe dazu überzeugend *Canaris* FS Bydlinski S. 47, 68 ff.

[432] Siehe dazu etwa zur Einheit des Kennzeichenschutzes *Fezer* GRUR 1995, 829; zustimmend *Keller* GRUR 1996, 607, 608; ähnlich im Sinne einer *Vermutung* zugunsten einer einheitlichen Auslegung *Pfeiffer* in: Anwaltskommentar BGB 2002, Art. 11 Kauf-RL, Rn 7; *Canaris* JZ 2003, 831, 838 (einheitliche Auslegung als *Auslegungsmaxime*); *Hommelhoff* FS 50 Jahre BGH Bd. II S. 889, 915 *(quasi-richtlinienkonforme Auslegung)*.

[433] So auch *Chr. Mayer/Schürnbrand* JZ 2004, 545, 551; siehe auch *Jarass/Beljin* JZ 2003, 768.

ren zur Verhinderung von Verletzungshandlungen und Rechtsbehelfe zur Abschreckung von weiteren Verletzungshandlungen zu ermöglichen. Zwischen der Wirksamkeitsmaxime hinsichtlich der Durchsetzungsverfahren einerseits und der Abwehr einer Errichtung von Handelsschranken und einer missbräuchlichen Ausübung der Rechte des geistigen Eigentums andererseits besteht eine notwendige Wechselwirkung, die einen Interessenausgleich im Wege der Auslegung verlangt. Die **effektive Rechtsdurchsetzung** steht unter dem **Vorbehalt des checks and balances-Grundsatzes** des internationalen Handelsrechts.[434]

Die Anwendung des **Verhältnismäßigkeitsgrundsatzes** verlangt einen Interessenausgleich zwischen dem gemeinschaftsrechtlichen Wirksamkeitsgebot (effet utile) einerseits und dem checks and balances-Vorbehalt andererseits. Das erfordert eine umfassende Güter- und Interessenabwägung, die eine Berücksichtigung der tatsächlichen Umstände einer konkreten Fallkonstellation notwendig macht. Der Grundsatz der Verhältnismäßigkeit in einem weiteren Sinne kann in die Prinzipien der **Eignung des Mittels**, des **Vorrangs des milderen Mittels** und der **Verhältnismäßigkeit zwischen Mittel und Zweck** eingeteilt werden. 420

II. Telos der UGP-RL und richtlinienoptimierende Auslegung

1. Maximum an Rechtsangleichung der mitgliedstaatlichen Lauterkeitsrechtsordnungen

Für die theoretische, praktische und forensische Rechtsgestaltung in den Mitgliedstaaten ist das **Telos der UGP-RL** die maßgebliche **Auslegungsdirektive** und zugleich ein Markstein der Europäisierung des Lauterkeitsrechts in der Europäischen Union. Nach der in diesem Kommentar vertretenen Rechtsmethodik verlangt die an den gemeinschaftsrechtlichen Zielsetzungen orientierte, gemeinschaftsrechtliche **Wirksamkeitsmaxime** (effet utile) nicht nur eine richtlinienkonforme Auslegung, sondern auch eine **richtlinienoptimierende Auslegung** der in Umsetzung einer Richtlinie erlassenen Gesetze der Mitgliedstaaten. Dabei steht die effektive Rechtsdurchsetzung unter dem Vorbehalt des **Checks and Balances-Grundsatzes** des internationalen Handelsrechts und der Geltung des gemeinschaftsrechtlichen **Grundsatzes der Verhältnismäßigkeit,** der die Berücksichtigung der Prinzipien der **Eignung des Mittels,** des **Vorrangs des milderen Mittels** und der **Verhältnismäßigkeit zwischen Mittel und Zweck** verlangt. 421

Das Gebot einer **richtlinienkonformen und richtlinienoptimierenden Auslegung** ist das Instrument zur Realisierung des gemeinschaftsrechtlichen Geltungsanspruchs. Regelungsziel einer Vollharmonisierung ist die **maximale Angleichung der nationalen Regelungen.**[435] Es ist eine vornehme Aufgabe der Profession in den Mitgliedstaaten, die gemeinschaftsrechtlichen Rechtsbegriffe der UGP-RL mit europäischem Leben zu erfüllen. Der EuGH wird dieser Rechtsarbeit die Wegkarte vorgeben. Der Rechtsinhalt der UGP-RL gilt 1:1 als nationales Lauterkeitsrecht, und zwar unabhängig von der Art und Weise der mitgliedstaatlichen Umsetzung. Der EuGH wird die Rechtsbegriffe und die Rechtssprache des Textes der Richtlinie verbindlich auslegen. Den unmittelbaren Geltungsanspruch der UGP-RL in den Mitgliedstaaten anzuerkennen, heißt, die **Politik und den Geist des europäischen Lauterkeitsrechts** innerhalb der mitgliedstaatlichen Rechtsordnung anzunehmen. 422

2. Subsidiaritätsprinzip

Das **Subsidiaritätsprinzip** dient der notwendigen Ausbalancierung einer richtlinienkonformen Auslegung des Gemeinschaftsrechts. Eine Folge der Wirksamkeitsmaxime darf 423

---

434 Siehe dazu *Dreyer* GRUR Int. 1996, 205, 210; *Busche/Stoll-Vander* Art. 41 TRIPS, Rn 2ff.

435 Siehe zum Ziel der UGP-RL einer umfassenden und maximalen Regelung auf Gemeinschaftsebene die Schlussanträge der Generalanwältin *Verica Trstenjak* vom 21. 10. 08 in der verb. Rs. C-261/07 und C-299/07, Rn 73, 76 – VTB/Total Belgium und Galatea BVBA/Sanoma Magazines Belgium NV.

und wird selbstverständlich nicht sein, dass die europäische Union über die Umsetzung, Auslegung und Anwendung des primären und sekundären Gemeinschaftsrechts gleichsam zu einer Art „Bundesstaat im Recht" mutiert. Innerhalb einer **teleologischen Auslegung** versteht das BVerfG in dem „Maastricht"-Urteil[436] zutreffend den **effet utile** im Sinne einer **Berücksichtigung der nützlichen Wirkung** als Auslegungsziel dahin, die Vertragsauslegung solle im Sinne einer **größtmöglichen Ausschöpfung der Gemeinschaftsbefugnisse** erfolgen. Auch wenn die effet utile-Rechtsprechung des EuGH weithin nicht so weit zu interpretieren sein sollte, sondern allein eine Auslegung dahin verlangt, dass der **praktischen Wirksamkeit** des Gemeinschaftsrechts Rechnung getragen wird, so bedeutet dies gleichwohl, dass Folge der Umsetzung und Anwendung des Gemeinschaftsrechts nicht sein darf, dass die **volle Wirksamkeit des Gemeinschaftsrechts beeinträchtigt** wird.[437] Die Rechtsmethodik zum Gemeinschaftsrecht erzwingt zwar keine richtlinienoptimierende Auslegung, sofern die Anforderungen an eine richtlinienkonforme Auslegung gewahrt sind. Dem **Verfassungsgrundsatz der Effektivität** kommt aber eine **richtlinienoptimierende** Auslegung näher als eine **richtlinienminimierende** Auslegung.

---

[436] BVerfG 89, 155, 210 – Maastricht; siehe dazu restriktiver *Everling* EuR 1994, 127; *Pernice/Mayer* in: Grabitz/Hilf, Das Recht der Europäischen Union, Art. 220 EGV Rn 46, die allein auf die *praktische Wirksamkeit* als Auslegungsdirektive für das Gemeinschaftsrecht abstellen; *Schwarze* in: Schwarze (Hrsg.) EU-Kommentar, 2. Aufl. 2009, Art. 220 EGV Rn 29.

[437] EuGH verb. Rs C-6/90 und C-9/90, Slg. 1991, I-5357, 5414 – Francovich.

Abschnitt 2. Internationales Wettbewerbsrecht

Teil 1. Internationales Wettbewerbsprivatrecht

Übersicht

Rn

A. Einleitung **1**

I. Kollisionsrechtliche Grundfragen 1
1. Aufgabenstellung, Funktion und Abgrenzung des Kollisionsrechts 1
2. Qualifikation und Qualifikationsstatut 5
3. Rück- und Weiterverweisung (Renvoi) 9
4. Parteiautonomie 13

II. Begriffsbestimmung und systematische Einordnung des Internationalen Lauterkeitsrechts 18
1. Internationales Lauterkeitsrecht und Internationales Wirtschaftskollisionsrecht 18
2. Funktion und Abgrenzung des Internationalen Lauterkeitsrechts 21
a) Funktionswandel im materiellen Lauterkeitsrecht 21
b) Funktion des Internationalen Lauterkeitsrechts 23
c) Abgrenzung zum Kartellrechtsstatut 27
d) Abgrenzung zum Immaterialgüterrechtsstatut 33
e) Abgrenzung zum allgemeinen Deliktsstatut 36
f) Abgrenzung zum Vertragsstatut 40
g) Abgrenzung zum Internationalen Strafrecht 42
3. Bedeutung des Internationalen Lauterkeitsrechts 43

III. Rechtsquellen 44
1. Multilaterale Staatsverträge 45
2. Bilaterale Staatsverträge 50
3. Gemeinschaftsrecht 51
a) Kollisionsrecht und gemeinschaftliches Primärrecht 54
b) Kollisionsrecht und gemeinschaftliches Sekundärrecht 57
c) Entwicklung eines europäischen Wettbewerbskollisionsrechts 60
4. Autonomes Kollisionsrecht 61
a) Kodifizierte Rechtsquellen des autonomen Kollisionsrechts 61
b) Ungeschriebene Kollisionsregeln des autonomen Rechts 66
5. Reformen und Reformvorhaben 69
a) Reformarbeiten auf nationaler und gemeinschaftsrechtlicher Ebene 69
b) Reformvorhaben auf internationaler Ebene 71
6. Freiwillige Selbstkontrolle 74

B. Internationales Lauterkeitsrecht im europäischen Vergleich **75**

I. Rechtslage in Österreich 76
1. Rechtsprechung 77
2. Schrifttum 80

II. Rechtslage in der Schweiz 81
1. Rechtsprechung 82
2. Schrifttum 83

III. Überblick über das Internationale Lauterkeitsrecht ausgewählter europäischer Rechtsordnungen 85
1. Frankreich 85
2. Großbritannien 88
3. Italien 90
4. Spanien 92

C. Gemeinschaftsrecht **94**

I. Primärrecht 95
1. Warenverkehrsfreiheit 97
a) Bestimmung der Warenverkehrsfreiheit in der Rechtsprechung des EuGH 97

Rn

b) Diskussion um ein kollisionsrechtliches Herkunftslandprinzip im Primärrecht 99
c) Stellungnahme 101
2. Dienstleistungsfreiheit 107
3. Diskriminierungsverbot 109
II. Sekundärrecht 110
1. Tendenzen der Richtliniengesetzgebung 111
a) Richtlinien ohne kollisionsrechtliche Bestimmungen 111
b) Richtlinien auf Grundlage des Herkunftslandprinzips 112
c) Richtlinien mit Präferenz für das Marktortprinzip 115
2. Weichenstellung durch das Grünbuch über kommerzielle Kommunikation und das Grünbuch zum Verbraucherschutz 116
3. Einzelne Gemeinschaftsrechtsakte auf dem Gebiet des materiellen Lauterkeitsrechts 118
a) Richtlinie über irreführende und vergleichende Werbung 118
b) Richtlinie über audiovisuelle Mediendienste 119
c) E-Commerce-Richtlinie 121
aa) Anwendungsbereich und Binnenmarktregel 121
bb) Problemlage 124
cc) Meinungsstand 128
dd) Stellungnahme 134
d) Richtlinie über unlautere Geschäftspraktiken 146
aa) Richtlinienziel und zeitlicher Anwendungsbereich 146
bb) Harmonisierungsgrad und sachlicher Anwendungsbereich 147
cc) Ursprüngliche Binnenmarktklausel 148
dd) Kollisionsrechtliche Beurteilung der ursprünglichen Binnenmarktklausel 149
ee) Kritik und Streichung des Herkunftslandprinzips 150
e) Dienstleistungsrichtlinie 151
f) Entwurf einer Verordnung über Verkaufsförderung im Binnenmarkt 153
4. Kollisionsrechtsvereinheitlichung durch die Rom II-VO 154
a) Allgemeine Kollisionsnorm für die Anknüpfung unlauteren Wettbewerbsverhaltens 154
aa) Sachlicher und zeitlicher Anwendungsbereich 154
bb) Regelungsziel und -inhalt der Marktortanknüpfung 158
cc) Überblick über die Entstehungsgeschichte 159
dd) Entwicklung der europäischen Marktortregel im gemeinschaftsrechtlichen Rechtsetzungsprozess 160
b) Ausnahmen von der Regelanknüpfung 164
aa) Verweisungssystematik und Anknüpfungsmoment 164
bb) Entstehungsgeschichte 165
cc) Kritik 166
c) Abgrenzung der Marktortanknüpfung von sekundärrechtlichen Kollisionsregeln 168
III. Zusammenfassung der Ergebnisse 170

D. Bestimmung des Wettbewerbsstatuts 176
I. Typologisierung unlauteren Wettbewerbsverhaltens 176
1. Unterscheidung marktbezogener und betriebsbezogener Wettbewerbsverstöße 176
2. Unterscheidung nach der Schutzrichtung 177
3. Stellungnahme vor dem Hintergrund der wettbewerblichen Interessenlage 178
II. Allgemeine Bestimmung des Wettbewerbsstatuts 179
1. Gemeinschaftsrechtliche Vorgabe durch Art. 6 Rom II-VO 179
2. Rechtsprechung 182
a) Rechtsprechung des RG 183
b) Frühe Rechtsprechung des BGH 185
c) Wandel der Rechtsprechung des BGH und aktuelle Entwicklung 186
d) Zusammenfassung der ständigen Rechtsprechung des BGH 202
3. Meinungsstand im Schrifttum 203
a) Wettbewerbsspezifische Anknüpfung 204
b) Sachnormzweckspezifische Anknüpfung 210
c) Auswirkungsprinzip 211
d) Territorialitäts- und Schutzlandprinzip 214

Rn

e) Kombinierte Anknüpfungsmodelle ... 215
f) Materiellrechtliche Lösungen ... 216
4. Kritische Würdigung der Anknüpfungsmodelle ... 218
a) Materiell- oder kollisionsrechtliche Lösung? ... 218
b) Ausgangspunkt der allgemeinen Bestimmung des Lauterkeitsstatuts und Konsequenz für die traditionelle deliktsrechtliche Zuordnung ... 219
c) Sachnormzweckspezifische Anknüpfung ... 222
d) Territorialitäts- und Schutzlandprinzip ... 223
e) Wettbewerbsspezifische Anknüpfung nach der Marktortregel contra Auswirkungsprinzip ... 224
f) Vereinbarkeit der wettbewerbsspezifischen Anknüpfung nach der Interessenkollisionslösung mit der Rom II-VO ... 233
g) Kombinierte Anknüpfungsmodelle ... 236
h) Zusammenfassung der kritischen Würdigung ... 237
5. Konsequenzen für die praktische Anwendung des Art. 6 Rom II-VO ... 248

III. Durchbrechung des Wettbewerbsstatuts ... 249
1. Berücksichtigung ausländischen Rechts bei Anwendung inländischen Sachrechts ... 249
2. Gemeinsames Personalstatut ... 250
3. Ausweichklausel ... 253
4. Akzessorische Anknüpfung ... 256
5. Rechtswahlmöglichkeit ... 257
6. Eingriffsnormen ... 259
7. Ordre public ... 260
a) Ordre public-Vorbehalt nach Art. 26 Rom II-VO ... 260
b) Vorbehalt nach Art. 40 Abs. 3 EGBGB ... 262

IV. Anknüpfung einzelner wettbewerbsrechtlicher Fallkonstellationen ... 263
1. Werbung ... 265
a) Begriff und Bedeutung ... 265
b) Einzelne Formen der unlauteren Werbung im materiellen Recht ... 266
c) Kollisionsrechtliche Beurteilung ... 269
aa) Identität von Werbe- und Absatzmarkt ... 270
bb) Auseinanderfallen von Werbe- und Absatzmarkt ... 277
cc) Ausnahme vom Wettbewerbsstatut zugunsten des Immaterialgüterrechtsstatuts ... 285
2. Multistate-Verstöße ... 286
a) Begriff und Problemlage ... 286
b) Kollisionsrechtliche Beurteilung ... 291
aa) Multistate-Wettbewerb in Printmedien und Rundfunk ... 291
bb) Internetwerbung ... 298
3. Verkaufsfördermaßnahmen ... 307
a) Begriff und Bedeutung ... 307
b) Europäische Entwicklung und materiellrechtliche Situation ... 309
c) Kollisionsrechtliche Bewertung ... 311
4. Marktstörung ... 317
5. Individuelle Mitbewerberbehinderung ... 323
6. Betriebsbezogene Wettbewerbsverstöße ... 325
7. Vorsprung durch Rechtsbruch ... 329
a) Materiellrechtliche Situation ... 329
b) Kollisionsrechtliche Beurteilung ... 331
8. Vertriebsbindungssysteme ... 335
9. Ergänzender wettbewerbsrechtlicher Leistungsschutz ... 339

V. Kollisionsrechtliche Anknüpfung von Unternehmenskennzeichen und geographischen Herkunftsangaben ... 342
1. Materiellrechtliche Ausgangssituation ... 342
2. Bestimmung des maßgeblichen Statuts ... 343
a) Unternehmenskennzeichen und Werktitel ... 343
b) Geographische Herkunftsangaben ... 344

Schrifttum: *Ahrens,* Der Einfluss des Gemeinschaftsrechts auf das nationale IPR – Zur Rechtsnormenkonkurrenz am Beispiel des internationalen Wettbewerbsrechts, FS Georgiades, 2005, S. 789; *ders.,* Das Herkunftslandprinzip in der E-Commerce-Richtlinie, CR 2000, 835; *ders.,* Auf dem Weg zur IPR-VO der EG für das Deliktsrecht – Zum Sondertatbestand des Internationalen Wettbewerbsrechts, FS Tilmann, 2003, S. 739; *Albath/Giesler,* Das Herkunftslandprinzip in der Dienstleistungsrichtlinie – eine Kodifizierung der

Rechtsprechung?, EuZW 2006, 38; *Apel/Grapperhaus,* Das Offline-Online-Chaos oder wie die Europäische Kommission den grenzüberschreitenden Wettbewerb zu harmonisieren droht, WRP 1999, 1247; *Arndt/Köhler,* Elektronischer Handel nach der E-Commerce-Richtlinie, EWS 2001, 102; *Baetzgen,* Internationales Wettbewerbs- und Immaterialgüterrecht im EG-Binnenmarkt, 2007; *Bamberger/Roth,* Kommentar zum Bürgerlichen Gesetzbuch, Bd. 3: §§ 1297–2385, EGBGB, 2. Aufl. 2008; *Bär,* Internationales Kartellrecht und unlauterer Wettbewerb, FS Moser, 1987, S. 143; *ders.,* Kartellrecht und internationales Privatrecht, 1965; *v. Bar,* Internationales Privatrecht, Bd. II, Besonderer Teil, 1991; *ders.,* Wettbewerbsrechtlicher Verbraucherschutz und internationales Lauterkeitsrecht, in: Internationales Verbraucherschutzrecht, Erfahrungen und Entwicklungen in Deutschland, Liechtenstein, Österreich und der Schweiz, 1995, 75; *v. Bar/Mankowski,* Internationales Privatrecht, Bd. I, Allgemeine Lehren, 2. Aufl. 2003; *Basedow,* Dienstleistungsrichtlinie, Herkunftslandprinzip und Internationales Privatrecht, EuZW 2004, 423; *ders.,* Entwicklungslinien des internationalen Kartellrechts, NJW 1996, 1921; *ders.,* Der kollisionsrechtliche Gehalt der Produktfreiheiten im europäischen Binnenmarkt: favor offerentis, RabelsZ 59 (1995), 1; *Baudenbacher,* Die wettbewerbsrechtliche Beurteilung grenzüberschreitender Werbe- und Absatztätigkeit nach schweizerischem Recht, GRUR Int. 1988, 310; *J. Baur,* Zum Namensschutz im deutschen internationalen Privatrecht unter besonderer Berücksichtigung des Schutzes der Handelsnamen, AcP 167 (1967), 535; *Beater,* Europäisches Recht gegen unlauteren Wettbewerb – Ansatzpunkte, Grundlagen, Entwicklung, Erforderlichkeit, ZEuP 2003, 11; *Beckmann,* Werbung mit Auslandsberührungen, WRP 1993, 651; *Behrens,* Elemente eines Begriffs des Internationalen Wirtschaftsrechts, RabelsZ 50 (1986), 483; *Beier/Kunz-Hallstein,* Zu den Voraussetzungen des Schutzes ausländischer Handelsnamen nach Art. 2 und 8 der Pariser Verbandsübereinkunft, GRUR Int. 1982, 362; *Beier/Schricker/Ulmer,* Stellungnahme des Max-Planck-Instituts für ausländisches und internationales Patent-, Urheber- und Wettbewerbsrecht zum Entwurf eines Gesetzes zur Ergänzung des internationalen Privatrechts, GRUR Int. 1985, 104; *Beitzke,* Auslandswettbewerb unter Inländern – BGHZ 40, 391, JuS 1966, 139; *Bernhard,* Cassis de Dijon und Kollisionsrecht – am Beispiel des unlauteren Wettbewerbs, EuZW 1992, 437; *ders.,* Insel-Recht auf Gran Canaria, Zum internationalen Privatrecht des unlauteren Wettbewerbs, GRUR Int. 1992, 366; *ders.,* Das internationale Privatrecht des unlauteren Wettbewerbs in den Mitgliedstaaten der EG, 1994; *Binder,* Zur Auflockerung des Deliktsstatuts, RabelsZ 20 (1995), 401; *Blasi,* Das Herkunftslandprinzip der Fernseh- und der E-Commerce-Richtlinie, 2004; *Bodewig,* Elektronischer Geschäftsverkehr und unlauterer Wettbewerb, GRUR Int. 2000, 475; *Bornkamm,* Gerichtsstand und anwendbares Recht bei Kennzeichen- und Wettbewerbsverstößen im Internet, in: Neues Recht für neue Medien, 1998, S. 99; *Bornkamm/Seichter,* Das Internet im Spiegel des UWG, CR 2005, 747; *Brannekämper,* Wettbewerbsstreitigkeiten mit Auslandsbeziehung im Verfahren der einstweiligen Verfügung, WRP 1994, 661; *Brenn,* Der elektronische Geschäftsverkehr, ÖJZ 1999, 481; *Briem,* Internationales und Europäisches Wettbewerbsrecht und Kennzeichenrecht, 1995; *Brödermann/Iversen,* Europäisches Gemeinschaftsrecht und Internationales Privatrecht, 1994; *Brömmelmeyer,* Der Binnenmarkt als Leitstern der Richtlinie über unlautere Geschäftspraktiken, GRUR 2007, 295; *Buchner,* Rom II und das Internationale Immaterialgüter- und Wettbewerbsrecht, GRUR Int. 2005, 1004; *Burmann,* Werbung und Wettbewerb deutscher Unternehmen im Ausland, DB 1964, 1801; *Calvo Caravaca/Carrascosa González,* Las obligaciones extracontractuales en Derecho internacional privado – El Reglamento „Roma II", Granada 2008; *Chrocziel,* Die eingeschränkte Geltung des Gesetzes gegen den Unlauteren Wettbewerb für EG-Ausländer, EWS 1991, 173; *Dauner-Lieb/Heidel/Ring,* Anwaltkommentar BGB, Bd. 1 (hrsg. v. *Heidel/Hüßtege/Mansel/Noack*): Allgemeiner Teil mit EGBGB, 2005; *Dethloff,* Europäisierung des Wettbewerbsrechts, 2001; *dies.,* Europäisches Kollisionsrecht des unlauteren Wettbewerbs, JZ 2000, 179; *dies.,* Marketing im Internet und Internationales Wettbewerbsrecht, NJW 1998, 1596; *Deutsch,* Wettbewerbstatbestände mit Auslandsbeziehung, 1962; *Dieselhorst,* Anwendbares Recht bei internationalen Online-Diensten, ZUM 1998, 293; *Drasch,* Das Herkunftslandprinzip im internationalen Privatrecht, 1997; *Drobnig,* Das Profil des Wirtschaftskollisionsrechts, RabelsZ 52 (1988), 1; *Duintjer Tebbens,* Les conflits de lois en matière de publicité déloyale à l'épreuve du droit communautaire, Rev.crit.dr.int.pr. 83 (1994), 451; *Dutoit,* Une convention multilatérale de droit international privé en matière de concurrence déloyale: mythe ou necessité?, FS Droz, 1996, S. 51; *Dyer,* Unfair Competition in Private International Law, Rec. des Cours 211 (1988-IV), 377; *Einsele,* Rechtswahlfreiheit im Internationalen Privatrecht, RabelsZ 60 (1996), 417; *Erman,* BGB, 2 Bände, 12. Aufl. 2008; *Engel/Salomon,* Vom Lauterkeitsrecht zum Verbraucherschutz: UWG-Reform 2003, WRP 2004, 32; *Faulenbach,* Der gemeinschaftsrechtliche Vorbehalt im europäischen Wettbewerbsrecht – Die Herkunftslandanknüpfung der E-Commerce-Richtlinie unter dem Einfluss der Grundfreiheiten, 2004; *Ferrari,* Die Anknüpfung an die Marktauswirkung im schweizerischen IPRG und ihre Konkretisierung, Diss., 1994; *Fetsch,* Grenzüberschreitende Gewinnzusagen im europäischen Binnenmarkt, RIW 2002, 936; *Fezer,* Europäisierung des Wettbewerbsrechts, JZ 1994, 317; *ders.,* Das wettbewerbsrechtliche Irreführungsverbot als ein normatives Modell des verständigen Verbrauchers im Europäischen Unionsrecht, WRP 1995, 671; *ders.,* Leistungsschutz im Wettbewerbsrecht, WRP 1993, 63; *ders.,* Modernisierung des deutschen Rechts gegen den unlauteren Wettbewerb auf der Grundlage einer Europäisierung des Wettbewerbsrechts, WRP 2001, 989; *ders.,* Plädoyer für eine offensive Umsetzung der Richtlinie über unlautere Geschäftspraktiken in das deutsche UWG – Originärer Verbraucherschutz durch Lauterkeitsrecht als Paradigma der europäischen Rechtsharmonisierung, WRP 2006, 781; *ders.,* Der wettbewerbsrechtliche Schutz der unternehmerischen Leistung, in: Gewerblicher Rechtsschutz und Urheberrecht in Deutschland, FS GRUR, Bd. II, 1991, S. 939; *ders.,* Vertriebsbindungssysteme als Unternehmensleistung, GRUR 1990, 551; *Fezer/Koos,* Das gemeinschaftsrechtliche Herkunftslandprinzip und die e-commerce-Richtlinie, IPRax 2000, 349; *Fikentscher,* Wettbewerbsrecht im TRIPS-Agreement der Welthandelsorganisation, GRUR Int. 1995, 529; *Flessner,* Fakultatives Kollisionsrecht, RabelsZ 34 (1970), 547; *Freytag,* EU-Kommission: Richtlinienentwurf zum Electronic-Commerce, MMR 12/1998, S. V; *Fritze/Holzbach,* Die Electronic-Commerce-Richtlinie – Ende oder Chance für das Deutsche Wettbewerbsrecht, WRP 2000, 872; *Froriep,* Der unlautere Wettbewerb im Internationalen Privatrecht, 1958; *Gamerith,* Neue Herausforderungen für ein europäisches Lauterkeitsrecht, WRP 2003, 143; *ders.,* Der Richtlinienvorschlag über unlautere Geschäftspraktiken – Möglichkeiten einer harmonischen Umsetzung, WRP 2005, 391; *v. Gamm,* Anwendung deutschen Wettbewerbsrechts auf auslandsbezogene Sachverhalte, EWS 1991, 166; *Gebauer,* Internationales Privatrecht und Warenverkehrsfreiheit in Europa, IPRax 1995, 152; *Glöckner,* „Cold Calling“ und europäische Richtlinien zum Fernabsatz – ein trojanisches Pferd im deutschen Lauterkeitsrecht, GRUR Int. 2000, 29; *ders.,* Europäisches Lauterkeitsrecht, 2006; *ders.,* Ist die Union reif für die Kontrolle an der Quelle?, WRP 2005, 795; *ders.,* Wettbewerbsverstöße im Internet – Grenzen einer kollisionsrechtlichen Problemlösung, ZVglRWiss 99 (2000), 278; *Glöckner/Henning-Bodewig,* EG-Richtlinie über unlautere Geschäftspraktiken: Was wird aus dem „neuen“ UWG?, WRP 2005, 1311; *Gloede,* Der deutsche Außenhandel und seine wettbewerbsrechtliche Beurteilung nach deutschem IPR, GRUR 1960, 464; *Grandpierre,* Herkunftsprinzip kontra Marktortanknüpfung, 1999; *Grundmann,* Das Internationale Privatrecht der E-Commerce-Richtlinie – was ist kategorial anders im Kollisionsrecht des Binnenmarktes und warum?, RabelsZ 67 (2003), 246; *Habermeier,* Neue Wege zum Wirtschaftskollisionsrecht, 1997; *Giuliano/Lagarde,* Rapport concernant l'avant-projet de convention sur la loi applicable aux obligations contractuelles et non-contractuelles, in: European Private International Law of Obligations, 1975, S. 241; *Halfmeier,* Vom Cassislikör zur E-Commerce-Richtlinie: Auf dem Weg zu einem europäischen Medienrecht, ZEuP 2001, 837; *Hamburg Group for Private International Law,* Comments on the European Commission's Draft Proposal for a Council Regulation on the Law Applicable to Non-Contractual Obligations, RabelsZ 67 (2003), 1; *v. Hein,* Europäisches Internationales Deliktsrecht nach der Rom II-Verordnung, ZEuP 2009, 6; *ders.,* Die Kodifikation des europäischen IPR der außervertraglichen Schuldverhältnisse vor dem Abschluss? Zum gegenwärtigen Stand der Arbeiten an der Rom-II-Verordnung, VersR 2007, 440; *ders.,* Rück- und Weiterverweisung im neuen deutschen Internationalen Deliktsrecht, ZVglRWiss 99 (2000), 251; *Heinemann,* Das Kartellrecht des geistigen Eigentums in TRIPS-Übereinkommen der Welthandelsorganisation, GRUR Int. 1995, 535; *Henning-Bodewig,* E-Commerce und irreführende Werbung, WRP 2001, 771; *dies.,* Das Folgedokument zum Grünbuch über die kommerziellen Kommunikationen im Binnenmarkt: Ein neuer Ansatz der Kommission?, GRUR Int. 1999, 233; *dies.,* Herkunftslandprinzip im Wettbewerbsrecht: Erste Erfahrungen, GRUR 2004, 822; *dies.,* Die Richtlinie 2005/29/EG über unlautere Geschäftspraktiken, GRUR Int. 2005, 629; *dies.,* Richtlinienvorschlag über unlautere Geschäftspraktiken und UWG-Reform, GRUR Int. 2004, 183; *Herdegen,* Internationales Wirtschaftsrecht, 4. Aufl. 2003; *Herzig,* Rechtliche Probleme grenzüberschreitender Werbung, wbl 1988, 251; *Höder,* Die kollisionsrechtliche Behandlung unteilbarer Multistate-Verstöße, Das Internationale Wettbewerbsrecht im Spannungsfeld von Marktort-, Auswirkungs- und Herkunftslandprinzip, 2002; *Höpping,* Auswirkungen der Warenverkehrsfreiheit auf das IPR, 1997; *Hoeren,* Werberecht im Internet am Beispiel der ICC Guidelines on Interactive Marketing Communications, in: Internet- und Multimediarecht (Cyberlaw), 1997, S. 111; *ders.,* Cybermanners und Wettbewerbsrecht – Einige Überlegungen zum Lauterkeitsrecht im Internet, WRP 1997, 993; *ders.,* Vorschlag für eine EU-Richtlinie über E-Commerce, Eine erste kritische Analyse, MMR 1999, 192; *Hösch,* Der Einfluss der Freiheit des Warenverkehrs (Art. 30 EWGV) auf das Recht des unlauteren Wettbewerbs, Diss., 1993; *Hoth,* Ausländische Werbung mit Inlandswirkung, GRUR Int. 1972, 449; *Idot,* Les conflits de lois en droit de la concurrence, Clunet (JDI) 1995, 321; *Jayme,* Bemerkungen zum Entwurf eines EU-Übereinkommens über das auf außervertragliche Schuldverhältnisse anwendbare Recht, IPRax 1999, 298; *Jayme/Kohler,* Das Internationale Privat- und Verfahrensrecht der EG 1991 – Harmonisierungsmodell oder Mehrspurigkeit des Kollisionsrechts, IPRax 1991, 361; *Joerges,* Die klassische Konzeption des internationalen Privatrechts und das Recht des unlauteren Wettbewerbs, RabelsZ 36 (1972), 421; *ders.,* Vorüberlegungen zu einer Theorie des internationalen Wirtschaftsrechts, RabelsZ 43 (1979), 6; *Joliet,* Das Recht des unlauteren Wettbewerbs und der freie Warenverkehr, GRUR Int. 1994, 1; *Junker,* Internationales Privatrecht, 1998; *Katzenberger,* in: Neuordnung des Wettbewerbsrechts, 1998, S. 218; *Kegel/Schurig,* Internationales Privatrecht, 9. Aufl. 2004; *Keßler/Micklitz,* Die Harmonisierung des Lauterkeitsrechts in den Mitgliedstaaten der Europäischen Gemeinschaft und die Reform des UWG, 2003; *Kiethe,* Werbung im Internet, WRP 2000, 616; *Kitz,* Das neue Recht der elektronischen Medien in Deutschland – sein Charme, seine Fallstricke, ZUM 2007, 368; *Knopp,* Über die Anwendbarkeit von Artikel 85 des EWG-Vertrages auf Individualverträge, AWD 1962, 269; *Klinger,* Werbung im Internet und Internationales Wettbewerbsrecht: Rechtsfragen und Rechtstatsachen, 2005; *Koch,* Das Tatortprinzip des internationalen Deliktsrechts und Europäisches Gemeinschaftsrecht, FS Koppensteiner, 2001, S. 609; *Köhler,* Zur Umsetzung der Richtlinie über unlautere Geschäftspraktiken, GRUR 2005, 793; *Köhler/Bornkamm/Henning-Bodewig,* Vorschlag für eine Richtlinie zum Lauterkeitsrecht und eine UWG-Reform, WRP 2002, 1317; *König,* Die EU-Fernsehrichtlinie – Revision oder Abschied?, ZUM 2002, 803; *Koos,* Grundsätze des Lauterkeitskollisionsrechts im Lichte der Schutzzwecke des UWG, WRP 2006, 499; *ders.,* Europäischer Lauterkeitsmaßstab und globale Integration, 1996; *ders.,* Rom II und das Internationale Wirtschaftsrecht, EuLF 2006, II-73; *Kort,* Zur „multistate“-Problematik grenzüberschreitender Fernsehwerbung, GRUR Int. 1994, 594; *Kotthoff,* Die Anwendbarkeit des deutschen Wettbewerbsrechts auf Werbemaßnahmen im Internet, CR 1997, 676; *ders.,* Der Schutz des Euro-Marketings über Art. 30 EGV, WRP 1996, 79; *ders.,* Werbung ausländischer Unternehmen im Inland, 1995; *Kreuzer,* Wettbewerbsverstöße und Beeinträchtigung geschäftlicher Interessen (einschließl. der Verletzung kartellrechtlicher Schutzvorschriften), in: *v. Caemmerer,* Vorschläge und Gutachten zur Reform des deutschen internationalen Privatrechts der außervertraglichen

Schuldverhältnisse, 1983, S. 232; *ders.*, Die Europäisierung des Internationalen Privatrechts – Vorgaben des Gemeinschaftsrechts in: *Müller-Graff* (Hrsg.), Gemeinsames Privatrecht in der Europäischen Gemeinschaft, 1993, S. 373; *ders.*, Die Vergemeinschaftung des Kollisionsrechts für außervertragliche Schuldverhältnisse (Rom II), in: *Reichelt/Rechberger* (Hrsg.), Europäisches Kollisionsrecht, 2004, S. 13; *Körner,* Wettbewerbsschutz deutscher Zeichenrechte gegen im Ausland begangene Verletzungshandlungen, AWD 1970, 211; *Kropholler,* Internationales Einheitsrecht, 1975; *ders.*, Internationales Privatrecht, 6. Aufl. 2006; *Landfermann,* Internet-Werbung und IPR, in: Aufbruch nach Europa, 75 Jahre Max-Planck-Institut für Privatrecht, 2001, S. 503; *Lehmann, Matthias,* Der Anwendungsbereich der Rom I-Verordnung – Vertragsbegriff und vorvertragliche Rechtsverhältnisse, in: *Ferrari/Leible* (Hrsg.), Ein neues Internationales Vertragsrecht für Europa, 2007, S. 17; *Lehmann, Michael,* Rechtsgeschäfte und Verantwortlichkeit im Netz – Der Richtlinienvorschlag der EU-Kommission, ZUM 1999, 180; *Lettl,* Der lauterkeitsrechtliche Schutz vor irreführender Werbung in Europa, GRUR Int. 2004, 85; *Leible,* Rechtswahl im IPR der außervertraglichen Schuldverhältnisse nach der Rom II-Verordnung, RIW 2008, 257; *ders.*, Kollisionsrechtlicher Verbraucherschutz im EVÜ und in EG-Richtlinien, in: Europäische Rechtsangleichung und nationale Privatrechte, 1999, S. 353; *Leible/Engel,* Der Vorschlag der EG-Kommission für eine Rom II-Verordung – Auf dem Weg zu einheitlichen Anknüpfungsregeln für außervertragliche Schuldverhältnisse in Europa, EuZW 2004, 7; *Leible/Lehmann,* Die neue EG-Verordnung über das auf außervertragliche Schuldverhältnisse anzuwendende Recht („Rom II"), RIW 2007, 721; *Leible/Staudinger,* Art. 65 EGV im System der EG-Kompetenzen, EuLF 2000/01 (D), 225; *Leistner,* Bestand und Entwicklungsperspektiven des Europäischen Lauterkeitsrechts, ZEuP 2009, 56; *ders.*, Comments: The Rome II Regulation Proposal and ist Relation to the European Country-of-Origin Principle, in: *Drexl/Kur* (Hrsg.), Intellectual Property and Private International Law – Heading for the Future, Oxford 2005, S. 177; *ders.*, Unfair Competition Law Protection Against Imitations: A Hybrid under the Future Art. 5 Rome II Regulation?, in: *Basedow/Drexl/Kur/Metzger,* Intellectual Property in the Conflict of Laws, 2005, S. 129; *ders.*, Verbraucherschutz oder Recht des unlauteren Wettbewerbs? Die aktuellen Initiativen der Europäischen Kommission auf dem Feld der unlauteren Geschäftspraktiken, Jb.J. ZivRWiss. 2004, S. 185; *ders.*, Richtiger Vertrag und lauterer Wettbewerb, 2007; *Leistner/Pothmann,* E-mail-Direktmarketing im neuen europäischen Recht und in der UWG-Reform, WRP 2003, 815; *Lemor,* Auswirkungen der Dienstleistungsrichtlinie auf ausgesuchte reglementierte Berufe, EuZW 2007, 135; *Lichtenstein,* Der gewerbliche Rechtsschutz im internationalen Privatrecht, NJW 1964, 1208; *Lindacher,* Zum Internationalen Privatrecht des unlauteren Wettbewerbs, WRP 1996, 645; *ders.*, Wettbewerbsrecht und privilegium germanicum, FS Piper, 1996, S. 355; *Lorenz,* Zivilprozessuale Konsequenzen der Neuregelung des Internationalen Deliktsrechts: Erste Hinweise für die anwaltliche Praxis, NJW 1999, 2215; *ders.*, Gewinnmitteilungen als „geschäftsähnliche Handlungen": Anwendbares Recht, internationale Zuständigkeit und Erfüllungsort, NJW 2006, 472; *Lurger,* Internationales Deliktsrecht und Internet – ein Ausgangspunkt für grundlegende Umwälzungen im Internationalen Privatrecht?, in: Aufbruch nach Europa, 75 Jahre Max-Planck-Institut für Privatrecht, 2001, S. 479; *Lurger/Vallant,* Die österreichische Umsetzung des Herkunftslandprinzips der E-Commerce-Richtlinie, MMR 2002, 203; *dies.*, Grenzüberschreitender Wettbewerb im Internet, RIW 2002, 188; *Maennel,* Elektronischer Geschäftsverkehr ohne Grenzen – der Richtlinienvorschlag der Europäischen Kommission, MMR 1999, 187; *Mand,* E-Commerce mit Arzneimitteln, Auswirkungen des Herkunftslandprinzips auf das Internationale Wettbewerbsrecht, MMR 2003, 77; *Mankowski,* Was soll der Anknüpfungsgegenstand des (europäischen) Internationalen Wettbewerbsrechts sein?, GRUR Int. 2005, 634; *ders.*, Binnenmarkt-IPR – Eine Problemskizze, in: Aufbruch nach Europa, 75 Jahre Max-Planck-Institut für Privatrecht, 2001, S. 595; *ders.*, E-Commerce und Internationales Verbraucherschutzrecht, MMR-Beilage 7/2000, 22; *ders.*, Entwicklungen im Internationalen Privat- und Prozessrecht 2004/2005 (Teil 1), RIW 2005, 481; *ders.*, Herkunftslandprinzip und deutsches Umsetzungsgesetz zur e-commerce-Richtlinie, IPRax 2002, 257; *ders.*, Internet und Internationales Wettbewerbsrecht, GRUR Int. 1999, 909; *ders.*, Das neue Internationale Kartellrecht des Art. 6 Abs. 3 der Rom II-Verordnung, RIW 2008, 177; *ders.*, Preisangaben in ausländischer Währung und deutscher Werbemarkt, GRUR 1995, 539; *ders.*, Particular Kinds of Unfair Competition on the Internet and Conflicts of Laws, IIC 2001, 390; *ders.*, Das Herkunftslandprinzip als Internationales Privatrecht der e-commerce-Richtlinie, ZVglRWiss 100 (2001), 137; *ders.*, Wider ein Herkunftslandprinzip für Dienstleistungen im Binnenmarkt, IPRax 2004, 385; *Martinek,* Das internationale Kartellprivatrecht, 1987; *Martiny,* Die Anknüpfung an den Markt, FS Drobnig, 1999, S. 389; *Marwitz,* Werberegulierung durch EU-Gesetzgebung, K&R 2004, 209; *van Meenen,* Lauterkeitsrecht und Verbraucherschutz im IPR, 1995; *Micklitz/Keßler,* Funktionswandel des UWG, WRP 2003, 919; *dies.*, Europäisches Lauterkeitsrecht, GRUR Int. 2002, 885; *Möllering,* Das Recht des unlauteren Wettbewerbs in Europa: Eine neue Dimension, WRP 1990, 1; *Mook,* Internationale Rechtsunterschiede und internationaler Wettbewerb, 1986; *Moritz,* Quo vadis elektronischer Geschäftsverkehr?, CR 2000, 61; *Mosing,* Internationales Wettbewerbsrecht, 3. Aufl. 1965; *Müller-Graff,* Fakultatives Kollisionsrecht im internationalen Wettbewerbsrecht, RabelsZ 48 (1984), 289; *Naskret,* Das Verhältnis zwischen Herkunftslandprinzip und Internationalem Privatrecht in der Richtlinie zum elektronischen Geschäftsverkehr, 2003; *Nemeth,* Kollisionsrechtlicher Verbraucherschutz in Europa, wbl 2000, 341; *Neumann,* Der Anwendungsbereich des deutschen UWG im internationalen Wettbewerb, Int. Wettbewerb 1959, 13; *Neumeyer,* Internationales Privatrecht, 2. Aufl. 1930; *Nickels,* Der elektronische Geschäftsverkehr und das Herkunftslandprinzip, DB 2001, 1919; *Nußbaum,* Deutsches Internationales Privatrecht, 1932; *Oesterhaus,* Die Ausnutzung des internationalen Rechtsgefälles und § 1 UWG, 1990; *Ohly,* Das Herkunftslandprinzip im Bereich vollständig angeglichenen Lauterkeitsrechts, WRP 2006, 1401; *ders.*, Herkunftslandprinzip und Kollisionsrecht, GRUR Int. 2001, 899; *Paefgen,* Unlauterer Wettbewerb durch Rechtsbruch in internationalprivatrechtlicher

Sicht, WRP 1991, 447; *ders.*, Unlauterer Wettbewerb im Ausland, GRUR Int. 1994, 99; *Pfeiffer*, Die Entwicklung des Internationalen Vertrags-, Schuld-, und Sachenrechts 1997–1999, NJW 1999, 3674; *Pichler*, Vorschlag für eine Richtlinie über den elektronischen Geschäftsverkehr, ELR 1999, 74; *Piekenbrock*, Die Bedeutung des Herkunftslandprinzips im europäischen Wettbewerbsrecht, GRUR Int. 2005, 997; *Raape*, Internationales Privatrecht, 5. Aufl. 1961; *Radicati di Brozolo*, L'influence sur les conflits de lois des principes de droit communautaire en matière de liberté de circulation, Rev.crit.dip 82 (1993), 401; *Reese*, Grenzüberschreitende Werbung in der Europäischen Gemeinschaft, 1994; *Reese/Vischer*, The conflict-of-laws rules on unfair competition, Ann. Inst. Dr. Int. 60, I (1983), 159; *Regelmann*, Die internationalprivatrechtliche Anknüpfung des Gesetzes gegen unlauteren Wettbewerb, Diss. 1988; *Reich*, Rechtsprobleme grenzüberschreitender irreführender Werbung im Binnenmarkt, RabelsZ 56 (1992), 444; *Reichert-Facilides*, Parteiautonomie im Internationalen Privatrecht des unlauteren Wettbewerbs, FS Hartmann, 1976, S. 205; *Reithmann/Martiny*, Internationales Vertragsrecht, 6. Aufl. 2004; *Reuter*, Der Ausländer im deutschen Wettbewerbs- und Kennzeichnungsrecht, BB 1989, 2265; *Riegl*, Streudelikte im internationalen Privatrecht, Diss., 1986; *Rohe*, Zu den Geltungsgründen des Deliktsstatuts, 1994; *Roth*, Angleichung des IPR durch sekundäres Gemeinschaftsrecht, IPRax 1994, 165; *ders.*, Der Einfluss des Europäischen Gemeinschaftsrechts auf das Internationale Privatrecht, RabelsZ 55 (1991), 623; *Ruess*, Die E-Commerce-Richtlinie und das deutsche Wettbewerbsrecht, 2003; *Rüssmann*, Wettbewerbshandlungen im Internet – Internationale Zuständigkeit und anwendbares Recht, K&R 1998, 422; *Rugullis*, Die antizipierte Rechtswahl in außervertraglichen Schuldverhältnissen, IPRax 2008, 319; *Sack*, Art. 30, 36 EG-Vertrag und das internationale Wettbewerbsrecht, WRP 1994, 281; *ders.*, Auswirkungen der Art. 30, 36 und 59 ff EG-Vertrag auf das Recht gegen den unlauteren Wettbewerb, GRUR 1998, 871; *ders.*, Die kollisions- und wettbewerbsrechtliche Beurteilung grenzüberschreitender Werbe- und Absatztätigkeit nach deutschem Recht, GRUR Int. 1988, 320; *ders.*, Internationales Lauterkeitsrecht nach der Rom II-Verordnung, WRP 2008, 845; *ders.*, Marktortprinzip und allgemeine Ausweichklausel im internationalen Wettbewerbsrecht, am Beispiel der sog. Gran-Canaria-Fälle, IPRax 1992, 24; *ders.*, Probleme des Inlandswettbewerbs mit Auslandsbezug nach deutschem und österreichischem Kollisions- und Wettbewerbsrecht, ÖBl. 1988, 113; *ders.*, Das Verhältnis des UWG zum allgemeinen Deliktsrecht, FS Ullmann, 2006, S. 825; *ders.*, Neue Werbeformen im Fernsehen – rundfunk- und wettbewerbsrechtliche Grenzen, AfP 1991, 704; *ders.*, Das internationale Wettbewerbsrecht nach der E-Commerce-Richtlinie (ECRL) und dem EGG-/TDG-Entwurf, WRP 2001, 1408; *ders.*, Das internationale Wettbewerbs- und Immaterialgüterrecht nach der EGBGB-Novelle, WRP 2000, 269; *ders.*, Zur Zweistufentheorie im internationalen Wettbewerbs- und Immaterialgüterrecht, FS E. Lorenz, 2004, S. 659; *ders.*, Grenzüberschreitende Zugabe- und Rabattwerbung, IPRax 1991, 386; *Samson*, Die Marktortregel als allgemeines Prinzip für die kollisionsrechtliche Anknüpfung und die internationale Zuständigkeit in Wettbewerbssachen, 2001; *Sandrock*, Das Kollisionsrecht des unlauteren Wettbewerbs zwischen dem internationalen Immaterialgüterrecht und dem internationalen Kartellrecht, GRUR Int. 1985, 507; *Sasse*, Grenzüberschreitende Werbung, Diss. 1974; *Schack*, Zur Anknüpfung des Urheberrechts im internationalen Privatrecht, 1979; *ders.*, Internationale Urheber-, Marken- und Wettbewerbsrechtsverletzungen im Internet, MMR 2000, 59; *Schibli*, Multistate-Werbung im internationalen Lauterkeitsrecht, 2004; *Schikora*, Der Begehungsort im gewerblichen Rechtschutz und Urheberrecht, Diss., 1968; *Schaub*, Die Neuregelung des Internationalen Deliktsrechts in Deutschland und das europäische Gemeinschaftsrecht, RabelsZ 66 (2002), 18; *Scherer*, „Cold Calling" in der Europäischen Rechtsvereinheitlichung, WRP 2001, 1255; *Schmittmann*, Europäisches Werberecht aus deutscher Sicht, in: Handbuch des Rundfunkwerberechts, 2004, S. 39; *Schnyder*, Wirtschaftskollisionsrecht, 1990; *ders.*, Das neue IPR-Gesetz, 2. Aufl. 1990; *Schricker*, Die europäische Angleichung des Rechts des unlauteren Wettbewerbs – ein aussichtsloses Unterfangen?, GRUR Int. 1990, 771; *ders.*, Die Bekämpfung der irreführenden Werbung in den Mitgliedstaaten der EWG, GRUR Int. 1990, 112; *ders.*, Territoriale Probleme und Klagerecht bei unlauterem Wettbewerb, GRUR Int. 1973, 453; *ders.*, Recht der Werbung in Europa, 1995; *Schricker/Henning-Bodewig*, Elemente einer Harmonisierung des Rechts des unlauteren Wettbewerbs in der Europäischen Union, WRP 2001, 1367; *Schumacher*, Werbung und „Neue Medien", in: Handbuch des Rundfunkwerberechts, 2004, S. 19; *Schwander*, Das UWG im grenzüberschreitenden Verkehr (IPR-Probleme im Recht des unlauteren Wettbewerbs), in: Das UWG auf neuer Grundlage, 1989, S. 161; *Schwarze*, Werbung im Gemeinschaftsrecht – Rechtsbestand und Grundfragen, in: Werbung und Werbevorteile im Lichte des europäischen Gemeinschaftsrechts, 1992, S. 9; *Seichter*, Der Umsetzungsbedarf der Richtlinie über unlautere Geschäftspraktiken, WRP 2005, 1087; *Siehr*, Ausländische Eingriffsnormen im inländischen Wirtschaftskollisionsrecht, RabelsZ 52 (1988), 41; *Soergel*, BGB mit EGBGB und Nebengesetzen, 12. Aufl. 1996; *Sonnenberger*, Europarecht und internationales Privatrecht, ZVglRWiss 95 (1996), 3; *ders.*, Kommissionsvorschlag für eine Rahmenrichtlinie des Europäischen Parlaments und des Rates über Dienstleistungen im Binnenmarkt, RIW 2004, 321; *Spindler*, Herkunftslandprinzip und Kollisionsrecht – Binnenmarktintegration ohne Harmonisierung? Die Folgen der Richtlinie im elektronischen Geschäftsverkehr für das Kollisionsrecht, RabelsZ 66 (2002), 633; *ders.*, Der neue Vorschlag einer E-Commerce-Richtlinie, ZUM 1999, 775; *ders.*, Internet, Kapitalmarkt und Kollisionsrecht unter besonderer Berücksichtigung der E-Commerce-Richtlinie, ZHR 165 (2001), 324; *Spindler/Schuster*, Recht der elektronischen Medien, 2008; *Stagl*, Multistate-Werbung im Internet – Das künftige Kollisionsrecht des unlauteren Wettbewerbs, ÖBl. 2004, 244; *A. Staudinger*, Das Gesetz zum Internationalen Privatrecht für außervertragliche Schuldverhältnisse und für Sachen vom 21. 5. 1999, DB 1999, 1589; *Staudinger/Fezer/Koos*, Internationales Wirtschaftsrecht, 13. Bearbeitung, Neubearbeitung 2006; *Staudinger/Hausmann*, Art. 3 bis 4 EGBGB, Neubearbeitung 2003; *Staudinger/v. Hoffmann*, Einführungsgesetz zum Bürgerlichen Gesetzbuche/IPR, Art. 38 bis 42 EGBGB, Neubearbeitung 2001; *Steindorff*, Sachnormen im IPR,

1958; *ders.*, Unlauterer Wettbewerb im System des EG-Rechts, WRP 1993, 139; *Stender-Vorwachs/Theißen*, Die Richtlinie für audiovisuelle Mediendienste, ZUM 2007, 613; *Spätgens*, Zur Frage der Anwendbarkeit deutschen Wettbewerbsrechts oder des Ortsrechts bei Wettbewerb zwischen Inländern auf Auslandsmärkten, GRUR 1980, 473; *Spickhoff*, Die Restkodifikation des Internationalen Privatrechts: Außervertragliches Schuld- und Sachenrecht, NJW 1999, 2209; *Tettenborn*, Europäischer Rechtsrahmen für den elektronischen Geschäftverkehr, K&R 1999, 252; *Tilmann*, Irreführende Werbung in Europa – Möglichkeiten und Grenzen der Rechtsentwicklung, GRUR 1990, 87; *ders.*, Grenzüberschreitende vergleichende Werbung, GRUR Int. 1993, 133; *Thünken*, Multi-state Advertising over the Internet and the Private International Law of Unfair Competition, Int. Comp. Law Quarterly 2002, 909; *ders.*, Die EG-Richtlinie über den elektronischen Geschäftsverkehr und das internationale Privatrecht des unlauteren Wettbewerbs, IPRax 2001, 15; *ders.*, Das kollisionsrechtliche Herkunftslandprinzip, 2003; *A. Troller*, Unfair Competition, in: IntEncCompL Vol III Ch 34 (1980); *K. Troller*, Das internationale Privatrecht des unlauteren Wettbewerbs in vergleichender Darstellung des Rechts Deutschlands, Englands, Frankreichs, Italiens, der Schweiz und den USA, 1962; *Trutmann*, Das IPR der Deliktsobligation, 1973; *Ulmer*, Die Immaterialgüterrechte im internationalen Privatrecht, 1975; *ders.*, Das Recht des unlauteren Wettbewerbs in den Mitgliedstaaten der Europäischen Wirtschaftsgemeinschaft I, Vergleichende Darstellung mit Vorschlägen zur Rechtsangleichung, 1965; *Vischer*, The conflict-of-laws rules on unfair competition, Ann. Inst. Dr. Int., Vol. 60-I (1983), 117; *G. Wagner*, Internationales Deliktsrecht, die Arbeiten an der Rom II-Verordnung und der Europäische Deliktsgerichtsstand, IPRax 2006, 372; *ders.*, Die neue Rom II-Verordnung, IPRax 2008, 1; *R. Wagner*, Änderungsbedarf im autonomen deutschen internationalen Privatrecht aufgrund der Rom II-Verordnung? – Ein Überblick über den Regierungsentwurf eines Gesetzes zur Anpassung der Vorschriften des Internationalen Privatrechts an die Rom II-Verordnung, IPRax 2008, 314; *Waldenberger*, Electronic Commerce: der Richtlinienvorschlag der EG-Kommission, EuZW 1999, 296; *Waltl*, Online-Netzwerke und Multimedia, in: Internet- und Multimediarecht (Cyberlaw), 1997, S. 185; *Weber*, Zum Anwendungsbereich des deutschen UWG beim Auslandswettbewerb zwischen Inländern, GRUR Int. 1983, 26; *ders.*, Die kollisionsrechtliche Behandlung von Wettbewerbsverletzungen mit Auslandsbezug, 1982; *Wellan*, Die Auswirkungen der Harmonisierung durch die „Fernsehrichtlinie" auf die Anwendbarkeit des UWG auf grenzüberschreitende ausländische Fernsehsendungen, 1996; *Wengler*, Die Gesetze über unlauteren Wettbewerb und das internationale Privatrecht, RabelsZ 19 (1954), 401; *Widmer/Bähler*, Rechtsfragen beim Electronic Commerce, 1997; *Wilske*, Conflict of Laws in Cyber Torts, CRi 2001, 68; *Wiltschek*, Die Beurteilung grenzüberschreitender Werbe- und Absatztätigkeit nach österreichischem Wettbewerbsrecht, GRUR Int. 1988, 299; *Wirner*, Wettbewerbsrecht und international Privatrecht, 1960.

A. Einleitung

I. Kollisionsrechtliche Grundfragen

1. Aufgabenstellung, Funktion und Abgrenzung des Kollisionsrechts

1 Wirtschaftliches Handeln und Wettbewerbsrecht[1] sind naturgemäß nicht auf das Inland begrenzt. Beides macht grundsätzlich weder an nationalen noch europäischen oder sonstigen geographischen Grenzen halt. Denkbar und praktisch häufig sind nicht nur Sachverhalte, bei denen etwa zwei exportierende deutsche Unternehmen im Ausland in Konkurrenz treten[2] oder ein deutsches Unternehmen in Werberundschreiben an ausländische Kunden auf eine inländische Konkurrentin Bezug nimmt,[3] sondern beispielsweise auch Fallkonstellationen, bei denen es um irreführende Werbung in ausländischen, aber regelmäßig in die Bundesrepublik eingeführten Zeitschriften in deutscher Sprache geht[4] oder die Werbung eines spanischen Unternehmens für Produkte eines deutschen Unternehmens gegenüber deutschen Urlaubern im Ausland.[5] Die Internationalität des modernen unternehmerischen Wettbewerbs wird gerade im Medienbereich (man denke nur an Werbung in grenzüberschreitenden Fernseh- und Hörfunksendungen, Printmedien und Kinovorführungen, Sponsoring und Product Placement) offenbar. Betrachtet man die Werbe- und Vermarktungsmöglichkeiten über die neuen Medien, insbesondere das World Wide Web (WWW)

[1] Zur Unterscheidung von internationalem und nationalem Wettbewerbsrecht, Wettbewerbssach- und Wettbewerbskollisionsrecht → Rn 2f, zu den Rechtsquellen → Rn 44ff.

[2] Vgl. BGH GRUR 1982, 495 – Domgarten-Brand, dazu → Rn 192 und 194.

[3] So lag der Sachverhalt in einer grundlegenden Entscheidung des BGH; vgl. BGHZ 40, 391 – Stahlexport; dazu ausführlich → Rn 190ff.

[4] Vgl. den Fall bei BGH GRUR 1971, 153 – Tampax; dazu → Rn 198ff.

[5] Vgl. BGHZ 113, 11 – Kauf im Ausland; dazu → Rn 196f.

des Internet, den von Natur aus globalen „electronic commerce“,[6] so verwischen nationale Grenzen vollends. In dem Maße, in dem sich unternehmerische Marktaktivität[7] grenzüberschreitend entfaltet, wird ein rechtlicher Schutz gegen unlauteres Wettbewerbsverhalten notwendig. Mit fortschreitender Globalisierung und Intensivierung des internationalen Handelsverkehrs gewinnt daher das Wettbewerbs- bzw. **Lauterkeitsrecht**[8] zunehmend eine **internationale Dimension.**

2 Das **Internationale Privatrecht** (oder synonym **Kollisionsrecht**)[9] bestimmt den **räumlichen Anwendungsbereich** von Sachnormen, also der Vorschriften des materiellen Rechts. Es gibt gemäß Art. 3 Abs. 1 EGBGB aF[10] „bei Sachverhalten mit einer Verbindung zum Recht eines ausländischen Staates“ Auskunft darüber, „welche Rechtsordnungen anzuwenden sind“ bzw. nach der Neuformulierung des Art. 3 EGBGB nF über „das anzuwendende Recht bei Sachverhalten mit einer Verbindung zu einem ausländischen Staat“.[11] Weist eine wettbewerbsrechtliche Fallkonstellation den zuvor beispielhaft beschriebenen Auslandsbezug auf, so ist durch das Internationale Privatrecht des Lauterkeitsrechts zu klären, welche der berührten und prinzipiell miteinander kollidierenden Rechtsordnungen greift und welches nationale Wettbewerbsrecht demzufolge auf den Sachverhalt anzuwenden ist. Im Unterschied dazu wird die kaum noch bedeutsame Frage, ob das deutsche materielle Wettbewerbsrecht im Inland auch Ausländern Schutz gewährt, durch das **Fremdenrecht** beantwortet.[12] Aufgabe dieses Kapitels wird es sein, das für das Recht des unlauteren Wettbewerbs maßgebliche **Wettbewerbs- bzw. Lauterkeitsstatut** zu ermitteln.[13] Dabei wird das Wettbewerbsstatut in einem ersten Schritt allgemein[14] und in einem zweiten Schritt für einzelne typische wettbewerbsrechtliche Fallkonstellationen[15] bestimmt. Auf das Internationale Privatrecht des Lauterkeitsrechts einzelner europäischer Staaten, insbesondere Österreichs, aber auch der Schweiz, wird in Abschnitt B[16] überblicksartig eingegangen.

3 Vom Kollisionsrecht gedanklich zu trennen ist das sog. **Einheitsrecht,** welches aus staatsvertraglicher Quelle gespeist in mindestens zwei Staaten als Gesamtheit bestimmter gleichlautender (privatrechtlicher) Rechtssätze als nationales Recht einheitlich gilt.[17] Einheitsrecht schafft zumeist Sachrecht, kann aber auch die Kollisionsrechtsvereinheitlichung

---

[6] Zur Bedeutung des elektronischen Geschäftsverkehrs s. den „Erste(n) Bericht (der Kommission) über die Anwendung der RL 2000/31/EG des Europäischen Parlaments und des Rates vom 8. 6. 2000 über bestimmte rechtliche Aspekte der Dienste der Informationsgesellschaft, insbesondere des elektronischen Geschäftsverkehrs, im Binnenmarkt (RL über den elektronischen Geschäftsverkehr)“ vom 21. 11. 2003, KOM (2003), 702 endg. S. 5f. Zur E-Commerce-RL näher → Rn 121ff.

[7] Zum Problem der Lokalisierung des Marktes vgl. *Dethloff* S. 88ff; *Martiny* FS Drobnig S. 389, 393ff. S. auch *Staudinger/Fezer/Koos* IntWirtschR Rn 11f; *Thünken* S. 157f.

[8] In Abgrenzung zum Kartellrecht ist der Begriff Lauterkeistrecht genauer. Zur Begrifflichkeit s. auch MünchKomm/*Mankowski* UWG IntWettbR Rn 6.

[9] S. zur Begrifflichkeit *v. Bar/Mankowski* § 1 Rn 15; MünchKomm/*Sonnenberger* BGB Einl. IPR Rn 3ff.

[10] Art. 3 Abs. 1 Satz 1 EGBGB aF enthält eine Legaldefinition des Internationalen Privatrechts, die in verschiedener Hinsicht zu eng ist; s. näher *Staudinger/Hausmann* EGBGB Art. 3 Rn 2ff.

[11] Die Neufassung ist zeitgleich mit der Rom II-VO (→ Rn 6) am 11. 1. 2009 in Kraft getreten; vgl. Art. 2 des Gesetzes zur Anpassung der Vorschriften des Internationalen Privatrechts an die Verordnung (EG) Nr. 864/2007 vom 10. 12. 2008, BGBl. I S. 2401. Im Hinblick auf die Definition des Internationalen Privatrechts enthält Art. 3 EGBGB nF keine Abweichung; die Neuformulierung der Vorschrift dient vielmehr der deutlichen Herausstellung des bisher in Art. 3 Abs. 2 EGBGB aF angesprochenen Anwendungsvorrangs von unmittelbar anwendbaren Regelungen europäischer Rechtsakte sowie völkerrechtlichen Ursprungs; vgl. die Amtl. Begründung, BT-Drucks. 16/9995 S. 5 und 7f; s. auch *Wagner* IPRax 2008, 314, 317.

[12] Eine fremdenrechtliche Vorschrift wie die des (später aufgehobenen) § 28 aF gibt es im neuen Recht nicht. Zum fremdenrechtlichen Inländerbehandlungsgrundsatz der Pariser Verbandsübereinkunft → Rn 46.

[13] Der Begriff „Statut“ bezeichnet das *Ergebnis* der kollisionsrechtlichen Bestimmung des anzuwendenden Rechts in einem bestimmten Teilgebiet des Internationalen Privatrechts (wie zB des Internationalen Wettbewerbsrechts); vgl. *v. Bar/Mankowski* § 1 Rn 18.

[14] → Rn 179ff.

[15] → Rn 263ff.

[16] → Rn 75ff.

[17] Vgl. auch die Definition des Einheitsrechts bei *Kropholler* IER S. 1.

bezwecken. Es beruht auf entsprechenden, zwischen den betreffenden Vertragsstaaten geschlossenen Staatsverträgen und wird in Erfüllung der völkerrechtlichen Verpflichtung in das jeweilige nationale Recht transformiert. Demgegenüber stellt das Kollisionsrecht kein Sachrecht dar, sondern nationales *Rechtsanwendungs*recht.[18]

4 **Rechtsquellen** des Kollisionsrechts finden sich auf nationaler Ebene in den Vorschriften des deutschen **EGBGB** bzw. den **ungeschriebenen** Regeln **autonomen Rechts.**[19] Allerdings kann auch Kollisionsrecht in Form von Einheitsrecht existieren und entsprechend aus **staatsvertraglichen Übereinkünften**[20] oder **europäischem Sekundärrecht** resultieren. Diese staatsvertraglichen und gemeinschaftsrechtlichen Kollisionsnormen besitzen gegenüber dem autonomen deutschen Kollisionsrecht grundsätzlich **Anwendungsvorrang.** Während bei völkerrechtlichen Rechtsakten ein deutsches Vertragsgesetz zur Umsetzung der staatsvertraglichen Vorschriften in innerstaatliches Recht Voraussetzung ist, gelten unmittelbar anwendbare Gemeinschaftsrechtsakte ohne weiteres bereits aus sich heraus. Deutlicher als zuvor Art. 3 Abs. 2 S. 1[21] und S. 2[22] EGBGB aF legt nun Art. 3 EGBGB nF die **Prüfungsreihenfolge** internationalprivatrechtlicher Regelungen folgendermaßen fest:[23] Gemäß Art. 3 Nr. 1 EGBGB nF sind zunächst „unmittelbar anwendbare Regelungen der Europäischen Gemeinschaft in ihrer jeweils geltenden Fassung, insbesondere die Verordnung (EG) Nr. 864/2007 des Europäischen Parlaments und des Rates vom 11. 7. 2007 („Rom II") (ABl. EU Nr. L 199 S. 40) über das auf außervertragliche Schuldverhältnisse anzuwendende Recht" heranzuziehen[24] und sodann sind gemäß Art. 3 Nr. 2 EGBGB nF „Regelungen in völkerrechtlichen Vereinbarungen, soweit sie unmittelbar anwendbares innerstaatliches Recht geworden sind", gegenüber den Bestimmungen des EGBGB vorrangig anzuwenden. Bei der Bestimmung des Wettbewerbsstatuts muss daher jeweils überprüft werden, ob das **Gemeinschaftsrecht** einschlägige Kollisionsnormen für die Anknüpfung lauterkeitsrechtlicher Sachverhalte bereitstellt[25] oder ob sich in den **multi- oder bilateralen Staatsverträgen** auf dem Gebiet des Lauterkeitsrechts unmittelbar anwendbare Kollisionsnormen bzw. Regelungen mit kollisionsrechtlichem Gehalt finden.[26] Erst wenn diese Prüfung negativ ausfällt, kann das geschriebene und ungeschriebene autonome Kollisionsrecht befragt werden.

2. Qualifikation und Qualifikationsstatut

5 Bei der Anwendung und Auslegung von Kollisionsnormen stellt sich die Frage, welches Recht darüber zu bestimmen hat, wie die in den Kollisionsnormen verwendeten Systembegriffe inhaltlich abzugrenzen sind. Anders gewendet geht es um die Bestimmung des jeweiligen Anknüpfungsgegenstandes. Beispielsweise kann es zu Abgrenzungsschwierigkei-

---

[18] Vgl. *v. Bar/Mankowski* § 1 Rn 5 ff.

[19] → Rn 61 ff.

[20] Zum staatsvertraglich vereinbarten Kollisionsrecht und seiner geschichtlichen Entwicklung s. allgemein *v. Bar/Mankowski* § 3 Rn 49 ff.

[21] Zum Vorrang von „Regelungen in völkerrechtlichen Vereinbarungen", die „unmittelbar anwendbares innerstaatliches Recht geworden sind", s. näher *v. Bar/Mankowski* § 2 Rn 62 ff; *Staudinger/Hausmann* EGBGB Art. 3 Rn 13 ff.

[22] Mit „Rechtsakten der Europäischen Gemeinschaften" sind nur Sekundärrechtsakte gemeint wie insbesondere Verordnungen, nicht aber das in Umsetzung einer Richtlinie harmonisierte nationale Recht; vgl. *Erman/Hohloch* EGBGB Art. 3 Rn 11; *Staudinger/Hausmann* EGBGB Art. 3 Rn 40.

[23] Ausweislich der Amtl. Begründung, BT-Drucks. 16/9995 S. 7 zu Nr. 2 (Art. 3, 3 a), dient die Neufassung des Art. 3 EGBGB allein der Klarstellung und Verdeutlichung der internationalprivatrechtlichen Prüfungsreihenfolge vor dem Hintergrund einer Vergemeinschaftung des Internationalen Privatrechts. S. auch *Wagner* IPRax 2008, 314, 317.

[24] Zur Rom II-VO im Einzelnen → Rn 154 ff. Mit Geltung der Rom I-VO (→ Fn 36) soll in Art. 3 Nr. 1 EGBGB nF auch diese als unmittelbar anwendbares Gemeinschaftsrecht genannt werden; vgl. das Gesetz zur Anpassung der Vorschriften des Internationalen Privatrechts an die Verordnung (EG) Nr. 593/ 2008 vom 25. 6. 2009, BGBl. I S. 1574.

[25] Dazu eingehend in Abschnitt C (→ Rn 95 ff).

[26] → Rn 45 ff und 50.

ten kommen, wenn nicht unmittelbar ersichtlich ist, ob eine marktstörende Verhaltensweise dem Lauterkeits- oder Kartellrecht zuzuordnen ist,[27] oder wenn etwa die Einklagung einer Gewinnmitteilung in Frage steht.[28] Diese sog. Qualifikation unterliegt ihrem eigenen, dem Qualifikationsstatut.[29] Die hM im deutschen Schrifttum geht davon aus, dass die Qualifikation grundsätzlich nach der **lex fori** erfolgen soll.[30] Ist ein Rechtsstreit bei einem deutschen Gericht anhängig, so entscheidet mithin das deutsche Recht darüber, wie die Tatbestandsebene der maßgeblichen Kollisionsnorm zu qualifizieren ist. Der Weg einer Qualifikation ausschließlich nach Maßgabe der lex fori ist allerdings dann nicht gangbar, wenn es sich bei der in Frage stehenden Kollisionsnorm um eine Norm des **internationalen oder europäischen Rechts** handelt. Hier sind Sinn und Zweck der internationalen Norm **autonom,** also unabhängig von der lex fori, zu bestimmen. Die Qualifikation muss dementsprechend unter Verwendung der **rechtsvergleichenden Methode** autonom und funktional vorgenommen werden.[31]

Die Bestimmung des Anknüpfungsgegenstands im Internationalen Lauterkeitsrecht ist 6
nach gemeinschaftsweiter Vereinheitlichung des Internationalen Lauterkeitsrechts durch die **Rom II-VO**[32] ebenfalls an einem gemeinschaftsrechtlichen Maßstab zu orientieren.[33] Schon nach altem Recht war für den Fall, dass bei der wettbewerbskollisionsrechtlichen Beurteilung eine Parallelwertung zum Vertragskollisionsrecht in Betracht kam, das Gebot der einheitlichen Auslegung nach Art. 36 EGBGB zu beachten.[34] Mit Überleitung des EVÜ[35] in die Rom I-VO[36] ist der Rückgriff auf das Gebot der einheitlichen Auslegung nach dem künftig gestrichenen Art. 36 EGBGB obsolet geworden, weil ohnehin aufgrund der gemeinschaftsrechtlichen Natur der Kollisionsnormen der Rom I-VO allein eine autonom-gemeinschaftsrechtliche Qualifikation in Betracht kommt.[37] Gleiches gilt für die neue wettbewerbsrechtliche Kollisionsnorm in **Art. 6 Rom II-VO,** die als Teil eines europäischen Regelwerks **autonom-gemeinschaftsrechtlich** auszulegen ist.[38]

---

[27] Zur Abgrenzung von Lauterkeits- und Kartellrecht → Rn 27 ff.

[28] Der Anspruch aus § 661 a BGB wurde im deutschen Recht bisher überwiegend wettbewerbsrechtlich bzw. deliktsrechtlich qualifiziert; vgl. AnwK-BGB/*Leible* EGBGB Art. 28 Rn 156; *Fetsch* RIW 2002, 936, 938; *Staudinger/Fezer/Koos* IntWirtschR Rn 41 und 366; aA aber *Palandt/Thorn* Anh zu EGBGB Art. 1 Rom II Rn 4. Dazu näher → Rn 378 f. Nach BGH RIW 2006, 144, 146 f, ist der Anspruch aus Gewinnmitteilung weder vertraglich noch deliktisch zu qualifizieren. Es gehe nach Auffassung des BGH vielmehr um die Haftung aus einem durch eine geschäftsähnliche Handlung begründeten gesetzlichen Schuldverhältnis und § 661 a BGB sei in kollisionsrechtlicher Hinsicht als zwingende Norm im Sinne des Art. 34 EGBGB zu verstehen. Abgesehen davon, dass bei Anwendung von Art. 34 EGBGB auch eine vertragliche Qualifikation angenommen werden müsste, ist dem Ergebnis der Annahme einer Eingriffsnorm zuzustimmen; vgl. in diesem Sinne auch *Lorenz* NJW 2006, 472, 474. S. zu Eingriffnormen → Rn 259.

[29] Zur Qualifikation vgl. grundlegend *v. Bar/Mankowski* § 7 Rn 138 ff.

[30] S. zB *Junker* IPR Rn 159; *Kropholler* IPR § 16 I; *Staudinger/Fezer/Koos* IntWirtschR Rn 41; *Staudinger/Magnus* EGBGB Einl. zu Art. 27 Rn 37; weitergehend aber MünchKomm/*Drexl* BGB IntUnlWettbR Rn 101.

[31] Vgl. *v. Bar/Mankowski* § 7 Rn 171 f; *Kegel/Schurig* § 7 III 3; *Kropholler* IPR § 16 II 2 und 3.

[32] Verordnung (EG) Nr. 864/2007 des Europäischen Parlaments und des Rates vom 11. 7. 2007 über das auf außervertragliche Schuldverhältnisse anzuwendende Recht („Rom II"), ABl. EU Nr. L 199 S. 40 (im Folgenden „Rom II-VO"). Näher → Rn 60 und 154 ff.

[33] MünchKomm/*Junker* BGB Art. 42 Anh. EGBGB Rn 7; MünchKomm/*Mankowski* UWG IntWettbR Rn 11.

[34] S. *Staudinger/Fezer/Koos* IntWirtschR Rn 44, die für eine stärkere Internationalisierung der Qualifikation im Bereich des Wirtschaftskollisionsrechts plädierten.

[35] Übereinkommen über das auf vertragliche Schuldverhältnisse anzuwendende Recht vom 19. 6. 1980, BGBl. 1986 II S. 810. Das EVÜ wurde als Art. 27–37 EGBGB in das EGBGB inkorporiert; vgl. *Reithmann/Martiny/Martiny* Rn 5.

[36] Verordnung (EG) Nr. 593/2008 des Europäischen Parlaments und des Rates vom 17. 6. 2008 über das auf vertragliche Schuldverhältnisse anzuwendende Recht (Rom I), ABl. EU Nr. L 177 S. 6 (im Folgenden „Rom I-VO"). Die Verordnung ist ab 17. 12. 2009 anzuwenden.

[37] Vgl. zur autonomen Auslegung des Vertragsbegriffs *Lehmann,* in: *Ferrari/Leible S.* 17, 22 ff.

[38] *Sack* WRP 2008, 845, 846. So auch zur Entwurfsvorschrift *Mankowski* GRUR Int. 2005, 634, 636; MünchKomm/*Junker* BGB Art. 42 Anh. EGBGB Rn 5 und 7 f; MünchKomm/*Mankowski* UWG IntWettbR Rn 11; *Staudinger/Fezer/Koos* IntWirtschR Rn 347. S. auch → Rn 157.

7 Die funktionale Qualifikation wettbewerbsrechtlicher Normen orientiert sich demnach an der **Schutzzwecktrias,**[39] die der Gemeinschaftsgesetzgeber ausdrücklich in Erwägungsgrund 21 der Rom II-VO als Beurteilungsmaßstab etabliert hat. Das bedeutet, dass nach neuem Recht aufgrund autonom-gemeinschaftsrechtlicher Qualifikation und in Ermangelung einer eigenen wettbewerbsrechtlichen Qualifikationsnorm[40] diejenigen privatrechtlichen Normen als wettbewerbsrechtliche Normen zu qualifizieren sind, die das Maktverhalten zum Schutz der Wettbewerber, der Verbraucher oder der Allgemeinheit regeln.[41] In Anlehnung an die Definition der Geschäftspraktiken in Art. 2 lit. d der Lauterkeitsrichtlinie schlägt *Mankowski* vor, den Anknüpfungsgegenstand des Internationalen Wettbewerbsrechts auf alle „außervertragliche(n) Schuldverhältnisse, die aus einem unlauteren Wettbewerbsverhalten entstanden sind," auszudehnen, namentlich „alle Handlungen, Unterlassungen, Verhaltensweisen oder Erklärungen, kommerziellen Mitteilungen einschließlich Werbung und Marketing, die unmittelbar mit der Absatzförderung, dem Verkauf oder der Lieferung von Leistungen oder mit der Nachfrage nach Leistungen zusammenhängen".[42]

8 Im Rahmen der **E-Commerce-Richtlinie** erlangt die Qualifikation der **Ausnahmetatbestände,** für die das mit der Richtlinie eingeführte Herkunftslandprinzip nicht gelten soll, besondere Bedeutung.[43] Auch hier können die über das Statut entscheidenden Systembegriffe nicht nach der lex fori qualifiziert werden. Die Qualifikation hat sich vielmehr an Geist und Systematik der E-Commerce-Richtlinie zu orientieren. Sie muss autonom europäisch erfolgen.[44] Im Sinne einer richtlinienkonformen bzw. **europarechtlich-autonomen Qualifikation** ist dabei zu überprüfen, ob beispielsweise ein dem zwingenden Verbraucherschutz im Sinne des Art. 29 EGBGB bzw. künftig Art. 6 Rom I-VO zuzuordnendes Gesetz auch unter die – nach einer Ansicht[45] nur vertragliche Verbraucherschutzbestimmungen betreffende – Ausnahme des Anhangs zu Art. 3 der E-Commerce-Richtlinie fällt.[46] Probleme können sich gerade bei der Abgrenzung von mittelbar verbraucherschützenden Normen ergeben. Diskutiert wurde in diesem Zusammenhang insbesondere die Qualifikation der nun von Art. 2 Abs. 1 Rom II-VO umfassten culpa in contrahendo (§ 311 Abs. 2 Nr. 1 und 2 BGB),[47] für die Art. 12 Rom II-VO eine eigene Anknüpfungsregel vorsieht. Keine Probleme bereitet hingegen die Qualifikation der vom Herkunftslandprinzip der E-Commerce-Richtlinie ausgenommenen[48] unaufgeforderten E-Mail-Werbung. Da der Anknüpfungspunkt speziell an diesem werblichen Phänomen festgemacht wird, kommt es auf eine Qualifizierung als dem Recht des unlauteren Wettbewerbs oder dem Vertragsrecht zugehörig nicht mehr an.[49]

3. Rück- und Weiterverweisung (Renvoi)

9 Das mit Hilfe des Kollisionsrechts ermittelte anwendbare Recht umfasst gemäß Art. 4 Abs. 1 S. 1 Halbs. 1 EGBGB nicht nur das Sachrecht der ermittelten Rechtsordnung, sondern

---

[39] *Harte/Henning/Glöckner* UWG Einl. C Rn 86 ff; *Mankowski* GRUR Int. 2005, 634, 635; MünchKomm/*Mankowski* UWG IntWettbR Rn 11; *Staudinger/Fezer/Koos* IntWirtschR Rn 347. S. auch *Piper/Ohly/Ohly* UWG Einf. B Rn 17. Für eine funktionale Betrachtung des Wettbewerbsrechts als Marktordnungsrecht MünchKomm/*Drexl* BGB IntUnlWettbR Rn 101.

[40] Dahingehend noch der Vorschlag von *Mankowski* GRUR Int. 2005, 634, 637.

[41] S. näher *Mankowski* GRUR Int. 2005, 634, 635 f; MünchKomm/*Mankowski* UWG IntWettbR Rn 11.

[42] *Mankowski* GRUR Int. 2005, 634, 636; s. auch MünchKomm/*Mankowski* UWG IntWettbR Rn 13 f.

[43] Zur E-Commerce-RL und der problematischen Einordnung des Herkunftslandprinzips → Rn 121 ff.

[44] *Grundmann* RabelsZ 67 (2003), 246, 273; *Spindler* RabelsZ 66 (2002), 633, 667, 686 f; so auch *Staudinger/Fezer/Koos* IntWirtschR Rn 43.

[45] So zu Art. 29 EGBGB aF zB *Spindler* RabelsZ 66 (2002), 633, 666; *Thünken* S. 88 f; aA *Mankowski* IPRax 2002, 257, 264 f; *ders.* ZVglRWiss 100 (2001), 137, 157, der mit guten Gründen eine teleologische Reduktion des Art. 3 E-Commerce-RL für den Fall vorschlägt, dass die Ausweichklausel des Art. 4 Abs. 5 EVÜ ausgeschlossen wird.

[46] Vgl. *Spindler* RabelsZ 66 (2002), 633, 667, 686 f.

[47] *Spindler* RabelsZ 66 (2002), 633, 668.

[48] → Rn 123.

[49] Vgl. auch *Grundmann* RabelsZ 67 (2003), 246, 273.

auch deren Internationales Privatrecht (Prinzip der **Gesamtverweisung**).[50] Es kann deshalb infolge einer **Weiterverweisung** des zunächst ermittelten Rechts letztlich zur Anwendung eines anderen Sachrechts kommen, wobei das weiterverweisende Recht zu entscheiden hat, ob es Sach- oder wiederum weiterverweisende Kollisionsnormen darstellt.[51] Deutsches Sachrecht ist gemäß Art. 4 Abs. 1 S. 2 EGBGB allerdings bei einer **Rückverweisung** auf das deutsche Recht anzuwenden.[52] Insofern bricht das deutsche autonome Recht den Verweisungszyklus ab. Rück- und Weiterverweisung werden auch als Renvoi bezeichnet. Lediglich für den Fall, dass die Weiterverweisung – wie es in Art. 4 Abs. 1 S. 1 Halbs. 2 EGBGB heißt – „dem Sinn der Verweisung widerspricht" (sog. **Sinnklausel**), bleibt es bei dem zuvor kollisionsrechtlich ermittelten Recht. Beispiele für derartige **Sachnormverweisungen**[53] sind der gesetzlich geregelte Fall der Rechtswahl der Parteien (Art. 4 Abs. 2 EGBGB),[54] das Internationale Schuldvertragsrecht (Art. 35 Abs. 1 EGBGB bzw. künftig Art. 20 Rom I-VO) sowie das staatsvertragliche Kollisionsrecht, welches gerade den Zweck der Rechtsvereinheitlichung[55] verfolgt. Gleiches gilt für gemeinschaftsrechtliche Kollisionsnormen. Sie sprechen – soweit der europäische Gesetzgeber nicht ausdrücklich die Gesamtverweisung anordnet – Sachnormverweisungen aus, da allein hierdurch der Zweck der Kollisionsrechtsvereinheitlichung erreicht werden kann.[56] Entsprechend schließt auch Art. 24 Rom II-VO Rück- und Weiterverweisungen für den Anwendungsbereich der Verordnung aus.[57]

Gemäß Art. 4 Abs. 1 S. 1 Halbs. 2 EGBGB ist also stets der Sinn der Verweisung zu erforschen und zu untersuchen, ob ein vom verweisenden Recht ausgesprochener Renvoi zu befolgen ist.[58] Problematisch ist die Anknüpfung im **Internationalen Deliktsrecht** gemäß Art. 40 Abs. 1 EGBGB, welches im bisherigen Schrifttum zumeist als Ausgangspunkt der kollisionsrechtlichen Beurteilung von Wettbewerbsverletzungen herangezogen wurde.[59] Während vor der Reform des deutschen Internationalen Deliktsrechts im Jahr 1999[60] die Möglichkeit bestand, deliktsrechtliche Sachverhalte nach dem Günstigkeitsprinzip *alternativ* an den Handlungs- oder Erfolgsort anzuknüpfen, und ein Renvoi nur eingeschränkt zu beachten war,[61] wurde der Anknüpfung an den Handlungsort im Zuge der Reform von 1999 gemäß Art. 40 Abs. 1 S. 1 EGBGB Vorrang vor der Anknüpfung an den Erfolgsort eingeräumt.[62] Die Beachtlichkeit eines Renvoi, der den Kreis der anwendbaren Rechtsordnungen im Sinne des Günstigkeitsprinzips erweitern würde,[63] schied bei Anknüpfung an den Handlungsort[64] auf Grundlage der Sinnklausel des Art. 4 Abs. 1 S. 1 Halbs. 2 EGBGB 10

---

[50] S. insgesamt *Staudinger/Hausmann* EGBGB Art. 4 Rn 47 ff.

[51] *Bamberger/Roth/S. Lorenz* EGBGB Art. 4 Rn 15; *Kegel/Schurig* § 10 IV 3; MünchKomm/*Sonnenberger* BGB Art. 4 EGBGB Rn 32; *Palandt/Thorn* EGBGB Art. 4 Rn 3; *Staudinger/Hausmann* EGBGB Art. 4 Rn 54 f.

[52] *Staudinger/Hausmann* EGBGB Art. 4 Rn 50 f.

[53] Die Definition der Sachnormverweisung findet sich nun in Art. 3 a Abs. 1 EGBGB.

[54] Vgl. dazu *Staudinger/Hausmann* EGBGB Art. 4 Rn 108 ff.

[55] Zur Sachnormverweisung als Prinzip des Konventionskollisionsrechts ebenso *Bamberger/Roth/S. Lorenz* EGBGB Art. 4 Rn 7; *v. Bar/Mankowski* § 3 Rn 115; *Kropholler* IER S. 335 f; *Palandt/Thorn* EGBGB Art. 4 Rn 13; *Staudinger/Hausmann* EGBGB Art. 4 Rn 118.

[56] *Staudinger/Hausmann* EGBGB Art. 4 Rn 146. S. zur ähnlichen Argumentation bei der Auslegung von Art. 3 Abs. 1 und 2 E-Commerce-RL → Rn 135.

[57] → Rn 12.

[58] Zur Sinnklausel des Art. 4 Abs. 1 S. 1 Halbs. 2 EGBGB s. *v. Bar/Mankowski* § 7 Rn 227 ff; *Staudinger/Hausmann* EGBGB Art. 4 Rn 86 ff.

[59] → Rn 36 ff und 63 f.

[60] S. das Gesetz zum Internationalen Privatrecht für außervertragliche Schuldverhältnisse und für Sachen vom 21. 5. 1999, BGBl. I S. 1026. Näher → Rn 62.

[61] Zum früheren Recht *Staudinger/Hausmann* EGBGB Art. 4 Rn 297 ff.

[62] *Bamberger/Roth/Spickhoff* EGBGB Art. 40 Rn 1, 16 ff und 59; *v. Bar/Mankowski* § 7 Rn 230; aA *Erman/Hohloch* EGBGB Art. 40 Rn 13 aE. S. zur Anwendbarkeit auf das Internationale Lauterkeitsrecht → Rn 63 f und 220 f.

[63] Zum Meinungsstand im Hinblick auf die Anwendbarkeit der Sinnklausel bei alternativer Anknüpfung s. generell *Staudinger/Hausmann* EGBGB Art. 4 Rn 88 ff.

[64] Gemäß Art. 40 Abs. 1 S. 2 EGBGB kann der Geschädigte auch die Anwendung des Erfolgsortsrechts verlangen. Zur Beachtlichkeit eines Renvoi bei Art. 40 Abs. 1 Satz 2 und Abs. 2 EGBGB s. *Staudinger/Hausmann* EGBGB Art. 4 Rn 306 ff.

aus. Es blieb vielmehr beim Grundsatz der **Gesamtverweisung** gemäß Art. 4 Abs. 1 S. 1 Halbs. 1 EGBGB.[65] Etwas anderes galt aber für den Fall, dass bei einer wesentlich engeren Verbindung zu einem anderen Staat die allgemeine Ausweichklausel gemäß Art. 41 Abs. 1 EGBGB mit der Folge der Anwendbarkeit dieses Rechts eingriff. Hier stünde es im Widerspruch zum Sinn der Verweisung, einen Renvoi zuzulassen.[66] Bei einer gemäß Art. 42 EGBGB auch im Deliktsrecht zulässigen Rechtswahl schied die Rück- und Weiterverweisung schon aufgrund der Vorschrift des Art. 4 Abs. 2 EGBGB aus.[67] Mit der neuen deliktskollisionsrechtlichen Anknüpfung an den Erfolgsort[68] gemäß Art. 4 Abs. 1 Rom II-VO scheidet ein Günstigkeitsvergleich ebenfalls aus und die Frage der Beachtlichkeit eines Renvoi verliert wegen Art. 24 Rom II-VO an Bedeutung.[69]

11 Die im Vorangehenden dargestellten Grundsätze der Rück- und Weiterverweisung im Internationalen Deliktsrecht in der Reformfassung von 1999 ließen sich allerdings nicht auf den Bereich des Gewerblichen Rechtsschutzes übertragen. Im **Internationalen Immaterialgüterrecht** wurde die Kollisionsregel der lex loci protectionis[70] bisher als Gesamtverweisung verstanden, so dass ein Renvoi grundsätzlich zu befolgen war.[71] Anders war die Situation im **Internationalen Lauterkeitsrecht** zu beurteilen. Ausgangspunkt der Überlegung war der Umstand, dass die Anknüpfung wettbewerbsrechtlicher Sachverhalte insbesondere auf marktorientierten, bestimmte Schutz- und Gerechtigkeitserwägungen implizierenden Aspekten beruhe,[72] die den Sinn der Verweisung ausmachen. Die Annahme der Beachtlichkeit eines Renvoi im Internationalen Wettbewerbsrecht setzte sich in Widerspruch zu diesem Verweisungszweck. Sie konnte weder mit dem Ziel gemeinschaftsweiten Entscheidungseinklangs[73] noch mit dem deliktsrechtlichen Charakter des Rechts gegen den unlauteren Wettbewerb[74] begründet werden. Das Ziel der Herstellung internationalen Entscheidungseinklangs muss im speziellen Fall der Anknüpfung wettbewerbsrechtlicher Sachverhalte vielmehr hinter den Schutz- und Gerechtigkeitserwägungen des Internationalen Lauterkeitsrechts zurückstehen. Und auch mit dem deliktsrechtlichen Charakter unlauteren Wettbewerbshandelns konnte schlechterdings nicht für die Beachtlichkeit eines Renvoi argumentiert werden. Denn zum einen unterscheidet sich das Lauterkeitsrecht in kollisionsrechtlicher Hinsicht erheblich vom Internationalen Deliktsrecht.[75] Zum anderen verbietet sich auch im Internationalen Deliktsrecht in bestimmten Fällen, wie etwa bei Eingreifen der Ausweichklausel des Art. 41 Abs. 1 EGBGB, die Beachtung eines Renvoi. Rück- und Weiterverweisung wurden daher im Internationalen Lauterkeitsrecht bisher zu Recht **abgelehnt.**[76]

12 Die Anknüpfung außervertraglicher Schuldverhältnisse ist durch die Rom II-VO europaweit vereinheitlicht worden. In ihrem Anwendungsbereich ersetzt die Rom II-VO die

---

[65] *Bamberger/Roth/Spickhoff* EGBGB Art. 40 Rn 59; *v. Bar/Mankowski* § 7 Rn 230; *v. Hein* ZVglRWiss 99 (2000), 251, 260 ff; *Spickhoff* NJW 1999, 2209, 2212; *A. Staudinger* DB 1999, 1589, 1593; ebenso *Staudinger/Hausmann* EGBGB Art. 4 Rn 305 und 307; aA *Erman/Hohloch* EGBGB Art. 40 Rn 13 aE.

[66] *v. Hein* ZVglRWiss 99 (2000), 251, 274 ff; *Staudinger/Hausmann* EGBGB Art. 4 Rn 309; aA *Bamberger/Roth/Spickhoff* EGBGB Art. 41 Rn 14.

[67] BT-Drucks. 14/343 S. 8; *v. Hein* ZVglRWiss 99 (2000), 251, 276 f; *Staudinger/Hausmann* EGBGB Art. 4 Rn 310.

[68] S. zur Aufgabe der Handlunsgortanknüpfung zugunsten der Erfolgsortsanknüpfung *Wagner* IPRax 2006, 372, 376 f.

[69] → Rn 12.

[70] So die hM; vgl. bereits *Ulmer* Immaterialgüterrechte S. 12 ff, 74 ff, 110.

[71] *Staudinger/Fezer/Koos* IntWirtschR Rn 870; *Staudinger/Hausmann* EGBGB Art. 4 Rn 322.

[72] Näher → Rn 21 ff.

[73] In diesem Sinne *Reese* S. 13.

[74] So *Riegl* S. 241 f.

[75] Dazu → Rn 37, 63 f und 220 f.

[76] So die hM: *Beckmann* WRP 1993, 651, 655; *Hefermehl/Köhler/Bornkamm/Köhler* UWG Einl. Rn 5.24; *Kreuzer* Vorschläge und Gutachten zur Reform des deutschen und internationalen Privatrechts der außervertraglichen Schuldverhältnisse S. 232, 286; *Kropholler* IPR § 53 VI 1; MünchKomm/*Drexl* BGB IntUnlWettbR Rn 131; *Piper/Ohly/Ohly* UWG Einf. B Rn 21; *Sack* GRUR Int. 1988, 320, 329; *Staudinger/Fezer/Koos* IntWirtschR Rn 597; *Staudinger/Hausmann* EGBGB Art. 4 Rn 309; aA MünchKomm/*Mankowski* UWG IntWettbR Rn 380; *Riegl* S. 241.

nationalen Kollisionsrechte.[77] Sowohl für das allgemeine Internationale Deliktsrecht als auch für das Internationale Immaterialgüterrecht und das Internationale Lauterkeitsrecht gilt im Hinblick auf die Frage des Renvoi **Art. 24 Rom II-VO.** Die Vorschrift schließt eine Rück- und Weiterverweisung im Anwendungsbereich der Verordnung generell aus. Sämtliche Kollisionsnormen der Rom II-VO und daher auch die wettbewerbsrechtliche Kollisionsnorm in Art. 6 Rom II-VO enthalten demnach **Sachnormverweisungen,** also Verweisungen auf die im jeweiligen Staat geltenden Rechtsnormen unter Ausschluss derjenigen des Internationalen Privatrechts. Art. 24 Rom II-VO bestätigt damit das Ergebnis der bisherigen hM, die Rück- und Weiterverweisung im Internationalen Lauterkeitsrecht ausschloss.

4. Parteiautonomie

Seit der Reform im Jahr 1999 legt das deutsche Kollisionsrecht der außervertraglichen Schuldverhältnisse die Parteiautonomie als internationalprivatrechtliches Prinzip auch deliktsrechtlichen Sachverhalten zugrunde. So erlaubt **Art. 42 S. 1 EGBGB** die **nachträgliche Rechtswahl.** Vor Regelung des Internationalen Wettbewerbsrechts durch die Rom II-VO[78] stellte sich (bzw. stellt sich außerhalb ihres zeitlichen Anwendungsbereichs für Altfälle) die Frage, ob der Grundsatz der Parteiautonomie auch im Internationalen Wettbewerbsrecht Geltung beanspruchen kann. Die Frage ist letztlich zu verneinen. Das Wettbewerbsrecht mag zwar sachrechtlich mit dem Deliktsrecht verwandt sein, doch kann es in kollisionsrechtlicher Hinsicht nicht auf das allgemeine Deliktsstatut zurückgeführt werden.[79] Anders als das Deliktsrecht wirkt das Wettbewerbsrecht nicht nur im Zweipersonenverhältnis, sondern es berührt gleichermaßen die Interessen anderer Marktteilnehmer, wie insbesondere der Verbraucher, und der Allgemeinheit am Bestand eines unverfälschten Leistungswettbewerbs.[80] Diese **Drittinteressen** blieben unbeachtet, überließe man den Parteien die Wahl des maßgeblichen Wettbewerbsrechts.[81] Denn fällt die Parteiwahl auf ein im Vergleich zum eigentlich berufenen Recht großzügigeres Wettbewerbsrecht, was aus Sicht des klagenden Wettbewerbers unwahrscheinlich, da für ihn ungünstiger ist, so kommen die ebenfalls betroffenen Drittinteressen zu kurz.[82] Bei Wahl eines strengeren als des nach kollisionsrechtlichen Grundsätzen berufenen Rechts könnten Widersprüche zur kartellrechtlichen Wertung entstehen,[83] da die bestehenden wettbewerblichen Freiräume nicht durch wettbewerbsbeschränkende Vereinbarungen wieder begrenzt werden dürfen.[84] Eine Differenzierung nach marktbezogenen und rein betriebsbezogenen Wettbewerbshandlungen mit der Konsequenz, dass bei letzteren eine nachträgliche Rechtswahl zulässig sei,[85] wird kaum praktikabel sein und ist daher abzulehnen.[86] Denn auch betriebsbezogene Wettbewerbshandlungen berühren zumeist gleichzeitig das Interesse der Allgemeinheit an einem unverfälschten Leistungswettbewerb,[87] so dass eine abweichende Rechtswahl das Allge- 13

---

[77] → Rn 154ff.

[78] Näher → Rn 16f.

[79] → Rn 36f, 63f und 220f.

[80] Zur Schutzzwecktrias des Lauterkeitsrechts → Rn 22.

[81] So auch Großkomm/*Schricker* UWG Einl. Rn F 197; *Kreuzer* Vorschläge und Gutachten zur Reform des deutschen internationalen Privatrechts der außervertraglichen Schuldverhältnisse S. 232, 280; *Mook* S. 52f; *Sack* WRP 2000, 269, 285; *ders.* GRUR Int. 1988, 320, 329; *Staudinger/Fezer/Koos* IntWirtschR Rn 600. Zur Frage der Fakultativität im Internationalen Wettbewerbsrecht s. grundlegend bereits *Flessner* RabelsZ 34 (1970), 547f; *Müller-Graff* RabelsZ 48 (1984), 289ff.

[82] Auf diese Gefahr hinweisend bereits die Stellungnahme *MPI* GRUR Int. 1985, 104, 108.

[83] Dies einräumend auch *Hefermehl/Köhler/Bornkamm/Köhler* UWG Einl. Rn 5.19.

[84] *Bornkamm* Neues Recht für neue Medien S. 99, 107f; *Briem* S. 75; *Sack* WRP 2000, 269, 285; *ders.* GRUR Int. 1988, 320, 329.

[85] In diesem Sinne etwa *Bamberger/Roth/Spickhoff* EGBGB Art. 40 Rn 49; *Piper/Ohly/Ohly* UWG Einf. B Rn 30; *Staudinger/v. Hoffmann* EGBGB Art. 40 Rn 347.

[86] Ebenso MünchKomm/*Drexl* BGB IntUnlWettbR Rn 99; *Staudinger/Fezer/Koos* IntWirtschR Rn 600.

[87] *Sack* WRP 2000, 269, 285. Vgl. auch Großkomm/*Schricker* UWG Einl Rn F 195.

meininteresse übergehen könnte.[88] Der Hinweis[89] auf die mangelnde Präklusion der nur inter partes wirkenden Rechtswahlvereinbarung zwischen Verletzer und einem Mitbewerber im Hinblick auf andere Mitbewerber und klagebefugte Verbände verfängt vor diesem Hintergrund ebenfalls nicht. Denn bei gleichzeitiger Betroffenheit von individuellen und Allgemeininteressen steht das anzuwendende Recht einzelnen Wettbewerbern nicht zur Disposition.

14 Ein weiterer nicht zu verachtender Aspekt, der letztlich gegen die Zulassung einer Rechtswahl im Lauterkeitsrecht streitet, resultiert aus der für das Wettbewerbsrecht typischen prozessualen Besonderheit, dass **Parallelprozesse** möglich sind. Häufig klagen wegen einer bestimmten Wettbewerbshandlung nicht nur Mitbewerber, sondern auch Verbände. Die infolge von Rechtswahlvereinbarungen unterschiedliche Behandlung dieser Parallelprozesse nach verschiedenen Rechtsordnungen ist freilich als Verstoß gegen das Gebot der Rechts- und Chancengleichheit aller Wettbewerber nicht hinnehmbar und durch den generellen Ausschluss der Rechtswahlmöglichkeit zu vermeiden.[90] Auf Grundlage dieser Erwägungen wurde die Rechtswahl für den Bereich des Internationalen Lauterkeitsrechts im Schrifttum bereits vor der Reform des Internationalen Deliktsrechts überwiegend abgelehnt.[91] Diese Überlegungen haben auch nach reformiertem Internationalen Privatrecht aus dem Jahr 1999 nicht an Richtigkeit eingebüßt. Gemäß Art. 42 S. 2 EGBGB lässt eine Rechtswahl zwar „Rechte Dritter" unberührt. Es bleibt jedoch offen, ob damit lediglich subjektive Rechte oder auch sonstige Drittinteressen gemeint sind. Zudem wird durch Art. 42 S. 2 EGBGB die Rechtswahl gerade nicht ausgeschlossen, sondern es soll nur der Durchgriff von Rechten Dritter trotz Rechtswahl gewährleistet bleiben. Eine Trennung von Konkurrenten- und Drittinteressen ist im Wettbewerbsrecht schwierig. Wollte man bei Anwendung eines gewählten ausländischen Rechts hinsichtlich des gleichfalls berührten Allgemeininteresses den Schutz nach deutschem Wettbewerbsrecht aufrecht erhalten, käme es zu einer patchwork-artigen Rechtsanwendung, die im Ergebnis gerade zu vermeiden sein sollte. Eine Analogie[92] der Vorschrift in Art. 42 S. 2 EGBGB im Hinblick auf die Einordnung auch berechtigter Drittinteressen muss nicht bemüht werden, wenn die gesetzliche Regelung im Wettbewerbsrecht weder vom Tatbestand noch von ihrer Rechtsfolge passt. Stimmiger ist es vielmehr, **Art. 42 EGBGB** – sofern man nicht grundsätzlich von der Unanwendbarkeit der Art. 40 ff EGBGB ausgeht – **teleologisch** in der Weise zu **reduzieren,** dass eine Rechtswahl im Bereich des unlauteren Wettbewerbs gänzlich ausgeschlossen ist.[93]

15 Die Rechtswahlproblematik ist gleichwohl von geringer praktischer Bedeutung für das Wettbewerbsrecht, da im Wettbewerbsprozess sowohl die Akzeptanz der Rechtswahl zugunsten eines großzügigeren Wettbewerbsrechts von Klägerseite als auch der Wahl eines

---

[88] So auch *Staudinger/Fezer/Koos* IntWirtschR Rn 600.

[89] *Staudinger/v. Hoffmann* EGBGB Art. 40 Rn 345.

[90] So zu Recht *Kreuzer* Vorschläge und Gutachten zur Reform des deutschen internationalen Privatrechts der außervertraglichen Schuldverhältnisse S. 232, 280; *Sack* WRP 2000, 269, 285; *ders.* GRUR Int. 1988, 320, 329 f; Stellungnahme *MPI* GRUR Int. 1985, 104, 108; *Staudinger/Fezer/Koos* IntWirtschR Rn 601. Dagegen *Hefermehl/Köhler/Bornkamm/Köhler* UWG Einl. Rn 5.19.

[91] *Bornkamm* Neues Recht für neue Medien S. 99, 107; *Einsele* RabelsZ 60 (1996), 417, 427 ff; Großkomm/*Schricker* UWG Einl Rn F 197; *Kreuzer* Vorschläge und Gutachten zur Reform des deutschen internationalen Privatrechts der außervertraglichen Schuldverhältnisse S. 232, 279 f; *Mook* S. 52 f; *Reichert-Facilides* FS Hartmann S. 205, 210 ff; *Sack* GRUR Int. 1988, 320, 329 f; Stellungnahme *MPI* GRUR Int. 1985, 104, 108. AA *Gloy/Wilde* Hdb. (2. Aufl.) § 6 Rn 55.

[92] In diesem Sinne *Sack* WRP 2000, 269, 285, der im Ergebnis ebenfalls zum Ausschluss der Rechtswahlmöglichkeit für das Wettbewerbsrecht kommt.

[93] So etwa MünchKomm/*Drexl* BGB IntUnlWettbR Rn 99; *Staudinger/Fezer/Koos* IntWirtschR Rn 598. Für die Möglichkeit einer nachträglichen Rechtswahl im Wettbewerbsrecht bei alleiniger Betroffenheit von Individualinteressen eines Mitbewerbers hingegen *Piper/Ohly/Ohly* UWG Einf. B Rn 30; *Staudinger/v. Hoffmann* EGBGB Art. 40 Rn 345 ff. Gloy/Loschelder/*Wilde* § 6 Rn 49, hat keine Bedenken gegen eine Rechtswahl, soweit die Parteien eines Wettbewerbsrechtsstreits über den Streitgegenstand Vergleiche abschließen können. Rechtswahlvereinbarungen grundsätzlich zulassend *Hefermehl/Köhler/Bornkamm/Köhler* UWG Einl. Rn 5.19.

strengeren Rechts von Beklagtenseite unwahrscheinlich ist.[94] Eine wichtige Konsequenz ist allerdings bereits nach altem Recht im Hinblick auf die Multistate-Problematik der **Internetwerbung,** dass eine mittels Disclaimer vorgenommene Eingrenzung der anwendbaren Rechte im Sinne einer wirksamen Rechtswahl nicht möglich war.[95] Ein Anbieter im Internet konnte wegen der zuvor erörterten Unzulässigkeit der Rechtswahl im Internationalen Wettbewerbsrecht also nicht dadurch, dass er im Disclaimer nur ein bestimmtes Recht (zB das Recht am Serverstandort) für anwendbar erklärte, die Anwendbarkeit anderer Wettbewerbsrechte ausschließen.[96]

Das **neue europäische Kollisionsrecht** der außervertraglichen Schuldverhältnisse berücksichtigt ebenfalls die jüngsten Entwicklungen hin zu verstärkter Parteiautonomie. Eine nachträgliche Rechtswahl ist gemäß **Art. 14 Abs. 1 lit. a Rom II-VO**[97] im Bereich der außervertraglichen Schuldverhältnisse daher grundsätzlich erlaubt. Gemäß Art. 14 Abs. 1 lit. b Rom II-VO kann das auf ein außervertragliches Schuldverhältnis anwendbare Recht sogar vor Eintritt des schadensbegründenden Ereignisses frei gewählt werden, wenn „alle Parteien einer kommerziellen Tätigkeit nachgehen".[98] **Ausgenommen** werden jedoch zu Recht gemäß Art. 8 Abs. 3 Rom II-VO die auf der Verletzung von Rechten an geistigem Eigentum resultierenden außervertraglichen Schuldverhältnisse sowie gemäß **Art. 6 Abs. 4 Rom II-VO** auch die außervertraglichen Schuldverhältnisse aus unlauterem Wettbewerbsverhalten. Die nicht nachvollziehbare Begrenzung der Ausnahme von der Rechtswahlfreiheit auf den Bereich der Rechte am Geistigen Eigentum, die sich noch im Verordnungsentwurf fand,[99] wurde zu Recht fallen gelassen. Der Streit um ein fakultatives Kollisionsrecht und die Anwendbarkeit der neuen internationaldeliktsrechtlichen Rechtswahlfreiheit auf das Internationale Wettbewerbsrecht scheint damit entschieden: Eine **Rechtswahl** kommt für das **Internationale Lauterkeitsrecht** grundsätzlich **nicht** in Betracht.[100] 16

Ungeklärt bleibt allerdings die Frage, ob **rein betriebsbezogene** (bilaterale) bzw. **nur individualrechtsbezogene Wettbewerbsverstöße** ebenfalls vom Grundsatz der Rechtswahlfreiheit ausgenommen sind. Denn diese ausschließlich die Interessen eines bestimmten Wettbewerbers beeinträchtigenden Wettbewerbsverstöße nimmt **Art. 6 Abs. 2 Rom II-VO** aus der lauterkeitsrechtlichen Kollisionsregel des Art. 6 Abs. 1 Rom II-VO aus, um sie der allgemeinen Kollisionsnorm des Art. 4 Rom II-VO zu unterstellen. Für die allgemeine Anknüpfung nach Art. 4 Rom II-VO gilt allerdings wiederum die Rechtswahlfreiheit gemäß Art. 14 Rom II-VO. Wenn Art. 6 Abs. 4 Rom II-VO nun davon spricht, dass „von dem nach diesem Artikel anzuwendenden Recht" nicht durch eine Vereinbarung gemäß Art. 14 Rom II-VO abgewichen werden kann, dann läßt diese Formulierung zwei entgegengesetzte Deutungen zu: Entweder man versteht bei reiner Wortlautauslegung unter „dem nach diesem Artikel anzuwendenden Recht" nur das nach den lauterkeits- und kartellrechtlichen Kollisionsnormen in Art. 6 Abs. 1 und 3 Rom II-VO ermittelte Recht und schließt rein individualrechtsbezogene Wettbewerbsverstöße im Sinne des Abs. 2 aus, da das hierauf anzuwendende Recht eben über Art. 4 Rom II-VO ermittelt werde, auf den Art. 6 Abs. 2 Rom II-VO verweist,[101] oder man zieht aus der systematischen Stellung von Art. 6 17

[94] Darauf weisen auch *Staudinger/Fezer/Koos* IntWirtschR Rn 602; *Sack* WRP 2000, 269, 285, hin.

[95] Aus derartigen Disclaimerinhalten lässt sich aber möglicherweise ein Indiz für die Betroffenheit bestimmter Märkte herauslesen; → Rn 305.

[96] *Lehmann/Waltl* S. 185, 191; *Mankowski* GRUR Int. 1999, 909, 919; *Piper/Ohly/Ohly* UWG Einf. B Rn 30; *Staudinger/Fezer/Koos* IntWirtschR Rn 604.

[97] So auch schon Art. 10 Rom II-Entwurf, KOM(2003), 427 endg.

[98] Dazu *Rugullis* IPRax 2008, 319, 322f.

[99] S. zur Kritik näher die Vorauflage Einleitung I Rn 14. Kritisch auch *Staudinger/Fezer/Koos* IntWirtschR Rn 603, die eine teleologische Reduktion oder umgekehrt eine weite Interpretation der nicht abdingbaren innerstaatlichen Vorschriften im Sinne des Art. 4 Abs. 3 des geänderten Verordnungsvorschlags erwägen. Für eine teleologische Reduktion auch MünchKomm/*Mankowski* BGB IntWettbR Rn 240.

[100] Bedenken hinsichtlich des Ausschlusses der Rechtswahl melden *Leible/Lehmann* RIW 721, 730, mit Blick auf Art. 14 Abs. 1 S. 2 Halbs. 2 Rom II-VO, also die Formulierung „... und lässt Rechte Dritter unberührt", an.

[101] So *Leible* RIW 2008, 257, 259; *Leible/Lehmann* RIW 2007, 721, 730f.

Abs. 4 Rom II-VO den Schluss, dass dieser sich insgesamt auf das Internationale Lauterkeitsrecht wie Kartellrecht beziehen und eine Rechtswahl insgesamt ausschließen will. Aus teleologischer Sicht sprechen die besseren Gründe für einen kompletten Ausschluss der Rechtswahlfreiheit für den Bereich des Internationalen Lauterkeitsrechts einschließlich der betriebsbezogenen Wettbewerbsverstöße.[102]

II. Begriffsbestimmung und systematische Einordnung des Internationalen Lauterkeitsrechts

1. Internationales Lauterkeitsrecht und Internationales Wirtschaftskollisionsrecht

18 Infolge der Globalisierung der nationalen Wirtschaftsmärkte und sich deutlicher abzeichnender Tendenzen des Zusammenwachsens nationaler Wettbewerbsrechtsordnungen zu einem Welt-Wirtschaftsrecht scheint sich mit dem **Internationalen Wirtschaftsrecht** ein – in seinen Grenzen zwar noch unscharf gebliebenes, doch wegen seiner inneren Verflechtungen im Grundsatz – eigenes Rechtsgebiet herausgebildet zu haben.[103] Das gelte gerade auch vor dem Hintergrund und trotz der Rechtssetzungsschwierigkeiten unter der Ägide von WTO und GATT, wo bislang ein einheitliches Internationales Wettbewerbsrecht wie auch Internationales Kartellrecht fehlt.[104] Das Internationale Wirtschafts- bzw. Wirtschaftskollisionsrecht, zu dem neben dem Internationalen Kartellprivatrecht und dem Internationalen Immaterialgüterrecht insbesondere das Internationale Lauterkeitsrecht gezählt wird,[105] soll der **kollisionsrechtlichen Lösung** von wirtschaftsrechtlichen Sachverhalten mit Auslandsberührung zumeist mittels einseitiger Anknüpfungen an den Marktort dienen.[106]

19 Insbesondere *Fezer* und *Koos* forderten in jüngerer Zeit erneut eine vereinheitlichende Betrachtungsweise der einzelnen Disziplinen des Internationalen Kartell-, Immaterialgüter- und Wettbewerbsprivatrechts im Sinne eines **globalisierenden und funktionalen Theorieansatzes des Wirtschaftskollisionsrechts.**[107] Dabei soll das Wirtschaftskollisionsrecht vor dem Hintergrund einer Internationalisierung und Europäisierung sowie eines Wettbewerbsrechts verstanden werden, „das auf privatrechtliche Interessen einwirkt und privatrechtliche Interessen als Reflex einer institutionellen Bestandssicherung eines funktionsfähigen Wettbewerbs gewährleistet".[108] Ein derartiger globaler Ansatz bedeute die Effektivierung internationaler Wettbewerbsstrukturen durch rechtliche Gestaltung, insbesondere durch Fortentwicklung nationaler rechtlicher Rahmenbedingungen[109] sowie Kompatibilisierung der einzelnen Teilbereiche des Wirtschaftskollisionsrechts.[110]

20 Der überwiegende Teil des deutschen Schrifttums behandelt das Internationale Wirtschaftsrecht jedoch trotz der funktionalen Zusammenhänge zwischen Internationalem Kartell- und Wettbewerbsrecht sowie Internationalem Immaterialgüterrecht nicht als konzep-

---

[102] S. bereits die Argumentation zu Art. 40 ff EGBGB → Rn 13 f. So auch *Calvo Caravaca/Carrascosa González* Las obligaciones extracontractuales en el Derecho internacional privado S. 161; ähnlich *v. Hein* ZEuP 2009, 6, 23. Im Ergebnis (ohne nähere Begründung) ebenso *Sack* WRP 2008, 845, 851; aA *Leible* RIW 2008, 257, 259.

[103] Vgl. *Behrens* RabelsZ 50 (1986), 483, 504; *Herdegen* § 1 Rn 1 und § 2 Rn 48 ff; *Joerges* RabelsZ 43 (1979) 6 ff; *Schnyder* 1990, passim; *Staudinger/Fezer/Koos* IntWirtschR Rn 1 f.

[104] Vgl. *Staudinger/Fezer/Koos* IntWirtschR Rn 5 f.

[105] *Staudinger/Fezer/Koos* IntWirtschR Rn 4 und 21.

[106] Vgl. *Behrens* RabelsZ 50 (1986), 483 ff; *Drobnig* RabelsZ 52 (1988), 1 ff; *Herdegen* § 2 Rn 48 ff; *Joerges* RabelsZ 43 (1979), 6 ff; *Siehr* RabelsZ 52 (1988), 41, 46. Ähnlich, aber für die allseitige Ausgestaltung *Koos* EuLF 2006, II-73 f.

[107] *Staudinger/Fezer/Koos* IntWirtschR Rn 3 ff, 350 f et passim. S. auch *Fezer* GRUR 1990, 551, 563; *Koos* EuLF 2006, II-73 f. Ähnlich *Habermeier* S. 157 ff.

[108] *Staudinger/Fezer/Koos* IntWirtschR Rn 4.

[109] Vgl. *Staudinger/Fezer/Koos* IntWirtschR Rn 8 ff. S. auch bereits *Fezer* GRUR 1990, 551, 563.

[110] S. *Staudinger/Fezer/Koos* IntWirtschR Rn 16 ff, die infolgedessen den kartellrechtlichen Marktordnungsgedanken auch im Lauterkeitsrecht hervorheben (aaO Rn 438 ff und 464 ff). Dazu → Rn 211 f.

tionelle Einheit, sondern traditionellem Verständnis folgend jeweils in seinen einzelnen Teilbereichen mit jeweils eigenen Anknüpfungsansätzen.[111] Jedenfalls in der Praxis kann in der Tat noch nicht generell von einem **eigenständigen Wirtschaftskollisionsrecht** im Sinne eines statutarischen, regelmäßig einseitige Anknüpfungen an den Marktort bevorzugenden Ansatzes ausgegangen werden, der sich aufgrund der ordnungspolitischen steuernden Funktion des Internationalen Wirtschaftsrechts vom klassischen Internationalen Privatrecht abwendet.[112] Die Vielgestaltigkeit der allgemein unter den Begriff des Wirtschaftskollisionsrechts zu fassenden Materien steht bislang einer generalisierend an Marktordnungsgesichtspunkten ausgerichteten Anknüpfung entgegen.[113]

2. Funktion und Abgrenzung des Internationalen Lauterkeitsrechts

a) Funktionswandel im materiellen Lauterkeitsrecht. Das Wettbewerbs- bzw. Lauterkeitsrecht wirkt in verschiedene Schutzrichtungen. Früher hatte man noch angenommen, es bezwecke allein den Schutz individueller Interessen der Mitbewerber durch Aufstellung ethischer Mindestpflichten.[114] Heute entspricht es hingegen einhelliger Meinung, dass das Wettbewerbsrecht mittlerweile einen grundlegenden **Funktionswandel** durchlaufen hat.[115] Das moderne Lauterkeitsrecht dient zwar weiterhin einerseits dem Individualrechtsschutz der einzelnen miteinander in Wettbewerb stehenden Marktteilnehmer. Zum reinen Konkurrentenschutz kommen jedoch andererseits der Schutz von Kollektivinteressen der sonstigen Marktteilnehmer wie auch der Schutz des Allgemeininteresses[116] an einem unverfälschten Wettbewerb als Institution hinzu.[117] Die Entwicklung des Wettbewerbsrechts verlief damit vom individualrechtlichen, deliktischen Verhaltensrecht zum **objektivrechtlichen „Marktverhaltensrecht“** aller Marktbeteiligten bei **sozialrechtlicher** und **institutioneller Funktionsausrichtung.**[118] 21

Teilweise wird bei der funktionalen Charakterisierung des Wettbewerbsrechts im Hinblick auf die Dualität des Konkurrenten-, also Individualschutzes, auf der einen Seite und des Kollektivschutzes auf der anderen Seite von dessen Doppelstruktur gesprochen.[119] Genauer wird aber von einer den Mitbewerber- und Verbraucherschutz sowie den Schutz der Allgemeinheit beinhaltenden **Schutzzwecktrias** zu sprechen sein.[120] Denn aus der dop- 22

---

[111] S. zB die Kommentierungen bei MünchKomm/*Drexl* BGB IntUnlWettbR, insb. Rn 12; MünchKomm/*Immenga* BGB IntWettbR/IntKartR Rn 16ff; *Staudinger/v. Hoffmann* EGBGB Art. 40 Rn 293ff. und 351ff. Im Ergebnis zustimmend *Beater* 2002 § 31 Rn 13 (de lege lata); *Höder* S. 83ff, der auf den begrifflichen Unterschied zum aus Eingriffsnormen bestehenden Wirtschaftskollisionsrecht hinweist (S. 83 dortige Fn 236).

[112] Vgl. in diesem Sinne die Diskussion bei *Behrens* RabelsZ 50 (1986), 483ff; *Herdegen* § 2 Rn 48ff; *Joerges* RabelsZ 43 (1979), 6ff.

[113] Ebenso *Reithmann/Martiny/Freitag* IVR Rn 398, sowie im vorliegenden Zusammenhang *Höder* S. 83ff. Gegen eine einheitliche kollisionsrechtliche Behandlung von Wettbewerbs-, Kartell- und Immaterialgüterrecht de lege lata auch *Beater* § 31 Rn 13.

[114] Zum früheren Entwicklungsstand des Wettbewerbsrechts s. näher *Fezer* WRP 2001, 989, 995f mwN.

[115] Vgl. *Fezer* WRP 2001, 989, 996f; *Micklitz/Keßler* WRP 2003, 919, 926; *Staudinger/Fezer/Koos* IntWirtschR Rn 352; → § 1 Rn 33ff.

[116] Für die Einbeziehung von Allgemeininteressen bereits *Ulmer* GRUR 1937, 769, 772. S. auch *Raiser* GRUR Int. 1973, 443.

[117] Vgl. *Dethloff* S. 60; *Emmerich* WettbR § 3; *Fezer* WRP 2001, 989, 997; *Höder* S. 10; MünchKomm/*Drexl* BGB IntUnlWettbR Rn 4; *Piper/Ohly/Piper* UWG § 1 Rn 4f; *Riegl* S. 75; *Staudinger/v. Hoffmann* EGBGB Art. 40 Rn 304; *Staudinger/Fezer/Koos* IntWirtschR Rn 352.

[118] *Fezer* WRP 2001, 989, 997; *Staudinger/Fezer/Koos* IntWirtschR Rn 352; sowie → § 1 Rn 33ff und 45ff. Wegen des institutionalisierten Kommunikationsprozesses sprechen *Micklitz/Keßler* WRP 2003, 919, 921, von einer Entwicklung des Wettbewerbsrechts zum „Recht der Marktkommunikation“. MünchKomm/*Drexl* BGB IntUnlWettbR Rn 7f, spricht von einer Entwicklung zum „europäischen Marktkommunikationsrecht als Marktordnungsrecht“.

[119] So etwa *Beater* § 31 Rn 11, der dies im Zusammenhang mit der Anwendung von Art. 40ff EGBGB einerseits und § 130 Abs. 2 GWB andererseits sieht.

[120] HM, s. zB *Fezer* WRP 2001, 989, 1019; *ders.* FS GRUR S. 939, 959f; *ders.* WRP 1993, 63, 64f; Großkomm/*Schricker* UWG Einl. Rn F 194; MünchKomm/*Drexl* BGB IntUnlWettbR Rn 4; *Lindacher* WRP 1996, 645; *Micklitz/Keßler* WRP 2003, 919, 926; *Piper/Ohly/Piper* UWG § 1 Rn 9; *Schricker/*

pelten individuell-kollektiven Schutzrichtung löst sich das insbesondere auch im Gemeinschaftsrecht hervorgehobene kollektive Element des Verbraucherschutzes gleichgewichtig heraus.[121] Der Anerkennung einer eigenen Interessengruppe der privaten Verbraucher sowie ihrer sozialen Schutzbedürftigkeit liegt der Gedanke zugrunde, dass eine Wettbewerbshandlung bzw. (nach neuer Terminologie) geschäftliche Handlung nicht nur die jeweiligen Mitbewerber des handelnden Unternehmens, sondern in gleicher Weise die Interessen der Abnehmer betrifft.[122] Legt man das europäische Verbraucherleitbild[123] von einem durchschnittlich informierten, aufmerksamen und verständigen Durchschnittsverbraucher zugrunde (welches nun in § 3 Abs. 2 S. 2 seinen Ausdruck gefunden hat), so erweist sich die (kollektive) **Verbraucherentscheidung** dieses mündigen Marktteilnehmers als im Marktgefüge eigenständig wahrzunehmender Steuerungsfaktor.[124] Auch die Lauterkeitsrichtlinie nimmt den „Durchschnittsverbraucher, der angemessen gut unterrichtet und angemessen aufmerksam und kritisch ist," in der Auslegung des EuGH zum Maßstab.[125] Der Grundgedanke einer Schutzzwecktrias, wonach das UWG neben den Mitbewerbern gleichrangig[126] auch alle übrigen Marktbeteiligten, wie insbesondere die Verbraucher,[127] schützen und insgesamt einen nach ordnungspolitischen Kriterien gestalteten funktionsfähigen Leistungswettbewerb gewährleisten soll, wurde in **§ 1 UWG 2004** erstmals gesetzlich niedergelegt.[128] Insgesamt zeigt sich damit ein Paradigmenwechsel im Wettbewerbsrecht, der vom ursprünglich rein individualrechtlich verstandenen Mitbewerberschutz hin zu einem gleichermaßen auch den Verbraucherschutz und den Schutz des Leistungswettbewerbs als „zwei Seiten ein und derselben Medaille"[129] umfassenden wettbewerbsrechtlichen Schutz geht.

23 **b) Funktion des Internationalen Lauterkeitsrechts.** Das Internationale Privatrecht des Lauterkeitsrechts hat (wie das Internationale Privatrecht generell) auf der einen Seite die Funktion, genuin **kollisionsrechtlichen Interessen** Geltung zu verschaffen. In internationalprivatrechtlicher Hinsicht von Bedeutung sind **Verkehrsinteressen** und **Ordnungsinteressen** wie etwa das Interesse an der Herstellung äußeren Entscheidungseinklangs durch Bildung allseitiger Kollisionsnormen, an Rechtssicherheit und Vorhersehbarkeit von Gerichtsentscheidungen.[130] Diese internationalprivatrechtlichen Interessen und Wertungen

Henning-Bodewig WRP 2001, 1367, 1368; so bereits *Ulmer* GRUR 1977, 565, 568f. Ebenso Art. 1 der RL 84/450/EWG vom 10. 9. 1984 zur Angleichung der Rechts- und Verwaltungsvorschriften der Mitgliedstaaten über irreführende Werbung, ABl. EG 1984 Nr. L 250 S. 20 = GRUR Int. 1984, 688. Kritisch aber bzgl. der Interessen der Allgemeinheit *Emmerich* WettbR § 3 Nr. 5b; *Nordemann* Rn 54.

[121] BGH GRUR 1999, 751 – Güllepumpen; *Beater* ZEuP 2003, 45ff; *Fezer* WRP 2001, 989, 997; *Micklitz/Keßler* WRP 2003, 919, 926f; s. auch die Begründung zum Kommissionsvorschlag für eine Verordnung über das auf außervertragliche Schuldverhältnisse anzuwendende Recht („Rom II"), KOM (2003), 427 endg. S. 17.

[122] In diesem Sinne bereits *Schricker* GRUR Int. 1972, 32, 38f.

[123] So die ständige Rechtsprechung des EuGH; s. zB EuGH Slg. 2000, I-117, 146 Rn 27 – Lifting Creme; in diesem Sinne auch die Definition in Art. 2 lit. b des Vorschlags für eine Richtlinie über unlautere Geschäftspraktiken, KOM(2003), 356 endg. (→ Rn 146); vgl. aus der Literatur *Fezer* WRP 1995, 671; *Lettl* GRUR Int. 2004, 85, 86ff.

[124] *Fezer* WRP 2001, 989, 992 und 997. Auch die Begründung zum UWG 2004, BT-Drucks. 15/1487 S. 13, geht von der Entscheidungsfreiheit der Verbraucher als eigenem Aspekt des Wettbewerbsschutzes aus.

[125] Vgl. Erwägungsgrund 18 und Art. 5 Abs. 2 lit. b der RL 2005/29/EG des Europäischen Parlaments und des Rates vom 11. 5. 2005 über unlautere Geschäftspraktiken im binnenmarktinternen Geschäftsverkehr zwischen Unternehmen und Verbrauchern (...), ABl. EU 2005 Nr. L 149 S. 22; → Rn 146. Eine Legaldefinition des Durchschnittsverbrauchers enthält die Lauterkeitsrichtlinie anders als der Kommissionsvorschlag nicht; vgl. *Seichter* WRP 2005, 1087, 1091.

[126] So ausdrücklich die Gesetzesbegründung, BT-Drucks. 15/1487 S. 15f; wie hier auch *Koos* WRP 2006, 499, 504; MünchKomm/*Drexl* BGB IntUnlWettbR Rn 4.

[127] Kritisch *Engel/Salomon* WRP 2004, 32, 33, die vor dem Hintergrund der Zielsetzung des UWG, Marktverhalten von Unternehmen im Wettbewerb zu regeln, vor einer Umdeutung des UWG im Sinne eines Verbraucherschutzgesetzes warnen.

[128] S. die Begründung BT-Drucks. 15/1487 S. 13 und 15, sowie → § 1 Rn 2ff u. 10.

[129] *Fezer* WRP 2001, 989, 997.

[130] Zu den internationalprivatrechtlichen Interessen vgl. allgemein *Kegel/Schurig* § 2 I und II. Im wettbewerbsrechtlichen Kontext *Lindacher* WRP 1996, 645, 646.

sind von den rein materiellrechtlichen Wertungen des Wettbewerbssachrechts grundsätzlich zu unterscheiden. Doch können materiellrechtliche Interessen bei der kollisionsrechtlichen Beurteilung eines Sachverhalts ebensowenig gänzlich außer Betracht bleiben.[131] Kollisionsrechtliche und materiellrechtliche Wertungen sind gleichermaßen zu beachten, um eine insgesamt gerechte Lösung des jeweiligen Kollisionskonflikts zu erreichen.

Das Internationale Lauterkeitsrecht hat daher auf der anderen Seite die Funktion, in gleicher Weise wie den kollisionsrechtlichen Interessen auch spezifisch **wettbewerbsrechtlichen Schutzzweckerwägungen** gerecht zu werden. Die materielle Ausrichtung des Lauterkeitsrechts an der nun gesetzlich in § 1 verankerten Schutzzwecktrias erlangt damit in kollisionsrechtlicher Hinsicht ebenfalls Bedeutung. Es entspricht heute weithin gefestigter Auffassung, dass der hinsichtlich der Schutzzweckfrage auf sachrechtlicher Ebene erfolgte Paradigmenwechsel[132] auf kollisionsrechtlicher Ebene bei der Bestimmung des Wettbewerbsstatuts zur gleichrangigen Beachtung von Konkurrenteninteressen, kollektiven Interessen der Marktgegenseite (insbesondere der Verbraucher) und des Interesses der Allgemeinheit am Leistungswettbewerb als Institution führt.[133] Dabei werden die einzelnen Interessenstränge oftmals nicht sauber voneinander zu trennen, sondern eine **Interessenverflechtung** festzustellen sein.[134] Nach *Schricker* soll es angesichts dieser Interessenverflechtung um die Suche nach dem Schwerpunkt des Interessenkonflikts oder die Lokalisierung des „Interessenknotens" gehen, der regelmäßig auf dem Markt auszumachen sei, auf den durch die Wettbewerbsmaßnahme eingewirkt werde.[135] 24

Die bereits bisher in der deutschen kollisionsrechtlichen Literatur verfestigte Meinung einer Beachtung der Schutzzwecktrias auch auf Kollisionsrechtsebene wird nun durch die Rom II-VO und die darin angeordnete wettbewerbsrechtliche Kollisionsregel des Art. 6 Abs. 1 Rom II-VO bestätigt. So spricht nicht nur Art. 6 Abs. 1 Rom II-VO von „Wettbewerbsbeziehungen" und „kollektiven Interessen der Verbraucher", mithin eher in kollektivistisch orientierter statt individualschützender Tendenz,[136] sondern in **Erwägungsgrund 21 der Rom II-VO** findet sich der explizite Hinweis auf die Schutzzwecktrias: Die neu geschaffene lauterkeitsrechtliche Kollisionsnorm solle „die Wettbewerber, die Verbraucher und die Öffentlichkeit schützen und das reibungslose Funktionieren der Marktwirtschaft sicherstellen". 25

Das Wettbewerbskollisionsrecht hat auch **internationale Wettbewerbsinteressen** zu beachten.[137] Perspektive darf nicht allein der nationale Markt sein, den es mittels Souveränitäts- und Territorialitätsansprüchen zu beherrschen gilt. In die Ermittlung des Wettbewerbsstatuts muss vielmehr auch das internationale Interesse an der Entwicklung und Sicherung des Bestandes eines Weltwettbewerbs einfließen.[138] Das betrifft insbesondere die Frage der Anknüpfung an das gemeinsame Personalstatut.[139] Das deutsche Internationale Lauterkeitsrecht hatte sich bei Bewältigung der zwischen den Rechtsanwendungsinteressen ausländischer Gesetzgeber und dem eigenen inländischen Rechtsanwendungsbedürfnis entstehenden Konflikte bereits weitgehend von traditionellen Ansätzen, dem gerade die frühe höchstrichterliche Rechtsprechung durchziehenden Heimwärtsstreben, gelöst. Angesichts der Tendenzen des Gemeinschaftsrechts, im Bereich des Wettbewerbsrechts das Her- 26

---

131 *Kegel/Schurig* § 2 III; MünchKomm/*Drexl* BGB IntUnlWettbR Rn 3.

132 → Rn 21 f.

133 Vgl. nur Großkomm/*Schricker* UWG Einl. Rn F 194 ff; *Höder* S. 31; *Koos* WRP 2006, 499, 504; *Kreuzer* Vorschläge und Gutachten zur Reform des deutschen internationalen Privatrechts der außervertraglichen Schuldverhältnisse S. 232, 264 f; *Lindacher* WRP 1996, 645; *Kropholler* IPR § 53 VI 1; MünchKomm/*Drexl* BGB IntUnlWettbR Rn 4; *Staudinger/Fezer/Koos* IntWirtschR Rn 353 f. Das Interesse der Allgemeinheit berücksichtigend zB auch BGH GRUR 1998, 945, 946 – Co-Verlagsvereinbarung.

134 Großkomm/*Schricker* UWG Einl. Rn F 195. Ähnlich *Koos* WRP 2006, 499, 504.

135 Großkomm/*Schricker* UWG Einl. Rn F 196 f. Zur allgemeinen Bestimmung des Wettbewerbsstatuts die näheren Ausführungen → Rn 182 ff und 203 ff.

136 Hierauf abstellend auch MünchKomm/*Drexl* BGB IntUnlWettbR Rn 3.

137 Vgl. *Staudinger/Fezer/Koos* IntWirtschR Rn 9 ff und 353.

138 Vgl. *Staudinger/Fezer/Koos* IntWirtschR Rn 9 ff.

139 → Rn 250 ff.

kunftslandsprinzip zu implementieren,[140] wurde die Berücksichtigung einer vom Inlandsmarkt gelösten Perspektive, bei der Vorbehalte gegen die Anwendung ausländischen Wettbewerbsrechts weichen müssen, immer dringlicher. Mit Anordnung der Kollisionsregel in Art. 6 Abs. 1 Rom II-VO wurde die Ausweitung der Herkunftslandanknüpfung im Internationalen Wettbewerbsrecht allerdings gestoppt.[141]

27 **c) Abgrenzung zum Kartellrechtsstatut.** Da das Lauterkeitsrecht nicht allein dem Individualrechtsschutz dient, sondern gleichermaßen – wie es in der gesetzeseinleitenden Vorschrift des § 1 UWG 2004 zum Ausdruck kommt – den Schutz des Interesses der Allgemeinheit an einer nach rechtsstaatlichen Maßstäben aufgebauten, funktionierenden Wettbewerbsordnung und den Leistungswettbewerb als Institution bezweckt,[142] bestehen strukturelle und funktionale Ähnlichkeiten zum Kartellrecht, welches primär **Marktordnungsgesichtpunkte** im Blick hat.[143] Umgekehrt wohnen auch dem Kartellrecht – wie am Beispiel des § 20 GWB oder § 33 GWB nF ersichtlich – individualschützende Tendenzen inne.[144] Außerdem ist es möglich, dass ein wettbewerbswidriges Verhalten gleichzeitig in den Anwendungsbereich von UWG und GWB fällt.[145] Bei Annahme des Unlauterkeitstatbestandes der Marktstörung wird nicht nur eine Verhaltenskontrolle, sondern zudem die grundsätzlich in den Kompetenzbereich des Kartellrechts fallende Marktstrukturkontrolle vorgenommen.

28 Hinsichtlich des Anwendungsverhältnisses von Kartell- und Lauterkeitsrecht wurde einerseits angenommen, die kartellrechtlichen Vorschriften des GWB besäßen eine Sperrwirkung gegenüber gleichzeitig anwendbarer Vorschriften des UWG.[146] Andererseits wurde die sog. „Vorfeldthese" vertreten, nach der das Lauterkeitsrecht das Kartellrecht im Vorfeld kartellrechtlicher Tatbestände ergänzen soll.[147] Die Rechtsprechung wendet hingegen die beiden Normenkomplexe des GWB wie des UWG wegen paralleler Wertungen nebeneinander an.[148] Allgemein formuliert besteht zwischen UWG und GWB ein **Funktionszusammenhang** bzw. eine **inhaltliche Wechselwirkung,** da beide Gesetze den Schutz eines geordneten wirtschaftlichen Wettbewerbs bezwecken.[149]

29 In kollisionsrechtlicher Hinsicht bestehen allerdings beachtliche Unterschiede. Das Kartellrechtsstatut folgt dem gesetzlich fixierten **Auswirkungsprinzip,** d. h. es wird nach bisher geltendem Recht und außerhalb des zeitlichen Anwendungsbereichs der Rom II-VO gemäß **§ 130 Abs. 2 GWB** an das Recht des Staates angeknüpft, auf dessen Markt sich das wettbewerbsbeschränkende Verhalten auswirkt.[150] Das kartellrechtliche Auswirkungsprinzip des § 130 Abs. 2 GWB ist als **einseitige Kollisionsnorm** ausgestaltet.[151] Es sind jedoch auch Stimmen zu hören, die für den Ausbau des § 130 Abs. 2 GWB zu einer allseitigen Kollisionsnorm plädieren.[152] Bei Anwendung des Auswirkungsprinzips im Sinne des § 130 Abs. 2 GWB ist auf zwei Stufen zu prüfen, ob erstens eine „Inlandsauswirkung" vorliegt

---

[140] → Rn 119 f, 128 ff und 148 f.

[141] → Rn 58.

[142] → § 1; *Fezer* WRP 2001, 989, 997; *Piper/Ohly/Piper* UWG § 1 Rn 7; auch → Rn 21 f.

[143] Nach *Staudinger/Fezer/Koos* IntWirtschR Rn 358, sind Lauterkeits- und Kartellrecht Teilbereiche eines einheitlichen Marktordnungsrechts.

[144] Hierauf weist auch MünchKomm/*Drexl* BGB IntUnlWettbR Rn 13 hin.

[145] BGH GRUR 1992, 191, 193 – Amtsanzeiger; *Piper/Ohly/Piper* UWG Einf. A Rn 34 f; → § 4–10 Rn 14.

[146] So etwa *Mestmäcker* 1984 S. 143 ff.

[147] *v. Gamm* NJW 1980, 2489, 2491; *Tilmann* GRUR 1979, 825, 830; *Ulmer* GRUR 1977, 565, 577.

[148] Vgl. BGH GRUR 1992, 191, 193 – Amtsanzeiger. Ebenso Großkomm/*Köhler* UWG § 1 Rn D 11 ff; *Piper/Ohly/Piper* UWG Einf. A Rn 34 f.

[149] → Einleitung E Rn 217; → § 4–10 Rn 13; *Piper/Ohly/Piper* UWG Einf. A Rn 34, § 1 Rn 7.

[150] S. *Immenga/Mestmäcker/Rehbinder* GWB § 130 Rn 303 ff und 308; MünchKomm/*Immenga* BGB IntWettbR/IntKartR Rn 16 ff.

[151] Vgl. *Immenga/Mestmäcker/Rehbinder* GWB § 130 Rn 303; MünchKomm/*Immenga* BGB IntWettbR/IntKartR Rn 22. S. dazu auch *Höder* S. 85 ff.

[152] So zB *Bär* S. 183 ff; *ders.* FS Moser S. 143, 171 ff; *Martinek* S. 38 ff; *Staudinger/Fezer/Koos* IntWirtschR Rn 100 ff; ablehnend MünchKomm/*Immenga* BGB IntWettbR/IntKartR Rn 24.

und zweitens, ob diese Inlandsauswirkung für die Ausweitung des Anwendungsbereichs des GWB über seinen Geltungsbereich hinaus „relevant“ bzw. „spürbar“ ist.[153]

30 Innerhalb des zeitlichen Anwendungsbereichs, also gemäß Art. 31 Rom II-VO bei einem schadensbegründenden Ereignis nach dem 11. 1. 2009, ist nach neuem Internationalen Kartellrecht gemäß **Art. 6 Abs. 3 lit. a Rom II-VO** „auf außervertragliche Schuldverhältnisse aus einem den Wettbewerb einschränkenden Verhalten (...) das Recht des Staates anzuwenden, dessen Markt beeinträchtigt ist oder wahrscheinlich beeinträchtigt wird“. Damit wird das bereits zuvor nach dem autonomen deutschen Kollisionsrecht gemäß § 130 Abs. 2 GWB geltende **Auswirkungsprinzip** gemeinschaftsweit festgeschrieben, allerdings nicht wie bei der Vorschrift des § 130 Abs. 2 GWB als einseitige, sondern als **allseitige Kollisionsnorm.**[154] Für außervertragliche Schuldverhältnisse aus einem wettbewerbsbeschränkenden Verhalten, die sich auf mehrere Märkte auswirken, ermöglicht Art. 6 Abs. 3 lit. b Rom II-VO dem Geschädigten die Einklagung des Gesamtschadens nach der lex fori.[155]

31 Für das lauterkeitsrechtliche Wettbewerbsstatut wird im Schrifttum zunehmend eine **Anlehnung an das Auswirkungsprinzip** des Internationalen Kartellrechts gefordert.[156] Aus Perspektive des Lauterkeitsrechts kann neben dem Schutz des Allgemeininteresses am Bestand des Leistungswettbewerbs jedoch gerade die Einwirkung des wettbewerbswidrigen Verhaltens auf die Marktgegenseite den entscheidenden Anknüpfungspunkt darstellen, wenn es zB um Normen geht, die den Konkurrentenschutz oder die Interessen des Verbraucherschutzes vorrangig bezwecken. Der Blick wird dabei also tendenziell stärker auf den Verhaltensunwert gelenkt, während das Kartellrecht primär die Auswirkung wettbewerbsverzerrender und -beschränkender Faktoren, zB durch Kartelle (§ 1 GWB) oder missbräuchliches Verhalten marktbeherrschender Unternehmen (§ 19 GWB), auf das Marktgefüge insgesamt im Blick hat.[157] Schon auf Grundlage des ungeschriebenen Lauterkeitskollisionsrechts war daher davon auszugehen, dass das Internationale Lauterkeitsrecht wegen seines vom Internationalen Kartellrecht abweichenden Ansatzpunktes nicht ohne weiteres an das gesetzlich normierte Auswirkungsprinzip des § 130 Abs. 2 GWB angelehnt werden kann.[158] Dies gilt um so mehr nach Schaffung der differenzierten Regelung in Art. 6 Rom II-VO.[159]

32 Lauterkeitsrechtliche Bestimmungen, die auch kartellrechtliche Aspekte berühren, sind zum – ebenfalls Marktordnungsgesichtspunkte berücksichtigenden – Wettbewerbsstatut zu zählen.[160] Umgekehrt wird es bei der Maßgeblichkeit des Kartellrechtsstatuts bleiben, wenn im Anwendungsbereich des Kartellrechtsstatuts ein Verhalten zugleich nicht nur in kartellrechtlicher, sondern auch in lauterkeitsrechtlicher Hinsicht bedeutsam ist.[161] Dies

---

[153] MünchKomm/*Drexl* BGB IntUnlWettbR Rn 14; s. näher *Immenga/Mestmäcker/Rehbinder* GWB § 130 Rn 161 ff und 172 f; MünchKomm/*Immenga* BGB IntWettbR/IntKartR Rn 35 ff.

[154] Vgl. *Leible/Lehmann* RIW 2007, 721, 730. S. eingehend zur neuen Kollisionsnorm in Art. 6 Abs. 3 Rom II-VO *Mankowski* RIW 2008, 177 ff.

[155] S. *Leible/Lehmann* RIW 2007, 721, 730.

[156] So zB *Fezer* GRUR 1990, 551, 563; *Harte/Henning/Glöckner* Einl. C Rn 59 f; *Koos* EuLF 2006, II-73 f; *ders.* WRP 2006, 499, 504 ff; *Staudinger/Fezer/Koos* IntWirtschR Rn 20 und 359. Ähnlich, aber grundsätzlich einschränkend *Beater* § 31 Rn 11 und 36 ff; Großkomm/*Schricker* UWG Einl. Rn F 165 und F 209 ff; für das schweizerische Recht ebenso *Glöckner* ZVglRWiss 99 (2000), 278, 284 ff. Ablehnend MünchKomm/*Drexl* BGB IntUnlWettbR Rn 111.

[157] *Staudinger/v. Hoffmann* EGBGB Art. 40 Rn 308; s. auch MünchKomm/*Drexl* BGB IntUnlWettbR Rn 15 f; MünchKomm/*Mankowski* UWG IntWettbR Rn 12 und 142; *Piper/Ohly/Ohly* UWG Einf. B Rn 23. Zur Anwendung des Auswirkungsprinzips im Internationalen Wettbewerbsprivatrecht → Rn 211 f und 224 ff.

[158] So auch *Beitzke* JuS 1966, 139, 143; *Höder* S. 116; *Kotthoff* S. 21 f; *van Meenen* S. 141 f; MünchKomm/*Drexl* BGB IntUnlWettbR Rn 12 ff; *Piper/Ohly/Ohly* UWG Einf. B Rn 23; *Staudinger/v. Hoffmann* EGBGB Art. 40 Rn 308 ff.

[159] Gegen eine Anlehnung an das kartellrechtliche Auswirkungsprinzip auf Grundlage der neuen gemeinschaftsrechtlichen Martortanknüpfung letztlich auch MünchKomm/*Mankowski* UWG IntWettbR Rn 142 ff. Anders aber *Koos* EuLF 2006, II-73, 77.

[160] MünchKomm/*Mankowski* UWG IntWettbR Rn 7; *Staudinger/Fezer/Koos* IntWirtschR Rn 359.

[161] Ebenso MünchKomm/*Mankowski* UWG IntWettbR Rn 7; *Staudinger/Fezer/Koos* IntWirtschR Rn 359.

führt aber nicht zu der bereits im materiellrechtlichen Grenzbereich zwischen Kartell- und Lauterkeitsrecht geforderten Sperrwirkung des Kartellrechts auf kollisionsrechtlicher Ebene. Denn der Funktionszusammenhang des materiellen Rechts setzt sich auch im Kollisionsrecht durch, so dass **Kartellrechtsstatut und Wettbewerbsstatut nebeneinander** zur Anwendung kommen.[162] Zudem kann das Kartellrechtsstatut bei der Prüfung von Vertriebsbindungssystemen als **selbstständig anzuknüpfende Vorfrage** relevant werden.[163]

33 **d) Abgrenzung zum Immaterialgüterrechtsstatut.** Immaterialgüterrechte schützen – ähnlich wie das Lauterkeitsrecht – eine unternehmerische Leistung.[164] Die heute – wenn auch unter das gemeinsame Dach des „Gewerblichen Rechtsschutzes" gefassten – weitgehend getrennt wahrgenommenen Rechtsgebiete des Immaterialgüterrechts auf der einen und des Lauterkeitsrechts auf der anderen Seite haben dieselben rechtsgeschichtlichen Wurzeln. Denn ein echter Wettbewerbsschutz wurde erst als Folge der durch das Gesetz zum Schutz von Warenbezeichnungen vom 12. 5. 1894[165] eingeleiteten Entwicklung, also über das Immaterialgüter- bzw. Kennzeichenrecht als Transmitter geschaffen.[166] Das Recht gegen den unlauteren Wettbewerb wird teilweise insgesamt als subjektivierter Rechtsschutz der unternehmerischen Leistung begriffen.[167] Dennoch bleiben konzeptionelle Unterschiede. Insbesondere gewährt das UWG im Interesse der Allgemeinheit dem Verletzten einen kollektivrechtlichen Schutz mittels wettbewerbsrechtlicher Ansprüche, die allein schuldrechtlicher Natur sind, und billigt nicht, wie es bei den Sonderschutzrechten der Fall ist, Ausschließlichkeitsansprüche zu.[168] Der Schutzzweck des UWG geht also über die individualschützende, absolute Ausschließlichkeitsrechte zubilligende Funktion des Immaterialgüterrechts hinaus und dient der Abwehr von Gefahren für einen unverfälschten Leistungswettbewerb insgesamt.[169]

34 Überschneidungen ergeben sich beim **ergänzenden wettbewerbsrechtlichen Leistungsschutz.** Dieser greift ein, wenn der immaterialgüterrechtliche Spezialschutz, etwa des MarkenG, nicht ausreicht, um das im Zusammenhang mit einem Kennzeichen stehende unlautere Verhalten zu fassen. Nach der Rechtsprechung des BGH stehen die kennzeichenrechtlichen Sondergesetze im lex specialis-Verhältnis zum UWG.[170] Diese Auffassung wird heute von einem Großteil der Literatur geteilt.[171] Von einer unbeschränkten Anspruchskonkurrenz der wettbewerbsrechtlichen und kennzeichenrechtlichen Vorschriften geht hingegen *Fezer* aus.[172] Unabhängig von dieser Streitfrage lässt sich im Zusammenhang mit der kollisionsrechtlichen Bewertung festhalten, dass auch bei Annahme des von der hM vertretenen Spezialitätsverhältnisses ein Anwendungsbereich wettbewerbsrechtlicher Normen (§§ 3, 4 Nr. 9, 5 Abs. 1 S. 2 Nr. 1 und 3, Abs. 2 sowie § 6 Abs. 2 Nr. 3, 4 und 6) neben dem kennzeichenrechtlichen Spezialschutz etwa des Markengesetzes verbleibt, so dass eine Abgrenzung zum Immaterialgüterschutz in jedem Fall notwendig ist. Mit anderen Worten: Der ergänzende wettbewerbrechtliche Leistungsschutz bewegt sich zwischen Wettbewerbs- und Immaterialgüterrecht.[173]

---

[162] *Staudinger/Fezer/Koos* IntWirtschR Rn 359. Im Ergebnis ebenso *Sack* GRUR Int. 1988, 320, 330; so auch für das schweizerische Recht: *Honsell/Vogt/Schnyder/Dasser/Drolshammer* IPRG Art. 136 Rn 7.

[163] So auch Gloy/Loschelder/*Wilde* § 6 Rn 42; Großkomm/*Schricker* UWG Einl Rn F 165; *Staudinger/Fezer/Koos* IntWirtschR Rn 359. S. auch → Rn 335 ff.

[164] *Staudinger/Fezer/Koos* IntWirtschR Rn 19.

[165] RGBl. S. 441.

[166] Vgl. *Köhler/Piper* UWG (3. Aufl.) Einf. Rn 5.

[167] So vor allem *Fezer* WRP 2001, 989, 997 und 1006.

[168] S. auch MünchKomm/*Mankowski* UWG IntWettbR Rn 8.

[169] → Rn 21 f.

[170] BGH GRUR 2001, 73, 76 – Stich den Buben; BGHZ 139, 138, 139 – Warsteiner II; BGH WRP 1999, 931, 935 – Big Pack; BGH WRP 1998, 1181, 1182 – Mac Dog.

[171] *Helm* GRUR 2001, 291, 293 ff; *Ingerl/Rohnke* MarkenG § 2 Rn 7 ff; *Köhler/Piper* UWG (3. Aufl.) Einf. Rn 12 und 57; *Schricker/Henning-Bodewig* WRP 2001, 1367, 1369.

[172] *Fezer* MarkenG § 2 Rn 1 ff und § 126 Rn 2 f; *ders.* WRP 2000, 863; → E Rn 320.

[173] *Staudinger/Fezer/Koos* IntWirtschR Rn 823.

35 Kollisionsrechtlich wird im Internationalen Immaterialgüterrecht noch immer dem **Territorialitätsprinzip** besondere Bedeutung beigemessen. Ob das Territorialitätsprinzip selbst kollisions- oder nur sachrechtlichen Charakter hat, ist strittig, doch gelangt die hM unabhängig vom Ausgang des Streits im Bereich des Immaterialgüterrechts zur regelmäßigen kollisionsrechtlichen **Anknüpfung an das Schutzlandrecht.**[174] Bestätigt wird diese Ansicht durch die Normierung der Schutzlandanknüpfung in Art. 8 Abs. 1 Rom II-VO. Danach ist „auf außervertragliche Schuldverhältnisse aus einer Verletzung von Rechten des geistigen Eigentums (...) das Recht des Staates anzuwenden, für den der Schutz beansprucht wird". Im Sinne der gewünschten einheitlichen Anknüpfung[175] fragt sich, ob das Territorialitätsprinzip die lauterkeitsrechtliche Anknüpfung oder umgekehrt das Lauterkeitsstatut die Anknüpfung nach dem Territorialitätsprinzip verdrängt.[176] Eine Anwendung des immaterialgüterrechtlichen Territorialitätsprinzips kommt für das Recht des unlauteren Wettbewerbs allerdings nicht generell in Betracht, da sich der wettbewerbsrechtliche Schutzzweck über den individualrechtlichen Schutzzweck des Immaterialgüterrechts deutlich hinaus entwickelt hat.[177] Das Immaterialgüterrechtsstatut gilt jedoch auch im Bereich des ergänzenden wettbewerbsrechtlichen Leistungs- und Kennzeichenschutzes, sobald unlauteres Wettbewerbsverhalten **allein** in einer **Kennzeichenrechtsverletzung** liegt.[178] Die wettbewerbsrechtliche Anknüpfung etwa der geographischen Herkunftsangaben erscheint zwar prinzipiell sachgerechter, wenn man in diesen im Wettbewerbsrecht wurzelnden Bezeichnungen keine subjektiven Kennzeichenrechte erblickt. Doch muss eine Aufsplitterung von ergänzendem wettbewerbsrechtlichen Leistungsschutz für subjektivrechtliche Immaterialgüterrechte und solche mit wettbewerbsrechtlichem Charakter letztlich scheitern. Sie ist nicht nur unpraktisch, sondern grundlegenden Bedenken ausgesetzt, da bei Anknüpfung nach der wettbewerbsrechtlichen Marktortregel die wettbewerbsrechtliche Wertung an die Stelle der immaterialgüterrechtlichen gesetzt würde. Daher kann auch nicht das Territorialitätsprinzip im Internationalen Lauterkeitsrecht bei Auslandsverletzungen mit Inlandsbezug großzügiger ausgelegt werden mit der Folge, dass nach Marktauswirkungsaspekten anzuknüpfen sei.[179] Es hat vielmehr bei der Anwendung des Territorialitätsgedankens in der Weise zu bleiben, dass es auf die wettbewerbliche Beeinträchtigung des Kennzeichnungspotentials im Schutzland ankommt.[180]

36 **e) Abgrenzung zum allgemeinen Deliktsstatut.** Die im Schrifttum weit verbreitete Auffassung, nach der das Internationale Wettbewerbsrecht zum Internationalen Deliktsrecht zu rechnen sei,[181] hat eine lange Tradition, die noch aus der Zeit des wenig herausgebildeten Wettbewerbsrechts herrührt. Sie beruht auf einer unzutreffenden Übernahme materiellrechtlicher[182] Kategorisierungen auf die Kollisionsrechtsebene. Allerdings wird zu-

---

174 So die hM; vgl. MünchKomm/*Drexl* IntImmGR Rn 15; *Reithmann/Martiny/Obergfell* IVR Rn 1776 ff und 1779 f; *Staudinger/Fezer/Koos* IntWirtschR Rn 814, 860 ff; *Staudinger/v. Hoffmann* EGBGB Art. 40 Rn 370 f, 388; *Ulmer* 1975 S. 12 ff, 74 ff, 110; aA für das Urheberkollisionsrecht insbesondere *Schack* Anknüpfung Nr. 17 ff und 66.

175 S. *Sandrock* GRUR Int. 1985, 507, 522; *Staudinger/Fezer/Koos* IntWirtschR Rn 361.

176 Für eine Verdrängung der lauterkeitskollisionsrechtlichen durch die immaterialgüterkollisionsrechtliche Anknüpfung *Staudinger/Fezer/Koos* IntWirtschR Rn 821. Für ein selbständiges Nebeneinander von wettbewerbsrechtlicher und immaterialgüterrechtlicher Anknüpfung MünchKomm/*Drexl* BGB IntUnlWettbR Rn 110.

177 Großkomm/*Schricker* UWG Einl. Rn F 162. S. dazu auch → Rn 223.

178 S. auch *Staudinger/Fezer/Koos* IntWirtschR Rn 362. Ebenso für Handelsnamen und geographische Herkunftsangaben Großkomm/*Schricker* UWG Einl. Rn F 198 ff.

179 So aber *Staudinger/Fezer/Koos* IntWirtschR Rn 362.

180 Vgl. Großkomm/*Schricker* UWG Einl. Rn F 198 ff; → Rn 341 ff und 345 ff. Zustimmend für geographische Herkunftsangaben *Staudinger/Fezer/Koos* IntWirtschR Rn 827.

181 S. etwa *Ahrens* FS Tilmann S. 739, 747; *Baetzgen* S. 95 ff; *Emmerich* WettbR § 4 Nr. 7 a; *Hefermehl/Köhler/Bornkamm/Köhler* UWG Einl. Rn 5.4; *Lindacher* WRP 1996, 645, 646 ff; MünchKomm/*Mankowski* UWG IntWettbR Rn 9 f; *Piper/Ohly/Ohly* UWG Einf. B Rn 14; *Schikora* S. 83; *Spätgens* GRUR 1980, 473, 474; *Staudinger/v. Hoffmann* EGBGB Art. 40 Rn 311; *K. Troller* S. 27 ff. Anders aber zB MünchKomm/*Drexl* BGB IntUnlWettbR Rn 10.

182 Zum Verhältnis von Wettbewerbs- und Deliktsrecht *Sack* FS Ullmann S. 825, 826.

nehmend die Loslösung des Internationalen Wettbewerbsrechts vom Internationalen Deliktsrecht gefordert.[183] Nach der Kodifizierung des Internationalen Deliktsrechts in den Art. 40 ff EGBGB im Jahr 1999 war bisher allerdings umstritten, inwieweit eine Subsumtion des Internationalen Lauterkeitsrechts unter diese Vorschriften statthaft und wie diese konkret vorzunehmen sei.[184] Die neue Rechtslage, die sich durch Inkrafttreten der Rom II-VO[185] und einer eigenen lauterkeitsrechtlichen Kollisionsnorm ergeben hat, lässt diesen Streit in den Hintergrund treten.[186] Die Rechtsprechung geht ebenfalls bereits seit langem von der Grundweichenstellung eines deliktsrechtlich verwurzelten Wettbewerbsstatuts aus,[187] hat sich aber bei Bestimmung des Begehungsortes im Falle unlauteren Wettbewerbshandelns nach und nach vom Deliktsstatut emanzipiert.[188]

37 Bei der Verletzung eines nach dem Deliktsrecht geschützten Rechtsguts und der Behandlung eines Wettbewerbsverstoßes mag es Parallelen geben. Wegen der Spezifika des Lauterkeitsrechts und seiner unterschiedlichen Schutzrichtung scheidet eine undifferenzierte Anwendung des Deliktsstatuts jedoch aus. Das Internationale Deliktsrecht geht vom sog. **Ubiquitätsprinzip** aus, also dem Grundgedanken, dass die unerlaubte Handlung überall verbreitet bzw. belegen und damit ubiquitär sei. Es hat die Rechtsordnung zu bestimmen, nach der in einer **Zweipersonenbeziehung** zwischen Täter und Opfer letzterem zum Ausgleich des erlittenen Schadens ein Schadensersatzanspruch gewährt wird. Im Recht des unlauteren Wettbewerbs geht es hingegen nicht um ein Zweipersonenverhältnis und die Verletzung subjektiver Rechte, sondern nach der **Schutzzwecktrias des § 1** um ein Interessenbeziehungsgeflecht, welches aus den Interessen unterschiedlicher Marktteilnehmer, Wettbewerber und Verbraucher, besteht und außerdem die Interessen der Allgemeinheit am Bestehen einer funktionierenden Wettbewerbsordnung impliziert.[189] Die Schaffung und Aufrechterhaltung dieser Verhaltensordnung auf dem Markt wird durch Unterlassungsansprüche, also die Verhinderung künftiger Verstöße, prozessual im Wege der Abmahnung und einstweiligen Verfügung erreicht.[190] So wird schon auf materiellrechtlicher Ebene eine Differenzierung zwischen Deliktsrecht und Wettbewerbsrecht anzuerkennen sein.[191] Die materiell unterschiedliche Schutzrichtung von Delikts- und Lauterkeitsrecht[192] wirkt sich aber jedenfalls im Kollisionsrecht aus, so dass das Internationale Lauterkeitsrecht insgesamt vom Internationalen Deliktsrecht zu unterscheiden ist.[193] Auch wenn die Rom II-VO in ihrem Erwägungsgrund 21 davon spricht, dass Art. 6 Rom II-VO keine Ausnahme von der allgemeinen deliktsrechtlichen Anknüpfungsregel in Art. 4 Abs. 1 Rom II-VO darstelle,[194]

---

183 Vgl. insbesondere Großkomm/*Schricker* UWG Einl. Rn F 194; *Staudinger/Fezer/Koos* IntWirtschR Rn 351; ferner *Höder* S. 105 f.

184 → Rn 63 f.

185 Der Anwendungsbereich der Art. 40 ff EGBGB wurde dadurch erheblich reduziert. Zur Anpassung des autonomen deutschen IPR s. *Wagner* IPRax 2008, 314 ff.

186 → Rn 16 f und 60.

187 So die Leitentscheidungen BGHZ 35, 333 – Kindersaugflaschen; BGHZ 40, 391, 394 – Stahlexport. Diesen Entscheidungen folgend zB BGH IPRax 1983, 118, 119; BGH NJW 1987, 1323, 1325; BGH NJW 1988, 644, 645; BGH NJW-RR 1994, 728, 729; BGH GRUR 1995, 424, 425 – Abnehmerverwarnung; OLG Hamm NJW-RR 1986, 1047; OLG Frankfurt DB 1978, 1535.

188 Zur Entwicklung der Rechtsprechung → Rn 182 ff.

189 Näher → Rn 21 f.

190 *Gloede* GRUR 1960, 464, 471; *Höder* S. 11; *Köhler* NJW 1992, 137; *Kreuzer* Vorschläge und Gutachten zur Reform des deutschen internationalen Privatrechts der außervertraglichen Schuldverhältnisse S. 232, 265 f. Zum einstweiligen Rechtsschutz im internationalen Kontext → Rn 470 ff.

191 So zutreffend Großkomm/*Schricker* UWG Einl. Rn F 194.

192 *Fezer* und *Koos* sprechen von einer „gegenüber den allgemeinen deliktsrechtlichen Sachnormen gleichsam überschießende(n) materielle(n) Zielsetzung des Lauterkeitsrechts"; vgl. *Staudinger/Fezer/Koos* IntWirtschR Rn 351.

193 Ebenso *Briem* S. 40 f; *Deutsch* S. 27; Großkomm/*Schricker* UWG Einl. Rn F 168 und 194 ff; Großkomm/*Schünemann* UWG Einl. Rn E 64 f; *Höder* S. 27 f und 30 f; MünchKomm/*Drexl* BGB IntUnlWettbR Rn 5 f und 10; *Sack* GRUR Int. 1988, 320, 330; *Staudinger/Fezer/Koos* IntWirtschR Rn 21 f und 351 ff. So bereits die Stellungnahme *MPI* GRUR Int. 1985, 104, 107.

194 Noch weitgehender die Entwurfsvorschrift des Art. 7 Abs. 1, die die lauterkeitsrechtliche Anknüpfung insgesamt an das allgemeine Deliktsstatut verwies. Kritisch dazu *Koos* EuLF 2006, II-73, 76.

sondern vielmehr eine „Präzisierung" derselben, so macht die im selben Atemzug angeführte Bezugnahme auf die Wettbewerber, die Verbraucher und die Öffentlichkeit, die durch die Kollisionsnorm in Art. 6 Abs. 1 Rom II-VO geschützt und das reibungslose Funktionieren der Marktwirtschaft, das hierdurch sichergestellt werden soll, die Andersartigkeit des Lauterkeitsrechts deutlich. Hieraus rechtfertigt sich eine grundsätzliche und klare Abgrenzung zum Deliktsrecht.[195]

Zu Überschneidungen zwischen Deliktsstatut und Wettbewerbsstatut kann es prinzipiell nicht kommen, wenn bereits in materiellrechtlicher Hinsicht das allgemeine Deliktsrecht als subsidiär[196] vom Wettbewerbsrecht verdrängt wird und sich dieses **Subsidiaritätsverhältnis** im Kollisionsrecht fortsetzt.[197] Sobald ein wettbewerbsrechtlich relevantes Verhalten zur Beurteilung steht, das sich gegen das Schutzgut des Leistungswettbewerbs richtet, greift das Lauterkeitsstatut. Verletzt eine Verhaltensweise zugleich deliktsrechtliche und wettbewerbsrechtliche Vorschriften (wie etwa bei wettbewerblichen Eingriffen in das „Recht am eingerichteten und ausgeübten Gewerbebetrieb"), so ist **insgesamt das Wettbewerbsstatut** für die Ermittlung des anwendbaren Sachrechts heranzuziehen.[198] 38

Zweifelhaft kann die Abgrenzung von allgemeinem Deliktsstatut und Lauterkeitsstatut bei der kollisionsrechtlichen Beurteilung von bilateralen oder **betriebsbezogenen Wettbewerbsverstößen** sein. In Fallkonstellationen, in denen allein die individuellen Interessen eines *konkreten* Mitbewerbers betroffen zu sein scheinen, wie etwa bei der Abwerbung fremder Mitarbeiter oder der Betriebsspionage, liegt eine Beeinträchtigung des Leistungswettbewerbs insgesamt nicht ohne weiteres auf der Hand. Hier wird nach überwiegender Ansicht auf das allgemeine Deliktsstatut zurückgegriffen.[199] Die hM geht in ihrer Ausweitung des Anwendungsbereichs des Deliktststatuts für bilaterale Wettbewerbshandlungen allerdings zu weit. Nur im Ausnahmefall, nämlich für die eng begrenzten Sachverhaltskonstellationen rein betriebsbezogener Wettbewerbsrechtsverletzungen, die nicht zugleich auch das Allgemeininteresse am Schutz des Leistungswettbewerbs insgesamt berühren, ist die Anwendung des Deliktsstatuts sachgerecht.[200] Dies schreibt auch **Art. 6 Abs. 2 Rom II-VO** mit der **Verweisung auf Art. 4 Rom II-VO** fest.[201] Stellt die betriebsbezogene Wettbewerbshandlung bzw. geschäftliche Handlung nur einen Teilakt eines schwerpunktmäßig marktbezogenen Wettbewerbsverhaltens dar, so greift jedoch das Lauterkeitsstatut.[202] Im Ergebnis wird außerdem eine betriebsbezogene Wettbewerbsrechtsverletzung zumeist auch das Interesse der Allgemeinheit am Bestehen eines ungehinderten Leistungswettbewerbs tangieren, so dass nur ein schmaler Anwendungsbereich für das allgemeine Deliktsstatut verbleibt.[203] Eine generelle Unterstellung betriebsbezogener Wettbewerbshandlungen unter das Deliktsstatut ist vor diesem Hintergrund jedenfalls abzulehnen.[204] 39

f) Abgrenzung zum Vertragsstatut. Parallelen bestehen zwischen Vertrags- und Wettbewerbsstatut im Hinblick auf die bei **Verbraucherverträgen** anzustellenden Wertungen. Insbesondere für die Fälle der Absatzförderung gegenüber Inländern im Ausland wird eine 40

[195] Einen konzeptionellen Unterschied zwischen Internationalem Lauterkeits- und Deliktsrecht annehmend auch *Staudinger/Fezer/Koos* IntWirtschR Rn 351 und 400.

[196] Str.; vgl. zB MünchKomm/*Drexl* BGB IntUnlWettbR Rn 108; *Hefermehl/Köhler/Bornkamm/Köhler* UWG Einl. Rn 7.3 ff.

[197] MünchKomm/*Drexl* BGB IntUnlWettbR Rn 108; *Staudinger/Fezer/Koos* IntWirtschR Rn 356.

[198] *Sack* GRUR Int. 1988, 320, 330; *Staudinger/Fezer/Koos* IntWirtschR Rn 356.

[199] *Hefermehl/Köhler/Bornkamm/Köhler* UWG Einl. Rn 5.15; MünchKomm/*Kreuzer* BGB (3. Aufl.) Art. 38 EGBGB Rn 236; *Reuter* BB 1989, 2265, 2267; *Schikora* S. 251; kritisch und sehr einschränkend aber MünchKomm/*Drexl* BGB IntUnlWettbR Rn 117; *Staudinger/Fezer/Koos* IntWirtschR Rn 355 und 716.

[200] Näher → Rn 327 f.

[201] → Rn 17.

[202] Vgl. *Briem* S. 39; *Staudinger/Fezer/Koos* IntWirtschR Rn 716.

[203] So auch Stellungnahme *MPI* GRUR Int. 1985, 104, 107; MünchKomm/*Drexl* BGB IntUnlWettbR Rn 117; *Staudinger/Fezer/Koos* IntWirtschR Rn 716 f. Näher → Rn 166 und 327 f. Ähnlich zur Betroffenheit von Drittinteressen im Zusammenhang mit der Rechtswahlmöglichkeit *Sack* WRP 2000, 269, 285.

[204] MünchKomm/*Drexl* BGB IntUnlWettbR Rn 117; *Staudinger/Fezer/Koos* IntWirtschR Rn 716 f und 397.

Parallelwertung in der wettbewerbsrechtlichen Anknüpfung diskutiert. So plädierten einige Vertreter des Schrifttums nach altem Recht für eine Anknüpfung an das Heimatrecht des Verbrauchers im Sinne des Art. 29 Abs. 1 und 2 EGBGB (jetzt Art. 6 Rom I-VO) und die Übertragung der vertragskollisionsrechtlichen Wertung in das Wettbewerbskollisionsrecht.[205] Anderen Stimmen aus der Literatur zufolge sei vom Wettbewerbsstatut auf das Vertragsstatut zu schließen.[206] Allerdings bleiben bei einer derartigen Parallelwertung die deutlichen Unterschiede in der Schutzrichtung des Verbrauchervertragsrechts einerseits und des Wettbewerbsrechts andererseits in materieller wie auch in kollisionsrechtlicher Hinsicht zu beachten. Das Wettbewerbsrecht bezweckt nach neuem, sich in § 1 niederschlagenden Verständnis zwar auch den Verbraucherschutz; dieser stellt aber nur einen Teil der umfassenden Schutzzwecktrias dar, die individualschützende und kollektivschützende Aspekte vereint.[207] Einer Wertungsübertragung ist daher generell mit Vorsicht zu begegnen.[208]

41 Abgrenzungsschwierigkeiten zwischen dem nach Maßgabe der Art. 27 ff EGBGB[209] bzw. künftig nach der Rom I-VO zu bestimmenden Vertragsstatut und dem Lauterkeitsstatut können allerdings in der Fallkonstellation des **Vorsprungs durch Rechtsbruch** entstehen. Werden im Rahmen der Absatzförderung gegenüber Inländern im Ausland Vorschriften des Verbrauchervertragsrechts verletzt, kann hierin ein Verstoß gegen § 4 Nr. 11 in der Form des wettbewerbswidrigen Vorsprungs durch Rechtsbruch liegen.[210] In diesen Fällen geht es in kollisionsrechtlicher Hinsicht jedoch genau genommen nicht um die Abgrenzung konkurrierender Statute, sondern vielmehr um die Problematik der **selbstständigen Anknüpfung von Vorfragen.**[211] Denn Voraussetzung und damit Vorfrage für die Annahme eines wettbewerbswidrigen Vorsprungs durch Rechtsbruch ist das Bestehen eines Vertrags- bzw. Rechtsverstoßes. Um nicht in Widerspruch zur Qualifikation zu geraten, sind Vorfragen grundsätzlich selbstständig nach dem Internationalen Privatrecht der lex fori zu bestimmen.[212] Das durch das **Internationale Vertragsrecht,** also bei Beteiligung eines Verbrauchers gemäß Art. 29 EGBGB bzw. nach künftigem Recht autonom gemäß Art. 6 Rom I-VO, ermittelte Sachrecht bestimmt mithin die Vorfrage, ob eine Verletzung verbrauchervertragsrechtlicher Vorschriften vorliegt, während das durch das Lauterkeitskollisionsrecht ermittelte Wettbewerbssachrecht bestimmt, ob ein Wettbewerbsverstoß gegeben ist. Eine Übertragung der verbraucherschützenden Anknüpfung an das Aufenthaltsrecht des Verbrauchers auf die wettbewerbskollisionsrechtliche Beurteilung kommt dabei nicht in Betracht.[213]

42 **g) Abgrenzung zum Internationalen Strafrecht.** Das Lauterkeitsrecht benutzt zur Sicherung des Leistungswettbewerbs und seiner Verhaltensordnung nicht nur das Instrument zivilrechtlicher Verbotsnormen, sondern enthält auch **Straftatbestände,** mit denen einige besonders schwerwiegende bzw. gefährliche Wettbewerbsrechtsverstöße pönalisiert werden. Dazu zählen neben der strafbaren **irreführenden Werbung** gemäß § 16 Abs. 1, die progressive Kundenwerbung oder sog. **Schneeballsysteme** (§ 16 Abs. 2) sowie der **Geheimnisschutz,** also der Verrat von Geschäfts- und Betriebsgeheimnissen (§ 17), die Verwertung von Vorlagen (§ 18) und das Verleiten oder Erbieten zum Verrat (§ 19).[214] Ob-

---

[205] *Sack* IPRax 1992, 24, 27.

[206] So insbesondere *Bernhard* GRUR Int. 1992, 366, 373.

[207] → Rn 21 f. Ebenso *Staudinger/Fezer/Koos* IntWirtschR Rn 368, die von einem „integrativen Gesamtsystem zum Schutz des Leistungswettbewerbs" sprechen.

[208] So auch *Staudinger/Fezer/Koos* IntWirtschR Rn 368.

[209] Nach Art. 1 Nr. 4 des Gesetzes zur Anpassung der Vorschriften des Internationalen Privatrechts an die Verordnung (EG) Nr. 593/2008 vom 25. 6. 2009, BGBl. I S. 1574, werden die von der Rom I-VO verdrängten Vorschriften der Art. 27 bis 37 EGBGB aufgehoben.

[210] Allgemein zum Rechtsbruchtatbestand → § 4 Nr. 11 Rn 47 ff.

[211] Zustimmend *Staudinger/Fezer/Koos* IntWirtschR Rn 369. Zur Vorfragenproblematik s. näher *v. Bar/Mankowski* § 7 Rn 192 ff.

[212] *Junker* Rn 242; *Erman/Hohloch* EGBGB Einl Art. 3 Rn 42; *Kegel/Schurig* § 9 II 1; *Kropholler* IPR § 32 IV 2; kritisch MünchKomm/*Sonnenberger* BGB Einl. IPR Rn 550.

[213] Zu den problematischen Fällen des Auseinanderfallens von Werbe- und Absatzmarkt → Rn 281 ff.

[214] Vgl. dazu die Kommentierung zu §§ 16 bis 19.

wohl nur in den Strafvorschriften der §§ 17 bis 19 zum Geheimnisschutz – entsprechend § 20a aF – ausdrücklich auf § 5 Nr. 7 StGB verwiesen wird, gilt das in den **§§ 3 bis 7 StGB** geregelte Internationale Strafrecht insgesamt für das Lauterkeitsstrafrecht der §§ 16 bis 19.[215] Ausgehend vom **Territorialitätsprinzip** bestimmt das Internationale Strafrecht die Anwendbarkeit deutschen Strafrechts auf alle Taten, die im Inland (§ 3 StGB)[216] oder „unter deutscher Flagge" auf deutschen Schiffen und in deutschen Flugzeugen (§ 4 StGB) begangen werden. Zudem ist deutsches Strafrecht bei Tatbegehung im Ausland anwendbar, wenn sich die Tat gegen inländische Rechtsgüter (§ 5 StGB) oder international geschützte Rechtsgüter (§ 6 StGB) richtet. Schließlich findet gemäß § 7 StGB deutsches Strafrecht Anwendung bei Auslandstaten gegen einen Deutschen oder eines Deutschen, wenn die Tat am Tatort mit Strafe bedroht ist oder der Tatort keiner Strafgewalt unterliegt. Für das Lauterkeitsrecht insbesondere relevant ist die Anknüpfung an die Verletzung inländischer Rechtsgüter, zu denen § 5 Nr. 7 StGB auch die **Verletzung von Betriebs- und Geschäftsgeheimnissen** zählt. Entscheidend ist dabei grundsätzlich, ob der Sitz des betroffenen Unternehmens im Inland liegt.

3. Bedeutung des Internationalen Lauterkeitsrechts

Die Sachrechtsharmonisierung auf dem Gebiet des unlauteren Wettbewerbs ist zwar auf der einen Seite durch eine Fülle von – insbesondere sekundär-gemeinschaftsrechtlichen[217] – Einzelrechtsakten gekennzeichnet, die teils allgemeine Regelungsinhalte, teils produkt- bzw. dienstleistungsbezogene Regelungsinhalte aufweisen. Auf der anderen Seite zeichnete sich diese **Sachrechtsharmonisierung** bislang aber gerade durch ihre Lückenhaftigkeit und Punktualität aus, so dass im Ergebnis von einer umfassenden und in Bezug auf ihren Integrationsgrad weit fortgeschrittenen Rechtsvereinheitlichung nicht gesprochen werden konnte.[218] In absehbarer Zeit wird eine vollständige Sachrechtsharmonisierung wohl auch nicht realisiert werden.[219] Dies gilt trotz weiterer Harmonisierung durch die Lauterkeitsrichtlinie,[220] die wegen ihrer Beschränkung auf den Geschäftsverkehr zwischen Unternehmen und Verbrauchern (B2C) nur eine Teilharmonisierung des Lauterkeitsrechts bewirkt.[221] Die Rechtsanwender sehen sich vielmehr einem zum Teil verwirrenden Konglomerat von gemeinschaftsrechtlichen Rechtsakten, innerstaatlichem Recht gemeinschaftsrechtlichen Ursprungs und rein innerstaatlichem Recht gegenüber. Vor diesem Hintergrund erlangt das Internationale Privatrecht des unlauteren Wettbewerbs erhebliche Bedeutung. Da die nationalen Wettbewerbsregeln, denen mangels umfassender Sachrechtsharmonisierung nach wie vor ein breiter Anwendungsbereich verbleibt, in den einzelnen Mitgliedstaaten der Europäischen Union in wichtigen Fragen stark differieren,[222] wird die kollisionsrechtliche Anknüpfung zur entscheidenden Weichenstellung.[223] 43

---

215 *Staudinger/Fezer/Koos* IntWirtschR Rn 370. So auch bereits zum insoweit unveränderten alten Recht Großkomm/*Schricker* UWG Einl. Rn F 166; *Möllering* WRP 1990, 1, 4 ff.

216 Der BGH GRUR 2004, 693, 695 – Schöner Wetten, ging zB in dem Fall einer Glücksspielunternehmerin mit Sitz in Salzburg, die über das Internet in Deutschland für die Teilnahme an ihren Glücksspielen warb und solche Glücksspiele in Deutschland auch veranstaltete, ohne die erforderliche behördliche Erlaubnis zu besitzen, von einem Verstoß gegen die wettbewerbsbezogene Strafvorschrift des § 284 StGB aus. Dem folgend OLG München GRUR-RR 2006, 137, 138 – Sportwetten. Dagegen aber nun BGH ZUM 2008, 594, 595 f – Sportwetten, der wegen der Verfassungs- und Gemeinschaftsrechtswidrigkeit der landesrechtlichen Regeln über Sportwetten weder § 284 StGB noch §§ 3, 4 Nr. 11, § 1 aF anwendete.

217 → Rn 111 f und 115.

218 *Staudinger/Fezer/Koos* IntWirtschR Rn 375. So auch bereits Großkomm/*Schricker* UWG Einl. Rn F 155.

219 Ebenfalls kritisch hinsichtlich absehbarer künftiger Entwicklungen *Staudinger/Fezer/Koos* IntWirtschR Rn 7.

220 RL 2005/29/EG des Europäischen Parlaments und des Rates vom 11. 5. 2005 über unlautere Geschäftspraktiken im binnenmarktinternen Geschäftsverkehr zwischen Unternehmen und Verbrauchern (...), ABl. EU 2005 Nr. L 149 S. 22. Dazu → Rn 146 ff.

221 Vgl. *Fezer* WRP 2006, 781, 782.

222 S. den Überblick über das ausländische materielle Wettbewerbsrecht bei Großkomm/*Schricker* UWG Einl. Rn F 234 ff; *Piper/Ohly/Ohly* UWG Einf. B Rn 31 ff.

223 Anders *Sack* GRUR Int. 1988, 320, 342; wie hier dagegen Großkomm/*Schricker* UWG Einl. Rn F 155.

III. Rechtsquellen

44 Zur Ermittlung des auf einen wettbewerbsrechtlichen Sachverhalt anzuwendenden Rechts ist zunächst zu prüfen, ob sich im Gemeinschafts- oder Konventionsrecht einschlägige Kollisionsnormen finden. Bestimmungen des **Gemeinschaftsrechts** gehen dem deutschen autonomen Kollisionsrecht vor. Sie besitzen schon kraft genuin gemeinschaftsrechtlichen Geltungswillens Anwendungsvorrang.[224] Dies hat bereits bisher Art. 3 Abs. 2 S. 2 EGBGB aF klargestellt. Die Neuformulierung des Art. 3 Nr. 1 EGBGB nF stellt diesen Anwendungsvorrang gemeinschaftsrechtlicher Rechtsakte noch prägnanter heraus.[225] Es sind aber nicht nur vorrangig gemeinschaftsrechtliche Kollisionsnormen zu beachten, sondern auch Kollisionsregeln, die sich aus internationalen Konventionen ergeben, gehen, soweit sie durch ein deutsches Vertragsgesetz unmittelbar anwendbares innerstaatliches Recht geworden sind, gemäß Art. 3 Nr. 2 EGBGB nF dem nationalen Recht vor und verdrängen damit die Vorschriften des EGBGB.[226] Dieser **Vorrang völkerrechtlicher,** multilateraler wie bilateraler **Staatsverträge** ist demgemäß bei der Suche nach den Rechtsquellen auf dem Gebiet des Wettbewerbskollisionsrechts ebenfalls zu beachten. Nur wenn europäisches wie staatsvertragliches Recht schweigen, kann auf die Rechtsquelle des autonomen Kollisionsrechts zurückgegriffen werden. Hier wurden in der Vergangenheit für das Internationale Lauterkeitsrecht bestimmte ungeschriebene Kollisionsregeln entwickelt,[227] die allerdings wegen Art. 6 Rom II-VO einen Großteil ihrer Bedeutung eingebüßt haben. Die Rom II-VO geht nicht nur dem autonomen Kollisionsrecht vor, sondern auch solchen internationalen Übereinkommen, denen Deutschland nach Annahme der Rom II-VO am 11. 7. 2007 beitritt. Umgekehrt schreibt Art. 28 Abs. 1 Rom II-VO den Vorrang von Kollisionsnormen für außervertragliche Schuldverhältnisse vor, die aus internationalen Übereinkommen stammen, denen ein oder mehrere Mitgliedstaaten zum Zeitpunkt der Annahme der Rom II-VO angehörte. Eine Ausnahme gilt hier gemäß Art. 28 Abs. 2 Rom II-VO nur für die ausschließlich zwischen den Mitgliedstaaten geschlossenen internationalen Übereinkommen. Enthält das Gemeinschaftsrecht selbst besondere Kollisionsnormen im Bereich der außervertraglichen Schuldverhältnisse, so gehen diese der Rom II-VO gemäß Art. 27 Rom II-VO ebenfalls vor.

1. Multilaterale Staatsverträge

45 Für das Internationale Wettbewerbsrecht existieren generell keine multilateralen staatsvertraglichen Kollisionsnormen. Von einer Kollisionsrechtsvereinheitlichung kann trotz punktueller Angleichung, insbesondere im Bereich der geographischen Herkunftsangaben, nicht gesprochen werden.[228] Die **Pariser Verbandsübereinkunft zum Schutz des gewerblichen Eigentums** vom 20. 3. 1883 (PVÜ)[229] enthält lediglich fremdenrechtliche Vorschriften, jedoch keine kollisionsrechtlichen Bestimmungen für das Internationale Privatrecht des Lauterkeitsrechts.[230] So verpflichtet Art. 10bis PVÜ die Mitgliedstaaten zur Schaffung innerstaatlicher Vorschriften gegen den unlauteren Wettbewerb unter Einhaltung eines bestimmten Mindestschutzes. Diese Vorschrift wirkt nicht unmittelbar sachrechtlich zwischen Privatpersonen in der Weise, dass das jeweilige nationale Kollisions-

---

[224] → Rn 51 und 94.

[225] → Rn 4.

[226] → Rn 4. Zum Vorrang völkerrechtlicher Vereinbarungen s. (noch auf Grundlage von Art. 3 Abs. 2 S. 1 EGBGB aF) näher *Staudinger/Hausmann* EGBGB Art. 3 Rn 13ff.

[227] → Rn 66ff und näher 182ff.

[228] Daher allgemein für eine Kollisionsrechtsvereinheitlichung plädierend *Dutoit* FS Droz S. 51ff.

[229] BGBl. 1970 II S. 391.

[230] So die hM: *Deutsch* S. 17; *Froriep* S. 14; *Kreuzer* Vorschläge und Gutachten zur Reform des deutschen internationalen Privatrechts der außervertraglichen Schuldverhältnisse S. 232, 235; MünchKomm/*Drexl* BGB IntUnlWettbR Rn 22f; *Piper/Ohly/Ohly* UWG Einf. B Rn 12; *Regelmann* S. 11; *Staudinger/Fezer/Koos* IntWirtschR Rn 373; *Staudinger/v. Hoffmann* EGBGB Art. 40 Rn 293.

recht der Verbandsstaaten durch derart geschaffenes Einheitsrecht verdrängt werden könnte.[231]

46 Auch der in der Vorschrift des Art. 2 PVÜ verankerte **Inländerbehandlungsgrundsatz** hilft in kollisionsrechtlicher Hinsicht nicht weiter. Danach soll den Angehörigen der Verbandsstaaten sowie dort ansässigen Personen aus Drittstaaten in jedem Verbandsstaat der gleiche Schutz in Bezug auf das gewerbliche Eigentum zugute kommen wie den dortigen Inländern. Diese Vorschrift wird zum Teil, gerade im Hinblick auf das Internationale Immaterialgüterrecht,[232] aber auch für das Lauterkeitsrecht,[233] kollisionsrechtlich mit der Konsequenz gedeutet, dass das Recht des Inlandes anzuwenden sei. Dem kann allerdings nicht beigepflichtet werden. Bei der Festschreibung des Inländerbehandlungsgrundsatzes ging es allein um die Normierung einer **fremdenrechtlichen Regelung,** die bestimmt, dass Ausländer aus Verbandsländern *wie Inländer* zu behandeln sind. Über den räumlichen Anwendungsbereich wettbewerbsrechtlicher Sachvorschriften enthält Art. 2 PVÜ keine Aussage. Aus dem Inländerbehandlungsgrundsatz lässt sich damit im Ergebnis kein kollisionsrechtlicher Gehalt für die Beurteilung wettbewerbsprivatrechtlicher Sachverhalte mit Auslandsberührung ableiten.[234] Für den **ergänzenden wettbewerbsrechtlichen Leistungsschutz** gilt ebenfalls der fremdenrechtlich zu deutende Inländerbehandlungsgrundsatz des Art. 2 PVÜ.[235] Im Übrigen ist seit Abschaffung des § 28 aF auch in fremdenrechtlicher Hinsicht ein Rückgriff auf den Inländerbehandlungsgrundsatz nicht mehr nötig.[236]

47 Die staatsvertragliche Verpflichtung, einen bestimmten Mindestschutz zu schaffen, wie auch die Verpflichtung zur Inländerbehandlung von Verbandsangehörigen und in Verbandsstaaten ansässigen Drittstaatern gelten gleichermaßen für die nach altem Recht wettbewerbsrechtlich geschützten und seit 1995 in das kennzeichenrechtliche Schutzsystem des MarkenG aufgenommenen Unternehmenskennzeichen und geographischen Herkunftsangaben.[237] Für **Unternehmenskennzeichen** ergibt sich dies aus Art. 1 Abs. 2 und Art. 8 PVÜ, für **geographische Herkunftsangaben** aus Art. 1 Abs. 2 und 3 sowie Art. 9 und 10 PVÜ. Ein kollisionsrechtlicher Gehalt kommt allen diesen Regelungen nicht zu.[238] Insoweit ist auf das in der vorangehenden Rn Gesagte zu verweisen.

48 Das **TRIPS-Übereinkommen**[239] betrifft den Schutz gegen unlauteren Wettbewerb nicht als solchen. Eine umfassende Regelung des Lauterkeitsrechts liegt bisher lediglich als WIPO-Entwurf vor.[240] In seinem Art. 22 lit. b nennt das TRIPS-Übereinkommen jedoch ausdrücklich geographische Herkunftsangaben und verweist diesbezüglich auf die Regelungen der Pariser Verbandsübereinkunft.[241] Damit gilt für geographische Herkunftsanga-

---

231 MünchKomm/*Kreuzer* BGB (3. Aufl.) Art. 38 EGBGB Rn 227; *Staudinger/Fezer/Koos* IntWirtschR Rn 373; *Weber* S. 8ff; *Wengler* RabelsZ 19 (1954), 401, 404f. Anders hingegen Großkomm/*Schricker* UWG Einl. Rn F 51 und 157; MünchKomm/*Drexl* BGB IntUnlWettbR Rn 26.

232 So zB Großkomm/*Schricker* UWG Einl. Rn F 157; MünchKomm/*Drexl* IntImmGR Rn 56; *Weber* S. 8f; *Wirner* S. 38ff.

233 So etwa *Ulmer* 1975 S. 20.

234 In diesem Sinne auch *Staudinger/v. Hoffmann* EGBGB Art. 40 Rn 293. Für das Lauterkeitsrecht ebenso Großkomm/*Schricker* UWG Einl. Rn F 157; MünchKomm/*Drexl* BGB IntUnlWettbR Rn 23; *Piper/Ohly/Ohly* UWG Einf. B Rn 1; *Staudinger/Fezer/Koos* IntWirtschR Rn 373; *Weber* S. 8; *Wirner* S. 39f.

235 BGH GRUR 1992, 523, 524 – Betonsteinelemente.

236 Vgl. *Staudinger/v. Hoffmann* EGBGB Art. 40 Rn 293.

237 Näher → Rn 344ff.

238 Vgl. auch MünchKomm/*Kreuzer* BGB (3. Aufl.) Nach Art. 38 Anh. II EGBGB Rn 36 und 65; *Staudinger/Fezer/Koos* IntWirtschR Rn 373. Hinsichtlich des kollisionsrechtlichen Gehalts von Art. 2 PVÜ für Handelsnamen aA *Baur* AcP 167 (1967) 535; *Beier/Kunz-Hallstein* GRUR Int. 1982, 362. Für einen kollisionsrechtlichen Gehalt des Art. 8 PVÜ auch Großkomm/*Schricker* UWG Einl. Rn F 157; *Sandrock* GRUR Int. 1985, 507, 516.

239 Übereinkommen vom 15. 4. 1994, BGBl. II S. 1730.

240 Model Provisions on Protection Against Unfair Competition – Articles and Notes; WIPO Publication No. 832 (E), 1996.

241 → Rn 45. S. ferner Art. 17 und 39 S. 1 TRIPS. Vgl. auch *Heinemann* GRUR Int. 1995, 535ff.

ben und Ursprungsbezeichnungen das Inländerbehandlungsprinzip des Art. 2 PVÜ bzw. Art. 3 TRIPS-Übereinkommen.[242] Es weist ebenfalls keinen kollisionsrechtlichen Gehalt auf.[243] Auf multilateraler Staatsvertragsebene fehlen Kollisionsnormen damit grundsätzlich auch für das Recht der geographischen Herkunftsangaben.[244]

49 Für geographische Herkunftsangaben ist allerdings das Abkommen vom 14. 4. 1891 über die Unterdrückung falscher oder irreführender Herkunftsangaben **(„Madrider Herkunftsabkommen", MHA)**[245] einschlägig. Unter den Vorschriften des Madrider Herkunftsabkommens besitzt allein Art. 4 MHA kollisionsrechtlichen Gehalt.[246] Zwar gilt auch im Anwendungsbereich des Madrider Herkunftsabkommens grundsätzlich das auf das Recht des Schutzlandes verweisende Herkunftsangabenstatut.[247] Soweit es allerdings um die Abgrenzung von geographischer Herkunftsangabe und Gattungsbezeichnung bei Bezeichnungen für Weinbauerzeugnisse geht, richtet sich dies nach dem **Recht des Ursprungsstaates.**[248]

2. Bilaterale Staatsverträge

50 Ausnahmen von der kollisionsrechtlichen Schweigsamkeit wettbewerbsrechtlich relevanter Staatsverträge bestehen nur bei einigen bilateralen Abkommen im europäischen Raum zum **Schutz geographischer Herkunftsangaben und Ursprungsbezeichnungen.** Hier finden sich kollisionsrechtliche Bestimmungen,[249] die auf das **Recht des Ursprungslandes** bzw. des Herkunftsvertragsstaates verweisen.[250] Solche Herkunftsabkommen bestehen – mit gleichem Vertragswortlaut – zwischen Deutschland einerseits und Frankreich,[251] Italien,[252] Griechenland,[253] Spanien[254] und der Schweiz[255] andererseits.[256] Art. 2 und 3 des deutsch-französischen Herkunftsabkommens bestimmen demgemäß, dass die in einer Vertragsanlage aufgeführten deutschen Herkunftsangaben und Ursprungsbezeichnungen ausschließlich deutschen Erzeugnissen oder Waren vorbehalten sind und „nur unter denselben Voraussetzungen benutzt werden (dürfen), wie sie in der Gesetzgebung der Bundesrepublik Deutschland vorgesehen sind (...)".[257] Entsprechendes gilt umgekehrt freilich für die ausländischen Bezeichnungen des jeweiligen Vertragsstaats. Die Anspruchsvoraussetzungen wegen einer Schutzrechtsverletzung bezüglich deutscher Herkunftsangaben in Frankreich bestimmen sich damit nach dem Recht des Ursprungslandes, also nach deutschem Recht.

---

[242] MünchKomm/*Kreuzer* BGB (3. Aufl.) Nach Art. 38 Anh. II EGBGB Rn 65.

[243] MünchKomm/*Drexl* BGB IntUnlWettbR Rn 28; *Staudinger/Fezer/Koos* IntWirtschR Rn 373.

[244] MünchKomm/*Kreuzer* BGB (3. Aufl.) Nach Art. 38 Anh. II EGBGB Rn 65.

[245] BGBl. 1961 II S. 293 (Lissabonner Fassung vom 31. 10. 1958) und BGBl. 1970 II S. 444 (Stockholmer Zusatzvereinbarung).

[246] MünchKomm/*Kreuzer* BGB (3. Aufl.) Nach Art. 38 Anh. II EGBGB Rn 66 und 74; *Tilmann* S. 412; *K. Troller* S. 21 f; *Wirner* S. 41; *Weber* S. 61.

[247] MünchKomm/*Kreuzer* BGB (3. Aufl.) Nach Art. 38 Anh. II EGBGB Rn 74. Zum Herkunftsangabenstatut → Rn 346 f.

[248] MünchKomm/*Kreuzer* BGB (3. Aufl.) Nach Art. 38 Anh. II EGBGB Rn 74. Weitergehend *K. Troller* S. 21 f.

[249] *Keinen* kollisionsrechtlichen Gehalt haben hingegen die Bestimmungen des deutsch-kubanischen Abkommens vom 22. 3. 1954 (BGBl. II S. 1112); s. auch MünchKomm/*Kreuzer* BGB (3. Aufl.) Nach Art. 38 Anh. II EGBGB Rn 67.

[250] Großkomm/*Schricker* UWG Einl. Rn F 158; *Harte/Henning/Glöckner* UWG Einl. C Rn 3; MünchKomm/*Drexl* BGB IntUnlWettbR Rn 32; MünchKomm/*Kreuzer* BGB (3. Aufl.). Nach Art. 38 Anh. II EGBGB Rn 67; *Staudinger/Fezer/Koos* IntWirtschR Rn 374; *Staudinger/v. Hoffmann* EGBGB Art. 40 Rn 293.

[251] Deutsch-französisches Herkunftsabkommen vom 8. 3. 1960, BGBl. 1961 II S. 23.

[252] Deutsch-italienisches Herkunftsabkommen vom 23. 7. 1963, BGBl. 1965 II S. 157.

[253] Deutsch-griechisches Herkunftsabkommen vom 16. 4. 1964, BGBl. 1965 II S. 177.

[254] Deutsch-spanisches Herkunftsabkommen vom 11. 9. 1970, BGBl. 1972 II S. 109.

[255] Deutsch-schweizerisches Herkunftsabkommen vom 7. 3. 1967, BGBl. 1969 II S. 139. Vgl. dazu BG GRUR 2004, 341 – Champagner/Schlumpagner.

[256] Die Vertragstexte sind mwN abgedruckt bei *Fezer* MarkenG Herkunftsabkommen Rn 1 ff.

[257] So entsprechend auch in Art. 2 und 3 der Herkunftsabkommen mit Italien, Griechenland und Spanien sowie in Art. 4 und 5 des Herkunftsabkommens mit der Schweiz.

Ergänzend kann bei Fehlen der Schutzvoraussetzungen nach dem Recht des Ursprungslandes auf das Recht des Bestimmungslandes zurückgegriffen werden, wenn diese Vorschriften grundsätzlich internationalprivatrechtlich zur Anwendung berufen sind.[258] Dies ergibt sich aus dem (zB in Art. 10 des deutsch-französischen Abkommens genannten) Vertragszweck der Herkunftsabkommen, die den Schutz nach nationalem Recht nicht vollständig verdrängen, sondern nur ergänzen sollen.[259] Die Möglichkeit, ergänzend auf das Recht des Bestimmungslandes zurückzugreifen, ändert allerdings nichts daran, dass die das Ursprungslandrecht zur Anwendung berufenden Kollisionsregeln der Herkunftsabkommen dem autonomen innerstaatlichen Kollisionsrecht vorgehen.[260] Da die Herkunftsabkommen jedoch in ihrem Anwendungsbereich nur die in der jeweiligen Vertragsanlage aufgeführten Herkunftsbezeichnungen erfassen, bleibt es für alle sonstigen geographischen Herkunftsangaben bei der Anwendbarkeit des nach dem Kollisionsrecht der lex fori ermittelten Rechts.[261]

3. Gemeinschaftsrecht

Gemeinschaftsrechtliche Kollisionsregeln bleiben gemäß Art. 3 EGBGB nF von der kol- 51
lisionsrechtlichen Regelung des EGBGB ebenso wie Kollisionsnormen aus völkerrechtlichen Verträgen unberührt. Ihr **Anwendungsvorrang** gegenüber dem nationalen Kollisionsrecht ergibt sich bereits unmittelbar aus dem Gemeinschaftsrecht,[262] so dass Art. 3 Nr. 1 EGBGB nF nur deklaratorischen Charakter hat.[263] Im Bereich des unlauteren Wettbewerbs ist der Gemeinschaftsgesetzgeber gemäß Art. 2, Art. 3 lit. g und Art. 5 EG zur Rechtsetzung ermächtigt. Seine sachrechtliche Normsetzungskompetenz hat der Gemeinschaftsgesetzgeber durch Erlass einer Reihe von Richtlinien[264] zu bestimmten Formen des unlauteren Wettbewerbs punktuell genutzt. Besonders weitgehend ist die Angleichung im Bereich des E-Commerce.[265] Ein weiterer Schritt in Richtung Harmonisierung des Wettbewerbsrechts in Europa wurde durch die – gemäß ihres Art. 3 Abs. 1 jedoch nur den binnenmarktinternen Geschäftsverkehr zwischen Unternehmen und Verbrauchern (B2C) betreffende – Lauterkeitsrichtlinie getan.[266] An einem umfassend koordinierten und angeglichenen materiellen **Wettbewerbseinheitsrecht in Europa fehlt** es allerdings noch.[267] Die Vorschrift des Art. 60 EGKS schafft mit ihrem Verbot des unlauteren Wettbewerbs bei der Preisgestaltung zwar gemeinschaftsweit einheitliches Sachrecht und macht die kollisionsrechtliche Frage damit überflüssig, sie besitzt jedoch naturgemäß nur einen sehr einge-

---

[258] *Kreuzer* Vorschläge und Gutachten zur Reform des deutschen internationalen Privatrechts der außervertraglichen Schuldverhältnisse S. 232, 251; *Staudinger/Fezer/Koos* IntWirtschR Rn 374; *Staudinger/v. Hoffmann* EGBGB Art. 40 Rn 293.

[259] MünchKomm/*Kreuzer* BGB (3. Aufl.) Nach Art. 38 Anh. II EGBGB Rn 68; *Staudinger/Fezer/Koos* IntWirtschR Rn 374; *Staudinger/v. Hoffmann* EGBGB Art. 40 Rn 293.

[260] Großkomm/*Schricker* UWG Einl. Rn F 158; *Staudinger/v. Hoffmann* EGBGB Art. 40 Rn 293; *Staudinger/Fezer/Koos* IntWirtschR Rn 374. S. auch MünchKomm/*Kreuzer* BGB (3. Aufl.) Art. 38 EGBGB Rn 227 sowie Nach Art. 38 Anh. II EGBGB Rn 67.

[261] MünchKomm/*Kreuzer* BGB (3. Aufl.) Nach Art. 38 Anh. II EGBGB Rn 67; *Staudinger/Fezer/Koos* IntWirtschR Rn 374. Dazu → Rn 346f.

[262] S. EuGH Slg. 1978, 629, 644 – Simmenthal II.

[263] Das Gesetz zur Anpassung der Vorschriften des Internationalen Privatrechts an die Verordnung (EG) Nr. 593/2008 vom 10. 12. 2008, BGBl. I S. 2401, geht ebenfalls von diesem Anwendungsvorrang aus; vgl. die Begründung, BT-Drucks. 16/9995 S. 7. S. auch (noch zu Art. 3 Abs. 2 S. 2 EGBGB aF) *Staudinger/Hausmann* EGBGB Art. 3 Rn 40.

[264] Dazu im Einzelnen → Rn 111ff.

[265] Zur E-Commerce-RL → Rn 121ff.

[266] Vgl. RL 2005/29/EG des Europäischen Parlaments und des Rates vom 11. 5. 2005 über unlautere Geschäftspraktiken im binnenmarktinternen Geschäftsverkehr zwischen Unternehmen und Verbrauchern (...), ABl. EU 2005 Nr. L 149 S. 22. Dazu → Rn 146ff; zur Umsetzung s. die Thesen von *Fezer* WRP 2006, 781ff; s. auch den früher im Schrifttum entwickelten Vorschlag für eine RL zum Lauterkeitsrecht bei *Köhler/Bornkamm/Henning-Bodewig* WRP 2002, 1317ff.

[267] AnwK/*Wagner* EGBGB Art. 40 Rn 72; *Staudinger/Fezer/Koos* IntWirtschR Rn 375.

schränkten Anwendungsbereich.[268] Gleiches gilt für die im Bereich der Flugpreise gemeinschaftsweit verbindliche Verordnung Nr. 2409/92.[269]

52 Explizite Kollisionsregeln für den *allgemeinen* Bereich des Lauterkeitsrechts gab in der Vergangenheit weder das gemeinschaftsrechtliche Primär- noch Sekundärrecht an die Hand. Aus dem Primärrecht, insbesondere Art. 28 EG, lässt sich keine am Herkunftsland orientierte Kollisionsregel ableiten. Das Sekundärrecht betraf meist nur einzelne Spezialbereiche, die – wenn sie hierfür überhaupt eine kollisionsrechtliche Regelung vorgeben – nicht verallgemeinerungsfähig waren. Eine wichtige Ursache für die Zurückhaltung des Gemeinschaftsgesetzgebers auf dem Gebiet des Internationalen Privatrechts lag in der fehlenden ausdrücklichen Gemeinschaftskompetenz und der Schwerfälligkeit des völkerrechtlichen Übereinkommens als Regelungsinstrument der Vergangenheit.[270] Dieses Hindernis wurde allerdings beseitigt. Denn auf der neuen Kompetenzgrundlage der Art. 61 lit. c iVm Art. 65 EG ist der Gemeinschaftsgesetzgeber nun ausdrücklich zur Verabschiedung von Rechtssetzungsakten auf dem Gebiet des Kollisionsrechts befugt.[271]

53 Der Gemeinschaftsgesetzgeber hat von dieser Kompetenzgrundlage Gebrauch gemacht und im Jahr 2007 ein umfassendes Kollisionsregelwerk zur Ermittlung des auf außervertragliche Schuldverhältnisse anzuwendenden Rechts verabschiedet. Die **Verordnung (EG) Nr. 864/2007 des Europäischen Parlaments und des Rates vom 11. 7. 2007 über das auf außervertragliche Schuldverhältnisse anzuwendende Recht („Rom II")**[272] enthält in ihrem Art. 6 eine allgemeine Kollisionsregel für das Recht des unlauteren Wettbewerbs.[273] Bis zum Geltungsbeginn der Rom II-VO am 11. 1. 2009 war grundsätzlich davon auszugehen, dass ein gemeinschaftsweit vereinheitlichtes Wettbewerbskollisionsrecht fehlte und – außerhalb des Anwendungsbereichs der spezifischen Richtlinien wie insbesondere der E-Commerce-Richtlinie – das jeweilige nationale Kollisionsrecht der lex fori maßgeblich war.

54 **a) Kollisionsrecht und gemeinschaftliches Primärrecht.** Das Primärrecht bewirkt mit der Statuierung von **Grundfreiheiten** im Bereich des **Waren- und Dienstleistungsverkehrs** (Art. 28 und 49 EG), dass in bestimmten Fällen nationales Recht nicht angewendet werden darf, weil dessen Anwendung auf einen grenzüberschreitenden Sachverhalt einen nicht gerechtfertigten Verstoß gegen die Waren- oder Dienstleistungsfreiheit bedeutete. Von diesem Anwendungsverbot waren- oder dienstleistungsverkehrswidriger Vorschriften des mitgliedstaatlichen Rechts ist häufig auch das Lauterkeitsrecht betroffen. Wird die Anwendung des nationalen Wettbewerbsrechts durch Art. 28 oder 49 EG zugunsten des Wettbewerbsrechts des Herkunftsstaates eines Mitbewerbers zurückgedrängt, so könnte man sagen, dass die Grundfreiheiten des Primärrechts insoweit dem **Herkunftslandprinzip** zum Durchgriff verhelfen. Hierin ist allerdings keine echte, das Herkunftsland als Anknüpfungspunkt normierende Kollisionsregel zu sehen. Im Schrifttum wird dies bisweilen diskutiert.[274] Aus **Art. 28 EG** (wie auch Art. 49 EG) selbst ist jedoch **kein kollisionsrechtlicher Inhalt** ableitbar.[275] Denn andernfalls liefe die Rechtfertigungsmöglichkeit über Art. 30 EG wie auch das von der Rechtsprechung entwickelte Kriterium zwingender Allgemeinwohlerfordernisse vollkommen leer.[276] In einem Binnenmarktsachverhalt begrenzt das Gemeinschaftsrecht als höherrangige Rechtsquelle vielmehr das am Marktort geltende

---

[268] Vgl. *Kreuzer* Vorschläge und Gutachten zur Reform des deutschen internationalen Privatrechts der außervertraglichen Schuldverhältnisse S. 232, 236; *Staudinger/v. Hoffmann* EGBGB Art. 40 Rn 294.

[269] S. dazu *Achtnich* WRP 1993, 731.

[270] *v. Bar/Mankowski* § 3 Rn 90.

[271] S. näher *Leible/Staudinger* EuLF 2000/01 (D), 225 ff.

[272] ABl. EU Nr. L 199 S. 40.

[273] → Rn 69 und 154 ff.

[274] Zur Diskussion insgesamt näher → Rn 99 ff.

[275] Ebenso *Harte/Henning/Glöckner* UWG Einl. C Rn 22; *Hefermehl/Köhler/Bornkamm/Köhler* UWG Einl. Rn 5.3; MünchKomm/*Drexl* BGB IntUnlWettbR Rn 39; *Staudinger/Fezer/Koos* IntWirtschR Rn 377 und 520 ff. Näher → Rn 101 ff.

[276] *Staudinger/Fezer/Koos* IntWirtschR Rn 523.

Wettbewerbssachrecht.[277] Art. 28 EG wird dadurch nicht zur Kollisionsnorm und umgekehrt verstoßen die autonomen mitgliedstaatlichen Kollisionsnormen nicht gegen gemeinschaftliches Primärrecht.[278]

Etwas anderes ergibt sich auch nicht aus der **Rechtsprechung des EuGH.** In der höchstrichterlich angeordneten Suspendierung regulär anzuwendenden nationalen Rechts aus Gründen der Warenverkehrswidrigkeit[279] zeigt sich das im vorangehenden Absatz angesprochene typische gemeinschaftsrechtliche Regularium und Procedere zur Sicherung der Grundfreiheiten im Binnenmarkt. Ein derartiger Richterspruch wirkt auf der materiellrechtlichen Ebene und hat *keine* kollisionsrechtliche Bedeutung, die das mitgliedstaatliche Kollisionsrecht im Bereich des Lauterkeitsrechts aushebelt.[280] Eine kollisionsrechtliche Deutung des Primärrechts der Art. 28, 30 und 49 EG im Sinne der Ableitbarkeit des Herkunftslandprinzips ist umgekehrt im Hinblick auf die Einschränkung durch die „Keck"-Rechtsprechung[281] gerade problematisch.[282] Denn danach sind unterschiedslos anwendbare mitgliedstaatliche Regelungen, die (wie insbesondere werbebeschränkende Vorschriften des nationalen Lauterkeitsrechts) sog. **Verkaufsmodalitäten** betreffen, nicht dazu geeignet, den innergemeinschaftlichen Handel zu beeinträchtigen.[283] 55

Teilweise wird auch versucht, aus dem allgemeinen gemeinschaftsrechtlichen Diskriminierungsverbot des Art. 12 EG eine für lauterkeitsrechtliche Sachverhalte maßgebliche Anknüpfungsregel zu entnehmen.[284] Diesem Argumentationsversuch könnte mit denselben Argumenten begegnet werden, die bereits zur kollisionsrechtlichen Bedeutung der Rechtsprechung des EuGH zu Art. 28, 30 und 49 EG geäußert wurden. Doch ist die Diskussion noch im Fluss. Aus dem allgemeinen **Diskriminierungsverbot** des Art. 12 EG lässt sich im Ergebnis wohl keine lauterkeitsrechtliche Kollisionsnorm ableiten.[285] 56

b) Kollisionsrecht und gemeinschaftliches Sekundärrecht. Das Sekundärrecht bewirkte bisher neben einer teilweisen Sachrechtsharmonisierung bestimmte **punktuelle Kollisionsrechtsvereinheitlichungen.** Im Bereich des Lauterkeitsrechts geschah dies vor allem durch die E-Commerce-Richtlinie[286] und die frühere Fernsehrichtlinie[287] bzw. jetzige Richtlinie über audiovisuelle Mediendienste.[288] In der neueren Richtliniengesetzgebung 57

---

[277] *Staudinger/v. Hoffmann* EGBGB Art. 40 Rn 295.

[278] Näher → Rn 95 ff.

[279] Diskutiert wurde der kollisionsrechtliche Gehalt von Art. 28 EG (bzw. dem damaligen Art. 30 EGV) insbesondere anhand der Entscheidung „GB-INNO-BM"; vgl. EuGH Slg. 1990, I-667 – GB-INNO-BM; bestätigt durch EuGH Slg. 1993, I-2361 Rn 14 ff – Yves Rocher.

[280] So auch die hM; vgl. zB *Duintjer-Tebbens* Rev.crit.dr.int.pr. 1994, 451, 473 ff, 481; *Gebauer* IPRax 1995, 152, 155; Großkomm/*Schricker* UWG Einl. Rn F 160; MünchKomm/*Kreuzer* BGB (3. Aufl.) Art. 38 EGBGB Rn 227 a; *Kort* GRUR Int. 1994, 594, 601; *Kotthoff* S. 23; *Martiny* FS Drobnig S. 397; MünchKomm/*Sonnenberger* EGBGB Einl. IPR Rn 158 ff, 164 ff und 167; *Piper/Ohly/Ohly* UWG Einf. C Rn 77; *Sack* WRP 1994, 281, 291 f; *ders.* WRP 2000, 269, 281 ff; *Sonnenberger* ZVglRWiss 95 (1996), 3, 11 und 25 ff; *Staudinger/Fezer/Koos* IntWirtschR Rn 377 und 520; *Staudinger/v. Hoffmann* EGBGB Art. 40 Rn 295.

[281] EuGH Slg. 1993, I-6097 = IPRax 1995, 167 m. Anm. *Gebauer* 152 ff.

[282] *Kotthoff* WRP 1996, 79, 84; *Sack* WRP 2000, 269, 282 f; aA hingegen *Basedow* RabelsZ 59 (1996), 1, 50.

[283] → Rn 98 und 103.

[284] Vgl. *Höpping* S. 97 ff.

[285] So auch MünchKomm/*Drexl* BGB IntUnlWettbR Rn 80; MünchKomm/*Kreuzer* BGB (3. Aufl.) Art. 38 EGBGB Rn 227 a; *Sonnenberger* ZVglRWiss 95 (1996), 3, 16 f. S. allgemein zum Verhältnis von Diskriminierungsverbot und Lauterkeitsrecht *Bernhard* S. 247 ff; *Lindacher* FS Piper S. 358 ff. → Rn 109.

[286] RL 2000/31/EG des Europäischen Parlaments und des Rates vom 8. 6. 2000 über bestimmte rechtliche Aspekte der Dienste der Informationsgesellschaft, insbesondere des elektronischen Geschäftsverkehrs im Binnenmarkt (RL über den elektronischen Geschäftsverkehr), ABl. EG 2000 Nr. L 178 S. 1. Näher → Rn 121 ff.

[287] RL 89/552/EWG des Rates vom 3. 10. 1989 zur Koordinierung bestimmter Rechts- und Verwaltungsvorschriften der Mitgliedstaaten über die Ausübung der Fernsehtätigkeit, ABl. EG 1989 Nr. L 298 S. 23, geändert durch die RL 97/36/EG des Europäischen Parlaments und des Rates vom 30. 6. 1997 zur Änderungen der RL 89/552/EWG, ABl. EG 1997 Nr. L 202 S. 60.

[288] RL 2007/65/EG des Europäischen Parlaments und des Rates vom 11. 12. 2007 zur Änderung der Richtlinie 89/552/EWG des Rates zur Koordinierung bestimmter Rechts- und Verwaltungsvorschriften der Mitgliedstaaten über die Ausübung der Fernsehtätigkeit, ABl. EU Nr. L 332 S. 27; dazu → Rn 119.

zeigte sich zeitweilig eine deutliche Tendenz zur Implementierung des Herkunftslandprinzips.[289] So schreibt etwa Art. 3 Abs. 1 iVm Abs. 2 der E-Commerce-Richtlinie die Maßgeblichkeit des Rechts des Staates vor, in dem der Diensteanbieter seine Niederlassung hat. Dieses Recht ist für den „koordinierten Bereich" (also hinsichtlich der „für die Anbieter von Diensten der Informationsgesellschaft und die Dienste der Informationsgesellschaft geltenden Anforderungen") maßgeblich. Gemeinschaftsrechtliche Normierung des Herkunftslandprinzips wie innerstaatliche Umsetzung in § 4 TDG[290] haben im Schrifttum ein breites Echo gefunden. Die Diskussion dreht sich dabei um die Frage, ob hiermit eine internationalprivatrechtliche Verweisung im Sinne einer echten Kollisionsregel[291] oder eine sachrechtliche Ausprägung des Herkunftslandprinzips geschaffen wurde, die ohne jeglichen kollisionsrechtlichen Gehalt das geltende autonome Kollisionsrecht lediglich überlagere.[292] Die an dieser Stelle nur schlagwortartig angerissene Streitfrage wird letztlich dahin zu beantworten sein, dass mit Art. 3 E-Commerce-Richtlinie und seiner Umsetzungsvorschrift in § 4 TDG bzw. jetzt § 3 TMG für den Binnenmarktraum eine kollisionsrechtlich wirkende Regelung geschaffen wurde.[293]

58 Die Tendenz zur **Kodifizierung des Herkunftslandprinzips** schien ungebrochen. Zur Diskussion standen die Kommissionsvorschläge verschiedener Sekundärrechtsakte im Bereich des Lauterkeitsrechts, die das Herkunftslandprinzip ausdrücklich normierten und auf dem **Prinzip der gegenseitigen Anerkennung** innerstaatlicher Rechtsvorschriften beruhten. Zu nennen sind zB der ursprüngliche Vorschlag einer Richtlinie über unlautere Geschäftspraktiken im binnenmarktinternen Geschäftsverkehr zwischen Unternehmen und Verbrauchern (Richtlinie über unlautere Geschäftpraktiken) vom 18. 6. 2003[294] sowie der später wieder fallengelassene Vorschlag einer Verordnung über Verkaufsförderung im Binnenmarkt vom 25. 10. 2002[295] und schließlich der ursprüngliche, von der Kommission am 13. 1. 2004 verabschiedete Vorschlag für eine Dienstleistungsrichtlinie.[296] Alle diese Rechtsakte sahen das Herkunftslandprinzip vor, so dass sich wiederum jeweils die Frage nach der lediglich materiellrechtlichen oder eben kollisionsrechtlichen Wirkung stellte. Der Streit ist mittlerweile entschärft: Aus der Lauterkeitsrichtlinie[297] wie auch der Dienstleistungsrichtlinie[298] wurde das Herkunftslandprinzip später wieder herausgestrichen. Das Vorhaben einer Verordnung über Verkaufsförderung wurde komplett aufgegeben.[299]

---

[289] → Rn 116f.

[290] Vgl. Art. 1 Nr. 4 des Gesetzes über rechtliche Rahmenbedingungen für den elektronischen Geschäftsverkehr (Elektronischer Geschäftsverkehr-Gesetz, EGG) vom 14. 12. 2001, BGBl. I S. 3721. Das TDG wurde im Jahr 2007 durch das Telemediengesetz (TMG) abgelöst; vgl. das Gesetz zur Vereinheitlichung von Vorschriften über bestimmte elektronische Informations- und Kommunikationsdienste (ElGVG), BGBl. 2007 I S. 179; s. dazu *Kitz* ZUM 2007, 368ff.

[291] Vgl. etwa *Mankowski* IPRax 2002, 257, 258ff; *ders.* ZVglRWiss 100 (2001), 137, 179; *Staudinger/v. Hoffmann* EGBGB Art. 40 Rn 299; *Thünken* IPRax 2001, 15, 20.

[292] So zB *Fezer/Koos* IPRax 2000, 349, 352; *Glöckner* ZVglRWiss 99 (2000), 278, 305f; *Ohly* GRUR Int. 2001, 899, 902; *Staudinger/Fezer/Koos* IntWirtschR Rn 547ff und 555ff.

[293] Dazu ausführlich → Rn 134ff.

[294] KOM(2003), 356 endg. → Rn 146ff.

[295] Geänderter Vorschlag für eine VO des Europäischen Parlaments und des Rates über Verkaufsförderung im Binnenmarkt, KOM(2002), 585 endg.; voraus ging der Kommissionsvorschlag vom 2. 10. 2001, KOM(2001), 546 endg. Dazu näher → Rn 153.

[296] Vgl. den Vorschlag für eine Richtlinie des Europäischen Parlaments und des Rates über Dienstleistungen im Binnenmarkt vom 25. 2. 2004, KOM(2004), 2 endg/2. → Rn 151f. Zur Kritik am Herkunftslandprinzip s. *Glöckner* WRP 2005, 795, 805ff; *Mankowski* IPRax 2004, 385, 390.

[297] RL 2005/29/EG des Europäischen Parlaments und des Rates vom 11. 5. 2005 über unlautere Geschäftspraktiken im binnenmarktinternen Geschäftsverkehr zwischen Unternehmen und Verbrauchern (...), ABl. EU 2005 Nr. L 149 S. 22; → Rn 146ff.

[298] So der Beschluss des Europäischen Parlaments vom 16. 2. 2006; vgl. die Pressemitteilung der Bundesregierung Nr. 43 vom selben Tag. Der Geänderte Vorschlag für eine Richtlinie des Europäischen Parlaments und des Rates über Dienstleistungen im Binnenmarkt vom 4. 4. 2006, KOM(2006), 160 endg. (2004/0001 (COD)), enthält die umstrittene ursprüngliche Bestimmung nicht mehr. Näher → Rn 151f.

[299] Vgl. die Entscheidung der Kommission vom 17. 3. 2006, ABl. EU 2006 Nr. C 64 S. 7.

Geographische Herkunftsangaben und Ursprungsbezeichnungen werden im europäischen Recht durch zahlreiche produktspezifische Verordnungen geschützt. Zu nennen sind beispielsweise die Verordnung Nr. 2392/89 zur Bezeichnung und Aufmachung von Weinen,[300] die Verordnung Nr. 1576/89 zur Bezeichnung und Aufmachung von Spirituosen[301] und insbesondere die **Verordnung (EG) Nr. 510/2006 des Rates vom 20. 3. 2006 zum Schutz von geografischen Angaben und Ursprungsbezeichnungen für Agrarerzeugnisse und Lebensmittel.**[302] Außerhalb dieses Spezialbereichs wird der nationale und der durch bilaterale Übereinkommen[303] gewährte Schutz nicht verdrängt, sondern bleibt weiter existent.[304] Diese produktspezifischen Sekundärrechtsakte beinhalten in der Regel keine Kollisionsnormen. 59

c) Entwicklung eines europäischen Wettbewerbskollisionsrechts. Die Kollisionsrechtsvereinheitlichung im Bereich des auf außervertragliche Schuldverhältnisse anzuwendenden Rechts wurde durch Inkrafttreten der **Rom II-VO** verwirklicht.[305] Auf der neuen Kompetenzgrundlage des Art. 61 lit. c iVm Art. 65 EG beruhend ordnet Art. 6 Abs. 1 Rom II-VO für die kollisionsrechtliche Behandlung außervertraglicher Schuldverhältnisse aus unlauterem Wettbewerbsverhalten die Maßgeblichkeit des Rechts des Staates an, „in dessen Gebiet die Wettbewerbsbeziehungen oder die kollektiven Interessen der Verbraucher beeinträchtigt worden sind oder wahrscheinlich beeinträchtigt werden". Mit der Anknüpfung an das Recht des Ortes, an dem die Interessenbeeinträchtigung stattfindet oder diese wahrscheinlich zu befürchten ist, verschafft die Kommission damit der **Marktortregel** Geltung.[306] Für den Fall, dass ein unlauteres Wettbewerbsverhalten „ausschließlich die Interessen eines bestimmten Wettbewerbers" beeinträchtigt, soll nach Art. 6 Abs. 2 Rom II-VO das allgemeine Deliktsstatut greifen.[307] 60

4. Autonomes Kollisionsrecht

a) Kodifizierte Rechtsquellen des autonomen Kollisionsrechts. Das – nun hinter den gemeinschaftsrechtlichen Kollisionsregeln der Rom II-VO zurücktretende[308] – deutsche autonome Kollisionsrecht enthielt bisher **keine geschriebenen Kollisionsregeln** für die Anknüpfung lauterkeitsrechtlicher Sachverhalte. Es hat zwar immer wieder Überlegungen gegeben, explizite Kollisionsnormen für den Bereich des Immaterialgüter- und Lauterkeitsrechts zu kodifizieren. Die Bemühungen blieben jedoch insgesamt auf nationaler Ebene ohne Erfolg. So ist bereits in den 1980er Jahren die Reformierung und Kodifizierung der Kollisionsregeln für außervertragliche Schuldverhältnisse betrieben worden. Nach dem vom Bundesjustizministerium im Jahre 1984 vorgelegten Vorschlag eines neuen Art. 40 Abs. 2 Nr. 2 EGBGB-E sollte bei Ansprüchen aus unlauterem Wettbewerb das Recht des Staates anwendbar sein, „auf dessen Markt die Wettbewerbsmaßnahme einwirkt, es sei denn, dass allein oder überwiegend die Geschäftsinteressen eines bestimmten Mitbewerbers betroffen sind".[309] Im späteren Reformentwurf von 1993 tauchte dieser Vorschlag 61

---

300 ABl. EG 1989 Nr. L 232 S. 13.

301 ABl. EG 1989 Nr. L 160 S. 1.

302 ABl. EU 2006 Nr. L 93 S. 12. Die Verordnung ersetzt die – gemäß Art. 19 aufgehobene – Verordnung (EWG) Nr. 2081/92 zum Schutz von geographischen Angaben und Ursprungsbezeichnungen für Agrarerzeugnisse und Lebensmittel, ABl. EG 1992 Nr. L 208 S. 1.

303 → Rn 50.

304 Für die VO 2081/92 hat dies der EuGH nun entschieden; vgl. EuGH GRUR 2001, 64 – Warsteiner; s. dazu *Obergfell* GRUR 2001, 313 ff.

305 Verordnung (EG) Nr. 864/2007 des Europäischen Parlaments und des Rates vom 11. 7. 2007 über das auf außervertragliche Schuldverhältnisse anzuwendende Recht („Rom II"), ABl. EU 2007 Nr. L 199 S. 40. S. insbesondere zum problematischen Beginn der zeitlichen Anwendbarkeit näher → Rn 154.

306 Näher → Rn 154 ff.

307 Zur Durchbrechung des Wettbewerbsstatuts → Rn 250 ff und 253 ff.

308 Zum Anwendungsbereich und Regelungsgehalt → Rn 154 ff.

309 Die Regelung folgte im Wesentlichen dem Vorschlag von *Kreuzer* Vorschläge und Gutachten zur Reform des deutschen internationalen Privatrechts der außervertraglichen Schuldverhältnisse S. 232, 274 ff und 287 ff. Kritisch zum Gesetzentwurf die Stellungnahme *MPI* GRUR Int. 1985, 104 ff.

einer Sonderregel für Wettbewerbsverstöße im Sinne einer Marktortregel[310] nicht mehr auf.[311]

62 Erst im Jahr 1999 wurden mit dem „Gesetz zum Internationalen Privatrecht für außervertragliche Schuldverhältnisse und für Sachen vom 21. 5. 1999"[312] Anknüpfungsregeln für das Delikts- und Sachenrecht sowie die Beurteilung sonstiger außervertraglicher Schuldverhältnisse, wie etwa das Bereicherungsrecht, gesetzlich normiert.[313] Das autonome deutsche Kollisionsrecht enthält seither **geschriebene Kollisionsregeln für das Internationale Deliktsrecht.** Die im Internationalen Deliktsrecht bereits als Richterrecht[314] geltende Tatortregel, die Maßgeblichkeit der lex loci delicti commissi, wurde im Zuge der IPR-Reform von 1999 kodifiziert. Trotz einiger Änderungen bleibt es auch nach neuem Recht im Wesentlichen bei der bisherigen Rechtslage.[315] So erklärt Art. 40 Abs. 1 S. 1 EGBGB grundsätzlich das Recht des **Handlungsortes** für anwendbar. Das an Stelle des Günstigkeitsprinzips getretene **Wahlrecht** des Verletzten, stattdessen die Anwendung des Rechts des **Erfolgsortes** zu verlangen, findet seine Verankerung in Art. 40 Abs. 1 S. 2 EGBGB. Allerdings steht dem Verletzten diese Option nur im ersten Rechtszug bis zum frühen ersten Termin bzw. Ende des schriftlichen Verfahrens offen (vgl. Art. 40 Abs. 1 S. 3 EGBGB). Weder das Recht des Handlungs- noch des Erfolgsortes ist jedoch nach der **Ausweichklausel** des Art. 41 Abs. 1 EGBGB anwendbar, wenn zu dem Recht eines anderen Staates eine „wesentlich engere Verbindung" besteht. In diesem Fall ist das Recht dieses Staates anzuwenden. Nach Art. 42 S. 1 EGBGB ist die nachträgliche Rechtswahl zulässig.[316]

63 Die Reform des Kollisionsrechts der außervertraglichen Schuldverhältnisse von 1999 ist ohne eingehendere Diskussion zum Immaterialgüter- und Wettbewerbsrecht verlaufen. Eine explizite Kollisionsnorm wurde weder für das Immaterialgüterrecht noch das Wettbewerbsrecht geschaffen. Der Gesetzgeber ging in Bezug auf das **Lauterkeitsstatut** vom Fortbestehen der von der Rechtsprechung entwickelten **Marktortanknüpfung** aus – notfalls unter Rückgriff auf die Ausweichklausel des Art. 41 EGBGB.[317] Vom überwiegenden Schrifttum[318] wie auch der in ihrer am Deliktsstatut verhafteten Begründung bis heute unveränderten Rechtsprechung[319] wird das Internationale Lauterkeitsrecht traditionell im Internationalen Deliktsrecht verortet. Die Einschätzung des Internationalen Lauterkeitsrechts als Teil des Deliktsstatuts begegnet allerdings erheblichen Bedenken. Das in Art. 40 Abs. 1 EGBGB verankerte Tatortprinzip ist auf die Anknüpfung allgemein deliktsrechtlicher Sachverhalte mit Auslandsberührung zugeschnitten. Auf die Anknüpfung wettbewerbsrechtlicher Sachverhalte lässt es sich nicht ohne weiteres übertragen.[320] Schon die

---

310 MünchKomm/*Kreuzer* BGB (2. Aufl.) Vor Art. 38 EGBGB Rn 6.

311 Vgl. dazu MünchKomm/*Kreuzer* BGB (2. Aufl.) Vor Art. 38 EGBGB Rn 69.

312 BGBl. I S. 1026.

313 Zu den Neuerungen der Reform s. zB *Spickhoff* NJW 1999, 2209; anhand des Gemeinschaftsrechts prüfend *Schaub* RabelsZ 66 (2002), 18, 37ff.

314 Vgl. nur BGHZ 87, 95, 97f.

315 *S. Lorenz* NJW 1999, 2215, 2216; aA *Pfeiffer* NJW 1999, 3674, 3675.

316 So die ständige Rechtsprechung bereits nach altem Recht, vgl. zB BGHZ 42, 385, 389; BGHZ 98, 263, 274.

317 So die Begründung RegE BT-Drucks. 14/343 S. 10.

318 Vgl. nur *Ahrens* FS Tilmann S. 739, 749f; *Bamberger/Roth/Spickhoff* EGBGB Art. 40 Rn 49; *Emmerich* WettbR § 4 Nr. 7a; *Hefermehl/Köhler/Bornkamm/Köhler* UWG Einl. Rn 5.4; HK-WettbR/*Klippel* E 2 Rn 24; *Lehmler* UWG Einl. Rn 50; *Möllering* WRP 1990, 1, 3; MünchKomm/*Mankowski* UWG IntWettbR Rn 267ff; *Sack* WRP 2000, 269, 272f; *Staudinger/v. Hoffmann* EGBGB Art. 40 Rn 301.

319 Vgl. zB BGHZ 35, 329, 333 – Kindersaugflaschen; BGHZ 40, 391, 395 – Stahlexport; BGHZ 113, 11, 14 – Kauf im Ausland; BGH GRUR Int. 1998, 617 – Gewinnspiel im Ausland; BGH GRUR 2004, 1035, 1036 – Rotpreis-Revolution; BGH GRUR 2007, 245 – Schulden Hulp; OLG München GRUR-RR 2004, 85 – Stricktop.

320 So auch *Bornkamm* Neues Recht für neue Medien S. 99, 105; Großkomm/*Schricker* UWG Einl. Rn F 194; *Mankowski* GRUR Int. 1999, 909, 910; MünchKomm/*Mankowski* UWG IntWettbR Rn 266; *Staudinger/Fezer/Koos* IntWirtschR Rn 400; Stellungnahme *MPI* GRUR Int. 1985, 104ff, 107. Kritisch und für eine vollständige Aufgabe der deliktischen Einordnung auch *Höder* S. 27f und 105f; → Rn 220f.

materiellrechtliche Qualifizierung von Wettbewerbsverstößen als unerlaubte Handlungen stößt auf Bedenken.[321] Gerade im Hinblick auf den Wandel der Schutzrichtung des Wettbewerbsrechts ist die Anwendung der deliktsrechtlichen Tatortregel auf Wettbewerbsverstöße mit grenzüberschreitender Wirkung jedoch insgesamt nicht sachgerecht. Insbesondere das wettbewerbsrechtliche Prinzip der Chancengleichheit aller Wettbewerber auf dem Markt *(par conditio concurrentium)* verbietet die unveränderte Übernahme der deliktsrechtlichen Tatortregel.[322] Denn bei Anwendung der Tatortregel bzw. des Ubiquitätsprinzips erlitte das vom Inland aus auf dem ausländischen Markt agierende Unternehmen gegenüber seinen Konkurrenten auf dem Auslandsmarkt einen Wettbewerbsnachteil dadurch, dass es zwei Rechtsordnungen unterstellt würde.[323] Es besteht daher zumindest darüber Einigkeit, dass die wettbewerbsrechtlichen Besonderheiten bei der kollisionsrechtlichen Anknüpfung von Wettbewerbshandlungen durchgreifen müssen und eine Unterscheidung von Handlungs- und Erfolgsort im Internationalen Lauterkeitsrecht weder praktikabel noch sachgerecht ist.[324]

Die nach reformiertem Internationalen Deliktsrecht geltende Vorrangstellung der Handlungsortanknüpfung des Art. 40 Abs. 1 S. 1 EGBGB, die nach Art. 40 Abs. 1 S. 2 EGBGB mit einem Bestimmungsrecht des Verletzten bezogen auf den Erfolgsort kombiniert ist, wirft im Lauterkeitsrecht erhebliche Schwierigkeiten auf. Sie sind nur über eine ausdrückliche Gleichsetzung des Interessenkollisionsortes mit dem Handlungsort des Art. 40 Abs. 1 S. 1 EGBGB oder über den Ausschluss des Bestimmungsrechts nach Art. 40 Abs. 1 S. 2 EGBGB zu lösen.[325] Außerdem kann es aus Gründen der Rechtssicherheit, die ebenfalls aus dem *par conditio*-Prinzip zu fordern ist, eine (nachträgliche) Rechtswahl bei internationallauterkeitsrechtlichen Sachverhalten, wie sie gemäß Art. 42 EGBGB im Deliktsrecht zulässig ist, nicht geben.[326] Auch die Anknüpfung an das gemeinsame Aufenthaltsrecht nach Art. 40 Abs. 2 EGBGB kann im Wettbewerbskollisionsrecht nicht durchgreifen.[327] Die erheblichen Unterschiede zwischen Internationalem Deliktsrecht auf der einen und Internationalem Lauterkeitsrecht auf der anderen Seite verkennen auch diejenigen nicht, die auf internationallauterkeitsrechtliche Sachverhalte die deliktsrechtliche Tatortregel grundsätzlich anwenden wollen. Sie behelfen sich bei der **Anwendung der Art. 40 ff EGBGB** jedoch damit, zahlreiche Ausnahmen (zumeist über den auch vom Gesetzgeber[328] in Betracht gezogenen dogmatischen Ansatzpunkt der „wesentlich engeren Verbindung" gemäß Art. 41 Abs. 1 EGBGB)[329] aufzustellen, so dass letztlich die gleichen Ergebnisse 64

[321] Großkomm/*Schricker* UWG Einl. Rn F 194.

[322] *Lindacher* WRP 1996, 645, 647.

[323] Hierauf abstellend bereits BGHZ 40, 391, 393 f – Stahlexport. Ebenso *Bornkamm* Neues Recht für neue Medien S. 99, 107.

[324] Vgl. nur MünchKomm/*Drexl* BGB IntUnlWettbR Rn 84; *Sack* GRUR Int. 1988, 320, 325; *Staudinger/Fezer/Koos* IntWirtschR Rn 400; *Staudinger/v. Hoffmann* EGBGB Art. 40 Rn 301. Eine andere Wertung gilt allerdings im Recht der Internationalen Zuständigkeit; dazu → Rn 391 ff.

[325] Ähnlich *Mankowski* GRUR Int. 1999, 909, 910; MünchKomm/*Drexl* BGB IntUnlWettbR Rn 84; MünchKomm/*Mankowski* UWG IntWettbR Rn 269 ff; *Sack* WRP 2000, 269, 272; *Staudinger/Fezer/Koos* IntWirtschR Rn 400.

[326] So auch die hM; s. nur *Bornkamm* Neues Recht für neue Medien S. 99, 107; Großkomm/*Schricker* UWG Einl. F Rn 197; *Kreuzer* Vorschläge und Gutachten zur Reform des deutschen internationalen Privatrechts der außervertraglichen Schuldverhältnisse S. 232, 279 f; MünchKomm/*Kreuzer* BGB (3. Aufl.) Art. 38 EGBGB Rn 249; *Reichert-Facilides* FS Hartmann S. 205, 210; *Sack* WRP 2000, 269, 285; *Staudinger/Fezer/Koos* IntWirtschR Rn 399 und 598 ff; *Staudinger/v. Hoffmann* EGBGB Art. 40 Rn 304; aA Gloy/Loschelder/*Wilde* § 6 Rn 49. S. auch bereits → Rn 13 f sowie → Rn 257 f.

[327] MünchKomm/*Drexl* BGB IntUnlWettbR Rn 85 ff und 90 f; MünchKomm/*Mankowski* UWG IntWettbR Rn 281 ff; *Staudinger/Fezer/Koos* IntWirtschR Rn 392 ff, insbesondere Rn 396. Differenzierend *Sack* WRP 2000, 269, 280. Näher → Rn 250 ff.

[328] Vgl. die Begründung RegE BT-Drucks. 14/343 S. 10.

[329] So zB *Sack* WRP 2000, 269, 272; *Staudinger/v. Hoffmann* EGBGB Art. 40 Rn 301; *Thünken* IPRax 2001, 15, 16. Kritisch aber zu Recht *Harte/Henning/Glöckner* UWG Einl. C Rn 127; *Hefermehl/Köhler/Bornkamm/Köhler* UWG Einl. Rn 5.6; *Mankowski* GRUR Int. 1999, 909, 910; MünchKomm/*Drexl* BGB IntUnlWettbR Rn 97; MünchKomm/*Mankowski* UWG IntWettbR Rn 273 f; *Staudinger/Fezer/Koos* IntWirtschR Rn 390 f.

erzielt werden, die aus der hier vertretenen Ansicht resultieren.[330] Auch der BGH hat zwar regelmäßig die deliktsrechtliche Tatortregel als Ausgangspunkt der kollisionsrechtlichen Behandlung grenzüberschreitender Wettbewerbsverstöße herangezogen, dabei aber die Bestimmung des Begehungsortes mehr und mehr den wettbewerbsrechtlichen Besonderheiten angepasst.[331] Es erschien daher weniger euphemistisch, von vorneherein auf die Anwendung der auf das Internationale Deliktsrecht zugeschnittenen Tatortregel und mithin den Rückgriff auf die Art. 40ff EGBGB zu verzichten.[332] An dieser Rechtsprechung hielt der BGH auch auf Grundlage der durch die Reform von 1999 eingeführten Art. 40ff EGBGB fest, ohne den Streit über die genaue Verortung (Art. 40 Abs. 1 S. 1, Abs. 1 S. 2 oder Art. 41 EGBGB) zu entscheiden.[333]

65 Auch wenn **Erwägungsgrund 21** der Rom II-VO auf eine prinzipiell deliktsrechtliche Konzeption der lauterkeitsrechtlichen Anknüpfung nach **Art. 6 Rom II-VO** hindeutet, bestätigt dennoch die Schaffung einer eigenen speziellen Kollisionsnorm für das Lauterkeitsrecht die schon nach alter Rechtslage befürwortete Abkehr von der allgemeinen deliktskollisionsrechtlichen Anknüpfung nach Art. 40ff EGBGB. Denn selbst, wenn die Rom II-VO in Erwägungsgrund 21 von einer bloßen „Präzisierung“ der allgemeinen Regel nach Art. 4 Abs. 1 Rom II-VO durch die lauterkeitsrechtliche Kollisionsnorm in Art. 6 Rom II-VO spricht, ändert dies doch nichts daran, dass man eine spezielle Kollisionsnorm für das Internationale Lauterkeitsrecht für notwendig erachtet hat. Handelte es sich tatsächlich allein um eine Präzisierung, so hätte es genügt, einen weiteren Absatz zur allgemeinen Kollisionsregel in Art. 4 Rom II-VO anzufügen.

66 **b) Ungeschriebene Kollisionsregeln des autonomen Rechts.** Das deutsche internationale Wettbewerbsprivatrecht ist – ebenso wie das internationale Immaterialgüterrecht – dadurch gekennzeichnet, dass es bisher keinen Eingang in die nationale Kodifikation gefunden hatte. Das Internationale Lauterkeitsrecht wurde in der Vergangenheit vielmehr anhand von ungeschriebenen Kollisionsregeln beurteilt. Durch die Inkraftsetzung eines eigenen kollisionsrechtlichen Regelwerkes auf gemeinschaftsrechtlicher Ebene, der Rom II-VO, hat sich diese Situation nun auch für das nationale Recht geändert.[334] Außerhalb des zeitlichen Anwendungsbereichs der Rom II-VO, also bei **Altfällen,** bei denen das schadensbegründende Ereignis **vor Inkrafttreten der Rom II-VO** am 11. 1. 2009[335] stattfand, hat sich das Internationale Wettbewerbsprivatrecht an den von der Rechtsprechung herausgebildeten Kollisionsregeln zu orientieren. Die Entwicklungslinien dieser Rechtsprechung verliefen nicht ohne Brüche und Kehrtwendungen, die an dieser Stelle[336] nur überblickartig skizziert werden.

67 Die **Rechtsprechung** zum Wettbewerbskollisionsrecht hat sich von der Tendenz des Heimwärtsstrebens des RG, also der Anwendung der lex fori, hin zur Öffnung gegenüber der Anwendung ausländischen Rechts entwickelt. Das RG wendete auf Wettbewerbsverstöße, die einen Inländer auf dem Auslandsmarkt verletzten, prinzipiell deutsches Wettbewerbsrecht an.[337] Es folgte damit ohne Einschränkungen dem Auswirkungsprinzip und lokalisierte den Auswirkungsort regelmäßig am Unternehmenssitz des verletzten Inlän-

---

330 Vgl. etwa *Sack* WRP 2000, 269, 272ff, 277f, 280 und 285.

331 Vgl. insbesondere die Leitentscheidungen BGHZ 35, 329, 333 – Kindersaugflaschen; BGHZ 40, 391, 395 – Stahlexport; BGHZ 113, 11, 14f – Kauf im Ausland. Zur Entwicklung der Rechtsprechung → Rn 182ff.

332 Für diesen Weg spricht sich letztlich auch *Höder* S. 105f, aus. Ebenso, allerdings auf dem Auswirkungsprinzip basierend, *Staudinger/Fezer/Koos* IntWirtschR Rn 400.

333 Vgl. BGH GRUR 2004, 1035, 1036 – Rotpreis-Revolution, der lediglich allgemein Art. 40 EGBGB anspricht. Ebenso BGH GRUR 2007, 245 – Schulden Hulp. OLG München GRUR-RR 2004, 85 – Stricktop, nennt Art. 40, 41 EGBGB ohne nähere Begründung oder Differenzierung. Gänzlich ohne Nennung der Art. 40f EGBGB kommt BGH GRUR 2006, 513, 515 – Arzneimittelwerbung im Internet, aus.

334 → Rn 154ff.

335 Näher → Rn 154.

336 S. im Einzelnen → Rn 182ff.

337 RGZ 55, 199, 200.

ders.[338] Der nach ihrem Schöpfer benannten „Nußbaum'schen Regel" folgend legte das RG auch nach Aufgabe dieser Spruchpraxis generell an den auf ausländischen Märkten stattfindenden Wettbewerb zwischen Deutschen den Maßstab des deutschen Wettbewerbsrechts an.[339] Die entscheidende Wende in der Rechtsprechung ergab sich erst mit der sog. „Kindersaugflaschen"-Entscheidung des BGH aus dem Jahre 1961, in der der BGH den deliktischen Tatort im Sinne einer wettbewerbsspezifischen Anknüpfung an dem Ort lokalisierte, an dem die **wettbewerbsrechtlichen Interessen aufeinander stoßen.**[340] Dieses kollisionsrechtliche Verständnis wurde vom BGH in mehreren Entscheidungen fortgeführt und bildet seither die ständige Spruchpraxis.[341] Beim Inländerwettbewerb im Ausland, also der Begegnung von Inländern auf dem ausländischen Markt in Konkurrenzsituation, ist nach Auffassung der Rechtsprechung seither das gemeinsame Heimatrecht nur noch in zwei Ausnahmefällen maßgeblich, nämlich zum einen, wenn die Wettbewerbshandlung eines deutschen Wettbewerbers ausschließlich auf den inländischen Mitbewerber abzielt, und zum anderen, wenn sich die Wettbewerbssituation im Ausland ausschließlich unter inländischen Unternehmen abspielt.[342] Im Ergebnis hat sich der BGH damit grundsätzlich von der Reichsgerichtsrechtsprechung gelöst, die dem gemeinsamen Personalstatut weitaus größere Bedeutung einräumte.

Die hM im **Schrifttum** knüpft ebenfalls (zumeist von der Qualifizierung von Wettbe- 68
werbsverstößen als unerlaubte Handlungen ausgehend) an das **Recht am Marktort** als dem **Ort der wettbewerblichen Interessenkollision** an.[343] Seit der Kodifizierung des Internationalen Deliktsrechts wird die Interessenkollisionslösung zumeist auf Art. 40 Abs. 1[344] bzw. Art. 41 Abs. 1[345] EGBGB gestützt. Die Bestimmung des Marktortes wird von den Vertretern dieser Ansicht unterschiedlich vorgenommen.[346] Es finden sich jedoch seit jeher alternative Vorschläge, die für eine Anknüpfung an das Recht des Schutzlandes,[347] eine Anwendung des kartellrechtlichen Auswirkungsprinzips[348] oder eine sachnormzweck-

---

338 RGZ 55, 199, 200.

339 RGZ 140, 25, 28 – Hohner Mundharmonika.

340 BGHZ 35, 329, 333 f – Kindersaugflaschen.

341 BGHZ 40, 391, 395 f – Stahlexport; BGH GRUR 1971, 153, 154 – Tampax; BGH GRUR 1977, 672, 673 – Weltweit-Club; BGH GRUR 1982, 495, 497 – Domgarten-Brand; BGH GRUR 1988, 453, 454 – Ein Champagner unter den Mineralwässern; BGHZ 113, 11 – Kauf im Ausland; BGH GRUR 1998, 419, 420 – Gewinnspiel im Ausland; BGH GRUR 2004, 1035, 1036 – Rotpreis-Revolution; BGH GRUR 2006, 513, 515 Rn 25 – Arzneimittelwerbung im Internet; BGH RIW 2006, 942, 943 – Pietra di Soln; BGH GRUR 2007, 245 – Schulden Hulp; ebenso OLG München IPRax 2007, 531, 532; OLG München GRUR-RR 2004, 85 – Stricktop.

342 S. BGHZ 40, 391, 397 f – Stahlexport.

343 S. nur AnwK-BGB/*Wagner* EGBGB Art. 40 Rn 71; *Bamberger/Roth/Spickhoff* EGBGB Art. 40 Rn 50; *Beitzke* JuS 1966, 139, 143; *Bernhard* EuZW 1992, 437, 440; *Binder* RabelsZ 20 (1955) 401, 467; *Burmann* DB 1964, 1801, 1804; *Dethloff* S. 65 und 69; *Emmerich* WettbR § 4 Nr. 7 a; *Erman/Hohloch* EGBGB Art. 40 Rn 51; *v. Gamm* UWG Einf. A Rn 47; *Gloede* GRUR 1960, 464, 468; Gloy/Loschelder/*Wilde* § 6 Rn 14; Großkomm/*Schricker* UWG Einl. Rn F 194; *Hefermehl/Köhler/Bornkamm/Köhler* UWG Einl. Rn 5.6; *Höder* S. 31 ff, 38 und 231 f; *v. Hoffmann* RabelsZ 59 (1995), 377, 382; *Kreuzer* Vorschläge und Gutachten zur Reform des deutschen internationalen Privatrechts der außervertraglichen Schuldverhältnisse S. 232, 297; *Kropholler* IPR § 53 VI 1; *Lindacher* WRP 1996, 645, 647; *Mankowski* GRUR Int. 1999, 909, 910; *Mook* S. 48; *Müller-Graff* RabelsZ 48 (1984) 289, 308; MünchKomm/*Drexl* BGB IntUnlWettbR Rn 100; MünchKomm/*Kreuzer* BGB (3. Aufl.) Art. 38 EGBGB Rn 234; MünchKomm/*Mankowski* UWG IntWettbR Rn 267 ff, 142 und 157 ff; *Piper* GRUR 1992, 803, 804; *Piper/Ohly/Ohly* UWG Einf. B Rn 15; *Reich* RabelsZ 56 (1992), 444, 480; *Sack* WRP 2000, 269, 272; *Schaub* RabelsZ 66 (2002), 18, 52 f; *Soergel/Lüderitz* EGBGB Art. 38 Rn 17; *Spätgens* GRUR 1980, 473, 476; *Staudinger/v. Hoffmann* EGBGB Art. 40 Rn 311 ff; *Wirner* S. 106 ff.

344 So zB *Harte/Henning/Glöckner* UWG Einl. C Rn 127 f; *Hefermehl/Köhler/Bornkamm/Köhler* UWG Einl. Rn 5.6; *Mankowski* GRUR Int. 1999, 909, 910; MünchKomm/*Drexl* BGB IntUnlWettbR Rn 84; MünchKomm/*Mankowski* UWG IntWettbR Rn 275 ff; *Piper/Ohly/Ohly* UWG Einf. B Rn 14.

345 So zB *Sack* WRP 2000, 269, 272; *Schaub* RabelsZ 66 (2002), 18, 53; *Staudinger/v. Hoffmann* EGBGB Art. 40 Rn 301.

346 Näher → Rn 206.

347 So zB *Sandrock* GRUR Int. 1985, 507, 518; *A. Troller* IntEncCompL Vol III Ch 34 (1980) sect 14, 16.

348 Hierfür in neuerer Zeit vor allem *Staudinger/Fezer/Koos* IntWirtschR Rn 463 ff; *Koos* EuLF 2006, II-73 f; s. aber auch *Bär* S. 371, 375; *Harte/Henning/Glöckner* UWG Einl. C Rn 102 ff; *Lichtenstein* NJW 1964,

spezifische Lösung[349] argumentieren.[350] Einige Stimmen plädieren auch für ein statutistisches Anknüpfungssystem mittels einseitiger Kollisionsnormen.[351] Außerhalb des klassischen Kollisionsrechts bewegt sich weiterhin der Vorschlag zur Schaffung eigener, speziell für internationale Wettbewerbssachverhalte anwendbarer Sachnormen.[352] Im Zuge der sich verdichtenden Diskussion um die (kollisionsrechtliche) Bedeutung des Herkunftslandprinzips auf Gemeinschaftsrechtsebene werden im deutschen Schrifttum auch Stimmen laut, die das Herkunftslandprinzip in bestimmten Fällen, insbesondere in Multistate-Fällen, zur Lösung kollisionsrechtlicher Konflikte heranziehen möchten.[353] Als generelles Anknüpfungsprinzip soll ein kollisionsrechtlich verstandenes Herkunftslandprinzip aber auch nach dieser Ansicht nicht gelten.

5. Reformen und Reformvorhaben

69 **a) Reformarbeiten auf nationaler und gemeinschaftsrechtlicher Ebene.** Die deutschen Reformen des internationalen Privatrechts haben das Internationale Lauterkeitsrecht unberührt gelassen.[354] Wie bereits in den 1970er Jahren im Rahmen der Vorarbeiten zu einem Übereinkommen über das auf vertragliche und außervertragliche Schuldverhältnisse anwendbare Recht[355] erhofft, ist der Reformimpuls nun aus Brüssel gekommen. Es hatte sich mittlerweile auch die Erkenntnis durchgesetzt, dass eine spezielle Sonderkollisionsnorm für den Bereich des unlauteren Wettbewerbs notwendig ist.[356] Als offiziellen Ausgangspunkt des im Jahr 2007 verwirklichten **„Rom II"-Reformvorhabens** legte die Kommission im Sommer 2003 einen Vorschlag für eine Verordnung über das auf außervertragliche Schuldverhältnisse anzuwendende Recht vor, der eine eigene Kollisionsregel für das Wettbewerbsprivatrecht enthielt.[357] Der Entwurf basierte auf dem Regelungsvorschlag des *Groupe europeén de droit international privé*.[358] Während der Entwurf des *Groupe europeén de droit international privé* für den unlauteren Wettbewerb lediglich eine Vermutung der engsten Verbindung zu dem Staat aufstellte, in dem sich die schädigende Handlung auswirkt,[359] ordnete die spezielle Kollisionsnorm des Art. 5 des Verordnungsvorschlags die Anwendung des **Rechts am Marktort** an.[360] Danach sei „auf außervertragliche Schuldverhältnisse, die aus einem unlauteren Wettbewerbsverhalten entstanden sind, (...) das Recht des Staates anzuwenden, in dessen Gebiet die Wettbewerbsbeziehungen oder die kollektiven Interessen der Verbraucher unmittelbar und wesentlich beeinträchtigt worden sind oder beeinträchtigt

---

1208, 1213; *Trutmann* S. 182f; *Wengler* RablesZ 19 (1954) 401, 415ff. Für eine eingeschränkte Übernahme des Auswirkungsprinzips auch *Beater* § 31 Rn 11; *Schricker* GRUR Int. 1982, 720, 723.

[349] So insbesondere *Deutsch* S. 43ff.

[350] Zur Diskussion im Einzelnen → Rn 218ff.

[351] *Joerges* RabelsZ 36 (1972) 421, 468, 472; *Regelmann* S. 168.

[352] So etwa *Steindorff* S. 128ff.

[353] S. vor allem *Dethloff* S. 283ff, 292ff; *dies.* JZ 2000, 179, 182f; ähnlich jetzt auch *Thünken* S. 207ff, 230ff.

[354] → Rn 62f.

[355] Vgl. den „Vorentwurf eines Übereinkommens über das auf vertragliche und außervertragliche Schuldverhältnisse anwendbare Recht" von 1972, abgedr. in RabelsZ 38 (1974) 211. Das Vorhaben wurde reduziert auf den Bereich der vertraglichen Schuldverhältnisse und mündete in das Römische Übereinkommen über das auf vertragliche Schuldverhältnisse anzuwendende Recht von 1980 (abgedr. bei *Jayme/Hausmann* Nr. 70).

[356] Der Vorentwurf von 1972 (aaO) sah noch keine Sonderanknüpfung für den unlauteren Wettbewerb vor; vgl. *Giuliano/Lagarde* European Private International Law of Obligations S. 241ff.

[357] Vgl. den Vorschlag für eine VO des Europäischen Parlaments und des Rates über das auf außervertragliche Schuldverhältnisse anzuwendende Recht („Rom II") vom 22. 7. 2003, KOM(2003), 427 endg. S. im Einzelnen zu Entwicklung und Ergebnis der Reform → Rn 154ff.

[358] Vorschlag für ein EU-Übereinkommen über das IPR der außervertraglichen Schuldverhältnisse, IPRax 1999, 286ff; dazu *Jayme* IPRax 1999, 298.

[359] S. Art. 4 lit. b des Entwurfs aaO: „... il est présumé que l'obligation non contractuelle a les liens les plus étroits (...) en cas de concurrence déloyale ou de pratique commerciale restrictive, avec le pays dont le marché est concerné par le fait dommageable." Dazu *Dethloff* JZ 2000, 179, 180f.

[360] *Kropholler* IPR § 53 VII 3b.

werden könnten". Ferner wurde eine **Ausnahme von der Marktortregel** zugelassen für „bilateral" wirkendes Wettbewerbsverhalten. Art. 5 Abs. 2 des Verordnungsvorschlags verwies entsprechend in den Fällen, in denen ein unlauteres Wettbewerbsverhalten „ausschließlich die Interessen eines bestimmten Wettbewerbers" beeinträchtigt, auf Art. 3 Abs. 2 und 3 des Verordnungsvorschlags und damit auf die Ausnahme vom allgemeinen Deliktsstatut zugunsten des Rechts am gemeinsamen Aufenthaltsort (Abs. 2) sowie zugunsten der Ausweichklausel, nach der bei einer „offensichtlich engere(n) Verbindung mit einem anderen Staat" das Recht dieses Staates Anwendung finden sollte. Im Laufe der Reformarbeiten ist die Idee einer Sonderkollisionsnorm für den unlauteren Wettbewerb zwischenzeitlich fallengelassen worden,[361] um später wieder Berücksichtigung zu finden[362] und schließlich – wenn auch in veränderter Form – in **Art. 6 Rom II-VO** realisiert zu werden.[363]

Keine generelle, sondern eine auf **Binnenmarktsachverhalte** beschränkte Kollisionsrechtsvereinheitlichung wäre mit den Vorschlägen der Kommission zur Verabschiedung einer Richtlinie über unlautere Geschäftspraktiken[364] und einer Verordnung über Verkaufsförderung im Binnenmarkt[365] erreicht worden. Die in beiden Sekundärrechtsakten zunächst enthaltene Binnenmarktklausel hätte allerdings – sofern man ihr ein kollisionsrechtliches Herkunftslandprinzip entnehmen wollte – eine große Reichweite gehabt, die vergleichbar mit der (Kollisionsrechts-)Vereinheitlichung durch das Herkunftslandprinzip der E-Commerce-Richtlinie[366] eine deutlich stärkere Vereinheitlichungskraft besessen hätte als frühere Gemeinschaftsrechtsakte, wie zB die einstige Fernsehrichtlinie und jetzige Richtlinie über audiovisuelle Mediendienste.[367] Beide Vorschläge zur Installierung des Herkunftslandprinzips wurden jedoch – wie im Fall der Dienstleistungsrichtlinie[368] – aufgegeben.[369] 70

b) Reformvorhaben auf internationaler Ebene. Auf internationaler Ebene wurde gemeinhin eine Sonderkollisionsnorm für das Internationale Wettbewerbsrecht gefordert. Das *Institut de Droit International* verabschiedete im Jahre 1983 eine eigene Resolution zum Internationalen Lauterkeitsrecht.[370] Maßgeblich soll nach Art. II und III der Resolution das Recht des **Erfolgsortes** sein, an dem die Geschäftstätigkeit des Klägers beeinträchtigt wird, also das Recht des Absatz- und Werbemarktes.[371] Ausnahmsweise soll aber der **Handlungsort** entscheiden, welches Recht anzuwenden ist, wenn der Erfolgsort nicht vorhersehbar oder nicht feststellbar ist. Wirkt ein Wettbewerbsverstoß auf mehrere nationale Märkte ein und ist eine Anknüpfung an jedes Marktortrecht nicht sachgerecht, so soll schließlich ebenfalls eine Abweichung von der Grundregel der Anknüpfung an das Recht des Erfolgsortes zulässig sein. Gleiches erlaubt eine **Ausweichklausel,** die bei einer „engeren Beziehung" zu einem anderen Staat die Möglichkeit eröffnet, dessen Recht anzuwenden. Der Vorschlag ist mit der Anknüpfung an Erfolgs- und Handlungsort noch vollständig in internationaldeliktsrechtlichen Grundsätzen verhaftet. 71

Auch die *Haager Konferenz für Internationales Privatrecht* von 1987 forderte eine Sonderkollisionsnorm für das Internationale Wettbewerbsrecht. Sie kam zu dem Ergebnis einer An- 72

[361] Vgl. die Legislative Entschließung des Europäischen Parlaments zu dem Vorschlag für eine Verordnung des Europäischen Parlaments und des Rates über das auf außervertragliche Schuldverhältnisse anzuwendende Recht („Rom II"), KOM(2003)0427 – C5–0338/2003–2003/0168 (COD), 6. 7. 2005, P6_TA(2005), 0284, abgedruckt in: IPRax 2006, 413 ff. Kritisch dazu *Buchner* GRUR Int. 2005, 1004, 1009.

[362] S. Art. 7 des Geänderten Vorschlags für eine Verordnung des Europäischen Parlaments und des Rates über das auf außervertragliche Schuldverhältnisse anzuwendende Recht („Rom II"), Vorlage der Kommission gemäß Art. 250 Abs. 2 EG-Vertrag vom 21. 2. 2006, KOM(2006), 83 endg. 2003/0168 (COD), abgedruckt in: IPRax 2006, 404 ff.

[363] Die wettbewerbsrechtliche Kollisionsnorm ist am 11. 1. 2009 in Kraft getreten. Näher → Rn 154 ff.

[364] → Rn 146 ff.

[365] → Rn 153.

[366] → Rn 121 ff.

[367] → Rn 119 f.

[368] → Rn 151 f.

[369] → Rn 150 und 153.

[370] Der Text ist mit Anm. abgedruckt bei *Reese/Vischer* Ann. Inst. Dr. Int. 60, I (1983), 159 ff.

[371] Vgl. *Reese/Vischer* Ann. Inst. Dr. Int. 60 I (1983), 159, 161.

knüpfung an das **Recht des Marktortes,** also des Ortes, an dem sich der Wettbewerbsverstoß auswirkt.[372] Nach diesem Vorschlag soll eine Abweichung von der Marktortregel im Falle der Berührung mehrerer Staaten ebenfalls möglich sein. Die *Haager Konferenz für Internationales Privatrecht* von 1999 befasste sich mit der gerichtlichen Zuständigkeit sowie der Anerkennung und Vollstreckung von Entscheidungen in Zivil- und Handelssachen und legte hierzu einen Konventionsentwurf vor. Fragen des anwendbaren Rechts in lauterkeitsrechtlichen Streitigkeiten mit Auslandsberührung stehen seit 2006 nicht mehr auf der Agenda.[373]

73 Die „Principles" des *American Law Institute (ALI)* befassten sich zunächst in erster Linie mit Fragen der internationalen Zuständigkeit, aber auch mit dem anwendbaren Recht im Bereich des Geistigen Eigentums, hingegen nicht mit der Frage des auf lauterkeitsrechtliche Streitigkeiten anwendbaren Rechts.[374] Die neuen *ALI*-„Principles" von 2007 schließen das Internationale Lauterkeitsrecht mit ein und schlagen in § 301 Abs. 1 als generelles Prinzip das **Territorialitätsprinzip** vor, welches im Lauterkeitsrecht gemäß Abs. 2 eine Anknüpfung an das Recht des Staates bedeutet, in dem das schadensbegründende Verhalten stattfand („... the law of the state where the act giving rise to the damage accurred").[375] Parallel zu den *ALI*-„Principles" wurde im Jahr 2004 vom *Max-Planck-Institut (MPI) für Geistiges Eigentum, Wettbewerbs- und Steuerrecht* in München und dem *Max-Planck-Institut für ausländisches und internationales Privatrecht* in Hamburg das sog. *CLIP*-Projekt („The European Max-Planck Group on Conflict of Laws in Intellectual Property") ins Leben gerufen, welches ebenfalls zunächst auf einen Vorschlag für das anwendbare Recht im internationalen Lauterkeitsrecht verzichtete.[376] Ein neuer Vorschlag im Rahmen des *CLIP*-Projekts der *Max-Planck-Institute* in München und Hamburg wird für Ende 2009 erwartet und soll sich wie bisher an den *ALI*-„Principles" orientieren, um letztlich zu weltweit akzeptablen „Common Principles" zu führen.[377]

6. Freiwillige Selbstkontrolle

74 Die Freiwillige Selbstkontrolle hat nicht nur im Presserecht, sondern auch im Bereich des unlauteren Wettbewerbs einige Bedeutung erlangt. Es gibt mittlerweile Zusammenschlüsse auf europäischer und internationaler Ebene, die jeweils auch kollisionsrechtlich Stellung beziehen. Die **„European Advertising Standards Alliance"** (EASA) von 1991 basiert auf einem Zusammenschluss nationaler Einrichtungen der Werbeselbstdisziplin aus neun EG-Staaten. Sie sieht ein grenzüberschreitendes Beschwerdeverfahren vor, für das sie die Maßgeblichkeit der im Ursprungsland des Werbenden gültigen Verhaltensregeln statuiert.[378] Die EASA geht damit vom Herkunftslandprinzip aus.[379] Auch die von der Internationalen Handelskammer (ICC) verabschiedeten **„Guidelines on Interactive Marketing Communications"** schreiben für den Bereich der Internetwerbung die Anwendbarkeit

---

[372] Vgl. *Dyer* Exploratory Study on the Law Applicable to Unfair Competition, General affairs, Preliminary Document No. 2, nov. 1987, Hague Conference on Private International Law; *ders.* Study of the feasibility of drawing up an international convention dealing only with certain aspects of the applicable law to unfair competition, General affairs, Preliminary Document No. 15, Aug. 1988, Hague Conference on Private International Law; *ders.* Rec. Des Cours 211 (1988 IV) 373, 443.

[373] Vgl. Preliminary Document No. 11, June 2006.

[374] Vgl. *Dreyfuss/Ginsburg* Principles Governing Jurisdiction, Choice of Law, and Judgements in Transnational Disputes, CRi 2003, 33 ff.

[375] *Dreyfuss* The American Law Institute, Project on Intellectual Property: Principles Governing Jurisdiction, Choice of Law and Judgments in Transnational Disputes, Vortrag gehalten auf der Bayreuther Konferenz „Intellectual Property and Private International Law" am 4. 4. 2008.

[376] Vgl. zum Projekt bereits *Kur,* Principles Governing Jurisdiction, Choice of Law and Judgements in Transnational Disputes: A European Perspective, CRi 2003, 65 ff.

[377] Vgl. *Kur* Are There Any Common European Principles of Private International Law with Regard to Intellectual Property?, Vortrag gehalten auf der Bayreuther Konferenz „Intellectual Property and Private International Law" am 4. 4. 2008.

[378] S. unter <http://www.easa-alliance.org/>. Vgl. dazu *Beckmann* WRP 1993, 651, 657.

[379] *Dethloff* S. 57 f.

des Rechts des Einspeisungsstaates vor, mithin das kollisionsrechtliche Herkunftslandprinzip.[380] Kollisionsrechtlich entscheidend soll demnach der Ort sein, an dem die Werbeinformationen ins Netz eingestellt werden.

B. Internationales Lauterkeitsrecht im europäischen Vergleich

Trotz der Perspektive eines zusammenwachsenden Europas und der Schaffung eines europäischen Rechtsraums, wie es seit Inkrafttreten des Amsterdamer Vertrages Art. 65 EG vorschreibt, bleiben die zum Teil stark differierenden nationalen Wettbewerbsregeln der europäischen Mitgliedstaaten von Bedeutung.[381] Ob ein jeweiliges materielles Wettbewerbsrecht zur Anwendung kommt, haben bislang grundsätzlich die nationalen Kollisionsrechte bestimmt, die zu ganz unterschiedlichen Lösungen der Anknüpfungsproblematik gelangen. Mit **Inkrafttreten der Rom II-VO** ist nun ein gemeinschaftsweites, einheitliches Kollisionsrecht für das Wettbewerbsrecht geschaffen worden. Dennoch ist für sämtliche Altfälle, also Sachverhaltskonstellationen, in denen das unlautere Verhalten in einen Zeitraum vor Inkrafttreten der Rom II-VO fällt,[382] weiterhin das jeweilige nationale Lauterkeitskollisionsrecht eines Mitgliedstaates zu befragen. Exemplarisch soll daher ein Überblick über die bisherigen Regelungen des Wettbewerbskollisionsrechts in Frankreich, Großbritannien, Italien und Spanien gegeben werden. Wegen der starken gegenseitigen Beeinflussung der deutschsprachigen Nachbarn Österreich und Schweiz werden auch diese beiden Rechtsordnungen im Hinblick auf die kollisionsrechtliche Anknüpfung unlauteren Wettbewerbsverhaltens dargestellt. 75

I. Rechtslage in Österreich

Schrifttum: *Herzig,* Rechtliche Probleme grenzüberschreitender Werbung, wbl 1988, 251; *Keßler,* Lauterkeitsschutz und Wettbewerbsordnung – zur Umsetzung der Richtlinie 2005/29/EG über unlautere Geschäftspraktiken in Deutschland und Österreich, WRP 2007, 714; *Koppensteiner,* Österreichisches und europäisches Wettbewerbsrecht, 3. Aufl. 1997; *Rummel,* Kommentar zum Allgemeinen Bürgerlichen Gesetzbuch, 2. Band, 3. Aufl. 2002; *Schwimann,* Internationales Privatrecht einschließlich Europarecht, 2. Aufl. 1999; *v. Schwind,* Internationales Privatrecht, 1990; *Wiltschek,* Die Beurteilung grenzüberschreitender Werbe- und Absatztätigkeiten nach österreichischem Wettbewerbsrecht, GRUR Int. 1988, 299; *ders.,* UWG, Gesetz gegen den unlauteren Wettbewerb, 7. Aufl. 2003; *Wiltschek/Merckens,* Wettbewerbs- und Markenrecht in Österreich – Eine Übersicht über die im Jahr 2005 veröffentlichten Entscheidungen, WRP 2006, 919.

Das österreichische Internationale Privatrecht wies schon vor Inkrafttreten der Rom II-VO mit **§ 48 Abs. 2 öIPRG** eine eigene, kodifizierte Kollisionsregel für die Anknüpfung wettbewerbsrechtlicher Sachverhalte mit Auslandsbezug auf. Die Kollisionsregel ist in das Kollisionsrecht der „außervertragliche(n) Schadensersatzansprüche" – wie es in der Überschrift zu § 48 öIPRG heißt – als Abs. 2 mit folgendem Wortlaut integriert: „Schadensersatz- und andere Ansprüche aus unlauterem Wettbewerb sind nach dem Recht des Staates zu beurteilen, auf dessen Markt sich der Wettbewerb auswirkt". Systematisch findet sich die wettbewerbsrechtliche Sonderkollisionsnorm im unmittelbaren Anschluss an die Verankerung des allgemeinen Deliktsstatuts. In § 48 Abs. 1 öIPRG wird für die Anknüpfung deliktsrechtlicher Sachverhalte mit Auslandsberührung, wie auch im deutschen Recht, auf die lex loci delicti commissi verwiesen. Die Normierung einer eigenen Kollisionsregel für 76

[380] Abrufbar unter <http://www.iccwbo.org>: „(...) commercial communications must be consistent with the laws of that country in which the dissemination of such communication originates." Vgl. dazu *Lehmann/Hoeren* S. 111, 113.

[381] S. dazu die Länderberichte bei *Harte/Henning* UWG Einl. E Rn 1–753 (v. *Henning-Bodewig, Barkardjieva Engelbrekt, Bodewig*); *Hefermehl/Köhler/Bornkamm/Köhler* UWG Einl. Rn 4.1–4.31, *Piper/Ohly/Ohly* Einf. B Rn 34–63.

[382] Zum zeitlichen Anwendungsbereich → Rn 154.

das Internationale Lauterkeitsrecht macht deutlich, dass eine konzeptionelle Vermengung mit dem allgemeinen Deliktsstatut nicht möglich ist. Der Wortlaut der Kollisionsnorm des § 48 Abs. 2 öIPRG scheint für grenzüberschreitende lauterkeitsrechtliche Sachverhalte das Auswirkungsprinzip festzuschreiben. Da nun Art. 6 Rom II-VO den Regelungsgegenstand des § 48 Abs. 2 öIPRG abdeckt, soll nach dem österreichischen Gesetzentwurf zur Anpassung des öIPRG die Vorschrift in Abs. 2 ersetzt werden durch die allg. Verweisungsregel der lex loci delicti commissi, die bisher in § 48 Abs. 1 öIPRG enthalten ist, während an deren Stelle im ersten Absatz der Norm ein abgrenzender Hinweis auf die Rom II-VO treten soll.[383]

1. Rechtsprechung

77 Die Rechtsprechung des Obersten Gerichthofs in Österreich ist wenig konsistent in Bezug auf die Auslegung von § 48 Abs. 2 öIPRG. In älteren Entscheidungen – noch vor Inkrafttreten des IPRG – finden sich Äußerungen, die der deutschen Lehre folgend ein Abstellen auf den **Ort der wettbewerbsrechtlichen Interessenkollision** bezeugen.[384] Die österreichische Rechtsprechung übernahm sogar insoweit die Grundsätze der deutschen Spruchpraxis im Fall „Stahlexport", als es auf eine ausschließlich zwei Inländer auf dem Auslandsmarkt betreffende Wettbewerbshandlung gemeinsames österreichisches Heimatrecht anwendete.[385] Auch in neueren Entscheidungen, die bereits auf der neu geschaffenen Kollisionsnorm des § 48 Abs. 2 öIPRG beruhten, blieb der Oberste Gerichtshof diesen der deutschen Spruchpraxis entlehnten Grundsätzen zunächst treu. Dementsprechend legte die österreichische Rechtsprechung den Begriff der „Auswirkung" in § 48 Abs. 2 öIPRG in der Weise aus, dass auf die **Einwirkung auf die Marktgegenseite** abzustellen sei. Handelte es sich um Werbemaßnahmen, so lokalisierte sie die Auswirkungen am **Werbemarkt,** also an dem Ort, an dem Abnehmer geworben werden sollten.[386] Galt es Absatzmaßnahmen zu beurteilen, so stellte die österreichische Rechtsprechung auf den **Absatzmarkt** ab.[387] Zumeist wird unter dem gesetzlichen Begriff der „Auswirkung" mithin das *Einwirken* auf den Markt verstanden. Nach dem Schutzzweck des Wettbewerbsrechts seien für die kollisionsrechtliche Anknüpfung lediglich solche Auswirkungen maßgeblich, die die Wettbewerbsstellung auf dem umkämpften Markt berühren.[388] Das Auswirkungsprinzip wird demnach von der österreichischen Rechtsprechung nicht unbeschränkt angewendet, sondern modifiziert bzw. begrenzt auf bestimmte statutbestimmende Auswirkungen.

78 Die österreichische Rechtsprechung lässt allerdings auch Tendenzen zu einem Gesetzesverständnis im Sinne des **kartellrechtlichen Auswirkungsprinzips** erkennen. So stützte der Oberste Gerichtshof sich in einer Entscheidung zum **Zugaberecht** unter Vernachlässigung der statutbestimmenden Kraft des Werbemarktes auf den Absatzmarkt, um österreichisches Recht anzuwenden. In dem zugrunde liegenden Sachverhalt ging es um den möglichen Verstoß gegen § 1 des österreichischen Zugabegesetzes durch Verteilung von in Österreich einzulösenden Gutscheinen eines österreichischen Unternehmens in Ungarn. Nach Auffassung des österreichischen Gerichtshofs genügte es hier zur Anwendung des **Rechts des Absatzmarktes** auch im Zusammenhang mit der wettbewerbsrechtlichen Beurteilung der *Werbung* mit Zugabeversprechen, dass sich die Werbeaktion durch Anlocken ungarischer Verbraucher auf den österreichischen Markt durch Beeinflussung des

---

[383] Vgl. den Gesetzentwurf und die Erläuterungen zu § 48 öIPRG unter www.justiz.gv.at/gesetzentwuerfe/ (abgerufen am 24. 4. 2009).

[384] So etwa öOGH ÖBl. 1971, 147, 149 – Wiener Montag.

[385] öOGH ÖBl. 1973, 17, 19 – Broschenfassungen; öOGH; ÖBl. 1975, 38, 39 – Prawda.

[386] öOGH GRUR Int. 1990, 239 – Kopfsalat; öOGH ÖBl. 1987, 44 – Media-Markt Rosenheim; öOGH GRUR Int. 1986, 270, 272 – Werbefahrten; öOGH ÖBl. 1982, 122 – Wärmepumpen. S. auch jüngst öOGH GRUR Int. 2006, 351, 353 – Sportwetten im Internet.

[387] öOGH Medien und Recht 1991, 150, 151 – Picadilly; öOGH ÖBl. 1998, 225, 227 – Haftgel.

[388] So noch zum alten Recht öOGH GRUR Int. 1981, 401, 402 – Fremdenverkehrsverband.

dortigen Warenabsatzes ausgewirkt habe.[389] In ähnlicher Weise löste sich das OLG Innsbruck vom statutbestimmenden Kriterium des finalen Einwirkens auf die Marktgegenseite und beurteilte bei einem in den USA liegenden Werbe- und Absatzmarkt die Werbung einer deutschen Fluggesellschaft mit dem Verleih von Skiern bei Buchung eines Fluges nach Österreich nach österreichischem Recht.[390] Ort der Einwirkung auf die Marktgegenseite waren die USA, wegen der mittelbaren Auswirkungen auf den Absatzmarkt in Österreich wendete das Gericht jedoch das österreichische Zugabegesetz an. Angesichts dieser Rechtsprechung deutet einiges darauf hin, dass es weniger um die Berufung auch ausländischen Rechts, als vielmehr um die Prüfung der Möglichkeit geht, heimisches Recht anzuwenden.[391]

In einer jüngeren Entscheidung zur Werbung für die **Inkassotätigkeit eines österreichischen Unternehmens in Deutschland,** welches die erforderliche behördliche Erlaubnis nach dem RBerG nicht eingeholt hatte, wendet der österreichische Oberste Gerichtshof gemäß § 48 Abs. 2 öIPRG zugleich deutsches und österreichisches Recht an.[392] In seiner Begründung stellt der Gerichtshof darauf ab, dass der deutsche wie auch österreichische Markt berührt seien. Denn auf beiden Märkte werde die in Deutschland ausgeübte Inkassotätigkeit beworben. In einem solchen Fall der Betroffenheit mehrerer Staaten durch dasselbe Wettbewerbsverhältnis seien die Folgen nach dem Recht jedes einzelnen Staates gesondert zu beurteilen sein. Dabei könne, so die obersten Richter wörtlich, „jeweils nur derjenige Teil der Wettbewerbshandlung untersagt werden, der auf den Markt desjenigen Landes *einwirkt,* dessen Wettbewerbsrecht angewendet wird".[393] Mit dieser Formulierung knüpft der auf den **Werbemarkt** abstellende Oberste Gerichtshof nahtlos an seine bisherige, die **Finalität** der Wettbewerbshandlung berücksichtigende Rechtsprechung an, auf die er auch ausdrücklich Bezug nimmt.[394] Zumindest hinsichtlich der Werbung, die „wohl auch" in Österreich erfolge, wirke sich nach Ansicht des Obersten Gerichtshofs das Verhalten gleichermaßen auf Österreich aus. Das in § 48 Abs. 2 öIPRG genannte Recht des Staates, auf dessen Markt sich der Wettbewerb auswirkt, wird demnach von der höchstrichterlichen Rechtsprechung in Österreich weiterhin vornehmlich als **Recht des Einwirkungsmarktes** verstanden.[395] 79

2. Schrifttum

Das österreichische Schrifttum teilt die Auffassung der Rechtsprechung und wendet auf Kollisionsrechtsfälle im Bereich des unlauteren Wettbewerbs das Auswirkungsprinzip im Sinne des § 48 Abs. 2 öIPRG in der Weise an, dass nur die **Auswirkungen** auf die Wettbewerbsposition von Mitbewerbern **auf dem umkämpften Markt** als statutbestimmend beachtet werden.[396] Der Sache nach wird die Marktortregel damit im Sinne der in der deutschen Literatur herrschenden Interessenkollisionslösung angewandt.[397] Teilweise wird eine Auslegung des § 48 Abs. 2 öIPRG als Festschreibung des Auswirkungsprinzips im kartellrechtlichen Sinne befürwortet.[398] Dennoch soll auch nach dieser Ansicht das Recht des Ortes maßgeblich sein, an dem etwa eine Werbung auf die Marktgegenseite trifft.[399] 80

---

[389] öOGH GRUR Int. 1992, 230, 231 – Digitaluhren.
[390] Zitiert nach *Wiltscheck* GRUR Int. 1988, 299, 306f.
[391] Ebenso die Deutung bei *Staudinger/Fezer/Koos* IntWirtschR Rn 444.
[392] öOGH ÖBl. 2002, 313 m. Anm. *Gamerith* = GRUR Int. 2003, 955, 956 – Inkassobüro BRD.
[393] AaO [Hervorhebung durch die Verfasser].
[394] So verweist der öOGH aaO auf seine Entscheidung öOGH, ÖBl. 1998, 225 – Haftgel.
[395] S. auch jüngst öOGH GRUR Int. 2006, 351, 353 – Sportwetten im Internet, der auf den (deutschen) Werbemarkt abstellt.
[396] Vgl. *Rummel/Schwimman* IPRG § 48 Rn 11 mwN.
[397] Vgl. *v. Schwind* S. 234f; s. auch *Grundmann* RabelsZ 67 (2003), 246, 267.
[398] *Koppensteiner* § 21 Rn 16; *Wiltschek* GRUR Int. 1988, 299, 300f.
[399] *Wiltschek* GRUR Int. 1988, 299, 302 und 305.

II. Rechtslage in der Schweiz

Schrifttum: *Baudenbacher,* Die wettbewerbsrechtliche Beurteilung grenzüberschreitender Werbe- und Absatztätigkeit nach schweizerischem Recht, GRUR Int. 1988, 310; *Honsell/Vogt/Schnyder,* Kommentar zum schweizerischen Privatrecht, Internationales Privatrecht, 1996; *Dubs,* Das Lauterkeitsrecht nach schweizerischem Kollisionsrecht, Diss. 2000; *Girsberger/Heini/Keller/Kren-Kostkiewicz/Siehr/Vischer/Volken,* Zürcher Kommentar zum IPRG, 2. Aufl. 2004; *Glöckner,* Wettbewerbsverstöße im Internet – Grenzen einer kollisionsrechtlichen Problemlösung, ZVglRWiss 99 (2000), 278; *Schnyder,* Das neue IPR-Gesetz, 2. Aufl. 1990; *Schwander,* Das UWG im grenzüberschreitenden Verkehr (IPR-Probleme des unlauteren Wettbewerbs), in: Das UWG auf neuer Grundlage, 1989, S. 161; *Siehr,* Das internationale Privatrecht der Schweiz, 2002; *Weber,* Internationale Harmonisierungsansätze im Lauterkeitsrecht, sic! 1998, 158.

81 Auch das geschriebene schweizerische Internationale Privatrecht enthält mit **Art. 136 schwIPRG**[400] (ebenso wie das österreichische Internationale Privatrecht) eine explizite Kollisionsnorm für das Internationale Lauterkeitsrecht. Nach Art. 136 Abs. 1 schwIPRG unterstehen Ansprüche aus unlauterem Wettbewerb „dem Recht des Staates, auf dessen Markt die unlautere Handlung ihre Wirkung entfaltet". Art. 136 Abs. 2 schwIPRG schreibt vor, abweichend von dem in Art. 136 Abs. 1 schwIPRG niedergelegten Grundsatz das Recht der Niederlassung des Geschädigten anzuwenden, wenn „sich die Rechtsverletzung ausschließlich gegen betriebliche Interessen des Geschädigten" richtet. Nach Vorstellung des schweizerischen Gesetzgebers ist dies etwa der Fall bei der Abwerbung von Mitarbeitern, der Industriespionage und der Verleitung zum Vertragsbruch, wenn also unmittelbar keine anderen Marktteilnehmer betroffen sind.[401] Der Wortlaut des schweizerischen Gesetzes verzichtet damit auf den Begriff der Auswirkung und spricht demgegenüber davon, dass die Wettbewerbshandlung ihre **Wirkung entfalten** muss. Ein Rückgriff auf das allgemeine Deliktsstatut, welches in Art. 133 Abs. 2 schwIPRG im Sinne der lex loci delicti commissi geregelt ist, kommt im Anwendungsbereich der Spezialregeln der Art. 134 bis 139 schwIPRG nicht in Betracht.[402] Vom deliktsrechtlichen Ansatz hat sich der schweizerische Gesetzgeber für das Lauterkeitskollisionsrecht damit ausdrücklich gelöst.[403]

1. Rechtsprechung

82 Die schweizerische Rechtsprechung hat bei der kollisionsrechtlichen Beurteilung von Wettbewerbsverstößen traditionell handlungsbezogen und am Deliktsstatut orientiert auf das Recht des Tatortes abgestellt.[404] Allerdings sollte schon nach altem Recht, also unter der Ägide des Deliktsstatuts, bereits dann inländisches schweizerisches Wettbewerbsrecht Anwendung finden, wenn eine im Ausland erscheinende Zeitschrift vereinzelt in der Schweiz verbreitet war.[405] Auf Grundlage des **Auswirkungsprinzips** gemäß Art. 136 Abs. 1 schwIPRG prüft die schweizerische Rechtsprechung bei der Betroffenheit von Märkten in mehreren Staaten grundsätzlich die Wettbewerbswidrigkeit nach jeder einzelnen Rechtsordnung, wobei nicht spürbare Auswirkungen nicht berücksichtigt werden. Die Abgrenzung von kollisionsrechtlich maßgeblichen und nicht zu beachtenden Marktauswirkungen nimmt das schweizerische Bundesgericht dabei anhand einer Abwägung aller Interessen im Einzelfall vor.[406] Dies kann auch dazu führen, dass als Einwirkungsort der Ort betrachtet wird, an dem ein werbender Unternehmer sich mit seinem Angebot in Konkurrenz zu Wettbewerbern an potentielle Abnehmer wendet.[407] Die Anwendung gemein-

[400] Bundesgesetz über das Internationale Privatrecht vom 18. 12. 1987, SR 291.

[401] Vgl. die Botschaft des Bundesrates zum Bundesgesetz über das internationale Privatrecht, Bbl. 1983 I S. 424, 429.

[402] *Glöckner* ZVglRWiss 99 (2000), 278, 280; *Heini,* in: *Girsberger/Heini/Keller/Kren-Kostkiewicz/Siehr/Vischer/Volken* IPRG Art. 133 Rn. 1.

[403] Vgl. die Botschaft aaO S. 428 ff.

[404] BGE 76 II 110; BGE 82 II 163.

[405] BGE 87 II 113, 115 – Örtli; BGE 91 II 117; BGE 92 II 257, 264 ff – Silbond.

[406] Vgl. BGE 92 II 257, 264 ff – Silbond.

[407] BG GRUR Int. 1997, 167,169 – item communication.

samen Heimatrechts kommt nach der schweizerischen Rechtsprechung auch bei Auslandswettbewerb zwischen Inländern grundsätzlich nicht in Betracht.[408]

2. Schrifttum

Im Schrifttum wird die Kollisionsnorm des Art. 136 Abs. 1 schwIPRG zumeist nicht als Ausprägung des kartellrechtlichen Auswirkungsprinzips des Art. 137 Abs. 1 schwIPRG verstanden, sondern als eigenständige Kollisionsregel, die das **Marktauswirkungsprinzip** im Lauterkeitsrecht aus Sicht der Wettbewerbshandlung, also der Täterperspektive, und nicht wie im Kartellrecht aus Sicht des betroffenen Marktteilnehmers, also der Opferperspektive, umsetzt.[409] Allerdings verliere die Unterscheidung von Wettbewerbsbehinderungsrecht und handlungsorientiertem Lauterkeitsrecht an Bedeutung, da das Lauterkeitsrecht zunehmend als „Marktordnungsmittel mit öffentlich-rechtlichem Einschlag" funktionalisiert werde.[410] Vor diesem Hintergrund des nicht geklärten Verhältnisses von Wettbewerbs- und Kartellrecht[411] wird Art. 136 Abs. 1 schwIPRG teilweise als Verweis auf das Recht des Erfolgsortes,[412] zumeist aber als Verweis auf das **Recht des Einwirkungsmarktes** bzw. des **Ortes der Marktgegenseite** als typisierter Deliktsort verstanden.[413] Der Markt sei danach der Ort, an dem der Wettbewerber mit seinem Angebot auftritt, mit anderen Wettbewerbern in Konkurrenz tritt und sich an die Abnehmer richtet.[414] Im Falle der Werbung sei das Recht des Werbemarktes anzuwenden, da hier auf die Marktgegenseite eingewirkt werde.[415] Werden mehrere Märkte betroffen, so soll das Recht jedes einzelnen Marktes anzuwenden sein.[416] 83

Einige Vertreter der schweizerischen Literatur verstehen das Auswirkungsprinzip des Art. 136 Abs. 1 schwPRG hingegen als echtes lauterkeitsrechtliches Auswirkungsprinzip im Sinne des Kartellrechts.[417] Sie argumentieren damit, dass der funktionale Charakter des Lauterkeitsrechts als objektives Marktordnungsrecht wie im Kartellrecht eine Anwendung des Auswirkungsprinzips im Sinne einer **objektiv spürbaren Beeinträchtigung** erfordere.[418] Nach anderer Meinung soll für die Unterscheidung von kollisionsrechtlich zu beachtenden und irrelevanten Auswirkungen von Wettbewerbsverstößen zudem die Finalität der Wettbewerbshandlung im Sinne einer objektiven Eignung sowie die **tatsächliche Auswirkung** auf den Zielmarkt entscheidend sein.[419] Kollisionsrechtlich außer Betracht zu lassen seien dagegen nicht unmittelbar, sondern nur durch „sekundäre Weiterwirkung" betroffene Märkte.[420] Teilweise wird auch eine qualitative Schwerpunktbildung zur Eingrenzung des Auswirkungsprinzips in Art. 136 Abs. 1 schwIPRG gefordert.[421] Die Anwendung der allgemeinen Ausweichklausel des Art. 15 Abs. 1 schwIPRG auf wettbewerbsrechtliche Sachverhalte wird in der Literatur grundsätzlich mit dem Argument abgelehnt, 84

---

[408] BGE 117 II 204, 206f.

[409] S. *Honsell/Vogt/Schnyder/Dasser/Drolshammer* IPRG Art. 136 Rn 11.

[410] *Honsell/Vogt/Schnyder/Dasser/Drolshammer* IPRG Art. 136 Rn 7.

[411] *Honsell/Vogt/Schnyder/Dasser/Drolshammer* IPRG Art. 136 Rn 1.

[412] So etwa *Siehr* § 20 IV 3 a.

[413] Vgl. *Bär* FS Moser S. 143, 146; *ders.* S. 371; *Honsell/Vogt/Schnyder/Dasser/Drolshammer* IPRG Art. 136 Rn 12; *Dubs* S. 58ff; *Schnyder* S. 116, 124; *Weber* sic! 1998, 158, 171.

[414] *Honsell/Vogt/Schnyder/Dasser/Drolshammer* IPRG Art. 136 Rn 12; *Vischer*, in: *Girsberger/Heini/Keller/Kren-Kostkiewicz/Siehr/Vischer/Volken* IPRG Art. 136 Rn 13.

[415] Vgl. *Honsell/Vogt/Schnyder/Dasser/Drolshammer* IPRG Art. 136 Rn 16.

[416] *Honsell/Vogt/Schnyder/Dasser/Drolshammer* IPRG Art. 136 Rn 13; *Vischer*, in: *Girsberger/Heini/Keller/Kren-Kostkiewicz/Siehr/Vischer/Volken* IPRG Art. 136 Rn 14.

[417] So etwa *Baudenbacher* Vor Art. 2 Rn 42; *ders.* GRUR Int. 1988, 310, 318; *Glöckner* ZVglRWiss 99 (2000), 278, 284, 292 und 294ff.

[418] Vgl. *Glöckner* ZVglRWiss 99 (2000), 278, 292ff.

[419] *Honsell/Vogt/Schnyder/Dasser/Drolshammer* IPRG Art. 136 Rn 13ff.

[420] *Honsell/Vogt/Schnyder/Dasser/Drolshammer* IPRG Art. 136 Rn 13. Weitergehend *Vischer*, in: *Girsberger/Heini/Keller/Kren-Kostkiewicz/Siehr/Vischer/Volken* IPRG Art. 136 Rn 14, der eine *unmittelbare* Betroffenheit des Marktes nicht für erforderlich hält.

[421] In diesem Sinne *Schwander* S. 161, 177.

dass eine wesentlich engere Verbindung als die bei Annahme einer Marktauswirkung nicht denkbar sei.[422] Die nachträgliche Rechtswahl der lex fori im Sinne des Art. 132 schwIPRG wird demgegenüber auch im Lauterkeitskollisionsrecht für möglich gehalten.[423]

III. Überblick über das Internationale Lauterkeitsrecht ausgewählter europäischer Rechtsordnungen

1. Frankreich

Schrifttum: *Audit,* Droit International Privé, 5. Aufl. 2008; *Batiffol/Lagarde,* Droit international privé, Band I, 8. Aufl. 1993; *Bischoff,* La concurrence déloyale en droit international privé, Tr. com.fr. d. i. p. 1969–1971, 53; *Bourel,* Les conflits de lois en matière d'obligations extracontractuelles, 1961; *Derruppé,* in: Encyclopédie Dalloz, Répertoire de droit international, Bd. I, Concurrence déloyale ou illicite, 1998; *Loussouarn/Bourel/de Vareilles-Sommières,* Droit international privé, 9. Aufl. 2007; *Mayer/Heuzé,* Droit international privé, 8. Aufl. 2004; *Niggemann,* wbl 1988, 266; *Szönyi,* Die Neufassung des Kartell- und Wettbewerbsrechts in Frankreich, GRUR Int. 2002, 105; *dies.,* Das französische Werbe- und Verbraucherrecht, GRUR Int. 1996, 83.

85 Die Einordnung des unlauteren Wettbewerbs („concurrence déloyale") in den deliktsrechtlichen Kontext ist in der französischen Lehre nicht nur für den materiellrechtlichen Bereich auf Grundlage der Art. 1382f Code civil,[424] sondern auch in kollisionsrechtlicher Hinsicht klassisch.[425] Ausgangspunkt der kollisionsrechtlichen Beurteilung wettbewerbsrechtlicher Sachverhalte mit Auslandsbezug war bisher demgemäß die ungeschriebene Kollisionsregel der **lex loci delicti commissi.**[426] Eine wettbewerbsrechtliche Sonderregel wurde nicht als notwendig erachtet, da sich das französische Wettbewerbsrecht nicht wie das deutsche Lauterkeitsrecht zu einem Marktrecht entwickelt habe.[427] Der überwiegende Teil des französischen Schrifttums plädierte bei Anwendung des allgemeinen Deliktsstatuts auf internationalwettbewerbsrechtliche Sachverhalte für die Maßgeblichkeit des Rechts am **Erfolgsort.**[428] Zur näheren Bestimmung des Erfolgsortes werden zum Teil Kriterien wie die Verletzung des „sozialen Interesses" herangezogen oder es wird auch gefragt, auf welchem Markt sich die Interessen der Konkurrenten gegenüber stehen.[429] Eine der deutschen Interessenkollisionstheorie vergleichbare, breite und gefestigte Lehre existiert in Frankreich jedoch trotz einer dahingehenden starken Strömung in der Literatur bisher nicht.[430] Die seit 11. 1. 2009 mit Art. 6 Abs. 1 Rom II-VO an die Stelle der autonomen französischen Anknüpfung getretene Marktortregel wird als Anknüpfung an den Ort der Interessenkollision verstanden und als solche begrüßt, weil damit die Interessen der Verbraucher und Marktteilnehmer besser geschützt werden als bei einer Trennung von Handlungs- und Erfolgsort.[431]

86 Die französische **Rechtsprechung** zum Internationalen Privatrecht des unlauteren Wettbewerbs ist äußerst spärlich und geht zumeist auf die Zeit vor 1900 zurück.[432] In den

[422] *Bär* FS Moser S. 143, 150; *Honsell/Vogt/Schnyder/Dasser/Drolshammer* IPRG Art. 136 Rn 17; *Schwander* Das UWG auf neuer Grundlage S. 161, 179; aA aber *Vischer,* in: *Girsberger/Heini/Keller/Kren-Kostkiewicz/Siehr/Vischer/Volken/Vischer* IPRG Art. 136 Rn 15.

[423] *Honsell/Vogt/Schnyder/Dasser/Drolshammer* IPRG Art. 136 Rn 22.

[424] Vgl. Großkomm/*Schricker* UWG Einl Rn F 246f; *Hefermehl/Köhler/Bornkamm/Köhler* UWG Einl. Rn 4.7; HK-WettbR/*Victor-Granzer* UWG III Frankreich Rn 2; *Piper/Ohly/Ohly* UWG Einf. B Rn 38.

[425] S. *Ulmer/Kraßer* IV Rn 183ff mwN.

[426] Cour de Cassation D. 1997, 177; *Loussouarn/Bourel/de Vareilles-Sommières* Rn. 407. Vgl. zum französischen Deliktsstatut *Batiffol/Lagarde* Nr. 557ff; *Bernhard* S. 177f; *Loussouarn/Bourel/de Vareilles-Sommières* Rn. 399ff; *Mayer/Heuzé* Rn 678ff.

[427] *Bourel* S. 162f.

[428] *Bourel* S. 160ff; vgl. auch *Bernhard* S. 190f.

[429] S. zB *Bischoff* Tr. com.fr. d. i. p. 1969–1971, 53, 66; *Derruppé* Nr. 19; *Loussouarn/Bourel/de Vareilles-Sommières* Rn. 407.

[430] Vgl. *Batiffol/Lagarde* Nr. 561; s. aber zB auch *Loussouarn/Bourel/de Vareilles-Sommières* Rn. 407.

[431] *Loussouarn/Bourel/de Vareilles-Sommières* Rn. 407.

[432] Vgl. *K. Troller* S. 85; mit Begründungsansätzen *Bernhard* S. 183.

meisten Entscheidungen neueren Datums wendet die französische Cour de Cassation trotz Auslandsbezugs französisches Recht an, ohne die internationalprivatrechtliche Problematik zu diskutieren.[433] Zu erwähnen ist allerdings eine Entscheidung der Cour d'appel de Paris aus dem Jahre 1975, in der die französischen Richter auf einen Auslandswettbewerb von Inländern ausländisches Wettbewerbsrecht anwendeten.[434] Maßgeblich sei nach Auffassung des Gerichts „la loi du pays où ont été commis les actes incriminés".[435] Die Entscheidung stützt sich mithin auf die **lex loci delicti commissi.** Allerdings lässt sich anhand dieses Diktums weder eine Unterscheidung von Handlungs- und Erfolgsort noch eine Präferenz zugunsten eines der beiden Anknüpfungspunkte ausmachen. Die Ableitung einer unausgesprochenen Befürwortung der Marktortregel aus dieser Entscheidung wird zwar in Betracht gezogen.[436] Es ist jedoch davon auszugehen, dass sich die französische Rechtsprechung im Ergebnis bisher noch nicht klar hierfür entschieden hat, sondern traditionell das Deliktsstatut für die kollisionsrechtliche Behandlung von wettbewerbsrechtlichen Fallkonstellationen mit Auslandsbezug nutzbar macht.

Zu beachten ist aber weiterhin eine Besonderheit des französischen Rechts, welches mit **87** sog. **„lois de police"** oder **„lois d'application immédiate"** arbeitet, die gemäß Art. 3 Abs. 1 Code civil als einseitige Kollisionsnormen selbst ihren Anwendungsbereich bestimmen.[437] Die Einzelheiten des Eingreifens der „lois d'application immédiate" sind sehr umstritten.[438] Generell wird die Anwendung von Vorschriften als „lois d'application immédiate" angenommen, soweit die Beachtung dieser Normen notwendig ist zum Schutz der politischen, sozialen und wirtschaftlichen Grundordnung des Staates.[439] Zu diesem Kernbestand der politischen, sozialen und ökonomischen Ordnung des Staates zählen jedenfalls der Verbraucherschutz und das Verbot irreführender Werbung, welches in der sog. „Loi Royer" von 1973 (strafrechtlich) geregelt ist.[440] Art. 44 Abs. 2 der „Loi Royer" erklärt im Bereich der irreführenden Werbung das Recht des Ortes für maßgeblich, an dem die Werbung unternommen wird oder ihren Adressaten erreicht.[441]

2. Großbritannien

Schrifttum: *Bodewig,* Das Recht des unlauteren Wettbewerbs in Großbritannien: Ein Dreiklang von Fallrecht, Gesetzesrecht und Selbstkontrolle, GRUR Int. 2004, 543; *Cheshire/North/Fawcett,* Private International Law, 14. Aufl. 2008; *Dicey/Morris/Collins,* The Conflict of Laws, 14. Aufl. 2006; *Jergolla,* Der neue British Code of Advertising, Sales Promotion and Direct Marketing, WRP 2003, 606; *Kroher,* Die neuere Entwicklung der Passing off-Klage im englischen Recht, GRUR Int. 1982, 92; *Ohly* in: *Schricker,* Recht der Werbung in Europa, Länderbericht Großbritannien, 1995; *Triebel/Hodgson/Kellenter/Müller,* Englisches Handels- und Wirtschaftsrecht, 2. Aufl. 1995; *Vitoria,* The English Law of Passing off, Mitt. 2006, 247; *Vorpeil,* Neuere Entwicklungen im englischen Handels- und Wirtschaftsrecht, RIW 1999, 693 und 866; *v. Westerholt,* Die Passing off-Klage im englischen Recht, 1976.

Eine dem deutschen Recht des unlauteren Wettbewerbs vergleichbare Rechtsmaterie ist **88** dem Recht Großbritanniens grundsätzlich fremd.[442] Im internationalen und insbesondere gemeinschaftsrechtlichen Kontext ergibt sich jedoch für das Vereinigte Königreich die

---

433 So zB Cour de Cassation R.I.P.I.A. 1969, 13 ff; Cour de Cassation Rev.crit.dr.int.pr. 1969, 506; Cour de Cassation D. 1973, J. 47. Näher zu diesen Entscheidungen *Bernhard* S. 181 f.

434 Cour d'appel de Paris Ann.Prop. Ind. 1975, 283 – Sonneville c. Sateba.

435 So der Leitsatz der Entscheidung aaO. Ebenso Cour de Cassation D. 1997, 177; Cour d'appel de Grenoble J.D.I. 2000, 1016.

436 In diesem Sinne *Bernhard* S. 189.

437 S. dazu *Reich* RabelsZ 56 (1992), 444, 487 ff.

438 *Loussouarn/Bourel/de Vareilles-Sommières* Rn. 126 ff.

439 Vgl. *Reich* RabelsZ 56 (1992), 444, 487.

440 Vgl. *Bernhard* S. 184 f; *Reich* RabelsZ 56 (1992), 444, 487.

441 In der Gesetzesformulierung des Art. 44 Abs. 2 der Loi Royer heißt es: „Le délit est constitué dès lors que la publicité est faite, reçue ou perçue en France". Vgl. *Niggemann* wbl 1988, 266, 267. *Bernhard* S. 184, versteht unter dem in der Vorschrift des Art. 44 Abs. 2 der Loi Royer genannten Ort offenbar nur den Ort, an dem die Werbung wirkt, also ihren Adressaten erreicht.

442 S. *Bodewig* GRUR Int. 2004, 543 ff; *Cheshire/North/Fawcett* S. 809; Großkomm/*Schricker* UWG Einl. Rn F 312; *Piper/Ohly/Ohly* UWG Einf. B Rn 40; *Ulmer/v. Westerholt* Rn 1.

Notwendigkeit einer Regelung. Die Umsetzung der Richtlinie über irreführende Werbung von 1984 erfolgte durch „The Control of Misleading Advertisements Regulations 1988".[443] Mit einem Zusatz hierzu wurde auch die Richtlinie über vergleichende Werbung umgesetzt.[444] Der Schutz gegen unlautere Wettbewerbshandlungen wird daneben durch straf- und verwaltungsrechtliche Vorschriften zB des **Trade Descriptions Act**[445] und insbesondere durch das dem Common Law eigene Rechtsinstitut des **Law of Torts,** also das Deliktsrecht erzielt. Hier spielt der Tatbestand des sog. **Passing off** (Hervorrufen von Verwechslungen) eine besondere Rolle.[446]

89 In kollisionsrechtlicher Hinsicht wird im englischen Recht bisher – ausgehend von Part III des **Private International Law (Miscellaneous Provisions) Act 1995** – das inländische Tatortrecht angewendet.[447] Auch bei Auslandstaten wird zudem Inlandsrecht angewendet, wenn das Delikt – unterstellt, es sei im Inland begangen – untersagt wäre und nicht nach dem ausländischen Recht des Tatortes gerechtfertigt ist. Zur Anwendung kommt mithin eine weit zugunsten der Unterstellung unter Inlandsrecht, also der Maßgeblichkeit der lex fori, ausgedehnte **Tatortregel.**[448] Die Übernahme der Marktortregel des Art. 6 Abs. 1 Rom II-VO in das englische Kollisionsrecht bereitet erhebliche Qualifikationsprobleme.[449]

3. Italien

Schrifttum: *Ballarino,* Diritto internazionale Privato, 3. Aufl. 1998; *Cassoni,* Osservazioni sulla concorrenza sleale e la sua legge regolatrice, Foro pad. 1987 II, 50; *Cian/Trabucchi,* Commentario breve al codice civile: completo giurisprudenziale, 5. Aufl. 1997; *Davì,* Problemi di localizzazione dell'illecito e legge applicabile alla concorrenza sleale, Riv.dir.int. 1975, 225; *Honorati,* La legge applicabile alla concorrenza sleale, 1995; *Origoni della Croce,* Nuovi sviluppi in tema di legge regolatrice degli atti di concorrenza sleale, Riv.dir.int. 1978 I, 151; *Venturini,* in: Problemi attuali del diritto industriale, 1977, S. 1177; *Vianello,* Das internationale Privatrecht des unlauteren Wettbewerbs in Deutschland und Italien, 2001.

90 Ähnlich wie das französische Lauterkeitsrecht fußt das italienische Recht des unlauteren Wettbewerbs auf den allgemeinen deliktsrechtlichen Vorschriften. In den Art. 2598 bis 2601 Codice civile wird das Lauterkeitsrecht jedoch unter dem Titel „Della concorrenza" gesondert geregelt. Eine spezielle Kollisionsregel für Sachverhalte aus dem Bereich des grenzüberschreitenden unlauteren Wettbewerbs weist das italienische Internationale Privatrecht nicht auf. Indessen wird das Lauterkeitsrecht vom italienischen Schrifttum in kollisionsrechtlicher Hinsicht unter die allgemeine Kollisionsnorm für außervertragliche Schuldverhältnisse eingeordnet. Der hierfür maßgebliche Art. 62 des neuen italienischen IPRG[450] fixiert die **lex loci delicti-Regel** und schreibt in S. 1 die Anwendung des Rechts am Erfolgsort vor; der Geschädigte kann jedoch stattdessen nach S. 2 das Recht am Handlungsort wählen. Vorrang hat nach Art. 62 Abs. 2 IPRG das gemeinsame Heimatrecht von Schädiger und Geschädigtem, wenn beide auch ihren Wohnsitz in diesem Staat haben.[451] Eine Sonderkollisionsnorm für das Internationale Lauterkeitsrecht wurde bei der Neukodifizierung des italienischen Internationalen Privatrechts – entgegen anders lautenden

---

[443] Statutory Instruments 1988 no. 915.

[444] „Control of Misleading Advertisements (Amendment) Regulations 2000", Statutory Instruments 2000 no. 914.

[445] Dazu *Paefgen* RIW 1993, 271; *Schricker* GRUR Int. 1990, 112, 118.

[446] *v. Westerholt; Kroher* GRUR Int. 1982, 92; *Cheshire/North/Fawcett* S. 809.

[447] *Dicey/Morris/Collins* Rn 35-013 ff; *Triebel/Hodgson/Kellenter/Müller* S. 335. Vgl. zum schwierigen Verhältnis von Sec. 11 (1) – general rule – zu Sec. 13 (1) – defamation – des Part III, Private International Law (Miscellaneous Provisions) Act 1995 *Thünken* ICLQ 51 (2002), 909, 914 ff; *Cheshire/North/Fawcett* S. 767 f und 785 f.

[448] S. *Bernhard* S. 238, 242 und 244.

[449] S. näher *Cheshire/North/Fawcett* S. 809.

[450] Gesetz vom 31. 5. 1995 Nr. 218, abgedruckt in IPRax 1996, 356 ff. Dazu *Pocar* IPRax 1997, 145 ff.

[451] Vgl. *Cian/Trabucchi/Barel* Art. 62 Anm. II. Zum italienischen Deliktsstatut noch nach altem Recht vgl. *Cian/Trabucchi/Barel* Art. 25 disp.prel. Anm. XIV; *Kindler* JbItR 1991, 87, 93 ff.

früheren Regelungsvorschlägen[452] – nicht geschaffen. Auch in kollisionsrechtlicher Hinsicht orientiert sich das italienische Internationale Wettbewerbsrecht damit ebenfalls an der in der französischen Lehre favorisierten Anknüpfung an den Erfolgsort. Dies entspricht einer Auffassung im italienischen Schrifttum, die bereits zum alten Recht vertreten wurde.[453] Andere Stimmen aus der italienischen Literatur plädieren für die Anwendbarkeit des Rechts am Marktort.[454]

Die italienische **Rechtsprechung** war vor der Neukodifizierung des Internationalen Privatrechts durch eine ausgeprägte Tendenz zum Heimwärtsstreben gekennzeichnet.[455] Bei Anwendung des allgemeinen Deliktsstatuts war eine Präferenz der Rechtsprechung zur Beachtung des **Erfolgsortes** zu erkennen, die allerdings für den Fall durchbrochen wurde, dass der Handlungsort zur Anwendung der **lex fori** führen konnte.[456] Vor dem Hintergrund der neuen gesetzlichen Regelung des Internationalen Privatrechts in Italien konnte ein Rekurrieren auf die lex fori außerhalb der Auflockerungsmöglichkeit des Art. 64 Abs. 2 IPRG bei gemeinsamem italienischen Heimatrecht nicht mehr in Betracht kommen. 91

4. Spanien

Schrifttum: *Calvo Caravaca/Carrascosa González,* Derecho internacional privado, Vol. II, 7. Aufl. 2006; *dies.,* Las obligaciones extracontractuales en Derecho internacional privado – El Reglamento „Roma II", 2008; *Carillo Salcedo* in: *Amorés Guardiola/De Angel,* Comentarios a las reformas del Código Civil, Vol. I, Art. 10, 9, S. 555; *Esplugues Mota/Iglesias Buhigues,* Derecho Internacional Privado, 2008; *Leible,* Das neue spanische Gesetz gegen den unlauteren Wettbewerb, ZfRV 1992, 257; *Miaja de la Muela,* Derecho internacional privado, 2. Aufl. 1985; *Rodrigez Mateos,* Competencia desleal, in: *Fernández Rozas,* Derecho del comercio internacional, 1996, S. 169; *Röhrenbach/Meister,* Wettbewerbsrecht in Spanien, WRP 1990, 307; *Virgós Soriano,* El comercio internacional en el nuevo derecho español de la competencia desleal, 1993; *Wirth,* Das neue Recht des unlauteren Wettbewerbs in Spanien, 1996.

Das spanische Wettbewerbsrecht wurde Anfang der 1990er Jahre reformiert. Mit der Neuregelung des Gesetzes über den unlauteren Wettbewerb von 1991[457] fand sich im spanischen Recht eine ausdrückliche Kollisionsregel für die Anknüpfung wettbewerbsrechtlicher Sachverhalte. Das Gesetz ist nach dessen Art. 4 auf unlautere Wettbewerbshandlungen anwendbar, die wesentliche Wirkungen auf den spanischen Markt haben oder haben können („... será de aplicación a los actos de competencia desleal que produzcan o puedan producir efectos sustanciales en el mercado español").[458] Der spanische Gesetzgeber gab damit dem aus dem Kartellrecht bekannten **Auswirkungsprinzip** den Vorzug vor anderen wettbewerbskollisionsrechtlichen Anknüpfungsmöglichkeiten[459] und folgte, anders als es in den meisten anderen europäischen Staaten befürwortet wurde, nicht der Kollisionsregel der Marktortanknüpfung. Mit Abstellen auf die „wesentlichen Wirkungen auf den spanischen Markt" ordnete der Gesetzgeber zudem nur eine **einseitige Kollisionsnorm** an.[460] Zur Anwendung ausländischen Rechts schweigt die Kollisionsnorm. Wegen des privatrechtlichen Charakters des Gesetzes gegen den unlauteren Wettbewerb wurde ein Ausbau zu einer allseitigen Kollisionsnorm für möglich gehalten.[461] Der Übergang zur Anknüpfung 92

[452] Vgl. etwa *Vitta* Memoriale S. 227, 274 (Art. 56), der auf die „gegenwärtige Gefährdung der wirtschaftlichen Position des Beeinträchtigten" abstellte; dazu *Bernhard* S. 221.

[453] Vgl. *Origoni della Croce* Riv.dir.ind. 1978, I-151, 153, 156 ff, der auf den Ort der letzten Teilhandlung abstellt, und *Cassoni* Foro pad. 1987 II, 50, 51 f, für den der Erfolgsort mit dem Marktort identisch ist.

[454] *Davì* Riv.dir.int. 1975, 225, 246 f; *Venturini* S. 1177, 1179.

[455] S. zB Corte di Cassazione Riv.dir.ind. 1976 II, 449 – Soc. Prominet c. soc. Fiocchi [nur Ls]; mit weiteren Beispielen aus der Rechtsprechung *Ulmer/Schricker* V Rn 62; *Bernhard* S. 219.

[456] Vgl. *Cian/Trabucchi* Art. 25 XIV, 2; *Kindler* JbItR 1991, 87, 97. S. insgesamt zur Rechtsprechung unter altem Recht *Bernhard* S. 213 ff mwN.

[457] „Ley de Competencia Desleal" vom 10. 1. 1991, BOE 1991 Nr. 10, 959, in deutscher Übersetzung abgedruckt in GRUR Int. 1991, 551, 553.

[458] S. näher *Virgós Soriano* S. 45 ff.

[459] Vgl. *Bernhard* S. 236; *Leible* ZfRV 1992, 257, 262.

[460] Vgl. *Wirth* S. 47. Zur Gefahr des „Heimwärtsstreben der Gerichte" *Röhrenbach/Meister* WRP 1990, 307, 310.

[461] So *Bernhard* S. 237.

nach der Marktortregel wird nun durch die Rom II-VO bewirkt.[462] Die Marktortanknüpfung nach Art. 6 Abs. 1 Rom II-VO wird allerdings in einer Linie mit Art. 4 des spanischen UWG gesehen.[463] Es bleibt abzuwarten, welche Anknüpfungspraxis sich auf Grundlage von Art. 6 Abs. 1 Rom II-VO in der spanischen Rechtsprechung herausbildet.

93 Aus dem Erfordernis *wesentlicher* Auswirkungen eines Wettbewerbsverstoßes auf den spanischen Markt resultierte gleichzeitig eine Beschränkung der Marktortanknüpfung auf marktbezogene Verstöße. **Betriebsbezogene Wettbewerbsverstöße** durch Mitbewerber wurden danach nicht wettbewerbsrechtlich angeknüpft, sondern unterfielen dem allgemeinen Deliktsstatut gemäß Art. 10 Ziff. 9 Código civil.[464] Es galt die Tatortregel.[465]

C. Gemeinschaftsrecht

94 Dem Gemeinschaftsrecht und seinen Kollisionsregeln kommt gegenüber nationalen Kollisionsnormen des geschriebenen oder ungeschriebenen Internationalen Privatrechts der Mitgliedstaaten als höherrangiges Recht Vorrang zu.[466] Aufgrund dieses gemeinschaftsrechtlichen Anwendungsvorrangs, den Art. 3 Nr. 1 EGBGB nF besonders herausstellt,[467] werden nationale Kollisionsnormen verdrängt, soweit *einschlägige* gemeinschaftsrechtliche Bestimmungen existieren. Dies war bis vor Kurzem auf dem Gebiet des Rechts des unlauteren Wettbewerbs nicht generell der Fall, sondern nur in bestimmten Einzelbereichen wie zB dem elektronischen Geschäftsverkehr.[468] Insoweit entstand zunehmend ein sog. Binnenmarktkollisionsrecht oder **Binnenmarkt-IPR.**[469] Es wurde mithin exklusiv für den Binnenmarktraum ein einheitliches Kollisionsrecht geschaffen, welches auf dem Fundament **gegenseitiger Anerkennung** der mitgliedstaatlichen Rechtsvorschriften ruht.[470] In dieser Form bildet das nur binnenmarktintern geltende Internationale Privatrecht einen Ausgleich für nicht erreichte Sachrechtsharmonisierung bzw. verbleibende Lücken. Missliche Folge eines solchen Binnenmarkt-IPR ist die Aufspaltung des Internationalen Privatrechts für innergemeinschaftliche und außergemeinschaftliche Sachverhalte.[471] Diese Nachteile der bisherigen bereichsspezifischen Vereinheitlichung des Kollisionsrechts gleicht nun die Rom II-VO mit ihrer gemäß Art. 3 Rom II-VO universell geltenden **allgemeinen Kollisionsnorm** für die Anknüpfung wettbewerbsrechtlicher Sachverhalte in **Art. 6 Rom II-VO** aus.[472]

I. Primärrecht

95 Auf der Ebene des gemeinschaftlichen Primärrechts stellt sich zunächst die Frage, ob dieses aufgrund seines Anwendungsvorrangs bereits selbst für das Lauterkeitsrecht relevante Kollisionsnormen enthält. Dies ist zum einen im Hinblick auf die **Grundfreiheiten** und ihre Konkretisierung durch die Rechtsprechung des EuGH diskutiert worden. Hier ließe

---

[462] Vgl. *Calvo Caravaca/Carrascosa González* Las obligaciones extracontractuales en el Derecho internacional privado S. 158 ff, sowie schon *Calvo Caravaca/Carrascosa González* Derecho internacional privado S. 570.

[463] *Esplugues Mota/Iglesias Buhigues* S. 470.

[464] Vgl. *Virgós Soriano* S. 93 ff, 98 ff.

[465] Vgl. *Bernhard* S. 235. Zum allgemeinen Deliktsstatut s. *Carillo Salcedo* in: *Amorés Guardiola/De Angel* S. 555; *Miaja de la Muela* S. 413.

[466] EuGH Slg. 1978, 629, 644 – Simmenthal II; s. auch BGH GRUR 1994, 794, 796 – Rolling Stones.

[467] → Rn 4. Zum deklaratorischen Charakter von Art. 3 Abs. 2 S. 2 EGBGB aF vgl. *Staudinger/Hausmann* EGBGB Art. 3 Rn 40.

[468] → Rn 121 ff.

[469] *v. Bar/Mankowski* § 3 Rn 60; *Mankowski* FS 75 Jahre MPI S. 595 ff. S. auch *Grundmann* RabelsZ 67 (2003), 246, 254 ff, 268 ff.

[470] Zum Anerkennungsprinzip *Mankowski* FS 75 Jahre MPI S. 595, 602 f.

[471] Kritisch auch *v. Bar/Mankowski* § 3 Rn 60; *Staudinger/Fezer/Koos* IntWirtschR Rn 500.

[472] → Rn 154 ff.

sich insbesondere an ein aus der Waren- und Dienstleistungsverkehrsfreiheit resultierendes Herkunftslandprinzip als allgemeine Kollisionsregel denken. Zum anderen könnte auch das allgemeine **Diskriminierungsverbot** des Art. 12 EG kollisionsrechtlich bedeutsam werden. Im Folgenden wird daher zu untersuchen sein, ob sich aus dem primärrechtlichen Regelungsmechanismus bzw. der hierzu ergangenen Rechtsprechung des EuGH entsprechende Kollisionsnormen herauskristallisieren lassen.

Im Zusammenhang mit eventuellen kollisionsrechtlichen Vorgaben des Gemeinschafts- 96 primärrechts steht die Frage, ob das bisherige **autonome Lauterkeitskollisionsrecht** (also konkret die Marktortregel der hM) selbst **mit dem gemeinschaftsrechtlichen Primärrecht vereinbar** ist oder möglicherweise gegen die Grundfreiheiten, insbesondere die Warenverkehrs- oder Dienstleistungsfreiheit verstößt. Denn jede vom Gemeinschaftsrecht nicht generell (wie jetzt durch Art. 6 Rom II-VO) verdrängte autonome Kollisionsnorm des mitgliedstaatlichen Rechts muss sich wiederum selbst am Gemeinschaftsrecht messen lassen.

1. Warenverkehrsfreiheit

a) Bestimmung der Warenverkehrsfreiheit in der Rechtsprechung des EuGH. 97
Art. 28 EG untersagt mengenmäßige Einfuhrbeschränkungen und Maßnahmen gleicher Wirkung. Nach der vom EuGH in ständiger Rechtsprechung verwendeten **„Dassonville"-Formel** sind Maßnahmen gleicher Wirkung alle Maßnahmen, die geeignet sind, den innergemeinschaftlichen Handel unmittelbar oder mittelbar, tatsächlich oder potentiell zu behindern.[473] Vor diesem Hintergrund waren insbesondere nationale Werbebeschränkungen als Maßnahmen gleicher Wirkung zu betrachten.[474] Eine Maßnahme gleicher Wirkung kann allerdings nach Art. 30 EG (beispielsweise zum Schutz des gewerblichen oder kommerziellen Eigentums)[475] gerechtfertigt sein, wobei noch nicht geklärt ist, ob das Lauterkeitsrecht selbst zum Schutz des gewerblichen oder kommerziellen Eigentums im Sinne des Art. 30 EG zählt.[476] Den ergänzenden wettbewerbsrechtlichen Leistungsschutz wird man wohl unter den Schutz des gewerblichen oder kommerziellen Eigentums im Sinne des Art. 30 EG fassen können.[477] Eine weitere Rechtfertigungsmöglichkeit ergibt sich daneben nach der **„Cassis de Dijon"-Rechtsprechung** des EuGH,[478] soweit die auf EU-Ausländer und Inländer unterschiedslos anwendbare Maßnahme gleicher Wirkung **zwingenden Erfordernissen des Allgemeinwohls** dient, zu denen insbesondere die Lauterkeit des Handelsverkehrs[479] und der Verbraucherschutz[480] zu zählen sind.[481] Der zur Warenverkehrsfreiheit ergangenen Rechtsprechung zufolge hat ein in einem Mitgliedstaat in Verkehr gebrachtes Produkt grundsätzlich allein den Anforderungen des Herkunftslandes zu entsprechen.[482] Denn die Anwendung einer im Vergleich zum Herkunftslandrecht strengeren

---

[473] EuGH Slg. 1974, 837, 852 Nr. 5 – Dassonville.

[474] Vgl. zB EuGH Slg. 1982, 4575, 4587f Nr. 15 – Oosthoek; EuGH Slg. 1990, I-667, 686 Nr. 7 – GB-INNO-BM; EuGH Slg. 1993, I-2361, 2388 Rn 10 – Yves Rocher. Vgl. auch die Darstellung der EuGH-Rechtsprechung zur Beschränkung der Warenverkehrsfreiheit durch lauterkeitsrechtliche Vorschriften der Mitgliedstaaten bei *Dethloff* S. 143ff.

[475] Insbesondere relevant für die irreführende Werbung mit geographischen Herkunftsangaben bzw. deren missbräuchlicher Rufausbeutung; vgl. EuGH Slg. 1992, I-5529, 5561ff Nr. 23ff – Exportur/LOR. S. auch *Dethloff* S. 189f.

[476] Dafür *Joliet* GRUR Int. 1994, 1, 12; dagegen EuGH Slg. 1981, 1625, 1638 Nr. 8 – Irische Souvenirs; *Hösch* S. 42f. S. aber nun EuGH Slg. 1992, I-5529, 5561ff Nr. 23ff – Exportur/LOR.

[477] S. *Fezer* JZ 1994, 317, 320; *Sack* GRUR 1998, 871, 875.

[478] EuGH Slg. 1979, 649, 662 Nr. 8 – Cassis de Dijon; bestätigt zB durch EuGH Slg. 1993, I-2361, 2388f Nr. 12 – Yves Rocher; EuGH Slg. 1994, I-317, 336 Nr. 15 – Clinique; EuGH Slg. 1995, I-1923, 1941 Nr. 15 – Mars.

[479] EuGH Slg. 1984, 1299, 1328 Nr. 27 – Prantl.

[480] EuGH Slg. 1994, I-317, 336 Nr. 15 – Clinique.

[481] Vgl. insgesamt *Dethloff* S. 191ff.

[482] Zur Entwicklung des Herkunftslandprinzips durch die „Cassis de Dijon"-Entscheidung s. näher *Blasi* S. 5ff.

Vorschrift des Bestimmungslandes auf das eingeführte Produkt wäre als Handelshemmnis im Sinne der „Dassonville"-Formel zu werten und verstieße – wenn kein Rechtfertigungsgrund vorliegt – gegen die Warenverkehrsfreiheit. Der Verstoß gegen Art. 28 EG hat die Nichtanwendbarkeit der strengeren Vorschrift des Bestimmungslandes auf das betreffende Produkt zur Folge.

98 Mit der **„Keck"-Rechtsprechung** hat der EuGH seine weite Prüfungspraxis im Zusammenhang mit Art. 28 EG jedoch auf **produktbezogene Maßnahmen** beschränkt.[483] Unterschiedslos anwendbare nationale Beschränkungen, die wie Werbebeschränkungen die **Verkaufsmodalität** betreffen, ohne dem Produkt selbst anzuhaften, sind nach dieser Rechtsprechung nicht mehr anhand von Art. 28 EG zu messen. Die Bedeutung des Art. 28 EG beschränkt sich folglich auf diskriminierende Maßnahmen und nationale Wettbewerbsbestimmungen, die sich auf die Produktaufmachung selbst beziehen, also eine **körperliche Verbindung** mit dem Produkt aufweisen, wie zB die Produktbezeichnung,[484] der Werbeaufdruck auf der Verpackung des Produkts[485] oder die Etikettierung.[486] Offen ist bislang, wie **umfassende Marketingkonzepte,** die sich als Einheit aus Produktbezeichnung, Werbung und Vertriebsmethode darstellen, nach der „Keck"-Rechtsprechung zu bewerten sind. Die künstliche Heraustrennung der Verkaufsmodalität aus einem einheitlichen Vertriebskonzept ist hier nicht unmittelbar einsichtig.[487] Obläge einem importierenden Marktteilnehmer die Verpflichtung zur Änderung seines gesamten Marketingkonzeptes infolge einer an sich nach den Grundsätzen der „Keck"-Rechtsprechung zulässigen Werbebeschränkung des Bestimmungslandes, so bedeutet dies de facto eine Marktzutrittsbehinderung, die für die Maßnahme gleicher Wirkung nach Art. 28 EG nachgerade charakteristisch ist.[488] Man darf wohl gerade im Hinblick auf diese Marktzutrittsbehinderung eine Produktbezogenheit der die Verkaufsmodalität betreffenden Elemente eines einheitlichen Marketingkonzeptes annehmen.[489] Die Problematik betrifft die grundsätzliche Frage, inwiefern sich im Zuge der „Keck"-Entscheidung für staatliche Beschränkungen **grenzüberschreitender Werbemaßnahmen** überhaupt noch der **Anwendungsbereich des Art. 28 EG** eröffnet.[490] Der EuGH hat mittlerweile anerkannt, dass eine Marktzugangsbeschränkung gerade auch dadurch gegeben sein kann, dass ein Wirtschaftsteilnehmer durch ein nationales Verbot gezwungen wird, sein als besonders wirksam erachtetes Werbesystem aufzugeben.[491] Der Prüfungsmaßstab der Art. 28 und 30 EG ist daher auch in Bezug auf nationale Verbote, die sich gegen bestimmte Werbemaßnahmen richten, anzuwenden, soweit diese nationalen Verbotsvorschriften den Marktzugang versperren oder besonders beschränken.[492]

99 **b) Diskussion um ein kollisionsrechtliches Herkunftslandprinzip im Primärrecht.** Im Schrifttum wird seit längerem die Frage diskutiert, ob das gemeinschaftsrechtli-

---

[483] EuGH Slg. 1993, I-6097, 6131 Nr. 16 f – Keck und Mithouard.

[484] EuGH Slg. 1994, I-317, 337 Nr. 19 – Clinique. S. auch EuGH Slg. 1997, I-3689, 3713 Nr. 9 – Vereinigte Familiapress.

[485] Vgl. EuGH Slg. 1995, I-1923, 1941 Nr. 13 – Mars.

[486] S. insgesamt *Dethloff* S. 156 ff; *Sack* GRUR 1998, 871, 872, beide mwN.

[487] So *Staudinger/Fezer/Koos* IntWirtschR Rn 509, die auf weitere Anhaltspunkte für die produktbezogene Wertung von Verkaufsmodalitäten in der „Clinique"-Rechtsprechung des EuGH hinweisen. Kritisch auch *Sack* GRUR 1998, 871, 873, der für die Prüfung eines Spürbarkeitserfordernisses plädiert.

[488] Auch *Blasi* S. 16, entnimmt der „Keck"-Rechtsprechung und bestätigenden Folgeentscheidungen das Kriterium der Behinderung des Marktzugangs als nunmehr maßgebliches Kriterium des EuGH.

[489] *Fezer* JZ 1994, 317, 323; *Koos* S. 174; *Staudinger/Fezer/Koos* IntWirtschR Rn 509 f.

[490] Für eine Anwendung von Art. 28 EG zB *Drasch* S. 102, 105 und 11 ff; *Fezer* JZ 1994, 317, 321 ff; *Kotthoff* S. 88 ff, 110 ff; *Reese* S. 61 ff und 118. Dagegen aber zB *Sack* GRUR 1998, 871, 872 f, der Art. 30 EGV (jetzt 28 EG) nur auf spürbare Beschränkungen des Warenverkehrs anwenden will. *Blasi* S. 17, geht von einer im Einzelfall widerlegbaren Vermutung dafür aus, dass Regelungen betreffend Verkaufsmodalitäten generell aus dem Anwendungsbereich von Art. 28 EG herausfallen.

[491] So EuGH EuZW 2004, 657, 659 Rn 52 – Douwe Egberts.

[492] S. unter Bezugnahme auf seine „Keck"-Rechtsprechung näher EuGH EuZW 2004, 657, 659 Rn 51 ff – Douwe Egberts. S. auch *Hefermehl/Köhler/Bornkamm/Köhler* UWG Einl. 3.26.

che Primärrecht selbst bereits durch den Regelungszusammenhang der Art. 28 und 30 EG eine im Wettbewerbsrecht das Marktortprinzip generell verdrängende **Kollisionsregel des Herkunftslandprinzips** herausgebildet hat.[493] Die Diskussion drehte sich zunächst um eine Entscheidung des EuGH zum belgisch-luxemburgischen Sonderveranstaltungsrecht, der **EuGH-Entscheidung „GB-INNO-BM".**[494] In dem der Entscheidung zugrunde liegenden Sachverhalt ging es um einen belgischen Betreiber von Supermärkten im belgisch-luxemburgischen Grenzgebiet, der sowohl in Belgien als auch in Luxemburg Werbezettel mit zeitlich befristeten Sonderangeboten unter Hinweis auf die regulären Preise verteilen ließ. Die Werbemaßnahme war nach belgischem Recht zulässig, nach luxemburgischem Recht allerdings verboten. Die Untersagung der Werbemaßnahme für das luxemburgische Gebiet durch ein luxemburgisches Gericht stufte der EuGH als gemeinschaftsrechtswidrig ein.[495] Die Anwendung strengerer nationaler, die grenzüberschreitende Werbung verbietender Rechtsvorschriften auf eine Werbemaßnahme, die in einem anderen Mitgliedstaat rechtmäßig durchgeführt worden ist, bewerteten die Gemeinschaftsrichter als Verstoß gegen Art. 30, 36 EGV (nunmehr Art. 28, 30 EG). Diese Anwendung strengerer wettbewerbsrechtlicher Regeln war im zu beurteilenden Binnenmarktsachverhalt[496] auch nicht durch zwingende Erfordernisse oder Art. 36 EGV (jetzt Art. 30 EG) gerechtfertigt. Der EuGH hat diese Rechtsprechung im **Fall „Yves Rocher"** für § 6e Abs. 1 aF bestätigt.[497]

In der Literatur fragte man sich, ob der EuGH mit diesem Judikat auf Grundlage der Art. 30 und 36 EGV (jetzt Art. 28, 30 EG) eine gemeinschaftsrechtliche auf das Recht des Herkunftslandes verweisende Kollisionsregel entwickelt hatte. Die Diskussion löste sich nach einiger Zeit, vor allem nach der „Keck"-Entscheidung,[498] von der konkreten Entscheidung „GB-INNO-BM" und wird bis heute generell anhand der **Auslegung der Warenverkehrsfreiheit durch den EuGH** geführt. Das Meinungsspektrum reicht von der materiellrechtlichen Deutung mit und ohne Konsequenzen für das mitgliedstaatliche Kollisionsrecht bis zur kollisionsrechtlichen Deutung in verschiedenen Varianten und zum Teil mit Korrektur durch das Günstigkeitsprinzip. Eine Meinung ging zwar vom prinzipiell **materiellrechtlichen Verständnis** des primärrechtlichen Herkunftslandprinzips aus, welches das vom mitgliedstaatlichen Kollisionsrecht zur Anwendung berufene Wettbewerbsrecht überlagere, forderte aber eine Korrektur des nationalen Kollisionsrechts im Hinblick auf die Rechtsprechung des EuGH zur Warenverkehrsfreiheit.[499] Das läuft im Ergebnis auf eine (mittelbare) kollisionsrechtliche Wirkung des Herkunftslandprinzips hinaus. Andere Vertreter der Literatur versuchten hingegen, aus der „GB-INNO-BM"-Entscheidung eine **versteckte Kollisionsnorm** herauszulesen, die im Sinne des Günstigkeitsprinzips die Berufung des weniger in die Warenverkehrsfreiheit eingreifenden nationalen Wettbewerbsrechts gebiete.[500] Daraus folgt eine konkurrierende Anwendbarkeit des gemeinschaftsrechtlichen Herkunftslandprinzips neben dem Marktortprinzip auf der Grundlage eines **Günstigkeitsentscheids.** Zu einem ähnlichen Resultat kommt der Vorschlag, die kollisionsrechtliche Verweisung des mitgliedstaatlichen Rechts am Maßstab überwiegender Gründe des Allgemeinwohls zu prüfen mit der Möglichkeit, es durch einen gemeinschaftsrechtlichen Rechtsanwendungsbefehl zu ersetzen.[501] Ein weiterer Interpretationsversuch geht dahin, die Aus- 100

493 In diese Richtung argumentieren etwa *Apel/Grapperhaus* WRP 1999, 1247, 1250; *Basedow* NJW 1996, 1921, 1922 und 1927; *ders.* RabelsZ 59 (1995), 12, 48 ff; *Bernhard* EuZW 1992, 437 ff; *Drasch* S. 315 ff.

494 EuGH Slg. 1990, I-667 – GB-INNO-BM.

495 EuGH Slg. 1990, I-667 – GB-INNO-BM.

496 Zum Binnenmarktsachverhalt als Sonderfall des Auslandssachverhaltes s. *Kegel/Schurig* Rn 58 ff.

497 EuGH Slg. 1993, I-2361 Nr. 14 ff – Yves Rocher.

498 → Rn 98.

499 *Bernhard* EuZW 1992, 437, 439 f; zustimmend *Kort* GRUR Int. 1994, 594, 601, der von einer „friedlichen Koexistenz" von europäischem Wettbewerbsrecht zu den nationalen Kollisionsrechten spricht.

500 So *Basedow* RabelsZ 59 (1995), 1, 49 ff; *Chrocziel* EWS 1991, 173, 177 ff; *Jayme/Kohler* IPRax 1993, 357, 370 f; *dies.* IPRax 1991, 361, 369.

501 *Drasch* S. 244 ff, 315, 331 f.

legung der Warenverkehrsfreiheit durch den EuGH als negative einseitige Kollisionsnorm aufzufassen.[502] Noch weiter geht die Auffassung, nach der die EuGH-Rechtsprechung generell als Herausbildung einer auf das Ursprungs- bzw. Herkunftslandrecht verweisenden Kollisionsregel zu deuten sei.[503] Konsequenz der kollisionsrechtlichen Deutung der Grundfreiheiten müsste die Unvereinbarkeit der Marktortregel mit dem Gemeinschaftsprimärrecht sein.[504] Im Schrifttum überwiegt jedoch die Ansicht, die weder der Entscheidung „GB-INNO-BM" oder „Yves Rocher" noch den Grundfreiheiten und dem Primärrecht insgesamt einen kollisionsrechtlichen Gehalt zu entnehmen vermag.[505]

101 **c) Stellungnahme.** Zu Recht geht die im Schrifttum weit überwiegende Meinung davon aus, dass die Entscheidung „GB-INNO-BM" wie auch das Primärrecht insgesamt ***kein* gemeinschaftsrechtliches Kollisionsrecht** schaffen, welches das mitgliedstaatliche Lauterkeitskollisionsrecht ersetzt. Die im Schrifttum zugunsten einer Kollisionsregel vorgebrachten Ansichten sind vor dem Hintergrund der Rechtsprechung des EuGH zur Warenverkehrsfreiheit und der primärrechtlichen Konzeption der Art. 28 bis 30 EG im Ergebnis abzulehnen. Nationales Kollisionsrecht und gemeinschaftsrechtliches Primärrecht sind grundsätzlich zu trennen. Die Grundfreiheiten stellen keine Kollisionsregeln auf. Aus Art. 28 EG selbst ist generell kein kollisionsrechtlicher Inhalt ableitbar.[506] Der Regelungsmechanismus der Art. 28ff EG dient vielmehr der Korrektur binnenmarktwidriger Anknüpfungs*ergebnisse* des mitgliedstaatlichen Rechts.[507] Der Verstoß gegen das gemeinschaftsrechtliche Primärrecht resultiert dabei nicht aus der Anwendung des nationalen Kollisionsrechts, also im Bereich des Lauterkeitsrechts der Marktortregel, sondern aus dem aufgrund der internationalprivatrechtlichen Verweisung des nationalen Kollisionsrechts zur Anwendung gelangenden nationalen **Sachrecht.** Dieses wird vom höherrangigen Primärrecht überlagert und bleibt ggf. wegen eines Verstoßes gegen die Warenverkehrsfreiheit unangewendet.[508] Die Grundfreiheiten wirken damit auf materiellrechtlicher Ebene, ohne dass ihnen eine kollisionsrechtliche Funktion zukommt.

102 Dieses Ergebnis folgt zum einen aus der Regelungssystematik der Art. 28ff EG und zum anderen aus der Rechtsprechung des EuGH. Ein wesentlicher Kontrollschritt bei der Prüfung einer nationalen Norm anhand der Erfordernisse der Warenverkehrsfreiheit bildet die **Rechtfertigungsmöglichkeit des Art. 30 EG.** Verstünde man die Verbotsvorschrift des Art. 28 EG als echte auf das Herkunftslandrecht weisende Kollisionsnorm, würde dem Recht des Bestimmungslandes der über Art. 30 EG zugebilligte Regelungsspielraum verschlossen. Ein Ausweichen auf den *ordre public*-Vorbehalt des Art. 6 EGBGB ist nicht in jedem Fall denkbar.[509] Die Rechtfertigungsmöglichkeit nach Art. 30 EG würde letztlich

---

[502] *Brödermann/Iversen* Rn 409.

[503] In diesem Sinne etwa *Apel/Grapperhaus* WRP 1999, 1247, 1250; *Ferrari* S. 23.

[504] So in der Tat *Chrocziel* EWS 1991, 173, 177; ähnlich *Drasch* S. 365; im Ergebnis auch einen Verstoß der Marktortanknüpfung gegen Art. 28 EG annehmend *Baetzgen* S. 233ff.

[505] *Ahrens* FS Tilmann S. 739, 743; *Baetzgen* S. 233; *Blasi* S. 41f; *Dethloff* S. 256ff, 268ff und 280f; *Duintjer-Tebbens* Rev.crit.dr.int.pr. 1994, 451, 473ff, 481; *Fezer/Koos* IPRax 2000, 349, 350ff; *Gebauer* IPRax 1995, 152, 155f; Großkomm/*Schricker* UWG Einl. Rn F 160; *Harte/Henning/Glöckner* UWG Einl. C Rn 22f; *Hefermehl/Köhler/Bornkamm/Köhler* UWG Einl. Rn 5.3; *Höder* S. 158ff, 177; *Katzenberger* Neuordnung des Wettbewerbsrechts S. 218, 228; *Kotthoff* S. 23; *Martiny* FS Drobnig S. 389, 397; MünchKomm/*Drexl* BGB IntUnlWettbR Rn 39; MünchKomm/*Kreuzer* BGB (3. Aufl.) Art. 38 EGBGB Rn 227a; MünchKomm/*Mankowski* UWG IntWettbR Rn 152ff; MünchKomm/*Sonnenberger* BGB Einl. IPR Rn 158ff und 164ff; *Ohly* GRUR Int. 2001, 899, 901f; *ders.* WRP 2006, 1401, 1402; *Piper/Ohly/Ohly* UWG Einf. C Rn 77; *Reese* S. 217ff; *Sack* WRP 2001, 1408, 1413ff; *ders.* WRP 2000, 281f; *ders.* WRP 1994, 281, 288ff, 291f; *Sonnenberger* ZVglRWiss 95 (1996), 3, 11 und 25ff; *Spindler* RabelsZ 66 (2002), 633, 649f; *Staudinger/Fezer/Koos* IntWirtschR Rn 377 und 520; *Staudinger/v. Hoffmann* EGBGB Art. 40 Rn 295; *Thünken* S. 99f; *ders.* IPRax 2001, 15, 19.

[506] Ebenso *Höder* S. 159ff; MünchKomm/*Drexl* BGB IntUnlWettbR Rn 39; MünchKomm/*Mankowski* UWG IntWettbR Rn 152f; *Staudinger/Fezer/Koos* IntWirtschR Rn 377 und 520. AA *Brödermann/Iversen* Rn 409.

[507] So auch *Blasi* S. 42; MünchKomm/*Mankowski* UWG IntWettbR Rn 155.

[508] Vgl. auch MünchKomm/*Drexl* BGB IntUnlWettbR Rn 39.

[509] *Sack* WRP 1994, 281, 289ff; s. auch *Dethloff* S. 270f.

leer laufen.[510] Gleiches gilt für die **„Cassis de Dijon"-Rechtsprechung** des EuGH.[511] Diese Rechtsprechung bewirkt mit ihrem Prüfungsmaßstab der zwingenden Erfordernisse gerade eine Ausnahme zum strengen Verbotsmechanismus des Art. 28 EG, die keinen Sinn machte, wenn bereits ein gemeinschaftsrechtliches Herkunftslandprinzip im Sinne einer Kollisionsregel gelten würde. Nach der Rechtsprechung des EuGH kann daher auch bei Vorliegen einer Beeinträchtigung der Verkehrsfreiheiten eine nicht diskriminierende Anwendung des wettbewerbsrechtlichen Marktortrechts im öffentlichen Interesse (zB aus Verbraucherschutzgesichtspunkten) gerechtfertigt sein.[512] Von einer Regel, nach der sich das Herkunftslandprinzip durchsetzt, kann daher nicht ohne weiteres gesprochen werden.[513] Sie widerspräche zudem der Regel-Ausnahme-Systematik der Art. 28 und 30 EG. Der EuGH überprüft vielmehr das materielle Wettbewerbsrecht am Maßstab der Warenverkehrsfreiheit. Damit befindet er sich bereits auf einer der kollisionsrechtlichen Beurteilung *nachgeordneten* Stufe. Das Wettbewerbssachrecht wird im Falle seiner Gemeinschaftsrechtswidrigkeit nicht durch ein anderes zur Anwendung berufenes Recht *ersetzt,* sondern es wird lediglich aufgrund eines Verstoßes gegen Art. 28 EG die Nichtanwendung der entsprechenden materiellen Wettbewerbsnorm angeordnet.[514] Die Entscheidung „GB-INNO-BM" betrifft damit gerade nicht das mitgliedstaatliche autonome Kollisionsrecht.[515] Eine kollisionsrechtliche Deutung würde diesem Regelungsmechanismus der Art. 28 ff EG nicht gerecht.

Ein weiteres Argument gegen die Herauskristallisierung von Kollisionsnormen aus der Warenverkehrsfreiheit lässt sich mit Verweis auf die **„Keck"-Rechtsprechung**[516] anführen. Durch diese Entscheidung hat sich eine entscheidende Wende in der Rechtsprechung des EuGH ergeben, der seither sämtliche unterschiedslos anwendbaren vermarktungsbezogenen Regelungen nicht mehr unter der strengen Vorschrift des Art. 28 EG prüft. Lediglich unterschiedslos anwendbare produktbezogene Regelungen sind fortan am Maßstab der Art. 28, 30 EG zu prüfen. Die Differenzierung ist im Einzelfall schwierig, insbesondere dann, wenn unklar ist, ob sich gerade aus einer bestimmten Verbindung der Werbung mit dem beworbenen Produkt ein konkreter Produktbezug ergibt. Es ergeben sich also bereits auf der Tatbestandsebene der vermeintlichen Kollisionsnorm erhebliche, nicht hinnehmbare Unsicherheiten.[517] Angesichts der Einschränkung durch die „Keck"-Rechtsprechung dürfte die Frage einer kollisionsrechtlichen Deutung des Primärrechts bzw. der Art. 28, 30 EG insgesamt an Brisanz verloren haben.[518] Man muss die Rechtsprechung zu „GB-INNO-BM" wie „Yves Rocher" vor diesem Hintergrund letztlich als überholt betrachten.[519] Dabei ist allerdings noch strittig, ob aus der „Keck"-Entscheidung auch die Konsequenz zu ziehen ist, dass Art. 28 EG auf staatliche Beschränkungen grenzüberschreitender Werbung generell nicht mehr anzuwenden ist.[520] 103

Gegen die vorgeschlagene kollisionsrechtliche Deutung auf der Grundlage eines Günstigkeitsentscheids[521] bestehen ebenfalls Bedenken. Sie liefe auf eine Kontrolle des Her- 104

---

510 So auch *Sack* WRP 1994, 281, 289 ff; *Spindler* RabelsZ 66 (2002), 633, 650; *Staudinger/Fezer/Koos* IntWirtschR Rn 523; *Thünken* IPRax 2001, 15, 19.

511 EuGH Slg. 1979, 649 – Cassis de Dijon.

512 *Staudinger/v. Hoffmann* EGBGB Art. 40 Rn 295.

513 Vgl. auch *Sack* WRP 2000, 269, 280 f; *ders.* WRP 1994, 281, 289.

514 So auch MünchKomm/*Kreuzer* BGB (3. Aufl.) Art. 38 EGBGB Rn 227 a; MünchKomm/*Sonnenberger* BGB Einl. IPR Rn 164; *Radicati di Brozolo* Rev.crit.dip 82 (1993), 401, 409; *Sonnenberger* ZVglRWiss 95 (1996), 3, 11; *Staudinger/Fezer/Koos* IntWirtschR Rn 520.

515 Ebenso Großkomm/*Schricker* UWG Einl. Rn F 160 (dortige Fn 13); MünchKomm/*Kreuzer* BGB (3. Aufl.) Art. 38 EGBGB Rn 227 a; *Sack* WRP 1994, 281, 288 ff; *Sonnenberger* ZVglRWiss 95 (1996), 3, 11; *Staudinger/v. Hoffmann* EGBGB Art. 40 Rn 295.

516 EuGH Slg. 1993, I-6097 – Keck und Mithouard; → Rn 98.

517 *Dethloff* S. 274; *Höder* S. 165 f.

518 *Kotthoff* WRP 1996, 79, 84; *Sack* WRP 2000, 269, 282 f; aA hingegen *Basedow* RabelsZ 59 (1996), 1, 50.

519 S. auch *Kort* GRUR Int. 1994, 594, 601; MünchKomm/*Kreuzer* BGB (3. Aufl.) Art. 38 EGBGB Rn 227 a; *Sack* GRUR 1998, 871, 872; *Staudinger/Fezer/Koos* IntWirtschR Rn 509.

520 *Sack* GRUR 1998, 871, 872 f mwN, sowie → Rn 98 aE.

521 In diesem Sinne *Basedow* RabelsZ 59 (1995), 1, 49 ff; *Chrocziel* EWS 1991, 173, 177 ff; *Halfmeier* ZEuP 2001, 837, 854; *Jayme/Kohler* IPRax 1991, 361, 369; *dies.* IPRax 1993, 357, 370 f.

kunftslandrechts hinaus, die der Struktur der Warenverkehrsfreiheit fremd ist.[522] Art. 28 EG setzt den Focus auf die Einfuhr und untersagt etwaige Behinderungen durch das Bestimmungslandrecht. Eine Kontrolle des Herkunftslandrechts ist dabei unbeachtlich. Gleiches gilt für die Lösung, die den Günstigkeitsentscheid am Maßstab überwiegender Gründe des Allgemeinwohls orientieren will.[523] Auch hier findet eine der Warenverkehrsfreiheit[524] nicht zu entnehmende Kontrolle des Herkunftslandrechts statt. Außerdem würde die auf einem Günstigkeitsentscheid beruhende kollisionsrechtliche Anknüpfung dem Interesse an Rechtsklarheit und **Rechtssicherheit** nicht gerecht, da sie vom jeweiligen Rechtsgefälle des Einzelfalls abhinge.

105 Im Ergebnis ist damit Zweierlei festzuhalten: Erstens sind weder aus den Grundfreiheiten[525] bzw. dem Primärrecht[526] insgesamt noch aus der entsprechenden Konkretisierung durch die Rechtsprechung des EuGH gemeinschaftsrechtliche Kollisionsnormen zu entnehmen. Das Primärrecht nimmt die kollisionsrechtliche Entscheidung nicht vorweg, wie insbesondere auch die neue Kompetenznorm des Art. 65 EG zeigt. Der Gemeinschaftsgesetzgeber wird damit gerade zur Angleichung des Kollisionsrechts mit dem Ziel eines reibungslos funktionierenden Binnenmarktes ermächtigt. Diese Gesetzgebungskompetenz wäre unnötig, wenn es schon ein binnenmarktimmanentes kollisionsrechtliches Herkunftslandprinzip gäbe.[527] Der Umstand, dass der Gemeinschaftsgesetzgeber diese Kompetenzgrundlage nun zur Schaffung einer lauterkeitsrechtlichen Kollisionsnorm in Art. 6 Rom II-VO genutzt hat, ist ein weiterer Beleg hierfür. Zweitens ergibt sich aus dieser Feststellung die Konsequenz, dass das bisherige nationale Kollisionsrecht offenbar nicht gegen das gemeinschaftsrechtliche Primärrecht verstößt, sondern auf dem Gebiet des Lauterkeitsrechts (und außerhalb des zeitlichen Anwendungsbereichs der Rom II-VO) die **Anwendung der Marktortregel** möglich und **vom Primärrecht unberührt** bleibt. Die Warenverkehrsfreiheit sowie ihre Ausgestaltung durch die Rechtsprechung des EuGH führen gerade nicht zur Unvereinbarkeit der kollisionsrechtlichen Marktortregel mit dem europäischen Primärrecht, da die Kontrolle des nationalen Rechts am Maßstab der Grundfreiheiten auf **materiellrechtlicher Ebene** erfolgt.[528]

106 Die Vereinbarkeit der kollisionsrechtlichen Anknüpfung an das Recht des Marktortes kann zudem bereits aus den **gemeinschaftsrechtlichen Schutzzielen** gefolgert werden. Wenn Art. 3 lit. g EG den Schutz eines wirksamen Wettbewerbs mit unverfälschten Wettbewerbsverhältnissen vorgibt, kann eine der Schutzzwecktrias verpflichtete wettbewerbsspezifische Anknüpfung an den Marktort nicht generell gegen gemeinschaftsrechtliches Primärrecht verstoßen.[529] Denn auch die kollisionsrechtliche Weichenstellung dient dem Schutz eines wirksamen Wettbewerbs bei unverfälschten Wettbewerbsverhältnissen. Eine Verdrängung des mitgliedstaatlichen Kollisionsrechts durch ein gemeinschaftsrechtliches Herkunftslandprinzip ist daher nicht zur Erreichung dieser Zielsetzung notwendig.

2. Dienstleistungsfreiheit

107 Die mit der „Keck"-Rechtsprechung zur Warenverkehrsfreiheit entwickelte Unterscheidung von **produktbezogenen Maßnahmen** und **Verkaufsmodalitäten** beansprucht

[522] Vgl. *Gebauer* IPRax 1995, 152, 156; *Grandpierre* S. 187; *Sack* WRP 1994, 281, 289; *Staudinger/Fezer/Koos* IntWirtschR Rn 523.
[523] *Drasch* S. 331 ff.
[524] Für Art. 29 EG gilt nichts anderes; s. *Staudinger/Fezer/Koos* IntWirtschR Rn 535.
[525] Zur Dienstleistungsfreiheit → Rn 107 f.
[526] Zum Diskriminierungsverbot → Rn 109.
[527] Hierauf zu Recht hinweisend *Mankowski* IPRax 2002, 257, 261; *Thünken* S. 99.
[528] So die hM; vgl. nur *Gebauer* IPRax 1995, 152 ff; Großkomm/*Schricker* UWG Einl. Rn F 160 (dortige Fn 13); *Kort* GRUR Int. 1994, 594, 601; *Martiny* FS Drobnig S. 389, 397; MünchKomm/*Mankowski* UWG IntWettbR Rn 152 ff und 156; *Sack* WRP 2001, 1408, 1413 ff; *ders.* WRP 2000, 281 f; *ders.* WRP 1994, 281; *Staudinger/Fezer/Koos* IntWirtschR Rn 521; *Staudinger/v. Hoffmann* EGBGB Art. 40 Rn 295; *Thünken* S. 98.
[529] Vgl. *Staudinger/Fezer/Koos* IntWirtschR Rn 522.

auch im Rahmen der Dienstleistungsfreiheit Geltung.[530] So prüfte der EuGH in seiner Entscheidung „Alpine Investments" die Zulässigkeit eines niederländischen Verbotes telefonischer Bewerbung von Finanzdienstleistungen am Maßstab der „Keck"-Rechtsprechungsgrundsätze.[531] Obgleich die Werbebeschränkung vom Sitzstaat des Anbieters, also vom Herkunftsland, ausging und nicht vom Bestimmungsland, betrachtete der Gerichtshof jedoch letztlich den Anwendungsbereich des Art. 49 EG als eröffnet und wendete diese Vorschrift damit auch auf mittelbare Exportbeschränkungen an.[532] Berücksichtigt man die marktsegmentierende Wirkung eines vom Sitzstaat ausgehenden und nur die im Herkunftsstaat ansässigen Anbieter treffenden Werbeverbots, welches den Zugang zu anderen Dienstleistungsmärkten gegenüber dem Verbot nicht unterliegenden Dienstleistungserbringern erschwert, so scheint die Unterscheidung zwischen produktbezogenen Maßnahmen und Verkaufsmodalitäten beinahe obsolet.[533] Denn diese Fallkonstellation wird im Rahmen der Dienstleistungsfreiheit regelmäßig marktsegmentierende Wirkung besitzen.[534]

Für die eventuelle Herausbildung eines **kollisionsrechtlichen Herkunftslandprinzips** 108
aus der Dienstleistungsfreiheit gemäß Art. 49 EG kann im Ergebnis nichts anderes als im parallel gelagerten Fall der Warenverkehrsfreiheit gelten. Die Gewährleistung der Dienstleistungsfreiheit erfolgt dadurch, dass im Falle entgegenstehender, also dienstleistungsfreiheitswidriger Normen des nationalen Rechts deren Nichtanwendbarkeit kraft höherrangigen Rechts angeordnet wird.[535] Das Kollisionsrecht der Mitgliedstaaten wird dabei weder betroffen noch schafft Art. 49 EG selbst Kollisionsrecht.[536] Die Regelung des Art. 49 EG überlagert vielmehr das vom jeweiligen mitgliedstaatlichen Internationalen Privatrecht zur Anwendung berufene Wettbewerbsrecht.[537]

3. Diskriminierungsverbot

Es hat auch im Hinblick auf das Diskriminierungsverbot des Art. 12 EG Überlegungen 109
gegeben, die auf eine kollisionsrechtliche Deutung im Bereich des unlauteren Wettbewerbs abzielten. Argumentiert wurde damit, dass das Diskriminierungsverbot es gebiete, ausländische und inländische Wirtschaftsteilnehmer auf einem mitgliedstaatlichen Markt gleichen Regeln zu unterwerfen.[538] In seiner Rechtsprechung zur **Inländerdiskriminierung** hat der EuGH die Anwendung von Art. 12 EG auf den Fall der Inländerdiskriminierung jedoch bisher abgelehnt, weil Ansatzpunkt der Schlechterbehandlung nicht die Staatsangehörigkeit des Marktteilnehmers, sondern die Herkunft der Ware sei.[539] Die unterschiedliche Behandlung nach dem Herkunftslandrecht im Bereich des unlauteren Wettbewerbs verstößt damit nicht gegen Art. 12 EG.[540] Obgleich die Frage der kollisionsrechtlichen Bedeutung des allgemeinen Diskriminierungsverbots insgesamt noch nicht abschließend ge-

---

530 *Dethloff* S. 236 ff, 243 f; *Staudinger/Fezer/Koos* IntWirtschR Rn 512; zustimmend MünchKomm/*Mankowski* UWG IntWettbR Rn 82; zweifelnd dagegen MünchKomm/*Drexl* BGB IntUnlWettbR Rn 43.

531 S. EuGH Slg. 1995, I-1141, 1178 Nr. 38 – Alpine Investments.

532 *Spindler* ZHR 165 (2001), 324, 339; s. auch *Glöckner* GRUR Int. 2000, 29 ff.

533 Für eine Unterscheidung nach dem Kriterium der Spürbarkeit *Sack* GRUR 1998, 871, 874.

534 *Staudinger/Fezer/Koos* IntWirtschR Rn 512 f.

535 S. aus der ständigen Rechtsprechung etwa EuGH EuZW 2004, 497, 498 Rn 31 – Bacardi France; EuGH EuZW 2004, 499, 500 Rn 22 – Loi Evin. Vgl. zur Beschränkung der Dienstleistungsfreiheit durch lauterkeitsrechtliche Vorschriften der Mitgliedstaaten insgesamt *Dethloff* S. 220 ff.

536 *Ahrens* FS Tilmann S. 739, 743; MünchKomm/*Drexl* BGB IntUnlWettbR Rn 43; *Staudinger/Fezer/Koos* IntWirtschR Rn 377.

537 *Staudinger/Fezer/Koos* IntWirtschR Rn 512. S. in diesem Sinne auch zur Warenverkehrsfreiheit → Rn 101 ff.

538 Vgl. *Bernhard* EuZW 1992, 437, 441. S. allgemein zur kollisionsrechtlichen Bedeutung des gemeinschaftsrechtlichen Diskriminierungsverbotes *Roth* RabelsZ 55 (1991), 623, 643 ff; *Sonnenberger* ZVglRWiss 95 (1996), 3, 15 ff.

539 EuGH Slg. 1986, 3231, 3241 Nr. 9 – Cognet. Kritisch *Fezer* JZ 1994, 317, 326; *Koos* S. 149.

540 MünchKomm/*Drexl* BGB IntUnlWettbR Rn 80. Vgl. zu der Problematik auch *Dethloff* S. 256 f.

klärt scheint,[541] spricht viel dafür, das Diskriminierungsverbot des Art. 12 EG nicht kollisionsrechtlich zu deuten.[542]

II. Sekundärrecht

110 Für die gemeinschaftsrechtliche **Sachrechtsharmonisierung** im Bereich des unlauteren Wettbewerbs gab der Gemeinschaftsgesetzgeber bisher dem Instrument der Richtlinie gegenüber der Verordnung den Vorzug. Es gab aber auch – wie das Beispiel des Vorschlags zur Verordnung über Verkaufsförderung im Binnenmarkt[543] zeigt – Überlegungen, im Dienste einer raschen Erzielung gleicher Wettbewerbsbedingungen und von Rechtssicherheit die Regelungsform der Verordnung zu wählen. Bei der **Kollisionsrechtsangleichung** hat sich die mittlerweile auf der Grundlage von Art. 65 EG mögliche Rechtsform der Verordnung gegenüber der früher allein gangbaren Rechtsvereinheitlichung im Wege multilateraler Konventionen durchgesetzt. Beispiele sind die Umwandlung des Römischen Schuldvertragsübereinkommens von 1980 in eine Rom I-VO[544] sowie die Schaffung eines gemeinschaftsrechtlichen Kollisionsregelwerks für das auf außervertragliche Schuldverhältnisse anzuwendende Recht durch die Rom II-VO.[545] In der für das Wettbewerbsrecht besonders relevanten Richtliniengesetzgebung offenbaren sich verschiedene Tendenzen, deren Darstellung der genauen kollisionsrechtlichen Untersuchung der einzelnen sekundärrechtlichen Gemeinschaftsrechtsakte im Bereich des Wettbewerbsrechts und Kollisionsrechts vorangestellt werden soll. Dabei ist zu beachten, dass Regelungen mit kollisionsrechtlichem Gehalt, die sich in einer Richtlinie finden, naturgemäß der Umsetzung in das jeweilige mitgliedstaatliche Recht bedürfen, also nicht selbst eine anwendbare Kollisionsnorm darstellen. Die für den Rechtsanwender maßgebliche Kollisionsnorm ist daher regelmäßig dem nationalen Recht zu entnehmen.

1. Tendenzen der Richtliniengesetzgebung

111 **a) Richtlinien ohne kollisionsrechtliche Bestimmungen.** In der Richtliniengesetzgebung auf dem Gebiet des Wettbewerbsrechts sind drei Tendenzen erkennbar. Zunächst ist die Tendenz der frühen Richtliniengesetzgebung zu nennen, die dahin ging, keinerlei kollisionsrechtliche Bestimmungen für die Anknüpfung wettbewerbsrechtlicher Sachverhalte bei **punktueller Sachrechtsharmonisierung** vorzusehen.[546] Das ist vor allem der Fall bei der **Irreführungsrichtlinie.**[547] Sie schafft selbst in ihrem Anwendungsbereich – und auch in ihrer Auslegung durch den EuGH – keinen umfassend harmonisierten Irreführungsschutz[548] und besitzt keine kollisionsrechtliche Bedeutung.[549] Gleiches gilt für die im Jahr 1997 integrierte **Richtlinie über vergleichende Werbung.**[550] Harmonisierungslücken

---

541 Vgl. *Roth* RabelsZ 55 (1991), 623, 643 ff; *Sonnenberger* ZVglRWiss 95 (1996), 3, 15 ff.

542 So auch MünchKomm/*Drexl* BGB IntUnlWettbR Rn 80.

543 → Rn 153.

544 Vgl. die Verordnung (EG) Nr. 593/2008 des Europäischen Parlaments und des Rates vom 17. 6. 2008 über das auf vertragliche Schuldverhältnisse anzuwendende Recht (Rom I), ABl. EU 2008 Nr. L 177 S. 6 (abgedr. bei *Jayme/Hausmann* Nr. 80).

545 → Rn 154 ff.

546 MünchKomm/*Micklitz* UWG EG D Rn 53 ff. S. auch den Überblick bei *Roth* IPRax 1994, 165, 170 f.

547 RL 84/450/EWG des Rates vom 10. 9. 1984 zur Angleichung der Rechts- und Verwaltungsvorschriften der Mitgliedstaaten über irreführende Werbung, ABl. EG Nr. L 250 S. 20 = GRUR Int. 1984, 688; seit 12. 12. 2007 ersetzt durch die RL 2006/114/EG des Europäischen Parlaments und des Rates vom 12. 12. 2006 über irreführende und vergleichende Werbung (kodifizierte Fassung), ABl. EU 2006 Nr. L 376 S. 21 = GRUR Int. 2007, 308. S. auch → Rn 118.

548 *Lettl* GRUR Int. 2004, 85, 91 f mit Novellierungsvorschlag 94 ff.

549 MünchKomm/*Mankowski* UWG IntWettbR Rn 121 f; *Staudinger/Fezer/Koos* IntWirtschR Rn 534; *Staudinger/v. Hoffmann* EGBGB Art. 40 Rn 296. S. auch MünchKomm/*Micklitz* UWG EG D Rn 56.

550 RL 97/55/EG des Europäischen Parlaments und des Rates vom 6. 10. 1997 zur Änderung der RL 84/450/EWG über irreführende Werbung zwecks Einbeziehung der vergleichenden Werbung, ABl. EG

werden Schritt für Schritt durch den EuGH geschlossen.[551] Ohne kollisionsrechtlichen Gehalt[552] sind auch eine Reihe weiterer produktspezifischer Werberichtlinien,[553] wie zB die eine vollständige Harmonisierung der Arzneimittelwerbung[554] in Europa schaffende Richtlinie über einen Gemeinschaftskodex für Humanarzneimittel,[555] die Tabakwerberichtlinie[556] oder die Datenschutzrichtlinie für elektronische Kommunikation.[557] Auch die **Lauterkeitsrichtlinie** ist nach Streichung des umstrittenen Herkunftslandprinzips in diese Reihe von Richtlinien ohne kollisionsrechtlichen Gehalt einzuordnen.[558]

b) Richtlinien auf Grundlage des Herkunftslandprinzips. Daneben ist gerade in der jüngeren Richtliniengesetzgebung auch die Tendenz festzustellen, das Herkunftslandprinzip zu verankern.[559] Regelungsgehalt des Herkunftslandprinzips ist dabei grundsätzlich die an die Mitgliedstaaten gerichtete Anordnung, als Herkunftsstaat die Einhaltung seiner inländischen Normen durch die im Inland niedergelassenen Waren- oder Diensteanbieter sicherzustellen und zwar auch dann, wenn Dienstleistungen im EU-Ausland erbracht werden. Es geht mithin um eine mitgliedstaatliche **Rechtmäßigkeitskontrolle im Herkunftsstaat** der dort niedergelassenen Unternehmen, wofür auch das prägnante Schlagwort der **„Kontrolle an der Quelle“** verwendet wird.[560] Das Sendeland- bzw. Herkunftslandprinzip findet sich zwar bereits in der ursprünglichen Fernsehrichtlinie.[561] Der Gedanke, den Binnenmarkt verstärkt mit Hilfe des Herkunftslandprinzips zu verwirklichen, geht aber insbesondere auf das **Grünbuch kommerzielle Kommunikation** zurück.[562] Jüngstes in Kraft befindliches Beispiel ist die **E-Commerce-Richtlinie,**[563] die im Bereich der „kommerziellen Kommunikation“[564] die bestehenden Verbraucherschutzrichtlinien[565] ergänzt. 112

Nr. L 290 S. 18; vom deutschen Gesetzgeber umgesetzt durch Gesetz vom 1. 9. 2000, BGBl. I S. 1374; seit 12. 12. 2007 ersetzt durch die RL 2006/114/EG des Europäischen Parlaments und des Rates vom 12. 12. 2006 über irreführende und vergleichende Werbung (kodifizierte Fassung), ABl. EU 2006 Nr. L 376 S. 21 = GRUR Int. 2007, 308; → Rn 118.

551 S. zB zur irreführenden vergleichenden Werbung EuGH GRUR 2003, 533 – Pippig Augenoptik. In diesem Bereich ist den Mitgliedstaaten die Möglichkeit strengerer Gesetzgebung verschlossen.

552 Ebenso MünchKomm/*Micklitz* UWG EG D Rn 56.

553 Vgl. insgesamt auch die Darstellung bei *Marwitz* K&R 2004, 212 ff.

554 So ausdrücklich EuGH EuZW 2008, 25, 28 Rn 39 – Gintec International.

555 S. die RL 2001/83/EG des Europäischen Parlaments und des Rates vom 6. 11. 2001 zur Schaffung eines Gemeinschaftskodexes für Humanarzneimittel, ABl. EG Nr. L 311 S. 67, zuletzt geändert durch RL 2008/29/EG vom 11. 3. 2008, ABl. EU Nr. L 81 S. 51. S. dazu auch EuGH GRUR Int. 2004, 418 – Doc Morris.

556 RL 2003/33/EG des Europäischen Parlaments und des Rates vom 26. 5. 2003 zur Angleichung des Rechts- und Verwaltungsvorschriften der Mitgliedstaaten über Werbung und Sponsoring zugunsten von Tabakerzeugnissen, ABl. EG Nr. L 152 S. 16.

557 S. die RL 2002/58/EG des Europäischen Parlaments und des Rates vom 12. 7. 2002 über die Verarbeitung personenbezogener Daten und den Schutz der Privatsphäre in der elektronischen Kommunikation (Datenschutzrichtlinie für elektronische Kommunikation), ABl. EG 2002 Nr. L 201 S. 37, zuletzt geändert durch RL 2006/24/EG vom 15. 3. 2006, ABl. EU Nr. L 105 S. 54, die insbesondere eine Regelung zur unerwünschten E-Mail-Werbung enthält (Art. 13).

558 RL 2005/29/EG des Europäischen Parlaments und des Rates vom 11. 5. 2005 über unlautere Geschäftspraktiken im binnenmarktinternen Geschäftsverkehr zwischen Unternehmen und Verbrauchern (...), ABl. EU 2005 Nr. L 149 S. 22; → Rn 150 ff.

559 Ob das Herkunftslandprinzip jeweils kollisionsrechtlichen Gehalt besitzt, ist insbesondere für die E-Commerce-Richtlinie sehr umstritten. Dazu → Rn 128 ff.

560 So *Glöckner* WRP 2005, 795. S. auch *Ohly* WRP 2006, 1401, 1403.

561 → Rn 119 f.

562 KOM(1996), 192 endg. → Rn 116.

563 → Rn 121 ff.

564 So die neue Begrifflichkeit der E-Commerce-Richtlinie (Art. 2 lit. f); vgl. dazu *Micklitz/Keßler* WRP 2003, 919, 927.

565 ZB die RL 97/7/EG des Europäischen Parlaments und des Rates vom 20. 5. 1997 über den Verbraucherschutz bei Vertragsabschlüssen im Fernabsatz, ABl. EG 1999 Nr. L 144 S. 19; RL 2002/65/EG des Europäischen Parlaments und des Rates vom 23. 9. 2002 über den Fernabsatz von Finanzdienstleistungen an Verbraucher, ABl. EG Nr. L 271 S. 16; RL 93/13/EWG des Rates vom 5. 4. 1993 über missbräuchliche Klauseln in Verbraucherverträgen, ABl. EG 1993 Nr. L 95 S. 29 sowie die Irreführungsrichtlinie und RL über vergleichende Werbung (→ Nachweise in der vorangehenden Rn).

Auch die Vorschläge einer Richtlinie über unlautere Geschäftspraktiken[566] sowie einer Richtlinie über Dienstleistungen im Binnenmarkt[567] waren in der ursprünglichen Formulierung durch das Herkunftslandslandprinzip geprägt.

113 In die gleiche Richtung zielt die „European Advertising Standards Alliance" (EASA) ab, die einen Zusammenschluss nationaler Einrichtungen der Werbeselbstdisziplin aus neun EG-Staaten im Jahr 1991 darstellt und die Maßgeblichkeit der im Ursprungsland des Werbenden gültigen Verhaltensregeln statuiert.[568] In ähnlicher Weise ordnen die von der Internationalen Handelskammer (ICC) verabschiedeten „Guidelines on Interactive Marketing Communications" für den Bereich der Internetwerbung die Anwendbarkeit des Rechts des Einspeisungsstaates an.[569] Kollisionsrechtlich entscheidend soll demnach der Ort sein, an dem die Werbeinformationen ins Netz eingestellt werden.

114 Nicht das Lauterkeitsrecht, sondern das Urheberrecht betrifft die Richtlinie 92/83/EWG zur Koordinierung bestimmter urheber- und leistungsschutzrechtlicher Vorschriften betreffend Satellitenrundfunk und Kabelweiterleitung vom 27. 9. 1993,[570] die in ihrem Art. 1 Abs. 2 lit. a und b auf das **Sendelandprinzip** abstellt. Dieser Vorschrift wird im Allgemeinen kollisionsrechtlicher Gehalt beigemessen.[571] Die Richtlinie ist ein weiterer Beleg für die europarechtliche Tendenz zur Implementierung des Herkunftslandprinzips.

115 **c) Richtlinien mit Präferenz für das Marktortprinzip.** Schließlich sind auch gegenläufige Tendenzen in der Richtliniengesetzgebung erkennbar. So bestimmt die **Richtlinie betreffend bestimmte Organismen für gemeinsame Anlagen in Wertpapieren (OGAW)**[572] in ihrem Art. 44 die Maßgeblichkeit des Bestimmungslandrechts. Ein Organismus für gemeinsame Anlage in Wertpapieren muss demnach, wenn er Wertpapiere in einem anderen Mitgliedstaat vertreibt, im Hinblick auf seine Werbung die im Vertriebsstaat geltenden Vorschriften beachten (Art. 44 Abs. 2).[573] Auch die **Dritte Richtlinie Schadenversicherung**[574] sowie die **Richtlinie Lebensversicherung**[575] schreiben in ihrem Art. 41 bzw. 47 dem Versicherer vor, sich hinsichtlich Form und Inhalt seiner Werbung am aus Gründen des Gemeinwohls gerechtfertigten Werberecht des Mitgliedstaats ihrer Zweigniederlassung bzw. Dienstleistung zu orientieren. Ähnliches bestimmt Art. 21 Abs. 11 der **Zweiten Bankenrichtlinie,**[576] wonach für die Werbetätigkeit der Ort der Dienstleistung

---

566 KOM(2003), 356 endg. → Rn 146ff.

567 Vorschlag für eine Richtlinie des Europäischen Parlaments und des Rates über Dienstleistungen im Binnenmarkt vom 25. 2. 2004, KOM(2004), 2 endg./2; → Rn 151f. S. auch *Mankowski* IPRax 2004, 385ff.

568 Vgl. dazu *Beckmann* WRP 1993, 651, 657.

569 Vgl. dazu *Hoeren* Internet- und Multimediarecht (Cyberlaw) S. 111, 113.

570 ABl. EG Nr. L 248 S. 15; dazu auch *Kort* GRUR Int. 1994, 594, 602.

571 Vgl. zB MünchKomm/*Kreuzer* BGB (3. Aufl.) Nach Art. 38 Anh. II EGBGB Rn 108b; MünchKomm/*Mankowski* UWG IntWettbR Rn 102; *Reithmann/Martiny/Obergfell* IVR Rn 1773; *Staudinger/v. Hoffmann* EGBGB Art. 40 Rn 296; s. auch *Staudinger/Fezer/Koos* IntWirtschR Rn 1047; offen lassend *Staudinger/Fezer/Koos* IntWirtschR Rn 534; aA *Baetzgen* S. 292 Rn 740.

572 RL 85/611/EWG des Rates vom 20. 12. 1985 zur Koordinierung der Rechts- und Verwaltungsvorschriften betreffend bestimmte Organismen für gemeinsame Anlagen in Wertpapieren (OGAW), ABl. EG Nr. L 375 S. 3, zuletzt geändert durch RL 2008/18/EG vom 11. 3. 2008, ABl. EU Nr. L 76 S. 42, umgesetzt durch das Finanzmarktförderungsgesetz vom 22. 2. 1990, BGBl. I S. 266.

573 S. *Duintjer-Tebbens* Rev.crit.dr.int.pr. 1994, 451, 471f; *Kreuzer* Gemeinsames Privatrecht in der Europäischen Gemeinschaft S. 373, 402; MünchKomm/*Drexl* BGB IntUnlWettbR Rn 76; MünchKomm/*Kreuzer* BGB (3. Aufl.) Art. 38 EGBGB Rn 227a; s. auch *Roth* RabelsZ 55 (1991), 623, 666f.

574 RL 92/49/EWG des Rates vom 18. 6. 1992 zur Koordinierung der Rechts- und Verwaltungsvorschriften für die Direktversicherung (mit Ausnahme der Lebensversicherung) sowie zur Änderung der RL 73/239/EWG und 88/357/EWG (Dritte RL Schadenversicherung), ABl. EG Nr. L 228 S. 1, zuletzt geändert durch RL 2008/36/EG vom 11. 3. 2008, ABl. EU 2008 Nr. L 81 S. 69, umgesetzt durch das Dritte Durchführungsgesetz EWG zum VAG vom 21. 7. 1994, BGBl. I S. 1630, ber. BGBl. S. 3134.

575 RL 2002/83/EG des Europäischen Parlaments und des Rates vom 5. 11. 2002 über Lebensversicherungen, ABl. EG Nr. L 345 S. 1, zuletzt geändert durch RL 2008/19/EG vom 11. 3. 2008, ABl. EU Nr. L 76 S. 44.

576 S. RL 89/646/EWG des Rates vom 15. 12. 1989 zur Koordinierung der Rechts- und Verwaltungsvorschriften über die Aufnahme und Ausübung der Tätigkeit der Kreditinstitute und zur Änderung der

bzw. der Markttransaktion maßgeblich sein soll. Eine entsprechende Regelung findet sich zudem in Art. 13 der Richtlinie über Wertpapierdienstleistungen.[577] Auch die **Dienstleistungsrichtlinie für Rechtsanwälte**[578] sieht in ihrem Art. 4 Abs. 4 die Anwendbarkeit des Werberechts im Aufnahmestaat vor. Die genannten Vorschriften über das jeweils auf die Werbung einer bestimmten Anbietergruppe wie Banken, Versicherer oder Rechtsanwälte anwendbare Recht wird zum Teil nicht im kollisionsrechtlichen Sinne, sondern lediglich als Option des betreffenden Mitgliedstaats verstanden, in diesem Bereich sein Sachrecht zur Anwendung zu bringen.[579] Die Berufung des Rechts am Ort der Dienstleistung oder des Vertriebs zur Anwendung auf Werbung spezifischer Anbieter und Dienstleistender wird demgegenüber jedoch als **echte Kollisionsregel** zu deuten sein, die nicht nur die gemeinschaftsrechtliche Konformität des kollisionsrechtlichen Marktortprinzips bestätigt,[580] sondern sie in diesen besonderen Fällen sogar festschreibt.[581]

2. Weichenstellung durch das Grünbuch über kommerzielle Kommunikation und das Grünbuch zum Verbraucherschutz

Das **Grünbuch über kommerzielle Kommunikation** von 1996[582] bildet das Fundament der jüngsten Sekundärrechtsgesetzgebung im Bereich des europäischen Lauterkeitsrechts. Es strebt für seinen weiten Anwendungsbereich, dem nicht nur sämtliche Formen der Werbung, des Sponsoring und Direktmarketing, sondern auch die Öffentlichkeitsarbeit unterfallen, einen „übergeordneten Rahmen" an. Wie das von der Kommission angestrebte „Gesamtkonzept ihrer zukünftigen Politik auf dem Gebiet der kommerziellen Kommunikation" konkret aussehen soll, lässt das Grünbuch allerdings noch im Dunkeln. Erst das von der Kommission im Jahr 1998 vorgelegte „Folgedokument zum Grünbuch über kommerzielle Kommunikation im Binnenmarkt"[583] bringt die erwartete Erläuterung und Präzisierung. Ein wesentliches Anliegen des Grünbuchs ist die Absicht, das Instrument des Herkunftslandprinzips stärker zur Schaffung eines auf den Grundsätzen des Binnenmarktes beruhenden Rechtsrahmens einzusetzen.[584] Das **Herkunftslandprinzip** wird hier als „neuer Ansatz" postuliert, der daraufhin erstmals in der E-Commerce-Richtlinie[585] realisiert wurde. Es sollen weitere bereichsspezifische Normierungen des Herkunftslandprinzips folgen. Angekündigt war dies zB im Vorschlag einer Verordnung über Verkaufsförderung im Binnenmarkt[586] sowie im ersten Vorschlag einer Richtlinie über Dienstleistungen im Binnenmarkt.[587] 116

In ähnlicher Weise wie das Grünbuch über kommerzielle Kommunikation führt das **Grünbuch zum Verbraucherschutz** die mangelnde Vollendung des Binnenmarktes, im Fall des Verbraucherschutzes also den mangelnden Ausbau grenzüberschreitenden Handels sowie spiegelbildlich die zögerliche Nutzung des Binnenmarktes durch grenzüberschreitendes Shopping der Verbraucher, auf fehlende Rechtssicherheit im Binnenmarkt und 117

RL 77/780/EWG, ABl. EG Nr. L 386 S. 1, geändert durch RL 95/26/EG vom 29. 6. 1995, ABL. EG Nr. L 168 S. 7, in Deutschland umgesetzt durch das Gesetz zur Änderung des Gesetzes über das Kreditwesen und anderer Vorschriften über Kreditinstitute vom 21. 12. 1992, BGBl. I S. 2211.

[577] RL 93/22/EWG des Rates vom 10. 5. 1993 über Wertpapierdienstleistungen, ABl. EG Nr. L 141 S. 27, zuletzt geändert durch RL 2004/39/EG vom 21. 4. 2004, ABl. EG Nr. L 145 S. 1.

[578] RL 77/249/EWG des Rates vom 22. 3. 1977 zur Erleichterung der tatsächlichen Ausübung des freien Dienstleistungsverkehrs der Rechtsanwälte, ABl. EG Nr. L 78 S. 17.

[579] So *Dethloff* S. 57; *Staudinger/Fezer/Koos* IntWirtschR Rn 378.

[580] In diesem Sinne *Roth* IPRax 1994, 165, 171 f; s. auch *Staudinger/Fezer/Koos* IntWirtschR Rn 378.

[581] AA *Dethloff* S. 57; MünchKomm/*Drexl* BGB IntUnlWettbR Rn 76; wie hier aber MünchKomm/*Kreuzer* BGB (3. Aufl.) Art. 38 EGBGB Rn 227 a; MünchKomm/*Mankowski* UWG IntWettbR Rn 17.

[582] KOM(1996), 192 endg.

[583] S. die Mitteilung der Kommission, KOM(1998), 121 endg.; dazu *Henning-Bodewig* GRUR Int. 1999, 233, 235 ff.

[584] Kritisch *Henning-Bodewig* GRUR Int. 1999, 233, 239 ff.

[585] → Rn 121 ff.

[586] KOM(2001), 546 endg. bzw. KOM(2002), 585 endg. (überarbeiteter Verordnungsentwurf). → Rn 153.

[587] Vgl. Art. 16 des Vorschlags für eine Richtlinie des Europäischen Parlaments und des Rates über Dienstleistungen im Binnenmarkt vom 25. 2. 2004, KOM(2004), 2 endg/2; → Rn 151 f.

daraus folgend mangelndes Verbrauchervertrauen zurück.[588] Auch das Grünbuch zum Verbraucherschutz sieht die Lösung des Problems in der Normierung des (offenbar kollisionsrechtlich verstandenen) **Herkunftslandprinzips.**[589] Der Vergleich mit der Fernsehrichtlinie zeige, dass sich mit Hilfe des Herkunftslandprinzips die Anwendung von damals fünfzehn verschiedenen Rechtsordnungen vermeiden ließe. Genau genommen ist dies nur denkbar, wenn das so geschaffene sekundärgemeinschaftsrechtliche Herkunftslandprinzip das nationale Kollisionsrecht verdrängt und selbst kollisionsrechtlichen Gehalt besitzt.[590] Der auf das Grünbuch zum Verbraucherschutz zurückgehende Vorschlag einer Richtlinie über unlautere Geschäftspraktiken[591] sieht in seinem ursprünglichen, nun gestrichenen Art. 4 Abs. 1 dementsprechend eine Verankerung des Herkunftslandprinzips vor.

3. Einzelne Gemeinschaftsrechtsakte auf dem Gebiet des materiellen Lauterkeitsrechts

118 **a) Richtlinie über irreführende und vergleichende Werbung.** Als frühes Ergebnis der fortschreitenden generellen Sachrechtsintegration auf dem Gebiet des unlauteren Wettbewerbs wurde im Jahre 1984 die Richtlinie 84/450/EWG über irreführende Werbung[592] verabschiedet und in Kraft gesetzt. Sie wurde 1997 um die vergleichende Werbung ergänzt.[593] Kollisionsregeln sind weder in der ursprünglichen Richtlinie über irreführende Werbung noch in der geänderten, die vergleichende Werbung einbeziehenden Richtlinie enthalten.[594] Ein umfassendes, die kollisionsrechtliche Problematik umgehendes Einheitsrecht wird durch diese Richtliniengesetzgebung ebenso wenig geschaffen.[595] Auch die Lauterkeitsrichtlinie ändert hieran grundsätzlich wenig, da sie nur den binnenmarktinternen Geschäftsverkehr zwischen Unternehmen und Verbrauchern betrifft.[596]

119 **b) Richtlinie über audiovisuelle Mediendienste.** Der europäische Rundfunkmarkt wurde im Zuge der Umsetzung der Fernsehrichtlinie[597] von 1989/1997 durch Koordination bestimmter Bereiche wie zB Sponsoring, Jugendschutz und Werbebeschränkungen auf der Grundlage von Mindeststandards reguliert.[598] Die Revision[599] der nun in „Richtlinie über

---

[588] Vgl. das Grünbuch zum Verbraucherschutz in der Europäischen Union, KOM(2001), 531 endg. S. 11.

[589] S. das Grünbuch aaO.

[590] S. zum kollisionsrechtlichen Gehalt des Herkunftslandprinzips in der Richtliniengesetzgebung insbesondere die Ausführungen zur E-Commerce-RL → Rn 121 ff.

[591] → Rn 146 ff.

[592] RL 84/450/EWG des Rates vom 10. 9. 1984 zur Angleichung der Rechts- und Verwaltungsvorschriften der Mitgliedstaaten über irreführende Werbung, ABl. EG Nr. L 250 S. 20 = GRUR Int. 1984, 688, seit 12. 12. 2007 ersetzt durch die RL 2006/114/EG des Europäischen Parlaments und des Rates vom 12. 12. 2006 über irreführende und vergleichende Werbung (kodifizierte Fassung), ABl. EU 2006 Nr. L 376 S. 21 = GRUR Int. 2007, 308.

[593] RL 97/55/EG des Europäischen Parlaments und des Rates vom 6. 10. 1997 zur Änderung der RL 84/450/EWG über irreführende Werbung zwecks Einbeziehung der vergleichenden Werbung, ABl. EG Nr. L 290 S. 18; vom deutschen Gesetzgeber umgesetzt durch Gesetz vom 1. 9. 2000, BGBl. I S. 1374.

[594] Ebenso Großkomm/*Schricker* UWG Einl. Rn F 159 und 332; *Kort* GRUR Int. 1994, 594, 602; MünchKomm/*Drexl* BGB IntUnlWettbR Rn 74; MünchKomm/*Kreuzer* BGB (3. Aufl.) Art. 38 EGBGB Rn 227 a; *Staudinger/Fezer/Koos* IntWirtschR Rn 378 und 534; *Staudinger/v. Hoffmann* EGBGB Art. 40 Rn 296.

[595] *Lettl* GRUR Int. 2004, 85, 91 f; *Staudinger/Fezer/Koos* IntWirtschR Rn 534; *Staudinger/v. Hoffmann* EGBGB Art. 40 Rn 296.

[596] RL 2005/29/EG des Europäischen Parlaments und des Rates vom 11. 5. 2005 über unlautere Geschäftspraktiken im binnenmarktinternen Geschäftsverkehr zwischen Unternehmen und Verbrauchern (...), ABl. EU 2005 Nr. L 149 S. 22; → Rn 146 ff.

[597] RL 89/552/EWG des Rates vom 3. 10. 1989 zur Koordinierung bestimmter Rechts- und Verwaltungsvorschriften der Mitgliedstaaten über die Ausübung der Fernsehtätigkeit, ABl. EG Nr. L 298 S. 23, geändert durch die RL 97/36/EG des Europäischen Parlaments und des Rates vom 30. 6. 1997 zur Änderungen der RL 89/552/EWG, ABl. EG 1997 Nr. L 202 S. 60.

[598] S. insgesamt zur Fernsehrichtlinie und der damals noch im Planungsstadium befindlichen Revision *König* ZUM 2002, 803 ff.

[599] S. die RL 2007/65/EG des Europäischen Parlaments und des Rates vom 11. 12. 2007 zur Änderung der Richtlinie 89/552/EWG des Rates zur Koordinierung bestimmter Rechts- und Verwaltungsvorschriften der Mitgliedstaaten über die Ausübung der Fernsehtätigkeit, ABl. EU Nr. L 332 S. 27. Die neue Richtlinie ist am 19. 12. 2007 in Kraft getreten (vgl. Art. 4 RL 2007/65/EG).

audiovisuelle Mediendienste“ **umbenannten Fernsehrichtlinie**[600] wurde im Dezember 2007 abgeschlossen. Kernstück der Revision war die **Einbeziehung von nichtlinearen audiovisuellen Mediendiensten** (zB Internet- oder mobiles Fernsehen).[601] Neben der Normierung gemeinsamer Mindeststandards war ein weiterer Grundpfeiler der ursprünglichen Fernsehrichtlinie die Implementierung des Sendeland- oder Herkunftslandprinzips.[602] Hieran wurde durch die Revision der Richtlinie nicht gerüttelt, sondern dieses Grundprinzip wurde auch in der neuen Richtlinie über audiovisuelle Mediendienste beibehalten.[603] So ist in **Art. 2 Abs. 1** der Richtlinie über audiovisuelle Mediendienste weiterhin das **Sendeland- bzw. Herkunftslandprinzip** normiert. Danach ist jeder Mitgliedstaat verpflichtet, für die Einhaltung der „auf für die Allgemeinheit bestimmte audiovisuelle Mediendienste“ anwendbaren Vorschriften durch die seiner Rechtshoheit unterworfenen und diese Dienste übertragenden Mediendiensteanbieter zu sorgen. Dieser staatlichen Rechtmäßigkeitskontrolle[604] – prägnant auch als „Kontrolle an der Quelle“ bezeichnet[605] – unterfallen beispielsweise als Mindeststandard das Gebot der Erkennbarkeit von Fernsehwerbung und Teleshopping sowie ihrer Trennung vom redaktionellen Programminhalt (Art. 10). Nach Art. 2 Abs. 2 und 3 der Richtlinie über audiovisuelle Mediendienste unterliegt der Mediendiensteanbieter der Rechtshoheit des Mitgliedstaates, in dem er niedergelassen ist.[606] Umgekehrt besteht nach **Art. 2a Abs. 1** der Richtlinie das grundsätzliche Verbot für die jeweiligen Empfangsstaaten, den freien Empfang wie die Weiterverbreitung von Sendungen aus einem anderen Mitgliedstaat in ihrem Hoheitsgebiet zu behindern.[607] Das Verbot bezieht sich dabei nur auf Behinderungen „aus Gründen, die Bereiche betreffen, die durch diese Richtlinie koordiniert sind“.

Diese Regelung des Sendelandprinzips in Art. 2 Abs. 1 der Richtlinie wurde vor dem 120 Hintergrund der bisherigen **Fernsehrichtlinie** in der Literatur zu Recht als **kollisionsrechtliches Herkunftslandprinzip** bewertet.[608] An dieser Bewertung ist auch auf der Grundlage der neuen Richtlinie über audiovisuelle Mediendienste festzuhalten. So nimmt der Gemeinschaftsgesetzgeber in **Erwägungsgrund 7** der Richtlinie über audiovisuelle Mediendienste ausdrücklich auf das auch in der neuen Richtlinie beizubehaltende Herkunftslandprinzip als eines der „Grundprinzipien“ der Fernsehrichtlinie Bezug. In **Erwägungsgrund 27** wird weiter ausdrücklich betont, dass das Herkunftslandprinzip „Kernbe-

---

600 Der neue Richtlinientitel lautet nach Art. 1 RL 2007/65/EG: „RL 89/552/EWG des Europäischen Parlaments und des Rates vom 3. 10. 1989 zur Koordinierung bestimmter Rechts- und Verwaltungsvorschriften der Mitgliedstaaten über die Bereitstellung audiovisueller Mediendienste (Richtlinie über audiovisuelle Mediendienste)“.

601 Als audiovisuelle Mediendienste sind Fernsehprogramme (lineare audiovisuelle Mediendienste) oder audiovisuelle Mediendienste auf Abruf (nichtlineare audiovisuelle Mediendienste) zu verstehen; vgl. die Legaldefinition in Art. 1 lit. a iVm lit. e und g der Richtlinie über audiovisuelle Mediendienste. S. insgesamt zu Entstehungsgeschichte und Anwendungsbereich der neuen Richtlinie über audiovisuelle Mediendienste *Stender-Vorwachs/Theißen* ZUM 2007, 613, 614 ff.

602 Zu den Gründen der Implementierung des Herkunftslandprinzips und seiner Ausgestaltung näher *Blasi* S. 46 ff.

603 Vgl. insbesondere Erwägungsgründe 7 und 27 der RL 2007/65/EG. S. auch *Stender-Vorwachs/Theißen* ZUM 2007, 613, 616.

604 Zur Sendestaatskontrolle ausführlich *Blasi* S. 87 ff und 106 ff.

605 Vgl. *Glöckner* WRP 2005, 795.

606 *Stender-Vorwachs/Theißen* ZUM 2007, 613, 616. Vgl. noch zur Fernsehrichtlinie *Dethloff* S. 51 f; *Schmitt-Vockenhausen* ZUM 1998, 377, 378.

607 Zu den Verpflichtungen und dem verbleibenden Handlungsspielraum der Empfangsstaaten ausführlich *Blasi* S. 125 ff.

608 Vgl. AnwK/*Wagner* EGBGB Art. 40 Rn 72; *v. Bar/Mankowski* § 3 Rn 88; *Dethloff* S. 51; *dies.* JZ 2000, 179, 180; *Kort* GRUR Int. 1994, 594, 601; Großkomm/*Schricker* UWG Einl. Rn F 159, 371; *Lehmler* UWG Einl. Rn 58; *Mankowski* ZVglRWiss 100 (2001), 137, 142 f; MünchKomm/*Kreuzer* BGB (3. Aufl.) Art. 38 EGBGB Rn 227 a; MünchKomm/*Mankowski* UWG IntWettbR Rn 97; *Reithmann/Martiny/Obergfell* IVR Rn 1773; *Sack* WRP 1994, 281, 284; *Schack* MMR 2000, 59, 62; *Schricker* GRUR Int. 1990, 771, 774 f; *Schricker/Henning-Bodewig* WRP 2001, 1367, 1370; *Staudinger/v. Hoffmann* EGBGB Art. 40 Rn 300; *Thünken* S. 51; *ders.* IPRax 2001, 15, 19; für den Gegendarstellungsanspruch ebenso *Roth* RabelsZ 55 (1991), 623, 670 f. – AA *Ahrens* FS Tilmann S. 739, 744 f; *Baetzgen* S. 290 Rn 734; *Blasi* S. 267 ff; *Halfmeier* ZEuP 2001, 837, 858; *Piper/Ohly/Ohly* UWG Einf. C Rn 78; *Staudinger/Fezer/Koos* IntWirtschR Rn 537; zweifelnd auch *Harte/Henning/Glöckner* UWG Einl. C Rn 28 ff.

standteil" der Richtlinie bleiben soll, „da es für die Schaffung des Binnenmarkts unverzichtbar ist". Das Herkunftslandprinzip solle daher für alle audiovisuellen Mediendienste gelten, „um für die Mediendiensteanbieter die zur Entwicklung neuer Geschäftsmodelle und zur Einführung dieser Dienste erforderliche Rechtssicherheit zu schaffen".[609] Dieses Ziel der Schaffung von Rechtssicherheit im Binnenmarkt würde bei Anwendung der Marktortanknüpfung konterkariert, da Diensteanbieter bis zu 27 verschiedene Wettbewerbsrechtsordnungen zu beachten hätten. Daher ist das **Sende- bzw. Herkunftslandprinzip der Richtlinie über audiovisuelle Mediendienste** als **kollisionsrechtliches Prinzip** zu verstehen.[610] Das Herkunftslandprinzip gilt allerdings nur hinsichtlich des durch die Richtlinie koordinierten Bereichs,[611] zu dem insbesondere die irreführende Werbung gerade nicht zählt.[612] Diese Grenze bestätigt auch Erwägungsgrund 56 der Richtlinie über audiovisuelle Mediendienste, wonach grundsätzlich für unlautere Geschäftspraktiken und dabei auch für irreführende und aggressive Praktiken in audiovisuellen Mediendiensten die Lauterkeitsrichtlinie greift. Außerhalb des Anwendungsbereichs der Richtlinie über audiovisuelle Mediendienste gelten die allgemeinen immaterialgüter-, urheber- oder lauterkeitsrechtlichen Kollisionsregeln,[613] so dass für das Internationale Lauterkeitsrecht die herrschende Marktortanknüpfung nicht verdrängt wird.[614]

121 **c) E-Commerce-Richtlinie. aa) Anwendungsbereich und Binnenmarktregel.** Die Richtlinie 2000/31/EG des Europäischen Parlaments und des Rates vom 8. 6. 2000 über bestimmte rechtliche Aspekte der Dienste der Informationsgesellschaft, insbesondere des elektronischen Geschäftsverkehrs, im Binnenmarkt („Richtlinie über den elektronischen Geschäftsverkehr")[615] war Gegenstand breiter Diskussion. Ein wesentlicher Streitpunkt betraf die in Art. 3 Abs. 1 und 2 der E-Commerce-Richtlinie verankerte **Binnenmarktregel.** Nach Art. 3 Abs. 1 E-Commerce-Richtlinie hat jeder Mitgliedstaat dafür Sorge zu tragen, „dass die Dienste der Informationsgesellschaft, die von einem in seinem Hoheitsgebiet niedergelassenen Diensteanbieter erbracht werden, den in diesem Mitgliedstaat geltenden innerstaatlichen Vorschriften entsprechen, die in den koordinierten Bereich fallen". Abs. 2 der Vorschrift fügt nach dem Vorbild der früheren Fernsehrichtlinie hinzu, dass die Mitgliedstaaten „den freien Verkehr von Diensten der Informationsgesellschaft aus einem anderen Mitgliedstaat nicht aus Gründen einschränken (dürfen), die in den koordinierten Bereich fallen". Die Binnenmarktregel der E-Commerce-Richtlinie schreibt demnach den Mitgliedstaaten zum einen eine Rechtmäßigkeitskontrolle[616] nach eigenen Rechtsvorschriften sowie anhand der (eher spärlichen) Vorgaben der Richtlinie in Bezug auf den koordinierten Bereich vor und beinhaltet zum anderen das an die Mitgliedstaaten gerichtete Verbot,[617] den freien Verkehr von Diensten der Informationsgesellschaft, die aus einem anderen Mitgliedstaat stammen, etwa durch Überprüfung anhand von strengeren innerstaatlichen Vorschriften zu behindern.

---

609 So die Formulierung in Erwägungsgrund 27 der RL 2007/65/EG.

610 Zweifelnd aber *Sack* WRP 2008, 845, 858.

611 Zum Anwendungsbereich des Herkunftslandprinzips der Fernsehrichtlinie eingehend *Blasi* S. 175 ff.

612 So bereits zur Fernsehrichtlinie EuGH GRUR Int. 1997, 913 – De Agostini. In diesem Sinne auch schon Großkomm/*Schricker* UWG Einl. Rn F 374; *Hefermehl/Köhler/Bornkamm/Köhler* UWG Einl. Rn 5.23; *Staudinger/Fezer/Koos* IntWirtschR Rn 535. Vgl. auch *Micklitz/Keßler* GRUR Int. 2002, 885, 888 f; MünchKomm/*Mankowski* UWG IntWettbR Rn 101. Kritisch dagegen *Blasi* S. 237 ff.

613 Ebenso zur Fernsehrichtlinie *Dethloff* S. 52; Großkomm/*Schricker* UWG Einl. Rn F 372 ff; *Staudinger/v. Hoffmann* EGBGB Art. 40 Rn 300. S. auch *Kort* GRUR Int. 1994, 594, 601.

614 Zur Abgrenzung der Anknüpfung nach der Rom II-VO → Rn 168 f.

615 ABl. EG Nr. L 178 S. 1, abgedruckt bei *Jayme/Hausmann* Nr. 90 (im Folgenden „E-Commerce-Richtlinie" genannt). Vorläufer der RL waren der RL-E über „bestimmte rechtliche Aspekte des elektronischen Geschäftsverkehrs im Binnenmarkt", KOM(1998), 586 endg., ABl. EG Nr. C 30 vom 5. 2. 1999 S. 4 ff, s. dazu *Lehmann* ZUM 1999, 180; *Tettenborn* K&R 1999, 252, sowie der „Geänderte Vorschlag für eine Richtlinie des Europäischen Parlaments und des Rates über bestimmte rechtliche Aspekte des elektronischen Geschäftsverkehrs im Binnenmarkt", KOM(1999), 427 endg., s. dazu zB *Spindler* ZUM 1999, 775 ff.

616 Zur Herkunftsstaatskontrolle ausführlich *Blasi* S. 295 ff.

617 Zum Einschränkungsverbot näher *Blasi* S. 308 ff.

Die Brisanz der als „Herzstück“[618] der E-Commerce-Richtlinie bezeichneten Binnenmarktklausel liegt in ihrer **Reichweite.** Denn der durch die E-Commerce-Richtlinie **„koordinierte Bereich“** ist im Vergleich zur bisherigen Richtlinienharmonisierung auf dem Gebiet des unlauteren Wettbewerbs ausgesprochen weit und umfasst alle mitgliedstaatlichen Rechtsvorschriften, die in spezieller oder auch allgemeiner Art Anforderungen für die Anbieter von Diensten der Informationsgesellschaft sowie die Dienste der Informationsgesellschaft selbst regeln.[619] Erfasst sind Zugangsvorschriften für die Tätigkeitsaufnahme eines Diensteanbieters sowie Vorschriften für die Ausübung der Tätigkeit eines Diensteanbieters.[620] Unter Diensten der Informationsgesellschaft sind alle entgeltlichen[621] elektronisch, im Fernabsatz und auf individuellen Abruf erbrachten Dienstleistungen, also sämtliche wirtschaftlichen Online-Aktivitäten, zu verstehen.[622] In den Erwägungsgründen der E-Commerce-Richtlinie werden beispielhaft Online-Verkäufe von Waren, Online-Informationsdienste, kommerzielle Kommunikation,[623] Dienste zum Datenzugang und -abruf sowie Dienste, die Zugang zu Kommunikationsnetzen bieten, und „Punkt-zu-Punkt“-Dienste, wie etwa das Video-on-Demand, aufgeführt.[624] Sämtliche werbe- und wettbewerbsrechtlichen Normen, die auf Dienste der Informationsgesellschaft anwendbar sind,[625] fallen demnach grundsätzlich in die Domäne der E-Commerce-Richtlinie. Von diesem weiten[626] Anwendungsbereich der Richtlinie sind nur solche Bereiche ausgenommen, die Anforderungen in Bezug auf Waren als solche, in Bezug auf die Lieferung von Waren[627] und hinsichtlich von Offline-Diensten betreffen.[628] Vom Anwendungsbereich der Richtlinie grundsätzlich ausgenommen sind gemäß Art. 1 Abs. 5 lit. a bis d E-Commerce-Richtlinie weitere Bereiche wie zB Notartätigkeiten oder Gewinnspiele einschließlich Lotterien und Wetten.[629] Zudem fallen die von der früheren Fernsehrichtlinie[630] erfassten Fernsehsendungen sowie Hörfunksendungen aus dem Anwendungsbereich der E-Commerce-Richtlinie heraus.[631] In Bezug auf audiovisuelle Mediendienste, die von der neuen Richtlinie über audiovisuelle Mediendienste in den Anwendungsbereich der früheren Fernsehrichtlinie mit einbezogenen wurden,[632] ergeben sich Überschneidungen. Die Richtlinie über audiovisuelle Mediendienste tritt hier in bestimmtem Umfang zugunsten der E-Commerce-Richtlinie zurück.[633] Auch gegenüber der Lauterkeitsrichtlinie geht die E-Commerce-RL als Spezialregelwerk vor.[634] 122

618 So die Formulierung der Kommission in ihrem „Erste(n) Bericht über die Anwendung der RL 2000/31/EG des Europäischen Parlaments und des Rates vom 8. 6. 2000 über bestimmte rechtliche Aspekte der Dienste der Informationsgesellschaft, insbesondere des elektronischen Geschäftsverkehrs, im Binnenmarkt (RL über den elektronischen Geschäftsverkehr)“ vom 21. 11. 2003 (im Folgenden „Erster Bericht“), KOM(2003), 702 endg. S. 4 bzw. S. 9 („Kernstück der Richtlinie“).

619 Vgl. die Definition in Art. 2 lit. h der E-Commerce-RL. S. dazu auch *Blasi* S. 324ff; *Dethloff* S. 55; *Micklitz/Keßler* GRUR Int. 2002, 885, 889; *Thünken* S. 66f.

620 S. Art. 2 lit. h i) der E-Commerce-RL.

621 Erfasst sind auch alle Formen der kommerziellen Kommunikation, die nicht vom Empfänger vergütet werden; vgl. *Blasi* S. 330; *Thünken* S. 65.

622 Art. 2 lit. a der E-Commerce-RL verweist zur Begriffsbestimmung auf Art. 1 Nr. 2 der RL 98/34/EG idF der RL 98/48/EG (ABl. EG 1998 Nr. L 204 S. 37 bzw. ABl. 1998 Nr. L 217 S. 1); vgl. zur Begriffsdefinition insgesamt *Blasi* S. 324ff; *Thünken* S. 64f.

623 S. die Definition in Art. 2 lit. f der E-Commerce-RL.

624 Vgl. Erwägungsgrund 18 der E-Commerce-RL.

625 Zur unerbetenen E-Mail-Werbung s. allerdings → Rn 123.

626 S. zur Weite des koordinierten Bereichs auch *Blasi* S. 344ff.

627 Hierzu BGH GRUR 2006, 513, 515 – Arzneimittel im Internet. Zur Lieferung von Arzneimitteln durch Internetapotheken s. auch *Mand* MMR 2003, 77, 79.

628 Vgl. Art. 2 lit. h ii) der E-Commerce-RL. Kritisch dazu *Spindler* RabelsZ 66 (2002), 633, 645ff.

629 S. zu den Ausnahmen *Blasi* S. 336ff.

630 → Rn 119.

631 S. Nr. 18 der E-Commerce-RL.

632 → Rn 119.

633 Vgl. Erwägungsgrund 23 (bzgl. Haftungsausschlüsse) und Erwägungsgrund 35 (bzgl. Bedingungen und Verfahren gemäß Art. 3 Abs. 4–6 E-Commerce-Richtlinie) der Richtlinie über audiovisuelle Mediendienste.

634 Vgl. Art. 3 Abs. 4 Lauterkeitsrichtlinie; → Rn 146. Zur Abgrenzung auf kollisionsrechtlicher Ebene zur Rom II-VO → Rn 168.

123 Explizit aus dem Anwendungsbereich der Binnenmarktregel **ausgenommen** sind einige **Spezialmaterien,** die im Anhang zur Richtlinie aufgelistet werden. Dazu zählen beispielsweise die gewerblichen Schutzrechte[635] und das Urheberrecht,[636] die Rechtswahlfreiheit im Internationalen Vertragsrecht[637] wie vertragliche Verbraucherschuldverhältnisse,[638] aber auch das Einzelproblem der Zulässigkeit nicht angeforderter kommerzieller Kommunikation mittels E-Mail,[639] welches im deutschen Gesetzgebungsprozess bis zuletzt diskutiert wurde.[640] Ferner ist es den Mitgliedstaaten nach Art. 3 Abs. 4 bis 6 der E-Commerce-Richtlinie gestattet, unter bestimmten strengen Voraussetzungen Maßnahmen zum **Schutz** besonders wichtiger **öffentlicher Güter,** nämlich zum Schutz der öffentlichen Sicherheit und Ordnung, der öffentlichen Gesundheit[641] und aus Gründen des Verbraucherschutzes, zu ergreifen, auch wenn diese im Widerspruch zur Binnenmarktregel stehen.[642] Daher konnte der BGH auf Grundlage des Marktortprinzips in Fall der „Arzneimittelwerbung im Internet" judizieren und nicht nur das TDG als zum Entscheidungszeitpunkt geltenden Umsetzungsakt der E-Commerce-Richtlinie unangewendet, sondern auch die Frage der kollisions- oder sachrechtlichen Bedeutung[643] des Herkunftslandprinzips offen lassen.[644] Der in zeitlicher Hinsicht dem Fall aus dem Jahr 2001 zugrundezulegende § 4 Abs. 2 S. 1 TDG findet nach dem Urteil der Bundesrichter wegen der Ausnahme zum **Schutz der öffentlichen Gesundheit** nach § 4 Abs. 2 S. 2 iVm Abs. 5 S. 1 Nr. 3 TDG bzw. Art. 3 Abs. 4 lit. a E-Commerce-Richtlinie keine Anwendung.[645] Der BGH begründete dies nicht mit der bloßen Existenz des deutschen Werbeverbots in § 3a HWG für Arzneimittel ohne die erforderliche Zulassung, sondern hob darauf ab, dass § 3a HWG gerade eine Vorschrift zur Umsetzung europäischer Richtlinien im Bereich der Humanarzneimittel darstellt, zudem in der Europäischen Union von einem einheitlichen Arzneimittelbegriff auszugehen sei und das erreichte Schutzniveau nicht durch Nichtanwendung von § 3a HWG abgesenkt werden dürfe.[646]

124 **bb) Problemlage.** Die Diskussion um die materiellrechtliche oder kollisionsrechtliche Natur des Herkunftslandprinzips der E-Commerce-Richtlinie reicht bis in die Anfänge ihrer Entstehungsgeschichte zurück und dauert auch nach Umsetzung des Herkunftslandprinzips in deutsches Recht durch § 4 Abs. 1 und 2 TDG[647] bzw. jetzt § 3 Abs. 1 und 2 TMG[648] an. Seither ist im deutschen Schrifttum ausgiebig zum einen darüber diskutiert

---

[635] Vgl. BGH RIW 2006, 942, 943 – Pietra di Soln, der die Frage, ob der Begriff der „gewerblichen Schutzrechte" mit dem Begriff des „gewerblichen und kommerziellen Eigentums" im Sinne des Art. 30 EG identisch ist, offenlässt.

[636] S. näher *Spindler* RabelsZ 66 (2002), 633, 670ff.

[637] Es ist str., ob das gesamte Internationale Vertragsrecht vom Herkunftslandprinzip ausgenommen wird. Dafür *Mankowski* IPRax 2002, 257, 264f; *ders.* ZVglRWiss 100 (2001), 137, 157; dagegen jedoch *Spindler* RabelsZ 66 (2002), 633, 666; *Thünken* S. 88f.

[638] Allein maßgeblich für Verbraucherverträge auch im E-Commerce-Bereich sind daher Art. 29 und 29a EGBGB bzw. künftig Art. 6 Rom I-VO und der geplante Art. 46b EGBGB.

[639] Für die E-Mail-Werbung folgt Deutschland nach wie vor dem sog. „opt-in"-Prinzip, wonach E-Mail-Werbung nur nach vorherigem Einverständnis erlaubt ist; vgl. § 7 Abs. 2 Nr. 3 UWG.

[640] Vgl. die Bundesratsempfehlung, BR-Drucks. 228/1/04 S. 2f.

[641] Zm Thema Internetapotheken s. EuGH GRUR Int. 2004, 418 – Doc Morris; BGH MMR 2008, 242. Zur Werbung für Humanarzneimittel durch Internetapotheken s. auch *Mand* MMR 2003, 77, 81f.

[642] S. näher *Blasi* S. 312ff; *Sack* WRP 2001, 1408, 1421ff; *Spindler* RabelsZ 66 (2002), 633, 673ff.

[643] Zum Meinungsstand → Rn 128ff.

[644] BGH GRUR 2006, 513, 515 Rn 25ff – Arzneimittelwerbung im Internet.

[645] BGH GRUR 2006, 513, 515 Rn 29 – Arzneimittelwerbung im Internet.

[646] BGH GRUR 2006, 513, 515 Rn 30 – Arzneimittelwerbung im Internet. Einen anderen Weg zur Erzielung des gleichen Ergebnisses durch eine Kontrolle das anwendbaren Marktortrechts ausschließlich am Maßstab der Richtlinie über einen Gemeinschaftskodex für Humanarzneimittel schlägt *Ohly* WRP 2006, 1401, 1406ff, vor.

[647] Vgl. Art. 1 Nr. 4 des Gesetzes über rechtliche Rahmenbedingungen für den elektronischen Geschäftsverkehr (Elektronischer Geschäftsverkehr-Gesetz, EGG) vom 14. 12. 2001, BGBl. I S. 3721.

[648] Das TDG wurde im Jahr 2007 durch das Telemediengesetz (TMG) abgelöst; vgl. Art. 1 des Gesetzes zur Vereinheitlichung von Vorschriften über bestimmte elektronische Informations- und Kommunikations-

worden, ob es sich bei dem durch die E-Commerce-Richtlinie vorgegebenen Herkunftslandprinzip um eine echte Kollisionsregel oder lediglich um eine materiellrechtliche Verankerung des Herkunftslandprinzips handelt.[649] Zum anderen wurde über die politische Richtigkeit der Verankerung des Herkunftslandprinzips debattiert.[650] Die Deutung des Art. 3 E-Commerce-Richtlinie ist insofern problematisch, als Art. 1 Abs. 4 der E-Commerce-Richtlinie ausdrücklich hervorhebt, die Richtlinie schaffe „weder zusätzliche Regeln im Bereich des Internationalen Privatrechts, noch befass(e) sie sich mit der Zuständigkeit der Gerichte". Mit gleichem Wortlaut setzt dies auch der ehemalige § 2 Abs. 6 TDG bzw. jetzt (nur leicht sprachlich verändert) § 1 Abs. 5 TMG voraus. Erwägungsgrund 23 der E-Commerce-Richtlinie fügt hinzu, das (mitgliedstaatliche) Internationale Privatrecht dürfe die Freiheit zur Erbringung von Diensten der Informationsgesellschaft nicht einschränken. Nimmt man den Wortlaut ernst, so dürfte Art. 3 E-Commerce-Richtlinie nicht kollisionsrechtlich interpretiert, sondern allein (im untechnischen Sinne) als Verweis auf das Recht des Herkunftslandes *einschließlich* seiner Kollisionsregeln verstanden werden.[651] Konsequenz wäre, dass es bei der Anwendbarkeit nationaler Kollisionsnormen verbliebe, die bei Zugrundelegung der Marktortregel auf ein anderes als das Herkunftslandrecht verweisen würden. Der Zweck der E-Commerce-Richtlinie würde dadurch schlichtweg konterkariert.[652] Denn Erwägungsgrund 60 der E-Commerce-Richtlinie offenbart als **Zielsetzung,** dass der durch die Richtlinie geschaffene Rechtsrahmen „im Sinne der ungehinderten Entwicklung des elektronischen Geschäftsverkehrs (...) klar, unkompliziert und vorhersehbar sowie vereinbar mit den auf internationaler Ebene geltenden Regeln sein (müsse), um die Wettbewerbsfähigkeit der europäischen Industrie nicht zu beeinträchtigen und innovative Maßnahmen in diesem Sektor nicht zu behindern". Käme es aufgrund mitgliedstaatlichen Kollisionsrechts zur Anwendung unterschiedlichen Wettbewerbsrechts, so wäre der Rechtsrahmen für den elektronischen Geschäftsverkehr hingegen unklar und damit gerade nicht vorhersehbar.

Die **Kommission** hingegen sieht sich nach den ersten Erfahrungen mit der Umsetzung 125
der E-Commerce-Richtlinie in ihrer strategischen Zielvorgabe, die Europäische Union in den „wettbewerbsfähigste(n) und dynamischste(n) wissensbasierte(n) Wirtschaftsraum der Welt" umzuwandeln, bestätigt.[653] Die Richtlinie entspreche dieser Zielsetzung „voll und ganz", sie beseitige Hindernisse bei der grenzüberschreitenden Erbringung von Online-Diensten im Binnenmarkt und biete Unternehmen und Bürgern gleichermaßen die erforderliche Rechtssicherheit.[654] Die Kommission hält insoweit an ihrer Auffassung fest, die Binnenmarktklausel garantiere den Anbietern von Diensten der Informationsgesellschaft die erforderliche Rechtssicherheit und -klarheit.[655] Beschwerden von im grenzüberschreitenden Online-Geschäftsverkehr tätigen Unternehmen habe es – wie die Kommission hervorhebt – bisher nur im Bereich der von der Binnenmarktklausel erfassten Online-Glücksspiele gegeben.[656] Das Schweigen der Kommission zum Streit über den materiell- oder kollisionsrechtlichen Gehalt der Binnenmarktklausel in Art. 3 Abs. 1 und 2 der E-Commerce-Richtlinie kann nur dahin verstanden werden, dass die Kommission ohne Umschweife und unabhängig von der dogmatischen Konstruktion von der *Anwendbarkeit* des

dienste vom 26. 2. 2007 (Elektronischer-Geschäftsverkehr-Vereinheitlichungsgesetz, ElGVG), BGBl. I S. 179 ff; s. dazu *Kitz* ZUM 2007, 368 ff.

649 In ersten Stellungnahmen ging man offenbar vom kollisionsrechtlichen Herkunftslandprinzip aus; so zB *Lehmann* ZUM 1999, 180, 181 f; *Maennel* MMR 1999, 187, 188 f; *Moritz* CR 2000, 61, 70 f; *Waldenberger* EuZW 1999, 296, 298; für eine Gesamtverweisung mit der Konsequenz der Anwendbarkeit des jeweiligen mitgliedstaatlichen IPR plädierte hingegen *Hoeren* MMR 1999, 192, 195.

650 Aus der frühen Diskussion vgl. zB *Hoeren* MMR 1999, 192, 194 f; *Lehmann* ZUM 1999, 180, 181 f; *Maennel* MMR 1999, 187, 189; *Waldenberger* EuZW 1999, 296, 298.

651 In diesem Sinne *Hoeren* MMR 1999, 192, 195; *Spindler* ZUM 1999, 775, 785 f.

652 So auch *Mankowski* GRUR Int. 1999, 909, 913; *Staudinger/v. Hoffmann* EGBGB Art. 40 Rn 298.

653 Vgl. die Formulierung im Ersten Bericht der Kommission, KOM(2003), 702 endg. S. 3.

654 Erster Bericht, ebenda.

655 Erster Bericht aaO S. 4 und 9.

656 Erster Bericht aaO S. 22.

Herkunftslandrechts ausgeht, die wiederum nur über eine kollisionsrechtliche Lösung zu erreichen ist.[657]

126 Die Konsequenzen einer Anwendung des Herkunftslandprinzips im Bereich des Online-Geschäftsverkehrs bei einer generellen Trennung von On- und Offline-Geschäftsverkehr sind **rechtspolitisch bedenklich.**[658] Versteht man das durch die E-Commerce-Richtlinie eingeführte Herkunftslandprinzip als Kollisionsnorm, so könnte sich ein nicht erwünschter negativer, zur Etablierung des niedrigsten Schutzniveaus führender „Wettbewerb der Rechtsordnungen"[659] im Bereich des Wettbewerbsrechts einstellen.[660] Denn es ist leicht vorstellbar, dass ein Online-Anbieter erwägt, seinen Sitz kurzerhand in einen Mitgliedstaat zu verlegen, der weitaus großzügigere Wettbewerbsregeln anwendet, als es sein Heimatstaat praktiziert. Umgekehrt ist denkbar, dass mitgliedstaatliche Gesetzgeber dazu verführt werden könnten, inländischen Unternehmen durch großzügige Gesetzgebung Wettbewerbsvorteile auf dem europäischen Exportmarkt zu verschaffen. Die Gefahr eines derartigen „Wirtschaftsrechtsdumping"[661] und der Konsequenz eines „race to the bottom",[662] mithin einer Absenkung der Lauterkeitsmaßstäbe in den einzelnen Mitgliedstaaten, besteht solange, wie es keinen annähernd gleichen oder gar einheitlichen wettbewerbsrechtlichen Schutzstandard in den mitgliedstaatlichen Sachnormen gibt.[663] Das unterschiedliche Schutzniveau führt weiter zu einer Inländerdiskriminierung der in den Mitgliedstaaten mit hohem Schutzniveau und entsprechend strengem Wettbewerbsrecht (wozu auch die Bundesrepublik Deutschland zählt) Ansässigen.[664] Auf der anderen Seite müssen sich die Kritiker eines Herkunftslandprinzips die Frage nach Alternativen gefallen lassen; dies gilt insbesondere vor dem Hintergrund einer umgekehrt drohenden Ausrichtung am strengsten Wettbewerbsrecht.[665] Misslich bleibt aber in jedem Fall die bei Unterstellung des kollisionsrechtlichen Charakters der Vorschrift in Art. 3 Abs. 1 und 2 E-Commerce-Richtlinie durch das Herausgreifen eines wettbewerbsrechtlichen Teilbereichs der Online-Geschäfte bewirkte Spaltung des Kollisionsrechts, die der par conditio concurrentium, dem Grundsatz der Gleichbehandlung aller Wettbewerber auf einem Markt, widerspricht.

127 Die **Umsetzung der Binnenmarktregel** in Art. 3 Abs. 1 und 2 E-Commerce-Richtlinie in deutsches Recht erfolgte durch § 4 Abs. 1 und 2 TDG[666] bzw. jetzt § 3 Abs. 1 und 2 TMG.[667] Die neue Regelung in § 3 Abs. 1 TMG bestimmt mit minimaler sprachlicher Abweichung[668] von § 4 Abs. 1 TDG, dass die „in der Bundesrepublik Deutschland nieder-

[657] Zur Unterscheidung von Anwendung des Herkunftslandrechts und Berücksichtigung der Rechtmäßigkeit s. *Dethloff* S. 271 ff.

[658] Kritisch zB auch *Apel/Grapperhaus* WRP 1999, 1247, 1259; *Bodewig* GRUR Int. 2000, 475, 482 f; *Fezer/Koos* IPRax 2000, 349, 354; *Fritze/Holzbach* WRP 2000, 872, 875; *Glöckner* ZVglRWiss 99 (2000), 278, 306; *Harte/Henning/Glöckner* UWG Einl. C Rn 35; *Henning-Bodewig* GRUR Int. 1999, 233, 239 f; *Hoeren* MMR 1999, 192, 194; *Mankowski* GRUR Int. 1999, 909, 914 f; *Micklitz/Keßler* GRUR Int. 2002, 885, 888; *Schack* MMR 2000, 59, 62; *Staudinger/Fezer/Koos* IntWirtschR Rn 565; *Staudinger/v. Hoffmann* EGBGB Art. 40 Rn 299.

[659] Zu den positiven Effekten s. *Ohly* GRUR Int. 2001, 899, 907. Kritisch hingegen *Mankowski* GRUR Int. 1999, 909, 914.

[660] Dies befürchten auch *Fezer/Koos* IPRax 2000, 349, 354; *Schricker/Henning-Bodewig* WRP 2001, 1367, 1370.

[661] *Lehmann* ZUM 1999, 180, 182.

[662] Gegen die Gefahr eines „race to the bottom" argumentierend allerdings *Thünken* S. 189 ff. Vgl. auch *Grundmann* RabelsZ 67 (2003), 246, 257, der von einem „Reaktionsmechanismus" spricht.

[663] Zu den Schwierigkeiten der Sachrechtsharmonisierung im Bereich des Wettbewerbsrechts *Ohly* GRUR Int. 2001, 899, 906.

[664] *Waldenberger* EuZW 1999, 296, 298.

[665] *Ohly* GRUR Int. 2001, 899, 906, spricht plastisch von einem „race to the top".

[666] Vgl. Art. 1 Nr. 4 des Gesetzes über rechtliche Rahmenbedingungen für den elektronischen Geschäftsverkehr (Elektronischer Geschäftsverkehr-Gesetz, EGG) vom 14. 12. 2001, BGBl. I S. 3721.

[667] Das TDG wurde im Jahr 2007 durch das Telemediengesetz (TMG) abgelöst; vgl. Art. 1 des Gesetzes zur Vereinheitlichung von Vorschriften über bestimmte elektronische Informations- und Kommunikationsdienste vom 26. 2. 2007 (Elektronischer-Geschäftsverkehr-Vereinheitlichungsgesetz, ElGVG), BGBl. I S. 179 ff; s. dazu *Kitz* ZUM 2007, 368 ff.

[668] Statt „Teledienste" in § 4 TDG heißt es im TMG nun „Telemedien".

gelassenen Diensteanbieter und ihre Telemedien (...) den Anforderungen des deutschen Rechts auch dann (unterliegen), wenn die Telemedien in einem anderen Staat innerhalb des Geltungsbereichs der Richtlinie 2000/31/EG (...) geschäftsmäßig angeboten oder erbracht werden". Abs. 2 S. 1 der Vorschrift ordnet weiter an, dass „der freie Dienstleistungsverkehr von Telemedien, die in der Bundesrepublik Deutschland von Diensteanbietern geschäftsmäßig angeboten oder erbracht werden, die in einem anderen Staat innerhalb des Geltungsbereichs der Richtlinie 2000/31/EG (...) niedergelassen sind, (...) nicht eingeschränkt" wird. Mit leichter sprachlicher Veränderung im Vergleich zur Vorgängernorm des § 2 Abs. 6 TDG enthält auch § 1 Abs. 5 TMG die auf Art. 1 Abs. 4 der E-Commerce-Richtlinie zurückgehende Feststellung, das TMG treffe „weder Regelungen im Bereich des internationalen Privatrechts noch regel(e) es die Zuständigkeit der Gerichte". In den ersten Entscheidungen zum Problemfeld grenzüberschreitender Internetwerbung wird das Herkunftslandprinzip ohne weitere Begründung kollisionsrechtlich verstanden und das Herkunftsland angewendet[669] oder eine Stellungnahme zur Rechtsnatur des Herkunftslandprinzips im ehemaligen § 4 TDG bzw. jetzigen § 3 TMG konnte offen gelassen werden, weil eine Ausnahme griff.[670]

cc) Meinungsstand. Zur Interpretation des durch Art. 3 E-Commerce-Richtlinie bzw. § 3 TMG (vormals § 4 TDG) festgeschriebenen Herkunftslandprinzips werden verschiedene Ansichten diskutiert, die zwischen sachrechtlicher und kollisionsrechtlicher Deutung changieren. Auf der einen Seite wurde zunächst eine **rein sachrechtliche Deutung** des Art. 3 E-Commerce-Richtlinie in Erwägung gezogen.[671] Nach dieser Auffassung enthält Art. 3 Abs. 1 und 2 der E-Commerce-Richtlinie keine Kollisionsnorm, sondern verweist insgesamt auf mitgliedstaatliches Sach- *und* Kollisionsrecht bzw. lässt das nationale IPR unberührt.[672] Konsequenz dieser Auffassung ist – vor dem Hintergrund der in der deutschen Literatur herrschenden Marktortanknüpfung – die Anwendung des jeweils am Marktort geltenden Rechts. Die Auffassung würde den befürchteten „race to the bottom", also den Effekt unterbinden, dass sich der Diensteanbieter durch die Wahl seines Sitzes das ihm günstigste Recht mit den geringsten (wettbewerbsrechtlichen) Anforderungen an seine Tätigkeit aussuchen kann. Außerdem kann sich diese Ansicht auf den scheinbar eindeutigen Wortlaut des Art. 1 Abs. 4 sowie Erwägungsgrund 23 der Richtlinie stützen, wonach eine Kodifizierung des Internationalen Privatrechts gerade nicht gewollt sei. Nicht zu erklären vermag diese Auffassung den Widerspruch zur Zielsetzung der E-Commerce-Richtlinie.[673] In seiner „radikalen" Konsequenz der alleinigen und durch das Herkunftslandprinzip unkorrigierten Anwendung des nationalen Kollisions- und Sachrechts wird dieser Ansatz zum heutigen Zeitpunkt – soweit ersichtlich – nicht mehr vertreten. Die im Schrifttum weit verbreitete, auf einem sachrechtlichen Verständnis des Herkunftslandprinzips basierende Auffassung geht vielmehr dahin, das vom nationalen Kollisionsrecht zur Anwendung berufene Sachrecht binnenmarktkonform zu korrigieren.[674] 128

Auf der anderen Seite wird trotz entgegenstehenden Wortlauts in Art. 1 Abs. 4 der E-Commerce-Richtlinie das in Art. 3 Abs. 1 und 2 der E-Commerce-Richtlinie verankerte **Herkunftslandprinzip** insgesamt **kollisionsrechtlich gedeutet.**[675] Von den Befürwor- 129

[669] So in einem einstweiligen Verfügungsverfahren OLG München GRUR 2004, 880ff – Active Two; dazu *Henning-Bodewig* GRUR 2004, 822ff.

[670] So griff im Fall des Werbeverbots für im Inland nicht zugelassene Arzneimittel nach dem auf der Umsetzung einer europäischen Richtlinie beruhenden § 3a HWG die Ausnahme des § 4 Abs. 5 S. 1 Nr. 3 TDG; vgl. BGH GRUR 2006, 513, 516 – Arzneimittelwerbung im Internet.

[671] Vgl. *Hoeren* MMR 1999, 192, 194f; *Spindler* ZUM 1999, 775, 785f. S. auch die Vertreter der in → Rn 130 dargestellten Meinung, die in ihrem Erklärungsansatz jedoch weiter gehen.

[672] S. auch *Lurger* FS 75 Jahre MPI S. 479, 488f, die Art. 3 Abs. 1 und 2 E-Commerce-RL für den Bereich des Privatrechts als Verweis auf das IPR des Herkunftslandes versteht.

[673] Ablehnend deshalb auch *Grundmann* RabelsZ 67 (2003), 246, 273.

[674] Näher → Rn 130.

[675] So *v. Bar/Mankowski* § 3 Rn 88; *Höder* S. 200f; *Leible/Engel* EuZW 2004, 7, 17; *Mankowski* IPRax 2002, 257, 258ff; *ders.* ZVglRWiss 100 (2001), 137, 179; *ders.* EWS 2002, 401ff; *ders.* GRUR Int. 1999,

tern einer kollisionsrechtlichen Deutung des Art. 3 Abs. 1 und 2 E-Commerce-Richtlinie wird das Argument ins Feld geführt, dass es dem Diensteanbieter nicht zumutbar sei, seine Internetaktivitäten an eine unüberschaubare Vielzahl nationaler Rechtsordnungen anzupassen. Sinn und Zweck der Richtlinie sei es gerade, über die Implementierung des Herkunftslandprinzips einen einheitlichen elektronischen Geschäftsverkehr zu ermöglichen, der sich für ein werbendes Unternehmen nach nur einem, nämlich seinem eigenen Recht, zu richten hat.[676] Dies gelte auch dann, wenn das Heimatrecht des Diensteanbieters strengere Anforderungen stelle. Eine materiellrechtliche Korrektur durch das Herkunftslandprinzip, die dem mitgliedstaatlichen Kollisionsrecht im Sinne eines Günstigkeitsvergleichs[677] nachgeschaltet sei, widerspreche diesem, von der Richtlinie in Art. 3 Abs. 1 klar vorgegebenen Ergebnis.[678] Dass die Konstruktion als nicht kollisionsrechtlich bzw. das Kollisionsrecht der Mitgliedstaaten nicht berührend bezeichnet werde, ändere hieran wenig.[679] Der Vorbehalt des Art. 1 Abs. 4 E-Commerce-Richtlinie (wie auch dessen Umsetzung) wird von dieser Ansicht für unbeachtlich gehalten.[680] Art. 3 Abs. 1 und 2 E-Commerce-Richtlinie verpflichte die Mitgliedstaaten vielmehr, ihr Kollisionsrecht anzupassen bzw. richtlinienkonform auszulegen. Das sei mit der Umsetzung durch § 4 TDG[681] (jetzt § 3 TMG), der eindeutig kollisionsrechtlichen Charakter aufweise und einen Günstigkeitsentscheid ausschließe, geschehen.[682] Die Konsequenz der Aufspaltung des Kollisionsrechts etwa für On- und Offline-Werbung wird mit der unterschiedlichen Beherrschbarkeit der Werbung für den Werbenden gerechtfertigt.[683] Während der in Printmedien Werbende seine Tätigkeit auf die rechtlichen Bedingungen des klar bestimmten Zielmarktes ausrichten könne, fehle diese Möglichkeit bei der weltweit abrufbaren Internetwerbung. Die kollisionsrechtliche Deutung des Herkunftslandprinzips der E-Commerce-Richtlinie entspreche dem unbefangenen Verständnis der Regelung als Anordnung der Rechtsfolge einer Anwendung des Herkunftslandrechts.[684]

130 Zwischen diesen beiden Polen der einerseits materiellrechtlichen, andererseits kollisionsrechtlichen Interpretation des Herkunftslandprinzips bewegen sich **vermittelnde Vorschläge,** die entweder an die materiellrechtliche oder an die kollisionsrechtliche Lösung angelehnt sind. An die materiellrechtliche Lösung angenähert ist die Auffassung, die dem

---

909, 912; MünchKomm/*Mankowski* UWG IntWettbR Rn 48 ff; *Thünken* S. 83 ff; *ders.* ICLQ 51 (2002), 909, 940 f; *ders.* IPRax 2001, 15, 19 f. S. auch *Freytag* MMR 12/1998, S. V; *Grundmann* RabelsZ 67 (2003), 246, 273; *Landfermann* FS 75 Jahre MPI S. 503, 514 f; *Palandt/Heldrich* EGBGB (67. Aufl.) Art. 40 Rn 11; *Staudinger/v. Hoffmann* EGBGB Art. 40 Rn 299; wohl auch *Schricker/Henning-Bodewig* WRP 2001, 1367, 1370. Ebenso aus österreichischer Perspektive *Brenn* ÖJZ 1999, 481, 482; *Lurger/Vallant* MMR 2002, 203, 207 (zu § 20 österreichisches ECG).

[676] S. *Mankowski* IPRax 2002, 257, 258 f; MünchKomm/*Mankowski* UWG IntWettbR Rn 54, der außerdem zu Recht darauf hinweist, dass die Zielsetzung, dem Diensteanbieter die Rechtsermittlungskosten zu ersparen, eine „genuin kollisionsrechtliche Zielsetzung" sei.

[677] So vor allem *Roth* RabelsZ 55 (1991) 623, 645 ff.

[678] *Thünken* S. 80; *ders.* IPRax 2001, 15, 20.

[679] Es handele sich bei dieser Normaussage mit den Worten von *Mankowski* IPRax 2002, 257, um eine „bewusste Irreführung". Allein durch die Behauptung der Kommission, es werden keine Normen des IPR geschaffen, verliere die Vorschrift nicht ihren kollisionsrechtlichen Charakter; vgl. *Mankowski* aaO S. 257 f. Ähnlich *Wilske* CRi 2001, 68, 69.

[680] Vgl. *Landfermann* FS 75 Jahre MPI S. 503, 515; *Mankowski* ZVglRWiss 100 (2001), 137, 138 f; MünchKomm/*Mankowski* UWG IntWettbR Rn 48 ff. Sehr kritisch gegenüber einer „skrupellosen" Vernachlässigung von Normtext und gesetzgeberischen Motiven aber *Höder* S. 188.

[681] § 4 Abs. 1 TDG enthielt im Entwurfsstadium die Einschränkung der Maßgeblichkeit innerstaatlichen Rechts für inländische Diensteanbieter „(...) soweit sich nicht aus den Regeln des Internationalen Privatrechts etwas anderes ergibt", die später gestrichen wurde. Vgl. *Höder* S. 194 ff.

[682] *Höder* S. 199 f. S. auch MünchKomm/*Mankowski* UWG IntWettbR Rn 60 und 90 ff. Eine eindeutige Kollisionsregel für deutsche Diensteanbieter aus § 3 Abs. 1 TMG herauslesend auch *Hefermehl/Köhler/Bornkamm/Köhler* UWG Einl. Rn 5.22.

[683] *Thünken* IPRax 2001, 15, 20. Sehr kritisch allerdings zur IPR-Spaltung *Mankowski* GRUR Int. 1999, 909, 914.

[684] *Mankowski* IPRax 2002, 257, 259, mit Verweis auf zahlreiche Kurzdarstellungen der Richtlinie, zB bei *Nickels* CR 2001, 302, 303.

Herkunftslandprinzip der E-Commerce-Richtlinie zwar grundsätzlich (wegen des eindeutigen Wortlauts) keinen kollisionsrechtlichen Charakter zuspricht, es also **rein materiellrechtlich** versteht, aber das auf Grundlage des autonomen Kollisionsrechts zur Anwendung berufene nationale Recht nur insoweit anwendet, als es nicht dem Gemeinschaftsrecht zuwiderläuft.[685] Diese **binnenmarktfunktionale Sichtweise** beruht auf der Annahme, geltendes **mitgliedstaatliches Kollisionsrecht** werde durch das Richtlinienrecht **überlagert,** welches die Beurteilung des Online-Geschäftsverkehrs nach den Vorschriften des Herkunftslandes anordne.[686] Demnach sei eine Prüfung auf zwei Stufen anzustellen. Auf der ersten Stufe sei mit Hilfe des nationalen Kollisionsrechts das anwendbare Recht zu ermitteln. Das Herkunftslandprinzip verdränge die Anknüpfung nach mitgliedstaatlichem Kollisionsrecht gerade nicht. Es wirke vielmehr durch einen Günstigkeitsvergleich[687] erst auf der zweiten Stufe als Korrektiv im Hinblick darauf, ob eine nach Art. 3 Abs. 2 der E-Commerce-Richtlinie zu unterbleibende Beschränkung der Dienstleistungsfreiheit vorliegt.[688] Das Herkunftslandprinzip fungiert danach als sachrechtliche Rechtsanwendungsschranke.[689] Die nach dieser Ansicht prinzipiell zulässige binnenmarktstörende Anknüpfung nach nationalem Kollisionsrecht, insbesondere dem Marktortprinzip, wird damit letztlich auf der materiellrechtlichen Ebene wieder rückgängig gemacht. In **prozessualer Hinsicht** soll sich die Konsequenz ergeben, dass sich ein Wettbewerbsprozess zunächst grundsätzlich nach dem vom Internationalen Privatrecht der lex fori zur Anwendung berufenen Recht richtet, solange sich nicht der Beklagte einredeweise auf das günstigere Recht des Herkunftslandes berufe.[690]

Einen anderen Weg gehen die Vertreter einer sich an die **kollisionsrechtliche Lösung** 131
annähernden Ansicht. Danach sei das Herkunftslandprinzip des Art. 3 E-Commerce-Richtlinie grundsätzlich kollisionsrechtlich zu verstehen, da der **Vorbehalt des Art. 1 Abs. 4** der Richtlinie, keine neuen Bestimmungen des Internationalen Privatrechts zu schaffen, sich nur auf das Römische Übereinkommen über das auf vertragliche Schuldverhältnisse anzuwendende Recht **(EVÜ)**[691] beziehe.[692] Diese Auffassung geht konform mit der sich aus Art. 3 Abs. 3 E-Commerce-Richtlinie iVm dem Anhang ergebenden Ausnahme für das Internationale Vertragsrecht. Die sich daran anschließende Streitfrage, ob das Internationale Vertragsrecht insgesamt oder nur bezüglich Rechtswahl und Verbrauchervertragsstatut vom Herkunftslandprinzip ausgenommen wird, kann in diesem Zusammenhang außer

---

685 S. *Ahrens* CR 2000, 835, 838; *ders.* FS Tilmann S. 745 f, 743; *Apel/Grapperhaus* WRP 1999, 1247, 1252; *Arndt/Köhler* EWS 2001, 102, 106; *Baetzgen* S. 281 ff; *Blasi* S. 384 ff und 412; *Bornkamm/Seichter* CR 2005, 747, 748; *Crabit* Rev. dr. E.U. 2000, 749, 798; *Fezer/Koos* IPRax 2000, 349, 352; *Gamerith* WRP 2003, 143, 149; *Glöckner* ZVglRWiss 99 (2000), 278, 305 f; *ders.* WRP 2005, 795, 800 f; *Harte/Henning/Glöckner* UWG Einl. C Rn 32 ff; *Halfmeier* ZEuP 2001, 837, 864; *Harte/Henning/Glöckner* UWG Einl C Rn 16; *Koos* WRP 2006, 499, 503; *Lehmler* UWG Einl Rn 57; MünchKomm/*Drexl* BGB IntUnlWettbR Rn 62 und 64; MünchKomm/*Martiny* EGBGB Art. 34 Anh. III Rn 26 und 35 ff; *Nickels* DB 2001, 1919, 1922; *Ohly* GRUR Int. 2001, 899, 902; *Palandt/Thorn* Anh zu EGBGB Art. 6 Rom II Rn 3 und 15; *Piper/Ohly/Ohly* UWG Einf. C Rn 80 und 83; *Sack* WRP 2008, 845, 855; *ders.* WRP 2002, 271, 273; *ders.* WRP 2001, 1408, 1411, 1417 ff und 1425; *ders.* WRP 2000, 269, 282 f; *Spindler* MMR-Beilage 7/2000, 1, 9; *Staudinger/Fezer/Koos* IntWirtschR Rn 555 ff. Ähnlich *Dethloff* S. 54 f; Gloy/Loschelder/*Wilde* § 6 Rn 28.

686 *Staudinger/Fezer/Koos* IntWirtschR Rn 563. Ebenso *Blasi* S. 384 ff; *Palandt/Thorn* Anh zu EGBGB Art. 6 Rom II Rn 15.

687 Zum Maßstab des Günstigkeitsvergleichs s. *Ohly* GRUR Int. 2001, 899, 903.

688 *Fezer/Koos* IPRax 2000, 349, 352; *Ohly* GRUR Int. 2001, 899, 902; *Sack* WRP 2001, 1408, 1411 und 1417 ff; ebenso *Lehmler* UWG Einl Rn 57. Diese Zweistufenprüfung wegen der kollisionsrechtlichen Deutung von § 3 Abs. 1 TMG lediglich für ausländische Diensteanbieter vornehmend *Hefermehl/Köhler/Bornkamm/Köhler* UWG Einl. Rn 5.22.

689 *Harte/Henning/Glöckner* UWG Einl. C Rn 32, spricht auch von einer „materiellrechtlich harmonisierende(n) Wirkung" im Sinne einer Negativ-Harmonisierung.

690 *Ahrens* CR 2000, 835, 837 ff.

691 Übereinkommen vom 19. 6. 1980 über das auf vertragliche Schuldverhältnisse anzuwendende Recht, BGBl. 1986 II S. 810, abgedruckt bei *Jayme/Hausmann* Nr. 70.

692 Vgl. *Freytag* MMR 12/1998, S. V; so wohl auch *Dethloff* JZ 2000, 179, 181; s. jedoch *Dethloff* S. 54, die hier die Binnenmarktregel als sekundärrechtliche Normierung des – materiellrechtlich zu verstehenden – primärrechtlichen Herkunftslandprinzips ansieht.

Betracht bleiben.[693] Die Problematik des – im Widerspruch zu einer kollisionsrechtlichen Deutung des Herkunftslandprinzips für den Bereich des Lauterkeitsrechts stehenden – Art. 1 Abs. 4 der E-Commerce-Richtlinie löst diese Auffassung indessen nicht. Wenn umgekehrt die Vertreter der rein kollisionsrechtlichen Lösung den Vorbehalt zugunsten der internationalvertragsrechtlichen Rechtswahl und von Schuldverhältnissen mit Verbraucherbeteiligung berücksichtigen, sind Unterschiede zwischen beiden Ansichten kaum noch auszumachen.

132 In die Diskussion wurde schließlich eine Lösung eingebracht, die genau zwischen den beiden Polen der einerseits materiellrechtlichen und andererseits kollisionsrechtlichen Betrachtungsweise angesiedelt ist. Das Herkunftslandprinzip des Art. 3 Abs. 1 und 2 E-Commerce-Richtlinie sei weder einer rein materiell- noch einer rein kollisionsrechtlichen Interpretation zugänglich. Art. 3 Abs. 1 und 2 E-Commerce-Richtlinie wird vielmehr als **„eigenartige hybride Konstruktion zwischen Kollisionsrecht und sachrechtlichem Korrektiv"** bewertet.[694] Auf der einen Seite spreche das Beschränkungsverbot des Art. 3 Abs. 2 der E-Commerce-Richtlinie in Verbindung mit dem schutzklauselähnlichen Verfahren in Abs. 4 der Vorschrift für einen Vergleich mit dem sachrechtlichen Beschränkungsverbot der Grundfreiheiten.[695] Es handele sich bei der Regelung der E-Commerce-Richtlinie aber nicht um ein „echtes" Herkunftslandprinzip dergestalt, dass das Herkunftslandrecht stets anzuwenden sei. Vielmehr werde das Recht im Herkunftsland zum Maßstab der Prüfung, ob das Empfangsstaatrecht den freien Dienstleistungsverkehr einschränkt. Das Empfangsstaatrecht bleibe dabei anwendbar, wenn es sich in diesem Vergleich mit dem Herkunftslandrecht als milder herausstellt.[696] Auf der anderen Seite muss diese Auffassung ihren Kritikern Recht geben, die darauf hinweisen, dass der Verweis auf das ausländische Herkunftslandrecht, welches den Maßstab der Prüfung der Europarechtskonformität bilden soll, selbst genuin kollisionsrechtlicher Natur ist.[697] Das auf dem Gedanken gegenseitiger Anerkennung und Anwendung fremden Rechts beruhende Herkunftslandprinzip der E-Commerce-Richtlinie wirke damit im Zivilrecht ähnlich wie ein kollisionsrechtliches Prinzip.[698] Die Lösung des Problems wird in der erwähnten Ambiguität, nämlich darin gesehen, dass der Verweisungsbefehl des Art. 3 Abs. 1 und 2 E-Commerce-Richtlinie kollisionsrechtlich lediglich in Bezug auf die Beschaffung des „europarechtlich inspirierten Maßstabs für die Prüfung des eigenen Sachrechts" zu deuten ist.[699] Ferner wird die kollisionsrechtliche Brille aufgesetzt, um die „Lücke" zu betrachten, „die entsteht, wenn das Sachrecht strenger als das Herkunftslandrecht ist", wenn also das Recht des Herkunftslandes anzuwenden ist.[700] Diese Ansicht widerspricht der internationalprivatrechtlichen Systematik, nach der Sach- und Kollisionsnormen im Verhältnis der Alternativität stehen und sich komplementär ergänzen.[701] Ist aber eine Einordnung in eine der beiden Kategorien möglich, so besteht keine Not zu einer systemwidrigen Neukonstruktion.

133 Zur **Umsetzungsvorschrift** im ehemaligen § 4 TDG (jetzt § 3 TMG) schlagen insbesondere Vertreter der materiellrechtlichen und binnenmarktfunktionalen Sichtweise[702] eine differenzierte Betrachtung vor. Für sog. Importsachverhalte, für die aufgrund der Marktort-

[693] Gegen einen Ausschluss des gesamten Internationalen Vertragsrechts vom Herkunftslandprinzip: *Spindler* RabelsZ 66 (2002), 633, 666; *ders.* RIW 2002, 183, 186; *Thünken* S. 88f; aA *Mankowski* IPRax 2002, 257, 264f; *ders.* ZVglRWiss 100 (2001), 137, 157, der eine teleologische Reduktion des Art. 3 E-Commerce-RL für den Fall vorschlägt, dass die Ausweichklausel des Art. 4 Abs. 5 EVÜ ausgeschlossen wird.

[694] In diesem Sinne *Spindler* RIW 2002, 183, 185; *ders.* RabelsZ 66 (2002), 633, 644ff, 665; *ders.* NJW 2002, 921, 926; *ders.* ZHR 165 (2001), 324, 336; *ders.* IPRax 2001, 400, 401.

[695] Vgl. *Spindler* ZHR 165 (2001), 324, 335 und 340f.

[696] S. insgesamt *Spindler* ZHR 165 (2001), 324, 335f.

[697] *Spindler* ZHR 165 (2001), 324, 336.

[698] *Spindler* RabelsZ 66 (2002), 633, 663 und 665.

[699] *Spindler* ZHR 165 (2001), 324, 336.

[700] Vgl. *Spindler* ZHR 165 (2001), 324, 336, der insoweit *Mankowski* ZVglRWiss 100 (2001), 137, 144, zustimmt.

[701] So zu Recht *Mankowski* IPRax 2002, 257, 263; *Thünken* S. 83.

[702] → Rn 130.

anknüpfung deutsches Recht anwendbar ist, soll es bei der sachrechtlichen Sichtweise, die auch das binnenmarktfunktionale Verständnis des Herkunftslandprinzips der E-Commerce-Richtlinie beinhalte, bleiben. Demgegenüber interpretieren die Vertreter dieser Meinung § 4 Abs. 1 TDG (jetzt § 3 Abs. 1 TMG) im Hinblick auf sog. Exportsachverhalte, bei denen in Deutschland niedergelassene Anbieter allein im Ausland geschäftsmäßig agieren, als einseitige Sonderkollisionsnorm.[703] Andere Stimmen in der Literatur interpretieren auch die deutsche Umsetzungsnorm in § 3 TMG als materiellrechtliche Anwendungsschranke.[704] Die Vertreter einer kollisionsrechtlichen Bewertung des Herkunftslandprinzips der E-Commerce-Richtlinie sehen sich hingegen durch die Formulierung der deutschen Umsetzungsnorm in ihrer Ansicht bestätigt, dass durch die E-Commerce-Richtlinie und ihre Umsetzung eine echte Kollisionsregel geschaffen wurde.[705]

dd) Stellungnahme. Die kritische Würdigung der verschiedenen zur Deutung des Art. 3 E-Commerce-Richtlinie wie auch der Umsetzung durch § 4 TDG bzw. jetzt § 3 TMG vertretenen Meinungen hat von der **Zielsetzung der E-Commerce-Richtlinie** auszugehen. Der elektronische Geschäftsverkehr soll sich ungehindert gemeinschaftsweit entfalten können und gerade auch für kleine und mittlere Unternehmen attraktiv gemacht werden. Nach dieser Zielsetzung ist eine **kollisionsrechtliche Interpretation** geboten. Andernfalls, ließe man also das jeweilige mitgliedstaatliche Kollisionsrecht über das auf die Dienste der Informationsgesellschaft anzuwendende Recht entscheiden, hätte ein Diensteanbieter in Deutschland bei Zugrundelegung der von der hM vertretenen Marktortregel die zum Teil erheblich differierenden[706] wettbewerbsrechtlichen Vorschriften in jedem einzelnen Mitgliedstaat zu beachten, auf dessen Markt er tätig werden möchte. Den zahlreichen kleinen und mittleren Unternehmen würde damit faktisch zugemutet, sich an dem Recht jedes einzelnen Mitgliedstaates zu orientieren, da sie nicht wissen können, von welchem Ort ihr Online-Angebot abgerufen wird.[707] Mit einiger Berechtigung ist vor diesem Hintergrund von einer „Erosion von Rechtsicherheit und Rechtsvertrauen“[708] gesprochen worden. Bei sachrechtlichem Verständnis würde man den Diensteanbietern gerade entgegen der Zielsetzung der E-Commerce-Richtlinie die Rechtsermittlungskosten aufbürden. Dies zu verhindern, gelingt allein durch eine kollisionsrechtliche Weichenstellung.[709] Die Annahme eines **Günstigkeitsprinzips** widerspräche ebenfalls der Zielsetzung der E-Commerce-Richtlinie, da wiederum der Diensteanbieter die kostenträchtige Rechtsermittlung zu übernehmen hätte.[710] Außerdem stünde der Vornahme eines Günstigkeitsvergleichs Art. 3 Abs. 1 der E-Commerce-Richtlinie eindeutig entgegen.[711] Ausgehend von der teleologischen Richtlinienauslegung wird allein die kollisionsrechtliche Deutung des Art. 3 Abs. 1 und 2 E-Commerce-Richtlinie dem Ziel des Gemeinschaftsgesetzgebers gerecht, „einen wirklichen Raum ohne Binnengrenzen für die Dienste der Informationsgesellschaft zu verwirklichen“, in dem „die europäischen Bürger und Unternehmen uneingeschränkt und ohne Behinderung durch Grenzen Nutzen aus den Möglichkeiten des elektronischen Geschäftsverkehrs ziehen können“.[712] Sie führt unter Ausschluss des mitgliedstaatlichen Kollisionsrechts zur Aufsicht nach dem im Niederlassungsstaat geltenden Recht, mithin zur 134

---

[703] In diesem Sinne *Harte/Henning/Glöckner* UWG Einl. C Rn 41 ff und 62 ff; *Staudinger/Fezer/Koos* IntWirtschR Rn 574 ff und 580 ff.

[704] So (noch zu § 4 Abs. 1 und 2 TDG) zB AnwK-BGB/*Wagner* EGBGB Art. 40 Rn 88. Im Ergebnis ähnlich MünchKomm/*Drexl* BGB IntUnlWettbR Rn 66.

[705] MünchKomm/*Mankowski* IntWettbR Rn 48 ff.

[706] Zum rechtsvergleichenden Überblick s. *Hefermehl/Köhler/Bornkamm/Köhler* UWG Einl. Rn 4.1–4.31; Großkomm/*Schricker* UWG Einl. Rn F 234 ff; *Piper/Ohly/Ohly* UWG Einf. B Rn 34–63.

[707] Zur Problematik der Multistate-Verstöße bei Internetwerbung → Rn 300 ff.

[708] *Maennel* MMR 1999, 187, 189.

[709] So zu Recht zu den kollisionsrechtlich bedingten Rechtsermittlungskosten *Mankowski* IPRax 2002, 257, 259. S. auch MünchKomm/*Mankowski* UWG IntWettbR Rn 54.

[710] *Thünken* S. 80.

[711] *Thünken* ebenda. Gegen ein kollisionsrechtliches Günstigkeitsprinzip auch *Spindler* ZHR 165 (2001), 324, 337 ff, 340 f.

[712] Vgl. die Formulierung in Nr. 3 der E-Commerce-RL.

Aufsicht „an der Quelle". Entsprechend hat das OLG Hamburg im Fall eines in den Niederlanden ansässigen Anbieters von Medizinprodukten im Internet niederländisches Recht angewendet.[713]

135 Das von der E-Commerce-Richtlinie vorgegebene und vormals in § 4 TDG bzw. jetzt § 3 TMG umgesetzte Herkunftslandprinzip kann zur Erreichung dieses gemeinschaftsrechtlichen Zwecks auch nicht als Gesamtverweisung auf das Recht des Niederlassungsstaates verstanden werden, welches sein eigenes Internationales Privatrecht zur Anwendung bringen könnte.[714] Art. 3 Abs. 1 E-Commerce-Richtlinie spricht zwar von den „innerstaatlichen Vorschriften", die auch das Kollisionsrecht umfassen. Doch widerspräche es der Absicht des Richtliniengesetzgebers, den Diensteanbieter nicht mit der Möglichkeit einer Vielzahl anzuwendender nationaler Rechte zu belasten. Zur Erfüllung des Richtlinienzwecks ist vielmehr allein die **Sachnormverweisung** geeignet, die unmittelbar zur Anwendung des Sachrechts im Herkunftsland unter Ausschluss des nationalen Kollisionsrechts führt.[715]

136 Das Verständnis des Herkunftslandprinzips des Art. 3 E-Commerce-Richtlinie als Kollisionsnorm entspricht der Interpretation von Art. 2 der ehemaligen Fernsehrichtlinie und jetzigen Richtlinie über audiovisuelle Mediendienste.[716] Hier wird das Sendelandprinzip nach einhelliger Meinung mit kollisionsrechtlichem Gehalt normiert.[717] Geht man davon aus, dass die **Fernsehrichtlinie** in ihrer Favorisierung des Sendeland- bzw. Herkunftslandprinzips der E-Commerce-Richtlinie als **Vorbild** diente,[718] so machte es keinen Sinn, dem Vorbild nur einen Schritt weit zu folgen, den eigentlichen Kern – nämlich die kollisionsrechtliche Wirkung – hingegen nicht zu übernehmen.[719] Das Argument, das Herkunftslandprinzip der E-Commerce-Richtlinie beziehe sich auf einen über den tatsächlich harmonisierten Bereich hinausgehenden Anwendungsbereich, während das Sendelandprinzip der Fernsehrichtlinie dem von der Richtlinie harmonisierten Bereich entspreche,[720] kann letztlich nicht verfangen. Das Auseinanderfallen von durch die E-Commerce-Richtlinie koordiniertem Bereich und Sachrechtsharmonisierung beruht auf einer politischen Entscheidung im Hinblick auf das mit Hilfe des Herkunftslandprinzips zu erreichende Ziel, die nicht gegen die kollisionsrechtliche Qualität des zur Zielerreichung eingesetzten Instruments streiten kann.

137 Dieser gebotenen kollisionsrechtlichen Interpretation steht zunächst der **Wortlaut des Art. 1 Abs. 4 der E-Commerce-Richtlinie** entgegen, der sich ähnlich auch in § 1 Abs. 5 TMG wiederfindet.[721] Die Aufnahme dieser Erläuterung gesetzgeberischer Motivation in den Gesetzestext entfaltet eine stark begrenzende Wirkung und bildet zugleich eine scheinbar zu hohe Schwelle, um sich dem eindeutigen Wortlaut mit Annahme einer Kollisionsregel zu widersetzen. Und dennoch kann eine solche der systematischen und teleolo-

---

713 S. – allerdings ohne kollisionsrechtliche Begründung – OLG Hamburg GRUR 2004, 880, 881 – Active Two. Die Frage offen lassend BGH GRUR 2006, 513, 516 – Arzneimittelwerbung im Internet.

714 Ebenso *Harte/Henning/Glöckner* UWG Einl. C Rn 47; MünchKomm/*Mankowski* UWG IntWettbR Rn 92; MünchKomm/*Martiny* EGBGB Art. 34 Anh. III Rn 28; nun auch *Spindler* ZHR 165 (2001), 324, 335.

715 Ebenso *Höder* S. 184 f; MünchKomm/*Mankowski* UWG IntWettbR Rn 92; *Thünken* S. 84 f; *ders.* IPRax 2001, 15, 20. Vgl. auch *Spindler* ZHR 165 (2001), 324, 337. Allgemein zur Kollisionsrechtsvereinheitlichung durch Sachnormverweisungen → Rn 9.

716 → Rn 119.

717 Vgl. *Bernhard* EuZW 1992, 437, 440; *Dethloff* JZ 2000, 179, 180; *Dethloff* S. 51; *Henning-Bodewig* WRP 2001, 771, 772; *Kort* GRUR Int. 1994, 594, 601; *Roth* IPRax 1994, 165, 171; *Schmitt-Vockenhausen* ZUM 1998, 377, 378; *Schricker* GRUR Int. 1990, 771, 775.

718 So etwa *Blasi* S. 292 f; *Bodewig* GRUR Int. 2000, 475, 478; *Hamann* ZUM 2000, 290, 291; *Lurger* FS 75 Jahre MPI S. 479, 486; *Mankowski* ZVglRWiss 100 (2001), 137, 167; MünchKomm/*Mankowski* UWG IntWettbR Rn 56; *Spindler* ZUM 1999, 775, 781; ebenso *Thünken* S. 75.

719 Ebenso *Mankowski* IPRax 2002, 257, 259; MünchKomm/*Mankowski* UWG IntWettbR Rn 56; *Thünken* S. 75 ff.

720 *Lurger/Vallant* RIW 2002, 188, 193. Ähnlich *Sack* WRP 2008, 845, 857.

721 Auf die IPR-Neutralität als entscheidendem Argument gegen eine kollisionsrechtliche Deutung abstellend *Sack* WRP 2008, 845, 855.

gischen Interpretation des Gesetzestextes entgegenstehende Norm, die selbst keinen genuinen Regelungsgehalt neben ihrer Narrationsfunktion hat, einer derartigen Auslegung nicht entgegenstehen.[722] Eine kollisionsrechtliche Deutung ist damit nicht aufgrund von Art. 1 Abs. 4 der Richtlinie ausgeschlossen. Sie gebietet vielmehr der Sinn und Zweck der E-Commerce-Richtlinie.

Aus dem Wortlaut der Richtlinie bzw. ihres Anhangs lassen sich allerdings auch Argumente für eine kollisionsrechtliche Deutung des Herkunftslandprinzips gewinnen. So zeigt zum einen der im Anhang zu Art. 3 der Richtlinie genannte ausdrückliche **Ausschluss der Rechtswahlfreiheit** aus dem Anwendungsbereich der Richtlinie die Notwendigkeit einer kollisionsrechtlichen Deutung. Denn besäße das Herkunftslandprinzip keine kollisionsrechtliche Wirkung, so wäre die Ausnahme des ohne jeden Zweifel kollisionsrechtlichen Prinzips der Rechtswahlfreiheit überflüssig.[723] Die Aufnahme der Rechtswahlfreiheit in den Katalog der vom Herkunftslandprinzip geltenden Ausnahmen ist nicht anders als kollisionsrechtlich zu begründen.[724] Wird ferner – im Wesentlichen zur Koordination mit dem Römischen EWG-Übereinkommen über das auf vertragliche Schuldverhältnisse anzuwendende Recht von 1980 – das Vertragsstatut des in den Mitgliedstaaten geltenden Internationalen Privatrechts unberührt gelassen,[725] so kann daraus als argumentum e contrario ebenfalls nur geschlossen werden, dass im Hinblick auf den restlichen von der E-Commerce-Richtlinie koordinierten Bereich, also insbesondere das Wettbewerbsrecht, die Einschaltung des mitgliedstaatlichen Kollisionsrechts zu unterbleiben hat. Die Ausnahme kollisionsrechtlicher Fragen wie der Rechtswahlfreiheit belegt damit im Ergebnis den kollisionsrechtlichen Charakter der Gesamtregelung. 138

Zum anderen lässt sich aus dem Wortlaut der im Zusammenhang[726] zu sehenden Absätze 1 und 2 des Art. 3 der E-Commerce-Richtlinie das **Prinzip der gegenseitigen Anerkennung** herauslesen, welches nichts anderes darstellt als die Anordnung des (kollisionsrechtlichen) Ursprungs- oder Herkunftslandprinzips.[727] Denn die Anerkennung fremden Rechts erfolgt durch Anwendung dieses Rechts.[728] Die Mitgliedstaaten sorgen selbst für die Einhaltung der Vorschriften durch inländische Diensteanbieter, dürfen den freien Verkehr von Diensten der Informationsgesellschaft aus einem anderen Mitgliedstaat aber nicht beschränken. Sie erkennen damit an, dass der Herkunftsstaat sich ebenfalls an die Kontrollvorgabe seiner inländischen Diensteanbieter hält. Auf die Dienste dieser Anbieter ist also das Recht des Herkunftslandes anzuwenden. Dass es bei Normierung des Herkunftslandprinzips in Art. 3 E-Commerce-Richtlinie um die Beseitigung von Hemmnissen ging, die aus den unterschiedlichen Rechtsvorschriften der Mitgliedstaaten resultieren, macht Erwägungsgrund 5 der Richtlinie deutlich. Dort heißt es auch, die Hemmnisse bestehen „in der Rechtsunsicherheit hinsichtlich der auf Dienste der Informationsgesellschaft jeweils anzuwendenden nationalen Regelungen". Um diese Hemmnisse mittels Herkunftslandprinzips zu beseitigen, kommt letztlich nur dessen kollisionsrechtliches Verständnis in Betracht. 139

Ein wesentliches Argument gegen eine sachrechtliche Interpretation des Herkunftslandprinzips und dessen Reduzierung auf das Kontroll- und Überlagerungsgebot durch das gemeinschaftsrechtliche Primärrecht ist **rechtsdogmatischer Natur.** Das gemeinschafts- 140

[722] So zu Recht *Staudinger/v. Hoffmann* EGBGB Art. 40 Rn 299.

[723] *Mankowski* IPRax 2002, 257, 258; MünchKomm/*Mankowski* UWG IntWettbR Rn 53; *Thünken* S. 71 f. Ähnlich auch *Spindler* RabelsZ 66 (2002), 633, 650, der dies freilich im Ergebnis nicht als Argument für eine kollisionsrechtliche Deutung insgesamt gewertet wissen will.

[724] Dies zunächst zugestehend, sodann jedoch wieder relativierend *Spindler* ZHR 165 (2001), 324, 335. AA *Sack* WRP 2008, 845, 856.

[725] *Mankowski* IPRax 2002, 257, 264. AA für Vertragsschlüsse im b2b-Bereich ohne Rechtswahl *Thünken* S. 88 f.

[726] Die beiden ersten Absätze des Art. 3 E-Commerce-RL als Einheit betrachtend zB *Mankowski* IPRax 2002, 257, 262; *Thünken* S. 78 f.

[727] Vgl. *v. Bar/Mankowski* § 4 Rn 78; MünchKomm/*Mankowski* UWG IntWettbR Rn 85.

[728] *v. Bar/Mankowski* § 4 Rn 78; *Mankowski* ZVglRWiss 100 (2001), 137, 148 ff; *ders.* FS 75 Jahre MPI S. 595, 602 f.

rechtliche Primärrecht genießt aus sich selbst heraus Anwendungsvorrang vor dem nationalen Recht der Mitgliedstaaten. Konsequenz des Anwendungsvorrangs ist, dass jede materiell anwendbare Norm des nationalen Rechts sich anhand des Gemeinschaftsprimärrechts überprüfen lassen muss. Bei einem Verstoß gegen das Primärrecht bleibt die nationale Norm unangewendet. Die lex causae wird durch das Gemeinschaftsrecht korrigiert. Auch das aufgrund des Herkunftslandprinzips anwendbare Recht muss sich dieser Kontrolle stellen. Dieser kraft gemeinschaftsrechtlichen Anwendungsvorrangs geltende Mechanismus besteht *unabhängig* von der Implementierung des Herkunftslandprinzips in Sekundärrechtsakten. Die primärrechtliche Kontrolle entfaltet ihre Wirkung neben dem sekundärrechtlichen Herkunftslandprinzip, was sich auch daran ablesen lässt, dass auch das Herkunftslandrecht der Kontrolle des Primärrechts unterliegt.[729] Wollte man dem in Art. 3 der E-Commerce-Richtlinie verankerten Herkunftslandprinzip also keinen über die materiellrechtliche Funktion hinausgehenden Regelungsgehalt zusprechen, so reduzierte sich sein eigener Norminhalt auf ein Nullum. Die Fixierung eines nur materiellrechtlich zu verstehenden Herkunftslandprinzips wäre schlicht überflüssig.[730] Umgekehrt spricht gerade die ausdrückliche Anordnung des Herkunftslandprinzips gegen ein sachrechtliches Verständnis des Art. 3 E-Commerce-Richtlinie. Denn das Herkunftslandprinzip der Richtlinie geht durch seine verschiedene Schrankendogmatik über die gemeinschaftsrechtliche Regelung der Grundfreiheiten hinaus.[731] Das Herkunftslandprinzip der E-Commerce-Richtlinie gestattet weder eine Ausnahme zur Sicherung der Lauterkeit des Handelsverkehrs, noch kennt es eine Ausnahme wegen zwingender Erfordernisse, wie es nach der „Cassis de Dijon"-Rechtsprechung[732] des EuGH im Rahmen der Grundfreiheiten der Fall ist. Auch eine Unterscheidung nach produktbezogenen Maßnahmen und Verkaufsmodalitäten im Sinne der „Keck"-Rechtsprechung ist der Regelung der E-Commerce-Richtlinie fremd. Die Regelung des Art. 3 E-Commerce-Richtlinie geht insoweit über einen bloß deklaratorischen (und damit überflüssigen) Verweis auf die Geltung des Primärrechts also hinaus.[733]

141 Außerdem bleibt die sachrechtliche, binnenmarktfunktionale Interpretation des Herkunftslandprinzips die Erklärung dafür schuldig, worauf sich der auf das als Prüfungsmaßstab dienende Herkunftslandrecht gerichtete Verweisungsbefehl stützt. Da die von der binnenmarktfunktionalen Lösung vorgenommene zweistufige Prüfung dazu führt, dass das Bestimmungslandrecht auf der zweiten Stufe am **Maßstab des Herkunftslandrechts** zu prüfen ist, kann folglich die Entscheidung über die Anwendbarkeit oder Nichtanwendbarkeit des Bestimmungslandrechts nur durch diesen Vergleich mit dem Herkunftslandrecht fallen. Doch bedeutet das Heranziehen des Herkunftslandrechts letztendlich einen kollisionsrechtlichen Verweis auf die Beachtung ausländischen Rechts. Denn als Prüfungsmaßstab kann das Herkunftslandrecht nur dienen, wenn es anwendbar ist. Das als gemeinschaftsrechtlich vorgesehenes Korrektiv qualifizierte Herkunftslandprinzip beruht demzufolge nicht auf materiellrechtlichen, sondern auf kollisionsrechtlichen Maßstäben.[734]

142 Einige weitere Punkte sprechen aus prozessualer Sicht für ein kollisionsrechtliches Verständnis des Herkunftslandprinzips, wie insbesondere **die Anwendbarkeit des § 293 ZPO.** Die kollisionsrechtliche Interpretation des Herkunftslandprinzips vermeidet die der Vorschrift des § 293 ZPO zuwiderlaufende Konstruktion der einredeweisen Geltendmachung eines großzügigeren Herkunftslandrechts durch den Diensteanbieter.[735] Im Widerspruch zu § 293 ZPO würde bei dieser Lösung das ausländische Recht nicht getreu des

[729] *Mankowski* IPRax 2002, 257, 261.

[730] So auch *Mankowski* IPRax 2002, 257, 261; MünchKomm/*Mankowski* UWG IntWettbR Rn 81; *Thünken* S. 74.

[731] *Thünken* S. 73f.

[732] → Rn 97.

[733] *Dethloff* S. 55; *Thünken* S. 73.

[734] Vgl. *Höder* S. 193; *Mankowski* IPRax 2002, 257, 260. In diesem Punkt zustimmend *Spindler* ZHR 165 (2001), 324, 336.

[735] Für die Einredelösung *Ahrens* CR 2000, 835, 838. Allgemein zur Pflicht zur Ermittlung und Anwendung von ausländischem Wettbewerbsrecht nach § 293 ZPO → Rn 499ff.

Grundsatzes „iura novit cura" behandelt, sondern als beweisbedürftige Tatsache. Eine kollisionsrechtliche Lösung vermeidet solche Disparitäten.[736] Zudem verstieße der Einredecharakter dem gemeinschaftsrechtlichen effet utile und der Effektivität des Herkunftslandprinzips.[737]

Offenbar hat der Gemeinschaftsgesetzgeber die Gefahr der Harmonisierung auf kleinstem gemeinsamen Nenner bewusst in Kauf genommen, um eine Stimulanz für den elektronischen Geschäftsverkehr im Binnenmarkt zu schaffen. Er hat zur Sicherung besonders schutzwürdiger öffentlicher Interessen, wie zB im Hinblick auf den Schutz der öffentlichen Sicherheit und Ordnung, den Schutz der öffentlichen Gesundheit und den Verbraucherschutz, in Art. 3 Abs. 4 bis 6 der E-Commerce-Richtlinie streng reglementierte Ausnahmen von der Binnenmarktklausel zugelassen. Im Ergebnis ist daher die Normierung des Herkunftslandprinzips durch Art. 3 E-Commerce-Richtlinie **kollisionsrechtlich** zu verstehen. Im Anwendungsbereich der E-Commerce-Richtlinie, also in dem durch die Richtlinie „koordinierten Bereich", ist – vorbehaltlich des Eingreifens eines Ausnahmetatbestandes – das **Recht am Ort der Niederlassung des Diensteanbieters** anzuwenden. Die Marktortregel wird insoweit verdrängt. Der Begriff des „niedergelassenen Diensteanbieters" wird in Art. 2 lit. c der E-Commerce-Richtlinie definiert als „Anbieter, der mittels einer festen Einrichtung auf unbestimmte Zeit eine Wirtschaftstätigkeit tatsächlich ausübt". „Vorhandensein und Nutzung technischer Mittel und Technologien, die zum Anbieten des Dienstes erforderlich sind, begründen allein keine Niederlassung des Anbieters."[738] Aus diesen Formulierungen lässt sich ablesen, dass entscheidendes Kriterium für die Niederlassung nicht der Serverstandort oder der Einsatz sonstiger technischer Mittel ist, sondern allein der **Schwerpunkt der wirtschaftlichen Tätigkeit.**[739] Diese Lösung wurde beispielsweise auch bei Umsetzung der E-Commerce-Richtlinie in das österreichische Recht bevorzugt. Nach § 20 Abs. 1 des österreichischen ECG[740] richten sich im koordinierten Bereich „die rechtlichen Anforderungen an einen in einem Mitgliedstaat niedergelassenen Diensteanbieter nach dem Recht diese Staates". 143

Gleiches, also eine kollisionsrechtliche Interpretation, gilt sowohl für die vormalige **Umsetzung** durch § 4 TDG als auch für die jetzige sachlich unveränderte Verankerung des Herkunftslandprinzips in **§ 3 TMG.** § 3 TMG weist mit der Formulierung in Abs. 1, wonach in Deutschland niedergelassene Diensteanbieter „den Anforderungen des deutschen Rechts auch dann (unterliegen), wenn die Telemedien in einem anderen Staat innerhalb des Geltungsbereichs der Richtlinie 2000/31/EG (…) geschäftsmäßig angeboten oder erbracht werden" deutlich auf den kollisionsrechtlichen Gehalt hin.[741] 144

Die kollisionsrechtliche Deutung des Herkunftslandprinzips führt zu einem **gespaltenen Kollisionsrecht** für Binnenmarktsachverhalte, wonach unterschiedliche Anknüpfungsgrundsätze gelten für den durch die E-Commerce-Richtlinie koordinierten Bereich auf der einen und außereuropäische Sachverhalte bzw. hinsichtlich der von der E-Commerce-Richtlinie ausgeschlossenen Materien auf der anderen Seite.[742] Für den von der E-Commerce-Richtlinie nicht erfassten Bereich bleibt es bei der Anknüpfung nach dem autonomen mitgliedstaatlichen Kollisionsrecht. Hier haben die Kontrollmechanismen anhand des Primärrechts weiter Gültigkeit, d. h. auch eine Rechtfertigung eines strengeren Marktortrechts 145

---

[736] Vgl. *Mankowski* IPRax 2002, 257, 259; MünchKomm/*Mankowski* UWG IntWettbR Rn 58.

[737] So zu Recht *Höder* S. 191; MünchKomm/*Mankowski* UWG IntWettbR Rn 58.

[738] Art. 2 lit. c Halbs. 2 E-Commerce-RL.

[739] *Spindler* RabelsZ 66 (2002), 633, 648f.

[740] Bundesgesetz, mit dem bestimmte rechtliche Aspekte des elektronischen Geschäfts- und Rechtsverkehrs geregelt werden, vom 22. 11. 2001 (E-Commerce-Gesetz), öBGBl. I S. 152.

[741] So im Ergebnis (im Sinne einer einseitigen Kollisionsnorm) für sog. Exportsachverhalte auch *Glöckner* WRP 2005, 795, 801; *Harte/Henning/Glöckner* UWG Einl. C Rn 62ff; *Staudinger/Fezer/Koos* IntWirtschR Rn 581; → Rn 133. Ähnlich im Grundansatz MünchKomm/*Drexl* BGB IntUnlWettbR Rn 66, der allerdings im Zusammenhang mit § 2 Abs. 6 TDG wiederum zur Anwendung deutschen Kollisionsrechts gelangt.

[742] *Mankowski* GRUR Int. 1999, 909, 914; *Staudinger/v. Hoffmann* EGBGB Art. 40 Rn 299.

nach Art. 30 EG oder auf Grundlage der Cassis de Dijon-Rechtsprechung[743] wird weiter möglich bleiben. Dies gilt mit Festschreibung des kollisionsrechtlichen Herkunftslandprinzips nicht für den Bereich der Internet-Werbung.[744] Denn insoweit sind der Dienstleistungsfreiheit zuwiderlaufende Beschränkungen des Herkunftslandrechts generell über Art. 3 Abs. 2 E-Commerce-Richtlinie abgeschnitten. Die abweichend hiervon zugelassenen Ausnahmen nach Art. 3 Abs. 3 E-Commerce-Richtlinie bleiben hinter dem bisherigen Entwicklungsstand des Primärrechts, insbesondere auch im Hinblick auf die Keck-Rechtsprechung[745] bezüglich Vermarktungsmodalitäten deutlich zurück.[746] Die Konsequenz einer Kollisionsrechtsspaltung ist nicht zuletzt deshalb rechtspolitisch kritisch zu bewerten, da sie letztlich einen Verstoß gegen den Grundsatz der Gleichbehandlung aller Wettbewerber auf einem Markt, der par conditio concurrentium, darstellt.[747] Denn ein und dieselbe Werbebotschaft wird, je nach dem verwendeten Medium, einem anderen Statut unterworfen.

146 **d) Richtlinie über unlautere Geschäftspraktiken. aa) Richtlinienziel und zeitlicher Anwendungsbereich.** Im Sommer 2003 legte die Kommission den Vorschlag einer Richtlinie über unlautere Geschäftspraktiken vor.[748] Knapp zwei Jahre später wurde die „Richtlinie über unlautere Geschäftspraktiken" oder gemeinhin auch als Lauterkeitsrichtlinie bezeichnete Richtlinie verabschiedet.[749] In ihrem Art. 19 setzt die Lauterkeitsrichtlinie eine (vom deutschen Gesetzgeber nicht eingehaltene)[750] Umsetzungsfrist bis zum 12. 6. 2007 und ordnet zugleich die Anwendung der Richtlinienvorschriften ab dem 12. 12. 2007 in allen Mitgliedstaaten verbindlich an. Hintergrund der auf dem Grünbuch zum Verbraucherschutz basierenden Richtlinieninitiative war die Feststellung, dass wegen der unterschiedlichen nationalen Verbraucherschutzvorschriften wie auch der unterschiedlichen nationalen Regelungen im Bereich des Lauterkeitsrechts noch immer erhebliche Hemmnisse für den Binnenmarkt bestehen, die zu Wettbewerbsverzerrungen führen und eine gesamteuropäische Marketingstrategie unmöglich machen.[751] Durch gemeinschaftsweite Festlegung der Bedingungen, unter denen eine Geschäftspraxis unlauter ist, verbunden mit dem generellen Verbot unlauterer Geschäftspraktiken soll die Richtlinie hier Abhilfe schaffen und Rechtsvereinfachung sowie Rechtsvereinheitlichung bewirken.[752] Nach Art. 1 der Lauterkeitsrichtlinie geht der Richtlinienzweck dahin, durch Angleichung der nationalen Bestimmungen über unlautere Geschäftspraktiken, die die wirtschaftlichen Verbraucherinteressen beeinträchtigen, „zu einem reibungslosen Funktionieren des Binnenmarktes und zum Erreichen eines hohen Verbraucherschutzniveaus beizutragen".

147 **bb) Harmonisierungsgrad und sachlicher Anwendungsbereich.** Die Lauterkeitsrichtlinie führt in ihrem Anwendungsbereich[753] zu einer **vollständigen Harmonisierung** der Rechtsvorschriften über unlautere Geschäftspraktiken, dies allerdings gemäß Art. 3 der

---

743 → Rn 97.

744 Kritisch daher *Staudinger/Fezer/Koos* IntWirtschR Rn 565.

745 → Rn 98.

746 S. *Staudinger/Fezer/Koos* IntWirtschR Rn 565.

747 So auch *Mankowski* GRUR Int. 1999, 909, 915.

748 Vorschlag für eine RL des Europäischen Parlaments und des Rates über unlautere Geschäftspraktiken im binnenmarktinternen Geschäftsverkehr zwischen Unternehmen und Verbrauchern und zur Änderung der RL 84/450/EWG, 97/7/EG und 98/27/EG (RL über unlautere Geschäftspraktiken) vom 18. 6. 2003, KOM(2003), 356 endg.

749 RL 2005/29/EG des Europäischen Parlaments und des Rates vom 11. 5. 2005 über unlautere Geschäftspraktiken im binnenmarktinternen Geschäftsverkehr zwischen Unternehmen und Verbrauchern und zur Änderung der Richtlinie 84/450/EWG des Rates, der Richtlinien 97/7/EG, 98/27/EG und 2002/65/EG des Europäischen Parlaments und des Rates sowie der Verordnung (EG) Nr. 2006/2004 des Europäischen Parlaments und des Rates (Richtlinie über unlautere Geschäftspraktiken), ABl. EU 2005 Nr. L 149 S. 22. Die Lauterkeitsrichtlinie ist am 12. 6. 2005 in Kraft getreten (vgl. Art. 20).

750 Die Umsetzung erfolgte erst durch Gesetz vom 22. 12. 2008, BGBl. I S. 2949.

751 S. die Begründung des Richtlinienvorschlags aaO S. 2 ff und Nr. 2 f (S. 21) sowie Erwägungsgründe 3–6 der Lauterkeitsrichtlinie.

752 Vgl. noch zum Richtlinienvorschlag *Köhler/Lettl* WRP 2003, 1019, 1031 ff. Zur Umsetzung der Lauterkeitsrichtlinie s. *Fezer* WRP 2006, 781 ff; *Köhler* GRUR 2005, 793 ff; *Seichter* WRP 2005, 1087 ff.

753 Dazu näher *Piper/Ohly/Ohly* UWG Einf. C Rn 47 ff.

Lauterkeitsrichtlinie nur im **Geschäftsverkehr zwischen Unternehmen und Verbrauchern,** wodurch es sich – anders gewendet – lediglich um eine in sich vollharmonisierte **Teilharmonisierung** handelt.[754] Der Schutzbereich der Lauterkeitsrichtlinie ist damit auf Verbraucher beschränkt, was zu der aus wettbewerbsrechtlicher Perspektive seltsamen und vielfach kritisierten[755] Situation führt, dass unlautere Geschäftspraktiken, die Mitbewerber betreffen, nicht umfasst sind. Für diese gilt weiterhin die Richtlinie über irreführende und vergleichende Werbung[756] sowie das jeweilige mitgliedstaatliche Recht.[757] Die Beschränkung erklärt sich aus der Zielrichtung der Richtlinie über unlautere Geschäftspraktiken, die die bestehenden Verbraucherschutzrichtlinien ergänzen und zu einem umfassenden Verbraucherschutz auf europäischer Ebene vervollständigen soll.[758] Eine weitere Beschränkung des Anwendungsbereichs ergibt sich zudem aus Art. 3 Abs. 4 der Lauterkeitsrichtlinie, in dem die **vorrangige Geltung kollidierender gemeinschaftsrechtlicher Rechtsvorschriften,** die „besondere Aspekte unlauterer Geschäftspraktiken regeln", angeordnet wird. Für diese Sonderbereiche, wie zB unlautere Geschäftspraktiken im Bereich audiovisueller Medien und im Internetbereich, greifen damit auch im Verhältnis zu Verbrauchern die einschlägigen Sonderregelwerke.[759]

cc) Ursprüngliche Binnenmarktklausel. Als wesentlicher Pfeiler des Richtlinienvorschlags sollte die ursprünglich in Art. 4 des Richtlinienvorschlags[760] normierte, auf dem Prinzip der gegenseitigen Anerkennung beruhende (allerdings später vom Rat wieder gestrichene)[761] **Binnenmarktklausel** den Ansatz der vollständigen Harmonisierung ergänzen.[762] Vergleichbar mit der Regelung in der Richtlinie über audiovisuelle Mediendienste[763] wie auch der E-Commerce-Richtlinie[764] normierte noch Art. 4 des Vorschlags für eine Lauterkeitsrichtlinie das **Herkunftslandprinzip** in der Weise, dass Gewerbetreibende sich zum einen auf dem durch die Richtlinie angeglichenen Gebiet nur an die Rechtsvorschriften des Mitgliedstaates zu halten haben, in dem sie niedergelassen sind (Abs. 1). Zum anderen wurde das an die Mitgliedstaaten gerichtete Verbot aufgestellt, aus Gründen, die mit dem durch die Richtlinie angeglichenen Sachgebiet zusammenhängen, die Waren- oder Dienstleistungsverkehrsfreiheit einzuschränken (Abs. 2). Ob dieses Herkunftslandprinzip als kollisionsrechtliche Verweisung oder rein materiellrechtlich zu verstehen ist, blieb wie im Fall der E-Commerce-Richtlinie im Dunkeln. Soweit es sich um eine unlautere Geschäftspraktik eines Dienstes der Informationsgesellschaft im Online-Geschäftsverkehr handelt, ist die E-Commerce-Richtlinie gegenüber der allgemeinen Rahmenrichtlinie über unlautere Geschäftspraktiken als spezielleres Regelungsinstrument anzuwenden.[765] Es gilt bereits gemäß Art. 3 Abs. 1 und 2 der E-Commerce-Richtlinie das kollisionsrechtliche Herkunftslandprinzip, welches auf das Recht am Niederlassungsort des Diensteanbieters verweist.[766] 148

dd) Kollisionsrechtliche Beurteilung der ursprünglichen Binnenmarktklausel. Auch hinsichtlich der Binnenmarktklausel in Art. 4 des Vorschlags einer Richtlinie über 149

[754] *Fezer* WRP 2006, 781, 782.

[755] S. zB *Henning-Bodewig* GRUR Int. 2005, 629, 630; *Piper/Ohly/Ohly* UWG Einf. C Rn 43; *Seichter* WRP 2005, 1087, 1088.

[756] Vgl. Art. 14 Lauterkeitsrichtlinie. S. auch *Henning-Bodewig* GRUR Int. 2005, 629, 630; *dies.* GRUR Int. 2004, 183, 188; *Seichter* WRP 2005, 1087, 1088.

[757] *Piper/Ohly/Ohly* UWG Einf. C Rn 43.

[758] S. zum kombinierten Ansatz, den die Lauterkeitsrichtlinie (Begründung des Richtlinienvorschlags aaO S. 7 Rn 26) verfolgt, bereits das Grünbuch zum Verbraucherschutz in der Europäischen Union, KOM (2001), 531 endg. S. 14.

[759] *Henning-Bodewig* GRUR Int. 2005, 629, 630.

[760] KOM(2003), 356 endg.

[761] → Rn 150.

[762] S. dazu die Begründung des RL-E aaO S. 8f und 13, sowie Nr. 9 (S. 23).

[763] → Rn 119.

[764] → Rn 121ff.

[765] Vgl. Art. 3 Abs. 4 Lauterkeitsrichtlinie.

[766] → Rn 134ff, 143f.

unlautere Geschäftspraktiken ließ sich nach dem materiell- oder kollisionsrechtlichen Gehalt des in Abs. 1 der Entwurfsvorschrift verankerten Herkunftslandprinzips fragen. Anders als in der umstrittenen E-Commerce-Richtlinie findet sich in der Lauterkeitsrichtlinie kein Hinweis auf das Internationale Privatrecht. Art. 3 Abs. 6 des Richtlinienvorschlags hebt zwar auf die Bestimmungen über die Zuständigkeit der Gerichte ab. Zum Verhältnis der Richtlinie und des mit ihr vorgegebenen Herkunftslandprinzips schweigt der Vorschlag aber. Hieraus ließe sich der Schluss ziehen, dass das Kollisionsrecht der Mitgliedstaaten eben umgekehrt gerade verändert wird und durch die Richtlinienbestimmungen nicht unberührt bleibt. Ungeachtet dessen erfordert aber auch die Zielsetzung der Lauterkeitsrichtlinie, die auf die Schaffung von Rechtssicherheit durch Anwendung nur der im Herkunftsland geltenden Rechtsordnung ausgerichtet ist, eine **kollisionsrechtliche Deutung** der Vorschrift in Art. 4 Abs. 1 und 2 des Richtlinienvorschlags.[767] Soll wie mit der E-Commerce-Richtlinie der grenzüberschreitende Handel gerade im Segment der kleineren und mittleren Unternehmen stimuliert werden, so kann dieses Ziel nur dadurch erreicht werden, dass das bei einem europäischen Werbehandeln nach der Marktortregel auf eine Vielzahl von nationalen Wettbewerbsrechten verweisende Kollisionsrecht ausgeschaltet und durch ein kollisionsrechtlich wirkendes Herkunftslandprinzip ersetzt wird. Denn auch eine materiellrechtliche Lösung, nach der das vom nationalen Kollisionsrecht zur Anwendung berufene Sachrecht infolge eines Günstigkeitsentscheids durch das Herkunftslandrecht ersetzt werden kann, würde nicht für mehr Rechtssicherheit sorgen, sondern diese auf anderem Wegen aushebeln. So hätte die vorgeschlagene Vorschrift in Art. 4 Abs. 1 und 2 des Lauterkeitsrichtlinienentwurfs nicht als rein sachrechtliches Herkunftslandprinzip interpretiert werden können,[768] sondern kollisionsrechtlich gedeutet werden müssen.[769]

150 **ee) Kritik und Streichung des Herkunftslandprinzips.** Die vorgeschlagene Implementierung des kollisionsrechtlichen Herkunftslandprinzips in der Lauterkeitsrichtlinie hat zu Recht heftige rechtspolitische Kritik hervorgerufen.[770] Zutreffend wurde darauf hingewiesen, dass die in der Gemeinschaft überwiegend favorisierte Marktortregel, nach der das Recht des Ortes der wettbewerblichen Interessenkollision anzuwenden ist, dem Ziel des Verbraucherschutzes weit besser Genüge tun würde, als die Anwendung des Herkunftslandprinzips.[771] Auch hätte man die missliche Folge einer Rechtsspaltung in Kauf nehmen müssen, wenn der geplante Art. 4 Abs. 1 des Entwurfs Realität geworden wäre. In nicht einsehbarer Weise hätten unlautere Geschäftspraktiken gegenüber Verbrauchern einerseits und allen sonstigen Adressaten andererseits kollisionsrechtlich unterschiedlich, nämlich an das Recht im Herkunftsstaat einerseits und an das Recht des Marktortes andererseits angeknüpft werden müssen.[772] Außerdem hätte sich das kollisionsrechtliche Herkunftslandprinzip in Widerspruch zu Art. 6 Rom II-VO gesetzt.[773] Der Kritik wurde jedoch glücklicherweise der Wind aus den Segeln genommen. Denn in einem Gemeinsamen Standpunkt entschloss sich der Rat am 17. 6. 2004 zur **Streichung des Herkunftslandprinzips.**[774] Die verabschiedete und im Juni 2007 in Kraft getretene Lauterkeitsrichtlinie enthält die strittige Vorschrift des Art. 4 Abs. 1 Richtlinienentwurfs nicht mehr. Übrig geblieben ist

[767] So auch *Basedow* EuZW 2004, 423; MünchKomm/*Drexl* BGB IntUnlWettbR Rn 69; dagegen *Harte/Henning/Glöckner* UWG Einl. C Rn 38; *Staudinger/Fezer/Koos* IntWirtschR Rn 538.

[768] So aber *Staudinger/Fezer/Koos* IntWirtschR Rn 538.

[769] Ebenso *Basedow* EuZW 2004, 423; *Brömmelmeyer* GRUR 2007, 295, 300; *Leistner* ZEuP 2009, 56, 66; MünchKomm/*Drexl* BGB IntUnlWettbR Rn 69; MünchKomm/*Mankowski* UWG IntWettbR Rn 105; *Piekenbrock* GRUR Int. 2005, 997, 1001; *Seichter* WRP 2005, 1087, 1089; so für Abs. 1 S. 1 der Entwurfsvorschrift auch *Ohly* WRP 2006, 1401, 1408.

[770] Vgl. zB *Henning-Bodewig* GRUR Int. 2004, 183, 193; MünchKomm/*Drexl* BGB IntUnlWettbR Rn 69 und 71; MünchKomm/*Micklitz* UWG EG E Rn 182ff. Kritisch auch *Gamerith* WRP 2005, 391, 409ff.

[771] S. *Henning-Bodewig* GRUR Int. 2004, 183, 193.

[772] S. auch MünchKomm/*Drexl* BGB IntUnlWettbR Rn 71.

[773] So auch bereits *Henning-Bodewig* GRUR Int. 2004, 183, 193.

[774] Vgl. zum Gemeinsamen Standpunkt des Rates auf seiner 2583. Tagung zum Thema „Wettbewerbsfähigkeit (Binnenmarkt, Industrie und Forschung)" die Pressemitteilung C/04/140 vom 17. 6. 2004.

unter der Überschrift „Binnenmarkt" in Art. 4 der Lauterkeitsrichtlinie die zuvor im zweiten Absatz der Entwurfsvorschrift enthaltene Bestimmung, nach der die Mitgliedstaaten den freien Dienstleistungsverkehr und den freien Warenverkehr nicht aus Gründen einschränken dürfen, die mit dem durch die Lauterkeitsrichtlinie angeglichenen Bereich zusammenhängen. Hieraus lässt sich keine Kollisionsregel mehr ableiten. Angesichts der durch die Lauterkeitsrichtlinie avisierten Vollharmonisierung würde die Anordnung einer Kollisionsregel ohnehin an Bedeutung verlieren.[775] Es handelt sich bei Art. 4 der Lauterkeitsrichtlinie vielmehr um eine **sachrechtliche Bestimmung**[776] und mit Blick auf Art. 28, 49 EG um eine Vorschrift rein deklaratorischen Gehalts.[777] Allerdings kommt eine Rechtfertigung abweichenden, restriktiveren nationalen Rechts nicht mehr in Betracht, weil andernfalls das Richtlinienziel der Rechtsangleichung untergraben würde.[778]

e) Dienstleistungsrichtlinie. Ende 2006 wurde die Richtlinie über Dienstleistungen im Binnenmarkt verabschiedet.[779] Ein wesentlicher Streit im vorangehenden Rechtsetzungsverfahren betraf das Herkunftslandprinzip. Die Kommission verabschiedete am 13. 1. 2004 nämlich einen Vorschlag für eine Richtlinie über Dienstleistungen im Binnenmarkt, die in ihrem **Art. 16** die äußerst umstrittene[780] Verankerung des **Herkunftslandprinzips** vorsah.[781] Nach der unmissverständlichen Anordnung des Art. 16 Abs. 1 des ursprünglichen Vorschlags tragen die Mitgliedstaaten „dafür Sorge, dass Dienstleistungserbringer lediglich den Bestimmungen ihres Herkunftsmitgliedstaates unterfallen, die vom koordinierten Bereich erfasst sind". Hierunter sollten nach der Vorstellung der Kommission alle „nationalen Bestimmungen betreffend die Aufnahme und die Ausübung der Dienstleistung (fallen), die insbesondere das Verhalten der Dienstleistungserbringer, die Qualität oder den Inhalt der Dienstleistung, die Werbung, die Verträge und die Haftung der Dienstleistungserbringer regeln".[782] In der zusammenfassenden Kommissionsbegründung zum Richtlinienvorschlag heisst es, der Vorschlag sehe „zur Beseitigung der Hindernisse für den freien Dienstleistungsverkehr" das Herkunftslandprinzip vor, „nach dem der Dienstleistungserbringer einzig den Rechtsvorschriften des Landes unterliegt, in dem er niedergelassen ist (...)".[783] Die Beantwortung der Frage nach der materiellrechtlichen oder kollisionsrechtlichen Deutung von Art. 16 Abs. 1 des ursprünglichen Vorschlags für eine Dienstleistungsrichtlinie fällt angesichts des klaren Wortlauts und der eindeutigen Willensbekundung der Kommission nicht schwer. Das in Art. 16 Abs. 1 des ersten Kommissionsvorschlags für eine Dienstleistungsrichtlinie verankerte Herkunftslandprinzip war **kollisionsrechtlich**[784] zu verstehen 151

---

[775] So zu Recht *Henning-Bodewig* GRUR Int. 2004, 183, 193; MünchKomm/*Drexl* BGB IntUnlWettbR Rn 68.

[776] So auch *Brömmelmeyer* GRUR 2007, 295, 300; *Glöckner* WRP 2005, 795, 802; *Leistner* ZEuP 2009, 56, 66; MünchKomm/*Drexl* BGB IntUnlWettbR Rn 70; MünchKomm/*Mankowski* UWG IntWettbR Rn 107; *Ohly* WRP 2006, 1401, 1409 und 1411; *Piper/Ohly/Ohly* UWG Einf. C Rn 81; *Seichter* WRP 2005, 1087, 1089; *Staudinger/Fezer/Koos* IntWirtschR Rn 538.

[777] In diesem Sinne etwa *Glöckner/Henning-Bodewig* WRP 2005, 1311, 1326f; *Leistner* ZEuP 2009, 56, 67f.; MünchKomm/*Drexl* BGB IntUnlWettbR Rn 70; MünchKomm/*Mankowski* UWG IntWettbR Rn 107; aA *Gamerith* WRP 2005, 391, 411f; *Ohly* WRP 2006, 1401, 1409.

[778] *Brömmelmeyer* GRUR 2007, 295, 301f; s. auch MünchKomm/*Drexl* BGB IntUnlWettbR Rn 70.

[779] Richtlinie 2006/123/EG des Europäischen Parlaments und des Rates vom 12. 12. 2006 über Dienstleistungen im Binnenmarkt, ABl. EU 2006 Nr. L 376 S. 36. Die Umsetzungsfrist läuft gemäß Art. 44 Abs. 1 Dienstleistungsrichtlinie am 28. 12. 2009 aus.

[780] Zur Kritik am Herkunftslandprinzip s. *Albath/Giesler* EuZW 2006, 38, 41f; *Basedow* EuZW 2004, 423, 424; *Glöckner* WRP 2005, 795, 805ff; *Mankowski* IPRax 2004, 385, 390; s. auch MünchKomm/*Drexl* BGB IntUnlWettbR Rn 73; *Staudinger/Fezer/Koos* IntWirtschR Rn 540; sowie den Beschluss des Deutschen Bundestages vom 29. 6. 2005, BT-Drucks. 15/5865, auf den Antrag von SPD und BÜNDNIS 90/DIE GRÜNEN, BT-Drucks. 15/5832.

[781] Vgl. den Vorschlag für eine Richtlinie des Europäischen Parlaments und des Rates über Dienstleistungen im Binnenmarkt vom 25. 2. 2004, KOM(2004), 2 endg/2.

[782] Vgl. Art. 16 Abs. 1 S. 2 des Vorschlags, KOM(2004), 2 endg/2 S. 60.

[783] Vgl. die Zusammenfassung unter Punkt 4, KOM(2004), 2 endg/2 S. 4.

[784] So auch *Basedow* EuZW 2004, 423; MünchKomm/*Drexl* BGB IntUnlWettbR Rn 73; MünchKomm/*Mankowski* UWG IntWettbR Rn 112ff; *Staudinger/Fezer/Koos* IntWirtschR Rn 540; sowie (einschränkend) *Glöckner* WRP 2005, 795, 802. Auch *Albath/Giesler* EuZW 2006, 38, 41, gehen in ihrer Kritik

und hätte eine – freilich nun mit Art. 6 Rom II-VO konfligierende – Verweisung auf das Herkunftslandrecht bewirkt.

152 Die scharfe Kritik an der Einführung des Herkunftslandprinzips für den weiten Bereich grenzüberschreitender Dienstleistungen war jedoch nicht wirkungslos, sondern führte schließlich dazu, dass das Europäische Parlament Anfang 2006[785] die **Streichung des Herkunftslandprinzips** aus dem Richtlinienentwurf beschloss. Die Kommission legte kurz darauf einen geänderten Entwurf vor, der die umstrittene Binnenmarktklausel mit dem Herkunftslandprinzip nicht mehr enthielt.[786] Stattdessen lautet der unverändert in die Richtlinie aufgenommene Art. 16 Abs. 1 des Geänderten Vorschlags für eine Dienstleistungsrichtlinie nun in seinen beiden ersten Sätzen: „Die Mitgliedstaaten achten das Recht der Dienstleistungserbringer, Dienstleistungen in einem anderen Mitgliedstaat als demjenigen ihrer Niederlassung zu erbringen. Der Mitgliedstaat, in dem die Dienstleistung erbracht wird, gewährleistet die freie Aufnahme und freie Ausübung von Dienstleistungstätigkeiten innerhalb seines Hoheitsgebiets". Ein dritter Satz verbietet den Mitgliedstaaten, die Aufnahme oder Ausübung einer Dienstleistungstätigkeit in ihrem Hoheitsgebiet von Anforderungen abhängig zu machen, die gegen die Grundsätze der Nicht-Diskriminierung, Erforderlichkeit oder Verhältnismäßigkeit verstoßen. In der Erläuterung des Geänderten Vorschlags der Richtlinie über Dienstleistungen im Binnenmarkt heisst es dazu, die Änderung in Art. 16 ersetze das frühere Herkunftslandprinzip durch eine Bestimmung über die Dienstleistungsfreiheit.[787] Damit muss jegliche kollisionsrechtliche Deutung der neuen (und schließlich verabschiedeten) Fassung von Art. 16 der Dienstleistungsrichtlinie ausscheiden.[788] Nach Art. 17 Nr. 15 der Dienstleistungsrichtlinie findet Art. 16 keine Anwendung auf „Bestimmungen betreffend vertragliche und außervertragliche Schuldverhältnisse, einschließlich der Form von Verträgen, die nach den Vorschriften des internationalen Privatrechts festgelegt werden". Damit wird klargestellt, dass kollisionsrechtliche Regeln nicht getroffen werden, sondern das Internationale Privatrecht und insbesondere die **Kollisionsnormen der Rom I- und Rom II-VO unberührt** bleiben. Dies bekräftigt auch Art. 3 Abs. 2 der Dienstleistungsrichtlinie, der ausdrücklich hervorhebt, dass die Richtlinie „nicht die Regeln des internationalen Privatrechts, insbesondere die Regeln des auf vertragliche und außervertragliche Schuldverhältnisse anzuwendenden Rechts (...)" betreffe. Spezielle Gemeinschaftsrechtsakte, wie etwa die ausdrücklich genannte frühere Fernsehrichtlinie,[789] gehen gemäß Art. 3 Abs. 1 der Dienstleistungsrichtlinie vor. Nach Art. 3 Abs. 3 der Dienstleistungsrichtlinie setzen die Mitgliedstaaten die Richtlinienbestimmungen „in Übereinstimmung mit den Bestimmungen des Vertrags über die Niederlassungsfreiheit und den freien Dienstleistungsverkehr um". Insgesamt wird also durch die Dienstleistungrichtlinie und insbesondere dessen Art. 16 **kein Kollisionsrecht** geschaffen.[790]

153 **f) Entwurf einer Verordnung über Verkaufsförderung im Binnenmarkt.** Um die Verkaufsförderung in Europa auf hohem Schutzniveau zu regeln und möglichst schnell Rechtssicherheit sowie gleiche Wettbewerbsbedingungen zu erreichen, legte die Kommis-

davon aus, dass sich das Recht des Herkunftslandes gegenüber dem Recht des Ziellandes durchsetzt, selbst wenn letzteres sich im Einklang mit Art. 49 EG befindet.

[785] Vgl. zum Beschluss des Europäischen Parlaments vom 16. 2. 2006 die Pressemitteilung der Bundesregierung Nr. 43 vom selben Tag.

[786] S. den Geänderten Vorschlag für eine Richtlinie des Europäischen Parlaments und des Rates über Dienstleistungen im Binnenmarkt vom 4. 4. 2006, KOM(2006), 160 endg. (2004/0001 (COD)).

[787] S. die Stellungnahme der Kommission zu den Abänderungen des Parlaments im Richtlinienvorschlag, KOM(2006), 160 endg. (2004/0001 (COD)) S. 12.

[788] So auch MünchKomm/*Mankowski* UWG IntWettbR Rn 120f; *Staudinger/Fezer/Koos* IntWirtschR Rn 541. Hiervon scheinen auch *Leible/Lehmann* RIW 2007, 721, auszugehen.

[789] Die ehemalige Fernsehrichtlinie wurde umgewandelt in die Richtlinie über audiovisuelle Mediendienste; → Rn 119.

[790] Ebenso MünchKomm/*Mankowski* UWG IntWettbR Rn 120; *Staudinger/Fezer/Koos* IntWirtschR Rn 541. Zweifelnd, ob das Herkunftslandprinzip tatsächlich aus der Dienstleistungsrichtlinie gestrichen wurde *Lemor* EuZW 2007, 135, 138.

sion im Jahr 2001 den Vorschlag einer Verordnung über Verkaufsförderung im Binnenmarkt[791] und ein Jahr später einen überarbeiteten Verordnungsentwurf[792] vor. Die Konzeption der vorgeschlagenen Verordnung über die Verkaufsförderung im Binnenmarkt beruhte einerseits auf einer eng begrenzten gemeinschaftsrechtlich einheitlich geltenden Regelung und andererseits auf dem in Art. 3 Abs. 2 des Verordnungsvorschlags zum Ausdruck kommenden **Prinzip der gegenseitigen Anerkennung.** Auch wenn hier aus der Anordnung des Prinzips der gegenseitigen Anerkennung in Art. 3 Abs. 2 des Verordnungsvorschlags im Grunde ein kollisionsrechtliches Herkunftslandprinzip herausgelesen werden konnte,[793] liefe dieses angesichts des ohnehin im Anwendungsbereich der Verordnung gemeinschaftsweit und unmittelbar geltenden Verordnungsrechts leer.[794] Die Streitfrage bedarf gegenwärtig keiner Klärung mehr und kann dahinstehen. Denn im März 2006 zog die Kommission den Vorschlag für eine Verordnung über Verkaufsförderung insgesamt wieder zurück.[795] Das Vorhaben einer Sonderregelung für die grenzüberschreitende Verkaufsförderung im Wege einer Verordnung über Verkaufsförderung im Binnenmarkt wurde damit endgültig aufgegeben.

4. Kollisionsrechtsvereinheitlichung durch die Rom II-VO

a) Allgemeine Kollisionsnorm für die Anknüpfung unlauteren Wettbewerbsverhaltens. aa) Sachlicher und zeitlicher Anwendungsbereich. Im Juli 2007 wurde nach zähem Ringen eine Einigung über die europäische[796] Vereinheitlichung des Kollisionsrechts im Bereich der außervertraglichen Schuldverhältnisse erzielt, deren Ergebnis die nach ihrem Art. 32 ab **11. 1. 2009** geltende Verordnung (EG) Nr. 864/2007 des Europäischen Parlaments und des Rates vom 11. 7. 2007 über das auf außervertragliche Schuldverhältnisse anzuwendende Recht („Rom II")[797] ist. Art. 1 Abs. 1 Rom II-VO umschreibt den sachlichen Anwendungsbereich allgemein mit der Geltung der Verordnung „für außervertragliche Schuldverhältnisse in Zivil- und Handelssachen, die eine Verbindnung zum Recht verschiedener Staaten aufweisen". In zeitlicher Hinsicht ist die Rom II-VO nach Anordnung ihres Art. 31 auf **schadensbegründende Ereignisse** anzuwenden, die **nach** ihrem **Inkrafttreten** eintreten. Die Formulierung „gilt ab dem 11. 1. 2009" in Art. 32 Rom II-VO gab Anlass zur Diskussion darüber, ob Art. 31 Rom II-VO bei Festlegung der zeitlichen Anwendbarkeit auf dieses Datum Bezug nimmt oder ob mit „Inkrafttreten" im Sinne des Art. 31 Rom II-VO nicht vielmehr die allgemeine Regel des Art. 254 Abs. 1 S. 2 EG gemeint ist und damit der 20. 8. 2007 (der zwanzigste Tag nach Veröffentlichung im Amtsblatt) das maßgebliche Datum darstellt.[798] Zur Vermeidung eines nachteiligen, kaum praktikablen Statutenwechsels ist jedoch (trotz einiger technischer Argumente für ein abweichendes Datum des Inkrafttretens) die Formulierung „Inkrafttreten" in Art. 31 Rom II-VO als Hinweis auf das in Art. 32 Rom II-VO genannte Datum des 11. 1. 2009 zu interpretieren.[799] Dieses Ergebnis eines einheitlichen Abstellens auf den 11. 1. 2009 bestätigt zudem schon ein Blick in die ausländische Literatur, die zumeist – ohne Erörterung der Problematik – das in Art. 32 Rom II-VO genannte Datum mit dem Zeitpunkt des 154

[791] VO des Europäischen Parlaments und des Rates über Verkaufsförderung im Binnenmarkt vom 2. 10. 2001, KOM(2001), 546 endg.

[792] Geänderter Vorschlag für eine VO des Europäischen Parlaments und des Rates über Verkaufsförderung im Binnenmarkt vom 15. 10. 2002, KOM(2002), 585 endg.

[793] Dazu näher die Voraufl., Einl. I Rn 138 ff; ähnlich MünchKomm/*Mankowski* UWG IntWettbR Rn 109 ff; aA *Staudinger/Fezer/Koos* IntWirtschR Rn 539, die eine materiellrechtliche Begrenzung der Anwendbarkeit nationalen Rechts annehmen.

[794] So zu Recht *Harte/Henning/Glöckner* UWG Einl. C Rn 36.

[795] Vgl. ABl. EU 2006 Nr. C 64 S. 7.

[796] Die Rom II-VO gilt für alle europäischen Mitgliedstaaten mit Ausnahme Dänemarks (vgl. Art. 1 Abs. 4 Rom II-VO).

[797] ABl. EU 2007 Nr. L 199 S. 40 (abgedr. bei *Jayme/Hausmann* Nr. 101).

[798] Vgl. *v. Hein* ZEuP 2009, 6, 10 f.

[799] So zutreffend *v. Hein* ZEuP 2009, 6, 11.

Inkrafttretens im Sinne von Art. 31 Rom II-VO gleichsetzt.[800] Für alle Fälle, in denen der gesetzliche Haftungstatbestand (d.h. die Schadensbegründung, nicht der Eintritt der Rechtsgutsverletzung) vor dem 11. 1. 2009 erfüllt wird, gilt das bisherige autonome deutsche Kollisionsrecht.

155 Mit Geltung der Rom II-VO ersetzen deren (gemäß Art. 249 Abs. 2 EG unmittelbar anwendbare) Vorschriften entsprechend ihrem jeweiligen Anwendungsbereich das nationale Recht.[801] Da der sachliche Anwendungsbereich der Rom II-VO jedoch nicht das gesamte Recht der außervertraglichen Schuldverhältnisse abdeckt,[802] bleibt weiterhin ein Anwendungsbereich für die deutschen Bestimmungen in Art. 40ff. EGBGB.[803] Mit **Art. 6 Abs. 1 Rom II-VO** wurde für die Anknüpfung lauterkeitsrechtlicher Sachverhalte eine **spezielle Kollisionsnorm** geschaffen, die das bisher[804] entwickelte – zumeist im Rahmen von Art. 40 EGBGB verortete – Lauterkeitskollisionsrecht grundsätzlich verdrängt.[805] Inhaltlich ist damit keine grundlegende Änderung zum bislang geltenden Lauterkeitskollisionsrecht verbunden.[806] Nach Art. 6 Abs. 1 Rom II-VO ist auf außervertragliche Schuldverhältnisse aus unlauterem Wettbewerbsverhalten „das Recht des Staates anzuwenden, in dessen Gebiet die Wettbewerbsbeziehungen oder die kollektiven Interessen der Verbraucher beeinträchtigt worden sind oder wahrscheinlich beeinträchtigt werden".[807] Eine Ausnahme von dieser Regelanknüpfung soll gelten für bilaterale Fälle, in denen das unlautere Wettbewerbsverhalten ausschließlich die Interessen eines bestimmten Wettbewerbers beeinträchtigt.[808] In dieser Regel-Ausnahme-Systematik kommt die vom Gemeinschaftsgesetzgeber favorisierte Differenzierung von marktbezogenen und betriebsbezogenen Wettbewerbsrechtsverletzungen zum Ausdruck.[809]

156 Die Kollisionsregeln der Rom II-VO haben gemäß Art. 3 Rom II-VO **universelle Geltung.** Das aufgrund der Kollisionsnormen der Rom II-VO ermittelte Recht kann danach auch das Recht eines Drittstaates sein. Zudem finden die Kollisionsnormen der Rom II-VO nicht nur auf binnenmarktinterne Sachverhalte Anwendung, sondern gemäß Art. 1 Abs. 1 Rom II-VO ganz allgemein in dem Moment, in dem außervertragliche Schuldverhältnisse in Zivil- und Handelssachen „eine Verbindung zum Recht verschiedener Staaten aufweisen", also auch dann, wenn Drittstaaten beteiligt sind. Eine unglückliche Aufspaltung in ein Binnenmarktkollisionsrecht[810] und ein Kollisionsrecht, das im Verhältnis zu Drittstaaten gilt, wurde damit vermieden.[811] Konsequenz ist, dass das Kollisionsrecht der Rom II-VO innerhalb seines Anwendungsbereichs das autonome Kollisionsrecht verdrängt. Die Kollisionsregeln der **Art. 6 und 4 Rom II-VO** haben nun – soweit es sich nicht um Altfälle handelt – **Vorrang** vor den autonomen Kollisionsregeln, die bisher die Anknüpfung lauterkeitsrechtlicher Sachverhalte bestimmten.

---

[800] Vgl. zB für das französische Schrifttum *Audit* Rn 797; für das englische Schrifttum *Cheshire/North/Fawcett* S. 810f; und für das spanische Schrifttum *Calvo Caravaca/Carrascosa González* Las obligaciones extracontractuales en el Derecho internacional privado S. 66. Sogar in den Gesetzesmaterialien zur Anpassung des österreichischen IPRG wird vom Inkrafttreten der Rom II-VO am 11. 1. 2009 gesprochen; vgl. die Erläuterungen des Gesetzentwurfs (Allgemeiner Teil), abrufbar unter www.justiz.gv.at/gesetzesentwuerfe/ (abgerufen am 24. 4. 2009).

[801] Zur Abgrenzung zum gemeinschaftsrechtlichen Sekundärrecht → Rn 168f.

[802] Ausgenommen aus dem Anwendungsbereich sind zB außervertragliche Schuldverhältnisse aus Persönlichkeitsrechtsverletzungen (vgl. Art. 1 Abs. 2 lit. g Rom II-VO).

[803] *Leible/Lehmann* RIW 2007, 721.

[804] Zur Anknüpfung nach bisherigem deutschen Kollisionsrecht → Rn 182ff.

[805] MünchKomm/*Mankowski* UWG IntWettbR Rn 36. Zu der Frage, inwieweit auf die bisherige Anknüpfungspraxis zurückgegriffen werden kann, → Rn 179ff.

[806] Vgl. auch *Erman/Hohloch* EGBGB Art. 40 Rn 51; *Sack* WRP 2008, 845, 846f.

[807] Zum Regelungsinhalt näher → Rn 158.

[808] Dazu → Rn 164ff.

[809] Zur Kritik → Rn 166f.

[810] Vgl. jedoch den Vorschlag für eine Anordnung des Herkunftslandprinzips als Ausnahme für innergemeinschaftliche Werbung *Hamburg Group for Private and International Law* RabelsZ 67 (2003), 1, 19f.

[811] Die universelle Ausgestaltung daher begrüßend *Leible/Lehmann* RIW 2007, 721, 724; MünchKomm/*Drexl* BGB IntUnlWettbR Rn 79.

Die **Auslegung** sämtlicher Bestimmungen aus der Rom II-VO bzw. die Qualifikation der entsprechenden Systembegriffe darf nicht mit Blick durch die nationale Brille unternommen werden, sondern muss **autonom gemeinschaftsrechtlich** erfolgen.[812] Die Auslegungshoheit über die sekundärrechtliche Rom II-VO liegt beim EuGH.[813] So ist schon die Qualifikation zivil- und handelsrechtlicher außervertraglicher Schuldverhältnisse im Sinne der Rom II-VO autonom-gemeinschaftsrechtlich vorzunehmen.[814] Diese Begriffe wie auch alle sonstigen Bestimmungen der Rom II-VO sollen nach dem Willen des Verordnungsgebers mit der EuGVO[815] wie auch mit den Instrumenten des in die Rom I-VO[816] überführten EVÜ im Einklang stehen.[817] Insbesondere auch für die Begriffe der lauterkeitsrechtlichen Kollisionsnorm wird ein autonom gemeinschaftsrechtlicher Auslegungsmaßstab anzulegen sein. Dieser beinhaltet zwar auch die anerkannten Auslegungsgrundsätze der grammatikalischen, historischen, systematischen und teleologischen Auslegung, doch müssen diese Grundsätze insgesamt gemeinschaftsrechtsbezogen angewendet werden.[818] Die Auslegung muss insbesondere von dem Grundgedanken geleitet sein, der jeweiligen Bestimmung der Rom II-VO größtmögliche Wirksamkeit zu verschaffen („effet utile"). Für die Qualifikation von **Gewinnmitteilungen** bedeutet dies, dass die Rechtsprechung des EuGH berücksichtigt werden muss, die zur Annahme einer freiwillig eingegangenen Verpflichtung im Sinne des europäischen Vertragsbegriffs tendiert.[819] Gewinnmitteilungen können damit nicht in den Anwendungsbereich der Rom II-VO mit einbezogen werden.[820] 157

bb) Regelungsziel und -inhalt der Marktortanknüpfung. Der speziellen Kollisionsnorm in Art. 6 Abs. 1 Rom II-VO liegt die auch im deutschen Recht bestimmende Idee einer **Schutzzwecktrias** zugrunde. Wie in Erwägungsgrund 21 der Rom II-VO explizit hervorgehoben wird, soll die Kollisionsnorm „die Wettbewerber, die Verbraucher und die Öffentlichkeit schützen und das reibungslose Funktionieren der Marktwirtschaft sicherstellen". Dieses Ziel verfolgt der Gemeinschaftsgesetzgeber mit der **Regelanknüpfung an den Marktort.** Art. 6 Abs. 1 der Rom II-VO normiert demgemäß eine europäische Marktortregel, die mit der in der deutschen Rechtsprechung und Literatur entwickelten lauterkeitsrechtlichen Anknüpfung an den Ort der wettbewerblichen Interessenkollision vergleichbar ist.[821] Es ist dementsprechend nach Art. 6 Abs. 1 Rom II-VO auf das Recht des Marktortes als dem Ort abzustellen, auf dessen Markt eine bestimmte Wettbewerbsmaßnahme einwirkt bzw. allgemein die unterschiedlichen **wettbewerblichen Interessen von Konkurrenten und Verbrauchern kollidieren.**[822] Die Formulierung „wahrscheinlich beeinträchtigt werden" weist darauf hin, dass auch vorbeugende Unterlassungsklagen umfasst sind. Art. 2 Abs. 3 Rom II-VO, der ausdrücklich hervorhebt, die Bezugnahmen auf ein schadensbegründendes Ereignis auch solche schadensbegründenden Ereignisse oder Schäden umfassen, deren Eintritt lediglich wahrscheinlich ist, bestätigt 158

---

812 S. näher MünchKomm/*Junker* EGBGB Art. 42 Anh. Rn 5 und 7f.

813 MünchKomm/*Junker* EGBGB Art. 42 Anh. Rn 6.

814 *Leible/Lehmann* RIW 2007, 721, 722f; MünchKomm/*Junker* EGBGB Art. 42 Anh. Rn 10.

815 Verordnung (EG) Nr. 44/2001 des Rates vom 22. 12. 2000 über die gerichtliche Zuständigkeit und die Anerkennung und Vollstreckung von Entscheidungen in Zivil- und Handelssachen („Brüssel I"), ABl. EU Nr. 12 S. 1, zuletzt geändert durch Verordnung (EG) Nr. 1791/2006, ABl. EU 2006 Nr. L 363 S. 1.

816 Verordnung (EG) Nr. 593/2008 des Europäischen Parlaments und des Rates vom 17. 6. 2008 über das auf vertragliche Schuldverhältnisse anzuwendende Recht (Rom I), ABl. EU Nr. L 177 S. 6.

817 So ausdrücklich Erwägungsgrund 7 der Rom II-VO.

818 Zu den Einzelheiten vgl. MünchKomm/*Junker* EGBGB Art. 42 Anh. Rn 7f.

819 EuGH Slg. 2005, I-481 Rn 51ff – Engler.

820 So auch MünchKomm/*Junker* EGBGB Art. 42 Anh. Rn 15.

821 *Sack* WRP 2008, 845, 846.

822 Ebenso *Leible/Lehmann* RIW 2007, 721, 729; *Palandt/Thorn* Anh zu EGBGB Art. 6 Rom II Rn 9; *Sack* WRP 2008, 845, 846f; s. auch *Baetzgen* S. 31. Ähnlich zur Entwurfsvorschrift in Art. 5 bereits MünchKomm/*Junker* Art. 42 Anh. Rn 47; s. auch MünchKomm/*Mankowski* UWG IntWettbR Rn 142; aA *Koos* EuLF 2006, II-73, 77; *Staudinger/Fezer/Koos* IntWirtschR Rn 384, die Indizien für eine noch weitere Fassung der europäischen Marktortregel im Sinne der Auswirkungstheorie sehen.

dies.[823] Die Regelung in Art. 6 Abs. 1 Rom II-VO stellt nicht mehr – wie noch der Geänderte Vorschlag[824] – darauf ab, dass die Beeinträchtigungen „unmittelbare und wesentliche" sein müssen. Gerade im Bereich des Multistate-Wettbewerbs, der grundsätzlich auch nach Art. 6 Abs. 1 Rom II-VO anzuknüpfen ist, wird dieses Kriterium der Spürbarkeit jedoch Bedeutung erlangen.[825] Die Rechtswahl ist gemäß Art. 6 Abs. 4 Rom II-VO ausgeschlossen.[826]

159 **cc) Überblick über die Entstehungsgeschichte.** Bereits der im Sommer 2003 vorgelegte, auf einem Vorentwurf[827] und letztlich auch auf dem Regelungsvorschlag der *Groupe europeén de droit international privé*[828] basierende **Kommissionsvorschlag**[829] für eine Verordnung über das auf außervertragliche Schuldverhältnisse anzuwendende Recht enthielt in Art. 5 Abs. 1 eine eigene allgemeine Kollisionsregel für die Anknüpfung wettbewerbsrechtlicher Sachverhalte. Danach sollte „auf außervertragliche Schuldverhältnisse, die aus einem unlauteren Wettbewerbsverhalten entstanden sind, (...) das Recht des Staates anzuwenden sein, in dessen Gebiet die Wettbewerbsbeziehungen oder die kollektiven Interessen der Verbraucher unmittelbar und wesentlich beeinträchtigt worden sind oder beeinträchtigt werden könnten". Im weiteren Rechtsetzungsprozess wurde vorübergehend von der Normierung einer speziellen Kollisionsnorm für das Lauterkeitsrecht Abstand genommen,[830] die aber später wieder Eingang in das Regelwerk fand.[831] So setzte die Kommission ihre Auffassung von der Unverzichtbarkeit einer konkretisierten Kollisionsregel für das Internationale Lauterkeitsrecht letztlich durch. Der neue Art. 7 Abs. 1 des **Geänderten Verordnungsvorschlags** von 2006 enthielt nun die Formulierung: „Auf außervertragliche Schuldverhältnisse, die aus unlauteren Geschäftspraktiken entstanden sind, ist das nach Art. 5 Abs. 1 bezeichnete Recht anzuwenden. Der Staat, in dem der Schaden eintritt oder einzutreten droht, ist der Staat, in dessen Gebiet die Wettbewerbsbeziehungen oder die kollektiven Interessen der Verbraucher unmittelbar und wesentlich beeinträchtigt worden sind oder beeinträchtigt werden könnten". In Art. 5 des Geänderten Vorschlags war eine allgemeine deliktische Kollisionsnorm enthalten, die auf den Ort des Schadenseintritts abstellte. Die Terminologie des neuen Formulierungsvorschlags sollte an die Lauterkeitsrichtlinie angepasst und zugleich deutlich gemacht werden, dass die lauterkeitsrechtliche Kollisionsregel eine Konkretisierung der Schadensortanknüpfung darstelle.[832] Der Rat billigte schließlich die Beibehaltung einer speziellen Bestimmung für das Internationale Lauter-

---

[823] So auch allgemein *Leible/Lehmann* RIW 2007, 721, 723.

[824] KOM(2003), 427 endg. S. 18.

[825] → Rn 291 ff. S. auch allgemein *Leible/Lehmann* RIW 2007, 721, 729.

[826] → Rn 16.

[827] Zum Vorentwurf der Kommission aus dem Jahr 2002 vgl. die Stellungnahme der 2. Kommission des Deutschen Rates für Internationales Privatrecht zum Vorentwurf eines Vorschlags der Europäischen Kommission für eine Verordnung des Rates über das auf außervertragliche Schuldverhältnisse anzuwendende Recht, abrufbar unter http://europa.eu.int/comm/justice_home/news/consulting_public/rome_ii/deutscher_rat_internat_privatrecht_de.pdf.

[828] Vorschlag für ein EU-Übereinkommen über das IPR der außervertraglichen Schuldverhältnisse, IPRax 1999, 286 ff; dazu *Jayme* IPRax 1999, 298.

[829] Vorschlag der Kommission vom 22. 7. 2003 für eine Verordnung über das auf außervertragliche Schuldverhältnisse anzuwendende Recht („Rom II"), KOM(2003), 427 endg.

[830] Vgl. die Legislative Entschließung des Europäischen Paralments zu dem Vorschlag für eine Verordnung des Europäischen Parlaments und des Rates über das auf außervertragliche Schuldverhältnisse anzuwendende Recht („Rom II"), (KOM(2003)0427 – C5-0338/2003-2003/0168 (COD)) vom 6. 7. 2005, P6_TA (2005), 0284), abgedruckt in: IPRax 2006, 413 ff; sowie den Bericht über den Vorschlag für eine Verordnung des Europäischen Parlaments und des Rates über das auf außervertragliche Schuldverhältnisse anzuwendende Recht („Rom II") vom 27. 6. 2005, A-60 211/2005 endg., RR\572354DE.doc. S. auch zu dem Bericht MünchKomm/*Mankowski* UWG IntWettbR Rn 21 ff.

[831] S. den Geänderten Vorschlag für eine Verordnung des Europäischen Parlaments und des Rates über das auf außervertragliche Schuldverhältnisse anzuwendende Recht („Rom II") vom 21. 2. 2006, (KOM(2006), 83 endg. 2003/0168 (COD), abgedruckt in IPRax 2006, 404 ff.

[832] Vgl. die Begründung zu Abänderung 29, KOM(2006), 83 endg. S. 6 = IPRax 2006, 404, 406. S. zu den Änderungen auch MünchKomm/*Mankowski* UWG IntWettbR Rn 31 a.

keitsrecht.[833] Zusätzlich wurde die Rechtswahlmöglichkeit im Bereich des nach Art. 6 Rom II-VO ermittelten Rechts durch Art. 6 Abs. 4 Rom II-VO ausgeschlossen.

dd) Entwicklung der europäischen Marktortregel im gemeinschaftsrechtlichen Rechtsetzungsprozess. Die Grundannahme einer mit dem bisherigen deutschen Lauterkeitskollisionsrecht vergleichbaren Marktortregel[834] lässt sich durch den gesamten Entstehungsprozess der Norm hindurch verfolgen. In ihrer Begründung zu Art. 5 des Vorschlags von 2003 spricht die Kommission zwar von „Auswirkungen auf den Markt".[835] Sachlich handelt es sich bei dieser Verweisung in Art. 5 des ersten Verordnungsvorschlags jedoch um die Normierung der auch dem deutschen Kollisionsrecht zugrunde liegenden **Marktortregel,**[836] nach der das Recht am Marktort, also dem Ort anzuwenden ist, an dem die wettbewerblichen Interessen kollidieren. Dies ergibt sich gleichermaßen aus Wortlaut und Entwurfsbegründung. Zum einen verzichtet der Wortlaut des Art. 5 Abs. 1 des Entwurfs auf den Begriff „Auswirkung", aber auch verwandte Begrifflichkeiten wie „Wirkungen" oÄ. Es ist schlicht die Rede von „Beeinträchtigungen" der Wettbewerbsbeziehungen oder kollektiven Verbraucherinteressen. Damit ist letztlich nichts anderes gemeint, als die Interessenkollision, auf die die im deutschen Lauterkeitskollisionsrecht hM abstellt. Diese Interpretation kann sich auch auf die Entwurfsbegründung stützen. Die Kommission erklärt zwar die Verwendung der Begriffe „unmittelbar und wesentlich beeinträchtigt" damit, dass den Forderungen der Lehre folgend die „Auswirkungen auf diesen Markt" näher beschrieben bzw. eingegrenzt werden müssten.[837] Dass es sich bei dem von der Kommission ins Auge gefassten Markt um den „Markt (handelt), auf dem sich die Wettbewerber um die Verbraucher bemühen" – wie es in der Entwurfsbegründung heißt[838] – deutet allerdings wieder stärker auf den Akt der Markt*einwirkung* ganz im Sinne des nach deutscher hM maßgeblichen Ortes der wettbewerblichen Interessenkollision hin. Auch der Hinweis der Begründung auf die Anlehnung an die Anknüpfungsprinzipien im österreichischen oder spanischen Recht stehen der Interpretation des Art. 5 Rom II-Entwurf nicht entgegen. Denn wie der rechtsvergleichende Blick beispielsweise auf das österreichische Recht zeigt, wird auch hier – trotz scheinbar eindeutigem Wortlaut – mehr ein „Einwirkungsprinzip" bzw. eine offene Anlehnung an die im deutschen Recht vorherherrschende Interessenkollisionslösung bevorzugt.[839] Zudem erläutert die Kommission ihre „europäische" Marktortregel selbst in der Weise, dass das Ergebnis ihrer Anwendung gleichermaßen über den im Grundprinzip der lex loci delicti wurzelnden und diese konkretisierenden Anknüpfungsansatz wie auch über die Anwendung der einschlägigen Kollisionsnormen etwa des österreichischen, spanischen oder niederländischen Rechts erzielt werden könne.[840] Dies lässt sich nur so interpretieren, dass die Kommission von dem „breiten Konsens", den sie hier in den mitgliedstaatlichen Regelungen erblickt, zum einen nicht abweichen wollte, zum anderen eine Entscheidung zwischen den beiden Konzepten nicht für nötig erachtete.[841] Es ergibt sich damit ein Spielraum zur Interpretation der europäischen Marktortregel im Sinne der 160

[833] Vgl. den Gemeinsamen Standpunkt (EG) Nr. 22/2006 vom 25. 9. 2006, vom Rat festgelegt gemäß Art. 251 EG im Hinblick auf die Annahme einer Verordnung des Europäischen Parlaments und des Rates über das auf außervertragliche Schuldverhältnisse anzuwendende Recht (Rom II), ABl. EU Nr. L 289 E S. 68 ff und die dortige Begründung der abgelehnten Änderung 29.

[834] → Rn 158.

[835] KOM(2003), 427 endg. S. 18. *Staudinger/Fezer/Koos* IntWirtschR Rn 384, sehen hierin ein Indiz dafür, dass nicht eine Interessenkollisionslösung beabsichtigt wurde, sondern „eine weitere, an objektiven Kriterien orientierte, der Auswirkungstheorie nahestehende Lösung".

[836] *Buchner* GRUR Int. 2005, 1004, 1009; *Kropholler* IPR § 53 VII 3 b; *Leible/Engel* EuZW 2004, 7, 12; *Leistner* in: *Drexl/Kur* S. 177, 182; MünchKomm/*Drexl* BGB IntUnlWettbR Rn 77; MünchKomm/*Mankowski* UWG IntWettbR Rn 146; aA *Staudinger/Fezer/Koos* IntWirtschR Rn 384; sowie (ohne nähere Begründung) *Glöckner* WRP 2005, 795, 803.

[837] KOM(2003), 427 endg. S. 18.

[838] KOM(2003), 427 endg. S. 17 f.

[839] → Rn 76 ff.

[840] S. die Begründung aaO S. 17.

[841] Ähnlich *Koos* EuLF 2006, II-73, 74; MünchKomm/*Mankowski* UWG IntWettbR Rn 146.

im deutschen autonomen Recht bislang herrschenden Interessenkollisionslösung,[842] aber auch in Richtung des Auswirkungsprinzips.[843]

161 Die Entstehungsgeschichte des Verordnungsentwurfs weist ebenfalls in keine andere Richtung. Bereits der Regelungsvorschlag der *Groupe europeén de droit international privé,*[844] auf dem der Verordnungsentwurf basiert, schien keinen grundlegenden Systemwechsel einleiten zu wollen. Hier sah man sogar von einer speziellen Kollisionsnorm für die Anknüpfung wettbewerbsrechtlicher Sachverhalte gänzlich ab und begnügte sich für den Bereich des unlauteren Wettbewerbs mit einer Vermutung der engsten Verbindung zu dem Staat, in dem sich die schädigende Handlung auswirkt.[845] Dieser Gedanke wurde auch in der Legislativen Entschließung des Europäischen Parlaments von 2005 aufgegriffen, die auf eine spezielle Kollisionsnorm für das Lauterkeitsrecht verzichtete. Die Lokalisierung der engsten Verbindung wettbewerbsrechtlicher Sachverhalte an dem Ort, an dem sich die schädigende Handlung auswirkt, stellt sich vor dem Hintergrund der lauterkeitskollisionsrechtlichen Entwicklung in Rechtsprechung und Lehre als Rückschritt in die dem Deliktsstatut verhaftetet Vorstellung einer Qualifizierung der unlauteren Wettbewerbshandlung als unerlaubte Handlung dar. Zu Recht ist die Kommission von diesem Vorschlag abgewichen und hat die wettbewerbsrechtlichen Besonderheiten bei Normierung der Kollisionsnorm des Art. 5 Rom II-Entwurf berücksichtigt.

162 Der **Kommissionsvorentwurf** sah eine eigene Sonderkollisionsnorm für den unlauteren Wettbewerb vor.[846] In dem Formulierungsvorschlag eines Art. 6 findet sich auch noch keine Eingrenzung der Beeinträchtigungen von Wettbewerbs- und Verbraucherinteressen auf *unmittelbare* und *wesentliche* Beeinträchtigungen. Während der Anhörung der beteiligten Kreise aus Wissenschaft und Praxis war vielfach Kritik daran geäußert worden, dass die vorgeschlagene Formulierung zu weit und eine Eingrenzung der Interessenbeeinträchtigung von Nöten sei.[847] Auf diese Kritik hin lenkte die Kommission ein und übernahm ua die geforderten Eingrenzungen auf unmittelbare und wesentliche Beeinträchtigungen. Auch dies kann als Indiz dafür gedeutet werden, dass ein unbeschränkt verstandenes Auswirkungsprinzip eben gerade nicht gewollt war, man vor allen Dingen dem Schutz kollektiver Verbraucherinteressen auch in kollisionsrechtlicher Hinsicht Bedeutung geben wollte. Denn in der Addition der **kollektiven Verbraucherinteressen** liegt die eigentliche Neuerung der Kollisionsnorm in Art. 5 des Rom II-Entwurfs.

163 Der Geänderte Vorschlag von 2006 sieht wieder wie ursprünglich eine eigene Kollisionsnorm für lauterkeitsrechtliche Sachverhalte vor, die letztlich ebenfalls an den Marktort anknüpft. So verweist **Art. 7 Abs. 1 S. 1 Geänderter Rom II-Vorschlag** grundsätzlich auf die deliktsrechtliche Kollisionsnorm in Art. 5 Abs. 1 Rom II-Vorschlag, der selbst eine (von der deutschen autonomen Handlungsortanknüpfung nach Art. 40 EGBGB abweichende) **Erfolgsortanknüpfung** vorschreibt.[848] Die Kommission ordnet das Internationale Lauterkeitsrecht damit dem Internationalen Deliktsrecht zu.[849] Der Ort des Schadenseintritts wird in Art. 7 Abs. 1 S. 2 des Vorschlags näher im Sinne einer Marktortanknüpfung

---

[842] *Buchner* GRUR Int. 2005, 1004, 1009; *Leible/Engel* EuZW 2004, 7, 12; zur Interessenkollisionslösung im bisherigen autonomen Kollisionsrecht → Rn 188 ff.

[843] *Koos* EuLF 2006, II-73, 75.

[844] Vorschlag für ein EU-Übereinkommen über das IPR der außervertraglichen Schuldverhältnisse, IPRax 1999, 286 ff; dazu *Jayme* IPRax 1999, 298.

[845] S. Art. 4 lit. b des Entwurfs aaO: „... il est présumé que l'obligation non contractuelle a les liens les plus étroits (...) en cas de concurrence déloyale ou de pratique commerciale restrictive, avec le pays dont le marché est concerné par le fait dommageable." Dazu *Dethloff* JZ 2000, 179, 180 f.

[846] S. Art. 6 des Vorentwurfs.

[847] Vgl. die Begründung KOM (2003), 427 endg. S. 18. S. zB auch die Stellungnahme der 2. Kommission des Deutschen Rates für IPR zum Rom II-Vorentwurf S. 26, in der insbesondere die Anwendung des Deliktsstatuts für rein interindividuelle Wettbewerbsverstöße gefordert wird.

[848] Die Verankerung in der Erfolgsortanknüpfung hätte zu Friktionen für die lauterkeitsrechtliche Anknüpfung geführt, die mit einem Zusammenfallen von Handlungs- und Erfolgsort hätten er- und geklärt werden müssen; vgl. MünchKomm/*Mankowski* UWG IntWettbR Rn 275 a.

[849] *Koos* EuLF 2006, II-73, 76; *Staudinger/Fezer/Koos* IntWirtschR Rn 385. Zur Kritik s. → Rn 36 ff.

konkretisiert.[850] Der Schadenseintrittsort soll danach in dem Staat zu lokalisieren sein, „in dessen Gebiet die Wettbewerbsbeziehungen oder die kollektiven Interessen der Verbraucher unmittelbar und wesentlich beeinträchtigt worden sind oder beeinträchtigt werden könnten". Die hier angeordnete Marktortanknüpfung ist eine lauterkeitsrechtliche Kollisionsregel, die vom kartellrechtlichen Auswirkungsprinzip zu unterscheiden ist.[851] Auch die Einschränkung auf unmittelbare und wesentliche Beeinträchtigungen, die sich in der Entwurfsvorschrift von 2006 noch fand, aber später aus dem Entwurf getilgt wurde, deutet in keine andere Richtung,[852] sondern stellt eine Reaktion auf die vielfach geäußerte Kritik einer zu weiten und notwendigerweise einzugrenzende Kollisionsnorm dar.[853] Die Tatsache, dass die Einschränkung wieder entfallen ist, mag schließlich gerade ein Hinweis darauf sein, dass ein allgemeines, kartellrechtsähnliches Spürbarkeitskriterium für das Lauterkeitskollisionsrecht nicht eingeführt werden sollte. Im Ergebnis ist daher von der Kodifizierung einer europäischen Marktortregel in Art. 6 Abs. 1 Rom II-VO auszugehen, die im Wesentlichen der bisher im deutschen autonomen Kollisionsrecht entwickelten herrschenden Interessenkollisionslösung entspricht.

b) Ausnahmen von der Regelanknüpfung. aa) Verweisungssystematik und Anknüpfungsmoment. Für die bilateralen Fälle, in denen unlauteres Wettbewerbsverhalten „ausschließlich die Interessen eines bestimmten Wettbewerbers" beeinträchtigt, verweist Art. 6 Abs. 2 Rom II-VO auf die **allgemeine deliktsrechtliche Kollisionsnorm in Art. 4 Rom II-VO** und etabliert damit eine Ausnahme von der lauterkeitsrechtlichen Regelanknüpfung an das Recht am Marktort.[854] Nach Art. 4 Abs. 1 Rom II-VO ist „das Recht des Staates anzuwenden, in dem der Schaden eintritt, unabhängig davon, in welchem Staat das schadensbegründende Ereignis oder indirekte Schadensfolgen eingetreten sind". Anknüpfungsmoment ist der **Ort des Schadenseintritts.** Nach Art. 4 Abs. 2 Rom II-VO ist aber auch der Rückgriff auf das Recht des gemeinsamen Aufenthaltsortes erlaubt, wenn sowohl die haftende als auch die geschädigte Person zum Zeitpunkt des Schadenseintritts ihren gewöhnlichen Aufenthalt in dem selben Staat haben. Schließlich enthält Art. 4 Abs. 2 Rom II-VO eine Ausweichklausel zugunsten einer „offensichtlich engere(n) Verbindung mit einem anderen als dem in den Absätzen 1 oder 2 bezeichneten Staat", dessen Recht dann zur Anwendung berufen sein soll. 164

bb) Entstehungsgeschichte. Von der Regelanknüpfung an das Marktortrecht machte schon Art. 5 Abs. 2 des ursprünglichen Verordnungsvorschlags eine Ausnahme. So sollte für den Fall, dass ein unlauteres Wettbewerbsverhalten „ausschließlich die Interessen eines bestimmten Wettbewerbers" beeinträchtigt, die Vorschrift des Art. 3 Abs. 2 und 3 des Vorschlags anwendbar sein. Damit waren nach Vorstellung der Kommission[855] „bilaterale" Fälle gemeint, bei denen ein Wettbewerbsverhalten „auf einen bestimmten Wettbewerber abzielt, etwa bei der Abwerbung von Angestellten, bei Bestechung, Industriespionage, Preisgabe eines Geschäftsgeheimnisses oder einer Anstiftung zum Vertragsbruch". Der Verweis auf Art. 3 Abs. 2 und 3 des Verordnungsvorschlags betraf (wie nun Art. 4 Rom II-VO) die Ausnahme vom allgemeinen Deliktsstatut bei gemeinsamem Aufenthaltsrecht (Abs. 2) und die Ausweichklausel, nach der bei einer „offensichtlich engere(n) Verbindung mit einem anderen Staat" das Recht dieses Staates Anwendung findet. Insoweit sollte dem im Bereich 165

---

850 S. näher zur Entwurfsvorschrift MünchKomm/*Mankowski* UWG IntWettbR Rn 133 a ff.

851 So auch MünchKomm/*Mankowski* UWG IntWettbR Rn 142; aA *Staudinger/Fezer/Koos* IntWirtschR Rn 384; *Koos* EuLF 2006, II-73, 76 f, die aus der alternativen Beeinträchtigung von Mitbewerber- und Verbraucherinteressen auf eine „universale Formulierung einer Marktortregel" schließen, „mit der auch Auswirkungen berücksichtigt werden können, die nicht aus einer direkten Einwirkung auf die Verbraucher resultieren".

852 So aber *Koos* EuLF 2006, II-73, 76; *Staudinger/Fezer/Koos* IntWirtschR Rn 384, die hierin eine funktionale Vergleichbarkeit mit dem der Auswirkungstheorie entstammenden Kriterium der Spürbarkeit erblicken.

853 → Rn 162.

854 Der Verweisung inhaltlich zustimmend *Leible/Lehmann* RIW 2007, 721, 729.

855 KOM(2003), 427 endg. S. 18.

des Internationalen Vertragsrechts geltenden Prinzip der Ausweichklausel (Art. 4 Abs. 5 EVÜ) auch im internationaldeliktsrechtlichen[856] und sogar für den Bereich der lauterkeitsrechtlichen Anknüpfung zum Durchbruch verholfen werden. Im Zusammenhang mit der lauterkeitsrechtlichen Kollisionsregel in Art. 5 Abs. 1 des Verordnungsvorschlags stand kurzzeitig eine komplette Streichung der Vorschrift zur Debatte.[857] Mit Art. 7 Abs. 2 des Geänderten Vorschlags lebte der ursprüngliche Vorschlag jedoch wieder auf.[858] Er fand schließlich Eingang in die Rom II-VO, allerdings mit der Veränderung, dass nun in Art. 6 Abs. 2 Rom II-VO nicht mehr begrenzt auf Abs. 2 und 3 der deliktischen Kollisionsnorm, sondern insgesamt auf die allgemeine deliktische Kollisionsnorm in Art. 4 Rom II-VO verwiesen wird. Der Ausschluss der Rechtswahlfreiheit für den Bereich des Internationalen Wettbewerbsrechts findet sich allerdings erstmals in Art. 6 Abs. 4 Rom II-VO.

166 **cc) Kritik.** Die Unterscheidung von **marktbezogenen** und **betriebsbezogenen** bzw. bilateralen **Wettbewerbsverstößen** vermag grundsätzlich nicht zu überzeugen.[859] Nur in eng begrenzten Ausnahmefällen kann tatsächlich von – wie es in Art. 6 Abs. 2 Rom II-VO heißt – „ausschließlich die Interessen eines bestimmten Wettbewerbers" betreffenden Beeinträchtigungen die Rede sein.[860] Nur in diesen Ausnahmefällen ist der Rückgriff auf das allgemeine Deliktsstatut sachgerecht.[861] Auch wenn der Wortlaut des Art. 6 Abs. 2 Rom II-VO insoweit klar ist, nämlich nur Fälle umfasst, die „ausschließlich" die Einzelinteressen eines Wettbewerbers beeinträchtigen, ist die Anwendung von Art. 6 Abs. 2 Rom II-VO gleichwohl mit erheblichen Schwierigkeiten verbunden.[862] Außerdem zeigt die Begründung zum ursprünglichen Vorschlag, welche Wettbewerbsverstöße die Verordnungsgeber im Blick hatten. Dort werden als Beispiele derartiger „bilateral" einzustufender Verhaltensweisen die Abwerbung von Angestellten, Bestechung, Industriespionage, Preisgabe von Geschäftsgeheimnissen und die Anstiftung zum Vertragsbruch genannt.[863] Schon an der ausschließlich individualrechtsschützenden Bewertung dieser Liste von Wettbewerbsverstößen könnte man Zweifel hegen.[864] Im Fall der Bestechung oder Industriespionage verschafft sich beispielsweise ein Wettbewerber gegenüber allen anderen einen Vorsprung auf dem umkämpften Markt, so dass nicht von der Beeinträchtigung „ausschließlich" der Interessen „eines bestimmten Wettbewerbers" gesprochen werden kann. Die Verweisung des Art. 6 Abs. 2 Rom II-VO ist daher jedenfalls im Hinblick auf eine **Anknüpfung an das gemeinsame Heimatrecht** nach Art. 4 Abs. 2 Rom II-VO abzulehnen,[865] aber auch im Hinblick auf die Ausweitung der Anwendung des allgemeinen Deliktsstatuts **kritisch** zu sehen.

167 Neben diesen inhaltlichen Abgrenzungsschwierigkeiten ergeben sich Anwendungsschwierigkeiten vornehmlich systematischer Art. Problematisch ist etwa die Frage der **Rechtswahl.** Art. 6 Abs. 4 Rom II-VO schließt für das nach Art. 6 Abs. 1 bis 3 Rom II-VO bestimmte Recht eine Abweichung mittels Rechtswahl aus. Daraus könnte auch ein Ausschluss der Rechtswahl für die über Art. 6 Abs. 2 Rom II-VO nach Art. 4 Rom II-VO ange-

---

[856] So auch das reformierte deutsche Internationale Deliktsrecht in Art. 41 EGBGB.

[857] Kritisch dazu *Buchner* GRUR Int. 2005, 1004, 1009.

[858] S. dazu die Kritik bei MünchKomm/*Mankowski* UWG IntWettbR Rn 244b, der eine allgemeine Verweisung auf Art. 5 Abs. 1 des Verordnungsvorschlags bevorzugte. Ähnlich *Wagner* IPRax 2006, 372, 380.

[859] S. schon zur Kritik an der Begrifflichkeit MünchKomm/*Drexl* BGB IntUnlWettbR Rn 88f, der zu Recht darauf hinweist, dass die Marktbezogenheit bereits ein Wesensmerkmal der Wettbewerbshandlung darstellt. S. auch die Grundsatzkritik bei *Staudinger/Fezer/Koos* IntWirtschR Rn 396f und 609.

[860] → Rn 39 und 326f.

[861] So auch MünchKomm/*Drexl* BGB IntUnlWettbR Rn 117 und 92f.

[862] S. (zu Art. 5 Abs. 2 Verordnungsvorschlag) *Leistner* in: *Basedow/Drexl/Kur/Metzger* S. 129, 144ff.

[863] S. die Begründung, KOM(2003), 427 endg. S. 18.

[864] So zu Recht MünchKomm/*Drexl* BGB IntUnlWettbR Rn 92f und 117. Eine Betroffenheit des Marktordnungsinteresses in allen diesen Fällen annehmend auch *Staudinger/Fezer/Koos* IntWirtschR Rn 397.

[865] S. auch MünchKomm/*Drexl* BGB IntUnlWettbR Rn 117 und 90ff, der ebenfalls die Abweichung vom Marktortprinzip und Art. 5 Abs. 2 des Verordnungsvorschlags im lauterkeitsrechtlichen Zusammenhang insgesamt ablehnt. Ebenso bzw. eine restriktive Auslegung fordernd *Staudinger/Fezer/Koos* IntWirtschR Rn 396f und 387. S. auch die Kritik bei MünchKomm/*Mankowski* UWG IntWettbR Rn 248ff und 244c ff.

knüpften Sachverhalte abgeleitet werden. Die Bestimmung des anwendbaren Rechts erfolgt letztlich im Fall des Art. 6 Abs. 2 Rom II-VO durch Art. 4 Rom II-VO, so dass auch eine Rechtswahlmöglichkeit erwogen werden könnte.[866] Richtigerweise ist jedoch vom **Ausschluss** der Rechtswahl insgesamt für den lauterkeitsrechtlichen Bereich auszugehen.[867]

c) Abgrenzung der Marktortanknüpfung von sekundärrechtlichen Kollisionsregeln. Angesichts der zunehmenden **sekundärrechtlichen**[868] Implementierung des **Herkunftslandprinzips,** welches nach der hier vertretenen Auffassung[869] eine kollisionsrechtliche Vorgabe für die Mitgliedstaaten enthält, ihr Kollisionsrecht entsprechend anzupassen, kommt es zum **Konflikt** mit der **europäischen Marktortregel der Rom II-VO.**[870] Angesichts der zunehmenden Reichweite des sekundärrechtlichen Herkunftslandprinzips (insbesondere der mit wenigen Ausnahmen gleich den gesamten Bereich des Online-Geschäftsverkehrs koordinierenden E-Commerce-Richtlinie)[871] drängt sich die Frage auf, welche Rolle die Marktortanknüpfung in der Europäischen Union auf dem Gebiet des unlauteren Wettbewerbs noch spielen kann. Gemäß **Art. 27 Rom II-VO** gehen die spezielleren Kollisionsregeln aus Gemeinschaftsrechtsakten der Anknüpfung nach der Rom II-VO vor.[872] Das betrifft insbesondere die E-Commerce-Richtlinie[873] und ihre Umsetzung.[874] Dem (nach hier vertretener Auffassung kollisionsrechtlichen) Herkunftslandprinzip der E-Commerce-Richtlinie gebührt demnach Vorrang vor der Marktortanknüpfung gemäß Art. 6 Abs. 1 Rom II-VO.[875] Vor dem Hintergrund der Reichweite des kollisionsrechtlichen Herkunftslandprinzips im Sekundärrecht verbleibt der Rom II-VO **allgemein** gesprochen und abgesehen von den sachlichen Lücken in den Gemeinschaftsrechtsakten lediglich das Feld der **außereuropäischen Sachverhalte** zur kollisionsrechtlichen Regelung. Es kommt in Teilbereichen[876] zur unschönen Bildung einer kollisionsrechtlich bewehrten „Festung Europa" sowie einer Trennung von Binnenmarkt-IPR und sonstigem universellen Internationalen Privatrecht, mithin zu einer gespaltenen Anknüpfung unlauteren Wettbewerbshandelns.[877] Das Herkunftslandprinzip greift aber nicht, sobald es sich um ein außereuropäisches Herkunftsland handelt. Wegen der insoweit bereits fixierten kollisionsrechtlichen Situation im 168

---

866 So *Leible/Lehmann* RIW 2007, 721, 731.

867 → Rn 17. Dieses Ergebnis wollen *Staudinger/Fezer/Koos* IntWirtschR Rn 603, auf Grundlage von Art. 7 und 5 des Geänderten Verordnungsentwurfs, der eine dem Art. 6 Abs. 4 Rom II-VO entsprechende Ausnahme nicht enthielt, über eine teleologische Reduktion der Entwurfsvorschriften oder eine weite Interpretation der nicht abdingbaren innerstaatlichen Vorschriften im Sinne des Art. 4 Abs. 3 des Verordnungsvorschlags erzielen. Für eine teleologische Reduktion auch MünchKomm/*Mankowski* UWG IntWettbR Rn 240.

868 Gleiches gilt vor dem Hintergrund der Meinung, die bereits aus dem Primärrecht ein kollisionsrechtliches Herkunftslandprinzip herauslesen will; zum Streitstand → Rn 99 ff.

869 Zur E-Commerce-Richtlinie näher und mit Hinweisen zur Gegenauffassung → Rn 128 ff und 134 ff.

870 Kritisch zum Nebeneinander von Herkunftslandprinzip und Marktortregel *Buchner* GRUR Int. 2005, 1004, 1010.

871 Zum koordinierten Bereich der E-Commerce-Richtlinie und Ausnahmen hiervon → Rn 122 f. Ähnliches galt für die Lauterkeitsrichtlinie, die die Harmonisierung des Lauterkeitsrechts im Business-to-Consumer(B2C)-Bereich anstrebte, deren ursprünglich vorgesehenes Herkunftslandprinzip jedoch wieder gestrichen wurde; dazu → Rn 150; wie auch für die Dienstleistungsrichtlinie; → Rn 152.

872 *Leible/Lehmann* RIW 2007, 721, 729 und 735. S. auch zur gleichlautenden Entwurfsvorschrift in Art. 3 lit. a Geänderter Vorschlag MünchKomm/*Mankowski* UWG IntWettbR Rn 35.

873 Auch der Bericht zu dem vom Vermittlungsausschuss angenommenen gemeinsamen Text für eine Verordnung das Europäischen Parlaments und des Rates über das auf außervertragliche Schuldverhältnisse anzuwendende Recht („Rom II") vom 28. 6. 2007, A6–0257/2007, RR\674665DE.doc S. 9, hebt als Vereinbarung hervor, dass „die Anwendung von Bestimmungen des anzuwendenden Rechts, die in den Bereich dieser Verordnung fallen, nicht den freien Waren- und Dienstleistungsverkehr gemäß den Gemeinschaftsinstrumenten wie der Richtlinie zum elektronischen Handel einschränken darf." S. auch (noch zu Art. 23 des ersten Verordnungsvorschlags) *Leible/Engel* EuZW 2004, 7, 17.

874 Auch die Umsetzung einer Richtlinie ist von diesem Anwendungsvorrang erfasst; vgl. MünchKomm/*Mankowski* UWG IntWettbR Rn 35.

875 *Baetzgen* S. 17.

876 → Rn 169.

877 Zur Kritik s. auch *Buchner* GRUR Int. 2005, 1004, 1010, der im Hinblick auf die Kollisionsrechtsvereinheitlichung der Rom II-VO von „Etikettenschwindel" spricht.

Bereich audiovisueller Mediendienste und im Online-Geschäftsverkehr wurde im Rahmen der von der Kommission durchgeführten Anhörung folgerichtig die Formulierung einer Ausnahme vom damaligen Art. 6 Rom II-Vorentwurf für innergemeinschaftliche Werbung gefordert.[878] Der Vorschlag hat sich allerdings nicht durchsetzen können.

169 Soweit sich **Lücken in der Sekundärrechtsgesetzgebung** auf dem Gebiet des mittels Herkunftslandprinzips harmonisierten Lauterkeitsrechts feststellen lassen, greift wiederum das universelle Kollisionsrecht der Rom II-VO bzw. früher das autonome nationale Kollisionsrecht. Beispielsweise lässt die Richtlinie über audiovisuelle Mediendienste den Bereich der irreführenden Werbung ungeregelt.[879] Die E-Commerce-Richtlinie nimmt die Regelung der unerwünschten Werbe-E-Mail aus dem Anwendungsbereich des Herkunftslandprinzips aus und betrifft per definitionem nicht den **Offline-Geschäftsverkehr.**[880] Von der Marktortregel der Rom II-VO umfasst wären folglich die Fragen irreführender Fernsehwerbung, unerwünschter E-Mail-Werbung wie auch unlauterer Wettbewerbshandlungen außerhalb des Online-Verkehrs. Erhebliche Schwierigkeiten hätte allerdings der Konflikt zwischen der Richtlinie über unlautere Geschäftspraktiken in ihrer ursprünglichen, nun aufgegebenen Formulierung des Art. 4 und Art. 5 des Rom II-Entwurfs (jetziger Art. 6 Rom II-VO) bereitet. Wenn die Lauterkeitsrichtlinie gerade im Verbraucherbereich (B2C) die von den einschlägigen Sekundärrechtsakten auf dem Gebiet des Lauterkeitsrechts gelassenen Regelungslücken zu schließen beabsichtigt, so wäre der Anwendungsbereich einer Marktortregel im Binnenmarkt auf die weder von den bisherigen Richtlinien erfassten noch den B2C-Bereich betreffenden Sachverhalte zurückgeschmolzen. Das Herkunftslandprinzip ist allerdings in der verabschiedeten Lauterkeitsrichtlinie nicht mehr enthalten,[881] so dass insofern der kollisionsrechtliche Konflikt mit der Rom II-VO umgangen wurde.

III. Zusammenfassung der Ergebnisse

170 Über den Einfluss des Gemeinschaftsrechts auf das Kollisionsrecht ist im letzten Jahrzehnt viel diskutiert worden. Gerade dem Wettbewerbsrecht kommt bei der Schaffung eines Binnenmarktes, also eines Wirtschaftsraums, in dem insbesondere der freie Waren- und Dienstleistungsverkehr gewährleistet wird, eine besondere Bedeutung zu. Denn wettbewerbsrechtliche Vorschriften können als Maßnahmen gleicher Wirkung wie mengenmäßige Beschränkungen gegen diese Grundfreiheiten verstoßen. Das Wettbewerbskollisionsrecht kann ebenfalls binnenmarktwidrig in das Zusammenspiel von Grundfreiheiten und Beschränkung des nationalen Rechts eingreifen. Unabhängig davon, ob man dem Primärrecht selbst kollisionsrechtlichen Gehalt entnehmen möchte oder nicht, bleibt insgesamt eine „Europäisierung des Wettbewerbsrechts“[882] festzustellen.

171 Die Untersuchung des **Primärrechts** hat gezeigt, dass den Grundfreiheiten keine kollisionsrechtliche, sondern nur materiellrechtliche Bedeutung zukommt. Waren- wie Dienstleistungsfreiheit wirken lediglich als Beschränkungsverbot auf der Sachebene mit der Konsequenz, dass ein vom nationalen Kollisionsrecht zur Anwendung berufenes Sachrecht, welches gegen Art. 28 oder 49 EG verstößt, unangewendet bleibt. Das bedeutet, dass das autonome nationale Kollisionsrecht nicht vom gemeinschaftsrechtlichen Primärrecht verdrängt wird.

172 Auf **sekundärrechtlicher** Ebene ist die Situation schwieriger, da sektorspezifische Kollisionsnormen das nationale (bzw. jetzt das durch die Rom II-VO vergemeinschaftete) Internationale Privatrecht verdrängen, es für die verbleibenden Bereiche aber bei der Ermitt-

[878] S. die *Hamburg Group for Private and International Law* RabelsZ 67 (2003), 1, 20.

[879] S. noch zur Fernsehrichtlinie EuGH GRUR Int. 1997, 913 – De Agostini. In diesem Sinne bereits Großkomm/*Schricker* UWG Einl. Rn F 374. Vgl. auch *Micklitz/Keßler* GRUR Int. 2002, 885, 888f; *Sack* WRP 1998, 281, 285.

[880] → Rn 122f.

[881] → Rn 150.

[882] S. dazu insgesamt die gleichnamige Habilitationsschrift von *Dethloff* (2001).

lung des Wettbewerbsstatuts nach den Regeln des allgemeinen Internationalen Privatrechts bleibt. Das hat eine Spaltung des Kollisionsrechts zur Folge. Sekundärrechtliche Kollisionsnormen finden sich vor allem im Sendelandprinzip der ehemaligen Fernsehrichtlinie und jetzigen Richtlinie über audiovisuelle Mediendienste[883] sowie im Herkunftslandprinzip des Art. 3 Abs. 1 und 2 der E-Commerce-Richtlinie.[884]

Das bedeutet für die Praxis, dass die europäische Marktortregel gemäß Art. 6 Abs. 1 Rom II-VO bzw. die nach hM im deutschen autonomen Kollisionsrecht bisher anzuwendende Interessenkollisionsregel durch das **Herkunftslandprinzip** verdrängt wird für die folgenden Bereiche: 173

– in der Richtlinie über audiovisuelle Mediendienste geregelte **werbe- und wettbewerbsrechtliche Fragen von Fernsehsendungen und audiovisuellen Mediendiensten** (Trennungsgebot der Werbung, Sponsoring, Jugendschutz)
– **unlauterer Wettbewerb im Online-Geschäftsverkehr** mit Ausnahme der zur öffentlichen Ordnung zählenden **Strafnormen des UWG**[885] sowie des **ergänzenden wettbewerbsrechtlichen Leistungsschutzes,** der im Zusammenhang mit den gemäß Art. 3 Abs. 3 E-Commerce-Richtlinie iVm dem Anhang ausgenommenen gewerblichen Schutzrechten und Urheberrechten zu sehen ist.[886]

Demgegenüber ist die **Marktortregel** des Art. 6 Abs. 1 Rom II-VO zur Ermittlung des auf einen wettbewerbsrechtlichen Sachverhalt mit Auslandsberührung anwendbaren Rechts insbesondere heranzuziehen bei: 174

– **irreführender Werbung**[887] sowie den von der Richtlinie über audiovisuelle Mediendienste nicht erfassten Werbe- und Wettbewerbshandlungen[888] in (im Inland ausreichend empfangbaren)[889] **Fernsehsendungen** und nicht linearen audiovisuellen Mediendiensten
– unlauterem Wettbewerb im **Offline-Geschäftsverkehr.**

Die als Rahmenrichtlinie auf das gesamte Recht des unlauteren Wettbewerbs ausgerichtete **Lauterkeitsrichtlinie** sollte ursprünglich – wie die E-Commerce-Richtlinie – die Geltung des Herkunftslandprinzips anordnen. Deutete man das Herkunftslandprinzip hier wie auch bei der E-Commerce-Richtlinie als kollisionsrechtliche Vorgabe, so hätte die Marktortregel für das Lauterkeitskollisionsrecht insgesamt bzgl. B2C-Binnenmarktsachverhalten verdrängt werden können. Das hätte der wettbewerbsrechtlichen Kollisionsnorm in **Art. 6 Abs. 1 Rom II-VO** widersprochen. Denn hier wird das Marktortprinzip gemeinschaftsweit als Kollisionsregel für den unlauteren Wettbewerb festgeschrieben. Es verbliebe also kein Anwendungsbereich für diese Kollisionsregel bezüglich B2C-Binnenmarktsachverhalten, wenn bereits aufgrund der Lauterkeitsrichtlinie das von speziellen Richtlinien nicht erfasste Wettbewerbsrecht ergänzend geregelt und hierfür das kollisionsrechtliche Herkunftslandprinzip vorgeschrieben worden wäre. Dieser deutliche Widerspruch zwischen sachrechtlich motivierter Festschreibung des Herkunftslandprinzips im Bereich des unlauteren Wettbewerbs (vor allem im Internetbereich und zu Zwecken des Verbraucherschutzes) auf der einen und kollisionsrechtlich motivierten Harmonisierungsbemühungen auch auf dem Gebiet des unlauteren Wettbewerbs auf der anderen Seite ist nun behoben. Doch schien dieser sich schon bei Verabschiedung der E-Commerce-Richtlinie und gleichzeitigem Vorliegen eines Vorschlags für eine Verordnung über das auf außervertragliche Schuldverhältnisse anzuwendende Recht (Rom II) vom 21. 6. 1999 herausbildende 175

---

883 So die hM; Nachweise → Rn 120.
884 Str.; andere sehen im Herkunftslandprinzip ein materiellrechtlich wirkendes Beschränkungsverbot ähnlich der Wirkung der Grundfreiheiten; → Rn 128 ff.
885 *Nordemann* Rn 66.
886 *Nordemann* Rn 66; *Sack* WRP 2001, 1408, 1422.
887 Vgl. zur vom Anwendungsbereich der Fernsehrichtlinie *nicht* erfassten irreführenden Werbung EuGH GRUR Int. 1997, 913 – De Agostini.
888 So auch *Sack* WRP 1994, 281, 285; *Schricker* GRUR Int. 1990, 771, 775.
889 Ein geringfügiger Spill Over genügt nicht; vgl. *Sack* WRP 1994, 281, 282 und 285.

Widerspruch[890] die Kommission nicht von ihrer Tendenz zur verstärkten Nutzung des Herkunftslandprinzips abbringen zu können. Auch der Vorschlag, wegen des bereits durch Fernsehrichtlinie und E-Commerce-Richtlinie vorbestimmten Binnenmarktkollisionsrechts insoweit eine Ausnahme von der (damals noch im Planungsstadium befindlichen) Wettbewerbskollisionsnorm des Rom II-VO zugunsten einer Sonderkollisionsnorm für binnenmarktinterne Werbung festzuschreiben,[891] blieb ungehört. Das Verhältnis der Rom II-VO zu anderen Gemeinschaftsrechtsakten und damit auch zur E-Commerce-Richtlinie ist vielmehr in Art. 27 Rom II-VO geregelt. Danach bleiben etwaige besondere Kollisionsnormen für außervertragliche Schuldverhältnisse von der Rom II-VO unberührt bzw. haben insoweit Vorrang vor den Kollisionsregeln der Rom II-VO.[892] Das gilt insbesondere für die E-Commerce-Richtlinie und ihre Umsetzung.[893]

D. Bestimmung des Wettbewerbsstatuts

I. Typologisierung unlauteren Wettbewerbsverhaltens

1. Unterscheidung marktbezogener und betriebsbezogener Wettbewerbsverstöße

176 Angesichts der Fülle wettbewerbswidriger Verhaltensweisen ist vielfach der Versuch einer Typologisierung und Kategorisierung bestimmter Fallgruppen unlauteren Wettbewerbs unternommen worden, die bereits für die allgemeine Bestimmung des Wettbewerbsstatuts von Bedeutung sind. Vorgeschlagen wurde insbesondere die Unterscheidung von **marktbezogenen** und nicht marktbezogenen bzw. **betriebsbezogenen** Verhaltensformen.[894] Diese Aufteilung soll insoweit kollisionsrechtliche Relevanz haben, als die wettbewerbsspezifische Anknüpfung nur auf marktbezogene Wettbewerbsverstöße anzuwenden sei, während bei nur bilateral wirkenden, betriebsbezogenen Verhaltensweisen in der Regel das allgemeine Deliktsstatut eingreife.[895] Auch Kritiker dieser starren Zweiteilung wettbewerblicher Verhaltensweisen, nehmen aber ähnlich wie die vorgenannte Ansicht allein Individualinteressen eines Mitbewerbers betreffende, betriebsbezogene Wettbewerbsmaßnahmen ebenfalls aus dem allgemeinen Lauterkeitsstatut aus.[896] Es kann deshalb festgehalten werden, dass die Typologisierung des materiellen Rechts nach Wettbewerbsverstößen, die den dreifachen Schutzzweck des Wettbewerbsrechts insgesamt berühren, und solchen, die sich individuell auf den Betrieb eines Konkurrenten beziehen und darauf auch beschränken, nach überwiegender Meinung zu einer unterschiedlichen Bewertung in kollisionsrechtlicher Hinsicht führen soll. Diese Linie verfolgt auch der Gemeinschaftsgesetzgeber mit seiner Verweisung für bilaterale Fälle in Art. 6 Abs. 2 Rom II-VO.[897]

2. Unterscheidung nach der Schutzrichtung

177 Zunehmend wird auch eine Strukturierung der verschiedenen wettbewerblichen Verhaltensweisen anhand der wettbewerbsrechtlichen Schutzrichtungen vorgeschlagen.[898] Dem

---

[890] Hierauf bereits hinweisend *Höder* S. 191. Im Zusammenhang mit dem ersten Dienstleistungsrichtlinienentwurf ebenso *Mankowski* IPRax 2004, 385, 390.
[891] S. *Hamburg Group for Private and International Law* RabelsZ 67 (2003), 1, 19f.
[892] *Leible/Lehmann* RIW 2007, 721, 735. S. auch zur gleichlautenden Entwurfsvorschrift in Art. 3 lit. a Geänderter Vorschlag MünchKomm/*Mankowski* UWG IntWettbR Rn 35.
[893] → Rn 168.
[894] Vgl. MünchKomm/*Kreuzer* BGB (3. Aufl.) Art. 38 EGBGB Rn 235f; *Staudinger/v. Hoffmann* EGBGB Art. 40 Rn 315ff. Zu Recht kritisch MünchKomm/*Drexl* BGB IntUnlWettbR Rn 89ff.
[895] MünchKomm/*Kreuzer* BGB (3. Aufl.) Art. 38 EGBGB Rn 247; *Staudinger/v. Hoffmann* EGBGB Art. 40 Rn 326. S. näher → Rn 325ff.
[896] Vgl. etwa *Staudinger/Fezer/Koos* IntWirtschR Rn 716ff.
[897] Dazu und zur Kritik → Rn 164ff.
[898] Vgl. *Beater* § 10 Rn 25ff. So auch bereits *Deutsch* S. 43ff; MünchKomm/*Kreuzer* BGB (3. Aufl.) Art. 38 EGBGB Rn 243ff; *Wirner* S. 108ff.

Schutzzwecktrias nach § 1 folgend sind damit drei Kategorien zu unterscheiden: die Verletzung objektiver Verhaltensnormen, die dem Schutz der Konkurrenteninteressen dienen **(Konkurrentenschutz),** die Verletzung der dem Schutz der kollektiven Verbraucherinteressen und Interessen von Unternehmen der Marktgegenseite dienenden Normen **(Verbraucherschutz),** sowie der Verstoß gegen Normen, die den Schutz des Wettbewerbsbestands bzw. sonstige Allgemeininteressen bezwecken **(Schutz des Wettbewerbsbestands).** Anders formuliert können die zu untersuchenden Wettbewerbshandlungen in die großen Gruppen der Konkurrentenbeeinträchtigung, der Abnehmerbeeinträchtigung und der Beeinträchtigung der Allgemeinheit eingeteilt werden.[899] Diese Unterteilung wird zum Teil kritisch betrachtet, da sich eine Zuordnung wettbewerblicher Verhaltensweisen nicht konsequent durchführen lasse.[900] Für das Wettbewerbsrecht sei es vielmehr gerade typisch, dass Mitbewerber-, Verbraucher- und ordnungspolitische Interessen aufeinander treffen. Die Beeinträchtigung von Konkurrenteninteressen berühre regelmäßig auch Verbraucher- und Allgemeininteressen. Damit vereinigen sich alle drei Interessengruppen am Ort des Marktgeschehens, um dessen Marktanteile es gehe und an dem der Verbraucher umworben werde.[901]

3. Stellungnahme vor dem Hintergrund der wettbewerblichen Interessenlage

Typologisierungen wettbewerbswidrigen Verhaltens sind angesichts der Vielfalt denkbarer Wettbewerbsrechtsverstöße schwierig. Hinzu kommt, dass die betroffenen Schutzgüter bzw. die betroffenen Interessen oftmals nicht isolierbar sind. Gerade die Unterscheidung zwischen markt- und betriebsbezogenen Wettbewerbsverstößen, die entweder den Leistungswettbewerb als Gesamtheit und damit das Interesse der Allgemeinheit am Leistungswettbewerb als Institution betreffen oder primär die Individualinteressen eines konkreten Mitbewerbers, bewegt sich auf unsicherem Boden.[902] Denn auch bei einem auf den Betrieb eines bestimmten Konkurrenten gerichteten Wettbewerbsverhalten können die Interessen der Allgemeinheit am Bestand der Wettbewerbsordnung betroffen sein. Dies ist insbesondere im Hinblick auf die Nachahmungsgefahr der Fall. Denn auch wenn auf den ersten Blick nur Individualinteressen betroffen scheinen, wie etwa im Fall der unwahren Tatsachenbehauptung nach § 4 Nr. 8, dem Geheimnisverrat nach § 17, der Vorlagenausbeuterei nach § 18 oder dem ergänzenden Leistungsschutz nach § 4 Nr. 9, besteht die wettbewerbswidrige Handlung auch darin, sich einen nicht gerechtfertigten Wettbewerbsvorteil auf dem Markt zu verschaffen.[903] Bei der kollisionsrechtlichen Beurteilung wettbewerbswidrigen Verhaltens ist daher bei jedem Einzeltyp wettbewerbswidrigen Verhaltens zu untersuchen, ob ausnahmsweise das maßgebliche Recht nach dem allgemeinen Deliktsstatut zu bestimmen ist.[904] Eine Aufteilung nach Schutzrichtungen wird der Neuausrichtung des Lauterkeitsrechts, die nun in § 1 festgeschrieben ist, zwar äußerlich gerecht, doch besteht auch hier in der Tat – wie die Kritik[905] hervorhebt – regelmäßig die Schwierigkeit, die einzelnen Interessenstränge zu trennen. Kennzeichnend für den unlauteren Wettbewerb ist umgekehrt gerade die **Verflechtung der verschiedenen wettbewerblichen Interessen,** so dass es um die Lokalisierung gerade des Interessenbündels zu gehen scheint.[906] Aus praktischen Gründen soll daher im vorliegenden Zusammenhang auf eine generelle Typologisierung verzichtet werden. Die Bestimmung des allgemeinen Wettbewerbsstatuts soll viel- 178

---

899 MünchKomm/*Kreuzer* BGB (3. Aufl.) Art. 38 EGBGB Rn 243 ff.

900 *Staudinger/v. Hoffmann* EGBGB Art. 40 Rn 328.

901 *Staudinger/v. Hoffmann* EGBGB Art. 40 Rn 328. S. auch MünchKomm/*Drexl* BGB IntUnlWettbR Rn 92 f.

902 So auch MünchKomm/*Drexl* BGB IntUnlWettbR Rn 89 ff und 117; *Staudinger/Fezer/Koos* IntWirtschR Rn 397 und 609.

903 *Sack* WRP 2000, 269, 285.

904 Insgesamt zur Problematik → Rn 325 ff.

905 *Staudinger/Fezer/Koos* IntWirtschR Rn 609; *Staudinger/v. Hoffmann* EGBGB Art. 40 Rn 328.

906 In diesem Sinne Großkomm/*Schricker* UWG Einl. Rn F 194 ff.

mehr zunächst ohne genaueres Eingehen auf spezifische Fallgruppen vorgenommen und sodann im Einzelnen anhand der in der Praxis bekannten, diskutierten und besonders relevanten Fallgruppen präzisiert werden.[907]

II. Allgemeine Bestimmung des Wettbewerbsstatuts

1. Gemeinschaftsrechtliche Vorgabe durch Art. 6 Rom II-VO

179 Neuerdings gibt das Gemeinschaftsrecht eine eigene Kollisionsnorm für das Internationale Lauterkeitsrecht vor. Der seit dem 11. 1. 2009[908] in allen Mitgliedstaaten außer Dänemark[909] unmittelbar geltende Art. 6 Abs. 1 Rom II-VO schreibt für außervertragliche Schuldverhältnisse aus unlauterem Wettbewerbsverhalten die Anwendung des Rechts des Staates vor, „in dessen Gebiet die **Wettbewerbsbeziehungen** oder die **kollektiven Interessen der Verbraucher beeinträchtigt worden** sind oder **wahrscheinlich beeinträchtigt** werden". Diese europäische Marktortregel ist mit der im autonomen deutschen Lauterkeitskollisionsrecht vorherrschenden Auffassung vergleichbar.[910] Nach Art. 6 Abs. 2 Rom II-VO ist für den Fall, dass ein unlauteres Wettbewerbsverhalten „**ausschließlich die Interessen eines bestimmten Wettbewerbers** (beeinträchtigt)", die allgemeine (deliktsrechtliche) Kollisionsnorm des Art. 4 Rom II-VO anwendbar. Art. 6 Abs. 3 Rom II-VO stellt eine Kollisionsregel für das Internationale Kartellrecht auf. Eine Rechtswahl ist nach Art. 6 Abs. 4 Rom II-VO ausgeschlossen.

180 Der **zeitliche Anwendungsbereich** der Rom II-VO umfasst nach Art. 31 Rom II-VO allerdings erst schadensbegründende Ereignisse, die nach Inkrafttreten der Verordnung am 11. 1. 2009 eingetreten sind.[911] Hieraus ergibt sich, dass für **Altfälle,** bei denen das lauterkeitsrechtlich relevante Verhalten vor Inkrafttreten der Rom II-VO stattfand, auf das bisher geltende Lauterkeitskollisionsrecht zurückzugreifen ist.

181 Auch innerhalb des zeitlichen Anwendungsbereichs von Art. 6 Rom II-VO, also für alle seit dem 11. 1. 2009 eintretenden schadensbegründenden Eireignisse, ist eine vorsichtige **Anlehnung an die bisherige Rechtsprechung** möglich. Denn mit der Kollisionsnorm in Art. 6 Rom II-VO ist die zuvor insbesondere in Deutschland[912] und Österreich[913] entwickelte Marktortanknüpfung übernommen und kodifiziert worden, so dass die bisherige Spruchpraxis bei der Bestimmung des kollisionsrechtlich maßgeblichen Marktes zumindest eine **Indizwirkung** entfalten kann.[914] Herangezogen werden können die grundlegenden Argumentationslinien, soweit sie nicht rechtsnormgebunden verlaufen.

2. Rechtsprechung

182 Höchstrichterliche Rechtsprechung zur neuen gesetzlichen Grundlage des deutschen Lauterkeitskollisionsrechts liegt naturgemäß noch nicht vor. Da das neue UWG – wie auch sein Vorgänger – keine Aussage über den räumlichen Anwendungsbereich seiner Vorschriften enthält, aber die bereits zuvor geregelten oder von der Rechtsprechung entwickelten Typen wettbewerbswidrigen Verhaltens grundsätzlich übernimmt, ist ein Rückgriff auf die bisherige Rechtsprechung zum Lauterkeitskollisionsrecht möglich und notwendig. Die im Folgenden nachgezeichneten Entwicklungslinien der Rechtsprechung des RG und des BGH bewegen sich, von der ganz frühen reichsgerichtlichen Vorstellung des Wettbewerbsverstoßes als Verletzung einer absolut geschützten Rechtsposition abgesehen, stets im

907 → Rn 263 ff.
908 Vgl. Art. 32 Rom II-VO und s. zum zeitlichen Anwendungsbereich näher → Rn 154.
909 Vgl. Erwägungsgrund 40 zur Rom II-VO.
910 → Rn 158.
911 Näher → Rn 154.
912 → Rn 182 ff und 203 ff.
913 → Rn 77 ff.
914 So auch *Mankowski* RIW 2005, 481, 497 f. Ähnlich *Erman/Hohloch* EGBGB Art. 40 Rn 51.

Rahmen der **deliktskollisionsrechtlichen Bestimmung des Begehungsortes.**[915] Erst in der Rechtsprechung des BGH bildeten sich mehr und mehr **wettbewerbsspezifische Kriterien** heraus, die von der Rechtsprechung allerdings bis heute auf dem Boden des Deliktsstatuts angewendet werden. Die Reform des Internationalen Deliktsrechts im Jahr 1999 durch Neufassung der Art. 40ff EGBGB, die von einer Fokussierung auf den Handlungsort zu Lasten des Erfolgsortes gekennzeichnet ist (Art. 40 Abs. 1 S. 1 EGBGB),[916] geht mit der Tendenz der höchstrichterlichen Rechtsprechung parallel, den Handlungsort als maßgeblichen Anknüpfungspunkt zu favorisieren, so dass auch durch die Neuregelung des autonomen deutschen Internationalen Deliktsrechts eine Änderung der Rechtsprechung des BGH zum Internationalen Lauterkeitsrecht nicht zu erwarten war.[917] Und auch die von der Literatur geforderte vollständige Emanzipation des Lauterkeitskollisionsrechts vom Deliktsstatut in der Rechtsprechung des BGH ist nicht in Aussicht.[918]

a) Rechtsprechung des RG. Die Rechtsprechung des RG war durch ausgeprägtes Heimwärtsstreben gekennzeichnet. Wettbewerbsverstöße betrachtete das RG als Verletzung einer absolut geschützten, aus dem Persönlichkeitsrecht resultierenden Rechtsposition, die im Sinne des **Universalitätsprinzips** am Sitz des Rechtsträgers belegen war.[919] In der Folge entwickelte das RG seine Betrachtungsweise dahingehend weiter, dass es Wettbewerbsverstöße als eine Form der unerlaubten Handlung bewertete und kollisionsrechtlich im Sinne der Tatortregel an den inländischen Sitz des Geschädigten anknüpfte.[920] Diese Anknüpfung an den **Ort des Schadenseintritts** begründete das RG damit, dass der im Ausland stattfindende Wettbewerbsrechtsverstoß auf den im Inland ansässigen Wettbewerber so zurückwirke, als sei er im Inland erfolgt.[921] Der Sitz des Geschädigten war also der **Erfolgsort.** Im Grunde wendete das RG damit das Auswirkungsprinzip an,[922] ohne den Kreis der statutbestimmenden Auswirkungen in irgendeiner Weise einzuschränken, sondern indem es den Auswirkungsort regelmäßig am Unternehmenssitz des verletzten Inländers lokalisierte.[923] Auf jeden wettbewerbsrechtlichen Sachverhalt, bei dem der geschädigte Konkurrent seinen Sitz im Inland hatte, wurde vom RG folglich deutsches Wettbewerbssachrecht angewendet. 183

Mit der sog. **„Hohner"-Entscheidung** aus dem Jahre 1933 gab das RG diese Spruchpraxis allerdings wieder auf. Der höchstrichterlichen Kehrtwende lag die Erkenntnis zugrunde, dass sich der Unrechtsgehalt unlauteren Wettbewerbs in der Verletzungshandlung selbst erschöpfe, die Schadensfolge aber nicht Tatbestandsmerkmal sei.[924] Die Anknüpfung an den inländischen Sitz als Erfolgsort wurde zugunsten der Anknüpfung an den **Handlungsort** aufgegeben. Das RG folgte dennoch der **Nußbaum'schen Formel,** nach der Gewerbetreibende mit inländischem Sitz ihren Wettbewerb untereinander auch in Bezug auf das Ausland an den inländischen Vorschriften über den unlauteren Wettbewerb auszurichten haben.[925] Auf diesem Wege gelangte das Gericht im Fall „Hohner" wiederum zur Anwendung deutschen materiellen Wettbewerbsrechts. Diese auf der Tatortregel beruhende Auffassung der weltweiten Geltung des deutschen UWG unter Deutschen entwickelte sich zur ständigen Rechtsprechung des RG,[926] allein mit der Einschränkung, dass 184

---

915 Vgl. auch die Darstellung bei Großkomm/*Schricker* UWG Einl. Rn F 176ff.

916 → Rn 62.

917 So auch *Mankowski* GRUR Int. 1999, 909, 909f; *Staudinger/Fezer/Koos* IntWirtschR Rn 401 und 408.

918 Skeptisch auch *Staudinger/Fezer/Koos* IntWirtschR Rn 401.

919 RGZ 18, 28, 31 – Hoff; RGZ 88, 183, 184 – Sackpflüge.

920 RG JW 1901, 851 – Gratisschnittmuster.

921 Vgl. RGZ 55, 199, 200.

922 So auch *Sack* GRUR Int. 1988, 320, 321.

923 RGZ 55, 199, 200.

924 RGZ 140, 25, 29 – Hohner Mundharmonika.

925 *Nußbaum* S. 339ff.

926 Vgl. RG GRUR 1933, 653, 654 – Demokrat-Club; RG GRUR 1936, 670, 674; RG GRUR 1940, 564, 567 – Lodix.

zumindest ein Teil der unerlaubten Handlung des unlauteren Wettbewerbs im Inland erfolgen müsse.[927] Dieser Vorbehalt bewirkte jedoch im Ergebnis keine wirkliche Einschränkung der *Nußbaum'schen* Formel, da der Handlungsort weit begriffen wurde und es somit immer zur Anwendung deutschen materiellen Wettbewerbsrechts kam.[928]

185 **b) Frühe Rechtsprechung des BGH.** Der BGH folgte in seiner früheren Rechtsprechung der im Vorangehenden skizzierten und auf der *Nußbaum'schen* Formel gründenden Vorgabe des RG und knüpfte grundsätzlich an das unlautere Verhalten des „Schädigers" bzw. Angreifers an. Konnte dieses – und damit der Handlungsort – auch nur **zum Teil im Inland lokalisiert** werden, so wendete der BGH deutsches materielles Wettbewerbsrecht an.[929] Beispielsweise sollte es zur Anwendung deutschen Wettbewerbsrechts genügen, dass allein die *Herstellung* identisch nachgeahmter für den Export bestimmter Uhrenrohwerke in Deutschland stattfand.[930] Der BGH sah sich sogar in dem Fall einer lediglich vom Inland ausgehenden *Beauftragung* eines ausländischen Rechtsanwalts zu bestimmten Aktivitäten gegenüber einem Wettbewerber im Ausland veranlasst, deutsches Wettbewerbsrecht anzuwenden.[931] Und auch die bloße Durchfuhr einer Exportlieferung ließ der BGH ausreichen, um eine inländische Teilhandlung mit der Folge der Anwendbarkeit deutschen Rechts anzunehmen.[932] Den deliktsrechtlichen Ausgangspunkt für die Anknüpfung unlauteren Wettbewerbsverhaltens hatten die Bundesrichter damit aus der Reichsgerichtsrechtsprechung übernommen. Die Betonung lag allerdings nicht mehr auf der *Nußbaum'schen* Formel zur Anwendbarkeit deutschen Wettbewerbsrechts im Falle des Auslandswettbewerbs von Deutschen untereinander, sondern auf der ausufernden Bestimmung des Begehungsortes.[933] Die Anknüpfung an den Erfolgsort trat in dieser Phase der höchstrichterlichen Rechtsprechung vollkommen zurück. Maßgeblich war allein der Handlungsort, wobei der BGH jedoch offen ließ, ob ausländisches Recht im Sinne der deliktsrechtlichen Ubiquitätsregel zur Anwendung kommen könnte. Eine Einschränkung dieser Praxis weitläufiger Anwendung deutschen Rechts ergab sich allerdings auf der Sachrechtsebene dadurch, dass der BGH bereits früh (Ende der 1950er Jahre beginnend mit der „Zeiß"-Entscheidung) bei der Anwendung des deutschen Wettbewerbsrechts, insbesondere der Generalklausel des § 1 aF, auch Wertungen des ausländischen Rechts mit berücksichtigte.[934]

186 **c) Wandel der Rechtsprechung des BGH und aktuelle Entwicklung.** Die sog. **„Kindersaugflaschen"-Entscheidung** markierte einen entscheidenden Wendepunkt in der im Vorangehenden dargestellten höchstrichterlichen Rechtsprechung des BGH. Grundlage der kollisionsrechtlichen Beurteilung wettbewerbsrechtlicher Sachverhalte sollte nun nicht mehr das einseitig verstandene deliktsrechtliche Ubiquitätsprinzip mit der praktischen Folge der weltweiten Geltung deutschen Wettbewerbsrechts unter Deutschen sein, sondern eine die **Besonderheiten des unlauteren Wettbewerbs** berücksichtigende Bestimmung des Begehungsortes.[935] In der Entscheidung aus dem Jahr 1961 wies der BGH[936] die (an seiner ständigen Rechtsprechung orientierte) Auffassung des Berufungsgerichts zurück, wonach inländische Gewerbetreibende ihren Wettbewerb auch im Ausland nach in-

---

[927] RGZ 150, 265, 271 – Stecknadeln; RG GRUR 1937, 466, 470.

[928] Vgl. *Kreuzer* Vorschläge und Gutachten zur Reform des deutschen internationalen Privatrechts der außervertraglichen Schuldverhältnisse S. 232, 240.

[929] BGHZ 14, 286, 291 – Farina; BGHZ 21, 266, 270 – Uhrenrohwerke; BGHZ 22, 1, 18 – Flava/Erdgold; BGH GRUR 1955, 411, 413 – Zahl 55; BGH GRUR 1957, 231, 235 – Pertussin I/II; BGH GRUR 1958, 189, 917 – Zeiß.

[930] BGHZ 21, 266, 270 – Uhrenrohwerke.

[931] BGHZ 14, 286, 291 – Farina.

[932] BGH GRUR 1957, 231, 235 – Pertussin I/II.

[933] Kritisch hierzu zB *Binder* RabelsZ 20 (1955) 401, 414; *Wengler* RabelsZ 19 (1954) 401, 413f.

[934] BGH GRUR 1958, 189, 197 – Zeiß. Dieser Entscheidung folgend BGH GRUR 1960, 372, 377 – Kodak; BGHZ 35, 329, 332 – Kindersaugflaschen; BGHZ 40, 391, 397f, 400 – Stahlexport; BGH GRUR 1968, 587, 588 – Bierexport.

[935] Großkomm/*Schricker* UWG Einl. Rn F 183, spricht plastisch davon, „die alte Hülse" (des Begehungsortes) werde „mit neuem Inhalt gefüllt."

[936] BGHZ 35, 329, 330ff – Kindersaugflaschen.

ländischem Wettbewerbsrecht auszurichten haben. Das in der Berufungsinstanz erkennende OLG Hamburg hatte die Anwendung deutschen Sachrechts im Streitfall zum einen auf die von *Nussbaum* stammende und vom RG adaptierte Formel[937] gestützt. Zum anderen hatte das Berufungsgericht die Anwendung deutschen Wettbewerbsrechts damit begründet, dass die als unlauter betrachteten Handlungen der Beklagten zum Teil in Deutschland stattfanden. Die Bundesrichter ließen für den Streitfall einer ausländischen Konkurrentin ohne inländischen Sitz, die sich gegen die Nachahmung von Kindersaugflaschen durch die beklagte deutsche Wettbewerberin wehrte, keine der beiden Begründungen für die Anwendung deutschen Sachrechts genügen.

Die *Nußbaum'sche* Formel über die Anwendung inländischer Wettbewerbsvorschriften 187
habe das RG nach den Ausführungen des BGH nur für den Fall angewendet, dass **beide** in Wettbewerb stehenden **Gewerbetreibende im Inland eine gewerbliche Niederlassung** haben.[938] Der höchstrichterlichen Rechtsprechung des RG und BGH könne jedoch kein Grundsatz des Inhalts entnommen werden, ein inländischer Gewerbetreibender habe sich bei ausschließlich im Ausland stattfindendem Wettbewerb auch **gegenüber ausländischen Konkurrenten** mit Sitz im Ausland an die deutschen Wettbewerbsvorschriften zu halten. Im Unterschied zu der Sachverhaltskonstellation, bei der beide inländischen Konkurrenten im Ausland denselben (strengen) deutschen Wettbewerbsvorschriften unterworfen werden, komme es für den Fall, dass nicht *beide* Wettbewerber, sondern nur *ein* Gewerbetreibender mit Sitz in Deutschland den deutschen Regeln über den unlauteren Wettbewerb unterworfen sei, zu einer Ungleichgewichtslage, weil der ausländische Konkurrent im Ausland zur Beachtung deutschen Rechts nicht gezwungen werden könne. Das Ergebnis, dass die Wettbewerber unterschiedlichem Recht unterworfen seien und die Partei, die strengeren Wettbewerbsregeln zu folgen hat, unzumutbar benachteiligt werde, war nach Auffassung des BGH unhaltbar.[939]

Auch das auf die bis dato ständige Rechtsprechung gestützte Argument des Berufungs- 188
gerichts, die streitgegenständlichen Handlungen seien „zu einem wesentlichen Teil" im Inland erfolgt, wies der BGH zurück. In seiner Begründung nimmt der BGH seinen Ausgangspunkt wie bisher im allgemeinen Deliktsstatut. Sittenwidrige Wettbewerbsverstöße seien zwar zu den unerlaubten Handlungen zu rechnen, für die im Kollisionsrecht das Recht des Begehungsortes maßgeblich sei. Doch fallen Handlungsort und Begehungsort nach Auffassung der Bundesrichter nicht in jedem Fall zusammen. Der **Begehungsort** liege vielmehr nur dort, „wo in einen geschützten Rechtskreis – sei es auch nur durch einen Teilakt der unerlaubten Handlung – eingegriffen wird".[940] Bei der Lokalisierung des Begehungsortes seien die Besonderheiten des unlauteren Wettbewerbsverhaltens im Vergleich zu sonstigen unerlaubten Handlungen zu berücksichtigen, die sich daraus ergeben, dass das UWG keine Ausschließlichkeitsrechte verleihe, sondern bestimmte Verhaltensweisen ohne Rücksicht auf einen Verletzungserfolg untersage. Vor diesem Hintergrund und einschlägiger Kritik bzw. Vorschlägen aus der damaligen Literatur[941] folgend entwickelte der BGH die noch heute in ständiger Rechtsprechung[942] fortgeführte und auch von der hM

[937] → Rn 184.

[938] BGHZ 35, 329, 331f – Kindersaugflaschen mit Verweis auf RGZ 140, 25, 29 – Hohner Mundharmonika und RGZ 150, 265, 270 – Stecknadeln, bestätigt durch BGH GRUR 1958, 189, 197 – Zeiß.

[939] AaO.

[940] BGHZ 35, 329, 333 – Kindersaugflaschen.

[941] So vor allem *K. Troller* S. 127ff; s. aber auch *Bär* S. 36f; *Beitzke* JuS 1966, 139; *Binder* RabelsZ 20 (1955) 401, 467; *Froriep* S. 59; *Neumeyer* S. 26; *Wirner* S. 106ff.

[942] Vgl. aus der ständigen Rechtsprechung des BGH: BGHZ 40, 391, 395 – Stahlexport (m. Anm. *Höpfner* GRUR 1964, 361 und *Wengler* JZ 1964, 369); BGH IPRspr 1964/65 Nr. 182 – Feinstimmhalter; BGH GRUR 1971, 153 – Tampax (m. Anm. *Droste* GRUR 1971, 153 und *Deutsch* JZ 1971, 731); BGH NJW 1977, 2211 – Weltweit-Club; BGH IPRax 1981, 20 – Asbestimporte (m. Anm. *Katzenberger* aaO S. 7); BGH GRUR 1982, 495, 497 – Domgarten-Brand (m. Anm. *Schricker* IPRax 1983, 118); BGH GRUR 1988, 453, 454 – Ein Champagner unter den Mineralwässern; BGH IPRax 1989, 384 – PKW-Schleichbezug (m. Anm. *Lederer* aaO S. 362); BGHZ 113, 11 – Kauf im Ausland (m. Anm. *Sack* IPRax 1992 24 und *Koch* JZ 1991, 1038); BGH IPRspr 1994 Nr. 126 – Sistierung von Aufträgen; BGH IPRspr 1995 Nr. 122 –

im Schrifttum[943] befürwortete **wettbewerbsspezifische Anknüpfung** für die Beurteilung von wettbewerbsrechtlichen Sachverhalten mit Auslandsbezug. Nach der wettbewerbsspezifischen Anknüpfung ist der Begehungsort dort festzumachen, wo die **wettbewerblichen Interessen** der Mitbewerber **aufeinander stoßen.** Nur in der wettbewerblichen Interessenüberschneidung sei „das Anliegen der Verhinderung unlauterer Wettbewerbshandlungen berührt".[944] Allein hier ist nach Ansicht des BGH ein Eingriff in die geschützte Wettbewerbsposition eines Konkurrenten denkbar.[945]

189 Schließlich nahmen die Bundesrichter eine zeitlich-inhaltliche Abgrenzung vor. Die Bereitstellung der Mittel für die Wettbewerbshandlung, also die im Inland stattfindende Nachahmung der Kindersaugflaschen, könne nicht bereits als Teil der unlauteren Wettbewerbshandlung betrachtet werden. Mangels wettbewerblicher Interessenkollision sei ein Eingriff in eine geschützte Wettbewerbsposition noch nicht denkbar. Denn erst durch die Verwendung der nachgeahmten Kindersaugflaschen im Ausland, wenn diese also konkret in Konkurrenz zu den Waren der Klägerin treten, entstehe eine wettbewerbliche Interessenkollision.[946] Die **Vorbereitungshandlung** zählt damit nicht – auch nicht als Teilakt – zur beanstandeten unlauteren Wettbewerbshandlung. Der BGH hatte zwar selbst in einigen Judikaten bereits auf die „entscheidende Initiativhandlung"[947] oder den „Teil der beanstandeten Wettbewerbshandlung"[948] abgestellt und dies ausreichen lassen. Doch betrafen diese Richtersprüche jeweils den Fall, dass inländische Gewerbetreibende im Ausland *untereinander* konkurrierten. In diesem Fall sei die Einbeziehung der Vorbereitungshandlung zu rechtfertigen.[949]

190 Mit der **„Stahlexport"-Entscheidung** entwickelte der BGH diese Rechtsprechung fort. In dem zu entscheidenden Sachverhalt ging es um ein Distanzdelikt, bei dem Handlungs- und Erfolgsort auseinander fielen. Ausgehend vom allgemeinen Deliktsstatut griff der BGH die in der „Kindersaugflaschen"-Entscheidung herausgearbeiteten Grundsätze zur wertenden Bestimmung des Begehungsortes auf und bestätigte, dass das Recht des Ortes maßgeblich ist, an dem die wettbewerblichen Interessen aufeinander stoßen.[950] Damit bekräftigte der BGH auch die Grundannahme, dass das Deliktsstatut auf Wettbewerbsverstöße anzuwenden, aber wettbewerbsspezifisch zu modifizieren ist, es also nicht auf die Differenzierung von Handlungs- und Erfolgsort, sondern auf die Lokalisierung des Begehungsorts ankommt. Gleichzeitig schränkten die Bundesrichter aber die gerichtliche Praxis der großzügigen Anwendung deutschen Wettbewerbsrechts empfindlich ein.

191 Der bedeutsame Entwicklungsschritt der Entscheidung „Stahlexport" lag im Wesentlichen darin, dass der BGH die Grundsätze der „Kindersaugflaschen"-Entscheidung auf den Fall zweier **im Ausland konkurrierender inländischer Unternehmen** erweiterte.[951] Während es noch in der Logik der „Kindersaugflaschen"-Entscheidung lag, die alte RG-

---

Kupplungsvorrichtungen; BGH GRUR 1998, 419, 420 – Gewinnspiel im Ausland; BGH GRUR 2004, 1035, 1036 – Rotpreis-Revolution; BGH GRUR 2006, 513, 515 Rn 25 – Arzneimittelwerbung im Internet; BGH RIW 2006, 942, 943 – Pietra di Soln; BGH GRUR 2007, 245 – Schulden Hulp; aus der Rechtsprechung der Instanzgerichte: OLG München IPRax 2007, 531, 532; OLG München GRUR-RR 2004, 85 – Stricktop; KG GRUR Int. 2002, 448, 449 – Knoblauch Kapseln; OLG Karlsruhe RIW 1999, 875; OLG Düsseldorf IPRspr. 1998 Nr. 123; OLG Köln IPRspr 1995 Nr. 123 (m. Anm. *Koch* VuR 1996, 67); OLG Düsseldorf NJW 1994, 896; OLG Koblenz GRUR 1993, 763; OLG Düsseldorf IPRspr 1992 Nr. 164; KG IPRax 1991, 413 m. Anm. *Sack* S. 386; OLG Celle IPRspr 1977 Nr. 119 – Textilhanddrucke; OLG Hamm IPRspr 1968/69 Nr. 173 – Stilmöbel; LG Frankfurt/M IPRspr 1964/65 Nr. 184; LG München IPRspr 1993 Nr. 117 a.

[943] → Rn 205 ff.

[944] BGHZ 35, 329, 334 – Kindersaugflaschen.

[945] So der BGH (BGHZ 35, 329, 336 – Kindersaugflaschen) unter ausdrücklicher Aufgabe seiner Rechtsprechung in einem ähnlich gelagerten Fall, vgl. BGHZ 21, 266 – Uhrenrohwerke.

[946] BGHZ 35, 329, 334 – Kindersaugflaschen.

[947] BGHZ 14, 286, 291 – Farina.

[948] BGH GRUR 1955, 411, 413 – Zahl 55; BGHZ 22, 1, 18 – Flava/Erdgold.

[949] BGHZ 35, 329, 335 – Kindersaugflaschen.

[950] BGHZ 40, 391, 395 – Stahlexport.

[951] BGHZ 40, 391, 395 – Stahlexport.

Rechtsprechung fortzuführen und auf im Ausland konkurrierende inländische Gewerbetreibende inländisches Wettbewerbsrecht anzuwenden, zog der BGH unter diese Spruchpraxis einen Schlussstrich. Es sei auch in dem Fall zweier miteinander auf dem ausländischen Markt konkurrierender deutscher Unternehmen grundsätzlich auf den Ort der wettbewerblichen Interessenkollision abzustellen. Die Interessenkollisionslösung soll demnach nicht nur für den Fall der im Ausland konkurrierenden inländischen und ausländischen Wettbewerber anzuwenden sein, um dem inländischen Wettbewerber keinen Wettbewerbsnachteil durch Anwendung des strengeren deutschen Sachrechts aufzubürden,[952] sondern die Rechtsprechung wendet die Interessenkollisionslösung nun generell an, also auch beim Auslandswettbewerb von Inländern. Damit hat der BGH grundsätzlich die Loslösung von der auf der *Nußbaum'schen* Formel basierenden Rechtsprechung des RG vollzogen.[953]

192 Eine weitere deutliche Einschränkung der gerichtlichen Praxis der großzügigen Anwendung deutschen Wettbewerbsrechts bewirkte der BGH im Rahmen der Bestimmung des Begehungsortes durch den **Ausschluss bloßer** inländischer **Vorbereitungshandlungen** oder gar Initiativhandlungen. Nicht vertretbar erschien den Bundesrichtern auf dem Boden der wettbewerbsspezifischen Anknüpfungsmethode die bisherige Auffassung, eine Wettbewerbshandlung sei allein deshalb als im Inland begangen anzusehen, weil sie von dort aus gesteuert, aber in die wettbewerblichen Interessen der Mitbewerber oder der Allgemeinheit allein auf dem ausländischen Markt eingegriffen werde.[954] Vorbereitende Maßnahmen im Inland seien daher nicht im Sinne einer allgemeinen Pflicht für inländische Gewerbetreibende bedeutsam, auch ihren im Ausland stattfindenden Wettbewerb nach inländischem Wettbewerbsrecht zu richten.[955] Erfolgt beispielsweise nur die Versendung von Werbeschreiben[956] oder die Kennzeichnung von Exportware[957] von bzw. auf deutschem Boden ohne weitere Inlandsbeziehung, so ist der Begehungsort nicht in Deutschland zu lokalisieren und deutsches Wettbewerbsrecht nicht maßgeblich. Die Anwendbarkeit deutschen Rechts allein aufgrund der Beteiligung irgendeines deutschen Mitbewerbers auf dem Auslandsmarkt führe zu Rechtsunsicherheit und sei unvereinbar mit dem wettbewerbsrechtlichen Grundsatz der Waffengleichheit der Mitbewerber.[958]

193 Eine Ausnahme von diesem Grundsatz der Anknüpfung an den Ort der wettbewerblichen Interessenkollision als Begehungsort ist nach der Leitentscheidung „Stahlexport" nur dann geboten, wenn eine **besondere Inlandsbeziehung** vorliegt. Der BGH hat eine solche besondere Inlandsbeziehung im Fall „Stahlexport" angenommen, da sich hier eine im Ausland begangene Wettbewerbshandlung eines Inländers ausschließlich gegen die schutzwürdigen Interessen eines inländischen Mitbewerbers gerichtet hatte.[959] Generell formuliert ist nach dieser Rechtsprechung des BGH[960] eine besondere Inlandsbeziehung mit der Konsequenz der **Geltung des gemeinsamen Heimatrechts** immer dann anzunehmen, wenn sich entweder der streitgegenständliche Auslandswettbewerb ausschließlich zwischen inländischen Unternehmen abspiele[961] oder wenn sich die Wettbewerbshandlung speziell gegen den inländischen Mitbewerber richte.[962] Die Berücksichtigung von Finalität und Personenbezogenheit einer Wettbewerbshandlung rückt diese Spruchpraxis wieder deutlicher in den Bereich des allgemeinen Deliktsstatuts.[963]

---

952 So BGHZ 35, 329, 331 f – Kindersaugflaschen.

953 Zu den vom BGH gleichzeitig entwickelten Ausnahmen s. sogleich → Rn 193.

954 BGHZ 40, 391, 395 ff – Stahlexport. S. auch OLG Hamburg GRUR Int. 1987, 105, 107.

955 So noch BGH GRUR 1955, 411, 413 – Zahl 55; BGHZ 22, 1, 18 – Flava/Erdgold.

956 Dazu BGHZ 40, 391, 395 ff – Stahlexport.

957 So der Fall in BGH GRUR 1982, 495, 497 – Domgarten-Brand.

958 BGHZ 40, 391, 396 – Stahlexport.

959 BGHZ 40, 391, 397 ff – Stahlexport.

960 BGHZ 40, 391, 397 – Stahlexport. S. auch BGH GRUR 1988, 916, 917 – PKW-Schleichbezug.

961 So bereits *Binder* RabelsZ 20 (1955), 494, 498; *Raape* Internationales Privatrecht, 5. Aufl. 1961 S. 579; *Wengler* RabelsZ (1954), 413.

962 Für diese Fallgruppe bereits einschränkend *Deutsch* S. 49, 68; *Hefermehl* GRUR 1958, 197, 200.

963 So zutreffend *Spätgens* GRUR 1980, 473, 476.

194 Auch bei Anwendung des gemeinsamen deutschen Heimatrechts nach den Grundsätzen der „Stahlexport“-Entscheidung kann das am Marktort geltende ausländische Recht Bedeutung für die Rechtsanwendung in materiellrechtlicher Hinsicht erlangen. So sind nach den Ausführungen des BGH im Rahmen der Generalklausel des § 1 aF (nun § 3 nF) auch die jeweiligen **Grundsätze der ausländischen Rechtsordnung** und die am Auslandsmarkt geltenden Gebräuche zu berücksichtigen.[964] Leichtere Wettbewerbsverstöße nach inländischem Recht können dabei beispielsweise unter Berufung auf eine Billigung nach entsprechendem ausländischen Recht trotz Anwendung deutschen Wettbewerbsrechts als zulässig und nicht wettbewerbswidrig bewertet werden. Der BGH hat diese Praxis der Berücksichtigung materiellrechtlicher Wertungen des ausländischen Rechts später auf die Auslegung des Begriffs der Verkehrsauffassung nach § 3 aF ausgedehnt.[965] Die auf dem ausländischen Markt bestehende Verkehrsauffassung der angesprochenen Verkehrskreise fließt damit in die materiellrechtliche Bewertung nach deutschem Recht mit ein. Für das neue Lauterkeitsrecht wird diese Spruchpraxis übertragbar sein, so dass bei ausnahmsweise nach den Grundsätzen der „Stahlexport“-Entscheidung als gemeinsames Heimatrecht anwendbarem deutschen UWG ausländische Wertungen und Verkehrsauffassungen bei Anwendung der Generalklausel des § 3 nF sowie im Rahmen der Prüfung der Verkehrsauffassung nach § 5 nF einzubeziehen sind.

195 Seine in der „Stahlexport“-Entscheidung herausgearbeiteten Anknüpfungsgrundsätze hinsichtlich der ausnahmsweise gebotenen Anwendung deutschen Rechts im Falle des Auslandswettbewerbs deutscher Wettbewerber versteht der BGH allerdings nicht im Sinne einer allseitigen Kollisionsregel. Eine Übertragung der in der Entscheidung „Stahlexport“ aufgestellten Grundsätze zur Maßgeblichkeit des gemeinsamen Heimatrechts auf eine Sachverhaltskonstellation, bei der zwei **ausländische Unternehmen auf dem deutschen Markt** konkurrieren, lehnte der BGH jedoch bisher ab.[966] Das gemeinsame ausländische Heimatrecht ist nach Auffassung der Bundesrichter auch dann nicht anzuwenden, wenn auf dem deutschen Markt ausschließlich ausländische Wettbewerber konkurrieren oder sich die Wettbewerbshandlung gezielt gegen den ausländischen Konkurrenten richte.

196 Den Konflikt zwischen **Verbraucherschutz** und Wettbewerbsrecht betrifft ein – in der Literatur große Resonanz erzeugendes – Urteil des BGH aus dem Jahre 1990. Es ging um die sog. **„Gran Canaria-Fälle“**, also den Abschluss von Kaufverträgen über Waren eines deutschen Unternehmens durch deutsche Verbraucher, die während ihres Urlaubs auf Gran Canaria an Freizeit- bzw. Verkaufsveranstaltungen eines Unternehmens mit Sitz in Spanien teilgenommen hatten. Vertragsanbahnung wie auch Vertragsschluss erfolgten über das spanische Unternehmen, allerdings unter Verwendung deutschsprachiger Vertragsformulare, die – das war der Streitpunkt – keine Widerrufsbelehrung nach dem deutschen Haustürgeschäftewiderrufsgesetz[967] enthielten. In der zu diesem Sachverhalt ergangenen Entscheidung **„Kauf im Ausland“** präzisierte der BGH den Begehungsort bzw. Ort der wettbewerblichen Interessenkollision dahin, dass Marktort der Ort sei, an dem die beanstandeten **Maßnahmen des Wettbewerbers auf den Kunden und dessen Entschließungsfreiheit *einwirken*** sollen.[968] An diesem Ort soll unlauteres Konkurrenzverhalten vermieden, das Interesse der Allgemeinheit an einem lauteren Wettbewerb um die Gewinnung des Kunden und schließlich das Interesse potentieller Verbraucher vor unlauterem Werbungsverhalten und darauf erfolgtem Vertragsabschluss geschützt werden. Unbeachtlich bei der Bestimmung des Marktortes sind demnach das Personalstatut der potentiellen Kunden, der Ort der Vorbereitungshandlung oder des Schadenseintritts. Der spätere (die Absatzinteressen anderer

---

[964] BGHZ 40, 391, 400 – Stahlexport. So bereits BGH GRUR 1958, 189, 197 – Zeiß; → Rn 185.
[965] Vgl. BGH GRUR 1982, 495, 497 – Domgarten-Brand.
[966] BGH GRUR 1988, 453, 454 – Ein Champagner unter den Mineralwässern.
[967] Vgl. § 1 Abs. 1 Nr. 2, § 2 Haustürwiderrufsgesetz (aufgehoben, jetzt §§ 312, 355 BGB).
[968] Bestätigt durch BGH GRUR 1998, 419, 420 – Gewinnspiel im Ausland; im Grundsatz auch BGH GRUR 2004, 1035, 1036 – Rotpreis-Revolution.

Wettbewerber berührende) Absatzort der infolge unlauteren Wettbewerbsverhaltens erworbenen Waren ist nach dem klaren Diktum des BGH für die Bestimmung des anwendbaren Rechts nicht maßgeblich, da sich hier lediglich die *Auswirkungen* des Wettbewerbsverhaltens zeigten.[969] Im konkreten Streitfall schloss der BGH auf der Grundlage dieser Erwägungen die Anwendung deutschen Wettbewerbsrechts aus. Etwas anderes soll nach einem neueren Diktum nur gelten, wenn die Unlauterkeit der Werbeankündigung ausschließlich auf der Unlauterkeit des beworbenen, im Ausland stattfindenden Absatzgeschäfts beruht.[970]

Die Entscheidung des BGH im Fall „Kauf im Ausland“ erscheint als folgerichtige An- **197**
wendung der bisher von der Rechtsprechung vertretenen Interessenkollisionslösung.[971] Angesichts der besonderen Bedeutung von **Verbraucherschutzinteressen,** die als gleichgewichtiges Element zur Schutzzwecktrias des Wettbewerbsrechts zu zählen sind,[972] könnten allerdings in zweierlei Hinsicht Zweifel an der Interessengerechtigkeit des Urteils bestehen. Zum einen fragt sich, ob der Verbraucherschutz nicht als solcher ein im Rahmen der Interessenkollisionslösung stärker zu beachtendes Interesse darstellt. Auf den Umstand, dass in dem Fall „Kauf im Ausland“ Anbieter- und Verbraucherinteressen bei gleichzeitigem Fehlen von Konkurrenten- und Marktordnungsinteressen miteinander kollidieren, geht der BGH jedoch nicht ein, sondern stellt ohne Zögern auf das Recht am Einwirkungsort ab.[973] Zum anderen ließe sich die Überlegung anstellen, ob die Grundsätze der „Stahlexport“-Entscheidung zur **Anwendung des gemeinsamen Heimatrechts** nicht auf den Fall in der Weise übertragbar sind, dass sich die Wettbewerbshandlung eines deutschen Unternehmers nicht gezielt gegen einen inländischen Mitbewerber, sondern gegen einen inländischen **Verbraucher** richte.[974] Im Ergebnis wäre die Ausweitung der ohnehin kritisch zu sehenden Rechtsprechung zugunsten des gemeinsamen Heimatstatuts jedoch bedenklich.[975] Der BGH hat die Betroffenheit von inländischen Verbraucherschutzinteressen im Ausland bisher nicht als maßgebliches Anknüpfungskriterium angesehen. In der Entscheidung „Kauf im Ausland“ ließ er vielmehr die Frage offen, ob das deutsche Wettbewerbsrecht ausnahmsweise für den Sonderfall der sog. **„Kaffeefahrten“** zur Anwendung kommt, bei denen sich die ins Ausland verlegte Werbeveranstaltung gezielt nur an Inländer wendet. Nach Auffassung der Bundesrichter unterscheide sich der zur Entscheidung vorgelegte Fall von derartigen Konstellationen, da sich die Verbraucher selbst ins Ausland begeben.[976]

Der BGH nahm schließlich eine Konkretisierung bzw. Eingrenzung der Interessenkolli- **198**
sionslösung für den Fall vor, dass die wettbewerblichen Interessen an mehreren Orten kollidieren und demnach prinzipiell mehrere Rechte anzuwenden wären. Mit der **Multistate-Problematik**[977] hatte sich der BGH bereits in den siebziger Jahren des vergangenen Jahrhunderts zu beschäftigen. In der **„Tampax“-Entscheidung** hatte er den Fall eines in einer deutschsprachigen schweizerischen Zeitschrift werbenden englischen Unternehmens zu beurteilen, welches seine Produkte ausschließlich in der Schweiz vertrieb. Die Rechte für das Vertriebsgebiet der Bundesrepublik Deutschland lagen in der Hand eines anderen Unternehmens. Es ging dabei um eine Werbung mit wissenschaftlich nicht gesicherten und möglicherweise irreführenden Erkenntnissen, die über die auch in Deutschland vertriebene Zeitschrift den deutschen Markt erreichte. Der BGH sah hier bei Anwendung der Interes-

[969] BGHZ 113, 11, 15 – Kauf im Ausland.

[970] S. BGH GRUR 2004, 1035, 1036f – Rotpreis-Revolution, der einen Verstoß nach § 7 aF bei einer Werbung in Deutschland für eine luxemburgische Sonderveranstaltung verneinte.

[971] Der Entscheidung zustimmend zB Großkomm/*Schricker* UWG Einl. Rn F 206; *Paefgen* WRP 1991, 447ff.

[972] → Rn 21f sowie → § 1.

[973] Hierauf weisen *Staudinger/Fezer/Koos* IntWirtschR Rn 409, hin. S. aber → Rn 281ff.

[974] In diesem Sinne etwa *Bernhard* GRUR Int. 1992, 366, 371f.

[975] → Rn 251.

[976] BGHZ 113, 11, 16 – Kauf im Ausland. Zur Problematik der „Kaffeefahrten“ → Rn 283.

[977] Auch → Rn 286ff.

senkollisionslösung[978] auch die Bundesrepublik Deutschland als Begehungsort an und wendete dementsprechend deutsches Recht an. Dabei maß der BGH dem Umstand besonderes Gewicht bei, dass die Werbeanzeige über die im **regelmäßigen Geschäftsbetrieb** erfolgende Versendung der Zeitschrift nach Deutschland gelangte. Die grenzüberschreitende Wirkung der Zeitungsannonce sei jedenfalls für das deutsche Sprachgebiet voraussehbar[979] und daher bei der Gestaltung der Werbung zu beachten gewesen.[980] Offenbar soll eine Interessenkollision dann nicht angenommen werden können, wenn die grenzüberschreitende Wirkung nicht voraussehbar war.[981] Diese Grundsätze stellte der BGH im Hinblick auf die Förderung des inländischen Vertriebs ungeachtet dessen auf, dass das den Vertrieb in Deutschland besorgende Unternehmen rechtlich und wirtschaftlich von dem werbenden britischen Unternehmen getrennt war und der Schwerpunkt des Zeitschriftenvertriebs in der Schweiz lag.

199 Aus der „Tampax"-Entscheidung lassen sich zwei Schlussfolgerungen ziehen. Zum einen wird erkennbar, dass der BGH in Multistate-Fällen grundsätzlich das Recht jedes betroffenen Marktes anwendet, die Multiplizität der Begehungsorte demnach auf das kollisionsrechtliche Anknüpfungsergebnis durchschlägt und mit der **Multiplizität der anwendbaren Rechtsordnungen** korreliert. Eine Schwerpunktbetrachtung in dem Sinne, dass nur das Recht des Ortes gilt, an dem die Werbung schwerpunktmäßig erfolgt, findet demnach nicht statt.[982] Die verschiedenen Rechte sind vielmehr kumulativ anzuwenden.[983]

200 Zum anderen kann dem in der „Tampax"-Entscheidung entwickelten Kriterium der erforderlichen Verbreitung der Werbung im Rahmen des regelmäßigen Geschäftsbetriebs eine **Spürbarkeitsgrenze**[984] für die Anwendung der Interessenkollisionslösung in Multistate-Fallkonstellationen entnommen werden.[985] Vor dem Hintergrund der deliktsrechtlichen Ausrichtung der höchstrichterlichen Rechtsprechung zum Internationalen Lauterkeitsrecht ist anzunehmen, dass diese Spürbarkeitsgrenze nicht als kartellrechtliche *de minimis*-Regel zu interpretieren ist.[986] Der BGH betrachtete vermutlich nicht die Auswirkungen der Werbeverbreitung auf das konkrete inländische Marktgefüge, sondern versuchte, den deliktsrechtlichen bzw. wettbewerbsspezifischen Begehungsort – unter Zuhilfenahme personenbezogener Aspekte wie der Vorhersehbarkeit – zu umgrenzen. Im Ergebnis läuft die Beachtung einer Spürbarkeitsgrenze freilich auf dasselbe quantitative Element hinaus: eine nur minimale, nicht spürbare Marktwirkung ist kollisionsrechtlich zu vernachlässigen.[987] Dementsprechend verneinte der BGH (obiter) die statutbestimmende Bedeutung bei einzelnen, nur *gelegentlich* über die Grenze gelangenden Exemplaren einer Zeitschrift, die möglicherweise wettbewerbswidrige Werbung enthält.[988] Bei *regelmäßig* in Deutschland bezogenen einzelnen Exemplaren einer ausländischen Zeitschrift soll die Spürbarkeitsschwelle bereits überschritten sein.[989]

201 Zur Problematik der **Internetwerbung** liegen mittlerweile Judikate des BGH vor. Ausgehend vom Marktortprinzip und der Anknüpfung an den Ort der wettbewerblichen Inte-

---

[978] Zur grenzüberschreitenden Rundfunk- und Fernsehsendung BGH NJW 1998, 2531, 2532 – Co-Verlagsvereinbarung.

[979] Kritisch hierzu *Staudinger/Fezer/Koos* IntWirtschR Rn 414.

[980] BGH GRUR 1971, 153, 154 – Tampax.

[981] So auch die Interpretation von *Staudinger/Fezer/Koos* IntWirtschR Rn 414; anders, auf die Spürbarkeit abstellend *Sack* GRUR Int. 1988, 320, 328.

[982] Vgl. Großkomm/*Schricker* UWG Einl. Rn F 189; aA *Staudinger/Fezer/Koos* IntWirtschR Rn 416, unter Verweis auf BGH GRUR 1988, 453 – Ein Champagner unter den Mineralwässern.

[983] Großkomm/*Schricker* UWG Einl. Rn F 189 und 205.

[984] Dazu auch → Rn 293 ff und 303 ff.

[985] In diesem Sinne vor allem Großkomm/*Schricker* UWG Einl. Rn F 190; *ders.* GRUR Int. 1982, 720, 724; ebenso *Möllering* WRP 1990, 1, 7; *Mook* S. 64 ff; *Reuter* BB 1989, 2265, 2267; *Sack* GRUR Int. 1988, 320, 328; *Staudinger/Fezer/Koos* IntWirtschR Rn 415; ähnlich Gloy/Loschelder/*Wilde* § 6 Rn 27.

[986] Vgl. *Staudinger/Fezer/Koos* IntWirtschR Rn 415.

[987] Großkomm/*Schricker* UWG Einl. Rn F 190.

[988] BGH GRUR 1971, 153, 154 – Tampax in Anlehnung an RG JW 1936, 1291, 2192.

[989] So OLG Hamburg GRUR Int. 1987, 105, 107 für zwei Abonnement-Exemplare.

ressenkollision wurden Internetwerbungen dann nach deutschem Wettbewerbsrecht beurteilt, wenn sich die betreffende Website „bestimmungsgemäß auch im Inland ausgewirkt hat“[990] oder „zielgerichtet für den deutschen Markt bestimmt war und sich dort ausgewirkt hat“.[991] Insbesondere einem klar und eindeutig gestalteten Disclaimer wurde Bedeutung zugemessen, soweit die dortige Beschränkung des Verbreitungsgebietes als ernstliche Beschränkung aufzufassen wer und letztlich auch eingehalten wurde.[992] In der Instanzgerichtspraxis ist das Problemfeld schon länger präsent. Das KG hatte beispielsweise den Fall der in deutscher Sprache verfassten Internetwerbung eines ausländischen Unternehmens zu beurteilen. Es entschied, dass deutsches Wettbewerbsrecht deshalb nicht anwendbar sei, weil in einem Disclaimer der „unmissverständlich(e) und wahrheitsgemäß(e)“ Hinweis enthalten war, man liefere nicht an Kunden in Deutschland.[993] Liegen keine derartig klaren und wahrheitsgemäßen Äußerungen zur Begrenzung des Aktionsradius vor, so ist auf Internetwerbung – da weltweit abrufbar – grundsätzlich jedes Wettbewerbsrecht anwendbar.[994] Faktisch bedeutet dies, dass das strengste Wettbewerbsrecht den Maßstab setzt. Denn eine nach einem Recht unzulässige Werbung kann prinzipiell nur vollständig unterlassen werden, um die Wettbewerbsrechtsverletzung zu beseitigen. Auch das nicht in deutscher Sprache werbende Unternehmen muss sich daher am deutschen Wettbewerbsrecht orientieren, wenn die Werbung nur aus wenigen in ihrer Bedeutung bekannten Worten besteht.[995]

d) Zusammenfassung der ständigen Rechtsprechung des BGH. Im Ergebnis folgt die Rechtsprechung des BGH heute in ständiger Spruchpraxis der **Marktortregel** und wendet auf einen internationalen Wettbewerbsverstoß das Recht des Ortes an, an dem die **wettbewerblichen Interessen** der Mitbewerber **aufeinander stoßen.**[996] Sie hat sich damit von der früheren Anlehnung an das Deliktsstatut zwar nicht vollständig gelöst, bestimmt aber den Begehungsort wettbewerbsspezifisch, also unter Beachtung der Besonderheiten unlauteren Wettbewerbs. Es finden sich allerdings auch Entscheidungen,[997] die sich bei der kollisionsrechtlichen Bewertung eines wettbewerbsrechtlichen Sachverhalts ausschließlich auf das allgemeine **Deliktsstatut** stützen und damit entwicklungsgeschichtlich in die RG- und frühe BGH-Rechtsprechung zurückbewegen. Die Nichtbeachtung wettbewerbsrechtlicher Spezifika in kollisionsrechtlichen Entscheidungen blieb jedoch bisher die Ausnahme.[998] 202

[990] BGH GRUR 2006, 513, 515 – Arzneimittelwerbung im Internet; BGH RIW 2006, 942, 943 – Pietra di Soln.

[991] BGH GRUR 2007, 245 – Schulden Hulp.

[992] BGH GRUR 2006, 513, 515 – Arzneimittelwerbung im Internet.

[993] KG Berlin GRUR Int. 2002, 448, 449 – Knoblauch Kapseln.

[994] Näher → Rn 301 ff.

[995] OLG Frankfurt NJW-RR 90, 1067 – beauty without cruelty.

[996] Grundlegend BGHZ 35, 329, 333 f – Kindersaugflaschen; bestätigt durch BGHZ 40, 391, 395 – Stahlexport (m. Anm. *Höpfner* GRUR 1964, 361 und *Wengler* JZ 1964, 369); BGH IPRspr 1964/65 Nr. 182 – Feinstimmhalter; BGH GRUR 1971, 153 – Tampax (m. Anm. *Droste* GRUR 1971, 153 und *Deutsch* JZ 1971, 731); BGH NJW 1977, 2211 – Weltweit-Club; BGH IPRax 1981, 20 – Asbestimporte (m. Anm. *Katzenberger* aaO S. 7); BGH GRUR 1982, 495, 497 – Domgarten-Brand (m. Anm. *Schricker* IPRax 1983, 118); BGH GRUR 1988, 453, 454 – Ein Champagner unter den Mineralwässern; BGH IPRax 1989, 384 – PKW-Schleichbezug (m. Anm. *Lederer* aaO S. 362); BGHZ 113, 11, 15 – Kauf im Ausland (m. Anm. *Sack* IPRax 1992, 24 und *Koch* JZ 1991, 1038); BGH IPRspr 1994 Nr. 126 – Sistierung von Aufträgen; BGH IPRspr 1995 Nr. 122 – Kupplungsvorrichtungen; BGH GRUR 1998, 419, 420 – Gewinnspiel im Ausland; BGH NJW 1998, 2531, 2532 – Co-Verlagsvereinbarung; BGH GRUR 2004, 1035, 1036 – Rotpreis-Revolution; aus der Rechtsprechung der Instanzgerichte: KG Berlin GRUR Int. 2002, 448, 449 – Knoblauch Kapseln; OLG Karlsruhe RIW 1999, 875; OLG Düsseldorf IPRspr. 1998 Nr. 123; OLG Köln IPRspr 1995 Nr. 123 (m. Anm. *Koch* VuR 1996, 67); OLG Düsseldorf NJW 1994, 896; OLG Koblenz GRUR 1993, 763 – Kfz-Reinigungsmittel; OLG Düsseldorf IPRspr 1992 Nr. 164; KG IPRax 1991, 413 m. Anm. *Sack* S. 386; OLG Hamburg GRUR Int. 1987, 105, 107 – IR/UV-Kombinationstrockner; OLG Hamm NJW-RR 1986, 1047; OLG Nürnberg IPRspr. 1983 Nr. 123; OLG Celle IPRspr 1977 Nr. 119 – Textilhanddrucke; OLG Hamm IPRspr 1968/69 Nr. 173 – Stilmöbel; LG Frankfurt/M IPRspr 1964/65 Nr. 184; LG München IPRspr 1993 Nr. 117 a.

[997] So zB BGH GRUR 1987, 172, 174 – Unternehmensberatungsgesellschaft I. Auf Handlungs- und Erfolgsort abstellend OLG Düsseldorf IPRspr 1970 Nr. 96.

[998] Daher qualifiziert *Schricker* die Entscheidung „Unternehmensberatungsgesellschaft I“ als „Ausreißer“; vgl. Großkomm/*Schricker* UWG Einl. Rn F 192.

2. Meinungsstand im Schrifttum

203 Die Anknüpfung wettbewerbsrechtlicher Sachverhalte mit Auslandsbezug war im Schrifttum seit jeher umstritten. Der Disput um die sach- und interessengerechte Anknüpfung lauterkeitsrechtlicher Sachverhalte mit Auslandsberührung setzt sich auch auf Grundlage der **europäischen Marktortregel** gemäß Art. 6 Abs. 1 Rom II-VO fort.[999] Betrachtet man die verschiedenen zur Bestimmung des Lauterkeitsstatuts vorgebrachten Meinungen, so ergibt sich das Bild einer oft an fein differenzierender Begrifflichkeit verhafteten Diskussion. Oftmals überschneiden sich die zu den einzelnen Hauptproblemen wettbewerbsrechtlicher Anknüpfung vorgebrachten Ergebnisse, so dass wesentliche Unterschiede der sich gegenüberstehenden Positionen kaum noch auszumachen sind. Wenn auch die überwiegende Auffassung im Schrifttum die Marktortregel im Sinne der Interessenkollisionslösung anwendet, so ist weiter deren dogmatische Fundierung strittig. Im folgenden Abschnitt sollen zunächst die grundlegenden Positionen im bisherigen Schrifttum zum autonomen Kollisionsrecht dargestellt werden, die – wie grundsätzlich auch die Rechtsprechung – bei der Anwendung von Art. 6 Rom II-VO von Bedeutung bleiben. Im Anschluss wird eine eigene Positionierung, insbesondere vor dem europäischen Hintergrund der Rom II-VO, vorgenommen.

204 **a) Wettbewerbsspezifische Anknüpfung.** In Bezug auf die deliktskollisionsrechtliche Anknüpfung der Rechtsprechung war bereits früh eine Einschränkung des weiten Begriffs des Begehungsortes gefordert worden. Argumentiert wurde damit, dass bei großzügiger Anwendung deutschen Wettbewerbsrechts auf den im Ausland mit ausländischen Gewerbetreibenden konkurrierenden Wettbewerber allein wegen eines Handlungsaktes im Inland „an die Kette auch des inländischen Rechts gelegt" und dadurch gegenüber seinen ausländischen Mitbewerbern unzumutbar benachteiligt werde.[1000] Die Forderung nach einer sachlichen Einschränkung des ursprünglich weit verstandenen Begriffs des Begehungsortes hat schließlich Eingang in die Rechtsprechung des BGH gefunden.[1001]

205 Die im Schrifttum weit überwiegende Auffassung[1002] nimmt wie die Rechtsprechung eine **wettbewerbsspezifische Anknüpfung** vor – dies allerdings vor Inkrafttreten der Rom II-VO zumeist noch auf der dogmatischen Grundlage des allgemeinen Deliktsstatuts.[1003] Die Bestimmung des Begehungsortes[1004] soll jedoch bei wettbewerbsspezifischer Anknüpfung die Besonderheiten des unlauteren Wettbewerbs berücksichtigen, so dass inso-

---

[999] Zur unterschiedlichen Auslegung und Entwicklung der europäischen Marktortregel in Art. 6 Abs. 1 Rom II-VO → Rn 158 und 160 ff.

[1000] *Raape* S. 578.

[1001] S. BGHZ 35, 329, 334 – Kindersaugflaschen sowie dazu → Rn 186 ff.

[1002] *Bamberger/Roth/Spickhoff* EGBGB Art. 40 Rn 50; *Basedow* RabelsZ 59 (1995), 1, 49; *Beitzke* JuS 1966, 139, 143; *Bernhard* EuZW 1992, 437, 440; *Binder* RabelsZ 20 (1955) 401, 467; *Burmann* DB 1964, 1801, 1804; *Emmerich* § 4 Nr. 7 a; *Erman/Hohloch* EGBGB Art. 40 Rn 51; *v. Gamm* UWG Einf. A Rn 47; *Gloede* GRUR 1960, 464, 468; Gloy/Loschelder/*Wilde* § 6 Rn 14; *Hefermehl/Köhler/Bornkamm/Köhler* UWG Einl Rn 5.6; HK-WettbR/*Klippel* E 2 Rn 24; *Höder* S. 31 ff, 38 und 231 f; *v. Hoffmann* RabelsZ 59 (1995), 377, 382; *Kreuzer* Vorschläge und Gutachten zur Reform des deutschen internationalen Privatrechts der außervertraglichen Schuldverhältnisse S. 232, 297; *Kropholler* IPR § 53 VI 1; *Lehmler* UWG Einl. Rn 50; *Lindacher* WRP 1996, 645, 647; *Mankowski* GRUR Int. 1999, 909, 910; *Mook* S. 48; *Müller-Graff* RabelsZ 48 (1984), 289, 308; MünchKomm/*Drexl* BGB IntUnlWettbR Rn 100; MünchKomm/*Junker* EGBGB Art. 40 Rn 82 f; MünchKomm/*Kreuzer* BGB (3. Aufl.) Art. 38 EGBGB Rn 234; MünchKomm/*Mankowski* UWG IntWettbR Rn 267 ff; *Palandt/Heldrich* EGBGB (67. Aufl.) Art. 40 Rn 11; *Palandt/Thorn* Anh zu EGBGB Art. 6 Rom II Rn 9; *Piper* GRUR 1992, 803, 804; *Piper/Ohly/Ohly* UWG Einf. B Rn 15; *Prütting/Wegen/Weinreich/Schaub* EGBGB Art. 40 Rn 22; *Reich* RabelsZ 56 (1992), 444, 480; *Sack* WRP 2000, 269, 272; *ders.* IPRax 1992, 24 f; *ders.* GRUR Int. 1988, 320, 322; *Schaub* RabelsZ 66 (2002), 18, 52 f; *Soergel/Lüderitz* EGBGB Art. 38 Rn 17; *Spätgens* GRUR 1980, 473, 476; *Staudinger/v. Hoffmann* EGBGB Art. 40 Rn 311 ff; *Wirner* S. 106 ff. So auch *Dyer* Rec. Des Cours 211 (1988-IV) 408, 413 ff. Grundsätzlich zustimmend auch Großkomm/*Schricker* UWG Einl. Rn F 194; *Dethloff* S. 65 und 69.

[1003] So die hM; vgl zB *Erman/Hohloch* EGBGB Art. 40 Rn 51; HK-WettbR/*Klippel* E 2 Rn 24; *Piper/Ohly/Ohly* UWG Einf. B Rn 14 ff; *Lindacher* WRP 1996, 645, 647 ff; *Prütting/Wegen/Weinreich/Schaub* EGBGB Art. 40 Rn 22; *Staudinger/v. Hoffmann* EGBGB Art. 40 Rn 301 und 326. S. auch → Rn 63 f.

[1004] Undifferenziert vom „Begehungsort" ausgehend auch die Rechtsprechung; vgl. zB BGH NJW 1998, 2531, 2532 – Co-Verlagsvereinbarung.

fern eine Entfernung vom allgemeinen Deliktsstatut festzustellen ist. Dementsprechend wird der deliktische Tat- bzw. Begehungsort nur als **Handlungsort** im Sinne des Art. 40 Abs. 1 EGBGB verstanden bzw. Handlungs- und Erfolgsort nicht getrennt.[1005] Teilweise wird die Verortung der wettbewerbsspezifischen Anknüpfung in Art. 40 Abs. 1 EGBGB insofern als misslich empfunden, als es beim Handlungsort begrifflich gerade um die Verhaltenssteuerung durch den Verletzer gehe, bei der wettbewerbsspezifischen Anknüpfung aber um den Ort, an dem das geschützte Rechtsgut des Leistungswettbewerbs verletzt werde.[1006] Daher wird nach anderer Meinung die **Ausweichklausel** des Art. 41 Abs. 1 EGBGB als dogmatisches Fundament der wettbewerbsspezifischen Anknüpfung herangezogen.[1007] Neben diesen Unsicherheiten über die dogmatische Verankerung der wettbewerbsspezifischen Anknüpfung besteht ferner Uneinigkeit über die konkrete Art und Weise der wettbewerbsspezifischen Bestimmung des Begehungsortes. Allerdings scheint der Streit insgesamt eher terminologischer als inhaltlicher Natur zu sein.

Maßgeblich bei der wettbewerbsspezifischen Anknüpfung soll – nach der wiederum überwiegenden Auffassung und zurückgehend auf die Formulierung von *K. Troller*[1008] – der **Ort der wettbewerblichen Interessenkollision** sein, mithin der Marktort, an dem die wettbewerblichen Interessen aufeinander treffen.[1009] Allerdings wird die Interessenkollisionslösung heute nicht mehr im rein individualrechtlichen Sinne eines Aufeinandertreffens der Konkurrenteninteressen verstanden, wie es noch bei *K. Troller* der Fall war, sondern es werden zumeist auch die kollektiven Interessen der Verbraucher und der Allgemeinheit mit einbezogen.[1010] Nach diesem neuen kollisionsrechtlichen Ansatz soll unter Einbeziehung von Verbraucherschutz- und Marktordnungsinteressen genauer auf den Ort der **potentiellen Interessenkollision** abzustellen[1011] und bei der Suche nach dem Schwerpunkt der Interessenkollision nicht nur Konkurrenten-, sondern auch Abnehmer- und Allgemeininteressen zu berücksichtigen sein.[1012] Neuerdings wird die Marktortregel insoweit eingegrenzt, als nur der Markt relevant sei, auf dem zum einen die Marktgegenseite überhaupt beeinflussbar sei, also bei Werbung auch die Möglichkeit der Kenntnisnahme bestehe, und zum anderen ein potentieller Substitutionsdruck auf Konkurrenzprodukte bestehe, also eine Bezugsmöglichkeit des beworbenen Produkts gegeben sei.[1013] 206

[1005] Vgl. *Erman/Hohloch* EGBGB Art. 40 Rn 51; *v. Gamm* UWG Einf A Rn 47; *Lehmler* UWG Einl. Rn 50; *Piper/Ohly/Ohly* UWG Einf. B Rn 14; *Kreuzer* Vorschläge und Gutachten zur Reform des deutschen internationalen Privatrechts der außervertraglichen Schuldverhältnisse S. 232, 274 ff; MünchKomm/*Kreuzer* BGB (3. Aufl.) Art. 38 EGBGB Rn 234; MünchKomm/*Mankowski* UWG IntWettbR Rn 275 ff; *Palandt/Heldrich* EGBGB (67. Aufl.) Art. 40 Rn 1; *Sack* WRP 2000, 269, 272. Allein auf den Erfolgsort abstellend dagegen *Lindacher* WRP 1996, 645, 647.

[1006] *Staudinger/v. Hoffmann* EGBGB Art. 40 Rn 326.

[1007] Vgl. *Staudinger/v. Hoffmann* EGBGB Art. 40 Rn 326; *Thünken* IPRax 2001, 15, 16. Davon ging bereits die Begründung zum RegE, BT-Drucks. 14/343 S. 10, aus. Zur Kritik → Rn 221, sowie *Mankowski* GRUR Int. 1999, 909, 910; MünchKomm/*Mankowski* UWG IntWettbR Rn 273 f.

[1008] *K. Troller* S. 128.

[1009] *Bamberger/Roth/Spickhoff* EGBGB Art. 40 Rn 50; v. *Bar* Rn 695; *Basedow* RabelsZ 59 (1995), 1, 49; *Bernhard* EuZW 1992, 437, 440; *Burmann* DB 1964, 1801, 1804; *Emmerich* WettbR § 4 Nr. 7 a; *Erman/Hohloch* EGBGB Art. 40 Rn 51; *v. Gamm* UWG Einf. A Rn 47; Gloy/Loschelder/*Wilde* § 6 Rn 14; *Hefermehl/Köhler/Bornkamm/Köhler* UWG Einl. Rn 5.6; *Höder* S. 31 ff, 38 und 231 f; *v. Hoffmann* RabelsZ 59 (1995), 377, 382; *Piper/Ohly/Ohly* UWG Einf. B Rn 15; *Kropholler* IPR § 53 VI 1; *Lindacher* WRP 1996, 645, 647; *Mankowski* GRUR Int. 1999, 909, 910; *Mook* S. 48; MünchKomm/*Junker* EGBGB Art. 40 Rn 82 f; MünchKomm/*Mankowski* UWG IntWettbR Rn 157 ff; *Müller-Graff* RabelsZ 48 (1984) 289, 308; *Palandt/Heldrich* EGBGB (67. Aufl.) Art. 40 Rn 11; *Palandt/Thorn* Anh zu EGBGB Art. 6 Rom II Rn 9; *Piper* GRUR 1992, 803, 804; *Reich* RabelsZ 56 (1992), 444, 480; *Spätgens* GRUR 1980, 476.

[1010] Vgl. zB Großkomm/*Schricker* UWG Einl. Rn F 187, dortige Fn 85 und insbesondere Rn F 194; *Höder* S. 31 ff und 231; *Lindacher* WRP 1996, 645, 647; MünchKomm/*Kreuzer* BGB (3. Aufl) Art. 38 EGBGB Rn 240.

[1011] So vor allem *Höder* S. 231; MünchKomm/*Kreuzer* BGB (3. Aufl.) Art. 38 EGBGB Rn 240.

[1012] S. Großkomm/*Schricker* UWG Einl. Rn F 196, der einerseits von dem Markt spricht, „auf den durch die Wettbewerbsmaßnahme eingewirkt wird" und andererseits den kartellrechtlichen Gedanken des § 98 Abs. 2 GWB (jetzt § 130 Abs. 2 GWB) heranziehen möchte.

[1013] *Höder* S. 38 et passim.

207 Andere Vertreter der hM im Schrifttum messen dem **Schwerpunkt** des Wettbewerbsverstoßes bzw. der Interessenbeeinträchtigung statutbestimmende Kraft bei.[1014] Teils wird auf den Ort der **unmittelbaren Interessenbeeinträchtigung,**[1015] teils auf die **Zielrichtung** der Wettbewerbshandlung abgestellt.[1016] Nach anderer Formulierung soll der Ort des **Eingriffs in das geschützte Rechtsgut** bzw. der Ort entscheidend sein, an dem die verletzten Interessen zu lokalisieren sind.[1017] In scheinbar deliktskollisionsrechtlicher Verhaftung wird von einer anderen Auffassung auf den **wettbewerblichen Handlungsort,** also den Ort rekurriert, an dem die Wettbewerbshandlung auf die Marktpartner Einfluss nehmen soll.[1018] Doch sei damit keine Rückkehr zur früheren Rechtsprechung mit einem weit verstandenen Begehungsort gemeint, sondern an dem Ort der Wettbewerbshandlung werde das Interesse des Staates am korrekten Ablauf des Wettbewerbsprozesses berührt.[1019] Von anderen wird auf die **Finalität** der Wettbewerbshandlung abgestellt.[1020] Schließlich sind gewichtige Strömungen innerhalb der hM zu erwähnen, die das maßgebliche Recht nach dem Ort bestimmen, an dem **auf die Marktgegenseite eingewirkt** wird.[1021] Hier treten nach dieser Auffassung die wettbewerblichen Interessen einander gegenüber. Auf Werbemaßnahmen sei das Recht des Werbemarktes, auf Absatzhandlungen das Recht des Absatzmarktes anzuwenden.[1022] Fallen Werbe- und Absatzmarkt auseinander, so kommt danach das Recht des **Werbemarktes** zur Anwendung als das Recht des Ortes, an dem auf die Marktgegenseite eingewirkt wird.[1023] Bei Fehlen eines gezielten Eingriffs weicht diese Ansicht auf das Korrektiv der Prüfung eines **Spürbarkeitskriteriums** aus.[1024] Demzufolge sei nur das Recht derjenigen Länder zu beachten, in dem die Werbemaßnahmen spürbar werden.[1025]

208 Ungeachtet der von den einzelnen Vertretern der hM getroffenen feinen Differenzierungen kann folgende Grundlinie festgehalten werden. Die Interessenkollision wird anhand der Mitbewerberinteressen, der Interessen sonstiger Marktbeteiligter, wie der Abnehmer, sowie unter Einbeziehung des Interesses der Allgemeinheit an einem unverfälschten Wettbewerb als Institution festgestellt.[1026] Die der veränderten **Schutzrichtung** des Rechts des unlauteren Wettbewerbs entsprechende Einbeziehung kollektiver Abnehmerinteressen und der Allgemeininteressen am Bestand des Wettbewerbs wird von der hM im Schrifttum insbesondere in der Weise berücksichtigt, dass nicht auf die Verletzung subjektiver Mitbewerberrechte abgestellt, sondern der Verstoß gegen objektive wettbewerbsrechtliche Verhaltensnormen als Maßstab herangezogen wird. Dementsprechend soll es für die Anwendung

---

[1014] *Binder* RabelsZ 20 (1955), 401, 467; *Wirner* S. 106 ff.

[1015] So *Mosing* S. 3.

[1016] So zB *Knopp* AWD 1962, 183, 184; *Schikora* S. 250 f.

[1017] *Bär* S. 36 f; *Beitzke* JuS 1966, 139, 143.

[1018] *Kreuzer* Vorschläge und Gutachten zur Reform des deutschen internationalen Privatrechts der außervertraglichen Schuldverhältnisse S. 232, 274 ff; MünchKomm/*Kreuzer* BGB (3. Aufl.) Art. 38 EGBGB Rn 234 und 240.

[1019] MünchKomm/*Kreuzer* BGB (3. Aufl.) Art. 38 EGBGB Rn 240.

[1020] *Hoeren* WRP 1997, 993, 998; *Rüssmann* K&R 1998, 422, 426.

[1021] So vor allem *Bamberger/Roth/Spickhoff* EGBGB Art. 40 Rn 50; *v. Gamm* UWG Einf. A Rn 47; *Lehmler* UWG Einl. Rn 50; MünchKomm/*Drexl* BGB IntUnlWettbR Rn 113; MünchKomm/*Mankowski* UWG IntWettbR Rn 157; *Sack* WRP 2000, 269, 272; *ders.* IPRax 1991, 368, 388 f; *ders.* WRP 1994, 281 f; *ders.* GRUR Int. 1988, 320, 330; *ders.* ÖBl. 1988, 113, 115; *Staudinger/v. Hoffmann* EGBGB Art. 40 Rn 314; ebenso im Grundsatz *Dethloff* S. 69; *dies.* JZ 2000, 179, 181. Großkomm/*Schricker* UWG Einl. Rn F 197, stellt auf die „Einwirkung auf den Schwerpunkt des Interessenkonfliktes" ab.

[1022] *Staudinger/v. Hoffmann* EGBGB Art. 40 Rn 314.

[1023] *Sack* WRP 1994, 281, 282. Ebenso *Ahrens* FS Tilmann S. 739, 751; Großkomm/*Schricker* UWG Einl. Rn F 204; MünchKomm/*Drexl* BGB IntUnlWettbR Rn 114; MünchKomm/*Kreuzer* BGB (3. Aufl.) Art. 38 EGBGB Rn 241; MünchKomm/*Mankowski* UWG IntWettbR Rn 161.

[1024] *Sack* WRP 1994, 281, 282; *Dethloff* NJW 1998, 1596, 1599 ff; *dies.* JZ 2000, 179, 181. S. auch MünchKomm/*Mankowski* UWG IntWettbR Rn 210 ff.

[1025] *Sack* WRP 1994, 281, 282; *ders.* GRUR Int. 1988, 320, 328 f. So für Multistate-Verstöße auch Großkomm/*Schricker* UWG Einl. Rn F 190; *ders.* GRUR Int. 1982, 720, 724.

[1026] Vgl. zB *Deutsch* S. 43 ff; Großkomm/*Schricker* UWG Einl. Rn F 194 ff; MünchKomm/*Kreuzer* BGB (3. Aufl.) Art. 38 EGBGB Rn 243 ff; *Wirner* S. 108 ff.

deutschen Lauterkeitsrechts nicht genügen, wenn nur ein Teilakt des wettbewerbswidrigen Verhaltens in Deutschland stattfindet.[1027] Der Ort, an dem der Wettbewerbsverstoß lediglich vorbereitet wird, ist nach hM für die Bestimmung des anwendbaren Rechts damit nicht entscheidend, soweit diese Vorbereitungshandlung nicht schon selbst Teilstück des Wettbewerbsverstoßes ist und eigenen Unwertcharakter besitzt.[1028] Der Interessenkonflikt beginnt nach dieser Auffassung dort, wo sich die Konkurrenzprodukte begegnen, insbesondere auf dem Markt, auf dem sie vertrieben und beworben werden. Nicht maßgeblich für die kollisionsrechtliche Anknüpfung ist nach der Interessenkollisionslösung der Schadenseintrittsort.[1029] Hier zeigten sich nur die Auswirkungen des wettbewerbswidrigen Verhaltens, die jedoch nicht tatbestandlich seien. Ferner wird zumeist eine wichtige Unterscheidung zwischen marktgerichteten und betriebsbezogenen (bilateralen) Wettbewerbsverstößen getroffen.[1030] Bei ersteren komme die wettbewerbsspezifische Anknüpfung zum Zuge, während bei letzteren in der Regel auf das allgemeine Deliktsstatut zurückzugreifen sei.[1031]

Die **Multistate-Problematik** behandelt die im Schrifttum vorherrschende Meinung konsequent auf dem Boden der Interessenkollisionslösung. Findet eine Wettbewerbshandlung also auf mehreren Märkten statt und liegen damit verschiedene Begehungsorte vor, wie etwa bei Werbung und Absatz von Produkten in mehreren Staaten, so wendet die hM die betroffenen Rechtsordnungen nebeneinander an mit der Folge, dass ein und dieselbe Handlung rechtlich unterschiedlich zu behandeln sein kann.[1032] Die nur unerhebliche Berührung eines Rechts soll allerdings ausgeschieden werden.[1033] Es soll im Allgemeinen eine Spürbarkeitsschwelle zu überschreiten sein.[1034] Das abstrakt-objektive Merkmal der Spürbarkeit soll dabei anhand von tatsächlichen Anhaltspunkten wie der verwendeten Sprache[1035] bei Werbung im Internet und Rundfunk oder des Vertriebsgebiets[1036] bei Printmedien konkretisiert werden. Außerdem soll auch die Vertriebspolitik des Anbieters oder die Währung des angegebenen Preises ein Indiz für eine spürbare Marktbeeinträchtigung bilden.[1037] Insbesondere für den Bereich der Internetwerbung werden allerdings auch Einschränkungen von der Bestimmung nach der Interessenkollisionslösung unter dem Gesichtspunkt der Finalität vorgeschlagen. Danach soll der Ort der wettbewerblichen Interessenkollision im Falle der Internetwerbung überall dort sein, wo die entsprechende **Website bestimmungsgemäß abgerufen** werden kann.[1038] 209

b) Sachnormzweckspezifische Anknüpfung. Nach der von *Deutsch* vertretenen Ansicht ist zur Ermittlung des anwendbaren Rechts zunächst nach der Zielrichtung der ver- 210

[1027] Vgl. MünchKomm/*Kreuzer* BGB (3. Aufl.) Art. 38 EGBGB Rn 240.

[1028] *Ahrens* FS Tilmann S. 739, 750; *Bamberger/Roth/Spickhoff* EGBGB Art. 40 Rn 50; *Sack* WRP 2000, 269, 272.

[1029] *Ahrens* FS Tilmann S. 739, 750; *Hefermehl/Köhler/Bornkamm/Köhler* UWG Einl. Rn 5.12.

[1030] Vgl. *Staudinger/v. Hoffmann* EGBGB Art. 40 Rn 315 ff.

[1031] *Staudinger/v. Hoffmann* EGBGB Art. 40 Rn 326. S. näher → Rn 325 ff.

[1032] *Ahrens* FS Tilmann S. 739, 751; *Hefermehl/Köhler/Bornkamm/Köhler* UWG Einl. Rn 5.8; *Hoth* GRUR Int. 1972, 452; *Lindacher* WRP 1996, 645, 648; MünchKomm/*Kreuzer* BGB (3. Aufl.) Art. 38 EGBGB Rn 248; MünchKomm/*Mankowski* UWG IntWettbR Rn 225 ff; *Sack* WRP 2000, 269, 277 f; *ders.* WRP 1994, 281, 282; *ders.* GRUR Int. 1988, 320, 328; *Staudinger/v. Hoffmann* EGBGB Art. 40 Rn 342.

[1033] MünchKomm/*Kreuzer* BGB (3. Aufl.) Art. 38 EGBGB Rn 248; *Sack* WRP 1994, 281, 282.

[1034] Vgl. *Höder* S. 60 ff; *Mankowski* GRUR Int. 1999, 909, 916 ff; MünchKomm/*Mankowski* UWG IntWettbR Rn 210 ff; *Staudinger/v. Hoffmann* EGBGB Art. 40 Rn 342. S. auch *Ahrens* FS Tilmann S. 739, 752; *Dethloff* NJW 1998, 1596, 1599 f; *Glöckner* ZVglRWiss 99 (2000), 278, 294; Gloy/Loschelder/*Schulte-Beckhausen* § 29 Rn 14; *Hefermehl/Köhler/Bornkamm/Köhler* UWG Einl. Rn 5.8.

[1035] *Dieselhorst* ZUM 1998, 293, 295; *Höder* S. 70 ff und 81; MünchKomm/*Mankowski* UWG IntWettbR Rn 179 ff.

[1036] *Höder* S. 73 f und 82; MünchKomm/*Mankowski* UWG IntWettbR Rn 167 ff.

[1037] Vgl. *Höder* S. 75 f, 78 und 82, der gegenteilige Angaben in sog. Disclaimern bei anderweitiger Bezugsmöglichkeit auf dem entsprechenden Markt für irrelevant hält. Dazu → Rn 303 ff.

[1038] *Palandt/Thorn* Anh zu EGBGB Art. 6 Rom II Rn 10; *Sack* WRP 2000, 269, 277.

letzten wettbewerbsrechtlichen Sachnorm zu fragen. Der jeweilige **materiellrechtliche Normzweck** soll sodann auch auf der Kollisionsrechtsebene maßgeblich sein und zu einer entsprechenden **sachnormzweckspezifischen** Anknüpfung führen.[1039] In den meisten Fällen wird dabei letztlich an das Recht des Marktortes angeknüpft. Dient beispielsweise die verletzte wettbewerbsrechtliche Norm dem Schutz der Abnehmerinteressen, so soll es auf deren Marktzugehörigkeit zum betreffenden Absatzmarkt ankommen.[1040] Richtet sich der Schutzzweck der verletzten Sachnorm auf die Mitbewerbergesamtheit, so kommt es nach dieser Ansicht ebenfalls zur Anwendung des Marktortrechtes.[1041] Geht es hingegen der verletzten Norm allein um den Schutz bestimmter einzelner Wettbewerber, soll das gemeinsame Heimatrecht der Konkurrenten anzuwenden sein. Mittels sachnormzweckspezifischer Anknüpfung berücksichtigt *Deutsch* die materiellrechtlich geschützten Interessen – ähnlich wie die herrschende Interessenkollisionslösung – bereits auf kollisionsrechtlicher Ebene. Im Unterschied zur hM steht hinter der sachnormzweckspezifischen Anknüpfung der Gedanke, eine Wettbewerbsrechtsnorm schütze nur *einen* jeweils bestimmbaren Adressaten. Interessenbündel, wie sie für das Wettbewerbsrecht typisch sind, werden allenfalls insoweit berücksichtigt, als auf ein Rangverhältnis von primär Abnehmerinteressen, nachfolgenden Interessen der Mitbewerbergesamtheit und schließlich Interessen einzelner Konkurrenten abzustellen sei.[1042]

211 c) **Auswirkungsprinzip.** Schon früh kam der Gedanke von einem aus dem Recht des unlauteren Wettbewerbs des UWG und dem Kartellrecht des GWB gebildeten einheitlichen, **allgemeinen Marktordnungsrecht** auf.[1043] Der Gedanke basiert auf der Vorstellung, dass das Marktgefüge auch durch einen lauterkeitsrechtlichen Verhaltensverstoß gestört werden kann und daher Lauterkeitsrecht und Kartellrecht zur Ordnung des Marktgefüges insgesamt ineinander greifen. Entscheidend ist regelmäßig die Auswirkung einer Wettbewerbshandlung auf den Gesamtorganismus des Marktes. Lauterkeitsrecht und Kartellrecht erfüllen damit dieselbe Funktion und schützen lediglich aus unterschiedlicher, jedoch komplementärer Richtung. Das für das Internationale Kartellrecht geltende Auswirkungsprinzip, welches früher in § 130 Abs. 2 GWB normiert war und nun in Art. 6 Abs. 3 Rom II-VO zu finden ist, soll daher zur Herstellung inneren Entscheidungseinklangs auch auf das Kollisionsrecht des unlauteren Wettbewerbs Anwendung finden.[1044] Der materielle Gleichlauf müsse entsprechend in kollisionsrechtlicher Hinsicht berücksichtigt werden.[1045] Nach diesem Ansatz ist bei der Anknüpfung unlauteren Wettbewerbshandelns also auf die **Auswirkungen** des unlauteren Verhaltens **auf den Markt** abzustellen.

212 Dieser Grundgedanke eines den Anwendungsbereich von UWG und GWB implizierenden Marktordnungsrechts ist jüngst wieder verstärkt aufgegriffen worden.[1046] *Fezer* und *Koos* gehen dabei am weitesten, wenn sie eine generelle Abwendung des Lauterkeitsstatuts vom Deliktsstatut wie auch der Anknüpfung nach der Interessenkollisionslösung zugunsten

---

[1039] *Deutsch* S. 43 ff; *ders.* RabelsZ 27 (1962), 180, 181; zustimmend *Ahrens* JZ 1987, 471, 473.

[1040] *Deutsch* S. 47.

[1041] *Deutsch* S. 48.

[1042] *Deutsch* S. 47; ähnlich auch *Briem* S. 36.

[1043] So etwa *Bär* S. 371, 375; *Lichtenstein* NJW 1964, 1208, 1213; *Wengler* RabelsZ 19 (1954), 401, 415 f.

[1044] Vgl. *Koos* EuLF 2006, II-73 f; sowie (noch zu § 98 Abs. 2 GWB aF) *Fezer* GRUR Int. 1990, 551, 563; *Kort* GRUR Int. 1994, 594, 598 f; *Tilmann* GRUR 1990, 87, 88; *Trutmann* S. 182 f; *Weber* S. 188 ff; *Wengler* RabelsZ 19 (1954), 401, 415 ff.

[1045] So auch *Harte/Henning/Glöckner* UWG Einl. C Rn 104 f.

[1046] S. *Staudinger/Fezer/Koos* IntWirtschR Rn 452 ff, 463 ff und 491 ff; *Koos* EuLF 2006, II-73 f. Ähnlich, aber grundsätzlich nur für Verletzung wettbewerblicher Kollektivinteressen *Beater* § 31 Rn 11 und 36; s. auch Großkomm/*Schricker* UWG Einl. Rn F 165 und F 209 ff; *Harte/Henning/Glöckner* UWG Einl. C Rn 100 ff; *Kort* GRUR Int. 1994, 594, 599 f; *Regelmann* S. 123 ff; *Schricker* GRUR Int. 1982, 720, 723 ff; zustimmend auch *Prütting/Wegen/Weinreich/Schaub* EGBGB Art. 40 Rn 22; für das schweizerische Recht *Glöckner* ZVglRWiss 99 (2000), 278, 284 ff.

einer Hinwendung zum kartellrechtlichen Auswirkungsprinzip fordern.[1047] Das Lauterkeitsrecht habe sich zu einem Schutzgesetz der Wettbewerbsordnung entwickelt, das durch das System der **Schutzzwecktrias** gekennzeichnet sei. Grundprämissen sind nach dieser Auffassung zum einen die gleichrangige Berücksichtigung sowohl der Konkurrenten- als auch der Verbraucherinteressen und der Interessen der Allgemeinheit, zum anderen das Bestehen eines integrativen Schutzzwecksystems mit einer gegenseitigen Abhängigkeit und funktionalen Verschränkung der einzelnen Schutzzwecke, die zu einer Synthese aus subjektivrechtlich-individualschützender und institutioneller Schutzrichtung führe.[1048] Zu dieser Entwicklung passe das lauterkeitsrechtliche Auswirkungsprinzip wegen seiner konsequent objektivistischen Ausprägung insgesamt besser als die eher konkurrenten- und deliktsrechtlich orientierte Interessenkollisionslösung, selbst in Form der Einwirkungstheorie.[1049] Konsequenz ist, dass wegen der Beachtlichkeit der Auswirkung eines Wettbewerbsverhaltens verstärkt auch der Absatzmarkt in den Vordergrund der kollisionsrechtlichen Anknüpfung rückt.[1050] Einschränkend und grundsätzlich nur auf die Fälle der Marktstörung bezogen hatte sich bereits zuvor *Schricker* für eine entsprechende Anwendung des kartellrechtlichen Auswirkungsprinzips ausgesprochen.[1051] Von den Vertretern dieser nur eingeschränkten Anwendung des Auswirkungsprinzips wird allerdings unter der Auswirkung teilweise auch die *Einwirkung* auf die Marktgegenseite verstanden[1052] oder auf den Ort abgestellt, an dem das Verhalten den Wettbewerb unter Konkurrenten oder den Entscheidungsprozess von Kunden oder Lieferanten „beeinflusst bzw. zu beeinflussen geeignet ist".[1053] Die kollisionsrechtliche Grenze soll nach der Ansicht von *Beater* entlang der bereits bisher im Schrifttum bestehenden Trennlinie zwischen betriebs- und marktbezogenen Wettbewerbshandlungen verlaufen, wobei auf erstere das Deliktsstatut, auf letztere das Kartellrechtsstatut anzuwenden sei.[1054] Die Übertragung des kartellrechtlichen Auswirkungsprinzips wird allerdings unabhängig von den aufgezeigten Strömungen innerhalb dieser Auffassung von den Befürwortern dieser Lösung nur mit mehr oder weniger starken Modifikationen vorgenommen. Eine wichtige Veränderung des auf das Lauterkeitsstatut übertragenen kartellrechtlichen Auswirkungsprinzips gemäß § 130 Abs. 2 GWB ist dessen Ausbau zu einer allseitigen Kollisionsnorm. Während § 130 Abs. 2 GWB nach bisher hM als einseitige Kollisionsnorm zu verstehen ist,[1055] soll dies für das Lauterkeitsrecht nicht gelten.[1056] Zudem wird der Begriff der Auswirkung in der Weise näher konkretisiert, dass es zB nur auf die Auswirkung auf den Absatzmarkt ankommen solle[1057] oder nur unmittelbare Auswirkungen maßgeblich sein sollen.[1058] Auch vor dem Hintergrund der Vergemeinschaftung des Wettbewerbskollisionsrechts durch die Rom II-VO wird an der Auswirkungstheorie festgehalten.[1059]

Die Anwendung des Auswirkungsprinzips führt im Rahmen der **Multistate-Problematik** zu dem Ergebnis, dass die Auswirkung auf mehrere Märkte möglich ist.[1060] Es tritt also eine Häufung der Statute ein, so dass sich ein international agierendes Unternehmen faktisch an dem jeweils strengsten Wettbewerbsrecht der jeweils betroffenen Märkte orien- 213

1047 *Staudinger/Fezer/Koos* IntWirtschR Rn 463ff; *Koos* EuLF 2006, II-73f; *ders.* WRP 2006, 499, 504ff.
1048 *Koos* WRP 2006, 499, 504.
1049 *Koos* WRP 2006, 499, 506.
1050 Vgl. zB *Koos* WRP 2006, 499, 503 und 506.
1051 Großkomm/*Schricker* UWG Einl. Rn F 165 und F 209ff. So nun auch *Beater* § 31 Rn 11 und 36ff.
1052 Großkomm/*Schricker* UWG Einl. Rn F 196.
1053 *Beater* § 31 Rn 36.
1054 S. *Beater* § 31 Rn 11.
1055 Vgl. etwa MünchKomm/*Immenga* BGB IntWettbR/IntKartR Rn 22. Für einen allseitigen Ausbau zB *Bär* FS Moser S. 143, 171ff; *Martinek* S. 38ff; *Staudinger/Fezer/Koos* IntWirtschR Rn 100ff.
1056 *Koos* EuLF 2006, II-73, 74; *Staudinger/Fezer/Koos* IntWirtschR Rn 447ff.
1057 *Wengler* RabelsZ 19 (1954), 401, 416.
1058 In diesem Sinne *Regelmann* S. 129f.
1059 Vgl. *Harte/Henning/Glöckner* UWG Einl. C Rn 112; *Staudinger/Fezer/Koos* IntWirtschR Rn 384.
1060 *Staudinger/Fezer/Koos* IntWirtschR Rn 481.

tieren muss.[1061] Zur Einschränkung wird das Spürbarkeitskriterium herangezogen oder ein Günstigkeitsvergleich zugelassen.[1062]

214 **d) Territorialitäts- und Schutzlandprinzip.** Eine andere Auffassung in der Literatur[1063] folgert aus der nahen sachrechtlichen Verwandtschaft von Lauterkeits- und Immaterialgüterrecht die **Übertragbarkeit des Immaterialgüterrechtsstatuts** auf internationalwettbewerbsrechtliche Sachverhalte. Das Internationale Lauterkeitsrecht wird damit als Teilbereich des aus Internationalem Immaterialgüterrecht, Kartellrecht und Lauterkeitsrecht gebildeten einheitlichen Normenkomplexes betrachtet. Dabei soll für das so verstandene Internationale Wettbewerbsrecht nur die Entwicklung von *einseitigen* Kollisionsnormen in Betracht kommen und sich der Schutz gegen unlauteren Wettbewerb „nach dem Recht desjenigen Landes (richten), für dessen Territorium der Verletzte den Schutz gegen diesen Wettbewerb in Anspruch nimmt".[1064] Es kommt danach also das immaterialgüterrechtliche **Territorialitätsprinzip,** mithin das Recht des Schutzlandes, zur Anwendung. Die Bestimmung des Geltungsbereichs einer Wettbewerbsnorm außerhalb des Territoriums soll „nach dem materiellen Zweck derjenigen Norm (erfolgen), auf Grund derer der Anspruchsteller diesen außerterritorialen Schutz begehrt".[1065] Damit kann der Anknüpfungsvorschlag mit der Rechtsprechung des BGH in der „Stahlexport"-Entscheidung zur extraterritorialen Geltung deutscher Wettbewerbsnormen infolge der Anknüpfung an das gemeinsame Heimatstatut konform gehen.[1066]

215 **e) Kombinierte Anknüpfungsmodelle.** In jüngerer Zeit werden angesichts der unterschiedlichen Interessenlage kombinierte Anknüpfungsmodelle vorgeschlagen, die zum einen die Interessenkollisionslösung grundsätzlich mit dem **kartellrechtlichen Auswirkungsprinzip** verbinden wollen[1067] und zum anderen für die Multistate-Problematik die ansonsten befürwortete Interessenkollisionslösung durch das gemeinschaftsrechtliche Herkunftslandprinzip ablösen wollen.[1068] Der erste Vorschlag wurde bereits im Rahmen des Auswirkungsprinzips behandelt. Der zweite Vorschlag bettet sich ein in den gemeinschaftsrechtlichen Kontext einer Favorisierung des Herkunftslandprinzips.[1069] Insbesondere *Dethloff* fordert eine Sonderanknüpfung an das Recht des Herkunftslandes, sobald eine Einwirkung auf den Herkunftsmarkt und den Markt mindestens eines weiteren Mitgliedstaates der Europäischen Union stattfindet.[1070] Der Vorschlag einer **Sonderanknüpfung an das Herkunftslandprinzip** ist dabei nicht auf die Online-Werbung der als Vorbild herangenommenen E-Commerce-Richtlinie beschränkt, sondern soll erweitert werden auf sämtliche Arten **unteilbarer Multistate-Verstöße** bzw. Wettbewerbshandlungen in Medien mit grenzüberschreitender Verbreitung innerhalb der Europäischen Union.[1071] Für alle anderen Wettbewerbshandlungen mit Auslandsberührung soll es bei der herrschenden Marktortanknüpfung auf dem Boden der Interessenkollisionslösung bleiben. Die partielle Herkunftslandanknüpfung vermeide die Schwächen der Marktortregel im Bereich des Multistate-Wettbewerbs, wie etwa die Gefahr des Heimwärtsstrebens und des forum shopping, und

---

[1061] *Baudenbacher* GRUR Int. 1988, 310, 318; *Staudinger/Fezer/Koos* IntWirtschR Rn 481; *Wengler* RabelsZ 19 (1954), 401, 417, 421 f.

[1062] *Staudinger/Fezer/Koos* IntWirtschR Rn 481 f.

[1063] So vor allem *Sandrock* GRUR Int. 1985, 507, 512 und 522; *A. Troller* IntEncComL III Ch. 34 (1980), Nr. 14, 16.

[1064] S. den Formulierungsvorschlag einer allgemeinen Kollisionsnorm bei *Sandrock* GRUR Int. 1985, 507, 522.

[1065] So der Formulierungsvorschlag bei *Sandrock* GRUR Int. 1985, 507, 522.

[1066] Dies hebt auch *Sandrock* GRUR Int. 1985, 507, 522, hervor, ohne Kritik an dieser Rechtsprechung zu üben.

[1067] Diesen Vorschlag einer einfachen Zweiteilung unterbreitet *Beater* § 31 Rn 11 und 18 ff. Dazu bereits → Rn 212.

[1068] So insbesondere *Dethloff* S. 283 ff.

[1069] Insbesondere → Rn 121 ff und 128 ff.

[1070] *Dethloff* S. 283 ff, 292 ff; *dies.* JZ 2000, 179, 182 f; ähnlich jetzt auch *Thünken* S. 207 ff, 230 ff. Ablehnend zB *Wagner* IPRax 2006, 372, 381.

[1071] *Dethloff* S. 285.

stehe im Einklang mit der europarechtlichen Weichenstellung. Für den Vorschlag spricht zunächst die große Praktikabilität, mit der die Multistate-Problematik gelöst wird. Allerdings zementiert diese Lösung die Kollisionsrechtsspaltung, die bereits durch das Herkunftslandprinzip der E-Commerce-Richtlinie für den Online-Verkehr andere Maßstäbe anlegt als für den Offline-Verkehr.[1072]

f) Materiellrechtliche Lösungen. Neben den kollisionsrechtlichen Ansätzen zur Lösung von internationalwettbewerbsrechtlichen Sachverhalten werden im Schrifttum auch Lösungsansätze vertreten, die außerhalb des Kollisionsrechts stehen und im materiellen Recht wurzeln. So plädiert *Steindorff* für die Bildung eigener **Sachnormen für internationale Wettbewerbssachverhalte.**[1073] Diese speziellen internationalen und von der einzelnen nationalen Rechtsordnung abgehobenen Sachnormen sollen für das Wettbewerbsrecht im internationalen Kontext in Form von Generalklauseln einen Interessenausgleich herbeiführen, der die unterschiedlichen Wertungen der kollidierenden Rechtsordnungen unter ökonomischen und sozialen Zweckmäßigkeitserwägungen berücksichtigt.[1074] Eine Unterstellung internationaler Wettbewerbssachverhalte unter eine einzelne Rechtsordnung ist nach dieser Ansicht ausgeschlossen. Demgegenüber seien die von einer Wettbewerbshandlung betroffenen nationalen Rechtsordnungen auf ihre entsprechenden wettbewerbsrechtlichen Regelungen hin zu untersuchen und nach dem zahlenmäßigen Überwiegen eines konkreten Regelungsergebnisses zu fragen, welches nach dieser Auffassung letztlich auch international durchgreifen soll.[1075] 216

Auch *Joerges* bewegt sich mit seinem Vorschlag der **Berücksichtigung von staatlichen Rechtsanwendungsinteressen** außerhalb der klassischen Anknüpfungsprinzipien. Sein Vorschlag geht dahin, die Bestimmung des auf Wettbewerbshandlungen mit Auslandsbezug anwendbaren Rechts anhand des jeweiligen Rechtsanwendungsinteresses der beteiligten Staaten vorzunehmen.[1076] Diesem Ansatz liegt der Gedanke zugrunde, dass bei einem internationalen Wettbewerbssachverhalt eine Kollision regulativer, sozialpolitischer und ökonomischer Zielvorstellungen der betroffenen Rechtsnormen und damit der staatlichen Rechtsanwendungsinteressen bestehe. Daher bestimme sich der internationale Geltungsbereich einer nationalen Wettbewerbsnorm nach den Rechtsanwendungsinteressen des normsetzenden Staates in Abwägung zu den sozial- und wirtschaftspolitischen Rechtsanwendungsinteressen des anderen von der Wettbewerbshandlung betroffenen Staates.[1077] 217

4. Kritische Würdigung der Anknüpfungsmodelle

a) Materiell- oder kollisionsrechtliche Lösung? Mangels hinreichender internationaler Standards wettbewerbsrechtlicher Regelungen, die einen internationalwettbewerbsrechtlichen Sachverhalt auf Sachrechtsebene lösen könnten, ist eine kollisionsrechtliche Lösung bislang vorzuziehen. Das gilt auch und gerade vor dem Hintergrund des durch die Umsetzung der Lauterkeitsrichtlinie erreichten Harmonisierungsstands auf Sachrechtsebene einerseits und der Vergemeinschaftung des Wettbewerbskollisionsrechts andererseits. Damit muss die Bildung eigener Sachnormen für das internationale Wettbewerbsrecht, wie sie von *Steindorff* vorgeschlagen wird, noch immer als unpraktikabel ausscheiden.[1078] Zum gegenwärtigen Zeitpunkt fehlt es hier an ausreichender Anknüpfungssicherheit.[1079] Gleiches 218

1072 Dazu → Rn 145. Kritisch insgesamt auch *Höder* S. 204 ff.
1073 *Steindorff* S. 128 ff.
1074 *Steindorff* S. 187.
1075 Vgl. *Steindorff* S. 186.
1076 *Joerges* RabelsZ 36 (1972), 421, 468 und 472.
1077 *Joerges* RabelsZ 36 (1972), 421, 469.
1078 Ebenso *Deutsch* S. 41; MünchKomm/*Kreuzer* BGB (3. Aufl.) Art. 38 EGBGB Rn 234; *Staudinger/Fezer/Koos* IntWirtschR Rn 452; *Wirner* S. 105.
1079 *Staudinger/v. Hoffmann* EGBGB Art. 40 Rn 305.

gilt für den Vorschlag von *Joerges,* der jeweils eine schwierige Überprüfung von staatlichen Rechtsanwendungsinteressen der beteiligten Staaten erforderlich macht.[1080]

219 **b) Ausgangspunkt der allgemeinen Bestimmung des Lauterkeitsstatuts und Konsequenz für die traditionelle deliktsrechtliche Zuordnung.** Ausgangspunkt einer kritischen Würdigung der im Schrifttum vertretenen Anknüpfungsmodelle haben die Spezifika des Wettbewerbsrechts zu sein. Dabei geht es um die bei der Anknüpfung zu beachtenden Interessen, die aus dem Schutzzweck des Wettbewerbsrechts resultieren. Das materielle Wettbewerbsrecht impliziert eine **Schutzzwecktrias.** Es schützt mit seinem Regelungskanon gemäß § 1 nicht nur den konkret betroffenen **Mitbewerber,** sondern gleichfalls sämtliche sonstigen Marktteilnehmer, also insbesondere potentielle Abnehmer und **Verbraucher** sowie die **Allgemeinheit** in ihrem Interesse an der Funktionsfähigkeit eines unverfälschten Leistungswettbewerbs und dem Schutz der Wettbewerbsordnung insgesamt.[1081]

220 Das wettbewerbsrechtliche Regelungsinstrumentarium unterscheidet sich damit deutlich vom deliktsrechtlichen. Während das Deliktsrecht allein die Opferentschädigung mittels Zuerkennung eines Schadensersatzanspruchs im Zweipersonenverhältnis zwischen Täter und Opfer bezweckt, dient das Wettbewerbsrecht in erster Linie dazu, das Verhalten der am Marktgeschehen teilnehmenden Wettbewerber zu lenken.[1082] Die Konsequenz dieser **Lenkungsfunktion** zeigt sich auch in der Struktur wettbewerbsrechtlicher Normen. Sie sind nicht als Schadensersatzbestimmungen, sondern als Verbotsnormen ausgestaltet, die mit Hilfe von Unterlassungsbegehren realisiert werden. Anders als im Internationalen Deliktsrecht ist also bei der kollisionsrechtlichen Anknüpfung von Wettbewerbsverstößen nicht zu fragen, welches Recht über die Gewährung eines Schadensersatzanspruchs zu befinden hat, den ein bestimmter Verletzter gegen den Schädiger in einem konkreten Einzelfall haben soll. Im Internationalen Lauterkeitsrecht hat die anzuwendende Rechtsordnung vielmehr darüber zu entscheiden, ob das betreffende Wettbewerbsverhalten auf einem bestimmten Markt überhaupt zu dulden ist. Wettbewerbsrechtsnormen geht es also weniger um Restitution als um Prävention.[1083] Dabei stehen sich nicht nur die Interessen von Verletzer und Verletztem gegenüber, sondern es sind die Interessen aller am Marktgeschehen Beteiligten, aber auch das Allgemeininteresse am Bestehen eines unverfälschten Wettbewerbs als Institution gegeneinander abzuwägen. Im Gegensatz zum Internationalen Deliktsrecht sind demnach **individuelle Drittinteressen**[1084] wie auch **öffentliche Interessen**[1085] bei der Behandlung von lauterkeitsrechtlichen Fallgestaltungen zu berücksichtigen. Derartige Dritt- und Allgemeininteressen bleiben im Internationalen Deliktsrecht bei der dort erfolgenden Anknüpfung an den Begehungsort jedoch unbeachtet. Eine Zuordnung des Internationalen Wettbewerbsrechts zum allgemeinen, in den Art. 40ff EGBGB bzw. nun in Art. 4 Rom II-VO normierten Internationalen Deliktsrecht auf der Basis des traditionellen Wettbewerbsrechtsverständnisses kommt damit nicht in Betracht.[1086] Wegen der Unterschiede zwischen Deliktsrecht und Wettbewerbsrecht auf materiellrechtlicher Ebene[1087] ist vielmehr auch auf kollisionsrechtlicher Ebene das internationale Lauterkeitsrecht vom internationalen Deliktsrecht zu trennen.[1088]

1080 Ablehnend auch *Staudinger/Fezer/Koos* IntWirtschR Rn 452.

1081 Vgl. zur Schutzzwecktrias bereits *Dethloff* S. 60; Stellungnahme *MPI* GRUR Int. 1985, 104, 107. Auch → Rn 21f.

1082 Nach *Baumbach/Hefermehl* UWG (22. Aufl.) Einl. Rn 57, ist das Wettbewerbsrecht „Marktverhaltensrecht".

1083 *Staudinger/v. Hoffmann* EGBGB Art. 40 Rn 311.

1084 *Dethloff* S. 60; *Kreuzer* Vorschläge und Gutachten zur Reform des deutschen internationalen Privatrechts der außervertraglichen Schuldverhältnisse S. 232, 274; *Schricker* GRUR Int. 1977, 453; *Staudinger/v. Hoffmann* EGBGB Art. 40 Rn 304 und 311; *Wirner* S. 98ff.

1085 *Staudinger/v. Hoffmann* EGBGB Art. 40 Rn 304.

1086 Bereits → Rn 37 und 63ff. Eine Berufung auf die „Tradition" der deliktischen Einordnung hält auch *Höder* S. 105f, für verfehlt und fordert eine Loslösung vom Deliktsstatut.

1087 So zutreffend Großkomm/*Schricker* UWG Einl. Rn F 194.

1088 Ebenso *Briem* S. 40f; *Deutsch* S. 27; *Dethloff* S. 60f; Großkomm/*Schricker* UWG Einl. Rn F 168 und 194ff; Großkomm/*Schünemann* UWG Einl. Rn E 64f; *Höder* S. 27f und 30f; *Sack* GRUR Int. 1988, 320,

Schon im bisherigen Kollisionsrecht war es angesichts der sich am Beispiel der Trennung von Handlungs- und Erfolgsort in Art. 40 EGBGB oder der Rechtswahlmöglichkeit nach Art. 42 EGBGB zeigenden im Grundsatz für internationalwettbewerbsrechtliche Sachverhalte **unpassenden Regelung in den Art. 40ff EGBGB** angezeigt, vollständig auf eine dogmatische Anlehnung an das Deliktsstatut nach Art. 40ff EGBGB zu verzichten. Die von einem Teil der herrschenden Lehre praktizierte dogmatische Verortung des Wettbewerbsstatuts in der Ausweichklausel des Art. 41 Abs. 1 EGBGB stieß ebenfalls auf grundlegende, systematische Bedenken. Die Ausweichklausel des Art. 41 Abs. 1 EGBGB dient der Abweichung von den in den Art. 38 bis 40 EGBGB typisierten Anknüpfungsregeln und erlaubt die Anwendung eines anderen Rechts, mit dem der zu beurteilende Sachverhalt eine wesentlich engere Verbindung aufweist.[1089] Voraussetzung dieser Ausnahmebestimmung ist in jedem Fall, dass die Anknüpfungsregeln der Art. 38 bis 40 EGBGB überhaupt zunächst ein konkretes Recht zur Anwendung berufen, zu dem nur vordergründige Beziehungen bestehen und von dem zugunsten eines sachnäheren Rechts abgewichen werden darf. Art. 40 Abs. 1 und 2 EGBGB waren indessen gerade nicht geeignet, für einen wettbewerbsrechtlichen Sachverhalt unter angemessener Berücksichtigung der Schutzzweckinteressen ein konkret anwendbares Recht zu berufen.[1090] Zur generellen Korrektur einer nicht unter Art. 40 EGBGB subsumierbaren Anknüpfungsregel für besondere „Deliktstypen" konnte Art. 41 EGBGB jedoch nicht herangezogen werden.[1091] Auch die Wertungsübertragung aus der parallelen für das Internationale Vertragsrecht geltenden Ausweichklausel des Art. 28 Abs. 5 EGBGB bzw. Art. 4 Abs. 3 Rom I-VO half nicht weiter,[1092] da unabhängig von der Diskussion um das Regel-Ausnahmeverhältnis zu Art. 28 Abs. 2 bis 4 EGBGB bzw. nun Art. 4 Abs. 2 Rom I-VO jedenfalls eine vertragskollisionsrechtliche Anknüpfung erforderlich ist, bei der wettbewerbskollisionsrechtlichen Anknüpfung die deliktskollisionsrechtliche Einordnung aber gerade zweifelhaft ist. Die Anwendung der Ausweichklausel kommt daher schon vom Ansatz her nicht in Frage.[1093] Das bei der Reform des deutschen Kollisionsrechts für außervertragliche Schuldverhältnisse im Jahr 1999 trotz einzelner Formulierungsvorschläge unberücksichtigt gebliebene Wettbewerbsrecht verlangt damit eine eigene, auf die Besonderheiten des unlauteren Wettbewerbs zugeschnittene Anknüpfungsregel, die mit Art. 6 Abs. 1 Rom II-VO nun auf europäischer Ebene geschaffen wurde. 221

c) Sachnormzweckspezifische Anknüpfung. Die sachnormzweckspezifische Anknüpfung beachtet zutreffend die wettbewerbsrechtlichen materiellrechtlichen Interessen auf der Kollisionsrechtsebene. Allerdings gelingt es ihr nicht, die typischen **Interessenbündel,** also die gleichzeitige Betroffenheit etwa von Abnehmer- und Wettbewerberinteressen, zu fassen. Wettbewerbshandlungen beeinträchtigen typischerweise nicht nur einseitig Interessen eines Adressatenkreises, sondern betreffen regelmäßig mehrere Interessen und vor allem das Interesse der Allgemeinheit am Bestand eines funktionsfähigen Leistungswettbewerbs.[1094] Die auf ein Rangverhältnis der Interessen abstellende Anknüpfung[1095] widerspricht der Gleichrangigkeit[1096] der wettbewerbsrechtlichen Schutzzwecke, die nun auch in der Schutzzweckklausel des § 1 zum Ausdruck kommt. Wesentliches Argument gegen eine Differenzierung nach dem Sachnormzweck, also dem jeweiligen materiellrechtlich geschützten Interesse, auf das eine Wettbewerbshandlung abzielt, ist außerdem die fehlende 222

330; *Staudinger/Fezer/Koos* IntWirtschR Rn 351; *Staudinger/v. Hoffmann* EGBGB Art. 40 Rn 304. So bereits die Stellungnahme *MPI* GRUR Int. 1985, 104, 107.

1089 So grundsätzlich *Bamberger/Roth/Spickhoff* EGBGB Art. 41 Rn 1. S. auch *Mankowski* GRUR Int. 1999, 909, 910; *Palandt/Thorn* EGBGB Art. 40 Rn 7.

1090 → Rn 63f.

1091 So auch *Mankowski* GRUR Int. 1999, 909, 910.

1092 So aber *Staudinger/v. Hoffmann* EGBGB Art. 40 Rn 326.

1093 Kritisch auch *Dethloff* S. 64; *Mankowski* GRUR Int. 1999, 909, 910.

1094 So auch *Staudinger/Fezer/Koos* IntWirtschR Rn 453; *Staudinger/v. Hoffmann* EGBGB Art. 40 Rn 306.

1095 *Deutsch* S. 46f.

1096 Vgl. nur *Lindacher* WRP 1996, 645. Auch → Rn 22.

Beachtung des **Allgemeininteresses** an der Institution einer durch unverfälschten Leistungswettbewerb gekennzeichneten Wettbewerbsordnung. Denn da der Schutzzweck, unlauteren Wettbewerb insgesamt zu unterbinden bzw. den Bestand einer funktionierenden Wettbewerbsordnung zu garantieren, jeder wettbewerbsrechtlichen Sachnorm wesensimmanent ist, muss die Beachtung dieses Schutzzwecks als kollisionsrechtliches Differenzierungskriterium hier untauglich sein.[1097] Schwierigkeiten entstehen bei der sachnormzweckspezifischen Anknüpfung auch dann, wenn nicht genau bestimmt werden kann, ob eine Sachnorm des Wettbewerbsrechts primär den Schutz von Abnehmern oder von Wettbewerbern im Blick hat.[1098] Regelmäßig wird die Wettbewerbsnorm sowohl Wettbewerber als auch Abnehmer bzw. Verbraucher schützen wollen. Dann aber kann bei einem Auseinanderfallen der Anknüpfungspunkte die für die kollisionsrechtliche Beurteilung maßgebliche Rechtsordnung nicht ausgemacht werden. Wegen dieser Unsicherheiten bei der Bestimmung des zur Anwendung berufenen Rechts ist die sachnormspezifische Anknüpfung wettbewerbsrechtlicher Sachverhalte im Ergebnis abzulehnen.[1099]

223 **d) Territorialitäts- und Schutzlandprinzip.** Die Anknüpfung an das Territorialitäts- bzw. Schutzlandprinzip beruht nach Meinung der Befürworter dieser Anknüpfungsmethode auf der sachlichen Ähnlichkeit von Immaterialgüterrechten und Wettbewerbsrecht, die daher rührt, dass das Wettbewerbsrecht den Gewerblichen Rechtsschutz ergänzt und begrenzt.[1100] Die Verfechter dieses Anknüpfungsansatzes verkennen jedoch die erheblichen konzeptionellen Unterschiede zwischen beiden Rechtsmaterien. Immaterialgüterrechte gewähren absolut geschützte Rechtspositionen, die ihrem jeweiligen individuellen Rechtssubjekt ausschließlich zugewiesen sind. Demgegenüber schützt das Wettbewerbsrecht **keine absoluten Rechtspositionen** und **Ausschließlichkeitsrechte,** sondern die Interessen sämtlicher am Marktgeschehen beteiligten Personen.[1101] Da keine subjektiven Rechtspositionen verliehen werden, kennt das Wettbewerbsrecht auch kein im immaterialgüterrechtlichen Sinne zu lokalisierendes Schutzland. Obgleich es wünschenswert ist, verwandte Rechtsgebiete zur Vermeidung von Wertungswidersprüchen einer einheitlichen kollisionsrechtlichen Anknüpfung zu unterwerfen, streitet doch die Unsicherheit des Anknüpfungsmoments gegen eine Übertragung des immaterialgüterrechtlichen Schutzlandprinzips auf das Internationale Lauterkeitsrecht, so dass eine Übertragung des Territorialitätsprinzips auf das Internationale Lauterkeitsrecht insgesamt abzulehnen ist.[1102]

224 **e) Wettbewerbsspezifische Anknüpfung nach der Marktortregel contra Auswirkungsprinzip.** Zur Lösung wettbewerbskollisionsrechtlicher Sachverhalte am besten geeignet scheint eine **wettbewerbsspezifische Anknüpfung.** Die grundsätzliche konzeptionelle Offenheit dieser Anknüpfungsmethode vermeidet die vorgenannten Friktionen bei Übernahme des Deliktsstatuts, aber auch bei der nicht unverändert möglichen Übertragung des kartellrechtlichen Auswirkungsprinzips in das Internationale Lauterkeitsrecht. Eine wettbewerbsspezifische Anknüpfung, die auf der Grundlage der Interessenkollisionslösung danach fragt, wo sich die im Leistungswettbewerb zu beachtenden Interessen bündeln, und dort den Markt lokalisiert, berücksichtigt die Besonderheiten des unlauteren Wettbewerbs in optimaler Weise und kann den Paradigmenwechsel in der Schutzrichtung

---

[1097] Ähnlich *Staudinger/v. Hoffmann* EGBGB Art. 40 Rn 306.

[1098] Kritisch auch *Kreuzer* Vorschläge und Gutachten zur Reform des deutschen internationalen Privatrechts der außervertraglichen Schuldverhältnisse S. 232, 273; *Staudinger/v. Hoffmann* EGBGB Art. 40 Rn 306.

[1099] So auch *Kreuzer* Vorschläge und Gutachten zur Reform des deutschen internationalen Privatrechts der außervertraglichen Schuldverhältnisse S. 232, 273; *Staudinger/Fezer/Koos* IntWirtschR Rn 453; *Staudinger/v. Hoffmann* EGBGB Art. 40 Rn 306.

[1100] → Rn 33 ff.

[1101] *Staudinger/v. Hoffmann* EGBGB Art. 40 Rn 307. Zum Schutzzweck des Wettbewerbsrechts → Rn 22.

[1102] So auch *Staudinger/v. Hoffmann* EGBGB Art. 40 Rn 307; ablehnend ferner Großkomm/*Schricker* UWG Einl. F Rn 162; *Kreuzer* Vorschläge und Gutachten zur Reform des deutschen internationalen Privatrechts der außervertraglichen Schuldverhältnisse S. 232, 269 f; MünchKomm/*Kreuzer* BGB (3. Aufl.) Art. 38 EGBGB Rn 234; *Schricker* GRUR Int. 1973, 453, 459; *Staudinger/Fezer/Koos* IntWirtschR Rn 454.

des Wettbewerbsrechts grundsätzlich ohne Brüche umsetzen. Da es gerade typisch für den unlauteren Wettbewerb ist, dass die einzelnen Interessen aller Marktteilnehmer sowie der Allgemeinheit sich überschneiden und miteinander verflochten sind, bietet sich auch genau dieser Ort der Interessenbündelung als kollisionsrechtlicher Anknüpfungspunkt an.[1103] Die Interessenkollisionslösung ist mit Blick auf die Schutzzwecktrias des § 1 daher als **„schutzzweckorientierte Interessenkollisionslösung"** zu verstehen. Ihre Vorzüge gegenüber einer modifizierten kartellrechtlichen Lösung sind im Folgenden darzulegen.

Ein Hauptkritikpunkt, der gegen die hM angebracht wird, liegt in der **dogmatischen Anlehnung an das allgemeine Deliktsstatut.** Den Tatort, insbesondere Erfolgsort, zu lokalisieren, stößt bei wettbewerbsrechtlichen Sachverhalten – wie erörtert – auf Schwierigkeiten. Denn es geht im Wettbewerbsrecht weder um den Handlungsort noch um den Ort des Schadenseintritts.[1104] Die wettbewerbsrechtliche Generalklausel des § 3 (ehemals § 1 aF) lässt nämlich außer Betracht, ob es infolge des unlauteren Verhaltens zu einer Verletzung absolut geschützter Rechtsgüter beim Wettbewerber oder Abnehmer gekommen ist. Die dogmatische Fundierung der wettbewerbsspezifischen Anknüpfung wie der Interessenkollisionslösung im allgemeinen Deliktsstatut ist – unabhängig davon, ob auf Art. 40 Abs. 1 EGBGB oder Art. 41 Abs. 1 EGBGB beruhend oder ob im Rahmen der Rom II-VO – wie gezeigt[1105] grundsätzlich abzulehnen. Insoweit ist der Kritik an der hM Recht zu geben. Allerdings ist die deliktskollisionsrechtliche Verortung der Interessenkollisionslösung keineswegs zwingend. Versteht man die wettbewerbsspezifische Anknüpfung und Interessenkollisionslösung nämlich unter Ausschluss subjektiver Kriterien konsequent als am dreifachen Schutzzweck des Wettbewerbsrechts orientiert, so besteht keine Verwandtschaft mehr mit dem Deliktsstatut. Nicht in Betracht kommen mithin alle diejenigen Versuche, den „Begehungsort" insgesamt final oder handlungsorientiert, also subjektiv oder individualschützend zu bestimmen. Generell formuliert darf die Interessenkollisionslösung nicht als eine einseitig am individuellen Konkurrentenschutz orientierte Anknüpfung verstanden werden. Entscheidend ist vielmehr die Bestimmung des Marktortes, an dem die **Wettbewerbsmaßnahme auf die Marktgegenseite als Ort der Interessenkollision einwirkt.**[1106] Dabei geht es also nicht um den finalen Eingriff eines Wettbewerbers, sondern um die nach *objektiven* Kriterien zu bestimmende Wirkung des Wettbewerbsverhaltens auf den Interessenkonflikt im Marktgefüge.[1107] Die Lösung von individualschützenden Gesichtspunkten bedeutet letztlich die Lösung von der deliktskollisionsrechtlichen Verankerung. Der im Sinne einer **„schutzzweckorientierten Interessenkollisionslösung"** verstandenen wettbewerbsspezifischen Anknüpfungsmethode kann eine ungerechtfertigte Verhaftung am allgemeinen Deliktsstatut nicht mehr entgegengehalten werden. 225

Den Vertretern eines lauterkeitsrechtlich modifizierten Auswirkungsprinzips ist in ihrer Forderung beizupflichten, wonach gerade vor dem Hintergrund der oft nur die Konkurrenten- bzw. Individualinteressen implizierenden wettbewerbsrechtlichen Betrachtungsweise gewichtige Gründe für eine **stärkere Berücksichtigung von Marktordnungsgesichtspunkten** sprechen. Die Berücksichtigung marktordnender Faktoren ist mit der Festschreibung des Allgemeininteresses am Funktionieren eines unverfälschten Leistungswettbewerbs als gleichrangiger Schutzzweck in § 1 sogar positivgesetzlich vorgegeben und hat auch auf der kollisionsrechtlichen Ebene seinen Niederschlag zu finden. Der **Strukturwandel** im materiellen Recht kann mithin nicht ohne Auswirkung auf die kollisionsrechtliche Ebene bleiben. Allerdings folgt aus dem nun gesetzlich manifestierten Funktionswandel des materiellen Lauterkeitsrechts und der tendenziellen Hinwendung zu einem Marktordnungs- 226

1103 So zu Recht Großkomm/*Schricker* UWG Einl. Rn F 195 ff.

1104 → Rn 220.

1105 → Rn 220 f.

1106 So zutreffend Großkomm/*Schricker* UWG Einl. Rn F 196 f; *Höder* S. 116; ebenso, allerdings auf deliktskollisionsrechtlicher Grundlage *Sack* WRP 2000, 269, 272.

1107 Für eine Abkehr von subjektiven Kriterien und insbesondere das objektive Kriterium der Spürbarkeit hervorhebend auch *Höder* S. 60 ff, 112 und 116; *Kort* GRUR Int. 1994, 594, 598.

recht, welches nicht mehr allein den individuellen Konkurrentenschutz bezweckt, sondern den Schutz auch kollektiver Interessen im Blick hat, seien sie im Verbraucherschutz zu finden oder seien sie im Allgemeininteresse am Bestand eines funktionierenden Wettbewerbs dokumentiert,[1108] nicht als allein konsequente Lösung die Übernahme des kartellrechtlichen Auswirkungsprinzips. Auch wenn die Schutzziele von Lauterkeits- und Kartellrecht zum Schutz der Marktordnung insgesamt ineinander greifen,[1109] ist damit nicht unbedingt die Übernahme des Kartellkollisionsrechts für das Lauterkeitsrecht vorgezeichnet. Denn der von der hM entwickelte wettbewerbsspezifische Anknüpfungsansatz ist gleichermaßen geeignet, diesem Funktionswandel gebührlich Rechnung zu tragen. Die Übernahme des kartellrechtlichen Auswirkungsprinzips begegnet hingegen grundlegenden dogmatischen wie praktischen Bedenken.

227 Gegen eine Übernahme des kartellrechtlichen Auswirkungsprinzips spricht zunächst die nicht genügend berücksichtigten Unterschiede zwischen Lauterkeits- und Kartellrecht.[1110] Zwar besitzen Lauterkeits- und Kartellrecht das gemeinsame Schutzziel der Garantie eines funktionierenden, unverfälschten Leistungswettbewerbs. Dieses gemeinsame Schutzziel versuchen sie jedoch aus unterschiedlichen Richtungen zu erreichen. Das Kartellrecht hat als Marktordnungsrecht das freie und von Beschränkungen frei zu haltende Marktgefüge als Gesamtkomplex im Blick. Die *Auswirkungen* auf dieses Marktgefüge sind dabei das prägende Merkmal des Kartellrechts, welches naturgemäß Verbraucherschutzinteressen wie auch Beeinträchtigungen von Konkurrenten vernachlässigt. Demgegenüber stellt das Lauterkeitsrecht mit dem UWG eine **objektive Verhaltensordnung** auf.[1111] Diese wettbewerbsrechtliche Verhaltensordnung soll die Beeinträchtigungen des Marktes, die durch Einwirkung der sich unlauter verhaltenden Wettbewerber eintreten, verhindern. Die Gesetzesbegründung formuliert dies in der Weise, dass der „eigentliche Zweck des UWG" darin liege, „das *Marktverhalten* der Unternehmen im Interesse der Marktteilnehmer, insbesondere der Mitbewerber und der Verbraucher und damit zugleich das Interesse der Allgemeinheit an einem unverfälschten Wettbewerb zu regeln".[1112] Zum Schutz des Wettbewerbsbestandes auf einem bestimmten Markt urteilte der BGH,[1113] dass es nicht um den Erhalt bestimmter Marktstrukturen, sondern darum gehe, „wettbewerbliche Verhaltensweisen zu unterbinden, die nach den Gesamtumständen unter Berücksichtigung ihrer Auswirkungen auf die Marktstruktur gerade auch als Wettbewerbsmaßnahmen unlauter sind". Das Lauterkeitsrecht setzt sein Schutzinstrumentarium deshalb an dem Punkt an, an dem ein Wettbewerbsverhalten dadurch in das Marktgeschehen eingreift, dass es auf die Marktgegenseite trifft. Die späteren Auswirkungen des Verhaltens kann es vor dieser Zielrichtung unbeachtet lassen, wenn bereits die Verhaltensweise als solche im Marktkontext unlauter ist.[1114]

228 Die Schwäche einer Übertragung des kartellrechtlichen Auswirkungsprinzips auf das Internationale Lauterkeitsrecht ist zudem umgekehrt ihre **Vernachlässigung der individualrechtlichen Gesichtspunkte,** die bei der kollisionsrechtlichen Beurteilung ebenfalls nicht außer Acht gelassen werden können.[1115] Die Beachtung wettbewerbsspezifischer Interessen im Lauterkeitskollisionsrecht bedeutet damit auch, dass sich eine allein an marktord-

[1108] Vgl. die Begründung, BT-Drucks. 15/1487 S. 13 und 15 f. S. dazu auch bereits → Rn 21.

[1109] Von „Zielparallele" sprechen *Staudinger/Fezer/Koos* IntWirtschR Rn 465.

[1110] So auch *Deutsch* S. 46 f; MünchKomm/*Kreuzer* BGB (3. Aufl.) Art. 38 EGBGB Rn 234; *Wirner* S. 101 f; aA *Höder* S. 109.

[1111] Vgl. MünchKomm/*Mankowski* UWG IntWettbR Rn 288; *Staudinger/v. Hoffmann* EGBGB Art. 40 Rn 308. *Piper/Ohly/Ohly* UWG Einf. B Rn 23, spricht von „Marktverhaltenskontrolle" im Gegensatz zur kartellrechtlichen „Marktstrukturkontrolle". Ähnlich auch auf Grundlage der schweizerischen Marktauswirkungsregel *Honsell/Vogt/Schnyder/Dasser/Drolshammer* IPRG Art. 136 Rn 1, 7 und 11.

[1112] S. die Begründung, BT-Drucks. 15/1487 S. 15 [Hervorhebung durch die Verfasser].

[1113] BGHZ 150, 343, 350 – Elektroarbeiten.

[1114] Gegen eine Übernahme des Auswirkungsprinzips wegen der unterschiedlichen Schutzrichtungen auch MünchKomm/*Mankowski* UWG IntWettbR Rn 288 und 142 ff.

[1115] So auch *Staudinger/v. Hoffmann* EGBGB Art. 40 Rn 308. Dieser Kritik wird wiederum eine integrative Sicht der Schutzzwecktrias entgegengehalten, bei der der individualrechtliche Aspekt vom institutionellen Schutzzweck nicht isoliert werden könne; vgl. *Koos* WRP 2006, 499, 508.

nenden Aspekten orientierte Anknüpfung, wie sie aus dem Kartellrecht bekannt ist, grundsätzlich verbietet. Andernfalls würden die gleichermaßen individualschützenden Aspekte des Lauterkeitsrechts und deren neuerdings stärker hervortretende zusätzliche Ausrichtung auf den **Verbraucherschutz** als Kollektivschutz sonstiger Marktteilnehmer zu kurz kommen. In der Rechtsprechung des BGH ist der Ort der wettbewerblichen Interessenkollision mit dem **Marktort im Sinne des Einwirkungsorts** gleichzusetzen. Es soll danach an das Recht des Ortes angeknüpft werden, an dem die Wettbewerbsmaßnahmen des Wettbewerbers auf den Kunden und dessen Entschließungsfreiheit *einwirken*.[1116] Eine wettbewerbsspezifische, am dreifachen Schutzzweck des Wettbewerbsrechts ausgerichtete Anknüpfung setzt zu Recht an diesem Ort an, da hier unlauteres Konkurrenzverhalten vermieden, das Interesse der Allgemeinheit an einem lauteren Wettbewerb um die Kundengewinnung sowie das Kollektivinteresse potentieller Verbraucher vor unlauterem Werbungsverhalten samt daraus folgendem Vertragsabschluss geschützt werden soll. Unbeachtlich bei der Bestimmung des Marktortes sind demnach das Personalstatut der potentiellen Kunden, der Ort der Vorbereitungshandlung oder des Schadenseintritts. Der spätere (die Absatzinteressen anderer Wettbewerber berührende) Absatzort der infolge unlauteren Wettbewerbsverhaltens erworbenen Waren ist nach dem klaren Diktum des BGH für die Bestimmung des anwendbaren Rechts nicht maßgeblich, da sich hier lediglich die *Auswirkungen* des Wettbewerbsverhaltens zeigten.[1117] Das Lauterkeitsrecht dient aber – anders als das Kartellrecht – primär der Verhaltenssteuerung und nicht der Vermeidung von Strukturschäden.[1118]

Ein weiteres dogmatisches Hindernis, welches den Weg einer unmittelbaren Übernahme des kartellrechtlichen Auswirkungsprinzips gemäß § 130 Abs. 2 GWB versperrt, besteht darin, dass § 130 Abs. 2 GWB als **einseitige Kollisionsnorm** ausgestaltet ist. Hier wird zwar schon in der kartellrechtlichen Literatur der Ausbau zu einer allseitigen Kollisionsnorm befürwortet.[1119] Doch bedürfte die Anpassung des kartellrechtlichen Auswirkungsprinzips an die Besonderheiten des unlauteren Wettbewerbs und zusätzlich die Umwandlung der einseitigen Kollisionsnorm in § 130 Abs. 2 GWB eines „doppelten" dogmatischen Begründungsaufwands, der letztlich nur die fehlende Eignung zur lauterkeitskollisionsrechtlichen Anknüpfung belegt. **229**

Zudem ist das Abstellen auf die **Auswirkungen** eines Wettbewerbsverhaltens und damit den **Schadenseintritt** unsicher.[1120] Die unbegrenzte Anknüpfung an den Ort des bloßen Schadenseintritts führt letztlich zu Zufälligkeiten[1121] und könnte zur Ausweitung des räumlichen Anwendungsbereichs des deutschen Wettbewerbsrechts führen.[1122] Das Ergebnis wäre schließlich dasselbe, das nach der früheren RG-Rechtsprechung über den weit verstandenen Begriff des Begehungsortes erreicht wurde. Im Interesse der **Anknüpfungssicherheit** ist eine Eingrenzung des Begriffs der „Auswirkung" erforderlich. Diese Schwierigkeit sehen auch die Vertreter der Literatur, die sich für eine Übernahme[1123] bzw. auf Fälle der Marktstörung eingeschränkte analoge Anwendung[1124] des kartellrechtlichen Auswirkungsprinzips aussprechen, und unterwerfen den Begriff der Auswirkung erheblichen inhaltlichen Begrenzungen. Als Begrenzungskriterium wird ein Abstellen nur auf unmittelbare Auswirkungen[1125] oder auf tatsächliche oder potentielle Auswirkungen auf den Absatzmarkt[1126] vorgeschlagen. **230**

1116 So grundsätzlich BGHZ 113, 11, 15 – Kauf im Ausland; bestätigt durch BGH GRUR 1998, 419, 420 – Gewinnspiel im Ausland.

1117 BGHZ 113, 11, 15 – Kauf im Ausland.

1118 So zu Recht MünchKomm/*Mankowski* UWG IntWettbR Rn 145.

1119 Vgl. *Bär* FS Moser S. 143, 171; *Martinek* S. 38 ff.

1120 *Samson* S. 69 f.

1121 MünchKomm/*Kreuzer* BGB (3. Aufl.) Art. 38 EGBGB Rn 234.

1122 Dies befürchtet auch *Staudinger/v. Hoffmann* EGBGB Art. 40 Rn 308.

1123 Im Sinne eines wettbewerbsrechtlichen Auswirkungsprinzips vor allem *Staudinger/Fezer/Koos* IntWirtschR Rn 463 et passim.

1124 So etwa *Beater* § 31 Rn 11 und 36 ff; Großkomm/*Schricker* UWG Einl. Rn F 165 und F 209 ff.

1125 *Regelmann* S. 129 f.

1126 Vgl. zB *Wengler* RabelsZ 19 (1954) 401, 416 f.

Trotz Eingrenzung der zu beachtenden Auswirkungen bleibt es bei dem Problem der **Statutenhäufung.** Überdies ist der Rechtssicherheit nicht vollständig genügt, wenn als Eingrenzungskriterium die an einer liberalisierten Weltmarktordnung orientierte Schutzfunktion des Lauterkeitsrechts und dessen beachtliche Betroffenheit auf einem Markt herangezogen wird.[1127] Die Eingrenzungen, die angesichts der drohenden Ausuferung der Anwendung deutschen Rechts von den Befürwortern des Auswirkungsprinzips selbst vorgenommen werden, leiten die Ergebnisse des Auswirkungsprinzips wieder zurück in Richtung der Interessenkollisionslösung.[1128] Eine grundsätzliche Differenzierung zwischen den beiden Ansichten ist dann kaum noch auszumachen.

231 Letztlich scheint der Streit zwischen Interessenkollisionslösung und Übernahme des kartellrechtlichen Auswirkungsprinzips um die Begrifflichkeiten der „Auswirkung" und „Einwirkung" zu kreisen.[1129] Der Umstand, dass die Begriffe „Auswirkung" und „Einwirkung" zur Erklärung beider Theorieansätze inhaltlich zum Teil auch synonym verwandt werden,[1130] mag auf die fehlende Trennschärfe der Begriffe hindeuten. Vor allem aber ist dies Beleg dafür, dass **im Kern Übereinstimmung** hinsichtlich der **statutbestimmenden Wirkungen einer Wettbewerbsmaßnahme** besteht und lediglich geringfügige Abweichungen auftreten. Ein Abweichen von der herrschenden Interessenkollisionslösung zugunsten des Auswirkungsprinzips ist nicht notwendig, wenn dies nur um den Preis einer aufwendigen Anpassung des kartellrechtlichen Prinzips für den Kontext des unlauteren Wettbewerbs geschehen kann.[1131] Umgekehrt betreffen die Modifikationen und objektiven Einschränkungen der Interessenkollisionslösung, die im Bereich des Multistate-Wettbewerbsverstoßes erforderlich werden, gerade den Sonderfall der Internetwerbung, der nicht verallgemeinerbar ist.[1132] Es geht dabei nicht um die Übernahme eines strukturell andersgearteten Kollisionsprinzips, sondern um die Begrenzung der Anwendung der lauterkeitsrechtlichen Kollisionsnorm in einem Sonderfall. Der Sache nach läuft das modifizierte Auswirkungsprinzip oft auf eine Anknüpfung nach der Interessenkollisionslösung hinaus,[1133] so dass es auch sprachlich präziser ist, auf das Recht des Ortes abzustellen, an dem die wettbewerbliche Interessenkollision stattfindet.[1134] Das Argument, die Unterstellung des Lauterkeitsstatuts unter das kartellrechtliche Auswirkungsprinzip erlaube den für das Wettbewerbskollisionsrecht notwendigen Schritt zur dogmatischen Loslösung des Lauterkeitsrechts vom Deliktsrecht, hat zwar einige Berechtigung. Gleiches Signal kann aber auch mit der Anknüpfung nach der „schutzzweckorientierten Interessenkollisionslösung" gesetzt werden. Diese Begrifflichkeit lässt wegen des Hinweises auf die Schutzzwecktrias ein Verständnis in deliktskollisionsrechtlicher Weise nicht mehr zu. Dass eine **Trennung von lauterkeitsrechtlicher und kartellrechtlicher Kollisionsnorm** auch begrifflich wie inhaltlich sachgerecht ist, beweist schließlich die Kodifizierung zweier unterschiedlicher Kollisionsnormen für das Lauterkeitsrecht in **Art. 6 Abs. 1 und 2 Rom II-VO** auf der einen und für das Kartellrecht in **Art. 6 Abs. 3 Rom II-VO** auf der anderen Seite.

232 Auch der rechtsvergleichende Blick stützt nur scheinbar die These, es werde zunehmend im europäischen Ausland das kartellrechtliche Auswirkungsprinzip zur Lösung wettbe-

[1127] So *Staudinger/Fezer/Koos* IntWirtschR Rn 484. Kritisch auch *Höder* S. 112ff.

[1128] Die Ähnlichkeit der Ergebnisse zugestehend *Staudinger/Fezer/Koos* IntWirtschR Rn 483 und 489. Darauf hinweisend auch *Staudinger/v. Hoffmann* EGBGB Art. 40 Rn 308, der aus rechtssystematischen Gründen die Übernahme des Auswirkungsprinzips ablehnt.

[1129] Dies einräumend *Staudinger/Fezer/Koos* IntWirtschR Rn 487; *Koos* WRP 2006, 499, 508.

[1130] Vgl. zB Großkomm/*Schricker* UWG Einl. Rn F 196; *Staudinger/v. Hoffmann* EGBGB Art. 40 Rn 313. S. auch *Kort* GRUR Int. 1994, 594, 599.

[1131] Auch *Mankowski* sieht erheblichen Rechtfertigungsbedarf dafür, „das Etikett wechseln und eine eingeführte Terminologie aufgeben" zu wollen; vgl. MünchKomm/*Mankowski* UWG IntWettbR Rn 145.

[1132] Anders aber *Koos* WRP 2006, 499, 508, der hierin einen generellen Hinweis auf die Nähe der Interessenkollisionslösung zur Auswirkungstheorie sieht.

[1133] So auch MünchKomm/*Mankowski* UWG IntWettbR Rn 145.

[1134] So zutreffend *Staudinger/v. Hoffmann* EGBGB Art. 40 Rn 310; ebenso MünchKomm/*Mankowski* UWG IntWettbR Rn 145. Dies als Argument aber in entgegengesetzter Richtung verwendend *Koos* WRP 2006, 499, 509.

werbskollisionsrechtlicher Probleme favorisiert. Das österreichische Recht hat zwar in § 48 Abs. 2 öIPRG von der Begrifflichkeit her das Auswirkungsprinzip für den unlauteren Wettbewerb übernommen. Doch zeigt die österreichische Praxis, dass das Auswirkungsprinzip einvernehmlich mit der deutschen Interessenkollisionslösung verstanden wird. Denn maßgeblich sollen nur die Auswirkungen sein, die die wettbewerbliche Position auf dem umkämpften Markt betreffen. Damit ist der Sache nach also eine Überschneidung der wettbewerblichen Interessen gefordert.[1135]

f) Vereinbarkeit der wettbewerbsspezifischen Anknüpfung nach der Interessenkollisionslösung mit der Rom II-VO. Auch mit Blick auf die Reformierung im europäischen Kontext ist nicht zwingend eine Hinwendung zum kartellrechtlichen Auswirkungsprinzip vorgegeben. Eine derartige Tendenz zeichnet sich mit der Rom II-VO gerade nicht ab. Das gegenteilige Ergebnis, nämlich die Normierung einer der Interessenkollisionslösung entsprechenden Marktortregel, erweist sich beim Blick auf die Verordnungsvorarbeiten wie auch auf die endgültige ab 11. 1. 2009 geltende Rom II-VO. In Art. 5 Abs. 1 des Rom II-Entwurfs wurde abgestellt auf das Recht des Staates, „... in dessen Gebiet die Wettbewerbsbeziehungen oder die kollektiven Interessen der Verbraucher unmittelbar und wesentlich beeinträchtigt worden sind oder beeinträchtigt werden können“. Obgleich die Kommission in ihrer Begründung zu Art. 5 des Rom II-Entwurfs auch von „Auswirkungen auf den Markt“ spricht,[1136] ist die Formulierung nicht im Sinne einer kartellrechtlichen Auswirkung auf den Markt zu verstehen, sondern vielmehr als begrenztes Einwirken oder Wirken im Sinne einer Beeinträchtigung der beteiligten Marktinteressen. Die Kommission geht in ihrer Begründung – wie auch die im deutschen Recht hM[1137] und nun § 1 – vom dreifachen Schutzzweck des Wettbewerbsrechts aus und legt diese Schutzzwecktrias ihrer kollisionsrechtlichen Lösung zugrunde. In der Begründung hebt die Kommission zudem hervor, dass die von ihr in Art. 5 Abs. 1 Rom II-Entwurf verankerte Marktortregel einem breiten Konsens in den Mitgliedstaaten entspreche und sich dieses Ergebnis gleichermaßen über die Konkretisierung der lex loci delicti-Regel wie auch die besonderen Anknüpfungsregeln im österreichischen, spanischen, niederländischen oder schweizerischen Recht erreichen lasse.[1138] Da aber in einigen Mitgliedstaaten für die Gerichte noch keine Möglichkeit bestand, über die Anwendung der lex loci delicti-Regel zu befinden, und daher „eine gewisse Unsicherheit“ herrsche, stärke die Normierung einer einheitlichen Kollisionsnorm die Rechtssicherheit und Vorhersehbarkeit gerichtlicher Entscheidungen.[1139] 233

Die Kommission macht damit deutlich, dass mit der Marktortregel des Art. 5 Rom II- 234
Entwurf kein Abweichen vom bisherigen Stand der Rechtswissenschaft in den Mitgliedstaaten beabsichtigt ist. Man will offenbar lediglich den bereits herrschenden Konsens zugunsten der Marktortregel einheitlich zur Vermeidung verbleibender Rechtsunsicherheit festlegen. Eine Streitentscheidung zwischen deliktsstatutarischer Verankerung des Wettbewerbskollisionsrechts und der Übernahme des kartellrechtlichen Auswirkungsprinzips ist dabei ebenfalls weder beabsichtigt noch für nötig gehalten worden. In der im Juli 2007 verabschiedeten Rom II-VO und der nun maßgeblichen Kollisionsnorm in Art. 6 Rom II-VO ist schließlich die Eingrenzung auf unmittelbare und wesentliche Beeinträchtigungen nicht mehr enthalten. Damit lässt die Rom II-VO Raum für eine Deutung im Sinne der bisher herrschenden wettbewerbsspezifischen Anknüpfung an den Marktort nach der Interessenkollisionslösung.

Zudem verzichtet der Wortlaut des Art. 6 Abs. 1 Rom II-VO auf den Begriff „Auswir- 235
kung“, aber auch verwandte Begrifflichkeiten wie „Wirkungen“ oÄ und spricht schlicht von *Beeinträchtigungen* der Wettbewerbsbeziehungen oder kollektiven Verbraucherinteressen. Damit ist letztlich nichts anderes gemeint, als die Interessenkollision, auf die die im deut-

---

1135 So auch *Staudinger/v. Hoffmann* EGBGB Art. 40 Rn 308.
1136 KOM(2003), 427 endg. S. 18.
1137 → Rn 21 f.
1138 S. die Begründung KOM(2003), 427 endg. S. 17.
1139 S. die Kommissionsbegründung ebenda.

schen Lauterkeitskollisionsrecht hM abstellt. Die Kommission spricht von dem „Markt, auf dem sich die Wettbewerber um die Verbraucher bemühen",[1140] was einen weiteren Hinweis darauf bieten dürfte, dass es der Kommission um den Akt der Markt*einwirkung,* den Werbemarkt geht. Sachlich handelt es sich bei Art. 6 Abs. 1 Rom II-VO also um die Normierung der auch dem deutschen Kollisionsrecht zugrunde liegenden **Marktortregel,** nach der das **Recht am Marktort** als dem Ort anzuwenden ist, an dem auf die beteiligten wettbewerblichen Interessen eingewirkt wird.[1141]

236 **g) Kombinierte Anknüpfungsmodelle.** Der Vorschlag, auf alle unteilbaren Wettbewerbshandlungen in Medien mit grenzüberschreitender Verbreitung in der Europäischen Union das **Herkunftslandprinzip** im Sinne einer kollisionsrechtlichen Verweisung auf das Recht des Herkunftsmitgliedstaates anzuwenden, hätte den – glücklicherweise abgewendeten – Effekt eines Herkunftslandprinzips in der Dienstleistungsrichtlinie bzw. der ursprünglich mit Binnenmarktklausel geplanten Lauterkeitsrichtlinie in ähnlicher Weise für Multistate-Verstöße in der Europäischen Union vorweggenommen. Ungeachtet der grundsätzlichen Bedenken gegen die Ausweitung eines Binnenmarkt-IPR auf dem Gebiet des Wettbewerbsrechts scheint auch im Bereich der Mulitstate-Problematik die Anwendung der Interessenkollisionslösung kombiniert mit einem Spürbarkeitskriterium der probatere Lösungsweg.[1142] Das Herkunftslandprinzip wird im Gemeinschaftsrecht zunehmend als modernes Mittel der Binnenmarktintegration verwendet. Es soll die Lücken ausfüllen, die in der nur bruchstückhaften gemeinschaftsrechtlichen Sachrechtsvereinheitlichung bestehen. Allerdings ist das Herkunftslandprinzip als kollisionsrechtliche Anknüpfungsregel nur in Binnenmarktsachverhalten anwendbar. Als generelle Kollisionsregel außerhalb binnenmarktrelevanter Fallkonstellationen soll und kann das Herkunftslandprinzip nicht herangezogen werden. Der Vorschlag verschärft dann aber die bereits bestehende Spaltung[1143] der wettbewerbsrechtlichen Anknüpfung nach Binnenmarktsachverhalten und außereuropäischen Tatbestandskonstellationen wie Online- und Offline-Verkehr weiter für den Bereich der bisher nicht erfassten Offline-Multistate-Fälle, wie etwa grenzüberschreitender Printmedien. Zudem verstößt die Anwendung des Herkunftslandrechts zum Nachteil der heimischen Mitbewerber gegen die par conditio concurrentium, dem Grundsatz der Gleichbehandlung aller Wettbewerber auf einem Markt.[1144] Wegen dieses Widerspruchs gegen die par conditio concurrentium wie auch der bewirkten Rechtszersplitterung ist die Anwendung des Herkunftslandprinzips für Multistate-Wettbewerb im Ergebnis abzulehnen.[1145]

237 **h) Zusammenfassung der kritischen Würdigung.** Bei kritischer Würdigung der einzelnen Vorschläge zur Anknüpfung des Lauterkeitsrechts bildet sich ein Wettstreit zwischen Delikts- und Kartellrechtsstatut als dogmatische Fundierung der Marktortregel heraus, der sich auch auf der neuen Kollisionsrechtsgrundlage der Rom II-VO fortsetzt. Die **deliktsrechtliche Begründung** der von der hM vorgenommenen wettbewerbsspezifischen Anknüpfung unlauteren Wettbewerbsverhaltens muss heute vor dem Hintergrund des auch im Kollisionsrecht zu beachtenden Paradigmenwechsels im Lauterkeitsrecht als überholt gelten. Gerade mit der gesetzlichen Fixierung der Schutzzwecktrias in § 1 kann eine einseitige Orientierung an individuellem Konkurrentenschutz bei der kollisionsrechtlichen Ermittlung des Wettbewerbsstatuts nicht mehr in Frage kommen.

238 Die wieder aufgelebte Tendenz, das Internationale Wettbewerbsrecht generell Marktordnungsgesichtpunkten zu unterwerfen, geht nach hier vertretener Auffassung über die allein interessengerechte wettbewerbsspezifische Interessenkollisionslösung in anderer Richtung

---

[1140] KOM(2003), 427 endg. S. 17 f.

[1141] Zu diesem Ergebnis kommt auch *Sack* WRP 2008, 845, 846.

[1142] So auch *Höder* S. 204 ff, 227; ebenso, solange das materielle Wettbewerbsrecht in der EG nicht hamonisiert sei, *Wagner* IPRax 2006, 372, 381.

[1143] Kritisch auch *Harte/Henning/Glöckner* UWG Einl. C Rn 64; *Höder* S. 221 ff.

[1144] So auch *Höder* S. 215 f.

[1145] Ebenso *Höder* S. 227 ff. Zum Widerspruch zur Rom II-VO s. *Mankowski* IPRax 2004, 385, 390.

hinaus. Eine **Übernahme des kartellrechtlichen Auswirkungsprinzips** bei gleichzeitiger Anpassung an das Lauterkeitsrecht ist nicht erforderlich, wenn man auf dem Boden der von der hM entwickelten Interessenkollisionslösung von Vorneherein eine auf wettbewerbsrechtliche Besonderheiten zugeschnittene Marktortregel anwendet. Dabei ist die Interessenkollisionslösung nach einem modernen, schutzzweckorientierten Verständnis anzuwenden. Zur begrifflichen Differenzierung kann die Anknüpfungsmethode daher als **schutzzweckorientierte Interessenkollisionslösung** bezeichnet werden.

Alle sonstigen Anknüpfungsvorschläge müssen im Ergebnis zur Bestimmung des Wett- 239
bewerbsstatuts ausscheiden. Die **Übernahme des Immaterialgüterrechtsstatuts** wird nur im Einzelfall greifen, nämlich bei ergänzend herangezogenem wettbewerbsrechtlichem Leistungsschutz; sie kann jedoch nicht generell zur Anknüpfung wettbewerbsrechtlicher Sachverhalte in Betracht kommen. Ebenfalls ausscheiden müssen die **Lösungen,** die sich **außerhalb des Kollisionsrechts** bewegen, da sie schlichtweg zum gegenwärtigen Zeitpunkt nicht praktikabel sind, vielmehr auch einen – bislang fehlenden – internationalen Konsens erfordern. Eine **sachzwecknormspezifische Anknüpfung** ist schließlich wegen der ihr innewohnenden Anknüpfungsunsicherheit abzulehnen. Das **kollisionsrechtliche Herkunftslandprinzip** nimmt eine Sonderstellung ein. Es gilt in bestimmten Bereichen als Binnenmarkt-IPR. Darüber hinaus kann es keine Geltung beanspruchen. Auch eine spezielle Übernahme für Multistate-Fälle insgesamt wird im Ergebnis abzulehnen sein. Es bleibt damit der Konflikt der gegeneinander streitenden Interessenkollisionslösung, die sich aus dem Deliktsstatut herleitet, und dem Auswirkungsprinzip, welches im Kartellrecht seine gesetzliche Ausprägung gefunden hat.

Weder Deliktsstatut noch kartellrechtliches Auswirkungsstatut werden heute identisch 240
auf das Internationale Lauterkeitsrecht übertragen. Es werden hingegen vielfältige Änderungen vorgenommen, die das so im lauterkeitsrechtlichen Kontext adaptierte Statut von der jeweiligen Grundform des Delikts- oder Kartellrechtsstatuts weit entfernen. So wird von der hM im Schrifttum nicht verkannt, dass sich die wettbewerbsrechtliche Anknüpfung durch Anwendung der **Interessenkollisionslösung** grundlegend vom Deliktsstatut emanzipiert hat. Die unveränderte Übernahme des gesetzlich geregelten Deliktsstatuts in den lauterkeitsrechtlichen Bereich würde vielmehr als entwicklungsgeschichtlicher Rückschritt empfunden.[1146] Insbesondere anhand der Multistate-Problematik wird deutlich, dass die Interessenkollisionslösung einer Konkretisierung und Eingrenzung bedarf, um die unliebsame kumulative Anwendung mehrerer Rechte zu vermeiden oder zumindest einzuschränken.

Ähnlich verhält es sich auf der anderen Seite im Lager derjenigen Vertreter der Literatur, 241
die für die Anwendung des kartellrechtlichen **Auswirkungsprinzips** votieren. Auch hier wird die Grundweichenstellung der Unterordnung des Lauterkeitsrechts unter das Kartellrechtsstatut letztlich durch zahlreiche Ausnahmen und Veränderungen in der Anwendung des Auswirkungsprinzips wieder zurückgenommen. So werden von einigen Befürwortern der kartellkollisionsrechtlichen Behandlung wettbewerbsrechtlicher Sachverhalte im Grundsatz sogleich sämtliche betriebsbezogenen Wettbewerbshandlungen aussortiert.[1147] Dies zeigt eine Verhaftung in der alten Terminologie und Differenzierung von individuellen und kollektiven Verhaltensweisen, die in dieser klaren Trennung nicht mehr praktikabel ist. Zudem werden gerade die Kriterien, die charakteristisch für das kartellrechtliche Auswirkungsprinzip sind, nämlich insbesondere das Erfordernis einer spürbaren Inlandsbeziehung, für das Lauterkeitsrecht abgelehnt.[1148] Auf bestimmte kartellrechtsspezifische Kriterien komme es nicht an. Angesichts dessen fragt sich, warum die lauterkeitsrechtliche Anknüpfung dann überhaupt auf das Auswirkungsprinzip gestützt wird. Auch die weiter-

---

[1146] Schon *BaumbachHefermehl* UWG (22. Aufl.) Einl. Rn 188, sprach von einem „Rückfall in den Rechtszustand vor vierzig Jahren". In diesem Sinne auch *Mankowski* GRUR Int. 1999, 909, 910; *Sack* WRP 2000, 269, 272 f.

[1147] So *Beater* § 31 Rn 11 und 18 ff.

[1148] Vgl. *Beater* § 31 Rn 37.

gehende Ansicht, nach der nicht grundsätzlich betriebsbezogene Wettbewerbshandlungen aus der kollisionsrechtlichen Beurteilung nach dem Auswirkungsprinzip auszuscheiden sind, gesteht der hM aber in einigen besonders individualschützenden Fallkonstellationen, wie etwa bei der Betriebsspionage und der Abwerbung von Arbeitnehmern, die Unterordnung unter das allgemeine Deliktsstatut zu.[1149]

242 Die unbegrenzte Übernahme des kartellrechtlichen Auswirkungsprinzips ist nicht zu befürworten. Sie würde einen Rückschritt in die längst überkommene Rechtsprechung des RG bedeuten, die von ausgeprägtem Heimwärtsstreben gekennzeichnet stets zur Anwendung deutschen Wettbewerbsrechts kam. Denn würde man sämtlichen Auswirkungen eines Wettbewerbsverhaltens statutbestimmende Kraft zusprechen, ohne eine bestimmte Spürbarkeits- oder Wesentlichkeitsschwelle zu verlangen, so müsste zumindest bei Beteiligung eines deutschen Wettbewerbers oder eines deutschen Verbrauchers stets deutsches Wettbewerbsrecht anwendbar sein.

243 Weder die unveränderte Übernahme des reinen kartellrechtlichen Auswirkungsprinzips im Sinne des § 130 Abs. 2 GWB noch die unveränderte Übernahme des allgemeinen Deliktsstatuts im Sinne der Art. 40ff EGBGB wurde demnach für das Internationale Lauterkeitsrecht gefordert. Wenn also beide gesetzlich geregelten und verwandten Statute nicht hundertprozentig auf das Internationale Lauterkeitsrecht passten, so musste auf eine Heranziehung dieser gesetzlichen Vorgaben grundsätzlich verzichtet und eine **eigene** maßgeschneiderte **Lösung** für die Anknüpfung **lauterkeitsrechtlicher Sachverhalte** gesucht werden. Dies ist nun mit Normierung der lauterkeitsrechtlichen Kollisionsnorm in Art. 6 Abs. 1 Rom II-VO geschehen.

244 Ungeachtet der **terminologischen Streitigkeiten** wurde die zuvor bestehende gesetzliche Lücke für das Wettbewerbskollisionsrecht allerdings bereits in wichtigen Aspekten durch passende, von Rechtsprechung und Literatur entwickelte Lösungen ausgefüllt.

245 Die **europäische Perspektive** zeigt ebenfalls terminologische Schwierigkeiten, die zu ähnlichen Diskussionen führen. Die Kommission hegte die Vorstellung, in ihrem Verordnungsvorschlag „Rom II" das **Marktortprinzip** zu verwirklichen. Dieses werde in den meisten Mitgliedstaaten entweder auf Grundlage des Deliktsstatuts oder auf Grundlage einer speziellen Kollisionsnorm (wie in Österreich, Spanien und den Niederlanden wie auch der Schweiz) bereits praktiziert. Welchen Inhalt dieses Marktortprinzip genau haben soll, blieb jedoch im Unklaren. In ihrem Formulierungsvorschlag für Art. 5 Rom II-Entwurf verzichtete die Kommission wohlweißlich auf den Begriff der Auswirkung. Denn der vehementen Kritik aus der Wissenschaft Raum gebend wollte sie das Anknüpfungskriterium der Auswirkung derart eingrenzen, dass nur unmittelbare und wesentliche Beeinträchtigungen der Wettbewerbsbeziehungen oder kollektiven Interessen der Verbraucher für die Ermittlung des anwendbaren Rechts maßgeblich sein sollen.[1150] Die Eingrenzung ist später wieder entfallen und findet sich in Art. 6 Abs. 1 Rom II-VO nicht mehr.[1151] Und auch der Rückgriff auf das österreichische, schweizerische oder spanische Lauterkeitskollisionsrecht verfängt nicht vollständig in Richtung der zwingenden Interpretation als Auswirkungsprinzip. Denn wie gezeigt[1152] bestehen in der Auslegung der in diesen Rechtsordnungen existierenden gesetzlichen Regelungen erhebliche Unsicherheiten. Oftmals kommen die in der jeweiligen Literatur oder Rechtsprechung gefundenen Lösungen der deutschen Interessenkollisionslösung sehr nahe. Außerdem sieht Art. 6 Abs. 2 Rom II-VO wie auch der Art. 5 Abs. 2 des Verordnungsentwurfs ein Ausweichen auf das Deliktsstatut für die Fälle „bilateraler" Wettbewerbsbeziehungen vor.[1153] Die Kommission denkt dabei an Fälle der Abwerbung von Angestellten, Bestechung, Industriespionage, Preisgabe eines Geschäftsgeheimnis-

---

[1149] Auch *Staudinger/Fezer/Koos* IntWirtschR Rn 486, schließen dies nicht gänzlich aus.
[1150] Vgl. insgesamt die Begründung zum Verordnungsvorschlag, KOM(2003), 427 endg. S. 17f.
[1151] → Rn 163.
[1152] → Rn 76ff.
[1153] S. die Begründung der Entwurfsvorschrift aaO S. 18.

ses oder der Anstiftung zum Vertragsbruch.[1154] Der hieraus geschädigte Wettbewerber soll demnach ebenfalls in den Genuss eines Rückgriffs auf das gemeinsame Heimatstatut oder die Ausweichklausel des Art. 4 Abs. 2 und 3 Rom II-VO kommen.

Dieser Zusammenhang deutet im Ergebnis auf dieselbe Problemlage, wie sie für das deutsche Recht dargestellt wurde: Es streiten Elemente des kartellrechtlichen Auswirkungsprinzips mit deliktsstatutarischen Ansätzen um die interessengerechte Anknüpfung unlauteren Wettbewerbs im internationalen Kontext. Es bleibt jedoch festzuhalten, dass Art. 6 Rom II-VO eine **lauterkeitsrechtliche** von einer **kartellrechtlichen Kollisionsregel unterscheidet** und dazu noch einen Verweis auf das allgemeine Deliktsstatut enthält. 246

In terminologischer Hinsicht scheint eine Verwendung der mit einschlägigem Bedeutungsgehalt besetzten Begriffe der Interessenkollisionslösung wie auch des Auswirkungsprinzips als schwierig. Auch eine Umformulierung der zum festen Bestand der Diskussion gehörenden Begriffe begegnet naturgemäß Zweifeln hinsichtlich ihrer sprachlichen Präzision. Dennoch scheint in Anbetracht der Tatsache, dass gerade die Emanzipation des Lauterkeitsstatuts vom Deliktsstatut und damit die rechtshistorisch seit langem überholten Wurzeln deutlich gemacht werden sollten, die Weichenstellung durch Bezeichnung der lauterkeitsspezifischen Anknüpfung im Zusammenhang mit der Schutzzweckdifferenz angebracht. Die lauterkeitsspezifische Anknüpfung könnte daher begrifflich nicht nur als Anknüpfung im Sinne der schutzzweckorientierten Interessenkollisionslösung, sondern auch als Anknüpfung nach der **europäischen Marktortregel** gefasst werden. Hierdurch wird deutlich, dass nicht die kartellrechtlichen und auch nicht allgemein deliktsrechtlichen Wertungen maßgeblich sind, sondern eine gesonderte, an spezifisch lauterkeitsrechtlichen Maßstäben orientierte Anknüpfung wettbewerbsrechtlicher Sachverhalte stattfindet. 247

5. Konsequenzen für die praktische Anwendung des Art. 6 Rom II-VO

Mit Inkrafttreten der Rom II-VO gilt in der Europäischen Union (innerhalb des Anwendungsbereichs der Verordnung)[1155] ein einheitliches Internationales Privatrecht für das außervertragliche Schuldrecht. Die Wahl des Regelungsinstruments der Verordnung zeigt insofern unmittelbar seine Wirkung, so dass es einer Umsetzung in der jeweiligen Rechtsordnung der Mitgliedstaaten nicht mehr bedarf und entsprechende Unsicherheiten der Rechtsumsetzung ausbleiben. Auslegungshoheit besitzt der EuGH. Maßgeblich für das Internationale Lauterkeitsrecht ist damit die Kollisionsregel des Art. 6 Abs. 1 Rom II-VO, die in in inhaltlicher Hinsicht nicht sonderlich von der bereits einem breiten Konsens unterliegenden Lösung im deutschen Schrifttum abweicht. Der Grabenkampf zwischen prinzipiell Individualinteressen berücksichtigendem Interessenkollisionskonzept und prinzipiell Kollektivinteressen berücksichtigendem Auswirkungsprinzip findet zwar auch hier seinen Nährboden. Doch kann für die praktische Handhabung der neuen Kollisionsnormen in Art. 6 Rom II-VO davon ausgegangen werden, dass es sich um eine der im deutschen autonomen Kollisionsrecht entwickelten Lösung vergleichbare Anknüpfung an den Marktort handelt.[1156] Der Marktort ist als der Ort der wettbewerblichen Interessenkollision zu verstehen, wobei die wettbewerblichen Interessen diejenigen der Schutzzwecktrias sind, mithin die Interessen der Wettbewerber, der Verbraucher und der Allgemeinheit oder „Öffentlichkeit" – wie es im Erwägungsgrund 21 der Rom II-VO heißt. Zur Ermittlung des jeweiligen Marktortes wird auf die bisher entwickelten Grundsätze zurückzugreifen sein.[1157] 248

[1154] Vgl. die Begründung aaO.
[1155] Dazu → Rn 154ff.
[1156] So auch *Sack* WRP 2008, 845, 846f.
[1157] Zur Anknüpfung der einzelnen wettbewerbsrechtlichen Fallkonstellationen → Rn 263ff.

III. Durchbrechung des Wettbewerbsstatuts

1. Berücksichtigung ausländischen Rechts bei Anwendung inländischen Sachrechts

249 Trotz Anwendung inländischen Sachrechts wurde von der Rechtsprechung gelegentlich ausländisches Wettbewerbsrecht berücksichtigt. Die Rechtsprechung hatte bereits früh eine Beachtung materiellrechtlicher **ausländischer Maßstäbe** im Rahmen der Generalklausel des § 1 aF[1158] oder bei der Bestimmung der Verkehrsauffassung im Rahmen des § 3 aF[1159] anerkannt. Obgleich die Berücksichtigung ausländischen Sachrechts im Rahmen des deutschen Wettbewerbsstatuts aus der frühen, stark heimwärts strebenden Rechtsprechung herrührte und dabei ein – nach heutigen Maßstäben gleichermaßen unpassendes wie bedenkliches[1160] – Korrektiv bildete, ist auch in der nachfolgenden Spruchpraxis bei Anwendbarkeit des deutschen Wettbewerbsstatuts vereinzelt auf ausländische Sachrechtswertungen zurückgegriffen worden.[1161] Unter neuem Recht bietet sich zwar insbesondere im Rahmen der Generalklausel des § 3 die Möglichkeit der Berücksichtigung sich wandelnder Anschauungen und Wertmaßstäbe,[1162] so dass prinzipiell auch ausländische Wertmaßstäbe Berücksichtigung finden könnten. Doch scheint sich mit der neueren Rechtsprechung, die eine eventuelle Zulässigkeit oder Unzulässigkeit einer dem deutschen Wettbewerbsstatut unterfallenden Wettbewerbsmaßnahme nach ausländischem Recht für unerheblich erachtet,[1163] ein Positionswechsel ergeben zu haben. Mit einem Einfluss ausländischen Sachrechts auf die rechtliche Beurteilung der Lauterkeit nach deutschem Wettbewerbsstatut ist damit künftig nicht mehr zu rechnen.[1164]

2. Gemeinsames Personalstatut

250 Die Rechtsprechung des BGH zum Internationalen Lauterkeitsrecht hat sich grundsätzlich von der Praxis des RG gelöst, nach der Inländer im Ausland inländische Wettbewerbsvorschriften zu beachten hätten.[1165] Allerdings kommt nach der bisherigen Rechtsprechung des BGH die Anwendung des gemeinsamen Personalstatuts ausnahmsweise dann in Betracht, wenn entweder **ausschließlich deutsche Wettbewerber** auf dem ausländischen Markt konkurrieren oder sich die Wettbewerbshandlung eines deutschen Wettbewerbers **gezielt gegen einen deutschen Konkurrenten** richtet.[1166] Bei dieser Rechtsprechungsregel handelt es sich um eine einseitige Anknüpfung deutschen Wettbewerbsrechts, da der BGH bisher eine Anwendung dieser Ausnahmen auf den Fall eines gemeinsamen ausländischen Personalstatuts abgelehnt hat.[1167] Die Literatur folgt dieser Rechtsprechung zum

---

[1158] So bereits BGH GRUR 1958, 189, 197 – Zeiß; BGH GRUR 1960, 372, 377 – Kodak; BGHZ 35, 329, 332 – Kindersaugflaschen; BGHZ 40, 391, 397f, 400 – Stahlexport; BGH GRUR 1968, 587, 588 – Bierexport.

[1159] BGH GRUR 1982, 495, 497 – Domgarten-Brand.

[1160] Die Berücksichtigung ausländischen Sachrechts führt zu Rechtsunsicherheit und einer unzulässigen Vermischung von Sach- und Kollisionsrecht; vgl. die berechtigte Kritik bei Großkomm/*Schricker* UWG Einl. Rn F 182; *Kotthoff* CR 1997, 676, 679.

[1161] BGH GRUR 1988, 453, 454 – Ein Champagner unter den Mineralwässern; OLG Frankfurt IPRspr. 1990 Nr. 155, 307, 310 – Physikzeitschrift. Sehr kritisch dagegen Großkomm/*Schricker* UWG Einl. Rn F 182; *Kotthoff* CR 1997, 676, 679.

[1162] S. die Begründung, BT-Drucks. 15/1487 S. 16.

[1163] BGH GRUR 1998, 945, 946 – Co-Verlagsvereinbarung.

[1164] S. auch *Beater* § 31 Rn 49. Die Ausnutzung eines internationalen Rechtsgefälles betrachtete BGH GRUR 1980, 856, 860 – Asbestimporte, als nicht wettbewerbswidrig entgegen BGH GRUR 1977, 672, 673f – Weltweit-Club.

[1165] RGZ 140, 25, 29 – Hohner Mundharmonika. Dazu → Rn 184.

[1166] BGHZ 40, 391, 397 – Stahlexport. S. auch OLG Düsseldorf NJW-RR 1993, 171f – Patentberühmung im Ausland; OLG München GRUR 1992, 634 – PC professionell.

[1167] S. BGHZ 41, 55 – Klemmbausteine; BGH GRUR 1988, 453, 454 – Ein Champagner unter den Mineralwässern.

Teil insgesamt,[1168] zum Teil nur hinsichtlich der Ausnahme des ausschließlichen Inländerwettbewerbs im Ausland[1169] oder nur bezogen auf die Ausnahme eines gezielt gegen inländische Mitbewerber gerichteten Wettbewerbsverstoßes.[1170] Auf den Streit, ob die mittlerweile **aufgehobene**[1171] **Verordnung über die Rechtsanwendung bei Schädigungen deutscher Staatsangehöriger außerhalb des Reichsgebietes** vom 7. 12. 1942[1172] auch auf Ansprüche wegen unlauteren Wettbewerbs anwendbar ist,[1173] kommt es in diesem Zusammenhang nicht mehr an.

Die Anknüpfung an das gemeinsame Personalstatut bei ausschließlich unter Inländern stattfindendem Auslandswettbewerb begegnet allerdings erheblichen **Zweifeln.** Sie berücksichtigt nicht, dass neben den individuellen Interessen der Konkurrenten gleichermaßen kollektive Interessen anderer Marktbeteiligter sowie auch das Interesse der Allgemeinheit am Bestand des (ausländischen) Leistungswettbewerbs insgesamt betroffen sind.[1174] Abgesehen von der praktischen (zur Rechtsunsicherheit führenden) Schwierigkeit, festzustellen, ob auch ausländische Konkurrenten beteiligt sind, werden vor allem die Interessen der auf dem ausländischen Markt ebenfalls beteiligten Verbraucher nicht hinreichend gewürdigt.[1175] Für die Marketingabteilung eines deutschen Unternehmens hätte die Anwendung der „Stahlexport"-Rechtsprechung andernfalls zur Konsequenz, dass eine vorsorgliche Orientierung am deutschen Wettbewerbsrecht auch in Bezug auf die für den Auslandsmarkt bestimmte Werbung ratsam wäre.[1176] Wegen der daraus resultierenden Wettbewerbsverzerrung ist die Anknüpfung des reinen Inländerwettbewerbs im Ausland an das gemeinsame Personalstatut daher abzulehnen. Und auch die zweite vom BGH zugelassene Ausnahme von der Marktortanknüpfung bei gezieltem Angriff eines ebenfalls deutschen Konkurrenten[1177] erscheint nicht sachgerecht, da sie einen Verstoß gegen den Grundsatz der par conditio concurrentium darstellt.[1178] Dementsprechend wurde im Schrifttum zumeist eine **gemeinsame Heimatanknüpfung im Sinne des Art. 40 Abs. 2 EGBGB** auf unlautere Wettbewerbshandlungen **abgelehnt.**[1179] Nur im Bereich der bilateralen Wettbewerbsverstöße will ein Teil der Literatur eine gemeinsame Heimatanknüpfung zulassen.[1180] Dies entspricht der Situation nach Inkrafttreten der Rom II-VO, wonach nur im 251

1168 So noch *Baumbach/Hefermehl* UWG (22. Aufl.) Einl. Rn 185; *v. Gamm* UWG Einf. A Rn 49. Ebenso – unter Berufung auf Art. 40 Abs. 2 Satz 2 EGBGB – MünchKomm/*Junker* EGBGB (3. Aufl.) Art. 40 Rn 83. Kritisch jetzt aber *Hefermehl/Köhler/Bornkamm/Köhler* UWG Einl. Rn 5.14.

1169 *Beitzke* JuS 1966, 139, 144.

1170 *van Meenen* S. 135 f.

1171 Vgl. Art. 4 des Gesetzes zum Internationalen Privatrecht für außervertragliche Schuldverhältnisse und Sachen vom 21. 5. 1999, BGBl. II S. 1026. Die Verordnung wurde mit Wirkung zum 1. 6. 1999 aufgehoben.

1172 RGBl. I S. 706. § 1 der Verordnung erlaubte es, auf außervertragliche Schadensersatzansprüche deutsches Recht anzuwenden, die ein Deutscher gegen einen anderen Deutschen hatte, wenn die Tat im Ausland begangen wurde.

1173 Die hM lehnte dies zu Recht ab; vgl. nur MünchKomm/*Kreuzer* BGB (3. Aufl.) Art. 38 EGBGB Rn 251; *Sack* GRUR Int. 1988, 320, 325.

1174 Kritisch auch Großkomm/*Schricker* UWG Einl. Rn F 196; *Kropholler* IPR § 53 VI 1. So jetzt auch *Harte/Henning/Glöckner* UWG Einl. C Rn 124; *Hefermehl/Köhler/Bornkamm/Köhler* UWG Einl. Rn 5.14; MünchKomm/*Drexl* BGB IntUnlWettbR Rn 91 ff.

1175 Ablehnend daher auch *Höder* S. 37; *Staudinger/Fezer/Koos* IntWirtschR Rn 459 ff.

1176 Hierauf zu Recht hinweisen *Höder* S. 37.

1177 Vgl. BGH GRUR 1982, 423 – Domgarten-Brand; OLG München NJW-RR 1993, 171, 172 – Patentberühmung im Ausland.

1178 Ebenso *Beitzke* JuS 1966, 139 ff; *Hefermehl/Köhler/Bornkamm/Köhler* UWG Einl. Rn 5.14; *Höder* S. 37; MünchKomm/*Kreuzer* (3. Aufl.) EGBGB Art. 38 Rn 251. Kritisch auch *Kropholler* IPR § 53 VI; *Staudinger/Fezer/Koos* IntWirtschR Rn 457 ff.

1179 Großkomm/*Schricker* UWG Einl. Rn F 196; *Harte/Henning/Glöckner* UWG Einl. C Rn 124; *Höder* S. 37; MünchKomm/*Drexl* BGB IntUnlWettbR Rn 90; *Staudinger/Fezer/Koos* IntWirtschR Rn 396. Differenzierend und ablehnend nur bzgl. marktbezogener Wettbewerbsverstöße *Sack* WRP 2000, 269, 280; *Staudinger/v. Hoffmann* EGBGB Art. 40 Rn 318. Ablehnend (nach altem IPR) für marktbezogene Wettbewerbsverstöße auch MünchKomm/*Kreuzer* BGB (3. Aufl.) Art. 38 EGBGB Rn 251. AA hingegen MünchKomm/*Junker* EGBGB Art. 40 Rn 83; *Palandt/Heldrich* EGBGB (67. Aufl.) Art. 40 Rn 11.

1180 So zB *Sack* WRP 2000, 269, 280. Dagegen aber AnwK/*Wagner* EGBGB Art. 40 Rn 71; MünchKomm/*Drexl* BGB IntUnlWettbR Rn 91 und 96; *Staudinger/Fezer/Koos* IntWirtschR Rn 397.

Falle bilateraler Wettbewerbsverstöße gemäß Art. 6 Abs. 2 iVm Art. 4 Abs. 2 Rom II-VO die Anwendung des gemeinsamen Heimatrechts in Betracht kommt.[1181]

252 Die Vorschrift in **Art. 6 Abs. 2 Rom II-VO** enthält für bestimmte Fälle, bei denen „ausschließlich die Interessen eines bestimmten Wettbewerbers" beeinträchtigt werden, die also durch eine „bilaterale Beziehung" der Wettbewerber charakterisiert sind,[1182] eine Verweisung auf das allgemeine Deliktsstatut nach Art. 4 Rom II-VO. Damit wird auch ein Rückgriff auf das **gemeinsame Personalstatut im Sinne des Art. 4 Abs. 2 Rom II-VO** ermöglicht. Vor dem im Vorangehenden dargelegten Hintergrund einer auf das Recht des unlauteren Wettbewerbs nicht passenden Heimatanknüpfung ist auch der Rückgriff auf das gemeinsame Personalstatut im Sinne des Art. 4 Abs. 2 Rom II-VO für den Bereich des unlauteren Wettbewerbs unpassend und dessen Anwendung auch auf bilaterale Wettbewerbsverstöße **abzulehnen.**[1183] Denn die bilaterale Zielrichtung eines Wettbewerbsverhaltens schließt die gleichzeitige Berührung wettbewerblicher Drittinteressen nicht aus, sondern ist auf dem Boden des modernen Wettbewerbsrechts und der Anerkennung der Schutzzwecktrias auf nationaler[1184] wie europäischer Ebene[1185] gerade umgekehrt der Regelfall.[1186] So werden etwa bei der oftmals als Beispiel für eine bilaterale Wettbewerbshandlung angeführten Anschwärzung auch die Verbraucherinteressen an einer möglichst freien, ungehinderten Entscheidung beeinträchtigt.[1187]

3. Ausweichklausel

253 Das seit dem Jahr 1999 in den Art. 40ff EGBGB kodifizierte Internationale Deliktsrecht sieht wie auch das Internationale Vertragsrecht mit **Art. 41 Abs. 1 EGBGB** eine allgemeine Ausweichklausel vor, die zur Anwendung kommt, wenn sich aus den Umständen des Sachverhalts ergibt, dass eine wesentlich engere Verbindung zu einem anderen als dem bei der Regelanknüpfung ermittelten Recht eines bestimmten Staates besteht. Es soll dann ausnahmsweise das Recht des Staates maßgeblich sein, zu dem nach der Gesamtschau des Falles die wesentlich engere Beziehung besteht. Die Übernahme dieses Grundsatzes konnte schon bisher im Internationalen Wettbewerbsrecht kaum Bedeutung erlangen. Die Anwendung der Ausweichklausel wurde zwar bereits nach altem Recht für möglich gehalten.[1188] Der Großteil des Schrifttums stützte aber – im Einklang mit der gesetzgeberischen Vorstellung[1189] – ohnehin die wettbewerbsspezifische Anknüpfung auf die Ausweichklausel des Art. 41 Abs. 1 EGBGB,[1190] so dass eine darüber hinausgehende Anwendung von Art. 41 Abs. 1 EGBGB nicht mehr in Frage kam.[1191] Aber auch nach der hier vertretenen Auffassung, die sich vollständig von der deliktskollisionsrechtlichen Anknüpfung löst und wettbewerbsspezifisch anknüpft, scheidet – nach altem wie neuem Recht – eine Anwendung der Ausweichklausel aus. Denn es macht gerade den Charakter der **wettbewerbsspezifischen am Schutzzweck des Wettbewerbsrechts orientierten Anknüpfung** aus, das Marktortrecht als die engste Verbindung des jeweiligen Sachverhalts zu ermitteln, so dass eine „engere" Verbindung denklogisch ausgeschlossen ist. Gleiches gilt nun für die europäische Marktortregel gemäß Art. 6 Abs. 1 Rom II-VO, in dessen Anwendungsbe-

---

[1181] *Sack* WRP 2008, 845, 847. S. auch *Palandt/Thorn* Anh zu EGBGB Art. 6 Rom II Rn 16.

[1182] Vgl. die Begründung, KOM(2003), 427 endg. S. 18. S. näher → Rn 164f.

[1183] So auch bereits zum Verordnungsvorschlag MünchKomm/*Drexl* BGB IntUnlWettbR Rn 91; *Staudinger/Fezer/Koos* IntWirtschR Rn 396f.

[1184] Vgl. § 1.

[1185] Vgl. Erwägungsgrund 21 der Rom II-VO.

[1186] *Staudinger/Fezer/Koos* IntWirtschR Rn 396, schließen sogar gänzlich aus, dass im Lauterkeitsrecht ausschließlich Individualinteressen berührt sind. S. zur Kritik auch → 166.

[1187] MünchKomm/*Drexl* BGB IntUnlWettbR Rn 93. S. auch *Staudinger/Fezer/Koos* IntWirtschR Rn 397.

[1188] MünchKomm/*Kreuzer* BGB (3. Aufl.) Art. 38 EGBGB Rn 253.

[1189] Vgl. die Begründung RegE BT-Drucks. 14/343 S. 10.

[1190] S. zB *Sack* WRP 2000, 269, 272; *Staudinger/v. Hoffmann* EGBGB Art. 40 Rn 301; *Thünken* IPRax 2001, 15, 16. Kritisch aber zu Recht *Mankowski* GRUR Int. 1999, 909, 910.

[1191] Gegen die Anwendung der Ausweichklausel in Art. 41 EGBGB sprechen sich ebenfalls aus *Staudinger/Fezer/Koos* IntWirtschR Rn 390 und 607f.

reich der Weg zur Anwendung der Ausweichklausel des Art. 4 Abs. 3 Rom II-VO versperrt ist.[1192]

Der BGH hat zwar im Falle des ausschließlich unter Deutschen stattfindenden oder sich gezielt gegen einen inländischen Mitbewerber richtenden Angriffs eines Deutschen im Auslandswettbewerb die **Heranziehung deutschen Wettbewerbsrechts** als Ausnahmeanknüpfung für möglich gehalten[1193] und auch nicht von vorneherein ausgeschlossen, dass das deutsche Wettbewerbsrecht ausnahmsweise für den Sonderfall der sog. **„Kaffeefahrten"** zur Anwendung kommt, bei denen sich die ins Ausland verlegte Werbeveranstaltung gezielt nur an Inländer wendet.[1194] Gerade für den Fall der „Kaffeefahrten" wurde auch in der Literatur die Anwendung der Ausweichklausel befürwortet.[1195] Entgegen der Rechtsprechung des BGH[1196] sollte die Ausnahmeklausel auch dann zur Anwendung kommen, wenn die speziell auf Deutsche abzielende Werbeveranstaltung erst im Ausland beginnt (sog. „Gran Canaria"-Fälle).[1197] Richtigerweise konnte sich aber in beiden Fallkonstellationen schon über die wettbewerbsspezifische Anknüpfung nach der Interessenkollisionslösung ein die Verbraucherschutzinteressen berücksichtigendes Ergebnis erzielen lassen, so dass ein Rückgriff auf die Ausweichklausel nach Art. 41 Abs. 1 EGBGB im Ergebnis nicht notwendig war.[1198] 254

Die Rom II-VO berücksichtigt ebenso wie Art. 41 Abs. 1 EGBGB das Bedürfnis, in bestimmten Fällen von dem Ergebnis der Regelanknüpfung abweichen zu können. Die Bestimmung des **Art. 4 Abs. 3 Rom II-VO** enthält daher eine allgemeine Ausweichklausel. Nach Art. 4 Abs. 3 S. 1 Rom II-VO kommt für den Fall, dass sich aus der Gesamtheit der Umstände eine „offensichtlich engere Verbindnung" der unerlaubten Handlung mit einem anderen Staat ergibt, das Recht dieses anderen Staates zur Anwendung. In ihrem Abs. 2 verweist die wettbewerbsrechtliche Kollisionsregel des Art. 6 Rom II-VO für den Fall auf die allgemeine deliktsrechtliche Ausweichklausel, dass „ein unlauteres Wettbewerbsverhalten **ausschließlich die Interessen eines bestimmten Wettbewerbers**" beeinträchtigt. Dabei dachte die Kommission an „bilateral" einzustufende Fallkonstellationen, wie etwa die Abwerbung von Angestellten, Bestechung, Industriespionage, Preisgabe von Geschäftsgeheimnissen oder Anstiftung zum Vertragsbruch.[1199] Die Kommission zog zwar auch in Erwägung, dass derartige Handlungen negative Auswirkungen auf einen bestimmten Markt haben können, ordnete diese aber wegen ihres bilateralen Charakters unter die deliktsrechtliche Ausweichklausel, um dem Geschädigten die Möglichkeit zu eröffnen, nach gemeinsamem Heimatrecht oder über die regelmäßig auf sein Recht verweisende Ausweichklausel Ansprüche geltend zu machen.[1200] Auch hier ist kritisch anzumerken, dass einerseits die generelle Betonung individueller Interessen der Anknüpfung nach der an der Schutzzwecktrias zu orientierenden Interessenkollisionslösung nicht gerecht wird, die Anknüpfung nach der Interessenkollisionslösung aber andererseits weitgehend zu gleichen Ergebnissen führen wird. Daher besteht im Rahmen des Internationalen Lauterkeitsrechts im Grunde kein Bedürfnis zur Anwendung der Ausweichklausel. 255

4. Akzessorische Anknüpfung

Ähnlich wie schon **Art. 41 Abs. 2 Nr. 1 EGBGB** lässt die Vorschrift des Art. 4 Abs. 3 S. 2 Rom II-VO ein Sonderverbindungsstatut für den Fall zu, dass sich eine offensichtlich 256

1192 *Sack* WRP 2008, 845, 847. S. aber zu Art. 6 Abs. 2 Rom II-VO → 255.
1193 BGHZ 40, 391, 397 – Stahlexport. Dazu näher → Rn 193.
1194 BGHZ 113, 11, 16 – Kauf im Ausland.
1195 MünchKomm/*Kreuzer* BGB (3. Aufl.) Art. 38 EGBGB Rn 253.
1196 BGHZ 113, 11, 16 – Kauf im Ausland.
1197 *Bernhard* GRUR Int. 1992, 366, 372 f; MünchKomm/*Kreuzer* BGB (3. Aufl.) Art. 38 EGBGB Rn 253; *Sack* IPRax 1992, 24, 27; aA Großkomm/*Schricker* UWG Einl. Rn F 206; *Paefgen* WRP 1991, 447 ff.
1198 So im Ergebnis auch MünchKomm/*Drexl* BGB IntUnlWettbR Rn 98; *Staudinger/Fezer/Koos* IntWirtschR Rn 390; aA *Sack* WRP 2000, 269, 273, der in beiden Fällen Art. 41 EGBGB anwendet.
1199 Vgl. die Begründung des Verordnungsvorschlags, KOM(2003), 427 endg. S. 18.
1200 Vgl. die Begründung des Verordnungsvorschlags, ebenda.

engere Verbindung aus einem „**bereits bestehenden Rechtsverhältnis zwischen den Parteien** – wie einem **Vertrag** – ergeben, das mit der betreffenden unerlaubten Handlung in enger Verbindung steht". Es ist also eine akzessorische Anknüpfung an die bereits bestehende und mit dem außervertraglichen Schuldverhältnis im Zusammenhang stehende Sonderverbindung zwischen den Beteiligten möglich.[1201] Für die Produkthaftung wurde beispielsweise auf Grundlage von Art. 41 Abs. 2 Nr. 1 EGBGB eine akzessorische Anknüpfung an das Recht des Marktortes wegen der Begründung einer tatsächlichen Beziehung durch Werbung in Betracht gezogen.[1202] Umgekehrt konnte aber eine akzessorische Anknüpfung wettbewerbsrechtlicher Sachverhalte an das Deliktsstatut aus denselben Gründen, die gegen die Anwendung der allgemeinen Ausweichklausel nach Art. 41 Abs. 1 EGBGB auf unlauteres Wettbewerbsverhalten sprachen, nicht möglich sein.[1203] Auch eine akzessorische Anknüpfung wettbewerbsrechtlicher Sachverhalte an das zwischen den Beteiligten bestehende **Vertragsverhältnis** kommt nicht in Betracht. Insbesondere die akzessorische Anknüpfung von klassischen marktbezogenen Wettbewerbsverstößen ist abzulehnen.[1204] Vor dem Hintergrund der Anwendung des Art. 41 Abs. 1 EGBGB als Grundlage der wettbewerbskollisionsrechtlichen Marktortregel wurde auch die akzessorische Anknüpfung marktbezogener Wettbewerbsverstöße für möglich gehalten.[1205] Die hierzu vorgebrachte Begründung, es stehe auch bei diesen Unlauterkeitstatbeständen vornehmlich der individuelle Schutz einzelner Verbraucher oder Konkurrenten im Vordergrund, kann nicht greifen. Abgesehen davon, dass sich weder Art. 41 Abs. 1 EGBGB noch Art. 4 Abs. 3 S. 1 Rom II-VO zur dogmatischen Verankerung der wettbewerbsrechtlichen Marktortregel eignet,[1206] lässt diese Auffassung den Ausnahmecharakter von Art. 4 Abs. 3 S. 2 Rom II-VO bzw. Art. 41 Abs. 2 EGBGB unbeachtet. In Fällen unlauteren Wettbewerbsverhaltens wird aber schon die Anwendung der schutzzweckorientierten Interessenkollisionslösung zu angemessenen Lösungen kommen, die einem schwerpunktmäßig individualschützenden Tatbestand Rechnung tragen kann. Für die Anwendung der Ausweichklausel oder eines Sonderverbindungsstatuts nach Art. 4 Abs. 3 S. 2 Rom II-VO (bzw. nach altem Recht Art. 41 Abs. 2 EGBGB) bleibt dabei jedenfalls kein Raum.

5. Rechtswahlmöglichkeit

257 Im Internationalen Deliktsrecht ist gemäß **Art. 14 Rom II-VO** (nach autonomem Recht Art. 42 EGBGB) eine Rechtswahl grundsätzlich erlaubt. Da sich das konkrete Schadensverhältnis bei Schadenseintritt auf zwei Personen konzentriert, soll diesen bis zum Beginn der mündlichen Verhandlung eine nachträgliche Rechtswahl erlaubt sein. Das Schutzbedürfnis der Allgemeinheit und potentiell Geschädigter, sich nicht mit einem ortsfremden Recht konfrontiert zu sehen, entfällt. Für das Internationale Lauterkeitsrecht[1207] können diese Wertungen allerdings nicht gelten.[1208] Hier ist regelmäßig ein dreifacher Schutzzweck zu befriedigen. Zu schützen sind nicht nur die aufgrund einer unlauteren Wettbewerbsmaßnahme konkret benachteiligten Mitbewerber, sondern gleichermaßen betroffene Verbraucher und das Interesse der Allgemeinheit an einem unverfälschten und in seinem Be-

---

[1201] Obwohl es sich bei der vertragsakzessorischen Anknüpfung im Unterschied zu Art. 41 Abs. 2 Nr. 1 EGBGB nicht mehr um eine Regelbeispiel handelt, bleibt dies doch der Hauptanwendungsfall; s. *Palandt/Thorn* Anh zu EGBGB Art. 4 Rom II Rn 11.

[1202] *Palandt/Heldrich* EGBGB (67. Aufl.) Art. 41 Rn 4.

[1203] Ablehnend auch *Staudinger/Fezer/Koos* IntWirtschR Rn 606 f; *Staudinger/v. Hoffmann* EGBGB Art. 48 Rn 348. S. auch *Sack* WRP 2000, 269, 273.

[1204] Ebenso *Kreuzer* Vorschläge und Gutachten zur Reform des deutschen internationalen Privatrechts der außervertraglichen Schuldverhältnisse S. 232, 279; MünchKomm/*Kreuzer* BGB (3. Aufl.) Art. 38 EGBGB Rn 252.

[1205] *Staudinger/v. Hoffmann* EGBGB Art. 40 Rn 349.

[1206] → Rn 221.

[1207] Zur Problematik der Fakultativität im Internationalen Wettbewerbsrecht s. grundlegend bereits *Flessner* RabelsZ 34 (1970) 547 f; *Müller-Graff* RabelsZ 48 (1984) 289 ff.

[1208] Bereits eingehend → Rn 13 ff.

stand gesicherten Wettbewerb. Die dreifache Schutzrichtung entfällt auch nicht mit Eintritt des konkreten Wettbewerbsrechtsverstoßes. Ließe man eine Rechtswahl durch die Parteien zu, so müssten **Drittinteressen** zurückstehen und blieben unbeachtet. Insbesondere bei der Wahl eines gegenüber dem an sich zur Anwendung berufenen Wettbewerbsrechts großzügigeren Rechts blieben die ebenfalls berührten Drittinteressen ohne Schutz.[1209] Aber auch die Wahl eines im Vergleich zum eigentlich berufenen Recht strengeren Wettbewerbsrechts stieße auf Bedenken, da eine Begrenzung des vom Wettbewerbsrecht gewährten Freiraums durch Parteivereinbarung in kartellrechtlicher Hinsicht kritisch ist.[1210] Zur Vermeidung einer wenig wünschenswerten Behandlung von Parallelprozessen nach unterschiedlichen Rechtsordnungen infolge von Rechtswahlvereinbarungen ist im Ergebnis eine Rechtswahlmöglichkeit im Bereich des Lauterkeitsrechts auszuschließen.[1211] Dementsprechend untersagt **Art. 6 Abs. 4 Rom II-VO** zu Recht die von dem nach Art. 6 Rom II-VO ermittelten Recht abweichende Rechtswahl.[1212] Damit ist gesetzlich klargestellt, dass im Bereich des Lauterkeitsstatuts eine Rechtswahl durch die Parteien nicht in Frage kommt.

Es stellt sich allerdings die Frage, ob eine Rechtswahl im Falle rein **individualrechtbezogener** bzw. **betriebsbezogener Wettbewerbsverstöße** möglich ist. Denn im Rahmen der allgemeinen Anknüpfung nach Art. 4 Rom II-VO ist die Rechtswahl grundsätzlich erlaubt. Ausschließlich die Interessen eines bestimmten Wettbewerbers beeinträchtigende Wettbewerbsverstöße sollen wiederum nach **Art. 6 Abs. 2 Rom II-VO** nicht der lauterkeitsrechtlichen Kollisionsregel des Art. 6 Abs. 1 Rom II-VO unterfallen, sondern der allgemeinen Kollisionsnorm des Art. 4 Rom II-VO. Hieraus könnte man den Rückschluss ziehen, dass auch für betriebezogene Wettbewerbsverstöße das allgemeindeliktsrechtliche Prinzip der Rechtswahlfreiheit gilt.[1213] Systematische und teleologische Gründe sprechen aber im Ergebnis dafür, die Rechtswahlfreiheit auch für betriebsbezogene Wettbewerbsverstöße gemäß Art. 6 Abs. 2 Rom II-VO auszuschließen.[1214] 258

6. Eingriffsnormen

Gemäß Art. 16 Rom II-VO sind unabhängig von dem für einen lauterkeitsrechtlichen Sachverhalt ermittelten anwendbaren Recht bestimmte Eingriffsnormen der lex fori zu beachten. Es muss sich dabei um Vorschriften handeln, die „ohne Rücksicht auf das für das außervertragliche Schuldverhältnis maßgebende Recht den Sachverhalt zwingend regeln". Bei der allgemeinen Bestimmung des Begriffsinhalts von Eingriffsnormen kann auf die Beschreibung in Art. 9 Abs. 1 Rom I-VO zurückgegriffen werden.[1215] Nach dortiger Definition ist als Eingriffsnorm „eine zwingende Vorschrift" zu verstehen, „deren Einhaltung von einem Staat als so entscheidend für die Wahrung seines öffentlichen Interesses, insbesondere seiner politischen, sozialen oder wirtschaftlichen Organisation, angesehen wird, dass sie ungeachtet des nach Maßgabe (der Rom I-VO) auf den Vertrag anzuwendenden Rechts auf alle Sachverhalte anzuwenden ist, die in ihren Anwendungsbereich fallen". Derartige Eingriffsnormen dienen der Verwirklichung überindividueller Interessen des Staates, die 259

[1209] *Sack* WRP 2000, 269, 285.

[1210] *Bornkamm* Neues Recht für neue Medien S. 99, 107 f; *Briem* S. 75; *Sack* WRP 2000, 269, 285.

[1211] So auch die bisher hM im Schrifttum; vgl. *Bornkamm* Neues Recht für neue Medien S. 99, 107; Großkomm/*Schricker* UWG Einl. Rn F 197; *Kreuzer* Vorschläge und Gutachten zur Reform des deutschen internationalen Privatrechts der außervertraglichen Schuldverhältnisse S. 232, 279 f; MünchKomm/*Kreuzer* BGB (3. Aufl.) Art. 38 EGBGB Rn 249; *Reichert-Facilides* FS Hartmann S. 205, 210 ff; *Sack* WRP 2000, 269, 285; *ders.* GRUR Int. 1988, 320, 329 f; Stellungnahme *MPI* GRUR Int. 1985, 104, 108; *Staudinger/Fezer/Koos* IntWirtschR Rn 598 ff. AA Gloy/Loschelder/*Wilde* § 6 Rn 50. Auch → Rn 13 ff.

[1212] Anders noch der Verordnungsvorschlag KOM(2003), 427 endg. Kritisch zum Verordnungsentwurf *Staudinger/Fezer/Koos* IntWirtschR Rn 603.

[1213] So *Leible* RIW 2008, 257, 259; *Leible/Lehmann* RIW 2007, 721, 730 f.

[1214] S. die Argumentation → Rn 17.

[1215] Art. 9 Rom I-VO verdrängt Art. 34 EGBGB, der zeitgleich mit Inkrafttreten der Rom I-VO am 17. 12. 2009 aufgehoben wird; vgl. Art. 1 Nr. 4 des Gesetzes zur Anpassung der Vorschriften des Internationalen Privatrechts an die Verordnung (EG) Nr. 593/2008 vom 25. 6. 2009, BGBl. I S. 1574.

wirtschafts- oder auch sozialpolitischer Natur sein können.[1216] Die Lauterkeit des Geschäftsverkehrs als solche ist dabei nicht schon als vornehmlich überindividuellen Interessen dienendes Schutzgut zu betrachten,[1217] da andernfalls das gesamte Lauterkeitsrecht als Eingriffsrecht zu behandeln wäre, wogegen schon die Existenz einer eigenen lauterkeitsrechtlichen Kollisionsnorm in Art. 6 Abs. 1 Rom II-VO spricht. Demgegenüber kann im Einzelfall die Lauterkeit des Geschäftsverkehrs ein mitbestimmendes überindividuelles Interesse sein. So qualifiziert die Rechtsprechung **Gewinnmitteilungen** nach **§ 661a BGB** wegen der Verfolgung sozialpolitischer (verbraucherschützender) und lauterkeitsrechtlicher Interessen letztlich nachvollziehbar als Eingriffsnorm im Sinne des Art. 34 EGBGB.[1218] Eingriffsnormen finden sich im wettbewerbsrechtlichen Kontext ansonsten – wenn überhaupt – in Spezialbereichen, um zB, wie im Heilmittelwerberecht § 8 Abs. 2 Var. 2 HWG, aus gesundheitspolitischen Gründen bestimmte Werbeformen zu reglementieren.[1219] Eine eingriffsrechtliche Sonderanknüpfung der AMPreisV nach Art. 34 EGBGB wurde hingegen von der Rechtsprechung zutreffend verneint.[1220] Gleiches muss auch für das Zugabe- und Rabattrecht gelten.[1221]

7. Ordre public

260 **a) Ordre public-Vorbehalt nach Art. 26 Rom II-VO.** Das nach dem Lauterkeitsstatut zur Anwendung berufene Sachrecht wird indessen ausnahmsweise nicht angewendet, wenn es im Sinne des ordre public-Vorbehalts nach Art. 26 Rom II-VO iVm Art. 6 EGBGB offensichtlich mit **wesentlichen Grundsätzen des deutschen Rechts** unvereinbar wäre.[1222] Grundvoraussetzung ist dabei, dass der Sachverhalt überhaupt einen **Inlandsbezug** aufweist.[1223] Eine solche offensichtliche Unvereinbarkeit mit wesentlichen Grundsätzen des deutschen Rechts ist allerdings nicht schon dann der Fall, wenn ein ausländisches Sachrecht bei der Bewertung eines Wettbewerbsverhaltens von den Maßstäben des deutschen Lauterkeitsrechts im Einzelnen abweicht, wenn also mit anderen Worten eine bloße Schutzlücke genutzt wurde.[1224] Nach altem Lauterkeitsrecht genügte es beispielsweise nicht, wenn ein anwendbares ausländisches Wettbewerbsrecht ein Verhalten zuließ, welches nach deutschen Lauterkeitsmaßstäben als im Sinne des § 1 aF sittenwidrige Handlung hätte untersagt werden müssen.[1225] Im neuen Recht des unlauteren Wettbewerbs findet sich eine solche Bezugnahme auf die „guten Sitten" nicht mehr. Allerdings bestehen weiterhin Verbote zB bezüglich menschenverachtender Werbung.[1226] Im Hinblick auf den Grundrechtsbezug des ordre public-Vorbehalts ist bei **Verstoß gegen die Grundrechte** infolge der Anwendung des ausländischen Wettbewerbsstatuts die Anwendung deutschen Rechts abhängig vom Grad des Inlandsbezugs in Betracht zu ziehen.[1227] Hinsichtlich des

---

[1216] MünchKomm/*Mankowski* UWG IntWettbR Rn 383.

[1217] Ebenso MünchKomm/*Mankowski* UWG IntWettbR Rn 384.

[1218] BGH RIW 2006, 144, 147 m. zust. Anm. *Schäfer* JZ 2006, 522ff. S. auch *Lorenz* NJW 2006, 472, 474.

[1219] MünchKomm/*Mankowski* UWG IntWettbR Rn 386.

[1220] OLG Hamm MMR 2005, 101, 102ff. Gegen den eingriffsrechtlichen Charakter auch MünchKomm/*Mankowski* UWG IntWettbR Rn 388.

[1221] MünchKomm/*Mankowski* UWG IntWettbR Rn 389.

[1222] S. *Sack* WRP 2008, 845, 862ff; sowie (zu Art. 6 EGBGB) *Hefermehl/Köhler/Bornkamm/Köhler* UWG Einl. Rn 5.25; Großkomm/*Schricker* UWG Einl. Rn F 170; *Sack* WRP 1994, 281, 283.

[1223] *v. Bar/Mankowski* § 7 Rn 263.

[1224] So auch MünchKomm/*Mankowski* UWG IntWettbR Rn 394; sowie (zu Art. 6 EGBGB) *Hefermehl/Köhler/Bornkamm/Köhler* UWG Einl. Rn 5.25; *Lindacher* WRP 1996, 645, 651; MünchKomm/*Drexl* BGB IntUnlWettbR Rn 134; *Staudinger/Fezer/Koos* IntWirtschR Rn 801.

[1225] Vgl. noch zu Art. 30 EGBGB aF BGHZ 35, 329, 337 – Kindersaugflaschen; ebenso (zu Art. 6 EGBGB) MünchKomm/*Mankowski* UWG IntWettbR Rn 394; sowie *Sack* WRP 2008, 845, 862; *ders.* WRP 1994, 281, 283.

[1226] Durch die Beschlussempfehlung des 6. Ausschusses (BT-Drucks. 15/2795 S. 4 und 21) wurde § 4 Nr. 1 UWG um die Worte „in menschenverachtender Weise" ergänzt → § 4–1 Rn 124ff.

[1227] Ähnlich MünchKomm/*Drexl* BGB IntUnlWettbR Rn 134; *Sack* WRP 2008, 845, 863f; *Staudinger/Fezer/Koos* IntWirtschR Rn 800.

dem modernen Wettbewerbsrecht zugrunde liegenden Lauterkeitsbegriffs wird man indessen nicht schon dann einen ordre public-Verstoß annehmen können, wenn ein ausländisches Recht hinsichtlich der Bewertung unlauterer Wettbewerbshandlungen vom deutschen Recht lediglich abweicht.[1228] Erforderlich ist vielmehr grundsätzlich das Vorliegen eines derart frappierenden **Ausnahmefalls,** in dem nur ein vollkommen unzureichender Schutz gegen unlautere Handlungen gewährt wird.[1229] Auch die Rechtswahl lässt sich nicht über den ordre public verbieten.[1230] Auf eine gesteigerte Unsittlichkeit „nach der gemeinsamen Ansicht der durch gleiche sittliche Anschauungen verbundenen Kulturstaaten" – wie es der BGH[1231] zum alten Recht formuliert hat – kann freilich nicht abgestellt werden, da das neue Lauterkeitsrecht keine Bezugnahme auf die „guten Sitten" mehr enthält.[1232] Wegen der auf dem Gebiet des Lauterkeitsrechts fortschreitenden Harmonisierungstendenzen in der Europäischen Union[1233] kann die Prüfung des ordre public-Vorbehalts rechtsvergleichend anhand der gemeinsamen Anschauungen der Mitgliedstaaten oder anhand des international geltenden Mindeststandards[1234] erfolgen. Obgleich sich die Bestimmung des ordre public am nationalen Recht zu orientieren hat, erlangen die gemeinschaftsrechtlichen Grundfreiheiten und die in der EMRK verbürgten Menschenrechte im Rahmen des ordre public-Vorbehalts gemäß Art. 26 Rom II-VO Bedeutung.[1235]

Die **schutzzweckorientierte** Anwendung der **Interessenkollisionslösung** wird jedoch in den meisten Fällen bereits zu einer Anknüpfung gelangen, die einen ordre public-Verstoß gerade vermeidet.[1236] Denn wenn bei dieser Art der wettbewerbsspezifischen Anknüpfung entsprechend der Schutzzwecktrias des § 1 nicht nur individuelle Konkurrenteninteressen, sondern auch kollektive Verbraucherinteressen und das Allgemeininteresse am Bestand des Leistungswettbewerbs insgesamt berücksichtigt werden und deshalb auf einen ausländischen Interessenkollisionsort verwiesen wird, so ist damit gleichfalls die Entscheidung gegen ein inländisches Regelungsinteresse gefallen. Die ernsthafte Bedrohung des deutschen Wirtschaftslebens – die zB vom BGH als Anwendungsfall des ordre public-Vorbehalts bewertet wurde[1237] – ist dann weitgehend ausgeschlossen.[1238] Versuche, den ordre public-Vorbehalt des Art. 6 EGBGB bereits bei **gezielten Wettbewerbsangriffen auf deutsche Mitbewerber** zur Anwendung zu bringen,[1239] mussten (und müssen hinsichtlich Art. 26 Rom II-Verordung) im Ergebnis ebenfalls scheitern. Dies ist weder mit einem nach neuem Lauterkeitsrecht nicht mehr tragfähigen Sittenwidrigkeitsvorwurf zu begründen noch mit dem Schutzzweck des Wettbewerbsrechts insgesamt.[1240] Damit konzentriert sich der Anwendungsbereich des ordre public-Vorbehalts nach Art. 26 Rom II-VO praktisch auf die Fälle der Grundrechtsverletzung. 261

1228 S. im allgemeinen Sinne *v. Bar/Mankowski* § 7 Rn 259.

1229 Vgl. auch MünchKomm/*Mankowski* UWG IntWettbR Rn 396; *Sack* WRP 2008, 845, 862f. In diesem Punkt ähnlich zum alten Recht BGHZ 35, 329, 337 – Kindersaugflaschen.

1230 In diesem Sinne aber *Staudinger/Fezer/Koos* IntWirtschR Rn 603. Zur Frage der Rechtswahlfreiheit im Internationalen Lauterkeitsrecht → Rn 13ff.

1231 BGHZ 35, 329, 337 – Kindersaugflaschen.

1232 Kritisch bereits zum Sittlichkeitsmaßstab des UWG aF und eine wettbewerbsfunktionelle Betrachtungsweise fordernd *Staudinger/Fezer/Koos* IntWirtschR Rn 802.

1233 Jüngster Beleg dafür ist die Lauterkeitsrichtlinie (→ Rn 146ff). S. ferner → Rn 118ff.

1234 Dafür etwa *Staudinger/Fezer/Koos* IntWirtschR Rn 802. Ähnlich MünchKomm/*Kreuzer* BGB (3. Aufl.) Art. 38 EGBGB Rn 255, der für Mitgliedstaaten der PVÜ einen ordre public-Verstoß ausschließt.

1235 *Leible/Lehmann* RIW 2007, 721, 734. Für eine Übertragung der Rechtsprechung des EuGH zu Art. 34 EuGVVO (ehemals Art. 27 EuGVÜ) *Sack* WRP 2008, 845, 862.

1236 So zutreffend zur Interessenkollisionslösung *Staudinger/Fezer/Koos* IntWirtschR Rn 800.

1237 BGHZ 35, 329, 337 – Kindersaugflaschen. Zustimmend *Hefermehl/Köhler/Bornkamm/Köhler* UWG Einl. Rn 5.25; MünchKomm/*Kreuzer* BGB (3. Aufl.) Art. 38 EGBGB Rn 255.

1238 Im Ergebnis ebenso MünchKomm/*Drexl* BGB IntUnlWettbR Rn 134; *Staudinger/Fezer/Koos* IntWirtschR Rn 803; *Wirner* S. 140.

1239 In diesem Sinne zB *Baumbach/Hefermehl* UWG (22. Aufl.) Einl. Rn 189. Das Ergebnis auf das gemeinsame Personalstatut im Sinne der „Stahlexport"-Rechtsprechung stützend MünchKomm/*Kreuzer* BGB (3. Aufl.) Art. 38 EGBGB Rn 255.

1240 So bereits *Staudinger/Fezer/Koos* IntWirtschR Rn 804. Ablehnend auch *Lindacher* WRP 1996, 645, 651.

262 **b) Vorbehalt nach Art. 40 Abs. 3 EGBGB.** Zum Schutz deutscher Staatsangehöriger gegenüber **exorbitanten Schadensersatzansprüchen nach ausländischem Recht,** insbesondere gegenüber den im anglo-amerikanischen Recht bekannten **Strafschadensersatzansprüchen,** diente nach altem Recht das sog. „privilegium germanicum", welches gegen das Diskriminierungsverbot des Art. 12 EG verstieß.[1241] Mit der deutschen Reform des Internationalen Privatrechts der außervertraglichen Schuldverhältnisse im Jahr 1999 ist dieser aus dem ordre public-Vorbehalt fließende Gedanke – diskriminierungsfrei, d.h. ohne Beschränkung auf deutsche Staatsangehörige – in Art. 40 Abs. 3 EGBGB übernommen worden.[1242] Gerade aus dem Charakter eines ordre public-Vorbehalts wird man folgern müssen, dass die Anwendung des Art. 40 Abs. 3 EGBGB nur in streng abzugrenzenden **Ausnahmefällen** in Betracht kommt.[1243] Weist das bei Anwendung der Interessenkollisionslösung gefundene Anknüpfungsergebnis auf ausländisches Wettbewerbsrecht, so können nicht in jedem Fall unter Berufung auf Art. 40 Abs. 3 EGBGB deutsche Rechtsvorstellungen in das hiervon abweichende ausländische Recht importiert werden.[1244] Zur Anwendung von Art. 40 Abs. 3 EGBGB sollte vielmehr – soweit überhaupt die deliktskollisionsrechtlichen Vorschriften der Art. 40 ff EGBGB auf das Recht des unlauteren Wettbewerbs für anwendbar gehalten werden[1245] – das Vorliegen „besonders gravierender Widersprüche zu Grundvorstellungen des deutschen Rechts" bzw. „Verstöße gegen tragende Grundprinzipien des inländischen Deliktsrechts" erforderlich sein.[1246] Zu Recht wird aber gleichzeitig auch de lege ferenda ein vollständiger Verzicht auf die Vorbehaltsklausel des Art. 40 Abs. 3 EGBGB vorgeschlagen.[1247] Mit Geltung der Rom II-VO, die keine vergleichbare Regelung enthält, wird es auf diese Frage nicht mehr ankommen.

IV. Anknüpfung einzelner wettbewerbsrechtlicher Fallkonstellationen

263 Wie bereits dargelegt,[1248] soll wegen der Schwierigkeit der Typologisierung denkbarer Wettbewerbsverstöße im Vorfeld der kollisionsrechtlichen Einzelbetrachtung auf eine Zweiteilung in markt- oder betriebsbezogene Wettbewerbshandlungen wie auch eine Unterteilung nach Schutzrichtungen verzichtet werden. Gemessen an der praktischen Bedeutung und den Fallgruppen, die im Schrifttum vornehmlich behandelt werden, beginnt die Darstellung mit der wichtigsten Wettbewerbshandlung, nämlich der **Werbung.**[1249] Es folgt die höchst brisante **Multistate-Problematik,** welche ebenfalls primär Werbung betrifft,[1250] sowie die Fallgruppe der **Verkaufsförderung,** insbesondere der materiellen **Verbraucheranreize.**[1251] Diese drei Fallgruppen greifen wegen ihrer auf Abnehmer und Verbraucher einwirkenden und unmittelbar absatzfördernden Zielrichtung weitgehend ineinander. Im Weiteren wird die kollisionsrechtliche Beurteilung der Fallgruppen der **Marktstörung,**[1252] der **individuellen Mitbewerberbehinderung**[1253] und der **betriebsbezogenen Wettbewerbsverstöße**[1254] dargestellt. Es schließen sich die kollisionsrechtliche Behandlung der Fallgruppen des **Vorsprungs durch Rechtsbruch,**[1255] bei der es um die **Vor-**

[1241] Vgl. Großkomm/*Schricker* UWG Einl. Rn F 173 f; *Sack* WRP 1994, 281, 282.
[1242] *Lorenz* NJW 1999, 2215, 2216.
[1243] *Spickhoff* NJW 1999, 2209, 2213.
[1244] Ebenso *Staudinger/Fezer/Koos* IntWirtschR Rn 808.
[1245] → Rn 63 f und 220 f. Kritisch letztlich auch *Staudinger/Fezer/Koos* IntWirtschR Rn 809.
[1246] *Staudinger/Fezer/Koos* IntWirtschR Rn 808.
[1247] *Staudinger/Fezer/Koos* IntWirtschR Rn 809. Ebenso schon zu Art. 38 EGBGB aF MünchKomm/*Kreuzer* BGB (3. Aufl.) Art. 38 EGBGB Rn 306.
[1248] → Rn 176 ff.
[1249] → Rn 265 ff.
[1250] → Rn 286 ff.
[1251] → Rn 307 ff.
[1252] → Rn 317 ff.
[1253] → Rn 323 f.
[1254] → Rn 325 ff.
[1255] → Rn 329 ff.

fragenanknüpfung außerwettbewerblicher Normen geht, sowie die ähnlich zu unterteilende Problematik der **Vertriebsbindungssysteme** an, die sich im Schnittbereich von Kartell- und Lauterkeitsrecht befinden.[1256] Als Abschluss der kollisionsrechtlichen Bewertung einzelner wettbewerbsrechtlicher Fallkonstellationen wird der Bereich des **ergänzenden wettbewerbsrechtlichen Leistungsschutzes**[1257] untersucht, bevor schließlich – wegen der sich hier ergebenden Überschneidungen – die kollisionsrechtlichen Anknüpfungsgrundsätze im **Recht der Unternehmenskennzeichen** und der **geographischen Herkunftsangaben** dargestellt werden.[1258]

Nach Aufhebung[1259] von Rabattgesetz wie Zugabeverordnung[1260] ist das als inadäquates „Überbleibsel" empfundene **Recht der Sonderveranstaltungen,** welches in den §§ 7 und 8 aF geregelt war, im neuen UWG weggefallen. Eine eigene kollisionsrechtliche Beurteilung dieser Fallgruppe ist damit obsolet geworden, da die Beschränkungen der Sonderveranstaltungen (Schlussverkäufe, Räumungsverkäufe und Jubiläumsverkäufe sowohl in Bezug auf den Zeitrahmen als auch auf das Sortiment) insgesamt gestrichen wurden. Rabattaktionen können nach neuem Recht nur noch insoweit wettbewerbswidrig sein, als sie eine Irreführung begründen.[1261] Relevant werden dabei Fälle der Werbung mit einer Preisreduzierung, die nur für eine unangemessen kurze Zeit gilt, während zuvor sog. Mondpreise gefordert wurden (§ 5 Abs. 4), sowie Missbrauchsfälle, in denen für Räumungsverkäufe wegen Geschäftsaufgabe geworben wird, in Wahrheit aber keine Geschäftsaufgabe vorliegt (§ 5 Abs. 1 S. 1 und 2 Nr. 2).[1262] Derartige Fälle fallen nun unter das allgemeine Irreführungsverbot des § 5 und werden auch kollisionsrechtlich zu behandeln sein wie sonstige Fälle irreführender Werbung.[1263] Zudem haben sich Rabattaktionen an das für Preisnachlässe und sonstige Verkaufsfördermaßnahmen geltende Transparenzgebot des § 4 Nr. 4 zu halten. 264

1. Werbung

a) Begriff und Bedeutung. Der Bereich der Werbung macht den gewichtigsten Teil unlauteren Wettbewerbsverhaltens aus. Das neue UWG enthält wie auch sein Vorgänger keine Definition der Werbung. Das UWG 2004 definierte nur allgemein die Wettbewerbshandlung in § 2 Abs. 1 Nr. 1 aF. Im neuen UWG wird dieser Begriff der „Wettbewerbshandlung" in § 2 Abs. 1 Nr. 1 durch den Begriff der „geschäftlichen Handlung" ersetzt. Zur Klärung des Begriffs der Werbung kann daher wie bisher auf das gemeinschaftsrechtliche Sekundärrecht zurückgegriffen werden, welches bereits mit Art. 2 Nr. 1 der Irreführungsrichtlinie[1264] eine Definition enthält. Danach ist unter Werbung „jede Äußerung bei der Ausübung eines Handels, Gewerbes, Handwerks oder freien Berufs mit dem Ziel (zu verstehen), den Absatz von Waren oder die Erbringung von Dienstleistungen, einschließlich unbeweglicher Sachen, Rechte und Verpflichtungen zu fördern". Die E-Commerce-Richtlinie führt den umfassenderen Begriff der „kommerziellen Kommunikation" ein, der nach Art. 2 lit. f „alle Formen der Kommunikation (umfasst), die der unmittelbaren oder mittelbaren Förderung des Absatzes von Waren und Dienstleistungen oder des Erscheinungsbilds eines Unternehmens, einer Organisation oder einer natürlichen Person dienen, die eine Tätigkeit in Handel, Gewerbe oder Handwerk oder einen reglementierten Beruf 265

[1256] → Rn 335 ff

[1257] → Rn 339 ff.

[1258] → Rn 342 ff.

[1259] RabattG und ZugabeVO wurden mit Wirkung zum 25. 7. 2001 aufgehoben, BGBl. I S. 1661.

[1260] Zu unlauteren Verkaufsfördermaßnahmen und ihrer kollisionsrechtlichen Behandlung → Rn 307 ff.

[1261] S. die Begründung, BT-Drucks. 15/1487 S. 13 f.

[1262] S. die Begründung, BT-Drucks. 15/1487 S. 13 f.

[1263] → Rn 266 und 269 ff.

[1264] RL 84/450/EWG vom 10. 9. 1984 zur Angleichung der Rechts- und Verwaltungsvorschriften der Mitgliedstaaten über irreführende Werbung, ABl. EG Nr. L 250 S. 20 = GRUR Int. 1984, 688, ersetzt durch RL 2006/114/EG, ABl. EU 2006 Nr. L 376 S. 21. S. auch → Rn 111.

ausübt". Die Definition der E-Commerce-Richtlinie betrifft damit nicht nur allein Werbung, sondern auch sonstige Marketingpraktiken und Verkaufsabsprachen sowie sämtliche Kommunikationsformen.[1265] Das wesentliche Charakteristikum der Werbung besteht also in der auf die potentiellen Abnehmer einwirkenden und der Absatzförderung dienenden **geschäftlichen Kommunikation.**[1266] Werbung bezweckt originäre Einflussnahme auf die Entscheidungsfreiheit der Abnehmer, die ihr wirtschaftliches Handeln möglichst zugunsten des Werbenden ausrichten sollen.

266 **b) Einzelne Formen der unlauteren Werbung im materiellen Recht.** Werbung kann aus den verschiedensten Gründen unlauter im Sinne des Wettbewerbsrechts sein. Zu nennen ist vor allem die irreführende Werbung, die in Form der Irreführung über sämtliche Merkmale der Ware oder Dienstleistung (§ 5 Abs. 1 S. 2 Nr. 1) oder des werbenden Unternehmens selbst (§ 5 Abs. 1 S. 2 Nr. 3), der Irreführung über den Verkaufsanlass (§ 5 Abs. 1 S. 2 Nr. 2), der Irreführung über den Preis (§ 5 Abs. 4), der Irreführung über die Vorratsmenge (§ 3 Abs. 3 iVm Anhang Nr. 5) oder aber auch in Form des Verschweigens von Tatsachen (§ 5a) vorliegen kann.[1267] Eine weitere Form unlauterer Werbung stellt die vergleichende Werbung dar. Die frühere Regelung des § 2 aF über die vergleichende Werbung wurde in § 6 UWG 2004 unverändert übernommen und im neuen Recht nur leicht umformuliert sowie an die Lauterkeitsrichtlinie angepasst.[1268] Ferner kann sich die Unlauterkeit einer Werbung darin begründen, dass sie als solche der Absatzförderung dienende Kommunikation nicht erkennbar ist (verdeckte Werbung oder Schleichwerbung, § 4 Nr. 3).

267 Zum Bereich der unlauteren Werbung sind zudem Fälle psychologischen Kaufzwangs, menschenverachtender oder sonstiger unsachlicher Beeinflussung (§ 4 Nr. 1) zu zählen, die insbesondere die Ausnutzung der geschäftlichen Unerfahrenheit von Kindern und Jugendlichen, aber auch der Zwangslage von Verbrauchern (§ 4 Nr. 2) umfasst. Diese Fallgruppe wird charakterisiert durch eine Intensivierung der Einflussnahme auf potentielle Abnehmer, wie beispielsweise durch gefühlsbetonte Werbung oder übertriebenes Anlocken. Das bedeutet zugleich, dass die Interessen der Abnehmer und Verbraucher besonders stark beeinträchtigt werden.

268 Ebenfalls stark abnehmerbeeinträchtigend sind die im Zusammenhang mit Werbung stehenden Fälle der unzumutbaren Belästigung (§ 7). Unlauter im Sinne des § 7 ist im Wesentlichen die Werbung entgegen dem erkennbaren Empfängerwillen (Abs. 2 Nr. 1), die Telefonwerbung ohne Einwilligung des Angerufenen (Abs. 2 Nr. 2) sowie die unaufgeforderte Fax- und E-Mail-Werbung (Abs. 2 Nr. 3).[1269] Wie die Gesetzesbegründung hervorhebt, ist die Fallgruppe der unzumutbaren Belästigung allerdings nicht auf die belästigende Werbung beschränkt, sondern erfasst etwa auch Aufforderungen zur Abgabe von Meinungsäußerungen, wenn zu diesem Zweck eine Mehrwertdiensterufnummer angerufen werden muss.[1270]

269 **c) Kollisionsrechtliche Beurteilung.** Bei der kollisionsrechtlichen Beurteilung von unlauterer Werbung ist nach Art. 6 Abs. 1 Rom II-VO, die der wettbewerbsspezifischen Anknüpfungsmethode der hM entspricht, zu ermitteln, an welchem Punkt die beteiligten

---

[1265] *Micklitz/Keßler* WRP 2003, 919, 927, halten diese Definition daher angesichts der Herausforderungen der Informationsgesellschaft für zeitgemäßer.

[1266] Vgl. Großkomm/*Schricker* UWG Einl. Rn F 202; *Schricker* Recht der Werbung I Rn 1; sowie *Fezer* → E Rn 304f.

[1267] Die ehemals in § 3 UWG aF enthaltene Regelung der irreführenden Werbung wurde in § 5 UWG 2004 übernommen, zusammengefasst und um die Regelung zur Preiswerbung und zu sog. Lockvogelangeboten ergänzt. S. die Begründung, BT-Drucks. 15/1487 S. 13f; *Peifer* → § 5.

[1268] Vgl. die Begründung, BT-Drucks. 15/1487 S. 13; *Koos* → § 6.

[1269] Die Regelung dient der Umsetzung von Art. 13 der RL 2002/58/EG des Europäischen Parlaments und des Rates vom 12. 7. 2002 über die Verarbeitung personenbezogener Daten und den Schutz der Privatsphäre in der elektronischen Kommunikation (Datenschutzrichtlinie für elektronische Kommunikation), ABl. EG Nr. L 201 S. 37; vgl. die Begründung, BT-Drucks. 15/1487 S. 15.

[1270] S. die Begründung, BT-Drucks. 15/1487 S. 20.

Interessen kollidieren. Auf der Schutzzwecktrias des § 1 fußend ist Werbung insbesondere deshalb unlauter, da die **Interessen der Abnehmer und Werbeadressaten** durch Irreführung, unzumutbare Belästigung oder psychischen Druck beeinträchtigt werden. Daneben sollen **Konkurrenten** vor einer Benachteiligung auf dem Markt durch kritische Vergleichswerbung, Anlehnung oder dadurch geschützt werden, dass sich der Werbende etwa durch irreführende Preiswerbung oder Lockvogelangebote einen ungebührlichen Vorsprung verschafft. Unlautere Werbung berührt stets auch das **Interesse der Allgemeinheit** am Bestand eines funktionierenden und unverfälschten Wettbewerbs.

aa) Identität von Werbe- und Absatzmarkt. Unabhängig davon, ob die Interessen der Abnehmer, Konkurrenten und der Allgemeinheit in dieselbe Richtung gehen, wie zB bei der irreführenden Werbung, oder ob sie sich gegenläufig darstellen, wie im Fall der im Interesse der Abnehmer und der Allgemeinheit stehenden wahrheitsgemäß vergleichenden Werbung, bündeln sie sich auf dem Markt, auf den durch die Werbemaßnahme eingewirkt werden soll. Der Ort, an dem mittels Werbung oder sonstiger Ansprache[1271] auf Kunden getroffen und Einfluss genommen werden soll, ist als **Werbemarkt** zugleich **Ort der wettbewerblichen Interessenkollision.** Denn hier kollidieren nicht nur die Interessen des Werbenden mit den Abnehmerinteressen irregeführter, unsachlich beeinflusster oder belästigter Marktteilnehmer, sondern es stoßen ebenso die Interessen des Werbenden mit den jeweiligen Konkurrenteninteressen aufeinander. Es kann also beispielsweise das Interesse eines von einer kritischen vergleichenden Werbung betroffenen Konkurrenten berührt sein. Allgemein gesprochen ist stets das Konkurrenteninteresse betroffen, sich gegen die Wirkung der Werbung eines anderen Unternehmens im Kampf um die Abnehmergunst durchzusetzen. Das gilt auch bei Formen unzulässiger Einflussnahme auf Abnehmer und Verbraucher wie auch für die Fälle, in denen sich ein Werbender durch „erfolgreiche" belästigende Werbung einen Vorsprung auf dem Markt verschafft. Das Interesse der Allgemeinheit wird schließlich dahin gehen, die zu einer Verfälschung des Leistungswettbewerbs auf dem Einwirkungsmarkt führende unlautere Werbung zu verhindern. Ansatzpunkt für das Schutzinteresse des Staates ist damit die Kollision der beteiligten Interessen auf dem Werbemarkt. 270

Bei der kollisionsrechtlichen Beurteilung von Werbung ist daher zu Recht nach **hM** auf den Ort abzustellen, an dem auf den potentiellen Abnehmerkreis als Werbeadressaten eingewirkt wird, so dass das **Recht des Werbemarktes** zur Anwendung kommt.[1272] Dies ist der Ort, an dem die wettbewerblichen Interessen kollidieren. Dabei ist der Einwirkungs- und Werbemarkt regelmäßig am **Erscheinungsort** der betreffenden Werbung zu lokalisieren,[1273] da hier der unmittelbare Eingriff in das Wettbewerbsgeschehen stattfindet und auf die Marktgegenseite Einfluss genommen wird. Eine in Deutschland erscheinende Werbung ist demnach am deutschen Wettbewerbsrecht zu messen, wohingegen eine im Ausland erscheinende Werbung dem jeweiligen ausländischen Wettbewerbsrecht unterfällt. 271

Lediglich **mittelbare Auswirkungen** auf den Wettbewerb eines anderen Marktes bzw. ein möglicher **Schadenseintrittsort** sind nach der Interessenkollisionslösung nicht zu be- 272

[1271] Die Gesetzesbegründung, BT-Drucks. 15/1487 S. 20, nennt bei der außerwerblichen unzumutbaren Belästigung den Fall der Aufforderung zur Abgabe einer Meinungsäußerung iVm der Anwahl von Mehrwertdiensterufnummern.

[1272] Vgl. zu Art. 6 Abs. 1 Rom II-VO *Sack* WRP 2008, 845, 848; sowie aus der bisher hM zum autonomen Recht zB BGH GRUR 2004, 1035, 1036 – Rotpreis-Revolution; BGH GRUR Int. 1998, 617, 619 – Gewinnspiel im Ausland; BGHZ 113, 11, 15 – Kauf im Ausland; *Ahrens* FS Tilmann S. 739, 751; *Deutsch* S. 62; Gloy/Loschelder/*Wilde* § 6 Rn 20ff; Großkomm/*Schricker* UWG Einl Rn F 203; *Hefermehl/Köhler/Bornkamm/Köhler* UWG Einl. Rn 5.20; *Kotthoff* CR 1997, 676, 677; *Kropholler* IPR § 53 VI; *Lehmler* UWG Einl. Rn 50; *van Meenen* S. 149; MünchKomm/*Kreuzer* BGB (3. Aufl.) Art. 38 EGBGB Rn 244; MünchKomm/*Mankowski* UWG IntWettbR Rn 166, 317f und 320; *Piper/Ohly/Ohly* UWG Einf. B Rn 15; *Sack* GRUR Int. 1988, 320, 322ff; *Schricker* Werbung in Europa Rn 100ff; *Staudinger/v. Hoffmann* EGBGB Art. 40 Rn 334; *Wirner* S. 111ff. S. auch bereits *Ulmer* Immaterialgüterrechte S. 21.

[1273] So zB auch Gloy/Loschelder/*Wilde* § 6 Rn 20.

rücksichtigen.[1274] Hieran hat sich auf Grundlage von Art. 6 Abs. 1 Rom II-VO nichts geändert.[1275] Außer Betracht bleiben bei der Bestimmung des Werbemarktes bloße **Vorbereitungshandlungen,**[1276] wie zB der Versand von Werbebriefen vom Inland aus auf einen ausländischen Markt.[1277] Ebensowenig kommt es auf **Sitz, Niederlassung, Wohnsitz, gewöhnlichen Aufenthaltsort** oder **Staatsangehörigkeit** der Abnehmer[1278] oder Wettbewerber an.[1279] Da insbesondere die Marktverbundenheit der Verbraucher durch ihren Wohnsitz für die Lokalisierung des Einwirkungsmarktes ohne Belang ist,[1280] führt das Ansprechen von Deutschen auf einem Auslandsmarkt zu Zwecken der Verkaufsförderung auch nicht zur Abweichung von der Werbemarktanknüpfung respektive zur Anwendung deutschen Rechts.[1281]

273 An das Recht am Erscheinungsort der Werbung knüpft grundsätzlich auch der Teil des Schrifttums an, der dem **Auswirkungsprinzip** folgt.[1282] Anders als die hM schließt diese Ansicht die Berücksichtigung lediglich **mittelbarer Auswirkungen** jedoch nicht generell aus, da dies dem Marktordnungscharakter des Auswirkungsprinzips nicht gerecht werde. Eine Einschränkung statutbestimmender Auswirkungen könne sich allein aus dem Spürbarkeitskriterium oder im Hinblick auf die Schutzbedürftigkeit des jeweiligen Marktraumes ergeben.[1283] Auf der Grundlage des Auswirkungsprinzips kann es daher zu einer kumulativen Anknüpfung an das Recht am Erscheinungsort der Werbung sowie das Recht am Auswirkungsort kommen.[1284] Beispielsweise soll es bei der Werbung unter Ausnutzung der Unerfahrenheit der Verbraucher nicht nur auf den Einwirkungsort der Werbung ankommen, sondern kumulativ auch das Recht des Staates zur Anwendung kommen, in dem sich das Unterlassen einer erforderlichen Widerrufsbelehrung auf den Absatz oder die Konkurrenzverhältnisse auswirkt.[1285]

274 Die Maßgeblichkeit des Rechts am Werbemarkt gilt grundsätzlich für sämtliche Formen der **irreführenden**[1286] und (trotz stärkerem Konkurrentenbezug auch)[1287] der **vergleichenden**[1288] **Werbung** wie für jede Form der **unsachlichen werblichen Beeinflussung,**[1289] wie etwa des psychologischen Kaufzwangs,[1290] des Kundenfangs[1291] sowie der **unzumut-**

[1274] BGHZ 113, 11, 15 – Kauf im Ausland; *v. Gamm* UWG Einf A Rn 47; *Hefermehl/Köhler/Bornkamm/Köhler* UWG Einl. Rn 5.12; *Lehmler* UWG Einl. Rn 50; *Piper/Ohly/Ohly* UWG Einf. B Rn 15. Zum Auseinanderfallen von Werbe- und Absatzort sogleich → Rn 277 ff.

[1275] *Sack* WRP 2008, 845, 847.

[1276] BGHZ 113, 11, 15 – Kauf im Ausland; *Ahrens* FS Tilmann S. 739, 750; *v. Gamm* UWG Einf. A Rn 48; *Hefermehl/Köhler/Bornkamm/Köhler* UWG Einl. Rn 5.11; *Sack* WRP 2008, 845, 847; *ders.* WRP 2000, 269, 272.

[1277] BGHZ 40, 391, 395 ff – Stahlexport; *Hefermehl/Köhler/Bornkamm/Köhler* UWG Einl. Rn 5.11.

[1278] BGHZ 113, 11, 15 – Kauf im Ausland.

[1279] So grundsätzlich *Hefermehl/Köhler/Bornkamm/Köhler* UWG Einl. Rn 5.13 f. Ebenso nach neuem (Verordnungs-) Recht *Sack* WRP 2008, 845, 847.

[1280] MünchKomm/*Kreuzer* BGB (3. Aufl.) Art. 38 EGBGB Rn 244; *Paefgen* GRUR Int. 1994, 99, 105.

[1281] → Rn 282.

[1282] Vgl. *Staudinger/Fezer/Koos* IntWirtschR Rn 621.

[1283] *Staudinger/Fezer/Koos* IntWirtschR Rn 621.

[1284] *Staudinger/Fezer/Koos* IntWirtschR Rn 621.

[1285] In diesem Sinne noch ausdrücklich *Staudinger/Fezer* (2000) IntWirtschR Rn 547.

[1286] Vgl. zB BGH GRUR 2004, 1035, 1036 – Rotpreis-Revolution; Gloy/Loschelder/*Wilde* § 6 Rn 23; MünchKomm/*Kreuzer* BGB (3. Aufl.) Art. 38 EGBGB Rn 244; MünchKomm/*Mankowski* UWG IntWettbR Rn 317; *Staudinger/v. Hoffmann* EGBGB Art. 40 Rn 334. Für eine Anknüpfung an den Erscheinungsort auch *Beater* § 31 Rn 26.

[1287] Wegen des im Vordergrund stehenden Konkurrentenschutzes für eine Anknüpfung an den Absatzmarkt *Staudinger/Fezer/Koos* IntWirtschR Rn 668.

[1288] Ebenso Gloy/Loschelder/*Wilde* § 6 Rn 21 f; Großkomm/*Schricker* UWG Einl. Rn F 203; MünchKomm/*Mankowski* UWG IntWettbR Rn 317.

[1289] MünchKomm/*Mankowski* UWG IntWettbR Rn 318. Vgl. allgemein *Hefermehl/Köhler/Bornkamm/Köhler* UWG Einl. Rn 5.7.

[1290] MünchKomm/*Kreuzer* BGB (3. Aufl.) Art. 38 EGBGB Rn 244; *Staudinger/v. Hoffmann* EGBGB Art. 40 Rn 334.

[1291] MünchKomm/*Kreuzer* BGB (3. Aufl.) Art. 38 EGBGB Rn 244.

baren Belästigung, etwa durch reißerische Werbung,[1292] da es auf den jeweiligen konkreten Unlauterkeitsgehalt nicht ankommt.[1293] Das gilt auch für die Werbung mit materiellen Anreizen wie zB Werbegeschenken oder auch Gewinnspielen.[1294] Diese Werbemaßnahmen werden häufig in der Gruppe der **Abnehmerbeeinträchtigung** und des **Verbraucherschutzes** zusammengefasst, für die insgesamt stets unter Anknüpfung an die Marktzugehörigkeit des Abnehmers das Recht des Staates maßgeblich sein soll, in dem auf den Verbraucher eingewirkt wird.[1295] Allerdings wird vereinzelt auch der Fall der Rufausbeutung in die Gruppe der Abnehmerbeeinträchtigung eingeordnet,[1296] der jedoch gerade auch Konkurrenteninteressen betrifft und daher nicht an das Recht am Werbemarkt, sondern an das Recht des Absatzmarktes anzuknüpfen ist.[1297] Zu den Fallkonstellationen, die dem Recht am Werbemarkt zu unterstellen sind, zählt hingegen auch die gezielte **Werbung mit individuellem Adressatenkreis,** die in Form der Telefon- oder Faxwerbung sowie der werblichen Kundenansprache via E-Mail[1298] oder SMS in Erscheinung tritt. Insbesondere bei Verwendung von E-Mail-Werbung innerhalb eines einheitlichen Marketingkonzeptes (zB über einen entsprechenden Link auf der unternehmerischen Website oder über eine Mailinglist) ergibt sich allerdings zumeist die Multistate-Problematik[1299] und es wird nicht ohne weiteres das Recht des E-Mail-Adressaten anzuwenden sein.[1300]

Unerheblich ist zudem das Werbemedium. Das Recht des Werbemarktes gilt grundsätzlich für sämtliche Werbemittel, wie zB Anzeigenwerbung, Direktwerbung, Postwurfsendungen, Katalog- und Plakatwerbung oder Kino- und Fernsehwerbung. **Fernsehwerbung** fällt allerdings teilweise unter das **Sendelandprinzip** der Richtlinie über audiovisuelle Mediendienste (ehemals Fernsehrichtlinie), so dass das Recht des Sendestaates anzuwenden ist.[1301] Gerade die irreführende Werbung ist davon aber nicht betroffen und wird weiterhin nach dem Recht des Werbemarktes angeknüpft.[1302] Von der Anknüpfung das Marktortrecht ausgenommen sind ferner alle Formen der **kommerziellen Kommunikation im Online-Verkehr,** die nach dem **Herkunftslandprinzip** der E-Commerce-Richtlinie dem Recht des Staates unterliegen, in dem der Diensteanbieter seine Wirtschaftstätigkeit tatsächlich ausübt.[1303] Als Rückausnahme fällt der im Anhang der E-Commerce-Richtlinie expressis verbis genannte Problemkreis der nicht angeforderten kommerziellen Kommunikation mittels E-Mail wieder in die Regelungsbefugnis der mitgliedstaatlichen Kollisions- und Sachrechte und somit auch in den Anwendungsbereich der Marktortregel. Hier stellt sich allerdings das zusätzliche Problem des Multistate-Verstoßes.[1304] **275**

Die Orientierung der kollisionsrechtlichen Bewertung von Werbung am Werbemarktrecht ist unproblematisch, solange Werbe- und Absatzmarkt zusammenfallen. Der Absatzmarkt ist an dem Markt anzusiedeln, auf dem sich die Nachfrageaktivität der Kunden ent- **276**

[1292] MünchKomm/*Kreuzer* BGB (3. Aufl.) Art. 38 EGBGB Rn 244; *Staudinger/v. Hoffmann* EGBGB Art. 40 Rn 334.

[1293] Vgl. Großkomm/*Schricker* UWG Einl. Rn F 203.

[1294] Zur Anknüpfung von Verkaufsfördermaßnahmen → Rn 311 ff.

[1295] MünchKomm/*Kreuzer* BGB (3. Aufl.) Art. 38 EGBGB Rn 244; *Staudinger/v. Hoffmann* EGBGB Art. 40 Rn 334.

[1296] S. *Staudinger/v. Hoffmann* EGBGB Art. 40 Rn 334, aber andererseits auch dortige Rn 332.

[1297] Daher die Rufausbeutung zutreffend als Konkurrentenbeeinträchtigung einstufend MünchKomm/*Kreuzer* BGB (3. Aufl.) Art. 38 EGBGB Rn 245.

[1298] Die E-Mail-Werbung fällt nicht in den Anwendungsbereich der E-Commerce-Richtlinie; vgl. die folgende Rn. Vgl. zum E-Mail-Direktmarketing auch *Leistner/Pothmann* WRP 2003, 815 ff.

[1299] Hier ist nach dem Überschreiten einer Spürbarkeitsschwelle zu fragen. Dazu → Rn 302 ff.

[1300] Vgl. *Staudinger/Fezer/Koos* IntWirtschR Rn 655 f. Dafür (bei deutlich in einem bestimmten Staat zu lokalisierender E-Mail-Adresse) zB *Mankowski* GRUR Int. 1999, 909, 917; aA *Dethloff* NJW 1998, 1596, 1601 (bei angeforderter E-Mail für eine Anknüpfung an das Recht am Unternehmenssitz des Anbieters).

[1301] → Rn 120.

[1302] EuGH GRUR Int. 1997, 913 – De Agostini; Großkomm/*Schricker* UWG Rn F 374.

[1303] Näher → Rn 121 ff.

[1304] Dazu → Rn 298 ff.

faltet[1305] und um dessen Marktanteile durch Einwirkung auf die Marktgegenseite gekämpft wird.[1306] Werbe- und Absatzmarkt sind regelmäßig identisch.[1307] Denn unabhängig vom Ort des Vertragsschlusses oder dem Ort, von dem die Ware vertragsgemäß abgeliefert wird, ist der Zweck der in einen Markt eindringenden Werbung zu beachten: Das werbende Unternehmen will mittels Werbung den (Werbe-)Markt für sich gewinnen. Wirbt etwa ein inländisches Unternehmen im Ausland mit dem Ziel, dortige Marktteilnehmer auf den eigenen Markt umzuleiten, so sollen Marktanteile am ausländischen Markt erobert werden.[1308] Umgekehrt entfaltet sich auf dem ausländischen Markt die Nachfrageaktivität der Abnehmer. Dementsprechend liegt bei grenzüberschreitender Bestellung und darauf folgender Leistung der Absatzmarkt am Ort der Bestellung.[1309] Am umkämpften ausländischen Markt fallen damit Werbe- und Absatzort zusammen.

277 **bb) Auseinanderfallen von Werbe- und Absatzmarkt.** Liegen Werbe- und Absatzmarkt jedoch ausnahmsweise nicht in demselben Staat, weil der Absatz ausschließlich an einem anderen Ort stattfinden soll, so könnte man neben der Anknüpfung an den Werbemarkt gleichermaßen eine kollisionsrechtliche Anknüpfung an den Absatzmarkt in Erwägung ziehen. Dies ist beispielsweise dann der Fall, wenn in Deutschland irreführend für ein ausländisches Produkt geworben wird, um deutsche Touristen für den Erwerb des in Deutschland nicht erhältlichen ausländischen Produkts zu gewinnen.[1310] Hier liegt der Werbemarkt in Deutschland, der Absatzmarkt hingegen im Ausland. Ein Auseinanderfallen von Werbe- und Absatzmarkt tritt ferner dann ein, wenn Werbemaßnahmen auf einem ausländischen Markt auf deutsche Abnehmer einwirken, der Warenabsatz jedoch ausschließlich in Deutschland erfolgt.[1311] Hier befindet sich der Werbemarkt im Ausland und der Absatzmarkt im Inland.

278 Die **hM im Schrifttum** knüpft auch bei einem derartigen Auseinanderfallen von Werbe- und Absatzmarkt grundsätzlich an den **Werbemarkt** und dessen Recht an.[1312] Es sei unerheblich, ob das beworbene Produkt auch am Ort der Werbung bezogen werden kann. Allein maßgeblich sei vielmehr die Einwirkung auf den Werbeadressaten. Begründet wird die Anknüpfung an das Recht am Werbemarkt damit, dass am Werbeort nicht nur der Abnehmer vor unlauterer Werbung, sondern auch die Anbieter von Konkurrenz- oder Substitutionsprodukten gegen einen durch unlautere Werbung veranlassten Kundenverlust und das Allgemeininteresse an einem unverfälschten Leistungswettbewerb auf dem Werbemarkt gegen eine aus unlauterer Werbung resultierende Störung der Entscheidungsfreiheit der Abnehmer geschützt werden sollen.[1313] Nach der Auswirkungstheorie wird generell auch eine Anknüpfung an den Absatzort nicht ausgeschlossen, da die Marktposition der Konkurrenten auch dort objektiv betroffen sein könne.[1314]

1305 Vgl. *Staudinger/Fezer/Koos* IntWirtschR Rn 433, 470 und 610.

1306 *Staudinger/v. Hoffmann* EGBGB Art. 40 Rn 329ff, 332.

1307 *Staudinger/v. Hoffmann* EGBGB Art. 40 Rn 329. Für eine prinzipielle Trennung der Anknüpfung von Werbe- und Absatzhandlungen an das Recht des Werbe- bzw. Absatzmarktes dagegen *Sack* GRUR Int. 1988, 320, 330.

1308 Vgl. öOGH GRUR Int. 1981, 401 – Fremdenverkehrsverband; *Staudinger/v. Hoffmann* EGBGB (2001) Art. 40 Rn 329f.

1309 So auch *Staudinger/Fezer/Koos* IntWirtschR Rn 611; aA *Sack* GRUR Int. 1988, 320, 324 (für das Recht am Unternehmenssitz des leistenden Anbieters).

1310 Vgl. BGH GRUR 1972, 367, 368 – Besichtigungsreisen I.

1311 So lag der Fall in BGHZ 113, 11, 15 – Kauf im Ausland.

1312 *Beater* § 31 Rn 41; *v. Gamm* UWG Einf. A Rn 48; Großkomm/*Schricker* UWG Einl. Rn F 204; *Hefermehl/Köhler/Bornkamm/Köhler* UWG Einl. Rn 5.20; *Kotthoff* CR 1997, 676, 677; *ders.* S. 19; *Lehmler* UWG Einl. Rn 50; *Lindacher* WRP 1996, 645, 648; *Mankowski* GRUR Int. 1999, 909, 911; MünchKomm/*Drexl* BGB IntUnlWettbR Rn 98; MünchKomm/*Kreuzer* BGB (3. Aufl.) Art. 38 EGBGB Rn 241; *Piper* GRUR 1996, 147, 148f; *Piper/Ohly/Ohly* UWG Einf. B Rn 15; *Reuter* BB 1989, 2265, 2266f; *Sack* IPRax 1992, 14, 25f; *ders.* GRUR Int. 1988, 320, 322ff; *Schricker* Werbung in Europa Rn 100. So auch auf Grundlage von Art. 6 Abs. 1 Rom II-VO *Sack* WRP 2008, 845, 848.

1313 Vgl. Großkomm/*Schricker* UWG Einl. Rn F 204.

1314 S. zB *Koos* WRP 2006, 499, 503.

Im Sinne der hM im Schrifttum judiziert auch die **Rechtsprechung.**[1315] Der BGH hat in der Entscheidung „Kauf im Ausland" ebenfalls auf den Ort der **Einwirkung auf die Abnehmer,** mithin den Werbeort Spanien abgestellt, obwohl der Absatz der beworbenen Produkte in Deutschland stattfand.[1316] Dem vom BGH zu entscheidenden Fall lag die Sachverhaltskonstellation zugrunde, dass sich die auf dem ausländischen Markt stattfindende Werbung ausschließlich an inländische Kunden richtete. Nach Ansicht der Bundesrichter sei zwar auch das Absatzinteresse anderer Wettbewerber auf dem Inlandsmarkt berührt, der spätere Absatz im Inland stelle aber lediglich eine Auswirkung des zu beurteilenden Wettbewerbsverhaltens dar und führe nicht zur Anwendbarkeit des Rechts am Absatzmarkt.[1317] Damit wendet die Rechtsprechung die Interessenkollisionslösung bei Auseinanderfallen von Werbe- und Absatzmarkt im Einklang mit der hM im Schrifttum in der Weise an, dass das **Recht am Werbeort** maßgeblich sein soll. In dem Fall, in dem die wettbewerbliche Beurteilung der Werbemaßnahme – wie bei dem früheren Verbot der Ankündigung einer unzulässigen Sonderveranstaltung gemäß § 7 Abs. 1 aF – von der **Lauterkeit** des beworbenen **Absatzgeschäfts** abhängt, kann nach Auffassung des BGH jedoch nicht unter Berufung auf das Recht am deutschen Werbemarkt eine ausländische Sonderveranstaltung untersagt werden.[1318] 279

Die kollisionsrechtliche Beurteilung der **„Gran Canaria"-Fälle** ist allgemein **strittig.** 280
Ein Teil des Schrifttums kritisiert an der Rechtsprechung des BGH, dass sie die Abnehmerinteressen und Verbraucherschutzbelange nicht hinreichend würdige, die zu einer Anknüpfung an das Recht am deutschen Absatzort führen müssten.[1319] Die Werbemaßnahme beeinträchtige den ausländischen Markt nicht, sondern habe wegen der besonderen Umstände des Sachverhalts (Ansprache deutscher Urlauber im Auftrag einer deutschen Verkäuferin, Abschluss eines deutschsprachigen Vertrags und beiderseitige Vertragserfüllung in Deutschland) eine engere Beziehung zum deutschen Recht[1320] bzw. wirke sich wegen des direkten Absatzwettbewerbs des spanischen Unternehmers mit deutschen Anbietern auf den deutschen Absatzmarkt aus.[1321] Ein anderer Teil des Schrifttums folgt der Auffassung des BGH und verneint eine Einwirkung auf den deutschen Werbemarkt, die allein maßgeblich sei für die Anwendung deutschen Wettbewerbsrechts.[1322] Die Berücksichtigung der am Absatzort betroffenen Verbraucherinteressen würde die einseitige Hervorhebung des Verbraucherschutzaspekts aus den grundsätzlich miteinander verflochtenen wettbewerblichen Interessen bedeuten.[1323] Der Verbraucher begebe sich schließlich selbst auf einen

---

[1315] Vgl. zB BGH GRUR 2004, 1035, 1036 – Rotpreis-Revolution; BGH GRUR Int. 1998, 617, 619 – Gewinnspiel im Ausland; BGHZ 113, 11, 15 – Kauf im Ausland; BGH GRUR 1977, 672 – Weltweit-Club; BGH GRUR 1976, 316, 317 – Besichtigungsreise II; BGH GRUR 1972, 367, 369 – Besichtigungsreisen I; OLG Karlsruhe RIW 1999, 875; OLG Frankfurt VuR 1994, 116f; OLG Düsseldorf NJW-RR 1993, 171; vgl. auch öOGH GRUR Int. 1981, 401 – Fremdenverkehrsverband; öOGH IPRax 1991, 412 – Digitaluhr.

[1316] BGHZ 113, 11, 15 – Kauf im Ausland.

[1317] BGH ebenda. S. auch BGH GRUR Int. 1998, 617, 619 – Gewinnspiel im Ausland.

[1318] BGH GRUR 2004, 1035, 1036f – Rotpreis-Revolution. Kritisch dazu *Sack* WRP 2008, 845, 849.

[1319] Vgl. zur Kritik *Bernhard* GRUR Int. 1992, 366, 369ff; *Harte/Henning/Glöckner* UWG Einl. C Rn 141ff; *Koch* JZ 1991, 1039ff; MünchKomm/*Kreuzer* BGB (3. Aufl.) Art. 38 EGBGB Rn 253; *Reich* RabelsZ 56 (1991) 444, 507f; *Staudinger/Fezer/Koos* IntWirtschR Rn 623 und 627f. S. auch *Sack* IPRax 1992, 24, 27, der für eine Parallelwertung zu Art. 29 Abs. 1 Nr. 3 EGBGB plädierte.

[1320] Daher die Ausweichklausel des Art. 41 EGBGB anwendend *Hefermehl/Köhler/Bornkamm/Köhler* UWG Einl. Rn 5.20; MünchKomm/*Kreuzer* BGB (3. Aufl.) Art. 38 EGBGB Rn 253; gegen die Anwendung von Art. 41 EGBGB aber mit gleichem Ergebnis MünchKomm/*Drexl* BGB IntUnlWettbR Rn 98.

[1321] *Staudinger/Fezer/Koos* IntWirtschR Rn 627.

[1322] So zB *v. Gamm* UWG Einf. A Rn 48; Großkomm/*Schricker* UWG Einl. Rn F 206; *Hefermehl/Köhler/Bornkamm/Köhler* UWG Einl. Rn 5.7 und 5.20; MünchKomm/*Drexl* BGB IntUnlWettbR Rn 98; *Paefgen* GRUR Int. 1994, 99, 105ff; *ders.* WRP 1991, 447, 455 und 457; *Piper/Ohly/Ohly* UWG Einf. B Rn 29; *Staudinger/v. Hoffmann* EGBGB Art. 40 Rn 334.

[1323] Großkomm/*Schricker* UWG Einl. Rn F 206. Ähnlich für den Fall, dass der Absatzwettbewerb auf dem Auslandsmarkt „in nicht zu vernachlässigendem Ausmaß beeinflusst wird", *Staudinger/Fezer/Koos* IntWirtschR Rn 629, die dann freilich auf Grundlage des Auswirkungsprinzips zur kumulativen Anknüpfung an das heimische Absatzmarktrecht wie auch die betreffenden ausländischen Marktrechte gelangen.

fremden Markt. Es könne ihnen daher zugemutet werden, sich auf die ausländischen Regeln einzustellen.[1324] Die Schaffung von „Enklaven des Heimatrechts" für Touristen im Ausland verstoße letztlich gegen den internationalen Entscheidungseinklang.[1325]

281 Der **hM** in Schrifttum und Spruchpraxis, die bei Auseinanderfallen von Werbe- und Absatzmarkt kollisionsrechtlich auf den **Werbemarkt** abstellt, ist auch bei Anwendung von Art. 6 Abs. 1 Rom II-VO **zuzustimmen.** Der Schutzzweck des Lauterkeitsrechts geht dahin, die inländischen Verbraucher vor der Einflussnahme durch unlautere Werbung und darauffolgende nachteilige Kaufentscheidungen zu schützen. In den Schutzbereich des deutschen Lauterkeitsrechts fällt demgemäß nur die im Inland erfolgende Ansprache des Verbrauchers. Für die kollisionsrechtliche Anknüpfung irrelevant ist hingegen der nachfolgend im Ausland getätigte Kauf, der lediglich eine (mittelbare) **Auswirkung** der Werbung darstellt.[1326] Umgekehrt kann der alleinige Umstand, dass bei Betroffenheit deutscher Verbraucher durch unlautere Werbung auf einem ausländischen Markt der spätere Absatzmarkt in Deutschland liegt („Gran Canaria"-Fälle), nicht zu einer Anknüpfung an diesen inländischen Markt führen.[1327] Denn hier zeigen sich lediglich die Auswirkungen der Werbemaßnahme. Nur am **Werbemarkt,** dem Markt, auf dem die potentiellen Abnehmer umworben werden und auf ihre Willensbildung eingewirkt wird, stoßen die Mitbewerber-, Abnehmer- und Allgemeininteressen in markttypischer Weise aufeinander.[1328]

282 Der Entscheidung des BGH im Fall „Kauf im Ausland" ist damit im Ergebnis[1329] ebenfalls zuzustimmen. Die sog. **„Gran Canaria"-Fälle** zeichnen sich dadurch aus, dass einerseits Werbe- und Absatzmarkt deutlich auseinanderfallen, da nicht Marktanteile am ausländischen (spanischen) Werbemarkt erobert werden sollen. Andererseits beginnt die Verbrauchereinwirkung auch nicht bereits am Absatzmarkt, sondern erfolgt allein auf dem ausländischen Markt. Die schutzzweckorientierte wettbewerbsrechtliche Anknüpfung bedeutet gleichermaßen die Beachtung von Verbraucherinteressen wie auch Konkurrenteninteressen und Allgemeininteressen. Die Gesetzesbegründung zu § 1 stellt ausdrücklich darauf ab, dass die Schutzzwecktrias einen gleichrangigen Schutz herstellen soll.[1330] Würde man kollisionsrechtlich an den Absatzort anknüpfen, so stellte dies eine Heraushebung des Verbraucherschutzaspektes dar,[1331] die mit der auf die Kollision der beteiligten Schutzinteressen bezogenen wettbewerbsspezifischen Anknüpfung nicht vereinbar wäre.[1332] Die ausländische, einen deutschen Touristen treffende Werbung ist damit nicht nach deutschem Wettbewerbsrecht zu beurteilen. Die Einwirkung auf die deutschen Verbraucher hat ausschließlich auf dem ausländischen, spanischen Markt stattgefunden, auf den sich die Abnehmer selbst begeben haben. Die Marktverbundenheit des Verbrauchers durch den Wohnsitz ist nicht erforderlich, so dass auch in den sog. „Gran Canaria"-Fällen nicht auf deren Herkunft abgestellt werden kann.[1333] Werbung im Ausland unterliegt regelmäßig dem ausländischen **Recht des Werbemarktes,**[1334] unabhängig davon, ob sie primär auf

[1324] *Hefermehl/Köhler/Bornkamm/Köhler* UWG Einl. Rn 5.20; MünchKomm/*Drexl* BGB IntUnlWettbR Rn 98.

[1325] Großkomm/*Schricker* UWG Einl. Rn F 206; *Piper/Ohly/Ohly* UWG Einf. B Rn 29.

[1326] *Hefermehl/Köhler/Bornkamm/Köhler* UWG Einl. Rn 5.7.

[1327] So auch *Hefermehl/Köhler/Bornkamm/Köhler* UWG Einl. Rn 5.20; MünchKomm/*Drexl* BGB IntUnlWettbR Rn 98.

[1328] *Mankowski* GRUR Int. 1999, 909, 911; MünchKomm/*Drexl* BGB IntUnlWettbR Rn 98; *Paefgen* GRUR Int. 1994, 99, 107. Anders *Koos* WRP 2006, 499, 503.

[1329] In der Begründung hätte sich allerdings eine nähere Auseinandersetzung mit dem Verbraucherschutz als gleichrangiges wettbewerbliches Interesse angeboten.

[1330] BT-Drucks. 15/1487 S. 16.

[1331] Dies für zulässig erachtend, da mangels relevanter konkurrentenbezogener Auswirkung auf den Auslandsmarkt keine Schutzbedürftigkeit dieses Marktes gegeben sei, *Staudinger/Fezer/Koos* IntWirtschR Rn 628.

[1332] So auch Großkomm/*Schricker* UWG Einl. Rn F 206.

[1333] So grundsätzlich auch *Staudinger/Fezer/Koos* IntWirtschR Rn 628, die dies in Anlehnung an die Fälle der sog. „Kaffeefahrten" aber hier zulassen möchten. Die Situation ist allerdings nicht vergleichbar; → Rn 284.

[1334] Im Ergebnis unter der Rom II-VO zustimmend, aber mit rechtspolitischen Bedenken *Sack* WRP 2008, 845, 848f.

das ausländische Publikum abzielt oder auf solche potentiellen Kunden, die ihren Wohnsitz im deutschen Inland unterhalten.

Findet allerdings die **Anbahnung** einer im Ausland durchgeführten Verkaufsveranstaltung **bereits in Deutschland** statt (sog. **„Kaffeefahrten"**), so wird der Sachverhalt kollisionsrechtlich anders zu beurteilen sein. Denn mit der Ansprache des Verbrauchers im Inland zum Zweck der Gewinnung für eine ins Ausland verlegte Verkaufsveranstaltung beginnt die Einwirkung auf die potentiellen Abnehmer. In dem Augenblick, in dem ein werbendes Unternehmen sein Angebot zur Teilnahme an Verkaufsveranstaltungen im Ausland an den Verbraucher heranträgt, wird versucht, auf die Entscheidungsfreiheit des Verbrauchers Einfluss zu nehmen und ihn nicht nur zur Reisebeteiligung, sondern auch dazu zu bewegen, sich der dabei erfolgenden Produktwerbung auszusetzen. Man könnte außerdem die Reise, bei der regelmäßig zusätzliche Geschenke, wie etwa Gratisspeisen und -getränke, offeriert werden, insgesamt als Werbegeschenk betrachten. **Werbegeschenke** und **Zugaben** aber stehen der Werbung nahe und bilden wie diese den kollisionsrechtlichen Anknüpfungspunkt.[1335] Dementsprechend wurden bereits nach altem Recht Zugaben wie die verwandten Tatbestände der Anlockung durch Werbung nach dem Recht des Einwirkungsmarktes angeknüpft.[1336] Dabei wurde schon das Versprechen der Zugabe oder ihre Ankündigung als maßgeblicher Anknüpfungspunkt betrachtet.[1337] 283

Der Einwirkungsort liegt damit bei den sog. „Kaffeefahrten", also im Inland angebahnten und ins Ausland verlegten Verkaufsveranstaltungen, im Ergebnis in Deutschland, so dass hier trotz der im Ausland stattfindenden Verkaufsveranstaltung **deutsches Wettbewerbsrecht** anzuwenden ist. Diese Lösung wird im Schrifttum – sowohl auf der Grundlage der Interessenkollisionslösung[1338] als auch auf der Grundlage des Auswirkungsprinzips[1339] – im Wesentlichen übereinstimmend vertreten. Nach dem einen Theorieansatz wird dabei maßgeblich auf die bereits im Inland stattfindende Einwirkung auf den Verbraucher abgestellt.[1340] Nach dem anderen Theorieansatz wird hervorgehoben, dass am Ort der Verkaufsveranstaltung keine nennenswerten Auswirkungen auf den Markt feststellbar und die für die Verkaufsreise gewonnenen Kunden keine potentiellen Abnehmer hinsichtlich des Auslandsmarktes seien.[1341] Die höchstrichterliche Rechtsprechung hat sich bisher nicht ausdrücklich zu der Problematik der „Kaffeefahrten" geäußert, aber eine von den „Gran Canaria"-Fällen abweichende Beuteilung auch nicht ausgeschlossen.[1342] 284

cc) Ausnahme vom Wettbewerbsstatut zugunsten des Immaterialgüterrechtsstatuts. Während bei der kollisionsrechtlichen Behandlung der Fälle des Kundenfangs und der irreführenden wie vergleichenden Werbung als Abnehmerbeeinträchtigungen weitgehend Einigkeit darüber besteht, dass grundsätzlich das Recht am Werbemarkt als Lauterkeitsstatut anzuwenden ist, wird die **irreführende Werbung über geographische Herkunftsbezeichnungen** unterschiedlich beurteilt. Einige Stimmen plädieren hier – wie allgemein beim wettbewerbsrechtlichen Schutz von Unterscheidungszeichen gegen Verwechslungsgefahr, Rufausbeutung und Verwässerung – für eine Anlehnung an das Immaterialgüterrechtsstatut und wenden das **Recht des Schutzlandes** an.[1343] Andere Vertreter der 285

1335 Zur kollisionsrechtlichen Beurteilung von Werbung → Rn 269 ff.

1336 S. Großkomm/*Schricker* UWG Einl. Rn F 221; *Sack* IPRax 1991, 386 ff; aA *Wirner* S. 91 f, 110 f.

1337 Großkomm/*Schricker* UWG Einl. Rn F 221; *Sack* IPRax 1991, 386, 389 ff.

1338 *v. Gamm* UWG Einf. A Rn 48; *ders.* EWS 1991, 166, 167; Großkomm/*Schricker* UWG Einl. Rn F 206; *Hefermehl/Köhler/Bornkamm/Köhler* UWG Einl. Rn 5.20; MünchKomm/*Drexl* BGB IntUnlWettbR Rn 98; *Sack* IPRax 1992, 24, 27.

1339 *Staudinger/Fezer/Koos* IntWirtschR Rn 626.

1340 MünchKomm/*Drexl* BGB IntUnlWettbR Rn 98; Großkomm/*Schricker* UWG Einl. Rn F 206.

1341 *Staudinger/Fezer/Koos* IntWirtschR Rn 626.

1342 BGHZ 113, 11, 15 – Kauf im Ausland. Ohne nähere Begründung wendet der BGH auf eine von Deutschland nach Spanien führende Verkaufsfahrt deutsches Recht an; vgl. BGH ZIP 1988, 53. Auch das OLG Frankfurt IPRspr. 1993 Nr. 123, wendete zutreffend auf die im Inland erfolgende Werbung für eine Reise nach Italien und dortiger Verkaufsschau deutsches Recht an.

1343 Vgl. zB Großkomm/*Schricker* UWG Einl. Rn F 198 ff, 203.

Literatur wollen die kollisionsrechtliche Anknüpfung dieser Werbeform im Anwendungsbereich des Lauterkeitsstatuts belassen. Soweit der lauterkeitsrechtliche Schutz des UWG gleichzeitig den Verbraucherschutz wie auch den Konkurrentenschutz bezwecke, wie es zB bei der Irreführung über geographische Herkunftsbezeichnungen, beim sklavischen Nachbau und Nachahmungsschutz der Fall sei, sei für die kollisionsrechtliche Bewertung der **Absatzmarkt** maßgeblich.[1344] Bei der irreführenden Werbung mittels falscher geographischer Herkunftsangaben scheidet die Anknüpfung an den Werbemarkt aus, da das Konkurrenteninteresse der in einem bestimmten geographischen Gebiet ansässigen Unternehmer an der ungestörten Verwendung einer geographischen Herkunftsangabe überwiegt und sich hierin auch die Abnehmerinteressen sowie das Allgemeininteresse bündeln. Die irreführende Werbung über geographische Herkunftsangaben ist wegen der starken Verklammerung des ergänzenden wettbewerbsrechtlichen Leistungsschutzes mit dem immaterialgüterrechtlichen Sonderrechtsschutz daher ebenfalls dem Immaterialgüterrechtsstatut zu unterstellen und an das Recht des Schutzlandes, also des Landes anzuknüpfen, für dessen Gebiet Schutz begehrt wird,[1345] was in der Sache regelmäßig auf den Vermarktungsort hinausläuft.[1346]

2. Multistate-Verstöße

286 **a) Begriff und Problemlage.** Zu den heute wohl umstrittensten Themen auf dem Gebiet des Internationalen Lauterkeitsrechts zählt ohne Zweifel die Multistate-Problematik, deren Bewältigung die beiden großen Theorieansätze der wettbewerbsspezifischen Marktortanknüpfung auf der einen und der Anknüpfung nach dem Auswirkungsprinzip auf der anderen Seite gleichermaßen an ihre Grenzen stoßen lässt. Die Multistate-Problematik wird heute insbesondere bei der **Internetwerbung** virulent, die – einmal ins Netz gestellt – praktisch weltweit verfügbar ist. Die Betroffenheit mehrerer Staaten durch ein und dieselbe Werbemaßnahme ist außerdem bei der **Rundfunkwerbung** inklusive **Sponsoring** und **Product Placement** wie auch beim internationalen **Telefonmarketing** (sog. **„Cold Calling"**) oder – zumeist in weniger drastischer Form – im **Printwerbebereich** möglich.[1347]

287 Aus der prinzipiell nicht sachgerechten Übertragung internationaldeliktsrechtlicher Grundsätze auf das Lauterkeitsrecht[1348] resultieren begriffliche Schwierigkeiten bei der Benennung der Multistate-Problematik. Die aus dem Deliktsrecht bekannten Termini des Distanz- und Streudelikts sind im lauterkeitsrechtlichen Kontext unpassend und ihre Verwendung zu vermeiden. Denn sie gründen sich auf der für das Lauterkeitsrecht nicht geltenden Unterscheidung von Handlungs- und Erfolgsort.[1349] Im lauterkeitsrechtlichen Zusammenhang ist bereits dann von einem Multistate-Verstoß oder Multistate-Wettbewerb zu sprechen, wenn ein wettbewerbsrechtlich relevantes Verhalten die **Märkte mindestens zweier Staaten** berührt.[1350] Die Schwierigkeit der rechtlichen Behandlung von Multistate-Verstößen ergibt sich aus der regelmäßigen **Unteilbarkeit** der Wettbewerbsverstöße als weiteres Charakteristikum von Multistate-Wettbewerb. Das Dilemma besteht darin, dass eine die Märkte mehrerer Staaten berührende Wettbewerbsmaßnahme zumeist nicht beschränkt auf den Wettbewerbsrechtsverstoß in einem konkreten Staat beseitigt werden kann, sondern ihre Beseitigung in dem betreffenden Staat faktisch auch die Unterlassung der Wettbewerbsmaßnahme für alle anderen Märkte bedeutet und sich damit im Ergebnis das strengste

---

1344 So etwa MünchKomm/*Kreuzer* BGB (3. Aufl.) Art. 38 EGBGB Rn 245.

1345 Ebenso BGH GRUR 2007, 884, 886 – Cambridge Institute. Anders aber BGH RIW 2006, 942, 943 – Pietra di Soln.

1346 Näher → Rn 344 ff; sowie zum ergänzenden wettbewerbsrechtlichen Leistungsschutz → Rn 339 ff.

1347 Zur Multiplizität der Marktorte vgl. *Dethloff* S. 86 ff.

1348 → Rn 220 f.

1349 Zur Unübertragbarkeit der deliktsrechtlichen Termini vgl. *Höder* S. 6 ff, sowie → Rn 63 f.

1350 *Höder* S. 15. Entsprechend stellt auch *Dethloff* S. 293, im Rahmen der von ihr vorgeschlagenen Sonderanknüpfung des Multistate-Wettbewerbs in Europa auf die gleichzeitige Einwirkung auf mindestens zwei Mitgliedstaaten der Europäischen Union ab.

Wettbewerbsrecht durchsetzt.[1351] Die Unteilbarkeit von Multistate-Wettbewerbsverstößen kann sich aus technischen Gründen oder aus der fehlenden Beherrschungsmöglichkeit ergeben.[1352]

Technisch ist eine Werbemaßnahme, die über **Internet** verbreitet wird, nicht sektorial 288
zu begrenzen. Die als Bannerwerbung[1353] oder Direktwerbung auf der eigenen Homepage gestaltete Internetwerbung ist weltweit abruf- und verfügbar.[1354] Sie kann dementsprechend auch nur mit weltweiter Wirkung eingestellt werden. Allerdings werden Lokalisierungen und **Re-Territorialisierungen** in zunehmendem Maße versucht.[1355] Die landesspezifische Gestaltung von Homepages stößt an ihre Grenzen, sobald geographisch nicht identifizierbare Suffixe wie „.com" oder „.org" bei der Top Level Domain verwendet werden.[1356] Die Entwicklung der sog. „Geolocation Technology", mit der über die IP-Adresse eines Computers der jeweilige User lokalisiert werden soll, bleibt abzuwarten.[1357] Festzuhalten ist an dieser Stelle, dass bisher (noch) von der technischen Unteilbarkeit bei Multistate-Wettbewerb in Datennetzen, wie dem Internet, auszugehen ist.

Ähnliches gilt für den Bereich der Rundfunkwerbung, insbesondere bei Kabel- und Sa- 289
tellitenverbreitung. Problematisch ist hier der sog. **„Spillover-Effekt"** oder „Overspill-Effekt", der die teilweise Mitbestrahlung von anderen als den intendierten Sendegebieten beschreibt.[1358] Um im intendierten Sende- und Versorgungsgebiet einen störungsfreien und sicheren Empfang zu gewährleisten, wird das Sendegebiet im Vergleich zum jeweilig zu versorgenden Territorium regelmäßig geographisch weiter gefasst, so dass sich aus technischen Gründen ein unteilbarer Multistate-Wettbewerb ergibt.[1359]

Bei den Werbeformen des **Sponsoring** und **Product Placement** wie auch der Wer- 290
bung im **Printbereich** ist die Verbreitung der Werbung bzw. ihre geographische Begrenzung in den meisten Fällen dem Einflussbereich des Werbenden entzogen. Die Unteilbarkeit des Multistate-Wettbewerbs ist damit streng genommen nicht technisch, sondern situativ bedingt.[1360] Dennoch sieht sich ein werbendes Unternehmen mit demselben Dilemma konfrontiert wie ein im Internet Werbender: Es kann sich grundsätzlich nur für eine am jeweils strengsten betroffenen Werberecht orientierte Werbung oder komplett gegen eine Werbung in diesem Medium entscheiden.

b) Kollisionsrechtliche Beurteilung. aa) Multistate-Wettbewerb in Printmedien 291
und Rundfunk. Grundsätzlich ist bei Anwendung der Interessenkollisionslösung und auch auf Basis des Marktortprinzips nach Art. 6 Abs. 1 Rom II-VO auf Multistate-Fälle in **Printmedien** oder **Rundfunksendungen**[1361] zwar das Recht sämtlicher Staaten anwendbar, in denen die Werbung verbreitet wird.[1362] Marktort ist jeweils der Ort, an dem die Werbung auf die Marktgegenseite einwirkt.[1363] Doch wird die Marktortregel bei Multistate-Wettbewerb in traditionellen Medien des Print- und Rundfunkbereichs bereits seit langem übereinstimmend – wenn auch zuweilen unterschiedlich im Detail – von Rechtsprechung und Literatur eingeschränkt. Denn im Ergebnis bedeutet die unbeschränkte

---

[1351] *Dethloff* S. 124 ff; *Sack* WRP 2008, 845, 852.
[1352] S. näher *Höder* S. 18 ff.
[1353] Dazu *Kiethe* WRP 2000, 616, 617.
[1354] Vgl. *Rüßmann* K&R 1998, 422, 425, spricht daher von „Allstate-Problematik".
[1355] Vgl. *Dethloff* S. 124; *Höder* S. 19 f.
[1356] Zu den Schwierigkeiten der technischen Begrenzung von Internetwerbung s. auch *Mankowski* GRUR Int. 1999, 909, 916.
[1357] Vgl. zur Technik und ihren Grenzen *Höder* S. 20 f.
[1358] Vgl. *Dethloff* S. 105.
[1359] S. *Dethloff* S. 105.
[1360] *Höder* S. 22 f.
[1361] Zur Anwendung des Sendelandprinzips → Rn 120.
[1362] *Sack* WRP 2008, 845, 852; sowie nach bisherigem Recht BGH GRUR 1971, 153, 154 – Tampax; *Ahrens* FS Tilmann S. 739, 751; Großkomm/*Schricker* UWG Einl. Rn F 205; *Hefermehl/Köhler/Bornkamm/Köhler* UWG Einl. Rn 5.8; *Lehmler* UWG Einl. Rn 51; *Sack* GRUR Int. 1988, 320, 328; *Staudinger/v. Hoffmann* EGBGB Art. 40 Rn 339. Grundsätzlich zustimmend auch Gloy/Loschelder/*Wilde* § 6 Rn 27.
[1363] *Sack* WRP 2008, 845, 852.

Anwendung der Marktortregel, dass sämtliche Marktortrechte **kumulativ** bzw. **nebeneinander** zur Anwendung berufen sind, sich aber Unterlassungs- und Schadensersatzansprüche im Sinne einer **territorialen Spaltung** nach dem jeweiligen Recht des Staates richten, für dessen Gebiet sie geltend gemacht werden.[1364] Ein Anspruchsteller kann sich damit zwar grundsätzlich nur auf das Recht des Staates stützen, auf dessen Markt er präsent ist, da an der Anwendung eines anderen betroffenen Rechts kein berechtigtes Interesse bestünde.[1365] Tritt ein Wettbewerber aber auf mehreren Märkten auf, so bleibt es ihm unbelassen, sich auf das strengste der betroffenen Marktrechte zu berufen. Bei unteilbaren Multistate-Verstößen kommt der Effekt hinzu, wonach eine Beseitigung des Wettbewerbsverstoßes nur insgesamt vorgenommen werden kann, so dass sich ein werbendes Unternehmen faktisch am strengsten Recht orientieren muss.[1366]

292 Die **Rechtsprechung** hat zunächst auf deliktsrechtlicher Grundlage nur ganz **unerhebliche Einwirkungen** auf die Marktgegenseite bei der kollisionsrechtlichen Anknüpfung außer Betracht gelassen und damit unterhalb bestimmter **Minimalgrenzen** keine wettbewerbliche Handlung angenommen.[1367] Im Printwerbebereich wurde diese Erheblichkeits- oder Spürbarkeitsschwelle dann als überschritten betrachtet, wenn eine Werbeanzeige im Rahmen des **regelmäßigen Geschäftsbetriebs** durch den Verleger oder Hersteller ins Inland gelangte. War dies der Fall, so konnte es für die Anwendbarkeit des inländischen Rechts auch genügen, wenn nur vereinzelt Exemplare über die Grenze gelangten.[1368] Bei einzelnen, nur *gelegentlich* über die Grenze gelangenden Exemplaren einer Zeitschrift wurde die Spürbarkeitsgrenze hingegen nicht als überschritten betrachtet.[1369]

293 Auch die **Literatur** nimmt bei der Anknüpfung von Werbung in international verbreiteten Periodika und in Rundfunksendungen zumeist eine Eingrenzung auf der Grundlage einer kollisionsrechtlichen **Spürbarkeitsgrenze** vor.[1370] Dabei wird untersucht, ob lediglich eine minimale Marktwirkung vorliegt, die letztlich zu vernachlässigen ist.[1371] In diesem Sinne wird die nur sporadisch über die Grenze gelangende Printwerbung[1372] ebensowenig statutbestimmend berücksichtigt wie der „Spillover" bei der Rundfunkwerbung.[1373] Ferner wird der Sprachkenntnis[1374] der angesprochenen Verkehrskreise und einem zu vernachlässigenden Rezipientenkreis bei Benutzung ausländischer Sprachen[1375] wie auch der Erhält-

---

[1364] *Dethloff* S. 122 ff; *Kort* GRUR Int. 1994, 594, 599 f; *Sack* WRP 2008, 845, 852 f; *Staudinger/v. Hoffmann* EGBGB Art. 40 Rn 339 und 341; ähnlich für Unterlassungsansprüche *Wagner* IPRax 2006, 372, 381. S. auch MünchKomm/*Kreuzer* BGB (3. Aufl.) Art. 38 EGBGB Rn 248, der sich ausdrücklich gegen eine *Gesamt*schadensliquidation nach *einem* Wettbewerbsstatut ausspricht. Im Rahmen der Zuständigkeitsproblematik → Rn 402 ff.

[1365] *Deutsch* S. 55; *Staudinger/v. Hoffmann* EGBGB Art. 40 Rn 341; *Wirner* S. 120 f.

[1366] *Sack* WRP 2008, 845, 852; *ders.* WRP 2000, 269, 274; *Staudinger/v. Hoffmann* EGBGB Art. 40 Rn 342.

[1367] BGH GRUR 1971, 153, 154 – Tampax; näher → Rn 198 ff.

[1368] Vgl. BGH GRUR 1971, 153, 154 – Tampax; OLG Hamburg GRUR Int. 1987, 105, 107 (für zwei Abonnement-Exemplare).

[1369] BGH GRUR 1971, 153, 154 – Tampax in Anlehnung an RG JW 1936, 1291, 2192.

[1370] *Ahrens* FS Tilmann S. 739, 752; *Droste* GRUR 1971, 155, 156; Gloy/Loschelder/*Wilde* § 6 Rn 27 f; Großkomm/*Schricker* UWG Einl. Rn F 190 f und 206; *Hefermehl/Köhler/Bornkamm/Köhler* UWG Einl. Rn 5.8; *Hoth* GRUR Int. 1972, 449, 453 ff; *Kort* GRUR Int. 1994, 594, 598 f; *Möllering* WRP 1990, 1, 7; *Reese* S. 11; *Regelmann* S. 150 f; *Sack* GRUR Int. 1988, 320, 328; *ders.* WRP 1994, 281, 282; *Schricker* Recht der Werbung in Europa I Rn 97, 101; *ders.* GRUR Int. 1982, 720, 724; *Staudinger/v. Hoffmann* EGBGB Art. 40 Rn 342; Stellungnahme *MPI* GRUR Int. 1985, 104, 108. *Piper/Ohly/Ohly* UWG Einf. B Rn 26, versteht das Spürbarkeitsprinzip nicht kollisionsrechtlich, sondern als Selbstbeschränkung des anwendbaren Sachrechts.

[1371] S. zB Gloy/Loschelder/*Wilde* § 6 Rn 27.

[1372] Großkomm/*Schricker* UWG Einl. Rn F 206; *Hefermehl/Köhler/Bornkamm/Köhler* UWG Einl. Rn 5.8.

[1373] *Dethloff* NJW 1998, 1596, 1599 ff; Großkomm/*Schricker* UWG Einl. Rn F 206; *Schricker* GRUR Int. 1982, 720, 724; *Staudinger/v. Hoffmann* EGBGB Art. 40 Rn 342.

[1374] Zum Schutz fremdsprachiger Teile der inländischen Bevölkerung vgl. BGH GRUR Int. 1986, 805 – Whisky-Mischgetränk.

[1375] Großkomm/*Schricker* UWG Einl. Rn F 191 und 206; *Sasse* S. 135 ff; aA *Kort* GRUR Int. 1994, 594, 599. Zur fremdsprachigen Werbung in Grenznähe vgl. auch *Staudinger/Fezer/Koos* IntWirtschR Rn 648 ff.

lichkeit der beworbenen Waren auf dem betreffenden Markt[1376] Indizwirkung für die Spürbarkeit beigemessen. Die im gemeinschaftsrechtlichen Rechtsetzungsprozess diskutierte, aber später *nicht* in Art. 6 Abs. 1 Rom II-VO übernommene Eingrenzung der Beeinträchtigung der Mitbewerber- und Verbraucherinteressen auf „unmittelbare und wesentliche" Beeinträchtigungen mag auf den ersten Blick Anlass zu der Überlegung geben, dass eine Spürbarkeitsschwelle nun dem Marktortprinzip in Art. 6 Abs. 1 Rom II-VO widerspricht.[1377] Eine gerade auch auf Multistate-Wettbewerbshandlungen bezogene, dahingehende Motivation des Verordnungsgebers lässt sich den Materialien allerdings nicht entnehmen. Zudem besteht Einigkeit, dass es eines einschränkenden Kriteriums im Rahmen des Multistateproblematik bedarf.[1378] Schließlich ist auch der Rechtsprechung des BGH keine Abkehr von der Spürbarkeitsregel zu entnehmen.[1379] Es ist vielmehr auch heute an der bisherigen Anwendung eines Spürbarkeitskriteriums festzuhalten.

Die Anwendung einer Spürbarkeitsgrenze wird vereinzelt als zum Kartellrecht zuzuordnende und für das Lauterkeitsrecht unpassende Lösung empfunden, der ein Abstellen auf die **verobjektivierte Zielrichtung** einer Wettbewerbshandlung vorzuziehen sei.[1380] Diese dogmatischen Bedenken sind zu relativieren. Denn die Eingrenzung des Marktortprinzips durch ein kollisionsrechtliches Spürbarkeitskriterium bedeutet *keine* Übertragung des kartellrechtlichen, sich auf die *Folgen* eines Verhaltens im Sinne eines Marktanteilszuwachses beziehenden Auswirkungsprinzips.[1381] Im Lauterkeitskollisionsrecht erfüllt das Spürbarkeitskriterium vielmehr eine andere Funktion: Es bezieht sich auf das *Verhalten* selbst und soll verquickt mit der – objektiv zu bestimmenden – finalen Ausrichtung einer Werbemaßnahme dessen umfangmäßige Einwirkung auf die Marktgegenseite bestimmen helfen.[1382] Auf die Auswirkungen der Werbemaßnahme auf Marktanteile und Umsätze von Konkurrenten kommt es bei der wettbewerbsrechtlichen Betrachtung gerade nicht an.[1383] Damit kommen beide Ansichten im Ergebnis zu derselben Lösung. 294

Hinsichtlich des **„Spillover"-Problems** bei Rundfunkwerbung wird teilweise die Anwendbarkeit des Wettbewerbsrechts der mitbestrahlten Länder mit dem Argument komplett abgelehnt, dass der Spillover nicht beabsichtigt und das Wettbewerbsrecht der mitbestrahlten Länder lediglich zufällig betroffen sei.[1384] Andere Vorschläge in der Literatur gehen dahin, im Wege einer kollisionsrechtlichen Interessenabwägung die Vermeidbarkeit der Verbreitung der überbordenden Werbung für den Werbenden zu ermitteln.[1385] Das subjektive Kriterium des bestimmungsgemäßen Verbreitens der Werbung und der Absicht des Werbenden ist allerdings kritisch zu bewerten und wegen der Missbrauchsgefahr abzulehnen.[1386] Im Ergebnis ist mit der hM bei einem kaum spürbaren „Spillover" auf einen anderen Staat außerhalb des eigentlichen Sendegebiets das Recht dieses Staates nicht anzuwenden, da hier **keine spürbare Einwirkung** auf die Marktgegenseite stattfindet.[1387] Gleiches gilt für den Fall, dass einige wenige **Zeitungsexemplare** auf einen Markt gelan- 295

1376 Großkomm/*Schricker* UWG Einl. Rn F 191 und 206; *ders.* GRUR Int. 1982, 720, 724; *Hoth* GRUR Int. 1972, 449, 453; *Reuter* WRP 1989, 2265, 2267; *Sack* GRUR Int. 1988, 320, 322.

1377 In diesem Sinne *Sack* WRP 2008, 845, 854.

1378 Auch *Sack* WRP 2008, 845, 852 und 854, grenzt das Feld möglicher Interessenkollisionen zB in der Internetwerbung durch ein Verfügbarkeitskriterium in Bezug auf die angebotenen Waren oder allgemein durch eine sachrechtliche Spürbarkeits- und Bagatellklausel ein.

1379 So aber *Sack* WRP 2008, 845, 853, zu BGH GRUR 2005, 431, 432f – HOTEL MARITIME.

1380 So vor allem *Kotthoff* S. 26f; *ders.* CR 1997, 676, 680f.

1381 So zutreffend *Mankowski* GRUR Int. 1999, 909, 916; MünchKomm/*Mankowski* UWG IntWettbR Rn 221.

1382 So auch *Kort* GRUR Int. 1994, 594, 599.

1383 *Mankowski* GRUR Int. 1999, 909, 916; MünchKomm/*Mankowski* UWG IntWettbR Rn 221.

1384 In diesem Sinne noch Gloy/*Schulte-Beckhausen* (2. Aufl.) § 28 Rn 21.

1385 So *Baudenbacher* GRUR Int. 1988, 310, 318f; ähnlich, auf die wirtschaftliche Zumutbarkeit einer differenzierten Werbung abstellend *Mook* S. 67f.

1386 So auch *Dethloff* S. 105f.

1387 *Dethloff* NJW 1998, 1596, 1599ff; Großkomm/*Schricker* UWG Einl. Rn F 206; *Lehmler* UWG Einl. Rn 51; *Sack* GRUR Int. 1988, 320, 328; *Schricker* GRUR Int. 1982, 720, 724; *Staudinger/v. Hoffmann* EGBGB Art. 40 Rn 342. S. auch Gloy/Loschelder/*Wilde* § 6 Rn 27f.

gen, auf dem sie nicht regelmäßig vertrieben werden.[1388] Andererseits kann auch bei regelmäßigem Vertrieb einer ausländischen Zeitschrift in Deutschland die hierin enthaltene Anzeigenwerbung nur minimale, zu vernachlässigende Auswirkungen auf den deutschen Markt haben, weil Zeitschrift und Anzeigenwerbung in fremder Sprache erscheinen und nur in geringster Stückzahl auf den deutschen Markt gelangen.[1389]

296 Für Binnenmarktsachverhalte wird eine Sonderanknüpfung von Multistate-Verstößen nach dem **Herkunftslandprinzip** als eng begrenzte Ausnahme von der Marktortregel vorgeschlagen.[1390] Die Sonderanknüpfung soll in dem Moment greifen, in dem bei unteilbaren Multistate-Verstößen eine Einwirkung auf den Herkunftsmarkt und den Markt mindestens eines weiteren Mitgliedstaates der Europäischen Union stattfindet.[1391] Sachlich soll die Sonderanknüpfung nicht nur Online-Werbung im **Internet** umfassen, sondern sämtliche Arten unteilbarer Multistate-Verstöße in Medien mit grenzüberschreitender Verbreitung innerhalb der Europäischen Union, wie zB auch **Rundfunkwerbung** und Werbung in **Printmedien.**[1392] Obgleich das Ergebnis der Anwendung nur einer Rechtsordnung praktikabel erscheint, wird eine Herkunftslandanknüpfung letztlich wegen der Gefahr des „race to the bottom"-Effektes abzulehnen sein.[1393] In diesem Sinne wurde zu Recht bereits bisher eine Anknüpfung an den Sitz, also den Ort der Sendeanstalt oder Redaktion einmütig abgelehnt.[1394] Die Lösung würde zudem die bereits durch die E-Commerce-Richtlinie bestehende Kollisionsrechtsspaltung vertiefen und nicht nur Online-Sachverhalte anderen Maßstäben unterstellen als Offline-Sachverhalte, sondern beispielsweise auch im Multistate-Printbereich zu einer Herkunftslandanknüpfung gelangen.[1395]

297 Im Anwendungsbereich der ehemaligen Fernsehrichtlinie und jetzigen **Richtlinie über audiovisuelle Mediendienste**[1396] gilt für Binnenmarktsachverhalte an Stelle der (durch das Spürbarkeitskriterium eingeschränkten) Marktortregel das **Sendeland- bzw. Herkunftslandprinzip.** Allerdings umfasst die Richtlinie nur einen begrenzten Ausschnitt werberechtlicher Regelungen, wie zB zum Trennungsgebot von Werbung und Inhalt oder produktspezifische Werbeverbote. Wichtige Komplexe wie zB die irreführende und vergleichende Werbung werden nicht berührt und unterliegen weiterhin dem nationalen (jetzt vergemeinschafteten) Kollisionsrecht.

298 **bb) Internetwerbung.** Besondere Schwierigkeiten ergeben sich bei der rechtlichen Beurteilung von Werbemaßnahmen im Internet, da in weltumspannenden Datennetzen die Lokalisierung eines unter dem rechtlichen Regime eines Staates stehenden Marktortes nach herkömmlichen Maßstäben gänzlich unmöglich scheint. Bisher hat sich für den Internet-Bereich auch **kein eigenständiges Rechtsgebiet** im Sinne eines **Cyberlaw** herausgebildet, welches die virtuellen Märkte und den genuin internationalen Wettbewerb von reinen Internetanbietern zu regeln vermöchte.[1397] Mangels derartigen Einheitsrechts ist demzufolge auf das reguläre Spiel von kollisionsrechtlichen Verweisungen und nationalen Sachnormen zurückzugreifen.

299 Bei der Frage der Anknüpfung von Werbemaßnahmen im Internet nach deutschem Kollisionsrecht besteht im Schrifttum zunächst weitgehend Einigkeit darüber, dass der **Ser-**

[1388] *Glöckner* ZVglRWiss 99 (2000), 278, 294; *Hefermehl/Köhler/Bornkamm/Köhler* UWG Einl. Rn 5.8; *Staudinger/v. Hoffmann* EGBGB Art. 40 Rn 342. Vgl. auch *Sack* GRUR Int. 1988, 320, 328f.

[1389] Gegen eine Anwendung deutschen Wettbewerbsrechts hier auch Gloy/Loschelder/*Wilde* § 6 Rn 27.

[1390] *Dethloff* S. 283ff, 292ff; zustimmend *Thünken* S. 207ff, 230ff.

[1391] *Dethloff* S. 283ff, 292ff; *dies.* JZ 2000, 179, 182f.

[1392] Vgl. *Dethloff* S. 285, 294ff.

[1393] Ebenso *Staudinger/v. Hoffmann* EGBGB Art. 40 Rn 340. Ablehnend auch MünchKomm/*Drexl* BGB IntUnlWettbR Rn 120.

[1394] S. *Deutsch* S. 54f; ablehnend auch *Kotthoff* CR 1997, 676, 679; *ders.* S. 26; *Mankowski* GRUR Int. 1999, 909, 911; *Regelmann* S. 152; *Sandrock* GRUR Int. 1985, 507, 522.

[1395] → Rn 236. Kritisch auch *Höder* S. 204ff.

[1396] → Rn 119f.

[1397] *Mankowski* GRUR Int. 1999, 909, 911; *ders.* AfP 1999, 138; ebenso *Loewenheim/Koch/Hoeren/Pichler* S. 381, 464f; anders wohl *Spindler* ZUM 1996, 533, 561.

verstandort *kein* tauglicher Anknüpfungspunkt ist und bei der kollisionsrechtlichen Betrachtung außer Betracht zu bleiben hat.[1398] Als theoretischer **Ausgangspunkt** der kollisionsrechtlichen Beurteilung von Internetwerbung nimmt ein Großteil der Literatur vielmehr grundsätzlich den **Ort der wettbewerblichen Interessenkollision,** der grundsätzlich überall dort lokalisiert wird, wo die **Werbung abrufbar** ist.[1399] Danach ist auf die Werbung eines in Deutschland tätigen Unternehmens jedenfalls deutsches Wettbewerbsrecht anwendbar.[1400]

Die unbeschränkte Heranziehung der Interessenkollisionslösung führt bei Beurteilung von Internetwerbung darüber hinaus jedoch zur Anwendbarkeit sämtlicher Marktrechte der Welt. Das wurde stets als unpraktisch und an sich bedenklich kritisiert.[1401] Denn wenn sich ein Wettbewerber an sämtlichen Wettbewerbsrechten messen lassen muss, die sein Verhalten, seine Internetwerbung, betreffen, so bedeutet dies de facto eine Orientierung am jeweils strengsten Recht. Obwohl rein rechtlich nur der Teil des Wettbewerbsverhaltens untersagt werden kann, der den Markt betrifft, dessen Recht angewendet wird, es also zu einer territorialen Spaltung kommt,[1402] kann sich ein klagender Mitbewerber das jeweils strengste Recht aussuchen und damit faktisch die gesamte Wettbewerbsmaßnahme beseitigen.[1403] Dieses Vorgehen soll zwar grundsätzlich nicht missbräuchlich sein.[1404] Doch besteht ein allgemein anerkanntes Bedürfnis nach **eingrenzenden Kriterien,** mit deren Hilfe die bei einer Interessenkollisionsbetrachtung unerheblichen Marktberührungen ausgeschieden werden können.[1405] Als Beispiel für eine bei Anwendung der Interessenkollisionslösung zu vernachlässigende Interessenbeeinträchtigung auf dem deutschen Markt könnte der Fall des zufälligen Anklickens der fremdsprachigen Homepage eines japanischen Sushi-Anbieters dienen. Außerdem – so wurde eingewendet[1406] – kann bei der Internetwerbung der regelmäßig in der „realen" Welt stattfindende **Absatz,** der die eigentliche Wertbewegung betreffe, nicht vollkommen außer Betracht bleiben. Zur bloßen Abrufbarkeit müsse daher die Möglichkeit der Beeinflussung des Nachfrageverhaltens potentieller Abnehmer[1407] hinzukommen sowie das tatsächliche Angebot des beworbenen Produkts auf dem Absatzmarkt eines bestimmten Marktes.[1408] Auf das Vorhalten einer eigenen Vertriebsstruktur in dem entsprechenden Staate könne es aber nicht ankommen.[1409] **300**

Nach wohl einhelliger Ansicht ist der räumliche Anwendungsbereich des deutschen Wettbewerbsrechts deshalb jedoch nicht in jedem Einzelfall schon dann eröffnet, wenn eine Internetseite auch in Deutschland abrufbar ist. Auf Grundlage der Interessenkollisionslösung wie auch des Auswirkungsprinzips wird eine kollisionsrechtlich relevante Einwirkung auf die Marktgegenseite bzw. Auswirkung bei Wettbewerbshandlungen im Internet viel- **301**

1398 Vgl. *Bornkamm* Neues Recht für neue Medien S. 99, 114; *Dieselhorst* ZUM 1998, 293, 294; *Ernst* BB 1997, 1057, 1061; *Glöckner* ZVglRWiss 99 (2000), 278, 285; *Harte/Henning/Glöckner* UWG Einl. C Rn 156; *Hoeren* WRP 1997, 993, 998; *Kunert* CR 1996, 455; *Mankowski* GRUR Int. 1999, 909, 910; MünchKomm/*Mankowski* UWG IntWettbR Rn 166; *Spindler* ZUM 1996, 533, 562; *Staudinger/v. Hoffmann* EGBGB Art. 40 Rn 342.

1399 S. zB *Bamberger/Roth/Spickhoff* EGBGB Art. 40 Rn 51; *Ernst* BB 1997, 1057, 1061; *Hefermehl/Köhler/Bornkamm/Köhler* UWG Einl. Rn 5.8; *Hoeren* Rn 393; *Mankowski* GRUR Int. 1999, 909, 921; *Loewenheim/Koch/Niebler* S. 243, 248; *Rüßmann* K&R 1998, 422, 423 f. Vgl. aus der Instanzgerichtsrechtsprechung auch LG Stuttgart MMR 2007, 668, 669; LG Berlin CR 1997, 216; LG München I CR 1997, 155, 156. Für den Abrufort grundsätzlich (allerdings auf dem Boden des Auswirkungsprinzips) auch *Glöckner* ZVglRWiss 99 (2000), 278, 285; *Harte/Henning/Glöckner* UWG Einl. C Rn 156.

1400 *Ernst* BB 1995, 1057, 1061; *Lehmann/Waltl* S. 185, 192.

1401 Vgl. zB *Kotthoff* CR 1997, 676, 681.

1402 *Dethloff* S. 122 ff. S. auch *Sack* WRP 2008, 845, 852; *ders.* GRUR Int. 1988, 320, 328.

1403 *Sack* WRP 2008, 845, 852; *ders.* GRUR Int. 1988, 320, 328.

1404 *Hefermehl/Köhler/Bornkamm/Köhler* UWG Einl. Rn 5.8; *Sack* GRUR Int. 1988, 320, 328.

1405 Zu den Kriterien eingehend MünchKomm/*Mankowski* UWG IntWettbR Rn 179 ff.

1406 *Mankowski* GRUR Int. 1999, 909, 911.

1407 *Mankowski* GRUR Int. 1999, 909, 911.

1408 *Dieselhorst* ZUM 1998, 293, 295; *v. Gamm* UWG Einf. A Rn 47; *Hefermehl/Köhler/Bornkamm/Köhler* UWG Einl. Rn 5.8; *Mankowski* GRUR Int. 1999, 909, 911; *Spindler* ZUM 1996, 533, 561.

1409 *Kotthoff* CR 1997, 676, 678; *Mankowski* GRUR Int. 1999, 909, 911.

mehr nur dann angenommen, wenn **in das Marktgeschehen spürbar eingegriffen** wird.[1410] Diese **Spürbarkeitsgrenze** soll anhand von bestimmten objektiven Indizien[1411] näher zu bestimmen sein. Nach der Interessenkollisionslösung ist der Ort, an dem auf die Marktgegenseite eingewirkt wird, an dem Ort festzumachen, an dem die betreffende Website **bestimmungsgemäß abgerufen** werden kann[1412] oder, anders gewendet, „ein nicht unwesentlicher Teil der Bevölkerung bestimmungsgemäß oder gezielt als mögliche Kunden angesprochen werden".[1413] Der in diesem Zusammenhang auftauchende Begriff der **Finalität** soll aber nicht subjektiv zu verstehen sein, sondern müsse verobjektiviert werden; das Spürbarkeitskriterium werde durch die finale Ausrichtung vielmehr „indiziell ausgefüllt".[1414] Andere lehnen die Heranziehung eines Spürbarkeitskriteriums zwar generell als unpassende Entlehnung aus dem Kartellrecht ab und machen demgegenüber die Anwendbarkeit eines Marktrechts von der **verobjektivierten Zielrichtung** einer Wettbewerbshandlung abhängig.[1415] Bei Ermittlung der Zielrichtung einer Internetwerbung gelangt diese Auffassung allerdings zu ähnlichen Ergebnissen wie die hM, da sie wie diese auf objektive Anhaltspunkte wie zB die Sprache, Vertriebsstruktur und Zahlungsmodalitäten zurückgreift.[1416] Auf Grundlage von Art. 6 Abs. 1 Rom II-VO wird neuerdings für eine Abkehr vom Spürbarkeitskriterium plädiert.[1417] Einigkeit besteht aber weitgehend darüber, dass **subjektive Kriterien,** also die Vorstellung des werbenden Unternehmens, bei der Ermittlung der Spürbarkeit oder im Rahmen sonstiger Einschränkungen außer Acht zu lassen sind, um nicht dem einzelnen Wettbewerber mittels bloßer Behauptung die Lenkung der kollisionsrechtlichen Situation zu überlassen.[1418] Auch die **bloße betriebsinterne Anweisung,** nur in bestimmte Staaten zu liefern, genügt nicht, um die Einwirkung der Internetwerbung hinsichtlich aller sonstigen Staaten auszuschließen.[1419]

302 Auch die **Rechtsprechung** betrachtet den räumlichen Anwendungsbereich des deutschen Wettbewerbsrechts nicht bereits mit Abrufbarkeit der Internetwerbung als eröffnet. Der hM im Schrifttum folgend fordert sie vielmehr ebenfalls das Überschreiten einer Spürbarkeitsschwelle, aufgrund derer anhand von **objektiven Kriterien** festzustellen sei, ob die betreffende Internetwerbung sich auch an Kunden auf dem deutschen Markt wendet. Entscheidend für die Anwendung deutschen Wettbewerbsrechts ist nach der ständigen Rechtsprechung daher, dass die Homepage von deutschen Kunden **bestimmungsgemäß abgerufen** wird, sich der Internetauftritt des werbenden Unternehmens also **bestimmungsgemäß** auch **im Inland auswirkt.**[1420] Auf die Absicht des werbenden Unterneh-

---

[1410] Vgl. zB *Glöckner* ZVglRWiss 99 (2000), 278, 285; Gloy/Loschelder/*Schulte-Beckhausen* § 29 Rn 14; *Harte/Henning/Glöckner* UWG Einl. C Rn 158ff; *Höder* S. 60ff, 68ff; *Mankowski* GRUR Int. 1999, 909, 916, 921; MünchKomm/*Mankowski* UWG IntWettbR Rn 210ff; *Ohly* JZ 2006, 1189, 1190; *Piper/Ohly/Ohly* UWG Einf. B Rn 24f; *Omsels* GRUR 1997, 328, 337; *Wegner* CR 1998, 676, 681f; generell zu Multistate-Verstößen Großkomm/*Schricker* UWG Einl. Rn F 190 und 206; *ders.* GRUR Int. 1982, 720, 724; *Hefermehl/Köhler/Bornkamm/Köhler* UWG Einl. Rn 5.8; MünchKomm/*Drexl* BGB IntUnlWettbR Rn 123. S. auch OLG Frankfurt K&R 1999, 138f m. Anm. *Kotthoff.*

[1411] → Rn 303ff.

[1412] *Staudinger/v. Hoffmann* EGBGB Art. 40 Rn 342; so auch *Lehmler* UWG Einl. Rn 54. Kritisch *Sack* WRP 2008, 845, 852.

[1413] In diesem Sinne den Marktort formulierend *Hefermehl/Köhler/Bornkamm/Köhler* UWG Einl. Rn 5.8. Ähnlich *Bornkamm* Neues Recht für neue Medien S. 99, 116 (gezielter Eingriff in das deutsche Marktgeschehen).

[1414] MünchKomm/*Mankowski* UWG IntWettbR Rn 219f. Dagegen *Harte/Henning/Glöckner* UWG Einl. C Rn 159.

[1415] So etwa *Kotthoff* CR 1997, 676, 680ff. Kritisch *Koos* WRP 2006, 499, 502.

[1416] Vgl. *Kotthoff* CR 676, 682f.

[1417] *Sack* WRP 2008, 845, 854.

[1418] *Kotthoff* CR 1997, 676, 680; *Mankowski* GRUR Int. 1999, 909, 917; MünchKomm/*Drexl* BGB IntUnlWettbR Rn 123; einschränkend aber auf Grundlage des Auswirkungsprinzips *Staudinger/Fezer/Koos* IntWirtschR Rn 646f.

[1419] OLG Frankfurt K&R 1999, 138, 139; *Ernst* NJW CoR 1999, 302, 303; *Mankowski* GRUR Int. 1999, 909, 920.

[1420] BGH GRUR 2006, 513, 515 Rn 25 – Arzneimittelwerbung im Internet; BGH RIW 2006, 942, 943 – Pietra di Soln; BGH GRUR 2005, 431, 432 – HOTEL MARITIME; OLG Frankfurt K&R 1999, 138

mens kommt es dabei nicht an.[1421] Ferner hat die Rechtsprechung die Einhaltung eines unmissverständlichen **Disclaimers** als geeignetes objektives Eingrenzungskriterium erachtet.[1422] Durch einen ersichtlich nicht ernst gemeinten Disclaimer kann der erforderliche Inlandsbezug hingegen nicht ausgeschlossen werden.[1423]

Nach überwiegender Ansicht bedarf es bestimmter Indizien im Sinne von **objektiven** 303 **Kriterien** zur Konkretisierung der Spürbarkeitsschwelle. Als weitgehend eindeutige objektive Kriterien für die Bestimmungsmäßigkeit einer Werbung werden im Schrifttum insbesondere solche Gestaltungen der die Werbung enthaltenden Websites bewertet, bei denen unterschiedliche nationale **Telefax- oder Telefonnummern zur Bestellung** in verschiedenen Ländern[1424] sowie **Preise**[1425] in bestimmten Währungen angegeben werden (zB Preisangaben auf der Homepage eines deutschen Unternehmens auch in sFr) und zudem eine entsprechende **Sprache**[1426] verwendet wird. Die Kriterien der auf der Homepage angegebenen Zahlungsmodalitäten wie der verwendeten Sprache haben allerdings nur bedingt indizielle Wirkung. Mit der **Euro-Umstellung** ist jedenfalls ein Hinweis auf die bestimmungsgemäße Einwirkung auf den deutschen Markt passé und eine Euro-Angabe lediglich als (schwacher) Hinweis auf die Betroffenheit der mitgliedstaatlichen Märkte deutbar. Zudem versagt das Kriterium der angegebenen Zahlungsmodalität bei der üblichen Verwendung von **Kreditkarten** oder gar **elektronischen Zahlungsmitteln** wie Digicash.[1427] Schwierigkeiten ergeben sich auch beim Kriterium der Sprache, insbesondere wegen der Gebräuchlichkeit im Internet bei Verwendung der **englischen Sprache.** Bei einer englischsprachigen Website wird heute eine kollisionsrechtliche Bedeutsamkeit der dort enthaltenen Werbung in jedem Staat anzunehmen sein, insbesondere wenn es sich um einfache Worte handelt.[1428] Umgekehrt kann die Verwendung der englischen Sprache sogar als Indiz für eine weltweite Ausrichtung der Werbung interpretiert werden.[1429] Ist neben der englischen Sprachfassung zB auch eine deutsche Fassung der Website wählbar, so deutet dies zwar tendenziell auf eine Betroffenheit des deutschen (aber auch österreichischen und schweizerischen) Marktes hin, doch werden weitere für die deutsche Marktausrichtung sprechende Anhaltspunkte zu for-

---

m. zust. Anm. *Kotthoff* 139; KG NJW 1997, 3321 – concert-concept. Ähnlich auch BGH GRUR 2007, 245 – Schulden Hulp. Für die Aufgabe des Merkmals der Bestimmungsmäßigkeit im Rahmen des Art. 6 Rom II-VO und stattdessen für ein Abstellen auf die tatsächlichen Auswirkungen *Sack* WRP 2008, 845, 852.

1421 In diesem Sinne zur grenzüberschreitenden Printwerbung BGH GRUR 1971, 153, 154 – Tampax.

1422 BGH GRUR 2006, 513, 515 Rn 22 und 25 – Arzneimittelwerbung im Internet. Im Einzelnen → Rn 305.

1423 BGH GRUR 2006, 513, 515 Rn 22 und 25 – Arzneimittelwerbung im Internet.

1424 *Bornkamm* Neues Recht für neue Medien S. 99, 116; *Dethloff* NJW 1998, 1596, 1600; *Mankowski* GRUR Int. 1999, 909, 917; *Wegner* CR 1998, 676, 681. Entsprechende Bedeutung maß das Kammergericht der Angabe einer gebührenfreien Telefonnummer für Kunden aus Deutschland zu, die auf der Homepage eines niederländischen Internetversandhandels enthalten war; vgl. KG GRUR Int. 2002, 448, 450 – Knoblauch Kapseln.

1425 *Bornkamm* Neues Recht für neue Medien S. 99, 116; *Piper/Ohly/Ohly* UWG Einf. B Rn 25; so auch BGH GRUR 2006, 513, 515 – Arzneimittelwerbung im Internet; zurückhaltend aber *Höder* S. 75; *Mankowski* GRUR Int. 1999, 909, 918; MünchKomm/*Mankowski* UWG IntWettbR Rn 187 ff.

1426 *Bornkamm* Neues Recht für neue Medien S. 99, 116; *Glöckner* ZVglRWiss 99 (2000), 278, 296 f; *Harte/Henning/Glöckner* UWG Einl. C Rn 168; *Hefermehl/Köhler/Bornkamm/Köhler* UWG Einl. Rn 5.8; *Höder* S. 70 f; *Kotthoff* CR 1997, 676, 682; *Lehmler* UWG Einl. Rn 54; *Mankowski* GRUR Int. 1999, 909, 917; MünchKomm/*Drexl* BGB IntUnlWettbR Rn 125; MünchKomm/*Mankowski* UWG IntWettbR Rn 179 ff; *Piper/Ohly/Ohly* UWG Einf. B Rn 25. S. auch BGH GRUR 2006, 513, 515 – Arzneimittelwerbung im Internet. Für die Sprache als einschränkendes Kriterium auch *Sack* WRP 2008, 845, 852, der ansonsten auf die Spürbarkeitsregel verzichtet.

1427 So auch *Mankowski* GRUR Int. 1999, 909, 918; MünchKomm/*Mankowski* UWG IntWettbR Rn 188.

1428 Vgl. OLG Frankfurt K&R 1999, 138; OLG Frankfurt NJW-RR 1990, 1067 – beauty without cruelty. S. auch *Höder* S. 71; *Mankowski* GRUR Int. 1999, 909, 917; MünchKomm/*Mankowski* UWG IntWettbR Rn 182 f; *Rüßmann* K&R 1998, 422, 424; *Staudinger/Fezer/Koos* IntWirtschR Rn 641; *Thünken* IPRax 2001, 15, 16.

1429 In diesem Sinne etwa *Mankowski* GRUR Int. 1999, 909, 917; MünchKomm/*Mankowski* UWG IntWettbR Rn 183.

dern sein.[1430] Generell kann in **Grenzgebieten** die verwendete Sprache des einen oder anderen Grenzstaates gerade nicht das entscheidende Indiz für die Überschreitung der Spürbarkeitsschwelle sein.[1431] Entscheidend ist damit, dass der Zuschnitt der Internetwerbung bei entsprechender Gewichtung der vorhandenen Indizien *insgesamt* auf eine bestimmungsgemäße Einwirkung auf den Markt eines bestimmten Staates hindeutet.

304 Auch die Verwendung geographisch klar zuzuordnender **E-Mail-Adressen** durch ein im Internet werbendes Unternehmen wird – ganz gleich, ob die E-Mail-Werbung unaufgefordert oder zB über eine Mailinglist erfolgt – als bestimmungsgemäße Einwirkung auf den betreffenden Marktort des Adressaten verstanden.[1432] Die nachweisbare nicht unerhebliche Anzahl von **Vertragsabschlüssen** mit Kunden aus einem bestimmten Land wie auch die ausnahmsweise nachweisbare und nicht unerhebliche aus einem bestimmten Land stammende **Trefferquote auf einer Website** soll ebenfalls ein deutliches Indiz für das Überschreiten der Spürbarkeitsschwelle in diesen Ländern darstellen.[1433] Ferner werden als Indizien für die Bestimmungsmäßigkeit einer Internetwerbung die objektiv erkennbare **Angebots- oder Vertriebstruktur**[1434] eines werbenden Unternehmens genannt sowie die **Natur des Leistungsgegenstandes,**[1435] die beispielsweise bei Verderblichkeit des Produkts eine Lieferung über weite Distanz oder sonst eine sinnvolle Nutzung außerhalb des geographischen Gebiets ausschließt.[1436] Außerdem soll die **Möglichkeit der Bedarfsdeckung** im Herkunftsstaat des Produktes bzw. der Werbung zu berücksichtigen sein.[1437] Bei konkurrentenorientierten Handlungen wird zum Teil die **Präsenz** des betroffenen Konkurrenten am geographischen Markt gefordert.[1438]

305 Die Erklärung in einem sog. **Disclaimer,** nur in bestimmte Staaten zu liefern, genügt für sich allein noch nicht zum Ausschluss einer spürbaren Inlandseinwirkung,[1439] doch wird ein derartiger Disclaimer im Zusammenhang mit anderen Kriterien[1440] ein **Indiz** für die Betroffenheit bestimmter Märkte darstellen können.[1441] Für die kollisionsrechtliche Beurteilung kann die Verwendung eines Disclaimer, in dem ein unmissverständlicher Hinweis auf eine bestimmte Vertriebspolitik enthalten ist, nach allgemeiner Ansicht insbesondere dann beachtlich sein, wenn die angegebene Lieferbeschränkung auch **tatsächlich eingehalten** wird.[1442] In der Entscheidung „Arzneimittelwerbung im Internet" hat der BGH deutsches Wettbewerbsrecht angewendet, obwohl auf der streitgegenständlichen Website eines niederländischen Versandhandels der Hinweis (in deutscher Sprache) auf den „deutsch-

---

[1430] *Koch* CR 1999, 121, 124; *Mankowski* GRUR Int. 1999, 909, 917.

[1431] Vgl. KG Berlin GRUR Int. 2002, 448, 450 – Knoblauch Kapseln; MünchKomm/*Mankowski* UWG IntWettbR Rn 181; für eine globale, nicht einseitig den Schutz inländischer Anbieter berücksichtigenden Betrachtungsweise *Staudinger/Fezer/Koos* IntWirtschR Rn 648 ff.

[1432] *Mankowski* GRUR Int. 1999, 909, 917; aA bei angeforderter E-Mail, die zur Anknüpfung an das Recht am Unternehmenssitz des Anbieters führe, *Dethloff* NJW 1998, 1596, 1601.

[1433] *Mankowski* GRUR Int. 1999, 909, 917.

[1434] *Glöckner* ZVglRWiss 99 (2000), 278, 296; *Hefermehl/Köhler/Bornkamm/Köhler* UWG Einl. Rn 5.8; *Höder* S. 76; *Staudinger/Fezer/Koos* IntWirtschR Rn 643.

[1435] *Glöckner* ZVglRWiss 99 (2000), 278, 294; *Harte/Henning/Glöckner* UWG Einl. C Rn 164; *Hefermehl/Köhler/Bornkamm/Köhler* UWG Einl. Rn 5.8; *Höder* S. 72 f und 74 f; *Koch* CR 1999, 121, 124 f; *Lehmler* UWG Einl. Rn 54; *Mankowski* GRUR Int. 1999, 909, 918; MünchKomm/*Mankowski* UWG IntWettbR Rn 194; *Wegner* CR 1998, 676, 681.

[1436] Auf die Verfügbarkeit abstellend auch *Sack* WRP 2008, 845, 852.

[1437] *Staudinger/Fezer/Koos* IntWirtschR Rn 643.

[1438] *Glöckner* ZVglRWiss 99 (2000), 278, 285 unter Verweis auf EuGH Slg. 1995, I-S. 415 Rn 29 – Shevill.

[1439] *Staudinger/Fezer/Koos* IntWirtschR Rn 495, 645; *Wegner* CR 1998, 676, 681.

[1440] Zu denken ist beispielsweise an eine bestimmte Rechtswahl.

[1441] *Höder* S. 76; *Mankowski* GRUR Int. 1999, 909, 911, 919; MünchKomm/*Mankowski* UWG IntWettbR Rn 207.

[1442] Vgl. BGH GRUR 2006, 513, 515 – Arzneimittelwerbung im Internet; *Glöckner* ZVglRWiss 99 (2000), 278, 296; *Harte/Henning/Glöckner* UWG Einl. C Rn 166; *Hefermehl/Köhler/Bornkamm/Köhler* UWG Einl. Rn 5.8; *Mankowski* GRUR Int. 1999, 909, 919; MünchKomm/*Drexl* BGB IntUnlWettbR Rn 127; MünchKomm/*Mankowski* UWG IntWettbR Rn 207; aA aber *Höder* S. 76, der die Einhaltung des Disclaimers nicht als unabdingbare Voraussetzung betrachtet.

sprachigen Europäer" neben einer österreichischen Flagge enthalten war verbunden allerdings mit dem Zusatz, man liefere „nicht an deutsche Adressen".[1443] Der BGH bewertete die Einschränkung des Vertriebsgebietes als „ersichtlich nicht ernst gemeint", da der niederländische Unternehmer neben Euroangaben seine Preis auch in DM angegeben hatte und entgegen seiner Ankündigung aber tatsächlich nach Deutschland lieferte.[1444] Ein Disclaimer schützt demgemäß nicht, wenn sich der Werbende zu seiner nach außen beschränkten Vertriebspolitik in Widerspruch setzt. Die Berufung auf den Disclaimer ist bei nicht konformem Verhalten – selbst bei Lieferung von nur zwei Produkten[1445] – vielmehr als *protestatio facto contraria* unbeachtlich.[1446] Für die Bewertung der rechtlichen Wirkung von Disclaimern im Hinblick auf die Eingrenzung des Verbreitungsgebiets gelten nach der Rechtsprechung daher nunmehr folgende Grundsätze: Zur Eingrenzung des Wirkungsgebiets geeignet ist nur ein Disclaimer, der **klar** und **eindeutig** gestaltet ist, der aufgrund seiner Aufmachung (Sprache, Preisangaben, etc.) **als ernst gemeint aufzufassen** ist und der vom Werbenden auch **tatsächlich beachtet** wird.[1447] Liefert das werbende Unternehmen entgegen seiner Ankündigung gleichwohl in das Absatzgebiet, das laut Disclaimer eigentlich vom Vertrieb ausgenommen sein soll, so verliert der Disclaimer seine beschränkende Wirkung.[1448]

Bei der kollisionsrechtlichen Beurteilung von Internetwerbung ist die im Vorangehenden dargestellte Anwendung der Marktortregel im europäischen Kontext allerdings empfindlich eingeschränkt durch den Anwendungsbereich der **E-Commerce-Richtlinie.**[1449] Das bedeutet für die Praxis, dass gemäß Art. 3 E-Commerce-Richtlinie bzw. § 3 TMG **Binnenmarktsachverhalte,**[1450] bei denen es um die wettbewerbsrechtliche Behandlung von Internetwerbung in Europa geht, generell an das Recht des europäischen Herkunftslandes anzuknüpfen sind.[1451] Es ist damit das **Recht am Ort der Niederlassung des Diensteanbieters** anzuwenden, welche sich gemäß Art. 2 lit. c der E-Commerce-Richtlinie allein nach dem Schwerpunkt der wirtschaftlichen Tätigkeit bestimmt, also nicht schlichtweg mit dem Serverstandort gleichzusetzen ist. Die Marktortregel wird insoweit als kollisionsrechtliche Anknüpfungsregel verdrängt.[1452] Allerdings gilt dies umgekehrt beispielsweise nicht für das Einzelproblem der Zulässigkeit nicht angeforderter kommerzieller Kommunikation mittels E-Mail. Denn die E-Commerce-Richtlinie nimmt selbst ausdrücklich einzelne Bereiche aus dem durch sie „koordinierten Bereich" heraus, für die dementsprechend auch das Herkunftslandprinzip keine Rolle spielt. Zu diesen **Ausnahmen** gehören außerdem neben den gewerblichen Schutzrechten[1453] und dem Urheberrecht vor allem auch der Schutz der öffentlichen Sicherheit und Ordnung sowie der öffentlichen Gesundheit.[1454] Auf die Internetwerbung einer niederländischen Unternehmerin für Arzneimittel, denen die zum Vertrieb in Deutschland erforderliche arzneimittelrechtliche Zulassung fehlte, hat der BGH daher 306

1443 BGH GRUR 2006, 513, 515 Rn 22 und 25 – Arzneimittelwerbung im Internet; anders KG GRUR Int. 2002, 448, 449 – Knoblauch Kapseln.

1444 BGH GRUR 2006, 513, 515 Rn 22 und 25 – Arzneimittelwerbung im Internet.

1445 Dies sei nach Auffassung des BGH nicht etwa als einmaliges Versehen zu werten; vgl. BGH GRUR 2006, 513, 515 Rn 25 – Arzneimittelwerbung im Internet.

1446 *Dieselhorst* ZUM 1998, 293, 295; *Hoeren* WRP 1997, 993, 998; *Mankowski* GRUR Int. 1999, 909, 919; MünchKomm/*Mankowski* UWG IntWettbR Rn 207; aA *Höder* S. 76.

1447 Vgl. insgesamt BGH GRUR 2006, 513, 515 Rn 22 und 25 – Arzneimittelwerbung im Internet. Auf die Ernsthaftigkeit des Vertriebsausschlusses abstellend auch *Sack* WRP 2008, 845, 852.

1448 BGH GRUR 2006, 513, 515 Rn 22 und 25 – Arzneimittelwerbung im Internet. S. auch die Anmerkung von *Ohly* JZ 2006, 1189 ff.

1449 Zur E-Commerce-RL → Rn 121 ff.

1450 Im deutsch-schweizerischen Wettbewerbsstreit findet das Herkunftslandprinzip der E-Commerce-Richtlinie daher keine Anwendung; vgl. LG Stuttgart MMR 2007, 668, 669.

1451 Vgl. auch BGH GRUR 2007, 245 Rn 13 – Schulden Hulp; *Hefermehl/Köhler/Bornkamm/Köhler* UWG Einl. Rn 5.8; aA zB *Sack* WRP 2008, 845, 855 ff.

1452 Str. → Rn 143 sowie insgesamt zum Meinungsstreit → Rn 128 ff.

1453 Die Frage, ob der Begriff der „gewerblichen Schutzrechte" mit dem Begriff des „gewerblichen und kommerziellen Eigentums" im Sinne des Art. 30 EG identisch ist, ließ der BGH bisher offen; vgl. BGH RIW 2006, 942, 943 – Pietra di Soln.

1454 → Rn 123.

nicht etwa über den zum damaligen Zeitpunkt geltenden § 4 Abs. 2 S. 1 TDG bzw. Art. 3 E-Commerce-Richtlinie niederländisches Herkunftslandrecht angewendet, sondern deutsches **Marktortrecht.** Es greife nämlich im Hinblick auf die – europäische Richtlinien im Bereich der Humanarzneimittel umsetzende – Vorschrift des § 3a HWG die Ausnahme zum Schutz der öffentlichen Gesundheit nach (damaligem) § 4 Abs. 2 S. 2 iVm Abs. 5 S. 1 Nr. 3 TDG bzw. Art. 3 Abs. 4 lit. a E-Commerce-Richtlinie.[1455] Außerdem gilt das Herkunftslandprinzip der E-Commerce-Richtlinie bzw. ihrer Umsetzung im TMG nicht für Gewinnspiele und Lotterien einschließlich der gewerblichen Spielvermittlung zu Lotterien.[1456] Auch hier wird es daher auf das Marktortprinzip ankommen.[1457]

3. Verkaufsfördermaßnahmen

307 **a) Begriff und Bedeutung.** Eine im Allgemeinen besonders wirkungsvolle Marketingmethode liegt in allen Formen der Wertreklame sowie der entsprechenden Vorteilsgewährung selbst. Sie umfasst zum einen die Gewährung von **Preisnachlässen,** deren Ankündigung auch bereits als irreführende Werbung relevant sein kann,[1458] und zum anderen die Überreichung von **Zugaben** und **Werbegeschenken,** die an den potentiellen Abnehmerkreis zu Verkaufsförderzwecken vergeben werden. Aus der starken Anziehungskraft derartiger Verkaufsfördermaßnahmen resultiert naturgemäß ein hohes Missbrauchspotential. Besonders problematisch sind **Kundenbindungssysteme,** deren Eintrittshürden zur Erlangung des versprochenen Vorteils hoch und oft nicht klar erkennbar sind.

308 Im Hinblick auf die bei der Wertreklame bestehende Missbrauchsgefahr vergleichbar sind **Preisausschreiben** und **Gewinnspiele mit Werbecharakter.** Die Gefahr einer missbräuchlichen Verwendung wird hier nicht in der Ungewissheit über die Gewinnchancen liegen, sondern vielmehr in der Verknüpfung der Teilnahmebedingungen des Gewinnspiels mit dem spezifischen Werbezweck, also dem konkreten Warenbezug oder der Inanspruchnahme einer Dienstleistung, aber auch allgemein in der Unklarheit über die Teilnahmebedingungen. Wegen der Gewährung von Preisnachlässen sind im Zusammenhang mit verkaufsfördernden Maßnahmen auch **Sonderveranstaltungen**[1459] und **Lockvogelangebote** zu erwähnen, die in erster Linie nach dem Verbot irreführender Werbung zu beurteilen sind.[1460]

309 **b) Europäische Entwicklung und materiellrechtliche Situation.** Der rechtlichen Behandlung von Verkaufsförderaktionen hat sich auf europäischer Ebene auch die Kommission angenommen und einen **Vorschlag für eine Verordnung über Verkaufsförderung im Binnenmarkt**[1461] vorgelegt. Allerdings setzte die Kommission nur auf eine eng begrenzte gemeinschaftseinheitliche Regelung der Rechtsmaterie. Ansonsten sollte es grundsätzlich bei der – gegenseitig anzuerkennenden – mitgliedstaatlichen Regelung verbleiben. Sachlich beruht der Vorschlag auf dem Grundkonzept der Erlaubnis sämtlicher Formen der Verkaufsförderung, also von Rabatten und Zugaben wie auch Preisausschreiben und Gewinnspielen. Die Mitgliedstaaten sollten diesbezüglich keine Verbote aufstellen dürfen. Die grundsätzliche Zulässigkeit von Verkaufsfördermaßnahmen wurde jedoch an bestimmte Informationspflichten bzw. insgesamt an das Transparenzgebot gekoppelt (Art. 4 iVm dem Anhang des Verordnungsvorschlags). Der Vorschlag wurde von der Kommission mittlerweile wieder zurückgezogen.[1462]

1455 BGH GRUR 2006, 513, 515 Rn 29f – Arzneimittelwerbung im Internet.

1456 Vgl. BGH GRUR 2004, 693, 695 – Schöner Wetten. In diesem Sinne zu § 4 Abs. 4 Nr. 4 und 5 TDG auch OLG Hamburg NJOZ 2007, 5145, 5147ff.

1457 OLG Hamburg NJOZ 2007, 5145, 5151.

1458 → Rn 266. Zur kollisionsrechtlichen Bewertung → Rn 269ff.

1459 S. noch zu § 7 UWG aF BGH GRUR 2004, 1035 – Rotpreis-Revolution.

1460 Dazu → Rn 266 und 269ff.

1461 Geänderter Vorschlag für eine VO des Europäischen Parlaments und des Rates über Verkaufsförderung im Binnenmarkt vom 15. 10. 2002, KOM(2002), 585 endg.; → Rn 153.

1462 Vgl. ABl. EU 2006 Nr. C 64 S. 7.

Bereits im Vorgriff auf die gemeineuropäische Regelung war im reformierten deutschen Lauterkeitsrecht mit **§ 4 Nr. 4** eine Vorschrift zu Verkaufsfördermaßnahmen eingefügt worden, die der europäischen Tendenz zur Normierung von **Informationspflichten** insbesondere vor dem Hintergrund der **Aufhebung von RabattG und Zugabeverordnung** Rechnung trägt.[1463] Die Missbrauchsgefahr undurchsichtiger Verkoppelung von unentgeltlichen Zuwendungen soll durch ein allgemeines Transparenzgebot eingedämmt werden. Zur Vermeidung von Brüchen zwischen Offline- und Online-Sachverhalten wurde die Regelung des § 4 Nr. 4 an die entsprechenden damals gültigen Vorschriften der § 10 Abs. 4 Nr. 3 Mediendienste-Staatsvertrags sowie § 7 Nr. 3 TDG angepasst.[1464] Parallel zu Verkaufsfördermaßnahmen wurde mit **§ 4 Nr. 5** eine Vorschrift zu **Preisausschreiben** und **Gewinnspielen** in das Gesetz aufgenommen. Sie ist ebenfalls an die Vorschriften des Mediendienstestaatsvertrags (§ 10 Abs. 4 Nr. 4 MDStV) und des ehemaligen Teledienstegesetzes (§ 7 Nr. 4 TDG) angepasst.[1465] Die Vorschrift des § 4 Nr. 6 untersagt zudem – wie es bereits vor der gesetzlichen Normierung gängiger Praxis entsprach[1466] – die Verkoppelung eines Gewinnspiels mit dem Warenabsatz oder der Inanspruchnahme einer Dienstleistung. Derartige Handlungen sind unzulässig nach Anhang zu § 3 Abs. 3 Nr. 16, 17 und 20. Insgesamt hat sich auf materiellrechtlicher Ebene ein Wandel vollzogen, der sich an der Abschaffung gesetzlicher Verbote für Rabatte und Zugaben sowie an der Aufstellung eines Transparenzgebotes und entsprechender Informationspflichten festmachen lässt. 310

c) Kollisionsrechtliche Bewertung. Die **Aufhebung des RabattG und der Zugabeverordnung** hat verschiedene Konsequenzen für die kollisionsrechtliche Bewertung von Verkaufsfördermaßnahmen. Zunächst erübrigt sich eine zweistufige kollisionsrechtliche Anknüpfung, da ein Verstoß gegen RabattG und Zugabeverordnung nicht mehr in Betracht kommt und die Verwendung unlauterer Verkaufsfördermaßnahmen somit keinen Fall des Vorsprungs durch Rechtsbruch[1467] darstellt. Die kollisionsrechtliche Bewertung wird nun einheitlich unter dem Wettbewerbsstatut vorzunehmen sein. 311

Auf eine **territoriale Anknüpfung**[1468] kommt es mit Wegfall des RabattG und der Zugabeverordnung bei der kollisionsrechtlichen Behandlung von **Rabatt- und Zugabegewährung** ebenfalls nicht mehr an. Bereits nach altem Recht wurde das Zugaberecht nicht wie das Rabattrecht wegen seiner ordnungspolitischen Ausrichtung territorial angeknüpft, sondern es wurde auch der Schutz des Verbrauchers berücksichtigt und dem bei der nahe verwandten Werbung angewendeten Grundsatz folgend an das Recht am **Werbemarkt als Einwirkungsort** angeknüpft.[1469] Der Schwerpunkt der wettbewerblichen Interessenkollision wurde nach dieser Ansicht an dem Markt lokalisiert, an dem auf die Abnehmer durch Ankündigung der Zugabe zu Lasten der Mitbewerber und unter möglicher Störung des Allgemeininteresses eingewirkt wurde.[1470] Die auf dem inländischen Markt erfolgende Ankündigung von Zugaben, die im Ausland bei dortigem Geschäftsabschluss gewährt werden sollten, ist demzufolge nach deutschem Recht beurteilt worden.[1471] Die gegenteilige, dem Auswirkungsprinzip folgende Auffassung berücksichtigte hingegen die mittelbare Auswirkung der Verkaufsförderung, mit der beispielsweise Abnehmer eines ausländischen Marktes 312

1463 S. zur europarechtlich ausgerichteten Motivation die Gesetzesbegründung, BT-Drucks. 15/1487 S. 20. Damit soll aber kein genereller Paradigmenwechsel zur Aufhebung von Verboten zugunsten der Normierung von Informationspflichten eingeleitet werden; vgl. die Begründung aaO.

1464 S. die Begründung, BT-Drucks. 15/1487 S. 17.

1465 S. die Begründung, BT-Drucks. 15/1487 S. 18.

1466 Vgl. zB BGH GRUR 2002, 976 ff – Kopplungsgeschäfte.

1467 → Rn 331 ff.

1468 Vgl. zur früheren kollisionsrechtlichen Situation noch bei Geltung des nur auf die Rabattgewährung auf dem *deutschen* Markt anwendbaren RabattG Großkomm/*Schricker* UWG Einl. Rn F 219; kritisch zur Beschränkung des räumlichen Geltungsbereichs auf das Inland aber *Staudinger/v. Hoffmann* EGBGB Art. 40 Rn 336.

1469 S. Gloy/*Wilde* (2. Aufl.) § 6 Rn 35 ff; Großkomm/*Schricker* UWG Einl. Rn F 221; *Sack* IPRax 1991, 386 ff; aA *Wirner* S. 91 f, 110 f.

1470 Großkomm/*Schricker* UWG Einl. Rn F 221; *Sack* IPRax 1991, 386, 389 ff.

1471 *Sack* IPRax 1991, 386, 389 ff.

auf den inländischen Markt gelockt wurden, und knüpfte kumulativ auch an das inländische Recht an.[1472]

313 Nach **neuem Recht** kommt es auf der Grundlage des § 4 Nr. 4, 5 und 6, der keine territorial begrenzten, ordnungspolitischen bzw. gewerbepolizeilichen Vorschriften für Verkaufsfördermaßnahmen mehr vorsieht, bei allgemeiner wettbewerbsspezifischer Anknüpfung darauf an, wo die zur Absatzförderung eingesetzten materiellen Anreize auf den Markt einwirken und die Interessen der Marktbeteiligten wie auch der Allgemeinheit berühren. Insofern kann im Anschluss an die im Schrifttum bereits früher zum Zugaberecht vertretene Meinung[1473] eine kollisionsrechtliche Anknüpfung generell an den Marktort vorgenommen werden, an dem die **Verkaufsfördermaßnahme angekündigt,** der unentgeltliche Vorteil oder Preisnachlass[1474] dem potentiellen Abnehmer offeriert wird.[1475] Diese kollisionsrechtliche Beurteilung wird ebenso bei der Veranstaltung von **Preisausschreiben** und **Gewinnspielen** mit Werbecharakter gelten.[1476] Maßgeblich ist das Recht an dem Ort, an dem das Spiel veranstaltet wird bzw. die (postalisch kontaktierten) Adressaten des Preisausschreibens oder Preisrätsels ihren Wohnsitz haben.[1477] Der Markt ist mithin dort zu verorten, wo die potenzielle Nachfragerseite angesprochen wird.[1478] Auch bei der per Fax oder E-Mail zugehenden Gewinnmitteilung wird kollisionsrechtlich auf das Ortsrecht des Empfängers abzustellen sein.[1479] Die deutsche Vorschrift des § 661 a BGB gewinnt bei einem deutschen Empfänger allerdings als Eingriffnorm Bedeutung.[1480]

314 Die Anknüpfung von Verkaufsfördermaßnahmen an das Recht des Einwirkungsortes ist auch insofern sachgerecht, als sie zum **Gleichlauf** mit der für die **irreführende Werbung** maßgeblichen Anknüpfung an das Recht des Werbemarktes[1481] führt. Verkaufsfördermaßnahmen in Form von irreführenden Rabattaktionen oder Preisnachlässen, die gegen das Transparenzgebot des § 4 Nr. 4 verstoßen, sind danach gleichermaßen an das Recht am Werbeort als dem Marktort, an dem auf den potentiellen Kunden mittels Werbe- oder Verkaufsfördermaßnahme eingewirkt wird, anzuknüpfen.

315 Von diesem Grundsatz ist auch dann nicht abzuweichen, wenn die Gewährung des versprochenen Vorteils an einem anderen Ort erfolgt, nämlich dem vom Werbeort zu unterscheidenden Absatzort.[1482] Bei **Auseinanderfallen von Ankündigungs- und Vorteilsgewährungsort** bündeln sich – wie im vergleichbaren Fall der sog. „Kaffeefahrten"[1483] – die wettbewerblichen Interessen am Marktort, an dem auf die Kaufentscheidung von Abnehmern und Verbrauchern mit einem materiellen Anreiz Einfluss ausgeübt werden soll. Hier wird nicht nur das Abnehmer- und Verbraucherinteresse an klar erkennbaren Voraussetzungen der gewährten Vorteile beeinträchtigt, sondern ebenfalls das Interesse der Konkurrenten daran, nicht infolge unlauterer Verkaufsfördermaßnahmen für den Produktabsatz im Ausland einen Kundenverlust auf dem eigenen Markt zu erleiden. Der umkämpfte

---

[1472] Vgl. *Staudinger/Fezer* IntWirtschR (2000) Rn 414; ebenso nach neuem Recht *Staudinger/Fezer/Koos* IntWirtschR Rn 477.

[1473] Gloy/*Wilde* (2. Aufl.) § 6 Rn 35 ff; Großkomm/*Schricker* UWG Einl. Rn F 221; *Sack* IPRax 1991, 386, 389 ff.

[1474] So bereits *Staudinger/v. Hoffmann* EGBGB Art. 40 Rn 337.

[1475] Zustimmend MünchKomm/*Mankowski* UWG IntWettbR Rn 323, 325, 327 f. S. auch Gloy/Loschelder/*Wilde* § 6 Rn 30.

[1476] S. Gloy/Loschelder/*Wilde* § 6 Rn 29; MünchKomm/*Mankowski* UWG IntWettbR Rn 320 und 328; weitergehend aber *Staudinger/Fezer/Koos* IntWirtschR Rn 657, 661 und 666 (unter Umständen sei auf den Ort der Einwirkung auf den Verbraucher wie auch auf den – davon verschiedenen – Markt der tatsächlichen Vorteilsgewährung abzustellen).

[1477] Vgl. Gloy/Loschelder/*Wilde* § 6 Rn 29.

[1478] MünchKomm/*Mankowski* UWG IntWettbR Rn 320.

[1479] Für eine Anknüpfung an den gewöhnlichen Aufenthalt des Empfängers *Fetsch* RIW 2002, 936, 938.

[1480] Näher → Rn 259.

[1481] Dazu → Rn 269 ff.

[1482] Vgl. OLG Düsseldorf GRUR 1970, 149 – Rabatte für Grenzbewohner; zustimmend Gloy/Loschelder/*Wilde* § 6 Rn 31; MünchKomm/*Mankowski* UWG IntWettbR Rn 325. Ähnlich auch *Staudinger/v. Hoffmann* EGBGB Art. 40 Rn 337.

[1483] Dazu → Rn 283 f.

Markt ist damit der Markt, auf dem zwecks Abzugs der Kaufkraft in einen anderen Markt die Verkaufsfördermaßnahmen zur Einflussnahme auf die Abnehmer eingesetzt werden. Ihre beeinflussende Wirkung entfalten solche Verkaufsfördermaßnahmen bereits mit ihrer **Ankündigung** und nicht erst mit der tatsächlichen Gewährung des unentgeltlichen und im Zusammenhang mit dem Produktbezug gewährten Vorteils.[1484]

316 Die Frage, ob man aus der Verankerung des Prinzips der gegenseitigen Anerkennung in Art. 3 Abs. 2 des Verordnungsvorschlags über **Verkaufsförderung im Binnenmarkt** ein kollisionsrechtliches Herkunftslandprinzip herauslesen könne, ist wegen der Aufgabe des Verordnungsprojekts obsolet.[1485] Dies kann nur begrüßt werden, da ein weiterer Gemeinschaftsrechtsakt mit unklarer kollisionsrechtlicher Bedeutung und weitem Anwendungsbereich zu Überschneidungen und zunehmender Verwirrung geführt hätte.

4. Marktstörung

317 In die Fallgruppe der Marktstörung ordnet die wettbewerbsrechtliche Praxis vor allem Verhaltensweisen ein, die durch „anomale Angebotsmodalitäten", wie etwa **Gratisabgaben von Presseerzeugnissen** oder **Massenverteilung von Originalware,**[1486] oder erhebliche Preisunterbietung **(Verkauf unter Selbstkosten)**[1487] eine „gemeinschaftsschädliche Wirtschaftsstörung" und damit die Gefährdung des Bestands eines funktionsfähigen Wettbewerbs bewirken.[1488] Zu den Fällen der Marktstörung wird ferner die Ausnutzung der **Macht der öffentlichen Hand** gezählt.[1489] Mit diesen Wettbewerbsmethoden wird in das freie Spiel von Angebot und Nachfrage auf dem Markt eingegriffen und die Gesamtheit der Konkurrenten auf dem Markt behindert. Charakteristisch sind dabei die Störung des Marktgleichgewichts durch Kundenangebote, die den Leistungsvergleich verfälschen, wie auch die Ausnutzung von Marktmacht bzw. der Machtmissbrauch.

318 Bei den Fällen der Marktstörung steht klar das **Interesse der Allgemeinheit am Bestand des Wettbewerbs** als Institution im Vordergrund.[1490] Hinsichtlich der Interessenlage zeigen sich insoweit Parallelen zum Kartellrecht. Im Rahmen der kollisionsrechtlichen Bewertung von Fällen der Marktstörung wird deshalb generell – zum Teil auch auf dem Boden der Interessenkollisionslösung[1491] – die (analoge) Anwendung des (allseitig verstandenen) **kartellrechtlichen Auswirkungsprinzips** gemäß § 130 Abs. 2 GWB (bzw. jetzt Art. 6 Abs. 3 Rom II-VO) befürwortet.[1492] Danach soll deutsches Wettbewerbsrecht anwendbar sein, wenn die Marktstörung sich auf den deutschen Markt auswirkt, ausländisches Wettbewerbsrecht, wenn sich die marktstörende Wettbewerbsmaßnahme auf einen ausländischen Markt auswirkt.[1493] Ähnlich wie bei der kumulativen Anwendung verschiedener Wettbewerbsrechte soll auch im Fall der Marktstörung nur jeweils der Sachverhaltskomplex dem deutschen oder einem bestimmten ausländischen Recht unterfallen, der eine entsprechende Inlandsauswirkung besitzt.[1494]

319 Andere Meinungen im Schrifttum lehnen eine Anwendung des kartellrechtlichen Auswirkungsprinzips ab und knüpfen Fälle der Marktstörung, wie zB der **Gratisabgaben von**

1484 AA *Staudinger/Fezer/Koos* IntWirtschR Rn 661, die unter Umständen auf den Herkunftsmarkt des Verbrauchers wie auch den Markt der tatsächlichen Vorteilsgewährung abstellen.

1485 → Rn 153.

1486 *Osterrieth* → § 4-S 1 Rn 176 ff und 217 ff.

1487 *Osterrieth* → § 4-S 1 Rn 269 ff.

1488 Vgl. *Baumbach/Hefermehl* UWG (22. Aufl.) § 1 Rn 832 ff; Großkomm/*Schricker* UWG Einl. Rn F 209; MünchKomm/*Mankowski* UWG IntWettbR Rn 305; *Staudinger/Fezer/Koos* IntWirtschR Rn 670.

1489 MünchKomm/*Mankowski* UWG IntWettbR Rn 305; *Nordemann* Rn 1041 ff.

1490 Großkomm/*Schricker* UWG Einl. Rn F 209; MünchKomm/*Mankowski* UWG IntWettbR Rn 305; *Staudinger/Fezer/Koos* IntWirtschR Rn 671.

1491 Großkomm/*Schricker* UWG Einl. Rn F 209 f.

1492 *Staudinger/Fezer/Koos* IntWirtschR Rn 672 ff.

1493 Großkomm/*Schricker* UWG Einl. Rn F 209 f. Vgl. auch Gloy/Loschelder/*Wilde* § 6 Rn 34 ff.

1494 Großkomm/*Schricker* UWG Einl. Rn F 209.

Waren, als Konkurrentenbeeinträchtigungen an das **Recht des Absatzmarktes** an.[1495] Es komme wegen des im Vordergrund stehenden Schutzes von Mitbewerbern auf den Markt an, auf dem die Interessen der Konkurrenten zusammentreffen. Der Absatzmarkt sei dabei als der Markt zu verstehen, um dessen Marktanteile die Mitbewerber kämpfen.[1496]

320 Beim Vergleich der beiden Lösungsansätze ergeben sich zunächst kaum Unterschiede. Denn auch die Vertreter einer kartellrechtlichen Anknüpfung kommen im Ergebnis zu einer Maßgeblichkeit des Rechts am Absatzmarkt, da eine Störung des Wettbewerbsprozesses regelmäßig an dem Ort eintrete, an dem die **Gratisware verteilt** und damit die Nachfrage auf dem Markt verändert wird.[1497] Bei Auseinanderfallen von Werbe- bzw. Verteilungsort und Absatzmarkt wird nach dem Auswirkungsprinzip allerdings auf den Werbemarkt als Verteilungsort der Gratisabgaben und bei entsprechender potentieller Absatzbeeinflussung auch auf den Absatzmarkt abgestellt.[1498] Zudem werden nach dem Auswirkungsprinzip bei wettbewerbswidrigen Preiskampfpraktiken inländischer Konkurrenten auf dem Auslandsmarkt, etwa beim **Verkauf unter Selbstkosten,** Rückwirkungen auf die Wettbewerbsfähigkeit der inländischen Konkurrenten auf ihrem Heimatmarkt berücksichtigt.[1499]

321 Wenn auch generell die Auswirkungen einer Wettbewerbsmaßnahme in kollisionsrechtlicher Hinsicht keine Rolle spielen, so ist doch – wie die Vertreter der Anwendung des kartellrechtlichen Auswirkungsprinzips zutreffend annehmen[1500] – im Fall der Marktstörung der primäre Institutionsschutz des Leistungswettbewerbs zu beachten und die kollisionsrechtliche Anknüpfung von marktstörenden Wettbewerbsmaßnahmen ausnahmsweise in Anlehnung an das **kartellrechtliche Auswirkungsprinzip** vorzunehmen.

322 Die kollisionsrechtliche Anknüpfung in Anlehnung an das kartellrechtliche Auswirkungsprinzip kann hingegen nicht gelten für die Fälle von **Boykott** und **Diskriminierung,** die wegen der kartellrechtlichen Parallelbewertung zum Teil ebenfalls unter das Auswirkungsprinzip gefasst werden.[1501] Beim Boykott und der Diskriminierung treten die Interessen der betroffenen Konkurrenten gegenüber dem gleichfalls berührten Allgemeininteresse am Schutz des Wettbewerbsbestands deutlicher hervor, so dass an das **Recht am Absatzmarkt** anzuknüpfen ist.[1502]

5. Individuelle Mitbewerberbehinderung

323 Zielen behindernde Wettbewerbsmaßnahmen nicht – wie bei der Markstörung – allgemein auf die Gesamtheit der Konkurrenten und damit das Marktgeschehen an sich ab, sondern beziehen sie sich konkret auf einen oder einzelne Mitbewerber, so handelt es sich um den Fall der sog. individuellen Mitbewerberbehinderung. Die Fallgruppe der individuellen Mitbewerberbehinderung ist generalklauselartig in § 4 Nr. 10 geregelt und umfasst alle Erscheinungsformen des Vernichtungswettbewerbs, wie zB den gezielten **Preiskampf, Boykott** und **Diskriminierung,** das **Ausspannen von Mitarbeitern**[1503] oder **Lieferanten** sowie die **unlautere Ausnutzung fremder Leistung.**[1504] Der Unlauterkeitstatbestand der individuellen Mitbewerberbehinderung erfordert ein gezieltes Handeln gegen den betroffenen Konkurrenten.[1505] Hieran zeigt sich, dass bei der individuellen Mitbe-

[1495] MünchKomm/*Kreuzer* BGB (3. Aufl.) Art. 38 EGBGB Rn 245; MünchKomm/*Mankowski* UWG IntWettbR Rn 306; ebenso unter Rückgriff auf Art. 41 EGBGB *Staudinger/v. Hoffmann* EGBGB Art. 40 Rn 332. An das Recht des Ortes des Verschenkens anknüpfend *Sack* WRP 2008, 845, 850.

[1496] *Staudinger/v. Hoffmann* EGBGB Art. 40 Rn 332. Ebenso MünchKomm/*Mankowski* UWG IntWettbR Rn 306.

[1497] *Staudinger/Fezer/Koos* IntWirtschR Rn 674.

[1498] *Staudinger/Fezer/Koos* IntWirtschR Rn 674 f.

[1499] Vgl. *Staudinger/Fezer/Koos* IntWirtschR Rn 677 f.

[1500] Großkomm/*Schricker* UWG Einl. Rn F 209; *Staudinger/Fezer/Koos* IntWirtschR Rn 671 und 673.

[1501] So etwa Großkomm/*Schricker* UWG Einl. Rn F 211.

[1502] Dazu → Rn 324; im Ergebnis allerdings ebenso Großkomm/*Schricker* UWG Einl. Rn F 211.

[1503] Nach Auffassung der Kommission ist hier der Anwendungsbereich von Art. 6 Abs. 2 iVm Art. 4 Rom II-VO eröffnet; vgl. KOM(2003), 427 endg. S. 18. Dazu auch → Rn 325 ff.

[1504] Vgl. die Begründung, BT-Drucks. 15/1487 S. 19.

[1505] Vgl. die Begründung, BT-Drucks. 15/1487 S. 19.

werberbehinderung primär das **Konkurrenteninteresse** im Vordergrund steht, da sich die Unlauterkeit gerade an die zielgerichtete Beeinträchtigung der Wettbewerbsposition und -chancen eines Konkurrenten knüpft. Das bedeutet aber nicht, dass es sich automatisch um „ausschließlich die Interessen eines bestimmten Wettbewerbers" beeinträchtigendes Wettbewerbsverhalten im Sinne des Art. 6 Abs. 2 Rom II-VO handelt[1506] und daher auf das allgemeine Deliktsstatut zurückzugreifen ist.[1507] Denn in diesen Fällen eines direkten Mitbewerberangriffs ist zugleich die Marktgegenseite betroffen, sei es durch Einwirkung auf den abgeworbenen Arbeitnehmer oder Lieferanten, sei es durch die Verschaffung eines Vorsprungs auf dem umkämpften Markt.

Es ist daher nach der Marktortregel bzw. bei Altfällen nach der bisher herrschenden In- 324
teressenkollisionslösung unter Berücksichtigung dieser Interessenlage eines im Vordergrund stehenden Konkurrentenschutzes an das **Recht am Absatzmarkt** anzuknüpfen.[1508] Das bedeutet im Einzelnen, dass insbesondere für die Fälle des gezielten **Preiskampfes** sowie des **Boykott**[1509] und der **Diskriminierung** das Recht des Ortes maßgeblich ist, an dem die Absatzinteressen der Konkurrenten aufeinandertreffen bzw. der betroffene Wettbewerber an der Teilnahme am Wettbewerb gehindert werde.[1510] Auch die **Rufausbeutung** soll nach überwiegender Meinung[1511] primär eine **Konkurrentenbeeinträchtigung** darstellen, so dass es kollisionsrechtlich auf den Markt ankomme, auf dem die Konkurrenteninteressen zusammentreffen. Damit wird zutreffend auf den **Absatzmarkt** abgestellt. Nach dem Auswirkungsprinzip werden auch Rückwirkungen eines im Ausland stattfindenden Behinderungswettbewerbs auf die Wettbewerbsposition des angegriffenen Konkurrenten im Inland berücksichtigt.[1512]

6. Betriebsbezogene Wettbewerbsverstöße

Auf sog. „betriebsbezogene" oder „nicht marktbezogene"[1513] Wettbewerbsverstöße, wie 325
etwa die **Abwerbung fremder Arbeitnehmer,**[1514] die **Geschäftsehrverletzung**[1515] (§ 4 Nr. 7) und **Anschwärzung**[1516] (§ 4 Nr. 8), die **Angestelltenbestechung**[1517] oder die **un-**

1506 → Rn 326f.

1507 So aber die Begründung, KOM(2003), 427 endg. S. 18; differenzierend *Sack* WRP 2008, 845, 850. Wie hier dagegen MünchKomm/*Drexl* BGB IntUnlWettbR Rn 117.

1508 So zB *Hefermehl/Köhler/Bornkamm/Köhler* UWG Einl. Rn 5.14; MünchKomm/*Kreuzer* BGB (3. Aufl.) Art. 38 EGBGB Rn 245; *Staudinger/v. Hoffmann* EGBGB Art. 40 Rn 332. Anders *Sack* WRP 2008, 845, 850, der auf die Einwirkung auf die Marktgegenseite abstellt.

1509 Für eine Anknüpfung an den Ort, an dem zu Boykottzwecken auf Kunden des betroffenen Unternehmens eingewirkt werde, spricht sich *Beater* 2002 § 31 Rn 26, aus.

1510 Ähnlich Gloy/Loschelder/*Wilde* § 6 Rn 35ff; MünchKomm/*Drexl* BGB IntUnlWettbR Rn 117. Bei der unlauteren Kundenabwerbung auch auf den Sitz des Kunden abstellend *Köhler/Piper* UWG (3. Aufl.) Einf. Rn 95.

1511 BGH NJW 1988, 644, 645 – Ein Champagner unter den Mineralwässern; OLG Düsseldorf IPRspr. 1998 Nr. 123; MünchKomm/*Kreuzer* BGB (3. Aufl.) Art. 38 EGBGB Rn 245; *Staudinger/v. Hoffmann* EGBGB Art. 40 Rn 332; *Wirner* S. 113. *Sack* WRP 2008, 845, 850, will nur beim Absatz rufausbeutender Waren und Leistungen das Recht des Absatzmarktes anwenden, bei rufausbeutender Werbung hingegen das Recht des Werbemarktes.

1512 *Staudinger/Fezer/Koos* IntWirtschR Rn 680, 683. Ähnlich Gloy/Loschelder/*Wilde* § 6 Rn 35 (zum gezielten Ausspannen von Zulieferanten). Anders Großkomm/*Schricker* UWG Einl. Rn F 211, der auch bei Anwendung des marktbezogenen Auswirkungsprinzips zur Anwendung des Rechts am Absatzmarkt gelangt.

1513 Diese Terminologie bevorzugend *Sack* GRUR Int. 1988, 320, 330.

1514 Unter Art. 7 Abs. 2 des Rom II-Vorschlags rechnet dies etwa MünchKomm/*Mankowski* UWG IntWettbR Rn 364.

1515 Gloy/Loschelder/*Wilde* § 6 Rn 41, schlägt eine Anknüpfung sowohl an das Recht des Ortes vor, an dem die ehrverletzende Äußerung dem Adressaten zugegangen ist, als auch an das Recht am Sitz des Unternehmens, wobei das Recht zum Zuge kommen soll, das den Betroffenen stärker schützt. Kritisch dazu *Staudinger/Fezer/Koos* IntWirtschR Rn 722.

1516 Nicht betriebsbezogen, sondern für eine Anknüpfung an den Ort, an dem zur Anschwärzung auf Kunden oder Lieferanten des betroffenen Unternehmens eingewirkt wird, plädiert hier *Beater* § 31 Rn 26.

1517 *Ulmer* Immaterialgüterrechte S. 21, lokalisiert den Interessenschwerpunkt in dem Land, in dem sich die Störung auf die gewerbliche Tätigkeit des Konkurrenten auswirkt. Ähnlich Gloy/Loschelder/*Wilde* § 6

begründete Schutzrechtsverwarnung,[1518] wendet die überwiegende Meinung im Schrifttum das Deliktsstatut an.[1519] Gleiches soll für den Geheimnisverrat (**Verrat von Geschäfts- oder Betriebsgeheimnissen** gemäß § 17) und die **Verwertung von Vorlagen** (§ 18) wie die Betriebsspionage gelten.[1520] Bei der Fallgruppe der betriebsbezogenen Wettbewerbsverstöße fehle es insgesamt an der für die Anwendung der Marktortregel notwendigen Betroffenheit von Drittinteressen wie auch der Einwirkung auf den Markt. Es werde vielmehr gezielt in materielle oder immaterielle Interessen eines bestimmten Unternehmens eingegriffen, ohne dabei die Interessen anderer Marktteilnehmer zu berühren.[1521] Damit stehe wie beim allgemeinen Deliktsstatut der Individualschutz im Vordergrund.[1522] Deliktsrechtlicher **Handlungsort** sei der Ort, von dem die betriebsbezogene Wettbewerbshandlung ausgehe.[1523] Zudem könne der Geschädigte für die Anwendung des Rechts an seinem Sitz als **Erfolgsort** optieren.[1524] Ein anderer Teil der Literatur teilt die Auffassung, wonach die genannten Wettbewerbsverstöße rein betriebsbezogen wirken und Drittinteressen unberührt bleiben, knüpft diese Wettbewerbsverstöße aber generell an das **Recht am Sitz des betroffenen Unternehmens**[1525] oder am **Ort der Behinderung der Betriebstätigkeit**[1526] an.

326 Das neue Kollisionsrecht bestätigt mit dem Verweis für bilaterale Wettbewerbshandlungen gemäß Art. 6 Abs. 2 Rom II-VO auf das allgemeine Deliktsstatut des Art. 4 Rom II-VO die bisherige Linie. Schon nach dem Vorschlag der Kommission sollte eine **Ausnahme für „bilateral" eingestufte Wettbewerbshandlungen** statuiert werden, die ausschließlich die Interessen eines bestimmten Wettbewerbers betreffen.[1527] Der Vorschlag sah daher eine Rückgriffsmöglichkeit auf die allgemeine Ausweichklausel und das Recht des gemeinsamen Aufenthaltsorts vor.[1528] In ihrer Begründung nennt die Kommission beispielhaft die Abwerbung von Angestellten, Bestechung, Industriespionage, Preisgabe eines Geschäftsgeheimnisses und die Anstiftung zum Vertragsbruch.[1529] Eine negative Auswirkung dieser Wettbewerbshandlung auf den Markt schließt die Kommission hier zwar nicht aus, doch überwiegt nach ihrer Ansicht der bilaterale Charakter der Wettbewerbsmaßnahme. Diesem Vorschlag grundsätzlich folgend verweist heute **Art. 6 Abs. 2 Rom II-VO** für Fälle unlauteren Wettbewerbsverhaltens, welches „ausschließlich die Interessen eines bestimmten

---

Rn 36, der alternativ an das Recht am Sitz des Lieferanten und das Recht des Absatzortes anknüpfen will. In diesem Sinne auch für die Anknüpfung an das Recht am Sitz der geschädigten inländischen Konkurrenten bei Bestechung von Angestellten eines ausländischen Unternehmens mit dem Ziel des Abschlusses eines Alleinvertretungsvertrages für den Vertrieb auf dem ausländischen Markt BGH GRUR 1968, 587, 588 – Bierexport; in diesem Fall weitergehend für eine Anknüpfung an das Recht des Inlandsmarktes sowie des Rechts des Auslandsmarktes *Staudinger/Fezer/Koos* IntWirtschR Rn 723.

[1518] *Hefermehl/Köhler/Bornkamm/Köhler* UWG Einl. Rn 5.16.

[1519] Vgl. zB *Beater* § 31 Rn 20, 25; *Brannekämper* WRP 1994, 661, 665; *Burmann* DB 1964, 1801, 1804f; *Höder* S. 36; *Kreuzer* Vorschläge und Gutachten zur Reform des deutschen internationalen Privatrechts der außervertraglichen Schuldverhältnisse S. 232, 282; *van Meenen* S. 121f, 131 und 147; MünchKomm/*Kreuzer* BGB (3. Aufl.) Art. 38 EGBGB Rn 236 und 247; *Reuter* BB 1989, 2265, 2267; *Sack* WRP 2000, 269, 273; *ders.* GRUR Int. 1988, 320, 330; *Schikora* S. 250f; *Staudinger/v. Hoffmann* EGBGB Art. 40 Rn 324f; *Weber* S. 173.

[1520] Vgl. *Hefermehl/Köhler/Bornkamm/Köhler* UWG Einl. Rn 5.16; *Sack* WRP 2000, 269, 273; *ders.* GRUR Int. 1988, 320, 330.

[1521] *Höder* S. 36. Vgl. auch MünchKomm/*Kreuzer* BGB (3. Aufl.) Art. 38 EGBGB Rn 236.

[1522] *Staudinger/v. Hoffmann* EGBGB Art. 40 Rn 325.

[1523] *Beater* § 31 Rn 25; *Sack* WRP 2000, 269, 273; *Staudinger/v. Hoffmann* EGBGB Art. 40 Rn 325. S. auch *Gloede* GRUR 1960, 464, 471.

[1524] *Staudinger/v. Hoffmann* EGBGB Art. 40 Rn 325. So grundsätzlich auch *Piper/Ohly/Ohly* UWG Einf. B Rn 16.

[1525] Gloy/Loschelder/*Wilde* § 6 Rn 39f; Großkomm/*Schricker* UWG Einl. Rn F 213; *Köhler/Piper* UWG (3. Aufl.) Einf. Rn 97; *Wirner* S. 116; s. auch *Deutsch* S. 65f. Ähnlich Art. 136 Abs. 2 schweizerisches IPRG, wonach auf das Recht der Niederlassung des Geschädigten abzustellen ist.

[1526] *Briem* S. 65.

[1527] Vgl. die Begründung KOM(2003), 427 endg. S. 18 und 38.

[1528] So der Verweis in Art. 5 Abs. 2 Rom II-Entwurf auf Art. 3 Abs. 2 und 3 Rom II-Entwurf.

[1529] Vgl. die Begründung aaO.

Wettbewerbers" beeinträchtigt, auf Art. 4 Rom II-VO. Auch wenn unklar ist, welche Wettbewerbsverstöße zu den rein betriebsbezogenen, bilateralen Verstößen im Sinne von Art. 6 Abs. 2 Rom II-VO zu zählen sind,[1530] muss jedenfalls für die von der Kommission genannten Wettbewerbsverstöße (Abwerbung von Angestellten, Bestechung, Industriespionage, Verrat von Geschäftsgeheimnissen und Verleitung zum Vertragsbruch) von einer Anwendung des **allgemeinen Deliktsstatuts gemäß Art. 4 Rom II-VO** ausgegangen werden.[1531] Als weiterer Anwendungsfall des Art. 6 Abs. 2 Rom II-VO werden unbegründete Schutzrechtsverwarnungen in Form von Herstellerverwarnungen genannt.[1532] Der Verweis auf Art. 4 Rom II-VO führt dazu, dass in der Regel an den **Erfolgsort** anzuknüpfen ist, dh an den Ort, an dem sich der unlauter beeinträchtigte Betrieb befindet.[1533] Vorrangig ist allerdings gemäß Art. 4 Abs. 2 Rom II-VO das Recht am gemeinsamen gewöhnlichen Aufenthalt im Sinne von Art. 23 Rom II-VO, also zumeist der gemeinsamen Hauptverwaltung. Besteht eine „offensichtlich engere Verbindung" zu einem anderen Staat, so ist gemäß Art. 4 Abs. 3 Rom II-VO auf dessen Recht abzustellen.

Gegen die Anwendung des Deliktsstatuts auf die von der hM gemeinhin und nach der Vorstellung des europäischen Verordnungsgebers als betriebsbezogen oder bilateral eingestuften Wettbewerbshandlungen sind jedoch Zweifel anzumelden. Zwar kann für den Fall, dass ein Wettbewerbsverhalten **keine den Schutzzweck des Wettbewerbsrechts berührende Wirkung** entfaltet, vom Wettbewerbsstatut abgewichen und auf das allgemeine Deliktsstatut zurückgegriffen werden. Doch wird die Abgrenzung zwischen betriebs- und marktbezogenen Wettbewerbshandlungen in den meisten Fällen Schwierigkeiten bereiten, da in weit größerem Ausmaß, als es die überwiegende Literatur annimmt, insbesondere vor dem Hintergrund der Nachahmungsgefahr[1534] oder der Verschaffung eines ungebührlichen Vorsprungs gegenüber anderen Konkurrenten, Marktordnungsinteressen betroffen sind.[1535] Bei der **Geschäftsehrverletzung** ist beispielsweise zu bedenken, dass eine hieraus folgende Rufschädigung nicht nur die Individualinteressen des in seiner Geschäftsehre verletzten Konkurrenten, sondern gleichzeitig das Interesse der Allgemeinheit am Bestand eines funktionierenden, geordneten Leistungswettbewerbs betreffen kann.[1536] Das Gleichgewicht des Leistungswettbewerbs wird hier durch die Verschlechterung der Wettbewerbsposition des einzelnen Wettbewerbers gestört. Eine Störung des Leistungswettbewerbs ist auch denkbar im Fall der **Betriebsspionage,** die das ausspionierte Unternehmen seines Leistungsvorteils beraubt. Durch die genannten Handlungen verschafft sich der unlauter handelnde Wettbewerber einen ungebührlichen Leistungsvorsprung gegenüber den sich korrekt verhaltenden Mitbewerbern, so dass das Gleichgewicht des Marktes gestört wird.[1537] Es wird im Gegenteil kaum eine auf einen bestimmten Mitbewerber abzielende Wettbewerbshandlung das Allgemeininteresse an einem unverfälschten Wettbewerb unberührt lassen.[1538] Eine Anwendung des allgemeinen Deliktsstatuts kommt damit im Ergebnis nur in dem Ausnahmefall zum Zuge, in dem das Wettbewerbsverhalten ausschließlich individuelle Interessen verletzt bzw. Individualansprüche auslöst.[1539] Dies ist zB bei einer kreditgefährdenden 327

[1530] Zur Kritik → Rn 327.

[1531] Zu den Fallgruppen s. auch *Sack* WRP 2008, 845, 851, der allerdings die Anstiftung zum Vertragsbruch nicht dazu zählt.

[1532] *Sack* WRP 2008, 845, 851.

[1533] *Sack* WRP 2008, 845, 850.

[1534] Stellungnahme *MPI* GRUR Int. 1985, 104, 107.

[1535] Kritik an der hM übend auch *Lindacher* WRP 1996, 645, 649f; MünchKomm/*Drexl* BGB IntUnlWettbR Rn 117; *Staudinger/Fezer/Koos* IntWirtschR Rn 717.

[1536] Ebenso *Lindacher* WRP 1996, 645, 650; MünchKomm/*Drexl* BGB IntUnlWettbR Rn 117; *Staudinger/Fezer/Koos* IntWirtschR Rn 716. Auch *Sack* WRP 2008, 845, 851, nimmt geschäftsschädigende Äußerungen aus dem Anwendungsbereich von Art. 6 Abs. 2 Rom II-VO aus.

[1537] So auch MünchKomm/*Drexl* BGB IntUnlWettbR Rn 117.

[1538] So für den Fall des Verleitens zum Vertragsbruch im Rahmen der Störung eines Vertriebsbindungssystems auch *Staudinger/Fezer/Koos* IntWirtschR Rn 716f.

[1539] *Lindacher* WRP 1996, 645, 649f; MünchKomm/*Drexl* BGB IntUnlWettbR Rn 117.

Behauptung im Sinne des § 824 BGB der Fall.[1540] Auch an die bloße Produktnachahmung, bevor die Nachahmungsstücke auf den Markt gelangen, kann gedacht werden.[1541] Hingegen sind bei der Anschwärzung nicht allein individuelle Interessen des angeschwärzten Wettbewerbers betroffen, sondern im Hinblick auf eine nicht manipulierte Entscheidungsgrundlage werden auch Verbraucher- bzw. Abnehmerinteressen beeinträchtigt.[1542] Daher wird man auch die Anschwärzung aus dem Anwendungsbereich des Deliktsstatuts nach Art. 6 Abs. 2 Rom II-VO herausnehmen müssen.[1543] Gleiches gilt für den Boykottaufruf.[1544] Für die strafrechtlichen Normen der §§ 17 bis 19 gilt über den Verweis auf § 5 Nr. 7 StGB deutsches Wettbewerbsstrafrecht, soweit es sich um die Verletzung von Betriebs- und Geschäftsgeheimnissen bzw. Vorlagenverwertung von Unternehmen handelt, die ihren Sitz in Deutschland haben.

328 Nach verbreiteter Meinung soll das Verbot **unbegründeter Schutzrechtsverwarnungen** eine rein individualschützende Funktion haben und damit nach dem allgemeinen Deliktsstatut anzuknüpfen sein.[1545] Nach neuem Recht wäre dies auf der Grundlage von Art. 6 Abs. 2 iVm Art. 4 Rom II-VO zu verorten.[1546] Dieser Einschätzung kann jedoch nicht gefolgt werden. Führt man sich die Zielrichtung des einen unliebsamen Konkurrenten unbegründeterweise verwarnenden Wettbewerbers vor Augen, so zeigt sich, dass nicht nur individuelle Schutzinteressen des verwarnten Mitbewerbers betroffen sind. Das Ziel des wettbewerbswidrig handelnden Unternehmers ist es schließlich, einen Konkurrenten auf dem Markt zurückzudrängen. Das hat im Erfolgsfall auch Auswirkung auf den Markt insgesamt, da das Marktgleichgewicht gestört, die Auswahlfreiheit der Abnehmer verkürzt und der Wettbewerb tendenziell gehemmt wird.[1547] Damit sind neben den Interessen des betroffenen Konkurrenten auch die **Abnehmerinteressen** wie das **staatliche Marktordnungsinteresse** berührt. Vor diesem Hintergrund kann eine Fokussierung auf den individuellen Konkurrentenschutz nicht statutbestimmend sein. Das allgemeine Deliktsstatut ist nicht anwendbar, sondern es bleibt bei dem nach der Interessenkollisionslösung zu ermittelnden Wettbewerbsstatut.[1548]

7. Vorsprung durch Rechtsbruch

329 **a) Materiellrechtliche Situation.** Die Gruppe der Wettbewerbsverstöße, die mit dem Schlagwort „Vorsprung durch Rechtsbruch" bezeichnet werden, umfasst nach traditionellem Verständnis zwei Kategorien von Rechtsbruchtatbeständen: Einerseits geht es um die Verletzung außerwettbewerbsrechtlicher wertbezogener Normen, die früher als Verstöße gegen **„sittlich fundierte" Gebote** oder Gebote zum **Schutz besonders wichtiger Allgemeingüter** bereits unmittelbar einen Sittenverstoß gemäß § 1 aF bedeuteten (sog. per se-Verstöße).[1549] Andererseits umfasst die Fallgruppe Verstöße gegen wertneutrale Nor-

---

[1540] Ähnlich Gloy/Loschelder/*Wilde* § 6 Rn 17; s. aber auch *Staudinger/Fezer/Koos* IntWirtschR Rn 720 ff, der nach dem Auswirkungsprinzip jede relevante (auch nur mittelbare) Auswirkung und damit sämtliche Marktrechte berücksichtigt (aaO Rn 610).

[1541] Die fehlende Marktbezogenheit hier annehmend MünchKomm/*Drexl* BGB IntUnlWettbR Rn 117.

[1542] So zu Recht MünchKomm/*Drexl* BGB IntUnlWettbR Rn 93.

[1543] Entgegen der in der Vorauflage Einl I Rn 299 vertreteten Auffassung, die aufgegeben wird. Im Ergebnis ebenso *Sack* WRP 2008, 845, 851.

[1544] *Sack* WRP 2008, 845, 850 f; → Rn 324.

[1545] *Hefermehl/Köhler/Bornkamm/Köhler* UWG Einl. Rn 5.16; *Köhler/Piper* UWG (3. Aufl.) Einf. Rn 97; *Sack* GRUR Int. 1988, 320, 330; MünchKomm/*Mankowski* UWG IntWettbR Rn 367; *Staudinger/v. Hoffmann* EGBGB Art. 40 Rn 319.

[1546] *Sack* WRP 2008, 845, 851, unterstellt Herstellerverwarnungen dem Deliktsstatut gemäß Art. 6 Abs. 2 iVm Art. 4 Rom II-VO und knüpft Abnehmerverwarnungen als marktbezogene Wettbewerbshandlungen nach Art. 6 Abs. 1 Rom II-VO an das Wettbewerbsstatut an.

[1547] Dies gibt auch *Lindacher* WRP 1996, 645, 650, zu bedenken.

[1548] Ebenso *Lindacher* WRP 1996, 645, 650; *Piper/Ohly/Ohly* UWG Einf. B Rn 16.

[1549] Vgl. *Staudinger/Fezer/Koos* IntWirtschR Rn 686; sowie zum alten Recht *Baumbach/Hefermehl* UWG (22. Aufl.) § 1 Rn 609 ff, 613, 665.

men, deren Wettbewerbswidrigkeit gemäß § 1 aF sich erst aus dem **Verschaffen eines ungerechtfertigten Wettbewerbsvorsprungs** gegenüber den Mitbewerbern ergibt, die sich rechtskonform verhalten.[1550] Die Fallgruppe des Wettbewerbsverstoßes durch Rechtsbruch wurde in § 4 Nr. 11 gesetzlich fixiert. Danach stellt es eine unlautere Wettbewerbshandlung dar, wenn „einer gesetzlichen Vorschrift (zuwidergehandelt wird), die auch dazu bestimmt ist, im Interesse der Marktteilnehmer das Marktverhalten zu regeln". Der Wortlaut weist darauf hin, dass nicht generell Gesetzesverstöße sanktioniert werden sollen, sondern dass die verletzte Vorschrift jedenfalls *auch* eine Schutzfunktion zugunsten des Wettbewerbs besitzen muss.[1551]

Neue Rechtsbruchtatbestände kommen im Hinblick auf die zunehmende gesetzliche Normierung von **Informationspflichten** hinzu. Gerade auf europäischer Ebene scheint sich die Tendenz abzuzeichnen, negatorische wettbewerbsrechtliche Verbote durch die Aufstellung positiver Informationsgebote zu ersetzen. Die von der Kommission vorgeschlagene (aber wieder zurückgezogene) Verordnung über Verkaufsförderungen[1552] verkörperte diesen Wechsel. Dieser Tendenz Rechnung tragend regelt nun auch § 4 Nr. 4 bestimmte Informationspflichten. Danach sind für Verkaufsfördermaßnahmen und Kundenbindungssysteme die Bedingungen der Inanspruchnahme klar und deutlich anzugeben.[1553] Der Verstoß gegen dieses Informationsgebot wird allerdings keinen Fall des Vorsprungs durch Rechtsbruch darstellen, da diese Fallgruppe die Verletzung außerwettbewerbsrechtlicher Vorschriften betrifft. Rechtsbruchtatbestände können sich vielmehr aus der Verletzung von Informationspflichten aus anderen Gesetzen ergeben.[1554] 330

b) Kollisionsrechtliche Beurteilung. Das Spezifikum des Rechtsbruchtatbestandes besteht, wie zuvor dargestellt, in einem doppelten Gesetzesverstoß: der Verstoß einer außerwettbewerbsrechtlichen Norm bedeutet unter bestimmten Voraussetzungen zugleich einen Verstoß gegen § 4 Nr. 11. Die kollisionsrechtliche Beurteilung des Rechtsbruchtatbestandes hat dieser Doppelspurigkeit Rechnung zu tragen und die Verletzung der außerwettbewerbsrechtlichen Norm getrennt vom Lauterkeitsstatut nach einem eigenen Statut anzuknüpfen. Denn in kollisionsrechtlicher Hinsicht handelt es sich bei der Prüfung der Verletzung einer außerwettbewerbsrechtlichen Norm als Voraussetzung für einen Verstoß gegen § 4 Nr. 11 um die **Anknüpfung einer Vorfrage.** Die kollisionsrechtliche Behandlung einer Vorfrage wird im internationalprivatrechtlichen Schrifttum zwar unterschiedlich bewertet.[1555] Zur Vermeidung eines Widerspruchs zur Qualifikation geht eine breite Literaturmeinung jedoch hier zutreffend davon aus, dass Vorfragen **selbstständig** nach dem Internationalen Privatrecht der lex fori anzuknüpfen sind.[1556] Das bedeutet im Zusammenhang mit dem wettbewerbsrechtlichen Rechtsbruchtatbestand, wie zu Recht auch in der wettbewerbsrechtlichen Literatur vorgeschlagen wird,[1557] dass eine **zweistufige Prüfung** vorzunehmen ist. Danach ist auf der ersten Prüfungsstufe das für die Verletzung der außerwettbewerbsrechtlichen Norm maßgebliche Statut,[1558] beispielsweise das Vertragsstatut (bei sekundär-wettbewerbsschützender Funktion), und auf der zweiten Prüfungsstufe das Wett- 331

[1550] S. *Baumbach/Hefermehl* UWG (22. Aufl.) § 1 Rn 647 ff.

[1551] Die Begründung, BT-Drucks. 15/1487 S. 19, spricht vom Erfordernis einer sekundären Schutzfunktion der betreffenden Norm zugunsten des Wettbewerbs. Insgesamt zur Neuregelung *Götting* → § 4 Nr. 11.

[1552] KOM(2002), 585 endg. → Rn 153.

[1553] *Steinbeck* → § 4 Nr. 4 Rn 12 ff.

[1554] Vgl. die Begründung, BT-Drucks. 15/1487 S. 20.

[1555] S. näher *v. Bar/Mankowski* § 7 Rn 192 ff mwN.

[1556] *Junker* Rn 242; *Erman/Hohloch* EGBGB Einl Art. 3 Rn 42; *Kegel/Schurig* § 9 II 1; *Kropholler* IPR § 32 IV 2; aA MünchKomm/*Sonnenberger* BGB Einl. IPR Rn 550 ff.

[1557] Großkomm/*Schricker* UWG Einl. Rn F 214 ff; *Katzenberger* IPRax 1981, 7, 8; MünchKomm/*Mankowski* UWG IntWettbR Rn 309 ff und 333 ff; *Sack* IPRax 1992, 24. S. auch *Sack* WRP 2008, 845, 850; *Staudinger/Fezer/Koos* IntWirtschR Rn 689 ff. Kritisch *Mook* S. 133.

[1558] Für eine kollisionsrechtliche Beachtlichkeit der Kongruenz des Interessenschutzes bei per se-Verstößen Großkomm/*Schricker* UWG Einl. Rn F 216.

bewerbsstatut zu bestimmen. Gleiches ist für den Fall des Bruchs vertraglicher Bindungen anzunehmen.[1559]

332 Die **Rechtsprechung** ist im Hinblick auf diese Frage nicht eindeutig. In der Entscheidung „Unternehmensgesellschaft I" beschränkte der BGH seine kollisionsrechtliche Prüfung auf die Ermittlung des maßgeblichen Wettbewerbsstatuts und schloss auf Grundlage des deutschen Rechts eine Prüfung des deutschen Steuerberatungsgesetzes an.[1560] Da der BGH in der Entscheidung „Kauf im Ausland" schon die Anwendbarkeit des deutschen Wettbewerbsrechts verneinte, erübrigte sich auch eine Stellungnahme zur etwaigen Anwendung des Vertragsstatuts im Rahmen der Vorfragenanknüpfung.[1561] Auf die selbstständige Anknüpfung der Verletzung außerwettbewerbsrechtlicher Normen deutet allerdings die Entscheidung „Asbestimporte" hin. Hier lehnte der BGH den Rechtsbruchtatbestand mit der Begründung ab, dass das Verhalten, das nach deutschem Recht einen Gesetzesverstoß bedeutet hätte, nach ausländischem Recht zulässig war.[1562] Damit wurde die Vorfrage des Verstoßes gegen außerwettbewerbsrechtliche Normen gerade nicht unter das allgemeine Wettbewerbsstatut gefasst, mithin also eine zweistufige Prüfung vorgenommen.[1563] In ähnlicher Weise sperrte sich der BGH[1564] dagegen, die Ankündigung einer im Ausland stattfindenden Sonderveranstaltung unter dem Gesichtspunkt der Ankündigung einer unzulässigen **Sonderveranstaltung** im Sinne des § 7 Abs. 1 aF zu verbieten.[1565]

333 Das auf der zweiten Stufe zu prüfende **Wettbewerbsstatut** orientiert sich an der Realisierung des aus dem Rechtsbruch resultierenden Wettbewerbsvorsprungs. Dementsprechend ist an das Recht des Marktes anzuknüpfen, auf dem der **Vorsprung durch Rechtsbruch verwirklicht** und genutzt wird.[1566] Bei Verstoß einer Werbung gegen außerwettbewerbsrechtliche Informationspflichten ist damit beispielsweise auf das Recht des Landes abzustellen, in dem die Werbung auf die Abnehmer trifft. Allerdings wird ein Wettbewerbsverstoß durch Rechtsbruch nach deutschem Recht grundsätzlich nur bei Verletzung deutscher Rechtsnormen anzunehmen sein.[1567] Die **Ausnutzung eines Rechtsgefälles** zum ausländischen Recht ist regelmäßig nicht als unlautere Wettbewerbsmaßnahme zu bewerten.[1568] Das gleiche Ergebnis wird mit Implementierung des europarechtlichen Herkunftslandprinzips erzielt, welches auf dem Prinzip der Anerkennung mitgliedstaatlicher Wettbewerbsrechtsordnungen beruht.

334 Von einem anderen Teil der Literatur wird die wettbewerbswidrige Verschaffung eines Vorsprungs durch Rechtsbruch als Konkurrentenbeeinträchtigung generell, d. h. ohne Differenzierung zwischen Vorfrage und Hauptfrage, wettbewerbsrechtlich angeknüpft. Danach soll das Recht am **Absatzmarkt,** also das Recht des Ortes maßgeblich sein, an dem die Ausnutzung des Rechtsbruchs stattfindet.[1569] Auf den Ort der Vertrags- oder Rechtsverletzung selbst komme es hingegen nicht an.[1570]

[1559] *Staudinger/Fezer/Koos* IntWirtschR Rn 694.

[1560] BGH GRUR 1987, 172, 174 – Unternehmensberatungsgesellschaft I.

[1561] BGHZ 113, 11, 14 – Kauf im Ausland.

[1562] BGH GRUR 1980, 858, 860 – Asbestimporte.

[1563] Die Entscheidung in diesem Sinne deutend auch *Katzenberger* IPRax 1981, 7, 8; *Staudinger/Fezer/Koos* IntWirtschR Rn 691.

[1564] BGH GRUR 2004, 1035, 1036f – Rotpreis-Revolution. Kritisch *Sack* WRP 2008, 845, 849.

[1565] Dies deuten auch *Staudinger/Fezer/Koos* IntWirtschR Rn 692, als Bestätigung dafür, dass eine zweistufige Prüfung vorzunehmen ist.

[1566] Großkomm/*Schricker* UWG Einl. Rn F 216; *Katzenberger* IPRax 1981, 7, 8.

[1567] Vgl. Großkomm/*Schricker* UWG Einl. Rn F 217; *Sack* GRUR Int. 1988, 320, 338.

[1568] So BGH GRUR 1980, 858, 860 – Asbestimporte, unter ausdrücklicher Aufgabe der Rechtsprechung im Fall „Weltweit-Club" (BGH GRUR 1977, 672, 674). Ebenso MünchKomm/*Mankowski* UWG IntWettbR Rn 312.

[1569] MünchKomm/*Kreuzer* BGB (3. Aufl.) Art. 38 EGBGB Rn 245; *Staudinger/v. Hoffmann* EGBGB Art. 40 Rn 333.

[1570] AA *Köhler/Piper* UWG (3. Aufl.) Einf. Rn 96; sowie *Hefermehl/Köhler/Bornkamm/Köhler* UWG Einl. Rn 5.17, wenn der Rechtsbruch ohne Einwirkung auf die Marktgegenseite begangen werde, wie zB im Falle der Bestechung des Angestellten eines Mitbewerbers (§ 299 StGB).

8. Vertriebsbindungssysteme

Das Lauterkeitsrecht gibt einem Vertriebsbinder nicht nur die Möglichkeit, unter Verweis auf den **Rechtsbruch** gegen gebundene Händler vorzugehen, sondern auch, sich gegen einen Außenseiter, der sein Vertriebsbindungssystem missachtet, unter dem Gesichtspunkt des **Verleitens zum Vertragsbruch,** des **Ausnutzens des Vertragsbruchs** oder des **Schleichbezugs** zu wehren.[1571] Bei der kollisionsrechtlichen Beurteilung von Vertriebsbindungssystemen ist zu differenzieren zwischen der kartellrechtlichen Anknüpfung der Zulässigkeit von Vertriebsbindungssystemen sowie der lauterkeitsrechtlichen Anknüpfung der Verletzung von Vertriebsbindungssystemen.[1572] Bei der Anknüpfung der **Zulässigkeit der Vertriebsbindung** gilt (außerhalb des Anwendungsbereichs der Art. 81 und 82 EG) das **Auswirkungsprinzip** gemäß Art. 6 Abs. 3 Rom II-VO bzw. für Altfälle § 130 Abs. 2 GWB, d.h. es ist nach der Inlandsauswirkung der Vertriebsbindung zu fragen.[1573] Dabei soll die Frage der Zulässigkeit von Vertriebsbindungssystemen an das Recht des Staates anzuknüpfen sein, in dem der **gebundene Händler seinen Sitz** hat.[1574] 335

Bei der Anknüpfung der **Verletzung von Vertriebsbindungssystemen** gilt das Lauterkeitsstatut und auch im Falle des Verleitens zum Vertragsbruch ist nicht auf das Deliktsstatut zurückzugreifen, da das Interesse der Allgemeinheit am Bestand des Leistungswettbewerbs ein betriebsbezogenes Individualinteresse überwiegt.[1575] Die Bestimmung des Lauterkeitsstatuts unterliegt der Besonderheit der kollisionsrechtlichen Anknüpfung von Rechtsbruchtatbeständen, so dass prinzipiell auch eine selbstständige kollisionsrechtliche Anknüpfung der **Vorfrage** des Bruchs vertraglicher Bindungen zu beachten ist.[1576] Die Vorfrage des Vertragsbruchs ist demnach im Falle des Inlandsvertriebs von im Ausland bezogener Ware nach ausländischem Recht zu beurteilen.[1577] Der Unlauterkeitstatbestand der **Verschaffung eines Vorsprungs** gegenüber gebundenen Mitbewerbern ist demgegenüber nach dem Lauterkeitsstatut und folglich dem Recht der Marktwirkung zu beurteilen, welches an dem Ort festzumachen ist, an dem sich der durch Vertragsbruch geschaffene Wettbewerbsvorsprung realisiert.[1578] Auf der Grundlage der Interessenkollisionslösung ist dies der Ort, an dem der **vertragswidrige Absatz** der vertriebsgebundenen Ware in Konkurrenz zum Warenabsatz der gebundenen Unternehmen tritt. Auf Grundlage des Auswirkungsprinzips wird nicht nur auf die kollidierenden Konkurrenteninteressen, sondern weitergehend darauf abgestellt, ob der Wettbewerbsvorsprung des vertragsbrüchigen Vertragshändlers sich auf die **Funktionsfähigkeit des Vertriebsbindungssystems** insgesamt auswirkt und dieses **gefährdet.**[1579] 336

Beim **Außenseiterwettbewerb** sollte es früher Schutzvoraussetzung sein, dass das Bindungssystem lückenlos, also bei internationalen Vertriebsbindungssystemen grundsätzlich die kartellrechtliche Zulässigkeit nach jedem einzelnen der von der Bindung betroffenen inländischen Rechte gegeben war.[1580] Teilweise wurde allerdings angenommen, dass nur an das Recht derjenigen Länder anzuknüpfen sei, in denen Unternehmen gebunden wurden 337

1571 Vgl. *Sack* GRUR Int. 1988, 320, 335; *Staudinger/Fezer/Koos* IntWirtschR Rn 695.

1572 Gloy/Loschelder/*Wilde* § 6 Rn 42; *Staudinger/Fezer/Koos* IntWirtschR Rn 696 ff.

1573 MünchKomm/*Mankowski* UWG IntWettbR Rn 339; *Staudinger/Fezer/Koos* IntWirtschR Rn 697.

1574 Gloy/Loschelder/*Wilde* § 6 Rn 42; MünchKomm/*Mankowski* UWG IntWettbR Rn 340; *Staudinger/Fezer/Koos* IntWirtschR Rn 697.

1575 So zutreffend *Staudinger/Fezer/Koos* IntWirtschR Rn 698.

1576 Vgl. Großkomm/*Schricker* UWG Einl. Rn F 211; MünchKomm/*Mankowski* UWG IntWettbR Rn 343.

1577 BGH GRUR 1989, 832, 833 – Schweizer Außenseiter; *v. Gamm* EWS 1991, 166, 168; Großkomm/*Schricker* UWG Einl. Rn F 211.

1578 Gloy/Loschelder/*Wilde* § 6 Rn 42; Großkomm/*Schricker* UWG Einl. Rn F 211; *Staudinger/Fezer/Koos* IntWirtschR Rn 699.

1579 S. *Staudinger/Fezer/Koos* IntWirtschR Rn 700 ff, der dabei insbesondere auf den Ort abstellt, an dem der vertragsbrüchige Vertragshändler in Konkurrenz zu gebundenen Händlern steht (aaO Rn 700).

1580 Vgl. BGH GRUR 1985, 1059, 1060 – Vertriebsbindung; BGH GRUR 1969, 222, 223 – Le Galion; kritisch dazu *Sack* GRUR Int. 1988, 320, 335 f.

und aus denen zudem *spürbare* Importe bzw. Reimporte zu erwarten waren, wobei die Spürbarkeit für Importe zu verneinen sei, die nur als Verlustgeschäft abgewickelt werden konnten.[1581] Das Lückenlosigkeitskriterium ist nach neuerer Rechtsprechung allerdings keine Schutzvoraussetzung mehr.[1582] Nach der Interessenkollisionslösung und nun auch auf Grundlage von Art. 6 Abs. 1 Rom II-VO ist beim Außenseitererwerb vertriebsgebundener Ware im Ausland kollisionsrechtlich auf den ausländischen **Ort des Vertragsbruchs** abzustellen.[1583] Eine Inlandsauswirkung wird nur im Falle der Weiterveräußerung im Inland kollisionsrechtlich beachtet.[1584] Nach dem Auswirkungsprinzip soll die Funktionsgefährdung eines Vetriebsbindungssystems durch Außenseiter auf dem Auslandsmarkt einer Gefährdung des Bestands des Leistungswettbewerbs gleichstehen und daher auch diese Auswirkung auf das inländische Wettbewerbsrecht kollisionsrechtlich zu berücksichtigen sein.[1585]

338 Für den Fall des sog. **Schleichbezugs** vertritt der BGH die Auffassung, der Schleichbezug im Inland nehme als selbstständige Wettbewerbshandlung auf den inländischen Hersteller als Absatzkonkurrenten Einfluss und sei daher an das Inlandsrecht anzuknüpfen, auch wenn die bezogene Ware exportiert werden soll.[1586] In dem zu entscheidenden Sachverhalt ging es um im Inland veranlasste Strohmannkäufe, durch die sich ein inländischer Exporteur vom deutschen Hersteller unter Umgehung von dessen Vertriebsbindungssystem fabrikneue PKW beschafft hatte.

9. Ergänzender wettbewerbsrechtlicher Leistungsschutz

339 Ergänzender wettbewerbsrechtlicher Leistungsschutz bedeutet im Wesentlichen Nachahmungsschutz, der gegen die **Nachahmung** einer fremden Leistung im Sinne einer „sklavischen Leistungsaneignung" oder gegen die **unmittelbare Übernahme** einer fremden Leistung im Sinne einer „reproduktiven Leistungsaneignung" gewährt wird.[1587] Nach hM kommt ergänzender wettbewerbsrechtlicher Leistungsschutz nur unter besonderen Umständen (§ 4 Nr. 9) und insoweit in Betracht, als der Sonderrechtsschutz, insbesondere durch das MarkenG, keinen eigenen Schutz gewährt.[1588] Neben der Annahme der strikten Spezialität des Sonderrechtsschutzes wird aber auch das Verhältnis einer Anspruchskonkurrenz befürwortet.[1589] Auf kollisionsrechtlicher Ebene scheint die Anknüpfung zwischen dem Immaterialgüterrechtsstatut gemäß Art. 8 Abs. 1 Rom II-VO und dem Wettbewerbsrechtsstatut gemäß Art. 6 Abs. 1 Rom II-VO zu oszillieren. Die Abgrenzungsschwierigkeiten zeigen, dass eine enge Verbindung zwischen beiden Instituten besteht und der wettbewerbsrechtliche Schutz den Sonderrechtsschutz nicht ersetzen, sondern eben lediglich ergänzen soll. Angesichts dieser ineinander verschränkten Schutzinstitute bietet sich eine **einheitliche Behandlung** auf kollisionsrechtlicher Ebene an, so dass auch für den ergänzenden wettbewerbsrechtlichen Leistungsschutz nicht das Wettbewerbsrechtsstatut,[1590] sondern das **Immaterialgüterrechtsstatut** anzuwenden ist.[1591] Der Anwendung des Immaterialgüterrechtsstatuts steht dabei nicht entgegen, dass es sich beim ergänzenden wettbewerbsrechtlichen Leistungsschutz wohl nicht um einen subjektivrechtlichen Schutz handelt.

1581 *Sack* GRUR Int. 1988, 320, 336.
1582 BGH GRUR 1999, 1109 – Entfernung von Herstellungsnummern.
1583 *v. Gamm* EWS 1991, 166, 168; aA MünchKomm/*Mankowski* UWG IntWettbR Rn 344.
1584 Gloy/Loschelder/*Wilde* § 6 Rn 42.
1585 *Staudinger/Fezer/Koos* IntWirtschR Rn 705ff.
1586 BGH GRUR 1988, 910, 917 – PKW-Schleichbezug. So auch Großkomm/*Schricker* UWG Einl. Rn F 211; MünchKomm/*Kreuzer* BGB (3. Aufl.) Art. 38 EGBGB Rn 240; MünchKomm/*Mankowski* UWG IntWettbR Rn 346.
1587 Vgl. diese Begrifflichkeit bei *Fezer* WRP 2001, 989, 1006; *Staudinger/Fezer/Koos* IntWirtschR Rn 822.
1588 *Götting* → § 4 Nr. 9 Rn 39ff und 47.
1589 *Fezer* WRP 2000, 863.
1590 So aber OLG München GRUR-RR 2004, 85 – Stricktop; MünchKomm/*Drexl* BGB IntUnlWettbR Rn 110; MünchKomm/*Mankowski* UWG IntWettbR Rn 302ff; *Staudinger/Fezer/Koos* IntWirtschR Rn 363 und 823.
1591 So auch Großkomm/*Schricker* UWG Einl. Rn F 200; *Piper/Ohly/Ohly* UWG Einf. B Rn 22; *Sack* ÖBl. 1988, 113, 120f. Anders jetzt *Sack* WRP 2008, 845, 859.

Allerdings ist das nach hM für das Internationale Immaterialgüterrecht geltende Territorialitätsprinzip bei Anwendung auf den ergänzenden wettbewerbsrechtlichen Leistungsschutz **wettbewerbsrechtlich zu interpretieren,** d. h. es kommt naturgemäß nicht wie bei der immaterialgüterrechtlichen Territorialität auf den Gedanken eines staatlichen Verleihungsaktes an, sondern etwa auf den wettbewerbsrechtlichen Schutz der Beeinträchtigung von Kennzeichnungspotentialen.[1592] Damit ist das **Recht des Schutzlandes** als das Recht des Staates zu verstehen, für dessen Gebiet der ergänzende wettbewerbsrechtliche Leistungsschutz in Anspruch genommen wird.[1593] 340

Die Fälle der sog. sklavischen Nachahmung wie auch der unmittelbaren Übernahme einer fremden Leistung, sind also nach dem Recht des Schutzlandes zu beurteilen, welches in der Regel mit dem **Recht des Absatzmarktes** zusammenfällt, da hier das nachgeahmte Produkt zum ursprünglichen Produkt in Konkurrenz tritt.[1594] Das bedeutet, dass das mehraktige Wettbewerbsverhalten bei der sklavischen Nachahmung kollisionsrechtlich nicht nach den einzelnen Akten der Erlangung des Vorbilds, der Herstellung des nachahmenden Produkts und schließlich der Verwendung bzw. Vermarktung dieses Produkts aufzuteilen ist.[1595] Kollisionsrechtlich entscheidend ist vielmehr das Wettbewerbsverhalten insgesamt, dessen Unlauterkeit sich gerade in der Verwendung des nachgeahmten Produkts auf dem Absatzmarkt herauskristallisiert.[1596] Die wettbewerblichen Interessen kollidieren demnach an dem **Ort der Vermarktung** des nachgeahmten Produkts. Denn hier ist zum einen das Interesse der Mitbewerber an der Vermeidung eines leistungsfremden Vorsprungs des die Nachahmung vermarktenden Konkurrenten berührt. Am Vermarktungsort sind zum anderen das Abnehmerinteresse an einer täuschungsfreien Produktentscheidung und schließlich auch das Interesse der Allgemeinheit an einem unverfälschten Wettbewerb betroffen. Dementsprechend wird in Rechtsprechung und Literatur auf die Fälle der sklavischen Nachahmung das Recht am Absatzmarkt angewendet, da hier das nachgeahmte Produkt im Wettstreit um den Kunden in die wettbewerbliche Stellung des betroffenen Kunden eingreife.[1597] In diesem Zusammenhang wird auch die Rufausbeutung überwiegend an das Recht am Absatzort angeknüpft.[1598] 341

V. Kollisionsrechtliche Anknüpfung von Unternehmenskennzeichen und geographischen Herkunftsangaben

1. Materiellrechtliche Ausgangssituation

Einen Sonderbereich betritt, wer sich den Unternehmenskennzeichen und Werktiteln auf der einen sowie den geographischen Herkunftsangaben auf der anderen Seite zuwen- 342

[1592] Großkomm/*Schricker* UWG Einl. Rn F 200.

[1593] Großkomm/*Schricker* UWG Einl. Rn F 200; *Sack* ÖBl. 1988, 113, 120f; *ders.* GRUR Int. 1988, 320, 334f.

[1594] Im Ergebnis ebenso OLG München GRUR-RR 2004, 85 – Stricktop; MünchKomm/*Mankowski* UWG IntWettbR Rn 300 und 303f.

[1595] Vgl. auch Großkomm/*Schricker* UWG Einl. Rn F 207. Ebenso Gloy/Loschelder/*Wilde* § 6 Rn 37; MünchKomm/*Mankowski* UWG IntWettbR Rn 299. Für eine Differenzierung aber *Köhler/Piper* UWG (3. Aufl.) Einf. Rn 94.

[1596] BGHZ 35, 329, 334, 336 – Kindersaugflaschen. Zustimmend zB Gloy/Loschelder/*Wilde* § 6 Rn 37; MünchKomm/*Mankowski* UWG IntWettbR Rn 300.

[1597] BGHZ 35, 329, 336f – Kindersaugflaschen; BGH NJW 1988, 644, 645 – Ein Champagner unter den Mineralwässern; *Beater* § 31 Rn 26; Gloy/Loschelder/*Wilde* § 6 Rn 37; Großkomm/*Schricker* UWG Einl. Rn F 207f; MünchKomm/*Kreuzer* BGB (3. Aufl.) Art. 38 EGBGB Rn 245; MünchKomm/*Mankowski* UWG IntWettbR Rn 300; *Köhler/Piper* UWG (3. Aufl.) Einf. Rn 94; *Staudinger/v. Hoffmann* EGBGB Art. 40 Rn 332; *Wirner* S. 114. So auch zu Art. 6 Abs. 2 Rom II-VO *Sack* WRP 2008, 845, 850 und 859.

[1598] *Beater* § 31 Rn 26; MünchKomm/*Kreuzer* BGB (3. Aufl.) Art. 38 EGBGB Rn 245; MünchKomm/*Mankowski* UWG IntWettbR Rn 304; *Staudinger/v. Hoffmann* EGBGB Art. 40 Rn 332. Nur den Absatz rufausbeutender Waren oder Leistungen an das Recht am Absatzmarkt, rufausbeutende Werbung hingegen an das Recht am Werbemarkt anknüpfend *Sack* WRP 2008, 845, 850.

det. Beide Kennzeichentypen haben als den Marken prinzipiell gleichrangige Kennzeichen mit der Markenrechtsreform Eingang in das Markengesetz gefunden. Zuvor gründete sich ihr Schutz schwerpunktmäßig auf den **wettbewerbsrechtlichen Irreführungsschutz** gemäß § 16 aF[1599] (neben § 12 BGB, § 37 HGB für Unternehmenskennzeichen und Werktitel) und gemäß § 3 aF[1600] (für geographische Herkunftsangaben). Mit der Neuordnung des Markenrechts sind Unternehmenskennzeichen und Werktitel nunmehr in §§ 5, 15 MarkenG geregelt, das Recht der geographischen Herkunftsangaben findet sich nach geltendem Recht in den §§ 126ff MarkenG. Aus diesem Umstand folgert ein Teil der Literatur, dass ein Strukturwandel dieser Zeichen zu echten **subjektiven Kennzeichenrechten** stattgefunden hat.[1601] Andere Vertreter aus dem Schrifttum wie auch der BGH[1602] lehnen diese Qualifizierung ab und begründen insbesondere die Rechtsnatur von geographischen Herkunftsangaben weiterhin mit der Reflexartigkeit des wettbewerbsrechtlichen Schutzes.[1603] Dieser Streit hat prinzipiell auch Auswirkungen auf die kollisionsrechtliche Einordnung. Denn die Qualifizierung von Unternehmenskennzeichen, Werktiteln und geographischen Herkunftsangaben als subjektive Kennzeichenrechte, deren Existenz unabhängig von einem wettbewerbsrechtlichen Rechtsreflex zu begründen ist, könnte auf eine kollisionsrechtliche Bewertung nach dem im Internationalen Immaterialgüterrecht vorherrschenden Territorialitätsprinzip hindeuten.

2. Bestimmung des maßgeblichen Statuts

343 **a) Unternehmenskennzeichen und Werktitel.** Zum Unternehmenskennzeichen im Sinne des § 5 MarkenG liegen bereits höchstrichterliche Judikate vor, welche nach der Rechtsstruktur des Zeichens (mithin zwischen dem im Wettbewerbsrecht wurzelnden Unternehmenskennzeichen und der Marke mit kennzeichenrechtlicher Natur) nicht differenzieren, sondern beide Kennzeichen auch kollisionsrechtlich gleichstellen. In der Entscheidung „FROMMIA" hat der BGH dementsprechend auf das in Streit stehende Unternehmenskennzeichen den internationalmarkenrechtlichen **Territorialitätsgrundsatz** angewendet.[1604] Dies entspricht der bereits nach altem Recht in Literatur und Rechtsprechung verfolgten Linie, wonach zur Anknüpfung von Handelsnamen[1605] prinzipiell das **Schutzlandprinzip** herangezogen wurde.[1606] Das immaterialgüterrechtliche Territorialitätsprinzip sollte dabei den Handelsnamensschutz insgesamt kollisionsrechtlich regeln und auch die Fälle der offenen Anlehnung oder versteckten Annäherung wie auch der Rufausbeutung oder Verwässerung umfassen.[1607] Gleiches sollte für Werktitel gelten. In den Entscheidungen[1608] „HOTEL MARITIME" und „Cambridge Institute" behielt der BGH diese Linie bei.[1609] Vorausset-

---

[1599] Vgl. zu Unternehmenskennzeichen und Werktiteln unter altem Recht BGHZ 11, 214, 215 – KfA; *v. Gamm* UWG § 16 Rn 3.

[1600] Vgl. zum Schutz geographischer Herkunftsangaben nach altem Recht *v. Gamm* UWG § 3 Rn 101.

[1601] *Fezer* MarkenG Vor §§ 126–139 Rn 3, § 126 Rn 1 und 4.

[1602] BGH GRUR 1999, 251f – Warsteiner.

[1603] So etwa *Ingerl/Rohnke* MarkenG Vor §§ 126–139 Rn 1; *Obergfell* GRUR 1999, 551, 552; *Ströbele/Hacker/Kirschnek/Hacker* MarkenG § 126 Rn 4.

[1604] BGH GRUR 2002, 972, 973 – FROMMIA.

[1605] Der Begriff „Handelsname" wird in der PVÜ verwendet und entspricht dem im deutschen Recht verwendeten Begriff „Unternehmenskennzeichen" im Sinne des § 5 Abs. 1 und 2 MarkenG; vgl. MünchKomm/*Kreuzer* BGB (3. Aufl.) Nach Art. 38 Anh. II EGBGB Rn 38.

[1606] BGH NJW 1971, 1522; BGH GRUR 1969, 607, 609 – Recrin; OLG Frankfurt WRP 1992, 718, 720 – Ferrari; OLG Stuttgart RIW 1991, 954; OLG Düsseldorf RIW 1990, 404; sowie aus der Literatur: Großkomm/*Schricker* UWG Einl. Rn F 198f, 201; *Sack* GRUR Int. 1988, 320, 332ff; *Sandrock* GRUR Int. 1985, 507, 516ff; *Weber* S. 164ff; aA *Ulmer* Immaterialgüterrechte S. 25, der von einer wettbewerbskollisionsrechtlichen, ergo deliktsrechtlichen Anknüpfung ausging. Zum österreichischen Recht öOGH GRUR Int. 1986, 735, 737 – Hotel Sacher.

[1607] Großkomm/*Schricker* UWG Einl. Rn F 199.

[1608] Großkomm/*Schricker* UWG Einl. Rn F 199 aE.

[1609] BGH GRUR 2005, 431, 432 – HOTEL MARITIME; BGH GRUR 2007, 884, 886 – Cambridge Institute.

zung für die Inanspruchnahme des Schutzes nach § 5 MarkenG ist wegen der territorialen Begrenzung inländischer Unternehmenskennzeichen die Ingebrauchnahme des Unternehmenskennzeichens im Inland.[1610] Bei einer Kennzeichenbenutzung im Internet führt nach Auffassung des BGH nicht jedes im Inland abrufbare Angebot ausländischer Dienstleistungen zur Verletzung eines inländischen Kennzeichens, mit dem Verwechslungsgefahr besteht, sondern erforderlich sei vielmehr, dass das Angebot „einen hinreichenden wirtschaftlich relevanten Inlandsbezug“ aufweise.[1611] Die Literatur bestimmt das Unternehmenskennzeichenstatut ebenfalls immaterialgüterrechtlich nach dem Recht des Schutzlandes.[1612] Insgesamt ist dieser Praxis der Anwendung des immaterialgüterrechtlichen Territorialitätsprinzips im Bereich der Unternehmenskennzeichen und Werktitel zuzustimmen. Unternehmenskennzeichen und Werktitel fallen als Rechte des geistigen Eigentums in den Anwendungsbereich von **Art. 8 Abs. 1 Rom II-VO,** der für außervertragliche Schuldverhältnisse aus einer Verletzung derartiger Rechte die Anwendung des Rechts des Staates anordnet, „für den der Schutz beansprucht wird“.

b) Geographische Herkunftsangaben. Die ursprünglich über das Wettbewerbsrecht geschützten geographischen Herkunftsangaben sind heute zumindest in Form der eingetragenen[1613] geographischen Angabe oder Ursprungsbezeichnung auf europäischer Ebene als Teil des gewerblichen und kommerziellen Eigentums im Sinne des Art. 30 EG anerkannt.[1614] Ihre Rechtsnatur ist jedoch insbesondere im autonomen Recht unklar.[1615] Dementsprechend kommt wiederum eine Unterstellung unter das Wettbewerbsstatut gemäß Art. 6 Rom II-VO, aber auch das Immaterialgüterrechtsstatut gemäß Art. 8 Rom II-VO[1616] in Betracht. Bei der Bestimmung des Herkunftsangabenstatuts berücksichtigt ein Teil der Literatur die wettbewerbsrechtlichen Wurzeln geographischer Herkunftsangaben und nimmt trotz Aufnahme der Regelungen über geographische Herkunftsangaben in das MarkenG eine deutlichere Nähe zum Wettbewerbsrecht als zum Immaterialgüterrecht an.[1617] Begründet wird dies vor allem damit, dass auch § 127 Abs. 1 MarkenG für einfache geographische Herkunftsangaben das Vorliegen einer Irreführungsgefahr voraussetzt.[1618] Die Entscheidung für eine Einordnung unter das Wettbewerbsstatut oder das Immaterialgüterrechtsstatut wird überdies wegen der regelmäßig gleichen Ergebnisse für entbehrlich gehalten.[1619] So wird eine Anwendung des Rechts des Staates, für dessen Gebiet Schutz gegen eine missbräuchliche Benutzung der geographischen Herkunftsangabe begehrt wird **(immaterialgüterrechtliche lex loci protectionis)**, ebenso für möglich gehalten wie die Anwendung des Rechts des Staates, in dem die Verletzungshandlung begangen und auf den Markt eingewirkt wird **(wettbewerbsrechtliche lex loci competitionis).**[1620] 344

Die **Rechtsprechung** ist nicht einheitlich. Im Fall „Cambridge Institute“ wendete der BGH – allerdings ohne weitere Differenzierung – auch auf den Fall des Schutzes geographischer Herkunftsangaben gegen Irreführung nach dem für das Immaterialgüterrecht 345

[1610] So ausdrücklich jetzt BGH GRUR 2005, 431, 432 – HOTEL MARITIME. Vgl. aus der Literatur auch Gloy/Loschelder/*Wilde* § 7 Rn 2f.

[1611] BGH GRUR 2005, 431, 433 – HOTEL MARITIME.

[1612] Vgl. MünchKomm/*Drexl* IntImmGR Rn 2 und 15; MünchKomm/*Kreuzer* BGB (3. Aufl.) Nach Art. 38 Anh. II EGBGB Rn 39. S. auch MünchKomm/*Mankowski* UWG IntWettbR Rn 293.

[1613] Schutz durch Registereintragung kann auf Grundlage der VO (EG) Nr. 510/2006, ABl. EU 2006 Nr. L 93 S. 12, erlangt werden; → Rn 347.

[1614] EuGH GRUR Int. 1993, 76, 77 – Exportur/LOR. Ebenso *Sack* WRP 2008, 845, 860.

[1615] → Rn 342.

[1616] Für eine Anwendung von Art. 8 Rom II-VO spricht sich zB *Sack* WRP 2008, 845, 860, aus.

[1617] MünchKomm/*Kreuzer* BGB (3. Aufl.) Nach Art. 38 Anh. II EGBGB Rn 71; so bereits die noch zum alten Recht verfasste Literatur: *Ulmer* Immaterialgüterrechte S. 25f; *Tilmann* Die geographische Herkunftsangabe, 1976, S. 436.

[1618] S. MünchKomm/*Kreuzer* BGB (3. Aufl.) Nach Art. 38 Anh. II EGBGB Rn 71.

[1619] MünchKomm/*Kreuzer* BGB (3. Aufl.) Nach Art. 38 Anh. II EGBGB Rn 71.

[1620] MünchKomm/*Kreuzer* BGB (3. Aufl.) Nach Art. 38 Anh. II EGBGB Rn 72. Allein vom Wettbewerbs- bzw. Deliktsstatut ausgehend *Ulmer* Immaterialgüterrechte S. 25f.

maßgeblichen Territorialitätsprinzip das **Recht des Schutzlandes** an.[1621] Im deutsch-italienischen Streit um die Bezeichnung „Pietra di Soln" ging der BGH dagegen bei der Ermittlung des auf eine Internetwerbung anwendbaren Rechts grundsätzlich vom **Marktortprinzip** aus, obwohl es ebenfalls um den Schutz geographischer Herkunftsangaben ging. Die Frage, ob damit die für gewerbliche Schutzrechte vorgesehene Ausnahme vom – im Bereich der Internetwerbung für Binnenmarktsachverhalte ansonsten maßgeblichen – Herkunftslandprinzip nach dem damaligen § 4 Abs. 4 Nr. 6 TDG greift, ließ der BGH mit der Begründung offen, auch ein Günstigkeitsvergleich von deutschem Marktortrecht und italienischem Herkunftslandrecht könne wegen der Geltung des deutsch-italienischen Herkunftsabkommens ein Abweichen vom deutschen Marktortrecht nicht rechtfertigen.[1622] Denn das Abkommen verpflichte Italien, deutschen Erzeugnissen auch in Intalien Schutz nach den denselben Voraussetzungen zu gewähren, wie sie in Deutschland gelten.

346 Wegen der Nähe, insbesondere von wettbewerbsrechtlich verwurzelten geographischen Herkunftsangaben, aber auch insgesamt des Kennzeichenrechts zum ergänzenden wettbewerbsrechtlichen Leistungsschutz[1623] könnte in der Tat auf eine Differenzierung verzichtet werden. Beide Statute, das immaterialgüterrechtliche und das primär wettbewerbsrechtliche, fallen nämlich letztlich zusammen und berufen jeweils das Recht des (Markt-)Ortes zur Anwendung, an dem der kennzeichenrechtliche oder ergänzende wettbewerbsrechtliche Schutz in Anspruch genommen wird.[1624] Parallel zur Anknüpfung des ergänzenden wettbewerbsrechtlichen Leistungsschutzes[1625] bedeutet dies im Grunde nichts anderes als eine **wettbwerbsrechtlich modifizierte Anwendung** des **Immaterialgüterrechtsstatuts** und damit des **Schutzlandprinzips.**[1626]

347 Das autonom bestimmte Herkunftsangabenstatut wird allerdings zum einen durch gemeinschaftsrechtliches **Einheitsrecht** verdrängt, insbesondere die **Verordnung (EG) Nr. 510/2006** des Rates vom 20. 3. 2006 zum **Schutz von geografischen Angaben und Ursprungsbezeichnungen für Agrarerzeugnisse und Lebensmittel**[1627] und die **Verordnung (EG) Nr. 509/2006** des Rates vom 20. 3. 2006 über die **garantiert traditionellen Spezialitäten bei Agrarerzeugnissen und Lebensmitteln.**[1628] Außerhalb dieses Spezialbereichs, also insbesondere hinsichtlich einfacher oder sog. qualitätsneutraler geographischer Herkunftsangaben bleibt es jedoch beim nationalen Schutz[1629] und der Anknüpfung nach dem autonomen Kollisionsrecht. Zum anderen verdrängt das durch die **bilateralen Abkommen zum Schutz geographischer Herkunftsangaben und Ursprungsbezeichnungen**[1630] zur Anwendung berufene **Recht des Ursprungslandes** bzw. des Herkunftsvertragsstaates das nach autonomem Kollisionsrecht maßgebliche Herkunftsangabenstatut.[1631]

[1621] BGH GRUR 2007, 884, 886 – Cambridge Institute.

[1622] BGH RIW 2006, 942, 943 – Pietra di Soln.

[1623] → Rn 339.

[1624] Ebenso allgemein zum ergänzenden wettbewerbsrechtlichen Leistungsschutz Großkomm/*Schricker* UWG Einl. Rn F 200.

[1625] → Rn 340.

[1626] Ebenso *Piper/Ohly/Ohly* UWG Einf. B Rn 22. Zustimmend auch *Staudinger/Fezer/Koos* IntWirtschR Rn 827.

[1627] ABl. EU 2006 Nr. L 93 S. 12. Diese Verordnung ersetzt die Verordnung (EWG) Nr. 2081/92 zum Schutz von geographischen Angaben und Ursprungsbezeichnungen für Agrarerzeugnisse und Lebensmittel, ABl. EG 1992 Nr. L 208 S. 1. Näher *Marx* → § 4–S 10 Rn 239 ff.

[1628] ABl. EU 2006 Nr. L 93 S. 1.

[1629] Für das Verhältnis einfacher geographischer Angaben zur VO Nr. 2081/92 hat dies der EuGH entschieden; vgl. EuGH GRUR 2001, 64 Rn 50 und 54 – Warsteiner; s. dazu *Obergfell* GRUR 2001, 313 ff. Ebenso EuGH GRUR Int. 2004, 131 Rn 74 – American Bud. Für eine eintragungsfähige, aber nicht eingetragene geographische Angabe hat der BGH (WRP 2008, 669, 673 Rn 39 – Bayerisches Bier) nun einen Vorlagebeschluss gefasst.

[1630] → Rn 50. S. außerdem zum Madrider Herkunftsabkommen → Rn 49.

[1631] Großkomm/*Schricker* UWG Einl. Rn F 158; MünchKomm/*Kreuzer* BGB (3. Aufl.) Nach Art. 38 Anh. II EGBGB Rn 67; *Staudinger/Fezer/Koos* Int WirtschR Rn 374; *Staudinger/v. Hoffmann* EGBGB Art. 40 Rn 293. Anders *Sack* WRP 2008, 845, 861, der das Recht des Einfuhrstaates anwendet.

Teil 2. Internationales Wettbewerbsverfahrensrecht

Übersicht

Rn

Vorbemerkung ... **348**

A. Internationale Zuständigkeit ... **349**

I. Allgemeines ... 349
1. Rechtsquellen ... 349
a) EuGVÜ ... 350
b) Luganer Übereinkommen ... 351
c) EuGVO ... 352
d) Autonomes Recht ... 353
2. Der Anwendungsbereich der EuGVO ... 354
a) Sachlicher Anwendungsbereich ... 355
b) Räumlicher Anwendungsbereich ... 357
c) Zeitlicher Anwendungsbereich ... 358
d) Persönlicher Anwendungsbereich ... 359
aa) Grundsatz ... 360
bb) Ausnahmen ... 361
cc) Internationaler Sachverhalt ... 362
dd) Bloßer Drittstaatenbezug ... 363
3. Konkurrenzen ... 364
a) EuGVO und EuGVÜ ... 364
b) EuGVO und Luganer Übereinkommen ... 365
c) EuGVO und Staatsverträge auf besonderen Rechtsgebieten ... 366
d) EuGVO und autonomes Recht ... 367
4. Prüfung der internationalen Zuständigkeit ... 368

II. Internationale Gerichtsstände nach der EuGVO ... 370
1. Allgemeiner Gerichtsstand, Art. 2 EuGVO ... 370
a) Grundsatz ... 370
b) Wohnsitz ... 371
c) Gesellschaftssitz ... 372
d) Maßgebender Zeitpunkt ... 373
e) Örtlicher Gerichtsstand ... 374
2. Gerichtsstand der unerlaubten Handlung, Art. 5 Nr. 3 EuGVO ... 375
a) Begriff der unerlaubten Handlung ... 376
aa) Allgemeines ... 376
bb) Gewinnmitteilungen ... 378
cc) Unterlassungsansprüche ... 380
dd) Hilfsansprüche ... 383
ee) Abgrenzungen ... 384
b) Ort des schädigenden Ereignisses ... 391
aa) Alternative Bestimmung des Begehungsorts ... 391
bb) Erfolgsort ... 395
cc) Handlungsort ... 412
c) Gerichtlicher Prüfungsumfang ... 417
3. Gerichtsstand der Niederlassung, Art. 5 Nr. 5 EuGVO ... 418
a) Begriff der Niederlassung ... 420
b) Betriebsbezogenheit der Klage ... 423
4. Gerichtsstände des Sachzusammenhangs ... 424
a) Streitgenossenschaft, Art. 6 Nr. 1 EuGVO ... 425
aa) Anwendungsbereich ... 425
bb) Konnexität ... 427
cc) Missbrauchskontrolle ... 430
dd) Beklagtenwohnsitz ... 431
b) Widerklage, Art. 6 Nr. 3 EuGVO ... 432
aa) Anwendungsbereich ... 432
bb) Konnexität ... 433
5. Gerichtsstandsvereinbarung und rügelose Einlassung ... 434
a) Gerichtsstandsvereinbarung, Art. 23 EuGVO ... 434

Rn
b) Rügelose Einlassung, Art. 24 EuGVO 435
aa) Anwendungsbereich 436
bb) Einlassung auf das Verfahren 437
6. Entgegenstehende Rechtshängigkeit in einem anderen Mitgliedstaat 438
a) Doppelte Rechtshängigkeit 439
b) Im Zusammenhang stehende Klagen 442
III. Autonomes deutsches Zivilprozessrecht 443
1. Allgemeines 443
2. Auf das UWG gestützte Klagen 445
a) Die Gerichtsstände nach § 14 Abs. 1 446
aa) Gewerbliche oder selbständige berufliche Niederlassung 447
bb) Wohnsitz 452
cc) Aufenthalt 453
b) Gerichtsstand des Begehungsorts, § 14 Abs. 2 S. 1 454
aa) Allgemeines 454
bb) Begehungsort 455
cc) „Fliegender" Gerichtsstand 457
dd) Ausschließliche Zuständigkeit 458
ee) Einschränkung für Verbandsklagen, § 14 Abs. 2 S. 2 459
ff) Einfluss des Kollisionsrechts 460
3. Auf das BGB gestützte Klagen 465
a) Allgemeiner Gerichtsstand 466
b) Besondere Gerichtsstände 468
c) Gerichtsstandsvereinbarung und rügelose Einlassung 469

B. Verfahren des einstweiligen Rechtsschutzes 470
I. Allgemeines 470
II. Der Anwendungsbereich von Art. 31 EuGVO 471
III. Der Begriff der einstweiligen Maßnahme 473
1. Sichernde Verfügungen 474
2. Leistungsverfügungen 475
IV. Internationale Zuständigkeit 477
1. Zuständigkeit nach der EuGVO 478
a) Anhängige Hauptsacheklage 478
b) Keine anhängige Hauptsacheklage 480
2. Zuständigkeit nach nationalem Recht 481
a) Grundsatz 481
b) Reale Verknüpfung 482
c) Rügelose Einlassung 484
d) Deutsches Recht 485
3. Gerichtsstandsvereinbarungen 486
V. Anderweitige Rechtshängigkeit 487
VI. Anerkennung und Vollstreckung 488
1. Zum Erfordernis rechtlichen Gehörs des Antragsgegners 488
2. Voraussetzungen für die Anerkennung und Vollstreckung einstweiliger Maßnahmen 492
a) Maßnahmen des Hauptsachegerichts 492
b) Maßnahmen der nach Art. 31 EuGVO zuständigen Gerichte 493
c) Entgegenstehende inländische Maßnahme 494
3. Vollziehung durch Zustellung im Ausland 495

C. Ermittlung und Beweis ausländischen Wettbewerbsrechts 498
I. Hauptsacheverfahren 499
1. Ermittlungspflicht des Gerichts 499
a) Grundsatz 499
b) Statuten-Kumulation 501
2. Ermittlungswege 502
a) Gerichtsinterne Ermittlungen 503
b) Mitwirkung der Parteien 504
c) Formlose Verfahren 505
d) Förmliches Beweisverfahren 506
II. Verfahren des einstweiligen Rechtsschutzes 507
1. Anwendbares Recht 508

Rn
a) Hauptsacheverfahren im Inland ... 508
b) Hauptsacheverfahren im Ausland ... 509
c) Abgrenzung von lex causae und lex fori ... 510
2. Konflikt zwischen Ermittlungspflicht und Eilbedürftigkeit ... 511
a) Lösungen in der Praxis ... 512
aa) Beweislastentscheidung ... 512
bb) Anwendung der lex fori als Ersatzrecht ... 513
b) Kritik ... 514
c) Eigene Lösung ... 516
aa) Eingeschränkte Ermittlungspflicht ... 516
bb) Rückgriff auf Einheits- oder Gemeinschaftsrecht ... 517
cc) Schutz des Antragsgegners ... 518

D. Internationale Verbandsklage ... 519
I. Internationale Zuständigkeit ... 519
II. Prozessführungsbefugnis und Aktivlegitimation ... 520
1. Problemstellung ... 520
2. Funktion und Rechtsnatur der Verbandsklage ... 521
3. Konsequenzen für die Qualifikation ... 524
a) Klagen ausländischer Verbände wegen Wettbewerbsverletzungen auf dem deutschen Markt ... 525
b) Klagen inländischer Verbände wegen Wettbewerbsverletzungen auf ausländischen Märkten ... 526
c) Klagebefugnis und anwendbares Wettbewerbsrecht ... 527

Schrifttum: 1. IZPR/Allgemeines: *Baumbach/Lauterbach/Albers/Hartmann,* Zivilprozessordnung, 67. Aufl. 2009; *Crome,* International Commercial Litigation, 1990; *Geimer,* Internationales Zivilprozessrecht, 5. Aufl. 2005; *Kropholler,* Internationales Privatrecht, 6. Aufl. 2006; *Linke,* Internationales Zivilprozessrecht, 4. Aufl. 2006; *Mayr/Czernich,* Europäisches Zivilprozessrecht, 2006; Münchener Kommentar zur Zivilprozessordnung, Bd. 3, IZPR, 3. Aufl. 2008; *Musielak* (Hrsg.), Kommentar zur Zivilprozessordnung, 6. Aufl. 2008; *Nagel/Gottwald,* Internationales Zivilprozessrecht, 6. Aufl. 2007; *Schack,* Internationales Zivilverfahrensrecht, 4. Aufl. 2006; *Stein/Jonas,* Zivilprozessordnung, 21. Aufl. 1993 ff; 22. Aufl. 2002 ff; *Thomas/Putzo,* Zivilprozessordnung, 29. Aufl. 2008; *Wieczorek/Schütze,* Großkommentar zur Zivilprozessordnung, 3. Aufl. 1994; *Zöller,* Zivilprozessordnung, 27. Aufl. 2009.
2. EuGVÜ/EuGVO/Allgemeines: *Bajons/Mayr* (Hrsg.), Die Übereinkommen von Brüssel und Lugano, 1997; *Bogdan,* (Hrsg.) The Brussels Jurisdiction and Enforcement Convention – an EC Court Casebook, 1996; *Brenn,* Europäischer Zivilprozess, 2005; *Briggs/Rees,* Civil Jurisdiction and Judgements, 3. Aufl. 2002; *Burgstaller* (Hrsg.), Internationales Zivilverfahrensrecht, 2002; *Calvo Caravaca* Brüssel I Regulation, 2005; *Czernich/Tiefenthaler/Kodek,* Europäisches Gerichtsstands- und Vollstreckungsrecht, 2. Aufl. 2003; *Donzallas,* La convention de Lugano, Bde. I-III, 1998; *Gaudemet-Tallon,* Compétence et exécution des jugements en Europe. Règlement Nr. 44/2001, Convention de Bruxelles et de Lugano, 3. Aufl. 2002; *Geimer/Schütze,* Internationaler Rechtsverkehr in Zivil- und Handelssachen (Loseblatt), Bd. II, 2002; *Geimer/Schütze,* Europäisches Zivilverfahrensrecht, 2. Aufl. 2004; *Grolimund,* Drittstaatenproblematik des Europäischen Zivilverfahrensrechts, 2000; *Hau,* Positive Kompetenzkonflikte im Internationalen Zivilprozessrecht – Überlegungen zur Bewältigung von multi-forum-disputes, 1996; *Kaye* (Hrsg.), European Case Law on the Judgments Convention, 1998; *Kropholler,* Europäisches Zivilprozessrecht, 8. Aufl. 2005; *Mari,* Il diritto processuale civile della Convenzione di Bruxelles, Bd. I: Il sistema della competenza, 1999; *Magnus/Mankowski* (Hrsg.), Brussels I Regulation – European Commentaries on Private International Law, 2007; *O'Malley/Layton,* European Civil Practice, 1989; *Ponitier/Burg,* EU Principles on Jurisdiction and Recognitions of Judgments in Civil and commercial Matters, 2004; *Rauscher* (Hrsg.), Europäisches Zivilprozessrecht, 2. Aufl. 2006; *Salerno,* La convenzione di Bruxelles del 1968 e la sua revisione, 2000; *Schlosser,* EU-Zivilprozessrecht, 2. Aufl. 2003; *Schmidt,* Europäisches Zivilprozessrecht, 2004; *Stone,* Civil Jurisdiction and Judgments in Europe, 1998.
Siehe auch die Schrifttumsangaben zum internationalen Wettbewerbsprivatrecht (vor I Rn 1).

Vorbemerkung

Aus dem umfassenden Rechtsgebiet des internationalen Zivilprozessrechts kann nachfolgend nur ein Überblick über die besonderen Probleme des Wettbewerbsprozesses mit Auslandsberührung gegeben werden. Im Vordergrund stehen daher Fragen der internationalen Zuständigkeit (einschließlich der Problematik konkurrierender Verfahren im In- und Ausland), des einstweiligen Rechtsschutzes, der Ermittlung des anwendbaren ausländischen 348

Wettbewerbsrechts und der Klagebefugnis im Verbandsprozess. Demgegenüber wird für die sonstigen Probleme der Prozessführung mit Auslandsbezug auf die im Schrifttumsverzeichnis aufgeführten allgemeinen Werke zum internationalen Zivilverfahrensrecht verwiesen. Dies gilt insbesondere für Fragen, für die – wie insbesondere die Anerkennung und Vollstreckung ausländischer Gerichtsentscheidungen[1] – in wettbewerbsrechtlichen Streitigkeiten weithin die gleichen Regeln wie in sonstigen Zivil- oder Handelssachen gelten.

A. Internationale Zuständigkeit

Schrifttum: *Adolphsen,* Europäisches und internationales Zivilprozessrecht in Patentsachen, 2005; *Albicker,* Der Gerichtsstand der Streitgenossenschaft, 1996; *Auer,* Die internationale Zuständigkeit des Sachzusammenhangs im erweiterten EuGVÜ-System nach Art. 6 EuGVÜ, 1996; *Bachmann,* Der Gerichtsstand der unerlaubten Handlung im Internet, IPRax 1998, 179; *Behr,* Internationale Tatort-Zuständigkeit für vorbeugende Unterlassungsklagen bei Wettbewerbsverstößen, GRUR Int. 1992, 604; *Berger,* Die internationale Zuständigkeit bei Urheberrechtsverletzungen in Internet-Websites aufgrund des Gerichtsstands der unerlaubten Handlung nach Art. 5 Nr. 3 EuGVU, GRUR Int. 2005, 465; *Blobel,* Der europäische Deliktsgerichtsstand und reine Vermögensschäden, EuLF 2004, 187; *Borchers,* Tort and Contract Jurisdiction via Internet: The „Minimum Contacts" Test and the Brussels Regulation Compared, NILR 2003, 401; *Brandes,* Der gemeinsame Gerichtsstand: Die Zuständigkeit im europäischen Mehrparteienprozeß nach Art. 6 Nr. 1 EuGVÜ/LÜ, 1998; *Buchner,* E-Commerce und effektiver Rechtsschutz – oder: Wer folgt wem wohin?, EWS 2000, 147; *Bukow,* Verletzungsklagen aus gewerblichen Schutzrechten: die internationale Zuständigkeit nach dem EuGVÜ bzw. der EuGVO, 2003; *Bulst,* Internationale Zuständigkeit, anwendbares Recht und Schadensberechnung im Kartelldeliktsrecht, EWS 2004, 403; *Bumiller,* Durchsetzung der Gemeinschaftsmarke in der Europäischen Union, 1997; *Callori,* Giurisdizione in materia di responsabilità extracontrattuale: l'art. 5 n. 3 della convenzione di Bruxelles del 1968 e la questione della localizzazione del forum damni, Riv. dir. int. priv. proc. 1997, 614; *Coester-Waltjen,* Internationale Zuständigkeit bei Persönlichkeitsverletzungen, FS Schütze, 1999, S. 175; *Cohen,* Jurisdiction Over Cross Border Internet Infringements, EIPR 1998, 294; *Danckwerts,* Örtliche Zuständigkeit bei Urheber-, Marken- und Wettbewerbsverletzungen im Internet, GRUR 2007, 104; *Dutson,* The Internet, the Conflict of Laws, International Litigtion and Intellectual Property, J. B. L. 1997, 495; *Ebner,* Markenschutz im internationalen Privat- und Zivilprozessrecht, 2004; *Ehmann/Thorn,* Erfolgsorte bei grenzübeschreitenden Persönlichkeitsverletzungen, AfP 1996, 20; *Ernst,* Prozessrecht und Internet, K&R 1999, 558; *Fawcett,* Multi-Party Litigation in Private International Law, ICLQ 1995, 744; *Fricke,* Der Unterlassungsanspruch gegen Pressseunternehmen zum Schutz des Persönlichkeitsrechts im IPR, 2003; *Gardella,* Diffamazione a mezza stampa e convenzione di Bruxelles del 27 settembre 1968, Riv. dir. int. priv. proc. 1997, 657; *Geier,* Die Streitgenossenschaft im internationalen Verhältnis, 2005; *Geimer,* Die Gerichtspflichtigkeit des Beklagten nach Art. 5 Nr. 1 und Nr. 3 GVÜ bei Anspruchskonkurrenz, IPRax 1986, 80; *ders.,* Einige Bewertungen zur Zuständigkeitsordnung der Brüssel I-VO, FS Musielak, 2004, 169; *Häcker,* Europäisch-zivilverfahrensrechtliche und international-privatrechtliche Probleme grenzüberschreitender Gewinnzusagen – zugleich zu einem europarechtlichen Begriff der unerlaubten Handlung, ZVglRWiss 103 (2004), 464; *Hager/Hartmann,* Internationale Zuständigkeit für vorbeugende Unterlassungsklagen, IPRax 2005, 266; *Hausmann,* Die Verletzung gewerblicher Schutzrechte im europäischen internationalen Privat- und Verfahrensrecht, EuLF 2003, 278; *v. Hein,* Deliktischer Kapitalanlegerschutz im europäischen Zuständigkeitsrecht, IPRax 2005, 17; *Heinze/Roffael,* Internationale Zuständigkeit für Entscheidungen über die Gültigkeit ausländischer Immaterialgüterrechte, GRUR Int. 2006, 787; *Hess,* Die allgemeinen Gerichtsstände der Brüssel I-VO, FS Lindacher, 2007, 53; *v. Hinden,* Persönlichkeitsverletzungen im Internet, 1999; *Hootz,* Durchsetzung von Persönlichkeits- und Immaterialgüterrechten bei grenzüberschreitenden Verletzungen in Europa, 2004; *Huber,* Verleumdungsklagen und Art. 5 Nr. 3 EuGVÜ vor englischen Gerichten, IPRax 1992, 263; *ders.,* Persönlichkeitsschutz gegenüber Massenmedien im Rahmen des europäischen Zivilprozessrechts, ZEuP 1996, 300; *Hye-Knudsen,* Marken-, Patent- und Urheberrechtsverletzungen im europäischen Internationalen Zivilprozessrecht, 2005; *M. Junker,* Anwendbares Recht und internationale Zuständigkeit bei Urheberrechtsverletzungen im Internet, 2002; *Kieninger,* Internationale Zuständigkeit bei der Verletzung ausländischer Immaterialgüterrechte – Common Law auf dem Prüfstand des EuGVÜ, GRUR Int. 1998, 280; *Kiethe,* Internationale Tatortzuständigkeit bei unerlaubter Handlung – die Problematik des Vermögensschadens, NJW 1994, 222; *Koch,* Internationale Gerichtszuständigkeit und Internet, CR 1999, 121; *Kreuzer/Klötgen,* Die Shevill-Entscheidung des EuGH – Abschaffung des Deliktsortsgerichtsstands des Art. 5 Nr. 3 EuGVÜ für ehrverletzende Streudelikte, IPRax 1997, 90; *Krog,* Jurisdiction pursuant to the Lugano Convention art. 5.3 applied on defamatory statements in TV broadcasting, IPRax 2004, 154; *Kubis,* Internationale Zuständigkeit bei Persönlichkeits- und Immaterialgüterrechtsverletzungen, 1999; *Kuner,* Internationale Zuständigkeitskonflikte im Internet, CR 1996, 453; *Lange,* Der internationale Gerichtsstand der unerlaubten Handlung nach dem EuGVÜ bei Verletzungen von nationalen Kennzeichen, WRP 2000, 940; *Laubinger,* Die internationale Zuständigkeit der Gerichte für Patentstreitsa-

[1] Vgl. dazu in Wettbewerbssachen MünchKomm/*Mankowski* UWG IntWettbR Rn 471 ff.

chen in Europa, 2005; *Leipold,* Neues zum Gerichtsstand der unerlaubten Handlung nach europäischem Zivilprozessrecht, FS Nemetka (2003) 631; *Lindacher,* Internationale Zuständigkeit in Wettbewerbssachen, FS Nakamura, 1996, S. 323; *ders.,* Die internationale Dimension lauterkeitsrechtlicher Unterlassungsansprüche: Marktterritorialität versus Universalität, GRUR Int. 2008, 453; *Lohse,* Das Verhältnis von Vertrag und Delikt (Art. 5 Nr. 1 und Art. 5 Nr. 3 GVÜ), 1991; *Lundstedt,* Gerichtliche Zuständigkeit und Territorialitätsprinzip im Immaterialgüterrecht – Geht der Pendelschlag zu weit?, GRUR Int. 2001, 103; *v. Maltzahn,* Zum sog. fliegenden Gerichtsstand bei Wettbewerbsverstößen durch Zeitungsinserate, GRUR 1983, 711; *Mankowski,* Wettbewerbsrechtliches Gerichtspflichtigkeits- und Rechtsanwendungsrisiko bei Werbung über Websites, CR 2000, 763; *Mansel,* Kollisions- und zuständigkeitsrechtlicher Gleichlauf der vertraglichen und deliktischen Haftung, ZVglRWiss 86 (1987), 1; *ders.,* Gerichtliche Prüfungsbefugnisse im forum delicti, IPRax 1989, 84; *Michailidou,* Internationale Zuständigkeit bei vorbeugenden Verbandsklagen, IPRax 2003, 223; *Müller-Feldhammer,* Der Deliktsgerichtsstand des Art. 5 Nr. 3 EuGVÜ im internationalen Wettbewerbsrecht, EWS 1998, 162; *Otte,* Umfassende Streitentscheidung durch Beachtung von Sachzusammenhängen, 1998; *Pansch,* Der Gerichtsstand der unerlaubten Handlung bei der grenzüberschreitenden Verletzung gewerblicher Schutzrechte, EuLF 2000/01, 353; *Puhr,* Die internationale Zuständigkeit deutscher Gerichte bei unlauterem Wettbewerb im Internet, 2005; *Reber,* Die internationale gerichtliche Zuständigkeit bei grenzüberschreitenden Urheberrechtsverletzungen, ZUM 2005, 194; *Rott/von der Ropp,* Stand der grenzüberschreitenden Unterlassungsklage in Europa, ZZP Int. 9 (2004), 3; *Rüßmann,* Wettbewerbshandlungen im Internet – internationale Zuständigkeit und anwendbares Recht, K&R 1998, 422; *Schack,* Die grenzüberschreitende Verletzung allgemeiner und Urheberpersönlichkeitsrechte, UFITA 108 (1988), 51; *Schauwecker,* Zur internationalen Zuständigkeit bei Patentverletzungsklagen, GRUR Int. 2008, 96; *Schwarz,* Der Gerichtsstand der unerlaubten Handlung nach deutschem und europäischem Zivilprozessrecht, 1991; *Spindler,* Deliktsrechtliche Haftung im Internet – nationale und internationale Rechtsprobleme, ZUM 1996, 533; *Stadler,* Vertraglicher und deliktischer Gerichtsstand im europäischen Zivilprozessrecht, FS Musielak, 2004, S. 569; *Stauder,* Grenzüberschreitende Verletzungsverbote im gewerblichen Rechtsschutz und das EuGVÜ, IPRax 1998, 317; *Thiele,* Der Gerichtstand bei Wettbewerbsverstößen im Internet, ÖJZ 1999, 754; *Wahlers,* Die Neuregelung des „fliegenden" Gerichtsstandes in § 24 Abs. 2 UWG, WiB 1994, 902; *Werner,* Widerklage auf nationaler und internationaler Ebene, 2002; *Withers,* Jurisdiction and applicable law in antitrust tort claim, JoBL 2002, 250; *Würthwein,* Zur Problematik der örtlichen und internationalen Zuständigkeit aufgrund unerlaubter Handlung, ZZP 106 (1993), 51; *Wyss,* Der Gerichtsstand der unerlaubten Handlung im schweizerischen und internationalen Zivilprozessrecht, Diss. Bern 1997.

I. Allgemeines

1. Rechtsquellen

349 Die von deutschen Gerichten in wettbewerbsrechtlichen Streitigkeiten mit Auslandsbezug anzuwendenden Zuständigkeitsregeln ergeben sich einerseits aus völkerrechtlichen Verträgen und sekundärem EG-Recht, andererseits aus Vorschriften des autonomen Zivilverfahrensrechts, insbesondere der Zivilprozessordnung. Da die Regeln des europäischen Zivilprozessrechts auf dem Gebiet der internationalen Zuständigkeit in wichtigen Punkten vom autonomen deutschen Zivilprozessrecht abweichen, setzt eine korrekte Rechtsanwendung die Kenntnis der verschiedenen Rechtsquellen, ihres Anwendungsbereichs und ihres Verhältnisses zueinander voraus.

350 **a) EuGVÜ.** Wichtigste Rechtsquelle auf dem Gebiet der internationalen Gerichtszuständigkeit war für einen Zeitraum von fast 30 Jahren das Brüsseler Übereinkommen über die gerichtliche Zuständigkeit und die Vollstreckung gerichtlicher Entscheidungen in Zivil- und Handelssachen vom 27. 9. 1968.[2] Das EuGVÜ 1968 ist am 1. 2. 1973 für die ursprünglichen sechs Mitgliedstaaten der EG, also für die Bundesrepublik Deutschland, Belgien, Frankreich, Italien, Luxemburg und die Niederlande in Kraft getreten.[3] Mit den neu hinzutretenden Mitgliedstaaten der EG wurden zwischen 1978 und 1996 insgesamt vier Beitrittsübereinkommen abgeschlossen, die zum Teil auch zu weitreichenden Änderungen des ursprünglichen Vertragstextes geführt haben.[4] Das EuGVÜ galt zuletzt für die 15 Mitgliedstaaten der EG in der Fassung des 4. Beitrittsübereinkommens mit Finnland, Österreich und Schweden vom 29. 11. 1996.[5] In dieser Fassung galt das EuGVÜ im Verhältnis

[2] BGBl. 1972 II S. 774.
[3] BGBl. 1973 II S. 60.
[4] Vgl. zu den Einzelheiten *Staudinger/Hausmann* (2002), Anh. zu Art. 27–37 EGBGB Rn 2.
[5] BGBl. 1998 II S. 1412.

zwischen Dänemark und den übrigen 14 Vertragsstaaten bis zum 30. 6. 2007 fort.[6] Das Übereinkommen wird erläutert in einem Bericht von *Jenard* [7] und ergänzt durch ein Zusatzprotokoll vom 27. 9. 1968 sowie das Auslegungsprotokoll vom 3. 6. 1971,[8] das die einheitliche Auslegung des Übereinkommens durch den EuGH sicherstellt und die Vorlagemodalitäten regelt.

351 **b) Luganer Übereinkommen.** Auf Initiative Schwedens und der Schweiz wurde seit 1985 zwischen den Mitgliedstaaten der EG und der Europäischen Freihandelsassoziation (EFTA) über ein Parallel-Übereinkommen zum EuGVÜ mit dem Ziel verhandelt, die wesentlichen Errungenschaften des EuGVÜ, nämlich eine einheitliche europäische Zuständigkeitsordnung und ein beschleunigtes Anerkennungs- und Vollstreckungsverfahren, auf den gesamten europäischen Wirtschaftsraum zu erstrecken. Das Übereinkommen wurde am 16. 9. 1988 in Lugano unterzeichnet und ist danach schrittweise für die Mitgliedstaaten der EG und der EFTA in Kraft getreten.[9] Der Beitritt steht auch den Staaten Mittel- und Osteuropas offen. Von dieser Möglichkeit hat – als einziger Staat – Polen Gebrauch gemacht, wo das Übereinkommen seit dem 1. 2. 2000 gilt.[10] Das Übereinkommen wird erläutert in einem Bericht von *Jenard* und *Möller.*[11] Es stimmt – von wenigen Abweichungen abgesehen – inhaltlich mit dem EuGVÜ in der Fassung des 3. Beitrittsübereinkommens mit Portugal und Spanien vom 26. 5. 1989 wörtlich überein. Eine Auslegungskompetenz des EuGH besteht zwar nicht; dessen Rechtsprechung zur Auslegung des EuGVÜ bzw. der EuGVO wird jedoch – entsprechend den bei Unterzeichnung des Luganer Übereinkommens abgegebenen Erklärungen – auch von den Gerichten der Vertragsstaaten dieses Übereinkommens zugrundegelegt.[12]

352 **c) EuGVO.** Im Rahmen des angestrebten Aufbaus eines Raumes der Freiheit, der Sicherheit und des Rechts ermächtigt Art. 65 EG in der Fassung des Vertrages von Amsterdam die Organe der Gemeinschaft zum Erlass von Maßnahmen auf dem Gebiet der justiziellen Zusammenarbeit in Zivilsachen mit grenzüberschreitenden Bezügen, soweit sie für das Funktionieren des Binnenmarkts erforderlich sind. Die Kompetenz der EG umfasst nach Art. 65 lit. a EG auch die Verbesserung und Vereinfachung der Anerkennung und Vollstreckung gerichtlicher Entscheidungen in Zivil- und Handelssachen. Gestützt auf diese Kompetenz hat der Rat am 22. 12. 2000 die Verordnung (EG) Nr. 44/2001 über die gerichtliche Zuständigkeit und die Anerkennung und Vollstreckung von Entscheidungen in Zivil- und Handelssachen (EuGVO) erlassen.[13] Sie ist am 1. 3. 2002 in Kraft getreten und ersetzt nach ihrem Art. 68 im Verhältnis der Mitgliedstaaten zueinander das EuGVÜ. Dänemark hat sich aufgrund eines Protokolls zum Amsterdamer Vertrag zwar nicht an der Annahme dieser Verordnung beteiligt, so dass im Verhältnis zwischen Dänemark und den übrigen Vertragsstaaten zunächst weiterhin das EuGVÜ und das Auslegungsprotokoll von 1971 maßgebend blieben.[14] Am 19. 10. 2005 ist jedoch zwischen der EG und Dänemark ein Abkommen geschlossen worden, mit dem der Inhalt der EuGVO auf das Verhältnis zu Dänemark erstreckt und die Kompetenz des EuGH für die Auslegung dieses Abkommens begründet wurde;[15] das Abkommen ist am 1. 7. 2007 in Kraft getreten.[16] Inhaltlich hat die EuGVO das EuGVÜ in seinen wesentlichen Strukturen übernommen und versucht, die bei der praktischen Anwendung einzelner Vorschriften aufgetretenen

[6] Vgl. OLG Hamburg IPRax 2004, 125, 126 – Hotel Maritime.
[7] ABl. EG Nr. C 59 S. 1ff.
[8] BGBl. 1972 II S. 846.
[9] Text im BGBl. 1994 II S. 2660; Einzelheiten zum Ratifikationsstand bei *Jayme/Hausmann* Nr. 152 Fn 1.
[10] BGBl. 2000 II S. 1246; dazu *Martiny/Ernst* IPRax 2001, 29ff.
[11] ABl. EG 1990 Nr. C 189 S. 57.
[12] Vgl. in der Schweiz etwa BGE 123 III 414, 421; BGE 124 III 188, 191.
[13] ABl. EG 2001 Nr. L 12 S. 1 = *Jayme/Hausmann* Nr. 160.
[14] BGH GRUR 2005, 431 – Hotel Maritime.
[15] ABl. EU 2005 Nr. L 299 S. 62.
[16] ABl. EU 2007 Nr. L 94 S. 70.

Probleme durch eine vorsichtige Weiterentwicklung des europäischen Zivilprozessrechts zu lösen.[17]

d) Autonomes Recht. Soweit weder vorrangige Staatsverträge noch sekundäres Gemeinschaftsrecht eingreifen, gelten für wettbewerbsrechtliche Streitigkeiten mit Auslandsberührung die Vorschriften des autonomen Zivilprozessrechts. Für Rechtsstreitigkeiten in Wettbewerbssachen regelt das deutsche Recht die internationale Zuständigkeit nicht ausdrücklich und unmittelbar, sondern nur mittelbar durch eine stillschweigende Verweisung auf die Vorschriften des § 14 bzw. der §§ 12ff ZPO über den Gerichtsstand. Der Wortlaut dieser Vorschriften bezieht sich zwar nur auf die örtliche Zuständigkeit; doch zeigen einige Gerichtsstandsnormen deutlich, dass es dem Gesetzgeber zugleich auch um die Abgrenzung gegenüber der Zuständigkeit ausländischer Gerichte ging (vgl. zB § 14 Abs. 2 S. 2 UWG, §§ 15, 16, 23, 38 Abs. 2 ZPO). Grundsätzlich darf man deshalb aus der örtlichen zugleich auf die internationale Zuständigkeit eines deutschen Gerichts schließen. Man spricht insoweit von der **Doppelfunktionalität der Gerichtsstandsnormen:** Die örtliche indiziert die internationale Zuständigkeit.[18] Dieser Grundsatz gilt insbesondere auch für den besonderen Gerichtsstand des Begehungsorts bei Wettbewerbsstreitigkeiten in § 14 Abs. 2 S. 1.[19] 353

2. Der Anwendungsbereich der EuGVO

Wegen des Vorrangs der EuGVO vor dem autonomen Verfahrensrecht der Mitgliedstaaten[20] bedarf es der Bestimmung ihres Anwendungsbereichs in sachlicher, räumlicher und zeitlicher Hinsicht. 354

a) Sachlicher Anwendungsbereich. Die EuGVO ist nach ihrem Art. 1 Abs. 1 nur auf „Zivil- und Handelssachen" – im Unterschied zu öffentlich-rechtlichen Streitigkeiten – anzuwenden. Für die hiernach erforderliche Qualifikation sind allein materiell-rechtliche Kriterien maßgebend; unerheblich ist hingegen nach Art. 1 Abs. 1 S. 1 EuGVO die Art der Gerichtsbarkeit nach dem autonomen Verfahrensrecht der Mitgliedstaaten. Um sicherzustellen, dass sich aus der Verordnung für die Mitgliedstaaten und die betroffenen Personen soweit wie möglich gleiche und einheitliche Rechte und Pflichten ergeben, ist der Begriff der „Zivil- und Handelssachen" im Wege **autonomer Qualifikation** zu bestimmen;[21] dies gilt insbesondere für die Abgrenzung zu öffentlich-rechtlichen Streitigkeiten. Danach ist die Anwendung der EuGVO nicht schon deshalb ausgeschlossen, weil sich in einem Rechtsstreit eine Behörde und eine Privatperson gegenüber stehen. Maßgebend ist vielmehr „die Natur der zwischen den Parteien bestehenden Rechtsbeziehungen" und der „Gegenstand des Rechtsstreits".[22] Eine Zivil- oder Handelssache liegt nur dann nicht vor, wenn die streitgegenständliche Tätigkeit einer Behörde im Zusammenhang mit der **Ausübung hoheitlicher Befugnisse** steht. Einen solchen Zusammenhang bejaht der EuGH dann, wenn der geltend gemachte Anspruch seinen Ursprung in einer hoheitlichen Tätig- 355

---

[17] Vgl. näher *Hausmann* EuLF 2000/01, 40ff; *Kohler/Stadler* Revision des EuGVÜ S. 1ff, 37ff.

[18] AllgM, vgl. BGHZ 44, 46, 47f = JZ 1966, 237 m. Anm. *Neuhaus;* BGHZ 63, 219, 220; BGHZ 94, 156, 157; BGHZ 115, 90, 91f; BGHZ 120, 334, 337; BGHZ 134, 116, 117; BGH NJW 1999, 1395, 1396; BGH GRUR Int. 2008, 347, 349 – Cambridge Institute; OLG Düsseldorf IPRax 1999, 38, 39; *Geimer* IZPR Rn 943ff; *Schack* IZVR Rn 236; *Linke* IZPR Rn 114f; *Wieczorek/Schütze/Hausmann* ZPO vor § 12 Rn 48, jeweils mwN; ebenso zum Lauterkeitsrecht BGH GRUR 1978, 194, 195 – Profil; BGH GRUR 1987, 172, 173 – Unternehmensberatungsgesellschaft I; *Staudinger/Fezer/Koos* IntWirtschR Rn 733.

[19] Näher → Rn 444, 454ff.

[20] → Rn 367.

[21] EuGH Slg. 1976, 1541, 1550 Rn 3 = NJW 1977, 489 m. Anm. *Geimer* – LTU/Eurocontrol; EuGH Slg. 1980, 3807, 3819 Rn 7 = IPRax 1981, 169 m. Anm. *Schlosser* S. 154 – Niederlande/Rüffer; EuGH Slg. 1993, I-1963, 1996 Rn 18 = IPRax 1994, 37 m. Anm. *Heß* S. 10 – Sonntag/Waidmann; EuGH Slg. 2003, I-4867, 4889 Rn 20 = IPRax 2003, 528 m. Anm. *Geimer* S. 512 – Préservatice foncière/Staat der Nederlanden.

[22] Vgl. die Nachweise in der vorigen Fn.

keit der Behörde hat.[23] Daran fehlt es, wenn die Aufgaben und Befugnisse der Behörde sich funktionell nicht von denjenigen einer Privatperson unterscheiden.[24]

356 Tritt eine Behörde daher nach ihrem nationalen Verfahrensrecht quasi stellvertretend für einen Privaten auf und fördert sie dabei letztlich private Interessen, so handelt es sich um eine Zivilsache.[25] Aus diesem Grunde sind auch **Verbandsklagen** – zB nach § 8 Abs. 3 Nr. 2 bis 4 UWG oder nach §§ 3, 4 UKlaG – Zivilsachen, mögen sie auch mit der Marktreinhaltung mittelbar gesamtgesellschaftliche Interessen verfolgen.[26] Der EuGH hat daher die Untersagung der Verwendung missbräuchlicher Klauseln durch einen Gewerbetreibenden in Verträgen mit Privatpersonen auf Klage eines österreichischen Konsumentenschutzvereins ausdrücklich als Zivilsache im Sinne des Art. 1 Abs. 1 EuGVÜ gewertet. Zur Begründung hat er darauf hingewiesen, dass es sich bei dem Verbraucherschutzverein um eine Einrichtung des Privatrechts handele, die keine öffentliche Gewalt ausübe. Die Tätigkeit solcher Vereine ziele vielmehr darauf ab, Rechtsverhältnisse des Privatrechts einer gerichtlichen Kontrolle zu unterwerfen.[27] Insoweit kann auch für Klagen von Verbänden, Einrichtungen und Kammern im Sinne des § 8 Abs. 3 Nr. 2 bis 4 nichts anderes gelten; auch die von ihnen erhobenen Unterlassungsklagen sind Zivilsachen im Sinne des Art. 1 Abs. 1 EuGVO.[28] Daran ändert sich auch dann nichts, wenn die gleiche Aufgabe – zB die Verfolgung grenzüberschreitender irreführender Werbung – nicht von einem privatrechtlich organisierten Verband, sondern von einer staatlichen Behörde wahrgenommen wird.[29] Die Einordnung ihrer Tätigkeit als öffentlich-rechtlich nach dem Recht des Staates, dem die handelnde Einrichtung angehört, ist in diesem Zusammenhang bedeutungslos.[30]

357 **b) Räumlicher Anwendungsbereich.** In räumlicher Hinsicht gilt die EuGVO gemäß Art. 249 Abs. 2 EG seit dem 1. 3. 2002 für die 15 Altmitgliedstaaten mit Ausnahme Dänemarks (Art. 1 Abs. 3 EuGVO), seit dem 1. 5. 2004 auch für die 10 Neumitgliedstaaten Mittel- und Osteuropas (Estland, Lettland, Litauen, Malta, Polen, Slowakei, Slowenien, Tschechien, Ungarn und Zypern), seit dem 1. 1. 2007 auch für Bulgarien und Rumänien. Der räumliche Anwendungsbereich des EG-Vertrages und der auf diesen gestützten Akte des sekundären Gemeinschaftsrechts beurteilt sich dabei nach Art. 299 EG. Die Hoheitsgebiete der Mitgliedstaaten sind daher anhand der jeweiligen Verfassung sowie nach allgemeinen völkerrechtlichen Grundsätzen zu ermitteln. Nach Art. 299 Abs. 2 EG gilt die EuGVO etwa für die französischen überseeischen Départements, für Madeira, die Azoren und für die zu Spanien gehörenden Kanarischen Inseln.[31] Besonderheiten ergeben sich nach Art. 299 Abs. 4 EG für bestimmte europäische Hoheitsgebiete. Danach gilt die EuGVO etwa für Gibraltar,[32] nicht hingegen für Andorra, Monaco und San Marino.[33] Vom Geltungsbereich ausgenommen bleiben nach Art. 299 Abs. 6 lit. a EG ferner die britischen

---

[23] EuGH Slg. 1980, 3807, 3819f Rn 8f – Niederlande/Rüffer; EuGH Slg. 1993, I-1963, 1996 Rn 20 – Sonntag/Waidmann.

[24] BGE 124 III 436, 440; *Kropholler* EuGVO Art. 1 Rn 8; *Rauscher/Mankowski* EuGVO Art. 1 Rn 3.

[25] Vgl. zur gerichtlich angeordneten Einziehung gefälschter Markenartikel auf Antrag einer Behörde R v Crown Court at Harrow, ex parte UNIC Centre Sarl [2002] 2 All E. R. 449, 459 [QB].

[26] Vgl. BGHZ 109, 29, 32 = NJW 1990, 317; BGHZ 119, 152, 156 = NJW 1992, 3158; öOGH JBl. 2000, 803; *Czernich/Tiefenthaler/Kodek* EuGVR Art. 1 Rn 11; *Rauscher/Mankowski* EuGVO Art. 1 Rn 4; *Geimer/Schütze* EuGVO Art. 1 Rn 19; *Lindacher* IPRax 1993, 228f.

[27] EuGH Slg. 2002, I-8111, 8138 Rn 30, 42 – Verein für Konsumenteninformation/Henkel; ebenso schon früher BGHZ 109, 29, 32; BGHZ 119, 152, 156 = IPRax 1993, 244 m. Anm. *Lindacher* S. 228.

[28] *Michailidou* IPRax 2003, 223, 225.

[29] *Michailidou* IPRax 2003, 223f; *Kropholler* EuGVO Art. 1 Rn 7. Ebenso für die Tätigkeit des britischen Office of Fair Trading, weil ihm zur Rechtsdurchsetzung keine hoheitlichen Sonderbefugnisse zustehen, *Rott/von der Ropp* ZZP Int. 2004, 3, 8; *Rauscher/Mankowski* EuGVO Art. 1 Rn 4. Rechtsvergleichend *Reich* RabelsZ 1992, 455ff.

[30] Vgl. EuGH Slg. 1993, I-1963, 1998 Rn 25 – Sonntag/Waidmann. Vgl. auch BGHZ 123, 268, 275ff. = IPRax 1994, 118 m. Anm. *Basedow* 85.

[31] *Kropholler* EuGVO Einl. Rn 25, 28.

[32] *Kropholler* EuGVO Einl. Rn 29; *Rauscher/Staudinger* EuGVO Einl. Rn 16.

[33] *Kropholler* EuGVO Einl. Rn 22.

Kanal-Inseln (Guernsey, Jersey, Alderney, Sark) sowie die Isle of Man.[34] Im Verhältnis zum niederländischen Aruba gilt weiter das EuGVÜ.[35]

c) Zeitlicher Anwendungsbereich. Nach Art. 66 Abs. 1 EuGVO gelten die Vorschriften dieser Verordnung nur für solche Klagen, die nach dem Inkrafttreten der Verordnung am 1. 3. 2002 erhoben worden sind. Die Regeln der Verordnung über die internationale Zuständigkeit wirken also nicht zurück.[36] Gleiches gilt gemäß Art. 54 Abs. 1 auch für das EuGVÜ und das Luganer Übereinkommen. Der Zeitpunkt, zu dem die Klage im Sinne des Art. 66 Abs. 1 EuGVO als erhoben gilt, wird in der Verordnung nicht autonom bestimmt. Eine entsprechende Anwendung des Art. 30 EuGVO dürfte aus systematischen Gründen ausscheiden, weil diese Vorschrift ausdrücklich nur für die Zwecke des 9. Abschnitts über die Rechtshängigkeit und im Zusammenhang stehende Verfahren gilt.[37] Maßgebend muss daher weiterhin das **nationale Recht** des Mitgliedstaats sein, dessen Gerichte angerufen werden.[38] Nach deutschem Recht kommt es auf den Zeitpunkt an, zu dem die Klageschrift dem Beklagten zugestellt bzw. die Rechtshängigkeit der Klage nach §§ 696 Abs. 3, 700 Abs. 2 ZPO fingiert wird.[39] Für Klagen, die vor dem 1. 3. 2002 erhoben wurden, verbleibt es in den Mitgliedstaaten des EuGVÜ bzw. des Luganer Übereinkommens bei der Geltung dieser Staatsverträge.[40] In den neuen Mitgliedstaaten, die der EG erst mit Wirkung vom 1. 5. 2004 bzw. 1. 1. 2007 beigetreten sind, gilt die Verordnung nur für Klagen, die nach diesem Zeitpunkt vor dortigen Gerichten erhoben werden. Für zuvor erhobene Klagen bleibt es im Verhältnis zu Polen bei der Anwendung des Luganer Übereinkommens, im Übrigen bei der Geltung des autonomen Zuständigkeitsrechts. 358

d) Persönlicher Anwendungsbereich. Anders als für den sachlichen und den zeitlichen Anwendungsbereich fehlt in der EuGVO – ebenso wie schon im EuGVÜ und im Luganer Übereinkommen – eine eindeutige Regelung über den persönlichen Anwendungsbereich. Dieser lässt sich daher nur aus den einzelnen Gerichtsstandsregeln unter Berücksichtigung der Entstehungsgeschichte und der Zielsetzung der Verordnung bestimmen. 359

aa) Grundsatz. Aus Art. 2 Abs. 1 und Art. 4 Abs. 1 EuGVO ist der Grundsatz zu entnehmen, dass die Anwendung der Zuständigkeitsnormen der Verordnung davon abhängt, dass der Beklagte seinen **Wohnsitz** (Art. 59 EuGVO)[41] **in einem Mitgliedstaat** hat; bei Gesellschaften und juristischen Personen entscheidet der Sitz (Art. 60 EuGVO).[42] Auf die Staatsangehörigkeit der Parteien sowie auf den Wohnsitz des Klägers kommt es nicht an. Das Kapitel II der Verordnung findet also grundsätzlich auch dann Anwendung, wenn der Kläger in einem Drittstaat ansässig ist.[43] Der Wohnsitz bzw. Sitz des Beklagten in einem Mitgliedstaat ist also das zentrale Anknüpfungsmerkmal für die Anwendbarkeit der europäischen Zuständigkeitsordnung.[44] 360

---

[34] *Rauscher/Staudinger* EuGVO Einl. Rn 18.

[35] *Rauscher/Staudinger* EuGVO Einl. Rn 17.

[36] Das nachträgliche Inkrafttreten der Verordnung bewirkt keine Heilung von Zuständigkeitsmängeln nach dem zur Zeit der Klageerhebung noch geltenden autonomen Recht, vgl. zum EuGVÜ BGHZ 116, 77, 80 = IPRax 1992, 377 m. Anm. *Heß* S. 358; BGH WM 1997, 980; zum LugÜ BGE 119 II 391, 393 = SZIER 1995, 39 m. Anm. *Schwander.*

[37] Zutreffend OLG Düsseldorf IHR 2004, 108 m. Anm. *Herber* 117; *Rauscher/Staudinger* EuGVO Art. 66 Rn 2; aA BGH NJW 2004, 1652, 1653 und WM 2006, 151; LG Berlin IPRspr. 2004 Nr. 124; öOGH ZfRV 2004, 32, 33; *Heß* IPRax 2004, 374, 375; *Kropholler* EuGVO Art. 66 Rn 2; *Schlosser* EuGVO Art. 66 Rn 11.

[38] BGHZ 132, 105, 107; *Thomas/Putzo/Hüßtege* ZPO Art. 66 EuGVO Rn 2.

[39] *Thomas/Putzo/Hüßtege* ZPO Art. 66 EuGVO Rn 2; *Rauscher/Staudinger* EuGVO Art. 66 Rn 2.

[40] BGHZ 162, 246, 249 = GRUR 2005, 510 – Vitamin-Zell-Komplex; BGHZ 167, 91, 97f Rn 20 = GRUR 2006, 513 – Arzneimittelwerbung im Internet.

[41] Dazu → Rn 371.

[42] Dazu → Rn 372.

[43] EuGH Slg. 2000, I-5925, 5952ff Rn 33ff, 59ff = IPRax 2000, 520 m. Anm. *Staudinger* S. 483 – Group Josi/UGIC; BGH FamRZ 2005, 1987, 1988; *Rauscher/Mankowski* EuGVO Vor Art. 2 Rn 10.

[44] *Kropholler* EuGVO Vor Art. 2 Rn 9; *Zöller/Geimer* ZPO Art. 2 EuGVO Rn 7; vgl. auch Erwägungsgrund (8) zur EuGVO.

361 **bb) Ausnahmen.** Während die Anwendung der Art. 2, 5 und 6 EuGVO stets davon abhängt, dass der Beklagte seinen Wohnsitz in einem Mitgliedstaat der Verordnung hat, schränken die nachfolgenden Abschnitte diesen Grundsatz zum Teil ein. So wird der Anwendungsbereich der Zuständigkeitsregeln in **Verbrauchersachen** aus Gründen des Verbraucherschutzes erweitert. Nach Art. 15 Abs. 2 EuGVO reicht es nämlich aus, dass der Vertragspartner des Verbrauchers im Hoheitsgebiet eines Mitgliedstaats lediglich eine Niederlassung unterhält, sofern die Klage einen hinreichenden Bezug zu dieser Niederlassung aufweist.[45] Auch der Katalog der ausschließlichen Zuständigkeiten des Art. 22 EuGVO gilt – wie der Vorbehalt in Art. 4 Abs. 1 EuGVO zeigt – unabhängig davon, ob der Beklagte im räumlichen Anwendungsbereich der Verordnung wohnt; maßgebend ist vielmehr allein, dass die in Art. 22 genannten Zuständigkeitskriterien in einem Mitgliedstaat verwirklicht sind.[46] Schließlich kommen auch die Vorschriften über die Zuständigkeitsvereinbarungen nach dem Wortlaut des Art. 23 Abs. 1 EuGVO bereits dann zur Anwendung, wenn nur der Kläger seinen Wohnsitz bzw. Sitz in einem Mitgliedstaat hat.[47] Für die Begründung einer Zuständigkeit durch rügelose Einlassung zur Hauptsache nach Art. 24 EuGVO dürfte es sogar ausreichen, dass der Beklagte sich nur vor dem Gericht eines Mitgliedstaats auf das Verfahren einlässt; dies auch dann, wenn keine der Parteien einen Wohnsitz in einem Mitgliedstaat hat.[48]

362 **cc) Internationaler Sachverhalt.** Ungeschriebenes Tatbestandsmerkmal der Zuständigkeitsordnung der EuGVO ist ein internationaler Sachverhalt. Die Art. 2ff EuGVO finden daher keine Anwendung auf reine Inlandssachverhalte.[49] Dies gilt auch insoweit, als die EuGVO – wie etwa in ihren Art. 5 und 6 – zugleich die örtliche Zuständigkeit festlegt. Deshalb wird die Beschränkung der Klagebefugnis von Verbänden im Gerichtsstand des Begehungsorts nach § 14 Abs. 2 S. 2 durch Art. 5 Nr. 3 EuGVO in reinen Inlandsfällen nicht ausgeschlossen.[50] Das erforderliche internationale Element wird allgemein durch den Begriff der „internationalen Zuständigkeit" im Erwägungsgrund (2) der Verordnung angesprochen und folgt auch daraus, dass diese ihre Grundlage in Art. 65 EG hat, der eine Kompetenz der EG nur für Maßnahmen mit „grenzüberschreitenden Bezügen" begründet. Die Einwände gegen eine solche teleologische Reduktion des Vertragstextes[51] sind nicht begründet, auch wenn die Abgrenzung von reinen Inlandsfällen zu internationalen Sachverhalten gelegentlich Schwierigkeiten bereiten mag, weil der Wohnsitz der Parteien allein hierfür nicht genügt. Ein internationaler Sachverhalt ist vielmehr schon dann gegeben, wenn zwei im Inland ansässige Unternehmen einen Rechtsstreit wegen unlauteren Wettbewerbs auf einem gemeinsamen ausländischen Markt vor deutschen Gerichten führen.

363 **dd) Bloßer Drittstaatenbezug.** Ob das Vorliegen eines internationalen Sachverhalts für die Anwendung der Zuständigkeitsordnung der EuGVO ausreicht, wenn der Auslands-

---

[45] Vgl. *Staudinger/Hausmann* (2002) Anh. II zu Art. 27–37 EGBGB Rn 12; *Rauscher/Staudinger* EuGVO Art. 15 Rn 17.

[46] *Zöller/Geimer* ZPO Art. 2 EuGVO Rn 8; *Rauscher/Mankowski* EuGVO Art. 22 Rn 2a mwN.

[47] *Reithmann/Martiny/Hausmann* IVR Rn 2965; *Rauscher/Mankowski* EuGVO Art. 23 Rn 2; *Kropholler* EuGVO Art 23 Rn 1.

[48] EuGH Slg. 2000, I-5925, 5954 Rn 44f – Group Josi/UGIC; *Oberhammer* IPRax 2004, 264; *Schlosser* EuGVO Art. 24 Rn 1; aA (Erfordernis des Wohnsitzes zumindest einer Partei in einem Mitgliedstaat analog Art. 23 EuGVO) die bisher hM, vgl. öOGH SZ 71/29; *Schack* IZVR Rn 486; *Kropholler* EuGVO Art. 24 Rn 3; *Rauscher/Staudinger* EuGVO Art. 24 Rn 2; *Thomas/Putzo/Hüßtege* ZPO Art. 23 EuGVO Rn 1; *Reithmann/Martiny/Hausmann* IVR Rn 3095.

[49] Vgl. *Piltz* NJW 2002, 789, 790; *Schack* IZVR Rn 239; *Linke* IZPR Rn 321; *Rauscher/Mankowski* EuGVO Vor Art. 2 Rn 13; *Thomas/Putzo/Hüßtege* ZPO Vorbem. EuGVO Rn 11. Ebenso schon zum EuGVÜ EuGH Slg. 2005, I-1445, 1456 Rn 25f. – Owusu/Jackson; öOGH JBl. 2002, 250; *Wieczorek/Schütze/Hausmann* ZPO Vor Art. 2 EuGVÜ Rn 9 mwN, sowie speziell für Klagen aus Wettbewerbsverletzungen KG NJW-RR 1995, 876 m. Anm. *Schricker* EWiR 1994, 1231; *Staudinger/Fezer/Koos* IntWirtschR Rn 728.

[50] KG NJW-RR 1995, 876, 878; zustimmend *Schricker* EWiR 1994, 1231f; *Beier/Schricker* GRUR 1993, 877, 884.

[51] Kritisch vor allem *Geimer/Schütze* EuGVO Art. 2 Rn 101ff; *Kropholler* EuGVO Vor Art. 2 Rn 7,

bezug lediglich zu einem Drittstaat besteht, ist umstritten. Die Auffassung, dass der Rechtsstreit Berührungspunkte zu einem weiteren Mitgliedstaat haben muss, konnte unter Geltung des EuGVÜ auf dessen Präambel verweisen, derzufolge dieses Übereinkommen nur darauf abzielt, „innerhalb der Gemeinschaft den Rechtsschutz der dort ansässigen Personen zu verstärken".[52] Dieses Argument ist mit Inkrafttreten der EuGVO entfallen, denn der Verordnungsgeber lässt es in Erwägungsgrund (8) ausdrücklich genügen, dass die unter die Verordnung fallenden Rechtsstreitigkeiten „einen Anknüpfungspunkt an das Hoheitsgebiet *eines* der Mitgliedstaaten aufweisen".[53] Gegen eine Einschränkung des Anwendungsbereich der Zuständigkeitsordnung der EuGVO durch ungeschriebene Schranken spricht vor allem, dass sie erhebliche Unsicherheit in die Rechtsanwendung trägt, weil sich nicht eindeutig klären lässt, welcher Art die Berührungspunkte zu einem anderen Mitgliedstaat sein müssen.[54] Art. 2 EuGVO erfasst damit auch Sachverhalte, die ihre internationale Dimension allein aus dem Bezug zu einem Drittstaat gewinnen.[55]

3. Konkurrenzen

a) EuGVO und EuGVÜ. Das Verhältnis der EuGVO zum Vorgängerregime des EuGVÜ ist in Art. 68 Abs. 1 EuGVO geregelt. Danach tritt die EuGVO im Verhältnis der Mitgliedstaaten zueinander ab ihrem Inkrafttreten an die Stelle des EuGVÜ. Die Zuständigkeitsvorschriften der Verordnung sind danach auf alle Klagen anzuwenden, die ab dem 1. 3. 2002 in einem der Alt-Mitgliedstaaten (mit Ausnahme Dänemarks, Art. 1 Abs. 3 EuGVO)[56] erhoben wurden. Für zuvor erhobene Klagen verbleibt es bei der Geltung des EuGVÜ. Der Frage kommt allerdings für wettbewerbsrechtliche Streitigkeiten nur geringe praktische Bedeutung zu, weil die EuGVO die insoweit einschlägigen Zuständigkeitsregeln des EuGVÜ nur marginal verändert hat. 364

b) EuGVO und Luganer Übereinkommen. Ein Konkurrenzproblem zwischen der EuGVO und dem Luganer Übereinkommen ergibt sich auf dem Gebiet der internationalen Entscheidungszuständigkeit nur für diejenigen Vertragsstaaten des Luganer Übereinkommens, die zugleich Mitgliedstaaten der EuGVO sind; denn die Gerichte von Staaten, die allein dem Luganer Übereinkommen angehören, haben nur dessen Zuständigkeitsregeln anzuwenden. Nach Art. 54 lit. b Abs. 1 LugÜ, der gemäß Art. 68 Abs. 2 EuGVO auch das Verhältnis zur Verordnung regelt, lässt das Luganer Übereinkommen für die Mitgliedstaaten der EG die EuGVO unberührt, soweit die dort normierten Anknüpfungspunkte in einem Mitgliedstaat der Verordnung verwirklicht sind.[57] Nur wenn diese Anknüpfungspunkte auf einen Staat verweisen, der ausschließlich dem Luganer Übereinkommen angehört (zur Zeit nur Island, Norwegen und die Schweiz), haben auch die Gerichte in den Mitgliedstaaten der Verordnung das Luganer Übereinkommen anzuwenden; dies wird in Art. 54b Abs. 2 lit. a LugÜ für die Fälle, dass der Beklagte seinen Wohnsitz in einem Vertragsstaat des Luganer Übereinkommens hat, der nicht Mitglied der EG ist, oder dass die Gerichte eines solchen Vertragsstaats nach Art. 16 oder 17 LugÜ zuständig sind, ausdrücklich klargestellt.[58] Aus deutscher Sicht hat die Zuständigkeitsordnung des Luganer Überein- 365

---

[52] Vgl. *Piltz* NJW 1979, 1071, 1072; *Schack* IZVR Rn 241; zustimmend BGHZ 109, 29, 32 = IPRax 1990, 318 m. Anm. *W. Lorenz* S. 292.

[53] Vgl. *Hausmann* EuLF 2000/01, 40/43 f; *Piltz* NJW 2002, 789, 790; *Gebauer* ZEuP 2001, 943, 954; *Thiele* RIW 2002, 696, 698 f; *Thomas/Putzo/Hüßtege* ZPO Vorbem. EuGVO Rn 12; zustimmend BGH FamRZ 2005, 1987, 1988. Ebenso schon zum EuGVÜ EuGH Slg. 2005, I-1445, 1456 Rn 24–27 – Owusu/Jackson.

[54] Vgl. *Geimer* IPRax 1991, 31 f; *Geimer/Schütze* EuGVO Einl. Rn 234 ff und Art. 2 Rn 111 ff; *Rauscher/Mankowski* EuGVO Vor Art. 2 Rn 12 mwN.

[55] EuGH Slg. 2005, I-1445, 1459 Rn 35 – Owusu/Jackson; *Grolimund* Rn 165 ff; *Staudinger* IPRax 2000, 483, 485; *Lindacher* GRUR Int. 2008, 453, 454; *Kropholler* EuGVO Vor Art. 2 Rn 8; *Schlosser* EuGVO Vor Art. 2 Rn 5; *Geimer/Schütze* EuGVO Art. 2 Rn 111 ff.

[56] Vgl. BGH GRUR 2005, 431, 432 – Hotel Maritime.

[57] Vgl. *Kropholler* EuGVO Einl. Rn 69; *Rauscher/Mankowski* EuGVO Art. 68 Rn 4.

[58] Vgl. BGH NJW 2001, 1731 (Schweiz) und NJW 2001, 1936 (Norwegen).

kommens daher nur noch Bedeutung im Verhältnis zu Island, Norwegen und der Schweiz. Inzwischen hat sich die Europäische Gemeinschaft mit Dänemark, Island, Norwegen und der Schweiz auf ein Nachfolgeübereinkommen geeinigt, mit dem der Text des Lugano-Übereinkommens an die EuGVO angeglichen wird.[59]

366 **c) EuGVO und Staatsverträge auf besonderen Rechtsgebieten.** Regelt ein Übereinkommen auf einem besonderen Rechtsgebiet die internationale Entscheidungszuständigkeit abschließend, so hat diese Regelung gemäß Art. 71 Abs. 1 EuGVO Vorrang vor der Verordnung; entsprechendes gilt gemäß seinem Art. 57 Abs. 1 für das Luganer Übereinkommen. Die in einem solchen Spezialübereinkommen normierten Zuständigkeitsregeln erweitern den *numerus clausus* der besonderen Gerichtsstände nach Art. 5 ff EuGVO, so dass der Beklagte, der an einem vom Spezialabkommen eröffneten Gerichtsstand belangt wird, sich nicht auf Art. 3 Abs. 1 EuGVO berufen kann.[60] Der **Vorrang des Spezialabkommens** greift nach der authentischen Interpretation in Art. 71 Abs. 2 lit. a EuGVO bereits dann ein, wenn derjenige Mitgliedstaat der EuGVO, dessen Gerichte angerufen wurden, das Spezialabkommen ratifiziert hat; hingegen kommt es nicht darauf an, dass das Spezialabkommen auch im Wohnsitzstaat des Beklagten gilt. Auf dem Gebiet der internationalen Zuständigkeit in Wettbewerbssachen gehört die Bundesrepublik Deutschland freilich keinem Staatsvertrag an, der die Zuständigkeitsvorschriften der EuGVO verdrängen könnte.

367 **d) EuGVO und autonomes Recht.** Die EuGVO gilt nach Art. 249 Abs. 2 S. 2 EG in allen Mitgliedstaaten (mit Ausnahme Dänemarks) unmittelbar. Dies stellt Art. 76 Abs. 2 EuGVO noch einmal ausdrücklich klar. Als Teil des sekundären EG-Rechts genießt die Verordnung Anwendungsvorrang vor dem gesamten nationalen Recht einschließlich des Verfassungsrechts.[61] Der **Vorrang der EuGVO** ist auch nicht auf das am 1. 3. 2002 bereits existierende nationale Recht beschränkt; verdrängt werden vielmehr auch nach diesem Zeitpunkt erlassene nationale Vorschriften, die der Verordnung widersprechen;[62] der lex-posterior-Grundsatz gilt insoweit nicht. Damit ist im Geltungsbereich der EuGVO für eine Anwendung nationaler Zuständigkeitsvorschriften nur insoweit Raum, als die Verordnung eine Regelungskompetenz nicht in Anspruch nimmt,[63] wie dies in Teilbereichen insbesondere für die *örtliche* Zuständigkeit zutrifft (vgl. Art. 2 und 22 EuGVO). Hingegen regelt die Verordnung die *internationale* Zuständigkeit in ihrem Anwendungsbereich abschließend.[64] Auf dem Gebiet des Lauterkeitsrechts hat sie daher insbesondere Vorrang vor § 14 UWG und §§ 12 ff, 32 ZPO.[65]

4. Prüfung der internationalen Zuständigkeit

368 Die internationale Zuständigkeit der deutschen Gerichte für Klagen gegen einen Beklagten, der seinen Wohnsitz im Hoheitsgebiet eines anderen Mitgliedstaats hat, ist gemäß Art. 26 Abs. 1 EuGVO von Amts wegen zu prüfen, wenn der Beklagte nicht am Verfahren teilnimmt. Ansonsten muss dieser die mangelnde internationale Zuständigkeit des angerufenen Gerichts grundsätzlich rügen, weil der Zuständigkeitsmangel durch die Einlassung auf das Verfahren nach Art. 24 EuGVO geheilt wird. Lediglich die Frage, ob ein anderer

---

[59] Vgl. die Neufassung des Luganer Übereinkommens mit Protokollen vom 30. 10. 2007, ABl. EU 2007 Nr. L 339 S. 3.

[60] Vgl. *Schlosser* Bericht Rn 240.

[61] *Kropholler* EuGVO Einl. Rn 19 und vor Art. 2 Rn 16 ff; *Rauscher/Staudinger* EuGVO Einl. Rn 27; BGHZ 134, 127, 133; BGH NJW 1999, 1395, 1396; vgl. allgemein zum Vorrang des Gemeinschaftsrechts EuGH Slg. 1964, 1251, 1270 – Costa/E. N. E. L.; *Oppermann* Europarecht, 3. Aufl. 2005, Rn 615 ff.

[62] *Rauscher/Staudinger* EuGVO Einl. Rn 28; *Kropholler* EuGVO Einl. Rn 19.

[63] *Piltz* NJW 2002, 789, 791; *Thomas/Putzo/Hüßtege* ZPO Vorbem. EuGVO Rn 4; MünchKomm/*Mankowski* UWG IntWettbR Rn 406 f.

[64] BGH NJW 1999, 2442; OLG Düsseldorf NJOZ 2006, 145; KG IPRax 1999, 37 m. Anm. *G. Schulze* S. 21; *Kropholler* EuGVO Vor Art. 2 Rn 17, 20.

[65] Dazu → Rn 443 f.

Mitgliedstaat nach Art. 22 EuGVO *ausschließlich* international zuständig ist, muss gemäß Art. 25 EuGVO in jeder Lage des Verfahrens von Amts wegen geprüft werden, selbst wenn das nationale Prozessrecht am Gerichtsort eine Rüge fordert.[66]

Die internationale Zuständigkeit ist eine – gegenüber der örtlichen oder sachlichen Zuständigkeit – **eigenständige Prozessvoraussetzung.** Die Pflicht der Gerichte, die internationale Zuständigkeit – nach der EuGVO wie nach autonomem Recht – in jeder Lage des Verfahrens von Amts wegen zu prüfen,[67] besteht nach deutschem Recht – trotz Änderung der §§ 513 Abs. 2, 545 Abs. 2 ZPO – auch in der Berufungs- und Revisionsinstanz fort.[68] Dabei genügt es für die Annahme einer internationalen Zuständigkeit, wenn der Kläger deren Voraussetzungen schlüssig vorträgt.[69] 369

II. Internationale Gerichtsstände nach der EuGVO

1. Allgemeiner Gerichtsstand, Art. 2 EuGVO

a) Grundsatz. Die EuGVO geht – ebenso wie schon das EuGVÜ und das Luganer Übereinkommen – in Art. 2 Abs. 1 vom Grundsatz *„actor sequitur forum rei"* aus. Der Wohnsitz bzw. Sitz des Beklagten in einem Mitgliedstaat ist damit nicht nur Anwendungsvoraussetzung für die europäische Zuständigkeitsordnung,[70] sondern zugleich Ausgangspunkt des Zuständigkeitssystems der Verordnung. Damit wird allen in einem Mitgliedstaat ansässigen Personen dort ein allgemeiner Passivgerichtsstand garantiert, und zwar auch dann, wenn der Kläger seinen Wohnsitz in einem Drittstaat hat.[71] Dies gilt uneingeschränkt auch für lauterkeitsrechtliche Streitigkeiten; insbesondere können Unterlassungs-, Beseitigungs- oder Schadensersatzklagen wegen unlauteren Wettbewerbs auch dann im Wohnsitzstaat des Beklagten erhoben werden, wenn rechtlich geschützte Interessen von Mitbewerbern, Verbrauchern oder der Allgemeinheit ausschließlich in einem anderen Mitgliedstaat oder in einem Drittstaat berührt sind.[72] Für die den Beklagten begünstigende Regelung *(favor defensoris)* spricht, dass die Verteidigung im Ausland wegen der meist bestehenden Sprachbarrieren und der dem Beklagten fremden Gerichtsorganisation sowie wegen der Notwendigkeit des Erscheinens vor einem räumlich weit entfernten Gericht regelmäßig nicht unerheblich erschwert ist. Der Schutz des Art. 2 Abs. 1 EuGVO erstreckt sich auch auf Angehörige von Drittstaaten, die ihren Wohnsitz in einem Mitgliedstaat der EG haben; denn die Staatsangehörigkeit des Beklagten ist für die Begründung einer internationalen Zuständigkeit nach Art. 2 EuGVO unerheblich.[73] 370

---

[66] Vgl. dazu *Rauscher/Mankowski* EuGVO Art. 25 Rn 1; *Kropholler* EuGVO Art. 25 Rn 3ff.

[67] Vgl. BGHZ 44, 46ff; BGHZ 98, 263, 272f; BGH NJW 1988, 1466 – AGIAV; BGHZ 115, 90, 91; BGHZ 134, 127, 129f; *Schack* IZVR Rn 384f; *Geimer* IZPR Rn 1813ff.

[68] BGHZ 153, 82, 84f = NJW 2003, 426 m. Aufs. *Leible* S. 407 = IPRax 2003, 346 m. Anm. *Pieckenbrock/Schulze* S. 328; vgl. auch *dies.* IPRax 2003, 1ff mwN; ferner BGH GRUR 2005, 431, 432 = NJW 2005, 1435 – Hotel Maritime; BGHZ 162, 246, 249 = GRUR 2005, 510 – Vitamin-Zell-Komplex; BGHZ 167, 91, 97 Rn 20 = NJW 2006, 2630 = GRUR Int. 2006, 605 m. Anm. *Mankowski* – Arzneimittelwerbung im Internet; BGH WRP 2006, 1235 – TOSCA BLU; BGH GRUR 2008, 275, 276 – Versandhandel mit Arzneimitteln.

[69] BGHZ 98, 263, 273; BGH NJW 2001, 1936, 1937; zu Art. 5 Nr. 3 EuGVO → Rn 417 mwN. Vgl. auch *Rauscher/Mankowski* EuGVO Art. 26 Rn 5; *Wieczorek/Schütze/Hausmann* ZPO Art. 20 EuGVÜ Rn 5.

[70] → Rn 360.

[71] EuGH Slg. 2000, I-5925, 5952ff Rn 33ff = NJW 2000, 3121 – Group Josi/UGIC; BGH EuLF 2005, 152.

[72] S. öOGH GRUR Int. 2003, 955 – Inkassobüro BRD; ebenso für die Unterlassungsklage gegen eine inländische Gesellschaft wegen der Verletzung von Immaterialgüterrechten in Österreich und der Schweiz LG München I IPRspr. 2001 Nr. 113; ferner zur negativen Feststellungsklage einer italienischen Gesellschaft gegen die schweizerische Patentinhaberin wegen der Verletzung der ausländischen Teile ihres europäischen Patents am schweizerischen Wohnsitz der Bekl. nach Art. 2 LugÜ schweiz. BG GRUR Int. 2004, 448, 449.

[73] *Zöller/Geimer* ZPO Art. 2 EuGVO Rn 13; MünchKomm/*Mankowski* UWG IntWettbR Rn 408.

371 **b) Wohnsitz.** Die EuGVO definiert den Begriff des Wohnsitzes nicht autonom, sondern hält hierfür in Art. 59 eine **kollisionsrechtliche Lösung** bereit.[74] Nach Art. 59 Abs. 1 EuGVO hat das angerufene Gericht nach seiner *lex fori* zu prüfen, ob der Beklagte im Gerichtsstaat einen Wohnsitz hat. Die Frage, ob der Beklagte in Deutschland einen Wohnsitz hat, beantwortet ein deutsches Gericht daher mit Hilfe der §§ 7 bis 11 BGB. Für exterritoriale Deutsche ist die prozessrechtliche Fiktion in § 15 ZPO zu beachten.[75] Hat der Beklagte nach dem Sach- oder Prozessrecht der *lex fori* keinen Wohnsitz im Gerichtsstaat, so hat das angerufene Gericht zu prüfen, ob der Beklagte in einem anderen Mitgliedstaat wohnt, weil davon die Anwendung der Zuständigkeitsordnung der Verordnung – und damit die Annahme eines ihrer besonderen Gerichtsstände (Art. 5, 6) – abhängt. Während nämlich ein Beklagter, der seinen Wohnsitz außerhalb der Gemeinschaft hat, in Deutschland etwa vor dem Gericht des Ortes verklagt werden kann, an dem sein Vermögen belegen ist (§ 23 Abs. 1 ZPO), kann eine vor dem gleichen Gericht verklagte Person, die ihren Wohnsitz in einem anderen Mitgliedstaat hat, gemäß Art. 3 Abs. 2 EuGVO die Unzuständigkeit des deutschen Gerichts geltend machen. Maßgebend für die Wohnsitzbestimmung in diesem zweiten Schritt ist nach Art. 59 Abs. 2 EuGVO das Prozess- oder Sachrecht[76] desjenigen Mitgliedstaates, in dessen Gebiet der Beklagte wohnt. Ob der Beklagte in Frankreich wohnt, beurteilt sich mithin auch aus der Sicht des angerufenen deutschen Gerichts nach französischem Recht (Art. 102ff Code civil).[77]

372 **c) Gesellschaftssitz.** Für die Bestimmung des „Wohnsitzes" von Gesellschaften und juristischen Personen[78] hat sich der Verordnungsgeber – anders als bei natürlichen Personen – in Art. 60 EuGVO für eine **autonome Definition** entschieden, um positive oder negative Kompetenzkonflikte möglichst zu vermeiden. Die dort verwendeten Begriffe sind daher in der gesamten Gemeinschaft einheitlich auszulegen.[79] Damit weicht die EuGVO von der bisherigen Regelung in Art. 53 Abs. 1 S. 2 EuGVÜ ab, die zur Bestimmung des Sitzes von Gesellschaften und juristischen Personen auf das *internationale Privatrecht* des Gerichtsstaates verwiesen hatte.[80] Nach neuem Recht haben Gesellschaften und juristische Personen ihren Wohnsitz dort, wo sich ihr satzungsmäßiger Sitz, ihre Hauptverwaltung oder ihre Hauptniederlassung befindet. Da der Kläger zwischen diesen drei alternativen Wohnsitzanknüpfungen ein Wahlrecht hat,[81] wird die Gerichtspflichtigkeit von Gesellschaften und juristischen Personen verstärkt, soweit diese Anknüpfungspunkte auf verschiedene Mitgliedstaaten verweisen.[82] Für die Auslegung der Anknüpfungsmerkmale in Art. 60 Abs. 1 EuGVO kann auf die gleichnamigen Begriffe in Art. 48 Abs. 1 EG zurückgegriffen werden; ein solches Verständnis entspricht zugleich der primärrechtskonformen Interpretation der

---

[74] *Kropholler* EuGVO Art. 59 Rn 1; *Geimer/Schütze* EuGVO Art. 59 Rn 1, 6ff.

[75] *Kropholler* EuGVO Art. 59 Rn 6; *Zöller/Geimer* ZPO Art. 59 EuGVO Rn 3.

[76] Das Kollisionsrecht des Wohnsitzstaates bleibt außer Betracht, vgl. *Kropholler* EuGVO Art. 59 Rn 7; *Thomas/Putzo/Hüßtege* ZPO Art. 59 EuGVO Rn 2.

[77] Vgl. zu Art. 52 EuGVÜ Cass. civ. Rev. crit. 1986, 123 m. Anm. *Courbe.*

[78] Der Begriff der „Gesellschaften und juristischen Personen" ist für die Zwecke der EuGVO weit zu fassen. Er umfasst jede Verbandsperson oder Vermögensmasse, die selbständig verklagt werden kann, vgl. *Kropholler* EuGVO Art. 60 Rn 1. Die Fragen der Parteifähigkeit und der gesetzlichen Vertretung von Gesellschaften sind in der VO nicht geregelt. Insoweit gelten die – ggf. durch Art. 43, 48 EG modifizierten – Grundsätze des internationalen Gesellschaftsrechts der lex fori; vgl. dazu eingehend *Reithmann/Martiny/Hausmann* IVR Rn 2195ff m. ausf. Nachw.

[79] *Kropholler* EuGVO Art. 60 Rn 2; *Schlosser* EuGVO Art. 60 Rn 2; *Thomas/Putzo/Hüßtege* ZPO Art. 60 EuGVO Rn 1.

[80] Zu dieser – im Anwendungsbereich des Luganer Übereinkommens weiter geltenden – Anknüpfung *Wieczorek/Schütze/Hausmann* ZPO Art. 2 EuGVÜ Rn 44. Für Gesellschaften, die in einem Mitgliedstaat der EU gegründet wurden, ist allerdings nach Art. 53 Abs. 15.2 LugÜ nicht mehr an den effektiven Verwaltungssitz, sondern an das Gründungsrecht anzuknüpfen, vgl. *Reithmann/Martiny/Hausmann* IVR Rn 2272ff m. ausf. Nachw.

[81] *Hausmann* EuLF 2000/01, 40, 43; *Piltz* NJW 2002, 789, 792; *Kropholler* EuGVO Art. 60 Rn 2; *Rauscher/Staudinger* EuGVO Art. 60 Rn 1.

[82] *Schack* IZVR Rn 253; *Rauscher/Staudinger* EuGVO Art. 60 Rn 1.

EuGVO als Akt des sekundären Gemeinschaftsrechts.[83] Danach hat eine Gesellschaft ihren *satzungsmäßigen Sitz* an dem im Gesellschaftsvertrag bestimmten Sitz. Die *Hauptverwaltung* befindet sich an dem Ort, an dem die grundlegenden unternehmerischen Entscheidungen getroffen werden,[84] also in der Regel am Sitz der Unternehmensleitung. Unter der *Hauptniederlassung* ist schließlich der tatsächliche Schwerpunkt des Geschäftsverkehrs eines Unternehmens zu verstehen, an dem die wesentlichen Personal- und Sachmittel konzentriert sind;[85] sie ist sorgfältig von der (Zweig-)Niederlassung im Sinne des Art. 5 Nr. 5 EuGVO[86] zu unterscheiden.

d) Maßgebender Zeitpunkt. Ebensowenig wie das EuGVÜ enthält die EuGVO Re- 373
geln über den Zeitpunkt, zu dem der Wohnsitz natürlicher Personen bzw. der Sitz von Gesellschaften oder juristischen Personen in einem Mitgliedstaat gegeben sein muss. Es liegt daher nahe, diese Lücke durch die Übernahme des weithin anerkannten Grundsatzes der *perpetuatio fori* zu schließen.[87] Entfallen daher die Zuständigkeitsvoraussetzungen während des Prozesses, etwa weil der Beklagte seinen Wohnsitz aus einem Mitgliedstaat in einen Drittstaat verlegt hat, so ist in der Regel von einer Fortdauer der einmal – nach dem autonomen Prozessrecht der *lex fori* – begründeten internationalen Zuständigkeit auszugehen. Andererseits reicht es aus, wenn die Zuständigkeitsvoraussetzungen nach der Verordnung erst während des Prozesses eintreten. Verlegt also der Beklagte vor Schluss der mündlichen Verhandlung in der letzten Tatsacheninstanz seinen Wohnsitz aus einem Drittstaat nach Deutschland, so sind die deutschen Gerichte gemäß Art. 2 Abs. 1 EuGVO international zuständig, auch wenn bis dahin eine Zuständigkeit nach dem autonomen deutschen Zivilprozessrecht nicht gegeben war.[88]

e) Örtlicher Gerichtsstand. Art. 2 Abs. 1 EuGVO normiert allerdings ausschließlich 374
die **internationale Zuständigkeit** der Gerichte des Wohnsitzstaates. Welches Gericht innerhalb des Wohnsitzstaates im Einzelfall örtlich zuständig ist, richtet sich dagegen nach der autonomen Zuständigkeitsordnung des betreffenden Mitgliedstaates. Soweit die internationale Zuständigkeit der deutschen Gerichte sich auf Art. 2 Abs. 1 EuGVO gründet, ist daher in lauterkeitsrechtlichen Streitigkeiten § 14 für die Bestimmung der örtlichen Zuständigkeit maßgebend. Danach wird der Gerichtsstand in erster Linie durch die gewerbliche oder selbständige berufliche Niederlassung des Beklagten und nur hilfsweise durch dessen Wohnsitz bzw. Sitz bestimmt.[89] Für nicht auf das UWG gestützte Ansprüche gelten hingegen die §§ 12, 13, 17 ZPO.[90]

2. Gerichtsstand der unerlaubten Handlung, Art. 5 Nr. 3 EuGVO

Hat der Beklagte seinen Wohnsitz in einem Mitgliedstaat, so kann er nach Art. 3 Abs. 1 375
EuGVO in einem anderen Mitgliedstaat nur verklagt werden, wenn eine besondere Zuständigkeit nach Art. 5 ff EuGVO besteht. In lauterkeitsrechtlichen Streitigkeiten steht dabei der Gerichtsstand der unerlaubten Handlung nach Art. 5 Nr. 3 EuGVO im Vordergrund. Dieser Gerichtsstand sorgt für einen gerechten Ausgleich zwischen den Zuständigkeitsinteressen des Klägers und des Beklagten. Der Geschädigte kann am **Ort des schädigenden Ereignisses** klagen und ist nicht darauf verwiesen, seine Ansprüche vor dem für ihn nicht

---

[83] Vgl. dazu *Rauscher/Staudinger* EuGVO Einl. Rn 41.

[84] MünchKomm/*Mankowski* UWG IntWettbR Rn 411; *Rauscher/Staudinger* EuGVO Art. 60 Rn 1 mwN.

[85] Vgl. *v. Bar/Mankowski* IPR I § 7 Rn 39; *Kropholler* EuGVO Art. 60 Rn 2.

[86] Dazu → Rn 420 ff.

[87] Vgl. EuGH Slg. 2004, I-1417, 1455 Rn 37 = EuLF 2004, 38 – DFDS Torline/SEKO; *Kropholler* EuGVO Vor Art. 2 Rn 14; *Rauscher/Mankowski* EuGVO Art. 2 Rn 4; *Thomas/Putzo/Hüßtege* ZPO Art. 2 EuGVO Rn 8; ebenso für das EuGVÜ *Wieczorek/Schütze/Hausmann* ZPO Art. 2 EuGVÜ Rn 25. Vgl. zum parallelen Problem im Rahmen der VO (EG) Nr. 1346/2000 über Insolvenzverfahren auch den Vorlagebeschluss des BGH EuLF 2004, 122 = IPRax 2004, 429 m. Anm. *Weller* S. 412.

[88] Vgl. *Kropholler* EuGVO Vor Art. 2 Rn 13; *Rauscher/Mankowski* EuGVO Art. 2 Rn 4 a; *Wieczorek/Schütze/Hausmann* ZPO Art. 2 EuGVÜ Rn 26.

[89] Näher → Rn 446 ff.

[90] Dazu → Rn 465 ff.

vorhersehbaren und unter Umständen weit entfernten Wohnsitzgericht des Schädigers durchzusetzen.[91] Andererseits wäre es – im Hinblick auf mögliche Rechtfertigungsgründe oder mangelndes Verschulden des Schädigers – auch nicht gerechtfertigt, für unerlaubte Handlungen einen allgemeinen Klägergerichtsstand vorzusehen. Der besondere Gerichtsstand des Tatorts gewährleistet demgegenüber für beide Parteien Zuständigkeitssicherheit, weil er nach Eintritt des schädigenden Ereignisses nicht mehr verändert werden kann.[92] Darüber hinaus wird durch Art. 5 Nr. 3 EuGVO ein Gericht für zuständig erklärt, das sich in der Regel durch besondere *Beweis- und Rechtsnähe* auszeichnet.[93] Der zuständigkeitsrechtliche Schutz des Geschädigten durch Art. 5 Nr. 3 EuGVO wird allerdings dadurch eingeschränkt, dass auch der Schädiger an einem Tatort seiner Wahl eine negative Feststellungsklage erheben kann.[94]

376 **a) Begriff der unerlaubten Handlung. aa) Allgemeines.** Die in Art. 5 Nr. 3 EuGVO verwendeten Begriffe „unerlaubte Handlung" und „Handlung, die einer unerlaubten Handlung gleichgestellt ist", müssen – ebenso wie der Begriff des Vertrages in Art. 5 Nr. 1 EuGVO[95] – *autonom* ausgelegt werden.[96] Diese Begriffe sind also nicht als bloße Verweisungen auf das innerstaatliche Recht eines der betroffenen Staaten zu verstehen, etwa auf die *lex fori*[97] oder die *lex causae.*[98] Für eine **autonome Qualifikation** spricht auch hier, dass nur sie die Entstehung möglichst gleicher und einheitlicher Rechte und Pflichten für die betroffenen Personen in allen Mitgliedstaaten sicherstellt. Unter Berücksichtung der Systematik und der Zielsetzung des EuGVÜ hat der EuGH den Begriff der „unerlaubten Handlung" dahin definiert, dass er sich „auf alle Klagen bezieht, mit denen eine Schadenshaftung des Beklagten geltend gemacht wird und die nicht an einen Vertrag im Sinne des Art. 5 Nr. 1 anknüpfen".[99] Daran ist auch unter Geltung der EuGVO festzuhalten.

377 Der Begriff der „unerlaubten Handlung" in Art. 5 Nr. 3 EuGVO umfasst daher alle Fälle der Verschuldenshaftung, die nicht vertraglicher oder vertragsähnlicher Natur sind, einschließlich der Haftung für culpa in contrahendo.[100] Dies gilt nicht nur für Kartellverstöße,[101]

---

[91] *Geimer/Schütze* EuGVO Art. 5 Rn 201 f.

[92] Vgl. *Rauscher/Leible* EuGVO Art. 5 Rn 74.

[93] Den Gesichtspunkt der „Nähe zum Streitgegenstand und der direkten Beweisaufnahme" betont vor allem der EuGH, vgl. EuGH Slg. 1995, 2719, 2739 Rn 10 = IPRax 1997, 331 m. Anm. *Hohloch* S. 312 – Marinari/Lloyd's Bank; EuGH Slg. 1990, 49, 79 Rn 17 – Dumez/France; ferner *Kropholler* EuGVO Art. 5 Rn 73; *Wieczorek/Schütze/Hausmann* ZPO Art. 5 EuGVÜ Rn 49.

[94] Vgl. OLG Köln WRP 1978, 917 – Immer jünger; *Kropholler* EuGVO Art. 5 Rn 78; *Geimer/Schütze* EuGVO Art. 5 Rn 241; *Schack* IZVR Rn 295; aA *Mansel* JZ 1994, 618, 622; → Rn 383.

[95] Vgl. dazu EuGH Slg. 1992, I-3990, 3993 Rn 10 = JZ 1995, 90 m. Anm. *Pfeiffer* – Handte/TMCS; *Staudinger/Hausmann* EGBGB (2002) Anh. II zu Art. 27–37 Rn 48 mwN.

[96] Vgl. EuGH Slg. 1988, 5565, 5584 f Rn 15 f = IPRax 1989, 288 m. Anm. *Gottwald* S. 272 – Kalfelis/Schröder; EuGH Slg. 1992, I-2179, 2180 Rn 18 = IPRax 1993, 28 m. Anm. *Schlosser* S. 17 – Reichert/Dresdner Bank; BGH RIW 2008, 711, 712 Rn 11; OLG Bremen RIW 1992, 231, 233 – Beta; HandelsG Zürich SZIER 1996, 74, 75; *Rauscher/Leible* EuGVO Art. 5 Rn 78; *Kropholler* EuGVO Art. 5 Rn 72; *Schack* IZVR Rn 290; *Staudinger/Fezer/Koos* IntWirtschR Rn 749.

[97] So noch OLG München OLGZ 1987, 216, 217 – Opus Dei; KG VersR 1982, 499, 500.

[98] So die früher hM vgl. etwa BGHZ 98, 263, 274; *Schlosser* IPRax 1984, 66 f; *Geimer* NJW 1988, 3089 f; dagegen *Schack* ZZP 100 (1987), 442, 450.

[99] EuGH Slg. 1988, 5565, 5585 Rn 17 – Kalfelis/Schröder; EuGH Slg. 1992, I-2149, 2180 Rn 16 = IPRax 1993, 28 m. Anm. *Schlosser* S. 17 – Reichert/Dresdner Bank; EuGH Slg. 1998, I-6511, 6543 Rn 22 = IPRax 2000, 210 m. Anm. *Koch* S. 186 – Réunion européenne/Spliethoff's; EuGH Slg. 2002, I-7357, 7393 Rn 21 = IPRax 2003, 143 m. Anm. *Mankowski* S. 127 – Tacconi/Wagner; EuGH Slg. 2002, I-6367, 6398 Rn 33 = IPRax 2003, 50 m. Anm. *Leible* S. 28 – Gabriel; EuGH Slg. 2002, I-8111, 8139 Rn 36 = IPRax 2003, 341 m. Anm. *Michailidou* S. 223 – Verein für Konsumenteninformation/Henkel; BGH IPRax 2003, 346, 348 m. Anm. *Pieckenbrock/Schulze* S. 328; BGH NJW 2006, 689; Kritisch zu dieser negativen Definition des deliktischen Anspruchs als „nicht-vertraglich" *Geimer* NJW 1988, 3089; *Schlosser* RIW 1988, 987, 989 f; *Gottwald* IPRax 1989, 272.

[100] Zur c.i.c. EuGH Slg. 2002, I-7357, 7393 Rn 25 ff = EuLF 2002, 306 – Tacconi/Wagner; ferner Art. 12 Rom II-VO.

[101] LG Dortmund EWS 2004, 434; *Bulst,* EWS 2004, 403, 404; *Mäsch* IPRax 2005, 539, 544; ebenso zum „refus de vente" nach französischem Recht Cass. civ. DS 1991. I.58 sowie die Vorinstanz App. Amiens

die Verletzung von Urheberrechten[102] und gewerblichen Schutzrechten[103] sowie des allgemeinen Persönlichkeitsrechts,[104] sondern vor allem auch für sämtliche Tatbestände des **unlauteren Wettbewerbs.**[105] Dies wurde in der Rechtsprechung etwa für die Versendung wettbewerbswidriger Werbung,[106] die Ausnutzung des guten Rufs eines Wettbewerbers durch Internetwerbung,[107] den Internet-Versandhandel mit Arzneimitteln,[108] den Vertrieb von Produkten unter einer Kennzeichnung, die auch ein Wettbewerber für seine eigenen Produkte verwendet,[109] sowie wegen der Durchführung von Sportwetten ohne die hierfür vorgeschriebene staatliche Genehmigung[110] entschieden.

bb) Gewinnmitteilungen. Demgegenüber können Klagen auf Erfüllung von Gewinnmitteilungen nach § 661 a BGB bzw. den entsprechenden Vorschriften anderer Mitgliedstaaten (zB § 5j öKSchG) nach der Rechtsprechung des EuGH nur dann unter Art. 5 Nr. 3 EuGVO fallen, wenn sie nicht an einen Vertrag im Sinne des Art. 5 Nr. 1 EuGVO anknüpfen. Eine solche akzessorische Anknüpfung ist insbesondere geboten, wenn der Abschluss eines (Kauf-)Vertrages Voraussetzung für eine Gewinnauskehr ist und der Empfänger der Gewinnmitteilung eine Bestellung tatsächlich getätigt hat. Ist der Empfänger in diesem Fall – wie regelmäßig – Verbraucher, so ist dann der Verbrauchergerichtsstand nach Art. 15, 16 Abs. 1, 2. Fall EuGVO maßgebend.[111] Hingegen hat der EuGH für den Fall, dass der Anspruch auf den versprochenen Gewinn nicht von einer Warenbestellung des Verbrauchers abhing und dieser eine solche auch nicht getätigt hatte, eine internationale Zuständigkeit der Gerichte am Wohnsitzstaat des Verbrauchers nach Art. 14 Abs. 1, 2. Fall 378

J. C. P. 1990. J. 21 585 m. Anm. *Bosquet-Denis;* ferner *Immenga/Mestmäcker/Rehbinder* GWB § 130 Abs. 2 Rn 257.

102 Vgl. BGHZ 171, 151 = GRUR 2007, 871 Rn 17 – Wagenfeld – Leuchte; öOGH GRUR Int. 2000, 795; LG Mannheim NJW 2002, 624; *Stauder* GRUR Int. 1976, 465, 473; *Berger* GRUR Int. 2005, 465 ff; *Reber* ZUM 2005, 194; *Geimer/Schütze* EuGVO Art. 5 Rn 213; *Thomas/Putzo/Hüßtege* ZPO Art. 5 EuGVO Rn 10; *Kubis* S. 199 ff mwN.

103 Vgl. zur Verletzung von Patenten OLG München OLGR 2002, 147, 148; OLG Düsseldorf IPRax 2001, 336 m. Anm. *Otte* S. 315 und LG Düsseldorf GRUR Int. 1999, 455, 456 f – Schussfadengreifer; LG Düsseldorf GRUR Int. 1999, 775, 778 – Impfstoff II; öOGH IPRax 2002, 131; Mœlnlycke AB v. Procter and Gamble Ltd. [1992] 4 All E. R. (C. A.); zur Verletzung von Markenrechten BGH NJW 1988, 1466 – AGIAV; BGH GRUR 1994, 530, 532 – Beta; BGH GRUR 2005, 431, 432 = JZ 2005, 736 m. Anm. *Ohly* – Hotel Maritime; BGH GRUR Int. 2008, 347, 349 – Cambridge Institute; KG RIW 2001, 611, 612; OLG Hamburg CR 2002, 837 = IPRax 2004, 125 m. Anm. *Kurtz* S. 107; öOGH ÖBl. 2002, 28; dazu *Hausmann* EuLF 2003, 278 ff; *Grabinski* GRUR Int. 2001, 199, 203; *Lange* WRP 2000, 940 ff; *Pansch* EuLF 2000/01, 353 ff; *Kieninger* GRUR Int. 1998, 280, 282; *Stauder* GRUR Int. 1976, 465 ff, 473 ff; *ders.* IPRax 1998, 317 ff; *Kubis* S. 226 f, jeweils mwN.

104 EuGH Slg. 1995, I-415, 463 Rn 34 ff = IPRax 1997, 111 m. Anm. *Kreuzer/ Klötgen* S. 90 – Shevill/ Presse Alliance; OLG München OLGZ 1987, 216, 217 – Opus Dei; AG Hamburg RIW 1990, 319 f; ferner *Coester-Waltjen* FS Schütze S. 175; *Kubis* S. 90, 104 f mwN.

105 BGH NJW 1988, 1466, 1467 = IPRax 1989, 98 m. Anm. *Mansel* S. 84 – AGIAV; GRUR 1998, 419 – Gewinnspiel im Ausland; BGHZ 153, 82, 84 f = NJW 2003, 426; BGH GRUR 2005, 431 = NJW 2005, 1435 – Hotel Maritime; BGHZ 162, 246, 249 = NJW 2005, 1788 – Vitamin-Zell-Komplex; BGHZ 167, 91, 98 Rn 21 = GRUR Int. 2006, 605 m. Anm. *Mankowski* = WRP 2006, 736 m. Anm. *Ohly* S. 1401 – Arzneimittelwerbung im Internet; OLG München NJW-RR 1994, 190 und IPRspr. 2003 Nr. 102; OLG Hamm RIW 1997, 354, 355; OLG Frankfurt SpuRt 1999, 200; KG NJW-RR 2002, 113 – Internetapotheke Doc Morris; KG ZLR 2003, 604; OLG Dresden RIW 2002, 959, 960; Trib. comm. Liège J. T. 1983, 556; Cass. com. J. C. P. 1993 Pan. 492; Cass. (Italien) Riv. dir. int. priv. proc. 1994, 344. Vgl. ferner *Lindacher* FS Nakamura S. 323 ff; *ders.,* GRUR Int. 2008, 453, 454 f.; *Ahrens* Kap. 16 Rn 11; *Teplitzky* 45. Kap. Rn 21; *Müller-Feldhammer* EWS 1998, 162, 165. Zustimmend *Harte/Henning/Retzer* UWG § 14 Rn 79; *Geimer/ Schütze* EuGVO Art. 5 Rn 210; *Kropholler* EuGVO Art 5 Rn 74; *Rauscher/Leible* EuGVO Art. 5 Rn 79; MünchKomm/*Gottwald* ZPO Art. 5 EuGVO Rn 56; *Wieczorek/Schütze/Hausmann* ZPO Art. 5 EuGVÜ Rn 51; *Staudinger/Fezer/Koos* IntWirtschR Rn 749.

106 OLG Hamm NJW-RR 1998, 139.

107 BGH GRUR 2005, 431 – Hotel Maritime.

108 BGHZ 167, 91 = NJW 2006, 2630 – Arzneimittelwerbung im Internet.

109 BGHZ 162, 246 = NJW 2005, 1788 – Vitamin-Zell-Komplex.

110 OLG Köln RIW 2004, 627 = GRUR-RR 2005, 36.

111 Vgl. EuGH Slg. 2002, I-6367, 6404 Rn 60 = NJW 2002, 2697 – Gabriel (zu Art. 13 EuGVÜ); zustimmend OLG Hamm NJW-RR 2003, 717 und RIW 2003, 305; KGR 2004, 218.

EuGVÜ abgelehnt, weil es dann an dem von Art. 13 Abs. 1 Nr. 3 EuGVÜ geforderten Vertrag, der „die Erbringung einer Dienstleistung oder die Lieferung beweglicher Sachen zum Gegenstand" habe, fehle.[112] Auch damit ist freilich nach Ansicht des EuGH der Weg zu einer auf Art. 5 Nr. 3 EuGVÜ gestützten internationalen Zuständigkeit nicht frei. Vorrangig sei vielmehr der allgemeine Vertragsgerichtsstand nach Art. 5 Nr. 1 EuGVÜ zu prüfen.[113] Der Vertragsbegriff in Art. 5 Nr. 1 sei – anders als der Begriff des Verbrauchervertrags in Art. 13 EuGVÜ – aufgrund seiner systematischen Stellung nicht eng, sondern weit auszulegen.[114] Er setze nicht den Abschluss eines Vertrages voraus, sondern nur die von einer Person gegenüber einer anderen freiwillig eingegangene Verpflichtung. Eine solche gehe aber auch ein Verkäufer ein, der durch sein Schreiben beim Verbraucher den Eindruck erwecke, dieser werde einen Preis erhalten, sofern er nur die vom Verkäufer festgelegten Bedingungen abzeptiere und die Auszahlung des versprochenen Gewinns tatsächlich verlange.[115]

379 Diese vertragliche Qualifikation vernachlässigt zwar die Nähe des Anspruchs auf Erfüllung von Gewinnzusagen zum Recht des **unlauteren Wettbewerbs.** Denn die zivilrechtliche Sanktion des Erfüllungsanspruchs soll gerade die – offenbar nicht ausreichenden – wettbewerbsrechtlichen Sanktionen ergänzen. Die unlautere Werbung mittels Vortäuschung scheinbarer Gewinne soll nach der vom europäischen Gesetzgeber mit der Richtlinie 97/7/EG verfolgten Intention unterbunden werden, indem dem Empfänger das Recht gegeben wird, den Unternehmer beim Wort zu nehmen und die Leistung des ihm mitgeteilten Gewinns zu verlangen. Damit liegt dem Anspruch aus § 661a BGB aber durchaus ein als „unerlaubte Handlung" in dem weiten Sinne des Art. 5 Nr. 3 EuGVO einzustufender Wettbewerbsverstoß zugrunde.[116] Auch die angeordnete Sanktion – Erfüllung statt Schadensersatz – steht einer auf Art. 5 Nr. 3 EuGVO gestützten internationalen Zuständigkeit nicht notwendig entgegen, weil die vom EuGH verwendete Formulierung („Klagen, mit denen eine Schadenshaftung des Beklagten geltendgemacht wird") anerkanntermaßen zu eng ist.[117] Aufgrund des vom EuGH vertretenen Vorrangs des Vertragsgerichtsstands nach Art. 5 Nr. 1 vor dem Gerichtsstand der unerlaubten Handlung nach Art. 5 Nr. 3 EuGVO[118] und des gleichzeitig zugrunde gelegten weiten Vertragsbegriffs verbleibt bei Klagen auf Erfüllung von Gewinnzusagen für Art. 5 Nr. 3 EuGVO allerdings in der Regel kein Raum. Ferner dürfte die Erweiterung des sachlichen Anwendungsbereichs der Gerichtsstände in Verbrauchersachen durch die Neufassung von Art. 15 Abs. 1 lit. c EuGVO zur Folge haben, dass Gewinnzusagen nunmehr – anders als noch unter Geltung des EuGVÜ – grundsätzlich in den Gerichtsständen des Art. 16 EuGVO eingeklagt werden können.[119]

---

[112] EuGH Slg. 2005, I-481, 513 Rn 33ff = NJW 2005, 811 – Engler/Janus Versand.

[113] EuGH aaO Rn 29f.

[114] EuGH aaO Rn 45ff; kritisch zu diesen unterschiedlichen Vertragsbegriffen innerhalb der EuGVO *Leible* NJW 2003, 407f.

[115] EuGH Slg. 2005, I-481, 516ff, Rn 45ff = EuLF 2005, 37 – Engler/Janus Versand; zustimmend BGHZ 168, 172, 177ff. = NJW 2006, 230 = IPRax 2006, 602 m. Anm. *Jordans* S. 582; OLG Rostock NJW-RR 2006, 209; ähnlich schon früher OLG Nürnberg IPRax 2003, 54, 57; OLG Celle IPRspr. 2002 Nr. 159; LG Potsdam VersR 2003, 379; *S. Lorenz* NJW 2000, 3305, 3309; *ders.* IPRax 2002, 192, 193.

[116] So auch die in Deutschland ganz hM bis 2005, vgl. BGHZ 153, 82, 89ff = NJW 2003, 426; BGH NJW 2004, 1652, 1653; BGH NJW 2004, 3039; OLG Dresden RIW 2002, 959, 960; OLG Frankfurt OLGR 2002, 169f; OLG Köln VuR 2003, 474 m. Anm. *Schneider* OLG Stuttgart NJW-RR 2004, 1063; OLG Rostock NJOZ 2004, 2121; *Fetsch* RIW 2003, 936, 942; *Leible* IPRax 2003, 28, 30f; *ders.* NJW 2003, 407, 409; *Rauscher/Schülke* EuLF 2000/01, 334, 337; *Schneider* BB 2002, 1653, 1656; *Simons* EuLF 2003, 41, 43f; *Staudinger* JZ 2003, 852, 856 und ZEuP 2004, 767, 777; *Felke/Jordans* IPRax 2004, 409, 411; *Thomas/Putzo/Hüßtege* ZPO Art. 5 EuGVO Rn 17; aA OLG Nürnberg NJW 2002, 3637; OLG Brandenburg IPRspr. 2002 Nr. 138; zur kollisionsrechtlichen Bewertung als Eingriffsnorm iSv. Art. 34 EGBGB/Art. 9 Rom I-VO → Rn 259.

[117] → Rn 380ff.

[118] Diesen Vorrang hat die deutsche Rechtsprechung lange Zeit missachtet, indem sie die Frage nach der Anwendbarkeit von Art. 5 Nr. 1 EuGVO offenließ, weil sich die internationale Zuständigkeit hilfsweise jedenfalls aus Art. 5 Nr. 3 EuGVO ergebe; vgl. die Nachweise in Fn 116.

[119] Zutreffend OLG Rostock NJW-RR 2006, 209; *S. Lorenz* NJW 2006, 472, 475; aA noch OLG Braunschweig NJW 2006, 161.

cc) Unterlassungsansprüche. Zu den Rechtsfolgen einer außervertraglichen Schadenshaftung gehören auch **Unterlassungs- und Beseitigungsansprüche.** Der Gerichtsstand des Art. 5 Nr. 3 EuGVO ist daher – entgegen der zu eng geratenen Formel des EuGH[120] – nicht nur für Zahlungsansprüche auf Schadensersatz, sondern auch für Beseitigungs- und Unterlassungsklagen eröffnet,[121] auch wenn sie zu Handlungen oder Unterlassungen im Ausland verurteilen.[122] 380

Ob dies auch für **vorbeugende Unterlassungsklagen** gilt, war hingegen unter Geltung des EuGVÜ heftig umstritten; denn der Wortlaut des Art. 5 Nr. 3 EuGVÜ (wie auch heute noch Art. 5 Nr. 3 LugÜ) setzte eine bereits eingetretene unerlaubte Handlung voraus und schien damit präventive Klagen, mit denen zB die Veröffentlichung eines ehrverletzenden Presseartikels oder eines wettbewerbswidrigen Zeitungsinserats verhindert oder der Handel mit Waren verboten werden sollte, die unter Verletzung von Vorschriften des gewerblichen Rechtsschutzes hergestellt oder angeboten wurden, im *forum delicti* nicht zu gestatten.[123] Eine an Sinn und Zweck der Vorschrift orientierte Auslegung legte es demgegenüber nahe, vorbeugende Unterlassungsklagen auch im Gerichtsstand des Art. 5 Nr. 3 EuGVÜ zuzulassen, zumal der Kläger einstweiligen Rechtsschutz auch am Ort der drohenden unerlaubten Handlung beantragen konnte.[124] Diesen Streit hat der Verordnungsgeber nunmehr eindeutig entschieden, in dem er den Art. 5 Nr. 3 um die Worte „... oder einzutreten droht" ergänzt hat.[125] Der EuGH hat daher unter Hinweis auf diese Klarstellung in der EuGVO schon vor deren Inkrafttreten vorbeugende Unterlassungsklagen im Gerichtsstand des Art. 5 Nr. 3 EuGVÜ zugelassen.[126] Denn die Erwägung, dass das Gericht des Ortes, an dem das schädigende Ereignis eingetreten ist, besonders wegen der Nähe zum Streitgegenstand und der leichteren Beweisaufnahme in der Regel am besten in der Lage ist, den Rechtsstreit zu entscheiden, gilt unabhängig davon, ob sich das Verfahren auf den Ersatz eines bereits eingetretenen Schadens oder auf eine Klage zur Verhinderung eines künftigen Schadenseintritts bezieht.[127] Diese Auslegung ist auch für Art. 5 Nr. 3 LugÜ zu übernehmen.[128] International zuständig sind die Gerichte sowohl am Ort der drohenden Verletzungshandlung als auch am Ort des drohenden Verletzungserfolgs.[129] Dies gilt unabhängig davon, ob die vorbeugende Unterlassungsklage im Inland auf eine – zB durch 381

---

120 → Rn 376.

121 BGH NJW-RR 2006, 566; *Schlosser*-Bericht Nr. 134; *Behr* GRUR Int. 1992, 604, 607; *Müller-Feldhammer* EWS 1998, 162ff; *Hausmann* EuLF 2003, 278; *Geimer/Schütze* EuGVO Art. 5 Rn 234; *Kropholler* EuGVO Art. 5 Rn 74; *Kubis* S. 111f.

122 *Schack* IZVR Rn 712.

123 Für einen Ausschluss präventiver Klagen unter Hinweis auf den eindeutigen Wortlaut von Art. 5 Nr. 3 EuGVÜ und die – mangels begangener unerlaubter Handlung – fehlende Beweisnähe des Gerichts am Ort der bloßen Erstbegehungsgefahr etwa LG Bremen RIW 1991, 416 und OLG Bremen RIW 1992, 231, 233 – Beta; Cass. (Italien) Riv. dir. int. priv. proc. 1990, 685, 693; Trib. Lodi Riv. dir. int. priv. proc. 1992, 332, 335f.

124 So zu Recht der *Schlosser*-Bericht Nr. 134; zustimmend BGH GRUR 1994, 530, 532 – Beta (Vorlagebeschluss); OLG München NJW-RR 1994, 190; LG Düsseldorf GRUR Int. 1999, 775, 777f – Impfstoff II; LG Hamburg SpuRt 2000, 200; *Geimer/Schütze* EuGVO Art. 5 Rn 169, 174; MünchKomm/*Gottwald* ZPO Art. 5 EuGVO Rn 59; *Behr* GRUR Int. 1992, 604, 607; *Brannekämper* WRP 1994, 661; *Mankowski* EWS 1994, 305, 307; *Müller-Feldhammer* EWS 1998, 162, 167; *Kubis* S. 112f; *Schack* IZVR Rn 292; *Nagel/Gottwald* IZPR § 3 Rn 196; MünchKomm/*Mankowski* UWG IntWettbR Rn 437ff mwN.

125 Zur Anwendung von Art. 5 Nr. 3 EuGVO auf vorbeugende Unterlassungsklagen BGH NJW 2006, 689; OLG Hamburg IPRspr. 2005 Nr. 103; *Hye-Knudsen* S. 112; *Rauscher/Leible* EuGVO Art. 5 Rn 81; MünchKomm/*Mankowski* UWG IntWettbR Rn 433.

126 EuGH Slg. 2002, I-8111, 8142f Rn 46ff = EuLF 2002, 302 – Verein für Konsumenteninformation/Henkel; zustimmend BGH GRUR Int. 2005, 433 = NJW 2005, 1435 – Hotel Maritime; *Bettinger/Thum* GRUR Int. 1999, 659, 665; *Kur* WRP 2000, 935, 936; *Mankowski* EWiR 2002, 1047; *Michailidou* IPRax 2003, 223ff; *Harte/Henning/Glöckner* Einl D Rn 14.

127 EuGH (vorige Fn); ferner EuGH Slg. 2004, I-1417, 1452ff Rn 27, 33 = EuLF 2004, 38 – DFDS Torline/SEKO; zustimmend *Geimer/Schütze* EuGVO Art. 5 Rn 228f.

128 *Harte/Henning/Glöckner* Einl D Rn 14; *Staudinger/Fezer/Koos* IntWirtschR Rn 749 aE.

129 BGH GRUR 1994, 530, 532 – Beta. Zu den erforderlichen Anhaltspunkten für einen drohenden Schadenseintritt App. Orléans Rev. crit. 93 (2004), 139 m. Anm. *Gaudemet-Tallon*.

frühere Wettbewerbsverletzungen begründete – Wiederholungsgefahr oder auf eine Erstbegehungsgefahr gestützt wird.[130] Der Gerichtsstand bleibt auch dann erhalten, wenn die schädigende Handlung nach Eintritt der Rechtshängigkeit eingestellt wird.[131]

382 Unterlassungsklagen aus unerlaubter Handlung können auch von einem **Verbraucherschutzverband** – zB nach §§ 3, 4 UKlaG[132] – im Gerichtsstand des Art. 5 Nr. 3 EuGVO erhoben werden. Denn der Begriff des „schädigenden Ereignisses" in dieser Vorschrift ist weit zu verstehen. Er erfasst daher im Bereich des Verbraucherschutzes nach der Rechtsprechung des EuGH „nicht nur Sachverhalte, in denen ein Einzelner einen individuellen Schaden erleidet, sondern auch Angriffe auf die Rechtsordnung durch die Verwendung missbräuchlicher Klauseln", deren Verhinderung die Aufgabe des klagenden Verbandes ist.[133] Nur eine solche Auslegung steht auch mit der EG-Richtlinie 93/13 über missbräuchliche Klauseln in Verbraucherverträgen im Einklang; denn die Wirksamkeit der in dieser Richtlinie vorgesehenen Klagen auf Unterlassung der Verwendung unzulässiger Klauseln wäre erheblich beeinträchtigt, wenn diese Klagen nur im Staat der Niederlassung des Gewerbetreibenden erhoben werden könnten. Darüber hinaus können aber auch die in § 8 Abs. 3 Nr. 2 bis 4 genannten weiteren Verbände, Einrichtungen und Kammern im Gerichtsstand des Art. 5 Nr. 3 EuGVO auf Unterlassung oder Schadensersatz klagen.[134]

383 **dd) Hilfsansprüche.** Der Deliktsgerichtsstand ist ferner auch für Hilfsansprüche im Wettbewerbsprozess eröffnet. Da der Verletzte häufig bei Klageerhebung noch nicht übersieht, in welchem Umfang in seine geschützten Rechtspositionen eingegriffen wurde, kann er auch nach nationalem Recht begründete **Ansprüche auf Auskunft** oder Rechnungslegung am forum delicti geltend machen.[135] Außerdem findet Art. 5 Nr. 3 EuGVO auf **Regressansprüche** bei Haftung mehrerer aus einer unerlaubten Handlung (zB nach §§ 840, 426 BGB) Anwendung.[136] Schließlich können in diesem Gerichtsstand auch **negative Feststellungsklagen** erhoben werden, mit denen der Kläger die Feststellung begehrt, dass sein Verhalten nicht den Tatbestand einer unlauteren Wettbewerbshandlung erfüllt.[137]

384 **ee) Abgrenzungen.** Demgegenüber ist der Gerichtsstand des Art. 5 Nr. 3 EuGVO für Ansprüche aus **ungerechtfertigter Bereicherung** nicht eröffnet. Dies gilt nicht nur für Ansprüche aus Leistungs- oder Verwendungskondiktion,[138] sondern auch für solche Bereicherungsansprüche, die aus einem deliktischen Eingriff in Rechtsgüter des Klägers herge-

---

[130] Vgl. näher MünchKomm/*Mankowski* UWG IntWettbR Rn 435 f; für Beschränkung auf den erstgenannten Fall hingegen *Müller-Feldhammer* EWS 1998, 162, 169 f; wohl auch OLG Bremen RIW 1992, 231, 233 – Beta.

[131] EuGH Slg. 2004, I-1417, 1455 Rn 37 = IPRax 2006, 61 m. Anm. *Franzen* S. 127 – DFDS Torline/SEKO.

[132] *Rauscher/Leible* EuGVO Art. 5 Rn 82; *Staudinger/Fezer/Koos* IntWirtschR Rn 749; dazu auch → § 14 Rn 49.

[133] EuGH Slg. 2002, I-8111, 8141 Rn 42 – Verein für Konsumenteninformation/Henkel; *Rauscher/Leible* EuGVO Art. 5 Rn 82; *Geimer/Schütze* EuGVO Art. 5 Rn 232; aA *Schlosser* EuGVO Art. 5 Rn 16 aE; näher *Ahrens* WRP 1994, 649 ff; *Lindacher* FS Lüke S. 377 ff, sowie → Rn 519 ff.

[134] OLG Hamburg IPRspr. 2005 Nr. 103 (Schutzverband zur Bekämpfung von Wirtschaftskriminalität); *Michailidou* IPRax 2003, 223, 225.

[135] Vgl. zur Verletzung gewerblicher Schutzrechte LG Düsseldorf GRUR Int. 1999, 455, 457 – Schussfadengreifer; *Grabinski* GRUR Int. 2001, 199, 203; ferner *Mansel* IPRax 1998, 84; *Wieczorek/Schütze/Hausmann* ZPO Art. 5 EuGVÜ Rn 51; *Schlosser* EuGVO Art. 5 Rn 16.

[136] OLG Celle VersR 1991, 234; *Geimer/Schütze* EuGVO Art. 5 Rn 219.

[137] Vgl. *Kropholler* EuGVO Art. 5 Rn 78; *Rauscher/Leible* EuGVO Art. 5 Rn 82; MünchKomm/*Gottwald* ZPO Art. 5 EuGVO Rn 60; Equitas Ltd. v. Wave City Shipping (C.A.) All. E.R. 2005, 206; aA Cass. (Italien) GRUR Int. 2005, 264 m. abl. Anm. *Wurmnest;* Högsta Domstolen (Schweden) GRUR Int. 2001, 178; Trib. Bologna GRUR Int. 2000, 1021 m. Anm. *Stauder; Schlosser* EuGVO Art. 5 Rn 15 aE. Einschränkend für negative Feststellungsklage wegen Patentverletzung auch Cass. (Italien) Riv. dir. int. priv. proc. 1990, 685; OLG München OLGR 2002, 147.

[138] öOGH JBl. 1998, 515 (zum LugÜ); *Kropholler* EuGVO Art. 5 Rn 75; zu Unrecht aA Cass. (Italien) Riv. dir. int. priv. proc. 1991, 172; dazu *W. Lorenz* IPRax 1993, 44.

leitet werden,[139] wie zB die im deutschen Recht anerkannten Ansprüche auf Herausgabe der durch die unerlaubte Benutzung eines fremden gewerblichen Schutzrechts erlangten Vorteile in Gestalt einer angemessenen Lizenzgebühr.[140] Auch insoweit kommt es nicht darauf an, wie derartige Ansprüche im deutschen materiellen Recht qualifiziert werden; entscheidend ist allein, ob es sich insoweit bei Zugrundelegung autonomer europäischer Auslegung um eine *außervertragliche Schadensersatzhaftung* des Beklagten handelt. Dies ist aber bei der Zubilligung fiktiver Lizenzgebühren wegen Verletzung gewerblicher Schutzrechte oder des Urheberrechts nach § 812 Abs. 1 S. 1, 2. Alt. BGB nicht der Fall, weil diese keinen Schaden des Verletzten voraussetzt, sondern nur die eingetretene Vermögensverschiebung ausgleicht.[141] Gleiches gilt für die Gewährung von Ansprüchen aus Eingriffskondiktion auf dem Gebiet des Lauterkeitsrechts – zB wegen unlauterer Nachahmung oder wegen der Ausbeutung fremden Rufs bzw. fremder Geschäftsgeheimnisse.[142] Daran ändert auch der gegenüber § 32 ZPO erweiterte Wortlaut des Art. 5 Nr. 3 EuGVO nichts; denn durch die Erstreckung auf „Handlungen, die einer unerlaubten Handlung gleichgestellt" sind, sollten lediglich verschuldensunabhängige Ansprüche („quasi-délits", zB aus Gefährdungshaftung), nicht aber Bereicherungsansprüche einbezogen werden.[143]

Fraglich ist, ob der Anspruch auf **Zahlung einer angemessenen Lizenzgebühr** auch 385
dann aus dem sachlichen Anwendungsbereich des Art. 5 Nr. 3 EuGVO ausgeschlossen ist, wenn dieser nach dem nationalen Wettbewerbsrecht – wie nach § 9 – nicht als Bereicherungsanspruch, sondern – im Rahmen der sog. „dreifachen Schadensberechnung"[144] – als Schadensersatzanspruch aufgrund abstrakter (objektiver) Schadensberechnung geltend gemacht wird. Diese Möglichkeit wird dem Verletzten vor allem deshalb eröffnet, weil die konkrete (subjektive) Schadensberechnung, die auf Geldersatz in Höhe des tatsächlich entstandenen Differenzschadens (einschließlich des entgangenen Gewinns) gerichtet ist, im Wettbewerbsrecht auf erhebliche Beweisschwierigkeiten stößt.[145] Diese Schadensberechnung im Wege der Lizenzanalogie weist zwar eine gewisse Nähe zum Bereicherungsrecht auf; deshalb dürfen etwa Umstände, die nicht den Bereicherungsumfang, sondern die Schadenshöhe betreffen, in diesem Zusammenhang nicht herangezogen werden.[146] Dennoch wirkt die Lizenzanalogie in der Sache wie die Gewährung eines Mindestschadensersatzes, der dem Verletzten das übliche Entgelt für die Nutzung seines Immaterialguts sichern soll. Der Übergang des verletzten Klägers von der konkreten zur abstrakten Schadensberechnung durch Geltendmachung einer angemessenen Lizenzgebühr sollte daher nicht aus prozessualen Gründen scheitern. Der Gerichtsstand des Art. 5 Nr. 3 EuGVO sollte vielmehr für die Geltendmachung von Schadensersatzansprüchen wegen Wettbewerbsverletzungen unabhängig davon zur Verfügung stehen, in welcher Weise der Verletzte seinen Schaden berechnet.[147]

Nichts anderes sollte dann gelten, wenn der Verletzte statt dessen auf **Herausgabe des** 386
vom Verletzer tatsächlich erzielten Gewinns klagt.[148] Dieser – auch im Urheberrecht (§ 97 Abs. 1 S. 2 UrhG) normierte – Anspruch wurde zwar in Analogie zum Herausgabeanspruch aus angemaßter Eigengeschäftsführung (§§ 687 Abs. 2, 681 S. 2, 667 BGB) entwickelt. Damit besteht eine gewisse Nähe zu Ansprüchen aus Geschäftsführung ohne Auf-

---

139 EuGH Slg. 1988, 5565, 5586 Rn 21 – Kalfelis/Schröder; zustimmend öOGH ZfRV 2001, 70; *Holl* IPRax 1998, 120; *Kropholler* EuGVO Art. 5 Rn 75; *Rauscher/Leible* EuGVO Art. 5 Rn 83; MünchKomm/*Gottwald* ZPO Art. 5 EuGVO Rn 61. Vgl. auch BGHZ 132, 105, 108 zu Ansprüchen aus Verlöbnisbruch.

140 Vgl. BGHZ 82, 299, 306 ff – Kunststoffprofil II; → § 8 Rn 355 mwN.

141 *Kubis* S. 107 f; zustimmend *Geimer/Schütze* EuGVO Art. 5 Rn 206, 224.

142 *Staudinger/Fezer/Koos* IntWirtschR Rn 754.

143 *W. Lorenz* IPRax 1993, 44, 46; *Schlosser* EuGVO Art. 5 Rn 15.

144 Vgl. → § 9 Rn 28 ff. Art. 5 Nr. 3 EuGVO ist unstreitig anwendbar, wenn der Verletzte im Rahmen von § 9 UWG Naturalrestitution nach § 249 Abs. 1 BGB oder Geldersatz in Höhe des tatsächlich entstandenen Differenzschadens einschließlich des entgangenen Gewinns (§ 252 BGB) verlangt.

145 → § 9 Rn 23 ff.

146 Sog. Verquickungsverbot, vgl. BGH GRUR 1980, 841, 844 – Tolbutamid.

147 *Staudinger/Fezer/Koos* IntWirtschR Rn 755; MünchKomm/*Gottwald* ZPO Art. 5 EnGVO Rn 56.

148 Zu dieser Schadensberechnung näher → § 9 Rn 32.

trag, die ebenfalls aus dem Anwendungsbereich des Art. 5 Nr. 3 EuGVO ausgeschlossen sind. Denn der Anspruch auf Gewinnherausgabe zielt nicht auf Ersatz eines konkret entstandenen Schadens, sondern auf einen billigen Ausgleich für den vom verletzten Rechteinhaber erlittenen Vermögensnachteil. Auch insoweit wird jedoch vor allem wegen der praktischen Schwierigkeit, den durch den Eingriff in das Ausschließlichkeitsrecht tatsächlich entgangenen Gewinn zu ermitteln, eine Kongruenz zwischen Verletzergewinn und Verlust des Verletzten fingiert. Der Sache nach handelt es sich also ebenfalls um eine objektive Schadensberechnung, die zu unterbleiben hat, wenn nach allgemeiner Lebenserfahrung kein unmittelbarer Zusammenhang zwischen dem Verletzergewinn und dem Gewinnentgang beim Berechtigten besteht.[149] Auch diese Schadensberechnung muss dem Verletzten daher im Gerichtsstand des Art. 5 Nr. 3 EuGVO eröffnet sein.[150]

387 Um das Sanktionensystem des geltenden Lauterkeitsrechts zu verbessern, hat der deutsche Gesetzgeber mit der UWG-Reform 2004 in § 10 eine **Verbandsklage zur Gewinnabschöpfung** eingeführt. Danach kann derjenige, der dem § 3 vorsätzlich zuwiderhandelt und hierdurch zu Lasten einer Vielzahl von Abnehmern einen Gewinn erzielt, von den gemäß § 8 Abs. 3 Nr. 2 bis 4 zur Geltendmachung eines Unterlassungsanspruchs Berechtigten auf Herausgabe dieses Gewinns an den Bundeshaushalt in Anspruch genommen werden. Bei dem in § 10 normierten Anspruch auf Gewinnabschöpfung handelt es sich um eine Sanktion sui generis, deren Terminologie keinen Bezug zum Schadensersatzrecht aufweist.[151] Der Anspruch ist vielmehr stärker bereicherungsrechtlich ausgerichtet und weist auch Elemente der Fremdgeschäftsführung auf.[152] Es geht also nicht um die Kompensation eines dem Aktivlegitimierten tatsächlich entstandenen Schadens, sondern um die Abschöpfung eines wettbewerbswidrig erworbenen Vermögenszuwachses zugunsten des Bundeshaushalts mit dem Ziel der Abschreckung. Ob auch dieser Anspruch im Gerichtsstand des Art. 5 Nr. 3 EuGVO geltend gemacht werden kann, erscheint daher zumindest zweifelhaft.[153]

388 Durch diese restriktive Auslegung des Art. 5 Nr. 3 EuGVO verliert der internationale Gerichtsstand der unerlaubten Handlung bei der Verletzung von Immaterialgüterrechten und bei Wettbewerbsverstößen stark an Attraktivität. Denn dem Geschädigten wird damit das Recht genommen, im Prozess vor dem nach Art. 5 Nr. 3 EuGVO zuständigen Gericht vom Schadensersatzanspruch jedenfalls dann auf Zahlung der üblichen Lizenzgebühr oder auf Herausgabe des effektiven Verletzergewinns überzugehen, wenn diese Ansprüche nur aus Bereicherungsrecht oder Geschäftsführung ohne Auftrag begründet sind. Um dieser Entwertung des besonderen Deliktsgerichtsstands entgegenzutreten, wird daher zu Recht eine Ausdehnung dieser Zuständigkeit auf alle **konkurrierenden Anspruchsgrundlagen** gefordert.[154] Der EuGH lehnt freilich eine solche Ausdehnung des *forum delicti commissi* auf andere, nicht deliktische Anspruchsgrundlagen ab.[155] Unter Hinweis auf die Systematik der EuGVO legt er die in Art. 5 und 6 EuGVO normierten „besonderen Zuständigkeiten" – als Ausnahmen vom Grundsatz der Wohnsitzzuständigkeit nach Art. 2 Abs. 1 EuGVO – einschränkend aus. Soweit deren besondere Voraussetzungen nicht erfüllt sind, setzt sich also das berechtigte Interesse des Beklagten durch, nur an seinem allgemeinen Gerichts-

[149] BGH GRUR 1995, 349, 352 – Objektive Schadensberechnung; näher → § 9 Rn 32.

[150] Ebenso *Staudinger/Fezer/Koos* IntWirtschR Rn 754; MünchKomm/*Gottwald* ZPO Art. 5 EuGVO Rn 56; aA Kubis S. 108 f.

[151] *Wimmer-Leonhardt* GRUR 2004, 12, 15 f; *Harte/Henning/Goldmann* § 10 Rn 10; → § 10 Rn 100.

[152] → § 10 Rn 100.

[153] Bejahend *Staudinger/Fezer/Koos* IntWirtschR Rn 757.

[154] Vgl. *Geimer* IPRax 1986, 80, 81 f; *ders.* NJW 1988, 3089, 3090; *Geimer/Schütze* EuGVO Art. 5 Rn 222; *Gottwald* IPRax 1989, 272 ff; *Mansel* ZVglRWiss 86 (1987), 1, 21; *Wolf* IPRax 1999, 86 f; *Staudinger/Fezer/Koos* IntWirtschR Rn 756; *Honorati* Riv. dir. int. priv. proc. 1994, 281, 300 ff.

[155] So EuGH Slg. 1988, 5565, 5585 Rn 16 ff = IPRax 1989, 298 m. krit. Anm. *Gottwald* S. 272 – Kalfelis/Schröder; vgl. auch schon EuGH Slg. 1983, 987, 1003 Rn 17 = IPRax 1984, 85 m. Anm. *Schlosser* S. 65 – *Peters*/ZNAV; zustimmend BGHZ 132, 105, 112 f = NJW 1996, 1411; BGHZ 153, 173, 180; BGH EuLF 2005 II, 61 m. Anm. *Blobel* = IPRax 2006, 40, 43 m. zust. Anm. *Looschelders* S. 14; OLG Köln IPRax 2006, 479 m. Anm. *v. Hein* S. 460; Cass. civ. Rev. crit. 2004, 652 m. Anm. *Ancel*.

stand belangt zu werden.[156] Dies gilt nicht nur bei der Verletzung von Persönlichkeits- und Immaterialgüterrechten, sondern auch bei *Wettbewerbsverstößen*. Denn der Wortlaut des Art. 5 Nr. 3 EuGVO erfordert ein „schädigendes Ereignis"; damit wird vermieden, dass die Vorschrift zum „Auffanggerichtsstand" für sämtliche nicht-vertraglichen Ansprüche wird.[157]

Das nach Art. 5 Nr. 3 EuGVO zuständige Gericht ist somit zwar berechtigt, über alle Ansprüche zu entscheiden, die kraft autonomer Auslegung als deliktisch zu qualifizieren sind; insbesondere ist es unerheblich, ob die Anspruchsgrundlage nach dem anwendbaren nationalen Recht in speziellen wettbewerbsrechtlichen Vorschriften oder in den allgemeinen Vorschriften des Zivilrechts enthalten ist. Hingegen ist das angerufene Gericht nicht zuständig, über die Klage auch unter nicht-deliktischen Gesichtspunkten (zB Vertrag, ungerechtfertigte Bereicherung, Geschäftsführung ohne Auftrag) zu entscheiden, weil eine solche Annexkompetenz der Verordnung unbekannt ist. Konkurriert also ein Wettbewerbsverstoß mit einer Vertragsverletzung, so kann das am forum delicti angerufene Gericht die Schadensersatzansprüche nur unter wettbewerbs- oder allgemein deliktsrechtlichen Gesichtspunkten zusprechen. Daran ändert auch der Umstand nichts, dass die Parteien dem gleichen Staat angehören und das materielle Recht dieses Staates zur Anwendung kommt.[158] Möchte der Kläger die Nachteile vermeiden, die sich aus einer solchen Aufsplitterung der Gerichtsstände ergeben, so muss er die Klage gemäß Art. 2 EuGVO vor das Wohnsitzgericht des Beklagten bringen; allein dieses kann die Klage auf der Grundlage sämtlicher (vertrags- wie deliktsrechtlichen) Anspruchsgrundlagen würdigen. Ferner ermöglicht Art. 28 EuGVO dem zuerst angerufenen Gericht, unter bestimmten Umständen über den gesamten Rechtsstreit zu entscheiden, wenn zwischen den vor verschiedenen Gerichten erhobenen Klagen ein hinreichender Zusammenhang besteht. Das Bestehen konkurrierender Ansprüche aus Vertrag oder ungerechtfertigter Bereicherung hindert den Kläger freilich nicht, seine wettbewerbsrechtlichen oder deliktischen Ansprüche im Gerichtsstand des Art. 5 Nr. 3 EuGVO einzuklagen.[159] 389

Die **Vorfrage,** ob ein Wettbewerbsverstoß deshalb ausscheidet, weil das Handeln des Beklagten aufgrund einer vertraglichen Vereinbarung mit dem Kläger gerechtfertigt war, kann hingegen im Gerichtsstand des forum delicti entschieden werden. Denn insoweit geht es nicht um die unzulässige Ausdehnung des Gerichtsstandes nach Art. 5 Nr. 3 EuGVO auf die Entscheidung über konkurrierende vertragliche Ansprüche, sondern um die Prüfung der Rechtswidrigkeit als einer notwendigen Voraussetzung für den geltend gemachten deliktischen Anspruch.[160] 390

b) Ort des schädigenden Ereignisses. aa) Alternative Bestimmung des Begehungsorts. International und örtlich zuständig für Klagen aus unerlaubten Handlungen ist „das Gericht des Ortes, an dem das schädigende Ereignis eingetreten ist oder einzutreten droht". Die Auslegung dieser Worte in Art. 5 Nr. 3 EuGVO wirft immer dann Probleme auf, wenn die Tatbestandsmerkmale einer unerlaubten Handlung nicht alle an demselben, sondern an verschiedenen Orten verwirklicht worden sind. Bei diesen sog. **Distanzdelikten** stellt sich insbesondere die Frage, ob der Ort gemeint ist, an dem das Schadensereignis eingetreten ist, oder der Ort, an dem der Schädiger die unerlaubte Handlung durch aktives Tun oder Unterlassen begangen hat. Der EuGH hat diese – von den Verfassern des EuG- 391

---

156 *Würthwein* ZZP 106 (1993), 51, 75 f.

157 *Kubis* S. 109 f; zustimmend auch *Schack* IZVR Rn 347; *Schlosser* EuGVO Art. 5 Rn 2; *Thomas/Putzo/Hüßtege* ZPO Art. 5 EuGVO Rn 19; *Rauscher/Leible* EuGVO Art. 5 Rn 84.

158 BGH EuLF 2005 II 61 m. Anm. *Blobel* = IPRax 2006, 40 m. Anm. *Looschelders* S. 14; ebenso Cass. (Italien) Nr. 13 662/2004.

159 BGH RIW 2008, 711, 712 Rn 13; OLG Köln IPRax 2006, 479 m. Anm. *v. Hein* S. 460; OLG Karlsruhe OLGR 2007, 453; *Ch. Wolf* IPRax 1999, 82, 85 f; *Rauscher/Leible* EuGVO Art. 5 Rn 84; MünchKomm/*Gottwald* ZPO Art. 5 EnGVO Rn 61; aA OlG Koblenz RIW 1990, 316; OLG Stuttgart RIW 1999, 782.

160 BGH NJW 1988, 1466, 1467 = IPRax 1989, 98 m. Anm. *Mansel* S. 84 – AGIAV; *Rauscher/Leible* EuGVO Art. 5 Rn 84; *Kropholler* EuGVO Art. 5 Rn 80; *Schlosser* EuGVO Art. 5 Rn 16.

VÜ bewusst offen gelassene[161] – Frage in seinem bekannten „Rheinwasser-Fall" für das EuGVÜ im Wege **vertragsautonomer Interpretation** dahin entschieden, dass die Wendung „Ort, an dem das schädigende Ereignis eingetreten ist" sowohl den Ort meint, an dem der Schaden entstanden ist, als auch den Ort des ursächlichen Geschehens.[162] Der Kläger kann daher – ebenso wie nach §§ 14 Abs. 2 S. 1 UWG, 32 ZPO[163] – nach seiner Wahl entweder vor dem Gericht des Ortes klagen, an dem in seine Rechtsgüter eingegriffen worden ist, oder vor dem Gericht des Ortes, an dem der Schädiger gehandelt hat. An dieser **alternativen Anknüpfung an den Handlungs- oder Erfolgsort** wird auch unter Geltung der EuGVO allgemein festgehalten.[164]

392 Den entscheidenden Grund für die – vom Wortlaut des Art. 5 Nr. 3 EuGVO nicht erzwungene – Auslegung sieht der EuGH im Sinn und Zweck der besonderen Zuständigkeiten nach Art. 5, die dem Kläger neben der allgemeinen Zuständigkeit am Wohnsitz des Beklagten (Art. 2 Abs. 1 EuGVO) zur Verfügung stehen sollen. Diese Wahlmöglichkeit des Klägers dient einer geordneten Rechtspflege und einer sachgerechten Gestaltung des Prozesses; ihr liegt – wie der besonderen Zuständigkeit in Art. 5 Nr. 3 EuGVO überhaupt[165] – die Erwägung zugrunde, dass in bestimmten Fallgestaltungen eine besonders enge Beziehung zwischen einer Streitigkeit und dem zur Entscheidung berufenen Gericht besteht. Bei einer unerlaubten Handlung kann aber – je nach Sachlage – sowohl der Ort des ursächlichen Geschehens als auch der Ort der Verwirklichung des Schadenserfolges eine für die gerichtliche Zuständigkeit hinreichende Verknüpfung begründen. Berücksichtigt man den engen Zusammenhang, der bei einer Schadensersatzpflicht aus unerlaubter Handlung zwischen den verschiedenen Tatbestandsmerkmalen besteht, so scheint es nach Auffassung des EuGH „nicht angebracht, sich nur für einen der erwähnten Anknüpfungspunkte zu entscheiden und den anderen auszuschließen". Jeder von beiden kann je nach Lage des Falles für die Beweiserhebung und für die Gestaltung des Prozesses in eine besonders sachgerechte Richtung weisen. Die Wahl des einen unter Ausschluss des anderen erscheint umso weniger wünschenswert, als sich Art. 5 Nr. 3 EuGVO mit seinem weit gefassten Wortlaut auf sehr vielfältige Typen der Schadensersatzpflicht erstreckt".[166] Der EuGH begründet die alternative Anknüpfung ferner damit, dass der Ort des ursächlichen Geschehens häufig mit dem Wohnsitz bzw. Sitz des Schädigers zusammenfallen wird, so dass Art. 5 Nr. 3 EuGVO bei einem alleinigen Abstellen auf den Handlungsort nur geringe praktische Bedeutung hätte. Entscheide man sich aber nur für den Ort, an dem sich der Schadenserfolg verwirklicht hat, so hätte dies zur Folge, dass beim Auseinanderfallen von Handlungs- und Erfolgsort eine sachgerechte Verbindung zu einem der Schadensursache besonders nahen Gerichtsstand ausgeschlossen würde. Schließlich entspreche die gefundene Lösung auch dem rechtsvergleichenden Befund zum autonomen Prozessrecht der meisten Mitgliedstaaten.

393 Fraglich könnte allerdings sein, ob die für grenzüberschreitende Umweltschäden entwickelte Lösung unbesehen auch auf die **internationale Zuständigkeit in Wettbewerbssachen** übertragen werden kann. Denn hier ist die vom EuGH befolgte Methode, mit Hilfe „einer ordnenden Zusammenfassung von in den meisten beteiligten Staaten bereits im Grundsatz anerkannten Lösungen"[167] eine einheitliche europäische Auslegung zu errei-

---

[161] Vgl. *Jenard-Bericht* zu Art. 5 Nr. 3 EuGVÜ.

[162] EuGH Slg. 1976, 1735, 1746 Rn 15 ff = NJW 1977, 493 m. Anm. *Geimer* – Bier/Mines de Potasse d'Alsace; zustimmend *Linke* RIW/AWD 1977, 358 f.

[163] → Rn 455.

[164] OLG Düsseldorf NJOZ 2006, 145 ; *Kropholler* EuGVO Art. 5 Rn 81; *Rauscher/Leible* EuGVO Art. 5 Rn 85; *Thomas/Putzo/Hüßtege* ZPO Art. 5 EuGVO Rn 19; *Geimer/Schütze* EuGVO Art. 5 Rn 241 ff. Vgl. auch BGH RIW 2008, 399, 400 Rn 17 (zum LugÜ).

[165] EuGH Slg. 1976, 1735, 1746 Rn 11 – Bier/Mines des Potasse d'Alsace; EuGH Slg. 2002, I-8111, 8141 Rn 46 – Verein für Konsumenteninformation/Henkel; EuGH Slg. 2004, I-6009, 6029 Rn 15 = EuLF 2004, 191 – Kronhofer/Maier.

[166] EuGH Slg. 1976, 1735, 1746 Rn 15/19 – Bier/Mines de Potasse d'Alsace; zustimmend für Wettbewerbsverletzungen *Müller-Feldhammer* EWS 1998, 102, 105; *Kropholler* EuGVO Art. 5 Rn 82.

[167] EuGH Slg. 1976, 1735, 1747 Rn 20–23 – Bier/Mines de Potasse d'Alsace.

chen, kaum zielführend, weil die Auffassungen über den „Begehungsort" bei lauterkeitsrechtlichen Streitigkeiten in den Mitgliedstaaten zum Teil erheblich differieren.[168] So hat insbesondere die deutsche Rechtsprechung die zur kollisionsrechtlichen Anknüpfung von Wettbewerbsverstößen entwickelten Grundsätze[169] teilweise in das Recht der internationalen Zuständigkeit übertragen. Danach sind die deutschen Gerichte auf dem Gebiet des unlauteren Wettbewerbs international nur zuständig, wenn die wettbewerblichen Interessen der betroffenen Mitbewerber auf dem inländischen Markt kollidieren bzw. wenn ein Wettbewerbsverstoß im Inland droht. Ist dies nicht der Fall, so soll eine Wahlmöglichkeit zwischen dem inländischen Handlungsort und dem ausländischen Marktort für den Kläger auch im Recht der internationalen Zuständigkeit nicht bestehen.[170] Dementsprechend wird im Schrifttum auch für den Geltungsbereich des Art. 5 Nr. 3 EuGVO verbreitet eine Einschränkung des Ubiquitätsprinzips zugunsten einer Zuständigkeit allein am Marktort gefordert.[171]

An der **Harmonisierung von Zuständigkeits- und Kollisionsrecht** wird indessen bereits im autonomen Recht berechtigte Kritik geübt, weil das Zuständigkeitsrecht den Kläger ganz bewusst privilegiert; er soll durch die Möglichkeit, zwischen einer Klage am Handlungs- und am Erfolgsort wählen zu können, in die Lage versetzt werden, das für ihn unter dem Gesichtspunkt der Sach- und Beweisnähe geeignetere Gericht anzurufen.[172] Anders als im Kollisionsrecht geht es im Zuständigkeitsrecht nicht darum, den räumlichen Schwerpunkt der Wettbewerbsverletzung im Wege einer Gewichtung der betroffenen Schutzinteressen zu bestimmen. Dies zeigt sich schon darin, dass Art. 5 Nr. 3 EuGVO nicht als ausschließlicher Gerichtsstand ausgestattet ist und dem Kläger deshalb in jedem Fall auch der allgemeine Gerichtsstand am Wohnsitz des Beklagten (Art. 2 Nr. 1 EuGVO) oder der besondere Gerichtsstand am Wohnsitz eines Streitgenossen (Art. 6 Nr. 1 EuGVO) offen steht, mag auch die Wettbewerbsverletzung in einem ganz anderen Staat begangen worden sein. Zwar hat sich der EuGH bisher noch nicht explizit zu der Frage geäußert, ob die internationale Zuständigkeit für Klagen wegen Wettbewerbsverletzungen alternativ auch an dem – vom Marktort verschiedenen – Handlungsort erhoben werden kann. Er ist jedoch in seiner bisherigen Rechtsprechung zu Art. 5 Nr. 3 EuGVO weder bei Pressedelikten[173] noch bei Verbandsklagen wegen der Verwendung missbräuchlicher AGB[174] von der alternativen Bestimmung des Begehungsorts abgewichen, so dass diese auch für das Lauterkeitsrecht uneingeschränkt gilt.[175] Es ist auch nicht zu erwarten, dass die Vereinheitlichung der Kollisionsregeln für den unlauteren Wettbewerb in der EU durch Art. 6 der EG-Verordnung Nr. 864/2007 („Rom II") vom 11. 7. 2007[176] daran etwas ändern wird. 394

---

[168] Vgl. zu den Anknüpfungen in Österreich und der Schweiz → Rn 76 ff, in Frankreich, Großbritannien, Italien und Spanien → Rn 85 ff, jeweils mN.

[169] Zur Anknüpfung von Wettbewerbsverstößen im früheren autonomen deutschen IPR eingehend → Rn 61 ff, 182 ff.

[170] BGH GRUR 1971, 153, 154 – Tampax; OLG Celle GRUR Int. 1977, 238, 240 – „Sets"; OLG Frankfurt ZUM 1991, 593; näher → Rn 460 ff mwN.

[171] Für Harmonisierung von Kollisions- und Zuständigkeitsrecht mit der Folge, dass auch nach Art. 5 Nr. 3 EuGVO nur am Marktort geklagt werden kann; *Schack* MMR 2000, 135, 137; *Harte/Henning/Glöckner* Einl D Rn 16; *Staudinger/Fezer/Koos* IntWirtschR Rn 761; *Kurtz* IPRax 2004, 107; *Thomas/Putzo/Hüßtege* ZPO Art 5 EuGVO Rn 19 a.E.; MünchKomm/*Mankowski* UWG IntWettbR Rn 419 ff.

[172] Vgl. *Lindacher* FS Nakamura S. 321, 327; *ders.*, GRUR Int. 2008, 453, 454; *Geimer* IZPR Rn 1517 a; näher → Rn 462; kritisch dazu MünchKomm/*Mankowski* UWG IntWettbR Rn 422.

[173] EuGH Slg. 1995, I-415, 459 Rn 20 – Shevill/Presse Alliance.

[174] EuGH Slg. 2002, I-8111, 8141 Rn 44 ff – Verein für Konsumenteninformation/Henkel. Ebenso zu Schäden aufgrund des Aufrufs zu kollektiven Kampfmaßnahmen durch eine Gewerkschaft EuGH Slg. 2004, I-1417, 1441 ff = EuLF 2004, 38 – DFDS Torline/SEKO.

[175] So auch KG MMR 2001, 759 f = NJW-RR 2002, 113 – Internetapotheke Doc Morris; BGHZ 153, 82, 89 ff = NJW 2003, 426, 428 m. Anm. *Leible* S. 407; BGHZ 167, 91, 98 Rn 21 = NJW 2006, 2630 – Arzneimittelwerbung im Internet; BGH GRUR 2008, 275, 276 – Versandhandel mit Arzneimitteln; gegen eine Beschränkung des Gerichtsstands nach Art. 5 Nr. 3 EuGVO auf den Ort der Interessenkollision (Marktort) auch *Behr* GRUR Int. 1992, 604, 608; *Bachmann* IPRax 1998, 179, 182; *Gloy/Schütze* Hdb § 97 Rn 21. Ebenso in Frankreich Cass. civ. 9. 2. 1993, Az. 91/10885; App. Lyon 3. 4. 2003, Az. 02/05910.

[176] ABl. EU 2007 Nr. L 199 S. 40; dazu → Rn 154 ff.

395 **bb) Erfolgsort.** Erfolgsort ist der Ort, „an dem die schädigenden Auswirkungen des haftungsauslösenden Ereignisses zu Lasten des Betroffenen eintreten".[177] Der Erfolgsort im Sinne des Art. 5 Nr. 3 EuGVO entspricht daher regelmäßig dem für die Zwecke der kollisionsrechtlichen Anknüpfung maßgeblichen wettbewerbsrechtlichen Begehungsort. Danach ist auch die internationale Zuständigkeit für Wettbewerbsverstöße grundsätzlich nur an dem Ort begründet, an dem die wettbewerblichen Interessen der Mitbewerber aufeinander stoßen.[178] Die deutschen Gerichte sind hiernach für alle Schadensersatz- und Abwehrklagen in- und ausländischer Unternehmen international zuständig, die auf eine unzulässige Beeinträchtigung der Stellung des klagenden Unternehmens auf dem deutschen Markt gestützt werden, mag die Tathandlung auch im Ausland vorgenommen worden sein.[179] Diese **Zuständigkeitsanknüpfung an den Marktort** als Erfolgsort bleibt auch dort erhalten, wo im Kollisionsrecht nicht das Marktortprinzip, sondern das Herkunftslandprinzip gilt. Die internationale Zuständigkeit am Erfolgsort nach Art. 5 Nr. 3 EuGVO wird also nicht dadurch in Frage gestellt, dass das angerufene Gericht – etwa im Geltungsbereich der E-Commerce-Richtlinie – den Wettbewerbsverstoß durch unzulässige Internetwerbung kollisionsrechtlich nach dem Recht des Herkunftslandes zu beurteilen hat.[180] Das für eine Anknüpfung an das Herkunftsland im Kollisionsrecht streitenden Interesse, den elektronischen Geschäftsverkehr zu fördern und auch für kleinere und mittlere Unternehmen attraktiv zu machen, kann es nicht rechtfertigen, die alternative Anknüpfung an den Handlungs- und den Erfolgsort in dem Sinne einzuschränken, dass die betroffenen Mitbewerber und Verbraucher nur noch am Handlungsort klagen können.

396 Solange das internationale Deliktsrecht innerhalb der EG nicht vereinheitlicht ist,[181] fördert ein dem Geschädigten großzügig eingeräumtes Wahlrecht freilich ein „forum shopping". Da es aber nicht nur um die Interessen des verletzten Klägers, sondern auch darum geht, den Beklagten vor möglicherweise unberechtigten Angriffen in Schutz zu nehmen, müssen die Wahlmöglichkeiten des Verletzten sinnvoll begrenzt werden,[182] zumal nach ständiger Rechtsprechung des EuGH die „Vermeidung einer Häufung von Gerichtsständen in Bezug auf ein und dasselbe Rechtsverhältnis" zu den wesentlichen Zielen des Brüsseler Übereinkommens gehört.[183] Der EuGH bringt dies mit der Formel zum Ausdruck, dass den besonderen Gerichtsständen in Art. 5 EuGVO eine „strikte Auslegung" zu geben sei, die „nicht über die im Übereinkommen vorgesehenen Fälle hinausgehen" dürfe.[184] Im Interesse dieser berechtigten Belange des Beklagten hat der Gerichtshof mit Recht ausgesprochen, dass der zuständigkeitsbegründende Ort des Schadenseintritts nicht auch am Wohnsitz oder Sitz eines nur **mittelbar Geschädigten** liegt, sondern allein dort, wo das haftungsauslösende Ereignis den unmittelbar Betroffenen geschädigt hat.[185] Erleidet also die deutsche Tochtergesellschaft eines französischen Unternehmens durch das wettbewerbswid-

[177] EuGH Slg. 1995, I-415, 461 Rn 28 = IPRax 1997, 111 m. Anm. *Kreuzer/Klötgen* S. 90 – Shevill/ Presse Alliance.

[178] Vgl. OLG Jena WRP 1997, 980, 982 – Lückenlose Vertriebsbindung (zur Klage auf Unterlassung von Handlungen im Ausland, die ein Vertriebsbindungssystem in Deutschland beeinträchtigen); *Lindacher* GRUR Int. 2008, 453, 454; *Puhr* S. 153; *Staudinger/Fezer/Koos* IntWirtschR Rn 762; → § 14 Rn 51. Zum Kollisionsrecht bei Wettbewerbsverstößen näher → Rn 182 ff, besonders → Rn 202, 205, 224 ff m. ausf. Nachw.

[179] Zu Einzelfällen → Rn 405 mN.

[180] KG NJW-RR 2002, 113; zum Herkunftslandprinzip im internationalen Wettbewerbsrecht → Rn 124 ff.

[181] Die EG-VO Nr. 864/2007 über das auf außervertragliche Schuldverhältnisse anzuwendende Recht („Rom II") vom 11. 7. 2007 ist nach ihrem Art. 32 am 11. 1. 2009 in Kraft getreten; näher → Rn 154 ff.

[182] Vgl. dazu *Kropholler* EuGVO Art. 5 Rn 87 ff; *Schack* IZVR Rn 293; *Mankowski* MMR 2002, 817, 818. Vgl. auch OLG Stuttgart RIW 1998, 809 m. Anm. *Mankowski* EWiR 1998, 1085, das sich gegen eine „unbegrenzte Vervielfältigung des Deliktsgerichtsstands" und seine „Denaturierung zum Klägergerichtsstand" wendet.

[183] Vgl. zuletzt EuGH Slg. 2004, I-1417, 1452 Rn 26 = EuLF 2004, 38 – DFDS Torline/SEKO mwN.

[184] EuGH Slg. 1988, 5565, 5586 Rn 19 – Kalfelis/Schröder; EuGH Slg. 2004, I-6009, 6029 Rn 14 = EuLF 2004, 191 – Kronhofer/Maier.

[185] EuGH Slg. 1990, I-49, 80 Rn 22 – Dumez France/Hessische Landesbank.

rige Verhalten eines deutschen Konkurrenten unmittelbaren Schaden, so kann die französische Muttergesellschaft gegen den deutschen Schädiger nicht etwa an ihrem eigenen Sitz in Frankreich mit der Begründung klagen, die ihr Vermögen schädigenden finanziellen Auswirkungen der Wettbewerbsverletzung seien auch dort eingetreten.[186] Erfolgsort ist vielmehr allein der Ort, an dem die primär betroffene Tochtergesellschaft geschädigt wurde; der am Sitz der Tochter begründete Gerichtsstand steht dann freilich auch der nur mittelbar geschädigten Muttergesellschaft offen.[187]

Darüber hinaus ist der Erfolgsort auch von solchen Orten abzugrenzen, an denen ledig- 397
lich **weitere Folgen des Schadensereignisses** eintreten. Der EuGH betont in seiner Rechtsprechung zu Art. 5 Nr. 3 EuGVÜ bisher mit Nachdruck, dass die dem Kläger eröffnete Wahlmöglichkeit zwischen dem Ort des ursächlichen Geschehens (Handlungsort) und dem Ort der Verwirklichung des Schadenserfolges (Erfolgsort) „nicht über die sie rechtfertigenden besonderen Umstände hinaus erstreckt" werden dürfe, weil andernfalls der in Art. 2 Abs. 1 EuGVO aufgestellte allgemeine Grundsatz der Zuständigkeit der Gerichte im Wohnsitzstaat des Beklagten ausgehöhlt werde.[188] Im Ergebnis läuft eine Anknüpfung an den bloßen Schadensort im Regelfall auf die Begründung eines Klägergerichtsstands hinaus, dem die Verordnung – außer in den von ihr ausdrücklich vorgesehenen Fällen – ablehnend gegenübersteht.[189] Aus diesem Grunde kann die Wendung „Ort, an dem das schädigende Ereignis eingetreten ist" nicht so weit ausgelegt werden, dass sie jeden Ort erfasst, an dem lediglich die nachteiligen Folgen eines Umstands spürbar werden, der bereits einen – tatsächlich an einem anderen Ort entstandenen – Schaden verursacht hat.[190] Abzustellen ist daher allein auf den Ort des sog. „Erstschadens", d.h. den Ort, an dem erstmals in das geschützte Rechtsgut eingegriffen wurde; demgegenüber bleiben die Orte, an denen sich lediglich Folgeschäden verwirklicht haben, für die Zuständigkeitsanknüpfung außer Betracht.[191] Dies gilt selbst dann, wenn das Recht des Staates, in dem der Folgeschaden eintritt, dem Geschädigten zusätzliche eigenständige Ansprüche einräumt.[192] Aus diesem Grunde reicht es für die internationale Zuständigkeit der deutschen Gerichte im Lauterkeitsrecht nicht aus, dass ein deutscher Wettbewerber als mittelbare Folge der Interessenkollision auf einem ausländischen Markt einen Absatzrückgang auch an seinem inländischen Geschäftssitz hinzunehmen hat.[193]

Praktische Bedeutung erlangt diese Einschränkung im Wettbewerbsprozess vor allem in 398
Fällen der unlauteren Werbung, wenn **Werbemarkt und Absatzmarkt** auseinanderfallen. Die hM zum deutschen internationalen Privatrecht des unlauteren Wettbewerbs knüpft

---

[186] EuGH (vorige Fn); zustimmend Cass. civ. DS 1990. I.R. 158.

[187] Diese Konsequenz hat der EuGH zwar nicht ausdrücklich gezogen; sie wird jedoch zu Recht befürwortet von *Huet* Clunet 1990, 502f; *Gaudemet-Tallon* Rev. crit. 1990, 376; *Hausmann* EuLF 2003, 278, 280; *Kropholler* EuGVO Art. 5 Rn 91.

[188] EuGH Slg. 1995, I-2719, 2739 Rn 14f = IPRax 1997, 331 m. Anm. *Hohloch* S. 312 = JZ 1995, 1107 m. Anm. *Geimer* = EuZW 1995, 765 m. Anm. *Holl* – Marinari/Lloyd's Bank; zustimmend BGH RIW 2008, 399, 400 Rn 17; HR (Niederlande) NJ 2002, 37; Cass. (Belgien) Pas. 2002, 604; Cass. (Italien) 22. 7. 2004 Nr. 13662; öOGH JBl. 1998, 517; *Callori* Riv. dir. int. priv. proc. 1997, 615, 632ff.

[189] EuGH Slg. 2004, I-6009, 6031 Rn 20 = EuLF 2004, 191 m. Anm. *Blobel* = IPRax 2005, 32 m. Anm. *v. Hein* S. 17 = ZZP Int. 2005, 197 m. Anm. *Junker* – Kronhofer/Maier.

[190] EuGH Slg. 1995, I-2719, 2739 Rn 14 = JZ 1995, 1107 m. Anm. *Geimer* – Marinari/Lloyd's Bank; vgl. ferner EuGH Slg. 2004, I-6009, 6030 Rn 19 – Kronhofer/Maier und OLG Stuttgart NJW-RR 1999, 138: Vermögensschaden bei Geldanlagen im Ausland begründet keinen Gerichtsstand nach Art. 5 Nr. 3 EuGVO am Wohnsitz des geschädigten Anlegers. Ebenso für einen Antrag auf dinglichen Arrest gegen einen Schuldner mit Wohnsitz in der Schweiz OLG Karlsruhe OLGR 1998, 140; ferner Cass. (Italien) Riv.dir.int.priv.proc. 2003, 547; vgl. auch *Blobel* EuLF 2004, 187ff.

[191] Zustimmend die ganz hM, vgl. *Geimer* JZ 1995, 1108ff; *Kohler* ZEuP 1996, 465ff; *Hohloch* IPRax 1997, 312, 313f; *Kiethe* NJW 1994, 222, 225f; *Schwarz* S. 160f; *Kropholler* EuGVO Art. 5 Rn 87; *Schlosser* EuGVO Art. 5 Rn 19; *Thomas/Putzo/Hüßtege* ZPO Art. 5 EuGVO Rn 19; *Geimer/Schütze* EuGVO Art. 5 Rn 254f; *Rauscher/Leible* EuGVO Art. 5 Rn 86; MünchKomm/*Gottwald* ZPO Art. 5 EuGVO Rn 64; *Schack* IZVR Rn 304; vgl. auch HR (Niederlande) N.J. 2002 Nr. 539 m. Anm. *Vlas*.

[192] Henderson v Jaquen & Amor (2002), 2 All E.R. 705 (C.A.); *Kropholler* EuGVO Art. 5 Rn 87.

[193] Vgl. – zum kollisionsrechtlichen Begehungsort – OLG Celle GRUR Int. 1977, 238, 290 – Sets; zustimmend *Staudinger/Fezer/Koos* IntWirtschR Rn 759; näher → Rn 188 ff und 205.

auch in diesem Fall grundsätzlich an das Recht des Werbemarktes an. Der Markt, auf dem die unzulässigen Werbemaßnahmen auf den Kunden einwirken sollen, bestimmt das anwendbare Recht mithin auch dann, wenn der spätere Absatz auf einem anderen Markt stattfindet.[194] Diese Wertung lässt sich auch in das Recht der internationalen Zuständigkeit übertragen, weil sie mit der Rechtsprechung des EuGH zur Anknüpfung an den Ort des „Erstschadens" im Einklang steht. Auch wenn durch den späteren Absatz der Ware Mitbewerber auf Absatzmärkten betroffen sind, auf denen nicht mit unlauteren Mitteln geworben wurde, so handelt es sich doch nur um Fernwirkungen der unlauteren Werbung, die nicht geeignet sind, eigenständige weitere Erfolgsorte im Sinne des Art. 5 Nr. 3 EuGVO zu begründen.

399 An der Irrelevanz des bloßen Schadensorts ändert sich nach Auffassung des EuGH auch dann nichts, wenn das in der Sache **anwendbare nationale Recht** Schadensersatz wegen unerlaubter Handlung unabhängig von einer konkreten Rechtsgutsverletzung gewährt, wie dies etwa auf Art. 1382 des französischen Code Civil oder Art. 2043 des italienischen Codice Civile zutrifft. Auch für diesen Fall wird dem Geschädigten mithin die Eröffnung eines Gerichtsstands an jedem Ort, an dem der eingetretene Vermögensschaden spürbar ist, verwehrt. Zur Begründung verweist der EuGH[195] mit Recht auf die unterschiedlichen Zwecke des internationalen Privatrechts einerseits, des internationalen Prozessrechts andererseits. Im Hinblick auf die vom europäischen Zivilprozessrecht verfolgten Zuständigkeitsinteressen könne die Auslegung von Art. 5 Nr. 3 EuGVO nicht von den in der Sache anwendbaren nationalen Vorschriften über die Voraussetzungen der außervertraglichen Haftung abhängen. Eine solche Betrachtungsweise sei unvereinbar mit dem Ziel des EuGVÜ, sichere und voraussehbare Zuständigkeitszuweisungen festzulegen. Denn die Bestimmung des zuständigen Gerichts würde dann von ungewissen Umständen, wie dem Ort, an dem der Geschädigte evtl. Folgeschäden an seinem Vermögen erlitten hat, und von dem jeweils anwendbaren System der zivilrechtlichen Haftung abhängen. Dies liefe aber dem Ziel des Brüsseler Übereinkommens zuwider, den Rechtsschutz der in der Gemeinschaft ansässigen Personen dadurch zu stärken, dass das zuständige Gericht für beide Parteien leicht feststellbar ist.[196] Zudem könnte sie zur Zuständigkeit eines Gerichts führen, das keine hinreichende Beziehung zu dem zugrunde liegenden Sachverhalt aufweist.[197]

400 Dies alles gilt freilich nur für Fälle, in denen sich eine Rechtsgutsverletzung als „Erstschaden" überhaupt feststellen lässt; fehlt es daran, weil sich die unerlaubte Handlung – wie zB die vorsätzlich sittenwidrige Schädigung nach § 826 BGB – allein und unmittelbar gegen das Vermögen des Geschädigten richtet (sog. **reine Vermögensschäden**), so dürfte grundsätzlich auf den Ort der Vermögensverwaltung – d.h. in der Regel den Wohnsitz des Geschädigten – abzustellen sein.[198] Unterhält der Geschädigte allerdings Kapitalanlagen in verschiedenen Staaten, so kommt es auf die Belegenheit des jeweils geschädigten Vermögensteils an.[199] Ein Erfolgsort im Sinne des Art. 5 Nr. 3 EuGVO ist also nicht schon deshalb am Wohnsitz des Klägers – als dem Ort der „Vermögenszentrale" – begründet, weil dem Kläger durch Verlust von Vermögensbestandteilen in einem anderen Mitgliedstaat ein

---

[194] Vgl. BGHZ 113, 11, 15 = IPRax 1992, 45 m. zust. Anm. *Sack* S. 24 = GRUR 1991, 463 – Kauf im Ausland; BGH GRUR 1998, 419 – Gewinnspiel im Ausland; OLG Karlsruhe GRUR 1999, 354, 355 – Pflanzenschutzmittelverkauf im Ausland. Zustimmend auch die hL → Rn 278 ff m. ausf. Nachw.

[195] Grundlegend EuGH Slg. 1995, I-2719, 2739 f Rn 16 ff – Marinari/Lloyd's Bank.

[196] EuGH aaO; ferner EuGH Slg. 2004, I-6009, 6031 Rn 20 = EuLF 2004, 191 – Kronhofer/Maier; ebenso OLG Karlsruhe OLGR 1998, 130; OLG Stuttgart RIW 1998, 809, 810; *Blobel* EuLF 2004, 187, 189 f; *Rauscher/Leible* EuGVO Art. 5 Rn 86 a; kritisch *Geimer/Schütze* EuGVO Art. 5 Rn 260.

[197] EuGH Slg. 1995, I-2719, 2740 Nr. 16 ff = IPRax 1997, 331 m. Anm. *Hohloch* S. 312 – Marinari/Lloyd's Bank; zustimmend *Kropholler* EuGVO Art. 5 Rn 87; vgl. auch *Davì* IPRax 1999, 484, 487.

[198] So BGH RIW 1985, 72, 73; OLG Köln IPRax 2006, 479 m. Anm. *v. Hein* 460; *Kiethe* NJW 1994, 222, 226; *Ahrens* IPRax 1990, 128, 132; *Blobel* EuLF 2004, 187, 190 f; *Schlosser* EuGVO Art. 5 Rn 19 a; *Wieczorek/Schütze/Hausmann* ZPO Art. 5 EuGVÜ Rn 61 aE; ebenso zu § 32 ZPO BGH NJW 1995, 1226 f; BGHZ 132, 105, 110 f; OLG Koblenz WM 1989, 622; *Zöller/Vollkommer* ZPO § 32 Rn 16; aA *Zöller/Geimer* ZPO Art. 5 EuGVO Rn 26.

[199] OLG Stuttgart RIW 1998, 809, 810; LG München I NJOZ 2004, 1029; öOGH ÖJZ 2005, 61.

finanzieller Schaden an seinem Gesamtvermögen entstanden ist.[200] Demgegenüber ist die Vermögenszentrale aber immer dann maßgebend, wenn der Geschädigte durch deliktisches Verhalten des Schädigers (zB Kapitalanlagebetrug) dazu veranlasst wurde, Geld von dort ins Ausland zu überweisen.[201] Die Bestimmung des Orts, an dem der Vermögensschaden in einem solchen Fall eingetreten ist, obliegt dem angerufenen nationalen Gericht.[202]

Schließlich kommt es für den Erfolgsort im Sinne des Art. 5 Nr. 3 EuGVO auch nicht **401**
darauf an, an welchem Ort der eingetretene Schaden von dem Geschädigten festgestellt wird; denn dieser **Ort der Schadensfeststellung** hängt von ungewissen Umständen und Zufällen ab und läuft damit ebenfalls dem Ziel der Verordnung zuwider, sichere und voraussehbare Zuständigkeitszuweisungen festzulegen.[203]

Besonderheiten gelten für sog. **Streudelikte.** Diese sind dadurch charakterisiert, dass **402**
nicht nur der Handlungs- und der Erfolgsort auseinanderfallen können, sondern auch der schädigende Erfolg gleichzeitig an mehreren Orten eintritt. Liegen diese in verschiedenen Staaten, so wirft nicht nur die kollisionsrechtliche Anknüpfung erhebliche Probleme auf (sog. *Multistate-Problematik*);[204] vielmehr stellt sich auch die Frage nach einer sinnvollen Begrenzung der internationalen Zuständigkeit an den jeweiligen Erfolgsorten. Hauptanwendungsfälle waren bisher ehrverletzende Äußerungen oder sonstige Persönlichkeitsverletzungen durch die Medien, also durch Presseveröffentlichungen sowie durch Fernseh- oder Rundfunksendungen. In diesen Fällen hat der Kläger nach der Rechtsprechung des EuGH nicht nur das Wahlrecht zwischen dem Gericht am Handlungsort und dem Gericht am Erfolgsort.[205] Vielmehr hat er die Möglichkeit, seine Klage an allen Orten zu erheben, an denen in seine Ehre bzw. sein allgemeines Persönlichkeitsrecht eingegriffen wurde. Im Falle einer grenzüberschreitenden Ehrverletzung durch Presseerzeugnisse wird die Beeinträchtigung der Ehre und des Ansehens einer Person an allen Orten verwirklicht, an denen die Zeitschrift **gezielt verbreitet,** die also von der Vertriebsorganisation des Verlages erfasst werden.[206] Dies gilt jedenfalls dann, wenn der Betroffene am Gerichtsort bekannt ist.[207] Entsprechend kommt es für Ehrverletzungen in Rundfunk oder Fernsehen auf die Orte an, an denen die Sendung empfangen werden kann.[208] Demgegenüber ist der Ort des Schadenseintritts, d.h. der Rufschädigung des Opfers zuständigkeitsrechtlich nebensächlich, sofern an diesem Ort keine Verbreitung stattgefunden hat.[209] In der Literatur wird demgegenüber zum Teil ein Erfolgsort für die Verletzung von Persönlichkeits- oder Immaterialgüterrechten gänzlich geleugnet.[210]

Allerdings sind die Gerichte eines jeden Mitgliedstaats, in dem die ehrverletzende Veröf- **403**
fentlichung verbreitet und das Ansehen des Betroffenen nach dessen Behauptung beein-

---

[200] EuGH Slg. 2004, I-6009, 6029 Rn 21 – Kronhofer/Maier.

[201] OLG Düsseldorf NJOZ 2006, 145.

[202] EuGH Slg. 2004, I-1417, 1457 Rn 43 = EuLF 2004, 38 – DFDS Torline/SEKO. Damit hat der EuGH der Ansicht, die bei reinen Vermögensschäden einen vom Handlungsort verschiedenen Erfolgsort im Sinne des Art. 5 Nr. 3 EuGVO ganz leugnet, eine Absage erteilt. Vgl. in diesem abgelehnten Sinne etwa *Schwarz* S. 159 ff; *Schack* IZVR Rn 305.

[203] EuGH Slg. 1998, I-6511, 6545 f Rn 33 ff. = IPRax 2000, 210 m. Anm. *Koch* S. 186 – Réunion Européenne/Spliethoff's; zustimmend Cass. civ. Europ. Transp. L. 1999, 675; *Kropholler* EuGVO Art. 5 Rn 89.

[204] Dazu → Rn 198 ff, 286 ff.

[205] Dazu → Rn 391 ff.

[206] EuGH Slg. 1995, I-415, 461 Rn 29 – Shevill/Presse Alliance. Vgl. dazu die Abschlussentscheidung des House of Lords (1996), 3 All E. R. 929. Dies entspricht dem „fliegenden" Gerichtsstand des § 14 Abs. 2 S. 1; → Rn 456.

[207] EuGH (vorige Fn); kritisch zu dieser Einschränkung *von Hinden* S. 88 ff; *Kubis* S. 132 ff; *Kropholler* EuGVO Art. 5 Rn 84 Fn 214.

[208] Vgl. App. Paris J. C. P. 1990 J. 21 462: französischer Erfolgsort für in Monaco ausgestrahlte Sendung; OLG München RIW 1988, 647: deutscher Erfolgsort für Persönlichkeitsverletzung durch Fernsehinterview in Paris.

[209] *Kubis* S. 121; zustimmend in England Modus Vivendi Ltd. v. The British Products Co. Ltd. I. L. Pr. 1997, 654, 666 (Ch. D.); in Italien Cass. 27. 10. 2000 Nr. 1141.

[210] Vgl. etwa *v. Bar* IPR II Rn 662, 664; *Schack* Ufita 108 (1988), 51, 64 f; *Kubis* S. 122; dagegen zu Recht *Geimer* IZPR Rn 1515; *G. Wagner* RabelsZ 62 (1998), 243, 276 f.

trächtigt worden ist, nach Ansicht des EuGH nur insoweit zuständig, als das geschützte Rechtsgut an diesem Ort auch tatsächlich verletzt wurde. Während also der gesamte (Welt-)Schaden nur am Handlungsort oder an dem – damit meist übereinstimmenden – allgemeinen Gerichtsstand des Beklagten nach Art. 2 EuGVO eingeklagt werden kann, ist die Kognitionsbefugnis des Gerichts am Erfolgsort auf den in diesem Staat erlittenen Schaden beschränkt (sog. **Mosaiktheorie**).[211] Diese sog. „Shevill-Doktrin" dient dem EuGH vor allem dazu, den Anreiz des Klägers zum „forum shopping" einzuschränken;[212] denn die Klage an einem der Verbreitungsorte macht nur wenig Sinn, wenn dort der Gesamtschaden nicht liquidiert werden kann.[213] Die Shevill-Doktrin entspricht aber auch dem Ziel des Art. 5 Nr. 3 EuGVO, ein möglichst sachnahes Gericht zu bestimmen; denn das am Erfolgsort angerufene Gericht kann in der Regel nur die im eigenen Staat eingetretene Ehr- oder Persönlichkeitsverletzung und den Umfang des dort verursachten Schadens rasch und zuverlässig feststellen.[214] Fraglich bleibt freilich, ob die Sachnähe zu Opfer und Schäden am Handlungsort so groß ist, dass sie dort eine umfassende Kognitionsbefugnis rechtfertigt.[215] Darüber hinaus wirft die Mosaik-Betrachtung des EuGH bei **Unterlassungs- und Beseitigungsklagen** erhebliche Probleme auf, weil die Gerichte am Erfolgsort häufig gar nicht in der Lage sind, insoweit die Beschränkung ihrer Kognitionsbefugnis zu beachten.[216] Auch im Interesse der Funktionsfähigkeit des gemeinsamen Marktes und zur Vermeidung einer Aufsplitterung des Prozessstoffes sollte ein nach Art. 5 Nr. 3 EuGVO am Erfolgsort zuständiges Gericht Unterlassungsverfügungen ohne Beschränkung auf das eigene Staatsgebiet aussprechen können.[217]

404 Die vom EuGH für grenzüberschreitende Ehrverletzungen durch die Presse entwickelten Grundsätze gelten – ungeachtet der berechtigten Zweifel an der Richtigkeit des eingeschlagenen Weges – für andere Multistate-Delikte, insbesondere für die **Verletzung von Immaterialgüterrechten,** entsprechend.[218] Denn die in der „Shevill"-Entscheidung in den Vordergrund gerückten Aspekte der Bestimmung eines möglichst sachnahen Gerichts und der Einschränkung des „forum shopping" beanspruchen hier in gleicher Weise Beachtung. Erfolgsort bei der Verletzung gewerblicher Schutzrechte ist dabei stets das Gebiet des Staates, für den das Schutzrecht gewährt worden ist.[219] Bei einem europäischen Patent, das aus einem Bündel separater und territorial begrenzter Patente besteht, kommt es auf die Belegenheit des jeweiligen Schutzrechtsteils an; deshalb fehlt es bei Verletzung des ausländi-

---

[211] EuGH Slg. 1995, I-415, 462 Rn 30 – Shevill/Presse Alliance im Anschluss an die frz. Rechtsprechung (zB App. Paris Rev. crit. 1985, 141 m. Anm. *Gaudemet-Tallon* = GRUR Int. 1986, 555 m. Anm. *Stauder;* dazu *Kubis* S. 50f mwN); zustimmend Cass. civ. Clunet 1998, 136 m. Anm. *Huet;* App. Paris D. 1997 I.R. 260; App. Brüssel Rev. gén. des. assur., 2004, 13871; Mecklermedia Corp. v. D.C. Congress GmbH, I.L.Pr. 1997, 629 = GRUR Int. 1998, 322; zustimmend *Huber* ZEuP 1996, 300ff; *Lagarde* Rev. crit. 1996, 495ff; *G. Wagner* RabelsZ 62 (1998), 243, 279ff; *Kropholler* EuGVO Art. 5 Rn 84; *Rauscher/Leible* EuGVO Art. 5 Rn 91; MünchKomm/*Mankowski* UWG IntWettbR Rn 429ff; kritisch hingegen *Kreuzer/Klötgen* IPRax 1997, 90ff; *Rauscher* ZZP Int. 1996, 145ff; *Coester-Waltjen* FS Schütze S. 175ff; *Schack* IZVR Rn 306 und MMR 2000, 135ff; *Kubis* S. 130ff; *Geimer/Schütze* EuGVO Art. 5 Rn 244ff.

[212] *Huber* ZEuP 1996, 300, 305ff; *Dethloff* S. 133; *Kropholler* EuGVO Art. 5 Rn 84 aE.

[213] *Mankowski* RabelsZ 63 (1999), 203, 276; kritisch zur Lösung des EuGH daher *Huet* Clunet 1996, 543, 549; *Gaudemet-Tallon* Rev. crit. 1985, 146, 147f; *Kreuzer/Klötgen* IPRax 1997, 90, 94; *Kubis* S. 135ff.

[214] EuGH Slg. 1995, I-415, 426 Rn 31 – Shevill/Presse Alliance; kritisch dazu *Müller-Feldmann* EWS 1995, 102, 169.

[215] Kritisch dazu *Kreuzer/Klötgen* IPRax 1997, 90, 94; *Rauscher* ZZP Int. 1 (1996), 151, 159; *Kubis* S. 135.

[216] Vgl. *Kubis* S. 139ff.

[217] *Kreuzer/Klötgen* IPRax 1997, 90, 95; *Schack* ZEuP 1998, 931, 951; *ders.* MMR 2000, 135, 139; *Kurtz* IPRax 2004, 107, 109; *Rauscher/Leible* EuGVO Art 5 Rn 92; *Staudinger/Fezer/Koos* IntWirtschR Rn 760; aA *Schlosser* EuGVO Art. 5 Rn 20 aE; MünchKomm/*Mankowski* UWG IntWettbR Rn 431; *Lindacher* GRUR Int. 2008, 453, 454.

[218] OLG München MMR 2000, 277 – Intershopping (Markenrecht); ferner Cass. Clunet 1998, 136 m. Anm. *Huet*; Cass. Rev. Crit. 2004, 632 m. Anm. *Cachard*; öOGH RdW 2002, 603; *Stauder* IPRax 1998, 317, 321; *Pansch* EuLF 2000/01, 353, 357ff; *Mankowski* MMR 2002, 817, 819; *Hausmann* EuLF 2003, 278, 279f; *Reber* ZUM 2005, 194; *Kubis* S. 199ff; *Schlosser* EuGVO Art. 5 Rn 20; *Kropholler* EuGVO Art. 5 Rn 85.

[219] *Pansch* S. 34; *Hausmann* EuLF 2003, 278, 279.

schen Teils eines europäischen (Bündel-)Patents an einem Erfolgsort im Sinne des Art. 5 Nr. 3 EuGVO in der Bundesrepublik Deutschland.[220] Dies ergibt sich zum einen notwendig aus dem weithin anerkannten *Territorialitätsprinzip;* danach kann der Erfolg der Schutzrechtsverletzung nur dort eintreten, wo das Schutzrecht besteht.[221] Zum anderen folgt es aus der Beschränkung des Gerichtsstands nach Art. 5 Nr. 3 EuGVO auf den Ort, an dem *unmittelbar* in das geschützte Rechtsgut eingegriffen wird. Der Ort, an dem lediglich ein mittelbarer Vermögensschaden eintritt oder schädigende Fernfolgen der Schutzrechtsverletzung spürbar werden, hat auch hier außer Betracht zu bleiben.[222] Ferner gilt auch bei Verletzung von Immaterialgüterrechten die Beschränkung der Kognitionsbefugnis durch die *Mosaiktheorie.*[223] Das am Erfolgsort zuständige Gericht ist daher auf die Ermittlung des in seinem eigenen Staatsgebiet entstandenen Schadens beschränkt; über die in sonstigen Staaten verursachten Schäden können allein die dortigen Gerichte oder die Gerichte am Handlungsort befinden.[224] Allerdings kommt dieser Beschränkung bei Verletzung gewerblicher Schutzrechte keine praktische Bedeutung zu. Denn jeder Ort an dem das Schutzrecht verletzt wird, ist zugleich auch ein Handlungsort; es fallen also Erfolgs- und Handlungsort regelmäßig zusammen, weil es eine Rechtsgutsverletzung im Schutzland ohne dortige Handlung nicht geben kann.[225]

Besondere Probleme wirft die Eingrenzung der möglichen Erfolgsorte im **internationalen Wettbewerbsprozess** auf, weil dort neben dem unmittelbar Verletzten auch nur abstrakt betroffene Mitbewerber, Verbände und Kammern klagebefugt sind. Zwar hat der deutsche Gesetzgeber den Beklagtenschutz in reinen Inlandsprozessen dadurch verbessert, dass er Verbandsklagen nur noch an der gewerblichen Niederlassung oder am (Wohn-)Sitz des Beklagten zulässt (vgl. § 14 Abs. 2 S. 2); diese Beschränkung gilt aber für die internationale Zuständigkeit gerade nicht.[226] Die internationale Zuständigkeit für Wettbewerbsverletzungen ist daher in jedem Mitgliedstaat eröffnet, auf dessen Markt die Wettbewerbsverletzung abzielt *(Marktort).*[227] Dies ist bei der Einflussnahme auf die Entschließung von Abnehmern der Ort, an dem im Wettbewerb mit anderen Unternehmern um die Abnehmer geworben wird,[228] und im Falle einer Behinderung der Ort, an dem der betroffene Konkurrent an der Teilnahme am Wettbewerb gehindert wird, seine Leistung zur Geltung zu bringen.[229] Für Wettbewerbsverletzungen unter dem Gesichtspunkt der Herkunftstäuschung und der unlauteren Rufausbeutung tritt der Erfolg in allen Staaten ein, in denen das nachgeahmte Produkt vertrieben wird.[230] Bei der wettbewerbswidrigen Versendung eines Werbeschreibens vom Ausland nach Deutschland, liegt der Erfolgsort im Inland, so dass die deutschen Gerichte nach Art. 5 Nr. 3 EuGVO international zuständig sind.[231] Für die Kla- 405

[220] OLG Düsseldorf IPRspr 2000 Nr 128 – Analytisches Testgerät.

[221] LG Düsseldorf GRUR Int. 1999, 775, 778 – Impfstoff II; LG Düsseldorf GRUR Int. 1999, 455, 457 und OLG Düsseldorf IPRax 2001, 336, 337 – Schussfadengreifer; *Ziller/Geimer* ZPO Art. 5 EuGVO Rn 30b.

[222] OLG Düsseldorf IPRax 2001, 336, 337; *Pansch* EuLF 2000/01, 353, 354; *Hausmann* EuLF 2003, 278, 279f; aA *Otte* IPRax 2001, 315ff.

[223] Zu dieser → Rn 403.

[224] Vgl. in diesem Sinne für die Veröffentlichung von urheberrechtlich geschützten Werken ohne Angabe und Wissen der Autoren Cass. civ. Forum Int. R. 1997, 86 m. Anm. *Söller* = Clunet 1998, 136 (Bericht *Huet*); ferner *Pansch* EuLF 2000/01, 353, 361.

[225] BGH GRUR 2005, 431, 432 – Hotel Maritime; *Hausmann* EuLF 2003, 278, 282f; *Schack* MMR 2000, 135, 139; *Musielak/Smid* ZPO § 32 Rn 17; *Kubis* S. 202f; aA *Pansch* EuLF 2000/01, 353361; *Otte* IPRax 2001, 315ff. Dazu auch → Rn 415.

[226] Näher → Rn 459.

[227] → Rn 395.

[228] Vgl. BGHZ 113, 11, 15f – Kauf im Ausland; BGH GRUR 1998, 419, 420 – Gewinnspiel im Ausland.

[229] Vgl. OLG Düsseldorf CR 1998, 536 m. Anm. *Immenga.*

[230] BGH NJW 2005, 1788 – Vitamin-Zell-Komplex; ebenso in Frankreich Cass. civ. 9. 2. 1993, Az. 91/10885.

[231] BGH GRUR 2005, 431, 432 – Hotel Maritime; OLG Hamm RIW 1997, 354, 355 und IPRax 2001, 249 m. Anm. *Budzikiewicz* S. 218; OLG München ZUM 1999, 843, 846.

ge gegen die wettbewerbswidrige Umsetzung eines Vermarktungsbeschlusses sind die deutschen Gerichte dann international zuständig, wenn das zur Umsetzung dienende Schreiben in Deutschland zugegangen ist.[232] Bei der Anzeigenwerbung in übernationalen Zeitungen oder bei Rundfunk- oder Fernsehwerbung, die in mehreren Ländern ausgestrahlt wird, sind die deutschen Gerichte dann international zuständig, wenn die Werbung gezielt – zumindest auch – auf dem deutschen Markt verbreitet wird.[233] Ein eher zufälliger „over spill", der die Sicherheitsinteressen des Verletzten nicht spürbar beeinträchtigt, begründet hingegen keine Erfolgsortzuständigkeit.[234]

406 Unsicherheit herrscht hingegen über die Bestimmung der Erfolgsorte im Sinne des Art. 5 Nr. 3 EuGVO bei Wettbewerbsverletzungen durch **Internet-Werbung.** Hier wird teilweise ein Erfolgsort überall dort angenommen, wo die Homepage mit der wettbewerbswidrigen Werbung des Beklagten abgerufen werden kann.[235] Zur Begründung wird darauf verwiesen, dass der Werbende die globale Ausdehnung des Internet kenne und in der Regel bewusst ausnutze, um eine möglichst große Anzahl von Empfängern zu erreichen. Wer sich der Vorteile dieser Technologie bediene, müsse auch die damit verbundenen Risiken tragen.[236] Durch eine solche Auslegung würde Art. 5 Nr. 3 EuGVO indes weitgehend sinnentleert, weil jede im Internet begangene Wettbewerbsverletzung damit vor den Gerichten aller Mitgliedstaaten verfolgt werden könnte, nur weil der Internet-Auftritt des beklagten Unternehmens in allen Mitgliedstaaten abrufbar ist. Damit würde es aber an der von der Rechtsprechung des EuGH für die Zuständigkeit nach Art. 5 Nr. 3 EuGVO vorausgesetzten besonderen Sachnähe des angerufenen Gerichts gerade fehlen. Der Kläger könnte sich vielmehr in irgendeinem der Mitgliedstaaten einen ihm besonders vorteilhaften Gerichtsstand aussuchen. Das Abstellen auf die bloße Abrufbarkeit der Website würde mithin zu einem mit den Grundgedanken und Zielen der Zuständigkeitsordnung der EuGVO nicht zu vereinbarenden allgemeinen Klägergerichtsstand führen. Eine solche Auslegung würde darüber hinaus ein „forum shopping" des Klägers begünstigen, der die Wahl des Gerichtsstands von der Geltung eines ihm genehmen Delikts- oder Wettbewerbsstatuts abhängig machen könnte.

407 Aus diesem Grunde wird in der neueren Rechtsprechung sowohl zum nationalen Zuständigkeitsrecht[237] wie auch zum internationalen Privatrecht[238] eine Beschränkung des Erfolgsorts für unlautere Werbung im Internet auf solche Märkte gefordert, in denen sich die Werbung auf dortige potentielle Kunden **bestimmungsgemäß auswirken** soll, d.h. auf den Ort der Marktbegegnung der Wettbewerber. Dieser Ansatz ist auch auf die Bestimmung der internationalen Zuständigkeit nach Art. 5 Nr. 3 EuGVO zu übertragen.[239]

---

[232] LG Frankfurt WRP 1997, 1108, 1110 – European Track Racing Cap; dazu *Hohmann* WRP 1997, 1011 ff.

[233] Vgl. BGH GRUR 1994, 530, 532 – Beta. Vgl. auch OLG München GRUR-RR 2003, 253 (LS) = IPRspr. 2003 Nr. 102 (Verbreitung einer „ranking list" von Rechts- und Patentanwälten auf dem Gebiet des gewerblichen Rechtsschutzes durch einen englischen Verlag im Inland).

[234] *Lindacher* FS Nakamura S. 321, 334 f.

[235] Vgl. *Bachmann* IPRax 1998, 179, 184 ff; ebenso zu §§ 24 Abs. 2 S. 1 UWG aF, 32 ZPO LG Nürnberg-Fürth AnwBl. 1997, 226; LG München I CR 1997, 155, 156 und CR 1997, 685; LG Berlin MDR 2000, 915, 916 m. Anm. *Roetzel.* Ebenso bei Kennzeichenverletzung im Internet KG NJW 1997, 3321 – concert concept; OLG Karlsruhe MMR 2002, 814, 815 m. krit. Anm. *Mankowski*; OLG München NJW 2002, 611 = CR 2002, 449 m. Anm. *Mankowski;* LG Düsseldorf WM 1997, 1444, 1446; *Rauscher/Leible* EuGVO Art. 5 Rn 86.

[236] LG Düsseldorf GRUR 1998, 159, 160 – EPSON; *Spindler* ZUM 1996, 533; 563; *Ernst* NJW-CoR 1997, 224, 225; *ders.* JuS 1997, 776, 782; *ders.* BB 1997, 1057, 1059; *Kubis* S. 173 ff; *Bachmann* IPRax 1998, 179, 184 ff.

[237] OLG Bremen CR 2000, 770, 772 – Subventionsberatung Mecklenburg-Vorpommern; OLG Brandenburg MMR 2002, 463; OLG Hamburg MDR 2003, 587; LG Potsdam MMR 2001, 833.

[238] OLG Frankfurt K & R 1999, 138 m. zust. Anm. *Kotthoff*; KG GRUR Int. 2002, 448, 449 – Knoblauch-Kapseln; OLG Hamburg NJW-RR 2003, 760; LG Frankfurt NJW-RR 2002, 336; *Mankowski* GRUR Int. 1999, 909, 915; *Sack* GRUR Int. 1998, 320, 324 und WRP 2000, 269, 278; *Rüßmann* K&R 1998, 422, 426; dazu eingehend → Rn 302 ff mwN.

[239] BGH GRUR 2005, 431, 432 = WRP 2005, 493 – Hotel Maritime; BGHZ 167, 91, 98 Rn 21 = NJW 2006, 2630 – Arzneimittelwerbung im Internet; KG NJW-RR 2002, 113 = MMR 2001, 759; zu-

Denn die weltweite Abrufbarkeit einer Internet-Werbung wird nicht notwendigerweise vom Werbenden bezweckt, sondern ist die zwangsläufige, technisch bedingte Folge des für die Werbemaßnahmen verwendeten Mediums. Ferner reicht es auch nicht aus, die notwendige Eingrenzung des Begehungsorts erst im Rahmen der kollisionsrechtlichen Anknüpfung vorzunehmen, weil der Beklagte schon vor einer Gerichtspflichtigkeit in Ländern geschützt werden muss, auf die seine Werbung nicht ausgerichtet war.[240]

Für die – auch in ausländischen Rechtsordnungen[241] für erforderlich erachtete – Ein- **408**
grenzung der relevanten Erfolgsorte im Falle der Internet-Werbung bietet es sich im Rahmen der EuGVO an, die Neuregelung zur internationalen Zuständigkeit in **Verbrauchersachen** bei Vertragsschlüssen im elektronischen Geschäftsverkehr zu berücksichtigen. Nach Art. 15 Abs. 1 lit. c EuGVO ist der Vertragspartner des Verbrauchers in dem Mitgliedstaat, in dessen Hoheitsgebiet der Verbraucher seinen Wohnsitz hat, nur dann gerichtspflichtig, wenn er seine berufliche oder gewerbliche Tätigkeit durch den Internet-Auftritt auf diesen Mitgliedstaat **„ausgerichtet“** hat.[242] Auch bei unlauterer Werbung im Internet ist der Ort der Marktbegegnung der Wettbewerber mithin danach abzugrenzen, an welchen **Empfängerkreis** sich der betreffende Internet-Auftritt richtet, insbesondere an wen die angebotene Ware oder Dienstleistung geliefert oder erbracht werden sollte. Ein Erfolgsort liegt daher nur dann in Deutschland, wenn sich die Werbung – zumindest auch – an Kunden auf dem deutschen Markt richtet und deshalb von deutschen Kunden bestimmungsgemäß abgerufen wird.[243]

Zur Eingrenzung der von einer Internet-Website angesprochenen Kunden hat man in- **409**
zwischen eine Reihe von weithin akzeptierten objektiven Kriterien entwickelt, die zum Teil aus dem internationalen Wettbewerbsrecht[244] in das Recht der örtlichen und internationalen Zuständigkeit übertragen wurden. Danach kommt es insbesondere auf die **Art und Einsatzmöglichkeit der beworbenen Leistung** an, also namentlich darauf, ob sich die beworbene Leistung ihrer Natur nach überhaupt nur in einem bestimmten Land sinnvoll einsetzen lässt oder nicht.[245] Mit Hilfe dieses Kriteriums wird sich insbesondere bei beworbenen Dienstleistungen – anders als bei Warenangeboten – häufig eine Begrenzung auf nationale oder gar lokale Märkte feststellen lassen. Daneben können als Indizien auch die – nur nationale, europa- oder weltweite – Marktbedeutung und die damit verbundene **Vertriebsstruktur** des werbenden Unternehmens sowie die Verwendung geographisch eindeutig zuzuordnender E-Mail-Adressen oder Telefonnummern herangezogen werden.[246] Darüber hinaus kann vor allem der in der Werbung verwendeten **Sprache** Bedeutung in

---

stimmend *Rüßmann* K&R 1998, 422, 424f; *Koch* CR 1999, 121, 129; *Hefermehl/Köhler/Bornkamm* UWG § 14 Rn 16. Ebenso zum Kennzeichenrecht OLG Karlsruhe MMR 1999, 604f – badwildbad.com; OLG Frankfurt CR 1999, 450; OLG Hamburg CR 2002, 837 = IPRax 2004, 125 m. Anm. *Kurtz* S. 107 – Hotel Maritime und MMR 2004, 177; OLG München MMR 2004, 173; LG München I RIW 2000, 466 m. Anm. *Röhrborn* – intershopping.com; öOGH ÖBl. 2002, 28; aA *Staudinger/Fezer/Koos* IntWirtschR Rn 742.

240 Vgl. in diesem Sinne zum Kennzeichenrecht OLG Hamburg MMR 2002, 822; *Mankowski* MMR 2002, 817, 818; *Kurtz* IPRax 2004, 107; aA *Bettinger/Thum* GRUR Int. 1999, 659, 669.

241 Vgl. etwa zum US-amerikanischen Recht *Kuner* CR 1996, 453, 454f; *Koch* CR 1999, 121, 125ff m. ausf. Nachw. Zum französischen Recht *Well-Szönyi* GRUR Int. 2008, 608.

242 Zur Auslegung dieses Begriffs näher *Micklitz/Rott* EuZW 2001, 325ff; *Koch/Maurer* WM 2002, 2443ff; *Reich/Gambogi* VuR 2001, 269ff; *Rauscher/Staudinger* EuGVO Art. 15 Rn 14; *Geimer/Schütze* EuGVO Art. 15 Rn 35ff. Kritisch zur Übertragung der Wertung des § 15 Abs. 1 lit. c EuGVO in das Lauterkeitsrecht *Staudinger/Fezer/Koos* IntWirtschR Rn 762.

243 Vgl. die Nachweise in Fn 239; ferner OLG Frankfurt K&R 1999, 138 m. zust. Anm. *Kotthoff*; *Mankowski* EWiR 1999, 471f; OLG Bremen CR 2000, 770 m. zust. Anm. *Mankowski* EWiR 2000, 651; OLG Frankfurt GRUR Int. 2001, 771, 772f – Internet-Apotheke; OLG Hamburg MMR 2003, 538; ferner *Kotthoff* CR 1997, 676, 680ff; *Rüßmann* K&R 1998, 422, 426; *Bettinger/Thum* GRUR Int. 1999, 659, 672ff; *Sack* WRP 2000, 269, 278; *Mankowski* GRUR Int. 1999, 909, 915 mwN. Vgl. auch → § 14 Rn 30.

244 Zu den dort maßgeblichen Kriterien näher → Rn 303ff mN.

245 OLG Frankfurt K&R 1999, 138 m. Anm. *Ernst*; OLG Bremen CR 2000, 770, 772; *Mankowski* GRUR Int. 1999, 908, 918; *Glöckner* ZVglRWiss 99 (2000), 278, 294; *Koch* CR 1999, 121, 124f.

246 Vgl. KG GRUR Int. 2002, 448, 450 – Knoblauch-Kapseln; LG Köln CR 2002, 58 m. Anm. *Cichon*; *Mankowski* GRUR Int. 1999, 909, 917.

dem Sinne zukommen, dass der Anbieter seine Tätigkeit nicht auf anderssprachige Märkte ausrichtet.[247] Probleme wirft dies freilich bei Sprachen auf, die – wie Spanisch und Portugiesisch – auch auf außereuropäischen Märkten verbreitet sind.[248] Eine in englischer Sprache erstellte Internet-Website dürfte sich allein mit Hilfe des Kriteriums der verwendeten Sprache überhaupt nicht auf bestimmte Länder beschränken lassen;[249] insoweit bedarf es also stets zusätzlicher Kriterien, um eine „Ausrichtung" auch auf den deutschen Markt auszuschließen.[250]

410 Möglich bleibt auch eine ausdrückliche Begrenzung des Werbeangebots auf ganz bestimmte Märkte mit Hilfe entsprechender Hinweise des werbenden Unternehmens auf seiner Website (sog. **„disclaimer"**).[251] Ein wirksamer disclaimer setzt allerdings voraus, dass er klar und eindeutig gestaltet und aufgrund seiner Aufmachung als ernst gemeint aufzufassen ist. Darüber hinaus ist erforderlich, dass sich der Anbieter selbst an seinen *disclaimer* hält und seine Leistungen nur an Empfänger in den von ihm genannten Zielgebieten erbringt.[252] Andernfalls ist der *disclaimer* als eine in sich widersprüchliche Erklärung *(protestatio facto contrario)* unbeachtlich.[253] Schließt der Werbende also die Belieferung deutscher Kunden in seiner Internet-Werbung ausdrücklich aus und hält er sich daran auch, so sind die deutschen Gerichte für die Beurteilung der Wettbewerbswidrigkeit der Werbung international nicht zuständig, sofern sich nicht aus anderen Umständen ergibt, dass die Werbung sich auch und gerade an das inländische Publikum richten sollte. Die deutschen Gerichte sind hingegen immer dann nach Art. 5 Nr. 3 EuGVO international zuständig, wenn die Website des Werbenden wettbewerbswidrige Informationen in deutscher Sprache enthält, sofern die beworbenen Waren oder Dienstleistungen auch von Deutschland aus gebucht werden können.

411 Schließlich ist auch die **Shevill-Doktrin** des EuGH auf Wettbewerbsverstöße, insbesondere die Verbreitung unlauterer Werbung in Printmedien, Rundfunk, Fernsehen oder Internet, zu übertragen. Auch hier kann eine auf den Ersatz des gesamten Schadens gerichtete Klage nur am Handlungsort – also in der Regel am Sitz des werbenden Unternehmens – oder an dem (damit zumeist identischen) allgemeinen Gerichtsstand des Beklagten (Art. 2 EuGVO) erhoben werden. Demgegenüber ist die Kognitionsbefugnis der Gerichte am Marktort auf den am jeweiligen nationalen Markt erlittenen Schaden begrenzt.[254] Die Einschränkung der internationalen Zuständigkeit der Marktortgerichte gilt jedenfalls für Klagen auf Schadenersatz; ob sie darüber hinaus auch auf Unterlassungs- oder Beseitigungskla-

---

[247] BGHZ 167, 91, 99 = NJW 2006, 2630 – Arzneimittelwerbung im Internet; BGH GRUR 2007, 871 Rn 18 – Wagenfeld – Leuchte; Trib.gr.inst. Paris Clunet 2004, 491; *Kotthoff* CR 1997, 676, 682; *Rüßmann* K&R 1998, 189, 424; *Mankowski* GRUR Int. 1999, 909, 917; *Glöckner* ZVglRWiss 99 (2000), 278, 296f; ferner → § 14 Rn 30, sowie zu Art. 15 EuGVO *Kropholler* EuGVO Art. 15 Rn 24.

[248] *Rauscher/Staudinger* EuGVO Art. 15 Rn 14.

[249] OLG Frankfurt K&R 1999, 138; *Mankowski* GRUR Int. 1999, 907, 917; *Rüßmann* K&R 1998, 422, 424; *Staudinger/Fezer/Koos* IntWirtschR Rn 641; *Thünken* IPRax 2001, 15, 16.

[250] Vgl. dazu etwa LG Köln CR 2002, 58 m. Anm. *Cichon* = MMR 2002, 61 m. Anm. *Mankowski*.

[251] BGHZ 167, 91, 99 Rn 22 = NJW 2006, 2630 – Arzneimittelwerbung im Internet; KG GRUR Int. 2002, 448, 449 – Knoblauch-Kapseln; ebenso zu Art. 15 EuGVO *Koch/Maurer* WM 2002, 2443, 2453; *Micklitz/Rott* EuZW 2001, 325, 331; *Reich/Gambogi* VuR 2001, 269, 273; *Rauscher/Staudinger* EuGVO Art. 15 Rn 15. Zur kollisionsrechtlichen Bewertung → Rn 302, 305.

[252] *Mankowski* GRUR Int. 1999, 909, 919f; *Glöckner* ZVglRWiss 99 (2000), 278, 296.

[253] BGHZ 167, 91, 99 Rn 22 = GRUR 2006, 513 – Arzneimittelwerbung im Internet; OLG Frankfurt K&R 1999, 138 und GRUR Int. 2001, 771, 772f = MMR 2001, 751 m. Anm. *Mankowski* – Internet-Apotheke; KG GRUR Int. 2002, 448, 449f – Knoblauch-Kapseln; LG Frankfurt CR 2002, 222 m. Anm. *Dieselhorst; Hoeren* WRP 1997, 993, 998; *Mankowski* GRUR Int. 1999, 909, 919; *ders.* EWiR 1999, 471, 472 und 2000, 651, 652; *ders.* CR 2000, 763, 767 mwN.

[254] *Kropholler* EuGVO Art. 5 Rn 85; *Rauscher/Leible* EuGVO Art. 5 Rn 92; *Harte/Henning/Glöckner* Einl Rn D 18; *Staudinger/Fezer/Koos* IntWirtschR Rn 769. Zur Internetwerbung auch *Bachmann* IPRax 1998, 179, 187; *Mankowski* RabelsZ 63 (1999), 203, 274f; *Lindacher* GRUR Int. 2008, 453, 454ff; *Thünken* S. 244f; vgl. auch – zum IPR – OLG Düsseldorf CR 1998, 536 m. Anm. *Immenga*; OLG München GRUR-RR 2004, 85. Ebenso in Frankreich Cass.civ.Bull. 1997, 164 Nr. 245; Cass.civ. 3. 12. 2003, Az. O1/03 225 (Verbreitung von Fälschungen durch Printmedien bzw. Internet).

gen ausgedehnt werden sollte, erscheint zweifelhaft.[255] Voraussetzung dafür ist jedenfalls, dass sich der Unterlassungsanspruch überhaupt räumlich teilen lässt.[256]

cc) Handlungsort. Entgegen einer vor allem in Deutschland verbreiteten Auffassung[257] ist eine internationale Zuständigkeit für Wettbewerbsverletzungen nicht nur in dem Staat eröffnet, in dem die wettbewerblichen Interessen der Konkurrenten aufeinander stoßen; vielmehr gilt auch insoweit – anders als im IPR – die Ubiquitätsregel.[258] Handlungsort im Sinne des Art. 5 Nr. 3 EuGVO ist der Ort des schadensbegründenden Geschehens. Gemeint ist der Ort, an dem der Schädiger in das deliktisch geschützte Rechtsgut des Geschädigten eingegriffen hat. Hiernach sind die deutschen Gerichte für Klagen in- oder ausländischer Unternehmen wegen einer bereits geschehenen oder drohenden Verfälschung des **Wettbewerbs auf einem Auslandsmarkt** dann international zuständig, wenn vom Inland aus in tatbestandsmäßiger Weise auf das ausländische Marktgeschehen eingewirkt wurde. Hat der Schädiger an mehreren Orten gewichtige Tathandlungen vorgenommen, die zur Wettbewerbsverletzung geführt haben, so ist er an jedem dieser Tatorte gerichtspflichtig;[259] dies gilt auch dann, wenn die im In- und Ausland vorgenommenen (Teil-) Handlungen erst in ihrer Gesamtheit zu einem Wettbewerbsverstoß geführt haben.[260] Demgegenüber bleiben **bloße Vorbereitungshandlungen** im Staate A für die erst im Staate B begangene Rechtsgutsverletzung außer Betracht.[261] Die Abgrenzung zwischen einer tatbestandsmäßigen Einwirkung und einer bloßen Vorbereitungshandlung ist im Rahmen von Art. 5 Nr. 3 EuGVO ebenfalls mit Hilfe autonomer Auslegung zu treffen.[262] 412

Haben **mehrere Personen** zu der Rechtsgutsverletzung **zusammengewirkt,** so ist jeder der Schädiger grundsätzlich nur am Ort seines eigenen Tatbeitrags gerichtspflichtig.[263] Eine wechselseitige zuständigkeitsrechtliche Zurechnung von Tatbeiträgen hat mithin auszuscheiden. Hierfür kann insbesondere nicht auf die in dem – vom IPR der lex fori zur Anwendung berufenen – materiellen Deliktsrecht vorgesehene Zurechnung zurückgegriffen werden.[264] Gegen eine solche Erweiterung der Gerichtspflichtigkeit mit Hilfe der Zurechnung von Tatbeiträgen anderer spricht ferner die Tendenz des EuGH, ein *„forum shopping"* des durch eine unerlaubte Handlung Geschädigten möglichst auszuschließen.[265] Etwas anderes wird aber zu gelten haben, wenn die unerlaubte Handlung von mehreren vorsätzlich aufgrund eines gemeinsamen Tatplans begangen wird.[266] 413

Die Wahlmöglichkeit zwischen einer Klage am Erfolgsort und am Handlungsort steht dem Geschädigten im Geltungsbereich der EuGVO – wie gezeigt[267] – auch bei grenzüberschreitenden Persönlichkeitsverletzungen und Verstößen gegen das Lauterkeitsrecht durch **Presse, Rundfunk oder Fernsehen** zu. Handlungsort bei Pressedelikten ist dabei der Sitz der Chefredaktion bzw. des Verlages, weil das schädigende Ereignis von dort seinen 414

---

[255] Dazu → Rn 403 aE; aA *Schlosser* EuGVO Art. 5 Rn 20.

[256] Unteilbar ist insbesondere die Anordnung, eine wettbewerbswidrige Werbung im Internet zu unterlassen; international zuständig sind daher nur die Gerichte am Niederlassungsort des Beklagten, vgl. *Thünken* S. 244f; ebenso für die Benutzung einer markenrechtsverletzenden Domain *Rauscher/Leible* EuGVO Art. 5 Rn 92 aE. Zum einstweiligen Rechtsschutz → Rn 489ff.

[257] Näher → Rn 394, 461.

[258] Näher → Rn 394, 462f.

[259] *Rauscher/Leible* EuGVO Art. 5 Rn 88.

[260] LG Frankfurt SpuRt 1998, 195.

[261] AG Hamburg RIW 1990, 319; *Rauscher/Leible* EuGVO Art. 5 Rn 87; *Geimer/Schütze* EuGVO Art. 5 Rn 250; *Schack* IZVR Rn 300.

[262] Für Anwendung der lex causae, dh. der Marktortregel, im autonomen deutschen Zivilprozessrecht hingegen *Lindacher* FS Nakamura S. 321, 334.

[263] *Bülow/Böckstiegel/Auer* EuGVÜ Art. 5 Rn 110; *Rauscher/Leible* EuGVO Art. 5 Rn 88 aE; *Schlosser* EuGVO Art. 5 Rn 20a; aA *Thomas/Putzo/Hüßtege* ZPO Art. 5 EuGVO Rn 20; *Geimer/Schütz* EuGVO Art. 5 Rn 250 sowie zu § 32 ZPO auch BGH WM 1990, 462.

[264] Zutreffend *Weller* IPRax 2000, 202, 205f. Zur Skepsis des EuGH gegenüber einem Rückgriff auf das nationale Recht im Rahmen der Anwendung der EuGVO auch → Rn 399.

[265] *Weller* IPRax 2000, 202, 208; dazu → Rn 396ff.

[266] Vgl. *Geimer/Schütze* EuGVO Art. 5 Rn 243.

[267] → Rn 402ff.

Ausgang nimmt und in Umlauf gebracht wird; teilweise wird aber auch auf den Erscheinungsort des Druckwerkes abgestellt,[268] der sich allerdings in der Regel mit dem Verlagsort decken wird.[269] Das Abfassen des Presseartikels oder der Druck der Zeitschrift sind als bloße Vorbereitungsverhandlungen nicht maßgeblich.[270] Dementsprechend kommt es bei unlauterer Rundfunk- oder Fernsehwerbung nicht auf den Ort an, an dem der Werbespot aufgenommen oder ausgestrahlt wird, sondern auf den Sitz des Senders, an dem die Entscheidung über die Ausstrahlung getroffen wird.[271] Im Regelfall wird der Handlungsort (Art. 2 EuGVO) mit dem allgemeinen Gerichtsstand des Handelnden zusammenfallen. Am Handlungsort kann über den eingetretenen Gesamtschaden ohne räumliche Begrenzung entschieden werden.[272] Die im deutschen autonomen Recht vorherrschende Parallelwertung von Zuständigkeits- und Kollisionsrecht hat im Geltungsbereich der EuGVO – wie gezeigt[273] – außer Betracht zu bleiben. Damit sind auch Tatbeiträge, die kollisionsrechtlich lediglich als Vorbereitungshandlungen für die am Marktort bezweckte Wettbewerbsverletzung gewertet werden, durchaus geeignet, eine alternative internationale Zuständigkeit am Handlungsort zu begründen; dies auch dann, wenn der Schädiger im Marktortstaat überhaupt nicht gehandelt hat.

415 Daran ändert sich selbst dann nichts, wenn der Wettbewerbsverstoß in der **Verletzung gewerblicher Schutzrechte** besteht. Auch für diesen Fall kann ein Handlungsort im Sinne des Art. 5 Nr. 3 EuGVO sehr wohl auch im „Nichtschutzstaat" liegen, wenn die Handlungen des Beklagten den Rahmen einer bloßen Vorbereitung der in einem anderen Staat geplanten Schutzrechtsverletzung überschritten haben.[274] Darin liegt insbesondere kein Eingriff in eine fremde Gebietshoheit. Denn ebensowenig wie bei einer Klage in dem – vom Schutzland verschiedenen – Wohnsitzstaat des Verletzers nach Art. 2 EuGVO wird dem ausländischen Schutzrecht durch die Annahme eines deutschen Handlungsorts im Sinne des Art. 5 Nr. 3 EuGVO Wirkung für das Inland verliehen. Das deutsche Gericht hat vielmehr über die Schutzrechtsverletzung nach der jeweiligen ausländischen *lex loci protectionis* zu entscheiden.[275] Es ist dann aber – in entsprechender Anwendung der „Shevill-Doktrin" – berechtigt, für jeden aus der Verletzungshandlung erwachsenen Schaden Ersatz zuzusprechen, mag dieser Schaden auch nicht im Inland, sondern in einem anderen Staat, namentlich im ausländischen Schutzstaat, eingetreten sein.[276] Damit wird dem Urteil des deutschen Gerichts nicht etwa extraterritoriale Wirkung beigelegt. Denn die Annahme einer deutschen internationalen Zuständigkeit knüpft allein an die Verletzungshandlung im Inland an; dies allerdings auch insoweit, als Verletzungsfolgen dieser Handlung erst im Ausland (einschließlich des Schutzlandes) eingetreten sind. Entscheidend ist allein, dass der Täter durch seine Handlungen außerhalb des Schutzstaates die Schwelle bloßer Vorbereitungshandlungen überschritten hat. So kann die Herstellung von Werkstücken im Ausland bereits Teil einer inländischen Verbreitungshandlung sein.[277] Umgekehrt kann der Transit

---

[268] Vgl. Zu § 32 ZPO BGH NJW 1977, 1590 – profil; ebenso zum IPR BGHZ 131, 332, 335 – Caroline von Monaco; *v. Bar* IPR II Rn 662; *Erman/Hohloch* EGBGB Art. 40 Rn 53; *Kubis* S. 155 ff.

[269] EuGH Slg. 1995, I-415, 460 Rn 24 – Shevill/Presse Alliance.

[270] Vgl. OLG Oldenburg NJW 1989, 400 (zur Anknüpfung im IPR); *Kubis* S. 156.

[271] *Geimer/Schütze* EuGVO Art. 5 Rn 251; ebenso zum autonomen Recht OLG München OLGZ 1997, 216, 217 – Opus Dei; *Kubis* S. 156; *Wieczorek/Schütze/Hausmann* ZPO § 32 Rn 40.

[272] EuGH Slg. 1995, I-415, 400 Rn 25 – Shevill/Presse Alliance.

[273] → Rn 393.

[274] Dazu näher *Pansch* EuLF 2000/01, 353, 354 ff; *Hausmann* EuLF 2003, 278, 280 f; *Lange* WRP 2000, 940, 945; *Kubis* S. 227 f (Patent); *Adolphsen* ZZP Int. 11 (2006) 137, 157; *Zöller/Geimer* ZPO Art. 5 EuGVO Rn 30 b; *Nagel/Gottwald* § 3 Rn 70; *Staudinger/Fezer/Koos* IntWirtschR Rn 1086 aE; aA die noch hM, vgl. LG Düsseldorf GRUR Int. 1999, 455, 457, bestätigt durch OLG Düsseldorf IPRax 2001, 336, 337 m. Anm. *Otte* S. 315 – Schussfadengreifer (Patentrecht); *Stauder* GRUR Int. 1976, 465, 474; *Tetzner* GRUR 1976, 669; *Brinkhof* GRUR Int. 1997, 489, 491; *Kieninger* GRUR Int. 1998, 280, 282; *Grabinski* GRUR Int. 2001, 199, 204 ff; *Hubmann/Götting* § 7 II 3.

[275] *Pansch* EuLF 2000/01, 353, 355; *Hausmann* EuLF 2003, 278, 280.

[276] *Pansch* EuLF 2000/01, 353, 358; *Hausmann* EuLF 2003, 278, 283.

[277] Vgl. – zum Urheberrecht – OLG München ZUM 1990, 255, 257.

einer Ware durch das Inland Teil einer einheitlichen Verbreitungshandlung sein, die ein Schutzrecht zwar im Ausland verletzt, aber dennoch eine Tatortszuständigkeit im Inland begründet.[278] Keine internationale Zuständigkeit besteht hingegen für die Beurteilung gleichartiger Handlungen – zB bei Verletzung von parallelen (Bündel-)Schutzrechten – in anderen Staaten und für die hierauf gestützten Schadensersatzansprüche.[279]

Auch bei **Wettbewerbsverstößen im Internet** ist die internationale Zuständigkeit nach Art. 5 Nr. 3 EuGVO – außer an den jeweiligen Erfolgsorten[280] – auch am Handlungsort eröffnet. Als Handlungsort ist dabei derjenige Ort anzusehen, an dem die unzulässigen Inhalte *in das Netz eingespeist* werden, also in der Regel derjenige Ort, an dem der Handelnde die wettbewerbswidrige Werbung von seinem Computer an den Online-Dienst absendet („uploading").[281] Die Zurechenbarkeit der Verbreitungshandlung scheitert also nicht daran, dass die tatsächliche Kenntnisnahme vom „Abrufen" der angebotenen Information durch einen anderen Nutzer abhängt. Dieser technische Unterschied rechtfertigt in zuständigkeitsrechtlicher Hinsicht keine andere Beurteilung als beim Kauf einer Tageszeitung oder bei der Wahl eines Fernsehsenders.[282] Solange sich die verbotenen Inhalte hingegen noch im Computersystem des Werbenden befinden, handelt es sich nur um unbeachtliche Vorbereitungshandlungen. Demgegenüber wirken die Einwahlknoten in das Netz des Online-Dienstes und das Internet-Gateway nicht zuständigkeitsbegründend.[283] Gleiches gilt für die Standorte von Vermittlungsrechnern oder des angewählten Servers, weil diese beliebig manipulierbar sind.[284] Der Internet-Provider wird für die technische Durchführung des Verbreitungsvorgangs genutzt und wäre angesichts der Vielzahl der auf seinen Servern gespeicherten Dokumente außerstande, eine Kontrolle bezüglich der Rechtmäßigkeit durchzuführen. **416**

c) Gerichtlicher Prüfungsumfang. Der Anwendungsbereich der Verordnung beschränkt sich auf dem Gebiet der außervertraglichen Haftung auf die Bestimmung des Ortes, an dem das schädigende Ereignis im Sinne des Art. 5 Nr. 3 eingetreten ist. Demgegenüber beurteilt sich die Frage, ob dieses Ereignis tatsächlich zu einer Schädigung des Beklagten geführt hat, nach dem vom Kollisionsrecht der lex fori zur Anwendung berufenen Recht,[285] auf dem Gebiet des Lauterkeitsrechts also nach Art. 6 Abs. 1 und 2 der Rom II-VO. Die internationale Zuständigkeit nach Art. 5 Nr. 3 EuGVO setzt nicht voraus, dass nach dem anwendbaren Wettbewerbsrecht tatsächlich ein Wettbewerbsverstoß begangen wurde.[286] Um die Zulässigkeitsprüfung nicht unnötig mit materiellrechtlichen Fragen zu belasten, wird nach der insoweit maßgeblichen deutschen *lex fori* über sog. „doppelrelevante Tatsachen" nicht Beweis erhoben, sondern lediglich nachgeprüft, ob der vorgetragene Sachverhalt den Tatbestand einer Wettbewerbsverletzung oder unerlaubten Handlung erfüllen *kann;* hierfür genügt die *schlüssige Behauptung* des Klägers.[287] Dieser hat **417**

[278] Vgl. – zum Urheberrecht – BGH GRUR 1958, 189, 197 m. Anm. *Hefermehl* = JZ 1958, 291 m. Anm. *Steindorff* – Zeiß; BGH GRUR 1957, 231, 235 f – Pertussin I; BGH GRUR 1957, 352, 353 – Pertussin II; *Kubis* S. 202, 227 f; aA *Kieninger* GRUR Int. 1998, 280, 282.

[279] LG Düsseldorf GRUR Int. 1999, 455, 457 – Schussfadengreifer; *Neuhaus* Mitt. 1996, 257, 264 f; *Brinkhof* GRUR Int. 1997, 489, 490 f; *Hausmann* EuLF 2003, 278, 280; aA *Pansch* EuLF 2000/01, 353, 360 f.

[280] Dazu → Rn 405 ff.

[281] *Bachmann* IPRax 1998, 179, 182; *Koch* CR 1999, 121, 123; *Mankowski* RabelsZ 63 (1999), 203, 257 ff; *Sack* WRP 2000, 269, 277.

[282] *Kubis* S. 171 f.

[283] *Bachmann* IPRax 1998, 179, 183.

[284] *Bachmann* IPRax 1998, 179, 183 f; *Rüßmann* K&R 1998, 422, 423; aA KG NJW-RR 2002, 113; LG Düsseldorf GRUR 1998, 159, 160 – EPSON; LG Hamburg GRUR-RR 2002, 267, 268, wo jeweils auf den Standort des ausländischen Servers abgestellt wird. Vgl. auch § 14 Rn 25.

[285] EuGH Slg. 1995, I-415, 463 Rn 37 ff – Shevill/Presse Alliance; *Kropholler* EuGVO Art. 5 Rn 92.

[286] EuGH Slg. 2004, I-1417, 1452 Rn 27, 32 = IPRax 2006, 161 m. Anm. *Franzen* S. 127 – DFDS Torline/SEKO; *Thomas/Putzo/Hüßtege* ZPO Art. 5 EuGVO Rn 18.

[287] Vgl. BGHZ 98, 263, 273 f = IPRax 1988, 159 m. Anm. *Hausmann* S. 190; BGHZ 124, 237, 240 = IPRax 1995, 101 m. Anm. *Gottwald* S. 75; BGHZ 162, 246, 249 f = GRUR 2005, 510 – Vitamin-Zell-Komplex; BGHZ 167, 91, 98 Rn 21 aE = GRUR 2006, 513 – Arzneimittelwerbung im Internet; KG RIW 2001, 611, 612; OLG Köln IPRax 2006, 479 m. Anm. *v. Hein* S. 460; *Kropholler* EuGVO Art. 5

insbesondere den ursächlichen Zusammenhang zwischen der unerlaubten Handlung und dem eingetretenen Schaden darzulegen,[288] sowie schlüssig vorzutragen, dass sich das schädigende Ereignis im Gerichtsstaat abgespielt hat.[289]

3. Gerichtsstand der Niederlassung, Art. 5 Nr. 5 EuGVO

418 Erweitert ein Unternehmer seinen Geschäftsbereich dadurch, dass er Zweigniederlassungen im Ausland gründet, so kommt für gegen ihn gerichtete Klagen, die einen hinreichenden Bezug zu der jeweiligen Niederlassung haben, auch der Gerichtsstand des Art. 5 Nr. 5 EuGVO in Betracht. Dieser Gerichtsstand konkurriert dann – auch für Verbandsklagen[290] – mit dem allgemeinen Gerichtsstand nach Art. 2 und dem Gerichtsstand der unerlaubten Handlung nach Art. 5 Nr. 3 EuGVO. Anders als im autonomen deutschen Zivilprozessrecht (vgl. § 14 Abs. 1), wird der Wohnsitzgerichtsstand also im Rahmen der EuGVO nicht durch den Niederlassungsgerichtsstand verdrängt. Voraussetzung für die Anwendung des Art. 5 Nr. 5 EuGVO ist freilich, dass der Hauptsitz des Beklagten sich in einem Mitgliedstaat befindet; andernfalls kann Klage am Ort einer inländischen Zweigniederlassung gemäß Art. 4 Abs. 1 EuGVO nur nach Maßgabe des autonomen Prozessrechts[291] erhoben werden.[292] Räumlich erweitert ist der Anwendungsbereich der Verordnung lediglich in Versicherungs-, Verbraucher- und Arbeitssachen (Art. 9 Abs. 2, 15 Abs. 2, 18 Abs. 2 EuGVO).

419 Die Eröffnung eines Gerichtsstands gegen den Geschäftsinhaber an dem – vom Geschäftssitz verschiedenen – Ort einer Zweigniederlassung ist vor allem deshalb gerechtfertigt, weil der Beklagte seine Geschäftstätigkeit von diesem Ort aus entfaltet hat und es deshalb unbillig schiene, wenn er den Kläger für daraus resultierende Streitigkeiten auf den – unter Umständen weit entfernten – allgemeinen Gerichtsstand des Art. 2 EuGVO verweisen könnte.[293] Dieser Normzweck rechtfertigt den Gerichtsstand allerdings nur für **Klagen gegen den Inhaber der Niederlassung,** nicht für Aktivklagen des Inhabers der Niederlassung gegen Dritte.[294] Passiv legitimiert ist für die in diesem Gerichtsstand erhobenen Klagen nicht die Niederlassung selbst, sondern diejenige natürliche Person oder Gesellschaft, welche die Niederlassung gegründet hat. Diese muss ihren (Wohn-)Sitz in einem anderen Mitgliedstaat haben; andernfalls gilt das autonome Zuständigkeitsrecht (zB § 21 ZPO, vgl. Art. 4 Abs. 1 EuGVO). Nur in Sonderfällen genügt nach Art. 9 Abs. 2, 15 Abs. 2, 18 Abs. 2 auch der Wohnsitz des Niederlassungsinhabers in einem Drittstaat. Maßgeblicher Zeitpunkt für das Bestehen der Niederlassung ist die Klageerhebung bzw. der Schluss der letzten mündlichen Tatsachenverhandlung. Nach Auflösung der Niederlassung ist eine Klage in diesem besonderen Gerichtsstand ausgeschlossen.[295]

420 **a) Begriff der Niederlassung.** Im Interesse einer einheitlichen Anwendung des Art. 5 Nr. 5 EuGVO durch die Gerichte der Mitgliedstaaten und damit der Rechtssicherheit sind die in der Vorschrift verwendeten Begriffe der „Zweigniederlassung, Agentur oder sonstigen Niederlassung" im Wege **autonomer Auslegung** zu bestimmen.[296] Die Systematik

Rn 94; vgl. auch *Wieczorek/Schütze/Hausmann* ZPO § 32 Rn 50 mwN; einschränkend *Würthwein* ZZP 106 (1993), 51, 69 ff; MünchKomm/*Mankowski* UWG IntWettbR Rn 417; ablehnend zur Anwendung der Lehre von den „doppelt relevanten Tatsachen" im Rahmen von Art. 5 Nr. 3 EuGVO *Kubis* S. 195 f; *Geimer/Schütze* EuGVO Art. 5 Rn 265 mwN.

[288] EuGH Slg. 2004, I-1417, 1453 Rn 32 = IPRax 2006, 161 m. Anm. *Franzen* S. 127 – DFDS Torline/SEKO.

[289] BGHZ, 98, 263, 274 f; BGH NJW 2002, 1425, 1426.

[290] Vgl. *Michailidou* IPRax 2003, 223, 224.

[291] Dazu → Rn 443 ff.

[292] *Kropholler* EuGVO Art. 5 Rn 100; *Rauscher/Leible* EuGVO Art. 5 Rn 100.

[293] *Geimer/Schütze* EuGVO Art. 5 Rn 296; *Kropholler* EuGVO Art. 5 Rn 99.

[294] *Geimer/Schütze* EuGVO Art. 5 Rn 298; *Kropholler* EuGVO Art. 5 Rn 101; *Rauscher/Leible* EuGVO Art. 5 Rn 101 mwN.

[295] *Schlosser* EuGVO Art. 5 Rn 24; *Rauscher/Leible* EuGVO Art. 5 Rn 109.

[296] EuGH Slg. 1978, 2183, 2192 Rn 8 – Somafer/Saar-Ferngas; EuGH Slg. 1981, 819, 828 f Rn 11 f = IPRax 1982, 64 m. Anm. *Linke* S. 46 – Blanckaert & Wilhelms/Trost; EuGH Slg. 1987, 4905, 4919 Rn 9 f. = RIW 1988, 136 m. Anm. *Geimer* S. 220 – Schotte/Parfum Rothschild.

der Verordnung und der Gesichtspunkt der Rechtssicherheit legen insoweit eine restriktive Auslegung nahe.[297] Eine „Niederlassung" im Sinne des Art. 5 Nr. 5 EuGVO ist nach Ansicht des EuGH „wesentlich dadurch charakterisiert, dass sie der **Aufsicht und Leitung des Stammhauses** unterliegt".[298] Deshalb begründet die Vorschrift keinen Gerichtsstand gegen einen Hersteller an der gewerblichen Niederlassung eines Alleinvertriebshändlers.[299] An dem erforderlichen Unterordnungsverhältnis fehlt es ferner, wenn ein Unternehmen sich eines Handelsvertreters im Ausland bedient, weil auch dieser im Wesentlichen frei seine Tätigkeit gestalten und seine Arbeitszeit bestimmen kann (vgl. § 84 Abs. 1 Satz 2 HGB), ohne dass das Stammhaus befugt wäre, ihm insoweit Weisungen zu erteilen;[300] Gleiches gilt auch für selbständige Handelsmakler (§§ 93ff HGB).[301]

Weiterhin muss die Zweigniederlassung als **Mittelpunkt der geschäftlichen Tätigkeit des ausländischen Stammhauses im Inland** hervortreten. Dies erfordert eine eigene Geschäftsführung, die personell und sachlich so ausgestattet ist, dass sie Verträge zwischen den inländischen Kunden und dem im Ausland ansässigen Stammhaus abschließen kann.[302] Daran fehlt es beim Handelsvertreter, wenn diesem gestattet ist, mehrere Unternehmen zu vertreten, die bei der Herstellung oder beim Vertrieb identischer oder gleichartiger Erzeugnisse miteinander konkurrieren; dies gilt jedenfalls dann, wenn der Handelsvertreter an der Abwicklung und Ausführung der Geschäfte nicht beteiligt ist.[303] Abweichend von §§ 14 Abs. 1 UWG, 21 ZPO[304] erfordert der Niederlassungsbegriff der EuGVO allerdings weder eine Befugnis zum eigenständigen Vertragsschluss, noch Vertretungsmacht für das Stammhaus. Vielmehr kann auch die bloße Vermittlung von Vertragsofferten genügen, wenn die Niederlassung der Kontrolle durch das Stammhaus unterliegt und als dessen Außenstelle hervortritt.[305] Eine reine Kontakt- oder Anlaufadresse, unter der keine Geschäftstätigkeit von gewisser Selbstständigkeit und Dauerhaftigkeit entfaltet wird, begründet den Gerichtsstand nach Art. 5 Nr. 5 EuGVO hingegen nicht; dies gilt insbesondere für das bloße Auftreten auf einer Messe.[306] Auch die Unterhaltung einer aktiven Website im Internet begründet noch keine Niederlassung.[307] 421

Maßgebend für das Vorliegen der vorgenannten Kriterien ist nicht die interne Ausgestaltung der Beziehungen zwischen Stammhaus und ausländischer Niederlassung, sondern der im Geschäftsverkehr hervorgerufene **Rechtsschein.**[308] Deshalb ist Art. 5 Nr. 5 EuGVO auch auf den Fall anwendbar, dass eine in einem Mitgliedstaat ansässige juristische Person ihre Tätigkeit in einem anderen Mitgliedstaat mit Hilfe einer gleichnamigen selbständigen Gesellschaft mit identischer Geschäftsführung entfaltet, die in ihrem Namen handelt und Geschäfte abschließt und deren sie sich wie eine Außenstelle bedient.[309] Allerdings reicht 422

---

297 *Thorn* IPRax 1987, 90, 100.

298 EuGH Slg. 1976, 1497, 1509f. Rn 20f = RIW 1977, 42 m. Anm. *Linke* – de Bloos/Bouyer.

299 EuGH (vorige Fn); *Kropholler* EuGVO Art. 5 Rn 104 mwN.

300 EuGH Slg. 1981, 819, 829 Rn 12f. – Blanckaert & Wilhelms/Trost; vgl. aber auch OLG München RIW 1999, 872.

301 LG Hamburg IPRspr. 1974 Nr. 154.

302 EuGH Slg. 1978, 2183, 2193 Rn 12 – Somafer/Saar-Ferngas; EuGH Slg. 1995, I-961, 980 Rn 18 – Lloyd's/Campenon Bernard.

303 EuGH Slg. 1981, 819, 828f. Rn 11f. – Blanckaert & Wilhelms/Trost; vgl. auch OLG München NJW-RR 1993, 701 = RIW 1994, 59 m. Anm. *Geimer.*

304 Dazu → Rn 447ff.

305 Vgl. zur typischen „Repräsentanz" ausländischer Broker-Firmen im Inland OLG Düsseldorf WM 1989, 50, 54; zu weitgehend aber OLG Düsseldorf IPRax 1997, 115 m. krit. Anm. *Thorn* S. 98.

306 LG Wuppertal NJW-RR 1994, 191; OLG Düsseldorf IPRax 1998, 210, 211 m. Anm. *Zimmer* S. 187; *Geimer/Schütze* EuGVO Art. 5 Rn 305f. Vgl. auch LG Berlin IPRax 1996, 416 m. Anm. *Rüßmann* S. 402.

307 *Thomas/Putzo/Hüßtege* ZPO Art. 5 EuGVO Rn 22.

308 EuGH Slg. 1987, 4905, 4920 Rn 16 = IPRax 1989, 96 m. Anm. *Kronke* S. 81 – Schotte/Parfum Rothschild; OLG Rostock NJW-RR 2006, 209; *Kropholler* EuGVO Art. 5 Rn 108; *Rauscher/Leible* EuGVO Art. 5 Rn 104; *Geimer/Schütze* EuGVO Art. 5 Rn 314; *Wieczorek/Schütze/Hausmann* ZPO Art. 5 EuGVÜ Rn 78.

309 EuGH (vorige Fn); zustimmend *Kropholler* EuGVO Art. 5 Rn 108; *Rauscher/Leible* EuGVO Art. 5 Rn 107.

die bloße konzernrechtliche Abhängigkeit der als juristische Person organisierten inländischen Niederlassung vom ausländischen Stammhaus für die Begründung des Gerichtsstands nach Art. 5 Nr. 5 EuGVO nicht aus. Die inländische Niederlassung muss vielmehr im Namen der ausländischen Muttergesellschaft oder eines anderen verbundenen Unternehmens gehandelt und dadurch dem Geschäftspartner gegenüber den Eindruck erweckt haben, diese andere Gesellschaft werde für die von ihr eingegangenen Verbindlichkeiten einstehen.[310] Daher ist am Sitz der inländischen Tochtergesellschaft eines ausländischen Unternehmens dann kein Gerichtsstand nach Art. 5 Nr. 5 EuGVO begründet, wenn die Tochter – wie im Regelfall – Geschäfte im eigenen Namen abschließt und in ihren täglichen Geschäften nicht der Aufsicht und Leitung durch die ausländische Mutter unterliegt. Erst recht genügt es nicht, wenn eine selbständige inländische Gesellschaft lediglich Geschäfte für eine ausländische Gesellschaft abwickelt, ohne dem Kunden gegenüber als Außenstelle dieser ausländischen Gesellschaft aufzutreten.[311] Umgekehrt kann auch die ausländische Tochter am Sitz der inländischen Muttergesellschaft nach Art. 5 Nr. 5 EuGVO nur in Anspruch genommen werden, wenn sie selbst – und nicht nur die deutsche Mutter – zurechenbar den Rechtsschein erweckt hat, die Mutter sei ihre deutsche Niederlassung.[312]

423 **b) Betriebsbezogenheit der Klage.** Der von Art. 5 Nr. 5 EuGVO weiterhin geforderte Bezug des Rechtsstreits zum Betrieb der Niederlassung ist zwar vor allem bei Rechtsstreitigkeiten gegeben, in denen es um die Unterhaltung der Niederlassung als solche und die Durchsetzung von vertraglichen Verbindlichkeiten geht, welche die Niederlassung im Namen des Stammhauses abgeschlossen hat.[313] Darüber hinaus ist der Gerichtsstand aber auch für Rechtsstreitigkeiten über **außervertragliche Verpflichtungen** eröffnet, die aus der Tätigkeit entstehen, welche die Niederlassung für Rechnung des Stammhauses am Niederlassungsort ausgeübt hat.[314] Damit ist das Stammhaus am Ort der Niederlassung auch für *Wettbewerbsverstöße* gerichtspflichtig, die von dieser Niederlassung ausgegangen sind. Allerdings wird namentlich eine wettbewerbswidrige Werbung in der Regel von einer ausländischen Niederlassung allenfalls vorbereitet; die Entscheidung über die Verbreitung fällt hingegen zumeist am Sitz des Stammhauses.[315] Darüber hinaus wird der Ort der Niederlassung bei Wettbewerbsverstößen regelmäßig mit dem Handlungsort der unerlaubten Handlung im Sinne des Art. 5 Nr. 3 EuGVO[316] zusammenfallen, so dass Art. 5 Nr. 5 EuGVO nur ausnahmsweise eine internationale Zuständigkeit begründen kann, die nicht bereits über Art. 5 Nr. 3 EuGVO besteht.[317] Insoweit unterscheidet sich die Rechtslage nach der EuGVO wiederum vom autonomen Recht, wo eine internationale Zuständigkeit an dem – vom Marktort verschiedenen – Handlungsort in der Regel nicht über § 14 Abs. 2 S. 1 UWG bzw. § 32 ZPO begründet werden kann.[318]

4. Gerichtsstände des Sachzusammenhangs

424 Die EuGVO misst – wie schon das EuGVÜ und das Luganer Übereinkommen – dem Sachzusammenhang im Interesse der Vermeidung widersprüchlicher Entscheidungen der Gerichte verschiedener Mitgliedstaaten in weitem Umfang kompetenzrechtliche Bedeutung zu. Die Verordnung hat daher in Art. 6 außer dem auch im deutschen Recht (§ 33

---

[310] *Kronke* IPRax 1989, 81, 83; *Kropholler* EuGVO Art. 5 Rn 108; *Rauscher/Leible* EuGVO Art. 5 Rn 107.

[311] *Thorn* IPRax 1997, 98, 100 gegen OLG Düsseldorf RIW 1995, 769; *Kulms* IPRax 2000, 488, 489 f.

[312] OLG Koblenz RIW 2006, 312; *Rauscher/Leible* EuGVO Art. 5 Rn 104.

[313] Vgl. dazu EuGH Slg. 1978, 2183, 2192 Rn 8 – Somafer/Saar-Ferngas; OLG München RIW 1999, 872; OLG Celle OLGR 2002, 59; *Kropholler* EuGVO Art. 5 Rn 110.

[314] EuGH (vorige Fn); *Rauscher/Leible* EuGVO Art. 5 Rn 108.

[315] Vgl. zur entsprechenden Problematik bei Persönlichkeitsverletzungen durch Medien *Kubis* S. 178 ff.

[316] Dazu → Rn 412 ff.

[317] Art. 5 Nr. 5 EuGVO setzt allerdings nicht zwingend voraus, das das schädigende Ereignis im Sinne des Art. 5 Nr. 3 EuGVO im Staat der Niederlassung eingetreten ist, vgl. *Kropholler* EuGVO Art. 5 Rn 111.

[318] → Rn 460 ff.

ZPO) bekannten Gerichtsstand der Widerklage (Nr. 3) weitere Gerichtsstände des Sachzusammenhangs in ihren Zuständigkeitskatalog aufgenommen. Durch diese weitreichende Anerkennung der Konnexität als Kompetenzgrund wird der durch Art. 2 Abs. 1 EuGVO garantierte Grundsatz *„actor sequitur forum rei"* erheblich stärker eingeschränkt als nach autonomem deutschen Prozessrecht.[319] Für lauterkeitsrechtliche Streitigkeiten kommt vor allem den Gerichtsständen der Streitgenossenschaft (Nr. 1) und der Widerklage (Nr. 3) Bedeutung zu.

a) Streitgenossenschaft, Art. 6 Nr. 1 EuGVO. aa) Anwendungsbereich. Nach Art. 6 Nr. 1 EuGVO kann eine Person, die ihren Wohnsitz im Hoheitsgebiet eines Mitgliedstaats hat, wegen eines Wettbewerbsverstoßes im Falle bestehender Konnexität auch vor dem Gericht des Ortes verklagt werden, an dem ein anderer Beklagter[320] seinen Wohnsitz hat; dies gilt auch in Verfahren des einstweiligen Rechtsschutzes. Voraussetzung ist damit in jedem Falle, dass der Wohnsitz des Erstbeklagten sich in einem Mitgliedstaat befindet. Keinesfalls kann eine Person, die ihren Wohnsitz im Hoheitsgebiet eines Mitgliedstaats hat, daher in einem anderen Mitgliedstaat nur deshalb verklagt werden, weil vor einem dortigen Gericht, eine – auf das nationale Zuständigkeitsrecht gestützte (Art. 4 Abs. 1 EuGVO) – Klage gegen einen Mitbeklagten mit Wohnsitz in einem Drittstaat anhängig ist; dies gilt auch dann, wenn der Rechtsstreit einen unteilbaren Charakter aufweist.[321] Denn auf diese Weise würde einem Beklagten mit Wohnsitz in einem Mitgliedstaat – entgegen Art. 3 Abs. 1 EuGVO – der durch die Verordnung gewährte Schutz entzogen.[322] Umstritten ist hingegen, ob – umgekehrt – nach Art. 6 Nr. 1 EuGVO am Wohnsitz eines in einem Mitgliedstaat wohnhaften Streitgenossen auch gegen einen Mitbeklagten vorgegangen werden kann, der seinen Wohnsitz in einem *Drittstaat* hat. Nach dem Wortlaut des Art. 6 Nr. 1 EuGVO scheidet diese Möglichkeit aus. Da dies zu einer Privilegierung von Personen mit Wohnsitz in einem Drittstaat gegenüber solchen mit Wohnsitz in einem anderen Mitgliedstaat führen würde, wird allerdings verbreitet eine analoge Anwendung der Vorschrift auf diesen Fall befürwortet.[323] 425

Art. 6 Nr. 1 EuGVO regelt auch die **örtliche Zuständigkeit.** Haben zumindest zwei der Beklagten ihren Wohnsitz in verschiedenen Mitgliedstaaten, so können an jedem Beklagten-Wohnsitz auch Personen mitverklagt werden, die ihren Wohnsitz ebenfalls im Gerichtsstaat haben.[324] Streitig ist hingegen, ob Art. 6 Nr. 1 EuGVO die örtliche Zuständigkeit am deutschen Wohnsitz eines der Beklagten auch dann begründet, wenn sämtliche Beklagten ihren Wohnsitz in Deutschland haben, sofern der Sachverhalt nur einen sonstigen Auslandsbezug aufweist (zB Klägerwohnsitz im Ausland).[325] Da sich die internationale Zuständigkeit der deutschen Gerichte in diesem Fall bereits aus Art. 2 Abs. 1 EuGVO ergibt, würde Art. 6 Nr. 1 EuGVO dem Kläger für die Klage gegen sämtliche Beklagte ein Wahlrecht zwischen den unterschiedlichen örtlichen Gerichtsständen der einzelnen Beklagten einräumen. Dies ist aber nicht die Funktion der Vorschrift; maßgebend ist in diesem Fall vielmehr das innerstaatliche Recht, in Deutschland also § 36 Nr. 3 ZPO.[326] 426

---

[319] *Geimer/Schütze* EuGVO Art. 6 Rn 1.

[320] Art. 6 Nr. 1 EuGVO gilt nur bei Mehrheit auf der Beklagten-, nicht auf der Klägerseite, vgl. *Geimer/Schütze* EuGVU Art. 6 Rn 14.

[321] EuGH Slg. 1998, I-6511, 6549 Rn 52 = EuZW 1999, 59 – Réunion Européenne/Spliethoff's.

[322] EuGH (vorige Fn) Rn 46; zustimmend *Kropholler* EuGVO Art. 6 Rn 6; *Rauscher/Leible* EuGVO Art. 6 Rn 6; *Thomas/Putzo/Hüßtege* ZPO Art. 6 EuGVO Rn 1.

[323] Vgl. *Geimer/Schütze* EuGVO Art. 6 Rn 4ff; MünchKomm/*Gottwald* ZPO Art. 6 EuGVO Rn 3; *Kropholler* EuGVO Art. 6 Rn 7; *Rauscher/Leible* EuGVO Art. 6 Rn 7; *Schack* IZVR Rn 360; MünchKomm/*Mankowski* UWG IntWettbR Rn 444; aA OLG Hamburg IPRspr. 1992 Nr. 193; *Grolimund* Rn 415, 423; *Vogenauer* IPRax 2001, 253, 256f; *Thomas/Putzo/Hüßtege* ZPO Art. 6 EuGVO Rn 1; *Wieczorek/Schütze/Hausmann* ZPO Art. 6 EuGVÜ Rn 3.

[324] *Geimer/Schütze/Auer* EuGVO Art. 5 Rn 14; *Rauscher/Leible* EuGVO Art. 5 Rn 4a.

[325] So KG IPRax 2002, 515 m. zust. Anm. *Brand/Scherber* S. 500.

[326] BayObLG RIW 1997, 596, 597; *Schlosser* EuGVO Art. 6 Rn 2; *Kropholler* EuGVO Art. 6 Rn 2; *Rauscher/Leible* EuGVO Art. 6 Rn 4; *Geimer/Schütze* EuGVO Art. 6 Rn 15.

427 **bb) Konnexität.** Art. 6 Nr. 1 EuGVO gibt dem Kläger kein Recht, eine Klage gegen mehrere Beklagte allein zu dem Zweck zu erheben, einen dieser Beklagten der Zuständigkeit der Gerichte seines Wohnsitzstaates zu entziehen. Zwischen den Klageansprüchen muss daher nach Art. 6 Nr. 1 EuGVO „eine so enge Beziehung gegeben (sein), dass eine gemeinsame Verhandlung und Entscheidung geboten erscheint, um zu vermeiden, dass in getrennten Verfahren widersprechende Entscheidungen ergehen könnten". Diese Einschränkung entspricht der Auslegung des EuGH zur Vorläufernorm in Art. 6 Nr. 1 EuGVÜ, die nach ihrem Wortlaut ein solches Konnexitätserfordernis nicht enthalten hatte.[327] Die Klage darf mithin nicht allein zu dem Zweck erhoben werden, einen der Beklagten der internationalen Zuständigkeit der Gerichte seines Wohnsitzstaates zu entziehen.[328] Der erforderliche Sachzusammenhang ist im Wege autonomer Auslegung des Art. 6 Nr. 1 EuGVO zu konkretisieren;[329] dabei kann allerdings auch auf die in den nationalen Prozessrechten entwickelten Kriterien – zB auf die Voraussetzungen der notwendigen Streitgenossenschaft in § 60 ZPO – zurückgegriffen werden.[330] An der Konnexität kann es nach Auffassung des EuGH fehlen, wenn sich die Klagebegehren gegen einen Beklagten auf eine vertragliche, gegen den anderen Beklagten auf eine deliktische Grundlage stützen.[331] Dies gilt freilich nur, wenn keiner der Beklagten seinen Wohnsitz im Staat des angerufenen Gerichts hat. Beruht dessen Zuständigkeit hingegen auf Art. 2 Abs. 1 EuGVO, so können weitere Beklagte in diesem Gerichtsstand nach Art. 6 Nr. 1 EuGVO mitverklagt werden, ohne dass die erhobenen Klagen auf den gleichen – vertraglichen oder außervertraglichen – Rechtsgrundlagen beruhen müssen.[332] Bejaht wurde die Konnexität auch für eine Schadensersatzklage, die sich sowohl gegen den Hersteller als auch gegen das den Verkauf vermittelnde Unternehmen richtete.[333] Unproblematisch ist die Anwendung der Vorschrift auf Unterlassungs- oder Schadensersatzklagen, die sich auf **Wettbewerbsverstöße** stützen, die von mehreren Mitbewerbern als Mit- oder Nebentäter begangen worden sind.[334]

428 Ob zwischen Verletzungen mehrerer **nationaler (Bündel-)Patente** allein deshalb ein hinreichender Zusammenhang besteht, weil diese Patente im Rahmen eines einheitlichen Verfahrens nach dem Münchener Übereinkommen über Europäische Patente vom 5. 10. 1973 erteilt wurden, ist umstritten.[335] Überwiegend hat man die Identität des Schutzrechts allein für die Anwendbarkeit von Art. 6 Nr. 1 EuGVÜ nicht ausreichen lassen, sondern darüber hinaus eine Identität der Verletzungsform sowie ein bewusstes Zusammenwirken der Beklagten gefordert.[336] Dies wurde angenommen, wenn die Beklagten zu derselben Unternehmensgruppe gehörten und wegen desselben Produkts in Anspruch genommen wurden.[337] Darüber hinaus wurde der Streitgenossenschaftsgerichtsstand des Art. 6 Nr. 1 EuGVO für Fälle dieser Art zum Teil nur am Sitz der verantwortlichen Hauptniederlassung angenommen, um einem „forum shopping" des geschädigten Klägers vorzubeugen.[338]

---

[327] Vgl. EuGH Slg. 1988, 5565, 5584 Rn 13 = NJW 1988, 3088 m. Anm. *Geimer* – Kalfelis/Schröder.

[328] *Kropholler* EuGVO Art. 5 Rn 8; MünchKomm/*Mankowski* UWG IntWettbR Rn 441.

[329] *Rauscher/Leible* EuGVO Art. 6 Rn 8; aA noch öOGH ZfRV 2002, 23; App. Paris RIW 1989, 569 m. Anm. *Sterzing*.

[330] *Kropholler* EuGVO Art. 6 Rn 10; *Wieczorek/Schütze/Hausmann* ZPO Art. 6 EuGVÜ Rn 60.

[331] EuGH Slg. 1998, I-6511, 6549 Rn 50 – Réunion Européenne/Spliethoff's; zu Recht kritisch dazu *Gaudemet-Tallon* Rev. crit. 1999, 339f; *Leclerc* Clunet 1999, 635; *Kropholler* EuGVO Art. 6 Rn 9; *Geimer/Schütze* EuGVO Art. 6 Rn 19. Ebenso für die Konkurrenz von Vertrags- und Bereicherungsansprüchen BGH NJW-RR 2002, 1149 (zum LugÜ).

[332] EuGH NJW 2007, 3702, 3704 Rn 33ff – IPRax 2008, 253 m. Anm. *Althammer* S. 228 – Freeport/Arnoldsson; aA *Magnus/Mankowski/Muir/Walt* EuGVO Art. 5 Rn 26.

[333] Cass. civ. Forum Int. R. 1998, 21; App. Milano Riv. dir. int. priv. proc. 2000, 496.

[334] MünchKomm/*Mankowski* UWG IntWettbR Rn 442.

[335] *Bukow* S. 135ff; *Hölder* S. 149ff; *ders.*, MittPat 2005, 210ff; *Treichel* S. 29ff.

[336] *Brinkhof* GRUR Int. 1997, 489, 492 und 2001, 206ff; *Stauder* IPRax 1998, 317, 321f; ferner von *Rospatt* GRUR Int. 1997, 861, 862f; *Honorati* Riv. dir. int. priv. proc. 1997, 320ff; *Pansch* S. 36ff mwN.

[337] *Kropholler* EuGVO Art. 6 Rn 11.

[338] Hof s'Gravenhage GRUR Int. 1998, 737 (Bericht); dazu von *Meibom/Pitz* GRUR Int. 1998, 765ff; kritisch dazu *Meier-Beck* GRUR 1999, 379f; ebenso für den Fall, dass sich die Hauptniederlassung in einem Drittstaat befindet; *Grabinski* GRUR Int. 2001, 206, 207.

Demgegenüber hält der EuGH Art. 6 Nr. 1 EuGVO in einem Rechtsstreit wegen der Verletzung eines Europäischen Patents, in dem mehrere Gesellschaften mit Sitz in verschiedenen Mitgliedstaaten wegen Handlungen verklagt werden, die sie im Hoheitsgebiet ihres jeweiligen Sitzstaates begangen haben sollen, für nicht anwendbar. Dies gelte auch dann, wenn diese Gesellschaften derselben Unternehmensgruppe angehören und auf der Grundlage einer gemeinsamen Geschäftspolitik in gleicher oder ähnlicher Weise gehandelt haben; denn zu einander widersprechenden Entscheidungen der Gerichte verschiedener Mitgliedstaaten könne es schon deshalb nicht kommen, weil diese Entscheidungen unterschiedliche nationale (Bündel-)Patente und damit nicht die gleiche Sach- und Rechtslage beträfen.[339]

Diese Argumentation kann freilich auf gemeinschaftseinheitliche Schutzrechte – wie **429**
zB die **Gemeinschaftsmarke** – nicht übertragen werden. Denn im Gegensatz zum Europäischen Patent, das aus einem Bündel nationaler Patente besteht, die auf das Territorium des jeweiligen Schutzlandes beschränkt sind, hat die Gemeinschaftsmarke eine einheitliche Wirkung für die gesamte EG; ihre Benutzung kann daher nach Art. 1 Abs. 2 GMV grundsätzlich auch nur für die gesamte EG untersagt werden. Zwar dürfte allein die Verletzung einer Gemeinschaftsmarke durch (Konzern-)Unternehmen mit Sitz in verschiedenen Mitgliedstaaten noch nicht ausreichen, um die für Art. 6 Nr. 1 EuGVO erforderliche Konnexität zu begründen.[340] Etwas anderes hat aber dann zu gelten, wenn diese Untenehmen im Rahmen einer „Verletzerkette" zusammengewirkt haben.[341]

cc) Missbrauchskontrolle. Zwar dient bereits das Erfordernis der Konnexität dem **430**
Ziel, eine missbräuchliche Ausnutzung des Gerichtsstands nach Art. 6 Nr. 1 EuGVO zu Lasten eines Beklagten zu verhindern.[342] Der EuGH lässt jedoch in engen Grenzen eine weitergehende Missbrauchskontrolle zu. Seiner Ansicht nach kann die besondere Zuständigkeitsregel in Art. 6 Nr. 1 EuGVO nicht so ausgelegt werden, dass sie dem Kläger die Möglichkeit eröffnet, eine Klage gegen mehrere Beklagte allein zu dem Zweck zu erheben, einen dieser Beklagten der Zuständigkeit der Gerichte seines Wohnsitzstaates zu entziehen.[343] Ein solcher Missbrauch liegt insbesondere nahe, wenn die Klage gegen den im Gerichtsstand ansässigen Beklagten schon im Zeitpunkt ihrer Erhebung unzulässig oder unschlüssig ist.[344] Eine allgemeine Missbrauchskontrolle findet im Rahmen des Art. 6 Nr. 1 EuGVO jedoch nicht statt.[345]

dd) Beklagtenwohnsitz. Als Gerichtsstand der Streitgenossenschaft kommt allein der **431**
allgemeine Gerichtsstand eines Beklagten nach Art. 2 Abs. 1 i. V. m. Art. 59, 60 EuGVO in Betracht. Hingegen reicht der gegen einen der Beklagten in einem Mitgliedstaat begründete besondere Gerichtsstand des Begehungsorts nach Art. 5 Nr. 3 EuGVO nicht aus, um die Zuständigkeit dieses Gerichts auch gegen andere Beklagte im Sinne des Art. 6 Nr. 1 EuGVO zu begründen.[346] Da Art. 6 Nr. 1 EuGVO mit der internationalen auch die örtliche Zuständigkeit am Wohnsitz eines Beklagten begründet, ist es erforderlich, dass einer der Beklagten im Bezirk des angerufenen Gerichts – und nicht nur irgendwo in diesem Mitgliedstaat – wohnt.[347] Der von Art. 6 Nr. 1 EuGVO geforderte Bezug zum Wohnsitz eines Beklagten kann auch nicht durch die Vereinbarung eines Gerichtsstands mit nur einem der

---

[339] EuGH Slg. 2006, I-6535, 6580 Rn 26 = IPRax 2007, 38 m. kritischer Anm. *Adolphsen* S. 15 = JZ 2007, 303 m. kritischer Anm. *Schlosser* – Roche Nederland BV Primus.

[340] *Rauscher/Leible* EuGVO Art. 5 Rn 8 a; aA *Ebner* S. 674.

[341] BGH GRUR 2007, 705, 706 f = RIW 2007, 624 – Aufarbeitung von Fahrzeugkomponenten; *Schaper* S. 140.

[342] *Geimer/Schütze* EuGVO Art. 6 Rn 23; *Staudinger/Leible* EuGVO Art. 6 Rn 9.

[343] EuGH Slg. 2006, I-6827, 6850 Rn 32 = ZZP Int. 11 (2006) 176 m. Anm. *Würdinger* – Reisch Montage/Kiesel; ähnlich schon öOGH EuLF 2005 II, 108; zustimmend *Kropholler* EuGVO Art. 6 Rn 15; *Schlosser* EuGVO Art. 6 Rn 3; *Geimer/Schütze* EuGVO Art. 6 Rn 23.

[344] Die Unzulässigkeit der Klage gegen den im Gerichtsstaat wohnhaften Beklagten reicht allerdings allein für die Annahme eines Missbrauchs nicht aus, vgl. EuGH (vorige Fn) Rn 30.

[345] EuGH IPRax 2008, 253 m. Anm. *Althammer* S. 228 – Freeport/Arnoldsson.

[346] *Kropholler* EuGVO Art. 6 Rn 12; MünchKomm/*Mankowski* UWG IntWettbR Rn 441.

[347] LG Düsseldorf GRUR Int. 1999, 775 – Impfstoff I; *Geimer/Schütze* EuGVO Art. 6 Rn 26.

Beklagten nach Art. 23 oder durch rügelose Einlassung nach Art. 24 EuGVO ersetzt werden.[348] Hingegen kann der Gerichtsstand der Streitgenossenschaft durch eine wirksame Gerichtsstandvereinbarung nach Art. 23 EuGVO abbedungen werden.[349] Dies gilt freilich nur in den allgemeinen Grenzen, die Art. 23 EuGVO der Zulässigkeit von Gerichtsstandsvereinbarungen zieht.

432 **b) Widerklage, Art. 6 Nr. 3 EuGVO. aa) Anwendungsbereich.** Nach Art. 6 Nr. 3 EuGVO kann gegen eine Person, die ihren Wohnsitz im Hoheitsgebiet eines Mitgliedstaats hat, eine Widerklage auch vor dem Gericht eines anderen Mitgliedstaats erhoben werden, sofern dort eine konnexe Hauptklage anhängig ist. Die Zuständigkeit für die Hauptklage muss sich dabei nicht notwendig aus Art. 2ff EuGVO ergeben;[350] vielmehr reicht im Interesse einer möglichst weitgehenden Vermeidung widersprechender Entscheidungen der Gerichte verschiedener Mitgliedstaaten auch eine auf nationales Recht gegründete Zuständigkeit aus.[351] Weiterhin vorausgesetzt wird der Wohnsitz des Widerbeklagten (Klägers) in einem Mitgliedstaat der Verordnung. Verbreitet wird freilich auch insoweit für eine entsprechende Anwendung von Art. 6 Nr. 3 EuGVO auf den Fall plädiert, dass nur der Widerkläger in einem Mitgliedstaat ansässig ist, sofern sich die Zuständigkeit für die Hauptklage aus Art. 2ff EuGVO ergibt.[352]

433 **bb) Konnexität.** Haupt- und Widerklage müssen nach Art. 6 Nr. 3 EuGVO auf „denselben Vertrag oder Sachverhalt" beruhen. Damit ist das – wiederum autonom zu bestimmende[353] – Konnexitätserfordernis in Art. 6 Nr. 3 EuGVO enger als in § 33 ZPO.[354] In lauterkeitsrechtlichen Streitigkeiten kann daher eine Widerklage im Gerichtsstand des Art. 6 Nr. 3 EuGVO nur erhoben werden, wenn ihr der gleiche Lebenssachverhalt zugrundliegt wie der Hauptklage, insbesondere wenn für die erhobenen Ansprüche ein einheitliches Ereignis ursächlich war.[355] Die praktische Bedeutung des Gerichtsstands der Widerklage dürfte damit im Recht des unlauteren Wettbewerbs eher gering sei.

5. Gerichtsstandsvereinbarung und rügelose Einlassung

434 **a) Gerichtsstandsvereinbarung, Art. 23 EuGVO.** Anders als im autonomen deutschen Wettbewerbsprozessrecht (§ 14)[356] sind die internationalen Gerichtsstände nach Art. 2 bis 6 EuGVO auch für Klagen, die auf Wettbewerbsverletzungen gestützt werden, nicht als ausschließliche Zuständigkeiten ausgestaltet. Der Abschluss von Gerichtsstandsvereinbarungen ist danach auch insoweit nicht von vorneherein ausgeschlossen.[357] Der räumlich-persönliche Geltungsbereich des Art. 23 EuGVO geht dabei insoweit über denjenigen der Art. 2ff EuGVO hinaus, als es genügt, dass nur der Kläger seinen Wohnsitz in einem Mitgliedstaat der Verordnung hat, sofern die Zuständigkeit der Gerichte eines Mitgliedstaats vereinbart ist.[358] Praktische Bedeutung kommt der internationalen Prorogation in Wettbe-

---

[348] *Bülow/Böckstiegel/Auer* EuGVÜ Art. 6 Rn 7; *Wieczorek/Schütze/Hausmann* ZPO Art. 6 EuGVÜ Rn 11.

[349] Vgl. BGH NJW 1988, 646; *Kropholler* EuGVO Art. 6 Rn 17; aA Cass. civ. I. L. Pr. 1999, 627 (Bericht *Huet*).

[350] So aber *Kropholler* EuGVO Art. 6 Rn 36; MünchKomm/*Gottwald* ZPO Art. 6 EuGVO Rn 16.

[351] *Rauscher/Leible* EuGVO Art. 6 Rn 24; *Schlosser* EuGVO Art. 6 Rn 9; *Wieczorek/Schütze/Hausmann* ZPO Art. 6 EuGVÜ Rn 31.

[352] *Geimer* NJW 1986, 2991, 2993; MünchKomm/*Gottwald* ZPO Art. 6 EuGVO Rn 17; aA BGH RIW 1981, 704; *Schlosser* EuGVO Art. 6 Rn 9; *Wieczorek/Schütze/Hausmann* ZPO Art. 6 EuGVÜ Rn 30.

[353] *Kropholler* EuGVO Art. 6 Rn 38; *Rauscher/Leible* EuGVO Art. 6 Rn 26; *Wieczorek/Schütze/Hausmann* ZPO Art. 6 EuGVÜ Rn 33.

[354] AG Trier NJW-RR 2005, 1014 = IPRax 2007, 41 m. Anm. *M. Stürner; Thomas/Putzo/Hüßtege* ZPO Art. 6 EuGVO Rn 5; *Geimer/Schütze* EuGVO Art. 6 Rn 57.

[355] *Rauscher/Leible* EuGVO Art. 6 Rn 27.

[356] Dazu → Rn 458.

[357] App. Orléans Rev. crit. 2003, 326 m. Anm. *Ancel* = Clunet 2004, 203 m. Anm. *Huet*; *Teplitzky* Kap. 45 Rn 21; MünchKomm/*Mankowski* UWG IntWettbR Rn 459f; *Harte/Henning/Glöckner* Einl. D. Rn 26.

[358] Vgl. näher *Reithmann/Martiny/Hausmann* IVR Rn 2965ff.

werbssachen freilich bisher nicht zu, weil Mitbewerber sich nicht schon im Vorfeld möglicher künftiger Wettbewerbsverletzungen über einen Gerichtsstand zu verständigen pflegen. Darüber hinaus lässt sich der Verletzte auch nach einer eingetretenen Wettbewerbsverletzung im Regelfall nicht auf eine Gerichtsstandsvereinbarung ein, sondern schöpft die ihm dann zu Gebote stehenden Möglichkeiten des „forum shopping" zu seinem Vorteil aus. Bedeutung kann einer Gerichtsstandsvereinbarung für wettbewerbsrechtliche Streitigkeit nur ausnahmsweise dann zukommen, wenn zwischen den Mitbewerbern zugleich **vertragliche Beziehungen** bestehen. In derartigen Fällen ist durch Auslegung zu ermitteln, ob eine für vertragliche Streitigkeiten getroffene Gerichtsstandsvereinbarung sich unter Berücksichtigung der Gesamtumstände auch auf Streitigkeiten über außervertragliche Ansprüche beziehen sollte. Dies ist im Zweifel anzunehmen, wenn zwischen der Vertragsverletzung und der unerlaubten Handlung ein hinreichend enger Zusammenhang besteht.[359] Die Auslegung der objektiven Reichweite einer Gerichtsstandsklausel zur Bestimmung der von ihr erfassten Rechtsstreitigkeiten obliegt allerdings auch im Geltungsbereich der EuGVO nicht dem EuGH, sondern ist allein Sache des angerufenen nationalen Gerichts.[360] Sie wird im Regelfall dazu führen, dass eine für vertragliche Streitigkeiten getroffene Gerichtsstandsvereinbarung Ansprüche aus unlauterem Wettbewerb nicht umfasst.[361]

b) Rügelose Einlassung, Art. 24 EuGVO. Erhebliche praktische Bedeutung kommt hingegen auch bei grenzüberschreitenden Wettbewerbsverletzungen der Zuständigkeitsbegründung durch rügelose Einlassung nach Art. 24 EuGVO zu.[362] Denn das angerufene Gericht ist auch nach der Verordnung nur ausnahmsweise verpflichtet die internationale Zuständigkeit von Amts wegen zu prüfen;[363] im Übrigen ist es Sache des Beklagten, einen Mangel der Zuständigkeit zu rügen. Diese Zuständigkeitsrüge wird dem Beklagten abgeschnitten, wenn er sich „auf das Verfahren eingelassen" hat. Dabei kommt es nicht darauf an, ob er den Willen zum Abschluss einer nachträglichen „stillschweigenden Zuständigkeitsvereinbarung" hatte. Vielmehr reicht die verfahrensrechtlich wirksame Einlassung des Beklagten zur Begründung der Zuständigkeit aus.[364] 435

aa) Anwendungsbereich. In räumlicher Hinsicht legt es der enge Zusammenhang zwischen vereinbarter Zuständigkeit nach Art. 23 EuGVO und Zuständigkeit kraft rügeloser Einlassung nach Art. 24 EuGVO, der auch in der Zusammenfassung beider Vorschriften unter der gemeinsamen Überschrift des 7. Abschnitts „Vereinbarung über die Zuständigkeit" zum Ausdruck kommt, nahe, die Anwendungsvoraussetzungen des Art. 23 Abs. 1 S. 1 auch in den Art. 24 EuGVO hineinzulesen. Dafür spricht auch, dass kein Anlass besteht, Beklagte mit Wohnsitz in Drittstaaten in Verfahren vor den Gerichten der Mitgliedstaaten nicht der Regel des Art. 24 EuGVO zu unterwerfen. Danach reicht es für die Anwendung des Art. 24 EuGVO jedenfalls aus, wenn mindestens eine Partei ihren Wohnsitz in einem Mitgliedstaat hat; dies kann also auch der Kläger sein.[365] Nach dem Wortlaut der Vorschrift dürfte es darüber hinaus sogar gerechtfertigt sein, auf das Erfordernis des Wohnsitzes einer Partei in einem Mitgliedstaat ganz zu verzichten und Art. 24 EuGVO auf jede 436

359 OLG München RIW 1989, 901, 902; OLG Stuttgart IPRax 1992, 86 m. Anm. *H. Roth* S. 67; *Kropholler* EuGVO Art. 23 Rn 69; *Zöller/Geimer* ZPO Art. 23 EuGVO Rn 39; *Reithmann/Martiny/Hausmann* IVR Rn 3080.

360 EuGH Slg. 1992, I-1745, 1778 Rn 37 – Powell Duffryn/Petereit; *Rauscher/Mankowski* EuGVO Art. 23 Rn 62 mwN.

361 So auch Cass. civ. Rev. crit. 2000, 792 m. Anm. *Sinay-Cytermann*.

362 Vgl. OLG München GRUR-RR 2004, 85 – Stricktop; MünchKomm/*Mankowski* UWG IntWettbR Rn 466ff.

363 Vgl. Art. 25, 26 Abs. 1 EuGVO; dazu → Rn 368f.

364 MünchKomm/*Gottwald* ZPO Art. 24 EuGVO Rn 1; *Reithmann/Martiny/Hausmann* IVR Rn 3094.

365 So BGH NJW 1993, 1270, 1272; OLG München IPRspr. 1974 Nr. 149 und 150; OLG Koblenz IPRspr. 1987, 308, 309; *Kropholler* EuGVO Art. 24 Rn 3; *Rauscher/Staudinger* EuGVO Art. 24 Rn 2; *Reithmann/Martiny/Hausmann* IVR Rn 3095; *Schack* IZVR Rn 486; aA noch BGHZ 134, 127, 133 = ZZP 1997, 353 m. Anm. *Pfeiffer*.

Einlassung eines Beklagten vor dem Gericht eines Mitgliedstaats anzuwenden.[366] Erst recht kommt es nicht auf einen weitergehenden Bezug des Rechtsstreits zu einem anderen Mitgliedstaat an.[367]

437 **bb) Einlassung auf das Verfahren.** Der Begriff der „Einlassung auf das Verfahren" ist im Wege autonomer europäischer Auslegung unter Berücksichtigung des Normzwecks von Art. 24 EuGVO zu ermitteln.[368] Danach ist eine Einlassung zur Hauptsache zwar stets ausreichend, aber – im Gegensatz zu § 39 ZPO – nicht erforderlich. Die Zuständigkeit des angerufenen Gerichts wird vielmehr auch dann begründet, wenn der Beklagte die Zulässigkeit der Klage aus anderen Gründen bestreitet. Eine Einlassung im Sinne des Art. 24 EuGVO kann daher etwa auch dann vorliegen, wenn der Beklagte lediglich die örtliche oder sachliche Zuständigkeit rügt oder den Einwand anderweitiger Rechtshängigkeit oder entgegenstehender Rechtskraft erhebt.[369] Nicht ausreichend ist hingegen die bloße Anzeige der Verteidigungsbereitschaft[370] oder ein Antrag auf Fristverlängerung für die Klageerwiderung.[371] Die nur *hilfsweise Einlassung zur Hauptsache* begründet hingegen – wie Art. 24 S. 2 EuGVO nunmehr klarstellt – die Zuständigkeit des angerufenen Gerichts nicht, sofern der Beklagte während des gesamten Verfahrens an seiner Rüge der internationalen Unzuständigkeit festhält.[372] In zeitlicher Hinsicht kann die Rüge der internationalen Zuständigkeit jedenfalls nicht mehr nach Abgabe derjenigen Stellungnahme erhoben werden, die nach innerstaatlichem Prozessrecht als erstes Verteidigungsvorbringen vor dem angerufenen Gericht anzusehen ist.[373] Art. 24 EuGVO ist schließlich auch auf *Widerklagen* anwendbar. Ist das angerufene Gericht also nach den Art. 2ff EuGVO für die Widerklage international unzuständig, etwa weil die Voraussetzungen der Konnexität nach Art. 6 Nr. 3 EuGVO nicht erfüllt sind, so wird die internationale Zuständigkeit begründet, wenn der Widerbeklagte die Zuständigkeitsrüge nicht rechtzeitig erhebt.[374] Hingegen spielt Art. 24 EuGVO in Verfahren des einstweiligen Rechtsschutzes nur eine untergeordnete Rolle, weil es dort wegen der regelmäßigen Einseitigkeit des Verfahrens zu einer „Einlassung" des Beklagten nicht kommen kann.[375]

6. Entgegenstehende Rechtshängigkeit in einem anderen Mitgliedstaat

438 Erhebliche praktische Bedeutung in Wettbewerbssachen kommt schließlich auch den Vorschriften über die doppelte Rechtshängigkeit und im Zusammenhang stehende Klagen nach Art. 27, 28 EuGVO zu. Der Anwendungsbereich beider Vorschriften ist eröffnet, wenn Klagen bei Gerichten verschiedener Mitgliedstaaten anhängig sind; auf den Wohnsitz der Parteien der beiden Verfahren kommt es dabei nicht an.[376] Ferner ist es unerheblich, ob

[366] So *Oberhammer* IPRax 2004, 204 unter Hinweis auf EuGH Slg. 2000, I-5925, 5952 Rn 33ff – Group Josi/UGIC; *Schlosser* EuGVO Art. 24 Rn 1; dagegen MünchKomm/*Gottwald* ZPO Art. 24 EuGVO Rn 4; MünchKomm/*Mankowski* UWG IntWettbR Rn 467 a. E.

[367] *Jayme/Kohler* IPRax 2000, 454, 459; *Staudinger* IPRax 2000, 483ff; *Gebauer* ZEuP 2001, 949ff; *Staudinger/Hausmann* EGBGB (2002) Anh. II zu Art. 27–37 Rn 14; aA BGHZ 134, 127, 133 = IPRax 1999, 367 m. krit. Anm. *Dörner/Staudinger* S. 338; öOGH JBl. 1998, 726, 727ff.

[368] OLG Koblenz RIW 2000, 636, 637; öOGH ZfRV 2000, 197; *Kropholler* EuGVO Art. 24 Rn 7; *Rauscher/Staudinger* EuGVO Art. 24 Rn 4, 7; *Zöller/Geimer* ZPO Art. 24 EuGVO Rn 3; aA BGH NJW-RR 2005, 1518, 1519.

[369] Vgl. OLG München EuLF 2000/01, 136; OLG Frankfurt NJW-RR 2005, 935; *Kropholler* EuGVO Art. 24 Rn 7; *Rauscher/Staudinger* EuGVO Art. 24 Rn 4.

[370] LG Frankfurt EuZW 1990, 581; *Thomas/Putzo/Hüßtege* ZPO Art. 24 EuGVO Rn 5.

[371] LG Darmstadt IPRax 1995, 318, 321 m. Anm. *Thorn* S. 294.

[372] Vgl. näher *Kropholler* EuGVO Art. 24 Rn 11; *Rauscher/Staudinger* EuGVO Art. 24 Rn 21; *Reithmann/Martiny/Hausmann* IVR Rn 3099 mwN.

[373] EuGH Slg. 1981, 1671, 1685 Rn 16 = NJW 1982, 507 – Elefanten Schuh/Jacqmain; OLG Rostock NJW-RR 2006, 271; *Geimer/Schütze* EuGVO Art. 24 Rn 7; vgl. auch *Kropholler* EuGVO Art. 24 Rn 15; *Rauscher/Staudinger* EuGVO Art. 24 Rn 22ff; *Reithmann/Martiny/Hausmann* IVR Rn 3100.

[374] OLG Koblenz RIW 1993, 934, 935; *Reithmann/Martiny/Hausmann* IVR Rn 3102.

[375] MünchKomm/*Mankowski* UWG IntWettbR Rn 469; vgl. aber → Rn 484.

[376] EuGH Slg. 2003, I-14693, 14738 Rn 41 – Gasser/MISAT; EuGH Slg. 2004, I-9657, 9697 Rn 32 – Maersk/de Haan.

die Zuständigkeit für die konkurrierenden Klagen auf Art. 2ff EuGVO oder auf nationales Recht gestützt wird.[377] Für diesen Fall verdrängen Art. 27, 28 EuGVO das nationale Verfahrensrecht.

a) Doppelte Rechtshängigkeit. Werden bei Gerichten verschiedener Mitgliedstaaten Klagen wegen desselben Anspruchs zwischen denselben Parteien anhängig gemacht, so hat das später angerufene Gericht das Verfahren von Amts wegen auszusetzen, bis die Zuständigkeit des zuerst angerufenen Gerichts feststeht (Abs. 1). Steht die Zuständigkeit des zuerst angerufenen Gerichts fest, so hat sich das später angerufene Gericht zugunsten dieses Gerichts für unzuständig zu erklären (Abs. 2). Die Frage, welches Gericht zuerst angerufen worden ist, bestimmt sich nach Art. 30 EuGVO.[378] Der Begriff „derselbe Anspruch" im Sinne des Art. 27 Abs. 1 EuGVO ist nicht identisch mit dem Streitgegenstandsbegriff der ZPO;[379] er ist vielmehr autonom und weit auszulegen.[380] Die Auslegung hat sich insbesondere an dem Ziel zu orientieren, sich widersprechende Entscheidungen von Gerichten verschiedener Mitgliedstaaten und damit Anerkennungshindernisse nach Art. 34 Nr. 3, 4 EuGVO zu vermeiden.[381] Entscheidend ist danach, ob der **Kernpunkt beider Rechtsstreitigkeiten** derselbe ist,[382] wobei nur die Klageansprüche des jeweiligen Klägers und nicht auch die vom Beklagten erhobenen Einwendungen zu berücksichtigen sind.[383] 439

Von besonderer Bedeutung ist, dass nach Art. 27 EuGVO **kein Vorrang einer später erhobenen Leistungsklage** gegenüber einer zuvor erhobenen negativen Feststellungsklage besteht; auch insoweit ist ein Rückgriff auf das in diesem Punkt abweichende nationale Recht nicht zulässig.[384] Daraus folgt, dass eine vor einem deutschen Gericht erhobene Klage auf Unterlassung und Schadensersatz gegen einen italienischen Beklagten aufgrund von behaupteten Wettbewerbsverletzungen im Inland als unzulässig abzuweisen ist, wenn der italienische Beklagte zuvor in Italien eine Klage auf Feststellung erhoben hatte, dass sein Verhalten nicht unlauter sei und er deshalb nicht hafte, sofern das italienische Gericht seine internationale Zuständigkeit für die zuerst erhobene negative Feststellungsklage bejaht.[385] Solange das zuerst angerufene italienische Gericht über seine Zuständigkeit nicht entschieden hat, ist das später rechtshängig gewordene Verfahren vor dem deutschen Gericht auszusetzen; dies gilt grundsätzlich unabhängig von der Dauer des italienischen Verfahrens, da die EuGVO vom Prinzip der Gleichwertigkeit der Justizgewährung in allen Mitgliedstaaten ausgeht.[386] 440

Damit kann der Rechtsschutz in Wettbewerbssachen durch sog. **Torpedoklagen** nachhaltig eingeschränkt werden. Darunter versteht man negative Feststellungsklagen, die in Mitgliedstaaten mit bekannt langer Verfahrensdauer (zB Belgien, Bulgarien, Italien) erhoben werden, um dadurch eine Rechtshängigkeitssperre für Leistungsklagen in Mitgliedstaaten mit einer schneller arbeitenden Justiz auszulösen.[387] Praktische Bedeutung haben solche 441

[377] EuGH Slg. 1991, I-3317, 3348 Rn 13 – Overseas Union/New Hampshire Insurance; *Rauscher/Leible* EuGVO Art. 27 Rn 3.

[378] Zur Auslegung dieser – komplizierten – Vorschrift näher *Kropholler* EuGVO Art. 30 Rn 2ff.

[379] Vgl. ausführlich *Rüßmann* ZZP 111 (1998), 399ff; *Walker* ZZP 111 (1998), 429ff.

[380] EuGH Slg. 1987, 4861, 4874 Rn 11 – Gubisch/Palumbo; EuGH Slg. 1998, I-3075, 3097 Rn 16 = EuZW 1998, 443 – Drouot assurances/ CMI; BGH NJW 1997, 870; OLG Hamm IPRax 1995, 104 m. Anm. *Rüssmann* S. 76; *Kropholler* EuGVO Art. 27 Rn 3; *Rauscher/Leible* EuGVO Art. 27 Rn 8.

[381] EuGH Slg. 1987, 4861, 4874 Rn 8f = NJW 1989, 665 – Gubisch/Palumbo.

[382] EuGH Slg. 1987, 4861, 4876 Rn 16 – Gubisch/Palumbo; BGH NJW 2002, 2795.

[383] EuGH Slg. 2003, I-4207, 4235 Rn 24ff = NJW 2003, 2596 m. Anm. *Reischel* – Gantner/Basch.

[384] BGHZ 134, 201, 210f = NJW 1997, 870; BGH NJW 1995, 1758, 1759; OLG München RiW 1994, 511 = EuZW 1993, 511; LG Hamburg GRUR Int. 2002, 1025, 1027 – Seifenverpackung; *Huber* JZ 1997, 799; *Kronke* IPRax 1997, 350.

[385] Vgl. EuGH Slg. 1994, I-5439, 5475 Rn 43 – Tatry/Maciej Rataj = EuZW 1995, 309 m. Anm. *Wolf;* BGHZ 134, 201, 210 = JZ 1997, 797 m. Anm. *Huber;* OLG Hamm IPRax 1995, 104 m. Anm. *Rüßmann* S. 76; *Kropholler* EuGVO Art. 27 Rn 10; kritisch *Wolf* FS Schwab S. 573ff.

[386] EuGH-Slg. 2003, I-14693, 14746 Rn 70ff = EuLF 2004, 50 – Gasser/MISAT; BGH NJW 2002, 2795; vgl. dazu *Thiele* RIW 2004, 285; *Grothe* IPRax 2004, 205; *Schilling* IPRax 2004, 294.

[387] Vgl. *Simons* EuLF 2003, 289ff; *Magnus/Mankowski/Fentiman* EuGVO Introduction Art. 27–30 Rn 49ff; MünchKomm/*Mankowski* UWG IntWettbR Rn 516.

Torpedoklagen aber vor allem auf dem Gebiet von Patentverletzungen erlangt. Kommt hier der Patentverletzer einer Schadensersatz- oder Unterlassungsklage des Patentinhabers durch Erhebung einer negativen Feststellungsklage in Mitgliedstaaten mit langer Verfahrensdauer voraus, so muss das Zweitgericht das Verfahren nach Art. 27 Abs. 1 EuGVO aussetzen.[388] Es darf sich über das Erstverfahren nicht mit der Begründung hinwegsetzen, die Erhebung der Klage sei rechtsmissbräuchlich gewesen.[389] Es ist zu erwarten, dass es zu ähnlichen Torpedoklagen auch auf dem Gebiet des unlauteren Wettbewerbs kommen wird. Voraussetzung für eine erfolgreiche Geltendmachung des Rechtshängigkeitseinwands im Zweitverfahren ist freilich, dass dieses sich auf den gleichen Markt wie das Erstverfahren bezieht. Parallelverfahren mit Bezug auf verschiedene nationale Märkte betreffen hingegen nicht „denselben Anspruch" im Sinne des Art. 27 EuGVO.[390] Der durch die behauptete Verletzung eines gewerblichen Schutzrechts oder durch unlauteren Wettbewerb Geschädigte kann ferner der vom Verletzer erhobenen negativen Feststellungsklage zumindest dadurch begegnen, dass er in anderen Mitgliedstaaten **Maßnahmen des einstweiligen Rechtsschutzes** beantragt. Denn wegen Art. 31 EuGVO besteht keine Identität zwischen dem lauterkeitsrechtlichen Hauptverfahren und dem entsprechenden **Verfahren** des einstweiligen Rechtsschutzes.[391] Ferner gilt Art. 27 EuGVO auch dann nicht, wenn in zwei Mitgliedstaaten Anträge auf Erlass von einstweiligen Verfügungen gestellt werden.[392]

442 **b) Im Zusammenhang stehende Klagen.** Betreffen die vor Gerichten verschiedener Mitgliedstaaten anhängigen Klagen nicht denselben Anspruch, stehen sie aber im Zusammenhang, so kann jedes später angerufene Gericht nach Art. 28 Abs. 1 EuGVO das Verfahren aussetzen. Der Begriff des hiernach erforderlichen Zusammenhangs ist in Art. 28 Abs. 3 EuGVO legal definiert und autonom auszulegen. Danach stehen Klagen im Zusammenhang, wenn zwischen ihnen eine so enge Beziehung gegeben ist, dass eine gemeinsame Verhandlung und Entscheidung geboten erscheint, um zu vermeiden, dass in getrennten Verfahren widersprechende Entscheidungen ergehen könnten. Im Interesse einer übergeordneten Rechtspflege in der Gemeinschaft ist der Begriff des „Zusammenhangs" in Art. 28 Abs. 3 EuGVO weit auszulegen; es ist daher nicht erforderlich, dass die in beiden Verfahren ergehenden Entscheidungen „unvereinbar" im Sinne des Art. 34 Nr. 3, 4 EuGVO sind.[393] Ein Zusammenhang im Sinne des Art. 28 EuGVO besteht vielmehr schon immer dann, wenn das Ergebnis des ersten Verfahrens im zweiten Verfahren verwertet werden kann.[394]

III. Autonomes deutsches Zivilprozessrecht

1. Allgemeines

443 Die Bedeutung des nationalen Zivilprozessrechts für lauterkeitsrechtliche Streitigkeiten ist vor deutschen Gerichten heute auf diejenigen Fragen beschränkt, die weder durch Staatsverträge noch durch vorrangiges sekundäres Gemeinschaftsrecht geregelt sind. Auf dem Gebiet der internationalen Zuständigkeit werden die Vorschriften des UWG (§ 14)

---

388 LG Düsseldorf GRUR Int. 1998, 804, 805 – Impfstoff; OLG Düsseldorf GRUR Int. 2000, 776, 778 – Impfstoff III; dazu *Meiborn/Pitz* GRUR Int. 1988, 765 ff; *Bukow* Verletzungsklagen aus gewerblichen Schutzrechten, 2003, S. 283 ff.

389 *Kropholler* EuGVO Art. 27 Rn 11; aA Trib. gr. Inst. Paris Int. Rev. Of Industrial Property and Copyright Law 2002, 225 m. krit. Anm. *Véron*.

390 *Lindacher* GRUR Int. 2008, 453, 456 f.

391 Näher → Rn 487.

392 *Thomas/Putzo/Hüßtege* Art. 27 EuGVO Rn 6; MünchKomm/*Mankowski* UWG IntWettbR Rn 518; *Jayme* IPRax 2000, 547; aA (bei gleichem Streitgegenstand) MünchKomm/*Gottwald* ZPO Art. 27 EuGVO Rn 12; *Pansch* S. 70.

393 EuGH Slg. 1994, I-5439, 5479 Rn 57 = EuZW 1995, 312 m. Anm. *Herber* TranspR 1996, 196; *Kropholler* EuGVO Art. 28 Rn 3 ff.

394 *Wolf* EuZW 1995, 365, 367; *Thomas/Putzo/Hüßtege* Art. 28 EuGVO Rn 5.

bzw. der ZPO (§§ 12 ff) daher – wie gezeigt[395] – durch die EuGVO und das Luganer Übereinkommen verdrängt, soweit der Beklagte seinen Wohnsitz bzw. Sitz in einem Mitgliedstaat der Verordnung (bzw. in Dänemark) oder in einem Vertragsstaat des Luganer Übereinkommens hat. Die nachfolgenden Ausführungen betreffen daher im Wesentlichen nur noch sog. **Drittstaatenfälle,** in denen der Beklagte seinen Wohnsitz weder in einem EG-Mitgliedstaat noch in einem Vertragsstaat des Luganer Übereinkommens hat.

Nach autonomem deutschen Zivilprozessrecht bestimmt sich die internationale Zuständigkeit der deutschen Gerichte nach dem Grundsatz der **Doppelfunktionalität** der Gerichtsstandsnormen.[396] Danach folgt aus der örtlichen Zuständigkeit eines deutschen Gerichts zugleich dessen internationale Zuständigkeit; dies gilt auch für lauterkeitsrechtliche Streitigkeiten.[397] Insoweit hängt die örtliche und damit auch die internationale Zuständigkeit der deutschen Gerichte davon ab, ob die Klage auf das UWG gestützt wird oder nicht. Im ersteren Falle ergibt sich die internationale Zuständigkeit aus § 14; dies gilt gleichermaßen für Unterlassungs-, Beseitigungs- und Schadensersatzklagen wie für Klagen auf Gewinnabschöpfung nach § 10 und für positive bzw. negative Feststellungsklagen.[398] Für nicht auf das UWG gestützte Klagen folgt die internationale Zuständigkeit aus den §§ 12 ff, 32 ZPO. Bei einer Konkurrenz von UWG- und BGB-Anspruchsgrundlagen kann der Kläger sich wahlweise (§ 35 ZPO) auf § 14 oder §§ 12 ff ZPO stützen.[399] Fehlt danach ein örtlicher Gerichtsstand im Inland, so ist die Klage als unzulässig abzuweisen; eine Verweisung an ein ausländisches Gericht kommt nicht in Betracht. 444

2. Auf das UWG gestützte Klagen

Für Klagen, die auf Anspruchsgrundlagen des UWG gestützt werden, also insbesondere für Klagen nach §§ 8 bis 10, hat der Kläger die Wahl (§ 35 ZPO) zwischen den (ausschließlichen)[400] Gerichtsständen des Art. 14 Abs. 1 und Abs. 2. Einschränkungen gelten gemäß § 14 Abs. 2 S. 2 lediglich für Verbandsklagen.[401] „Aufgrund dieses Gesetzes" ist eine Klage dann erhoben, wenn das Klagebegehren nach Bestimmungen des UWG *schlüssig begründet* ist; die bloße Angabe einer Anspruchsgrundlage aus dem UWG genügt nicht.[402] Hingegen kommt es nicht darauf an, ob und welche Rechtsnormen in der Klage angeführt sind.[403] Die örtliche und internationale Zuständigkeit nach § 14 wird auch nicht dadurch berührt, dass die Klage zugleich auch nach anderen Normen, etwa als Eingriff in den eingerichteten und ausgeübten Gewerbebetrieb (§ 823 Abs. 1 BGB) oder als vorsätzliche sittenwidrige Schädigung (§ 826 BGB) begründet wäre.[404] Das nach § 14 Abs. 1 oder 2 zuständige Gericht hat den geltendgemachten prozessualen Anspruch unter allen in Betracht kommenden Gesichtspunkten, mithin auch nach außerhalb des UWG liegenden Anspruchsgrundlagen, zu prüfen.[405] Für Vertragsklagen gilt § 14 allerdings nicht.[406] Hingegen 445

---

395 → Rn 365.
396 → Rn 354.
397 BGH WRP 1977, 487, 488 – profil; BGH GRUR 1987, 172, 173 – Unternehmensberatungsgesellschaft I; BGH RIW 1992, 673; OLG Celle GRUR Int. 1977, 238, 239 – Sets; OLG Hamm NJW-RR 1986, 1047; OLG Koblenz GRUR 1993, 763 – Kfz.-Reinigungsmittel; *Piper/Ohly* UWG Einf. B Rn 5; *Lindacher* FS Nakamura S. 321, 328; *Teplitzky* Kap. 45 Rn 18.
398 Vgl. dazu OLG Hamburg WRP 1995, 851; *Piper/Ohly* UWG § 14 Rn 2; näher → § 14 Rn 7; einschränkend *Lindacher* FS v. Gamm S. 83, 89.
399 Großkomm/*Erdmann* UWG § 24 Rn 9; *Hefermehl/Köhler/Bornkamm* UWG § 14 Rn 6; *Harte/Henning/Retzer* UWG § 14 Rn 15; näher → Rn 465 ff.
400 Näher → Rn 458; § 14 Rn 3.
401 Näher → Rn 459; § 14 Rn 33 f.
402 BGHZ 41, 314, 316 – Lavamat I; OLG Koblenz GRUR 1993, 763 – Kfz-Reinigungsmittel.
403 BGHZ 41, 314, 316 – Lavamat I; *Piper/Ohly* UWG § 14 aF Rn 4; Großkomm/*Erdmann* UWG § 24 aF Rn 9.
404 Großkomm/*Erdmann* UWG § 24 aF Rn 9; *Hefermehl/Köhler/Bornkamm* UWG § 14 Rn 4.
405 Vgl. zu § 32 ZPO BGHZ 153, 173, 174 ff; → § 14 Rn 5.
406 Vgl. für Klage auf Zahlung einer Vertragsstrafe OLG Rostock GRUR-RR 2005, 176 – Vertragsstrafe; *Hefermehl/Köhler/Bornkamm* UWG § 14 Rn 4; MünchKomm/*Ehricke* UWG § 14 Rn 20; aA → § 14 Rn 7.

ist die Anwendbarkeit von § 14 – entgegen dem Wortlaut – nicht davon abhängig, dass in der Sache deutsches Wettbewerbsrecht zur Anwendung kommt; die Vorschrift begründet vielmehr nach dem lex-fori-Prinzip die internationale Zuständigkeit deutscher Gerichte auch bei Geltung ausländischen Wettbewerbsrechts.[407]

446 **a) Die Gerichtsstände nach § 14 Abs. 1.** Für Klagen nach dem UWG ist gemäß § 14 Abs. 1 S. 1 das Gericht zuständig, in dessen Bezirk der Beklagte seine gewerbliche oder selbständige berufliche Niederlassung, in Ermangelung einer solchen seinen Wohnsitz hat. Hat der Beklagte auch keinen Wohnsitz im Inland, so ist nach § 14 Abs. 1 S. 2 sein inländischer Aufenthaltsort maßgeblich. Von diesen örtlichen Gerichtsständen haben nur der Gerichtsstand der gewerblichen oder selbständigen beruflichen Niederlassung und der Gerichtsstand des Aufenthalts Bedeutung auch für die internationale Zuständigkeit, wenn nämlich der Beklagte seinen Wohnsitz bzw. Sitz in einem Staat hat, in dem weder die EuGVO noch das EuGVÜ/LugÜ gelten, oder wenn er überhaupt keinen festen Wohnsitz hat. Demgegenüber beschränkt sich die Bedeutung des Gerichtsstands am inländischen Wohnsitz des Beklagten (vgl. § 14 Abs. 1 S. 1, 2. Fall) auf die Bestimmung der örtlichen Zuständigkeit im Rahmen des dann vorrangig anwendbaren Art. 2 Abs. 1 EuGVO.[408]

447 **aa) Gewerbliche oder selbständige berufliche Niederlassung.** Primärer Anknüpfungspunkt für die internationale Zuständigkeit in Wettbewerbssachen ist nach autonomem Recht die gewerbliche Niederlassung des Beklagten im Inland. Dieser wird in § 14 Abs. 1 S. 1 die selbständige berufliche Niederlassung von Freiberuflern, Handwerkern oder Landwirten – in Anpassung an den Unternehmerbegriff des § 14 Abs. 1 BGB – gleichgestellt. Der **Niederlassungsbegriff** des § 14 Abs. 1 entspricht demjenigen des § 21 ZPO und wird daher durch die Auslegung jener Vorschrift durch Rechtsprechung und Literatur näher konkretisiert.[409] Danach ist unter Niederlassung jede von dem Inhaber an einem anderen Ort als dem seines (Wohn-)Sitzes für eine gewisse Dauer errichtete, auf seinen Namen und für seine Rechnung betriebene und grundsätzlich selbständige, d.h. aus eigener Entscheidung zum Geschäftsabschluss und Handeln berechtigte Geschäftsstelle zu verstehen.[410] Der Begriff der Niederlassung ist mithin dadurch gekennzeichnet, dass der Inhaber die Geschäfte ständig an einem anderen Ort als dem seines (Wohn-)Sitzes betreibt und die hierfür erforderlichen Einrichtungen für eine gewisse Dauer schafft.[411] Die Niederlassung muss ferner im Namen und für Rechnung des beklagten Unternehmers betrieben werden.[412]

448 Vor allem aber muss die Niederlassung zum **selbständigen Handeln,** d.h. zum unmittelbaren und eigenverantwortlichen Abschluss von Geschäften berechtigt sein.[413] Während Hauptniederlassungen regelmäßig die erforderliche Selbstständigkeit besitzen, fehlt sie bei Zweigniederlassungen, die Geschäfte nur gelegentlich und ausnahmsweise abschließen oder nur untergeordnete Geschäfte selbst vornehmen oder im Rahmen ihrer Geschäftstätigkeit nur nach Maßgabe von Weisungen der Hauptstelle handeln dürfen. Der Niederlassung muss mithin ein Teil des Geschäftsbetriebes zur selbstständigen Erledigung übertragen sein.[414] Die Selbständigkeit der Niederlassung gegenüber dem Stammhaus darf andererseits

---

[407] Vgl. MünchKomm/*Mankowski* UWG IntWettbR Rn 449.

[408] Ungenau insoweit *Rüßmann* K&R 1998, 422, 423.

[409] *Hefermehl/Köhler/Bornkamm* UWG § 14 Rn 6ff; *Piper/Ohly* UWG § 14 Rn 6; → § 14 Rn 12 mwN.

[410] BGH NJW 1987, 3081, 3082 m. Anm. *Geimer* RIW 1988, 221; OLG Frankfurt WM 1989, 57; OLG Düsseldorf NJW-RR 1989, 433.

[411] BayObLG Rpfleger 1980, 486; OLG Frankfurt MDR 1979, 1027; *Wieczorek/Schütze/Hausmann* ZPO § 21 Rn 5.

[412] BGH NJW 1987, 3081, 3082; LG Frankfurt MDR 1979, 1027; *Baumbach/Lauterbach/Hartmann* ZPO § 21 Rn 8.

[413] RGZ 33, 324, 328; OLG München RIW 1983, 127, 128; *Geimer* IZPR Rn 1446; *Piper/Ohly* UWG § 14 Rn 7; näher → § 14 Rn 18 mwN.

[414] BGH NJW 1987, 3081, 3082; OLG Frankfurt RIW 1988, 399; OLG Düsseldorf NJW-RR 1989, 432, 433; Großkomm/*Erdmann* UWG § 24 aF Rn 17; vgl. dazu die Beispiele bei *Wieczorek/Schütze/Hausmann* ZPO § 21 Rn 8; *Zöller/Vollkommer* ZPO § 21 Rn 9.

nicht zu weit gehen. Eine Gerichtspflichtigkeit des Stammhauses am Ort der Niederlassung ist vielmehr – ebenso wie nach Art. 5 Nr. 5 EuGVO[415] – nur gerechtfertigt, wenn die Niederlassung der Aufsicht und Leitung durch das Stammhaus untersteht.[416]

Demgemäß wird am Gerichtsstand einer **Agentur,** der lediglich die Vermittlung von Geschäften, d.h. die Weiterleitung von Vertragsangeboten obliegt, ein Gerichtsstand im Sinne des § 14 Abs. 1 nicht begründet.[417] Etwas anderes gilt auch dann nicht, wenn der Agent über eine Abschlussvollmacht verfügt.[418] Der Niederlassungsbegriff in §§ 14 Abs. 1 UWG, 21 ZPO ist daher enger als jener in Art. 5 Nr. 5 EuGVO.[419] Der Gerichtsstand ist daher nicht eröffnet am Ort eines Reisebüros, das Reisen lediglich vermittelt.[420] Gleiches gilt für eine in der Rechtsform der GmbH organisierte deutsche Firma, die lediglich Verträge mit einem (amerikanischen) Broker-Unternehmen vermittelt, ohne gegenüber den Kunden als weisungsgebundene Außenstelle dieses Unternehmens in Erscheinung zu treten.[421] Demgegenüber kann die inländische „Repräsentanz" einer ausländischen Brokerfirma die Anforderungen der §§ 14 Abs. 1 UWG, 21 ZPO erfüllen.[422] 449

Für die Feststellung der vorgenannten Kriterien kommt es nicht auf die interne Ausgestaltung der Beziehungen zwischen dem Stammhaus und der Niederlassung an, sondern auf den im Geschäftsverkehr hervorgerufenen **Rechtsschein.**[423] Dies gilt insbesondere für die hinreichende Selbständigkeit der Niederlassung, die mithin bereits dann zu bejahen ist, wenn die Niederlassung nach außen nur den Eindruck erweckt, zum selbständigen Abschluss von Geschäften berechtigt zu sein.[424] Eine Beschränkung der Vertretungsmacht des Niederlassungsleiters im Innenverhältnis zum Stammhaus ist daher unerheblich, wenn sie nach außen nicht hervortritt und deshalb für Dritte nicht erkennbar ist.[425] Nicht erforderlich ist eine rechtliche Unselbständigkeit der Niederlassung. Die bloße konzernrechtliche Abhängigkeit der als GmbH organisierten Niederlassung begründet freilich am Sitz der inländischen Tochtergesellschaft noch keinen Gerichtsstand für Klagen gegen die ausländische Muttergesellschaft.[426] Sämtliche Voraussetzungen für eine „Niederlassung" im Sinne des §§ 14 Abs. 1 UWG, 21 ZPO müssen im Zeitpunkt der Klageerhebung vorliegen.[427] 450

Obwohl vom Wortlaut der Vorschrift nicht ausdrücklich gefordert, besteht der Niederlassungsgerichtsstand des § 14 Abs. 1 S. 1 – wie jener nach Art. 5 Nr. 5 EuGVO oder § 21 ZPO – nur für Klagen, die eine hinreichende **Beziehung zum Geschäftsbetrieb der Niederlassung** haben.[428] Das trifft insbesondere dann zu, wenn eine unlautere Werbung von der Niederlassung verbreitet wird.[429] Geht der Wettbewerbsverstoß nur von einer Zweigniederlassung eines Unternehmens aus, so ist eine Zuständigkeit bei dem für die Hauptniederlassung zuständigen Gericht nicht begründet.[430] Daher ist auch eine internationale Zuständigkeit der deutschen Gerichte am Ort der deutschen Hauptniederlassung nicht be- 451

---

415 → Rn 420.
416 *Wieczorek/Schütze/Hausmann* ZPO § 21 Rn 10.
417 Vgl. zu § 21 ZPO BGH NJW 1987, 3081, 3082; BayObLG BB 1989, 583; auch → § 14 Rn 18.
418 *Zöller/Vollkommer* ZPO § 21 Rn 9.
419 BGH NJW 1987, 3081 f; *Wieczorek/Schütze/Hausmann* ZPO § 21 Rn 9; zu letzterem → Rn 378 ff.
420 LG Konstanz NJW-RR 1992, 691; *Zöller/Vollkommer* ZPO § 21 Rn 9.
421 OLG München NJW-RR 1993, 701, 704; kritisch dazu *Emde* EWiR 1999, 1120.
422 Vgl. BGH NJW 1987, 3081, 3082; OLG Düsseldorf NJW-RR 1989, 433.
423 OLG Düsseldorf MDR 1978, 930; OLG Frankfurt MDR 1979, 1027; Großkomm/*Erdmann* UWG § 24 aF Rn 17; *Wieczorek/Schütze/Hausmann* ZPO § 21 Rn 11.
424 BGH NJW 1987, 3081, 3082; *Zöller/Vollkommer* § 21 Rn 8; auch → § 14 Rn 18.
425 OLG Düsseldorf NJW-RR 1988, 1260, 1261.
426 OLG München NJW-RR 1993, 701, 704; *Wieczorek/Schütze/Hausmann* ZPO § 21 Rn 13.
427 BayObLG WM 1989, 871.
428 BGH NJW 1975, 2142; BGH NJW 1995, 1225, 1226; *Zöller/Vollkommer* ZPO § 21 Rn 11; näher → § 14 Rn 19.
429 RGZ 44, 361, 362; Großkomm/*Erdmann* UWG § 24 aF Rn 19.
430 Vgl. OLG Karlsruhe WRP 1998, 329 – Zweigniederlassung; *Hefermehl/Köhler/Bornkamm* UWG § 14 Rn 10; *Piper/Ohly* UWG § 14 Rn 7 aE.

gründet, wenn der Wettbewerbsverstoß allein von einer ausländischen Zweigniederlassung begangen worden ist.[431]

452 **bb) Wohnsitz.** Das autonome Zivilprozessrecht knüpft in § 14 Abs. 1 S. 1 an den inländischen Wohnsitz des Beklagten nur hilfsweise für den Fall an, dass dieser im Inland keine gewerbliche oder selbständige berufliche Niederlassung hat. Die Bedeutung dieser Regelung beschränkt sich – wie gezeigt[432] – auf die *örtliche* Zuständigkeit, weil die internationale Zuständigkeit sich bei inländischem Wohnsitz des Beklagten stets aus Art. 2 Abs. 1 EuGVO ergibt. § 14 Abs. 1 S. 1 stellt insoweit klar, dass ein örtlicher Gerichtsstand an dem – von der inländischen gewerblichen oder selbständigen beruflichen Niederlassung verschiedenen – Wohnsitz einer natürlichen Person oder dem Sitz einer juristischen Person oder Handelsgesellschaft (§ 17 ZPO) in wettbewerbsrechtlichen Streitigkeiten nicht eröffnet ist. Die Gerichtsstandsregelung soll damit – angesichts der sowohl den Mitbewerbern als auch Verbänden eingeräumten Klagemöglichkeiten (vgl. § 8 Abs. 3) – einer Häufung von Prozessen vorbeugen.[433] Der Begriff des Wohnsitzes bestimmt sich dabei nach deutschem Recht (§ 13 ZPO iVm §§ 7 bis 11 BGB). Unter mehreren Wohnsitzen (§ 7 Abs. 2 BGB) kann der Kläger frei wählen, so dass es ausreicht, wenn einer dieser Wohnsitze im Inland begründet ist. Bei juristischen Personen und sonstigen parteifähigen Personenverbindungen, insbesondere Personenhandelsgesellschaften (OHG, KG), tritt an die Stelle des Wohnsitzes der Sitz im Sinne des § 17 Abs. 1 ZPO.[434] An ihrem inländischen (Satzungs- oder Verwaltungs-)Sitz kann eine deutsche Gesellschaft daher nach Art. 2 Abs. 1, 60 EuGVO iVm § 14 Abs. 1 S. 1, 2. Fall auch dann wegen eines Wettbewerbsverstoßes auf Beseitigung, Unterlassung oder Schadensersatz in Anspruch genommen werden, wenn dieser Verstoß von einer ausländischen Niederlassung der Gesellschaft im Ausland begangen wurde.

453 **cc) Aufenthalt.** Handelt es sich bei dem Beklagten um eine natürliche Person, die im Inland weder eine gewerbliche bzw. selbständige berufliche Niederlassung noch einen Wohnsitz hat, so kann die internationale Zuständigkeit der deutschen Gerichte gemäß § 14 Abs. 1 S. 2 auch auf den bloßen Aufenthalt des Beklagten im Inland zur Zeit der Klageerhebung gestützt werden. Dies gilt freilich wegen des Vorrangs der EuGVO bzw. des EuGVÜ/LugÜ nur dann, wenn der Beklagte auch keinen Wohnsitz im Sinne des Art. 2 Abs. 1 iVm Art. 59 Abs. 2 EuGVO in einem anderen Mitgliedstaat der EuGVO (oder des EuGVÜ/LugÜ) hat.[435] Für die Begründung der inländischen Zuständigkeit ist dann kein dauernder oder gewöhnlicher Aufenthalt erforderlich; es genügt vielmehr auch ein nur vorübergehender Aufenthalt, der eine Klagezustellung an den Beklagten im Inland ermöglicht.[436]

454 **b) Gerichtsstand des Begehungsorts, § 14 Abs. 2 S. 1. aa) Allgemeines.** Bis zum 1. 8. 1994 konnten Klagen aufgrund des UWG nach § 24 Abs. 2 aF wahlweise nicht nur von Mitbewerbern, sondern auch von Verbänden am Begehungsort der Wettbewerbsverletzung erhoben werden. Dies hatte zur Folge, dass Wettbewerbsprozesse vielfach vor Gerichten geführt wurden, die sich durch eine für den Kläger günstige Rechtsprechung auszeichneten, obwohl keinerlei Bezug der angegriffenen Handlung zum Bezirk des angerufenen Gerichts gegeben war. Durch das UWG-ÄnderungsG 1994 wurde der Tatort-Gerichtsstand daher als alternativer *örtlicher* Gerichtsstand für die in § 13 Abs. 2 Nr. 1 bis 4 aF genannten Gewerbetreibenden, Verbände und Kammern beseitigt. Damit sollte insbesondere den **Abmahnvereinen** die Möglichkeit genommen werden, unter Berufung auf § 24 Abs. 2 aF einen Klägergerichtsstand in Anspruch zu nehmen. Hingegen sollte das

---

[431] Anders noch RGZ 87, 130.
[432] → Rn 443.
[433] Vgl. zu diesem Konzentrationsgedanken des § 14 UWG *Müller-Feldhammer* EWS 1998, 162, 166 (zu § 24 aF); → § 14 Rn 1.
[434] Großkomm/*Erdmann* UWG § 24 aF Rn 22; *Piper/Ohly* UWG § 14 Rn 8; näher → § 14 Rn 23.
[435] Vgl. *Thomas/Putzo/Hüßtege* ZPO Art. 2 EuGVO Rn 9f; *Kropholler* EuGVO Vor Art. 2 Rn 10.
[436] Vgl. zu § 16 ZPO *Wieczorek/Schütze/Hausmann* ZPO § 16 Rn 6; ferner → § 14 Rn 20.

Klagerecht des unmittelbar Verletzten nach der Gesetzesbegründung[437] von der Neuregelung nicht berührt werden. Für diesen bestand daher die alternative örtliche Zuständigkeit am Begehungsort nach § 24 Abs. 2 S. 1 aF fort.[438] An dieser Einschränkung der örtlichen Zuständigkeit für Verbandsklagen hält auch die Neuregelung in § 14 Abs. 2 S. 2 ausdrücklich fest.[439] Eine Klagemöglichkeit im Gerichtsstand des Begehungsorts ist für nur „abstrakt" betroffene Mitbewerber, Verbände und Kammern mithin auch künftig nur eröffnet, wenn sich über § 14 Abs. 1 eine *internationale* Zuständigkeit der deutschen Gerichte nicht begründen lässt.

bb) Begehungsort. Der Begriff des Begehungsorts in § 14 Abs. 2 S. 1 stimmt mit dem 455
in § 32 ZPO verwendeten Begriff überein.[440] Danach ist der Ort, an dem die wettbewerbswidrige Handlung „begangen" wurde, jeder Ort, an dem auch nur irgendeines der wesentlichen Tatbestandsmerkmale des Wettbewerbsverstoßes verwirklicht worden ist;[441] die Zuständigkeit ist also nicht nur an dem Ort begründet, an dem der zur Vollendung erforderliche letzte Teilakt vorgenommen wurde.[442] Bei mehraktigen Tatbeständen ist Begehungsort mithin sowohl der Ort, an dem der Täter gehandelt hat *(Handlungsort),* als auch der Ort, an dem in die Marktposition des Verletzten eingegriffen wurde *(Erfolgsort).*[443] Wird an mehreren Orten gehandelt[444] oder tritt der rechtswidrige Erfolg an mehreren Orten zugleich ein,[445] so ist an jedem dieser Orte ein Gerichtsstand begründet. Zwischen diesen mehreren Begehungsorten hat der Kläger grundsätzlich die Wahl (§ 35 ZPO).[446] Allerdings kann es rechtsmissbräuchlich iSv. § 8 Abs. 4 sein, wenn ein Massenabnehmer das Tatortgericht nach § 14 Abs. 2 allein so auswählt, dass es vom Sitz des Gegners weit entfernt liegt.[446a] Bei *schriftlichen Abmahnungen,* die erst mit dem Zugang beim Adressaten wirksam werden, ist deshalb außer dem Absendeort auch der Empfangsort Begehungsort;[447] dies gilt auch bei Versendung von E-Mails.[448] Bei mehraktigen Handlungen, etwa beim Inverkehrbringen von Waren über verschiedene Wirtschaftsstufen, ist die Wettbewerbsverletzung überall begangen, wo eine wesentliche Teilhandlung verübt worden ist.[449] Wird der Wettbewerbsverstoß in der Endverbraucherstufe begangen, so kann am Verkaufsort auch der Hersteller belangt werden, wenn die Ware mit seinem Wissen und Wollen dort vertrieben wird.[450] Außer Betracht bleiben hingegen für § 14 Abs. 2 S. 1 – wie für Art. 5 Nr. 3 EuGVO[451] – die Orte, an denen bloße Vorbereitungshandlungen vorgenommen

---

437 WRP 1994, 369, 372.

438 Vgl. in diesem Sinne OLG Düsseldorf NJW 1995, 60; OLG Hamburg WRP 1994, 884; KG GRUR 1995, 752 – Fliegender Gerichtsstand; OLG München WRP 1995, 1055, 1056; OLG Zweibrücken GRUR 1997, 77 – TAK 18; *Vogt* NJW 1995, 2824, 2825.

439 → § 14 Rn 33.

440 OLG Köln GRUR 1978, 658 – Immer jünger; Großkomm/*Erdmann* § 24 aF UWG Rn 26; *Wieczorek/Schütze/Hausmann* ZPO § 32 Rn 13; *Piper/Ohly* UWG § 14 Rn 10.

441 BGHZ 35, 329, 333ff – Kindersaugflaschen; BGH GRUR 1994, 530, 532 – Beta; Großkomm/*Erdmann* § 24 UWG aF Rn 28; *Brannekämper* WRP 1994, 661, 662; *Hefermehl/Köhler/Bornkamm* UWG § 14 Rn 14; → § 14 Rn 27.

442 RGZ 72, 42, 44; *Zöller/Vollkommer* ZPO § 32 Rn 17 – „Distanzdelikt".

443 Allgemeine Meinung, vgl. BGHZ 40, 391, 994 – Stahlexport; BGH GRUR 1978, 194, 195 – profil; BGH NJW 1980, 1224, 1225 – Kfz.-Händler; BGH WRP 1987, 446, 448 – Unternehmensberatungsgesellschaft I; Großkomm/*Erdmann* UWG § 24 aF Rn 28; näher → § 14 Rn 27. Vgl. auch zu § 32 ZPO BGHZ 124, 237, 245; BGHZ 132, 105, 110f; *Zöller/Vollkommer* ZPO § 32 Rn 16. Modifizierend *Staudinger/Fezer/Koos* IntWirtschR Rn 738.

444 Vgl. OLG Hamburg NJW-RR 1993, 173: Ankündigung und Durchführung einer wettbewerbswidrigen Verkaufsveranstaltung an mehreren Orten.

445 Dazu → Rn 457.

446 OLG Köln GRUR 1988, 148, 149 – Kaminöfen; *Hefermehl/Köhler/Bornkamm* UWG § 14 Rn 14; *Staudinger/Fezer/Koos* IntWirtschR Rn 738.

446a KG GRUR-RR 2008, 212. Vgl. auch OLG Stuttgart MMR 2008, 749 (zur Reisekostenerstattung).

447 Vgl. zum IPR BGHZ 40, 391, 394 – Stahlexport; OLG Karlsruhe WRP 1984, 422, 423.

448 *Hefermehl/Köhler/Bornkamm* UWG § 14 Rn 16 aE.

449 *Hefermehl/Köhler/Bornkamm* UWG § 14 Rn 17.

450 LG Mainz BB 1971, 143; Großkomm/*Erdmann* UWG § 24 aF Rn 29.

451 → Rn 412.

wurden[452] oder an denen nur weitere Schadensfolgen eingetreten sind.[453] Das durch wettbewerbswidriges Verhalten eines Konkurrenten in seiner Stellung auf einem Auslandsmarkt beeinträchtigte deutsche Unternehmen kann also nicht schon deshalb vor inländischen Gerichten klagen, weil sich die Wettbewerbsverletzung mittelbar auch auf das Geschäftsergebnis am inländischen Unternehmenssitz ausgewirkt hat.[454]

456 Auch die auf § 14 Abs. 2 S. 1 gestützte internationale Zuständigkeit ist nicht nur für Schadensersatz-, sondern auch für Abwehrklagen eröffnet. Dies gilt auch dann, wenn eine wettbewerbswidrige Handlung im Inland noch nicht begangen worden ist, sondern lediglich ernsthaft droht.[455] Neben der Zuständigkeit des Gerichts am ausländischen Handlungsort ist die internationale Zuständigkeit eines deutschen Gerichts für eine **vorbeugende Unterlassungsklage** wegen Erstbegehungsgefahr jedoch nur gegeben, wenn der Wettbewerbsverstoß gerade im Inland unmittelbar droht.[456] Bei Wettbewerbsverstößen durch Unterlassen kommt es auf den Ort an, an dem die Handlung vorzunehmen war.[457] Für eine negative Feststellungsklage wegen Wettbewerbsverstößen ist das Gericht örtlich und international zuständig, das für die Leistungsklage mit umgekehrtem Rubrum zuständig wäre; auch der Verletzer kann daher im Gerichtsstand des § 14 Abs. 2 S. 1 klagen.[458]

457 **cc) „Fliegender" Gerichtsstand.** Bei Wettbewerbsverstößen durch Werbeanzeigen in Druckschriften ist ein örtlicher Gerichtsstand nicht nur dort eröffnet, wo die Druckschrift hergestellt worden ist; vielmehr steht dem unmittelbar verletzten Mitbewerber zudem nach Art. 14 Abs. 2 S. 1 der sog. „fliegende" Gerichtsstand überall dort zur Verfügung, wo die Druckschrift **bestimmungsgemäß** – und nicht nur zufällig – **verbreitet** wird.[459] Auf die Intensität der Verbreitung kommt es nicht an, so dass auch die Verbreitung nur weniger Exemplare der Druckschrift genügen kann.[460] Diese muss allerdings auch geeignet sein, den Wettbewerb in dem Bezirk des angerufenen Gerichts *konkret* zum Nachteil des klagenden Mitbewerbers zu beeinflussen.[461] Teilweise lässt man es zur Begründung des fliegenden

---

[452] RGZ 13, 424; BGHZ 35, 329, 336 – Kindersaugflaschen; Großkomm/*Erdmann* UWG § 24 aF Rn 28; → § 14 Rn 27; *Zöller/Vollkommer* ZPO § 32 Rn 16. Vgl. aber auch OLG Frankfurt VuR 1994, 116.

[453] OLG Celle GRUR Int. 1977, 238, 240 – Sets; OLG Karlsruhe GRUR 1985, 556, 557 – Fliegender Gerichtsstand II; OLG Hamm NJW-RR 1996, 1047. Ebenso zu § 32 ZPO OLG Düsseldorf NJW-RR 1988, 940; OLG München NJW-RR 1993, 703; *Zöller/Vollkommer* ZPO § 32 Rn 16.

[454] *Lindacher* FS Nakamura S. 321, 327.

[455] Vgl. zur internationalen Zuständigkeit der inländischen Gerichte für eine (vorbeugende) Unterlassungsklage wegen Erstbegehungsgefahr aufgrund einer im Ausland vorgenommenen Wettbewerbshandlung OLG Hamburg GRUR 1987, 403f – Informationsschreiben; vgl. auch OLG Düsseldorf WRP 1994, 877, 879; OLG München WRP 1986, 172; LG Düsseldorf GRUR 1998, 159 – EPSON; *Lindacher* FS Nakamura S. 221, 328; *Mellulis* Rn 134; zweifelnd *Hefermehl/Köhler/Bornkamm* UWG § 14 Rn 14 a.E. Ebenso zu § 32 ZPO BGH GRUR 1956, 297 – Olivin; BGH MDR 1995, 282; OLG Hamm NJW-RR 1989, 315; KG NJW 1997, 3321; *Zöller/Vollkommer* ZPO § 32 Rn 14; *Baumbach/Lauterbach/Hartmann* ZPO § 32 Rn 22.

[456] BGH GRUR 1994, 530, 532 – Beta; OLG Hamburg GRUR 1987, 403 – Informationsschreiben; OLG Düsseldorf BB 1994, 877, 879; OLG Stuttgart WRP 1988, 331, 332; einschränkend *Hefermehl/Köhler/Bornkamm* UWG § 14 Rn 14 aE.

[457] OLG Karlsruhe MDR 1960, 56; *Wieczorek/Schütze/Hausmann* ZPO § 32 Rn 34.

[458] OLG Köln GRUR 1978, 658 – immer jünger; OLG Hamburg WRP 1995, 851, 852 – Kartenfreischaltung; einschränkend *Lindacher* FS v. Gamm S. 83, 89.

[459] Vgl. BGH GRUR 1978, 194, 195 – profil; OLG Celle NJW 1963, 2133; OLG Köln WRP 1972, 590 und AfP 1988, 146; OLG Karlsruhe WRP 1976, 490; OLG Frankfurt NJW-RR 1989, 491 und ZUM 1990, 593f; OLG München NJW-RR 1994, 190; *Piper/Ohly* UWG § 14 Rn 11. Ebenso zum Gerichtsstand nach § 32 ZPO für Persönlichkeitsverletzungen durch Presse, Rundfunk oder Fernsehen BGH GRUR 1978, 194, 195 – profil; BGHZ 131, 332, 335 – Caroline von Monaco; OLG Karlsruhe GRUR 1985, 556, 557 – Fliegender Gerichtsstand II; OLG München RIW 1988, 647 – Opus Dei; zustimmend *Schack* UFITA 108 (1988) 51, 70f; *ders.* IZVR Rn 303; *Kubis* S. 157ff; *Wieczorek/Schütze/Hausmann* ZPO § 32 Rn 41; *Looschelders* ZVglRWiss 95 (1996), 48, 75f; *G. Wagner* RabelsZ 62 (1998), 203, 274ff; *Kubis* S. 146ff; → § 14 Rn 28 mwN.

[460] BGH GRUR 1978, 194, 195 – profil; OLG München GRUR 1984, 830, 831 – Fliegender Gerichtsstand; KG GRUR 1989, 134f – Rhein-Zeitung; → § 14 Rn 28.

[461] Vgl. OLG Düsseldorf WRP 1981, 278, 279; OLG Karlsruhe GRUR 1985, 556, 557 – Fliegender Gerichtsstand II; OLG München WRP 1986, 357, 358f; OLG Stuttgart GRUR 1987, 925 – expo data;

Gerichtsstands zwar ausreichen, dass die Druckschriften im Bezirk des angerufenen Gerichts nur tatsächlich regelmäßig, wenn auch in geringer Zahl verbreitet werden.[462] Maßgebend muss jedoch auch insoweit der Ort sein, an dem die wettbewerblichen Interessen der Mitbewerber aufeinanderstoßen; die Verbreitung muss daher geeignet sein, den **Wettbewerb zu beeinflussen.**[463] Ein konkreter Wettbewerbsnachteil des Verletzten gerade am Verbreitungsort der Druckschrift ist hingegen nicht erforderlich.[464] Diese Grundsätze gelten für Wettbewerbsverletzungen durch andere Medien – zB Rundfunk und Fernsehen, aber auch das **Internet**[465] – entsprechend; insoweit kann auf das zu Art. 5 Nr. 3 EuGVO Gesagte verwiesen werden.[466] In Drittstaatsfällen[467] begründet § 14 Abs. 2 S. 1 mit der örtlichen zugleich die *internationale* Zuständigkeit der deutschen Gerichte. Wird daher in einer ausländischen Zeitschrift durch Anzeigen geworben, so ist die internationale Zuständigkeit der deutschen Gerichte für die Beurteilung von darin liegenden Wettbewerbsverstößen jedenfalls insoweit gegeben, als die ausländische Zeitschrift auch im Inland vertrieben wird und sich auf den inländischen Wettbewerb auswirkt.[468]

dd) Ausschließliche Zuständigkeit. § 14 Abs. 2 S. 1 hat den Gerichtsstand des Bege- 458
hungsorts für auf das UWG gestützte Klagen neben dem Gerichtsstand der gewerblichen Niederlassung (vgl. § 14 Abs. 1 S. 1) als alternativen *ausschließlichen* Gerichtsstand ausgestaltet.[469] Dies bringt der Gesetzestext durch die Worte „außerdem nur" zum Ausdruck. Die Ausschließlichkeit gilt auch für die internationale Zuständigkeit, soweit nicht die EuGVO oder das LugÜ eingreifen.[470] Sie ist allerdings auf Anspruchsgrundlagen des UWG beschränkt, schließt also die wahlweise Zuständigkeit nach §§ 12 ff ZPO dann nicht aus, wenn die Klage zugleich auf Anspruchsgrundlagen nach dem BGB (zB §§ 823 ff) gestützt wird.[471] Damit sind im Geltungsbereich des § 14 insbesondere Prorogation (§ 38 ZPO) und Zuständigkeitsbegründung durch rügelose Einlassung (§ 39 ZPO) ausgeschlossen, § 40 Abs. 2 ZPO.[472] Die ausschließliche Zuständigkeit gilt auch für die Widerklage, so dass der mit der Widerklage geltend gemachte wettbewerbsrechtliche Gegenanspruch nicht an dem – von § 14 abweichenden – für die Hauptklage nach §§ 12 ff ZPO zuständigen Gericht verfolgt werden kann, § 33 Abs. 2 ZPO.[473]

OLG Köln GRUR 1988, 148, 149 – Kaminöfen und GRUR 1991, 775, 776 – Umschuldungen; OLG Frankfurt NJW-RR 1989, 491 = GRUR 1989, 136 – Der Tagesspiegel; *von Maltzahn* GRUR 1983, 711, 716; *Stapenhorst* GRUR 1989, 176, 178 ff; Großkomm/*Erdmann* UWG § 24 aF Rn 32; *Hefermehl/Köhler/Bornkamm* UWG § 14 Rn 15; *Zöller/Vollkommer* ZPO § 32 Rn 17 („unlauterer Wettbewerb").

[462] Vgl. etwa OLG Hamburg WRP 1982, 40 und 1985, 351; OLG München GRUR 1984, 830, 831 – Fliegender Gerichtsstand; OLG Düsseldorf WRP 1987, 476, 477 und NJW-RR 1989, 233; KG GRUR 1989, 134, 135 – Rhein-Zeitung; *Baumbach/Lauterbach/Hartmann* ZPO § 32 Rn 18; aA *Ahrens/Bär* Kap. 17 Rn 15 ff; *Müller-Feldhammer* EWS 1998, 102, 167.

[463] *von Maltzahn* GRUR 1983, 711, 716; *Stapenhorst* GRUR 1989, 176, 177 f; *Piper/Ohly* UWG § 14 Rn 11; *Wieczorek/Schütze/Hausmann* ZPO § 32 Rn 55. Näher → § 14 Rn 28 mwN.

[464] OLG Frankfurt BB 1989, 1647; *von Maltzahn* GRUR 1983, 711, 716.

[465] Vgl. OLG München OLGZ 1987, 217; LG Düsseldorf GRUR 1998, 159, 160; *Hefermehl/Köhler/Bornkamm* UWG § 14 Rn 16; *Piper/Ohly* UWG § 14 Rn 12; → § 14 Rn 29 f.

[466] Näher → Rn 405 ff.

[467] → Rn 362.

[468] BGH GRUR 1971, 153, 154 – Tampax m. abl. Anm. *Deutsch,* der eine internationale Zuständigkeit nur am „Hauptmarkt" eröffnen möchte.

[469] Vgl. Großkomm/*Erdmann* UWG § 24 aF Rn 10; *Brannekämper* WRP 1994, 661; ebenso zum geltenden Recht → § 14 Rn 3 mwN.

[470] *Staudinger/Fezer/Koos* IntWirtschR Rn 737; MünchKomm/*Mankowski* UWG IntWettbR Rn 455.

[471] Der bloße Umstand, dass Vorschriften des UWG auch Schutzgesetze im Sinne des § 823 Abs. 2 BGB sind, gibt dem Kläger allerdings nicht das Recht, eine konkurrierende Zuständigkeit nach § 32 ZPO in Anspruch zu nehmen; es bleibt vielmehr bei der ausschließlichen Zuständigkeit nach § 14 Abs. 2 UWG; vgl. KG WRP 1994, 868, 870.

[472] Vgl. BGH NJW-RR 1987, 227, 229; Großkomm/*Erdmann* UWG § 24 aF Rn 11; *Mankowski* CR 2000, 763, 766 f; → § 14 Rn 3; aA zu Unrecht OLG Koblenz GRUR 1993, 763 – Kfz.-Reinigungsmittel.

[473] Das Verfahren ist vielmehr nach § 145 ZPO zu trennen, vgl. *Hefermehl/Köhler/Bornkamm* UWG § 14 Rn 3; Großkomm/*Erdmann* UWG § 24 aF Rn 8. Vgl. auch BGH NJW-RR 1987, 227, 229.

459 **ee) Einschränkung für Verbandsklagen, § 14 Abs. 2 S. 2.** Übereinstimmend mit dem bisherigen Recht können die in § 8 Abs. 3 Nr. 2 bis 4 aufgeführten Verbände, qualifizierten Einrichtungen und Kammern am Gerichtsstand des Begehungsorts der Wettbewerbsverletzung nur klagen, wenn der Beklagte im Inland weder eine gewerbliche oder selbständige berufliche Niederlassung noch einen Wohnsitz hat; dabei steht dem Wohnsitz natürlicher Personen auch hier der Sitz von juristischen Personen und Handelsgesellschaften im Sinne des § 17 ZPO gleich.[474] Demgegenüber wird das Klagerecht von Mitbewerbern im Sinne des § 8 Abs. 3 Nr. 1 durch diese Einschränkung nicht berührt.[475] „Mitbewerber" in diesem Sinne ist gemäß § 2 Abs. 1 Nr. 3 jeder Unternehmer, der mit einem oder mehreren Unternehmern als Anbieter oder Nachfrager von Waren oder Dienstleistungen in einem *konkreten* Wettbewerb steht. Lediglich abstrakt betroffenen Mitbewerbern steht der Gerichtsstand nach § 14 Abs. 2 hingegen – wie schon bisher[476] – nur zur Verfügung, wenn der Beklagte im Inland weder eine Niederlassung noch einen Wohnsitz hat. Die Beschränkung nach § 14 Abs. 2 S. 2 betrifft damit **nur die örtliche, nicht die internationale Zuständigkeit.** Begründet also § 14 Abs. 1 S. 1 für Klagen von abstrakten Mitbewerbern oder Verbänden keinen Gerichtsstand im Inland, so können auch sie den Beklagten am inländischen Begehungsort nach § 14 Abs. 2 S. 1 verklagen. Hat der Beklagte seinen Wohnsitz oder Sitz allerdings in einem anderen Mitgliedstaat der EuGVO oder in einem Vertragsstaat des EuGVÜ/LugÜ, so wird § 14 Abs. 2 S. 2 durch Art. 5 Nr. 3 EuGVO bzw. EuGVÜ/LugÜ verdrängt. Auch abstrakte Mitbewerber und Verbände können somit in diesem Fall zwischen dem inländischen Gerichtsstand der Niederlassung (Art. 5 Nr. 5 EuGVO) und des Begehungsorts (Art. 5 Nr. 3 EuGVO) frei wählen. Gleiches gilt, wenn der klagende Verband seinen Sitz in einem anderen Mitgliedstaat der Verordnung hat.[477]

460 **ff) Einfluss des Kollisionsrechts.** Im internationalen Wettbewerbsrecht wird das anwendbare Recht bereits seit langem unter Berücksichtigung der spezifischen Interessen der Wettbewerber bestimmt.[478] Der Tatort für marktbezogene Wettbewerbsverstöße liegt danach nur dort, wo die wettbewerblichen Interessen der Konkurrenten aufeinander stoßen.[479] Dabei macht es keinen Unterschied, ob es sich um einen Wettbewerb zwischen Ausländern und Inländern im Ausland oder einen Auslandswettbewerb inländischer Unternehmen untereinander handelt.[480] Der bloße Umstand, dass die Wettbewerbshandlungen vom Inland aus vorbereitet, eingeleitet oder gesteuert werden, reicht deshalb zur Begründung eines inländischen Begehungsorts nicht aus, wenn nur Interessen von Mitbewerbern auf einem ausländischen Markt tangiert sind.[481] Denn andernfalls könnten inländische Unternehmen im Wettbewerb mit ihren ausländischen Konkurrenten benachteiligt werden, wenn sie auch im Ausland dem strengeren inländischen Wettbewerbsrecht unterlägen. Deutsches Recht ist danach auf im Inland begangene Teilakte nur anwendbar, wenn

---

[474] KG BB 1994, 2231; *Schricker* EWiR 1994, 1231; *v. Linstow* WRP 1994, 787, 789f.

[475] *Hefermehl/Köhler/Bornkamm* UWG § 14 Rn 18; *Piper/Ohly* UWG § 14 Rn 13; → § 14 Rn 33.

[476] Vgl. BGH GRUR 1998, 1039, 1040 – Fotovergrößerungen; OLG Brandenburg MMR 2002, 463; *Piper/Ohly* UWG § 14 Rn 13.

[477] KG WRP 1994, 868; dazu *Schricker* EWiR 1994, 1231; *Staudinger/Fezer/Koos* IntWirtschR Rn 736.

[478] Vgl. grundlegend BGHZ 35, 329, 333 = GRUR 1962, 243 m. Anm. *Wirner* – Kindersaugflaschen.

[479] Vgl. BGHZ 40, 391, 395 = GRUR 1964, 316 m. Anm. *Hoepffner* – Stahlexport; BGH NJW 1971, 323 m. Anm. *Deutsch* – Tampax; BGH GRUR 1977, 672; BGH GRUR 1982, 495, 497 m. Anm. *Schricker* S. 103 – Domgarten-Brand; BGH GRUR 1988, 453, 454 = IPRax 1989, 384 m. Anm. *Lederer* S. 362 – Ein Champagner unter den Mineralwässern; BGHZ 113, 11, 15 = IPRax 1992, 45 m. Anm. *Sack* S. 24 = JZ 1991, 1038 m. Anm. *Koch* – Kauf im Ausland; BGH RIW 1998, 398 = GRUR 1998, 419 – Gewinnspiel im Ausland; BGHZ 167, 91, 100 Rn 25 = GRUR 2006, 513 – Arzneimittelwerbung im Internet; OLG Hamburg RIW 1989, 144; KG NJW-RR 1991, 301; OLG Köln GRUR 1994, 646 – Georgisches Telekommunikationssystem; OLG Karlsruhe RIW 1999, 875 = GRUR 1999, 354 – Pflanzenschutzmittelverkauf im Ausland; näher → Rn 186ff m. ausf. wN.

[480] BGHZ 40, 391, 395 (vorige Fn).

[481] BGHZ 35, 329, 334 – Kindersaugflaschen; OLG Hamm IPRspr. 1968/69 Nr. 173; LG Hamburg RIW 1998, 894.

diese schon für sich genommen einen Wettbewerbsverstoß nach deutschem Recht darstellen.[482]

Diese wettbewerbsspezifische Bestimmung des Begehungsorts im IPR haben Rechtsprechung[483] und Literatur[484] zum Teil auch in das Recht der internationalen Zuständigkeit übertragen. Danach scheidet eine auf § 14 Abs. 2 S. 1 gestützte internationale Zuständigkeit der deutschen Gerichte aus, wenn die wettbewerblichen Interessen der Parteien nur im Ausland aufeinander stoßen. Die Vorbereitung oder Steuerung der Wettbewerbsverletzung vom Inland aus begründet mithin keine internationale Zuständigkeit der deutschen Gerichte am „Handlungsort". Ein Wahlrecht des Klägers zwischen der Zuständigkeit am Handlungs- und am Erfolgsort soll damit für Distanzdelikte auf dem Gebiet des Lauterkeitsrechts ausscheiden. Ferner werden auch die im Kollisionsrecht anerkannten Ausnahmen von der Marktortanknüpfung – zB beim Wettbewerb nur zwischen Inländern auf Auslandsmärkten[485] – in das Zuständigkeitsrecht übernommen.[486] Allerdings kann auch eine im Ausland begangene Wettbewerbshandlung eines Ausländers für das Inland eine Erstbegehungsgefahr begründen, so dass die deutschen Gerichte für eine vorbeugende Unterlassungsklage gemäß § 14 Abs. 2 S. 1 international zuständig wären.[487] 461

Der von der hM zum autonomen Recht befürwortete Gleichlauf von Kollisionsrecht und internationaler Zuständigkeit wird im Schrifttum zu Recht kritisiert.[488] Denn kollisionsrechtliche und zuständigkeitsrechtliche Interessen überschneiden sich zwar in Teilbereichen, sind aber keinesfalls deckungsgleich. Für die Herausbildung eines eigenständigen Wettbewerbskollisionsrechts und seine Emanzipation gegenüber dem allgemeinen Kollisionsrecht für unerlaubte Handlungen waren spezifische Schutzerwägungen des Wettbewerbsrechts maßgebend. Demgegenüber stehen bei der Festlegung internationaler Gerichtsstände vor allem **Zweckmäßigkeits- und Zumutbarkeitserwägungen** im Vordergrund.[489] Während die für das Kollisionsrecht notwendige Schwerpunktbetrachtung zu Recht die Bedeutung des Marktortrechts betont und deshalb ein Wahlrecht des Verletzten zugunsten des Rechts am Handlungsort ausschließt, dient dieses Wahlrecht im Zuständigkeitsrecht gerade dem von §§ 14 Abs. 2 S. 1 UWG, 32 ZPO verfolgten Ziel, dem Verletzten eine Durchsetzung seiner Rechte an einem möglichst sach- und beweisnahen Gerichtsstand zu ermöglichen.[490] 462

Der Ausschluss einer internationalen Zuständigkeit an dem vom Marktort verschiedenen Handlungsort ist auch nicht geeignet, die damit offenbar gewünschte **Rechtsnähe** des angerufenen Gerichts zu gewährleisten. Denn der durch wettbewerbswidriges Verhalten eines deutschen Unternehmens auf einem ausländischen Markt betroffene Mitbewerber ist nicht gehindert, das deutsche Unternehmen an seiner gewerblichen Niederlassung bzw. seinem Sitz im Inland nach § 14 Abs. 1 S. 1 zu verklagen und das deutsche Gericht auf diese Weise zur Anwendung ausländischen Wettbewerbsrechts zu zwingen, wenn er sich hiervon eine raschere und kostengünstigere Rechtsdurchsetzung verspricht.[491] Unklar ist 463

---

482 Vgl. OLG Köln VuR 1995, 289.

483 BGH JZ 1971, 731 m. Anm. *Deutsch* = GRUR 1971, 153 m. Anm. *Droste* – Tampax; OLG München DB 1986, 1173; OLG Hamm NJW-RR 1986, 1047, 1048; OLG Celle GRUR Int. 1977, 238, 240 – Sets.

484 *Kropholler* Hdb. IZVR I Kap. III Rn 382; *Schack* IZVR Rn 300; *ders.* MMR 2000, 135, 137 f; *Kubis* S. 202; *Teplitzky* Kap. 45 Rn 1; Großkomm/*Erdmann* UWG § 24 aF Rn 32; *Harte/Henning/Glöckner* Einl D Rn 30; *Staudinger/Fezer/Koos* IntWirtschR Rn 739; *Zöller/Vollkommer* ZPO § 32 Rn 17 („unlauterer Wettbewerb"); *Nagel/Gottwald* IZPR § 3 Rn 56; *Wieczorek/Schütze/Hausmann* ZPO § 32 Rn 70.

485 BGHZ 40, 391, 397 f – Stahlexport.

486 Vgl. OLG Hamm NJW-RR 1986, 1047, 1048: Wettbewerbsbehinderungen zwischen deutschen Unternehmen auf dem US-amerikanischen Markt; kritisch dazu – wegen Missachtung des Vorrangs von § 24 Abs. 1 UWG aF vor § 32 ZPO – *Schack* IZVR Rn 300.

487 Vgl. OLG Hamburg GRUR 1987, 403 – Informationsschreiben; → Rn 456.

488 Vgl. *Behr* GRUR Int. 1992, 604, 608; *Sack* GRUR Int. 1988, 320, 330; *Lindacher* FS Nakamura S. 321, 325 ff; ders., GRUR Int. 2008, 453, 454; *Ahrens* Kap. 16 Rn 11; *Geimer* IZPR Rn 1517 a.

489 Vgl. *Rüßmann* K&R 1998, 422.

490 *Lindacher* FS Nakamura S. 321, 328 f, der insoweit jedoch zwischen der Verletztenklage und der Interessenten- bzw. Verbandsklage differenziert; dazu → Rn 519; zustimmend auch → § 14 Rn 44.

491 *Behr* GRUR Int. 1992, 604, 608.

derzeit, ob die deutsche Rechtsprechung an einem Gleichlauf von Kollisions- und Zuständigkeitsrecht auch dort festhalten wird, wo die Marktortanknüpfung – wie zB auf dem Gebiet des elektronischen Geschäftsverkehrs – durch die **Anknüpfung an das Herkunftsland** verdrängt wird.[492] Dies hat richtigerweise schon deshalb auszuscheiden, weil die E-Commerce-Richtlinie keine Änderung des internationalen Zivilprozessrechts der Mitgliedstaaten bezweckt.[493] Darüber hinaus würde durch eine alleinige Zuständigkeit der Gerichte des Herkunftslandes der Rechtsschutz der betroffenen Mitbewerber unangemessen weit eingeschränkt.[494]

464 Schließlich sind auch keine überzeugenden Argumente ersichtlich, warum die Zuständigkeitsinteressen im autonomen deutschen Zivilprozessrecht grundsätzlich anders zu bewerten sein sollen als im Rahmen der **EuGVO.** Dort hat aber der EuGH – wie gezeigt[495] – eine Einschränkung der alternativen Zuständigkeit am Handlungs- und Erfolgsort durch kollisions- oder materiellrechtliche Interessen bisher konsequent abgelehnt. Ob sich daran mit Inkrafttreten der Rom II-VO wegen der dort in Art. 6 Abs. 1 normierten kollisionsrechtlichen Marktortanknüpfung[496] etwas ändern wird,[497] erscheint fraglich. Aus den genannten Gründen sollte daher der deutsche Sonderweg auf dem Gebiet der internationalen Zuständigkeit in lauterkeitsrechtlichen Streitigkeiten aufgegeben werden. Die deutschen Gerichte sollten sich vielmehr im Rahmen der Interpretation von §§ 14 Abs. 2 S. 1 UWG, 32 ZPO an der Auslegung von Art. 5 Nr. 3 EuGVO durch den EuGH orientieren, um unnötige Brüche zwischen der europäischen und der nationalen Zuständigkeitsordnung zu vermeiden. Den besonderen Schutzzwecken des Wettbewerbsrechts wird hinreichend dadurch Rechnung getragen, dass sowohl das am Handlungs- wie das am Erfolgsort angerufene Gericht in der Sache das Recht des Staates anzuwenden hat, in dessen Gebiet die Wettbewerbsbeziehungen oder die kollektiven Interessen der Verbraucher spürbar beeinträchtigt werden.

3. Auf das BGB gestützte Klagen

465 Erfüllt die Wettbewerbsverletzung zugleich den Tatbestand einer unerlaubten Handlung, zB als Eingriff in den eingerichteten und ausgeübten Gewerbebetrieb im Sinne des § 823 Abs. 1 BGB, als Verstoß gegen ein Schutzgesetz im Sinne des § 823 Abs. 2 BGB oder als vorsätzlich sittenwidrige Schädigung im Sinne des § 826 BGB, so stehen dem unmittelbar Verletzten Mitbewerber auch die Gerichtsstände der §§ 12ff ZPO offen.[498] Soweit diese von § 14 abweichen, ist das angerufene Gericht freilich für Unterlassungs- oder Schadensersatzansprüche nur insoweit örtlich und international zuständig, als die Klage auf Anspruchsgrundlagen des BGB gestützt wird. Für konkurrierende Ansprüche nach dem UWG verbleibt es bei der ausschließlichen alternativen Zuständigkeit nach § 14 Abs. 1 und 2.

466 **a) Allgemeiner Gerichtsstand.** Anders als Ansprüche nach dem UWG müssen auf das allgemeine Deliktsrecht gestützte Ansprüche nicht am Gerichtsstand der inländischen Niederlassung des Beklagten eingeklagt werden; vielmehr ist der allgemeine Gerichtsstand für solche Ansprüche auch dann am inländischen Wohnsitz bzw. Sitz des Beklagten begründet, wenn der Wettbewerbsverstoß von einer Niederlassung an einem anderen Ort ausgegangen ist. Bedeutung hat dies freilich nur für die örtliche Zuständigkeit; denn die internationale Zuständigkeit ist auch für UWG-Klagen am inländischen Wohnsitz des Beklagten eröffnet, wenn die Wettbewerbsverletzung von einer ausländischen Niederlassung begangen wurde.[499] Der Begriff des **Wohnsitzes** ist in der ZPO selbst nicht definiert; insoweit ist daher auf die

---

492 Zum Kollisionsrecht näher → Rn 112ff und 119ff.
493 Vgl. Art. 1 Abs. 4 der RL; dazu *Mankowski* GRUR Int. 1999, 909, 915; *ders.* CR 2000, 763, 768f.
494 Zustimmend *Staudinger/Fezer/Koos* IntWirtschR Rn 746.
495 → Rn 399.
496 → Rn 158ff.
497 So *Harte/Henning/Glöckner* Einl D Rn 16; *Staudinger/Fezer/Koos* IntWirtschR Rn 744.
498 → Rn 444.
499 → Rn 452.

§§ 7 bis 11 BGB zurückzugreifen.[500] Dies ändert freilich nichts daran, dass es sich bei dem „Wohnsitz" im Sinne des § 13 ZPO um einen Begriff des Prozessrechts handelt. Daraus folgt, dass über die Frage, ob ein beklagter Ausländer im Inland einen Wohnsitz hat, stets allein nach deutschem Recht zu entscheiden ist; auf den Wohnsitzbegriff des Personalstatuts des ausländischen Beklagten kommt es nicht an.[501]

Für **juristische Personen** und sonstige passiv parteifähige Personenverbindungen, ins- 467
besondere Personenhandelsgesellschaften, wird der maßgebliche Sitz nach § 17 Abs. 1 S. 1 ZPO in erster Linie nach *materiellem Recht* bestimmt. Regelmäßig wird die Satzung der beklagten Gesellschaft oder juristischen Person eine Regelung über den Sitz enthalten; dieser Satzungssitz ist dann auch für die Bestimmung des allgemeinen Gerichtsstands maßgebend, sofern er nicht unter Verletzung des anwendbaren materiellen Rechts festgelegt wurde.[502] Nur wenn sich ein satzungsmäßig bestimmter Sitz der beklagten Gesellschaft oder juristischen Personen nicht feststellen lässt oder wenn der Satzungssitz im Ausland liegt, begründet § 17 Abs. 1 S. 2 ZPO hilfsweise einen Gerichtsstand an dem inländischen Ort, an dem die Verwaltung geführt wird. Dies ist der Mittelpunkt der geschäftlichen Oberleitung, d. h. der Ort, an dem die laufenden Geschäftsführungsakte im Rahmen des Willensbildungsprozesses zustande kommen und umgesetzt werden.[503] Für die Bestimmung des Verwaltungssitzes von grenzüberschreitend tätigen Gesellschaften gelten die von der deutschen Rechtsprechung und Lehre entwickelten Grundsätze zur Anknüpfung des Gesellschaftsstatuts.[504] Zu berücksichtigen sind insbesondere auch die neueren Entwicklungen zum Einfluss der Niederlassungsfreiheit nach Art. 43, 48 EG auf die Bestimmung des Gesellschaftsstatuts im Anschluss an die EuGH-Urteile in Sachen Centros, Überseering und Inspire Art. Danach ist die Rechtsfähigkeit von Gesellschaften, die in einem Mitgliedstaat der EG gegründet wurden, von den Gerichten und Behörden anderer Mitgliedstaaten nach dem Recht des Gründungsstaates zu beurteilen (sog. *europarechtliche Gründungstheorie*).[505]

b) Besondere Gerichtsstände. Daneben stehen dem Verletzten für die auf das allge- 468
meine Deliktsrecht (§§ 823 ff BGB) gestützten Ansprüche auch die besonderen Gerichtsstände der §§ 20 ff ZPO zur Wahl. Dies trifft insbesondere für den Gerichtsstand des *Begehungsorts* der unerlaubten Handlung nach § 32 ZPO zu; für dessen Bestimmung gilt das zu § 14 Abs. 2 S. 1 Gesagte entsprechend.[506] In diesem Gerichtsstand kann der Verletzte daher nicht nur die Verletzung von Namens-, Firmen- und gewerblichen Schutzrechten,[507] sondern auch konkurrierende Ansprüche aus dem UWG geltend machen.[508] Gleiches gilt für den besonderen Gerichtsstand der Niederlassung (§ 21 ZPO), der dem Gerichtsstand des § 14 Abs. 1 S. 1, 1. Fall entspricht.[509] Demgegenüber stehen andere besondere Gerichtsstände der ZPO – wie zB der Gerichtsstand des Vermögens (§ 23 ZPO) – dem Verletzten nur für die auf das BGB gestützten Ansprüche offen. Sie begründen dann mit der örtlichen zugleich die internationale Zuständigkeit des angerufenen deutschen Gerichts.[510]

---

500 Unstr., vgl. *Zöller/Vollkommer* ZPO § 13 Rn 3; MünchKomm/*Patzina* ZPO§ 13 Rn 4.

501 BGH WM 1975, 915; BGH NJW 1982, 1215; *Serick* ZZP 68 (1955), 278, 280, 285; *Wieczorek/Schütze/Hausmann* ZPO § 13 Rn 4 mwN.

502 Vgl. zu Einzelheiten der materiellrechtlichen Sitzbestimmung *Wieczorek/Schütze/Hausmann* ZPO § 17 Rn 9–19; ferner *Zöller/Vollkommer* ZPO § 17 Rn 9; *Thomas/Putzo/Hüßtege* ZPO § 18 Rn 2.

503 *Zöller/Vollkommer* ZPO § 17 Rn 10; MünchKomm/*Patzina* ZPO§ 17 Rn 12; *Wieczorek/Schütze/Hausmann* ZPO § 17 Rn 20 f.

504 Vgl. näher *Reithmann/Martiny/Hausmann* IVR Rn 2195 ff; MünchKomm/*Kindler* BGB IntGesR Rn 331 ff; *Staudinger/Großfeld* (1998) IntGesR Rn 41 ff, jeweils m. ausf. Nachw.

505 Vgl. dazu eingehend *Reithmann/Martiny/Hausmann* IVR Rn 2271 ff mwN.

506 Näher → Rn 454 ff.

507 KG NJW 1997, 3321; LG Düsseldorf WM 1997, 1444; *Wieczorek/Schütze/Hausmann* ZPO § 32 Rn 45.

508 BGH NJW 1954, 1932; *Zöller/Vollkommer* ZPO § 32 Rn 10.

509 Näher → Rn 447 ff.

510 Vgl. aber zur Einschränkung der internationalen Zuständigkeit im Vermögensgerichtsstand durch das Erfordernis eines hinreichenden Inlandsbezugs näher BGHZ 115, 90, 94 ff; dazu *Wieczorek/Schütze/Hausmann* ZPO § 23 Rn 47 ff.

469 **c) Gerichtsstandsvereinbarung und rügelose Einlassung.** Schließlich kommt die Begründung einer internationalen Zuständigkeit für auf das allgemeine Deliktsrecht gestützte Klagen auch durch Zuständigkeitsvereinbarung nach § 38 ZPO oder rügelose Einlassung nach § 39 ZPO in Betracht; denn die ZPO-Gerichtsstände für deliktische Ansprüche sind – im Gegensatz zu den Gerichtsständen nach § 14[511] – nicht ausschließlich im Sinne des § 40 ZPO. Eine Gerichtsstandsvereinbarung für Ansprüche aus unerlaubter Handlung ist jedenfalls zulässig, wenn sie nach Entstehung der Ansprüche getroffen wird.[512] Ferner wird das angerufene deutsche Gericht für die Entscheidung über deliktische Ansprüche nach § 39 ZPO dann international zuständig, wenn der Beklagte mündlich zur Hauptsache verhandelt.[513]

B. Verfahren des einstweiligen Rechtsschutzes

Schrifttum: *Albrecht,* Das EuGVÜ und der einstweilige Rechtsschutz in England und in der Bundesrepublik Deutschland, 1991; *ders.,* Art. 24 EuGVÜ und die Entwicklung des einstweiligen Rechtsschutzes in England seit 1988, IPRax 1992, 184; *Biagioni,* Interferenze tra provvedimenti provvisori o cautelari nella Convenzione di Bruxelles, Riv. dir. int. 2002, 713; *Brannekämper,* Wettbewerbsstreitigkeiten mit Auslandsbeziehung im Verfahren der einstweiligen Verfügung, WRP 1994, 661; *Brinkhof,* Geht das grenzüberschreitende Verletzungsverbot in niederländischen einstweiligen Verfügungsverfahren zu weit?, GRUR Int. 1997, 489; *Collins,* Provisional and Protective Measures in International Litigation, Rec. des Cours 234 (1992 III) S. 9; *Consolo,* Avoiding the Risk of Babel after van Udus und Miet 2, ZZP Int. 6 (2001) 49; *ders.,* The suttle inter pretabily of the case law of the European Court on provisional remedics, ZSR 124 (2005) II 339; *Dedek,* Art. 24 EuGVÜ und provisorische Anordnungen zur Leistungserbringung, EWS 2000, 246; *Dethloff,* Ausländisches Wettbewerbsrecht im einstweiligen Rechtsschutz, RabelsZ 62 (1998) 268; *Eilers,* Maßnahmen des einstweiligen Rechtsschutzes im europäischen Zivilrechtsverkehr, 1991; *Fairen Guillen,* El proceso cautelar en la Convención de Bruselas de 27 de septiembre de 1968, La Ley 1997, 1648; *Fohrer/Mattil,* Der „grenzüberschreitende" dingliche Arrest im Anwendungsbereich des EuGVÜ, WM 2002, 840; *Fuentes Camacho,* Las medidas provisionales y cautelares en el espacio judicial europeo, 1996; *Garcimartin Alférez,* Effects of the Brussels Convention upon the Spanish System: Provisional and Protective Measures, in: *Hommelhoff/Jayme/Mangold* (Hrsg.), Europäischer Binnenmarkt: IPR und Rechtsangleichung, 1995, S. 129; *Gassmann,* Arrest im internationalen Rechtsverkehr, 1998; *Gerhard,* La compétence du juge d'appui pour prononcer des mesures provisoires extraterritoriales, SZIER 1999, 97; *Gronstedt,* Grenzüberschreitender einstweiliger Rechtsschutz, 1994; *Groß,* Die internationale Durchsetzung wettbewerbsrechtlicher Unterlassungsansprüche im Wege des vorläufigen Rechtsschutzes vor dem Hintergrund der EuGVO und des Luganer Übereinkommens, 2009; *Grosheide,* Durchsetzung von Urheberrechten im Wege einstweiliger Maßnahmen, GRUR Int. 2000, 310; *Grundmann,* Anerkennung und Vollstreckung ausländischer einstweiliger Maßnahmen nach IPRG und Lugano-Übereinkommen, 1996; *Hartley,* Interim measures under the Brussels Jurisdiction and Judgments Convention, EuLR 1999, 674; *Hausmann,* Zur Anerkennung und Vollstreckung von Maßnahmen des einstweiligen Rechtsschutzes im Rahmen des EuGVÜ, IPRax 1981, 79; *Heinze,* Internationaler und einstweiliger Rechtsschutz. Möglichkeiten und Grenzen am Beispiel der freezing injunctions des englischen Rechts, RIW 2003, 922; *ders.,* Einstweiliger Rechtsschutz im europäischen Immaterialgüterrecht, 2007; *Heiss,* Einstweiliger Rechtsschutz im europäischen Zivilrechtsverkehr (Art. 24 EuGVÜ), 1987; *Heß,* Die begrenzte Freizügigkeit einstweiliger Maßnahmen im Binnenmarkt II – weitere Klarstellungen des Europäischen Gerichtshofs, IPRax 2000, 370; *ders.,* Konkurrierende Unerlassungsverfügungen im Europäischen Justizraum, IPRax 2005, 23; *Heß/Vollkommer,* Die begrenzte Freizügigkeit einsteiliger Maßnahmen nach Art. 24 EuGVÜ, IPRax 1999, 220; *Hogan,* The Judgments Convention and Mareva Injunctions in the United Kingdom and Ireland, EuLR 1989, 191; *Honorati,* La Cross-border prohibitory injunction olandese in materia die contraffazione di brevetti: sulla legittimità dell inibitoria transfrontaliera alla luce della convenzione di Bruxelles del 1968, Riv. dir. int. priv. proc. 1997, 301; *Ingenhoven,* Grenzüberschreitender Rechtsschutz durch englische Gerichte, 2001; *Kienle,* Arreste im internationalen Rechtsverkehr, Diss. Tübingen 1991; *Koch,* Grenzüberschreitender einstweiliger Rechtsschutz, in: *Heldrich/Kono* (Hrsg.), Herausforderungen des Internationalen Zivilverfahrensrechts, 1994, S. 85; *Kofmel Ehrenzeller,* Der vorläufige Rechtsschutz im internationalen Verhältnis: Grundlagen, 2005; *Kurtz,* Grenzüberschreitender einstweiliger Rechtsschutz im Immaterialgüterrecht, 2004; *Maher/Rodger,* Provisional and Protective Remedies: The British Experience of the Brussels Convention, Int. Comp. L. Q. 48 (1999), 302; *Mankowski,* Selbständige Beweisverfahren und einstweiliger Rechtsschutz in Europa, JZ 2005, 1144; *Marmisse/Wilderspin,* Le régime jurisprudentiel des mesures provisoires à la lumière des arrêts Van Uden et Mietz, Rev. crit. 1999, 669; *Mat-*

511 → Rn 458.

512 Vgl. *Reithmann/Martiny/Hausmann* IVR Rn 3152 mN.

513 Vgl. BGHZ 101, 296, 301; BGHZ 120, 334, 337; *Geimer* IZPR Rn 1397, 1418; *Reithmann/Martiny/Hausmann* IVR Rn 3206 ff mwN.

thews, Provisional and Protective Measures in England and Ireland at Common Law and Under the Conventions – A Comparative Study, Civ. Just. Q. 1995, 190; *v. Meibom/Pitz,* Grenzüberschreitende Verfügungen im internationalen Patentverletzungsverfahren, Mitt. 1996, 181; *dies.,* Die europäische „Transborderrechtsprechung" stößt an ihre Grenzen, GRUR Int. 1998, 765; *Mennicke* Vollziehung einer Unterlassungsverfügung durch Zustellung in einem anderen Vertragsstaat des EuGVÜ, IPRax 2001, 202; *Merkt,* Les mesures provisoires en droit international prisé, 1993; *Mossler,* Beschleunigter Rechtsschutz für Zahlungsgläubiger in Europa, 2004; *Muir Watt,* Extraterritorialité des mesures conservatoires in personam (á propos de l'arrêt de la Court of Appeal Crédit Suisse Fides Trust v. Cuoghi), Rev. crit. 1998, 27; *Pålsson,* Interim Relief under the Brussels and Lugano Conventions, Liber amicorum Siehr, 2000, S. 621; *Pansch,* Die einstweilige Verfügung zum Schutz des geistigen Eigentums im grenzüberschreitenden Verkehr, 2003; *Petrochilos,* Arbitration and interim measures: in the twilight of the Brussels Convention, Lloyd's Mar. Com. L. Q. 2000, 99; *Querzola,* Tutela cautelare e convenzione di Bruxelles nell'esperienza della Corte di giustizia delle Communità europee, Riv. trim. dir. proc. civ. 2000, 805; *Reiner,* Schiedsgerichtsbarkeit, Einstweiliger Rechtsschutz und EuGVÜ, IPRax 2003, 74; *Remien,* Einseitige Unterlassungsverfügungen im europäischen Binnenmarkt und das EuGVÜ – Zur Sache Modern Music . /. EMI Records, WRP 1994, 25; *Schlosser,* Grenzüberschreitende Vollstreckung von Maßnahmen des einstweiligen Rechtsschutzes im EuGVÜ – Bereich IPRax 1985, 321; *Schmutz,* Maßnahmen des vorsorglichen Rechtsschutzes im Lugano-Übereinkommen aus schweizerischer Sicht, 1995; *Schulz,* Einstweilige Maßnahmen nach dem Brüsseler Gerichtstands- und Vollstreckungsübereinkommen in der Rechtsprechung des Gerichtshofs der Europäischen Gemeinschaften (EuGH), ZEuP 2001, 805; *Sosnitza,* Einstweiliger Rechtschutz im europäischen Binnenmarkt, in: *Sánchez, Lorenzo/Moya Escudero* (Hrsg.), La cooperación internacional en materia civil y la unificación del Derecho privado en europa, 2003, S. 69; *Spellenberg/Leible,* Die Notwendigkeit vorläufigen Rechtschutzes bei transnationalen Streitigkeiten, in: *Gilles* (Hrsg.), Transnationales Prozessrecht, 1995, S. 293; *Stadler,* Erlass und Freizügigkeit einstweiliger Maßnahmen im Anwendungsbereich des EuGVÜ, JZ 1999, 1089; *Stickler,* Das Zusammenwirken von Art. 24 EuGVÜ und §§ 916ff. ZPO, 1992; *Stürner,* Der einstweilige Rechtsschutz in Europa, FS Geiß, 2000, S. 199; *Thümmel,* Einstweiliger Rechtsschutz im Auslandsrechtsverkehr, NJW 1996, 1930; *Treichel,* Die französische Saisie-contrefaçon im europäischen Patentverletzungsprozess – Zur Problematik der Beweisbeschaffung im Ausland nach Art. 24 EuGVÜ, GRUR Int. 2001, 690; *Vareilles-Sommières,* La compétence internationale des tribunaux français en matière de mesures provisoires, Rev. crit. 1996, 397; *Wannenmacher,* Einstweilige Maßnahmen im Anwendungsbereich von Art. 31 EuGVVO in Frankreich und Deutschland, 2007; *Willeitner,* Vermögensgerichtsstand und einstweiliger Rechtsschutz im deutschen, niederländischen und europäischen Internationalen Zivilverfahrensrecht, 2003; *Ch. Wolf,* Konturen eines europäischen Systems des einstweiligen Rechtsschutzes, EWS 2000, 11; *ders.,* Die Anerkennungsfähigkeit von Entscheidungen im Rahmen eines niederländischen kort geding-Verfahrens nach dem EuGVÜ, EuZW 2001, 11; *Wolf/Lange,* Das Europäische System des einstweiligen Rechtsschutzes – doch noch kein System?, RIW 2003, 55; *Zeiler,* Europäisches Sicherungsverfahren: Die Regelungen der Europäischen Gerichtsstands- und Vollstreckungsübereinkommen über einstweilige Maßnahmen, JBl. 1996, 635.

I. Allgemeines

Wettbewerbsverstöße haben meist kurzfristige schädliche Auswirkungen. Ein Urteil im Hauptsacheverfahren kommt daher häufig zu spät, um die dem Verletzten entstandenen Nachteile auszugleichen. In Wettbewerbssachen dominiert daher der einstweilige Rechtsschutz. Dabei steht im deutschen Recht das Verfahren der *einstweiligen Verfügung* im Vordergrund. Dieses Verfahren wird in Wettbewerbssachen dadurch begünstigt, dass nach § 12 Abs. 2 einstweilige Verfügungen zur Sicherung der in diesem Gesetz bezeichneten Ansprüche auf Unterlassung auch ohne die Darlegung und Glaubhaftmachung der in den §§ 935 und 940 ZPO bezeichneten Voraussetzungen erlassen werden können.[514] Die Unterlassungsverfügung hindert den Verletzer für den Zeitraum, in dem sie in Kraft ist, an einer Fortsetzung seines wettbewerbswidrigen Verhaltens und führt damit insoweit zu einer Befriedigung des Gläubigers. In der Praxis entscheidet die einstweilige Unterlassungsverfügung daher häufig den Rechtsstreit endgültig, weil die Parteien danach an der Durchführung eines zeit- und kostenaufwändigen Hauptsacheverfahrens kein Interesse mehr haben. Die Gewährung einstweiligen Rechtsschutzes ist bei grenzüberschreitenden Wettbewerbsverstößen eher noch wichtiger als bei rein nationalen Verfahren, weil die Dauer eines Hauptsacheverfahrens – namentlich in einigen Mitgliedstaaten der EG – und das Erfordernis der Urteilsvollstreckung im Ausland die Effektivität des Rechtsschutzes erheblich einschränken. Aus diesem Grunde bezieht Art. 31 EuGVO auch Maßnahmen des einstweili- 470

[514] → § 12 Rn 73ff.

gen Rechtsschutzes ausdrücklich in den Anwendungsbereich der Verordnung ein. Allerdings hat der einstweilige Rechtsschutz in der Verordnung – wie schon im EuGVÜ – nur eine rudimentäre Regelung erfahren. Auf die zunächst erwogene ausführliche Regelung der internationalen Zuständigkeit für Maßnahmen des einstweiligen Rechtsschutzes[515] im Zuge der Überführung des EuGVÜ in die EuGVO hat die Kommission schließlich verzichtet, weil man der Ansicht war, der EuGH habe durch seine Grundsatzentscheidungen „van Uden/Deco-Line“[516] und „Mietz/Intership Yachting“[517] die gröbsten Missstände beseitigt.[518]

II. Der Anwendungsbereich von Art. 31 EuGVO

471 Art. 31 EuGVO erfasst nur solche einstweilige Maßnahmen, für die zur Entscheidung in der Hauptsache das Gericht eines anderen Mitgliedstaats „aufgrund dieser Verordnung“ zuständig ist. Die einstweilige Maßnahme muss daher vor allem in den **sachlichen Anwendungsbereich** der Verordnung fallen.[519] Die Frage, ob eine einstweilige Maßnahme „Zivil- und Handelssache“ im Sinne des Art. 1 Abs. 1 EuGVO ist und auch nicht die in Art. 1 Abs. 2 EuGVO ausgeschlossenen Sachbereichen betrifft, beurteilt sich nicht nach ihrer eigenen Rechtsnatur, sondern nach der Natur der durch sie gesicherten Ansprüche.[520] Insoweit reicht es aus, dass der im Verfügungsantrag bezeichnete Gegenstand der einstweiligen Maßnahme vom sachlichen Anwendungsbereich der EuGVO erfasst wird, wie dies auf wettbewerbsrechtliche Unterlassungsverfügungen stets zutrifft. Dies gilt auch dann, wenn die einstweilige Maßnahme im Zusammenhang mit einem Hauptantrag steht, der eine der durch Art. 1 Abs. 2 EuGVO ausgeschlossenen Materien betrifft.[521] Aus diesem Grunde ist es auch unerheblich, dass die Parteien für das Hauptsacheverfahren eine *Schiedsvereinbarung* getroffen haben, sofern nur die im Wege des einstweiligen Rechtsschutzes begehrte Anordnung in den sachlichen Anwendungsbereich der EuGVO fällt.[522] Für diesen Fall können die Parteien freilich einstweilige oder sichernde Maßnahmen nach Auffassung des EuGH[523] nur noch bei einem staatlichen Gericht beantragen, das hierfür nach seinem nationalen Prozessrecht zuständig ist; der Weg zu den nach Art. 2ff EuGVO zuständigen Hauptsachegerichten ist hingegen durch die Schiedsvereinbarung versperrt.[524]

472 Die Anwendung von Art. 31 EuGVO setzt weiterhin voraus, dass die Verordnung auch **in räumlicher Hinsicht** Anwendung findet. Erforderlich ist mithin auch insoweit, dass der Antragsgegner seinen Wohnsitz in einem Mitgliedstaat der Verordnung (Art. 1 Abs. 3) hat. Ist dies nicht der Fall, so beurteilt sich die internationale Zuständigkeit für den Erlass der einstweiligen Maßnahme gemäß Art. 4 Abs. 1 EuGVO ausschließlich nach nationalem Recht.

---

515 Dafür etwa *Kropholler* EuGVO Art. 31 Rn 1 („Schwachstelle“ der Verordnung); *Rauscher/Leible* EuGVO Art. 31 Rn 3. Vgl. dazu auch den Vorschlag der Kommission, KOM (1997), 609 endg.

516 EuGH Slg. 1998, I-7091 m. Anm. *Heß/Vollkommer* IPRax 1999, 220.

517 EuGH Slg. 1999, I-2277 m. Anm. *Heß* IPRax 2000, 370.

518 Vgl. dazu *Spellenberg/Leible* ZZP Int. 1999, 130; *Kohler* Revision des EuGVÜ S. 29f.

519 EuGH Slg. 1979, 1055, 1067 Rn 9 – De Cavel/De Cavel; EuGH Slg. 1982, 1189, 1203 Rn 11 = IPRax 1983, 77 m. Anm. *Sauveplanne* S. 65 – C.H.W./G.J.H.; EuGH Slg. 1998, I-7091, 7132 Rn 30 – van Uden/Deco-Line; EuGH Slg. 2005, I-3481, 3502 Rn 10 = IPRax 2007, 208 m. Anm. *Heß/Zhou* S. 183 – St. Paul Dairy Industries/Unibel Exser; *Geimer/Schütze* EuGVO Art. 31 Rn 22ff.

520 EuGH Slg. 1992, I-2149, 2184 Rn 32 m. Anm. *Schlosser* IPRax 1993, 17 – Reichert/Dresdner Bank; EuGH Slg. 1998, I-7091, 7133 Rn 33f m. Anm. *Heß/Vollkommer* IPRax 1999, 220 – van Uden/Deco-Line; *Rauscher/Leible* EuGVO Art. 31 Rn 4.

521 EuGH Slg. 1980, 731, 739f Rn 5ff – De Cavel/De Cavel II; *Kropholler* EuGVO Art. 31 Rn 3.

522 OLG München RIW 2000, 465; *Rauscher/Leible* EuGVO Art. 31 Rn 5.

523 EuGH Slg. 1998, I-7091, 7131 Rn 34f – van Uden/Deco-Line; vgl. auch öOGH IPRax 2003, 64 m. Anm. *Reiner* S. 74; zustimmend *Maher/Rodger* I.C.L.Q. 48 (1999), 302, 316; *Kropholler* EuGVO Art. 31 Rn 13; *Geimer/Schütze* EuGVO Art. 31 Rn 18.

524 Kritisch dazu *Rauscher/Leible* EuGVO Art. 31 Rn 20.

III. Der Begriff der einstweiligen Maßnahme

Was unter „einstweiligen Maßnahmen einschließlich solcher, die auf eine Sicherung gerichtet sind“, zu verstehen ist, wird weder im Text der Verordnung noch in den Erwägungsgründen oder im erläuternden Bericht zu Art. 24 EuGVÜ näher ausgeführt.[525] Der EuGH hat sich auch insoweit für eine **autonome Auslegung** ausgesprochen. Danach sind nur solche einstweiligen Maßnahmen gemeint, die auf Rechtsgebieten ergehen, die in den Anwendungsbereich der EuGVO fallen, und die „eine Veränderung der Sach- und Rechtslage verhindern sollen, um Rechte zu sichern, deren Anerkennung im Übrigen bei dem in der Hauptsache zuständigen Gericht beantragt wird“.[526] In diesem Rahmen ist der Begriff der einstweiligen Maßnahmen jedoch tendenziell *weit* auszulegen[527] und erfasst alle in den Rechten der Mitgliedstaaten vorgesehenen Maßnahmen, die dem Kläger einen vorläufigen vom Ausgang eines späteren Hauptverfahrens abhängigen Rechtsschutz gewähren.[528] Die Vernehmung eines Zeugen mit dem Ziel, dem Antragsteller zu ermöglichen, die Zweckmäßigkeit einer eventuellen Klage einzuschätzen, fällt hingegen nicht unter den Begriff der “einstweiligen Maßnahmen“ im Sinne des Art. 31 EuGVO.[529] Daher dürfte auch das *selbständige Beweisverfahren* nach §§ 485 ff ZPO regelmäßig nicht von Art. 31 EuGVO erfasst werden.[530] 473

1. Sichernde Verfügungen

Erfasst sind damit zum einen die sichernden Verfügungen, die eine spätere Vollstreckung der Entscheidung in der Hauptsache sichern sollen, wie dies insbesondere auf den *Arrest* im Sinne der §§ 916 ff ZPO zutrifft. Darüber hinaus gilt Art. 31 EuGVO aber auch für einstweilige Verfügungen zur Sicherung des Rechtsfriedens während des Hauptsacheverfahrens, zB für die freezing injunctions des englischen Rechts.[531] Damit sind aber auch die für den Wettbewerbsprozess charakteristischen einstweiligen Verfügungen zur Sicherung von Ansprüchen auf Unterlassung wettbewerbswidrigen Verhaltens im Sinne des § 12 Abs. 2 umfasst,[532] mögen sie auch in der Praxis die Hauptsacheentscheidung häufig vorwegnehmen oder ersetzen.[533] 474

2. Leistungsverfügungen

Zu den von Art. 31 EuGVO erfassten einstweiligen Maßnahmen zählen darüber hinaus aber auch solche, die nicht nur einen Rechtszustand einstweilig regeln oder der Sicherung des Gläubigeranspruchs dienen, sondern die bereits zu einer **vorweggenommenen Befriedigung** des Gläubigers führen, wie dies etwa auf die Entscheidungen des „juge des référés“ nach Art. 809 Abs. 2 des französischen NCPC, das „kort geding“-Verfahren des 475

---

525 Zu den in der EuGVO nicht berücksichtigten Vorschlägen der Kommission zur Definition der einstweiligen Maßnahmen vgl. *Harte/Henning/Glöckner* Einl. D. Rn 22f.

526 EuGH Slg. 1992, I-2149, 2184 Rn 34 – Reichert/Dresdner Bank; EuGH Slg. 1998, I-7091, 7134 Rn 37 – van Uden/Deco-Line; EuGH Slg. 2005, I-3481, 3502 Rn 13 – St. Paul Dairy Industries/Unibel Exser; *Heiss* S. 34 ff; *Geimer/Schütze* EuGVO Art. 31 Rn 14f.

527 MünchKomm/*Gottwald* ZPO Art. 31 EuGVO Rn 2; *Thomas/Putzo/Hüßtege* ZPO Art. 31 EuGVO Rn 2.

528 *Geimer/Schütze* EuGVO Art. 31 Rn 34 ff; vgl. dazu rechtsvergleichend *Eilers* S. 5 ff; zum englischen und niederländischen Recht auch *Pansch* S. 81 ff.

529 EuGH Slg. 2005, I-3481, 3503 Rn 15 ff – St. Paul Dairy Industries/Unibel Exser.

530 *Thomas/Putzo/Hüßtege* ZPO Art. 31 EuGVO Rn 2; MünchKomm/*Gottwald* ZPO Art. 31 EuGVO Rn 2; aA *Mankowski* JZ 2005, 1144 ff.

531 Vgl. dazu *Heinze* RIW 2003, 922; *Schlosser* IPRax 2006, 300.

532 Vgl. öOGH IPRax 2003, 64 m. Anm. *Reiner* S. 74; *Staudinger/Fezer/Koos* IntWirtschR Rn 765; *Heinze* S. 102; *Ziller/Geimer* ZPO Art. 31 EuGVO Rn 3; *Schlosser*, EuGVO Art. 31 Rn 23; einschränkend *Wannenmaler* S. 167 ff; aA *Willeitner* S. 94 f.

533 *Harte/Henning/Glöckner* Einl. D Rn 22.

niederländischen Rechts,[534] „interim payments" in England oder Leistungsverfügungen des deutschen Rechts zutrifft.[535] Zur Begründung hat der EuGH darauf hingewiesen, es könne „nicht von vorneherein abstrakt und generell ausgeschlossen werden, dass die Anordnung der vorläufigen Erbringung einer vertraglichen Hauptleistung, auch wenn ihr Betrag dem des Klageantrags entspricht, zur Sicherstellung der Wirksamkeit des Urteils in der Hauptsache erforderlich ist und ggf. angesichts der Parteiinteressen gerechtfertigt erscheint".[536] Auch im deutschen Recht wird die Notwendigkeit anerkannt, bereits im Verfahren des einstweiligen Rechtsschutzes eine vorläufige Befriedigung des Gläubigeranspruchs anzuordnen. Der Erlass einer solchen Befriedigungsverfügung wird allerdings von strengen Voraussetzungen abhängig gemacht: er muss zwingend erforderlich sein, um den Verfügungskläger vor besonders schweren Nachteilen zu schützen.[537] Dies gilt auch auf dem Gebiet des Wettbewerbsrechts, wenn der Kläger bei einer Verweisung auf das Hauptsacheverfahren in seiner Existenz bedroht wäre.[538] Demgegenüber sind bei verschiedenen Leistungsverfügungen des ausländischen Rechts, etwa dem niederländischen „kort geding", ähnlich strenge Voraussetzungen nicht zu erfüllen. Auch Art. 31 EuGVO differenziert insoweit nicht zwischen lediglich sichernden Maßnahmen und Leistungsverfügungen.

476 Da Art. 31 EuGVO Maßnahmen des einstweiligen Rechtsschutzes auch durch ein nur nach nationalem Recht zuständiges Gericht ermöglicht, begründet die großzügige Zulassung von Leistungsverfügungen jedoch die Gefahr, dass auf diesem Wege die Zuständigkeitsordnung der EuGVO unterlaufen wird. Aus diesem Grunde hat der EuGH den Erlass einstweiliger Maßnahmen durch ein allein nach nationalem Prozessrecht zuständiges Gericht vom Vorliegen eines zusätzlichen ungeschriebenen Tatbestandsmerkmals abhängig gemacht, sofern die Anordnung einer vorläufigen Leistung ihrem Wesen nach die Entscheidung in der Hauptsache vorwegnimmt. Danach stellt die Anordnung der vorläufigen Erbringung einer vertraglichen Hauptleistung nur dann eine einstweilige Maßnahme im Sinne des Art. 31 EuGVO dar, „wenn die Rückzahlung des zugesprochenen Betrages an den Antragsgegner in dem Fall, dass der Antragsteller nicht in der Hauptsache obsiegt, gewährleistet ist[539] und wenn die beantragte Maßnahme nur bestimmte Vermögensgegenstände des Antragsgegners betrifft, die sich im örtlichen Zuständigkeitsbereich des angerufenen Gerichts befinden oder befinden müssten".[540] Gedacht ist dabei offensichtlich primär an eine **Sicherheitsleistung des Gläubigers;**[541] über deren Art und Erbringung entscheidet das Gericht nach der lex fori. Allerdings betrafen die vom EuGH bislang entschiedenen Fälle nur einstweilige Maßnahmen, die auf die vorläufige Erbringung einer *vertraglichen* Gegenleistung gerichtet waren. Ob es einer Sicherheitsleistung auch bei Leistungsverfügungen bedarf, die – wie im Lauterkeitsrecht – auf *gesetzlicher* Grundlage beruhen, ist bisher nicht entschieden.[542]

---

[534] Zu diesem Verfahren EuGH Slg. 1999, I-2277, 2312 Rn 34ff – Mietz/Intership Yachting; aA MünchKomm/*Gottwald* ZPO Art. 31 EuGVO Rn 3.

[535] Vgl. *Kropholler* EuGVO Art. 31 Rn 7; *Rauscher/Leible* EuGVO Art. 31 Rn 8, 10.

[536] EuGH Slg. 1998, I-7091, 7131 Rn 45 – van Uden/Deco-Line; zustimmend BGE 125 III 451 (Schweiz); *Maher/Rodger* I.C.L.Q. 48 (1999), 302, 316; aA noch *Eilers* S. 206; *Heiss* S. 45ff, 98ff; *Gronstedt* S. 295ff.

[537] Vgl. allgemein *Thomas/Putzo/Reichold* ZPO § 940 Rn 4.

[538] Vgl. OLG München CR 1991, 731; OLG Frankfurt GRUR 1989, 74 – Folgenbeseitigungsanspruch; OLG Stuttgart WRP 1989, 202; dazu *Mellulis* Hdb. Rn 147ff.

[539] Dies ist nach deutschem Prozessrecht gewährleistet, vgl. § 945 ZPO.

[540] EuGH Slg. 1998, I-7091, 7137 Rn 47 – van Uden/Deco-Line; EuGH Slg. 1999, I-2277, 2314 Rn 42 – Mietz/Intership Yachting.

[541] *Heß/Vollkommer* IPRax 1999, 220, 221; *Stadler* JZ 1999, 1089, 1097; *Geimer/Schütze* EuGVO Art. 31 Rn 46ff; Nagel/Gottwald IZPR Kap. 15 Rn 15; vgl. auch BGE 125 III, 451.

[542] So aber auch für Unterlassungsverfügungen *Stadler* JZ 1999, 1089, 1097; *Pansch* S. 40; *Heinze* S. 94; *Geimer/Schütze* EuGVO Art. 31 Rn 50; aA für Befriedigungsverfügungen betreffend Unterhaltszahlungen *Spellenberg/Leible* ZZP Int. 1999, 224f.

IV. Internationale Zuständigkeit

Für die internationale Zuständigkeit hat Art. 31 EuGVO eine doppelte Bedeutung: Einerseits stellt die Vorschrift klar, dass in Verfahren des einstweiligen Rechtsschutzes die Gerichtsstände des nationalen Rechts – anders als im Hauptsacheverfahren – durch die Art. 2ff EuGVO nicht verdrängt werden; andererseits wird der Antragsteller aber auch nicht nur auf das nationale Zuständigkeitsrecht verwiesen, sondern kann die einstweiligen Maßnahmen auch bei einem nach Art. 2ff EuGVO international zuständigen Gericht beantragen.[543] Ein Gläubiger, der bei einem Gericht eines Mitgliedstaats der Verordnung eine einstweilige Maßnahme beantragt, hat daher die **freie Wahl** zwischen den nach der EuGVO und den nach dem jeweiligen nationalen Prozessrecht zuständigen Gerichten. 477

1. Zuständigkeit nach der EuGVO

a) Anhängige Hauptsacheklage. Ein nach den Art. 2, 5 bis 24 EuGVO für die Entscheidung eines Rechtsstreits in der Hauptsache zuständiges Gericht ist zugleich auch für die Anordnung einstweiliger oder sichernder Maßnahmen zuständig. Diese Annexkompetenz ist auch vielen nationalen Prozessrechten bekannt[544] und sollte nicht etwa durch Art. 31 EuGVO ausgeschlossen werden; Zweck der Vorschrift ist es vielmehr nur, den Gläubiger durch die Eröffnung zusätzlicher nationaler Gerichtsstände zu begünstigen. Ebensowenig wie im Hauptsacheverfahren hängt diese Zuständigkeit dann von weiteren Voraussetzungen ab.[545] Dies gilt unstreitig für das Gericht, bei dem die Hauptsache bereits anhängig ist. Das Hauptsachegericht kann daher auch Leistungsverfügungen ohne Anordnung einer vorherigen Sicherheitsleistung erlassen.[546] Auch die sonstigen vom EuGH entwickelten Schranken für den Erlass einstweiliger Maßnahmen durch Gerichte, die lediglich nach ihrem nationalen Recht zuständig sind, gelten in diesem Fall nicht.[547] 478

Ob Gleiches auch dann anzunehmen ist, wenn die Hauptsache bereits anhängig ist, die einstweilige Maßnahme aber nicht bei diesem Hauptsachegericht, sondern bei einem **anderen nach Art. 2ff EuGVO zuständigen Gericht** beantragt wird, ist hingegen streitig. Dies wird teilweise mit dem Argument verneint, die bisherige Rechtsprechung des EuGH ziele darauf ab, allein das *Hauptsachegericht* zu stärken; von Gerichten anderer Mitgliedstaaten erlassene einstweilige Maßnahmen seien daher ab Anhängigkeit der Hauptsacheklage in ihren Wirkungen auf den jeweiligen Gerichtsstaat beschränkt.[548] Richtigerweise zielt die Rechtsprechung des EuGH jedoch nur darauf, auch Maßnahmen des einstweiligen Rechtsschutzes einem sachnahen Gericht vorzubehalten. Die erforderliche Sachnähe ist aber immer dann gewährleistet, wenn das Gericht sich auf eine in der Verordnung vorgesehene Zuständigkeit stützen kann.[549] Ein Rückgriff auf die Schranken des Art. 31 EuGVO hat daher auch dann auszuscheiden, wenn einstweiliger Rechtsschutz zwar nicht bei dem Gericht beantragt wird, bei dem die Hauptsache schon anhängig ist, wohl aber bei einem anderen nach Art. 2ff EuGVO wahlweise für die Hauptsache zuständigen Gericht.[550] 479

---

543 OLG Frankfurt RIW 1980, 799; *Albrecht* S. 96; *Pansch* S. 33; *Kropholler* EuGVO Art. 31 Rn 12; *Geimer/Schütze* EuGVO Art. 31 Rn 2; *Rauscher/Leible* EuGVO Art. 31 Rn 15; kritisch *Schlosser* EuGVO Art. 31 Rn 10.

544 Vgl. §§ 937 Abs. 1, 943 ZPO; ferner *Eilers* S. 110ff, 115f, 120ff.

545 EuGH Slg. 1998, I-7091, 7130 Rn 22 – van Uden/Deco-Line; EuGH Slg. 1999, I-2277, 2314 Rn 41 – Mietz/Intership Yachting; *Heß/Vollkommer* IPRax 1999, 220, 221; *Stadler* JZ 1999, 1089, 1092.

546 *Rauscher/Leible* EuGVO Art. 31 Rn 16; *Nagel/Gottwald* § 15 Rn 8.

547 EuGH Slg. 1999, I-2277, 2314 Rn 40 – Mietz/Intership Yachting; *Kropholler* EuGVO Art. 31 Rn 12; *Geimer/Schütze* EuGVO Art. 31 Rn 6.

548 So *Geimer/Schütze/Wolf* EuGVÜ Art. 24 Rn 17; *Kropholler* EuGVO Art. 31 Rn 11; *Schulz* ZEuP 2001, 805, 814; *Wolf* EWS 2000, 11, 18; *Schack* IZPR Rn 424; *Pansch* S. 68f.

549 *Spellenberg/Leible* ZZP Int. 1999, 228.

550 *Heß/Vollkommer* IPRax 1999, 220, 224; *Stadler* JZ 1999, 1089, 1094f; *Spellenberg/Leible* ZZP Int. 1999, 228; *Heinze* RIW 2003, 926; *Nagel/Gottwald* IZPR § 15 Rn 12; *Rauscher/Leible* EuGVO Art. 31 Rn 17; *Geimer/Schütze* EuGVO Art. 31 Rn 8.

Der Gläubiger ist daher durch eine am Sitz des Schuldners anhängige Hauptsacheklage nicht gehindert, eine einstweilige Unterlassungsverfügung in einem anderen Mitgliedstaat zu beantragen, wenn dort der Wettbewerbsverstoß im Sinne des Art. 5 Nr. 3 EuGVO begangen worden ist.

480 **b) Keine anhängige Hauptsacheklage.** Solange die Hauptsache noch nicht anhängig ist, kann einstweiliger Rechtsschutz bei jedem Gericht beantragt werden, das nach den Art. 2ff EuGVO für die Entscheidung des Rechtsstreits in der Hauptsache zuständig sein könnte.[551] Durch die vom Gläubiger im Verfahren des einstweiligen Rechtsschutzes getroffene Gerichtsstandswahl wird dieser freilich nicht daran gehindert, die Hauptsache später doch noch bei einem anderen nach Art. 2ff EuGVO ebenfalls zuständigen Gericht anhängig zu machen.[552] Umgekehrt stellt die Wahl eines anderen Gerichtsstands für die Hauptsacheklage die internationale Zuständigkeit für die früher beantragte einstweilige Maßnahme nicht in Frage. Wird eine einstweilige Unterlassungsverfügung wegen unlauteren Wettbewerbs im Gerichtsstand der unerlaubten Handlung (Art. 5 Nr. 3 EuGVO) beantragt, so gilt die „Shevill-Doktrin" des EuGH[553] freilich auch hier. Das am Erfolgsort angerufene Gericht hat daher die einstweilige Verfügung auf sein eigenes Staatsgebiet zu begrenzen. Zum Erlass einer einstweiligen Verfügung, die auch in anderen Mitgliedstaaten anerkannt und vollstreckt werden kann, sind hingegen nur die Gerichte am Handlungsort oder am allgemeinen Gerichtsstand des Schuldners befugt.

2. Zuständigkeit nach nationalem Recht

481 **a) Grundsatz.** Die zuständigkeitsrechtliche Bedeutung des Art. 31 EuGVO liegt vor allem darin, dass die Vorschrift für Maßnahmen des einstweiligen Rechtsschutzes auch alle nach nationalem Prozessrecht in Betracht kommenden Gerichtsstände eröffnet; dies auch dann, wenn die Hauptsacheklage bereits in einem anderen Mitgliedstaat anhängig ist[554] oder anhängig gemacht werden muss.[555] Einstweilige Maßnahmen können daher auch an den von Art. 3 Abs. 2 EuGVO für Hauptsacheverfahren ausdrücklich ausgeschlossenen, sog. *exorbitanten* Gerichtsständen des nationalen Rechts, in Deutschland also auch im Vermögensgerichtsstand des § 23 ZPO, beantragt werden.[556] Zwar wurde vor allem in der deutschen Rechtsprechung und Literatur zum Teil argumentiert, dass sich die internationale Zuständigkeit für einstweilige Maßnahmen nur dann auf die in Art. 3 Abs. 2 EuGVO ausgeschlossenen Gerichtsstände stützen könne, wenn es sich bei diesen zugleich um *besondere Eilgerichtsstände* handle.[557] Der EuGH ist dieser Auffassung freilich nicht gefolgt. Er hat vielmehr festgestellt, dass das Verbot der Geltendmachung exorbitanter Zuständigkeitsvorschriften in Art. 3 Abs. 2 nicht für die Sonderregelung des Art. 31 EuGVO gilt.[558]

482 **b) Reale Verknüpfung.** Kann der Antragsteller somit auch im Geltungsbereich der EuGVO einstweiligen Rechtsschutz vor jedem mitgliedstaatlichen Gericht beantragen, sofern dieses nur nach seinem nationalen Recht international zuständig ist, so besteht frei-

---

551 *Pansch* S. 33; *Heß/Vollkommer* IPRax 1999, 220, 222; *Kropholler* EuGVO Art. 31 Rn 10; *Geimer/Schütze* EuGVO Art. 31 Rn 7.

552 *Rauscher/Leible* EuGVO Art. 31 Rn 18; aA *Bülow/Böckstiegel/Wolf* EuGVÜ Art. 24 Rn 15.

553 → Rn 403.

554 EuGH Slg. 1998, I-7091, 7132 Rn 29 – van Uden/Deco-Line. Vgl. auch Cass. (Belgien) GRUR Int. 2001, 73.

555 EuGH Slg. 1999, I-2277, 2315 Rn 46 – Mietz/Intership Yachting.

556 OLG Düsseldorf NJW 1977, 2034; OLG Köln NJW-RR 1997, 59, 60; OLG Düsseldorf RIW 1999, 873, 874 m. Anm. *Titz* EWiR 2000, 121; *Stadler* JZ 1999, 1089, 1091; *Kropholler* EuGVO Art. 31 Rn 17; *Rauscher/Leible* EuGVO Art. 31 Rn 2; *Zöller/Geimer* ZPO Art. 31 EuGVO Rn 1; *Schack* IZVR Rn 424; *Nagel/Gottwald* IZPR § 15 Rn 111. MünchKomm/*Mankowski* UWG IntWettbR Rn 456 mwN; aA *Schlosser* EuGVO Art. 31 Rn 17; *Eilers* S. 200ff.

557 Vgl. in diesem Sinne OLG Koblenz NJW 1976, 2081f; LG Frankfurt RIW 1977, 235; *Eilers* S. 204ff; *Puttfarken* RIW 1977, 360; *Zeiler* JBl. 1996, 635, 639.

558 EuGH Slg. 1998, I-7091, 7135 Rn 42 – van Uden/Deco-Line; näher *Geimer/Schütze* EuGVO Art. 31 Rn 64ff.

lich die Gefahr, dass einstweilige Maßnahmen von einem sachfernen Gericht erlassen werden und dennoch in allen übrigen Mitgliedstaaten vollstreckt werden können. Dies wäre mit dem für die Schaffung der besonderen Gerichtsstände in Art. 5 und 6 EuGVO maßgebenden Grundsatz, dass nur die besondere Sachnähe des Gerichts eine Abweichung von Prinzip des „actor sequitur forum rei" in Art. 2 EuGVO rechtfertigen kann, nicht vereinbar. Einem „forum shopping" wäre damit Tür und Tor geöffnet. Besonders bedenklich wäre eine solche Ausweitung der internationalen Zuständigkeit, wenn sich das nationale Gericht nicht auf eine Maßnahme zur Sicherung oder vorläufigen Regelung beschränkt, sondern die Hauptsacheentscheidung durch eine *Leistungsverfügung* weitgehend vorwegnimmt.[559] Aus diesem Grunde hat der EuGH schon frühzeitig betont, dass die Gerichte des Mitgliedstaates, in dem sich die von der beantragten Maßnahme betroffenen Gegenstände befinden, am ehesten zur Entscheidung über den Antrag auf Gewährung einstweiligen Rechtsschutzes in der Lage sind.[560] Diesen Gedanken der Sachnähe hat der Gerichtshof in seiner jüngeren Rechtsprechung zu einer allgemeinen Voraussetzung für die Gewährung einstweiligen Rechtsschutzes fortentwickelt. Danach können die Gerichte der Mitgliedstaaten, die ihre internationale Zuständigkeit nicht auf Art. 2 ff EuGVO, sondern lediglich auf Art. 31 EuGVO iVm nationalem Prozessrecht stützen, einstweiligen Rechtsschutz mit Wirkung für andere Mitgliedstaaten nur gewähren, wenn „zwischen dem Gegenstand der beantragten Maßnahmen und der gebietsbezogenen Zuständigkeit des Vertragsstaats des angerufenen Gerichts eine *reale Verknüpfung* besteht".[561]

Über die Konkretisierung des Begriffs der „realen Verknüpfung" besteht allerdings noch 483
keine völlige Klarheit. Eine Analyse der EuGH-Rechtsprechung zeigt, dass ein – zB durch den Klägerwohnsitz begründeter – „hinreichender Inlandsbezug", wie ihn die deutsche Rechtsprechung für den internationalen Vermögensgerichtsstand in § 23 ZPO fordert,[562] nicht ausreichen soll. Gemeint ist vielmehr ein hinreichender Bezug zwischen dem angerufenen Gericht und dem **Gegenstand der einstweiligen Maßnahme.** Diesen Aspekt betont der EuGH insbesondere für Leistungsverfügungen, wenn er insoweit fordert, dass das Vollstreckungsobjekt im Gerichtsbezirk liegen müsse.[563] Der Begriff der „realen Verknüpfung" ist daher im Lichte einer Vollstreckung der einstweiligen Maßnahme zu interpretieren; danach sind für die Gewährung einstweiligen Rechtschutzes nur die Gerichte desjenigen Mitgliedstaates international zuständig, in dessen Gebiet die einstweilige Maßnahme vollzogen werden soll.[564] Für einstweilige Maßnahmen, die auf eine Sicherung von Geld- oder Sachleistungsansprüchen gerichtet sind, ist eine internationale Zuständigkeit nach Art. 31 EuGVO iVm nationalem Recht daher nur in solchen Mitgliedstaaten begründet, in denen der Antragsgegner über ausreichendes Vermögen für den Vollzug der beantragten Maßnahme verfügt.[565] Für die auf dem Gebiet des Wettbewerbsrechts im Vordergrund stehenden einstweiligen *Unterlassungsverfügungen* ist auf den Ort abzustellen, an dem die wettbewerbswidrige Handlung vorgenommen worden ist oder – im Falle der Wiederholungs- oder Erstbegehungsgefahr – droht.[566] Damit dürfte aber dem nationalen Zuständigkeitsrecht für wettbewerbsrechtliche Unterlassungsverfügungen kaum praktische Bedeutung zukommen; denn das Erfordernis der „realen Verknüpfung" beschränkt die zulässigen Gerichtsstände im Wesentlichen auf den Handlungs- bzw. Erfolgsort der Wett-

---

559 *Rauscher/Leible* EuGVO Art 31 Rn 23.

560 EuGH Slg. 1980, 1553, 1570 Rn 16 – Denilauler/Couchet Frères.

561 EuGH Slg. 1998, I-7091, 7135 Rn 40 – van Uden/Deco-Line.

562 Vgl. BGHZ 115, 90, 94 ff = IPRax 1992, 160 m. zust. Anm. *Schlosser* S. 140; näher *Wieczorek/Schütze/Hausmann* ZPO § 23 Rn 47 ff mwN.

563 EuGH Slg. 1998, I-7091, 7136 Rn 45 – van Uden/Deco-Line.

564 Vgl. in diesem Sinne *Schack* ZEuP 1998, 954; *ders.* IZVR Rn 425; *Spellenberg/Leible* ZZP Int. 4 (1999), 221, 229; *Rauscher/Leible* EuGVO Art. 31 Rn 24; *Geimer/Schütze* EuGVO Art. 31 Rn 14 f; MünchKomm/*Mankowski* UWG IntWettbR Rn 457.

565 *Spellenberg/Leible* ZZP Int. 1999, 231.

566 Vgl. *Heß/Vollkommer* IPRax 1999, 220, 224 f; zustimmend *Rauscher/Leible* EuGVO Art. 31 Rn 25; MünchKomm/*Gottwald* ZPO Art. 31 EuGVO Rn 10.

bewerbsverletzung.[567] Die dortigen Gerichte sind aber bereits nach Art. 5 Nr. 3 EuGVO international zuständig.

484 **c) Rügelose Einlassung.** Das Erfordernis der „realen Verknüpfung" und die weiteren Anforderungen für Leistungsverfügungen sind auch dann zu beachten, wenn sich der Antragsgegner rügelos auf das einstweilige Verfahren einlässt.[568] Stützt ein Gericht also seine Zuständigkeit allein auf sein autonomes Prozessrecht und hält es sich beim Erlass der einstweiligen Maßnahme nicht an die vom EuGH gezogenen Schranken, so kann auch das rügelose Verhandeln des Antragsgegners zur Sache die internationale Zuständigkeit nicht begründen. Das mit einer mündlichen Verhandlung verfolgte Ziel des Beklagtenschutzes würde nämlich verfehlt, wenn der Antragsgegner allein aufgrund seiner Verteidigung gegen die ihm drohende einstweilige Maßnahme weitere Nachteile hinnehmen müsste.[569]

485 **d) Deutsches Recht.** Nach deutschem Recht sind die in §§ 937, 942 ZPO enthaltenen Regeln über die örtliche Zuständigkeit für den Erlass einstweiliger Verfügungen[570] doppelfunktional, können also auch im Rahmen von Art. 31 EuGVO die internationale Zuständigkeit der deutschen Gerichte begründen.[571] Über § 937 Abs. 1 ZPO wird damit – über § 14 UWG hinaus – das gesamte Spektrum der Gerichtsstände nach §§ 12ff ZPO eröffnet. Einstweilige Maßnahmen können insbesondere auch im Vermögensgerichtsstand des § 23 ZPO beantragt werden.[572] Bei besonderer Eilbedürftigkeit kann der Gläubiger ferner gemäß § 942 Abs. 1 ZPO neben dem Gericht der Hauptsache das Amtsgericht anrufen, in dessen Bezirk sich der Streitgegenstand befindet. Dies ist bei Unterlassungsverfügungen auf dem Gebiet des Wettbewerbsrecht der Ort, an dem der Schuldner handeln oder unterlassen soll.[573] Für die internationale Zuständigkeit ist § 942 ZPO eng auszulegen, so dass die mit einer Klage am ausländischen Hauptsachegericht verbundene Verzögerung noch keinen „dringenden Fall" im Sinne der Vorschrift begründet.[574] Auch die bloße Möglichkeit der Erhebung einer sog. „Torpedoklage" vor dem Hauptsitzgericht in einem Mitgliedstaat mit bekannt langer Verfahrensdauer begründet für sich allein noch keinen Verfügungsgrund.[574a]

3. Gerichtsstandsvereinbarungen

486 Ob sich die Vereinbarung eines ausschließlichen Gerichtsstand für die Hauptsache auf den Erlass von Maßnahmen des einstweiligen Rechtsschutzes erstreckt, ist im Wege der Auslegung zu ermitteln. Diese wird regelmäßig ergeben, dass die Zuständigkeit eines wirksam nach Art. 23 EuGVO prorogierten Gerichts im Zweifel auch die Kompetenz zur Gewährung von einstweiligem Rechtsschutz umfassen wird.[575] Dagegen lässt sich eine Vermutung, dass die internationale Zuständigkeit der durch die Gerichtsstandsvereinbarung derogierten Gerichte anderer Mitgliedstaaten auch für Maßnahmen des einstweiligen Rechtsschutzes ausgeschlossen sein soll,[576] nicht aufstellen. Vielmehr kann der Zweck, den Parteien effektiven einstweiligen Rechtsschutz zu gewähren, auch eine andere Auslegung

---

567 In diesem Sinne auch MünchKomm/*Mankowski* UWG IntWettbR Rn 458.

568 EuGH Slg. 1999, I-2277, 2317 Rn 52 – Mietz/Intership Yachting; *Staudinger/Fezer/Koos* IntWirtschR Rn 767.

569 *Rauscher/Leible* EuGVO Art. 31 Rn 26.

570 Für das Arrestverfahren ergibt sich die internationale Zuständigkeit aus § 919 ZPO; näher OLG Koblenz RIW 1990, 316 = IPRax 1991, 241; *Rauscher/Leible* EuGVO Art. 31 Rn 27f mwN.

571 *Schack* IZVR Rn 415; *Rauscher/Leible* EuGVO Art. 31 Rn 29; *Eilers* S. 25ff.

572 → Rn 481.

573 *Thomas/Putzo/Reichold* ZPO § 942 Rn 2.

574 *Schack* IZVR Rn 416; *Eilers* S. 12.

574a LG Düsseldorf GRUR Int. 2000, 692, 697 – NMR Kontrastmittel; LG Düsseldorf GRUR Int. 2002, 157, 161f – HIV-Immunoassay.

575 *Thomas/Putzo/Hüßtege* ZPO Art. 23 EuGVO Rn 24; *Rauscher/Mankowski* EuGVO Art 23 Rn 66.

576 So App. Orléans Rev. crit. 2003, 326 m. Anm. *Ancel*; *Kropholler* EuGVO Art. 23 Rn 103; *Thomas/Putzo/Hüßtege* ZPO Art. 23 EuGVO Rn 25; *Geimer/Schütze* EuGVO Art. 23 Rn 192.

gebieten.[577] In jedem Fall steht es den derogierten Gerichten gemäß Art. 31 EuGVO frei, ihre Zuständigkeit auf Vorschriften des autonomen Rechts zu gründen.[578] Nach deutschem Recht sind die für einstweilige Verfügungen vorgesehenen Gerichtsstände beim Gericht der Hauptsache bzw. am Ort der Belegenheit des Verfügungsgegenstands gemäß § 802 ZPO ausschließlich und damit derogationsfest (vgl. § 40 Abs. 2 Nr. 2 ZPO). Dies gilt freilich nicht für die *internationale* Zuständigkeit, weil es sich beim Erlass einstweiliger Maßnahmen nicht um Zwangsvollstreckung im engeren Sinne handelt; ferner widerspräche eine solche Auslegung dem von §§ 937, 942 ZPO bezweckten Gläubigerschutz.[579]

V. Anderweitige Rechtshängigkeit

Einigkeit besteht darüber, dass das Hauptsacheverfahren und das Verfahren des einstweiligen Rechtsschutzes nicht „denselben Anspruch" im Sinne des Art. 27 Abs. 1 EuGVO betreffen; denn andernfalls hätte eine Partei die Möglichkeit, durch die Beantragung einer einstweiligen Maßnahme im Sinne des Art. 31 EuGVO die Gegenpartei dem nach der Verordnung in der Hauptsache für sie zuständigen Gericht zu entziehen.[580] Umgekehrt steht die Anhängigkeit der Hauptsache in einem Mitgliedstaat dem Erlass einer einstweiligen Maßnahme durch die Gerichte eines anderen Mitgliedstaats nicht entgegen; dies gilt gleichermaßen für ein nach Art. 2ff EuGVO konkurrierend zuständiges Hauptsachegericht wie für ein lediglich nach Art. 31 iVm dem nationalen Verfahrensrecht zuständiges Gericht.[581] In gleicher Weise bleibt im Falle mehrfacher Rechtshängigkeit auch das später angerufene Gericht eines Mitgliedstaats, das nach Art. 27 EuGVO das Verfahren in der Hauptsache ausgesetzt hat, weiterhin für den Erlass einstweiliger Maßnahmen zuständig.[582] Hat sich das Gericht eines Mitgliedstaats allerdings wegen der früheren Rechtshängigkeit des Hauptsacheverfahrens in einem anderen Mitgliedstaat nach Art. 27 Abs. 2 EuGVO für unzuständig erklärt, so entfällt damit zugleich die Zuständigkeit für einstweilige Maßnahmen nach der Verordnung; die Zuständigkeit für einstweilige Maßnahmen kann dann also nur noch aus Art. 31 EuGVO iVm nationalem Recht hergeleitet werden.[583] Denn Ziel der Art. 27ff EuGVO ist es nur, widersprechende Entscheidungen der Gerichte verschiedener Mitgliedstaaten *in der Hauptsache* zu vermeiden; das Recht der Parteien, einstweiligen Rechtschutz zu erlangen, soll durch diese Vorschriften nicht eingeschränkt werden. 487

VI. Anerkennung und Vollstreckung

1. Zum Erfordernis rechtlichen Gehörs des Antragsgegners

Die EuGVO verzichtet in ihrem Kapitel III über die Anerkennung und Vollstreckung ausländischer Entscheidungen auf das Erfordernis, dass diese Entscheidungen endgültig oder gar rechtskräftig sein müssen. Deshalb können nicht nur vorläufig vollstreckbare Ur- 488

[577] *Saenger* ZZP 110 (1997), 477, 496; *Gronstedt* S. 45f; *Rauscher/Mankowski* EuGVO Art. 23 Rn 67; *Schlosser* EuGVO Art. 23 Rn 42; *Schack* IZVR Rn 418; *Reithmann/Martiny/Hausmann* IVR Rn 3093. Vgl. auch BGE 125 III 451, 454.

[578] *Reithmann/Martiny/Hausmann* (vorige Fn); *Rauscher/Leible* EuGVO Art. 31 Rn 33.

[579] *Eilers* S. 25ff; *Wannenmacher* S. 93f; *Schack* IZVR Rn 417; *Geimer* IZPR Rn 877b, 1755a; *Rauscher/Mankowski* EuGVO Art. 23 Rn 67.

[580] Vgl. OLG Hamburg EWiR 1997, 791 m. Anm. *Mankowski;* OLG Stuttgart IPRax 2001, 152; LG Hamburg GRUR Int. 2002, 1025, 1027 – Seifenverpackung; öOGH GRUR Int. 2002, 996; *Grabinski* GRUR Int. 2001, 199, 211; *Simons* EuLF 2003, 289, 291; *Kropholler* EuGVO Art. 27 Rn 14; *Schlosser* EuGVO Art. 27 Rn 5; *Rauscher/Leible* EuGVO Art. 27 Rn 13.

[581] EuGH Slg. 1998, I-7091, 7132f Rn 29, 34 – Van Uden/Deco-Line. Vgl. Cass. (Belgien) GRUR Int. 2001, 73; dazu *Treichel* GRUR Int. 2001, 690, 697; allgemein *Stadler* JZ 1999, 1089, 1094f; *Kropholler* EuGVO Art. 27 Rn 14; *Rauscher/Leible* EuGVO Art. 31 Rn 22; *Geimer/Schütze* EuGVO Art. 27 Rn 47; *Pansch* S. 69.

[582] *Geimer/Schütze* EuGVO Art. 31 Rn 60.

[583] *Wolf* EWS 2000, 11, 14; *Kropholler* EuGVO Art. 31 Rn 19; *Pansch* S. 69f.

teile, sondern auch einstweilige Maßnahmen grundsätzlich nach Art. 32ff EuGVO anerkannt und vollstreckt werden.[584] Voraussetzung hierfür ist freilich nach der Rechtsprechung des EuGH zum EuGVÜ, dass der Antragsgegner zu einer mündlichen Verhandlung geladen und in dieser gehört worden ist. Zur Begründung für diese Einschränkung der von Art. 25 EuGVÜ (= Art. 32 EuGVO) erfassten „Entscheidungen" hat der EuGH darauf verwiesen, dass die verhältnismäßig großzügige Regelung der Anerkennung und Vollstreckung im III. Titel des EuGVÜ (= III. Kapitel der EuGVO) nur deshalb hinnehmbar sei, weil der erforderliche Schutz des Beklagten, insbesondere die Wahrung des rechtlichen Gehörs, durch entsprechende Garantien im Erkenntnisverfahren sichergestellt werde. Anerkannt und vollstreckt werden könnten daher nur solche Entscheidungen, denen im Urteilsstaat ein **kontradiktorisches Verfahren** vorausgegangen sei oder – im Fall der Säumnis des Beklagten – zumindest hätte vorausgehen können.[585]

489 Durch diese EuGH-Rechtsprechung wurde die Anerkennung und Vollstreckung einstweiliger Maßnahmen unter der Geltung des EuGVÜ erheblich eingeschränkt, weil der mit solchen Maßnahmen zumeist bezweckte **Überraschungseffekt** einer vorherigen Anhörung des Schuldners entgegenstand. Insbesondere einstweilige Unterlassungsverfügungen im Wettbewerbsrecht werden regelmäßig erlassen, ohne dass dem Schuldner zuvor rechtliches Gehör eingeräumt wird. Die erheblichen Gefahren, die nicht nur dem Schuldner, sondern auch Dritten aus der grenzüberschreitenden Vollstreckung einstweiliger Verfügungen erwachsen können, die ohne Anhörung des Schuldners getroffen worden sind, rechtfertigten indes nach Ansicht des Gerichtshofs diese Beschneidung der Gläubigerinteressen. Der Gläubiger musste sich daher vor der Beantragung von einstweiligen Maßnahmen darüber klar werden, ob es ihm vornehmlich auf den Überraschungseffekt ankam oder ob es ihm darum ging, die einstweilige Maßnahme auch in weiteren Mitgliedstaaten zu vollstrecken. Legte er auf einen in allen Mitgliedstaaten vollstreckbaren Titel wert, so musste er die einstweilige Maßnahme möglichst bei dem nach der Verordnung zuständigen Hauptsachegericht[586] beantragen und auf die Durchführung einer mündlichen Verhandlung dringen.[587] Wollte er hingegen die mit der Anordnung einer mündlichen Verhandlung verbundene Warnung des Schuldners unter allen Umständen vermeiden, so musste er seinen Antrag auf Erlass der einstweiligen Verfügung von vorneherein in demjenigen Staat stellen, in dem die Verfügung vollzogen werden sollte. Die Wirkungen der einstweiligen Maßnahme waren dann im Interesse des Schuldnerschutzes auf das Gebiet des Staates beschränkt, dessen Gericht die Maßnahme getroffen hatte.[588] Der Gläubiger war freilich nicht gehindert, einstweilige Maßnahmen gleichzeitig bei Gerichten verschiedener Mitgliedstaaten zu beantragen. Art. 21 EuGVÜ (= Art. 27 EuGVO) stand dem nicht entgegen; denn soweit man die Vorschrift auf Maßnahmen des einstweiligen Rechtsschutzes überhaupt für anwendbar hält, setzt sie doch jedenfalls die Rechtshängigkeit von Verfahren voraus, die mit einer gemäß Art. 25ff EuGVÜ/32ff EuGVO anerkennungsfähigen Entscheidung abgeschlossen werden.[589]

---

[584] EuGH Slg. 2004, I-9657, 9701 Rn 46 = EuLF 2004, 282 – Mærsk Olie & Gas/de Haan; BGH NJW-RR 2007, 1573; *Kropholler* EuGVO Art. 32 Rn 21; *Rauscher/Leible* EuGVO Art. 32 Rn 11; *Geimer/Schütze* EuGVO Art. 31 Rn 97. Zur Anerkennung einer sog. „Mareva-Injunction" des englischen Rechts in Deutschland vgl. OLG Karlsruhe ZZP Int. 1 (1996), 91 m. Anm. *Zuckerman/Grunert.*

[585] EuGH Slg. 1980, 1553, 1569 Rn 13 = IPRax 1981, 95 m. Anm. *Hausmann* S. 79 – Denilauler/Couchet Frères; dazu *Matscher* ZZP 95 (1982), 225ff; *Albrecht* S. 156f; *Eilers* S. 261ff. Zustimmend BGH IPRax 1999, 371 m. Anm. *G. Schulze* S. 342 = JZ 1999, 1117 m. Anm. *H. Roth;* OLG Hamm RIW 1994, 243 („Ordonnance de référé"); OLG Karlsruhe FamRZ 2001, 1623 („Freezing order"); EMI Records Ltd. v. Modern Music GmbH (1992), 1 All E.R. 616 (Q.B.); dazu *Remien* WRP 1994, 25. Zu Recht kritisch dagegen *Geimer/Schütze* EuGVO Art. 32 Rn 35.

[586] → Rn 478ff.

[587] Vgl. zum deutsch-englischen Rechtsverkehr BGHZ 131, 141, 147f m. Anm. *Rohe* S. 14.

[588] *Hausmann* IPRax 1981, 79, 82; *Kropholler* EuGVO Art. 32 Rn 23; *Rauscher/Leible,* Art. 32 Rn 12; vgl. auch BG (Schweiz) BGE 129 III, 626, 631f.

[589] *Hausmann* IPRax 1981, 79, 82; *Kropholler* EuGVO Art. 27 Rn 14. Zur daraus resultierenden Problematik wiederstreitender Anordnungen der Gerichte verschiedener Mitgliedstaaten *Wolf* EWS 2000, 11, 14f, 17f.

Nach der Rechtsprechung des EuGH zu Art. 27 Nr. 2 EuGVÜ änderte auch die Möglichkeit des Antragsgegners, sich im Urteilsstaat durch **Einlegung eines Rechtsmittels** nachträglich gegen die Verletzung des rechtlichen Gehörs zur Wehr zu setzen, an der mangelnden Anerkennungsfähigkeit von Entscheidungen, die nicht in einem kontradiktorischen Verfahren ergangen waren, grundsätzlich nichts.[590] Der an dieser Rechtsprechung verbreitet geübten Kritik[591] hat der Verordnungsgeber allerdings inzwischen Rechnung getragen und in Art. 34 Nr. 2 EuGVO eine Obliegenheit des Beklagten begründet, sich auch dann, wenn ihm das verfahrenseinleitende Schriftstück nicht in ordnungsgemäßer Weise zugestellt wurde, gegen eine gleichwohl ergangene Entscheidung durch Einlegung eines Rechtsbehelfs zu wehren.[592] **490**

Die damit deutlich geminderte Bedeutung einer ordnungsgemäßen Zustellung des verfahrenseinleitenden Schriftstücks und der Wahrung des rechtlichen Gehörs des Beklagten im erststaatlichen Verfahren wirkt sich auch auf die Anerkennung und Vollstreckung von einstweiligen Maßnahmen nach der Verordnung aus. Entgegen der zuvor in Rn 488 ff dargestellten Rechtsprechung des EuGH zu Art. 24, 27 Nr. 2 EuGVÜ dürften nunmehr auch einstweilige Maßnahmen, die zunächst ohne Anhörung des Schuldners ergangen sind, zumindest dann in anderen Mitgliedstaaten nach Art. 32 ff EuGVO vollstreckungsfähig sein, wenn der Antragsgegner die Möglichkeit hatte, die Maßnahme noch vor ihrer Vollstreckung in einem anderen Mitgliedstaat nachträglich in einem kontradiktorischen Verfahren vor den Gerichten des Erststaates auf ihre Berechtigung hin überprüfen zu lassen.[593] Ob man – weitergehend – davon ausgehen kann, dass die bisherige Rechtsprechung des EuGH zur eingeschränkten Vollstreckbarkeit von Maßnahmen des einstweiligen Rechtsschutzes, die ohne mündliche Verhandlung („ex parte") ergangen sind, mit Inkrafttreten der EuGVO obsolet geworden ist,[594] erscheint hingegen zweifelhaft; bis zu einer entsprechenden Neuorientierung des EuGH ist Antragstellern, die eine grenzüberschreitende Vollstreckung beabsichtigen, daher zu raten, auf einem kontradiktorischen Verfahren zu bestehen.[595] **491**

2. Voraussetzungen für die Anerkennung und Vollstreckung einstweiliger Maßnahmen

a) Maßnahmen des Hauptsachegerichts. Einstweilige Maßnahmen, die von einem gemäß Art. 2 ff EuGVO auch in der Hauptsache zuständigen Gericht erlassen wurden, können jedenfalls dann, wenn rechtliches Gehör gewährt wurde, in allen anderen Mitgliedstaaten vollstreckt werden.[596] Von einer solchen Hauptsachezuständigkeit des Ursprungsgerichts kann dann ausgegangen werden, wenn dieses seine Zuständigkeit zum Erlass der einstweiligen Maßnahme ausdrücklich auf Art. 2 bis 24 EuGVO gestützt hat oder wenn sich eine solche Zuständigkeit für die Hauptsache eindeutig aus dem Wortlaut der Entscheidung des Ursprungsgerichts ergibt. Letzteres ist etwa dann der Fall, wenn aus der Entscheidung klar hervorgeht, dass der Antragsgegner seinen Wohnsitz im Hoheitsgebiet des Mitgliedstaats des Ursprungsgerichts hatte[597] oder der Begehungsort des Wettbewerbsverstoßes in diesem Mitgliedstaat gelegen war. **492**

---

590 Vgl. EuGH Slg. 1992, I-5661, 5679 Rn 21 = IPRax 1993, 394 m. Anm. *Rauscher* S. 376 = JZ 1993, 357 m. Anm. *Stürner* – Minalmet/Brandeis; vgl. auch EMI Records Ltd. v. Modern Music GmbH [1992] 1 All E.R. 616 (Q.B.) = WRP 1994, 25 m. Anm. *Remien.*

591 Vgl. insbes. *Geimer/Schütze* EuGVÜ Art. 27 Rn 87 ff; *Geimer* IPRax 2002, 379.

592 Vgl. *Kropholler* EuGVO Art. 34 Rn 42 ff; *Rauscher/Leible* EuGVO Art. 34 Rn 39 ff.

593 So auch EuGH Slg. 2004, I-9657 Rn 15 ff – Macrsk/de Haan (Vollstreckung einer „ex parte"-Entscheidung zur Errichtung eines Haftungsbeschränkungsfonds); ferner BGE 129 III 626, 634 – Motorola („freezing in juriction"); OLG Zweibrücken OLGR 2006, 218; *Rauscher/Leible* EuGVO Art. 31 Rn 36 a; aA aber BGH GRUR 2007, 813, 814 – Ausländischer Arrestbefehl.

594 Dafür OLG Schleswig OLGR 2005, 520; *Micklitz/Rott* EuZW 2002, 15, 16 f; *Heinze* RIW 2003, 922, 929; *Geimer/Schütze* EuGVO Art. 32 Rn 35.

595 So auch *Rauscher/Leible* EuGVO Art. 32 Rn 12; MünchKomm/*Gottwald* ZPO Art. 32 EuGVO Rn 16.

596 Vgl. EuGH Slg. 2002, I-4995, 5027 Rn 52 m. Anm. *Heß* IPRax 2005, 23 und *Wolf/Lange* RIW 2003, 55 – Italian Leather/WECO.

597 Vgl. EuGH Slg. 1999, I-2277, 2316 Rn 50 – Mietz/Intership Yachting.

493 **b) Maßnahmen der nach Art. 31 EuGVO zuständigen Gerichte.** Für einstweilige Maßnahmen, die ein lediglich nach Art. 31 EuGVO iVm nationalem Recht zuständiges Gericht getroffen hat, wird aus dem Erfordernis der „realen Verknüpfung"[598] und den besonderen Erfordernissen für den Erlass von Leistungsverfügungen[599] geschlossen, dass eine Anerkennung und Vollstreckung in anderen Mitgliedstaaten regelmäßig nicht in Betracht komme.[600] Da die internationale Zuständigkeit des Erstgerichts im Rahmen der Anerkennung und Vollstreckung ausländischer Entscheidungen nach der EuGVO nicht nachgeprüft wird, kommt dem Erfordernis der „realen Verknüpfung" nach Auffassung der EuGH die Funktion eines eingeständigen Anerkennungs- und Vollstreckungshindernisses für einstweilige Maßnahmen zu, die nur auf der Grundlage von Art. 31 EuGVO ergangen sind, um deren Wirkungen auf das Territorium des Entscheidungsstaates zu begrenzen.[601] Der Frage kommt auf dem Gebiet der lauterkeitsrechtlichen Unterlassungsverfügung nur geringe praktische Bedeutung zu, weil diese regelmäßig entweder im allgemeinen Gerichtsstand des Schuldners (Art. 2 EuGVO) oder im Gerichtsstand des Begehungsorts (Art. 5 Nr. 3 EuGVO) beantragt zu werden pflegen. Um den Gerichten der übrigen Mitgliedstaaten die Entscheidung über die Anerkennung und Vollstreckung der einstweiligen Maßnahme zu erleichtern, trifft das Ursprungsgericht allerdings eine Begründungspflicht. Es muss in seiner Anordnung daher in nachprüfbarer Weise darlegen, auf welcher Grundlage es sich für zuständig hält und worin es ggf. die „reale Verknüpfung" der einstweiligen Maßnahme mit seinem Zuständigkeitsbereich im Sinne des Art. 31 EuGVO sieht.[602]

494 **c) Entgegenstehende inländische Maßnahme.** Im Übrigen macht die Verordnung zwischen der Anerkennung und Vollstreckung von Endurteilen und von Entscheidungen, die im Verfahren des einstweiligen Rechtsschutzes ergangen sind, keinen Unterschied.[603] Die Anerkennungsvoraussetzungen nach Art. 34 EuGVO[604] gelten daher uneingeschränkt auch für einstweilige Maßnahmen. Aus diesem Grunde ist eine im Verfahren des vorläufigen Rechtsschutzes ergangene ausländische Entscheidung, mit der ein Schuldner verpflichtet wird, bestimmte Handlungen zu unterlassen, im Sinne des Art. 34 Nr. 3 EuGVO unvereinbar mit einer zwischen denselben Parteien im Vollstreckungsstaat im Verfahren des vorläufigen Rechtsschutzes ergangenen Entscheidung, mit der die Verhängung einer solchen Maßnahme abgelehnt wurde. Für diesen Fall hat das Gericht des Vollstreckungsstaates – wie der EuGH klargestellt hat – auch nicht die Befugnis, die Anerkennung der ausländischen Entscheidung trotzdem zuzulassen. Das Gericht ist vielmehr aus Gründen der Rechtssicherheit verpflichtet, die Anerkennung der ausländischen Entscheidung nach Art. 34 Nr. 3 EuGVO abzulehnen.[605]

3. Vollziehung durch Zustellung im Ausland

495 Auf Unterlassung gerichtete einstweilige Verfügungen müssen im Regelfall im Parteibetrieb zugestellt werden.[606] Die Anforderungen an eine Zustellung im Parteibetrieb an einen Schuldner mit Wohnsitz im Ausland beurteilen sich im Rechtsverkehr zwischen den EG-Mitgliedstaaten vorrangig nach der Verordnung Nr. 1393/2007 über die Zustellung gerichtlicher und außergerichtlicher Schriftstücke in Zivil- oder Handelssachen in den Mit-

[598] → Rn 482 f.
[599] → Rn 475 f.
[600] Vgl. *Stadler* JZ 1999, 1089, 1098 f; *Wolf* EWS 2000, 11, 16 f; *Kropholler* EuGVO Art. 31 Rn 24; *Geimer/Schütze* EuGVO Art. 31 Rn 59; *Willeitner* S. 94 ff; zu Ausnahmen von diesem Grundsatz *Heß* IPRax 2000, 370, 373; *Rauscher/Leible* EuGVO Art. 31 Rn 38; *Wolf/Lange* RIN 2003, 55, 57 f; *Willeitner* S. 112 ff.
[601] Vgl. *Stadler* JZ 1999, 1089, 1097 f; *Pansch* S. 55 ff.
[602] EuGH Slg. 1999, I-2277, 2316 Rn 50 – Mietz/Intership Yachting.
[603] Dazu → Rn 488.
[604] Vgl. zu diesen die Kommentierung zu Art. 34 EuGVO bei *Kropholler, Geimer/Schütze, Rauscher/Leible* und *Schlosser.*
[605] EuGH Slg. 2002, I-4995, 5026 f Rn 47, 52 – Italian Leather/WECO; näher *Pansch* S. 74 ff.
[606] BGHZ 120, 82, 78 f; KG WRP 1995, 327; OLG Schleswig MDR 1999, 1404; *Zöller/Vollkommer* ZPO § 829 Rn 18.

gliedstaaten vom 13. 11. 2007.[607] Nach Art. 14 dieser Verordnung steht es jedem Mitgliedstaat insbesondere frei, Personen, die ihren Wohnsitz in einem anderen Mitgliedstaat haben, gerichtliche Schriftstücke auch **unmittelbar durch die Post** zustellen zu lassen. Nach deutschem Recht ist diese Zustellungsart – unbeschadet weitergehender Bedingungen des jeweiligen Empfangsmitgliedstaates – nur in der Versandform des *Einschreibens mit Rückschein* zulässig (§ 1068 ZPO). Für die Auslandszustellung an Schuldner mit Wohnsitz außerhalb der EG sind die Vorschriften der einschlägigen Staatsverträge, insbesondere des Haager Übereinkommens über die Zustellung gerichtlicher und außergerichtlicher Schriftstücke im Ausland in Zivil- oder Handelssachen vom 15. 11. 1965,[608] zu beachten; ergänzend gilt § 183 ZPO.

Die von einem deutschen Gericht erlassene einstweilige Verfügung, die sich gegen eine **496**
Partei mit Sitz in einem anderen EG-Mitgliedstaat richtet, ist durch Parteizustellung am ausländischen Sitz des Antragsgegners zu vollziehen. Dies gilt unabhängig davon, ob die deutsche Entscheidung in diesem Staat gemäß Art. 32ff EuGVO anerkennungsfähig und gemäß Art. 38ff EuGVO vollstreckbar ist oder nicht. Die Vollziehung der von einem deutschen Gericht erlassenen einstweiligen Verfügung im EG-Ausland ist daher auch dann zulässig, wenn das deutsche Gericht seine Zuständigkeit lediglich auf Art. 31 EuGVO iVm nationalem Recht gestützt und dem Antragsgegner vor Erlass der einstweiligen Verfügung kein rechtliches Gehör gewährt hat. Denn die Vollziehung der einstweiligen Verfügung durch Zustellung im Parteibetrieb ist noch **keine Vollstreckungsmaßnahme** im Sinne der Art. 38ff EuGVO. Daran ändert auch der Umstand, dass die Zustellung zugleich der Wahrung der Vollziehungsfrist nach §§ 929 Abs. 2, 936 ZPO dient, nichts.[609] Zwar wird die nachträgliche Androhung von Ordnungsmitteln durch Beschluss gemäß § 890 Abs. 2 ZPO als Akt der Zwangsvollstreckung gewertet. Dies gilt aber nicht für die nach § 890 Abs. 2 ZPO zulässige Aufnahme der Androhung bereits in den Titel.[610] Ein Eingriff in die Souveränität des Empfangsstaates liegt in der bloßen Zustellung des Unterlassungstitels nicht. Denn die angedrohten Ordnungsmittel könne vor einer Anerkennung des Titels in diesem Staat nicht durchgesetzt werden. Die Zustellung soll lediglich die Vollstreckung aus dem Titel *im Inland* ermöglichen und greift damit nicht in die ausländische Justizhoheit ein.[611]

Der wirksamen Zustellung einer deutschen Unterlassungsverfügung in einem anderen **497**
EG-Mitgliedstaat steht es auch nicht entgegen, dass die zuzustellende Verfügung entgegen § 922 Abs. 1 S. 2 ZPO **keine Begründung** enthält. Denn die Zustellung ist auch noch nicht als ein „Geltendmachen" der einstweiligen Verfügung im Ausland im Sinne des § 922 Abs. 1 S. 2 ZPO anzusehen. Die Vollziehung ist notwendige Voraussetzung für die Wirksamkeit der getroffenen Anordnung im Inland über die in § 929 Abs. 2 ZPO genannte Monatsfrist hinaus und ist damit Teil des der Vollstreckung vorgelagerten Verfahrens der Erwirkung bzw. Bestandserhaltung der einstweiligen Verfügung selbst.[612] Wird im Hinblick auf den Sitz des Antragsgegners im Ausland in die einstweilige Verfügung keine Androhung von Ordnungsmitteln aufgenommen, so begründet die freiwillige Erfüllung der zu Unrecht ergangenen Verfügung ebenso wenig einen Schadensersatzanspruch nach § 945 ZPO wie in reinen Inlandsfällen.[613]

---

607 ABl. EU 2007 Nr. L 324 S. 79; näher *Hausmann,* Auslegungsprobleme der Europäischen Zustellungsverordnung, EuLF 2007 II, 1ff.

608 BGBl. 1977 II S. 1453; zum Geltungsbereich *Jayme/Hausmann* Nr. 211.

609 KG IPRax 2001, 236, 237 = IPRspr. 1998 Nr. 170; vgl. auch BGH GRUR 1979, 121f; *Rennien* S. 26; *Geimer* IZPR Rn 400f.

610 BGH GRUR 1979, 121, 122.

611 KG IPRspr. 1998 Nr. 170 = NJWE-WettbR 199, 161; *Hefermehl/Köhler/Bornkamm* UWG § 12 Rn 3.63.

612 OLG Köln GRUR 1999, 66, 67 – Dan/Danne; *Teplitzki* 55. Kap. Rn 37 mwN.

613 BGHZ 131, 141, 147f.

C. Ermittlung und Beweis ausländischen Wettbewerbsrechts

Schrifttum: *Dethloff,* Ausländisches Wettbewerbsrecht im einstweiligen Rechtsschutz, RabelsZ 62 (1998), 286; *Fastrich,* Revisibilität bei der Ermittlung ausländischen Rechts, ZZP 97 (1984), 423; *Feutiman,* Foreign Law in English Courts, 1998; *Ferrand,* Die Behandlung des ausländischen Rechts durch die französische Cour de cassation, ZEuP 2004, 126; *Flessner,* Fakultatives Kollisionsrecht, RabelsZ 34 (1970), 57; *Fuchs,* Die Ermittlung ausländischen Rechts durch Sachverständige, RIW 1995, 807; *Geeroms,* Foreign Law in Civil Litigation, 2003; *Geisler,* Zur Ermittlung ausländischen Rechts durch „Beweis" im Prozess, ZZP 91 (1978), 176, *Hartley,* Pleading and Proof of Foreign Law: The Major European Systems Compared, I. C. L. Q. 45 (1996), 271; *Hau,* Rechtssachverständige in Fällen mit Auslandsbezug, RIW 2003, 822; *Hausmann,* Pleading and Proof of Foreign Law – a Comparative Analysis, EuLF 2008, 1; *Heldrich,* Probleme bei der Ermittlung ausländischen Rechts in der gerichtlichen Praxis, FS Nakamura, 1996, S. 243; *Jaeckel,* Die Reichweite der lex fori im IZPR, 1995; *Jäntera-Jareborg,* Foreign Law in National Courts, Rec. des Cours 304 (2003), 181; *Jansen/Michaels,* Die Auslegung und Fortbildung ausländischen Rechts, ZZP 116 (2003), 3; *Jastrow,* Zur Ermittlung ausländischen Rechts: Was leistet das Londoner Auskunftsübereinkommen in der Praxis?, IPRax 2004, 402; *Kindl,* Ausländisches Recht vor deutschen Gerichten, ZZP 111 (1998), 177; *Krause,* Ausländisches Recht und deutscher Zivilprozess, 1990; *Küster,* Die Ermittlung ausländischen Rechts in deutschen Zivilprozessen und ihre Kostenfolgen, 1995; *ders.,* Zur richterlichen Ermessensausübung bei der Ermittlung ausländischen Rechts, RIW 1998, 275; *Lindacher,* Zur Mitwirkung der Parteien bei der Ermittlung ausländischen Rechts, FS Schumann, 2001, S. 283; *ders.,* Zur Anwendung des ausländischen Rechts, FS Beys, 2003, S. 909; *Mankowski/Kerfack,* Arrest, einstweilige Verfügung und die Anwendung ausländischen Rechts, IPRax 1990, 372; *Otto,* Der verunglückte § 293 ZPO und die Ermittlung ausländischen Rechts durch „Beweiserhebung", IPRax 1995, 299; *Prütting,* Ermittlung und Anwendung von ausländischem Recht in Japan und Deutschland, FS Ishikawa, 2001, S. 397; *Reichert-Facilides,* Fakultatives und zwingendes Kollisionsrecht, 1995; *Rodger/van Doorn,* Proof of Foreign Law: The Impact of the London Convention, I. C. L. Q. 46 (1997), 151; *Sangiovanni,* Die neue italienische Rechtsprechung zur Ermittlung des ausländischen Rechts, IPRax 2006, 513; *Schack,* Subrogation und Prozessstandschaft, Ermittlung ausländischen Rechts im einstweiligen Verfügungsverfahren, IPRax 1995, 158; *Schellack,* Selbstermittlung oder ausländische Auskunft unter dem europäischen Rechtsauskunftsübereinkommen, 1998; *Schilken,* Zur Rechtsnatur der Ermittlung ausländischen Rechts nach § 293 ZPO, FS Schumann, 2001, S. 373; *Sommerlad/Schrey,* Die Ermittlung ausländischen Rechts im Zivilprozess und die Folgen der Nichtermittlung, NJW 1991, 1377; *Spickhoff,* Fremdes Recht vor inländischen Gerichten: Rechts- oder Tatfrage, ZZP 112 (1999), 265; *Stürner,* Parteidisposition über das anwendbare Recht im europäischen Zivilprozess?, FS Weber, 2004, S. 589; *Trautmann,* Ausländisches Recht vor deutschen und englischen Gerichten, ZEuP 2006, 283; *Wagner,* Fakultatives Kollisionsrecht und prozessuale Parteiautonomie, ZEuP 1999, 6.

498 Im Zuge der Globalisierung der internationalen Wirtschaftstätigkeit nimmt auch die Zahl von Wettbewerbsverstößen mit Auslandsberührung stark zu. Die grundsätzliche Anknüpfung von Wettbewerbsverletzungen an das Recht des Marktorts[614] führt dabei in Verfahren vor deutschen Gerichten verstärkt zur Anwendung ausländischen Wettbewerbsrechts. Es stellt sich dann die Frage, in welchem Umfang der Kläger bzw. Antragsteller die Voraussetzungen einer Verletzung des ausländischen Wettbewerbsrechts zu beweisen bzw. glaubhaft zu machen hat und inwieweit das angerufene deutsche Gericht den Inhalt des ausländischen Recht festzustellen hat. Dabei ist zwischen dem Hauptsacheverfahren und dem einstweiligen Verfügungsverfahren zu unterscheiden.

I. Hauptsacheverfahren

1. Ermittlungspflicht des Gerichts

499 **a) Grundsatz.** Während für das deutsche Recht der Grundsatz „iura novit curia" gilt, wird die Kenntnis ausländischen Rechts vom Richter nicht erwartet. Allerdings verpflichtet ihn § 293 ZPO, sich die erforderliche Kenntnis des fremden Rechts zu verschaffen.[615] Soweit die eigene Sachkunde des Gerichts reicht, erklärt § 293 S. 1 ZPO das ausländische

[614] → Rn 158 ff, 202 und 204 ff.

[615] Teilweise wird diese Verpflichtung auch aus dem Grundsatz „iura novit curia" abgeleitet, vgl. *Fastrich* ZZP 97 (1984), 423, 425; *Mankowski/Kerfack* IPRax 1990, 372.

Recht für nicht beweisbedürftig. Im Übrigen eröffnet § 293 S. 2 ZPO dem Richter die Möglichkeit des „Freibeweises".[616] Allerdings ist auch ausländisches Recht nach deutschem Verständnis „Recht" und keine Tatsache; als solches ist es daher einem Beweis im engeren Sinne nicht zugänglich.[617] Kennt der Richter das ausländische Recht nicht, so ist er trotz der missverständlichen Formulierung des § 293 S. 2 ZPO nicht nur befugt, sondern verpflichtet, es *von Amts wegen* zu ermitteln; hierzu hat er alle zur Verfügung stehenden Erkenntnisquellen heranzuziehen.[618] Keinesfalls kann er sich auf die Vermutung stützen, das ausländische Recht werde im Wesentlichen dem deutschen entsprechen.[619] Auch an einen übereinstimmenden Parteivortrag ist das Gericht nicht gebunden; denn das anwendbare Recht unterliegt nicht der Parteidisposition. Die Lehre vom fakultativen Kollisionsrechts[620] gilt in Deutschland nicht; deutsches IPR ist vielmehr vom Gericht von Amts wegen anzuwenden, auch wenn die Parteien sich nicht darauf berufen.[621]

Das ausländische Recht muss so angewendet werden, wie es im Ausland tatsächlich gilt. 500
Der deutsche Richter kann sich daher nicht auf die Feststellung des ausländischen Gesetzesrechts und eine Wortlautinterpretation beschränken. Seine Ermittlungspflicht umfasst vielmehr auch die **ausländische Rechtspraxis,** wie sie in der Rechtsprechung der Gerichte des betreffenden Landes zum Ausdruck kommt.[622] Umfang und Intensität der richterlichen Ermittlungspflicht lassen sich nicht generell-abstrakt bestimmen, sondern hängen von den Umständen des Einzelfalles ab.[623] Jedenfalls ist die Ermittlungspflicht auch im Hauptsacheverfahren nicht unbegrenzt; sie endet, wenn eine Aufklärung nur mit unverhältnismäßigem Aufwand oder erheblicher Verfahrensverzögerung zu erreichen ist.[624]

b) Statuten-Kumulation. Nicht völlig geklärt ist die Frage, wie weit die Amtsermitt- 501
lungspflicht der deutschen Gerichte in den Fällen von Multistate-Wettbewerbshandlungen reicht. Die Rechtsprechung tendiert dazu, diese Pflicht auf diejenige Rechtsordnung zu beschränken, auf die sich der Kläger berufen hat, und die Klage abzuweisen, wenn dieses Recht nach den von Amts wegen anzuwendenden Kollisionsnormen des deutschen internationalen Wettbewerbsrechts nicht zur Anwendung kommt oder der Anspruch nach diesem Recht nicht begründet ist; hingegen wird eine amtswegige Prüfung sonstiger Rechte, auf deren Geltung der Kläger sich nicht berufen hat, nicht vorgenommen.[625] Daran ist richtig, dass der Kläger hinsichtlich der **Tatsachen,** die eine wettbewerbliche Interessen-

---

616 BGH NJW 1966, 296, 298; BAG WM 1976, 194, 196; *Geimer* IZPR Rn 2583; näher → Rn 505.

617 Vgl. § 359 Nr. 1 ZPO; *Schack* IZVR Rn 625; näher → Rn 514.

618 BGHZ 118, 151, 162; BGH NJW 1996, 54, 55; BGH NJW 1997, 324, 325; BGH NJW 1998, 1321 = IPRax 1999, 45 m. Anm. *Stoll* S. 29; BGH NJW 1998, 1395, 1396; OLG Saarbrücken NJW 2002, 1209; *Fastrich* ZZP 97 (1984), 423, 425; *Küster* RIW 1998, 275 f; *Otto* IPRax 1995, 301 ff; *Geimer* IZPR Rn 2579 mwN.

619 So aber OLG München WRP 1980, 506, 508, das ohne weitere Ermittlung davon ausging, „dass auch im deutschsprachigen Ausland irreführende Werbung Unterlassungsansprüche auslöst".

620 Dafür *Flessner* RabelsZ 34 (1970), 547 ff; *Reichert-Facilides* S. 57 und passim; s. auch *Wagner* ZEUP 1999, 6, 45 ff.

621 BGHZ 77, 32, 38; BGH NJW 1993, 2305, 2306; BGH NJW 1995, 2097; BGH NJW 1996, 54 m. Anm. *Mäsch* 1433; BGH NJW 1998, 1395, 1396; BGH NJW 2003, 2605, 2606; *Palandt/Heldrich* EGBGB Einl. Vor Art. 3 Rn 1; *v. Bar/Mankowski* IPR I § 5 Rn 66 ff; *Kropholler* IPR § 7 II 2; *Erman/Hohloch* EGBGB Einl. Vor Art. 3 Rn 49; *Geimer* IZPR Rn 2570 ff; *Hausmann* EuLF 2008 I S. 1, 3 f. Vgl. – speziell zum Wettbewerbsrecht – auch *Staudinger/Fezer/Koos* IntWirtschR Rn 774 ff, 780; aA *Wagner* ZEuP 1999, 6, 19.

622 BGH NJW 1976, 1588, 1589; BGH NJW 1988, 648; BGH NJW 1991, 1418, 1419; BGH WM 1992, 1510, 1511 f; BGH WM 1997, 1245, 1246; BGH WM 2001, 502, 503 = IPRax 2002, 302 m. Anm. *Hüßtege* S. 292; BGH NJW 2003, 2685; BayObLGZ 1995, 238, 243; OLG Saarbrücken NJW 2002, 1209; vgl. näher *Kindl* ZZP 111 (1998), 177, 180 f; *Kropholler* IPR § 31 I 2; *Geimer* IZPR Rn 2596; MünchKomm/*Sonnenberger* BGB Einl. IPR Rn 670 ff mwN.

623 BGHZ 118, 151, 163 BGH NJW 1995, 1032; OLG Celle RIW 1993, 587.

624 Vgl. dazu BGHZ 69, 387, 393 ff; *Dethloff* RabelsZ 62 (1998), 286, 296; *Zöller/Geimer* ZPO § 293 Rn 20; *Staudinger/Fezer/Koos* IntWirtschR Rn 788; Vgl. auch § 4 Abs. 2 öIPRG. Kritisch MünchKomm/*Sonnenberger* BGB Einl. IPR Rn 636.

625 BGH GRUR 1991, 463, 465 – Kauf im Ausland; BGH GRUR Int. 1998, 617, 619 – Gewinnspiel im Ausland.

kollision auf einem bestimmten In- oder Auslandsmarkt begründen, in vollem Umfang darlegungs- und beweispflichtig ist.[626] Ohne einen entsprechenden Tatsachenvortrag des Klägers ist das angerufene Gericht daher nicht verpflichtet, nur möglicherweise in Betracht kommende weitere ausländische Wettbewerbsrechte zu ermitteln.[627] Ergeben sich hingegen aus dem klägerischen Vortrag ausreichende Anhaltspunkte dafür, dass eine wettbewerbsrechtliche Interessenkollision nicht nur auf dem inländischen Markt, sondern auch auf bestimmten Auslandsmärkten stattgefunden hat, so ist das Gericht grundsätzlich verpflichtet, die hiernach in Betracht kommenden ausländischen Wettbewerbsrechte von Amts wegen zu ermitteln, auch wenn der Kläger sich nicht ausdrücklich auf die Geltung dieser Rechte berufen hat; denn die Lehre vom fakultativen Kollisionsrecht gilt auch insoweit nicht.[628] Die Problematik stellt sich freilich nach der zu Art. 5 Nr. 3 EuGVÜ entwickelten sog. „Shevill-Doktrin" des EuGH[629] überhaupt nur dann, wenn die Gerichte im Wohnsitzstaat des Beklagten oder in dem Staat angerufen werden, in dem der Beklagte gehandelt hat. Demgegenüber sind die am jeweiligen Erfolgsort angerufenen Gerichte von vorneherein darauf beschränkt, nur über die auf ihrem eigenen Staatsgebiet eingetretenen Konsequenzen der Wettbewerbsverletzung nach Maßgabe des dort geltenden Rechts zu befinden. Zu einer Statutenkumulation kann es also im letzteren Fall schon aus prozessualen Gründen nicht kommen.

2. Ermittlungswege

502 Auf welchem Wege sich der Tatrichter die Kenntnis des ausländischen Rechts verschafft, steht nach § 293 ZPO in seinem **pflichtgemäßen Ermessen.**[630] Über dessen Ausübung wachen allerdings die Rechtsmittelgerichte. Die Verletzung der Ermittlungspflicht kann auch zum BGH mit der Verfahrensrüge (§ 555 Abs. 3 Nr. 3b ZPO) beanstandet werden.[631] Das Revisionsgericht ist allerdings insoweit auf die Prüfung beschränkt, ob der Tatrichter sein Ermessen fehlerfrei ausgeübt, insbesondere die sich anbietenden Erkenntnisquellen ausgeschöpft hat.[632] Ermessensfehlerhaft kann es sein, wenn das Gericht zu schwierigen Fragen des ausländischen Rechts eigene Nachforschungen anstellt oder sich mit der Auskunft eines ausländischen Justizministeriums begnügt, anstatt das beantragte förmliche Beweisverfahren durchzuführen.[633]

503 **a) Gerichtsinterne Ermittlungen.** Verfügt der Richter im Einzelfall über hinreichende eigene Sachkunde zum ausländischen Recht, so kann er diese Kenntnisse ohne weiteres im Prozess verwenden und muss die Parteien lediglich von seiner Rechtsauffassung in Kenntnis setzen.[634] Entsprechende Kenntnisse werden gerade in Wettbewerbssachen, in denen hierauf spezialisierte Kammern der Landgerichte bzw. Senate der Oberlandesgerichte entscheiden, zumindest in Bezug auf die Rechtsordnungen unserer unmittelbaren Nachbarstaaten nicht selten vorliegen.[635] Ist dies nicht der Fall, so kann der Richter sich die erforderlichen Kenntnisse durch eigene Nachforschungen verschaffen;[636] dies kommt na-

---

[626] *East* CoR 1999, 302, 303; *Staudinger/Fezer/Koos* IntWirtschR Rn 782.

[627] *Staudinger/Fezer/Koos* IntWirtschR Rn 785f.

[628] *Harte/Henning/Glöckner* Einl C Rn 71; *Staudinger/Fezer/Koos* (vorige Fn); dazu → Rn 13, 257f und 499.

[629] → Rn 403, 411.

[630] BGH NJW 1976, 1581, 1583; BGH NJW 1988, 647f; BGH NJW 1991, 1418, 1419; BGH NJW 1995, 1032; BGH WM 1997, 1247; BGH WM 2001, 502, 503 = IPRax 2002, 302 m. Anm. *Hüßtege* S. 292; BGH NJW 2003,2685.2686; MünchKomm/*Prütting* ZPO § 293 Rn 23ff; *Sommerlad/Schrey* NJW 1991, 1377, 1379f; *Kindl* ZZP 111 (1998), 177, 182ff; *Hausmann* EuLF 2008 I 1, 7ff.

[631] BGH WM 1991, 832, 833; BGH NJW 1992, 3106; *Geimer* IZPR Rn 2580. Anders aber, wenn die Rüge in Wirklichkeit die Nachprüfung irrevisiblen ausländischen Rechts bezweckt, vgl. BGH NJW 1988, 647; BGHZ 118, 151, 162f.

[632] BGH NJW 1991, 1418, 1419; BGHZ 118, 151, 163; BGH RIW 1996, 426; BGH WM 1997, 1245, 1246; *Geimer* IZPR Rn 2581 mwN.

[633] Vgl. BGH RIW 1984, 646 m. Anm. *Mezger* BGH WM 2001, 502, 503; MünchKomm/*Sonnenberger* BGB Einl. IPR Rn 637.

[634] Vgl. § 278 Abs. 3 ZPO; BGH NJW 1976, 1474; MünchKomm/*Prütting* ZPO § 293 Rn 24.

[635] *Dethloff* RabelsZ 62 (1998), 286, 297.

[636] *Kindl* ZZP 111 (1998), 177, 186f; *Schilken* FS Schumann S. 377f.

mentlich in Bezug auf das *österreichische* und *schweizerische* Recht in Betracht, wo die Rechtsquellen und die Rechtsliteratur in deutscher Sprache vorliegen. Die hierdurch verursachten Verzögerungen einer Entscheidung müssen die Parteien hinnehmen.[637]

b) Mitwirkung der Parteien. Bringen die richterlichen Bemühungen keine hinreichenden Erkenntnisse zum ausländischen Recht, so kann das Gericht die Parteien gemäß § 293 S. 2 ZPO zur Mithilfe auffordern.[638] Haben die Parteien also Zugang zu den entsprechenden Quellen, so müssen sie den Inhalt dieses ausländischen Rechts konkret darstellen.[639] Die Mitwirkung der Parteien kann die Vorlage von Gesetzestexten[640] sowie einschlägiger Gerichtsurteile oder Kommentare zum ausländischen Recht umfassen. Gehören beide Parteien dem ausländischen Staat an, um dessen Recht es geht, spricht eine Vermutung dafür, dass ihre übereinstimmende Darlegung des fremden Rechts zutreffend ist.[641] Ferner ist es dem Richter unbenommen, sich seine Rechtsüberzeugung auch anhand von Privatgutachten in- oder ausländischer Spezialisten zu bilden, die ihm die Parteien vorlegen.[642] Privatgutachten oder Stellungnahmen ausländischer Korrespondenzanwälte sind freilich mit Vorsicht zu würdigen, weil sie nicht selten im Interesse des Auftraggebers „gefärbt" sein werden. Kommt der Kläger seiner Mitwirkungspflicht nicht nach, so kann das Gericht nachteilige Schlüsse aus seiner Untätigkeit ziehen und von weiteren Ermittlungen absehen.[643] Eine „Beweislast" der zur Unterstützung aufgeforderten Parteien besteht freilich nicht; das Gericht darf also keine Entscheidung zu Lasten derjenigen Partei treffen, die aus dem nicht feststellbaren ausländischen Recht Ansprüche für sich herleitet, auch wenn diese Partei die geforderte Unterstützung verweigert.[644] 504

c) Formlose Verfahren. Weiterhin kann das Gericht auch Ermittlungen im formlosen (Freibeweis-)Verfahren durchführen, bei denen es Erkenntnisquellen aller Art benutzen kann und nicht an die Regeln des förmlichen Beweisverfahrens (§§ 355 ff ZPO) gebunden ist.[645] Dazu gehört insbesondere das formlose Einholen von Auskünften bei in- oder ausländischen wissenschaftlichen Instituten.[646] Demgegenüber dürften ausländische Botschaften oder Konsulate allenfalls in der Lage sein, einfache Fragen – zB zu aktuellen Gesetzesänderungen – zu beantworten.[647] Auch die erweiterten Ermittlungsmöglichkeiten im Wege des Freibeweises durch das Europäische Übereinkommen betreffend Auskünfte über ausländisches Recht vom 7. 6. 1968[648] dürften nur selten zum Ziel führen, weil die Übermittlung des Auskunftsersuchens an die zuständigen ausländischen Regierungsstellen zeit- und arbeitsaufwendig ist und das Übereinkommen nur Antworten auf abstrakt gestellte Rechtsfragen zulässt.[649] 505

d) Förmliches Beweisverfahren. Zumindest im Hauptsacheverfahren vorzuziehen ist daher in der Regel die Einholung eines Sachverständigengutachtens im förmlichen Beweisverfahren. Dabei ist das Gericht an die §§ 402 ff ZPO gebunden, auch wenn das fremde 506

637 *Schack* IZPR Rn 621; MünchKomm/*Prütting* ZPO § 293 Rn 9 f.

638 BGH NJW 1961, 410; BGH NJW 1976, 1581, 1583; *Fastrich* ZZP 97 (1984), 423, 426; *Mankowski/Kerfack* IPRax 1990, 372, 373; *Schack* IZVR Rn 630; aA MünchKomm/*Prütting* ZPO § 293 Rn 52.

639 BGHZ 118, 151, 164; BGH NJW 1992, 3098; *Palandt/Heldrich* EGBGB Einl. Vor Art. 3 Rn 34; *Geimer* IZPR Rn 2141.

640 Vgl. OLG Köln GRUR 1994, 646, 647 f zum georgischen Recht.

641 BAG WM 1976, 189, 197; *Sommerlad/Schrey* NJW 1991, 1377, 1381; *Geimer* IZPR Rn 2586.

642 BGHZ 77, 32, 38; *Geimer* IZPR Rn 2587; *Brannekämper* WRP 1994, 661, 666.

643 BGH NJW 1961, 410 f; BGH NJW 1986, 1581, 1582; *Brannekämper* WRP 1994, 661, 667; *Spickhoff* ZZP 112 (1999), 272 f.

644 BGH NJW 1961, 410 f; BGH IPRax 1983, 193 f; *Brannekämper* WRP 1994, 661, 667; *Spickhoff* ZZP 112 (1999), 265, 273; *Kropholler* IPR § 59 I 2; *Geimer* IZPR Rn 2589.

645 *Geimer* IZPR Rn 2583.

646 BGH NJW 1975, 2142, 2143; BGH IPRax 1995, 322 m. Anm. *Otto* 299; *Kindl* ZZP 111 (1998), 187.

647 Vgl. dazu MünchKomm/*Sonnenberger* BGB Einl. IPR Rn 637 mwN.

648 BGBl. 1974 II S. 938; zum Geltungsbereich des Übereinkommens *Jayme/Hausmann* Nr. 200, Fn 1.

649 Zum geringen praktischen Nutzen des Übereinkommens *Schack* IZVR Rn 632. Vgl. auch *Otto* FS Firsching S. 209 ff; *Schellack* S. 156 ff; *Rodger/van Doorn* ICLQ 46 (1997), 165.

Recht keine Tatsache ist.[650] Als Sachverständige kommen in erster Linie am Max-Planck-Institut für ausländisches und internationales Patent, Urheber- und Wettbewerbsrecht in München und an einschlägigen deutschen Universitätsinstituten tätige Wissenschaftler in Betracht, die über Erfahrung im ausländischen Wettbewerbsrecht und über Zugang zu den Rechtsquellen und der einschlägigen Literatur verfügen. Einer Beauftragung von Gutachtern aus dem betreffenden ausländischen Staat bedarf es in der Regel nicht, um die dortige Rechtspraxis zu ermitteln.[651] Die Einholung eines Rechtsgutachtens hat vor allem den Vorteil, dass der Sachverständige anhand der ihm übersandten Akten selbständig nachprüfen kann, auf welche Tatsachen und Rechtsfragen es im ausländischen Recht wirklich ankommt. Auf seine Anregung hin muss das Gericht den Beweisbeschluss ggf. ergänzen oder die zur richtigen Anwendung des ausländischen Rechts erforderlichen Tatsachen noch ermitteln. Durch Einholung eines Sachverständigengutachtens, das auf Antrag einer Partei vom Gutachter in der mündlichen Verhandlung zu erläutern ist (§ 411 Abs. 3 ZPO),[652] genügt der Tatrichter in der Regel seiner aus § 293 ZPO folgenden Ermittlungspflicht;[653] anders kann es vor allem dann liegen, wenn der Gutachter nicht über die erforderlichen Kenntnisse zur ausländischen Rechtspraxis verfügt.[654]

II. Verfahren des einstweiligen Rechtschutzes

507 Wettbewerbsverstöße werden freilich – wie unter B.[655] gezeigt – ganz überwiegend im einstweiligen Verfügungsverfahren verfolgt. Mit der dort getroffenen Entscheidung geben sich die Parteien häufig zufrieden und verzichten auf die Durchführung des Hauptsacheverfahrens. Für die Ermittlung und Anwendung ausländischen Rechts können sich aus der Dringlichkeit der Entscheidung im Verfahren des einstweiligen Rechtschutzes gewisse Abweichungen von den für das Hauptverfahren geltenden Grundsätzen ergeben.

1. Anwendbares Recht

508 **a) Hauptsacheverfahren im Inland.** Im einstweiligen Verfügungsverfahren ist auf den Verfügungsanspruch grundsätzlich das gleiche Recht anzuwenden wie im Hauptverfahren, denn das Eilverfahren dient der vorläufigen Sicherung des im Hauptsacheverfahren streitigen Anspruchs. Nur durch die Anwendung des gleichen Rechts im Eil- und Hauptsacheverfahren wird der interne Entscheidungseinklang gewährleistet, d.h. es werden nicht Wettbewerbshandlungen vorläufig untersagt, die nach dem im Hauptsacheverfahren anwendbaren Recht erlaubt sind.[656] Andererseits wird sichergestellt, dass wettbewerbsrechtliche Ansprüche, die das vom deutschen IPR zur Anwendung berufene ausländische Recht gewährt, auch im Rahmen des inländischen einstweiligen Verfügungsverfahrens durchgesetzt werden können. Dies hat in wettbewerbsrechtlichen Streitigkeiten vor allem deshalb besondere Bedeutung, weil es dort häufig überhaupt nicht mehr zur Durchführung eines Hauptsacheverfahrens kommt. Auch im einstweiligen Rechtsschutzverfahren hat das angerufene deutsche Gericht daher die Lauterkeit der angegriffenen Wettbewerbshandlungen grundsätzlich nach dem Wettbewerbsstatut zu beurteilen.[657]

---

[650] BGH NJW 1975, 2142f; BGH NJW 1994, 2959, 2960 *Sommerlad/Schrey* NJW 1991, 1377, 1379; *Geimer* IZPR Rn 2584.

[651] Vgl. aber BGH NJW 1991, 1418 = IPRax 1992, 324 m. Anm. *Kronke* S. 303; dazu *Samtleben* NJW 1992, 3057.

[652] Vgl. BGH NJW 1975, 2142; BGH NJW 1994, 2959, 2960; *Kropholler* IPR § 59 III 2; aA *Schilken* FS Schumann S. 373ff.

[653] BGH NJW 1991, 1418f; OLG Saarbrücken NJW 2002, 1209.

[654] Vgl. BGH NJW 1991, 1418, 1419.

[655] → Rn 470ff.

[656] *Dethloff* RabelsZ 62 (1998), 286, 287f.

[657] Großkomm/*Schricker* UWG Einl. Rn F 222; *Dethloff* RabelsZ 62 (1998), 287f; ebenso für Österreich öOGH GRUR Int. 1986, 270; 1998, 851; 1990, 239; *Schwind* IPR (1990), Rn 482; *Schwimann* IPR (1993), S. 64; ebenso für die Schweiz *Heini/Keller/Sier/Vischer* ua IPRG (1993), Art. 136 Rn 24; aA (lex fori) *Raape/Sturm* IPR I (1977), S. 308.

b) Hauptsacheverfahren im Ausland. Fraglich könnte allerdings sein, ob das deutsche Gericht im Verfahren des einstweiligen Rechtschutzes das anwendbare Wettbewerbsrecht auch dann mit Hilfe des deutschen internationalen Privatrechts zu bestimmen hat, wenn das Hauptsacheverfahren nicht im Inland, sondern im Ausland durchgeführt wird bzw. werden muss. Denn der internationale Entscheidungseinklang wäre für diesen Fall nur dann gewahrt, wenn bereits im inländischen Eilverfahren das internationale Wettbewerbsrecht des Staates herangezogen würde, dessen Gerichte auch im Hauptsacheverfahren entscheiden. Dennoch wird in der deutschen Gerichtspraxis – soweit ersichtlich – die Anwendung ausländischen Kollisionsrechts auf einstweilige Unterlassungsverfügungen auf dem Gebiet des Wettbewerbsrechts bisher nicht in Betracht gezogen. Auch die Literatur steht einer solchen Lösung überwiegend ablehnend gegenüber, weil sich im Zeitpunkt der Entscheidung über die einstweilige Verfügung noch nicht absehen lasse, ob das Hauptsacheverfahren tatsächlich im In- oder Ausland stattfinden werde.[658] Selbst wenn die Hauptsache aber bereits im Ausland anhängig sei, würde die Entscheidung über die Anerkennungsfähigkeit des ausländischen Urteils das für das einstweilige Verfügungsverfahren zuständige deutsche Gericht überfordern[659] Dieser Auffassung kann freilich im Geltungsbereich der EuGVO[660] nicht gefolgt werden. Richtig ist zwar, dass das im einstweiligen Verfügungsverfahren angerufene deutsche Gericht jedenfalls immer dann das deutsche Wettbewerbskollisionsrecht zugrunde zu legen hat, wenn das Hauptsacheverfahren (auch) im Inland stattfinden kann. Steht hingegen bereits im Zeitpunkt der Entscheidung über die einstweilige Verfügung fest, dass die Hauptsachezuständigkeit nach Art. 2ff EuGVO nur in einem bestimmten ausländischen Mitgliedstaat begründet ist oder ist die Hauptsacheklage gar schon in einem anderen Mitgliedstaat anhängig, so sollte das allein nach Art. 31 EuGVO iVm nationalem Recht zuständige deutsche Gericht im Interesse des internationalen Entscheidungseinklangs die gleichen Kollisionsregeln anwenden wie das Hauptsachegericht.[661] Dies muss jedenfalls dann gelten, wenn das ausländische Kollisionsrecht sich nach Maßgabe der nachfolgenden Grundsätze rasch und zuverlässig ermitteln lässt. Letzteres ist indessen in den Mitgliedstaaten der EU seit Inkrafttreten der Rom II-VO ohne weiteres gegeben. 509

c) Abgrenzung von lex causae und lex fori. Auch im einstweiligen Verfügungsverfahren entscheidet das Wettbewerbskollisionsrecht darüber, ob der geltend gemachte Verfügungsanspruch besteht, dessen Vereitelung das einstweilige Rechtschutzverfahren verhindern soll. Insoweit gelten also die in Rn 176ff dargestellten Grundsätze. Demgegenüber sind die weiteren Voraussetzungen für den Erlass einer einstweiligen Verfügung *prozessrechtlich* zu qualifizieren.[662] Im Verfahren vor deutschen Gerichten ist daher insbesondere über das Vorliegen eines Verfügungsgrundes stets nach deutschem Zivilprozessrecht (§§ 935, 940 ZPO) zu entscheiden. Auch die Befugnis eines deutschen Gerichts, zur Sicherung von wettbewerbsrechtlichen Ansprüchen einstweilige Verfügungen ohne die Darlegung und Glaubhaftmachung des Verfügungsgrundes zu erlassen, bestimmt sich stets nach § 12 Abs. 2; dies also auch dann, wenn auf den Verfügungsanspruch ausländisches Wettbewerbsrecht anzuwenden ist. Schließlich liefert allein das deutsche Prozessrecht die Maßstäbe für die Glaubhaftmachung von Verfügungsgrund und -anspruch sowie für das Erfordernis, eine Sicherheitsleistung des Gläubigers anzuordnen. 510

2. Konflikt zwischen Ermittlungspflicht und Eilbedürftigkeit

Die Verpflichtung des Gerichts zur Ermittlung ausländischen Rechts kann im einstweiligen Verfügungsverfahren in Konflikt mit der Eigenart des einstweiligen Rechtsschutzes geraten. Denn dieser zielt auf eine rasche Entscheidung ab. In wettbewerbsrechtlichen Verfügungsverfahren wird das Vorliegen eines Verfügungsgrundes und damit die Dringlichkeit 511

---

[658] So *Dethloff* RabelsZ 62 (1998), 286, 289.
[659] *Dethloff* RabelsZ 62 (1998), 286, 289.
[660] → Rn 354ff.
[661] So für die Schweiz *Schwander* Einf. IPR I (1990), Rn 667.
[662] OLG Düsseldorf WM 1978, 359; *Geimer* IZPR Rn 1984; *Dethloff* RabelsZ 62 (1998), 286, 289.

sogar gemäß § 12 Abs. 2 vermutet. Die Entscheidung kann in besonders dringenden Fällen ohne mündliche Verhandlung (§ 937 Abs. 2 ZPO), ggf. sogar durch den Vorsitzenden allein (§ 944 ZPO) getroffen werden. Im Interesse der Rechtzeitigkeit und damit der Effektivität des begehrten einstweiligen Rechtsschutzes sind daher die Anforderungen an die Ermittlungspflicht des Gerichts abgeschwächt. Insbesondere die Einholung eines Sachverständigengutachtens im förmlichen Beweisverfahren oder einer Auskunft nach dem Europäischen Rechtsauskunftsübereinkommen wird daher im einstweiligen Verfügungsverfahren regelmäßig nicht in Betracht kommen.[663]

512 **a) Lösungen in der Praxis. aa) Beweislastentscheidung.** Die Rechtsprechung tendiert überwiegend dahin, den Konflikt zwischen der Eilbedürftigkeit des einstweiligen Verfügungsverfahrens und den Schwierigkeiten der Ermittlung ausländischen Rechts dadurch zu lösen, dass sie den Parteien die Pflicht auferlegt, den Inhalt des ausländischen Wettbewerbsrechts glaubhaft zu machen.[664] Die Pflicht des Gerichts zur Ermittlung ausländischen Rechts soll sich danach im einstweiligen Rechtsschutzverfahren auf die **Verwendung präsenter Erkenntnismittel** beschränken. Lässt sich mit deren Hilfe das ausländische Recht und die für seine Anwendung maßgebliche Gerichtspraxis nicht feststellen, so soll deren Glaubhaftmachung derjenigen Partei obliegen, die aus der Anwendung dieses Rechts für sich günstige Rechtsfolgen herleiten will. Gelingt ihr dies zur Überzeugung des Gerichts nicht, so wird der Antrag auf Erlass der einstweiligen Verfügung abgewiesen. Im Ergebnis wird damit den Parteien die Beweislast für das ausländische Recht aufgebürdet.[665]

513 **bb) Anwendung der lex fori als Ersatzrecht.** Demgegenüber wendet die in der deutschen Literatur vorherrschende Meinung dann, wenn sich das ausländische Recht im Verfahren des einstweiligen Rechtschutzes nicht hinreichend schnell ermitteln lässt, die deutsche lex fori als Ersatzrecht an.[666] Die nicht rechtzeitige Ermittelbarkeit ausländischen Rechts wird mithin ebenso behandelt, als sei das ausländische Recht überhaupt nicht festzustellen.[667] Reicht der zeitliche Rahmen für die Gewinnung verlässlicher Erkenntnisse zum ausländischen Recht nicht aus und verfügt der Richter auch nicht über die erforderlichen eigene Sachkenntnis, so stehe er im Eilverfahren vor unaufklärbarem ausländischen Recht und habe dementsprechend nach deutschem Sachrecht zu entscheiden.[668] Eine Ausnahme soll nur für den Fall gelten, dass die Anwendung deutschen Rechts zu einem „äußerst unbefriedigenden Ergebnis führt"; nur dann könne die Anwendung des wahrscheinlich geltenden Rechts oder des dem berufenen Recht nächstverwandten Rechts in Betracht kommen.[669] Unbefriedigend ist die Anwendung deutschen Rechts insbesondere dann, wenn der Sachverhalt keinen hinreichenden Bezug zum Inland aufweist und der Antragsgegner deshalb der Anwendung deutschen Rechts widerspricht.[670]

---

[663] So auch *Dethloff* RabelsZ 62 (1998), 286, 296.

[664] Vgl. OLG Bremen IPRspr. 1958/59 Nr. 7 A; OLG Frankfurt NJW 1969, 991, 992 m. Anm. *Franz* S. 1539 = WRP 1970, 77; OLG Hamm IPRspr. 1968/69 Nr. 173; OLG Stuttgart WRP 1977, 822; ebenso für Arrestverfahren OLG Hamburg VersR 1989, 1164 = IPRax 1990, 400.

[665] Zustimmend zu dieser Praxis *Soergel/Kegel* EGBGB Vor Art. 3 Rn 183; *Schack* IZVR Rn 627; *Kropholler* IPR § 31 III 3; *Sommerlad/Schrey* NJW 1991, 1377, 1381; *Thomas/Putzo/Reichold* ZPO § 920 Rn 4.

[666] *Lüderitz* IPR Rn 181; *v. Bar/Mankowski* IPR I § 5 Rn 104; MünchKomm/*Sonnenberger* BGB Einl. IPR Rn 643, 749ff; *Zöller/Geimer* ZPO § 293 Rn 11; *Geimer* IZPR Rn 2575. Ebenso in Italien Trib. Monza BBTC 1999 II 592 m. Anm. *Corsini*, Accertamento della legge straiera in sede cautelare e presupposti per la concessione di un provvedimento di urgenza, 597ff.

[667] Zur Anwendung deutschen Rechts bei Nichtfeststellbarkeit des ausländischen Rechts vgl. BGHZ 69, 387, 393ff; BGH NJW 1982, 1215; BGH NJW 2002, 335; OLG Köln IPRspr. 1993 Nr. 3; *Sommerlad/Schrey* NJW 1991, 1377, 1383; MünchKomm/*Sonnenberger* BGB Einl. IPR Rn 752f; *Kropholler* IPR § 31 III 1; aA (größtmögliche Annäherung an den unbekannten tatsächlichen Rechtszustand) OLG Köln NJW 1980, 2646, 2648 m. Anm. *Kropholler; Palandt/Thorn* EGBGB Einl. Vor Art. 3 Rn 36; *Soergel/Kegel* EGBGB Vor Art. 3 Rn 215.

[668] Zustimmend in der Rechtsprechung OLG Köln GRUR 1994, 646f – Georgisches Telekommunikationssystem; LG München I IPRspr. 2001 Nr. 113.

[669] BGH NJW 1978, 496, 497f; BGH NJW 1982, 1215.

[670] *Kropholler* IPR § 31 III 2.

b) Kritik. Eine Beschränkung des Gerichts auf die Verwertung präsenter Beweismittel zur Feststellung des anwendbaren Rechts vermag schon deshalb nicht zu überzeugen, weil den Parteien – ebenso wie im gewöhnlichen Zivilprozess[671] – auch im einstweiligen Rechtsschutzverfahren eine Beweislast für den Inhalt ausländischen Rechts nicht obliegt. Glaubhaft zu machen sind nach § 936 iVm § 920 Abs. 2 ZPO der Verfügungsanspruch und der Verfügungsgrund; dies gilt aber gemäß § 294 ZPO nur für „tatsächliche Behauptungen", d.h. für Tatsachen, welche den zu sichernden Unterlassungsanspruch nach der ausländischen lex causae begründen.[672] Ausländisches Recht als solches ist aber ebensowenig wie deutsches Recht als eine Tatsache anzusehen.[673] Auch wenn der Nachweis ausländischen Rechts in entsprechender Anwendung der prozessualen Beweisvorschriften erfolgt, wird das ausländische Recht damit nicht zur Tatsache. Eine Glaubhaftmachungslast hinsichtlich des ausländischen Rechts lässt sich daher aus § 920 Abs. 2 ZPO nicht herleiten.[674] Etwas anderes folgt auch nicht aus der Pflicht der Parteien, das Gericht bei der Ermittlung des ausländischen Rechts zu unterstützen.[675] Auch wenn an diese Mitwirkungspflicht der Parteien im Verfahren des einstweiligen Rechtsschutzes erhöhte Anforderungen gestellt werden können, begründet allein der leichtere Zugang der Parteien zum ausländischen Recht noch keine Glaubhaftmachungslast. Auch im einstweiligen Verfügungsverfahren verbleibt es vielmehr bei der Amtsermittlungspflicht. Die abweichende deutsche Gerichtspraxis wird daher in der Literatur zu Recht ganz überwiegend abgelehnt.[676] 514

Bedenken bestehen aber auch gegen einen allzu schnellen Rückgriff auf das deutsche Recht als Ersatzrecht.[677] Denn obwohl das deutsche Lauterkeitsrecht im Zuge der grundlegenden Reform des UWG weiter an die großzügigeren Standards der anderen europäischen Staaten angeglichen wurde, dürften hierzulandein mancher Hinsicht noch immer strengere Maßstäbe angelegt werden als in vielen ausländischen Rechten. Die Anwendung der deutschen lex fori als Ersatzrecht würde daher nicht selten zum Erlass der beantragten einstweiligen Verfügung führen, obwohl eine hohe Wahrscheinlichkeit dafür besteht, dass die beanstandete Wettbewerbshandlung nach dem als Wettbewerbsstatut zur Anwendung berufenen ausländischen Marktortrecht rechtmäßig ist.[678] Daher hat der Richter sorgfältig abzuwägen, ob dem Justizgewährungsanspruch auf Eilentscheidung Vorrang vor dem Interesse des Beklagten an einer richtigen Entscheidung gegeben werden soll.[679] Darüber hinaus wird der Antragsteller im Regelfall selbst ein erhebliches Interesse daran haben, die Berechtigung seines Anspruchs nach dem ausländischen Recht durch entsprechende Nachweise zu untermauern.[680] 515

c) Eigene Lösung. aa) Eingeschränkte Ermittlungspflicht. Anstatt vorschnell auf deutsches Recht als Ersatzrecht zurückzugreifen, sollte man sich in Verfahren des einstweiligen Rechtsschutzes mit *geringeren Anforderungen* an die Feststellung des anwendbaren aus- 516

---

[671] Vgl. dazu BGH NJW 1961, 410; BGHZ 69, 387, 393; BGH NJW 1982, 1215; 1216; *Sommerlad/Schrey* NJW 1991, 1377, 1378; *Kropholler* IPR § 59 I 2; *Erman/Hohloch* EGBGB Einl. Art. 3 Rn 51; *Geimer* IZPR Rn 2589; MünchKomm/*Prütting* ZPO § 293 Rn 14.

[672] *Mankowski/Kerfack* IPRax 1990, 372, 375; *Brannekämper* WRP 1994, 661, 667.

[673] AllgM, vgl. *Kegel/Schurig* IPR § 15 II; *Kropholler* IPR § 31 I 1; *v. Bar/Mankowski* IPR I § 5 Rn 96; *Stein/Jonas/Leipold* ZPO § 293 Rn 33; *Baumbach/Lauterbach/Hartmann* ZPO § 293 Rn 6.

[674] Zutreffend *Dethloff* RabelsZ 62 (1998), 286, 293; MünchKomm/*Sonnenberger* BGB Einl. IPR Rn 636, 755; *Ahrens/Scharen* Kap. 50 Rn 36.

[675] Zu dieser Pflicht näher → Rn 504.

[676] Vgl. *Mankowski/Kerfack* IPRax 1990, 372, 375 f; *Sommerlad/Schrey* NJW 1991, 1377, 1381 f; *Dethloff* RabelsZ 62 (1998), 286, 294 f; *v. Bar/Mankowski* IPR I § 5 Rn 193; MünchKomm/*Sonnenberger* BGB Einl. IPR Rn 643 und 755; MünchKomm/*Prütting* ZPO § 293 Rn 56; zustimmend OLG Koblenz RIW 1993, 939, 940; LG München I IPRspr. 2001 Nr. 113.

[677] Bloße Schwierigkeiten oder Unsicherheiten bei der Ermittlung ausländischen Rechts reichen als Grund für die Anwendung der lex fori nicht aus, vgl. *Kropholler* IPR § 31 III.

[678] Vgl. in diesem Sinne auch *Dethloff* RabelsZ 62 (1998), 286, 291.

[679] MünchKomm/*Prütting* ZPO § 293 Rn 56.

[680] *Dethloff* RabelsZ 62 (1998), 286, 291 f.

ländischen Rechts begnügen.[681] Selbst im Hauptsacheverfahren wird die Ausschöpfung aller zur Verfügung stehenden Erkenntnisquellen häufig nicht mehr als eine Wahrscheinlichkeitsaussage über das ausländische Recht zulassen. Denn insbesondere die ausländische Rechtsprechung ist auch den als Sachverständigen beauftragten Wissenschaftlern an deutschen Universitätsinstituten oder sonstigen Forschungseinrichtungen nicht in gleicher Weise zugänglich wie inländische Rechtsprechung. Auch dauert es erfahrungsgemäß geraume Zeit, bis Gesetzesänderungen oder neue Gerichtsentscheidungen im Inland bekannt werden.[682] Schließlich werden inländische Gutachter das fremde Recht aufgrund ihrer juristischen Vorprägung häufig doch nicht in gleicher Weise auslegen wie ein ausländischer Richter. Vor diesem Hintergrund muss es aber in einstweiligen Verfügungsverfahren ausreichen, dass nach summarischer Prüfung des ausländischen Rechts ein bestimmtes Anwendungsergebnis **hinreichend wahrscheinlich** erscheint; absolute Gewissheit kann insoweit nicht gefordert werden.[683] Legt der Verfügungskläger daher Gesetzestexte, höchstrichterliche Entscheidungen oder Auszüge aus Kommentaren bzw. Lehrbüchern zum ausländischen Recht vor, die seinen Antrag stützen, so kommt der deutsche Richter durch Erlass der einstweiligen Verfügung im Zweifel dem richtigen Ergebnis näher, als mit deren Versagung oder der Anwendung deutschen Rechts.

517 **bb) Rückgriff auf Einheits- oder Gemeinschaftsrecht.** In den – seltenen – Fällen, in denen auch nach summarischer Prüfung keine überwiegende Wahrscheinlichkeit für das Vorliegen oder Nichtvorliegen eines Wettbewerbsverstoßes nach dem anwendbaren ausländischen Recht besteht, hat das angerufene Gericht schließlich vor dem Rückgriff auf deutsches Recht zu prüfen, ob über den gestellten Antrag nicht unter Zugrundelegung *internationalen Einheitsrechts oder sekundären Gemeinschaftsrechts* entschieden werden kann. Zu denken ist namentlich an Art. 10bis der Pariser Verbandsübereinkunft zum Schutz des gewerblichen Eigentums vom 20. 3. 1883 (PVÜ), der die Verbandsstaaten verpflichtet, den Verbandsangehörigen einen wirksamen Schutz gegen Wettbewerbshandlungen zu sichern, die den anständigen Gepflogenheiten in Gewerbe oder Handel zuwiderlaufen.[684] Noch größere Bedeutung kommt im Rahmen der erweiterten Europäischen Gemeinschaft den **EG-Richtlinien auf dem Gebiet des Wettbewerbsrechts** zu. Dies gilt etwa für die RL 84/450/EWG des Rates zur Angleichung der Rechts- und Verwaltungsvorschriften der Mitgliedstaaten über irreführende Werbung vom 10. 9. 1984,[685] die seit dem 12. 12. 2007 durch die RL 2006/114/EG des Europäischen Parlaments und des Rates über irreführende und vergleichende Werbung vom 12. 12. 2006[686] ersetzt wurde. Kann also das Recht eines Mitgliedstaats zur irreführenden Werbung im Verfahren des einstweiligen Rechtsschutzes nicht ermittelt werden, so können die Vorschriften der Richtlinie unmittelbar herangezogen werden. Denn auch wenn die Richtlinie einen weitergehenden Verbraucherschutz in den Mitgliedstaaten nicht ausschließt, weil sie nach Art. 8 Abs. 1 nur einen Mindestschutz garantiert, ist jedenfalls das in ihr aufgeführte Verhalten in jedem Mitgliedstaat als irreführende Werbung verboten.[687] Die Bedeutung des sekundären Gemeinschaftsrechts als Ersatzrecht hat mit der Verabschiedung der RL 2005/29/EG über unlautere Geschäftspraktiken im binnenmarktinternen Geschäftsverkehr zwischen Unternehmen und Verbrauchern vom 11. 5. 2005[688] weiter zugenommen. Ist als Wettbewerbsstatut hingegen das Recht eines Nichtmitgliedstaats der EG zur Anwendung berufen, dessen Inhalt sich nicht mit dem er-

---

[681] Für Anwendung der – nur durch die besondere Eilbedürftigkeit der Entscheidung modifizierten – Grundsätze zur Ermittlung von Auslandsrecht auch *Lindacher* FS Schumann S. 283 ff.

[682] *Schack* IZVR Rn 641.

[683] *Mankowski/Kerfack* IPRax 1990, 372, 376; *Dethloff* RabelsZ 62 (1998), 286, 299 f; *Kindl* ZZP 111 (1998), 177, 184 f; *Lüderitz* IPR Rn 183; MünchKomm/*Prütting* ZPO § 293 Rn 56; zustimmend OLG Koblenz RIW 1993, 939 f.

[684] Vgl. näher *Dethloff* RabelsZ 62 (1998), 286, 302 f.

[685] Text: GRUR Int. 1984, 688 ff.

[686] Text: ABl. EU 2006 Nr. L 376 S. 21 = GRUR Int. 2007, 308; dazu → Rn 118.

[687] *Dethloff* RabelsZ 62 (1998), 286, 301 f.

[688] ABl. EU 2005 Nr. L 149 S. 22; dazu näher → Rn 146 ff.

forderlichen Grad an Wahrscheinlichkeit feststellen lässt, so verdient die Anwendung deutschen Rechts als Ersatzrecht aus Gründen der Praktikabilität den Vorrang vor der Anwendung eines nur verwandten Rechts.[689]

cc) Schutz des Antragsgegners. Begnügt sich der deutsche Richter im Verfahren der einstweiligen Verfügung mit einem nur wahrscheinlich geltenden Inhalt des ausländischen Rechts oder rekurriert er auf deutsches Wettbewerbsrecht als Ersatzrecht, so bedarf der Antragsgegner des Schutzes, wenn sich in einem späteren Hauptverfahren herausstellt, dass die einstweilige Verfügung bei Zugrundelegung des richtigen Rechts nicht hätte ergehen dürfen. Dieser Schutz wird in erster Linie über den **Schadensersatzanspruch nach § 945 ZPO** gewährleistet. Dieser Anspruch kann auch dann nach deutschem Recht geltend gemacht werden, wenn in der Sache ausländisches Wettbewerbsrecht gilt. Denn Schadensersatzansprüche nach § 945 ZPO sind entweder prozessrechtlich zu qualifizieren[690] oder sie unterliegen dem nach Art. 40 Abs. 1 EGBGB zu bestimmenden allgemeinen Deliktsstatut.[691] Handlungsort im Sinne des Art. 40 Abs. 1 S. 1 EGBGB ist dann der Ort, an dem die unrechtmäßige einstweilige Verfügung beantragt und erlassen wurde. Die Gerichte an diesem Ort sind für die Schadensersatzklage auch sowohl nach Art. 5 Nr. 3 EuGVO wie nach § 32 ZPO international und örtlich zuständig, weil es sich bei der Risikohaftung nach § 945 ZPO um eine „unerlaubte Handlung" im Sinne dieser Vorschriften handelt.[692] Die Schutzfunktion des § 945 ZPO wegen der unberechtigten Anordnung einer Unterlassungsverfügung ist freilich deshalb begrenzt, weil dem Kläger der Nachweis eines Schadens, der dadurch entstanden ist, dass er sich dem Gebot entsprechend verhalten hat, häufig schwer fallen wird. Aus diesem Grunde sollte die einstweilige Verfügung bei Zugrundelegung eines nicht sicher festgestellten ausländischen Rechts oder deutschen Rechts als Ersatzrecht **nur gegen Sicherheitsleistung** erlassen werden.[693] 518

D. Internationale Verbandsklage

Schrifttum: *Ahrens,* Die internationale Verbandsklage in Wettbewerbssachen, WRP 1994, 649; *Basedow/Hopt/Kötz/Baetge,* Die Bündelung gleichgerichteter Interessen im Prozess – Verbandsklage und Gruppenklage, 1999; *Frank,* Die Verbandsklagen der Verbraucherverbände nach dem französischen Code de la Consommation im Vergleich zum deutschen Recht, 2002; *Greger,* Neue Regeln für die Verbandsklage im Verbraucherschutz- und Wettbewerbsrecht, NJW 2000, 2457; *Koch,* Die Verbandsklage in Europa, ZZP 113 (2000), 413; *Loy,* Hat die Einschränkung der Klagebefugnis gewerblicher Verbände sich bewährt?, WRP 1999, 34; *Lindacher,* Zur „Sonderprozessrechtsnatur" der lauterkeitsrechtlichen Verbands- und Konkurrentenklage sowie der Verbandsklage nach dem AGB-Gesetz, ZZP 103 (1990), 397; *ders.,* Die internationale Verbandsklage in Wettbewerbssachen, FS Lüke, 1997, S. 377; *Marotzke,* Von der schutzgesetzlichen Unterlassungsklage zur Verbandsklage, 1992; *Michailidou,* Internationale Zuständigkeit bei vorbeugenden Verbandsklagen, IPRax 2003, 223; *Rosenberg/Schwab/Gottwald,* Zivilprozessrecht, 16. Aufl. 2004; *Schricker,* Territoriale Probleme und Klagerecht bei unlauterem Wettbewerb, GRUR Int. 1973, 453.

I. Internationale Zuständigkeit

Die sich bei Verbandsklagen stellenden besonderen Probleme der internationalen Zuständigkeit wurden bereits im Abschnitt A[694] abgehandelt. Dort wurde für den Anwendungsbereich der EuGVO insbesondere gezeigt, dass Verbandsklagen nach § 8 Abs. 3 Nr. 2 519

[689] *v. Bar/Mankowski* IPR I § 5 Rn 104.
[690] *Kropholler* IPR § 17 I; *Dethloff* RabelsZ 62 (1998), 286, 304 f.
[691] So OLG Düsseldorf VersR 1961, 1144, 1145; LG Bonn RIW 1999, 873; *Mankowski/Kerfack* IPRax 1990, 372, 376; *Erman/Hohloch* EGBGB Art. 40 Rn 57; *Staudinger/von Hoffmann* EGBGB Art. 40 Rn 286; dazu *Jaeckel* S. 131 f; *Freitag* IPRax 2002, 267 ff.
[692] Vgl. zu § 32 ZPO BGH VersR 1985, 335; *Wieczorek/Schütze/Hausmann* ZPO § 32 Rn 10; MünchKomm/*Heinze* ZPO § 945 Rn 33; *Zöller/Vollkommer* ZPO § 945 Rn 6.
[693] Vgl. näher *Dethloff* RabelsZ 62 (1998), 286, 305 f.
[694] → Rn 354 ff.

bis 4 bzw. nach §§ 3, 4 UKlaG „Zivilsachen" im Sinne des Art. 1 Abs. 1 EuGVO sind.[695] Ferner wurde dargelegt, dass Verbandsklagen, die auf Unterlassung wettbewerbswidrigen Verhaltens gerichtet sind, im Gerichtsstand des Art. 5 Nr. 3 EuGVO erhoben werden können, weil auch wettbewerbswidriges Verhalten als „schädigendes Ereignis" im Sinne der Vorschrift zu werten ist.[696] Weiterhin wurde verdeutlicht, dass die im autonomen Recht in § 14 Abs. 2 S. 2 normierten Schranken für Verbandsklagen im Gerichtsstand des Begehungsorts für die internationale Zuständigkeit keine Bedeutung haben.[697] Schließlich wurde für die internationale Zuständigkeit sowohl nach Art. 5 Nr. 3 EuGVO wie nach §§ 14 UWG, 32 ZPO dargelegt, dass die Tatortzuständigkeit bei Distanzdelikten als Ubiquitätsregel zu begreifen ist. Die kollisionsrechtliche Beschränkung des Begehungsorts für Wettbewerbsverletzungen auf den Ort der wettbewerblichen Interessenkollision ist somit auf das Recht der internationalen Zuständigkeit nicht zu übertragen.[698] Allerdings hat vor allem *Lindacher*[699] vorgeschlagen, insoweit zwischen der Verletztenklage und der Interessenten- bzw. Verbandsklage zu unterscheiden. Danach solle der Verletzte zwar die Klage sowohl am Handlungs- wie am Erfolgsort erheben können; demgegenüber sei für eine internationale Zuständigkeit am Handlungsort bei der Verbandsklage kein Raum. Denn Schutzobjekt für die Interessenten- und Verbandsklage nach § 8 Abs. 3 könne nur der Wettbewerb auf dem Inlandsmarkt sein; für Verbandsklagen seien daher ausschließlich die Gerichte am Erfolgsort, d. h. am Marktort zuständig. Daran ist zwar richtig, dass den abstrakten Mitbewerbern wie den Verbänden und Kammern im Sinne des § 8 Abs. 3 die Klagebefugnis vor allem zum Schutz der kollektiven Marktgegenseite und der inländischen Verbraucher eingeräumt wird. Schon im Interesse einer raschen und effektiven Durchsetzung dieser Interessen werden Verbandsklagen deshalb im Regelfall am Marktort erhoben. Im Einzelfall kann jedoch durchaus ein Interesse von abstrakten Mitbewerbern wie von Verbänden bestehen, wettbewerbswidriges Verhalten des Beklagten nicht nur für den Inlandsmarkt, sondern zugleich auch für Auslandsmärkte zu verbieten. Eine solche Klage kann aber nach der *Shevill*-Doktrin des EuGH[700] nur am Handlungsort erhoben werden. Dementsprechend enthält auch die bisher einzige Entscheidung des EuGH zur internationalen Zuständigkeit bei vorbeugenden Verbandsklagen keinen Hinweis zur Einschränkung auf die Zuständigkeit am Erfolgsort.[701]

II. Prozessführungsbefugnis und Aktivlegitimation

1. Problemstellung

520 Die für das deutsche Lauterkeitsrecht charakteristische Verbandsklage ist in ausländischen Rechten auch heute zum Teil noch nicht bekannt; statt dessen wachen vor allem in Staaten des Common Law-Rechtskreises staatliche Behörden über die Einhaltung fairer Wettbewerbsbedingungen. Aber auch in den Staaten, die das Institut der Verbandsklage kennen, bestehen hinsichtlich des Umfangs der Klagebefugnis von Verbänden zum Teil beträchtliche Unterschiede. Dies wirft für Verbandsklagen mit Auslandsbezug die Frage nach dem

---

[695] Näher → Rn 356. Vgl. auch zur zivilrechtlichen Qualifikation von Klagen des Bundes nach § 10 Abs. 2 lit. c Schweiz. UWG BGE 126 III 198 – Loto Score.

[696] Näher → Rn 382 unter Hinweis auf EuGH Slg. 2002, I-8111 – Verein für Konsumenteninformation/Henkel. Die Vorschriften des internationalen Verbraucherprozessrechts (zB Art 15–17 EuGVO) finden hingegen grundsätzlich keine Anwendung, vgl. MünchKomm/*Mankowski* UWG IntWettbR Rn 525.

[697] Näher → Rn 459.

[698] Dazu ausführlich → Rn 460 ff.

[699] FS Nakamura S. 321, 326 ff.

[700] Zu dieser näher → Rn 403 ff.

[701] Vgl. EuGH Slg. 2002, I-8111 – Verein für Konsumenteninformation/Henkel. Da die Klage von dem österreichischen Konsumentenschutzverband am österreichischen Marktort erhoben worden war, musste sich der EuGH zu der Frage, ob daneben auch eine Zuständigkeit in Deutschland als Handlungsort begründet gewesen wäre, freilich nicht explizit äußern.

auf die Klagebefugnis der Verbände anzuwendenden Recht auf. Die Meinungen hierüber gehen weit auseinander. Teilweise wird die Prozessführungsbefugnis von Verbänden als Prozessvoraussetzung gewertet und deshalb ausschließlich der *lex fori* unterworfen.[702] Danach könnten auch ausländische Verbände in Deutschland nur klagen, wenn sie die Voraussetzungen des § 8 Abs. 3 Nr. 2 bis 4 erfüllen. Die Gegenauffassung geht davon aus, dass den Verbänden in § 8 ein eigener materiellrechtlicher Unterlassungsanspruch zugewiesen wird, über dessen Vorliegen im Einzelfall allein die jeweilige *lex causae,* mithin das nach deutschem IPR zur Anwendung berufene Wettbewerbsrecht befinden könne.[703] Zwischen diesen beiden Extrempositionen werden verschiedene Lösungen zur Kombination von lex fori und lex causae angeboten. So hat sich *Ahrens*[704] für eine *kumulative* Anwendung der lex fori und der lex causae ausgesprochen; danach kann die Verbandsklage nur erfolgreich erhoben werden, wenn beide Rechte sie kennen und dem klagenden Verband die geltend gemachten Ansprüche zubilligen. Demgegenüber hat *Koch*[705] eine differenzierende Doppelqualifikation vorgeschlagen. Danach soll die lex causae nur darüber entscheiden, welche Ansprüche der Verband geltend machen kann; demgegenüber sollen die formellen Voraussetzungen der Klagebefugnis, wie Prozessfähigkeit, Mindestmitgliederzahl, Homogenität der Mitgliedschaft etc., nach der lex fori beurteilt werden. Für eine Konkurrenz von lex fori und lex causae hat sich schließlich auch *Lindacher* [706] ausgesprochen. Nach seiner Ansicht ist die Statthaftigkeit der Verbandsklage als reine Interessentenklage nach der lex fori zu beurteilen. Gleiches gelte auch für die Frage, welche Verbände klagebefugt seien; diesbezüglich sei allenfalls das Heimatrecht des Verbandes ergänzend zu berücksichtigen. Demgegenüber müsse über die Frage, ob der konkrete Anspruch seiner Art nach verbandsklageweise geltend gemacht werden könne, die jeweilige lex causae entscheiden.[707]

2. Funktion und Rechtsnatur der Verbandsklage

Die Qualifikation der Klagebefugnis von Verbänden für die Zwecke des internationalen **521**
Verfahrensrechts hängt eng mit dem Verständnis ihrer Funktion und Rechtsnatur im deutschen Recht zusammen. Nach zutreffender Auffassung machen weder die rechtsfähigen Verbände zur Förderung gewerblicher oder selbständiger beruflicher Interessen im Sinne des § 8 Abs. 3 Nr. 2, noch die qualifizierten Einrichtungen zum Schutz der Verbraucher im Sinne des § 8 Abs. 3 Nr. 3 eigene gesetzlich geschütze Interessen[708] oder bei ihnen gebündelte Individualinteressen der Mitglieder in gesetzlicher Prozessstandschaft geltend,[709] sondern üben eine im *öffentlichen Interesse* verliehene Kontrollfunktion aus.[710] Der Gesetzgeber nutzt mithin das Eigeninteresse dieser Verbände an der Unterbindung unlauterer bzw. freiheitsbeschränkender Wettbewerbspraktiken, sowie an der Beseitigung unbilliger, auf einseitige Interessendurchsetzung angelegter AGB für die Zwecke eines objektiven Institutionenschutzes. Die Einräumung einer Abmahn- und Klagebefugnis an Wirtschafts- und Verbraucherverbände dient mithin vor allem der Bekämpfung von Missbräuchen der Wettbewerbs- und Vertragsfreiheit und soll die Funktionsvoraussetzungen einer auf Privatautonomie, Privateigentum und Wettbewerb gegründeten Privatrechtsordnung sicherstellen. Die Konzentration dieser Kontrollbefugnisse bei den in § 8 Abs. 3 UWG, 4 UKlaG genannten Verbänden soll einerseits die Kontrolle durch besonders sachkundige

[702] So *Geimer* IZPR Rn 341; *Schack* IZVR Rn 556; *Gloy/Schütze* Hdb. § 113 Rn 6; *Nagel/Gottwald* IZPR § 5 Rn 13; zustimmend LG München I VuR 1993, 62.
[703] So *Gloy/Wilde* Hdb. § 6 Rn 46; *Bernhard* GRUR Int. 1992, 366, 367.
[704] WRP 1994, 649, 656.
[705] Verbraucherprozessrecht, 1990, S. 116f; *ders.* JZ 1991, 1039, 1041.
[706] FS Lüke S. 377ff.
[707] *Lindacher* FS Lüke S. 377, 384ff.
[708] So freilich *M. Wolf* ZZP 94 (1983), 107, 109.
[709] So aber *Habscheid* GRUR 1952, 222 und FS Rammos S. 275ff; *Hadding* JZ 1970, 305, 311; zustimmend BGH GRUR 1988, 918 – Wettbewerbsverein III; BGH NJW 1990, 3149.
[710] Vgl. näher *Lindacher* ZZP 103 (1990), 397, 399ff; *Leipold* Effektivität des Rechtsschutzes und verfassungsmäßige Ordnung S. 57, 65f; *E. Schmidt* NJW 1989, 1192, 1194.

Instanzen gewährleisten, andererseits das Verbot der Popularklage in seinem Kern aufrechterhalten.[711]

522 Welche Konsequenzen aus dieser Funktion der Verbandsklage für ihre Rechtsnatur zu ziehen sind, ist nach wie vor streitig. Die vor allem in der Rechtsprechung[712] hM ging lange Zeit davon aus, dass den Verbänden zur Wahrnehmung ihrer Aufgaben im öffentlichen Interesse ein **materiell-rechtlicher (Unterlassungs-)Anspruch** im Sinne des § 241 BGB zugewiesen wird, den sie aus eigenem Recht und unabhängig vom Willen des unmittelbar verletzten Wettbewerbers geltend machen können. Im Hinblick auf das verstärkte Auftreten unseriöser Verbandskläger hat sich jedoch auf dem Gebiet des Wettbewerbsrechts inzwischen eine stärker prozessuale Sichtweise durchgesetzt. Um die Klagebefugnis bis in die Revisionsinstanz von Amts wegen prüfen zu können, ordnet der BGH die Kriterien, an die § 8 Abs. 3 das Verbandsklagerecht knüpft, den Voraussetzungen der **Zulässigkeit der Klage** zu, wobei er teilweise auf die allgemeine Kategorie der *Prozessführungsbefugnis* zurückgreift,[713] teilweise von einer eigenständigen (Verbands-)Klagebefugnis spricht.[714] Noch vor der UWG-Reform von 2004 hatte der BGH beide Sichtweisen zusammengeführt und der Klagebefugnis der Verbände eine „Doppelnatur" als Prozessführungsrecht und materielle Anspruchsvoraussetzung beigelegt.[715] Deshalb sei im Verbandsklageprozess in jeder Lage des Verfahrens – also auch noch in der Revisionsinstanz – von Amts wegen zu prüfen, ob der klagende Verband die Voraussetzungen des § 8 Abs. 3 Nr. 2 erfüllt.[716] Sei dies nicht der Fall, so müsse die Klage wegen Fehlens einer Prozessvoraussetzung als unzulässig abgewiesen werden.[717] Die Klage könne allerdings aus Gründen der Prozessökonomie auch als *unbegründet* abgewiesen werden, wenn kein Unterlassungsanspruch besteht.[718]

523 Fraglich könnte allerdings sein, ob sich aus der Neuformulierung des § 8 Abs. 3 („Die Ansprüche nach Abs. 1 stehen zu ...".) gegenüber § 13 Abs. 2 aF („... kann der Anspruch auf Unterlassung geltend gemacht werden ...".), die sich an § 3 Abs. 1 UKlaG anlehnt, eine abweichende Beurteilung ergibt. Dies wird zum Teil mit der Begründung vertreten, der Gesetzgeber habe damit klarstellen wollen, dass es sich um eine bloße Regelung der Aktivlegitimation, nicht hingegen der Prozessführungsbefugnis handelt.[719] Dieses Wortlautargument ist indes schon deshalb schwach, weil das Gesetz in § 8 Abs. 4 – wie in § 3 Abs. 2 UKlaG – weiterhin von der „Geltendmachung der in Abs. 1 bestimmten Ansprüche" spricht. Darüber hinaus vermag auch das Argument, für eine Prüfung der Prozssführungsbefugnis sei nur dann Raum, wenn diese von der Aktivlegitimation abgespalten sei,[720] in diesem Zusammenhang nicht zu überzeugen. Denn der Gesetzgeber verfolgt in §§ 8 Abs. 3 UWG, 3 UKlaG einen abweichenden Ansatz. Die dort genannten qualifizierten Einrichtungen sind wegen der zuvor dargelegten Funktion der Verbandsklage nur dann aktiv legitimiert, wenn in einem vom Untersuchungsgrundsatz beherrschten Verfahren festgestellt worden ist, dass sie den gesetzlichen Erfordernissen genügen und nach dieser

---

711 MünchKomm/*Lindacher* ZPO Vor § 50 Rn 72; *Wieczorek/Schütze/Hausmann* ZPO Vor § 50 Rn 98; *Koch* S. 128 ff; → § 8 Rn 241 f.

712 Vgl. schon RGZ 120, 47, 49 f; ferner BGHZ 41, 314, 317 f – Lavamat I; BGH ZIP 1990, 512 m. abl. Anm. *E. Schmidt* S. 629; BGH NJW-RR 1991, 1138.

713 BGH GRUR 1971, 516 – Brockhaus Enzyklopädie.

714 BGH GRUR 1973, 78 – Verbraucherverband.

715 BGHZ 133, 316, 319 = GRUR 1997, 382 – Altunterwerfung I; BGH NJW 2001, 3707, 3708 – Metro V; Großkomm/*Erdmann* UWG § 13 aF Rn 15 und 18; *Teplitzky* Kap. 13 Rn 16, 25 → § 8 Rn 193 mwN.

716 Vgl. zu § 13 Abs. 2 Nr. 2 aF BGH GRUR 2004, 435 – FrühlingsgeFlüge; BGH GRUR 2001, 846, 847 – Metro V; BGH NJW-RR 2001, 33; BGH GRUR 1992, 108, 109 – Oxygenol; BGH GRUR 1991, 554, 555 – Bilanzbuchhalter.

717 BGH GRUR 1996, 217 – Anonymisierte Mitgliederliste; BGH GRUR 2004, 251, 252 – Hamburger Auktionatoren; *Hefermehl/Köhler/Bornkamm* UWG § 8 Rn 3.9 → § 8 Rn 266 f.

718 BGH GRUR 1996, 804, 805 – Preisrätselgewinnauslobung III; BGH NJW-RR 2000, 634.

719 So zu § 3 UKlaG *Greger* NJW 2000, 2457, 2462; *Balzer* NJW 1992, 2721, 2726 f; *Staudinger/Schlosser* UKlaG § 1 Rn 10; zu § 8 UWG *Hefermehl/Köhler/Bornkamm* § 8 Rn 3.10.

720 So *Staudinger/Schlosser* UKlaG § 1 Rn 10; dazu allgemein *Rosenberg/Schwab/Gottwald* ZPR § 46 I 3.

Überprüfung in eine Liste bzw. ein Verzeichnis eingetragen worden sind. Da das Gesetz Verbände nach § 8 Abs. 3 Nr. 2 nicht besser behandeln will, ist aus dieser Regelung zu entnehmen, dass auch die Prozessführungsbefugnis solcher Wirtschaftsverbände der Parteidisposition entzogen und im öffentlichen Interesse als besondere Prozessvoraussetzung von Amts wegen geprüft werden soll.[721] Deshalb ist an der Auffassung von der Doppelnatur der Verbandsklagebefugnis als Prozessführungsrecht und materielle Anspruchsvoraussetzung auch unter § 8 Abs. 3 Nr. 2 nF festzuhalten.[722] Deshalb muss die Verbandsklagebefugnis nicht nur im Zeitpunkt der beanstandeten Wettbewerbshandlung gegeben gewesen sein,[723] sondern auch noch im Revisionsverfahren.[724]

3. Konsequenzen für die Qualifikation

Aus der heute weithin anerkannten „Doppelnatur" der Verbandsklage folgt, dass in Strei- 524
tigkeiten mit Auslandsbezug lex fori und lex causae notwendig konkurrieren. Gerade im Anwendungsbereich der Verbandsklage – als dem lauterkeitsrechtlichen Kernbereich – besteht aber weitgehend Einigkeit darüber, dass die lex causae marktbezogen zu bestimmen ist.[725] Die anerkannten Einschränkungen der Marktortanknüpfung betreffen im Wesentlichen nur die Verletztenklage.[726] Für die Abgrenzung zwischen lex fori und lex causae folgt daraus einerseits, dass sich die **Statthaftigkeit der Verbandsklage** zur Gewährleistung fairer Wettbewerbsbedingungen und zum Schutz der Verbraucher nach dem Recht des Staates beurteilt, dessen Gerichte angerufen werden **(lex fori).**[727] Dass bestimmte Wirschafts- und Verbraucherverbände trotz fehlender eigener Betroffenheit und unabhängig vom Nachweis einer konkreten Betroffenheit ihrer Mitglieder vor deutschen Gerichten auf Unterlassung unlauterer Wettbewerbspraktiken klagen können, ist eine Entscheidung des deutschen Rechts.[728] Andererseits räumt § 8 Abs. 3 Nr. 2 bis 4 den dort genannten Verbänden und Einrichtungen Kontrollbefugnisse nur in Bezug auf das Verhalten der Wettbewerber auf dem inländischen Markt ein; denn nur insoweit besteht das der Verbandsklage zugrunde liegende öffentliche Schutzinteresse. Eine Klagebefugnis von – in- oder ausländischen – Verbänden vor deutschen Gerichten mit dem Ziel der Unterlassung oder Abwehr unlauterer Wettbewerbspraktiken auf einem ausländischen Markt kommt daher nur in Betracht, wenn das maßgebliche ausländische Marktrecht sie anerkennt.[729] Ferner kann allein die lex causae darüber befinden, welche Verhaltensweisen im Wege der Verbandsklage untersagt werden können.[730]

a) Klagen ausländischer Verbände wegen Wettbewerbsverletzungen auf dem 525
deutschen Markt. Soll unlauterer Wettbewerb auf dem deutschen Markt im Wege einer vor deutschen Gerichten erhobenen Verbandsklage unterbunden werden, so stimmen lex fori und lex causae grundsätzlich überein. Die Befugnisse des klagenden Verbandes beurteilen sich daher ausschließlich nach deutschem Recht. Dies gilt auch für Verbandsklagen *ausländischer Verbände* ohne Rücksicht auf eine Gegenseitigkeitsverbürgung. Fremdenrechtliche Schranken bestehen insoweit seit der Streichung von § 28 aF durch das Markenrechtsreformgesetz vom 25. 10. 1994 nicht mehr. Die Klagebefugnis von qualifizierten

---

721 So zu § 3 UKlaG *Palandt/Bassenge* § 3 Rn 2; AnwK/*Walker* § 1 Rn 1; ferner *Lindacher* ZZP 103, 397, 409; zustimmend → § 8 Rn 245.

722 So auch BGH GRUR 2005, 689, 690 – Sammelmitgliedschaft III; BGH WRP 2006, 747 Tz 15 – Blutdruckmessungen; BGH GRUR 2006, 873, 874 – Brillenwerbung; BGH GRUR 2007, 610 Tz 14 – Sammelmitgliedschaft V; BGH WRP 2007, 1088 Tz 12 – Krankenhauswerbung; zustimmend *Harte/Henning/Bergmann* UWG § 8 Rn 261; *Piper/Ohly* UWG § 8 Rn 114; *Büscher* → § 8 Rn 245.

723 OLG Hamm GRUR 1991, 692, 693; *Hefermehl/Köhler/Bornkamm* UWG § 8 Rn 37.

724 BGH (Fn 722).

725 Dazu näher → Rn 61 ff, 186 ff, 204 ff und 218 ff.

726 Dazu → Rn 250 ff.

727 LG Aachen VuR 1994, 37 m. Anm. *Micklitz;* LG Hamburg RIW 1998, 894; *Nagel/Gottwald* § 5 Rn 28; *Geimer* RZPR Rn 341; MünchKomm/*Mankowski* UWG IntWettbR Rn 520.

728 Zutreffend *Lindacher* FS Lüke S. 377, 384 f.

729 Ebenso zum UKlaG *Staudinger/Schlosser* § 1 Rn 4.

730 *Lindacher* FS Lüke S. 377, 385 f; MünchKomm/*Mankowski* UWG IntWettbR Rn 523.

Einrichtungen aus anderen Mitgliedstaaten der EG, die in das bei der EG-Kommission geführte Verzeichnis eingetragen sind, ergibt sich unmittelbar aus §§ 8 Abs. 3 Nr. 3, Abs. 5 UWG iVm § 4 Abs. 1 UKlaG. Darüber hinaus sind auch ausländische Wirtschaftsverbände im Sinne des § 8 Abs. 3 Nr. 2 im Inland jedenfalls dann klagebefugt, wenn sie die dort genannten Voraussetzungen erfüllen;[731] auf die Frage, ob sie auch in ihrem Heimatstaat eine Verbandsklage erheben könnten, kommt es für diesen Fall nicht mehr an. Darüber hinaus sollte die Klagebefugnis ausländischer Verbände vor deutschen Gerichten im Lichte der Funktion der Verbandsklage tendenziell großzügig bejaht werden. Ist nach dem ausländischen Heimatrecht des Verbandes durch formelle oder materielle Voraussetzungen sichergestellt, dass nur sachkundige und seriöse Verbände klagebefugt sind, sollte man sich mit einer funktionellen Äquivalenz der Anforderungen an die Klagebefugnis begnügen. Diese sollte mithin ausländischen Verbänden auch dann zugestanden werden, wenn die Voraussetzungen des § 8 Abs. 3 Nr. 2 nicht in allen Einzelheiten erfüllt sind.[732]

526 **b) Klagen inländischer Verbände wegen Wettbewerbsverletzungen auf ausländischen Märkten.** Soweit die vor deutschen Gerichten erhobene Verbandsklage darauf abzielt, unlauteres Wettbewerbsverhalten auf einem ausländischen Markt zu bekämpfen, kommt in der Sache die Anwendung ausländischen Wettbewerbsrechts als Marktortrecht in Betracht. Damit fallen lex fori und lex causae auseinander. Die Klagebefugnis ist daher grundsätzlich nur dann gegeben, wenn **sowohl das deutsche Recht als auch das ausländische Marktortrecht die Verbandsklage gestatten.**[733] Nach deutschem Recht ist insbesondere zu prüfen, ob die Klagebefugnis nicht bereits aufgrund der Verbandssatzung auf den deutschen Markt beschränkt ist. Eine solche Beschränkung kommt insbesondere bei Verbraucherverbänden in Betracht.[734] Demgegenüber dürfte die Bekämpfung unlauteren Wettbewerbs auf Auslandsmärkten jedenfalls zum Aufgabenbereich solcher Wirtschaftsverbände im Sinne des § 8 Abs. 3 Nr. 2 gehören, deren Mitglieder sich auch auf ausländischen Märkten betätigen. Die Erfüllung der Voraussetzungen des § 8 Abs. 3 Nr. 2 bis 4 reicht allerdings für die Klage eines inländischen Verbands auf Unterlassung unlauteren Wettbewerbs auf einem Auslandsmarkt nicht aus. Vielmehr ist zusätzlich zu fordern, dass das Institut der Verbandsklage auch dem ausländischen Marktortrecht bekannt ist und dieses daher dem inländischen Verband die Befugnis zur Erhebung einer Verbandsklage auch vor den eigenen Gerichten zusprechen würde.[735]

527 **c) Klagebefugnis und anwendbares Wettbewerbsrecht.** Steht dem vor deutschen Gerichten klagenden – in- oder ausländischen – Verband die Klagebefugnis sowohl nach der deutschen lex fori als auch nach dem ausländischen Marktortrecht zu, so kann die Verbandsklage auch dann erfolgreich erhoben werden, wenn **in der Sache ausländisches Wettbewerbsrecht zur Anwendung** kommt. Die insbesondere vom OLG Köln[736] vertretene Auffassung, die Aktivlegitimation inländischer Verbände sei nach § 13 Abs. 2 aF auf die Geltendmachung der dort genannten Ansprüche nach dem UWG beschränkt, so dass eine auf ausländisches Wettbewerbsrecht gestützte Verbandsklage eines inländischen Verbandes mangels Aktivlegitimation als unbegründet abzuweisen sei, ist abzulehnen.[737] Die

---

[731] → § 8 Rn 249.

[732] So auch *Lindacher* FS Lüke S. 377, 385 f; ähnlich schon *Schricker* GRUR Int. 1973, 453, 459.

[733] *Ahrens* WRP 1994, 649, 656; *Lindacher* FS Lüke S. 377, 387; *Staudinger/Fezer/Koos* IntWirtschR Rn 772. Gegen jede Befugnis von Verbänden zur Kontrolle von Wettbewerbsverhalten auf ausländischen Märkten *Paefgen* GRUR Int. 1994, 115.

[734] Etwas anderes gilt freichlich für die im Verzeichnis der EG-Kommission registrierten qualifizierten Einrichtungen im Sinne des § 8 Abs. 3 Nr. 3 UWG, 4 Abs. 1 UKlaG, deren Klagebefugnis sich auf das Gebiet der gesamten europäischen Gemeinschaft erstreckt.

[735] *Lindacher* FS Lüke S. 377, 387; aA MünchKomm/*Mankowski* UWG IntWettbR Rn 520 ff, 522 (gegen kumulative Anwendung der lex causae).

[736] OLG Köln VuR 1995, 289 = IPRspr. 1995 Nr. 123 – Gewinnspiel im Ausland; ähnlich *Schricker* IPRax 1983, 103, 105.

[737] Dies gilt erst recht für die Auffassung *Schützes* in: *Gloy/Schütze* Hdb. § 113 Rn 6, der die Beschränkung der Verbände auf die Geltendmachung von Wettbewerbsansprüchen nach deutschem Recht sogar als Merkmal der Prozessführungsbefugnis einordnet; ebenso LG Aachen VuR 1994, 37 m. Anm. *Micklitz*.

Beschränkung der Aktivlegitimation von Verbänden in § 8 Abs. 3 auf die in § 8 Abs. 1 genannten Ansprüche soll lediglich verdeutlichen, dass die dem unmittelbar verletzten Mitbewerber nach allgemeinem Zivilrecht zustehenden Ansprüche von Verbänden nicht durchgesetzt werden können. Demgegenüber enthält § 8 Abs. 3 – ebenso wie die Vorgängernorm in § 13 Abs. 2 aF – **keine versteckte Kollisionsnorm** in dem Sinne, dass Verbandsklagen nach dieser Vorschrift vor deutschen Gerichten ausschließlich auf deutsches materielles Recht gestützt werden können.[738] Die unhaltbaren Konsequenzen einer solchen Auffassung zeigen sich insbesondere in den Fällen, in denen das Wettbewerbsstatut – wie etwa auf dem Gebiet der Internet-Werbung – nicht durch das Marktort-, sondern durch das Herkunftslandsprinzip bestimmt wird.[739] Die Beschränkung der Aktivlegitimation von Verbänden auf die Geltendmachung von Ansprüchen nach deutschem Wettbewerbsrecht hätte dann zur Folge, dass eine auch nach dem Recht des ausländischen Herkunftsstaates grob wettbewerbswidrige Internet-Werbung, die zu massiven Beeinträchtigungen des Wettbewerbs auf dem deutschen Markt zu Lasten inländischer Mitbewerber und Verbraucher führt, vor deutschen Gerichten nicht im Wege der Verbandsklage unterbunden werden könnte. Der Begriff der „lex causae" ist mithin für die (kumulative) Anknüpfung der Klagebefugnis von Verbänden stets marktortbezogen zu verstehen. Daraus folgt einerseits, dass Verbände im Sinne des § 8 Abs. 3 Nr. 2 bis 4 unlauteren Wettbewerb auf dem *deutschen Markt* vor deutschen Gerichten auch dann im Wege der Verbandsklage bekämpfen können, wenn das nach dem Recht des Herkunftslandes bestimmte Wettbewerbsstatut die Verbandsklage nicht kennt oder zumindest unter den konkret gegebenen Umständen eine Verbandsklagebefugnis nicht einräumt. Andererseits scheitert die inländische Klage eines Verbandes mit dem Ziel der Unterlassung unlauteren Wettbewerbs auf einem *ausländischen Markt* nicht schon daran, dass der Anspruch materiellrechtlich nach dem ausländischen Marktortrecht zu beurteilen ist, sofern nur der klagende Verband auch nach diesem Recht prozessführungsbefugt und aktiv legitimiert ist.[740]

---

[738] Der BGH hat diese Frage in der Revision zur vorgenannten Entscheidung des OLG Köln (Fn 736) ausdrücklich offen gelassen, vgl. BGH NJW 1998, 1227 m. Anm. *Reich* – Gewinnspiel im Ausland; ebenso zu § 13 AGBG BGHZ 112, 204 = EuZW 1990, 546.

[739] Dazu näher → Rn 124ff, 306.

[740] Vgl. in diesem Sinne – incidenter – schon BGH GRUR 1982, 495, 497 – Domgartenbrand; ferner OLG München IPRspr. 1993 Nr. 117b; *Ahrens* WRP 1994, 653, 655; *Lindacher* FS Lüke S. 377, 389f; *Koch* ZZP 113 (2000) 413, 439f.

Kapitel 1. Allgemeine Bestimmungen

§ 1 Zweck des Gesetzes

[1]Dieses Gesetz dient dem Schutz der Mitbewerber, der Verbraucherinnen und Verbraucher sowie der sonstigen Marktteilnehmer vor unlauteren geschäftlichen Handlungen. [2]Es schützt zugleich das Interesse der Allgemeinheit an einem unverfälschten Wettbewerb.

Übersicht

Rn

A. Rechtsmethodik, Funktion und Auslegung der Normzweckklausel 1

I. Normzweckklausel als ein gesetzgeberisches Novum im deutschen Lauterkeitsrecht 2

1. Die Doppeldeutigkeit des Gesetzestextes und der Gesetzesbegründung zu der Normzweckklausel des § 1 UWG 2004/2008 2

a) Mehrdeutigkeit des Gesetzeswortlauts der Schutzzweckbestimmung in § 1 UWG 2004 2

b) Beibehaltung des Gesetzeswortlauts der Schutzzweckklausel in § 1 UWG 2008 4

c) Anlehnung an Art. 1 schweizUWG 6

d) Zweckartikel und Auslegung 9

e) Schutzzweckparität und Schutzzwecktrias 10

f) Abschied von der Schutzzwecktrias bei der Rechtsharmonisierung durch die UGP-RL 11

2. Schutzsubjekte und Schutzobjekte der Normzweckklausel des § 1 UWG 2004/2008 14

II. Normzweckklausel als Auslegungsdirektive 15

1. Gesetzliche Schutzzweckbeschreibung und teleologische Auslegung 15

2. Disparität zwischen Begründung zum Regierungsentwurf und Gesetzestext des § 1 UWG 2004 16

3. Wortlautidentität der Normzweckklauseln der §§ 1 UWG 2004 und 1 UWG 2008 19

a) Übernahme der Schutzzweckklausel des § 1 UWG 2004 in das harmonisierte Lauterkeitsrecht des UWG 2008 19

b) Die formale Gesetzeseinheit des lauterkeitsrechtlichen Verbraucherschutzes und des Mitbewerberschutzes im UWG 2008 21

4. Verbraucherbezogens und mitbewerberbezogens Lauterkeitsrecht 23

a) Vorrang der Verbraucherinteressen im Lauterkeitsrecht des b2c-Geschäftsverkehrs 23

b) Die rechtsinhaltliche Trennung zwischen verbraucherbezogenem und mitbewerberbezogenem Lauterkeitsrecht im UWG 2008 27

B. Die Entwicklungsgeschichte der Schutzzwecktrias im deutschen Lauterkeitsrecht 33

I. Standortbestimmung der großen Generalklausel des § 1 UWG 1909 entsprechend dem Paradigmenwechsel bis zur UWG-Reform 2004 33

II. Zur Dogmatik des Unrechts im Lauterkeitsrecht 35

C. Unternehmen und Verbraucher als Schutzsubjekte im Lauterkeitsrecht (§ 1 S. 1 UWG) 49

I. Abschied von der tradierten Schutzzwecktrias der Mitbewerber, der Verbraucher und der Allgemeinheit 49

1. Die Interessenkreise der Schutzzwecktrias 49

2. Interessenkonformität der Schutzsubjekte der Mitbewerber und der Verbraucher 51

II. Lauterkeitsrechtliche Unrechtskonstitution, verbraucherschützendes Sanktionenrecht und Wirksamkeitsmaxime zur Durchsetzung der UGP-RL 52

Rn

III. Mitbewerberschutzrecht und Verbraucherschutzrecht als Lauterkeitsrecht 58
1. Dualismus der Schutzzwecke im horizontalen und vertikalen Marktverhältnis 58
2. Verbraucherbezogenes und mitbewerberbezogenes Lauterkeitsrecht im UWG 2008 62
IV. Der Marktteilnehmer als Schutzsubjekt 65
1. Der Marktteilnehmer als Oberbegriff 65
2. Begriffsbestimmungen 66

D. Der lauterkeitsrechtliche Schutz von Allgemeininteressen 70
I. Allgemeininteressen im Wettbewerb und Institutionenschutz des Wettbewerbs 70
1. Differenzierung und Konkretisierung der Allgemeininteressen 70
2. Zur Rechtfertigung des lauterkeitsrechtlichen Schutzes von Gemeinwohlbelangen nach der UWG-Reform im UWG 2004 74
a) Das Allgemeininteresse innerhalb des sozialrechtlichen Wettbewerbsverständnisses 74
b) Perplexität der Gesetzesbegründung zur UWG-Reform des Jahres 2004 75
c) Neoliberale Kritik am lauterkeitsrechtlichen Schutz der Allgemeininteressen 77
d) Schutz von allgemeinen Gemeinschaftsgütern und Grundwerten der Person 79
3. Soziale Grundwerte als marktbezogene Allgemeininteressen 82
4. Lauterkeitsrechtlicher Institutionenschutz des Wettbewerbs 83
II. Der Schutz des Interesses der Allgemeinheit an einem unverfälschten Wettbewerb 84
1. Die Regelung der Schutzes vor unlauterem Wettbewerb und des Allgemeininteresses an einem unverfälschten Wettbewerb im UWG 2004 85
2. Lauterkeitsbezogener Institutionenschutz eines unverfälschten Wettbewerbs (§ 1 S. 2 UWG) 91

E. Wettbewerbsfunktionsschutz, Verbraucherschutz und Marktstrukturschutz im Lauterkeitsrecht 94
I. Marktverhaltensrecht als Deliktsrecht 94
II. Der Schutz des lauteren und unverfälschten Wettbewerbs 96

Schrifttum: *Baudenbacher,* Die Revision des schweizerischen UWG – Bemerkungen zum Entwurf der Expertenkommission, GRUR Int. 1981, 162; *ders.,* Das neue Bundesgesetz gegen den unlauteren Wettbewerb vom 19. Dezember 1986, recht 1988, 73; *ders.,* Schwerpunkte der schweizerischen UWG-Reform, in: *Baudenbacher* (Hrsg.), Das UWG auf neuer Grundlage, 1989, S. 15; *Beater,* Verbraucherschutz und Schutzzweckdenken im Wettbewerbsrecht, 2000; *Becker-Eberhard,* Neue dogmatische Einordnung der Verbandsklage kraft Gesetzes?, FS Leipold, 2009, S. 3; *Burmann,* Zur Problematik eines werberechtlichen Verbraucherschutzes, WRP 1973, 313; *Drexl,* Die wirtschaftliche Selbstbestimmung des Verbrauchers, 1998; *v. Falkenstein,* Wettbewerbsrechtlicher Verbraucherschutz in der Praxis, Mitarbeiterfestschrift für E. Ulmer 1973, S. 307; *Fezer,* Die Grenzen des Selbstverdienungsgroßhandels im Leistungswettbewerb, BB 1976, 705; *ders.,* Die Pluralität des Rechts, Prolegomena zu einer pluralistischen Privatrechtstheorie, JZ 1985, 762; *ders.,* Teilhabe und Verantwortung, Die personale Funktionsweise des subjektiven Privatrechts, 1986, S. 524, 539; *ders.,* Verantwortete Marktwirtschaft, JZ 1990, 657; *ders.,* Modernisierung des deutschen Rechts gegen den unlauteren Wettbewerb auf der Grundlage einer Europäisierung des Wettbewerbsrechts, WRP 2001, S. 989; *Hefermehl,* Der Anwendungsbereich des Wettbewerbsrechts, FS Nipperdey, 1955, S. 283; *ders.,* Verbraucherschutz im Wettbewerbsrecht, in: Wirtschaftspraxis und Rechtswissenschaft, FS Kastner, Wien 1972, S. 183; *ders.,* Das Prokrustesbett „Wettbewerbsverhältnis" in: Recht und Wirtschaft heute, Festgabe Kummer, 1980, S. 345; *Kaplan,* Das Interesse der Allgemeinheit bei der Konkretisierung der Generalklausel des § 3 UWG – Außerwettbewerbliche Allgemeininteressen im Wettbewerbsrecht, 2008; *Kraft,* Die Berücksichtigung wirtschaftspolitischer und gesellschaftspolitischer Belange im Rahmen des § 1 UWG, FS Bartholomeyczik, 1973, S. 223; *M. Lehmann,* Wettbewerbsrecht, Strukturpolitik und Mittelstandschutz, GRUR 1977, 580, 633; *Nastelski,* Schutz der Allgemeinheit im Wettbewerbsrecht, GRUR 1969, 322; *Ott,* Systemwandel im Wettbewerbsrecht, FS Raiser, 1974, S. 403; *H. E. Pause,* Die Berücksichtigung der Allgemeinheit bei der Beurteilung wettbewerblichen Handelns, 1984; *L. Raiser,* Marktbezogene Unlauterkeit, GRUR Int. 1973, 433; *Reich,* Zivilrechtstheorie, Sozialwissenschaften und Verbraucherschutz, ZRP 1974, 187; *Reichhold,* Lauterkeitsrecht als Sonderdeliktsrecht, AcP 193 (1993), 204; *Sack,* Deliktsrechtlicher Verbraucherschutz gegen unlauteren Wettbewerb, NJW 1975, 1303; *Samwer,* Verbraucherschutz und Wettbewerbsrecht, GRUR 1969, 326; *Schluep,* Über den Begriff der Wettbewerbsverfälschung, FS Kummer, 1980, S. 487; *Schricker,* Wettbewerbsrecht und Verbraucherschutz, RabelsZ 1936, 315; *ders.,* Entwicklungstendenzen im Recht des unlauteren Wettbewerbs, GRUR 1974, 579; *ders.*, Möglichkeiten zur Verbesserung des Schutzes der Verbraucher und des funktionsfähigen Wettbewerbs im Recht des unlauteren Wettbewerbs, ZHR 139 (1975) 208; *ders.*, Wettbewerbsrechtliche Aspekte des Verbraucherschutzes, RabelsZ 1976, 535; *Schünemann*, „Unlauterkeit" in den Generalklauseln und Interessenabwägung nach neuem UWG, WRP 2004, 925; *Schürmann/Schluep*, Kartellgesetz und Preisüberwachungsgesetz, 1988; *K. Simitis*, Gute Sitten und ordre public, 1960, 51; *E. Ulmer*, Sinnzusammenhänge im modernen Wettbewerbsrecht, 1932; *ders.*, Wandlungen und Aufgaben im Wettbewerbsrecht, GRUR 1937, 769.

Schrifttum: Siehe auch die Schrifttumsangaben Einleitung E vor Rn 39 und 80; § 3 vor Rn 1.

A. Rechtsmethodik, Funktion und Auslegung der Normzweckklausel

Regelungsgegenstand des § 1 ist eine **Schutzzweckbestimmung** des UWG. An der Spitze des Gesetzes gegen den unlauteren Wettbewerb werden in einer **Normzweckklausel** die in dem Gesetz geschützten Interessen benannt. 1

I. Normzweckklausel als ein gesetzgeberisches Novum im deutschen Lauterkeitsrecht

1. Die Doppeldeutigkeit des Gesetzestextes und der Gesetzesbegründung zu der Normzweckklausel des § 1 UWG 2004/2008

a) Mehrdeutigkeit des Gesetzeswortlauts der Schutzzweckbestimmung in § 1 UWG 2004. In der Geschichte des deutschen Lauterkeitsrechts stellte es ein **gesetzgeberisches Novum** dar, den Gesetzeszweck, den der Gesetzgeber mit dem Erlass eines Gesetzes gegen den unlauteren Wettbewerb seit den historischen Anfängen einer Lauterkeitsrechtsordnung für den Handels- und Wirtschaftsverkehr in der zweiten Hälfte des 19. Jahrhunderts[1] verfolgte, in einer eigenen gesetzlichen Vorschrift normativ zu umschreiben. Erstmals wurde im Rahmen der UWG-Reform des Jahres 2004 das UWG mit einer **Normzweckklausel** eingeleitet, deren Regelungsgegenstand eine Beschreibung der in dem Gesetz geschützten Interessen war. 2

In Satz 1 der Schutzzweckbestimmung des § 1 UWG 2004 werden die beiden Interessenkreise der Marktteilnehmer, deren Schutz das Gesetz gegen den unlauteren Wettbewerb zu dienen bestimmt ist, als **Mitbewerber** und **Verbraucher** benannt. Bei Marktteilnehmern handelt es sich um **Unternehmen** als Wettbewerber und um **Verbraucher.** Die gekünstelte und eine begriffsjuristische Dogmatik provozierende Wortwahl des Gesetzestextes, die **sonstigen Marktteilnehmer** neben den Mitbewerbern und Verbrauchern ausdrücklich zu nennen, verdeckt den Dualismus der polaren Interessenkreise der beiden Marktseiten. Nach dem Wortlaut des § 1 S. 1 UWG 2004/2008 dient das Gesetz dem Schutz der **Mitbewerber,** der **Verbraucherinnen** und **Verbraucher** sowie der **sonstigen Marktteilnehmer.** Die Schutzzweckbestimmung des Satzes 1 benennt die beiden rechtserheblichen Schutzsubjekte der gewerblichen Unternehmen und der privaten Verbraucher als Marktteilnehmer. Satz 2 der Schutzzweckbestimmung, deren Wortwahl und rechtssystematisches Verhältnis zu Satz 1 eine die klare Konzeption des Gesetzgebers des UWG 2004 umdeutende Kontroverse um den Regelungszweck der Vorschrift hervorrief,[2] regelt, dass das UWG nicht nur die Interessen der in Satz 1 der Vorschrift genannten Marktteilnehmer schütze, sondern zugleich das **Interesse der Allgemeinheit** an einem unverfälschten Wettbewerb zu schützen bestimmt sei. 3

[1] Siehe zur Geschichte des Lauterkeitsrechts → Einleitung E Rn 1 ff.
[2] Siehe zur Allgemeinheit als „Schutzsubjekt" des UWG und zur Rechtserheblichkeit des Allgemeininteresses → Rn 70 ff.

4 **b) Beibehaltung des Gesetzeswortlauts der Schutzzweckklausel in § 1 UWG 2008.** Die Einführung der Normzweckklausel in den Gesetzestext des UWG erfolgte im Rahmen der Modernisierung des Lauterkeitsrechts im Jahre 2004.[3] Bei der Umsetzung der Richtlinie über unlautere Geschäftspraktiken und der damit verbundenen Europäisierung des Lauterkeitsrechts als originäres Verbraucherschutzrecht des b2c-Geschäftsverkehrs im Jahre 2008[4] wurde der Text der Normzweckklausel hinsichtlich der Schutzzweckbestimmung unverändert beibehalten. Die Lauterkeitsrechtsordnungen in den Mitgliedstaaten der EU kannten keine den Anwendungsbereich der wettbewerbsrechtlichen Kodifikation selbständig bestimmende Schutzzwecknorm.

5 In der Richtlinie über unlautere Geschäftspraktiken (UGP-RL) wird, wie weithin im europäischen Richtlinienrecht üblich, der Anlass der Richtlinie und der mit der Richtlinie namentlich hinsichtlich der primärrechtlichen Grundlagen verfolgte Zweck sowie die angestrebten Zielsetzungen in einem die allgemeinen Bestimmungen einleitenden **Zweckartikel** beschrieben.[5] Im europäischen Gemeinschaftsrecht dient zudem das Instrument der **Präambel** und deren **Erwägungsgründe** einer konkretisierenden Erläuterung der Schutzziele des europäischen Rechtsaktes und stellt ein in der Rechtsprechung des EuGH anerkanntes Instrument der Auslegungsmethode dar. Im Recht der Mitgliedstaaten – und das gilt allgemein an sich auch im deutschen Recht – kommt namentlich der **Gesetzesbegründung** die Aufgabe einer Vergewisserung über den Normzweck des Gesetzes aus der Sicht des historischen Gesetzgebers zu. Das bedeutete im Lauterkeitsrecht vor der Einführung der Normzweckklausel des § 1 UWG 2004, dass nach dem Kanon der Methodenlehre unter Einbeziehung der Gesetzesbegründung(en) die Schutzzwecke des Lauterkeitsrechts im Wege der Konkretisierung der Generalklausel und der Auslegung der Spezialtatbestände bestimmt wurden.

6 **c) Anlehnung an Art. 1 schweizUWG.** Im Rechtsvergleich stellte die Normzweckklausel im Sinne einer Schutzzweckbestimmung des Lauterkeitsrechts international eine Singularität dar. In der Entstehungsgeschichte des UWG 2004 stand der Zweckartikel des schweizerischen Bundesgesetzes gegen den unlauteren Wettbewerb aus dem Jahre 1986 Pate. Nach dieser Vorschrift bezweckt das schweizerische UWG, den lauteren und unverfälschten Wettbewerb im Interesse aller Beteiligten zu gewährleisten.[6] Innerhalb der schweizerischen Rechtswissenschaft wurde der Zweckartikel wie ein das UWG eröffnender Paukenschlag empfunden.[7]

7 Die **Diskussion** um eine das Lauterkeitsrecht einleitende Normzweckklausel in Anlehnung an den Zweckartikel des schweizerischen UWG wurde in dem im Auftrag des Bundesministeriums der Justiz vorgelegten Rechtsgutachten von *Karl-Heinz Fezer* zur Modernisierung des UWG im Jahre 2001 eröffnet.[8] Es wurde schon in diesem Rechtsgutachten allerdings darauf hingewiesen, dass eine gesetzliche Festschreibung der tradierten Schutzzwecke des nationalen Lauterkeitsrechts für das bevorstehende Richtlinienrecht eines europäischen Lauterkeitsrechts kein Vorbild sein werde. Der allgemeine Zweckartikel des Art. 1 UGP-RL bestätigt diese Skepsis und Bedenken gegenüber dem Vorpreschen des deutschen Gesetzgebers bei der UWG-Reform 2004, das mit der Vokabel der **Schutzzwecktrias** verbundene Integrationsmodell der im Lauterkeitsrecht geschützten Interessen der Rechtsharmonisierung in Europa als Vorbild zu empfehlen.

8 In dem Zweckartikel des Art. 1 UGP-RL werden das Instrument der Rechtsangleichung in den Mitgliedstaaten und der Regelungsgegenstand der unlauteren **Geschäfts-**

---

[3] Zur Gesetzesgeschichte siehe → Einleitung E Rn 39 ff.
[4] Zur Gesetzesgeschichte siehe → Einleitung E Rn 80 ff.
[5] Siehe zum Zweckartikel der UGP-RL → Einleitung E Rn 124, 139 f, 174.
[6] Siehe zur Entstehungsgeschichte des Zweckartikels im schweizerischen UWG den Entwurf der Expertenkommission vom 31. 1. 1980 zur Revision des schweizerischen Gesetzes gegen unlauteren Wettbewerb GRUR Int. 1981, 169 ff; siehe dazu *Baudenbacher* GRUR Int. 1981, 162 ff.
[7] *Baudenbacher* Schwerpunkte 1989 S. 15.
[8] *Fezer* WRP 2001, 989, 997.

praktiken, die die wirtschaftlichen Interessen der Verbraucher beeinträchtigen, genannt. Es wird auf die primärrechtlichen Politiken der Gemeinschaft verwiesen, zu einem reibungslosen Funktionieren des Binnenmarkts und zum **Erreichen eines hohen Verbraucherschutzniveaus** beizutragen. Die unlauteren Geschäftspraktiken, die die wirtschaftlichen Interessen der Verbraucher beeinträchtigen, werden als der **Regelungsgegenstand der UGP-RL** in den Erwägungsgründen der Präambel näher umschrieben.[9]

d) Zweckartikel und Auslegung. Eine gesetzliche Schutzzweckbestimmung bedarf selbst der Interpretation lege artis in Anwendung des Kanons der anerkannten Auslegungsmethoden. Auslegungskontroversen werden, wie schon die Diskussion um die Normzweckklausel des § 1 UWG 2004 zeigte, gleichsam potenziert. Wesentlicher und unabdingbar erscheint und wird durch eine gesetzliche Schutzzweckbestimmung weder ersetzt noch erleichtert, einen Konsens über die rechtserheblichen Beurteilungskriterien als der wesentlichen **Topoi einer Rechtswertung** als Grundlage einer rechtsverbindlichen Konkretisierung des wettbewerblichen Unrechts im Sinne einer zu sanktionierenden Unlauterkeit herzustellen. Eine solche Konsensbildung vermag die gesetzgeberische Textualisierung des Normzwecks nicht zu leisten. Die von *Karl-Heinz Fezer* während der Kommissionsberatungen vorgeschlagene Präzisierung der lauterkeitsrechtlichen Generalklausel fand zwar nicht in den Gesetzestext des UWG 2004, aber in die Gesetzesbegründung Eingang, in der die Schutzzweckklausel dahin erläutert wird, geschützt würden insbesondere die **Angebotsfreiheit der Wettbewerber** und die **Entscheidungsfreiheit der Verbraucher;**[10] dieser an den Unternehmensinteressen und Verbraucherinteressen orientierte **Dualismus der unternehmensbezogenen und verbraucherbezogenen Schutzrichtung** des Lauterkeitsrechts findet sich in dem Wortlaut des ersten Satzes des § 1 UWG 2004/2008 wieder. 9

e) Schutzzweckparität und Schutzzwecktrias. Die **Intention des Gesetzgebers des UWG 2004,** die Schutzziele des Lauterkeitsrechts im Gesetzestext einer Normzweckklausel zum Ausdruck zu bringen, war es, die angestrebte **Verstärkung des Verbraucherschutzes** als eine normative Leitlinie des Lauterkeitsrechts im Gesetzeswortlaut des UWG zu verankern. In der Gesetzesbegründung zu § 1 UWG 2004 wird deshalb auch ausdrücklich hervorgehoben, dass die Verbraucher und die Mitbewerber durch das UWG gleichermaßen und gleichrangig geschützt würden.[11] Wenn in der Gesetzesbegründung die Beschreibung des Schutzzwecks in § 1 UWG 2004 mit dem Begriff der Klarstellung umschrieben wird, dann ist das zumindest missverständlich. In dieser Formulierung kommt sprachlich unverhohlen zum Ausdruck, wie die Verfasser des Textes der Gesetzesbegründung das **Telos der Schutzzweckparität** zwischen Verbrauchern und Wettbewerbern, das im Gesetzeswortlaut der Normzweckklausel verankert wird, in der Gesetzesbegründung zu relativieren versuchen, als sei die (zumindest) angestrebte Schutzzweckparität der Verbraucherinteressen mit den Unternehmensinteressen und damit der Verbraucherschutz durch Lauterkeitsrecht nichts anderes als eine Kodifizierung der höchstrichterlichen Rechtsprechung nach der Rechtslage des UWG 1909 in seiner tradierten Fassung. Die Relativierung einer Verstärkung des Verbraucherschutzes im Lauterkeitsrecht kommt zudem in der Gesetzesbegründung auch darin zum Ausdruck, dass schließlich die Schutzzweckbestimmung mit dem zur Zeit der UWG-Reform 2004 seit Jahrzehnten allgemein anerkannten Integrationsmodell der **Schutzzwecktrias** gleichgesetzt wird. So wird in der Gesetzesbegründung des UWG 2004 zwar einer Verstärkung des Verbraucherschutzes gegenüber dem geltenden Rechtszustand das Wort geredet, zugleich aber auch der Auslegungsvariante, das UWG 2004 kodifiziere nur den geltenden Rechtszustand des tradierten UWG 1909 Tür und Tor geöffnet. Diese Doppelzüngigkeit kommt auch in der Darstellung der Grundzüge der Reform in der Gesetzesbegründung des UWG 2004 zum Ausdruck, in der als der erste 10

---

[9] Siehe zum Zweckartikel der UGP-RL → Einleitung E Rn 124, 139f, 174.
[10] BT-Drucks. 15/1487 vom 22. 8. 2003 S. 13.
[11] Gesetzesbegründung UWG 2004 BT-Drucks. 15/1487 S. 15.

inhaltliche Schwerpunkt der UWG-Reform ausgeführt wird, der Verbraucher werde als Schutzsubjekt erstmals ausdrücklich im Gesetz erwähnt, dadurch werde die Rechtsprechung zum geltenden UWG aufgenommen und gleichzeitig eine Forderung der Verbraucherverbände erfüllt. Das Lippenbekenntnis des lauterkeitsrechtlichen Verbraucherschutzes wird offenbar.

11 **f) Abschied von der Schutzzwecktrias bei der Rechtsharmonisierung durch die UGP-RL.** Die – zumindest über die Gesetzesbegründung zu erreichen versuchte – Implementierung des Integrationsmodells der Schutzzwecktrias in das modernisierte Lauterkeitsrecht des UWG 2004 sollte der europäischen Rechtsharmonisierung ein Signal geben. Im Vorgriff auf die Rechtsharmonisierung des UWG in Europa sollte dem modernisierten Lauterkeitsrecht des deutschen UWG eine Vorbildfunktion zukommen. Statt sich auf die längst überfälligen Modernisierungen des UWG zu beschränken, wollte der Gesetzgeber die Rechtsharmonisierung vorwegnehmen oder zumindest gestalterisch prägen. Die Vorgeschichte der Richtlinie über unlautere Geschäftspraktiken, die in den 1990er Jahren als ein intensiver und international geführter Diskurs über die europäische Konzeption eines lauterkeitsrechtlichen Verbraucherschutzes zu verstehen war, machte einem sachkundigen Beobachter aber längst erkennbar, dass die Konzeption eines lauterkeitsrechtlichen Verbraucherschutzes das Modell der gemeinschaftsrechtlichen Rechtsharmonisierung sein werde.

12 Das tradierte Integrationsmodell der Schutzzwecktrias war zwar noch die lauterkeitsrechtliche Konzeption der Richtlinie über irreführende Werbung im Jahre 1984.[12] Nach Art. 1 RL 84/450/EWG war Zweck der Richtlinie der Schutz der Verbraucher, der Personen, die einen Handel oder ein Gewerbe betreiben oder ein Handwerk oder einen freien Beruf ausüben, sowie der Schutz der Interessen der Allgemeinheit gegen irreführende Werbung und deren unlautere Auswirkungen. Diese Schutzzweckbestimmung im Sinne der Schutzzwecktrias wurde noch in der Richtlinie über irreführende und vergleichende Werbung im Jahre 1997 beibehalten.[13]

13 Der von der UGP-RL eingeschlagene Weg einer rechtsangleichenden Europäisierung des Lauterkeitsrechts in den Mitgliedstaaten ist ein deutlich anderer. Das europäische Richtlinienrecht legt das Integrationsmodell der Schutzzwecktrias ad acta. In dem Zweckartikel des Art. 1 UGP-RL wird in Verbindung mit den Erwägungsgründen der Präambel ein **originärer Verbraucherschutz durch Lauterkeitsrecht** normiert. Folgerichtig werden der Schutzzweck und der Anwendungsbereich der Richtlinie 84/450/EWG geändert und auf den Schutz von Gewerbetreibenden vor irreführender Werbung und deren unlautere Auswirkungen sowie die Festlegung der Bedingungen für zulässige vergleichende Werbung beschränkt.[14] Die Begrenzung des Anwendungsbereichs auf das **mitbewerberbezogene Lauterkeitsrecht** wird in der Richtlinie über irreführende und vergleichende Werbung des Jahres 2006, die aus Gründen der Übersichtlichkeit und Klarheit neu erlassen wurde, in dem Zweckartikel des Art. 1 RL 2006/114/EG beibehalten.[15] Dem von der UGP-RL harmonisierten Lauterkeitsrecht des b2c-Geschäftsverkehrs, das originären Verbraucherschutz durch Lauterkeitsrecht darstellt, liegt zur Schutzzweckbestimmung nicht mehr die Schutzzwecktrias zugrunde.

---

[12] Richtlinie des Rates zur Angleichung der Rechts- und Verwaltungsvorschriften der Mitgliedstaaten über irreführende Werbung (84/450/EWG) vom 10. 9. 1984, ABl. EG Nr. L 250 vom 19. 9. 1984 S. 17.

[13] Richtlinie des Europäischen Parlaments und des Rates zur Änderung der Richtlinie 84/450/EWG über irreführende Werbung zwecks Einbeziehung der vergleichenden Werbung (97/55/EG) vom 6. 10. 1997, ABl. EG Nr. L 290 vom 23. 10. 1997 S. 18; Richtlinie des Rates über irreführende und vergleichende Werbung (konsolidierte Fassung) (84/450/EWG) vom 10. 9. 1984, ABl. EG Nr. L 250 vom 19. 1984 S. 17; geändert durch Richtlinie 97/55/EG vom 6. 10. 1997, ABl. EG Nr. L 290 S. 18; nunmehr Richtlinie 2006/114/EG des Europäischen Parlaments und des Rates über irreführende und vergleichende Werbung vom 12. 12. 2006, ABl. EG Nr. L 376 S. 21.

[14] Die Änderungen der RL 84/450/EWG regelt Art. 14 UGP-RL.

[15] Richtlinie des Europäischen Parlaments und des Rates über irreführende und vergleichende Werbung (2006/114/EG) vom 12. 12. 06, ABl. EG Nr. L 376 S. 21, die am 12. 12. 2007 in Kraft getreten ist.

2. Schutzsubjekte und Schutzobjekte der Normzweckklausel des § 1 UWG 2004/2008

In § 1 S. 1 UWG 2004, der – abgesehen von der Ersetzung der Wörter „vor unlauterem Wettbewerb" durch die Wörter „vor unlauteren geschäftlichen Handlungen" – unverändert in das UWG 2008 übernommen wurde, werden die **Schutzsubjekte** und das **Schutzobjekt** des UWG benannt. Nach dieser Vorschrift dient das UWG dem Schutz der **Mitbewerber,** der **Verbraucherinnen**[16] und der **Verbraucher** sowie der **sonstigen Marktteilnehmer** vor unlauterem Wettbewerb. In Satz 2 der Vorschrift wird der subjektive und objektive Schutzbereich des UWG dahin verstanden, das Gesetz schütze zugleich das Interesse der **Allgemeinheit** an einem unverfälschten Wettbewerb. Die Allgemeinheit wird in Satz 2, gleichsam einem „Schutzsubjekt" vergleichbar, in den Anwendungsbereich des UWG hinsichtlich des Schutzobjekts eines **unverfälschten Wettbewerbs** einbezogen. Der Normzweck der **Schutzzweckklausel** sollte nach dem Willen des historischen Gesetzgebers, wie er zumindest in der Gesetzesbegründung formuliert wurde, dem Begriff der **Schutzzwecktrias,** mit dem in der Rechtswissenschaft und Rechtspraxis die Schutzzwecke des Wettbewerbsrechts herkömmlich umschrieben würden, gesetzessprachlichen Ausdruck verleihen.[17] 14

II. Normzweckklausel als Auslegungsdirektive

1. Gesetzliche Schutzzweckbeschreibung und teleologische Auslegung

Innerhalb des Kanons der Auslegungsmethoden kommt neben der historischen, grammatikalischen und systematischen Auslegung der **teleologischen Auslegung** innerhalb der Sinngrenze des Gesetzeswortlauts eine herausragende Bedeutung zu.[18] Die Realisierung des Normzwecks ist das Auslegungsziel des Rechtsanwenders. Recht existiert in Sprache. Die Auslegung einer Norm ist ein Instrument zur Erfassung der rechtlichen Bedeutung des Normtextes. Als Gesetzestext bedarf eine Normzweckklausel selbst der Auslegung im Sinne ihrer rechtlichen Textbedeutung. Rechtsmethodisch stellt eine Normzweckklausel keinen Rechtssatz im Sinne einer Rechtsfolgenanordnung dar. Eine Normzweckklausel ist **Auslegungsdirektive** bei der Anwendung des Gesetzes, dessen Schutzzweck sie umschreibt. 15

2. Disparität zwischen Begründung zum Regierungsentwurf und Gesetzestext des § 1 UWG 2004

Nach der herkömmlichen Gesetzgebungslehre und der anerkannten Auslegungsmethodik stellt die Ermittlung des Schutzzwecks eines Gesetzes das Ergebnis der interpretatori- 16

[16] Die Verwendung der weiblichen Sprachform geht erst auf eine MinisterIninitiative in der Kabinettsrunde zurück, in der über das UWG namentlich wegen des strittigen Gewinnabschöpfungsanspruchs des § 10 UWG 2004 zu entscheiden war. Ausreichend erschien, die weibliche Sprachform nur einmal in der ersten Vorschrift des Gesetzes zu verwenden, um die Lesbarkeit des Gesetzes nicht durch ständige Doppelungen der Begriffe zu erschweren. Der Umstand, dass nur die Verbraucherinnen und nicht auch die anderen Marktteilnehmer wie insbesondere die Mitbewerber in der weiblichen Sprachform genannt werden, wurde mit der Besonderheit dieses Kreises der Marktteilnehmer begründet, dass Verbraucherinnen und Verbraucher ausschließlich natürliche Personen sein könnten, wohingegen die anderen Marktteilnehmer auch juristische Personen sein könnten. Die Tatsache, dass juristische Personen, wie etwa die AG oder die GmbH, auf die weibliche Sprachform hören, mag als eine liebenswerte Groteske hinnehmbar sein. Die international übliche *political correctness*, in die Rechtsakte die weibliche und männliche Sprachform aufzunehmen, wenn eine geschlechterneutrale Sprachform nicht sachgerecht oder angemessen ist, sollte allgemeine Anerkennung finden. Der Diskreditierung solcher Gesetzesarbeit („Peinlichkeiten") und der Forderung einer Textrevision (Harte/Henning/*Schünemann* § 1 UWG Rn 10 Fn 21), ist nachdrücklich zu widersprechen.

[17] → Rn 15 ff.

[18] Siehe zum Normzweck als Auslegungsziel einsichtig *Rüthers* Rechtstheorie 2008 Rn 717 ff; zum Grund für die überragende Bedeutung der Zweckauslegung in der Ableitung der Auslegungslehre aus der allgemeinen methodischen Rechtsbildungslehre siehe grundlegend *Fikentscher* Methoden des Rechts Bd. IV, Dogmatischer Teil, 1977, S. 364.

schen **Auslegungskunst des Rechtsanwenders** dar. Gesetz und Recht, an die der Rechtsanwender nach der Verfassung gebunden ist (Art. 20 Abs. 3 GG), bestehen aus Rechtssätzen, deren Herausarbeitung den Gegenstand der Auslegung des Gesetzestextes darstellt. Die **Rechtsverbindlichkeit einer Normzweckklausel** im Sinne eines Gesetzes bietet nicht mehr an Rechtssicherheit, als es die Auslegung des UWG nach dem Kanon der Auslegungsregeln insgesamt zu leisten vermag.

17 Indem von der Gesetzesbegründung zum UWG 2004 die Umschreibung des Schutzzwecks in § 1 im Sinne der in Rechtsprechung und Schrifttum anerkannten **Schutzzwecktrias** dargestellt wurde,[19] wurde der Boden bereitet, die **Schutzzweckklausel** einerseits in einem bestimmten Sinne zu interpretieren, der nicht ohne weiteres mit dem Wortlaut der Schutzzweckklausel übereinstimmt, und wurden andererseits die verschiedenen Verständnisweisen über den rechtlichen Inhalt der Schutzzwecktrias zu uniformieren versucht. Die rechtsmethodische Funktion der Normzweckklausel des § 1 UWG 2004/2008 war und ist im Sinne einer **Auslegungsdirektive** zu verstehen, die sich nach herkömmlicher Gesetzgebungslehre aus dem Text einer Gesetzesbegründung, die dem Regierungsentwurf des UWG 2004 beigegeben wurde, allein im gesetzeshistorischen Sinne ergibt. Die rechtliche Bedeutung des Textes einer Normzweckklausel ist selbst ein Gegenstand einer Gesetzesauslegung lege artis. Die Gesetzesbegründung vermag nicht die rechtliche Bedeutung des Normtextes der Schutzzweckklausel ex cathedra zu bestimmen.

18 Die rechtsmethodische Funktion einer Normzweckklausel im Sinne einer Auslegungsdirektive ist im europäischen Recht der Richtlinien und Verordnungen der Funktion der **Präambel** in Verbindung mit einem in der Regel die allgemeinen Bestimmungen einleitenden **Zweckartikel** vergleichbar. Die in einer Präambel formulierten **Erwägungsgründe** dienen der Auslegung des europäischen Normtextes im Sinne der Herausarbeitung rechtsverbindlicher Rechtssätze.

3. Wortlautidentität der Normzweckklauseln der §§ 1 UWG 2004 und 1 UWG 2008

19 **a) Übernahme der Schutzzweckklausel des § 1 UWG 2004 in das harmonisierte Lauterkeitsrecht des UWG 2008.** Regelungsgegenstand der bei der UWG-Reform des Jahres 2004 in Anlehnung an das schweizerische Lauterkeitsrecht neu in das UWG eingeführten Vorschrift des § 1 UWG 2004 ist die Bestimmung des Zwecks des Gesetzes. Diese Normzweckklausel wurde bei der Umsetzung der UGP-RL als § 1 UWG 2008 insoweit unverändert und wortlautidentisch übernommen, als die Schutzzweckbestimmung berührt ist.[20] Nach der Normzweckklausel dient das UWG 2004/2008 dem Schutz der Mitbewerber, der Verbraucherinnen und der Verbraucher sowie der sonstigen Marktteilnehmer. Nach § 1 UWG 2004 diente das UWG dem Schutz vor unlauterem Wettbewerb; nach § 1 UWG 2008 dient das Gesetz dem Schutz vor unlauteren geschäftlichen Handlungen. Gegenstand der UGP-RL sind unlautere Geschäftspraktiken. Nach Art. 1 UGP-RL ist es Zweck der Richtlinie, das Recht der Mitgliedstaaten über unlautere Geschäftspraktiken, die die wirtschaftlichen Interessen der Verbraucher beeinträchtigen, anzugleichen, sowie zu einem reibungslosen Funktionieren des Binnenmarkts und zum Erreichen eines hohen Verbraucherschutzniveaus beizutragen.

20 Abgesehen von dem Unterschied im Wortlaut der Schutzzweckbestimmungen zwischen dem UWG 2004 und dem UWG 2008, der darin besteht, dass der Schutz „vor unlauterem Wettbewerb" durch den Schutz „vor unlauteren geschäftlichen Handlungen" ersetzt wird, besteht zwischen den Normzweckklauseln eine Wortlautidentität. Der Gesetzgeber des

[19] Gesetzesbegründung UWG 2004 BT-Drucks. 15/1487 S. 15. In der Gesetzesbegründung wird in Bezug auf die Beschreibung des Schutzzweckes in § 1 UWG 2004 klargestellt, diese Schutzzwecktrias sei, nachdem das UWG zunächst als reiner Individualschutz der einzelnen Mitbewerber aufgefasst worden sei, auch *nach bisherigem Recht* durch die Rechtsprechung anerkannt.

[20] Die Wörter „vor unlauterem Wettbewerb" in § 1 S. 1 UWG 2004 wurden durch die Wörter „vor unlauteren geschäftlichen Handlungen" in § 1 S. 1 UWG 2008 ersetzt.

UWG 2008 ging davon aus, dass der Zweck der Richtlinie über unlautere Geschäftspraktiken, wie er in Art. 1 UGP-RL normiert ist, von der Schutzzweckbestimmung des § 1 UWG 2004 bereits mitumfasst sei. Da § 1 UWG 2004 den Schutz von Verbraucherinnen und Verbrauchern vor unlauterem Wettbewerb ausdrücklich nenne, liege bereits eine richtlinienkonforme Schutzzweckbestimmung vor. Dabei sei es unschädlich, dass das UWG darüber hinaus auch Mitbewerber, sonstige Marktteilnehmer und gewisse Interessen der Allgemeinheit schütze. Denn der insoweit weitere Schutzbereich des UWG sei nicht Regelungsgegenstand der Richtlinie; für den Bereich des Mitbewerberschutzes und des Schutzes der Allgemeinheit enthalte die Richtlinie keine Vorgaben. Der Gesetzgeber sah aus diesen Gründen hinsichtlich der Schutzzweckbestimmung keinen Umsetzungsbedarf.

b) Die formale Gesetzeseinheit des lauterkeitsrechtlichen Verbraucherschutzes und des Mitbewerberschutzes im UWG 2008. Regelungsgegenstand der UGP-RL ist ausschließlich das Lauterkeitsrecht des b2c-Geschäftsverkehrs und damit der lauterkeitsrechtliche Verbraucherschutz. Die Rechtsharmonisierung der UGP-RL bezieht sich nicht auf den lauterkeitsrechtlichen Mitbewerberschutz. Es handelt sich bei der UGP-RL insoweit zwar um eine Vollharmonisierung, da den nationalen Lauterkeitsrechtsordnungen der Mitgliedstaaten nicht nur Mindeststandards vorgegeben werden, aber auch nur um eine Teilharmonisierung, da der Geschäftsverkehr zwischen den Unternehmen untereinander (b2b-Geschäftsverkehr) nicht harmonisiert wird.[21] Innerhalb der lauterkeitsrechtlichen Teilharmonisierung des b2c-Geschäftsverkehrs handelt es sich um eine Vollharmonisierung. 21

Die UGP-RL geht sowohl **gesetzestechnisch formal** als auch **rechtsinhaltlich konzeptionell** einen anderen Weg als das Lauterkeitsrecht des UWG.[22] Der Gesetzgeber konnte bei der Umsetzung der UGP-RL zu Recht davon ausgehen, dass gesetzestechnisch formal ein Umsetzungsbedarf nicht bestand. Der Gesetzgeber konnte daran festhalten, die speziell das Lauterkeitsrecht betreffenden Vorschriften des Mitbewerberschutzes und des Verbraucherschutzes formal in einem einzigen Gesetz zusammenzufassen; es bestand im Gesetzgebungsverfahren gesetzestechnisch kein Zwang dahin, formal zwei Gesetze zu erlassen.[23] Der konzeptionelle Unterschied zwischen der UGP-RL und dem UWG 2004 verlangte zwar gesetzestechnisch formal keine Umsetzung des Richtlinienrechts dahin, dass es zwei gesonderter Gesetze zur Regelung des b2c-Geschäftsverkehrs als verbraucherbezogenes Lauterkeitsrecht und des b2b-Geschäftsverkehrs als mitbewerberbezogenes Lauterkeitsrechts bedurfte. Rechtsinhaltlich konzeptionell verlangt aber die UGP-RL, bei der Anwendung der lauterkeitsrechtlichen Vorschriften die Zweiteilung des Lauterkeitsrechts in einen lauterkeitsrechtlichen Verbraucherschutz und einen lauterkeitsrechtlichen Mitbewerberschutz nicht zu vermengen. Es besteht allein **rechtstechnisch eine Gesetzeseinheit bei rechtsinhaltlicher Zweiteilung** des Lauterkeitsrechts. 22

4. Verbraucherbezogenes und mitbewerberbezogenes Lauterkeitsrecht

a) Vorrang der Verbraucherinteressen im Lauterkeitsrecht des b2c-Geschäftsverkehrs. Die formale Gesetzeseinheit des lauterkeitsrechtlichen Verbraucherschutzes und des lauterkeitsrechtlichen Mitbewerberschutzes im UWG 2008 darf nach der Umsetzung der UGP-RL nicht verdecken, dass die b2c-Verbotstatbestände des UWG 2008 im Interesse eines unmittelbaren Verbraucherschutzes auszulegen sind.[24] Das UWG 2008 enthält 23

---

[21] Siehe zur Harmonisierungsqualität → Einleitung E Rn 108ff.

[22] Siehe zur Politik der UGP-RL → Einleitung E Rn 117ff.

[23] So ausdrücklich in der Begründung zum Gesetzentwurf der Bundesregierung BT-Drucks. 16/10145 vom 20. 8. 2008 S. 11. In der bei dem Bundesministerium der Justiz im Jahre 2001 eingesetzten Arbeitsgruppe Unlauterer Wettbewerb, die zu den Gesetzgebungsarbeiten zur Umsetzung der UGP-RL im Jahre 2008 erneut gehört wurde, bestand, soweit ersichtlich, dahin Einigkeit, dass der Regelung des Lauterkeitsrechts im b2c-Geschäftsverkehr und im b2b-Geschäftsverkehr in einem gesetzestechnisch formal einheitlichen Gesetz gegen den unlauteren Wettbewerb keine Bedenken entgegenstehen.

[24] Siehe zum Dualismus des verbraucherbezogenen und des mitbewerberbezogenen Lauterkeitsrechts → Rn 28ff, 58ff.

zwei verschiedene Lauterkeitsrechtsordnungen, die nach ihren jeweiligen Schutzzweckbestimmungen, die als Auslegungsdirektiven die Anwendungsbereiche der konkreten Verbotstatbestände normieren, zu unterscheiden sind. In der Gesetzesbegründung wird dieser Dualismus des verbraucherbezogenen zum mitbewerberbezogenen Lauterkeitsrechts missachtet.

24 In der Gesetzesbegründung wird ausgeführt, der – im Sinne der tradierten Schutzzwecktrias verstandene – integrierte Ansatz des § 1 UWG 2004/2008 trage dem Umstand Rechnung, dass das Verhalten von Unternehmen am Markt im Prinzip unteilbar sei. Denn durch ein unlauteres Verhalten würden Verbraucher und Mitbewerber im Regelfall gleichermaßen geschädigt. Sowohl Verbraucher als auch Mitbewerber erwarteten daher die Einhaltung bestimmter Regeln der Lauterkeit im Geschäftsverkehr. Diese Regeln sollten – möglichst durch denselben Rechtsakt – sowohl Verbraucher als auch Mitbewerber vor unlauterem Marktverhalten schützen.[25]

25 Diesen Ausführungen, die auf einem methodischen Missverständnis über die Gesetzesauslegung und einer Fehlinterpretation der UGP-RL beruhen, ist nachdrücklich zu widersprechen. Die Aussage in der Gesetzesbegründung, das Marktverhalten eines Unternehmens sei im Prinzip unteilbar, ist zwar insoweit zutreffend, als es um die sachverhaltliche Beschreibung einer **tatsächlichen Geschäftspraktik** eines Unternehmens am Markt geht; eine solche Einheitsbetrachtung ist aber dann sachlich unzutreffend, wenn es um die **rechtliche Beurteilung** der Geschäftspraktik nach aus Rechtsgründen zu unterscheidenden Gesetzeszwecken geht. Der Gesetzgeber verkennt die lauterkeitsrechtliche Schutzkonzeption der UGP-RL, die eine rechtsinhaltliche Trennung zwischen dem verbraucherbezogenen Lauterkeitsrecht, das Gegenstand einer Vollharmonisierung ist, erzwingt. Rechtssätze des harmonisierten Lauterkeitsrechts im b2c-Geschäftsverkehr können nicht aus Gründen des Mitbewerberschutzes restriktiver oder extensiver ausgelegt werden, als es die Schutzzweckbestimmung des unmittelbaren Verbraucherinteresses verlangt.

26 Der integrierte Ansatz[26] der Schutzzweckbestimmung des § 1 UWG 2004, unter dem die Gesetzesbegründung wohl das Integrationsmodell der Schutzzwecktrias versteht, unterscheidet sich rechtsinhaltlich grundlegend von dem originären Verbraucherschutz durch Lauterkeitsrecht nach der UGP-RL. Die tradierte Schutzzwecktrias geht von einem integrierten Interessenschutz der verschiedenen Interessenkreise der Wettbewerber, der Verbraucher und der Allgemeinheit aus. Prägendes Merkmal der Schutzzwecktrias ist die **Gleichrangigkeit** und **Gleichwertigkeit** der beteiligten Interessen. Die Interessenintegration bei der Begründung der Unlauterkeit nach der Schutzzwecktrias unterscheidet sich grundlegend von dem Modell des lauterkeitsrechtlichen Verbraucherschutzes. Die Begründung der verbraucherbezogenen Unlauterkeit im Anwendungsbereich der UGP-RL ist nach einem **Vorrang der Verbraucherinteressen** zu bestimmen. Der Primat der Verbraucherinteressen im Lauterkeitsrecht des b2c-Geschäftsverkehrs folgt rechtlich zwingend im Sinne einer richtlinienkonformen Auslegung aus der eindeutigen Schutzzweckbestimmung der UGP-RL. Der **Vorrang der Mitbewerberinteressen** gilt im Anwendungsbereich des mitbewerberbezogenen Lauterkeitsrechts, das noch nicht harmonisiert ist und dringend einer Rechtsangleichung in den Mitgliedstaaten der EU bedarf. Bei der Rechtsanwendung im Lauterkeitsrecht sind die beiden Lauterkeitsrechtsordnungen des verbraucherbezogenen und des mitbewerberbezogenen Lauterkeitsrechts rechtsinhaltlich als zwei zu unterscheidende Gesetze zu denken, auch wenn rechtstechnisch formal eine Gesetzeseinheit besteht.

27 **b) Die rechtsinhaltliche Trennung zwischen verbraucherbezogenem und mitbewerberbezogenem Lauterkeitsrecht im UWG 2008.** Bei dem Anwendungsbereich des UWG 2008 ist deutlich zwischen dem verbraucherbezogenen Lauterkeitsrecht, das den b2c-Geschäftsverkehr regelt, und dem mitbewerberbezogenen Lauterkeitsrecht, das den

[25] So ausdrücklich in der Begründung zum Gesetzentwurf der Bundesregierung BT-Drucks. 16/10 145 vom 20. 8. 2008 S. 11.

[26] So die Formulierung in der Gesetzesbegründung (Fn 25).

b2b-Geschäftsverkehr regelt, zu unterscheiden. Innerhalb des verbraucherbezogenen Lauterkeitsrechts kommt bei der Begründung der Unlauterkeit im b2c-Geschäftsverkehr den Verbraucherinteressen ein rechtlicher Vorrang zu. Innerhalb des mitbewerberbezogenen Lauterkeitsrechts kommt bei der Begründung der Unlauterkeit im b2b-Geschäftsverkehr den Mitbewerberinteressen ein rechtlicher Vorrang zu. Es besteht nur eine formale Gesetzeseinheit des verbraucherbezogenen und des mitbewerberbezogenen Lauterkeitsrechts im UWG. Unter dem formalen Dach des Gesetzes gegen den unlauteren Wettbewerb bestehen materiellrechtlich zwei Lauterkeitsrechtordnungen.

Der **Dualismus der Lauterkeitsrechtsordnungen** ergibt sich schon zwingend aus der UGP-RL, deren Regelungsgegenstand ausschließlich das verbraucherbezogene Lauterkeitsrecht des b2c-Geschäftsverkehrs ist. Wenn ein Sachverhalt in den Anwendungsbereich der UGP-RL fällt, dann handelt es sich auch um einen Sachverhalt des verbraucherbezogenen Lauterkeitsrechts innerhalb des UWG, dessen Begründung der Unlauterkeit vorrangig an den Verbraucherinteressen auszurichten ist. Das Verhalten von Unternehmen am Markt wird – anders als in der Gesetzesbegründung unzutreffend dargestellt – nicht aufgeteilt, sondern, soweit es sich um einen Sachverhalt handelt, der unter die UGP-RL zu subsumieren ist, ausschließlich nach den Rechtsgrundsätzen des verbraucherbezogenen Lauterkeitsrechts beurteilt. Im b2c-Geschäftsverkehr sind die Mitbewerberinteressen nur mittelbar geschützt. Wettbewerberinteressen können den Anwendungsbereich der unlauteren Geschäftspraktiken im b2c-Geschäftsverkehr weder ausdehnen noch einschränken. Der **Schutzzwecktrias** in der Normzweckklausel des § 1 UWG 2008 kommt insoweit nur eine **gesetzestechnisch formale** Bedeutung zu, da allgemein die Interessen der Verbraucher, Mitbewerber und der Allgemeinheit benannt werden, die innerhalb der beiden Lauterkeitsrechtsordnungen des verbraucherbezogenen und des mitbewerberbezogenen Lauterkeitsrechts rechtserheblich sein können. 28

Die rechtsformal im UWG 2008 bestehende Gesetzeseinheit des verbraucherbezogenen und des mitbewerberbezogenen Lauterkeitsrechts verlangt, bei der Anwendung der Verbotstatbestände des UWG 2008 bei der Subsumtion der Sachverhalte materiellrechtlich danach zu unterscheiden, ob es sich um eine Fallkonstellation im Anwendungsbereich der UGP-RL handelt, oder ob ein Verbotstatbestand des nichtharmonisierten Lauterkeitsrechts eingreift. Es ist dem **Gesetzgeber des UWG 2008** vorzuhalten, dass er in Anlehnung an die UGP-RL im UWG 2008 die gesetzessystematische und gesetzestextliche Trennung der Regelungen des Lauterkeitsrechts im b2c-Geschäftsverkehr von den Regelungen im b2b-Geschäftsverkehr hätte deutlicher vornehmen können, ohne dass es formal zweier verschiedener Gesetze bedurft hätte und die Regelungen beider Lauterkeitsrechtsordnungen gesetzestechnisch nach wie vor in einem einzigen UWG hätten normiert werden können. Die materiellrechtliche Teilung in die beiden Lauterkeitsrechtsordnungen stellt **keine unangemessene Rechtsaufspaltung** dar; sie ist vielmehr nach dem europäischen Richtlinienrecht geboten, um die nationale Rechtspraxis nicht mit einem **Lauterkeitsrechtsmix** zu belasten. Ob das Versäumnis des Gesetzgebers des UWG 2008, die von der UGP-RL vorgegebenen Verbotstatbestände des verbraucherbezogenen Lauterkeitsrechts innerhalb des Gesetzestextes deutlicher abzugrenzen, auf der Scheu vor dieser Rechtsarbeit beruhte oder Ausdruck der verdeckten Absicht war, bei der Rechtsanwendung es möglichst bei der überkommenen Rechtspraxis zu belassen, mag auf sich beruhen. Bei der Anwendung der Verbotstatbestände des UWG 2008 ist jedenfalls nicht entbehrlich, vielmehr in richtlinienkonformer Auslegung geboten, materiellrechtlich die verbraucherbezogenen und mitbewerberbezogenen Verbotstatbestände zu trennen und deren Anwendungsbereich nach dem Vorrang der konkreten Interessen zu konturieren. 29

Die verbraucherbezogenen Verbotstatbestände des Lauterkeitsrechts sind zwingend von der UGP-RL vorgegeben. Um **mitbewerberbezogene Verbotstatbestände** des b2b-Geschäftsverkehrs handelt es sich etwa bei der Geschäftsehrverletzung (§ 4 Nr. 7 UWG), der Anschwärzung (§ 4 Nr. 8 UWG), dem lauterkeitsrechtlichen Leistungsschutz (§ 4 Nr. 9 UWG), Fallkonstellationen der vergleichenden Werbung (§ 6 UWG), wie etwa der 30 unlauteren Rufausbeutung und Rufbeeinträchtigung (Nr. 4), sowie der Herabsetzung und Verunglimpfung (Nr. 5), und auch den Fallkonstellationen des Behinderungswettbewerbs (§ 4 Nr. 10 UWG) und des Rechtsbruchs (§ 4 Nr. 11 UWG).

31 Es ist weiter geboten, auch die b2c-Verbotstatbestände des UWG, deren konkrete Anwendungsbereiche in einer jahrzehntelangen Rechtsentwicklung nach der Schutzzwecktrias ausgelegt und bestimmt wurden, nach dem Normzweck der UGP-RL, wie er auch in der Regelung des § 3 UWG 2008 zumindest ansatzweise zum Ausdruck gebracht wurde, zu überprüfen und gegebenenfalls die Grenzen der Verbotstatbestände – sei es restriktiver, sei es extensiver – neu zu bestimmen. Diese **Neujustierung des b2c-Lauterkeitsrechts im UWG 2008** stellt eine Aufgabe sowohl der Rechtswissenschaft als auch der Rechtsprechung dar, die sich an den Grundsatzurteilen des EuGH zur Auslegung der UGP-RL wird orientieren müssen.

32 Schon in Anbetracht der künftigen Entwicklung des europäischen Richtlinienrechts wäre verfehlt und verhängnisvoll, sich der Rechtsarbeit an einer Unterscheidung des verbraucherbezogenen und des mitbewerberbezogenen Lauterkeitsrechts zu entziehen. In der Präambel der UGP-RL, in der zutreffend darauf hingewiesen wird, es gebe selbstverständlich andere Geschäftspraktiken, die zwar nicht den Verbraucher schädigten, sich jedoch nachteilig für die Mitbewerber und gewerblichen Kunden auswirken könnten, wird der Kommission aufgegeben, sorgfältig zu prüfen, ob auf dem Gebiet des unlauteren Wettbewerbs über den Regelungsbereich der UGP-RL hinausgehende, gemeinschaftliche Maßnahmen erforderlich seien. Der Kommission wird weiter aufgegeben, gegebenenfalls einen **Gesetzgebungsvorschlag** zur Erfassung dieser anderen Aspekte des unlauteren Wettbewerbs vorzulegen. Die Forderung nach einer **Rechtsharmonisierung des Mitbewerberschutzrechts** im b2b-Geschäftsverkehr kann nur nachdrücklich das Wort geredet werden. Eine gemeinschaftsrechtliche Rechtsharmonisierung des Mitbewerberschutzrechts im b2b-Geschäftsverkehr als Lauterkeitsrecht ist dringend geboten.[27]

B. Die Entwicklungsgeschichte der Schutzzwecktrias im deutschen Lauterkeitsrecht

I. Standortbestimmung der großen Generalklausel des § 1 UWG 1909 entsprechend dem Paradigmenwechsel bis zur UWG-Reform 2004

33 Vor Inkrafttreten des UWG 2004 wurde der Normzweck des Lauterkeitsrechts im Wesentlichen der großen Generalklausel des § 1 UWG 1909 entnommen. Die nahezu einhundertjährige Geschichte der alten Generalklausel des deutschen Lauterkeitsrechts ist ein Lehrstück für die **rechtstheoretische Innovationskraft** der Rechtstechnik einer als Generalklausel formulierten Grundsatznorm eines Gesetzes auf dem Gebiet des Wirtschaftsrechts. Die generalklauselartige Offenheit der Gute-Sitten-Norm ermöglichte in der Vergangenheit gesetzestechnisch einen **Paradigmenwechsel,** den das Lauterkeitsrecht im Sinne eines **Funktionswandels** im Laufe seiner Entwicklungsgeschichte vollzog.

34 Die Modernisierung des Lauterkeitsrechts innerhalb der UWG-Reform des Jahres 2004 und die Auslegung des UWG 2004 anhand der Standards und Direktiven der Normzweckklausel des § 1 UWG 2004 bedurften einer Standortbestimmung des Lauterkeitsrechts, deren sich auch die europäische Rechtsharmonisierung durch die Richtlinie über unlautere Geschäftspraktiken zu vergewissern hatte. Anhand der **Schutzzwecktrias** als Schlagwort wurde der Normzweck und Anwendungsbereich des alten UWG 1909 im letzten Drittel des vergangenen Jahrhunderts bestimmt. Mit der Schutzzweckklausel des § 1 UWG 2004 sollten die rechtlichen Wertungen des Lauterkeitsrechts offengelegt werden,

[27] → Einleitung E Rn 121.

die sowohl die richterrechtliche Konkretisierung der alten Generalklausel des § 1 UWG 1909, als auch das Reformprojekt des Gesetzgebers des UWG 2004 bestimmten. Der geschichtliche Rekurs auf die Entwicklung der Schutzzwecktrias dient somit zugleich einer zukunftsgerichteten **Legitimierung des modernen Lauterkeitsrechts** nach der UWG-Reform des Jahres 2004 und der Rechtserheblichkeit der Normzweckklausel des im Wortlaut nahezu unveränderten § 1 UWG 2008 und der Umsetzung der UGP-RL.

II. Zur Dogmatik des Unrechts im Lauterkeitsrecht

Im ausgehenden 19. Jahrhundert war das Wettbewerbsrecht im Sinne der gesetzlichen Regelungen zum **Schutz eines redlichen Wettbewerbs** seiner ursprünglichen Anlage nach individualrechtlich konzipiert. Das Gesetz zur Bekämpfung unlauteren Wettbewerbs vom 27. Mai 1896,[28] das der Vorläufer des Gesetzes gegen den unlauteren Wettbewerb vom 7. Juli 1909[29] war, verfolgte nach der Begründung zum Ersten Entwurf das begrenzte Ziel, gegen „gewisse Mittel, welche moralisch verwerflich, wenngleich vom Gesetz bisher nicht verboten sind", Abhilfe zu schaffen, wenn die Mittel „zu dem Zwecke angewendet werden, um unberechtigte Vorteile gegenüber den Konkurrenten zu gewinnen".[30] Die Abwehr und der Ausgleich ungerechtfertigter Vorteile unlauterer Mitbewerber war eine wesentliche Zielsetzung des Lauterkeitsrechts. Das UWG 1896 diente ausschließlich dem **Individualschutz** der einzelnen Mitbewerber. Das spricht deutlich eine vielzitierte Wendung aus der Begründung aus.[31] „Der Schutz des konsumierenden Publikums gegen Übervorteilung ist **nicht der unmittelbare Zweck** eines gegen den unlauteren Wettbewerb gerichteten Gesetzes, wenngleich Maßregeln, die in den gegenseitigen Beziehungen der Gewerbetreibenden Treu und Glauben zu befestigen bestimmt sind, **mittelbar** auch dem Interesse ihrer Abnehmer entgegenkommen werden." Das UWG 1896 war ein Schutzgesetz zugunsten der Wettbewerber, das im Sinne einer subjektivrechtlich verstandenen Privatrechtsordnung die Individualrechte der Wettbewerber zu schützen bezweckte. 35

Das UWG 1896 normierte im Wesentlichen das Verbot unwahrer Reklame und einiger anderer Erscheinungsformen des unlauteren Wettbewerbs. Die Bestimmungen des UWG 1896 hinterließen zahlreiche **Lücken im Schutzsystem** gegen Schädigungen durch unlauteren Wettbewerb. Nach dem Inkrafttreten des Bürgerlichen Gesetzbuchs am 1. Januar 1900 sah sich das RG veranlasst, neben dem deliktsrechtlichen Schutz des Rechts am eingerichteten und ausgeübten Gewerbebetrieb nach § 823 Abs. 1 BGB auf dem Gebiet der Wettbewerbshandlungen ergänzend § 826 BGB anzuwenden. Nach Ansicht des RG diente § 826 BGB nunmehr[32] dazu, „eine Schutzwehr gegen illoyale Handlungen in umfassender Weise zu gewähren".[33] 36

Das Gesetz gegen den unlauteren Wettbewerb vom 7. Juni 1909 ersetzte die kleine Generalklausel des § 1 Abs. 1 S. 1 UWG 1896 durch die **große Generalklausel** des § 1 UWG 1909. Das UWG 1909 behielt die Schutzrichtung eines ausschließlichen Konkurrentenschutzes bei. Repräsentativ drückte *Baumbach* in seiner ersten Kommentierung des Wettbewerbsrechts die individualrechtliche Schutzrichtung und das Verständnis des **Lauterkeitsrechts als Konkurrentenschutzrecht** aus. Es sei ein grundlegender Irrtum, dass das deutsche Wettbewerbsrecht auch das Publikum schütze.[34] 37

---

[28] Zur Entstehungsgeschichte des UWG 1896 → Einleitung E Rn 16 ff.

[29] Zur Entstehungsgeschichte des UWG 1909 → Einleitung E Rn 21 ff.

[30] Begründung zum Ersten Entwurf des UWG vom 27. 5. 1986, Stenographische Berichte der Verhandlungen des Reichstags, 9. Legislaturperiode, IV. Session, 1895/97, Band 151, Berlin, 1896, Anlage Nr. 35, 1. Anlageband, S. 99 ff, 101.

[31] → Einleitung E Rn 17.

[32] Zum Versagen der reichsgerichtlichen Rechtsprechung in der Zeit vor den Kodifikationen des Lauterkeitsschutzes in Deutschland → Einleitung E Rn 6.

[33] RGZ 48, 114, 119.

[34] Repräsentativ *Baumbach* Kommentar zum Wettbewerbsrecht, 1. Aufl. Berlin 1929 S. 128.

38 Das individualrechtliche Verständnis des **Wirtschaftsdeliktsrechts** erklärt sich aus der allgemeinen Zentralstellung, die zur Zeit der Wende zum 20. Jahrhundert das subjektive Recht als eine Rechtsinstitution des Privatrechts in der Zivilrechtslehre einnimmt. Ziviles Unrecht wurde notwendig als die **Verletzung eines subjektiven Rechts** gedacht. Der rechtstheoretische Ausgangspunkt machte der Lehre zur Aufgabe, das **Schutzobjekt im Wettbewerbsrecht** aufzufinden. Erst der Eingriff eines Wettbewerbers in das rechtlich geschützte Rechtsgut eines Mitbewerbers konstituierte das wettbewerbliche Unrecht. So waren **Wettbewerbsrechtstheorien** notwendigerweise **Individualrechtstheorien.** Es nimmt nicht wunder, dass der Meinungsstreit um das im Wettbewerbsrecht geschützte Rechtsgut die Kontroverse um das Wesen des subjektiven Privatrechts im ausgehenden 19. Jahrhundert widerspiegelt.[35]

39 Die Vielfalt der frühen wettbewerbsrechtlichen Theorien war in zwei Lager gespalten: in eine persönlichkeitsrechtliche und in eine unternehmensrechtliche Richtung.[36] Die einen verstanden das Wettbewerbsrecht als **Persönlichkeitsschutz,** das den Schutz der Person im Bereich ihrer wirtschaftlichen Betätigung bezweckte, die anderen als **Unternehmensschutz**, das dem Schutz der in einem Unternehmen verkörperten, wirtschaftlichen Werte diente. In beiden Theorien ist Grundlage des wettbewerblichen Unrechts die Verletzung eines subjektiven Rechts. Ansatz der Vertreter einer **persönlichkeitsrechtlichen Theorie**, zu denen etwa *Otto von Gierke, Joseph Kohler, Adolf Lobe* und *Alfred Rosenthal* rechneten, war die Anerkennung eines allgemeinen Persönlichkeitsrechts als eines subjektiven Privatrechts. Anders entwickelte sich später die **unternehmensrechtliche Theorie,** zu deren Vertretern etwa *Adolf Baumbach, Rudolf Callmann, Rudolf Isay* und *Hans Oppikofer* zählten, in Fortbildung der höchstrichterlichen Rechtsprechung zur Anerkennung eines subjektiven Rechts am eingerichteten und ausgeübten Gewerbebetrieb nach § 823 Abs. 1 BGB. Das subjektivrechtliche Rechtsverständnis des Deliktsschutzes des Rechts am Unternehmen im Sinne eines absoluten Rechts bildete für die Autoren der sogenannten modernen Richtung des Wettbewerbsrechts in den 1920er Jahren die rechtstheoretische Möglichkeit, das Lauterkeitsrecht, das nicht die Person des Wettbewerbers, sondern dessen Unternehmen schütze, als **Immaterialgüterrecht** zu beschreiben.[37]

40 Indem beide wettbewerbstheoretische Richtungen das Wettbewerbsrecht auf subjektivrechtlicher Grundlage aufbauten – sei es, dass der das wettbewerbliche Unrecht begründende Erfolg der Wettbewerbshandlung in der Verletzung eines subjektiven Rechts an der eigenen Person, sei es am Unternehmen erblickt wurde –, entsprachen sie den privatrechtstheoretischen Grundströmungen ihrer Zeit. Allein Ursprung und Verankerung im Naturrecht unterscheidet das subjektivrechtliche Rechtsdenken der persönlichkeitsrechtlichen von der unternehmensrechtlichen Lehre. Richtig bemerkte schon *Wolfgang Hefermehl,* es lasse sich, ausgehend von beiden Theorieansätzen, ein Wettbewerbsrecht konzipieren, zumal in der Zwischenzeit ein von jedermann zu achtendes, subjektives Privatrecht auf freie Entfaltung der Persönlichkeit zum Schutz des gesamten Ausstrahlungs- und Wirkungskreises der Person anerkannt sei, zumal aber auch dem Unternehmensschutz in einer marktwirtschaftlichen Ordnung Verfassungsrang zukomme.

41 Anfang der 1930er Jahre verhalf vornehmlich *Eugen Ulmer* dem Gedanken zum Durchbruch, dass das Wettbewerbsrecht nicht allein dem Schutz der einzelnen Mitbewerber oder der Gesamtheit der Mitbewerber diene, sondern dass die Bekämpfung unlauteren Wettbewerbs auch im **Interesse der Allgemeinheit** liege. Dem Allgemeininteresse im Wettbewerbsrecht wird eine Doppelaspektivität zugesprochen: Es ist einerseits das **Interesse der Gesamtheit der Mitbewerber,** das von der Unlauterkeit berührt wird, im Gegensatz zur Sphäre eines einzelnen Mitbewerbers, in die durch die unlautere Wettbewerbshandlung

---

[35] Siehe dazu *Fezer,* Teilhabe und Verantwortung – Die personale Funktionsweise des subjektiven Privatrechts 1986, S. 205 ff., 215 ff.

[36] Siehe die Darstellung des Meinungsstands bei *Baumbach/Hefermehl* Wettbewerbsrecht, 22. Aufl. 2001, Einl UWG Rn 44 ff.

[37] *Callmann* Der unlautere Wettbewerb, Kommentar 1929, S. 23 ff.

eingegriffen wird.[38] Lauterkeitsrecht wird nach wie vor im Kern als Konkurrentenschutzrecht verstanden, wenn als zentrale Fallkonstellationen unlauterer Eingriffe in die Sphäre des einzelnen Mitbewerbers das Anschwärzen des Konkurrenten, das Abspenstigmachen seiner Arbeitnehmer, das Eindringen in seine Geschäfts- und Betriebsgeheimnisse beschrieben werden und die unwahre Reklame mit der Zahlung von Schmiergeldern verglichen wird, durch die sich ein Wettbewerber einen Vorteil vor dem Mitbewerber sichert.[39] Das Allgemeininteresse wird andererseits auch als das Interesse des Volksganzen an einer gesunden und sauberen **Ordnung des Wirtschaftslebens** bezeichnet.[40] Wenn insoweit auch schon von den Interessen des Publikums die Rede ist, dann sind damit nicht die unmittelbaren Interessen der Verbraucher gemeint, sondern handelt es sich um das Allgemeininteresse des Publikums an der Wettbewerbsordnung.

In der **reichsgerichtlichen Rechtsprechung** wird die Aufgabe des UWG, im öffentlichen Interesse den Auswüchsen des Wettbewerbs entgegenzutreten, von dem Schutzinteresse des einzelnen Wettbewerbers unterschieden. Da es der Zweck des UWG sei, nicht nur den redlichen Wettbewerb zu schützen, sondern auch im öffentlichen Interesse den Auswüchsen des Wettbewerbs überhaupt zu steuern, müsse in Betracht gezogen werden, ob eine Werbemaßnahme den Belangen der Allgemeinheit entspreche.[41] 42

Es ist das Verdienst von *Wolfgang Hefermehl,* die rechtstheoretischen Folgerungen aus dem **Wandel der Schutzrichtung des Wettbewerbsrechts** gezogen zu haben.[42] Er beobachtete an der höchstrichterlichen Rechtsprechung, dass bei der Anwendung des § 1 UWG 1909 in der Regel ein Eingriff in ein Individualrecht des Mitbewerbers nicht mehr festgestellt werde. Seine Lehre vom **Interessenschutz** im Wettbewerbsrecht geht dahin, das Kennzeichen des unlauteren Wettbewerbs liege nicht in der Verletzung eines subjektiven Rechts oder Rechtsguts, sondern in dem Verstoß gegen objektive Verhaltensnormen. Die **Institution des Wettbewerbs** als einer selbstständigen Ordnungseinheit des sozialen Lebens sei das übergeordnete Schutzgut des gesamten Wettbewerbsrechts. Es widerspreche dem Wesen des Wettbewerbs, einem Wettbewerber ausschließliche Herrschaftspositionen zuzuweisen. So sei es bei der Verhinderung unlauteren Wettbewerbsverhaltens gleichgültig, ob die Persönlichkeit eines Mitbewerbers in seiner wirtschaftlichen Betätigung, das Unternehmen oder die Wettbewerbsstellung eines Mitbewerbers verletzt werden. In der Formulierung *Hefermehls,* es sei gleichgültig, in welches Rechtsgut die unlautere Wettbewerbshandlung eingreife, oder ob sie überhaupt in ein solches Rechtgut eingreife, wird anschaulich, dass nach der Lehre vom Interessenschutz das Vorliegen einer Interessenverletzung ausreichend ist, die Verletzung eines Individualrechtsguts eines Mitbewerbers aber selbstverständlich weiterhin auch konstitutiv für die Begründung des wettbewerblichen Unrechts sein kann. 43

In der Folgezeit sollte die Lehre vom Interessenschutz häufig fehlsam dahin interpretiert werden, eine unlautere Wettbewerbshandlung stelle zwingend eine objektive Interessenverletzung dar. Die Lehre vom Interessenschutz dehnt den Anwendungsbereich des UWG aus, schränkt ihn aber nicht ein. Wenn die Lehre vom Interessenschutz im Wettbewerbsrecht mit der **Verhaltensunrechtslehre** verbunden wird und das wettbewerbliche Unrecht zwingend als Verhaltensunrecht charakterisiert wird, dann stellt diese Schlussfolgerung nur eine Ableitung aus der allgemeinen Rechtswidrigkeitslehre dar. Die Begründung wettbewerblichen Unrechts als ein Verstoß gegen **Individualrechte der Mitbewerber oder der Verbraucher** wird von der Lehre des Interessenschutzes im Wettbewerbsrecht gerade nicht 44

---

[38] *E. Ulmer* Sinnzusammenhänge im modernen Wettbewerbsrecht 1931, S. 19ff.

[39] *E. Ulmer* (Fn 38) S. 21.

[40] *E. Ulmer* Wandlungen und Aufgaben im Wettbewerbsrecht GRUR 1937, 769, 772.

[41] RG GRUR 1936, 810, 812 – Diamantine; siehe schon RGZ 120, 47, 49f – Markenpreise (zur Begründung der Unterlassungsklage eines Verbands, den Auswüchsen im Wettbewerb auch im öffentlichen Interesse entgegenzutreten, da die Verfolgung der Rechtsverletzungen nicht dem Belieben des unmittelbar Verletzten allein überlassen sei); RGZ 128, 330, 342f – unentgeltlich verteiltes Extrablatt.

[42] Dazu und zum folgenden *Hefermehl* FS Nipperdey S. 283ff.

ausgeschlossen; ob eine solche Unlauterkeit als verhaltensbezogene oder erfolgsbezogene Rechtswidrigkeit beurteilt wird, ist wiederum nur eine Folge der rechtstheoretischen Annahmen innerhalb der allgemeinen Rechtswidrigkeitslehre. Innerhalb des Deliktsrechts besagt der Schutz von absoluten subjektiven Rechten und Rechtsgütern nichts über die Art der verhaltensbezogenen oder erfolgsbezogenen Rechtswidrigkeit oder über die Geltung der Rechtswidrigkeitslehren, sei es die Erfolgsunrechtslehre, sei es die Verhaltensunrechtslehre oder seien es vermittelnde Rechtswidrigkeitslehren, aus.[43]

45 Der **Funktionswandel im Wettbewerbsrecht** dehnte den Bereich des wettbewerblichen Unrechts nicht allein hinsichtlich eines an objektivrechtlichen Verhaltensnormen ausgerichteten Interessenschutzes aus. Er machte es sich vielmehr auch zur Aufgabe, solche neuen Erscheinungsformen unlauteren Wettbewerbs zu beschreiben, die subjektivrechtliche Rechtslagen berührten und auf einer **Ausdehnung der Schutzsubjekte** des Wettbewerbs, wie namentlich der **Verbraucher,** beruhten. Der originäre Verbraucherschutz durch Lauterkeitsrecht im b2c-Geschäftsverkehr, der in Umsetzung der UGP-RL den Schutzzweck des verbraucherbezogenen Lauterkeitsrechts des UWG 2008 bestimmt, bedeutet die **Konstituierung von Verbraucherrechten,** wie das Informationsgebot der UGP-RL zur Herstellung von Markttransparenz im Interesse einer informierten Verbraucherentscheidung veranschaulicht, das Informationspflichten der Unternehmen und damit korrespondierende Verbraucherrechte begründet.[44] Das lauterkeitsrechtliche Unrecht im Kontext der Rolle der Verbraucher als Marktpartner im Wettbewerbsprozess zu bestimmen, ist ein Versuch, die Entwicklung von einer **individualrechtlichen** zu einer **sozialrechtlichen**[45] und **institutionellen** Funktionsausrichtung der wettbewerbsrechtlichen Normen zu einer **pluralistischen Wettbewerbstheorie**[46] fortzuschreiben, die den Wettbewerb und damit das Marktverhalten anhand der Kategorien des Gegengewichts und der gesellschaftlichen Teilhabe nicht allein sittlichrechtlich und objektivrechtlich, sondern auch subjektivrechtlich legitimiert.[47]

46 Der Wandel in den Funktionen und Strukturen des Wettbewerbsrechts von einem rein individualrechtlichen zu einem sozialrechtlichen Lauterkeitsrecht führte zu der nahezu allgemein anerkannten Erkenntnis, dass das gesamte Wettbewerbsrecht die individuellen und sozialen Interessen der Mitbewerber, der Verbraucher und der übrigen Marktbeteiligten sowie der Allgemeinheit schützt **(Schutzzwecktrias).** Das Lauterkeitsrecht basiert gleichermaßen auf individualrechtlichen und sozialrechtlichen – das sind **sozioökonomische, sozioökologische** und **soziokulturelle** – Funktionselementen. Der Vorrang der Wertungskriterien wurde nach der Dogmatik der Schutzzwecktrias anhand einer **marktbezogenen Güter- und Interessenabwägung**[48] bestimmt. Folge der Einbeziehung der Interessen der Verbraucher und der Allgemeinheit ist eine Entwicklung des Wettbewerbsrechts von einem deliktischen Verhaltensrecht der Mitbewerber zu einem **Marktverhaltensrecht**

---

[43] Siehe zum rechtstheoretischen Verständnis des bürgerlichrechtlichen Deliktsrechts als einer dreiteiligen Generalklausel und deren Verhältnis zu den Unrechtslehren erstmals *Fezer* Teilhabe und Verantwortung 1986 S. 453 ff.

[44] Siehe zur Umsetzung des Informationsgebots der UGP-RL in das UWG 2008 näher → Einleitung E Rn 190.

[45] Die von *Wolfgang Hefermehl* geprägte Begriffsbildung einer sozialrechtlichen Zweckbestimmung des Lauterkeitsrechts geht historisch auf das lateinische Wort societas zurück und nimmt die sozialethische Fundierung des Lauterkeitsrechts als einen Aspekt der Verrechtlichung in das sozialrechtliche Rechtsverständnis auf. Es ist kaum mehr nachvollziehbar, wenn im rechtswissenschaftlichen Schrifttum der sozialrechtliche Charakter des UWG deshalb als „sehr missverständlich" bezeichnet wird, da keinerlei Bezüge zum Sozialrecht im Sinne namentlich des Sozialgesetzbuches bestünden; so Harte/Henning/*Schünemann* § 1 UWG Rn 12. Erklärbar ist ein solches Verdikt allein aus der Sicht einer neoliberalen Theorie des Ökonomismus, der die grundrechtsbasierte Ordnung der sozialen Grundwerte und der Verantwortungsethik aus dem Wettbewerbsrecht ausblendet. → Einleitung E Rn 289 ff.

[46] Siehe dazu *Fezer* JZ 1985, 762; *ders.* JZ 1990, 657; → Einleitung E Rn 288.

[47] Siehe zu diesem wettbewerbstheoretischen Ansatz schon *Fezer* Teilhabe und Verantwortung 1986, S. 524 ff, 539 ff.

[48] Zur Güter- und Interessenabwägung sowie zur funktionalen Rechtsanwendung zur Konkretisierung der Lauterkeit im Wettbewerb im Sinne des § 3 → § 3 Rn 196 f.

aller Marktteilnehmer. Folge der Zweiteilung des Lauterkeitsrechts in den b2c-Geschäftsverkehr und den b2b-Geschäftsverkehr in Umsetzung der UGP-RL und die damit verbundene materiellrechtliche Trennung des verbraucherbezogenen und mitbewerberbezogenen Lauterkeitsrechts im UWG 2008 ist es, dass an die Stelle des Integrationsmodells der Schutzzwecktrias der Vorrang der Verbraucherinteressen im harmonisierten Lauterkeitsrecht der UGP-RL tritt.

Der sozialrechtliche Aspekt ebnete einerseits den Weg für eine am **Schutz des Wettbewerbsbestands** orientierte und damit **institutionelle** Erfassung der Wettbewerbswidrigkeit. Die von *Ludwig Raiser* kreierte Vokabel von der **marktbezogenen Unlauterkeit** charakterisierte einsichtig diesen Entwicklungsschritt im Wettbewerbsrecht.[49] Nach Inkrafttreten des Gesetzes gegen Wettbewerbsbeschränkungen wurde eine solche Tendenz durch den Einfluss der Wertungen des GWB auf das UWG im Sinne einer Wettbewerbsordnung als einer einheitlichen rechtlichen Gesamtordnung (Wechselwirkungstheorie) befördert.[50] Das ordnungspolitische Moment rechtfertigte den Schutz des Wettbewerbs vor schweren **Marktstörungen**[51] nunmehr auch innerhalb des Lauterkeitsschutzes. Andererseits wird der Schutz der **Verbraucherinteressen** von den Allgemeininteressen unterschieden und zu einem eigenständigen und unmittelbaren Schutzzweck verselbstständigt. Als Topoi eines sozialrechtlich und institutionell ausgerichteten Wettbewerbsrechts wurden neben dem Mitbewerberschutz der Schutz der Verbraucherinteressen, der Schutz des Leistungswettbewerbs und der Schutz des Wettbewerbs in seinem Bestand anerkannt. 47

Den Anwendungsbereich eines europäisierten Lauterkeitsrechts wird auf der Grundlage des europäischen Richtlinienrechts das Verhältnis zwischen unmittelbarem **Verbraucherschutz** im b2c-Geschäftsverkehr und einem ethisch verantworteten **Schutz des Leistungswettbewerbs** in den globalisierten Wirtschafts- und Handelsbeziehungen bestimmen.[52] Ausgehend von der marktfunktionalen Rolle des Verbrauchers in einer marktwirtschaftlichen Wettbewerbsordnung, ist der Begriff eines sozialethischen Leistungswettbewerbs nicht nur und primär an den wirtschaftlichen Interessen der Anbieter auszurichten, sondern ist gleichrangig aus der Perspektive der Marktgegenseite zu bestimmen. Im Schutz des transnationalen Leistungswettbewerbs liegt der Schutz der Leistungskontrolle der Marktgegenseite. Leistungswettbewerb ist Ausdruck der besseren Leistungsfähigkeit des anbietenden Unternehmens auf dem Markt der zum Vergleich stehenden Leistungen. Leistungswettbewerb kann nur dann bestehen, wenn die Entscheidung der Marktgegenseite über die in Wettbewerb stehenden Angebote der Mitbewerber als ein Urteil der Verbraucher über die unternehmerische Leistung fallen kann. Denn der Nutzen für den Verbraucher legitimiert den Wettbewerb, der die beste Leistung auf dem Markt zur Geltung bringen soll. Verbraucherschutz und Schutz des Leistungswettbewerbs erscheinen so als zwei Seiten ein und derselben Medaille,[53] wenn man den kollektiven Entscheidungsprozess der Marktgegenseite als Teilhabe und äquivalente Mitgestaltung am Sozialprozess Wettbewerb begreift. Die Rechtserheblichkeit der **marktfunktionalen Stellung der Verbraucher** legitimiert das **lauterkeitsrechtliche Informationsmodell** der UGP-RL zur Herstellung von Konsumentensouveränität und Markttransparenz, sowie eine sozialökologische Neuausrichtung eines **sozialethischen Leistungswettbewerbs** unter Einbeziehung der Corporate Social Responsibility-Kriterien. 48

[49] *L. Raiser* GRUR Int. 1973, 433; zur ordnungsrechtlichen Schutzrichtung siehe auch *K. Simitis* 1960 S. 51 ff.

[50] Zur wettbewerbstheoretischen Grundlegung → Einleitung E Rn 216.

[51] Nach intensiver Diskussion am Heidelberger Institut entschied sich *Hefermehl* für die Erweiterung der Fallgruppen zur Konkretisierung der Unlauterkeit im Sinne der großen Generalklausel des § 1 UWG 1909 um eine fünfte Fallgruppe, die er auf meinen Vorschlag hin seit der 12. Aufl. seines Kommentars zum Wettbewerbsrecht im Jahre 1978 als *Marktstörung* bezeichnete.

[52] Zum originären Verbraucherschutz durch Lauterkeitsrecht → Einleitung E Rn 117; zum Schutz des Leistungswettbewerbs und des Leistungsvergleichs am Markt als ein Beurteilungsmaßstab zur Konkretisierung der Unlauterkeit → § 3 Rn 218 ff.

[53] Zu dieser Formulierung des integrierenden Theorieansatzes siehe schon früh *Fezer* BB 1976, 705.

C. Unternehmen und Verbraucher als Schutzsubjekte im Lauterkeitsrecht (§ 1 S. 1 UWG)

I. Abschied von der tradierten Schutzzwecktrias der Mitbewerber, der Verbraucher und der Allgemeinheit

1. Die Interessenkreise der Schutzzwecktrias

49 Die historische Entwicklung des Lauterkeitsrechts von einem individualrechtlichen Deliktsrecht zum Schutze der Wettbewerber im Sinne eines Konkurrentenschutzrechts zu einem Marktverhaltensrecht im Interesse aller Marktteilnehmer, das meint den Schutz der Mitbewerber, der Verbraucher und der Allgemeinheit, veränderte nachhaltig die subjektive Schutzrichtung des UWG 1909. Der Wandel in den Schutzzwecken des UWG 1909 wurde plakativ mit dem Begriff der Schutzzwecktrias umschrieben und auf den subjektiven Anwendungsbereich des Lauterkeitsrechts bezogen. Bis zur UWG-Reform des Jahres 2004 war in der höchstrichterlichen Rechtsprechung und im wettbewerbsrechtlichen Schrifttum nahezu einhellig anerkannt, dass das Lauterkeitsrecht dem Schutz der **Mitbewerber,** der **Verbraucher** und der **Allgemeinheit** zu dienen bestimmt war.

50 Noch in der Richtlinie über irreführende Werbung des Jahres 1984 wurde die Bekämpfung der irreführenden Werbung als im Interesse sowohl der Verbraucher als auch der Mitbewerber und der Allgemeinheit liegend beschrieben.[54] Die Neuorientierung des lauterkeitsrechtlichen Verbraucherschutzes wird durch die in Art. 14 UGP-RL vorgenommene Änderung der RL 84/450/EWG über irreführende Werbung deutlich, der in Abgrenzung des Anwendungsbereichs der UGP-RL den Geltungsbereich der Irreführungsrichtlinie in dem Zweckartikel des Art. 1 RL 2006/114/EG auf den Schutz von Gewerbetreibenden vor irreführender Werbung und deren unlautere Auswirkungen sowie die Festlegung der Bedingungen für zulässige vergleichende Werbung begrenzt.[55] Die Interessen der Wettbewerber und der Verbraucher als der Schutzsubjekte des Lauterkeitsrechts wurden in dem Integrationsmodell der Schutzzwecktrias aufeinander bezogen.

2. Interessenkonformität der Schutzsubjekte der Mitbewerber und der Verbraucher

51 Die Ausdehnung der subjektiven Schutzrichtung des UWG von einem ausschließlichen Konkurrentenschutz zu einem Marktverhaltensrecht zum Schutz aller Marktteilnehmer wurde mit der von *Wolfgang Hefermehl* begründeten **Lehre vom Interessenschutz im Wettbewerbsrecht** verbunden, mit der er die rechtstheoretischen Folgerungen aus dem Wandel der Schutzrichtung des Wettbewerbsrechts zog.[56] Der Wettbewerbsschutz wird anhand von drei Kreisen schützenswerter Interessen beschrieben: dem schutzwürdigen Interesse der Wettbewerber an der Freiheit ihrer wirtschaftlichen Betätigung, dem schutzwürdigen Interesse der Verbraucher an ihrer Entschließungsfreiheit und dem Allgemeinin-

---

[54] Richtlinie des Rates zur Angleichung der Rechts- und Verwaltungsvorschriften der Mitgliedstaaten über irreführende Werbung (84/450/EWG) vom 10. 9. 1984, ABl. EG Nr. L 250 vom 19. 9. 1984 S. 17; Richtlinie des Europäischen Parlaments und des Rates zur Änderung der Richtlinie 84/450/EWG über irreführende Werbung zwecks Einbeziehung der vergleichenden Werbung (97/55/EG) vom 6. 10. 1997, ABl. EG Nr. L 290 vom 23. 10. 1997 S. 18; Richtlinie des Rates über irreführende und vergleichende Werbung (konsolidierte Fassung) (84/450/EWG) vom 10. 9. 1984, ABl. EG Nr. L 250 vom 19. 1984 S. 17; geändert durch Richtlinie 97/55/EG vom 6. 10. 1997, ABl. EG Nr. L 290 S. 18; nunmehr Richtlinie 2006/114/EG des Europäischen Parlaments und des Rates über irreführende und vergleichende Werbung vom 12. 12. 2006, ABl. EG Nr. L 376 S. 21.

[55] Siehe dazu ausführlich → Einleitung E Rn 139.

[56] *Hefermehl* FS Nipperdey S. 283 ff. Die Interessenschutzlehre wurde von *Hefermehl* seit der 7. Aufl. seines Kommentars zum Wettbewerbsrecht vertreten; *Baumbach/Hefermehl* Allg. UWG Rn 56; siehe *Baumbach/Hefermehl* (22. Aufl.) Allg. UWG Rn 88.

teresse an gesellschaftlichen Grundwerten. Die Interessenanalyse, die diesem sozialrechtlichen Verständnis des Lauterkeitsrechts zugrundeliegt, geht von einer **integrativen Interesseneinheit** der Marktteilnehmer aus. Der Schutz der Verbraucher und der Allgemeinheit wird zwar nicht nur als eine Reflexwirkung des Wettbewerberschutzes verstanden; es wird aber von einer **Interessenkonformität** der Schutzinteressen aller Marktteilnehmer ausgegangen. Der Schutz der wirtschaftlichen Entscheidungsfreiheit der Verbraucher wird über einen wettbewerbsbezogenen Lauterkeitsschutz vermittelt. Das **Integrationsmodell der Schutzzwecktrias** bedeutet mittelbaren Verbraucherschutz durch Lauterkeitsrecht; es begründete noch keinen originären Verbraucherschutz durch Lauterkeitsrecht, der den Regelungsansatz der UGP-RL darstellt und in richtlinienkonformer Auslegung das UWG 2008 bestimmt.

II. Lauterkeitsrechtliche Unrechtskonstitution, verbraucherschützendes Sanktionenrecht und Wirksamkeitsmaxime zur Durchsetzung der UGP-RL

Dem Wandel in der Schutzrichtung des Lauterkeitsrechts, das in seinen Anfängen als ein ausschließliches Konkurrentenschutzrecht verstanden wurde, das nach dem Integrationsmodell der Schutzzwecktrias dem Schutz der Interessen der Mitbewerber, der Verbraucher und der Allgemeinheit zu dienen bestimmt war und nach der Umsetzung der europäischen Lauterkeitsrechtskonzeption der UGP-RL materiellrechtlich in ein – den unmittelbaren Schutz der Interessen der Verbraucher bezweckendes – verbraucherbezogenes Lauterkeitsrecht und in ein – den unmittelbaren Schutz der Mitbewerberinteressen bezweckendes – mitbewerberbezogenes Lauterkeitsrecht zu unterscheiden ist, kommt eine Doppelaspektivität zu. Die Ausdehnung der Schutzzwecke ist einerseits für die **Konstituierung des wettbewerblichen Unrechts** und andererseits für die **Zuerkennung von Sanktionenrechten** rechtserheblich. 52

Der Funktionswandel des Wettbewerbsrechts während der nahezu ein Jahrhundert währenden Geltung des UWG 1909 dehnte den Bereich des wettbewerblichen Unrechts aus, indem das sozialrechtliche Verständnis des Wettbewerbsrechts verlangte, verbraucherrechtliche und ordnungsrechtliche sowie allgemein gesellschaftsrechtliche Wertungen **unrechtsbegründend** zu berücksichtigen. Um zu einem richtigen Verständnis des Wettbewerbsrechts zu gelangen, hielt *Wolfgang Hefermehl* deshalb zutreffend für notwendig, bei der Anwendung der wettbewerbsrechtlichen Vorschriften auf die individualrechtlichen und sozialrechtlichen Funktionselemente zu achten.[57] Das wettbewerbliche Unrecht im Sinne einer lauterkeitsrechtlichen Wettbewerbswidrigkeit wurde aus einer Verletzung der Interessen der Mitbewerber, der Verbraucher und der Allgemeinheit begründet; der Vorrang der Wertungskriterien zur Beurteilung einer konkreten Fallkonstellation wurde anhand einer marktbezogenen Güter- und Interessenabwägung bestimmt. 53

Mit dem unrechtskonstituierenden Paradigmenwechsel im Lauterkeitsrecht war keine parallele Entwicklung im Sanktionenrecht des UWG im Sinne einer Anerkennung von individuellen Verbraucherrechten und Sanktionenrechten der Verbraucher verbunden. Es wurde als ausschließlich im öffentlichen Interesse liegend angesehen, Unterlassungsansprüche nicht nur den Mitbewerbern zuzuerkennen, sondern auch den Verbänden zur Förderung gewerblicher Interessen, den Verbänden, die satzungsgemäß die Interessen der Verbraucher durch Aufklärung und Beratung wahrnehmen, und den Industrie- und Handelskammern sowie den Handwerkskammern einzuräumen. Mit den bei bestimmten Wettbewerbsverstößen eingeräumten kollektiven Verbandsrechten wurde das private und öffentliche Interesse an der Lauterkeit des Wettbewerbs als hinreichend zur Geltung gebracht beurteilt. Ein lauterkeitsrechtlich schutzwürdiges, originäres Interesse der Verbraucher an ihrer funktionalen Teilhabe am wettbewerblichen Marktgeschehen und dem Schutz ihrer Konsumenten- 54

[57] *Baumbach/Hefermehl* 22. Aufl., 2001, UWG Einl. Rn 41 ff.

souveränität wird geradezu geleugnet, wenn der lauterkeitsrechtliche Unterschied zwischen Unternehmen und Verbrauchern dahin umschrieben wird, es seien die Unternehmen die Träger des Wettbewerbs und es gehe bei dem Schutz der Verbraucher vornehmlich um den Schutz vor Beeinträchtigungen ihrer rechtsgeschäftlichen Entscheidungsfreiheit und ihrer Berufs- und Privatsphäre. Im Lauterkeitsrecht werde der Verbraucherschutz nur generalpräventiv durch den lauterkeitsrechtlichen Unterlassungsanspruch gewährleistet, der deshalb nur den Mitbewerbern nach § 8 Abs. 3 Nr. 1 UWG 2008 und Verbänden und Kammern nach § 8 Abs. 3 Nr. 2 bis 4 UWG 2008 eingeräumt werde.[58]

55 Die Reduktion des lauterkeitsrechtlichen Verbraucherschutzes auf den Schutz der **Entscheidungsfreiheit im rechtsgeschäftlichen Sinne** verfehlt den unmittelbaren Verbraucherschutz durch Lauterkeitsrecht und die Politik der Lauterkeitsrechtskonzeption der UGP-RL. Unternehmen und Verbraucher sind gleichgewichtige Funktionsträger sozialer Rollen im marktwirtschaftlichen Wettbewerb. Das Lauterkeitsrecht schützt die sozialen Funktionsbedingungen einer informierten Verbraucherentscheidung. Die Konsumentensouveränität stellt eine zentrale Kategorie im wettbewerblichen Marktmechanismus dar. Aus diesem Grunde stellt die Fähigkeit des Verbrauchers, eine **informierte Entscheidung** zu treffen, die zentrale Schutzrichtung der UGP-RL dar (Art. 2 lit. e UGP-RL). Die **Konsumentensouveränität als Funktionsbedingung** der marktwirtschaftlichen Wettbewerbsordnung und der **Verbraucher als Träger dieser sozialen Rolle** der Marktgegenseite stellt einen Schutzgegenstand des Lauterkeitsrechts dar, der nicht mit der rechtsgeschäftlichen Entscheidungsfreiheit gleichzusetzen ist. Die Vertragsfreiheit im Sinne der Abschlussfreiheit und der inhaltlichen Gestaltungsfreiheit sowie allgemein die Rechtsgeschäftsfreiheit stellen eine von der **Konsumentenfreiheit im Lauterkeitsrecht** zu unterscheidende Schutzrichtung dar. Das Schutzsystem des bürgerlichen Rechts soll die rechtsgeschäftliche Handlungsfreiheit im Sinne der Privatautonomie und nicht die Konsumentensouveränität des Verbrauchers im Sinne einer **Verbraucherautonomie am Markt** schützen.

56 Lauterkeitsrechtliche **Sanktionenrechte der Verbraucher** unter Hinweis auf die bürgerlichrechtlichen Rechtsbehelfe und Schutzmechanismen abzulehnen, ist rechtssystematisch verfehlt und verkennt den Telos der europäischen Lauterkeitsrechtskonzeption des Verbraucherschutzes. Es ist geradezu entlarvend und abwegig, die Ablehnung von lauterkeitsrechtlichen Verbraucherrechten mit den Risiken einer Popularklage zu begründen, da andernfalls im Interesse der Wirtschaft vor übermäßigen Belastungen durch eine Vielzahl von Klagen wegen angeblicher Wettbewerbsverstöße das lauterkeitsrechtliche Schutzniveau abgesenkt werden müsse. Wenn in der amtlichen Begründung zum Regierungsentwurf des UWG 2004 aus diesen Rechtsgründen die Regelungen zu den zivilrechtlichen Rechtsfolgen des UWG 2004 sowohl hinsichtlich der Klagebefugnis als auch hinsichtlich der Anspruchsgrundlagen ex cathedra als abschließend erklärt werden und zugleich interpretatorisch dem Rechtsanwender die bürgerlichrechtliche Rechtsfolge diktiert wird, entsprechend der bisherigen Rechtslage sei das UWG weiterhin kein Schutzgesetz im Sinne des § 823 Abs. 2 BGB, dann verkannten die Verfasser der Begründung schon im Jahre 2004 das Rechtsverhältnis der mit der UWG-Reform verbundenen Verstärkung des Verbraucherschutzes zur Schutzgesetznorm des bürgerlichrechtlichen Deliktsrechts. Diese nur aus der Sicht des historischen Rechtsverständnisses des Lauterkeitsrechts als Konkurrentenschutzrecht verständliche Rechtsansicht ist nach der Umsetzung der europäischen Lauterkeitsrechtskonzeption der UGP-RL mit dem UWG 2008 nicht mehr vereinbar. Nach wie vor besteht ein Defizit an normierten Verbraucherrechten im Lauterkeitsrecht.[59] Art. 13 S. 2 UGP-RL formuliert ausdrücklich die im europäischen Richtlinienrecht allgemein geltende

---

[58] So nach wie vor auch nach der Umsetzung der UGP-RL Hefermehl/*Köhler*/Bornkamm § 1 UWG Rn 39.

[59] Zum rechtspolitischen Postulat eines verbraucherschützenden Sanktionenrechts wegen des Defizits an Verbraucherrechten im Lauterkeitsrecht → Einleitung E Rn 383 ff.

Wirksamkeitsmaxime. Die von den Mitgliedstaaten festzulegenden Sanktionen müssen **wirksam, verhältnismäßig** und **abschreckend** sein.

Das **Integrationsmodell der Schutzzwecktrias** gewährte noch den Wettbewerbern und den Verbrauchern ein unterschiedliches Schutzniveau. Mitbewerberschutz und Verbraucherschutz waren im Lauterkeitsrecht nach der Rechtslage im UWG 1909 und nach verbreiteter Rechtsansicht auch noch im UWG 2004 zwar rechtsformal gleichrangig, nicht aber materiellrechtlich gleichwertig. 57

III. Mitbewerberschutzrecht und Verbraucherschutzrecht als Lauterkeitsrecht

1. Dualismus der Schutzzwecke im horizontalen und vertikalen Marktverhältnis

Schon in Satz 1 der Schutzzweckklausel des § 1 UWG 2004 kommt die **Lehre vom doppelten Schutzzweck im Lauterkeitsrecht** zum Ausdruck. Zwischen den Marktteilnehmern besteht ein horizontales und ein vertikales Marktverhältnis, das die beiden wesentlichen Schutzrichtungen des Lauterkeitsrechts bestimmt. **Horizontal** ist das **Konkurrenzverhältnis** der Mitbewerber untereinander (business to business, b2b), **vertikal** das **Austauschverhältnis** zwischen den anbietenden Wettbewerbern und den nachfragenden Verbrauchern (business to consumers, b2c). Wirtschaftlicher Konkurrentenschutz und wirtschaftlicher Verbraucherschutz wurden nicht als zu unterscheidende Konzeptionen verstanden. Das Integrationsmodell des deutschen Lauterkeitsrechts verstand bei der UWG-Reform des Jahres 2004 das Mitbewerberrecht und das Verbraucherrecht im Wettbewerb (zumindest) gesetzestechnisch als eine einheitliche Kodifikation. 58

Die Interessen der nach der überkommenen Schutzzwecktrias als „Schutzsubjekt" verstandenen Allgemeinheit wurden in Satz 2 der Schutzzweckklausel des § 1 UWG 2004 von dem Interesse der Allgemeinheit an einem unverfälschten Wettbewerb unterschieden. Schon nach der traditionellen Lehre von den drei Interessenkreisen der Schutzzwecktrias war es rechtsdogmatisch bedenklich, die Allgemeinheit als ein von denSchutzsubjekten der Mitbewerber und der Verbraucher zu unterscheidendes Schutzsubjekt des UWG zu verstehen. Die **wettbewerbsbezogenen Allgemeininteressen der Marktteilnehmer** an der Gewährleistung und dem Schutz der individuellen Rechte und Rechtsgüter sowie der sozialen Grundwerte der Gesellschaft sind den beiden Schutzbereichen der Mitbewerberinteressen und Verbraucherinteressen zuzurechnen. Zum Lauterkeitsschutz der Mitbewerber und der Verbraucher gehört der Schutz der lauterkeitsbezogenen Allgemeininteressen im Sinne von kollektiven Interessen der Wettbewerber und Verbraucher.[60] 59

Die lauterkeitsbezogenen Allgemeininteressen sind nicht Regelungsgegenstand des § 1 S. 2 UWG 2004/2008, da deren Schutz im Interesse der Mitbewerber und der Verbraucher liegt und die deshalb schon unter die Schutzzweckbestimmung des § 1 S. 1 UWG 2004/2008 zu subsumieren sind. Der duale Interessenschutz der Mitbewerber und der Verbraucher vor unlauterem Wettbewerb schützt die **lauterkeitsbezogenen Allgemeininteressen** und **sozialen Grundwerte,** die innerhalb des wettbewerblichen Marktausleseprozesses die wirtschaftliche Handlungsfreiheit der Wettbewerber und die souveräne Entscheidungsfreiheit der Verbraucher beeinträchtigen. Die Schutzrichtung des § 1 S. 2 UWG 2004/2008 zielt auf das institutionelle Allgemeininteresse an einem unverfälschten Wettbewerb. Regelungsgegenstand des § 1 S. 2 UWG 2004/2008 ist der **lauterkeitsbezogene Institutionenschutz** an einem unverfälschten Wettbewerb.[61] 60

---

[60] In der sachkundigen Monographie von *Kaplan* 2008 S. 25 ff wird die lauterkeitsrechtliche Legitimation der Allgemeininteressen überzeugend begründet und die Fallkonstellationen der verschiedenen Allgemeininteressen vielfältig ausgebreitet, auch wenn eine rechtliche Zuordnung zum UWG nicht nach Satz 1, sondern nach Satz 2 der Normzweckklausel des § 1 UWG erfolgt.

[61] Siehe zur Auslegung des § 1 S. 2 → Rn 91.

61 Schon nach der UWG-Reform des Jahres 2004 zentrierte das lauterkeitsrechtliche Unrecht um die Interessen der Mitbewerber und der Verbraucher im Sinne eines Dualismus der Schutzzwecke im horizontalen und vertikalen Marktverhältnis nach § 1 S. 1 UWG 2004. Diese konzeptionelle Verlagerung des Schwerpunkts der Schutzzwecke des Lauterkeitsrechts zu einem im Grundsatz bestehenden **Dualismus der Schutzzwecke** gegenüber dem in der Schutzzwecktrias zum Ausdruck kommenden Integrationsmodell war eine Folge der von dem Reformgesetzgeber des UWG 2004 beabsichtigten Verstärkung des wirtschaftlichen Verbraucherschutzes im Wettbewerbsrecht. In der Gesetzesbegründung zum UWG 2004[62] wurde die Gleichrangigkeit des Schutzes der Verbraucher und der Mitbewerber betont. In der Präambel des Gesetzentwurfs der Bundesregierung wurde ausdrücklich hervorgehoben, der Verbraucher solle den ihm gebührenden Stellenwert in einem modernen Lauterkeitsrecht erhalten. Wenn in der Gesetzesbegründung gleichwohl auf die Schutzzwecktrias, wie sie in der höchstrichterlichen Rechtsprechung nach der Rechtslage zum UWG 1909 verstanden wurde, verwiesen wird, so konnte das nicht bedeuten, dass der Verbraucherschutz nur als ein mittelbarer Schutzzweck des Lauterkeitsrechts nach der Rechtslage im UWG 2004 anzuerkennen sei. Auch wenn weiterhin der Begriff der Schutzzwecktrias verwendet wurde, so ist doch festzustellen, dass sich der Stellenwert des Verbrauchers als Schutzsubjekt des UWG 2004 schon nach der UWG-Reform des Jahres 2004 verändert hatte.

2. Verbraucherbezogenes und mitbewerberbezogenes Lauterkeitsrecht im UWG 2008

62 Auch wenn schon nach der UWG-Reform des Jahres 2004 die Verstärkung des Verbraucherschutzes im Wettbewerbsrecht im Sinne eines **originären Verbraucherschutzes durch Lauterkeitsrecht** verstanden werden konnte, die mit der allgemeinen Entwicklung im europäischen Privatrecht harmonierte,[63] so wurde in der höchstrichterlichen Rechtsprechung und weithin in der berichtenden Kommentarliteratur von dem **Integrationsmodell der Schutzzwecktrias** ausgegangen. Nach der Umsetzung der UGP-RL ist zwischen dem **verbraucherbezogenen und mitbewerberbezogenen Lauterkeitsrecht** im UWG 2008 zu unterscheiden. Es besteht eine materiellrechtliche Zweiteilung des Lauterkeitsrechts in den b2c-Geschäftsverkehr und den b2b-Geschäftsverkehr.[64] Gegenstand der Rechtsharmonisierung ist allein das verbraucherbezogene Lauterkeitsrecht im b2c-Geschäftsverkehr. Die formale Gesetzeseinheit des lauterkeitsrechtlichen Verbraucherschutzes und des lauterkeitsrechtlichen Konkurrentenschutzes im UWG 2008, die in der Regelung des § 1 S. 1 UWG 2004/2008 beibehalten wurde, darf nicht verdecken, dass die b2c-Verbotstatbestände des UWG 2008 im Interesse eines unmittelbaren Verbraucherschutzes auszulegen sind. Der Dualismus der Schutzbestimmung des § 1 S. 1 UWG 2008 bedeutet in Umsetzung der UGP-RL eine **materiellrechtliche Zweiteilung des Lauterkeitsrechts** als Verbraucherschutzrecht und als Mitbewerberschutzrecht.

63 Da Gegenstand der Rechtsharmonisierung nur das verbraucherbezogene Lauterkeitsrecht im b2c-Geschäftsverkehr und nicht das mitbewerberbezogene Lauterkeitsrecht im b2b-Geschäftsverkehr ist, wird in Art. 1 UGP-RL die zentrale Schutzrichtung allein des lauterkeitsrechtlichen Verbraucherschutzes bestimmt. Die Unlauterkeit einer verbraucherbezogenen Geschäftspraktik folgt aus der Beeinträchtigung der wirtschaftlichen Interessen der Verbraucher. Der **Primat der Verbraucherinteressen** vor den Mitbewerberinteressen ist **Auslegungsdirektive** des UWG 2008, soweit der Sachverhalt unter die Verbotstatbestände und Fallkonstellationen des harmonisierten Lauterkeitsrechts der UGP-RL zu subsumieren ist.

---

[62] Gesetzesbegründung UWG 2004 BT-Drucks. 15/1487 S. 15.
[63] So schon zur Auslegung des § 1 S. 1 UWG 2004 in der Vorauflage Fezer/*Fezer* § 1 UWG Rn 35.
[64] Siehe zum Regelungsinhalt der UGP-RL und zur Umsetzung in das UWG 2008 ausführlich → Einleitung E Rn 90 ff.

Innerhalb des nichtharmonisierten, mitbewerberbezogenen Lauterkeitsrechts des UWG 2008, zu dem etwa die Geschäftsehrverletzung nach § 4 Nr. 7 UWG 2008, die Anschwärzung nach § 4 Nr. 8 UWG 2008, der lauterkeitsrechtliche Leistungsschutz nach § 4 Nr. 9 UWG 2008, Fallkonstellationen der vergleichenden Werbung nach § 6 UWG 2008, wie etwa die unlautere Rufausbeutung und Rufbeeinträchtigung (Nr. 4), sowie die Herabsetzung und Verunglimpfung (Nr. 5), und auch Fallkonstellationen des Behinderungswettbewerbs nach § 4 Nr. 10 UWG 2008 und des Rechtsbruchs nach § 4 Nr. 11 UWG 2008 gehören, gilt der **Primat der Mitbewerberinteressen** vor den Verbraucherinteressen als **Auslegungsdirektive** des UWG 2008. 64

IV. Der Marktteilnehmer als Schutzsubjekt

1. Der Marktteilnehmer als Oberbegriff

Der **subjektive Anwendungsbereich des UWG** wird mit dem Begriff des Marktteilnehmers umschrieben. Der Marktteilnehmer ist der Oberbegriff zur Umschreibung des im UWG geschützten Personenkreises. Nach § 1 S. 1 sind die Mitbewerber, die Verbraucherinnen und Verbraucher sowie die sonstigen Marktteilnehmer als die Schutzsubjekte des UWG vor unlauteren geschäftlichen Handlungen geschützt. 65

2. Begriffsbestimmungen

Der **Begriff des Marktteilnehmers,** der in § 2 Abs. 1 Nr. 2 definiert wird, umfasst neben den Mitbewerbern und Verbrauchern alle Personen, die als Anbieter oder Nachfrager von Waren oder Dienstleistungen tätig sind. 66

Der **Begriff des Mitbewerbers,** der in § 2 Abs. 1 Nr. 3 definiert wird, umschreibt jeden Unternehmer, der mit einem oder mehreren Unternehmern als Anbieter oder Nachfrager von Waren oder Dienstleistungen in einem konkreten Wettbewerbsverhältnis steht. 67

Der **Begriff des Verbrauchers** wird in § 2 Abs. 2 durch einen Verweis auf § 13 BGB und eine entsprechende Anwendung der Vorschrift definiert. 68

Es hätte zur Bestimmung des subjektiven Anwendungsbereichs des UWG nicht einer solchen **definitorischen Künstlichkeit** bedurft. Mit den Begriffen des Mitbewerbers oder besser des Unternehmens und des Verbrauchers sind die Marktteilnehmer hinreichend benannt. Das schweizerische UWG stellt etwa zur Bestimmung der Widerrechtlichkeit des unlauteren Wettbewerbs auf die Beeinflussung des Verhältnisses zwischen Mitbewerbern oder zwischen Anbietern und Abnehmern ab (Art. 2 schweizUWG). Der Sache nach besteht kein Unterschied. 69

D. Der lauterkeitsrechtliche Schutz von Allgemeininteressen

I. Allgemeininteressen im Wettbewerb und Institutionenschutz des Wettbewerbs

1. Differenzierung und Konkretisierung der Allgemeininteressen

Die europäische Lauterkeitsrechtskonzeption, nach der zwischen verbraucherbezogenem und mitbewerberbezogenem Lauterkeitsrecht zu unterscheiden ist, wurde durch die Umsetzung der UGP-RL zum geltenden Lauterkeitsrecht des UWG 2008. Die materiellrechtliche Zweiteilung des Lauterkeitsrechts in den b2c-Geschäftsverkehr und den b2b-Geschäftsverkehr ist dem Rechtsverständnis der Schutzzweckbestimmung des § 1 UWG 2008 zugrundezulegen, auch wenn der Wortlaut der Normzweckklausel hinsichtlich der Schutzzwecke und Schutzinteressen gegenüber der UWG-Reform des Jahres 2004 nicht 70 geändert wurde. Im **harmonisierten Lauterkeitsrecht** kommt den **Verbraucherinteressen** bei der Auslegung der Verbotstatbestände der UGP-RL materiellrechtlich ein Vorrang zu. Im **nichtharmonisierten Lauterkeitsrecht** des Mitbewerberschutzes besteht ein Vorrang der **Mitbewerberinteressen** bei der Auslegung solcher Verbotstatbestände, die keinen Regelungsgegenstand der UGP-RL darstellen. Die Unrechtskonstitution im Lauterkeitsrecht zentriert um die Schutzsubjekte der Mitbewerber und der Verbraucher, deren Schutz vor unlauteren geschäftlichen Handlungen das Gesetz nach § 1 S. 1 UWG 2008 dient. Das galt vergleichbar schon nach § 1 S. 1 UWG 2004, dessen Zweck auf den Schutz vor unlauterem Wettbewerb bezogen war.

71 Schon zur Zeit der Anfänge des Lauterkeitsrechts zu Beginn des 20. Jahrhunderts in den Gesetzen gegen den unlauteren Wettbewerb der Jahre 1896 und 1909 wurden die Kollektivinteressen der Wettbewerber von deren Individualinteressen unterschieden. Eine vergleichbare Unterscheidung zwischen den Kollektivinteressen der Gesamtheit der Verbraucher und den Individualinteressen der einzelnen Verbraucher wird vorgenommen, seit sich der Verbraucherschutz als eine Schutzrichtung des Lauterkeitsrechts in den 1960er und 1970er Jahren durchsetzte und rechtlich anerkannt wurde. Die Unterscheidung zwischen **Individualinteressen und Kollektivinteressen der Unternehmen und Verbraucher** im materiellen Lauterkeitsrecht wird im Sanktionenrecht in neuerer Zeit dogmatisch dahin ergänzt, ein eigenes rechtlich geschütztes Unterlassungsinteresse der Verbände anzuerkennen.[65] Unabhängig von der Differenzierung zwischen den Individualinteressen von den Kollektivinteressen der Unternehmen und Verbraucher werden im Lauterkeitsrecht seit den grundlegenden Schriften von *Eugen Ulmer* in den 1930er Jahren zum Allgemeininteresse im Wettbewerbsrecht, der grundlegenden Lehre vom Interessenschutz im Wettbewerbsrecht von *Wolfgang Hefermehl* in den 1950er Jahren und der Theorie der marktbezogenen Unlauterkeit von *Ludwig Raiser* in den 1970er Jahren die **Allgemeininteressen** als unrechtskonstituierend im Lauterkeitsrecht nahezu einhellig anerkannt. Der lauterkeitsrechtliche Schutz der Interessen der Wettbewerber, Verbraucher und der Allgemeinheit fand in der plakativen Formulierung der Schutzzwecktrias sowohl im nationalen Lauterkeitsrecht als auch im europäischen Richtlinienrecht seinen Ausdruck. Die **Summe dieser Entwicklungsschritte** wurde in der Rechtslehre mit der **sozialrechtlichen Funktion des Lauterkeitsrechts** umschrieben.

72 Eine rechtstheoretische Absicherung und eine rechtsinhaltliche Konkretisierung erfuhr die **Lehre von dem lauterkeitsrechtlichen Schutz der Allgemeininteressen** durch die Verfassungsbindung der Privatrechtsordnung dahin, dass die Grundrechte des Grundgesetzes und allgemeiner die Verfassungsprinzipien und Staatszielbestimmungen der nationalen Verfassungen, des europäischen Gemeinschaftsrechts und der internationalen Konventionen nicht nur die Konkretisierung der privatrechtlichen Generalklauseln, sondern auch als Auslegungsdirektiven die Anwendung der Privatrechtsnormen bestimmen. Die in der Sprache der früheren Lehre noch als **allgemeine Gemeinschaftsgüter** bezeichneten Allgemeininteressen stellen verfassungsrechtliche Verbürgungen im Sinne **sozialer Grundwerte innerhalb der Werteordnung des Grundgesetzes** dar.[66] Die lauterkeitsrechtliche Rechtserheblichkeit der sozialen Grundwerte im Sinne des Wertekanons des Grundgesetzes entspricht zudem der rechtlichen Anerkennung der sozialen Marktwirtschaft als Wirt-

---

[65] *Becker-Eberhard* FS Leipold 2009, S. 3 ff.

[66] Der rechtswissenschaftlich verbrämte Spott an der alten Begriffsbildung der allgemeinen Gemeinschaftsgüter als „ominös" und „axiologischer Synkretismus im Lauterkeitsrecht" (so Harte/Henning/*Schünemann* § 1 UWG Rn 90), entlarvt nur den Ökonomismus des Autors und die Strategie einer marktradikalen Ökonomisierung des Lauterkeitsrechts. Es stellt zudem eine Verfälschung der in diesem Kommentar vertretenen Rechtsansicht dar, wenn unterstellt wird, es sollten *wettbewerbsfremde* Allgemeininteressen berücksichtigt werden. Wenn der Autor sich noch dazu versteigt, die Sozialethik der von mir vertretenen Lauterkeitsrechtstheorie in die Nähe der Ausfüllung und Handhabung des Allgemeininteresses *in den Zeiten des nationalsozialistischen Regimes* zu bringen, dann sei dem Autor als Lektüre zu rechtlichen Handelnsordnungen totalitärer Gesellschaften und zum nationalsozialistischen Rechtsdenken zu lesen empfohlen *Fezer* Teilhabe und Verantwortung 1986 S. 281 ff, 301 ff.

schaftsverfassung der Bundesrepublik Deutschland.[67] Die Ordo einer verfassungsbasierten Marktwirtschaft ist als eine wirtschaftsverfassungsrechtliche Zielbestimmung des Gesetzgebers und als eine Auslegungsdirektive für den Rechtsanwender anzuerkennen. Das sollte gleichermaßen für das Leitbild eines ethisch verantworteten Leistungswettbewerbs gelten, der nach Art. 40 Abs. 1 des Einigungsvertrages einen bestimmenden Faktor der Wirtschaftsunion im Sinne der sozialen Marktwirtschaft als gemeinsamer Wirtschaftsordnung der beiden Vertragsparteien darstellt.

Die **institutionelle Funktionsausrichtung** der UWG, die den lauterkeitsrechtlichen Schutz vor einer Bestandsgefährdung des Wettbewerbs anerkannte, war einerseits eine Folge der Wechselwirkungstheorie zwischen GWB und UWG als einer einheitlichen rechtlichen Gesamtordnung, war andererseits aber gerade aus der kartellrechtlichen Sicht des Schutzzwecks des GWB, das den Wettbewerb als Institution zu schützen bezweckt, problematisch und umstritten.[68] Mit der ordnungspolitischen Schutzrichtung wurde der Schutz des Wettbewerbs auch vor schweren Marktstörungen innerhalb des Lauterkeitsschutzes gerechtfertigt.[69] 73

2. Zur Rechtfertigung des lauterkeitsrechtlichen Schutzes von Gemeinwohlbelangen nach der UWG-Reform im UWG 2004

a) Das Allgemeininteresse innerhalb des sozialrechtlichen Wettbewerbsverständnisses. Die namentlich von *Wolfgang Hefermehl* entwickelte Rechtsauffassung zum Wettbewerbsrecht, die man als die **sozialrechtliche Auffassung** bezeichnen kann, wurde zur Grundlage der höchstrichterlichen Rechtsprechung und fand im Schrifttum zum gewerblichen Rechtsschutz nahezu einhellige Zustimmung.[70] Die vereinzelte Kritik, die an einer solchen **sozialethisch fundierten Rechtsgestaltung der Wettbewerbsordnung** geübt wurde, kam vereinzelt aus dem Lager der neoklassischen Wettbewerbstheorie.[71] Der Schutzzweckwandel des herkömmlichen Lauterkeitsrechts wurde als ein Funktionenwandel beschrieben. Der Schutz der Individualinteressen der Mitbewerber und der Verbraucher wurde zwar als ein wesentlicher Teil des lauteren Wettbewerbs als Schutzgut des UWG verstanden, das aber nicht auf diesen individualrechtlichen Interessenschutz beschränkt wurde. Nachhaltig plädierte *Wolfgang Hefermehl* für einen Schutz der **Kollektivinteressen** der Gesamtheit der Mitbewerber und damit in einem weiten Umfange für einen Schutz von **öffentlichen Interessen.** Eine Gleichsetzung des Verbraucherinteresses mit dem Allgemeininteresse wurde als eine fehlsame Grundhaltung zum Lauterkeitsrecht bezeichnet, das zu Fehlschlüssen führen würde. Die **soziale Zielsetzung des Wettbewerbsrechts** verlangt eine überindividuelle Wertung bei der richterlichen Rechtsfindung des wettbewerblichen Unrechts. 74

b) Perplexität der Gesetzesbegründung zur UWG-Reform des Jahres 2004. In der Gesetzesbegründung[72] zu der Schutzzweckklausel des § 1 UWG 2004 wird zunächst davon ausgegangen, dass die Schutzzwecktrias, wie sie in der höchstrichterlichen Rechtsprechung des BGH und namentlich auch des BVerfG als Grundlage der Rechtsfindung vorausgesetzt wird, im neuen Lauterkeitsrecht anerkannt werde. Dieses Rechtsverständnis vom Wettbewerbsrecht wird als ein **integriertes Modell eines gleichberechtigten Schutzes** der Mitbewerber, der Verbraucher und der Allgemeinheit verstanden. Im Anschluss an diese Ausführungen findet sich der überraschende Satz: „Der Schutz sonstiger Allgemeininteressen ist weiterhin nicht Aufgabe des Wettbewerbsrechts.“ Diese Aussage war schon insoweit unzutreffend, als sie suggerierte, der Schutz von Allgemeininteressen sei 75

---

67 → Einleitung E Rn 227 f.
68 → Rn 92.
69 → Rn 47.
70 Zur Entwicklungsgeschichte der Dogmatik des wettbewerblichen Unrechts → Rn 35 ff.
71 → Einleitung E Rn 269.
72 Gesetzesbegründung UWG 2004 BT-Drucks. 15/1487 S. 15.

nach der bisherigen Rechtslage zum UWG 1909 schon nicht Aufgabe des Wettbewerbsrechts gewesen („weiterhin"). Seit *Eugen Ulmers* Untersuchungen zu den Sinnzusammenhängen des Wettbewerbsrechts in den 1930er Jahren, sowie nach der Entwicklung der sozialrechtlichen Rechtsauffassung zum Wettbewerbsrecht von *Wolfgang Hefermehl* und dem allgemein anerkannten Funktionswandel innerhalb der Schutzzwecke des UWG ist der **Schutz von Allgemeininteressen im Lauterkeitsrecht** nahezu allgemein akzeptiert. Die jüngste Rechtsprechung des BVerfG zur diskriminierenden Werbung und zur Umweltwerbung stellt geradezu eine Verstärkung der Rechtserheblichkeit der verfassungsrechtlich geschützten Gemeinwohlbelange im Lauterkeitsrecht dar.[73]

76 Die Perplexität der Gesetzesbegründung, wie sie in der Aussage, der Schutz sonstiger Allgemeininteressen sei weiterhin nicht Aufgabe des Wettbewerbsrechts, zum Ausdruck kommt, konterkariert die allgemeine Absicht des Gesetzgebers, die Stellung der Verbraucher im Wettbewerb durch Lauterkeitsrecht zu stärken. In der Kommissionsarbeit der von dem Bundesministerium der Justiz eingerichteten Arbeitsgruppe Unlauterer Wettbewerb[74] zur Vorbereitung einer Reform des UWG wurde diese Rechtsauffassung von der rechtlichen Unerheblichkeit von Allgemeininteressen im Lauterkeitsrecht teils von Seiten der Interessenkreise der Industrie und des Handels, teils, wenn auch nur vereinzelt, von Vertretern der Rechtswissenschaft und der Rechtsprechung vertreten, wenn auch nicht umfassend und ernsthaft diskutiert. Schon die Regelung des § 1 S. 2 UWG 2004, der das Allgemeininteresse an einem unverfälschten Wettbewerb regelte, wurde ganz überwiegend als eine Klarstellung dahin verstanden, den **Institutionenschutz** nicht allein den kartellrechtlichen Regelungen des GWB zu überlassen. Eine Absage an den **lauterkeitsrechtlichen Schutz von Gemeinwohlbelangen** der Mitbewerber und der Verbraucher war mit dieser Regelung nach allgemeiner und übereinstimmender Auffassung aller Beteiligten nicht verbunden. Die ministerialbürokratische Sentenz wurde zudem erst zu einem spätesten Zeitpunkt in den Text der Gesetzesbegründung aufgenommen. Diese isolierte Aussage in der Gesetzesbegründung ist mit dem Wortlaut und der Systematik der Schutzzweckklausel des § 1 UWG 2004 unvereinbar und spricht einer teleologischen und funktionalen Auslegung der Vorschrift Hohn. Die Aussage der Verfasser der Gesetzesbegründung stellt auch keinen zureichenden Anhaltspunkt dar, dem Gesetzgeber eine **radikale Abkehr von dem sozialrechtlichen Wettbewerbsverständnis,** wie es nahezu allgemein die Grundlage in der höchstrichterlichen Rechtsprechung zum Lauterkeitsrecht nach der Rechtslage zum UWG 1909 bildete und im wettbewerbsrechtlichen Schrifttum weithin anerkannt war, zu unterstellen.

77 **c) Neoliberale Kritik am lauterkeitsrechtlichen Schutz der Allgemeininteressen.** Schon in ersten Stellungnahmen zum Lauterkeitsrecht der UWG-Reform des Jahres 2004 wurde der Kontext der Regelungen der Schutzzweckklausel des § 1 UWG 2004 zu der Gesetzesbegründung zum Anlass genommen, hinsichtlich des lauterkeitsrechtlichen Schutzes der Allgemeininteressen einen radikalen Paradigmenwechsel im Lauterkeitsrecht zu propagieren.[75] Der sozialrechtlichen Wettbewerbstheorie sowie der sozialethischen Fun-

---

[73] → Rn 89.

[74] Zur Entstehungsgeschichte des UWG-Entwurfs → Einleitung E Rn 52 ff.

[75] Siehe dazu besonders prononciert *Schünemann* WRP 2004, 925 („Das lauterkeitsrechtlich relevante Allgemeininteresse wird unter Verzicht auf außerwettbewerbliche Kriterien ganz durch die Institution Wettbewerb selber definiert."); wenn auch zurückhaltender unter Hinweis auf die Gesetzesbegründung, so doch im Ergebnis gleich *Köhler* NJW 2004, 2121 („... wird der Schutz des Allgemeininteresses auf das ‚Interesse der Allgemeinheit an einem unverfälschten Wettbewerb' beschränkt. Der Schutz *sonstiger* Allgemeininteressen (zB an Arbeitnehmerschutz, Umweltschutz, Tierschutz, Schutz vor Diskriminierung) ist nicht Aufgabe des Wettbewerbsrechts, und das Wettbewerbsrecht darf nicht für solche außerwettbewerbsrechtlichen Zwecke instrumentalisiert werden."). In der Kommentierung zu § 1 UWG 2008 findet sich zwar dieser eine bare Selbstverständlichkeit ausdrückende Satz erneut, das Lauterkeitsrecht solle und dürfe nicht zu Zwecken instrumentalisiert werden, die *außerhalb seines Regelungsbereichs*, nämlich des Marktverhaltens, lägen. Es gehe also nicht an, Anliegen etwa des Schutzes der Rechtspflege, des Arbeitnehmerschutzes, des Umweltschutzes, des Tierschutzes usw mit dem Instrumentarium des Lauterkeitsrechts durchzusetzen, soweit nicht der *Wettbewerb als solcher betroffen* sei. Der Sache nach wird aber auch von *Köhler* die Rechtserheblichkeit der lauter-

dierung des Lauterkeitsrechts wird gleichermaßen eine Absage erteilt. Die Eigenständigkeit des Allgemeininteresses im Lauterkeitsrecht wird geleugnet. Das Allgemeininteresse an einem unverfälschten Wettbewerb stelle nichts anderes dar, als das geeinte Interesse aller Marktbeteiligten und überhaupt der Gesellschaft an einem funktionierenden Wettbewerb. Werde hingegen das Allgemeininteresse neben die Interessen der Marktteilnehmer gestellt, so werde damit ein Einfallstor für die Berücksichtigung außerwettbewerblicher Zielsetzungen geschaffen. Es wird der Schutz vor einer diskriminierenden Werbung oder die Berücksichtigung von Interessen des Umweltschutzes geradezu als eine Instrumentalisierung des Wettbewerbsrechts zu außerwettbewerbsrechtlichen Zwecken gebrandmarkt. Die Rechtserheblichkeit solcher von Allgemeininteressen bestimmter Zielsetzungen stelle die konzeptionelle Geschlossenheit eines auf die Bekämpfung unlauteren Wettbewerbs abgestellten Gesetzes in Frage. Verbraucherpolitische Zielsetzungen, deren Schutz der Gesetzgeber des neuen UWG gerade verstärken will, werden mit industrie- und strukturpolitischen Zielen gleichgesetzt, deren Schutz nicht Aufgabe des UWG ist. Verbraucherinteressen an einer diskriminierungsfreien oder umweltbezogenen Werbung werden wettbewerbstheoretisch als **Partikularinteressen** aus dem Schutzzweck des UWG herausgefiltert. Die diversen Interessen der Marktteilnehmer seien im wettbewerblichen Allgemeininteresse dialektisch aufgehoben.

Ein solcher **Purismus der Wettbewerbstheorie** knüpft an die Vorstellungen des Gesetzgebers des 19. Jahrhunderts an, nach dem die Verbraucherinteressen zureichend mittelbar über die Mitbewerberinteressen geschützt waren. Verbraucherschutz war nichts anderes als effektiver Konkurrentenschutz.[76] Es wird namentlich von *Wolfgang B. Schünemann* in aller Offenheit ausgesprochen, dass nach dem Ansatz der neoklassischen Theorie der Wettbewerbsfreiheit der im Allgemeininteresse liegende funktionsfähige Wettbewerbsprozess selber die Abwägung der widerstreitenden schutzwürdigen Interessen der Marktteilnehmer vornehme. Die Abwägungskriterien im Einzelnen bedürften dabei keiner Offenlegung. Eine solche **Ideologisierung des Lauterkeitsrechts,** das monokausal mit dem systemtheoretisch basierten Konzept der Wettbewerbsfreiheit erklärt wird, ist mit einem **verfassungsgestalteten Wettbewerbsrecht in der Grundrechtsdemokratie** unvereinbar. 78

d) Schutz von allgemeinen Gemeinschaftsgütern und Grundwerten der Person. Nach dem Dualismus der Schutzzwecke[77] schon des UWG 2004 diente das Lauterkeitsrecht primär den gleichrangigen und gleichwertigen Interessen der Mitbewerber und der Verbraucher.[78] Der **Schutz von lauterkeitsbezogenen Allgemeininteressen** ist dem Interessenschutz der Marktteilnehmer immanent. In der Grundrechtsdemokratie wirken die verfassungsrechtlichen Vorgaben als Auslegungsdirektiven über die zivilistischen Generalklauseln und stellen gleichsam Einfallstore der sozialen Gerechtigkeit in die Wettbewerbsordnung und allgemein in die bürgerliche Rechtsordnung dar. Der **Schutz von allgemeinen Gemeinschaftsgütern** und den **Grundwerten der Person** bildet das **rechtsethische Fundament des Interessenschutzes** der Marktteilnehmer. Das Lauterkeitsrecht ist als ein Teil des Privatrechts im Sinne der Funktionsbedingungen des Grundgesetzes verfassungsgestaltet. 79

Gewichtige **Gemeinwohlbelange** sowie schutzwürdige Rechte und Interessen Dritter im Sinne der Rechtsprechung des BVerfG sind inhaltliche Vorgaben an den Lauterkeitsschutz der Marktteilnehmer. Das Lauterkeitsrecht stellt keinen verfassungsrechtlich wert- 80

---

keitsbezogenen Allgemeininteressen anerkannt, wenn ausgeführt wird, eine Werbung, die in die Menschenwürde oder in sonstige Grundrechte Dritter eingreife, sei lauterkeitsrechtlich nur insoweit relevant, als dadurch zugleich die Interessen der Marktteilnehmer spürbar beeinträchtigt würden; Hefermehl/*Köhler*/Bornkamm § 1 UWG Rn 41.

[76] Zum Verständnis des Lauterkeitsrechts im 19. Jahrhundert → Einleitung E Rn 1 ff; zur Entwicklungsgeschichte der Dogmatik des wettbewerblichen Unrechts → Rn 35 ff.

[77] → Rn 58 ff; → § 3 Rn 2 ff.

[78] Siehe zum Primat der Verbraucherinteressen im harmonisierten Lauterkeitsrecht innerhalb des b2c-Geschäftsverkehrs nach der Umsetzung der UGP-RL im UWG 2008 → Rn 26, 63 f.

freien Rechtsraum dar. Die **Rechtsprechung des BVerfG** in den Entscheidungen „Benetton“ und „Tier- und Artenschutz“[79] veranschaulichen das rechtsethische Fundament des Wettbewerbsrechts und dessen Verankerung in den verfassungsrechtlichen Prinzipien. Das Schutzgut der Menschenwürde nach Art. 1 Abs. 1 GG verpflichtet etwa nicht nur den Staat, alle Menschen gegen Angriffe auf die Menschenwürde, wie Erniedrigung, Brandmarkung, Verfolgung und Ächtung, zu schützen, sondern verlangt, auch bei der inhaltlichen Konkretisierung des Lauterkeitsrechts unmittelbare Rechtsgeltung.

81 Schon der Reformgesetzgeber des UWG 2004 machte zudem an verschiedenen Fallkonstellationen des unlauteren Wettbewerbs anschaulich, dass er personale Grundwerte und wesentliche Gemeinschaftsgüter als Gemeinwohlbelange im Sinne des Allgemeininteresses durch das Lauterkeitsrecht schützt, wenn die konkrete Wettbewerbshandlung die schutzwürdigen Rechte und Interessen der Marktteilnehmer berührt. Die Wettbewerbshandlung – das meint die unlautere geschäftliche Handlung nach der Rechtslage im UWG 2008 – stellt den **Lauterkeitsbezug** als Anwendungsvoraussetzung des UWG her. Zu nennen sind etwa die Fallkonstellationen der menschenverachtenden Werbung (§ 4 Nr. 1), des Schutzes der geschäftlichen Unerfahrenheit von Kindern und Jugendlichen (§ 4 Nr. 2), der Schutz der Privatsphäre vor einer unzumutbaren Belästigung nach dem opt-out-Modell nach § 7 Abs. 2 Nr. 2 und 3 oder den anerkannten Fallgruppen der lauterkeitsrechtlichen Gesetzwidrigkeit, etwa im Sinne des Schutzes der Rechtspflege oder der Volksgesundheit (§ 4 Nr. 11).

3. Soziale Grundwerte als marktbezogene Allgemeininteressen

82 Rechtliche Ausgangspunkte der **Theorie der sozialen Grundwerte als marktbezogene Allgemeininteressen** sind die Verfassungsbindung des Lauterkeitsrechts in der Privatrechtsordnung, die Rechtsverbindlichkeit der Grundrechte, Verfassungsprinzipien und Staatszielbestimmungen der nationalen Verfassungen, des Gemeinschaftsrechts und der internationalen Konventionen als Auslegungsdirektiven bei der Anwendung des einfachen Gesetzesrechts, sowie die rechtliche Anerkennung der sozialen Marktwirtschaft als Wirtschaftsverfassung einschließlich der Leitbildfunktion eines ethisch verantworteten Leistungswettbewerbs im globalen Handels- und Wirtschaftsverkehr. Die Rechtserheblichkeit von marktbezogenen Allgemeininteressen in diesem Sinne bedeutet selbstverständlich nicht, dass es einen Zweck des UWG darstellt, die Würde und die Persönlichkeit des Menschen, die Privatsphäre, die Intimsphäre und die Gesundheit der Bürger, die Tierwelt und den Artenreichtum der Pflanzen, die Finanzgrundlagen von Unternehmen und deren Arbeitsplätze oder gar die Institutionen des Staates wie die Organisation der Rechtspflege zu schützen. Die Theorie von der Rechtserheblichkeit der sozialen Grundwerte als marktbezogene Allgemeininteressen wird verfälscht, wenn ihr die Berücksichtigung wettbewerbsfremder Allgemeininteressen vorgehalten wird. Die Rechtserheblichkeit der sozialen Grundwerte als marktbezogener Allgemeininteressen besteht bei der Konkretisierung der Interessen der Verbraucher und Mitbewerber nach § 1 S. 1 UWG dann, wenn das Marktverhalten des Unternehmens im Sinne einer **kommerziellen Kommunikation** einen rechtswidrigen Eingriff in das als sozialer Grundwert geschützte Allgemeininteresse darstellt. Diskriminierende Werbung, die die Menschenwürde verletzt, Kinderwerbung, die in den Schutzbereich der Kinderrechte eingreift, verbotene Telefonwerbung, die einen Eingriff in die Privatsphäre der Bürger darstellt, Heilmittel- und Lebensmittelwerbung, von der eine Gefährdung der Gesundheit der Bürger ausgeht – das sind nur beispielhafte **Fallkonstellationen,** in denen die kommerzielle Kommunikation den **Lauterkeitsbezug** zu den sozialen Grundwerten herstellt und die lauterkeitsrechtliche Rechtserheblichkeit dieser marktbezogenen Allgemeininteressen zu berücksichtigten rechtfertigt. Die sozialen Grundwerte als marktbezogene Allgemeininteressen sind Bestandteil des Interessenschutzes der Verbraucher und Mitbewerber im Sinne des § 1 S. 1 UWG 2008. Der duale Interessen-

[79] BVerfG GRUR 2001, 170 – Schockwerbung; BVerfG GRUR 2002, 455 – Tier- und Artenschutz.

schutz der Mitbewerber und der Verbraucher vor unlauteren geschäftlichen Handlungen schützt die **lauterkeitsbezogenen Allgemeininteressen,** die innerhalb des wettbewerblichen Marktausleseprozesses die wirtschaftliche Handlungsfreiheit der Wettbewerber und die souveräne Entscheidungsfreiheit der Verbraucher beeinträchtigen.[80]

4. Lauterkeitsrechtlicher Institutionenschutz des Wettbewerbs

Die **institutionelle Schutzrichtung des UWG,** den Wettbewerb vor Gefährdungen in seinem Bestand und vor schweren Marktstörungen zu schützen, kann zwar aus kartellrechtlicher Sicht als problematisch beurteilt werden, ist aber seit Jahrzehnten im Lauterkeitsrecht anerkannt. Nach § 1 S. 2 UWG 2008, der unverändert § 1 S. 2 UWG 2004 entspricht, wird das Interesse der Allgemeinheit an einem unverfälschten Wettbewerb geschützt. Die Schutzrichtung dieser Vorschrift zielt auf das institutionelle Allgemeininteresse an einem unverfälschten Wettbewerb ab.[81] 83

II. Der Schutz des Interesses der Allgemeinheit an einem unverfälschten Wettbewerb

Regelungsgegenstand des § 1 S. 2 UWG 2008 ist der Schutz des Wettbewerbs als Institution. Der **lauterkeitsbezogene Institutionenschutz eines unverfälschten Wettbewerbs** war schon in § 1 S. 2 UWG 2004 geregelt. 84

1. Die Regelung des Schutzes vor unlauterem Wettbewerb und des Allgemeininteresses an einem unverfälschten Wettbewerb im UWG 2004

Zum Verständnis des Wortlauts der Normzweckklausel des § 1 UWG 2008 und dem Verhältnis der beiden Sätze der Vorschrift zueinander ist es geboten, sich der Gesetzesgeschichte des § 1 UWG und den Rechtsarbeiten an der UWG-Reform des Jahres 2004 zu vergewissern. Bei den Gesetzgebungsarbeiten bestand weithin Einigkeit dahin, den Wortlaut der großen Generalklausel des § 1 UWG 1909 zu ändern und nicht mehr auf einen Verstoß gegen die guten Sitten abzustellen. Das machte erforderlich, den Begriff der **Lauterkeit als Beurteilungsmaßstab** in den Wortlaut der Schutzzweckbestimmung aufzunehmen. 85

In dem Rechtsgutachten von *Karl-Heinz Fezer,* das der Arbeitsgruppe Unlauterer Wettbewerb als Arbeitsunterlage und Ausgangspunkt des Gesetzentwurfs diente, ging der Vorschlag dahin, die Generalklausel des § 1 UWG 1909 nicht auf einen Verstoß gegen die guten Sitten, sondern auf eine Beeinträchtigung des lauteren und unverfälschten (Leistungs)-Wettbewerbs, sowie der Belange der Verbraucher abzustellen. Der Vorschlag ging auf den Zweckartikel des schweizerischen UWG zurück, das in Art. 1 schweizUWG den **lauteren und unverfälschten Wettbewerb** im Interesse aller Beteiligten zu gewährleisten bezweckt.[82] In dem Wortlaut des § 1 UWG 2004 kam das Schutzobjekt des lauteren und unverfälschten Wettbewerbs noch zum Ausdruck. Nach § 1 S. 1 UWG 2004 diente das UWG dem Schutz der Marktteilnehmer vor **unlauterem** Wettbewerb; nach § 1 S. 2 UWG 2004 schützte das UWG das Allgemeininteresse an einem **unverfälschten** Wettbewerb. Da bei der Umsetzung der UGP-RL der Wortlaut des § 1 S. 1 UWG 2008 dahin geändert wurde, dass die Wörter „vor unlauterem Wettbewerb" durch die Wörter „vor un- 86

[80] Schon in der Vorauflage dieses Kommentars wurde ausdrücklich der Lauterkeitsbezug des Allgemeininteresses als Voraussetzung der Rechtserheblichkeit innerhalb der Schutzzweckklausel des § 1 UWG verlangt.

[81] Siehe dazu ausführlich → Rn 84 ff.

[82] Im schweizerischen Schrifttum wird davon ausgegangen, dass die Verwendung des Hendiadyoins unlauter und unverfälscht den Begriff der Lauterkeit in seiner Ausdruckskraft steigern und in seiner Dimension erweitern solle. Der Begriff des unverfälschten Wettbewerbs bewirke einen breiteren Zugriff des Gesetzes, *Müller* in: *v. Büren/David* Lauterkeitsrecht S. 22. Durch die Verbindung zweier Synonyme werde die vom UWG angestrebte Wettbewerbsqualität ausgedrückt, *Baudenbacher* recht 1988, 73, 77; *ders.* 1989, 15, 17; *ders.* Art. 1 UWG Rn 12 ff.

lauteren geschäftlichen Handlungen" ersetzt wurden, zugleich in § 1 S. 2 UWG 2008 der Wortlaut „an einem unverfälschten Wettbewerb" unverändert blieb, wird das einheitliche Schutzobjekt des UWG im Sinne des lauteren und unverfälschten Wettbewerbs zumindest im Wortlaut der Vorschrift des UWG 2008 nicht mehr eindeutig anschaulich.

87 Es war an sich schon bei der UWG-Reform des Jahres 2004 gesetzestechnisch überflüssig, neben dem Dualismus der Mitbewerberinteressen und der Verbraucherinteressen in § 1 S. 1 UWG 2004 das Allgemeininteresse innerhalb der Schutzzweckbestimmung ausdrücklich in einem Satz 2 eigenständig zu benennen. Die ausdrückliche Regelung zum lauterkeitsrechtlichen Schutz eines unverfälschten Wettbewerbs in § 1 S. 2 UWG 2004 erklärt sich vor dem Hintergrund der kontrovers geführten Diskussion um die **Legitimität des Schutzes des Wettbewerbs als einer Institution** innerhalb des Lauterkeitsrechts. Aus ordnungspolitischer und namentlich kartellrechtlicher Perspektive wurde nachhaltig die Auffassung vertreten, dass es keine Aufgabe des Lauterkeitsrechts darstelle, den Wettbewerb vor Verfälschungen und damit den Wettbewerb in seinem Bestand zu schützen. Der Schutz eines unverfälschten Wettbewerbs als einer Institution innerhalb einer marktwirtschaftlichen Wettbewerbsordnung sei ausschließlich eine Aufgabe des Gesetzes gegen Wettbewerbsbeschränkungen und der kartellrechtlichen Instrumentarien. Das in dieser Kritik an der Legitimität einer marktbezogenen Unlauterkeit und der damit verbundenen Fallgruppe der Marktstörung zum Ausdruck kommende Schutzzweckdenken findet in § 1 S. 1 UWG 2004 insoweit seinen Niederschlag, als dieser Teil der Schutzzweckklausel dem **Dualismus der Schutzzwecke** und damit den Interessen der Mitbewerber und der Verbraucher **Vorrang** vor dem Institutionenschutz des Wettbewerbs einräumt.

88 Der Gesetzgeber[83] folgte dieser Grundsatzkritik, die namentlich aus dem Wirtschaftsministerium vorgetragen wurde, an dem ordnungspolitisch motivierten Anwendungsbereich des Lauterkeitsrechts hinsichtlich der marktbezogenen Unlauterkeit allerdings nicht. In Übereinstimmung mit der bisherigen Rechtsprechung und dem überwiegenden Schrifttum normierte er den **Institutionenschutz eines unverfälschten Wettbewerbs** innerhalb des Lauterkeitsrechts und schuf damit zugleich die gesetzliche Grundlage für die von *Wolfgang Hefermehl* entwickelte Fallgruppe der **Marktstörung.**

89 In dem Wort „zugleich" in Satz 2 der Schutzzweckklausel des § 1 UWG 2004 kommt zum Ausdruck, dass es sich im UWG **nicht um einen allgemeinen Institutionenschutz** des Wettbewerbs handelt, sondern dass das Allgemeininteresse an einem unverfälschten Wettbewerb nur insoweit lauterkeitsrechtlich geschützt ist, als die Marktstörung im Sinne einer marktbezogenen Unlauterkeit **zugleich die Interessen der Mitbewerber und der Verbraucher** berührt.

90 Eine Auslegung der Vorschrift des § 1 S. 2 UWG 2004/2008 dahin, lauterkeitsbezogene Allgemeininteressen der Mitbewerber und der Verbraucher seien im UWG nicht geschützt, war und ist allerdings verfehlt.[84] Die ausdrückliche Aufnahme des Schutzes eines unver-

---

[83] In der Gesetzesbegründung (BT-Drucks. 15/1487 vom 22. 8. 2003 S. 17) finden sich Ausführungen zu einer Verfälschung des Wettbewerbs, die zu einer Auslegung des § 1 S. 2 UWG 2004 nicht herangezogen werden können. Die Ausführungen betreffen das im ursprünglichen Gesetzentwurf der Bundesregierung in § 3 UWG 2004 noch enthaltene Tatbestandsmerkmal einer *Verfälschung* des Wettbewerbs, das richtigerweise auf eine Empfehlung des Bundesrates hin durch das Tatbestandsmerkmal einer *Beeinträchtigung* des Wettbewerbs ersetzt wurde. Unabhängig davon widersprechen die Ausführungen der Gesetzesbegründung zu einer Verfälschung des Wettbewerbs dem Verständnis von einer Wettbewerbsverfälschung, wie es im europäischen Wirtschaftsrecht zu diesem Begriff des EGV nahezu einhellig vertreten wird. In der Gesetzesbegründung wird ausgeführt, unter der Verfälschung des Wettbewerbs sei von vornherein nicht eine Verfälschung des Wettbewerbs als Institution der Marktwirtschaft zu verstehen. Maßstab seien vielmehr die Wirkungen wettbewerbswidrigen Verhaltens auf das Marktgeschehen. Diese Ausführungen zielen darauf ab, die Rechtserheblichkeit der *Nachahmungsgefahr* als ein Beurteilungskriterium der Unlauterkeit zu begründen. Das ist der Sache nach zutreffend (→ § 3 Rn 232ff), hat aber mit einer Wettbewerbsverfälschung im Sinne des Institutionenschutzes des Wettbewerbs nichts zu tun. Die weiteren Ausführungen der Gesetzesbegründung beschreiben zutreffend die relevanten Umstände bei der Prüfung einer nicht unerheblichen Nachahmungsgefahr zur Begründung der Unlauterkeit einer Wettbewerbshandlung.

[84] Zum lauterkeitsrechtlichen Schutz von Gemeinwohlbelangen → Rn 74ff.

fälschten Wettbewerbs in den Gesetzestext des UWG 2004 stellt keinesfalls eine **Restriktion** des Lauterkeitsrechts, sondern eine **Extension** im Sinne eines umfassenden Wettbewerbsschutzes dar.

2. Lauterkeitsbezogener Institutionenschutz eines unverfälschten Wettbewerbs (§ 1 S. 2 UWG)

91 Nach § 1 S. 2 UWG 2004/2008 ist das Allgemeininteresse an einem unverfälschten Wettbewerb im Sinne eines **institutionellen Bestandsschutzes des Wettbewerbs** dann geschützt, wenn zugleich lauterkeitsbezogene Interessen der Mitbewerber und der Verbraucher berührt sind. Ein solcher **Kontext der Schutzinteressen** besteht in den Fallkonstellationen der marktbezogenen Unlauterkeit. Aus dem Gedanken des institutionellen Wettbewerbsschutzes entwickelte *Wolfgang Hefermehl* die lauterkeitsrechtlichen Fallkonstellationen, die er als Fallgruppe mit dem Begriff der Marktstörung[85] umschrieb.[86]

92 Der **lauterkeitsrechtliche Institutionenschutz** des Wettbewerbs stellt eine Folge des Beurteilungswandels dar, den das Verhältnis des Gesetzes gegen den unlauteren Wettbewerb zum Gesetz gegen Wettbewerbsbeschränkungen erfahren hat.[87] Der Lauterkeitsschutz des UWG, der die lauteren von den unlauteren Wettbewerbshandlungen sondert, um die Qualität des Wettbewerbs zu schützen, und der Freiheitsschutz des GWB, der den Wettbewerb von Beschränkungen freihält, um den Bestand des Wettbewerbs zu sichern, stehen, anders als es früher weithin angenommen wurde, nicht in einem antinomischen Spannungsverhältnis. Die Auffassung, das nach dem UWG bestehende Verbot des unlauteren Wettbewerbs errichte eine materiellrechtliche Schranke der nach dem GWB geschützten Wettbewerbsfreiheit, verkennt, dass erst die Gesamtheit der wettbewerbsrechtlichen Vorschriften den Rechtsinhalt der Freiheit zur wirtschaftlichen Betätigung des Einzelnen in einer marktwirtschaftlichen Wettbewerbsordnung bestimmt. **Lauterkeit und Freiheit des Wettbewerbs** sind keine gegensätzlichen Prinzipien des Wettbewerbsrechts. Es verfestigte sich zunehmend die Erkenntnis, dass die Gemeinsamkeit der Schutzzwecke der beiden gesetzlichen Säulen des Wettbewerbsrechts eine notwendige Brücke zwischen den beiden Wettbewerbsgesetzen des UWG und GWB schlägt. Zwischen UWG und GWB besteht eine inhaltliche Wechselwirkung. Die Wertungen des Rechts gegen Wettbewerbsbeschränkungen sind Bedingungen der lauterkeitsrechtlichen Rechtsfindung im UWG **(Wechselwirkungstheorie).** Denn die Grundlage des Lauterkeitsrechts ist die Ordnung einer durch freien Wettbewerb gesteuerten Marktwirtschaft. Umgekehrt bestimmen die Gebote des Rechts gegen den unlauteren Wettbewerb den Anwendungsbereich des GWB, das weder der Ausschaltung unlauteren Wettbewerbs wehrt, noch der Wettbewerbsfreiheit einen Freibrief ausstellt. Die Kunst der Ausbildung wettbewerbsrechtlicher Rechtssätze wahrt die Einheit des Wettbewerbsrechts in der Wirtschaftsverfassung einer sozialen Marktwirtschaft.

93 Eine der allgemeinen Aufgaben der Europäischen Gemeinschaft im Sinne des Art. 2 EGV, die in Art. 3 EGV konkretisiert werden, besteht nach Art. 3 Abs. 1 lit. g EGV darin, ein System, das den **Wettbewerb innerhalb des Binnenmarkts vor Verfälschungen schützt,** zu errichten und zu gewährleisten. Der Schutz des Wettbewerbs vor Verfälschungen ist der ordnungspolitische Kern des wettbewerblichen Institutionenschutzes. Bei dem Institutionenschutz des Wettbewerbs vor Verfälschungen handelt es sich um einen wesentlichen Teil des umfassenden Funktions- und Strukturschutzes eines freien Wettbewerbs im Interesse aller Marktteilnehmer. Die Diagnose einer Wettbewerbsverfälschung erfolgt aus der Sicht eines objektiv vernünftigen Wettbewerbers **(reasonable competitor).**[88]

---

[85] *Baumbach/Hefermehl* 22. Aufl., 2001, UWG § 1 Rn 832 ff.
[86] Siehe die Kommentierung der allgemeinen Marktbehinderung von *Osterrieth* → § 4 – S 1 Rn 1 ff.
[87] → Einleitung E Rn 214 ff.
[88] Siehe zum schweizerischen Kartellrecht und Lauterkeitsrecht *Schluep* FS Kummer S. 487; *Schürmann/Schluep* Kartellgesetz S. 421; *Pedrazzini* UWG S. 131.

E. Wettbewerbsfunktionsschutz, Verbraucherschutz und Marktstrukturschutz im Lauterkeitsrecht

I. Marktverhaltensrecht als Deliktsrecht

94 Seiner rechtssystematischen Stellung nach stellt das Lauterkeitsrecht einen Teil des allgemeinen **Deliktsrechts im Zivilrecht** dar. Die Bestimmungen des UWG von 1896 hatten zahlreiche Lücken im Schutzsystem gegen Schädigungen durch unlauteren Wettbewerb hinterlassen.[89] Nach dem Inkrafttreten des Bürgerlichen Gesetzbuches gelang es der rechtsgerichtlichen Judikatur aber nicht, auf der Rechtsgrundlage des bürgerlichrechtlichen Deliktsrechts der §§ 823 ff BGB ein effektives **Wettbewerbsdeliktsrecht** auszubilden.[90] Die historische Ursache mag darin zu suchen sein, dass die Konzeption des Rechts der unerlaubten Handlungen im BGB als ein System von Einzeltatbeständen, dem das Aktionenwesen der römischen Klassik als Vorbild diente und das mit den deliktsrechtlichen Generalklauseln der Naturrechtsgesetzbücher kontrastiert wurde, zu verstehen war.[91] Erst das Gesetz gegen den unlauteren Wettbewerb von 1909 ersetzte die kleine Generalklausel des § 1 Abs. 1 S. 1 UWG 1896 durch die große Generalklausel des § 1 UWG 1909, der das wettbewerbliche Unrecht als einen Verstoß gegen die guten Sitten im Wettbewerb normierte.

95 Seiner rechtssystematischen Stellung nach stellt das Lauterkeitsrecht auch in dem modernen Sinne eines **Marktverhaltensrechts** einen Teil des Deliktsrechts im Zivilrecht dar. Mit dieser Entwicklung des **Sonderdeliktsrechts des Wettbewerbs** stimmt der allgemeine Verständniswandel im bürgerlichrechtlichen Deliktsrecht überein, nach dem das Recht der unerlaubten Handlungen der §§ 823 ff BGB, wenn auch nicht seiner formalen Gesetzesstruktur nach, so doch seinem materiellrechtlichen Inhalt nach im Sinne einer **dreiteiligen Generalklausel** der Grundtatbestände des Rechts- und Rechtsgüterschutzes nach § 823 Abs. 1 BGB, des Schutzgesetzverstoßes nach § 823 Abs. 2 BGB und der sittenwidrigen Schädigung nach § 826 BGB verstanden wird.[92] Es besteht ein umfassender Geltungsanspruch des bürgerlichrechtlichen Deliktsrechts hinsichtlich des zivilen Unrechts. Dem **Lauterkeitsdeliktsrecht als Marktrecht** kommt nicht minder ein **umfassender Geltungsanspruch** für das Sonderprivatrecht des Wettbewerbs zu. Das gilt für das Mitbewerberschutzrecht und das Verbraucherschutzrecht im Lauterkeitsrecht sowie für den lauterkeitsrechtlichen Institutionenschutz des Wettbewerbs.

II. Der Schutz des lauteren und unverfälschten Wettbewerbs

96 Satz 1 der Normzweckklausel des § 1 UWG 2004 bezog den Schutz der Interessen der Marktteilnehmer auf den lauteren Wettbewerb, und vergleichbar bezieht Satz 1 der Normzweckklausel des § 1 UWG 2008 die Interessen der Marktteilnehmer auf die lauteren geschäftlichen Handlungen im b2c-Geschäftsverkehr und im b2b-Geschäftsverkehr. Satz 2 der Normzweckklausel des § 1 UWG 2004/2008 schützt die Interessen der Allgemeinheit an einem unverfälschten Wettbewerb. Das UWG schützt die Wettbewerbsqualität und Konsumentensouveränität im Sinne eines **Wettbewerbsfunktionsschutzes,** eines wirt-

---

[89] → Einleitung E Rn 16 ff.

[90] Zur Vorgeschichte und dem Versagen der reichsgerichtlichen Rechtsprechung → Einleitung E Rn 1 ff.

[91] Siehe zur Theorie des zivilen Deliktsrechts *Fezer* Teilhabe und Verantwortung S. 98 ff (zum klassischen römischen Recht), S. 173 ff (zu den Naturrechtslehren) und S. 453 ff (zu den entsprechenden Konzeptionen eines Deliktsrechts).

[92] Die Deliktsrechtstheorie einer dreiteiligen Generalklausel der Unrechtsgründe im Recht der unerlaubten Handlungen nach den §§ 823 Abs. 1 und 2, 826 BGB wird erstmals von *Fezer* Teilhabe und Verantwortung S. 453 ff vorgetragen. Als drei „kleine" Generalklauseln wurden später die §§ 823 Abs. 1 und 2, 826 BGB von *Medicus* Schuldrecht II Besonderer Teil, 12. Aufl., 2004, Rn 744 ff bezeichnet.

schaftlichen **Verbraucherschutzes** und eines **Marktstrukturschutzes** im Sinne der Marktfreiheit und Marktverantwortung aller Marktteilnehmer.

Innerhalb des Schutzes der Interessen der Marktteilnehmer stellt der Schutz von allge- 97
meinen Gemeinschaftsgütern und Grundwerten der Person – das sind die sozialen Grundwerte als marktbezogene Allgemeininteressen[93] – einen **immanenten Teil des Lauterkeitsschutzes** dar. Das Allgemeininteresse am Schutz eines unverfälschten Wettbewerbs nach § 1 S. 2 UWG 2004/2008 normiert den Schutz des Wettbewerbs als einer Institution. Die Regelung eines spezifischen Allgemeininteresses in § 1 S. 2 UWG 2004/2008 ist ein Ausdruck der Einheit des Wettbewerbsrechts zwischen UWG und GWB und der Anerkennung der Wechselwirkungen dieser beiden Säulen des Wettbewerbsrechts.[94] Der Schutz eines unverfälschten Wettbewerbs ist Institutionenschutz. Die Marktschutzfunktion des Lauterkeitsrechts folgt aus der erfolgsbezogenen Rechtswidrigkeit, die eine Gefährdung des Wettbewerbsbestands als eine Folge der unlauteren Wettbewerbshandlung als Rechtswidrigkeitskriterium[95] anerkennt. Es handelt sich um eine **marktbezogene Unlauterkeit.**[96]

Der in § 1 Satz 2 UWG 2004/2008 normierte Institutionenschutz im Lauterkeitsrecht 98
rechtfertigt zudem, im Sinne einer markt- und wettbewerbsfunktionalen Rechtsanwendung die **Marktstärke eines Wettbewerbers** und die **Gefahr von Vermachtungstendenzen** innerhalb der konkreten Marktverhältnisse im Sinne einer **Folgenanalyse** lauterkeitsrechtlich zu berücksichtigen.[97] Die sprachliche und begriffliche Differenzierung zwischen lauterem und unverfälschtem Wettbewerb sollte nicht die Einheitlichkeit des Funktionenschutzes von Markt und Wettbewerb verdecken. Der Schutz der Lauterkeit im Wettbewerb stellt die globale Schutzrichtung des UWG dar. Der **Lauterkeitsschutz** ist die **Politik des UWG.** Der Schutz des unverfälschten Wettbewerbs beschreibt die institutionelle Schutzrichtung des UWG, das „zugleich" als eine marktbezogene Lauterkeit den Wettbewerb in seinem Bestand schützt.

---

[93] → Rn 82.

[94] → Einleitung E Rn 214 ff.

[95] Zur Unlauterkeit als Rechtswidrigkeitskriterium → § 3 Rn 174 ff.

[96] Schon *L. Raiser* GRUR Int. 1973, 443 machte auf den Zusammenhang zwischen der im bürgerlichrechtlichen Deliktsrecht geführten Diskussion über die *Erfolgsunrechtslehre* einerseits und die *Handlungsunrechtslehre* andererseits mit der Gefährdung des Wettbewerbsbestands als Unlauterkeitskriterium aufmerksam. In seiner Analyse leistungsfremder Wettbewerbspraktiken nach § 1 UWG aF spricht *P. Ulmer* GRUR 1977, 565, 577 zutreffend von einer Art erfolgsqualifizierter Unlauterkeit.

[97] Zur Berücksichtigung des Status eines Unternehmens am Markt und der Rechtfertigung einer Verantwortungsstufung → Einleitung E Rn 294 ff.

§ 2 Definitionen

(1) **Im Sinne dieses Gesetzes bedeutet**

1. „geschäftliche Handlung“ jedes Verhalten einer Person zugunsten des eigenen oder eines fremden Unternehmens vor, bei oder nach einem Geschäftsabschluss, das mit der Förderung des Absatzes oder des Bezugs von Waren oder Dienstleistungen oder mit dem Abschluss oder der Durchführung eines Vertrags über Waren oder Dienstleistungen objektiv zusammenhängt; als Waren gelten auch Grundstücke, als Dienstleistungen auch Rechte und Verpflichtungen;

2. „Marktteilnehmer“ neben Mitbewerbern und Verbrauchern alle Personen, die als Anbieter oder Nachfrager von Waren oder Dienstleistungen tätig sind;

3. „Mitbewerber“ jeder Unternehmer, der mit einem oder mehreren Unternehmern als Anbieter oder Nachfrager von Waren oder Dienstleistungen in einem konkreten Wettbewerbsverhältnis steht;

4. „Nachricht“ jede Information, die zwischen einer endlichen Zahl von Beteiligten über einen öffentlich zugänglichen elektronischen Kommunikationsdienst ausgetauscht oder weitergeleitet wird; dies schließt nicht Informationen ein, die als Teil eines Rundfunkdienstes über ein elektronisches Kommunikationsnetz an die Öffentlichkeit weitergeleitet werden, soweit die Informationen nicht mit dem identifizierbaren Teilnehmer oder Nutzer, der sie erhält, in Verbindung gebracht werden können;

5. „Verhaltenskodex“ Vereinbarungen oder Vorschriften über das Verhalten von Unternehmern, zu welchem diese sich in Bezug auf Wirtschaftszweige oder einzelne geschäftliche Handlungen verpflichtet haben, ohne dass sich solche Verpflichtungen aus Gesetzes- oder Verwaltungsvorschriften ergeben;

6. „Unternehmer“ jede natürliche oder juristische Person, die geschäftliche Handlungen im Rahmen ihrer gewerblichen, handwerklichen oder beruflichen Tätigkeit vornimmt, und jede Person, die im Namen oder Auftrag einer solchen Person handelt;

7. „fachliche Sorgfalt“ der Standard an Fachkenntnissen und Sorgfalt, von dem billigerweise angenommen werden kann, dass ein Unternehmer ihn in seinem Tätigkeitsbereich gegenüber Verbrauchern nach Treu und Glauben unter Berücksichtigung der Marktgepflogenheiten einhält.

(2) **Für den Verbraucherbegriff gilt § 13 des Bürgerlichen Gesetzbuchs entsprechend.**

Übersicht

	Rn
A. Regelungsinhalt und Rechtstechnik des § 2 als Definitionsnorm und als Verweisungsnorm	**1**
I. Regelungsinhalt des § 2	1
1. Definitionsnorm des § 2 Abs. 1	2
2. Verweisungsnorm des § 2 Abs. 2	3
3. Rechtsgeltung der Definitionen	4
II. Die Rechtstechnik von Legaldefinitionen	6
1. Die Art von Legalinterpretationen	6
2. Die Funktion von Legaldefinitionen	11
III. Übersicht über die Änderungen in den Definitionenkatalogen des UWG 2004 und des UWG 2008 bei der Umsetzung der UGP-RL	14
1. Wettbewerbshandlung, geschäftliche Handlung, Geschäftspraktik	15
2. Ware, Dienstleistung, Produkt	19

Rn
3. Marktteilnehmer ... 20
4. Mitbewerber ... 21
5. Nachricht ... 22
6. Verhaltenskodex ... 24
7. Urheber eines Kodexes ... 26
8. Unternehmer, Gewerbetreibender ... 28
9. Fachliche Sorgfalt, berufliche Sorgfalt ... 30
10. Verbraucher ... 32

B. Geschäftliche Handlung (§ 2 Abs. 1 Nr. 1) ... 1

I. Geschäftliche Handlung, Geschäftspraktik, Wettbewerbshandlung ... 1
1. Begriffsbestimmungen des UWG 1909, des UWG 2004, des UWG 2008 und der UGP-RL ... 1
2. Zentralbegriffe zur Abgrenzung des sachlichen Anwendungsbereichs des Lauterkeitsrechts ... 4
3. Stadien in der Entwicklungsgeschichte des Begriffs der Wettbewerbshandlung vom UWG 1909 zum UWG 2004 ... 7
a) Wettbewerbshandlung als Handeln zu Zwecken des Wettbewerbs ... 8
b) Wettbewerbshandlung, konkretes Wettbewerbsverhältnis und Aktivlegitimation ... 10
c) Abgrenzungsfunktion der Wettbewerbshandlung zum bürgerlichen Deliktsrecht ... 12
d) Kritik an der Wettbewerbshandlung auf europäischer Ebene ... 16
e) Marktbezug des Unternehmerverhaltens ... 18
4. Die Begriffe der Geschäftspraktik und der geschäftlichen Handlung im geltenden UWG ... 20
a) Der Richtlinienbegriff der Geschäftspraktik im b2c-Geschäftsverkehr ... 21
b) Der Begriff der geschäftlichen Handlung als Gesetzessprache des UWG 2008 ... 24
5. Sprachregelung ... 26
6. Begriffsmerkmale der geschäftlichen Handlung (Übersicht) ... 33
a) Geschäftsverkehr ... 33
b) Handeln als positives Tun oder Unterlassen ... 34
c) Marktbezug ... 38
d) Zeitraum der geschäftlichen Handlung ... 39
e) Produktzusammenhang und Vertragszusammenhang ... 41
f) Allgemeine Rechtsgrundsätze zur geschäftlichen Handlung als Geschäftspraktik ... 46

II. Geschäftliche Handlung als Handeln im geschäftlichen Verkehr und Marktbezug der geschäftlichen Handlung ... 47
1. Geschäftlicher Verkehr als ungeschriebenes Tatbestandsmerkmal im UWG 2004 ... 48
2. Geschäftlicher Verkehr als Merkmal der geschäftlichen Handlung im UWG 2008 und der Geschäftspraktik in der UGP-RL ... 51
3. Marktbezug der geschäftlichen Handlung und der Geschäftspraktik ... 52
a) Kommerzielle Marktkommunikation ... 52
b) Privater Internetverkehr in Abgrenzung zum kommerziellen Geschäftsverkehr ... 58
4. Handeln als positives Tun oder Unterlassen ... 60
5. Begriff des geschäftlichen Verkehrs als kommerzielle Marktkommunikation ... 65
6. Fallkonstellationen zur Abgrenzung des geschäftlichen Verkehrs ... 71

III. Zeitraum der geschäftlichen Handlung ... 81
1. Restriktion der Wettbewerbshandlung auf den Vertragsschluss im UWG 1909 und im UWG 2004 ... 81
2. Geschäftspraktiken vor, während und nach einem (Handels)Geschäftsabschluss (Art. 3 Abs. 1 UGP-RL) ... 88
a) Zeitlicher und sachlicher Zusammenhang mit dem Geschäftsabschluss ... 88
aa) Zeitlicher Zusammenhang ... 89
bb) Sachlicher Zusammenhang ... 92
(1) Zeitraum vor Geschäftsabschluss ... 93
(2) Zeitraum während des Geschäftsabschlusses ... 96
(3) Zeitraum nach Geschäftsabschluss ... 98
cc) Verhältnis des Lauterkeitsrechts zum Vertragsrecht ... 100

	Rn
b) Lauterkeitsrechtliche Vertragskontrolle	103
aa) Lauterkeitsrechtliche Vorvertragskontrolle	104
bb) Lauterkeitsrechtliche Vertragsabschlusskontrolle und Vertragsdurchführungskontrolle	105
cc) Lauterkeitsrechtliche Nachvertragskontrolle	106
3. Geschäftliche Handlungen vor, bei und nach einem Geschäftsabschluss (§ 2 Abs. 1 Nr. 1)	107
a) Ausdehnung der lauterkeitsrechtlichen Vertragskontrolle im UWG 2008	107
b) Fallkonstellationen der lauterkeitsrechtlichen Vertragskontrolle im UWG im Verhältnis zum allgemeinen Vertragsrecht des BGB	113
aa) Höchstrichterliche Rechtsprechung zum UWG 1909 und UWG 2004	113
bb) Abhalten von der Durchsetzung der Verbraucherrechte aus einem Versicherungsvertrag als nachvertragliche Lauterkeitskontrolle (Nr. 27 Anhang UWG)	128
4. Lauterkeitskontrolle von Markenrechtsverträgen	129
a) Privatautonome Rechtsgestaltung innerhalb des spezifischen Gegenstands der Marken- und Kennzeichenrechte	129
b) Lauterkeitskontrolle irreführender Kennzeichenpraktiken der Produktvermarktung in Markenrechtsverträgen	131
IV. Produktzusammenhang und Vertragszusammenhang	133
1. Textvergleich der Definitionen der UGP-RL und des UWG 2008	133
a) Unmittelbarer Zusammenhang einer Geschäftspraktik im Sinne der UGP-RL	133
b) Objektiver Zusammenhang einer geschäftlichen Handlung im Sinne des UWG 2008	137
2. Objektiver Produkt- und Vertragszusammenhang	143
a) Abgrenzung zum UWG 1909 und UWG 2004	143
aa) Abgrenzung zum Wettbewerbsverhältnis nach der Rechtslage im UWG 1909	144
bb) Aufgabe des subjektiven Tatbestandsmerkmals einer Wettbewerbsabsicht	148
cc) Objektive Theorie der Lauterkeit im Marktrecht der UGP-RL	152
b) Objektiver Absatz- und Bezugsförderungszusammenhang sowie Vertragsabschluss- und Vertragsdurchführungszusammenhang	154
3. Fallkonstellationen eines objektiven Absatz- und Bezugsförderungszusammenhangs	158
a) Objektive Eignung zur Beeinflussung der Verbraucherentscheidung und der Marktverhältnisse	158
b) Anschauungsmaterial der höchstrichterlichen Rechtsprechung zu Fallkonstellationen eines objektiven Absatz- oder Bezugsförderungszusammenhangs	159
aa) Verhalten zugunsten des eigenen Unternehmens – Förderung eigenen Wettbewerbs	161
bb) Verhalten zugunsten eines fremden Unternehmens – Förderung fremden Wettbewerbs	164
cc) Förderungseignung als Nebenfolge	167
V. Immanente Marktwirkungen spezifischer Tätigkeitsbereiche außerhalb des Lauterkeitsrechts (Immanenztheorie)	169
1. Immanente Marktwirkungen und objektiver Produkt- und Vertragszusammenhang	169
a) Notwendiger Nachweis der Wettbewerbsabsicht als subjektives Tatbestandsmerkmal einer Wettbewerbshandlung im UWG 1909	170
b) Objektive Finalität einer Wettbewerbshandlung im UWG 2004	171
c) Immanenztheorie	172
2. Spezifische Tätigkeitsbereiche	174
a) Wissenschaftliche Tätigkeit	174
b) Presse	175
c) Verbände	181
d) Tätigkeiten der öffentlichen Hand	186
VI. Produkte als Waren oder Dienstleistungen	189
1. Regelungszusammenhang	189
2. Gesetzesgeschichte	191

	Rn
3. Produkt als Oberbegriff für Ware und Dienstleistung	196
4. Extensive Begriffe der Ware und Dienstleistung nach den herkömmlichen Rechtsgrundsätzen	199
5. Produkt als kommerzielles Gut oder kommerzielles Interesse	202
6. Anwendungsbereich des Produktbegriffs	204
C. Marktteilnehmer (§ 2 Abs. 1 Nr. 2)	**1**
I. Marktteilnehmer als Oberbegriff der Schutzsubjekte des UWG	1
1. Rechtstechnische Begriffsbildung	1
2. Mitbewerber, Verbraucher und sonstige Marktteilnehmer	4
II. Sonstige Marktteilnehmer	6
III. Produkte als Waren oder Dienstleistungen	10
D. Mitbewerber (§ 2 Abs. 1 Nr. 3)	**1**
I. Rechtsänderungen und Bedeutungswandel des Begriffs des Mitbewerbers	1
1. Mitbewerber als rechtstechnischer Begriff	1
2. Abstraktes und konkretes Wettbewerbsverhältnis	3
3. Mitbewerberbegriff des Richtlinienrechts	7
II. Mitbewerber als Unternehmer	16
1. Verweis auf den Unternehmerbegriff des § 14 BGB	16
2. Begriff des Gewerbetreibenden	17
III. Anbieter oder Nachfrager von Waren oder Dienstleistungen	18
1. Mitbewerber als Anbieter	19
2. Mitbewerber als Nachfrager	23
3. Produkte als Waren oder Dienstleistungen	24
IV. Konkretes Wettbewerbsverhältnis	25
1. Entwicklungsgeschichte und gesetzestechnische Funktion des Wettbewerbsverhältnisses	26
a) Gesetzestechnische Funktion des konkreten Wettbewerbsverhältnisses	26
b) Entwicklungsgeschichte des abstrakten und konkreten Wettbewerbsverhältnisses	27
aa) Handeln zu Zwecken des Wettbewerbs im UWG 1909	27
bb) Konkretes Wettbewerbsverhältnis und Anspruchsberechtigung im UWG 2004/2008	29
cc) Abstraktes Wettbewerbsverhältnis und Aktivlegitimation im UWG 1909	30
dd) Gesetzgebungsgeschichte des Wortlauts der Definition des Mitbewerbers	31
c) Begriff und Anwendungsbereich des konkreten Wettbewerbsverhältnisses	33
aa) Rechtslage nach dem UWG 1909	33
bb) Rechtslage nach dem UWG 2004/2008	34
d) Verwendung als Tatbestandsmerkmal	35
2. Unternehmen gleicher Wirtschaftsstufe mit gleichem Kundenkreis	36
3. Wettbewerbsverhältnis zwischen Unternehmen verschiedener Wirtschaftsstufen	44
4. Wettbewerbsverhältnis zwischen Unternehmen verschiedener Branchen	47
E. Nachricht (§ 2 Abs. 1 Nr. 4)	**1**
I. Herkunft und Bedeutung des Begriffs	1
II. Ausgetauschte und weitergeleitete Information	4
1. Begriff der Information	4
2. Austausch von Informationen	5
3. Weiterleitung von Informationen	6
III. Endliche Zahl von Beteiligten	7
IV. Öffentlich zugänglicher elektronischer Kommunikationsdienst	13
1. Begriff des elektronischen Kommunikationsdienstes	13
2. Öffentliche Zugänglichkeit	17
V. Ausnahmen (Nr. 4 2. Hs.)	19
F. Verhaltenskodex (§ 2 Abs. 1 Nr. 5)	**1**
I. Regelungsübersicht	1
1. Verhaltenskodizes des UWG und Wettbewerbsregeln des GWB	1

	Rn
2. Rechtsgrundlagen des Richtlinienrechts	3
a) Verhaltenskodex als Konkretisierung der unternehmerischen Sorgfalt	3
b) Kontrolle der Verhaltenskodizes (Art. 10 UGP-RL)	5
c) Definitionen nach Art. 2 UGP-RL	8
aa) Verhaltenskodex (Art. 2 lit. f UGP-RL)	9
bb) Urheber eines Kodex (Art. 2 lit. g UGP-RL)	16
II. Regelungen im UWG	20
1. Begriff des Verhaltenskodexes (§ 2 Abs. 1 Nr. 5)	20
2. Irreführende Angabe über die Einhaltung eines Verhaltenskodexes (§ 5 Abs. 1 S. 2 Nr. 6)	27
3. Verhaltenskodextatbestände der per se-Verbote (Nr. 1 und 3 des Anhangs zu § 3 Abs. 3)	30
a) Behauptung der Unterzeichnung eines Verhaltenskodexes (Nr. 1 Anhang zu § 3 Abs. 3)	31
b) Unwahre Angabe über die Billigung eines Verhaltenskodexes (Nr. 3 Anhang zu § 3 Abs. 3)	33
III. Verhaltenskodex als Konkretisierung der Unlauterkeit	35
1. Verhaltenskodex als Indikator lauteren Geschäftsverkehrs	35
2. Verhaltenskodex und Leistungswettbewerb	37
3. Verhaltenskodex und Kartellrecht	39
IV. Beispiele von Verhaltenskodexen	40
G. Unternehmer (§ 2 Abs. 1 Nr. 6)	**1**
I. Entstehungsgeschichte	1
II. Zur Gesetzesgeschichte der Begriffe des Gewerbetreibenden und des Unternehmers im Lauterkeitsrecht	3
III. Unternehmerbegriff	7
1. Personenkreis	8
a) Natürliche Personen	9
b) Juristische Personen des Privatrechts	10
c) Juristische Personen des öffentlichen Rechts	12
d) Rechtsfähige Personengesellschaften	19
2. Zweckrichtung des Verhaltens	26
a) Ausgangspunkt	26
b) Gewerbliche und handwerkliche Tätigkeit	27
c) Berufliche Tätigkeit	31
d) Beurteilungsmaßstab	32
e) Beweislast	35
IV. Handeln im Namen oder Auftrag eines Unternehmers (§ 2 Abs. 1 Nr. 6 2. Alt.)	40
1. Unternehmergleiche Personen als Normadressaten des Lauterkeitsrechts	40
2. Abgrenzung zur Haftung für Mitarbeiter und Beauftragte (§ 8 Abs. 2)	44
3. Fallkonstellationen einer lauterkeitsrechtlichen Verantwortlichkeit unternehmergleicher Personen	45
a) Unternehmerische Funktionsgleichheit unternehmensgleicher Personen	45
b) Organverantwortlichkeit und Repräsentantenhaftung	46
c) Qualifizierte Vertragsbeziehungen	50
H. Fachliche Sorgfalt (§ 2 Abs. 1 Nr. 7)	**1**
I. Begriffe der fachlichen Sorgfalt (UWG) und der beruflichen Sorgfalt (UGP-RL)	1
II. Regelungszusammenhang und Normfunktion des Begriffs	5
1. Unlauterkeitsbegründendes Beurteilungskriterium nach Art. 5 Abs. 2 lit. a UGP-RL	5
2. Verhaltenskodizes als Konkretisierungen der beruflichen Sorgfalt	9
3. Erfordernisse der beruflichen oder fachlichen Sorgfalt als Tatbestandsmerkmal einer unternehmerischen Informationspflicht (Art. 7 Abs. 4 lit. d UGP-RL, § 5 a Abs. 3 Nr. 4)	11
III. Begriffsmerkmale der beruflichen und fachlichen Sorgfalt	12
1. Geschäftsverkehr der Unternehmen mit den Verbrauchern	12
2. Standard an Fachkenntnissen und Sorgfalt	14
3. Anständige Marktgepflogenheiten und Grundsatz von Treu und Glauben	15
4. Verhaltensgebot	19

Rn

I. Verbraucher (§ 2 Abs. 2) ... 1

I. Entstehungsgeschichte und Regelungstechnik des Verbraucherbegriffs ... 2
1. Der Verbraucher im Privatrecht ... 2
2. Analoge und richtlinienkonforme Anwendung des Verbraucherbegriffs des § 13 BGB ... 5

II. Verbraucherbegriff ... 7
1. Natürliche Person als Verbraucher ... 8
a) Rechtsfähigkeit nach § 1 BGB ... 8
b) Alternativität der natürlichen Person zum Personenverband ... 9
c) Kontroverser Diskussionsstand in der Rechtsprechung des EuGH und BGH ... 11
d) Lauterkeitsrechtliche Begriffsbestimmung ... 14
e) Natürliche Personen ... 16
2. Zweck des Verbraucherverhaltens ... 19
a) Geschäftszweck ... 19
b) Privater Zweck ... 20
c) Nichtgewerbliches Handeln ... 21
d) Handeln außerhalb der selbstständigen beruflichen Tätigkeit ... 22
e) Abgrenzungen ... 23
f) Beweislast ... 27
3. Abschluss von Rechtsgeschäften ... 29

III. Verbraucherleitbild ... 31
1. Das Verbraucherleitbild des flüchtigen Verbrauchers im älteren Wettbewerbsrecht ... 31
2. Europäisches Verbraucherleitbild ... 32
3. Übernahme und Modifikation des europäischen Verbraucherleitbilds durch den BGH ... 35
4. Das europäische Verbraucherleitbild im harmonisierten Lauterkeitsrecht (Art. 5 Abs. 2 lit. b UGP-RL, § 3 Abs. 2 S. 2) ... 37
5. Verbraucherbegriff im Vorschlag für eine Richtlinie über Rechte der Verbraucher ... 38

A. Regelungsinhalt und Rechtstechnik des § 2 als Definitionsnorm und als Verweisungsnorm

Übersicht

Rn

A. Regelungsinhalt und Rechtstechnik des § 2 als Definitionsnorm und als Verweisungsnorm ... 1

I. Regelungsinhalt des § 2 ... 1
1. Definitionsnorm des § 2 Abs. 1 ... 2
2. Verweisungsnorm des § 2 Abs. 2 ... 3
3. Rechtsgeltung der Definitionen ... 4

II. Die Rechtstechnik von Legaldefinitionen ... 6
1. Die Art von Legalinterpretationen ... 6
2. Die Funktion von Legaldefinitionen ... 11

III. Übersicht über die Änderungen in den Definitionenkatalogen des UWG 2004 und des UWG 2008 bei der Umsetzung der UGP-RL ... 14
1. Wettbewerbshandlung, geschäftliche Handlung, Geschäftspraktik ... 15
2. Ware, Dienstleistung, Produkt ... 19
3. Marktteilnehmer ... 20
4. Mitbewerber ... 21
5. Nachricht ... 22
6. Verhaltenskodex ... 24
7. Urheber eines Kodex ... 26
8. Unternehmer, Gewerbetreibender ... 28
9. Fachliche Sorgfalt, berufliche Sorgfalt ... 30
10. Verbraucher ... 32

I. Regelungsinhalt des § 2

1 In der Vorschrift des § 2 werden einige wesentliche **Begriffe** definiert, die im UWG verwendet werden.

1. Definitionsnorm des § 2 Abs. 1

2 Eine **Definitionsnorm** im eigentlichen Sinne stellt nur § 2 Abs. 1 dar, der in Nr. 1 bis 7 unmittelbar sieben Begriffe definiert, die im Gesetzestext des UWG verwendet werden. Definiert werden der Begriff der **geschäftlichen Handlung** (Nr. 1), der Begriff des **Marktteilnehmers** (Nr. 2), der Begriff des **Mitbewerbers** (Nr. 3), der Begriff der **Nachricht** (Nr. 4), der Begriff des **Verhaltenskodexes** (Nr. 5), der Begriff des **Unternehmers** (Nr. 6) und der Begriff der **fachlichen Sorgfalt** (Nr. 7).

2. Verweisungsnorm des § 2 Abs. 2

3 § 2 Abs. 2 stellt eine **Verweisungsnorm** dar, in der das UWG den Begriff nicht unmittelbar definiert, sondern auf den Begriff des BGB verwiesen wird, der im UWG entsprechend gilt. Verwiesen wird auf den Begriff des **Verbrauchers** (§ 13 BGB).

3. Rechtsgeltung der Definitionen

4 Die sieben Begriffsbestimmungen der Definitionsnorm des § 2 Abs. 1 Nr. 1 bis 7 **gelten unmittelbar** für die Vorschriften des UWG. Die unmittelbare Geltung der Begriffe bringt der Gesetzgeber mit den die Vorschrift einleitenden Worten „Im Sinne dieses Gesetzes bedeutet" zum Ausdruck. Soweit es sich bei den Begriffsbestimmungen um solche des Definitionenkatalogs des Art. 2 UGP-RL[1] handelt, gelten diese Begriffsbestimmungen schon aus Gründen der richtlinienkonformen Auslegung.

5 Die Definition der Verweisungsnorm des § 2 Abs. 2 **gilt nur mittelbar** für den Begriff des UWG. Der Gesetzgeber bringt dies mit den Worten „gilt … entsprechend" zum Ausdruck. Die **entsprechende Anwendung** des Begriffs des Verbrauchers im Sinne des § 13 BGB im UWG bedeutet, dass der Begriffsinhalt der Definition in beiden Gesetzen nicht einheitlich ist. Das bürgerlichrechtliche Rechtssystem und dessen Gesetzeszweck unterscheiden sich von dem System des Lauterkeitsrechts und dessen Normzweck. Eine Folge sind Unterschiede im Rechtsinhalt der im BGB und im UWG geltenden Definition des Verbrauchers.

II. Die Rechtstechnik von Legaldefinitionen

1. Die Art von Legalinterpretationen

6 Die **Gesetzestechnik von Legalinterpretationen** ist unterschiedlich. Der Gesetzgeber kann einerseits innerhalb der Beschreibung des Tatbestands eines solchen Gesetzes, das selbst eine Rechtsfolge anordnet, einen im Tatbestand verwendeten Begriff definieren.[2] Der Gesetzgeber kann andererseits auf die Anordnung einer Rechtsfolge durch die Vorschrift verzichten und den Norminhalt auf eine Definition eines Begriffs beschränken. Solche Definitionsnormen können wiederum selbstständige Vorschriften[3] oder Teile (Absätze, Sätze) von Vorschriften sein.[4] In der Gesetzgebungslehre haben Legalinterpretationen anhand von Definitionsnormen oder Legaldefinitionen eine lange Tradition.[5]

---

[1] Siehe dazu die Übersicht → A Rn 14 ff.

[2] Ein solches Beispiel einer Legaldefinition stellt § 121 Abs. 1 S. 1 BGB dar, der den Begriff „ohne schuldhaftes Zögern" als „unverzüglich" im Klammerzusatz definiert.

[3] Ein Beispiel bildet die Definition des Begriffs der Sache in § 90 BGB.

[4] Ein Beispiel bildet die Definition der Fahrlässigkeit in § 276 Abs. 2 BGB.

[5] Siehe zur Geschichte von Legalinterpretationen *Ebel* Über Legaldefinitionen 1974.

Im **Europäischen Richtlinienrecht** ist es üblich, die wesentlichen Begriffe, die in einer Richtlinie verwendet werden, in einem Katalog von Definitionen den rechtsfolgenanordnenden Vorschriften voranzustellen. Eine solche Europäisierung der Legaldefinitionen dient dazu, wegen der verschiedenen Landessprachen in den Mitgliedstaaten und vor allem wegen des unterschiedlichen Vorverständnisses bei den Normadressaten in verschiedenen Rechtskulturen über eine sprachliche Vereinheitlichung zu einheitlichen Begriffsinhalten zu gelangen. 7

Der deutsche Gesetzgeber der **UWG-Reform des Jahres 2004,** der mit der Modernisierung des UWG ein Signal für eine europäische Rechtsharmonisierung des Lauterkeitsrechts geben wollte, suchte zudem dieses rechtspolitische Anliegen schon vor Inkrafttreten der UGP-RL dadurch zu befördern, dass er, soweit dies möglich war, auf bereits in europäischen Richtlinien verwendete Begriffe zurückgriff. Im bis zum Inkrafttreten des UWG 2004 geltenden Lauterkeitsrecht des UWG 1909 hatte die Definitionsnorm des § 2 keine Entsprechung. 8

In der **UGP-RL,** deren Umsetzung das UWG 2008 dient, werden in Art. 2 lit. a bis l UGP-RL **zwölf Begriffe definiert,** die in der UGP-RL verwendet werden. Das sind Verbraucher (lit. a), Gewerbetreibender (lit. b), Produkt (lit. c), Geschäftspraktiken im Geschäftsverkehr zwischen Unternehmen und Verbrauchern (lit. d), wesentliche Beeinflussung des wirtschaftlichen Verhaltens des Verbrauchers (lit. e), Verhaltenskodex (lit. f), Urheber eines Kodex (lit. g), berufliche Sorgfalt (lit. h), Aufforderung zum Kauf (lit. i), unzulässige Beeinflussung (lit. j), geschäftliche Entscheidung (lit. k) und reglementierter Beruf (lit. l). 9

In dem Katalog der **sieben Definitionen des § 2 UWG 2008** werden in Abänderung und Ergänzung des Katalogs der Definitionen in § 2 UWG 2004 außer der Ersetzung des Begriffs der Wettbewerbshandlung durch den Begriff der geschäftlichen Handlung in § 2 Nr. 1 die Begriffe Verhaltenskodex (Nr. 5), Unternehmer (Nr. 6) und fachliche Sorgfalt (Nr. 7) definiert; auf die entsprechende Anwendung des Verbraucherbegriffs des § 13 BGB wird in § 2 Abs. 2 verwiesen. Da die Definitionen der UGP-RL teilweise nicht wörtlich übernommen wurden, sind Probleme bei der Auslegung der Definitionen des UWG 2008 in richtlinienkonformer Auslegung der UGP-RL nicht ausgeschlossen. 10

2. Die Funktion von Legaldefinitionen

Definitionsnormen und Legaldefinitionen sind **Instrumente einer gesetzlichen Interpretation** von Normen (Legalinterpretationen).[6] Die gesetzliche Definition beschreibt ein Tatbestandsmerkmal, das in mehreren vollständigen Rechtsnormen, die eine Rechtsfolgenanordnung enthalten, innerhalb der Kodifikation verwendet werden. Die Definitionsnorm bindet den Rechtsanwender an ein bestimmtes Begriffsverständnis. Eine gesetzliche Begriffsdefinition legt die Wortbedeutung der Normen für die Rechtsanwendung fest. Die Legalinterpretation bindet. Der Inhalt einer Definitionsnorm ist durch Auslegung zu ermitteln. Die Legaldefinition ist ein Instrument des Gesetzgebers zu einem „authentischen“ Verständnis des Norminhalts: Das Gesetz legt sich selbst aus. 11

Für die Auslegung von Delegationsnormen gilt der Kanon der **Auslegungsmethoden** einschließlich der richtlinienkonformen und verfassungskonformen Auslegung. Definitionen des nationalen Rechts, die auf der Umsetzung von Richtlinienrecht beruhen, sollten rechtsangleichend und richtlinienoptimierend ausgelegt werden. Es ist dringend geboten, sich in den Mitgliedstaaten der EU auf einen Konsens über einen **gemeinschaftsrechtlichen Auslegungskanon** in der Methodenlehre zu verständigen. 12

Der Glaube an die Rechtssicherheit und **Authentizität qua definitionem** ist trügerisch. Definitionen erhöhen zwar die Präzision des Sprachgebrauchs eines Gesetzes. Der Norminhalt basiert aber auch auf dem Vorverständnis der Sprachengemeinschaft. Legaldefinitionen sind zudem nicht selten bruchstückhaft. Die Definition der Wettbewerbshand- 13

[6] Siehe dazu nur *Fikentscher* Methoden des Rechts Bd. III, Mitteleuropäischer Rechtskreis 1976 S. 661 f; *Rüthers* Rechtstheorie 2008 Rn 134, 195 ff.

lung in § 2 Abs. 1 Nr. 1 UWG 2004 setzte das Verständnis der Rechtsgemeinschaft über den Begriff des Wettbewerbs voraus, obgleich dem Reformgesetzgeber des Jahres 2004 bewusst war, in Anbetracht der Vielzahl unvereinbarer Wettbewerbstheorien[7] einen Konsens über eine einheitliche Definition des Wettbewerbs nicht herbeiführen zu können. Das gilt vergleichbar für den Begriff der geschäftlichen Handlung in § 2 Abs. 1 Nr. 1 des in Umsetzung der UGP-RL geänderten Definitionenkatalogs; die Definition der geschäftlichen Handlung kann hinsichtlich des Zusammenhangs mit der Absatzförderung unmittelbar (wie in Art. 2 Nr. 1 UGP-RL) oder objektiv (wie in § 2 Abs. 1 Nr. 1 UWG 2008) verstanden werden.

III. Übersicht über die Änderungen in den Definitionskatalogen des UWG 2004 und des UWG 2008 bei der Umsetzung der UGP-RL

14 In der Definitionsnorm des § 2 Abs. 1 Nr. 1 bis 4 UWG 2004 wurden vier Begriffe im Sinne des UWG 2004 definiert; in der Verweisungsnorm des § 2 Abs. 2 UWG 2004 wurden zwei Begriffe des BGB im UWG 2004 für entsprechend anwendbar erklärt. In der Definitionsnorm des § 2 Abs. 1 Nr. 1 bis 7 UWG 2008 werden sieben Begriffe im Sinne des UWG 2008 definiert; in der Verweisungsnorm des § 2 Abs. 2 UWG 2008 wird ein Begriff des BGB im UWG 2008 für entsprechend anwendbar erklärt. Die Begriffe der Ware und Dienstleistung werden innerhalb der Definition der geschäftlichen Handlung präzisiert (§ 2 Abs. 1 Nr. 1 2. Hs. UWG 2008).

1. Wettbewerbshandlung, geschäftliche Handlung, Geschäftspraktik[8]

15 In § 2 Abs. 1 Nr. 1 UWG 2004 wurde der Begriff der **Wettbewerbshandlung** als ein Zentralbegriff des UWG 1909 für den Anwendungsbereich des UWG 2004 nach der UWG-Reform umschrieben. Als Wettbewerbshandlung wurde jede Handlung einer Person mit dem Ziel verstanden, zugunsten des eigenen oder eines fremden Unternehmens den Absatz oder den Bezug von Waren oder die Erbringung oder den Bezug von Dienstleistungen, einschließlich unbeweglicher Sachen, Rechte und Verpflichtungen zu fördern.

16 Im UWG 2008 wird auf den Begriff der Wettbewerbshandlung verzichtet. Ein Grund für die Aufgabe des Begriffs der Wettbewerbshandlung, die nahezu ein Jahrhundert den sachlichen Anwendungsbereich des Lauterkeitsrechts bestimmte, wird wohl darin zu sehen sein, dass zwischen dem Begriff der Wettbewerbshandlung und dem ursprünglichen Verständnis des UWG als Mitbewerberschutzrecht eine zu enge Verbindung bestand, der Gesetzgeber das Lauterkeitsrecht des b2b-Geschäftsverkehrs und des b2c-Geschäftsverkehrs aber in einem einheitlichen UWG regeln wollte. Den im europäischen Richtlinienrecht der UGP-RL verwendeten Begriff der Geschäftspraktik wollte der Gesetzgeber wohl deshalb nicht übernehmen, da der Begriff der Geschäftspraktik zumindest in Art. 2 lit. d UGP-RL für den b2c-Geschäftsverkehr definiert wird.

17 Um den sachlichen Anwendungsbereich des UWG 2008 abzugrenzen, wählte der Gesetzgeber den neuen Begriff der **geschäftlichen Handlung,** den er teils unter Rückgriff auf den Begriff der Wettbewerbshandlung nach § 2 Abs. 1 Nr. 1 UWG 2004 und teils unter Rückgriff auf den Begriff der Geschäftspraktik nach Art. 2 lit. d UGP-RL definierte. Nach § 2 Abs. 1 Nr. 1 bedeutet geschäftliche Handlung jedes Verhalten einer Person zugunsten des eigenen oder eines fremden Unternehmens vor, bei oder nach einem Geschäftsabschluss, das mit der Förderung des Absatzes oder des Bezugs von Waren oder Dienstleistungen oder mit dem Abschluss oder der Durchführung eines Vertrags über Waren oder Dienstleistungen objektiv zusammenhängt.

---

[7] → Einleitung E Rn 262ff.
[8] Siehe dazu → B Rn 20ff.

Nach Art. 2 lit. d UGP-RL bezeichnet der Ausdruck **Geschäftspraktiken** im Geschäftsverkehr zwischen Unternehmen und Verbrauchern – kurz Geschäftspraktiken genannt – jede Handlung, Unterlassung, Verhaltensweise oder Erklärung, kommerzielle Mitteilung einschließlich Werbung und Marketing eines Gewerbetreibenden, die unmittelbar mit der Absatzförderung, dem Verkauf oder der Lieferung eines Produkts an Verbraucher zusammenhängt. 18

2. Ware, Dienstleistung, Produkt[9]

Im Anschluss an die Definition der geschäftlichen Handlung wird in § 2 Abs. 1 Nr. 1 2. Hs. UWG 2008 klargestellt, dass als **Waren** auch Grundstücke, als **Dienstleistungen** auch Rechte und Verpflichtungen gelten. Die Konkretisierung der Begriffe der Waren und Dienstleistungen geht auf Art. 2 lit. c UGP-RL zurück, nach der der Ausdruck **Produkt** jede Ware oder Dienstleistung bezeichnet, einschließlich Immobilien, Rechte und Verpflichtungen. Im europäischen Richtlinienrecht wird als Oberbegriff für die Begriffe Ware und Dienstleistung der Begriff des Produkts verwendet (Art. 2 lit. c UGP-RL). 19

3. Marktteilnehmer[10]

Nach § 2 Abs. 1 Nr. 2 UWG 2008 bedeutet **Marktteilnehmer** im Sinne des UWG neben Mitbewerbern und Verbrauchern alle Personen, die als Anbieter oder Nachfrager von Waren oder Dienstleistungen tätig sind. Die Definition war wortgleich in § 2 Abs. 1 Nr. 2 UWG 2004 enthalten. Der Begriff des Marktteilnehmers ist kein Begriff des europäischen Richtlinienrechts und ist nicht in der UGP-RL enthalten. 20

4. Mitbewerber[11]

Nach § 2 Abs. 1 Nr. 3 UWG 2008 bedeutet **Mitbewerber** im Sinne des UWG jeder Unternehmer, der mit einem oder mehreren Unternehmern als Anbieter oder Nachfrager von Waren oder Dienstleistungen in einem konkreten Wettbewerbsverhältnis steht. Der Begriff des Mitbewerbers war wortgleich in § 2 Abs. 1 Nr. 3 UWG 2004 enthalten. Der Begriff des Mitbewerbers ist kein Begriff des europäischen Richtlinienrechts und ist nicht in der UGP-RL enthalten. 21

5. Nachricht[12]

Nach § 2 Abs. 1 Nr. 4 UWG 2008 bedeutet **Nachricht** im Sinne des UWG jede Information, die zwischen einer endlichen Zahl von Beteiligten über einen öffentlich zugänglichen elektronischen Kommunikationsdienst ausgetauscht oder weitergeleitet wird; dies schließt nicht Informationen ein, die als Teil eines Rundfunkdienstes über ein elektronisches Kommunikationsnetz an die Öffentlichkeit weitergeleitet werden, soweit die Informationen nicht mit dem identifizierbaren Teilnehmer oder Nutzer, der sie erhält, in Verbindung gebracht werden können. Die Definition der Nachricht war wortgleich in § 2 Abs. 1 Nr. 4 UWG 2004 enthalten. 22

Der Begriff der Nachricht stellt einen Begriff des europäischen Richtlinienrechts dar. Der Gesetzgeber des UWG übernahm die Begriffsbestimmung der Nachricht von Art. 2 lit. d DatenschutzRL. 23

6. Verhaltenskodex[13]

Der Begriff des **Verhaltenskodexes** im Sinne des UWG bedeutet nach § 2 Nr. 5 UWG 2008 Vereinbarungen oder Vorschriften über das Verhalten von Unternehmern, zu wel- 24

---

[9] Siehe dazu → B Rn 189ff.
[10] Siehe dazu → C Rn 1ff.
[11] Siehe dazu → D Rn 1ff.
[12] Siehe dazu → E Rn 1ff.
[13] Siehe dazu → F Rn 1ff.

chem diese sich in Bezug auf Wirtschaftszweige oder einzelne geschäftliche Handlungen verpflichtet haben, ohne dass sich solche Verpflichtungen aus Gesetzes- oder Verwaltungsvorschriften ergeben. Der Begriff des Verhaltenskodexes stellt eine Definition des europäischen Richtlinienrechts dar und war dem deutschen Lauterkeitsrecht bis zum UWG 2008 fremd. Im Sinne der UGP-RL bezeichnet der Ausdruck Verhaltenskodex nach Art. 2 lit. f UGP-RL eine Vereinbarung oder ein Vorschriftenkatalog, die bzw der nicht durch die Rechts- und Verwaltungsvorschriften eines Mitgliedstaates vorgeschrieben ist und das Verhalten der Gewerbetreibenden definiert, die sich in Bezug auf eine oder mehrere spezielle Geschäftspraktiken oder Wirtschaftszweige auf diesen Kodex verpflichten.

25 Da nach der UGP-RL die Nichteinhaltung von Verhaltenskodizes als irreführend beurteilt wird (Art. 6 Abs. 2 lit. b UGP-RL) bestand für den Gesetzgeber des UWG 2008 ein Umsetzungsbedarf. Aus diesem Grunde wurde der Begriff des Verhaltenskodexes wenn auch mit abweichenden Formulierungen im Wortlaut der Definition, übernommen.

7. Urheber eines Kodexes

26 Im Sinne der UGP-RL bezeichnet der Ausdruck **Urheber eines Kodexes** nach Art. 2 lit. g UGP-RL jede Rechtspersönlichkeit, einschließlich einzelner Gewerbetreibender oder Gruppen von Gewerbetreibenden, die für die Formulierung und Überarbeitung eines Verhaltenskodexes und/oder für die Überwachung der Einhaltung dieses Kodexes durch alle diejenigen, die sich darauf verpflichtet haben, zuständig ist.

27 Da der Begriff des Urhebers eines Kodexes auch im UWG 2008 nach der Auffassung des Gesetzgebers an keiner Stelle benötigt werde, wurde ein Umsetzungsbedarf nicht gesehen.

8. Unternehmer, Gewerbetreibender[14]

28 Nach § 2 Abs. 1 Nr. 6 UWG 2008 bedeutet **Unternehmer** im Sinne des UWG jede natürliche oder juristische Person, die geschäftliche Handlungen im Rahmen ihrer gewerblichen, handwerklichen oder beruflichen Tätigkeit vornimmt, und jede Person, die im Namen oder Auftrag einer solchen Person handelt. Im UWG 2004 war eine Definition des Begriffs des Unternehmers nicht enthalten; es wurde vielmehr nach § 2 Abs. 2 UWG 2004 auf die entsprechende Anwendung des Unternehmerbegriffs im Sinne des § 14 BGB verwiesen.

29 Im Sinne der UGP-RL bezeichnet der Ausdruck **Gewerbetreibender** nach Art. 2 lit. b UGP-RL jede natürliche oder juristische Person, die im Geschäftsverkehr im Sinne der UGP-RL im Rahmen ihrer gewerblichen, handwerklichen oder beruflichen Tätigkeit handelt, und jede Person, die im Namen oder Auftrag des Gewerbetreibenden handelt. Der Gesetzgeber wollte der Sache nach die Definition des Begriffs des Gewerbetreibenden des Richtlinienrechts übernehmen, allerdings das Wort Gewerbetreibender durch den Begriff des Unternehmers ersetzen. Die Umsetzung des Art. 2 lit. b UGP-RL erfordere, den Begriff nicht mehr entsprechend § 14 BGB, sondern entsprechend dem Richtlinientext zu definieren.

9. Fachliche Sorgfalt, berufliche Sorgfalt[15]

30 Nach § 2 Abs. 1 Nr. 7 UWG 2008 bedeutet **fachliche Sorgfalt** im Sinne des UWG der Standard an Fachkenntnissen und Sorgfalt, von dem billigerweise angenommen werden kann, dass ein Unternehmer ihn in seinem Tätigkeitsbereich gegenüber Verbrauchern nach Treu und Glauben unter Berücksichtigung der Marktgepflogenheiten enthält. Eine Definition der fachlichen Sorgfalt war im UWG 2004 nicht enthalten. Nach Art. 2 lit. h UGP-RL bezeichnet der Ausdruck berufliche Sorgfalt der Standard an Fachkenntnissen und Sorgfalt, bei denen billigerweise davon ausgegangen werden kann, dass der Gewerbetreibende

---

[14] Siehe dazu → G Rn 1 ff.
[15] Siehe dazu → H Rn 1 ff.

sie gegenüber dem Verbraucher gemäß den anständigen Marktgepflogenheiten und/oder dem allgemeinen Grundsatz von Treu und Glauben in seinem Tätigkeitsbereich anwendet.

31 In Umsetzung der Definition der UGP-RL wurde der Begriff der **beruflichen Sorgfalt** der UGP-RL nicht übernommen und durch den nach Auffassung des Gesetzgebers besser geeigneten Begriff der fachlichen Sorgfalt ersetzt.

10. Verbraucher[16]

32 Nach § 2 Abs. 2 UWG 2008 wird für den Begriff des **Verbrauchers** auf die entsprechende Anwendung des § 13 BGB verwiesen. Die Verweisungsnorm entspricht § 2 Abs. 2 UWG 2004.

33 Eine Verweisung auf eine entsprechende Anwendung des Begriffs des Unternehmers nach § 14 BGB wurde durch die Definition des Unternehmers nach § 2 Abs. 1 Nr. 6 UWG 2008 entbehrlich.

B. Geschäftliche Handlung (§ 2 Abs. 1 Nr. 1)

§ 2 Abs. 1 Nr. 1 UWG

Im Sinne dieses Gesetzes bedeutet

„geschäftliche Handlung" jedes Verhalten einer Person zugunsten des eigenen oder eines fremden Unternehmens vor, bei oder nach einem Geschäftsabschluss, das mit der Förderung des Absatzes oder des Bezugs von Waren oder Dienstleistungen oder mit dem Abschluss oder der Durchführung eines Vertrags über Waren oder Dienstleistungen objektiv zusammenhängt; als Waren gelten auch Grundstücke, als Dienstleistungen auch Rechte und Verpflichtungen.

Art. 2 lit. d UGP-RL

Im Sinne dieser Richtlinie bezeichnet der Ausdruck

„Geschäftspraktiken im Geschäftsverkehr zwischen Unternehmen und Verbrauchern" (nachstehend auch „Geschäftspraktiken" genannt) jede Handlung, Unterlassung, Verhaltensweise oder Erklärung, kommerzielle Mitteilung einschließlich Werbung und Marketing eines Gewerbetreibenden, die unmittelbar mit der Absatzförderung, dem Verkauf oder der Lieferung eines Produkts an Verbraucher zusammenhängt.

Art. 2 lit. c UGP-RL

Im Sinne dieser Richtlinie bezeichnet der Ausdruck

„Produkt" jede Ware oder Dienstleistung, einschließlich Immobilien, Rechte und Verpflichtungen.

§ 2 Abs. 1 Nr. 1 UWG aF

Im Sinne dieses Gesetzes bedeutet

„Wettbewerbshandlung" jede Handlung einer Person mit dem Ziel, zugunsten des eigenen oder eines fremden Unternehmens den Absatz oder den Bezug von Waren oder die Erbringung oder den Bezug von Dienstleistungen, einschließlich unbeweglicher Sachen, Rechte und Verpflichtungen zu fördern.

---

[16] Siehe dazu → I Rn 1 ff.

Übersicht

Rn

B. Geschäftliche Handlung (§ 2 Abs. 1 Nr. 1) **1**

I. Geschäftliche Handlung, Geschäftspraktik, Wettbewerbshandlung 1
1. Begriffsbestimmungen des UWG 1909, des UWG 2004, des UWG 2008 und der UGP-RL 1
2. Zentralbegriffe zur Abgrenzung des sachlichen Anwendungsbereichs des Lauterkeitsrechts 4
3. Stadien in der Entwicklungsgeschichte des Begriffs der Wettbewerbshandlung vom UWG 1909 zum UWG 2004 7
a) Wettbewerbshandlung als Handeln zu Zwecken des Wettbewerbs 8
b) Wettbewerbshandlung, konkretes Wettbewerbsverhältnis und Aktivlegitimation 10
c) Abgrenzungsfunktion der Wettbewerbshandlung zum bürgerlichen Deliktsrecht 12
d) Kritik an der Wettbewerbshandlung auf europäischer Ebene 16
e) Marktbezug des Unternehmerverhaltens 18
4. Die Begriffe der Geschäftspraktik und der geschäftlichen Handlung im geltenden UWG 20
a) Der Richtlinienbegriff der Geschäftspraktik im b2c-Geschäftsverkehr ... 21
b) Der Begriff der geschäftlichen Handlung als Gesetzessprache des UWG 2008 24
5. Sprachregelung 26
6. Begriffsmerkmale der geschäftlichen Handlung (Übersicht) 33
a) Geschäftsverkehr 33
b) Handeln als positives Tun oder Unterlassen 34
c) Marktbezug 38
d) Zeitraum der geschäftlichen Handlung 39
e) Produktzusammenhang und Vertragszusammenhang 41
f) Allgemeine Rechtsgrundsätze zur geschäftlichen Handlung als Geschäftspraktik 46

II. Geschäftliche Handlung als Handeln im geschäftlichen Verkehr und Marktbezug der geschäftlichen Handlung 47
1. Geschäftlicher Verkehr als ungeschriebenes Tatbestandsmerkmal im UWG 2004 48
2. Geschäftlicher Verkehr als Merkmal der geschäftlichen Handlung im UWG 2008 und der Geschäftspraktik in der UGP-RL 51
3. Marktbezug der geschäftlichen Handlung und der Geschäftspraktik 52
a) Kommerzielle Marktkommunikation 52
b) Privater Internetverkehr in Abgrenzung zum kommerziellen Geschäftsverkehr 58
4. Handeln als positives Tun oder Unterlassen 60
5. Begriff des geschäftlichen Verkehrs als kommerzielle Marktkommunikation 65
6. Fallkonstellationen zur Abgrenzung des geschäftlichen Verkehrs 71

III. Zeitraum der geschäftlichen Handlung 81
1. Restriktion der Wettbewerbshandlung auf den Vertragsschluss im UWG 1909 und im UWG 2004 81
2. Geschäftspraktiken vor, während und nach einem (Handels)Geschäftsabschluss (Art. 3 Abs. 1 UGP-RL) 88
a) Zeitlicher und sachlicher Zusammenhang mit dem Geschäftsabschluss ... 88
aa) Zeitlicher Zusammenhang 89
bb) Sachlicher Zusammenhang 92
(1) Zeitraum vor Geschäftsabschluss 93
(2) Zeitraum während des Geschäftsabschlusses 96
(3) Zeitraum nach Geschäftsabschluss 98
cc) Verhältnis des Lauterkeitsrechts zum Vertragsrecht 100
b) Lauterkeitsrechtliche Vertragskontrolle 103
aa) Lauterkeitsrechtliche Vorvertragskontrolle 104
bb) Lauterkeitsrechtliche Vertragsabschlusskontrolle und Vertragsdurchführungskontrolle 105
cc) Lauterkeitsrechtliche Nachvertragskontrolle 106
3. Geschäftliche Handlungen vor, bei und nach einem Geschäftsabschluss (§ 2 Abs. 1 Nr. 1) 107

Rn
a) Ausdehnung der lauterkeitsrechtlichen Vertragskontrolle im UWG 2008 107
b) Fallkonstellationen der lauterkeitsrechtlichen Vertragskontrolle im UWG im Verhältnis zum allgemeinen Vertragsrecht des BGB 113
aa) Höchstrichterliche Rechtsprechung zum UWG 1909 und UWG 2004 113
bb) Abhalten von der Durchsetzung der Verbraucherrechte aus einem Versicherungsvertrag als nachvertragliche Lauterkeitskontrolle (Nr. 27 Anhang UWG) 128
4. Lauterkeitskontrolle von Markenrechtsverträgen 129
a) Privatautonome Rechtsgestaltung innerhalb des spezifischen Gegenstands der Marken- und Kennzeichenrechte 129
b) Lauterkeitskontrolle irreführender Kennzeichenpraktiken der Produktvermarktung in Markenrechtsverträgen 131
IV. Produktzusammenhang und Vertragszusammenhang 133
1. Textvergleich der Definitionen der UGP-RL und des UWG 2008 133
a) Unmittelbarer Zusammenhang einer Geschäftspraktik im Sinne der UGP-RL 133
b) Objektiver Zusammenhang einer geschäftlichen Handlung im Sinne des UWG 2008 137
2. Objektiver Produkt- und Vertragszusammenhang 143
a) Abgrenzung zum UWG 1909 und UWG 2004 143
aa) Abgrenzung zum Wettbewerbsverhältnis nach der Rechtslage im UWG 1909 144
bb) Aufgabe des subjektiven Tatbestandsmerkmals einer Wettbewerbsabsicht 148
cc) Objektive Theorie der Lauterkeit im Marktrecht der UGP-RL 152
b) Objektiver Absatz- und Bezugsförderungszusammenhang sowie Vertragsabschluss- und Vertragsdurchführungszusammenhang 154
3. Fallkonstellationen eines objektiven Absatz- und Bezugsförderungszusammenhangs 158
a) Objektive Eignung zur Beeinflussung der Verbraucherentscheidung und der Marktverhältnisse 158
b) Anschauungsmaterial der höchstrichterlichen Rechtsprechung zu Fallkonstellationen eines objektiven Absatz- oder Bezugsförderungszusammenhangs 159
aa) Verhalten zugunsten des eigenen Unternehmens – Förderung eigenen Wettbewerbs 161
bb) Verhalten zugunsten eines fremden Unternehmens – Förderung fremden Wettbewerbs 164
cc) Förderungseignung als Nebenfolge 167
V. Immanente Marktwirkungen spezifischer Tätigkeitsbereiche außerhalb des Lauterkeitsrechts (Immanenztheorie) 169
1. Immanente Marktwirkungen und objektiver Produkt- und Vertragszusammenhang 169
a) Notwendiger Nachweis der Wettbewerbsabsicht als subjektives Tatbestandsmerkmal einer Wettbewerbshandlung im UWG 1909 170
b) Objektive Finalität einer Wettbewerbshandlung im UWG 2004 171
c) Immanenztheorie 172
2. Spezifische Tätigkeitsbereiche 174
a) Wissenschaftliche Tätigkeit 174
b) Presse 175
c) Verbände 181
d) Tätigkeiten der öffentlichen Hand 186
VI. Produkte als Waren oder Dienstleistungen 189
1. Regelungszusammenhang 189
2. Gesetzesgeschichte 191
3. Produkt als Oberbegriff für Ware und Dienstleistung 196
4. Extensive Begriffe der Ware und Dienstleistung nach den herkömmlichen Rechtsgrundsätzen 199
5. Produkt als kommerzielles Gut oder kommerzielles Interesse 202
6. Anwendungsbereich des Produktbegriffs 204

Schrifttum zur Wettbewerbshandlung: *Ahrens,* Handeln zu Zwecken des Wettbewerbs nach § 3 UWG, WRP 1972, 57; *Bauer,* Handeln zu Zwecken des Wettbewerbs, 1991; *Borck,* Das Prokrustesbett „Konkrete Verletzungsform", GRUR 1996, 522; *Brinkmann,* Der außerrechtliche Unternehmensschutz in der Rechtsprechung des Bundesgerichtshofs, GRUR 1988, 516; *Büchler,* Handeln zu Zwecken des Wettbewerbs und Wettbewerbsverhältnis im UWG, Diss Heidelberg, 1981; *Bürglen,* Die Verfremdung bekannter Marken zu Scherzartikeln, FS Gaedertz, 1992, S. 71; *Diemer,* Meinungsfreiheit und Wettbewerbsrecht, FS Klaka, 1987, S. 44; *Ellscheid,* Verbände und Wettbewerbsrecht, GRUR 1972, 284; *Fezer,* Modernisierung des deutschen Rechts gegen den unlauteren Wettbewerb auf der Grundlage einer Europäisierung des Wettbewerbsrechts, WRP 2001, 989; *ders.,* Objektive Theorie der Lauterkeit im Wettbewerb, FS Schricker, 2005, S. 671; *v. Gierke,* Grenzen der wettbewerbsrechtlichen Störerhaftung, WRP 1997, 892; *Hefermehl,* Der Anwendungsbereich des Wettbewerbsrechts, FS Nipperdey, 1955, S. 283; *ders.,* Entwicklungen im Recht gegen unlauteren Wettbewerb, FS Robert Fischer, 1979, S. 197; *ders.,* Das Prokrustesbett „Wettbewerbsverhältnis", FS Kummer, 1965, S. 345; *Hemmerich,* Möglichkeiten und Grenzen wirtschaftlicher Betätigung von Idealvereinen, Diss Heidelberg, 1981; *Henning-Bodewig,* Leitbildwerbung – haftet der „Star" für Wettbewerbsverstöße?, GRUR 1982, 202; *dies.,* Richtlinienvorschlag über unlautere Geschäftspraktiken und UWG-Reform, GRUR Int. 2004, 183; *Hirtz,* Die Bedeutung des Wettbewerbsverhältnisses für die Anwendung des UWG, GRUR 1988, 173; *Knöpfle,* Der Rechtsbegriff „Wettbewerb" und die Realität des Wirtschaftslebens, Kartellrundschau Heft 17, 1966; *ders.,* Zum Erfordernis eines Wettbewerbsverhältnisses bei der Anwendung des UWG, Ufita 93 (1982) 25; *Köhler,* Die Beteiligung an fremden Wettbewerbsverstößen, WRP 1997, 897; *Köhler/Bornkamm/Henning-Bodewig,* Vorschlag für eine Richtlinie zum Lauterkeitsrecht und eine UWG-Reform, WRP 2002, 1317; *Kort,* Wettbewerbsrechtliche Fragen bei Arbeitgeberäußerungen zum Krankenkassenwechsel von Arbeitnehmern, WRP 2001, 453; *Kummer,* Anwendungsbereich und Schutzgut der privatrechtlichen Rechtssätze gegen unlauteren und gegen freiheitsbeschränkenden Wettbewerb, 1960; *Lehmann,* Die wettbewerbs- und bürgerlich-rechtlichen Grenzen der wirtschaftlichen Betätigung von Idealvereinen, WRP 1986, 63; *Lindacher,* Grundfragen des Wettbewerbsrechts, BB 1975, 1311; *Mees,* Zur wettbewerbsrechtlichen Beurteilung des Verhaltens nach Vertragsabschluss, FS Brandner, 1996, S. 743; *Messer,* Wettbewerbsrechtliche Beurteilung von Presseäußerungen, FS v. Gamm, 1990, S. 95; *Piper,* Zur wettbewerbsrechtlichen Beurteilung von Werbeanzeigen und redaktionellen Beiträgen werbenden Inhalts insbesondere in der Rechtsprechung des Bundesgerichtshofs, FS Vieregge, 1995, S. 715; *ders.,* Neuere Rechtsprechung des Bundesgerichtshofs zum Wettbewerbsrecht, GRUR 1996, 147; *v. Randow,* Rating und Wettbewerb, ZBB 1996, 85; *Sack,* Schadensersatzansprüche wettbewerbsgeschädigter Verbraucher nach deutschem und österreichischem Wettbewerbs- und Deliktsrecht, in: Konsumentenschutz im Privat- und Wirtschaftsrecht, Wien 1977, S. 104; *ders.,* Die Durchsetzung unlauter zustande gebrachter Verträge als unlauterer Wettbewerb?, WRP 2002, 396; *Samwer,* Die Störerhaftung und die Haftung für fremdes Handeln im wettbewerbsrechtlichen Unterlassungsrecht, WRP 1999, 67; *Sandrock,* Grundbegriffe des Gesetzes gegen Wettbewerbsbeschränkungen, 1968; *Scherer,* Lauterkeitsrecht und Leistungsstörungsrecht – Veränderung des Verhältnisses durch § 2 I Nr. 1 UWG?, WRP 2009, 761; *K. Schmidt,* Der bürgerlich-rechtliche Verein mit wirtschaftlicher Tätigkeit, AcP 182 (1982) 1; *ders.,* Verbandszweck und Rechtsfähigkeit im Vereinsrecht, 1984; *Schricker,* Territoriale Probleme und Klagerecht bei unlauterem Wettbewerb, GRUR Int. 1973, 453; *ders.,* Entwicklungstendenzen im Recht des unlauteren Wettbewerbs, GRUR 1974, 579; *Schricker/Henning-Bodewig,* Elemente einer Harmonisierung des Rechts des unlauteren Wettbewerbs in der Europäischen Union, WRP 2001, 1367; *Schünemann,* Die wettbewerbsrechtliche „Störer-Haftung", WRP 1998, 120; *E. Ulmer,* Die Bekämpfung des unlauteren Wettbewerbs im gemeinsamen Markt, GRUR Int. 1973, 135; *Wilhelm,* Unlauterer Wettbewerb und Wettbewerbsverhältnis, ZIP 1992, 1139.

Schrifttum zur geschäftlichen Handlung und Geschäftspraktik: *Armgardt,* Verbraucherschutz und Wettbewerbsrecht: unwirksame AGB-Klauseln im Licht der neueren Rechtsprechung zum UWG und zur UGP-Richtlinie, WRP 2009, 122; *Gomille,* Äußerungsfreiheit und geschäftliche Handlung, WRP 2009, 525; *Köhler,* „Wettbewerbshandlung" und „Geschäftspraktiken" – Zur richtlinienkonformen Auslegung des Begriffs der Wettbewerbshandlung und zu einer Definition im künftigen UWG, WRP 2007, 1393; *ders.,* Die UWG-Novelle 2008, WRP 2009, 109; *Peifer,* Die Zukunft der irreführenden Geschäftspraktiken, WRP 2008, 556; *Scherer,* Lauterkeitsrecht und Leistungsstörungsrecht – Veränderung des Verhältnisses durch § 2 I Nr. 1 UWG?, WRP 2009, 761; *Steinbeck,* Die Zukunft der aggressiven Geschäftspraktiken, WRP 2008, 865; *Schuhmacher,* Zur Umsetzung der Richtlinie über unlautere Geschäftspraktiken, FS Koppensteiner, 2006, S. 139; *ders.,* Die UWG-Novelle 2007, wbl 2007, 557.

I. Geschäftliche Handlung, Geschäftspraktik, Wettbewerbshandlung

1. Begriffsbestimmungen des UWG 1909, des UWG 2004, des UWG 2008 und der UGP-RL

1 Bei dem **Begriff der Wettbewerbshandlung** handelt es sich um eine historisch aus dem Mitbewerberschutzrecht des UWG 1909 entwickelte Begriffsbestimmung zum Anwendungsbereich der großen Generalklausel des § 1 UWG 1909, der im rechtswissen-

schaftlichen Schrifttum als Anwendungsvoraussetzung des § 1 UWG 1909 gebildet und in der Rechtsprechung angewandt wurde. Bei der UWG-Reform des Jahres 2004 wurde der Begriff der Wettbewerbshandlung in die Generalklausel des Verbots unlauteren Wettbewerbs in § 3 UWG 2004 aufgenommen und in § 2 Abs. 1 Nr. 1 UWG 2004 mit dem Inhalt legaldefiniert, den der Begriff innerhalb der Entwicklungsgeschichte des Lauterkeitsrechts erhalten hatte.

Bei dem **Begriff der geschäftlichen Handlung** handelt es sich um die allgemein im UWG 2008 verwendete Begriffsbildung, die in § 2 Abs. 1 Nr. 1 UWG 2008 legaldefiniert wird und als Anwendungsvoraussetzung den sachlichen Anwendungsbereich der Generalklausel des Verbots unlauterer geschäftlicher Handlungen nach § 3 UWG 2008 bestimmt. 2

Der **Begriff der Geschäftspraktik** bestimmt den Anwendungsbereich der Richtlinie über unlautere Geschäftspraktiken und wird für die Geschäftspraktiken im Geschäftsverkehr zwischen Unternehmen und Verbrauchern in Art. 2 lit. d UGP-RL legaldefiniert. Die Sprachregelung der Geschäftspraktik wurde vom Gesetzgeber des UWG 2008 nicht in das deutsche Lauterkeitsrecht übernommen. 3

2. Zentralbegriffe zur Abgrenzung des sachlichen Anwendungsbereichs des Lauterkeitsrechts

Bei den Begriffsbestimmungen der Wettbewerbshandlung, der geschäftlichen Handlung und der Geschäftspraktik handelt es sich um **Zentralbegriffe zur Abgrenzung des sachlichen Anwendungsbereichs** des Lauterkeitsrechts. Die Schlüsselfunktion der Definitionen wird in deren Stellung als ungeschriebenes Tatbestandsmerkmal in der großen Generalklausel des § 1 UWG 1909 und als gesetzliches Tatbestandsmerkmal in den Generalklauseln des § 3 UWG 2004 und § 3 UWG 2008 einerseits und in der Generalklausel des Art. 5 Abs. 1 UGP-RL andererseits anschaulich. 4

Im deutschen Lauterkeitsrecht des UWG 1909/2004 diente der Begriff der Wettbewerbshandlung – sei es als ungeschriebenes, sei es als geschriebenes Tatbestandsmerkmal der Generalklausel als Verbotsnorm – der Abgrenzung des **Wettbewerbsdeliktsrechts als Sonderdeliktsrecht** von dem allgemeinen Deliktsrecht der unerlaubten Handlungen der §§ 823ff BGB. Im UWG 2008 kommt dem Begriff der geschäftlichen Handlung zwar eine vergleichbare Abgrenzungsfunktion des **Lauterkeitsdeliktsrechts** vom bürgerlichen Deliktsrecht zu, auch wenn die rechtsinhaltliche Trennung des verbraucherbezogenen und des mitbewerberbezogenen Lauterkeitsrechts und damit die **zu unterscheidenden Anwendungsbereiche der beiden Lauterkeitsrechtsordnungen** in der einheitlichen Begriffsbildung der geschäftlichen Handlung nicht zum Ausdruck kommen. Innerhalb des b2c-Geschäftsverkehrs ist der Begriff der geschäftlichen Handlung **richtlinienkonform** im Sinne der Definition der Geschäftspraktiken im Geschäftsverkehr zwischen Unternehmen und Verbrauchern nach Art. 2 lit. d UGP-RL zu verstehen. 5

Innerhalb der Entwicklungsgeschichte des deutschen Lauterkeitsrechts und der Entstehungsgeschichte des europäischen Lauterkeitsrechts der UGP-RL wird das **Rechtsverständnis der zentralen Abgrenzungsbegriffe** – und das gilt nicht nur für den Zentralbegriff der Lauterkeit im Wettbewerb – von den **Schutzzwecken** bestimmt, denen das Lauterkeitsrecht in seiner historischen Gestalt zu dienen bestimmt ist. 6

3. Stadien in der Entwicklungsgeschichte des Begriffs der Wettbewerbshandlung vom UWG 1909 zum UWG 2004

In der Entwicklungsgeschichte des Begriffs der Wettbewerbshandlung sind verschiedene Stadien des Begriffsinhalts zu unterscheiden. 7

a) Wettbewerbshandlung als Handeln zu Zwecken des Wettbewerbs. Die Geburtsstunde einer wettbewerbsrechtlichen Generalklausel zum Schutz des lauteren Wettbewerbs, die zu einem gesetzgeberischen Erfolgsmodell zur Bekämpfung des unlauteren Wettbewerbs und als das Herzstück des UWG zum Vorbild und prägenden Bestandteil des 8 europäischen Lauterkeitsrechts wurde, liegt in den Zeiten der Gesetzesberatungen zum UWG 1909.[17] In der großen Generalklausel des § 1 UWG 1909, die materiellrechtlich auf einen Verstoß gegen die guten Sitten abstellte, war die Wettbewerbshandlung als Begriff ein **ungeschriebenes Tatbestandsmerkmal** der Verbotsnorm. Der Anwendungsbereich der Generalklausel wurde anhand der Tatbestandsmerkmale eines Handelns im geschäftlichen Verkehr zu Zwecken des Wettbewerbs bestimmt. Nach der Rechtslage im UWG 1909 wurde der **Begriff der Wettbewerbshandlung** als eine Umschreibung des Tatbestandsmerkmals eines **Handelns im geschäftlichen Verkehr zu Zwecken des Wettbewerbs** im Sinne der großen Generalklausel des § 1 UWG 1909 verstanden.

9 Der Begriff der Wettbewerbshandlung im UWG 2004 als ein geschriebenes Tatbestandsmerkmal der Generalklausel des § 3 UWG 2004 und legaldefiniert in § 2 Abs. 1 Nr. 1 UWG 2004 stimmte mit den Anwendungsvoraussetzungen des UWG 1909 schon nicht mehr überein. Ein Handeln zu Wettbewerbszwecken war bereits in einzelnen Vorschriften des UWG von 1896 enthalten, fand jedoch erst mit § 1 UWG 1909 Eingang in eine wettbewerbsrechtliche Generalklausel.[18] Die Auslegung des Tatbestandsmerkmals eines Handelns zu Zwecken des Wettbewerbs führte zu einer differenzierten Rechtsprechung zum Anwendungsbereich des UWG 1909 und noch des UWG 2004;[19] sie bot Anlass zu einer kritischen Diskussion.

10 **b) Wettbewerbshandlung, konkretes Wettbewerbsverhältnis und Aktivlegitimation.** Nach herrschender Meinung war ein Handeln zu Zwecken des Wettbewerbs dann anzunehmen, wenn zwischen dem geförderten Unternehmen und dem benachteiligten Unternehmen ein **konkretes Wettbewerbsverhältnis** besteht.[20] Das ist dann gegeben, wenn eine **Wechselbeziehung zwischen den Vorteilen,** die der Handelnde für sein eigenes oder ein fremdes Unternehmen erzielen will, **und den Nachteilen,** die ein anderer dadurch erleidet, in der Art besteht, dass der eine Wettbewerb gefördert und der andere Wettbewerb beeinträchtigt werden kann. Diese Definition wurde vom RG entwickelt[21] und vom BGH bestätigt.[22] Ist die Handlung auf die Förderung eines fremden Wettbewerbs gerichtet, muss das Wettbewerbsverhältnis ebenfalls zwischen dem geförderten und dem benachteiligten Unternehmen bestehen.[23] Von einem Wettbewerbsverhältnis ist auszugehen, wenn ein gleicher Kundenkreis besteht; unerheblich ist, wodurch der konkrete Kaufentschluss hervorgerufen wird (Preis, Qualität, Konditionen, Service).[24]

11 Die Anwendungsschranke eines Handelns zu Zwecken des Wettbewerbs im Sinne eines konkreten Wettbewerbsverhältnisses – in dem Begriff der Wettbewerbshandlung sprachlich zusammengefasst – führte zu einer unangemessenen **Begrenzung des Anwendungsbereichs** des Lauterkeitsrechts.[25] Auch wenn sich diese Restriktionen in der Rechtsprechung und Rechtspraxis kaum auswirkten, da der Begriff des Wettbewerbsverhältnisses **extensiv** verstanden und in der Rechtspraxis gleichsam nahezu bedeutungslos wurde, wurde das Erfordernis im Schrifttum nachhaltig kritisiert und dessen Aufhebung verlangt.[26] Es wurde zudem erkannt, dass ein konkretes oder spezielles Wettbewerbsverhältnis zwischen dem

---

[17] → Einleitung E Rn 25 f.

[18] Ausführlich zur geschichtlichen Entwicklung siehe *Büchler* S. 5 ff.

[19] Siehe zum alten Diskussionsstand *Baumbach/Hefermehl* 22. Aufl. 2001, UWG Einl. Rn 214 ff.

[20] BGH GRUR 1991, 223, 224 – Finnischer Schmuck.

[21] RGSt 32, 27, 29 – Drucktuch (zum UWG 1896); RGSt 45, 254 – Reisstärke; RGSt 58, 429 f – Bezug von Kohlen; RGZ 118, 133, 136 – Getreidegeschäfte; RGZ 134, 342, 350 – Benzinpreis; RGZ 144, 41, 49 – Ripsgummiband.

[22] BGH GRUR 1986, 898, 899 – Frank der Tat; BGH GRUR 1989, 430 – Krankentransportbestellung; BGH GRUR 1990, 375, 376 – Steuersparmodell; BGH GRUR 1997, 907 – Emil-Grünbär-Klub; ebenso öOGH ÖBl 1994, 217, 219 – Satellitenprogramm.

[23] BGH GRUR 1997, 907 – Emil-Grünbär-Klub; BGH GRUR 1997, 909 – Branchenbuch-Nomenklatur.

[24] *Baumbach/Hefermehl* 22. Aufl. 2001, UWG Einl. Rn 216.

[25] *Fezer* WRP 2001, 989, 999.

[26] Siehe nur *Baumbach/Hefermehl* 22. Aufl. 2001, UWG Einl. Rn 247 f; *Hefermehl* FS Nipperdey S. 291 ff; *ders.* FS Fischer S. 212 f; *ders.* FS Kummer S. 349 ff; *Knöpfle* Ufita 93 (1982) 25 ff; *Koppensteiner* § 23 Rn 21.

verletzenden Unternehmen und dem verletzten Unternehmen nur für die **Zuerkennung der Aktivlegitimation** und nicht auch für die **materielle Qualifikation wettbewerblichen Unrechts** rechtserheblich sein kann.[27] Die Regelung der Aktivlegitimation sollte nicht mit der Regelung des materiellen Wettbewerbsunrechts verbunden und einheitlich mit der Zuerkennung der Klagebefugnis im Wettbewerbsrecht in Zusammenhang mit dem Sanktionenrecht geregelt werden.

c) Abgrenzungsfunktion der Wettbewerbshandlung zum bürgerlichen Deliktsrecht. Das den Anwendungsbereich des materiellen Wettbewerbsrechts begrenzende Erfordernis eines Wettbewerbsverhältnisses unter Konkurrenten war nicht vereinbar mit dem **Funktionswandel des Lauterkeitsrechts** von einem Recht des Konkurrentenschutzes zu einem Recht, das nicht nur die Interessen der konkurrierenden Unternehmen, sondern auch die Interessen der Verbraucher sowie der Allgemeinheit zu schützen bezweckt. Dem mit der Erweiterung der Schutzfunktion des Lauterkeitsrechts verbundenen **Verbraucherbezug** und **Marktbezug** widersprach es, das Wettbewerbsunrecht anhand eines Konkurrentenbezugs materiellrechtlich zu bestimmen. Die Unangemessenheit des Erfordernisses eines Wettbewerbsverhältnisses wurde umso deutlicher, als der Verbraucherschutz als eine dem Konkurrentenschutz gleichrangige und gleichwertige Aufgabe des Wettbewerbsrechts verstanden wurde. 12

Diesen Bedenken trug der Reformgesetzgeber des UWG 2004 Rechnung. Das Wettbewerbsverhältnis wurde für das Vorliegen wettbewerblichen Unrechts nicht mehr für erforderlich gehalten,[28] sondern spielte nur noch bei der Frage der **Aktivlegitimation** nach § 8 Abs. 3 Nr. 1 UWG 2004 und bei der **Definition des Mitbewerbers** nach § 2 Abs. 1 Nr. 3 UWG 2004 eine Rolle.[29] Das gilt vergleichbar nach den §§ 8 Abs. 3 Nr. 1 und 2 Abs. 1 Nr. 3 UWG 2008. Das bedeutete schon nach der UWG-Reform des Jahres 2004 etwa, dass auch das Marktverhalten eines **Monopolunternehmens** unlauter sein und das Monopolunternehmen auf Unterlassung in Anspruch genommen werden konnte. 13

Der nachhaltigen Kritik an der inhaltlichen Restriktion des Begriffs der Wettbewerbshandlung im Sinne eines Handelns im geschäftlichen Verkehr zu Zwecken des Wettbewerbs kam der Reformgesetzgeber des UWG 2004 zumindest insoweit nach, als er den Begriff der Wettbewerbshandlung im Sinne der Legaldefinition des § 2 Abs. 1 Nr. 1 UWG 2004 von dem Vorliegen eines konkreten Wettbewerbsverhältnisses löste, das nur noch als ein Tatbestandsmerkmal des Begriffs des Mitbewerbers nach § 2 Abs. 1 Nr. 3 UWG 2004 verstanden wurde. Die rechtsinhaltliche Bestimmung der Unlauterkeit im Wettbewerb wurde materiellrechtlich vom Vorliegen eines konkreten Wettbewerbsverhältnisses entkoppelt. Das Vorliegen einer **Wettbewerbshandlung** wurde zu einer **zentralen Anwendungsvoraussetzung** der Generalklausel des § 3 UWG 2004.[30] Die Anknüpfung diente vornehmlich einer **Abgrenzung des Lauterkeitsrechts vom bürgerlichen Recht** und insbesondere zu den bürgerlichrechtlichen Abwehr- und Schadensersatzansprüchen nach den §§ 12 und 823 ff iVm 1004 analog BGB. 14

---

[27] Grundlegend *Hefermehl* FS Kummer S. 345 ff. Im schweizerischen Lauterkeitsrecht wurde das Wettbewerbsverhältnis als Anwendungsvoraussetzung des UWG aufgegeben; siehe dazu *Baudenbacher* Art. 2 schwUWG Rn 24, Art. 9 Rn 295 ff.

[28] Gesetzesbegründung UWG 2004 BT-Drucks. 15/1487 S. 16; *Fezer* WRP 2001, 989, 999 („Auch wenn man erkennt, dass sich die Bedeutung eines konkreten Wettbewerbsverhältnisses auf die Begründung der Aktivlegitimation des unmittelbar verletzten Mitbewerbers beschränkt und das materielle Wettbewerbsunrecht nicht nur anhand der innerhalb eines konkreten Wettbewerbsverhältnisses berührten Interessen zu bestimmen ist, dann ist es gleichwohl sachgerecht, als Anwendungsvoraussetzung des Lauterkeitsrechts das Vorliegen einer Wettbewerbshandlung zu verlangen."); *Köhler/Bornkamm/Henning-Bodewig* GRUR 2003, 127, 128; aA *Engels/Salomon* WRP 2004, 32, 34. Nach österreichischem Lauterkeitsrecht verlangt das Vorliegen einer Wettbewerbshandlung das Bestehen eines Wettbewerbsverhältnisses; *Koppensteiner* § 23 Rn 10.

[29] Zur Definition des Mitbewerbers → D Rn 1 ff.; zur Aktivlegitimation des Mitbewerbers → § 8 Rn 110.

[30] Zur Wettbewerbshandlung als Anwendungsvoraussetzung des Verbots unlauteren Wettbewerbs iSd § 3 → § 3 Rn 37, 59 ff.

15 Gegenstand des UWG 2004 als eines Wettbewerbsgesetzes war nicht allgemein das Handeln eines Unternehmens im geschäftlichen Verkehr. Der Maßstab des Lauterkeitsrechts war und ist nur an ein **marktbezogenes Verhalten eines Unternehmens** anzulegen.[31] Bevor das Marktverhalten als lauter oder unlauter zu beurteilen ist, war nach dem UWG 2004 und ist nach dem UWG 2008 zu prüfen, ob überhaupt ein wettbewerbsrechtlich erheblicher Sachverhalt vorliegt.[32] Das Vorliegen einer Wettbewerbshandlung bestimmt den Anwendungsbereich des UWG im materiellrechtlichen Sinne eines Wettbewerbsgesetzes. **Normadressat des UWG** war und ist nur ein Marktteilnehmer, der nach § 3 UWG 2004 eine Wettbewerbshandlung vornahm oder nach § 3 UWG 2008 eine geschäftliche Handlung vornimmt.

16 **d) Kritik an der Wettbewerbshandlung auf europäischer Ebene.** In einer Kritik bei den Beratungen zur UWG-Reform 2004 wurde verlangt, auch das Vorliegen einer Wettbewerbshandlung als eine Anwendungsvoraussetzung des Lauterkeitsrechts aufzugeben. Auf **europäischer Ebene** fand eine dahingehende Entwicklung statt.[33] Die **Richtlinie über irreführende Werbung**[34] ging schon von einem **Begriff der Werbung** in dem Sinne aus, dass jede Äußerung bei der Ausübung eines Handels, Gewerbes, Handwerks oder freien Berufes mit dem Ziel, den Absatz von Waren oder die Erbringung von Dienstleistungen, einschließlich unbeweglicher Sachen, Rechte und Verpflichtungen, zu fördern, erfasst wurde. Die Definition der Werbung in der Richtlinie war der Definition der Wettbewerbshandlung im UWG 2004 vergleichbar. Die Definition des UWG 2004 ging noch über die gemeinschaftsrechtliche Begriffsbestimmung der Werbung hinaus, da auch die Förderung fremden Wettbewerbs und Handlungen im Nachfragewettbewerb erfasst wurden.[35] Die **E-Commerce-Richtlinie**[36] spricht von **kommerzieller Kommunikation** als einer jeden Form der Kommunikation, die der unmittelbaren oder mittelbaren Förderung des Produktabsatzes, des Erscheinungsbilds eines Unternehmens, einer Organisation oder einer Person, welche ein Gewerbe, industrielle oder handwerkliche Aktivitäten betreibt oder einem Beruf nachgeht, zu dienen bestimmt ist.[37] Schon der Richtlinienvorschlag für eine **Lauterkeitsrichtlinie** knüpfte zentral an den Begriff der **Geschäftspraktik** an.[38] Unter einer Geschäftspraktik war jede unmittelbar mit der Absatzförderung, dem Verkauf oder der Lieferung eines Produkts an Verbraucher zusammenhängende Handlung, Unterlassung, Verhaltensweise oder Erklärung, kommerzielle Mitteilung, einschließlich Werbung und Marketing eines Gewerbetreibenden zu verstehen.[39] Damit beschränkte sich schon der Richtlinienvorschlag auf den b2c-Geschäftsverkehr und erfasste nicht Transaktionen zwischen Gewerbetreibenden im b2b-Geschäftsverkehr.[40] Auch Praktiken, die lediglich die Interessen der Mitbewerber beeinträchtigten, sollten nicht erfasst werden, wie etwa die Anschwärzung[41] oder die Imageförderung.[42]

17 Diese Beschränkung des Anwendungsbereichs der europäischen Lauterkeitsrichtlinie stieß in Deutschland und Österreich auf scharfe Kritik,[43] während andere Mitgliedstaaten,

---

[31] Zum Erfordernis des Marktbezugs als Anwendungsvoraussetzung des UWG siehe schon in der Vorauflage Fezer/*Fezer* § 2 UWG Rn 12, 14; ausführlich *Fezer* FS Schricker S. 671 ff.

[32] Gesetzesbegründung UWG 2004 BT-Drucks. 15/1487 S. 16; siehe dazu auch *Köhler/Lettl* WRP 2003, 1019, 1049.

[33] Allgemein *Micklitz/Keßler* WRP 2003, 919 ff; *Gamerith* WRP 2003, 143 ff.

[34] RL 84/450/EWG.

[35] *Köhler/Bornkamm/Henning-Bodewig* WRP 2002, 1327, 1324 f; *Henning-Bodewig* GRUR Int. 2004, 183, 185; *Engels/Salomon* WRP 2004, 32, 34.

[36] Art. 2 lit. f RL 2000/31/EG.

[37] Siehe dazu *Micklitz/Keßler* WRP 2003, 919, 927.

[38] Art. 3 des Vorschlags einer RL über unlautere Geschäftspraktiken KOM (2003) 356. Siehe dazu *Veelken* WRP 2004, 1, 6 ff; *Henning-Bodewig* GRUR Int. 2004, 183, 187; *Keßler/Micklitz* BB 2003, 2073.

[39] Art. 2 lit. e des RL-Vorschlags.

[40] Näher *Veelken* WRP 2004, 1, 6; *Henning-Bodewig* GRUR Int. 2004, 183, 188 f.

[41] *Busch* EuLF 2004, 91, 93.

[42] *Henning-Bodewig* GRUR Int. 2004, 183, 189.

[43] Siehe nur *Gamerith* WRP 2003, 143, 199.

wie Finnland oder Belgien, eine solche Trennung zwischen lauterkeitsrechtlichem Verbraucherschutz und lauterkeitsrechtlichem Wettbewerberschutz schon traditionell kannten und damit vertraut waren.[44] In der Schweiz, wie auch im skandinavischen oder belgischen Recht,[45] bestand eine Beschränkung auf Handlungen zu Zwecken des Wettbewerbs nicht. Es wurde und wird jedes irgendwie geartete Marktverhalten einbezogen.[46] Österreich hielt zunächst noch vor der Umsetzung der UGP-RL am Begriff der Wettbewerbshandlung fest.[47]

e) Marktbezug des Unternehmerverhaltens. Es war gleichwohl sachgerecht, als **Anwendungsvoraussetzung für das Lauterkeitsrecht** der UWG-Reform des Jahres 2004 das **Vorliegen einer Wettbewerbshandlung** zu verlangen.[48] Die rechtswissenschaftliche Kontroverse drehte sich nicht um den formalen Begriff der Wettbewerbshandlung, sondern um dessen rechtsinhaltliches Verständnis. Einem objektiven Rechtsverständnis der Wettbewerbshandlung, das innerhalb einer **objektiven Theorie der Lauterkeit im Wettbewerb** vorgeschlagen wurde[49] und auf der europäischen Lauterkeitsrechtskonzeption beruhte, wurde ein tradiertes Begriffsverständnis der **Wettbewerbshandlung in einem objektiven und einem subjektiven Sinne** entgegengehalten. Nach der objektiven Theorie der Wettbewerbshandlung und der Lauterkeit im Wettbewerb ist das UWG in Abgrenzung zum BGB als ein Wettbewerbsgesetz zu verstehen, das nicht allgemein das Handeln eines Unternehmens im geschäftlichen Verkehr regelt. 18

Der Maßstab des Lauterkeitsrechts ist nur an **marktbezogenes Verhalten eines Unternehmens** anzulegen.[50] Der **Marktbezug des Handelns eines Unternehmens im geschäftlichen Verkehr** konnte und kann mit dem Begriff der Wettbewerbshandlung umschrieben werden. Nach der in diesem Kommentar von Anfang an zur Rechtslage im UWG 2004 vertretenen Rechtsansicht lag eine Wettbewerbshandlung **objektiv** vor, wenn das **Verhalten geeignet** ist, die **Marktverhältnisse zu beeinflussen.** Die Marktverhältnisse werden grundsätzlich von den Interessen der Konkurrenten, der Verbraucher und der Allgemeinheit bestimmt. An dem Erfordernis einer Wettbewerbshandlung als Anwendungsvoraussetzung des Lauterkeitsrechts konnte deshalb auch bei der UWG-Reform des Jahres 2004 festgehalten werden, da es sich nur dann im materiellrechtlichen Sinne um ein Wettbewerbsgesetz handelt, das eine Parallelwertung zwischen UWG und GWB rechtfertigt und eine Abgrenzung zu den besonderen Verbraucherschutzgesetzen ermöglicht wird.[51] 19

4. Die Begriffe der Geschäftspraktik und der geschäftlichen Handlung im geltenden UWG

Der Begriff der Geschäftspraktik im Sinne der UGP-RL und der Begriff der geschäftlichen Handlung im Sinne des UWG 2008 sind nur vor dem Hintergrund der Entwicklungsgeschichte des Begriffs der Wettbewerbshandlung einerseits und der materiellrechtlichen Trennung zwischen verbraucherbezogenem und mitbewerberbezogenem Lauterkeitsrecht andererseits zu verstehen. 20

a) Der Richtlinienbegriff der Geschäftspraktik im b2c-Geschäftsverkehr. Bei dem Begriff der Geschäftspraktik handelt es sich um eine Sprachregelung im Lauterkeits- 21

---

[44] *Busch* EuLF 2004, 91, 93; ausführlich zu dieser Thematik siehe *Henning-Bodewig* GRUR Int. 2002, 389, 390f.

[45] *Henning-Bodewig* GRUR Int. 2002, 389, 391: Marktrecht in Schweden und Dänemark; Handelspraktikenrecht in Belgien (dazu auch *Wohlgemuth* WRP 1992, 457); *Schricker/Henning-Bodewig* WRP 2001, 1367, 1368.

[46] *Henning-Bodewig* GRUR Int. 2004, 183, 185.

[47] *Koppensteiner* § 23 Rn 9ff.

[48] *Fezer* WRP 2001, 989, 999f; *Schricker/Henning-Bodewig* WRP 2001, 1367, 1378, 1380; *Köhler/Bornkamm/Henning-Bodewig* WRP 2002, 1317, 1318 und 1324f.

[49] So erstmals *Fezer* FS Schricker, S. 671ff.

[50] So schon in der Vorauflage → § 3 Rn 8; § 2 Rn 8ff.

[51] Siehe dazu schon *Fezer* WRP 2001, 989, 999f.

recht, die schon im ausgehenden 19. Jahrhundert bei den **Gesetzesberatungen des UWG 1896** als dem Vorläufer des UWG 1909 verwendet wurde. Seinem Ursprunge nach handelt es sich bei dem **Begriff der Geschäftspraktik** um einen Terminus, der in den **Anfängen des Lauterkeitsrechts** dessen Anwendungsbereich im Sinne eines Konkurrentenschutzes bestimmte.[52] In der Begründung zum Entwurf eines Gesetzes zur Bekämpfung des unlauteren Wettbewerbs des Jahres 1896 wird ausgeführt, der durch unlautere Geschäftspraktiken entstehende Schaden greife meistens über den Interessenkreis einzelner Gewerbetreibender weit hinaus.[53] Schon im Kontext dieses Begründungszusammenhangs wird der moderne Gedanke der Marktstörung im Sinne eines institutionellen Wettbewerbsschutzes angesprochen.[54] Der traditionsreiche und international weit verbreitete Begriff der Geschäftspraktiken oder Handelspraktiken (commercial practices) bietet in der Gegenwart eine **einheitliche Sprachregelung** im Lauterkeitsrecht der Mitgliedstaaten der EU.

22 Die UGP-RL, die den **Begriff der Geschäftspraktiken in Art. 2 lit. d UGP-RL** für den Geschäftsverkehr zwischen Unternehmen und Verbrauchern legaldefiniert,[55] steht einer allgemeinen Begriffsverwendung im Lauterkeitsrecht nicht entgegen. In der UGP-RL wird der Begriff der Geschäftspraktiken nur deshalb ausschließlich für den b2c-Geschäftsverkehr verwendet, da Gegenstand der Rechtsharmonisierung des Lauterkeitsrechts ausschließlich der Geschäftsverkehr zwischen Unternehmen und Verbrauchern ist.

23 Obgleich der **Gesetzgeber des UWG 2008** den Begriff der Wettbewerbshandlung aufgab, konnte er sich gleichwohl nicht entschließen, den im deutschen Lauterkeitsrecht traditionsreichen Rechtsbegriff des europäischen Richtlinienrechts zu übernehmen. Die Ausführungen in der Gesetzesbegründung dazu sind auch ein Ausdruck rechtsgeschichtlicher Unkenntnis und nationaler Eigenbrödlerei. Der in der UGP-RL verwendete Begriff „geschäftliche Praxis" oder gar „Praktiken" werde nicht übernommen, weil ihm in der deutschen Sprache eine abwertende Bedeutung zukomme. Im UWG müsse demgegenüber ein neutraler Begriff verwendet werden, weil es neben den unlauteren auch die lauterkeitsrechtlich nicht zu beanstandenden geschäftlichen Handlungen gebe.[56] Im **österreichischen UWG** in der Fassung der UWG-Novelle des Jahres 2007 in Umsetzung der UGP-RL wird in der Regelung der unlauteren Geschäftspraktiken des § 1 UWG von der Anwendung einer **unlauteren Geschäftspraktik oder sonstigen unlauteren Handlung** ausgegangen. Im **Sprachgebrauch für das deutsche Lauterkeitsrecht** sollte der Begriff

---

[52] Siehe dazu allerdings RGZ 48, 114, 125, das den Begriff der Geschäftspraktik noch in seiner Negativbewertung verwendet und ihn der Ausprägung einer herrschenden Sitte im Sinne der Anschauung des ehrbaren Kaufmanns im Handelsverkehr gegenüberstellt; siehe aber zum inhaltlichen Begriffswandel zur Jahrhundertwende Fn 57.

[53] Begründung zum 1. Entwurf des UWG vom 27. 5. 1896, Stenographische Berichte der Verhandlungen des Reichstags, 9. Legislaturperiode, IV. Session, 1895/97, Bd. 151, Berlin, 1896, Anlage Nr. 35, 1. Anlageband, S. 99 ff, 101.

[54] Es heißt in der Begründung, es seien Fälle zur Sprache gebracht worden, in denen die Veranstalter von Ausverkäufen durch schwindelhafte Vorspiegelungen für minderwertige Waren einen Absatz erzielt hätten, der den Bedarf eines Ortes oder eines ganzen Bezirkes auf Jahre hinaus gedeckt oder für den entsprechenden Zeitraum die Tätigkeit der übrigen in demselben Geschäftszweige arbeitenden Gewerbetreibenden nahezu lahmgelegt hätten. Missbräuche dieser Art seien als gemeinschädlich zu bezeichnen. Ihre Bekämpfung könne – wenn anders der redliche Geschäftsbetrieb einen ausgiebigen Schutz erhalten solle – von der durch manigfache äußere Umstände bedingten Entschließung eines Einzelnen und von der Entscheidung einer Zivilklage nicht grundsätzlich abhängig gemacht werden. Aber selbst wenn der angerichtete Schaden sich in engeren Grenzen halte, so stelle sich doch der unlautere Wettbewerb nach den Mitteln, die er anwende, und nach den Zwecken, die er verfolge, in zahlreichen Fällen als eine gröbliche Verletzung der die Grundlage des geschäftlichen Verkehrs bildenden *Prinzipien von Treu und Glauben* und somit als ein Bruch der allgemeinen Rechtsordnung dar, der vom sittlichen Standpunkte kaum milder zu beurteilen sei, als Betrug, strafbarer Eigennutz oder Untreue.

[55] In Art. 2 lit. d UGP-RL heißt es „'Geschäftspraktiken im Geschäftsverkehr zwischen Unternehmen und Verbrauchern' (nachstehend auch ‚Geschäftspraktiken' genannt)".

[56] Gesetzesbegründung UWG 2008 BT-Drucks. 16/10 145 S. 39; so ähnlich schon *Köhler* WRP 2007, 393, 396 Fn 7, der sich mit dem Hinweis begnügt, im Brockhaus werde der Begriff „Praktik", bzw „Praktiken" im Sinne von „Kunstgriffen" und „Kniffen" verstanden.

der Geschäftspraktik[57] nicht verloren gehen, da eine richtlinienkonforme Auslegung zwar nicht eine sprachliche Umsetzung des Richtlinienrechts in nationales Recht verlangt, unnötige Wortlautunterschiede der Textfassungen aber vermeidbare Fußangeln für begriffsjuristische Kontroversen bieten. Es liegt wohl zudem die Vermutung nahe, dass bei dem Verfassen des Gesetzestextes des UWG 2008 ein wesentliches Motiv der Gesetzesverfasser für ihre ablehnende Haltung gegenüber der Wortwahl des Richtlinienrechts die **inhaltliche Distanz gegenüber der europäischen Lauterkeitsrechtskonzeption** des Verbraucherschutzes im b2c-Geschäftsverkehr war.

b) Der Begriff der geschäftlichen Handlung als Gesetzessprache des UWG 2008. Der Gesetzgeber des UWG 2008, der sich nicht entschließen konnte, die Begriffe der Geschäftspraktiken und der Geschäftspraktik des Richtlinienrechts in das UWG zu übernehmen, wählte als Gesetzessprache den Begriff der geschäftlichen Handlung. Der 24

[57] In der UGP-RL wird als Singular des Wortes „Geschäftspraktiken" das Wort „Geschäftspraxis" benutzt; der EuGH folgt der Sprachregelung der UGP-RL (EuGH, Rs. C-261/07 und C-299/07, GRUR 2009, 599, Rn 49 – VTB/Total Belgium und Galatea BVBA/Sanoma Magazines Belgium NV). Der deutsche Gesetzgeber hätte sich nicht an das falsche Deutsch des Richtlinienwortlauts gebunden fühlen müssen und hätte den richtigen Singular „Geschäftspraktik" als Gesetzessprache verwenden können (siehe dazu schon *Fezer* WRP 2006, 781, 785). Es sollte zumindest in der Rechtswissenschaft und Rechtspraxis zur geltenden UGP-RL der zutreffende Singular „Geschäftspraktik" benutzt werden.

Die *etymologische Forschung* zu den Wörtern „Praktik" und „Praxis" kann dahin zusammenfassend geschildert werden: Das Wort „Praktik" ist aus dem mittellateinischen „practica" und dem spätlateinischen practice" entlehnt, deren Wurzeln im griechischen „prãktik" liegen, dessen Bedeutung mit „Wissen um praktisches Handeln und Tun" angegeben wird. Als weitere griechische Wurzeln werden „prãktikós" in seiner Bedeutung „tätig, zu Geschäften tauglich, wirksam" und „prassein" in seiner Bedeutung „tun, vollbringen" genannt. Das Wort „Praxis" ist entlehnt dem griechisch/lateinischen „prãxis", dessen ursprüngliche Bedeutung mit „Handeln, Tun, Beschäftigung" beziehungsweise „Verfahren" angegeben wird. Die Entlehnung soll sich zunächst mit der Bedeutung „Tätigkeit, Verfahren" und später im 18. Jahrhundert als Gegenbegriff zu „Theorie" mit „Erfahrung, tatsächliche Betätigung" vollzogen haben. Folge war eine Bedeutungsspezifizierung auf „Tätigkeit beziehungsweise Tätigkeitsräume von Ärzten und Anwälten". Wenn man weiteren Differenzierungen der etymologischen Forschung nachgeht, so finden sich in der geschichtlichen Entwicklung Bedeutungsänderungen gegenüber den mittellateinischen Entlehnungen. Das Wort „Praktik" wurde zunächst in verschiedenen Wortvarianten für auf Sterndeutung beruhenden Vorhersagen verwendet, bevor es über die Vorhersagen eines Astrologen hinaus, der einen freien, gelehrten Beruf ausübte, auf die Berufe des Arztes und des Juristen übertragen wurde. Wurzeln liegen auch im französischen „practique" und im italienischen „pratica". In der Folgezeit kommt es zu einer Negativbewertung im Sinne eines Bedeutungsgehalts von „Praktik" und „Praktizieren" dahin, dass „Praktik" für List, Hintertreiben und Machenschaft verwendet und „Praktizieren" für üblen Rat aushecken, intrigieren und ähnliche Bedeutungen eingesetzt wurde. Noch im 18. Jahrhundert war „Praktik" als Lehnwort für List, Ränke und Kniffe gebräuchlich. Es ist wohl erst im 19. bis 20. Jahrhundert mit dieser Bedeutung bis auf wenige Reste verschollen. Darin ist wohl ein Grund zu sehen, dass das Wort „Praxis" als Neuentlehnung verwendet wurde, da es nur sehr schwach negativ belastet war. So stand es im 18. Jahrhundert im starken Gegensatz zu dem Wort „Praktik". Dazu wird *Kant* zitiert: „Statt der Praxis, deren sich diese staatsklugen Männer rühmen, gehen sie mit Praktiken um." In der Folgezeit wurde das Wort „Praxis" in der Hochsprache für die Ausübung eines gelehrten, ärztlichen oder juristischen Berufs und damit für die Tätigkeit innerhalb eines solchen Berufs aufgenommen. Die historische Negativbewertung des Singulars „Praktik", mit der eine Entlehnung des weniger belasteten Wortes „Praxis" verbunden war, wird Ende des 19. Jahrhunderts überwunden und sollte den Sprachgebrauch zur Anwendung des UWG und der UGP-RL nicht an der Benutzung der modernen deutschen Sprache hindern. In den Wörterbüchern der deutschen Sprache der Gegenwart wird dem Singular „Praktik" der Plural „Praktiken" einerseits und dem Singular „Praxis" der Plural „Praxen" andererseits zugeordnet (siehe nur Wahrig, Deutsches Wörterbuch, 7. Auflage, 2000; Duden, Das große Wörterbuch der deutschen Sprache, Band 7, 3. Auflage, 1999). Das Wort „Praxis" kann nicht als Singular für „Praktiken" verwendet werden. Neben der lokalen Bedeutung im Sinne eines Raumes für die Berufsausübung kann „Praxis" die Bedeutung von Ausübung oder Anwendung im unzähligen Sinne einer unbestimmten Zahl haben. In diesem Sinne scheint die UGP-RL das Wort „Geschäftspraxis" ohne Unterscheidung zwischen Singular und Plural zu verwenden. Da in der UGP-RL der Begriff dem Plural „Geschäftspraktiken" gegenübergestellt wird, sollte, wie etwa im Gesetzestext des österreichischen UWG, der Singular „Geschäftspraktik" verwendet werden. Dem Singular „Wettbewerbshandlung" im b2b-Geschäftsverkehr entspricht allein der Singular „Geschäftspraktik" im b2c-Geschäftsverkehr. Zur Herkunftsgeschichte und den Grundbedeutungen der Wörter „Praktik" und „Praxis" siehe *Kluge*, Etymologisches Wörterbuch der deutschen Sprache, 24. Aufl. 2002; *Miettinen* Mittellateinische Entlehnungen der MHD.-MND. Periode in heutigen deutschen Mundarten, in: Neuphilologische Mitteilungen 1964, S. 1 ff.

Begriff der geschäftlichen Handlung ersetzt aber nicht nur den Begriff der Wettbewerbshandlung. In einem sprichwörtlichen Übereifer wird in der Schutzzweckbestimmung des § 1 S. 1 UWG 2008 der noch in § 1 S. 1 UWG 2004 normierte Schutz vor unlauterem Wettbewerb durch den Schutz vor unlauteren geschäftlichen Handlungen ersetzt; zugleich wird die Generalklausel des § 3 UWG als Fundamentalnorm des Gesetzes gegen den unlauteren Wettbewerb, die als Verbotsnorm im UWG 2004 noch die Überschrift „Verbot unlauteren Wettbewerb" trug, im UWG 2008 in das „Verbot unlauterer geschäftlicher Handlungen" ungewidmet. Es bedarf eines zweiten Blickes in das UWG, um die Befürchtung zu zerstreuen, der Gesetzgeber habe auch noch den Namen des Gesetzes gegen den unlauteren Wettbewerb geschliffen.

25 In der Gesetzesbegründung wird ausdrücklich darauf verwiesen, der Begriff der geschäftlichen Handlung solle als **zentraler Begriff des UWG** hervorgehoben werden. Den Begriff der Wettbewerbshandlung glaubt der Gesetzgeber deshalb ersetzen zu müssen, da der Begriff der Wettbewerbshandlung nicht zweifelsfrei Handlungen während und nach Vertragsschluss erfasse, da diese nicht notwendigerweise etwas mit Wettbewerb zu tun hätten. Die zur Rechtslage im UWG 1909 und UWG 2004 überwiegend vertretene Rechtsansicht, der Anwendungsbereich des UWG als eines Wettbewerbsgesetzes beschränke sich auf den Zeitraum der Wettbewerbshandlungen vor Vertragsschluss, stellte schon nach früherem Lauterkeitsrecht eine zu restriktive und sachwidrige Auslegung des UWG dar, gleichsam ein **Relikt aus der Interpretation des Lauterkeitsrechts als Mitbewerberschutzrecht** bewahrend.[58] Diese Interpretationsgeschichte macht anschaulich, dass die Normierung des rechtserheblichen Zeitraums einer geschäftlichen Handlung zwar im b2c-Geschäftsverkehr für eine Geschäftspraktik sachgerecht, im b2b-Geschäftsverkehr für eine Wettbewerbshandlung bei Fallkonstellationen der Vertragsabwicklung zu weitreichend ist. Eine rechtsinhaltliche Einheitsbetrachtung der geschäftlichen Handlung im b2c-Geschäftsverkehr und im b2b-Geschäftsverkehr birgt Wertungswidersprüche und führt zu Fehlentwicklungen im Vergleich des verbraucherbezogenen zum mitbewerberbezogenen Lauterkeitsrecht.[59]

5. Sprachregelung

26 Ihrem materiellrechtlichen Regelungsinhalt nach unterscheidet die UGP-RL zwischen dem verbraucherbezogenen Lauterkeitsrecht im b2c-Geschäftsverkehr, der Gegenstand der Rechtsharmonisierung ist, und dem mitbewerberbezogenen Lauterkeitsrecht im b2b-Geschäftsverkehr, dessen Rechtsangleichung in den Mitgliedstaaten noch eine Zukunftsaufgabe darstellt.[60] Die lauterkeitsrechtlichen Rechtssätze sind innerhalb der beiden Lauterkeitsrechtsordnungen des b2c-Geschäftsverkehrs und des b2b-Geschäftsverkehrs nach den konkreten Schutzzwecken des verbraucherbezogenen und des mitbewerberbezogenen Lauterkeitsrechts dem konkreten Interessenvorrang entsprechend auszubilden. Diese **Zweiteilung des Lauterkeitsrechts** nach der europäischen Lauterkeitsrechtskonzeption verlangt, auch bei der Bestimmung des Anwendungsbereichs des verbraucherbezogenen und des mitbewerberbezogenen Lauterkeitsrechts die Richtlinienvorgabe der UGP-RL als rechtserheblich anzuerkennen.

27 Der zentrale Schlüsselbegriff zur **Abgrenzung des Anwendungsbereichs des verbraucherbezogenen Lauterkeitsrechts** der UGP-RL ist der Begriff der Geschäftspraktik nach Art. 2 lit. d UGP-RL. Nach der Definition der Richtlinie wird unter dem **Begriff der Geschäftspraktik** im Sinne der UGP-RL eine Geschäftspraktik im Geschäftsverkehr zwischen Unternehmen und Verbrauchern verstanden. Die Definition der Geschäftspraktik im Sinne einer Abgrenzung des Anwendungsbereichs des **Lauterkeitsrechts im b2c-Geschäftsverkehr** schließt in der Zukunft nicht aus, den Begriff der Geschäftspraktik auch

---

[58] Siehe zum Zeitraum der geschäftlichen Handlung → B Rn 81 ff.
[59] Siehe zur Sprachregelung → B Rn 26 ff.
[60] Siehe zum Regelungsinhalt der UGP-RL → Einleitung E Rn 124 ff.

zur Abgrenzung des **Lauterkeitsrechts im b2b-Geschäftsverkehr** – zwischen Mitbewerbern und gewerblichen Kunden[61] untereinander – innerhalb einer Rechtsharmonisierung des mitbewerberbezogenen Lauterkeitsrechts zu verwenden. Eine Folge für die Sprachregelung innerhalb des europäischen Richtlinienrechts könnte sein, dass der Begriff der Geschäftspraktik als **Oberbegriff** in die Geschäftspraktiken im Geschäftsverkehr zwischen Unternehmen und Verbrauchern und die Geschäftspraktiken im Geschäftsverkehr zwischen Mitbewerbern und gewerblichen Kunden untereinander zu unterteilen ist. Es ist aber auch denkbar, den Begriff der Geschäftspraktik im Sinne der UGP-RL auf den Geschäftsverkehr zwischen Unternehmen und Verbrauchern zu beschränken und in der Zukunft für die Rechtsharmonisierung des mitbewerberbezogenen Lauterkeitsrechts einen anderen **neuen Begriff** zu wählen, der die Beziehung der Unternehmen untereinander deutlicher zum Ausdruck bringt.

Der **österreichische Gesetzgeber** ist den Weg einer **sprachlichen Differenzierung** für das verbraucherbezogene und das mitbewerberbezogene Lauterkeitsrecht bei der Umsetzung der UGP-RL gegangen. In § 1 Nr. 1 öUWG wird zwischen einer **unlauteren Geschäftspraktik** und **sonstigen unlauteren Handlungen** unterschieden. Mit dem Begriff der Geschäftspraktik wird die genaue Abgrenzung entsprechend der Definition der UGP-RL in das österreichische Lauterkeitsrecht übernommen und durch die zusätzliche Ausdehnung auf sonstige unlautere Handlungen sichergestellt, dass über den neuen Begriff der unlauteren Geschäftspraktiken hinaus alle unlauteren Handlungen erfasst werden, die unter die alte Generalklausel, die noch traditionell auf Handlungen gegen die guten Sitten abstellte, zu subsumieren waren.[62] 28

Auch wenn sich der Geltungsanspruch des Richtlinienrechts allein auf den Rechtsinhalt und nicht auf die Rechtssystematik und die Gesetzessprache bezieht,[63] so sollte doch nicht ohne Not von der Sprache des Richtlinientextes abgewichen werden, um keine unnötigen Auslegungsdispute zu provozieren. Das gilt namentlich für den blutleeren Begriff der geschäftlichen Handlung, der seinem unmittelbaren Wortsinn nach nichts anderes als die bare Selbstverständlichkeit besagt, dass im Anwendungsbereich des Lauterkeitsrechts das Handeln eines Unternehmens im geschäftlichen Verkehr zur erfolgen habe.[64] Der **deutsche Gesetzgeber** führte den in § 2 Abs. 1 Nr. 1 definierten **Begriff der geschäftlichen Handlung** neu in das UWG ein und formulierte die Generalklausel des § 3 als Fundamentalnorm des Lauterkeitsrechts in ein Verbot unlauterer geschäftlicher Handlungen um. Auch wenn man sich nicht dazu verleiten lassen soll, Probleme ernst zu nehmen, bei denen es um Worte und ihre Bedeutung geht,[65] ist doch zu dieser unnötigen Vervielfältigung der Gesetzessprachen anzumerken, dass die von dem Richtlinientext der UGP-RL abweichende Wortwahl nicht nur eine Quelle begriffsjuristischer Kontroversen bei der Auslegung des Begriffs der geschäftlichen Handlung bilden kann, zumal in der Zukunft die Rechtsprechung des EuGH um die Auslegung des Begriffs der Geschäftspraktik zentrieren wird, sondern vor allem die **einheitliche Begriffsbestimmung** der geschäftlichen Handlung für das verbraucherbezogene und das mitbewerberbezogene Lauterkeitsrecht die rechtsinhaltlichen Unterschiede zu verdecken geeignet ist. Die Verschiedenheit der Normzwecke des verbraucherbezogenen und des mitbewerberbezogenen Lauterkeitsrechts, die der deutsche Gesetzgeber selbst in § 3 Abs. 2 S. 1 zum Ausdruck bringt, werden sich auch bei der Abgrenzung der Normbereiche des Lauterkeitsrechts im b2c-Geschäftsverkehr und im b2b-Geschäftsverkehr niederschlagen. 29

Der Schlüsselbegriff zur Abgrenzung des verbraucherbezogenen Lauterkeitsrechts ist der Begriff der Geschäftspraktik, den die Definition der UGP-RL zwingend vorgibt. Der Begriff der geschäftlichen Handlung im deutschen UWG wird für das verbraucherbezogene 30

[61] Siehe zu dieser Formulierung Erwägungsgrund 8 der UGP-RL.
[62] Siehe dazu *Wiltschek* öUWG 4. Aufl. 2007, § 1 UWG Anm 4.
[63] Siehe zur Gesetzessprache der UGP-RL → Einleitung E Rn 114 ff.
[64] Siehe dazu näher → Einleitung E Rn 116.
[65] Siehe dazu *Popper* Ausgangspunkte Kap. 7.

Lauterkeitsrecht des b2c-Geschäftsverkehrs nach den Grundsätzen der **richtlinienkonformen Auslegung** zwingend durch die Definition des Art. 2 lit. d UGP-RL vorgegeben. Ein **einheitliches Begriffsverständnis** der geschäftlichen Handlung für das verbraucherbezogene und das mitbewerberbezogene Lauterkeitsrecht ist **sachwidrig.** Eine inhaltliche Gleichschaltung der Zentralbegriffe zur Abgrenzung der Anwendungsbereiche des verbraucherbezogenen und mitbewerberbezogenen Lauterkeitsrechts befördert zudem tendenziell Versuche, die europäische Lauterkeitsrechtskonzeption des Verbraucherschutzes im b2c-Geschäftsverkehr rechtsinhaltlich über die Rechtserheblichkeit von Mitbewerberinteressen zu verwässern. Es ist deshalb die Rechtsansicht zum Verhältnis des Begriffs der Geschäftspraktik zum weiterreichenden Begriff der geschäftlichen Handlung bedenklich, die dahin geht, die weiterreichende Definition der geschäftlichen Handlung stehe nicht in Widerspruch zur UGP-RL, da sich auch die UGP-RL nicht auf den reinen Verbraucherschutz beschränke.[66]

31 Innerhalb des Anwendungsbereichs des UWG 2008, das das verbraucherbezogene und mitbewerberbezogene Lauterkeitsrecht als eine ausschließlich rechtsformale Gesetzeseinheit, nicht aber als eine materiellrechtliche Rechtseinheit innerhalb einer Kodifikation normiert,[67] ist selbstverständlich nicht ausgeschlossen, den Begriff der geschäftlichen Handlung im gesamten Lauterkeitsrecht des UWG zu verwenden, wenn nur deutlich unterschieden wird, dass es sich hinsichtlich der Abgrenzung der Anwendungsbereiche um zwei verschiedene Rechtsbegriffe der **geschäftlichen Handlung zwischen Unternehmen und Verbrauchern** und der geschäftlichen Handlung im Sinne **sonstiger geschäftlicher Handlungen**, die den **Geschäftsverkehr zwischen Unternehmen untereinander** und zwar zwischen **Mitbewerbern und gewerblichen Kunden** betreffen, handelt.

32 Wenn der **Begriff der geschäftlichen Handlung** im Sinne des UWG 2008 als ein **Oberbegriff** verstanden wird, dann ist, um nicht die europäische Rechtssprache aus den Augen zu verlieren, zu empfehlen, geschäftliche Handlungen im Geschäftsverkehr zwischen Unternehmen und Verbrauchern als **Geschäftspraktiken** (im Sinne der UGP-RL) zu bezeichnen. Eine solche Unterteilung des Oberbegriffs der geschäftlichen Handlung ermöglicht zudem, bis zu einer Rechtsharmonisierung des Lauterkeitsrechts im b2b-Geschäftsverkehr und einer damit verbundenen Sprachregelung des Richtlinienrechts im deutschen Lauterkeitsrecht innerhalb des Mitbewerberschutzrechts nach wie vor von einer **Wettbewerbshandlung** zu sprechen. Der Begriff der Wettbewerbshandlung im Sinne einer geschäftlichen Handlung im b2b-Geschäftsverkehr ist zwar nicht einer richtlinienkonformen Auslegung unterworfen, verlangt aber eine Neuorientierung im Sinne eines objektiven Rechtsverständnisses, wie es schon innerhalb der Geltung des UWG 2004 geboten war,[68] wenngleich das objektivierte Begriffsverständnis der Wettbewerbshandlung in der instanzgerichtlichen Rechtsprechung noch nicht zugrundegelegt wurde.

6. Begriffsmerkmale der geschäftlichen Handlung (Übersicht)

33 **a) Geschäftsverkehr.** Eine geschäftliche Handlung – und nichts anders gilt für die Geschäftspraktik im Sinne der UGP-RL – verlangt ein Handeln im geschäftlichen Verkehr. Ein **Handeln im geschäftlichen Verkehr** ist jede wirtschaftliche Tätigkeit auf dem Markt, die der Förderung eines eigenen oder fremden Geschäftszwecks zu dienen bestimmt ist.[69]

34 **b) Handeln als positives Tun oder Unterlassen.** Ein Handeln im geschäftlichen Verkehr kann nach allgemeiner Meinung ein **positives Tun** oder ein **Unterlassen** sein.[70] Eine geschäftliche Handlung im Sinne eines **lauterkeitsrechtlichen Unterlassungsde-**

---

[66] So aber Hefermehl/*Köhler*/Bornkamm § 2 UWG Rn 8.
[67] Siehe dazu näher → Einleitung E Rn 140, 173.
[68] Siehe zu einer objektiven Theorie schon *Fezer* FS Schricker S. 671 ff.
[69] → B Rn 51 ff.
[70] → B Rn 60 ff.

likts bestimmt sich grundsätzlich nach der allgemeinen Rechtsdogmatik zur Rechtserheblichkeit des Unterlassens im Deliktsrecht.

Im Richtlinienrecht der UGP-RL wird das **Verbot irreführender Unterlassungen** 35 nach Art. 7 UGP-RL weitergehend als ein Informationsmodell des lauterkeitsrechtlichen Verbraucherschutzes umgesetzt.[71] Das europäische Informationsmodell als Regelungsansatz der UGP-RL, die Informationspflichten der Unternehmen und Informationsrechte der Verbraucher begründet, unterscheidet sich von der deliktsrechtlichen Konzeption einer Begründung von lauterkeitsrechtlichen Aufklärungspflichten, die in der höchstrichterlichen Rechtsprechung zur Irreführung durch das Verschweigen einer Tatsache nach § 5 Abs. 2 S. 2 UWG 2004 nur zurückhaltend anerkannt wurden. Bei dem generalklauselartigen Tatbestand der Informationspflichten von Unternehmen im Geschäftsverkehr mit Verbrauchern handelt es sich um eine rechtliche Normierung, die sich von einem Unterlassungsdelikt nach herkömmlicher Dogmatik unterscheidet.

Nach der Gesetzesbegründung zum UWG 2008 soll innerhalb der Definition der ge- 36 schäftlichen Handlung nach § 2 Abs. 1 Nr. 1 der Begriff eines **jeden Verhaltens einer Person** zur Erläuterung der geschäftlichen Handlung zum Ausdruck bringen, dass als geschäftliche Handlung gleichermaßen ein positives Tun wie auch ein Unterlassen in Betracht kommt.[72] Die Wortwahl scheint eher der Vermeidung einer tautologischen Erläuterung des Begriffs der geschäftlichen Handlung innerhalb des Gesetzestextes geschuldet zu sein. In dem Begriff des Verhaltens einer Person kommt der im wettbewerbsrechtlichen Schrifttum gebräuchliche Ausdruck des **Marktverhaltensrechts** zum Ausdruck.

Die Definition einer Geschäftspraktik im Geschäftsverkehr zwischen Unternehmen und 37 Verbrauchern in Art. 2 lit. d UGP-RL geht zwar der Sache nach nicht über den weiten Begriff der geschäftlichen Handlung im Sinne des § 2 Abs. 1 Nr. 1 hinaus, macht jedoch durch die erläuternde Aufzählung der verschiedenen unternehmerischen Verhaltensweisen am Markt den umfassenden Geltungsanspruch der Definition anschaulich. Eine Geschäftspraktik im b2c-Geschäftsverkehr ist **jede unternehmerische Marktkommunikation.** Die Definition der UGP-RL erläutert eine Geschäftspraktik im b2c-Geschäftsverkehr als jede Handlung, Unterlassung, Verhaltensweise oder Erklärung, kommerzielle Mitteilung einschließlich Werbung und Marketing.

c) Marktbezug. Gegenstand des Lauterkeitsrechts ist nur das marktbezogene Verhalten 38 eines Unternehmens.[73] Der **Marktbezug einer geschäftlichen Handlung** oder einer Geschäftspraktik kam in dem überkommenen Begriff der Wettbewerbshandlung noch sprachlich zum Ausdruck.

d) Zeitraum der geschäftlichen Handlung. Eine geschäftliche Handlung stellt je- 39 des unternehmerische Marktverhalten dar, das **vor, bei oder nach einem Geschäftsabschluss** liegt. Dieser weite **Zeitraum rechtserheblicher Geschäftspraktiken** beruht auf der Vorgabe der UGP-RL, die den Anwendungsbereich für das Verbot unlauterer Geschäftspraktiken im Sinne des Art. 5 Abs. 1 UGP-RL für Geschäftspraktiken zwischen Unternehmen und Verbrauchern vor, während und nach Abschluss eines auf ein Produkt bezogenen Handelsgeschäfts nach Art. 3 Abs. 1 UGP-RL bestimmt.

Die Klarstellung des rechtserheblichen Zeitraums war im UWG 2008 deshalb erforder- 40 lich, da der Begriff der Wettbewerbshandlung in einer zu restriktiven und sachlich unangemessenen Auslegung in der höchstrichterlichen Rechtsprechung und weiten Teilen des Schrifttums auf den Zeitraum vor Vertragsschluss beschränkt wurde. Auch wenn innerhalb der Definition der geschäftlichen Handlung nach § 2 Abs. 1 Nr. 1 nicht zwischen verbraucherbezogenem und mitbewerberbezogenem Lauterkeitsrecht unterschieden wird, so ist doch darauf hinzuweisen, dass der relevante Zeitraum rechtserheblicher geschäftlicher Handlungen hinsichtlich der Formulierung vor, bei oder nach einem Geschäftsabschluss

---

[71] Siehe zur Dogmatik des Informationsmodells → Einleitung E Rn 143 ff.
[72] Gesetzesbegründung UWG 2008 BT-Drucks. 16/10 145 S. 39.
[73] → B Rn 52 ff.

sich für bestimmte Fallkonstellationen **im b2b-Geschäftsverkehr als zu weit** erweisen wird.

41 **e) Produktzusammenhang und Vertragszusammenhang.** Nach § 2 Abs. 1 Nr. 1 muss die geschäftliche Handlung mit der Förderung des Absatzes oder des Bezugs von Waren oder Dienstleistungen oder mit dem Abschluss oder der Durchführung eines Vertrages über Waren oder Dienstleistungen zusammenhängen. Voraussetzung einer geschäftlichen Handlung ist somit das Vorliegen eines **Produktabsatzförderungszusammenhangs,** eines **Produktbezugsförderungszusammenhangs,** eines **Vertragsabschlusszusammenhangs** oder eines **Vertragsdurchführungszusammenhangs.** Die ausdrückliche Erwähnung der Durchführung eines Vertrages beruht darauf, dass der Gesetzgeber klarstellen wollte, dass die Rechtsprechung überholt sei, die aus dem Merkmal der Absatzförderung als ein Kriterium der Wettbewerbshandlung geschlossen hatte, eine Wettbewerbshandlung sei im Regelfall mit dem Vertragsabschluss beendet und umfasse nur ausnahmsweise auch Handlungen nach Vertragsschluss, wenn es der Unternehmer von vornherein auf Kundentäuschung abgesehen habe. Das erklärt die etwas gespreizt anmutende Gesetzessprache. Weniger präzise ist die Definition der Geschäftspraktik in Art. 2 lit. d UGP-RL, in der auf den **Zusammenhang mit der Absatzförderung, dem Verkauf oder der Lieferung eines Produkts** abgestellt wird.

42 Die **Art des Zusammenhangs** in der Definition der UGP-RL wird mit dem Wort **unmittelbar** und in der Definition des UWG mit dem Wort **objektiv** umschrieben. Der Gesetzgeber des UWG 2008 wählte den Begriff objektiv zur Erläuterung des rechtserheblichen Zusammenhangs aus verschiedenen Gründen. Nach dem Rechtsverständnis zum Begriff der Wettbewerbshandlung in § 2 Abs. 1 Nr. 1 UWG 2004 kam es nach der Rechtsprechung und überwiegenden Auffassung darauf an, dass eine Handlung mit dem **Ziel** der Förderung des Absatzes oder der Förderung der anderen Unternehmensaktivitäten vorgenommen wurde. Nach der Gesetzesbegründung zur Umsetzung der UGP-RL sei dadurch ein **finaler Zurechnungszusammenhang** gekennzeichnet worden, der mit dem Richtlinienrecht kaum mehr zu vereinbaren sei. Durch den **Begriff des objektiven Zusammenhangs** werde nun zum Einen sichergestellt, dass alle am Verhältnis von Unternehmen zu Verbrauchern anknüpfenden lauterkeitsrechtlichen Fallgruppen unter Beachtung der neuen europarechtlichen Vorgaben vom UWG erfasst würden.[74] Unabhängig von dem heilsamen Zwang, der von dem Richtlinienrecht insoweit auf den nationalen Gesetzgeber ausging, ist anzumerken, dass die **objektive Theorie des Lauterkeitsrechts als Marktverhaltensrecht** schon nachhaltig zur Rechtslage im UWG 2004 vertreten wurde.

43 Einigkeit wird dahin bestehen, dass eine **Wettbewerbsabsicht** oder eine **Förderungsabsicht** als subjektive Anwendungsvoraussetzungen **keine rechtserheblichen Begriffsmerkmale** einer geschäftlichen Handlung sein können.

44 Die rechtserheblichen Kriterien des notwendigen Produktzusammenhangs und des Vertragszusammenhangs der geschäftlichen Handlung ergeben sich allerdings nicht ohne weiteres aus der Erläuterung des Zusammenhangs als objektiv. Nach der Gesetzesbegründung soll der objektive Zusammenhang auch das Abgrenzungskriterium bieten, **weltanschauliche, wissenschaftliche, redaktionelle oder verbraucherpolitische Äußerungen** von Unternehmen oder anderer Personen aus dem Anwendungsbereich des UWG auszugrenzen.[75]

45 Das Ersetzen des Begriffs des **unmittelbaren Zusammenhangs**, auf den die Definition des Art. 2 lit. d UGP-RL abstellt, durch den Begriff des objektiven Zusammenhangs in § 2 Abs. 1 Nr. 1 soll nach der Gesetzesbegründung gewährleisten, dass der Begriff der geschäftlichen Handlung – wie der bisherige Begriff der Wettbewerbshandlung – alle lauterkeitsrechtlichen Fallgruppen erfasse, die das Verhältnis von Unternehmen zu Unternehmen betreffen. Der Gesetzgeber schien zu befürchten, dass die Rechtserheblichkeit eines unmittelbaren Zusammenhangs von vornherein im b2b-Geschäftsverkehr nicht bestehen wird.

---

[74] Gesetzesbegründung UWG 2008 BT-Drucks. 16/10 145 S. 39.
[75] Gesetzesbegründung UWG 2008 BT-Drucks. 16/10 145 S. 40.

f) Allgemeine Rechtsgrundsätze zur geschäftlichen Handlung als Geschäftspraktik. Der **Begriff der geschäftlichen Handlung** innerhalb des verbraucherbezogenen Lauterkeitsrechts ist nach den allgemeinen gemeinschaftsrechtlichen **Rechtsgrundsätzen** zur Geschäftspraktik im Geschäftsverkehr zwischen Unternehmen und Verbrauchern im Sinne der UGP-RL zu beurteilen.[76] (1) Es ist ein Begriff von objektiver Rechtsnatur. (2) Auf subjektive Tatbestandselemente kommt es nicht an. (3) Das Referenzmodell des europäischen Verbraucherleitbildes ist anzuwenden. (4) Es kommt auf die Wesentlichkeit der Verbraucherbeeinflussung an. (5) Es gilt allgemein der europäische Verhältnismäßigkeitsgrundsatz. 46

II. Geschäftliche Handlung als Handeln im geschäftlichen Verkehr und Marktbezug der geschäftlichen Handlung

Ein **Handeln im geschäftlichen Verkehr** stellt eine **allgemeine Anwendungsvoraussetzung** des gesamten Wettbewerbsrechts und auch des Markenrechts dar. Die Auslegung des Begriffs des geschäftlichen Verkehrs folgt im UWG und im MarkenG einheitlichen Grundsätzen.[77] 47

1. Geschäftlicher Verkehr als ungeschriebenes Tatbestandsmerkmal im UWG 2004

Von den beiden Generalklauseln der §§ 1 und 3 UWG 1909 und den §§ 5, 6a bis 6c, 16 und 18 UWG aF waren ausdrücklich nur **Handlungen** erfasst, die **im geschäftlichen Verkehr** vorgenommen wurden. Durch diese Beschränkung wurde klargestellt, dass allein der geschäftliche Wettbewerb einer wettbewerbsrechtlichen Beurteilung unterlag, und wurde eine **Abgrenzung von rein privaten Handlungen und amtlichen Tätigkeiten** angestrebt. 48

Im UWG 2004 war das **Tatbestandsmerkmal** des geschäftlichen Verkehrs dem Wortlaut nach im Gesetzestext der Verbotsnorm des § 3 UWG 2004 nicht mehr enthalten. Es fand sich ausdrücklich nur noch in den §§ 6 Abs. 2 Nr. 3 UWG 2004 (Verwechslung durch vergleichende Werbung), 16 Abs. 2 UWG 2004 (strafbare progressive Kundenwerbung) und 18 Abs. 1 UWG 2004 (strafbare unbefugte Verwertung von Vorlagen). Die Vorschriften der §§ 6 Abs. 2 Nr. 3, 16 Abs. 2 und 18 Abs. 1 sind unverändert im UWG 2008 enthalten. In den Materialien zum Gesetzgebungsverfahren der UWG-Reform des Jahres 2004 wird allgemein vorausgesetzt, dass nur Handlungen im geschäftlichen Verkehr der Kontrolle durch das Wettbewerbsrecht unterliegen sollen.[78] Die Begründung zum UWG 2004 erwähnt diesen Begriff nur vereinzelt.[79] 49

Nach allgemeiner Meinung auch zum UWG 2004 wurde das Vorliegen einer Handlung im geschäftlichen Verkehr als zentrales **Abgrenzungskriterium zum bürgerlichen Deliktsrecht** verstanden.[80] Es sei dahingestellt, ob ein Redaktionsversehen des Gesetzgebers des UWG 2004 vorlag. Das Handeln im geschäftlichen Verkehr stellte ein ungeschriebenes Tatbestandsmerkmal der Verbotsnorm des § 3 UWG 2004 und damit des Anwendungsbe- 50

---

[76] Siehe dazu schon *Fezer* MarkenR 2006, 511, 513; zustimmend *Schuhmacher* wbl 2007, 557, 561; ausführlich *ders.* FS Koppensteiner S. 139 ff.

[77] Zum Begriff des geschäftlichen Verkehrs im MarkenG siehe *Fezer* § 14 MarkenG Rn 23 ff.

[78] Siehe dazu das Rechtsgutachten von *Fezer* WRP 2001, 989, 999; von dieser Annahme gingen wohl stillschweigend auch *Schricker* und *Henning-Bodewig* in ihrem Gutachten aus, WRP 2001, 1367, 1405. Bereits der Gesetzgebungsvorschlag von *Köhler/Bornkamm/Henning-Bodewig* enthielt allerdings den Begriff des geschäftlichen Verkehrs nicht mehr; er wird aber inhaltlich ausdrücklich vorausgesetzt, WRP 2001, 1307, 1325.

[79] Gesetzesbegründung UWG 2004 BT-Drucks. 15/1487 S. 16, 19, 27.

[80] Von Hefermehl/*Köhler*/Bornkamm 26. Aufl. 2008, § 2 UWG Rn 12 wurde allerdings in Auslegung des Begriffs der Wettbewerbshandlung nach § 2 Abs. 1 Nr. 1 UWG 2004 der geschäftliche Bezug einer Wettbewerbshandlung als Marktbezug verstanden und von den nichtgeschäftlichen Handlungen abgegrenzt.

reichs des Lauterkeitsrechts dar. Ein Handeln im geschäftlichen Verkehr war als einer Wettbewerbshandlung immanent zu verstehen.[81]

2. Geschäftlicher Verkehr als Merkmal der geschäftlichen Handlung im UWG 2008 und der Geschäftspraktik in der UGP-RL

51 Das **Handeln im geschäftlichen Verkehr** stellt eine allgemeine **Anwendungsvoraussetzung des Lauterkeitsrechts** des UWG 2008 und des Richtlinienrechts der UGP-RL und zugleich das zentrale **Abgrenzungskriterium zum bürgerlichen Deliktsrecht** dar. Der Anwendungsbereich des UWG 2008 erfuhr insoweit gegenüber dem Anwendungsbereich des UWG 2004 durch die Umsetzung der UGP-RL keine Änderung. Die Anwendungsvoraussetzung eines Handelns im geschäftlichen Verkehr wird vom Gesetzgeber des UWG 2008 mit dem dem Handlungsbegriff vorangestellten Adjektiv geschäftlich ausgedrückt. Das Vorliegen eines **geschäftlichen Verkehrs** stellt ein Merkmal der geschäftlichen Handlung im Sinne des UWG 2008 dar. Die Anwendungsvoraussetzung des geschäftlichen Verkehrs wird in der UGP-RL besonders deutlich, die den Begriff der Geschäftspraktiken innerhalb des Anwendungsbereichs der UGP-RL als **Geschäftsverkehr** zwischen Unternehmen und Verbrauchern definiert (Art. 2 lit. d UGP-RL). Die Anwendungsvoraussetzungen des geschäftlichen Verkehrs erfüllt im UWG und MarkenG nach wie vor die gleiche Abgrenzungsfunktion der Normbereiche.[82]

3. Marktbezug der geschäftlichen Handlung und der Geschäftspraktik

52 **a) Kommerzielle Marktkommunikation.** Innerhalb der objektiven Theorie der Lauterkeit im Wettbewerb,[83] die innerhalb der UWG-Reform des Jahres 2004 schon zum UWG 2004 entwickelt worden war, wurde die Objektivierung der Wettbewerbshandlung, die noch die zentrale Anwendungsvoraussetzung des UWG 2004 darstellte, dahin verstanden, dass eine Wettbewerbshandlung nur eine solche Handlung im geschäftlichen Verkehr ist, die eine **Außenwirkung am Markt** entfaltet und auf eine **Beeinflussung der Wettbewerbsverhältnisse** angelegt ist. Wettbewerbshandlungen zeitigen wirtschaftliche Relevanz am Markt. Der Maßstab des Lauterkeitsrechts ist an ein marktbezogenes Verhalten eines Unternehmens anzulegen. Dieser **Marktbezug** des Handelns eines Unternehmens im geschäftlichen Verkehr wurde mit dem Begriff der Wettbewerbshandlung umschrieben.[84] Es wurde vorgeschlagen, das Vorliegen einer Wettbewerbshandlung nach den **objektiven Umständen der konkreten Marktverhältnisse** zu beurteilen. Schon nach der Rechtslage im UWG 2004 war die Wettbewerbshandlung als ein ausschließlich **objektives Tatbestandsmerkmal der marktbezogenen Unlauterkeit** zu verstehen. Innerhalb des als Marktverhaltensrecht zu beschreibenden Lauterkeitsrechts bringt der Marktbezug der geschäftlichen Handlung die wirtschaftliche Relevanz der unternehmerischen Aktivität am Markt zum Ausdruck. Das gilt nicht anders für das rechtsinhaltliche Verständnis der marktbezogenen Unlauterkeit.

53 Innerhalb der UGP-RL kommt der **Marktbezug einer Geschäftspraktik** sowohl in den innerhalb der Definition der Geschäftspraktik in Art. 2 lit. d UGP-RL aufgezählten **Unternehmensaktivitäten einer kommerziellen Marktkommunikation** (kommerzielle Mitteilung, Werbung, Marketing) zum Ausdruck, als auch in der Definition der **wesentlichen Beeinflussung des wirtschaftlichen Verhaltens des Verbrauchers** in Art. 2 lit. e UGP-RL, die eine spürbare Beeinträchtigung der Fähigkeit des Verbrauchers, eine informierte Entscheidung zu treffen voraussetzt und damit den Verbraucher zu einer

---

[81] Siehe auch *Köhler/Bornkamm/Henning-Bodewig* GRUR 2003, 127, 128; *Engels/Salomon* WRP 2004, 32, 34; *Fezer* WRP 2001, 989, 1000; dazu schon *Gloy/Kreft* Hdb. 1. Aufl. § 11 Rn 2.

[82] So wohl auch Harte/Henning/*Keller* § 2 UWG Rn 18, der von „geschäftlichem" Verhalten spricht; zum österreichischen Lauterkeitsrecht siehe *Wiltschek* öUWG 4. Aufl. 2007, § 1 UWG Anm 4.

[83] *Fezer* FS Schricker S. 671.

[84] Siehe dazu schon in der Vorauflage → § 3 Rn 8; § 2 Rn 8ff.

geschäftlichen Entscheidung veranlasst, die er andernfalls nicht getroffen hätte. Das zwischen Unternehmen und Verbrauchern abgeschlossene Rechtsgeschäft wird in Art. 3 Abs. 1 UGP-RL im Übrigen als ein, wenn auch nicht im handelsrechtlichen Sinne, auf ein Produkt bezogenes **Handelsgeschäft** bezeichnet.

Der **Marktbezug einer geschäftlichen Handlung** im Sinne des UWG 2008 liegt in der Eignung des marktbezogenen Verhaltens, die Marktverhältnisse zu beeinflussen. Innerhalb des verbraucherbezogenen Lauterkeitsrechts wird die Art der Beeinflussung der Verbraucher durch die UGP-RL konkretisiert. 54

In der Rechtsprechung zum UWG 2004 ging der **BGH** schon ein Stück weit auf die objektive Theorie der Wettbewerbshandlung zu, nach der es in dem System eines Marktverhaltensrechts auf den Marktbezug und die Beeinflussung der Marktverhältnisse ankommt. Eine Beeinträchtigung der Lauterkeit des Wettbewerbs wird darin gesehen und als ausreichend anerkannt, wenn die Wettbewerbshandlung **Mitbewerber in ihrem Verhalten bestärken** oder diese **veranlassen** könne, ebenso zu verfahren, um nicht im Wettbewerb zurückzufallen.[85] Verallgemeinernd wird von einem für ein Handeln im Wettbewerb im Sinne von § 1 UWG 1909 und von einem für eine Wettbewerbshandlung im Sinne von § 2 Abs. 1 Nr. 1 UWG 2004 erforderlichen **Marktbezug** gesprochen.[86] 55

Die Lebensbereiche als Anwendungsbereiche des Lauterkeitsrechts, die mit den Abgrenzungskriterien eines Handelns im geschäftlichen Verkehr oder eines Handelns mit Marktbezug bestimmt werden, verhalten sich wie zwei sich überschneidende Kreise. Das gilt namentlich dann, wenn ein **Unternehmensverhalten** vorliegt. Unternehmerischer Geschäftsverkehr ist regelmäßig marktbezogen. Zur Annahme eines geschäftlichen Verkehrs ist es aber grundsätzlich unerheblich, ob ein Unternehmen oder eine Privatperson am Markt handelt. Der Begriff des geschäftlichen Verkehrs stellt **objektiv auf die Tätigkeit und deren Zuordnung** zum geschäftlichen Verkehr, nicht auf die Person des Handelnden ab. 56

Dem **Abgrenzungsmerkmal eines Handelns im geschäftlichen Verkehr** kommt bei der rechtlichen Qualifizierung einer geschäftlichen Handlung **Vorrang gegenüber dem Abgrenzungskriterium des Marktbezugs** der geschäftlichen Handlung zu. Das ist auch deshalb geboten, weil es sich bei dem Begriff des geschäftlichen Verkehrs um ein allgemeines Abgrenzungskriterium im Lauterkeitsrecht und im Markenrecht handelt, das nach den gleichen Rechtsgrundsätzen zu beurteilen ist. Dem Abgrenzungskriterium des geschäftlichen Verkehrs kommt nach wie vor zentrale Bedeutung für die Abgrenzung des Geschäftsverkehrs vom Privatverkehr und Amtsverkehr zu. Eine Vermengung der beiden Prüfungsschritte ist nicht sachgerecht.[87] Eine Abgrenzung des Handelns im geschäftlichen Verkehr vom Privatverkehr bedarf etwa im **Internetverkehr** der Abgrenzung einer kommerziellen Tätigkeit vom Privatbereich.[88] 57

b) Privater Internetverkehr in Abgrenzung zum kommerziellen Geschäftsverkehr. Der Marktbezug als solcher ist nicht geeignet, rechtliche Kriterien sachgerecht zu entwickeln, um den Privatverkehr im Internet vom Geschäftsverkehr, der unter den Anwendungsbereich des Lauterkeitsrechts zu subsumieren ist, angemessen abzugrenzen. Die vorrangige Rechtsarbeit an der Konkretisierung des Begriffs des Geschäftsverkehrs im Sinne einer **kommerziellen Marktkommunikation** darf nicht übergangen und vernachlässigt werden, um nicht mit einem zu weiten Begriff des Marktbezugs, der gegenüber dem Begriff des geschäftlichen Verkehrs nachrangig ist, den Privatverkehr im Internet mit den kommerziellen Regeln des Lauterkeitsrechts zu überziehen und zu belasten.[89] 58

---

85 BGH GRUR 2007, 805, 807, Rn 16 – Irreführender Kontoauszug.

86 BGH GRUR 2007, 987, 989 – Änderung der Voreinstellung.

87 Siehe zu einer solchen Vermischung der Abgrenzungskriterien tendenziell schon zum UWG 2004 Hefermehl/*Köhler*/Bornkamm 26. Aufl. 2008, § 2 UWG Rn 12ff und nunmehr zum UWG 2008 in der 27. Aufl. 2009, § 2 UWG Rn 35ff.

88 Zum geschäftlichen Verkehr im Internet → B Rn 58f, 66, 76, 79.

89 Siehe zum geschäftlichen Verkehr im Internet → B Rn 66, 76, 79.

59 Die konkreten Tatbestandselemente der Anwendungsvoraussetzung des kommerziellen Geschäftsverkehrs bedeuten zugleich wesentliche **Schutzbarrieren des Privatverkehrs** gegenüber den Rechtsregeln des Lauterkeitsrechts; das gilt vergleichbar im Markenrecht.[90] Es ist deshalb nach wie vor gerechtfertigt, den Begriff des Geschäftsverkehrs nach eigenständigen und einheitlichen Kriterien im Lauterkeitsrecht und im Markenrecht zu beurteilen. Es sei in diesem Kontext nur darauf verwiesen, dass das Postulat eines freien **File Sharings** innerhalb von internetbasierten Dateitauschbörsen im Urheberrecht die Problematik der **Kommerzialität privaten Handelns innerhalb der digitalen Welt** aktualisiert.

4. Handeln als positives Tun oder Unterlassen

60 Ein **Handeln** im geschäftlichen Verkehr kann ein **positives Tun** oder ein **Unterlassen** sein. Nach der Gesetzesbegründung zum UWG 2008 soll innerhalb der Definition der geschäftlichen Handlung nach § 2 Abs. 2 Nr. 1 der Begriff eines **jeden Verhaltens einer Person** zur Erläuterung der geschäftlichen Handlung zum Ausdruck bringen, dass als geschäftliche Handlung gleichermaßen ein positives Tun wie auch ein Unterlassen in Betracht kommt.[91] Wenn die geschäftliche Handlung marktbezogen ist, dann kommt in dem Begriff des Verhaltens einer Person der im wettbewerbsrechtlichen Schrifttum gebräuchliche Ausdruck des Marktverhaltensrechts zum Ausdruck. In diesem Sinne ist **jede kommerzielle oder unternehmerische Marktkommunikation** geschäftlicher Verkehr, sei es ein positives Tun, sei es ein Unterlassen.

61 In der **UGP-RL** wird ohne weiteres davon ausgegangen, dass eine Geschäftspraktik im b2c-Geschäftsverkehr sowohl eine Handlung als auch eine Unterlassung sein kann. In einem extensiven Sinne erläutert die Definition des Art. 2 lit. d UGP-RL eine Geschäftspraktik zwischen Unternehmen und Verbrauchern als jede **Handlung, Unterlassung, Verhaltensweise** oder **Erklärung, kommerzielle Mitteilung** einschließlich der **Werbung** und des **Marketing.**

62 Eine geschäftliche Handlung im Sinne eines lauterkeitsrechtlichen Unterlassungsdelikts bestimmt sich grundsätzlich nach der allgemeinen **Rechtsdogmatik** zur Rechtserheblichkeit des Unterlassens im Deliktsrecht. Im Lauterkeitsdeliktsrecht ist ein Unterlassen einem positiven Tun grundsätzlich rechtlich nur dann **gleichwertig,** wenn eine **Pflicht zum Handeln** besteht. Eine solche **Erfolgsabwendungspflicht** bezieht sich auf die Beseitigung des lauterkeitsrechtswidrigen Zustands. Die Handlungspflicht kann auch bezüglich einer unlauteren geschäftlichen Handlung eines Dritten bestehen. Eine Erfolgsabwendungspflicht kann sich aus **Gesetz** oder **Vertrag,** aus **vorausgegangenem Tun** (Ingerenz) oder auch aus einer **dienstlichen Verpflichtung** ergeben. Es besteht **keine allgemeine Rechtspflicht,** unlauteres Verhalten eines **Vertragspartners** abzuwenden. So soll keine Erfolgsabwendungspflicht seitens des Franchisegebers gegenüber dem Franchisenehmer bei Überlassung des good will bestehen.[92]

63 Im Richtlinienrecht der UGP-RL wird innerhalb des Verbots der irreführenden Geschäftspraktiken zwischen irreführenden Handlungen (Art. 6 UGP-RL) und irreführenden Unterlassungen (Art. 7 UGP-RL) unterschieden. Das **Verbot der irreführenden Unterlassungen** nach Art. 7 UGP-RL wird über die allgemeinen Rechtsgrundsätze zum Unterlassungsdelikt hinaus als ein Informationsmodell des lauterkeitsrechtlichen Verbraucherschutzes umgesetzt.[93] Das europäische **Informationsmodell als Regelungsansatz** der UGP-RL, das Informationspflichten der Unternehmen und Informationsrechte der Verbraucher begründet, unterscheidet sich von der deliktsrechtlichen Konzeption einer Be-

[90] Siehe dazu *Fezer* MarkenG Einl G Rn 50 ff; siehe dazu Fezer/*Hoeren* § 4-S 13 Rn 24.

[91] Gesetzesbegründung UWG 2008 BT-Drucks. 16/10 145 S. 39.

[92] BGH GRUR 2001, 82, 83 – Neu in Bielefeld I.

[93] Zum Informationsgebot der UGP-RL als ein subjektives Verbraucherrecht ausführlich *Fezer* WRP 2007, 1021 ff; siehe schon *Fezer* WuW 2002, 217; ausdrücklich zustimmend zur Umsetzung der UGP-RL durch die UWG-Novelle 2007 in das österreichische UWG *Schuhmacher* wbl 2007, 557, 563; siehe auch *ders.* FS Koppensteiner 2006 S. 139 ff.

gründung von **lauterkeitsrechtlichen Aufklärungspflichten,** die in der höchstrichterlichen Rechtsprechung zur Irreführung durch das Verschweigen einer Tatsache nach § 5 Abs. 2 S. 2 UWG 2004 nur zurückhaltend anerkannt wurden.[94]

Bei dem generalklauselartigen Tatbestand der Informationspflichten von Unternehmen im Geschäftsverkehr mit Verbrauchern handelt es sich um eine rechtliche Normierung, die sich von einem Unterlassungsdelikt nach herkömmlicher Dogmatik unterscheidet.[95] Der **Tatbestand des Unterlassens** liegt nach Art. 7 Abs. 1 UGP-RL im **Vorenthalten wesentlicher Informationen** und nach Art. 7 Abs. 2 UGP-RL im **Verheimlichen wesentlicher Informationen,** im **unzureichenden Bereitstellen wesentlicher Informationen**, wenn dies auf unklare, unverständliche, zweideutige Weise oder nicht rechtzeitig erfolgt, und im **Nichtkenntlichmachen des kommerziellen Zwecks** einer Geschäftspraktik. Der Gesetzgeber des UWG 2008 setzte Art. 7 UGP-RL, wenn auch nach gewissem Zögern und mit einigen Vorbehalten, in § 5a UWG 2008 um. Die Regelung des § 5a ist bei Vorliegen einer Geschäftspraktik im Geschäftsverkehr zwischen Unternehmen und Verbrauchern richtlinienkonform im Sinne des Informationsmodells der UGP-RL auszulegen. 64

5. Begriff des geschäftlichen Verkehrs als kommerzielle Marktkommunikation

Geschäftlicher Verkehr verlangt das Vorliegen einer Handlung, unter deren Vornahme eine **kommerzielle Betätigung** zu verstehen ist, sei es ein positives Tun, sei es ein Unterlassen, wenn ein bestimmtes Handeln geboten ist.[96] Ein Handeln im geschäftlichen Verkehr ist **jede wirtschaftliche Tätigkeit auf dem Markt, die der Förderung eines eigenen oder fremden Geschäftszwecks zu dienen bestimmt** ist. Der Geschäftszweck kann beliebiger Natur sein. Der Begriff des geschäftlichen Verkehrs ist **weit auszulegen.** Erfasst wird eine jede selbstständige, wirtschaftliche Zwecke verfolgende Tätigkeit, in der eine Teilnahme am Erwerbsleben zum Ausdruck kommt. Zum geschäftlichen Verkehr gehören geschäftliche Betätigungen im weitesten Sinne. 65

Geschäftsverkehr ist kommerzielle Kommunikation. Das kommerzielle Marktverhalten wird von einem konkreten Geschäftszweck bestimmt. In neueren Urteilen des BGH zum Vorliegen eines geschäftlichen Verkehrs im Markenrecht wird auf die Qualifizierung des **Verhaltens als einer kommerziellen Tätigkeit** abgestellt.[97] In der Rechtsprechung wird die **BGH-Formel** verwendet, geschäftlicher Verkehr liege vor, wenn die Handlung im Zusammenhang mit einer auf einen wirtschaftlichen Vorteil gerichteten, kommerziellen Tätigkeit und nicht im privaten Bereich erfolge. Zur Annahme eines geschäftlichen Verkehrs im Internet werden im Interesse des Markenschutzes keine hohen Anforderungen gestellt;[98] das wird auch im Lauterkeitsrecht zu gelten haben, selbst wenn keine Schutzinteressen an Markeneigentum berührt sind. Ein Handeln im geschäftlichen Verkehr liege bei Fallgestaltungen nahe, bei denen ein Anbieter wiederholt mit gleichartigen, insbesondere auch neuen Gegenständen handele. Auch wenn ein Anbieter zum Kauf angebotene Produkte erst kurz zuvor erworben habe, spreche dies für ein Handeln im geschäftlichen Verkehr.[99] Die Tatsache, dass der Anbieter ansonsten gewerblich tätig sei, deute ebenfalls auf eine geschäftliche Tätigkeit hin.[100] 66

Geschäftlicher Verkehr ist auch die Erwerbstätigkeit der **freien Berufe** wie der Ärzte, Rechtsanwälte, Steuerberater, Wirtschaftsprüfer, Künstler und Wissenschaftler sowie die 67

[94] BGH GRUR 2007, 247 – Regenwaldprojekt I; siehe dazu *Fezer* WRP 2007, 1021, 1025f; siehe → Einleitung E Rn 153f.
[95] Zum Regelungsansatz des Art. 7 UGP-RL → Einleitung E Rn 143ff.
[96] → B Rn 34ff, 60ff.
[97] Siehe dazu *Fezer* § 14 MarkenG Rn 25.
[98] BGH GRUR 2008, 702, 705 – Internet-Versteigerung III.
[99] BGHZ 158, 236, 249 – Internet-Versteigerung I.
[100] BGHZ 172, 119, Rn 23 – Internet-Versteigerung II.

wirtschaftliche Tätigkeit der **öffentlichen Hand.**[101] Die **Verwertung urheberrechtlicher Nutzungsrechte** stellt geschäftlichen Verkehr dar.[102] Alle einem Geschäftszweck im kommerziellen Sinne dienenden Tätigkeiten, die der Steigerung der Verkehrsbekanntheit, wie etwa die Unternehmensaktivitäten der **Imagewerbung** und des **Sponsorings,** dienen, sind auch dann als Handeln im geschäftlichen Verkehr zu beurteilen, wenn nicht für konkrete Waren oder Dienstleistungen geworben wird.[103]

68 Eine selbstständige Teilnahme am wirtschaftlichen Verkehr setzt nicht voraus, dass der Handelnde selbst Inhaber eines Unternehmens ist. Der Begriff des geschäftlichen Verkehrs geht weiter als der Begriff des geschäftlichen Betriebs.[104] Geschäftsverkehr als kommerzielle Kommunikation am Markt verlangt keine Unternehmensorganisation der handelnden Person. Ausreichend ist, wenn der Geschäftszweck einen **Unternehmensbezug** herstellt.

69 Für die Annahme geschäftlichen Verkehrs ist die **Absicht der Gewinnerzielung nicht erforderlich.** Geschäftlicher Verkehr setzt **kein Handeln gegen Entgelt** voraus.[105] Die erwerbswirtschaftliche Betätigung eines **gemeinnützigen Unternehmens** stellt geschäftlichen Verkehr dar.[106] Geschäftsverkehr liegt auch dann vor, wenn das Marktverhalten eines Unternehmens **karitativen Zwecken** dient; ausreichend ist, wenn das kommerzielle Marktverhalten dem Unternehmen und dem Unternehmenszweck mittelbar zugute kommt. **Sponsoringaktivitäten** und **Imagewerbung** eines Unternehmens stellen als kommerzielle Marktkommunikation geschäftlichen Verkehr dar. Ein **mittelbarer Produktbezug** begründet geschäftlichen Verkehr auch dann, wenn in einer Stellenanzeige eines Lohnsteuerhilfevereins das Testergebnis eines Lohnsteuerhilfevereine vergleichenden Dienstleistungstest der Stiftung Warentest veröffentlicht wird, da der Hinweis auf das Testergebnis zugleich für die Güte der von dem Lohnsteuerhilfeverein angebotenen Dienstleistungen wirbt.[107]

70 Bei **Kaufleuten** besteht eine **Vermutung** für ein Handeln im geschäftlichen Verkehr.[108] Der **Amtsverkehr,** der **Privatverkehr** sowie der **unternehmensinterne Verkehr** stellen keinen geschäftlichen Verkehr dar. Es liegt kein Handeln im geschäftlichen Verkehr vor, wenn die Tätigkeit **rein privater** oder **rein amtlicher** Natur ist.[109]

6. Fallkonstellationen zur Abgrenzung des geschäftlichen Verkehrs

71 Ein **eigener Geschäftsbetrieb** ist für das Handeln im geschäftlichen Verkehr nicht erforderlich, da es nicht auf die Verfolgung eigener Zwecke ankommt, vielmehr die **Förderung eines fremden Geschäftszwecks** ausreichend ist.[110] Die **mittelbare Förderung** eines eigenen oder fremden Geschäftszwecks ist geschäftlicher Verkehr. Weder ist die Erzielung eines Gewinns, noch ist die Entgeltlichkeit des Marktverhaltens Voraussetzung für den geschäftlichen Verkehr. Daher ist das **Verschenken einer Ware** oder das **unentgeltliche Erbringen einer Dienstleistung** geschäftlicher Verkehr, wenn es sich etwa um Werbe-

---

[101] BGH GRUR 1953, 293, 294 – Fleischbezug; BGH GRUR 1956, 227 – Reisebüro; BGHZ 19, 299 – Bad Ems; BGHZ 36, 91 – Gummistrümpfe; BGH GRUR 1960, 384, 386 – Mampe Halb und Halb; BGH GRUR 1964, 208, 209 – Fernsehinterview; BGH GRUR 1971, 591 – Sabotage; BGHZ 82, 375, 395 – Brillen-Selbstabgabestellen. Siehe zum Wettbewerb der öffentlichen Hand Fezer/*Koos* § 4-S 15 Rn 8 ff.

[102] BGHZ 26, 52, 58 – Sherlock Holmes.

[103] BGH GRUR 1995, 595, 596 – Kinderarbeit; BGHZ 130, 196, 199 – Ölverschmutzte Ente.

[104] Siehe dazu *Baumbach/Hefermehl* 22. Aufl., 2001, UWG Einl. Rn 212.

[105] BGH GRUR 1997, 438, 440 – Handtuchspender; zum Setzen eines Links siehe LG Düsseldorf Mitt 2001, 42, 43 – Explorer.

[106] BGH GRUR 1962, 254 – Fußball-Programmheft; BGHZ 66, 229 – Studenten-Versicherung; BGHZ 67, 81 – Auto-Analyzer.

[107] BGH GRUR 2005, 877, 879 – Werbung mit Testergebnis; siehe auch BGH GRUR 2003, 540 – Stellenanzeige.

[108] BGH GRUR 1962, 34, 36 – Torsana; BGH GRUR 1962, 45, 47 – Beton-Zusatzmittel; BGH GRUR 1973, 371, 372 – Gesamtverband.

[109] BGH GRUR 1953, 293, 294 – Fleischbezug; BGHZ 19, 299 – Bad Ems; BGH GRUR 1960, 384, 386 – Mampe Halb und Halb; BGH GRUR 1964, 208, 209 – Fernsehinterview; BGH GRUR 1987, 438, 440 – Handtuchspender.

[110] OLG Stuttgart WRP 1996, 945, 950 – International Christian Chamber of Commerce.

maßnahmen, Sponsoring oder Imagewerbung handelt.[111] Auch **Verlustgeschäfte** zum Zwecke der Werbung finden im geschäftlichen Verkehr statt. Da eine Gewinnabsicht entbehrlich ist, können auch **wohltätige und gemeinnützige Unternehmen** im geschäftlichen Verkehr handeln, wenn zu dem gemeinnützigen Zweck in bestimmten Bereichen ein Erwerbszweck hinzutritt.[112]

Unerheblich ist grundsätzlich, ob ein **Unternehmer** oder eine **Privatperson** am Markt handelt. Der Begriff des geschäftlichen Verkehrs stellt objektiv auf die Tätigkeit und deren Zuordnung zum geschäftlichen Verkehr, nicht auf die Person des Handelnden ab. Es wird aber bei **Unternehmern** ein Handeln im geschäftlichen Verkehr **vermutet.**[113] **Private Äußerungen,** die zu Hause oder am Stammtisch, also außerhalb von Erwerb und Berufsausübung, gemacht werden, sind regelmäßig nicht dem geschäftlichen Verkehr zuzuordnen. Es ist nicht ausgeschlossen, dass in einer Unterhaltung mit privatem Charakter gewisse Äußerungen dem geschäftlichen Verkehr rechtlich zuzuordnen sind, wie etwa abfällige Aussagen über die Waren oder Dienstleistungen eines Mitbewerbers zur Förderung eines Unternehmens, das der Unternehmer beliefert, wenn auf diese Weise das Gespräch eine geschäftliche Intention erhält.[114] **Einträge im Mitgliederverzeichnis** eines Vereins, die neben der Privatadresse die Berufsbezeichnung mit Adresse und Telefonnummer des Unternehmers angeben, sind geschäftlicher Verkehr, da die veröffentlichten Daten den Angaben in Adressverzeichnissen und Telefonbüchern gleichstehen. **Eingaben an Behörden** sind dem geschäftlichen Verkehr zuzuordnen, wenn sie die Aufmerksamkeit der Behörde auf einen anderen Unternehmer lenken.[115] Das gilt vergleichbar für die **Anregung an einen Landtagsabgeordneten,** Maßnahmen wegen der Herausgabe von Anzeigenblättern durch eine Tageszeitung zu ergreifen.[116] Die **Anmeldung von gewerblichen Schutzrechten** beim Patentamt unter der Firma ist geschäftlicher Verkehr.[117] Wenn ein Unternehmer im Rahmen eines **Fernsehinterviews** die Preise seiner Waren mit den höheren Preisen der Mitbewerber vergleicht oder Qualitätsvergleiche anstellt, handelt er im geschäftlichen Verkehr.[118] Informationen und Daten auf der **Homepage eines Unternehmens** sind dem geschäftlichen Verkehr zuzuordnen. 72

Ein **Idealverein** kann sowohl mit seinen Mitgliedern als auch mit Dritten im geschäftlichen Verkehr stehen.[119] Da es zu den Aufgaben der **Wirtschaftsverbände** gehört, die wirtschaftlichen Interessen ihrer gewerblich tätigen Mitgliedsunternehmen zu vertreten und zu fördern, handeln sie bei der Erfüllung dieses Verbandszwecks im geschäftlichen Verkehr, sobald sie sich mit ihren Mitgliedern oder Dritten in Verbindung setzen.[120] Die bürgerlichrechtliche Organisation eines Wirtschaftsverbands als eingetragener Verein, der keinen Geschäftsbetrieb unterhält, ist für die Annahme eines geschäftlichen Verkehrs rechtliche unerheblich, da eine auf Erwerb gerichtete eigene Tätigkeit keine Voraussetzung für eine kommerzielle Tätigkeit ist.[121] Ein Verband handelt im geschäftlichen Verkehr, wenn er in der Öffentlichkeit Mitglieder wirbt und dadurch den wirtschaftlichen **Wettbewerb der** 73

---

[111] BGH GRUR 1975, 320, 321 – Werbegeschenke.

[112] BGH GRUR 1962, 254 – Fußball-Programmheft; öOGH ÖBl. 1969, 36, 39 – Forschungsgesellschaft für den Wohnungsbau; öOGH ÖBl. 1998, 335.

[113] BGH GRUR 1962, 34, 36 – Torsana; BGH GRUR 1962, 45, 47 – Betonzusatzmittel.

[114] BGH GRUR 1953, 293, 294 – Fleischbezug; BGH GRUR 1960, 384, 386 – Mampe Halb und Halb.

[115] RG HRR 37, 733 – Persönliche Eigenschaften des Mitbewerbers.

[116] OLG Düsseldorf GRUR 1979, 166 – Anzeiger für Mühlheim.

[117] BGH GRUR 1960, 372 – Kodak.

[118] BGH GRUR 1964, 208, 209 – Fernsehinterview.

[119] BGH GRUR 1953, 446, 447 – Verein der Steuerberater; BGH GRUR 1962, 254 – Fußballprogrammheft; BGH NJW 1970, 378, 380 – Sportkommission; öOGH ÖBl. 1969, 36, 39 – Forschungsgesellschaft für den Wohnungsbau.

[120] *Mitgliedsverbände, Spitzen- und Dachverbände*: BGH GRUR 1990, 617, 618f – Metro III; BGH GRUR 1992, 175 – Ausübung der Heilkunde; *Fachverbände*: BGH GRUR 1989, 32 – Kachelofenbauer; *Handwerksvereinigung*: BGH GRUR 1991, 53 – Kreishandwerkerschaft I; *Anwaltsverein*: BGH WRP 1990, 706, 707 – Haftungsbeschränkung bei Anwälten.

[121] BGH GRUR 1953, 446, 447 – Verein der Steuerberater.

Mitglieder gegenüber Mitbewerbern fördert.[122] Auch **öffentlichrechtliche Berufsvertretungen** können im geschäftlichen Verkehr handeln.[123]

74 Die Tätigkeit von **Gewerkschaften** und **Arbeitgeberverbänden** ist weitgehend dem Gebiet der **Sozialpolitik** zuzuordnen. Deshalb gehört die **Betreuung der Mitglieder** oder die **Mitgliederwerbung** nicht dem geschäftlichen Verkehr an.[124] Auch andere Verbände, die **politische, soziale, kulturelle, wissenschaftliche** oder **sportliche Ziele** verfolgen, handeln bei der Mitgliederwerbung grundsätzlich nicht im geschäftlichen Verkehr.[125] Auch Auseinandersetzungen zwischen solchen Verbänden finden nicht im geschäftlichen Verkehr statt. Wenn im Rahmen einer solchen Verbandstätigkeit in einem Teilbereich auch ein **Erwerbszweck** verfolgt wird, selbst wenn diese Betätigung satzungswidrig ist, liegt ein Handeln im geschäftlichen Verkehr vor, etwa wenn eine entgeltliche Tätigkeit ausgeübt wird, die nicht von den für die ideellen Zwecke erhobenen Mitgliedsbeiträge getragen wird; das gilt etwa auch für die Wirtschaftstätigkeit eines Idealvereins innerhalb des **Nebenzweckprivilegs.**[126]

75 Die ausschließlich **privaten,** ausschließlich **betriebsinternen** (unternehmensinternen) und die ausschließlich **amtlichen** (hoheitlichen, dienstlichen) Handlungen erfolgen nicht im geschäftlichen Verkehr, soweit sie für einen aktuellen oder potentiellen Wettbewerb keine Außenwirkung entfalten.[127] Wenn eine unmittelbare **Außenwirkung** des unternehmerischen Verhaltens eintritt, dann liegt ein **marktbezogenes** Handeln und geschäftlicher Verkehr vor.[128] Der Erwerb zum Verbrauch oder zur Herstellung von weiterzuveräußernden Erzeugnissen, wie etwa Rohstoffe oder Halbfabrikate, dient dem wirtschaftlichen Zweck des Unternehmens und ist geschäftlicher Verkehr. Anders ist der Erwerb durch den **Endverbraucher** zu beurteilen. Wer bei einem Händler Waren kauft, um seinen privaten Bedarf zu decken, nicht aber um sein Geschäft zu fördern, handelt nicht im geschäftlichen Verkehr. **Privat** sind alle Handlungen, die **außerhalb des Bereichs von Erwerb und Berufsausübung** vorgenommen werden.[129] Wenn ein Immobilienmakler ein Grundstück aus seinem Privatvermögen in Zeitungsanzeigen zum Kauf anbietet, handelt er nicht im geschäftlichen Verkehr, obwohl sich durch den Verkauf auch die Liquidität seines Geschäfts verbessert.[130]

76 Von einem Handeln im geschäftlichen Verkehr ist nicht schon dann auszugehen, wenn eine Ware einer **Vielzahl von Personen zum Kauf angeboten** wird, mag dies auch zu dem Zweck geschehen, einen möglichst hohen Verkaufspreis zu erzielen.[131] Wenn ein Anbieter bei einer **Internetauktion** mehr als 25 Feedbacks (Käuferreaktionen nach früheren Auktionen dieses Anbieters) erhält und ein Handeln im geschäftlichen Verkehr in Abrede stellt, dann obliegt ihm eine **sekundäre Darlegungslast,** substantiiert Umstände vorzutragen, die auf ein privates Handeln hindeuten.[132]

---

[122] BGH GRUR 1968, 205, 207 – Teppichreinigung; BGH GRUR 1972, 427, 428 – Mitgliederwerbung.

[123] *Steuerberaterkammer*: BGHZ 79, 390, 392 – Apotheken-Steuerberatungsgesellschaft; *Ärztekammer*: BGH GRUR 1989, 758, 759 – Gruppenprofil; *Anwaltskammer*: BGH WRP 1990, 282, 283 – Anwaltswahl durch Mieterverein.

[124] BGHZ 42, 210, 218 – Gewerkschaft-ÖTV; BGH GRUR 1971, 591, 592 – Sabotage; BGH GRUR 1980, 309 – Straßen und Autolobby; BAGE 21, 201, 206 – Gewerkschaft der Polizei; siehe schon RG JW 1933, 1254 – Sicherung des Mitgliederbestandes.

[125] BGH GRUR 1968, 205, 207 – Teppichreinigung; BGH GRUR 1972, 427, 428 – Mitgliederwerbung; BGH NJW 1970, 378, 380 – Sportkommission; OLG Köln WRP 1990, 544 – Wettbewerb zweier Idealvereine; öOGH wbl 2000, 239 – L-Nachrichten; *Ellscheid* GRUR 1972, 284, 286.

[126] Siehe dazu nur *Palandt* § 21 BGB Rn 5.

[127] BGHZ 19, 299, 302 – Bad Ems; BGH GRUR 1953, 293, 294 – Fleischbezug; BGH GRUR 1960, 384, 386 – Mampe Halb und Halb; BGH GRUR 1964, 208, 209 – Fernsehinterview; BGH GRUR 1987, 438, 440 – Handtuchspender; RGZ 108, 272, 274 – Merx GroßhandelsAG.

[128] Zum Handeln im wirtschaftlichen Wettbewerb BGH GRUR 1971, 119f – Branchenverzeichnis; BGH GRUR 1974, 666, 667f – Reparaturversicherung.

[129] RGSt 66, 380 – Städtische Verkehrsbetriebe; BGHSt 2, 396, 403 – Sub-Post-Ingenieur.

[130] BGH GRUR 1993, 760, 761 – Makler-Privatangebot; dazu Anmerkung *Gröning* WRP 1993, 621 ff.

[131] BGH GRUR 2007, 708 – Internet-Versteigerung II.

[132] BGH GRUR 2008, 702, 705, Rn 47 – Internet-Versteigerung III.

Auch rein **betriebsinterne** Vorgänge innerhalb eines Unternehmens sind kein geschäftlicher Verkehr. So ist ein **für Betriebsangehörige veranstaltetes Preisausschreiben** kein geschäftlicher Verkehr. Auch eine **Anweisung an Handelsvertreter,** eine unlautere Werbebehauptung zu verwenden, ist zunächst nur ein unternehmensinterner Vorgang. Wenn die Weisung befolgt wird und gegenüber einem Außenstehenden die Werbebehauptung geäußert wird, dann liegt eine Handlung im geschäftlichen Verkehr vor; schon **vor dem unternehmensexternen Marktverhalten** besteht die Möglichkeit der **vorbeugenden Unterlassungsklage** bei Erstbegehungsgefahr.[133] Es liegt geschäftlicher Verkehr vor, wenn ein Unternehmen ein **Rundschreiben an Außendienstmitarbeiter** sendet und darin die zulässigen Abwerbeversuche von Mitbewerbern beeinträchtigt.[134] Im geschäftlichen Verkehr handelt ein gewerbsmäßiger Vermieter von Fernsehgeräten, wenn er einer unbestimmten Zahl von Fernsehgerätehändlern, mit denen er bisher in keinerlei Beziehung stand, **Werbematerial** verteilt.[135] 77

Die **Unternehmen der öffentlichen Hand** können sich im geschäftlichen Verkehr betätigen.[136] Dies kann sowohl durch **unselbstständige Regiebetriebe,** wie **Verkehrsbetriebe** und **Versorgungseinrichtungen,** aber auch durch **rechtlich selbstständige Leistungsträger,** wie die **öffentlichen Krankenkassen,** geschehen.[137] Es ist dabei die konkrete Handlung differenziert zu beurteilen. Wenn eine **Ortskrankenkasse** Heilmittel von privaten Lieferanten bezieht[138] oder Hilfsmittel an ihre Versicherten abgibt,[139] handelt sie im geschäftlichen Verkehr. Gleiches gilt für eine **Kurverwaltung,** die beim Hinweis auf Unterkünfte die wirtschaftlichen Interessen eines Staatsbades verfolgt,[140] oder bei **städtischen Reisebüros.**[141] Die Weitergabe von selbstentwickelter Software zur Bearbeitung von Rentenanträgen durch einen **öffentlichen Rentenversicherungsträger an Verwaltungsbehörden,** die solche Anträge entgegenzunehmen haben, erfolgt nicht im geschäftlichen Verkehr; es liegt **behördeninterner Verkehr** vor.[142] 78

Die Abgrenzung eines Handelns im geschäftlichen Verkehr vom Privatverkehr erfolgt nach der höchstrichterlichen Rechtsprechung, die namentlich zum Markenrecht entwickelt wurde,[143] auch im **Internetverkehr** nach den allgemeinen Grundsätzen. Ein Handeln im geschäftlichen Verkehr liegt nach der Rechtsprechung bei Fallgestaltungen nahe, bei denen ein Anbieter **wiederholt mit gleichartigen, insbesondere auch neuen Gegenständen handele.** Auch wenn ein Anbieter **zum Kauf angebotene Produkte erst kurz zuvor erworben** habe, spreche dies für ein Handeln im geschäftlichen Verkehr.[144] Die Tatsache, dass der **Anbieter ansonsten gewerblich tätig** sei, deute ebenfalls auf eine geschäftliche Tätigkeit hin.[145] Ein **Markeninhaber,** der gegen den Betreiber einer Internet-Plattform als Störer vorgehe, müsse ein Handeln im geschäftlichen Verkehr derjenigen Personen **darlegen** und gegebenenfalls **beweisen,** die gefälschte Markenprodukte auf der Internet-Plattform anböten. Habe er einen Sachverhalt dargelegt und bewiesen (Darlegungs- und Beweislast), der ein Handeln im geschäftlichen Verkehr nahe lege (hier: mehr als 25 sogenannte Feedbacks – Käuferreaktionen nach früheren Auktionen des Anbieters – bei den Anbietern), könne der Betreiber der Internet-Plattform nach den Grundsätzen der 79

[133] BGH GRUR 1971, 119 – Branchenverzeichnis; OLG Koblenz WRP 1988, 557, 558. Ebenso bei Vertragshändlern: OLG Hamburg WRP 1985, 652f – Internes Rundschreiben.
[134] OLG Stuttgart WRP 1983, 446 – Rundschreiben.
[135] BGH GRUR 1974, 666, 668 – Reparaturversicherung.
[136] Siehe zum Wettbewerb der öffentlichen Hand Fezer/*Koos* § 4-S 15 Rn 8ff.
[137] So auch *Köhler/Piper* UWG Einf. Rn 196.
[138] BGHZ 36, 91, 101 – Gummistrümpfe; RGSt JW 1935, 1861.
[139] BGHZ 82, 375, 395 – Brillen-Selbstabgabestellen.
[140] BGHZ 19, 303 – Bad Ems.
[141] BGH GRUR 1956, 227 – Reisebüro.
[142] OLG Karlsruhe NJWE-WettbR 2000, 6, 7 – Software für Rentenanträge.
[143] Siehe zum geschäftlichen Verkehr als Anwendungsvoraussetzung im MarkenG *Fezer* MarkenG Einl G Rn 50f, 72.
[144] BGHZ 158, 236, 249 – Internet-Versteigerung I.
[145] BGHZ 172, 119, Rn 23 – Internet-Versteigerung II.

sekundären Darlegungslast seinerseits gehalten sein, zum Handeln der Anbieter substantiiert vorzutragen, wenn er ein Handeln im geschäftlichen Verkehr in Abrede stellen wolle.[146]

80 Nach der Rechtsansicht des LG Hamburg stellt die **Unterhaltung einer privaten Website** eine kommerzielle Tätigkeit dar, wenn über diese Website die Werbung einer anderen Person geschaltet wird, da nicht mehr nur zu privaten Zwecken gehandelt werde, sondern gleichsam eine **Betätigung als Werbeträger** im geschäftlichen Verkehr vorliege.[147] Das LG München lehnt ein Handeln im geschäftlichen Verkehr ab, wenn **Webdienste** in Anspruch genommen werden, die, **gesponsert durch Werbung**, **kostenfrei angeboten** werden, in einem ansonsten erkennbar privat ausgerichteten Webauftritt, da der Werbeauftritt nicht den primären Willen erkennen lasse, entweder selbst wirtschaftich tätig zu werden oder gar eine fremde erwerbswirtschaftliche Tätigkeit zu fördern.[148] Das Angebot, den Domainnamen an einen Dritten zu **verkaufen** oder **gegen Entgelt zur Nutzung zu überlassen,** stellt eine Benutzung des Domainnamens im geschäftlichen Verkehr dar.[149] Eine Benutzung im geschäftlichen Verkehr liegt nicht vor, wenn ein Interessent seinerseits mit einem Kaufangebot an den Inhaber eines Domainnamens herantritt.[150] Unabhängig vom Vorliegen eines Handelns im geschäftlichen Verkehr bestehen deliktsrechtliche Ansprüche im Falle einer schikanösen Behinderung des Kennzeicheninhabers oder eines sonstigen gesetzwidrigen Verhaltens.[151] Die Verwendung des Domainnamens digitalebibliothek.de durch ein **Pilotprojekt einer öffentlichrechtlichen Hochschule** für das kostenlose Angebot einer Linguistik-Datenbank wurde nicht als ein Handeln im geschäftlichen Verkehr, sondern als rein wissenschaftliches Handeln beurteilt; es wurden sowohl markenrechtliche als auch wettbewerbsrechtliche Unterlassungsansprüche abgelehnt.[152] Keine Benutzung im geschäftlichen Verkehr liegt vor, wenn ein **Domainname** lediglich für einen Dritten **registriert** und **verwaltet** wird.[153] Die Ankündigung eines Fernsehfilms durch den **Verleger einer Programmzeitschrift** stellt eine Wettbewerbshandlung in Bezug auf einen Fernsehsender dar.[154]

III. Zeitraum der geschäftlichen Handlung

1. Restriktion der Wettbewerbshandlung auf den Vertragsschluss im UWG 1909 und im UWG 2004

81 Nach einem in jahrzehntelanger Entwicklung gefestigten **Rechtsgrundsatz** ging die höchstrichterliche Rechtsprechung und weite Teile des Schrifttums davon aus, dass der Begriff der **Wettbewerbshandlung** auf den **Zeitraum vor und bis zum Vertragsschluss** zu beschränken sei. Diese restriktive Begrenzung des Anwendungsbereichs des Lauterkeitsrechts stellt ein Relikt aus dem Rechtsverständnis des UWG als Mitbewerberschutzrecht in den ersten Jahrzehnten des UWG 1909 dar. Das Festhalten an diesem ehernen Rechtsgrundsatz war schon nach der Anerkennung der Verbraucherinteressen als rechtserheblich und damit unter der Geltung der Schutzzwecktrias sachlich nicht mehr gerechtfertigt.

82 Die sachwidrige Zeitschranke rechtserheblicher Wettbewerbshandlungen wurde begrifflich damit gerechtfertigt, dass unternehmerische Maßnahmen nach Vertragsabschluss nicht

[146] BGH GRUR 2008, 702, 705 – Internet-Versteigerung III.
[147] LG Hamburg MMR 2000, 436 – luckystrike.de.
[148] LG München MMR 2008, 267 – studi.de.
[149] LG Stuttgart Mitt 2003, 165 – Domain-Grabbing.
[150] LG Düsseldorf MMR 2006, 121 – computer-partner.de.
[151] Siehe zur Anwendung der §§ 226, 826, 1004 BGB OLG Frankfurt/Main WRP 2000, 645 – weideglueck.de; zur Anwendung der §§ 823 Abs. 2, 1004 BGB LG Hamburg K&R 2000, 613 – audilamborghini.net.
[152] LG Berlin CR 2001, 197 – digitalebibliothek.de.
[153] BGH GRUR 2001, 1038, 1039 – ambiente.de.
[154] OLG Köln GRUR-RR 2008, 404 – TV-Premiere.

mehr der **Absatzförderung** dienten, und rechtsinhaltlich damit begründet, dass die **Interessen der Mitbewerber** durch – vertragswidrige und rechtswidrige – Maßnahmen der Vertragsdurchführung und Vertragsabwicklung grundsätzlich nicht mehr berührt werden. In einer Ausdehnung des Lauterkeitsrechts auf eine verbraucherschützende Vertragsabwicklung wurde zugleich die Gefahr einer Aushöhlung des weiteren Rechtsgrundsatzes, der auch noch nach der Umsetzung der UGP-RL eisern verteidigt wird, gesehen, nach dem ein **Folgevertrag,** der auf einer unlauteren geschäftlichen Handlung beruht, aus rechtssystematischen Gründen generell zivilrechtlich als wirksam zu beurteilen ist.[155]

Die Rechtsprechung zur Restriktion des relevanten Zeitraums einer Wettbewerbshandlung stellt ein prägnantes Beispiel dafür dar, wie die als rechtserheblich anerkannten **Verbraucherinteressen** im Lauterkeitsrecht weithin sanktionslos bleiben. Eine Analyse der höchstrichterlichen Urteile zeigt zudem, dass, wenn auch im Ergebnis zutreffend, in der neueren Rechtsprechung weithin **Ausnahmen von diesem Rechtsgrundsatz** gebildet werden, deren Begründung allerdings im Schutz der **Mitbewerberinteressen** und der **Allgemeinheit** liegt. 83

In dem „Folgeverträge I"-Urteil wurde als Ausnahme angenommen, ein Gewerbetreibender, der durch täuschende Gestaltungen von Bestellformularen systematisch und fortlaufend das Zustandekommen von Insertionsverträgen auch und gerade als Folge der Irreführung anstrebe, handele auch bei der späteren Durchsetzung der zustandegekommenen Verträge wettbewerbswidrig, wenn diese nicht auf Einzelfälle beschränkt, sondern gleichfalls fortlaufend betrieben würden, und wenn er dabei nicht in geeigneter Weise über die Art des Zustandekommens und über die dabei begründete Irrtumsmöglichkeit aufkläre.[156] Die Vorschrift des § 1 UWG 1909 schütze nicht wie die Vertragsvorschriften des BGB allein individuelle Interessen der Vertragspartner und diene auch nicht – entgegen den Zweifeln, die das Berufungsgericht aus der lauterkeitsrechtlichen Regelung des Rücktrittsrechts nach § 13a UWG aF entnehmen wollte – ausschließlich dem Schutz einzelner Abnehmer. 84

In dem „Gewinn-Zertifikat"-Urteil des Jahres 2001 wird nochmals grundsätzlich ausgeführt, die Abwicklung von Verträgen, zu deren Abschluss der Kunde durch wettbewerbswidrige Mittel veranlasst werden konnte, sei als solche grundsätzlich nicht wettbewerbswidrig. Zweck des § 1 UWG 1909 sei es, die Lauterkeit des Wettbewerbs im Interesse der Marktbeteiligten und der Allgemeinheit zu schützen. Die Abwicklung von Verträgen werde deshalb von dieser Vorschrift nur dann erfasst, wenn sie nach den gesamten Umständen auch selbst als unlauteres Wettbewerbsverhalten zu würdigen sei.[157] Sachverhaltlich ging es um die Wettbewerbswidrigkeit der Teilnahme an der Abwicklung von Verträgen, die durch betrügerisches Verhalten zustande gekommen waren. 85

In den Urteilen „Kontostandsauskunft" aus dem Jahre 2002 und „Irreführender Kontoauszug"[158] aus dem Jahre 2007 ist der Rechtssatz von dem restriktiven Zeitraum einer rechtserheblichen Wettbewerbshandlung nach wie vor Ausgangspunkt der Entscheidungsgründe, auch wenn erneut Ausnahmen von diesem Rechtsgrundsatz angenommen werden. 86

Es war deshalb längst an der Zeit, dass aus Gründen der lauterkeitsrechtlichen Rechtserheblichkeit der Verbraucherinteressen von diesem Rechtsgrundsatz Abschied genommen wird, auch wenn dies erst durch die Vorgaben der UGP-RL erzwungen wurde. Dem Rechtsgrundsatz zum restriktiven Zeitraum einer rechtserheblichen Wettbewerbshandlung lag zudem das überkommene **Rechtsverständnis des Konkurrentenschutzrechts** zugrunde, das mit dem Vertragsabschluss den Wettbewerb um den Verbraucher als beendet ansah („Der Verbraucher war im Sack.") und die Aufgaben des UWG als erledigt betrachtete. 87

---

[155] Zur Vertragsbindung bei Folgeverträgen → Einleitung E Rn 356 ff.

[156] BGHZ 123, 330 – Folgeverträge I; siehe auch BGH GRUR 1987, 180, 181 – Ausschank unter Eichstrich II.

[157] BGHZ 147, 296 – Gewinn-Zertifikat.

[158] BGH GRUR 2007, 805 – Irreführender Kontoauszug; BGH GRUR 2002, 1093 – Kontostandsauskunft.

2. Geschäftspraktiken vor, während und nach einem (Handels)Geschäftsabschluss (Art. 3 Abs. 1 UGP-RL)

88 **a) Zeitlicher und sachlicher Zusammenhang mit dem Geschäftsabschluss.** Zwischen einer Geschäftspraktik, die vor, während oder nach einem Abschluss eines auf ein Produkt bezogenen Handelsgeschäfts im Sinne des Art. 3 Abs. 1 liegt, und dem (Handels)Geschäftsabschluss muss ein **zeitlicher und sachlicher Zusammenhang** bestehen. Nach der Definition einer Geschäftspraktik im Sinne der UGP-RL stellt das Vorliegen eines **unmittelbaren Zusammenhangs** im Sinne des Art. 2 lit. d UGP-RL und nach der Definition einer geschäftlichen Handlung im Sinne des UWG 2008 stellt das Vorliegen eines **objektiven Zusammenhangs** im Sinne des § 2 Abs. 1 Nr. 1 ein Begriffsmerkmal der kommerziellen Marktkommunikation eines Unternehmens dar, um diese als Geschäftspraktik oder geschäftliche Handlung im Sinne des verbraucherbezogenen Lauterkeitsrechts zu qualifizieren. Wenn im folgenden Text zur Darstellung der lauterkeitsrechtlichen Vertragskontrolle die Wortwahl eines **sachlichen Zusammenhangs** gewählt wird, so ist damit der unmittelbare Zusammenhang im Sinne der UGP-RL und der objektive Zusammenhang im Sinne des UWG 2008 innerhalb des verbraucherbezogenen Lauterkeitsrechts zu verstehen.

89 **aa) Zeitlicher Zusammenhang.** Der **relevante Zeitraum rechtserheblicher Geschäftspraktiken,** die in den Anwendungsbereich des Lauterkeitsrechts der UGP-RL fallen, wird nicht innerhalb der Definition der Geschäftspraktiken im Geschäftsverkehr zwischen Unternehmen und Verbrauchern in Art. 2 lit. d UGP-RL bestimmt, sondern als ein Tatbestandsmerkmal normiert, das den **Anwendungsbereich der UGP-RL** regelt. Die **Begriffsmerkmale einer Geschäftspraktik** bleiben von der rechtlichen Festlegung des relevanten Zeitraums rechtserheblicher Geschäftspraktiken **unberührt.** Nach Art. 3 Abs. 1 UGP-RL gilt die Richtlinie für unlautere Geschäftspraktiken zwischen Unternehmen und Verbrauchern **vor, während und nach Abschluss** eines auf ein Produkt bezogenen Handelsgeschäfts. Der **zeitliche Zusammenhang,** den Art. 3 Abs. 1 UGP-RL als den Gesamtzeitraum der auf das (Handels)Geschäft bezogenen Geschäftspraktiken bestimmt, regelt den zeitlichen Anwendungsbereich des Lauterkeitsrechts auf die Rechtsbeziehungen, die sich zwischen dem Unternehmen und dem Verbraucher aus dem Geschäftsabschluss ergeben.

90 Die drei in der UGP-RL genannten **Zeiträume vor, während und nach Geschäftsabschluss** stellen klar, dass eine Geschäftspraktik eines jeden Zeitpunkts unter den Anwendungsbereich der UGP-RL zu subsumieren ist, wenn nur ein **zeitlicher Zusammenhang mit dem Geschäftsabschluss** besteht. Die drei genannten Zeiträume bilden sachverhaltlich allein die Lebenswirklichkeit eines Geschäftsabschlusses zwischen Unternehmen und Verbrauchern ab. Gegenstand des verbraucherbezogenen Lauterkeitsrechts der UGP-RL sind **alle Geschäftspraktiken,** die in zeitlicher Hinsicht in einem Zusammenhang mit dem Geschäft stehen.

91 Eine **Abgrenzung der Zeiträume** vor, während und nach Geschäftsabschluss konkret vorzunehmen, ist rechtlich unerheblich, da die lauterkeitsrechtlichen Rechtsfolgen sich nicht unterscheiden und aus lauterkeitsrechtlicher Sicht die Übergänge zwischen den Zeiträumen fließend sind. Selbst die Bestimmung des Zeitraums, wann eine geschäftliche Handlung nicht mehr nach Geschäftsabschluss vorliegt, weil kein sachlicher Zusammenhang mehr mit dem Geschäftsabschluss besteht, ist insofern nicht rechtserheblich, als eine solche geschäftliche Handlung eine Geschäftspraktik vor einem neuen Geschäftsabschluss darstellen wird. Ein Kundenschreiben innerhalb eines Kundenbindungssystems etwa kann sich sowohl auf den abgeschlossenen Vertrag als auch auf den Abschluss eines neuen Geschäfts beziehen (Hinweis auf Pkw-Serviceleistungen wie Reifenwechsel oder TÜV-Kontrolle; Ankündigung von Pkw-Neumodellen und Aufforderung zur Probefahrt).

92 **bb) Sachlicher Zusammenhang.** Geschäftspraktiken innerhalb des zeitlichen Zusammenhangs vor, während und nach Abschluss des Geschäfts, das über ein Produkt zwischen Unternehmen und Verbraucher geschlossen wird, beziehen sich auf den **Gesamtzusammenhang,** der zwischen einer **kommerziellen Marktkommunikation** eines

Unternehmens und einem **auf ein konkretes Produkt bezogenen Geschäft** zwischen dem Unternehmen und einem Verbraucher besteht.

(1) Zeitraum vor Geschäftsabschluss. Der Zeitraum vor Geschäftsabschluss umfasst alle Geschäftspraktiken, deren Gegenstand eine kommerzielle Kommunikation des Unternehmens mit dem Verbraucher über das Produkt darstellt. Das sind nicht nur die Geschäftspraktiken der kommerziellen Marktkommunikation im Sinne der **Werbung,** des **Marketing** und der **Öffentlichkeitsarbeit,** sondern auch die allgemein zivilrechtlich und vertragsrechtlich erheblichen **Vertragsverhandlungen** vor Vertragsabschluss. 93

Für die Annahme einer Geschäftspraktik ist nicht entscheidend, ob das Unternehmensverhalten zugleich eine rechtsgeschäftliche Erklärung im Sinne des Zivilrechts darstellt. Das Vorliegen einer Geschäftspraktik und das Eingreifen der Lauterkeitskontrolle ist **unabhängig von dem Vorliegen einer Rechtsgeschäftserklärung,** deren Wirksamkeit und deren Rechtsfolgen nach dem Zivilrecht zu beurteilen sind. Ob eine Geschäftspraktik vor Geschäftsabschluss irreführend oder aggressiv im Sinne der UGP-RL ist, hängt nicht davon ab, ob eine Erklärung im Rechtssinne des Zivilrechts vorliegt, ob eine rechtsgeschäftliche Erklärung wirksam ist, oder welche Rechtswirkungen das Zivilrecht an die Abgabe einer rechtsgeschäftlichen Erklärung knüpft, und auch nicht davon, ob das unternehmerische Verhalten nach den Rechtsgrundsätzen zu den vorvertraglichen Vertragsverhandlungen etwa als eine zum Schadensersatz verpflichtende Pflichtverletzung zu beurteilen ist. 94

Die **rechtliche Qualifikation** eines Unternehmensverhaltens vor Geschäftsabschluss **als Geschäftspraktik** ist unabhängig von der **rechtlichen Qualifikation** des Unternehmensverhaltens **als Rechtsgeschäftserklärung.** Eine invitatio ad offerendum, ein Vertragsangebot, eine Vertragsannahme, eine Auftragsbestätigung, eine Fristsetzung, eine Widerrufsbelehrung, eine Annahme unter Abweichungen und rechtsgeschäftliche Erklärungen in Allgemeinen Geschäftsbedingungen sind als solche zivilrechtlich zu beurteilen. Dieses Marktverhalten eines Unternehmens gegenüber dem Verbraucher im zeitlichen und sachlichen Zusammenhang mit einem Geschäftsabschluss ist aber zugleich auch als Geschäftspraktik im verbraucherbezogenen Lauterkeitsrecht dahin zu überprüfen, ob es sich um irreführende oder aggressive Geschäftspraktiken handelt. 95

(2) Zeitraum während des Geschäftsabschlusses. Das Verhältnis der Geschäftspraktik zur Rechtsgeschäftserklärung gilt vergleichbar für die Geschäftspraktiken im Zeitraum während des Geschäftsabschlusses. Ob etwa der Leistungserbringung eine Erfüllungswirkung zukommt, ist nach den Regeln des Vertragsrechts zu beurteilen. Ob die Erfüllungshandlung eine irreführende oder aggressive Geschäftspraktik darstellt, ist nach Lauterkeitsrecht zu beurteilen. Ob eine Schlechtleistung Ansprüche aus Gewährleistungsrecht begründet, ist nach Vertragsrecht zu beurteilen. Ob die Schlechtleistung eine irreführende oder aggressive Geschäftspraktik darstellt, ist nach Lauterkeitsrecht zu beurteilen. Die Vertragsbindung und die Leistungsverpflichtung begründen für das Unternehmen keinen lauterkeitsrechtlichen Freiraum. 96

In Art. 3 Abs. 2 UGP-RL wird ausdrücklich das **Verhältnis des Lauterkeitsrechts zum Vertragsrecht** dahin bestimmt, dass insbesondere die Bestimmungen über die **Wirksamkeit,** das **Zustandekommen** oder die **Wirkungen eines Vertrages** unberührt bleiben. Die Lauterkeitskontrolle besteht **kumulativ** zu den Regeln des Vertragsrechts und dient einem anderen Normzweck. 97

(3) Zeitraum nach Geschäftsabschluss. Geschäftspraktiken im Zeitraum nach Geschäftsabschluss unterliegen umfassend den Regeln des Lauterkeitsrechts. Nachvertragliches Verhalten eines Unternehmens, wie etwa die Geltendmachung von primären und sekundären Vertragsansprüchen, rechtsgeschäftliche Erklärungen, wie Mahnung, Fristsetzung, Widerruf, Kündigung und auch nachvertragliche Realakte und Mitteilungen sind zwar als solche nach dem Zivilrecht zu beurteilen; sie sind aber zugleich auch Gegenstand einer lauterkeitsrechtlichen Beurteilung dahin, ob es sich um Geschäftspraktiken mit irreführendem oder aggressivem Inhalt im Sinne der UGP-RL handelt. 98

99 Das rechtsgeschäftlich erhebliche Verhalten ist wegen des zeitlichen und sachlichen Zusammenhangs als solches Geschäftspraktik, deren Unlauterkeit im Sinne einer lauterkeitsrechtlich erheblichen Irreführung oder Aggression eigenständig festzustellen ist. Wenn eine vorvertragliche, vertragliche oder **nachvertragliche Schutzpflichtverletzung** oder **Obhutspflichtverletzung** einen vertraglichen Schadensersatzanspruch begründet, so schließt das Vorliegen einer Schutzpflichtverletzung nicht aus, dass das Verhalten des Unternehmens zugleich eine irreführende oder aggressive Geschäftspraktik darstellt. Das Verhältnis der Sanktionen des Vertragsrechts zu den lauterkeitsrechtlichen Sanktionen stellt sich insoweit nicht anders dar als das allgemeine Verhältnis des Vertragsrechts zum Deliktsrecht.

100 **cc) Verhältnis des Lauterkeitsrechts zum Vertragsrecht.** Nach Art. 3 Abs. 2 UGP-RL bleibt das Vertragsrecht von dem verbraucherbezogenen Lauterkeitsrecht der UGP-RL unberührt. Das gilt insbesondere für die Bestimmungen über die Wirksamkeit, das Zustandekommen und die Wirksamkeit eines Vertrages. Das Vertragsrecht ist auf die kommerzielle Marktkommunikation eines Unternehmens hinsichtlich eines auf ein Produkt bezogenen Geschäftsabschlusses unabhängig vom verbraucherbezogenen Lauterkeitsrecht der UGP-RL anzuwenden, wenn es sich bei dem unternehmerischen Marktverhalten um eine Rechtsgeschäftserklärung handelt. Das gilt auch umgekehrt: Das verbraucherbezogene Lauterkeitsrecht der UGP-RL ist auf das Unternehmensverhalten vor, während und nach Abschluss eines auf ein Produkt bezogenen (Handels)Geschäfts eigenständig und unabhängig von dem Vertragsrecht und den rechtsgeschäftlichen Folgen anzuwenden, wenn es sich bei dem unternehmerischen Marktverhalten um eine Geschäftspraktik handelt. Vertragsrecht und Lauterkeitsrecht sind auf ein solches marktbezogenes Verhalten eines Unternehmens, das zugleich eine Rechtsgeschäftserklärung im Sinne des Vertragsrechts und eine Geschäftspraktik im Sinne des Lauterkeitsrechts darstellt, **kumulativ** anzuwenden.

101 So wie die Wirksamkeit oder Unwirksamkeit eines rechtsgeschäftlichen Unternehmensverhaltens sorgfältig zu prüfen und eigenständig zu bestimmen ist, so ist auch die Lauterkeit oder Unlauterkeit eines Unternehmensverhaltens als eine irreführende oder aggressive Geschäftspraktik unabhängig vom Vertragsrecht zu begründen. Die Abgrenzung der Regelungsbereiche des Vertragsrechts vom Lauterkeitsrecht, die kumulativ anzuwenden sind, bestimmt sich nach dem Normzweck des rechtlichen Regelwerks. Das Vertragsrecht dient dem Schutz der **Privatautonomie** im Sinne der **Vertragsabschlussfreiheit** und **Vertragsinhaltsfreiheit.** Die UGP-RL dient dem lauterkeitsrechtlichen Verbraucherschutz (Konsumentensouveränität). Nach dem Normzweck der UGP-RL kommt es darauf an, dass die Geschäftspraktik das **wirtschaftliche Verhalten des Verbrauchers wesentlich beeinflusst** oder dazu geeignet ist (Art. 5 Abs. 2 lit. b UGP-RL).

102 Eine Geschäftspraktik beeinflusst das wirtschaftliche Verhalten des Verbrauchers dann wesentlich, wenn die **Fähigkeit des Verbrauchers, eine informierte Entscheidung zu treffen, spürbar beeinträchtigt** wird (Art. 2 lit. e UGP-RL). Folge davon ist, dass der Verbraucher zu einer geschäftlichen Entscheidung veranlasst wird, die er andernfalls nicht getroffen hätte. Dieser Schutzzweck der UGP-RL ist der zentrale Beurteilungsmaßstab auch für den Anwendungsbereich der nachvertraglichen Lauterkeitskontrolle.

103 **b) Lauterkeitsrechtliche Vertragskontrolle.** Nach der UGP-RL besteht eine **lauterkeitsrechtliche Vorvertragskontrolle,** eine **lauterkeitsrechtliche Vertragsabschlusskontrolle und Vertragsdurchführungskontrolle** sowie eine **lauterkeitsrechtliche Nachvertragskontrolle.**

104 **aa) Lauterkeitsrechtliche Vorvertragskontrolle.** Der **Zeitraum vor Vertragsabschluss** ist der zeitliche Anwendungsbereich einer Wettbewerbshandlung, der schon herkömmlich das UWG im Sinne eines Mitbewerberschutzrechts bestimmte. Selbst die in der deutschen Rechtsprechung anerkannten Ausnahmekonstellationen[159] waren solche, die aus

[159] → B Rn 83ff.

Gründen ihrer **systematischen Anlage** oder ihrer **zahlenmäßigen Häufigkeit** auf die Mitbewerberinteressen durchschlugen und gleichsam von **systemischer Qualität** waren.

105 **bb) Lauterkeitsrechtliche Vertragsabschlusskontrolle und Vertragsdurchführungskontrolle.** Der **Zeitraum während des Geschäftsabschlusses** ist vertragsrechtlich dann nicht präzise, wenn auf den Zeitpunkt des Eintritts der Vertragsbindung abgestellt wird. Der Sache nach umschreibt die Vokabel „während" des Geschäftsabschlusses den Zeitraum, der sowohl den Zeitraum der **Vertragsverhandlungen** als auch den Zeitraum der **Vertragserfüllung,** der entsprechend der mitgliedstaatlichen Vertragsdogmatik verschieden ist, einbezieht. Von erheblicher Bedeutung ist der **Zeitraum nach Geschäftsabschluss,** dessen Folge eine lauterkeitsrechtliche Nachvertragskontrolle ist, die den gesamten Zeitraum solcher Geschäftspraktiken umfasst, die mit dem Geschäftsabschluss noch in einem zeitlichen und sachlichen Zusammenhang stehen.

106 **cc) Lauterkeitsrechtliche Nachvertragskontrolle.** Die nachvertragliche Lauterkeitskontrolle bezieht sich auf Maßnahmen der Gewährleistung und Rückabwicklung des Geschäfts, des Kundendienstes und der Entsorgung, der Durchsetzung der Vertragserfüllung (Zahlungsaufforderung, Mahnung, Fristsetzung, Vertragsänderungen, Vertragsverlängerung), sowie sonstige Geschäftspraktiken mit Rechtscharakter (Widerrufsbelehrung, Allgemeine Geschäftsbedingungen, Vertragsverlängerungsklauseln, Abonnementklauseln). Ob Verträge mit Ratenzahlungen oder sonstige Finanzierungsmodelle, Verträge mit wiederkehrenden Leistungen und allgemein Dauerschuldverhältnisse den Zeitraum während oder nach Geschäftsabschluss betreffen, kann dahinstehen. An den zeitlichen und sachlichen Zeitzusammenhang zwischen Geschäftsabschluss und Geschäftspraktik sind keine weiteren Voraussetzungen zu stellen, die sich aus systemischen oder institutionellen Mitbewerberinteressen oder Marktinteressen ergeben. Es ist mit dem verbraucherbezogenen Lauterkeitsrecht der UGP-RL unvereinbar, die nachvertragliche Lauterkeitskontrolle auf solche Geschäftspraktiken zu beschränken, denen eine **systemische Auswirkung am Markt** oder eine **generalisierende Auswirkung** über die individuellen Verbraucherinteressen hinaus zukommt.

3. Geschäftliche Handlungen vor, bei und nach einem Geschäftsabschluss (§ 2 Abs. 1 Nr. 1)

107 **a) Ausdehnung der lauterkeitsrechtlichen Vertragskontrolle im UWG 2008.** Nach der Definition der geschäftlichen Handlung in § 2 Abs. 1 Nr. 1 bedeutet geschäftliche Handlung jedes Verhalten einer Person **vor, bei oder nach einem Geschäftsabschluss.** Es ist von Interesse, wenn der Gesetzgeber in der Gesetzesbegründung zurückhaltend dahin formuliert, es handele sich um eine **Klarstellung** in Umsetzung der Richtlinie. Es ist allerdings zu begrüßen, dass ausdrücklich festgestellt wird, die **bisherige Rechtsprechung sei überholt,** die aus dem Merkmal der Absatzförderung geschlossen hatte, eine Wettbewerbshandlung sei im Regelfall mit dem Vertragsabschluss beendet und umfasse nur ausnahmsweise auch Handlungen nach Vertragsschluss, wenn es der Unternehmer von vornherein auf Kundentäuschung abgesehen hatte.[160]

108 Die **Ausdehnung des relevanten Zeitraums** rechtserheblicher Geschäftspraktiken stellt zumindest gegenüber der höchstrichterlichen Rechtsprechung zum UWG 1909 und noch zum UWG 2004 schon deshalb eine weitreichende Rechtsänderung dar, weil innerhalb des verbraucherbezogenen Lauterkeitsrechts der Normzweck der UGP-RL eine Lauterkeitskontrolle der geschäftlichen Handlungen innerhalb des **zeitlich und sachlich mit dem Geschäftsabschluss zusammenhängenden Zeitraums** im Verbraucherinteresse ermöglicht und verlangt. Eine **lauterkeitsrechtliche Vertragskontrolle** ist namentlich innerhalb des Irreführungsschutzes der Verbraucher von ausschlaggebender Bedeutung; es sind aber auch Fallkonstellationen aggressiver Geschäftspraktiken im Sinne der belästigen-

[160] Siehe zur Rechtsprechung zum UWG 1909 *Mees* FS Brandner S. 743.

den Unternehmensaktivitäten gegenüber dem Verbraucher im Zusammenhang mit dem abgeschlossenen Vertrag verbreitet.

109 Es bleibt abzuwarten, ob sich die Rechtsprechung als standhaft gegenüber Versuchen erweisen wird, die **nachvertragliche Lauterkeitskontrolle** aus (angeblich) rechtssystematischen und systemischen, aus marktinstitutionellen und überindividuellen Gründen restriktiv zu interpretieren.[161] In Anbetracht der Diskussionen um die Ausdehnung des Anwendungsbereichs des Lauterkeitsrechts während des Gesetzgebungsverfahrens in Umsetzung der UGP-RL ist die Befürchtung nicht von der Hand zu weisen,[162] dass der Anwendungsbereich des lauterkeitsrechtlichen Verbraucherschutzes nach Geschäftsabschluss gleichsam über eine Reanimierung der Ausnahmekonstellationen der höchstrichterlichen Rechtsprechung zum Begriff der Wettbewerbshandlung auf solche geschäftliche Handlungen zu beschränken versucht wird, deren Unlauterkeit sich aus einer Art von kollektiven Allgemeininteressen und institutionellen Wettbewerbsschutzinteressen im Geschäftsverkehr ergibt.

110 Der Gesetzgeber suchte der Nachhaltigkeit des Verbraucherschutzinstruments der nachvertraglichen Lauterkeitskontrolle dadurch Rechnung zu tragen, dass er in die Definition der geschäftlichen Handlung in § 2 Abs. 1 Nr. 1 ausdrücklich, wie in der Gesetzesbegründung[163] betont wird, nicht nur den **Abschluss,** sondern auch die **Durchführung eines Vertrages** in den Gesetzestext aufgenommen hat. Es käme allerdings einem Bärendienst des Gesetzgebers an einer Verstärkung des nachvertraglichen Verbraucherschutzes durch Lauterkeitsrecht gleich, wenn diese Erläuterung „Durchführung eines Vertrags“ dahin ausgelegt würde, dass ausschließlich Maßnahmen der Vertragsdurchführung als geschäftliche Handlungen nach einem Geschäftsabschluss zu beurteilen seien. Einer solchen Interpretation könnte der abweichende Wortlaut in § 2 Abs. 1 Nr. 1 gegenüber Art. 3 Abs. 1 UGP-RL Vorschub leisten, da der Gesetzgeber das Wort „während“ durch das Wort „bei“ einem Geschäftsabschluss ersetzte. Eine solche Auslegung käme einer unseriösen Wortklauberei gleich.

111 Dabei kommt es nicht darauf an, ob der mit der Vokabel „während“ in Art. 3 Abs. 1 UGP-RL umschriebene Zeitraum schon die Durchführung des Vertrages umfasst, oder ob die Durchführung des Vertrages in den Zeitraum nach dem Geschäftsabschluss fällt.[164] Die nachvertragliche Lauterkeitskontrolle umfasst jedenfalls alle geschäftlichen Handlungen, die in einem zeitlichen und sachlichen Zusammenhang mit dem Geschäftsabschluss stehen, auch wenn die geschäftlichen Handlungen zeitlich nach der Durchführung des Vertrages im Sinne einer beiderseitigen Vertragserfüllung liegen.

112 Nach dem **Normzweck der UGP-RL** kommt es darauf an, dass die geschäftliche Handlung im Sinne einer Geschäftspraktik das wirtschaftliche Verhalten des Verbrauchers wesentlich beeinflusst oder dazu geeignet ist (Art. 5 Abs. 2 lit. b UGP-RL). Eine Geschäftspraktik beeinflusst das wirtschaftliche Verhalten des Verbrauchers dann wesentlich, wenn die **Fähigkeit des Verbrauchers, eine informierte Entscheidung zu treffen, spürbar beeinträchtigt** wird (Art. 2 lit. e UGP-RL). Folge davon ist, dass der Verbraucher zu einer geschäftlichen Entscheidung veranlasst wird, die er andernfalls nicht getroffen hätte. Dieser Schutzzweck der UGP-RL ist der zentrale **Beurteilungsmaßstab** auch für den Anwendungsbereich der nachvertraglichen Lauterkeitskontrolle.

113 **b) Fallkonstellationen der lauterkeitsrechtlichen Vertragskontrolle im UWG im Verhältnis zum allgemeinen Vertragsrecht des BGB. aa) Höchstrichterliche Rechtsprechung zum UWG 1909 und UWG 2004.** Die höchstrichterliche Rechtsprechung zur Rechtslage nach dem UWG 1909 und UWG 2004 stellt nur ein **Anschau-**

---

161 So in der Tendenz Harte/Henning-*Keller* § 2 UWG Rn 30 ff.

162 In der Kommentarliteratur wird in einer geradezu vorsorgenden Abwehrhaltung gegenüber der nachvertraglichen Lauterkeitskontrolle prognostiziert, selbst unter dem Blickwinkel der UGP-RL werde die ältere Rechtsprechung zum UWG 1909 in weitem Umfang Bestand haben; so Harte/Henning-*Keller* § 2 UWG Rn 34.

163 Gesetzesbegründung UWG 2008 BT-Drucks. 16/10 145 S. 40.

164 Siehe insoweit zur Auslegung des Art. 3 Abs. 1 UGP-RL → B Rn 91.

ungsmaterial zum vergangenen Rechtszustand des Lauterkeitsrechts dar. Die **Ausdehnung des relevanten Zeitraums** der rechtserheblichen Geschäftspraktiken durch die UGP-RL und deren Umsetzung durch die UWG-Novelle 2008 bilden den **sachverhaltlichen Gesamtzusammenhang** der Geschäftspraktiken ab. Die rechtlichen Beurteilungskriterien innerhalb der höchstrichterlichen Rechtsprechung konkretisieren Ausnahmekonstellationen zu dem **restriktiven Rechtsgrundsatz** des UWG 1909 und UWG 2004, dass lauterkeitsrechtlich nur solche Wettbewerbshandlungen als rechtserheblich beurteilt wurden, die **vor dem Zustandekommen eines Vertrages** als der Absatzförderung dienlich anerkannt waren.

114 In einem Urteil des OLG Jena[165] ging es sachverhaltlich um **Antwortschreiben auf Kundenreklamationen.** Die Schreiben eines Unternehmens an Kunden, die zwar die **(Rück-)Abwicklung eines Vertragsverhältnisses** betrafen (Kundenreklamation), die aber einen darüber hinausgehenden anpreisenden, allgemein werbenden Charakter hatten, wurden als eine Wettbewerbshandlung im Sinne von § 2 Abs. 1 Nr. 1 UWG 2004 beurteilt. Maßnahmen, die der Durchführung, Beendigung oder Rückabwicklung eines bereits geschlossenen Vertrages dienten, hätten allerdings in der Regel **keinen Marktbezug,** weil der Wettbewerb um den Kunden beendet sei und vertragliche Pflichten bereits begründet seien. Betroffen sei dann allein das Innenverhältnis der Vertragsparteien, das nicht nach Wettbewerbsrecht, sondern nach den Regeln des BGB zu beurteilen sei. Nach der wettbewerbsrechtlichen Kommentarliteratur gehöre auch die Behandlung von Reklamationen und Mängelrügen zu den Maßnahmen der Vertragsabwicklung ohne Marktbezug.[166] Das Schreiben des Unternehmens wird deshalb als eine Wettbewerbshandlung beurteilt, weil es nicht nur den Rückgabewunsch des Kunden behandle, sondern in einem zweiten und teilweise hervorgehobenen Teil den Kunden dazu auffordere, auf der Internetpräsenz des Unternehmens ein Gutachten einzusehen, das als gerichtlich bestätigt bezeichnet wird und somit eine ausreichende und hohe Qualität der Produkte des Unternehmens belegen solle. Eine Wettbewerbshandlung wird **ausnahmsweise** dann angenommen, wenn die die Durchführung des Vertragsverhältnisses betreffende Maßnahme inhaltlich so ausgestaltet sei, dass sie eine zusätzliche beziehungsweise überschießende, werbende Wirkung entfalte.[167]

115 Gegenstand eines Urteils des OLG Köln[168] ist die **Unterrichtung der Öffentlichkeit** durch ein Unternehmen über die Produktion nach Ablauf einer Markenlizenz. Nach der Rechtsansicht des OLG Köln darf ein **Markenlizenznehmer** seine Kunden darauf hinweisen, dass ein langjähriger Lizenzvertrag demnächst auslaufe, und er dasselbe Produkt alsdann unter einer anderen Bezeichnung herausbringe. Der Markenlizenznehmer habe sich dabei aber auf sachliche Informationen zu beschränken; er dürfe den Namenswechsel nicht zum Anlass einer großangelegten Werbekampagne machen und nicht betonen, dass ihm gegenüber dem Markeninhaber der Vorteil der Produktionskompetenz zufalle.

116 Noch in einem Urteil aus dem Jahre 2007 verneinte der BGH[169] den erforderlichen Marktbezug einer Wettbewerbshandlung im Sinne von § 2 Abs. 1 Nr. 1 UWG 2004. Sachverhaltlich ging es um den Bereich der Telekommunikationsdienstleistungen und zwar um

---

[165] OLG Jena GRUR-RR 2008, 83 – Kundenreklamation.

[166] So *Piper/Ohly* § 2 UWG Rn 36; Hefermehl/*Köhler*/Bornkamm 23. Aufl. 2004, § 2 UWG Rn 53, nach dem Maßnahmen, die der Durchführung, Beendigung oder Rückabwicklung eines Vertragsverhältnisses dienen, in der Regel keinen Marktbezug haben und damit keine Wettbewerbshandlungen darstellen; nunmehr ohne weiteres anders, wonach ein Marktbezug dann vorliege, wenn die Handlung ihrer Art nach auf die Marktteilnehmer (Mitbewerber, Verbraucher und sonstige Marktteilnehmer) einwirken und damit das Marktgeschehen beeinflussen könne, so Hefermehl/*Köhler*/Bornkamm 27. Aufl. 2009, § 2 UWG Rn 35; eine geschäftliche Handlung liege bei Durchführung eines Vertrages auch dann vor, wenn die Handlung objektiv geeignet und darauf gerichtet sei, den Vertragspartner an der Geltendmachung vertraglicher Rechte zu hindern, etwa bei Erfüllungs-, Schadensersatz- und Gewährleistungsansprüchen sowie Anfechtungs- und Rücktritts-, Kündigungs- und Widerrufsrechten (Rn 85).

[167] So unter Berufung auf BGH GRUR 1990, 609, 611 – Monatlicher Ratenzuschlag.

[168] OLG Köln GRUR-RR 2007, 390 – NEW NAME SAME BULLET; siehe dazu schon BGH GRUR 1963, 485 – Mickey-Mouse-Orangen; BGH GRUR 1976, 375 – Raziol.

[169] BGH GRUR 2007, 987 – Änderung der Voreinstellung.

die dauerhafte Voreinstellung (preselection) eines Teilnehmeranschlusses auf einen Verbindungsnetzbetreiber, die auf Wunsch des Kunden durch eine Umschaltung durch den Teilnehmernetzbetreiber auf einen anderen Verbindungsnetzbetreiber geändert werden kann. Innerhalb der Prüfung der zu weiten Fassung des Unterlassungsantrags stellte der BGH fest, darunter fielen auch Fallgestaltungen, in denen eine **Änderung der dauerhaften Voreinstellung** zu dem mitgeteilten Zeitpunkt an technischen Störungen scheitere, die etwa auf einer mangelhaften Wartung der erforderlichen technischen Anlage beruhten, oder bei denen eine Verzögerung der Änderung der Voreinstellung durch einen vorhersehbaren, aber aufgrund unzureichender organisatorischer Vorkehrungen nicht rechtzeitig behobenen Personalausfall bedingt sei. Es würden somit auch Sachverhalte erfasst, in denen es an einer für ein Handeln im Wettbewerb im Sinne von § 1 UWG 1909 und für eine Wettbewerbshandlung im Sinne von § 2 Abs. 1 Nr. 1 UWG 2004 erforderlichen **Marktbezug** oder jedenfalls an einer gezielten Behinderung des Mitbewerbers im Sinne von § 1 UWG 1909 oder § 4 Nr. 10 UWG 2004 fehle.

117 Der Marktbezug wurde vom BGH[170] in einem Urteil aus dem Jahre 2007 bejaht, in dem es um eine **Kundenirreführung wegen unübersichtlicher Gestaltung von Kontoauszügen** ging. Eine Bank fördere mit einer irreführenden Gestaltung ihrer Kontoauszüge den Absatz ihrer Bankdienstleistungen.[171] Es wurde vom BGH ausdrücklich festgestellt, die Kontoauszüge, die allgemein und damit in großer Zahl Abweichungen zwischen Buchungs- und Wertstellungstag, die sich dem ausgewiesenen Tagessaldo nicht unmittelbar entnehmen ließen, enthielten, würden im **Massenzahlungsverkehr** und mithin in einer **Vielzahl von Fällen** verwendet. Eine irreführende Gestaltung der Kontoauszüge könne den Kunden zu nicht beabsichtigten Kontoüberziehungen und damit zur Inanspruchnahme einer Dienstleistung veranlassen, die sie ansonsten nicht in Anspruch genommen hätten. Der **Marktbezug** wird darin gesehen, dass die beanstandete Handlung geeignet sei, **neue Vertragspflichten zu begründen** oder **bestehende Vertragspflichten zu erweitern.**

118 Die Versendung eines Rundschreibens an betroffene Versicherungsnehmer durch eine Lebensversicherungs-AG, das die Ersetzung von für unwirksam erklärten allgemeinen Versicherungsbedingungen in Kapitallebensversicherungsverträgen zum Gegenstand hatte, wurde noch im Jahre 2002 nicht als ein Handeln im geschäftlichen Verkehr zu Zwecken des Wettbewerbs im Sinne der §§ 1 und 3 UWG 1909 beurteilt.[172] Der BGH verneinte eine auf **Außenwirkung** im Markt gerichtete Förderung eigenen oder fremden Wettbewerbs zum Nachteil eines anderen Marktteilnehmers, wenn es nach einem Vertragsschluss allein noch um die **Erfüllung und Durchsetzung individueller Vertragspflichten** oder um die **Abwehr von Gewährleistungsansprüchen** oder **Reklamationen** gehe, die aus einem Vertrag hergeleitet würden. Es werde in einem solchen Fall nur die Wahrnehmung von im Wettbewerb bereits erlangten Rechtspositionen erstrebt; es gehe aber nicht mehr um die durch den vorangegangenen Vertragsschluss bereits verwirklichte Förderung des eigenen Wettbewerbs zu Lasten von Mitbewerbern.

119 Gegenstand des „Kontostandsauskunft"-Urteils des BGH[173] aus dem Jahre 2002, das der Senat in seinem Urteil „Irreführender Kontoauszug" im Jahre 2007 noch ausdrücklich bestätigte, war die **Kundenirreführung durch eine unrichtige Kontosaldeninformation.** Wenn eine Bank die automatisierte Kontostandsauskunft an ihren Geldautomaten so einrichte, dass Rentenüberweisungen am Monatsende schon vor der Wertstellung als Guthaben ausgewiesen würden mit der Folge, dass Kunden über den Stand ihrer Konten irregeführt und dadurch zu Kontoüberziehungen veranlasst werden könnten, die sie zur Zahlung von Überziehungszinsen verpflichteten, dann sei eine Wettbewerbshandlung an-

---

[170] BGH GRUR 2007, 805 – Irreführender Kontoauszug.
[171] Unter Bezugnahme auf BGH GRUR 2002, 1093 – Kontostandsauskunft.
[172] BGH WRP 2003, 76 – Ersetzung unwirksamer Versicherungsbedingungen.
[173] BGH GRUR 2002, 1093 – Kontostandsauskunft.

zunehmen, da mit der automatisierten Kontoauskunft die Bank einen werbewirksamen Service bieten wolle.[174]

120 Das OLG Frankfurt[175] ging in einem Urteil aus dem Jahre 2002 noch von der höchstrichterlichen Rechtsprechung der 1980er Jahre aus, nach der eine Wettbewerbshandlung dann abgelehnt wurde, wenn ein Unternehmen einen Kunden nach Vertragsabschluss über die **Berechtigung des Vertragspartners zum Widerruf des Vertrags** täuscht, sofern es sich hierbei nicht um den Teil eines **planmäßigen Gesamtverhaltens** handelt, das bereits bei der Vertragsanbahnung, beispielsweise durch die **Verwendung irreführender Vertragsbedingungen begonnen** hatte,[176] oder bei einer **Mindererfüllung** oder **Schlechterfüllung** vertraglicher Pflichten, sofern nicht der Kaufmann von vornherein auf eine Übervorteilung seiner Kunden abzielte und diese **planmäßige Kundentäuschung** zum Mittel seines Wettbewerbs gemacht hatte.[177] Im Unterschied zu diesen Fallkonstellationen, in denen es um die Erfüllung bereits begründeter vertraglicher Pflichten geht, nahm das OLG Frankfurt eine Wettbewerbshandlung bei einem Reiseveranstalter an, der nach einer **Preiserhöhung wegen gestiegener Treibstoffkosten** Kunden gegenüber, die den erhöhten Reisepreis nur unter Vorbehalt der nachträglichen Überprüfung zahlten, erklärte, die **kompletten Reiseunterlagen nur bei vollständiger Zahlung des Reisepreises auszuhändigen** und den Vorbehalt nicht zu akzeptieren, da dadurch bei den Kunden eine mögliche Fehlvorstellung ausgenutzt werde. Die erklärte Preiserhöhung nach Maßgabe des § 651a Abs. 4 BGB (§ 651a Abs. 3 BGB aF) in Verbindung mit den Reisebedingungen des Reiseveranstalters habe die vertragliche Hauptleistungspflicht des Kunden verändert; insoweit gehe es nicht um die **Erfüllung** von Vertragspflichten, sondern um die **Erweiterung** von Vertragspflichten.

121 Das „Gewinn-Zertifikat"-Urteil des BGH[178] aus dem Jahre 2001 stellt eines der Grundsatzurteile dar, in denen von dem Rechtsgrundsatz der höchstrichterlichen Rechtsprechung ausgegangen wird, dass die Vertragsabwicklung nicht unter den Anwendungsbereich des UWG zu subsumieren ist. Die Abwicklung von Verträgen, zu deren Abschluss ein Kunde durch wettbewerbswidrige Mittel veranlasst werden könne, sei als solche grundsätzlich nicht wettbewerbswidrig. Zweck des § 1 UWG 1909 sei es, die Lauterkeit des Wettbewerbs im Interesse der Marktbeteiligten und der Allgemeinheit zu schützen. Die Abwicklung von Verträgen werde deshalb von dieser Vorschrift nur dann erfasst, wenn sie nach den gesamten Umständen auch selbst als unlauteres Wettbewerbsverhalten zu würdigen sei. In vielen Fällen werde dies deshalb nicht der Fall sein, weil der Wettbewerbsverstoß für den Vertragsschluss letztlich nicht ursächlich geworden sei, etwa weil der durch eine Werbung nur unzureichend oder irreführend unterrichtete Verbraucher vor Vertragsschluss Kenntnis von allen maßgeblichen Umständen erhalten habe. Nach dieser restriktiven Rechtsprechung war ein **Kausalzusammenhang der Wettbewerbswidrigkeit mit dem Vertragsschluss rechtserheblich.** Aber auch dann, wenn der Vertrag unter der Einwirkung des wettbewerbswidrigen Verhaltens zustande gekommen sei und deshalb Willensmängel vorlägen, die zur **Anfechtbarkeit** oder **Nichtigkeit** des Vertrags führten oder ein **Rücktrittsrecht** nach § 13a UWG aF begründeten, werde die Durchführung des Vertrages nicht allein dadurch selbst wettbewerbsrechtlich unlauter. Die Vorschrift des § 1 UWG 1909 richte sich nicht schlechthin gegen anstößiges Verhalten von Gewerbetreibenden und dessen Folgen. In dem konkret zu entscheidenden Sachverhalt wurde der Vollzug der Verträge, die unter dem Eindruck einer wettbewerbswidrigen Werbung geschlossen wurden, selbst nicht als wettbewerbswidrig beurteilt, obgleich **zielgerichtet** und **systematisch grob wettbewerbswidrige Mittel eingesetzt** wurden, um Verbraucher zu Warenbestellungen zu ver-

---

174 Dogmatisch ging es darum, dass die Vermutung des Vorliegens einer Wettbewerbshandlung als nicht widerlegt beurteilt wurde.

175 OLG Frankfurt GRUR 2002, 727 – Kerosinzuschlag.

176 So BGH GRUR 1986, 816, 818 – Widerrufsbelehrung bei Teilzahlungskauf I.

177 So BGH GRUR 1987, 180 – Ausschank unter Eichstrich II.

178 BGH GRUR 2001, 1178 – Gewinn-Zertifikat.

anlassen. Der Warenabsatz durch Abwicklung der auf diese Weise zustande gebrachten Verträge war sogar Teil des **Gesamtplans** des Wettbewerbers. Ein solcher durchaus typischer Zusammenhang zwischen wettbewerbswidriger Werbung und Vertragsabwicklung genügte nach der Rechtsprechung des BGH grundsätzlich nicht, um auch der Vertragsabwicklung den Stempel der Wettbewerbswidrigkeit aufzudrücken. Der BGH beurteilte den zu entscheidenden Fall als nicht vergleichbar mit den Fallgestaltungen, in denen auch die **Fruchtziehung aus einem wettbewerbswidrigen Verhalten** als wettbewerbsrechtlich unlauter beurteilt wurde.[179]

122 Ein zum Reiseveranstaltungsrecht ergangenes Urteil des BGH[180] ist auch wegen der Wertungskriterien, die den Widerspruch gegen die guten kaufmännischen Sitten begründeten, von Interesse. Der Vorschrift des § 651k BGB über die Ausstellung eines Sicherungsscheines durch den Reiseveranstalter an den Reisenden wurde ein Bezug zur Lauterkeit des Wettbewerbs deshalb zugesprochen, da die Regelungen zum **Schutz der typischerweise schwächeren Vertragspartei** erlassen worden seien und die Nichtbeachtung der Pflichten aus § 651k BGB regelmäßig auch mit einer **Ausnutzung der Rechtsunkenntnis der Vertragspartner**[181] verbunden sei.

123 In dem „Wirtschaftsregister"-Urteil des BGH[182] aus dem Jahre 1997 wird bei der Gestaltung und Versendung eines Formularschreibens, das nur Angebote enthielt, aber den Eindruck erweckte, es würden bereits in Auftrag gegebene Leistungen in Rechnung gestellt, auf das im Rahmen eines Gesamtplans auf **systematische Täuschung** angelegte Verhalten abgestellt.

124 In der **„Folgeverträge"-Rechtsprechung** hatte der BGH entschieden, dass die Schutzfunktion des Wettbewerbsrechts vernachlässigt würde, wenn ein Wettbewerbsteilnehmer **systematisch die Früchte aus einer Vielzahl von Verträgen ziehen** könnte, deren Zustandekommen er durch ebenfalls ganz systematische und zielgerichtete Täuschungshandlungen bewirkt hatte und deren Fortbestand auch drauf zurückzuführen war, dass er die verursachte Täuschung bei der Durchführung des Vertrags durch konkludentes Verhalten aufrecht erhielt. Das **systematisch im Rahmen eines Gesamtplans erfolgte Marktverhalten** ergab sich bereits aus dem Inhalt des verwendeten irreführenden Formblatts, in dem die spätere Ausnutzung von Irreführungen bereits angelegt war. Die Irreführung der Kunden war ein Bestandteil des unternehmerischen Konzepts. Das Verbot der Vertragsdurchsetzung beruhte darauf, dass die Vertragsdurchsetzung nicht auf Einzelfälle beschränkt war, sondern gleichfalls fortlaufend betrieben wurde und nicht in geeigneter Weise über die Art des Zustandekommens und über die dabei begründete Irrtumsmöglichkeit aufgeklärt wurde.[183]

125 In dem „Beitragsrechnung"-Urteil des BGH[184] aus dem Jahre 1992 wurde davon ausgegangen, dass eine objektive Eignung des Marktverhaltens, den eigenen Wettbewerb zum Nachteil der Mitbewerber zu fördern, und damit eine Wettbewerbshandlung auch dann vorliegt, wenn sich der Wettbewerb nicht auf die Gewinnung neuer Kunden beschränkt, sondern sich auf die **Erhaltung des bisherigen Kundenstamms** erstreckt. Ein Handeln

[179] Siehe zu solchen Fallkonstellationen BGHZ 123, 330, 334 – Folgeverträge I; BGH GRUR 1995, 358 – Folgeverträge II; BGH GRUR 1998, 415 – Wirtschaftsregister; BGH GRUR 1999, 261 – Handy-Endpreis.

[180] BGH GRUR 2000, 731 – Sicherungsschein.

[181] Siehe dazu schon zur Widerrufsbelehrung nach § 1 HWiG BGHZ 109, 127, 130; BGHZ 121, 52, 57f – Widerrufsbelehrung.

[182] BGH GRUR 1998, 415 – Wirtschaftsregister; offen blieb, ob auch im Verhältnis zu Kunden, die der beabsichtigten Täuschung unterlegen sind, Verträge zustande gekommen sind, wie noch in gleichgelagerten Fallkonstellationen angenommen; siehe dazu BGHZ 123, 330, 334 – Folgeverträge I; BGH GRUR 1995, 358, 360 – Folgeverträge II.

[183] So zu *täuschenden Gestaltungen von Bestellformularen* BGHZ 123, 330, 334 – Folgeverträge I; zum Verbot der Durchsetzung von Verträgen über Anzeigen in einem Branchenfernsprechbuch, die durch *Angebote auf einem irreführend gestalteten Formular angebahnt* wurden BGH GRUR 1995, 358 – Folgeverträge II.

[184] BGH GRUR 1992, 450 – Beitragsrechnung; siehe dazu schon BGH GRUR 1970, 465 – Prämixe.

zu Wettbewerbszwecken liegt auch dann vor, wenn Maßnahmen ergriffen werden, die das Abwandern von Kunden verhindern sollten.

In dem Grundsatzurteil „Ausschank unter Eichstrich II" des BGH[185] aus dem Jahre 1986 konkretisierte der BGH seine Rechtsgrundsätze zum Verhältnis eines Handelns zu Zwecken des Wettbewerbs im Sinne der §§ 1 und 3 UWG 1909 zur **Mindererfüllung und Schlechterfüllung von Vertragspflichten.** Es wird von dem Rechtssatz ausgegangen, dass aus dem Verstoß gegen Vertragspflichten eines Geschäftspartners und zwar aus der Nichterfüllung oder Schlechterfüllung eines Kundenauftrags nicht ohne weiteres ein Wettbewerbsverstoß hergeleitet werden könne. Zwar sei eine Schlechterfüllung oder eine Nichterfüllung individueller Vertragsansprüche ein Handeln im geschäftlichen Verkehr, und seien Vorteile, die dem Kaufmann daraus erwachsen, auch geeignet, seinem Wettbewerb zu dienen. Es handle sich indessen insoweit lediglich um **Folgen aus der Abwicklung eines konkreten Vertragsverhältnisses,** die als solche **keinen Bezug auf die Mitbewerber** und **keine Außenwirkungen auf den Wettbewerb** hätten und deshalb für sich allein auch keinen Rückschluss auf ein Handeln zur Förderung des eigenen Wettbewerbs zuließen. Anders sei es nur dann, wenn der Kaufmann von vornherein auf eine Übervorteilung seines Kunden abziele und nicht gewillt sei, sich an seine Ankündigungen zu halten, und die darin liegende **Kundentäuschung zum Mittel seines Wettbewerbs** mache. 126

In dem Urteil „Widerrufsbelehrung bei Teilzahlungskauf" aus dem Jahre 1986 beurteilte der BGH[186] die **Verwendung von Formularen mit irreführenden Belehrungstexten** deshalb als sittenwidrig, weil solche Formulare geeignet seien, den Käufer von der Ausübung des Widerrufsrechts abzuhalten und dessen sachgemäße Entscheidung über das Wirksamwerden eines Kaufvertrages durch Unterlassen des Widerrufs zu verhindern. Die Verwendung solcher Formulare bedeute die Ausnutzung der Rechtsunkenntnis des Abzahlungskäufers und stehe mit Sinn und Zweck des Leistungswettbewerbs nicht in Einklang. 127

bb) Abhalten von der Durchsetzung der Verbraucherrechte aus einem Versicherungsvertrag als nachvertragliche Lauterkeitskontrolle (Nr. 27 Anhang UWG). Regelungsgegenstand der Nr. 27 des Anhangs zum UWG (Black List) ist eine aggressive Geschäftspraktik innerhalb des Zeitraums nach Geschäftsabschluss. Die nachvertragliche Lauterkeitskontrolle bezieht sich auf das Abhalten des Vertragspartners von der Durchsetzung seiner Verbraucherrechte aus einem Versicherungsvertrag. Es handelt sich um zwei Fallkonstellationen einer nachvertraglichen Lauterkeitskontrolle bei der Vertragsdurchsetzung. Das **Verlangen der Vorlage von Unterlagen,** die **zum Nachweis des Anspruchs nicht erforderlich** sind, oder die **systematische Nichtbeantwortung von Schreiben zur Geltendmachung eines Anspruchs** stellen nachvertragliche Maßnahmen (während oder nach Geschäftsabschluss) dar, durch die der Verbraucher von der Durchsetzung seiner vertraglichen Rechte aus einem Versicherungsverhältnis abgehalten werden soll.[187] 128

4. Lauterkeitskontrolle von Markenrechtsverträgen

a) Privatautonome Rechtsgestaltung innerhalb des spezifischen Gegenstands der Marken- und Kennzeichenrechte. Eine Fallkonstellation der lauterkeitsrechtlichen Vertragskontrolle nach Umsetzung der UGP-RL stellt die **Lauterkeitskontrolle von Markenrechtsverträgen**[188] dar. In Markenrechtsverträgen – wie etwa Markenlizenzver- 129

[185] BGH GRUR 1987, 180 – Ausschank unter Eichstrich II. Im Rahmen des Betriebs eines Biergartens wurde ein *Minderausschank von Anfang an einkalkuliert*, um sich durch gezielte und planmäßig wiederholte Kundentäuschung Vorteile im Wettbewerb zu verschaffen; siehe schon BGH GRUR 1983, 451 – Ausschank unter Eichstrich I.

[186] BGH GRUR 1986, 816 – Widerrufsbelehrung bei Teilzahlungskauf.

[187] Siehe dazu Fezer/*Steinbeck* Anhang § 3 Abs. 3, Nr. 27 Rn 1 ff.

[188] Siehe die Darstellung aller in der Rechtspraxis bedeutsamen Markenrechtsverträge einschließlich der Vertragsgestaltung und von Vertragsmustern bei *Fezer* Handbuch der Markenpraxis, Bd. 2: Markenvertragsrecht, 2007.

trägen, Abgrenzungsvereinbarungen, Nichtangriffsabreden – können zunächst nur solche Regelungsgegenstände wirksam vereinbart werden, die der Verfügung der Vertragsparteien unterliegen. Innerhalb der Verfügungsmacht der Markeneigentümer besteht die Freiheit der **privatautonomen** Rechtsgestaltung.

130 Dem spezifischen Gegenstand der Markenrechte und Kennzeichenrechte im Sinne der Rechtsprechung des EuGH[189] kommt eine **tatbestandliche Begrenzungsfunktion** im Anwendungsbereich des Lauterkeitsrechts zu. Innerhalb des verbraucherbezogenen Lauterkeitsrechts wirkt sich der Tatbestand des Imitationsmarketings im Sinne einer irreführenden Produktvermarktung (Art. 6 Abs. 2 lit. a UGP-RL, § 5 Abs. 2 UWG 2008) auf die Freiheit der privatautonomen Rechtsgestaltung innerhalb des spezifischen Gegenstands der Marken- und Kennzeichenrechte **schutzrechtsbegrenzend** aus.[190]

131 **b) Lauterkeitskontrolle irreführender Kennzeichenpraktiken der Produktvermarktung in Markenrechtsverträgen.** Die privatautonome Rechtsgestaltung der Marken- und Kennzeichenbenutzung zwischen Unternehmen ist lauterkeitsfest, soweit sich die Kennzeichenvereinbarung innerhalb des spezifischen Gegenstands der Marken- und Kennzeichenrechte als Immaterialgüterrechte im Rechtssinne hält. **Irreführende Kennzeichenpraktiken der Produktvermarktung** werden durch privatautonome Rechtsgestaltung nicht legitimiert.[191] Sie liegen außerhalb des spezifischen Gegenstands des kommerziellen Eigentums und stellen eine irreführende Produktvermarktung im Sinne des § 5 Abs. 2 UWG dar. Ein Imitationsmarketing von Kennzeichen im Lauterkeitsrecht nach der Rechtslage im UWG verlangt nicht die Benutzung einer Marke als Marke, verlangt nicht das Bestehen von Verkehrsdurchsetzung oder Verkehrsgeltung des Unterscheidungszeichens und besteht auch dann, wenn sich bei Fallkonstellationen einer Kennzeichenkollision die Rechtsinhaber einigen.

132 Der lauterkeitsrechtliche Verbraucherschutz vor einer irreführenden Produktvermarktung verlangt, dass die privatautonomen Regelungen von Kennzeichenkollisionen zwischen Unternehmen die Verwirklichung der Schutzziele einer **Gewährleistung der Konsumentensouveränität** und einer **Optimierung der Markttransparenz** nicht gefährden. Die Rechtsgestaltung von Kennzeichenlizenzen, Abgrenzungsvereinbarungen und Vorrechtserklärungen findet ihre Grenze im lauterkeitsrechtlichen Schutz der Verbraucher vor einer irreführenden Produktvermarktung. Die Rechtserheblichkeit einer Verletzung von Verbraucherinteressen im Sinne des Schutzes vor einer irreführenden Produktvermarktung ist an den gemeinschaftsrechtlichen Rechtsprinzipien des verständigen Verbrauchers und des Verhältnismäßigkeitsgrundsatzes zu orientieren.

IV. Produktzusammenhang und Vertragszusammenhang

1. Textvergleich der Definitionen der UGP-RL und des UWG 2008

133 **a) Unmittelbarer Zusammenhang einer Geschäftspraktik im Sinne der UGP-RL.** Ein Textvergleich der Definition der Geschäftspraktik in Art. 2 lit. d UGP-RL mit der Definition der geschäftlichen Handlung in § 2 Abs. 1 Nr. 1 UWG 2008 zeigt deutliche Unterschiede in der Umschreibung eines Begriffsmerkmals, das verallgemeinernd als **Produktzusammenhang** und **Vertragszusammenhang** bezeichnet werden kann. Entscheidend kommt es auf die Normfunktion des Tatbestandsmerkmals der Begriffsbestimmung an, die in beiden Definitionen durch die Wörter **unmittelbar** in der UGP-RL und **objektiv** im UWG 2008 nicht klar und unzweifelhaft zum Ausdruck gebracht wird.

134 Nach Art. 2 lit. d UGP-RL ist eine Geschäftspraktik ein Verhalten, das – so die Richtlinienformulierung – unmittelbar mit der Absatzförderung, dem Verkauf oder der Lieferung

[189] Siehe zum spezifischen Gegenstand des Markenrechts in der Rechtsprechung des EuGH *Fezer* § 14 MarkenG Rn 238ff.
[190] Siehe zu Abgrenzungsvereinbarungen *Fezer* § 14 MarkenG Rn 1095ff.
[191] Siehe dazu *Fezer* MarkenR 2006, 511, 514f; *ders.* WRP 2008, 1, 8.

eines Produkts an Verbraucher zusammenhängt. Die mangelnde Präzision der Formulierung ist auffallend.[192] Die sachverhaltsbeschreibenden Merkmale der **Absatzförderung,** des **Verkaufs** und der **Lieferung** erklären sich allein daraus, dass der zeitliche Zusammenhang der rechtserheblichen Geschäftspraktiken in Art. 3 Abs. 1 UGP-RL als der Zeitraum vor, während und nach Abschluss eines auf ein Produkt bezogenen Handelsgeschäfts, der den Anwendungsbereich der UGP-RL bestimmt, der beschreibenden Wortwahl zugrunde liegt. Der vorvertragliche, vertragliche und nachvertragliche Zeitraum wird mit den Sachverhalten der Absatzförderung, dem Verkauf und der Lieferung eines Produkts gleichsam bildlich und beispielhaft umschrieben. Nach dem Richtlinientext wird die Qualität des Zusammenhangs mit dem Merkmal der **Unmittelbarkeit** umschrieben.

Näheren Aufschluss ergeben die Erwägungsgründe, die den rechtserheblichen Zusammenhang mit dem zentralen Normzweck der UGP-RL verbinden. In Erwägungsgrund 7 der UGP-RL wird der rechtserhebliche Zusammenhang dahin qualifiziert, die Geschäftspraktik müsse mit der Beeinflussung der geschäftlichen Entscheidungen des Verbrauchers in Bezug auf Produkte in Zusammenhang stehen. Dieser **teleologische Kontext des rechtserheblichen Zusammenhangs** entspricht der Konkretisierung des Verbots unlauterer Geschäftspraktiken in Art. 5 Abs. 2 lit. b UGP-RL und der Definition der wesentlichen Beeinflussung des wirtschaftlichen Verhaltens des Verbrauchers in Art. 2 lit. e UGP-RL. Der Zusammenhang im Sinne der UGP-RL bezieht sich auf den **Relevanzzeitraum und die Relevanzumstände für eine informierte Verbraucherentscheidung** innerhalb des gesamten Zeitrahmens, den der Anwendungsbereich der UGP-RL nach Art. 3 Abs. 1 UGP-RL zieht. 135

Der **rechtserhebliche Zusammenhang** im Sinne der UGP-RL wird mit dem Adjektiv **unmittelbar** in Art. 2 lit. d UGP-RL näher erläutert. Das Gegensatzpaar unmittelbar und mittelbar ist innerhalb der Rechtsdogmatik zwar geläufig und vertraut, aber in der Regel selbst wenig aussagekräftig. Eine Wortlautauslegung mag dahin gehen, ein Zusammenhang sei dann nicht mehr unmittelbar, wenn das als Geschäftspraktik zu qualifizierende Verhalten des Unternehmens **sachlich oder zeitlich so weit von dem Geschäftsabschluss mit dem Verbraucher entfernt** liegt, dass eine informierte Verbraucherentscheidung von einem solchen Verhalten regelmäßig nicht wesentlich beeinflusst wird. In den Erwägungsgründen der UGP-RL wird zur Erläuterung der Unmittelbarkeit des Zusammenhangs auf die **Primärziele der UGP-RL** abgestellt, die mit einer Geschäftspraktik von dem Unternehmen zu erreichen versucht werden.[193] Ein unmittelbarer Zusammenhang der Geschäftspraktik mit der Beeinflussung der geschäftlichen Entscheidung eines Verbrauchers bestehe dann nicht, wenn die Geschäftspraktik **vorrangig anderen Zielen** diene. Als Beispiele werden kommerzielle, für Investoren gedachte Mitteilungen, wie Jahresberichte und Unternehmensprospekte, genannt. Ein unmittelbarer Zusammenhang besteht dann nicht, wenn die Praktiken die Wahlfreiheit des Verbrauchers nicht beeinträchtigen oder nicht zu beeinträchtigen geeignet sind. **Unmittelbarkeit der Geschäftspraktik** bedeutet die **Beeinträchtigung der Wahlfreiheit der Verbraucher** oder der Eignung zu einer solchen Beeinträchtigung. In den Erwägungsgründen wird den Mitgliedstaaten ausdrücklich das Recht eingeräumt, selbst solche Praktiken, die keine Geschäftspraktiken im Sinne der UGP-RL darstellen, da sie die Wahlfreiheit der Verbraucher nicht beeinträchtigen, aus Gründen der guten Sitten und des Anstands, die in dem einzelnen Mitgliedstaat geboten sind, als unlauter zu verbieten. 136

b) Objektiver Zusammenhang einer geschäftlichen Handlung im Sinne des UWG 2008. Der in Art. 2 lit. d UGP-RL als Begriffsmerkmal der Geschäftspraktik normierte unmittelbare Zusammenhang wird bei der Definition der geschäftlichen Handlung 137

[192] Siehe dazu auch *Gomille* WRP 2009, 525, 528; *Köhler* WRP 2009, 109, 110; *ders.* WRP 2007, 1393, 1394; *Glöckner/Henning-Bodewig* WRP 2005, 1311, 1326; *Henning-Bodewig* GRUR Int. 2004, 183, 189; *Köhler/Lettl* WRP 2003, 1019, 1034 f.

[193] Erwägungsgrund 7.

im UWG 2008 sprachlich anders umgesetzt. Nach § 2 Abs. 1 Nr. 1 muss die geschäftliche Handlung mit der Förderung des Absatzes oder des Bezugs von Waren oder Dienstleistungen oder mit dem Abschluss oder der Durchführung eines Vertrages über Waren oder Dienstleistungen objektiv zusammenhängen. Voraussetzung einer geschäftlichen Handlung ist somit das Vorliegen eines **Produktabsatzförderungszusammenhangs**, eines **Produktbezugsförderungszusammenhangs,** eines **Vertragsabschlusszusammenhangs** oder eines **Vertragsdurchführungszusammenhangs.**

138 Der Sache nach ist die Definition des UWG präziser, da der Zusammenhang einerseits als **Produktzusammenhang** und als **Vertragszusammenhang** konkretisiert und andererseits zwischen der **Absatzförderung** und **Bezugsförderung** unterschieden wird. Die ausdrückliche Erwähnung der **Durchführung eines Vertrages** beruht darauf, dass der Gesetzgeber klarstellen wollte, dass die Rechtsprechung überholt sei, die aus dem Merkmal der Absatzförderung als ein Kriterium der Wettbewerbshandlung geschlossen hatte, eine Wettbewerbshandlung sei im Regelfall mit dem Vertragsabschluss beendet und umfasse nur ausnahmsweise auch Handlungen nach Vertragsschluss, wenn es der Unternehmer von vornherein auf Kundentäuschung abgesehen habe. Diese Konkretisierung hinsichtlich der Vertragsdurchführung darf allerdings nicht normzweckwidrig restriktiv dahin ausgelegt werden, dass der relevante Zeitraum rechtserheblicher geschäftlicher Handlungen auf die eigentliche Vertragsdurchführung beschränkt wird.[194]

139 Die Art des Zusammenhangs, der in der UGP-RL als unmittelbar qualifiziert wird, wird im UWG 2008 in der Definition der geschäftlichen Handlung mit dem Wort **objektiv** umschrieben. Der Gesetzgeber des UWG 2008 wählte den Begriff objektiv zur Erläuterung des rechtserheblichen Zusammenhangs aus verschiedenen Gründen. Da der Gesetzgeber den Begriff der geschäftlichen Handlung für das verbraucherbezogene und das mitbewerberbezogene Lauterkeitsrecht zu vereinheitlichen suchte, glaubte er schon deshalb, den rechtserheblichen Zusammenhang nicht mit dem Adjektiv unmittelbar sachgerecht umschreiben zu können. Fallkonstellationen unlauteren Wettbewerbs im **Horizontalverhältnis** zwischen Unternehmen, zu denen der Gesetzgeber etwa die Fälle der horizontalen Behinderungen nach § 4 Nr. 10, wie etwa Absatz- und Werbebehinderungen, Betriebsstörungen (wie Betriebsspionage), unberechtigte Abmahnungen und andere unzulässige unlautere Verhaltensweisen eines Unternehmens gegenüber einem Mitbewerber rechnet, haben in der Regel **keine unmittelbaren Auswirkungen** auf den Absatz oder den Bezug von Waren und Dienstleistungen. Den relevanten Zusammenhang im Horizontalverhältnis bezeichnet der Gesetzgeber in der Gesetzesbegründung als einen **objektiven Zusammenhang,** da der Absatz von Waren oder der Bezug von Waren und Dienstleistungen durch derartige Verhaltensweisen regelmäßig – gegebenenfalls mit einer gewissen zeitlichen Verzögerung – zugunsten des unlauter handelnden Unternehmens beeinflusst werde.[195]

140 An der Wahl dieser Textfassung zur Qualifizierung des rechtserheblichen Zusammenhangs in Abweichung von der Wortwahl der UGP-RL wird erneut erkennbar, wie der Gesetzgeber den Verbraucherschutz als vorrangiges Ziel der UGP-RL in die Wettbewerberinteressen zu integrieren versucht. Der Normbezug der Wahlfreiheit des Verbrauchers und der informierten Verbraucherentscheidung wird nachrangig. Es sei dahingestellt, ob die Wortwahl objektiv, dessen Gegensatz bekanntlich subjektiv ist, und die der Rechtsdogmatik als Gegensatzpaar wohl vertraut ist, den vom Gesetzgeber avisierten Regelungszweck, das Horizontalverhältnis im Gegensatz zum Vertikalverhältnis, angemessen zu umschreiben, geeignet ist. Es wäre zumindest geboten gewesen, den unmittelbaren Zusammenhang, den der Gesetzgeber als nicht ausreichend erachtete, nicht zu ersetzen, sondern durch den objektiven Zusammenhang zu ergänzen. Diese Kritik bezieht sich nicht auf die Wortwahl objektiv als solcher, sondern auf die vom Gesetzgeber mit der Textfassung verfolgte Intention.

---

194 Siehe dazu ausführlich → B Rn 109 ff.

195 Gesetzesbegründung UWG 2008 BT-Drucks. 16/10 145 S. 39 f.

Der Sache nach handelt es sich bei der **Objektivierung des Produktzusammenhangs und des Vertragszusammenhangs** um ein von der objektiven Theorie der Lauterkeit und der Wettbewerbshandlung längst erhobenes Postulat. 141

Als weiteren Grund für die Formulierung eines relevanten Zusammenhangs als objektiv wird in der Gesetzesbegründung angegeben, dass **weltanschauliche, wissenschaftliche, redaktionelle** oder **verbraucherpolitische** Äußerungen von Unternehmen oder anderen Personen weiterhin nicht dem UWG unterfallen sollen, soweit sie in keinem objektiven Zusammenhang mit dem Absatz von Waren und den anderen rechtserheblichen Unternehmensaktivitäten stehen. Das gelte etwa für redaktionelle Äußerungen oder eine Reichweitenforschung wie der Forschung über Medienkontakte. Wenn solche Äußerungen nur der **Information der Leserschaft** oder der die Anonymität der befragten Personen wahrenden **Markt- und Medienforschung** dienten, fehle es an einem objektiven Zusammenhang zum Warenabsatz, so dass eine geschäftliche Handlung nicht vorliege.[196] Es wird zutreffend ausgeführt, dass **Sponsoring** und **Imagewerbung** nach wie vor in den Anwendungsbereich des UWG fallen. Es wird allerdings einschränkend erläutert, Imagewerbung könne eine geschäftliche Handlung dann sein, sofern sie objektiv geeignet sei, eine geschäftliche Entscheidung des Verbrauchers zu beeinflussen. Dabei müssten alle Umstände des Einzelfalles umfassend gewürdigt werden. Auch wenn das in der Gesetzesbegründung beschriebene Äußerungsverhalten richtigerweise nicht unter den Anwendungsbereich des Lauterkeitsrechts zu subsumieren ist, so bleibt doch eine **begriffsjuristische Wortlautauslegung des Adjektivs objektiv** weithin inhaltsleer. Die Abgrenzung des Lauterkeitsrechts vom allgemeinen Zivilrecht – eine Aufgabe, die dem Begriff der geschäftlichen Handlung zukommen soll – bedarf einer Analyse der **immanenten Marktwirkungen der spezifischen Tätigkeitsbereiche** anhand deren grundrechtsverbürgter Funktionsbereiche.[197] 142

2. Objektiver Produkt- und Vertragszusammenhang

a) Abgrenzung zum UWG 1909 und UWG 2004. Eine Wettbewerbshandlung nach § 2 Abs. 1 Nr. 1 UWG 2004 stellte eine Handlung einer Person **mit dem Ziel** dar, zugunsten des eigenen oder eines fremden Unternehmens den Absatz oder den Bezug von Produkten (Waren, Dienstleistungen, einschließlich unbeweglicher Sachen, Rechte und Verpflichtungen) **zu fördern.** Das **Förderungsziel** einer Handlung stellte schon nach der Rechtslage im UWG 2004 ein **objektives Tatbestandsmerkmal der Wettbewerbshandlung** dar. 143

aa) Abgrenzung zum Wettbewerbsverhältnis nach der Rechtslage im UWG 1909. Das Vorliegen eines **abstrakten** oder **konkreten Wettbewerbsverhältnisses** stellte **kein Tatbestandsmerkmal der Wettbewerbshandlung** dar. Der Verzicht auf das Vorliegen eines Wettbewerbsverhältnisses als Anwendungsvoraussetzung des Verbots unlauteren Wettbewerbs war eine wesentliche Rechtsänderung der UWG-Reform des Jahres 2004 gegenüber der Rechtslage im UWG 1909. Nach der Rechtslage des UWG von 1909 war ein Handeln zu Zwecken des Wettbewerbs ein Tatbestandsmerkmal der kleinen und der großen Generalklausel der §§ 1 und 3 UWG 1909 sowie weiterer Vorschriften (§§ 3, 6b, 12, 14, 17, 18, 20 UWG 1909). Das **Handeln zu Zwecken des Wettbewerbs** wurde mit der **Wettbewerbshandlung** umschrieben. 144

Nach ständiger Rechtsprechung verlangte die Annahme einer Wettbewerbshandlung **objektiv** das Vorliegen eines **Wettbewerbsverhältnisses** und **subjektiv** das Vorliegen einer **Wettbewerbsabsicht.** Das objektive Erfordernis eines Wettbewerbsverhältnisses verknüpfte das Handeln eines Wettbewerbers zu Zwecken des Wettbewerbs mit der Wettbe- 145

---

[196] In Erwägungsgrund 7 der UGP-RL wird die Unmittelbarkeit einer Geschäftspraktik mit den Primärzielen der UGP-RL, eine Beeinträchtigung der Wahlfreiheit der Verbraucher zu verhindern, begründet und von den vorrangig anderen Zielen abgegrenzt, die das Begriffsmerkmal der Unmittelbarkeit der Geschäftspraktik nicht erfüllen; → A Rn 6.

[197] → B Rn 169ff.

werbsstellung seiner Mitbewerber. Danach war eine Wettbewerbshandlung nur denkbar im Verhältnis eines Wettbewerbers zu seinen Mitbewerbern, nicht aber zu anderen Unternehmen auf dem Markt, zu denen der Wettbewerber nicht in Konkurrenz stand. Mitbewerber verband das Streben nach demselben wirtschaftlichen Ziel. Der Vorteil des Wettbewerbers gereichte dem Mitbewerber zum Nachteil. Nach dieser Vorstellung lag ein Handeln zu Zwecken des Wettbewerbs dann vor, wenn das Marktverhalten des Wettbewerbers objektiv geeignet war, den erstrebten wirtschaftlichen Erfolg auf Kosten eines anderen Wettbewerbers irgendwie zu fördern.[198]

146 Der Begriff der Wettbewerbshandlung im Sinne eines objektiven Wettbewerbsverhältnisses nach der **Rechtslage im UWG 1909** setzte eine **Wechselbeziehung** zwischen dem erstrebten **Vorteil des Wettbewerbers** und dem **Nachteil des Mitbewerbers** im Sinne einer einheitlichen Zielsetzung voraus. Die Definition der **Wettbewerbshandlung im Sinne des § 2 Abs. 1 Nr. 1 UWG 2004** verlangte ausschließlich das Vorliegen eines **wirtschaftlichen Förderungsziels.** Für das Vorliegen einer Wettbewerbshandlung kam es nicht mehr darauf an, dass der erstrebte wirtschaftliche Vorteil auf Kosten eines anderen Wettbewerbers erfolgt. Der Begriff der Wettbewerbshandlung im Sinne des § 2 Abs. 1 Nr. 1 UWG 2004 stellte insoweit nur noch einen Ausschnitt aus dem Sachverhalt eines objektiven Wettbewerbsverhältnisses im Sinne der Wettbewerbshandlung nach dem UWG 1909 dar. Ein Rückgriff auf die höchstrichterliche Rechtsprechung war schon nach der Rechtslage im UWG 2004 nur unter Berücksichtigung dieser Rechtsänderung, wenn auch eingeschränkt, möglich.

147 Schon nach dem UWG 2004 stellte das Vorliegen eines Wettbewerbsverhältnisses nur noch ein Merkmal des **Begriffs des Mitbewerbers** im Sinne der Definition des § 2 Abs. 1 Nr. 3 UWG 2004 dar. Das gilt vergleichbar nach der Rechtslage im UWG 2008. Für das Vorliegen eines **konkreten Wettbewerbsverhältnisses** kommt es auf die **Wechselwirkung** zwischen **Vorteil des Wettbewerbers** und **Nachteil des Mitbewerbers** an, da Mitbewerber das Streben nach demselben wirtschaftlichen Ziel verbindet und ein Wettbewerbsverhältnis nur zwischen Konkurrenten denkbar ist. Wenn ein UWG-Tatbestand die Eigenschaft einer Person als Mitbewerber voraussetzt, dann kommt es darauf an, dass das Handeln im geschäftlichen Verkehr geeignet und von dem Zweck bestimmt ist, den Wettbewerb zum Nachteil eines anderen Unternehmens zu fördern.

148 **bb) Aufgabe des subjektiven Tatbestandsmerkmals einer Wettbewerbsabsicht.** Nach der Rechtslage im UWG 1909 stellte das Vorliegen einer Wettbewerbsabsicht ein subjektives Tatbestandsmerkmals einer Wettbewerbshandlung dar. Für die Annahme einer Wettbewerbshandlung im Sinne eines Handelns zu Zwecken des Wettbewerbs wurde sowohl der objektive Tatbestand eines konkreten Wettbewerbsverhältnisses als auch der subjektive Tatbestand einer **Wettbewerbsabsicht** verlangt. Auch wenn die Wettbewerbsabsicht **nicht der ausschlaggebende Beweggrund** einer Wettbewerbshandlung zu sein brauchte, so wurde doch vorausgesetzt, dass der Wettbewerber auch bezweckte, den eigenen oder fremden Wettbewerb zum Nachteil eines anderen Mitbewerbers zu fördern. Bei Unternehmen, die in einem Wettbewerbsverhältnis zueinander stehen, wurde von einer Vermutung für das Vorliegen einer Wettbewerbsabsicht ausgegangen, wenn objektiv eine Wettbewerbshandlung vorlag.[199]

149 Die **Vermutung einer Wettbewerbsabsicht** zwischen Wettbewerbern stellte eine Beweiserleichterung dar. Es oblag dem handelnden Wettbewerber die tatsächliche Vermutung zu widerlegen. Wenn die objektive Förderungseignung die Wettbewerbshandlung beherrschte, dann war ein Nachweis der Wettbewerbsabsicht nicht mehr erforderlich. Die höchstrichterliche Rechtsprechung zur früheren Rechtslage ist auch nach der neuen

[198] Siehe dazu nur BGHZ 3, 270, 277 – Constanze I; BGHZ 14, 163, 171 – Constanze II; BGH GRUR 1964, 389, 390 – Fußbekleidung; BGH GRUR 1966, 509, 512 – Assekuranz; BGH GRUR 1968, 95, 97 – Büchereinachlass.

[199] Zu der Vermutung für das Vorliegen einer Wettbewerbsabsicht siehe die frühere Rechtsprechung BGHZ 3, 270, 277 – Constanze I; BGHZ 14, 271 – Constanze II; BGH GRUR 1957, 93, 94 – Jugendfilmverleih; BGH GRUR 1962, 34, 35 f – Torsana.

Rechtslage insoweit noch zu berücksichtigen, als die entschiedenen Sachverhalte einen Maßstab dafür bieten, ob eine geschäftliche Handlung zur **Absatz- und Bezugsförderung objektiv geeignet** ist. Die Rechtsprechung zum Handeln zu Zwecken des Wettbewerbs konnte nach dem UWG 2004 und kann nach dem UWG 2008 insoweit berücksichtigt werden, als sie die **objektive Förderungseignung** (objektive Finalität einer Wettbewerbshandlung) veranschaulicht.

Schon nach der UWG-Reform des Jahres 2004 kam es im UWG 2004 nach der Definition der **Wettbewerbshandlung** in § 2 Abs. 2 Nr. 1 UWG 2004 auf das **objektive Förderungsziel** einer Wettbewerbshandlung an. Nach der **objektiven Theorie** der Lauterkeit im Wettbewerb[200] war schon nach der Rechtslage im UWG 2004 nicht mehr auf den subjektiven Tatbestand einer Wettbewerbsabsicht für den Anwendungsbereich des UWG 2004 abzustellen.[201] Im Schrifttum und auch in der Rechtsprechung wurde aber weithin noch davon ausgegangen, dass die Wettbewerbsabsicht nach wie vor ein subjektiver Tatbestand des Begriffs der Wettbewerbshandlung sei.[202] 150

Die einem überkommenen Begriffsverständnis der Wettbewerbshandlung verhaftete Rechtsansicht verkannte, dass in einem Lauterkeitsrecht im Sinne eines **Marktverhaltensrechts der Unternehmen** die subjektive Absicht eines Wettbewerbers für die wettbewerblichen Sanktionen keine rechtserhebliche Rolle spielen konnte. Der Reformgesetzgeber des Jahres 2004 hatte bewusst auf den subjektivierten Wortlaut der großen Generalklausel des § 1 UWG 1909 „zu Zwecken" des Wettbewerbs verzichtet und die objektivierte Sprachregelung „mit dem Ziel" für die Definition der Wettbewerbshandlung in § 2 Abs. 1 Nr. 1 UWG 2004 gewählt.[203] Ein objektives Rechtsverständnis liegt allgemein auch der kartellrechtlichen Zweckbestimmung (§ 1 GWB, Art. 81 Abs. 1 EGV) zugrunde. 151

cc) Objektive Theorie der Lauterkeit im Marktrecht der UGP-RL. Die **objektive Theorie** der Wettbewerbshandlung und allgemein der Lauterkeit im Wettbewerb[204] konnte zwar auch nach der UWG-Reform des Jahres 2004 noch nicht die Rechtspraxis und die überwiegende Kommentarliteratur bestimmen. Es bedurfte erst der Umsetzung der UGP-RL, um einem objektivierten Rechtsverständnis der geschäftlichen Handlung zum Durchbruch zu verhelfen. Der Zentralbegriff der Geschäftspraktik der UGP-RL kann nur als ein rein objektiver Rechtsbegriff verstanden werden.[205] Im **europäischen Lauterkeitsrecht als Marktrecht** kommt es auf ein subjektives Element oder gar eine Wettbewerbsabsicht des Unternehmers und dessen Motive nicht an. 152

Da Regelungsgegenstand der UGP-RL nur der b2c-Geschäftsverkehr ist und eine Geschäftspraktik ausschließlich das Verhältnis zwischen Unternehmen und Verbrauchern betrifft, kann zumindest nach der Umsetzung der UGP-RL an dem Erfordernis einer Wettbewerbsabsicht insoweit ernsthaft nicht mehr festgehalten werden. Es wurde gleichwohl nach Inkrafttreten der UGP-RL der Versuch unternommen, ein subjektives Merkmal der Wettbewerbshandlung im Sinne einer **Wettbewerbsförderungsabsicht** auch aus dem Richtlinienbegriff einer **Unmittelbarkeit des Zusammenhangs** der Geschäftspraktik mit der Absatzförderung abzuleiten.[206] Dieser Rettungsversuch, das subjektive Tatbestands- 153

---

200 *Fezer* FS Schricker S. 671 ff.

201 Siehe dazu ausführlich die Vorauflage Fezer/*Fezer* §§ 2 UWG Rn 31 f; 3 UWG Rn 31 ff; so auch *Emmerich* Unlauterer Wettbewerb 5. Aufl. 1998 S. 45 ff.

202 Siehe dazu nur *Baumbach/Hefermehl/Köhler*, 25. Aufl. 2007, § 2 UWG Rn 31 ff; Harte/Henning-*Keller* 1. Aufl. 2004, § 2 UWG Rn 38 ff.

203 Innerhalb des Erschöpfungsgrundsatzes im Markenrecht (§ 24 MarkenG) kommt es für die Feststellung, ob ein Vermarktungssystem eines Markeninhabers sachlich gerechtfertigt ist oder sich als eine willkürliche Maßnahme zur künstlichen Marktaufteilung darstellt, auf ein zielgerichtetes und finales Marktverhalten des Markeninhabers an, das vergleichbar nach der objektiven Finalität des Vermarktungssystems zur künstlichen Abschottung der Märkte bestimmt wird; siehe dazu ausführlich *Fezer* § 24 MarkenG, Rn 172 f.

204 Siehe dazu *Fezer* FS Schricker S. 671 ff.

205 Siehe dazu schon *Fezer* WRP 2006, 781, 786.

206 Von *Steinbeck*, WRP 2006, 632, 634 wurde vorgeschlagen, an dem Merkmal der Wettbewerbsförderungsabsicht festzuhalten. Dies erscheine sinnvoll, um beispielsweise weltpolitische, religiöse oder redaktio-

element der Wettbewerbshandlung am Leben zu erhalten, war gleichsam methodisch unhaltbar, da die Wettbewerbsabsicht ein dem Konkurrentenschutz des b2b-Geschäftsverkehrs zugehöriges Wertungskriterium darstellt, und rechtsvergleichend sachwidrig ist, da der Begriff der Geschäftspraktik in Konzeptionen des wirtschaftlichen Verbraucherschutzes im b2c-Geschäftsverkehr kein subjektives Tatbestandsmerkmal enthält.

154 **b) Objektiver Absatz- und Bezugsförderungszusammenhang sowie Vertragsabschluss- und Vertragsdurchführungszusammenhang.** Nach der Rechtslage im UWG 2008 wird Einigkeit dahin bestehen, dass der **Begriff der geschäftlichen Handlung** im Sinne des § 2 Abs. 1 Nr. 1 nicht das Vorliegen einer Wettbewerbsabsicht als subjektives Tatbestandsmerkmal voraussetzt.[207] Eine geschäftliche Handlung stellt ein **objektiviertes Tatbestandsmerkmal** als Anwendungsvoraussetzung des Lauterkeitsrechts dar.

155 Bei dem Tatbestandsmerkmal des Zusammenhangs der geschäftlichen Handlung mit der Förderung des Absatzes oder des Bezugs von Waren oder Dienstleistungen oder mit dem Abschluss oder der Durchführung eines Vertrages über Waren oder Dienstleistungen handelt es sich um ausschließlich objektiv zu verstehende Beurteilungskriterien. Voraussetzung einer geschäftlichen Handlung nach § 2 Abs. 1 Nr. 1 ist das Vorliegen eines **Produktabsatzförderungszusammenhangs,** eines **Produktbezugsförderungszusammenhangs,** eines **Vertragsabschlusszusammenhangs** oder eines **Vertragsdurchführungszusammenhangs.** In kürzerer Formulierung kommt es auf das Vorliegen eines **objektiven Produktzusammenhangs und Vertragszusammenhangs** an.

156 Die objektive Eignung der geschäftlichen Handlung, den Produktbezug und Produktabsatz sowie den Produktvertrag zu fördern, ist nach den objektiven Umständen der konkreten Marktverhältnisse zu beurteilen. Das **Zusammenhangskriterium** stellt ein ausschließlich **objektives Tatbestandsmerkmal** der marktbezogenen Unlauterkeit im verbraucherbezogenen und mitbewerberbezogenen Lauterkeitsrecht dar. Auch wenn das Zusammenhangskriterium innerhalb des verbraucherbezogenen Lauterkeitsrechts in der Definition der Geschäftspraktik nach Art. 2 lit. d UGP-RL sich vom Wortlaut des Richtlinientextes unterscheidet,[208] handelt es sich nicht anders als im UWG 2008 um ein objektives Tatbestandsmerkmal einer Geschäftspraktik.

157 Im Sinne einer richtlinienkonformen Auslegung ist zu beachten, dass sich der Zusammenhang im Sinne der UGP-RL auf den **Relevanzzeitraum und die Relevanzumstände für eine informierte Verbraucherentscheidung** innerhalb des gesamten Zeitrahmens, den der Anwendungsbereich der UGP-RL nach Art. 3 Abs. 1 UGP-RL zieht, handelt.[209] Im Sinne des verbraucherbezogenen Lauterkeitsrechts bedeutet Unmittelbarkeit der Geschäftspraktik die Beeinträchtigung der Wahlfreiheit der Verbraucher oder der Eignung zu einer solchen Beeinträchtigung.

---

nelle Beiträge aus dem Anwendungsbereich des UWG auszuklammern. *Steinbeck* beruft sich auf *Köhler*, GRUR 2005, 793, 795, der vorgeschlagen habe, die subjektive Komponente der Wettbewerbsförderungsabsicht an dem Erfordernis der Unmittelbarkeit, das in der europäischen Definition der Geschäftspraxis enthalten sei, festzumachen. In der Begründung zu seinem Vorschlag einer Definition der Wettbewerbshandlung, in der das Tatbestandsmerkmal der Unmittelbarkeit aufgenommen wird, wird von *Köhler* aber gerade das Gegenteil ausgeführt. Die von *Köhler* vorgeschlagene Formulierung einer Definition der Wettbewerbshandlung verzichtet gerade auf das Tatbestandsmerkmal des „Ziels" der Handlung im Sinne einer Wettbewerbsförderungsabsicht und setzt an seine Stelle das Kriterium des unmittelbaren Zusammenhangs.

[207] Siehe zur Rechtsentwicklung näher → B Rn 143 ff; so nunmehr auch Hefermehl/*Köhler*/Bornkamm § 2 UWG Rn 46; Harte/Henning-*Keller* § 2 UWG Rn 53; auch in der Rechtsprechung zum österreichischen Lauterkeitsrecht wurde die Anwendungsvoraussetzung einer subjektiven Wettbewerbsabsicht aufgegeben, öOGH GRUR Int. 2009, 342, 347 – Stadtrundfahrten; zur Unlauterkeit als objektiver Tatbestand siehe → § 3 Rn 198 ff.

[208] → B Rn 41 ff.

[209] Siehe zum Zeitraum der geschäftlichen Handlung vor, während und nach Geschäftsabschluss → B Rn 81 ff.

3. Fallkonstellationen eines objektiven Absatz- und Bezugsförderungszusammenhangs

a) Objektive Eignung zur Beeinflussung der Verbraucherentscheidung und der Marktverhältnisse. Ein **objektiver Zusammenhang** mit der Absatzförderung oder der Bezugsförderung besteht schon dann, wenn das Marktverhalten zur Erhaltung des Kundenstammes geeignet ist.[210] Bei Aktivitäten eines Unternehmens innerhalb von **Kundenbindungssystemen** besteht ein objektiver Produkt- und Vertragszusammenhang. Es kommt nicht darauf an, ob der Produktvertrieb von einem **Konzernunternehmen,** von dem die Aktivität ausgeht, erfolgt oder von einer Tochtergesellschaft des Konzerns. Wenn ein Verleger dem Großhandel die Ausgabe einer Zeitschrift kostenlos als **unentgeltliche Leistung** überlässt, um die Mehrkosten des Vertriebs einer überschweren Ausgabe auszugleichen, dann ist von einer Förderungseignung auszugehen, die der Zusammenarbeit zwischen Verlag und Großhandel dient.[211] Die Durchführung einer echten oder auch einer nur getarnten **Meinungsumfrage** zur Intensivierung der Werbung des Unternehmens stellt eine Maßnahme der Absatzförderung dar.[212] Wenn ein Händler von seinen Lieferanten einen **finanziellen Beitrag zu der Ausstattung seiner Geschäftsräume** verlangt, dann liegt die objektive Zielsetzung, den eigenen Produktabsatz durch Kostenersparnis zu fördern, vor. In der Rechtsprechung zum UWG 1909 wurde das Vorliegen einer Wettbewerbshandlung verneint, wenn der Inhaber eines Teppichboden-Versandunternehmens seine Lieferanten um **Spenden** für einen Sportverein, dessen Vorsitzender er ist, bittet, auch wenn das Unternehmen selbst keinen finanziellen Vorteil aus der Aktion zieht, das geschäftliche Ansehen des Unternehmens gegenüber den Abnehmern nicht gestärkt und nicht in den Wettbewerb zwischen den Lieferanten eingegriffen wird.[213] 158

b) Anschauungsmaterial der höchstrichterlichen Rechtsprechung zu Fallkonstellationen eines objektiven Absatz- oder Bezugsförderungszusammenhangs. Die **höchstrichterliche Rechtsprechung** zum Wettbewerbsverhältnis als dem objektiven Tatbestand eines Handelns zu Zwecken des Wettbewerbs (Wettbewerbshandlung) nach der früheren Rechtslage konnte schon nach der UWG-Reform des Jahres 2004 zum UWG 2004 als **Anschauungsmaterial** für das Vorliegen eines objektiven Förderungsziels einer Wettbewerbshandlung dienen; das gilt vergleichbar für das Vorliegen eines objektiven Produkt- und Vertragszusammenhangs als Begriffsmerkmal einer geschäftlichen Handlung im geltenden UWG 2008. Verschiedene Konstellationen gliedern den folgenden Rechtsprechungsbericht. 159

Nach § 2 Abs. 1 Nr. 1 muss das Verhalten einer Person als geschäftliche Handlung zugunsten des eigenen oder eines fremden Unternehmens erfolgen. Der Unternehmensbezug der geschäftlichen Handlung kommt in dem **objektiven Absatz- oder Bezugsförderungszusammenhang** des Verhaltens zum Ausdruck, der **zugunsten des eigenen oder eines fremden Unternehmens** besteht. Die Unterscheidung, dass das Verhalten sowohl zugunsten des eigenen Unternehmens als auch zugunsten eines fremden Unternehmens erfolgen kann **(Unternehmensbezug)** entspricht der nach der Rechtslage im UWG 1909 und noch nach der UWG-Reform des Jahres 2004 im UWG 2004 getroffenen Unterscheidung zwischen der Förderung eigenen Wettbewerbs und der Förderung fremden Wettbewerbs. 160

aa) Verhalten zugunsten des eigenen Unternehmens – Förderung eigenen Wettbewerbs. Ein Handeln im geschäftlichen Verkehr kann schon seiner objektiven Anlage nach geeignet sein, den **eigenen Absatz** oder den **eigenen Bezug** von Produkten (Waren, Dienstleistungen, einschließlich unbeweglicher Sachen, Rechte und Verpflichtungen) 161

---

210 So schon zur Wettbewerbshandlung BGH GRUR 1959, 488, 489 – Konsumgenossenschaft; BGH GRUR 1970, 465, 467 – Prämixe.
211 BGH GRUR 1967, 256 – stern.
212 BGH GRUR 1973, 268, 269 – Verbraucher-Briefumfrage.
213 BGH GRUR 1983, 374, 375 – Spendenbitte.

objektiv zu fördern. Voraussetzung einer Absatz- oder Bezugsförderung ist es nicht, dass die geschäftliche Handlung tatsächlich zu einer Schädigung des Mitbewerbers am Markt führt. Es ist für das Vorliegen eines objektiven Förderungszusammenhangs ausreichend, wenn der Wettbewerber sich selbst **vor Nachteilen bewahren** will und einen Verlust eigener Kunden zu verhindern sucht.[214] Eine Investmentanteile vertreibende Bank fördert eigenen Wettbewerb, wenn sie in einer für ihre Mitarbeiter bestimmten Informationsschrift **herabsetzende Behauptungen** über einen Mitbewerber aufstellt.[215] Bei herabsetzenden Äußerungen über Mitbewerber ist regelmäßig von einer Förderung eigenen Wettbewerbs auszugehen. Eine objektive Förderungseignung liegt vor, wenn solche Erklärungen über geschäftliche Verhältnisse gegenüber einem **Massenmedium** abgegeben werden, deren Veröffentlichung ein Werbewert für den Wettbewerber zukommt,[216] oder wenn ein **Mitgliedsunternehmen eines Wirtschaftsverbands** den Ausschluss eines anderen Verbandsmitglieds wegen unlauterer Einflussnahme auf Ausschreibungen anregt.[217] Von einer Absatzförderung ist auch dann auszugehen, wenn ein Händler in einem **Rundfunk- oder Fernsehinterview** erklärt, bei ihm seien Armbanduhren zu einem niedrigeren Preis als in einem Fachgeschäft erhältlich.[218] Wenn ein Wettbewerber zwar keine Gegenleistung fordert, aber eine solche annimmt, dann handelt er objektiv im Sinne einer Absatz- oder Bezugsförderung.[219]

162 Eine Förderungseignung verlangt **keine Gewinnerzielungsabsicht.**[220] Ein Tankstelleninhaber, der seine Kunden darauf hinweist, er führe normgerechtes Benzin, erfüllt nicht nur seine gesetzliche Auszeichnungspflicht, sondern handelt objektiv zur Absatzförderung.[221]

163 Eine Absatz- oder Bezugsförderung kann auch der **Aufnahme künftigen Wettbewerbs** dienen.[222] Eine geschäftliche Handlung liegt nicht vor, wenn ein Immobilienmakler ein Grundstück aus seinem Privatvermögen in Zeitungsanzeigen zum Kauf anbietet;[223] es liegt schon kein Handeln im geschäftlichen Verkehr vor. Die Kritik eines Facharztes für Orthopädie in der Fachpresse an einem fremden Patent für Schuheinlagen stellt eine Absatzförderung dar, wenn der Arzt selbst Lizenzgeber an einen anderen Schuhhersteller als Lizenznehmer ist.[224] Eine Presseinformation zur Abwehr des Preiswettbewerbs eines Mitbewerbers fördert den eigenen Wettbewerb.[225] Die **Veröffentlichung einer einstweiligen Verfügung** gegen einen Mitbewerber stellt eine geschäftliche Handlung der Absatz- oder Bezugsförderung dar.[226]

164 **bb) Verhalten zugunsten eines fremden Unternehmens – Förderung fremden Wettbewerbs.** Ein Handeln im geschäftlichen Verkehr kann seiner objektiven Anlage nach dem Ziel dienen, den **fremden Absatz** oder den **fremden Bezug** von Produkten (Waren, Dienstleistungen, einschließlich unbeweglicher Sachen, Rechte und Verpflichtungen) objektiv zu fördern. Schon nach der Rechtslage im UWG 1909 genügte die Absicht der Förderung fremden Wettbewerbs.[227] Eine Privatperson kann in fremdem Wettbewerbsinte-

[214] Siehe dazu schon RGZ 60, 189, 190 – Vergalter; zur Abwehr einer unlauteren Wettbewerbshandlung zur Sicherung des eigenen Kundenstammes RGZ 59, 1 – Deutsche Kognak-Brennerei; siehe auch BGH GRUR 1957, 94 – Jugendfilmverleih.

[215] OLG München WRP 1971, 280 – Informationsschrift für Mitarbeiter.

[216] OLG Hamburg WRP 1979, 312 – Mitwirkung eines Arztes an Presseveröffentlichungen; KG WRP 1979, 651 – Haftung des Presseinformanten.

[217] BGH GRUR 1992, 860 – Bauausschreibungen.

[218] BGH GRUR 1964, 208 – Fernsehinterview.

[219] BGH GRUR 1981, 665, 666 – Knochenbrecherin.

[220] BGH GRUR 1974, 733, 734 – Schilderverkauf; BGH GRUR 1981, 665 – Knochenbrecherin.

[221] BGH GRUR 1988, 832, 834 – Benzinwerbung.

[222] BGH GRUR 1955, 342 – Holländische Obstbäume; BGH GRUR 1961, 535, 537 – arko.

[223] BGH GRUR 1993, 761, 762 – Makler-Privatangebot; es wurde von einer Widerlegung der Vermutung einer Förderungsabsicht ausgegangen.

[224] OLG Celle BB 1962, 429 – Schuheinlagen.

[225] BGH GRUR 1968, 645, 646 – Pelzversand.

[226] OLG Frankfurt GRUR 1982, 739 – Printkompress.

[227] BGHZ 3, 270, 277 – Constanze I; BGH GRUR 1953, 293 – Fleischbezug; BGH GRUR 1964, 210, 212 – Landwirtschaftsausstellung; BGH GRUR 1964, 392, 394 – Weizenkeimöl.

resse handeln. Die Förderungseignung muss sich nicht auf einen bestimmten Mitbewerber beziehen. Ausreichend ist die Förderung des Wettbewerbs von Interessengruppen oder Wirtschaftszweigen.[228] Der **Forderungseinzug** durch ein Inkassounternehmen ist Förderung des eigenen Wettbewerbs, nicht nur des Wettbewerbs des Auftraggebers.[229] Die Förderungseignung von **Äußerungen in einer privaten Unterhaltung** kann sich aus dem eigenen Interesse als Lieferant des Wettbewerbers ergeben.[230] Die **Warnung in einem Kirchenblatt** vor weltlichen Zeitschriften wurde als Wettbewerbsförderung beurteilt, wenn der Redakteur eine Werbewirkung für eine Lesemappe einer anderen Organisation zu erzielen sucht.[231]

Auf dem Gebiet des Wirtschaftsrechts dient die anwaltliche **Rechtsberatung** und Interessenwahrnehmung zwangsläufig zugleich den wettbewerblichen Interessen des Mandanten. Das gilt namentlich bei **Abmahnschreiben** und **Schutzrechtsverwarnungen.** Nach der Rechtslage im UWG 1909 wurde nicht von der Vermutung einer Wettbewerbsabsicht ausgegangen, da sich die Förderung fremden Wettbewerbs aus der beruflichen Aufgabe des Rechtsanwalts ergibt und keine Indizwirkung entfaltet.[232] Wenn ein Rechtsanwalt unrichtige Tatsachenbehauptungen über den Mitbewerber seines Mandanten aufstellt, kann nicht ohne weiteres von einer Wettbewerbsförderung ausgegangen werden; es kommt auf die besonderen Umstände wie die Art und Häufigkeit der Verbreitung der Behauptungen an.[233] In der Rechtsprechung zum UWG 1909 wurde eine Förderungsabsicht zugunsten anderer Versicherer gegenüber dem bisherigen Versicherer trotz Vorliegens einer objektiven Förderungseignung dann nicht angenommen, wenn sich ein selbstständiger und unabhängiger **Versicherungsmakler,** der die Interessen von Versicherungsunternehmen wahrnahm, eine Vollmacht zur Kündigung eines bestehenden Versicherungsvertrags nach eigenem Ermessen erteilen ließ.[234] 165

Ebenso wurde die Förderungsabsicht verneint, wenn ein Orthopäde oder ein Augenarzt seine Patienten an bestimmte Orthopädie- oder Optikergeschäfte verwies und dadurch deren Wettbewerb förderte, weil sachliche Gründe und ärztliche Erwägungen für die ständige Verweisung an ein bestimmtes Geschäft bestimmend waren.[235] Dagegen wurde die Förderungsabsicht eines Arztes bejaht, der in seiner Praxis Rezepte einsammelte, um sie an einen bestimmten Apotheker zur Auslieferung der Arzneimittel an die Patienten zu übergeben.[236] Es sprach auch für das Vorliegen einer Wettbewerbsabsicht, wenn der Arzt wusste, dass am Ort seiner Sprechstunde eine behördlich genehmigte Rezeptsammelstelle eingerichtet worden war.[237] 166

cc) Förderungseignung als Nebenfolge. Die objektive Eignung zur Absatz- oder Bezugsförderung eigenen oder fremden Wettbewerbs kann eine Nebenfolge eines Handelns im geschäftlichen Verkehr darstellen. Nach der Rechtslage zum UWG 1909 wurde in der höchstrichterlichen Rechtsprechung zur subjektiven Wettbewerbsabsicht davon ausgegangen, eine Vermutung hinsichtlich der Wettbewerbsabsicht bestehe dann nicht, wenn die Förderung eines Unternehmens lediglich als eine **Nebenfolge der geschäftlichen Handlung** zu beurteilen war. So wurde eine Förderungsabsicht abgelehnt, wenn eine auf gesetzlicher Grundlage geschaffene kirchliche Mitarbeitervertretung Händler zu einer unzulässi- 167

---

[228] BGH GRUR 1962, 47 – Betonzusatzmittel.
[229] OLG Koblenz WRP 1985, 657 – Inkassounternehmen.
[230] BGH GRUR 1953, 293 – Fleischbezug.
[231] BGHZ 14, 170 – Constanze II.
[232] BGH GRUR 1967, 428, 429 – Anwaltsberatung I; OLG Koblenz NJW-RR 1989, 363 – Wettbewerbsabsicht eines Rechtsanwalts; OLG München BB 1998, 2491, 2492 – Anschwärzung durch Rechtsanwalt.
[233] Weitergehend LG Mönchengladbach NJW-RR 1989, 1131 – Wettbewerbsabsicht eines Rechtsanwalts.
[234] BGH GRUR 1966, 509, 512 – Assekuranz.
[235] *Baumbach/Hefermehl* 22. Aufl. 2001, UWG Einl. Rn 236 c.
[236] BGH GRUR 1981, 280 – Apothekenbegünstigung; *Baumbach/Hefermehl* 22. Aufl. 2001, UWG § 1 Rn 665.
[237] OLG Frankfurt GRUR 1978, 541 – Rezeptsammelstelle.

gen Rabattgewährung aufforderte, da die Wahrnehmung materieller Interessen der vertretenen Mitarbeiter im Vordergrund stand und die Förderung der wettbewerblichen Interessen der Händler sich bloß als eine notwendige Folge des anders motivierten Handelns darstellte.[238] Eine wettbewerbsrechtlich nicht relevante Nebenfolge wurde auch dann angenommen, wenn ein Altersheim ständig ein bestimmtes Bestattungsunternehmen mit der Abholung von verstorbenen Heimbewohnern beauftragte, da ein berechtigtes Eigeninteresse, Verstorbene möglichst zügig und ohne Komplikation in eine behördlich anerkannte Leichenhalle zu verbringen, bestand.[239]

168 Auch nach der **Rechtslage im neuen UWG 2008** liegt eine geschäftliche Handlung im Sinne des § 2 Nr. 1 nicht vor, wenn der objektive Absatz- oder Bezugsförderungszusammenhang eines Handelns im geschäftlichen Verkehr zugunsten des eigenen oder eines fremden Unternehmens nur als eine **Nebenfolge des Marktverhaltens** zu beurteilen ist. Wenn der Förderungszusammenhang nicht nur eine Nebenfolge darstellt und eine geschäftliche Handlung anzunehmen ist, dann besteht ein Verbot unlauteren Wettbewerbs nur unter der weiteren Voraussetzung, dass die Spürbarkeitsschwelle[240] im Sinne des § 3 Abs. 1 überschritten ist.

V. Immanente Marktwirkungen spezifischer Tätigkeitsbereiche außerhalb des Lauterkeitsrechts (Immanenztheorie)

1. Immanente Marktwirkungen und objektiver Produkt- und Vertragszusammenhang

169 **Privates** und **amtliches, soziales** und **karitatives, weltanschauliches** und **kirchliches, politisches** und **publizistisches, wissenschaftliches** und **künstlerisches Handeln** stellen regelmäßig schon kein Handeln im geschäftlichen Verkehr dar.[241] Ein Handeln in solchen Tätigkeitsbereichen kann aber dann eine geschäftliche Handlung darstellen und unter den Anwendungsbereich des Lauterkeitsrechts zu subsumieren sein, wenn das Marktverhalten einen objektiven Absatz- oder Bezugsförderungszusammenhang aufweist.

170 **a) Notwendiger Nachweis der Wettbewerbsabsicht als subjektives Tatbestandsmerkmal einer Wettbewerbshandlung im UWG 1909.** In der Rechtsprechung zur Rechtslage im UWG 1909 – zumindest nach der Rechtsprechung und der überwiegenden Rechtsansicht im Schrifttum auch zum UWG 2004[242] – war bei solchen Fallkonstellationen namentlich zu entscheiden, ob nach den tatsächlichen Umständen des Sachverhalts ein **subjektiver Tatbestand** der Wettbewerbshandlung angenommen werden konnte. Da in Tätigkeitsbereichen des Privatverkehrs und Amtsverkehrs sowie namentlich den Handlungsfeldern der Politik, Kirche, Wissenschaft und Kunst nicht von einer Vermutung für das Vorliegen einer Wettbewerbsabsicht auszugehen war, war der **Nachweis der Wettbewerbsabsicht** erforderlich. In den Entscheidungen zu diesen Tätigkeitsbereichen wurde die **subjektive Wettbewerbsabsicht** aus dem Vorliegen bestimmter **objektiver Umstände** abgeleitet.

171 **b) Objektive Finalität einer Wettbewerbshandlung im UWG 2004.** Nach der **Rechtslage im UWG 2004** stellte – zumindest nach der an dieser Stelle schon in der Vorauflage vertretenen Rechtsansicht – der subjektive Tatbestand der Wettbewerbsabsicht kein Merkmal der Wettbewerbshandlung im Sinne der Definition des § 2 Abs. 1 Nr. 1

[238] BGH GRUR 1989, 773, 774 – Mitarbeitervertretung.
[239] BGH GRUR 1988, 38, 39 – Leichenaufbewahrung.
[240] → § 3 Rn 73 ff.
[241] Siehe dazu nur schon zum UWG 1909 BGH GRUR 1982, 234, 235 – Großbanken-Restquoten; BGH GRUR 1986, 898, 899 – Frank der Tat; BGH GRUR 1995, 270 – Dubioses Geschäftsgebahren; siehe auch *Baumbach/Hefermehl* 22. Aufl. 2001, UWG Einl. Rn 235; → B Rn 174 ff.
[242] Siehe zu der schon zum UWG 2004 vertretenen Theorie der objektiven Finalität einer Wettbewerbshandlung → B Rn 150 f.

UWG 2004 dar. Die Rechtsprechung bot gleichwohl rechtserhebliches Anschauungsmaterial insofern, als die zur Annahme einer Wettbewerbsabsicht zureichenden Tatsachen auch das objektive Ziel zur Förderung des Wettbewerbs im Sinne einer **objektiven Finalität** einer Wettbewerbshandlung nach dem UWG 2004 zu begründen vermochten. Dabei war zu berücksichtigen, dass das Handeln in den privilegierten Tätigkeitsbereichen[243] sich unvermeidbar auf den wirtschaftlichen Wettbewerb auswirken kann.

c) Immanenztheorie. Einem spezifischen Tätigkeitsbereich immanente Auswirkungen auf den Wettbewerb begründeten als solche noch nicht das für eine Wettbewerbshandlung im Sinne des UWG 2004 konstitutive Förderungsziel. Die **immanenten Marktwirkungen spezifischer Tätigkeitsbereiche** liegen **außerhalb des Anwendungsbereichs des UWG.** Eine Wettbewerbshandlung lag erst dann vor, wenn die Auswirkungen auf den Wettbewerb den **Funktionsbereich der speziellen Tätigkeiten überschreiten.** 172

Das UWG 2004 änderte im Ergebnis die Rechtslage in diesen geschützten Tätigkeitsbereichen gegenüber der Rechtslage im UWG 1909 nicht, auch wenn der **Nachweis der Wettbewerbsförderung objektiviert** und **von subjektiven Tatbestandselementen unabhängig** war. Eine lauterkeitsrechtliche **Immanenztheorie** vermag den Funktionsschutz spezifischer Handlungsfelder zu gewährleisten. 173

2. Spezifische Tätigkeitsbereiche

a) Wissenschaftliche Tätigkeit. Die Auswirkungen auf den Wettbewerb, die der **Ausübung einer wissenschaftlichen Tätigkeit immanent** sind, stellen **keine objektive Wettbewerbsförderung** dar.[244] Ein eigenes wirtschaftliches Interesse an dem Produktabsatz wird regelmäßig das objektive Förderungsziel begründen. Das ist nicht schon dann anzunehmen, wenn die wissenschaftliche Einrichtung für ein bestimmtes Unternehmen tätig wird.[245] Etwas anderes gilt, wenn die Objektivität der Wissenschaft nicht gewahrt und von einer gezielten Parteinahme für einen bestimmten Produktabsatz auszugehen ist. Anzeichen dafür sind etwa persönliche oder gar herabsetzende Äußerungen über das Unternehmen des Mitbewerbers oder die Konkurrenzprodukte.[246] 174

b) Presse. Die **Pressefreiheit** steht unter dem Schutz des **Kommunikationsgrundrechts des Art. 5 Abs. 1 S. 2 1. Alt. GG.** Die Pressefreiheit besitzt hohen Rang.[247] Nach der Rechtsprechung des BVerfG ist eine freie Presse ein Wesenselement des freiheitlichen Staates und für die moderne Demokratie unentbehrlich.[248] Aufgabe der Presse ist es, umfassende Information zu ermöglichen, die Vielfalt der bestehenden Meinungen wiederzugeben und selbst Meinungen zu bilden und zu vertreten.[249] Innerhalb des verfassungsrechtlichen Aufgabenbereichs der Presse stellt die **Presseberichterstattung keine Wettbewerbshandlung** dar. Selbst wenn die Auswirkungen der Berichterstattung auf den Wettbewerb nachhaltig und schwerwiegend sind, liegt eine Wettbewerbsförderung im Sinne des UWG nicht vor. Die immanenten Marktwirkungen der Presse sind weit zu ziehen. Eine Wettbewerbshandlung ist erst dann anzunehmen, wenn die Berichterstattung zum **Instrument des Konkurrenzkampfes** wird. 175

Die höchstrichterlichen Entscheidungen zur Rechtslage nach dem alten UWG können nur mit Vorsicht auf das neue UWG übertragen werden. Soweit in den Urteilen eine ob- 176

---

243 → B Rn 174.

244 Siehe zur Wettbewerbsabsicht BGH GRUR 1957, 360 – Phylax (zu krit. Äußerungen eines Forschers in der Presse über Erdstrahlabwehrapparate); siehe auch LG Düsseldorf GRUR 1960, 298 – Selbstansaugevorrichtung (Publikation über verschiedenartige Pumpensysteme); KG WRP 1996, 1162 – Nachkriegsproduktionen (Broschüre über die Echtheit bestimmter Briefmarken).

245 Siehe dazu BGH GRUR 1962, 45, 49 – Betonzusatzmittel (Abhandlung eines angestellten Wissenschaftlers eines von einer bestimmten Herstellergruppe getragenen Forschungsinstituts).

246 BGH GRUR 1964, 389, 391 – Fußbekleidung.

247 BVerfGE 50, 234, 239 f; BVerfGE 52, 283, 296; BVerfGE 66, 116, 133.

248 BVerfGE 20, 162, 174; BVerfGE 52, 283, 296; BVerfGE 66, 116, 133.

249 BVerfGE 52, 283, 296; BVerfGE 20, 162, 174.

jektive Eignung zur Förderung des Wettbewerbs angenommen wurde, lag eine Wettbewerbshandlung gleichwohl dann nicht vor, wenn die subjektive Wettbewerbsabsicht verneint wurde. Bei der Feststellung einer objektiven Förderungseignung in diesen Fallkonstellationen handelte es sich regelmäßig um die immanenten Marktwirkungen der Presseberichterstattung, die nicht in den Anwendungsbereich des UWG fällt. Nach der Reform kann der Rechtsprechungsbericht nur als Anschauungsmaterial dienen.

177 Wenn ein Gastrokritiker über Eindrücke und Erfahrungen in einem bestimmten Weinlokal negativ berichtete, förderte er dadurch objektiv fremden Wettbewerb.[250] Wenn ein Börsenblatt durch ein Konkurrenzprodukt als unseriös oder bekannt unseriös dargestellt wurde, lag eine Förderungseignung grundsätzlich vor.[251] Die Berichterstattung über einen Schönheitschirurgen in einer Frauenzeitschrift war zur Förderung dessen Wettbewerbs geeignet.[252] Redaktionelle Beiträge, die sich sachlich mit bestimmten wirtschaftlichen Gegebenheiten befassen, wie zum Beispiel Berichte über Neueröffnungen von Geschäftslokalen, entfalten zwangsläufig eine gewisse werbende Wirkung.[253] Wenn ein Redakteur in einem redaktionellen Pressebericht über die Übergabe eines Neubaus als Anwaltskanzlei an einen Rechtsanwalt dessen berufliche Betätigung im Vergleich zu einem anderen Rechtsanwalt gleichen Namens an demselben Ort positiv herausstellte, förderte er den Wettbewerb des gelobten Anwalts gegenüber dem anderen Anwalt.[254] War in einem Pressebericht über eine bestimmte, als steuerlich vorteilhaft dargestellte Kapitalanlage der Hinweis der Redaktion enthalten, für die Rechts- oder Steuerberatung bei der Ausarbeitung des Vertrags einen „versierten Ansprechpartner" benennen zu können, so lag eine objektive Förderungseignung vor.[255] Die Verwendung einer bekannten Zeichentrickfigur konnte zur Förderung des Absatzes einer Zeitschrift geeignet sein, wenn die Figur der Zeitschrift ihr Gepräge gab.[256] Eine Glosse, die abfällig auf den Erwerb von Hörgeräten im Versandhandel Bezug nahm, war zur Wettbewerbsbeeinflussung geeignet.[257]

178 Eine objektive Eignung eines Magazinbeitrags, den Wettbewerb zwischen einer Veranstalterin von Baufachtagungen und einem ihrer Konkurrenten zu beeinflussen, konnte nicht ausgeschlossen werden, wenn die Veranstalterin in einem Pressebeitrag in scharfer und polemisch überspitzter Form des „Dummenfangs" bzw. dubioser Geschäftspraktiken bezichtigte und dabei Tatsachen benannte, die als solche zutreffend waren und einen entsprechenden Verdacht ernsthaft begründen konnten.[258] Hob ein redaktionell aufgemachter Zeitschriftenbeitrag einzelne Erzeugnisse unter Preisangaben hervor, so war eine Förderungseignung gegeben.[259] Auch die Veröffentlichung eines Urteils mit vollem Wortlaut einschließlich Namen und Anschriften der Parteien in einem Presseerzeugnis, konnte geeignet sein, die unterlegene Partei in ihrem geschäftlichen Betrieb zu schädigen und damit den Wettbewerb der obsiegenden Partei zu fördern.[260]

179 Das **Anzeigengeschäft** der Presse ist eine typisch wettbewerbsfördernde Handlung außerhalb des meinungsbildenden und informierenden Aufgabenbereichs der Berichterstattung. Es war schon nach der Rechtslage im alten UWG bedenklich, von einer tatsächlichen Vermutung der Absicht, nicht nur das eigene Anzeigengeschäft, sondern auch den Wettbewerb des Auftraggebers zu fördern, auszugehen.[261] Einem redaktionellen Beitrag in

---

[250] BGH GRUR 1986, 812, 813 – Gastrokritiker (Wettbewerbsabsicht verneint).
[251] BGH GRUR 1982, 234, 235 – Großbanken-Restquoten (Wettbewerbsabsicht bejaht).
[252] BGH GRUR 1990, 373, 374 – Schönheits-Chirurgie (Wettbewerbsabsicht verneint).
[253] BGH GRUR 1994, 441, 442 – Kosmetikstudio (Wettbewerbsabsicht bejaht).
[254] BGH GRUR 1986, 898, 899 – Frank der Tat m. Anm. *Tilmann* (Wettbewerbsabsicht verneint).
[255] BGH GRUR 1997, 473, 474 f – Versierter Ansprechpartner (Wettbewerbsabsicht verneint).
[256] BGH GRUR 1997, 907, 909 – Emil-Grünbär-Klub (Wettbewerbsabsicht bejaht).
[257] OLG Hamburg NJWE-WettbR 1998, 34 – Hören Grüne anders? (Wettbewerbsabsicht bejaht).
[258] BGH GRUR 1995, 270, 271 – Dubioses Geschäftsgebaren (Wettbewerbsabsicht verneint).
[259] BGH WRP 1994, 862 – Bio-Tabletten (Wettbewerbsabsicht bejaht).
[260] OLG Karlsruhe WRP 1989, 40 – Mini-car-Unternehmer (Wettbewerbsabsicht bejaht).
[261] BGH GRUR 1973, 203, 204 – Badische Rundschau m. Anm. *Hoth;* BGH GRUR 1990, 1012, 1013 – Pressehaftung I m. Anm. *Knöpfel* JZ 1990, 1082; BGH GRUR 1993, 53, 54 – Ausländischer Inserent;

einem Anzeigenblatt über die Ausbildungsmöglichkeit bei den inserierenden Unternehmen kommt zwar eine Werbewirkung für die Inserenten zu, doch handelt es sich dabei um immanente Marktwirkungen des grundrechtlich geschützten Anzeigengeschäfts; es handelt sich bei der Presseberichterstattung nur um eine notwendige Nebenfolge.[262]

Der für die Presseberichterstattung geltende Grundsatz der immanenten Marktwirkung gilt gleichermaßen für **Rundfunk** und **Fernsehen.** Die einem Experten-Gespräch im Fernsehen immanenten Auswirkungen auf den Wettbewerb begründen als solche noch keine Wettbewerbshandlung.[263] Eine Wettbewerbshandlung liegt aber dann vor, wenn die Meinungsäußerung in den Medien mit der Zielsetzung instrumentalisiert wird, eigenen oder fremden Wettbewerb zu fördern. 180

c) Verbände. Wirtschafts- und Interessenverbände, deren Mitglieder im Wettbewerb tätig sind, konnten nach der Rechtsprechung mit Förderungsabsicht tätig werden, wenn sie zB gegen Sonderrabatt gewährende Geschäfte vorgingen und dadurch den eigenen Mitgliedern Vorteile verschaffen wollten.[264] Ein Rundschreiben einer bäuerlichen Genossenschaft konnte neben der Aufklärung der Mitglieder die Förderung des Wettbewerbs bewirken.[265] Wenn ein Verein von seinen Mitgliedern Schaden abwenden wollte, lag ebenfalls Förderungsabsicht vor.[266] Die Aufforderung eines Verbandes der Standesbeamten, den Standesamtsbedarf an Druckerzeugnissen nur bei einem bestimmten Verlag zu decken,[267] oder die Umsatzbeteiligung eines Verbandes an der Verlagsproduktion, begründeten die Vermutung der Förderungsabsicht.[268] Auch eine Veröffentlichung über ein sog. Entwesungsverfahren (Befreiung von tierischen Schädlingen bei Lebensmittelrohstoffen, Kräutern und Teedrogen) in einer Fachzeitschrift für Apotheker konnte geeignet sein, die Bestellentscheidung der Apotheker zu beeinflussen und damit die Vermutung einer Förderungsabsicht begründen.[269] Die Annahme einer Förderungsabsicht erfolgte im Falle einer geschäftsmäßigen Bearbeitung von Lastenausgleichssachen und Vertretung vor den zuständigen Behörden.[270] Bei **Interessenkämpfen,** die dem ganzen Gewerbe galten, wurde eine Wettbewerbshandlung angenommen, etwa wenn eine **Konsumgenossenschaft** den Einzelhandel als solchen öffentlich angriff, um dessen Kunden als Mitglieder zu gewinnen,[271] oder ihren Mitgliedern umsatzfördernde Mitteilungen durch einen Preisvergleich zwischen ihren Waren und denen der Einzelhändler machte.[272] 181

Bei Handlungen von **Fachverbänden** und ihren Organen war regelmäßig eine Förderungsabsicht vermutet worden, wenn der Verbandszweck vorsah, dass sie den wirtschaftlichen Wettbewerb ihrer gewerblich tätigen Mitglieder zum Nachteil der nicht dem Verband angehörigen Mitbewerber förderten.[273] Ein Wettbewerbsverein, der Wettbewerbsverstöße verfolgte, handelte nicht lediglich im Interesse der Allgemeinheit und aller Gewerbetreibenden, sondern er förderte die Interessen der eigenen Mitglieder, die auf demselben Markt tätig und von dem Verstoß unmittelbar betroffen waren.[274] Ebenfalls lag eine Wettbewerbshandlung mit Förderungseignung vor, als ein Verein zur Bekämpfung des Unwe- 182

BGH GRUR 1994, 841, 842 – Suchwort; BGH GRUR 1995, 595, 597 – Kinderarbeit (in allen Fällen wurde die Wettbewerbsabsicht bejaht).

262 BGH WRP 1998, 595 – AZUBI 94 (Wettbewerbsabsicht verneint).

263 OLG Hamburg WRP 1990, 47 – Expertengespräch (Wettbewerbsabsicht verneint).

264 RGZ 79, 321 – Sonderrabatt.

265 RG MuW 38, 255 – Düngemittel.

266 *Baumbach/Hefermehl* 22. Aufl. 2001, UWG Einl. Rn 233.

267 BGH Urt. v. 26. 6. 1963 (I b ZR 13/62).

268 BGH GRUR 1969, 418, 420 – Standesbeamte.

269 BGH GRUR 1996, 798 – Lohnentwesungen.

270 LG Köln GRUR 1953, 258 – Lastenausgleichssachen.

271 RG GRUR 1928, 662 – Konsum- und Spargenossenschaft.

272 BGH GRUR 1959, 488 – Konsumgenossenschaft.

273 RG MuW 41, 90 – Spezialrad; BGH LM 15 zu § 1 UWG – Innungsboykott; BGH GRUR 1955, 342 – Rheinpfalz; BGH GRUR 1962, 47 – Betonzusatzmittel; BGH GRUR 1972, 427, 428 – Mitgliederwerbung; BGH GRUR 1973, 371 – Gesamtverband.

274 BGH WRP 1996, 1099, 1100 – Testfoto II.

sens im Handel und Gewerbe seine Mitglieder aufforderte, nicht in Geschäften bestimmter Art zu kaufen.[275] Ein Verein, der seinen Mitgliedern (Endverbraucher) Mitgliedsausweise ausstellte, die zum Einkauf bei bestimmten Vertragshändlern berechtigten, förderte den Händlerwettbewerb.[276] Der Börsenverein deutscher Buchhändler wendete sich gegen das Schleudern bestimmter Firmen im Buchhandel und erfüllte damit die Voraussetzungen einer Wettbewerbshandlung.[277] Eine Wettbewerbshandlung wurde auch bejaht, als eine kassenärztliche Vereinigung in einem Rundschreiben an ihre Mitglieder die unrichtige Gesetzesauslegung verbreitete, dass Kassenärzte Laboruntersuchungen von „Service-Firmen" nicht abrechnen dürften.[278] Eine Förderung fremden Wettbewerbs war die Beteiligung eines Landwirtschaftsverbands an einem Fachverlag, der eine Fachzeitschrift dieses Verlages auf seine Kosten an seine Mitglieder lieferte, wodurch der Verleger einer anderen Fachzeitschrift empfindliche Einbußen im Absatz und im Inseratengeschäft erlitt.[279] Bei einem Idealverein ist das Vorliegen einer Wettbewerbshandlung nach dem Lauterkeitsrecht zu beurteilen, selbst wenn sich die erwerbswirtschaftliche Betätigung im Rahmen des Nebenzweckprivilegs bewegt.[280]

183 Die geschäftliche Maßnahme des **Gesamtverbandes** eines bestimmten Industriezweiges, der seine Mitglieder auf wirtschaftlichem, technischem und wissenschaftlichem Gebiet betreut, war eine Wettbewerbshandlung, wenn dies die Wettbewerbsfähigkeit der im Verband zusammengeschlossen Firmen gegenüber den konkurrierenden Nichtmitgliedern zu fördern geeignet war.[281] Als Wettbewerbshandlung wurde auch die Führung eines Vereinsnamens (Gesamtverband Kunststoff verarbeitende Industrie eV) beurteilt, unter dem der Verband die wirtschaftlichen Interessen seiner Mitglieder förderte.[282]

184 Die reine **Mitgliederwerbung** eines Idealvereins wurde dann als eine Wettbewerbshandlung beurteilt, wenn sie ihrem Inhalt nach geeignet war, den Wettbewerb der Mitglieder gegenüber ihren Mitbewerbern unmittelbar oder mittelbar zu fördern.[283] Ein Fachverband, der Rundschreiben außer an die eigenen Mitglieder auch an andere Unternehmen des von ihm betreuten Industriezweigs versendete, um sie als Mitglieder zu werben, handelte nicht zu Zwecken des Wettbewerbs, weil die Schreiben nur für die Empfänger bestimmt waren, nicht an die Öffentlichkeit gelangten und nach Art und Inhalt nicht geeignet waren, den Wettbewerb der eigenen Mitglieder gegenüber dem ihrer Mitbewerber zu fördern, etwa wenn die eigenen Mitglieder in irgendeiner Beziehung als leistungsfähiger oder aus anderen Gründen gegenüber den Mitbewerbern als den Vorzug verdienend hervorgehoben wurden.[284] Auf einen Idealverein zum Schutz der Wertpapierbesitzer, der sich nicht auf die reine Mitgliederwerbung beschränkte, sondern im Wettbewerb mit anderen gewerblich tätigen Beratern ein Beratungsangebot auf dem Gebiet der Wertpapieranlage an die Mitglieder für deren Erben richtete, ohne Rücksicht darauf, ob diese dem Verein beitraten, war das UWG anzuwenden.[285]

185 Die Tätigkeit der **Verbraucherinformation und Verbraucheraufklärung eines Verbraucherverbands,** der in Erfüllung seines satzungsgemäßen Zwecks handelt, stellt trotz der nachhaltigen Marktwirkungen dieser Tätigkeit keine Wettbewerbsförderung im lauter-

---

[275] RGZ 79, 321, 322 – Sonderrabatt.
[276] OLG Celle WRP 1974, 273 – Endverbraucherorganisation.
[277] RG MuW 30, 68, 69 – Vereinigung Deutscher Reisebüros E. V.; aA RGZ 56, 271, 276 – Schleuderer; zu den berühmten Buchhändlerprozessen des RG im 19. Jahrhundert als den Anfängen des Wirtschaftsdeliktsrechts siehe die Feldstudie von *Fezer* Teilhabe und Verantwortung 1986, S. 405 ff.
[278] OLG München BB 1973, 579 – Autoanalyser.
[279] BGH GRUR 1972, 40, 42 – Feld und Wald I.
[280] BGH GRUR 1972, 40, 42 – Feld und Wald I; BGH GRUR 1983, 120, 123 – ADAC-Verkehrsrechtschutz; *Lehmann* WRP 1986, 63, 64.
[281] So *Baumbach/Hefermehl* 22. Aufl. 2001, UWG Einl. Rn 242.
[282] BGH GRUR 1973, 371 – Gesamtverband; ebenso für die Umbenennung einer Verbandsbezeichnung BGH GRUR 1975, 377, 378 – Verleger von Tonträgern.
[283] *Baumbach/Hefermehl* 22. Aufl. 2001, UWG Einl. Rn 243.
[284] BGH GRUR 1972, 427, 428 – Mitgliederwerbung.
[285] BGH GRUR 1984, 283, 285 – Erbenberatung.

keitsrechtlichen Sinne dar. Das gilt auch für die Veranstaltung und Veröffentlichung von Produkttests der **Stiftung Warentest** und vergleichbaren neutralen, objektiven und sachkundigen Testveranstaltern.[286] Wenn ein Automobilclub an seine Mitglieder Gutscheine austeilt, die nur bei bestimmten Werkstätten eingelöst werden können, wird der Wettbewerb dieser Werkstätten gegenüber den Konkurrenzunternehmen gefördert.[287]

d) Tätigkeiten der öffentlichen Hand. Wettbewerbshandlungen der **öffentlichen Hand** und der auf dem Gebiet der öffentlichen Daseins- und Gesundheitsfürsorge tätigen Organisationen in Bereichen, in denen diese mit privatrechtlich tätigen Dritten konkurrieren, setzen ein objektives Förderungsziel voraus. Das Verhalten einer **Kassenärztlichen Vereinigung,** die Abrechnungssoftware an Zahnärzte eines bestimmten Herstellers kostenlos abgab und wartete, war objektiv geeignet, den Absatz anderer Hersteller und Vertreiber von Zahnarzt-Abrechnungs-Software zum Vorteil des von ihr mit der Erstellung der streitigen Software beauftragten Unternehmens zu beeinträchtigen.[288] Eine Förderung des Wettbewerbs eines privaten Anbieters wurde nicht angenommen, wenn ein öffentlicher **Rentenversicherungsträger** von ihm zur Bearbeitung von Rentenanträgen entwickelte Software unentgeltlich an solche Verwaltungsbehörden weitergab, die für die Entgegennahme derartiger Anträge zuständig waren.[289] 186

Wenn eine **Gemeinde** einen Nutzen aus dem wirtschaftlichen Erfolg eines Gewerbetreibenden zog und deshalb daran ein besonderes Interesse hatte, wurde bei Handlungen mit Förderungseignung auch eine Förderungsabsicht angenommen.[290] Dies lag vor, als eine Krankenkasse einseitig einen einzelnen Anbieter empfahl.[291] Auch eine **Sozialhilfebehörde** durfte deshalb keinen bestimmten Brillenanbieter gegenüber Sozialhilfeempfängern empfehlen.[292] Verlangte das Beschaffungsamt eines Landes als Großhersteller von Büchern einen Preisnachlass von 5% des festen Ladenpreises von der Gesamtheit der Verleger und Buchhändler, so war die Förderungseignung jedoch zweifelhaft.[293] 187

Eine **gesetzliche Krankenkasse,** die selbst Brillen an ihre Mitglieder abgab, trat in Konkurrenz zu freiberuflich tätigen Optikern.[294] Wenn die **Zentralstelle für Unfallverhütung und Arbeitsmedizin** eine Lärmmessung für die EWG-Baumusterprüfung nach § 4 der 15. BImSchV unentgeltlich durchführte, soweit diese Lärmmessung bei der Erledigung der ihr im Rahmen des vorbeugenden Arbeitsschutzes nach § 546 RVO iVm § 3 Abs. 4 GerätesicherheitsG obliegenden Aufgaben nach Art und Umfang ohnehin anfiel, förderte sie dadurch ihren Wettbewerb zulasten anderer Prüfstellen, wie zB des Technischen Überwachungsvereins.[295] Nahm eine **Rundfunkanstalt** einen von einem Filmverleihunternehmen veranstalteten Vortragsabend eines Kabarettisten ohne Zustimmung des Veranstalters auf Tonband auf, war das unerlaubte Senden zur Förderung des eigenen Wettbewerbs geeignet.[296] Eine Wettbewerbshandlung lag auch vor, wenn die Deutsche Telekom AG Rundfunkteilnehmern eine Verkabelung anbot.[297] Eine Wettbewerbshandlung konnte angenommen werden, wenn eine staatliche Kurverwaltung in Verfolgung wirtschaftlicher Interessen des Staatsbades Unterkunftshinweise gab.[298] 188

---

[286] Siehe dazu das Grundsatzurteil BGH GRUR 1976, 268 – Warentest II; siehe auch BGH GRUR 1981, 658 – Preisvergleich; zum vergleichenden Produkttest → § 4-S 8 Rn 42ff; → § 6 Rn 308ff.

[287] OLG Stuttgart NJWE-WettbR 2000, 86f – Gutscheine eines Automobilclubs.

[288] BGH GRUR 1993, 917ff – Abrechnungs-Software für Zahnärzte.

[289] OLG Karlsruhe NJWE-WettbR 2000, 6f – Software für Rentenanträge.

[290] BGH GRUR 1990, 463 – Firmenrufnummer.

[291] OLG Frankfurt WRP 1997, 1205 – Inkontinenzartikel.

[292] OLG Frankfurt WRP 1997, 1205, 1206ff – Inkontinenzartikel.

[293] BGH GRUR 1968, 95, 97 – Büchereinachlass.

[294] BGH GRUR 1982, 425, 430 – Brillen-Selbstabgabestellen I.

[295] BGH GRUR 1993, 125, 126 – EWG-Baumusterprüfung.

[296] BGHZ 39, 352, 356 – Vortragsabend; BGHZ 37, 1 – AKI.

[297] *Baumbach/Hefermehl* 22. Aufl. 2001, UWG Einl. Rn 245.

[298] BGHZ 19, 299 – Bad Ems.

VI. Produkte als Waren oder Dienstleistungen

Schrifttum: *Fezer,* Markenrechtliche Produktabgrenzung zwischen Ware und Dienstleistung, GRUR Int. 1996, 445; *ders.,* Markenrecht, Kommentar zum Markengesetz, zur Pariser Verbandsübereinkunft und zum Madrider Markenabkommen, 4. Aufl., 2009, § 3 MarkenG, Rn 267 ff; *Hoth,* Ware und gewerbliche Leistung – Versuch einer Begriffsbestimmung für das Handels-, Wettbewerbs-, Warenzeichen-, Zugabe- und Rabattrecht, WRP 1956, 261.

1. Regelungszusammenhang

189 Nach § 2 Abs. 1 Nr. 1 1. Hs. wird eine **geschäftliche Handlung** über den **objektiven Zusammenhang** des Verhaltens einer Person mit der Förderung des Absatzes oder des Bezugs von **Waren oder Dienstleistungen** oder mit dem Abschluss oder der Durchführung eines Vertrages über Waren oder Dienstleistungen definiert. Der Absatzförderungszusammenhang, der Bezugsförderungszusammenhang, der Vertragsabschlusszusammenhang und der Vertragsdurchführungszusammenhang im Sinne der Definition einer geschäftlichen Handlung beziehen sich auf Waren oder Dienstleistungen. § 2 Abs. 1 Nr. 1 2. Hs. enthält eine **klarstellende Erläuterung** des Begriffs der Waren und Dienstleistungen; nach dieser Regelung gelten als Waren auch Grundstücke und gelten als Dienstleistungen auch Rechte und Verpflichtungen.

190 Die Definitionen der Begriffe des Marktteilnehmers (§ 2 Abs. 1 Nr. 2) und des Mitbewerbers (§ 2 Abs. 1 Nr. 3) nehmen auf die Begriffe der Waren oder Dienstleistungen Bezug. **Marktteilnehmer** sind nach § 2 Abs. 1 Nr. 2 als **Anbieter oder Nachfrager von Waren oder Dienstleistungen** tätig; **Mitbewerber** stehen nach § 2 Abs. 1 Nr. 3 mit anderen Unternehmern **als Anbieter oder Nachfrager von Waren oder Dienstleistungen in einem konkreten Wettbewerbsverhältnis.** Im Regelungszusammenhang des Katalogs der Definitionen im UWG sind **Waren oder Dienstleistungen** allgemein als die **Gegenstände des lauterkeitsrechtlich erheblichen Geschäftsverkehrs** zu bezeichnen.

2. Gesetzesgeschichte

191 Seit Alters her ist der Begriff der Waren und gewerblichen Leistungen im deutschen Lauterkeitsrecht definiert. Der Definition im **UWG 1909** lag noch die Unterscheidung zwischen **Waren** einerseits und **gewerblichen Leistungen und Interessen** andererseits zugrunde. Nach § 2 UWG 1909 aF wurden unter Waren im Sinne des UWG auch landwirtschaftliche Erzeugnisse und unter gewerblichen Leistungen und Interessen auch landwirtschaftliche Leistungen verstanden. Sowohl der Begriff der Waren als auch die Begriffe der gewerblichen Leistungen und der gewerblichen Interessen wurde **weit ausgelegt.** Unter Waren im Sinne des UWG wurde jedes **Erzeugnis** verstanden, das **Gegenstand des Handels** sein konnte. Der Begriff der **gewerblichen Leistungen und gewerblichen Interessen** umfasste **alle geldwerten Leistungen** auf dem Gebiet der gewerblichen Betätigung einschließlich der freien Berufe.

192 Den begrifflichen Umschreibungen der Begriffe der Waren und gewerblichen Leistungen kam aufgrund der weiten Auslegung keine den Anwendungsbereich des Lauterkeitsrechts begrenzende Funktion zu. Die **Definition des § 2 UWG 1909 aF** erwies sich in ihrer klarstellenden Funktion als eine gesetzliche Regelung als **überflüssig.** Durch das am 14. September 2000 in Kraft getretene Gesetz zur vergleichenden Werbung[299] wurde in Umsetzung der Richtlinie über irreführende Werbung[300] in dem neuen § 2 UWG die vergleichende Werbung geregelt und die Regelung des alten § 2 UWG 1909 aF zu den Begriffen der Waren und gewerblichen Leistungen **ersatzlos gestrichen.**

---

[299] Gesetz zur vergleichenden Werbung und zur Änderung wettbewerbsrechtlicher Vorschriften vom 1. 9. 2000 BGBl. I S. 1374.

[300] Richtlinie des Europäischen Parlaments und des Rates zur Änderung der Richtlinie 84/450/EWG über irreführende Werbung zwecks Einbeziehung der vergleichenden Werbung (97/55/EG) vom 6. 10. 1997 ABl. EG Nr. L 290 S. 18.

Die teils schwierigen **Abgrenzungsprobleme zwischen Waren und Dienstleistungen** und die reichhaltige Rechtsprechung zu der begrifflichen Unterscheidung haben ihre Ursache weniger im Lauterkeitsrecht als im Markenrecht. Die namentlich **im Markenrecht entwickelten Abgrenzungskriterien** wurden weithin als eine Folge der als Einheit verstandenen Rechtsgebiete des Wettbewerbs- und Warenzeichenrechts **in das Lauterkeitsrecht übertragen,** ohne dass den begrifflichen Abgrenzungen im UWG eine entsprechende Rechtserheblichkeit zukam. 193

Im früheren Warenzeichenrecht spielte die äußerst schwierige Abgrenzung zwischen Waren und Dienstleistungen deshalb eine entscheidende Rolle, weil das WZG von 1936 ursprünglich nur einer **Warenmarke** (Warenzeichen) Rechtsschutz gewährte. Eine **Dienstleistungsmarke** war nur wettbewerbsrechtlich geschützt, und zwar nach § 16 Abs. 1 UWG aF, wenn für die Dienstleistungsmarke ein Unternehmenskennzeichen (Name, Firma, besondere Geschäftsbezeichnung) verwendet wurde, und nach § 16 Abs. 3 UWG aF, wenn die Dienstleistungsmarke als Geschäftsabzeichen innerhalb beteiligter Verkehrskreise Verkehrsgeltung erworben hatte.[301] Um den Anwendungsbereich des Warenzeichengesetzes möglichst weit auszudehnen, wurde der **Begriff der Waren in einem extensiven Sinne** verstanden, um die **Eintragung von Warenmarken** zu ermöglichen. 194

Mit der Gesetzesänderung des Jahres 1979 wurde die **Eintragung von Dienstleistungsmarken** in die Zeichenrolle zugelassen.[302] Nach dem geltenden Markenrecht kommt es auf die Abgrenzung zwischen Waren und Dienstleistungen namentlich für die Eintragung in das Markenregister an, das entsprechend der internationalen Klassifikation eine **Einteilung nach Warenklassen und Dienstleistungsklassen** vornimmt. Die Abgrenzung zwischen Waren und Dienstleistungen wird nach der **Abgrenzung eines materiellen von einem immateriellen Wirtschaftsgut** nach der Verkehrsauffassung vorgenommen.[303] Diese Art der Abgrenzung, die namentlich in der Rechtspraxis und Rechtsprechung auf das UWG übertragen wurde, sollte **im Lauterkeitsrecht aufgegeben** werden. 195

3. Produkt als Oberbegriff für Ware und Dienstleistung

Die UGP-RL verwendet den international gebräuchlichen **Begriff des Produkts als Oberbegriff für Waren und Dienstleistungen.** Nach Art. 2 lit. c UGP-RL bezeichnet der Ausdruck Produkt im Sinne der Richtlinie jede Ware oder Dienstleistung, einschließlich Immobilien, Rechte und Verpflichtungen.[304] 196

Der **Gesetzgeber der UWG-Novelle 2008** übernahm den Begriff des Produkts weder in den Definitionenkatalog des § 2 noch in den Wortlaut des Gesetzestextes des UWG 2008. Als Gründe werden angeführt, der Oberbegriff Produkt für die Begriffe Ware und Dienstleistung sei dem deutschen Wettbewerbsrecht fremd und auch das MarkenG verwende die Begriffe der Ware und Dienstleistung. Auch wenn im Gesetzestext des MarkenG die Begriffsbildung „Waren oder Dienstleistungen" verwendet wird, so setzte sich gleichwohl in der Sprache der Rechtspraxis und auch in der höchstrichterlichen Rechtsprechung der Oberbegriff des Produkts – etwa im Sinne von Produktähnlichkeit nach § 14 Abs. 2 Nr. 2 MarkenG – durch. Da der Oberbegriff Produkt auch international sprachgebräuchlich ist, sollte er ungeachtet der Zurückhaltung des Gesetzgebers auch im deutschen Lauterkeitsrecht verwendet werden. 197

---

[301] Siehe zu dem mit Beweisschwierigkeiten im Prozess verbundenen Wettbewerbsschutz der Dienstleistungsmarke und den mit dem Fehlen eines warenzeichengesetzlichen Schutzes der Dienstleistungsmarke besonders nachteiligen Auswirkungen im internationalen Wirtschaftsverkehr *Fezer* § 3 MarkenG Rn 27.

[302] Gesetz über die Eintragung von Dienstleistungsmarken vom 29. 1. 1979 BGBl. I S. 125.

[303] Siehe zu dieser Abgrenzung *Fezer* § 3 MarkenG Rn 267 ff.

[304] Eine entsprechende Erläuterung des Begriffs der Waren und Dienstleistungen enthält die Richtlinie über irreführende und vergleichende Werbung in Art. 2 lit. a RL 2006/114/EG; nach dieser Begriffsdefinition bedeutet Werbung jede Äußerung bei der Ausübung eines Handels, Gewerbes, Handwerks oder freien Berufs mit dem Ziel, den Absatz von Waren oder die Erbringung von Dienstleistungen, einschließlich unbeweglicher Sachen, Rechte und Verpflichtungen, zu fördern.

198 In dem **Definitionenkatalog des § 2** werden die Begriffe der Ware und Dienstleistung nicht als eigene Definition umschrieben, sondern innerhalb der Definition der geschäftlichen Handlung erläutert. Nach § 2 Abs. 1 Nr. 1 2. Hs. gelten als Waren auch Grundstücke und gelten als Dienstleistungen auch Rechte und Verpflichtungen.[305] Unbeschadet der Differenzierung zwischen Waren und Dienstleistungen stimmt die Definition wörtlich und inhaltlich mit der Definition der UGP-RL überein. Der wesentliche Unterschied zwischen der Definition der UGP-RL und der erläuternden Begriffsbestimmung in § 2 Abs. 1 Nr. 1 2. Hs. liegt darin, dass der Gesetzgeber des UWG 2008 eine **begriffliche Unterscheidung zwischen Waren und Dienstleistungen** vornimmt, indem er namentlich den Dienstleistungen die Rechte und Verpflichtungen zuordnet. Diese Differenzierung provoziert ohne Not **Abgrenzungsprobleme,** die im Lauterkeitsrecht **rechtlich unerheblich** sind. Die aus Gründen einer Unterscheidung zwischen Warenmarke und Dienstleistungsmarke im Warenzeichenrecht in der Vergangenheit rechtserhebliche Abgrenzung zwischen Waren und Dienstleistungen war vor allem dadurch gekennzeichnet, einem weiten Warenbegriff auch solche Wirtschaftsgüter zuzurechnen, die als **Rechte** nach der Abgrenzung des UWG 2008 unter den Begriff der Dienstleistungen zu subsumieren sind. So unterfallen Wertpapiere dem Begriff der Waren und sind wertpapierrechtlich nicht verkörperte Wertrechte eher den Dienstleistungen zuzurechnen. Auch wenn in § 2 Abs. 1 Nr. 1 2. Hs. eine begriffliche Differenzierung zwischen Waren und Dienstleistungen angelegt ist, sollte **auf eine Abgrenzung im Lauterkeitsrecht verzichtet** werden, da der begrifflichen Unterscheidung eine lauterkeitsrechtliche Rechtserheblichkeit nicht zukommt.

4. Extensive Begriffe der Ware und Dienstleistung nach den herkömmlichen Rechtsgrundsätzen

199 Im Lauterkeitsrecht des UWG 2008 sollte von einem **weiten und einheitlichen Begriff des Produkts** im Sinne des europäischen Richtlinienrechts ausgegangen und auf eine begriffliche Abgrenzung zwischen Waren und Dienstleistungen verzichtet werden.[306] Ob ein Wirtschaftsgut eher als eine Ware, weil an den Sachbegriff anzuknüpfen ist, oder eher als eine Dienstleistung, weil an den Begriff des Rechts und der Verpflichtung anzuknüpfen ist, zu beurteilen ist, ist im UWG 2008 nicht rechtserheblich und als begriffsjuristische Darstellung verzichtbar.

200 Der **Begriff des Produkts** im Sinne eines **Oberbegriffs für Waren und Dienstleistungen** war schon nach den herkömmlichen Rechtsgrundsätzen **einheitlich** zu verstehen und **extensiv** auszulegen. Produkte sind **materielle und immaterielle Wirtschaftsgüter.** Einer Abgrenzung der materiellen von den immateriellen Wirtschaftsgütern, die der Abgrenzung der Waren von den Dienstleistungen im Markenrecht zugrunde liegt, bedarf es aber im UWG nicht. Es ist zudem auch im Markenrecht eine positive Definition der Dienstleistung nicht überzeugend gelungen, weshalb weithin auch eine negative Abgrenzung der Dienstleistung gegenüber dem Begriff der Ware vorgenommen wird. Im Wettbewerbsrecht galt schon bisher ein weiter Begriff der Ware und nicht der enge Begriff der Ware des Handelsrechts.

201 Eine Ware als materielles Wirtschaftsgut wurde schon immer dann angenommen, wenn an einem Gegenstand im Rechtssinne eine Übertragung, Nutzung oder sonstige Überlassung an eine Person möglich ist. Unter einer Dienstleistung wurden im Wettbewerbsrecht alle geldwerten gewerblichen Leistungen verstanden, die nicht unter den Begriff der Ware fallen.[307] Wenn eine Kombination von Ware und Dienstleistung angeboten oder nachgefragt wurde, so wurde im Wettbewerbsrecht anhand des wirtschaftlichen Ergebnisses die

---

[305] In § 2 Abs. 1 Nr. 1 UWG 2004 wurde innerhalb der Definition des Begriffs der Wettbewerbshandlung allgemein in Parenthese im Anschluss an Waren und Dienstleistungen „einschließlich unbeweglicher Sachen, Rechte und Verpflichtungen" erläutert.

[306] → B Rn 198.

[307] Großkomm/*Jacobs* UWG § 2 Rn 14; Großkomm/*Erdmann* UWG § 13 Rn 32; *Baumbach/Hefermehl* UWG 21. Aufl. 1999, § 2 Rn 2.

Abgrenzung zwischen Ware und Dienstleistung vorgenommen. Wenn der Erfolg oder das wirtschaftliche Ergebnis einer Leistung beim Leistenden eintrat, dann wurde eine Ware angenommen; wenn dies jedoch unmittelbar bei demjenigen erfolgte, für den der Leistende tätig war, so wurde von einer Leistung ausgegangen.[308] Im UWG 2008 sollte auf eine solche begriffliche Ausdifferenzierung der Unterscheidung zwischen Waren und Dienstleistungen verzichtet werden. Die **Rechtsprechung zum Begriff der Waren und Dienstleistungen** im Lauterkeitsrecht ist als **Anschauungsmaterial** heranzuziehen, um die schon nach der bisherigen Rechtslage bestehende Weite der Begriffe der Waren und Dienstleistungen zu illustrieren.

5. Produkt als kommerzielles Gut oder kommerzielles Interesse

Unter einem **Produkt** ist ein **kommerzielles (Wirtschafts)Gut** oder allgemeiner ein **kommerzielles Interesse** zu verstehen, das **Gegenstand des Geschäftsverkehrs** am Markt sein kann. Um Schutzlücken im harmonisierten Lauterkeitsrecht zu vermeiden, ist eine **extensive Auslegung des Produktbegriffs** geboten. Auf die rechtliche Qualifizierung einer Ware im Sinne eines beweglichen oder unbeweglichen Gegenstands oder einer Dienstleistung im Sinne eines Rechts und einer Verpflichtung oder einer Dienstleistung im zivilrechtlichen Sinne kann es nicht ankommen. Jedes kommerzielle Gut und jedes kommerzielle Interesse kann Gegenstand eines marktbezogenen Verhaltens eines Unternehmens am Markt und damit **Gegenstand einer kommerziellen Kommunikation** eines Unternehmens sein. Wenn es bei der Anwendung eines lauterkeitsrechtlichen Rechtssatzes zu einer konkreten Problemlösung **ausnahmsweise** auf eine rechtliche Abgrenzung zwischen Ware und Dienstleistung ankommen sollte, dann ist die Abgrenzung nach einer normspezifischen Begriffsbildung im Sinne einer teleologischen Auslegung vorzunehmen.[309] 202

Eine extensive Auslegung des Produktbegriffs in richtlinienkonformer Auslegung der UGP-RL vermeidet Schutzlücken im harmonisierten Lauterkeitsrecht. Der extensive Begriff des Produkts sollte identisch im nichtharmonisierten Lauterkeitsrecht verwendet werden. Dem Produktbegriff kommt in § 2 Abs. 1 Nr. 1 bis 3 für die Definitionen der geschäftlichen Handlung, der Marktteilnehmer und der Mitbewerber die gleiche rechtliche Bedeutung zu. 203

6. Anwendungsbereich des Produktbegriffs

Dem extensiven Begriff des Produkts als kommerzielles Gut oder Interesse kommt ein an den wirtschaftlichen Verhältnissen und Marktdaten auszurichtender weiter Anwendungsbereich zu. Die Rechtsprechung zur Subsumtion von Sachverhalten unter die Begriffe der Ware und Dienstleistung bilden **Anschauungsmaterial,** ohne den Anwendungsbereich des Lauterkeitsrechts zu begrenzen. In der höchstrichterlichen Rechtsprechung wurde unter dem weiten Begriff der Ware jedes wirtschaftliche Gut verstanden, das Gegenstand des geschäftlichen Verkehrs sein kann.[310] Es wurde von einem weiten wettbewerbsrechtlichen Begriff der Ware und nicht von dem engen Begriff der Ware des Handelsrechts ausgegangen. Waren wurden als solche Wirtschaftsgüter umschrieben, die aus einem Unternehmen der Herstellung und des Handels sowie der landwirtschaftlichen und forstwirtschaftlichen, auch fischwirtschaftlichen Produktion (Urproduktion), von der sie in den wirtschaftlichen Verkehr gelangten, stammen, verstanden.[311] 204

---

[308] KG WuW/E OLG 2190 – Bilderland; NJW 1988, 2479 – Toolbox; Großkomm/*Jacobs* UWG § 2 Rn 16 mwN.

[309] In der UGP-RL und insbesondere im UWG werden in zahlreichen Bestimmungen die Begriffe Ware und Dienstleistung, Dienstleistungsverkehr und Warenverkehr, Finanzdienstleistungen und Kundendienstleistungen verwendet.

[310] BGH GRUR 1976, 316, 317 – Besichtigungsreisen II (Warenbegriff der ZugabeVO); BGH GRUR 1979, 553 f – Luxus-Ferienhäuser (Warenbegriff PAngV); Großkomm/*Jacobs* UWG § 2 Rn 11; *Baumbach/Hefermehl* 22. Aufl. 2001, UWG Einl. Rn 203; aA *Borck* WRP 1971, 102, 108 (handelsrechtlicher Warenbegriff).

[311] Großkomm/*Jacobs* UWG § 2 Rn 11; BGH GRUR 1965, 260 – Flußspat.

205 Unter den Begriff des Produkts sind auch **Wertpapiere** und **Wertrechte, Kunstwerke, Filme** und **Computerprogramme**[312] zu subsumieren. Zu den **Immobilien** rechnen nicht nur **Grundstücke** und **grundstücksgleiche Rechte,** sondern auch **Anlageobjekte.**[313] Der Produktbegriff – nach der herkömmlichen Rechtsauffassung der Warenbegriff im Wettbewerbsrecht – umfasst neben **Rechten**[314] auch **unkörperliche Gegenstände,** wie **Energie, Betriebsgeheimnisse, Know-how, Werbideen** und **Nachrichten.**[315] Für den Produktbegriff kann es auf die **Rechtsnatur** eines kommerziellen Gutes oder kommerziellen Interesses **nicht ankommen.** Ob an einem geistigen oder technischen Wissen ein Immaterialgüterrecht besteht, ist für den lauterkeitsrechtlichen Begriff des Produkts unerheblich; der Produktbegriff ist nicht auf **Immaterialgüterrechte** im Rechtssinne, die Produkte darstellen, beschränkt. Umstritten war die Behandlung von **Gutscheinen,** die nach richtiger Ansicht als Waren einzuordnen waren[316] und nach der Begriffsbildung der UGP-RL Produkte darstellen. Nach der gegenüber der Definition des § 2 Abs. 1 Nr. 1 UWG 2004 in der Definition des § 2 Abs. 1 Nr. 1 2. Hs. vorgenommenen Zuordnung der Rechte und Verpflichtungen zu den Dienstleistungen, sind solche Rechte, die in beweglichen Sachen verkörpert sind, dem Begriff der Dienstleistung zuzuordnen, auch wenn die Abgrenzung zwischen Ware und Dienstleistung wegen der gleichen Rechtsfolge grundsätzlich nicht entscheidend ist; es sind Produkte im Sinne der UGP-RL.

206 Produkte sind Dienste gewerblicher und nichtgewerblicher Art. Zu den gewerblichen Diensten rechnen etwa auch die **Entwicklung von Filmen,**[317] die **Gestattung der Aufstellung von Automaten**[318] und die **Gestattung der Übertragung von Sportveranstaltungen.**[319] Produkte sind auch die Leistungen der **freien Berufen,** wie der Ärzte, der Rechtsanwälte,[320] der Architekten, sowie künstlerische und geistige Leistungen, sofern sie einen wirtschaftlichen Wert haben, das meint von **kommerziellem Interesse** sind, wie **Darbietungen eines Theaters.**[321] Beispielhaft seien weiter genannt die **Lieferung von Wärme,**[322] die **An- und Verpachtung** sowie **Vermietung**[323] und die **Absatzvermitt-**

---

312 BGHZ 94, 276, 286ff – Inkasso-Programm; KG NJW 1988, 2479 – Toolbox; dagegen Wareneigenschaft verneint in KG NJW-RR 1989, 1319 – Demonstrationsdiskette als Dienstleistung. Siehe auch zum WZG BGH GRUR 1985, 1055 – Datenverarbeitungsprogramme als Ware m. Anm. *Betten;* BGH GRUR 1990, 517, 518 – SMARTWARE.

313 BGH GRUR 1976, 316, 317 – Besichtigungsreisen II; BGH GRUR 1979, 553f – Luxus-Ferienhäuser; BGH GRUR 1982, 493, 494 – Sonnenring; Großkomm/*Jacobs* UWG § 2 Rn 11; *Baumbach/Hefermehl* UWG 21. Aufl. § 2 Rn 1; *Hoth* WRP 1956, 261, 266f; *Otto* WM 1988, 729, 734; aA *Borck* WRP 1971, 102, 108: keine Grundstücke.

314 BGH GRUR 1962, 34, 36 – Torsana; ausführlich Großkomm/*Jacobs* UWG § 2 Rn 11; Großkomm/*Otto* UWG § 6c Rn 25; KG WRP 1973, 522, 524 – Starkstromkabel: auch der Geschäftsbetrieb als Ganzes; sowie das Senderecht (KG WuW/E OLG 4267, 4269 – Globalvertrag), nicht aber die Gestattung der Übertragung von Sportveranstaltungen, das eine gewerbliche Leistung war (BGHZ 110, 371, 384 – Globalvertrag).

315 *Hoth* WRP 1956, 261, 267; Großkomm/*Jacobs* UWG § 2 Rn 11; *Baumbach/Hefermehl* UWG 21. Aufl. § 2 Rn 1; RGZ 67, 229, 232 für elektrische Energie; BGHZ 18, 175, 183 – Werbeidee.

316 Ebenso Großkomm/*Jacobs* UWG § 2 Rn 11; Großkomm/*Otto* UWG § 4 Rn 52; aA *Baumbach/Hefermehl* UWG 21. Aufl. § 2 Rn 1 unter Berufung auf BGHZ 11, 274, 278 – Orbis-Reisemarken (zur ZugabeVO).

317 BGHZ 51, 163, 166 – Farbumkehrfilme.

318 BGH GRUR 1978, 489 – Gaststättenverpachtung.

319 BGHZ 110, 371, 384 – Globalvertrag.

320 BGH GRUR 1972, 709 – Patentmark.

321 Großkomm/*Jacobs* UWG § 2 Rn 14; Großkomm/*Otto* UWG § 4 Rn 53; *Baumbach/Hefermehl* UWG 21. Aufl. 1999, § 2 Rn 2.

322 BGH NJW 1983, 1493 zu § 34 GWB.

323 An- und Verpachtung eines Unternehmens: BGH WM 1980, 1309 – Mallendarer Bürgerstube; BGH GRUR 1978, 489 – Gaststättenverpachtung; OLG Düsseldorf WuW/E OLG 888, 889 – Gaststättenpacht. Betrieb eines Hotels: Handelsgericht Wien Abt. I GRUR 1926, 401; *Baumbach/Hefermehl* UWG 21. Aufl. § 2 Rn 2. Verpachtung von Werbemöglichkeiten: OLG Frankfurt/M WuW/E OLG 245. Verpachtung eines Hafens durch die Gemeinde: KG WuW/E OLG 357, 359. Vermietung von Messeständen: BGHZ 52, 65, 66 – Sportartikelmesse.

lung durch Handelsvertreter und ähnliche Gewerbetreibende.[324] Keine Dienstleistung soll das **Recht am eigenen Bild** und dessen Gestattung an einen Dritten sein,[325] jedoch die Vermarktung solcher Rechte;[326] ein Produkt ist anzunehmen, soweit ein kommerzielles Interesse gegeben ist. Nicht unter den Produktbegriff als eine Dienstleistung fallen die **Arbeits- und Dienstleistungen abhängiger Arbeitnehmer.**[327] Kommerzielle Eigentumsrechte wie **Urheberrechte, Patentrechte, Kennzeichenrechte, Namensrechte** einschließlich der **Domainnamen** sind den Dienstleistungen zuzuordnen und stellen Produkte dar. Das gilt nach dem extensiven Produktbegriff entgegen der früheren Zuordnung zum Warenbegriff auch für **Betriebsgeheimnisse, Know-how, Werbeideen** und **Nachrichten.** Als Rechte sind nach § 2 Abs. 1 Nr. 1 auch **Lizenzrechte** und **Unternehmensanteilsrechte** den Dienstleistungen zuzuordnen.

C. Marktteilnehmer (§ 2 Abs. 1 Nr. 2)

§ 2 Abs. 1 Nr. 2 UWG

Im Sinne dieses Gesetzes bedeutet

„Marktteilnehmer" neben Mitbewerbern und Verbrauchern alle Personen, die als Anbieter oder Nachfrager von Waren oder Dienstleistungen tätig sind.

Übersicht

	Rn
C. Marktteilnehmer (§ 2 Abs. 1 Nr. 2)	**1**
I. Marktteilnehmer als Oberbegriff der Schutzsubjekte des UWG	1
1. Rechtstechnische Begriffsbildung	1
2. Mitbewerber, Verbraucher und sonstige Marktteilnehmer	4
II. Sonstige Marktteilnehmer	6
III. Produkte als Waren oder Dienstleistungen	10

I. Markteilnehmer als Oberbegriff der Schutzsubjekte des UWG

1. Rechtstechnische Begriffsbildung

1 Mit dem **Begriff des Marktteilnehmers** wird der **subjektive Anwendungsbereich** des UWG umschrieben. Der Marktteilnehmer ist das **Schutzsubjekt** des Lauterkeitsrechts. Nach § 1 S. 1 sind die Mitbewerber, die Verbraucherinnen und Verbraucher sowie die sonstigen Marktteilnehmer vor unlauterem Wettbewerb geschützt.

2 Der Begriff des Marktteilnehmers, der in § 2 Abs. 1 Nr. 2 definiert wird, umfasst neben den Mitbewerbern und Verbrauchern alle Personen, die als Anbieter oder Nachfrager von Waren oder Dienstleistungen tätig sind. Der Marktteilnehmer ist der Begriff zur Umschreibung des im UWG geschützten Personenkreises. Marktteilnehmer sind die **Mitbewerber,** die **Verbraucher** und die **sonstigen Marktteilnehmer.** Der Begriff des Marktteilnehmers ist kein Begriff des europäischen Richtlinienrechts; er ist nicht im Katalog der Definitionen des Art. 2 UGP-RL enthalten.

3 Im Sprachgebrauch des wirtschaftswissenschaftlichen und rechtswissenschaftlichen Schrifttums wird der Begriff des **Marktbeteiligten** synonym mit dem Begriff des Marktteilnehmers verwendet. Im allgemeinen Sprachgebrauch werden die Begriffe des Wettbewerbers und des Mitbewerbers synonym verwendet. Der Begriff des Marktteilnehmers im

[324] Großkomm/*Jacobs* UWG § 2 Rn 14.
[325] OLG Hamm NJW-RR 1987, 232.
[326] Großkomm/*Jacobs* UWG § 2 Rn 14.
[327] So zu Recht Großkomm/*Jacobs* UWG § 2 Rn 14.

UWG wird durch die Begriffe des Mitbewerbers, des Verbrauchers und des sonstigen Marktteilnehmers unterteilt. Die Begriffsbildung ist eine rechtstechnische des UWG.

2. Mitbewerber, Verbraucher und sonstige Marktteilnehmer

4 Marktteilnehmer im Sinne des UWG sind die Mitbewerber, die Verbraucher und die sonstigen Marktteilnehmer. Der Begriff des **Mitbewerbers** wird in § 2 Abs. 1 Nr. 3 definiert. Nach dieser Vorschrift ist Mitbewerber jeder Unternehmer, der mit einem oder mehreren Unternehmern als Anbieter oder Nachfrager von Waren oder Dienstleistungen in einem konkreten Wettbewerbsverhältnis steht.[328] Der Begriff des **Verbrauchers** wird in § 2 Abs. 2 durch einen Verweis auf eine entsprechende Anwendung des § 13 BGB definiert. Nach dieser Vorschrift ist Verbraucher jede natürliche Person, die ein Rechtsgeschäft zu einem Zweck abschließt, der weder ihrer gewerblichen noch ihrer selbstständigen beruflichen Tätigkeit zugerechnet werden kann.[329] Die Definition der **sonstigen Marktteilnehmer** ergibt sich aus § 2 Abs. 1 Nr. 2. Der Begriff des Marktteilnehmers umschreibt den gesamten Adressatenkreis des UWG. Die sonstigen Marktteilnehmer im Sinne der Schutzzweckklausel des § 1 S. 1 sind alle Marktteilnehmer, die weder Mitbewerber noch Verbraucher sind. Die Definition des § 2 Abs. 1 Nr. 2 benennt als sonstige Marktteilnehmer alle Personen, die als Anbieter oder Nachfrager von Waren oder Dienstleistungen tätig sind.

5 Es hätte zur Bestimmung des subjektiven Anwendungsbereichs des UWG nicht einer solchen **definitorischen Künstlichkeit** bedurft. Mit den Begriffen des Wettbewerbers oder Mitbewerbers, des Unternehmers und des Verbrauchers sind die Marktteilnehmer im Anwendungsbereich des UWG hinreichend benannt.[330] Die Begriffsbildung des sonstigen Marktteilnehmers im UWG soll in zweifacher Hinsicht Rechtsklarheit schaffen. Zum Einen war nach der Rechtslage im UWG 1909 – namentlich in den aufgehobenen Gefährdungstatbeständen der §§ 6a und 6b UWG aF – der **Begriff des Letztverbrauchers** problematisch, da er begrifflich sowohl den gewerblichen als auch den privaten Letztverbraucher erfasste. Diese Diskussion war schon im UWG 2004 obsolet. Zum Anderen stellt die Begriffsbestimmung des Marktteilnehmers in § 2 Abs. 2 Nr. 2 klar, dass auch die **Marktteilnehmer in den Marktstufen** Normadressaten des UWG sind. Das Lauterkeitsrecht schützt den Angebotswettbewerb und den Nachfragewettbewerb. Normadressaten sind die Marktteilnehmer sowohl im **horizontalen Marktverhältnis** (Konkurrenzverhältnis) als auch im **vertikalen Marktverhältnis** (Austauschverhältnis). Den Marktstufenwettbewerb begrifflich über die Normadressaten des UWG zu erfahren, ist überflüssig.

II. Sonstige Marktteilnehmer

6 Sonstige Marktteilnehmer im Sinne des § 2 Abs. 1 Nr. 2 sind **alle Normadressaten des UWG,** die weder Mitbewerber im Sinne des § 2 Abs. 1 Nr. 3[331] noch Verbraucher im Sinne des § 2 Abs. 2 iVm § 13 BGB[332] sind. Mit dem **Begriff des sonstigen Marktteilnehmers** wird klargestellt und gewährleistet, dass vom Anwendungsbereich des UWG **alle Akteure am Markt** erfasst werden.

7 Marktteilnehmer können natürliche Personen und juristische Personen sein. Juristische Personen können solche des Privatrechts und des öffentlichen Rechts sein.[333] Marktteilnehmer sind auch die Personengesellschaften.

---

[328] Siehe die Kommentierung → D Rn 25 ff.

[329] Siehe die Kommentierung → I Rn 7 ff.

[330] Das schweizerische UWG stellt zur Bestimmung der Widerrechtlichkeit des unlauteren Wettbewerbs auf die Beeinflussung des *Verhältnisses zwischen Mitbewerbern* oder *zwischen Anbietern und Abnehmern* ab (Art. 2 schwUWG). Der Sache nach besteht zum deutschen UWG kein Unterschied.

[331] → D Rn 1 ff.

[332] → I Rn 1 ff.

[333] Vergleichbar die Darstellung zu den markenrechtsfähigen Rechtssubjekten bei *Fezer* MarkenG § 7 Rn 25 ff, 28 ff.

Sonstige Marktteilnehmer sind Personen, die als **Anbieter** oder **Nachfrager** von Waren oder Dienstleistungen tätig sind. Zu den sonstigen Marktteilnehmern rechnen auch Unternehmen, soweit sie für den Verbrauch im Rahmen ihrer gewerblichen oder selbstständigen beruflichen Tätigkeit Waren erwerben oder Dienstleistungen in Anspruch nehmen.[334] In den Anwendungsbereich des UWG werden solche Austauschverhältnisse von Unternehmen einbezogen, die der **gewerblichen Bedarfsdeckung des Unternehmens** dienen. Das gilt auch für die **freien Berufe.** Der begriffliche Streit um den privaten und gewerblichen Letztverbraucher, der nach der Rechtslage im UWG 1909 bestand, ist durch die begriffliche Klarstellung in § 2 Abs. 1 Nr. 2 obsolet geworden. 8

Die Tätigkeit eines Unternehmens als Anbieter oder Nachfrager stellt klar, dass sowohl der **Angebotswettbewerb** als auch der **Nachfragewettbewerb** vom Anwendungsbereich des UWG erfasst werden. 9

III. Produkte als Waren oder Dienstleistungen

Im Lauterkeitsrecht gilt ein **extensiver Begriff** des Produkts als Ware oder Dienstleistung. Dem Begriff des Produkts als Ware oder Dienstleistung kommt in § 2 Abs. 1 Nr. 1 bis 3 die gleiche Bedeutung zu.[335] 10

D. Mitbewerber (§ 2 Abs. 1 Nr. 3)

§ 2 Abs. 1 Nr. 3 UWG

Im Sinne dieses Gesetzes bedeutet

„Mitbewerber" jeder Unternehmer, der mit einem oder mehreren Unternehmern als Anbieter oder Nachfrager von Waren oder Dienstleistungen in einem konkreten Wettbewerbsverhältnis steht.

Übersicht

	Rn
D. Mitbewerber (§ 2 Abs. 1 Nr. 3)	**1**
I. Rechtsänderungen und Bedeutungswandel des Begriffs des Mitbewerbers	1
1. Mitbewerber als rechtstechnischer Begriff	1
2. Abstraktes und konkretes Wettbewerbsverhältnis	3
3. Mitbewerberbegriff des Richtlinienrechts	7
II. Mitbewerber als Unternehmer	16
1. Verweis auf den Unternehmerbegriff des § 14 BGB	16
2. Begriff des Gewerbetreibenden	17
III. Anbieter oder Nachfrager von Waren oder Dienstleistungen	18
1. Mitbewerber als Anbieter	19
2. Mitbewerber als Nachfrager	23
3. Produkte als Waren oder Dienstleistungen	24
IV. Konkretes Wettbewerbsverhältnis	25
1. Entwicklungsgeschichte und gesetzestechnische Funktion des Wettbewerbsverhältnisses	26
a) Gesetzestechnische Funktion des konkreten Wettbewerbsverhältnisses	26
b) Entwicklungsgeschichte des abstrakten und konkreten Wettbewerbsverhältnisses	27
aa) Handeln zu Zwecken des Wettbewerbs im UWG 1909	27
bb) Konkretes Wettbewerbsverhältnis und Anspruchsberechtigung im UWG 2004/2008	29
cc) Abstraktes Wettbewerbsverhältnis und Aktivlegitimation im UWG 1909	30

[334] Gesetzesbegründung UWG 2004 BT-Drucks. 15/1487 S. 16.
[335] → B Rn 196 ff.

Rn
dd) Gesetzgebungsgeschichte des Wortlauts der Definition des Mitbewerbers ... 31
c) Begriff und Anwendungsbereich des konkreten Wettbewerbsverhältnisses ... 33
aa) Rechtslage nach dem UWG 1909 ... 33
bb) Rechtslage nach dem UWG 2004/2008 ... 34
d) Verwendung als Tatbestandsmerkmal ... 35
2. Unternehmen gleicher Wirtschaftsstufe mit gleichem Kundenkreis ... 36
3. Wettbewerbsverhältnis zwischen Unternehmen verschiedener Wirtschaftsstufen ... 44
4. Wettbewerbsverhältnis zwischen Unternehmen verschiedener Branchen ... 47

Schrifttum: *Beater,* Zur Deregulierung des Wettbewerbsrechts, ZHR 159 (1995) 217; *ders.,* Mitbewerber und sonstige unternehmerische Marktteilnehmer – Wandel, Bedeutung und Abgrenzung der unternehmensbezogenen Schutzzwecke des UWG, WRP 2009, 768; *Blankenburg,* Gespaltenes Verständnis des Mitbewerberbegriffs im UWG? – Zugleich eine Anmerkung zu EuGH GRUR 2007, 511 ff. – De Landtsheer/CIVC, WRP 2008, 186; *Borck,* Zum Gegenstand der Zugabe, WRP 1971, 102; *ders.,* Aktivlegitimation und Prozeßführungsbefugnis beim wettbewerbsrechtlichen Unterlassungsanspruch, WRP 1988, 707; *ders.,* Gesetz zur Änderung des Gesetzes gegen den unlauteren Wettbewerb, WRP 1994, 719; *Bornkamm,* Das Wettbewerbsverhältnis und die Sachbefugnis des Mitbewerbers, GRUR 1996, 527; *Büchler,* Handeln zu Zwecken des Wettbewerbs und Wettbewerbsverhältnis im UWG, Diss Heidelberg, 1981; *Dieselhorst,* Der „unmittelbar Verletzte" im Wettbewerbsrecht nach der UWG-Novelle, WRP 1995, 1; *G. Dreyer,* Konvergenz oder Divergenz – Der deutsche und der europäische Mitbewerberbegriff im Wettbewerbsrecht, GRUR 2008, 123; *Federer,* Das Wettbewerbsverhältnis im Gesetz gegen den unlauteren Wettbewerb, 1989; *Friedrich,* Die rechtliche Struktur des Wettbewerbsverhältnisses iSd UWG, WRP 1976, 439; *Garbers,* Das Ende anonymisierter Mitgliederlisten, WRP 1996, 265; *Gröning,* 100 Tage UWGÄndG, WRP 1994, 775; *ders.,* Die „Eignung zur wesentlichen Beeinträchtigung des Wettbewerbs", WRP 1995, 278; *Hadding,* Die Klagebefugnis der Mitbewerber und Verbände nach § 13 Abs. 1 UWG im System des Zivilprozeßrechts, JZ 1970, 305; *Hefermehl,* Das Prokrustesbett „Wettbewerbsverhältnis", FS Kummer, 1965, S. 345; *ders.,* Grenzen der Klagebefugnis der Gewerbetreibenden und Verbände im Recht gegen den unlauteren Wettbewerb, WRP 1987, 281; *Hirtz,* Die Bedeutung des Wettbewerbsverhältnisses für die Anwendung des UWG, GRUR 1988, 173; *Köhler,* Grenzen der Mehrfachklage und Mehrfachvollstreckung im Wettbewerbsrecht, WRP 1992, 359; *ders.,* Der „Mitbewerber" – Vom schwierigen Umgang mit einer Legaldefinition, WRP 2009, 499; *Lambsdorff,* Zur Klagebefugnis von Rechtsanwaltskammern, WRP 1998, 1151; *Linstow,* Klagebefugnis und Gerichtsstand nach der UWG-Novelle, WRP 1994, 787; *Nacken,* Anmerkungen zu den Änderungen des UWG, WRP 1994, 791; *Nägele,* Das konkrete Wettbewerbsverhältnis – Entwicklungen und Ausblick, WRP 1996, 977; *Sack,* Der Mitbewerberbegriff des § 6 UWG, WRP 2008, 1141; *Schubert,* Fragen der wettbewerbsrechtlichen Aktivlegitimation und des Wettbewerbsverhältnisses, ÖBl 1991, 5; *Wiegand,* Die Passivlegitimation bei wettbewerbsrechtlichen Abwehransprüchen, 1997; *Wilhelm,* Unlauterer Wettbewerb und Wettbewerbsverhältnis, ZIP 1992, 1139.

I. Rechtsänderungen und Bedeutungswandel des Begriffs des Mitbewerbers

1. Mitbewerber als rechtstechnischer Begriff

1 Die Mitbewerber oder die Unternehmer und die Verbraucher sind die beiden zentralen Schutzsubjekte des UWG, die seit der UWG-Reform des Jahres 2004 in der Normzweckklausel des § 1 Abs. 1 S. 1 unter dem Oberbegriff der Marktteilnehmer zusammengefasst werden. Das UWG von 1909 verwendete das Wort Mitbewerber, das in der Entstehungszeit des UWG synonym für den Begriff des Konkurrenten verwendet wurde, nicht. Mit dem Begriffspaar der Mitbewerber und Verbraucher wird der **Dualismus der Schutzzwecke** im UWG, das horizontale und vertikale Marktverhältnis und der von Angebot und Nachfrage bestimmte Austauschprozess am Markt gekennzeichnet. Im allgemeinen Sprachgebrauch wird der Begriff des Wettbewerbers synonym für Mitbewerber verwendet.

2 Mitbewerber ist ein rechtstechnischer Begriff des UWG, der sowohl den allgemeinen Anwendungsbereich des UWG als auch den Tatbestand bestimmter Vorschriften des UWG, in denen er, wie namentlich in den Verbotstatbeständen der §§ 4 ff, einschränkend verwendet wird, beschreibt. Dem Begriff des Mitbewerbers kommt eine zentrale Bedeutung bei der Normierung der Rechtsfolgen unlauteren Wettbewerbs zu. In § 8 Abs. 3

Nr. 1 ist die Anspruchsberechtigung des Mitbewerbers geregelt. Nach der gesetzlichen Regelung der §§ 8 und 9 steht dem Mitbewerber die **Aktivlegitimation** zur Geltendmachung der Ansprüche auf Beseitigung und Unterlassung sowie Schadensersatz zu. In den Vorschriften über die Rechtsfolgen wird dem einzelnen Verbraucher eine Aktivlegitimation vergleichbar nicht eingeräumt.

2. Abstraktes und konkretes Wettbewerbsverhältnis

Der **Begriff des Mitbewerbers** wird über das Vorliegen eines **konkreten Wettbewerbsverhältnisses** definiert. Schon nach der **Rechtslage im UWG 1909,** das als Anwendungsvoraussetzung der großen Generalklausel des § 1 UWG 1909 das Vorliegen eines Handelns zu Zwecken des Wettbewerbs verlangte, wurde das konkrete Wettbewerbsverhältnis als die Beziehung zwischen dem Wettbewerber als Verletzer und dem Mitbewerber als dem unmittelbar Verletzten verstanden. Als ein ungeschriebenes Tatbestandsmerkmal veranschaulichte das konkrete Wettbewerbsverhältnis den ursprünglichen Schutzzweck des UWG im Sinne eines ausschließlichen Konkurrentenschutzes im individuellen Interesse der Wettbewerber. 3

Der **Funktionswandel** des Lauterkeitsrechts innerhalb des Geltungszeitraums des UWG 1909, der mit dem Schlagwort der **Schutzzwecktrias**[336] umschrieben werden konnte, erlaubte nicht länger, das Wettbewerbsunrecht allein aus der Beziehung der Wettbewerber untereinander zu begründen, sondern verlangte, die Interessen der Verbraucher und die Allgemeininteressen als unrechtskonstituierend anzuerkennen. Es war das Verdienst von *Wolfgang Hefermehl,*[337] erkannt zu haben, dass in einem als Marktverhaltensrecht verstandenen Lauterkeitsrechts dem Vorliegen eines **konkreten Wettbewerbsverhältnisses** keine **materiellrechtliche** Funktion der Unrechtsbegründung, sondern allein die **formalrechtliche** Funktion zukommt, dem unmittelbar Verletzten die **Anspruchsberechtigung** zuzuerkennen. Der Reformgesetzgeber des UWG 2004 setzte diese Erkenntnis in der ausdrücklichen Regelung des § 8 Abs. 3 Nr. 1 um. 4

Die Aktivlegitimation des Gewerbetreibenden nach § 13 Abs. 2 Nr. 1 UWG 1909, der in einem **abstrakten Wettbewerbsverhältnis** zum Verletzer stand, wurde vom Reformgesetzgeber des UWG 2004 mit der Begründung aufgehoben, ein nur abstrakt betroffener Mitbewerber habe kein schutzwürdiges Eigeninteresse an der Geltendmachung von Abwehransprüchen, da ihm die Möglichkeit offenstehe, einen anspruchsberechtigten Wirtschafts- oder Verbraucherverband zur Bekämpfung des Wettbewerbsverstoßes einzuschalten.[338] Für solche Gewerbetreibenden im Sinne der Aktivlegitimation des § 13 Abs. 2 Nr. 1 UWG 1909, die Waren oder gewerbliche Leistungen gleicher oder verwandter Art auf demselben Markt vertrieben (abstraktes Wettbewerbsverhältnis), hatte sich als Sprachregelung der Begriff des Mitbewerbers, der im neuen UWG ein rechtstechnischer Begriff mit anderem Inhalt ist, eingebürgert. 5

Ein Mitbewerber im Sinne der Definition des § 2 Abs. 1 Nr. 3 kann nur ein **Unternehmer** sein. Der Begriff des Unternehmers wird § 2 Abs. 1 Nr. 6 legaldefiniert. 6

3. Mitbewerberbegriff des Richtlinienrechts

Der **Begriff des Mitbewerbers** wird **in der UGP-RL nicht definiert.** Im materiellen Lauterkeitsrecht der UGP-RL wird der Begriff des Mitbewerbers bei der Fallkonstellation der irreführenden Produktvermarktung nach Art. 6 Abs. 2 lit. a UGP-RL verwendet.[339] Auch in der Richtlinie über irreführende und vergleichende Werbung wird der Begriff des Mitbewerbers zwar in den Definitionen der Begriffe der irreführenden Werbung (lit. b) und der vergleichenden Werbung (lit. c) des Definitionenkatalogs des Art. 2 7

[336] Zur Bedeutung der Schutzzwecktrias im UWG 2008 → § 1 Rn 28ff.
[337] *Hefermehl* FS Kummer S. 345.
[338] Gesetzesbegründung UWG 2004 BT-Drucks. 15/1487 S. 22; → § 8 Rn 231.
[339] Siehe auch Art. 11 Abs. 1 S. 2 UGP-RL.

RL 2006/114/EG verwendet; der Begriff des Mitbewerbers wird aber auch **in der RL 2006/114/EG nicht definiert.**

8 Im Wortlaut des Art. 1 RL 2006/114/EG, der den Anwendungsbereich der Richtlinie über irreführende und vergleichende Werbung vom Anwendungsbereich der Richtlinie über unlautere Geschäftspraktiken abgrenzt, wird nicht der Begriff des Mitbewerbers, sondern der **Begriff des Gewerbetreibenden** verwendet. Die Änderung des Zweckartikels der Richtlinie 84/450/EWG über irreführende Werbung ist auf Art. 14 UGP-RL zurückzuführen. In Abgrenzung des Anwendungsbereichs der UGP-RL wird der Geltungsbereich der Irreführungsrichtlinie in dem Zweckartikel des Art. 1 RL 2006/114/EG auf den **Schutz von Gewerbetreibenden vor irreführender Werbung** und deren unlautere Auswirkungen sowie die Festlegung der Bedingungen für zulässige vergleichende Werbung begrenzt.

9 Die Voraussetzungen, unter denen **Unternehmen als Mitbewerber** im Sinne des Begriffs der vergleichenden Werbung der Definition nach Art. 2 Nr. 2a RL 84/450/EWG (Art. 2 lit. c RL 2006/114/EG) einzustufen sind, beurteilt der EuGH nach der **Substituierbarkeit der Produkte,** die die Unternehmen auf dem Markt anbieten.[340] Der EuGH hatte zu entscheiden, ob das Bestehen eines Wettbewerbsverhältnisses im Sinne von Art. 2 Nr. 2a RL 84/450/EWG zwischen dem Werbenden und dem in der Werbung erkennbar gemachten Unternehmen unabhängig von den Waren oder Dienstleistungen, die das Unternehmen anbietet, festgestellt werden kann. Der EuGH verneinte diese Frage und konkretisierte die Umstände, auf die zur Feststellung eines solchen Wettbewerbsverhältnisses abzustellen ist. Nach der Rechtsansicht des EuGH kommt es für das **Vorliegen eines Wettbewerbsverhältnisses** im Sinne des Art. 2 Nr. 2a RL 84/450/EWG auf die folgenden **Umstände** an:

10 (1) Der augenblickliche Zustand des Markts und die Verbrauchsgewohnheiten und ihre Entwicklungsmöglichkeiten.

11 (2) Der Teil des Gemeinschaftsgebiets, in dem die Werbung verbreitet wird, ohne jedoch gegebenenfalls die Auswirkungen auszuschließen, die die Entwicklung der in anderen Mitgliedstaaten festgestellten Verbrauchsgewohnheiten auf den in Frage stehenden innerstaatlichen Markt haben kann.

12 (3) Die besonderen Merkmale der Ware, für die geworben werden soll, und das Image, das der Werbende ihnen geben will.

13 Der EuGH stellt ausdrücklich fest, dass die Kriterien, die für die Beurteilung eines Wettbewerbsverhältnisses im Sinne von Art. 2 Nr. 2a RL 84/450/EWG in der Fassung der RL 97/55/EG maßgebend sind, nicht die gleichen Beurteilungskriterien sind, wie die Kriterien für die Beurteilung der Frage, ob der Vergleich der in Art. 3a Abs. 1 lit. b RL 84/450/EWG festgelegten Voraussetzungen entspricht.

14 Die Festlegung der **Beurteilungskriterien,** nach denen sich der **Begriff des Wettbewerbsverhältnisses** und damit der **Begriff des Mitbewerbers** bestimmen, erfolgt in dem Urteil „De Landtsheer/CIVC" des EuGH[341] **normspezifisch** im Wege einer **teleologischen Auslegung der konkreten Bestimmungen** der Richtlinie. Eine Verallgemeinerung der Begriffsbestimmung zu einem **allgemeinen Mitbewerberbegriff des Richtlinienrechts** ist zumindest nach dem EuGH-Urteil **nicht gerechtfertigt.** Es handelt sich zudem um eine Begriffsbestimmung im **mitbewerberbezogenen Lauterkeitsrecht** der Richtlinie über irreführende und vergleichende Werbung, deren Anwendungsbereich von dem **verbraucherbezogenen Lauterkeitsrecht** der UGP-RL **abzugrenzen** ist und die **Schutzziele der Richtlinien zu unterscheiden** sind.

15 Wie die Beurteilungskriterien eines gemeinschaftsrechtlichen Mitbewerberbegriffs in einem harmonisierten Lauterkeitsrecht des Geschäftsverkehrs zwischen Unternehmen **künftig** festzulegen sind, ist noch offen und berührt nicht den Begriff des Mitbewerbers im

---

[340] EuGH Urt. v. 19. 4. 07, Rs. C-381/05, GRUR 2007, 511, Rn 28 – De Landtsheer/CIVC.

[341] EuGH Urt. v. 19. 4. 07, Rs. C-381/05, GRUR 2007, 511, Rn 28 – De Landtsheer/CIVC.

Sinne des § 2 Abs. 1 Nr. 3. Die gemeinschaftsrechtliche Begriffsbestimmung des Wettbewerbsverhältnisses und des Mitbewerbers in dem Urteil „De Landtsheer/CIVC" des EuGH bezieht sich auf das **mitbewerberbezogene Lauterkeitsrecht** der Richtlinie über irreführende und vergleichende Werbung.[342]

II. Mitbewerber als Unternehmer

1. Verweis auf den Unternehmerbegriff des § 14 BGB

Ein **Mitbewerber** im Sinne des UWG kann nur ein **Unternehmer** sein. Der Begriff des Unternehmers wird nach § 2 Abs. 1 Nr. 6 legaldefiniert. Im UWG 2004 wurde der Begriff des Unternehmers durch einen Verweis auf den Unternehmerbegriff des § 14 BGB und eine entsprechende Anwendung der Vorschrift im UWG definiert (§ 2 Abs. 2 UWG 2004). Die entsprechende Anwendung des Unternehmerbegriffs im Sinne des § 14 BGB verlangte im Anwendungsbereich des UWG insoweit eine Begriffskorrektur, als der bürgerlichrechtliche Unternehmerbegriff auf den Abschluss eines Rechtsgeschäfts in Ausübung der gewerblichen oder selbstständigen beruflichen Tätigkeit des Unternehmers abstellt, der lauterkeitsrechtliche Unternehmerbegriff hingegen auf das Marktverhalten eines Unternehmens allgemein bezogen ist. 16

2. Begriff des Gewerbetreibenden

Der **Begriff des Gewerbetreibenden** war nach der Rechtslage im UWG 1909 ein rechtstechnischer Begriff, der im normspezifischen Sinne des UWG verwendet wurde und sich von den Begriffsinhalten etwa des Gewerberechts oder des Steuerrechts unterschied. Nach § 13 Abs. 2 Nr. 1 UWG 1909 wurde einem Gewerbetreibenden, der Waren oder gewerbliche Leistungen gleicher oder verwandter Art vertrieb, die Aktivlegitimation zur Geltendmachung von Wettbewerbsverstößen im Sinne der §§ 1, 3, 4, 6 bis 6c, 7, 8, 12 UWG 1909 zuerkannt. Gewerbetreibende waren **Mitbewerber in einem abstrakten Wettbewerbsverhältnis.**[343] Gewerbetreibender war jede Person, die durch eine dauernde wirtschaftliche Tätigkeit einen Gewinn anstrebte.[344] Schon im UWG 2004 wurde der Begriff des Gewerbetreibenden nicht mehr verwendet. 17

III. Anbieter oder Nachfrager von Waren oder Dienstleistungen

Ein Mitbewerber im Sinne des § 2 Abs. 1 Nr. 3 ist ein Unternehmen, das Waren oder Dienstleistungen am Markt anbietet oder nachfragt. Das **Angebot** und die **Nachfrage** von Waren und Dienstleistungen umschreibt den Angebotswettbewerb und den Nachfragewettbewerb. 18

1. Mitbewerber als Anbieter

Ein Mitbewerber handelt als Anbieter einer Ware oder Dienstleistung im Angebotswettbewerb. Das **Anbieten einer Ware oder Dienstleistung** stellt eine Form des Inverkehrbringens dar. Ein **Inverkehrbringen** ist jedes unternehmerische Marktverhalten, das eine 19

---

[342] Siehe zu dem kontroversen Diskussionsstand, in dem zu Unrecht eine Klage über ein gespaltenes Rechtsverständnis der Begriffsbildungen im UWG geführt und unzureichend berücksichtigt wird, dass die Rechtsbegriffe innerhalb des verbraucherbezogenen Lauterkeitsrechts einerseits und des mitbewerberbezogenen Lauterkeitsrechts andererseits normspezifisch auszulegen sind und sich zwar rechtsinhaltlich nicht zwingend unterscheiden müssen, aber unterscheiden können; *Köhler* WRP 2009, 499; *Sack* WRP 2008, 1141; *G. Dreyer* GRUR 2008, 123; *Blankenburg* WRP 2008, 186.

[343] Zum abstrakten Wettbewerbsverhältnis → D Rn 30.

[344] *Baumbach/Hefermehl* 22. Aufl. 2001, UWG Einl. Rn 200.

Ware oder Dienstleistung dem Verkehr am Markt zuführt.[345] Unter Anbieten einer Ware oder Dienstleistung ist das Angebot des Mitbewerbers am Markt zu verstehen, die Ware oder Dienstleistung an einen Dritten abzugeben.[346] Zielsetzung des Marktverhaltens eines Anbieters ist es, die Waren oder Dienstleistungen einem Abnehmer zuzuführen und gegen Entgelt zu überlassen.[347]

20 Anbieter sind der Hersteller oder Händler einer Ware und der Dienstleister einer Dienstleistung. Das Anbieten kann gegenüber einer **einzelnen Person** oder **mehreren bestimmten Personen** sowie **ad incertas personas** erfolgen. Das Angebot kann ohne Aufforderung, bei Bedarf oder auf Verlangen ergehen. Unter Anbieten ist schon jede **invitatio ad offerendum,** wie etwa die Auslage einer Ware im Schaufenster, nicht erst das rechtlich bindende Angebot zum Abschluss eines Vertrages im Sinne des § 145 BGB zu verstehen. Das Angebot bezieht sich auf die Abgabe der Ware oder die Erbringung der Dienstleistung, unabhängig von der rechtlichen Gestaltung des Vertragsverhältnisses mit dem Abnehmer. Ein Anbieten liegt auch dann vor, wenn der Anbietende die Ware nicht vorrätig hält, die Ware dem Anbietenden noch geliefert oder die Ware selbst erst hergestellt werden muss. Das Anbieten einer Ware oder Dienstleistung setzt nicht die Bereitschaft zur Selbstlieferung voraus.[348]

21 Der Gesamtbereich der **Werbung** im weiten Sinne der **kommerziellen Kommunikation** gehört zum Anbieten einer Ware oder Dienstleistung. Das gilt auch dann, wenn mit der Werbemaßnahme nicht unmittelbar das Angebot einer konkreten Ware oder Dienstleistung verbunden ist. Public Relations und produktunabhängige Imagewerbung, Öffentlichkeitsarbeit und Berichterstattung des Unternehmens gehören in den Bereich des Anbietens einer Ware oder Dienstleistung.

22 **Vorbereitungsshandlungen** mit Auswirkungen am Markt, die bereits vor dem Marktauftritt eines Unternehmens mit seinem konkreten Angebot an Waren oder Dienstleistungen liegen, sind rechtserheblich, wenn nur die ernste Absicht besteht, die betreffenden Waren oder Dienstleistungen auf dem Markt anzubieten.[349] Kein Angebot im Sinne des UWG wurde angenommen, wenn die Einkaufsgesellschaft eines Konzerns ausschließlich die dem Konzern angehörigen Unternehmen beliefert.[350] Ein Anbieten liegt aber immer schon dann vor, wenn dem **konzerninternen Geschäftsverkehr** eine **Außenwirkung am Markt** zukommt. Davon ist etwa dann auszugehen, wenn das Konzernunternehmen mit Lieferanten außerhalb des Konzerns in Wettbewerb steht.[351]

2. Mitbewerber als Nachfrager

23 Seinem historischen Ursprung nach war das UWG von 1909 ein Gesetz zum Konkurrentenschutz im Wettbewerb. Der **Angebotswettbewerb** in den horizontalen Marktbeziehungen war der Regelungsgegenstand. Das Phänomen des **Nachfragewettbewerbs** wurde erst in der zweiten Hälfte des 20. Jahrhunderts beschrieben und namentlich die Nachfragemacht und deren Beeinflussung der horizontalen Austauschverhältnisse als eine kartellrechtliche Problematik erkannt.[352] Nach der Rechtslage im UWG 1909 wurde deshalb der Einkauf im Unternehmen zunächst nicht als ein UWG-Tatbestand beurteilt.[353]

[345] BGH GRUR 1969, 479, 480 – Colle de Cologne.

[346] Siehe dazu *Fezer* MarkenG § 14 Rn 850.

[347] Siehe zu dieser Definition des Vertreibens einer Ware *Baumbach/Hefermehl* 22. Aufl., 2001, UWG Einl. Rn 207; OLG Stuttgart NJW-RR 1995, 1006.

[348] Siehe zum Markenrecht BGH GRUR 1955, 490, 492 – Heynemann.

[349] Siehe dazu *Köhler/Borkamm/Henning-Bodewig* GRUR 2003, 128, 129; zu § 13 UWG aF: siehe *Baumbach/Hefermehl* 22. Aufl. 2001, § 13 UWG Rn 13; OLG Schleswig NJW-RR 1997, 292; aA Großkomm/*Erdmann* UWG § 13 Rn 40.

[350] BGH GRUR 1969, 479, 480 – Colle de Cologne.

[351] BGH GRUR 1958, 544 – Colonia; BGH GRUR 1982, 100 – Schallplattenexport; BGH GRUR 1986, 668 – Gebührendifferenz IV.

[352] Siehe nur *Sölter* Nachfragemacht und Wettbewerbsordnung 1960.

[353] Siehe zu dieser Problematik BGH GRUR 1958, 544 – Colonia.

Die kartellrechtliche Diskussion führte jedoch im Lauterkeitsrecht dazu, die Notwendigkeit eines Schutzes vor unlauteren Wettbewerbshandlungen sowohl im Absatzwettbewerb als auch im Nachfragewettbewerb anzuerkennen. Die Definition des Mitbewerbers in § 2 Abs. 1 Nr. 3 stellt nunmehr klar, dass Wettbewerbshandlungen sowohl auf der Angebotsseite als auch auf der Nachfrageseite lauterkeitsrechtlich relevant sind.

3. Produkte als Waren oder Dienstleistungen

Im Lauterkeitsrecht gilt ein **extensiver Begriff** des Produkts als Ware oder Dienstleis- 24
tung. Dem Begriff des Produkts als Ware oder Dienstleistung kommt in § 2 Abs. 1 Nr. 1 bis 3 die gleiche Bedeutung zu.[354]

IV. Konkretes Wettbewerbsverhältnis

Der **Rechtsbegriff des Mitbewerbers** im Sinne des § 2 Abs. 1 Nr. 3 setzt das Vorlie- 25
gen eines **konkreten Wettbewerbsverhältnisses** voraus. Mitbewerber ist nur ein solcher Unternehmer, der mit einem oder mehreren anderen Unternehmen in einem konkreten Wettbewerbsverhältnis steht.

1. Entwicklungsgeschichte und gesetzestechnische Funktion des Wettbewerbsverhältnisses

a) Gesetzestechnische Funktion des konkreten Wettbewerbsverhältnisses. Dem 26
Begriff des konkreten Wettbewerbsverhältnisses kommt im UWG eine **gesetzestechnische Funktion** zu. Der Begriff ist nicht auf wirtschaftswissenschaftlicher oder wettbewerbstheoretischer Grundlage zu umschreiben. Der Begriffsinhalt ergibt sich aus der Entwicklungsgeschichte der Funktion eines konkreten Wettbewerbsverhältnisses im Lauterkeitsrecht und aus der normzweckspezifischen Verwendung des Begriffs innerhalb der Definition des Mitbewerbers in § 2 Abs. 1 Nr. 3.

b) Entwicklungsgeschichte des abstrakten und konkreten Wettbewerbsverhält- 27
nisses. aa) Handeln zu Zwecken des Wettbewerbs im UWG 1909. Das UWG von 1909 bezweckte ausschließlich den Konkurrentenschutz. Anwendungsvoraussetzung der großen Generalklausel des § 1 UWG 1909 war ein Handeln zu Zwecken des Wettbewerbs. Mit dem Begriff des **Handelns zu Zwecken des Wettbewerbs** war die **Wettbewerbshandlung** als der Gegenstand einer Beurteilung der Lauterkeit im Wettbewerb umschrieben. Bei dem Begriff der Wettbewerbshandlung wurde zwischen einem objektiven und einem subjektiven Tatbestand unterschieden. Die **objektive** Voraussetzung einer Wettbewerbshandlung war das **Wettbewerbsverhältnis,** die **subjektive** Voraussetzung einer Wettbewerbshandlung war die **Wettbewerbsabsicht.**

Nach dem tradierten Verständnis im Lauterkeitsrecht verknüpfte das objektive Erfor- 28
dernis eines Wettbewerbsverhältnisses das Handeln eines Wettbewerbers zu Zwecken des Wettbewerbs mit der Wettbewerbsstellung seiner Mitbewerber. Eine Wettbewerbshandlung war nur denkbar im Verhältnis eines Wettbewerbers zu seinen Mitbewerbern, nicht aber zu anderen Unternehmen auf dem Markt, zu denen der Wettbewerber nicht in Konkurrenz stand. Mitbewerber verbindet in diesem Sinne das Streben nach demselben wirtschaftlichen Ziel. Der Vorteil des Wettbewerbers gereicht dem Mitbewerber zum Nachteil **(Wechselbeziehung).** Nach dieser Vorstellung lag objektiv ein Handeln zu Zwecken des Wettbewerbs vor, wenn das Marktverhalten des Wettbewerbers objektiv geeignet war, den erstrebten wirtschaftlichen Erfolg auf Kosten eines anderen Wettbewerbers irgendwie zu fördern.

bb) Konkretes Wettbewerbsverhältnis und Anspruchsberechtigung im UWG 29
2004/2008. Ein objektives Wettbewerbsverhältnis zwischen Wettbewerbern (Konkurrenz-

354 → C Rn 10.

verhältnis) als eine allgemeine Anwendungsvoraussetzung des UWG zu verlangen, war mit dem Funktionswandel des UWG und der Anerkennung der Schutzzwecktrias nicht mehr vereinbar.[355] Sowohl **mitbewerberbezogene** als auch **verbraucherbezogene** Gründe konstituierten das wettbewerbliche Unrecht. Das **Allgemeininteresse** an einem institutionellen Wettbewerbsschutz wurde anerkannt. Das **konkrete Wettbewerbsverhältnis** zwischen den Konkurrenten verlor seine ausschließliche Funktion der **Unrechtskonstitution** im Lauterkeitsrecht. Es wurde erkannt, dass das Vorliegen eines konkreten Wettbewerbsverhältnisses allein die **Anspruchsberechtigung** des unmittelbar Verletzten gegenüber dem verletzenden Wettbewerber beschrieb. Der Reformgesetzgeber des UWG 2004 nahm diese Erkenntnis auf und regelte die Anspruchsberechtigung des Mitbewerbers als des unmittelbar Verletzten ausdrücklich in § 8 Abs. 2 Nr. 1.

30 **cc) Abstraktes Wettbewerbsverhältnis und Aktivlegitimation im UWG 1909.** Von dem konkreten Wettbewerbsverhältnis wurde das abstrakte Wettbewerbsverhältnis unterschieden. Dem **abstrakten Wettbewerbsverhältnis** kam ausschließlich eine Funktion innerhalb der Regelung der **Aktivlegitimation** des § 13 UWG aF zu. Nach § 13 Abs. 2 Nr. 1 UWG aF konnten die in dieser Vorschrift benannten Ansprüche auf Unterlassung von solchen Gewerbetreibenden geltend gemacht werden, die Waren oder gewerbliche Leistungen gleicher oder verwandter Art auf demselben Markt vertrieben. Das Kernstück der UWG-Novelle von 1994 war eine Einschränkung der abstrakten Klageberechtigung der Mitbewerber und der Verbände dahin, dass der geltend gemachte Anspruch auf Unterlassung eine Handlung betreffen musste, die geeignet war, den Wettbewerb auf diesem Markt wesentlich zu beeinträchtigen. Der **Reformgesetzgeber des UWG 2004** verzichtete auf eine Regelung der Anspruchsberechtigung der in einem abstrakten Wettbewerbsverhältnis stehenden Mitbewerber. Abstrakt betroffene Mitbewerber hätten kein schutzwürdiges Eigeninteresse an der Geltendmachung von Abwehransprüchen, da ihnen die Möglichkeit offenstehe, einen anspruchsberechtigten Wirtschafts- oder Verbraucherverband zur Bekämpfung des Wettbewerbsverstoßes einzuschalten.

31 **dd) Gesetzgebungsgeschichte des Wortlauts der Definition des Mitbewerbers.** Im **Gesetzentwurf der Bundesregierung** war bei der Definition des Mitbewerbers im Sinne des § 2 Abs. 1 Nr. 3 UWG 2004 dem Wortlaut nach noch nicht auf das Vorliegen eines konkreten Wettbewerbsverhältnisses abgestellt worden. Der Regierungsentwurf bezeichnete als Mitbewerber jeden Unternehmer, der mit einem oder mehreren Unternehmern **in Wettbewerb** steht.[356] In der **Stellungnahme des Bundesrates**[357] wurde empfohlen, im Gesetzentwurf der Bundesregierung die Wörter „in Wettbewerb steht" durch die Wörter „in einem konkreten Wettbewerbsverhältnis steht und durch die Wettbewerbshandlung unmittelbar verletzt ist" zu ersetzen. Die Klarstellung, dass ein konkretes Wettbewerbsverhältnis vorliegen müsse, sei erforderlich, da diese Voraussetzung im Entwurfstext nicht hinreichend zum Ausdruck komme. Sowohl die Gesetzesformulierung als auch die Entwurfsbegründung lassen nicht eindeutig erkennen, ob nur der unmittelbar Verletzte oder auch der abstrakt betroffene Mitbewerber im Sinne des § 13 Abs. 2 Nr. 1 UWG 1909 gemeint sei. Durch den einzufügenden Passus werde die gewünschte Beschränkung auf den unmittelbar Verletzten klargestellt. In der **Gegenäußerung der Bundesregierung**[358] wird in Übereinstimmung mit dem Bundesrat festgestellt, dass die Mitbewerbereigenschaft ein konkretes Wettbewerbsverhältnis voraussetze und sich dies dem Vorschlag des Bundesrates entsprechend durch die Worte „in einem konkreten Wettbewerbsverhältnis steht" verdeutlichen lasse. Auch wenn ein nur abstrakt betroffener Mitbewerber im Sinne des § 13 Abs. 2 Nr. 1 UWG 1909 nicht unter den Mitbewerberbegriff falle, bedürfe es nicht der Einfügung der Wörter „und durch die Wettbewerbshandlung unmittelbar verletzt ist" nicht. Die Bun-

[355] Zum Funktionswandel des UWG → § 1 Rn 45 ff.
[356] Gesetzesbegründung UWG 2004 BT-Drucks. 15/1487 S. 5.
[357] BR-Drucks. 301/03 (Beschluss) vom 20. 6. 2003 S. 2.
[358] Gesetzesbegründung UWG 2004 BT-Drucks. 15/1487 S. 40.

desregierung wies zutreffend darauf hin, ein konkretes Wettbewerbsverhältnis setze bereits begrifflich voraus, dass zwischen den Vorteilen, die jemand durch eine Maßnahme für sein Unternehmen oder das eines Dritten zu erreichen suche, und den Nachteilen, die ein anderer dadurch erleide, eine Wechselbeziehung in dem Sinne bestehe, dass der eigene Wettbewerb gefördert und der fremde Wettbewerb beeinträchtigt werden könne. Ein zusätzlicher Hinweis im Gesetzestext sei überflüssig und im Sinne einer schlanken und verständlichen Definition nicht aufzunehmen. Der Wortlaut des § 2 Abs. 1 Nr. 3 UWG 2004, der das Vorliegen eines konkreten Wettbewerbsverhältnisses verlangt, beschreibt zutreffend die Eigenschaft des Mitbewerbers als des unmittelbar Verletzten. Das gilt auch für die inhaltliche Definition des § 2 Abs. 1 Nr. 3 UWG 2008.

Nach der **Rechtslage im UWG 1909** wurde die **Wettbewerbsabsicht** als das sub- 32 jektive Merkmal einer Wettbewerbshandlung aus der subjektiven Zwecksetzung im Sinne eines Handelns zu Zwecken des Wettbewerbs gefolgert. Der **Reformgesetzgeber** des UWG 2004 verzichtete ausdrücklich auf das Tatbestandsmerkmal eines Handelns zu Zwecken des Wettbewerbs als einer Anwendungsvoraussetzung des Lauterkeitsrechts. Aus der Regelung des konkreten Wettbewerbsverhältnisses war schon nach der Rechtslage im UWG 2004 **kein subjektives Tatbestandsmerkmal** abzuleiten.[359] Ein UWG-Tatbestand, der das Vorliegen eines Mitbewerbers als Tatbestandsmerkmal voraussetzt, kann unabhängig von dem Vorliegen eines konkreten Wettbewerbsverhältnisses das Vorliegen bestimmter subjektiver Tatbestandsmerkmale verlangen, die die gesetzestechnische Funktion des konkreten Wettbewerbsverhältnisses nicht berühren.

c) Begriff und Anwendungsbereich des konkreten Wettbewerbsverhältnisses. 33 **aa) Rechtslage nach dem UWG 1909.** Das Vorliegen eines konkreten Wettbewerbsverhältnisses bestimmt den **unmittelbar Verletzten** als den Mitbewerber des Verletzers. Unmittelbar verletzt ist ein Mitbewerber, in dessen geschützte Rechtsposition durch eine Verletzungshandlung eingegriffen wird oder eingegriffen zu werden droht.[360] Ein konkretes Wettbewerbsverhältnis liegt vor, wenn die Wettbewerbshandlung **objektiv geeignet** ist, den erstrebten wirtschaftlichen Erfolg des handelnden Wettbewerbers auf Kosten eines anderen Mitbewerbers irgendwie zu fördern. Nach der **Formel des BGH** zum UWG 1909 ist ein konkretes Wettbewerbsverhältnis immer dann gegeben, „wenn beide Parteien gleichartige Waren oder gewerbliche Leistungen innerhalb desselben Endverbraucherkreises abzusetzen versuchen und das Wettbewerbsverhalten des einen daher den anderen beeinträchtigen, d.h. im Absatz behindern oder stören kann."[361] Es besteht eine **Wechselbeziehung** zwischen den erstrebten Vorteilen des handelnden Wettbewerbers und den Nachteilen des verletzten Mitbewerbers. Der handelnde Wettbewerber fördert den eigenen Wettbewerb und beeinträchtigt den fremden Wettbewerb des Mitbewerbers. Die Rechtsprechung stellt im Interesse eines wirksamen wettbewerbsrechtlichen Individualschutzes an das Bestehen eines konkreten Wettbewerbsverhältnisses **keine hohen Anforderungen.** Ein Unternehmer, der nicht in einem konkreten Wettbewerbsverhältnis zu dem unlauter handelnden Wettbewerber steht, ist kein Mitbewerber im Sinne des § 2 Abs. 1 Nr. 3. Ein **Monopolunternehmen,** das in keinem konkreten Wettbewerbsverhältnis steht, ist dem Anwendungsbereich des UWG unterworfen, da das Marktverhalten des Monopolunternehmens eine Wettbewerbshandlung, die nicht das Vorliegen eines Wettbewerbsverhältnisses voraussetzt, darstellt.

---

359 → B Rn 148ff.

360 Siehe zu dieser Formulierung des unmittelbar Verletzten BGH GRUR 1991, 223, 224 – Finnischer Schmuck.

361 So zum UWG 1909 BGH GRUR 2004, 877 – Werbeblocker; siehe schon BGHZ 3, 270, 277 – Constanze I; BGHZ 14, 163, 171 – Constanze II; BGH GRUR 1964, 389, 390 – Fußbekleidung; BGH GRUR 1966, 509, 512 – Assekuranz; BGH GRUR 1968, 95, 97 – Büchereinachlass; BGH GRUR 1998, 1039, 1040 – Fotovergrößerungen; BGH GRUR 1999, 69, 70 – Preisvergleichsliste II; BGH GRUR 2000, 907, 909 – Filialleiterfehler; BGH GRUR 2001, 258 – Immobilienpreisangaben; BGH GRUR 2001, 260 – Vielfachabmahner; BGH GRUR 2002, 985, 986 – WISO; BGH GRUR 2002, 902, 903 – Vanity-Nummer.

34 **bb) Rechtslage nach dem UWG 2004/2008.** Die Definition des **Begriffs des Mitbewerbers** in § 2 Abs. 1 Nr. 3 wurde von der Begriffsumschreibung in § 2 Abs. 1 Nr. 3 UWG 2004 übernommen. Das gilt auch für das Tatbestandsmerkmal eines **konkreten Wettbewerbsverhältnisses.**[362] In der höchstrichterlichen Rechtsprechung werden die Merkmale eines konkreten Wettbewerbsverhältnisses in Fortschreibung der bisherigen Rechtsprechung konkretisiert.[363] Nach der **Formel des BGH** besteht ein konkretes Wettbewerbsverhältnis, wenn die Unternehmer versuchen, gleichartige Waren oder Dienstleistungen innerhalb desselben Abnehmerkreises abzusetzen mit der Folge, dass das konkret beanstandete Wettbewerbsverhalten des einen Unternehmers den anderen Unternehmer beeinträchtigen, das heißt in seinem Absatz behindern oder stören kann.[364] Zwischen Prostituierten und dem Betreiber einer Bar, in denen Prostituierten und deren Kunden sexuelle Kontakte ermöglicht werden, wurde das Bestehen eines **unmittelbaren**[365] **Wettbewerbsverhältnisses** angenommen. Es kommt für die Eigenschaft als Mitbewerber allein auf das **tatsächliche Bestehen eines Wettbewerbsverhältnisses** an. Es ist dafür unerheblich, ob die eigene Tätigkeit des Mitbewerbers, die das Wettbewerbsverhältnis begründet, gesetzwidrig oder wettbewerbswidrig ist; ein Mitbewerber, der sich so im geschäftlichen Verkehr verhält, verliert grundsätzlich nicht den Schutz gegen unlauteren Wettbewerb.[366]

35 **d) Verwendung als Tatbestandsmerkmal.** Der Begriff des Mitbewerbers wird in der Schutzzweckklausel des § 1 S. 1 als eines der Schutzsubjekte des UWG verwendet. Mitbewerber fallen unter den Oberbegriff der Marktteilnehmer im Sinne der Definition des § 2 Abs. 1 Nr. 2. Die objektive Eignung einer unlauteren Wettbewerbshandlung im Sinne des UWG 2004 zu einer Beeinträchtigung des Wettbewerbs konnte zum Nachteil der Mitbewerber, der Verbraucher und der sonstigen Marktteilnehmer bestehen. Das gilt vergleichbar für die unlautere geschäftliche Handlung im Sinne des UWG 2008. Der Begriff des Mitbewerbers wird in verschiedenen Verbotstatbeständen unlauteren Wettbewerbs verwendet (Geschäftsehrverletzung nach § 4 Nr. 7, Anschwärzung nach § 4 Nr. 8, wettbewerbsrechtlicher Leistungsschutz nach § 4 Nr. 9, Behinderungswettbewerb nach § 4 Nr. 10; bei der Begriffsbestimmung der vergleichenden Werbung in § 6 Abs. 1, dem Tatbestand der Verwechslungsgefahr bei vergleichender Werbung nach § 6 Abs. 2 Nr. 3, dem Tatbestand der Rufausnutzung nach § 6 Abs. 2 Nr. 4 und der Verunglimpfung durch vergleichende Werbung nach § 6 Abs. 2 Nr. 5; zur Bestimmung der Aktivlegitimation in § 8 Abs. 3 Nr. 1; beim Schadensersatzanspruch nach § 9).

2. Unternehmen gleicher Wirtschaftsstufe mit gleichem Kundenkreis

36 Ein **Mitbewerber** ist ein **Unternehmer,** der mit einem anderen Unternehmen in einem konkreten Wettbewerbsverhältnis steht. Das **konkrete Wettbewerbsverhältnis** besteht zwischen dem geförderten Unternehmen und dem benachteiligten Unternehmen.[367] Ein Wettbewerbsverhältnis verlangt eine Wechselbeziehung zwischen den Vorteilen, die der Handelnde für sein eigenes oder ein fremdes Unternehmen erzielen will, und den Nachteilen, die ein anderes Unternehmen dadurch erleidet. Die Grundlage für diese Definition

---

[362] Siehe zur Entwicklungsgeschichte und gesetzestechnischen Funktion des Wettbewerbsverhältnisses → D Rn 26 ff.

[363] Siehe zur Formel des BGH zum Vorliegen eines konkreten Wettbewerbsverhältnisses zum UWG 1909 → B Rn 10.

[364] BGH GRUR 2006, 1042, 1043, Rn 14 – Kontaktanzeigen.

[365] Der im ersten Leitsatz ohne weitere Begründung vorgenommene Wechsel der Wortwahl von dem in § 2 Abs. 1 Nr. 3 verwendeten herkömmlichen Begriff eines *konkreten* Wettbewerbsverhältnisses zu dem Begriff eines *unmittelbaren* Wettbewerbsverhältnisses ist wegen des Begriffsmerkmals der Unmittelbarkeit, das in Art. 2 lit. d UGP-RL für den Begriff der Geschäftspraktik verwendet wird, missverständlich.

[366] BGH GRUR 2005, 519 – Vitamin-Zell-Komplex; siehe dazu schon BGH GRUR 1976, 370, 371 – Lohnsteuerhilfevereine I.

[367] Siehe dazu die Gesetzesbegründung UWG 2004 BT-Drucks. 15/1487 S. 16; siehe dazu auch BGH GRUR 1991, 223, 224 – Finnischer Schmuck; → D Rn 25 ff.

wurde vom RG entwickelt,[368] vom BGH bestätigt,[369] und vom Reformgesetzgeber des Jahres 2004 aufgegriffen.[370]

Unternehmen stehen in einem konkreten Wettbewerbsverhältnis, wenn sie den **gleichen Kunden- oder Lieferantenkreis** haben, unabhängig davon, welche Beweggründe für den konkreten Vertragsabschluss maßgeblich sind. Das Vorliegen eines Wettbewerbsverhältnisses ist nach den besonderen Umständen des konkreten Einzelfalles zu prüfen. Es ist nicht erforderlich, dass die Abnehmerkreise oder die Lieferantenkreise völlig übereinstimmen. Je größer die Übereinstimmung ist, je eher ist die Annahme eines konkreten Wettbewerbsverhältnisses gerechtfertigt. 37

Maßgebend für das Vorliegen eines konkreten Wettbewerbsverhältnisses ist nach einer ständigen Formulierung der höchstrichterlichen Rechtsprechung, ob sich **Waren oder gewerbliche Leistungen gegenüberstehen,** die **nach der Verkehrsanschauung einander im Absatz behindern** können.[371] Ausreichend ist eine **mittelbare** Absatzbehinderung. Die Abgrenzung des konkreten Wettbewerbsverhältnisses bestimmt sich nach der **Verkehrsauffassung** unabhängig davon, ob die Marktteilnehmer auf der gleichen oder auf verschiedenen Stufen des Wirtschaftslebens stehen. 38

Es besteht ein Wettbewerbsverhältnis zwischen dem Herausgeber eines kostenlos verteilten **Anzeigenblattes** mit redaktionellem Teil und **Tageszeitungen,** da beide dieselben Inserenten und Leser gewinnen wollen.[372] Auch zwischen einem **Arzneimittelhersteller** und einem **Werbeunternehmen** wurde ein Wettbewerbsverhältnis bejaht, wenn beide an Apotheker und Drogisten Kundenzeitschriften vertreiben. Zwar bezweckt der Hersteller eine Verbesserung seines Arzneimittelabsatzes und will nicht in Konkurrenz zu dem Werbeunternehmen im Arzneigeschäft treten, jedoch setzen beide ihre Zeitschriften an die gleichen Kunden ab.[373] **Werbeagenturen,** die Markenartikelhersteller betreuen, stehen miteinander in einem Wettbewerbsverhältnis.[374] Ebenso verhält es sich bei **Rundfunk** und **Presse,** da sie als Nachrichtenübermittler und als Träger von Werbemitteln denselben Kundenkreis ansprechen.[375] Gleiches gilt für **Fernsehen** und **Film,** weil beide der Unterhaltung oder Information (Tagesschau) des Publikums durch Vorführen von Bildfolgen dienen.[376] Die Leistungen eines gewerblichen **Veranstalters künstlerischer Darbietungen** und einer **Rundfunkanstalt** dienen der Unterhaltung des Publikums, weshalb beide Unternehmen in einem Wettbewerbsverhältnis stehen.[377] Auch zwischen einem Spediteur und einem **Getreidegeschäft, das selbst Spedition betreibt,** wurde ein Wettbewerbsverhältnis angenommen.[378] Zwischen einem **Hersteller von Rohdrucken** und einem **Buchbinder als Abnehmer** besteht ein Wettbewerbsverhältnis, wenn der Drucker die Bücher auch selbst vertreibt.[379] Ein **mittelbares** Wettbewerbsverhältnis wurde angenommen zwischen einem **Vermieter von Fernsehgeräten** und dem **Anbieter von Reparaturkostenversicherungsverträgen.**[380] 39

Ein Wettbewerbsverhältnis wurde **nicht** angenommen zwischen dem **Hersteller von Möbelbezugsstoffen** und einem die **Stoffe verarbeitenden Polsterer,** da beide nicht 40

---

368 RGSt 32, 27, 29 – Drucktuch (zum UWG 1896); RGSt 45, 254 – Reisstärke; RGSt 58, 27; RGSt 58, 429f; RGZ 118, 133, 136 – Getreidegeschäfte; RGZ 134, 342, 350; RGZ 144, 41, 49.

369 BGH GRUR 1951, 283 – Möbelbezugsstoffe; BGH GRUR 1986, 898, 899 – Frank der Tat; BGH GRUR 1989, 430 – Krankentransportbestellung; BGH GRUR 1990, 375, 376 – Steuersparmodell; BGH GRUR 1997, 907 – Emil-Grünbär-Klub; ebenso öOGH ÖBl 1994, 217, 219 – Satellitenprogramm.

370 Gesetzesbegründung UWG 2004 BT-Drucks. 15/1487 S. 16.

371 Siehe dazu grundlegend BGHZ 18, 175 – Werbeidee; BGH GRUR 1982, 431, 433 – POINT.

372 BGHZ 19, 392, 394 – Anzeigenblatt (Freiburger Wochenbericht).

373 BGH GRUR 1963, 536, 537 – Iris.

374 BGH GRUR 1972, 428 – Bilderpunkte.

375 OLG München NJW 1958, 1298.

376 BGHZ 37, 1, 13 – AKI.

377 BGHZ 39, 352, 356 – Vortragsabend; OLG Hamburg Ufita 27, 77, 82.

378 RGZ 118, 133.

379 BGHZ 19, 72 – Gesangbuch.

380 OLG München WRP 1989, 50, 52.

den gleichen Kundenkreis besitzen.[381] Ein **Hersteller** steht nicht in einem Wettbewerbsverhältnis zu einem **Großhändler,** der sich unter der Tarnung direkter Verkaufstätigkeit Einkaufsvorteile verschafft, da ein unterschiedlicher Absatzmarkt besteht.[382] Auch der Markt eines **Filmverleihunternehmens** und eines **Gebrauchsgraphikers** unterscheiden sich zu sehr, um ein Wettbewerbsverhältnis annehmen zu können.[383] Der **Herausgeber eines Hotelführers** und das darin beurteilte **Hotel** stehen nicht in einem Wettbewerbsverhältnis.[384] Die Verwendung einer berühmten Marke, ohne dass dabei eine Verwechslungsgefahr besteht, soll kein Wettbewerbsverhältnis begründen.[385]

41 Regelmäßig stehen Gewerbetreibende in einem Wettbewerbsverhältnis, wenn sie der **gleichen** oder einer **verwandten Branche** angehören. Dies ist jedoch dann nicht der Fall, wenn die **räumliche Entfernung** eine Konkurrenz ausschließt. Die Identität oder Ähnlichkeit der Waren oder Dienstleistungen allein begründet noch kein konkretes Wettbewerbsverhältnis, sondern es muss die **Gleichheit des Kundenkreises** dazu treten. Bei lokalen Anbietern von Waren oder Dienstleistungen ist ein Wettbewerbsverhältnis ausgeschlossen, wenn sich ihr räumlicher Absatzmarkt nicht überschneidet, wie etwa bei einem Metzger in Stuttgart und einem Metzger in Hamburg. Eine räumliche Überschneidung ist aber dann zu bejahen, wenn zumindest einer der Wettbewerber seine Waren oder Dienstleistungen im ganzen Bundesgebiet anbietet. Deshalb stehen **Versandhändler** in den Grenzen ihres Absatzgebiets mit allen Händlern in Wettbewerb, die gleiche oder gleichartige Waren in Verkehr bringen.[386] Der Kundenkreis kann bei bestimmten Erzeugnissen auch die ganze Welt umfassen, wie etwa bei Kraftwagen, Medikamenten, Kosmetika oder Spielfilmen.[387]

42 Zur Beurteilung ist nicht nur der gegenwärtig bestehende Kundenkreis heranzuziehen. Auch der **künftige Kundenkreis,** der sich bei einer nach den Umständen zu erwartenden Ausdehnung des Unternehmens, einer Erweiterung der Produktion oder einer Änderung der Nachfrage möglicherweise ergeben kann, begründet ein Wettbewerbsverhältnis.[388] So besteht zwischen einem Lizenzgeber für die Gestaltung bestimmter Waren (Einlegesohlen), und einem auf dem gleichen Gebiet tätigen Lizenzgeber von Herstellern der gleichen Branche selbst dann ein Wettbewerbsverhältnis, wenn sich die Erzeugnisse, die aufgrund jeweils erteilter Lizenzen hergestellt werden, nicht im Absatz behindern, da nicht ausgeschlossen ist, dass sie sich in Zukunft Konkurrenz machen werden.[389]

43 Ist die Handlung auf die Förderung eines **fremden Wettbewerbs** gerichtet, muss das Wettbewerbsverhältnis zwischen dem geförderten und dem benachteiligten Unternehmen bestehen.[390]

3. Wettbewerbsverhältnis zwischen Unternehmen verschiedener Wirtschaftsstufen

44 Unternehmen **verschiedener Wirtschaftsstufen** stehen in einem konkreten Wettbewerbsverhältnis, wenn sich ihre **Kundenkreise überschneiden.** Wenn sich ein Hersteller oder Großhändler nicht auf seine Wirtschaftsstufe beschränkt, sondern seine Ware direkt an den Endverbraucher absetzt,[391] dann tritt er in Wettbewerb zu den Einzelhändlern und es

---

[381] BGH GRUR 1951, 283.
[382] BGH GRUR 1958, 557 – Direktverkäufe.
[383] BGH GRUR 1957, 291 – Europapost.
[384] OLG Frankfurt WRP 1974, 212 – Varta.
[385] BGHZ 28, 320, 328 – Quick; BGH GRUR 1960, 550 – Promonta; BGH GRUR 1961, 280 – Tosca.
[386] *Baumbach/Hefermehl* 22. Aufl. 2001, UWG Einl. Rn 223.
[387] OLG Düsseldorf NJW 1997, 548, 549.
[388] BGHZ 24, 238, 244 – tabu I; BGH GRUR 1961, 535, 537 – arko; BGH GRUR 1955, 342, 344 – Rheinpfalz; RGZ 108, 272.
[389] BGH GRUR 1964, 389, 391 – Fußbekleidung.
[390] BGH GRUR 1997, 907 – Emil-Grünbär-Klub; BGH GRUR 1997, 909 – Branchenbuch-Nomenklatur.
[391] Gesetzesbegründung UWG 2004 BT-Drucks. 15/1487 S. 16; *Köhler* NJW 2004, 2121, 2122; *Köhler/Bornkamm/Henning-Bodewig* GRUR 2003, 127, 129.

besteht zwischen Hersteller oder Großhändler einerseits und Einzelhändler andererseits ein Wettbewerbsverhältnis.[392] Gleiches gilt für eine Vereinigung von Glashütten, die bei **Direktverkauf** mit den Glashändlern in einem Wettbewerbsverhältnis steht.[393]

Regelmäßig besteht zwischen Unternehmen verschiedener Wirtschaftsstufen nur ein **mittelbares Wettbewerbsverhältnis,** weil der unmittelbare Kundenkreis sich in den Wirtschaftsstufen unterscheidet. Das Vorliegen eines solchen mittelbaren Wettbewerbsverhältnisses reicht für die Annahme der Eigenschaft als Mitbewerber im Sinne des § 2 Abs. 1 Nr. 3 grundsätzlich aus.[394] Ein Hersteller einer Markenware steht mit einem Einzelhändler in Wettbewerb, der eine fremde Ware mit der Marke des Herstellers versieht, auch wenn der unmittelbare Kundenkreis unterschiedlich ist, da der Einzelhändler den Verbraucher und der Hersteller den Händler beliefert.[395] Die Kunden des Händlers sind auch mittelbare Kunden des Herstellers, um die dieser oft selbst wirbt. Da der Absatz über die anderen Händler durch die Handlung des Einzelhändlers beeinträchtigt wird, ist ein konkretes Wettbewerbsverhältnis zu bejahen. Es kommt entscheidend darauf an, dass beide Unternehmer versuchen, gleichartige Waren oder Dienstleistungen **innerhalb derselben (End)-Verbraucherstufe** abzusetzen, auch wenn sie selbst auf verschiedenen Vertriebsstufen tätig werden. Wenn – unter der früheren Geltung der Preisbindung für Markenwaren – ein Hersteller die Verbraucherpreise für seine Markenware gebunden und die Großhändler verpflichtet hatte, nur an gebundene Einzelhändler zu liefern, so stand er in einem konkreten Wettbewerbsverhältnis zu solchen **Außenseitern,** die die Ware von vertragsuntreuen Großhändlern bezogen und unter dem gebundenen Preis verkauften, da dies den Absatz gegenüber den gebundenen Einzelhändlern beeinträchtigen konnte.[396] Verkauft ein Einzelhändler die Ware eines Herstellers **unter dem Einstandspreis,** steht er zum Hersteller in einem Wettbewerbsverhältnis.[397] Ein konkretes Wettbewerbsverhältnis wurde zwischen dem Hersteller und einem von der Belieferung ausgeschlossenen Einzelhändler angenommen, weil der Einzelhändler Ware vertrieb, bei der die vom Hersteller angebrachten **Kontrollnummern entfernt** worden waren.[398] Ein Hersteller, der seine Tonbandgeräte ausschließlich an den Facheinzelhandel liefert, steht in einem Wettbewerbsverhältnis zu Warenhäusern, die sich die Geräte von Dritten beschaffen und wettbewerbswidrig anbieten, weil die **Abnahmechancen beim Fachhandel beeinträchtigt** werden.[399] Wenn der Entwickler eines **Immobilienanlagemodells** dafür mit steuerlichen Gründen wirbt, tritt er dadurch in konkreten Wettbewerb zu **Steuerberatern,** weil diese auch Wirtschaftsberatung in betriebswirtschaftlichen Angelegenheiten anbieten.[400] 45

Ein **Spirituosenhersteller** und ein **Gastwirt,** die beide Spirituosen an den Verbraucher absetzen, stehen in einem konkreten Wettbewerbsverhältnis.[401] Zwischen einer **Tageszeitung** und einer **Webeagentur** besteht bezüglich des **Anzeigenmarktes** ein Wettbewerbsverhältnis.[402] Ein Kfz-Hersteller, der PKW nur an Endabnehmer vertreibt, steht in Wettbewerb mit einem scheinbaren „Endabnehmer", der die Fahrzeuge **zum Zwecke des Weiterkaufs** erwirbt.[403] Ein Wettbewerbsverhältnis wurde bejaht zwischen einem Orthopäden, der Lizenzen an Schuhfabriken vergibt, und dem Inhaber eines Patents für eine 46

---

[392] RG GRUR 1930, 446 – Fittingswerke.
[393] RG MuW 35, 183.
[394] So Gesetzesbegründung UWG 2004 BT-Drucks. 15/1487 S. 16; siehe auch BGHZ 98, 1065 – Preisvergleichsliste II.
[395] SchwBGE 55 II, 346 – Kasha-Gewerbe.
[396] BGHZ 37, 30, 34 – Selbstbedienungsgroßhandel; BGH GRUR 1993, 563 – Neu nach Umbau; BGH WRP 1998, 388 – Skibindungsmontage; BGH WRP 1964, 320 – Maggi.
[397] BGH GRUR 1984, 204 – Verkauf unter Einstandspreis II.
[398] BGH GRUR 1988, 826, 827 – Entfernung von Kontrollnummern II; BGH WRP 1989, 369 – Entfernung von Kontrollnummern III.
[399] BGH GRUR 1983, 582, 583 – Tonbandgerät mit Anmerkung *Mes.*
[400] BGH GRUR 1990, 375, 376 – Steuersparmodell.
[401] BGH GRUR 1957, 347 – Underberg.
[402] OLG Hamm WRP 1979, 477.
[403] BGH GRUR 1988, 916 – PKW-Schleichbezug.

Schuheinlage, das ebenfalls durch Lizenzvergabe und Eigenproduktion ausgewertet wurde.[404] Die **GEMA** und der Hersteller und Verkäufer gemafreier Schallplatten stehen wegen der Einbuße von Lizenzgebühren in einem konkreten Wettbewerbsverhältnis.[405] Das Angebot einer **Diskothek,** in der Musik aufgeführt, das Publikum unterhalten und die Gelegenheit zum Tanzen gegeben wird, steht **nicht** in einem konkreten Wettbewerbsverhältnis zu einer **Rundfunksendung** nach Art der konkreten Sendereihe „POINT", die im dritten Hörfunkprogramm an Arbeitstagen nachmittags neuere Unterhaltungsmusik, Textbeiträge von und für Jugendliche, Nachrichten und Veranstaltungshinweise sendet.[406] Ein konkretes Wettbewerbsverhältnis wurde angenommen zwischen einem **Verleger,** der seine Verlagserzeugnisse bindet, und einem **Buchhändler,** der die fremden Verlagserzeugnisse preisschleudernd vertreibt.[407] Ein **Verleger,** der seine Bücher auch über Buchgemeinschaften vertreibt, steht in Wettbewerb zu einer **Buchgemeinschaft,** die ein zum Bestseller gewordenes Buch als Werbegeschenk ihren Mitgliedern für die Werbung neuer Mitglieder überlässt.[408] Ein Marktteilnehmer, der **Vertragslizenzen an Sammelwerken** vergibt, steht in einem konkreten Wettbewerbsverhältnis zu einem **Zeitungs- oder Zeitschriftenverlag,** der Sammelwerke, für deren Abdruck es keiner Vertragslizenz bedarf, in einer der Werbegestaltung entsprechenden Art verbreitet.[409]

4. Wettbewerbsverhältnis zwischen Unternehmen verschiedener Branchen

47 In der höchstrichterlichen Rechtsprechung wurde zunächst von dem **Rechtsgrundsatz** ausgegangen, dass zwischen **Unternehmen verschiedener Branchen** nach der Verkehrsauffassung grundsätzlich **kein konkretes Wettbewerbsverhältnis** besteht. Die Wettbewerbshandlungen der Unternehmen können regelmäßig nicht den gegenseitigen Absatz der branchenfremden Waren oder Dienstleistungen behindern. Die Verbraucher entscheiden über eine Vielzahl von Angebotsalternativen am Markt (Wein statt Zigaretten, Blumen statt Pralinen, Möbel statt Autos). Es besteht kein Wettbewerbsverhältnis zwischen allen Anbietern von Produktvarianten. Dieser Rechtsgrundsatz war Ausgangspunkt einer jahrzehntelangen Rechtsprechung zum UWG 1909. Die Rechtsentwicklung ging dahin, dass im Laufe der Zeit die Anforderungen, die an das Vorliegen eines konkreten Wettbewerbsverhältnisses gestellt wurden, immer mehr gesenkt wurden. Nach der gegenwärtigen Rechtslage kann von dem **umgekehrten Rechtsgrundsatz** ausgegangen werden. Im Interesse eines wirksamen wettbewerbsrechtlichen Individualschutzes werden an das Bestehen eines Wettbewerbsverhältnisses **keine hohen Anforderungen** gestellt. In der höchstrichterlichen Rechtsprechung wird für das **Bestehen eines Wettbewerbsverhältnisses keine Branchengleichheit vorausgesetzt.**[410]

48 Die Entwicklung der höchstrichterlichen Rechtsprechung kann dahin beschrieben werden: Ein **branchenfremdes Unternehmen** kann durch die Vornahme einer bestimmten Wettbewerbshandlung dann ein konkretes Wettbewerbsverhältnis mit einem anderen branchenfremden Unternehmen begründen, wenn **ausnahmsweise** – so nach dem Rechtsgrundsatz der **früheren Rechtsprechung** – durch die Wettbewerbshandlung **eine wettbewerbliche Beziehung zwischen den Unternehmen hergestellt** wird. Unter Hinweis auf die ständige Rechtsprechung des BGH[411] wurde auch in der Gesetzesbegrün-

---

[404] BGH GRUR 1962, 34, 36 – Torsana.

[405] BGH GRUR 1965, 309 – gemafrei.

[406] BGH GRUR 1982, 431, 433 – POINT.

[407] BGH GRUR 1958, 247 – Verlagserzeugnisse.

[408] BGH GRUR 1969, 413, 414 – Angélique II.

[409] BGHZ 18, 175, 182 – Werbeidee.

[410] BGH GRUR 2004, 877, 878 – Werbeblocker; BGH GRUR 2006, 1042, 1043 – Kontaktanzeigen.

[411] BGH GRUR 1972, 553 – Statt Blumen ONKO-Kaffee. Da es für die wettbewerbsrechtliche Beurteilung regelmäßig nur um die konkret beanstandete Wettbewerbshandlung gehe, genüge es, dass die Parteien durch eine Handlung miteinander in Wettbewerb getreten seien, auch wenn ihre Unternehmen im Übrigen unterschiedlichen Branchen angehörten; BGHZ 93, 96, 87f – DIMPLE; BGH GRUR 1988, 453, 454 –

dung zum UWG 2004 davon ausgegangen, dass Unternehmer verschiedener Branchen **durch eine Wettbewerbshandlung in eine wettbewerbliche Beziehung zueinander treten** können, ohne dass der Absatz der beiderseitigen ungleichartigen Waren beeinträchtigt wird. Das Wettbewerbsverhältnis wird in einer solchen Fallkonstellation branchenfremder Unternehmen durch die konkrete Wettbewerbshandlung begründet **(ad hoc-Wettbewerbsverhältnis).**

Eine **Substitutionswerbung,** deren Zweck es ist, das eigene Produkt des Werbenden als ein Substitutionsprodukt eines branchenfremden Produktes darzustellen, begründet ein konkretes Wettbewerbsverhältnis.[412] Eine Substitutionswerbung, die ein konkretes Wettbewerbsverhältnis begründet und dem Anwendungsbereich des UWG unterfällt, ist selbstverständlich erst dann unzulässig, wenn ein Verbotstatbestand des UWG erfüllt ist. So kann eine Substitutionswerbung etwa als vergleichende Werbung, als Behinderungswettbewerb oder als Rufausbeutung unlauter sein. 49

Die **Behinderung** des Absatzes eines Produktes einer anderen Branche kann ein konkretes Wettbewerbsverhältnis begründen. Unter diesem Aspekt soll zwischen dem **Kaffeehandel** und **Blumenhändlern** ein Wettbewerbsverhältnis entstehen, wenn für Kaffee als Geschenkartikel mit dem Hinweis „Statt Blumen Onko-Kaffee" geworben wird.[413] Wenn ein **Möbelhändler** einem **Autohändler** Kunden dadurch abwirbt, dass er auf die Qualität seiner Möbel und die Gefahren des Autofahrens hinweist, soll ein Wettbewerbsverhältnis entstehen, ebenso wie zwischen einem **Kinobesitzer** und einem **Buchhändler,** der Filme schlecht macht, um zum Bücherkauf anzulocken.[414] Zwischen einem (privaten) **Fernsehsendeunternehmen** und einem Unternehmen, das ein zum Anschluss an den Fernseher oder Videorecorder bestimmtes Gerät produziert und vertreibt, mit dem Werbeinseln aus dem laufenden Programm automatisch ausgeblendet werden können **(Werbeblocker),** besteht ein konkretes Wettbewerbsverhältnis.[415] 50

Die höchstrichterliche Rechtsprechung zur **Rufausbeutung** von Kennzeichen ist als ein **immaterialgüterrechtlicher** Rechtsschutz im Wettbewerb zu verstehen.[416] Die kommerzielle Verwertung des guten Rufs einer bekannten Marke zum eigenen Nutzen begründet ein konkretes Wettbewerbsverhältnis zwischen dem Markeninhaber und dem Benutzer des Kennzeichens.[417] Zum **Rechtsschutz der bekannten Kennzeichen**[418] geht der BGH vom abschließenden Charakter der markengesetzlichen Regelungen als **leges speciales** aus.[419] Erforderlich ist, dass die bekannte Marke eine Wertschätzung im Verkehr im Sinne eines überragenden Rufs besitzt, der einer wirtschaftlichen Verwertung auch au- 51

Ein Champagner unter den Mineralwässern; BGH GRUR 1990, 375, 376 – Steuersparmodell; BGH GRUR 2004, 877 – Werbeblocker.

412 Siehe dazu auch öOGH ÖBl. 1991, 13 – Gerhard Berger; öOGH ÖBl. 1992, 166 – Seepark Weiden; öOGH ÖBl. 1994, 22, 24 – System der Besten; öOGH ÖBl. 1998, 26, 28 – Entec 2500.

413 BGH GRUR 1972, 553 – Statt Blumen ONKO-Kaffee; OLG Köln GRUR 1968, 705; OLG Stuttgart NJW-RR 1989, 164.

414 Siehe dazu die früheren Beispiele nach *Baumbach/Hefermehl* 22. Aufl. 2001, Einl. Rn 229a.

415 BGH GRUR 2004, 877 – Werbeblocker. Anders entschied das OLG Frankfurt MMR 1999, 720 – Fernseh-Fee, nach dem ein werbefinanzierter Privatfernsehsender sich nicht auf ein Wettbewerbsverhältnis zu dem Vertreiber eines Zusatzgerätes für Fernsehgeräte (Werbeblocker), das bei entsprechender Programmierung zu Beginn der Ausstrahlung eines Werbeblocks automatisch auf einen anderen Sender ohne laufende Werbung umschaltet und am Ende des Werbeblocks wieder zur ursprünglichen Sendung zurückschaltet, berufen kann.

416 *Fezer* MarkenG Einleitung C Rn 14f.

417 Das *Konkurrenzverhältnis* des Lauterkeitsschutzes zum markengesetzlichen Schutz bekannter Kennzeichen ist heftig umstritten; siehe zum Meinungsstand *Fezer* MarkenG § 2 Rn 19ff.

418 Siehe zum *Bekanntheitsschutz* der Marke BGHZ 138, 349 – MAC Dog; zum *Bekanntheitsschutz der geschäftlichen Bezeichnungen* BGH GRUR 2000, 70 – SZENE und zum *Rechtsschutz der geografischen Herkunftsangaben* BGH GRUR 1999, 252 – Warsteiner II.

419 Siehe zur Kritik der Begründung des BGH *Fezer* WRP 2000, 863, 865ff; *ders.* WRP 2008, 1ff; *Deutsch* WRP 2000, 854. Die gegenteilige Auffassung geht von einer *kumulativen Normenkonkurrenz* des Kennzeichenrechts zum Lauterkeitsrecht aus; siehe dazu *Fezer* MarkenG § 2 Rn 27ff. Zur Anspruchskonkurrenz im Immaterialgüterrecht → Einleitung E Rn 316ff.

ßerhalb des eigentlichen Warenbereichs zugänglich ist.[420] Wenn sich die besonderen Gütevorstellungen im Verkehr objektiv zu einer wirtschaftlichen Verwertbarkeit der Marke, wie namentlich im Wege der **Lizenzierung,** eignen, so kann, wie in der DIMPLE-Entscheidung, ein Wettbewerbsverhältnis entstehen.[421] Da es auf eine subjektive Bereitschaft zur Lizenzierung nicht ankommt, kann sogar bei einem starken **Warenkontrast** ein Wettbewerbsverhältnis zwischen dem Inhaber einer hinreichend bekannten und angesehenen Marke und einem Marktteilnehmer bestehen, der Scherzartikel mit der Marke versieht.[422] So stand auch der Inhaber der bekannten Marke „Mars" eines Süßwarenherstellers in einem Wettbewerbsverhältnis zum Hersteller von Scherzpäckchen, die mit einem Kondom als Inhalt und dem verballhornten Werbespruch („Mars macht mobil – bei Sex, Sport und Spiel") vertrieben wurden, weil dadurch der Ruf und das Ansehen der Marke ausgenutzt wurde.[423] Dagegen wurde ein Wettbewerbsverhältnis bei der Vermarktung der durch ein Ausschlussrecht geschützten, berühmten Marke „BMW" als Scherzartikel für Aufkleber mit dem zusätzlichen Aufdruck „Bumms Mal Wieder" abgelehnt, weil die Vulgarität dieses Spruchs jede Zuordnung zum Kfz-Hersteller und jeden Gedanken an eine auch nur hypothetische Lizenzierung der Marke für einen solchen Zweck ausschließe.[424]

52 Ein konkretes Wettbewerbsverhältnis wurde bejaht zwischen einem **Automobilrennstallinhaber** und dem **Hersteller von Modellautos,** die in Form und Farbe naturgetreu dem als Sieger vieler Rennen weithin bekannten Rennwagen nachgebildet waren, weil sie ohne Zustimmung des berechtigten Rennstallinhabers angeboten worden waren.[425] Die **Rolls-Royce-Herstellerin,** die auch Abbildungslizenzen vergibt, steht in einem Wettbewerbsverhältnis mit einer **Werbeagentur,** die den guten Ruf des wegen seiner Exklusivität bekannten Automobils in einer Werbeanzeige für Whisky durch Verwendung der Vorderansicht eines Rolls-Royce ausnutzte, weil hierdurch das Lizenzgeschäft der Herstellerin beeinträchtigt werden konnte.[426] Der **Hersteller des DIMPLE-Whiskys** steht aus dem gleichen Grund in Wettbewerb mit einem **Parfüm-Hersteller,** der die weithin bekannte Whisky-Marke für Kosmetika und Parfümerien als Marke zur Eintragung anmeldet.[427] Der Slogan „Ein Champagner unter den Mineralwässern" beutet den Ruf des Champagners aus, weshalb **zwischen Anbietern von Champagner und Mineralwasser** ein Wettbewerbsverhältnis entsteht.[428] Wenn eine **Bank** zu Werbezwecken **kostenlose Filmvorführungen** für ihre Kunden veranstaltet, dann wird ein Wettbewerbsverhältnis mit einem **Lichtspieltheater** begründet.[429] Wenn eine **Schokoladenfabrik** Schokolade unter der Bezeichnung „Bambi" vertreibt, entsteht ein Wettbewerbsverhältnis mit dem **Filmunternehmen,** das Lizenzen an einer urheberrechtlich geschützten Rehfigur „Bambi" vergibt.[430] Der Markeninhaber für das Musical „Cats", deren Marke für ungleichartige **Merchandisingartikel** eingesetzt werden kann, steht mit dem Hersteller solcher Waren in Wettbewerb.[431] Wenn eine **gesetzliche Krankenversicherung** auf ihre Mitglieder einwirkt, um diese von einem Wechsel zur **privaten Krankenversicherung** abzuhalten, so entsteht zwischen den privaten Krankenversicherern und den Ersatzkassen der gesetzlichen

---

[420] BGHZ 93, 967, 969 – DIMPLE; BGHZ 113, 82, 87 – Salomon; BGHZ 91, 609, 612 – S L; öOGH wbl. 1997, 352, 353 – Boss; ausführlich *Fezer* MarkenG § 14 Rn 800f.

[421] BGHZ 93, 967, 969 – DIMPLE.

[422] BGH GRUR 1986, 759 – BMW.

[423] BGH GRUR 1994, 808 – Markenverunglimpfung I mit Anmerkung *Bürglen;* LM § 15 WZG Nr. 63 mit Anmerkung *Marly.*

[424] BGH GRUR 1986, 759 – BMW; *Bürglen* FS Gaedertz S. 71ff.

[425] BGH GRUR 1994, 732 – McLaren.

[426] BGH GRUR 1983, 247, 249 – Rolls-Royce.

[427] BGH GRUR 1985, 550, 552 mit Anmerkung *Tilmann;* aA OLG Hamburg GRUR 1983, 140, 142, das den Unterlassungs- und Löschungsanspruch wegen Ungleichwertigkeit der beiderseitigen Waren auf § 826 BGB stützte.

[428] BGH GRUR 1988, 453, 455 – Ein Champagner unter den Mineralwässern.

[429] OLG Stuttgart BB 1973, 351.

[430] BGH GRUR 1960, 144 – Bambi.

[431] OLG Hamburg GRUR 1988, 549 – Cats.

Krankenversicherung ein Wettbewerbsverhältnis.[432] Zwischen **Prostituierten** und dem **Betreiber einer Bar**, in denen Prostituierten und deren Kunden sexuelle Kontakte ermöglicht werden, besteht ein konkretes (unmittelbares)[433] Wettbewerbsverhältnis.

E. Nachricht (§ 2 Abs. 1 Nr. 4)

§ 2 Abs. 1 Nr. 4 UWG

Im Sinne dieses Gesetzes bedeutet

„Nachricht" jede Information, die zwischen einer endlichen Zahl von Beteiligten über einen öffentlich zugänglichen elektronischen Kommunikationsdienst ausgetauscht oder weitergeleitet wird; dies schließt nicht Informationen ein, die als Teil eines Rundfunkdienstes über ein elektronisches Kommunikationsnetz an die Öffentlichkeit weitergeleitet werden, soweit die Informationen nicht mit dem identifizierbaren Teilnehmer oder Nutzer, der sie erhält, in Verbindung gebracht werden können.

Art. 2 S. 2 lit. d DatenschutzRL

Weiterhin bezeichnet im Sinne dieser Richtlinie der Ausdruck

"Nachricht" jede Information, die zwischen einer endlichen Zahl von Beteiligten über einen öffentlich zugänglichen elektronischen Kommunikationsdienst ausgetauscht oder weitergeleitet wird. Dies schließt nicht Informationen ein, die als Teil eines Rundfunkdienstes über ein elektronisches Kommunikationsnetz an die Öffentlichkeit weitergeleitet werden, soweit die Informationen nicht mit dem identifizierbaren Teilnehmer oder Nutzer, der sie erhält, in Verbindung gebracht werden können.

Übersicht

	Rn
E. Nachricht (§ 2 Abs. 1 Nr. 4)	**1**
I. Herkunft und Bedeutung des Begriffs	1
II. Ausgetauschte und weitergeleitete Information	4
1. Begriff der Information	4
2. Austausch von Informationen	5
3. Weiterleitung von Informationen	6
III. Endliche Zahl von Beteiligten	7
IV. Öffentlich zugänglicher elektronischer Kommunikationsdienst	13
1. Begriff des elektronischen Kommunikationsdienstes	13
2. Öffentliche Zugänglichkeit	17
V. Ausnahmen (Nr. 4 2. Hs.)	19

Schrifttum: *Eckhardt,* Datenschutzrichtlinie für elektronische Kommunikation – Auswirkungen auf Werbung mittels elektronischer Post, MMR 2003, 557; *Husch/Kemmler/Ohlenburg,* Die Umsetzung des EU-Rechtsrahmens für elektronische Kommunikation: Ein erster Überblick, MMR 2003, 139; *Köhler/Lettl,* Das geltende europäische Lauterkeitsrecht, der Vorschlag für eine EG-Richtlinie über unlautere Geschäftspraktiken und die UWG-Reform, WRP 2003, 1019; *Leistner/Pothmann,* E-Mail-Direktmarketing im neuen europäischen Recht und in der UWG-Reform, WRP 2003, 815; *Ohlenburg,* Die neue EU-Datenschutzrichtlinie 2002/58/EG – Auswirkungen und Neuerungen für elektronische Kommunikation, MMR 2003, 82.

[432] OLG Hamburg NJWE-WettbR 1996, 221, 222 – Vergleichende Werbung gesetzlicher Krankenkassen.
[433] Siehe dazu Fn 365.

I. Herkunft und Bedeutung des Begriffs

1 Mit der Datenschutzrichtlinie RL 2002/58/EG wurde die RL 97/66/EG über die Verarbeitung personenbezogener Daten und den Schutz der Privatsphäre im Bereich der Telekommunikation ersetzt.[434] Da die Vorschriften der ersetzten Richtlinie, umgesetzt durch das Teledienstedatenschutzgesetz,[435] nur den Telekommunikationssektor erfassten, sollte durch die Datenschutzrichtlinie eine **Anpassung an die Entwicklungen der Märkte und Technologien für elektronische Kommunikationsdienste** erfolgen, um den Nutzern aller öffentlich zugänglicher Kommunikationsdienste den gleichen Grad an einem **Schutz der Privatsphäre** zu bieten.[436] Bisher war lediglich eine Schutzvorkehrung gegen unerbetene Anrufe zum Zwecke der Direktwerbung enthalten.[437] Der Ausdruck Anruf wurde von den nationalen Gesetzgebern eng ausgelegt und erforderte einen **technologieneutralen Begriff,** der auch die Verwendung von elektronischer Post und anderer neuer Kommunikationsformen erfasste: die **Nachricht.**[438]

2 Der deutsche Gesetzgeber der UWG-Reform des Jahres 2004 hielt sich bei der Umsetzung exakt an den Wortlaut der **Definition der Nachricht** in Art. 2 S. 2 lit. d der Datenschutzrichtlinie.[439] Nach der Definition des § 2 Abs. 1 Nr. 4 bedeutet Nachricht jede Information, die zwischen einer endlichen Zahl von Beteiligten oder über einen öffentlich zugänglichen elektronischen Kommunikationsdienst ausgetauscht oder weitergeleitet wird; dies schließt nicht Informationen ein, die als Teil eines Rundfunkdienstes über ein elektronisches Kommunikationsnetz an die Öffentlichkeit weitergeleitet werden, soweit die Informationen nicht mit dem identifizierbaren Teilnehmer oder Nutzer, der sie enthält, in Verbindung gebracht werden können.

3 Rechtserheblich ist der Begriff der Nachricht in § 7 Abs. 2 Nr. 4, der der Umsetzung von Art 13 RL 2002/58/EG dient.[440] Es wurde schon im UWG 2004 die Zusendung von unerwünschten Nachrichten erstmals gesetzlich untersagt. Die Norm spiegelt die frühere Rechtsprechung zu § 1 UWG 1909 wider.[441]

II. Ausgetauschte und weitergeleitete Information

1. Begriff der Information

4 Der **Begriff der Information** ist **weit auszulegen.** Die RL 2002/58/EG bezweckt den **Schutz der Privatsphäre** vor jedem Zusenden von unerbetenen Nachrichten für Zwecke der Direktwerbung. Dies kann unterschiedliche Formen annehmen. Daher ist Information im weitesten Sinne als **jede Mitteilung von Sachinhalten** zu verstehen. Es sind damit **Newsletter, Werbeanrufe, E-Mails** (insbesondere sog. **Spam-Mails**) und **automatische Anrufsysteme** ebenso umfasst wie **Faxmitteilungen,** unabhängig davon, welchen inhaltlichen Wert die mitgeteilte Information besitzt.

2. Austausch von Informationen

5 Ein **Austausch** von Informationen ist nur dann gegeben, wenn zwei Endgeräte direkt miteinander kommunizieren. Dies ist bei einem **Telefonanruf** gegeben, unabhängig davon ob es sich um einen persönlichen oder automatischen Anruf handelt. Es ist auch von einem

---

[434] Siehe dazu *Eckhardt* MMR 2003, 557; *Ohlenburg* MMR 2003, 82.
[435] Art. 2 Informations- und Kommunikationsdienste-Gesetz vom 22. 7. 1997, BGBl. I S. 1870.
[436] Nr. 4 RL 2002/58/EG.
[437] Art. 12 RL 97/66/EG.
[438] KOM (2000) 385 endg. S. 5; *Eckhardt* MMR 2003, 557.
[439] *Engels/Salomon* WRP 2004, 32, 34.
[440] → Fezer/*Mankowski* § 7 Rn 224; *Ohlenburg* MMR 2003, 82, 84, 86; *Eckhardt* MMR 2003, 557; hierzu auch *Schulze/Janssen* EuLF 2004, 77, 83.
[441] Dazu noch LG Berlin MMR 2003, 419 zur SMS-Werbung; → § 7 Rn 224.

Austausch zu sprechen, wenn die Nachricht auf einem **Anrufbeantworter** hinterlassen oder ein **Telefax** gesendet wird. Dabei ist es für die Einordnung unerheblich, ob die Verbindung über ein Kabelnetz oder kabellos erfolgt. Es ist also auch der Anruf auf einem **Mobiltelefon** erfasst. Auch der **Funk** erfolgt im direkten Austausch. Beim **Download** oder Senden/Empfangen eines **Stream** liegt ebenfalls ein Austausch vor, da Server und PC in direktem Kontakt stehen. Es kommt insoweit ebenfalls nicht darauf an, ob es sich um einen kabelgestützten Internetzugang oder um ein sog. Wireless Local Area Networks (WLAN) handelt.

3. Weiterleitung von Informationen

Eine **Weiterleitung von Informationen** liegt vor, wenn die Informationen über Zwi- 6
schenserver geleitet werden müssen. So wird bei dem Hinterlassen einer Nachricht auf einer **Mailbox** diese zunächst auf dem Mailbox-Server gespeichert, bevor sie vom Endnutzer abgerufen wird. Auch Mitteilungen im **Short Message Service (SMS)** und **Multimedia Messaging Service (MMS)** werden zunächst auf den Servern der Mobiltelefonbetreiber zwischengelagert, bevor sie an den Empfänger weitergeleitet werden. Bei der Versendung einer **E-Mail** werden die Nachrichten über den E-Mail-Server des Providers des Absenders an den Providerserver des Empfängers geleitet, von welchem schließlich der Empfänger die E-Mail abruft. Ebenso funktionieren der **Internet-Chat** oder **Diskussionsforen.** Hier werden die Chat- oder Diskussionsbeiträge an den Server des Initiators übertragen und von dort von den Besuchern auf ihren PC wieder abgerufen.

III. Endliche Zahl von Beteiligten

Das Ausschlusskriterium einer **endlichen Zahl von Beteiligten** ist grundsätzlich weit 7
zu verstehen. Alle Informationen, die in der beschriebenen Form ausgetauscht oder weitergeleitet werden, sind lediglich an eine endliche Zahl von Beteiligten gerichtet. Die Adressaten einer E-Mail oder eines E-Mail-Newsletters können immer nur eine endliche Zahl betragen, selbst wenn diese Zahl, wie etwa bei Spams, sehr groß sein kann. Auch bei der Weiterleitung von Information über einen Chat-Room können nur die eingeloggten Nutzer die Information erhalten. Entsprechend verhält es sich bei Werbeanrufen oder Werbefaxen. Die Begrenzung dient dem **Ausschluss des Rundfunks,** dessen Regelung von der Richtlinie nicht beabsichtigt ist.

Grundsätzlich **keine Nachricht** ist eine Information, die als Teil eines **Rundfunk-** 8
dienstes über ein öffentliches Kommunikationsnetz weitergeleitet wird, da solche Information für einen potentiell unbegrenzten Personenkreis bestimmt ist,[442] wie etwa Radio- und Fernsehübertragungen über Funk oder im Kabelnetz. Unter bestimmten Umständen ist es jedoch möglich, auch einen einzelnen Teilnehmer oder Nutzer einer solchen Information zu identifizieren. Beim **Streaming eines Internet-Radiodienstes** oder von **Nachrichtenfilmen im Internet** muss aus technischen Gründen eine Verbindung zwischen dem PC des Nutzers und dem Server hergestellt werden, bei der die IP-Adresse des PC an den Server gesendet wird. Dies ermöglicht theoretisch die Identifizierung des PC des Nutzers, da über diesen der Stream angefordert wird. Auch ist Streaming nur gegenüber einer endlichen Zahl von Nutzern möglich, da es sonst zu einer Server-Überlastung kommt. Jedoch ist die hier übermittelte Information für einen unbegrenzten Personenkreis bestimmt, da jeder Nutzer eines PC mit Internet-Zugang die Verbindung mit dem Streaming-Server herstellen kann.

Es stellt sich die Frage, ob hier nicht in richtlinienkonformer Auslegung eine **teleologi-** 9
sche Reduktion vorgenommen werden muss. Die Datenschutzrichtlinie bezweckt gerade nicht die Regelung von Rundfunk- und Fernsehübertragungen. Aufgrund technischer

[442] Nr. 16 RL 2002/58/EG.

Notwendigkeiten ist die Feststellung der IP-Adresse eines PC, der einen Radio-Stream empfängt, grundsätzlich möglich. Jedoch sollten gerade diese Dienstleistungen vom Anwendungsbereich der Richtlinie ausgenommen werden, da sie in der Rundfunk- und Fernsehrichtlinie geregelt sind.[443] Zudem empfängt der sendende Server lediglich die IP-Adresse des Nutzers, ohne dass weitere Daten über das Privatleben natürlicher Personen oder berechtigte Interessen juristischer Personen, die des besonderen Schutzes bedürfen, übertragen werden.[444] Zudem entscheidet der Nutzer selbst, ob er einen solchen Stream empfangen will.

10 Anders verhält es sich bei einem **Videoabruf-Dienst.** Hier bestellt der Nutzer die Übersendung von Informationen zB für eine bestimmte Uhrzeit. Damit ist der Teilnehmerkreis identifizierbar und begrenzt. Diese Dienstleistung ist ausdrücklich in den Anwendungsbereich der Datenschutzrichtlinie einbezogen worden.[445] Denn der Diensteanbieter kann gezielt Werbung an die Teilnehmer des Videoabruf-Dienstes senden.

11 Die für potentiell alle Nutzer des Internets zugänglichen **Web-Sites** sind aufgrund des Ausschlusskriteriums der endlichen Zahl von Beteiligten nicht einbezogen. Eine endliche Zahl von Benutzern hat eine Web-Site nur dann, wenn ein **durch Passwort geschützter Zugriff** besteht.

12 Der **Amateurfunk** ist grundsätzlich nicht erfasst, wenn das Gesendete sich an alle potentiellen Empfänger richtet, da die Anzahl der potentiellen Empfänger, wie beim Rundfunk, grundsätzlich nicht begrenzt ist. Anders ist die Situation zu beurteilen, wenn ein Ruf sich direkt an einen speziellen Empfänger richtet, auf dessen Antwort etwa unaufgefordert Werbung gesendet wird.

IV. Öffentlich zugänglicher elektronischer Kommunikationsdienst

1. Begriff des elektronischen Kommunikationsdienstes

13 Mit dem Merkmal des öffentlich zugänglichen elektronischen Kommunikationsdienstes bezieht sich die Datenschutzrichtlinie und damit der Gesetzgeber auf Begriffe, die in der Rahmenrichtlinie für elektronische Kommunikationsnetze und Kommunikationsdienste[446] bestimmt sind. **Elektronische Kommunikationsdienste** sind „gewöhnlich gegen Entgelt erbrachte Dienste, die ganz oder überwiegend in der Übertragung von Signalen über elektronische Kommunikationsnetze bestehen, einschließlich Telekommunikations- und Übertragungsdienste in Rundfunknetzen, jedoch ausgenommen Dienste, die Inhalte über elektronische Kommunikationsnetze und -dienste anbieten oder eine redaktionelle Kontrolle über sie ausüben; nicht dazu gehören die Dienste der Informationsgesellschaft im Sinne von Artikel 1 der Richtlinie 98/34/EG, die nicht ganz oder überwiegend in der Übertragung von Signalen über elektronische Kommunikationsnetze bestehen."[447] Ein **Kommunikationsdienst** ist eine Dienstleistung, die die **Durchführung von Anrufen, Telefaxen, Downloads usw** ermöglicht, **ohne über die Inhalte eine Kontrolle durchzuführen;** dies umfasst die Netzbetreiber und Diensteanbieter **(Provider).**

14 **Kein Kommunikationsdienst** sind Dienstleistungen, bei denen vom Betreiber auch **Inhalte jedweder Form übermittelt** werden oder, wie zB beim Radio, **einer redaktionellen Kontrolle** unterworfen werden.

15 Die **Ausnahme der Dienste der Informationsgesellschaft** betrifft „jede in der Regel gegen Entgelt elektronisch im Fernabsatz und auf individuellen Abruf eines Empfängers

---

[443] RL 89/552/EWG. Siehe dazu *Micklitz/Kessler* GRUR Int. 2002, 885, 888 f; *Henning-Bodewig* GRUR Int. 2002, 389, 393; *Gamerith* WRP 2003, 143, 148.

[444] Vgl. Nr. 26 RL 2002/58/EG.

[445] Nr. 16 RL 2002/58/EG.

[446] RL 2002/21/EG; näher zu der Rahmenrichtlinie und dem dazugehörigen Richtlinienpaket siehe *Husch/Kemmler/Ohlenburg* MMR 2003, 139.

[447] Art. 2 lit.c RL 2002/21/EG iVm Art. 2 S. 1 RL 2002/58/EG.

erbrachte Dienstleistung."[448] Diese Umschreibung beinhaltet den Fernabsatz von Waren, die direkt in elektronischer Form am Ausgangspunkt gesendet und am Endpunkt empfangen werden, zB der **Download von Programmen** oder **Musik im Internet** oder der **Erwerb von Klingeltönen** und **Logos für Mobiltelefone.**[449]

Elektronische Kommunikationsnetze sind „Übertragungssysteme und gegebenenfalls Vermittlungs- und Leitwegeinrichtungen sowie anderweitige Ressourcen, die die Übertragung von Signalen über Kabel, Funk, optische oder andere elektromagnetische Einrichtungen ermöglichen, einschließlich Satellitennetze, feste (leitungs- und paketvermittelte, einschließlich Internet) und mobile terrestrische Netze, Stromleitungssysteme, soweit sie zur Signalübertragung genutzt werden, Netze für Hör- und Fernsehfunk sowie Kabelfernsehnetze, unabhängig von der Art der übertragenen Informationen."[450] Damit ist jede Form der Übertragung von Nachrichten erfasst.[451] 16

2. Öffentliche Zugänglichkeit

Ein elektronischer Kommunikationsdienst ist dann **öffentlich zugänglich,** wenn er der Öffentlichkeit zur Verfügung steht.[452] Es werden etwa das **Internet** und die **Telefonnetze** erfasst. Es ist unerheblich, ob die Verbindungen zwischen den Teilnehmern kabel-, funk- oder satellitengestützt sind. So sind zB in **Wireless Local Area Networks (WLAN)** hergestellte Verbindungen in sog. Hotspots grundsätzlich genauso erfasst wie **Mobiltelefonnetze.**[453] Auch das **Rundfunk- und Fernsehnetz** wird als öffentlich zugänglicher Kommunikationsdienst erfasst, weshalb das Ausschlusskriterium des 2. Halbsatzes erforderlich ist. 17

Kein öffentlich zugänglicher elektronischer Kommunikationsdienst ist ein **Corporate Network (CN),** also ein firmeninternes Netzwerk. Ein solches Netzwerk ist durch verschiedene Sicherungsmechanismen gegen das Internet abgeschottet und schafft einen nicht öffentlichen geschlossenen Raum, in dem nur Sender und Empfänger innerhalb des Netzwerks Informationen austauschen und weiterleiten können. Soweit Informationen nur innerhalb des Netzwerks ausgetauscht und weitergeleitet werden, handelt es sich nicht um einen öffentlich zugänglichen Kommunikationsdienst. Firmen können daher innerhalb ihres Netzwerks ungehindert Informationen an Mitarbeiter versenden. Ein anderer Fall eines nicht öffentlich zugänglichen Kommunikationsdienstes ist das **Virtual Private Network (VPN).** Hier handelt es sich ebenfalls um ein Netzwerk, das eine besondere **Zugangsberechtigung** der Nutzer erfordert und so einen nicht öffentlichen geschlossenen Raum bildet. Beim Einloggen in ein VPN wird ein Tunnel durch das öffentliche Datennetz eingerichtet, der besonders gegen Zugriffe Dritter außerhalb des VPN geschützt ist. 18

V. Ausnahmen (Nr. 4 2. Hs.)

Die Regelung des § 2 Abs. 1 Nr. 4 Halbs. 2 dient der **Einschränkung des Anwendungsbereichs** der Vorschrift. Informationen, die als Teil eines **Rundfunkdienstes** über ein elektronisches Kommunikationsnetz an die Öffentlichkeit weitergeleitet werden, sind keine Nachrichten, soweit die Informationen nicht mit dem identifizierbaren Teilnehmer oder Nutzer, der sie erhält, in Verbindung gebracht werden können. Die Regelung des Rundfunks ist von der RL 2002/58/EG nicht beabsichtigt, da immer dann keine Datenschutzverletzungen zu befürchten sind, wenn der Dienstbetreiber die Teilnehmer und Nutzer nicht identifizieren kann. Es handelt sich hier um eine Doppelung der Ausnahmen, da 19

---

[448] Art. 1 Nr. 2 RL 98/34/EG idF der RL 98/48/EG.
[449] Art. 1 Nr. 2 RL 98/34/EG idF der RL 98/48/EG und deren Anhang V.
[450] Art. 2 lit. a RL 2002/21/EG iVm Art. 2 S. 1 RL 2002/58/EG.
[451] *Ohlenburg* MMR 2003, 82, 83.
[452] Siehe die entsprechende Definition des *öffentlich zugänglichen Telefondienstes* des § 3 Nr. 17 TDG (BT-Drucks. 15/2674 S. 13).
[453] → E Rn 16.

dieses Kriterium dieselben Dienste ausschließt wie das Ausschlusskriterium der endlichen Zahl von Beteiligten.[454] Problematisch sind in diesem Zusammenhang das Streaming von Internet-Radio oder Nachrichtenfilmen, die aber in richtlinienkonformer Auslegung nicht erfasst werden. Ausdrücklich erfasst werden Video-Abruf-Dienste.[455]

F. Verhaltenskodex (§ 2 Abs. 1 Nr. 5)

§ 2 Abs. 1 Nr. 5 UWG

Im Sinne dieses Gesetzes bedeutet

„Verhaltenskodex" Vereinbarungen oder Vorschriften über das Verhalten von Unternehmern, zu welchem diese sich in Bezug auf Wirtschaftszweige oder einzelne geschäftliche Handlungen verpflichtet haben, ohne dass sich solche Verpflichtungen aus Gesetzes- oder Verwaltungsvorschriften ergeben.

Art. 2 lit. f UGP-RL

Im Sinne dieser Richtlinie bezeichnet der Ausdruck

„Verhaltenskodex" eine Vereinbarung oder ein Vorschriftenkatalog, die bzw. der nicht durch die Rechts- und Verwaltungsvorschriften eines Mitgliedstaats vorgeschrieben ist und das Verhalten der Gewerbetreibenden definiert, die sich in Bezug auf eine oder mehrere spezielle Geschäftspraktiken oder Wirtschaftszweige auf diesen Kodex verpflichten.

Übersicht

Rn
F. Verhaltenskodex (§ 2 Abs. 1 Nr. 5) 1
I. Regelungsübersicht 1
1. Verhaltenskodizes des UWG und Wettbewerbsregeln des GWB 1
2. Rechtsgrundlagen des Richtlinienrechts 3
a) Verhaltenskodex als Konkretisierung der unternehmerischen Sorgfalt 3
b) Kontrolle der Verhaltenskodizes (Art. 10 UGP-RL) 5
c) Definitionen nach Art. 2 UGP-RL 8
aa) Verhaltenskodex (Art. 2 lit. f UGP-RL) 9
bb) Urheber eines Kodexes (Art. 2 lit. g UGP-RL) 16
II. Regelungen im UWG 20
1. Begriff des Verhaltenskodexes (§ 2 Abs. 1 Nr. 5) 20
2. Irreführende Angabe über die Einhaltung eines Verhaltenskodexes (§ 5 Abs. 1 S. 2 Nr. 6) 27
3. Verhaltenskodextatbestände der per se-Verbote (Nr. 1 und 3 des Anhangs zu § 3 Abs. 3) 30
a) Behauptung der Unterzeichnung eines Verhaltenskodexes (Nr. 1 Anhang zu § 3 Abs. 3) 31
b) Unwahre Angabe über die Billigung eines Verhaltenskodexes (Nr. 3 Anhang zu § 3 Abs. 3) 33
III. Verhaltenskodex als Konkretisierung der Unlauterkeit 35
1. Verhaltenskodex als Indikator lauteren Geschäftsverkehrs 35
2. Verhaltenskodex und Leistungswettbewerb 37
3. Verhaltenskodex und Kartellrecht 39
IV. Beispiele von Verhaltenskodexen 40

Schrifttum: *Beisheim,* Gestaltung von Globalisierung durch Sozialverpflichtungen und Verhaltenskodizes, in: Bass/Melchers, Neue Instrumente zur sozialen und ökologischen Gestaltung der Globalisierung – Codes of Conduct, Sozialklauseln, nachhaltige Investmentfonds, 2004, S. 172; *Buntenbroich,* Menschenrechte und

[454] → E Rn 7 ff.
[455] → E Rn 10.

Unternehmen – Transnationale Rechtswirkungen „freiwilliger" Verhaltenskodizes, 2007; *Dreyer,* Verhaltenskodizes im Referentenentwurf eines Ersten Gesetzes zur Änderung des Gesetzes gegen den unlauteren Wettbewerb – Wird das Wettbewerbsrecht zum Motor für die Durchsetzung vertraglicher Verpflichtungen?, WRP 2007, 1294; *Enquete-Kommission,* Globalisierung der Weltwirtschaft – Herausforderungen und Antworten, Schlussbericht der Enquete-Kommission vom 12. Juni 2002, BT-Drucks. 14/9200; *Schmidhuber,* Verhaltenskodizes im nationalen und grenzüberschreitenden elektronischen Geschäftsverkehr – Zur Frage der Integration der Selbstregulierung durch private in die staatliche Rechtsordnung, 2004; *Sosnitza,* Wettbewerbsregeln nach §§ 24 ff. GWB im Lichte der 7. GWB-Novelle und des neuen Lauterkeitsrechts, in FS Bechtold, 2006, S. 515.

I. Regelungsübersicht

1. Verhaltenskodizes des UWG und Wettbewerbsregeln des GWB

Ein **Verhaltenskodex** (Code of Conduct) stellt eine **Sammlung von Marktverhaltensregeln** zwischen Marktteilnehmern dar, zu deren freiwilliger Einhaltung sich die Marktteilnehmer verpflichten. Verhaltenskodizes sind als solche **keine Rechtsnormen**. Vor Umsetzung der UGP-RL waren Verhaltenskodizes im deutschen Lauterkeitsrecht nicht geregelt. Im Anwendungsbereich des GWB kommt **Wettbewerbsregeln**, die eine Art von Verhaltenskodizes darstellen, traditionell eine erhebliche Bedeutung zu.[456] 1

Nach § 24 Abs. 2 GWB sind Wettbewerbsregeln Bestimmungen, die das Verhalten von Unternehmen im Wettbewerb regeln zu dem Zweck, einem den Grundsätzen des lauteren oder der Wirksamkeit eines leistungsgerechten Wettbewerbs zuwiderlaufenden Verhalten im Wettbewerb entgegenzuwirken und ein diesen Grundsätzen entsprechendes Verhalten im Wettbewerb anzuregen. Die Rechtsgrundlagen und das Verfahren zur Anerkennung von Wettbewerbsregeln, die von Wirtschafts- und Berufsvereinigungen beantragt werden kann, sind in den §§ 24 bis 27 GWB geregelt. Infolge der Umsetzung der UGP-RL wird das Rechtsinstitut des Verhaltenskodexes in das UWG implementiert. 2

2. Rechtsgrundlagen des Richtlinienrechts

a) Verhaltenskodex als Konkretisierung der unternehmerischen Sorgfalt. In den Erwägungsgründen der UGP-RL wird der **Zweck eines Verhaltenskodexes** darin gesehen, den Unternehmen ein rechtliches Instrument an die Hand zu geben, das es ihnen ermöglicht, innerhalb einer spezifischen Wirtschaftsbranche die Verbote unlauterer Geschäftspraktiken wirksam durchzusetzen.[457] Die Regelung der Verhaltenskodizes in der UGP-RL wird in einen **rechtlichen Zusammenhang zu dem Richtlinienbegriff der Unlauterkeit** gestellt. 3

Nach Art. 5 Abs. 2 lit. a UGP-RL handelt es sich bei einem Verstoß eines Unternehmens gegen die Erfordernisse der beruflichen Sorgfaltpflicht um ein unlauterkeitsbegründendes Merkmal einer Geschäftspraktik. Es wird in der Präambel der UGP-RL für zweckmäßig gehalten, dass die spezifischen zwingenden Vorschriften, die innerhalb einer Wirtschaftsbranche das Verhalten von Gewerbetreibenden regeln, die Anforderungen an die berufliche Sorgfalt der Unternehmen innerhalb dieser Branche ersichtlich machen. Ein **Verhaltenskodex konkretisiert die berufliche Sorgfalt** der Unternehmen innerhalb der spezifischen Wirtschaftsbranche. 4

b) Kontrolle der Verhaltenskodizes (Art. 10 UGP-RL). Nach Art. 10 UGP-RL wird die Kontrolle unlauterer Geschäftspraktiken durch die Urheber von Verhaltenskodizes ausdrücklich nicht ausgeschlossen. Auf der Rechtsgrundlage der UGP-RL kann ein Verhaltenskodex ein rechtliches **Instrument zur Kontrolle der Lauterkeit** des Geschäftsverkehrs innerhalb des von dem Verhaltenskodex geregelten Wirtschaftsbereichs darstellen. 5

[456] Siehe zur Gesetzesgeschichte der Wettbewerbsregeln Immenga/Mestmäcker-*Kellermann* § 24 GWB Rn 5 ff.

[457] Siehe dazu Erwägungsgrund 20 der UGP-RL ABl. EG Nr. L 149 S. 25.

Die Implementierung der Verhaltenskodizes in das Lauterkeitsrecht der UGP-RL stellt eine **Verrechtlichung der freiwilligen Selbstkontrolle** der Unternehmen innerhalb einer spezifischen Wirtschaftsbranche dar.

6 Eine solche Rechtskontrolle der Lauterkeit im Geschäftsverkehr der Unternehmen mit dem Instrument eines Verhaltenskodexes kann und sollte von den Mitgliedstaaten gefördert werden. Eine solche **Marktverhaltenskontrolle**, die innerhalb einer spezifischen Wirtschaftsbranche von den Urhebern eines Verhaltenskodexes sowohl innerhalb eines Mitgliedstaates als auch auf Gemeinschaftsebene ausgeübt werden kann, leistet einen wesentlichen Beitrag zur Verhinderung von unlauteren Geschäftspraktiken. Die Wahrnehmung der Kontrolle durch die Urheber des Verhaltenskodexes entlastet die in den Mitgliedstaaten zuständigen Verwaltungsbehörden und Gerichte. Es ist deshalb den Mitgliedstaaten zu empfehlen, die erforderlichen **Rechtsgrundlagen zur Errichtung von Kontrolleinrichtungen** zu schaffen, die es den **Urhebern eines Verhaltenskodexes** ermöglichen, innerhalb ihrer spezifischen Wirtschaftsbranche die Einhaltung der Verhaltenskodizes zu überwachen. Eine institutionelle Selbstkontrolle der Marktteilnehmer fördert zugleich das Bewusstsein für die Lauterkeit im Marktgeschehen.

7 Solche Kontrolleinrichtungen bestehen nach Art. 10 S. 2 UGP-RL neben der Gerichtskontrolle oder Verwaltungskontrolle in den Mitgliedstaaten im Sinne des Art. 11 UGP-RL. Da die UGP-RL das Lauterkeitsrecht im Geschäftsverkehr zwischen Unternehmen und Verbrauchern harmonisiert, sollten die **Verbraucherverbände informiert** und an der **Ausarbeitung der Verhaltenskodizes beteiligt** werden. Ein solches Vorgehen fördert das Ziel, ein hohes Verbraucherschutzniveau zu erreichen.[458] Die **Markttransparenz** wird erhöht und die **Verbrauchersouveränität** gestärkt.

8 **c) Definitionen nach Art. 2 UGP-RL.** In Art. 2 UGP-RL werden die Begriffe des Verhaltenskodex (lit. f) und des Urhebers eines Kodex (lit. g) definiert.

9 **aa) Verhaltenskodex (Art. 2 lit. f UGP-RL).** Nach Art. 2 lit. f UGP-RL ist ein **Verhaltenskodex** eine Vereinbarung oder ein Vorschriftenkatalog, die bzw der nicht durch die Rechts- und Verwaltungsvorschriften eines Mitgliedstaates vorgeschrieben ist und das Verhalten der Gewerbetreibenden definiert, die sich in Bezug auf eine oder mehrere spezielle Geschäftspraktiken oder Wirtschaftszweige auf diesen Kodex verpflichten.

10 Nach dieser Definition sind die wesentlichen **Merkmale eines Verhaltenskodexes** im Sinne der UGP-RL:

11 (1) Gegenstand der Verhaltenskodizes sind Regelungen des Unternehmensverhaltens.

12 (2) Die Verhaltenskodizes haben einen Bezug zu einer oder zu mehreren speziellen Geschäftspraktiken oder sie haben einen Bezug zu einem oder zu mehreren Wirtschaftszweigen.

13 (3) Nach der Rechtsordnung des Mitgliedstaates besteht keine Rechtsverbindlichkeit der Verhaltenskodizes aufgrund von Rechts- und Verwaltungsvorschriften.

14 (4) Die Unternehmen verpflichten sich zur Einhaltung der Verhaltenskodizes.

15 Als freiwillige Marktverhaltensregeln ermöglichen Verhaltenskodizes mehr an Flexibilität innerhalb einer spezifischen Wirtschaftsbranche als allgemeingültige Marktverhaltensregeln, die für alle Wirtschaftsbranchen gelten. Freiwilligkeit bedeutet jedoch weder Beliebigkeit noch Unverbindlichkeit.

16 **bb) Urheber eines Kodex (Art. 2 lit. g UGP-RL).** Nach Art. 2 lit. g UGP-RL ist **Urheber eines Kodexes** jede Rechtspersönlichkeit, einschließlich einzelner Gewerbetreibender oder Gruppen von Gewerbetreibenden, die für die Formulierung und Überarbeitung eines Verhaltenskodexes und/oder für die Überwachung der Einhaltung dieses Kodexes durch alle diejenigen, die sich darauf verpflichtet haben, zuständig ist.

17 Dem Urheber eines Kodexes kommen zwei zu unterscheidende Aufgaben zu. Der Urheber ist erstens für den Text des Kodexes verantwortlich. Diese **Textverantwortung** be-

[458] Siehe dazu Erwägungsgrund 20 der UGP-RL ABl. EG Nr. L 149 S. 25.

steht sowohl bei der Ausarbeitung und Erstellung des Kodexes und der Formulierung des Textes der einzelnen Verhaltenskodizes als auch nach der Vereinbarung des Kodexes und dessen Inkrafttreten bei der Überarbeitung des Textes und der Anpassung der Verhaltenskodizes an die Entwicklung und Veränderung der Marktverhältnisse. Der Urheber ist zum zweiten als Kontrolleinrichtung zur Überwachung der Einhaltung des Kodexes zuständig. Zur Wahrnehmung dieser **Kontrollverantwortung** sind Verfahrensvorschriften mit den Marktteilnehmern zu vereinbaren, die sich zur Einhaltung des Kodexes verpflichtet haben.

Institutionalisierte Verhaltenskodizes mit Kontrolleinrichtungen der Marktteilnehmer **18** sind ein vorzügliches Instrument zur **Förderung der Lauterkeit im Geschäftsverkehr** am Markt. In internationalen Erfahrungsberichten aus Wirtschaftsbranchen mit einem Verhaltenskodex werden vielfältige Vorteile von Verhaltenskodizes für die beteiligten Unternehmen am Markt beschrieben, wie etwa Qualitätssteigerungen, Produktivitätssteigerung, öffentliche Aufmerksamkeit über die Produktionsbedingungen im Ausland, Verbesserung von Marktchancen, Imagegewinn und Motivationseffekte bei den Mitarbeitern.[459]

Das Rechtsinstitut eines Verhaltenskodex im Sinne der UGP-RL sollte von den Mit- **19** gliedstaaten gefördert werden. Es ist deshalb bedauerlich, dass in der Gesetzesbegründung die **Skepsis des Gesetzgebers** an solchen institutionalisierten Einrichtungen der Selbstkontrolle der Unternehmen deutlich zum Ausdruck gebracht wird. Statt sich mit diesem Instrument zur Förderung des lauteren Wettbewerbs zu beschäftigen, wird kurz und bündig festgestellt, der Begriff des Verhaltenskodex sei dem deutschen Lauterkeitsrecht bisher fremd. Ein Umsetzungsbedarf wird deshalb auch nur insoweit anerkannt, als nach Art. 6 Abs. 2 lit. b die Nichteinhaltung von Verhaltenskodizes als irreführend gilt. Allein aus diesem Grunde wurde in § 2 Abs. 1 Nr. 5 der Begriff des Verhaltenskodex definiert. Zu dem Begriff des Urhebers eines Kodexes wird festgestellt, er werde im UWG an keiner Stelle benötigt, so dass kein Umsetzungsbedarf bestehe.

II. Regelungen im UWG

1. Begriff des Verhaltenskodexes (§ 2 Abs. 1 Nr. 5)

Nach § 2 Abs. 1 Nr. 5 handelt es sich bei einem Verhaltenskodex um Vereinbarungen **20** oder Vorschriften über das Verhalten von Unternehmen, zu welchem diese sich in Bezug auf Wirtschaftszweige oder einzelne geschäftliche Handlungen verpflichtet haben, ohne dass sich solche Verpflichtungen aus Gesetzes- oder Verwaltungsvorschriften ergeben.

Die Begriffsbestimmung des § 2 Abs. 1 Nr. 5 entspricht rechtsinhaltlich der Definition **21** des Art. 2 lit. f UGP-RL; die Textunterschiede stellen nur sprachliche Anpassungen dar. Zu der Formulierung „Vorschriften" ist nur klarstellend anzumerken, dass es sich gerade nicht um Rechtsvorschriften als Regelungsgegenstand eines Verhaltenskodex handeln darf.

Die Begriffsbestimmung des UWG besteht im Wesentlichen aus den Begriffsmerkmalen **22** der Definition der UGP-RL. Nach der Begriffsbestimmung des § 2 Abs. 1 Nr. 5 kann ein Verhaltenskodex anhand von vier **Begriffsmerkmalen** umschrieben werden:

(1) Verhalten von Unternehmen als Regelungsgegenstand. **23**

(2) Bezug des Verhaltenskodex auf Wirtschaftszweige oder einzelne geschäftliche Handlungen. **24**

(3) Keine Rechtsverbindlichkeit der Verhaltenskodizes aus Gesetzes- oder Verwaltungsvorschriften. **25**

(4) Rechtsverbindliche Verpflichtung der Unternehmen hinsichtlich des Verhaltenskodexes. **26**

---

[459] Siehe dazu umfassend den Schlussbericht der *Enquete-Kommission* aus dem Jahre 2002 zur Globalisierung der Weltwirtschaft, BT-Drucks. 14/9200.

2. Irreführende Angabe über die Einhaltung eines Verhaltenskodexes (§ 5 Abs. 1 S. 2 Nr. 6)

27 Nach Art. 6 Abs. 2 UGP-RL gilt eine Geschäftspraxis über die Fallkonstellationen des Absatzes 1 hinaus ferner als irreführend, wenn sie im konkreten Fall unter Berücksichtigung aller tatsächlichen Umstände einen Durchschnittsverbraucher zu einer geschäftlichen Entscheidung veranlasst oder zu veranlassen geeignet ist, die er ansonsten nicht getroffen hätte und die weiteren Voraussetzungen der lit. b i und ii vorliegen; die Geschäftspraktik muss die **Nichteinhaltung von Verpflichtungen** beinhalten, die der Gewerbetreibende im Rahmen von Verhaltenskodizes, auf die er sich verpflichtet hat, eingegangen ist (lit. b), sofern (i) es sich nicht um eine Absichtserklärung, sondern um eine eindeutige Verpflichtung handelt, deren Einhaltung nachprüfbar ist, und (ii) der Gewerbetreibende im Rahmen einer Geschäftspraktik darauf hinweist, dass er durch den Verhaltenskodex gebunden ist. Die Regelung des § 5 Abs. 1 S. 2 Nr. 6 dient der Umsetzung des Art. 6 Abs. 2 lit. b UGP-RL.

28 Nach § 5 Abs. 1 S. 1 handelt unlauter, wer eine irreführende geschäftliche Handlung vornimmt. Irreführend ist eine geschäftliche Handlung nach § 5 Abs. 1 S. 2, wenn sie unwahre Angaben oder sonstige zur Täuschung geeignete Angaben über die in Nr. 1 bis 7 beschriebenen Umstände enthält. Ein solcher Umstand ist nach § 5 Abs. 1 S. 2 Nr. 6 die **Einhaltung eines Verhaltenskodexes,** auf den sich der Unternehmer verbindlich verpflichtet hat, wenn er auf diese Bindung hinweist.

29 Der Irreführungstatbestand wird sich als ein wesentlicher Baustein zur Verrechtlichung institutioneller Verhaltenskodizes erweisen. Die Lauterkeitskontrolle stellt ein bedeutsames Instrument zur Gewährleistung der Rechtsverbindlichkeit von Verhaltenskodizes dar. Die **Kritik am System einer Co-Regulierung** verkennt die Chance, die Selbstkontrolleinrichtungen zur Marktverhaltenskontrolle von Unternehmen durch das Lauterkeitsrecht zu stärken.[460] Ein effizientes System der Co-Regulierung bedarf der Implementierung von institutionellen Kontrolleinrichtungen der Urheber der Verhaltenskodexe.

3. Verhaltenskodextatbestände der per se-Verbote (Nr. 1 und 3 des Anhangs zu § 3 Abs. 3)

30 Die per se-Verbote des Anhangs zu § 3 Abs. 3 enthalten in Nr. 1 und 3 zwei Fallkonstellationen, die **Angaben in Bezug auf einen Verhaltenskodex** betreffen.

31 **a) Behauptung der Unterzeichnung eines Verhaltenskodexes (Nr. 1 Anhang zu § 3 Abs. 3).** Nach Nr. 1 des Anhangs I der UGP-RL stellt die Behauptung eines Gewerbetreibenden, zu den Unterzeichnern eines Verhaltenskodexes zu gehören, obgleich dies nicht der Fall ist, eine irreführende Geschäftspraktik dar. Nr. 1 des Anhangs zu § 3 Abs. 3 dient der Umsetzung der Nr. 1 des Anhangs zur UGP-RL.

32 Nach Nr. 1 des Anhangs zu § 3 Abs. 3 ist die **unwahre Angabe** eines Unternehmers, **zu den Unterzeichnern eines Verhaltenskodexes zu gehören,** eine unzulässige geschäftliche Handlung. Die sprachliche Anpassung des Wortlauts im UWG stellt keine rechtsinhaltliche Änderung gegenüber der UGP-RL dar.[461]

33 **b) Unwahre Angabe über die Billigung eines Verhaltenskodexes (Nr. 3 Anhang zu § 3 Abs. 3).** Nach Nr. 3 des Anhangs I der UGP-RL stellt die Behauptung, ein Verhaltenskodex sei von einer öffentlichen oder anderen Stelle gebilligt, obgleich dies nicht der Fall ist, eine irreführende Geschäftspraktik dar. Nr. 3 des Anhangs zu § 3 Abs. 3 dient der Umsetzung der Nr. 3 des Anhangs I der UGP-RL.

34 Nach Nr. 3 des Anhangs zu § 3 Abs. 3 ist die **unwahre Angabe** eines Unternehmens, der **Verhaltenskodex sei von einer öffentlichen oder einer anderen Stelle gebilligt,**

---

[460] Siehe dazu zutreffend Fezer/*Peifer* § 5 Rn 399.
[461] Siehe dazu die Kommentierung von Fezer/*Peifer* Nr. 1 Anh. § 3 Abs. 3 Rn 1 ff.

eine unzulässige geschäftliche Handlung. Die sprachliche Anpassung des Wortlauts im UWG stellt keine rechtsinhaltliche Änderung gegenüber der UGP-RL dar.[462]

III. Verhaltenskodex als Konkretisierung der Unlauterkeit

1. Verhaltenskodex als Indikator lauteren Geschäftsverkehrs

35 Verhaltenskodizes regeln den Geschäftsverkehr von Unternehmen am Markt innerhalb eines bestimmten Wirtschaftszweiges. Verhaltenskodizes sind **keine Rechtsnormen.** Eine Rechtsgeltung und Rechtsverbindlichkeit, vergleichbar den Rechtsvorschriften des UWG und der UGP-RL, kommt einem Verhaltenskodex als Marktverhaltensordnung nicht zu. Die Institutionalisierung der Verhaltenskodizes und die Existenz implementierter Kontrolleinrichtungen der Urheber eines Verhaltenskodexes stellen innerhalb des Systems der **Co-Regulierung** Faktoren dar, die eine Verrechtlichung der Verhaltenskodizes befördern.[463]

36 Innerhalb der lauterkeitsrechtlichen Generalklausel der UGP-RL stellt die berufliche Sorgfalt eines Unternehmens im Geschäftsverkehr mit dem Verbraucher einen rechtserheblichen Umstand dar. Eine Geschäftspraktik ist nach Art. 5 Abs. 2 lit. a UGP-RL unlauter, wenn sie den Erfordernissen der beruflichen Sorgfaltspflicht widerspricht. Die berufliche Sorgfaltspflichtverletzung eines Unternehmens stellt ein unlauterkeitsbegründendes Beurteilungskriterium dar. Verhaltenskodizes begründen Marktverhaltensstandards der Unternehmen, zu deren Einhaltung sich die beteiligten Unternehmen verpflichten. Verhaltenskodizes **konkretisieren die berufliche Sorgfalt** eines Unternehmens am Markt. Verhaltenskodizes stellen als Marktverhaltensstandards **Indikatoren eines lauteren Geschäftsverkehrs** dar. Ein Verhaltenskodex fördert die Rechtssicherheit lauteren Marktverhaltens der Unternehmen.

2. Verhaltenskodex und Leistungswettbewerb

37 Ein **Code of Conduct** als eine Sammlung von Marktverhaltensregeln zwischen Marktteilnehmern, seien es lauterkeitsbezogene Verhaltenskodizes im Sinne der UGP-RL, seien es Wettbewerbsregeln im Sinne des GWB, ist im **Schnittfeld von Lauterkeitsrecht und Kartellrecht** zu lokalisieren. Solchen Marktverhaltensregeln kommt eine Brückenfunktion zwischen der Freiheit und der Lauterkeit des Wettbewerbs zu. Wettbewerbsregeln im Sinne der §§ 24ff GWB bezwecken, Marktverhalten von Unternehmen, das den Grundsätzen des lauteren oder der Wirksamkeit eines leistungsgerechten Wettbewerbs widerspricht, zu verhindern, und Marktverhalten von Unternehmen, das den Grundsätzen des lauteren und leistungsgerechten Wettbewerbs entspricht, zu fördern.

38 Innerhalb der kartellrechtlichen Normordnung der Wettbewerbsregeln ist anerkannt, dass die Wertungsmaßstäbe, die in der Rechtswissenschaft zum Begriff des Leistungswettbewerbs entwickelt und in der lauterkeitsrechtlichen Rechtsprechung konkretisiert wurden, zur Auslegung des Begriffs der Wettbewerbsregeln im Sinne des § 24 GWB gelten.[464] Verhaltenskodizes im Geschäftsverkehr zwischen Unternehmen und Verbrauchern sind vergleichbar geeignet, die Wirksamkeit eines leistungsgerechten Wettbewerbs zu fördern. Im verbraucherbezogenen Lauterkeitsrecht stellt ein **Verhaltenskodex ein effizientes Instrument zur Gewährleistung eines leistungsgerechten b2c-Geschäftsverkehrs** dar.[465] Innerhalb der rechtlichen Anerkennung der sozialen Marktwirtschaft als Wirtschaftsverfassung der Bundesrepublik Deutschland stellt der **Leistungswettbewerb** einen der bestimmenden Faktoren der Wirtschaftsunion dar.[466]

---

[462] Siehe dazu die Kommentierung Fezer/*Peifer* Nr. 3 Anh. § 3 Abs. 3 Rn 1ff.
[463] Siehe zur Kontrolle von Verhaltenskodizes → F Rn 5ff.
[464] Immenga/Mestmäcker-*Kellermann* 4. Aufl. 2007, § 24 GWB Rn 35ff.
[465] Siehe zur Rechtserheblichkeit des Leistungswettbewerbs als Beurteilungsmaßstab innerhalb der Lauterkeitsrechtsordnung → § 3 Rn 226.
[466] Siehe zur normativen Rahmenordnung des Marktverhaltens → Einleitung E Rn 223.

3. Verhaltenskodex und Kartellrecht

39 Die Wirksamkeit eines Verhaltenskodexes, in dem die Unternehmen lauterkeitsbezogene Marktverhaltensregeln vereinbaren und Kontrolleinrichtungen implementieren, setzt die **kartellrechtliche Zulässigkeit** nach deutschem und europäischem Kartellrecht voraus. Die Anwendung unlauterer Geschäftspraktiken kann nicht rechtswirksam vereinbart werden. Ein Code of Conduct ist kein zulässiges Instrument einer Kartellierung.

IV. Beispiele von Verhaltenskodexen

40 Bei den **Beispielen von Verhaltenskodexen** handelt es sich um Richtlinien der freiwilligen Selbstkontrolle der Wirtschaft. Eine institutionelle Kontrolleinrichtung durch die Urheber der Verhaltenskodizes im Sinne der UGP-RL ist regelmäßig nicht implementiert.

41 *ZAW-Richtlinie redaktionell gestaltete Anzeigen* des Zentralverbands der deutschen Werbewirtschaft e. V. in der Fassung von Januar 2003.

42 *Wettbewerbsrichtlinien der Versicherungswirtschaft* der Verbände der Versicherungswirtschaft in der Fassung vom 1. September 2006.

43 *Publizistische Grundsätze (Pressekodex) – Richtlinien für die publizistische Arbeit nach den Empfehlungen des Deutschen Presserats* des Deutschen Presserates in Zusammenarbeit mit den Presseverbänden in der Fassung vom 3. Dezember 2008.

44 *Verhaltenskodex für Telefonmehrwertdienste* der Freiwilligen Selbstkontrolle Telefonmehrwertdienste e. V. in der Fassung vom 9. Juni 2009.

45 *Verhaltenskodex Freiwillige Selbstkontrolle Multimedia-Diensteanbieter e. V.* der Freiwilligen Selbstkontrolle Multimedia-Diensteanbieter e. V. in der Fassung vom 16. Oktober 2007.

46 *Prüfordnung der Freiwilligen Selbstkontrolle Fernsehen e. V. (PrO-FSF)* der Freiwilligen Selbstkontrolle Fernsehen e. V. in der Fassung vom 1. September 2003.

47 *Grundsätze der Freiwilligen Selbstkontrolle der Filmwirtschaft GmbH* der Freiwilligen Selbstkontrolle der Filmwirtschaft GmbH in der Fassung vom 1. Juli 2008.

48 *Verhaltensregeln des Deutschen Werberats für die Werbung mit und vor Kindern in Hörfunk und Fernsehen* des Zentralverbandes der deutschen Werbewirtschaft e. V. in der Fassung von 1998.

49 *Verhaltensregeln des deutschen Werberats über die kommerzielle Kommunikation für alkoholartige Getränke* des Zentralverbandes der deutschen Werbewirtschaft e. V. in der Fassung von April 2009.

50 *Grundsätze des Deutschen Werberats zur Herabwürdigung und Diskriminierung von Personen* des Zentralverbandes der deutschen Werbewirtschaft e. V. in der Fassung von 2004.

51 *Deutscher Werberat zur Werbung mit unfallriskanten Bildmotiven* des Zentralverbandes der deutschen Werbewirtschaft e. V. in der Fassung von Oktober 1974.

52 *Deutscher Werberat zur Reifenwerbung* des Zentralverbandes der deutschen Werbewirtschaft e. V. in der Fassung von November 1974.

53 *Verlautbarung des Deutschen Werberats zur Werbung mit Politikern* des Zentralverbandes der deutschen Werbewirtschaft e. V. in der Fassung von Januar 2000.

54 *Verlautbarung des Deutschen Werberats zum verantwortungsvollen Umgang mit Verkehrsgeräuschen in der Hörfunkwerbung* des Zentralverbandes der deutschen Werbewirtschaft e. V. in der Fassung von September 2000.

55 *Richtlinien der Internationalen Handelskammer (ICC) zur interaktiven Marketing-Kommunikation im Internet* des ICC Deutschland e. V.

G. Unternehmer (§ 2 Abs. 1 Nr. 6)

§ 2 Abs. 1 Nr. 6 UWG

Im Sinne dieses Gesetzes bedeutet

„Unternehmer" jede natürliche oder juristische Person, die geschäftliche Handlungen im Rahmen ihrer gewerblichen, handwerklichen oder beruflichen Tätigkeit vornimmt, und jede Person, die im Namen oder Auftrag einer solchen Person handelt.

Art. 2 lit. b UGP-RL

Im Sinne dieser Richtlinie bezeichnet der Ausdruck

„Gewerbetreibender" jede natürliche oder juristische Person, die im Geschäftsverkehr im Sinne dieser Richtlinie im Rahmen ihrer gewerblichen, handwerklichen oder beruflichen Tätigkeit handelt, und jede Person, die im Namen oder Auftrag des Gewerbetreibenden handelt.

§ 14 BGB Unternehmer

(1) **Unternehmer ist eine natürliche oder juristische Person oder eine rechtsfähige Personengesellschaft, die bei Abschluss eines Rechtsgeschäfts in Ausübung ihrer gewerblichen oder selbständigen beruflichen Tätigkeit handelt.**

(2) **Eine rechtsfähige Personengesellschaft ist eine Personengesellschaft, die mit der Fähigkeit ausgestattet ist, Rechte zu erwerben und Verbindlichkeiten einzugehen.**

Übersicht

	Rn
G. Unternehmer (§ 2 Abs. 1 Nr. 6)	**1**
I. Entstehungsgeschichte	1
II. Zur Gesetzesgeschichte der Begriffe des Gewerbetreibenden und des Unternehmers im Lauterkeitsrecht	3
III. Unternehmerbegriff	7
1. Personenkreis	8
a) Natürliche Personen	9
b) Juristische Personen des Privatrechts	10
c) Juristische Personen des öffentlichen Rechts	12
d) Rechtsfähige Personengesellschaften	19
2. Zweckrichtung des Verhaltens	26
a) Ausgangspunkt	26
b) Gewerbliche und handwerkliche Tätigkeit	27
c) Berufliche Tätigkeit	31
d) Beurteilungsmaßstab	32
e) Beweislast	35
IV. Handeln im Namen oder Auftrag eines Unternehmers (§ 2 Abs. 1 Nr. 6 2. Alt.)	40
1. Unternehmergleiche Personen als Normadressaten des Lauterkeitsrechts	40
2. Abgrenzung zur Haftung für Mitarbeiter und Beauftragte (§ 8 Abs. 2)	44
3. Fallkonstellationen einer lauterkeitsrechtlichen Verantwortlichkeit unternehmergleicher Personen	45
a) Unternehmerische Funktionsgleichheit unternehmensgleicher Personen	45
b) Organverantwortlichkeit und Repräsentantenhaftung	46
c) Qualifizierte Vertragsbeziehungen	50

Schrifttum: Siehe die Schrifttumsangaben zum Verbraucherbegriff zu § 2 I (vor Rn 1) und zum Verbraucherleitbild § 2 I (vor Rn 31).

I. Entstehungsgeschichte

1 Ursprünglich knüpfte das deutsche Zivilrecht an den **Kaufmannsbegriff** der §§ 1ff HGB an,[467] soweit eine konkrete Regelung für eine bestimmte geschäfts- oder berufsbezogene Kompetenz einer Person getroffen werden sollte. Dies ist bei den Regelungen über Handelsgeschäfte in den §§ 343ff HGB oder die Prorogationsfähigkeit nach § 38 ZPO auch heute noch der Fall. Davon wich erstmals die Regelung in § 6 Nr. 1 HWiG ab. Es wurde negativ formuliert, das Gesetz finde keine Anwendung, soweit der Anbieter **nicht geschäftsmäßig** handle. In der Folgezeit regelte § 1 VerbrKrG aF, dass ein Kreditgeber im Sinne des Gesetzes **in Ausübung seiner beruflichen oder gewerblichen Tätigkeit** handeln müsse. § 24 AGBG aF, der in § 310 Abs. 1 BGB aufgenommen wurde, privilegierte anfänglich noch die Anwendung von AGB gegenüber Kaufleuten. Im Rahmen des Handelsrechtsreformgesetzes wurde eine eigenständige **Definition des Unternehmers** eingefügt.[468] In seiner jetzigen Fassung ist § 14 durch das Fernabsatzgesetz[469] zusammen mit dem Verbraucherbegriff in das BGB eingefügt worden, um die verstreuten Regelungen zusammenzufassen.[470] Die besondere Regelung der rechtsfähigen Personengesellschaft war ursprünglich in § 1059a Abs. 2 BGB eingefügt worden[471] und wurde in § 14 BGB übernommen. Bei der UWG-Reform des Jahres 2004 wurde in der Verweisungsnorm des § 2 Abs. 2 UWG 2004 auf den Begriff des Unternehmers im Sinne der Definition des § 14 BGB verwiesen. In Umsetzung der UGP-RL, die in dem Definitionenkatalog des Art. 2 UGP-RL eine Begriffsbestimmung des **Gewerbetreibenden** (lit. b) enthält, wurde eine dem Begriff der Richtlinie entsprechende Definition des **Unternehmers** in § 2 Abs. 1 Nr. 6 aufgenommen. Die Verweisungsnorm des § 2 Abs. 2 gilt nach der Rechtslage im UWG 2008 nur noch für den Begriff des Verbrauchers im Sinne des § 13 BGB.

2 Als Gegenstück des Verbraucherbegriffs beruht auch die Rechtsentwicklung des Unternehmerbegriffs auf mehreren EU-Richtlinien zum Verbraucherschutz[472] – der Haustürwiderrufsrichtlinie,[473] der Verbraucherkreditrichtlinie,[474] der Klauselrichtlinie,[475] der Time-Share-Richtlinie[476] und der Fernabsatzrichtlinie.[477] Die Bezeichnung des Unternehmers ist in diesen Richtlinien nicht identisch. So sprechen die Haustürwiderrufsrichtlinie und die Klauselrichtlinie vom Gewerbetreibenden, die Fernabsatzrichtlinie vom Lieferer und die Time-Share-Richtlinie vom Verkäufer. Immer jedoch weist die **Definition einen gemeinsamen Kern** auf, da der **Unternehmer durch sein Tätigkeitsfeld** bestimmt wird. Damit liegt den Richtlinien ein **wettbewerbsorientiertes Leitbild des europäischen Unternehmers** zugrunde.[478] Es gilt ein **einheitliches Leitbild,** das keinen Unterschied zwischen privatrechtlich und öffentlich-rechtlich organisierten, unternehmerischen Tätigkeiten macht.[479] Die **freien Berufe** werden vom Gemeinschaftsrecht als Dienstleister angesehen.[480] Diese Entwicklung ist bei der **richtlinienkonformen Auslegung** des Begriffs

---

467 Siehe zu dieser Entwicklung auch hinsichtlich der Stellung des Verbrauchers im Privatrecht → I Rn 2.

468 Siehe dazu Begr. zum HRefG BT-Drucks. 13/8444 S. 46f.

469 Gesetz über Fernabsatzverträge und andere Fragen des Verbraucherrechts sowie zur Umstellung von Vorschriften auf Euro vom 27. 6. 2000 (BGBl. I S. 897).

470 Siehe dazu *Seibert* JZ 1996, 785; *Bamberger/Roth/Schmidt-Räntsch* BGB § 14 Rn 1f; → I Rn 3ff.

471 Gesetz vom 7. 7. 1996 (BGBl. I S. 990).

472 Siehe näher zur Entwicklung *Soergel/Pfeiffer* BGB § 14 Rn 4; MüKo/*Micklitz* BGB Vor §§ 13, 14 Rn 23ff und 90ff.

473 RL 85/577/EWG.

474 RL 87/102/EWG, geändert durch RL 90/88/EWG.

475 RL 93/13/EWG.

476 RL 94/47/EG.

477 RL 97/7/EG.

478 MüKo/*Micklitz* BGB Vor §§ 13, 14 Rn 94.

479 Siehe dazu EuGH Slg. 1988, 4635, 4655 Nr. 11 – Beentjes; *Hailbronner* EWS 1995, 285f; siehe auch die Interpretation des *Vereinsbegriffs* in EuGH NJW 1996, 505f – Bosmann.

480 Siehe im Einzelnen die Nachweise bei MüKo/*Micklitz* BGB Vor §§ 13, 14 Rn 94.

des **Unternehmers** des § 2 Abs. 1 Nr. 6 auf der Grundlage der Definition des **Gewerbetreibenden** in Art. 2 lit. b UGP-RL zu berücksichtigen.[481]

II. Zur Gesetzesgeschichte der Begriffe des Gewerbetreibenden und des Unternehmers im Lauterkeitsrecht

3 Mit der Verweisung in § 2 Abs. 2 UWG 2004 auf den Unternehmerbegriff des § 14 BGB ersetzte der Gesetzgeber der UWG-Reform des Jahres 2004 den bis dahin im Lauterkeitsrecht verwendeten **Begriff des Gewerbetreibenden.**[482] Bei der **Definition des Mitbewerbers** im Sinne des § 2 Abs. 1 Nr. 3 stellte das UWG 2004 nur noch darauf ab, ob der Handelnde ein Unternehmer nach den §§ 2 Abs. 2 UWG 2004 iVm 14 BGB war; der Begriff des Unternehmers im Sinne der Definition des Mitbewerbers nach § 2 Abs. 1 Nr. 3 bestimmt sich nunmehr nach der Definition des Unternehmers in § 2 Abs. 1 Nr. 6 in richtlinienkonformer Auslegung des Begriffs des Gewerbetreibenden in Art. 2 lit. b UGP-RL. Es wurden und werden im UWG 2008 von den Begriffen des Unternehmers und des Gewerbetreibenden weithin dieselben Personenkreise und dieselben Tätigkeitsbereiche erfasst. Die Rechtsentwicklung eines wettbewerbsorientierten Leitbilds eines europäischen Unternehmerbegriffs legt den gemeinsamen Kern der Definitionen trotz der unterschiedlichen Wortwahl offen, indem der Unternehmer durch sein Tätigkeitsfeld bestimmt wird.[483] In der Begriffsbestimmung des Art. 2 lit. b UGP-RL wird der Ausdruck Gewerbetreibender verwendet.

4 Der Regelung des Verbraucherbegriffs nach § 13 BGB vergleichbar, knüpfte nach der Rechtslage im UWG 2004 die **Definition des Unternehmers** im Sinne des § 14 BGB an den **Abschluss eines Rechtsgeschäfts** an.[484] Die rechtsgeschäftliche Anknüpfung war schon im analogen Anwendungsbereich der Vorschrift nach der Rechtslage im UWG 2004 **zu eng.**[485] Im Lauterkeitsrecht kommt es allein auf die **Ausübung einer wirtschaftlichen Tätigkeit am Markt** durch den Handelnden an. Die lauterkeitsrechtliche Rechtsprechung zum Begriff des Gewerbetreibenden konnte schon nach der Rechtslage im UWG 2004 und kann weiterhin bei der Begriffsbestimmung der Definition des Unternehmers berücksichtigt werden.[486]

5 Bei der **UWG-Novelle 2008** wurde der Begriff des Unternehmers in den Katalog der Definitionen des § 2 aufgenommen. Ein Verweis auf die Definition des § 14 BGB erübrigte sich damit. Nach § 2 Abs. 1 Nr. 6 bedeutet **Unternehmer** jede natürliche oder juristische Person, die **geschäftliche Handlungen im Rahmen ihrer gewerblichen, handwerklichen oder beruflichen Tätigkeit** vornimmt, und jede Person, die im Namen oder Auftrag einer solchen Person handelt. In **Art. 2 lit. b UGP-RL** wird der **Begriff des Gewerbetreibenden,** auf den schon der Gesetzgeber der UWG-Reform des Jahres 2004 verzichtete, verwendet und **rechtsinhaltlich entsprechend** definiert.

6 Die **Definition des Unternehmers** in § 2 Abs. 1 Nr. 6 UWG, die an den Richtlinienbegriff des Gewerbetreibenden im Sinne des Art. 2 lit. b UGP-RL angelehnt ist und nahezu wortgleich übernommen wurde, unterscheidet sich von dem Begriff des Unternehmers in der Definition des § 14 BGB, auf die das UWG 2004 in § 2 Abs. 2 UWG 2004 noch verwiesen hatte. Der Bezugnahme auf den **Abschluss eines Rechtsgeschäfts** innerhalb der analogen Anwendung des § 14 BGB aufgrund der Verweisungsnorm des § 2 Abs. 2 UWG 2004 nach der Rechtslage im UWG 2004 kommt innerhalb der lauterkeits-

---

481 → G Rn 5 ff.

482 Näher zum bis dahin geltenden Begriff des Gewerbetreibenden im Lauterkeitsrecht siehe *Baumbach/Hefermehl* 22. Aufl. 2001, UWG Einl. Rn 199 ff; *Köhler/Piper* UWG Einl. Rn 186 ff, § 13 Rn 11.

483 → G Rn 2.

484 → I Rn 5.

485 → G Rn 6, 29; siehe auch *Köhler* NJW 2004, 2121, 2122; siehe dazu schon Art. 2 lit. c des Vorschlags für eine RL gegen unlautere Geschäftspraktiken, KOM (2003) 356.

486 Siehe zum Begriff des Gewerbetreibenden BGH GRUR 1976, 370 – Lohnsteuerhilfeverein I.

rechtlichen Definition des § 2 Abs. 1 Nr. 6 keine rechtliche Bedeutung mehr zu. Die Verweisungsproblematik stellt sich nach wie vor bei dem Begriff des Verbrauchers aufgrund der Verweisung des § 2 Abs. 2 auf § 13 BGB.[487] Anders als die Definition des § 14 BGB, der das Unternehmerhandeln nach der Ausübung der **gewerblichen oder selbständigen beruflichen Tätigkeit** bestimmt, wird in § 2 Abs. 1 Nr. 6 entsprechend der Definition der UGP-RL auf die Vornahme einer geschäftlichen Handlung im Rahmen der **gewerblichen, handwerklichen oder beruflichen Tätigkeit** abgestellt. Neu ist die ausdrückliche Erwähnung einer **handwerklichen Tätigkeit;** entfallen ist die nähere Umschreibung der **beruflichen Tätigkeit als selbständig**. Vor allem wurde die Definition des Unternehmers im Sinne des § 2 Abs. 1 Nr. 6 dahin erweitert, dass als Unternehmer auch jede Person gilt, die **im Namen oder Auftrag einer solchen Person** handelt, die die Voraussetzungen des Begriffs des Unternehmers erfüllt.

III. Unternehmerbegriff

7 **Unternehmer** können **natürliche Personen, juristische Personen** und **rechtsfähige Personengesellschaften** sein. Die geschäftliche Handlung des Unternehmers, die nach dem UWG zu beurteilen ist, muss im Rahmen der **gewerblichen, handwerklichen** oder **beruflichen Tätigkeit** des Unternehmers vorgenommen werden.

1. Personenkreis

8 Zwischen dem **Begriff des Unternehmers** und dem **Begriff des Verbrauchers** besteht eine **begriffliche Alternativität.**[488] Das gilt vergleichbar im Verhältnis der Definitionen des Unternehmers und des Verbrauchers nach den §§ 13 und 14 BGB. Wenn eine natürliche Person in einer bestimmten Rechtsbeziehung als Verbraucher zu beurteilen ist, dann ist sie nicht Unternehmer. Unternehmer im Rechtssinne des § 2 Abs. 1 Nr. 6 1. Alt. ist der **Unternehmensträger,** der eine natürliche Person, eine juristische Person oder eine rechtsfähige Personengesellschaft sein kann. Entscheidend kommt es auf die Qualifikation des Verbrauchers als natürlicher Person an, da eine natürliche Person auch Unternehmer sein kann.

9 **a) Natürliche Personen. Jede natürliche Person** kann Unternehmer sein. Nicht unter den Begriff der natürlichen Person fällt der Gesellschafter einer Ein-Personen-Kapitalgesellschaft, wenn er als Geschäftsführer der Gesellschaft handelt. Unternehmer sind nicht nur **Kaufleute** im Sinne der §§ 1 ff HGB, sondern auch **Kleingewerbetreibende, Freiberufler, Handwerker** und **Landwirte** als Gewerbetreibende.[489]

10 **b) Juristische Personen des Privatrechts.** Eine **juristische Person** ist eine **zweckgebundene Organisation,** der die Rechtsordnung Rechtsfähigkeit verleiht.[490] Folge der Zuerkennung von Rechtsfähigkeit ist die rechtliche Verselbstständigung der Organisation vor allem gegenüber ihren Mitgliedern. Als rechtsfähig ist die juristische Person selbst Trägerin von Rechten und Pflichten. Juristische Personen sind solche des privaten und des öffentlichen Rechts.

11 **Juristische Personen des Privatrechts** sind der **eingetragene Verein** (e.V.; §§ 21 bis 53 BGB), die **Stiftung** (§ 80 BGB), die **Aktiengesellschaft** (AG; § 1 Abs. 1 AktG), die **Kommanditgesellschaft auf Aktien** (KGaA; § 278 Abs. 1 AktG), die **Gesellschaft mit beschränkter Haftung** (GmbH; § 13 Abs. 1 GmbHG), die **eingetragene Genossenschaft** (eG; § 17 Abs. 1 GenG), die **Kapitalanlagegesellschaft** (KAG; § 1 Abs. 3 KAGG), der **Versicherungsverein auf Gegenseitigkeit** (VVaG; §§ 15, 16 VAG).

---

487 Siehe zu dieser Problematik beim Verbraucherbegriff → I Rn 5.
488 → I Rn 7, 20.
489 So zum Begriff des Unternehmers im BGB *Jauernig* BGB § 14 Rn 2.
490 So zum Begriff des Unternehmers im BGB MünchKomm/*Reuter* BGB Vor § 21 Rn 2.

c) Juristische Personen des öffentlichen Rechts. Rechtsfähig sind auch **juristische Personen des öffentlichen Rechts.** Juristische Personen des öffentlichen Rechts sind Unternehmer, wenn sie planvoll am Markt als Anbieter tätig werden und die anzubahnende oder vereinbarte Leistungsbeziehung privatrechtlich und nicht öffentlichrechtlich ausgestaltet wird.[491] Es kommt darauf an, ob **in Ausübung von Hoheitsrechten** oder **zu einem Erwerbszweck** gehandelt wird.[492] Es gibt drei Arten von juristischen Personen des öffentlichen Rechts: rechtsfähige Körperschaften, Anstalten und Stiftungen des öffentlichen Rechts. Der Staat nimmt die ihm zukommenden Verwaltungsaufgaben nicht nur in Form der unmittelbaren Staatsverwaltung durch Bund und Länder wahr, sondern auch in Form der mittelbaren Staatsverwaltung durch die rechtsfähigen Körperschaften, Anstalten und Stiftungen als sonstige juristische Personen des öffentlichen Rechts. 12

Rechtsfähig sind somit zunächst der **Bund** und die **Länder** als die juristischen Personen des öffentlichen Rechts im Bereich der unmittelbaren Staatsverwaltung. Rechtsfähig sind auch die sonstigen juristischen Personen, wie die **Körperschaften, Anstalten** und **Stiftungen** des öffentlichen Rechts. 13

Körperschaften des öffentlichen Rechts sind mitgliedschaftliche Organisationen. Zu ihnen gehören etwa die **Landkreise** und **Gemeinden** sowie die **Universitäten.**[493] 14

Anstalten des öffentlichen Rechts sind einem bestimmten Verwaltungszweck dienende Bestände an persönlichen und sächlichen Mitteln. Anstalten haben keine Mitglieder, sondern Benutzer. Zu den Anstalten des öffentlichen Rechts gehören etwa **stadt-** oder **ländereigene Theater, Museen, Bibliotheken** und **Krankenhäuser.** 15

Stiftungen des öffentlichen Rechts sind mit Rechtspersönlichkeit ausgestattete Vermögen zur Erfüllung eines bestimmten Zwecks. Ein Beispiel ist die **Stiftung Preußischer Kulturbesitz.** 16

Teilrechtsfähige Verwaltungseinheiten des öffentlichen Rechts sind Organisationen, die nicht den Status einer juristischen Person des öffentlichen Rechts besitzen, aber zur eigenverantwortlichen Wahrnehmung bestimmter Verwaltungsaufgaben berufen und insoweit mit eigenen Rechten und Pflichten ausgestattet sind. Da die Ausstattung eines privaten Rechtssubjekts mit (Teil)Rechtsfähigkeit genügt (rechtsfähige Personengesellschaft nach § 14 Abs. 2), kann – zumindest analog – nichts anderes für die öffentlichrechtlich begründeten Organisationen gelten. Teilrechtsfähige Verwaltungseinheiten sind lauterkeitsrechtlich als Unternehmer zu beurteilen, wenn nicht gerade der Zweck ihrer Ausstattung mit Teilrechtsfähigkeit und damit die Wahrnehmung einer bestimmten Verwaltungsaufgabe der Beurteilung als Unternehmer widerspricht. So stellen etwa die **Fakultäten von Universitäten** teilrechtsfähige Körperschaften dar, die als Unternehmer im Wirtschaftsverkehr teilnehmen können, etwa bei dem Angebot von Fortbildungsveranstaltungen an Nichtmitglieder der Universität. 17

Beliehene Unternehmen, denen der Staat bestimmte Verwaltungsaufgaben überträgt und ihnen insoweit hoheitliche Befugnisse zuweist (etwa Flug- und Schiffskapitäne, Jagdaufseher, freiberufliche Fleischbeschauer, Prüfingenieure für Baustatistik), bleiben natürliche oder juristische Personen des Privatrechts. 18

d) Rechtsfähige Personengesellschaften. Eine **rechtsfähige Personengesellschaft** ist eine solche Personengesellschaft, die mit der Fähigkeit ausgestattet ist, Rechte zu erwerben und Verbindlichkeiten einzugehen. Rechtsfähige Personengesellschaften sind die Per- 19

---

[491] AnwKomm/*Ring* BGB § 14 Rn 26; HK/*Dörner* BGB § 14 Rn 3; *Palandt/Heinrichs* BGB § 14 Rn 2; MüKo/*Micklitz* BGB § 14 Rn 7; *Soergel/Pfeiffer* BGB § 14 Rn 18; *Preis* ZHR 158 (1994) 567, 588 ff; *Ulmer/Brandner/Hensen* AGBG 9. Aufl. § 24 a Rn 18.

[492] Siehe dazu *Baumbach/Hefermehl* 22. Aufl. 2001, UWG Einl. Rn 201. Nach OLG Stuttgart NJW-RR 1999, 1557 kommt es für die Beurteilung der Gewerbeeigenschaft eines gemeindlichen Eigenbetriebs darauf an, ob bestimmte betriebliche, organisatorische und wirtschaftliche Gesichtspunkte den Verkehr auf einen Gewerbebetrieb hinweisen.

[493] Zur Verwertung des Namensrechts einer Universität als Bereich ihrer universitären Selbstverwaltung BGHZ 119, 237 – Universitätsemblem.

sonenhandelsgesellschaften. Das sind die **offene Handelsgesellschaft** (OHG; §§ 105 ff HGB) und die **Kommanditgesellschaft** (KG; §§ 161 ff HGB). Die OHG und die KG sind zwar keine juristischen Personen, sie sind aber nach § 124 HGB insoweit mit Rechtsfähigkeit ausgestattet, als sie unter ihrer Firma Rechte erwerben und Verbindlichkeiten eingehen können.

20 Rechtsfähige Personengesellschaften sind auch die **Partnerschaft** (Partnerschaftsgesellschaft, PartG), in der sich Angestellte freier Berufe, die kein Handelsgewerbe ausüben, zur Ausübung ihrer Berufe zusammenschließen (§ 1 Abs. 1 PartGG). Ein **Katalog der freien Berufe** (Ärzte und Heilberufe, Rechtsanwälte und rechts- und steuerberatende Berufe, Ingenieure, Architekten, Journalisten, Wissenschaftler, Künstler, Schriftsteller, lehrende und erziehende Berufe) ist in § 1 Abs. 2 PartGG aufgezählt. Auf die PartG ist nach § 7 Abs. 2 PartGG die Vorschrift des § 124 HGB entsprechend anzuwenden.

21 Die **Partenreederei** ist eine besondere Gesellschaftsform des Seehandelsrechts. Nach § 489 Abs. 1 HGB besteht eine Reederei, wenn von mehreren Personen ein ihnen gemeinschaftlich zustehendes Schiff zum Erwerb durch die Seefahrt verwendet wird. Wenn das Schiff einer Handelsgesellschaft gehört, liegt nach § 489 Abs. 2 HGB keine Reederei vor. Zwar ist die Rechtsnatur der Partenreederei umstritten;[494] die Partenreederei kann aber nach fast einhelliger Auffassung Trägerin von Rechten und Pflichten sein.[495]

22 Die **stille Gesellschaft** (stG; §§ 230 ff HGB) ist eine Gesellschaft, bei der sich eine Person als stiller Gesellschafter an dem Handelsgewerbe eines Kaufmanns (Geschäftsinhaber) durch Leistung einer Vermögenseinlage, die in das Vermögen des Inhabers des Handelsgeschäfts übergeht, beteiligt. Die stG ist ihrer Rechtsnatur nach eine Personengesellschaft in Gestalt einer Innengesellschaft. Die stG ist als Innengesellschaft nicht Trägerin von Rechten und Pflichten; sie ist nicht rechtsfähig. Die stG kann nicht Unternehmer im Sinne des § 14 BGB sein; Unternehmer ist der Geschäftsinhaber.

23 Unter **Vorgesellschaft** (VorG) ist das Gesellschaftsverhältnis der Gründerorganisation einer juristischen Person zu verstehen, das zwischen der Errichtung der Gesellschaft und der Eintragung der Gesellschaft in das Handelsregister besteht (Vor-GmbH, Vor-AG, Vor-Verein). Die Vorgesellschaft, die eine Gesellschaft sui generis darstellt,[496] ist im Sinne des § 14 Abs. 2 BGB mit der Fähigkeit ausgestattet, Rechte zu erwerben und Verbindlichkeiten einzugehen. Unter einer **Vorgründungsgesellschaft** ist das Gesellschaftsverhältnis zwischen den Gründergesellschaften, die sich zur Gründung einer Gesellschaft als juristischer Person verpflichten, vor der Errichtung der Gesellschaft zu verstehen (Gesellschaftsvorvertrag). Eine Vorgesellschaft sowie eine Vorgründungsgesellschaft sind rechtsfähig und können Unternehmer sein.

24 Die **Europäische Wirtschaftliche Interessenvereinigung** (EWIV)[497] ist eine europäische Gesellschaft, der mindestens zwei Mitglieder aus verschiedenen Mitgliedstaaten der EU angehören (Art. 4 Abs. 1, 2 EWIV-VO). Zweck der EWIV ist eine Unternehmenskooperation. Nach Art. 1 Abs. 2 EWIV-VO kann die EWIV Trägerin von Rechten und Pflichten sein. Allerdings bestimmen nach Art. 1 Abs. 3 EWIV-VO die Mitgliedstaaten, ob sie die EWIV mit eigener Rechtspersönlichkeit ausstatten. Nach § 1 EWIV-Ausführungsgesetz ist auf die EWIV § 124 HGB anzuwenden. Die EWIV kann Unternehmer sein.

25 Die **Gesellschaft bürgerlichen Rechts** (GbR; §§ 705 ff BGB) ist als eine **Außengesellschaft** zumindest dann rechtsfähig, wenn sie organisatorisch verselbstständigt ist und eine Identitätsausstattung aufweist.[498] Nach richtlinienkonformer Auslegung kann der GbR als einer Personenmehrheit grundsätzlich nicht die Eigenschaft als Verbraucher zukom-

---

494 Siehe *K. Schmidt* Gesellschaftsrecht S. 1418 f.
495 OLG Hamburg OLGE 23, 91.
496 Siehe zur Vor-GmbH BGHZ 80, 129.
497 VO des Ministerrats der EG vom 25. 7. 1985 über die Schaffung einer Europäischen Wirtschaftlichen Interessenvereinigung, ABl. EG Nr. L 199 vom 31. 7. 1985, S. 1; Gesetz zur Ausführung der EWG-Verordnung über die Europäische Wirtschaftliche Interessenvereinigung vom 1. 1. 1989, BGBl. 1988 I, S. 514.
498 → I Rn 18.

men.[499] Der verbraucherschützende Normzweck einer lauterkeitsrechtlichen Regelung kann eine analoge Anwendung des Rechtssatzes des UWG gebieten. Der **nichtrechtsfähige Verein** (§ 54 BGB) ist nicht anders als die GbR zu behandeln.

2. Zweckrichtung des Verhaltens

a) Ausgangspunkt. Aus der Qualifikation eines Handelnden als natürliche Person, juristische Person oder rechtsfähige Personengesellschaft folgt keine abschließende Einordnung als Unternehmer. Eine juristische Person kann zwar nicht Verbraucher nach § 13 BGB sein, es folgt daraus aber nicht im Umkehrschluss, dass sie Unternehmer ist. Vielmehr ergibt sich die Unternehmereigenschaft, wie die Verbrauchereigenschaft, entscheidend aus der Zweckrichtung des Handelns. Der Begriff des Unternehmers nach § 14 BGB beruht auf der Vorstellung, ein Unternehmer besitze eine größere Geschäftskompetenz und Erfahrung als ein Verbraucher.[500] Es kommt für den lauterkeitsrechtlichen Begriff des Unternehmers im Sinne des § 2 Abs. 2 Nr. 6 1. Alt. bei dieser Abgrenzung aber nicht auf die konkreten Eigenschaften und Fähigkeiten der handelnden Person an. Der Gesetzgeber entschied sich, den EU-Verbraucherschutzrichtlinien entsprechend, für ein **objektives und typisierendes Konzept.** Daraus folgt, dass auch bei **branchenfremden Nebengeschäften** die Unternehmereigenschaft anzunehmen ist. Es kommt auch nicht auf den **Umfang der unternehmerischen Tätigkeit** an, so dass auch Kleinunternehmer als Unternehmer tätig werden können.[501] Es genügt, wenn der Handelnde am Vertrieb des Produkts eines Unternehmens **beteiligt** ist.[502] Die Teilnahme an einem Lauterkeitsdelikt im Sinne einer Beteiligteneigenschaft der handelnden Person ist von dem Handeln im Namen oder Auftrag eines Unternehmers im Sinne des § 2 Abs. 1 Nr. 6 2. Alt. zu unterscheiden.[503] Nach der Definition des § 2 Abs. 1 Nr. 6 UWG ist jede Person, die im Namen oder Auftrag eines Unternehmers im Sinne der Begriffsbestimmung handelt, selbst Unternehmer. 26

b) Gewerbliche und handwerkliche Tätigkeit. Nach dem Wortlaut des Gesetzes ist eine natürliche oder juristische Person oder eine rechtsfähige Personengesellschaft dann Unternehmer, wenn sie in Ausübung ihrer gewerblichen oder handwerklichen Tätigkeit handelt.[504] In Umsetzung der UGP-RL wurde in die Definition des § 2 Abs. 1 Nr. 6 UWG neben der gewerblichen Tätigkeit auch die handwerkliche Tätigkeit aufgenommen. Eine inhaltliche Rechtsänderung gegenüber der Rechtslage im UWG 2004 ist damit nicht verbunden, da schon nach dem UWG 2004 das **Handwerk als eine berufliche Tätigkeit** die Eigenschaft als Unternehmer begründete. 27

Gewerbliche Tätigkeit ist zum Einen das **Betreiben eines Handelsgewerbes** im Sinne des § 1 HGB, aber auch die **Ausübung eines jeden sonstigen Gewerbes** im Sinne der Gewerbeordnung.[505] Ein Gewerbe im Sinne des Handelsrechts ist jede äußerlich erkennbare, erlaubte, selbstständige, planmäßig auf eine gewisse Dauer angelegte und auf Gewinnerzielung gerichtete oder zumindest entgeltliche Tätigkeit, die nicht freier Beruf ist.[506] Ein Gewerbe im modernen Sinne ist das **entgeltliche Marktverhalten einer organisierten Wirtschaftseinheit.** Es ist unerheblich, ob das Gewerbe in kaufmännischem Umfang be- 28

---

[499] Siehe zu der Kontroverse um die rechtliche Qualifizierung der GbR als Verbraucher oder Unternehmer → I Rn 18.

[500] *Soergel/Pfeiffer* BGB § 14 Rn 10.

[501] *Soergel/Pfeiffer* BGB § 14 Rn 15.

[502] Siehe zum Begriff des *Gewerbetreibenden* RGZ 74, 171 – Lizenzberechtigter Erfinder; OLG Köln GRUR 1950, 238, 241 – Verpächter eines Filmtheatergrundstücks; KG GRUR 1951, 163 – Verpachtender Verleger.

[503] Siehe dazu → G Rn 40 ff.

[504] Zum nichtgewerblichen Handeln und zum Handeln außerhalb der selbständigen beruflichen Tätigkeit eines Verbrauchers → I Rn 21 f.

[505] *Bamberger/Roth/Schmidt-Räntsch* BGB § 14 Rn 6.

[506] BGHZ 33, 321, 324 ff; BGHZ 63, 32 f; BGHZ 83, 382, 386. Die Definition wurde vom Gesetzgeber in der Begründung zum HRefG BT-Drucks. 13/8444 S. 24 bestätigt.

trieben wird. Unternehmer sind auch die Kleingewerbetreibenden, die von § 1 HGB nicht erfasst werden.[507] Die gewerbliche Tätigkeit ist nicht auf die handelsrechtliche Definition des Gewerbebegriffs zu beschränken. Jedes **planmäßige, entgeltliche Angebot von Waren oder Dienstleistungen am Markt** stellt eine gewerbliche Tätigkeit dar.[508] Es kommt weder auf eine Eintragung im Handelsregister noch auf den Umfang der gewerblichen Tätigkeit an.[509] Eine gewerbliche Tätigkeit stellt nicht nur der **Kernbereich** des Unternehmens dar, sondern auch **Nebengeschäfte** sind dem Handeln als Unternehmer zuzurechnen.[510] Das Marktverhalten muss der unternehmerischen Tätigkeit inhaltlich irgendwie zugerechnet werden können.[511] Die **Verwaltung eigenen Vermögens** soll kein gewerbliches Handeln darstellen.[512]

29 Auch **juristische Personen des öffentlichen Rechts** können eine gewerbliche Tätigkeit ausüben, wenn sie privatrechtlich handeln und Waren oder Dienstleistungen gegen Entgelt planmäßig anbieten.[513] Dies betrifft regelmäßig Tätigkeiten, die nicht der eigentlichen Verwaltung zur Daseinsvorsorge zugerechnet werden, wie etwa bei kommunalen Schwimmbädern, Theatern, Konzerthallen und anderen kulturellen Einrichtungen, sowie Verkehrsbetrieben und anderen kommunalen Einrichtungen.[514] Im Bereich des Lauterkeitsrechts darf der Unternehmerbegriff nicht transaktionsbezogen ausgelegt werden, da wettbewerbsrelevante Handlungen regelmäßig nicht im Rahmen des Abschlusses von Rechtsgeschäften vorgenommen werden.[515] Es kann hinsichtlich der bisherigen Rechtsprechung im Lauterkeitsrecht darauf abgestellt werden, ob **das öffentliche Unternehmen wie ein Wettbewerber am Markt auftritt.**[516]

30 Auch **gemeinnützige Unternehmen,** wie Wohlfahrtsverbände, gemeinnützige Vereine, Stiftungen und ähnliche Einrichtungen handeln in richtlinienkonformer Auslegung gewerblich, wenn sie ihre Leistungen gegen Entgelt anbieten.[517] Nach dieser Auslegung ist im Lauterkeitsrecht darauf abzustellen, ob das gemeinnützige Unternehmen wie ein Wettbewerber am Markt auftritt.[518]

31 **c) Berufliche Tätigkeit.** Unternehmer kann sein, wer eine **selbstständige berufliche Tätigkeit** ausübt. Anders als in § 14 Abs. 1 BGB, der die berufliche Tätigkeit ausdrücklich als eine selbständige qualifiziert, wird in der Definition des § 2 Abs. 1 Nr. 6 in Umsetzung des Art. 2 lit. b UGP-RL auf die Qualifikation der Selbständigkeit verzichtet. Damit ist keine rechtsinhaltliche Änderung der Rechtslage verbunden, da die **unselbständige Tätigkeit des Arbeitnehmers** nicht unter die Begriffsbestimmung des Unternehmers fällt. **Beruf** ist jede erlaubte, sinnvolle, auf Dauer angelegte Tätigkeit, die der Schaffung und Erhaltung der Lebensgrundlage dient.[519] Das sind **selbstständige** wie auch **unselbstständige** Tätigkeiten. Selbstständige Tätigkeiten werden im Wortlaut des § 14 BGB ausdrücklich ausgeschlossen, da ein Handeln im Rahmen abhängiger Beschäftigung nicht erfasst wird.[520] Im deutschen Recht wird diese Formulierung typischerweise als ein **Gegenbegriff zu ei-**

[507] *Soergel/Pfeiffer* BGB § 14 Rn 10.
[508] *Bamberger/Roth/Schmidt-Räntsch* BGB § 14 Rn 6.
[509] *Ulmer/Brandner/Hensen* AGBG 9. Aufl. § 24 Rn 10; *Soergel/Pfeiffer* BGB § 14 Rn 15.
[510] *Palandt/Heinrichs* BGB § 14 Rn 2.
[511] *Bamberger/Roth/Schmidt-Räntsch* BGB § 14 Rn 6.
[512] *Palandt/Heinrichs* BGB § 14 Rn 2; zur Abgrenzung → I Rn 24.
[513] *Soergel/Pfeiffer* BGB § 14 Rn 18; *Bamberger/Roth/Schmidt-Räntsch* BGB § 14 Rn 7.
[514] *Palandt/Heinrichs* BGB § 14 Rn 2; *Bamberger/Roth/Schmidt-Räntsch* BGB § 14 Rn 7.
[515] → I Rn 30.
[516] Siehe zum Begriff des *Gewerbetreibenden* RGZ 116, 28, 30 – Feuerversicherungsanstalt; RGZ 116, 1 – Landvermesser des Landkreises; siehe → G Rn 3.
[517] MüKo/*Micklitz* BGB § 14 Rn 19.
[518] So zum Begriff des *Gewerbetreibenden* BGH GRUR 76, 370, 371 – Lohnsteuerhilfeverein I, StRspr, vgl. BGH GRUR 90, 1024, 1025 – Lohnsteuerhilfeverein IV; ebenso OLG Hamburg WRP 1984, 333 – Mieterselbsthilfeverein; RGZ 105, 378, 380 – Anwaltverein.
[519] BGH WM 1988, 857, 858; BVerfGE 7, 377, 397; BVerfGE 50, 290, 362; *Henssler* ZHR 161 (1997) 13, 36.
[520] *Soergel/Pfeiffer* BGB § 14 Rn 12; MüKo/*Micklitz* BGB § 14 Rn 24.

ner abhängigen Beschäftigung bei natürlichen Personen benutzt.[521] Eine Beschränkung auf natürliche Personen war nach dem Wortlaut des § 14 BGB, der sich auf natürliche und juristische Personen bezieht, schon nach dem UWG 2004 nicht beabsichtigt.[522] Es werden nach wie vor vor allem die Angehörigen der **freien Berufe** erfasst, die traditionell nicht als Gewerbe eingeordnet werden.[523] Ebenso erfasst werden **Landwirte** und **Künstler.**[524] Schwierig ist die Einordnung von **Wissenschaftlern,** wenn sie in einem abhängigen Beschäftigungsverhältnis stehen. Die wissenschaftlichen Arbeiten im Rahmen des Beschäftigungsverhältnisses eines Wissenschaftlers sind dem Arbeitgeber zuzurechnen. Insofern kommt es auf die Unternehmereigenschaft des Arbeitgebers an. Soweit die relevante Handlung im Rahmen einer selbstständigen Tätigkeit, die auch Nebentätigkeit sein kann, vorgenommen wird (etwa Vorträge, Gutachten), ist der Wissenschaftler selbst als Unternehmer zu beurteilen.

d) Beurteilungsmaßstab. Die Qualifikation als Unternehmerverhalten hängt entscheidend von der Zweckrichtung des Verhaltens ab. Es ist nicht auf den inneren Willen, sondern auf die objektive Qualität des Verhaltens abzustellen. Die **Zwecksetzung des Unternehmerverhaltens** ist wie auch die Zwecksetzung des Verbraucherverhaltens anhand eines **objektivierenden und typisierenden Konzepts**[525] unter Berücksichtigung der **Verkehrsauffassung** zu beurteilen. Der Unternehmerbegriff beruht auf der Vorstellung des Gesetzgebers, einem Unternehmer komme eine größere Geschäftskompetenz und Erfahrung zu. Es spielen aber für die Beurteilung des Unternehmerverhaltens die konkreten Eigenschaften und Fähigkeiten der handelnden Person keine rechtserhebliche Rolle.[526] Auch bei **Nebengeschäften,** die nicht zum zentralen Tätigkeitsbereich des Unternehmers gehören, liegt die Unternehmereigenschaft vor.[527] 32

Der Begriff des unternehmerischen Handelns ist weit zu verstehen. Das gilt nicht nur für den Umfang der zuzurechnenden Tätigkeiten bei einem am Markt tätigen Unternehmer, sondern auch schon für die Stadien der **Existenzgründung, Existenzerweiterung** und der **Existenzaufgabe.**[528] Diese Stadien unternehmerischen Handelns am Markt werden von dem Begriff des Unternehmers erfasst.[529] Die Möglichkeit einer Person, jederzeit eine gewerbliche oder handwerkliche Tätigkeit aufnehmen oder eine aufgegebene gewerbliche oder handwerkliche Tätigkeit wiederaufnehmen zu können, ist zur Begründung der Eigenschaft eines Unternehmers nicht ausreichend.[530] 33

Wenn ein Geschäft **sowohl der selbstständigen beruflichen als auch der privaten Sphäre** der handelnden Person zuzuordnen ist, dann liegt grundsätzlich ein Handeln eines Unternehmers vor, es sei denn, dass der wesentliche **Schwerpunkt des Geschäfts** außerhalb der beruflichen Sphäre liegt.[531] 34

---

[521] Siehe *K. Schmidt* HandelsR 5. Aufl. S. 720f.

[522] Siehe *Soergel/Pfeifer* BGB § 14 Rn 12.

[523] *Bamberger/Roth/Schmidt-Räntsch* BGB § 14 Rn 9; siehe noch zum Begriff des *Gewerbetreibenden* RGZ 99, 189 – Steueranwalt; BGH GRUR 1965, 690, 693 – Facharzt; BGH GRUR 1972, 709 – Patentmark; BGH GRUR 1981, 529 – Rechtsberatungsanschein; BGH GRUR 1987, 241 – Arztinterview; BGH GRUR 1993, 675, 676 – Kooperationspartner; OLG Frankfurt GRUR 1962, 323 – Zauberkünstler.

[524] *Soergel/Pfeifer* BGB § 14 Rn 10.

[525] Zum Geschäftszweck des Verbraucherverhaltens → I Rn 19; siehe auch *Bamberger/Roth/Schmidt-Räntsch* BGB § 14 Rn 10; *Soergel/Pfeifer* BGB § 14 Rn 10.

[526] *Soergel/Pfeifer* BGB § 14 Rn 10; *Bamberger/Roth/Schmidt-Räntsch* BGB § 14 Rn 10.

[527] *Soergel/Pfeifer* BGB § 14 Rn 10; unter analoger Anwendung des § 344 BGB: *Bamberger/Roth/Schmidt-Räntsch* BGB § 14 Rn 10; *Palandt/Heinrichs* BGB § 14 Rn 2; *Ulmer/Brandner/Hensen* AGBG 9. Aufl. § 24 Rn 15.

[528] Existenzgründung: EuGH Slg. 1997, I-3767 – Benincasa/Dentalkit; BGH NJW 1994, 2759f; Existenzaufgabe: EuGH Slg. 1991, I-1189 – di Pinto.

[529] *Soergel/Pfeiffer* BGB § 14 Rn 14; aA OLG Düsseldorf NJW-RR 1996, 759 (zum VerbrKrG aF); MüKo/*Micklitz* BGB § 14 Rn 22.

[530] Siehe zum Begriff des *Gewerbetreibenden* RGZ 109, 50, 52.

[531] Siehe zu der Abgrenzung der Fälle des sog. *dual-use* → I Rn 23; siehe auch *Soergel/Pfeiffer* BGB § 14 Rn 14.

35 **e) Beweislast.** Die Beweislast bestimmt sich grundsätzlich nach der Ausgestaltung von Voraussetzungen und Einwendungen des materiellen Rechts.[532] Nach den **allgemeinen Beweislastregeln** kommt es darauf an, ob die jeweilige Vorschrift positiv oder negativ auf die Unternehmereigenschaft Bezug nimmt.[533] Die Beweislastproblematik zeigt sich in der Rechtspraxis insbesondere bei dem **Auftritt von Unternehmen im Internet,** wie etwa bei Angeboten in ebay oder in ähnlichen Plattformen, sowie bei **Kleinanzeigen** in einer Zeitung mit oder ohne Chiffre. Auch im Internetverkehr grenzt die höchstrichterliche Rechtsprechung den Privatrechtsverkehr vom geschäftlichen Verkehr nach den allgemeinen Grundsätzen ab. Für das Handeln im geschäftlichen Verkehr komme es auf die **erkennbar nach außen tretende Zielrichtung des Handelnden** an. Diene das Verhalten nicht der Förderung der eigenen oder einer fremden erwerbswirtschaftlichen oder sonstigen beruflichen Tätigkeit, scheide ein Handeln im geschäftlichen Verkehr aus. Das Verhalten sei dann ausschließlich dem privaten Bereich außerhalb von Erwerb und Berufsausübung zuzurechnen.[534] Nach der Rechtsansicht des BGH ist im Zweifel von einer rein privaten Nutzung auszugehen.

36 Bei einer anbietenden Teilnahme am geschäftlichen Verkehr sollte von einer **Vermutung** für das Vorliegen einer gewerblichen oder selbstständigen beruflichen Tätigkeit ausgegangen werden. Es ist ein unternehmerisches Handeln anzunehmen, wenn von der Person **mehrere gleichartige Geschäfte am Markt bereits getätigt** worden sind. Der in einer solchen Art am Markt tätigen Person ist ein **Entlastungsbeweis** zuzumuten.[535]

37 In manchen Fallkonstellationen wird mit Hilfe eines **Anscheinsbeweises** das Beweisproblem zu lösen sein.[536] Als **Indizien** kommen der Geschäftsgegenstand, die Zahl, Häufigkeit und das Volumen nachweisbarer Geschäfte, der persönliche Zuschnitt und Auftritt der handelnden Person, sowie die erteilten Informationen oder Widerrufsbelehrungen in Betracht. Die im Internet handelnde Person hat insoweit bestimmte **Tatsachen, die ausschließlich in ihrer Sphäre liegen,** darzulegen.

38 Nach der höchstrichterlichen Rechtsprechung wird aber gegenwärtig wohl noch davon auszugehen sein, dass die ZPO keine über die anerkannten Fälle der **Pflicht zum substantiierten Bestreiten** hinausgehende, allgemeine **Aufklärungspflicht** der grundsätzlich nicht darlegungs- und beweispflichtigen Partei kennt. Es bleibt vielmehr bei dem Grundsatz, dass keine Partei gehalten ist, dem Gegner für seinen Prozesssieg das Material zu verschaffen, über das er nicht schon von sich aus verfügt.[537] Das schließt nicht aus, verlangt vielmehr, den im Wettbewerbsverfahrensrecht anerkannten Grundsatz einer ausnahmsweise bestehenden, prozessualen Aufklärungspflicht – namentlich in solchen Internetstreitigkeiten – heranzuziehen. Im Wettbewerbsprozess ist anerkannt, dass sich auch **für die nicht beweisbelastete Partei Darlegungs- und Beweispflichten** ergeben können, ohne dass eine Beweislastumkehr anzunehmen ist. Das gilt vor allem dann, wenn die nicht beweisbelastete Prozesspartei mit Leichtigkeit die notwendige und zumutbare Aufklärung geben kann, ohne dass unternehmerische Interessen von einer solchen Aufklärung berührt sind.[538] Es sind in solchen Fallkonstellationen zumindest **prozessuale Substantiierungslasten** anzuerkennen.[539] Wenn ein **objektiver Bezug** zu einer selbstständigen beruflichen Tätigkeit

---

532 Siehe zur Beweislast bei der Verbrauchereigenschaft → I Rn 27.

533 Siehe dazu *Mankowski* VuR 2004, 79; siehe auch *Soergel/Pfeiffer* BGB § 14 Rn 14.

534 Zur Zurechnung eines auf der Internetseite betriebenen Partnerprogramms, das nur für zugelassene Partner zugänglich ist, zum privaten Bereich siehe BGH GRUR 2008, 1099, 1100, Rn 12 – afilias.de; siehe schon BGH GRUR 2002, 622 – shell.de; siehe ausführlich zur Abgrenzung eines Handelns im geschäftlichen Verkehr zum Privatverkehr hinsichtlich der Benutzung eines Domainnamens *Fezer* MarkenG Einl. G Rn 50f (mit einer umfassenden Darstellung auch der instanzgerichtlichen Rechtsprechung).

535 Siehe zur Annahme einer Rechtsvermutung des geschäftlichen Verkehrs im Internet *Fezer* MarkenG Einleitung G Rn 50f; siehe auch zu Vorbereitungshandlungen im Internetverkehr Rn 332.

536 Siehe zu dieser Problematik auch *Mankowski* VuR 2004, 79, 81f.

537 BGH NJW 1990, 3151.

538 Siehe zu dieser sog. „Bärenfang"-Doktrin BGH GRUR 1961, 356, 359 – Pressedienst; BGH GRUR 1963, 270f – Bärenfang; BGH GRUR 1971, 164 – Discount-Geschäft.

539 So *Soergel/Pfeiffer* BGB § 14 Rn 14.

festgestellt werden kann, dann ist ein Handeln als Unternehmer **indiziert.** In solchen Fallkonstellationen ist es Sache des Unternehmers die weiteren Umstände darzulegen, aus denen sich die Zugehörigkeit des fraglichen Geschäfts zu seiner privaten Sphäre ergibt.[540] Wenn kein solcher objektiver Bezug oder auch keine sonstigen Umstände vorliegen, die auf ein geschäftliches Handeln hindeuten, dann liegt auch im Zweifel kein unternehmerisches Handeln vor. Ein solcher Lösungsansatz entspricht im Übrigen § 344 HGB.[541]

Es ist weiter zu beachten, dass für einen Gewerbetreibenden eine **handelsrechtliche Vermutung** dahin besteht, dass er ein Handelsgewerbe im Sinne des § 1 Abs. 2 HGB betreibt. Diese gesetzliche Vermutung betrifft insbesondere die Kleingewerbetreibenden, denen der Gegenbeweis obliegt, ihr Unternehmen erfordere nach Art oder Umfang keinen in kaufmännischer Weise eingerichteten Geschäftsbetrieb. Es sind schließlich die Grundsätze über **unternehmensbezogene Rechtsgeschäfte** zu berücksichtigen. Geschäfte, die ausdrücklich mit einem Unternehmer oder unter einer Firma geschlossen werden und sich nach dem Vertragsinhalt auf den Geschäftsgegenstand beziehen, kommen mit dem Geschäftsinhaber zustande.[542] Diese Grundsätze sind auf den geschäftsmäßig auftretenden Handelnden zu übertragen. 39

IV. Handeln im Namen oder Auftrag eines Unternehmers (§ 2 Abs. 1 Nr. 6 2. Alt.)

1. Unternehmergleiche Personen als Normadressaten des Lauterkeitsrechts

In Übernahme der Richtlinienvorgabe des Art. 2 lit. b UGP-RL wird in der Definition des Unternehmers nach § 2 Abs. 1 Nr. 6 eine **Erweiterung des Unternehmerbegriffs** übernommen, die über den Anwendungsbereich der Definition des § 14 BGB, auf den § 2 Abs. 2 UWG 2004 verwiesen hatte, hinausgeht.[543] Die Definition des Unternehmers im Sinne des § 2 Abs. 1 Nr. 6 enthält in der ersten Alternative die Begriffsbestimmung des Unternehmers und umschreibt in der zweiten Alternative solche Personen, die einem Unternehmer gleichgestellt werden, ohne selbst Unternehmer zu sein. Eine solche **unternehmergleiche Person** ist nach dem Wortlaut der Definition[544] jede Person, die im Namen oder Auftrag des Unternehmers handelt. Eine unternehmergleiche Person nimmt eine geschäftliche Handlung im Rahmen der gewerblichen, handwerklichen oder beruflichen Tätigkeit eines Unternehmers im Namen oder Auftrag des Unternehmers vor. Von dem Handeln als unternehmergleiche Person im Namen oder Auftrag des Unternehmers ist die **Teilnahme** an einem Lauterkeitsdelikt und sind die Grundsätze der **Störerhaftung** zu unterscheiden.[545] 40

Eine **unternehmergleiche Person ist Normadressat** des UWG, wenn das Tatbestandsmerkmal des Unternehmers Anwendungsvoraussetzung einer Bestimmung des UWG ist. Der Wortlaut, der den Anwendungsbereich des Lauterkeitsrechts auf **Nichtunternehmer,** die im Namen oder Auftrag eines Unternehmers handeln, erstreckt, ist insoweit zu weit formuliert, als es **nicht gerechtfertigt** ist, **allein aufgrund eines Vertreterverhältnisses oder Auftragsverhältnisses** zu einem Unternehmer die Eigenschaft als 41

---

[540] *Soergel/Pfeiffer* BGB § 14 Rn 14; *Mankowski* VuR 2004, 79f.

[541] Zu einer analogen Anwendung des § 344 HGB bei Kaufleuten und Freiberuflern *Mankowski* VuR 2004, 79, 80; gegen eine Analogie *Soergel/Pfeiffer* BGB § 14 Rn 14, da § 344 HGB anders als § 14 BGB seine Wurzeln nicht im Europarecht habe.

[542] RGZ 30, 77, 78f; BGHZ 62, 216, 220f; BGHZ 64, 11, 14f.

[543] Siehe zur Gesetzesgeschichte → G Rn 3.

[544] Der Wortlaut des Richtlinientextes wurde zu identisch in das UWG übernommen. Der Gesetzgeber der UWG-Novelle übernahm allerdings den Wortlaut des Genitivs „des Gewerbetreibenden" nicht und ersetzte diesen Genitiv mit der Umschreibung „einer solchen Person"; es ist wohl davon auszugehen, dass die Vermeidung des Genitivs „des Unternehmers" und der stattdessen verwendete (holprige) Genitiv „einer solchen Person" keine inhaltliche Rechtserheblichkeit zukommt.

[545] Siehe dazu ausführlich Fezer/*Büscher* § 8 Rn 132; *Köhler* GRUR 2008, 1.

Normadressat einer Person zu begründen. Die rechtlichen Anforderungen des UWG an eine solche Person, die Nichtunternehmer ist, zu stellen, verlangt, dass das Vertreterverhältnis oder Auftragsverhältnis eine **unternehmergleiche Stellung** der Person begründet. Es muss sich um ein **qualifiziertes Vertreterverhältnis oder Auftragsverhältnis** handeln.

42 Ein **Vertragspartner** eines Unternehmers wird nicht allein deshalb zum Normadressaten des UWG, dadurch dass bestimmte Vertreterhandlungen im Tätigkeitsbereich des Unternehmers zu den Vertragspflichten des Vertragspartners gehören. So sind **Lieferanten** oder **Abnehmer** eines Unternehmers nicht als solche unternehmergleiche Personen, auch wenn sie zu bestimmten Handlungen als Vertreter oder Beauftragter des Unternehmers berechtigt oder verpflichtet sind. **Arbeitnehmer,** die im Namen oder Auftrag des Unternehmers handeln, sind nicht als solche unternehmergleiche Personen und Normadressaten des UWG, da sie ihren Tätigkeitsbereich in arbeitsrechtlicher Abhängigkeit wahrnehmen.

43 Für die **strafrechtliche Verantwortlichkeit** ist die Erweiterung des Normadressatenkreises vom Unternehmer auf unternehmergleiche Personen insoweit nicht rechtserheblich, als die Straf- und Bußgeldvorschriften (§§ 16 bis 20) unmittelbar an das Tatbestandsmerkmal des Unternehmers anknüpfen; es handelt sich um Jedermanns-Delikte.[546] Die Tatsache, dass eine geschäftliche Handlung im Sinne des UWG von einer Privatperson zugunsten eines fremden Unternehmens vorgenommen werden kann, bleibt von der Problematik der unternehmergleichen Person im Sinne der Definition des Unternehmers nach § 2 Abs. 1 Nr. 6 unberührt.

2. Abgrenzung zur Haftung für Mitarbeiter und Beauftragte (§ 8 Abs. 2)

44 Nach § 8 Abs. 2 haftet der Unternehmer für die Zuwiderhandlungen im Sinne von unlauteren geschäftlichen Handlungen, die in seinem Unternehmen von einem Mitarbeiter oder Beauftragten begangen werden.[547] Die Vorschrift erweitert die lauterkeitsrechtliche **Haftung des Inhabers eines Unternehmens** für den Aufgabenbereich der Mitarbeiter und Beauftragten. Die lauterkeitsrechtliche Verantwortung des Inhabers des Unternehmens wird gegenüber den Rechtsgrundsätzen des Zivilrechts verschärft, da ein Entlastungsbeweis, wie er für die Haftung des Geschäftsherrn für Verrichtungsgehilfen nach § 831 BGB besteht, nicht möglich ist, die lauterkeitsrechtliche Verantwortung unabhängig von einem eigenen Verschulden des Inhabers des Unternehmens als eine Erfolgshaftung besteht, und es auf eine schuldrechtliche Sonderverbindung im Sinne des § 278 BGB nicht ankommt. Bei § 8 Abs. 2 handelt es sich um eine **Haftungserstreckung auf den Unternehmer**; bei § 2 Abs. 1 Nr. 6 2. Alt. handelt es sich um eine **Eigenhaftung der Vertreter oder Beauftragten** des Unternehmers als unternehmergleiche Personen.

3. Fallkonstellationen einer lauterkeitsrechtlichen Verantwortlichkeit unternehmergleicher Personen

45 **a) Unternehmerische Funktionsgleichheit unternehmensgleicher Personen.** Unternehmer im Sinne des § 2 Abs. 1 Nr. 6 ist nicht nur die Person, die im eigenen Namen die geschäftliche Handlung im Rahmen ihrer gewerblichen, handwerklichen oder beruflichen Tätigkeit vornimmt (1. Alt.), sondern auch jede Person, die im Namen oder im Auftrag eines Unternehmens handelt (2. Alt.), wenn es sich um ein **qualifiziertes Vertreterverhältnis oder Auftragsverhältnis** der Person zu dem Unternehmer handelt, das es rechtfertigt, die Eigenschaft der Person als Normadressat des Lauterkeitsrechts im Sinne einer unternehmergleichen Person zu begründen.[548] Der Anwendungsbereich der Definition des § 2 Abs. 1 Nr. 6 2. Alt., deren Wortlaut zu weit gefasst ist, ist im Wege der **teleologi-**

[546] Siehe dazu Fezer/*Rengier* § 16 Rn 110.
[547] Siehe dazu → Fezer/*Büscher* § 8 Rn 214 ff; siehe dazu auch die ausführliche Kommentierung zu der vergleichbaren Vorschrift im Markenrecht *Fezer* § 14 MarkenG Rn 1055 ff.
[548] Siehe → G Rn 50.

schen Reduktion restriktiv auszulegen. Die Begründung der Unternehmereigenschaft einer Person, die im Namen oder Auftrag eines Unternehmers handelt, ist nur dann gerechtfertigt, wenn der Person **eine dem Unternehmer gleichwertige Stellung** (unternehmensgleiche Person) im Hinblick auf die gewerbliche, handwerkliche oder berufliche Tätigkeit **(Funktionsgleichheit)** zukommt.

b) Organverantwortlichkeit und Repräsentantenhaftung. Der wesentliche Anwendungsbereich einer **Eigenverantwortlichkeit von unternehmergleichen Personen** im Sinne des § 2 Abs. 1 Nr. 6 2. Alt. für unlautere geschäftliche Handlungen wird die **Organverantwortlichkeit** und **Repräsentantenhaftung** sein. Die **Handlungsorgane eines Unternehmens,** wie die Vorstandsmitglieder einer AG, die Geschäftsführer einer GmbH oder die Komplementäre einer OHG nehmen **unternehmerische Funktionen** wahr. Solche Organmitglieder sind als Repräsentanten des Unternehmens Normadressaten des Lauterkeitsrechts als unternehmergleiche Personen im Sinne des § 2 Abs. 1 Nr. 6 2. Alt. Die lauterkeitsrechtliche Verantwortlichkeit als unternehmergleiche Person bestimmt sich unabhängig davon, ob nach den handelsrechtlichen und gesellschaftsrechtlichen Vorschriften die Organeigenschaft der Person deren Kaufmannseigenschaft im Sinne der §§ 1 ff HGB begründet. Die Funktionsgleichheit des Tätigkeitsbereichs eines Organmitglieds eines Unternehmens zu einem Unternehmer im Sinne des § 2 Abs. 1 Nr. 6 1. Alt. besteht im Sinne der lauterkeitsrechtlichen Verantwortlichkeit unabhängig von der Eigenschaft als Kaufmann. So kann etwa auch ein Kommanditist, der kein Kaufmann im handelsrechtlichen Sinne ist, eine unternehmergleiche Person sein, wenn dem Kommanditisten innerhalb der KG im Wege einer rechtsgeschäftlichen Vollmacht ein unternehmerisches Tätigkeitsfeld eingeräumt wird. 46

In der Vergangenheit wurde in der **höchstrichterlichen Rechtsprechung** die lauterkeitsrechtliche **Organverantwortlichkeit restriktiv gehandhabt.** Im Rahmen der **Störerhaftung** wurde ganz überwiegend angenommen, dass eine Verantwortlichkeit für solche Rechtsverletzungen im Wettbewerbsrecht, Markenrecht und allgemein im Immaterialgüterrecht dann besteht, wenn das Handlungsorgan durch eine eigene Handlung die Rechtsverletzung verursacht. Ein kontroverser Meinungsstand besteht allerdings insoweit, als es um die allgemeine Verantwortlichkeit für den Tätigkeitsbereich des Unternehmens geht, wenn das Handlungsorgan die unlautere geschäftliche Handlung nicht selbst begeht und von der Rechtsverletzung keine Kenntnis hat. Noch in dem **„Sporthosen"-Urteil des BGH** zum Warenzeichenrecht ging der BGH davon aus, dass auch ein **Alleingeschäftsführer einer GmbH** nicht als Störer verantwortlich ist, wenn er an der Rechtsverletzung nicht teilnahm und von der Rechtsverletzung nichts wusste.[549] In der höchstrichterlichen **Rechtsprechung zum Internetrecht** werden die Rechtsgrundsätze zur Verantwortlichkeit – etwa eines Internet-Service-Providers oder eines Internet-Auktionshauses – anhand der Entwicklung konkreter Prüfungspflichten im Sinne von **lauterkeitsrechtlichen Verkehrspflichten** weiterentwickelt.[550] 47

Wenn eine Funktionsgleichheit des unternehmerischen Handelns der Vertreter oder Beauftragten des Unternehmers im Sinne des § 2 Abs. 1 Nr. 6 2. Alt. anzunehmen ist, dann handelt es sich um eine unternehmensgleiche Person, an deren Eigenverantwortlichkeit keine weiteren Anforderungen zu stellen sind. Die höchstrichterliche **Rechtsprechung** zur Organverantwortlichkeit und Repräsentantenhaftung ist im Sinne des § 2 Abs. 1 Nr. 6 2. Alt. **fortzuschreiben.**[551] 48

Da es zur Annahme der lauterkeitsrechtlichen Eigenverantwortlichkeit einer unternehmensgleichen Person nicht auf die handelsrechtliche oder gesellschaftsrechtliche Qualifi- 49

---

549 Siehe die Darstellung des Streitstands seit der reichsgerichtlichen Rechtsprechung in BGH GRUR 1986, 248 – Sporthosen; siehe auch OLG Stuttgart WRP 1996, 63.

550 Siehe die Darstellung zur Verantwortlichkeit im Internet nach der höchstrichterlichen Rechtsprechung bei *Fezer* MarkenG Einl. G Rn 128 ff.

551 Tendenziell wohl restriktiver, wenngleich ohne weitere Ausführungen Ullmann-jurisPK/*Ernst* UWG § 2 Rn 46.

kation der Rechtsstellung ankommt, können auch **Prokuristen** (§§ 48 ff HGB) oder **(General)Handlungsbevollmächtigte** (§ 54 HGB) als unternehmensgleiche Personen lauterkeitsrechtlich verantwortlich sein. Dabei kommt es auf den konkret übertragenen Tätigkeitsbereich der Person im Umfang deren Entscheidungsbefugnis an.

50 **c) Qualifizierte Vertragsbeziehungen.** Das Bestehen eines Vertrages als Grundlage des Handelns im Namen oder im Auftrag eines Unternehmers als solches ist nicht ausreichend, eine funktionale Gleichwertigkeit im Sinne eines unternehmerischen Handelns anzunehmen und die Eigenschaft des Vertreters oder Beauftragten als unternehmensgleiche Person und damit deren lauterkeitsrechtliche Verantwortlichkeit zu begründen.[552] Es ist aber nicht ausgeschlossen, dass der konkrete Inhalt und die konkrete Ausgestaltung der Vertragsbeziehungen zwischen dem Unternehmer und der im Namen oder im Auftrag des Unternehmers handelnden Person die unternehmerische Funktionsgleichheit des Tätigkeitsbereichs des Vertreters oder Beauftragten begründet. Von solchen Fallkonstellationen **qualifizierter Vertragsbeziehungen** kann etwa dann auszugehen sein, wenn ein **Outsourcing von Unternehmensaktivitäten** organisiert wird oder **Vertriebsstrukturen mit dem Instrument von Vertragsnetzen** aufgebaut werden. Eine Analyse der Vertragsbeziehungen ist zur Begründung der Eigenschaft des Vertragspartners des Unternehmers als einer unternehmergleichen Person im Sinne des Normadressaten des UWG erforderlich.

H. Fachliche Sorgfalt (§ 2 Abs. 1 Nr. 7)

§ 2 Abs. 1 Nr. 7 UWG
Im Sinne dieses Gesetzes bedeutet
„fachliche Sorgfalt" der Standard an Fachkenntnissen und Sorgfalt, von dem billigerweise angenommen werden kann, dass ein Unternehmer ihn in seinem Tätigkeitsbereich gegenüber Verbrauchern nach Treu und Glauben unter Berücksichtigung der Marktgepflogenheiten einhält.

Art. 2 lit. h UGP-RL
Im Sinne dieser Richtlinie bezeichnet der Ausdruck
„berufliche Sorgfalt" der Standard an Fachkenntnissen und Sorgfalt, bei denen billigerweise davon ausgegangen werden kann, dass der Gewerbetreibende sie gegenüber dem Verbraucher gemäß den anständigen Marktgepflogenheiten und/oder dem allgemeinen Grundsatz von Treu und Glauben in seinem Tätigkeitsbereich anwendet.

Übersicht

	Rn
H. Fachliche Sorgfalt (§ 2 Abs. 1 Nr. 7)	1
I. Begriffe der fachlichen Sorgfalt (UWG) und der beruflichen Sorgfalt (UGP-RL)	1
II. Regelungszusammenhang und Normfunktion des Begriffs	5
1. Unlauterkeitsbegründendes Beurteilungskriterium nach Art. 5 Abs. 2 lit. a UGP-RL	5
2. Verhaltenskodizes als Konkretisierungen der beruflichen Sorgfalt	9
3. Erfordernisse der beruflichen oder fachlichen Sorgfalt als Tatbestandsmerkmal einer unternehmerischen Informationspflicht (Art. 7 Abs. 4 lit. d UGP-RL, § 5 a Abs. 3 Nr. 4)	11
III. Begriffsmerkmale der beruflichen und fachlichen Sorgfalt	12
1. Geschäftsverkehr der Unternehmen mit den Verbrauchern	12

552 → G Rn 40 ff.

	Rn
2. Standard an Fachkenntnissen und Sorgfalt	14
3. Anständige Marktgepflogenheiten und Grundsatz von Treu und Glauben	15
4. Verhaltensgebot	19

I. Begriffe der fachlichen Sorgfalt (UWG) und der beruflichen Sorgfalt (UGP-RL)

1 Die Definition des Art. 2 lit. h UGP-RL umschreibt den Begriff der **beruflichen Sorgfalt.** Der Gesetzgeber der UWG-Novelle 2008 ist der Kritik an der Rechtserheblichkeit der beruflichen Sorgfalt als eines sachgerechten Beurteilungsmaßstabs der Unlauterkeit und dem mit dieser Kritik verbundenen Vorschlag, den Begriff nicht in das UWG 2008 umzusetzen,[553] zu Recht nicht gefolgt.[554] Die **zentrale Funktion,** die dem Rechtsbegriff der beruflichen Sorgfalt als ein unlauterkeitsbegründendes Beurteilungskriterium im harmonisierten Lauterkeitsrecht der UGP-RL zukommt, machte unabdingbar, das gemeinschaftsrechtliche Unlauterkeitsmerkmal auch sprachlich im Gesetzestext des UWG 2008 zu verankern. Es ist dabei weniger erheblich, ob der Begrifflichkeit des Richtlinienrechts rechtsinhaltliche Eigenständigkeit gegenüber der Tradition des deutschen Lauterkeitsrechts zukommt; ob und inwieweit dies der Fall ist, wird erst die künftige Rechtsarbeit an der Konkretisierung der lauterkeitsrechtlichen Generalklausel des Art. 5 UGP-RL zeigen.

2 Auch wenn der Gesetzgeber den Umsetzungsbedarf anerkannte,[555] konnte er sich gleichwohl nicht entschließen, in das **UWG 2008** den Begriff der beruflichen Sorgfalt wortgleich zu übernehmen; er ersetzte den gemeinschaftsrechtlichen Begriff der beruflichen Sorgfalt durch den nach Auffassung des Gesetzgebers besser geeigneten Begriff der **fachlichen Sorgfalt.** Die Begründung, ein Beruf könne nach den Begriffsbestimmungen des deutschen Rechts nur von einer natürlichen Person ausgeübt werden, die Sorgfaltspflichten im Sinne der UGP-RL sollten aber auch juristische Personen treffen, mutet seltsam spitzfindig an. Auch die Sorge des Gesetzgebers, uneinheitliche Begriffsbildungen im Zivil- und Handelsrecht zu vermeiden, vermag schon deshalb nicht zu überzeugen, da innerhalb der Rechtsordnung **normspezifische Begriffsbildungen** die Regel sind, wie im alten UWG der zentrale Begriff der Sittenwidrigkeit und im neuen UWG etwa die Begriffe des Verbrauchers und des Unternehmens belegen. In der englischen und französischen Sprachfassung werden die Begriffe professional diligence und diligence professionnelle verwendet. Der Wortlautunterschied der Definition des UWG gegenüber der UGP-RL ist zwar eher begriffsverwirrend als sprachfördernd, rechtsinhaltlich aber wegen des Gebots der richtlinienkonformen Auslegung bedeutungslos.

3 Es bestehen zwei weitere **Sprachunterschiede** zwischen den Definitionen des UWG und der UGP-RL.[556] In der UGP-RL werden als Konkretisierungen der beruflichen Sorgfalt die Anwendung der **anständigen Marktgepflogenheiten und/oder der allgemeine Grundsatz von Treu und Glauben** benannt. Der UGP-RL liegt wohl die zutreffende Vorstellung zugrunde, dass die Beurteilungsmaßstäbe der anständigen Marktgepflogenheiten und des Grundsatzes von Treu und Glauben unabhängig voneinander und nebeneinander anzuwenden sind. Weder ist die Teleologie der beiden Beurteilungskriterien noch der von diesen Beurteilungsmaßstäben berührte Deckungsbereich an beruflicher Sorgfalt identisch.

4 Auch wenn die Beurteilung der anständigen Marktgepflogenheiten und des Grundsatzes von Treu und Glauben nicht isoliert nebeneinander stehen, vielmehr innerhalb der Konkretisierung der Unlauterkeit miteinander verbunden sind, so ist die Formulierung in der

---

553 *Henning-Bodewig* GRUR Int. 2004, 183, 190; *Glöckner* WRP 2004, 936, 942; *Seichter* WRP 2005, 1087, 1090; *Sosnitza* WRP 2006, 1, 6.

554 So schon *Lettl* WRP 2004, 1079, 1089; *Köhler* GRUR 2005, 793, 796; *Fezer* WRP 2006, 781, 782.

555 Gesetzesbegründung UWG 2008 BT-Drucks. 16/10 145 S. 19.

556 Siehe dazu → F Rn 4, 15 ff.

Definition des UWG, ein Unternehmer habe die Sorgfalt nach **Treu und Glauben unter Berücksichtigung der Marktgepflogenheiten** einzuhalten, zumindest ungenau. Der Grundsatz von Treu und Glauben ist ein selbständiger Beurteilungsmaßstab unlauterkeitsbegründender Sorgfaltspflichten der Unternehmen im Geschäftsverkehr mit den Verbrauchern. Sachlich bedenklich ist die Begriffsbestimmung des UWG vor allem deshalb, weil der Gesetzgeber das Adjektiv der anständigen Marktgepflogenheiten wohl deshalb glaubte streichen zu können, weil er durch die Berücksichtigungsklausel die Verbindung zum Grundsatz von Treu und Glauben herstellte.[557] Die über ein Jahrhundert währende Tradition des international gebräuchlichen Terminus der anständigen Marktgepflogenheiten wird die möglicherweise in dem Gesetzestext zum Ausdruck kommende Sorge des Gesetzgebers, nicht auf den Anstand in Gewerbe und Handel zu rekurrieren, überdauern.

II. Regelungszusammenhang und Normfunktion des Begriffs

1. Unlauterkeitsbegründendes Beurteilungskriterium nach Art. 5 Abs. 2 lit. a UGP-RL

5 In der Tradition des deutschen Lauterkeitsrechts verzichtete der Gesetzgeber nicht nur bei der UWG-Reform des Jahres 2004, sondern auch bei der UWG-Novelle des Jahres 2008 in Umsetzung der UGP-RL darauf, den **Begriff der Unlauterkeit** einer geschäftlichen Handlung im Sinne der allgemeinen Generalklausel des § 3 Abs. 1 zu definieren oder zumindest näher zu umschreiben und Beurteilungskriterien zu benennen. Der Gesetzgeber trug aber den **Richtlinienvorgaben im harmonisierten Lauterkeitsrecht** insoweit Rechnung, als er in der **speziellen Generalklausel des § 3 Abs. 2 S. 1** den Beurteilungsmaßstab der fachlichen Sorgfalt benennt. Da die Gesetzessystematik der beiden Generalklauseln des § 3 Abs. 1 und 2 auf der Unterscheidung zwischen der Unzulässigkeit und Unlauterkeit einer geschäftlichen Handlung beruht, wird der von der UGP-RL vorgegebene rechtsinhaltliche **Bezug des Beurteilungskriteriums der fachlichen Sorgfalt zur Unlauterkeit** im Gesetzestext des UWG unklar. Die unübersichtliche Gesetzessystematik wird noch dadurch verstärkt, dass die allgemeine Marktrelevanzklausel des § 3 Abs. 1 im Sinne eines Zulässigkeitskriteriums einer geschäftlichen Handlung nicht deutlich von dem Spürbarkeitskriterium im Sinne einer Verbraucherrelevanzklausel als Unlauterkeitskriterium nach § 3 Abs. 2 S. 1 unterschieden wird.[558]

6 Nach der eindeutigen Rechtslage der UGP-RL stellt die berufliche Sorgfaltspflicht einen der beiden Beurteilungsmaßstäbe der Unlauterkeit einer Geschäftspraktik dar. Ein **Verstoß gegen die berufliche Sorgfaltspflicht** ist ein – kumulativ erforderliches – **unlauterkeitsbegründendes Beurteilungskriterium** im b2c-Geschäftsverkehr. Die Unlauterkeit einer Geschäftspraktik wird in Art. 5 Abs. 2 lit. a und b UGP-RL konkretisiert. Die Generalklausel des Art. 5 UGP-RL verbietet in Absatz 1 unlautere Geschäftspraktiken und benennt in Absatz 2 die Kriterien, anhand deren die Unlauterkeit zu bestimmen ist. Es ist zu beachten, dass die beiden Konkretisierungen der lit. a und b in Art. 5 Abs. 2 UGP-RL keine beispielhaften Erläuterungen darstellen, deren Aufzählung nicht als ein offener Beispielskatalog unlauterkeitsbegründender Beurteilungskriterien formuliert ist. Nach Art. 5 Abs. 2 UGP-RL ist eine Geschäftspraktik unlauter, wenn sie den Erfordernissen der beruflichen Sorgfaltspflicht widerspricht und in Bezug auf das jeweilige Produkt das wirtschaftliche Verhalten des Durchschnittsverbrauchers wesentlich beeinflusst oder dazu geeignet ist, es wesentlich zu beeinflussen. Das Verhalten eines Unternehmens im Geschäftsverkehr mit dem Verbraucher, das den Erfordernissen der beruflichen Sorgfaltspflicht widerspricht, erfüllt eines der beiden Beurteilungskriterien, die kumulativ zur Begründung der Unlauterkeit vorliegen müssen.

---

[557] Es darf wohl davon ausgegangen werden, dass dem Gesetzgeber insoweit kein Redaktionsversehen unterlaufen ist.

[558] Siehe dazu ausführlich → Fezer/*Fezer* § 3 Rn 50 ff.

Die zentrale Normfunktion, die dem Rechtsbegriff der beruflichen oder fachlichen Sorgfalt im harmonisierten Lauterkeitsrecht des b2c-Geschäftsverkehrs zukommt, wird an der Harmonisierungsqualität der UGP-RL im Geschäftsverkehr der Unternehmen mit den Verbrauchern im Sinne einer Vollharmonisierung und der allgemeinen Zielsetzung der UGP-RL, die Beseitigung von Hemmnissen für den Binnenmarkt zu erreichen, augenscheinlich. Die Unlauterkeitskriterien des Art. 5 Abs. 2 lit. a und b UGP-RL stellen das zentrale Instrumentarium dar, die Harmonisierung des verbraucherbezogenen Lauterkeitsrechts zu realisieren. In der Präambel der UGP-RL wird ausdrücklich ausgesprochen, zur Erreichung der Gemeinschaftsziele sei es notwendig, die **in den Mitgliedstaaten existierenden unterschiedlichen Generalklauseln und Rechtsgrundsätze zu ersetzen.**[559] 7

Im harmonisierten Lauterkeitsrecht des Geschäftsverkehrs zwischen Unternehmen und Verbrauchern stellt der **Beurteilungsmaßstab der beruflichen Sorgfalt** im Sinne der UGP-RL eine der beiden wesentlichen **Auslegungsdirektiven zur Konkretisierung der Unlauterkeit** einer geschäftlichen Handlung dar. Das gilt für die **Generalklausel** des Art. 5 Abs. 1 UGP-RL als auch nach Art. 5 Abs. 4 lit. a und b UGP-RL für die **irreführenden Geschäftspraktiken** nach Artt. 6 und 7 UGP-RL und für die **aggressiven Geschäftspraktiken** nach Artt. 8 und 9 UGP-RL. Für die Feststellung der Unlauterkeit einer Geschäftspraktik, die unter die Fallkonstellationen der irreführenden oder aggressiven Geschäftspraktiken und unter den Anwendungsbereich der Generalklausel zu subsumieren ist, gilt der Rechtsgrundsatz, dass eine **umfassende Würdigung der Umstände des Einzelfalles** geboten ist.[560] Auch die Verwirklichung eines Tatbestands eines der **per se-Verbote** der Black List beruht auf der Annahme einer Unlauterkeit der geschäftlichen Handlung im Sinne des Art. 5 Abs. 2 lit. a und b UGP-RL. Die einzelnen **Tatbestandsmerkmale** der Fallkonstellationen des Anhangs I der UGP-RL sind im Lichte des im harmonisierten Lauterkeitsrecht in den Mitgliedstaaten einheitlich geltenden Rechtsbegriffs der Unlauterkeit **auszulegen.** Der Unterschied zu den Fallkonstellationen unlauterer Geschäftspraktiken auf der Rechtsgrundlage der Generalklausel des Art. 5 Abs. 1 und den Vorschriften der irreführenden und aggressiven Geschäftspraktiken der Artt. 6 bis 9 UGP-RL besteht darin, dass die Unlauterkeit, die bei einer Verwirklichung des Tatbestands der per se-Verbote unter allen Umständen besteht, **ohne eine Beurteilung des Einzelfalls** anhand der Bestimmungen der Artt. 5 bis 9 UGP-RL erfolgt.[561] 8

2. Verhaltenskodizes als Konkretisierungen der beruflichen Sorgfalt

Verhaltenskodizes regeln den Geschäftsverkehr von Unternehmen am Markt innerhalb eines bestimmten Wirtschaftszweiges. Verhaltenskodizes stellen als solche zwar **keine Rechtsnormen** dar. Die Institutionalisierung der Verhaltenskodizes und die Existenz implementierter Kontrolleinrichtungen der Urheber eines Verhaltenskodexes stellen aber innerhalb des Systems der Co-Regulierung Faktoren dar, die eine Verrechtlichung der Verhaltenskodizes befördern.[562] Ein Verhaltenskodex kann als ein Indikator lauteren Geschäftsverkehrs verstanden werden. Verhaltenskodizes begründen Marktverhaltensstandards der Unternehmen, zu deren Einhaltung sich die beteiligten Unternehmen verpflichten. Auf diese Weise **konkretisieren Verhaltenskodizes die berufliche Sorgfalt** eines Unternehmens am Markt. 9

In den Erwägungsgründen der UGP-RL wird der Zweck eines Verhaltenskodexes darin gesehen, den **Unternehmen ein rechtliches Instrument** an die Hand zu geben, das es ihnen ermöglicht, innerhalb einer spezifischen Wirtschaftsbranche die **Verbote unlauterer Geschäftspraktiken wirksam durchzusetzen.**[563] Die Regelung der Verhaltenskodizes in 10

---

559 Siehe dazu Erwägungsgrund 13 der UGP-RL ABl. EG Nr. L 149, S. 24.

560 Siehe dazu Erwägungsgrund 7 der UGP-RL ABl. EG Nr. L 149, S. 23.

561 EuGH, Rs. C-261/07 und C-299/07, GRUR 2009, 599, Rn 56 – VTB/Total Belgium und Galatea BVBA/Sanoma Magazines Belgium NV.

562 Siehe dazu → F Rn 29.

563 Siehe dazu Erwägungsgrund 20 der UGP-RL ABl. EG Nr. L 149, S. 25.

der UGP-RL wird ausdrücklich in einen rechtlichen Zusammenhang zu dem Richtlinienbegriff der Unlauterkeit gestellt.

3. Erfordernisse der beruflichen oder fachlichen Sorgfalt als Tatbestandsmerkmal einer unternehmerischen Informationspflicht (Art. 7 Abs. 4 lit. d UGP-RL, § 5a Abs. 3 Nr. 4)

11 Innerhalb des Katalogs der wesentlichen Informationspflichten nach Art. 7 Abs. 4 lit. a bis e UGP-RL, § 5a Abs. 3 Nr. 1 bis 5 stellen die **Erfordernisse der beruflichen Sorgfalt** ein **Tatbestandsmerkmal innerhalb der Hinweispflicht** auf Zahlungs-, Liefer- und Leistungsbedingungen sowie Verfahren zum Umgang mit Beschwerden dar. Die Informationspflicht des Unternehmens nach § 5a wird auf solche Leistungskonditionen und Beschwerdeverfahren beschränkt, die von der fachlichen Sorgfalt abweichen.[564]

III. Begriffsmerkmale der beruflichen und fachlichen Sorgfalt

1. Geschäftsverkehr der Unternehmen mit den Verbrauchern

12 Die Erfordernisse der beruflichen oder fachlichen Sorgfalt gelten als **Beurteilungsmaßstab der Unlauterkeit im harmonisierten Lauterkeitsrecht** des Anwendungsbereichs der UGP-RL. Das nichtharmonisierte Lauterkeitsrecht des b2b-Geschäftsverkehrs wird von den lauterkeitsrechtlichen Anforderungen des b2c-Geschäftsverkehrs grundsätzlich nicht berührt. Das folgt ohne weiteres aus dem Geltungsbereich der UGP-RL. Dieser sachliche Anwendungsbereich kommt auch in dem Wortlaut der Definition des Art. 2 lit. h UGP-RL zum Ausdruck, der eine **Anwendung der Verhaltensstandards durch den Gewerbetreibenden gegenüber dem Verbraucher** verlangt.

13 Der Gesetzgeber der UWG-Novelle des Jahres 2008, der die beiden Lauterkeitsordnungen des b2b-Geschäftsverkehrs und des b2c-Geschäftsverkehrs rechtsformal einheitlich innerhalb des UWG 2008 regelte,[565] dehnte den Begriff der fachlichen Sorgfalt nicht als einen Beurteilungsmaßstab der Unlauterkeit auf den b2b-Geschäftsverkehr aus. In der Definition der fachlichen Sorgfalt des § 2 Abs. 1 Nr. 7 wird auf den **Tätigkeitsbereich des Unternehmers gegenüber den Verbrauchern** abgestellt. Die fachliche Sorgfalt stellt ein Beurteilungskriterium der Unlauterkeit allein innerhalb der **spezifischen Generalklausel des § 3 Abs. 2 S. 1,** die den b2c-Geschäftsverkehr regelt, dar. Innerhalb des nichtharmonisierten Anwendungsbereichs der **allgemeinen Generalklausel des § 3 Abs. 1** kommt dem Beurteilungsmaßstab der fachlichen Sorgfalt als ein Unlauterkeitsmerkmal keine unmittelbare rechtliche Geltung zu. Das schließt selbstverständlich nicht aus, dass innerhalb der allgemeinen Generalklausel des § 3 Abs. 1 vergleichbare Sorgfaltsanforderungen an das unternehmerische Marktverhalten den Marktverhältnissen und Geschäftsbeziehungen entsprechend gestellt werden können.

2. Standard an Fachkenntnissen und Sorgfalt

14 Die Definition der beruflichen oder fachlichen Sorgfalt bezieht sich auf den Standard an Fachkenntnissen und Sorgfalt eines Unternehmens. Die Verhaltensstandards, die lauterkeitsrechtlich von einem Unternehmen im Geschäftsverkehr mit den Verbrauchern verlangt werden, sind abzuleiten aus den **Fachkenntnissen,** die in dem Geschäftsbereich der spezifischen Wirtschaftsbranche lege artis sind, und ergeben sich aus der innerhalb dieses spezifischen Geschäftsverkehrs erforderlichen Sorgfalt. Die Erforderlichkeit der konkreten Verhaltensstandards, die sich aus der in dem spezifischen Geschäftsverkehr erforderlichen Sorgfalt ergeben, sind innerhalb des verbraucherbezogenen Lauterkeitsrechts an den **Ver-**

---

[564] Siehe zu den Fallkonstellationen Fezer/*Peifer* § 5a Rn 58ff, 61.
[565] Siehe zu den beiden Lauterkeitsrechtsordnungen → § 3 Rn 2ff.

braucherinteressen und der **Schutzbedürftigkeit der Verbraucher** zu orientieren. Eine Überdehnung des verbraucherbezogenen Sorgfaltsmaßstabs verhindert die Billigkeitsklausel der Definition.

3. Anständige Marktgepflogenheiten und Grundsatz von Treu und Glauben

15 In Art. 2 lit. h UGP-RL wird bei der Definition der beruflichen Sorgfalt sachgerecht zwischen den **anständigen Marktgepflogenheiten** und dem allgemeinen **Grundsatz von Treu und Glauben** unterschieden. Die Definition der fachlichen Sorgfalt in § 2 Abs. 1 Nr. 7 wird der Vorgabe der UGP-RL nicht gerecht. Die Umschreibung, der Unternehmer habe den Verhaltensstandard **nach Treu und Glauben unter Berücksichtigung der Marktgepflogenheiten** einzuhalten, ist mit dem Verhaltensmaßstab der UGP-RL aus zwei Gründen als nicht richtlinienkonform zu beurteilen. Es ist zumindest eine richtlinienkonforme Auslegung geboten. Der **Verzicht auf die Qualifizierung der Marktgepflogenheiten als anständig** darf nicht dahin interpretiert werden, dass jeder Handelsbrauch im Geschäftsverkehr mit den Verbrauchern als ein angemessener Verhaltensstandard beurteilt werden kann. Den Verhaltensmaßstäben der anständigen Marktgepflogenheiten einerseits und den Verhaltensmaßstäben des Grundsatzes von Treu und Glauben andererseits kommt im Übrigen schon aufgrund deren unterschiedlicher Schutzrichtungen kein deckungsgleicher Anwendungsbereich zu.

16 Der Grundsatz von **Treu und Glauben** kann namentlich einen Verhaltensstandard verlangen, der zur **Verbesserung der Markttransparenz** und zur **Gewährleistung eines hohen Verbraucherschutzniveaus** sich deutlich von den Marktgepflogenheiten unterscheiden kann. Das gilt insbesondere bei **komplexen Produkten** und bei **Risikogeschäften.** Innerhalb des Informationsmodells des lauterkeitsrechtlichen Verbraucherschutzes nach Art. 7 UGP-RL und § 5a wird der Grundsatz von Treu und Glauben zur **Konkretisierung von Informationspflichten** rechtserheblich werden.

17 Bei dem Begriff der **anständigen Marktgepflogenheiten** handelt es sich im Übrigen um eine **Kurzfassung der traditionsreichen Formel** zur Begriffsbestimmung des unlauteren Wettbewerbs, die in Zeiten der Anfänge des Wettbewerbsrechts als Mitbewerberschutzrecht entstanden ist und bis heute international Geltung beansprucht. Nach § 10bis PVÜ ist unlauterer Wettbewerb jede Wettbewerbshandlung, die den **anständigen Gepflogenheiten in Gewerbe oder Handel** zuwiderläuft.[566] Diese Begriffsbestimmung der PVÜ wurde weitgehend als deckungsgleich mit dem Begriff der Unlauterkeit nach § 3 UWG 2004 innerhalb der UWG-Reform des Jahres 2004 verstanden.

18 Die teilweise an der Geltung des Rechtsgrundsatzes von Treu und Glauben im Lauterkeitsrecht geübte **Kritik,** ist nicht berechtigt. Als ein allgemeiner Rechtsgrundsatz setzt ein Verhaltensstandard, der aus einer Konkretisierung von Treu und Glauben abgeleitet wird, gerade keine Sonderverbindung zwischen den Beteiligten – und das meint konkret den Geschäftsverkehr zwischen Unternehmen und Verbrauchern – voraus. Schon in dem Entwurf eines Gesetzes zur Bekämpfung des unlauteren Wettbewerbs **im Jahre 1896** wurden die Prinzipien von Treu und Glauben dahin verstanden, sie bildeten die Grundlage des geschäftlichen Verkehrs zwischen den Wettbewerbern und eine Verletzung der Prinzipien von Treu und Glauben sei mit dem redlichen Geschäftsbetrieb nicht vereinbar und begründe unlautere Geschäftspraktiken.[567]

4. Verhaltensgebot

19 Das Gebot, die Verhaltensstandards der Unternehmen im Geschäftsverkehr mit den Verbrauchern einzuhalten, ist an die Voraussetzung gebunden, dass die Einhaltung des Verhal-

---

566 Siehe dazu *Fezer* Markenrecht, 4. Aufl. 2009, Art. 10bis PVÜ Rn 2.

567 Begründung zum 1. Entwurf des UWG vom 27. 5. 1896, Stenographische Berichte der Verhandlungen des Reichstags, 9. Legislaturperiode, IV. Session, 1895/97, Bd. 151, Berlin, 1896, Anlage Nr. 35, 1. Anlageband, S. 101.

tensstandards billigerweise angenommen (§ 2 Abs. 1 Nr. 7) oder davon billigerweise ausgegangen (Art. 2 lit. h UGP-RL) werden kann. Bei der **Billigkeitsklausel** handelt es sich um ein Korrektiv, das eine Überdehnung der Verhaltensanforderungen zu verhindern vermag. Es entspricht dem europäischen Verbraucherleitbild des verständigen Verbrauchers als einem mündigen Marktbürger, dass eine Orientierung der lauterkeitsrechtlichen Schutzstandards allein an den **berechtigten Erwartungen eines verständigen Verbrauchers** erfolgt. Dem verständigen Verbraucher entspricht der **reasonable competitor** im b2b-Geschäftsverkehr.[568]

I. Verbraucher (§ 2 Abs. 2)

Übersicht

	Rn
I. Verbraucher (§ 2 Abs. 2)	1
I. Entstehungsgeschichte und Regelungstechnik des Verbraucherbegriffs	2
1. Der Verbraucher im Privatrecht	2
2. Analoge und richtlinienkonforme Anwendung des Verbraucherbegriffs des § 13 BGB	5
II. Verbraucherbegriff	7
1. Natürliche Person als Verbraucher	8
a) Rechtsfähigkeit nach § 1 BGB	8
b) Alternativität der natürlichen Person zum Personenverband	9
c) Kontroverser Diskussionsstand in der Rechtsprechung des EuGH und BGH	11
d) Lauterkeitsrechtliche Begriffsbestimmung	14
e) Natürliche Personen	16
2. Zweck des Verbraucherverhaltens	19
a) Geschäftszweck	19
b) Privater Zweck	20
c) Nichtgewerbliches Handeln	21
d) Handeln außerhalb der selbstständigen beruflichen Tätigkeit	22
e) Abgrenzungen	23
f) Beweislast	27
3. Abschluss von Rechtsgeschäften	29
III. Verbraucherleitbild	31
1. Das Verbraucherleitbild des flüchtigen Verbrauchers im älteren Wettbewerbsrecht	31
2. Europäisches Verbraucherleitbild	32
3. Übernahme und Modifikation des europäischen Verbraucherleitbilds durch den BGH	35
4. Das europäische Verbraucherleitbild im harmonisierten Lauterkeitsrecht (Art. 5 Abs. 2 lit. b UGP-RL, § 3 Abs. 2 S. 2)	37
5. Verbraucherbegriff im Vorschlag für eine Richtlinie über Rechte der Verbraucher	38

Schrifttum: *Ackermann,* Die deutsche Umweltrechtsprechung auf dem Weg zum Leitbild des verständigen Verbrauchers?, WRP 1996, 502; *Adomeit,* Die gestörte Vertragsparität – ein Trugbild?, NJW 1994, 2467; *Albrecht,* Europäisches Wettbewerbsrecht und seine Auswirkungen auf das deutsche Wettbewerbsrecht, WRP 1997, 926; *Amtenbrink/Schneider,* Europäische Vorgaben für ein neues Kaufrecht und deutsche Schuldrechtsreform, VuR 1999, 293; *Apel/Grappenhaus,* Das Offline-Online-Chaos oder wie die Europäische Kommission den grenzüberschreitenden Werbemarkt zu harmonisieren droht, WRP 1999, 1247; *Baetge,* Das Recht der Verbandsklage auf neuen Wegen, ZZP 1999, 329; *Baumann,* Strukturfragen des Handelsrechts, AcP 184 (1984) 45; *Barnert,* Die formelle Vertragsethik des BGB im Spannungsverhältnis zum Sonderprivatrecht und zur judikativen Kompensation der Vertragsdisparität, zugleich ein Befund judikativer Entwicklungsphasen materieller Vertragsethik im Interzessionsrecht, 1999; *Beater,* Zum Verhältnis von europäischem und nationalem Wettbewerbsrecht – Überlegungen am Beispiel des Schutzes vor irreführender Werbung, GRUR Int. 2000, 963; *Bernreuther,* Werbefreiheit und zur Ökonomisierung des Rechtsbegriffs, WRP 1999, 792; *Blau-*

[568] → § 3 Rn 61.

rock, Verbraucherkredit und Verbraucherleitbild in der Europäischen Union, JZ 1999, 801; *Bornkamm,* Wettbewerbs- und Kartellrechtsprechung zwischen nationalem und europäischem Recht, FS 50 Jahre BGH, 2000, S. 343; *Brüggemeier,* Die EG-Verbrauchsgüterkaufrichtlinie und das zukünftige deutsche Recht des Kaufs beweglicher Sachen, JZ 2000, 529; *Bülow/Artz,* Neues Handelsrecht, JuS 1998, 680; *dies.*, Fernabsatzverträge und Strukturen eines Verbraucherprivatrechts im BGB, NJW 2000, 2049; *Büttner,* Die Irreführungsquote im Wandel – Folgen eines sich ändernden Normverständnisses, GRUR 1996, 533; *Bunte,* Die EG-Richtlinie über mißbräuchliche Klauseln in Verbraucherverträgen und ihre Umsetzung durch das Gesetz zur Änderung des AGB-Gesetzes, DB 1996, 1389; *Bydlinski,* Zentrale Änderungen des HGB durch das Handelsrechtsreformgesetz, ZIP 1998, 1168; *Canaris,* Wandlungen des Schuldvertragsrechts – Tendenzen zu seiner „Materialisierung", AcP 200 (2000) 276; *Carl,* Beratende Berufe im Europäischen Binnenmarkt, 1995; *Coester-Waltjen,* Änderungen im Recht der Allgemeinen Geschäftsbedingungen, Jura 1997, 272; *Damm,* Europäisches Verbraucherrecht und AGB-Recht, JZ 1994, 161; *ders.*, Privatautonomie und Verbraucherschutz – Legalstruktur und Realstruktur von Autonomiekonzepten, VersR 1999, 129; *Dauner-Lieb,* Verbraucherschutz durch Ausbildung eines Sonderprivatrechts für Verbraucher, 1983; *Dauner-Lieb/ Dötsch,* Ein Kaufmann als Verbraucher? – Zur Verbrauchereigenschaft des Personengesellschafters, DB 2003, 1666; *Dauses,* Die Rechtsprechung des EuGH zum Verbraucherschutz und zur Werbefreiheit im Binnenmarkt, EuZW 1995, 425; *Derleder,* Die Aufgabe der monistischen Struktur der Gesellschaft bürgerlichen Rechts durch Verleihung der Rechtsfähigkeit, BB 2001, 2485; *Dreher,* Die Versicherung als Rechtsprodukt, 1990, S. 213; *ders.*, Der Verbraucher – Das Phantom in der opera des europäischen und deutschen Rechts?, JZ 1997, 167; *Drexl,* Die wirtschaftliche Selbstbestimmung des Verbrauchers: Eine Studie zum Privat- und Wirtschaftsrecht unter Berücksichtigung gemeinschaftsrechtlicher Bezüge, 1998; *ders.*, Der Bürge als deutscher und europäischer Verbraucher, JZ 1998, 1046; *Drygala,* Anwendbarkeit des AGB-Gesetzes auch auf Gesellschaftsverträge – eine Nebenwirkung der Richtlinie über mißbräuchliche Klauseln in Verbraucherverträgen?, ZIP 1997, 968; *Ehlermann,* Managing Monopolies: The Role of the State in Controlling Market Dominance in the European Community, European Competition Law Review 2 (1992) 61; *Elssner/ Schirrnbacher,* Die Gesellschaft bürgerlichen Rechts als Verbraucher? – Zur Verbrauchereigenschaft anderer als natürlicher Personen, VuR 2003, 247; *Engels,* Zur Anwendbarkeit des „Haustürwiderrufsgesetzes" auf Verträge über Miete und Pacht von Immobilien, WuM 1991, 321; *Everling/Roth* Minimalharmonisierung, 1997; *Faber,* Elemente verschiedener Verbraucherbegriffe in EG-Richtlinien, zwischenstaatlichen Übereinkommen und nationalem Zivil- und Kollisionsrecht, ZEuP 1998, 854; *Fastrich,* Richterliche Inhaltskontrolle und Privatrecht, 1992; *Fezer,* Der Kaufscheinbegriff 1989; *ders.*, Das wettbewerbliche Irreführungsverbot als ein normatives Modell des verständigen Verbrauchers im Europäischen Unionsrecht, WRP 1995, 671; *ders.*, Modernisierung des deutschen Rechts gegen den unlauteren Wettbewerb auf der Grundlage einer Europäisierung des Wettbewerbsrechts, WRP 2001, 989; *H.-G. Fischer,* Die Rechtsstellung des deutschen Notars im Recht der europäischen Wirtschaftsgemeinschaft, DNotZ 1989, 467; *Flume,* Vom Beruf unserer Zeit für Gesetzgebung – Die Änderungen des BGB durch das Fernabsatzgesetz, ZIP 2000, 1427; *Frey,* Wie ändert sich das AGB-Gesetz?, ZIP 1993, 572; *Funke,* Das deutsche Wettbewerbsrecht im europäischen Binnenmarkt, WRP 1991, 550; *Gärtner,* Zum Standort des Verbraucherrechts, JZ 1992, 73; *ders.*, Zivilrechtlicher Verbraucherschutz und Handelsrecht, BB 1995, 1753; *ders.*, Nicht einlösbare Zielsetzungen im Verbraucherrecht, VuR 1997, 371; *Gormley,* A well-tempered consumer?, Comment on Stephen Weatherill's paper, in: *Micklitz* (Hrsg.), Rechtseinheit oder Rechtsvielfalt in Europa? Rolle und Funktion des Verbrauchers in der EG und den MOE-Staaten, 1996, S. 473; *Grundmann,* EG-Richtlinie und nationales Privatrecht, JZ 1996, 274; *ders.*, Europäisches Schuldvertragsrecht 1998; *ders.*, Europäisches Handelsrecht – vom Handelsrecht des laissez faire im Kodex des 19. Jahrhunderts zum Handelsrecht der sozialen Verantwortung, ZHR 163 (1999) 635; *Gundel,* Zur Unanwendbarkeit richtlinienwidriger nationaler Verbotsgesetze im Konflikt unter Privaten, EuZW 2001, 143; *Hart,* Zur konzeptionellen Entwicklung des Vertragsrechts, AG 1983, 66; *Hart/Köck,* Zum Stand der Verbraucherrechtsentwicklung, ZRP 1991, 61; *Heermann,* Das deutsche Wettbewerbsrecht und die „Keck"-Rechtsprechung des EuGH, WRP 1999, 381; *ders.*, Artikel 30 EGV im Lichte der „Keck"-Rechtsprechung: Anerkennung sonstiger Verkaufsmodalitäten und Einführung eines einheitlichen Rechtfertigungstatbestands?, GRUR Int. 1999, 579; *Heiss,* Verbraucherschutz im Binnenmarkt: Art. 129a EGV und die wirtschaftlichen Verbraucherinteressen, ZEuP 1996, 625; *Henssler,* Gewerbe, Kaufmann und Unternehmen, ZHR 161 (1997) 13; *Herber,* Probleme der gesetzlichen Fortentwicklung des Handels- und Gesellschaftsrechts, ZHR 144 (1980) 47; *Hohmann,* Einwirkungen des Gemeinschaftsrechts auf die Auslegung von § 3 UWG unter besonderer Berücksichtigung des „becel"-Urteils des BVerwG, WRP 1993, 225; *Hommelhoff,* Zivilrecht unter dem Einfluß europäischer Rechtsangleichung, AcP 192 (1992) 71; *ders.*, Verbraucherschutz im System des deutschen und europäischen Vertragsrechts, 1996; *Joerges,* Verbraucherschutz als Rechtsproblem, Beiheft 51 zur ZHR 1981; *ders.*, Der Schutz des Verbrauchers und die Einheit des Zivilrechts, AG 1983, 57; *Joliet,* Das Recht des unlauteren Wettbewerbs und der freie Warenverkehr – Die Rechtsprechung des Europäischen Gerichtshofes, GRUR Int. 1994, 1; *Kemper,* Verbraucherschutzinstrumente, 1994; *Kemper/Rosenow,* Der Irreführungsbegriff auf dem Weg nach Europa, WRP 2001, 370; *Keßler,* Wettbewerbstheoretische Aspekte des Irreführungsgebotes – eine ökonomische und dogmengeschichtliche Analyse, WRP 1990, 73; *ders.*, Wettbewerbsrechtliches Irreführungsverbot und Freiheit des Warenverkehrs, EuZW 1991, 107; *Kiethe/Groeschke,* Das europäische Lebensmittelrecht und der Irreführungsschutz, WRP 2001, 1035; *Kind,* Die Grenzen des Verbraucherschutzes durch Information – aufgezeigt am Teilzeitwohnrechte G, 1998; *Kisseler,* Das deutsche Wettbewerbsrecht im Binnenmarkt, WRP 1994, 1; *ders.*, Deregulierung als wirkliches Ziel?, GRUR 1995, 73; *Kleindiek,* Aspekte gemeinschaftsweiter Privatrechtsangleichung:

Ein Sonderprivatrecht für Verbraucher, in: Europäischer Binnenmarkt: IPR und Rechtsangleichung, 1995, S. 297; *Kocher,* Was ist ein Verbrauchergeschäft? – Ungleichgewichte als Rechtsproblem am Beispiel der Bürgschaft, VuR 2000, 83; *Köhler,* UWG-Reform und Verbraucherschutz, GRUR 2003, 265; *Kort,* Schranken der Dienstleistungsfreiheit im europäischen Recht, JZ 1996, 132; *Krämer,* EWG-Verbraucherrecht, 1985; *Krämer/Micklitz/Tonner* (Hrsg.), Recht und diffuse Interessen in der Europäischen Rechtsordnung – Liber amicorum Norbert Reich, 1997; *Krüger,* Zum Verbraucherschutz im Lichte des UWG-ÄnderungsG 1994, FS Piper, 1996, S. 341; *Lehmann,* Zur Notwendigkeit einer maßvollen Liberalisierung des deutschen Wettbewerbsrechts, GRUR 1995, 380; *Lenz,* Unlauterer Wettbewerb und freier Warenverkehr in der Rechtsprechung des EuGH, ZEuP 1994, 624; *Lieb,* Sonderprivatrecht für Ungleichgewichtslagen? Überlegungen zum Anwendungsbereich der sog. Inhaltskontrolle privatrechtlicher Verträge, AcP 178 (1978) 196; *Mankowski,* Der Nachweis der Unternehmereigenschaft, VuR 2004, 79; *Medicus,* Wer ist ein Verbraucher?, FS Kitagawa, 1992, S. 471; *ders.,* Schutzbedürfnisse (insbesondere der Verbraucherschutz) und das Privatrecht, JuS 1996, 761; *G. Meier,* Einschränkung des deutschen Wettbewerbsrechts durch das Europäische Gemeinschaftsrecht, GRUR Int. 1990, 817; *Mertens,* Deliktsrecht und Sonderprivatrecht, AcP 178 (1978) 228; *Meyer,* Europäischer Binnenmarkt und produktspezifisches Werberecht, GRUR Int. 1996, 697; *Micklitz,* Perspektiven eines Europäischen Privatrechts – Ius commune praeter legem?, ZEuP 1998, 253; *van Miert,* Verbraucher und der Binnenmarkt, Drei-Jahres-Aktionsplan der Kommission, EuZW 1990, 401; *Mülbert,* Unternehmensbegriff und Konzernorganisationsrecht, ZHR 163 (1999) 1; *ders.,* Außengesellschaften – manchmal ein Verbraucher?, WM 2004, 905; *Nicolaysen/Nowak,* Teilrückzug des BVerfG aus der Kontrolle der Rechtmäßigkeit gemeinschaftlicher Rechtsakte: Neuere Entwicklungen und Perspektiven, NJW 2001, 1233; *Oppenhoff,* Im Spannungsfeld zwischen Gemeinschaftsrecht und deutschem Wettbewerbsrecht, FS v. Gamm, 1990, S. 117; *Pfeiffer,* Der Verbraucherbegriff als zentrales Merkmal im europäischen Privatrecht, in: Europäische Rechtsangleichung und nationale Privatrechte, 1999, S. 21; *Piper,* Zu den Auswirkungen des EG-Binnenmarktes auf das deutsche Recht gegen den unlauteren Wettbewerb, WRP 1992, 685; *ders.,* Neuere Rechtsprechung des BGH zum Wettbewerbsrecht, GRUR 1996, 147; *Preis,* Der persönliche Anwendungsbereich der Sonderprivatrechte, ZHR 158 (1994) 567; *Raisch,* Handels- oder Unternehmensprivatrecht als Sonderprivatrecht?, ZHR 154 (1990) 567; *Reich,* Zivilrechtstheorie, Sozialwissenschaften und Verbraucherschutz, ZRP 1974, 190; *ders.,* Markt und Recht, 1976; *ders.,* Zur Theorie des Europäischen Verbraucherrechts, ZEuP 1994, 381; *ders.,* Europäisches Verbraucherrecht, 3. Aufl., 1996; *ders.,* Das Phantom „Verbraucherrecht" – Erosion oder Evolution des Privatrechts, JZ 1997, 609; *ders.,* Verbraucherrechte als unverzichtbare subjektive Rechte passiver Marktbürger, in: *Grundmann,* Systembildung und Systemlücken im Kerngebiet des europäischen Privatrechts, 2000, S. 481; *Reich/Micklitz,* Verbraucherschutzrecht in der BRD, 1980; *Reichert-Facilides,* Einführung in die Thematik „Internationales Verbraucherschutzrecht" in: *Schnyder/Heiss/Rudisch* (Hrsg.), Internationales Verbraucherschutzrecht, 1995, S. 1; *Reinhart,* Zur Auslegung des Begriffs „Verbraucher" im Kollisionsrecht, FS Trinkner, 1995, S. 657; *Roth,* Zur Tragweite der Harmonisierung im Recht des unlauteren Wettbewerbs, FS Mestmäcker, 1996, S. 725; *Sack,* Staatliche Werbebeschränkungen und die Art. 30 und 59 EG-Vertrag, WRP 1998, 103; *ders.,* Die Bedeutung der EG-Richtlinien 84/450/EWG und 97/55/EG über irreführende und vergleichende Werbung für das deutsche Wettbewerbsrecht, GRUR Int. 1998, 263; *ders.,* Die Berücksichtigung der Richtlinie 97/55/EG über irreführende und vergleichende Werbung bei der Anwendung der §§ 1 und 3 UWG, WRP 1998, 241; *ders.,* Auswirkungen der Art 30, 36 und 59 ff. EG-Vertrag auf das Recht gegen den unlauteren Wettbewerb, GRUR 1998, 871; *Schneider,* Der Begriff des Verbrauchers im Recht, BB 1974, 764; *Schricker/Lehmann,* Der Selbstbedienungsgroßhandel, 2. Aufl., 1987; *Schünemann,* Mündigkeit versus Schutzbedürftigkeit – Legitimationsprobleme des Verbraucher-Leitbildes –, FS Brandner, 1996, S. 279; *Simitis,* Verbraucherschutz – Schlagwort oder Rechtsprinzip, 1976; *Sensburg,* Die Vorlagepflicht an den EuGH: Eine einheitliche Rechtsprechung des BVerfG, NJW 2001, 1259; *Spätgens,* Zum Problem der sogenannten Inländerdiskriminierung nach dem EWG-Vertrag, FS v. Gamm, 1990, S. 201; *Steinbeck,* Zur europarechtskonformen Auslegung des Irreführungsgebotes nach § 3 UWG, EWS 1996, 234; *Steindorff,* Unlauterer Wettbewerb im System des EG-Rechts, WRP 1993, 139; *ders.,* EG-Vertrag und Privatrecht, 1996; *Streinz,* Verkehrsauffassung in Europa, FS Gitter, 1995, S. 982; *Struck,* Der Verbraucher-/ Unternehmerbegriff im BGB, MittBayNot 2003, 259; *Stuyck,* Das Recht des unlauteren Wettbewerbs und der freie Waren- und Dienstleistungsverkehr in der Europäischen Union, WRP 1994, 578; *Tacou,* Verbraucherschutz auf hohem Niveau oder Mogelpackung? – Der Vorschlag für eine Richtlinie über Rechte der Verbraucher, ZRP 2009, 140; *Tilmann,* Irreführende Werbung in Europa – Möglichkeiten und Grenzen der Rechtsentwicklung, GRUR 1990, 87; *ders.,* Der „verständige Verbraucher", FS Piper, 1996, S. 481; *Tonner,* Zum Stellenwert des Verbraucherschutzes, DuR 1975, 119; *ders.,* Die Rolle des Verbraucherrechts bei der Entwicklung eines europäischen Zivilrechts, JZ 1996, 533; *Trägner,* Das Verbot irreführender Werbung nach § 3 im Europäischen Binnenmarkt, Diss. Konstanz, 1993; *Ullmann,* Der Verbraucher – ein Hermaphrodit, GRUR 1991, 789; *Westermann,* Sonderprivatrechtliche Sozialmodelle und das allgemeine Zivilrecht, AcP 178 (1978) 151; *Wiebe,* EG-rechtliche Grenzen des deutschen Wettbewerbsrechts am Beispiel der Umweltwerbung, EuZW 1994, 41; *Zöllner,* Zivilrechtswissenschaft und Zivilrecht im ausgehenden 20. Jahrhundert, AcP 188 (1988) 85.

Schrifttum zum Verbraucherleitbild: Siehe die Schrifttumsangaben zu § 2 I (vor Rn 31)

1 Aufgrund der **Verweisung** des § 2 Abs. 2 gilt für den Begriff des Verbrauchers die Definition des § 13 BGB:

§ 13 BGB Verbraucher

Verbraucher ist jede natürliche Person, die ein Rechtsgeschäft zu einem Zwecke abschließt, der weder ihrer gewerblichen noch ihrer selbständigen beruflichen Tätigkeit zugerechnet werden kann.

I. Entstehungsgeschichte und Regelungstechnik des Verbraucherbegriffs

1. Der Verbraucher im Privatrecht

Im deutschen Privatrecht war vor der Zeit der **Verbraucherschutzbewegung** namentlich in der zweiten Hälfte des vergangenen Jahrhunderts ein zivilistischer Rechtsbegriff des Verbrauchers unbekannt. Im Zivilrecht galt die tradierte Unterscheidung zwischen dem bürgerlichen Recht und dem Sonderprivatrecht des Handelsrechts. Die Grenzlinie verlief zwischen **Kaufleuten** als den Normadressaten des Handelsrechts (§§ 1 ff HGB) und den **Nichtkaufleuten.** Das Handelsrecht als das Sonderprivatrecht der Kaufleute, das den Bedürfnissen des Handelsverkehrs dient, vereinfacht und beschleunigt den Handelsrechtsverkehr, steigert den Verkehrsschutz und berücksichtigt die Selbstverantwortlichkeit der Kaufleute. Bürgerlichrechtliche Schutznormen, wie etwa die der Warnfunktion dienende Schriftform der Bürgschaftserklärung (§ 766 BGB), werden im Handelsrecht zurückgenommen (§ 350 HGB). Das unterschiedliche Schutzniveau zwischen Handelsrecht und bürgerlichem Recht gründet nicht im Verbraucherschutz, sondern im **Kaufmannsrecht.** Nach § 8 AbzG aF waren die Vorschriften des AbzG unanwendbar, wenn der Käufer als Kaufmann im Handelsregister eingetragen war. Es wurde auch in der ursprünglichen Fassung des § 24 AGBG zwischen dem kaufmännischen Geschäftsverkehr und dem sonstigen Anwendungsbereich des AGBG unterschieden. 2

Ein **gesetzlicher Wandel der Regelungskonzeption** im Interesse des Verbraucherschutzgedankens bedeutete die Vorschrift des § 6 Nr. 1 HWiG, in der negativ formuliert wurde, das Haustürwiderrufsgesetz finde keine Anwendung, soweit der Kunde in Ausübung seiner selbstständigen Erwerbstätigkeit handele. Das **EG-Richtlinienrecht** – wie namentlich die Haustürwiderrufsrichtlinie,[569] die Verbraucherkreditrichtlinie[570] und die Time-Share-Richtlinie[571] – verhalf dem Verbraucher im Recht zur Geltung und damit dem **Verbraucherschutz** zum Durchbruch.[572] Die nationalen Gesetzgeber der Mitgliedstaaten waren zum Erlass verbraucherschutzrechtlicher Nebengesetze zum allgemeinen Zivilrecht veranlasst. In den **Verbraucherschutzgesetzen** sind regelmäßig Definitionen des Verbraucherbegriffs enthalten. Mit dem Fernabsatzgesetz wurde der **Verbraucherbegriff** einheitlich in § 13 BGB für das bürgerliche Recht, das Handelsrecht[573] und für das Zivilprozessrecht[574] geregelt.[575] Der Verbraucherbegriff des § 13 BGB wurde in Anlehnung an die Definition des § 24a S. 1 AGBG aF geregelt,[576] der den Verbraucherbegriff des EG-Rechts exakt in das deutsche Recht transformieren sollte.[577] Eine **richtlinienkonforme Auslegung** des Verbraucherbegriffs ist daher geboten.[578] 3

Der Verbraucherbegriff des BGB galt nicht im UWG. In den Verboten der Hersteller- und Großhändlerwerbung nach § 6a UWG aF und dem Verbot des Kaufscheinhandels 4

[569] RL 85/577/EWG.
[570] RL 87/102/EWG, geändert durch RL 90/88/EWG.
[571] RL 94/47/EG.
[572] Siehe zu dieser Entwicklung *Soergel/Pfeiffer* BGB § 13 Rn 1, 3ff; *Bamberger/Roth/Schmidt-Räntsch* BGB § 13 Rn 1f; MüKo/*Micklitz* BGB Vor §§ 13, 14 Rn 23ff, 90ff.
[573] § 414 Abs. 4 HGB wurde mit der Einführung von § 13 BGB aufgehoben.
[574] § 1031 Abs. 5 ZPO.
[575] Modifizierung des Verbraucherbegriffs in Art. 29 EGBGB.
[576] Begr. RegE zum FernAG BT-Drucks. 14/2658 S. 47f in Umsetzung der Fernabsatz-RL 97/7/EG.
[577] Begr. RegE zu § 24a AGBG BR-Drucks. 528/95 S. 11f.
[578] Vgl. auch *Soergel/Pfeiffer* BGB § 13 Rn 5.

nach § 6b UWG aF[579] war der **Begriff des letzten Verbrauchers** Tatbestandsmerkmal der abstrakten Gefährdungsverbote. Unabhängig von der begrifflichen Unschärfe des Begriffs des letzten Verbrauchers (privater oder gewerblicher Endverbraucher)[580] handelt es sich bei den abstrakten Gefährdungstatbeständen der §§ 6a und 6b UWG aF um nur scheinbaren Verbraucherschutz. Die Werbung mit dem Funktionshinweis als Hersteller oder Großhändler als abstrakt irreführend zu verbieten, entzog vielmehr dem Verbraucher zutreffende Informationen über die Vertriebswege in den Handelsstufen. Verbraucherschutz wurde gleichsam vorgeschoben, um Strukturen in den Wirtschaftsstufen zu verfestigen und die Bildung neuer Angebotsformen und Vertriebsmethoden zu erschweren. Eine Hersteller- und Großhändlerwerbung, die nicht im Sinne des Irreführungsverbots nach § 3 UWG aF zur Irreführung geeignet war, mit der Behauptung zu verbieten, auch mit dem wahren Hinweis auf die Hersteller- oder Großhändlereigenschaft sei die Gefahr einer Irreführung des Verbrauchers typischerweise verbunden, bevormundete den Verbraucher im Interesse einer Stabilisierung tradierter Handelsstrukturen. Die Gefährdungstatbestände der §§ 6a und b UWG aF wurden mit Inkrafttreten des neuen UWG aufgehoben. Die entsprechende Anwendung des bürgerlichrechtlichen Verbraucherbegriffs des § 13 BGB im neuen UWG ist im Interesse einer **einheitlichen Begriffsbildung im Privatrecht** sachgerecht. Das schließt **normspezifische Differenzierungen** im Begriffsverständnis nicht aus.

2. Analoge und richtlinienkonforme Anwendung des Verbraucherbegriffs des § 13 BGB

5 Der Verbraucherbegriff des § 13 BGB knüpft an den **Abschluss eines Rechtsgeschäfts** an. Im Zivilrecht ist diese rechtsgeschäftliche Restriktion des Verbraucherbegriffs auf heftige Kritik gestoßen.[581] Zivilrechtlicher Verbraucherschutz beginnt im Vorfeld eines Vertragsschlusses. Regelungsgegenstand verbraucherschützender Normen ist bereits die vorvertragliche Informationsphase. Bei der Anwendung des bürgerlichrechtlichen **Verbraucherbegriffs im Lauterkeitsrecht** ist erst recht zu berücksichtigen, dass geschäftliche Handlungen von Unternehmen am Markt auch im Wettbewerb – und namentlich die informative Werbung – regelmäßig bereits im **Vorfeld der Vertragsanbahnung** stattfinden und nicht selten – wie namentlich eine produktunabhängige Imagewerbung oder allgemein die Öffentlichkeitsarbeit eines Unternehmens – noch nicht einmal der Vorbereitung von Rechtsgeschäften dienen.[582]

6 Der bürgerlichrechtliche Verbraucherbegriff kann **im Lauterkeitsrecht nur normspezifisch angewendet** werden. Es ist das rechtstatsächliche Umfeld einer konkreten geschäftlichen Handlung zu berücksichtigen. Eine analoge Anwendung des § 13 BGB ist auch wegen der Regelungstechnik des § 2 Abs. 2 als einer Verweisungsnorm auf Vorschriften des BGB geboten.[583] Eine lauterkeitsrechtliche Dimension erhält der an sich einheitlich

---

[579] Siehe zu der Forderung einer Aufhebung dieser abstrakten Gefährdungstatbestände als unverhältnismäßige Werbe- und Vertriebsmethoden im Lauterkeitsrecht im Rahmen der UWG-Reform *Fezer* WRP 2001, 989, 1003 f.

[580] Der *Begriff des letzten Verbrauchers* erfasste alle *Endverbraucher,* die Waren erwarben, ohne sie – unverändert oder nach einer Bearbeitung oder Verarbeitung – weiterzuveräußern oder sonst gewerblich zu verwenden; siehe dazu ausführlich *Fezer* BB 1976, 705, 709 ff; *Schricker* GRUR 1975, 349; *Köhler/Piper* UWG § 6a Rn 13 ff; zum Kaufscheinhandel *Fezer* Der Kaufscheinbegriff 1989; zum Selbstbedienungsgroßhandel *Schricker/Lehmann* Der Selbstbedienungsgroßhandel, 2. Aufl., 1987; *Köhler* Der Selbstbedienungsgroßhandel zwischen Rechtszwang und Wettbewerb 1986. Die rechtliche Problematik, ob ein Gewerbetreibender, der zur Deckung seines privaten und nichtgewerblichen Bedarfs aus der Sicht seines Unternehmens betriebs- oder branchenfremde Waren erwirbt, als ein Letztverbraucher zu beurteilen ist, bleibt auch bei der Abgrenzung zwischen Verbraucher und Unternehmer nach dem neuen UWG bestehen; → G Rn 26; siehe dazu BGHZ 70, 18, 28 f – Metro I; BGH GRUR 1979, 61, 62 – Schäfer-Shop; BGH GRUR 1979, 411, 412 – Metro II; *Fezer* BB 1976, 705, 712; *Baumbach/Hefermehl* 22. Aufl. 2001, UWG § 6a Rn 12; Großkomm/*Piper* UWG § 6a Rn 23 ff; *Gloy/Helm* Hdb. § 49 Rn 309; aA *Schricker* GRUR 1975, 349, 356.

[581] Siehe dazu ausführlich *Flume* ZIP 2000, 1427 ff; *Soergel/Pfeiffer* BGB § 13 Rn 2.

[582] → B Rn 93.

[583] → A Rn 3; I Rn 1.

im Zivilrecht geltende Verbraucherbegriff[584] des § 13 BGB im UWG auch deshalb, weil bei der Anwendung der verschiedenen Verbotstatbestände das **europäische Verbraucherleitbild,** das in der Rechtsprechung des EuGH entwickelt und in der Rechtsprechung des BGH übernommen und modifiziert worden ist, gilt.[585] Wie die Entstehungsgeschichte des § 13 BGB belegt, handelt es sich bei dem bürgerlichrechtlichen Verbraucherbegriff um einen **gemeinschaftsrechtlichen Rechtsbegriff,** der sowohl im BGB als auch im UWG richtlinienkonform auszulegen ist.[586]

II. Verbraucherbegriff

7 Nach § 13 BGB ist **Verbraucher** eine **natürliche Person,** die ein Rechtsgeschäft zu einem Zweck abschließt, der weder ihrer gewerblichen noch ihrer selbstständigen beruflichen Tätigkeit zugerechnet werden kann.

1. Natürliche Person als Verbraucher

8 **a) Rechtsfähigkeit nach § 1 BGB.** Eine **natürliche Person** ist der **Mensch,** dem § 1 BGB mit der Vollendung der Geburt die Rechtsfähigkeit zuerkennt. Unter Rechtsfähigkeit ist die Fähigkeit zu verstehen, Träger von Rechten und Pflichten sein zu können.[587]

9 **b) Alternativität der natürlichen Person zum Personenverband.** Eine natürliche Person ist der **einzelne Mensch** (Einzelperson) **in Abgrenzung zum Personenverband.** Für den Begriff des Verbrauchers als einer natürlichen Person kommt es auf die rechtliche Qualifikation des Personenverbands als einer juristischen Person oder einer rechtsfähigen Gesamthandsgesellschaft nicht an. Die **natürliche Person als Verbraucher** definiert sich im Unterschied zu den verschiedenen **Formen von Organisationen und Kooperationen mehrerer Personen.** Zwischen einem Personenverband und einer natürlichen Person besteht eine **rechtliche Alternativität** im Sinne des gemeinschaftsrechtlichen Begriffs des Verbrauchers.[588]

10 Der Verbraucher als natürliche Person (§ 13 BGB) ist lauterkeitsrechtlich abzugrenzen von dem Unternehmer (§ 14 BGB), der natürliche Person oder Personenverband (juristische Person oder rechtsfähige Personengesellschaft) sein kann.[589]

11 **c) Kontroverser Diskussionsstand in der Rechtsprechung des EuGH und BGH.** In der Rechtsprechung des EuGH und des BGH zum EG-Richtlinienrecht des Verbraucherschutzes wird die **Abgrenzung der natürlichen Person von der juristischen Person** nicht einheitlich vorgenommen. Nach der **extensiven Definition des BGH** wird der Kreis der Verbraucher erweitert, nach der **restriktiven Definition des EuGH** wird der Verbraucherbegriff eingeengt.

12 Der **EuGH** legt in der „Idealservice"-Entscheidung[590] zu Art. 2 lit. b RL 93/13/EWG den Begriff des Verbrauchers dahin aus, dass er sich **ausschließlich auf natürliche Personen** bezieht. Nach dieser rechtsverbindlichen Auslegung des gemeinschaftsrechtlichen Verbraucherbegriffs ist ein Verbraucher ausschließlich der **einzelne Mensch** als natürliche Person **(Einzelperson).** Der Rechtsprechung des BGH liegt eine Abgrenzung der natürlichen Person als Verbraucher von der juristischen Person aus einer geradezu umgekehrten Sichtweise zugrunde. Nach dem Grundsatzurteil des **BGH**[591] zu § 1 Abs. 1 VerbrKrG aF,

---

[584] → I Rn 3.
[585] → I Rn 31 ff; → § 3 Rn 238 ff.
[586] → I Rn 3; siehe dazu auch *Soergel/Pfeiffer* BGB § 13 Rn 5.
[587] *Jauernig* BGB § 1 Rn 1; weitergehend MüKo/*Gitter* BGB § 1 Rn 5 ff.
[588] → I Rn 14.
[589] → G Rn 9 ff.
[590] EuGH NJW 2002, 205 – Idealservice.
[591] BGHZ 149, 80, 83 ff.

nach dessen Wortlaut Verbraucher nur eine natürliche Person ist,[592] kann Verbraucher jede **Person** sein, **die keine juristische Person ist.** Nach dieser Abgrenzung der natürlichen Person als Verbraucher von der juristischen Person soll die Verbrauchereigenschaft einer natürlichen Person **sowohl einzelnen Personen als auch Personenmehrheiten** zukommen können. Ob die Personenmehrheit **(Gesamtperson)** ihrer Verbandsstruktur nach **als Organisation korporative Merkmale aufweist,** oder ob es sich um eine **personalstrukturierte Gesellschaft** handelt, soll rechtlich nicht erheblich sein. Die Begrifflichkeit der vom BGH vorgenommenen Abgrenzung vermag nicht zu überzeugen. Nichtjuristische Personen sind nicht notwendig natürliche Personen.[593]

13 Das Gebot einer richtlinienkonformen Auslegung verbietet eine Extension des Verbraucherbegriffs. Es ist eine andere und von der Begriffsbestimmung des Verbrauchers zu unterscheidende Frage, ob der **Normzweck** eines Verbraucherschutzgesetzes eine **Ausdehnung des Verbraucherschutzes** über den von der EG-Richtlinie vorgesehenen **Mindeststandard** rechtfertigt. Eine solche Schutzerweiterung ist mit dem methodischen Instrument der Analogie eines Gesetzes erreichbar.

14 **d) Lauterkeitsrechtliche Begriffsbestimmung.** In richtlinienkonformer Auslegung und unter Berücksichtigung der Rechtsprechung des EuGH[594] bezieht sich der **Begriff des Verbrauchers** ausschließlich auf **natürliche Personen.** Ein Personenverband ist grundsätzlich unabhängig von seiner Rechtsnatur keine natürliche Person. Ein **Personenverband** ist grundsätzlich ein **Unternehmer** im Sinne der §§ 2 Abs. 1 Nr. 6 UWG iVm 14 BGB.

15 Der Schutzzweck des Lauterkeitsrechts bestätigt geradezu eine solche Abgrenzung, die **als Unternehmen organisierte und handelnde Personenmehrheiten** insgesamt dem Anwendungsbereich des UWG unterstellt. Es ist eine andere Frage, ob einzelne Regelungen des UWG, die dem Schutz des einzelnen Verbrauchers zu dienen bestimmt sind, im Wege der Analogie auf solche Personenmehrheiten anzuwenden sind, die **keine organisationsrechtliche Verselbstständigung oder unternehmerische Identitätsausstattung** aufweisen.[595] Ein solches normzweckorientiertes Verständnis der natürlichen Person als Verbraucher wird auch der an der gesetzgeberischen Regelungstechnik des BGB geübten Kritik gerecht, das Eingreifen verbraucherrechtlicher Schutzmechanismen dürfe nicht vom persönlichen Status der handelnden Person abhängig gemacht werden, sondern habe auf die **konkrete Schutzbedürftigkeit** abzustellen.[596]

16 **e) Natürliche Personen.** Ein Verbraucher als natürliche Person ist nur die **einzelne Person** und nicht eine Personenmehrheit.[597] Natürliche Personen sind auch der **Testamentsvollstrecker,** der **Insolvenzverwalter** und der **Treuhänder.** Kapitalgesellschaften und Personengesellschaften sind keine natürlichen Personen.[598]

17 Im Verbraucherschutzrecht ist die begriffliche Qualifizierung einer Personenmehrheit als eine natürliche Person umstritten.[599] Im Lauterkeitsrecht ist von dem Grundsatz auszugehen, dass eine **Personenmehrheit keine natürliche Person** ist. Das gilt namentlich für die **Wohnungseigentümergemeinschaft,** die **Erbengemeinschaft** und die **eheliche Gütergemeinschaft.**

---

[592] Das VerbrKrG wurde durch das Schuldrechts-Modernisierungsgesetz aufgehoben und durch die §§ 491 bis 507 BGB ersetzt, für die der Verbraucherbegriff des § 13 BGB gilt.

[593] So zutreffend *Jauernig* BGB § 13 Rn 2; siehe auch *Jauernig* FS Schlechtriem S. 569 ff.

[594] → I Rn 12.

[595] Siehe zu dieser Abgrenzung hinsichtlich der Rechtsfähigkeit der GbR im Markenrecht *Fezer* FS Ulmer S. 119, 125; siehe dazu *Fezer* MarkenG § 7 Rn 39 ff.

[596] *Flume* ZIP 2000, 1428; *Faber* ZEuP 1998, 865; *Remien* ZEuP 1994, 42; *Soergel/Pfeiffer* BGB § 13 Rn 46.

[597] → I Rn 9.

[598] → G Rn 9 ff.

[599] Bejahend *Ulmer/Brandner/Hensen* AGBG 9. Aufl. § 24 a Rn 20; MüKo/*Micklitz* BGB § 13 Rn 15 f; ablehnend *Elßner/Schirmbacher* VuR 2003, 247, 253; differenzierend *Soergel/Pfeiffer* BGB § 13 Rn 48.

Die rechtliche Qualifizierung der **Gesellschaft bürgerlichen Rechts** (GbR) wird im Verbraucherschutzrecht und allgemein im Zivilrecht nach dem Grundsatzurteil des BGH aus dem Jahre 2001, in dem der Gesellschaftsrechtssenat die Rechtsfähigkeit der GbR als Außengesellschaft anerkannte,[600] kontrovers diskutiert.[601] Bei der GbR ist zu unterscheiden: Eine **GbR** ist als eine Personenmehrheit grundsätzlich **keine natürliche Person.**[602] Das gilt zwingend immer dann, wenn es sich um eine **unternehmenstragende Gesellschaft** (Kleingewerbetreibenden-GbR) handelt oder die GbR eine organisatorische Verselbstständigung oder korporative Identitätsausstattung aufweist. Eine solche **Verbands-GbR** ist Unternehmer im Sinne des § 14 BGB. Bei einer GbR, die keine organisatorische Verbandsstruktur aufweist oder aus sonstigen Gründen nur aus einem vorübergehenden und losen Zusammenwirken von Personen besteht **(„Gelegenheitsgesellschaft"),** kann bei einer einzelnen Regelung des UWG, die dem Schutz des einzelnen Verbrauchers dient, geboten sein, im Interesse einer Ausdehnung des Verbraucherschutzes den konkreten lauterkeitsrechtlichen Rechtssatz **analog** anzuwenden. 18

2. Zweck des Verbraucherverhaltens

a) Geschäftszweck. § 13 BGB umschreibt den Geschäftsbereich der natürlichen Person unter Bezugnahme auf den Abschluss eines Rechtsgeschäfts. Im Anwendungsbereich des UWG kommt es nicht auf den Abschluss eines Rechtsgeschäfts, sondern allein auf den Zweck des Verbraucherverhaltens an. Rechtserheblich ist, ob ein **Geschäftszweck** vorliegt. Ob das Verbraucherverhalten einem Geschäftszweck dient, ist anhand **objektiver Kriterien** und einer **Typisierung** des Verbraucherhandelns unter Berücksichtigung der **Verkehrsauffassung**[603] zu beurteilen.[604] Es kommt nicht darauf an, ob eine konkrete Geschäftskompetenz des Verbrauchers gegeben ist. Unerheblich ist auch die Art und das Gewicht des rechtsgeschäftlichen Handelns.[605] Vereinbarungen zwischen den Marktteilnehmern hinsichtlich der Qualifizierung des Verhaltenszwecks sind unbeachtlich.[606] 19

b) Privater Zweck. Verbraucher ist grundsätzlich, wer **zu privaten Zwecken** handelt. Das sind alle Geschäfte, die der Daseinsvorsorge, dem Urlaub, der Freizeitgestaltung, sportlicher Betätigung oder ähnlichen Zwecken dienen.[607] Das Gesetz bestimmt die Zweckrichtung negativ: Geschäftszweck und nicht positiv: privater Zweck. Das Handeln darf **weder einer gewerblichen noch einer selbstständigen beruflichen Tätigkeit zuzuordnen** sein. Die Eigenschaft als Verbraucher und die Eigenschaft als Unternehmer schließen sich gegenseitig aus; Verbraucher und Unternehmer bilden ein alternatives Begriffspaar.[608] 20

---

600 BGH NJW 2001, 1056.

601 Die GbR als natürliche Person beurteilend, da sie keine juristische Person ist: MüKo/*Micklitz* BGB § 13 Rn 15 f; MüKo/*Ulmer* VerbrKrG § 1 Rn 20; *Bamberger/Roth/Schmidt-Räntsch* BGB § 13 Rn 3; *Ulmer/Brandner/Hensen* AGBG 9. Aufl. § 24 a Rn. 22 f; *Palandt/Heinrichts* BGB § 14 Rn 2; *Martis* MDR 1998, 1189, 1190 f VerbrKrG; unter Verweis auf BGHZ 146, 431 ff und BGHZ 149, 80 ff m. zust. Anm. *Artz* JZ 2002, 457 f; die GbR *nicht* als natürliche Person beurteilend und die Anwendung der eine natürliche Person voraussetzenden, verbraucherschützenden Vorschriften ablehnend: *Jauernig* BGB § 13 Rn 2; MüKo/*Ulmer* BGB § 714 Rn 6; *Staudinger/Kessal-Wulf* VerbrKrG § 1 Rn 27; *Krebs* DB 2002, 517, 518; *Fehrenbacher/Herr* BB 2002, 1006, 1008; *Elßner/Schirmbacher* VuR 2003, 247, 249; *Mülbert* WM 2004, 905, 911 ff.

602 So auch *Jauernig* BGB § 13 Rn 2.

603 Zur Berücksichtigung des *Vertrauensschutzes* im Rechtsverkehr und zur Behandlung eines Verbrauchers, der sich als Unternehmer geriert, siehe *Guiliano/Lagarde* Bericht zum EVÜ BT-Drucks. 10/503 S. 55 zu Art. 5 EVÜ; siehe zur Beurteilung nach dem *Horizont des Vertragspartners* und einer Berücksichtigung der *Erkennbarkeit der Verbrauchereigenschaft* einerseits *Staudinger/Magnus* EGBGB Art. 29 Rn 38, andererseits *Soergel/Pfeiffer* BGB § 13 Rn 28; siehe zum Beurteilungsmaßstab nach den objektiven Umständen MüKo/*Micklitz* BGB § 13 Rn 30; *Bamberger/Roth/Schmidt-Räntsch* BGB § 13 Rn 9.

604 Siehe dazu *Soergel/Pfeiffer* BGB § 13 Rn 27; *Preis* ZHR 158 (1994) 591, 596.

605 Siehe dazu schwBGE 121 III, 342 (zu Art. 13 Luganer Übereinkommen).

606 Siehe dazu LG Essen WM 1997, 814, 816.

607 *Bamberger/Roth/Schmidt-Räntsch* BGB § 13 Rn 4.

608 → G Rn 8.

21 **c) Nichtgewerbliches Handeln.** Ein Verbraucherhandeln kann nur dann angenommen werden, wenn die Person **außerhalb ihrer gewerblichen Tätigkeit handelt.** Gewerbe ist dabei nicht gleichbedeutend mit dem Gewerbebegriff des HGB oder der Gewerbeordnung im Sinne einer auf Dauer angelegten und auf Gewinnerzielung ausgerichteten oder entgeltlichen, legalen Tätigkeit. Das bürgerliche Recht geht weiter. Eine **gewerbliche Tätigkeit** im Sinne des Lauterkeitsrechts stellt jedes **planmäßige Angebot von Waren oder Dienstleistungen gegen Entgelt** dar.[609] Es kommt weder auf eine Eintragung im Handelsregister noch auf den Umfang des Geschäfts an. Es ist auch nicht relevant, ob das Gewerbe eine Haupttätigkeit oder eine Nebentätigkeit darstellt.[610] Kein Gewerbe betreiben die Angehörigen der **freien Berufe;** deren Tätigkeit fällt unter das Merkmal der selbstständigen beruflichen Tätigkeit, bei deren Ausübung sie Unternehmer nach § 14 BGB sind.[611]

22 **d) Handeln außerhalb der selbstständigen beruflichen Tätigkeit.** Eine natürliche Person ist auch dann nicht als Verbraucher zu beurteilen, wenn sie einer selbstständigen beruflichen Tätigkeit nachgeht. Eine selbstständige berufliche Tätigkeit ist im Gegensatz zum Gewerbe jedes berufliche Handeln, dass **nicht in einem Abhängigkeitsverhältnis** erfolgt. Es umfasst insbesondere das Handeln der Angehörigen der **freien Berufe.** Es ist allerdings nicht jedes berufliche Handeln einer Person von § 13 BGB ausgeschlossen; nur das **selbstständige** berufliche Handeln fällt nicht in den Schutzbereich des Verbraucherbegriffs.[612] Deshalb können auch **Arbeitnehmer** im Verhältnis zu ihrem Arbeitgeber als Verbraucher einzuordnen sein.[613] Lauterkeitsrechtlich erheblich kann diese Abgrenzung in solchen Fallkonstellationen werden, in denen Arbeitnehmer die Möglichkeit haben, Waren oder Dienstleistungen von ihrem Arbeitgeber zu beziehen. Dies betrifft insbesondere die sog. Fälle der „Belegschaftsrabatte" bei Kauf- oder Bezugsmöglichkeiten von Waren oder Dienstleistungen, die der Arbeitgeber auch am Markt anbietet, zu besonders günstigen Preisen etwa im Bekleidungshandel oder in der Kfz-Branche.[614] Solche Geschäfte werden regelmäßig der privaten Bedarfsdeckung dienen und sind bereits von ihrem Zweck her der Privatsphäre zuzurechnen. Auch die private Anschaffung von Gegenständen, die zur Ausübung der abhängigen Beschäftigung verwendet werden, wie Arbeitsgeräte und Arbeitskleidung, ist Verbraucherhandeln.[615]

23 **e) Abgrenzungen.** Abgrenzungsschwierigkeiten bereiten insbesondere Fälle des sog. **dual-use,** bei denen das Handeln nicht eindeutig dem privaten oder dem gewerblich-beruflichen Bereich zugeordnet werden kann. Dies betrifft etwa den Fall, dass ein Arzt einen PKW sowohl für berufliche als auch für private Zwecke oder ein Rechtsanwalt einen PC für die eigene berufliche Nutzung und die private Nutzung durch die Familie erwirbt. Nach einer Ansicht sind solche Fälle stets als privates Handeln einzuordnen.[616] Eine andere Meinung nimmt in solchen Fällen stets ein unternehmerisches Handeln an.[617] Die herrschende Meinung nimmt zu Recht eine Abgrenzung danach vor, ob der **private oder berufliche Zweck überwiegt.**[618] Zweck der Sonderregelungen für Verbraucher ist der besondere Schutz dieses Personenkreises bei Handlungen mit privater Zwecksetzung. Deshalb

---

[609] *Palandt/Heinrichs* BGB § 14 Rn 2; *Ulmer/Brandner/Hensen* AGBG 9. Aufl. § 24 Rn 10; *Bamberger/Roth/Schmidt-Räntsch* BGB § 13 Rn 5.

[610] *Bamberger/Roth/Schmidt-Räntsch* BGB § 13 Rn 5.

[611] → G Rn 31.

[612] *Palandt/Heinrichs* BGB § 13 Rn 3; *Bamberger/Roth/Schmidt-Räntsch* BGB § 13 Rn 6.

[613] *Soergel/Pfeiffer* BGB § 13 Rn 41; *Boemke* BB 2002, 96, 97; *Bauer/Kock* DB 2002, 42, 43f; *Preis* ZHR 158 (1994) 591. Vgl. auch BT-Drucks. 14/7052 S. 190 und BT-Drucks. 14/6040 S. 243.

[614] *Soergel/Pfeiffer* BGB § 13 Rn 41.

[615] *Soergel/Pfeiffer* BGB § 13 Rn 42.

[616] Siehe nur *v. Westphalen* BB 1996, 2101; *Schwerdtfeger* DStR 1997, 499, 500.

[617] *Ulmer/Brandner/Hensen* AGBG 9. Aufl. § 24a Rn 26; *Bamberger/Roth/Schmidt-Räntsch* BGB § 13 Rn 7.

[618] OLG Naumburg WM 1998, 2158; *Palandt/Heinrichs* BGB § 13 Rn 3; *Pfeiffer* NJW 1999, 169, 173; *Soergel/Pfeiffer* BGB § 13 Rn 38 mwN.

wird auch der **privat handelnde Unternehmer** erfasst.[619] Wenn zu dem privaten Zweck ein geschäftlicher Zweck **nachgeordnet** hinzutritt, kann dies nicht zu einer anderen Beurteilung führen. Für das Lauterkeitsrecht wird die Einordnung teils davon abhängig gemacht, ob die betroffene Person in ihrer **gewerblichen oder selbstständigen Sphäre** angesprochen wird; nur dann soll sie als Unternehmer zu beurteilen sein. Werde sie dagegen in ihrer **Privatsphäre** (Urlaub, Freizeit, Sport, Gesundheitsvorsorge) angesprochen, so sei von der Verbrauchereigenschaft auszugehen.[620] Die Berücksichtigung der Werbewirkung der Wettbewerbshandlung eines Wettbewerbers ist nur insoweit sachgerecht, als der lauterkeitsrechtliche Schutz eines Verbotstatbestandes des UWG dem Verbraucher erhalten bleibt.

24 **Private Vermögensverwaltung** ist grundsätzlich als private Zwecksetzung einzustufen.[621] Wenn die Mittel oder das Konzept über das hinausgehen, was mit einer privaten Vermögensverwaltung typischerweise verbunden ist, ohne allerdings als eigenständige Existenzgrundlage geeignet zu sein, kann die Vermögensverwaltung als **Nebenerwerbstätigkeit** zu qualifizieren sein.[622] Solche Nebenerwerbstätigkeit, etwa das Betreiben eines Kleingewerbes, schließt die Verbrauchereigenschaft dann aus, wenn durch sie „mehr als nur ein Taschengeld" verdient wird.[623]

25 Fälle der **Existenzgründung** fallen nicht in den Anwendungsbereich des § 13 BGB.[624] Das folgt aus der weiten Auslegung des Unternehmerbegriffs des § 14 BGB,[625] da solche Handlungen der selbstständigen beruflichen oder gewerblichen Sphäre zuzurechnen sind.[626] Gestützt wird diese Auslegung durch einen Umkehrschluss aus § 507 BGB, der die Regelungen über Verbraucherdarlehen für bestimmte Existenzgründungsgeschäfte für anwendbar erklärt. Von § 13 BGB erfasst werden sollen die bloßen **Vorbereitungshandlungen** (wie die Buchung von Existenzgründerseminaren), da hier die tatsächliche Existenzgründung noch unsicher ist;[627] genaugenommen handelt es sich um ein Beweisproblem der Zuordnung der Vorbereitungshandlungen zu einer ernsthaften Existenzgründung. In Fällen der **Existenzerweiterung**[628] und **Existenzaufgabe**[629] ist die Verbrauchereigenschaft abzulehnen.

26 Bei **branchenfremden Nebengeschäften** handelt ein Unternehmer nicht als Verbraucher, da er aufgrund seiner Geschäftserfahrung auch bei solchen Handlungen nicht des gleichen Schutzes wie ein Verbraucher bedarf.[630] Insbesondere aus Gründen der Rechtssicherheit müssen alle Handlungen eines Unternehmers, die aus geschäftlichen Zwecken vorgenommen werden, der gewerblichen und beruflich-selbständigen Sphäre zugerechnet werden.

27 **f) Beweislast.** § 13 BGB enthält keine ausdrückliche Beweislastregel für die Verbrauchereigenschaft einer Person. Daher hängt grundsätzlich die Beweislast von der Ausgestaltung von Voraussetzungen und Einwendungen des materiellen Rechts ab.[631] Die Verbrauchereigenschaft als **Tatbestandsmerkmal** der Unlauterkeit einer Wettbewerbshandlung, wie etwa beim Telefonmarketing nach § 7 Abs. 2 Nr. 2, ist von demjenigen zu beweisen, der sich auf die Unrechtmäßigkeit des Verhaltens beruft. Dies wird regelmäßig der klagen-

---

619 *Bamberger/Roth/Schmidt-Räntsch* BGB § 13 Rn 7.
620 *Lettl* GRUR 2004, 449, 451.
621 *Soergel/Pfeiffer* BGB § 13 Rn 32.
622 MüKo/*Micklitz* BGB § 13 Rn 42; *Soergel/Pfeiffer* BGB § 13 Rn 33.
623 MüKo/*Micklitz* BGB § 13 Rn 43.
624 Ebenso *Soergel/Pfeiffer* BGB § 13 Rn 35; aA MüKo/*Micklitz* BGB § 13 Rn 41; *Lettl* GRUR 2004, 449, 451.
625 → G Rn 33.
626 Siehe auch EuGH Slg. 1997, I-3767 – Benincasa/Dentalkit; BGH NJW 1994, 2759f.
627 *Soergel/Pfeiffer* BGB § 13 Rn 35 mwN.
628 BGH NJW 1994, 2759, 2760.
629 EuGH Slg. 1991, I-1189 – di Pinto.
630 Ausführlich *Soergel/Pfeiffer* BGB § 13 Rn 36.
631 *Soergel/Pfeiffer* BGB § 13 Rn 53.

de Mitbewerber sein, aber auch Verbände im Sinne des § 8 Abs. 3 Nr. 2 bis 4 kommen in Betracht.

28 Ist die Verbrauchereigenschaft eine Frage der **Aktivlegitimation** des Klägers oder Antragstellers im Sinne des § 8 Abs. 3 Nr. 1, also die Mitbewerbereigenschaft, so hat der Kläger selbst zu beweisen, dass er Unternehmer und gerade nicht Verbraucher ist. Im Zusammenhang mit konkreten **Rechtsgeschäften** greift zugunsten desjenigen Verbrauchers, der aus seiner privaten Rolle heraus handelt, eine **Vermutung** ein, dass das Rechtsgeschäft privaten Zwecken dient.[632] Den **unternehmensbezogenen Rechtsgeschäften,** die der Sphäre des Geschäftsinhabers zuzurechnen sind, vergleichbar, begründen die üblichen Geschäfte des Verbrauchers als **verbraucherbezogene Rechtsgeschäfte** die Verbrauchereigenschaft.[633]

3. Abschluss von Rechtsgeschäften

29 Nach § 13 BGB ist Verbraucher nur eine natürliche Person, die ein Rechtsgeschäft abschließt. Damit sind alle Rechtsgeschäfte einbezogen. Es werden einerseits die zweiseitigen Rechtsgeschäfte erfasst, also die im BGB geregelten Verträge, andererseits die modernen Vertragstypen, die nicht im BGB selbst geregelt, aber als Vertragstypen anerkannt sind.[634] § 13 BGB ist auch auf die einseitigen und mehrseitigen Rechtsgeschäfte anzuwenden. Es werden etwa auch Beschlüsse von Personenvereinigungen erfasst.[635]

30 Im Grundsatz bereitet die Anknüpfung an konkrete Rechtsgeschäfte keine besonderen Schwierigkeiten für die Bestimmung der Verbrauchereigenschaft. Im **Lauterkeitsrecht** steht die Bestimmung der Verbrauchereigenschaft nur im Falle des § 4 Nr. 6 mit einem Rechtsgeschäft in einem tatbestandlichen Zusammenhang. § 13 erfasst zwar bereits die Anbahnung eines Rechtsgeschäfts,[636] und auch Werbeaussagen bestimmen nach § 434 Abs. 1 S. 3 BGB die Eigenschaften einer Kaufsache, wodurch die Werbung eine Anknüpfung an ein konkretes Rechtsgeschäft erfährt. Die Regelungen des Lauterkeitsrechts knüpfen aber regelmäßig an Sachverhalte an, die unabhängig von konkreten Transaktionen sind (zB §§ 4 Nr. 1 und 2, 7 Abs. 2 Nr. 2). Die **Beschränkung auf Rechtsgeschäfte** ist im UWG **zu restriktiv.**[637] In **extensiver Auslegung** muss als ausreichend gelten, dass die in Bezug genommene Eigenschaft oder Tätigkeit weder der gewerblichen noch der selbstständigen beruflichen Tätigkeit des Handelnden zuzurechnen ist, ohne dass es auf den Abschluss eines konkreten Rechtsgeschäfts ankommt.[638]

III. Verbraucherleitbild

Schrifttum: *Ackermann,* Die deutsche Umweltrechtsprechung auf dem Weg zum Leitbild des verständigen Verbrauchers?, WRP 1996, 502; *H.-J. Ahrens,* Verwirrtheiten juristischer Verkehrskreise – Zum Verbraucherleitbild einer „normativen" Verkehrsauffassung, WRP 2000, 812; *Bornkamm,* Die Feststellung der Verkehrsauffassung im Wettbewerbsprozeß, WRP 2000, 830; *Deutsch,* Der Einfluß des europäischen Rechts auf den Irreführungstatbestand des § 3 UWG – Gedanken zum Verbraucherleitbild und zur Relevanz bei Täuschungen, GRUR 1996, 541; *ders.,* Das Verbraucherleitbild des EuGH und das „Nissan"-Urteil, GRUR 1997, 44; *Dick,* Das Verbraucherleitbild der Rechtsprechung: Der Einfluss von Verbraucherschutzkonzeptionen auf die Gerichtsbarkeit am Beispiel der Rechtsprechung zur Verbraucherverschuldung und zur Verbraucherinformation, 1995; *Doepner,* Verbraucherleitbilder zur Auslegung des wettbewerbsrechtlichen Irreführungsverbots – Anmerkungen zum Diskussionsstand, FS Lieberknecht, 1997, S. 165; *ders.,* Verbraucherleitbilder zur Auslegung des wettbewerbsrechtlichen Irreführungsverbots, WRP 1997, 999; *Fezer,* Das wettbewerbsrechtliche Irreführungsverbot als ein normatives Modell des verständigen Verbrauchers im Europäischen Unionsrecht, WRP 1995, 671; *Groeschke/Kiethe,* Die Ubiquität des europäischen Verbraucherleitbildes –

---

632 So zu Recht MüKo/*Micklitz* BGB § 13 Rn 37.
633 Zu den Problemen einer *Beweislastumkehr* → G Rn 38.
634 Siehe dazu *Martinek* Moderne Vertragstypen Band I–III, 1991–1993.
635 MüKo/*Micklitz* BGB § 13 Rn 45.
636 *Bamberger/Roth/Schmidt-Räntsch* BGB § 13 Rn 11; *Soergel/Pfeiffer* BGB § 13 Rn 26.
637 → G Rn 4; so auch *Engels/Salomon* WRP 2004, 32, 34.
638 Ebenso *Lettl* GRUR 2004, 449, 451; *Köhler/Bornkamm/Henning-Bodewig* GRUR 2003, 127, 128.

Der europäische Paß des informierten und verständigen Verbrauchers, WRP 2001, 230; *Keßler,* Wettbewerbsrechtliches Irreführungsverbot und Verbraucherinformation – erste Anmerkungen zur „Yves Rocher"-Entscheidung des EuGH, WRP 1993, 571; *Kisseler,* Das deutsche Wettbewerbsrecht im Binnenmarkt, WRP 1994, 1; *A. H. Meyer,* Das Verbraucherbild des Europäischen Gerichtshofs, WRP 1993, 215; *ders.*, Bemerkungen zur „Mars"-Entscheidung des EuGH, GRUR Int. 1996, 98; *Leible,* Abschied „vom flüchtigen Verbraucher"?, DZWiR 1994, 177; *Leisner,* Der mündige Verbraucher in der Rechtsprechung des EuGH, EuZW 1991, 498; *Niemöller,* Das Verbraucherleitbild in der deutschen und europäischen Rechtsprechung: Verhandlungs- und Vertragsparität als Regelungsgehalt des § 3 UWG, 1999; *Reese,* Das „6-Korn-Eier"-Urteil des EuGH – Leitentscheidung für ein Leitbild?, WRP 1998, 1035; *Reuthal,* Verstößt das deutsche Irreführungsverbot gegen Art 30 EGV?, WRP 1997, 1154; *Sack,* Das Verbraucherleitbild und das Unternehmerleitbild im europäischen und deutschen Wettbewerbsrecht, WRP 1998, 264; *ders.,* Die Präzisierung des Verbraucherleitbildes durch den EuGH, WRP 1999, 399; *Scherer,* Divergenz und Kongruenz der Rechtsprechung des EuGH und des BGH, WRP 1999, 991; *Schweizer,* Die „normative Verkehrsauffassung" – ein doppeltes Missverständnis – Konsequenzen für das Leitbild des „durchschnittlich informierten, verständigen und aufmerksamen Durchschnittsverbrauchers", GRUR 2000, 923; *Streinz/Leible,* 10% mehr Eiskrem für alle!, Anm. z. Urteil des EuGH v. 6. 7. 1995, ZIP 1995, 1137; *Tilmann,* Der „verständige Verbraucher", FS Piper, 1996, S. 481; *Tilmann/Ohde,* Die Mindestirreführungsquote im Wettbewerbsrecht und im Gesundheitsrecht, GRUR 1989, 229; *Ullmann,* Der Verbraucher – ein Hermaphrodit, GRUR 1991, 789.

Schrifttum: Siehe die Schrifttumsangaben zu § 2 I (vor Rn 1).

1. Das Verbraucherleitbild des flüchtigen Verbrauchers im älteren Wettbewerbsrecht

Im älteren Wettbewerbsrecht wurde in der deutschen Rechtsprechung und im wettbe- 31
werbsrechtlichen Schrifttum nahezu einhellig namentlich zur Beurteilung der Irreführung im Sinne des § 3 UWG aF davon ausgegangen, die rechtserhebliche Verkehrsauffassung sei aufgrund eines **tatsächlichen Verständnisses des Werbeadressaten** zu ermitteln. Nach Maßgabe seiner Erfahrung und Sachkunde trete der Verbraucher einer Publikumswerbung oder einer Produktaufmachung, die insbesondere Güter des täglichen Bedarfs betreffen, **nicht mit besonderer Aufmerksamkeit,** sondern **ungezwungen und flüchtig** gegenüber. Grundlage dieser **empirischen** Betrachtungsweise war es, dass das breite Publikum Werbeaussagen oft nur gewohnheitsmäßig und oberflächlich, weder genau noch vollständig und auch nicht mit kritischer Würdigung zur Kenntnis nimmt. In der Werbung sei mit einer unkritischen und flüchtigen Rezeption der Werbebotschaft zu rechnen.[639] In der „Englisch Lavendel"-Entscheidung beurteilte der BGH die Produktbezeichnung als eine irreführende Herkunftsbezeichnung; es komme auf die Meinung der relevanten Abnehmerkreise an, wie sich diese bei der Flüchtigkeit, mit der im Verkehr eine solche Bezeichnung aufgenommen werde, bilde.[640] Es wurde in ständiger Rechtsprechung nicht von einem Betrachter ausgegangen, der die werbliche Ankündigung genau, vollständig und mit kritischer Überlegung würdige.[641]

2. Europäisches Verbraucherleitbild

Der EuGH geht in ständiger Rechtsprechung[642] sowohl zum Irreführungsschutz im Wett- 32
bewerbsrecht als auch zum Verwechslungsschutz im Kennzeichenrecht von einem **Modell des verständigen Verbrauchers als des mündigen Marktbürgers** aus.[643] Das **europäische Verbraucherleitbild** orientiert sich an der Rolle des Verbrauchers in einer offenen Marktwirtschaft mit wirksamem Wettbewerb. Der **normative Modelladressat** ist der **durchschnittlich informierte, aufmerksame und verständige Durchschnittsver-**

[639] BGH GRUR 1959, 365, 366 – Englisch Lavendel; BGH GRUR 1982, 564, 566 – Elsässer Nudeln; *Baumbach/Hefermehl* 22. Aufl. 2001, UWG § 3 Rn 33; Großkomm/*Lindacher* UWG § 3 Rn 150; *Gloy/Helm* Hdb. § 49 Rn 30; *Köhler/Piper* UWG § 3 Rn 50.

[640] BGH GRUR 1959, 365, 366 – Englisch Lavendel.

[641] So schon BGH GRUR 1957, 128 – Steinhäger.

[642] Siehe nur EuGH GRUR 1994, 303 – Clinique; EuGH GRUR Int. 1995, 804 – Mars; EuGH GRUR Int. 2000, 354 – Lifting-Creme; jüngst EuGH GRUR 2003, 533, 536 – Pippig Augenoptik.

[643] Zum europäischen Verbraucherleitbild als Beurteilungsmaßstab der Unlauterkeit → § 3 Rn 238 ff; → § 5 Rn 212.

braucher.[644] So ging der EuGH in der „Mars“-Entscheidung davon aus, es könne von einem verständigen Verbraucher das Wissen erwartet werden, es bestehe zwischen der Größe von Werbeaufdrucken, die auf eine Erhöhung der Menge des Erzeugnisses hinwiesen, und dem Ausmaß des farblichen Werbeaufdrucks nicht notwendig ein Zusammenhang.[645] Die Feststellung einer markenrechtlichen Verwechslungsgefahr wurde auf der Grundlage der Erwartungen eines durchschnittlich informierten, aufmerksamen und verständigen Durchschnittsverbrauchers der betreffenden Warenart unter Berücksichtigung der Tatsache vorgenommen, dass sich dem Durchschnittsverbraucher nur selten die Möglichkeit biete, verschiedene Marken unmittelbar miteinander zu vergleichen, sondern dass er sich auf das unvollkommene Bild verlassen müsse, das er von ihnen im Gedächtnis behalten habe. Zudem sei zu berücksichtigen, dass die **Aufmerksamkeit des Durchschnittsverbrauchers** je nach Art der betreffenden Waren oder Dienstleistungen **unterschiedlich hoch** sein könne.[646]

33 In den Mitgliedstaaten der EU werden **demoskopische Gutachten** zur Beurteilung der Verwechslungsgefahr im Kennzeichenrecht und der Irreführungsgefahr im Wettbewerbsrecht – anders als in Deutschland – weithin nicht für erforderlich gehalten. Nach der Rechtsprechung des EuGH ist es zur Beurteilung der wettbewerbsrechtlichen oder kennzeichenrechtlichen Irreführungsgefahr oder Verwechslungsgefahr in Ermangelung einschlägiger gemeinschaftsrechtlicher Bestimmungen **Sache des nationalen Rechts** zu entscheiden, ob die Ermittlung des Sachverhalts durch ein **Sachverständigengutachten** oder eine **Verbraucherbefragung** erfolgt.[647] Auch wenn es sich bei der Feststellung der Irreführungsgefahr oder Verwechslungsgefahr um Rechtsbegriffe handelt, bestehen **tatsächliche Grundlagen** einer eine Irreführungsgefahr begründenden Verbrauchervorstellung oder einer eine Verwechslungsgefahr begründenden Kennzeichenkollision. Die normative Beurteilung ist mit empirischen Feststellungen verbunden.[648] In der „Lifting Creme“-Entscheidung,[649] nach der die nationalen Gerichte die Prüfung einer Irreführungsgefahr unter Berücksichtigung aller maßgeblichen Gesichtspunkte vorzunehmen hatten, erläuterte der EuGH seine Auffassung dahin, es spreche auf den ersten Blick wenig dafür, dass ein durchschnittlich informierter, aufmerksamer und verständiger Durchschnittsverbraucher erwarte, dass eine Creme, deren Bezeichnung das Wort „Lifting“ enthalte, eine dauerhafte Wirkung habe.

34 Der verständige Verbraucher stellt ein normatives Modell des mündigen Marktbürgers im gesamten Lauterkeitsrecht und Kennzeichenrecht dar. Das europäische Verbraucherleitbild ist der **Beurteilungsmaßstab,** soweit es bei der Auslegung eines unbestimmten Rechtsbegriffs auf die Verkehrsauffassung der beteiligten Verkehrskreise ankommt.

3. Übernahme und Modifikation des europäischen Verbraucherleitbilds durch den BGH

35 In seiner Rechtsprechung zum Lauterkeitsrecht und zum Kennzeichenrecht gab der BGH das Verbraucherleitbild des flüchtigen Verbrauchers[650] auf und übernahm schrittweise

---

[644] So die Formulierung in EuGH GRUR Int. 1998, 795, 797 – Gut Springenheide; EuGH GRUR 1999, 345, 348 – Sektkellerei Kessler; EuGH GRUR 1991, 215, 216 – Pall-Dahlhausen (umsichtiger Wirtschaftsteilnehmer); EuGH GRUR 1995, 804, 805 – Mars (verständiger Verbraucher); EuGH GRUR 1999, 734, 736 – Lloyd; EuGH GRUR 2000, 354, 356 – Lifting-Creme; EuGH GRUR 2000, 756, 757 – d'arbo naturrein; siehe dazu *Baumbach/Hefermehl* 22. Aufl. 2001, UWG Einl Rn 647, § 3 Rn 27, 33; *Köhler/Piper* UWG § 3 Rn 51; *Fezer* WRP 1995, 671, 672, 674ff; *Ackermann* WRP 1996, 502; *Mayer* GRUR 1996, 101f; *Deutsch* GRUR 1996, 541, 545f; *Doepner* WRP 1997, 999, 1000ff; *Reuthal* WRP 1997, 1154, 1159; *Ahrens* WRP 1999, 389, 394; 1004ff; *Scherer* WRP 1999, 991, 992f.

[645] EuGH GRUR Int. 1995, 804, 805 – Mars.

[646] EuGH GRUR Int. 1999, 734, 736 – Lloyd.

[647] So zu Art. 10 Abs. 2 lit. e VO (EWG) Nr. 1907/19 EuGH GRUR Int. 1998, 795 – Gut Springenheide; zu Art. 13 Abs. 2 lit. b VO (EWG) Nr. 2333/92 EuGH GRUR Int. 1999, 345 – Sektkellerei Kessler.

[648] → § 3 Rn 190.

[649] EuGH GRUR Int. 2000, 345, 348 – Lifting-Creme.

[650] → I Rn 31.

das europäische Verbraucherleitbild der Rechtsprechung des EuGH.[651] In der höchstrichterlichen Rechtsprechung wurde zunächst auf die besonderen Umstände des Sachverhalts abgestellt, die in der **Art der Werbung,** den **Besonderheiten von Angebot und Ware,**[652] sowie den **Eigenschaften des Werbeadressaten** gesehen wurden. In einer von solchen Umständen geprägten Situation ist nach der Rechtsprechung des BGH davon auszugehen, es könne ein gesteigerter Grad an Aufmerksamkeit des Verbrauchers vorausgesetzt werden, als nach der früheren Rechtsprechung bei einem nur flüchtigen Durchschnittsverbraucher angenommen wurde.[653] Der BGH versteht die Änderung seiner Rechtsprechung selbst als eine Hinwendung zu einem gegenüber der früheren Rechtsprechung veränderten Verbraucherleitbild.[654] Der Wettbewerbssenat gehe inzwischen sowohl im Wettbewerbs- als auch im Markenrecht von dem Leitbild des durchschnittlich informierten und verständigen Verbrauchers aus, der das fragliche Werbeverhalten mit einer der Situation angemessenen Aufmerksamkeit verfolge. Der Grad der Aufmerksamkeit des durchschnittlich informierten und verständigen Verbraucher, auf dessen Verständnis es für die Ermittlung des Verkehrsverständnisses zur Beurteilung einer Werbung ankommt, ist abhängig von der jeweiligen Situation.[655] Die Modifikation des europäischen Verbraucherleitbilds des EuGH durch den BGH besteht in der Berücksichtigung der **Situationsangemessenheit** der von einem Verbraucher zu erwartenden Aufmerksamkeit in einer typisierten Wettbewerbssituation und stellt eine sachgerechte Fortbildung des europäischen Verbraucherleitbildes dar.

Mit dem Modell des verständigen Marktbürgers als Normadressat eines Europäischen Lauterkeitsrechts harmoniert die auf einem **Informationsmodell** basierende Theorie der Konsumentensouveränität.[656] Die Steuerungsfunktion der Verbraucherentscheidung bleibt für den auf einem dezentralen Entscheidungssystem basierenden Marktausleseprozess das unabdingbare Ordnungselement einer am Marktwettbewerb orientierten Wirtschaftsordnung. Das macht zur Voraussetzung, der **Verbraucherentscheidung des mündigen Marktbürgers** den Stellenwert eines eigenständigen Steuerungsfaktors neben Markt und Wettbewerb zuzuerkennen. Funktional beruht die Verbraucherentscheidung auf einer Vetoposition gegenüber dem Anbieterverhalten auf dem Markt und legitimiert so Marktwettbewerb gesellschaftlich über Teilhabe der Marktgegenseite. Diese Steuerungsfunktion der Verbraucherentscheidung im Wettbewerbsprozess verlangt Maßnahmen zu einer Fundierung rationaler Verbraucherentscheidung durch Information. Eine Orientierung der lauterkeitsrechtlichen Schutzstandards an den **berechtigten Erwartungen eines verständigen Verbrauchers** stellt einen wesentlichen Beurteilungsmaßstab der verbraucherbezogenen Unlauterkeit in einem modernen Lauterkeitsrecht dar. 36

4. Das europäische Verbraucherleitbild im harmonisierten Lauterkeitsrecht (Art. 5 Abs. 2 lit. b UGP-RL, § 3 Abs. 2 S. 2)

In Umsetzung von Art. 5 Abs. 2 lit. b UGP-RL wird in § 3 Abs. 2 S. 2 der Beurteilungsmaßstab des durchschnittlichen Verbrauchers als rechtserheblich normiert. In der Präambel der UGP-RL wird klargestellt, dass es sich bei dem **Begriff des Durchschnittsverbrauchers** um das **europäische Verbraucherleitbild** handelt. Auch wenn angezeigt 37

---

[651] → I Rn 32.

[652] Siehe zu dieser differenzierenden Betrachtung schon EuGH GRUR Int. 1999, 734, 736 – Lloyd; siehe dazu → I Rn 32.

[653] BGH GRUR 2000, 619, 621 – Orient-Teppichmuster; BGH NJW 2001, 3193, 3194 – Anwalts- und Steuerkanzlei.

[654] BGH GRUR 2002, 160, 162 – Warsteiner III.

[655] Zum Lauterkeitsrecht siehe BGH GRUR 2000, 619, 621 – Orient-Teppichmuster (normale Aufmerksamkeit); BGH GRUR 2000, 820, 821 – Space Fidelity Peep-Show (durchschnittlich informierter und verständiger Leser); BGH GRUR 2001, 1061, 1062 – Mitwohnzentrale.de; BGH GRUR 2001, 1166, 1168f – Fernflugreise; zum Markenrecht siehe BGH GRUR 2000, 506, 508 – ATTACHÉ/TISSERAND; BGH GRUR 2000, 875, 877 – Davidoff.

[656] Zum wettbewerbsrechtlichen Informationsmodell → Einleitung E Rn 143ff; zum originären Verbraucherschutz durch Lauterkeitsrecht → § 1 Rn 13.

sei, alle Verbraucher vor unlauteren Geschäftspraktiken zu schützen, sei entsprechend der Rechtsprechung des EuGH erforderlich, die Auswirkungen (einer unlauteren Geschäftspraktik) auf einen **fiktiven typischen Verbraucher** zu prüfen.[657] Die Erwägungsgründe machen deutlich, dass es sich bei dem europäischen Verbraucherleitbild um ein **normatives Modell** handelt, auch wenn nicht ausgeschlossen ist, im Wege von demoskopischen Gutachten auf **empirische Tatsachengrundlagen** des Verbraucherverhaltens zurückzugreifen.[658]

5. Verbraucherbegriff im Vorschlag für eine Richtlinie über Rechte der Verbraucher

38 Der von der Europäischen Kommission vorgelegte **Vorschlag für eine Richtlinie über Rechte der Verbraucher,**[659] die als eine neue Verbraucherschutzrichtlinie eine Erleichterung des Einkaufs im Internet und im Einzelhandel bezweckt, enthält einen **gemeinschaftsrechtlichen Verbraucherbegriff**. Nach Art. 2 1. Spiegelstrich wird der Begriff des Verbrauchers einheitlich und für die Mitgliedstaaten zwingend definiert. Nach dieser Bestimmung ist **Verbraucher** eine natürliche Person, welche zu Zwecken handelt, die außerhalb ihrer gewerblichen, geschäftlichen, handwerklichen oder beruflichen Tätigkeit liegen. Nach dieser Begriffsbestimmung wird eine natürliche Person als Arbeitnehmer in ihrem Verhältnis zum Arbeitgeber nicht als Verbraucher erfasst. Der gemeinschaftsrechtliche Verbraucherbegriff des Richtlinienvorschlags ist insoweit enger als der Verbraucherbegriff, der dem deutschen Verbraucherschutzrecht zugrunde liegt.[660]

---

[657] So ausdrücklich Erwägungsgrund 18 der UGP-RL ABl. EG Nr. L 149 S. 1.

[658] Siehe zur Verhaltensbeeinflussung *schutzbedürftiger Verbrauchergruppen* → § 3 Rn 115.

[659] Vorschlag für eine Richtlinie des Europäischen Parlaments und des Rates über Rechte der Verbraucher vom 8. 10. 2008, KOM (2008) 614 endg.

[660] Siehe zu dieser Problematik *Derleder* AuR 2004, 361, 363; *Tschöpel/Pirschner* RdA 2004, 358; *Boemke* BB 2002, 96, 97.

§ 3 Verbot unlauterer geschäftlicher Handlungen

(1) **Unlautere geschäftliche Handlungen sind unzulässig, wenn sie geeignet sind, die Interessen von Mitbewerbern, Verbrauchern oder sonstigen Marktteilnehmer spürbar zu beeinträchtigen.**

(2) [1] **Geschäftliche Handlungen gegenüber Verbrauchern sind jedenfalls dann unzulässig, wenn sie nicht der für den Unternehmer geltenden fachlichen Sorgfalt entsprechen und dazu geeignet sind, die Fähigkeit des Verbrauchers, sich auf Grund von Informationen zu entscheiden, spürbar zu beeinträchtigen und ihn damit zu einer geschäftlichen Entscheidung zu veranlassen, die er andernfalls nicht getroffen hätte.** [2] **Dabei ist auf den durchschnittlichen Verbraucher oder, wenn sich die geschäftliche Handlung an eine bestimmte Gruppe von Verbrauchern wendet, auf ein durchschnittliches Mitglied dieser Gruppe abzustellen.** [3] **Auf die Sicht eines durchschnittlichen Mitglieds einer auf Grund von geistigen oder körperlichen Gebrechen, Alter oder Leichtgläubigkeit besonders schutzbedürftigen und eindeutig identifizierbaren Gruppe von Verbrauchern ist abzustellen, wenn für den Unternehmer vorhersehbar ist, dass seine geschäftliche Handlung nur diese Gruppe betrifft.**

(3) **Die im Anhang dieses Gesetzes aufgeführten geschäftlichen Handlungen gegenüber Verbrauchern sind stets unzulässig.**

Übersicht

	Rn
A. Generalklauseln des verbraucherbezogenen und des mitbewerberbezogenen Lauterkeitsrechts	**1**
I. Dualismus der Lauterkeitsrechtsordnungen	2
1. Rechtsharmonisierung des b2c-Geschäftsverkehrs in Umsetzung der UGP-RL	2
2. Das Gebot einer rechtsinhaltlichen Trennung zwischen verbraucherbezogenem und mitbewerberbezogenem Lauterkeitsrecht im UWG 2008	4
II. Vorrang der Verbraucherinteressen im harmonisierten Lauterkeitsrecht als Auslegungsdirektive	8
B. Grundlagen, Gesetzessystematik, Regelungstechnik und Anwendungsvoraussetzungen des § 3	**12**
I. Unübersichtlichkeit des Verbots unlauterer geschäftlicher Handlungen in § 3	12
II. Die Doppelfunktionalität der Generalklausel (§ 3 Abs. 1 und 2)	14
1. Die historische Entwicklung einer Differenzierung der beiden Lauterkeitsrechtsordnungen innerhalb der Generalklausel des UWG	14
2. Harmonisiertes und nichtharmonisiertes Lauterkeitsrecht	15
3. Zwei Generalklauseln des materiellen Lauterkeitsrechts im UWG 2008	18
a) Spezielle Generalklausel des Lauterkeitsrechts des b2c-Geschäftsverkehrs (§ 3 Abs. 2)	19
b) Allgemeine Generalklausel (§ 3 Abs. 1)	21
4. Abgrenzung der Anwendungsbereiche der allgemeinen und der speziellen Generalklauseln des § 3 Abs. 1 und 2	23
a) Offene Generalklausel unlauterer Geschäftspraktiken (Art. 5 Abs. 1 UGP-RL)	23
b) Verbindlicher Richtlinienbegriff der Unlauterkeit einer Geschäftspraktik im b2c-Geschäftsverkehr (Art. 5 Abs. 2 lit. a und b UGP-RL)	25
aa) Unlauterkeitsmerkmal einer beruflichen Sorgfaltspflichtverletzung eines Unternehmens (Art. 5 Abs. 2 lit. a UGP-RL)	26
bb) Unlauterkeitsmerkmal einer wesentlichen Beeinflussung des wirtschaftlichen Verbraucherverhaltens (Art. 5 Abs. 2 lit. b UGP-RL	27
cc) Die per se-Unlauterkeit der Verbotstatbestände des Anhangs I der UGP-RL	28

Rn

c) Die spezielle Generalklausel des § 3 Abs. 2 als Anwendungsbereich des gesamten Lauterkeitsrechts des b2c-Geschäftsverkehrs 31
5. Die Regelungstechnik des § 7 – richtlinienkonforme und gesetzeskorrigierende Auslegung der unzumutbaren Belästigungen (§ 7) als aggressive Geschäftspraktiken (Artt. 5 Abs. 4 lit. b, 8 und 9 UGP-RL) 34
a) Exemplarische Darstellung der Systeminkonformität des § 7 34
b) Änderung der Rechtssystematik der Generalklausel des § 3 im Verhältnis zu den Verbotstatbeständen der §§ 4 bis 7 im UWG 2008 36
aa) Kumulative Anwendung des § 3 UWG 2004 auf die Verbote der §§ 4 bis 7 UWG 2004 37
bb) Die Streichung der Bezugnahme auf die Unlauterkeit im Sinne der Generalklausel des § 3 Abs. 1 in den Verbotsnormen der §§ 4 bis 7 41
cc) Regelungstechnik des Verbots unzumutbarer Belästigungen (§ 7) .. 45
c) Das Verhältnis der Verbotsnorm des § 7 zur Generalklausel des § 3 im Lichte der UGP-RL 48
III. Unzulässigkeit einer unlauteren geschäftlichen Handlung 54
IV. Beeinträchtigung der Marktteilnehmerinteressen (§ 3 Abs. 1) und der Verbraucherentscheidung (§ 3 Abs. 2) 58
1. Eignung zur Wettbewerbsbeeinträchtigung im UWG 2004 und zur Interessenbeeinträchtigung im UWG 2008 59
a) Beeinträchtigung des Wettbewerbs nach § 3 UWG 2004 59
b) Objektive Eignung zur Wettbewerbsbeeinträchtigung im UWG 2004 62
c) Das Marktrelevanzkriterium einer Beeinträchtigung der Marktteilnehmerinteressen (§ 3 Abs. 1) 64
d) Das Verbraucherrelevanzkriterium einer Beeinträchtigung der Verbraucherentscheidung (§ 3 Abs. 2 S. 1 iVm Artt. 5 Abs. 2 lit. b, 2 lit. e UGP-RL) 67
2. Zum Nachteil der Marktteilnehmer (§ 3 UWG 2004) 69
V. Spürbarkeit einer Beeinträchtigung der Marktteilnehmerinteressen und einer Beeinträchtigung der Verbraucherentscheidung (§ 3 Abs. 1 und 2 S. 1) – Marktrelevanzkriterium und Verbraucherrelevanzkriterium 73
1. Entstehungsgeschichte der Bagatellklausel im UWG 2004 75
a) Stellungnahme der BMJ-Arbeitsgruppe „Überprüfung des Wettbewerbs" im Jahre 1996 75
b) Restriktionen des Anwendungsbereichs des § 1 UWG 1909 durch den BGH 76
c) Einführung einer Bagatellklausel in das UWG 2004 im Sinne einer Erheblichkeitsschwelle 78
2. Einführung des Spürbarkeitskriteriums in die Bagatellklausel im UWG 2008 81
a) Diskurs in den Gesetzgebungsverfahren um den Wortlaut einer Bagatellklausel 81
b) Marktrelevanzkriterium in § 3 Abs. 1 und Verbraucherrelevanzkriterium in § 3 Abs. 2 S. 1 82
3. Wesentlichkeit der Wettbewerbsbeeinträchtigung und der Verbraucherbelange nach § 13 Abs. 2 Nr. 2 und 3 UWG aF 84
a) Wesentlichkeitskriterium 84
b) Prognoseentscheidung 85
c) Berücksichtigung der besonderen Umstände 86
d) Normzweckverschiedenheit des Wesentlichkeitskriteriums (§ 13 Abs. 2 Nr. 2 und 3 UWG aF) und der Erheblichkeitsschwelle (§ 3 UWG 2004) 87
4. Anwendungsbereich der Erheblichkeitsschwelle (§ 3 UWG 2004) 89
a) Allgemeine Anwendungsschranke des Verbots unlauterer geschäftlicher Handlungen 89
b) Adressatenkreis 90
c) Eignung zu einer nicht nur unerheblichen Wettbewerbsbeeinträchtigung 91
5. Die Spürbarkeitsklauseln im b2b-Geschäftsverkehr und im b2c-Geschäftsverkehr (§ 3 Abs. 1 und 2 S. 1) 97
a) Spürbarkeit einer Beeinträchtigung der Marktteilnehmerinteressen – Marktrelevanzkriterium nach § 3 Abs. 1 97
aa) Anwendungsbereich im nichtharmonisierten Lauterkeitsrecht des b2b-Geschäftsverkehrs 97

	Rn
bb) Marktbezogene Relevanzkriterien	99
cc) Rechtserhebliche Umstände	101
dd) Extensive Auslegung des Marktrelevanzkriteriums	103
b) Spürbarkeit einer Beeinträchtigung der Entscheidungsfreiheit der Verbraucher –Verbraucherrelevanzkriterium nach § 3 Abs. 2 S. 1	105
aa) Anwendungsbereich im harmonisierten Lauterkeitsrecht des b2c-Geschäftsverkehrs	105
bb) Kausalzusammenhang als Wirkungskriterium	107
cc) Verbraucherbezogene Relevanzkriterien	108
dd) Restriktive Auslegung des Verbraucherrelevanzkriteriums	114
VI. Verhaltensbeeinflussung schutzbedürftiger Verbrauchergruppen (§ 3 Abs. 2 S. 2 und 3)	115
1. Europäisches Verbraucherleitbild und Schutzbedürftigkeit von Verbrauchergruppen	115
a) Verbraucher als Durchschnittsverbraucher und als durchschnittliches Mitglied einer Gruppe von Verbrauchern	116
b) Schutzbedürftigkeit eindeutig identifizierbarer Verbrauchergruppen	118
c) Zulässige Übertreibungen in der Werbung	121
2. Anwendungsvoraussetzungen des § 3 Abs. 2 S. 3	123
a) Eindeutige Identifizierbarkeit der schutzbedürftigen Verbrauchergruppe	123
b) Vorhersehbarkeit der Verbraucherbeeinflussung	124
3. Schutzbedürftigkeitsgründe	125
VII. Die per se-Verbote im Anhang des UWG (§ 3 Abs. 3)	126
1. Einheitlichkeit des Rechtsbegriffs der Unlauterkeit im harmonisierten Lauterkeitsrecht der UGP-RL	126
2. Einzelfallbeurteilung und „unter allen Umständen-Unlauterkeit" in der UGP-RL	128
3. Einzelfallbeurteilung und „stets-Unzulässigkeit" im UWG 2008	131
4. Vergleich der Anhänge der UGP-RL und des UWG	134
5. Einheitliche und abschließende Regelung der per se-Verbote	135
C. Die lauterkeitsrechtlichen Generalklauseln des § 3 Abs. 1 und 2 und des Art. 5 Abs. 1 UGP-RL als Verbotsnormen	**136**
I. Generalklauseln und Einzeltatbestände	136
II. Geschäftliche Handlung	146
III. Verbot unlauteren Wettbewerbs als deliktsrechtliche Generalklausel	148
IV. Die Generalklausel als Delegationsnorm jurisdiktiver Rechtsetzung	152
V. Das Verhältnis der Generalklauseln des § 3 Abs. 1 und 2 zu den Regelbeispielen, den Spezialtatbeständen und den per se-Verboten	155
1. Regelbeispiele und per se-Verbote als Präzisierung unlauteren Wettbewerbs	155
a) Funktion einer beredten Generalklausel	155
b) Regelbeispiele unlauterer geschäftlicher Handlungen (§ 4 Nr. 1 bis 11)	156
c) Per se-Verbote unlauterer geschäftlicher Handlungen (Anhang zu § 3 Abs. 3; Anhang I der UGP-RL)	160
2. Spezialtatbestände wettbewerblichen Unrechts	162
3. Konkurrenzen der Generalklauseln des § 3 Abs. 1 und 2	167
a) Begrenzungsfunktion der Regelbeispiele, der Spezialtatbestände und der per se-Verbote	167
b) Umfassender Sachverhaltsvortrag	171
c) Subsidiarität der Generalklauseln	172
aa) Umfassender Geltungsanspruch	172
bb) Auffangtatbestand	173
D. Begriff der Unlauterkeit im Wettbewerb (UWG und UGP-RL)	**174**
I. Unlauterkeit als Rechtswidrigkeitskriterium	174
1. Von der Sittenwidrigkeit zur Unlauterkeit	174
a) Kritik der Gute-Sitten-Norm	174
b) Lauterkeit im Wettbewerb als historischer Begriff der PVÜ	177
c) Beeinträchtigung des wirtschaftlichen Verhaltens der Verbraucher	180
2. Unlauterer Wettbewerb als Deliktsrecht	181
a) Deliktsrechtstheorien des Verhaltensunrechts und des Erfolgsunrechts	181

Rn
b) Verhaltensbezogene Rechtswidrigkeit im Lauterkeitsrecht 183
c) Erfolgsbezogene Rechtswidrigkeit im verbraucherbezogenen und im mitbewerberbezogenen Lauterkeitsrecht 185
3. Wettbewerbswidrigkeit 187
II. Unlauterkeit als Rechtsbegriff 189
1. Normativität des Begriffs und Empirie des Sachverhalts 189
2. Interessenabwägung und funktionale Rechtsanwendung 196
III. Unlauterkeit als objektiver Tatbestand 198
1. Objektive Theorie der Lauterkeit 198
a) Objektive Finalität der Wettbewerbshandlung 198
b) Marktbezogener Geschäftsverkehr als objektiver Rechtsbegriff im UWG 2008 201
2. Keine Kenntnis der die Unlauterkeit begründenden Tatumstände 203

E. Beurteilungsmaßstäbe und Wertungskriterien der Unlauterkeit 207
I. Konkretisierung der Unlauterkeit als eine Aufgabe des Richterrechts 208
II. Schutz der Interessen der Verbraucher und der Wettbewerber sowie der Allgemeinheit 214
III. Schutz des Leistungswettbewerbs und des Leistungsvergleichs am Markt 218
1. Leistungsbezug der Wettbewerbsfreiheit 218
2. Schutz des Leistungswettbewerbs in der Rechtsprechung des BVerfG 222
3. Leitbild des Leistungswettbewerbs im Einigungsvertrag 224
4. Verhaltenskodizes und Leistungswettbewerb 226
IV. Schutz der unternehmerischen Leistung im Lauterkeitsrecht 228
V. Nachahmungsgefahr und Folgenanalyse 232
VI. Europäisches Verbraucherleitbild 238
1. Der verständige Verbraucher als mündiger Marktbürger 238
2. Das Verbraucherleitbild in der Rechtsprechung des EuGH und BGH 240
3. Das europäische Verbraucherleitbild im harmonisierten Lauterkeitsrecht (Art. 5 Abs. 2 lit. b UGP-RL, § 3 Abs. 2 S. 2) 241
VII. Europäischer Verhältnismäßigkeitsgrundsatz 242
VIII. Binnenmarkt als Rechtsprinzip 246

Schrifttum: *Ackermann,* Das Sprachenproblem im europäischen Primär- und Sekundärrecht und der Turmbau zu Babel, WRP 2000, 807; *Ahrens,* Der Irreführungsbegriff im deutschen Wettbewerbsrecht – Zu den Auswirkungen des Urteils des Bundesgerichtshofes vom 5. Februar 1998 – „Testpreisangebot" und des Urteils des Gerichtshofes der Europäischen Gemeinschaften vom 16. Juli 1998 – „Gut Springenheide" auf die deutsche Rechtsprechung zur irreführenden Werbung, WRP 1999, 389; *Baudenbacher,* Suggestivwerbung und Lauterkeitsrecht, 1978; *ders.,* Zur funktionalen Anwendung von § 1 des deutschen und Art. 1 des schweizerischen UWG, ZHR 144 (1980) 145; *Beater,* Nachahmen im Wettbewerb, 1995; *ders.,* Zum Verhältnis von europäischem und nationalem Wettbewerbsrecht – Überlegungen am Beispiel des Schutzes vor irreführender Werbung und des Verbraucherbegriffs, GRUR Int. 2000, 963; *Böhm,* Wettbewerb und Monopolkampf, 1933; *Bornkamm,* Die Feststellung der Verkehrsauffassung im Wettbewerbsprozess, WRP 2000, 830; *ders.,* Wettbewerbs- und Kartellrechtsprechung zwischen nationalem und europäischem Recht, FS 50 Jahre BGH, 2000, S. 343; *Brammsen/Leible,* Multi-Level-Marketing im System des deutschen Lauterkeitsrechts, BB 1997, Beil. 10, S. 1; *Burmann,* Zur Problematik eines wettbewerbsrechtlichen Verbraucherschutzes, WRP 1973, 313; *Busch/Droit,* Ein europäischer Rechtsrahmen für das Lauterkeitsrecht?, Der Vorschlag der Europäischen Kommission für eine Richtlinie über unlautere Geschäftspraktiken, ELF 2004, 91; *v. Caemmerer,* Wandlungen des Deliktsrechts, in: Hundert Jahre deutsches Rechtsleben, FS zum 100jährigen Bestehen des deutschen Juristentages 1860–1960, Bd. II, 1960, S. 49; *Canaris,* Die richtlinienkonforme Auslegung und Rechtsfortbildung im System der juristischen Methodenlehre, FS Bydlinski, 2002, S. 47; *Derenberg,* Konsumentenschutzbewegung und „altmodischer kaufmännischer Anstand", GRUR Int. 1972, 1; *Dethloff,* Europäisierung des Wettbewerbsrechts, 2001; *Deutsch,* Der Einfluss des europäischen Rechts auf den Irreführungstatbestand des § 3 UWG – Gedanken zum Verbraucher-Leitbild und zur Relevanz bei Täuschungen, GRUR 1996, 541; *Döll,* Die Berücksichtigung der Nachahmungsgefahr bei Wettbewerbsverstößen, BB 1965, 173; *Ehricke,* Die richtlinienkonforme und die gemeinschaftsrechtskonforme Auslegung nationalen Rechts, RabelsZ 59 (1995) 598; *v. Falkenstein,* Wettbewerbsrechtlicher Verbraucherschutz in der Praxis, in: Mitarbeiterfestschrift für E. Ulmer, 1973, S. 307; *Fezer,* Teilhabe und Verantwortung – Die personale Funktionsweise des subjektiven Privatrechts, 1986; *ders.,* Der wettbewerbsrechtliche Schutz der unternehmerischen Leistung, in: Gewerblicher Rechtsschutz und Urheberrecht in Deutschland, FS Bd. II, 1991, S. 939; *ders.,* Leistungsschutz im Wettbewerbsrecht, WRP 1993, S. 63; *ders.,* Schadensersatz und subjektives Recht im Wettbewerbsrecht, WRP 1993, S. 565; *ders.,* Europäisierung des Wettbewerbsrechts, JZ 1994, 317; *ders.,* Das wettbewerbsrechtliche Irreführungsverbot als ein normatives Modell des verständigen Verbrauchers im Europäischen Unionsrecht, WRP 1995, 671; *ders.*, Modernisierung des deutschen Rechts gegen den unlauteren Wettbewerb auf der Grundlage einer Europäisierung des Wettbewerbsrechts, WRP 2001, 989; *Glöckner*, Richtlinienvorschlag über unlautere Geschäftspraktiken, Deutsches UWG oder die schwierige Umsetzung von europäischen Generalklauseln, WRP 2004, 936; *Heermann*, Die Erheblichkeitsschwelle i. S. des § 3 UWG-E, GRUR 2004, 94; *Hefermehl*, Verbraucherschutz im Wettbewerbsrecht, FS Kastner, 1972, S. 183; *ders.*, Entwicklungen im Recht gegen den unlauteren Wettbewerb, FS Robert Fischer, 1979, S. 197; *ders.*, Rechtsfortbildung im Wettbewerbsrecht, FS der Juristischen Fakultät zur 600-Jahr-Feier der Ruprecht-Karls-Universität Heidelberg, 1986; *Helm*, Das Verbraucherleitbild des Europäischen Gerichtshofs und des Bundesgerichtshofs im Vergleich, FS Tilmann, 2003, S. 135; *Hoeren*, Das neue UWG und dessen Auswirkungen auf den B2B-Bereich, WRP 2009, 789; *Hommelhoff*, Die Rolle der nationalen Gerichte bei der Europäisierung des Privatrechts, in: 50 Jahre Bundesgerichtshof, Festgabe aus der Wissenschaft, Bd. II: Handels- und Wirtschaftsrecht, Europäisches und Internationales Recht, 2000, S. 889; *Joerges*, Verbraucherschutz als Rechtsproblem, 1981; *ders.*, Die Europäisierung des Privatrechts als Rationalisierungsprozess und als Streit der Disziplinen, ZEuP 1995, 181; *Kisseler*, Wettbewerbsrecht und Verbraucherschutz, WRP 1972, 557; *Kocher*, Tiefe Gefühle im Wettbewerb – Zu den „Benetton-Entscheidungen" des BGH und des BVerfG, KJ 2003, 293; *Köhler*, Zur richtlinienkonformen Auslegung und Neuregelung der „Bagatellklausel" in § 3 UWG, WRP 2008, 10; *Köhler/Lettl*, Das geltende europäische Lauterkeitsrecht, der Vorschlag für eine EG-Richtlinie über unlautere Geschäftspraktiken und die UWG-Reform, WRP 2003, 1019; *Koppensteiner*, Marktbezogene Unlauterkeit und Missbrauch von Marktmacht, WRP 2007, 475; *Kraft*, Interessenabwägung und gute Sitten im Wettbewerbsrecht, 1963; *ders.*, Die Berücksichtigung wirtschaftspolitischer und gesellschaftspolitischer Belange im Rahmen des § 1 UWG, FS Bartholomeyczik, 1973, S. 223; *Krüger/v. Gamm*, Europäisches Recht und Deutsche UWG-Reform, ELR 2004, 98; *M. Lehmann*, Wettbewerbsrecht, Strukturpolitik und Mittelstandsschutz, GRUR 1977, 580, 633; *ders.*, Schutz des Leistungswettbewerbs und Verkauf unter Einstandspreis, GRUR 1979, 368; *Leistner/Stang*, Die Neuerung der wettbewerbsrechtlichen Verkehrspflichten – Ein Siegeszug der Prüfungspflichten?, WRP 2008, 533; *Lettl*, Der Schutz der Verbraucher nach der UWG-Refom, GRUR 2004, 449, 453; *Lindacher*, Grundfragen des Wettbewerbsrechts, BB 1975, 1311; *Mankowski*, Ist die Bagatellklausel des § 3 UWG bei belästigender Werbung (§ 7 UWG) zu beachten?, WRP 2008, 15; *Matern*, Absatzförderung auf nachgeordneten Vertriebsstufen – lauterkeitsrechtliche Bewertung von Verkaufswettbewerbern in der Reisebranche, WRP 2008, 575; *Mayer-Maly*, Bewußtsein der Sittenwidrigkeit, 1971; *Merkel*, Zum Schutz des Leistungswettbewerbs durch die Gerichte – Überlegungen zur Novellierung des Wettbewerbsrechts, BB 1977, 705; *Mertens*, Kollektivrechtlicher Schadensersatz als Mittel des Verbraucherschutzes, ZHR 139 (1975) 438; *Merz*, Die Vorfeldthese, 1988; *Meyer*, Bemerkungen zur „Mars"-Entscheidung des EuGH, GRUR Int. 1996, 101; *Meyer-Cording*, Gute Sitten und ethischer Gehalt des Wettbewerbsrechtes – Grundsätzliches zu § 1 UWG, JZ 1964, 273; *Müller-Graff*, Binnenmarktziel und Rechtsordnung, 1989; *Nastelski*, Schutz der Allgemeinheit im Wettbewerbsrecht, GRUR 1969, 322; *Ohly*, Richterrecht und Generalklausel im Recht des unlauteren Wettbewerbs, 1997; *Ott*, Systemwandel im Wettbewerbsrecht, FS Raiser, 1974, S. 403; *Pause*, Die Berücksichtigung der Allgemeinheit bei der Beurteilung wettbewerbsrechtlichen Handelns, 1984; *Podszun*, Der „more economic approach" im Lauterkeitsrecht, WRP 2009, 509 *Raiser*, Marktbezogene Unlauterkeit, GRUR Int. 1973, 443; *Reich*, Binnenmarkt als Rechtsbegriff, EuZW 1991, 203; *Reichhold*, Lauterkeitsrecht als Sonderdeliktsrecht, AcP 193 (1993) 204; *Reinhard*, Verbraucherschutz durch EU-Richtlinien, Der acquis communautaire im Bereich des Verbraucherrechts, ELF 2004, 86; *Reuthal*, Verstößt das deutsche Irreführungsverbot gegen Artikel 30 EGV?, WRP 1997, 1154; *Rödding*, Scheinargumente im Wettbewerbsrecht, DB 1969, 1877; *Roth*, Generalklauseln im Europäischen Privatrecht – Zur Rollenverteilung zwischen Gerichtshof und Mitgliedstaaten bei ihrer Konkretisierung, FS Drobnig, 1998, S. 135; *Sack*, Deliktsrechtlicher Verbraucherschutz gegen unlauteren Wettbewerb, NJW 1975, 1303; *ders.*, Vergleichende Werbung und die Erheblichkeitsschwelle in § 3 des Regierungsentwurfs einer UWG-Novelle, WRP 2004, 30; *Sambuc*, Folgenerwägungen im Richterrecht, 1977; *Samwer*, Verbraucherschutz und Wettbewerbsrecht, GRUR 1969, 326; *Scherer*, Verletzung der Menschenwürde durch Werbung, WRP 2007, 594; *dies.*, Ende der Werbung in Massenmedien? – Überlegungen zu Art. 5 Abs. 3 RLUnlGP/§ 3 Abs. 1 Satz 2 UWG-RefE, WRP 2008, 563; *dies.*, Die „wesentliche Beeinflussung" nach der Richtlinie über unlautere Geschäftspraktiken, WRP 2008, 708; *Schluep*, Über den Begriff der Wettbewerbsverfälschung, FS Max Kummer, 1980, S. 487; *Schöttle*, Aus eins mach zwei – die neuen Generalklauseln im Lauterkeitsrecht, GRUR 2009, 546; *Chr. Schmidt*, Unlauter und darüber hinaus ..., GRUR 2009, 353; *Schricker*, Unlauterer Wettbewerb und Verbraucherschutz, GRUR Int. 1970, 32; *ders.*, Wettbewerbsrecht und Verbraucherschutz, RabelsZ 36, 315; *ders.*, Entwicklungstendenzen im Recht des unlauteren Wettbewerbs, GRUR 1974, 579; *ders.*, Möglichkeiten zur Verbesserung des Schutzes der Verbraucher und des funktionsfähigen Wettbewerbs im Recht des unlauteren Wettbewerbs, ZHR 139 (1975) 208; *ders.*, Wettbewerbsrechtliche Aspekte des Verbraucherschutzes, RabelsZ 1976, 535; *Schürmann/Schluep*, Kartellgesetz und Preisüberwachungsgesetz, 1988; *Schütz*, Nachahmungsgefahr und Unlauterkeit, WRP 1993, 168; *Schulze/Janssen*, Das Recht des unlauteren Wettbewerbs in den EU-Mitgliedstaaten, ELF 2004, 77; *Schweizer*, Die „normative Verkehrsauffassung" – Ein doppeltes Missverständnis – Konsequenzen für das Leitbild des „durchschnittlich informierten, verständigen und aufmerksamen Durchschnittsverbrauchers", GRUR 2000, 923; *Spätgens*, Irreführende Werbung – Verbraucherleitbild – Marktforschung, WRP 2000, 1023; *Steindorff*, Die guten Sitten als Freiheitsbeschränkung, in: Summum ius summa iniuria, 1963; *ders.*, Unlauterer Wettbewerb im System des EG-Rechts, WRP 1993, 139; *E. Ulmer*, Sinnzusammenhänge im modernen Wettbewerbsrecht, 1932; *P. Ulmer*, Schranken zulässigen Wettbewerbs marktbeherrschender Unternehmen, 1977; *ders.,* Der Begriff „Leistungswettbewerb" und seine Bedeutung für den Anwendungsbereich von GWB- und UWG-Tatbeständen, GRUR 1977, 565; *ders.,* Kartellrechtswidrige Konkurrentenbehinderung durch leistungsfremdes Verhalten marktbeherrschender Unternehmen – Eine Zwischenbilanz, Festgabe Kummer, 1980, S. 565; *Wuttke,* Die Bedeutung der Schutzzwecke für ein liberales Wettbewerbsrecht (UWG), WRP 2007, 119.

Schrifttum: Siehe die Schrifttumsangaben zu § 1.

Schrifttum zum UWG 2004: Siehe die Schrifttumsangaben Einleitung E vor Rn 39.

Schrifttum zum UWG 2008: Siehe die Schrifttumsangaben Einleitung E vor Rn 80.

A. Generalklauseln des verbraucherbezogenen und des mitbewerberbezogenen Lauterkeitsrechts

1 Die **Generalklausel des § 3** normiert ein **Verbot unlauterer geschäftlicher Handlungen**. Regelungsgegenstand der Generalklausel ist das verbraucherbezogene und das mitbewerberbezogene Lauterkeitsrecht.

I. Dualismus der Lauterkeitsrechtsordnungen

1. Rechtsharmonisierung des b2c-Geschäftsverkehrs in Umsetzung der UGP-RL

2 Die Diskussion um eine **Europäisierung des Lauterkeitsrechts**[1] in den Mitgliedstaaten der EU ist aus Gründen der historischen Entwicklung der nationalen Lauterkeitsrechtsordnungen seit Jahrzehnten von dem **Dualismus** eines **verbraucherbezogenen Lauterkeitsrechts** einerseits und eines **mitbewerberbezogenen Lauterkeitsrechts** andererseits beherrscht. Die **Schutzzweckverschiedenheit** des Lauterkeitsrechts zur Regelung des b2c-Geschäftsverkehrs und des b2b-Geschäftsverkehrs stellt ein fundamentales Datum innerhalb der Rechtsentwicklung eines europäischen Lauterkeitsrechts dar.

3 Vor dem Hintergrund des unterschiedlichen Approachs zum Lauterkeitsrecht in den mitgliedstaatlichen Lauterkeitsrechtsordnungen ist die Entstehungsgeschichte der UGP-RL zu verstehen.[2] Regelungsgegenstand der **Vollharmonisierung der UGP-RL** ist ausschließlich das **verbraucherbezogene Lauterkeitsrecht** und damit der lauterkeitsrechtliche Verbraucherschutz und nicht das mitbewerberbezogene Lauterkeitsrecht und damit nicht der lauterkeitsrechtliche Wettbewerberschutz. In der Präambel der UGP-RL wird der Kommission aufgegeben, einen Gesetzgebungsvorschlag zur Erfassung der mitbewerberbezogenen Aspekte des unlauteren Wettbewerbs vorzulegen. Eine gemeinschaftsrechtliche **Rechtsharmonisierung des Mitbewerberschutzrechts** im b2b-Geschäftsverkehr als Lauterkeitsrecht ist dringend geboten.[3]

2. Das Gebot einer rechtsinhaltlichen Trennung zwischen verbraucherbezogenem und mitbewerberbezogenem Lauterkeitsrecht im UWG 2008

4 Das **Modell der Schutzzwecktrias**,[4] das nach der Ausdehnung der Schutzzwecke des ursprünglich auf den Konkurrentenschutz begrenzten UWG 1909 auf den Schutz der Interessen der Mitbewerber, der Verbraucher und der Allgemeinheit den Verbraucherschutz in den Mitbewerberschutz integrierte, war die ideologische Basis der Normzwecklehre zum

---

[1] Siehe zur Entwicklungsgeschichte eines europäischen Lauterkeitsrechts → Fezer/*Fezer* Einleitung E Rn 80 ff.

[2] Siehe zur Vorgeschichte der UGP-RL als Diskurs über die europäische Konzeption eines lauterkeitsrechtlichen Verbraucherschutzes → Fezer/*Fezer* Einleitung E Rn 90 ff.

[3] Siehe dazu schon die Forderung von *Fezer* WRP 2006, 781, 784.

[4] Siehe zur Unterscheidung zwischen Schutzzweckparität und Schutzzwecktrias → Fezer/*Fezer* § 1 UWG Rn 10; zum Abschied von der Schutzzwecktrias bei der Rechtsharmonisierung durch die UGP-RL → Fezer/*Fezer* § 1 UWG Rn 11 ff.

tradierten UWG innerhalb dessen nahezu ein Jahrhundert währender Entwicklungsgeschichte. Noch in der Richtlinie über irreführende Werbung[5] des Jahres 1984 war das tradierte Integrationsmodell der Schutzzwecktrias die lauterkeitsrechtliche Konzeption. Diese Schutzzweckbestimmung im Sinne der Schutzzwecktrias wurde noch in der geänderten Richtlinie über irreführende und vergleichende Werbung im Jahre 1997 beibehalten.[6] Eine Schutzzweckrestriktion und eine damit verbundene Begrenzung des Anwendungsbereichs auf das mitbewerberbezogene Lauterkeitsrecht wird in der Richtlinie über irreführende und vergleichende Werbung aus Anlass der Rechtsharmonisierung durch die UGP-RL vollzogen.[7] Folge einer durch das Integrationsmodell der Schutzzwecktrias ausgedrückten Interdependenz des Verbraucherschutzes und des Konkurrentenschutzes im Wettbewerb war eine **rechtsformale und zugleich rechtsinhaltliche Gesetzeseinheit** des Lauterkeitsrechts im UWG 1909 und innerhalb dessen Rechtsentwicklung.

Schon die **Normzweckklausel des § 1 UWG 2004** stellte eine konzeptionelle Verlagerung des Schwerpunkts der Schutzzwecke des Lauterkeitsrechts dar. Der **Dualismus der Schutzzwecke** in § 1 S. 1 UWG 2004 war eine Folge der von dem Reformgesetzgeber des Jahres 2004 beabsichtigten Verstärkung des wirtschaftlichen Verbraucherschutzes im Wettbewerbsrecht. Der Normzweck der Schutzzweckklausel des § 1 UWG 2004 zielte auf eine **Schutzzweckparität** der Wettbewerber und der Verbraucher, mit der die Gleichrangigkeit und Gleichwertigkeit der wirtschaftlichen Interessen dieser Marktteilnehmer beschrieben wurde. 5

Die **UGP-RL** ging sowohl **gesetzestechnisch formal** als auch **rechtsinhaltlich konzeptionell** einen anderen Weg.[8] Gegenstand der Rechtsangleichung sind nur solche Rechtsvorschriften, die die wirtschaftlichen Interessen der Verbraucher **unmittelbar** und dadurch die wirtschaftlichen Interessen rechtmäßig handelnder Wettbewerber nur **mittelbar** schädigen.[9] Die UGP-RL bezieht sich deshalb nur auf solche Geschäftspraktiken, die in einem unmittelbaren Zusammenhang mit der Beeinflussung der geschäftlichen Entscheidung des Verbrauchers in Bezug auf Produkte stehen. Regelungsgegenstand der UGP-RL sind nicht solche Geschäftspraktiken, die **vorrangig anderen Zielen** dienen.[10] Die Formulierung in der Präambel der UGP-RL, die rechtmäßig handelnden Unternehmen seien vor den unlauter handelnden Mitbewerbern somit „auch mittelbar“ geschützt, verdeutlicht nochmals sprachlich den **Vorrang der Verbraucherinteressen** als **konstitutiv zur Begründung der Unlauterkeit** einer Geschäftspraktik im harmonisierten Lauterkeitsrecht des b2c-Geschäftsverkehrs. Der **mittelbare Mitbewerberschutz** als eine Folge des originären Verbraucherschutzes stellt innerhalb des Anwendungsbereichs der UGP-RL nur einen **objektiven Reflex** der lauterkeitsrechtlichen Normen des b2c-Geschäftsverkehrs dar. 6

Der konzeptionelle Unterschied zwischen der UGP-RL und dem UWG 2004 verlangte vom Gesetzgeber der **UWG-Novelle 2008** zwar gesetzestechnisch keine Umsetzung dahin, dass es zwei gesonderter Gesetze zur Regelung des b2c-Geschäftsverkehrs als verbraucherbezogenes Lauterkeitsrecht und des b2b-Geschäftsverkehrs als mitbewerberbezogenes Lauterkeitsrecht bedurft hätte. Die formale Gesetzeseinheit des lauterkeitsrechtlichen Verbraucherschutzes und des lauterkeitsrechtlichen Konkurrentenschutzes im UWG 2008 ver- 7

[5] Richtlinie des Rates zur Angleichung der Rechts- und Verwaltungsvorschriften der Mitgliedstaaten über irreführende Werbung (84/450/EWG) vom 10. 9. 1984, ABl. EG Nr. L 250 vom 19. 9. 1984 S. 17.

[6] Richtlinie des Europäischen Parlaments und des Rates zur Änderung der Richtlinie 84/450/EWG über irreführende Werbung zwecks Einbeziehung der vergleichenden Werbung (97/55/EG) vom 6. 10. 1997, ABl. EG Nr. L 290 vom 23. 10. 1997 S. 18; Richtlinie des Rates über irreführende und vergleichende Werbung (konsolidierte Fassung) (84/450/EWG) vom 10. 9. 1984, ABl. EG Nr. L 250 vom 19. 1984 S. 17; geändert durch Richtlinie 97/55/EG vom 6. 10. 1997, ABl. EG Nr. L 290 S. 18; nunmehr Richtlinie 2006/114/EG des Europäischen Parlaments und des Rates über irreführende und vergleichende Werbung vom 12. 12. 2006, ABl. EG Nr. L 376 S. 21.

[7] Siehe dazu näher → Fezer/*Fezer* § 1 UWG Rn 13.

[8] Siehe ausführlich zu Systematik und Regelungsinhalt der UGP-RL → Fezer/*Fezer* Einleitung E Rn 107 ff.

[9] Erwägungsgrund 8 der UGP-RL, ABl. EG Nr. L 376 S. 23.

[10] Erwägungsgrund 7 der UGP-RL, ABl. EG Nr. L 376 S. 23.

langt, das materielle Lauterkeitsrecht des b2c-Geschäftsverkehrs von dem materiellen Lauterkeitsrecht des b2b-Geschäftsverkehrs rechtsinhaltlich zu trennen. Das verbraucherbezogene und das mitbewerberbezogene Lauterkeitsrecht im UWG 2008 stellen ausschließlich eine rechtsformale Gesetzeseinheit, nicht aber eine materiellrechtliche Rechtseinheit des Lauterkeitsrechts dar. Der **Dualismus der Lauterkeitsrechtsordnungen** innerhalb des UWG 2008 als **Marktrecht** begründet **Marktverhaltensnormen unterschiedlicher Schutzrichtung** an die Unternehmen als die Normadressaten der Generalklausel.[11]

II. Vorrang der Verbraucherinteressen im harmonisierten Lauterkeitsrecht als Auslegungsdirektive

8 Bei dem Anwendungsbereich des UWG 2008 ist deutlich zwischen dem verbraucherbezogenen Lauterkeitsrecht, das den b2c-Geschäftsverkehr regelt, und dem mitbewerberbezogenen Lauterkeitsrecht, das den b2b-Geschäftsverkehr regelt, zu unterscheiden. Die rechtsinhaltliche Zweiteilung des Lauterkeitsrechts in den b2c-Geschäftsverkehr und den b2b-Geschäftsverkehr verlangt, den **Vorrang der Verbraucherinteressen im harmonisierten Lauterkeitsrecht** der UGP-RL als Auslegungsdirektive bei der Normanwendung der lauterkeitsrechtlichen Verbotstatbestände des b2c-Geschäftsverkehrs anzuerkennen. Innerhalb des mitbewerberbezogenen Lauterkeitsrechts kommt bei der Begründung der Unlauterkeit im b2b-Geschäftsverkehr den Mitbewerberinteressen ein rechtlicher Vorrang zu. Es besteht nur eine formale Gesetzeseinheit des verbraucherbezogenen und des mitbewerberbezogenen Lauterkeitsrechts im UWG 2008. Unter dem formalen Dach des Gesetzes gegen den unlauteren Wettbewerb bestehen materiellrechtlich zwei Lauterkeitsrechtsordnungen. Die materiellrechtliche Unterscheidung der lauterkeitsrechtlichen Normbereiche und die **Vorrangregeln als Auslegungsdirektiven** gelten nicht nur für die konkreten Verbotstatbestände der per se-Verbote der Black List des Anhangs zu § 3 Abs. 3, der die Generalklausel des § 3 konkretisierenden Beispielstatbestände des § 4 Nr. 1 bis 11 und der Spezialtatbestände der §§ 5 bis 7, sondern auch für solche Marktverhaltensnormen, die durch richterrechtliche Konkretisierung der Generalklauseln des § 3 Abs. 1 und 2 gebildet werden.

9 Die rechtsformal im UWG 2008 bestehende Gesetzeseinheit des verbraucherbezogenen und des mitbewerberbezogenen Lauterkeitsrechts verlangt, bei der Anwendung der Verbotstatbestände des UWG 2008 bei der **Subsumtion der Sachverhalte** materiellrechtlich danach zu unterscheiden, ob es sich um eine **Fallkonstellation im Anwendungsbereich der UGP-RL** handelt, oder ob ein Verbotstatbestand des nichtharmonisierten Lauterkeitsrechts eingreift. Die materiellrechtliche Teilung in die beiden Lauterkeitsrechtsordnungen stellt **keine unangemessene Rechtsaufspaltung** dar. Die rechtsinhaltliche Trennung der lauterkeitsrechtlichen Rechtsbeurteilung in den harmonisierten b2c-Geschäftsverkehr und den nichtharmonisierten b2b-Geschäftsverkehr ist vielmehr nach dem europäischen Richtlinienrecht aus rechtssystematischen Gründen geboten, um eine **schutzzweckadäquate Auslegung** des Lauterkeitsrechts zu gewährleisten. Bei der Anwendung der Verbotstatbestände des UWG 2008 und namentlich bei der Konkretisierung der Generalklauseln des § 3 Abs. 1 und 2 ist nicht entbehrlich, vielmehr in richtlinienkonformer Auslegung erforderlich, materiellrechtlich die verbraucherbezogenen und die mitbewerberbezogenen Verbotstatbestände zu unterscheiden und deren Anwendungsbereiche nach dem Vorrang der konkreten Interessen zu bestimmen.[12]

---

[11] In dieser Tendenz beschreibt auch *Hoeren* den Systemwandel im UWG als einen Weg vom Sonderprivatrecht für Kaufleute zum Sonderhandelsrecht für Verbraucher; *Hoeren* WRP 2009, 789, 790.

[12] Die Aussage in der Gesetzesbegründung zum Gesetzentwurf der Bundesregierung zum UWG 2008 (BT-Drucks. 16/10145 vom 20. 8. 2008 S. 15f), sowohl Verbraucher als auch Mitbewerber erwarteten die Einhaltung bestimmter Regeln der Lauterkeit im Geschäftsverkehr, stellt eine Selbstverständlichkeit und kein Gegenargument gegen den originären Verbraucherschutz durch Lauterkeitsrecht dar. Die weitere Aussage, diese Regeln sollten – möglichst durch denselben Rechtsakt – sowohl Verbraucher als auch Mitbewerber vor

10 Die verbraucherbezogenen Verbotstatbestände des Lauterkeitsrechts sind zwingend von der UGP-RL vorgegeben. Wenn ein Sachverhalt in den Anwendungsbereich der UGP-RL fällt, dann handelt es sich um einen **Sachverhalt des verbraucherbezogenen Lauterkeitsrechts** innerhalb des UWG 2008, dessen Begründung der Unlauterkeit vorrangig an den Verbraucherinteressen auszurichten ist. Das Verhalten von Unternehmen am Markt wird nicht aufgeteilt, sondern, soweit es sich um einen Sachverhalt handelt, der unter die UGP-RL zu subsumieren ist, ausschließlich nach den Rechtsgrundsätzen des verbraucherbezogenen Lauterkeitsrechts beurteilt. Im b2c-Geschäftsverkehr sind die Mitbewerberinteressen nur mittelbar geschützt. Wettbewerberinteressen können den Anwendungsbereich der unlauteren Geschäftspraktiken im b2c-Geschäftsverkehr weder ausdehnen noch einschränken.

11 Es ist weiter geboten, auch die b2c-Verbotstatbestände des UWG, deren konkrete Anwendungsbereiche in einer jahrzehntelangen Rechtsentwicklung nach der Schutzzwecktrias ausgelegt und bestimmt wurden, nach dem Normzweck der UGP-RL, die auch innerhalb der Regelung des § 3 UWG 2008 zum Ausdruck gebracht wird, zu überprüfen und gegebenenfalls die Grenzen der Verbotstatbestände – sei es restriktiver, sei es extensiver – neu zu konturieren. Diese **Neujustierung des b2c-Lauterkeitsrechts** im UWG 2008 stellt eine Aufgabe sowohl der Rechtswissenschaft als auch der Rechtsprechung dar, die sich an den Grundsatzurteilen des EuGH zur Auslegung der UGP-RL wird orientieren müssen.[13]

B. Grundlagen, Gesetzessystematik, Regelungstechnik und Anwendungsvoraussetzungen des § 3

I. Unübersichtlichkeit des Verbots unlauterer geschäftlicher Handlungen in § 3

12 Die **Gesetzessystematik**, die das rechtssystematische Verhältnis der Generalklausel des § 3 zu den per se-Verboten der Black List, zu den die Generalklausel konkretisierenden Regelbeispielen des § 4 Nr. 1 bis 11 und zu den Spezialtatbeständen der §§ 5 bis 7 einerseits, sowie das Verhältnis zu dem Sanktionenrecht der §§ 8 bis 10 andererseits betrifft, ist unpräzise; das verkompliziert die **Regelungstechnik** innerhalb der Vorschrift des § 3 selbst, die sowohl das Verhältnis der Generalklauseltatbestände der Absätze 1 und 2 zueinander, als auch das Verhältnis der Unzulässigkeit zur Unlauterkeit einer Geschäftspraktik einschließlich des Anwendungsbereichs der Spürbarkeitsklausel betrifft.

13 Es sind namentlich zwei Gründe, die für diese **Unübersichtlichkeit** des Verbots unlauterer geschäftlicher Handlungen im UWG 2008 verantwortlich sind. Der Gesetzgeber der UWG-Novelle des Jahres 2008 suchte einerseits die bei der UWG-Reform des Jahres 2004 eingeführte Regelungstechnik des § 3 UWG 2004, die von der **Schutzzwecktrias** geprägt war und erstmals den Rechtsbegriff der **Unzulässigkeit** einer Wettbewerbshandlung in Abgrenzung zu deren Unlauterkeit normierte, zu bewahren. In der Gesetzessystematik und Gesetzessprache des UWG 2008 wird andererseits die **rechtsinhaltliche Trennung** zwischen dem verbraucherbezogenen und dem mitbewerberbezogenen Lauterkeitsrecht nicht klar und deutlich normiert und werden die beiden zu unterscheidenden Lauterkeitsrechtsordnungen des b2c-Geschäftsverkehrs und des b2b-Geschäftsverkehrs vermengt.

---

unlauterem Marktverhalten schützen, ist hinsichtlich des Postulats, Schutzinstrument solle derselbe Rechtsakt sein, unbegründet und unhaltbar.

[13] Diese Entwicklung des Lauterkeitsrechts beschreibt *Hoeren* als eine Umkehrung im Sinne von Verbraucherschutz statt Mitbewerberschutz. Mit Blick auf die Rechtsauffassung in Großbritannien und die jüngsten Richtlinien aus Brüssel geht seine Prognose dahin, der Mitbewerberschutz werde als Zielperspektive des Lauterkeitsrechts ausscheiden, da ein solcher Konkurrentenschutz im Kern als eine latente Gefahr für die Etablierung eines Binnenmarktes gesehen werde; Lauterkeitsrecht solle den Bereich B2C absichern, *Hoeren* WRP 2009, 789, 790.

II. Die Doppelfunktionalität der Generalklausel (§ 3 Abs. 1 und 2)

1. Die historische Entwicklung einer Differenzierung der beiden Lauterkeitsrechtsordnungen innerhalb der Generalklausel des UWG

14 Die **Generalklausel des § 1 UWG 1909** normierte **einheitlich** das Verbot sittenwidrigen Wettbewerbs, sei es im Sinne eines ausschließlichen Konkurrentenschutzes in den ersten Jahrzehnten des UWG 1909, sei es im Sinne der Schutzzwecktrias zum Schutz der Interessen der Mitbewerber, der Verbraucher und der Allgemeinheit spätestens seit den 1970er Jahren der Geltung des UWG 1909. Bei der **UWG-Reform des Jahres 2004** wurde das Verbot unlauteren Wettbewerbs in der Generalklausel des § 3 nicht mehr in gleicher Stringenz als Einheit, sondern **differenzierter** dahin normiert, dass von der Generalklausel des **§ 3 UWG 2004** die Schutzzweckklausel des § 1 UWG 2004 unterschieden wurde, in der in Satz 1 der Dualismus der Schutzzwecke im Interesse der Mitbewerber und der Verbraucher normiert und von dem Interesse der Allgemeinheit an einem unverfälschten Wettbewerb in Satz 2 unterschieden wurde. Bei der **UWG-Novelle des Jahres 2008** wurde in **§ 3 Abs. 1** – rechtsformal vergleichbar der Generalklausel des § 3 UWG 2004 – eine **allgemeine Generalklausel** auf der Grundlage einer mit § 1 UWG 2004 sachlich identischen Normzweckklausel des § 1 aufrechterhalten. Der in Umsetzung des Richtlinienrechts und dessen Generalklausel in **Art. 5 UGP-RL** wesentliche Anwendungsbereich des verbraucherbezogenen Lauterkeitsrechts wurde in einer zweiten – nach der Rechtsansicht in der Gesetzesbegründung gleichsam ergänzenden – **speziellen Generalklausel des § 3 Abs. 2** normiert.

2. Harmonisiertes und nichtharmonisiertes Lauterkeitsrecht

15 Die Vorschrift des § 3 normiert als Generalklausel das Verbot unlauterer geschäftlicher Handlungen. Dieser Fundamentalnorm des Lauterkeitsrechts kommt – wie schon der Generalklausel des Verbots sittenwidrigen Wettbewerbs in § 1 UWG 1909 zur Zeit der historischen Anfänge des kodifizierten Lauterkeitsrechts und der Generalklausel des Verbots unlauteren Wettbewerbs in § 3 UWG 2004 nach der UWG-Reform des Jahres 2004 – ein **umfassender Geltungsanspruch** zur Sanktionierung des gesamten unlauteren Marktverhaltens von Unternehmen zu. Innerhalb der verschiedenen Rechtszeiten erfuhr der Anwendungsbereich der lauterkeitsrechtlichen Generalklauseln eine ständige Ausdehnung. Der Weg führte von den Ursprüngen des Lauterkeitsrechts als **Konkurrentenschutzrecht** über das **Integrationsmodell der Schutzzwecktrias** im Interesse der Mitbewerber, der Verbraucher und der Allgemeinheit zum verbraucherschützenden **Marktrecht als Marktverhaltensrecht** der Unternehmen.

16 Mit dieser Ausdehnung des Anwendungsbereichs des Lauterkeitsrechts als Marktrecht war und ist zugleich ein Schutzzweckwandel verbunden, der innerhalb der beiden **Lauterkeitsrechtsordnungen des b2c-Geschäftsverkehrs und des b2b-Geschäftsverkehrs** den Vorrang der Schutzinteressen der Verbraucher einerseits und der Mitbewerber andererseits unterschiedlich gewichtet. In der allgemeinen Generalklausel des § 3 Abs. 1 und in der speziellen Generalklausel des § 3 Abs. 2 kommen die zu unterscheidenden beiden Lauterkeitsrechtsordnungen und deren verschiedene Schutzzwecke und jeweils vorrangigen Schutzinteressen zum Ausdruck, auch wenn dem Gesetzgeber der UWG-Novelle des Jahres 2008 eine klare Gesetzessystematik der beiden Generalklauseln des § 3 Abs. 1 und 2 zur Unterscheidung des Lauterkeitsrechts des b2c-Geschäftsverkehrs und des b2b-Geschäftsverkehrs in richtlinienkonformer Umsetzung der Generalklausel des Art. 5 UGP-RL nur unvollkommen gelungen ist.

17 Dieser **Wandel im Lauterkeitsrecht**, innerhalb des verbraucherbezogenen Lauterkeitsrechts den Verbraucherinteressen und innerhalb des mitbewerberbezogenen Lauterkeitsrechts den Mitbewerberinteressen rechtlich einen **Vorrang im Sinne einer Auslegungs-**

direktive des geltenden Lauterkeitsrechts zuzuerkennen, wird verstärkt durch die Art der Rechtsharmonisierung im Wege des europäischen Richtlinienrechts. Folge der zwingenden **Unterscheidung zwischen dem harmonisierten und dem nichtharmonisierten Lauterkeitsrecht** ist es, dass das verbraucherschützende Marktrecht im Sinne der UGP-RL innerhalb der Auslegung des UWG 2008 sich nach den Rechtsgrundsätzen des Richtlinienrechts bestimmt. Im nichtharmonisierten Lauterkeitsrecht des Mitbewerberschutzrechts werden die spezifischen Schutzinteressen der Unternehmen als Wettbewerber eigene Rechtswertungen verlangen und rechtfertigen. Die Unlauterkeit der Fallkonstellationen, deren Sachverhalte unter den Anwendungsbereich der UGP-RL zu subsumieren sind, bestimmen sich nach den unlauterkeitsbegründenden Beurteilungskriterien des Art. 5 Abs. 2 lit. a und b UGP-RL. Die Unlauterkeit im Sinne des Richtlinienrechts der UGP-RL ist auf die zentrale Funktion des Verbrauchers im Marktwettbewerb bezogen. Der Begriff der Unlauterkeit im Sinne der beiden Konkretisierungen der lit. a und b des Art. 5 Abs. 2 UGP-RL bilden das **Referenzmodell** zur Bestimmung der **Unlauterkeit im b2c-Geschäftsverkehr** in den mitgliedstaatlichen Lauterkeitsrechtsordnungen und damit auch im UWG 2008.

3. Zwei Generalklauseln des materiellen Lauterkeitsrechts im UWG 2008

Der Gesetzgeber der UWG-Novelle des Jahres 2008 normierte **zwei zu unterscheidende Generalklauseln** innerhalb des Verbots unlauterer geschäftlicher Handlungen des § 3.[14] 18

a) Spezielle Generalklausel des Lauterkeitsrechts des b2c-Geschäftsverkehrs (§ 3 Abs. 2). Das harmonisierte Lauterkeitsrecht des b2c-Geschäftsverkehrs wird in der speziellen Generalklausel des § 3 Abs. 2 grundlegend normiert. Sachverhalte des b2c-Geschäftsverkehrs, die unter die Bestimmungen der UGP-RL zu subsumieren sind und damit in den **Anwendungsbereich des harmonisierten Lauterkeitsrechts** fallen, sind nach der **speziellen Generalklausel des § 3 Abs. 2** lauterkeitsrechtlich zu beurteilen. Das Lauterkeitsrecht des Geschäftsverkehrs zwischen Unternehmen und Verbrauchern ist aus dem Anwendungsbereich der allgemeinen Generalklausel des § 3 Abs. 1 herausgenommen und nach den speziellen Rechtsgrundsätzen des § 3 Abs. 2 S. 1 bis 3 zu beurteilen. 19

Die Sprachregelung in der **Gesetzesbegründung,** die Generalklausel des § 3 Abs. 1 werde durch einen zweiten Absatz ergänzt, der der Umsetzung von Art. 5 Abs. 2 und 3 UGP-RL diene, wird der Bedeutung der Rechtsharmonisierung des b2c-Geschäftsverkehrs nicht gerecht.[15] Die Skepsis und der Vorbehalt des Gesetzgebers der UWG-Novelle 2008 gegenüber der Lauterkeitsrechtskonzeption der Richtlinie wird auch bei der Begründung des Umsetzungsbedarfs des Art. 5 UGP-RL, der das Verbot unlauterer Geschäftspraktiken als einer offenen Generalklausel mit einem umfassenden Geltungsanspruch für das Lauterkeitsrecht des b2c-Geschäftsverkehrs normiert, offenkundig. Da es sich bei dieser Vorschrift um ein wesentliches Element des Richtlinienkonzepts handele, bestehe Umsetzungsbedarf insbesondere mit Blick auf eine **Klarstellung** gegenüber Marktteilnehmern aus anderen Mitgliedstaaten der Europäischen Union. Allerdings dürften mit dieser Umsetzung **keine wesentlichen Änderungen** gegenüber der bisherigen Rechtslage verbunden sein.[16] Diese Ausführungen stellen entweder eine gröbliche Verkennung des verbraucherbezogenen Lauterkeitsrechts als Marktrecht im Sinne der UGP-RL dar oder sollen historische Auslegungshilfen zu einer restriktiven Interpretation des UWG 2008 bieten. 20

b) Allgemeine Generalklausel (§ 3 Abs. 1). Wenn es sich bei einem Sachverhalt nicht um eine Fallkonstellation im Anwendungsbereich der UGP-RL handelt, dann kann ein Sachverhalt des b2b-Geschäftsverkehrs vorliegen und innerhalb der Lauterkeitsrechts- 21

[14] So zutreffend Ullmann-jurisPK/*Ullmann* UWG § 3 Rn 7.
[15] Gesetzesbegründung UWG 2008 BT-Drucks. 16/10145 S. 42.
[16] Gesetzesbegründung UWG 2008 BT-Drucks. 16/10145 S. 26.

ordnung eines Mitgliedstaates ein **Verbotstatbestand des nichtharmonisierten Lauterkeitsrechts** eingreifen. Wenn eine solche Fallkonstellation gegeben ist, dann kann auf die **allgemeine Generalklausel** des Verbots unlauterer geschäftlicher Handlungen nach § 3 Abs. 1 zurückgegriffen werden, wenn nicht ein lauterkeitsrechtlicher Verbotstatbestand, der die allgemeine Generalklausel des § 3 Abs. 1 konkretisiert und den **b2 b-Geschäftsverkehr** in einem speziellen UWG-Tatbestand regelt, normiert ist.

22 Der Anwendungsbereich der verbraucherbezogenen Verbotstatbestände des Lauterkeitsrechts ist zwingend von der UGP-RL vorgegeben. Das harmonisierte Lauterkeitsrecht ist in den Mitgliedstaaten rechtsvereinheitlicht und unterliegt den einheitlichen Rechtsgrundsätzen der UGP-RL. Das nichtharmonisierte Lauterkeitsrecht unterliegt der Regelungskompetenz der Mitgliedstaaten. Die allgemeine Generalklausel des § 3 Abs. 1 bildet die Rechtsgrundlage zur Konkretisierung lauterkeitsrechtlicher Rechtssätze im b2b-Geschäftsverkehr. Um mitbewerberbezogene Verbotstatbestände des **b2 b-Geschäftsverkehrs,** die eine **Konkretisierung der allgemeinen Generalklausel des § 3 Abs. 1** darstellen, handelt es sich etwa bei der Geschäftsehrverletzung (§ 4 Nr. 7), der Anschwärzung (§ 4 Nr. 8), dem lauterkeitsrechtlichen Leistungsschutz (§ 4 Nr. 9), Fallkonstellationen der vergleichenden Werbung (§ 6), wie etwa der unlauteren Rufausbeutung und Rufbeeinträchtigung (Nr. 4), sowie der Herabsetzung und Verunglimpfung (Nr. 5), und auch den Fallkonstellationen des Behinderungswettbewerbs (§ 4 Nr. 10) und des Rechtsbruchs (§ 4 Nr. 11).

4. Abgrenzung der Anwendungsbereiche der allgemeinen und der speziellen Generalklauseln des § 3 Abs. 1 und 2

23 **a) Offene Generalklausel unlauterer Geschäftspraktiken (Art. 5 Abs. 1 UGP-RL).** Die Einführung einer lauterkeitsrechtlichen Generalklausel des Verbots unlauterer Geschäftspraktiken nach Art. 5 UGP-RL in das europäische Richtlinienrecht bedeutete einen rechtsmethodischen Fortschritt innerhalb der Rechtsharmonisierung in den Mitgliedstaaten der EG.[17] Die gemeinschaftsrechtliche **Verbotsnorm des Art. 5 UGP-RL** ist präzise formuliert. Nach Art. 5 Abs. 1 UGP-RL sind unlautere Geschäftspraktiken verboten. Da das harmonisierte Lauterkeitsrecht der UGP-RL den Gesamtbereich des verbraucherbezogenen Lauterkeitsrechts des b2c-Geschäftsverkehrs regelt, kommt der lauterkeitsrechtlichen Generalklausel des Art. 5 UGP-RL als der Zentralnorm innerhalb der Rechtsharmonisierung des Lauterkeitsrechts und deren Anwendungsbereich ein **umfassender Geltungsanspruch** zu. In der Präambel der UGP-RL wird die Verbotsnorm des Art. 5 UGP-RL als das **einzige, gemeinsame generelle Verbot** bezeichnet, das die unlauteren Geschäftspraktiken, die das wirtschaftliche Verhalten der Verbraucher beeinträchtigen, umfasst. Dieses generelle Verbot werde durch Regeln über die beiden bei weitem am meisten verbreiteten Arten von Geschäftspraktiken – den irreführenden und den aggressiven Geschäftspraktiken – konkretisiert.[18]

24 Der **Rechtsnatur** nach handelt es sich bei Art. 5 UGP-RL um eine **offene Generalklausel,** die eine Rechtsgrundlage zur richterrechtlichen Konkretisierung von Rechtssätzen zu solchen unlauteren Geschäftspraktiken darstellt, die nicht schon als Konkretisierungen des Verbots des Art. 5 Abs. 1 UGP-RL in den verschiedenen Verbotstatbeständen der UGP-RL ausdrücklich normiert sind. Die Rechtsnatur des Art. 5 Abs. 1 UGP-RL als einer offenen Generalklausel unlauterer Geschäftspraktiken wird an den Verweisungsnormen des Art. 5 Abs. 4 und 5 UGP-RL anschaulich. Art. 5 Abs. 4 lit. a UGP-RL verweist auf die in Abschnitt 1 der UGP-RL geregelten irreführenden Geschäftspraktiken (Artt. 6 und 7 UGP-RL) und in Art. 5 Abs. 4 lit. b UGP-RL auf die in Abschnitt 2 der UGP-RL geregelten aggressiven Geschäftspraktiken (Artt. 8 und 9 UGP-RL). Die **insbesondere-Formulierung** des Art. 5 Abs. 4 UGP-RL regelt ausdrücklich, dass es sich bei den Ver-

[17] Siehe ausführlich zu Systematik und Regelungsinhalt der UGP-RL → Einleitung E Rn 107 ff.
[18] Siehe dazu Erwägungsgrund 13 der UGP-RL ABl. EG Nr. L 149, S. 24.

botstatbeständen der **irreführenden und aggressiven Geschäftspraktiken** nach den Artt. 6 bis 9 UGP-RL um Spezialtatbestände handelt, die **keine abschließende Regelung** der unlauteren Geschäftspraktiken darstellen. Bei den irreführenden und aggressiven Geschäftspraktiken der Artt. 6 bis 9 UGP-RL handelt es sich um Konkretisierungen der unlauteren Geschäftspraktiken im Sinne der Verbotsnorm des Art. 5 Abs. 1 UGP-RL.[19]

b) Verbindlicher Richtlinienbegriff der Unlauterkeit einer Geschäftspraktik im b2c-Geschäftsverkehr (Art. 5 Abs. 2 lit. a und b UGP-RL). Die **Unlauterkeit einer Geschäftspraktik** wird in Art. 5 Abs. 2 lit. a und b UGP-RL konkretisiert. Es ist zu beachten, dass die beiden Konkretisierungen der lit. a und b in Art. 5 Abs. 2 UGP-RL keine beispielhaften Erläuterungen darstellen, deren Aufzählung – anders als die insbesondere-Aufzählung der unlauteren Geschäftspraktiken als irreführend und aggressiv in Art. 5 Abs. 4 lit. a und b UGP-RL – nicht als ein offener Beispielskatalog unlauterkeitsbegründender Beurteilungskriterien formuliert ist. Die Unlauterkeit einer jeden Geschäftspraktik innerhalb des harmonisierten Lauterkeitsrechts des b2c-Geschäftsverkehrs bestimmt sich nach den **unlauterkeitsbegründenden Beurteilungskriterien** des Art. 5 Abs. 2 lit. a und b UGP-RL. Der Richtlinienbegriff der Unlauterkeit, der sich ausschließlich nach Art. 5 Abs. 2 UGP-RL bestimmt,[20] gewährleistet entsprechend der Zielsetzung der UGP-RL[21] eine Orientierung der Verbraucher und der Unternehmen an einem einzigen Rechtsrahmen, der auf einem **klar definierten Rechtskonzept,** das alle Aspekte unlauterer Geschäftspraktiken in der EU regelt, beruht. Das gilt vorbehaltlich einer Anwendung der Fallkonstellationen des Anhangs zu § 3 Abs. 3, die als per se-Verbote ohne eine Beurteilung des Einzelfalls anhand der Bestimmungen der Artt. 5 bis 9 UGP-RL als unlauter gelten.[22] 25

aa) Unlauterkeitsmerkmal einer beruflichen Sorgfaltspflichtverletzung eines Unternehmens (Art. 5 Abs. 2 lit. a UGP-RL). Eine Geschäftspraktik ist nach Art. 5 Abs. 2 lit. a UGP-RL unlauter, wenn sie den Erfordernissen der beruflichen Sorgfaltspflicht widerspricht. Das **Unlauterkeitsmerkmal einer beruflichen Sorgfaltspflichtverletzung** eines Unternehmens im b2c-Geschäftsverkehr stellt einen zumindest dem ersten Anschein nach im deutschen Lauterkeitsrecht ungewohnten Wertungsaspekt dar. Im europäischen Richtlinienrecht werden allerdings die Erfordernisse der beruflichen Sorgfalt, die an ein Unternehmen zu stellen sind, aus der Sicht der Verbraucher und damit **verbraucherbezogen** verstanden. Unter beruflicher Sorgfalt versteht die UGP-RL den Standard an Fachkenntnissen und Sorgfalt, bei denen billigerweise davon ausgegangen werden kann, dass der Gewerbetreibende sie **gegenüber dem Verbraucher** gemäß den **anständigen Marktgepflogenheiten** und/oder dem allgemeinen Grundsatz von **Treu und Glauben** in seinem Tätigkeitsbereich anwendet (Art. 2 lit. h UGP-RL). 26

bb) Unlauterkeitsmerkmal einer wesentlichen Beeinflussung des wirtschaftlichen Verbraucherverhaltens (Art. 5 Abs. 2 lit. b UGP-RL). Eine Geschäftspraktik ist nach Art. 5 Abs. 2 lit. b UGP-RL unlauter, wenn sie in Bezug auf das jeweilige Produkt das wirtschaftliche Verhalten eines Verbrauchers oder einer bestimmten Gruppe von Verbrauchern wesentlich beeinflusst oder dazu geeignet ist, es wesentlich zu beeinflussen. Das **Unlauterkeitsmerkmal einer wesentlichen Beeinflussung des wirtschaftlichen Verbraucherverhaltens** – oder der Eignung der Geschäftspraktik zu einer wesentlichen Beeinflussung des wirtschaftlichen Verbraucherverhaltens – wird im Katalog der Definitionen des Art. 2 UGP-RL rechtsverbindlich definiert. In Art. 2 lit. e UGP-RL wird das Un- 27

[19] Siehe zum Regelungsinhalt der UGP-RL → Einleitung E Rn 124 ff.

[20] EuGH, Rs. C-261/07 und C-299/07, GRUR 2009, 599, Rn 54 – VTB/Total Belgium und Galatea BVBA/Sanoma Magazines Belgium NV.

[21] Siehe dazu Erwägungsgrund 12 der UGP-RL ABl. EG Nr. L 149, S. 24.

[22] Siehe zum Erfordernis einer umfassenden Würdigung der Umstände des Einzelfalles bei Anwendung der Generalklauseln der UGP-RL im Unterschied zum Ausschluss einer Einzelfallbeurteilung bei Anwendung der per se-Verbote → Einleitung E Rn 135 f; siehe dazu die Erwägungsgründe 7 und 17 der UGP-RL ABl. EG Nr. L 149, S. 23, 25; dazu das Grundsatzurteil des EuGH, Rs. C-261/07 und C-299/07, GRUR 2009, 599, Rn 54 – VTB/Total Belgium und Galatea BVBA/Sanoma Magazines Belgium NV.

lauterkeitskriterium einer wesentlichen Beeinflussung des wirtschaftlichen Verhaltens des Verbrauchers dahin erläutert, es handle sich um die Anwendung einer Geschäftspraktik, um die Fähigkeit des Verbrauchers, eine **informierte Entscheidung** zu treffen, spürbar zu beeinträchtigen und damit den Verbraucher zu einer geschäftlichen Entscheidung zu veranlassen, die er **andernfalls nicht getroffen** hätte. Die Definition des Art. 2 lit. e UGP-RL legt den Kern der verbraucherbezogenen Unlauterkeit einer Geschäftspraktik im b2c-Geschäftsverkehr anhand von **zwei Beurteilungskriterien** fest, die **kumulativ** vorliegen müssen: die spürbare Beeinträchtigung der Fähigkeit des Verbrauchers zu einer informierten Entscheidung und die Veranlassung zu einer andernfalls nicht getroffenen geschäftlichen Verbraucherentscheidung. Der Richtlinienbegriff der Unlauterkeit einer Geschäftspraktik ist auf die **zentrale Funktion des Verbrauchers im Marktwettbewerb** bezogen. Ein hohes Verbraucherschutzniveau im Sinne einer Informiertheit der Verbraucher über die Produkte am Markt ist die Basis von Markttransparenz.

28 **cc) Die per se-Unlauterkeit der Verbotstatbestände des Anhangs I der UGP-RL.** Der gemeinschaftsrechtliche Richtlinienbegriff der Unlauterkeit einer Geschäftspraktik im b2c-Geschäftsverkehr im Sinne des Art. 5 Abs. 2 lit. a und b UGP-RL gilt auch für die **Verbotstatbestände der Nr. 1 bis 31 des Anhangs I der UGP-RL,** der die irreführenden (Nr. 1 bis 23) und aggressiven (Nr. 24 bis 31) Geschäftspraktiken, die **unter allen Umständen als unlauter gelten,** enthält. Es handelt sich um eine **erschöpfende Liste** von 31 Geschäftspraktiken.[23] Die Unlauterkeit der Geschäftspraktiken des Anhangs I der UGP-RL stellt materiellrechtlich eine **Unlauterkeit im Sinne des Art. 5 Abs. 2 lit. a und b UGP-RL** dar. Die gesetzessystematische Stellung der Verweisungsnorm des Art. 5 Abs. 5 S. 1 innerhalb der Fundamentalnorm des Verbots unlauterer Geschäftspraktiken des Art. 5 UGP-RL stellt klar, dass es sich bei der „unter allen Umständen"-Unlauterkeit der Geschäftspraktiken des Anhangs I der UGP-RL um die in Art. 5 Abs. 2 lit. a und b UGP-RL materiellrechtlich definierte Unlauterkeit handelt.

29 Art. 5 Abs. 5 S. 2 UGP-RL stellt darüber hinaus klar, dass diese Liste der per se-Verbote unlauterer Geschäftspraktiken einheitlich in allen Mitgliedstaaten gelten; eine Änderung der per se-Verbote kann nur durch eine Änderung der UGP-RL erfolgen. Der **abschließende Charakter der Black List** an unlauteren Geschäftspraktiken bedeutet einen ersten Unterschied zu der nicht abschließenden Regelung der irreführenden und aggressiven Geschäftspraktiken in den Artt. 6 bis 9 UGP-RL auf der Grundlage des Art. 5 Abs. 2 bis 4 UGP-RL. Der zweite Unterschied besteht in der Art und Weise der Berücksichtigung der konkreten Umstände der einzelnen Fallkonstellationen. Diese Differenzierung zwischen den irreführenden und aggressiven Geschäftspraktiken im Sinne der Artt. 6 bis 9 UGP-RL zu den Geschäftspraktiken des Anhangs I der UGP-RL besagt, dass es sich bei den Fallkonstellationen des Anhangs I um solche Geschäftspraktiken handelt, die unter allen Umständen als unlauter gelten („per se-Verbote"). Die Rechtsqualität der **„unter allen Umständen-Unlauterkeit"** wird in Erwägungsgrund 17 der Präambel der UGP-RL dahin umschrieben, es handle sich um die einzigen Geschäftspraktiken, die **ohne eine Beurteilung des Einzelfalls anhand der Bestimmungen der Artt. 5 bis 9 UGP-RL** als unlauter gelten können. Der EuGH nimmt in dem Grundsatzurteil „VTB/Total u. Galatea/Sanoma" ausdrücklich auf diese Umschreibung zur Feststellung der Unlauterkeit der Gechäftspraktiken des Anhangs I der UGP-RL – ohne eine Beurteilung des Einzelfalls anhand der Bestimmungen der Artt. 5 bis 9 UGP-RL – Bezug.[24] Aus diesen Gründen ist eine nationale Regelung nicht mit der UGP-RL vereinbar, die von bestimmten Ausnahmen abgesehen Kopplungsangebote eines Verkäufers an einen Verbraucher **ungeachtet der spezifischen Umstände des konkreten Falls** verbietet. Die **Vermutung der Rechtswid-**

---

[23] EuGH, Rs. C-261/07 und C-299/07, GRUR 2009, 599, Rn 56 – VTB/Total Belgium und Galatea BVBA/Sanoma Magazines Belgium NV.

[24] EuGH, Rs. C-261/07 und C-299/07, GRUR 2009, 599, Rn 56 – VTB/Total Belgium und Galatea BVBA/Sanoma Magazines Belgium NV.

rigkeit von Kopplungsangeboten ist nicht richtlinienkonform.[25] Eine eigenständige Rechtswertung der Unlauterkeit im Sinne einer **Einzelfallbeurteilung** ist allein bei den Tatbeständen der irreführenden und aggressiven Geschäftspraktiken des Anhangs I der UGP-RL entbehrlich.

Bei allen anderen Geschäftspraktiken außerhalb des Anhangs der per se-Verbote ist die Unlauterkeit im Sinne des Art. 5 Abs. 2 lit. a und b UGP-RL im Sinne einer verbraucherbezogenen Unlauterkeit unrechtsbegründend festzustellen. Die per se-Unlauterkeit, die ohne eine Beurteilung des Einzelfalls festzustellen ist,[26] schließt indessen nicht aus, dass die **Auslegung der einzelnen Tatbestandsmerkmale** der Verbotstatbestände des Anhangs I an dem Normzweck der verbraucherbezogenen Unlauterkeit im Sinne des Art. 5 Abs. 2 lit. a und b UGP-RL im Sinne einer teleologischen Auslegung zu orientieren ist. Die Anwendung der UGP-RL verlangt im Übrigen, wie insbesondere bei der Auslegung der Generalklausel des Art. 5 Abs. 1 UGP-RL, eine **umfassende Würdigung der Umstände des Einzelfalles.**[27] Eine Einzelfallprüfung im Sinne der verbraucherbezogenen Unlauterkeit nach Art. 5 Abs. 2 lit. a und b UGP-RL verlangt auch die Auslegung der Verbotstatbestände der Artt. 5 bis 9 UGP-RL; es gilt auch insoweit der allgemeine Rechtsgrundsatz der UGP-RL, der eine umfassende Würdigung der Umstände des Einzelfalles gebietet.[28] 30

c) Die spezielle Generalklausel des § 3 Abs. 2 als Anwendungsbereich des gesamten Lauterkeitsrechts des b2c-Geschäftsverkehrs. Die Sachverhalte des b2c-Geschäftsverkehrs stellen das harmonisierte Lauterkeitsrecht dar. Die Unlauterkeit der Verbotstatbestände des verbraucherbezogenen Lauterkeitsrechts ist richtlinienkonform nach den unlauterkeitsbegründenden Beurteilungskriterien des Art. 5 Abs. 2 lit. a und b UGP-RL zu bestimmen. Der Anwendungsbereich der speziellen Generalklausel des § 3 Abs. 2 ist deshalb die **Gesamtheit aller lauterkeitsrechtlicher Fallkonstellationen des b2c-Geschäftsverkehrs.** Auch wenn dem Gesetzgeber der UWG-Novelle 2008 die sprachliche Fassung der beiden Generalklauseln der Absätze 1 und 2 des § 3 und die gesetzessystematische Stellung der allgemeinen zu der speziellen Generalklausel nicht klar und eindeutig gelungen ist, so ist gleichwohl zwingend, den Anwendungsbereich der speziellen Generalklausel des § 3 Abs. 2 und den Begriff der Unlauterkeit im harmonisierten Anwendungsbereich des b2c-Geschäftsverkehrs richtlinienkonform nach den systematischen und rechtsinhaltlichen Vorgaben des Art. 5 UGP-RL zu bestimmen. 31

Das Regelungskonzept der UGP-RL sowie insbesondere die Systematik und der Geltungsanspruch der Verbotsnorm des Art. 5 UGP-RL als Generalklausel werden vollständig verkannt, wenn die Sachverhalte der irreführenden und aggressiven Geschäftspraktiken (Artt. 6 bis 9 UGP-RL), die den Kernbestand des harmonisierten Lauterkeitsrechts bilden, nicht unter den Anwendungsbereich des § 3 Abs. 2 subsumiert werden.[29] Folge einer solchen restriktiven Fehlinterpretation der Rechtssystematik der UGP-RL ist es, dass der Richtlinienbegriff der Unlauterkeit im Sinne des Art. 5 Abs. 2 lit. a und b UGP-RL seiner Rechtsverbindlichkeit für wesentliche Teile des harmonisierten Lauterkeitsrechts beraubt wird. Das gilt nicht anders für die per se-Verbote des Anhangs zu § 3 Abs. 3 (Black List), 32

---

[25] EuGH, Rs. C-261/07 und C-299/07, GRUR 2009, 599, Rn 59 – VTB/Total Belgium und Galatea BVBA/Sanoma Magazines Belgium NV; siehe zur Kopplung eines Gewinnspiels mit dem Erwerb einer Ware den Vorlagebeschluss des BGH GRUR 2008, 807 – Millionen-Chance; dazu *Leible* LMK 2008, 269 263; siehe auch *Köhler* GRUR 2009, 626 ff; *Chr. Schmidt* GRUR 2009, 353 ff.

[26] Erwägungsgrund 17 der UGP-RL, S. 25.

[27] Siehe zu dieser gebotenen Einzelfallprüfung ausdrücklich Erwägungsgrund 7 der UGP-RL, S. 23.

[28] So ausdrücklich Erwägungsgrund 17 der UGP-RL, S. 25.

[29] Eine Reduktion des Anwendungsbereichs des § 3 Abs. 2 S. 1 auf solche geschäftlichen Handlungen, die weder zu den irreführenden noch zu den aggressiven Geschäftspraktiken im Sinne der Artt. 5 Abs. 4, 6 bis 9 UGP-RL gehören (so Hefermehl/*Köhler*/Bornkamm § 3 UWG Rn 8), verfehlt den Regelungszweck der UGP-RL. Ein Hinweis auf die insoweit äußerst dürftige Gesetzesbegründung, ist kaum überzeugend. Noch weniger überzeugend ist der Hinweis auf die unterschiedlichen Regelungen der Marktrelevanz (Bagatellklauseln) im UWG 2008, die ungeachtet der als verfehlt zu beurteilenden Verknüpfung mit dem Zulässigkeitskriterium in § 3 Abs. 1 eine von dem Rechtsbegriff der Unlauterkeit zu unterscheidende Problematik einer Reduktion des Anwendungsbereichs des UWG aus Gründen der Marktrelevanz betreffen.

deren Unlauterkeit im Sinne des Art. 5 Abs. 2 lit. a und b UGP-RL zu verstehen ist, auch wenn es keiner eigenständigen Rechtswertung der Unlauterkeit im Sinne einer Einzelfallbeurteilung bedarf. Die Auslegung der einzelnen Tatbestandsmerkmale der Fallkonstellationen der per se-Verbote bestimmt sich allerdings nach dem Normzweck der Unlauterkeit im Sinne des Art. 5 Abs. 2 lit. a und b UGP-RL.

33 Bei einem **Sachverhalt, der unter den Anwendungsbereich der UGP-RL zu subsumieren ist**, handelt es sich um harmonisiertes Lauterkeitsrecht des b2c-Geschäftsverkehrs. Solche Fallkonstellationen sind unter den **Anwendungsbereich der speziellen Generalklausel des § 3 Abs. 2** zu subsumieren, und zwar unbeschadet der Art und Weise ihrer Umsetzung in das UWG 2008. Soweit es sich bei den Verbotstatbeständen der §§ 4 bis 7 um geschäftliche Handlungen im Geschäftsverkehr zwischen Unternehmen und Verbrauchern handelt, sind diese Sachverhalte unter den Anwendungsbereich des § 3 Abs. 2 zu subsumieren und nach dem Richtlinienbegriff der Unlauterkeit im Sinne des Art. 5 Abs. 2 lit. a und b UGP-RL auszulegen. Diese Rechtslage versteht sich bei den per se-Verboten des Anhangs zu § 3 Abs. 3 von selbst, da es sich ausschließlich um Geschäftsverkehr zwischen Unternehmen und Verbrauchern handelt.

5. Die Regelungstechnik des § 7 – richtlinienkonforme und gesetzeskorrigierende Auslegung der unzumutbaren Belästigungen (§ 7) als aggressive Geschäftspraktiken (Artt. 5 Abs. 4 lit. b, 8 und 9 UGP-RL)

34 **a) Exemplarische Darstellung der Systeminkonformität des § 7.** Der Gesetzgeber der UWG-Novelle 2008 änderte die Rechtssystematik zwischen der Generalklausel des § 3 und den Verbotstatbeständen der §§ 4 bis 7 gegenüber der Rechtslage im UWG 2004. Bei dieser **Änderung der Rechtssystematik** wird die von der UGP-RL gebotene Unterscheidung zwischen dem harmonisierten Lauterkeitsrecht des b2c-Geschäftsverkehrs und dem nichtharmonisierten Lauterkeitsrecht des b2b-Geschäftsverkehrs gesetzessystematisch nicht zureichend erkennbar. Die Folgen sind ein **Systembruch** bei der Anwendung der Bagatellklausel des § 3 Abs. 1 und ein **Wertungswiderspruch** innerhalb des harmonisierten Lauterkeitsrechts im Verhältnis zur UGP-RL.

35 Die Systemwidrigkeit der UWG-Novelle des Jahres 2008 ist exemplarisch an der Neuregelung der unzumutbaren Belästigungen des § 7 und dessen Regelungstechnik darzustellen. Das Verhältnis der lauterkeitsrechtlichen Verbotstatbestände zum Verbot unlauterer geschäftlicher Handlungen nach § 3 bedarf einer richtlinienkonformen oder gar einer gesetzeskorrigierenden Auslegung, um den Anwendungsbereich der Bagatellklausel mit den Vorgaben der UGP-RL in Einklang zu bringen.

36 **b) Änderung der Rechtssystematik der Generalklausel des § 3 im Verhältnis zu den Verbotstatbeständen der §§ 4 bis 7 im UWG 2008.** Der Gesetzgeber der UWG-Novelle des Jahres 2008 behielt die Unterscheidung zwischen Unlauterkeit und Unzulässigkeit im Normaufbau der Generalklausel des § 3 bei, obgleich es dieser vom Gesetzgeber der UWG-Reform des Jahres 2004 erstmals eingeführten Differenzierung zur Regelung des Anwendungsbereichs der Bagatellklausel und zur Trennung zwischen Verbotsnorm und Rechtsfolgennorm nicht bedurft hätte.[30]

37 **aa) Kumulative Anwendung des § 3 UWG 2004 auf die Verbote der §§ 4 bis 7 UWG 2004.** Nach dem Verbot unlauteren Wettbewerbs im Sinne des § 3 UWG 2004 hatte die **Unzulässigkeit** einer unlauteren Wettbewerbshandlung neben der Unlauterkeit, die als das wesentliche Tatbestandsmerkmal den Kerngehalt der Verbotsnorm umschrieb, weitere Tatbestandsvoraussetzungen. Das Vorliegen einer Wettbewerbshandlung, die Eignung zur Wettbewerbsbeeinträchtigung und die Erheblichkeit der Wettbewerbsbeeinträchtigung stellten neben der Unlauterkeit die weiteren Anwendungsvoraussetzungen des Verbots unlauteren Wettbewerbs im Sinne des § 3 UWG 2004 dar. Im UWG 2008 werden in

[30] Siehe dazu die ausführliche Darstellung → Rn 54ff.

§ 3 Abs. 1 das Tatbestandsmerkmal der Wettbewerbshandlung durch die geschäftliche Handlung, der Rechtsbegriff der Wettbewerbsbeeinträchtigung durch die Interessenbeeinträchtigung und die Erheblichkeitsschwelle durch das Spürbarkeitskriterium ersetzt. Das Unzulässigkeitskriterium wird beibehalten. Im vorliegenden Zusammenhang der neuen Rechtssystematik kommt es allein auf den **Anwendungsbereich der Spürbarkeitsklausel** an.

Nach § 3 UWG 2004 war eine unlautere Wettbewerbshandlung erst bei Vorliegen der 38 weiteren Anwendungsvoraussetzungen unzulässig im Sinne des Verbots unlauteren Wettbewerbs. Diese zusätzlich zur Unlauterkeit erforderlichen weiteren Tatbestandsvoraussetzungen des § 3 UWG 2004 mussten sowohl bei der Anwendung der Regelbeispiele des § 4 Nr. 1 bis 11 UWG 2004 als auch bei den Spezialtatbeständen der irreführenden Werbung nach § 5 UWG 2004, der vergleichenden Werbung nach § 6 UWG 2004 und den unzumutbaren Belästigungen nach § 7 UWG 2004 zur Begründung der **Unzulässigkeit im Sinne der Verbotsnormen** vorliegen. Es bestand eine **kumulative Anwendung** der Tatbestandsmerkmale der Verbotsnorm des § 3 UWG 2004 und der Regelbeispiele und Spezialtatbestände der §§ 4 bis 7 UWG 2004.[31]

Die Notwendigkeit, die neben der Unlauterkeit bestehenden allgemeinen Tatbestands- 39 merkmale des § 3 UWG 2004 als Verbotsvoraussetzungen im Sinne der §§ 4 bis 7 UWG 2004 zu erfüllen, wurde bei den Regelbeispielen und Spezialtatbeständen gesetzestechnisch dadurch zum Ausdruck gebracht, dass ein **unlauteres Handeln im Sinne des § 3 UWG 2004 vorausgesetzt** wurde. Der Wortlaut der §§ 4, 5 Abs. 1, 6 Abs. 2 und 7 Abs. 1 brachte dieses Erfordernis der Tatbestandsverwirklichung des § 3 UWG 2004 allerdings nicht unmissverständlich zum Ausdruck. Der Gesetzeswortlaut konnte auch dahin interpretiert werden, bei Vorliegen der Verbotstatbestände der §§ 4 bis 7 UWG 2004 werde das Verbot unlauteren Wettbewerbs im Sinne des § 3 UWG fingiert. Die Annahme einer solchen Fiktion widersprach aber dem klaren Willen des Gesetzgebers, wie es sich sowohl aus der Kommissionsarbeit der Entstehungsgeschichte des neuen UWG 2004, als auch aus den deutlichen Hinweisen in der Gesetzesbegründung ergab. Eine kumulative Anwendung des § 3 UWG 2004 neben den Regelbeispielen und den Spezialtatbeständen der §§ 4 bis 7 UWG 2004 folgte zudem aus einer rechtssystematischen Auslegung, die sich aus der ausdrücklichen Aufnahme des § 3 UWG 2004 in den Wortlaut des Normtextes der §§ 4 bis 7 UWG 2004 ergab.

Die Rechtserheblichkeit der allgemeinen Tatbestandsmerkmale des § 3 UWG 2004 40 konnte auch insoweit als bestehend angenommen werden, als die Spezialtatbestände der §§ 5, 6 und 7 Abs. 2 Nr. 2 bis 4 UWG 2004 schon in **Umsetzung europäischen Richtlinienrechts** erfolgt waren. Auch wenn in den Richtlinien bei der konkreten Verbotsnorm keine Spürbarkeitsgrenze im Sinne einer erheblichen Wettbewerbsbeeinträchtigung (Bagatellklausel im Sinne des § 3 UWG 2004) vorgesehen war, so konnte diese Schranke des Verbotsbereichs des UWG 2004 insoweit als richtlinienkonform beurteilt werden, als sie sich aus der Anerkennung des europäischen Verhältnismäßigkeitsgrundsatzes ergab.[32]

bb) Die Streichung der Bezugnahme auf die Unlauterkeit im Sinne der Gene- 41 **ralklausel des § 3 Abs. 1 in den Verbotsnormen der §§ 4 bis 7.** Im UWG 2004 wurde in den Verbotsnormen der §§ 4 bis 7 UWG 2004 rechtssystematisch folgerichtig auf die Unlauterkeit im Sinne der Generalklausel des § 3 UWG Bezug genommen. Die Gesetzestechnik ging dahin, in den einzelnen Verbotsnormen das Tatbestandsmerkmal unlauter „im Sinne von § 3 (UWG 2004)" zu umschreiben (§§ 4, 5 Abs. 1, 6 Abs. 2, 7 Abs. 1 UWG 2004). Die Angabe „im Sinne von § 3" wurde in den Verbotsnormen der §§ 4 Abs. 1, 5 Abs. 1, 6 Abs. 2 UWG 2008 bei dem Tatbestandsmerkmal unlauter gestrichen und in die Neuregelung des § 5a Abs. 2 UWG 2008 nicht aufgenommen. In der Verbotsnorm des § 7 UWG 2008 wird auf das Tatbestandsmerkmal der Unlauterkeit verzichtet und auf die Unzumutbarkeit der Belästigungen abgestellt. Der **Systembruch** und die **Wertungswi-**

[31] Kritisch dazu *Mankowski* WRP 2008, 15, 17.
[32] So in der Vorauflage Fezer/*Fezer* § 3 UWG Rn 56.

dersprüche ergeben sich namentlich bei der Neukonzeption des Gesetzesaufbaus des Verbots der unzumutbaren Belästigungen.[33]

42 Auch wenn anders als bei der Neuregelung des § 7 UWG die Streichung der Bezugnahme auf die Unlauterkeit im Sinne des § 3 Abs. 1 in den Verbotsnormen der §§ 4 bis 6 aus rechtsystematischen Gründen als weniger problematisch erscheint, so ist doch die **Gesetzesbegründung** zu dieser Änderung des Wortlauts der Verbotsnormen bedenklich. In der Gesetzesbegründung wird ausgeführt, die – nach dem Tatbestandsmerkmal unlauter in den Gesetzestexten der Verbotsnormen des UWG 2004 enthaltene – Angabe „im Sinne von § 3" werde deshalb gestrichen, weil sie den unzutreffenden Eindruck erwecke, § 3 UWG definiere den Begriff der Unlauterkeit. Tatsächlich hätten sich aus § 3 UWG 2004 und würden sich aus § 3 UWG 2008 aber nur die Voraussetzungen ergeben, bei deren Vorliegen eine unlautere Handlung unzulässig sei.

43 Diese Ausführungen in der Gesetzesbegründung sind zumindest missverständlich, wenn sie nicht gar als unverständlich gegenüber der Regelungsaufgabe einer Generalklausel zu bezeichnen sind. Der Unlauterkeit im Sinne der Generalklausel des § 3 UWG 2004 oder auch im Sinne der allgemeinen Generalklausel des § 3 Abs. 1 UWG 2008 kommt die der Technik einer Generalklausel eigene Funktion zu, innerhalb des Anwendungsbereichs des Gesetzes gegen den unlauteren Wettbewerb die **Einheitlichkeit des Rechtsbegriffs der Unlauterkeit** zu gewährleisten. Die Aussage in der Gesetzesbegründung, die gestrichene Angabe habe den unzutreffenden Eindruck erweckt, die Generalklausel des § 3 UWG 2004 habe den Begriff der Unlauterkeit definiert, ist entweder deshalb unzumutbar falsch, weil schon das einfache Lesen des Gesetzestextes das Fehlen einer Definition der Unlauterkeit offenkundig macht, oder deshalb gravierend falsch, wenn mit der Aussage geleugnet werden soll, dass die Unlauterkeit das zentrale Tatbestandsmerkmal der Verbotsnorm des § 3 UWG 2004 und des § 3 Abs. 1 UWG 2008 darstellt, das im Wege der Konkretisierung durch Richterrecht unter Berücksichtigung und in Anwendung der speziellen Verbotsnormen „zu definieren" ist.

44 Noch bedenklicher erscheinen die weiteren Ausführungen in der Gesetzesbegründung, aus § 3 (Abs. 1) UWG 2008 würden sich nur die Voraussetzungen ergeben, bei deren Vorliegen eine unlautere Handlung unzulässig sei. Diese Aussage reduziert die Vorschrift des § 3 Abs. 1 UWG 2008 auf eine **Bagatellklausel** im Sinne einer Spürbarkeit der Beeinträchtigung von Marktteilnehmerinteressen. Die Vorschrift des § 3 UWG 2008 als ein Verbot unlauterer geschäftlicher Handlungen wird so ihrer **Rechtsfunktionen als Generalklausel** beraubt. Die Gesetzesbegründung vermittelt den Eindruck, die Verfasser des Textes bezweckten einen **Verzicht auf eine Generalklausel** und beschränkten den Anwendungsbereich des UWG auf die benannten Verbotsnormen. Dieser fatale Eindruck wird nur insoweit abgeschwächt, als im folgenden Satz der Gesetzesbegründung ausgeführt wird, die Bestimmungen der §§ 4 bis 7 UWG 2004/2008 einschließlich des Anhangs zu § 3 Abs. 3 UWG 2008 enthielten einen **Katalog von Beispielen unlauteren Verhaltens,** da zumindest nicht weiter ausgeführt wird, dieser Beispielskatalog der benannten Verbotsnormen sei abschließend. Auch wenn man die Gesetzesbegründung wohlwollend versteht, so stellt sie doch ein **Paradoxon** gegenüber dem Umstand dar, dass sich das **Erfolgsmodell der lauterkeitsrechtlichen Generalklausel** des UWG 1909 nach einem in den letzten Jahrzehnten kontrovers geführten, internationalen Diskurs auf europäischer Ebene im gemeinschaftsrechtlichen Richtlinienrecht durchsetzte und in der UGP-RL zur Regelung des lauteren Wettbewerbs realisiert wurde.[34]

45 **cc) Regelungstechnik des Verbots unzumutbarer Belästigungen (§ 7).** Nach § 7 UWG 2004 wurde in Absatz 1 die unzumutbare Belästigung eines Marktteilnehmers als eine unlautere Handlung im Sinne von § 3 UWG 2004 normiert und in Absatz 2 ein ins-

---

[33] → Rn 45 ff.

[34] Gesetzesbegründung UWG 2008 BT-Drucks. 16/10 145 S. 43 (zur Änderung des § 4); siehe auch S. 44 f (zu § 5) und S. 55 (zu § 6).

besondere-Katalog unzumutbarer Belästigungen beispielhaft aufgezählt. In der Neuregelung des Verbots unzumutbarer Belästigungen wird in § 7 Abs. 1 S. 1 das Wort unlauter ersetzt durch das Wort unzulässig. Nach der Gesetzesbegründung soll diese Änderung des Wortlauts des Gesetzestextes allein der **Klarstellung** dienen, dass die Bagatellklausel des § 3 Abs. 1 UWG 2008 nicht neben § 7 UWG 2008 anwendbar ist. In dem Tatbestandsmerkmal der Unzumutbarkeit der Belästigung, das insoweit unverändert gegenüber der Rechtslage im UWG 2004 normiert ist, soll schon eine **spezielle Bagatellschwelle** enthalten sein, die bereits eine umfassende Wertung ermögliche und erfordere. Eine Doppelregelung durch eine nachgeschaltete Prüfung gemäß der allgemeinen Erheblichkeitsschwelle des § 3 Abs. 1 UWG 2008 sei nicht sinnvoll. Wenn im Wege einer wertenden Betrachtung festgestellt werde, dass eine geschäftliche Handlung einen Marktteilnehmer unzumutbar belästige, sei diese ohne weitere Wertungsmöglichkeiten unzulässig und damit verboten.

Auch wenn im Gesetzestext des Verbots unlauterer Belästigungen das Wort unlauter nicht mehr enthalten ist und auch die Bezugnahme zum Verbot unlauterer geschäftlicher Handlungen nach § 3 UWG gestrichen wurde, ist dem Gesetzgeber nicht zu unterstellen, es handle sich bei der Verbotsnorm des § 7 nicht mehr um einen Unlauterkeitstatbestand. An anderer Stelle der Gesetzesbegründung, in der die Streichung der Bezugnahme auf die Generalklausel durch die Streichung der Wörter „im Sinne von § 3“ erklärt wird, wird die Vorschrift des § 7 dem Katalog von Beispielen unlauteren Verhaltens zugerechnet. 46

In ersten Stellungnahmen zur Rechtsnatur des Verbots unzumutbarer Belästigungen nach § 7 UWG 2008 verselbständigen sich gleichsam die Ausführungen in der Gesetzesbegründung und mutiert die Verbotsnorm zu einem von dem Begriff der Unlauterkeit unabhängigen **Tatbestand einer Zuwiderhandlung.** Die Verbotsnorm des § 7, dessen Absatz 1 eine abschließende Rechtsfolge enthalte, sei von § 3 entkoppelt.[35] Die Vorschrift des § 7 sei ein eigenständiger Tatbestand und kein besonderer Beispielsfall des § 3.[36] Diese Rechtsansicht löst systemwidrig den Funktionszusammenhang zwischen allgemeiner Generalklausel und spezieller Verbotsnorm auf. Es handelt sich bei dem Verbot der unzumutbaren Belästigungen nach § 7 um einen die Generalklausel des Verbots unlauterer geschäftlicher Handlungen nach § 3 konkretisierenden **Unlauterkeitstatbestand.**[37] Die Verbotsnorm des § 7 bedarf einer richtlinienkonformen Auslegung und gegebenenfalls einer gesetzeskorrigierenden Anwendung.[38] 47

c) Das Verhältnis der Verbotsnorm des § 7 zur Generalklausel des § 3 im Lichte der UGP-RL. Das rechtssystematische Verhältnis des Verbots unzumutbarer Belästigungen nach § 7 zu der Generalklausel des Verbots unlauterer geschäftlicher Handlungen nach § 3 ist richtlinienkonform nach den rechtsverbindlichen Vorgaben der UGP-RL zu bestimmen. Es ist zwischen dem harmonisierten Lauterkeitsrecht des b2c-Geschäftsverkehrs und dem nichtharmonisierten Lauterkeitsrecht des b2b-Geschäftsverkehrs zu unterscheiden.[39] Auch wenn der Gesetzgeber der UWG-Novelle in Umsetzung der UGP-RL das **verbraucherbezogene und das mitbewerberbezogene Lauterkeitsrecht** rechtsformal in einem einheitlichen Gesetz zulässigerweise zu regeln vermochte,[40] so verlangt doch eine richtlinienkonforme Auslegung die rechtsinhaltliche Trennung der beiden Lauterkeitsrechtsordnungen bei der Anwendung des UWG. 48

---

[35] So Fezer/*Mankowski* § 7 UWG Rn 76; ausführlich *Mankowski* WRP 2008, 15; siehe auch *Sosnitza* WRP 2008, 1014, 1019.

[36] Ähnlich auch *Köhler* WRP 2009, 109, 117; nunmehr auch Hefermehl/*Köhler*/Bornkamm § 7 UWG Rn 1 („Die unzumutbare Belästigung stellt nicht mehr einen bloßen Beispielstatbestand der Unlauterkeit, sondern einen selbständigen Tatbestand einer Zuwiderhandlung [vgl § 8 I 1] dar.“).

[37] Richtig Ullmann-jurisPK/*Ullmann* § 3 UWG Rn 6, der zudem auf den in § 1 definierten Zweck des Gesetzes verweist, der im Schutz vor unlauteren geschäftlichen Handlungen liege; Ullmann-jurisPK/*Koch* § 7 UWG Rn 1 („Beispielsfall einer unlauteren geschäftlichen Handlung im Sinne von § 3 Abs. 1“).

[38] → Rn 34ff.

[39] Siehe zum Dualismus der Lauterkeitsrechtsordnungen → Rn 2ff.

[40] Siehe zur Umsetzung der UGP-RL in das UWG 2008 → Einleitung E Rn 168ff.

49 Die Tatbestände der unzumutbaren Belästigungen im Sinne des § 7 enthalten sowohl Sachverhalte des **harmonisierten** Geschäftsverkehrs zwischen Unternehmen und Verbrauchern als auch Sachverhalte des **nichtharmonisierten** Lauterkeitsrechts. Eine belästigende geschäftliche Handlung im b2c-Geschäftsverkehr ist im Sinne einer aggressiven Geschäftspraktik unlauter nach Art. 5 Abs. 4 lit. b UGP-RL. Die Unlauterkeit einer solchen Geschäftspraktik, die einen Beispielsfall des Verbots unlauterer Geschäftspraktiken im Sinne des Art. 5 Abs. 1 UGP-RL darstellt (insbesondere-Formulierung des Art. 5 Abs. 4 UGP-RL), bestimmt sich nach den unlauterkeitsbegründenden Beurteilungskriterien des Art. 5 Abs. 2 lit. a und b UGP-RL. Bei den aggressiven Geschäftspraktiken sind bei der Feststellung der **Unlauterkeit im Sinne des Art. 5 Abs. 2 lit. a und b UGP-RL** auch die Umstände des konkreten Sachverhalts im Einzelfall zu berücksichtigen. Eine Einzelfallbeurteilung ist nur ausgeschlossen, soweit es sich bei der Geschäftspraktik um eine Fallkonstellation des Anhangs I der UGP-RL handelt. Bei den per se-Verboten ist eine Einzelfallprüfung im Sinne einer eigenständigen Rechtswertung der Unlauterkeit ausgeschlossen; die Schutzrichtung der Unlauterkeit im Sinne der Definition des Art. 5 Abs. 2 lit. a und b UGP-RL ist allerdings bei der Auslegung der einzelnen Tatbestandsmerkmale der Fallkonstellation des Anhangs I der UGP-RL teleologisch zu berücksichtigen.[41] Das gilt etwa im Anwendungsbereich der aggressiven Geschäftspraktik der Nr. 26 des Anhangs I UGP-RL, der innerhalb des § 7 Abs. 2 Nr. 1 bis 4 umgesetzt wurde.

50 Ausgehend von dieser von der UGP-RL vorgegebenen Rechtslage ist die Bagatellklausel des § 3 Abs. 1 auf das Verbot der unzumutbaren Belästigungen nach § 7 insoweit schon dann nicht anzuwenden, wenn es sich um Fallkonstellationen des b2c-Geschäftsverkehrs handelt, auf die nicht die allgemeine Generalklausel des § 3 Abs. 1 **(Marktrelevanzklausel),** sondern die spezielle Generalklausel des § 3 Abs. 2 **(Verbraucherrelevanzklausel)** anzuwenden ist. Die Notwendigkeit dieser Unterscheidung der Anwendungsbereiche der beiden Generalklauseln des § 3 Abs. 1 und 2 ergibt sich zwingend aus dem rechtssystematischen Verhältnis des Absatzes 4 zu den Absätzen 1 und 2 des Art. 5 UGP-RL und der Regelungen der Artt. 6 bis 9 UGP-RL. Die Anwendung der speziellen Generalklausel des § 3 Abs. 2 auf die Fallkonstellationen des § 7 im b2c-Geschäftsverkehr bedeutet die Rechtserheblichkeit der Verbraucherrelevanzklausel, die ihre Rechtsgrundlage in Artt. 5 Abs. 2 lit. b, 2 lit. e UGP-RL hat. Eine Bestätigung der Verbraucherrelevanzklausel bei den aggressiven Geschäftspraktiken findet sich zudem in den Tatbestandsmerkmalen des Art. 8 UGP-RL, der die Aggressivität einer Geschäftspraktik im Sinne der Unlauterkeit der UGP-RL definiert. Als ein **aggressivitätsbegründendes Beurteilungskriterium** im Sinne der Unlauterkeit wird die **erhebliche Beeinträchtigung der Entscheidungs- oder Verhaltensfreiheit des Verbrauchers** normiert. In Art. 8 UGP-RL wird zudem auf die **Feststellung im konkreten Fall unter Berücksichtigung aller tatsächlichen Umstände** hingewiesen, wodurch sich die Feststellung einer irreführenden oder aggressiven Geschäftspraktik von der Feststellung des Tatbestands eines per se-Verbots unterscheidet, wie auch in der Präambel der UGP-RL ausgeführt wird. Eine richtlinienkonforme Auslegung des § 7 verlangt, die Verbraucherrelevanzklausel des § 3 Abs. 2 in Umsetzung der UGP-RL auf die Fallkonstellationen der unzumutbaren Belästigungen anzuwenden, soweit der b2c-Geschäftsverkehr im harmonisierten Lauterkeitsrecht betroffen ist. Zu berücksichtigen ist dabei die Besonderheit bei der Feststellung des per se-Verbots der Nr. 26 des Anhangs I der UGP-RL.

51 Wenn entgegen der in diesem Kommentar vertretenen Rechtsansicht davon ausgegangen wird, die spezielle Generalklausel des § 3 Abs. 2 S. 1 sei nicht auf die irreführenden und aggressiven Geschäftspraktiken im Sinne der Artt. 6 bis 9 UGP-RL anzuwenden, vielmehr gelte für diese Fallkonstellationen die allgemeine Generalklausel des § 3 Abs. 1, dann ist auf irreführende und aggressive Geschäftspraktiken grundsätzlich die Bagatellklausel im Sinne einer allgemeinen Marktrelevanzklausel anwendbar. Eine solche Rechtsansicht ist

---

[41] Siehe zur Bedeutung der Einzelfallprüfung im Richtlinienrecht → Einleitung E Rn 135f; § 3 Rn 29f.

nicht richtlinienkonform, da im harmonisierten Lauterkeitsrecht des b2c-Geschäftsverkehrs die Anwendung einer Marktrelevanzklausel mit der UGP-RL unvereinbar ist. Die **verbraucherbezogene Schutzrichtung** der speziellen Verbraucherrelevanzklausel ist im Regelungsansatz verschieden von einer allgemeinen Marktrelevanzklausel. Der gemeinschaftsrechtliche Grundsatz der Verhältnismäßigkeit ist zwar auch im europäischen Richtlinienrecht anzuwenden.[42] Er stellt aber kein zulässiges Instrument dar, die Vollharmonisierung im harmonisierten Lauterkeitsrecht aus den mit dem Schutzzweck einer allgemein marktbezogenen Bagatellklausel verfolgten Interessen zu modifizieren.

Innerhalb des Verbots der unzumutbaren Belästigungen nach § 7 wirkt sich die richtlinien- 52
konforme Rechtslage in Bezug auf die Anwendbarkeit der Bagatellklausel des § 3 Abs. 1 gleichsam in einer umgekehrten Schutzrichtung aus. Da die Regelungstechnik der Neuregelung des § 7 eine Anwendung der Bagatellklausel des § 3 Abs. 1 allgemein ausschließt, im b2c-Bereich allerdings die Verbraucherrelevanzklausel des § 3 Abs. 2 anzuwenden ist, bedeutet diese Rechtslage im Regelungsansatz, dass innerhalb des b2b-Geschäftsverkehrs eine strengere Handhabung des Verbots der belästigenden Werbung stattfindet. Ob der **Rechtsbegriff der Unzumutbarkeit** eine spezielle Bagatellschwelle darstellt, die einer Marktrelevanzklausel vergleichbar eine sachgerechte Einschränkung des Belästigungsverbots ermöglicht, vermag zwar erst die Konkretisierung der Unzumutbarkeit in der künftigen Rechtspraxis zeigen. Es ist aber aus gesetzessystematischer und rechtswissenschaftlicher Sicht äußerst bedenklich, die generalklauselartige Weite des unbestimmten Rechtsbegriffs der Unzumutbarkeit dahin zu instrumentalisieren, die Begrenzungsfunktionen unterschiedlicher Schutzrichtungen verbraucherbezogener und marktbezogener Anwendungsschranken des Lauterkeitsrechts wahrzunehmen. Richtlinienkonform ist eine teleologische Auslegung der Unzumutbarkeit einer belästigenden geschäftlichen Handlung im Sinne einer aggressiven Geschäftspraktik im b2c-Geschäftsverkehr nur dann, wenn die Unzumutbarkeit im Sinne der Verbraucherrelevanzklausel des § 3 Abs. 2 konkretisiert wird.

Aus der Sicht des Richtlinienrechts ist der Anwendungsausschluss der Bagatellklausel im 53
Sinne einer allgemeinen Marktrelevanzklausel im b2b-Geschäftsverkehr nicht geboten, allerdings auch nicht sachgerecht. Der Gesetzgeber scheint sich des **Wertungswiderspruchs** deshalb nicht bewusst gewesen zu sein, da er wohl von der Vorstellung ausging, er müsse die ohnehin nicht anwendbare Bagatellklausel des § 3 Abs. 1 im b2c-Geschäftsverkehr ausschließen, ohne zu berücksichtigen, dass im harmonisierten Lauterkeitsrecht allein die Verbraucherrelevanzklausel anzuwenden ist. Folge ist eine nicht auszuschließende **Benachteiligung des b2b-Geschäftsverkehrs,** die sachgerecht über eine gesetzeskorrigierende Auslegung zu beheben ist. Ohne ein Eingreifen des Gesetzgebers könnte eine solche gesetzeskorrigierende Auslegung dahin gehen, dass bei Fallkonstellationen im b2b-Geschäftsverkehr des nichtharmonisierten Lauterkeitsrechts die Unzumutbarkeit im Sinne der allgemeinen Marktrelevanzklausel zu konkretisieren ist. Das würde zumindest im Ergebnis der in der Gesetzesbegründung erwogenen Anwendung einer „speziellen Bagatellschwelle" innerhalb der Feststellung der Unzumutbarkeit entsprechen.

III. Unzulässigkeit einer unlauteren geschäftlichen Handlung

§ 3 Abs. 1 normiert die **Unzulässigkeit** einer unlauteren geschäftlichen Handlung. Die- 54
se Regelungstechnik übernahm der Gesetzgeber der UWG-Novelle 2008 von der UWG-Reform des Jahres 2004. Die traditionsreiche Generalklausel des § 1 UWG 1909 folgte noch dem klassischen Gesetzesaufbau, der zwischen **Tatbestand** und **Rechtsfolge** unterscheidet und nach dem das Gesetz die Tatbestandsmerkmale umschreibt und die Rechtsfolgen anordnet. Rechtsfolgen eines Verstoßes gegen die guten Sitten im Wettbewerb waren nach § 1 UWG 1909 die Ansprüche auf Unterlassung und Schadensersatz. Im UWG 2004

[42] → Rn 242ff.

wurde erstmals von diesem klassischen Aufbau eines Gesetzes abgewichen und die Verbotstatbestände der §§ 3 bis 7 UWG 2004 von den Rechtsfolgen getrennt geregelt, die in den §§ 8 bis 10 UWG 2004 (Beseitigung, Unterlassung, Schadensersatz, Gewinnabschöpfung) normiert wurden.

55 Auch wenn die gesetzestechnische Unterscheidung zwischen Verbotsnorm und Rechtsfolgenorm eine sachgerechte Kodifikation ermöglicht, so war es doch überflüssig, den **Rechtsbegriff der Unzulässigkeit** einzuführen. Es ist, wenn von einer Anordnung der Rechtsfolge in einer Verbotsnorm abgesehen wird, gesetzestechnisch ausreichend, das Verbot als solches auszusprechen.[43] Im Richtlinienrecht der UGP-RL, das nur das materielle Lauterkeitsrecht regelt und die Regelung des Sanktionenrechts den Mitgliedstaaten überlässt, wird auf diese Weise lege artis das **Verbot unlauterer Geschäftspraktiken** in Art. 5 Abs. 1 UGP-RL **als Generalklausel** normiert. Die Regelung lautet einfach: Unlautere Geschäftspraktiken sind verboten.

56 Da der Gesetzgeber der UWG-Novelle des Jahres 2008 die Unzulässigkeitsregelung der Generalklausel des § 3 UWG 2004 beibehielt, wurde auch die Generalklausel des Verbots unlauterer geschäftlicher Handlungen im b2c-Geschäftsverkehr in Umsetzung des Art. 5 UGP-RL gesetzestechnisch als Unzulässigkeitsnorm geregelt. Es ist eine Folge dieser widersinnigen Regelungstechnik, dass **in der speziellen Generalklausel des § 3 Abs. 2** zur Regelung der Lauterkeit im b2c-Geschäftsverkehr der **Begriff der Lauterkeit oder Unlauterkeit nicht mehr enthalten** ist. Nach § 3 Abs. 2 S. 1 werden geschäftliche Handlungen gegenüber Verbrauchern als jedenfalls dann unzulässig erklärt, wenn sie die Voraussetzungen nicht erfüllen, die Art. 5 Abs. 2 lit. a und b UGP-RL als Unlauterkeitskriterien normiert sind.

57 Diese bedenkliche Art der Gesetzestechnik könnte auf sich beruhen, wenn sie nicht die Gefahr in sich bergen würde, sich rechtsinhaltlich auszuwirken und materiellrechtliche Auslegungsprobleme zu provozieren. In der allgemeinen Generalklausel des § 3 Abs. 1 wird die Unlauterkeit einer geschäftlichen Handlung mit der Interessenbeeinträchtigung nicht nur der Mitbewerber und sonstiger Marktteilnehmer, sondern auch der Verbraucher begründet. Im b2c-Geschäftsverkehr ist allerdings eine **Interessenbeeinträchtigung der Verbraucher** kein zureichendes Unlauterkeitskriterium, da Art. 5 Abs. 2 lit. a und b UGP-RL die Unlauterkeit einer Geschäftspraktik im verbraucherbezogenen Lauterkeitsrecht zwingend festlegt. Es kommt hinzu, dass das Kriterium der Unzulässigkeit die Bagatellklausel – sei es im Sinne einer Erheblichkeitsschwelle nach § 3 UWG 2004, sei es im Sinne der Spürbarkeit im UWG 2008 – mit der Unlauterkeit vermengt und zwar in den beiden Generalklauseln des § 3 Abs. 1 und 2 auf unterschiedliche Weise.

IV. Beeinträchtigung der Marktteilnehmerinteressen (§ 3 Abs. 1) und der Verbraucherentscheidung (§ 3 Abs. 2 S. 1)

58 Nach § 3 Abs. 1 ist eine unlautere geschäftliche Handlung dann unzulässig, wenn sie geeignet ist, die Interessen von Mitbewerbern, Verbrauchern oder sonstigen Marktteilnehmern spürbar zu beeinträchtigen. Die **Eignung zur Interessenbeeinträchtigung** als Anwendungsvoraussetzung der lauterkeitsrechtlichen Generalklausel stellt ein Beurteilungskriterium dar, dessen Rechtserheblichkeit sich ausschließlich aus der historischen Entwicklung der nationalen Generalklausel des deutschen Lauterkeitsrechts und deren Neuformulierung innerhalb der UWG-Reform des Jahres 2004 erschließt. Die allgemeine Generalklausel des § 3 Abs. 1 der UWG-Novelle des Jahres 2008 steht zudem in einem rechtsinhaltlichen Wi-

[43] In der vom Bundesministerium der Justiz im Jahre 2001 eingesetzten Arbeitsgruppe Unlauterer Wettbewerb, in der die Vorarbeiten für eine Modernisierung des Gesetzes gegen den unlauteren Wettbewerb und des UWG 2004 geleistet und diskutiert wurden, wurde von *Karl-Heinz Fezer* als Rechtsgutachter schon als Gesetzeswortlaut einer neuen Generalklausel für das modernisierte UWG 2004 der Wortlaut vorgeschlagen: „Unlautere Wettbewerbshandlungen sind verboten.“; der Mehrheit der Arbeitsgruppe erschien die Formulierung als zu kurz gegriffen und wenig aussagekräftig.

derspruch zu den Richtlinienvorgaben der UGP-RL. Das gilt auch im Verhältnis zu der speziellen Generalklausel des § 3 Abs. 2.

1. Eignung zur Wettbewerbsbeeinträchtigung im UWG 2004 und zur Interessenbeeinträchtigung im UWG 2008

a) Beeinträchtigung des Wettbewerbs nach § 3 UWG 2004. Der Wortlaut der Generalklausel des § 3 UWG 2004, den **Wettbewerb nicht zu beeinträchtigen,** stand in einem sachlich begründeten, rechtssystematischen Zusammenhang zur Schutzzweckklausel des § 1 UWG 2004. Nach § 3 UWG 2004 war weiter erforderlich, dass der Wettbewerb zum Nachteil der Mitbewerber, der Verbraucher oder der sonstigen Marktteilnehmer beeinträchtigt wurde oder dazu geeignet war. Schutzobjekt des Schutzes der Marktteilnehmer nach § 1 S. 1 UWG 2004 war der **lautere Wettbewerb;** Schutzobjekt des im Allgemeininteresse liegenden Institutionenschutzes nach § 1 S. 2 UWG 2004 war der **unverfälschte Wettbewerb.**[44] Allgemeines Schutzobjekt des UWG im Sinne des § 1 UWG 2004 und auch des § 1 UWG 2008 war und ist der lautere und unverfälschte Wettbewerb. 59

Das UWG als Marktverhaltensrecht schützt die **Wettbewerbsqualität** im Sinne eines Wettbewerbsfunktionsschutzes und eines Marktstrukturschutzes im Interesse aller Marktteilnehmer; das UWG als Marktrecht in Umsetzung der UGP-RL schützt die **Informationsqualität** wirtschaftlicher Verbraucherentscheidungen im Sinne der Fähigkeit des Verbrauchers, eine informierte Entscheidung zu treffen, und damit Markttransparenz und ein hohes Verbraucherschutzniveau zu gewährleisten. Die ausdrückliche Aufnahme des Schutzes eines unverfälschten Wettbewerbs bei der UWG-Reform des Jahres 2004 in den Gesetzestext des § 1 S. 2 UWG 2004 stellte allerdings schon keine **Restriktion** des Lauterkeitsrechts, sondern eine **Extension** im Sinne eines umfassenden Wettbewerbsschutzes dar. 60

In dem zur UWG-Reform des Jahres 2004 vorgelegten, ursprünglichen Gesetzentwurf der Bundesregierung zum Entwurf eines Gesetzes gegen den unlauteren Wettbewerb[45] lautete der Gesetzestext des § 3 UWG 2004, den Wettbewerb nicht zu verfälschen. Dieser Wortlaut stand in einem rechtssystematischen Widerspruch zur Schutzzweckklausel des § 1 UWG 2004. Der lautere und unverfälschte Wettbewerb war das Schutzobjekt, das durch unlautere Wettbewerbshandlungen beeinträchtigt wird.[46] In seiner Stellungnahme zum UWG-Gesetzentwurf der Bundesregierung innerhalb der UWG-Reform des Jahres 2004 empfahl deshalb der Bundesrat zu Recht, das Wort verfälschen durch das Wort beeinträchtigen zu ersetzen.[47] Allerdings war die vom Bundesrat gewählte Begründung für den zutreffenden Vorschlag der Textänderung unzutreffend. Nach der Rechtsauffassung des Bundesrats handelte es sich nur um eine sprachliche Verbesserung. Der Wettbewerb könne an sich weder richtig noch falsch sein, sondern nur beschränkt oder behindert, also beeinträchtigt werden. Ergänzend wird zutreffend auf die Gesetzesterminologie des UWG 1909 verwiesen (§ 13 Abs. 2 Nr. 1 und 2 UWG aF). Eine der allgemeinen Aufgaben der Europäischen Gemeinschaft im Sinne des Art. 2 EGV, die in Art. 3 EGV konkretisiert werden, besteht nach Art. 3 Abs. 1 lit. g EGV darin, ein System, das den Wettbewerb innerhalb des Binnenmarkts **vor Verfälschungen schützt,** zu errichten und zu gewährleisten. Der Schutz des Wettbewerbs vor Verfälschungen ist der ordnungspolitische Kern des wettbe- 61

---

[44] Zum Verhältnis des Interessenschutzes der Marktteilnehmer nach § 1 S. 1 zum Institutionenschutz im Allgemeininteresse nach § 1 S. 2 im UWG 2008 → § 1 Rn 85 ff.

[45] BT-Drucks. 15/1487 vom 22. 8. 2003.

[46] Der Vorschlag von *Fezer* in seinem der Arbeitsgruppe Unlauterer Wettbewerb als Arbeitsunterlage dienenden Gutachten ging deshalb dahin, in der wettbewerbsrechtlichen Generalklausel nicht auf einen Verstoß gegen die guten Sitten, sondern auf eine Beeinträchtigung des lauteren und unverfälschten Leistungswettbewerbs – sowie auf eine Beeinträchtigung der Belange der Verbraucher – abzustellen; *Fezer* WRP 2001, 989, 999. Die – später in den Gesetzesberatungen korrigierte – zunächst fehlsame Formulierung in § 3 des ursprünglichen Gesetzentwurfs, den Wettbewerb nicht zu *verfälschen,* geht auf den Vorschlag von *Köhler/Bornkamm/Henning-Bodewig* für eine RL zum Lauterkeitsrecht und eine UWG-Reform zurück; WRP 2002, 1317, 1318. Zum Wortlaut des § 1 S. 2 → § 1 Rn 85 ff.

[47] Stellungnahme des Bundesrates, BT-Drucks. 301/01 vom 20. 6. 2003.

werblichen Institutionenschutzes. Bei dem Institutionenschutz des Wettbewerbs vor Verfälschungen im Sinne des § 1 S. 2 UWG 2004/2008 handelt es sich um einen wesentlichen Teil des umfassenden Wettbewerbsfunktionsschutzes und Marktstrukturschutzes eines freien Wettbewerbs im Interesse aller Marktteilnehmer. Die Diagnose einer Wettbewerbsverfälschung erfolgt aus der Sicht eines objektiv vernünftigen Wettbewerbers (reasonable competitor).[48]

62 **b) Objektive Eignung zur Wettbewerbsbeeinträchtigung im UWG 2004.** Nach der Rechtslage im UWG 2004 musste eine Wettbewerbshandlung **objektiv** geeignet sein, den Wettbewerb zu beeinträchtigen. In der **objektiven Eignung zur Wettbewerbsbeeinträchtigung** kam der notwendige **Marktbezug einer Wettbewerbshandlung** zum Ausdruck. Wettbewerbshandlungen waren nur solche Handlungen im geschäftlichen Verkehr, die eine **Außenwirkung am Markt** entfalteten und **auf eine Beeinflussung der Wettbewerbsverhältnisse angelegt** waren. Wettbewerbshandlungen zeitigten wirtschaftliche Relevanz am Markt **(Marktrelevanzkriterium).**

63 Das Merkmal einer **objektiven Eignung einer Wettbewerbshandlung zur Wettbewerbsbeeinträchtigung,** das einer Wettbewerbshandlung im Sinne des § 3 UWG 2004 zukommen musste, entsprach dem Merkmal der **Förderungseignung,**[49] das als eine objektive Voraussetzung innerhalb des Tatbestandsmerkmals eines Handelns zu Zwecken des Wettbewerbs im Sinne des § 1 UWG 1909/2004 verlangt wurde. Nach der ständigen Formel in der höchstrichterlichen Rechtsprechung lag eine Wettbewerbshandlung im Sinne eines Handelns zu Zwecken des Wettbewerbs dann vor, wenn das Verhalten äußerlich geeignet war, den Absatz oder den Bezug einer Person zum Nachteil einer anderen Person zu fördern.[50] Die **Marktrelevanz einer Wettbewerbshandlung** bestand in deren **objektiver Zielgerichtetheit,** die Absatzchancen eines Wettbewerbers am Markt zu beeinflussen: sie zu verbessern oder sie zu verschlechtern. Ausreichend war es, wenn die Marktstellung eines Unternehmens im Wettbewerb irgendwie beeinträchtigt wurde. Die Wettbewerbsbeeinträchtigung erfolgte **zum Nachteil eines Marktteilnehmers.**[51] Der Nachteil musste, dem Funktionswandel des Lauterkeitsrechts im Sinne des Schutzes der Verbraucher Rechnung tragend, nicht bei einem Mitbewerber eintreten, vielmehr war ausreichend, wenn er bei einem der Marktteilnehmer im Sinne des § 1 UWG 2004 gegeben war.

64 **c) Das Marktrelevanzkriterium einer Beeinträchtigung der Marktteilnehmerinteressen (§ 3 Abs. 1).** Das zentrale Tatbestandsmerkmal innerhalb der Generalklausel des Verbots unlauteren Wettbewerbs nach § 3 UWG 2004, das die objektive Eignung einer Wettbewerbshandlung zur Wettbewerbsbeeinträchtigung zum Nachteil der Mitbewerber, der Verbraucher oder der sonstigen Marktteilnehmer verlangte, wurde bei der UWG-Novelle des Jahres 2008 in der Generalklausel des Verbots unlauterer geschäftlicher Handlungen nach § 3 Abs. 1 rechtsinhaltlich geändert und rechtstechnisch erneut als ein Tatbestandsmerkmal der Unzulässigkeit einer unlauteren geschäftlichen Handlung normiert. Nach § 3 Abs. 1 sind unlautere geschäftliche Handlungen dann unzulässig, wenn sie geeignet sind, die Interessen von Mitbewerbern, Verbrauchern oder sonstigen Marktteilnehmern

---

[48] Siehe zum schweizerischen Kartellrecht und Lauterkeitsrecht *Schluep* FS Kummer S. 487; *Schürmann/Schluep* Kartellgesetz S. 421; *Pedrazzini* UWG S. 131.

[49] → § 2 B Rn 159 f.

[50] Siehe zu dieser ständigen Formulierung in der höchstrichterlichen Rspr. und deren Umsetzung BGHZ 3, 270, 277 – Constanze I; BGHZ 14, 163, 170 – Constanze II; BGHZ 19, 299, 303 – Bad Ems; BGHZ 19, 392, 393 – Anzeigenblatt; BGH GRUR 1953, 294 – Fleischbezug; BGH GRUR 1960, 384, 386 – Mampe Halb und Halb; BGH GRUR 1962, 45 – Betonzusatzmittel; BGH GRUR 1964, 389, 390 – Fußbekleidung; BGH GRUR 1966, 509, 512 – Assekuranz; BGH GRUR 1968, 95, 97 – Büchereinachlaß; BGH GRUR 1970, 465 – Prämixe; BGH GRUR 1978, 364 – Golfrasenmäher; BGH GRUR 1981, 658, 659 – Preisvergleich; BGH GRUR 1982, 431, 433 – POINT; BGH GRUR 1983, 374 – Spendenbitte; BGH GRUR 1992, 450 – Beitragsrechnung; BGH GRUR 1994, 126 – Folgeverträge I; BGH GRUR 1995, 270 – Dubioses Geschäftsgebahren; BGH GRUR 1995, 744 – Feuer, Eis & Dynamit I; BGH GRUR 1996, 798 – Lohnentwesungen.

[51] → Rn 64 ff.

zu beeinträchtigen. Die **Eignung zur Wettbewerbsbeeinträchtigung** im Sinne des § 3 UWG 2004 wird durch die **Eignung zur Interessenbeeinträchtigung** (Beeinträchtigung der Marktteilnehmerinteressen) ersetzt. Die rechtserheblichen Marktteilnehmer (Mitbewerber, Verbraucher, sonstige Marktteilnehmer), zu deren Nachteil die Wettbewerbsbeeinträchtigung nach § 3 UWG 2004 gereichte, stellen in § 3 Abs. 1 UWG 2008 den identischen Personenkreis dar, deren Interessenbeeinträchtigung als das die Unzulässigkeit einer unlauteren geschäftlichen Handlung begründende Tatbestandsmerkmal normiert wird. In der Gesetzesbegründung zum UWG 2008[52] wird diese Neufassung der lauterkeitsrechtlichen Generalklausel schlicht damit begründet, das unklare Merkmal der Beeinträchtigung des Wettbewerbs zum Nachteil von Marktteilnehmern werde zugunsten der Einführung des Merkmals der Beeinträchtigung ihrer Interessen aufgegeben. Es werde ein sachlicher und sprachlicher Gleichklang zu den Regelungen der §§ 3, 4 Nr. 11 und 8 Abs. 3 Nr. 2 UWG 2008 hergestellt.

Das Tatbestandsmerkmal einer objektiven Interessenbeeinträchtigung der Marktteilnehmer als Anwendungsvoraussetzung der Generalklausel des Verbots unlauterer geschäftlicher Handlungen nach § 3 Abs. 1 ist entweder **tautologisch** oder **inhaltsleer.** Eine unlautere geschäftliche Handlung beeinträchtigt als solche die Interessen aller Marktteilnehmer, seien es Mitbewerber, seien es Verbraucher oder seien es sonstige Marktteilnehmer. Das Tatbestandsmerkmal ist inhaltsleer, da es gegenüber den die Unlauterkeit begründenden Wertungskriterien keinen eigenständigen Beurteilungsmaßstab erlaubt. Als Anwendungsvoraussetzung der Generalklausel besteht zudem die Gefahr, dass das Tatbestandsmerkmal einer objektiven Interessenbeeinträchtigung der Marktteilnehmer solche Interessen als rechtserheblich benennt, die nicht als solche unlauterkeitsrelevant und nicht als unlauterkeitsbegründend anzuerkennen sind. Innerhalb des verbraucherbezogenen Lauterkeitsrechts des b2c-Geschäftsverkehrs kommt hinzu, dass eine Interessenbeeinträchtigung der Verbraucher als solche keinen richtlinienkonformen Beurteilungsmaßstab darstellt. Die Rechtserheblichkeit der schutzwürdigen Verbraucherinteressen ist zwingend in Art. 5 Abs. 2 lit. a und b UGP-RL bestimmt. 65

Die allgemeine Generalklausel des § 3 Abs. 1 ist **restriktiv** dahin auszulegen, dass die Beeinträchtigung der Marktteilnehmerinteressen ein Tatbestandsmerkmal darstellt, das sich ausschließlich auf die Unzulässigkeit der unlauteren geschäftlichen Handlungen bezieht und das Vorliegen der Unlauterkeit einer geschäftlichen Handlung voraussetzt. Nach diesem restriktiven Verständnis der allgemeinen Generalklausel des § 3 Abs. 1 stellt die **Beeinträchtigung der Marktteilnehmerinteressen** den **Bezugspunkt der Spürbarkeitsklausel** dar. Dabei zeigt sich, dass dem Tatbestandsmerkmal einer Eignung zur Wettbewerbsbeeinträchtigung als das in der Generalklausel des § 3 UWG 2004 normierte **Marktrelevanzkriterium,** das der Gesetzgeber des UWG 2008 als unklares Merkmal bezeichnete, wohl kaum ein anderer Rechtsinhalt zukommt als dem Tatbestandsmerkmal der Beeinträchtigung der Marktteilnehmerinteressen, das vergleichbar der Rechtslage nach § 3 UWG 2004 nichts anderes als ein allgemeines Marktrelevanzkriterium darstellt. Die Verbindung des Verbots unlauterer geschäftlicher Handlungen mit einer Spürbarkeitsklausel über das Zulässigkeitskriterium ist gesetzestechnisch und rechtssystematisch verfehlt. Die Notwendigkeit einer Spürbarkeitsklausel im Sinne eines allgemeinen Marktrelevanzkriteriums besteht unabhängig von der Verbotsnorm. 66

d) Das Verbraucherrelevanzkriterium einer Beeinträchtigung der Verbraucherentscheidung (§ 3 Abs. 2 S. 1 iVm Artt. 5 Abs. 2 lit. b, 2 lit. e UGP-RL). Die Verortung einer allgemeinen Marktrelevanzklausel als Tatbestandsmerkmal der allgemeinen Generalklausel des § 3 Abs. 1 bedeutet für das verbraucherbezogene Lauterkeitsrecht, dass sich die Zulässigkeit eines **Spürbarkeitstests innerhalb des b2c-Geschäftsverkehrs** ausschließlich nach den Vorgaben der UGP-RL bestimmt. Fallkonstellationen des b2c-Geschäftsverkehrs, die in den Anwendungsbereich der UGP-RL fallen, sind nicht unter den 67

[52] Gesetzesbegründung UWG 2008 BT-Drucks. 16/10145 S. 42.

Anwendungsbereich der allgemeinen Generalklausel des § 3 Abs. 1 zu subsumieren und nicht nach der Anwendungsvoraussetzung einer Beeinträchtigung von Marktteilnehmerinteressen zu beurteilen. Die verbraucherbezogenen Unlauterkeitsmerkmale des Art. 5 Abs. 2 lit. a und b UGP-RL, die das Referenzmodell zur Bestimmung der Unlauterkeit im b2c-Geschäftsverkehr bilden, enthalten ein originäres **Verbraucherrelevanzkriterium** (Artt. 5 Abs. 2 lit. b, 2. lit. e und j).

68 Das Unlauterkeitsmerkmal einer **wesentlichen** Beeinflussung des wirtschaftlichen Verbraucherverhaltens im Sinne des Art. 5 Abs. 2 lit. b UGP-RL wird im Katalog der Definitionen des Art. 2 UGP-RL rechtsverbindlich definiert. In Art. 2 lit. e UGP-RL wird das Unlauterkeitskriterium einer wesentlichen Beeinflussung des wirtschaftlichen Verhaltens des Verbrauchers dahin erläutert, es handle sich um die Anwendung einer Geschäftspraktik, um die Fähigkeit des Verbrauchers, eine informierte Entscheidung zu treffen, **spürbar** zu beeinträchtigen und damit den Verbraucher zu einer geschäftlichen Entscheidung zu veranlassen, die er andernfalls nicht getroffen hätte. Die **Wesentlichkeit** einer wirtschaftlichen Verhaltensbeeinflussung der Verbraucher und die **Spürbarkeit** der Beeinträchtigung der Entscheidungsfähigkeit der Verbraucher stellen ein gemeinschaftsrechtliches **Verbraucherrelevanzkriterium** dar, das im Lauterkeitsrecht des b2c-Geschäftsverkehrs an die Stelle eines allgemeinen Marktrelevanzkriteriums tritt. Ein allgemeines Marktrelevanzkriterium, das an den Interessen aller Marktteilnehmer ausgerichtet ist und Sachverhalte unlauterer Geschäftspraktiken als Bagatellfälle dem Anwendungsbereich des Lauterkeitsrechts entzieht, ist mit der UGP-RL unvereinbar. Das Verbraucherrelevanzkriterium der UGP-RL, das an der Funktion einer informierten Verbraucherentscheidung am Markt ausgerichtet ist, ist rechtsinhaltlich in den Begriff der Unlauterkeit einer Geschäftspraktik im b2c-Geschäftsverkehr integriert. Das gemeinschaftsrechtliche Verbraucherrelevanzkriterium einer Beeinträchtigung der Verbraucherentscheidung wird in § 3 Abs. 2 S. 1 umgesetzt.

2. Zum Nachteil der Marktteilnehmer (§ 3 UWG 2004)

69 Die objektive Eignung zur Wettbewerbsbeeinträchtigung im Sinne des § 3 UWG 2004 musste zum Nachteil der Mitbewerber, der Verbraucher oder der sonstigen Marktteilnehmer bestehen. Nach der Gesetzesbegründung zum UWG 2004[53] sollte die Formulierung „zum Nachteil" nur zum Ausdruck bringen, dass die Lauterkeit im Wettbewerb **nicht um ihrer selbst willen** geschützt werde, sondern nur insoweit, als die Wettbewerbsmaßnahmen tatsächlich geeignet seien, zu einer Beeinträchtigung geschützter Interessen der Marktteilnehmer zu führen. Das **Tatbestandsmerkmal eines Nachteils** der Marktteilnehmer bedeutete nicht, dass tatsächlich ein Nachteil im Sinne eines Schadens eines Marktteilnehmers oder einer tatsächlichen Verschlechterung der Marktstellung eines Wettbewerbers oder der tatsächlichen Nachfragesituation eines Verbrauchers eingetreten sein musste. Die Formulierung stellte nur sicher, dass die objektive Eignung zur Wettbewerbsbeeinträchtigung **nicht nur von hypothetischer Natur** sein durfte. Ein **allein theoretisch vorstellbarer Nachteil** war unzureichend, eine objektive Eignung einer Wettbewerbshandlung zur Beeinflussung der Marktverhältnisse zu bewirken.

70 In der höchstrichterlichen Rechtsprechung zu dem Tatbestandsmerkmal des Handelns zu Zwecken des Wettbewerbs nach § 1 UWG 1909 kam dem Merkmal des Handelns **zum Nachteil eines Mitbewerbers** nicht nur zur Begründung eines konkreten Wettbewerbsverhältnisses, sondern auch bei der Fallkonstellation der **Förderung fremden Wettbewerbs** Rechtserheblichkeit zu. Bei der Fallkonstellation einer Förderung fremden Wettbewerbs setzte das Merkmal eines Handelns zu Zwecken des Wettbewerbs die objektive Eignung des Verhaltens voraus, den **Wettbewerb des Dritten zum Nachteil des Mitbewerbers dieses Dritten** zu fördern. Es wurde eine **Wechselbeziehung** verlangt, die zwischen den Vorteilen, die der Inanspruchgenommene für das Unternehmen des Dritten zu erreichen suchte, und den Nachteilen, die der unmittelbar betroffene Mitbewerber

[53] Gesetzesbegründung UWG 2004 BT-Drucks. 15/1487 S. 16 f.

durch dieses Verhalten erleidet, besteht, um ein **konkretes Wettbewerbsverhältnis** zwischen dem geförderten Dritten und dem betroffenen Mitbewerber zu begründen. Eine solche Wechselbeziehung zwischen Vorteil und Nachteil war zur Begründung einer objektiven Wettbewerbsbeeinträchtigung zum Nachteil eines Marktteilnehmers im Sinne des § 3 UWG 2004 auch bei der Fallkonstellation der Förderung fremden Wettbewerbs schon nicht mehr erforderlich, da das Vorliegen eines konkreten Wettbewerbsverhältnisses kein Tatbestandsmerkmal der Verbotsnorm des § 3 UWG 2004 und einer Wettbewerbshandlung im Sinne der Definition des § 2 Nr. 1 UWG 2004 war, sondern nur noch ein Tatbestandsmerkmal des Begriffs eines Mitbewerbers im Sinne der Definition des § 2 Nr. 3 UWG 2004 und auch nach geltendem § 2 Nr. 3 UWG 2008 darstellt.

Dem Tatbestandsmerkmal zum Nachteil der Marktteilnehmer kam nur eine **geringe rechtspraktische Bedeutung** zu. Das kam schon in der relativierenden Bemerkung in der Gesetzesbegründung zum Ausdruck. Das Erfordernis der Erheblichkeit der Wettbewerbsbeeinträchtigung (Bagatellklausel) im Sinne des § 3 UWG 2004 war zudem als ein Korrektiv hinreichend geeignet. 71

Das Tatbestandsmerkmal „zum Nachteil der Marktteilnehmer" wurde in die allgemeine Generalklausel des § 3 Abs. 1 UWG 2008 nicht übernommen. Innerhalb der Definition einer geschäftlichen Handlung nach § 2 Abs. 1 Nr. 1 kommt es nur noch darauf an, dass sich das Marktverhalten **zugunsten des eigenen oder eines fremden Unternehmens** auswirkt.[54] 72

V. Spürbarkeit einer Beeinträchtigung der Marktteilnehmerinteressen und einer Beeinträchtigung der Verbraucherentscheidung (§ 3 Abs. 1 und 2) – Marktrelevanzkriterium und Verbraucherrelevanzkriterium

Nach der allgemeinen Generalklausel des Verbots unlauterer geschäftlicher Handlungen nach § 3 Abs. 1 muss die Beeinträchtigung der Marktteilnehmerinteressen spürbar sein. Innerhalb der Generalklausel des § 3 Abs. 1 ist die Spürbarkeit gesetzessystematisch als ein die Unzulässigkeit einer unlauteren geschäftlichen Handlung begründendes Tatbestandsmerkmal normiert. Die **Spürbarkeit einer Beeinträchtigung der Marktteilnehmerinteressen** stellt eine allgemeine **Marktrelevanzklausel** dar. Die Diskussion um die Einführung einer solchen Bagatellklausel in das deutsche Wettbewerbsrecht geht auf Vorschläge zu einer allgemeinen Einschränkung des Anwendungsbereichs des UWG in den 1990er Jahren zurück. 73

Nach der speziellen Generalklausel des Verbots unlauterer geschäftlicher Handlungen nach § 3 Abs. 2 muss die Beeinträchtigung der Verbraucherentscheidung spürbar sein. Innerhalb der Generalklausel des § 3 Abs. 2 ist die Spürbarkeit gesetzessystematisch als ein die Unlauterkeit einer Geschäftspraktik begründendes Tatbestandsmerkmal normiert. Die **Spürbarkeit einer Beeinträchtigung der Verbraucherentscheidung** stellt eine spezielle **Verbraucherrelevanzklausel** dar. Die Rechtserheblichkeit einer solchen Verbraucherrelevanzklausel beruht auf den Beurteilungskriterien der Unlauterkeit nach der Rechtsgrundlage der UGP-RL. 74

1. Entstehungsgeschichte der Bagatellklausel im UWG 2004

a) Stellungnahme der BMJ-Arbeitsgruppe „Überprüfung des Wettbewerbs" im Jahre 1996. In der im Jahre 1996 vom Bundesjustizministerium eingesetzten Arbeitsgruppe „Überprüfung des Wettbewerbsrechts"[55] wurde vorgeschlagen, eine **Spürbarkeitsgrenze** bei Anwendung der Generalklausel des § 1 UWG 1909 einzuführen. Solche Wettbewerbsverstöße, denen am Markt keine Relevanz zukomme, sollten sanktionslos bleiben, 75

---

[54] → § 2 B Rn 161 ff.

[55] Siehe den Bericht der Arbeitsgruppe „Überprüfung des Wettbewerbsrechts" vom 17. 12. 1996 S. 8f.

um die Rechtspraxis nicht mit Bagatellsachverhalten zu belasten. Gegen den kontrovers diskutierten Vorschlag, eine Bagatellklausel – Wesentlichkeit, Erheblichkeit oder Spürbarkeit einer Wettbewerbsbeeinträchtigung im Sinne einer allgemeinen Marktrelevanzklausel – in das UWG einzuführen und Wettbewerbsverstöße nur dann zu berücksichtigen, wenn sie den **Wettbewerb wesentlich beeinträchtigen,** wurde eingewandt, die Rechtsprechung nehme stets eine Gesamtwürdigung des Sachverhalts vor. Es wurde befürchtet, eine Änderung des Wortlauts der Generalklausel werde Rechtsunsicherheit und Einbußen an Verbraucherschutz[56] mit sich bringen. Die Diskussion in der Arbeitsgruppe zeichnete sich besonders dadurch aus, dass die Problematik der Einführung einer Spürbarkeitsgrenze in Zusammenhang mit der Rechtsprechung zu der Fallgruppe des Rechtsbruchs diskutiert wurde. Es bestand hinsichtlich dieser Fallkonstellation Einigkeit, dass nicht jeder Verstoß eines Wettbewerbers gegen eine Rechtsnorm als ein Wettbewerbsverstoß im Sinne des § 1 UWG 1909 beurteilt werden dürfe. Es wurde erwogen, bei Gesetzesverstößen gegen eine den **Wettbewerb regelnden Norm** auf die **Spürbarkeit** abzustellen. Dazu wurde die Frage aufgeworfen, für wen der Wettbewerbsverstoß spürbar sein müsse. Im Ergebnis unterblieb in den 1990er Jahren eine Novellierung des UWG im Sinne einer Bagatellklausel.

76 **b) Restriktionen des Anwendungsbereichs des § 1 UWG 1909 durch den BGH.** Die Diskussion, den Anwendungsbereich des § 1 UWG 1909 dahin einzuschränken, dass auf eine **spürbare Auswirkung der Wettbewerbshandlung auf dem Markt** abzustellen sei, verlor seit Mitte der 1990er Jahre namentlich aus verschiedenen Gründen an Aktualität. Der BGH schränkte seine Rechtsprechung zur Annahme der Wettbewerbswidrigkeit eines Gesetzesverstoßes namentlich dahin ein, es seien die **Auswirkungen des Gesetzesverstoßes auf den Wettbewerb** zu berücksichtigen. Der Grundsatz, ein Verstoß gegen wettbewerbsbezogene Vorschriften sei per se unlauter, galt nach diesem Wandel der höchstrichterlichen Rechtsprechung nicht mehr uneingeschränkt.[57] Der BGH berücksichtigte das Vorliegen einer allenfalls **geringen Gefahr einer Beeinträchtigung** der durch § 1 UWG 1909 geschützten Interessen aufgrund des Normverstoß einerseits und ein Handeln in **Wahrnehmung berechtigter Interessen** andererseits. Bei solchen Fallkostellationen eines Bagatellverstoßes sei eine **Prüfung des Gesamtverhaltens des Wettbewerbers** nach seinem konkreten Anlass, Zweck und Mittel, seinen Begleitumständen und Auswirkungen geboten.

77 Folge des im Lauterkeitsrecht zunehmend anerkannten **europäischen Verbraucherleitbildes**[58] eines informierten und verständigen Marktbürgers war es zudem, dass insbesondere bei der Anwendung des Irreführungsverbots ein Abstellen auf die **Erheblichkeit einer Irreführungsgefahr** eine normative Korrektur hinsichtlich der **Wesentlichkeit des Wettbewerbsverstoßes** bedeutete. Das europäische Verbraucherleitbild war als eine Ausprägung des europäischen **Verhältnismäßigkeitsgrundsatzes**[59] in einem europäischen Lauterkeitsrecht[60] zu verstehen.

78 **c) Einführung einer Bagatellklausel in das UWG 2004 im Sinne einer Erheblichkeitsschwelle.** In der im Jahre 2001 im Auftrag des Bundesjustizministeriums erneut eingesetzten Arbeitsgruppe zur Modernisierung des UWG[61] wurde der **Vorschlag** in dem

---

[56] Die schon zu damaliger Zeit ausgesprochene Befürchtung, eine Bagatellklausel werde den Verbraucherschutz einschränken, erhält bei einer solchen Auslegung des UWG 2008 Aktualität, die den Versuch unternimmt, entgegen dem umfassenden Geltungsanspruch der verbraucherschützenden Generalklausel des Art. 5 UGP-RL die Spürbarkeitsregelung der allgemeinen Bagatellklausel des § 3 Abs. 1 UWG 2008 auch auf Fallkonstellationen des b2c-Geschäftsverkehrs anzuwenden; → Rn 31 f.

[57] Siehe dazu die Grundsatzentscheidung BGH WRP 1999, 643 – Hormonpräparate; siehe ferner BGH GRUR 2000, 237 – Giftnotruf-Box; dazu die Darstellung → § 4–11 Rn 18 ff.

[58] Zum europäischen Verbraucherleitbild → Rn 238 ff.

[59] Zum Verhältnismäßigkeitsgrundsatz als Wertungskriterium der Lauterkeit → Rn 242 ff.

[60] Der EuGH führt den europäischen Verbraucherbegriff ausdrücklich auf den Verhältnismäßigkeitsgrundsatz zurück, EuGH WRP 2000, 289 – Lifting-Creme.

[61] Siehe zu der Aufgabenstellung der Arbeitsgruppe BT-Drucks. 14/5594 vom 15. 3. 2001, S. 9.

Regierungsgutachten von *Karl-Heinz Fezer,*[62] eine **Spürbarkeitsgrenze** im Sinne einer wesentlichen[63] Beeinträchtigung des Leistungswettbewerbs[64] einzuführen, kontrovers diskutiert. Der Reformgesetzgeber des Jahres 2004 entschied sich für die Einführung einer **Erheblichkeitsschwelle im Sinne einer Bagatellklausel** innerhalb der Generalklausel des Verbots unlauteren Wettbewerbs.

Nach der Gesetzesbegründung sollte mit der Anwendungsvoraussetzung der Verbotsnorm, die Beschränkung des Wettbewerbs müsse **nicht nur unerheblich** sein, zum Ausdruck kommen, dass die Wettbewerbsmaßnahme **von einem gewissen Gewicht** für das Wettbewerbsgeschehen und die Interessen der geschützten Personenkreise sein musste. Es wurde einschränkend klargestellt, dies bedeute nicht, dass es eine Folge der Erheblichkeitsschwelle sei, unlautere Wettbewerbshandlungen zu einem beachtlichen Teil zu legalisieren. Es sollte vielmehr allein die **Verfolgung von lediglich Bagatellfällen ausgeschlossen** werden. Aus diesem Grunde sei die Schwelle **nicht zu hoch anzusetzen.** 79

In der Gesetzesbegründung zum UWG 2004[65] wurde ausdrücklich darauf hingewiesen, dass die Klagebefugnis in § 13 Abs. 2 UWG aF eine zum Teil **weitergehende Einschränkung** der Verfolgung nicht erheblicher Wettbewerbsverstöße bedeute. Nach § 13 Abs. 2 UWG aF bestand die Klagebefugnis der abstrakten Mitbewerber und der Wirtschaftsverbände nur unter der Voraussetzung, dass die Wettbewerbshandlung geeignet war, den Wettbewerb auf diesem Markt **wesentlich zu beeinträchtigen;** die Klagebefugnis der Verbraucherverbände bestand nach § 13 Abs. 2 Nr. 3 UWG aF nur dann, wenn **wesentliche Belange** der Verbraucher berührt wurden **(Wesentlichkeitskriterium).**[66] 80

2. Einführung des Spürbarkeitskriteriums als Bagatellklausel im UWG 2008

a) Diskurs in den Gesetzgebungsverfahren um den Wortlaut einer Bagatellklausel. Innerhalb des Zeitraums der Entstehungsgeschichte der **Bagatellklausel** während der beiden letzten Jahrzehnte wurde um die **Wortwahl der Gesetzesfassung** ein rabulistischer Diskurs geführt. Die vorgeschlagenen Begriffe, wie wesentlich, erheblich, verhältnismäßig und spürbar, sowie deren jeweilige doppelte Negationen, wurden allesamt semantisch analysiert und beliebig angenommen oder verworfen. Es nimmt deshalb auch nicht wunder, dass der Gesetzgeber der UWG-Novelle des Jahres 2008 die vom Gesetzgeber der UWG-Reform des Jahres 2004, der den Begriff der „Spürbarkeit" noch verworfen hatte, eingeführte kunstvolle Umschreibung „nicht nur unerheblich" als ein „sperriges Tatbestandsmerkmal" brandmarkte und es durch das Merkmal „Spürbarkeit" ersetzte, ein Rechtssetzungsakt von geradezu gemeinschaftsrechtlicher Tragweite, bedenkt man das in der Gesetzesbegründung vorgetragene Argument, das Merkmal einer spürbaren Beeinträchtigung sei auch in der Definition der wesentlichen Beeinflussung des Verbraucherverhaltens in Art. 2 lit. e UGP-RL enthalten.[67] 81

b) Marktrelevanzkriterium in § 3 Abs. 1 und Verbraucherrelevanzkriterium in § 3 Abs. 2 S. 1. Die innerhalb der **allgemeinen Generalklausel des § 3 Abs. 1** implementierte Bagatellklausel stellt ein allgemeines Marktrelevanzkriterium dar. Eine unlautere geschäftliche Handlung ist nur dann unzulässig, wenn sie geeignet ist, die Interessen von Mitbewerbern, Verbrauchern oder sonstigen Marktteilnehmern spürbar zu beeinträchtigen. Die Spürbarkeit einer Beeinträchtigung von Marktteilnehmerinteressen stellt als ein Unzulässigkeitskriterium eine rechtliche Voraussetzung für das Eingreifen der Rechtsfolgen der §§ 8 bis 10 dar. Bagatellfälle unlauteren Wettbewerbs bleiben sanktionslos. Diese all- 82

---

[62] Siehe dazu *Fezer* WRP 2001, 989, 1000 f.

[63] Synonyme Formulierungen für wesentlich waren erheblich und unverhältnismäßig.

[64] In der ursprünglichen Fassung der Generalklausel des § 3 im Entwurf des UWG 2004 war noch auf eine Verfälschung des Wettbewerbs abgestellt. Die Änderung des Wortlauts geht auf einen Antrag des Bundesrates zurück. → Fn 44.

[65] Begründung RegE BT-Drucks. 15/1487 vom 22. 8. 2003 S. 17.

[66] → Rn 84 ff.

[67] Gesetzesbegründung UWG 2008 BT-Drucks. 16/10 145 S. 42.

gemeine Marktrelevanzklausel ist allein rechtserheblich im Anwendungsbereich des § 3 Abs. 1, unter den nicht die Sachverhalte des b2c-Geschäftsverkehrs zu subsumieren sind.

83 Der Gesamtbereich des harmonisierten Lauterkeitsrechts des b2c-Geschäftsverkehrs, der nicht dem Anwendungsbereich der allgemeinen Generalklausel des § 3 Abs. 1 unterfällt, dessen Sachverhalte vielmehr unter die **spezielle Generalklausel des § 3 Abs. 2** zu subsumieren sind, ist ein Regelungsgegenstand der UGP-RL, mit der ein allgemeines Marktrelevanzkriterium im Sinne der Spürbarkeitsklausel des § 3 Abs. 1 unvereinbar ist. Innerhalb des **Anwendungsbereichs der UGP-RL** gilt ein **Verbraucherrelevanzkriterium,** das sich aus dem Unlauterkeitsmerkmal einer wesentlichen Verhaltensbeeinflussung der Verbraucher im Sinne des Art. 5 Abs. 2 lit. b UGP-RL in Verbindung mit der Spürbarkeit einer Beeinträchtigung der Entscheidungsfähigkeit des Verbrauchers im Sinne des Art. 2 lit. e UGP-RL ergibt. Die Spürbarkeit einer Beeinträchtigung der Entscheidungsfähigkeit des Verbrauchers als Tatbestandsmerkmal der speziellen Generalklausel des § 3 Abs. 2 S. 1, unter deren Anwendungsbereich das harmonisierte Lauterkeitsrecht des b2c-Geschäftsverkehrs zu subsumieren ist, ist richtlinienkonform im Sinne des Verbraucherrelevanzkriteriums der UGP-RL auszulegen.

3. Wesentlichkeit der Wettbewerbsbeeinträchtigung und der Verbraucherbelange nach § 13 Abs. 2 Nr. 2 und 3 UWG aF

84 **a) Wesentlichkeitskriterium.** Die UWG-Novelle des Jahres 1994 suchte die **Missbräuche bei der Verfolgung von Bagatellverstößen** aus finanziellen Gründen zur Erzielung eines Aufwendungsersatzanspruchs durch Abmahnverbände durch eine **Regelung der Klagebefugnis**[68] des § 13 UWG aF abzustellen. Nach § 13 Abs. 2 Nr. 2 UWG aF kam es für die Klagebefugnis der abstrakten Mitbewerber sowie der Wirtschaftsverbände darauf an, dass der Anspruch eine Handlung betraf, die geeignet war, den **Wettbewerb auf diesem Markt wesentlich zu beeinträchtigen,** nach § 13 Abs. 2 Nr. 3 UWG aF kam es für die Klagebefugnis der Verbraucherverbände darauf an, dass der Anspruch eine Handlung betraf, durch die **wesentliche Belange der Verbraucher berührt** wurden **(Wesentlichkeitskriterium).**

85 **b) Prognoseentscheidung.** Die Eignung einer Handlung zu einer wesentlichen Wettbewerbsbeeinträchtigung und zu den wesentlichen Verbraucherbelangen war anhand einer **Prognose** festzustellen. Abzustellen war sowohl auf **quantitative** als auch auf **qualitative Merkmale.** In der höchstrichterlichen Rechtsprechung wurde die Wesentlichkeit anhand einer **Gesamtbetrachtung des Wettbewerbs** auf dem relevanten örtlichen und sachlichen Markt festgestellt. Rechtserheblich waren die **Art und Schwere des Verstoßes** und die zu erwartenden **Auswirkungen auf den Wettbewerb.** Zu berücksichtigen waren die Interessen der Mitbewerber, der Allgemeinheit und vor allem die Interessen der betroffenen Verbraucherkreise an der Unterbindung des Wettbewerbsverhaltens.[69]

86 **c) Berücksichtigung der besonderen Umstände.** Bei der Prognoseentscheidung, die zur Feststellung der Wesentlichkeit einer Wettbewerbsbeeinträchtigung oder der berührten Verbraucherbelange erforderlich war, waren innerhalb der **Gesamtbetrachtung** des Wettbewerbs alle besonderen Umstände im Sinne von **quantitativen und qualitativen Merkmalen** zu berücksichtigen. Es kam zunächst auf die Marktverhältnisse des handelnden Wettbewerbers an. Dabei waren seine **Wettbewerbsstellung,** die Art und Intensität des **Wettbewerbsverstoßes** und der **Verschuldensgrad** zu berücksichtigen. Es kam sodann auf die Marktverhältnisse des betroffenen Mitbewerbers an. Dabei waren namentlich die **Schutzwürdigkeit** und die **Marktstellung** des Mitbewerbers sowie dessen Kon-

---

[68] Bei der Regelung handelte es sich aber nicht um eine Frage der Klagebefugnis, sondern der Begründetheit des Anspruchs, BGH GRUR 1995, 122, 123 – Laienwerbung für Augenoptiker; BGH GRUR 2001, 258, 259 – Immobilienpreisangaben.

[69] Siehe dazu nur BGH GRUR 1995, 122, 123 – Laienwerbung für Augenoptiker; BGH GRUR 1995, 419, 422 – Knoblauchkapseln; BGH GRUR 1998, 955, 956 – Flaschenpfand II.

kurrenzsituation zum handelnden Wettbewerber zu berücksichtigen. Rechtserheblich waren auch die allgemeinen Marktverhältnisse wie die **Zahl der Mitbewerber** und die **Größe des relevanten Marktes.** Zu berücksichtigen waren schließlich die **Art des geschützten Rechtsgutes und Interesses** sowie das **Allgemeininteresse** an einer Verfolgung des Wettbewerbsverstoßes.

d) Normzweckverschiedenheit des Wesentlichkeitskriteriums (§ 13 Abs. 2 Nr. 2 und 3 UWG aF) und der Erheblichkeitsschwelle (§ 3 UWG 2004). Die höchstrichterliche Rechtsprechung zur Wesentlichkeit der Wettbewerbsbeeinträchtigung und der berührten Verbraucherbelange im Sinne des § 13 Abs. 2 Nr. 2 und 3 UWG aF konnte zwar nicht unmittelbar auf die Bagatellklausel des § 3 UWG 2004 übertragen werden, da die **Normzwecke der Regelungen verschieden** waren. Die Änderung der Klagebefugnis im Sinne des § 13 UWG aF zielte auf eine Abstellung des Missbrauchs der Verfolgung von Wettbewerbsverstößen durch die Abmahnverbände. Die Zielsetzung einer effektiven **Missbrauchsabwehr** verlangte, an das Vorliegen einer wesentlichen Wettbewerbsbeeinträchtigung **nicht zu geringe Anforderungen** zu stellen. Die Beschränkung des Adressatenkreises auf die Klagebefugten im Sinne des § 13 Abs. 2 Nr. 2 und 3 UWG aF rechtfertigte eine strikte Handhabung der Einschränkung der Klagebefugnis. 87

Die **Erheblichkeitsschwelle** im Sinne des § 3 UWG 2004 stellte gegenüber einer Missbrauchsregelung innerhalb der Klagebefugnis der Verbände eine **allgemeine Anwendungsschranke** des Verbots unlauteren Wettbewerbs im Sinne einer **Bagatellklausel** dar. Die Rechtsprechung zu dem Wesentlichkeitskriterium im Sinne des § 13 Abs. 2 Nr. 2 UWG 1909 vermochte **Anhaltspunkte zur Bestimmung der Erheblichkeitsschwelle** im Sinne des § 3 UWG 2004 zu geben; den tatsächlichen Umständen der entschiedenen Fallkonstellationen kam eine gewisse **Indizwirkung** zu. 88

4. Anwendungsbereich der Erheblichkeitsschwelle (§ 3 UWG 2004)

a) Allgemeine Anwendungsschranke des Verbots unlauterer geschäftlicher Handlungen. Die Eignung zu einer nicht nur unerheblichen Wettbewerbsbeeinträchtigung stellte eine allgemeine Anwendungsvoraussetzung des Verbots unlauteren Wettbewerbshandlungen nach § 3 dar. Die Erheblichkeitsschwelle schränkte den Anwendungsbereich des UWG allgemein ein. Als das **rechtstheoretische Fundament der Bagatellklausel** wurde sowohl der europäische Verhältnismäßigkeitsgrundsatz als auch das europäische Verbraucherleitbild des informierten und verständigen Marktbürgers angesehen. Die Rechtsprechung zu der wesentlichen Wettbewerbsbeeinträchtigung im Sinne des § 13 Abs. 2 Nr. 2 UWG aF und zu den wesentlichen Verbraucherbelangen im Sinne des § 13 Abs. 2 Nr. 3 UWG aF zur Missbrauchsabwehr konnte zwar nicht unmittelbar für die Auslegung der Erheblichkeitsschwelle des § 3 gelten; es waren aber die für eine Gesamtbeurteilung der Wettbewerbsbeeinträchtigung relevanten Umstände vergleichbar. Insoweit konnte der höchstrichterlichen Rechtsprechung zu § 13 Abs. 2 Nr. 2 und 3 UWG aF eine indizielle Bedeutung zuerkannt werden.[70] 89

b) Adressatenkreis. Die Eignung zur einer nicht nur unerheblichen Wettbewerbsbeeinträchtigung stellte eine materiellrechtliche Anspruchsvoraussetzung bei der Geltendmachung eines Wettbewerbsverstoßes gegen die Verbotsnorm des § 3 dar. Eine unlautere Wettbewerbshandlung war nur dann unzulässig im Sinne des § 3, wenn die Erheblichkeitsschwelle überschritten war. Jeder Anspruch nach dem UWG setzte die Eignung der Wettbewerbshandlung zu einer nicht nur unerheblichen Wettbewerbsbeeinträchtigung oder wesentlicher Verbraucherbelange voraus. Die Bagatellklausel schränkte die **materielle Anspruchsberechtigung** eines jeden Normadressaten des UWG ein. Man konnte insoweit 90

---

[70] Siehe dazu *Heermann* GRUR 2004, 94; *Sack* WRP 2004, 30; *Lettl* GRUR 2004, 449, 450; *Krüger/v. Gamm* ELR 2004, 98, 99; *Köhler* NJW 2004, 2121, 2122; aus der Sicht eines europäischen Lauterkeitsrechts *Glöckner* WRP 2004, 936, 940 f; *Köhler/Lettl* WRP 2003, 1019, 1051.

von einer Erweiterung des Adressatenkreises[71] durch die Einführung einer Erheblichkeitsschwelle gegenüber der Regelung des § 13 Abs. 2 Nr. 2 und 3 UWG aF sprechen, als die Missbrauchsregelung des § 13 UWG aF zwar ihrer Rechtsnatur nach auch eine materiellrechtliche Anspruchsvoraussetzung darstellte, diese aber im Zusammenhang mit der Aktivlegitimation der abstrakten Mitbewerber und der Wirtschaftsverbände (§ 13 Abs. 2 Nr. 2 UWG aF) sowie der Verbraucherverbände (§ 13 Abs. 2 Nr. 3 UWG aF) geregelt war und damit nur einen beschränkten Adressatenkreis betraf.

91 **c) Eignung zu einer nicht nur unerheblichen Wettbewerbsbeeinträchtigung.** Mit der Qualifizierung der Wettbewerbsbeeinträchtigung als **nicht nur unerheblich** wurde im Wortlaut des § 3 UWG 2004 zum Ausdruck gebracht, dass es sich um eine Wettbewerbsbeeinträchtigung **von einem gewissen Gewicht** handeln musste. Gesetzgeberische Zielsetzung war der **Ausschluss der Verfolgung von Bagatellfällen.** In der Gesetzesbegründung[72] wurde ausgeführt, die Erheblichkeitsschwelle solle **nicht zu hoch angesetzt** werden. Folge der Bagatellklausel dürfe es nicht sein, unlauteren Wettbewerb zu legalisieren.

92 Mit der doppelten Negation „nicht (nur) unerheblich" sollte semantisch zum Ausdruck gebracht werden, dass eine wesentliche Beeinträchtigung des Wettbewerbs durch unlautere Wettbewerbshandlungen nicht hinzunehmen sei. Die Erheblichkeitsschwelle des § 3 lag somit unter dem Niveau des Wesentlichkeitskriteriums des § 13 Abs. 2 UWG aF.[73] Es war und ist eher eine Sache des Sprachgefühls als der linguistischen Auslegung, den **Bagatellcharakter der Erheblichkeitsschwelle** mit der doppelten Negation des Wortlauts „nicht nur unerheblich" als durch den Wortlaut „erhebliche Wettbewerbsbeeinträchtigung" zum Ausdruck zu bringen.

93 Die Feststellung einer nicht nur unerheblichen Wettbewerbsbeeinträchtigung verlangte eine **Gesamtschau** aller tatsächlichen Umstände des konkreten Wettbewerbssachverhalts. Da es nur auf die Eignung der Wettbewerbshandlung zu einer Wettbewerbsbeeinträchtigung oder der berührten Verbraucherbelange ankam und der tatsächliche Eintritt einer Wettbewerbsbeeinträchtigung – oder entsprechend der berührten Verbraucherbelange – nicht erforderlich war, war eine **Prognoseentscheidung** über die Auswirkungen der Wettbewerbshandlung auf dem Markt zu treffen. Wie allgemein das Verbot unlauteren Wettbewerbs war auch die Reichweite der Erheblichkeitsschwelle nach der **Schutzzweckklausel des § 1 als Auslegungsdirektive** zu bestimmen. Es waren die Interessen der Marktteilnehmer und der Allgemeinheit an einem lauteren und unverfälschten Wettbewerb zu berücksichtigen.

94 Die Erheblichkeitsschwelle war nicht abstrakt im Sinne des Schutzes eines lauteren Wettbewerbs zu bestimmen. Ob eine nicht nur unerhebliche Wettbewerbsbeeinträchtigung vorlag, bestimmte sich nach der konkreten **Art und Schwere** der unlauteren Wettbewerbshandlung. Es kam entscheidend darauf an, in welcher **Intensität** die Interessen der Mitbewerber, der Verbraucher und der Allgemeinheit von dem Wettbewerbsverstoß berührt wurden. Es waren alle objektiven und subjektiven Umstände in der **Person des handelnden Wettbewerbers** sowie in der **Person der betroffenen Marktteilnehmer** zu berücksichtigen.

95 Auf Seiten des handelnden Wettbewerbers waren namentlich zu berücksichtigen die **Wettbewerbsstellung, Marktstärke** und **Konkurrenzsituation** des Wettbewerbers, die **Intensität** des Wettbewerbsverstoßes einschließlich dessen **Häufigkeit** und **Verschuldensgrades** und der erlangte **Wettbewerbsvorsprung.** In der Person des Mitbewerbers kam es namentlich auf dessen **Wettbewerbsstellung** und **Schutzwürdigkeit** an. Rechtserheblich war auch der Grad der **Nachahmungsgefahr.**[74]

---

[71] So *Heermann* GRUR 2004, 94, 95.
[72] → Rn 78 ff.
[73] → Rn 84 ff.
[74] Siehe dazu BGH GRUR 1997, 767, 769 – Brillenpreise II; OLG Düsseldorf WRP 1995, 1029, 1032; OLG Köln GRUR 1999, 1023, 1024; siehe dazu *Bernreuther* WRP 1995, 452, 457.

Die besondere Schutzwürdigkeit der Verbraucher wie namentlich **besonderer Personenkreise** und **besonderer Wettbewerbssituationen** konnte die Erheblichkeit der Wettbewerbsbeeinträchtigung begründen. Die **Gefährdung besonderer Rechtsgüter, Rechte und Interessen,** denen die Rechtsordnung einen hohen Rang zuerkennt, begründete ohne weiteres die Erheblichkeit der Wettbewerbsbeeinträchtigung. Schon in der Rechtsprechung zu § 13 Abs. 2 Nr. 2 UWG aF wurde davon ausgegangen, dass der Schutz von **Rechtsgütern von hohem Rang,** wie etwa der Volksgesundheit oder der Rechtspflege, **regelmäßig** die Wesentlichkeit der Wettbewerbsbeeinträchtigung begründet.[75] 96

5. Die Spürbarkeitsklauseln im b2b-Geschäftsverkehr und im b2c-Geschäftsverkehr (§ 3 Abs. 1 und 2 S. 1)

a) Spürbarkeit einer Beeinträchtigung der Marktteilnehmerinteressen – Marktrelevanzkriterium nach § 3 Abs. 1. aa) Anwendungsbereich im nichtharmonisierten Lauterkeitsrecht des b2b-Geschäftsverkehrs. In richtlinienkonformer Auslegung des UWG 2008, in dem das verbraucherbezogene und das mitbewerberbezogene Lauterkeitsrecht rechtsformal als Gesetzeseinheit geregelt ist, ist der Anwendungsbereich des harmonisierten Lauterkeitsrechts im Geschäftsverkehr zwischen Unternehmen und Verbrauchern auf der Grundlage der UGP-RL zu bestimmen. Ein **Sachverhalt des b2c-Geschäftsverkehrs**, der unter den Anwendungsbereich des harmonisierten Lauterkeitsrechts der UGP-RL zu subsumieren ist, stellt **keine Fallkonstellation der allgemeinen Generalklausel des § 3 Abs. 1** dar.[76] Das allgemeine Marktrelevanzkriterium des § 3 Abs. 1 ist schon deshalb nicht auf Sachverhalte des b2c-Geschäftsverkehrs anzuwenden. Die Nichtanwendbarkeit des Marktrelevanzkriteriums im harmonisierten Lauterkeitsrecht des Geschäftsverkehrs zwischen Unternehmen und Verbrauchern folgt auch daraus, dass die **UGP-RL keine marktbezogene Bagatellklausel** im Sinne einer allgemeinen Marktrelevanzklausel kennt. Der **Anwendungsbereich des allgemeinen Marktrelevanzkriteriums** des § 3 Abs. 1 ist auf den **b2b-Geschäftsverkehr** des nichtharmonisierten Lauterkeitsrechts zu beschränken. 97

Die Spürbarkeitsklausel der UGP-RL stellt eine spezielle Verbraucherrelevanzklausel dar, deren Anwendungsvoraussetzungen sich aus den Artt. 5 Abs. 2 lit. b, 2 lit. e und j UGP-RL ergeben. Die Sachverhalte des b2c-Geschäftsverkehrs sind ausschließlich nach der **besonderen Verbraucherrelevanzklausel des § 3 Abs. 2 S. 1** zu beurteilen. Eine Anwendung des § 3 Abs. 1 auf den b2c-Geschäftsverkehr und eine damit verbundene teleologische Auslegung der Bagatellklausel im Sinne des § 3 Abs. 2 S. 1 vermag zwar zu vergleichbaren Ergebnissen führen, stellt aber nicht nur einen unsystematischen Umweg bei der Gesetzesanwendung dar, sondern begründet vor allem die Gefahr, dass die **allgemeinen Marktrelevanzkriterien und die besonderen Verbraucherrelevanzkriterien vermengt** werden. 98

bb) Marktbezogene Relevanzkriterien. Nach § 3 Abs. 1 ist ein Unlauterkeitssachverhalt außerhalb des b2c-Geschäftsverkehrs dann unzulässig, wenn die unlautere geschäftliche Handlung zu einer spürbaren Beeinträchtigung von Marktteilnehmerinteressen geeignet ist. Bei der Spürbarkeit einer Beeinträchtigung der Marktteilnehmerinteressen im Sinne des § 3 Abs. 1 handelt es sich um ein allgemeines Marktrelevanzkriterium. In dem nichtharmonisierten Lauterkeitsrecht ist die Reichweite der Bagatellklausel nach den **marktbezogenen Beurteilungskriterien** zu bestimmen, die für den Anwendungsbereich der **Erheblichkeitsschwelle** des § 3 UWG 2004[77] und zumindest ansatzweise schon für das 99

[75] BGH GRUR 1995, 419, 422 – Knoblauchkapseln; GRUR 1997, 761, 765 – Politikerschelte; BGH WRP 1998, 172, 174 – Professorenbezeichnung in der Arztwerbung III; BGH WRP 1998, 177, 181 – Fachliche Empfehlung III; GRUR 1997, 537, 539 – Lifting-Creme; BGH WRP 1998, 181, 184 – Warentest für Arzneimittel; BGH WRP 1998, 312, 315 – Lebertran I; GRUR 2001, 176, 178 – Myalgien; BGH WRP 2001, 542, 546 – Franzbranntwein-Gel.

[76] Siehe dazu ausführlich → Rn 23 ff.

[77] Siehe dazu → Rn 78 ff.

Wesentlichkeitskriterium zur Feststellung eines Missbrauchs bei der Verfolgung von Bagatellverstößen seit der UWG-Reform des Jahres 1994 galten.[78]

100 Bei den zu berücksichtigen Marktteilnehmerinteressen kommt es **vorrangig** auf die **Interessen der Mitbewerber** an, da die Gewährleistung eines hohen Verbraucherschutzniveaus über die Verbraucherrelevanzklausel im harmonisierten Lauterkeitsrecht des b2c-Geschäftsverkehrs nach § 3 Abs. 2 S. 1 gewährleistet wird. Da der b2b-Geschäftsverkehr noch nicht harmonisiert ist, stünde im Anwendungsbereich des § 3 Abs. 1 auch einer Anwendung des **Integrationsmodells der Schutzzwecktrias,** die von einer Gleichrangigkeit der Interessen der Mitbewerber, der Verbraucher und der Allgemeinheit ausgeht, an sich nichts im Wege. Es erscheint allerdings sachgerechter, im Geschäftsverkehr zwischen Unternehmen den **Unternehmensinteressen einen Vorrang** einzuräumen.

101 **cc) Rechtserhebliche Umstände.** Zweck des allgemeinen Marktrelevanzkriteriums im Sinne des § 3 Abs. 1 ist es, die Unternehmenspraxis (Produktion, Handel und Gewerbe, freie Berufe) und die Rechtspraxis im Sinne der Rechtsgestaltung und Rechtspflege von **Bagatellsachverhalten des Marktes** freizuhalten. Das Marktgeschehen wird durch die Ahndung von Bagatellverstößen mehr belastet, als durch den Verzicht auf die Sanktionierung von lauterkeitsrechtlichen Bagatellverstößen erschwert. Zur Auslegung der Spürbarkeitsklausel nach § 3 Abs. 1 können deshalb sowohl die **Grundsätze zur Missbrauchsabwehr** nach § 13 Abs. 2 Nr. 2 aF, sowie namentlich der allgemeine Rechtsgrundsatz zur Erheblichkeitsschwelle im Sinne des § 3 UWG 2004, nach dem es auf die **Art und Schwere des Lauterkeitsverstoßes** ankommt, berücksichtigt werden.[79] Bei der erforderlichen Prognoseentscheidung sind im Wege einer Gesamtschau alle quantitativen und qualitativen Umstände des konkreten Lauterkeitssachverhalts und die **Auswirkungen auf das Marktgeschehen** zu berücksichtigen.

102 Als rechtserheblich zu berücksichtigende **Umstände** gelten namentlich die **Schutzwürdigkeit** und die **Marktstellung** des Mitbewerbers, die **Konkurrenzsituation** zu dem handelnden Wettbewerber, die **Zahl der Mitbewerber,** die **Art und Größe des relevanten Marktes,** sowie die **Art der geschützten Interessen** des Marktteilnehmers. Die Berücksichtigung des allgemeinen Marktrelevanzkriteriums im b2b-Geschäftsverkehr rechtfertigt auch, den **Verschuldensgrad** zu beachten, da es sich um einen die Konkurrenzsituation des Unlauterkeitsdelikts mitbestimmenden Umstand handelt.[80] Die umfangreiche **Rechtsprechung**[81] zum **Wesentlichkeitskriterium** und zur **Erheblichkeitsschwelle** kann auf das allgemeine **Marktrelevanzkriterium der Spürbarkeitsklausel des § 3 Abs. 1 im b2b-Geschäftsverkehr übertragen** werden. Ein **arzneimittelrechtlicher Verstoß** gegen die Vorschriften der §§ 21 AMG, 11 Abs. 1 lit. a und Nr. 2 LMBG, die auch dazu bestimmt sind, im Interesse der Marktteilnehmer das Marktverhalten zu regeln, ist geeignet, den Wettbewerb zum Nachteil der Mitbewerber und der Verbraucher nicht nur unerheblich zu beeinträchtigen.[82] Eine methodisch angewandte, unzumutbare Belästigung, wie das **gezielte Ansprechen von Passanten an öffentlichen Orten** zu zunächst nicht eindeutig erkennbaren Werbezwecken, ist in jedem Fall geeignet, den Wettbewerb nicht unerheblich zum Nachteil der anderen Marktteilnehmer zu verfälschen.[83] Das **Inverkehrbringen und Bewerben von Arzneimitteln ohne Zulassung** stellt ein nach § 4 Nr. 11 unlauteres Marktverhalten dar, das, da insoweit die **Gesundheit der Verbraucher** auf dem Spiel steht, auch nach § 3 erheblich ist.[84] Wenn die Vorausset-

[78] Siehe dazu → Rn 84 ff.
[79] Siehe zu dieser allgemeinen Meinung zuletzt BGH GRUR 2008, 186, 188, Rn 25 – Telefonaktion.
[80] So schon zur Erheblichkeitsschwelle des § 3 UWG 2004 Fezer/*Fezer* § 3 UWG Rn 78 ff; *Gloy* Handbuch Wettbewerbsrecht § 14 Rn 15; anders Harte/Henning-*Schünemann* § 3 UWG Rn 253; *Köhler* GRUR 2005, 1, 5.
[81] Siehe die Nachweise → Rn 85 f.
[82] BGH GRUR 2004, 1037 – Johanniskraut.
[83] BGH GRUR 2005, 443 – Ansprechen in der Öffentlichkeit II.
[84] BGH GRUR 2005, 778 – Atemtest.

zungen einer **unzumutbaren Belästigung im Sinne von § 7** vorliegen, dann ist eine gesonderte Prüfung des Verhaltens auf seine Eignung zu einer nicht nur unerheblichen Beeinträchtigung der Interessen der Marktbeteiligten nicht mehr veranlasst.[85] Es ist regelmäßig von einem Überschreiten der Bagatellgrenze auszugehen, wenn die durch unrichtige Angaben hervorgerufene Fehlvorstellung des Verkehrs geeignet ist, das Marktverhalten der Gegenseite zu beeinflussen.[86] Wenn eine Ware am Regal mit einem höheren als dem in der Werbung angegebenen Preis ausgezeichnet ist, dann fehlt es an einer wettbewerbsrelevanten Irreführung, wenn dem Kunden an der Kasse von vornherein nur der beworbene Preis in Rechnung gestellt wird. Die **unrichtige Preisauszeichnung** verstößt dann zwar gegen die PAngV, führt aber nicht zu einer erheblichen Beeinträchtigung des Wettbewerbs.[87] In seiner jüngsten Rechtsprechung geht der BGH zutreffend davon aus, dass schon der **Intensitätsgrad der Anlockwirkung einer Werbekampagne** die Anwendungsvoraussetzung der Spürbarkeit erfüllen kann.[88] Sachverhaltlich ging es in dem Vorlagebeschluss um die Kopplung eines Gewinnspiels mit dem Produkterwerb; in der breit gestreuten Werbung wurde der mögliche Millionengewinn in den Mittelpunkt gestellt. Eine nicht nur unerhebliche Beeinträchtigung im Sinne des § 3 UWG 2004 wird in Verbindung mit Art. 5 Abs. 2 lit. b UGP-RL als gegeben beurteilt.

dd) Extensive Auslegung des Marktrelevanzkriteriums. Der Bagatellklausel des § 3 UWG 2004 kam in der Rechtspraxis nur eine äußerst geringe, wenn nicht gar nahezu keine Bedeutung zu. Die mit der Regelung erhoffte **Streitvermeidungsfunktion** in der Wettbewerbspraxis und **Entlastungsfunktion** der Instanzgerichte trat nicht ein. Der Gesetzgeber der UWG-Novelle des Jahres 2008 ersetzte bei der Regelung der Bagatellklausel das Tatbestandsmerkmal der nicht nur unerheblichen Beeinträchtigung in § 3 UWG 2004 durch das Merkmal der Spürbarkeit in § 3 Abs. 1 UWG 2008. Innerhalb der allgemeinen Marktrelevanzklausel im nichtharmonisierten Lauterkeitsrecht des b2b-Geschäftsverkehrs erscheint es deshalb gerechtfertigt, das **Spürbarkeitskriterium extensiv auszulegen,** um der Bagatellklausel im Interesse der Unternehmen einen erweiterten Anwendungsbereich zukommen zu lassen. 103

Das Gebot einer extensiven Auslegung gilt nicht für die besondere **Verbraucherrelevanzklausel,** die aus Gründen der Schutzrichtung der UGP-RL eine **restriktive Auslegung** verlangt.[89] Der Hinweis in der Gesetzesbegründung zur UWG-Novelle 2008, das Merkmal der Spürbarkeit einer Beeinträchtigung sei auch in der Definition der wesentlichen Beeinflussung des Verbraucherverhaltens in Art. 2 lit. e UGP-RL enthalten, bedeutet nur eine sprachliche Übereinstimmung des Tatbestandsmerkmals der Spürbarkeit, das nach der unterschiedlichen Schutzrichtung der allgemeinen Marktrelevanzklausel gegenüber der besonderen Verbraucherrelevanzklausel rechtsinhaltlich zu differenzieren ist. 104

b) Spürbarkeit einer Beeinträchtigung der Entscheidungsfähigkeit der Verbraucher – Verbraucherrelevanzkriterium nach § 3 Abs. 2 S. 1. aa) Anwendungsbereich im harmonisierten Lauterkeitsrecht des b2c-Geschäftsverkehrs. Im harmonisierten Lauterkeitsrecht des Geschäftsverkehrs zwischen Unternehmen und Verbrauchern ist die Anwendung einer allgemeinen Marktrelevanzklausel zur Ausgrenzung von marktbezogenen Bagatellsachverhalten vom Anwendungsbereich des Lauterkeitsrecht mit der UGP-RL unvereinbar. Im harmonisierten Lauterkeitsrecht des **b2c-Geschäftsverkehrs** gilt die **besondere Verbraucherrelevanzklausel** des § 3 Abs. 2 S. 1, deren Schutzrichtung sich aus dem Normzweck der UGP-RL ableitet. 105

Die Anwendungsvoraussetzungen der speziellen Verbraucherrelevanzklausel im harmonisierten Lauterkeitsrecht ergeben sich aus den Artt. 5 Abs. 2 lit. b, 2 lit. e und j UGP-RL. 106

---

[85] BGH GRUR 2007, 607 – Telefonwerbung für „Individualverträge".
[86] BGH GRUR 2008, 186 – Telefonaktion.
[87] BGH GRUR 2008, 422 – Fehlerhafte Preisauszeichnung.
[88] BGH GRUR 2008, 807, Rn 15 – Millionen-Chance.
[89] → Rn 105 ff.

Die Vorschrift des § 3 Abs. 2 S. 1, die der Umsetzung dieses Verbraucherrelevanzkriteriums dient,[90] ist richtlinienkonform nach den Vorgaben der UGP-RL auszulegen. Nach der UGP-RL stellt das Verbraucherrelevanzkriterium ein **Unlauterkeitsmerkmal** dar. Allgemeine marktbezogene Unzulässigkeitskriterien, die über den Richtlinienbegriff der Unlauterkeit hinausgehen, widersprechen der Zielsetzung der Einführung einer gemeinschaftsrechtlichen Generalklausel im harmonisierten Lauterkeitsrecht, die in den Mitgliedstaaten existierenden unterschiedlichen Generalklauseln und Rechtsgrundsätze zu ersetzen.[91] Die Unlauterkeit einer Geschäftspraktik wird in Art. 5 Abs. 2 lit. a und b UGP-RL konkretisiert.

107 **bb) Kausalzusammenhang als Wirkungskriterium.** Das Unlauterkeitsmerkmal einer wesentlichen Beeinflussung des wirtschaftlichen Verbraucherverhaltens im Sinne des Art. 5 Abs. 2 lit. b UGP-RL wird in Art. 2 lit. e UGP-RL dahin erläutert, es handle sich um die Anwendung einer Geschäftspraktik, um die Fähigkeit des Verbrauchers, ein informierte Entscheidung zu treffen, spürbar zu beeinträchtigen und damit den Verbraucher zu einer geschäftlichen Entscheidung zu veranlassen, die er andernfalls nicht getroffen hätte. Der Zusammenhang, der zwischen der geschäftlichen Handlung des Unternehmens und der Veranlassung des Verbrauchers zu einer geschäftlichen Entscheidung, die er andernfalls nicht getroffen hätte, besteht, ist **nicht im Sinne eines nachweisbaren Kausalzusammenhangs** zwischen Geschäftspraktik und konkreten Geschäftsabschlüssen der Verbraucher zu verstehen. Allgemein im Deliktsrecht wie namentlich im lauterkeitsrechtlichen Marktrecht kommt es auf die Kategorie einer naturwissenschaftlich konkreten nachweisbaren Kausalität nicht an. Im Lauterkeitsrecht ist ein solcher Kausalzusammenhang auch nicht im Sinne einer Adäquanz zu verstehen. Es kommt auf eine **generalisierend-abstrakte Beurteilung des Zusammenhangs der Geschäftspraktik mit dem Geschäftsabschluss** an. Ausreichend ist die Annahme eines **Wirkungszusammenhangs zwischen der geschäftlichen Handlung und der Verbraucherentscheidung.** Eine solche **Kausalität** im Sinne eines **Wirkungskriteriums der Geschäftspraktik als kommerzieller Kommunikation** wird regelmäßig bei einer Werbemaßnahme vorliegen, deren Funktion gerade auf die Verbraucherbeeinflussung gerichtet ist. In seinem Vorlagebeschluss „Millionen-Chance" geht der BGH in Anwendung noch des § 3 UWG 2004, den er im Sinne des Art. 5 Abs. 2 lit. b UGP-RL auslegt, zutreffend davon aus, dass schon eine **erhebliche Anlockwirkung** einer Werbekampagne das Spürbarkeitskriterium – nach der Rechtslage im Zeitpunkt des Vorlageschlusses eine nicht nur unerhebliche Beeinträchtigung im Sinne des § 3 UWG 2004 in Verbindung mit Art. 5 Abs. 2 lit. b UGP-RL – erfüllt.[92] Diese Auslegung gilt auch für die Verbraucherrelevanzklausel des § 3 Abs. 2 S. 1.[93]

108 **cc) Verbraucherbezogene Relevanzkriterien.** Die Kausalität der Geschäftspraktik zur Verhaltensbeeinflussung des Verbrauchers wird auf die Verbraucherentscheidung bezogen.[94] Das Kausalitätserfordernis im Sinne eines Wirkungskriteriums der Geschäftspraktik als kommerzieller Kommunikation[95] verlangt **keinen konkreten Verhaltensnachweis einer Verbraucherentscheidung,** sondern ist Bestandteil der **normativen Prognose** über die Beeinflussung des wirtschaftlichen Verbraucherverhaltens zur Feststellung der Unlauterkeit im Sinne des Unlauterkeitskriteriums des Art. 5 Abs. 2 lit. b UGP-RL. Es kommt entscheidend darauf an und ist im Wege einer Prognose zu beurteilen, ob die Fähigkeit des Verbrauchers zu einer informierten Entscheidung spürbar beeinträchtigt und der Verbraucher zu einer andernfalls nicht getroffenen geschäftlichen Entscheidung veranlasst wird oder die Eignung zu einer wesentlichen Verbraucherbeeinflussung besteht.

---

90 Siehe dazu → Rn 67 f.
91 Siehe dazu Erwägungsgrund 13 der UGP-RL ABl. EG Nr. L 149 S. 24.
92 BGH GRUR 2008, 807, Rn 15 – Millionen-Chance.
93 So auch zur Rechtslage des UWG 2008 Ullmann-jurisPK/*Ullmann* § 3 UWG Rn 60.
94 Siehe zum Kausalzusammenhang als Wirkungskriterium → Rn 107.
95 → Rn 201.

109 Das besondere Verbraucherrelevanzkriterium der Spürbarkeit ist – anders als das allgemeine Marktrelevanzkriterium nach § 3 Abs. 1 – **weder auf die Wettbewerbssituation der Unternehmen, noch auf die allgemeinen Marktverhältnisse bezogen,** sondern zentriert um die zentrale Funktion des Verbrauchers im Marktwettbewerb, eine informierte Entscheidung ohne eine spürbare Beeinträchtigung (Art. 2 lit. e UGP-RL) oder eine wesentliche Einschränkung (Art. 2 lit. j UGP-RL) treffen zu können.

110 Zur Feststellung der **Spürbarkeit einer Beeinträchtigung der Entscheidungsfähigkeit der Verbraucher** kommt es auf die **Art der Geschäftspraktik,** das **Medium der Verbreitung der Geschäftspraktik**, die **Art des Produkts** (Ware oder Dienstleistung als Alltagsprodukt, Massenprodukt, langlebiges und hochwertiges Produkt, Risikoprodukt wie Finanzdienstleistung), die **Art des Unternehmens** (Selbstbedienungsmarkt, Fachgeschäft, Internetunternehmen) und das **Umfeld der Geschäftspraktik** (Handzettel als Werbebeilage oder Informationsbroschüre im Beratungsgespräch) an.

111 Verbraucherrelevanzkriterien der Spürbarkeit sind solche, die die Eignung einer Geschäftspraktik ausmachen, auf die Entscheidungsfähigkeit des Verbrauchers einzuwirken. Solche Wirkungskriterien einer Geschäftspraktik als kommerzieller Kommunikation können sich sowohl aus einem **individuellen Verbraucherbezug** (Beratungsgespräch, Kundenbeziehung), als auch aus einem **kollektiven Verbraucherbezug** ergeben. Regelmäßig ist die Spürbarkeit der Verbraucherbeeinflussung nach einem kollektiven Verbraucherbezug zu beurteilen. Das gilt namentlich für die Geschäftspraktiken gegenüber einer unbestimmten Vielzahl von Verbrauchern (Massenwerbung, Massenmedien).

112 Die Spürbarkeit ist schon immer dann zu bejahen, wenn in **Verbraucherrechte eingegriffen** wird. Ein Eingriff in Verbraucherrechte liegt immer schon dann vor, wenn von einer Geschäftspraktik die gesetzlichen Anforderungen, die nach § 5a an die **Informationswerbung** zu stellen sind, nicht erfüllt werden. Eine Informationspflicht im Rechtssinne des § 5a (Art. 7 Abs. 1 UGP-RL) liegt dann vor, wenn es sich um eine wesentliche Information handelt, die der Verbraucher benötigt, um eine informierte geschäftliche Entscheidung zu treffen. Die **Wesentlichkeit einer Information** für den Verbraucher bestimmt sich nach dem generellen Normzweck des Informationsmodells des lauterkeitsrechtlichen Verbraucherschutzes, eine informierte geschäftliche Entscheidung zu treffen. Das Vorenthalten wesentlicher Informationen, das Verheimlichen wesentlicher Informationen, das unzureichende Bereitstellen wesentlicher Informationen und das Nichtkenntlichmachen des kommerziellen Zwecks (Art. 7 UGP-RL) stellen Geschäftspraktiken dar, die **als solche** das Tatbestandsmerkmal der **Spürbarkeit im Sinne der Verbraucherrelevanzklausel** erfüllen, da eine wesentliche Beeinträchtigung der Wahlfreiheit des Verbrauchers gegeben ist.[96]

113 Bei Fallkonstellationen einer gesetzwidrigen Verbraucherbelehrung oder Verbraucherinformation handelt es sich um erhebliche Eingriffe in Verbraucherrechte. So stellen etwa das Fehlen einer **Widerrufsbelehrung,** die Verwendung einer gesetzwidrigen Widerrufsbelehrung oder die Verwendung sich widersprechender (kollidierender) Widerrufsbelehrungen Fallkonstellationen dar, bei denen allgemein von der Spürbarkeit einer Beeinträchtigung der Entscheidungsfähigkeit der Verbraucher auszugehen ist.[97] Die wesentlichen Informationspflichten sind nicht nur ein Indikator für die Spürbarkeit im Sinne der Verbraucherrelevanzklausel, vielmehr begründet die Verletzung einer solchen Informationspflicht als solche die Spürbarkeit der Verhaltensbeeinflussung des Verbrauchers.

114 **dd) Restriktive Auslegung des Verbraucherrelevanzkriteriums.** Das innerhalb der Unlauterkeit einer Geschäftspraktik festzustellende Verbraucherrelevanzkriterium einer spür-

[96] So auch ausdrücklich Erwägungsgrund 16 der Präambel der UGP-RL ABl. EG Nr. L 149 S. 25.

[97] So zutreffend zu §§ 312c Abs. 1 BGB iVm 1 Abs. 1 Nr. 10 BGB InfoV OLG Hamm, Urt. v. 12. 3. 09–4 U 225/08 – Faltpavillon (Es liege kein Bagatellverstoß im Sinne des § 3 vor, da die richtige Belehrung über die Widerrufsfrist „elementare Verbraucherschutzrechte" betreffe.); schon nach bisheriger Rechtslage OLG Stuttgart OLG-Report 2008, 377 – Belehrung in Textform im Online-Handel; HansOLG Hamburg WRP 2007, 1498 – Ungeöffnete Original-Umverpackungen; OLG Frankfurt/M GRUR-RR 2007, 56 – Internet-Versandhandel; BGH GRUR 2002, 1085 – Belehrungszusatz.

baren Beeinflussung des Verbraucherverhaltens ist restriktiv auszulegen. Anders als das allgemeine Marktrelevanzkriterium im Sinne des § 3 Abs. 1, dessen extensive Auslegung im Interesse der Unternehmen und der Allgemeinheit an einer Vermeidung lauterkeitsrechtlicher Rechtsstreitigkeiten über Bagatellsachverhalte gerechtfertigt ist,[98] ist bei der Auslegung des § 3 Abs. 2 S. 1 davon auszugehen, dass bei einer Geschäftspraktik im b2c-Geschäftsverkehr die **Spürbarkeit im Sinne eines Wirkungskriteriums regelmäßig gegeben** ist. Die restriktive Auslegung des Verbraucherrelevanzkriteriums ist aus Gründen einer Gewährleistung eines hohen Verbraucherschutzniveaus als Zielsetzung der UGP-RL gerechtfertigt.

VI. Verhaltensbeeinflussung schutzbedürftiger Verbrauchergruppen (§ 3 Abs. 2 S. 2 und 3)

1. Europäisches Verbraucherleitbild und Schutzbedürftigkeit von Verbrauchergruppen

115 Regelungsgegenstand des § 3 Abs. 2 S. 2 und 3 sind das **europäische Verbraucherleitbild** der Rechtsprechung des EuGH und die **Schutzbedürftigkeit von eindeutig identifizierbaren Verbrauchergruppen.** Die Regelungen des § 3 Abs. 2 S. 2 und 3 dienen der Umsetzung von Artt. 5 Abs. 2 lit. b und 3 UGP-RL.

116 **a) Verbraucher als Durchschnittsverbraucher und als durchschnittliches Mitglied einer Gruppe von Verbrauchern.** Das Unlauterkeitsmerkmal einer wesentlichen Beeinflussung des wirtschaftlichen Verbraucherverhaltens nach Art. 5 Abs. 2 lit. b UGP-RL ist nach dem **Durchschnittsverbraucher,** den die Geschäftspraktik erreicht oder an den sie sich richtet (1. Alt.), oder dem **durchschnittlichen Mitglied einer Gruppe von Verbrauchern,** wenn sich eine Geschäftspraktik an eine bestimmte Gruppe von Verbrauchern wendet (2. Alt.), zu bestimmen. In der Präambel der Richtlinie wird klargestellt, dass es sich bei dem Begriff des Durchschnittsverbrauchers um das **europäische Verbraucherleitbild** handelt. Auch wenn angezeigt sei, alle Verbraucher vor unlauteren Geschäftspraktiken zu schützen, sei entsprechend der Rechtsprechung des EuGH erforderlich, die Auswirkungen (einer unlauteren Geschäftspraktik) auf einen **fiktiven typischen Verbraucher** zu prüfen.[99] Die Erwägungsgründe machen deutlich, dass es sich bei dem europäischen Verbraucherleitbild um ein **normatives Modell** handelt, auch wenn nicht ausgeschlossen ist, im Wege von demoskopischen Gutachten auf **empirische Tatsachengrundlagen** des Verbraucherverhaltens zurückzugreifen.[100]

117 Die Regelung des § 3 Abs. 2 S. 2 dient insoweit der Umsetzung des Art. 5 Abs. 2 lit. b UGP-RL als es um die Geltung des europäischen Verbraucherleitbilds geht und die Verhaltensbeeinflussung nach dem Durchschnittsverbraucher oder dem durchschnittlichen Mitglied einer Gruppe von Verbrauchern zu beurteilen ist.[101] Nach § 3 Abs. 2 S. 2 ist bei Anwendung der speziellen Generalklausel des Lauterkeitsrechts des b2c-Geschäftsverkehrs nach § 3 Abs. 2 S. 2 auf den durchschnittlichen Verbraucher oder, wenn sich die geschäftliche Handlung an eine bestimmte Gruppe von Verbrauchern wendet, auf ein durchschnittliches Mitglied dieser Gruppe abzustellen. Der **Gesetzestext** („dabei ist ... abzustellen.") bezieht eindeutig und folgerichtig die Regelung des Satzes 2 auf den Anwendungsbereich der Generalklausel des harmonisierten Lauterkeitsrechts des Satzes 1 von § 3 Abs. 2. Es ist unzutreffend und beruht auf einer Verkennung der Konzeption der UGP-RL, wenn dem Gesetzgeber der UWG-Novelle 2008 vorgehalten wird, die Regelungen des § 3 Abs. 2 S. 2 und 3 hätten deshalb in einen eigenen Absatz des § 3 aufgenommen werden müssen,

---

98 → Rn 103.
99 So ausdrücklich die Präambel der UGP-RL in Erwägungsgrund 18 ABl. EG Nr. L 149 S. 1.
100 Siehe zum europäischen Verbraucherleitbild → Rn 238 ff.
101 Gesetzesbegründung UWG 2008 BT-Drucks. 16/10 145 S. 42.

weil diese Regelungen anders als der Anwendungsbereich des Satzes 1 alle Fälle unlauterer geschäftlicher Handlungen erfasse.[102] Dieser Kritik liegt eine fehlsame Reduktion des Anwendungsbereichs der verbraucherschützenden Generalklausel des § 3 Abs. 2 S. 1 zugrunde.[103]

b) Schutzbedürftigkeit eindeutig identifizierbarer Verbrauchergruppen. Regelungsgegenstand des Art. 5 Abs. 3 S. 1 UGP-RL ist nicht die Schutzbedürftigkeit besonderer Verbrauchergruppen als solcher, sondern der **Beurteilungsmaßstab** des durchschnittlichen Mitglieds einer Gruppe von Verbrauchern (nach Art. 5 Abs. 2 lit. b 2. Alt. UGP-RL), wenn es sich um eine besonders schutzbedürftige Verbrauchergruppe handelt. Bei Vorliegen einer besonders schutzbedürftigen Verbrauchergruppe ist die Verhaltensbeeinflussung aus der **Perspektive eines durchschnittlichen Mitglieds** dieser Gruppe von Verbrauchern zu beurteilen. 118

Eine **besonders schutzbedürftige Verbrauchergruppe** liegt nach Art. 5 Abs. 3 S. 1 dann vor, wenn (1) die Verbrauchergruppe hinsichtlich der Verhaltensbeeinflussung eindeutig identifizierbar ist, (2) die voraussichtliche Art und Weise der Verhaltensbeeinflussung für den Gewerbetreibenden vernünftigerweise vorhersehbar ist, und (3) die Schutzbedürftigkeit aufgrund von geistigen oder körperlichen Gebrechen, Alter oder Leichtgläubigkeit im Hinblick auf diese Geschäftspraktiken oder auf die den Geschäftspraktiken zugrunde liegenden Produkte besteht.[104] 119

Der Umsetzung des Art. 5 Abs. 3 S. 1 UGP-RL dient § 3 Abs. 2 S. 3, dessen Wortlaut missverständlich ist und einer **richtlinienkonformen Korrektur** bedarf, um den Anwendungsbereich der Verbraucherschutznorm nicht zu Lasten der besonders schutzbedürftigen Verbrauchergruppen gegenüber der UGP-RL zu beschränken. Nach § 3 Abs. 2 S. 3 soll auf die Sicht eines Durchschnittsverbrauchers der schutzbedürftigen Verbrauchergruppe dann abzustellen sein, wenn für den Unternehmer vorhersehbar ist, dass seine **geschäftliche Handlung nur diese Gruppe betrifft.** Der missverständliche Wortlaut des § 3 Abs. 2 S. 3 legt eine mit der UGP-RL unvereinbare Auslegung dahin nahe, die geschäftliche Handlung sei dahin zu qualifizieren, sie richte sich nur an diese schutzbedürftige Gruppe (Alterswerbung, Kinderwerbung). Unter den Anwendungsbereich des Art. 5 Abs. 3 S. 1 sind aber **nicht nur gruppenspezifischen Geschäftspraktiken** zu subsumieren, sondern es können alle Geschäftspraktiken erfasst werden, auch wenn die **Verhaltensbeeinflussung nur bei einer eindeutig identifizierbaren Verbrauchergruppe** besteht. Im Gesetzestext des § 3 Abs. 2 S. 3 bewirkt die Stellung des Wortes „nur" eine zu restriktive Wortlautauslegung der Verbraucherschutznorm. 120

c) Zulässige Übertreibungen in der Werbung. Nach Art. 5 Abs. 3 S. 2 UGP-RL bleibt von der Regelung der Verhaltensbeeinflussung schutzbedürftiger Verbrauchergruppen des Art. 5 Abs. 3 S. 1 UGP-RL die **übliche und rechtmäßige Werbepraxis** unberührt, **übertriebene Behauptungen** oder **nicht wörtlich zu nehmende Behauptungen** aufzustellen. Es ist zunächst bemerkenswert, dass Ausgangspunkt der Regelung des Art. 5 Abs. 3 S. 3 UGP-RL die der UGP-RL zugrunde liegende Rechtsauffassung ist, dass übertriebene Behauptungen oder nicht wörtlich zu nehmende Behauptungen in der Werbung üblich und rechtmäßig sind. Nach Art. 5 Abs. 3 S. 2 UGP-RL erfährt diese rechtmäßige Werbepraxis auch keine Einschränkung durch die Regelung zur Verhaltensbeeinflussung schutzbedürftiger Verbrauchergruppen. 121

Der **Gesetzgeber der UWG-Novelle 2008** setzte Art. 5 Abs. 3 S. 2 UGP-RL nicht um, ohne in der Gesetzesbegründung dazu nähere Ausführungen zu machen. Das ist namentlich deshalb bedauerlich, weil eine Umsetzung der Regelung im Lauterkeitsrecht des UWG eine Klarstellung dahin gebracht hätte, dass übertriebene oder nicht wörtlich zu 122

[102] So unvereinbar mit der Verbraucherschutzkonzeption der UGP-RL Hefermehl/*Köhler*/Bornkamm § 3 UWG Rn 12.

[103] Siehe zu den beiden Generalklauseln des materiellen Lauterkeitsrechts im UWG 2008 → Rn 18ff.

[104] Siehe zu den Anwendungsvoraussetzungen → Rn 123f.

nehmende Behauptungen in der Werbepraxis als solche üblich und rechtmäßig sind. Ein solcher Rechtssatz im UWG 2008 hätte dem Spuk des unguten Geistes eines **übertriebenen Anlockens** im Hause des deutschen Lauterkeitsrechts endgültig ein Ende bereiten können.

2. Anwendungsvoraussetzungen des § 3 Abs. 2 S. 3

123 **a) Eindeutige Identifizierbarkeit der schutzbedürftigen Verbrauchergruppe.** Um bei der Beurteilung einer geschäftlichen Handlung auf ein durchschnittliches Mitglied einer Gruppe von Verbrauchern abstellen zu können, wird eine **eindeutige Identifizierbarkeit** der Verbrauchergruppe vorausgesetzt. Zwischen der eindeutigen Identifizierbarkeit und der Eignung der Geschäftspraktik zur Verhaltensbeeinflussung besteht ein Zusammenhang. **Identifizierbarkeitskriterien** erschließen sich aus den Schutzbedürftigkeitsgründen der geistigen oder körperlichen Gebrechen, des Alters oder der Leichtgläubigkeit. Die Identifizierungskriterien können sich aus den **Eigenschaften der Mitglieder der Verbrauchergruppe** ergeben, aber auch aus den **tatsächlichen Umständen der Anwendung der Geschäftspraktik** (Begleitumständen) gegenüber einer bestimmten Gruppe von Verbrauchern – wie etwa dem Ort der Werbung – erfolgen.[105]

124 **b) Vorhersehbarkeit der Verbraucherbeeinflussung.** Der Beurteilungsmaßstab des durchschnittlichen Mitglieds einer schutzbedürftigen Verbrauchergruppe ist nur dann anzuwenden, wenn die voraussichtliche Art und Weise der Verbraucherbeeinflussung bei der Vornahme der geschäftlichen Handlung **vernünftigerweise vorhersehbar** war. Die Rationalisierung der Vorhersehbarkeit stellt ein Korrektiv dar, das verhindern soll, dass aus Gründen einer (angeblichen) Schutzbedürftigkeit identifizierbarer Verbrauchergruppen überspannte Anforderungen an die kommerzielle Kommunikation von Unternehmen gestellt und entsprechende Werbeverbote kreiert werden. Das europäische Verbraucherleitbild des verständigen Verbrauchers gilt auch innerhalb schutzbedürftiger Verbrauchergruppen, wenn auch in einer hinsichtlich der Schutzgründe modifizierten Form.

3. Schutzbedürftigkeitsgründe

125 Die besondere Schutzbedürftigkeit der eindeutig identifizierbaren Gruppe von Verbrauchern muss sich aus den Gründen der **geistigen oder körperlichen Gebrechen,** des **Alters** oder der **Leichtgläubigkeit** ergeben. Im Wortlaut des Gesetzestextes des § 3 Abs. 2 S. 3 wird anders als in Art. 5 Abs. 3 S. 1 UGP-RL nicht deutlich erkennbar, dass das Vorliegen der Verbrauchermerkmale der geistigen oder körperlichen Gebrechen, des Alters oder der Leichtgläubigkeit als solche nicht die Schutzbedürftigkeit begründen, sondern dass ein Bezug dieser Verbrauchermerkmale auf die Geschäftspraktik oder den der Geschäftspraktik zugrunde liegenden Produkten erst die Schutzbedürftigkeit begründet. Es kommt auf den die **Schutzbedürftigkeit begründenden Zusammenhang** zwischen den **Verbrauchermerkmalen** und der **Art der kommerziellen Kommunikation** an. Der Grund liegt darin, dass sich die Schutzbedürftigkeit auf die Gewährleistung einer informierten Verbraucherentscheidung bezieht. Auch innerhalb von schutzbedürftigen Verbrauchergruppen soll durch das Abstellen auf das durchschnittliche Mitglied dieser Verbrauchergruppe eine nicht beeinträchtigte Verbraucherentscheidung gewährleistet werden. Dazu kommt es darauf an, den **Inhalt der kommerziellen Kommunikation** und die **Art der angebotenen Produkte** zu berücksichtigen.

---

[105] Zur Bildung von Fallgruppen der Sprachunkundigkeit, der Lese- und/oder Schreibunkundigkeit, der geistigen und körperlichen Behinderungen, des Aberglaubens, der langen Abgeschiedenheit, der Rentner und der Hausfrauen siehe *Scherer* WRP 2008, 563.

VII. Die per se-Verbote im Anhang des UWG (§ 3 Abs. 3)

1. Einheitlichkeit des Rechtsbegriffs der Unlauterkeit im harmonisierten Lauterkeitsrecht der UGP-RL

Art. 5 UGP-RL normiert das Verbot unlauterer Geschäftspraktiken. Nach Art. 5 Abs. 5 S. 1 UGP-RL enthält der Anhang I zur UGP-RL eine Liste jener Geschäftspraktiken, die unter allen Umständen als unlauter anzusehen sind. Der Begriff der **Unlauterkeit** stellt innerhalb des Verbots unlauterer Geschäftspraktiken nach Art. 5 UGP-RL einen **einheitlichen Rechtsbegriff des Gemeinschaftsrechts** dar. 126

Art. 5 Abs. 1 UGP-RL normiert das Verbot unlauterer Geschäftspraktiken als **offene Generalklausel.** In Art. 5 Abs. 2 lit. a und b UGP-RL werden die **unlauterkeitsbegründenden Beurteilungskriterien** der Erfordernisse der beruflichen Sorgfaltspflicht und der wesentlichen Beeinflussung des wirtschaftlichen Verbraucherverhaltens normiert. Die Verweisungsnorm des Art. 5 Abs. 4 UGP-RL verweist in lit. a auf die in Abschnitt 1 der UGP-RL geregelten **irreführenden Geschäftspraktiken** (Artt. 6 und 7 UGP-RL) und in lit. b auf die in Abschnitt 2 der UGP-RL geregelten **aggressiven Geschäftspraktiken** (Artt. 8 und 9 UGP-RL). Der EuGH spricht von zwei präzisen Kategorien von unlauteren Geschäftspraktiken, die den Kriterien der Artt. 6 bis 9 UGP-RL entsprechen.[106] Die insbesondere-Formulierung des Art. 5 Abs. 4 UGP-RL regelt ausdrücklich, dass es sich bei den Verbotstatbeständen der irreführenden und aggressiven Geschäftspraktiken nach den Artt. 6 bis 9 UGP-RL um Spezialtatbestände handelt, die keine abschließende Regelung der unlauteren Geschäftspraktiken darstellen. Der Begriff der Unlauterkeit im Sinne der unlauterkeitsbegründenden Beurteilungskriterien des Art. 5 Abs. 2 lit. a und b UGP-RL gilt auch für die irreführenden und aggressiven Geschäftspraktiken. Aus der Gesetzessystematik des Art. 5 Abs. 1 bis 5 UGP-RL folgt zwingend, dass auch die Unlauterkeit der **Geschäftspraktiken des Anhangs I der UGP-RL,** „die unter allen Umständen als unlauter gelten", materiellrechtlich als Unlauterkeit im Sinne des einheitlichen Rechtsbegriffs der Unlauterkeit des Art. 5 UGP-RL zu verstehen ist.[107] 127

2. Einzelfallbeurteilung und „unter allen Umständen-Unlauterkeit" in der UGP-RL

Ein wesentlicher Unterschied der per se-Verbote unlauterer Geschäftspraktiken in Anhang I der UGP-RL und den irreführenden und aggressiven Geschäftspraktiken in den Artt. 6 bis 9 UGP-RL, die auf dem allgemeinen Verbot unlauterer Geschäftspraktiken nach Art. 5 Abs. 1 bis 3 UGP-RL beruhen, besteht allein in der Art und Weise der Berücksichtigung der konkreten Umstände der einzelnen Fallkonstellationen. Diese Differenzierung zwischen den irreführenden und aggressiven Geschäftspraktiken im Sinne der Artt. 6 bis 9 UGP-RL zu den Geschäftspraktiken des Anhangs I der UGP-RL besagt, dass es sich bei den Fallkonstellationen des Anhangs I um solche Geschäftspraktiken handelt, die unter allen Umständen als unlauter gelten („per se-Verbote"). Die Rechtsqualität der **„unter allen Umständen-Unlauterkeit"** wird in Erwägungsgrund 17 der Präambel der UGP-RL dahin umschrieben, es handle sich um die einzigen Geschäftspraktiken, die **ohne eine Beurteilung des Einzelfalls anhand der Bestimmungen der Artt. 5 bis 9 UGP-RL** als unlauter gelten können. 128

Der EuGH nimmt in dem Grundsatzurteil „VTB/Total u. Galatea/Sanoma" ausdrücklich auf diese Umschreibung zur Feststellung der Unlauterkeit der Geschäftspraktiken des Anhangs I der UGP-RL – ohne eine Beurteilung des Einzefalls anhand der Bestimmungen 129

[106] EuGH, Rs. C-261/07 und C-299/07, GRUR 2009, 599, Rn 55 – VTB/Total Belgium und Galatea BVBA/Sanoma Magazines Belgium NV.

[107] Siehe zur Regelungssystematik der UGP-RL → Einleitung E Rn 107 ff.

der Artt. 5 bis 9 UGP-RL – Bezug.[108] Aus diesen Gründen ist eine nationale Regelung nicht mit der UGP-RL vereinbar, die von bestimmten Ausnahmen abgesehen Kopplungsangebote eines Verkäufers an einen Verbraucher **ungeachtet der spezifischen Umstände des konkreten Falles** verbietet. Die **Vermutung der Rechtswidrigkeit** von Kopplungsangeboten ist nicht richtlinienkonform.[109]

130 Eine eigenständige Rechtswertung der Unlauterkeit im Sinne einer **Einzelfallbeurteilung** anhand besonderer Umstände des konkreten Einzelfalles ist allein bei den Tatbeständen der irreführenden und aggressiven Geschäftspraktiken des Anhangs I der UGP-RL entbehrlich und unzulässig. Bei allen anderen Geschäftspraktiken außerhalb des Anwendungsbereichs des Anhangs I der UGP-RL ist die Unlauterkeit im Sinne des Art. 5 Abs. 2 lit. a und b UGP-RL im Sinne einer verbraucherbezogenen Unlauterkeit unrechtsbegründend festzustellen. Bei Anwendung der UGP-RL – insbesondere bei der Anwendung der Generalklauseln – gilt der in der Präambel der UGP-RL formulierte Rechtsgrundsatz, dass eine **umfassende Würdigung der Umstände des Einzelfalles** geboten ist.[110]

3. Einzelfallbeurteilung und „stets-Unzulässigkeit" im UWG 2008

131 Nach § 3 Abs. 3 werden die im **Anhang des UWG** aufgeführten geschäftlichen Handlungen gegenüber Verbrauchern als **stets unzulässig** erklärt. Es ist zunächst anzumerken, dass der Gesetzgeber der UWG-Novelle 2008 bei der Umsetzung des Anhangs I der UGP-RL entgegen einer ursprünglichen Skepsis innerhalb des Gesetzgebungsverfahrens in einer die UGP-RL korrekt transformierenden Gesetzestechnik eine **normative Grundlegung der per se-Verbote in § 3 Abs. 3** geschaffen hat. Der Gesetzgeber hat der zunächst von interessierten Kreisen propagierten Versuchung widerstanden, auf die unter allen Umständen als unlauter geltenden Geschäftspraktiken des Anhangs I der UGP-RL allein in der Gesetzesbegründung zu verweisen, oder diese Geschäftspraktiken allenfalls in einem isolierten Anhang zum UWG ohne normative Grundlegung im Gesetzestext zu publizieren. Der in § 3 Abs. 3 normierte Anhang zum UWG begründet die **Rechtsnormqualität** der per se-Verbote.

132 Es ist allerdings gesetzessystematisch wenig überzeugend, das schon in § 3 Abs. 1 aus dem UWG 2004 übernommene **Unzulässigkeitskriterium**[111] in die Regelung der per se-Verbote einzubauen. Nach ihrer Umsetzung in das UWG 2008 sind die Geschäftspraktiken der UGP-RL, die unter allen Umständen als unlauter gelten, zu unzulässigen geschäftlichen Handlungen mutiert. Der zentrale Rechtsbegriff der Unlauterkeit wird im Gesetzestext vermieden. Nach § 3 Abs. 3 sind die im Anhang zum UWG aufgeführten geschäftlichen Handlungen stets unzulässig. Die Gesetzestechnik der **„stets-Unzulässigkeit"** ist wohl darauf zurückzuführen, dass eine Gleichschaltung mit der Regelungstechnik der allgemeinen Generalklausel des § 3 Abs. 1 vorgenommen wurde, in der das Unzulässigkeitskriterium – übernommen aus § 3 UWG 2004 – der **Implementierung der Bagatellklausel** dient. Stets unzulässig bedeutet somit nichts anderes, als die Nichtanwendbarkeit der allgemeinen Marktrelevanzklausel des § 3 Abs. 1.

133 Die Gesetzestechnik bei der Umsetzung des Anhangs I der UGP-RL in das UWG 2008 ist schon deshalb in sich widersprüchlich, weil die allgemeine Marktrelevanzklausel im harmonisierten Lauterkeitsrecht des Geschäftsverkehrs zwischen Unternehmen und Verbrauchern sowieso keine Anwendung findet. Nach der Gesetzessystematik und Regelungs-

[108] EuGH, Rs. C-261/07 und C-299/07, GRUR 2009, 599, Rn 56 – VTB/Total Belgium und Galatea BVBA/Sanoma Magazines Belgium NV.

[109] EuGH, Rs. C-261/07 und C-299/07, GRUR 2009, 599, Rn 59 – VTB/Total Belgium und Galatea BVBA/Sanoma Magazines Belgium NV; siehe zur Kopplung eines Gewinnspiels mit dem Erwerb einer Ware den Vorlagebeschluss des BGH GRUR 2008, 807 – Millionen-Chance; dazu *Leible* LMK 2008, 269263; siehe auch in restriktiver Interpretation des Rechtssatzes des EuGH *Köhler* GRUR 2009, 626 ff; *Chr. Schmidt* GRUR 2009, 353 ff.

[110] Siehe dazu Erwägungsgrund 7 der UGP-RL ABl. EG Nr. L 149, S. 23.

[111] Siehe zur Unzulässigkeit einer unlauteren geschäftlichen Handlung → Rn 54 ff.

technik der UGP-RL handelt es sich bei der Unlauterkeit der per se-Verbote des Anhangs I um eine Unlauterkeit im Sinne des einheitlichen Rechtsbegriffs der UGP-RL. Die Unlauterkeit der per se-Verbote des Anhangs I der UGP-RL ist Unlauterkeit im Sinne des Art. 5 Abs. 2 lit. a und b UGP-RL. Diese Rechtsauffassung ist schon deshalb zwingend, weil die Tatbestandsmerkmale der per se-Verbote teleologisch im Lichte der Unlauterkeit der UGP-RL auszulegen sind. Die Besonderheit der „unter allen Umständen-Unlauterkeit" besteht nur darin, dass eine Einzelfallbeurteilung im Sinne einer umfassenden Würdigung der Umstände des Einzelfalles ausscheidet. Das **Verbraucherrelevanzkriterium der Spürbarkeit** im Sinne der Artt. 5 Abs. 2 lit. b, 2 lit. e und j UGP-RL als ein Unlauterkeitsmerkmal ist gleichsam unter allen Umständen – und zwar auch unter den besonderen Umständen des konkreten Einzelfalles – gegeben, wenn die Tatbestandsmerkmale eines per se-Verbots vorliegen.

4. Vergleich der Anhänge der UGP-RL und des UWG

Der Anhang zu § 3 Abs. 3 UWG 2008, der an das Ende des Gesetzestextes gestellt 134
wurde und im Wesentlichen dem Anhang I der UGP-RL entspricht, normiert die irreführenden (Nr. 1 bis 24) und aggressiven (Nr. 25 bis 30) geschäftlichen Handlungen, die unter allen Umständen unlauter und stets unzulässig sind. Die **Nummernfolge** des Anhangs zu § 3 Abs. 3 UWG 2008 entspricht grundsätzlich der Reihenfolge des Anhangs I der UGP-RL. Eine Ausnahme gilt für Nr. 31 des Anhangs I der UGP-RL, die im Zusammenhang mit der irreführenden geschäftlichen Handlung der Nr. 17 des Anhangs zu § 3 Abs. 3 UWG 2008 geregelt wird.

5. Einheitliche und abschließende Regelung der per se-Verbote

Art. 5 Abs. 5 S. 2 UGP-RL stellt klar, dass die Liste der per se-Verbote unlauterer Ge- 135
schäftspraktiken des Anhangs I der UGP-RL **einheitlich in allen Mitgliedstaaten** gilt. Eine Änderung der per se-Verbote kann nur durch eine Änderung der UGP-RL erfolgen. Es handelt sich um eine **erschöpfende Liste** von 31 unlauteren Geschäftspraktiken der UGP-RL oder von 30 unzulässigen geschäftlichen Handlungen des UWG. Innerhalb des harmonisierten Lauterkeitsrechts ist es nicht zulässig, per se-Verbote, die über den Anhang I der UGP-RL hinausgehen, zu normieren. Aus diesem Rechtsgrund entschied der EuGH zutreffend, die **Vermutung der Rechtswidrigkeit von Kopplungsangeboten** sei nicht richtlinienkonform.[112]

C. Die lauterkeitsrechtlichen Generalklauseln des § 3 Abs. 1 und 2 und des Art. 5 Abs. 1 UGP-RL als Verbotsnormen

I. Generalklauseln und Einzeltatbestände

Die Generalklausel des § 3 Abs. 1 verbietet unlautere geschäftliche Handlungen. Nach 136
der in diesem Kommentar vertretenen Theorie von einem **Dualismus der Lauterkeitsrechtsordnungen**[113] besteht nach der Umsetzung der UGP-RL in das UWG 2008 das Gebot einer rechtsinhaltlichen Trennung zwischen verbraucherbezogenem und mitbewerberbezogenem Lauterkeitsrecht. Nach dieser Rechtssystematik ist die allgemeine Generalklausel des § 3 Abs. 1 von der speziellen Generalklausel des § 3 Abs. 2 zu unterscheiden.

---

[112] EuGH, Rs. C-261/07 und C-299/07, GRUR 2009, 599, Rn 59 – VTB/Total Belgium und Galatea BVBA/Sanoma Magazines Belgium NV; siehe zur Kopplung eines Gewinnspiels mit dem Erwerb einer Ware den Vorlagebeschluss des BGH GRUR 2008, 807 – Millionen-Chance; dazu *Leible* LMK 2008, 269263; siehe auch in restriktiver Interpretation des Rechtssatzes des EuGH *Köhler* GRUR 2009, 626ff; *Chr. Schmidt* GRUR 2009, 353ff.

[113] Siehe zu den beiden Lauterkeitsrechtsordnungen → Rn 2ff.

Nach der Generalklausel des § 3 Abs. 2 S. 1 sind unlautere geschäftliche Handlungen **gegenüber Verbrauchern** verboten.

137 Auf die schon vom Gesetzgeber der UWG-Reform des Jahres 2004 vorgenommene Unterscheidung zwischen Unlauterkeit und Unzulässigkeit, die sich auf die Normfunktion als **Bagatellklausel** im Sinne eines Spürbarkeitskriteriums bezieht und das **Verhältnis der Verbotsnorm zu den Rechtsfolgennormen** betrifft,[114] kommt es für das Rechtsverständnis der Unlauterkeit im Sinne der Verbotsnorm nicht an.

138 Eine Generalklausel des Verbots unlauterer Geschäftspraktiken ist in Art. 5 Abs. 1 UGP-RL normiert, dessen Regelungsgegenstand der Geschäftsverkehr zwischen Unternehmen und Verbrauchern ist. Das harmonisierte Lauterkeitsrecht des b2c-Geschäftsverkehrs ist Regelungsgegenstand der speziellen Generalklausel des § 3 Abs. 2 S. 1 in Abgrenzung zu der allgemeinen Generalklausel des § 3 Abs. 1, unter deren Anwendungsbereich das verbraucherbezogene Lauterkeitsrecht der UGP-RL nicht zu subsumieren ist. Die ehrgeizige Zielsetzung der Einführung einer gemeinschaftsrechtlichen Generalklausel des harmonisierten Lauterkeitsrechts geht dahin, die **in den Mitgliedstaaten existierenden unterschiedlichen Generalklauseln und Rechtsgrundsätze zu ersetzen,** um die Ziele der Gemeinschaft wie namentlich die Beseitigung von Hemmnissen für den Binnenmarkt zu erreichen.[115]

139 Die Unlauterkeit einer geschäftlichen Handlung im Sinne des UWG 2008 oder einer Geschäftspraktik im Sinne der UGP-RL stellt das zentrale **Rechtswidrigkeitskriterium** des Lauterkeitsdeliktsrechts dar. Im UWG 2008 wird der Rechtsbegriff der Unlauterkeit nicht definiert. Die Konkretisierung des Rechtsbegriffs wird der Rechtswissenschaft und der Rechtsprechung überlassen. In der Generalklausel des § 1 UWG 1909 wurde die Unrechtskonstitution als ein **Verstoß gegen die guten Sitten im Wettbewerb** umschrieben. Schon der Gesetzgeber der UWG-Reform des Jahres 2004 ersetzte die Gute-Sitten-Norm durch ein **Verbot unlauteren Wettbewerbs.**

140 Für das harmonisierte Lauterkeitsrecht wird die Unlauterkeit einer Geschäftspraktik in Art. 5 Abs. 2 lit. a und b UGP-RL konkretisiert. Eine Geschäftspraktik ist unlauter, wenn sie den **Erfordernissen der beruflichen Sorgfalt widerspricht** (Art. 5 Abs. 2 lit. a UGP-RL), und wenn sie in Bezug auf das jeweilige Produkt das wirtschaftliche Verhalten eines Verbrauchers oder einer bestimmten Gruppe von Verbrauchern wesentlich beeinflusst oder dazu geeignet ist, es wesentlich zu beeinflussen. Das Unlauterkeitsmerkmal einer **wesentlichen Beeinflussung des wirtschaftlichen Verbraucherverhaltens** wird im Katalog der Definitionen des Art. 2 UGP-RL in lit. e rechtsverbindlich definiert.

141 Die **Unlauterkeit als das unrechtskonstitutive Tatbestandsmerkmal** der Generalklauseln (§ 3 Abs. 1 und 2 S. 1, Art. 5 Abs. 1) wird als das zentrale Rechtswidrigkeitskriterium des Lauterkeitsrechts in normierten Einzeltatbeständen konkretisiert. Die verbraucherbezogene Unlauterkeit des harmonisierten b2c-Geschäftsverkehrs wird für die mitgliedstaatlichen Lauterkeitsrechtsordnungen rechtsverbindlich in den Einzeltatbeständen der UGP-RL bestimmt. Bei der in den Einzeltatbeständen gesetzlich umschriebenen Unlauterkeit handelt es sich um die Unlauterkeit im Sinne der Generalklauseln. Die normierten Lauterkeitstatbestände sind im Lichte der Unlauterkeit als Rechtsbegriff der Generalklauseln auszulegen. Der gesetzlichen Normierung von einzelnen Unlauterkeitstatbeständen kommt eine Rückwirkung auf das Rechtsverständnis der Unlauterkeit im Sinne der Generalklauseln zu. In dieser **Wechselwirkung** als ein Verfahren zur **Rechtskonkretisierung der Unlauterkeit** ergänzen sich die Generalklauseln und deren Einzeltatbestände.

142 Im UWG 2008 werden die Generalklauseln des § 3 Abs. 1 und 2 S. 1 anhand der per se-Verbote der Black List des Anhangs zu § 3 Abs. 3, der Regelbeispiele des § 4 Nr. 1 bis 11 und der Spezialtatbestände der irreführenden Werbung (§§ 5 und 5a), der vergleichenden Werbung (§ 6) und der unzumutbaren Belästigungen (§ 7) konkretisiert. Die Fallkonstella-

---

[114] → Rn 54 ff.

[115] Siehe dazu Erwägungsgrund 13 der UGP-RL ABl. EG Nr. L 149, S. 24.

tionen der per se-Verbote, der Regelbeispiele und der Spezialtatbestände stellen **keine abschließende Normierung** der unlauteren geschäftlichen Handlungen dar. Gesetzestechnische Funktion der Generalklauseln ist eine vollständige Normierung des Lauterkeitsdeliktsrechts mit einem umfassenden Geltungsanspruch.

Der Rechtsnatur nach handelt es sich bei dem Verbot unlauterer Geschäftspraktiken nach Art. 5 Abs. 1 UGP-RL um eine **offene Generalklausel.** In der Präambel der UGP-RL wird die **Verbotsnorm des Art. 5 UGP-RL als das einzige, gemeinsame generelle Verbot** bezeichnet, das die unlauteren Geschäftspraktiken, die das wirtschaftliche Verhalten der Verbraucher beeinträchtigen, umfasst. Das generelle Verbot werde durch Regeln über die beiden bei weitem am meisten verbreiteten Arten von Geschäftspraktiken – die irreführenden und die aggressiven Geschäftspraktiken – **konkretisiert.**[116] Das wird an der insbesondere-Formulierung der Verweisungsnormen des Art. 5 Abs. 4 und 5 UGP-RL anschaulich. Art. 5 Abs. 4 lit. a UGP-RL verweist auf die in Abschnitt 1 der UGP-RL geregelten irreführenden Geschäftspraktiken (Artt. 6 und 7 UGP-RL) und in Art. 5 Abs. 4 lit. b UGP-RL auf die in Abschnitt 2 der UGP-RL geregelten aggressiven Geschäftspraktiken (Artt. 8 und 9 UGP-RL). Bei den Verbotstatbeständen der irreführenden und aggressiven Geschäftspraktiken nach den Artt. 6 bis 9 UGP-RL handelt es sich um Spezialtatbestände, die keine abschließende Regelung der unlauteren Geschäftspraktiken darstellen. In Art. 5 Abs. 5 S. 1 UGP-RL wird auf Anhang I der UGP-RL verwiesen, der irreführende (Nr. 1 bis 23) und aggressive (Nr. 24 bis 31) Geschäftspraktiken enthält, die unter allen Umständen als unlauter gelten. 143

Die nach den §§ 4 bis 7 unlauteren geschäftlichen Handlungen sind erst dann **unzulässig** im Sinne des § 3 Abs. 1, wenn die weitere Voraussetzung des **Marktrelevanzkriteriums** gegeben ist. Voraussetzung der Unzulässigkeit einer unlauteren geschäftlichen Handlung nach § 3 Abs. 1 ist deren Eignung, die Interessen von Mitbewerbern, Verbrauchern oder sonstigen Marktteilnehmern spürbar zu beeinträchtigen. Die Unzulässigkeit ist gesetzliche Voraussetzung für das Eingreifen der lauterkeitsrechtlichen Rechtsfolgen der §§ 8 bis 10. Nach der in diesem Kommentar vertretenen Theorie von einem Dualismus der Lauterkeitsrechtsordnungen ist das harmonisierte Lauterkeitsrecht nicht unter den Anwendungsbereich der allgemeinen Generalklausel des § 3 Abs. 1 zu subsumieren. Nach der speziellen Generalklausel des § 3 Abs. 2 S. 1, deren Regelungsgegenstand das harmonisierte Lauterkeitsrecht des b2c-Geschäftsverkehrs ist, werden geschäftliche Handlungen gegenüber Verbrauchern „jedenfalls dann" als unzulässig erklärt, wenn sie nicht der für den Unternehmer geltenden fachlichen Sorgfalt entsprechen und dazu geeignet sind, die Fähigkeit des Verbrauchers, sich aufgrund von Informationen zu entscheiden, spürbar zu beeinträchtigen und ihn damit zu einer geschäftlichen Entscheidung zu veranlassen, die er andernfalls nicht getroffen hätte. Die spezielle Generalklausel des § 3 Abs. 2 S. 1 ist richtlinienkonform im Sinne der Artt. 5 Abs. 2 lit. a und b, 2 lit. e UGP-RL auszulegen. 144

Das Gebot der richtlinienkonformen Auslegung gilt auch für die per se-Verbote des Anhangs zu § 3 Abs. 3, die der Gesetzgeber der UWG-Novelle als **unzulässige geschäftliche Handlungen** bezeichnet; nach § 3 Abs. 3 sind die im Anhang des UWG aufgeführten geschäftlichen Handlungen gegenüber Verbrauchern stets unzulässig. Der Umstand, dass der Gesetzgeber der UWG-Novelle bei der Normierung der per se-Verbote der Black List die Wortwahl unlauter vermeidet, liegt daran, dass eine präzise Umsetzung der UGP-RL und eine rechtsinhaltliche Trennung des verbraucherbezogenen und des mitbewerberbezogenen Lauterkeitsrechts nicht vorgenommen wurde.[117] 145

---

[116] Siehe dazu Erwägungsgrund 13 der UGP-RL ABl. EG Nr. L 149, S. 24.

[117] Siehe zur Umsetzung des Anhangs I der UGP-RL in das UWG 2008 → Rn 160, zum Unzulässigkeitskriterium → Rn 54 ff, zum Dualismus der Lauterkeitsrechtsordnungen → Rn 2 ff.

II. Geschäftliche Handlung

146 Das **Vorliegen einer geschäftlichen Handlung** ist die **allgemeine Anwendungsvoraussetzung** der Generalklauseln des § 3 Abs. 1 und 2 sowie der einzelnen Verbotstatbestände des UWG 2008. Bei dem Begriff der geschäftlichen Handlung handelt es sich um die allgemein im UWG 2008 verwendete Begriffsbildung, die in § 2 Abs. 1 Nr. 1 legaldefiniert wird.

147 Innerhalb des **harmonisierten Lauterkeitsrechts des b2c-Geschäftsverkehrs** zwischen Unternehmen und Verbrauchern ist der Begriff der geschäftlichen Handlung im Sinne des Begriffs der **Geschäftspraktik** richtlinienkonform auszulegen, der den Anwendungsbereich der UGP-RL bestimmt und für die Geschäftspraktiken im Geschäftsverkehr zwischen Unternehmen und Verbrauchern in Art. 2 lit. d UGP-RL legaldefiniert wird.[118]

III. Verbot unlauteren Wettbewerbs als deliktsrechtliche Generalklausel

148 Das **Verbot unlauteren Wettbewerbs** – so der Gesetzestitel des UWG als eines Gesetzes gegen den unlauteren Wettbewerb – stellt als eine **deliktsrechtliche Generalklausel** die Fundamentalnorm des Lauterkeitsrechts dar. Die Aussage des Verbots kam schon in dem Gesetzestitel des Vorläufers des UWG, in dem Gesetz zur Bekämpfung des unlauteren Wettbewerbs des Jahres 1896, zum Ausdruck und beherrscht seit dem Gesetz gegen den unlauteren Wettbewerb des Jahres 1909 das Wettbewerbsdeliktsrecht. Innerhalb der europäischen Rechtsentwicklung des Lauterkeitsrechts wurde im Vergleich der unterschiedlichen Konzeptionen der mitgliedstaatlichen Lauterkeitsrechtsordnungen und in Wahrnehmung eines steten Funktionswandels des Lauterkeitsrechts immer deutlicher erkennbar, dass sich innerhalb der Spannbreite eines Rechtsverständnisses des Lauterkeitsrechts zwischen Konkurrentenschutz und Verbraucherschutz zwei rechtsinhaltlich zu unterscheidende **Lauterkeitsrechtsordnungen** herausbildeten: das **verbraucherbezogene** Lauterkeitsrecht des b2c-Geschäftsverkehrs und das **mitbewerberbezogene** Lauterkeitsrecht des b2b-Geschäftsverkehrs.

149 Das Lauterkeitsrecht des Geschäftsverkehrs zwischen Unternehmen und Verbrauchern wird sprachlich nur noch mittelbar zutreffend als Wettbewerbsrecht insoweit bezeichnet, als es sich bei dem Geschäftsverkehr aus der Sicht der Unternehmen um ein **Marktverhalten im Wettbewerb** mit anderen Unternehmen handelt. In der Normüberschrift des § 3 UWG 2004 kam das Verbot unlauteren Wettbewerbs als deliktsrechtliche Generalklausel sprachlich noch deutlich zum Ausdruck. In der Normüberschrift des § 3 UWG 2008 wird sprachlich auf den Bezug zum Wettbewerb verzichtet und das **Verbot unlauterer geschäftlicher Handlungen** normiert. Es wird auf diese Weise sprachlich dem harmonisierten Lauterkeitsrecht des b2c-Geschäftsverkehrs Rechnung getragen, dessen Verbotsnorm Art. 5 Abs. 1 UGP-RL dahin formuliert, unlautere Geschäftspraktiken sind verboten.

150 Auch wenn materiellrechtlich die Lauterkeitsrechtsordnungen des b2c-Geschäftsverkehrs und des b2b-Geschäftsverkehrs deutlich zu unterscheiden sind, so ist doch die Sprachkonvention „Unlauterer Wettbewerb ist verboten" lebensnah, um innerhalb des Phänomens des **Marktrechts der Unternehmen** den Verbotsgrundsatz zu formulieren. Sowohl ihrer gesetzestechnischen Funktion als auch ihrer rechtstheoretischen Natur nach stehen die beiden Generalklauseln des § 3 Abs. 1 und 2 in der Tradition der großen Generalklausel des UWG des Jahres 1909, auch wenn die sprachliche Umschreibung der Wettbewerbswidrig-

[118] Siehe die ausführliche Kommentierung der Definitionen im Sinne des UWG in § 2 B Rn 1 ff zu der *geschäftlichen Handlung*, Geschäftspraktik und Wettbewerbshandlung (B Rn 1 ff), zu der geschäftlichen Handlung als Handeln im *geschäftlichen Verkehr* und deren Verhältnis zum *Marktbezug* (B Rn 38, 47 ff), zum *Zeitraum* der geschäftlichen Handlung (B Rn 81 ff), zum *Absatz- und Bezugsförderungszusammenhang* sowie zum *Vertragsabschluss- und Vertragsdurchführungszusammenhang* der geschäftlichen Handlung (B Rn 154 ff), zu den *immanenten Marktwirkungen* spezifischer Tätigkeitsbereiche außerhalb des Lauterkeitsrechts (B Rn 169 ff) und zu den Begriffen der *Ware* und *Dienstleistung* (B Rn 189 ff).

keit des Marktverhaltens von der Sittenwidrigkeit auf die Unlauterkeit des Wettbewerbs schon bei der UWG-Reform des Jahres 2004 umgestellt und in Umsetzung der UGP-RL bei der UWG-Novelle des Jahres 2008 der Wettbewerbsbezug durch den **Geschäftsbezug des Handelns eines Unternehmens** ersetzt wurde.

Der **Funktionswandel,** den das UWG in seiner 100jährigen Geschichte vollzog, und den **Paradigmenwechsel,** der die Schutzzwecke des UWG kennzeichnet, wurde mit dem **sozialrechtlichen Wettbewerbsverständnis** und der Entwicklung des UWG zu einem **Marktverhaltensrecht** oder **Marktrecht** beschrieben.[119] Die Schutzzweckklausel des § 1 UWG 2004 nahm diese Rechtsentwicklung auf und gab ihr eine gesetzessprachliche Form. Die Schutzzweckklausel des § 1 UWG 2004 war das Telos der Verbotsnorm des § 3 UWG 2004. Das Verbot unlauteren Wettbewerbs bezweckte den Schutz der Interessen der Mitbewerber, der Verbraucher und der Allgemeinheit im Wettbewerb. Das gilt im Grundsatz auch nach § 1 UWG 2008. Eine unlautere geschäftliche Handlung stellt – nicht anders als schon eine unlautere Wettbewerbshandlung nach dem UWG 2004 – ziviles Unrecht dar. Das UWG ist **Lauterkeitsdeliktsrecht.**[120] Dem Verbot unlauteren Wettbewerbs, unlauterer geschäftlicher Handlungen oder unlauterer Geschäftspraktiken kommt ein **umfassender Geltungsanspruch** zu. Der Normbereich der Generalklausel des § 3 erfasst das harmonisierte und das nichtharmonisierte Lauterkeitsdeliktsrecht in seiner Gesamtheit. 151

IV. Die Generalklausel als Delegationsnorm jurisdiktiver Rechtsetzung

Sowohl in den nationalen Rechtsordnungen der Mitgliedstaaten als auch im Gemeinschaftsrecht der Europäischen Union bilden **Generalklauseln**[121] ein rechtstechnisches Instrument einer **generalisierenden Normierung komplexer Lebensbereiche.** Das gilt namentlich im Lauterkeitsrecht, das in Deutschland von der im Jahre 1909 eingeführten Generalklausel des § 1 UWG 1909 als der Fundamentalnorm des Wettbewerbsrechts nachhaltig geprägt wurde. Generalklauseln kommt eine **Brückenfunktion zwischen Gesetzgebung und Rechtsprechung** zu, deren Verhältnis von dem verfassungsrechtlichen Prinzip der Gewaltenteilung bestimmt wird. Generalklauseln sind zu flexiblen und zeitnahen Problemlösungen von Rechtskonflikten befähigt. 152

Ihrer rechtlichen Struktur nach sind Generalklauseln als **Delegationsnormen**[122] zu verstehen, die die Jurisdiktive als eine Institution zur Bildung von allgemeingültigen Rechtssätzen anhand einer den einzelnen Rechtsfall entscheidenden Rechtsprechung ermächtigen **(Richterrecht).** Die Konkretisierung der lauterkeitsrechtlichen Generalklauseln des § 3 Abs. 1 und 2 UWG 2008, Art. 5 UGP-RL bedeutet eine **richterrechtliche Rationalisierung von Verhaltensstandards** im harmonisierten und im nichtharmonisierten Lauterkeitsrecht. Bei der Konkretisierung einer Generalklausel handelt es sich um richterrechtliche Normsetzung. Auch wenn die Rechtssicherheit im Sinne einer Vorhersehbarkeit richterlichen Urteilens und die Rechtsbeständigkeit im Sinne einer Abhängigkeit der richterrechtlichen Reaktion vom zu entscheidenden Sachverhalt Kritik an der Methode der Rechtsfindung durch Generalklauseln formulieren,[123] so besteht doch im Lauterkeitsrecht 153

---

119 → Einleitung E Rn 27, 379; § 1 Rn 45 ff.

120 → Rn 139, 142, 173, 182.

121 *Roth* FS Drobnig S. 135.

122 Siehe zu dieser methodischen Beschreibung schon *Ph. Heck* Grundriss des Schuldrechts, 1929, § 4, 1; *J. W. Hedemann* bezeichnete in seiner berühmten Monographie „Die Flucht in die Gernalklauseln" 1933, S. 58 Generalklauseln als „ein Stück offengelassener Gesetzgebung"; grundlegend *Teubner* Standards und Direktiven in Generalklauseln, 1971.

123 Siehe die rechtstheoretische Kritik an Generalklauseln von *Rüthers* Rechtstheorie, 2008, Rn 832 ff, 836 ff; dazu auch *Rüthers* Die unbegrenzte Auslegung, 5. Aufl., 1997, S. 210 ff; siehe zu einer politischen Instrumentalisierung in rechtlichen Handelnsordnungen totalitärer Gesellschaften vergleichbar zur Funktionalität des subjektiven Rechts *Fezer* Teilhabe und Verantwortung, 1986, S. 281 ff; schon im Jahre 1933 wurden Generalklauseln von *H. Lange* Liberalismus, Nationalsozialismus und bürgerliches Recht, 1933, S. 5 als „Kuckuckseier im liberalistischen Rechtssystem" bezeichnet.

weithin Konsens über diese **Methode der richterlichen Rechtsgestaltung des Marktrechts** als eines Erfolgsmodells.

154 Im europäischen Privatrecht, in dem Generalklauseln weite Verbreitung gefunden haben und weithin auch als Ermächtigungsnormen an die europäische Gerichtsbarkeit verstanden werden, kommt der Konkretisierung **gemeinschaftsrechtlicher Generalklauseln** – das gilt seit dem Inkrafttreten der UGP-RL im Jahre 2005 auch für das verbraucherbezogene Lauterkeitsrecht im Geschäftsverkehr zwischen Unternehmen und Verbrauchern – zudem die Aufgabe zu, anhand konsensfähiger und eurokompatibler Prinzipien schrittweise ein europäisches Privatrecht im Interesse einer **Rechtsharmonisierung** auszubilden **(creeping harmonisation).**[124] Diesem Prozess einer europäischen Rechtsharmonisierung durch die richterrechtliche Konkretisierung gemeinschaftsrechtlicher Generalklauseln entspricht in den Mitgliedstaaten die **richtlinienkonforme und gemeinschaftsrechtskonforme Auslegung** des nationalen Rechts. Die richtlinienkonforme Auslegung ist durch eine **richtlinienoptimierende Auslegung** im Interesse der Wirksamkeitsmaxime des europäischen Richtlinienrechts zu ergänzen.[125] Die Generalklausel als ein rechtstechnisches Instrument der Rechtsgestaltung im Lauterkeitsrecht hat sich nicht nur als eine zentrale Vorschrift des deutschen Lauterkeitsrechts bewährt, sondern wird auch in einem europäischen Lauterkeitsrecht als Teil einer Rechtsharmonisierung konsensfähig sein.

V. Das Verhältnis der Generalklauseln des § 3 Abs. 1 und 2 zu den Regelbeispielen, Spezialtatbeständen und per se-Verboten

1. Regelbeispiele und per se-Verbote als Präzisierung unlauteren Wettbewerbs

155 **a) Funktion einer beredten Generalklausel.** Es liegt sowohl im Interesse der Rechtssicherheit im Sinne einer Vorhersehbarkeit richterlicher Rechtsfindung im Lauterkeitsrecht als auch im Interesse einer Garantie der parlamentarischen Prärogative im Sinne einer Konstituierung wettbewerbsrechtlicher Prinzipien und Wertungen, eine lauterkeitsrechtliche Generalklausel anhand eines Beispielskatalogs von Fallkonstellationen wettbewerblichen Unrechts zu konkretisieren. Ein Vorteil einer **beredten Generalklausel** ist es, dem Richter wettbewerbsrechtliche Maßstäbe und Beurteilungskriterien als **Auslegungsdirektiven** bei der Konkretisierung der Generalklausel an die Hand zu geben. Ein Nachteil eines Beispielskatalogs ist es, dass die Normierung von exemplarischen Fallkonstellationen **zeitbedingt** ist und zumindest die Gefahr besteht, dass die **Flexibilität** der Generalklausel als ein Instrument der Rechtsfindung beschränkt wird oder gar die beispielhaft normierten Fallkonstellationen zu einer **Versteinerung** der Rechtsgestaltung des Lebensbereichs führen. Es ist zudem ein bekanntes Phänomen des Richterrechts, dass es an einem dem parlamentarischen Gesetzgebungsverfahren vergleichbar legitimierten und transparenten Verfahren zu einer Anpassung oder gar **Aufhebung richterrechtlicher Rechtssätze** im Wege der Judikative ermangelt.

156 **b) Regelbeispiele unlauterer geschäftlicher Handlungen (§ 4 Nr. 1 bis 11).** Bei der UWG-Reform des Jahres 2004 entschloss sich Gesetzgeber, das Verbot unlauteren Wettbewerbs des § 3 UWG 2004 durch eine Aufzählung von Beispielstatbeständen, die **typische Unlauterkeitshandlungen** zum Gegenstand haben, zu präzisieren, um dadurch der Generalklausel eine größere **Transparenz** zu verschaffen. In § 4 Nr. 1 bis 11 UWG 2004 werden **Regelbeispiele** unlauteren Wettbewerbs beschrieben. Die Gesetzestechnik, die Regelbeispiele unlauteren Wettbewerbs in einer eigenen Vorschrift und nicht in einem Absatz der Generalklausel zu normieren, dient der Übersichtlichkeit des Gesetzestextes und betont die rechtssystematisch-zentrale Funktion der Generalklausel als der Fundamentalnorm des UWG. Die Vorschrift des § 4 UWG 2008, die die Regelbeispiele unlauterer ge-

[124] Siehe dazu *Ehricke* RabelsZ 59 (1995) 598.
[125] → Rn 208, 213.

schäftlicher Handlungen in Nr. 1 bis 11 beibehält, wurde nur in einigen wenigen Einzelpunkten gegenüber der Rechtslage im UWG 2004 geändert. Die Vorschriften der §§ 3 und 4 stellen in ihrer rechtlichen Verbindung eine beredte Generalklausel mit einem Beispielskatalog unlauterer geschäftlicher Handlungen dar.

Die rechtsformal im UWG 2008 bestehende Gesetzeseinheit des verbraucherbezogenen und des mitbewerberbezogenen Lauterkeitsrechts verlangt, bei der Anwendung der Verbotstatbestände des UWG 2008 bei der Subsumtion der Sachverhalte materiellrechtlich danach zu unterscheiden, ob es sich um eine Fallkonstellation im Anwendungsbereich der UGP-RL handelt, oder ob ein Verbotstatbestand des nichtharmonisierten Lauterkeitsrechts eingreift. Die materiellrechtliche Teilung in die beiden Lauterkeitsrechtsordnungen stellt **keine unangemessene Rechtsaufspaltung** dar. Sie ist nach dem europäischen Richtlinienrecht geboten, um die nationale Rechtspraxis nicht mit einem Lauterkeitsrechtsmix zu belasten. 157

Die **verbraucherbezogenen Verbotstatbestände** des Lauterkeitsrechts sind zwingend von der UGP-RL vorgegeben. Soweit es sich bei den Regelbeispielen des § 4 Nr. 1 bis 11 um verbraucherbezogene Verbotstatbestände des b2c-Geschäftsverkehrs handelt, die unter den Anwendungsbereich der UGP-RL zu subsumieren sind, handelt es sich um Konkretisierungen der speziellen Generalklausel des § 3 Abs. 2, deren Tatbestandsmerkmale im Lichte des im harmonisierten Lauterkeitsrecht geltenden Rechtsbegriffs der Unlauterkeit der UGP-RL auszulegen sind. Die Regelbeispiele des § 4 Nr. 1 bis 11, die teilweise eine Kodifizierung von in jahrzehntelanger Rechtsprechung entstandenen Fallgruppen darstellen und nach der Schutzzwecktrias ausgelegt und bestimmt wurden, sind nach dem Normzweck der UGP-RL, wie er in der speziellen Generalklausel des § 3 Abs. 2 zumindest ansatzweise zum Ausdruck gebracht wird, zu überprüfen und gegebenenfalls die Grenzen der Verbotsbereiche – sei es restriktiver, sei es extensiver – neu zu bestimmen. Es handelt sich um eine **Neujustierung des b2c-Lauterkeitsrechts** im UWG 2008, soweit das harmonisierte Lauterkeitsrecht des b2c-Geschäftsverkehrs betroffen ist. 158

Um **mitbewerberbezogene Verbotstatbestände** des b2b-Geschäftsverkehrs handelt es sich etwa bei der Geschäftsehrverletzung (§ 4 Nr. 7), der Anschwärzung (§ 4 Nr. 8), dem lauterkeitsrechtlichen Leistungsschutz (§ 4 Nr. 9), Fallkonstellationen der vergleichenden Werbung (§ 6), wie etwa der unlauteren Rufausbeutung und Rufbeeinträchtigung (Nr. 4), sowie der Herabsetzung und Verunglimpfung (Nr. 5) und auch den Fallkonstellationen des Behinderungswettbewerbs (§ 4 Nr. 10), und des Rechtsbruchs (§ 4 Nr. 11). 159

c) Per se-Verbote unlauterer geschäftlicher Handlungen (Anhang zu § 3 Abs. 3; Anhang I der UGP-RL). Der **Anhang** zu § 3 Abs. 3 UWG 2008, der an das Ende des Gesetzestextes gestellt wurde und im Wesentlichen dem Anhang I der UGP-RL entspricht, normiert die irreführenden (Nr. 1 bis 24) und aggressiven (Nr. 25 bis 30) geschäftlichen Handlungen, die unter allen Umständen unlauter und stets unzulässig sind. Die Nummernfolge des Anhangs zu § 3 Abs. 3 UWG 2008 entspricht grundsätzlich der Reihenfolge des Anhangs I der UGP-RL. Eine Ausnahme gilt für Nr. 31 des Anhangs I der UGP-RL, die im Zusammenhang mit der irreführenden geschäftlichen Handlung der Nr. 17 des Anhangs zu § 3 Abs. 3 UWG 2008 geregelt wird. 160

Art. 5 Abs. 5 S. 2 UGP-RL stellt klar, dass die Liste der per se-Verbote unlauterer Geschäftspraktiken einheitlich in allen Mitgliedstaaten gelten; eine Änderung der per se-Verbote kann nur durch eine Änderung der UGP-RL erfolgen. Der abschließende Charakter der Black List an unlauteren Geschäftspraktiken bezieht sich allein auf eine eigenständige Rechtswertung der Unlauterkeit im Sinne einer Einzelfallbeurteilung, die allein bei den Tatbeständen der irreführenden und aggressiven Geschäftspraktiken des Anhangs I der UGP-RL entbehrlich ist. Das bedeutet, dass die per se-Verbote des Anhangs zu § 3 Abs. 3 in diesem Sinne unter allen Umständen als unlauter gelten und eine Einzelfallbeurteilung unter besonderer Berücksichtigung und Rechtswertung der Unlauterkeit nicht möglich ist. Die Auslegung der einzelnen Tatbestandsmerkmale der per se-Verbote sind allerdings teleolo- 161 gisch an den Rechtsgrundsätzen zu orientieren, die für den gemeinschaftsrechtlichen Rechtsbegriff der Unlauterkeit im Sinne der Artt. 5 Abs. 2 lit. a und b, 2 lit. e UGP-RL gelten.[126] Als harmonisiertes Lauterkeitsrecht des b2c-Geschäftsverkehrs fallen die per se-Verbote in den Anwendungsbereich der speziellen Generalklausel des § 3 Abs. 2.

2. Spezialtatbestände wettbewerblichen Unrechts

162 Im deutschen Lauterkeitsrecht wie auch in anderen europäischen Staaten hat sich als Gesetzgebungstechnik ein **duales System von (beredter) Generalklausel und Spezialtatbeständen** zur Erfassung der Vielfalt wettbewerbswidrigen Marktverhaltens weithin durchgesetzt. Die funktionale Ergänzung einer Allgemeinnorm durch Sondernormen gewährleistet vor allem dann Rechtssicherheit im Richterrecht im Lichte des Prinzips der Gewaltenteilung und eine zeitnahe und sachgerechte Anpassung des Wettbewerbsrechts an den Wandel der Angebots- und Nachfragestrukturen auf dem Markt, wenn die Spezialtatbestände der Regelung von **Kernbereichen des Wettbewerbsunrechts** dienen. Schon der Reformgesetzgeber des UWG 2004 hielt es deshalb im Sinne einer Modernisierung des Lauterkeitsrechts für angemessen, die Generalklausel des § 3 durch bestimmte Spezialtatbestände zu ergänzen, die die Kernbereiche des wettbewerblichen Unrechts entsprechend der Gegenwart der Marktverhältnisse beschreiben.

163 Der UGP-RL liegt vergleichbar ein duales System von beredter Generalklausel und Spezialtatbeständen zugrunde. Die offene Generalklausel des Art. 5 Abs. 1 UGP-RL, die unlautere Geschäftspraktiken verbietet und deren Rechtsbegriff der Unlauterkeit in Art. 5 Abs. 2 lit. a und b UGP-RL rechtsverbindlich definiert wird, wird – den Regelbeispielen des § 4 Nr. 1 bis 11 vergleichbar – durch die per se-Verbote des Anhangs I der UGP-RL (Black List) konkretisiert. Der Ausschluss der Unlauterkeitsbewertung als Einzelfallbeurteilung bei den per se-Verboten stellt nur eine Auslegungsdirektive zu den per se-Verbotstatbeständen dar, die das System der beredten Generalklausel nicht beeinträchtigen. Vergleichbar den Spezialtatbeständen der §§ 5 bis 7 wird die Generalklausel der UGP-RL durch spezielle Verbotstatbestände ergänzt. Art. 5 Abs. 4 lit. a UGP-RL verweist auf die in Abschnitt 1 der UGP-RL geregelten **irreführenden Geschäftspraktiken** (Artt. 6 und 7 UGP-RL) und in Art. 5 Abs. 4 lit. b UGP-RL auf die in Abschnitt 2 der UGP-RL geregelten **aggressiven Geschäftspraktiken** (Artt. 8 und 9 UGP-RL). Die insbesondere-Formulierung des Art. 5 Abs. 4 UGP-RL regelt ausdrücklich, dass es sich bei den Verbotstatbeständen der irreführenden und aggressiven Geschäftspraktiken nach den Artt. 6 bis 9 UGP-RL um Spezialtatbestände handelt, die **keine abschließende Regelung** der unlauteren Geschäftspraktiken darstellen. Die Regelungen der irreführenden und aggressiven Geschäftspraktiken in den Abschnitten 1 und 2 der UGP-RL enthalten **spezielle Verbotstatbestände** unlauterer Geschäftspraktiken, die, einem nicht abschließenden Beispielskatalog vergleichbar, die Generalklausel des Verbots unlauterer Geschäftspraktiken im Sinne des § 5 Abs. 1 UGP-RL konkretisieren.

164 Der Normierung von Spezialtatbeständen als eine Aufgabe des Gesetzgebers kommen über den eigentlichen Rechtsetzungsakt hinsichtlich des wettbewerblichen Kernunrechts hinaus weitere Funktionen zu, die nicht immer hinreichend beachtet werden und schon im Zusammenhang mit der bereits im Jahre 2001 erfolgten Aufhebung des Rabattgesetzes und der Zugabeverordnung von Bedeutung waren.[127] Zum Einen kann der Normierung eines Spezialtatbetands, auch wenn er eine Verbotsnorm darstellt, eine die **wirtschaftliche Handlungsfreiheit des Unternehmens erweiternde und sichernde Funktion** zukommen. Die im Jahre 2000 erfolgte Einführung einer Regelung der vergleichenden Werbung in das deutsche Lauterkeitsrecht in Umsetzung der europäischen Richtlinie über die vergleichende Werbung erweiterte den unternehmerischen Handlungsspielraum im Wettbewerb gegenüber dem aus der Generalklausel abgeleiteten Verbot der vergleichenden Werbung. Der

[126] Siehe dazu → Rn 126f.
[127] → Einleitung E Rn 41, 52ff.

Spezialtatbestand schneidet gleichsam einen Verbotsbereich aus der Generalklausel heraus und steckt zugleich die erweiterten Handlungsgrenzen ab. Die rechtssichernde Funktion der Normierung von Spezialtatbeständen entlastet die Generalklausel, gestaltet einen bestimmten Normbereich des wettbewerblichen Unrechts rechtssicher und ist bei der Anwendung der Generalklausel zu beachten.

Zum Anderen kann der Normierung eines Spezialtatbestandes eine die **Unlauterkeit konkretisierende Funktion** zukommen, wenn aufgrund der Regelungstechnik des Spezialtatbestands eine Integration der als unlauter normierten Fallkonstellation in das wettbewerbliche Unrecht der Generalklausel stattfindet. Der Spezialtatbestand der vergleichenden Werbung beschrieb schon nach § 2 UWG aF nicht nur die einzelnen Tatbestandsmerkmale der vergleichenden Werbung, sondern integrierte die Grenzen der vergleichenden Werbung als einen Verstoß gegen die guten Sitten in die Generalklausel des § 1 UWG 1909. Als **Teilmenge der Generalklausel** konkretisiert ein Spezialtatbestand die Unlauterkeit als Wettbewerbsunrecht. 165

Schon der Gesetzgeber der UWG-Reform des Jahres 2004 regelte die **drei Kernbereiche wettbewerblichen Unrechts** als Spezialtatbestände, die in das UWG 2008 übernommen wurden: die **irreführende Werbung** in § 5, die **vergleichende Werbung** in § 6 und die **unzumutbaren Belästigungen** in § 7. Das in § 5 UWG 2004 geregelte Verbot der irreführenden Werbung wurde in Umsetzung der UGP-RL im UWG 2008 allerdings grundlegend geändert. Regelungsgegenstand des § 5 UWG sind nunmehr die irreführenden geschäftlichen Handlungen; Regelungsgegenstand des neuen § 5a ist die Irreführung durch Unterlassen. Die Vorschrift des § 5a dient der Umsetzung des Verbots irreführender Unterlassungen nach Art. 7 UGP-RL, das als ein **Informationsmodell** des lauterkeitsrechtlichen Verbraucherschutzes verstanden werden kann.[128] Die Regelungstechnik der verschiedenen Spezialtatbestände der §§ 5 bis 7 ist im Normaufbau verschieden und wurde vom Gesetzgeber der UWG-Novelle 2008 gegenüber der Rechtslage der UWG-Reform 2004 teilweise geändert. 166

3. Konkurrenzen der Generalklauseln des § 3 Abs. 1 und 2

a) Begrenzungsfunktion der Regelbeispiele, der Spezialtatbestände und der per se-Verbote. Die in den Regelbeispielen (§ 4 Nr. 1 bis 11), den Spezialtatbeständen (§§ 5 bis 7) und den per se-Verboten des Anhangs zu § 3 Abs. 3 normierten Tatbestandsmerkmale beschreiben die Unlauterkeit im Sinne der konkreten Verbotsnorm. Die Tatbestandsverwirklichung konstituiert die Unlauterkeit im Sinne des § 3. Die teleologische Auslegung der Verbotsnormen erfolgt nach den Rechtsgrundsätzen der Unlauterkeit im Sinne des § 3 Abs. 1 und richtlinienkonform im Sinne des § 3 Abs. 2 innerhalb des harmonisierten Lauterkeitsrechts des b2c-Geschäftsverkehrs. Den Regelbeispielen, den Spezialtatbeständen und den per se-Verboten kommt eine **Begrenzungsfunktion** für die Generalklauseln des § 3 zu. Wenn der Tatbestand eines der Regelbeispiele des § 4 Nr. 1 bis 11, einer der Spezialtatbestände der §§ 5 bis 7 oder der Tatbestand eines per se-Verbots erfüllt ist, dann besteht **im Grundsatz** eine **Sperrwirkung** dahin, die Unlauterkeit im Sinne der Generalklauseln kumulativ zu prüfen. Eine Revision der einzelnen Verbotsnormen über die weitere Voraussetzung der Unlauterkeit im Sinne des § 3 widerspricht der in der Normierung der Regelbeispiele, der Spezialtatbestände und der per se-Verbote zum Ausdruck kommenden Prärogative des Gesetzgebers. Eine solche Anwendung der Generalklausel frustrierte den Zweck der Einzeltatbestände.[129] 167

Auch wenn hinsichtlich des Begriffs der Unlauterkeit einerseits eine Begrenzungsfunktion der Regelbeispiele, der Einzeltatbestände und der per se-Verbote besteht, so ist doch andererseits zu berücksichtigen, dass es sich bei dem Rechtsbegriff der **Unlauterkeit** sowohl rechtsinhaltlich um einen innerhalb der beiden Generalklauseln des § 3 Abs. 1 und 2 168

[128] Siehe dazu → Einleitung E Rn 143 ff.
[129] So zum schweizerischen Lauterkeitsrecht *Baudenbacher* schwUWG Art. 2 Rn 12.

je einheitlichen Begriff innerhalb der entsprechenden Verbotstatbestände handelt, als auch die rechtsmethodische Bestimmung der Unlauterkeit nach **einheitlichen Auslegungsdirektiven** innerhalb der beiden Generalklauseln des § 3 Abs. 1 und 2 erfolgt. Diese **Rechtseinheit im Lauterkeitsrecht** innerhalb des harmonisierten Lauterkeitsrechts des b2c-Geschäftsverkehrs einerseits und des nichtharmonisierten Lauterkeitsrechts des b2b-Geschäftsverkehrs andererseits folgt sowohl aus der **Schutzzweckklausel** des § 1 einerseits und der Schutzzweckbestimmung des Art. 5 UGP-RL andererseits, als auch aus der Methodik der **Güter- und Interessenabwägung** sowie einer **funktionalen Rechtsanwendung** auf der Grundlage einer **richtlinienkonformen Auslegung.** Auf diese Weise wird keine methodische Hintertür zu einer richterrechtlichen Korrektur der Regelbeispiele und Spezialtatbestände geöffnet. Folge eines solchen Gebots eines rechtseinheitlichen Verständnisses der Lauterkeit ist es, die einzelnen Tatbestandsmerkmale der Regelbeispiele, der Spezialtatbestände und der per se-Verbote **im Lichte** der verbraucherbezogenen und der mitbewerberbezogenen Lauterkeit und insoweit nach einheitlichen Rechtsgrundsätzen innerhalb der beiden Lauterkeitsrechtsordnungen auszulegen. Eine solche **Ausstrahlungswirkung der verbraucherbezogenen und mitbewerberbezogenen Normzwecke des UWG** besteht für den Anwendungsbereich aller Verbotsnormen des Gesetzes.

169 Die Begrenzungsfunktion der Regelbeispiele, der Spezialtatbestände und der per se-Verbote bedeutet nicht, dass die Feststellung der Unlauterkeit sich in einem schlichten Vorgang der Subsumtion des Sachverhalts unter die Tatbestandsmerkmale der normierten Fallkonstellationen beschränkt. Ein Rückgriff auf die Fundamentalnorm des Verbots unlauterer geschäftlicher Handlungen nach § 3 ist nicht nur nicht ausgeschlossen, sondern rechtssystematisch auch geboten. Bei dem notwendigen **Rückgriff auf die methodische Bestimmung der Unlauterkeit** im Sinne des § 3 Abs. 1 und 2 ist der in den Fallkonstellationen der Regelbeispiele, der Spezialtatbestände und namentlich der per se-Verbote zum Ausdruck kommende Wille des Gesetzgebers und des Richtliniengebers und der zumeist mit der konkreten Regelung verbundene rechtspolitische Kompromiss zur Geltung zu bringen.[130] Es besteht allerdings **kein Automatismus** zwischen der Subsumtion eines Wettbewerbssachverhalts unter ein Regelbeispiel oder einen Spezialtatbestand und des Vorliegens der Unlauterkeit im Sinne des § 3 Abs. 1 und 2; bei der Anwendung der per se-Verbote ist allerdings ein Einzelfall im Sinne einer eigenständigen Rechtswertung nach den besonderen Umständen des konkreten Einzelfalles ausgeschlossen.

170 Dieses Verständnis des Verhältnisses zwischen in der Rechtsanwendung anerkannten Fallgruppen der Unlauterkeit und dem Vorliegen des Tatbestands der Generalklausel lag auch der Rechtsprechung des BVerfG zur großen Generalklausel des § 1 UWG 1909 zugrunde. Das methodische Rechtsverständnis des BVerfG galt auch für die Rechtssystematik des UWG 2004 nach der UWG-Reform des Jahres 2004 und gilt weiter für das UWG 2008 nach der Umsetzung der UGP-RL, zumal der Reformgesetzgeber des Jahres 2004 die Generalklausel des § 3 durch einen nicht abschließenden Katalog von solchen Beispielsfällen ergänzte, der sowohl durch die Rechtsprechung seit langem gefestigte Fallgruppen aufnahm, als auch aktuelle Probleme aufgriff. Mit der Normierung typischer Unlauterkeitshandlungen verfolgte der Gesetzgeber das Ziel, die Generalklausel zu präzisieren und dadurch eine größere Transparenz zu schaffen.[131] Nach der **Rechtsauffassung des BVerfG** zur Konkretisierung der Lauterkeit im Wettbewerb kommt den von der Rechtsprechung zu § 1 UWG 1909 entwickelten Fallgruppen zwar eine aus praktischer Erfahrung gewonnene **Indizwirkung** für die Sittenwidrigkeit und die Gefährdung des Leistungswettbewerbs zu. Es sei allerdings von den Wettbewerbsgerichten zu prüfen, ob die Indizwirkung im konkreten Fall auch angesichts der sich daran anschließenden Rechtsfolge

[130] In dem „Kontaktanzeigen"-Urteil geht der BGH zu Recht davon aus, dass eine Wettbewerbshandlung im Sinne des § 3 UWG unlauter sein kann, die nicht von den Beispielstatbeständen des § 4 UWG erfasst wird, allerdings *mit entsprechendem Unwertgehalt* den anständigen Gepflogenheiten in Gewerbe und Handel zuwiderläuft, BGH GRUR 2006, 1042, 1044, Rn 29 – Kontaktanzeigen.

[131] Gesetzesbegründung UWG 2004 BT-Drucks. 15/1487 S. 13, 17.

gegeben sei. So müsse im Äußerungsdeliktsrecht die angegriffene Äußerung nach den Umständen des Einzelfalls so schwerwiegend sein, dass eine **Gefährdung des Leistungswettbewerbs** bestehe.[132]

171 **b) Umfassender Sachverhaltsvortrag.** Diese Verhältnisbestimmung zwischen einerseits der Verbotsnorm des § 3 und andererseits den Regelbeispielen des § 4 Nr. 1 bis 11, den Spezialtatbeständen der §§ 5 bis 7 und den per se-Verboten der Black List bedeutet für die **forensische Praxis,** dass in einem Wettbewerbsverfahren der **Sachverhaltsvortrag** nicht auf die Tatbestandsmerkmale der Regelbeispiele, der Spezialtatbestände und der per se-Verbote zu beschränken ist, sondern dass alle für die Feststellung der Unlauterkeit einer geschäftlichen Handlung relevanten Tatsachen vorzutragen sind.[133] Die Rechtswertung der Unlauterkeit im Sinne der Generalklausel des § 3 verlangt eine vollständige Ausschöpfung des wettbewerblichen Sachverhalts.

172 **c) Subsidiarität der Generalklauseln. aa) Umfassender Geltungsanspruch.** Die Generalklauseln des § 3 sind als grundlegende Verbotsnormen unlauteren Wettbewerbs auf alle wettbewerblichen Sachverhalte anzuwenden, die in den Regelbeispielen des § 4 Nr. 1 bis 11, den Spezialtatbeständen der §§ 5 bis 7 und den per se-Verboten **nicht geregelt** sind. Die Subsidiarität der Generalklauseln ist eine Folge der nicht abschließenden Regelung des Geschäftsverkehrs der Unternehmen am Markt. Es besteht ein **umfassender Geltungsanspruch der Verbotsnorm** des § 3, dessen Regelungsgegenstand das gesamte Marktverhaltensrecht der Unternehmen zum Schutz eines lauteren Wettbewerbs darstellt. In der höchstrichterlichen Rechtsprechung wird zu Recht davon ausgegangen, dass eine geschäftliche Handlung unlauter im Sinne des § 3 sein kann, die nicht von den Beispielstatbeständen des § 4 UWG erfasst wird; verlangt wird, dass die geschäftliche Handlung mit einem **entsprechenden Unwertgehalt** den anständigen Gepflogenheiten in Gewerbe und Handel zuwiderläuft.[134] Nach § 3 ist eine **telefonische Direktansprache am Arbeitsplatz zum Zwecke der Abwerbung** eines Mitarbeiters, wenn das Telefonat über eine erste Kontaktaufnahme hinausgeht, unlauter.[135] Ein Personalberater, der bei einem ersten Telefongespräch, das er mit einem Arbeitnehmer eines Mitbewerbers seines Auftraggebers zur Personalsuche an dessen Arbeitsplatz führt, dem Arbeitnehmer Daten zu dessen Lebenslauf und bisherigen Tätigkeiten vorhält, geht über das für eine erste Kontaktaufnahme Notwendige hinaus und handelt unlauter.[136] In der höchstrichterlichen Rechtsprechung wird der **Verstoß gegen eine wettbewerbsrechtliche oder lauterkeitsrechtliche Verkehrspflicht** als eine Fallkonstellation unlauteren Wettbewerbs oder einer unlauteren geschäftlichen Handlung beurteilt. Wer durch sein Handeln im geschäftlichen Verkehr die ernsthafte Gefahr begründet, dass Dritte durch das Wettbewerbsrecht geschützte Interessen von Marktteilnehmern verletzen, ist aufgrund einer wettbewerbsrechtlichen Verkehrspflicht dazu verpflichtet, diese Gefahr im Rahmen des Möglichen und Zumutbaren zu begrenzen. Wer in dieser Weise gegen eine wettbewerbsrechtliche Verkehrspflicht verstößt, ist Täter einer unlauteren Wettbewerbshandlung. Verstöße gegen das Verbot des Versandhandels mit jugendgefährdenden Medien beeinträchtigen wettbewerblich geschützte Interessen der Verbraucher im Sinne des § 3.[137] In dem „Handtaschen"-Urteil geht der BGH von einer Fall-

---

132 BVerfG GRUR 2002, 455 – Tier- und Artenschutz; siehe dazu auch schon BVerfG GRUR 2001, 170 – Schockwerbung.

133 Siehe zu dieser Rechtsauffassung im schweizerischen Unlauterkeitsrecht *Müller* Lauterkeitsrecht S. 58, der allerdings methodisch davon ausgeht, ein Wettbewerbsverhalten sei zunächst im Lichte der Generalklausel und erst dann nach dem Katalog der Spezialtatbestände einzuschätzen. Eine solche Umkehrung der Prüfung der Unlauterkeit wird der Indizwirkung der Regelbeispiele, Spezialtatbestände und namentlich der per se-Verbote nicht gerecht; *v. Büren* schwUWG Art. 1 Abs. 1 Rn 1; *Baudenbacher* schwUWG Art. 2 Rn 8.

134 So zur Wettbewerbshandlung BGH GRUR 2006, 1042, 1044, Rn 29 – Kontaktanzeigen.

135 BGH GRUR 2008, 262 – Direktansprache am Arbeitsplatz III.

136 Siehe dazu schon BGH GRUR 2006, 426 – Direktansprache am Arbeitsplatz II; BGHZ 158, 174 – Direktansprache am Arbeitsplatz I.

137 So zu § 3 UWG 2004 BGH GRUR 2007, 890 – Jugendgefährdende Medien bei eBay. In diesem Urteil wird davon ausgegangen, dass sich die *wettbewerbsrechtliche Verkehrspflicht* des Betreibers einer Internet-

konstellation des **Behinderungswettbewerbs in Ergänzung des wettbewerbsrechtlichen Leistungsschutzes** nach § 4 Nr. 9 lit. a bis c aus. Wenn keine der Fallgruppen des § 4 Nr. 9 lit. a bis c vorliegen, dann könne das Nachahmen eines fremden Produkts nur in **Ausnahmefällen** nach den Grundsätzen des ergänzenden wettbewerbsrechtlichen Leistungsschutzes unlauter im Sinne von § 3 sein. Ein solcher Ausnahmefall könne unter besonderen Umständen vorliegen, wenn der Mitbewerber durch die Nachahmung wettbewerbswidrig behindert werde.[138]

173 **bb) Auffangtatbestand.** Die Auffassung, es handle sich bei der Verbotsnorm des § 3 als Generalklausel um einen Auffangtatbestand, der nur noch für **Evidenz- und Extremfälle** wettbewerbsdysfunktionalen, die Handlungs- und Entscheidungsfreiheit der Marktteilnehmer einschränkenden Wettbewerbshandelns zur Verfügung stehe, ist verfehlt.[139] Mit der Bezeichnung als **Auffangtatbestand** wird das allgemeine Konkurrenzverhältnis zu den Regelbeispielen, den Spezialtatbeständen und den per se-Verboten zwar rechtssystematisch zutreffend umschrieben. Die aus dieser Rechtssystematik abgeleitete Restriktion des UWG auf Evidenz- und Extremfälle widerspricht aber der Intention des Gesetzgebers, Lauterkeitsdeliktsrecht vollständig zu erfassen und bedeutet eine in der Wettbewerbspraxis unannehmbare Verkürzung des Schutzes vor unlauterem Wettbewerb. Nach dieser abzulehnenden Rechtsauffassung würden Fallkonstellationen, über deren detaillierte Normierung ein gesetzgebungspolitischer Konsens nicht gefunden werden konnte oder deren rechtstatsächliche Entwicklung als offen verstanden wird, erst und nur dann als unlauter nach deutschem Recht beurteilt werden können, wenn der europäische Richtliniengeber eine Normierung erzwingt.

D. Begriff der Unlauterkeit (UWG und UGP-RL)

I. Unlauterkeit als Rechtswidrigkeitskriterium

1. Von der Sittenwidrigkeit zur Unlauterkeit

174 **a) Kritik der Gute-Sitten-Norm.** Im deutschen Lauterkeitsrecht wurde seit der großen Generalklausel des UWG des Jahres 1909 das wettbewerbliche Unrecht als ein **Verstoß gegen die guten Sitten** umschrieben. Da der Gute-Sitten-Standard in verschiedenen Regelungskontexten verwendet wurde, bestand Einigkeit über die Notwendigkeit einer normspezifischen Konkretisierung der Sittenwidrigkeit. Regelungsgegenstand und Rechtsfolgen der jeweiligen Vorschrift bedingten Unterschiede in den entscheidenden Wertungskriterien. Die Sittenwidrigkeit einer Wettbewerbshandlung nach § 1 UWG 1909, einer vorsätzlichen Schadenszufügung nach § 826 BGB oder eines Rechtsgeschäfts nach § 138 BGB waren und sind keiner einheitlichen Rechtswertung zugänglich. Die Feststellung eines Verstoßes gegen die guten Sitten im Wettbewerb bedurfte einer Rechtswertung, die rechtsmethodisch anhand einer Güter- und Interessenabwägung und teleologisch anhand der im Lauterkeitsrecht geltenden Schutzzwecktrias erfolgte.

Auktionsplattform hinsichtlich fremder jugendgefährdender Inhalte *als Prüfungspflicht konkretisiert*, zu deren Begründung es eines konkreten Hinweises auf ein bestimmtes jugendgefährdendes Angebot eines bestimmten Anbieters bedarf. Der Betreiber der Plattform ist nicht nur verpflichtet, dieses konkrete Angebot unverzüglich zu sperren, sondern muss auch zumutbare Vorsorgemaßnahmen treffen, damit es möglichst nicht zu weiteren gleichartigen Rechtsverletzungen kommt. Aus der wettbewerbsrechtlichen Verkehrspflicht des Betreibers einer Internet-Auktionsplattform können sich neben der Verpflichtung, Angebote des konkreten Titels in Zukunft zu verhindern, besondere Prüfungspflichten hinsichtlich anderer Angebote des Versteigerers ergeben, der das ursprüngliche jugendgefährdende Angebot eingestellt hat.

[138] BGH GRUR 2007, 795 – Handtaschen.

[139] So schon zu § 3 UWG 2004 aber dezidiert *Schünemann* GRUR 2004, 925, 927. Zum schweizerischen Lauterkeitsrecht vertritt *Baudenbacher* schwUWG Art. 2 Rn 12 die Auffassung, es dürfe nicht ausgeschlossen werden, dass die Unlauterkeit nur in Ausnahmefällen, zB nur in besonders krassen Fällen oder bei offensichtlichem Missbrauch, vorliegen könne.

Die guten Sitten als Maßstab der Wettbewerbswidrigkeit waren einer vielfachen Kritik unterzogen. Die Kritik gipfelte in dem Vorhalt, es handle sich bei der Gute-Sitten-Norm um eine Leerformel. Den berechtigten **Kern der Kritik** veranschaulicht die Umschreibung der guten Sitten im Wettbewerb als das **Anstandsgefühl aller billig und gerecht denkenden Wettbewerber.**[140] Der Kritik ist zuzugeben, dass der in dem Gute-Sitten-Standard enthaltene Verweis auf die zeitbedingte **Sozialmoral** innerhalb der Normadressaten zur Bestimmung des wettbewerblichen Unrechts unzureichend ist. Eine solche Ausrichtung des UWG wird weder der **Pluralität der Wertvorstellungen in einer offenen Gesellschaft** noch den **Funktionsbedingungen einer marktwirtschaftlichen Wettbewerbsordnung innerhalb der Grundrechtsdemokratie** gerecht. 175

Es mangelte nicht an Versuchen, den Begriff der guten Sitten durch andere Umschreibungen, wie etwa den Begriff des **ordre public,** die Formel von **Treu und Glauben** (good faith), ein Abstellen auf die **anständigen Gepflogenheiten in Gewerbe und Handel** oder die **berufliche Korrektheit** zu ersetzen. Der Reformgesetzgeber des UWG 2004 entschied sich für das **Referenzmodell des lauteren Wettbewerbs.**[141] Das UWG verbietet unlauteren Wettbewerb; nach § 3 UWG 2004 waren unlautere Wettbewerbshandlungen und nach § 3 UWG 2008 sind unlautere geschäftliche Handlungen unzulässig. In der UGP-RL wird als Unlauterkeitskriterium einer Geschäftspraktik auf den Widerspruch zu den Erfordernissen der **beruflichen Sorgfaltspflicht** des Unternehmens abgestellt (Art. 5 Abs. 2 lit. a UGP-RL), wenn dadurch in Bezug auf das konkrete Produkt das wirtschaftliche Verhalten des Durchschnittsverbrauchers wesentlich beeinflusst wird oder dazu geeignet ist (Art. 5 Abs. 2 lit. b UGP-RL). 176

b) Lauterkeit im Wettbewerb als historischer Begriff der PVÜ. Die Sprachregelung des UWG 2004, das auf die Unlauterkeit des Wettbewerbs, und die des UWG 2008, das auf die Unlauterkeit einer geschäftlichen Handlung abstellt, harmoniert mit Art. 1 Abs. 2 PVÜ, der die Unterdrückung des unlauteren Wettbewerbs zum Schutz des gewerblichen Eigentums regelt. Der Begriff der **Lauterkeit** kommt zudem dem international gebräuchlichen Begriff der **Fairness** nahe.[142] 177

Der Reformgesetzgeber des Jahres 2004 verzichtete noch darauf, im UWG 2004 die Unlauterkeit einer Wettbewerbshandlung inhaltlich näher zu präzisieren. Nach Art. 10bis PVÜ ist unlauterer Wettbewerb jede Wettbewerbshandlung, die den **anständigen Gepflogenheiten in Gewerbe oder Handel** zuwiderläuft. Die Transformation der Handelsbräuche ist allerdings zu einer Konkretisierung des wettbewerblichen Unrechts unzureichend. Das gilt auch für das schweizerische Lauterkeitsrecht, das in Art. 2 UWG das unlautere und widerrechtliche Verhalten als einen Verstoß gegen den Grundsatz von **Treu und Glauben** beschreibt. 178

Mit dem geänderten Wortlaut der Generalklausel des § 3 UWG 2004, in der der Maßstab der guten Sitten von dem Maßstab der Lauterkeit abgelöst wurde, war als solcher kein inhaltlicher Wandel im UWG verbunden. Der Anwendungsbereich des Verbots unlauteren Wettbewerbs im Sinne des § 3 UWG 2004 wurde nachhaltig von der **Schutzzweckklausel des § 1** mitbestimmt. Das galt namentlich für die ausdrückliche Anerkennung des lauterkeitsrechtlichen Schutzes der Interessen der Verbraucher. Rechtserhebliche Wertungskriterien waren weiterhin aus den **Regelbeispielen** des § 4 Nr. 1 bis 11 sowie den **Spezialtatbeständen** der §§ 5 bis 7 zu entwickeln. Der Schutz der **Entscheidungsfreiheit der Verbraucher** (Konsumentensouveränität) und der Schutz der **Angebotsfreiheit der Wettbewerber** (wirtschaftliche Handlungsfreiheit) konkretisierte das Interesse der Marktteilnehmer an der Lauterkeit des Wettbewerbs. Der **Schutz von allgemeinen Ge-** 179

---

140 So schon RGZ 48, 114, 124; RGZ 80, 219, 221; auch BGHZ 10, 228, 232; BGHZ 17, 327, 332.

141 Siehe dazu schon den Vorschlag in dem im Auftrag des BMJ erstellten und als Arbeitsunterlage der Arbeitsgruppe Unlauterer Wettbewerb dienenden Gutachten von *Fezer* WRP 2001, 989, 998 f.

142 Siehe etwa auch die Umschreibungen unfair commercial practices, concurrence déloyale, competencia desleal.

meinschaftsgütern und Gemeinwohlbelangen sowie der **Grundwerte der Person** bildete das rechtsethische Fundament des Interessenschutzes der Marktteilnehmer. Der **Institutionenschutz des Wettbewerbs in seinem Bestand** konkretisierte ein lauterkeitsbezogenes Allgemeininteresse. Die Rechtswertungen der Verfassung und des europäischen Gemeinschaftsrechts bildeten weitere wesentliche Wertungskriterien zur Konkretisierung der Lauterkeit.

180 **c) Beeinträchtigung des wirtschaftlichen Verhaltens der Verbraucher.** In der UGP-RL wird das generelle Verbot einer unlauteren Geschäftspraktik mit der Beeinträchtigung des wirtschaftlichen Verhaltens des Verbrauchers begründet.[143] Als ein Beurteilungskriterium der Unlauterkeit einer Geschäftspraktik, die das wirtschaftliche Verhalten eines Durchschnittsverbrauchers in Bezug auf ein Produkt wesentlich beeinflusst oder dazu geeignet ist (Art. 5 Abs. 2 lit. b UGP-RL), wird auf den Widerspruch zu den Erfordernissen der beruflichen Sorgfalt eines Gewerbetreibenden abgestellt (Art. 5 Abs. 2 lit. a UGP-RL). Unlauterkeit als **berufliche Sorgfaltspflichtverletzung** eines Gewerbetreibenden kommt den Referenzmodellen der anständigen Gepflogenheiten in Gewerbe und Handel, der Rechtserheblichkeit der Handelsbräuche, der beruflichen Korrektheit, dem Grundsatz von Treu und Glauben oder den lauterkeitsrechtlichen Verkehrspflichten nahe. Das Lauterkeitsrecht ist **Marktrecht** im b2c-Geschäftsverkehr.

2. Unlauterer Wettbewerb als Deliktsrecht

181 **a) Deliktsrechtstheorien des Verhaltensunrechts und des Erfolgsunrechts.** Als Sonderprivatrecht rechnet das Lauterkeitsrecht des UWG zum Deliktsrecht.[144] Bei den Regelbeispielen des § 4 Nr. 1 bis 11, den Spezialtatbeständen der §§ 5 bis 7 und den per se-Verboten handelt es sich um **Deliktstatbestände** im Marktwettbewerb. Eine unlautere geschäftliche Handlung ist als ein Deliktstatbestand rechtswidrig. Die Rechtswidrigkeit einer unlauteren geschäftlichen Handlung wird im Wortlaut des Gesetzestextes mit dem **Begriff der Unzulässigkeit** nur allgemein und, wie schon im UWG 2004, unpräzise zum Ausdruck gebracht. Nach der Verbotsnorm des § 3 sind unlautere geschäftliche Handlungen unzulässig. Im schweizerischen Lauterkeitsrecht wird der erste Abschnitt des zweiten Kapitels, das die zivil- und prozessrechtlichen Bestimmungen enthält, zutreffend mit „Widerrechtlichkeit des unlauteren Wettbewerbs" überschrieben.[145]

182 In seiner Entwicklung zu einem **Marktverhaltensrecht** und (zumindest) im b2c-Geschäftsverkehr zum **Marktrecht** nimmt das Lauterkeitsdeliktsrecht an dem allgemeinen Wandel der **Deliktsrechtstheorien** teil.[146] Der rechtswissenschaftliche Diskurs um das zivile Unrecht wird beherrscht von den polaren Deliktsrechtstheorien der Lehre vom **Erfolgsunrecht** einerseits, nach der die verursachte Rechts(guts)verletzung als der eingetretene Erfolg das Unrecht der Handlung begründet, und der Lehre vom **Verhaltensunrecht,** nach der die objektive Pflichtwidrigkeit der Handlung das unrechtsbegründende Merkmal darstellt. Zum Verständnis der Rechtswidrigkeit des Wettbewerbsdeliktsrechts bedarf der Theorienstreit keiner näheren Darstellung. Ziviles Unrecht im Deliktsrecht ist **sowohl erfolgsbezogen als auch verhaltensbezogen.** Die verhaltensbezogene Rechtswidrigkeit beruht auf einem Verstoß gegen eine gesetzliche Verbotsnorm, die erfolgsbezogene Rechtswidrigkeit beruht auf einer Gefährdung oder Verletzung eines Rechts oder Rechtsgutes.

183 **b) Verhaltensbezogene Rechtwidrigkeit im Lauterkeitsrecht.** Das Wettbewerbsdeliktsrecht wird als Markt(verhaltens)recht primär von der **verhaltensbezogenen Rechtswidrigkeit** bestimmt. Die Rechtswidrigkeit der unlauteren Wettbewerbshandlung ist eine

---

[143] Erwägungsgrund 11 der UGP-RL.

[144] Zum Wettbewerbsdeliktsrecht → § 1 Rn 94f.

[145] Nach Art. 2 schwUWG wird jedes täuschende oder in anderer Weise gegen den Grundsatz von Treu und Glauben verstoßende Verhalten oder Geschäftsgebahren, welches das Verhältnis zwischen Mitbewerbern oder zwischen Anbietern und Abnehmern beeinflusst, als unlauter und widerrechtlich bezeichnet.

[146] Plakativ die berühmte Wendung aus dem Jahre 1960 „Wandlungen des Deliktsrechts" von *E. v. Caemmerer* Wandlungen S. 49ff.

Folge des Verstoßes gegen die Verbotsnorm des § 3. Der Verwirklichung des Tatbestands eines unlauteren Wettbewerbs im Sinne der Verbotsnorm des § 3 wird in den meisten Fallkonstellationen ein Verstoß gegen die Regelbeispiele des § 4 Nr. 1 bis 11, der Einzeltatbestände der §§ 5 bis 7 und der per se-Verbote zugrundeliegen. Die verhaltensbezogene Rechtswidrigkeit der unlauteren geschäftlichen Handlung folgt aus der in dem Verstoß gegen die Verbotsnorm liegenden objektiven Pflichtwidrigkeit.

Es war das Verdienst von *Wolfgang Hefermehl,* die rechtstheoretischen Folgerungen aus dem Wandel der Schutzrichtung des Wettbewerbsrechts gezogen zu haben. Seine Lehre vom **Interessenschutz im Wettbewerbsrecht** geht dahin, das Kennzeichen des unlauteren Wettbewerbs liege nicht in der Verletzung eines subjektiven Rechts oder Rechtsguts, sondern in dem Verstoß gegen objektive Verhaltensnormen.[147] Folge der Lehre vom Interessenschutz im Wettbewerbsrecht und dem Verständnis des Lauterkeitsrechts als Markt(verhaltens)recht ist es aber nicht, dass sich das wettbewerbliche Unrecht zwingend in einer verhaltensbezogenen Rechtswidrigkeit erschöpft. Zielsetzung der deliktsrechtlichen Konzeption einer Generalklausel ist es, das zivile Unrecht in dem geregelten Lebensbereich umfassend zu sanktionieren. Innerhalb des Lauterkeitsdeliktsrechts sind Fallkonstellationen einer Gefährdung oder Verletzung von Rechtsgütern und Rechten im Sinne einer **erfolgsbezogenen Rechtswidrigkeit** nicht ausgeschlossen. Das gilt gleichermaßen für das Lauterkeitsrecht als Mitbewerberrecht des b2b-Geschäftsverkehrs und als Verbraucherrecht im b2c-Geschäftsverkehr. 184

c) Erfolgsbezogene Rechtswidrigkeit im verbraucherbezogenen und im mitbewerberbezogenen Lauterkeitsrecht. Rechts(guts)gefährdende Fallkonstellationen werden sich künftig vermehrt innerhalb des wirtschaftlichen Verbraucherrechts, dessen Stärkung schon ein gesetzgeberischer Zweck des UWG 2004 war, entwickeln. Eine **rechtsgutsbezogene Rechtswidrigkeit des verbraucherbezogenen Lauterkeitsrechts** zielt namentlich auf einen **marktbezogenen** Schutz der **Privat- und Intimsphäre** der Verbraucher, der **informationellen Selbstbestimmung** der Verbraucher, der **Informationsfreiheit** und **Konsumentensouveränität** der Verbraucher, sowie allgemein des **Schutzes der Verbraucher vor Diskriminierungen** im Wettbewerb. Unlauterkeit innerhalb des Informationsmodells des Verbraucherschutzes nach Art. 7 UGP-RL wird sich regelmäßig als ein **Verstoß gegen Verbraucherrechte** darstellen. 185

Eine erfolgsbezogene Rechtswidrigkeit kommt auch innerhalb des mitbewerberbezogenen Lauterkeitsrecht in Betracht, wenn die unlautere geschäftliche Handlung einen **Eingriff in ein Recht oder Rechtsgut eines Unternehmens** darstellt. 186

3. Wettbewerbswidrigkeit

Bei dem **Begriff der Wettbewerbswidrigkeit,** den das UWG nicht verwendet, handelt es sich nicht um einen Rechtsbegriff. Man könnte zwar daran denken, den Begriff der Wettbewerbswidrigkeit als **Oberbegriff** zur Bezeichnung eines Verstoßes gegen das Verbot unlauteren Wettbewerbs nach § 3 UWG 2004 oder gegen das Verbot unlauterer geschäftlicher Handlungen nach § 3 UWG 2008 im Sinne der Verwirklichung sämtlicher Tatbestandsmerkmale und damit nicht nur der Unlauterkeit, sondern auch der weiteren allgemeinen Tatbestandsmerkmale (Bagatellklausel) zu verwenden. Abgesehen davon, dass diese begriffliche Differenzierung eher Verwirrung stiftet, als Klarheit schafft, wird sie auch dem Wandel in der Terminologie, den der Gesetzgeber schon in dem UWG 2004 selbst wählte, nicht gerecht. Der Begriff der Wettbewerbswidrigkeit sollte innerhalb des UWG allenfalls synonym für den Begriff der Unlauterkeit im b2b-Geschäftsverkehr verwendet werden.[148] 187

---

[147] *Hefermehl* FS Nipperdey S. 283ff; zur Entwicklungsgeschichte der Dogmatik des wettbewerblichen Unrechts → § 1 Rn 35ff.

[148] Der abzulehnende Vorschlag von *Schünemann* WRP 2004, 925, 930, den Begriff der Unlauterkeit als Wettbewerbswidrigkeit zu verstehen, verfolgte schon zum UWG 2004 die inhaltliche Zielsetzung, das sozialethische Fundament des Lauterkeitsrechts einzureißen und einen Neubau auf einer (angeblich) radikal neoliberalen Wettbewerbstheorie zu errichten.

Zur Bezeichnung des Lauterkeitsrechts des b2c-Geschäftsverkehrs als **Marktrecht** ist der Begriff des Wettbewerbsrechts und entsprechend für die Unlauterkeit einer geschäftlichen Handlung im b2c-Geschäftsverkehr der Begriff der Wettbewerbswidrigkeit nicht mehr sachgerecht.

188 Es ist eine andere Frage, ob man künftig den Begriff des Wettbewerbsrechts als den Oberbegriff der beiden Säulen dieses Rechtsgebiets, dem Gesetz gegen den unlauteren Wettbewerb (UWG) und dem Gesetz gegen Wettbewerbsbeschränkungen (GWB), verwendet. Einem in diesem Sinne verstandenen **Oberbegriff des Wettbewerbsrechts** unterfiele dann das **Lauterkeitsrecht** und das **Kartellrecht.**

II. Unlauterkeit als Rechtsbegriff

1. Normativität des Begriffs und Empirie des Sachverhalts

189 Bei der Unlauterkeit einer geschäftlichen Handlung handelt es sich um den zentralen Begriff der Verbotsnorm des § 3. Die **Unlauterkeit** ist ein **Rechtsbegriff.** Bei der Feststellung der Unlauterkeit handelt es sich nicht um eine Tatfrage. Es ist deshalb unzulässig, einen Sachverständigenbeweis zur Feststellung der Unlauterkeit einer geschäftlichen Handlung zu erheben. Auch wenn es sich bei der Unlauterkeit um einen Rechtsbegriff handelt, bestehen tatsächliche Grundlagen in vielfältigen Fallkonstellationen eines die Unlauterkeit einer geschäftlichen Handlung begründenden Sachverhalts. Bei der Unlauterkeit als eines Rechtsbegriffs handelt es sich um einen **normativen Begriff auf empirischer Tatsachengrundlage.**

190 Bei den konkreten **Tatbestandsmerkmalen** der wettbewerblichen Fallkonstellationen im Sinne der Regelbeispiele des § 4 Nr. 1 bis 11, der Spezialtatbestände der §§ 5 bis 7 und der per se-Verbote, sowie der weiteren unmittelbar der Verbotsnorm des § 3 unterfallenden Unlauterkeitssachverhalte handelt es sich sowohl um **Tatsachenbegriffe** als auch um **Rechtsbegriffe.** Zu deren Feststellung gelten die **allgemeinen Beweisregeln.** Soweit es sich um Rechtsbegriffe handelt, kann es für die Subsumtion des Sachverhalts unter den Rechtsbegriff auf die empirische Tatsachengrundlage ankommen. Das gilt namentlich für die Feststellung der Irreführungsgefahr im Sinne des § 5. Die normative Beurteilung der Irreführungsgefahr – und die damit verbundene normative Feststellung der Unlauterkeit im Sinne des § 3 – ist notwendigerweise mit empirischen Feststellungen verbunden.[149] In der höchstrichterlichen Rechtsprechung wird die Einholung **demoskopischer Gutachten** und **empirischer Meinungsumfragen** zur Beurteilung der Irreführungsgefahr für sachgerecht gehalten.[150] In den Mitgliedstaaten der EU werden demoskopische Gutachten und empirische Meinungsumfragen zur Beurteilung der Irreführungsgefahr weithin nicht für erforderlich gehalten. Nach der **Rechtsprechung des EuGH** ist es zur Beurteilung der Irreführungsgefahr in Ermangelung einschlägiger gemeinschaftsrechtlicher Bestimmungen Sache des nationalen Rechts zu entscheiden, ob die Ermittlung des Sachverhalts durch ein Sachverständigengutachten oder eine Verbraucherbefragung erfolgt.[151] Da die Annahme einer Irreführungsgefahr nicht das Vorliegen einer tatsächlichen Irreführung voraussetzt, kommt dem empirischen **Nachweis tatsächlicher Irreführungen** und damit auch der Ermittlung von Irreführungsquoten in demoskopischen Gutachten und empirischen Meinungsumfragen nur eine **Indizfunktion** zu.

191 Die Unlauterkeit einer geschäftlichen Handlung folgt nicht schon aus einem Verstoß gegen **gesellschaftliche Handelnsordnungen** oder **soziale Normen.** Aus der Existenz

---

[149] Siehe zur vergleichbaren Problematik der Verwechslungsgefahr als eines Rechtsbegriffs im Markenrecht *Fezer* MarkenG § 14 Rn 230 ff.

[150] → Fezer/*Peifer* § 5 UWG Rn 231

[151] So zu Art. 10 Abs. 2 lit. e VO (EWG) Nr. 1907/90 siehe EuGH GRUR Int. 1998, 795 – Gut Springenheide; zu Art. 13 Abs. 2 lit. b VO (EWG) Nr. 2333/92 siehe EuGH GRUR Int. 1999, 345 – Sektkellerei Kessler.

von Sozialstandards und gesellschaftlichen Handlungsanweisungen können sich konsensfähige **Wertungskriterien** bilden, die bei der Beurteilung der Unlauterkeit zu berücksichtigen sind. Solche empirischen Grundlagen der normativen Rechtswertung bilden etwa **Satzungen** und **Richtlinien** von Verbänden, Vereinen und anderen Organisationen,[152] sowie **Standesregeln** von Berufsorganisationen.[153] Es ist im Grundsatz auch davon auszugehen, dass **Leitlinien der freiwilligen Selbstkontrolle, Wettbewerbsregeln** im Sinne der §§ 24ff GWB, **Verkehrssitten** und **Handelsbräuche** im Sinne des § 346 HGB zwar rechtstatsächlich als Marktverhaltensregeln wirken, aber nicht als Rechtsnormen anzuerkennen sind. Wenn eine geschäftliche Handlung etwa gegen einen Handelsbrauch oder gegen Verhaltensregeln einer Berufs- oder Standesordnung verstößt, dann begründet ein solcher Verstoß gegen eine soziale Handelnsordnung nicht als solche die Unlauterkeit im Sinne des § 3. Die Marktverhaltensregel kann aber in dem Sinne auch rechtlich als konsensfähig gelten, ein rechtserhebliches Beurteilungskriterium zur Begründung der Unlauterkeit einer geschäftlichen Handlung zu bilden. Es ist nicht ausgeschlossen, dass die Unlauterkeit einer geschäftlichen Handlung, die gegen eine Marktverhaltensregel, auch wenn dieser keine Rechtsnormqualität zukommt, verstößt, sich aus Gründen eines Verstoßes gegen das Regelbeispiel des **Rechtsbruchs** nach § 4 Nr. 11 ergibt.

Innerhalb des harmonisierten Lauterkeitsrechts des Geschäftsverkehrs zwischen Unter- 192
nehmen und Verbrauchern stellt die **berufliche oder fachliche Sorgfalt eines Unternehmens** einen rechtserheblichen Umstand dar. Nach Art. 5 Abs. 2 lit. a UGP-RL ist eine Geschäftspraktik unlauter, wenn sie den Erfordernissen der beruflichen Sorgfaltspflicht widerspricht. Die berufliche oder fachliche Sorgfaltspflichtverletzung eines Unternehmens stellt ein unlauterkeitsbegründendes Beurteilungskriterium dar. Diese Rechtslage kann sich auf die Rechtserheblichkeit eines Code of Conduct bei der Feststellung der Unlauterkeit einer geschäftlichen Handlung auswirken. Ein **Code of Conduct** als eine Sammlung von Marktverhaltensregeln zwischen Marktteilnehmern, seien es lauterkeitsbezogene **Verhaltenskodizes** im Sinne der UGP-RL, seien es **Wettbewerbsregeln** im Sinne des GWB, ist im **Schnittfeld von Lauterkeitsrecht und Kartellrecht** zu lokalisieren. Solchen Marktverhaltensregeln kommt eine Brückenfunktion zwischen der Freiheit und der Lauterkeit des Wettbewerbs zu.

Wettbewerbsregeln im Sinne der §§ 24ff GWB bezwecken, Marktverhalten von Unter- 193
nehmen, das den Grundsätzen des lauteren oder der Wirksamkeit eines leistungsgerechten Wettbewerbs widerspricht, zu verhindern, und Marktverhalten von Unternehmen, das den Grundsätzen des lauteren und leistungsgerechten Wettbewerbs entspricht, zu fördern. Die Institutionalisierung von **Verhaltenskodizes** und die Existenz implementierter Kontrolleinrichtungen der Urheber eines Verhaltenskodexes stellen innerhalb des Systems der Co-Regulierung Faktoren dar, die eine Verrechtlichung der Verhaltenskodizes befördern.[154]

CSR-Standards als wesentliche Informationen innerhalb des lauterkeitsrechtlichen In- 194
formationsmodells konkretisieren die sozialethische Unternehmensverantwortung in einer globalisierten Weltwirtschaft.[155]

Verhaltenskodizes, Wettbewerbsregeln und CSR-Standards als rechtserhebliche Markt- 195
verhaltensregeln der Unternehmen bilden **Indikatoren eines lauteren Geschäftsverkehrs** der Unternehmen am Markt. Ein Code of Conduct in diesem Sinne **konkretisiert die berufliche oder fachliche Sorgfalt** eines Unternehmens. Ein Verstoß gegen solche rechtserheblichen Marktverhaltensregeln eines Code of Conduct widerspricht den Erfordernissen der beruflichen oder fachlichen Sorgfalt eines Unternehmens und stellt ein gewichtiges Indiz zur Annahme der Unlauterkeit einer geschäftlichen Handlung dar.

---

152 Siehe dazu etwa BGH GRUR 1971, 580 – Johannisbeersaft; abzulehnen RG GRUR 1938, 849; OLG Düsseldorf GRUR 1951, 465; siehe dazu *Bußmann* NJW 1952, 684 („Zwangserziehung").

153 Zur regelmäßigen Unlauterkeit einer von den Berufsorganisationen als standeswidrig beurteilten Vereinbarung BGHZ 22, 347 – Clemens Laar.

154 → § 2 F Rn 35.

155 → Einleitung E Rn 238ff.

2. Interessenabwägung und funktionale Rechtsanwendung

196 Der **Konkretisierung des Rechtsbegriffs der Unlauterkeit** dient die Methode der Interessenabwägung.[156] Die Normzweckklausel des § 1 bestimmt die rechtserheblichen Interessen. Das UWG dient dem Schutz der Interessen der Marktteilnehmer an einem lauteren Wettbewerb und dem Allgemeininteresse an einem unverfälschten Wettbewerb. Die Methode der Interessenabwägung verlangt eine **sachverhaltliche Analyse** der konkreten Wettbewerbskonstellation zur **Feststellung** der beteiligten Interessen, Rechte und Rechtsgüter, eine rechtliche **Bewertung** der Schutzwürdigkeit der beteiligten Interessen, eine **Abwägung** hinsichtlich der Vorrangigkeit und Nachrangigkeit der beteiligten Interessen und eine **Gesamtbeurteilung** des komplexen Wettbewerbssachverhalts.

197 Die **Güter- und Interessenabwägung** stellt allein ein rechtstechnisches Instrumentarium zur tatbestandlichen Konkretisierung der Lauterkeit dar. Die Beurteilungsmaßstäbe und Wertungskriterien der Unlauterkeit sind nach den anerkannten **Methoden der Auslegung** aus dem UWG und seinem systematischen Verhältnis zu anderen Gesetzen wie dem GWB und BGB auf der Grundlage der Verfassung und des europäischen Gemeinschaftsrechts zu entwickeln. Die Methode der Güter- und Interessenabwägung, anhand deren der Begriff der Unlauterkeit als ein funktionsbezogener[157] Begriff zu konkretisieren ist, ist im Sinne der **funktionalen Rechtsanwendung,** die einer interdisziplinäre Arbeitsweise darstellt,[158] zu ergänzen.

III. Unlauterkeit als objektiver Tatbestand

1. Objektive Theorie der Lauterkeit

198 **a) Objektive Finalität der Wettbewerbshandlung.** Einen der wesentlichen Reformschritte der Modernisierung des Lauterkeitsrechts schon bei der UWG-Reform des Jahres 2004 stellte die **Objektivierung der Unlauterkeit** dar. Im UWG 2004 beschrieb die objektive Eignung einer Wettbewerbshandlung zu einer Wettbewerbsbeeinträchtigung (§ 3 UWG 2004) einen ausschließlich objektiven Tatbestand. Marktbezogene Wettbewerbshandlungen, die eine **Außenwirkung am Markt** entfalteten **(Marktbezug),** waren ihrer **objektiven Zwecksetzung** nach auf eine Beeinflussung der Wettbewerbsverhältnisse angelegt. Es wurde diese Qualität des unternehmerischen Marktverhaltens als die **objektive Finalität eines unternehmerischen Marktverhaltens** bezeichnet.

199 Der Reformgesetzgeber des Jahres 2004 brachte diesen **Inhaltswandel der Unlauterkeit** gesetzestechnisch mit der Aufgabe eines Wettbewerbsverhältnisses als Voraussetzung der Unrechtskonstitution im Wettbewerb zum Ausdruck. Er erfüllte damit eine jahrzehntelange **Forderung der Rechtspolitik** im Wettbewerbsrecht.[159] Nach der Rechtslage im UWG von 1909 wurde der subjektive Tatbestand einer unlauteren Wettbewerbshandlung aus dem Tatbestandsmerkmal eines Handelns zu Zwecken des Wettbewerbs, namentlich im Sinne der großen Generalklausel des § 1 UWG 1909, gefolgert. Voraussetzung eines **Handelns zu Zwecken des Wettbewerbs** war einerseits der **objektive Tatbestand eines Wettbewerbsverhältnisses** und andererseits der **subjektive Tatbestand einer Wettbewerbsabsicht.**[160] Die Schutzwürdigkeit des lauteren Wettbewerbs besteht aber unabhängig von einem subjektiven Willen oder einer subjektiven Absicht zur wirtschaftlichen Betätigung der Wettbewerber.

---

[156] Grundlegend *Kraft* Interessenabwägung S. 122ff; *Schricker* GRUR Int. 1970, 32, 41.

[157] Siehe dazu schon *Baumbach/Hefermehl* 22. Aufl. 2001, UWG Einl. Rn 109.

[158] Siehe zur funktionalen Auslegung im Lauterkeitsrecht *Baudenbacher* schwUWG Art. 1 Rn 14, 47; *Baudenbacher* ZHR 144 (1980) 145.

[159] Siehe dazu die Darstellung in dem im Auftrag des Bundesministeriums der Justiz erstellten und der Arbeitsgruppe Unlauterer Wettbewerb als Arbeitsunterlage der UWG-Reform des Jahres 2004 dienenden Rechtsgutachten von *Fezer* WRP 2001, 989, 999f.

[160] Siehe dazu die Darstellung → § 2 B Rn 143ff, 148ff, 154ff.

Die Objektivierung der Unlauterkeit im Sinne der Verbotsnorm des § 3 UWG 2004 bestimmte auch die Definition der Wettbewerbshandlung im Sinne des § 2 Abs. 1 Nr. 1 UWG 2004.[161] Es war eine verfehlte Interpretation des Begriffs der Wettbewerbshandlung, wenn auch nach der UWG-Reform des Jahres 2004 die **Wettbewerbshandlung** als eine **Einheit von objektivem und subjektivem Tatbestand** verstanden wurde.[162] Eine solche begriffliche Deduktion, die einen wesentlichen Reformschritt des neuen UWG: die Aufgabe des Tatbestandsmerkmals eines Handelns zu Zwecken des Wettbewerbs missachtete, konnte zwar formal an den tradierten Begriff der Wettbewerbshandlung, der sich aus einem objektiven Wettbewerbsverhältnis und einer subjektiven Wettbewerbsabsicht zusammensetzte, anknüpfen. Eine solche begriffsjuristische Argumentation verkannte allerdings, dass nach der Rechtslage im UWG 1909 der Begriff der Wettbewerbshandlung als solcher als der Gesamttatbestand des Tatbestandsmerkmals eines Handelns zu Zwecken des Wettbewerbs verstanden wurde. Es handelte sich aber gerade um dieses Tatbestandsmerkmal der großen Generalklausel des § 1 UWG 1909, um dessen Aufhebung es dem Reformgesetzgeber im UWG 2004 ging.[163] 200

b) Marktbezogener Geschäftsverkehr als objektiver Rechtsbegriff im UWG 2008. Nach der Rechtslage im UWG 2008 in Umsetzung der UGP-RL wird Konsens dahin bestehen, dass es sich bei dem **Begriff der geschäftlichen Handlung** um einen **objektiven Rechtsbegriff** handelt. Geschäftsverkehr ist kommerzielle Kommunikation. Innerhalb der UGP-RL kommt der **Marktbezug einer Geschäftspraktik** sowohl in den innerhalb der Definition der Geschäftspraktik in Art. 2 lit. d UGP-RL aufgezählten Unternehmensaktivitäten einer kommerziellen Marktkommunikation (kommerzielle Mitteilung, Werbung, Marketing) zum Ausdruck, als auch in der Definition einer wesentlichen Beeinflussung des wirtschaftlichen Verhaltens der Verbraucher in Art. 2 lit. e UGP-RL, die eine spürbare Beeinträchtigung der Fähigkeit des Verbrauchers, eine informierte Entscheidung zu treffen, voraussetzt und damit den Verbraucher zu einer geschäftlichen Entscheidung veranlasst, die er andernfalls nicht getroffen hätte. 201

Im Lauterkeitsrecht des UWG 2008 als **Marktrecht** stellt die **Unlauterkeit einer kommerziellen Kommunikation** der Unternehmen am Markt einen ausschließlich **objektiven Rechtsbegriff** dar. Auf das Vorliegen einer subjektiven Wettbewerbsabsicht oder Absatzförderungsabsicht des Unternehmens oder auf sonstige Motive, die dem Unternehmensverhalten als kommerzieller Kommunikation am Markt zugrunde liegen, kommt es zur Abgrenzung des lauteren vom unlauteren Geschäftsverkehr nicht an. 202

2. Keine Kenntnis der die Unlauterkeit begründenden Tatumstände

Nach der **Rechtslage im UWG 1909** bestand zwar Einigkeit dahin, dass ein Verstoß gegen die guten Sitten im Wettbewerb zwar objektiv zu erfassen sei und das Vorliegen objektiver Sittenwidrigkeit genüge. Es wurde aber nach überwiegender Auffassung im wettbewerbsrechtlichen Schrifttum und in ständiger Rechtsprechung verlangt, dass der Verletzer gewisse tatsächliche Vorstellungen über die Sittenwidrigkeit seines Handelns haben müsse, da die Sittenwidrigkeit einen persönlichen Einschlag besitze.[164] Nach der Rechtslage im UWG 1909 wurde die **Kenntnis der Tatumstände,** die den Wettbewerbsverstoß begründeten, verlangt. Der Handelnde müsse grundsätzlich alle Tatumstände gekannt haben, **die bei objektiver Würdigung die Sittenwidrigkeit seiner Wettbewerbshandlung** 203

[161] → § 2 B Rn 150.

[162] So noch Hefermehl/*Köhler*/Bornkamm 23. Aufl. 2004, § 3 UWG Rn 41.

[163] Auch wenn sich der Wortlaut von Art. 2 schwUWG von dem Gesetzestext der Verbotsnorm des § 3 unterscheidet, so wird gleichwohl im schweizerischen Lauterkeitsecht, das auch nicht jedes unternehmerische Verhalten unter den Anwendungsbereich des schwUWG subsumiert und das Vorliegen einer Wettbewerbshandlung verlangt, die *objektive Marktrelevanz* als ausreichend beurteilt und ein subjektiver Tatbestand nicht gefordert; siehe dazu nur *Baudenbacher* schwUWG Vor Art. 2 Rn 2.

[164] *Baumbach/Hefermehl* 22. Aufl. 2001, UWG Einl. Rn 125.

begründeten.[165] Die Rechtsprechung ließ allerdings bedingten Vorsatz genügen und bejahte den subjektiven Tatbestand der Sittenwidrigkeit schon dann, wenn der Verletzer mit der Möglichkeit gerechnet habe, sein Verhalten könne objektiv sittenwidrig sein, er aber gleichwohl gehandelt habe.[166] Der Kenntnis wurde die Fallkonstellation gleichgestellt, dass der Verletzer sich der Kenntnis bewusst verschließt oder entzieht.[167]

204 Innerhalb des Gesetzgebungsverfahrens der UWG-Reform des Jahres 2004 machte der **Bundesrat** in seiner **Stellungnahme zum Gesetzentwurf** der Bundesregierung deutlich, dass schon die objektive Eignung zu einer Wettbewerbsverfälschung eine Wettbewerbshandlung unzulässig mache, eine Kenntnis des Wettbewerbers von den diese Geeignetheit begründenden Tatumständen aber nicht erforderlich sei. Der Bundesrat hatte einen klarstellenden Hinweis in der Gesetzesbegründung vermisst. *Wolfgang Hefermehl* vertrat schon zur Auslegung der großen Generalklausel des § 1 UWG 1909 die Auffassung, dass eine Kenntnis der die Sittenwidrigkeit begründenden Tatumstände nicht verlangt werden könne.[168]

205 Die Unlauterkeit im Wettbewerb im Sinne des **§ 3 UWG 2004** war ausschließlich objektiv zu bestimmen. Selbstverständlich galt, dass die Umstände, die die Sittenwidrigkeit begründen, auch subjektive Merkmale des Handelnden sein können. Das ist etwa dann der Fall, wenn der Handelnde **zielgerichtet** unlautere Werbemaßnahmen ergreift oder gar **in böser Absicht** einer Schädigung des Konkurrenten handelt.

206 Nach der **Rechtslage im UWG 2008** stellt die Unlauterkeit einer **geschäftlichen Handlung im Sinne einer kommerziellen Kommunikation** der Unternehmen am Markt einen ausschließlich **objektiven Rechtsbegriff** dar. Das Vorliegen einer unlauteren geschäftlichen Handlung verlangt nicht die Kenntnis der die Unlauterkeit begründenden Tatumstände. Wenn die gesetzliche Umschreibung eines Unlauterkeitstatbestandes subjektive Tatbestandsmerkmale, wie Absicht, Vorsatz, Kenntnis von Umständen oder besondere Motive voraussetzt, dann verlangt die Subsumtion eines Sachverhalts unter den Normtatbestand, dass die subjektiven Tatbestandsmerkmale vorliegen. Dieses selbstverständliche Postulat der Gesetzesanwendung lässt den Rechtssatz, eine Kenntnis der die Unlauterkeit einer geschäftlichen Handlung begründenden Tatumstände und ein Bewusstsein der Unlauterkeit sei nicht erforderlich, unberührt. Im Sanktionenrecht können subjektive Sachverhaltsumstände als Anspruchsvoraussetzungen normiert sein.

E. Beurteilungsmaßstäbe und Wertungskriterien der Unlauterkeit

207 Der **Dualismus des verbraucherbezogenen und des mitbewerberbezogenen Lauterkeitsrechts**, aus dem die Auslegungsdirektiven eines Vorrangs der Verbraucherinteressen im harmonisierten Lauterkeitsrecht und eines Vorrangs der Mitbewerberinteressen im nichtharmonisierten Lauterkeitsrecht folgen, wirkt sich auf die unrechtsbegründenden Beurteilungskriterien der Unlauterkeit aus. Im Anwendungsbereich der UGP-RL wird die Unlauterkeit einer geschäftlichen Handlung entsprechend Art. 5 Abs. 2 lit. a und b UGP-RL konkretisiert. Eine geschäftliche Handlung im Geschäftsverkehr zwischen Unterneh-

---

[165] So die ständige Rechtsprechung RG GRUR 1937, 466, 471; RG GRUR 1943, 184 – Industrieöle; BGHZ 8, 387, 393 – Fernsprechnummer; BGHZ 23, 184, 195 – Spalttabletten; BGH GRUR 1954, 274 – Goldwelle; BGH GRUR 1955, 411, 414 – Zahl 55; BGH GRUR 1960, 200, 201 – Abitz II; BGH GRUR 1962, 42 – Sonderveranstaltung II; BGH GRUR 1964, 146, 150 – Genossenschaftliche Rückvergütung; BGH GRUR 1969, 292, 294 – Buntstreifensatin II; BGH GRUR 1973, 203, 204 – Badische Rundschau; BGH GRUR 1991, 609, 613 – S L.

[166] BGH GRUR 1962, 42, 44 – Sonderveranstaltung II.

[167] BGH GRUR 1955, 411, 414 – Zahl 55; BGH GRUR 1987, 532, 533 – Zollabfertigung; BGH GRUR 1991, 914, 915 – Kastanienmuster.

[168] *Baumbach/Hefermehl* 22. Aufl. 2001, Einl. Rn 128 („§ 1 UWG als eine stumpfe Waffe"); siehe dazu grundlegend *Mayer-Maly* Bewußtsein der Sittenwidrigkeit S. 43 ff.

men und Verbrauchern ist unlauter, wenn sie den Erfordernissen der beruflichen Sorgfalt widerspricht und eine wesentliche Beeinflussung des wirtschaftlichen Verhaltens der Verbraucher begründet. Die Definition der Unlauterkeit in der UGP-RL schließt auch im harmonisierten Lauterkeitsrecht nicht aus, auf solche anerkannten Unlauterkeitsmerkmale zurückzugreifen, deren Vorliegen einen Widerspruch gegen die Erfordernisse der beruflichen oder fachlichen Sorgfaltspflicht eines Unternehmens am Markt darstellt.

I. Konkretisierung der Unlauterkeit als eine Aufgabe des Richterrechts

Die Konkretisierung der Unlauterkeit im Sinne der Verbotsnorm des § 3 als einer Delegationsnorm jurisdiktiver Rechtssetzung stellt eine Aufgabe des Richterrechts dar und erfolgt methodisch mit dem Instrument der Güter- und Interessenabwägung. Der herkömmliche **Kanon der Auslegungsmethoden** einer historischen, wörtlichen, grammatikalischen, systematischen und teleologischen Auslegung wird im Lauterkeitsrecht von dem Gebot einer richtlinienkonformen – und, wie zu ergänzen ist, eine richtlinienoptimierenden – Auslegung überlagert, zumindest soweit das nationale Lauterkeitsrecht, wie namentlich das verbraucherbezogene Lauterkeitsrecht der UGP-RL, in Umsetzung europäischen Richtlinienrechts erfolgt ist. 208

Nach der ständigen **Rechtsprechung des EuGH** sind die nationalen Gerichte aufgrund des Umsetzungsgebotes nach Art. 249 Abs. 3 EGV (Art. 189 Abs. 3 EGV aF) und des Grundsatzes der Gemeinschaftstreue nach Art. 10 EGV (Art. 5 EGV aF) dem Grundsatz der richtlinienkonformen Auslegung entsprechend verpflichtet, zur Durchführung einer europäischen Richtlinie erlassene Gesetze unter voller Ausschöpfung des Beurteilungsspielraums, den ihnen das nationale Recht einräumt, **im Lichte des Wortlauts und des Zwecks der Richtlinie auszulegen.**[169] In der höchstrichterlichen Rechtsprechung ist diese gemeinschaftsrechtliche Dimension der Gesetzesauslegung anerkannt.[170] 209

Bei der Methode der **richtlinienkonformen Auslegung** handelt es sich der rechtstheoretischen Struktur nach um eine **interpretatorische Vorrangregel.**[171] Sowohl innerhalb der allgemeinen Grenzen der Gesetzesauslegung als auch innerhalb der richterrechtlichen Rechtsfindung ist der Rechtsanwender gemeinschaftsrechtlich verpflichtet, den europäischen Vorgaben des Gemeinschaftsrechts im nationalen Recht **ohne weitere Abwägung** Geltung zu verschaffen. Soweit das nationale Gesetz nicht in Umsetzung gemeinschaftsrechtlichen Richtlinienrechts erfolgt ist, gilt zwar das Gebot einer richtlinienkonformen Auslegung nicht unmittelbar. Die Prinzipien des europäischen Richtlinienrechts sollten aber als **Auslegungsdirektiven** im Sinne einer **einheitlichen Auslegung des nationalen Rechts** anerkannt werden.[172] Auch wenn der richtlinienkonformen Auslegung bei der Anwendung nicht gemeinschaftsrechtlich umgesetzten, nationalen Rechts nicht per se Vorrang einzuräumen ist, so bilden doch die gemeinschaftsrechtlichen Prinzipien des Richtlinienrechts wesentliche Auslegungskriterien, die bei der interpretatorischen **Gesamtabwägung** zu berücksichtigen sind.[173] 210

Aus dem Gebot einer **verfassungskonformen Auslegung** – und das gilt erst recht bei der Anerkennung einer **verfassungsoptimierenden Auslegung** –, der bei der Interpretation von unbestimmten Rechtsbegriffen und insbesondere der Anwendung von General- 211

---

[169] EuGH Slg. 1984, 1891, 1909 – von Colson und Kamann; EuGH Slg. 1984, 1921, 1942 – Harz; EuGH Slg. I 1990, 4135, 4159 – Marleasing.

[170] Siehe dazu grundlegend BGHZ 150, 248 (zu einer richtlinienkonform einschränkenden Auslegung des § 5 Abs. 2 HWiG).

[171] Siehe dazu überzeugend *Canaris* FS Bydlinski S. 47, 68 ff.

[172] Siehe dazu etwa zur Einheit des Kennzeichenschutzes *Fezer* GRUR 1995, 829; zustimmend *Keller* GRUR 1996, 607, 608; ähnlich im Sinne einer *Vermutung* zugunsten einer einheitlichen Auslegung *Pfeiffer* in: Anwaltskommentar BGB 2002, Art. 11 Kauf-RL, Rn 7; *Canaris* JZ 2003, 831, 838 (einheitliche Auslegung als *Auslegungsmaxime*); *Hommelhoff* FS 50 Jahre BGH Bd. II S. 889, 915 *(quasi-richtlinienkonforme Auslegung)*.

[173] So auch *Chr. Mayer/Schürnbrand* JZ 2004, 545, 551; siehe auch *Jarass/Beljin* JZ 2003, 768.

klauseln eine zentrale Bedeutung zukommt, sind zudem die **Grundwerte und Prinzipien der Verfassung** und namentlich die **Ausstrahlungswirkung der Grundrechte in das Privatrecht** zu berücksichtigen.

212 Im Wege einer **rechtsangleichenden Auslegung** sollte zudem der Rechtsanwender die Wertungskriterien in den Rechtsordnungen der anderen Mitgliedstaaten berücksichtigen und namentlich Wertungswidersprüche zwischen den Rechtsordnungen zu vermeiden versuchen.

213 Das Gemeinschaftsrecht ist im Lichte seiner Ziele und Zwecke auszulegen. Nach dem Grundsatz des effet utile ist die größtmögliche Wirksamkeit der gemeinschaftsrechtlichen Regelungen zu gewährleisten. Diese gemeinschaftsrechtliche Wirksamkeitsmaxime ist an den gemeinschaftsrechtlichen Zielsetzungen orientiert und verlangt nach der dieser Kommentierung zugrunde liegenden Rechtsmethodik nicht nur eine **richtlinienkonforme,** sondern auch eine **richtlinienoptimierende Auslegung** des in Umsetzung einer Richtlinie erlassenen Gesetzes der Mitgliedstaaten.[174]

II. Schutz der Interessen der Verbraucher und der Wettbewerber sowie der Allgemeinheit

214 Telos der **Lauterkeit im Wettbewerb** ist **im harmonisierten Lauterkeitsrecht** der vorrangige Schutz der Verbraucher vor einer Beeinträchtigung ihrer wirtschaftlichen Interessen und nur der mittelbare Schutz der Unternehmen; das ist **im nichtharmonisierten Lauterkeitsrecht** der vorrangige Schutz der Wettbewerber und nur der mittelbare Schutz der Verbraucher, sowie der Schutz der Allgemeinheit an einem lauteren und freien Wettbewerb als Institution.[175] Die Schutzzweckklausel des § 1 stellte schon im UWG 2004 – auf der Grundlage der Schutzzwecktrias als Auslegungsdirektive[176] – die zentrale Auslegungsdirektive des Lauterkeitsrechts dar. Eine Präzisierung des Schutzzwecks des Lauterkeitsrechts im b2c-Geschäftsverkehr bedeutet die **verbraucherbezogene Konkretisierung der Unlauterkeit** im Marktrecht. Das Schutzobjekt des lauteren Wettbewerbs wird durch das Interesse der Allgemeinheit an einem unverfälschten Wettbewerb und damit an dem Schutz des Wettbewerbs als Institution einer marktwirtschaftlichen Wettbewerbsordnung ergänzt.

215 Die Schutzinteressen der Verbraucher und der Wettbewerber werden in den Verbotstatbeständen der Regelbeispiele des § 4 Nr. 1 bis 11, den Spezialtatbeständen der §§ 5 bis 7 und den per se-Verboten, deren beispielhafte Normierung eine Entlastungsfunktion für die Generalklauseln des § 3 Abs. 1 und 2 zukommt, sachverhaltlich präzisiert. Nach der UWG-Reform des Jahres 2004 schützte das im Lauterkeitsrecht integrierte Mitbewerberrecht und Verbraucherrecht die **Handlungsfreiheit aller Marktteilnehmer,** die **Wettbewerbsfreiheit** der anbietenden Wirtschaft und die **Konsumfreiheit** der nachfragenden Verbraucher. Diese wettbewerblichen Freiheitsinteressen sind interdependente Aspekte eines freien Austauschprozesses am Markt. Der **Dualismus des verbraucherbezogenen und des mitbewerberbezogenen Lauterkeitsrechts** verlangt, im harmonisierten Lauterkeitsrecht des Geschäftsverkehrs zwischen Unternehmen und Verbrauchern innerhalb einer teleologischen Auslegung von einem **Vorrang der Verbraucherinteressen** auszugehen. Im nichtharmonisierten Lauterkeitsrecht des Geschäftsverkehrs zwischen Unternehmen besteht ein **Vorrang der Unternehmensinteressen** oder ist zumindest die Schutzzwecktrias die Basis einer teleologischen Auslegung.[177]

216 Der Schutz der **wirtschaftlichen Angebotsfreiheit der Wettbewerber**: Wettbewerbsfreiheit im Parallelprozess der Anbieter und der **Schutz der wirtschaftlichen Entschließungsfreiheit der Verbraucher:** Konsumentensouveränität bei der Verbraucher-

---

[174] Siehe dazu die Darstellung → Einleitung E Rn 416 ff.
[175] → Rn 4 ff.
[176] Siehe zur Entwicklung der Schutzzwecktrias → Rn 4 ff.
[177] Siehe zu den Vorrangregeln als Auslegungsdirektive → Rn 8 ff.

entscheidung am Markt stellen die zentralen Schutzrichtungen der lauterkeitsrechtlichen Verbotstatbestände dar. Der **Schutz der Informationsfreiheit der Verbraucher,** wie er in dem europäischen Verbraucherleitbild eines informierten und verständigen Marktbürgers zum Ausdruck kommt, und die **Förderung der Markttransparenz,** die in der Regelung von Informationspflichten am Markt zum Ausdruck kommt, sind wesentliche Wertungskriterien zur Beurteilung der Lauterkeit unternehmerischen Handelns im Marktwettbewerb. Bei dem lauterkeitsrechtlichen **Schutz von allgemeinen Gemeinschaftsgütern und Grundwerten der Person** handelt es sich um dem Interessenschutz der Marktteilnehmer immanente Schutzobjekte.

So sind etwa auch der Schutz vor einer **diskriminierenden Werbung** sowie der Schutz **217**
einer **informierenden Umweltwerbung** gleichermaßen Schutzgegenstände des Lauterkeitsrechts. Die Ausblendung des Schutzes solcher Interessen der Marktteilnehmer, wie namentlich der Verbraucher, im Sinne von sonstigen Allgemeininteressen aus dem Anwendungsbereich des UWG[178] würde einen gravierenden Rückschritt gegenüber dem schon nach dem alten UWG 1909 geltenden Lauterkeitsrecht darstellen. Verbraucherschutz durch Lauterkeitsrecht würde so zum mittelbaren Wettbewerberschutz degradiert. Als einem der neueren Entwicklung im internationalen Wirtschaftsrecht entsprechenden Beurteilungsmaßstab sind auch das **normative Leitbild einer nachhaltigen Entwicklung** und die internationalen **CSR-Standards** rechtserheblich.[179] Die Lauterkeit im Wettbewerb puristisch auf die Konkurrenzinteressen zu reduzieren, wird dem ökonomisch und ökologisch interdependenten Marktprozess einer Wettbewerbsordnung nicht gerecht.

III. Schutz des Leistungswettbewerbs und des Leistungsvergleichs am Markt

1. Leistungsbezug der Wettbewerbsfreiheit

Das UWG bezweckt im b2c-Geschäftsverkehr einen originären Verbraucherschutz durch **218**
Lauterkeitsrecht.[180] Die **Steuerungsfunktion der Verbraucherentscheidung** für den Marktausleseprozess und somit das dezentrale Entscheidungssystem bleibt das unabdingbare Ordnungselement einer am Marktwettbewerb orientierten freiheitlichen Wirtschaftsordnung. Notwendig ist aber, wettbewerbstheoretisch der Verbraucherentscheidung den Stellenwert eines eigenständigen Steuerungsfaktors zwischen Markt und Wettbewerb zuzuerkennen. Man kann das bildhaft als **Schiedsrichterfunktion des Verbrauchers am Markt** umschreiben. Das Postulat, die Erheblichkeit der Verbraucherinteressen wettbewerbsrechtlich anzuerkennen und den wirtschaftlichen Verbraucherschutz als einen selbstständigen Schutzzweck im Wettbewerbsrecht einzulösen und in das Lauterkeitsrecht zu integrieren, ist nicht auf eine soziale Schutzbedürftigkeit der Verbraucher allein zu stützen. Der Rechtsarbeit an den Strukturen der Freiheit ist der Schutz des schwächeren Marktteilnehmers kein Selbstzweck, sondern verrechtlicht die Stellung der **Verbraucher als Träger von marktbezogenen Entscheidungen** in einer Wettbewerbsordnung. Die Verbraucherstellung ist gleichsam als Vetoposition gegenüber dem Anbieterverhalten am Markt zu verstehen. Damit wird Marktwettbewerb gesellschaftlich über die Teilhabe der Marktgegenseite legitimiert.

---

[178] Eine solche Ausgrenzung angeblich außerwettbewerblicher Allgemeininteressen propagiert nachdrücklich *Schünemann* WRP 2004, 925, 933ff. Seine Aussage, dies dürfte es schwer machen, der Schockwerbung, der obszönen Werbung und Ähnlichem mit den Mitteln des Lauterkeitsrechts zu Leibe rücken zu wollen, weil diese teilweise wirklich abstoßenden Formen der Marktkommunikation nun einmal keine Eignung zur Wettbewerbsverfälschung bzw. zu den kompetitiven Partikularinteressen der Marktteilnehmer aufwiesen, ist mit der Rechtsprechung des BVerfG in den Urteilen „Schockwerbung" (BVerfG GRUR 2001, 170) und „Tier- und Artenschutz" (BVerfG GRUR 2002, 455) nicht zu vereinbaren.

[179] → Rn 194; Einleitung E Rn 238ff; richtig *Kocher* KJ 2003, 293.

[180] Siehe zu dieser Rechtsentwicklung des UWG → § 1 Rn 45ff.

219 Der **Schutz eines sozialethischen Leistungswettbewerbs** stellt einen wesentlichen Schutzgegenstand des Lauterkeitsrechts dar.[181] Leistungswettbewerb ist **Produktwettbewerb** und **Unternehmenswettbewerb** zugleich. Gegenstand der souveränen Verbraucherentscheidung sind sowohl die **Produktstandards** als auch die **Unternehmensstandards.** Unter **verbraucherbezogenem Leistungswettbewerb** ist der Wettbewerb mit dem Preis, der Qualität, den Konditionen und dem Service des Produkts sowie den Verhaltensstandards des Unternehmens zu verstehen. In dem **Konzept der Corporate Social Responsibility** (CSR) werden die Kriterien der ethischen Unternehmensverantwortung sowohl für die Produktqualität und die Prozessqualität einer unternehmerischen Leistung als auch für die Organisation des Unternehmens und für das gesellschaftliche Engagement des Unternehmens konkretisiert. Innerhalb des lauterkeitsrechtlichen Informationsmodells[182] bilden die **CSR-Standards als wesentliche Informationen** einen Gegenstand der unternehmerischen Informationspflichten und der Verbraucherrechte.

220 Ausgehend von der sozialen Rolle des Verbrauchers in einer marktwirtschaftlichen Ordnung, ist der Begriff des Leistungswettbewerbs nicht allein an den wirtschaftlichen Interessen der Anbieter auszurichten, sondern ist auch aus der Perspektive der Marktgegenseite zu bestimmen. Im Schutz des Leistungswettbewerbs liegt der Schutz der **Leistungskontrolle der Marktgegenseite.** Leistungswettbewerb ist der Ausdruck der besseren Leistungsfähigkeit des Anbieters auf dem Markt der zum Vergleich stehenden Leistungen.[183] Der Nutzen für den Verbraucher legitimiert den Wettbewerb, der die beste Leistung auf dem Markt zur Geltung bringen[184] soll.

221 **Verbraucherschutz** und **Schutz des Leistungswettbewerbs** erscheinen so als zwei, wenn auch zu unterscheidende Seiten ein und derselben Medaille, wenn man den kollektiven Entscheidungsprozess der Marktgegenseite als **Teilhabe und äquivalente Mitgestaltung am Sozialprozess Wettbewerb** begreift. Sie dienen dem Schutz der Leistungskontrolle der Marktgegenseite als ein vom Schutzbedürfnis des individuellen Verbrauchers abstrahierter sozialer Kontrollmechanismus. Wenn der Leistungsvergleich der Produkte und Unternehmen am Markt verfälscht wird, dann kommen die zum Vergleich stehenden Waren und Dienstleistungen nicht frei zur Entfaltung. Es ist Aufgabe des Lauterkeitsrechts, den **ethischen Leistungswettbewerb** und den **sozialökologischen Leistungsvergleich** am Markt im Interesse aller Marktteilnehmer zu schützen.

2. Schutz des Leistungswettbewerbs in der Rechtsprechung des BVerfG

222 In seinem Grundsatzurteil zur **produktunabhängigen Imagewerbung** (Benetton-Werbung), die das BVerfG als kommerzielle Meinungsäußerung unter den Verfassungs-

---

[181] Siehe zur Herkunft und Entwicklung des Begriffs des Leistungswettbewerbs *P. Ulmer* GRUR 1977, 565, 567; siehe zum Verhältnis des wettbewerbsrechtlichen Verbraucherschutzes zum Leistungswettbewerb schon *Fezer* BB 1976, 705 (mit umfassenden rechtstheoretischen Nachweisen). Von *Nipperdey* 1930 S. 16 und *Böhm* 1933 S. 291 ff wurde der Begriff des Leistungswettbewerbs noch in Abgrenzung zu dem Begriff des *Behinderungswettbewerbs* verwendet. *Hefermehl* erkannte, dass der Behinderungswettbewerb nur eine Erscheinungsform des *Nichtleistungswettbewerbs* als der eigentliche Gegenbegriff ist. Aufbauend auf einen *verbraucherbezogenen* Begriff des Leistungswettbewerbs entwickelte er als dessen Gegenstand den *Leistungsvergleich,* dessen Sinn es sei, die Durchsetzung der nach der Meinung des Kunden besseren Leistung auf dem Markt zu ermöglichen; *Baumbach/Hefermehl* 22. Aufl. 2001, UWG Einl. Rn 99. Siehe zum Leistungswettbewerb auch *Baudenbacher* 1978 S. 153; *Lehmann* GRUR 1979, 368; *Schluep* FS Kummer S. 487, 514; *P. Ulmer* FS Kummer S. 565, 575. Die Theorie des Leistungswettbewerbs wird namentlich in ihrer verbraucherbezogenen und markttheoretischen Grundlegung aus industriepolitischer und kartellrechtlicher Sicht kritisch bis ablehnend beurteilt; siehe dazu etwa *Merkel* 1977 S. 706; *Merz* 1988 S. 268 (zur Kritik der *Vorfeldthese,* die nicht zwingend mit der Theorie des verbraucherbezogenen Leistungswettbewerbs verbunden ist); kritisch zum älteren Begriff des Leistungswettbewerbs schon *Steindorff* 1963 S. 58; *Meyer-Cording* JZ 1964, 273, 311. Aus der Sicht des schweizerischen Lauterkeitsrechts kritisch zur Betonung des Leistungsprinzips als ein Beurteilungskriterium der Lauterkeit im Wettbewerb *Baudenbacher* schwUWG Art. 1 Rn 48 ff.

[182] Siehe zum Informationsmodell des lauterkeitsrechtlichen Verbraucherschutzes → Einleitung E Rn 143 ff.

[183] So treffend *Baumbach/Hefermehl* 22. Aufl. 2001, UWG Einl. Rn 101 unter Hinweis auf den Tätigkeitsbericht des BKartA für 1977 (BT-Drucks. 8/1925 S. 35).

[184] So schon die Formulierung in der Amtl. Begr. zur 2. Kartellrechtsnovelle, BT-Drucks. 6/2520 S. 34.

schutz der Kommunikationsgrundrechte stellte, werden die Grundsätze des **Leistungswettbewerbs als Referenzmodell des § 1 UWG 1909** anerkannt und neben den Belangen der Wettbewerber und der Gemeinwohlbelange als rechtserheblich zur Konkretisierung der Generalklausel beurteilt.[185] In einem weiteren Grundsatzbeschluss zu den Tatbestandsmerkmalen der in der Rechtsprechung zu § 1 UWG 1909 entwickelten Fallgruppe der **gefühlsbetonten Werbung** präzisiert das BVerfG seinen Rekurs auf die Grundsätze des Leistungswettbewerbs bei der Konkretisierung der Sittenwidrigkeit bei Anwendung der großen Generalklausel des § 1 UWG 1909.[186] Schutzgut des § 1 UWG 1909 sei insbesondere der Leistungswettbewerb. Durch die Norm des § 1 UWG 1909 würden im Interesse des Schutzes der Wettbewerber und der sonstigen Marktbeteiligten, allen voran der Verbraucher, solche Verhaltensweisen missbilligt, welche die **Funktionsfähigkeit des an der Leistung orientierten Wettbewerbs** im wettbewerblichen Handeln einzelner Unternehmen oder als Institution störten. Als Beispiel wird die unlautere Einflussnahme auf die freie Entschließung der Kunden genannt. In dem „Pharmakartell"-Beschluss[187] bestätigt das BVerfG seine Rechtsgrundsätze zum Verhältnis zwischen Lauterkeitsrecht und Leistungswettbewerb. Das UWG schütze nicht die guten Sitten als solche – im Sinne des § 1 UWG 1909 –, sondern nur – und das meint nach der Rechtslage im UWG die Lauterkeit – **als Grundlage der Funktionsfähigkeit des Leistungswettbewerbs.** Missbilligt würden durch die Norm im Interesse des Schutzes der Wettbewerber und der sonstigen Marktbeteiligten, **allen voran der Verbraucher**, Verhaltensweisen, welche die Funktionsfähigkeit des **an der Leistung orientierten Wettbewerbs** im wettbewerblichen Handeln einzelner Unternehmen oder als Institution störten. Diese Schutzgutbestimmung wird vom BVerfG ausdrücklich als nicht verfassungsrechtlich zu beanstanden beurteilt. Eine Einschränkung der Meinungsfreiheit im Interesse dieses Schutzgutes setze aber die eigenständige Feststellung einer **Gefährdung des Leistungswettbewerbs** im konkreten Fall voraus. Die Teilhabe an Auseinandersetzungen über gesellschaftspolitische und konkret über gesundheitspolitische Fragen darf einem Grundrechtsträger nicht deshalb erschwert werden, weil er sich in dem betreffenden Bereich selbst beruflich und wettbewerblich betätigt und dies nicht verschweigt. Bei einer Protestaktion als Teil einer öffentlichen Auseinandersetzung über eine gesundheitspolitische Angelegenheit liege es keineswegs nahe, dass es sich um eine Handlung im geschäftlichen Verkehr handelt, bei der der wettbewerbliche Zweck ungeachtet der beabsichtigten Einwirkung auf Dritte im Rahmen einer öffentlichen Kontroverse im Vordergrund stehe. Es war vom BVerfG zu berücksichtigen, dass es sich um Fragen des Gesundheitswesens und somit um eine Äußerung zu einem im besonderen öffentlichen Interesse liegenden Gegenstand handelte, mit der für eine andere als die unter Schulmedizinern übliche Ansicht geworben wurde. Eine **Schmähkritik** kann nur dann angenommen werden, wenn bei einer Äußerung nicht mehr die Auseinandersetzung in der Sache, sondern die Diffamierung der Person im Vordergrund steht. Das BVerfG legt den Begriff der Schmähkritik im Interesse der Meinungsfreiheit eng aus. Die bloße Überspitztheit oder teilweise Unsachlichkeit einer Äußerung führt noch nicht dazu, dass sie ohne weitere Abwägung der wechselseitig betroffenen Belange als unzulässig angesehen werden kann. Privatpersonen unterliegen anders als der Staat nicht generell einem Sachlichkeitsgebot. Eine Äußerung wird nicht allein deshalb unzulässig, weil sie weniger scharf oder sachlicher hätte formuliert werden können. Das gilt auch dann, wenn nicht individuelle Personen sondern Unternehmen angegriffen werden.

Eine Einschränkung der Meinungsfreiheit im Interesse des Schutzgutes – Verbot einer 223
konkreten Werbung als kommerzielle Meinungsäußerung – setze die Feststellung einer **Gefährdung des an der Leistung orientierten Wettbewerbs** voraus. Als Voraussetzung eines Verbots der Werbung als sittenwidrig wird verlangt, dass gesichert sei, dass Meinungs-

[185] BVerfG GRUR 2001, 170 – Schockwerbung; siehe dazu *Fezer* NJW 2001, 580.
[186] BVerfG GRUR 2002, 455 – Tier- und Artenschutz.
[187] BVerfG GRUR 2008, 81 – Pharmakartell.

äußerungen nur aufgrund einer Gefährdung des Leistungswettbewerbs unterbunden werden. Von den Tatbestandselementen der von der Rechtsprechung **zu § 1 UWG 1909 entwickelten Fallgruppen** könne zwar eine aus praktischer Erfahrung gewonnene **Indizwirkung für die Sittenwidrigkeit und die Gefährdung des Leistungswettbewerbs** ausgehen. Allerdings müssten die Fachgerichte prüfen, ob die Indizwirkung im konkreten Fall auch angesichts der sich daran anschließenden Rechtsfolge, der Einschränkung der Meinungsfreiheit, gegeben sei. Die angegriffene Äußerung müsse nach den Umständen des Einzelfalls **so schwerwiegend sein, dass eine Gefährdung des Leistungswettbewerbs bestehe.** Nach der Rechtsprechung des BVerfG stellt das Schutzgut des Leistungswettbewerbs einen grundlegenden Beurteilungsmaßstab zur Konkretisierung der Lauterkeit im Wettbewerb dar.

3. Leitbild des Leistungswettbewerbs im Einigungsvertrag

224 Nach Art. 1 Abs. 3 S. 1 des Staatsvertrages wird die Soziale Marktwirtschaft als gemeinsame Wirtschaftsordnung beider Vertragsparteien zur Grundlage der Wirtschaftsunion zwischen der Bundesrepublik Deutschland und der Deutschen Demokratischen Republik bestimmt. Als bestimmende Faktoren der Wirtschaftsunion im Sinne der sozialen Marktwirtschaft werden in Art. 1 Abs. 3 S. 2 des Staatsvertrages das Privateigentum, der **Leistungswettbewerb,** die freie Preisbildung und die grundsätzlich volle Freizügigkeit von Arbeit, Kapital, Gütern und Dienstleistungen genannt. In Art. 1 Abs. 3 S. 3 des Staatsvertrages wird bestimmt, dass die Wirtschaftsunion den Erfordernissen des Umweltschutzes Rechnung trägt. Nach Art. 40 Abs. 1 des Einigungsvertrages gelten die Verpflichtungen aus dem Staatsvertrag fort.

225 Die gesetzliche Anerkennung der sozialen Marktwirtschaft und des Leistungswettbewerbs stellt nicht nur eine unverbindliche Absichtserklärung dar, sondern ist ihrer Rechtsnatur nach als **rechtsverbindlich** zu qualifizieren. Die Ordo einer verfassungsbasierten Marktwirtschaft ist als eine **wirtschaftsverfassungsrechtliche Zielbestimmung** des Gesetzgebers und als eine **Auslegungsdirektive** für den Rechtsanwender anzuerkennen.[188]

4. Verhaltenskodizes und Leistungswettbewerb

226 Verhaltenskodizes im Geschäftsverkehr zwischen Unternehmen und Verbrauchern sind geeignet, die Wirksamkeit eines leistungsgerechten Wettbewerbs zu fördern. Im verbraucherbezogenen Lauterkeitsrecht stellt ein **Verhaltenskodex** ein effizientes Instrument zur Gewährleistung eines **leistungsgerechten b2c-Geschäftsverkehrs** dar.[189] Verhaltenskodizes konkretisieren die berufliche Sorgfalt eines Unternehmens am Markt und stellen als Marktverhaltensstandards Indikatoren eines lauteren Geschäftsverkehrs dar.[190]

227 Nach § 24 Abs. 2 GWB sind **Wettbewerbsregeln** Bestimmungen, die das Verhalten von Unternehmen im Wettbewerb regeln zu dem Zweck, einem den Grundsätzen des lauteren oder der Wirksamkeit eines leistungsgerechten Wettbewerbs zuwiderlaufenden Verhalten im Wettbewerb entgegenzuwirken und ein diesen Grundsätzen entsprechendes Verhalten im Wettbewerb anzuregen. Innerhalb der kartellrechtlichen Normordnung der Wettbewerbsregeln ist anerkannt, dass die Wertungsmaßstäbe, die in der Rechtswissenschaft zum Begriff des **Leistungswettbewerbs** entwickelt und in der lauterkeitsrechtlichen Rechtsprechung konkretisiert werden, zur Auslegung des Begriffs der Wettbewerbsregeln im Sinne des § 24 GWB gelten.[191]

---

[188] Siehe zur rechtlichen Anerkennung der sozialen Marktwirtschaft als Wirtschaftsverfassung der Bundesrepublik Deutschland → Einleitung E Rn 227 ff.

[189] Siehe zu den Verhaltenskodizes im UWG und zu deren Rechtsgrundlage in der UGP-RL → § 2 F Rn 1 ff.

[190] Siehe zu einem Verhaltenskodex als Konkretisierung der Unlauterkeit → § 2 F Rn 35 ff.

[191] Immenga/Mestmäcker-*Kellermann* 4. Aufl. 2007, § 24 GWB Rn 35 ff.

IV. Schutz der unternehmerischen Leistung im Lauterkeitsrecht

Nach der Rechtslage vor Inkrafttreten der UWG-Reform des Jahres 2004 wurde die Fallgruppe des wettbewerbsrechtlichen Leistungsschutzes weithin als eine ausnahmsweise Ergänzung des immaterialgüterrechtlichen Sonderrechtsschutzes verstanden. Das Wettbewerbsrecht wurde gleichsam auf eine Lückenbüßerfunktion reduziert. Entgegen dieser tradierten Lehre war der **Schutz der unternehmerischen Leistung** im Wettbewerbsrecht schon nach der alten Rechtslage des UWG von 1909 originär zu begründen. Es handelt sich bei dem Schutz der unternehmerischen Leistung nach wie vor um eine **eigenständigen Aufgabe auch des Lauterkeitsrechts,** deren Wahrnehmung in der Vergangenheit weithin versäumt wurde und deren Reichweite noch längst nicht ausgelotet ist.[192] Das gilt auch und gerade nach der ausdrücklichen Regelung der Fallgruppe des **lauterkeitsrechtlichen Leistungsschutzes** als ein Regelbeispiel in § 4 Nr. 9, das eine **Fallkonstellation des nichtharmonisierten Lauterkeitsrechts** des b2b-Geschäftsverkehrs darstellt. Die Regelbeispiele des § 4 Nr. 1 bis 11 stellen keine abschließende Normierung der geregelten Lauterkeitssachverhalte dar. Die Generalklausel des § 3 ist unter Beachtung der Begrenzungsfunktion der Regelbeispiele subsidiär anzuwenden.[193] 228

Schon rechtstheoretisch vermag die Auffassung von der abschließenden Regelung der Immaterialgüterrechtsgesetze nicht zu überzeugen.[194] Der Anwendungsbereich der Sonderrechtsgesetze bestimmt sich nach deren jeweiligem immaterialgüterrechtlichen Normzweck und damit nach dem Schutzbereich der einzelnen gewerblichen Schutzrechte. Der wettbewerbsrechtliche Schutz der unternehmerischen Leistung dient einem anderen Schutzzweck. Schon insoweit normieren die Sonderrechtsgesetze den unternehmerischen Leistungsschutz nicht abschließend. Das Wettbewerbsrecht dient der **Abwehr von Behinderungswettbewerb** zum Schutze des Leistungswettbewerbs. In diesem Sachzusammenhang rückt die Schutzwürdigkeit der unternehmerischen Leistung an sich in den Mittelpunkt der lauterkeitsrechtlichen Beurteilung zur Abwehr von Behinderungen im Leistungswettbewerb. 229

Versteht man den lauterkeitsrechtlichen Leistungsschutz als eine eigene Aufgabe des Wettbewerbsrechts, dann kommt es zum einen auf die Schutzwürdigkeit der Leistung: den Schutztatbestand, zum anderen auf die Rechtfertigung der Leistungsaneignung: den Rechtfertigungstatbestand an. Die rechtlichen Voraussetzungen der lauterkeitsrechtlichen **Schutzwürdigkeit einer unternehmerischen Leistung** (Schutztatbestand) sind in Abgrenzung zu den Normzwecken und Schutzbereichen der verschiedenen Immaterialgüterrechte zu entwickeln. Die **Gründe einer sachlichen Rechtfertigung** der Aneignung einer fremden Leistung (Rechtfertigungstatbestand) sind in **Abgrenzung zum Schutz der Nachahmungsfreiheit** auszubilden. 230

In Ergänzung des lauterkeitsrechtlichen Leistungsschutzes des § 4 Nr. 9 sind im Wege des Richterrechts die rechtserheblichen Kriterien der wettbewerbsrechtlichen Schutzwürdigkeit von unternehmerischen Leistungen **(schutzwürdige Innovationen),** sowie für die Herausbildung von Gründen der sachlichen Rechtfertigung einer Inanspruchnahme fremder Leistungen **(gerechtfertigte Immitationen)** zu entwickeln. Der Schutz einer unternehmerischen Leistung zur Abwehr von Behinderungen im Leistungswettbewerb stellt innerhalb des b2b-Geschäftsverkehrs einen allgemeinen Beurteilungsmaßstab zur Konkretisierung der Lauterkeit im Wettbewerb dar. 231

---

[192] Zum rechtsdogmatischen Ausgangspunkt des wettbewerbsrechtlichen Leistungsschutzes und den verschiedenen Fallkonstellationen siehe schon *Fezer* FS GRUR Bd. II S. 939; zustimmend zum schweizerischen Lauterkeitsrecht *Baudenbacher* schwUWG Art. 1 Rn 89.

[193] Zum Verhältnis der Generalklausel zu den Regelbeispielen, den Spezialtatbestände und den per se-Verboten → Rn 155 ff.

[194] Zur Anspruchskonkurrenz des Lauterkeitsrechts zum Immaterialgüterrecht → Einleitung E Rn 316 ff.

V. Nachahmungsgefahr und Folgenanalyse

232 In der Rechtsprechung zur Sittenwidrigkeit im Sinne des § 1 UWG 1909 war anerkannt, dass das Bestehen einer **Nachahmungsgefahr ein Unlauterkeitskriterium** darstellen kann. In der **Begründung zum Gesetzentwurf des UWG 2004** wird die Nachahmungsgefahr als ein rechtserhebliches Unlauterkeitskriterium anerkannt. Eine nicht unerhebliche Verfälschung des Wettbewerbs könne bei Verstößen mit nur geringen Auswirkungen für den Marktteilnehmer im Einzelfall vorliegen, wenn durch das Verhalten eine Vielzahl von Marktteilnehmern betroffen sei oder eine nicht unerhebliche Nachahmungsgefahr bestehe.[195]

233 Die Nachahmungsgefahr kann die Unlauterkeit einer an sich wettbewerbskonformen Wettbewerbshandlung begründen. Eine Nachahmungsgefahr wird dann angenommen, wenn als eine Folge der tatsächlichen Wettbewerbssituation die Mitbewerber sich aus Wettbewerbsgründen zu einer Nachahmung der Wettbewerbshandlung gezwungen sehen.[196] Eine bei isolierter Betrachtung als solche lautere geschäftliche Handlung kann auch nach der Rechtslage im UWG 2008 aus Gründen einer bestehenden Nachahmungsgefahr als unlauter zu beurteilen sein.[197]

234 Die Rechtswertung verlangt eine **Prognose des Marktverhaltens der Wettbewerber** und eine **Folgenanalyse der geschäftlichen Handlungen der Unternehmen am Markt.** Die im Schrifttum geübte Kritik an einer lauterkeitsrechtlichen Berücksichtigung der Nachahmungsgefahr gründet vornehmlich in den mit einer Prognostik verbundenen Nachweisschwierigkeiten und den allgemeinen Problemen von Folgeerwägungen im Recht.[198] Der **Kritik** an der Rechtserheblichkeit der Nachahmungsgefahr als ein die Unlauterkeit begründendes Beurteilungskriterium ist zuzugeben, dass das Verständnis des wettbewerblichen Unrechts als **Verhaltensunrecht** die Unrechtsbegründung als Folge einer Nachahmung des unternehmerischen Marktverhaltens eines Wettbewerbers durch Mitbewerber nicht zu begründen vermag. Unlauterer Wettbewerb kann aber auch Folge einer **erfolgsbezogenen Rechtswidrigkeit** sein.[199]

235 Es handelt sich bei den beiden Fallgruppen, bei denen die Unlauterkeit als eine Folge der Nachahmungsgefahr begründet worden ist, um Fallkonstellationen einer erfolgsbezogenen Rechtswidrigkeit. Die Nachahmungsgefahr wurde bei der Fallkonstellation einer **Gefährdung des Wettbewerbs** als einer Institution als unrechtskonstitutiv berücksichtigt. Gegenstand der Rechtsprechung war namentlich das Verschenken von Originalware zu Probezwecken,[200] sowie das Verschenken von Presseerzeugnissen.[201] Bei der Fallkonstella-

---

[195] Begründung RegE BT-Drucks. 15/1487 vom 22. 8. 2003 S. 17. Die Ausführungen in der Gesetzesbegründung beziehen sich auf den ursprünglichen Wortlaut des Gesetzentwurfs, der von einer Verfälschung und nicht von einer Beeinträchtigung des Wettbewerbs ausging; zur Gesetzesgeschichte → Einleitung E Rn 52 ff.

[196] Siehe dazu *Baumbach/Hefermehl* 22. Aufl., 2001, UWG Einl. Rn 123; *Baudenbacher* Lauterkeitsrecht Art. 2 schwUWG Rn 32 ff; siehe dazu auch *Sack* WRP 2005, 531, 533.

[197] Die gegenteilige Rechtsansicht, die Nachahmungsgefahr sei ein untaugliches Unlauterkeitsmerkmal, mit der Überlegung zu begründen, je erfolgreicher eine Marketingmaßnahme sei, umso größer sei die Gefahr ihrer Nachahmung, Erfolg sei aber kein Kriterium für Unlauterkeit, erscheint wenig hilfreich; so aber Ullmann-jurisPK/*Ullmann* § 3 UWG Rn 41. Wenn der Erfolg einer Geschäftspraktik als ein Indiz lauteren Marktverhaltens anerkannt würde, wäre es um die Lauterkeit im Wettbewerb geschehen.

[198] Siehe zur Kritik *Döll* BB 1965, 173; *Rödding* DB 1969, 1877, 1881; *Schütz* WRP 1993, 168; *Scherer* WRP 1996, 174; *Brammsen/Leible* BB 1997, Beil. 10 S. 1, 14; Großkomm/*Schünemann* Einl. D S. 110; unsachlich Harte/Henning-*Schünemann* § 3 UWG Rn 326, der solche Erwägungen einer angeblichen „Vor- und Rückschau" als eine sittlich-rechtliche Wertung der Person des Handelnden (Wettbewerbers) und gleichsam seiner „Lebensführung" am Markt diskreditiert.

[199] Zum Verhältnis der verhaltensbezogenen und erfolgsbezogenen Rechtswidrigkeit einer unlauteren Wettbewerbshandlung und insbesondere zur erfolgsqualifizierten Unlauterkeit der Marktstörung im Sinne einer allgemeinen Marktbehinderung → Rn 183 ff, 232 ff.

[200] Siehe dazu nur RG GRUR 1936, 810, 812 – Diamantine; RG GRUR 1938, 207, 210 – Persil; BGHZ 23, 365, 372 – Suwa; BGHZ 43, 279, 282 – Kleenex; BGH GRUR 1969, 295, 296 – Goldener Oktober.

[201] BGHZ 51, 236, 242 – Stuttgarter Wochenblatt I; BGH GRUR 1971, 477 – Stuttgarter Wochenblatt II.

tion einer **marktbezogenen Unlauterkeit** und damit der Fallgruppe der Marktstörung im Sinne einer allgemeinen Marktbehinderung handelt es sich um erfolgsbezogene Rechtswidrigkeit im Wettbewerb.

Die andere Fallkonstellation, bei der die Nachahmungsgefahr als rechtserheblich zur Be- 236
gründung der Unlauterkeit angesehen wurde, sind Formen der reißerischen Werbung,[202] der kostenlosen Kundenbeförderung,[203] von Gewinnspielen[204] und der Preisunterbietung.[205] Die erfolgsbezogene Rechtswidrigkeit folgte in diesen Fallkonstellationen aus der **Konkurrenzsituation der Mitbewerber,** für die aus Wettbewerbsgründen ein Zwang zur Nachahmung der Geschäftspraktik besteht. Eine Wettbewerbsmethode, mit der eine Belästigung der Verbraucher in nur geringem Ausmaße verbunden ist, wird dann wettbewerbswidrig, wenn damit zu rechnen ist, dass andere Mitbewerber in größerer Zahl die gleiche Methoden anwenden werden und es durch die Nachahmung zu einer unerträglichen Beeinträchtigung der umworbenen Verbraucher kommen wird.[206]

Im **Kartellrecht** ist längst anerkannt, dass die kartellrechtlichen Maßstäbe an ein Unter- 237
nehmen im Wettbewerb sowohl von der wirtschaftlichen Machtstellung des Unternehmens als auch von einer **Folgenanalyse des Marktverhaltens** abhängig sind. Hintergrund einer Einheit des Wettbewerbsrechts, das die polare Gegensätzlichkeit zwischen Lauterkeitsrecht und Kartellrecht überwindet und die Interdependenzen der beiden Rechtskreise als die tragenden Säulen des Wettbewerbsrechts (Wechselwirkungstheorie) betont, sowie in Anbetracht einer funktionalen Wettbewerbstheorie innerhalb des Wirtschaftsrechts bestehen weder rechtsdogmatische noch anwendungspraktische Bedenken, die Methodik einer Folgenanalyse des unternehmerischen Marktverhaltens im Wettbewerb in die Rechtswertung einzubeziehen.[207]

VI. Europäisches Verbraucherleitbild

Schrifttum: Siehe die Schrifttumsangaben zu § 2 I vor Rn 31.

1. Der verständige Verbraucher als mündiger Marktbürger

Grundlage der **Rechtsprechung des EuGH**[208] zum Irreführungsschutz im Lauterkeits- 238
recht – und das gilt zwischenzeitlich auch im gesamten Kennzeichenrecht[209] – ist das **Modell des verständigen Verbrauchers.**[210] Das europäische Verbraucherleitbild orientiert sich an der Rolle des Verbrauchers in einer offenen Marktwirtschaft mit wirksamem Wettbewerb. Die Schutzintention des europäischen Verbraucherleitbilds geht dahin, normativ die berechtigten Erwartungen eines verständigen Verbrauchers an die kommerzielle Kom-

---

202 Siehe aus der zahlreichen Rspr. nur BGH GRUR 1967, 430 – Grabsteinaufträge I; BGH GRUR 1970, 523 – Telefonwerbung I; BGH GRUR 1973, 210, 212 – Telexwerbung.

203 BGH GRUR 1972, 367, 369 – Besichtigungsreisen.

204 BGH GRUR 1973, 591 – Schatzjagd.

205 BGH GRUR 1979, 321, 323 – Verkauf unter Einstandspreis I; BGH GRUR 1982, 53, 55 – Bäckerfachzeitschrift; BGH GRUR 1985, 975 – Sparkassenverkaufsaktion.

206 So erneut BGH GRUR 2004, 699 – Ansprechen in der Öffentlichkeit.

207 → Einleitung E Rn 298; siehe zum „more economic approach" als Analyserahmen im Lauterkeitsrecht *Podszun* WRP 2009, 509, 513 (zum sogenannten effects-based approach).

208 Siehe dazu schon EuGH GRUR 1991, 215, 216 – Pall-Dahlhausen (umsichtiger Wirtschaftsteilnehmer); EuGH WRP 1994, 380 – Clinique; EuGH GRUR Int. 1995, 804 – Mars (verständiger Verbraucher); EuGH GRUR Int. 2000, 354 – Lifting-Creme.

209 Siehe dazu *Fezer* MarkenG § 14 Rn 123 ff, 126 ff; *ders.* NJW 1998, 713; *Teplitzky* GRUR 1996, 1, 5; *Scherer* GRUR 2000, 273; aA zunächst noch *Kur* MarkenR 1999, 2, 5.

210 Siehe erstmals zu einem normativen Verbrauchermodell schon *Fezer* WRP 1995, 671; siehe dazu etwa *Doepner* WRP 1997, 999; *Beater* GRUR Int. 2000, 963; *Ackermann* WRP 2000, 807; *Scherer* GRUR 2000, 273, 277; aus der Sicht des Wettbewerbsverfahrensrechts *Bornkamm* WRP 2000, 830; auf erheblichen Missverständnissen beruhend und ablehnend *Schweizer* GRUR 2000, 923. Zur Bedeutung des europäischen Verbraucherleitbildes für den Verbraucherbegriff im Sinne der Definition des § 2 Abs. 2 → § 2 I Rn 31 ff.

munikation und die Informationen über das Produkt und das Unternehmen am Markt nicht zu frustrieren. Bei dem **europäischen Verbraucherleitbild** handelt es sich um ein normatives Verbrauchermodell des verständigen Marktbürgers, das an den Marktfunktionen der Verbraucher in einem funktionsfähigen Binnenmarkt einer marktwirtschaftlichen Wettbewerbsordnung auszurichten ist. Der normative Modelladressat eines europäischen Lauterkeitsrechts ist der **durchschnittlich informierte, aufmerksame und verständige Durchschnittsverbraucher.**[211] In der höchstrichterlichen Rechtsprechung vollzog sich eine Hinwendung zu einem gegenüber der überkommenen Annahme eines flüchtigen Durchschnittsverbrauchers in der früheren Rechtsprechung veränderten Verbraucherleitbild. Der I. Zivilsenat des BGH geht sowohl im Wettbewerbsrecht als auch im Markenrecht von dem Leitbild eines durchschnittlich informierten und verständigen Verbrauchers aus, der das Marktverhalten des Unternehmens **mit einer der Situation angemessenen Aufmerksamkeit** verfolge. Der Aufmerksamkeit des durchschnittlich informierten und verständigen Verbrauchers, auf dessen Verständnis es für die Ermittlung des Verkehrsverständnisses ankomme, sei abhängig von der jeweiligen Situation.[212] Die Modifikation des europäischen Verbraucherleitbilds des EuGH durch den BGH besteht in der Berücksichtigung der **Situationsangemessenheit** der von einem Verbraucher zu erwartenden Aufmerksamkeit in einer typisierten Wettbewerbssituation und stellt eine sachgerechte Fortbildung des europäischen Verbraucherleitbilds dar.

239 Mit dem Modell des verständigen Marktbürgers als Normadressat eines europäischen Lauterkeitsrechts harmoniert die auf einem **Informationsmodell** basierende Theorie der Konsumentensouveränität.[213] Die Steuerungsfunktion der Verbraucherentscheidung bleibt für den auf einem dezentralen Entscheidungssystem basierenden Marktausleseprozess das unabdingbare Ordnungselement einer am Marktwettbewerb orientierten Wirtschaftsordnung. Das macht zur Voraussetzung, der **Verbraucherentscheidung des mündigen Marktbürgers** den Stellenwert eines eigenständigen Steuerungsfaktors neben Markt und Wettbewerb zuzuerkennen. Funktional beruht die Verbraucherentscheidung auf einer Vetoposition gegenüber dem Anbieterverhalten auf dem Markt und legitimiert so Marktwettbewerb gesellschaftlich über Teilhabe der Marktgegenseite. Diese Steuerungsfunktion der Verbraucherentscheidung im Wettbewerbsprozess verlangt Maßnahmen zu einer Fundierung rationaler Verbraucherentscheidung durch Information. Eine Orientierung der lauterkeitsrechtlichen Schutzstandards an den **berechtigten Erwartungen eines verständigen Verbrauchers** stellt einen wesentlichen Beurteilungsmaßstab der verbraucherbezogenen Unlauterkeit in einem modernen Lauterkeitsrecht dar.

2. Das Verbraucherleitbild in der Rechtsprechung des EuGH und BGH

240 Das in der Rechtsprechung des EuGH zum Lauterkeitsrecht und zum Markenrecht entwickelte Verbraucherleitbild des durchschnittlich informierten, aufmerksamen und verständigen Durchschnittsverbrauchers stellt den mündigen Marktbürger des europäischen Binnenmarkts in das Zentrum des europäischen Wirtschaftsrechts. Das europäische Verbraucherleitbild löste im deutschen Wettbewerbsrecht namentlich bei der Beurteilung der Irreführungsgefahr und im deutschen Kennzeichenrecht namentlich bei der Beurteilung der Verwechslungsgefahr den Beurteilungsmaßstab des flüchtigen Verbrauchers ab. In der Rechtsprechung des BGH wurde das Verbraucherleitbild des EuGH übernommen und

---

[211] So die Formulierung in EuGH GRUR Int. 1998, 795, 797 – Gut Springenheide; EuGH GRUR 1999, 345, 348 – Sektkellerei Kessler; EuGH GRUR 1999, 734, 736 – Lloyd (zum Markenrecht).

[212] Zum Lauterkeitsrecht siehe BGH GRUR 2000, 619, 621 – Orient-Teppichmuster (normale Aufmerksamkeit); BGH GRUR 2000, 820, 821 – Space Fidelity Peep-Show (durchschnittlich informierter und verständiger Leser); BGH GRUR 2001, 1061, 1062 – Mitwohnzentrale.de; BGH GRUR 2001, 1166, 1168 f – Fernflugreise; zum Markenrecht siehe BGH GRUR 2000, 506, 508 – ATTACHÉ/TISSERAND; BGH GRUR 2000, 875, 877 – Davidoff.

[213] Zum wettbewerbsrechtlichen Informationsmodell → Einleitung E Rn 143 ff; zum originären Verbraucherschutz durch Lauterkeitsrecht → § 1 Rn 45.

hinsichtlich der Situationsangemessenheit der Aufmerksamkeit eines Verbrauchers modifiziert.[214]

3. Das europäische Verbraucherleitbild im harmonisierten Lauterkeitsrecht (Art. 5 Abs. 2 lit. b UGP-RL, § 3 Abs. 2 S. 2)

In Umsetzung von Art. 5 Abs. 2 lit. b UGP-RL wird in § 3 Abs. 2 S. 2 der Beurteilungsmaßstab des durchschnittlichen Verbrauchers als rechtserheblich normiert. In der Präambel der UGP-RL wird klargestellt, dass es sich bei dem **Begriff des Durchschnittsverbrauchers** um das **europäische Verbraucherleitbild** handelt. Auch wenn angezeigt sei, alle Verbraucher vor unlauteren Geschäftspraktiken zu schützen, sei entsprechend der Rechtsprechung des EuGH erforderlich, die Auswirkungen (einer unlauteren Geschäftspraktik) auf einen **fiktiven typischen Verbraucher** zu prüfen.[215] Die Erwägungsgründe machen deutlich, dass es sich bei dem europäischen Verbraucherleitbild um ein **normatives Modell** handelt, auch wenn nicht ausgeschlossen ist, im Wege von demoskopischen Gutachten auf **empirische Tatsachengrundlagen** des Verbraucherverhaltens zurückzugreifen.[216] 241

VII. Europäischer Verhältnismäßigkeitsgrundsatz

Eurokompatible Vorgaben einer gemeinschaftsrechtlichen Rechtsharmonisierung des Lauterkeitsrechts bilden die Maßstäbe, die der EuGH in seiner Rechtsprechung zum Waren- und Dienstleistungsverkehrsrecht des EG-Vertrages entwickelte. In seiner **Rechtsprechung zum Verbot der Maßnahmen gleicher Wirkung** im Interesse des Schutzes der Freiheit des Waren- und Dienstleistungsverkehrs benennt der EuGH **lauterkeitsrechtsrechtliche Beurteilungskriterien** zur Rechtfertigung von Handelsschranken im europäischen Binnenmarkt. 242

Nach der **Cassis-Doktrin**[217] ist das Verhältnis zwischen der Rechtfertigung einer Maßnahme gleicher Wirkung wegen zwingender Erfordernisse der Mitgliedstaaten nach Art. 28 EGV zu den Rechtfertigungsgründen des Art. 30 S. 1 EGV nicht eindeutig geklärt.[218] Der EuGH entschied, dass **Belange des Verbraucherschutzes** und die **Lauterkeit des Handelsverkehrs** keine Rechtfertigungsgründe im Sinne des Art. 30 S. 1 EGV darstellten, diese aber als zwingende Erfordernisse innerhalb des Grundtatbestandes der Verbotsnorm nach Art. 28 EGV zu berücksichtigen seien. Das systematische Verhältnis der Art. 28 und 30 EGV sei hier dahingestellt. Entscheidend kommt es darauf an, dass der EuGH Maßstäbe zu den nationalen Lauterkeitsrechten – und zwar auf der Grundlage eines europäischen Verbraucherleitbildes – formuliert. Nicht anders als die Rechtsprechung des EuGH zum spezifischen Gegenstand der Immaterialgüterrechte auch nach der Rechtsvereinheitlichung des Markenschutzes den eurokompatiblen Schutzinhalt des Markenrechts bestimmt, kommt der Rechtsprechung des EuGH zum Lauterkeitsrecht und zum Verbraucherschutz im Sinne von zwingenden Erfordernissen eine Maßgeblichkeit für eurokompatible **Schutzstandards** zu. 243

Die Einschränkung der **Dassonville-Formel**[219] durch die **Keck-Restriktion**[220] des EuGH und die Unterscheidung zwischen **Warenmodalitäten** einerseits und **Verkaufs-** 244

---

[214] → Rn 238; § 2 I Rn 35.
[215] So ausdrücklich Erwägungsgrund 18 der UGP-RL ABl. EG Nr. L 149 S. 1.
[216] Siehe zur Verhaltensbeeinflussung *schutzbedürftiger Verbrauchergruppen* → Rn 115ff.
[217] EuGH GRUR Int. 1979, 468 – Cassis de Dijon.
[218] Die Rechtsprechung geht bekanntlich davon aus, dass es sich bei der Vorschrift des Art. 30 S. 1 EGV um eine eng auszulegende Ausnahmevorschrift handele und deshalb der Katalog der geschützten Rechtsgüter nach Art. 30 S. 1 EGV abschließend normiert und nicht ergänzungsfähig sei; siehe dazu schon *Fezer* FS BPatG S. 405, 414ff.
[219] EuGH GRUR Int. 1974, 467 – Dassonville.
[220] EuGH GRUR Int. 1994, 56 – Keck und Mithouard.

modalitäten andererseits benennt als **Lauterkeitsmaßstab** die **Diskriminierungsfreiheit** von Verkaufsmodalitäten. Die Rechtsprechung des EuGH, in deren Kontext die Entscheidungen „Yves Rocher“,[221] „Hünermund“[222] und „GB-INNO-BM“[223] gehören, ist hier nicht näher darzustellen. Als rechtserheblich festzuhalten ist der **Prüfungsmaßstab,** den der EuGH an das Vorliegen eines zwingenden Erfordernisses im Sinne des Art. 28 EGV anlegt. Lauterkeitsrecht und Verbraucherschutz werden an der **Eignung, Erforderlichkeit** und **Verhältnismäßigkeit** der nationalen Maßnahme gemessen, ergänzt durch die Prüfung, ob die Maßnahme das **mildeste Mittel** zur Erreichung der nationalen Zielsetzung (Übermaßverbot) darstellt. Vergleichbare Erwägungen stellte der EuGH an, als er in seiner umfänglichen Rechtsprechung den Rechtfertigungsgrund des gewerblichen und kommerziellen Eigentums nach Art. 30 S. 1 EGV konkretisierte.[224] Die Rechtsprechung des EuGH bedeutet insgesamt nichts anderes als eine Spezifizierung der Rechtsgrundsätze der **Verhältnismäßigkeit** und **Erforderlichkeit** sowie des **Übermaßverbots.**

245 Die weitere Frage zum Anwendungsbereich des Waren- und Dienstleistungsverkehrsrechts des EGV geht dahin, ob es nicht sachgerecht ist, das Verbot der Maßnahmen gleicher Wirkung auf solche Formen der Werbung und Methoden der Absatzförderung nicht anzuwenden, die sich auf den innergemeinschaftlichen Warenverkehr nur geringfügig auswirken.[225] Der Sache nach handelt es sich bei der vom EuGH in der „Keck und Mithouard“-Entscheidung erstmals vorgenommenen Abgrenzung zwischen reinen Regeln über Verkaufsmodalitäten und produktbezogenen Bestimmungen über Formen der Werbung und Methoden der Absatzförderung um nichts anderes als die Einführung eines **Spürbarkeitstests** im Anwendungsbereich des Verbots der Maßnahmen gleicher Wirkung nach Art. 28 EGV.[226] **Diskriminierungsfreie Verkaufsmodalitäten,** wie etwa Vorschriften über den Ladenschluss, beschränken per se den innergemeinschaftlichen Warenverkehr nicht spürbar. In diesem Sinne verbirgt sich hinter der Abgrenzung zwischen Verkaufs- und Produktmodalitäten eine der Sache nach angemessene Restriktion des Anwendungsbereichs des Verbots der Maßnahmen gleicher Wirkung durch die „Keck und Mithouard“-Entscheidung. Einem solchen Verständnis der Rechtsentwicklung in der Rechtsprechung des EuGH entspricht auch eine **Parallelwertung zwischen Warenverkehrsrecht und Wettbewerbsrecht**[227] zum Schutz eines unverfälschten und unbehinderten Leistungswettbewerbs in der EG.

VIII. Binnenmarkt als Rechtsprinzip

246 Rechtstheoretische Grundlage der Konzeption eines Europäischen Lauterkeitsrechts bildet das **Binnenmarktziel als Rechtsprinzip** und der **Binnenmarkt als Rechtsbegriff.**[228] Gemeinschaftsrechtliche Folge der Einheit der Wettbewerbsordnung des Binnenmarktes ist eine diskriminierungsfreie Geltung der gemeinschaftsrechtlichen Rechtssätze im Binnenmarkt. **Gleichheitssatz** und **Diskriminierungsverbot** sind der Binnenmarktrechtsordnung immanent. Die Genesis eines Europäischen Lauterkeitsrechts beruht auf konsensfähigen Prinzipien eines Rechtsrahmens für Wettbewerb und Werbung. Die Entwicklung darf nicht dahin gehen, das Wettbewerbsrecht auf einem Mindeststandard zu lokalisieren und den kleinsten gemeinsamen Nenner der nationalen Wettbewerbsordnungen in den Mitgliedstaaten zum Maßstab zu machen. Die Problematik der **Inländerdiskriminierung**

[221] EuGH GRUR 1993, 747 – Yves Rocher.
[222] EuGH GRUR Int. 1994, 170 – Hünermund.
[223] EuGH GRUR Int. 1990, 955 – GB-INNO-BM.
[224] Siehe dazu schon *Hefermehl/Fezer* 1979 S. 1 ff.
[225] Siehe dazu auch die Überlegungen von *Reich* ZIP 1993, 1815; *Jestaedt/Kästle* EWS 1994, 26, 28.
[226] Siehe dazu ausführlich *Fezer* Europäisierung des Wettbewerbsrechts, JZ 1994, 317.
[227] Siehe dazu erstmals *VerLoren van Themaat* FS Günther S. 373, 384 ff; siehe zum „more economic approach“ als Analyserahmen im Lauterkeitsrecht *Podszun* WRP 2009, 509.
[228] Siehe dazu schon *Reich* EuZW 1991, 203, 204 f; *Müller-Graff* 1989 S. 36 f.

(umgekehrte Diskriminierung) als eine Folge warenverkehrsrechtlicher Schranken nationalen Lauterkeitsrechts hat ihre Ursache in einem bestehenden Rechtsgefälle des lauterkeitsrechtlichen Schutzniveaus zwischen den Mitgliedstaaten. Notwendig ist, dass in der Europäischen Union ein integrativer Diskurs über die nationalen Zielsetzungen in den Mitgliedstaaten stattfindet. Gleichsam im Wege der praktischen Konkordanz sind die **Prinzipien eines freien Binnenmarktes** mit den **Prinzipien der Freiheit und Lauterkeit des Wettbewerbs** sowie eines **effektiven Verbraucherschutzes** in Einklang zu bringen.[229] Die die Rechtsprechung des EuGH regelnden Grundsätze der **Verhältnismäßigkeit** und **Erforderlichkeit** sowie des **Übermaßverbots** sind sachangemessene Leitlinien einer solchen gemeinschaftsrechtlichen Rechtsgestaltung.

Die Vereinheitlichung des Lauterkeitsrechts innerhalb der Europäischen Gemeinschaft 247
erfolgt mit dem Instrument des gemeinschaftsrechtlichen Richtlinienrechts. Die UGP-RL harmonisierte das verbraucherbezogene Lauterkeitsrecht im Geschäftsverkehr zwischen Unternehmen und Verbrauchern. Zweck dieser Vollharmonisierung des Lauterkeitsrechts im b2c-Geschäftsverkehr ist es, im Wege der Rechtsangleichung der mitgliedstaatlichen Lauterkeitsrechtsordnungen über unlautere Geschäftspraktiken, die die wirtschaftlichen Interessen der Verbraucher beeinträchtigen, zu einem **reibungslosen Funktionieren des Binnenmarkts** und zum **Erreichen eines hohen Verbraucherschutzniveaus** beizutragen (Art. 1 UGP-RL). Vor Inkrafttreten der UGP-RL waren die Lauterkeitsmaßstäbe in den mitgliedstaatlichen Lauterkeitsordnungen als Ausdruck landesweiter kultureller und sozialer Besonderheiten zu begreifen.[230] Ein **mitgliedstaatlicher Beurteilungsspielraum** als Ausdruck des **Subsidiaritätsprinzips** bedurfte und bedarf der Begrenzung durch das Binnenmarktziel als Rechtsprinzip. Europäisches Lauterkeitsrecht darf auch im b2b-Geschäftsverkehr kein Nischenrecht nationaler Liebhaberei im Wettbewerb sein. Die Freiheit und Fairness im Handel und Wettbewerb sind allgemeingültige Prinzipien, deren konkrete Inhalte in einer Binnenmarktordnung für freie Wirtschaftssubjekte konsensfähig sein müssen. In der Rechtsprechung des EuGH zur Freiheit des Waren- und Dienstleistungsverkehrs waren schon **Verbraucherinformation** und **Markttransparenz** die wettbewerbsrelevanten Topoi. Das Informationsmodell des lauterkeitsrechtlichen Verbraucherschutzes der UGP-RL[231] begründet **Informationspflichten der Unternehmen** und korrespondierende **Verbraucherrechte,** die einer Verbesserung der Markttransparenz dienen. Der verständige Verbraucher als mündiger Bürger ist das Referenzmodell eines gemeinschaftsrechtlichen Lauterkeitsrechts. Ein Europäisches Lauterkeitsrecht als Teilmenge eines Europäischen Wettbewerbsrechts basiert auf **binnenmarktrechtlichen Prinzipien** einer funktionsfähigen Wettbewerbsordnung in der Europäischen Union.

---

[229] Siehe dazu *Joerges* ZEuP 1995, 181.
[230] Siehe dazu *Steindorff* WRP 1993, 139, 150f.
[231] Siehe zum Informationsmodell → Einleitung E Rn 143ff.

§ 4 Beispiele unlauterer geschäftlicher Handlungen

Unlauter handelt insbesondere, wer

1. **geschäftliche Handlungen vornimmt, die geeignet sind, die Entscheidungsfreiheit der Verbraucher oder sonstiger Marktteilnehmer durch Ausübung von Druck, in menschenverachtender Weise oder durch sonstigen unangemessenen unsachlichen Einfluss zu beeinträchtigen;**
2. **geschäftliche Handlungen vornimmt, die geeignet sind, geistige oder körperliche Gebrechen, das Alter, die geschäftliche Unerfahrenheit, die Leichtgläubigkeit, die Angst oder die Zwangslage von Verbrauchern auszunutzen;**
3. **den Werbecharakter von geschäftliche Handlungen verschleiert;**
4. **bei Verkaufsförderungsmaßnahmen wie Preisnachlässen, Zugaben oder Geschenken die Bedingungen für ihre Inanspruchnahme nicht klar und eindeutig angibt;**
5. **bei Preisausschreiben oder Gewinnspielen mit Werbecharakter die Teilnahmebedingungen nicht klar und eindeutig angibt;**
6. **die Teilnahme von Verbrauchern an einem Preisausschreiben oder Gewinnspiel von dem Erwerb einer Ware oder der Inanspruchnahme einer Dienstleistung abhängig macht, es sei denn, das Preisausschreiben oder Gewinnspiel ist naturgemäß mit der Ware oder der Dienstleistung verbunden;**
7. **die Kennzeichen, Waren, Dienstleistungen, Tätigkeiten oder persönlichen oder geschäftlichen Verhältnisse eines Mitbewerbers herabsetzt oder verunglimpft;**
8. **über die Waren, Dienstleistungen oder das Unternehmen eines Mitbewerbers oder über den Unternehmer oder ein Mitglied der Unternehmensleitung Tatsachen behauptet oder verbreitet, die geeignet sind, den Betrieb des Unternehmens oder den Kredit des Unternehmers zu schädigen, sofern die Tatsachen nicht erweislich wahr sind; handelt es sich um vertrauliche Mitteilungen und hat der Mitteilende oder der Empfänger der Mitteilung an ihr ein berechtigtes Interesse, so ist die Handlung nur dann unlauter, wenn die Tatsachen der Wahrheit zuwider behauptet oder verbreitet wurden;**
9. **Waren oder Dienstleistungen anbietet, die eine Nachahmung der Waren oder Dienstleistungen eines Mitbewerbers sind, wenn er**
   a) **eine vermeidbare Täuschung der Abnehmer über die betriebliche Herkunft herbeiführt,**
   b) **die Wertschätzung der nachgeahmten Ware oder Dienstleistung unangemessen ausnutzt oder beeinträchtigt oder**
   c) **die für die Nachahmung erforderlichen Kenntnisse oder Unterlagen unredlich erlangt hat;**
10. **Mitbewerber gezielt behindert;**
11. **einer gesetzlichen Vorschrift zuwiderhandelt, die auch dazu bestimmt ist, im Interesse der Marktteilnehmer das Marktverhalten zu regeln.**

Kurzübersicht

	Rn
Regelbeispiele des § 4 Nr. 1 bis 11	**4–1–11**
Unangemessene, unsachliche Beeinflussung (§ 4 Nr. 1)	4–1
Ausnutzung der geschäftlichen Unerfahrenheit, Leichtgläubigkeit, Angst oder Zwangslage (§ 4 Nr. 2)	4–2
Schleichwerbung (§ 4 Nr. 3)	4–3
Informationspflichten bei Verkaufsförderungsmaßnahmen (§ 4 Nr. 4)	4–4

Rn

Transparenzgebot bei Preisausschreiben und Gewinnspielen (§ 4 Nr. 5) ... 4–5
Kopplungsverbot bei Preisausschreiben und Gewinnspielen (§ 4 Nr. 6) ... 4–6
Geschäftsehrverletzung (§ 4 Nr. 7) ... 4–7
Anschwärzung (§ 4 Nr. 8) ... 4–8
Wettbewerbsrechtlicher Leistungsschutz (§ 4 Nr. 9) ... 4–9
Behinderungswettbewerb (§ 4 Nr. 10) ... 4–10
Rechtsbruch (§ 4 Nr. 11) ... 4–11

Wettbewerbsrechtliche Spezialthemen ... 4–S 1–S 14

Allgemeine Marktbehinderung ... 4–S 1
Umweltwerbung ... 4–S 2
Werbung der freien Berufe, Rechtsanwaltswerbung ... 4–S 3
Lebensmittel- und Heilmittelwerbung ... 4–S 4
Werbung in Film und Fernsehen ... 4–S 5
Formatschutz ... 4–S 6
Presse im Wettbewerbsrecht ... 4–S 7
Vergleichende Produkttests ... 4–S 8
Selektiver Vertrieb und Vertikal-GVO ... 4–S 9
Geografische Herkunftsangaben ... 4–S 10
Domainrecht ... 4–S 11
Wettbewerbsrecht des Internet ... 4–S 12
Informationspflichten im Internet ... 4–S 13
Preisangabenrecht ... 4–S 14

Gesamtübersicht
Regelbeispiele des § 4 Nr. 1 bis 11

Unangemessene unsachliche Beeinflussung (§ 4 Nr. 1) ... 4–1

A. Grundlagen ... 1
I. Vom Kundenfang als Fallgruppe des § 1 UWG aF zur unangemessenen unsachlichen Beeinflussung ... 1
II. Systematik der Neuregelung und Abgrenzung ... 2
III. Gemeinschaftsrecht ... 9
1. Grundlagen ... 10
a) Handlungsformen ... 10
aa) Die Verordnung ... 10
bb) Die Richtlinie ... 12
b) Das europäische Verbraucherleitbild ... 15
c) Das europäische Informationsmodell ... 16
2. Richtlinienvorschlag über unlautere Geschäftspraktiken ... 17
a) Grundlagen ... 17
b) Regelungen in Art. 8 und 9 UGP-RL ... 21
c) Auswirkungen auf den Unlauterkeitstatbestand des § 4 Nr. 1 ... 22
aa) Geschäftspraxis ... 23
bb) Einflussmittel ... 24
cc) Wettbewerbsrechtliche Relevanz ... 28
3. Die Verordnung zur Verkaufsförderung ... 30
a) Entstehungsgeschichte und Ziel der Verordnung ... 30
b) Begriffsbestimmungen ... 31
aa) Kommerzielle Kommunikation ... 32
bb) Verkaufsförderaktion ... 33
cc) Rabatt ... 34
dd) Unentgeltliche Zuwendung ... 36
ee) Zugabe ... 37
ff) Auftraggeber ... 38

Rn
c) Regelungsgehalt der Verordnung ... 39
aa) Verbot nationaler Verbote von Verkaufsförderungsmaßnahmen ... 40
bb) Informationspflichten bei den jeweiligen Verkaufsförderaktionen 43
IV. Kartellrechtliche Grenzen ... 44
1. Grundlagen ... 44
a) Kartellrechtlich relevante Normen ... 45
b) Konkurrenzen ... 48
2. Einzelfragen ... 50
a) Anzapfen ... 51
b) Verkaufsförderungsmaßnahmen (Kopplungsangebote, Rabatte, Werbegeschenke) ... 52
c) Kundenbindungssysteme ... 56
d) Öffentlich-rechtliche Wettbewerber ... 57
V. Rechtsvergleich ... 58
1. Die Rechtslage in Österreich ... 58
a) Gesetzliche Regelungen ... 58
b) Einzelfälle ... 61
2. Die Rechtslage in der Schweiz ... 63
a) Gesetzliche Regelungen ... 63
b) Einzelfälle ... 65

B. Geschäftliche Handlungen ... 68
I. Begriff der geschäftlichen Handlung ... 68
II. Verkaufs- und Ankaufsförderungsmaßnahmen ... 70

C. Geschützter Personenkreis ... 74

D. Unangemessener unsachlicher Einfluss ... 76
I. Beurteilungsmaßstäbe für eine unangemessene unsachliche Beeinflussung ... 76
1. Das Leitbild des Leistungswettbewerbs ... 77
2. Wandel des Verbraucherleitbilds ... 84
3. Aufhebung von Rabattgesetz und Zugabeverordnung ... 87
a) Historischer Rückblick ... 88
b) Auswirkung auf das Lauterkeitsrecht ... 93
II. Unangemessenheit ... 94
III. Kanon der Einflussmittel ... 98
1. Ausübung von Druck ... 100
a) Grundlagen und Abgrenzung ... 100
b) Physischer Druck ... 103
c) Psychischer Druck ... 104
aa) Psychischer Kaufzwang ... 106
bb) Androhung sonstiger Übel ... 117
cc) Einsatz von Autoritäten ... 118
dd) Laienwerbung ... 119
d) Belästigung ... 120
e) Wirtschaftlicher Druck ... 121
2. Unsachlicher Einfluss durch menschenverachtende Werbung ... 124
3. Sonstiger unangemessener unsachlicher Einfluss ... 142
a) Fehlende Transparenz ... 143
b) Übertriebenes Anlocken ... 147
IV. Entbehrliche Fallgruppen ... 154
1. Unsachlicher Einfluss durch Setzen aleatorischer Reize ... 155
2. Unsachliche Beeinflussung durch das Ansprechen von Emotionen ... 157

E. Erscheinungsformen in der Praxis ... 160
I. Kopplungsangebote ... 160
1. Terminologie und Abgrenzung ... 160
2. Frühere Rechtslage ... 168
3. Die missbräuchliche Kopplung ... 177
4. Missbräuchliche Kopplung wegen fehlender Transparenz ... 181
a) Ausgangspunkt ... 181
b) Allgemeine Maßstäbe zur Konkretisierung des Transparenzgebotes ... 183
c) Gesetzliche Informationspflichten ... 184
d) Keine grundsätzliche Pflicht zur Angabe des Gesamtpreises ... 185

Rn

e) Ungeschriebene Pflicht zur Angabe der Einzelpreise ... 187
aa) Allgemeines ... 187
bb) Einzelfälle ... 190
f) Keine grundsätzliche Pflicht zur Angabe wertqualifizierender Merkmale ... 196
g) Einzelfallbetrachtung ... 206
aa) Gesamtbelastung ... 207
bb) Gegenüberstellung der Einzelpreise und des Gesamtpreises ... 210
cc) Täuschung über den Wert der Teil- oder Zusatzleistung ... 211
5. Missbräuchliche Kopplung aufgrund unsachlicher Beeinflussung ... 213
a) Übertriebenes Anlocken ... 213
aa) Ausgangslage ... 213
bb) Umstände des Einzelfalls ... 214
(1) Höhe des geldwerten Vorteils ... 214
(2) Funktionszusammenhang zwischen den gekoppelten Produkten ... 220
(3) Zeitliche Begrenzung des Angebots ... 223
b) Sonderfall: sog. Dreieckskopplung ... 226
aa) Grundlagen ... 226
bb) Bisherige Rechtsprechung ... 227
cc) Kriterien der rechtlichen Beurteilung ... 237
(1) Erwartungshaltung des Dritten ... 238
(2) Empfänger der Vergünstigung ... 243
(3) Wert und Art der Vergünstigung ... 245
c) Aleatorische Reize ... 248
d) Psychischer Kaufzwang ... 251
e) Ausübung von wirtschaftlichem oder sozialem Druck ... 252
f) Keine Berücksichtigung öffentlicher Interessen ... 254
g) Verstoß gegen gesetzliche Vorschriften ... 255

II. Rabatte ... 260
1. Erscheinungsformen und Abgrenzung ... 260
2. Rechtsprechung vor Aufhebung des Rabattgesetzes ... 263
3. Kriterien der lauterkeitsrechtlichen Beurteilung ... 266
a) Ausgangslage ... 266
b) Fehlende Transparenz ... 267
c) Übertriebenes Anlocken ... 270
d) Aleatorische Reize ... 275
e) Kundendiskriminierung ... 276
f) Gesetzliche Grenzen ... 277

III. Rückgabe- und Umtauschrechte, (Preis-)Garantien und Stundungen ... 278
1. Bisherige Rechtsprechung ... 278
a) Rückgabe- und Umtauschrechte ... 278
b) Preisgarantien ... 279
c) Günstige Zahlungsmodalitäten und Finanzierungsangebote ... 280
2. Kriterien der lauterkeitsrechtlichen Beurteilung ... 281
a) Fehlende Transparenz ... 282
b) Übertriebenes Anlocken ... 285

IV. Werbegeschenke ... 287
1. Erscheinungsformen ... 287
2. Kriterien der lauterkeitsrechtlichen Beurteilung ... 288
a) Grundlagen ... 288
b) Mangelnde Transparenz ... 291
c) Übertriebenes Anlocken ... 292
aa) Rechtsprechung ... 292
bb) Stellungnahme ... 295
d) Psychischer Kaufzwang ... 298
aa) Rechtsprechung ... 298
bb) Stellungnahme ... 301
3. Sonderfall: Unentgeltliche Kundenbeförderung ... 304
a) Rechtsprechung ... 304
b) Stellungnahme ... 307

V. Werbe- oder Verkaufsfahrten ... 308
1. Grundlagen ... 308
2. Kriterien der lauterkeitsrechtlichen Beurteilung ... 309

Rn

a) Täuschung über den Charakter der Veranstaltung ... 310
b) Übertriebenes Anlocken ... 311
c) Psychischer Kaufzwang ... 314
d) Unzulässige Laienwerbung ... 315

VI. Gutscheine ... 316

VII. Preisausschreiben oder Gewinnspiele ... 319
1. Grundlagen ... 319
2. Kriterien der lauterkeitsrechtlichen Beurteilung ... 322
a) Fehlende Transparenz ... 323
b) Übertriebenes Anlocken ... 325
aa) Rechtsprechung ... 326
bb) Stellungnahme ... 328
c) Psychischer Druck ... 330
aa) Rechtsprechung ... 331
bb) Stellungnahme ... 333

VIII. Kundenbindungssysteme ... 336
1. Erscheinungsformen ... 336
2. Kriterien der lauterkeitsrechtlichen Beurteilung ... 337
a) Ausgangslage ... 337
b) Transparenz ... 340
c) Übertriebenes Anlocken ... 341
aa) Rechtsprechung ... 342
bb) Stellungnahme ... 344
d) Aleatorische Reize ... 349
e) Kundendiskriminierung ... 350

IX. Umgekehrte Versteigerungen ... 351
1. Erscheinungsformen ... 351
2. Kriterien der lauterkeitsrechtlichen Beurteilung ... 352
a) Ausgangslage ... 352
b) Fehlende Transparenz ... 353
c) Aleatorische Reize ... 354

X. CoShopping ... 362
1. Erscheinungsformen ... 362
2. Kriterien der lauterkeitsrechtlichen Beurteilung ... 366
a) Ausgangslage ... 366
b) Fehlende Transparenz ... 367
c) Übertriebenes Anlocken ... 368
d) Unzulässige Laienwerbung ... 374

XI. Gefühlsbetonte Werbung ... 376
1. Erscheinungsformen und Abgrenzung ... 376
a) Social sponsoring ... 377
b) Social production ... 378
c) Imagewerbung ... 379
2. Kriterien der lauterkeitsrechtlichen Beurteilung ... 380
a) Ausgangslage und Entwicklung der Rechtsprechung ... 380
b) Fehlende Transparenz ... 387
c) Psychischer Kaufzwang ... 392
d) Frühere Rechtsprechung ... 394

XII. Einsatz von Autoritäten ... 399
1. Grundlagen ... 399
2. Kriterien der lauterkeitsrechtlichen Beurteilung ... 400
a) Ausübung von Druck ... 400
b) Ausnutzen von unberechtigtem Vertrauen ... 403
c) Persönliche Beziehungen ... 408
d) Starwerbung ... 409

XIII. Laienwerbung ... 410
1. Grundlagen ... 410
2. Kriterien der lauterkeitsrechtlichen Beurteilung ... 412
a) Ausgangslage ... 412
b) Belästigung ... 414
c) Irreführung ... 415
d) Psychischer Kaufzwang ... 417
e) Maßgeblichkeit der Umstände des Einzelfalls ... 418

Rn
aa) Anreizwirkung der Prämie ... 419
bb) Person des Laienwerbers ... 421
cc) Die beworbene Ware ... 422
3. Einzelfälle aus der Rechtsprechung ... 424
4. Sonderformen ... 426
5. Abgrenzung ... 428
6. Verantwortlichkeit des Laienwerbers und des Unternehmers ... 432
XIV. Anzapfen ... 433
1. Erscheinungsform ... 433
2. Ausübung von Druck ... 434
3. Behinderung nach § 4 Nr. 10 ... 437

Ausnutzung der geschäftlichen Unerfahrenheit, Leichtgläubigkeit, Angst oder Zwangslage (§ 4 Nr. 2) ... 4–2

A. Einleitung ... 1
I. Geschichtliche Entwicklung, Gesetzesgeschichte, Entstehungsgeschichte ... 1
II. Systematischer Überblick über die gesetzliche Regelung ... 4

B. Ausnutzen von Angst und Zwangslagen ... 6
I. Einleitung ... 6
1. Geschichtliche Entwicklung, Gesetzesgeschichte, Entstehungsgeschichte ... 6
2. Systematischer Überblick über die gesetzliche Regelung ... 8
3. Normzweck ... 12
4. Europäisches Gemeinschaftsrecht ... 13
II. Grundsätzliche Erwägungen ... 15
1. Abstrakte Feststellung anhand normativer Kriterien ... 15
a) Vorliegen einer Ausnahmesituation ... 15
b) Eignung zur Ausnutzung ... 19
c) Beurteilungsmaßstab ... 21
2. Spürbare Beeinträchtigung der Fähigkeit zur informierten Entscheidung ... 23
3. Allgemeininteressen ... 34
III. Ausnutzung von Angst im Sinne des § 4 Nr. 2 ... 35
1. Bisherige Rechtslage unter § 1 UWG aF ... 35
a) Anwendungsgebiete ... 35
b) Argumentationsmuster ... 37
c) Literatur ... 39
2. Beurteilung konkreter Fallgestaltungen ... 43
a) Inflationsängste ... 43
b) Ängste um die Gesundheit ... 45
c) Angst vor technischen Unglücksfällen ... 47
d) Angst vor Umweltzerstörung ... 49
e) Angst vor beruflichem Scheitern ... 51
f) Angst vor sozialen Sanktionen ... 52
g) Angst vor Verkehrsunfällen ... 54
h) Androhung konkreter, unzulässiger Nachteile ... 58
3. Fazit ... 61
IV. Ausnutzung einer Zwangslage von Verbrauchern ... 62
1. Ansprechen von Unfallopfern ... 63
a) Rechtsprechung und Literatur ... 63
b) Argumentationsmuster ... 64
c) Beurteilung der Fallgestaltungen ... 66
2. Unerbetene Vertreterbesuche nach dem Todesfall eines nahen Angehörigen und bei alten und/oder kranken Verbrauchern ... 70
a) Rechtsprechung und Literatur ... 70
b) Argumentationsmuster ... 73
c) Beurteilung der Fallgestaltungen ... 75
aa) Grabsteinaufträge ... 75
bb) Bestattungswerbung ... 81
3. Erschlichene Vertreterbesuche ... 84
a) Rechtsprechung und Literatur ... 84
b) Argumentationsmuster ... 85
c) Beurteilung der Fallgestaltungen ... 86

Rn
4. Ansprechen von Verbrauchern auf der Straße ... 93
a) Rechtsprechung und Literatur ... 93
b) Argumentationsmuster ... 94
c) Beurteilung der Fallgestaltungen ... 95
5. Zusendung unbestellter Ware ... 97
a) Rechtsprechung und Literatur ... 97
b) Argumentationsmuster ... 98
c) Beurteilung der Fallgestaltungen ... 99
6. Ausnutzung abergläubischer Vorstellungen ... 105
a) Äußerungen der Literatur ... 105
b) Beurteilung der Fallgestaltung ... 108
7. Einschränkung der Bewegungsfreiheit und ähnliche Fallgestaltungen ... 112
a) Fallgestaltungen ... 112
b) Beurteilung der Fallgestaltungen ... 114
8. Psychologischer Kaufzwang ... 115
a) Rechtsprechung ... 115
b) Argumentationsmuster ... 116
c) Literatur ... 117
d) Beurteilung der Fallgestaltungen ... 118

C. Ausnutzen von geistigen oder körperlichen Gebrechen, Alter, geschäftlicher Unerfahrenheit oder Leichtgläubigkeit ... 128
I. Einleitung ... 128
1. Geschichtliche Entwicklung, Gesetzesgeschichte, Entstehungsgeschichte ... 128
2. Systematischer Überblick über die gesetzliche Regelung ... 133
3. Normzweck ... 137
4. Europäisches Gemeinschaftsrecht ... 138
II. Grundsätzliche Erwägungen ... 143
1. Abstrakte Feststellung anhand normativer Kriterien ... 143
a) Massive Defizite gegenüber dem Durchschnittsverbraucher ... 144
b) Eignung zur Ausnutzung ... 153
2. Spürbare Beeinträchtigung der Fähigkeit zur informierten Entscheidung ... 161
3. Einsatz von Kindern als „Kaufmotivatoren" ... 165
4. Allgemeininteressen ... 171
III. Ausnutzen altersbedingter entwicklungstypischer Defizite bei Kindern und Jugendlichen ... 172
1. Rechtsprechung ... 172
2. Literatur ... 178
3. Beurteilung der Fallgestaltungen ... 179
a) Einsatz von Autoritätspersonen ... 179
b) Ausnutzen des Spiel- und Sammeltriebes ... 181
c) Direkte Kaufappelle ... 186
d) Suggestivwerbung ... 191
e) Einsatz von Idolen in der Werbung ... 194
f) Werbung „below the line" ... 197
g) Abwälzen von Werbekosten ... 198
h) Erhebung von Daten ... 200
i) Fazit ... 201
4. Nr. 28 Anhang UWG ... 205
a) Entstehungsgeschichte, Europäisches Gemeinschaftsrecht ... 206
b) Normzweck ... 207
c) Systematischer Überblick über die gesetzliche Regelung ... 209
d) Tatbestandsmerkmale ... 210
e) Systemwidrigkeit der 2. Tatbestands-Alternative ... 224
IV. Ausnutzen von massiven Defiziten bei Erwachsenen ... 228
1. Rechtsprechung ... 228
2. Literatur ... 232
3. Beurteilung ... 233
a) Sprach-, Lese- und Schreibunkundigkeit ... 234
b) Psychische Störungen oder bestimmte körperliche Behinderungen ... 235
c) Rentner und Hausfrauen ... 238
d) Gläubige ... 239
e) Inhaftierte ... 240
f) Aberglauben ... 241

Rn

g) Rechtsunkenntnis 242
h) Fazit 243

D. „Schockwerbung" („Benetton") und „diskriminierende Werbung" 244

I. Einleitung 244
1. Geschichtliche Entwicklung und Entstehungsgeschichte 244
a) Schockwerbung 244
b) „Diskriminierende Werbung" 247
2. Gesetzesgeschichte zum neuen Unlauterkeitsrecht 249
3. Europäisches Gemeinschaftsrecht 254

II. Rechtsprechung 255
1. „Benetton"-Rechtsprechung 255
a) Entscheidungstroika vom 6. 7. 1995: Kinderarbeit, Ölverschmutzte Ente, H. I. V. POSITIVE 255
b) Bundesverfassungsgericht „Benetton I" vom 12. 12. 2000 260
c) BGH „H. I. V. POSITIVE II" vom 6. 12. 2001 263
d) Bundesverfassungsgericht „Benetton II" vom 11. 3. 2003 265
e) Bundesverfassungsgericht „Tier- und Artenschutz" vom 6. 2. 2002 266
2. Ansätze einer Beurteilung durch die Rechtsprechung in den Fällen der „diskriminierenden Werbung" 269
a) BGH „Busengrapscher/Schlüpferstürmer" vom 18. 12. 1995 269
b) Untergerichte 271

III. Grundsätzliches zur Schockwerbung und zur „diskriminierenden Werbung" 278
1. Schutzbereich des Art. 5 GG 278
2. Schranken nach Art. 5 Abs. 2 GG 289
3. Menschenwürde des Art. 1 Abs. 1 GG als absolute Schranke 304
4. Anforderungen an einen Verstoß gegen die Menschenwürde im Sinne des Art. 1 Abs. 1 GG 311

IV. Einzelne Fallgruppen 317
1. „Schock"-Werbung („Benetton") 317
2. Sexistische Werbung 323
a) Allgemeines 323
b) Einzelfälle 332
c) Fazit 345
3. Religiös diskriminierende Werbung 347
a) Allgemeines 347
b) Einzelfälle 348
4. Behindertendiskriminierung 354
a) Allgemeines 354
b) Einzelfälle 355
5. Ethnische bzw. nationale Diskriminierung 360
a) Allgemeines 360
b) Einzelfälle 361
6. Politische Überzeugungen diskriminierender Werbung 367
7. Kriegs- oder gewaltverherrlichende Werbung 368

V. Fazit 373

Schleichwerbung (§ 4 Nr. 3) 4–3

A. Einleitung 1

I. Normzweck und Regelungsübersicht 2
II. Rechtsvergleich 6

B. Begriffsbestimmung 17

C. Redaktionelle Werbung 20

I. Allgemein 20
II. Trennungsgebot 23
III. Werbung in Printmedien 26
1. Redaktionell gestaltete Anzeige 27
a) Anordnung und Gestaltung 28
b) Kennzeichnung 29
2. Redaktionell gestaltete Anzeige in sonstigen Druckerzeugnissen 35

Rn
3. Redaktioneller Hinweis 37
a) Unzulässigkeit redaktioneller Hinweise 39
b) Zulässigkeit redaktioneller Hinweise 49
c) Incentive-Aktionen 51
4. Passivlegitimation 54
IV. Rundfunkwerbung 59
1. Umfang, Eigenarten und Rechtsquellen 59
2. Besondere Erscheinungsformen 71
a) Unterschwellige Werbung 71
b) Screensplitting 73
V. Internetwerbung 81
1. Begriffsbestimmung 81
2. Rechtsrahmen 82
a) Anwendbares Recht 82
b) Übertragbarkeit des Trennungsgebots auf Onlinebereiche 89
3. Formen der redaktionellen Internetwerbung 92
a) Besondere Charakteristika von Internetwerbung 93
b) Verlinkung 97
c) Banner-Werbung 101
d) Suchmaschinen-Einträge 102
e) Spamming 104
f) Domain-Bezeichnung 107
4. Passivlegitimation 108
a) Haftung für zu Eigen gemachte Angebote Dritter 109
b) Haftung von Diensteanbietern für fremde Inhalte 112
c) Beweislastfragen 122

D. Wissenschaftliche und publizistische Werbung 123
I. Gutachten und wissenschaftliche Stellungnahmen 124
II. Empfehlungen Dritter 126
III. Presseveröffentlichung 127
IV. Meinungsumfragen 128

E. Sonstige getarnte Werbung 131
I. Sonstige getarnte Werbung in Printmedien 131
II. Sonstige getarnte Rundfunk- und Filmwerbung 132
1. Sponsoring 132
2. Product Placement 136
III. Sonstige getarnte Werbung im Internet 151

F. Rechtslage und höchstrichterliche Rechtsprechung in Österreich und der Schweiz 152
I. Schweizer Regelungen 152
II. Vorschriften in Österreich 156

Informationspflichten bei Verkaufsförderungsmaßnahmen (§ 4 Nr. 4) 4–4

A. Grundlagen 1
I. Normzweck und Verhältnis zu anderen lauterkeitsrechtlichen Informationspflichten 1
II. Entstehungsgeschichte 3
1. Richtlinie über den elektronischen Geschäftsverkehr 3
2. Richtlinie 2005/29/EG über unlautere Geschäftspraktiken 5

B. Tatbestand 7
I. Allgemeines 7
II. Verkaufsförderungsmaßnahmen 9
III. Bedingungen der Inanspruchnahme 12
1. Allgemeines 12
2. Einzelfälle 18
3. Probleme des Geltungszeitraums der Aktion 21

	Rn
IV. Zeitpunkt der Angaben	24
V. Klare und eindeutige Angabe	29
1. Allgemeines	29
2. Einzelfälle	32
C. Kundenbindungssysteme	**35**
I. Verkaufsförderungsmaßnahme	35
II. Ziel und Entwicklung von Kundenbindungssystemen	36
III. Erscheinungsformen der Kundenbindungssysteme	38
IV. Notwendige Angaben	41
D. Wettbewerbsrechtliche Relevanz	**48**
E. Rechtsfolgen unzureichender Informationen	**50**

Transparenzgebot bei Preisausschreiben und Gewinnspielen (§ 4 Nr. 5) 4–5

A. Einleitung	**1**
I. Entstehungsgeschichte	2
1. Vorschläge der Arbeitsgruppe Unlauterer Wettbewerb	3
2. Referentenentwurf	7
II. Europäisches Gemeinschaftsrecht	10
1. E-Commerce- und Irreführungs-Richtlinie	11
2. Vorschlag für eine Verkaufsförderungs-Verordnung	13
3. Richtlinie über unlautere Geschäftspraktiken	18
a) Grundzüge der Richtlinie	19
b) Beibehaltung des § 4 Nr. 5 nach der Umsetzung	20
III. Systematischer Überblick	25
1. Bisherige Rechtslage	26
a) Geschichtliche Entwicklung	27
b) Aleatorische Anreize als Marketinginstrument	28
c) Unlauterkeitsmerkmale nach der Rechtsprechung zu § 1 UWG aF	31
aa) Irreführende bzw. täuschende Angaben	33
bb) Kopplung der Teilnahmeberechtigung mit dem Warenabsatz	36
cc) Psychischer Kaufzwang und übertriebenes Anlocken	37
2. Neuer Beurteilungsmaßstab durch geändertes Verbraucherleitbild	41
a) Das europäische Verbraucherleitbild	41
b) Auswirkungen des gemeinschaftsrechtlichen Verbraucherleitbildes auf die Transparenzregeln des UWG	42
B. Regelungsgehalt von § 4 Nr. 5	**45**
I. Sinn und Zweck der Regelung	45
II. Preisausschreiben und Gewinnspiele	47
1. Preisausschreiben und Gewinnspiele im Spannungsverhältnis zwischen Verkaufsförderungsmaßnahme und verbotenem Glücksspiel	47
2. Das Glücksspiel – Kurzer geschichtlicher Abriss	48
3. Glücksspiele gemäß § 3 Abs. 1 GlüStV und gemäß § 284 StGB	50
a) Erlaubnis	64
b) Einsatz, erheblicher	65
c) Das Zufallselement	66
d) Öffentlichkeit	67
4. Zeitpunkt	68
5. Zivilrechtliche Einordnung	73
III. Anwendungsbereich	74
1. § 4 Nr. 5 als Beispielsfall von § 3	74
2. Definition von Preisausschreiben und Gewinnspielen	77
a) Abgrenzung zu Glücksspielen im Sinne von § 284 StGB bzw. § 3 Abs. 1 GlüStV	77
b) Begriffsbestimmung	78
aa) Preisausschreiben	79
bb) Gewinnspiele	85
cc) Stellungnahme	90
dd) Gewinnzusagen gemäß § 661 a BGB	91

Rn
3. Werbecharakter ... 95
4. Teilnahmebedingungen ... 101
a) Umfang des Transparenzgebotes ... 101
b) Zeitpunkt der Informationspflicht ... 111
c) Umfang der Informationspflicht im Einzelnen ... 124
d) Informationspflicht über Preise ... 127
e) Informationspflicht über Gewinnchancen ... 132
f) Täuschung über Gewinnchancen und Gewinnhöhe ... 138
g) Kriterienkatalog ... 140
aa) Klarstellung ... 143
bb) Voraussetzungen für die Teilnahme ... 144
cc) Veranstalteridentität/Beschreibung der Gewinne ... 145
dd) Formale Kriterien der Gewinnermittlung ... 146
ee) Gewinninformation ... 147
ff) Verwendung der Gewinnerdaten ... 148
f) Erläuterungen zum Katalog und besondere Fallgruppen ... 149
aa) Versandhandel ... 149
bb) Preisausschreiben und Gewinnspiele in der Presse ... 150
cc) Geographische bzw. personengebundene Beschränkungen ... 151
dd) Beschreibung der Preise ... 153
ee) Wert der Preise ... 154
ff) Redaktionelle Werbung ... 155
gg) Barauszahlung und Sachgewinne ... 157
hh) Gewinnauskehrung ... 158
ii) Adressgewinnung und -nutzung ... 162
5. Klar und eindeutig ... 168
a) Parallele Vorschriften ... 169
aa) Telemediengesetz (TMG) ... 169
bb) § 1 Abs. 5 Verordnung über Preisangaben (PAngV) ... 175
cc) § 307 Abs. 1 S. 2 BGB, § 312 c Abs. 1 BGB ... 176
b) Begriffsbestimmung ... 180
aa) Klarheit ... 181
bb) Eindeutigkeit ... 191
cc) Im Einzelnen ... 195
dd) Allgemein ... 197
IV. Besondere Anforderungen an das Klarheitsgebot bei Medien- und Telediensten ... 198

Kopplungsverbot bei Preisausschreiben und Gewinnspielen (§ 4 Nr. 6) ... 4–6

A. Einleitung ... 1
I. Entstehungsgeschichte ... 6
1. Vorschläge der Arbeitsgruppe Unlauterer Wettbewerb ... 7
2. Referentenentwurf ... 11
3. Änderungsvorschläge des Bundesrates ... 12
4. Erste Änderung des UWG ... 15
II. Europäisches Gemeinschaftsrecht ... 16
1. Vorschlag einer Verkaufsförderungs-Verordnung ... 18
2. Richtlinie über unlautere Geschäftspraktiken ... 23
a) Entwicklung ... 24
b) Regelungen mit Bezug zu Gewinnspielen ... 26
3. Umsetzung der Richtlinie ... 27
4. Europarechtskonformität von § 4 Nr. 6 ... 29
a) Diskussionsstand ... 29
b) Stellungnahme ... 33
III. Systematischer Überblick ... 37
1. Bisherige Rechtslage ... 38
2. Rechtsänderungen ... 41

B. Regelungsgehalt ... 42
I. Sinn und Zweck der Regelung ... 42
II. Anwendungsbereich ... 47

	Rn
1. Persönlich	47
2. Sachlich	49
III. Der Grundsatz des Kopplungsverbots	53
1. Das „Abhängigmachen der Teilnahme"	54
a) Eindruck der Kopplung	55
b) Psychischer Kaufzwang	57
c) Kopplung bei der Gewinnzuteilung	61
aa) Enge Auslegung	62
bb) Weite Auslegung	67
cc) Stellungnahme	70
2. Werbung	76
3. Kopplung mit dem Warenabsatz	78
a) Kopplung durch eigene oder Begünstigung Dritter	79
b) Unmittelbare Kopplung	84
c) Mittelbare Kopplung	91
4. Ausnahme: Alternative Teilnahmemöglichkeiten	95
a) Bestellschein	100
b) Teilnahmekarten	105
c) Post	108
d) Hotline/SMS	110
e) Internet	114
f) Alternative Lösungswege bei Preisausschreiben	116
5. Wertmäßige Bagatellgrenze	117
6. Beteiligung über Mehrwertdienste-Rufnummern	121
a) Bisherige Rechtslage	121
b) Neue Rechtslage	124
aa) Übliche Übermittlungskosten	127
bb) Anzahl der Teilnahmeversuche	132
cc) Grenze zum unerlaubten Glücksspiel	134
IV. Naturgemäße Verbindung	140
1. Auslegungsbedürftigkeit	141
a) Bedeutung der „naturgemäßen Verbindung"	142
b) Stellungnahme	146
2. Grenzen bei Preisausschreiben/Gewinnspielen der Presse	151
3. Preisausschreiben der Presse nach § 4 Nr. 6	154
4. Preisausschreiben und Gewinnspiele in kostenpflichtigen Angeboten	158
5. Ausblick	161
V. Rechtsfolgen	163

Geschäftsehrverletzung (§ 4 Nr. 7)	**4–7**
A. Einleitung	**1**
I. Sinn und Zweck der Norm, Stellung im Gesetz	1
II. Entstehungsgeschichte	6
III. Europarechtskonforme Auslegung	12
IV. Abgrenzung zu anderen Vorschriften	13
1. Abgrenzung zu § 6	14
2. Abgrenzung zu § 4 Nr. 8	18
a) Behauptung oder Verbreitung wahrer Tatsachen	19
b) Behauptung oder Verbreitung unwahrer oder nicht erweislich wahrer Tatsachen	20
c) Behauptung oder Verbreitung unwahrer oder nicht erweislich wahrer Tatsachen, denen es an einer Eignung zur Geschäftsschädigung mangelt	21
d) Werturteil auf tatsächlicher Basis	22
3. Abgrenzung zu § 4 Nr. 10	23
4. Abgrenzung zu § 5, § 5 a	24
5. Abgrenzung zu den §§ 823 ff BGB	26
6. Abgrenzung zum Markenrecht	27
B. Regelungsgehalt	**28**
I. Überblick über den Tatbestand	28
II. Mitbewerber	29

Rn

III. Anknüpfungspunkte ... 34
1. Kennzeichen ... 34
2. Waren und Dienstleistungen (Produkt) ... 35
3. Tätigkeiten ... 37
4. Geschäftliche Verhältnisse ... 38
5. Persönliche Verhältnisse ... 39

IV. Verbotenes Handeln ... 40
1. Herabsetzung ... 44
2. Verunglimpfung ... 47
3. Differenzierung zwischen Herabsetzung und Verunglimpfung ... 49
4. Adressat der geschäftlichen Handlung ... 50
5. Art und Weise der Herabsetzung/Verunglimpfung ... 51
6. Herabsetzende und verunglimpfende Werturteile ... 53
a) Abgrenzung zwischen Meinungsäußerung und Tatsachenbehauptung ... 54
b) Die Bedeutung von Art. 5 Abs. 1 GG für die Zulässigkeit werblicher Meinungsäußerungen ... 56
c) Schmähkritik und unternehmensbezogene (persönlich bezugnehmende) Werbung ... 64
aa) Meinungsäußerungen und eine wertende Kritik ... 64
bb) Unternehmensbezogene (persönlich bezugnehmende) Werbung ... 67
7. Herabsetzende und verunglimpfende Tatsachenbehauptungen ... 72
a) Wahre Tatsachenbehauptungen ... 73
b) Unwahre Tatsachenbehauptungen ... 79
8. Rechtfertigungsgründe ... 80
9. Haftung der Presse ... 81

V. Kennzeichenverunglimpfung ... 85
1. Allgemeines ... 85
2. Abgrenzung zum Markenrecht ... 86
3. Herabsetzung und Verunglimpfung von Kennzeichen ... 91

VI. Relevanz der Bagatellklausel (Spürbarkeit) des § 3 Abs. 1 ... 94

C. Rechtsvergleichendes ... 98

D. Prozessuales ... 101

E. Anhang: Pauschale Herabsetzung nicht erkennbarer Mitbewerber (§ 3 Abs. 1) ... 105

I. Allgemeines ... 106

II. Einzelfälle ... 107

III. Fazit ... 113

Anschwärzung (§ 4 Nr. 8) ... 4–8

A. Einleitung ... 1

I. Sinn und Zweck der Norm, Stellung im Gesetz ... 1

II. Entstehungsgeschichte ... 8

III. EU-Richtlinien ... 12

IV. Abgrenzung zu anderen Vorschriften ... 13
1. Abgrenzung zu §§ 823 ff BGB ... 14
2. Abgrenzung zu § 4 Nr. 7 ... 19
3. Abgrenzung zu § 4 Nr. 10 ... 20
4. Abgrenzung zu § 5 ... 21
5. Abgrenzung zu § 6 ... 22

B. Regelungsgehalt ... 23

I. Überblick über den Tatbestand ... 23

II. Mitbewerber und Anspruchsberechtigung ... 24
1. Mitbewerber ... 24
2. Anspruchsberechtigter ... 27

III. Anknüpfungspunkte ... 30
1. Waren und Dienstleistungen sowie Kennzeichen ... 31
2. Unternehmen, Unternehmer und Mitglied der Unternehmensleitung ... 33

	Rn
IV. Verbotenes Handeln	34
1. Tatsache	35
2. Behaupten oder Verbreiten	44
3. Eignung zur Schädigung	49
4. Sonderfall: Abnehmerverwarnung	54
V. Beweislast	58
1. Normfall der Beweislastumkehr	59
2. Ausnahmefall der vertraulichen Mitteilungen	64
VI. Relevanz der Bagatellklausel (Spürbarkeitsschwelle) des § 3 Abs. 1	75
C. Rechtsvergleichendes	**76**

Wettbewerbsrechtlicher Leistungsschutz (§ 4 Nr. 9) 4–9

A. Einleitung	**1**
I. Zweck und Bedeutung	1
II. Geschichtliche Entwicklung	4
1. Die Rechtsprechung des Reichsgerichts	4
a) Ausgangspunkt	4
b) Differenzierung zwischen technischen und nichttechnischen Gegenständen	5
2. Die Rechtsprechung des BGH	6
3. Schutzvoraussetzungen im Überblick	7
4. Der Beispielstatbestand nach § 4 Nr. 9 a–c	10
a) Inhalt der Regelung	10
b) Gesetzesbegründung	11
c) Behinderung	12
III. Europäisches Gemeinschaftsrecht und Rechtsvergleichung	13
1. Europäisches Gemeinschaftsrecht	13
2. Rechtsvergleichung	15
a) Gemeinsamkeiten und Unterschiede	15
b) Die Regelungen in den einzelnen Mitgliedstaaten	16
aa) § 8 des Schwedischen Marktvertriebsgesetzes	17
bb) Art. 2598 Nr. 1 des Italienischen Codice Civile	18
cc) Art. 11 des Spanischen UWG	19
dd) Art. 5 des Schweizer UWG	20
3. Vorschläge zur Rechtsangleichung auf internationaler Ebene	22
B. Grundlagen der Beurteilung	**27**
I. Die Nachahmungsfreiheit als Ausgangsthese der Rechtsprechung	27
II. Bewertung	32
C. Die Schutzvoraussetzungen im Überblick	**34**
D. Verhältnis zu anderen Regelungen	**36**
I. Verhältnis zu anderen Regelungen des UWG	36
II. Verhältnis zu den Immaterialgüterrechten	37
1. Verhältnis zum Urheberrecht	39
a) Werkschutz	39
b) Leistungsschutz	41
aa) Lückenfüllende Funktion	41
bb) Computerprogramme	43
cc) Datenbanken	44
2. Verhältnis zum Geschmacksmusterrecht	45
3. Verhältnis zum Markenrecht	47
a) Allgemeine Grundsätze (Vorrangthese)	47
b) Dreidimensionale Marken	48
c) Andere Kennzeichen	49
4. Verhältnis zum Patent- und Gebrauchsmusterrecht	50
III. Verhältnis zu § 826 BGB	52
E. Wettbewerbliche Eigenart	**53**
I. Allgemeine Grundlagen	53
II. Anforderungen an die wettbewerbliche Eigenart	55

Rn
1. Ausprägung der wettbewerblichen Eigenart 55
a) Kein Ideenschutz 55
b) Konkretisierung 56
c) Kombination von Gestaltungselementen 57
d) Produktpalette 58
2. Neuheit 59
3. Bekanntheit 61
4. Beurteilung der wettbewerblichen Eigenart 64

F. Nachahmungstatbestände 65
I. Nachahmungshandlungen 65
1. Unmittelbare Übernahme 67
2. Fast identische Nachahmung 68
3. Nachschaffende Nachahmung 69
4. Darlegungs- und Beweislast 70
II. Nachahmungsgegenstände 71
1. Leistungen jeder Art 72
2. Ästhetische Erzeugnisse 73
3. Technische Erzeugnisse 75
a) Technische notwendige Gestaltungselemente 76
b) Willkürlich wählbare Gestaltungselemente 77
c) Spielraum für Abweichungen 78
4. Kennzeichen 80
a) Grundsätzlicher Vorrang des Markenrechts 80
b) Werbeslogans 83
c) Dreidimensionale Marken 84

G. Besondere wettbewerbliche Umstände 85
I. Überblick 85
1. Bedeutung 85
2. Fallgruppen 86
3. Gesamtbewertung und Wechselwirkung 88
II. Die besonderen wettbewerblichen Umstände im Einzelnen 90
1. Vermeidbare Herkunftstäuschung (§ 4 Nr. 9 a) 90
a) Bedeutung 90
b) Herkunftstäuschung 93
c) Vermeidbarkeit 96
d) Einzelne Maßnahmen 98
2. Rufausbeutung und Rufbeeinträchtigung (§ 4 Nr. 9 b) 99
a) Allgemeines 99
b) Wertschätzung 100
c) Ausnutzung der Wertschätzung 101
d) Beeinträchtigung der Wertschätzung 104
3. Erschleichung und Vertrauensbruch (§ 4 Nr. 9 c) 105
a) Zweck und Bedeutung 105
b) Unredlichkeit 108
aa) Erschleichen 109
bb) Vertrauensbruch 110
4. Behinderung 111
a) Zweck und Bedeutung 111
b) Die systematische Nachahmung 112
c) Amortisation 114

H. Wechselwirkung 115

I. Subjektive Voraussetzungen 117

J. Schutzdauer 118
I. Allgemeines 118
1. Einzelfallbezogene Festlegung 118
2. Verhältnis zu den immaterialgüterrechtlichen Schutzfristen 119
a) Grundsätzliche Kritik 119
b) Die Rechtsprechungspraxis 120
3. Fallgruppenspezifische Differenzierung 121

K. Beweislast 122

	Rn
L. Sonderfragen	**123**
I. Einschieben in fremde Serie	123
1. Ausgangspunkt	123
2. Die neuere Entwicklung der Rechtsprechung	125
3. Kritik	126
II. Nachbau von Ersatzteilen	127
III. Modeneuheiten	129
1. Die Grundsätze der Rechtsprechung	129
2. Kritik	132
M. Rechtsfolgen	**134**
I. Aktiv- und Passivlegimitation	134
1. Anspruchsberechtigter	134
2. Anspruchsverpflichteter	135
II. Unterlassungs- und Beseitigungsanspruch	136
III. Schadensersatz	137
IV. Bereicherungsanspruch	139
V. Auskunftsansprüche	140
1. Unselbständiger Auskunftsanspruch	140
2. Anspruch auf Drittauskunft	141
3. Anspruch auf Rechnungslegung	142
VI. Verjährung	143
VII. Klageantrag	144
Behinderungswettbewerb (§ 4 Nr. 10)	**4–10**
A. Einleitung	**1**
I. Zweck und Bedeutung	1
1. Der Behinderungstatbestand der Generalklausel	1
2. Einzelfallbezogene Bewertung und Interessenabwägung	2
3. Abgrenzung zur allgemeinen Marktbehinderung	3
II. Entstehungsgeschichte	4
III. Rechtsvergleichung und europäische Harmonisierung	11
IV. Verhältnis zu anderen Regelungen des UWG	12
V. Verhältnis zum Kartellrecht	13
VI. Verhältnis zum BGB	16
B. Allgemeine Tatbestandsvoraussetzungen	**17**
I. Geschäftliche Handlung	17
II. Mitbewerber	18
III. Behinderung	19
IV. Zielgerichtetheit	20
V. Bagetellklausel	22
VI. Die klassischen Formen der Behinderung als Ausgangspunkt der Darstellung	23
C. Die einzelnen Behinderungstatbestände	**24**
I. Boykott	24
1. Begriff und Bedeutung	24
2. Verhältnis zu anderen Regelungen	26
a) Das kartellrechtliche Boykottverbot	26
b) Deliktstatbestände der §§ 823 Abs. 1, 826 BGB	27
3. Unlauterkeitsvoraussetzungen	28
a) Geschäftliche Handlung	28
b) Aufforderung	29
c) Inhalt des Aufrufs	32
d) Rechtswidrigkeit	33
II. Preisunterbietung	35
1. Zusammenhang mit dem Vernichtungswettbewerb	35
2. Grundsatz der freien Preisgestaltung	36

Rn
3. Verkäufe unter Einstandspreis oder Selbstkosten ... 37
4. Gezielte Kampfpreisunterbietung (Vernichtungswettbewerb) ... 38
a) Grundsätze der Rechtsprechung ... 38
b) Bewertung ... 39
5. Darlegungs- und Beweislast ... 40
6. Verhältnis zum Kartellrecht ... 41
III. Missbrauch von Nachfragemacht ... 42
1. Problembeschreibung ... 42
2. Wettbewerbswidrige Behinderung ... 43
3. Maßgeblichkeit der kartellrechtlichen Wertungen ... 44
IV. Betriebsstörungen ... 45
1. Physische Einwirkungen und Betriebsspionage ... 45
2. Abwerben von Mitarbeitern ... 47
a) Grundsätzliche Zulässigkeit ... 47
b) Unzulässigkeit des Abwerbens ... 48
aa) Unlautere Mittel ... 49
(1) Ansprechen am Arbeitsplatz ... 49
(2) Verleiten zum Vertragsbruch ... 51
(3) Ausnutzen eines Vertragsbruchs ... 53
(4) Beeinträchtigung der Entscheidungsfreiheit ... 54
bb) Unlautere Zwecke der Abwerbung ... 55
(1) Grundsatz ... 55
(2) Existenzgefährdung ... 56
(3) Beschaffung von Geschäftsgeheimnissen ... 57
(4) Ausnutzung von Vertragsbeziehungen oder Vertragsverhandlungen ... 58
cc) Rechtsfolgen ... 59
3. Testmaßnahmen ... 60
a) Grundsätzliche Zulässigkeit ... 60
b) Ausnahme: Unzulässigkeit ... 61
aa) Täuschung ... 62
bb) Störung des Betriebsablaufs ... 63
cc) Testfotos ... 64
4. Unberechtigte Abmahnung ... 65
a) Grundsatz: keine Unlauterkeit ... 65
b) Ausnahme: Unlauterkeit ... 66
aa) Fehlende Abmahnbefugnis ... 67
bb) Rechtsfolgen ... 68
cc) Verhältnis zu anderen Regelungen ... 69
5. Unberechtigte Schutzrechtsverwarnung ... 70
a) Begriff und Bedeutung ... 70
b) Fehlende Berechtigung ... 71
c) Herstellerverwarnung und Abnehmerverwarnung ... 72
d) Interessenlage ... 73
e) Eingriff in das Recht am eingerichteten und ausgeübten Gewerbebetrieb 74
aa) Grundlagen der Beurteilung ... 74
bb) Die Grundsatzentscheidung des RG und die ständige Rechtsprechung des BGH ... 75
cc) Vorlagebeschluss des I. Zivilsenats ... 76
dd) Der Beschluss des Großen Senats für Zivilsachen ... 78
ee) Kritik und eigene Stellungnahme ... 79
ff) Konsequenzen ... 84
f) Unterlassungsanspruch ... 86
g) Schadensersatzanspruch ... 87
aa) Verschulden des Verwarners ... 87
bb) Besondere Sorgfaltsanforderungen ... 88
cc) Inhalt ulnd Umfang des Schadensersatzanspruchs ... 89
dd) Mitverschulden des Verwarnten ... 90
h) Verhältnis zu anderen Regelungen ... 91
aa) Zum UWG ... 91
bb) Zum BGB ... 92
V. Absatzbehinderung, Nachfrage- und Werbebehinderung sowie Behinderung durch Zeichenerwerb ... 93
1. Absatzbehinderung ... 94

Rn

a) Kundenbezogene Behinderung 96
aa) Abfangen von Kunden 97
(1) Verhältnis zu anderen Regelungen des UWG 98
(2) Abfangen in räumlicher Nähe zum Mitbewerber 99
(3) Werbung im sonstigen zeitlichen Kontext mit der Werbung des Mitbewerbers 100
(4) Unterschieben fremder Waren oder Dienstleistungen 101
(5) Abfangen geschäftlicher Korrespondenz 102
(6) Verwendung von verwechslungsfähigen Telefonnummern oder Domainnamen 103
(7) Kanalisierung von Kundenströmen durch die Verwendung beschreibender Begriffe in Domains und Vanity-Rufnummern 104
(a) Second-Level-Domains 104
(b) Vanity-Rufnummern 105
(8) Umleitung von Kundenströmen durch Beeinflussung von Internet-Suchmaschinen 106
(a) Metatags 107
(b) Keyword-Buying 108
(c) Keyword-Advertising 109
bb) Ausspannen von Kunden 110
(1) Verhältnis zu anderen Regelungen des UWG 111
(2) Konkurrenzschützende Regelungen 112
cc) Verleiten zum Vertragsbruch 113
b) Produktbezogene Behinderung 115
aa) Einwirkung auf Produkte 116
(1) Unmittelbare Einwirkung 116
(2) Mittelbare Einwirkung 117
bb) Entfernung von Kennzeichen 120
(1) Weitervertrieb der Ware ohne Herstellerkennzeichen und neues Kennzeichen 121
(2) Anbringung eines eigenen Kennzeichens 122
(a) Anstelle des Herstellerkennzeichens 122
(b) Zusätzlich zum Herstellerkennzeichen 123
c) Vertriebsbezogene Behinderung 124
aa) Allgemeine Bedeutung 124
bb) Aufkauf von Waren 125
cc) Inzahlungnahme 126
dd) Schutz vor Konkurrenz durch rechtliche Mittel 127
ee) Einflussnahme auf Händler 128
ff) Entfernung von Kontrollnummern 129
(1) Allgemeines 129
(2) Selektives Vertriebssystem 131
(a) Kartellrechtliche Zulässigkeit 132
(b) Diskriminierungsfrei 133
(3) Ansprüche des Herstellers 134
(a) Gegen den gebundenen Händler 135
(b) Gegen den Außenseiter 136
(4) Gesetzlich vorgeschriebene Kontrollnummern 138
(5) Irreführung 140
2. Nachfragebehinderung 141
3. Werbebehinderung 142
a) Bedeutung 142
b) Werbung im Internet 144
c) Unmittelbare Bezugnahme auf die Werbung eines Konkurrenten 145
d) Ambush-Marketing 147
4. Behinderung durch Kennzeichenverwendung 148
a) Ausgangspunkt der Beurteilung 148
b) Vorrang des Markenrechts 149
c) Behinderung durch „Sperrzeichen" 150
aa) Grundsatz 150
bb) Besondere Umstände 151
d) Behinderung durch „Spekulationsmarken" 153
aa) Markenhandel 153
bb) Hinterhaltsmarken 154
e) Behinderung durch Internetdomains 159

Rn
aa) Gleichnamigkeit 160
bb) Domain grabbing 161
cc) Gattungsbegriffe 162
f) Mithaftung der DENIC 163
g) Vanity-Rufnummern 164

D. Allgemeine Marktbehinderung (Marktstörung) 165

Rechtsbruch (§ 4 Nr. 11) 4–11

A. Einleitung 1
I. Überblick 1
1. Problemstellung 1
2. Die Unterscheidung zwischen wertbezogenen und wertneutralen Vorschriften 2
3. Der „Marktbezug" in der neueren Rechtsprechung 3
4. Die gesetzliche Regelung 4
II. Historische Entwicklung 5
1. Die Entwicklung der Rechtsprechung 5
a) Die Rechtsprechung des Reichsgerichts 5
b) Die traditionelle Rechtsprechung des BGH 6
c) Die Neuorientierung des BGH 7
2. Die Kritik der Literatur 8
a) Die Normzwecktheorie 9
b) Der Vorwurf der Kompetenzüberschreitung 10
c) Die Lehre vom Marktbezug 11
III. Rechtsvergleichung 12
1. Die Rechtslage in anderen Ländern 12
2. Harmonisierungsansätze durch die Richtlinie über unlautere Geschäftspraktiken 14

B. Allgemeine Grundsätze der Beurteilung 17
I. Der Paradigmenwechsel der Rechtsprechung 18
1. Die Ausgangslage 18
a) Die Abgasemissionen-Entscheidung des BGH 18
b) Marktzutrittsregelungen 21
c) Lauterkeitsbezug von Marktzutrittsregelungen 24
d) „Trennungstheorie" 25
e) Kritik 26
2. Die Absicht des Gesetzgebers 30
a) Formulierung des Gesetzes 30
b) Gesetzesbegründung 31
c) Stellungnahme des Bundesrates 35
d) Gegenäußerung der Bundesregierung 39
e) Änderungsantrag im Rechtsschuss 40
f) Fazit 42
II. Zusammenfassung und Ausblick 43
1. Die wesentlichen Beurteilungskriterien 43
2. Abgrenzungsprobleme 44
3. Die Ausgrenzung kommunalrechtlicher Marktzutrittsregelungen 45
4. Eigener Ansatz 46

C. Der Rechtsbruchtatbestand 47
I. Verhältnis zu § 3 47
1. Erfordernis einer geschäftlichen Handlung 47
2. Rückgriff auf die Generalklausel 48
3. Systematik des Rechtsbruchtatbestandes nach § 4 Nr. 11 49
II. Gesetzliche Vorschrift 50
1. Begriff 50
2. Nicht gesetzliche Vorschriften 51
a) Ausländisches Recht 51
b) Verwaltungsanordnungen 52
c) Verwaltungsakte 53
d) Wettbewerbsregeln, Handelsbräuche, Branchenübungen und Gewohnheitsrecht 54

	Rn
e) Vereinssatzungen	56
f) Standesregeln	57
g) Technische Regeln (insbesondere DIN-Normen)	58
III. Regelung des Marktverhaltens im Interesse der Marktteilnehmer	59
1. Marktbezug	59
2. Marktverhalten	62
3. Interesse der Marktteilnehmer	63
IV. Abgrenzung von Marktverhaltensregelungen	64
1. Regelungen ohne Marktbezug	64
a) Produktionsvorschriften	65
b) Umweltschutzvorschriften	67
c) Arbeitnehmerschutzvorschriften	69
d) Sozialrechtliche Vorschriften	72
e) Steuer- und Strafvorschriften	73
f) Straßen- und Wegerecht	75
g) Verkehrsvorschriften	76
h) Regelungen zum Schutz des geistigen Eigentums	77
i) Berufsrechtliche Regelungen ohne Außenwirkung	78
j) Datenschutzvorschriften	80
k) EG-Beihilferecht	81
2. Marktzutrittsregelungen	82
a) Allgemeine Grundsätze	82
b) Dichotomie von Marktzutritts- und Marktverhaltensregelungen	84
c) Kommunalrechtliche Vorschriften	85
d) Weitere wirtschaftslenkende Vorschriften	87
3. Vorschriften mit Doppelfunktion (Marktzutritts- und Marktverhaltensregelungen)	88
V. Sonstige Vorschriften im Einzelnen	91
1. Allgemeine Kriterien	91
2. Gang der Darstellung	94
3. Berufsrechtliche Vorschriften	95
a) Allgemeine Grundsätze	95
b) Rechtsberatung	98
aa) Rechtsanwälte	98
(1) Rechtsdienstleistungsgesetz (RDG)	98
(2) Bundesrechtsanwaltsordnung (BRAO)	107
bb) Notare	114
cc) Patentanwälte	116
dd) Steuerberater	117
ee) Wirtschaftsprüfer	119
ff) Außergerichtliche Rechtsdienstleistungen	120
c) Heilberufe	121
aa) Ärzte	121
bb) Zahnärzte	124
cc) Tierärzte	125
dd) Heilpraktiker	127
ee) Apotheker	129
d) Weitere Zulassungsregelungen für gewerbliche Tätigkeit	135
4. Produktbezogene Vorschriften	136
a) Arzneimittelgesetz (AMG)	136
b) Heilmittelwerbegesetz (HWG)	138
c) Kosmetikverordnung (KosmetikVO)	140
d) Lebensmittelrechtliche Vorschriften	141
e) Pflanzenschutzgesetz (PflSchG)	142
f) Zusammenfassung	143
aa) Produktbezogene Zulassungspflichten	144
bb) Vertriebsverbote für bestimmte Produkte	145
cc) Produktkennzeichnungspflichten	146
5. Absatzbezogene Vorschriften	147
a) Preisvorschriften und Preiskennzeichnungsvorschriften	147
aa) Preisvorschriften	147
bb) Preisangabenvorschriften	148
(1) Preisangabenverordnung (PAngV)	148
(2) Sonderregelungen	150

Rn
b) Vorschriften über Geschäftszeiten ... 151
aa) Ladenschlussgesetze ... 151
bb) Feiertagsgesetze ... 152
cc) Nachtbackverbot ... 153
6. Vertragsbezogene Vorschriften ... 154
a) Kontrahierungszwang ... 154
b) Gleichbehandlungsgesetz ... 155
c) Informationspflichten ... 156
aa) Belehrung über Widerrufsrechte ... 156
bb) Vertragspartnerbezogene Informationspflichten ... 157
cc) Vertragsgegenstandsbezogene Informationspflichten ... 158
d) Verwendung unwirksamer allgemeiner Geschäftsbedingungen ... 159
e) Benachteiligungsverbote ... 160
f) Verpackungsverordnung ... 161
g) Vergaberecht ... 162
7. Verhältnis zum Kartellrecht ... 163
8. Strafvorschriften und Ordnungswidrigkeiten ... 164
9. Jugendschutzrechtliche Vorschriften ... 165

D. Keine subjektiven Erfordernisse ... 166

E. Vertragsbruch ... 167
I. Allgemeine Grundsätze ... 167
II. Besondere Fallkonstellationen ... 169

Wettbewerbsrechtliche Spezialthemen

Allgemeine Marktbehinderung (§ 4–S1) ... 4–S1

A. Einleitung ... 1
I. Die UWG-Novellen 2004 und 2008 ... 6
1. Die UWG-Novelle 2004 ... 6
2. Die UWG-Novelle 2008 ... 9
3. Bedeutung für den Tatbestand der allgemeinen Marktbehinderung ... 11
II. Grundfragen der allgemeinen Marktbehinderung ... 12
1. Funktionsweise einer wettbewerblich verfassten Wirtschaftsordnung ... 12
2. Das Problem der Ambivalenz unternehmerischen Verhaltens ... 14
3. Das wettbewerbspolitische Leitbild ... 21
4. Zusammenfassung ... 23
III. Gang der Darstellung ... 24

B. Schutzzweck des UWG ... 30
I. Einleitung ... 30
II. Schutzzweckdiskussion ... 33
III. Die Schutzzwecktrias des § 1, insbesondere das Interesse der Allgemeinheit an einem unverfälschten Wettbewerb ... 41

C. Lauterkeitsrechtlicher Institutionsschutz im wettbewerbstheoretischen Kontext ... 45
I. Die Wettbewerbstheorien ... 48
1. Die freie Konkurrenz der Klassiker ... 49
2. Die vollkommene Konkurrenz ... 53
3. Der funktionsfähige Wettbewerb („workable competition“) ... 56
4. Die freie Konkurrenz der Neoklassik (Systemtheorie) ... 58
II. Stellungnahme und Fazit ... 60

D. Lauterkeitsrechtlicher Institutionenschutz im wettbewerbspolitischen Kontext ... 65
I. Internationales Recht ... 66
II. Gemeinschaftsrecht ... 69
1. Primärrecht ... 70
2. Sekundäres Gemeinschaftsrecht ... 74
a) Richtlinie über irreführende und vergleichende Werbung ... 75

Rn
b) E-Commerce Richtlinie 77
c) Richtlinie über unlautere Geschäftspraktiken 80
d) Fazit 83
3. Das europäische Verbraucherleitbild 84
4. Die ursprünglich geplante Verordnung über Verkaufsförderungsmaßnahmen im Binnenmarkt 87
a) Regelungsinhalt 88
b) Stellungnahmen 90
III. Entwicklungstendenzen im deutschen Lauterkeitsrecht 92
1. Wandel des Verbraucherleitbildes 93
2. Liberalisierungen und Informationspflichten im UWG 96
3. Verbot des Angebotes unter Einstandspreis durch § 20 Abs. 4 S. 2 bis 4 GWB 101
IV. Fazit 102

E. Problemfelder des lauterkeitsrechtlichen Institutionenschutzes 105
I. Marktabgrenzung 105
1. Der sachlich relevante Markt 106
2. Der räumlich relevante Markt 107
3. Der zeitlich relevante Markt 108
II. Beurteilungsmaßstäbe für das Marktverhalten 109
1. Der Begriff des Leistungswettbewerbs 111
2. Die Preisgestaltung als Beurteilungskriterium 116
3. Die Unentgeltlichkeit als Beurteilungskriterium 119
4. Die Marktstärke als Beurteilungskriterium 121
a) Trennungsthese 122
b) Konvergenzthese (Individualschutz vs. Institutionsschutz) 123
c) Wirtschaftspolitische Neutralität des UWG 126
d) Vorfeldthese 132
5. Marktfolgen als Beurteilungskriterium 137
a) Nachahmungsgefahr und Verbrauchergewöhnung 138
b) Die Anforderungen an die Intensität der Marktfolgen 145
III. Problem der begrenzten Erkenntnisfähigkeit im Zivilverfahren 147

F. Reichweite des lauterkeitsrechtlichen Institutionsschutzes 150
I. Maßstab für die Beurteilung institutionsgefährdender Wettbewerbshandlungen 152
1. Die Anstandsformel 154
2. Der wohlfahrtstheoretische Ansatz 155
3. Das Leitbild der Wettbewerbsfreiheit 156
4. Ansätze in der Gesetzgebung 157
5. Stellungnahme 158
II. Fazit: Interessenabwägung 164

G. Die einzelnen Fallgruppen 172
I. Die Methode der Fallgruppenbildung 172
II. Unentgeltliche Abgabe von Waren und Dienstleistungen 175
1. Verschenken von Originalwaren bzw. Dienstleistungen und Warenproben 176
a) Abgabe zu Probezwecken 180
b) Fehlen oder Überschreitung des Probezwecks 183
c) Entscheidungen 184
d) Stellungnahme 186
2. Zugaben und Kopplungen 192
3. Werbegeschenke und Leistungssteigerungen 201
4. Bonusprogramme 203
a) Literatur 204
b) Rechtsprechung 209
c) Stellungnahme 216
III. Unentgeltliche Verteilung von Presseerzeugnissen 217
1. Funktionsweise des Pressemarktes 218
2. Bedeutung der Pressefreiheit 220
3. Die unentgeltliche Abgabe an sich kostenpflichtiger Presseerzeugnisse 221
4. Gefährdung des Bestandes der kostenpflichtigen Tagespresse durch unentgeltliche Vertriebskonzepte 225

Rn

a) Bestandsgefährdung durch Anzeigenblätter ... 226
aa) Reine Anzeigenblätter ... 227
bb) Anzeigenblätter mit redaktionellem Teil ... 229
b) Bestandsgefährdung durch Gratiszeitungen ... 235
c) Stellungnahme ... 241
5. Der Wettbewerb von Anzeigenblättern untereinander ... 244
6. Der Wettbewerb von Fachzeitschriften untereinander ... 247
a) Beispiele ... 248
b) Stellungnahme ... 252
7. Werbeblocker ... 253
a) Problembeschreibung ... 253
b) Die Werbeblocker-Entscheidung des BGH ... 257
c) Nachhall bei den Instanzgerichten ... 260
d) Stellungnahme ... 261
IV. Preiskampf ... 267
1. Preisunterbietung nach § 3 Abs. 1 ... 269
a) Preisunterbietung ... 270
b) Sachliche Rechtfertigung ... 272
aa) Mischkalkulation ... 273
bb) Einführungspreise ... 274
cc) Privilegierung von Markenartikeln ... 275
dd) Eintritt in wettbewerbswidrige Mitbewerberpreise ... 277
ee) Erhöhung der Lieferantenpreise ... 278
ff) Sonstige Gründe ... 279
c) Gefährdung des Wettbewerbsbestandes ... 280
2. Preisunterbietung nach § 20 Abs. 4 S. 2 bis 4 GWB ... 284
a) Rechtslage vor der 6. GWB-Novelle ... 285
b) Die 6. GWB-Novelle ... 288
c) Die WalMart-Entscheidung ... 298
d) Die Regelung des § 20 Abs. 4 S. 2 Nr. 1 und S. 3 und 4 GWB ... 302
3. Auswirkungen auf die lauterkeitsrechtliche Preiskontrolle ... 303
4. Auslegungsgrundsätze des Bundeskartellamts ... 306
V. Ausbeutung im Stufenwettbewerb ... 307
1. Grundlagen ... 307
2. Situation im Handel ... 316
3. Problematische Fälle im Absatz- und Beschaffungsmarketing ... 320
a) Schaufenster-, Regal- oder Platzmieten ... 321
b) Eintritts- bzw. Verbleibgelder ... 322
c) Unentgeltliche Übernahme der Preisauszeichnung ... 323
d) Eröffnungsrabatte und Werbekostenzuschüsse etc. ... 324
e) Neuere Rechtsprechung ... 325
f) Verhaltensincentivierung durch die Hersteller ... 328
aa) Sondervorteile für Händler ... 329
bb) Treuerabatte ... 334
4. Bedeutung der kartellrechtlichen Regelungen ... 336
a) Rückwirkende Konditionenanpassung ... 340
b) Konditionenanpassung für die Zukunft ... 343
5. Stellungnahme ... 344
a) Beurteilungsmaßstäbe ... 345
aa) Funktionswidrigkeit ... 345
bb) Trennung von Haupt- und Nebenleistungswettbewerb ... 347
cc) Macht- bzw. Druckausübung ... 349
dd) Beeinträchtigung der Entscheidungsgrundlage ... 350
b) Zusammenfassung ... 352
6. Erklärungen der Verbände und „Sündenregister" des BMWA ... 354
a) Beispielskatalog des BMW vom 15. 11. 1974 ... 354
b) Gemeinsame Erklärung von Spitzenorganisationen der gewerblichen Wirtschaft vom November 1975 (Stand Juni 1984) – Auszug – ... 357
c) Wettbewerbsregeln des Markenverbandes vom 10. 5. 1976 – Auszug – 358

H. Rechtsvergleichung ... 359
I. Schweizerisches Recht ... 359
1. Überblick über die relevanten Normen ... 359
2. Stand der Diskussion zum lauterkeitsrechtlichen Institutionsschutz ... 362

Rn

a) Schutzzweck des sUWG ... 362
b) Verhältnis KG und sUWG ... 363
c) Lauterkeitsrechtlicher Institutionsschutz ... 365
d) Handhabung der Fallgruppen in der Schweiz ... 367
aa) Massenverteilung von Originalware ... 367
bb) Umsonstlieferung von Presseerzeugnissen ... 369
cc) Preiskampfmethoden ... 370
dd) Ausbeutung ... 381

II. Österreichisches Recht ... 382
1. Überblick über die relevanten Normen ... 382
2. Stand der Diskussion zum lauterkeitsrechtlichen Institutionenschutz ... 388
a) Schutzzweck des öUWG ... 388
b) Verhältnis öUWG, NVG und KartG ... 389
c) Lauterkeitsrechtlicher Institutionsschutz ... 390
d) Handhabung der Fallgruppen in Österreich ... 397
aa) Gratisverteilung von Warenproben und Originalwaren ... 398
bb) Privilegierung des Pressewesens ... 401
cc) Preiskampfmethoden ... 404
dd) Ausbeutung ... 412

Umweltwerbung (§ 4–S2) ... 4–S2

A. Einleitung ... 1

I. Formen der Umweltwerbung ... 3

II. Systematischer Überblick ... 6

III. Europäisches Verbraucherleitbild ... 8

IV. Reformen ... 10

B. Produktbezogene Umweltwerbung ... 14

I. §§ 5, 5 a ... 14
1. Entwicklung der Rechtsprechung ... 14
2. Angaben ... 16
3. Irreführung ... 18
a) Verbraucherleitbild ... 19
b) Absolute Umweltfreundlichkeit ... 25
c) Relative Umweltfreundlichkeit ... 27
d) Besondere Aufklärungspflichten ... 33
4. Erheblichkeitsschwelle ... 40
5. Interessenabwägung und Umweltschutz ... 42
a) Grundsätzliches zu Interessenabwägung und Verhältnismäßigkeitsprinzip ... 42
b) Funktionales Verständnis und der Ansatz von Keßler ... 44
c) Berücksichtigung von Allgemeininteressen ... 46

II. §§ 3, 4 Nr. 1, 2 ... 49

C. Umweltzeichen ... 51

I. Allgemeine Anforderungen ... 51

II. Besondere inhaltliche Anforderungen ... 53
1. Besondere Qualitätsvorstellungen ... 53
2. Bezug auf Vergabekriterien ... 61
3. Aufklärungshinweise ... 64

III. Prämierung und Alleinstellung ... 66

IV. Unabhängigkeit und Interessenneutralität ... 69
1. „Blauer Engel" ... 69
2. Private Umweltzeichen ... 72

D. Sonstige umweltbezogene Werbemaßnahmen ... 75

I. Gefühlsbetonte Werbung (§ 4 Nr. 1, 2) ... 76
1. Grundsätze ... 76
2. „Sachzusammenhang" und Unlauterkeitskriterien ... 77
3. Beurteilung produktunabhängiger Imagewerbung ... 88
4. Beurteilung umweltbezogener Nebenleistungen ... 90

II. §§ 5, 5 a ... 92

Rn
1. Allgemeine Grundsätze ... 92
2. Anwendung auf umweltbezogene Werbung ... 96

Werbung der freien Berufe, Rechtsanwaltswerbung (§ 4–S3) 4–S3

A. Einleitung ... **1**
I. Die Entwicklung vom Werbeverbot zur Werbefreiheit für die freien Berufe ... 1
1. Die Ursprünge des Werbeverbots für Rechtsanwälte ... 1
2. Die Beschlüsse des BVerfG vom 14. 7. 1987 ... 3
3. Die BRAO-Novelle von 1994 und die Berufsordnung für Rechtsanwälte 5
II. Die zur Regulierung des Werberechts der freien Berufe einschlägigen Rechtsnormen ... 6
1. Verfassungsrecht und EMRK ... 6
2. Berufsrechtliche Werberegelungen für Rechts- und Patentanwälte ... 7
3. Die berufsrechtlichen Werberegelungen für Steuerberater und Steuerbevollmächtigte ... 9
4. Die berufsrechtlichen Werberegelungen für Wirtschaftsprüfer und vereidigte Buchprüfer ... 10
5. Die berufsrechtlichen Werberegelungen für Notare ... 12
6. Die berufsrechtlichen Werberegelungen für Ärzte und Zahnärzte ... 13
7. Die berufsrechtlichen Werberegelungen für Apotheker ... 15
8. Die berufsrechtlichen Werberegelungen für Architekten ... 16
III. Verfassungsrechtliche Vorgaben ... 17
1. Verfassungsrechtlich (Art. 12 Abs. 1 GG) geschützte Werbefreiheit auch für Freiberufler und Anforderungen an Einschränkungen dieser Freiheit ... 17
2. Vereinbarkeit der berufsrechtlichen Werbebeschränkungen mit Art. 12 Abs. 1 S. 2 GG ... 20
a) Werbebeschränkungen rechtfertigende Gemeinwohlbelange ... 20
b) Der Rahmen verfassungsrechtlich zulässiger und unzulässiger Werbebeschränkungen ... 25
c) Die Vereinbarkeit der einschlägigen Vorschriften mit Art. 12 Abs. 1 S. 2 GG ... 26
IV. Der berufsrechtliche Werbebegriff ... 32
1. Allgemeine Definition ... 32
2. Tendenzen zur Eingrenzung des Werbebegriffes ... 33
a) Die Unterscheidung von Werbung und Marketing ... 34
b) Die Unterscheidung von Werbung und werbewirksamem Verhalten ... 36
B. Abgrenzung zwischen berufsrechtlichem Werberecht und allgemeinem Lauterkeitsrecht ... **38**
I. Geltung des UWG auch für die freien Berufe und Verhältnis zu den berufsrechtlichen Werberegelungen ... 38
1. Geltung des UWG auch für die freien Berufe und teilweise Verlagerung der Ahndung anwaltlicher Werberechtsverstöße auf das UWG ... 38
2. Die Nebeneinanderanwendbarkeit von UWG und den Werberegelungen des Berufsrechts für die freien Berufe ... 40
3. Verstöße gegen berufsrechtliche Werberegelungen als Verstöße gegen das UWG („Wettbewerbsverstoß durch Rechtsbruch" – § 4 Nr. 11) ... 41
a) Die Lage nach altem Recht ... 41
b) Die Lage nach neuem Recht ... 43
aa) Verstoß gegen wettbewerbsrelevante, das Marktverhalten im Interesse der Marktteilnehmer regelnde Normen ... 44
bb) Verstoß gegen wettbewerbsneutrale Normen ... 45
II. Die Ahndung von Verstößen gegen das UWG durch Mitbewerber, Verbände und Kammern ... 50
1. Ahndung durch Mitbewerber und Verbände ... 50
2. Ahndung von Wettbewerbsverstößen durch die Kammern ... 51
a) Berufsrechtliche Maßnahmen ... 51
b) Geltendmachung von Beseitigungs- und Unterlassungsansprüchen nach UWG ... 52
C. Nach Berufsrecht zulässige und unzulässige Werbemaßnahmen im Einzelnen ... **58**
I. Die Werbung nach dem Berufsrecht für Rechtsanwälte und Patentanwälte ... 59

Rn

1. Das Gebot sachlicher Werbung/Verbot unsachlicher Werbung (§§ 43 b BRAO, 6 Abs. 1 BORA, 39 b PAO) 60
a) Das Verbot der sich selbst anpreisenden und reklamehaften Werbung 61
aa) Keine Beschränkung der Werbung auf bestimmte Werbeträger bzw. -medien 63
bb) Keine Beschränkung der Werbung auf bestimmte Anlässe, Zeiten oder Orte 69
cc) Nach ihrem Inhalt selbstanpreisende und reklamehafte Werbung 70
b) Das Verbot der aufdringlichen und belästigenden Werbung 73
c) Das Verbot der irreführenden Werbung 74
d) Das Erfordernis der Berufsbezogenheit der Werbeaussage 84
e) Der erforderliche unterrichtende Inhalt der Werbeaussage 89
2. Das Verbot der Werbung um die Erteilung eines Mandats im Einzelfall (§§ 43 b BRAO, 39 b PAO) 92
3. Die Besonderheiten der anwaltlichen Werbung im Internet 98
a) Äußere Gestaltung der Homepage 99
b) Inhaltliche Gestaltung der Homepage 100
c) Die Internet-Adresse 103
4. Werbung Dritter für den Anwalt 108
5. Die Werberegelungen der BORA (§§ 6 bis 10) 112
a) Allgemeines zu den Werberegelungen der BORA und ihrer Handhabung 112
b) Einzelne Werberegelungen der BORA 116
aa) § 6 BORA – Werbung 116
bb) § 7 BORA – Benennung von Teilbereichen der Berufstätigkeit 120
cc) § 7 a BORA – Mediator 137
dd) § 8 BORA – Kundgabe beruflicher Zusammenarbeit 138
ee) § 9 BORA – Kurzbezeichnungen 139
ff) § 10 BORA – Briefbögen 143

II. Die Werbung nach dem Berufsrecht für Steuerberater und Steuerbevollmächtigte 146

III. Die Werbung nach dem ärztlichen Berufsrecht 149

Lebensmittel- und Heilmittelwerbung (§ 4–S4) 4–S4

A. Einleitung 1

I. Produktspezifische Werbung im Gesundheits- und Ernährungsbereich 1

II. Systematischer Überblick 3

B. Arzneimittel 7

I. Gemeinschaftskodex für Humanarzneimittel 7
1. RL 2001/83/EG 7
2. Abgrenzung Arzneimittel-Lebensmittel 10

II. Arzneimittelkategorien 11
1. Präsentationsarzneimittel 12
a) Zweckbestimmung 12
b) Subjektive Umstände 16
c) Äußere Form 19
d) Fallbeispiele 20
e) Wandel der Verkehrsauffassung 21
f) Verbotsumfang 22
2. Funktionsarzneimittel 24
a) Funktion 24
b) Pharmakologische Wirkung 26
c) Gesundheitsrisiken 30

C. Lebensmittel 32

I. Der „Lebensmittel"-Begriff 32
1. Harmonisiertes Recht 32
2. Begriffsbestimmung 33
3. Kategorien von Lebensmitteln 42
a) Nahrungsergänzungsmittel 42
aa) Legaldefinition 42

Rn
bb) Zuordnung und Abgrenzung ... 44
cc) Höchst- und Mindestmengen ... 47
dd) Wettbewerbsrechtliche Praxis ... 48
b) Diätetische Lebensmittel ... 50
aa) Allgemeines ... 50
bb) Bilanzierte Diäten ... 52
c) Neuartige Lebensmittel ... 58
4. Zulassungspflicht bei Lebensmitteln ... 61
a) Grundsatz ... 61
b) Ausnahmen ... 62
II. Abgrenzung Lebensmittel – Arzneimittel ... 63
1. RL 2001/83/EG ... 63
2. Einheitliche Auslegung ... 65
3. Regel-/Ausnahmeverhältnis ... 67
4. Zweckbestimmung ... 72
a) Zweckbestimmung ... 72
b) Objektiv-abstrakte Komponenten ... 74
c) Subjektiv-konkrete Komponenten ... 76
5. Zweifelsregel ... 84
6. Einzelne Stoffe ... 91

D. Kosmetische Mittel ... 92
I. Begriffsbestimmung ... 92
1. Definition nach Art. 1 Abs. 1 der Kosmetik-RL (76/768/EWG) ... 92
2. Definition nach § 2 Abs. 5 LFGB ... 95
a) Legaldefinition ... 95
b) Vollständige Umsetzung ... 96
c) Beeinflussung der Körperformen ... 97
II. Abgrenzung kosmetische Mittel – Arzneimittel ... 98
1. Allgemein ... 98
2. Zweifelsregel ... 100
3. Arzneilich wirksame Stoffe ... 102
4. Abgrenzungsbeispiele ... 104

E. Medizinprodukte ... 116
I. Begriffsbestimmung ... 116
II. Abgrenzungsbeispiele ... 119

F. Täuschungsschutz für Lebensmittel ... 123
I. Allgemeines ... 123
1. Vorrang des EG-Rechts ... 123
2. Allgemeines Wettbewerbsrecht ... 126
a) Verhältnis § 5 UWG zu § 11 LFGB ... 126
b) Unterlassungs-, Beseitigungs- und/oder Schadensersatzansprüche ... 127
II. EU-Recht ... 128
1. Art. 14 VO (EG) 178/2002 ... 128
a) Anwendungsbereich ... 128
b) Abstrakter Täuschungstatbestand ... 132
c) Nachträgliche Beseitigung ... 134
d) Beispiele ... 136
2. Art. 16 VO (EG) 178/2002 ... 137
III. LFGB ... 139
1. Allgemeines ... 139
a) Täuschungsschutz ... 139
b) Verkehrsauffassung ... 140
c) Feststellung der Verkehrsauffassung ... 141
aa) Normative Bestimmung ... 141
bb) Verbrauchererwartung ... 143
cc) Deutsches Lebensmittelbuch ... 147
dd) Handelsbräuche ... 152
ee) Leitsätze des ALS ... 153
ff) Kochbücher ... 154
gg) Beweisermittlung ... 155
hh) Beweislast ... 159

Rn
2. Generalklausel, § 11 Abs. 1 S. 1 LFGB 160
a) Allgemein 160
aa) Generalklausel 160
bb) Regelbeispiele 161
b) Irreführung 163
aa) Verbraucherleitbild 163
bb) BGH 165
cc) EuGH 168
c) Formen der Irreführung 170
d) Begriffe 174
3. Regelbeispiele des § 11 Abs. 1 S. 2 Nr. 1 LFGB 180
a) Beschaffenheit 180
aa) Qualitätsangaben 183
bb) Reinheitsangaben 187
b) Menge 190
c) Haltbarkeit 192
d) Herkunft 195
aa) Markengesetz 195
bb) Herkunftsangaben 196
cc) Wertvorstellungen 202
dd) Qualifizierte Herkunftsangaben 204
ee) Personengebundene Herkunftsangaben 209
ff) Entlokalisierende Zusätze 211
gg) Gattungsbezeichnungen 216
4. Wirkaussagen, § 11 Abs. 1 S. 2 Nr. 2 LFGB 223
a) Wissenschaftlich umstrittene Behauptungen 223
b) Beweislast 229
c) Beispiele 232
d) Überteibende Werbeaussagen, unspezifische Werbeanpreisungen 235
5. Werbung mit Selbstverständlichkeiten, § 11 Abs. 1 S. 2 Nr. 3 LFGB 237
6. Anschein eines Arzneimittels, § 11 Abs. 1 S. 2 Nr. 4 LFGB 239
7. Schlankheitsbezogene Werbung 243
a) Schlankheitsbezug 243
b) Diätetische Lebensmittel 248
8. Für den Verzehr ungeeignet, § 11 Abs. 2 Nr. 1 LFGB 249
a) Anwendungsbereich 249
b) Widerwillen, Ekel 252
c) Verkehrsauffassung 254
d) Nachträgliche Beseitigung 255
9. Nachgemachte, wertgeminderte und geschönte Lebensmittel 257
a) Anwendungsbereich 257
b) Nachgemachte Lebensmittel 258
c) Wertgeminderte Lebensmittel 263
d) Geschönte Lebensmittel 270
e) Ausreichende Kenntlichmachung 273

G. Gesundheits- und krankheitsbezogene Werbung für Lebensmittel 277
I. Allgemeines 277
1. EU-Recht vs. nationales Recht 277
2. RL über unlautere Geschäftspraktiken 279
3. Etikettierungs-RL 2000/13 279
a) Teleologische Reduktion 280
b) Art. 18 RL 2000/13 281
c) EuGH 282

II. Health ClaimV 1924/2006 283
1. Einleitung 283
a) Allgemeines 283
b) Krankheitsbezogene Werbung, § 12 LFGB 287
c) Bedenken 288
2. Anwendungsbereich 289
a) Sonderregelungen 289
aa) Allgemeines 289
bb) Diätetika 290
cc) Mineralwasser 292

Rn
dd) Nahrungsergänzungsmittel 293
ee) Health claims für Cholesterinsenker 294
b) Ausschluss 296
aa) Fallgruppen 296
bb) Reduzierung von Gesundheitsrisiken 297
c) Ausschlusskriterium Nährwertprofile 298
aa) Nährwertprofile 298
bb) Disclaimer 299
cc) Umsetzung 300
3. Nährwertbezogene Angaben 302
a) Anforderungen 302
b) Vergleichende Angaben 303
4. Gesundheitsbezogene Angaben 307
a) Begriffsdefinition 307
b) Fallgruppen 308
c) Wachstum, Entwicklung und Körperfunktionen 311
d) Psychische Funktionen, Verhaltensfunktionen 313
e) Gewichtskontrolle 314
f) Krankheitsrisiken 318
g) Kinderclaims 320
aa) Kinder 320
bb) Entwicklung und Gesundheit 321
cc) Kinderclaims 322
dd) Säuglingskost 323
h) Gesundheitsbezogenes Wohlbefinden 324
aa) Begriffsdefinition 324
bb) Allgemeines Wohlbefinden 326
i) Kennzeichnungsvorgaben 327
5. Marken 328
a) Marke 328
b) Koppelung 330
c) Traditionelle Angaben 331
d) Übergangsfristen 333
6. Verbote 335
7. Erlaubnisvorbehalt 337
a) Registrierungsverfahren 337
b) Zulassungsverfahren 338
aa) Art. 13 Abs. 5-Verfahren 338
bb) Art. 14-Fälle 339
8. Übergangsregelungen 341
a) Allgemeines 341
b) Mindesthaltbarkeitsdatum 343
c) Nährwertprofile 344
d) Marken 345
e) Nährwertbezogene Angaben 346
f) Gesundheitsbezogene Angaben, Art. 13 Abs. 1 a 348
g) Gesundheitsbezogene Angaben nach Art. 13 Abs. 1 b und c sowie Kinderclaims 349

III. Krankheitsbezogene Werbung, § 12 LFGB 354
1. Allgemeines 354
a) Gesetzeszweck 354
b) Health ClaimV 1924/2006 355
c) Richtlinie über unlautere Geschäftspraktiken 356
d) Heilberufe 357
e) Diätetika 361
f) Gesundheitsbezogene Werbung 362
g) Restriktive Auslegung 363
2. Krankheitsbezogene Aussagen, § 12 Abs. 1 Nr. 1 LFGB 364
a) RL 2000/13 364
aa) Vorrangprinzip 364
bb) Rechtsvergleich 365
b) Krankheit 366
c) Bestimmte Krankheit 370
d) Verhütung 373

Rn

e) Keine Irreführung ... 375
f) Fälle ... 376
aa) Liberalisierung des Rechts krankheitsbezogener Werbung ... 376
bb) Fälle in Stichworten (von A bis Z) ... 377
g) Weitere Fälle ... 378
aa) Blutdruck ... 378
bb) Blut ... 381
cc) Cholesterin ... 382
dd) Herz ... 383
ee) Immunsystem ... 384
ff) Weibliche Beschwerden ... 385
3. Hinweise auf ärztliche Empfehlungen und Gutachten, § 12 Abs. 1 Nr. 2 LFGB ... 386
a) EU-Recht ... 386
b) Empfehlungen/Gutachten ... 388
4. Krankengeschichten, § 12 Abs. 1 Nr. 3 LFGB ... 391
a) EU-Recht ... 391
b) Tatbestand ... 392
5. Krankheitsbezogene Äußerungen Dritter, § 12 Abs. 1 Nr. 4 LFGB ... 393
6. Bildliche Darstellungen, § 12 Abs. 1 Nr. 5 LFGB ... 397
a) EU-Recht ... 397
b) Tatbestand ... 398
7. Angstgefühle, § 12 Abs. 1 Nr. 6 LFGB ... 400
a) EU-Recht ... 400
b) Tatbestand ... 401
8. Anleitungsschriften, § 12 Abs. 1 Nr. 7 LFGB ... 404
a) EU-Recht ... 404
b) Tatbestand ... 405

H. Werbung für Heilmittel ... 407

I. Begriff „Heilmittel" ... 407

II. Gesetzliche Regelung der Heilmittelwerbung ... 410
1. Gemeinschaftskodex für Humanarzneimittel ... 410
2. Gesetz über die Werbung auf dem Gebiet des Heilwesens ... 412
3. Allgemeines Wettbewerbsrecht ... 414
4. Spezialgesetzliche Regelungen ... 417
a) Arzneimittelgesetz ... 418
b) Lebensmittel- und Futtermittelgesetzbuch ... 419
c) Medizinproduktegesetz ... 420

III. Anwendungsbereich des HWG, § 1 HWG ... 421
1. Werbung im Sinne des HWG ... 422
a) Einheitliche, schutzzweckorientierte Definition ... 422
b) Produktbezug ... 424
c) Ausnahmen ... 425
2. Werbeobjekte/„Heilmittel" ... 428
a) Arzneimittel ... 429
b) Medizinprodukte ... 431
c) Andere Mitte, Verfahren, Behandlungen und Gegenstände ... 432
3. Werbeadressat ... 436
4. Mittelbare Werbung, § 1 Abs. 3 HWG ... 438
5. Ausnahmen ... 439
a) Gegenstände zur Verhütung von Unfallschäden, § 1 Abs. 4 HWG ... 439
b) Beantwortung von Anfragen, § 1 Abs. 5 HWG ... 440
c) Elektronischer Handel, § 1 Abs. 6 HWG ... 441

IV. Werbebeschränkungen und -verbote des HWG ... 442
1. Irreführungsverbot, § 3 HWG ... 443
a) Allgemeine Irreführungsprüfung ... 444
aa) Irreführungsbegriff ... 444
bb) Verkehrsauffassung ... 445
cc) Gesamteindruck ... 447
dd) Darlegungs- und Beweislast ... 450
b) Irreführung durch nicht vorhandene therapeutische Wirksamkeit oder Wirkungen, § 3 S. 2 Nr. 1 HWG ... 451
aa) Wissenschaftliche Absicherung ... 451

Rn
bb) Zulassungsbescheid 455
cc) Vorbeugende Wirkung 456
dd) Indikations- und wirkstoffbezogene Angaben 457
c) Irreführung durch fälschliche Erfolgsversprechen, § 3 S. 2 Nr. 2 lit. a HWG 459
d) Irreführung über schädliche Wirkungen, § 3 S. 2 Nr. 2 lit. b HWG 461
e) Tarnung von Wettbewerbshandlungen, § 3 S. 2 Nr. 2 lit. c HWG 465
f) Täuschung über die Zusammensetzung oder Beschaffenheit, § 3 S. 2 Nr. 3 lit. a HWG 467
g) Täuschung über die Person des Herstellers oder Erfinders, § 3 S. 2 Nr. 3 lit. b HWG 470
2. Werbung ohne oder außerhalb der Zulassung, § 3 a HWG 471
a) Werbung für nicht zugelassene Arzneimittel, § 3 a S. 1 HWG 471
b) Werbung für nicht zugelassene Anwendungsgebiete oder Darreichungsformen, § 3 a S. 2 HWG 472
3. Pflichtangaben, § 4 HWG 475
a) Pflichtangaben bei der Arzneimittelwerbung 476
b) Einschränkungen bei der Publikumswerbung, § 4 Abs. 3 HWG 480
c) Formale Ausgestaltung, § 4 Abs. 4 HWG 482
d) Besonderheiten bei audivisionellen Medien, § 4 Abs. 5 HWG 486
e) Erinnerungswerbung, § 4 Abs. 6 HWG 488
4. Werbung in der Packungsbeilage, § 4 a Abs. 1 HWG 492
5. Werbung für erstattungsfähige Arzneimittel, § 4 a Abs. 2 HWG 494
6. Homöopathische Arzneimittel, § 5 HWG 495
7. Gutachtenwerbung, § 6 HWG 496
8. Werbung mit Werbegaben, § 7 HWG 500
a) Richtlinienkonformität 500
b) Werbegabe 501
c) Adressaten 502
d) Mittelbare Gesundheitsgefährdung 503
e) Ausnahmenkatalog 504
f) Bar- und Naturalrabatte 505
aa) Produktbezug 506
bb) Rückausnahmen 508
cc) Barrabatte 509
dd) Naturalrabatte 511
g) Angehörige der Heilberufe 513
aa) Für die berufliche Praxis 513
bb) Muster 514
cc) Veranstaltungen 515
h) Blut-, Plasma oder Gewebespenden 516
9. Vertriebsbezogene Werbung, § 8 HWG 517
a) Versandhandel 517
b) Teleshopping 518
c) Einzeleinfuhr 519
10. Werbung für Fernbehandlung, § 9 HWG 520
11. Publikumswerbeverbote, § 10 HWG 522
a) Verschreibungspflichtige Arzneimittel, § 10 Abs. 1 HWG 523
aa) Eingeschränkte Fachkreise 523
bb) Verfassungskonforme Auslegung 524
cc) Aufrechterhaltung 528
b) Schlafmittel, § 10 Abs. 2 Alt. 1 HWG 529
aa) Auffangfunktion 529
bb) Richtlinienkonformität 530
cc) Beseitigung der Schlaflosigkeit 531
c) Psychopharmaka oder Arzneimittel zur Beeinflussung der Stimmungslage, § 10 Abs. 2 Alt. 2 und 3 HWG 532
12. Publikumswerbebeschränkungen, § 11 HWG 535
a) Gutachtenwerbung, Fachveröffentlichungen, § 11 Abs. 1 S. 1 Nr. 1 HWG 538
b) Fachliche Empfehlungen und Prüfungen, § 11 Abs. 1 S. 1 Nr. 2 HWG 542
c) Krankengeschichten, § 11 Abs. 1 S. 1 Nr. 3 HWG 546
d) Bildliche Darstellungen, § 11 Abs. 1 S. 1 Nr. 4, 5 HWG 549
e) Fremd- und fachsprachliche Bezeichnungen, § 11 Abs. 1 S. 1 Nr. 6 HWG 558

Rn

f) Angstgefühle, § 11 Abs. 1 S. 1 Nr. 7 HWG 562
g) Werbevorträge, § 11 Abs. 1 S. 1 Nr. 8 HWG 563
h) Getarnte Werbung, § 11 Abs. 1 S. 1 Nr. 9 HWG 565
i) Anleitungen zur Selbstmedikation, § 11 Abs. 1 S. 1 Nr. 10 HWG 566
j) Äußerungen Dritter, § 11 Abs. 1 S. 1 Nr. 11 HWG 568
k) Werbung gegenüber Kindern, § 11 Abs. 1 S. 1 Nr. 12 HWG 571
l) Preisausschreiben, Verlosungen, § 11 Abs. 1 S. 1 Nr. 13 HWG 572
m) Abgabe von Mustern und Proben, § 11 Abs. 1 S. 1 Nr. 14, 15 HWG 575
n) Vergleichende Werbung, § 11 Abs. 2 HWG 578
13. Publikumswerbung für bestimmte Krankheiten, § 12 HWG 579
a) Richtlinienkonformität 580
b) Werbung für Arzneimittel, § 12 Abs. 1 S. 1 HWG 582
c) Werbung für Medizinprodukte, § 12 Abs. 1 S. 2 HWG 584
d) Werbung für andere Mittel oder Gegenstände, § 12 Abs. 2 HWG 585

V. Werbung ausländischer Unternehmen, § 13 HWG 586

I. Werbung für kosmetische Mittel 587

I. Gesetzliche Regelung der Kosmetikwerbung 587
1. Kosmetik-RL 76/768/EWG 587
2. Lebensmittel- und Futtermilchgesetzbuch – LFGB 589
3. Kosmetik-Verordnung 592

II. Täuschungsschutz, § 27 Abs. 1 LFGB 594
1. Allgemeines Irreführungsverbot, § 27 Abs. 1 S. 1 LFGB 594
a) Allgemein 594
b) Beispiele 597
2. Einzeltatbestände, § 27 Abs. 1 S. 2 LFGB 601
a) § 27 Abs. 1 S. 2 Nr. 1 LFGB 601
aa) Richtlinienkonforme Auslegung 602
bb) Wirknachweis 604
cc) Verbrauchererwartung 605
b) § 27 Abs. 1 S. 2 Nr. 2 LFGB 606
c) § 27 Abs. 1 S. 2 Nr. 3 lit. a LFGB 608
d) § 27 Abs. 1 S. 2 Nr. 3 lit. b LFGB 609
e) § 27 Abs. 1 S. 2 Nr. 4 LFGB 615

III. Krankheitsbezogene Werbung 617

Werbung in Film und Fernsehen (§ 4–S5) 4–S5

A. Einleitung 1

I. Begriff der Werbung 11

II. Klassische Werbeformen in Film und Fernsehen 18
1. Spotwerbung (Unterbrecherwerbung) 18
2. Werbliche Benutzung des Nachspanns, insbesondere Ausstatterhinweise ... 19

III. Besondere Werbeformen 21
1. Product Placement/Schleichwerbung 23
2. Split-Screen-Werbung 29
3. Virtuelle Werbung 30
4. Neue Werbeformen im Internet 31
a) Bannerwerbung 32
b) Interstitials 33
c) E-Mercials 34
5. Werbung im digitalen Fernsehen 35

IV. Sponsoring 37

B. Wettbewerbsrechtliche Aspekte der Werbung in Film und Fernsehen 41

I. Anwendbarkeit des UWG 43
1. Anwendbarkeit des UWG auf öffentlich-rechtliche Rundfunkanstalten, private Sender und Kinowirtschaft 43
2. Vorliegen einer Wettbewerbshandlung, § 2 Abs. 1 Nr. 1 45
3. Handeln im geschäftlichen Verkehr 46
4. Handeln zu Zwecken des Wettbewerbs 47
a) Objektive Förderungswirkung 48

Rn
b) Bestehen eines Wettbewerbsverhältnisses ... 49
c) Wettbewerbsförderungsabsicht ... 51
5. Grenzen des Trennungsgebots ... 57

C. Lauterkeitsrecht und Werbung im Kinospielfilm ... 59
I. Vorführung im Kino ... 59
II. Ausstrahlung von Product-geplacten Kinofilmen im Fernsehen ... 61

D. Werbung in für das Fernsehen hergestellten Produktionen als unlautere Wettbewerbshandlung ... 62
I. Anwendbarkeit des UWG ... 62
II. Vergleichende Werbung im Rundfunk ... 64
III. Gewinnspiele ... 66
IV. Verstoß gegen das Gebot der Trennung von Werbung und Programm ... 67
1. Unlauterkeit wegen Verletzung wettbewerbsbezogener Normen, § 3 iVm § 4 Nr. 11 ... 68
a) Rundfunkrechtliche Normen als Maßstab ... 68
b) Adressaten des Rundfunkrechts ... 72
2. Trennungsgrundsatz ... 73
a) Trennungs- und Kennzeichnungsgebot ... 75
b) Beeinflussungsverbot ... 79
c) Verbot des Einsatzes unterschwelliger Werbetechniken (subliminale Werbung) ... 80
3. Dauerwerbesendungen ... 82
4. Einfügung und Umfang der Fernsehwerbung ... 83
a) Blockwerbung ... 83
b) Unterbrecherwerbung ... 84
c) Zeitliche Beschränkungen ... 90
5. Sonstige Regelungen ... 93
a) Nachrichtensprecher ... 93
b) Fernsehwerbung und Minderjährige ... 94
c) Verbraucherschutz ... 100
6. Selbstregulierung durch die Werbewirtschaft ... 106
V. Unlauterkeit wegen Verschleierung des Werbecharakters von Wettbewerbshandlungen, § 3 iVm § 4 Nr. 3 ... 108
1. Trennungsgebot ... 108
2. Verschleierung von Werbemaßnahmen ... 109
3. Product Placement ... 110
4. Redaktionell aufgemachte Werbung ... 112
VI. Abgrenzung der Schleichwerbung von programmlich-dramaturgisch gerechtfertigten Einbindungen von Produkten in Fernsehsendungen – Fallgruppen ... 114
1. Eigenproduktionen ... 115
2. Auftragsproduktionen/Kaufproduktionen ... 116
3. Werbung in vom Ausland übernommenen Sendungen ... 123
4. Sportübertragungen und aufgedrängtes Placement ... 124
5. Split-Screen ... 127
6. Quizsendungen, Talk-Shows und Informationsangebote ... 128
7. Titelsponsoring ... 135
8. Verlags-TV ... 136
9. Akustische Platzierungen ... 137
VII. Unlauterkeit der Filmwerbung wegen unzumutbarer Belästigungen von Marktteilnehmern, § 3 iVm § 7 Abs. 1 ... 139
VIII. Unlauterkeit der Filmwerbung wegen Irreführung, § 3 iVm § 5 Abs. 1 ... 143

E. Online-Werbung in Film und Fernsehen als unlautere Wettbewerbshandlung ... 144
I. Grundsatz ... 144
II. Telemedien ... 149
III. Inhaltliche Anforderungen ... 153

Rn

Formatschutz (§ 4–S6) 4–S6

A. Historische Entwicklung, Formatbegriff **1**
I. Die historische Entwicklung der Programmformatierung 1
II. Formate als Elemente der Programmstruktur 5
1. Unterschiedliche Ebenen der Programmstrukturierung 6
a) Vertikale und horizontale Strukturierungen 6
b) Interne Strukturierung 8
2. Negative Abgrenzung des Formatbegriffs 9
3. Formattaugliche Programme 11
4. Formatbestimmende Elemente beim Sendeformat 12
5. Verbindlichkeit des Formatrahmens 13
6. Trend zu Formatadaptionen 14
7. Format als Handelsware (Formathandel) 16

B. Formatschutz und Urheberrecht **17**
I. Allgemeine Grundsätze 17
II. Urheberschutz gegen die Adaption von Serien- und Fernsehfilmformaten (fiktionale Formate) 24
1. Das erfundene Handlungsgerüst als schutzfähiges Werk 24
2. Abhängige Benutzung, freie Benutzung 25
3. Formatkonzepte für fiktionale Fernsehserien 26
4. Zum urheberrechtlichen Schutz bei der Übernahme fiktiver Figuren 27
5. Die Entscheidung „Forsthaus Falkenau" als Musterbeispiel für die Kollision fiktionaler Serienkonzepte 28
6. Die „Anna Marx"-Entscheidung des KG 29
7. Ergebnis 30
III. Urheberschutz gegen die Adaption nicht fiktionaler Sendeformate 31
1. Überblick 31
2. Formatprägende Faktoren 33
a) Fernsehshow-Formate 33
b) Talk-Show-Formate 36
c) Formate für Sportsendungen 37
d) Die „Sendeformat"-Entscheidung des BGH 38
e) Urheberrechtliche Rechtsprechung im anglo-amerikanischen Rechtskreis 40

C. Formatschutz und unlauterer Wettbewerb **41**
I. Die für den Formatschutz in Betracht kommenden gesetzlichen Bestimmungen 41
II. Nachahmungstatbestand bei Formaten 43
III. Schutz gegen Herkunftsverwechslungen, § 4 Nr. 9 lit. a und Irreführung über die kommerzielle Herkunft/Identität des Werbenden, Anhang Ziff. 13 zu § 3 Abs. 3 46
1. Grundsatz 46
2. Die formatrelevanten Tatbestandsmerkmale gemäß § 4 Nr. 9 lit. a 47
a) Wettbewerbliche Eigenart bei Formaten 47
b) Die maßgeblichen Verkehrskreise 51
c) Wechselwirkungsgrundsatz 55
d) Verwechslungsgefahr im weiteren Sinne reicht aus 57
e) Vermeidbarkeit der Herkunftstäuschung 58
f) Besonderheit: Formatprägung durch den Protagonisten 61
3. Irreführung über die kommerzielle Herkunft und die Identität des Werbenden (Anhang Ziff. 13 zu § 3 Abs. 3 – „Schwarze Liste") 65
IV. Unangemessenes Ausnutzen oder Beeinträchtigen der Wertschätzung der nachgeahmten Dienstleistung, § 4 Nr. 9 lit. b 69
1. Grundsätze 69
2. Negative Abgrenzung 70
3. Branchentypische Formatadaptionen 71
4. Verbleibender Anwendungsspielraum 73
V. Nachahmungsschutz nach Maßgabe weitergehender Kriterien gemäß §§ 3, 4 Nr. 10 78
1. Internationaler Formathandel und Zuvorkommen durch Inlandsverwertung 79

Rn
2. Analoge Anwendung der „Modeneuheiten"-Rechtsprechung auf den Formatschutz? ... 81
3. Formatadaptionen als gezielte Behinderung von Mitbewerbern oder als unmittelbare Leistungsübernahme ... 82
VI. Nachahmung auf Grund unredlicher Kenntniserlangung, § 4 Nr. 9 lit. c ... 88
VII. Zur Aktivlegitimation bei wettbewerbsrechtlichen Ansprüchen wegen Formatadaption ... 98

Presse im Wettbewerbsrecht (§ 4–S7) ... 4–S7

A. Einleitung ... 1

B. Pressefreiheit und Wettbewerbsrecht ... 4
I. Wettbewerbshandlung ... 6
1. Eignung zur Wettbewerbsförderung ... 7
2. Objektiver Zusammenhang ... 10
II. Haftung der Medien für redaktionelle Beiträge ... 13
1. Grundsatz ... 14
2. Redaktionelle Werbung ... 17
a) Trennungsgrundsatz ... 18
b) Abgrenzung zwischen sachlicher Information und redaktioneller Werbung ... 23
c) Koppelungsbeiträge ... 26
d) Preisausschreiben und Gewinnspiele ... 27
e) Elektronische Medien ... 28
f) Konsequenz ... 32
3. Redaktionelle Beiträge über konkurrierende Medienunternehmen (sog. Pressefehde) ... 33
III. Haftung der Medien für eigenwettbewerbliches Verhalten ... 34
1. Haftung der Medien für Anzeigen-/Werbeinhalte ... 35
a) Umfang der Verantwortlichkeit ... 36
b) Eingeschränkte Haftung nach § 9 S. 2 ... 41
2. Haftung der Medien für anderes eigenwettbewerbliches Verhalten ... 42
IV. Informantenhaftung ... 44
V. Anspruchsberechtigter/Anspruchsverpflichteter ... 45

C. Der medienrechtliche Schutz – die Wortberichterstattung ... 48
I. Die Äußerung ... 49
1. Tatsachenbehauptung ... 50
2. Meinungsäußerung ... 51
3. Abgrenzung ... 52
4. Privilegierte Äußerungen ... 57
5. Behaupten und Verbreiten ... 58
II. Die deliktischen Tatbestände ... 61
1. § 823 Abs. 1 BGB ... 62
a) Das allgemeine Persönlichkeitsrecht natürlicher Personen ... 63
aa) Die Privat-, Geheim- und Intimsphäre ... 66
bb) Die persönliche Ehre ... 73
cc) Das Verfügungsrecht über die Darstellung der eigenen Person ... 77
dd) Das Recht am eigenen Bild und am gesprochenen Wort ... 83
ee) Das Recht, von der Unterschiebung nicht getaner Äußerungen verschont zu bleiben ... 85
ff) Schutz vor Unwahrheiten ... 86
b) Das Unternehmenspersönlichkeitsrecht ... 87
aa) Persönlichkeitsschutz versus Funktionsschutz ... 88
bb) Träger des Unternehmenspersönlichkeitsrechts ... 92
cc) Schutzgüter des Unternehmenspersönlichkeitsrechts ... 93
dd) Abgrenzung zum Recht am Unternehmen ... 105
c) Das Recht am Unternehmen ... 108
aa) Voraussetzungen ... 109
bb) Schutzgüter des Rechts am Unternehmen ... 113
2. § 823 Abs. 2 BGB ... 123
a) § 185 StGB – Beleidigung ... 124

Rn

b) § 186 StGB – Üble Nachrede ... 125
c) Andere Vorschriften ... 128
3. § 824 BGB ... 129
4. § 826 BGB ... 133

III. Rechtswidrigkeit ... 134
1. Wahrnehmung berechtigter Interessen ... 135
a) Voraussetzungen ... 136
b) Bedeutung für die medienrechtlichen Ansprüche ... 139
2. Einwilligung ... 140

IV. Verschulden und publizistische Sorgfalt ... 144
1. Maßstab der publizistischen Sorgfalt ... 145
2. Inhalt der publizistischen Sorgfalt ... 146
3. Bedeutung für die medienrechtlichen Ansprüche ... 150

D. Der medienrechtliche Schutz – die Bildberichterstattung ... 151

I. Das Recht am eigenen Bild ... 152

II. Bildnisse und Bilder nach dem KUG ... 153

III. Tathandlungen im Bereich des Bildnisschutzes ... 156
1. Verbreiten und öffentliches Zurschaustellen ... 157
2. Anfertigen ... 158

IV. Grenzen des Bildnisschutzes nach §§ 22 ff KUG ... 160
1. Einwilligung ... 162
2. Ausnahmen vom Veröffentlichungsverbot (§ 23 Abs. 1 KUG) ... 163
a) Bildnisse aus dem Bereich der Zeitgeschichte (§ 23 Abs. 1 Nr. 1 KUG) 164
aa) Die bisherige Rechtsprechung ... 165
bb) Kritik an dieser Rechtsprechung ... 170
cc) Die Entscheidung des EGMR ... 171
dd) Praktische Auswirkungen des EGMR-Urteils ... 172
b) Bilder mit Personen als Beiwerk (§ 23 Abs. 1 Nr. 2 KUG) ... 175
c) Bilder von Versammlungen (§ 23 Abs. 1 Nr. 3 KUG) ... 176
d) Bildnisse im höheren Interesse der Kunst (§ 23 Abs. 1 Nr. 4 KUG) ... 177
3. Verletzung berechtigter Interessen (§ 23 Abs. 2 KUG) ... 178
4. Bildnisse im Interesse der Rechtspflege und der öffentlichen Sicherheit (§ 24 KUG) ... 182

V. Gegenstandsbilder ... 183

VI. Strafrechtlicher Schutz ... 184

E. Die Ansprüche ... 185

I. Unterlassung ... 186
1. Materielle Voraussetzungen ... 187
2. Anspruchsberechtigter/Anspruchsverpflichteter ... 191
3. Durchsetzung des Unterlassungsanspruchs ... 195
a) Abmahnung ... 196
b) Unterlassungsverpflichtungserklärung ... 197
c) Verfahren ... 199
d) Einstweiliges Verfügungsverfahren ... 200
e) Hauptsacheverfahren ... 201
f) Umfang des Unterlassungsgebots ... 202

II. Gegendarstellung ... 204
1. Materielle Voraussetzungen ... 205
2. Anspruchsberechtigter/Anspruchsverpflichteter ... 211
3. Formelle Voraussetzungen ... 213
4. Inhaltliche Voraussetzungen ... 219
5. Durchsetzung des Gegendarstellungsanspruchs ... 223
a) Zuleitung und Abdruckverlangen ... 224
b) Verfahren ... 227
c) Änderung der Gegendarstellung ... 228
d) Abdruck/Ausstrahlung der Gegendarstellung ... 229

III. Berichtigung ... 232
1. Materielle Voraussetzungen ... 233
2. Anspruchsberechtigter/Anspruchsverpflichteter ... 239
3. Inhalt und Umfang des Berichtigungsanspruchs ... 241
4. Durchsetzung des Berichtigungsanspruchs ... 246

Rn
a) Verfahren ... 247
b) Abdruck/Ausstrahlung der Berichtigung ... 248
IV. Zahlungsansprüche ... 249
1. Schadensersatz ... 250
a) Materielle Voraussetzungen ... 251
b) Anspruchsberechtigter/Anspruchsverpflichteter ... 257
2. Geldentschädigung ... 259
a) Materielle Voraussetzungen ... 260
aa) Schwere Persönlichkeitsverletzung ... 261
bb) Kein anderweitiger befriedigender Ausgleich ... 268
b) Anspruchsberechtigter/Anspruchsverpflichteter ... 269
c) Höhe der Geldentschädigung ... 273
3. Ungerechtfertigte Bereicherung ... 278
a) Materielle Voraussetzungen ... 279
b) Höhe der Bereicherungsforderung ... 280
4. Durchsetzung der Zahlungsansprüche ... 281
V. Hilfsansprüche ... 282

Vergleichende Produkttests (§ 4–S8) ... 4–S8

A. Allgemeines ... 1
I. Betroffene Interessen ... 1
II. Anbieter vergleichender Untersuchungen ... 11
1. Stiftung Warentest ... 11
a) Stiftungszweck, Mittel der Verwirklichung ... 12
b) Organe ... 15
c) Verschwiegenheitspflicht ... 24
d) Beschränkung von Einnahmen ... 28
e) Spektrum der Warentestprojekte ... 31
f) Verbreitung der Arbeitsergebnisse ... 33
2. Andere Testveranstalter ... 35
a) Private ... 35
b) Behörden ... 40
III. Ablauf eines vergleichenden Warentests der Stiftung Warentest ... 44
1. Marktanalyse und Marktauswahl ... 45
2. Prüfprogramm ... 48
3. Auswahl des Prüfinstituts ... 50
4. Einkauf der Prüfobjekte ... 51
5. Anbietervorinformation ... 55
6. Auswertung ... 59
7. Veröffentlichung ... 62
IV. Ablauf eines vergleichenden Dienstleistungstests ... 63

B. Rechtliche Bewertung neutraler vergleichender Testberichte ... 67
I. Übersicht ... 67
II. Wertung/Tatsachenbehauptung ... 74
1. Notwendigkeit der Abgrenzung ... 74
2. Abgrenzungskriterien ... 76
3. Rechtsprechung ... 78
a) Sachverständigengutachten ... 79
b) Pauschale Vorwürfe ... 81
c) Preisvergleiche und Ranglisten ... 84
d) Gemischte Äußerungen in Testveröffentlichungen ... 90
III. Zulässigkeit von Wertungen ... 117
1. Begrenzung des Schutzumfangs ... 118
a) Zu gute Bewertung Konkurrenzprodukt ... 119
b) Kein Anspruch auf Einbeziehung in den Test ... 123
c) Kein Verbot der Veröffentlichung eines gesamten Tests ... 124
d) Nichterwähnung schlechterer Konkurrenz ... 125
2. Eingriff trotz positiver Bewertung? ... 128
3. Ableitung der Zulässigkeitskriterien ... 131
a) Güterabwägung ... 132

Rn

b) Zulässigkeitskriterien ... 134
c) Folgen des Urteils ... 139
4. Anwendung der einzelnen Kriterien ... 141
a) Neutralität ... 141
aa) „Geschäftliche Handlungen" bezüglich getesteter Leistungen ... 143
bb) Konstellation außerhalb des Wettbewerbsrechts ... 150
cc) Andere Gründe der Voreingenommenheit ... 159
dd) Irrelevante Aspekte ... 160
b) Objektivität ... 162
c) Sachkundige Durchführung ... 164
d) Testverfahren ... 167
aa) Art der Untersuchung ... 169
bb) Vergleichsobjekte ... 172
cc) Richtigkeit der Prüfmuster ... 175
dd) Anzahl der Prüfmuster ... 176
ee) Gleichbehandlung ... 184
ff) Prüfung von Sachgesamtheiten ... 188
gg) Bedeutung von DIN-Normen ... 194
hh) Bedeutung gesetzlicher Vorschriften ... 201
ii) Prüfung nach Werbung ... 204
jj) Unzulässigkeit von „Zerstörungstests" ... 206
e) Bewertungen ... 210
aa) Mangelhaft trotz noch schlechterer Prüfobjekte ... 218
bb) Abwertungseffekte ... 220
f) Kausalität von Fehlern für Qualitätsurteil ... 224
g) Darstellung der Ergebnisse ... 226
aa) Problematik ... 226
bb) Einzelfälle ... 232
cc) Kurzfassungen ... 238
dd) Aktualitätserfordernisse ... 240

IV. Rechtliche Zulässigkeit von Tatsachenbehauptungen ... 248

V. Sanktionen bei unzutreffenden Tatsachenbehauptungen und unzulässigen Wertungen ... 252
1. Häufigkeit gerichtlicher Auseinandersetzungen ... 252
2. Unterlassungsanspruch ... 254
3. Widerrufsanspruch ... 260
4. Gegendarstellungsanspruch ... 261
5. Schadenersatzanspruch ... 262
a) Verschulden ... 263
b) Gegenannoncen ... 266

VI. Beweislast ... 271

C. Werbung mit Testergebnissen ... 277

I. Übersicht ... 277

II. Verbot der Irreführung ... 292
1. Baugleichheit ... 292
2. Werbung mit nicht repräsentativem Ergebnis ... 293
3. Testsieger ... 296
4. Vortäuschung eines Gesamturteils ... 299
5. Relation zur Konkurrenz (Qualitätsrang) ... 302
6. Veralteter Test ... 303
7. Testpreiswerbung ... 310

III. Sonstige Unlauterkeit ... 311

D. Kritische Würdigung, Ausblick ... 319

I. Tatsachenbehauptungen ... 320

II. Wertungen ... 324
1. Verfassungsrechtliche Erwägungen ... 324
a) Unzureichende Güterabwägung ... 324
b) Unzulässigkeit der Übertragung auf „private" Testveranstalter ... 331
2. Gesetzliche Wertverschiebungen ... 333

III. Sonderrolle der Stiftung Warentest? ... 334

Rn

Selektiver Vertrieb und Vertikal-GVO (§ 4–S9) 4–S9

A. Rechtstatsächliches und ökonomische Grundlagen **1**
I. Realtypen von Vertriebsbindungen 1
1. Kooperationsbindungen 1
a) Downstream-Bindungen 5
b) Upstream-Bindungen 14
2. Erscheinungsformen des Vertriebsvertrags 16
II. Selektiver Vertrieb 19
1. Qualitative Selektionskriterien 20
2. Quantitative Selektionskriterien 23
III. Ökonomische Funktion und Begründung vertikaler Abreden 25
1. Chicago School 26
2. New Harvard School 28
3. Koordinationsmängelkonzept 31
4. Theorie bestreitbarer Märkte 33
5. Transaktionskostenökonomik 35
6. Agency theory 38
7. Fazit: Steigerung wirtschaftlicher Effizienz als anerkannte Funktion selektiven Vertriebs 40
a) Steigerung wirtschaftlicher Effizienz 40
b) Anerkennung der ökonomischen Funktionen von Vertriebsbindungen im Gemeinschaftsrecht 42
c) Exkurs: Funktion der Marke im selektiven Vertrieb 46

B. Selektiver Vertrieb an der Schnittstelle zwischen Kartellrecht und UWG ... **53**
I. Zur kartellrechtlichen Zulässigkeit des selektiven Vertriebs 53
1. Nach Art. 81 EG 53
2. Nach der Vertikal-GVO 59
II. Konkordanz zwischen kartellrechtlicher Zulässigkeit und wettbewerbsrechtlichem Schutz selektiver Vertriebssysteme 73

C. Wettbewerbsrechtlicher Schutz selektiver Vertriebssysteme **77**
I. Ausgangslage 77
1. Rechtliche Wirksamkeit und fehlende rechtliche Missbilligung 77
2. Rechtsprechungsübersicht 78
a) Ausnutzen des Vertragsbruchs 78
aa) Alte Rechtsprechung des BGH 78
bb) Neue Rechtsprechung des BGH 81
b) Verleiten zum Vertragsbruch 83
c) Schleichbezug 84
d) Kontrollnummern und Codierungssysteme 86
e) Garantieausschlussklauseln 88
II. Auswirkungen des neuen UWG 90
1. Totaler Verzicht auf das Dogma der Lückenlosigkeit 90
2. Alternativen zur Lückenlosigkeit 93

Geografische Herkunftsangaben (§ 4–S10) 4–S10

A. Allgemeines **1**
I. Überblick 1
1. Nationaler, europäischer, internationaler Schutz 3
2. Genereller oder produktspezifischer Schutz 11
3. Schutz durch Registrierung oder durch Benutzung 14
4. Wettbewerbsrechtlicher oder immaterialgüterrechtlicher Schutz 17
II. Terminologie 20

B. Schutz geografischer Herkunftsangaben nach nationalem Recht **26**
I. Überblick 26
II. Rechtsnatur geografischer Herkunftsangaben 32
III. Begriff der geografischen Herkunftsangabe 49
1. Einfache geografische Herkunftsangaben (§ 126 Abs. 1 MarkenG) 52
a) Verkehrsauffassung 54

Rn

b) Unmittelbare und mittelbare geografische Herkunftsangaben 58
c) Phantasieangaben, scheingeografische Angaben 65
2. Qualifizierte geografische Herkunftsangaben (§ 127 Abs. 2 MarkenG) 68
3. Benutzung im geschäftlichen Verkehr 70

IV. Gattungsbezeichnungen (§ 126 Abs. 2 MarkenG) 72
1. Überblick 72
2. Schutzausschluss 75
3. Denaturierung 77
4. Gattungsangaben/Herkunftsangaben mit Auslandsbezug 81
5. Relokalisierung 85

V. Schutz geografischer Herkunftsangaben nach § 127 MarkenG 87
1. Überblick 87
2. Irreführungsschutz (einfache gHA) 89
a) Voraussetzungen 89
b) Irreführungsgefahr 91
c) Relevanz für die Kaufentscheidung 98
d) Verhältnismäßigkeit, Interessenabwägung 102
3. Qualitätsschutz (qualifizierte gHA) 105
a) Selbstständiger Schutz 105
b) Absoluter Schutz 107
c) Besondere Eigenschaft/Qualität 111
4. Rufausbeutungs-/Rufbeeinträchtigungsschutz 119
a) Überblick 119
b) Besonderer Ruf 122
c) Verletzungsformen 127
d) Rufschutz auch bei Waren gleicher Herkunft 132
e) Rechtfertigender Grund 135
5. Ähnlichkeitsschutz 137
6. Entlokalisierende Zusätze 141
7. Von § 127 MarkenG nicht erfasste Konstellationen 151

VI. Rechtsverordnungen nach § 137 MarkenG 157
1. Verordnungsermächtigung 157
2. Regelungsinhalt 158
3. SolingenV 160

VII. Ansprüche aus der Verletzung geografischer Herkunftsangaben 161
1. Überblick 161
2. Unterlassung, Schadensersatz 163
3. Ansprüche gegen jüngere Registermarken/Markenanmeldung 168
4. Vernichtung, Rückruf, Auskunft 173
5. Aktiv-, Passivlegitimation 179
6. Verjährung 184
7. Beschlagnahme 185
8. Straftatbestände, Ordnungswidrigkeiten 187

VIII. Schutz geografischer Herkunftsangaben außerhalb des Markengesetzes 189
1. § 2 MarkenG 189
2. Supranationaler Schutz und sondergesetzliche Regelungen für geografische Herkunftsangaben 198
3. Anwendung des UWG auf nicht von §§ 126 ff MarkenG erfasste Fälle 204

IX. Geografische Herkunftsangaben, Marken und Kollektivmarken 212
1. Überblick 212
2. Geografische Herkunftsangaben als Individualmarke 219
3. Geografische Herkunftsangaben als Kollektivmarke 228

C. Europäisches Schutzsystem 235

I. Überblick 235

II. Schutz nach der VO (EWG) Nr. 2081/92 239

III. Schutz nach der VO (EG) Nr. 510/2006 246
1. Einführung 246
2. Anwendungsbereich der VO (EG) Nr. 510/2006 250
a) g. U. und g. g. A. 253
b) Ausschließungsregeln 264
c) Gattungsangaben 274
3. Schutzumfang 278

Rn
a) Produktbezogener Schutz ... 279
b) Nachahmungsschutz ... 285
c) Irreführungs- und Rufausbeutungsschutz ... 290
d) Marken und Ursprungsbezeichnungen/geografische Angaben ... 294
4. Sanktionen nach nationalem Recht ... 297
5. Eintragungsverfahren (Individualverfahren) ... 298

D. Internationaler Schutz ... 315
I. Überblick ... 315
II. Bilaterale Verträge (Herkunftsabkommen) ... 318
1. Aufbau und Inhalt der Abkommen ... 319
2. Bilaterale Verträge und freier Warenverkehr ... 325
III. Multilaterale Verträge ... 329
1. Pariser Verbandsübereinkunft zum Schutz des gewerblichen Eigentums (PVÜ) ... 330
2. Madrider Abkommen über die Unterdrückung falscher oder irreführender Herkunftsangaben auf Waren (MHA) ... 334
3. Lissabonner Abkommen über den Schutz der Ursprungsbezeichnungen und ihre internationale Registrierung (LUA) ... 336
4. Übereinkommen über handelsbezogene Aspekte der Rechte des geistigen Eigentums (TRIPS) ... 340

Domainrecht (§ 4–S11) ... 4–S11

A. Das Domain Name System ... 1
I. IP-Adressen und Domainnamen ... 1
II. Top-Level-Domains und Second-Levels-Domains ... 6
1. Begriffe und Bedeutung ... 6
2. Generische Top-Level-Domains (gTLDs) ... 9
3. GeografischeTop-Level-Domains (ccTLDs) ... 12

B. Domainnamen: Vergabe, Verwaltung und Rechtsverkehr ... 16
I. Vergabezuständigkeit ... 16
1. Organisation ... 16
2. Vergabe von gTLDs ... 18
3. Vergabe von ccTLDs ... 19
II. Vergabeverfahren ... 20
1. Erstmalige Domainvergabe ... 20
a) Grundsätze ... 20
b) Vertragliche Beschränkungen ... 24
2. Wechsel des Registrars ... 29
III. Rechtsschutz im Vergabeverfahren ... 31
IV. Verantwortlichkeit der DENIC ... 37
V. Domainnamen im Rechtsverkehr ... 42
1. Übertragung und Lizenzierung von Domains ... 42
2. Domain-Sharing ... 48
3. Pfändbarkeit von Domains ... 52

C. Domainkonflikte ... 58
I. Kennzeichenschutz von Domainnamen ... 59
1. Funktionen der Domain ... 59
2. Erwerb eines Kennzeichen- oder Namensrechts ... 65
3. Rechtserhaltende Kennzeichenbenutzung ... 75
II. Verletzung von Rechten Dritter durch Domainnamen ... 78
1. Ansprüche aus dem Markengesetz ... 79
a) Handeln im geschäftlichen Verkehr ... 79
b) Verwechslungsgefahr ... 82
c) Rechtsverletzung eines bekannten Kennzeichens ... 91
2. Ansprüche aus Namensrecht ... 96
a) Namensleugnung ... 99
b) Namensanmaßung ... 103
c) Gleichnamigkeit ... 109

Rn

3. Wettbewerbs- und deliktsrechtliche Ansprüche 112
a) Domain-Grabbing 113
b) Gattungsbegriffe als Domainnamen 120
4. Folgen rechtswidriger Domainbenutzung 131
a) Unterlassungs- und Beseitigungsanspruch 131
b) Übertragungsanspruch und Teilhaberecht 136
c) Schadensersatz- und Auskunftsanspruch 138

III. Internationale Zuständigkeit und anwendbares Recht 141
1. Internationale Zuständigkeit der Gerichte 142
2. Anwendbares Recht 149

IV. Außergerichtliche Konfliktlösung (UDRP) 154

D. Kennzeichen in Website-Inhalten 169

I. Allgemeines 169
1. Benutzung im geschäftlichen Verkehr 172
2. Schranken des Kennzeichenschutzes 175

II. Kennzeichen und Linking 184
1. Ausgestaltung eines Hyperlinks 184
2. Sonderfälle: Framing und Inline Linking 187
3. Verantwortung für verlinkte Kennzeichenrechtsverletzungen 194

III. Sonstige Kennzeichenverwendung im Internet 201
1. Meta Tagging 203
2. Word Stuffing 214
3. Keyword Advertising 216

Wettbewerbsrecht des Internet (§ 4–S12) 4–S12

A. Grundsätzliches 1

I. Internetspezifische Wettbewerbsdelikte 1

II. Kennzeichenrechtliche Dimension und Leistungsschutz 4

III. Fehlende Internetspezifität vieler Wettbewerbsverstöße 6

IV. Grundsätzlich fehlende Internetspezifität bei inhaltlichen Beanstandungen von Werbeaussagen 8

V. Keine spezifische Verkehrsanschauung im Internet 11

VI. Besondere Maßstäbe für Lauterkeit im Internet? 14

VII. Trennungsgebot 23
1. Grundlagen 23
2. Banner, Cursor-Werbung und Pop-Ups 28
3. Homepages und Websites 32
4. Werbe-E-Mails 33
5. E-mercials 35
6. Einträge in Suchmaschinen 37
7. Links und InText-Werbung 38

VIII. Spamming 40

B. Wettbewerbsverstöße durch Domainwahl 41

I. Domain Grabbing 41
1. Struktur 41
2. Wettbewerbsrechtliche Behandlung 45

II. Behinderung durch generische Domains 47
1. Phänomen 47
2. Allein- oder Spitzenstellungsbehauptung 48
3. Branchenbezeichnung als Gemeingut der Branche 51
a) Repräsentation der Branche durch Branchenbegriff 51
b) „Branchen-Domain" eines repräsentativen Branchenverbands 54
4. Zerstören des Anscheins einer herausgehobenen Stellung 55
a) Hinweis auf konkurrierende Angebote 55
b) Disclaimer 57
5. Kombination von generischer Domain mit geographischer Angabe 58
6. Abfangen von Kunden 60
7. Behinderungswettbewerb 61

Rn
8. Abgrenzung zur zulässigen Verwendung allgemeiner Begriffe als Domain-Teil ... 63
III. Top Level Domain „ag“ ... 64
IV. „Kritik-Domain“ ... 66

C. Bannerwerbung ... 67
I. Phänomen ... 67
II. Redaktionelles Trennungsgebot ... 70
III. Inhaltliche Bewertung ... 71
IV. Werbecursor und Logocursor ... 72
V. Werbeblocker und Abwehrprogramme ... 74

D. Manipulieren von Suchmechanismen (Suchmaschinenmarketing oder Suchmaschinenoptimierung) ... 76
I. Generieren rankingerhöhender Faktoren ... 77
1. Phänomene ... 77
2. Wettbewerbsrechtliche Beurteilung ... 83
II. Meta Tagging ... 85
1. Phänomen ... 85
2. „Fremde“ Begriffe als Meta Tags ... 87
3. Allgemeine Suchbegriffe als Meta Tags ... 90
a) Keine Verletzung fremder Rechte ... 90
b) Kein unlauteres Anlocken ... 91
c) Keine Belästigung mit Überflüssigem ... 92
d) Irreführende Werbung? ... 94
III. Word stuffing ... 97
1. Gleichbehandlung mit Meta Tagging ... 97
2. Zusätzlicher Unwert bei Index Spamming ... 98
IV. Keyword advertising ... 99
1. Phänomen ... 99
2. Wettbewerbsrechtliche Beurteilung ... 101
a) Namen oder Marken von Konkurrenten als keywords ... 101
b) Allgemeine Begriffe als keywords ... 107
V. Keyword buying ... 109
1. Phänomen ... 109
2. Wettbewerbsrechtliche Beurteilung ... 110
VI. Cloaking ... 113
VII. Sogenannte verschobene Websites ... 114
VIII. Doorway Pages und Cookie Cutter-Techniken ... 115
IX. Abgrenzung zum Gebaren der Suchmaschinenbetreiber ... 116

E. Linking und Framing ... 117
I. Hyperlinking und deep linking ... 118
1. Phänomen ... 118
2. Rechtliche Beurteilung ... 121
a) Grundsätzliches ... 121
b) Suchmaschinen ... 123
c) Verschleierung der Quelle ... 124
d) Hervorrufen des Eindrucks einer Verbindung ... 125
e) Behinderung von Konkurrenten ... 126
f) Links auf wettbewerbswidrige Websites ... 131
3. Schutzmaßnahmen des Websitebetreibers ... 133
4. Symbol- oder Piktogrammimport ... 137
5. Links auf die Websites von Berufsverbänden ... 138
II. Framing ... 139
1. Phänomen ... 139
2. Rechtliche Beurteilung ... 140
III. Startseiten-Hijacking ... 143

F. Pop-Ups, Interstitials und Layers Ads ... 144
I. Phänomene ... 144

Rn

II. Belästigende Werbung im Sinne des § 7 Abs. 1 ... 149
1. Belästigungseffekt ... 149
2. Keine Rechtfertigung durch Refinanzierungsfunktionen für Websitebetreiber ... 154
3. Keine Differenzierung nach dem beworbenen Inhalt ... 156
4. Keine Differenzierung nach dem Zeitpunkt des Aufscheinens ... 157
5. Keine stillschweigende Einwilligung des Users ... 159
III. Behinderung und Rufausbeutung ... 161

G. Missachtung von Kennzeichnungs- und Informationspflichten ... 162

I. Kennzeichnungspflicht für Telemedien aus § 5 TMG ... 163
1. Grundvoraussetzungen des § 5 TMG ... 163
a) Telemedium ... 163
b) Geschäftsmäßigkeit ... 164
2. Inhaltliche Anforderungen des § 5 TMG ... 166
3. Kommunikationsanforderungen des § 5 TMG ... 175
4. § 5 TMG als Marktverhaltensregel? ... 182
a) Grundsätzliches ... 182
b) Pflichtigkeit ... 184
c) Bewertung der Einzeltatbestände ... 191
aa) Fehlende Adressangabe ... 191
bb) Fehlende Angabe Vertretungsberechtigter ... 195
cc) Fehlende Möglichkeit zur schnellen Kontaktaufnahme ... 196
dd) Fehlende Angaben der Registernummer ... 197
ee) Fehlende Angabe der zuständigen Aufsichtsbehörde oder Kammerorganisation ... 198
ff) Fehlende Angabe der Umsatzsteueridentifikationsnummer ... 199
gg) Keine leichte Zugänglichkeit ... 200
II. E-Commerce-rechtliche Informationspflichten aus § 312 e BGB ... 201
1. Überblick über die Pflichtentatbestände ... 201
2. Ausnahme bei individueller Kommunikation nach § 312 e Abs. 2 S. 1 BGB ... 203
3. Anwendbarkeit im B2B-Bereich ... 204
4. Wettbewerbsrechtliche Sanktionierung ... 205
III. Fernabsatzrechtliche Informationspflichten aus § 312 c BGB iVm § 1 BGB-InfoV ... 206
1. Überblick ... 206
a) Verhältnis zum E-Commerce-Recht ... 206
b) Fernabsatzgeschäft ... 207
c) Vorvertragliche und vertragliche Informationspflichten ... 209
d) Vorvertragliche Informationspflichten nach § 312 c Abs. 1 BGB iVm § 1 Abs. 1 BGB-InfoV ... 211
e) Darreichung der Informationen und Gestaltung des Internetauftritts ... 218
2. Wettbewerbsrechtliche Sanktionierung ... 223
IV. Kennzeichnung gewerblichen Charakters bei Hinweis auf Domain-Namen 224
V. Preisangabepflichten aus der PAngV ... 226
VI. Pflicht zur zuverlässigen Altersverifikation aus § 4 Abs. 2 JMStV ... 231

H. Platzieren von Cookies ... 233

I. Phänomen ... 233
II. Grundsätzliche datenschutzrechtliche Unzulässigkeit ... 234
III. Einwilligung des Nutzers als Erlaubnistatbestand ... 236
IV. Ausnahmsweise Rechtfertigung entsprechend § 28 Abs. 1 Nr. 1 oder Nr. 2 BDSG ... 238
V. Wettbewerbsrechtliche Konsequenz ... 239
VI. CGI-Scripts ... 242

I. Auktionen ... 243

I. Gewerberechtliche Erlaubnispflicht? ... 243
II. Rückwärtsauktionen und holländische Auktionen ... 247
III. Einsatz von Sniper-Software ... 252
1. Phänomen ... 252

Rn
2. Verleiten zum Vertragsbruch 253
3. Unlautere Absatzbehinderung? 257
IV. Störerhaftung des Auktionshauses 260
1. Haftungsprivilegierung nach §§ 7 bis 10 TMG? 260
a) Störerhaftung und Haftungsprivilegierung nach §§ 7 bis 10 TMG 260
b) Auktionsangebote als für die Online-Auktionshäuser fremde Inhalte 263
2. Fehlen einer Haftungsprivilegierung infolge Kenntnis gemäß § 10 S. 1 Nr. 1 Alt. 1 TMG 265
3. Erweiterte Schadensersatzhaftung nach § 10 S. 1 Nr. 1 Alt. 2 TMG 271
4. Haftungsprivilegierung nach § 10 S. 1 Nr. 2 TMG 272
5. Nichtanwendbarkeit der Haftungsprivilegien bei Unterlassungsansprüchen 274
6. Rechtslage bei Nichtanwendung der §§ 7 bis 10 TMG 275

J. Community Shopping (Power Shopping) 278
I. Phänomen 278
II. Frühere rabattrechtliche Problematik 279
III. Aleatorische Anreize 282
IV. Laienwerbung 285
V. Übertriebenes Anlocken 287
VI. Preisangabenrecht 289
VII. Abgrenzung zu anderen Phänomenen 290

K. Gatoring 292

L. In-Game-Advertising 294

M. „Kostenfallen“ 297

N. Affiliate Marketing und Associate Marketing (Partnerprogramme) 299
I. Phänomen 299
II. Trennungsgebot 302
III. Störerhaftung oder Haftung des Merchant nach § 8 Abs. 2 303

O. Störerhaftung und Haftungsprivilegierung von Access oder Host Providern 307
I. Störerhaftung 307
II. Haftungsprivilegierung von Access, Service oder Host Providern 312

P. Besonderheiten bei Beweisführung und Durchsetzung 314

Informationspflichten im Internet (§ 4–S13) 4–S13

A. Einführung 1
I. Allgemeines 1
II. Europarechtliche Grundlagen 3
III. Anwendbarkeit deutschen Rechts 4

B. Informationspflichten für Mediendienste nach dem TMG 7
I. Allgemeines zum TMG 7
II. Der Begriff der Telemedien 9
III. Anwendungsbereich der Informationspflichten 10
IV. Umfang der Informationspflichten 11
1. Name 11
2. Anschrift 13
3. Kontakt 14
4. Aufsichts- und Registerinformationen 17
5. Berufsspezifische Angaben 18
6. Journalistische Angebote 19
7. Kommerzielle Kommunikation 21
8. Spamschutz 23

Rn
9. Datenschutz ... 27
10. Sprache ... 32
V. Erkenn-, Erreich- und Verfügbarkeit ... 33
1. Unmittelbare Erreichbarkeit/leichte Erreichbarkeit ... 34
2. Ständige Verfügbarkeit ... 40

C. Informationspflichten aus anderen Gesetzen ... 43
I. Allgemeine Geschäftsbedingungen ... 43
II. Fernabsatzverträge ... 47
III. Preisangaben ... 56
IV. Angabe des Jugend-/Datenschutzbeauftragten ... 65
V. E-Mail/Geschäftsbriefe ... 67

D. Konsequenzen bei Pflichtverletzungen ... 69
I. Unlautere Wettbewerbshandlung im Sinne des § 4 Nr. 11 ... 69
1. Die aktuelle Rechtslage ... 69
a) §§ 5 TMG, 55 RfStV ... 70
b) §§ 312c, 312e BGB iVm der BGB-InfoV ... 72
c) PAngV ... 73
d) HGB, AktG, GmbHG ... 74
2. Die UWG-Reform 2008 ... 75
a) Zur Richtlinie über unlautere Geschäftspraktiken ... 76
b) Änderungen für das deutsche UWG ... 80
II. Bußgeld ... 89
III. Unterlassungsansprüche ... 90

Preisangabenrecht (§ 4–S14) ... 4–S14

A. Einleitung ... 1
I. Allgemeines ... 2
II. Überblick über die nationalen Vorschriften ... 4
1. Kernvorschriften ... 4
2. Spezialbestimmungen ... 6
III. Das Preisrecht ... 7
IV. Europäisches Gemeinschaftsrecht ... 11
1. Historische Entwicklung ... 12
2. Die Preisangabenrichtlinie ... 13
3. Die Verbraucherkreditrichtlinien ... 20
4. Die Richtlinien zur irreführenden und zur vergleichenden Werbung ... 27
5. Die Fernabsatzrichtlinie ... 31
6. Die sog. E-Commerce-RL ... 33
7. Die RL über unlautere Geschäftspraktiken ... 38
8. Euro-Einführung ... 43
V. Rechtsvergleichung ... 45
1. Schweiz ... 45
2. Österreich ... 47

B. Die Preisangabenverordnung ... 50
I. Allgemeines ... 50
1. Geschichtliche Entwicklung ... 51
2. Normzweck ... 57
3. Systematischer Überblick über die PAngV ... 59
4. Anwendungsbereich ... 63
5. Überwachung und Sanktionen ... 68
6. Verhältnis zum Wettbewerbsrecht ... 72
7. Verhältnis zum sonstigen Zivilrecht ... 77
a) Verbraucherdarlehensverträge ... 77
b) Fernabsatzverträge ... 78
c) § 823 Abs. 2 BGB ... 81
II. Grundvorschriften der PAngV (§ 1) ... 82
1. Allgemeines ... 82

Rn
2. Verpflichtung zur Angabe von Endpreisen (§ 1 Abs. 1) 84
a) Allgemeines 84
b) Persönlicher Geltungsbereich/Verpflichtete 89
c) Waren/Leistungen 93
d) Letztverbraucher 96
e) Angebot von Ware bzw. Werben unter Preisangabe 97
aa) Angebot 98
bb) Werbung 101
cc) Angabe von Preisen 103
dd) Endpreise 107
f) Zusätzliche Angaben (§ 1 Abs. 1 Satz 2 PAngV) 122
aa) Verkaufs- und Leistungseinheit 123
bb) Gütebezeichnung 125
g) Preisverhandlungsbereitschaft (§ 1 Abs. 1 Satz 3 PAngV) 128
3. Fernabsatzverträge (§ 1 Abs. 2) 130
a) Allgemeines 130
b) Geltungsbereich 132
c) Zusätzliche Pflichten 133
aa) Umsatzsteuer und sonstige Preisbestandteile 134
bb) Liefer- und Versandkosten 138
4. Preiswahrheit und Preisklarheit (§ 1 Abs. 6) 142
a) Allgemeine Verkehrsauffassung 143
b) Preisklarheit 145
c) Preiswahrheit 149
d) Form der Preisangabe (§ 1 Abs. 6 Satz 2) 151
aa) Eindeutige Zuordnung 152
bb) Leichte Erkennbarkeit 153
cc) Deutliche Lesbarkeit oder sonstige Wahrnehmbarkeit 157
e) Hervorhebung des Endpreises (§ 1 Abs. 6 Satz 3) 159
5. Ergänzungsvorschriften (§ 1 Abs. 3–5 PAngV) 161
a) Verrechnungssätze bei Leistungen (§ 1 Abs. 3 PAngV) 161
b) Flaschenpfand (§ 1 Abs. 4 PAngV) 164
c) Änderungsvorbehalte (§ 1 Abs. 5 PAngV) 166

III. Die Grundpreisbestimmung (§ 2 PAngV) 169
1. Allgemeines 169
2. Grundpreis (§ 2 Abs. 1 PAngV) 170
3. Lose Ware (§ 2 Abs. 2 PAngV) 177
4. Mengeneinheiten 179
5. Ausnahmen 184

IV. Spezialregelung für Elektrizität, Gas, Fernwärme und Wasser (§ 3) 186
1. Allgemeines 186
2. Angabe verbrauchs- bzw. leistungsabhängiger Preise 187
3. Zusätzliche Angabe verbrauchsunabhängiger Preise 189

V. Handel mit Waren (§ 4) 190
1. Allgemeines 190
2. Sichtbar ausgestellte Waren (§ 4 Abs. 1) 192
3. Weitere Warenangebote (§ 4 Abs. 2) 196
4. Warenangebot nach Musterbüchern (§ 4 Abs. 3) 198
5. Angebote nach Katalogen, Warenlisten und Bildschirmen (§ 4 Abs. 4) ... 199
6. Preise auf Grund von Tarifen und Gebührenregelungen (§ 4 Abs. 5) 202

VI. Angebot von Dienstleistungen (§ 5) 203
1. Allgemeines 203
2. Grundvorschrift (§ 5 Abs. 1) 205
a) Preisverzeichnisse 205
b) Wesentliche Leistungen 208
c) Anbringung von Preisverzeichnissen 210
3. Umfassende Preisverzeichnisse (§ 5 Abs. 2) 214
4. Fachabteilungen von Handelsbetrieben (§ 5 Abs. 3) 217

VII. Kredite (§ 6) 218
1. Allgemeines 218
2. Anwendungsbereich 220
3. (Anfänglicher) effektiver Jahreszins (§ 6 Abs. 1 und 6) 225
4. Berechnung des anfänglichen (effektiven) Jahreszinses (§ 6 Abs. 2–5) 230

Rn
a) Berechnungsmethode 230
b) Berechnungsgrundlage 231
c) Berechnung bei variablen Kreditkonditionen (§ 6 Abs. 5) 235
5. Neufestsetzung der Kreditkonditionen (§ 6 Abs. 6) – Hinweispflicht (§ 6 Abs. 7) 236
6. Bauspardarlehen (§ 6 Abs. 8) 239
7. Kontokorrentkredite (§ 6 Abs. 9) 242
VIII. Sonderregelungen für Gaststätten und Beherbergungsbetriebe (§ 7) 243
1. Allgemeines 243
2. Regelung für Gaststätten 245
a) Begriff 245
b) Preisverzeichnisse für Speisen und Getränke 246
c) Aushang des Preisverzeichnisses (§ 7 Abs. 2) 250
3. Regelung für Beherbergungsbetriebe (§ 7 Abs. 3) 252
4. Bedienungsgeld und Telekommunikationsanlagen 254
a) Bedienungsgeld und sonstige Zuschläge (§ 7 Abs. 5) 254
b) Telekommunikationsanlagen (§ 7 Abs. 4) 255
IX. Regelungen für Tankstellen und Parkplätze (§ 8) 257
1. Allgemeines 257
2. Tankstellen (§ 8 Abs. 1) 258
a) Preisangabepflicht 258
b) Autobahntankstellen 260
c) Sonstige Tankstellen 261
3. Garagen, Einstellplätze, Parkplätze (§ 8 Abs. 2) 262
X. Ausnahmen (§ 9) 263
1. Allgemeines 263
2. Generelle Ausnahmen von der Preisangabepflicht (§ 9 Abs. 1) 264
a) Nichtprivate Letztverbraucher 264
b) Gebietskörperschaften 267
c) Werbeverbote 268
d) Mündliche Angebote 269
e) Versteigerungen 270
3. Neuregelung des § 9 Abs. 2 (Sonderaktionen) 271
4. Fernabsatzverträge (§ 9 Abs. 3) 276
5. Ausnahmen von der Pflicht zur Grundpreisangabe nach § 2 Abs. 1 (§ 9 Abs. 4 bis 6) 277
a) § 9 Abs. 4 PAngV 277
b) § 9 Abs. 5 PAngV 279
c) § 9 Abs. 6 PAngV 280
6. Ausnahmen von den Pflichten nach § 4 (§ 9 Abs. 7) 283
7. Ausnahmen von den Pflichten nach § 5 (§ 9 Abs. 8) 289
XI. Ordnungswidrigkeiten (§ 10) 293
1. Allgemeines 293
2. Täter 294
3. Tathandlungen 296
4. Konkurrenzen 297
5. Rechtsfolgen sowie Verjährung 298

Wettbewerb der öffentlichen Hand (§ 4–S 15) 4–S15

A. Begriff der öffentlichen Hand; Organisations- und Handlungsformen 1

B. Anwendungsbereich des UWG 3

C. Rechtsweg 5

D. Geschäftliche Handlung 8

E. Unlauterkeit 20
I. Allgemeines 20
II. Fallgruppen unlauteren Verhaltens der öffentlichen Hand 23
1. Rechtsbruch 23
a) Grundrechtsverstöße 23
b) Sonstige Normverstöße 24

Rn
2. Amtliche Empfehlungen und Auskünfte 28
3. Autoritäts- oder Vertrauensmissbrauch 31
4. Nutzung amtlicher Ressourcen und hoheitlicher Regelungsbefugnisse 35
5. Preisgestaltung 41

Regelbeispiele des § 4 Nr. 1 bis 11

Unangemessene unsachliche Beeinflussung (§ 4 Nr. 1)

Übersicht

Rn
A. Grundlagen **1**
I. Vom Kundenfang als Fallgruppe des § 1 UWG aF zur unangemessenen unsachlichen Beeinflussung 1
II. Systematik der Neuregelung und Abgrenzung 2
III. Gemeinschaftsrecht 9
1. Grundlagen 10
a) Handlungsformen 10
aa) Die Verordnung 10
bb) Die Richtlinie 12
b) Das europäische Verbraucherleitbild 15
c) Das europäische Informationsmodell 16
2. Richtlinienvorschlag über unlautere Geschäftspraktiken 17
a) Grundlagen 17
b) Regelungen in Art. 8 und 9 UGP-RL 21
c) Auswirkungen auf den Unlauterkeitstatbestand des § 4 Nr. 1 22
aa) Geschäftspraxis 23
bb) Einflussmittel 24
cc) Wettbewerbsrechtliche Relevanz 28
3. Die Verordnung zur Verkaufsförderung 30
a) Entstehungsgeschichte und Ziel der Verordnung 30
b) Begriffsbestimmungen 31
aa) Kommerzielle Kommunikation 32
bb) Verkaufsförderaktion 33
cc) Rabatt 34
dd) Unentgeltliche Zuwendung 36
ee) Zugabe 37
ff) Auftraggeber 38
c) Regelungsgehalt der Verordnung 39
aa) Verbot nationaler Verbote von Verkaufsförderungsmaßnahmen 40
bb) Informationspflichten bei den jeweiligen Verkaufsförderaktionen 43
IV. Kartellrechtliche Grenzen 44
1. Grundlagen 44
a) Kartellrechtlich relevante Normen 45
b) Konkurrenzen 48
2. Einzelfragen 50
a) Anzapfen 51
b) Verkaufsförderungsmaßnahmen (Kopplungsangebote, Rabatte, Werbegeschenke) 52
c) Kundenbindungssysteme 56
d) Öffentlich-rechtliche Wettbewerber 57
V. Rechtsvergleich 58
1. Die Rechtslage in Österreich 58
a) Gesetzliche Regelungen 58
b) Einzelfälle 61
2. Die Rechtslage in der Schweiz 63
a) Gesetzliche Regelungen 63
b) Einzelfälle 65
B. Geschäftliche Handlungen **68**
I. Begriff der geschäftlichen Handlung 68
II. Verkaufs- und Ankaufsförderungsmaßnahmen 70

	Rn
C. Geschützter Personenkreis	**74**
D. Unangemessener unsachlicher Einfluss	**76**
I. Beurteilungsmaßstäbe für eine unangemessene unsachliche Beeinflussung	76
1. Das Leitbild des Leistungswettbewerbs	77
2. Wandel des Verbraucherleitbilds	84
3. Aufhebung von Rabattgesetz und Zugabeverordnung	87
a) Historischer Rückblick	88
b) Auswirkung auf das Lauterkeitsrecht	93
II. Unangemessenheit	94
III. Kanon der Einflussmittel	98
1. Ausübung von Druck	100
a) Grundlagen und Abgrenzung	100
b) Physischer Druck	103
c) Psychischer Druck	104
aa) Psychischer Kaufzwang	106
bb) Androhung sonstiger Übel	117
cc) Einsatz von Autoritäten	118
dd) Laienwerbung	119
d) Belästigung	120
e) Wirtschaftlicher Druck	121
2. Unsachlicher Einfluss durch menschenverachtende Werbung	124
3. Sonstiger unangemessener unsachlicher Einfluss	142
a) Fehlende Transparenz	143
b) Übertriebenes Anlocken	147
IV. Entbehrliche Fallgruppen	154
1. Unsachlicher Einfluss durch Setzen aleatorischer Reize	155
2. Unsachliche Beeinflussung durch das Ansprechen von Emotionen	157
E. Erscheinungsformen in der Praxis	**160**
I. Kopplungsangebote	160
1. Terminologie und Abgrenzung	160
2. Frühere Rechtslage	168
3. Die missbräuchliche Kopplung	177
4. Missbräuchliche Kopplung wegen fehlender Transparenz	181
a) Ausgangspunkt	181
b) Allgemeine Maßstäbe zur Konkretisierung des Transparenzgebotes	183
c) Gesetzliche Informationspflichten	184
d) Keine grundsätzliche Pflicht zur Angabe des Gesamtpreises	185
e) Ungeschriebene Pflicht zur Angabe der Einzelpreise	187
aa) Allgemeines	187
bb) Einzelfälle	190
f) Keine grundsätzliche Pflicht zur Angabe wertqualifizierender Merkmale	196
g) Einzelfallbetrachtung	206
aa) Gesamtbelastung	207
bb) Gegenüberstellung der Einzelpreise und des Gesamtpreises	210
cc) Täuschung über den Wert der Teil- oder Zusatzleistung	211
5. Missbräuchliche Kopplung aufgrund unsachlicher Beeinflussung	213
a) Übertriebenes Anlocken	213
aa) Ausgangslage	213
bb) Umstände des Einzelfalls	214
(1) Höhe des geldwerten Vorteils	214
(2) Funktionszusammenhang zwischen den gekoppelten Produkten	220
(3) Zeitliche Begrenzung des Angebots	223
b) Sonderfall: sog. Dreieckskopplung	226
aa) Grundlagen	226
bb) Bisherige Rechtsprechung	227
cc) Kriterien der rechtlichen Beurteilung	237
(1) Erwartungshaltung des Dritten	238
(2) Empfänger der Vergünstigung	243
(3) Wert und Art der Vergünstigung	245
c) Aleatorische Reize	248
d) Psychischer Kaufzwang	251

Rn

e) Ausübung von wirtschaftlichem oder sozialem Druck ... 252
f) Keine Berücksichtigung öffentlicher Interessen ... 254
g) Verstoß gegen gesetzliche Vorschriften ... 255

II. Rabatte ... 260
1. Erscheinungsformen und Abgrenzung ... 260
2. Rechtsprechung vor Aufhebung des Rabattgesetzes ... 263
3. Kriterien der lauterkeitsrechtlichen Beurteilung ... 266
a) Ausgangslage ... 266
b) Fehlende Transparenz ... 267
c) Übertriebenes Anlocken ... 270
d) Aleatorische Reize ... 275
e) Kundendiskriminierung ... 276
f) Gesetzliche Grenzen ... 277

III. Rückgabe- und Umtauschrechte, (Preis-)Garantien und Stundungen ... 278
1. Bisherige Rechtsprechung ... 278
a) Rückgabe- und Umtauschrechte ... 278
b) Preisgarantien ... 279
c) Günstige Zahlungsmodalitäten und Finanzierungsangebote ... 280
2. Kriterien der lauterkeitsrechtlichen Beurteilung ... 281
a) Fehlende Transparenz ... 282
b) Übertriebenes Anlocken ... 285

IV. Werbegeschenke ... 287
1. Erscheinungsformen ... 287
2. Kriterien der lauterkeitsrechtlichen Beurteilung ... 288
a) Grundlagen ... 288
b) Mangelnde Transparenz ... 291
c) Übertriebenes Anlocken ... 292
aa) Rechtsprechung ... 292
bb) Stellungnahme ... 295
d) Psychischer Kaufzwang ... 298
aa) Rechtsprechung ... 298
bb) Stellungnahme ... 301
3. Sonderfall: Unentgeltliche Kundenbeförderung ... 304
a) Rechtsprechung ... 304
b) Stellungnahme ... 307

V. Werbe- oder Verkaufsfahrten ... 308
1. Grundlagen ... 308
2. Kriterien der lauterkeitsrechtlichen Beurteilung ... 309
a) Täuschung über den Charakter der Veranstaltung ... 310
b) Übertriebenes Anlocken ... 311
c) Psychischer Kaufzwang ... 314
d) Unzulässige Laienwerbung ... 315

VI. Gutscheine ... 316

VII. Preisausschreiben oder Gewinnspiele ... 319
1. Grundlagen ... 319
2. Kriterien der lauterkeitsrechtlichen Beurteilung ... 322
a) Fehlende Transparenz ... 323
b) Übertriebenes Anlocken ... 325
aa) Rechtsprechung ... 326
bb) Stellungnahme ... 328
c) Psychischer Druck ... 330
aa) Rechtsprechung ... 331
bb) Stellungnahme ... 333

VIII. Kundenbindungssysteme ... 336
1. Erscheinungsformen ... 336
2. Kriterien der lauterkeitsrechtlichen Beurteilung ... 337
a) Ausgangslage ... 337
b) Transparenz ... 340
c) Übertriebenes Anlocken ... 341
aa) Rechtsprechung ... 342
bb) Stellungnahme ... 344
d) Aleatorische Reize ... 349
e) Kundendiskriminierung ... 350

Rn
IX. Umgekehrte Versteigerungen 351
1. Erscheinungsformen 351
2. Kriterien der lauterkeitsrechtlichen Beurteilung 352
a) Ausgangslage 352
b) Fehlende Transparenz 353
c) Aleatorische Reize 354
X. CoShopping 362
1. Erscheinungsformen 362
2. Kriterien der lauterkeitsrechtlichen Beurteilung 366
a) Ausgangslage 366
b) Fehlende Transparenz 367
c) Übertriebenes Anlocken 368
d) Unzulässige Laienwerbung 374
XI. Gefühlsbetonte Werbung 376
1. Erscheinungsformen und Abgrenzung 376
a) Social sponsoring 377
b) Social production 378
c) Imagewerbung 379
2. Kriterien der lauterkeitsrechtlichen Beurteilung 380
a) Ausgangslage und Entwicklung der Rechtsprechung 380
b) Fehlende Transparenz 387
c) Psychischer Kaufzwang 392
d) Frühere Rechtsprechung 394
XII. Einsatz von Autoritäten 399
1. Grundlagen 399
2. Kriterien der lauterkeitsrechtlichen Beurteilung 400
a) Ausübung von Druck 400
b) Ausnutzen von unberechtigtem Vertrauen 403
c) Persönliche Beziehungen 408
d) Starwerbung 409
XIII. Laienwerbung 410
1. Grundlagen 410
2. Kriterien der lauterkeitsrechtlichen Beurteilung 412
a) Ausgangslage 412
b) Belästigung 414
c) Irreführung 415
d) Psychischer Kaufzwang 417
e) Maßgeblichkeit der Umstände des Einzelfalls 418
aa) Anreizwirkung der Prämie 419
bb) Person des Laienwerbers 421
cc) Die beworbene Ware 422
3. Einzelfälle aus der Rechtsprechung 424
4. Sonderformen 426
5. Abgrenzung 428
6. Verantwortlichkeit des Laienwerbers und des Unternehmers 432
XIV. Anzapfen 433
1. Erscheinungsform 433
2. Ausübung von Druck 434
3. Behinderung nach § 4 Nr. 10 437

A. Grundlagen

I. Vom Kundenfang als Fallgruppe des § 1 UWG aF zur unangemessenen unsachlichen Beeinflussung

1 Nach Maßgabe der gesetzlichen Überschrift sind in § 4 Beispiele unlauteren Wettbewerbs aufgezählt. Hierdurch wird die Generalklausel des § 3 Abs. 1 präzisiert und eine höhere Transparenz erreicht. Der Beispielskatalog soll die bisherigen klassischen Fallgruppen zu § 1 aF umschreiben, wie sie Gegenstand jahrzehntelanger Rechtsprechung des BGH waren. Die in § 4 Nr. 1 genannten Fälle der unangemessenen unsachlichen Beeinflussung

wurden bisher von der Generalklausel des § 1 aF erfasst. Die Sachverhalte, die eine unangemessene unsachliche Beeinflussung des Kunden befürchten lassen und die nun unter § 4 Nr. 1 fallen, wurden in dem von der Rechtsprechung zu § 1 aF entwickelten Raster aus Fallgruppen und Unterfallgruppen als „Kundenfang“[1] oder als „Unlautere Kundenwerbung“[2] bezeichnet. Der **„Kundenfang“ nach altem Recht** zeichnete sich durch Wettbewerbshandlungen aus, die darauf gerichtet waren, die Entscheidungen der Kunden nicht mit Mitteln des Leistungswettbewerbs, sondern durch sachfremde Erwägungen zu beeinflussen.[3] Einzelne Unterfallgruppen des Kundenfangs sind nach der Reform des Lauterkeitsrechts in selbstständigen Paragraphen geregelt (so zB die Belästigung in § 7) oder als typische Unlauterkeitshandlungen im Beispielskatalog des § 4 aufgezählt (so zB die Schleichwerbung in § 4 Nr. 3). Fehlt es an einer ausdrücklichen Regelung, bestimmt § 4 Nr. 1 als Auffangtatbestand, dass jede Form der Werbung unlauter ist, die Kunden unangemessen unsachlich beeinflusst.

II. Systematik der Neuregelung und Abgrenzung

2 Weder das Gesetz noch die Regierungsbegründung geben Auskunft darüber, wann ein unangemessener unsachlicher Einfluss vorliegt. Aus der Systematik des Gesetzes lässt sich in zweifacher Hinsicht eine Konkretisierung erreichen. So kann aus dem Regelbeispiel selbst, das als Beispiel für einen unangemessenen unsachlichen Einfluss die Ausübung von Druck nennt, gefolgert werden, dass die sonstigen Maßnahmen, die zu einer unangemessenen unsachlichen Beeinflussung führen, der Ausübung von Druck vergleichbar sein und daher eine **gewisse Intensität** aufweisen müssen. In diesem Zusammenhang erlangt insbesondere das Merkmal der Unangemessenheit Relevanz. Es gewährleistet, dass eine unsachliche, aber in ihren Auswirkungen unerhebliche Beeinflussung nicht von § 4 Nr. 1 erfasst wird.[4]

3 Des Weiteren lässt sich der Regelungsgehalt von § 4 Nr. 1 durch eine Abgrenzung zu anderen Tatbeständen des Gesetzes konkretisieren, die spezielle Fälle der unsachlichen Einflussnahme auf den Umworbenen zum Gegenstand haben. Nach § 7 handelt unlauter, wer einen Marktteilnehmer in unzumutbarer Weise belästigt. Die in § 7 Abs. 2 genannten Beispiele zeigen, dass hier weniger der Inhalt der Werbung als vielmehr die Art und Weise, wie der Werbende an den Kunden herantritt, die Unlauterkeit begründet.[5] Der Umworbene wird hier schon vor einem Eingriff in seine **private oder berufliche Sphäre** geschützt. § 4 Nr. 1 kann daneben zur Anwendung kommen, wenn die Belästigung nicht nur in die private oder berufliche Sphäre des Betroffenen eingreift, sondern aufgrund ihrer konkreten Gestaltung oder Ausführung auch geeignet ist, die Entscheidungsfreiheit zu beeinträchtigen. Dies kann – abgesehen von inhaltlichen Beanstandungen – darauf beruhen, dass der Umworbene sich so unwohl fühlt, dass ihm eine ruhige Prüfung des Angebotes unmöglich wird. Seine geschäftliche Entscheidung beruht dann nicht auf einer informativen Grundlage, sondern auf dem Wunsch, der Belästigung zu entgehen. In diesen Fällen kommen § 7 und § 4 Nr. 1 nebeneinander zur Anwendung, wobei der Schwerpunkt der Vorwerfbarkeit idR bei § 7 liegen wird, so dass es eines Rückgriffs auf § 4 Nr. 1 nicht bedarf (so etwa bei den bekannten Formen des Direktmarketings oder bei der Zusendung unbestellter Waren).

4 Eine im UWG ausdrücklich geregelte Fallgestaltung, in der die Marktgegenseite unangemessen unsachlich beeinflusst wird, ist die **irreführende Werbung,** die Regelungsgegenstand der §§ 5 und 5a ist. Sachverhalte, in denen sich ein unsachlicher Einfluss aus einer relevanten Irreführung durch den Werbenden ergibt, sind daher regelmäßig anhand dieser

---

[1] *Baumbach/Hefermehl* UWG § 1 Rn 4ff.
[2] Köhler/*Piper* UWG § 1 Rn 10ff.
[3] Köhler/*Piper* UWG § 1 Rn 10.
[4] Reg. Begr. BT-Drucks. 15/1487 S. 17 rechte Spalte; zum Merkmal der Unangemessenheit → Rn 94ff.
[5] Reg. Begr. BT-Drucks. 15/1487 S. 20.

Normen zu beurteilen. Fehlt es trotz Täuschungshandlung an einer *relevanten* Irreführung, kann nicht – sofern nicht andere unlauterkeitsbegründende Aspekte hinzukommen – auf § 4 Nr. 1 zurückgegriffen werden. Dies würde die tatbestandlichen Grenzen des § 5 unterlaufen.[6] Allerdings kommt in Ausnahmefällen eine unsachliche Beeinflussung durch fehlende Transparenz in Betracht.[7] Ebenfalls ein Spezialfall der unsachlichen Beeinflussung ist die in § 4 Nr. 3 geregelte **sublimale Werbung.** Unter sublimaler Werbung versteht man die Beeinflussung mittels einer Botschaft, die nicht bewusst wahrgenommen wird. Diese „unterschwellige" Werbung unterscheidet sich weniger durch ihren Inhalt, als durch die Art des Rezeptionsvorgangs von der sonstigen unsachlichen Beeinflussung.[8]

Das in § 4 Nr. 4 normierte Transparenzgebot soll der Gefahr der unsachlichen Beeinflussung der Kunden durch Verkaufsförderungsmaßnahmen entgegenwirken.[9] Erfasst wird aber nur eine fehlende Transparenz oder eine Irreführung durch Unterlassen im Blick auf die **Bedingungen der Inanspruchnahme von Verkaufsförderungsmaßnahmen.** Daraus ergibt sich eine doppelte Einschränkung: Zum einen werden Maßnahmen, die hinsichtlich der Bedingungen der Inanspruchnahme klar und eindeutig sind, aber in anderen Bereichen – wie etwa hinsichtlich des Inhaltes der angebotenen Leistung – intransparent sind, nicht von § 4 Nr. 4 erfasst. Zum anderen ist dieser Tatbestand nur auf Verkaufsförderungsmaßnahmen, nicht aber auf andere geschäftliche Handlungen anwendbar. In beiden Fällen muss daher auf den **Auffangtatbestand** des § 4 Nr. 1 zurückgegriffen werden. 5

Auch die Katalogbeispiele in § 4 Nr. 5 und § 4 Nr. 6 sind Fälle der unsachlichen Kundenbeeinflussung, die der Vorschrift des § 4 Nr. 1 als speziellere Regelung vorgehen. Da **Preisausschreiben oder Gewinnspiele** zu Werbezwecken ein hohes Missbrauchspotential in sich bergen, stellt der Gesetzgeber an deren Veranstaltung erhöhte Voraussetzungen. Die Teilnahmebedingungen von Preisausschreiben müssen klar und eindeutig angegeben werden (Nr. 5) und die Verkaufsaktion darf nicht an den Warenabsatz oder an die Inanspruchnahme einer Dienstleistung gekoppelt werden (Nr. 6). Mit diesen beiden Ge- bzw. Verboten ist die lauterkeitsrechtliche Beurteilung von Preisausschreiben und Gewinnspielen zu Werbezwecken jedoch nicht erschöpfend geregelt. Über das Transparenzgebot und das Kopplungsverbot hinaus sind weitere Fälle der unsachlichen Einflussnahme auf die Entscheidung der Kunden denkbar, die den Grenzen des § 4 Nr. 1 unterliegen.[10] 6

Schließlich kommt nicht § 4 Nr. 1, sondern § 4 Nr. 2 zur Anwendung, wenn sich die Wettbewerbshandlung an **besonders schutzbedürftige Verbraucherkreise,** wie insbesondere an Kinder und Jugendliche,[11] aber auch sprach- und geschäftsungewandte Mitbürger[12] richtet und deren geschäftliche Unerfahrenheit ausgenutzt wird. In diesen Fällen geht § 4 Nr. 2 als speziellere Regelung der Norm des § 4 Nr. 1 vor.[13] Im Rahmen des § 4 Nr. 2 kann jedoch auf den gleichen Kanon der Einflussmittel zurückgegriffen werden wie bei § 4 Nr. 1, wobei aber die Schwelle der Unlauterkeit niedriger anzulegen ist. 7

Schutzobjekt des § 4 Nr. 1 sind die Verbraucher und sonstige Marktteilnehmer. Geht mit der unsachlichen Beeinflussung der Verbraucher eine **Beeinträchtigung der Mitbewerber** einher, so ist dieser Gesichtspunkt nicht bei der rechtlichen Bewertung nach § 4 Nr. 1 zu berücksichtigen, sondern er spielt im Rahmen von § 4 Nr. 10 und – wenn Unternehmen mit gewisser Marktmacht handeln – im Rahmen der kartellrechtlichen Beurtei- 8

6 Harte/Henning/*Stuckel* UWG § 4 Nr. 1 Rn 21; *Lettl* Das neue UWG Rn 157, 406; *Ohly* GRUR 2004, 889, 897; *Steingass/Teworte* WRP 2005, 676, 680; → dazu auch Begr. RegE UWG, BT-Drucks. 15/1487 S. 40f.

7 → Rn 143.

8 *Baudenbacher* 1978 S. 89.

9 Zum Begriff der Verkaufsförderungsmaßnahme → Rn 70.

10 → Rn 319.

11 BGH GRUR 2002, 976, 979 – Kopplungsangebot I; BGH GRUR 1965, 363 – Fertigbrei; OLG Stuttgart WRP 1995, 258, 261 – Eisschlotzwochen; OLG Frankfurt GRUR 1994, 522 – LEGO-Hotline; OLG Düsseldorf GRUR 1975, 267 – Milky Way; LG München NJW 2003, 3066 – Rubbel-Gewinnspiel.

12 BGH WRP 1998, 1068 – Verkaufsveranstaltung in Aussiedlerwohnheim.

13 Anders aber BGH GRUR 2006, 161 Tz. 13ff – Zeitschrift mit Sonnenbrille m. Anm. *Steinbeck*.

lung eine Rolle. Da die Rechtsprechung die Lauterkeit von Verkaufsförderungsaktionen zunehmend liberal beurteilt, sofern der Schutz der Verbraucher vor unsachlicher Einflussnahme in Rede steht, nachhaltige Sonderaktionen großer Handelsketten den Umsatz kleinerer Wettbewerber aber durchaus beeinträchtigen können, gewinnt der Aspekt der gezielten Behinderung zunehmend an Bedeutung.[14]

III. Gemeinschaftsrecht

Schrifttum: *Apostolopoulos,* Neuere Entwicklungen im europäischen Lauterkeitsrecht: Problematische Aspekte und Vorschläge, WRP 2004, 841; *Beater,* Europäisches Recht gegen unlauteren Wettbewerb – Ansatzpunkte, Grundlagen, Entwicklung, Erforderlichkeit, ZEuP 2003, 11; *Fezer,* Modernisierung des deutschen Rechts gegen den unlauteren Wettbewerb auf der Grundlage einer Europäisierung des Wettbewerbsrechts, WRP 2001, 989; *Gamerith,* Neue Herausforderungen für ein europäisches Lauterkeitsrecht, WRP 2003, 143; *Glöckner,* Richtlinienvorschlag über unlautere Geschäftspraktiken, deutsches UWG oder die schwierige Umsetzung von europarechtlichen Generalklauseln, WRP 2004, 936; *Göhre,* Frischer Wind aus Brüssel?, WRP 2002, 36; *Glöckner/Hennig-Bodewig,* EG-Richtlinie über unlautere Geschäftspraktiken – Was wird aus dem neuen UWG?, WRP 2005, 1131; *Hecker,* Richtlinie über unlautere Geschäftspraktiken – Umsetzung in das deutsche Recht, WRP 2006, 640; *Henning-Bodewig,* Neuorientierung von § 4 Nr. 1 und 2 UWG?, WRP 2006, 621; *dies.,* GRUR Int. 2005, 629; *dies.,* Richtlinienvorschlag über unlautere Geschäftspraktiken und UWG-Reform, GRUR Int. 2004, 183; *dies.,* Das Europäische Wettbewerbsrecht: Eine Zwischenbilanz, GRUR Int. 2002, 389; *Keßler/Micklitz,* BB-Europareport: Der Richtlinienvorschlag über unlautere Praktiken im binnenmarktinternen Geschäftsverkehr, BB 2003, 2073; *Köhler,* Zur Umsetzung der Richtlinie über unlautere Geschäftspraktiken, GRUR 2005, 793; *Köhler/Bornkamm/Henning-Bodewig,* Vorschlag für eine Richtlinie zum Lauterkeitsrecht und eine UWG-Reform, WRP 2002, 1317; *Köhler/Lettl,* Das geltende europäische Lauterkeitsrecht, der Vorschlag für eine EG-Richtlinie über unlautere Geschäftspraktiken und die UWG-Reform, WRP 2003, 1019; *Lettl,* Gemeinschaftsrecht und neues UWG, WRP 2004, 1079; *Micklitz/Keßler,* Europäisches Lauterkeitsrecht, GRUR Int. 2002, 885; *dies.,* Funktionswandel des UWG, WRP 2003, 919; *Schricker/Henning-Bodewig,* Elemente einer Harmonisierung des Rechts des unlauteren Wettbewerbs in der Europäischen Union, WRP 2001, 1367; *Seichter,* Der Umsetzungsbedarf der Richtlinie über unlautere Geschäftspraktiken, WRP 2005, 1087; *Sosnitza,* Die Richtlinie über unlautere Geschäftspraktiken – Voll- oder Teilharmonisierung, WRP 2006, 1; *ders.,* Das Koordinatensystem des Rechts des unlauteren Wettbewerbs im Spannungsfeld zwischen Europa und Deutschland, GRUR 2003, 739; *Steinbeck,* Richtlinie über unlautere Geschäftspraktiken – Umsetzung in das deutsche Recht, WRP 2006, 632; *dies.,* Die Zukunft der aggressiven Geschäftspraktiken, WRP 2008, 865; *Veelken,* Nationales Lauterkeitsrecht und Europäisches Gemeinschaftsrecht, ZVglRWiss. 1993, 241.

9 Die Europäisierung des Privatrechts wirkt sich zunehmend auf das Recht gegen den unlauteren Wettbewerb aus. An dieser Stelle kann die Tragweite des geltenden und möglicherweise zukünftigen Gemeinschaftsrechts[15] für das UWG insgesamt nicht behandelt werden. Es sollen nur die Regelungen angesprochen werden, die in unmittelbarem Sachzusammenhang mit den von § 4 Nr. 1 erfassten Fallgruppen stehen. Die Ausführungen beschäftigen sich ausschließlich mit dem Sekundärrecht. Von besonderer Bedeutung ist insoweit die am 22. 12. 2008 umgesetzte Richtlinie über unlautere Geschäftspraktiken. Auf den von der Kommission inzwischen nicht mehr weiterverfolgten Vorschlag über eine Verordnung zur Verkaufsförderung[16] soll nur noch kurz eingegangen werden.

1. Grundlagen

10 **a) Handlungsformen. aa) Die Verordnung.** Nach Art. 249 Abs. 2 EG hat eine Verordnung allgemeine Geltung, ist in allen ihren Teilen verbindlich und **gilt unmittelbar in**

[14] OLG Köln GRUR-RR 2005, 194, 195 – REWE-Haushaltskarte; OLG Köln GRUR-RR 2005, 168, 169 – Glow by J. Lo.

[15] Das Gemeinschaftsrecht ist vom Unionsrecht zu unterscheiden. Das Gemeinschaftsrecht setzt sich zusammen aus den Rechtsakten der EG und der EAG, das Unionsrecht wird aus den Rechtsakten gebildet, die in den Bereich der Europäischen Union fallen, → *Koenig/Pechstein* Rn 7 ff; *Streinz* 2003 Rn 1 ff; aA *v. Bogdandy/Nettesheim* NJW 1995, 2324. Erst mit Inkrafttreten der Europäischen Verfassung gehen EG und EAG in der EU auf und nach Art. 10 EU-Verfassungsentwurf ist es dann gerechtfertigt, von Unionsrecht zu sprechen, ABl. EG Nr. C 169 vom 18. 7. 2003, S. 10.

[16] KOM (2002) 585 endg.; → Rn 30 ff.

jedem Mitgliedstaat. Die Verordnung steht materiell gesehen einem Gesetz gleich.[17] Allgemeine Geltung bedeutet, dass die Verordnung grundsätzlich gemeinschaftsweit für eine unbestimmte Vielzahl von Fällen rechtsverbindlich ist. Unmittelbare Geltung bedeutet, dass die Verordnung ihren Geltungsanspruch allein im Gemeinschaftsrecht findet und es eines innerstaatlichen Umsetzungsaktes nicht bedarf. Mit ihrem Inkrafttreten werden gegenüber den Adressaten alle in ihr enthaltenen Ge- und Verbote wirksam. Die Mitgliedstaaten (insbesondere die Gerichte) müssen die Verordnung anwenden und entgegenstehendes wie gleichlautendes[18] nationales Recht außer Anwendung lassen. Dem (sekundären) Gemeinschaftsrecht kommt daher ein Anwendungsvorrang zu.[19] Adressat der Verordnung sind die Gemeinschaft mit ihren Institutionen, die Mitgliedstaaten und alle Privatrechtssubjekte. Die Verordnung ist daher generell geeignet, mit Inkrafttreten unmittelbare Wirkung für den Einzelnen zu begründen.[20]

Wäre die Verordnung über Verkaufsförderung in Kraft getreten, dann wäre das **nationale UWG** in ihrem Anwendungsbereich **nicht mehr anzuwenden** gewesen (vgl. Art. 3 Abs. 2 des Verordnungsvorschlag). 11

bb) Die Richtlinie. Nach Art. 249 Abs. 3 EG ist die Richtlinie für jeden Mitgliedstaat, an den sie gerichtet wird, hinsichtlich des zu erreichenden Ziels verbindlich, überlässt jedoch den innerstaatlichen Stellen die Wahl der Form und der Mittel. Anders als die Verordnung zielt die Richtlinie nicht darauf ab, unmittelbar geltendes Recht in den Mitgliedstaaten zu schaffen. Vielmehr müssen die Mitgliedstaaten ihr eigenes Recht beseitigen, modifizieren oder neues schaffen, um so eine **Umsetzung der Richtlinie** zu erreichen.[21] Nach Ablauf der Umsetzungsfrist entfaltet eine Richtlinie eine Sperrwirkung. Nationales Recht, das der Richtlinie widerspricht, darf nicht mehr angewendet werden, neues widersprechendes Recht nicht erlassen werden.[22] 12

Einer Richtlinie kommt zwar grundsätzlich keine unmittelbare Wirkung für den Einzelnen zu,[23] doch ist das **Gebot der richtlinienkonformen Auslegung** des nationalen Rechts, das nach der ständigen Rechtsprechung des EuGH aus Art. 249 EG iVm Art. 10 EG folgt,[24] zu beachten. Richtlinienkonforme Auslegung bedeutet, dass die Auslegung nationalen Rechts im Angleichungsbereich einer Richtlinie nicht mehr allein nationalen Regeln folgt, sondern „mit Rücksicht auf und im Lichte der Richtlinie" stattfinden muss.[25] Ergibt die Auslegung, dass das existierende nationale Recht richtlinienwidrig ist, so darf es – auch im Verhältnis zu Privaten – nicht mehr angewendet werden.[26] Dieser Aussage des Gerichtshofs kommt gerade im Lauterkeitsrecht besondere Bedeutung zu. Wenn eine Richtlinie dazu führt, dass ein Privatrechtssubjekt einen gemeinschaftsrechtlichen Anspruch hat, nicht mit bestimmten Verboten belastet zu werden, so wirkt sich dies unmittelbar auf den evtl. von einem Mitbewerber geltend gemachten nationalen Unterlassungsanspruch wegen unlauteren Wettbewerbs aus. Darin ist gerade keine horizontale Drittwirkung zu sehen, weil nicht belastend in Rechtspositionen Dritter eingegriffen wird.[27] 13

---

[17] Grabitz/Hilf/*Nettesheim* EG Art. 249 Rn 110.

[18] Grabitz/Hilf/*Nettesheim* EG Art. 249 Rn 121.

[19] EuGH Rs. 106/77 – Simmenthal II, Slg. 1978, 692 Rn 17f; Rs. 6/64 – Costa/ENEL, Slg. 1964, 1251, 1269.

[20] EuGH Rs. 43/70, Slg. 1971, 1039, 1049 – Politi/Italien.

[21] *Grabitz/Hilf/Nettesheim* EG Art. 249 Rn 124.

[22] *Oppermann* Rn 554.

[23] Davon macht der EuGH eine Ausnahme, wenn ein Mitgliedstaat eine RL nicht innerhalb der in ihr enthaltenen Frist umsetzt: EuGH Rs. 8/81, Slg. 1982, 53, 70f – Becker/Finanzamt Münster; Rs. 41/74, Slg. 1974, 1337, 1348 – van Duyn/Homeoffice; Rs. 9/70, Slg. 1970, 825, 837ff – Grad/Finanzamt Traunstein.

[24] EuGH Rs. C-355/96, Slg. 1998, I-5199 – Silhouette International Schmied/Hartlauer Handelsgesellschaft; Rs. C-177/88, Slg. 1990, I-3941 Rn 25f – Dekker/Stichting Vormingscentrum.

[25] *Lutter* FS Everling S. 765, 767.

[26] EuGH Rs. C-443/98, Slg. 2000, I-7535 – Unilever/Central Food; Rs. C-194/94, Slg. 1996, I-2201 – CIA Security International SA/Signalson.

[27] *Grabitz/Hilf/Nettesheim* EG Art. 249 Rn 177.

14 Das Gemeinschaftsrecht verlangt nicht, dass eine Richtlinie bei der Auslegung und Anwendung nationalen Rechts zu berücksichtigen ist, solange die Umsetzungsfrist nicht abgelaufen ist. Hierbei handelt es sich vielmehr um eine Frage des nationalen Rechts.[28] Der BGH hat die richtlinienkonforme Auslegung der Generalklausel des § 1 aF bereits **vor Ablauf der Umsetzungsfrist** der Richtlinie 97/55/EG[29] ausdrücklich für zulässig erklärt.[30] Zutreffend bestimmt der BGH den unbestimmten Rechtsbegriff der „Sittenwidrigkeit" in § 1 aF unter Rückgriff auf Wertungen in der nationalen und europäischen Rechtsordnung und führt insoweit aus: „Ein Verhalten, das der europäische Gesetzgeber als grundsätzlich zulässig bezeichnet hat, kann – unabhängig davon, ob die Frist zur Umsetzung der Richtlinie noch läuft – nicht als Verstoß gegen die guten Sitten angesehen werden".[31] Dasselbe gilt mutatis mutandis für den Begriff der Unlauterkeit in §§ 3, 4 Nr. 1.

15 **b) Das europäische Verbraucherleitbild.** Maßgeblich für die Beurteilung der Zulässigkeit von Werbemaßnahmen ist das zugrunde zu legende Verbraucherleitbild. Der EuGH hat in seiner Rechtsprechung den Begriff des „durchschnittlich informierten, aufmerksamen und verständigen Durchschnittsverbrauchers" geprägt.[32]

16 **c) Das europäische Informationsmodell.** Der Durchschnittsverbraucher ist nur dann in der Lage, eine sachgerechte Entscheidung zu fällen, wenn er zuvor ausreichend informiert wurde. Die erforderlichen Informationen müssen dem Verbraucher vom Gewerbetreibenden zur Verfügung gestellt werden.[33] Der **Schutz der Verbraucher** und die Sicherung des Wettbewerbs **durch Information** der Verbraucher ist daher zentrales Anliegen europäischer Richtlinien. Nur beispielhaft seien hier genannt: die Richtlinie 2000/31/EG über den elektronischen Geschäftsverkehr, die in Art. 5 und 6 Informationspflichten statuiert und die Richtlinie 98/6/EG vom 16. 2. 1998 über den Schutz der Verbraucher bei der Angabe der Preise der ihnen angebotenen Erzeugnisse. In Erwägungsgrund (1) heißt es hier, dass ein transparenter Markt und korrekte Informationen sowohl den Verbraucherschutz als auch einen gesunden Wettbewerb zwischen den Unternehmen und den Erzeugnissen fördern. Diese Regelungen zeigen die „Philosophie des Schutzes durch Information".[34] Das Wettbewerbsmodell, das dem europäischen (Verbraucherschutz-)Recht zugrunde liegt, lässt sich daher als *Informationsmodell* beschreiben.

2. Richtlinienvorschlag über unlautere Geschäftspraktiken

17 **a) Grundlagen.** Mit dem Grünbuch zum Verbraucherschutz[35] hat die Kommission der Europäischen Gemeinschaften 2001 eine breite Diskussion über die Notwendigkeit und Mittel eines gemeinschaftsrechtlichen Tätigwerdens im Bereich des Lauterkeitsrechts angestoßen.[36] Der Konsultationsprozess wurde abgeschlossen mit der Richtlinie 2005/29/EG des Europäischen Parlamentes und des Rates vom 11. Mai 2005 über unlautere Geschäftspraktiken zwischen Unternehmen und Verbrauchern und zur Änderung der Richtlinie 84/450/EWG des Rates, der Richtlinien 97/7/EG und 2002/65/EG des Europäischen Parlaments und des Rates sowie der Verordnung EG Nr. 2006/2004 des Europäischen Parlaments und des Rates (Richtlinie über unlautere Geschäftspraktiken).[37] Die Richtlinie bezweckt eine **Vollharmonisierung,** so dass die Mitgliedstaaten den von ihr angestrebten

---

28 *Grabitz/Hilf/Nettesheim* EG Art. 249 Rn 152; *Streinz* 2003 Rn 407.

29 ABl. EG 1997 Nr. L 290 S. 18.

30 BGH NJW 1998, 2208, 2210f – Testpreis-Angebot m. Anm. *Steinbeck;* WuB V B. § 1 UWG 2.98.

31 BGH NJW 1998, 2208, 2212 – Testpreis-Angebot.

32 → Rn 84.

33 *Micklitz/Keßler* WRP 2003, 919, 930; *Fezer* WRP 2001, 989, 992; *Beater* 2002 § 8 Rn 42, 54; *Hucke* S. 118.

34 *Beater* 2002 § 8 Rn 100.

35 KOM (2001) 531 endg.

36 *Beater* ZEuP 2003, 11ff; *Köhler/Lettl* WRP 2003, 1019ff; *Micklitz/Keßler* GRUR Int. 2002, 885ff; *Schricker/Henning-Bodewig* WRP 2001, 1367ff.

37 Zum vorangegangenen Vorschlag (KOM (2003) 356 endg.) und zum gesamten Verfahren siehe die Dokumente unter www.europarl.eu. int.

Schutzstandard im harmonisierten Bereich weder unter- noch überschreiten dürfen. Das folgt aus Art. 1 der Richtlinie und aus den Erwägungsgründen 6, 8, 11, 12, 13 und 15 der Richtlinie.

Aus Art. 3 UGP-RL ergibt sich, dass der **persönliche Anwendungsbereich** der Richtlinie ausschließlich das Verhältnis von Gewerbetreibenden zu Verbrauchern (B2C) erfasst.[38] Das Verhältnis von Unternehmer zu Unternehmer (B2B) fällt nicht in den Anwendungsbereich der Richtlinie, doch ist der nationale Gesetzgeber – eben weil es sich außerhalb des Anwendungsbereiches der Richtlinie befindet – nicht gehindert, auch Handlungen im Verhältnis B2B für unlauter zu erklären und § 4 Nr. 1 auch insoweit anzuwenden. 18

Eine wesentliche Einschränkung des **sachlichen Geltungsbereichs** folgt aus dem Ziel, nur die wirtschaftlichen Interessen der Verbraucher zu schützen (Art. 1 UGP-RL). Daraus ergibt sich, dass die Richtlinie nur für solche Geschäftspraktiken gelten soll, die die wirtschaftliche Entscheidungsfreiheit des Verbrauchers betreffen.[39] Der Geltungsbereich der Richtlinie erstreckt sich nicht auf Fragen des Geschmacks, des Anstands (vgl. Erwägungsgrund 7) oder der sozialen Verantwortung,[40] es sei denn, der Gewerbetreibende stellt im Rahmen seines Marketings einen konkreten Bezug zwischen seinen Verpflichtungen in diesen Bereichen und seinen Produkten her.[41] 19

Art. 5 Abs. 1 UGP-RL enthält eine **Generalklausel:** „Unlautere Geschäftspraktiken sind verboten".[42] Art. 5 Abs. 2 UGP-RL des Vorschlags definiert die Unlauterkeit anhand eines **zweigliedrigen Tatbestands,** dessen Elemente kumulativ vorliegen müssen: Die Geschäftspraxis muss dem Gebot der beruflichen Sorgfaltspflicht widersprechen und im Einzelfall geeignet sein, das wirtschaftliche Verhalten des adressierten Durchschnittsverbrauchers wesentlich zu beeinflussen. Art. 5 Abs. 4 UGP-RL sieht vor, dass Geschäftspraktiken, die irreführend (Art. 6 und 7 UGP-RL) oder aggressiv (Art. 8 und 9 UGP-RL) wirken, jedenfalls unlauter sind. Liegen die Voraussetzungen jener Tatbestände vor, tritt Art. 5 Abs. 2 UGP-RL als subsidiär dahinter zurück.[43] Art. 5 Abs. 5 UGP-RL nimmt Bezug auf den Anhang mit einer Liste von Geschäftspraktiken, die vom nationalen Recht in jedem Fall als unlauter zu behandeln sind. 20

b) Regelungen in Art. 8 und 9 UGP-RL. Nach Art. 8 UGP-RL gelten Geschäftspraktiken als aggressiv, wenn sie im konkreten Fall unter Berücksichtigung aller tatsächlichen Umstände die Entscheidungs- und Verhaltensfreiheit des Durchschnittsverbrauchers in Bezug auf das Produkt durch Belästigung, Nötigung, einschließlich der Anwendung körperlicher Gewalt oder durch unzulässige Beeinflussung tatsächlich oder voraussichtlich erheblich beeinträchtigen und diesen dadurch tatsächlich oder voraussichtlich dazu veranlassen wird, eine geschäftliche Entscheidung zu treffen, die er andernfalls nicht getroffen hätte. In Art. 9 der Richtlinie werden einzelne Umstände genannt, die bei der Beurteilung der Frage, ob eine aggressive Geschäftspraxis gegeben ist, berücksichtigt werden sollen. In Betracht kommen als maßgebliche Faktoren Zeitpunkt und Ort sowie Art und Dauer der Einflussnahme, die Verwendung drohender oder beleidigender Formulierungen, die Ausnutzung konkreter Unglückssituationen, Drohungen mit dem Ziel, den Verbraucher an der Ausübung seiner vertraglichen Rechte zu hindern, sowie die Drohung mit rechtlich unzulässigen Handlungen. 21

c) Auswirkungen auf den Unlauterkeitstatbestand des § 4 Nr. 1. Die in Art. 8 und 9 UGP-RL näher erläuterten aggressiven Geschäftspraktiken beschreiben Verhaltens- 22

[38] *Veelken* WRP 2004, 1, 6f; *Köhler/Lettl* WRP 2003, 1019, 1033; *Keßler/Micklitz* BB 2003, 2073, 2074.

[39] *Veelken* WRP 2004, 1, 7; *Keßler/Micklitz* BB 2003, 2073, 2074.

[40] KOM (2003) 356 endg. S. 11f.

[41] Dazu KOM (2003) 356 endg. S. 11f; *Köhler/Lettl* WRP 2003, 1019, 1032. Zu den weiteren in Art. 3 des Vorschlags enthaltenen Abgrenzungsregelungen kann hier nicht Stellung genommen werden, vgl. *Köhler/Lettl* WRP 2003, 1019, 1034.

[42] KOM (2003) 346 endg. S. 27.

[43] *Veelken* WRP 2004, 1, 18; *Köhler/Lettl* WRP 2003, 1019, 1036; *Keßler/Micklitz* BB 2003, 2073, 2076.

weisen, die der Ausübung von Druck und der unangemessenen unsachlichen Beeinflussung im nationalen Recht gleichen. Es war jedoch im Zuge der Umsetzung der Richtlinie über unlautere Geschäftspraktiken nicht erforderlich, den Wortlaut des § 4 Nr. 1 zu ändern, da das nationale Recht die in der Richtlinie geregelten Fallgestaltungen hinreichend abdeckt. Art. 8 nennt drei Voraussetzungen: aa) Die Handlung muss eine Geschäftspraxis darstellen, bb) die durch die genannten Einflussmittel: Nötigung, Belästigung oder unsachliche Beeinflussung cc) die Entscheidungs- oder Verhaltensfreiheit des Durchschnittsverbrauchers in Bezug auf das Produkt tatsächlich oder voraussichtlich erheblich beeinträchtigt, so dass dies Auswirkungen auf die geschäftliche Entscheidung des Verbrauchers hat (wettbewerbsrechtliche Relevanz).

23 **aa) Geschäftspraxis.** § 4 Nr. 1 knüpft an den Begriff der Wettbewerbshandlung an. Dieser in § 2 Nr. 1 definierte Begriff ist im Zuge der Umsetzung der Richtlinie dem dort in Art. 2d definierten Begriff der Geschäftspraxis angepasst worden. Damit fallen – was zunächst umstritten war – nun auch Handlungen nach Abschluss eines Handelsgeschäftes in den Anwendungsbereich des Gesetzes. Ebenfalls auf einer Vorgabe aus Art. 2d UGP-RL beruht der Verzicht auf das subjektive Merkmal der Wettbewerbsförderungsabsicht („mit dem Ziel") und das dafür neu aufgenommene Erfordernis eines objektiven Zusammenhangs mit der Förderung des Absatzes oder Bezugs von Waren bzw. der Erbringung oder des Bezugs von Dienstleistungen. Inhaltliche Änderungen sind damit jedoch nicht verbunden.[44]

24 **bb) Einflussmittel.** Die in den jeweiligen Bestimmungen genannten Einflussmittel sind zwar nicht wortgleich, der Sache nach unterscheiden sie sich aber nicht. Art. 8 UGP-RL nennt die Belästigung, die Nötigung und die unzulässige Beeinflussung; § 4 Nr. 1 spricht von der Ausübung von Druck und sonstigem unsachlichen Einfluss.

25 Eine **Belästigung** kann in zweifacher Hinsicht unlauter auf den Umworbenen einwirken. Zunächst greift sie in die Individualsphäre des Verbrauchers ein, so dass insoweit der Anwendungsbereich des § 7 betroffen ist. Beispielhaft sei hier das Ansprechen in der Öffentlichkeit oder die Telefonwerbung ohne vorherige Einwilligung genannt. Darüber hinaus kann eine belästigende Werbemaßnahme den Umworbenen auch in seiner freien und informierten Entscheidung beeinträchtigen, nämlich dann, wenn er das Geschäft nur abschließt, um der Belästigung zu entgehen. Diese Fälle werden von § 4 Nr. 1 erfasst, da darin eine Beeinträchtigung der Entscheidungsfreiheit durch Ausübung von psychischem Druck liegt.[45]

26 Die **Nötigung** erfasst nicht nur die **körperliche Gewalt,** sondern auch die Androhung eines empfindlichen Übels. In Art. 9 UGP-RL finden sich als Beispiele die Verwendung von drohenden Formulierungen (lit. b 1. Alt.) und der Einsatz von Drohungen mit unzulässigen Handlungen (lit. e). Sämtliche Fälle werden im nationalen Recht von dem Merkmal „Druck" in § 4 Nr. 1 erfasst.

27 Die Richtlinie definiert die **unzulässige Beeinflussung** in Art. 2 lit. j UGP-RL als die Ausnutzung einer Machtposition gegenüber dem Verbraucher zur Ausübung von Druck in einer Weise, die die Fähigkeit des Verbrauchers zu einer informierten Entscheidung wesentlich einschränkt. Während das nationale Recht scheinbar davon ausgeht, dass eine unsachliche Beeinflussung ohne die Ausübung von Druck möglich ist (sonst hätte es der Erwähnung neben der Ausübung von Druck nicht bedurft), ist nach dem Verständnis der Richtlinie die Ausübung von Druck der unsachlichen Beeinflussung immanent (vgl. Definition in Art. 2 lit. j UGP-RL). Dieser Konflikt löst sich auf, wenn man die Definition des Art. 2 lit. j UGP-RL **denkbar weit** versteht. Die hier genannte **Machtposition** erfordert eine nur irgendwie geartete, überlegene Stellung des Unternehmers, die es ihm erlaubt, die Entscheidung des Verbrauchers zu beeinflussen. Die Machtposition muss sich nicht zwingend aus ökonomischen Gesichtspunkten ergeben, sondern kann auch auf einer psychi-

---

44 → Rn 68 zum Begriff Geschäftliche Handlung.

45 → Rn 120.

schen oder intellektuellen Überlegenheit oder auf beruflichen, politischen, verbandsrechtlichen, familiären oder sonstigen Bindungen beruhen.[46] Gegen ein rein ökonomisches Verständnis der „Machtposition" spricht, dass der europäische Gesetzgeber selbst Fallgestaltungen unter die aggressiven Geschäftspraktiken in Gestalt der unsachlichen Beeinflussung fasst, in denen der Werbende Einfluss auf den Verbraucher allein aufgrund einer tatsächlichen Überlegenheit ausübt. Beispiele sind die direkte Ansprache von Kindern in Nr. 28 der black list oder Nr. 30, wonach es unlauter ist, wenn der Werbende ausdrücklich darauf hinweist, dass sein Arbeitsplatz oder Lebensunterhalt gefährdet ist, wenn der Verbraucher die Ware oder Dienstleistung nicht erwirbt. Hier besteht gerade keine ökonomische Machtposition des Werbenden, sondern seine Überlegenheit gründet sich allein auf die psychische Zwangslage, die er durch den Appell an Mitleid und Verantwortung hervorruft. Auch Nr. 27 der black list verlangt keine wirtschaftliche Machtposition. Wer seinen Kunden an der Ausübung seiner Rechte hindert, weil er auf einschlägige Anschreiben nicht reagiert, nutzt schlicht eine tatsächliche Überlegenheit aus, die möglicherweise allein darauf beruht, dass der andere Vertragsteil in Vorleistung getreten ist. Bestätigt wird dieses weite Verständnis durch die Begründung zu Art. 8 UGP-RL, in der es heißt, unentgeltliche Busfahrten zu einem außerhalb gelegenen Geschäftsbetrieb oder Erfrischungen während des Einkaufs führten zwar zu einer Beeinflussung, diese sei jedoch nicht unzulässig, weil die Möglichkeit für den Verbraucher, eine informierte Entscheidung zu treffen, nicht erheblich beeinträchtigt werde.[47] Daraus folgt, dass in den beschriebenen Fallgestaltungen, die im nationalen Recht unter dem Gesichtspunkt des psychischen Kaufzwangs diskutiert werden, zwar eine Machtposition gegeben ist, es aber an der erforderlichen Erheblichkeit fehlt. Versteht man die Machtposition in diesem weiten Sinne, entspricht die **unzulässige Beeinflussung** im Sinne von Art. 8 UGP-RL der Ausübung von Druck und der sonstigen unsachlichen Beeinflussung im Sinne des § 4 Nr. 1.

cc) Wettbewerbsrechtliche Relevanz: Schließlich verlangt Art. 8 UGP-RL – wie jeder Unlauterkeitstatbestand der Richtlinie –, dass die Geschäftspraxis geeignet ist, sich auf die geschäftliche Entscheidung des Verbrauchers auszuwirken. Auch § 4 Nr. 1 knüpft an eine Beeinträchtigung der Entscheidungsfreiheit an. Zwar wird dies nicht ausdrücklich gefordert, doch verlangt das nationale Recht einen *unangemessenen* unsachlichen Einfluss. Trotz unterschiedlicher Terminologie werden mit beiden Formulierungen solche Geschäftspraktiken aus dem Anwendungsbereich der Norm ausgeklammert, die auf die Entscheidung des Verbrauchers keinen Einfluss haben.[48] 28

dd) Durch eine **richtlinienkonforme Auslegung** ist schließlich sicher zu stellen, dass die von der Richtlinie vorgegebenen Grenzen eingehalten werden. Es ist insbesondere darauf zu achten, dass die in Art. 9 UGP-RL genannten Kriterien zur Bestimmung einer aggressiven Verhaltensweise berücksichtigt werden. 29

3. Die Verordnung zur Verkaufsförderung

a) Entstehungsgeschichte und Ziel der Verordnung. Nach längeren Vorarbeiten[49] hat die Kommission am 15. 1. 2002 den Vorschlag für eine Verordnung über Verkaufsförderung im Binnenmarkt[50] vorgelegt. Auf Initiative des Parlaments kam es am 25. 10. 2002 zu einer geänderten Fassung.[51] Es folgten weiterhin kontroverse Diskussionen im Rat aufgrund derer die Kommission den Vorschlag zwischenzeitlich ausdrücklich zurückgenom- 30

---

46 Gesetzesbegründung S. 19; so schon *Glöckner/Hennig-Bodewig* WRP 2005, 1311, 1333; *Steinbeck* WRP 2008, 865, 866.
47 KOM (2003) 356 endg. S. 18 Rn 17.
48 Zum Verhältnis zur Bagatellschwelle in § 3 → Rn 97.
49 Grünbuch Kommerzielle Kommunikation im Binnenmarkt KOM (1996) 192 endg. und das Folgedokument dazu KOM (1998) 121 endg.
50 KOM (2001) 546 endg.
51 KOM (2002) 585 endg.

men hat.[52] Es soll daher nur auf einige Definitionen und Regelungen eingegangen werden, die von allgemeinem Interesse sind.

31 **b) Begriffsbestimmungen.** Das in Art. 1 der Verordnung genannte Ziel beschreibt zugleich den sachlichen Anwendungsbereich der Verordnung: Es sollen die Nutzung und die kommerzielle Kommunikation verkaufsfördernder Aktionen geregelt werden. Die „kommerzielle Kommunikation" und die „Verkaufsförderaktion"[53] zählen damit zu den zentralen Begriffen der Verordnung.

32 **aa) Kommerzielle Kommunikation.** Der Begriff der „kommerziellen Kommunikation"[54] findet sich in Art. 2 lit. f der Richtlinie 2000/31/EG über den elektronischen Geschäftsverkehr[55] und wurde in den Vorschlag wortgleich übernommen.[56] Darunter sind „alle Formen der Kommunikation, die der unmittelbaren oder mittelbaren Förderung des Absatzes von Waren und Dienstleistungen oder des Erscheinungsbilds eines Unternehmens, einer Organisation oder einer natürlichen Person dienen, die eine Tätigkeit in Handel, Gewerbe oder Handwerk oder einen reglementierten Beruf ausübt" zu verstehen. Die **Nähe zum Begriff der Werbung,** wie sie in Art. 2 RL 84/450/EWG über irreführende Werbung[57] definiert wird, ist unverkennbar, so dass man sich fragen kann, ob es des Begriffs der kommerziellen Kommunikation in dem Verordnungsvorschlag wirklich bedurfte.[58] Klargestellt wird jedenfalls, dass sich die kommerzielle Kommunikation nicht nur auf die Absatzförderung als solche, sondern auch auf das Erscheinungsbild eines Unternehmens insgesamt beziehen kann.[59]

33 **bb) Verkaufsförderaktion.** Dabei handelt es sich um Rabatte, unentgeltliche Zuwendungen, Zugaben, Gutscheine oder Möglichkeiten zur Teilnahme an einem Preisausschreiben oder einem Gewinnspiel.[60] Auch Treueprogramme und Flugmeilensysteme sollen erfasst werden.[61] Gemeinsam ist allen Verkaufsförderaktionen, dass sie **zeitlich befristet** sind (vgl. Art. 2 lit. e, f, g, h, i). Erwägungsgrund (7) stellt dies noch einmal ausdrücklich klar. In der zeitlichen Befristung liegt das käuferstimulierende Element.

34 **cc) Rabatt.** Der Rabatt wird in Art. 2 lit. e des Verordnungsvorschlages[62] definiert als „das zeitlich befristete Angebot
- eines Preisnachlasses;[63]
- einer zusätzlichen Menge der verkauften Ware oder Dienstleistung, die dem Käufer kostenlos angeboten wird;
- eines Gutscheins, der dem Käufer einer Ware oder Dienstleistung bei einem späteren Kauf Anspruch auf einen Preisnachlass bei eben dieser Ware oder Dienstleistung einräumt".

35 Preisnachlässe sind nach dem Vorschlag nur ein Anwendungsfall des Rabatts. Die Begriffe können nicht gleich gesetzt werden, da Rabatte auch anders als durch Preisnachlässe möglich sind. Jedenfalls handelt es sich bei dem Preisnachlass nur dann um einen Rabatt, wenn

---

52 Mitteilung der Kommission, Ergebnis der Überprüfung von Vorschlägen, die sich derzeit im Gesetzgebungsverfahren befinden, 27. 9. 2005, KOM (2005) 462 endg. S. 10.

53 Zum Teil wird synonym auch von „verkaufsfördernden Aktionen" gesprochen.

54 Der Begriff stammt ursprünglich aus dem Grünbuch Kommerzielle Kommunikation KOM (1996) 192 endg. und wurde im Folgedokument dazu (KOM (1998) 121 endg.) näher entwickelt.

55 ABl. EG Nr. L 178 vom 17. 7. 2000, S. 1.

56 KOM (2001) 546 endg. S. 36; der Geänderte Vorschlag weist einen leicht veränderten Wortlaut auf, enthält aber keine inhaltlichen Abweichungen.

57 RL 84/450/EWG vom 10. 9. 1984 ABl. EG Nr. L 250 vom 19. 9. 1984, S. 17.

58 Kritisch *Gamerith* WRP 2003, 143, 154.

59 *Gamerith* WRP 2003, 143, 149.

60 KOM (2002) 585 endg. S. 10; die beiden Letztgenannten werden wegen des vorrangigen Zusammenhangs mit § 4 Nr. 5 UWG hier nicht näher behandelt.

61 KOM (2002) 585 endg. S. 6 Nr. 7.

62 KOM (2002) 585 endg. S. 10.

63 Im ursprünglichen Vorschlag lautete es noch: „eines einfachen Preisnachlasses" KOM (2001) 546 endg. S. 36.

dieser zeitlich befristet gewährt wird. Andernfalls liegt eine (dauerhafte) Preissenkung vor. Erwägungsgrund (7) stellt dementsprechend klar, dass langfristige Preissenkungen nicht darunter fallen. Unerheblich ist es für die Abgrenzung, ob der Preis einem individuellen Adressaten gegenüber oder generell gesenkt wird.[64] **Naturalrabatte** (Warenrabatte) zählen ebenfalls zu den Rabatten. Dabei ergibt sich aus dem Wortlaut von Art. 2 lit. e des Verordnungsvorschlages und im Umkehrschluss aus Art. 2 lit. g des Verordnungsvorschlages, dass es sich bei der kostenlos angebotenen zusätzlichen Menge um eine identische Ware handeln muss. Ist die Ware nicht identisch, spricht man von einer Zugabe. Das Merkmal der Identität spielt auch bei dem **Gutschein** eine Rolle. Ein Rabattgutschein liegt danach nur vor, wenn der Gutschein einen Anspruch auf einen Preisnachlass beim Kauf einer Ware oder Dienstleistung gewährt, die der davor erworbenen entspricht, mit ihr also identisch ist. Das wird in der englischen Fassung des Vorschlages deutlich: „[...] a reduction on the price of an identical good or service on a subsequent purchase".

dd) Unentgeltliche Zuwendung. Unter einer unentgeltlichen Zuwendung versteht 36
Art. 2 lit. f des Verordnungsvorschlages „das zeitlich befristete, kostenlose Angebot einer Ware oder Dienstleistung, unabhängig von jeglicher Kaufverpflichtung".[65] § 4 Nr. 4 verwendet stattdessen den Begriff „Geschenk", was im Ergebnis keinen inhaltlichen Unterschied begründet. Erfasst wird von beiden Begriffen die unentgeltliche und geldwerte Zuwendung, die ohne den Kauf eines Produkts oder die Inanspruchnahme einer entgeltlichen Dienstleistung erlangt wird.[66]

ee) Zugabe. Art 2 lit. g des Verordnungsvorschlages definiert die Zugabe als „das zeit- 37
lich befristete Angebot einer Ware oder Dienstleistung, die nicht mit der zum Kauf angebotenen Ware oder Dienstleistung identisch ist".[67] Hierunter kann auch ein Kopplungsangebot in Form des Gesamtpreisangebots verstanden werden.

ff) Adressat der Informationspflichten des Art. 4 des Verordnungsvorschlages ist der 38
Auftraggeber. Das ist derjenige, „der Verkaufsförderaktionen nutzt, d.h. ein Unternehmen, eine Einrichtung oder eine Einzelperson, die verkaufsfördernde Aktionen selbst durchführen bzw. in deren Auftrag diese Aktionen durchgeführt werden".[68] Die Informationen des Art. 4 des Verordnungsvorschlages sind dem Kunden zu erteilen. **Kunde** ist „ein Unternehmen, eine Organisation oder eine Einzelperson, die die vom Auftraggeber beworbenen Dienstleistungen kauft".[69]Als Kunde kommt daher nach deutschem Recht jede natürliche und juristische Person, jede rechtsfähige Personengesellschaft (§ 14 Abs. 2 BGB) und jede Gesamthandsgemeinschaft in Betracht.

c) Regelungsgehalt der Verordnung. Von Bedeutung für § 4 Nr. 1 sind insbesondere 39
die Art. 3 Abs. 1 und 2 und Art. 4 des Verordnungsvorschlages.

aa) Verbot nationaler Verbote von Verkaufsförderungsmaßnahmen. Art. 3 des 40
Verordnungsvorschlages untersagt den Mitgliedstaaten:
- generelle nationale Verbote der Nutzung und kommerziellen Kommunikation verkaufsfördernder Aktionen;
- Wertbeschränkungen solcher Aktionen (Ausnahme: Rabatte auf Erzeugnisse, die einer Preisbindung unterliegen und Verkäufe unter Selbstkosten);[70]
- Verbote von Rabatten im Vorfeld von Saisonschlussverkäufen;
- Genehmigungspflichten für Nutzung und kommerzielle Kommunikation verkaufsfördernder Maßnahmen sowie Pflichten mit gleicher Wirkung.

---

64 AA *Schricker/Hennig-Bodewig* WRP 2001, 1367, 1400.
65 KOM (2002) 585 endg. S. 11.
66 So auch die Begriffsbestimmung von *Schricker/Henning-Bodewig* WRP 2001, 1367, 1403.
67 KOM (2002) 585 endg. S. 11.
68 KOM (2002) 585 endg. S. 10.
69 KOM (2002) 585 endg. S. 10.
70 Anders insoweit noch der ursprüngliche Vorschlag, KOM (2001) 546 S. 37, der lediglich Rabatte auf Bücher ausgenommen hatte.

41 Das deutsche Recht entspricht Art. 3 Abs. 1 Spiegelstrich 1 des Verordnungsvorschlages, da im nationalen Recht keine generellen Verbote für verkaufsfördernde Aktionen bestehen. Soweit § 4 Nr. 1 Fälle des psychischen Kaufzwangs oder des übertriebenen Anlockens verbietet, liegt darin kein Verstoß gegen Art. 3 Abs. 1 Spiegelstrich 1 des Verordnungsvorschlages, weil die Einschlägigkeit der genannten Fallgruppen jeweils eine Frage des Einzelfalls ist. Art. 3 Abs. 1 Spiegelstrich 1 des Verordnungsvorschlages untersagt dagegen ein *generelles* Verbot.

42 Von Bedeutung für das nationale Recht ist jedoch Art. 3 Abs. 1 Spiegelstrich 2 des Verordnungsvorschlages. Wenn ein Gericht aufgrund der Umstände des Einzelfalls zu dem Ergebnis kommt, dass im konkreten Fall ein psychischer Kaufzwang oder ein übertriebenes Anlocken vorliegt und daher die Maßnahme zu untersagen ist, steht dies in Widerspruch zu Spiegelstrich 2, der den Mitgliedstaaten Wertbeschränkung im Hinblick auf Verkaufsförderaktionen verbietet.[71] Normadressaten der Verordnung sind auch die Gerichte, denen eine verordnungswidrige Interpretation des nationalen Rechts versagt wird. Nach dem Konzept der Verordnung sind solche Verbote unverhältnismäßig und deshalb durch Informationspflichten zu ersetzen.

43 **bb) Informationspflichten bei den jeweiligen Verkaufsförderaktionen.** Art. 4. des Verordnungsvorschlages enthält die **Informationspflicht des Auftraggebers** bei der kommerziellen Kommunikation verkaufsfördernder Aktionen, die im Anhang zum Vorschlag konkretisiert werden. Insbesondere diese Informationspflichten sind als zu weitreichend auf Kritik gestoßen. Über das bisher geltende nationale Recht hinaus geht zB die **obligatorische Angabe des Preises** der beworbenen Ware oder Dienstleistung sowie die damit zusammenhängenden Kosten für Transport, Lieferung oder Porto (Nr. 1.1 Spiegelstrich 1).[72] Die **Angabe des ersten Tages des Angebots** (damit kann nur die Verkaufsförderaktion gemeint sein) und entweder des letzten Tages oder der verfügbaren Bestandsmenge (Nr. 1.1 Spiegelstrich 3) kann nicht so verstanden werden, dass diese Bedingungen von vornherein feststehen müssen.[73] Möchte der Auftraggeber eine laufende Aktion verlängern, so liegt darin eine neue, zweite Aktion, die ihrerseits wiederum die Informationspflichten auslöst. Im Zusammenhang mit der Gewährung von **Rabatten** besteht die Verpflichtung, die genaue Höhe des Rabatts anzugeben und auf einen **Verkauf unter Selbstkosten** hinzuweisen.[74] Auf Nachfrage hat der Auftraggeber den früheren Preis der beworbenen Ware und Dienstleistung und den Zeitraum seiner Geltung anzugeben. Damit soll der Gefahr vorgebeugt werden, dass auf der Grundlage von Mondpreisen Rabatte gewährt werden.[75] Wird eine Ware/Dienstleistung in einem „Format" zusammengefasst und ist deshalb ein direkter Preisvergleich nicht möglich, muss die Grundlage für die Preisberechnung bei Rabatten auf Nachfrage mitgeteilt werden. Für die deutsche Diskussion bedeutend ist schließlich die obligatorische Pflicht, bei **unentgeltlichen Zuwendungen** oder **Zugaben** den tatsächlichen Wert anzugeben.[76]

IV. Kartellrechtliche Grenzen

Schrifttum: *Alexander,* Die Probeabonnement-Entscheidung des BGH – Schnittbereich kartellrechtlicher, lauterkeitsrechtlicher und medienrechtlicher Aspekte, ZWeR 2007, 239; *Fikentscher,* Das Verhältnis von Kartellrecht und Recht des unlauteren Wettbewerbs, GRUR Ausl. 1966, 181; *Köhler,* Zur Konkurrenz lauterkeitsrechtlicher und kartellrechtlicher Normen, WRP 2005, 645; *Lettl,* Kartell- und wettbewerbs-

---

[71] *Göhre* WRP 2002, 36, 41.
[72] *Gamerith* WRP 2003, 143, 159.
[73] So *Gamerith* WRP 2003, 143, 159.
[74] Dazu *Gamerith* WRP 2003, 143, 159 f.
[75] *Göhre* WRP 2002, 36, 41.
[76] Diese Angaben sind immer und nicht nur auf Anfrage zu machen (unzutreffend daher *Eppe* WRP 2004, 153, 156, der von einer Verpflichtung erst bei Anfrage des Verbrauchers ausgeht).

rechtliche Schranken für Angebote unter Einstandspreis, JZ 2003, 662; *Lorenz,* Vertriebsfördermaßnahmen marktbeherrschender Unternehmen, WRP 2005, 992; *Scherer,* Wechselwirkungen zwischen Kartellrecht und UWG, WRP 1996, 174; *Ulmer,* Der Begriff „Leistungswettbewerb" und seine Bedeutung für die Anwendung von GWB und UWG-Tatbeständen, GRUR 1977, 565.

1. Grundlagen

Das Wettbewerbsrecht ist der Oberbegriff für zwei Rechtsgebiete, die ihrerseits in einem Spannungsverhältnis stehen: das Kartellrecht und das Lauterkeitsrecht. Ziel des Kartellrechts ist es, die Freiheit des Wettbewerbs (das „Ob" der wirtschaftlichen Freiheit) zu schützen, während es die Aufgabe des Lauterkeitsrechts ist, auf ein lauteres Verhalten im Wettbewerb hinzuwirken und damit das „Wie" der wirtschaftlichen Freiheit zu sichern.[77] Das Kartellrecht dient also der **Marktstrukturkontrolle,** das Lauterkeitsrecht der **Marktverhaltenskontrolle.**[78] Zwischen diesen Zwecken besteht kein Gegensatz. Beide Rechtsgebiete ordnen den wirtschaftlichen Wettbewerb, wenn auch mit verschiedenen Zielrichtungen.[79] Dabei kann es zu Überschneidungen kommen, denn das Ziel der kartellrechtlichen Normen, die Aufrechterhaltung eines funktionierenden Wettbewerbs, wird letztlich auch mit einer Kontrolle des Marktverhaltens versucht zu erreichen (vgl. §§ 19, 29 GWB). Kartellrechtliche Regelungen schließen auch nicht etwa die Anwendung lauterkeitsrechtlicher Regelungen aus. Ein Sachverhalt kann daher nach beiden Gesetzen zu würdigen sein. Hierbei ist jedoch stets zu beachten, dass nicht durch die Heranziehung des einen Gesetzes die Wertungen des anderen Gesetzes unterlaufen werden. 44

a) Kartellrechtlich relevante Normen. Verhaltensweisen, die den Anwendungsbereich des § 4 Nr. 1 UWG berühren, können gegen das **Kartellverbot** des § 1 GWB (bzw. Art. 81 EG, der im zwischenstaatlichen Handel Vorrang genießt) verstoßen. Nach § 1 GWB sind Vereinbarungen zwischen Unternehmen, Beschlüsse von Unternehmensvereinigungen und aufeinander abgestimmte Verhaltensweisen, die eine Verhinderung, Einschränkung oder Verfälschung des Wettbewerbs bezwecken oder bewirken, verboten. Da die beteiligten Unternehmen nicht miteinander im Wettbewerb stehen müssen, erfasst § 1 GWB sowohl horizontale als auch vertikale Wettbewerbsbeschränkungen. 45

Relevant ist neben dem Kartellverbot die **Missbrauchskontrolle** nach §§ 19 bis 21 GWB (bzw. Art. 82 EG)[80], die die missbräuchliche Ausnutzung einer marktbeherrschenden Stellung verhindern soll. § 19 Abs. 2 GWB enthält eine Legaldefinition des marktbeherrschenden Unternehmens, die auch für das Diskriminierungsverbot in § 20 GWB relevant ist. In § 19 Abs. 4 GWB werden Regelbeispiele genannt, mit denen die Generalklausel in Abs. 1 näher konkretisiert wird. Hier von Interesse sind: der Behinderungsmissbrauch, § 19 Abs. 4 Nr. 1 GWB und der Ausbeutungsmissbrauch in seiner Ausgestaltung als Preis- oder Konditionenmissbrauch, § 19 Abs. 4 Nr. 2 und § 3 GWB. § 20 GWB richtet sich gegen die einseitige Ausnutzung der Marktmacht von marktbeherrschenden Unternehmen oder Unternehmen mit sonstiger Marktmacht in den Formen der Behinderung oder Diskriminierung von anderen Marktteilnehmern.[81] 46

§ 20 Abs. 1 Alt. 1 GWB enthält das **Behinderungsverbot,** dessen Zweck darin liegt, die Wettbewerber des marktstarken Unternehmens zu schützen. Das **Diskriminierungsverbot** in § 20 Abs. 1 Alt. 2 GWB bezweckt dagegen den Schutz potentieller Abnehmer oder Lieferanten marktbeherrschender Unternehmen.[82] § 20 Abs. 2 GWB erweitert den Adressatenkreis des Diskriminierungsverbots aus § 20 Abs. 1 GWB auf solche Unternehmen, von denen kleine und mittlere Unternehmen im vertikalen Wettbewerb abhängig 47

---

77 Grundlegend *Fikentscher* GRUR Ausl. 1966, 181 f.
78 Piper/*Ohly* UWG Einf. D Rn 71.
79 Hefermehl/*Köhler*/Bornkamm UWG Einl. Rn 6.12.
80 Zum Verhältnis der europäischen zur nationalen Regelung MünchKomm/*Böge/Bardong* KartellR, Bd. 2, 2008, Art. 3 VO 1/2003 Rn 105.
81 *Loewenheim*/Meessen/Riesenkampff GWB § 20 Rn 1.
82 So etwa BGHZ 52, 65, 70 f.

sind (Konzept der relativen Marktmacht).[83] § 20 Abs. 3 GWB behandelt die Fälle der passiven Diskriminierung, in denen die Initiative für eine unterschiedliche Behandlung von marktbeherrschenden Abnehmern ausgeht.[84] Die Norm will in erster Linie die Wettbewerber des Abnehmers schützen (Horizontalverhältnis),[85] nach umstrittener Auffassung dient sie aber auch dem Schutz des Anbieters (Vertikalverhältnis).[86] § 20 Abs. 4 GWB verbietet es Unternehmen mit überlegener Marktmacht, kleine oder mittlere Wettbewerber im Horizontalverhältnis unbillig zu behindern. Damit wird das Konzept der relativen Marktmacht auf das Horizontalverhältnis übertragen. Ein Sonderfall der unbilligen Behinderung liegt nach § 20 Abs. 4 S. 2 Nr. 2 GWB vor, wenn ein Unternehmen Waren oder gewerbliche Leistungen nicht nur gelegentlich und ohne sachliche Gründe unter Einstandspreis anbietet.[87] Der Boykott wird in § 21 Abs. 1 GWB kartellrechtlich erfasst. Ein Boykott liegt vor, wenn ein Unternehmen (Boykottierer oder Verrufer) ein anderes Unternehmen (Adressat oder Boykottierender) zu Liefer- oder Bezugssperren auffordert, um ein drittes Unternehmen (Verrufener oder Boykottierter) unbillig zu beeinträchtigen.[88] Enge Berührungspunkte mit § 4 Nr. 1 UWG weist § 21 Abs. 2 GWB auf. Damit wird Unternehmen der Einsatz von Druck- oder Lockmitteln verboten, um andere Unternehmen zu einem nicht wettbewerbsgemäßen Verhalten zu veranlassen. Damit soll der Gefahr vorgebeugt werden, dass die Verbote des GWB – insbesondere das Kartellverbot in § 1 GWB und das Missbrauchsverbot – umgangen werden, indem im Vorfeld Druck- oder Lockmittel eingesetzt werden, um dadurch auf die Entscheidungsfreiheit der Adressaten einzuwirken.[89] § 21 Abs. 3 GWB schützt demgegenüber die Entscheidungsfreiheit von Unternehmen und verbietet den Kartell- und Fusionszwang sowie einen Zwang zu gleichförmigem, wettbewerbsbeschränkendem Verhalten. § 21 Abs. 3 GWB richtet sich anders als Abs. 2 nicht gegen den mit Druck- oder Lockmitteln erstrebten wettbewerbsbeschränkenden Erfolg, sondern allein gegen das eingesetzte Mittel des Zwangs zur Beteiligung an einer für sich betrachtet zulässigen Wettbewerbsbeschränkung.[90]

48 **b) Konkurrenzen.** Erfüllt ein Sachverhalt die Voraussetzungen sowohl des lauterkeitsrechtlichen als auch des kartellrechtlichen Verbotstatbestands, so ist zu differenzieren: Speist sich der Vorwurf der Unlauterkeit allein aus dem kartellrechtlichen Verstoß – wie dies etwa beim Rechtsbruch der Fall ist –, so enthält das GWB eine **abschließende Regelung der zivilrechtlichen Ansprüche,** die Mitbewerber und Wettbewerbsverbände bei Verstößen gegen kartellrechtliche Verbote geltend machen können. Würde man hier ergänzend auf das Lauterkeitsrecht zurückgreifen, würden die differenzierten kartellrechtlichen Regelungen zur Anspruchsberechtigung unterlaufen. Gründet sich die Unlauterkeit dagegen auf einen eigenständigen lauterkeitsrechtlichen Tatbestand, können **lauterkeitsrechtliche Ansprüche neben den kartellrechtlichen Ansprüchen** geltend gemacht werden.[91] Verstößt etwa ein Verhalten gegen § 19 oder § 21 Abs. 2 GWB und erfüllt es zugleich auch die Voraussetzungen von § 4 Nr. 1 UWG, kann der Vorstoß sowohl lauterkeitsrechtlich als auch kartellrechtlich von den jeweils Aktivlegitimierten[92] verfolgt werden. Zur Anspruchs-

[83] Statt aller Immenga/Mestmäcker/*Markert* GWB § 20 Rn 38–89; *Bechthold* GWB § 20 Rn 14–27; aus der Rechtsprechung grundlegend BGH NJW 1976, 801, 802 – Rossignol; zuletzt BGH GRUR 2003, 80, 82f – Konditionenanpassung.

[84] Immenga/Mestmäcker/*Markert* GWB § 20 Rn 249; *Loewenheim*/Meessen/Riesenkampff GWB § 20 Rn 109.

[85] KG NJW-RR 2000, 497, 498; Immenga/Mestmäcker/*Markert* GWB § 20 Rn 252; Bechtold/*Bechtold* GWB § 20 Rn 66.

[86] *Köhler* WRP 2006, 139, 140; offen gelassen von BGH GRUR 2003, 80, 82f – Konditionenanpassung.

[87] Dazu BGHZ 152, 361 – Wal*Mart; aus kartell- und lauterkeitsrechtlicher Sicht *Lettl* JZ 2003, 662.

[88] Zur Notwendigkeit der Dreieckskonstellation s. nur BGH GRUR 1999, 1031, 1032 – Sitzender Krankentransport.

[89] Grundlegend BGHZ 44, 279, 281 – Brotkrieg.

[90] Immenga/Mestmäcker/*Markert* GWB § 21 Rn 82.

[91] BGH GRUR 2006, 773 Tz. 17 – Probeabonnement.

[92] Zum Unterschied in der Aktivlegitimation → BGH GRUR 2006, 773 Tz. 14 – Probeabonnement; *Alexander* ZWeR 2007, 239, 240ff.

konkurrenz gelangt man aber nur, wenn dieselbe Handlung tatsächlich die Voraussetzungen beider Gesetze erfüllt.[93]

49 Schwieriger sind die Fälle zu beurteilen, in denen ein Sachverhalt in den Anwendungsbereich des UWG fallen kann, ein kartellrechtlicher Tatbestand aber gerade nicht erfüllt ist.[94] Wenn ein Unternehmen auf ein anderes Unternehmen Druck ausübt, ohne marktbeherrschend oder zumindest marktstark zu sein, besteht die Gefahr, dass die Anwendung des Lauterkeitsrechts die Zielsetzungen des GWB unterläuft. Deshalb geht man von einer „Sperrwirkung" des GWB aus.[95] Die „Vorfeldthese", wonach Fälle im „Vorfeld" der §§ 19, 20 GWB lauterkeitsrechtlich zu erfassen seien,[96] hat sich nicht durchsetzen können. Daraus folgt, dass sich die lauterkeitsrechtliche Beurteilung eines Verhaltens stets an der Zielsetzung des GWB orientieren muss.[97] Sind die Voraussetzungen des kartellrechtlichen Verbotstatbestandes nicht erfüllt, kann das Eingreifen von § 4 Nr. 1 nur bejaht werden, wenn neben der kartellrechtlich zulässigen Ausübung wirtschaftlicher Macht **spezifische lauterkeitsrechtliche Umstände** vorliegen.[98]

2. Einzelfragen

50 § 4 Nr. 1 nennt die Ausübung von Druck als Unterfall der unangemessenen unsachlichen Beeinflussung. Wird Marktmacht eingesetzt, um diesen Druck zu erzeugen, kann es insoweit zu Überschneidungen mit der kartellrechtlichen Missbrauchskontrolle kommen. Dies kann einmal dadurch geschehen, dass der Druck unmittelbar gegenüber einem sonstigen Marktteilnehmer ausgeübt wird. Des Weiteren können Werbemaßnahmen, die sich an Verbraucher richten, ebenfalls mittelbar zu einer Behinderung anderer Unternehmen führen und daher unter diesem Gesichtspunkt kartellrechtlich relevant werden. Schließlich ist es möglich, dass verkaufsfördernde Maßnahmen gegen das Kartellverbot verstoßen.

51 **a) Anzapfen.** Hier übt ein Unternehmen seine Nachfragemacht gegenüber einem Anbieter aus, indem es vom Hersteller oder Lieferanten bestimmte Zuwendungen fordert, denen andererseits keine entsprechende Gegenleistung gegenübersteht. Die Spanne reicht von Werbekostenzuschüssen über Sonderrabatte[99] bis hin zu rückwirkenden Konditionenanpassungen als Folge eines Unternehmenszusammenschlusses.[100] Der in § 20 Abs. 3 GWB verlangte „sachlich nicht gerechtfertigte Vorteil" besteht im letzten Fall darin, dass ein nachfragestarkes Unternehmen, ohne dass hierfür ein zivilrechtlicher Anspruch besteht, seine Lieferanten dazu bewegt, für in der Vergangenheit abgeschlossene Sachverhalte andere, ihnen ungünstigere Lieferkonditionen zu vereinbaren und Ausgleichszahlungen zu leisten.[101] Scheitert die Anwendung von § 20 Abs. 3 GWB an der erforderlichen Marktmacht, muss das Lauterkeitsrecht diese Wertung berücksichtigen. Es kann daher nicht genügen, dass Druck ausgeübt wird[102] oder dass damit gedroht wird, die Geschäftsbeziehungen abzubrechen.[103] Notwendig ist vielmehr, dass spezifisch lauterkeitsrechtlich relevante Faktoren eingesetzt werden, die unabhängig von der Marktmacht des handelnden Unternehmens sind.[104] Dem-

---

93 *Alexander* ZWeR 2007, 239, 250; aus der Rechtsprechung: BGH GRUR 2004, 255, 258 – Strom und Telefon I.

94 Dazu zuletzt *Köhler* WRP 2005, 645, 647.

95 Harte/Henning/*Brüning* UWG Einl. F Rn 114; *Emmerich* WettbR § 5 III Nr. 3; *Köhler* WRP 2005, 645, 647; *Scherer* WRP 1996, 174, 180f.

96 So *Ulmer* GRUR 1977, 565, 577–580.

97 BGHZ 157, 55, 61 – 20 Minuten Köln.

98 BGH GRUR 2006, 773 Tz. 17 – Probeabonnement; BGHZ 129, 203, 213f – Hitlisten-Platten; BGH GRUR 1977, 619, 620f – Eintrittsgeld; BGHZ 56, 327, 336f – Feld und Wald I.

99 Immenga/Mestmäcker/*Markert* GWB § 20 Rn 262.

100 BGH GRUR 2003, 80, 83 – Konditionenanpassung.

101 BGH GRUR 2003, 80, 83 – Konditionenanpassung.

102 Insoweit zutreffend BGH GRUR 1977, 619, 620f – Eintrittsgeld, im Ergebnis wurde die kartellrechtliche Wertung aber unterlaufen; *Scherer* WRP 1996, 181.

103 BGH GRUR 1982, 737, 738 – Eröffnungsrabatt.

104 *Köhler* WRP 2005, 645, 649.

entsprechend sind **Liefer- und Bezugssperren** nicht ohne weiteres unlauter. Ein marktbeherrschendes Unternehmen darf aber seine Geschäftsbeziehung zu einem langjährigen Partner nicht abbrechen, wenn dessen Geschäftsgebaren den Handelsgebräuchen entspricht (fehlender Rechtfertigungsgrund) und wenn diese Maßnahme unverhältnismäßig ist.[105] Sind an der Liefer- und Bezugsperre drei Personen beteiligt, kommt ein Verstoß gegen § 21 Abs. 1 GWB in Betracht.

52 **b) Verkaufsförderungsmaßnahmen (Kopplungsangebote, Rabatte, Werbegeschenke).** Verkaufsförderungsmaßnahmen können gegen das Kartellverbot nach § 1 GWB verstoßen. Koppelt der Hersteller seine Ware an eine Zugabe und ist der Händler zur Vermeidung einer Irreführung gezwungen, weiter den Normalpreis ohne eine Erhöhung zu verlangen, ist er in seiner Freiheit der Preisbestimmung beeinträchtigt. Problematisch ist zunächst, ob eine Vereinbarung vorliegt oder ob es sich um eine einseitige Maßnahme handelt,[106] die den Anwendungsbereich der §§ 19ff. GWB bzw. Art. 82 EG eröffnet. Die Tatsache allein, dass die Verkaufsförderungsmaßnahme von einem Unternehmen – häufig dem Hersteller des Produkts[107] – maßgeblich initiiert und durchgesetzt wird, reicht nicht aus, um eine Vereinbarung zu verneinen. Eine Vereinbarung liegt schon dann vor, wenn das tatsächliche Verhalten der Gegenseite den Willen erkennen lässt, dem Verlangen des Anbietenden zu folgen.[108] Im Regelfall dürfte ein Verstoß gegen § 1 GWB aber daran scheitern, dass die Verkaufsförderungsmaßnahmen wegen des kurzen Zeitraums, in dem sie stattfinden und aufgrund der mit ihnen für den Handel einhergehenden positiven Effekte nicht geeignet sind – wie es der Kartelltatbestand verlangt –, sich spürbar auf den Wettbewerb auszuwirken.[109]

53 In Kopplungsangeboten marktbeherrschender Unternehmen kann des Weiteren ein nach § 19 Abs. 1 GWB verbotener **Missbrauch** dieser Stellung insbesondere in Form des Abs. 4 UGP-RL (Beeinträchtigung der Wettbewerbsmöglichkeiten anderer Unternehmen) liegen. Das wurde etwa bejaht bei der Kopplung von Eintrittskarten zu einem UEFA-Cup mit einem Bundesligaspiel[110] oder der Kopplung von ISDN-Anschlüssen der Deutschen Telekom mit Internetzugängen der T-Online.[111] Demgegenüber sah der BGH in der Kopplung von Stromlieferung und Telefondienstleistung zu einem einheitlichen Grundpreis kein missbräuchliches Verhalten des marktbeherrschenden Unternehmens.[112] Ebenso wenig stellt die Kopplung des Verkaufs von Grundstücken in einem Neubaugebiet mit der Verpflichtung, den Heizungsbedarf durch ein kommunales Heizwerk zu decken, eine unbillige Behinderung der anderen Energieversorgungsunternehmen durch eine Gemeinde dar.[113]

54 Kopplungsangebote sind schließlich auch am Maßstab des **Behinderungsverbots** (§ 20 Abs. 1 GWB) zu messen,[114] wobei hier gegenüber kleinen und mittleren Unternehmen schon die relative Marktmacht des Anbietenden ausreicht.[115] So kann in der Ausübung von Druck auf die Marktgegenseite zugleich eine Behinderung der Wettbewerber liegen.[116]

55 Da das Kartellrecht **kein allgemeines Diskriminierungsverbot** kennt, darf ein Unternehmen Vergünstigungen auch ohne sachlichen Grund unterschiedlich gewähren. Strengen

---

[105] EuGH Rs. 27/76, Slg. 1978, 207 Rn 182/183 – United Brands Company/Komm.

[106] Zum Problem Bechtold/*Bechtold* GWB § 1 Rn 12.

[107] BGH GRUR 2003, 637 – 1 Riegel Extra (Aktionsbox duplo, 11 Riegel zum Preis der Normalpackung von 10 Riegeln).

[108] EuGH Rs. T-41/96, Slg. 2000, II-3383 – Bayer/Komm.; bestätigt von EuGH Rs. C-2/01 P, Slg. 2004, I-23 Rn 122 – BAI/Bayer.

[109] BGH GRUR 2003, 637, 639 – 1 Riegel Extra. Zum ungeschriebenen Merkmal der Spürbarkeit ist im europäischen Recht von praktischer Bedeutung die Bekanntmachung der Kommission über Vereinbarungen von geringer Bedeutung (de minimis), ABl. 2001 Nr. C 368 S. 13.

[110] BGHZ 101, 100, 104 ff – Gekoppelter Kartenverkauf.

[111] BGHZ 158, 334, 338 ff – Der Oberhammer.

[112] BGH GRUR 2004, 255 – Strom und Telefon I.

[113] BGH GRUR 2003, 77 – Fernwärme für Börnsen.

[114] Immenga/Mestmäcker/*Markert* GWB § 20 Rn 203–205.

[115] → Rn 47.

[116] Zur konkurrentenschützenden Dimension des § 4 Nr. 1 → § 4–10 Rn 54.

Verhaltensanforderungen unterliegen marktbeherrschende oder marktstarke Unternehmen, wenn sie Vergünstigungen gegenüber Unternehmen gewähren. Ein solches Verhalten kann eine ungerechtfertigte Ungleichbehandlung von Abnehmern sein. Entscheidend sind die Modalitäten der Gewährung.[117] Insgesamt dürfte entscheidend sein, ob den Abnehmern die Wahl zwischen mehreren Bezugsquellen unmöglich gemacht oder erschwert wird, ob Rabatte zu Zwecken der Preisdiskriminierung eingesetzt werden, ob Marktzutrittsschranken errichtet oder eine bestehende marktbeherrschende Stellung gestärkt wird.[118] In Betracht kommt auch ein Verstoß gegen das Verbot des Verkaufs unter Einstandspreis nach § 20 Abs. 4 GWB.

c) Kundenbindungssysteme. Diese können gegen § 1 GWB verstoßen, wenn es sich um eine mehrseitige Maßnahme handelt. Allein in der Praktizierung eines Vertriebssystems kann nicht ohne weiteres die Zustimmung der beteiligten Händler zu wettbewerbsbeschränkenden Maßnahmen gesehen werden.[119] Ist der Tatbestand des § 1 GWB oder bei zwischenstaatlichen Sachverhalten Art. 81 EG erfüllt, ist die Maßnahme nicht schon ohne weiteres verboten. Fällt das Kundenbindungssystem in die von der Gruppenfreistellungsverordnung für vertikale Vertriebsvereinbarungen[120] erlaubten Verhaltensweisen, ist es vom Kartellverbot „freigestellt" und damit erlaubt (Art. 81 Abs. 3 EG, Art. 1 Abs. 2 VO (EG) 1/2003; § 2 Abs. 2 GWB). 56

d) Öffentlich-rechtliche Wettbewerber. Wenn eine Stadt den städtischen Bestattungsdienst im Friedhofsgebäude unterbringt, übt sie keinen unangemessenen unsachlichen Einfluss im Sinne von § 4 Nr. 1 auf mögliche Kunden aus.[121] Aus der Ausübung von hoheitlicher Tätigkeit kann aber eine marktbeherrschende Stellung folgen, die den jeweiligen Rechtsträger an das Missbrauchs- und Diskriminierungsverbot bindet.[122] 57

V. Rechtsvergleich

Schrifttum: *Wiltschek/Majchrzak,* Wettbewerbs- und Markenrecht in Österreich, WRP 2008, 987; *Wiltschek/Merckens,* Wettbewerbs- und Markenrecht in Österreich – eine Übersicht über die im Jahr 2005 veröffentlichten Entscheidungen, WRP 2006, 919; *Wiltschek/Heine-Gelden,* Wettbewerbs- und Markenrecht in Österreich, WRP 2004, 946.

1. Die Rechtslage in Österreich

a) Gesetzliche Regelungen. Am 12. 12. 2007 – mit Ablauf der Umsetzungsfrist der Richtlinie gegen unlautere Geschäftspraktiken – ist die Reform des öUWG in Kraft getreten. Die sich in Anlehnung an die deutsche Rechtsprechung im österreichischen Recht etablierten Fälle des **„Kundenfangs"** werden zukünftig wohl als aggressive Geschäftspraktik nach § 1a UWG beurteilt werden. Sie sind dadurch gekennzeichnet, dass dem Kunden die Chance auf eine sachliche Entscheidung genommen wird.[123] Die Unterfallgruppen ähneln dem deutschen Recht. Zu nennen sind: Täuschung, Nötigung, Gefühlsbetonte Werbung, Belästigung, Verlocken und Ausnutzen der Spiellust. 58

Eine **Sonderregelung für Zugaben** findet sich in § 9a öUWG. Danach ist gegenüber Verbrauchern das „Ankündigen" in öffentlichen Bekanntmachungen, nicht jedoch das individuelle „Anbieten" und „Gewähren" von Zugaben untersagt (außer im Zusammenhang 59

117 Hierzu *Lorenz* WRP 2005, 992.
118 EuGH Rs. 40/73, Slg. 1975, 1663 Rn 22f – Suiker Unie/Komm.; EuGH Rs. 85/76, Slg. 1979, 461; EuGH Rs. 322/81, Slg. 1983, 3461 Rn 73 – Michelin/Komm.; EuGH Rs. C- 333/94, Slg. 1996, I-5951 – Tetra Pak/Komm.
119 Immenga/Mestmäcker/*Zimmer* GWB § 1 Rn 87.
120 VO (EG) Nr. 2790/1999, ABl. EG Nr. L 336 S. 21.
121 BGH GRUR 2005, 960, 961f – Friedhofsruhe; → Rn 405.
122 BGH GRUR 2003, 167, 168f – Kommunaler Schilderprägebetrieb; abgrenzend BGH GRUR 2006, 608 Tz. 14 – Hinweis auf konkurrierende Schilderpräger.
123 *Fitz/Gamerith* S. 54.

mit periodischen Druckschriften). Im Rechtsverkehr zwischen Unternehmen sind alle drei Rechtshandlungen unlauter. Nach österreichischem Recht ist eine Zugabe ein zusätzlich gewährter Vorteil, der nicht notwendig zum Leistungsgegenstand der Hauptware gehört, sondern eine davon losgelöste wirtschaftliche Bedeutung hat und ohne besondere Berechnung, also unentgeltlich angekündigt, angeboten oder gewährt wird. Eine Zugabe liegt dagegen nicht vor, wenn die Gegenstände eine Einheit bilden, regelmäßig zusammen verkauft werden oder wenn das Interesse des Käufers an einer der beiden Gegenstände erkennbar im Vordergrund steht.[124] Entscheidend ist die Verkehrsauffassung. Das Gesetz normiert das Zugabeverbot auch für Umgehungstatbestände. Es gilt auch dann, wenn die Unentgeltlichkeit der Zugabe durch einen Gesamtpreis für die Waren oder Leistungen oder durch Scheinpreise verschleiert wird.[125] Eine Verschleierung ist anzunehmen, wenn willkürlich zusammengefasste Gegenstände im Rahmen eines Kopplungsangebots gemeinsam angeboten werden. § 9a Abs. 2 öUWG enthält einen **Ausnahmekatalog.** Erlaubt ist das Anbieten, Ankündigen oder Gewähren von Zugaben, sofern es sich um handelsübliches Zubehör, Warenproben, Reklamegegenstände und geringwertige Zuwendungen (eine Zeitschrift im Wert von 2,60 Euro wurde als nicht geringwertig angesehen[126]), Geldrabatte, Warenrabatte, das Erteilen von Auskünften und Ratschlägen oder die Einräumung der Teilnahmemöglichkeit an einem Gewinnspiel oder Preisausschreiben handelt, sofern der Gesamtwert der ausgelobten Preise 21 600 Euro nicht überschreitet.

60 Die ursprünglich bestehende, dem deutschen RabattG nachgebildete **Rabattregelung** wurde durch das Deregulierungsgesetz von 1992[127] ersatzlos aufgehoben. Seitdem gelten für Rabatte die allgemeinen Grenzen der Generalklauseln der §§ 1, 1a und 2 öUWG.

61 **b) Einzelfälle.** Die Rechtsprechung in Österreich kennt die Fallgruppe des **psychischen Zwangs.** Das sind die Fälle, in denen der Kunde in eine Situation gebracht wird, in der er sich dem Abschluss eines entgeltlichen Geschäfts nur schwer entziehen kann. Dies kann zB durch den Einsatz von Autoritäten oder von Laienwerbern geschehen. Auch Werbegeschenke können einen psychischen Kaufzwang hervorrufen, weil sich der Kunde hierdurch moralisch zum Kauf verpflichtet fühlen kann. Die Rechtsprechung betont, dass nicht das Werbegeschenk an sich den Zwang begründen kann, sondern nur besondere Begleitumstände, wie etwa ein aufdringliches Verhalten des Verkäufers. Insgesamt ist die Rechtsprechung mit der Annahme eines psychischen Kaufzwangs zurückhaltend.[128] In ausdrücklicher Anlehnung an die BGH-Entscheidung Artenschutz hat der OGH seine Rechtsprechung zur **Gefühlsbetonten Werbung** dahingehend geändert, dass ein sachlicher Zusammenhang zwischen dem in der Werbung angesprochenen sozialen Engagement und der beworbenen Ware nicht bestehen muss. Unlauter wird die Werbung erst, wenn der Einfluss der Gefühle auf die Kaufentscheidung so stark wird, dass eine rational-kritische Entscheidung unter Berücksichtigung sachlicher Erwägungen wie etwa Preiswürdigkeit und Qualität des Angebotes nicht mehr gewährleistet ist, wenn sie also geeignet ist, sachliche Erwägungen in einem solchen Maß auszuschließen oder in den Hintergrund zu drängen, dass der Verbraucher zu einer geschäftlichen Entscheidung veranlasst wird, die er sonst bei sachlicher Abwägung des Angebots nicht getroffen hätte.[129] Die Fallgruppe des **Verlockens** entspricht dem in Deutschland bekannten „Übertriebenen Anlocken". Kopplungsangebote sind grundsätzlich zulässig. Als Verstoß gegen § 9a öUWG beurteilte der OGH das Angebot eines Zeitungsabonnements zusammen mit einer kostenlosen Mitgliedschaft im Abonnentenklub, die zum vergünstigten Bezug von Waren und Dienstleistungen sowie zur Teilnahme an Gewinnspielen berechtigt;[130] das Angebot eines Jahresabonnements einer Tages-

---

124 *Wiltschek/Majchrzak* WRP 2008, 987, 1000.
125 OGH MR 2007, 46 = RdW 2007, 410; *Fitz/Gamerith* S. 41.
126 OHG MR 2005, 258 – Zeitungsgewinnspiel, zitiert nach *Wiltschek/Merckens* WRP 2006, 919, 933.
127 Abgedruckt in GRUR Int. 1991, 838.
128 *Fitz/Gamerith* S. 56.
129 OGH ecolex 2007, 358 m. Anm. *Tonninger* = ÖBL. 2007, 118 m. Anm. *Gamerith* = WBl. 2007, 97.
130 OHG MR 2007, 46 – Kostenlose Mitgliedschaft.

zeitung, verbunden mit einem 12-teiligen Kochbuch[131] und das Angebot eines Digitalreceivers im Wert von 40 Euro bei Bestellung eines Pay-TV-Abonnements um 99 Euro (Abonnement für zwei Monate).[132] Da das Pay-TV-Abonnement mit den Worten „gratis" als „Geschenk" beworben wurde, wurde hier jedenfalls der Eindruck einer Zugabe erweckt. Wird ein Zeitungsjahresabonnement (Wert 62 Euro) zusammen mit einem Mini-Camcorder (Preis ca. 78 Euro) für 69,90 Euro angeboten, handelt es sich ebenfalls um eine Zugabe, da hier durch einen bloßen Scheinpreis die Zugabe verschleiert wird.

Wenn die Teilnahme an einem **Glücksspiel** mit dem Erwerb der Ware oder Dienstleis- 62
tung rechtlich verknüpft wird, gilt die Gewinnchance als Zugabe. Diese ist somit unter den Voraussetzungen des § 9a Abs. 2 Ziff. 8 öUWG zulässig.

2. Die Rechtslage in der Schweiz

a) Gesetzliche Regelungen. Das schweizer Gesetz gegen den unlauteren Wettbewerb 63
(UWG) enthält in Art. 2 UWG eine Generalklausel. Danach ist „unlauter und widerrechtlich jedes täuschende oder in anderer Weise gegen den Grundsatz von Treu und Glauben verstoßende Verhalten oder Geschäftsgebaren, welches das Verhältnis zwischen Mitbewerbern oder zwischen Anbietern und Abnehmern beeinflusst." In Art. 3 UWG findet sich ein Beispielskatalog mit 13 Beispielen unlauteren Geschäftsgebarens. Weitere Fälle unlauteren Handelns sind in den Art. 4 bis 8 UWG genannt.

Eine ausdrückliche Regelung über die Zulässigkeit bzw. Unzulässigkeit von Rabatten 64
gibt es im schweizer Recht nicht. Art. 18 lit. b UWG bestimmt nur, dass es unzulässig ist, in irreführender Weise auf Preisreduktionen hinzuweisen.

b) Einzelfälle. Nach Art. 3 lit. g UWG ist die Täuschung über den **Wert der Zugabe** 65
unlauter. Unter einer Zugabe versteht man „jede wirtschaftlich selbstständige Ware oder Leistung, die bei einem entgeltlichen Rechtsgeschäft ohne besondere Berechnung angeboten oder gewährt wird".[133] Wird für die Zuwendung ein eigener Preis gefordert, und sei er noch so gering, so liegt keine Zugabe, sondern ein von lit. g nicht erfasstes **Kopplungsangebot** vor.[134] Ein bloß zum Schein verlangtes Entgelt bleibt jedoch unberücksichtigt.[135] Art. 3 lit. g UWG verbietet Zugaben nicht schlechthin, sondern nur dann, wenn sie über den tatsächlichen Wert des Angebots täuschen. Die Formulierung „Wert des Angebots" ist verkürzt. Gemeint ist der Wert der angebotenen Leistungen. Eine Täuschung liegt vor, wenn zwischen der Erwartung des Kunden aufgrund der Ankündigung und den wirklichen Verhältnissen nach Erbringung der Leistung eine Diskrepanz besteht.[136] Das ist zB der Fall, wenn die Zugabe als besonders wertvoll dargestellt wird und sie sich später als wertlos erweist. Die jeder Zugabe immanente Täuschung dahingehend, dass die kostenlose Zugabe idR gerade nicht kostenlos ist, sondern über den Preis für die Hauptware oder über andere Waren aus dem Sortiment mit finanziert wird, hat der Gesetzgeber mit der grundsätzlichen Gestattung der Zugabe hingenommen.

Unlauter nach Art. 3 lit. h UWG handelt, wer den Kunden durch besonders **aggressive** 66
Verkaufsmethoden in seiner Entscheidung beeinträchtigt. Hierunter versteht man in der Schweiz zum einen die in den Anwendungsbereich des (deutschen) § 7 UWG fallenden Arten des **Direktmarketings** und zum anderen auch die von § 4 Nr. 1 UWG erfassten Fälle, wie etwa Werbefahrten, unentgeltliche Kundenbeförderungen und Laienwerbung. Die Unzulässigkeit von **Werbefahrten** kann sich aus der Ausübung eines psychischen Kaufzwangs ergeben. Wegen der durchschnittlichen Teilnehmerstruktur solcher Fahrten bestehe in besonderem Maße die Gefahr, dass aus Dankbarkeit etwas gekauft werde oder

---

[131] OHG MR 2007, 452.
[132] OHG MR 2007, 337 – Digitalreceiver II.
[133] *Baudenbacher/Glöckner* schwUWG Art. 3 lit. g Rn 46.
[134] *Baudenbacher/Glöckner* schwUWG Art. 3 lit. g Rn 68 halten diese Differenzierung zu Recht für rechtspolitisch zweifelhaft.
[135] *Baudenbacher/Glöckner* schwUWG Art. 3 lit. g Rn 64.
[136] *Baudenbacher/Glöckner* schwUWG Art. 3 lit. g Rn 73.

aus der Erwägung heraus, vor der Gruppe nicht als „Schnorrer“ dazustehen.[137] Im Gegensatz zur Rechtsprechung in Deutschland werden verbilligte oder **kostenlose Beförderungen** von Kunden zu außerhalb liegenden Verkaufsstellen bzw. Einkaufszentren lauterkeitsrechtlich nicht beanstandet.[138] Ein psychischer Kaufzwang bestehe für den Kunden nicht. Die Rechtslage zur **Laienwerbung** orientiert sich demgegenüber vorwiegend an der Rechtsprechung in Deutschland.[139]

67 Einen Verstoß gegen die Generalklausel des Art. 2 UWG kann das **Ausnutzen aleatorischer Reize** darstellen. **Werbegewinnspiele,** bei denen die Teilnahme an den Abschluss eines Erwerbsvertrags geknüpft ist, sind nach überwiegender Ansicht stets unlauter.[140] Andere Gewinnspiele, bei denen die Teilnahme nicht vom Abschluss eines Kaufvertrags abhängt, sind im Grundsatz zulässig.[141] Sie können unlauter sein, wenn sie irreführend sind, unkorrekt durchgeführt werden oder einen psychischen Kaufzwang auslösen. Zu Recht gehen *Baudenbacher/Glöckner* jedoch davon aus, dass die von der Rechtsprechung aufgestellte Voraussetzung, dass die Spiellust so angeheizt werde, dass der Kaufentschluss nicht mehr überwiegend wegen des sachlichen Interesses an der Ware, sondern wegen der sich bietenden Spielmöglichkeit gefasst wird, in der Praxis nur selten vorliegen wird.[142] Ebenfalls unter der Generalklausel diskutiert wird die **gefühlsbetonte Werbung** und die Image-Werbung. Nach Ansicht von *Baudenbacher/Glöckner* ist die frühere deutsche Rechtsprechung zu restriktiv. Zum einen stehe der Verbraucher gefühlsbetonten Appellen nicht unkritisch gegenüber, so dass die Entscheidungsfreiheit nicht ohne weiteres beeinflusst werde.[143] Zum anderen könnten es sich die Gerichte nicht anmaßen, in paternalistischer Manier darüber zu urteilen, dass es sich nicht um „Leistungen“ handele, wenn es einem Anbieter gelingt, den Kauf bei ihm durch die Spende an einen Tierschutzverein (oder andere soziale Organisationen) als attraktiv erscheinen zu lassen. Schließlich kann nach Art. 2 UWG der **Einsatz von Autoritäten** (Lehrern, Arbeitgebern, Ärzten) zum Absatz von Waren geeignet sein, die Entschließungsfreiheit des Umworbenen zu beeinflussen. Das ist der Fall, wenn Letzterer sonst Nachteile befürchtet oder meint, es könne der Eindruck mangelnder Loyalität entstehen.[144]

B. Geschäftliche Handlungen

I. Begriff der geschäftlichen Handlung

68 Der Begriff der „geschäftlichen Handlung“ ist in § 2 Abs. 1 Nr. 1 legaldefiniert. Im Rahmen dieser Handlungen verbietet der Gesetzgeber dem Werbenden jeglichen unangemessenen unsachlichen Einfluss auf die Entscheidungsfreiheit der Verbraucher oder sonstiger Marktteilnehmer. Erfasst wird jedes Verhalten vor, während oder nach einem Geschäftsabschluss. Dieses Ergebnis konnte nach der in der 1. Auflage vertretenen Ansicht schon durch eine teleologische Auslegung des früheren Merkmals „Absatz- oder Bezugsförderung“ erreicht werden,[145] denn auch ein Verhalten nach Abschluss eines Rechtsgeschäftes kann der Absatzförderung dienen, wenn es darum geht, einen geschäftlichen Erfolg zu sichern. Beispielhaft zu nennen ist die **mangelnde oder fehlerhafte Aufklärung** über die Lieferung einer anderen als der bestellten Ware.[146] Hindert der Unternehmer den Kunden durch **Ausübung von Druck** an der Geltendmachung etwaiger Vertragsauflösungs-

---

[137] *Baudenbacher/Glöckner* schwUWG Art. 3 lit. h Rn 90.
[138] *Baudenbacher/Glöckner* schwUWG Art. 3 lit. h Rn 95.
[139] → Rn 401 ff.
[140] *Baudenbacher/Glöckner* schwUWG Art. 2 Rn 54.
[141] *Baudenbacher/Glöckner* schwUWG Art. 2 Rn 55 mwN.
[142] *Baudenbacher/Glöckner* schwUWG Art. 2 Rn 57.
[143] *Baudenbacher/Glöckner* schwUWG Art. 2 Rn 90 ff.
[144] *Baudenbacher/Glöckner* schwUWG Art. 2 Rn 103 ff.
[145] → Vgl. dort Rn 70.
[146] BGH GRUR 1966, 564 – Hausverbot I; BGH GRUR 1965, 361 – Taxi-Bestellung; BGH GRUR 1965, 607 – Funkmietwagen.

rechte oder bewegt er ihn dadurch zur Bezahlung einer Forderung, kommt § 4 Nr. 1 zur Anwendung. Die Richtlinie über unlautere Geschäftspraktiken nennt erstgenannten Fall ausdrücklich in Art. 9d. Danach ist bei der Feststellung, ob eine Geschäftspraxis aggressiv ist, abzustellen auf belastende oder unverhältnismäßige Hindernisse nicht vertraglicher Art, mit denen der Gewerbetreibende den Verbraucher an der Ausübung seiner vertraglichen Rechte zu hindern versucht, wozu auch das Recht gehört, den Vertrag zu kündigen oder zu einem anderen Produkt oder einem anderen Gewerbetreibenden zu wechseln. „Hindernisse nicht vertraglicher Art" können sein vertraglich nicht vorgesehene Erschwernisse (zB Verlangen der Vorlage von nicht relevanten Dokumenten; vgl. hierzu Nr. 27 des Anhangs zu § 3 Abs. 2) oder die Androhung eines Übels für den Fall der Kündigung.

Ebenfalls auf einer Vorgabe aus Art. 2d UGP-RL beruht der Verzicht auf das subjektive 69
Merkmal der Wettbewerbsförderungsabsicht („mit dem Ziel") und das dafür neu aufgenommene Erfordernis eines objektiven Zusammenhangs mit der Förderung des Absatzes oder Bezugs von Waren bzw. der Erbringung oder des Bezugs von Dienstleistungen. Nach Erwägungsgrund (7) sollen mit dem Merkmal der „Unmittelbarkeit" Geschäftspraktiken, die vorrangig anderen Zielen als der Absatzförderung dienen, vom Anwendungsbereich ausgeschlossen werden.[147] Als Beispiel werden für Investoren gedachte Mitteilungen, wie Jahresberichte und Unternehmensprospekte, genannt. Entscheidend dürfte demnach das **Ziel des Verhaltens** sein. Ist dieses unmittelbar oder auch mittelbar auf die Absatzförderung ausgerichtet, so liegt eine Geschäftspraxis vor.[148] Mittels dieser Voraussetzung wird weltanschauliches, wissenschaftliches, redaktionelles oder verbraucherpolitisches Marktverhalten aus dem Anwendungsbereich des Wettbewerbsrechts ausgenommen. Die gefühlsbetonte Werbung in ihren verschiedenen Erscheinungsformen[149] fällt damit weiterhin in den Anwendungsbereich des Gesetzes, sofern sie geeignet ist, die geschäftliche Entscheidung des Verbrauchers zu beeinflussen.

II. Verkaufs- und Ankaufsförderungsmaßnahmen

Im Rahmen von § 4 Nr. 1 kommt den Verkaufs- und Ankaufsförderungsmaßnahmen 70
(Umsatzförderungsmaßnahmen) besondere Bedeutung zu.[150] Der Begriff der Verkaufsförderungsmaßnahme bzw. der gleichbedeutende Begriff der Verkaufsförderaktion, der von der englischen Bezeichnung „sales promotion" abgeleitet ist, wird in dem Vorschlag für eine Verordnung über Verkaufsförderung im Binnenmarkt verwandt.[151] Verkaufsförderungsmaßnahmen sind danach **zeitlich befristete Werbeaktionen,** mittels derer die Marktgegenseite zum Kauf[152] bestimmter Produkte motiviert werden soll. Regelmäßig wird die Aufmerksamkeit des Kunden durch das Inaussichtstellen von besonderen Vorteilen erregt. Verkaufsförderungsmaßnahmen erfreuen sich als Mittel der Umsatzsteigerung zunehmender Beliebtheit, weil informative Werbung bei homogenen Gütern, also Gütern, die sich in Zusammensetzung, Angebotsform, Qualität und Preis nicht wesentlich unterscheiden, wenig Erfolg versprechend ist. Verkaufsförderungsmaßnahmen bilden also insbesondere dann eine sinnvolle Werbemaßnahme, wenn ein Preiswettbewerb hinsichtlich der Hauptleistung nicht oder nur schwer möglich ist[153] oder der Anbieter in einen neuen Markt eindringen will.[154]

---

147 KOM (2003) 356 endg. S. 22.

148 Zutreffend *Veelken* WRP 2004, 1, 6.

149 → Rn 376 ff.

150 So auch die Gesetzesbegründung BT-Drucks. 15/1487 S. 17 rechte Spalte. Die Gesetzesbegründung spricht allerdings insoweit von Maßnahmen der „Wertreklame". → Zu diesem Begriff Rn 73.

151 → Rn 33.

152 Unerheblich ist die Rechtsnatur des am Ziel der Bemühungen stehenden Vertragsschlusses. Erfasst werden also nicht nur Verkaufsmethoden, sondern alle Bemühungen, mit denen ein Produkt „an den Mann" gebracht werden soll.

153 BGH GRUR 1999, 264 – Handy für 0,00 DM.

154 BGH GRUR 2002, 976 – Kopplungsangebot I; BGH GRUR 2002, 979 – Kopplungsangebot II.

71 Vom Begriff der Geschäftlichen Handlung ebenfalls erfasst werden **Ankaufsförderungsmaßnahmen.** Darunter fallen Maßnahmen der Nachfrager, die die Anbieter zum Verkauf ihrer Produkte motivieren sollen.[155] Als Beispiel kann hier eine Werbemaßnahme eines Antiquitätenhändlers oder eines Gebrauchtwarenhändlers genannt werden, der versucht, Verbraucher oder andere Marktteilnehmer dazu zu bewegen, alte Sachen an ihn zu verkaufen.

72 Als Maßnahmen der Werbung lassen sich An- und Verkaufsförderungsmaßnahmen danach einteilen, ob sie den Umworbenen mittels vermögenswerter Vorteile (geldwerter Vorteil) und damit auf rationaler Ebene ansprechen, oder ob sie einen psychologischen Zusatznutzen versprechen und den Kunden somit auf einer emotionalen Ebene (emotionale Befriedigung) erreichen.[156] Ein **geldwerter Vorteil** kann entweder in einer zusätzlich gewährten unentgeltlichen Leistung liegen oder in einem ungewöhnlich niedrigen Preis. Neben dem Versprechen geldwerter Vorteile kann der Werbende versuchen, seinen Absatz zu fördern, indem er die Kunden auf einer **emotionalen Ebene** anspricht. Um dies zu erreichen, knüpft der Werbende an den Verkauf eines Produkts unmittelbar oder mittelbar die Unterstützung eines sozialen oder umweltbezogenen Projekts (sog. „social sponsoring") oder er weist auf seine soziale oder umweltverträgliche Unternehmensstrategie hin (sog. „social operation"). Der Kunde wird auf diese Weise in die Lage versetzt, durch seinen Kauf ein solches sozial anerkanntes Verhalten zu fördern. Damit erlangt er zusätzlich zu dem gekauften Produkt einen weiteren Vorteil, nämlich eine emotionale Befriedigung. Von „social sponsoring" und „social operation" zu trennen ist die reine Imagewerbung, die ebenfalls soziale Aspekte anspricht, die aber den Kauf der Produkte in keinen Zusammenhang mit deren Unterstützung stellt. Mischformen zwischen den unterschiedlichen Werbeformen sind durchaus möglich.

73 In Rechtsprechung[157] und Literatur[158] wird zum Teil statt von Verkaufsförderungsaktionen mit geldwerten Vorteilen von der sog. **Wertreklame** gesprochen. Wertreklame wird abgegrenzt von der konventionellen Wort- und Bildreklame. Während letztere Anpreisungen über die Güte und/oder die Preiswürdigkeit der angebotenen Leistung enthält, versteht man unter Wertreklame gemeinhin Werbung, die versucht, den Kunden durch das Gewähren besonderer vermögenswerter Leistungen zum Abschluss von entgeltlichen Geschäften zu veranlassen. Abgesehen davon, dass der Begriff der Wertreklame nicht geeignet ist, alle Fälle möglicher unsachlicher Kundenbeeinflussung zu erfassen (so zB nicht die emotionale Werbung), haftet der Wertreklame seit jeher das Stigma als leistungswidrige Werbeform an, an deren wettbewerbsrechtliche Zulässigkeit hohe Anforderungen zu stellen sind. Diese strenge Beurteilung hat ihren Grund darin, dass Rechtsprechung und Literatur in der Wertreklame eine **Abweichung vom Leitbild des Leistungswettbewerbs** sehen. Wertreklame berge in besonderem Maße die Gefahr, den Kunden auf sachfremde Weise zu beeinflussen, weil sie den Kunden dazu veranlasse, die Kaufentscheidung nicht nach Preiswürdigkeit und Qualität der eigentlich angebotenen Ware zu treffen, sondern danach, wie er die in Aussicht gestellte Vergünstigung erhalten kann. Entscheidend für die rechtliche Beurteilung der Wertreklame soll letztlich sein, ob sich die zusätzlich gewährte geldwerte Vergünstigung oder Zusatzleistung nach Zweck und Wirkung noch im Rahmen der Auf-

---

[155] Wenn im Folgenden von Verkaufsförderungsmaßnahmen die Rede ist, sind auch Ankaufsförderungsmaßnahmen gemeint.

[156] Insofern wird der Begriff hier weiter verstanden als in der Verordnung über Verkaufsförderung im Binnenmarkt.

[157] BGH WRP 2007, 303 Tz. 21 – Regenwaldprojekt I; WRP 2007, 308 Tz. 18 – Regenwaldprojekt II; BGH GRUR 1992, 621, 622 – Glücksball-Festival; BGH GRUR 1991, 542, 543 – Biowerbung mit Fahrpreiserstattung; BGH GRUR 1984, 463, 464 – Mitmacher-Tour; BGH GRUR 1981, 286, 287 – Goldene Karte I; BGH GRUR 1979, 779, 780 – Wert-Coupons; BGH GRUR 1976, 100, 101 – Gewinnspiel; BGH GRUR 1976, 248, 249 – Vorspannangebote; BGH GRUR 1974, 345, 346 – Geballtes Bunt.

[158] *Jäger/Lenz* Handbuch des Wettbewerbsrechts § 68; insbesondere die ältere Literatur: *Baumbach/Hefermehl* UWG § 1 Rn 85; *Emmerich* WettbR § 13 2a; anders inzwischen Hefermehl/*Köhler*/Bornkamm § 4 Rn 1.40; *Piper*/Ohly UWG § 4 Rn 1/48.

merksamkeitswerbung entsprechend der Wort- und Bildreklame hält, oder ob sie diesen Rahmen überschreitet. Überschreitet die Wertreklame diesen Rahmen und wird der Kunde durch die besondere Art und Ausgestaltung der Werbung in seiner wirtschaftlichen Entscheidungsfreiheit in unsachlicher Weise beeinflusst, ist die Wertreklame unzulässig. Auch wenn der BGH immer wieder betont hat, dass Maßnahmen der Wertreklame nicht per se sittenwidrig sind,[159] haftet diesem Begriff eine negative Prägung an, die sich mit der liberalen Rechtsprechung der letzten Jahre nur schlecht vereinbaren lässt. In einem modernen UWG, das von „Geschäftlichen Handlungen" und „Verkaufsförderungsmaßnahmen" spricht, ist der Begriff der Wertreklame daher überflüssig und sollte **aufgegeben werden.**

C. Geschützter Personenkreis

Wie auch die Fallgruppe des Kundenfanges[160] vor der Reform 2004 schützt § 4 Nr. 1 **Kunden**[161] vor einer unangemessenen unsachlichen Beeinflussung, unabhängig davon, ob sie als Verbraucher (vgl. § 13 BGB) oder als sonstige Marktteilnehmer (vgl. § 2 Nr. 2) eine Entscheidung zur Inanspruchnahme einer entgeltlichen Leistung treffen. Darüber hinaus werden auch die **Anbieter** von Waren oder Dienstleistungen vor einer unangemessenen unsachlichen Beeinflussung geschützt. In den Schutzbereich fallen also nicht nur Endabnehmer, sondern auch Hersteller, Zwischenhändler oder andere Unternehmer.[162] § 4 Nr. 1 geht damit über einen reinen Verbraucherschutz hinaus und bezieht alle Marktteilnehmer gleichermaßen in den Schutz vor unangemessener unsachlicher Beeinflussung mit ein. Damit entspricht die Regelung dem in § 1 festgelegten Zweck, Verbraucher und sonstige Marktteilnehmer gleichrangig zu schützen. Dass das nationale Recht weiter reicht als die Richtlinie über unlautere Geschäftspraktiken, die nur das Verhältnis Gewerbetreibender zu Verbrauchern regelt, ist unschädlich. Der Richtliniengesetzgeber wollte für das Verhältnis der Gewerbetreibenden untereinander keine Regelung treffen und hat insoweit den Mitgliedstaaten freie Hand gelassen. Sofern § 4 Nr. 1 also auf das **Verhältnis B2B** angewandt wird, besteht keine Pflicht zur richtlinienkonformen Auslegung. Im Interesse einer einheitlichen Gesetzesauslegung sollten aber auch hier etwaige Urteile des EuGH Beachtung finden. 74

Der gleichberechtigte Schutz von Verbrauchern und Gewerbetreibenden darf nicht darüber hinwegtäuschen, dass im Einzelfall bei der Frage, ob die Einflussnahme unsachlich und unangemessen ist, ein **unterschiedlicher Maßstab** anzulegen sein kann. So wird man bei Personen, die regelmäßig am geschäftlichen Verkehr teilnehmen, in der Regel davon ausgehen können, dass sie aufgrund ihrer geschäftlichen Erfahrenheit Werbeeinflüssen weniger leicht ausgesetzt sind als Verbraucher, so dass die Gefahr einer unsachlichen Beeinflussung bei den verschiedenen Kundengruppen unterschiedlich zu bewerten sein kann.[163] Zudem werden Einzelhändler beim Einkauf ihrer zum Weiterverkauf bestimmten Waren in erster Linie von der Verkäuflichkeit dieser Waren und daher von deren Güte und Preiswürdigkeit bestimmt werden, während für einen Letztverbraucher auch andere Entscheidungskriterien maßgeblich sein können.[164] 75

---

[159] BGH GRUR 2003, 804 – Foto-Aktion; BGH NJW-RR 2000, 117 = GRUR 1999, 755 – Altkleider-Wertgutschein; BGH NJW-RR 1998, 1420 – Werbegeschenk im Versandhandel (= GRUR 1998, 1037 – Schmuck-Set).

[160] *Baumbach/Hefermehl* UWG § 1 Rn 4.

[161] Zum Begriff des Kunden auf europäischer Ebene → Rn 38. Im Folgenden wird er allerdings weiter verstanden und es werden auch die Personen erfasst, die nur ein Interesse am Kauf bzw. Verkauf bekunden.

[162] Zum sog. Anzapfen → Rn 51 u. 433.

[163] *Köhler* BB 2001, 265, 269.

[164] BGH GRUR 1979, 779, 780 – Wert-Coupons m. Anm. *Nordemann:* „Nur ist die Hausfrau eben leichter verführbar als der rechnende Kaufmann".

D. Unangemessener unsachlicher Einfluss

I. Beurteilungsmaßstäbe für eine unangemessene unsachliche Beeinflussung

76 Nicht jede Einflussnahme auf die Marktgegenseite ist unlauter, sondern nur eine solche, die unangemessen unsachlich ist.[165] Unsachlich ist jede Einwirkung auf die Verbraucher oder auf andere Marktteilnehmer, die dazu geeignet ist, eine **rationale Entscheidung** der Kunden zu verhindern.[166] Maßgeblich für die rechtliche Beurteilung der Zulässigkeit einer Wettbewerbshandlung ist daher die vorrangige Frage, welche Motive, die einer Kaufentscheidung zugrunde liegen können, als rational bezeichnet werden können.[167] Des Weiteren kommt es darauf an, wie beeinflussbar der Adressat der Wettbewerbshandlung ist und welche intellektuellen Fähigkeiten er aufweist.[168] Schließlich ist für die Auslegung von § 4 Nr. 1 von Bedeutung, in welchem Kontext die Neuregelung zu anderen nationalen Gesetzgebungsakten der jüngsten Zeit steht.[169]

1. Das Leitbild des Leistungswettbewerbs

Schrifttum: *Beater,* Verbraucherschutz und Schutzzweckgedanken im Wettbewerbsrecht, 2000, S. 34; *Bottenschein,* Restriktionen der Wertreklame, 2001, S. 60; *Freitag,* Der Leistungswettbewerb als rechtliche Denkfigur, 1968, S. 59; *Henning-Bodewig,* Neuorientierung von § 4 Nr. 1 und 2 UWG?, WRP 2006, 621; *Knöpfle,* Die marktbezogene Unlauterkeit, 1983; *Lehmann,* Schutz des Leistungswettbewerbs und Verkauf unter Einstandspreis, GRUR 1979, 368; *Merkel,* Zum Schutz des Leistungswettbewerbs durch die Gerichte, BB 1977, 705; *Sack,* Lauterer und leistungsgerechter Wettbewerb durch Wettbewerbsregeln, GRUR 1975, 297; *Schön,* Leistungswettbewerb und Behinderungswettbewerb, 1933; *Schwend,* Der Leistungswettbewerb als ein geschütztes Rechtsgut des deutschen und französischen Wettbewerbsrechts? – Ein rechtsvergleichender Beitrag zu den Anforderungen des gemeinsamen Binnenmarktes, 1991; *v. Ungern-Sternberg,* Wertbezogene Anwendung des § 1 UWG und normzweckgerechte Auslegung der Sittenwidrigkeit, FS Erdmann, 2002, S. 741; *Ulmer,* Der Begriff „Leistungswettbewerb" und seine Bedeutung für die Anwendung von GWB und UWG-Tatbeständen, GRUR 1977, 565.

77 Rechtsprechung[170] und Teile der Literatur[171] messen die Zulässigkeit einzelner Wettbewerbshandlungen am Leitbild des Leistungswettbewerbs. Es soll derjenige am Markt am erfolgreichsten sein, der die beste Leistung anbietet (sog. Leistungsprinzip).[172] Dementsprechend ist nur eine solche Werbung sachlich, die versucht, den Absatz eines Unternehmens mit Mitteln der eigenen Leistung zu fördern. Werbung, die sich anderer Mittel bedient, insbesondere die allein darauf gerichtet ist, Mitbewerber zu behindern, widerspricht dem Leistungswettbewerb und ist daher unsachlich. Als Mittel der eigenen Leistung werden in

---

165 AA *Scherer* WRP 2007, 723, 725.

166 Ähnlich *Köhler* GRUR 2003, 729, 736, der jedoch zusätzlich fordert, dass dies bezweckt ist. An ein solches subjektives Kriterium sollte die Unlauterkeit nicht geknüpft werden, da die Schutzwürdigkeit des Beworbenen davon nicht abhängt. In der Regel wird der unsachliche Einfluss jedoch ohnehin vom Werbenden bewusst eingesetzt werden.

167 → Rn 77 ff.

168 → Rn 84 ff.

169 → Rn 87 ff.

170 BGH NJW-RR 1997, 1192, 1193 – Umweltfreundliche Reinigungsmittel; BGH GRUR 1991, 542, – Biowerbung mit Fahrpreiserstattung; BGHZ 114, 82, 84 – Motorboot Fachzeitschrift; BGH GRUR 1981, 286, 287 – Goldene Karte I; BGH GRUR 1976, 704, 705 – Messbecher; BGH GRUR 1960, 382, 383 – Verbandstoffe; BGH GRUR 1959, 143, 144 – Blindenseife; BGHZ 43, 278, 284 – Kleenex; BGHZ 15, 356, 365 – Progressive Kundenwerbung; BGHZ 11, 260, 264 f – Kunststofffiguren I. Der Begriff des Leistungswettbewerbs hat Eingang gefunden in das Lauterkeitsrecht durch den Benrather Tankstellenfall (RGZ 134, 342, 352 f) und ein dazu im Vorfeld der Entscheidung erstattetes Gutachten von *Nipperdey.* Seitdem wird das Leitbild des Leistungswettbewerbs in der Rechtsprechung zum UWG herangezogen.

171 *Köhler* GRUR 2003, 729, 731; *Berneke* WRP 2001, 615, 616; *Nordemann* GRUR 1975, 625, 631; *Baumbach/Hefermehl* UWG Einl. Rn 96 ff; *Fezer* Gutachten für das BMJ zur Modernisierung des deutschen Rechtes gegen den unlauteren Wettbewerb auf der Grundlage einer Europäisierung des Wettbewerbsrechts 2001 S. 71 f; *Hubmann/Götting* S. 336; *Piper*/Ohly UWG Einf. A Rn 47; *Nordemann* Rn 1 ff, 46.

172 *Baumbach/Hefermehl* UWG Einl. Rn 96.

der Rechtsprechung der Preis (bzw. Preiswürdigkeit) und die Qualität (bzw. Güte) der angebotenen Produkte genannt.[173] Daneben werden vereinzelt auch die Gesichtspunkte Kundendienst,[174] Service[175] und „sonstige Leistungselemente"[176] erwähnt.

Am Begriff des Leistungswettbewerbs als maßgeblicher Orientierungspunkt wurde vielfach **Kritik** geübt. Die Kritik bezieht sich in erster Linie darauf, dass der Begriff des Leistungswettbewerbs zu unscharf sei.[177] Es bestehe die Gefahr, dass an die Stelle eines unbestimmten Rechtsbegriffs – den der Unsachlichkeit – ein anderer gesetzt werde, der seinerseits erst mit Inhalt gefüllt werden müsse. Kritisiert wird des Weiteren die Art und Weise, wie die Gerichte den Begriff des Leistungswettbewerbs anwenden.[178] Neue Werbemethoden würden ohne nähere Begründung als Verstoß gegen den Leistungswettbewerb verboten[179] und sogar Werbemethoden, die durchaus den Elementen des Leistungswettbewerbs entsprechen, würden als wettbewerbswidrig angesehen.[180] 78

Aus den Argumenten der Kritiker folgt, dass eine Orientierung am Leitbild des Leistungswettbewerbs nicht gänzlich ungeeignet ist, um die wettbewerbsrechtliche Zulässigkeit eines Verhaltens zu beurteilen. Gelingt es, die Parameter des Leistungswettbewerbs aktuellen Entwicklungen der Werbewirklichkeit anzupassen, und führt man sich darüber hinaus vor Augen, dass der Leistungswettbewerb nicht mehr sein kann als eine erste Weichenstellung für die Gesamtbeurteilung einer Wettbewerbshandlung, kann am Leitbild des Leistungswettbewerbs als Orientierungshilfe festgehalten werden. 79

Zuzustimmen ist den Kritikern jedoch insoweit, als Preis und Qualität nicht die einzigen Parameter eines richtig verstandenen Leistungswettbewerbs sind.[181] Ein solch restriktives Verständnis steht im Widerspruch zur Werbewirklichkeit, in der die Werbung in modernen Massenmedien zunehmend versucht, die Kunden über neue Wege – wie etwa ein positives Image des Werbenden – für sich zu gewinnen. Außerdem werden neue Vertriebsmethoden durch diese verengte Sichtweise letztlich mittels des Lauterkeitsrechts unterbunden[182] und der Wettbewerb wird unangemessen eingeschränkt. Der in Art. 12 GG verankerten **Werbefreiheit der Unternehmer**[183] wird eine solche Sichtweise nicht gerecht. Auch aus dem Blickwinkel des **Verbraucherschutzes** ist es nicht erforderlich, den Begriff des Leistungswettbewerbs und damit zusammenhängend die Parameter für einen sachlichen Einfluss derart restriktiv zu beurteilen. Preis und Qualität eines Produkts sind jeweils nur ein mögliches Motiv für eine Kaufentscheidung. Daneben kann eine Reihe weiterer Gegebenheiten eine durchaus rationale Kaufentscheidung begründen. Dazu gehören zB der Service, die Zahlungsbedingungen, die Ausstattung und Verpackung der Ware oder die Vertriebsform. Darüber hinaus ist anzuerkennen, dass auch eine Entscheidung gegen die ökonomisch sinnvollste Leistung durchaus als rationale Entscheidung des Kunden gewertet werden kann, sofern sie den Bedürfnissen des Kunden aus anderen Gründen am besten entspricht. 80

---

173 BGHZ 114, 82, 84 – Motorboot Fachzeitschrift; BGHZ 43, 278, 284 – Kleenex; BGHZ 11, 260, 264 f – Kunststofffiguren I; BGH GRUR 1991, 542, 542 – Biowerbung mit Fahrpreiserstattung: „Sachfremd ist Werbung, die nicht angebotsbezogen ist"; BGH GRUR 1981, 286, 287 – Goldene Karte I; BGH GRUR 1976, 704, 705 – Messbecher; BGH GRUR 1960, 382, 383 – Verbandstoffe: „Sachlich sind nur Kauferwägungen, die die Ware selbst betreffen".

174 BGH GRUR 1962, 198, 200 – Franziskaner.

175 BGH GRUR 1991, 542, 543 – Biowerbung mit Fahrpreiserstattung; BGH GRUR 1991, 545 – Tageseinnahmen für Mitarbeiter.

176 BGH GRUR 1976, 308, 310 – UNICEF-Grußkarten.

177 Hefermehl/*Köhler*/Bornkamm UWG § 1 Rn 39; *Beater* 2002 § 12 Rn 85; *Bottenschein* S. 70 ff; *Eppe* S. 46 ff; *Immenga/Mestmäcker/Kellermann* GWB § 24 Rn 46; Großkomm/*Schünemann* UWG Einl. D 97; *Sosnitza* S. 79 ff.

178 *Eppe* WRP 2004, 153, 155; *Heermann* WRP 1999, 130, 135; *Sosnitza* S. 80.

179 BGH GRUR 1987, 243 – Alles Frisch; BGH GRUR 1979, 162 – Diagnose-Zentrum; BGH GRUR 1979, 321 – Verkauf unter Einstandspreis; BGH GRUR 1969, 295, 296 – Goldener Oktober.

180 BGH GRUR 1972, 603 – Kunden-Einzelbeförderung → Rn 306.

181 So auch BVerfG GRUR 2002, 455, 457 – Tier- und Artenschutz.

182 *Eppe* WRP 2004, 153, 155.

183 *Maunz-Dürig/Scholz* GG Art. 12 Rn 124; *v. Mangoldt/Klein/Starck/Manssen* GG Art. 12 Rn 63; *Schmidt-Bleibtreu/Klein* GG Art. 12 Rn 19 b; *Sachs/Tettinger* GG Art. 12 Rn 54 b ff.

Der Umstand, dass ein bestimmtes Unternehmen einen finanziellen Beitrag zur Unterstützung eines konkreten Hilfsprojekts erbringt, kann ein gewichtiges Argument dafür sein, sich einem bestimmten Anbieter zulasten eines anderen zuzuwenden.[184] Folglich gefährdet auch der Appell an das Mitgefühl für notleidende Menschen oder Tiere nicht per se den Leistungswettbewerb.[185] Ebenso wenig liegen einer Kaufentscheidung sachfremde Erwägungen zugrunde, wenn der Kunde sich für ein bestimmtes Produkt nur deshalb entscheidet, weil er dadurch eine zusätzliche Leistung erhält, an der er ein besonderes Interesse hat. Es stellt eine nicht gerechtfertigte Bevormundung des Kunden dar, wenn seine in Art. 2 Abs. 1 GG verankerte Freiheit, selbst zu entscheiden, aufgrund welcher Motive er sich zum Kauf anregen lässt, eingeschränkt wird.[186]

81 Im Interesse der Werbungstreibenden, im Interesse der Verbraucher und auch aus allgemeinen wirtschaftspolitischen Erwägungen heraus ist somit ein **gewandeltes Verständnis des Leistungswettbewerbs** zu fordern.[187] Der Leistungswettbewerb ist als offener Begriff zu verstehen. Werden neue Mittel zur Kundenwerbung eingesetzt, widersprechen diese nicht allein deshalb dem Leitbild des Leistungswettbewerbs, weil sie bisher nicht verwandt wurden. Vielmehr ist bei der Beurteilung zunächst von der unternehmerischen Werbefreiheit und gegebenenfalls der Meinungsäußerungsfreiheit des Werbenden auszugehen.[188] Eine Grenze besteht für diese Freiheitsrechte erst dort, wo die Interessen derjenigen, die durch das UWG geschützt werden sollen, verletzt werden. Für die hier interessierende Fallgruppe der unlauteren Kundenbeeinflussung steht also der Schutz der Verbraucher oder sonstiger Marktteilnehmer als Abnehmer in Rede. Sie haben ein Interesse daran, dass sie ihre Entscheidung frei von Zwängen und aufgrund einer der Wahrheit entsprechenden Tatsachengrundlage treffen können. Nicht dem Leistungswettbewerb entspricht daher Werbung, die den Kunden irreführt oder belästigt, in eine physische oder psychische Zwangslage versetzt oder versucht, das Unterbewusstsein des Kunden zu beeinflussen.

82 Eine weitere Grenze bildet der **Schutzzweck des § 4 Nr. 1.** Die Norm soll den Verbraucher (oder sonstigen Marktteilnehmer) in seiner Position als Nachfrager oder Anbieter dienen. Es ist nicht die Aufgabe dieser Fallgruppe, den Verbraucher vor einem gesetzes-, vertrags- oder sonstigen bedenklichen Verhalten zu schützen, sofern er dies selbstbestimmt sowie frei von Zwang und Irreführung an den Tag legt. Wird der Verbraucher also beispielsweise durch das Inaussichtstellen eines Vorteils durch den Werbenden zu einem vertragswidrigen Verhalten gegenüber einem Dritten verleitet[189] oder dazu bestimmt, Rezepte vorzulegen, die medizinisch nicht indiziert sind,[190] mag dieses Verhalten für sich gesehen nicht wünschenswert sein. Es begründet aber keine unsachliche Beeinflussung im Sinne des § 4 Nr. 1, denn es ist nicht die Entscheidungsfreiheit des Kunden, die beeinträchtigt wird.

83 Des Weiteren ist zu betonen, dass allein ein Abgleich mit dem Leitbild des Leistungswettbewerbs kein abschließendes Urteil über die Lauterkeit oder Unlauterkeit einer Wettbewerbshandlung rechtfertigt.[191] Da der Werbung in vielen Fällen ein gewisser unsachlicher und damit leistungsfremder Einfluss immanent ist, kann ein Wettbewerbsverstoß nur angenommen werden, wenn der unsachliche Einfluss ein gewisses Maß übersteigt, sprich unangemessen ist.[192] Ebenso können Werbemethoden, die grundsätzlich dem Leistungswettbewerb entsprechen, durch die konkreten Umstände des Einzelfalles und die Art und Weise ihres Einsatzes zu einer unsachlichen Beeinflussung des Kunden führen. Das ist zB der Fall, wenn die Werbung mit einem Preisnachlass an Kinder und Jugendliche gerichtet ist, die

---

[184] OLG Hamburg GRUR-RR 2003, 51, 52 – Bringt die Kinder durch den Winter.
[185] BVerfG GRUR 2002, 455, 456 – Tier- und Artenschutz.
[186] BVerfG GRUR 2002, 455, 456 – Tier- und Artenschutz.
[187] So jetzt auch *Henning-Bodewig* WRP 2006, 621, 627.
[188] BVerfG GRUR 2002, 455, 457 – Tier- und Artenschutz.
[189] → Rn 233.
[190] OLG München GRUR-RR 2007, 297 – Geld verdienen auf Rezept.
[191] BGH NJW 1995, 2488, 2489 – Ölverschmutzte Ente; BGH NJW-RR 1989, 811, 812 – Gewinnspiel; BGH GRUR 1959, 138, 139 – Italienische Note.
[192] Zur Unangemessenheit → Rn 94 ff.

nicht in der Lage sind, den Wert dieser Vergünstigung richtig einzuschätzen. Es sind stets die konkreten Umstände des Einzelfalls, die über die Zulässigkeit oder Unzulässigkeit der Wettbewerbshandlung entscheiden.

2. Wandel des Verbraucherleitbilds

Die Frage, ob eine Wettbewerbshandlung die Entscheidungsfreiheit der Verbraucher oder sonstiger Marktteilnehmer unangemessen unsachlich beeinflusst, kann nur beantwortet werden, wenn man sich klar vor Augen führt, wie beeinflussbar die beworbenen Personen sind. Das Verbraucherleitbild, das der rechtlichen Beurteilung zugrunde gelegt wird, ist daher von maßgeblicher Bedeutung. Während früher regelmäßig auf das Vorstellungsbild und den Gemütszustand eines flüchtigen,[193] unkritischen[194] und unbefangenen[195] Verbrauchers abgestellt wurde, hat der BGH[196] inzwischen – angestoßen vom EuGH[197] – das Leitbild des durchschnittlich informierten, aufmerksamen und verständigen Verbrauchers übernommen. Maßgeblich ist nicht mehr eine empirisch feststellbare Verkehrsauffassung, sondern ein **normatives Verständnis.**[198] Es kommt also nicht darauf an, welche Vorstellung der Durchschnittsverbraucher hat oder welches Verhalten ein Durchschnittsverbraucher an den Tag legt, sondern darauf, welche Vorstellungen ein vernünftiger Verbraucher aufgrund der Werbeaussage haben darf bzw. welches Verhalten von ihm erwartet werden kann. Auch das normative Verständnis lässt es jedoch zu, dass die konkrete Situation berücksichtigt wird, in der sich der Beworbene befindet.[199] Folglich kann auch ein durchschnittlich informierter, aufmerksamer und verständiger Verbraucher im Einzelfall eine Werbung unaufmerksam wahrnehmen oder für eine unsachliche Beeinflussung empfänglich sein. 84

Das Leitbild des verständigen Verbrauchers steht heute nicht mehr zur Diskussion. Die anfängliche Kritik, die sich darauf stützte, dass ein Abrücken vom deutschen Verbraucherleitbild die Gefahr berge, der Verbraucherschutz werde sich wesentlich verschlechtern,[200] ist der schlichten Feststellung gewichen, dass der Verbraucherschutz eingeschränkt wurde und dass ein Teil der Verbraucher des Schutzes durch das Wettbewerbsrecht verlustig geht.[201] Dies ist hinzunehmen, um die wirtschaftlichen Interessen der Anbieter und die Informationsinteressen der übrigen Verbraucher nicht unangemessen einzuschränken.[202] In Zeiten, 85

---

193 BGH NJW 1995, 871, 873 – Markenverunglimpfung II; BGH NJW 1994, 1954, 1957 (= GRUR 1994, 808, 812 – Markenverunglimpgung I) – Mars-Kondom; BGH NJW-RR 1989, 937, 938 (= GRUR 1989, 516, 518) – Vermögensberater; BGH GRUR 1982, 563, 564 – Betonklinker; BGH GRUR 1970, 425, 426 – Melitta-Kaffee; BGH GRUR 1959, 365, 366 – Englisch-Lavendel; BGH GRUR 1957, 128, 129 – Steinhäger.

194 BGH NJW 1992, 369, 371 – IEC-Publikation; BGH GRUR 1970, 425, 426 – Melitta-Kaffe; BGH GRUR 1969, 415, 416 – Kaffeerösterei.

195 BGH NJW 1992, 369, 371 – IEC-Publikation; BGH NJW-RR 1990, 1186 – Notarieller Festpreis; BGH NJW 1981, 2573 – Getarnte Werbung; BGH GRUR 1969, 415, 416 – Kaffeerösterei.

196 BGH GRUR 2004, 249, 251 – Umgekehrte Versteigerung im Internet; BGH GRUR 2004, 435, 436 – FrühlingsgeFlüge; BGH WRP 2003, 273, 274 – Computerwerbung II; BGH GRUR 2003, 626, 627 – Umgekehrte Versteigerung II; BGH WRP 2003, 379, 380 – Preis ohne Monitor; BGH WRP 2002, 74, 77 – Das Beste jeden morgen; BGH GRUR 2002, 715, 716 – Scanner-Werbung; BGH WRP 2001, 1286, 1289 – mitwohnzentrale.de; BGH GRUR 2000, 619 – Orient-Teppichmuster; BGH GRUR 2000, 820 – Space Fidelity Peep Show; erste Tendenzen zu einem gewandelten Verbraucherleitbild lassen sich schon früher erkennen: BGH NJW 1996, 2161 – Der meistverkaufte Europas; BGH NJW 1996, 3419 – PVC-frei.

197 EuGH WRP 2003, 615, 620 – Pippig Augenoptik; EuGH WRP 1998, 848 – Gut Springheide; EuGH WRP 1995, 677 – Mars; schon in früheren Entscheidungen war die Tendenz des EuGH zu einem verständigen Verbraucher erkennbar: EuGH Slg. 1994, I-330, 337 – Clinique; EuGH Slg. 1993, I-2384, 2389 – Yves Rocher; EuGH Slg. 1990, I-667, 686 ff – GB-Inno-BM; EuGH Slg. 1990, I-4844, 4849 – Pall/Dahhausen.

198 *Fezer* WRP 1995, 671; *Steinbeck* EWS 1996, 234 ff.

199 BGH WRP 2003, 273, 274 – Computerwerbung II; BGH WRP 2002, 977, 978 – Scanner-Werbung; BGH GRUR 2000, 619, 621 – Orient-Teppichmuster.

200 *Kissler* WRP 1994, 1, 5; *Gloy* FS Vieregge S. 297, 312; kritisch *Steindorff* WRP 1993, 139, 145 f; Bedenken äußert auch *Piper* WRP 1992, 685, 691.

201 *Berneke* WRP 2001, 615, 617; *Köhler* GRUR 2001, 1067, 1069.

202 *Köhler/Lettl* GRUR 2003, 1019, 1032.

in denen der Verbraucherschutz im allgemeinen Zivilrecht immer mehr ausgebaut und verstärkt wird, ist dies sicherlich eine erwähnenswerte Entwicklung.[203]

86 Das (inzwischen nicht mehr ganz) neue Verbraucherleitbild hat Auswirkungen auf die rechtliche Beurteilung im Rahmen des § 4 Nr. 1. Maßnahmen, die geeignet sein sollen, die Entscheidungsfreiheit eines verständigen Verbrauchers zu beeinflussen, müssen intensiveren Einfluss ausüben, als solche, die das Ziel haben, einen unkritischen Verbraucher zu manipulieren. Ein durchschnittlich informierter, aufmerksamer und verständiger Verbraucher ist aufgrund seiner Kenntnisse und Erfahrungen in der Lage, seine Bedürfnisse zu erkennen und verschiedene Angebote kritisch miteinander zu vergleichen. Er lässt sich daher nicht ohne weiteres durch nur scheinbar bestehende Vorteile oder durch andere irrationale Gründe zu einem entgeltlichen Geschäft verleiten, ohne zuvor Güte und Preiswürdigkeit der angebotenen Produkte geprüft zu haben.

3. Aufhebung von Rabattgesetz und Zugabeverordnung

Schrifttum: *J. Meyer,* Rabatt- und Zugaberegulierung auf dem Prüfstand, GRUR 2001, 98; *Henning-Bodewig,* Abschaffung von Rabattgesetz und Zugabeverordnung?, WRP 2000, 886; *Piper,* Zum Entwurf eines Gesetzes zur Aufhebung des Rabattgesetzes und der Verordnung zur Durchführung des Rabattgesetzes, WRP 1994, 433; *Schricker,* Deregulierung im Recht des unlauteren Wettbewerbs?, GRUR Int. 1994, 586; *Ulmer,* Rabattgesetz und Wettbewerbsordnung, FS Hefermehl, 1972, S. 204; → Rn 141.

87 Die Liberalisierung des Wettbewerbsrechts durch den Wandel des Verbraucherleitbilds in der Rechtsprechung wurde vom Gesetzgeber durch die ersatzlose Aufhebung des RabattG und der ZugabeVO unterstützt.

88 **a) Historischer Rückblick.** RabattG und ZugabeVO sind in den 30er Jahren des zwanzigsten Jahrhunderts als „Teil einer dirigistischen Wirtschaftspolitik“[204] entstanden. Ziel des **RabattG**[205] war es, gegen die „auf dem Gebiet des Preisnachlasswesens im Einzelhandel hervorgetretenen starken Missstände“[206] vorzugehen. Im Vordergrund stand dabei der Schutz der Gewerbetreibenden, weniger der der Verbraucher. Das wird deutlich, wenn es in der amtlichen Begründung heißt, dass gegen den Preisnachlass als Wettbewerbsmittel nichts einzuwenden ist, solange er sich innerhalb einer vernünftigen und gesunden kaufmännischen Preisrechnung bewegt.[207] Die Begründung zu den Ausnahmen des Rabattverbots macht schließlich deutlich, dass insbesondere der Schutz des Mittelstands ein Anliegen war.[208] Hier wird ausgeführt, dass diese Ausnahmen als Abwehr gegen die Rückvergütung der Konsumvereine sowie gegenüber den Preisen und Werbemöglichkeiten der Warenhäuser und Großvertriebe notwendig seien.[209]

89 Ähnliche Erwägungen lagen der **ZugabeVO**[210] zugrunde, die vom Reichspräsidenten als auf Art. 48 der Reichsverfassung gestützte Notverordnung erlassen worden ist. Der Gesetzgeber sah sich veranlasst, „seit längerer Zeit bestehende erhebliche Ausartungen des Wettbewerbs auf dem Gebiet des Zugabewesens (...) zu bekämpfen, unter denen namentlich der gewerbliche Mittelstand zu leiden hat“.[211] Gesetzgeberisches Motiv zur Einführung der ZugabeVO war insbesondere die Befürchtung, dass immer mehr Wettbewerber dazu gezwungen sein könnten, ihre Konkurrenten durch das Gewähren von Zugaben an den Abnehmer zu übertrumpfen. Dies würde letztlich dazu führen, dass die Firmen der Güte der Verkaufsware selbst immer geringere Aufmerksamkeit schenkten, da schließlich eine

---

[203] So auch *Berneke* WRP 2001, 615, 617; *Köhler* GRUR 2001, 1067, 1070. Zur mangelnden Vergleichbarkeit der verbraucherschützenden Ausprägungen im Vertrags- und Lauterkeitsrecht *Eppe* S. 141 ff.
[204] *Mayer* GRUR 2001, 98, 104.
[205] Gesetz über Preisnachlässe vom 25. 11. 1933, RGBl. I S. 1011, abgedruckt bei *Godin/Hoth* S. 550 ff.
[206] → Fn. 211, S. 550.
[207] → Fn. 212, S. 551.
[208] *Emmerich* WettbR § 6, 2 a; *Sosnitza* S. 141.
[209] Amtl. Begr. → Fn. 212, S. 550 f.
[210] Vom 9. 3. 1932, RGBl. I S. 121.
[211] Erläuterungen zur Verordnung des Reichspräsidenten zum Schutz der Wirtschaft vom 9. 3. 1932, RGBl. I S. 121, abgedruckt bei *Godin/Hoth* S. 543 ff.

Qualitätsverschlechterung der Ware nicht ausbleiben könne.[212] Außerdem stand man der Zugabewerbung skeptisch gegenüber, weil sie besonders geeignet schien, das Publikum über den Wert der eigentlichen Ware irrezuführen.[213] Der Gesetzgeber bezweckte mit der ZugabeVO also sowohl einen Mittelstands- als auch einen Verbraucherschutz, wobei nach überwiegender Ansicht zunächst der Schutz des Mittelstands im Vordergrund stand.[214] Erst ab den 50er Jahren, als man erkannte, dass das wirtschaftspolitische Ziel des Gesetzgebers in der nun geltenden Wirtschaftsordnung nicht mehr verfolgt werden konnte,[215] wurde verstärkt die verbraucherschützende Funktion von ZugabeVO[216] und RabattG[217] in den Vordergrund gerückt.

In der Literatur[218] wurde zunehmend **Kritik** an dem RabattG und der ZugabeVO geübt. Die Gefahr der Preisverschleierung rechtfertige die Formaltatbestände der jeweiligen Gesetze nicht, weil nicht jeder Rabatt bzw. nicht jede Zugabe die Gefahr der Irreführung in sich trage. § 3 aF und die PAngV seien ausreichende Mittel, um Preisverschleierung in Einzelfällen zu unterbinden. Weiterhin wurde eingewendet, es sei äußerst fraglich, ob tatsächlich die befürchtete Gefahr der Nachahmung durch Mitbewerber bestehe. Der Verbraucher werde auf Dauer Anbieter meiden, bei denen er die Zugabegewährung durch höhere Preise oder schlechtere Qualität der Hauptware erkaufen müsse.[219] Neben dieser inhaltlichen Kritik wurde gegen das RabattG und die ZugabeVO eingewandt, dass Deutschland im Vergleich zu anderen EG-Mitgliedstaaten die Möglichkeiten der Werbung zu rigide beschneide.[220] Insbesondere im Hinblick auf das RabattG gab es in vielen Nachbarstaaten zu keiner Zeit vergleichbare Verbote oder sie wurden in den 90er Jahren abgeschafft. Auch Zugaben wurden in vielen Mitgliedstaaten liberaler beurteilt und nur bei Vorliegen einer konkreten Irreführungsgefahr verboten.[221] **90**

Aufgrund dieser Kritik wurde 1984 ein erster Versuch unternommen, das RabattG aufzuheben.[222] Diese Bemühungen scheiterten jedoch am Widerspruch des Mittelstandes. Ein weiterer Anlauf wurde 1993 gestartet, als die Kommission der Europäischen Gemeinschaft ein Vertragsverletzungsverfahren nach Art. 226 EG[223] gegen Deutschland einleitete, mit der Begründung, das RabattG verstoße gegen Art. 28 EG. Diesen Anstoß nutzte die damalige Regierung, und sie versuchte erneut, ZugabeVO und RabattG abzuschaffen.[224] Letztendlich konnte man sich mit dieser Forderung aber nicht durchsetzen, da aus allen Parteien beträchtliche **negative Auswirkungen auf den Mittelstand** und den Einzelhandel befürchtet wurden.[225] Schließlich verloren auch die europarechtlichen Bedenken an Gewicht, nachdem der Europäische Gerichtshof entschieden hatte, dass Bestimmungen, die bestimmte Verkaufsmodalitäten beschränken oder verbieten, nicht unter Art. 28 EG fallen.[226] **91**

---

212 Erläuterungen → Fn 217, S. 545.

213 Erläuterungen → Fn 217, S. 545.

214 *Emmerich* WettbR § 6, 1 b; *Sosnitza* S. 129.

215 *Kisseler* WRP 1975, 129, 132.

216 BGHZ 11, 260, 264 – Kunststofffiguren I; BGHZ 11, 274, 279 – Reisemarken; BGH GRUR 1979, 482, 483 – Briefmarken-Auktion.

217 BGH GRUR 1993, 63, 64 – Bonusring; BGH GRUR 1991, 72, 73 – PKW-Rabatt; BGH GRUR 1991, 936, 937 – Goldene Kundenkarte; BGH GRUR 1977, 264, 265 – Miniaturgolf; BGH GRUR 1960, 495, 498 – WIR-Rabatt; BGH GRUR 1959, 329, 331 – Teilzahlungskauf; *Baumbach/Hefermehl* RabattG Rn 8.

218 *Heermann/Ruess* WRP 2001, 883, 885 f; *Hennig-Bodewig* WRP 2000, 886, 887 f; *Borck* WRP 1996, 965, 970; *Schricker* GRUR Int. 1994, 586, 590; *Weber* WRP 1991, 205, 211; *Sosnitza* S. 128 und 145; *Köhler* FS Hoppmann S. 283, 289.

219 *Köhler* FS Hoppmann S. 283, 292.

220 Zu den Rabatt- und Zugaberegelungen in den anderen EG-Mitgliedstaaten *Mayer* GRUR 2001, 98, 106 ff; *Bodewig/Henning-Bodewig* WRP 2000, 1341.

221 S. hierzu den Überblick bei *Lange/Spätgens* Rn 266 ff.

222 Kabinettsbeschluss vom 22. 2. 1984; siehe auch GRUR 1984, 505.

223 Vertragsverletzungsverfahren 88/0189; dazu *Zöller* GRUR 1993, 953, 954.

224 Gesetzesentwürfe zum RabattG: BT-Drucks. 12/6722; BT-Drucks. 12/7271; BT-Drucks. 14/5594; zur ZugabeVO: BT-Drucks. 12/6723; BT-Drucks. 14/5594.

225 Kritisch zu der geplanten Liberalisierung auch *Borck* WRP 1996, 969; *Piper* WRP 1994, 433.

226 EuGH NJW 1994, 121 – Keck et Mithouard.

Da auch Zugaben und Rabatte zu den Verkaufsmodalitäten zählen,[227] stellte die Kommission das Vertragsverletzungsverfahren ein.[228] Im Jahre 1998 leitete die EU-Kommission ein weiteres Vertragsverletzungsverfahren ein, diesmal wegen einer Verletzung der Dienstleistungsfreiheit nach Art. 49 EG.[229] Der EuGH wurde letztlich allerdings nicht angerufen; vielleicht kamen die Entwicklungen in Deutschland diesem Vorgehen zuvor. Hier musste bis zum Januar 2002 die im Juni 2000 verabschiedete **Richtlinie über den elektronischen Geschäftsverkehr**[230] umgesetzt werden. Die sog. E-Commerce Richtlinie verankert in Art. 3 das Herkunftslandprinzip. Dieses sieht vor, dass ausländische, über das Internet in Deutschland agierende Anbieter von Waren und Dienstleistungen grundsätzlich nur den rechtlichen Anforderungen unterliegen, die für sie nach dem Recht ihres Herkunftslandes maßgeblich sind. Da das Recht anderer Staaten zumeist deutlich liberaler war als das deutsche Recht, bestand die Gefahr, dass ausländische Unternehmen ungehindert Rabatte gewähren und Zugaben verteilen, während die deutschen Unternehmen an die strengen Vorschriften des RabattG und der ZugabeVO gebunden sind. Dies hätte zu einer sachlich nicht zu rechtfertigenden Ungleichbehandlung deutscher Unternehmen geführt. Um eine solche sog. Inländerdiskriminierung zu verhindern, musste die nationale Rechtslage liberalisiert werden. Das RabattG und die ZugabeVO wurden daher ersatzlos abgeschafft,[231] um Wettbewerbsnachteile deutscher Unternehmen gegenüber ihrer europäischen Konkurrenz zu beseitigen.[232]

92 Als weiterer Grunde für die Aufhebung wird in der Gesetzesbegründung angeführt, dass die Gesetze **innovative Vertriebsstrategien** verhinderten, weil sie bestimmte Verhaltensweisen ohne Rücksicht auf ihre konkreten Auswirkungen für den Leistungswettbewerb per se untersagten.[233] Durch die Aufhebung von RabattG und ZugabeVO sollten Unternehmen zusätzlich Spielräume für die Entwicklung und Nutzung innovativer Formen bei der Anbahnung und Sicherung von Kundenbeziehungen erhalten.[234] Hierbei bedürfe es „wegen des gestiegenen Bildungs- und Informationsniveaus" keines generellen Zugabe- und Rabattverbots mehr. Das Interesse der Verbraucher an Produktinformation und die Bereitschaft zur Auseinandersetzung mit dem Warenangebot habe erheblich zugenommen. Der durchschnittlich informierte und verständige Verbraucher sei heutzutage mit den Marktgegebenheiten vertraut. Er wisse, dass Kaufleute nichts zu verschenken haben und die Kosten für wertvolle Nebenleistungen durch den Preis der Hauptleistungen abgedeckt seien. Die Erfahrungen zeigten, dass sich der Verbraucher in der Regel nicht vorschnell durch das Angebot einer Zugabe oder eines Rabattes zum Vertragsschluss verleiten lasse. Vielmehr treffe der Kunde seine Entscheidung über den Erwerb höherwertiger Produkte erst nach ausreichender Information über Konkurrenzangebote und reiflicher Abwägung der unterschiedlichen Vorzüge und Nachteile der angebotenen Waren.[235] Ein weiterer Grund für die Abschaffung, der aus der Regierungsbegründung ersichtlich wird, war schließlich die **fehlende Akzeptanz in der Bevölkerung.** In der täglichen Praxis würden ZugabeVO und RabattG von weiten Teilen des Handels und der Verbraucher zunehmend unterlaufen. Die Regelungen seien in ihrer konkreten Handhabung durch die Rechtsprechung für Nichtjuristen teilweise kaum noch nachvollziehbar.[236]

---

[227] BGH WRP 1999, 224, 227 – Land's End; BGH GRUR 1995, 515, 518 – 2 für 1-Vorteil, kritisch *Leible/Sosnitza* GRUR 1995, 799.

[228] *Meyer* GRUR 2001, 98, 108.

[229] Dazu ausführlich *Meyer* GRUR 2001, 98, 109.

[230] RL 2000/31/EG vom 8. 6. 2000, ABl. EG Nr. L 178 vom 17. 7. 2000.

[231] Reg. Begr. zur Aufhebung des Rabattgesetzes und zur Anpassung anderer Rechtsvorschriften, BT-Drucks. 14/5441; Reg. Begr. zur Aufhebung der ZugabeVO und zur Anpassung anderer Rechtsvorschriften, BT-Drucks. 14/5594.

[232] BT-Drucks. 14/5541 S. 6 rechte Spalte; BT-Drucks. 14/5594 S. 6 rechte Spalte.

[233] BT-Drucks. 14/5541 S. 7 rechte Spalte; BT-Drucks. 14/5594 S. 7 rechte Spalte.

[234] BT-Drucks. 14/5541 S. 7 rechte Spalte.

[235] BT-Drucks. 14/5541 S. 7 linke Spalte; BT-Drucks. 14/5594 S. 7 linke Spalte.

[236] BT-Drucks. 14/5541 S. 7 linke Spalte; BT-Drucks. 14/5594 S. 7 rechte Spalte.

b) Auswirkung auf das Lauterkeitsrecht. RabattG und ZugabeVO sollten abstrakte Gefahren für den Wettbewerb bekämpfen. Die von diesen Gesetzen erfassten geschäftlichen Verhaltensweisen waren verboten, weil man sie generell für gefährlich hielt. Es kam somit im konkreten Fall nicht darauf an, ob tatsächlich eine der zu bekämpfenden Gefahren (zB Preisverschleierung, unsachliche Beeinflussung) vorlag. Wenn der Gesetzgeber diese abstrakten Verbotstatbestände aufhebt, kann daraus nicht gefolgert werden, dass nun auch konkrete Gefahren ohne weiteres hingenommen werden. Allein aus der Tatsache, dass der Gesetzgeber typisierte Verbotstatbestände aufhebt, lässt sich nicht ohne weiteres schließen, dass damit jegliche Formen von Zugaben und Rabatten erlaubt sind. Vielmehr weist die Gesetzesbegründung ausdrücklich darauf hin, dass nach Aufhebung der Gesetze der Schutz der Verbraucher durch die lauterkeitsrechtlichen Vorschriften des UWG (insb. durch die Fallgruppe Kundenfang) und der PAngV hinreichend sichergestellt sei.[237] Allerdings würde man den Willen des Gesetzgebers unterlaufen, wenn man Tatbestände, die in der Vergangenheit unter das RabattG oder die ZugabeVO fielen, nun schematisch mittels § 4 Nr. 1 verbieten würde.[238] Vielmehr ist in jedem Einzelfall zu prüfen, ob tatsächlich ein Verstoß gegen lauterkeitsrechtliche Normen vorliegt. Bei dieser Prüfung wird man davon auszugehen haben, dass die Streichung von ZugabeVO und RabattG die Wertungen, die den Normen des UWG zugrunde liegen, verändert hat.[239] Es sollte nicht nur eine Liberalisierung hinsichtlich der bisher unter das RabattG und die ZugabeVO fallenden Tatbestände erreicht werden, sondern der Wille des Gesetzgebers war auf eine **allgemeine Liberalisierung** gerichtet. Das ergibt sich aus der Gesetzesbegründung. Dort wird unter der Überschrift „Liberalisierungseffekt" ausdrücklich klargestellt, dass sich durch die Aufhebung der Gesetze das bis dahin bestehende Regel-Ausnahme-Verhältnis umdrehe (Zugaben und Rabatte werden nicht mehr grundsätzlich verboten, sondern grundsätzlich erlaubt sein) und dass die dahinterstehende grundsätzliche gesetzgeberische Wertung auch die Auslegung des Rechts gegen den unlauteren Wettbewerb beeinflussen kann.[240] Aus dem Gesamtzusammenhang wird daher deutlich, dass eine Liberalisierung des Lauterkeitsrechts gewollt war.[241] 93

II. Unangemessenheit

Aufgabe und Ziel jeder Werbung ist es, die potentiellen Abnehmer zu beeinflussen und zum Kauf zu motivieren. Dieser Einfluss entspricht nicht immer dem Leitbild des Leistungswettbewerbs und kann daher unsachlich sein. Gehört damit ein gewisser unsachlicher Einfluss zum Wesen der Werbung, kann dieser nicht per se als unlauter angesehen werden.[242] Diesem Gedanken trägt der Wortlaut des § 4 Nr. 1 Rechnung, indem nur der *unangemessene,* unsachliche Einfluss als unlauter qualifiziert wird. 94

Die umkämpfte[243] Aufnahme des Wortes „unangemessen" in den Gesetzestext bewirkte jedoch **keine Liberalisierung gegenüber der früheren Rechtslage.** Auch bisher verlangte die Rechtsprechung, dass der unsachliche Einfluss eine gewisse Erheblichkeit erreichte. Wurde der Umworbene durch das unsachliche Mittel in seiner Entscheidung nur 95

---

237 BT-Drucks. 14/5541 S. 8 linke Spalte; BT-Drucks. 14/5594 S. 8 linke Spalte.

238 BGH GRUR 2002, 966, 978 – Kopplungsangebot I; BGH GRUR 2002, 979, 981 – Kopplungsangebot II.

239 AA noch *Köhler/Piper* UWG § 1 Rn 270; *Nordemann* NJW 2001, 2505, 2509 (linke Spalte); *Tavanti* WRP 2001, 977, 978.

240 BT-Drucks. 14/5541 S. 8 linke Spalte; BT-Drucks. 14/5594 S. 8 linke Spalte.

241 AA *Nordemann* NJW 2001, 2505, 2509.

242 So auch die Begr. BT-Drucks. 15/1487 S. 17 rechte Spalte.

243 Im RefE vom 23. 1. 2003 war das Merkmal der „Unangemessenheit" noch nicht enthalten. Unter anderem auf Druck der Wirtschaftsverbände wurde es eingeführt, um der Gefahr einer zu restriktiven Auslegung des Begriffs des „unsachlichen Einflusses" entgegenzuwirken. → die Forderung des Deutschen Industrie- und Handelskammertags in der Stellungnahme zum Entwurf eines Gesetzes gegen den unlauteren Wettbewerb, S. 4.

unmaßgeblich beeinflusst, fehlte es an einem *übertriebenen* Anlocken, einem psychischen Kauf*zwang* oder einer *relevanten* Irreführung. Regelmäßig verlangte die Rechtsprechung zum alten Recht, dass die Nachfrageentscheidung des Umworbenen so nachhaltig durch eine unsachliche Einflussnahme geprägt wird, dass sachliche Gesichtspunkte bei der Kaufentscheidung vollständig in den Hintergrund treten.[244]

96 An dieser Formulierung hält der BGH auch in jüngster Zeit fest,[245] teilweise verlangt er allerdings nur, dass der Einfluss ein solches Ausmaß erreicht, dass er die freie Entscheidung des Verbrauchers zu beeinträchtigen vermag.[246] Inhaltliche Unterschiede werden mit diesen Differenzierungen wohl nicht beabsichtigt sein. Weniger entscheidend als die jeweiligen Formulierungen ist ohnehin das **Verbraucherleitbild,**[247] das der rechtlichen Beurteilung zugrunde liegt. Geht man von einem verständigen Verbraucher aus, so bedarf die Wettbewerbshandlung einer gewissen Erheblichkeit, um den Umworbenen in seiner Entscheidung unangemessen zu beeinflussen. Maßgeblich sind jeweils die Umstände des Einzelfalls. Ein Kunde wird bei einem hochpreisigen Produkt länger als bei einem preiswerten Produkt über einen Kauf nachdenken und sich nicht vorschnell wegen einer Vergünstigung oder aus Gründen der Höflichkeit zu einem Kauf entschließen. Die Grenze der Unangemessenheit ist also erst später erreicht als bei Waren des täglichen Bedarfs, bei denen in der Regel ein geringerer Einfluss genügt, um die Kaufentscheidung zu beeinflussen.[248]

97 Die in § 4 Nr. 1 eigens aufgenommene Schwelle der Unangemessenheit wirft die Frage auf, welche Bedeutung dem Tatbestandsmerkmal der spürbaren Wettbewerbsbeeinträchtigung im Sinne von § 3 Abs. 1 **(sog. Spürbarkeitsschwelle)** daneben zukommt. Nach der Gesetzessystematik muss zunächst ein unangemessener unsachlicher Einfluss festgestellt werden und anschließend überprüft werden, ob dieser unangemessene unsachliche Einfluss den Wettbewerb darüber hinaus spürbar beeinträchtigt. Eine spürbare Beeinträchtigung des Wettbewerbs ist nach **§ 3 Abs. 1 S. 2** insbesondere dann anzunehmen, wenn die Wettbewerbshandlung geeignet ist, das wirtschaftliche Verhalten eines Durchschnittsverbrauchers wesentlich zu beeinflussen. Da der BGH aber die Beeinträchtigung der Entscheidungsfreiheit bereits im Rahmen des § 4 Nr. 1 prüft und die Schwelle der Unlauterkeit erst als überschritten angesehen hat, wenn der Einfluss ein solches Ausmaß erreicht, dass er die freie Entscheidung des Verbrauchers zu beeinträchtigen vermag,[249] ist eine gesonderte Prüfung der Spürbarkeitsschwelle des § 3 Abs. 1 nicht erforderlich.

III. Kanon der Einflussmittel

98 Der Kunde kann auf unterschiedliche Weise in seinem wirtschaftlichen Verhalten unsachlich beeinflusst, d. h. zu einer nicht rationalen Entscheidung verleitet werden. Das Gesetz nennt beispielhaft die Ausübung von Druck, der auf physische oder psychische Weise ausgeübt werden kann, und den Einsatz menschenverachtender Werbung. Der sonstige unsachliche Einfluss bildet einen Auffangtatbestand. Hier ist insbesondere an die mangeln-

[244] BGH WRP 2004, 1359, 1360 – 500 DM-Gutschein für Autokauf; BGH GRUR 2004, 344 – Treue-Punkte; BGH WRP 2003, 1428, 1429 – Einkaufsgutschein; BGH GRUR 2003, 626, 627 – Umgekehrte Versteigerung II; BGH GRUR 2002, 966, 978 – Kopplungsangebot I; BGH GRUR 2002, 979, 981 – Kopplungsangebot II; BGH GRUR 1989, 366, 367 – Wirtschaftsmagazin; BGH GRUR, 1986, 820, 821 – Probe-Jahrbuch; BGH GRUR 1984, 463, 464 – Mitmacher-Tour; GRUR 1974, 345, 346 – Geballtes Bunt.

[245] BGH GRUR 2006, 161 Tz. 15 – Zeitschrift mit Sonnenbrille; OLG Frankfurt GRUR-RR 2005, 388, 390 – Verkaufsverlosung.

[246] BGH WRP 2006, 1505 Tz. 19 – Warnhinweis II; BGH GRUR 2006, 511 Tz. 21 – Umsatzsteuererstattungs-Modell; BGH GRUR 2006, 75 Tz. 17 – Artenschutz.

[247] Zum Verbraucherleitbild → Rn 86.

[248] GRUR 1976, 248, 249 – Vorspannangebote; GRUR 1976, 638, 639 – Rustikale Brettchen; OLG Hamburg GRUR 1987, 386, 387 – Bäumchen-Aktion.

[249] BGH WRP 2006, 1505 Tz. 19 – Warnhinweis II; BGH GRUR 2006, 75 Tz. 21 – Artenschutz; BGH GRUR 2006, 511 Tz. 21 – Umsatzsteuererstattungs-Modell.

de Information aufgrund fehlender Transparenz des Angebots, an ein übertriebenes Ablocken oder an die Ausnutzung einer Machtposition zu denken. Die verschiedenen Unlauterkeitsmomente können sich im Rahmen einer geschäftlichen Handlung überschneiden.

Diese Aufzählung ist nicht abschließend. Es sind vielmehr weitere Mittel der Einflussnahme denkbar, die sich mit dem erweiterten Verständnis des Leistungswettbewerbs nicht vereinbaren lassen und daher unlauter sind.[250] 99

1. Ausübung von Druck

Schrifttum: *Bülow,* Psychologischer Kaufzwang – ein Schlagwort?, GRUR 1971, 64; *Bottenschein,* Restriktionen der Wertreklame, 2001; *Gaedertz,* Psychologischer Kaufzwang, WRP 1970, 287; *Paefgen,* Psychologischer Kaufzwang – A quo venis et quo vadis?, WRP 1990, 85; *Scherer,* Die unsachliche Beeinflussung in § 4 Nr. 1 UWG, WRP 2007, 723; *Schuhlert,* Auswirkungen der Aufhebung von ZugabeVO und Rabattgesetz, 2003.

a) Grundlagen und Abgrenzung. Eine geschäftliche Handlung, die die Willensentscheidung des Umworbenen so stark beeinflusst, dass er seinen Entschluss nicht mehr aufgrund einer freien Entscheidung trifft, sondern aufgrund des auf ihn ausgeübten Drucks, ist unlauter. Druck wird ausgeübt, wenn dem Verbraucher Nachteile zugefügt oder in Aussicht gestellt werden für den Fall, dass er nicht die Erwartungen der Marktgegenseite erfüllt, idR also für den Fall, dass er die Ware nicht kauft. 100

Anders als bei den sonstigen Mitteln der unlauteren Einflussnahme verlangt das Gesetz nicht, dass die Ausübung von Druck unangemessen sein muss. Daraus folgt, dass der Gesetzgeber davon ausging, jegliche Druckausübung sei unangemessen und damit unlauter. Um einen Gleichlauf zwischen den Fällen der Druckausübung und den anderen Fällen unsachlicher Einflussnahme zu gewährleisten, ist es daher erforderlich, auch hier nicht jegliche noch so geringe Druckausübung zu sanktionieren. Unlauter ist die Druckausübung daher nur, wenn die angedrohten Sanktionen stark genug sind, um auf die Willensfreiheit des Kunden einzuwirken und dessen Entscheidungsfreiheit zu beeinträchtigen. Eine Abgrenzung ist insoweit zunächst in zwei Richtungen möglich. Auf der einen Seite sind bloße **Empfehlungen** und Hinweise, die nur die wirtschaftlichen Vorteile eines Angebots betonen, wettbewerbsrechtlich nicht zu beanstanden, da sie zum Wesen wettbewerblicher Handlungen gehören.[251] Auf der anderen Seite ist nicht erforderlich, dass die Wettbewerbshandlung den Straftatbestand der **Nötigung** (§ 240 StGB) erfüllt. Ein strafbares Verhalten ist jedoch in jedem Fall unlauter. 101

Die **möglichen Nachteile,** die dem Umworbenen zugefügt oder angedroht werden können, lassen sich unterteilen in: Ausübung von Gewalt (b = physischer Druck), Verlust von Ansehen oder Wohlwollen (c = psychischer Druck), Fortdauer einer für den Umworbenen als unangenehm empfundenen Situation (d = Belästigung) oder das Erleiden von wirtschaftlichen Nachteilen (e = sowie wirtschaftlichem Druck). 102

b) Physischer Druck. Die Ausübung von physischem Druck durch Androhung oder Ausübung von Gewalt ist immer wettbewerbswidrig. Im Zuge der Umsetzung der Richtlinie über unlautere Geschäftspraktiken ist eine besondere Fallkonstellation des physischen Drucks auf einen Verbraucher in Nr. 30 des Anhangs zu § 3 Abs. 2 in das Gesetz aufgenommen worden. Danach ist es unlauter, wenn dem Kunden der Eindruck vermittelt wird, er könne die Geschäftsräume erst verlassen, wenn er sich auf einen Geschäftsabschluss einlässt.[252] 103

c) Psychischer Druck. Verkaufssituationen können psychischen Druck auf den Umworbenen ausüben. Das ist der Fall, wenn der Umworbene – zumindest nach seiner Vorstellung – vor der Wahl steht, entweder das Produkt zu kaufen und damit den **Erwartungen seines Gegenübers zu entsprechen** oder das Produkt nicht zu kaufen, mit der Folge, dass er aus Sicht des Werbenden als unhöflich oder unsozial gilt oder eine andere 104

---

250 Zum Leistungswettbewerb → Rn 77.
251 Zu Empfehlungen von öffentlichen Stellen → Rn 405.
252 → Kommentierung Nr. 30 des Anhangs.

Geringschätzung[253] erfährt. Der Kunde gerät hier in eine Situation, in der sein Verhalten (idR die Entscheidung zum Abschluss eines entgeltlichen Geschäfts) von der Motivation getragen wird, Ansehen gegenüber dem Werbenden oder einer anderen Person zu gewinnen bzw. nicht zu verlieren oder die unangenehme Situation schnellstmöglich zu beenden.

105 Der Werbende hat verschiedene Möglichkeiten, den Kunden in die beschriebene Zwangslage zu versetzen. Diese lassen sich danach unterscheiden, **wer die Erwartung hegt,** der Kunde werde sich zu einem entgeltlichen Geschäft entschließen. Das kann entweder der Werbende selbst sein, eine Autoritäts- oder Vertrauensperson oder ein privater Bekannter oder Freund des Umworbenen.

106 **aa) Psychischer Kaufzwang.** Für die Fälle, in denen der psychische Druck dadurch erzeugt wird, dass der Werbende selbst derart auf den Umworbenen einwirkt, dass dieser sich verpflichtet fühlt, anstandshalber ein entgeltliches Geschäft abzuschließen, hat sich die Fallgruppe des sog. psychischen Kaufzwangs herausgebildet.[254]

107 Eine Werbemaßnahme ist unter dem Gesichtspunkt des psychischen Kaufzwangs unlauter, wenn mit außerhalb der Sache liegenden Mitteln derart auf die Willensentscheidung des Umworbenen eingewirkt wird, dass dieser nicht umhin kann, zumindest **anstandshalber auf das Angebot einzugehen.**[255] Der Kunde kauft also nicht, weil er das Angebot geprüft und für gut befunden hat, sondern weil er gegenüber dem Werbenden oder Dritten nicht unhöflich, undankbar, unsolidarisch oder unsozial erscheinen möchte.

108 Da es Verbrauchern, aber auch anderen Marktteilnehmern, nach allgemeiner Erfahrung unangenehm oder peinlich ist, im geschäftlichen Verkehr **geldwerte Vorteile** entgegenzunehmen, ohne von dem normalen Leistungsangebot Gebrauch zu machen,[256] sind unentgeltliche Zuwendungen in Form von Geschenken grundsätzlich geeignet, den Umworbenen in eine Situation zu bringen, in der er gegen seinen eigentlichen Willen allein aus Höflichkeit oder Dankbarkeit etwas kauft. Keinesfalls ist ein psychischer Kaufzwang immer schon dann gegeben, wenn ein Kunde, nachdem er eine Vergünstigung oder ein Geschenk erhalten hat, einen Einkauf tätigt.[257] Der Grund für den Einkauf kann hier ebenso in einer bereits bestehenden Absicht oder in der Bequemlichkeit des Kunden liegen. Voraussetzung für einen psychischen Kaufzwang ist jedoch, dass die gewährte Vergünstigung den Ausschlag zum Kauf gegeben hat.

109 Ein Beispiel für einen psychischen Kaufzwang findet sich in § 3 Abs. 2 in Nr. 30 des Anhangs. Wenn der Gewerbetreibende gegenüber dem Verbraucher ausdrücklich darauf hinweist, dass sein Arbeitsplatz oder sein Lebensunterhalt gefährdet sind, falls der Verbraucher das Produkt oder die Dienstleistung nicht erwirbt, besteht die Gefahr, dass der Verbraucher das Geschäft nicht aufgrund einer freien und informierten Entscheidung abschließt, sondern aus **Mitleid** mit dem Gewerbetreibenden und weil er ihm gegenüber nicht unsolidarisch erscheinen möchte.

110 Es ist verschiedentlich **Kritik** daran geübt worden, die Unlauterkeit einer Wettbewerbshandlung mit einem psychischen Kaufzwang zu begründen. Die Kritiker stellen dabei jedoch nicht in Abrede, dass ein Kaufentschluss, der allein aus Dankbarkeit oder aus Grün-

---

253 Zur Androhung, weitere Vertragsabschlüsse zu verweigern OLG Hamburg MMR 2005, 617.

254 Es handelt sich um einen mit psychologischen Methoden vermittelten psychischen Zwang.

255 BGH GRUR 2003, 804, 806 – Foto-Aktion; BGH GRUR 2002, 1000, 1002 – Testbestellung; BGH GRUR 2000, 820, 821 – Space Fidelity Peep Show; BGH GRUR 1998, 475, 476 – Erstcoloration; BGH GRUR 1998, 735, 736 – Rubbelaktion; BGH GRUR 1992, 621, 622 – Glücksball-Festival; BGH GRUR 1990, 44, 45 – Annoncen-Avis; BGH GRUR 1989, 757 – McBacon; BGH GRUR 1987, 243, 244 – Alles frisch; BGH GRUR 1977, 727, 728 – Kaffee-Verlosung I; BGH GRUR 1974, 156, 157 – Geld-Gewinnspiel; BGH GRUR 1973, 418 – Das goldene A; BGH GRUR 1973, 474, 475 – Preisausschreiben; BGH GRUR 1973, 591, 593 – Schatzjagd; BGH GRUR 1972, 354 – Mehrwert-Fahrten; BGH GRUR 1972, 603, 604 – Kunden-Einzelbeförderung; BGH GRUR 1971, 162 – Diagnose-Zentrum; BGH GRUR 1971, 322 – Lichdi-Center; OLG Karlsruhe GRUR 1961, 300 – Vergleich mit Listenpreis; OLG München NJW 1955, 1681 – Unzulässige Werbungsmethoden.

256 BGH GRUR 1998, 475, 476 – Erstcoloration; BGH GRUR 1992, 621, 622 – Glücksball-Festival.

257 *Köhler/Pieper* UWG § 1 Rn 204.

den der Höflichkeit gefasst wird, auf unsachlichen Erwägungen beruht. Vielmehr wird geltend gemacht, die Unlauterkeit lasse sich bei den bisher unter die Fallgruppe des psychischen Kaufzwangs gefassten Fällen ohne weiteres damit begründen, dass der Kunde unzumutbar belästigt oder irregeführt werde. In diesen Fällen sei er aber durch §§ 5, 6, und 7 (§§ 1 und 3 aF) geschützt.[258] Abgesehen von diesen Konstellationen sei ein psychischer Kaufzwang in tatsächlicher Hinsicht nicht denkbar, weil es der aufgeklärte Verbraucher gewöhnt sei, mit Leistungen beschenkt zu werden, so dass nicht anzunehmen sei, dass er durch die Zuwendung einer Vergünstigung veranlasst werde, sinnlose Käufe zu tätigen. Schließlich habe der Umworbene vor der Entgegennahme der unentgeltlichen Leistung die Wahl, ob er mit dem Werbenden in Kontakt trete oder nicht, so dass er sich psychisch auf seine Reaktion vorbereiten könne.[259] Das Risiko, eine fehlerhafte Kaufentscheidung zu treffen, stelle nur die Kehrseite der Auswahlfreiheit dar; dieses Risiko habe der Abnehmer grundsätzlich selbst zu tragen.[260]

Geht man vom Leitbild eines aufgeklärten, verständigen und informierten Verbrauchers aus, dann ist es sicherlich zutreffend, dass dieser allein durch eine geringwertige unentgeltliche Zuwendung nicht derart peinlich berührt sein wird, dass er sich verpflichtet fühlt, ein entgeltliches Geschäft abzuschließen. Dennoch erscheint es voreilig, einen unsachlichen Einfluss durch Hervorrufen eines psychischen Kaufzwangs für gänzlich ausgeschlossen zu halten. Es sind durchaus Fälle denkbar, in denen keine Irreführung vorliegt und auch eine Belästigung im Sinne von § 7 mangels Eingriffs in die Individualsphäre des Umworbenen ausscheidet, die Grenze einer sachlichen Einflussnahme aber dennoch als überschritten angesehen werden muss. So kann etwa eine besonders geschickte Ausgestaltung einer Werbeverkaufsfahrt geeignet sein, die Teilnehmer in eine Situation zu versetzen, in der sie nur anstandshalber auf das Angebot eingehen.[261] Gleiches gilt für den in § 3 Abs. 2 iVm Nr. 30 des Anhangs beschriebenen Fall.[262] Auch der BGH hat das Ausnutzen der in einer Schulklasse entstehenden Gruppendynamik und der unter den Schülern bestehenden **Solidarität** als unlauter angesehen.[263] An der Fallgruppe des psychischen Kaufzwangs ist daher unter Berücksichtigung des neuen Verbraucherleitbilds festzuhalten.[264] 111

Für die rechtliche Beurteilung sind die **Umstände des Einzelfalls** entscheidend. So kann ein Gefühl der Peinlichkeit für den Umworbenen nur entstehen, wenn er aus der Anonymität der allgemeinen Kundschaft heraustritt.[265] Nur wenn es zu einem **direkten und persönlichen Kontakt** zwischen dem Kunden und dem Werbenden kommt, ist es denkbar, dass der Werbende ihm zunächst als Kaufinteressent eine gewisse Wertschätzung entgegenbringt, die der Kunde verliert, wenn er sich nur für die Gratisleistung interessiert.[266] Kommt kein persönlicher Kontakt zustande, etwa weil das Geschäft auf postalischem Weg oder per Internet abgewickelt wird, ist es kaum vorstellbar, dass der Kunde einem psychischen Kaufzwang erliegt.[267] Hier sieht sich der Kunde keinem Verkäufer gegenüber, dem er etwa in peinlicher Weise den Grund für seine Entscheidung erläutern muss. 112

---

258 *Schuhlert* S. 47; *Lehmann* 1974 S. 154; kritisch zu dieser Fallgruppe auch *Emmerich* FS 50 Jahre BGH S. 641 ff; *Sosnitza* S. 26 ff; *Bottenschein* S. 200.

259 *Berlit* WRP 2001, 349, 352 f; *Schuhlert* S. 75, *Sosnitza* S. 34.

260 *Bottenschein* S. 200; ähnlich *Pluskat* WRP 2004, 282, 286: Fallgruppe habe die Daseinsberechtigung verloren.

261 Zu Verkaufsfahrten → Rn 308 des Anhangs; zum Erwürfeln eines Rabattes → Rn 250.

262 → Kommentierung Nr. 30.

263 BGH GRUR 2008, 183 Tz. 19 – Tony Taler.

264 *Cordes* WRP 2001, 867, 871; *Eppe* S. 193.

265 Die Rechtsprechung geht allerdings davon aus, dass das Gefühl der Peinlichkeit auch in anderen Fällen bestehen kann, aber hier besonders ausgeprägt ist. BGH GRUR 1998, 475, 476 – Erstcoloration; BGH GRUR 1987, 243, 245 – Alles frisch; BGH GRUR 1973, 418, 419 – Das goldene A; BGH GRUR 1972, 603, 605 – Kunden-Einzelbeförderung; BGH GRUR 1971, 322 – Lichdi-Center; BGH GRUR 1959, 544, 546 – Modenschau.

266 BGH GRUR 1998, 735, 736 – Rubbelaktion; BGH GRUR 1977, 727, 728 – Kaffee-Verlosung I, BGH GRUR 1987, 234, 244 – Alles frisch.

267 BGH GRUR 2002, 1000, 1002 – Testbestellung.

113 Entscheidend ist darüber hinaus, wie lange die **Dauer des Kontakts** zwischen dem Werbenden und dem Kunden ist und wie hoch der **Wert der unentgeltlichen Zuwendung** und der des **Kaufobjekts** ist.[268] Je länger der Kunde dem Einfluss des Werbenden ausgesetzt ist, desto schwerer wird es ihm fallen, nicht auch eine entgeltliche Leistung in Anspruch zu nehmen. Ebenso wird das Gefühl, anstandshalber etwas kaufen zu müssen, umso größer sein, je werthaltiger die unentgeltliche Zuwendung ist. Die Bereitschaft des Kunden, das entgeltliche Geschäft zu tätigen, ist größer, wenn die finanzielle Belastung eher gering ist.

114 Wenn die Person, die mit der unentgeltlichen Leistung wirbt, und die Person, die die Leistung letztendlich zu erbringen hat – zumindest aus Sicht des Kunden – auseinanderfallen, dann kann die Dankbarkeit gegenüber dem Spender der unentgeltlichen Leistung nicht zum Abschluss eines entgeltlichen Vertrags gegenüber dem Leistungserbringer motivieren.[269] Verteilt zB ein Unternehmen an seine Kunden Hotelgutscheine, so werden sich diese nicht aus Gründen der Dankbarkeit zur Einnahme von Speisen und Getränken im Hotel verpflichtet sehen.

115 Liegt eine Situation vor, in der ein psychischer Kaufzwang gegeben ist, kann der Verkäufer die Unlauterkeit nicht dadurch vermeiden, dass er – gegebenenfalls mit einem Schild – darauf hinweist, dass für den Kunden kein Kaufzwang besteht. Dieser Hinweis ist überflüssig, denn der Kunde weiß ohnehin, dass ein *rechtlicher* Kaufzwang – und nur diesen kann das Schild betreffen – nicht besteht.[270]

116 **Abzugrenzen** sind die Fälle des psychischen Kaufzwangs **von § 4 Nr. 2.** Die Formulierung in § 4 Nr. 2 „Geschäftliche Handlungen, (...) die die Angst oder Zwangslage von Verbrauchern ausnutzen" gibt zu erkennen, dass die Zwangslage schon vor der Wettbewerbshandlung bestanden haben muss und nun ausgenutzt wird. Die Fälle des psychischen Kaufzwangs fallen also nicht unter § 4 Nr. 2, weil hier die Zwangslage erst durch die konkrete Wettbewerbshandlung entsteht. § 4 Nr. 2 ist einschlägig, wenn der Angesprochene sich in einer psychischen Ausnahmesituation befindet, in der sein Urteilsvermögen vorübergehend beeinträchtigt ist. Hierzu zählen die Fälle der sog. **Überrumpelung,** wie etwa Hausbesuche bei Angehörigen von Verstorbenen, um für Grabsteine zu werben[271] oder das Ansprechen von Unfallbeteiligten am Unfallort.[272] Ist mit der Werbemaßnahme zugleich ein Eingriff in die berufliche oder private Sphäre verbunden, kommt außerdem eine Belästigung nach § 7 in Betracht.[273] Auf § 4 Nr. 1 muss nur in dem praktisch wohl kaum vorkommenden Fall zurückgegriffen werden, dass es sich bei dem Angesprochenen nicht um einen Verbraucher handelt.

117 **bb) Androhung sonstiger Übel.** Unlauter ist es schließlich, wenn der Werbende durch Androhung sonstiger Übel den Kunden zu einer geschäftlichen Entscheidung veranlasst, die dieser ansonsten nicht getroffen hätte. Er darf zB dem Kunden nicht mit der Bekanntgabe von Geschäftsgeheimnissen drohen, falls dieser die Geschäftsbeziehungen abbricht[274] oder die Gewährung eines Zahlungsaufschubs davon abhängig machen, dass der Kunde ein weiteres Produkt kauft. Demgegenüber ist es nicht unlauter, wenn ein Versandhaus einem Kunden, der mehrfach Onlinebestellungen widerruft, androht, keine weiteren Verträge mit dem sog. Hochretournierer abzuschließen.[275]

---

[268] BGH GRUR 2002, 1000, 1002 – Testbestellung.

[269] OLG Stuttgart NJWE-WettbR 2000, 86, 87 – Gutscheine eines Automobilclubs; BGH GRUR 1993, 774, 776 – Hotelgutschein.

[270] BGH GRUR 1973, 591, 593 – Schatzjagd; BGH GRUR 1973, 474, 476 – Preisausschreiben.

[271] BVerfGE 32, 311, 316 – Grabsteinwerbung; BGH GRUR 1971, 317 – Grabsteinaufträge II; BGH GRUR 1967, 430, 431 – Grabsteinaufträge I; RGZ 145, 398, 402 – Bestattungsfirma.

[272] BGH GRUR 2000, 235, 236 – Werbung am Unfallort IV; BGH GRUR 1980, 790, 791 – Werbung am Unfallort III; BGH GRUR 1975, 266, 267 – Werbung am Unfallort II; BGH GRUR 1975, 264, 245 – Werbung am Unfallort I.

[273] → § 7 Rn 151 f.

[274] HK-WettbR/*Ekey* § 1 Rn 71.

[275] OLG Hamburg MMR 2005, 617.

cc) Einsatz von Autoritäten. Der Werbende hat die Möglichkeit, die Zwangslage dadurch herbeizuführen, dass die Kauferwartung nicht von ihm selbst, sondern von einer besonderen Autorität gehegt wird. Der Einsatz von Dritten begründet die Gefahr, dass der Kunde dem Angebot den Vorzug gibt aufgrund des Gehorsams gegenüber der Autoritätsperson oder aufgrund des ihr entgegengebrachten Vertrauens.[276] 118

dd) Laienwerbung. Tritt nicht der Unternehmer selbst, sondern eine Privatperson dem Kunden gegenüber und wirbt diese in ihrem Bekanntenkreis für eine Ware oder Dienstleistung (sog. Laienwerbung), dann kann der Kunde sich dazu veranlasst fühlen, die Leistung in Anspruch zu nehmen, um einer vom Laienwerber ausgehenden Kauferwartung zu entsprechen.[277] 119

d) Belästigung. Die Richtlinie über unlautere Geschäftspraktiken nennt die Belästigung als Erscheinungsform der aggressiven Geschäftspraktiken nach Art. 8. Die Umsetzung dieser Fallgruppe erfolgt nicht in § 7, da § 7 – anders als es die Richtlinie vorsieht – nicht verlangt, dass die Belästigung geeignet ist, die Entscheidung des Verbrauchers zu beeinflussen. Es genügt für eine Belästigung im Sinne von Art. 8 UGP-RL also nicht, wenn die Werbemaßnahme in die private oder berufliche Sphäre des Betroffenen eingreift. Sie muss den Umworbenen darüber hinaus in eine Situation bringen, in der er sich so unwohl fühlt, dass ihm eine ruhige Prüfung des Angebots unmöglich wird. Sein wirtschaftliches Verhalten ist dann vorrangig von dem Wunsch getragen, einer weiteren Belästigung zu entgehen. 120

e) Wirtschaftlicher Druck. Wirtschaftlicher Druck wird ausgeübt, wenn ein (meist marktstarker) Anbieter mit wirtschaftlichen Nachteilen droht für den Fall, dass die Marktgegenseite die gewünschte geschäftliche Entscheidung ablehnt. Bietet der Werbende etwa eine (Erst)**Leistung** an, auf die der Kunde **angewiesen** ist und wird an den Erwerb dieser notwendigen (Erst)Leistung die Inanspruchnahme einer weiteren (Zweit)Leistung gekoppelt, dann gerät der Interessent in eine Zwangslage. Er kann über den Erwerb der (Zweit)Leistung nicht mehr frei entscheiden, möchte er nicht auf die für ihn notwendige (Erst)Leistung verzichten. Dem Kunden wird also ein Nachteil in Aussicht gestellt, für den Fall, dass er die (Zweit)Leistung nicht erwirbt. Damit ist er nicht mehr in der Lage, nach sachlichen Kriterien zu prüfen, ob er die (Zweit)Leistung überhaupt in Anspruch nehmen will und ob sie für ihn lohnend ist, sondern er wird mittelbar dazu gezwungen. Die angedrohten Nachteile können neben der Nichtaufnahme auch in der Einschränkung oder dem Abbruch von Geschäftsbeziehungen liegen. 121

Da § 4 Nr. 1 nicht nur die Entscheidungsfreiheit der Verbraucher schützt, sondern auch die der sonstigen Marktteilnehmer (§ 2 Abs. 1 Nr. 2), fallen auch **Anbieter wie Hersteller und Lieferanten** in den Schutzbereich der Norm. Die Ausübung von Nachfragemacht und die Beeinträchtigung der Entscheidungsfreiheit der Anbieter durch Ausübung von Druck kann daher ebenfalls die Unlauterkeit gemäß § 4 Nr. 1 nach sich ziehen.[278] 122

Abzugrenzen sind die Fälle der Ausnutzung einer wirtschaftlichen Machtposition von der Begründung eines **rechtlichen Kaufzwangs.**[279] Kennzeichen eines rechtlichen Kaufzwangs ist es, dass der Kunde eine Hauptware kaufen muss, um in den Genuss einer Vergünstigung zu kommen. Die Hauptware wird also nur gekauft, weil anders die Vergünstigung nicht zu erlangen ist. Anders als in den Fällen der wirtschaftlichen Machtstellung steht hier nicht der Erwerb einer Hauptleistung, auf die man angewiesen ist, im Vordergrund, sondern der Wunsch nach der (Zweit)Ware beeinflusst das Kaufverhalten. Auf die Hauptleistung ist der Erwerber aber in keiner Weise angewiesen. Fälle des rechtlichen Kaufzwangs sind zB Kopplungsangebote, Zugaben, Rabatte in Form von Gutscheinen 123

---

[276] Zur Werbung mit Autoritäten → Rn 399.

[277] Zur Laienwerbung → Rn 410.

[278] Zum sog. Anzapfen → Rn 41 u. 433.

[279] BGH GRUR 1999, 755, 756 – Altkleider-Wertgutschein; BGH GRUR 1974, 345, 347 – Geballtes Bunt; OLG Jena GRUR-RR 2002, 32, 33 = NJW-RR 2002, 183 – Abo-Karten für Haarfärbung; OLG Stuttgart WRP 1995, 258, 261 – Eisschlotzwochen.

oder Kundenbindungssysteme. Diesen grundsätzlich zulässigen Verkaufsförderungsmaßnahmen ist es immanent, dass man die in Aussicht gestellte Vergünstigung nur erlangen kann, wenn man auch die beworbene Ware (oder sogar mehrere in einem bestimmten Zeitraum) erwirbt. Kommen keine weiteren Umstände hinzu, die die Unlauterkeit begründen (mangelnde Transparenz, übertriebenes Anlocken etc.), so ist allein der sog. rechtliche Kaufzwang nicht geeignet, einen unsachlichen Einfluss zu begründen.

2. Unsachlicher Einfluss durch menschenverachtende Werbung

Schrifttum: *Baudenbacher,* Suggestivwerbung und Lauterkeitsrecht, 1978; *Henning-Bodewig,* Die Tarnung von Werbung, GRUR Int. 1991, 858; *Köhler,* Zur Umsetzung der Richtlinie über unlautere Geschäftspraktiken, GRUR 2005, 793; *Kresse,* Rundfunkwerbung in Europa, WRP 1988, 575; *Otto,* Allgemeininteressen im neuen UWG, 2007; *Packard,* Die geheimen Verführer – Der Griff nach dem Unbewußten in Jedermann, 1965; *Scherer,* Privatrechtliche Grenzen der Verbraucherwerbung, 1996; *dies.,* Verletzung der Menschenwürde durch Werbung, WRP 2007, 594; *Sack,* Zur wettbewerbsrechtlichen Problematik des Product Placement im Fernsehen, ZUM Sonderheft 1987, 103. → auch Schrifttumsverzeichnis zu § 4–2 hinsichtlich „Schockwerbung" und „Diskriminierende Werbung".

124 Unlauter sind geschäftliche Handlungen, die geeignet sind, die **Entscheidungsfreiheit** der Verbraucher oder sonstiger Marktteilnehmer in **menschenverachtender Weise** zu **beeinträchtigen.** Diese Tatbestandsalternative der Nr. 1 wurde auf Empfehlung des Rechtsausschusses vom 1. 4. 2004[280] in den Gesetzestext aufgenommen. Bei **oberflächlichem Hinsehen** könnte man meinen, diese Tatbestandsalternative betreffe die Fälle der sog. **„Schockwerbung" („Benetton")** oder der **„diskriminierenden Werbung".**

125 Bei diesen Fällen handelt es sich einerseits um Werbung, die versucht, mit schockierenden, befremdlichen oder abschreckenden Bildern Aufmerksamkeit zu erregen (zB die Darstellung eines nackten menschlichen Gesäßes mit dem Stempelaufdruck „H. I. V. POSITIVE" und am Bildrand das Logo „United Colors of Benetton"),[281] andererseits um Werbung, in der Personen oder Personengruppen aufgrund ihres Geschlechts, ihrer Rasse, ihrer Nationalität, ihrer Behinderung, ihrer Religion oder ihrer politischen Überzeugung wegen verächtlich gemacht oder herabgesetzt werden (zB ein Anzeigenbild, das eine junge Frau zeigt, die einen Mann in Unterhosen in die Genitalien tritt mit der Überschrift: „Watch this piece of shit!").[282]

126 Jedoch stellt man bei **näherem Hinsehen** auf diese Tatbestandsalternative der Nr. 1 fest, dass sie sowohl ihrem klaren Wortlaut nach als auch von ihrer Schutzrichtung her die „Schockwerbung" und die „diskriminierende Werbung" **nicht umfasst:** Dem Wortlaut der Norm nach muss die **geschäftliche Handlung geeignet** sein, die **Entscheidungsfreiheit** der Verbraucher oder sonstiger Marktteilnehmer **zu beeinträchtigen,** und zwar in **menschenverachtender Weise.**[283] Sowohl die „Schockwerbung" als auch die „diskriminierende Werbung" erhalten jedoch ihre Anstößigkeit nicht aus einer Beeinträchtigung der Entscheidungsfreiheit der Verbraucher – unbestritten ist, dass niemand aus Mitleid mit den AIDS-Kranken oder Angst vor einer eigenen AIDS-Erkrankung einen Benetton-Pullover kaufen wird –,[284] sondern daraus, dass sie die diskriminierte, zu Werbezwecken „benutzte" Gruppe in ihrem Achtungsanspruch verletzt: Nicht die Entscheidungsfreiheit der Verbraucher (oder sonstiger Marktteilnehmer) ist bei der „Schockwerbung" und der „diskriminierenden Werbung" betroffen, sondern die Würde der in der Werbung Dargestellten.[285]

---

280 BT-Drucks. 15/2795 S. 21.

281 → § 4–2 Rn 255 ff.

282 → § 4–2 Rn 370.

283 AA unter ausdrücklicher Erklärung des Tatbestandes als unbeachtlich: *Piper*/Ohly § 4.1 Rn 1/44, dagegen wie hier Hefermehl/*Köhler*/Bornkamm UWG § 4 Rn 1.144, 1.146; Harte/Henning/*Stuckel* UWG § 4 Nr. 1 Rn 11 a; HK-Wettb/*Plaß* § 40 Rn 30; Gloy/*Hasselblatt* § 63 Rn 54; MünchKomm/*Heermann* UWG § 4 Nr. 1 Rn 114; *Lehmler* UWG § 4 Rn 14; *Lettl* Rn 68; *Boesche* Rn 320; *Emmerich* S. 235; *Scherer* WRP 2007, 594, 596; *Otto* S. 186 f.

284 → § 4–2 Rn 317.

285 Ebenso Harte/Henning/*Stuckel* UWG § 4 Nr. 1 Rn 111 a.

Dieser sich durch den **klaren Wortlaut** ergebende Befund wird auch durch die **Schutzrichtung** des § 4 Nr. 1 bestätigt: Ausweislich der Regierungsbegründung soll § 4 Nr. 1 alle Handlungen erfassen, die die Entscheidungsfreiheit der Verbraucher und sonstiger Marktteilnehmer beeinträchtigen; dabei wird der Tatsache Rechnung getragen, dass der Versuch einer gewissen unsachlichen Beeinflussung der Werbung nicht fremd ist.[286] Die Schutzrichtung des § 4 Nr. 1, 2. Alt. ist also letztlich der Verbraucherschutz, nicht aber der Achtungsanspruch der von der Werbung verächtlich gemachten Personengruppe. 127

Dies wird auch von der fast einhelligen Meinung mittlerweile so gesehen: Die fast **einhellige Meinung** geht aufgrund des präzisen Tatbestandes und der Gesetzesbegründung davon aus, dass es **nicht ausreicht,** wenn die geschäftliche Handlung menschenverachtend ist, also die **Menschenwürde im Sinne des Art. 1 Abs. 1 GG verletzt,**[287] sondern dies **zusätzlich geeignet** sein muss, die **Entscheidungsfreiheit der Verbraucher** oder sonstiger Marktteilnehmer **zu beeinträchtigen.**[288] Plakativ formuliert dies *Gunda Plaß:* „Menschenverachtend muss die Art und Weise der Beeinflussung der Entscheidungsfreiheit des Umworbenen sein, ein menschenverachtender Inhalt oder Kontext reicht für sich genommen also noch nicht aus."[289] 128

Die von § 4 Nr. 1, 2. Alt. vom Wortlaut und der Schutzrichtung her umfassten Fälle betreffen daher **nur solche Fälle,** bei denen die Werbung geeignet ist, die **Entscheidungsfreiheit** der Verbraucher (oder sonstiger Marktteilnehmer) zu **beeinträchtigen** und zwar in menschenverachtender Weise. Daher ist zunächst die menschenverachtende Art und Weise der Einflussnahme festzustellen, sodann zu überprüfen, ob die betreffende geschäftliche Handlung gerade aufgrund ihrer menschenverachtenden Art und Weise geeignet ist, die Entscheidungsfreiheit der Verbraucher bzw. sonstiger Marktteilnehmer zu beeinträchtigen.[290] 129

Dass jede geschäftliche Handlung, die menschenverachtend ist, auch geeignet wäre, die Entscheidungsfreiheit der Marktpartner zu beeinträchtigen, muss jedoch verneint werden: Fraglos gibt es Fälle, bei denen eine Beeinträchtigung der Entscheidungsfreiheit der Marktpartner ausscheidet. Wenn dem Marktteilnehmer die Menschenwürde für den Fall abgesprochen wird, dass er nicht das beworbene Produkt kauft (zB: „Wer unser Produkt nicht erwirbt, ist ein elendes Insekt!"), wird dies beim insoweit maßgeblichen Durchschnittsverbraucher die Kaufbereitschaft nicht fördern, geschweige denn seine Entscheidungsfreiheit beeinträchtigen, sondern ihn vielmehr vom Kauf abhalten.[291] 130

Die **Fallgruppen,** in denen eine Beeinträchtigung der Entscheidungsfreiheit der angesprochenen Marktteilnehmer ausscheidet, können somit nicht über § 4 Nr. 1, 2. Alt. erfasst werden. Die Fallkonstellationen, die über § 4 Nr. 1, 2. Alt. erfasst werden können, sind **demgegenüber relativ eng:** Zum einen ist die Anwendung **physischer Zwangsmittel** gegen den in Aussicht genommenen Geschäftspartner, um ihn zum Vertragsabschluss zu veranlassen, ähnlich etwa den in Nr. 25 des Anhangs zu § 3 Abs. 3 und in der Richtlinie über unlautere Geschäftspraktiken (2005/29/EG) im Anhang 1 – Aggressive Geschäftspraktiken – Nr. 24 genannten Fälle der **Freiheitsberaubung** von Verbrauchern, um diese zu dem vom Wettbewerber gewünschten Verhalten zu veranlassen.[292] Gleiches gilt für die An- 131

---

286 BT-Drucks. 15/1487 S. 17.

287 Fast einhellige Auffassung: Hefermehl/*Köhler*/Bornkamm UWG § 4 Rn 1.144; Harte/Henning/*Stuckel* UWG § 4 Nr. Rn 11 a; HK-WettbR/*Plaß* § 4 Rn 30; *Lehmler* UWG § 4 Rn 14; Gloy/*Hasselblatt* § 63 Rn 54; *Lettl* Rn 68; *Boesche* Rn 320; *Emmerich* S. 235; *Scherer* WRP 2007, 594, 596; aA *Piper*/Ohly § 4.1 Rn 1/44, der den Tatbestand ausdrücklich als unbeachtlich erklärt.

288 Hefermehl/*Köhler*/Bornkamm UWG § 4 Rn 1.144, 1.146; Harte/Henning/*Stuckel* UWG § 4 Nr. 1 Rn 111 a; HK-WettbR/*Plaß* § 4 Rn 30; *Lehmler* UWG § 4 Rn 14; *Lettl* Rn 171 f; *Boesche* Rn 320; *Scherer* WRP 2007, 594, 596; *Otto* S. 186 f; aA Gloy/*Hasselblatt* § 63 Rn 54 ff ohne jedoch das Problem zu erkennen und *Emmerich* S. 235 f, ohne die Eignung zur Beeinträchtigung zu klären.

289 HK-WettbR/*Plaß* § 4 Nr. 1 Rn 30; ähnlich Hefermehl/*Köhler*/Bornkamm UWG § 4 Rn 1.146.

290 Hefermehl/*Köhler*/Bornkamm UWG § 4 Rn 1.144, 1.146.

291 Ähnlich Hefermehl/*Köhler*/Bornkamm UWG § 4 Rn 1.146.

292 ABl. EG Nr. L 149 vom 11. 6. 2005, S. 22; zweifelnd MünchKomm/*Heermann* UWG § 4 Nr. 1 Rn 114, da diese Fälle der Tatbestandsvariante der Druckausübung unterfielen; jedoch schließt eine Druck-

drohung oder Ausübung von Tätlichkeiten, etwa **Schlägen** oder **Folter,** um einen Geschäftsabschluss zu erzwingen.[293] Zum anderen betrifft dies die Anwendung **psychischer Einwirkung,** die die Marktpartner etwa aufgrund einer Behinderung als „minderwertig" anspricht und ihnen „Gleichwertigkeit" für den Fall in Aussicht stellt, dass sie das beworbene Produkt kaufen.[294]

132 Ob die aus dem berühmten Werk von Vance Packard „The hidden persuaders"[295] bekannte **subliminale Werbung** der 2. Tatbestandsalternative des § 4 Nr. 1 unterfällt, ist fraglich. Unter subliminaler Werbung wird eine Werbung verstanden, die vom Umworbenen nicht mehr bewusst wahrzunehmen ist. Dies ist etwa die sehr kurzzeitige, nur Sekundenbruchteile erfolgende Einblendung einer Werbung in einen laufenden Kinofilm, die wegen der Kürze der Zeit von den Zuschauern nur optisch registriert wird, nicht aber bewusst zu erkennen ist.

133 Mit dieser **Umgehung des Bewusstseins** des Verbrauchers wird dieser – ungeachtet eines nachweisbaren Effektes dieser Werbetechnik auf das Verbraucherverhalten[296] – zum Objekt herabgewürdigt. Zugleich wird wegen der Umgehung des Bewusstseins der Verbraucher in seiner Entscheidungsfreiheit verletzt, ob er überhaupt mit dieser Werbung konfrontiert werden oder sie ihr entziehen will. Im jedem Fall ist daher die subliminale Werbung ein Anwendungsfall des § 4 Nr. 3.[297]

134 Ob darüber hinaus wegen der **Degradierung des Verbrauchers zum Objekt** und damit der Verletzung seiner Menschenwürde auch ein Anwendungsfall des § 4 Nr. 1, 2. Alt. vorliegt,[298] ist wegen der fehlenden Nachweisbarkeit einer Eignung dieser Werbeform zur Steuerung des Verbraucherverhaltens fraglich: Erforderlich wäre eine Eignung dieser geschäftlichen Handlung zur Beeinträchtigung der Entscheidungsfreiheit der Verbraucher. Konsequenterweise muss die Beurteilung wegen der fehlenden Nachweise, ob überhaupt irgendeine Stimulation der Verbraucher hinsichtlich des gewünschten Verhaltens möglich ist,[299] auf § 4 Nr. 3 beschränkt bleiben, so dass § 4 Nr. 1, 2. Alt. insoweit ausscheidet.

135 **Fraglich** ist die Anwendung des § 4 Nr. 1, 2. Alt. für den Fall, dass nicht dem Umworbenen die **Menschenwürde** abgesprochen wird, sondern einem **Dritten,** also etwa nicht dem in Aussicht genommenen Vertragspartner die Schläge oder die Freiheitsberaubung angedroht werden, sondern etwa seinem nahen Angehörigen, also einem Dritten. Soweit sich Autoren hierzu überhaupt äußern, gehen sie teilweise davon aus, dass die fragliche geschäftliche Handlung, die Menschenwürde gerade dem umworbenen Marktteilnehmer absprechen muss, eine Werbung auf Kosten der Menschenwürde Dritter also nicht ausreiche,[300] teilweise wird jedoch auch angenommen, dass es ausreicht, die Menschenwürde Dritter zu verletzen, wenn dadurch die Entscheidungsfreiheit der Marktteilnehmer beeinträchtigt werden kann.[301]

---

ausübung menschenverachtendes Vorgehen nicht aus; das eigentliche Problem besteht darin, dass diese Tatbestandsvariante an sich überflüssig ist, da die durch sie erfassten Fälle bereits vollständig durch die beiden anderen Tatbestandsvarianten abgedeckt wird, ebenso MünchKomm/*Heermann* UWG § 4 Nr. 1 Rn 102; *Köhler* GRUR 2005, 793, 798 plädiert daher auch für die Streichung dieser überflüssigen Tatbestandsalternative.

293 Hefermehl/*Köhler*/Bornkamm UWG § 4 Rn 1.146; *Piper*/Ohly § 4.1 Rn 1/38; zweifelnd MünchKomm/*Heermann* UWG § 4 Nr. 1 Rn 114; hierzu vorhergehende Fn.

294 HK-WettbR/*Plaß* § 4 Rn 30.

295 Dt. Ausgabe 1965: Die geheimen Verführer – Der Griff nach dem Unbewußten in Jedermann.

296 Ausführlich hierzu *Baudenbacher* Suggestivwerbung und Lauterkeitsrecht S. 89 ff mwN.

297 Ebenso MünchKomm/*Heermann* UWG § 4 Nr. 1 Rn 114, § 4 Nr. 3 Rn 179; Fezer/*Hoeren* UWG 2005 § 4–3 Rn 63 ff.; Gloy/Loschelder/*Hasselblatt* § 63 Rn 12; HK/*Plaß* § 4 Rn 287; in diesem Sinne bereits *Henning-Bodewig* GRUR Int. 1991, 858 ff; *Sack* ZUM 1987, 103 ff; *Scherer* S. 209 ff; inakzeptabel hingegen *Kresse* WRP 1988, 575, 578 f, der die subliminale Werbung als „Scheinphänomen" bezeichnet und daher ihre Zulässigkeit postuliert.

298 HK/*Plaß* § 4 Rn 193; Hefermehl/*Köhler*/Bornkamm UWG § 4 Rn 1.171: Anwendungsfall von Nr. 1, 3. Alt.

299 Ausführlich hierzu *Baudenbacher* Suggestivwerbung und Lauterkeitsrecht S. 89 ff mwN.

300 HK-WettbR/*Plaß* § 4 Rn 30.

301 Hefermehl/*Köhler*/Bornkamm UWG § 4 Rn 1.146.

Aus dem Wortlaut des § 4 Nr. 1 lässt sich auf den ersten Blick insoweit kein Anhaltspunkt für oder gegen eine enge oder weite Interpretation gewinnen. Vom Sinn und Zweck des § 4 Nr. 1 – **Schutz des Verbrauchers** bzw. sonstiger Marktteilnehmer vor einer Beeinträchtigung ihrer **Entscheidungsfreiheit** – ist jedoch naheliegend, dass der Einfluss, der auf die Entscheidungsfreiheit der Marktteilnehmer ausgeübt wird, in „menschenverachtender Weise" ausgeübt wird, was bedeuten soll, dass die **Menschenverachtung ihnen gegenüber gezeigt** wird. Denn typischerweise sind die von § 4 Nr. 1, 1. Alt, 3. Alt. erfassten Fallkonstellationen alle dergestalt, dass das Instrument zur Willensbeeinträchtigung unmittelbar gegen die Umworbenen eingesetzt wird: So bedeutet etwa Druckausübung, dass dem Verbraucher Nachteile zugefügt oder in Aussicht gestellt werden.[302] Eine geschäftliche Handlung auf Kosten der Menschenwürde Dritter reicht daher für § 4 Nr. 1, 2. Alt. nicht aus.[303] **136**

Daher kann etwa die **Drohung,** einen Angehörigen des Marktpartners zu entführen und ihn als „Geisel" zu nehmen und so den Marktpartner zu zwingen, den Vertrag abzuschließen, **nicht ausreichen** für § 4 Nr. 1, 2. Alt. Auch der **Beispielsfall** eines Schildes an der Ladentür: „Für Hunde und Juden (oder: Christen, Muslime, Hindus etc.) verboten!" und die Werbung damit, dass „nur anständige Menschen, nicht aber Juden (oder: Christen, Muslime, Hindus etc.) zu dem Laden Zutritt" hätten, den Tatbestand des § 4 Nr. 1, 2. Alt. **nicht erfüllen,** selbst wenn dadurch den angesprochenen („gleichgesinnten") Verkehrskreisen in einem konkreten Fall derart „geschmeichelt" würde, dass sie dadurch zum Kauf verleitet würden, also ihre Entscheidungsfreiheit beeinträchtigt würde.[304] **137**

Erforderlich ist vielmehr eine **Einwirkung auf die Umworbenen,** die die Umworbenen etwa als „Untermenschen" aufgrund einer Behinderung, ihrer ethnischen, nationalen, religiösen, regionalen Zugehörigkeit, einer Krankheit oder Abhängigkeit darstellt und ihnen suggeriert, dass sie sich nur durch den Erwerb des beworbenen Produkts von dieser „Minderwertigkeit" befreien könnten, etwa einen Sprachkurs absolvieren, um als „gleichwertige Menschen" zu gelten.[305] **138**

Das **Anwendungsfeld** des § 4 Nr. 1, 2. Alt. ist daher zwar für die **Verletzung der Menschenwürde** mittels **physischen** sowohl als auch **psychischen Einflusses** gegeben. Allerdings muss die Menschenwürde **gerade dem Verbraucher abgesprochen** werden und zugleich dadurch die Eignung dieser geschäftlichen Handlung gegeben sein, seine **Entscheidungsfreiheit** zu **beeinträchtigen.** **139**

Diese Fälle der in § 4 Nr. 1, 2. Alt. geregelten Alternative der Beeinträchtigung der Entscheidungsfreiheit der Verbraucher in menschenverachtender Weise überlappen sich jedoch mit anderen Alternativen des § 4, so dass an sich die Aufnahme dieser Tatbestandsalternative in das Gesetz bei Lichte besehen unnötig war.[306] Jedoch kommt in der Begründung des Rechtsausschusses für die Aufnahme dieser Tatbestandsalternative in Nr. 1 zum Ausdruck, dass die **Menschenwürde nach Art. 1 GG** auch im Rahmen des neuen Unlauterkeitsrechts eine absolute Grenze jeder geschäftliche Handlung darstellt; dies ist auch der Gedanke, der der Beurteilung von „Schockwerbung" und „diskriminierender Werbung" zugrunde liegt. **140**

Die **„Schockwerbung"** und die **„diskriminierende Werbung"** wird daher unter diesem Gesichtspunkt des Art. 1 Abs. 1 GG kommentiert werden. Allerdings wird – um die Kommentierung der einzelnen Kommentatoren nicht unnötig auseinander zu reißen – diese Kommentierung der „Schockwerbung" und der „diskriminierenden Werbung" als ein **Annex zu § 4 Nr. 2** vorgenommen.[307] **141**

---

302 Fezer/*Steinbeck* UWG 2005, § 4–1 Rn. 100.
303 *Scherer* WRP 2007, 594, 596 f.
304 *Scherer* WRP 2007, 594, 597.
305 HK-WettbR/*Plaß* § 4 Rn 30.
306 Ebenso MünchKomm/*Heermann* UWG § 4 Nr. 1 Rn 102; *Köhler* GRUR 2005, 793, 798 plädiert daher auch für die Streichung dieser überflüssigen Tatbestandsalternative.
307 → § 4–2 Rn 244 ff.

3. Sonstiger unangemessener unsachlicher Einfluss

142 Dieser generalklauselartige gefasste Tarbestand erfasst sämtliche Fälle, in denen die Entscheidungsfreiheit der Verbraucher oder sonstiger Marktteilnehmer anders als durch Druck oder Irreführung iSv § 5 beeinträchtigt wird. Bisher lassen sich folgende Fallgruppen bilden:

143 **a) Fehlende Transparenz.** Wird ein Kunde durch die Werbung nicht hinreichend aufgeklärt, dann handelt er in unbewusster Unkenntnis vom wirklichen Sachverhalt.[308] Seine wirtschaftliche Entscheidung beruht in diesen Fällen nicht auf einer sachlichen Abwägung, sondern sie geht von unrichtigen oder unvollständigen Tatsachen aus. Jede Irreführung durch Verschweigen von notwendigen Informationen ist somit ein Anwendungsfall der unsachlichen Beeinflussung.

144 Da das Verbot irreführender Geschäftspraktiken in den spezielleren Normen der § 5 und § 5a und die Transparenz von Verkaufsförderungsmaßnahmen weitgehend in § 4 Nr. 4 geregelt ist, stellt sich die Frage, ob und inwieweit der Aspekt der Transparenz daneben in § 4 Nr. 1 Bedeutung gewinnen kann.[309] Die Rechtsprechung erörterte bisher die lauterkeitsrechtliche Zulässigkeit von Verkaufsförderungsmaßnahmen wie Kopplungsangebote,[310] die maßgeblich am Gebot der **hinreichenden Transparenz** gemessen werden, nicht im Rahmen von §§ 5, 5a (§ 3 aF) oder § 4 Nr. 4, sondern im Rahmen von § 4 Nr. 1 (§ 1 aF). Die lässt sich weniger dogmatisch als damit begründen, dass eine Anknüpfung § 4 Nr. 1 es ermöglicht, die rechtstatsächlichen Erscheinungsformen der Werbung, bei denen neben der Irreführung auch andere Aspekte der unsachlichen Beeinflussung ein Rolle spiele können, in einer einheitlichen Fallgruppe zusammenzufassen. In jüngster Zeit knüpft der Bundesgerichtshof die Unlauterkeit einer unzureichenden Information an § 5 Abs. 2. S. 2 aF, hält aber dennoch an der unangemessenen, unsachlichen Beeinflussung iSv § 4 Nr. 1 aufgrund mangelnder Transparenz fest.[311]

145 Auch wenn in den Fällen der mangelnden Transparenz regelmäßig eine Irrführung durch Unterlassen gegeben sein wird, sind Fälle denkbar, in denen das Verschweigen von Tatsachen unlauter sein, ohne dass eine Irreführung durch Unterlassen gegeben ist. Zu denken ist an Fallgestaltungen, in denen dem Umworbene die Information zwar bekannt oder zugänglich ist, sie ihm aber nicht so deutlich vor Augen seht, wie dies für eine informierte Entscheidung erforderlich ist.[312] So werden Werbemaßnahmen für Tabakerzeugnisse, in denen Warnhinweise unterbleiben und damit bestehende Sicherheits- und Gesundheitsrisiken verharmlost werden, als unsachliche Beeinflussung nach § 4 Nr. 1 bewertet, da es unlauter ist, Zigaretten zu bewerben und damit zum Rauchen aufzufordern, ohne zugleich durch einen Warnhinweis das Bewusstsein der Schädlichkeit des Rauchens wach zu halten.[313] Denkbar ist auch eine Werbung, die zu unkonkret ist, um eine Fehlvorstellung auszulösen, die aber wegen ihrer fehlenden Transparenz unlauter ist.

146 Das Transparenzgebot ist somit als Oberbegriff für eine Vielzahl von **Aufklärungs-, Hinweis- und Klarstellungspflichten** zu verstehen, wobei zu betonen ist, das sich aus

---

[308] BGH GRUR 1991, 852, 854 – Aquavit; BGH GRUR 1983, 512, 513 – Heilpraktikerkolleg; BGH GRUR 1966, 445, 446 – Glutamal; BGHZ 13, 244, 253 – Cupresa.

[309] Vgl. zu dieser Frage auch die Stellungnahme des Bundesrates BT-Drucks. 15/1487 S. 30 linke Spalte und die Gegenäußerung der Bundesregierung BT-Drucks. 15/1487 S. 40 rechte Spalte; *Teworte/Steingass* WRP 2006, 676 ff.

[310] BGH GRUR 2006, 161 Tz 13 ff – Zeitschrift mit Sonnenbrille; BGH GRUR 2004, 343, 344 – Playstation; BGH GRUR 2003, 890, 891 – Buchclub-Kopplungsangebot; BGH WRP 2003, 743, 744 – Gesamtpreisangebot; BGH GRUR 2003, 77, 78 – Fernwärme für Börnsen; BGH GRUR 2002, 976, 978 – Kopplungsangebot I; BGH GRUR 2002, 979, 981 – Kopplungsangebot II; zur emotionalen Werbung OLG Hamm NJW 2003, 1745, 1746 – Regenwald-Projekt; OLG Hamburg GRUR-RR 2003, 51, 52 – Bringt die Kinder durch den Winter.

[311] BGH WRP 2007, 303 Tz 24, 25 – Regenwaldprojekt I; WRP 2007, 308 Tz 21, 22 Regenwaldprojekt II.

[312] Ähnlich *Henning-Bodewig* WRP 2006, 621, 626.

[313] BGH WRP 2006, 1505 Tz 19 – Warnhinweis II.

dem Transparenzgebot kein allgemeines Informationsgebot über sämtliche Umstände herleiten lässt, die für eine informierte Entscheidung des Nachfragers erforderlich oder sinnvoll sein können.

b) Übertriebenes Anlocken

Schrifttum: *Bottenschein,* Restriktionen der Wertreklame, 2001; *Emmerich,* Übertriebenes Anlocken – Was ist das eigentlich?, FS Piper, 1996, S. 171; *Eppe,* Der lauterkeitsrechtliche Tatbestand des übertriebenen Anlockens im Wandel – am Beispiel der Wertreklame, WRP 2004, 153; *ders.,* Zugaben und Rabatte im Anwendungsbereich des UWG, 2003; *Hoth,* Übertriebenes Anlocken durch preisgünstige Zweitangebote?, GRUR 1978, 147; *ders.,* Übertriebenes Anlocken, GRÜR 1974, 547; *Schuhlert,* Auswirkungen der Aufhebung von ZugabeVO und Rabattgesetz, 2003; *Sosnitza,* Wettbewerbsbeschränkungen durch die Rechtsprechung, 1995.

Die Rechtsprechung spricht von einem übertriebenen Anlocken, wenn der Werbende dem Kunden vermögenswerte Vorteile in Aussicht stellt und ihn dadurch so stark in seiner Entscheidungsfreiheit beeinträchtigt, dass er seine geschäftliche Entscheidung – meist wird es der Abschluss eines entgeltlichen Vertrages sein – nicht mehr nach sachlichen Kriterien trifft, sondern **allein im Hinblick auf die gewährte oder in Aussicht gestellte unentgeltliche oder verbilligte Zuwendung.**[314] Hierbei wird die Neigung der Kunden ausgenutzt, bei einem günstigen Angebot auf die Prüfung der Ware oder Dienstleistung, des eigenen Bedarfs und der eigenen Leistungsfähigkeit zu verzichten und blindlings zuzugreifen in der Hoffnung, mit Sicherheit ein gutes Geschäft machen zu können. Der Kunde kauft die Ware also nur, um den in Aussicht gestellten Gewinn zu erlangen,[315] um in Genuss der in Aussicht gestellten Vermögenswerten Leistung[316] zu kommen oder weil er sich aufgrund einer gewährten Zuwendung mit dem Angebot des Veräußerers ohnehin beschäftigt hat und nun zu bequem ist, um die Angebote der Mitbewerber zu prüfen.[317] In diesen Fällen sind nicht mehr die Kriterien des Leistungswettbewerbs für den Kantentschluss maßgeblich, sondern die in Aussicht gestellte zusätzliche Leistung führt die Entscheidung des Umworbenen zum Kauf des Produkts herbei. 147

Ob die Werbung eine so starke Anziehungskraft auf den Kunden ausübt, dass die Rationalität der Nachfrageentscheidung in den Hintergrund tritt[318] und der Kunde durch die Vergünstigung „gleichsam magnetisch" angezogen wird,[319] ohne sich zuvor mit dem Ange- 148

[314] BGH WRP 2003, 1102, 1103 – Foto-Aktion; BGH GRUR 2002, 1000, 1001 – Testbestellung; BGH GRUR 1999, 755, 756 – Altkleider-Wertgutscheine; BGH GRUR 1999, 256, 257 – 1000,– DM Umwelt-Bonus; BGH GRUR 1998, 1037, 1038 – Schmuck-Set; BGH GRUR 1992, 621, 622 – Glücksball-Festival; BGH GRUR 1989, 366, 367 – Wirtschaftsmagazin; BGH GRUR 1986, 820, 821 – Probe-Jahrbuch; BGH GRUR 1984, 463, 464 – Mitmacher-Tour; BGH GRUR 1981, 202, 204 – RAMA-Mädchen; BGH GRUR 1981, 286, 287 – Goldene Karte I; BGH WRP 1974, 21, 22 – Geld-Gewinnpiel; BGH GRUR 1973, 418, 419 – Das goldene A; BGH GRUR 1968, 649, 650 – Rocroni-Ascbenbecher; BGH GRUR 1967, 254, 255 – Waschkugel; BGHZ 110, 278, 292 – Werbung im Programm; BGH GRUR 1959, 544, 546 – Modenschau; OLG Köln GRUR-RR 2002, 115 – Miles and more; OLG Nürnberg WRP 2001, 302, 303 – Miles and More – Prämien; OLG Stuttgart NJWE-WettbR 1996, 126, 127 – Werbung mit einer Gutschrift von 10 DM für den Erwerb einer Kundenkarte; OLG Hamburg NJW-RR 1994, 428, 429 – Verspäteter Versand von Werbegeschenken bei Nichtbestellung.

[315] Gewinnspiele: BGH GRUR 2000, 820, 821 – Space Fidelity Peep Show; BGH GRUR WRP 1999, 517, 518 – Am Telefon nicht süß sein?; BGH GRUR 1998, 735, 736 – Rubbelaktion; BGH WRP 1974, 21, 22 – Geld-Gewinnspiel; BGH GRUR 1973, 474, 476 – Preisausschreiben; BGH GRUR 1967, 202, 203 – Gratisverlosung; BGH GRUR 1962, 461, 465 – Werbeveranstaltung mit Filmvorführung; LG München NJW 2003, 3066, 3067 – Rubbel-Gewinnspiel.

[316] Zugaben und Rabatte: BGH GRUR 1999, 256, 257 – 1000 DM Umwelt-Bonus; BGH GRUR 1976, 248, 249 – Vorspannangebote; BGH GRUR 1976, 637, 638 – Rustikale Brettchen; BGH GRUR 1974, 345, 346 – Geballtes Bunt; BGH GRUR 1977, 110, 111 – Kochbuch; OLG Stuttgart NJWE-WettbR 1996, 126, 127 – Werbung mit einer Gutschrift von 10 DM für den Erwerb einer Kundenkarte.

[317] Werbegeschenke: BGH GRUR 2002, 1000, 1001 – Testbestellung; BGH GRUR 1971, 162 – Diagnose-Zentrum.

[318] BGH GRUR 2006, 161 Tz 15 – Zeitschrift mit Sonnenbrille; BGH GRUR 2004, 343 – Playstation; BGH GRUR 2004, 344, 345 – Treue-Punkte; BGH WRP 2003, 1428 – Einkaufsgutschein; BGH GRUR 2001, 752, 754 – Eröffnungswerbung; BGH GRUR 1999, 256, 257 – 1000 DM Umwelt-Bonus; BGH GRUR 1998, 1037, 1038 – Schmuck-Set.

[319] BGH GRUR 1998, 1037, 1038 – Schmuck-Set.

bot der Mitbewerber zu befassen, hängt von den Umständen des Einzelfalls ab. Maßgeblich ist nach früherer Ansicht insbesondere der Wert der versprochenen Vergünstigung.[320] Dieser ist jedoch nur insoweit maßgeblich, als bei einer geringwertigen Vergünstigung ein übertriebenes Anlocken von vornherein ausscheidet.[321]

149 An dem unlauterkeitsbegründenden Merkmal des übertriebenen Anlockens wird wegen der schweren Abgrenzbarkeit und der damit verbunden Rechtsunsicherheit seit langem **Kritik** geübt.[322] Der Rechtsprechung wird vorgeworfen, dass sie an keiner Stelle klar definiere, was unter übertriebenem Anlocken zu verstehen sei und vor allem welche Umstände die Wettbewerbswidrigkeit des Verhaltens begründeten.[323] Die Liberalisierungstendenzen im Lauterkeitsrecht haben diese Kritik verstärkt.[324] Es mehren sich daher die Stimmen, die davon ausgehen, die Fallgruppe des „übertriebenen Anlockens" habe ihre Berechtigung verloren, weil sie zu einer nicht gerechtfertigten Bevormundung des Verbrauchers führe.[325] Seien die Bedingungen für die Inanspruchnahme der Leistung transparent, dürfe es dem Kunden nicht verwehrt sein, eine Kaufentscheidung allein mit Blick auf die ihm gewährten vermögenswerten Vorteile zu treffen.

150 Der Vorschlag, die Fallgruppe des „übertriebenen Anlockens" gänzlich abzuschaffen und einen unsachlichen Einfluss durch das „Inaussichtstellen von Vergünstigungen" in jedem Fall für ausgeschlossen zu halten, begegnet Bedenken. Es erscheint voreilig, grundsätzlich zutreffende Wertungsmodelle über Bord zu werfen, anstatt sie den aktuellen Entwicklungen anzupassen. Der Einfallsreichtum der werbungstreibenden Wirtschaft zeigt, dass es durchaus Werbemaßnahmen geben kann, bei denen die in Aussicht gestellte Vergünstigung sehr wohl geeignet ist, die Kunden von sachlichen Erwägungen abzuhalten. Das ist zB der Fall, wenn der Umworbene einerseits von der Qualität der gekauften Ware nicht unmittelbar selbst betroffen ist, weil er nur Vermittler des Kaufvertrags ist, er aber andererseits von der in Aussicht gestellten Vergünstigung sehr wohl einen direkten Vorteil hat.[326]

151 Man trägt den Liberalisierungstendenzen im Lauterkeitsrecht ausreichend Rechnung, wenn man die Fallgruppe des übertriebenen Anlockens im Grundsatz beibehält, aber bei deren Ausgestaltung das Leitbild eines verständigen Verbrauchers zugrunde legt. Die jüngere Rechtsprechung geht daher zu Recht zunehmend davon aus, dass der verständige Verbraucher sich nicht ohne weiteres von Vergünstigungen zu einem entgeltlichen Geschäft verleiten lässt.[327] Des Weiteren sollte man sich vor Augen führen, dass allein eine wertvolle Zugabe oder ein günstiges Kopplungsangebot gerade nicht geeignet sind, einen durchschnittlichen Verbraucher zu einer irrationalen Kaufentscheidung hinzureißen, sondern dass günstige Angebote im Gegenstiel eine vernünftige und von sachlichen Überlegungen getragene Bewertung geradezu herausfordern.[328] Eine Kaufentscheidung, die ausschließlich in Ansehung der Zugabe getroffen wird, ist in der Regel nicht unsachlich. Man wird daher die Voraussetzungen, wann von einem übertriebenen Anlocken geredet werden kann, mo-

[320] BGH GRUR 1971, 162, 163 – Diagnose-Zentrum; BGH GRUR 1968, 649, 650 – Rocroni-Aschenbecher; BGH GRUR 1967, 254, 255 – Waschkugel; BGH GRUR 1959, 544, 546 – Modenschau.

[321] BGH GRUR 2006, 511 Tz 21 – Umsatzsteuererstattungs-Modell.

[322] *Henning-Bodewig* WKP 2000, 886, 889; *Schricker* GRUR 1974, 579, 586; *Emmerich* WettbR § 128; *ders.* FS Piper S. 171, 176; *Sosnitza* S. 45; *Lehmann* GRUR 1974, 689, 691.

[323] *Emmerich* FS Piper S. 171, 177.

[324] *Pluskat* WRP 2004, 282, 286; *Köhler* GRUR 2003, 729, 736; *Bottenschein* S. 90ff; *Schuhlert* S. 69.

[325] OLG Karlsruhe GRUR-RR 2002, 168 – Irreführende Preisangaben bei Kopplungsangebot: das Unlauterkeitskriterium des übertriebenen Anlockens hat grundsätzlich ausgedient; weniger kategorisch OLG Karlsruhe GRUR 2002, 909 – Geburtstagsgutschein; *Pluskat* WRP 2004, 282, 286; *Bottenschein* S. 90ff; *Schuhlert* S. 69. Auch *Köhler* GRUR 2003, 729, 736 wirft die Frage auf, ob man die Rechtsfigur des übertriebenen Anlockens nicht jedenfalls für das künftige Recht fallen lassen sollte.

[326] Zu den Fällen der Dreieckskopplung → Rn 212.

[327] BGH GRUR 2004, 343 485 – Playstation; BGH WRP 2003, 1428 – Einkaufsgutschein; BGH GRUR 2002, 976, 979 – Kopplungsangebot I; BGH GRUR 1999, 256, 257 – 1000 DM Umwelt-Bonus; BGH GRUR 1998, 1037 – Schmuck-Set; BGH GRUR 1998, 735 – Rubbelaktion.

[328] Erfreulich klar hierzu: OLG Köln GRUR-RR 2005, 168 – Glow by J.Lo; Hanseatisches Oberlandesgericht Beschl. v. 18. 3. 2005, Az. 3 W 171/04.

difizieren müssen.[329] Eine Notwendigkeit, diese Fallgruppe ganz abzuschaffen, besteht nicht. Sie hat beispielsweise ihre Berechtigung in den Fällen, in denen dem Umworbenen ein Vorteil in Aussicht gestellt wird, die letztlich getroffene (Kauf)entscheidung sich aber auf Dritte auswirkt.[330] Gleiches gilt, wenn der Werbende sein Angebot in einer Art und Weise gestaltet, dass der Umworbene die von dem Werbenden angebotenen Vergünstigungen nur in Anspruch nehmen kann, wenn er gegenüber einem Dritten einen Vertragsbruch oder einen Rechtsbruch begeht, so kann dann eine unsachliche Beeinflussung zu sehen sein.[331]

Auch die Richtlinie über unlautere Geschäftspraktiken und die mit ihr angestrebte Vollharmonisierung stehen einer weiteren Anwendung der Fallgruppe des übertriebenen Anlockens nicht entgegen. Das übertriebene Anlocken ist ein Anwendungsfall der aggressiven Geschäftpraxis in Gestalt der unsachlichen Beeinflussung. Legt man – wie es hier vertreten wird[332] – die hierfür erforderliche und in Art. 2j UGP-RL definierte Machtposition weit aus, kann diese aus dem Umstand hergeleitet werden, dass der Werbende durch die geschickte Gestaltung seines Angebotes und durch die Anreizwirkung, die er setzt, in die Lage versetzt wird, die Entscheidungsfreiheit des Umworbenen zu beeinflussen. 152

c) Ausnutzen einer tatsächlichen Überlegenheit. Eine unsachliche Beeinflussung der Marktgegenseite kann durch eine rein tatsächliche Überlegenheit ermöglicht werden, etwa dadurch, dass der Kunde **auf die Mitwirkung des Anbieters angewiesen** ist (oder dies zumindest annimmt), um die ihm vertraglich zustehenden Leistungen in Anspruch zu nehmen oder um ihm zustehende (Kündigungs)Rechte auszuüben. Der Anbieter der Leistung beeinflusst den Kunden unsachlich, wenn er versucht, diesen mit vertraglich nicht vorgesehenen Erschwernissen („belastende oder unverhältnismäßige Hindernisse nichtvertraglicher Art“[333]), von der Geltendmachung seiner Rechte abzuhalten. Das kann etwa geschehen, indem der Unternehmer Zugangshindernisse für rechtsgeschäftlich relevante Erklärungen des Kunden schafft (gebührenpflichtige Warteschleifen am Telefon) oder indem er sich systematisch weigert, Schreiben des Kunden zu beantworten oder andere vertraglich geschuldete Leistungen zu erbringen. Meist wird es aus Sicht des einzelnen Kunden um kleine Beträge gehen, die einen Rechtsstreit nicht lohnen. Ein weiteres konkretes Beispiel hierzu findet sich in Nr. 27 des Anhangs zu § 3 Abs. 2. Die geschäftliche Entscheidung des Kunden beruht in diesem Fall nicht auf einer informierten und freien Entscheidung, sondern auf der unlauteren Ausnutzung einer tatsächlichen Machtposition. 153

IV. Entbehrliche Fallgruppen

Herkömmlich werden zwei weitere Mittel der unsachlichen Einflussnahme genannt: das Ausnutzen aleatorischer Reize und das Ausnutzen von Gefühlen. Bei genauer Betrachtung zeigt sich jedoch, dass diese Fallgruppen entbehrlich sind und es sich jeweils nur um rechtstatsächliche Erscheinungsformen der Werbung handelt, ohne dass eine Aussage über den Unlauterkeitsgehalt der Wettbewerbshandlung getroffen wird. Erst das Hinzutreten weiterer Umstände (Ausübung von Druck, mangelnde Transparenz und übertriebenes Anlocken) kann hier den Vorwurf der Unlauterkeit rechtfertigen. 154

1. Unsachlicher Einfluss durch Setzen aleatorischer Reize

Aleatorische Verkaufsmethoden benutzen die Spielleidenschaft der Verbraucher, d.h. deren Wunsch, durch Zufall und ohne Mühe einen Gewinn zu erzielen, um die Aufmerk- 155

---

329 *Eppe* WRP 2004, 153, 160; *Steinbeck* ZIP 2001, 1741, 1745; *Fezer* WRP 2001, 989, 1013; *Heermann* WRP 2001, 855, 859; *Berlit* WRP 2001, 349, 352: *Cordes* WRP 2001, 867, 870, 874; *Dittmer* BB 2001, 1961, 1963.

330 Zu den Fällen der Dreieckskopplung siehe Rn.

331 → Rn Rabatt oder Gutschein zulasten Dritter.

332 → Rn.

333 So der Wortlaut von Art. 9 d) der Richtlinie über unlautere Geschäftspraktiken.

samkeit auf das Warenangebot zu lenken und den Warenabsatz zu steigern. Das Ansprechen der menschlichen Spiellust durch den Einsatz aleatorischer Reize ist für sich genommen nicht unlauter. Es müssen **zusätzliche, besondere Umstände** hinzukommen, die den Vorwurf der Unlauterkeit rechtfertigen.[334] So kann eine Verkaufsmethode etwa dann wettbewerbswidrig sein, wenn der Einsatz der aleatorischen Reize dazu führt, dass die freie Entschließung der Kunden so nachhaltig beeinflusst wird, dass der Kaufentschluss nicht mehr von sachlichen Gesichtspunkten, sondern maßgeblich durch das Streben nach der in Aussicht gestellten Gewinnchance bestimmt ist. In diesem Fall tritt neben den Einsatz der aleatorischen Reize ein übertriebenes Anlocken. Des Weiteren liegen die geforderten weiteren Unlauterkeitsmomente vor, wenn das Publikum über Gewinnchancen irregeführt,[335] anreißerisch belästigt oder durch die Ausgestaltung der Teilnahmebedingungen in eine emotional unangenehme Situation gebracht wird.

156 Damit zeigt sich, dass die Fallgruppe des „Ausnutzens aleatorischer Reize“ im Rahmen des Kanons der Einflussmittel entbehrlich ist, weil regelmäßig erst weitere Unlauterkeitsmomente den Vorwurf der Wettbewerbswidrigkeit tragen. Werden die Kunden durch das Gewinnspiel belästigt, ist § 7 einschlägig. Wird die Teilnahme an dem Gewinnspiel von dem Abschluss eines entgeltlichen Geschäftes abhängig gemacht und dadurch der Entschluss des Kunden maßgeblich beeinflusst, liegt ein übertriebenes Anlocken vor, das nach § 4 Nr. 6 unlauter ist. Sollte der EuGH § 4 Nr. 6 wegen seiner schematischen Betrachtungsweise als mit der Richtlinie gegen unlautere Geschäftspraktiken nicht vereinbar ansehen,[336] kann im Einzelfall auf § 4 Nr. 1 zurückgegriffen werden. Kommt zu den aleatorischen Reizen eine Irreführung hinzu, dann begründet diese die Unsachlichkeit (nach § 4 Nr. 1 oder Nr. 5). Liegt der Vorwurf der Unlauterkeit in einem psychischen Kaufzwang, der etwa bei Abholung des Gewinns entsteht, dann rechtfertigt dieser den Unlauterkeitsvorwurf nach § 4 Nr. 1.

2. Unsachliche Beeinflussung durch das Ansprechen von Emotionen

157 Werbung kann Gefühle beim Umworbenen ansprechen und dadurch die Aufmerksamkeit auf das Angebot lenken. Ziel der emotionalen Werbung ist, dass der Umworbene seinen Kaufentschluss nicht von den ökonomischen Kriterien wie Preis und Qualität abhängig macht, sondern dass er sich von einer emotional motivierten Kaufentscheidung lenken lässt. Mögliche Gefühle sind soziales Verantwortungsgefühl wie Mitleid und Hilfsbereitschaft, Verantwortungsgefühl für die Umwelt, Schuldgefühle, Solidarität oder religiöse Überzeugungen. Die Werbung mit Gefühlen versucht zu erreichen, dass der Verbraucher durch den Erwerb des Produkts das Gefühl gewinnt, einen Beitrag zum Umweltschutz, Schutz der Tierwelt oder zur Hilfe von Menschen in Not zu leisten.

158 Die Rechtsprechung geht seit jeher davon aus, dass Werbung stets und notwendig emotionale Elemente einschließt. Das Ansprechen von Gefühlen gehört heute zum „Bild der modernen Werbung“[337] und kann schlechterdings nicht als grundsätzlich unlauter betrachtet werden.[338] Zur Abgrenzung zwischen (erlaubter) gefühlsansprechender und (verbotener) gefühlsausnutzender Werbung hat die Rechtsprechung zunächst das Merkmal des sachlichen Zusammenhangs zwischen der gefühlsbetonten Werbung und der umworbenen Ware herausgebildet.[339] Das Abgrenzungskriterium des sachlichen Zusammenhangs ist von

---

[334] Siehe BGH WRP 2009, 950 Tz 12 – Jeder 100. Einkauf gratis; BGH GRUR 2003, 626, 627 – Umgekehrte Versteigerung II; BGH GRUR 2000, 820, 821 – Space Fidelity Peep Show; BGH GRUR 1998, 735, 736 – Rubbelaktion; BGH GRUR 1989, 757, 758 – McBacon.

[335] BGH GRUR 1974, 729 – Sweepstake; BGH GRUR 1973, 591, 593 – Schatzjagd.

[336] BGH GRUR 2008, 807 Tz 16 ff – Millionen-Chance.

[337] BGH GRUR 1976, 308, 309 – UNICEF-Grußkarten.

[338] BGH GRUR 1999, 1141, 1141 – Generika-Werbung; BGH NJW-RR 1997, 1192, 1193 – Umweltfreundliche Reinigungsmittel; BGH NJW 1995, 1964 – Arbeitsplätze bei UNS; BGH GRUR 1991, 545 – Tageseinnahmen für Mitarbeiter; BGH GRUR 1976, 308, 309 – UNICEF-Grußkarten.

[339] → Rn. 357.

der Literatur zu Recht kritisiert[340] und inzwischen – entsprechend den Vorgaben des BVerfG – zunächst von der Rechtsprechung der Oberlandesgerichte[341] und nun auch vom BGH[342] aufgegeben worden.

Kann daher allein das Ansprechen von Gefühlen des Umworbenen keinen unsachlichen Einfluss begründen, ist die Grenze der Zulässigkeit erst überschritten, wenn **zusätzliche, besondere Umstände** zu einer unsachlichen Beeinflussung des Kunden führen. Hier ist etwa an eine fehlende Transparenz des Angebots zu denken. Allein diese Momente rechtfertigen den Vorwurf der Unlauterkeit, so dass die Fallgruppe des „Ausnutzens der Gefühle" im Kanon der Einflussmittel entbehrlich ist. Als rechtstatsächliche Erscheinungsform bleibt sie freilich bestehen. 159

E. Erscheinungsformen in der Praxis

I. Kopplungsangebote

Schrifttum: *Berlit,* Auswirkungen der Aufhebung des Rabattgesetzes und der Zugabeverordnung auf die Auslegung von § 1 UWG und § 3 UWG, WRP 2001, 349; *Berneke,* Zum Lauterkeitsrecht nach einer Aufhebung von Zugabeverordnung und Rabattgesetz, WRP 2001, 615; *Bernreuther,* Die Verkehrsauffassung und der Gedanke der Funktionseinheit, WRP 1999, 475; *Bottenschein,* Restriktionen der Wertreklame, 2001; *Cordes,* Die Gewährung von Zugaben und Rabatten und deren wettbewerbsrechtliche Grenzen nach Aufhebung von Zugabeverordnung und Rabattgesetz, WRP 2001, 867; *Dittmer,* Rabatte und Zugaben nach dem Wegfall von Rabattgesetz und Zugabeverordnung: Mehr Gestaltungsspielraum für Unternehmer, BB 2001, 1961; *Emmerich,* Übertriebenes Anlocken – Was ist das eigentlich?, FS Piper, 1996, S. 171; *Eppe,* Zugaben und Rabatte im Anwendungsbereich des UWG, 2003; *ders.,* Der lauterkeitsrechtliche Tatbestand des übertriebenen Anlockens im Wandel – am Beispiel der Wertreklame, WRP 2004, 153; *Gröning,* Die neueste Rechtsprechung zum Pflichtangabenrecht, WRP 2001, 899; *Günther/Beyerlein,* Zur Zulässigkeit von Zugaben nach dem Wegfall der Zugabeverordnung, WRP 2004, 1142; *Haedicke,* Die künftige Zugabe- und Rabattregulierung durch das UWG zwischen Liberalisierung und Lauterkeitsschutz, CR 2001, 788; *Heermann,* Prämien, Preise, Provisionen, WRP 2006, 8; *ders.,* Lauterkeitsrechtliche Informationspflichten bei Verkaufsförderungsmaßnahmen, WRP 2005, 252; *ders.,* Rabattgesetz und Zugabeverordnung ade!, WRP 2001, 855; *Heermann/Ruess,* Verbraucherschutz nach RabattG und ZugabeVO – Schutzlücke oder Freiheitsgewinn?, WRP 2001, 883; *Hefermehl,* Werbung mit Vorspannangeboten, GRUR 1974, 542; *Henning-Bodewig,* Neuorientierung von § 4 Nr. 1 und 2 UWG?, WRP 2006, 621; *Hoß,* Rabattgesetz und Zugabeverordnung – Die Rechtslage nach der Aufhebung, MDR 2001, 1094; *Hoth,* Der Zweck des Rabattgesetzes und die Grenzen seiner Anwendung, GRUR 1977, 233; *Kappes,* Gutschein- und Bonussysteme im Apothekenwesen, WRP 2009, 250; *Kisseler,* Preiswahrheit und Preisklarheit in der Werbung, FS Traub, 1994, S. 163; *Köhler,* Zum Anwendungsbereich der §§ 1 und 3 UWG nach Aufhebung von RabattG und ZugabeVO, GRUR 2001, 1067; *ders.,* Rabattgesetz und Zugabeverordnung: Ersatzlose Streichung oder Gewährleistung eines Mindestschutzes für Verbraucher und Wettbewerber?, BB 2001, 265; *ders.,* Kopplungsangebote (einschließlich Zugaben) im geltenden und künftigen Wettbewerbsrecht, GRUR 2003, 729; *Kügele,* Wettbewerbsrechtliche Beurteilung von Kopplungsangeboten, GRUR 2006, 105; *Lange,* Wettbewerbliche Grenzen gekoppelter Stromverträge, WRP 2002, 20; *Lettl,* Kartell- und wettbewerbsrechtliche Schranken für Angebote unter Einstandspreis, JZ 2003, 662; *Lorenz,* Vertriebsfördermaßnahmen marktbeherrschender Unternehmen: Die Beurteilung nach Art. 82 EG, UWG und StGB, WRP 2005, 992; *Mann,* Werbung im Pressevertrieb nach Aufhebung von RabattG und ZugabeVO, AfP 2001, 174; *Matern,* Absatzförderung auf nachgeordneten Vertriebsstufen – lauterkeitsrechtliche Bewertung von Verkaufswettbewerben in der Reisebranche, WRP 2008, 575; *Möller,* Neue Erscheinungsformen von Rabattwerbung und „Rabatte" zu Lasten Dritter, GRUR 2006, 292; *Nordemann,* Wegfall von Zugabeverordnung und Rabattgesetz, NJW 2001, 2505; *Ohlgart,* Sales-promotion und unlauterer Wettbewerb, GRUR 1974, 693; *Ohly,* Die wettbewerbsrechtliche Beurteilung von Gesamtpreisangeboten, NJW 2003, 2135; *Pluskat,* Kopplungsangebote und kein Ende, WRP 2004, 282; *dies.,* Zur Zulässigkeit von Kopplungsgeschäften, WRP 2002, 1381; *dies.,* Das kombinierte Warenangebot – dieses Mal als unzulässiges verdecktes Kopplungsgeschäft, WRP 2002, 789; *dies.,* Das kombinierte Warenangebot als zulässiges verdecktes Kopplungsgeschäft, WRP 2001, 1262; *Sack,* Zur Zulässigkeit von Vorspannangeboten, WRP 1975, 65; *Schmeding,* Kopplungsangebote als Mittel der Wertreklame, WRP

---

340 *Schricker* GRURInt. 1996, 473, 476; *Teichmann/v. Krüchten* WRP 1994, 704; *Sosnitza* GRUR 1993, 541 f; *Federhoff-Rink* GRUR 1992, 643.

341 Das OLG Hamm leitet die Wettbewerbswidrigkeit nicht aus dem fehlenden Sachbezug, sondern aus der fehlenden Transparenz her.

342 BGH GRUR 2006, 75 – Artenschutz; zur Gefühlsbetonten Werbung → Rn 376.

1974, 305; *Schuhlert,* Auswirkungen der Aufhebung von ZugabeVO und Rabattgesetz, 2003; *Seichter,* „20% auf alles – nur heute!" – Zur wettbewerbsrechtlichen Beurteilung von kurzfristigen Rabattaktionen; *Sosnitza,* Das Koordinatensystem des Rechts des unlauteren Wettbewerbs im Spannungsfeld zwischen Europa und Deutschland, GRUR 2003, 739; *Steinbeck,* Lauterkeitsrechtliche Grenzen für Zugaben und Rabatte nach der Aufhebung von Zugabeverordnung und Rabattgesetz, ZIP 2001, 1741; *Tavanti,* Gesamtpreis, Zugabe oder übertriebenes Anlocken – Handy und Playstation für DM 1,– auch nach Abschaffung der Zugabeverordnung unzulässig?, WRP 2001, 977; *Trube,* Preisangaben nach Wegfall des RabattG, WRP 2001, 878; *Ulmer,* Rabattgesetz und Wettbewerbsordnung, FS Hefermehl, 1972, S. 204; *Veelken,* Kundenfang gegenüber dem Verbraucher, WRP 2004, 1. Zum Schrifttum zur Wertreklame *Köhler/Piper,* UWG, § 1 vor Rn 192.

1. Terminologie und Abgrenzung

160 Ein **Kopplungsangebot** ist ein Angebot, bei dem zwei oder mehr – andernfalls selbstständig angebotene – Produkte dergestalt zusammen angeboten werden, dass sie nur gemeinsam erworben werden können. Unerheblich für die Qualifizierung eines Angebots als Kopplungsangebot ist es, ob ein Gesamtpreis oder Einzelpreise für die jeweiligen Produkte angegeben werden. Steht der Erwerb der Zweitware im Belieben des Kunden, liegt kein Kopplungsangebot vor.[343] Die in der älteren Rechtsprechung getroffene Unterscheidung zwischen Kopplungsangeboten, bei denen die Einzelpreise für die Produkte angegeben waren (offene Kopplungsangebote), und solchen, bei denen nur ein Gesamtpreis angegeben war (verdeckte Kopplungsangebote), ist für die rechtliche Beurteilung nicht mehr ausschlaggebend.[344] Ein rein tatsächlicher Sachverhalt lässt sich mit dieser Terminologie weiterhin beschreiben.

161 In tatsächlicher Hinsicht lassen sich Kopplungsangebote außerdem in der Regel einteilen in **Gesamtangebote** (allgemeine Kopplungsangebote) und **Zugaben (besondere Kopplungsangebote).** Werden aus Sicht der angesprochenen Verkehrskreise zwei entgeltliche Produkte – idR zu einem einheitlichen Gesamtpreis – zu einem „Leistungspaket zusammengeschnürt", liegt ein Gesamtangebot vor (zB Fernseher und DVD-Player, Pauschalreise mit Skiausrüstung oder Gefriertruhe und Schweinehälfte für einen Gesamtpreis). Erweckt das Angebot den Anschein, es werde vorrangig ein Produkt entgeltlich angeboten und ein weiteres Produkt (ganz oder teilweise) unentgeltlich als Nebenleistung dazu gegeben, spricht man von einer Zugabe (Abschluss eines Netzkartenvertrags plus ein Handy für 1 Euro). Die Abgrenzung hängt davon ab, wie das Angebot dem Verkehr präsentiert wird. Ist von einem Gesamtpreis oder zumindest zwei eindeutig entgeltlichen Leistungen die Rede, liegt ein Kopplungsangebot vor. Wird die Zweitleistung als unentgeltlich oder besonders günstig herausgestellt, liegt eine Zugabe vor. Die Unterscheidung zwischen einem allgemeinen Kopplungsangebot und einer Zugabe war vor der Aufhebung der ZugabeVO entscheidend für die Frage, ob die ZugabeVO Anwendung findet.[345] Nach der Aufhebung von ZugabeVO und RabattG ist diese oftmals schwierige und wenig sachgerechte **Abgrenzung nicht mehr erforderlich,** da alle Kopplungsangebote an den Normen des UWG gemessen werden.[346]

162 *Köhler* möchte dennoch an dieser **Differenzierung zwischen Gesamtpreisangeboten und Zugaben** festhalten, weil er an die Zulässigkeit letzterer strengere Anforderungen stellt. Dem Kunden werde hier ein besonderer Vorteil suggeriert, weil er glauben solle, er bekomme etwas kostenlos.[347] Außerdem werde bei einer nicht hinreichend transparenten

[343] OLG Karlsruhe GRUR-RR 2004, 86 – DSL-Anschluss.

[344] BGH WRP 2003, 743 – Gesamtpreisangebot; BGH GRUR 2003, 77 – Fernwärme für Börnsen; BGH GRUR 2002, 976 – Kopplungsangebot I; BGH GRUR 2002, 979 – Kopplungsangebot II. Zur früheren Rechtslage → Rn 168 ff.

[345] → Rn 109 ff.

[346] BGH GRUR 2002, 979, 980 – Kopplungsangebot II.

[347] *Köhler* GRUR 2003, 729, 735 u. 736; Hefermehl/*Köhler*/Bornkamm UWG § 4 Rn 1.75, der bei Zugaben die Angabe des Wertes (außer bei Waren, die einen Marktpreis besitzen) und der wesentlichen wertbildenden Eigenschaften fordert. Nur so könne der Verbraucher die Preiswürdigkeit eines Angebots ermitteln und nur so könne er ermitteln, ob er einen Bedarf für die fragliche Leistung hat und welchen Wert sie besitzt. Genauso ließe sich jedoch auch bei Kopplungsangeboten argumentieren.

Werbung mit einer Zugabe dem Verbraucher ein Informationsrisiko aufgebürdet. Diese Differenzierung **überzeugt nicht.** Der Kunde soll bei einer Zugabe ebenso wie bei einem allgemeinen Kopplungsangebot glauben, er erhalte ein besonders günstiges Angebot. Hier wie dort bürdet ein nicht hinreichend transparentes Angebot dem Verbraucher eine Informationslast auf. Der Kunde ist daher bei einer Zugabe nicht grundsätzlich schutzwürdiger als bei einem allgemeinen Kopplungsangebot. Ein Beispiel verdeutlicht die Nähe beider Werbeformen: Eine Lederhandtasche zu einem Preis von 200 Euro kann zusammen mit einer Zugabe in Gestalt eines Armbands aus Modeschmuck angeboten werden. Ebenso ist es möglich, die Ledertasche für 190 Euro und das Armband aus Modeschmuck für 10 Euro als allgemeines Kopplungsangebot darzustellen. Es ist kein sachlicher Grund ersichtlich, die wettbewerbsrechtliche Zulässigkeit einer dieser Gestaltungsformen grundsätzlich strenger zu beurteilen. Hinzu kommt, dass es für den Anbieter ein Leichtes wäre, (eigentliche) Zugaben als Kopplungsangebote erscheinen zu lassen oder umgekehrt. Die Abgrenzungsschwierigkeiten, die durch die Aufhebung der ZugabeVO entfallen sind, sollten daher nicht wiederbelebt werden. Damit ist nicht gesagt, dass im Einzelfall eine Unterscheidung zwischen allgemeinen Kopplungsangeboten und Zugaben durchaus möglich und zur Beschreibung eines *tatsächlichen* Sachverhalts auch sinnvoll sein kann. Sie ist jedoch keine notwendige Voraussetzung für eine rechtliche Beurteilung der Werbemaßnahme. Sollte sich die Differenzierung im Einzelfall als schwierig erweisen, bietet es sich an, neutral von einer Erst- und Zweitleistung zu sprechen.

Die Tatsache, dass der nationale Gesetzgeber in § 4 Nr. 4 allein den Begriff der Zugabe **163**
verwendet, steht dieser Betrachtungsweise nicht entgegen. Aus der Formulierung „Verkaufsförderungsmaßnahmen, wie …" folgt, dass es sich nur um eine beispielhafte Aufzählung handelt, so dass auch allgemeine Kopplungsangebote ohne weiteres dem Transparenzgebot des § 4 Nr. 4 unterliegen. Sollte die europäische Verordnung für Verkaufsförderung in Kraft treten, wird man abzuwarten haben, wie der Begriff der „Zugabe" hier auszulegen ist. Möglicherweise wird in diesem Zusammenhang eine Abgrenzung zum allgemeinen Kopplungsangebot erforderlich.

Eine besondere Erscheinungsform des Kopplungsangebotes sind die Kundenbindungs- **164**
oder **Bonussysteme.** Sie zeichnen sich dadurch aus, dass die versprochene zusätzliche Leistung nicht sofort, sondern erst nach Kauf eines bestimmten Kontingents gewährt wird. Schließlich sind auch **Gutscheine,** die zusammen mit dem Kauf einer Ware vergeben werden, als Variante des Kopplungsangebotes zu sehen. **Preis-, Umtausch-, Rückgabe- und Qualitätsgarantien** dagegen begründen kein Kopplungsangebot, weil die angebotenen Leistungen unselbstständige Bestandteile der Hauptleistung sind. Da für solche zusätzlichen Leistungen kein selbstständiger Markt besteht und eine geldwerte Bezifferung der zusätzlichen Leistung nicht möglich ist, können sie nicht als Zweitleistung im Sinne eines Kopplungsangebotes verstanden werden.

Von den Kopplungsangeboten zu unterscheiden sind **Rabatte.** Rabatte zeichnen sich **165**
dadurch aus, dass dem Kunden ein Vorteil auf den Preis für die Leistung gewährt wird. Der Preisvorteil kann entweder als einfacher Preisnachlass, in Gestalt eines Gutscheins oder in Gestalt eines dem Käufer gewährten Zuschusses eingeräumt werden.

Ebenfalls um einen Rabatt und nicht um ein Kopplungsangebot handelt es sich bei der **166**
Kopplung einheitlicher Produkte.[348] Darunter versteht man ein Angebot, bei dem das gleiche Produkt zwei oder mehrfach zusammen angeboten wird (sog. Natural- oder Warenrabatt). In der Regel wird für ein solches Angebot ein Preis verlangt, der niedriger ist als die Summe der Einzelpreise. Die Gefahr einer Preisverschleierung ist hier nicht gegeben, da sich die Einzelpreise ohne weiteres errechnen lassen.[349]

---

[348] So *Beater* 2002 § 16 Rn 69; *Köhler* GRUR 2003, 729 möchte diese Art der Kopplung nicht unter den Begriff des Kopplungsangebotes fassen, sondern sieht hierin die Gewährung eines Naturalrabattes und möchte diese Angebote daher den Grundsätzen über die Rabattgewährung unterwerfen.

[349] S. zu solchen Mehrfachpackungen BGH GRUR 1985, 392, 393 – Sparpackung.

167 Abzugrenzen sind schließlich **Werbegeschenke,** d. h. geldwerte Leistungen, die der Werbende dem Kunden unentgeltlich überlässt. Vom Kopplungsangebot in Form der Zugabe unterscheidet sich das Werbegeschenk dadurch, dass der Erhalt der unentgeltlichen Leistung nicht vom Erwerb einer anderen Ware abhängig gemacht wird.

2. Frühere Rechtslage

Schrifttum: *Borck,* Über das Verwerfliche an Vorspannangeboten, WRP 1975, 75; *Hefermehl,* Werbung mit Vorspannangeboten, GRUR 1974, 542; *Sack,* Zur Zulässigkeit von Vorspannangeboten, WRP 1975, 65; *Schmeding,* Kopplungsangebote als Mittel der Wertreklame, WRP 1974, 305.

168 Rechtsprechung[350] und Literatur[351] sahen in Kopplungsangeboten einen Fall der dem Leistungswettbewerb widersprechenden Wertreklame.[352] An die Zulässigkeit von Kopplungsangeboten wurden daher strenge Anforderungen gestellt. Von den Kopplungsangeboten abzugrenzen waren die Zugaben, deren Zulässigkeit sich in erster Linie nach der ZugabeVO richtete. Im Einzelnen galten folgende Leitlinien:

169 Eine **Zugabe** im Sinne der ZugabeVO lag vor, wenn einer entgeltlich angebotenen Ware oder Dienstleistung (sog. Hauptware) eine weitere Ware oder Dienstleistung ohne besondere Berechnung (gleichgestellt war dem ein Scheinentgelt) beigegeben wurde und der Kunde in den Genuss dieser weiteren Ware nur gelangen konnte, wenn er die Hauptware kaufte. Dabei musste in der Weise ein innerer Zusammenhang bestehen, dass die Nebenleistung mit Rücksicht auf den Erwerb der Hauptware gewährt wurde und das Angebot wegen dieser Abhängigkeit objektiv geeignet war, den Kunden in seiner Entschließung zum Erwerb der Hauptware zu beeinflussen.[353] Da eine Zugabe eine von der Hauptware verschiedene, zusätzlich in Aussicht gestellte Leistung war, lag sie nicht vor, wenn der Verkehr die zusätzliche Leistung nicht als besondere Nebenleistung, sondern noch als eine sachlich zur Hauptleistung gehörende Verbesserung ansah. Nach § 1 Abs. 1 ZugabeVO war das Ankündigen, Anbieten oder Gewähren von Zugaben auf allen Wirtschaftsstufen grundsätzlich untersagt.[354] Die mit der Wertreklame grundsätzlich verbundenen Gefahren mussten also nicht im konkreten Einzelfall festgestellt werden, sondern es genügte das Vorliegen der in der ZugabeVO genannten Formaltatbestände.[355] Der ZugabeVO lag gewissermaßen die unwiderlegliche Vermutung zu Grunde, dass Nebenleistungen, die die formalen Voraussetzungen des Zugabebegriffs erfüllten, stets, d. h. ohne Rücksicht auf die weiteren Begleitumstände, den Verbraucher in unsachlicher Weise beeinflussen. Von dem grundsätzlichen Zugabeverbot galten die in § 1 Abs. 2 ZugabeVO abschließend aufgeführten Ausnahmetatbestände. Erlaubt waren unter anderem die Zugabe von Reklamegegenständen von geringem Wert (ca. 60–80 Pfennig)[356] oder handelsüblichem Zubehör.

170 Ein **Kopplungsangebot** lag vor, wenn der Verkäufer unterschiedliche Waren oder Dienstleistungen im Rahmen eines Gesamtangebots dergestalt zusammen anbot, dass die Produkte nur gemeinsam erworben werden konnten, ohne dass die besonderen Voraussetzungen der ZugabeVO erfüllt waren. Die wettbewerbsrechtliche Beurteilung von Kopplungsangeboten richtete sich nach § 1 aF. Die Rechtsprechung hat zwar immer wieder betont, dass es nicht als grundsätzlich wettbewerbswidrig angesehen werden kann, wenn ein Kaufmann die Qualität und die Preiswürdigkeit des Angebots durch die Attraktivität eines

---

350 BGH GRUR 1992, 621, 622 – Glücksball-Festival; BGH GRUR 1984, 463, 464 – Mitmacher-Tour; BGH GRUR 1979, 55, 57 – Tierbuch; BGH GRUR 1976, 248, 249 – Vorspannangebote; BGH GRUR 1976, 100, 101 – Gewinnspiel.

351 *Köhler/Piper* UWG § 1 Rn 193 ff.

352 Zum Begriff der Wertreklame → Rn 73.

353 BGH GRUR 1998, 500, 501 – Skibindungsmontage; BGH NJW 1999, 1398, 1399 – Bonusmeilen; BGH GRUR 1994, 656, 657 – Stofftragetasche; *Köhler/Piper* UWG § 1 ZugabeVO Rn 1 mwN.

354 Nur in § 1 Abs. 2 waren einige Ausnahmen vom Zugabeverbot abschließend aufgezählt. Dazu gehörten unter anderem geringwertige Reklamegegenstände und andere Kleinigkeiten sowie handelsübliches Zubehör.

355 *Baumbach/Hefermehl* ZugabeVO Rn 12.

356 *Baumbach/Hefermehl* ZugabeVO § 1 Rn 72.

Kombinationsangebots – auch verschiedener Waren – zu steigern versucht.[357] Allerdings müsse zwischen verdeckten und offenen Kopplungsangeboten unterschieden werden.[358] Offene Kopplungen zeichneten sich dadurch aus, dass der Verkäufer in dem Angebot sowohl den Gesamtpreis als auch den Einzelpreis der – meist zwar branchenfremden aber gebrauchsnahen – Produkte nannte. Dagegen wurde eine verdeckte Kopplung angenommen, wenn das aus mehreren Waren oder Dienstleistungen zusammengestellte Angebot keine Angabe von Einzelpreisen, sondern nur einen Gesamtpreis enthielt.

Da bei **verdeckten Kopplungsangeboten** definitionsgemäß nur der Gesamtpreis an- 171
gegeben wurde, war ein Vergleich mit Angeboten der Mitbewerber und damit auch die Beurteilung der Preiswürdigkeit der unter dem Gesamtpreis angebotenen Waren und Leistungen nicht oder nur schwer möglich.[359] Dies begründete nach Ansicht der Rechtsprechung für den Käufer die Gefahr einer Irreführung. Ein nicht unerheblicher Teil des Publikums werde durch die Art der Preisangabe zu der falschen Vorstellung verleitet, er erhalte ein besonders günstiges Angebot.[360] In jedem Fall werde aber der Preisvergleich erschwert, so dass dies unter dem Gesichtspunkt der Preisverschleierung wettbewerbswidrig sei. Diese Gefahr bestehe namentlich dann, wenn bei dem verdeckten Kopplungsangebot branchenverschiedene Waren zusammengefasst werden, die in keinem Zusammenhang miteinander stehen, und wenn dem Kunden daher ohne Kenntnis der Einzelpreise jeder Anhaltspunkt dafür fehle, den voraussichtlichen Wert der gemeinschaftlich angebotenen Einzelwaren oder -leistungen auch nur annähernd zu schätzen.[361]

Als unzulässige verdeckte Kopplung wurde angesehen die Verbindung von Tee mit einer 172
Teetasse,[362] von Kaffee mit einer Tischdecke oder einer Kaffeemaschine,[363] von einer Urlaubsreise mit einer Skiausrüstung[364] und von einem Auto mit einer Urlaubsreise.[365] Zulässig war dagegen die Bildung eines Gesamtpreises von 50 DM für theoretischen Fahrschulunterricht und Lehrmaterial, wobei das Unterrichtsmaterial auch einzeln verkauft wurde, wodurch dessen Preis ersichtlich war.[366] Wegen des geringen Werts wurde eine Preisverschleierung auch ausgeschlossen bei der Zugabe einer Zahnpastatube (für ca. 5-maligen Gebrauch) zu einer Zahnbürste.[367]

Offene Kopplungen wurden demgegenüber in der Regel nicht beanstandet.[368] Da der 173
Kunde hier regelmäßig den Preis der einzelnen Waren kannte und daher ein Vergleich mit Angeboten der Konkurrenz ohne weiteres möglich war, bestand idR nicht die Gefahr einer Preisverschleierung. Bei Hinzutreten besonderer Umstände waren auch offene Kopplungsangebote unzulässig. Solche besonderen zusätzlichen Umstände konnten zB darin liegen, dass der Kunde durch das Angebot in übertriebener Weise angelockt wurde.[369] Der Versuch des Werbenden, die Entscheidung des Kunden durch eine unentgeltliche oder stark verbilligte Abgabe von Waren oder Erbringung von gewerblichen Leistungen zu „erkaufen", begründete hier einen unsachlichen Einfluss auf den Umworbenen.

---

357 BGH GRUR 1996, 363, 364 – Saustarke Angebote; BGH GRUR 1967, 530, 532 – Fahrschule; BGH GRUR 1962, 415, 418 – Glockenpackung.

358 BGH GRUR 1971, 582, 584 – Kopplung im Kaffeehandel; BGH GRUR 1960, 415, 417 – Glockenpackung; zu Kopplungsangeboten allgemein s. *Baumbach/Hefermehl* UWG § 1 Rn 127 ff; *Köhler/Piper* UWG § 1 Rn 227 ff; *v. Gamm* UWG § 1 Rn 182 ff.

359 BGH GRUR 1971, 582, 584 – Kopplung im Kaffeehandel; BGH GRUR 1967, 530, 532 – Fahrschule; BGH GRUR 1962, 415, 418 – Glockenpackung.

360 BGH GRUR 1962, 415, 418 – Glockenpackung.

361 BGH GRUR 1971, 582, 584 – Kopplung im Kaffeehandel; BGH GRUR 1967, 530, 532 – Fahrschule.

362 BGH GRUR 1962, 415, 418 – Glockenpackung.

363 BGH GRUR 1971, 582, 584 – Kopplung im Kaffeehandel.

364 LG Köln WRP 1983, 178.

365 OLG München WRP 2001, 319, 321 – Kopplungsangebot Auto und Reise; OLG Hamm GRUR 1989, 923 – Auto und Urlaub.

366 BGH GRUR 1976, 530 – Fahrschule.

367 BGH GRUR 1968, 53, 55 – Probetube.

368 BGH GRUR 1962, 415, 418 – Glockenpackung; *Baumbach/Hefermehl* UWG § 1 Rn 130; *Völker* PAngV UWG Einl. Rn 5.

369 BGH GRUR 1995, 353 – Super-Spar-Fahrkarten.

174 Die Unzulässigkeit von offenen Kopplungsangeboten wurde von der Rechtsprechung angenommen, wenn bei einer Bestellung im Wert von mindestens 30 DM über den Versandhandel ein Überraschungs-Werbegeschenk im Wert von mindestens 7 DM zugesagt wird[370] oder wenn ein Unternehmen mit einer hohen Summe für die Inzahlungnahme eines alten Pkw wirbt, die nur bei ganz wenigen Fahrzeugen erreicht wird.[371]

175 Nicht beanstandet wurde dagegen der Verkauf einer Kombinationspackung aus einer Packung Tee und einer Japan-Teetasse mit Untertasse. Die Einzelpreise der Teepackung und der Teetasse und der daraus errechnete Gesamtpreis waren in verkehrsüblicher, deutlich lesbarer Weise angegeben. Es wurde als unschädlich angesehen, dass hier eine Teetasse in einem Teeladen und nicht in einem Porzellangeschäft angeboten wurde, wo keine Möglichkeit bestand, Qualitäten und Preise anderer Porzellane zum Vergleich heranzuziehen.[372] Ebenfalls zulässig war der Verkauf eines Fernsehers mit einem Videorecorder zu einem Gesamtpreis, wobei nur der Einzelverkaufspreis des Fernsehers genannt wurde. Ein Verstoß gegen § 1 aF wurde verneint, weil der Preisvergleich nicht wesentlich erschwert wurde, zumal es sich um branchengleiche, in der Benutzung einander ergänzende Waren handelte.[373]

176 Einen Unterfall der Kopplungsangebote bildeten die sog. **Vorspannangebote.** Vorspannangebote zeichneten sich dadurch aus, dass neben einer marktüblich angebotenen Hauptware eine andere branchenfremde Ware zu einem besonders günstig erscheinenden Preis angeboten, jedoch nicht ohne Hauptware abgegeben wurde.[374] Im Gegensatz zu allgemeinen Kopplungsangeboten erschien die Kopplung bei Vorspannangeboten also willkürlich.[375] Lag der Preis für die gekoppelte Vorspannware höher als der Preis für die Hauptware, sprach die Rechtsprechung von einem sog. kopflastigen Vorspannangebot.[376] Bei Vorspannangeboten wurde grundsätzlich ein Verstoß gegen § 1 aF angenommen, weil das Publikum mit dem niedrigen Preis der Vorspannware angelockt und damit die Aufmerksamkeit von der Qualität und Preiswürdigkeit der Hauptware abgelenkt wurde.[377] Lag trotz Branchenfremdheit aber zumindest eine beachtliche Gebrauchsnähe vor, die dann dazu führte, dass die Kopplung vom Verkehr als sachgerecht angesehen wurde, konnte der Indizcharakter für einen Verstoß gegen § 1 aF entfallen (so etwa bei einem Handy gekoppelt mit einem Netzkartenvertrag).[378]

3. Die missbräuchliche Kopplung

177 Seit Mitte der 90er Jahre hat der BGH zunehmend Abstand genommen von seiner strengen Haltung gegenüber Kopplungsangeboten. Die Möglichkeit, Güter und Dienstleistungen zu Gesamtangeboten zusammenzustellen und dementsprechend zu bewerben, gehöre zur Freiheit des Wettbewerbs, so dass die Anlockwirkung, die von einem attraktiven

---

370 OLG Hamburg WRP 1992, 248 – Übertriebenes Anlocken durch „Überraschungsgeschenk".

371 OLG Köln GRUR 1995, 277 – Ex-DDR-Fahrzeuge.

372 BGH GRUR 1962, 415, 417 – Glockenpackung (unzulässig allerdings, wenn nur ein Gesamtpreis ohne Einzelpreise angegeben wird, so dass den Kunden ein Vergleich mit den Waren der Mitbewerber nicht oder nur schwer möglich ist → Rn 171).

373 OLG Hamm GRUR 1988, 553, 554 – Video-Kopplungsangebot.

374 BGH GRUR 1999, 755, 756 – Altkleider-Wertgutschein, allerdings wurde das Vorliegen eines Vorspannangebotes abgelehnt; BGH NJW 1983, 167, 168 – Senioren-Pass; BGH GRUR 1979, 55, 57 – Tierbuch; BGH GRUR 1977, 110, 111 – Kochbuch; BGH GRUR 1976, 638, 639 – Rustikale Brettchen; BGH GRUR 1976, 248, 249 – Vorspannangebote.

375 BGH GRUR 1977, 110, 111 – Kochbuch (Kopplung von 500 g Kaffee mit einem Kochbuch); BGH GRUR 1976, 248, 249 – Vorspannangebot (Angebote einer Lebensmitteleinzelhandelskette von Rauchgläsern zu 1 DM); BGH GRUR 1976, 638, 639 – Rustikale Brettchen (Kopplung von 500 g Kaffee mit zwei Holzbrettchen).

376 BGH GRUR 1977, 110, 111 – Kochbuch.

377 BGH NJW 1983, 167, 168 – Senioren-Pass; BGH GRUR 1977, 110, 111 – Kochbuch; BGH GRUR 1976, 248, 249 – Vorspannangebot; BGH GRUR 1976, 638, 639 – Rustikale Brettchen. So auch heute noch *Lange/Spätgens* Rn 430.

378 OLG Köln GRUR 1998, 73, 74 – Handy für 0,49 DM; *Baumbach/Hefermehl* UWG § 1 Rn 132, 136.

Angebot ausgeht, niemals wettbewerbswidrig, sondern gewollte Folge des Leistungswettbewerbs sei.[379] Wenn ein Kunde sich für ein Kopplungsangebot entscheide, weil er dieses aufgrund der gekoppelten Leistungen und aufgrund des Preises attraktiv finde, dann beruhe diese Entscheidung auf sachlichen Erwägungen. Abgesehen davon könne ein Kopplungsangebot eine wirtschaftspolitisch legitime Maßnahme sein, wenn es einem Unternehmen darum gehe, sich einen Markt neu zu erschließen, und ein Wettbewerb um den Preis oder die Qualität der Hauptleistung gar nicht oder nur schwer möglich sei.[380]

Kopplungsangebote sind daher **grundsätzlich, aber nicht uneingeschränkt zulässig.**[381] Die Grenze der Zulässigkeit ist erreicht, wenn ein Kopplungsangebot geeignet ist, die Entscheidung der angesprochenen Verkehrskreise unsachlich zu beeinflussen. Während dies früher davon abhängig gemacht wurde, ob ein offenes oder verdecktes Kopplungsangebot vorliegt, unterscheidet der BGH nun zwischen nicht missbräuchlichen und damit zulässigen, und missbräuchlichen und damit unzulässigen Kopplungsangeboten.[382] Die Bezeichnung „missbräuchlich" ist letztlich gleichbedeutend mit „unlauter". Der BGH hat bisher zwei Fallgruppen entwickelt, in denen eine unsachliche Beeinflussung und damit eine missbräuchliche Kopplung vorliegt:[383] Die unsachliche Beeinflussung durch fehlende Transparenz[384] und die unsachliche Beeinflussung auf sonstige Weise.[385] 178

Wird die Unlauterkeit eines Kopplungsangebotes auf die fehlende Transparenz hinsichtlich der Bedingungen ihrer Inanspruchnahme gestützt, ist **§ 4 Nr. 4** betroffen. In anderen Fällen kann § 5a einschlägig sein. Eine genaue Grenzziehung ist schwierig und vom Einzelfall abhängig. Ihre rechtliche Zulässigkeit soll hier im Zusammenhang dargestellt werden. 179

Die zunehmend liberale Rechtsprechung, die Kopplungsangebote und Zugaben nicht mehr unter dem Gesichtspunkt des Abnehmerschutzes verbietet, wirft die Frage auf, ob mit derartigen Werbemaßnahmen Mitbewerber gezielt behindert (§ 4 Nr. 10) oder der Wettbewerb als solcher in seinem Bestand gefährdet wird (§ 3 I).[386] 180

4. Missbräuchliche Kopplung wegen fehlender Transparenz

a) Ausgangspunkt. Als Orientierungsmaßstab für die Anforderungen, die das Lauterkeitsrecht an die Zulässigkeit von Kopplungsangeboten stellt, zieht der BGH die Gefahren heran, die von derartigen Angeboten **für den Verbraucher** ausgehen.[387] Dies ist nament- 181

---

379 BGH GRUR 2004, 343 – Playstation; BGH WRP 2003, 743, 745 – Gesamtpreisangebot; BGH GRUR 2003, 890, 891 – Buchclub-Kopplungsangebot; BGH GRUR 2002, 976, 977 – Kopplungsangebot I; BGH GRUR 2002, 979, 980 – Kopplungsangebot II; BGH GRUR 2001, 446, 447 – 1-Pfennig-Farbbild; BGH GRUR 2000, 918, 919 – „Null-Tarif"; BGH GRUR 1999, 264, 266 – Handy für 0,00 DM; BGH WRP 1999, 517, 518 – Am Telefon nicht süß sein?; BGH GRUR 1998, 500, 502 – Skibindungsmontage; BGH GRUR 1994, 743, 744 – Zinsgünstige Kfz-Finanzierung durch Herstellerbank; BGH NJWE-WettbR 1999, 25, 26 – Handy für 1 DM; so schon *Hoth* GRUR 1974, 348, 349.

380 BGH GRUR 2002, 976, 978 – Kopplungsangebot I; BGH GRUR 1999, 264, 266 – Handy für 0,00 DM.

381 BGH GRUR 2006, 161 Tz. 15 – Zeitschrift mit Sonnenbrille; BGH WRP 2003, 743, 744 – Gesamtpreisangebot; BGH GRUR 2002, 976, 978 – Kopplungsangebot I; BGH GRUR 2002, 979, 981 – Kopplungsangebot II; OLG Frankfurt GRUR-RR 2002, 30 – Traumreise gratis; OLG Jena GRUR-RR 2002, 32 – Abo-Karten für Haarfärbung; OLG Düsseldorf GRUR-RR 2002, 285, 286 – Strom und Fon.

382 BGH GRUR 2006, 164 Tz. 20 – Aktivierungskosten II; BGH GRUR 2004, 343 – Playstation; BGH WRP 2003, 743, 745 – Gesamtpreisangebot; BGH GRUR 2003, 890, 891 – Buchclub-Kopplungsangebot; BGH GRUR 2002, 976, 978 – Kopplungsangebot I; BGH GRUR 2002, 979, 981 – Kopplungsangebot II.

383 Deutlich kommen diese Fallgruppen zum Ausdruck in: BGH GRUR 2006, 161 Tz. 15 – Zeitschrift mit Sonnenbrille; BGH GRUR 2002, 976, 978 – Kopplungsangebot I; BGH GRUR 2002, 979, 981 – Kopplungsangebot II.

384 Dazu Rn 181 ff.

385 Dazu Rn 213 ff.

386 Zur kartellrechtlichen Bewertung → Rn 52.

387 BGH GRUR 2002, 976, 978 – Kopplungsangebot I; BGH GRUR 2002, 979, 981 – Kopplungsangebot II; *Köhler* GRUR 2003, 729, 732.

lich ein **Irreführungs- und Preisverschleierungspotential.**[388] Grundsätzlich ist auf einem Markt, auf dem viele Wirtschaftsgüter Serienprodukte und damit homogen und austauschbar sind, ein Preisvergleich ohne weiteres möglich. Kopplungsangebote führen auf einem solchen Markt zu einer Heterogenität der Angebote, weil ein Kopplungsangebot etwas Einmaliges erhält. Ein Konkurrent wird kaum ein identisch zusammengestelltes Leistungspaket anbieten. Folge dieser Einmaligkeit ist, dass das Angebot zum einen an Attraktivität gewinnen kann, zum anderen den Preisvergleich für den Kunden erschwert. Bei einem Kopplungsangebot besteht somit die Gefahr, dass der Kunde nicht ohne weiteres in der Lage ist, den Wert der einzelnen Produkte und damit den Wert des gesamten Angebots zu erkennen. Wenn man Kopplungsangebote im Grundsatz für zulässig hält, muss man folglich in gewissem Umfang irreführende oder preisverschleiernde Effekte in Kauf nehmen.[389]

182 Um der Irreführungs- und Preisverschleierungsgefahr hinreichend Rechnung zu tragen, verlangt die Rechtsprechung, dass Kopplungsangebote hinreichend transparent sind. Ist dies der Fall, bietet das UWG dem Verbraucher keinen Schutz vor Handlungen, die ökonomisch nicht sinnvoll sind. Zu denken ist hier an einen Einkauf zu überhöhten Preisen oder über den eigentlichen Bedarf hinaus.[390] Die Verantwortung des Kunden, wann, wie viel und zu welchem Preis er Ware und Leistungen nachfragen kann, kann ihm durch das UWG nicht abgenommen werden.[391] Der Schutz der Verbraucher und der sonstigen Marktteilnehmer durch das UWG erschöpft sich vielmehr in der Gewährleistung der **Handlungs- und Entschließungsfreiheit.** Werden diese Freiheiten gewährleistet, sind die getroffenen Entscheidungen der Kunden als sachlich zu respektieren. Wird die erforderliche Transparenz nicht gewährleistet, ist das Kopplungsangebot missbräuchlich und damit wettbewerbswidrig.

183 **b) Allgemeine Maßstäbe zur Konkretisierung des Transparenzgebotes.** In der Regel kommt die fehlende Transparenz eines Angebotes einer Irreführung durch Unterlassen gleich. Entscheidungserheblich ist daher die Frage, ob den Werbenden im Hinblick auf einen bestimmten Umstand eine Informationspflicht trifft. Wie auch im allgemeinen Zivilrecht[392] ist davon auszugehen, dass das Informationsrisiko zunächst beim Käufer liegt.[393] Eine Aufklärung ist daher nur veranlasst, wenn **gesetzliche Vorschriften** dies verlangen oder wenn zum Schutz des Verbrauchers vor Täuschung **ungeschriebene Informationspflichten** bestehen. Ob solche ungeschriebenen Informationspflichten bestehen, ist mittels einer Interessenabwägung im Einzelfall zu ermitteln.[394] Auf der einen Seite ist zu fragen, inwieweit es dem Werbenden möglich und zumutbar ist, die fraglichen Angaben zu machen, ohne dass die Attraktivität der Werbung oder seines Angebots leidet.[395] Auf der anderen Seite kommt es darauf an, in welchem Maß der Umworbene auf die **Information** gerade durch den Werbenden **angewiesen** ist. Die Angewiesenheit ist nicht gegeben, wenn die Information für einen situationsadäquat aufmerksamen[396] und verständigen Durchschnittsverbraucher auch ohne Hinweis bekannt ist. Demgegenüber ist eine Angewiesenheit zu bejahen, wenn die Gefahr besteht, dass der Umworbene ohne die Information über den

---

[388] BGH GRUR 2002, 976, 978 – Kopplungsangebot I; BGH GRUR 2002, 979, 981 – Kopplungsangebot II.

[389] *Cordes* WRP 2001, 867, 871; *Heermann* WRP 2001, 855, 864; *Eppe* S. 229.

[390] So aber Tendenzen in der Rechtsprechung: BGH GRUR 1980, 202, 204 – RAMA-Mädchen; OLG Jena NJW-RR 2002, 182, 183 – Abo-Karten für Colorationen; ebenso *Tavanti* WRP 2001, 977, 979.

[391] *Eppe* S. 144.

[392] MünchKomm/*Kramer* BGB § 123 Rn 18; *Bamberger/Roth/Wendtland* BGB § 123 Rn 10.

[393] *Ohly* NJW 2003, 2135, 2137; → auch BT-Drucks. 15/1487 S. 19 rechte Spalte.

[394] BGH GRUR 2000, 616, 618 – Auslaufmodelle III; BGH GRUR 1999, 1122, 1123 und 1125, 1129 – EG-Neuwagen I und II; BGHZ 104, 185, 188 – Kontrollnummern; Hefermehl/Köhler/*Bornkamm* § 5 Rn 2.46.

[395] Zur Berücksichtigung des Umstandes, dass der Werbende die Information ohne weiteres erteilen kann, während sie für den Umworbenen nur schwer zu beschaffen ist → Fn 194.

[396] Das Abstellen auf die „situationsadäquate Aufmerksamkeit" ermöglicht es, nach der Art des beworbenen Produktes zu differenzieren → Rn 205.

tatsächlichen Wert des Angebots, namentlich über den Wert der einzelnen Teilleistungen, getäuscht wird[397] oder wenn er über weitere wesentliche Informationen im Unklaren gelassen wird. Eine Täuschung über den tatsächlichen Wert des Angebots kann beispielsweise dann eintreten, wenn der Werbende die Zugabe durch Beilegung von Attributen und die Art der Darstellung als zu wertvoll erscheinen lässt oder der günstige Teil des Angebots in der Werbung besonders hervorgehoben wird.[398] In diesen Fällen ist das Kopplungsangebot nicht hinreichend transparent. Demgegenüber ist ein Kopplungsangebot nicht missbräuchlich, wenn es den Preisvergleich nur erschwert.[399] § 4 Nr. 1 hat nicht den Zweck, den Gewerbetreibenden anzuhalten, in der Werbung die Elemente seiner Preisbildung nachvollziehbar darzustellen, um Preisvergleiche zu erleichtern.[400] Es besteht keine Pflicht des Werbenden, über alle Umstände, die für den Vertragsentschluss von Bedeutung sein könnten, von sich aus umfassend aufzuklären. Eine umfassende Aufklärung wird von einem verständigen Verbraucher auch nicht erwartet.[401] Dem Verbraucher obliegt es vielmehr selbst, Preisvergleiche anzustellen und sich Gedanken über die Preiswürdigkeit des Angebots zu machen.[402] Schließlich ist das Bestehen einer Informationspflicht abhängig von dem im Einzelfall **eingesetzten Werbemedium** und der **konkreten Ausgestaltung** der Werbung.[403]

c) Gesetzliche Informationspflichten. Gesetzliche Informationspflichten betreffend die Angaben über Kopplungsangebote finden sich in § 4 Nr. 4. Des Weiteren sieht § 5a Abs. 3 Informationspflichten für den Werbenden vor, wenn dieser gegenüber Verbrauchern Waren oder Dienstleistungen unter Hinweis auf deren Merkmale und Preis anbietet. Der Werbende muss bei einem solchen Angebot, das weitgehend dem „Anbieten“ im Sinne von § 1 Abs. 1 S. 1 PAngV gleichzusetzen ist,[404] zum einen die wesentlichen Merkmale der Ware oder Dienstleistung in dem für das Kommunikationsmittel und der Ware oder Dienstleistung angemessenen Umfang angeben (§ 5a Abs. 3 Nr. 1). Zum anderen ist der Werbende verpflichtet, Preise anzugeben (§ 5a Abs. 3 Nr. 3). Diese Regelung entspricht § 1 PAngV. Weitere Informationspflichten ergeben sich schließlich aus den übrigen Normen der Preisangabenverordnung und aus §§ 312c und 312e BGB iVm der Informationsverordnung. Diese Regelungen haben verbraucherschützende Funktion und stellen damit Marktverhaltensregelungen im Sinne des § 4 Nr. 11 dar.[405] Zu den gesetzlichen Informationspflichten nach § 6 Abs. 1 Nr. 3 TMG → § 4 Nr. 4. 184

d) Keine grundsätzliche Pflicht zur Angabe des Gesamtpreises. Sofern die Werbung sich noch nicht zu einem „Anbieten“ im Sinne der PAngV konkretisiert hat, trifft den Werbenden keine Pflicht, Preise anzugeben.[406] Wenn er sich aber dazu entscheidet, gegenüber Letztverbrauchern unter Angaben von Preisen zu werben, ist er nach § 1 Abs. 1 185

397 BGH GRUR 2006, 164 Tz. 20 – Aktivierungskosten II; BGH GRUR 2006, 161 Tz. 15 – Zeitschrift mit Sonnenbrille; BGH GRUR 2004, 344, 345 – Treue-Punkte; BGH WRP 2003, 743, 744 – Gesamtpreisangebot; BGH GRUR 2003, 77, 78 – Fernwärme für Börnsen; BGH GRUR 2002, 976, 978 – Kopplungsangebot I. Hier von einem übertriebenen Anlocken zu sprechen, wie es die Rspr. früher im Zusammenhang mit Kopplungsangeboten häufig getan hat, passt schon terminologisch nicht, weil für den Kunden schwierige Preisvergleiche eher mühsam und ärgerlich sind, so dass er nicht übertrieben angelockt, sondern eher vertrieben wird. Das Mittel der unsachlichen Beeinflussung ist daher nicht das übertriebene Anlocken, sondern die Irreführung.

398 BGH GRUR 2002, 976, 978 – Kopplungsangebot I; GRUR 2002, 979, 981 – Kopplungsangebot II; WRP 2003, 743, 745 – Gesamtpreisangebot; *Lettl* Das neue UWG, Rn 432; *ders.* BB 2004, 1913, 1919.

399 BGH WRP 2003, 743, 745 – Gesamtpreisangebot; BGH GRUR 1967, 530, 532 – Fahrschule.

400 BGH WRP 2003, 743, 745 – Gesamtpreisangebot zu § 1 UWG aF.

401 BGH WRP 2003, 743, 745 – Gesamtpreisangebot; → auch BGH NJWE-WettbR 1999, 25, 27 – Handy für 1 DM; BGH GRUR 1996, 793, 795 – Fertiglesebrillen.

402 BGH WRP 2003, 743, 745 – Gesamtpreisangebot.

403 Zum Gebot der abgestuften Information → § 4 Nr. 4 Rn 27.

404 Begründung zum Referentenentwurf S. 45.

405 Für die PAngV BGH GRUR 2004, 435, 436 – FrühlingsgeFlüge; Leible/Sosnitza/*Steinbeck* Versteigerungen im Internet 2004 Rn 541.

406 *Köhler/Piper* UWG § 1 PAngV Rn 12.

PAngV verpflichtet, Endpreise anzugeben. Besteht das Angebot aus mehreren Leistungen, ist der Werbende dann auch verpflichtet, den **Gesamtpreis** anzugeben.[407] Dafür genügt es nicht, wenn der Endpreis anhand der angegebenen Preisbestandteile, die in der Werbung genannt werden, von einem durchschnittlichen Letztverbraucher ohne weiteres errechnet werden kann.[408]

186 Die Pflicht zur Angabe eines Endpreises besteht selbstverständlich nur, wenn die in Rede stehenden Preisbestandteile zu einem Endpreis zusammengerechnet werden können.[409] Ist die konkrete Höhe der Gesamtbelastung **noch nicht bekannt,** da sie vom Verhalten des Käufers abhängig ist (zB der Verbrauch bei einem Netzkartenvertrag oder einem Stromlieferungsvertrag), kann auch der Gesamtpreis nicht angegeben werden. Eine Verpflichtung, die für eine Addition geeigneten Preisbestandteile zu einem Teilgesamtpreis zusammenzurechnen, kann der PAngV nicht entnommen werden. Eine solche Verpflichtung wäre auch nicht sinnvoll, denn ein auf diese Weise gebildeter Teilgesamtpreis wäre wenig aussagekräftig.[410]

187 **e) Ungeschriebene Pflicht zur Angabe der Einzelpreise. aa) Allgemeines.** Die ältere Rechtsprechung ging davon aus, dass der Kunde ohne weiteres in der Lage sein müsse, die Einzelpreise der Waren zu erkennen, um so die Preiswürdigkeit der angebotenen Waren mit der der Mitbewerber zu vergleichen.[411] Dem lag die Annahme zugrunde, allein durch eine Kopplung zweier oder mehrerer Leistungen werde der Eindruck erweckt, bei dem Gesamtpreis handele es sich um einen besonders günstigen Preis, d. h. der Gesamtpreis sei niedriger als die Summe der Einzelpreise. Die Angabe der Einzelpreise sollte dieser Irreführung entgegenwirken. Die Rechtsprechung vertritt inzwischen zu Recht den Standpunkt, dass **keine allgemeine Pflicht** zur Angabe der Preise[412] oder des Werts[413] der einzelnen Bestandteile besteht. Eine solche allgemeine Pflicht zu begründen sei dem Gesetzgeber vorbehalten.[414] Es sei darauf hingewiesen, dass trotz nicht immer einheitlicher Terminologie mit dem „Preis“ oder „Wert“ der **Durchschnittspreis** oder der handelsübliche Endverbraucherpreis gemeint ist. Die Angabe des subjektiven Werts der Sache kann schon deshalb nicht verlangt werden, weil diese Pflicht schlechterdings nicht erfüllbar wäre. Der Werbende kann diesen Wert nicht bemessen. Ebenso wenig würde man dem Informationsinteresse des Kunden gerecht, wenn der Werbende seinen eigenen Preis angeben könnte, da dieser aufgrund der Kalkulationsfreiheit des Werbenden wenig informativ wäre.

188 Die möglicherweise falsche Vorstellung einzelner Kunden, durch eine Kopplung erhielten sie ein besonders günstiges Preisangebot, begründet keine relevante Täuschung im Sinne einer missbräuchlichen Kopplung. Jede Werbung ist darauf gerichtet, das beworbene Produkt positiv darzustellen.[415] Es ist daher nicht wettbewerbswidrig, wenn lediglich der allgemeine Eindruck eines günstigen Angebots erweckt wird. Bei einem Kopplungsangebot

---

407 BGH GRUR 2001, 446 – 1-Pfennig-Farbbild.

408 BGH GRUR 2001, 1166, 1168 – Flugreisewerbung ohne Endpreisangabe. Relativiert wurde die Pflicht zur Endpreisangabe in den Fällen, in denen bei einem Internet-Reservierungssystem der zunächst angegebene Flugpreise erkennbar vorläufig ist und sich die Endpreise aufgrund einfacher elektronischer Verknüpfung ergeben, BGH GRUR 2003, 889, 890 – Internet-Reservierungssystem.

409 BGH GRUR 1999, 264, 266 – Handy für 0,00 DM.

410 BGH GRUR 1999, 264, 266 – Handy für 0,00 DM.

411 BGH GRUR 1976, 248, 249 – Vorspannangebote; BGH GRUR 1971, 582, 584 – Kopplung im Kaffeehandel; BGH GRUR 1962, 415, 418 – Glockenpackung.

412 BGH GRUR 1996, 363, 364 – Saustarke Angebote, hier noch unter – wenig überzeugendem – Abstellen auf die Umstände des Einzelfalles.

413 BGH GRUR 2006, 161 Tz. 15 – Zeitschrift mit Sonnenbrille; BGH WRP 2003, 743, 745 – Gesamtpreisangebot; BGH GRUR 2002, 976, 978 – Kopplungsangebot I; BGH GRUR 2002, 979, 981 – Kopplungsangebot II; BGH GRUR 1996, 363, 364 – Saustarke Angebote; OLG Düsseldorf GRUR-RR 2002, 285, 288 – Strom und Fon; OLG Hamm GRUR 1988, 553 – Video-Kopplungsangebot; zu Recht weist *Ohly* NJW 2003, 2135, 2137 darauf hin, dass dies auf eine Rückkehr zur früheren Unterscheidung zwischen „offenen“ und „verdeckten“ Kopplungsangeboten hinauslaufen würde.

414 So auch OLG Stuttgart GRUR 2002, 906, 907 – Schmuck-Set.

415 BGH GRUR 2002, 1000, 1002 – Testbestellung.

ist es ebenso wie bei einem Einzelangebot **Sache des Kunden,** die Günstigkeit eines Angebots abzuschätzen, **Preisvergleiche anzustellen** und sich Gedanken über die Preiswürdigkeit des Angebots zu machen.[416] Zudem begegnen dem Konsumenten heutzutage zunehmend Kopplungsangebote, so dass es zum Erfahrungswissen eines verständigen Verbrauchers gehört, dass diese Angebote nicht zwingend einen Preisvorteil beinhalten.

Etwas anderes muss in den Fällen gelten, in denen der Verkäufer durch weitere Angaben 189
(wie etwa „Sparpreis" oder „Preisknüller") in der Werbung den Eindruck der besonderen Preisgünstigkeit gegenüber dem Erwerber der Einzelprodukte erweckt. Dann kann ausnahmsweise in diesen Angaben in Verbindung mit dem fehlenden Hinweis auf die Einzelpreise eine Täuschung über den tatsächlichen Wert des Angebotes liegen.

bb) Einzelfälle. Wenn sich auch eine allgemeine Pflicht nicht begründen lässt, so bleibt 190
die Frage zu beantworten, ob eine Pflicht zur Angabe der Einzelpreise in Einzelfällen bestehen kann. Da der Kunde die Preiswürdigkeit des Kopplungsangebotes nur beurteilen kann, wenn er die Durchschnittspreise für die angebotenen Produkte kennt, könnte eine Unlauterkeit gegeben sein, wenn ihm die Erlangung der notwendigen Information nicht zumutbar oder nicht möglich ist. Ein solches Verständnis legt das Urteil des BGH „Saustarke Angebote" nahe, in dem ausgeführt wird, dass ein Kopplungsangebot wettbewerbswidrig ist, wenn die Einzelpreise nicht bekannt sind und der Verbraucher sie auch trotz längeren Suchens nicht in Erfahrung bringen kann, weil er keinerlei Anhaltspunkte für deren Berechnung hat und er deshalb die Preisgestaltung des Angebots nicht mit Konkurrenzangeboten vergleichen kann.[417] (Allerdings wurde im konkreten Fall – Kopplung einer Tiefkühltruhe mit einer Schweinehälfte – eine Unlauterkeit verneint, weil der Verbraucher angeblich wisse, was eine Schweinehälfte unbekannter Größe kostet.)

Daran anknüpfend wurde die Pflicht zur Angabe von Einzelpreisen in der **instanzgerichtlichen Rechtsprechung** unterschiedlich beurteilt. Im Internet wurde angeboten ein 191
Fiat Punto mit Sonderausstattung und eine Berlinreise zusammen mit mehreren technischen Geräten (unter anderem ein Drucker, eine Spiegelreflexkamera und ein Handy). Die einzelnen Bestandteile wurden unter Angabe des Herstellers genau beschrieben, allerdings fehlte die Angabe von Einzelpreisen. Das Angebot hatte eine Laufzeit von drei Wochen. Im Anschluss an die Grundsätze, die der BGH in der Entscheidung „Saustarke Angebote" aufgestellt hat, geht das OLG Köln[418] davon aus, dass es dem Kunden auch nach längerem und aufwendigem Suchen innerhalb der Laufzeit des Angebots von drei Wochen nicht möglich sei, die Preise für die einzelnen Produkte zu ermitteln. Um den von der unverbindlichen Preisempfehlung abweichenden üblicherweise geforderten Hauspreis und damit einen Vergleichspreis für den Pkw in Erfahrung zu bringen, müsse der Kunde einen oder mehrere Autohändler persönlich aufsuchen und ein Verkaufsgespräch führen. Der Aufwand an Zeit, Mühe und Kosten sei dem Interessenten nicht zumutbar. Der Preis der technischen Geräte sei gar nicht zu ermitteln, da es sich um Auslaufmodelle bzw. Produktneuheiten handele, die nicht mehr bzw. noch nicht auf dem Markt seien. Beim Handy schließlich fehle die Angabe über die zu zahlende monatliche Grundgebühr, Mindestumsätze, Taktung und die Höhe der Telefongebühren.

Demgegenüber geht das OLG Karlsruhe[419] davon aus, der Verbraucher könne anhand 192
der Artikelbeschreibung einen Preisvergleich ohne größere Mühe durchführen. Auch wenn es ihm nicht ohne weiteres gelänge, den jeweils günstigsten Preis zu ermitteln, so könne er sich doch einen gewissen Marktüberblick verschaffen, um das Angebot sachgerecht einzuordnen. Preistransparenz bedeute nicht, dass der Kunde in der Lage sein müsse, einen feststehenden Alternativpreis zu ermitteln, sondern es genüge, wenn er eine mögliche Preis-

[416] BGH WRP 2003, 743, 745 – Gesamtpreisangebot; auch BGH GRUR 2004, 344, 345 – Treue-Punkte.
[417] BGH GRUR 1996, 363, 364 – Saustarke Angebote.
[418] OLG Köln GRUR-RR 2002, 300 – Fiat Punto.
[419] OLG Karlsruhe WRP 2001, 1238, 1241 – Jetzt schlägts Punto, m. Anm. *Pluskat* WRP 2001, 1262.

spanne ermitteln könne. Hinsichtlich des Pkw habe der Kunde die Möglichkeit, sich beim Hersteller nach der unverbindlichen Preisempfehlung zu erkundigen und bei einem Händler zu ermitteln, in welchem Umfang gegebenenfalls eine Reduktion des Preises zu erzielen sei. Bei Auslaufmodellen oder Modellen, die noch nicht auf dem Markt sind, könne ein ungefährer Preis anhand leistungsähnlicher Produkte ermittelt werden. Das Angebot eines Handys mit Vertragsbindung schließlich habe sich am Markt derart durchgesetzt, dass der Verbraucher wisse, dass die letztlich aufzuwendenden Beträge für Gerät und Nutzung von der Tarifwahl und vom Umfang der Nutzung des Telefons abhängen. Das OLG Düsseldorf sah es bei einem Kopplungsangebot von „Strom & Fon" als zumutbar an, dass sich der Verbraucher im Internet bei der Aufsichtsbehörde oder beim Anbieter selbst über die jeweiligen Einzeltarife erkundigt, um so einen Preisvergleich mit dem Gesamtangebot vorzunehmen.[420]

193 Im Rahmen einer **Stellungnahme** ist davon auszugehen, dass angesichts der vielfältigen Informationsmöglichkeiten mittels moderner Kommunikationsmittel kaum eine Fallgestaltung denkbar ist, in der es einem Kunden nicht möglich ist, einen Einzelpreis für ein Produkt in Erfahrung zu bringen. Im Übrigen sind es Kunden seit jeher gewohnt, Leistungspakte ohne Aufschlüsselung der Einzelposten zu vergleichen (zB Einbauküchen mit Geräten, Pkw mit Sonderausstattungen). Es ist ihnen auch zumutbar, längere Zeit nach Vergleichsobjekten zu suchen, wenn sie einen Preisvergleich vornehmen möchten[421] und hierbei eine gewisse Eigeninitiative an den Tag zu legen (Nachfragen direkt beim Hersteller des Produkts oder ein persönlicher Besuch bei der Konkurrenz).[422] Da es als ausreichend anzusehen ist, wenn der Kunde eine realistische Preisspanne für das jeweilige Produkt ermitteln oder er die Preise mit Hilfe leistungsähnlicher Produkte vergleichen kann,[423] wird ein Kunde regelmäßig einen Preisvergleich anhand der anzugebenden Gesamtbelastung durchführen können, so dass eine **Pflicht zur Angabe der Einzelpreise zu verneinen** ist.[424]

194 Selbst bei Gütern, bei denen ein Durchschnittspreis nicht ermittelt werden kann, etwa weil es **keine vergleichbaren Produkte auf dem Markt** gibt (Artikel, die speziell für die Werbeaktion gefertigt wurden), besteht keine Pflicht zur Angabe eines Schätzwertes oder des Selbstkostenpreises.[425] Der Einwand, dem Werbenden sei die Angabe über den Wert idR ohne weitere Mühen möglich, während die Informationsbeschaffung für den Kunden oder auch Dritte sich idR schwierig gestalte, überzeugt nicht. Ein solches Informationsgefälle rechtfertigt keine Informationspflicht des Werbenden. Auch bei Einzelangeboten kann die Ermittlung des Wertes für den Kunden schwierig sein, aber es wird vom Verkäufer nicht verlangt, Schätzwerte oder Selbstkostenpreise in der Werbung anzugeben.[426] Hat der Kunde Zweifel hinsichtlich der Preiswürdigkeit des Angebots, steht es ihm frei, davon Abstand zu nehmen.

195 Der Einwand, dass in diesen Fällen ein gewisser Prozentsatz der Verbraucher sich aus Bequemlichkeit oder Zeitmangel nicht die Mühe nach Erkundigungen macht, rechtfertigt

---

[420] OLG Düsseldorf GRUR 2002, 285, 286 – Strom und Fon; zu den Anforderungen nach der Preisangabenverordnung OLG Köln MMR 2000, 753 – Free&Easy Christmas-Set.

[421] BGH GRUR 1996, 363 – Saustarke Angebote; zur Kombination von einer Gefriertruhe mit einer Schweinehälfte auch OLG Hamm NJW-RR 1994, 430 – Gesamtpreis für Gefriertruhe und Schweinehälfte; OLG Hamburg WRP 1993, 40 – Das saustarke Angebot.

[422] BGH GRUR 1991, 468, 469 – Preisgarantie II; BGH GRUR 1994, 57, 59 – Geld-zurück-Garantie (auch wenn es hier um ein Verhalten nach Vertragsschluss ging, kann doch die Wertung übernommen werden).

[423] OLG Karlsruhe WRP 2001, 1238, 1241 – Jetzt schlägts Punto.

[424] BGH WRP 2003, 743, 745 – Gesamtpreisangebot; aA *Köhler* GRUR 2003, 729, 735, der einwendet, ein Preisvergleich anhand des Gesamtpreises sei nur möglich, wenn es identische oder vergleichbare Leistungspakete gebe.

[425] So aber Hefermehl/*Köhler*/Bornkamm UWG § 4 Rn 1.75 sofern es sich um eine Zugabe handelt.

[426] Bestätigt wird dies durch BGH WRP 2007, 303 Tz. 24f – Regenwaldprojekt I und BGH WRP 2007, 308 Tz. 21f – Regenwaldprojekt II. Auch hier war es dem Werbenden ohne weitere Mühen möglich, weitere Informationen zu erteilen, dennoch wurde eine Pflicht hierzu abgelehnt; ähnlich restriktiv OLG Köln WRP 1981, 227 – Verstoß gegen Wettbewerbsrecht durch verdecktes Kopplungsangebot.

keine Informationspflicht des Werbenden.[427] Die Vorschrift des § 4 Nr. 1 hat nicht den Zweck, unabhängig vom Schutz der Verbraucher vor unlauterer Beeinflussung und über die für Preisangaben geltenden Vorschriften hinaus, die Gewerbetreibenden anzuhalten, in der Werbung die Elemente der Preisbemessung nachvollziehbar darzustellen, um Preisvergleiche zu erleichtern. Es ist vielmehr Sache des Verbrauchers, selbst Preisvergleiche anzustellen und sich Gedanken um die Preiswürdigkeit des Angebots zu machen.[428]

f) Keine grundsätzliche Pflicht zur Angabe wertqualifizierender Merkmale. 196 Verneint man eine Pflicht des Werbenden, bei einem Kopplungsangebot Einzelpreise in Form von Durchschnittspreisen, Selbstkosten oder Schätzwerten anzugeben, ist zu fragen, ob und inwieweit den Anbieter eine Pflicht trifft, die wertqualifizierenden Merkmale der einzelnen Leistungen in der Werbung anzugeben.

Handelt es sich nicht um eine bloße Aufmerksamkeitswerbung, sondern um ein Ange- 197 bot in der Form des § 5a Abs. 3, so sind die nach § 5 Abs. 3 Nr. 1 erforderlichen Angaben zu machen.

Hat sich die Werbung noch nicht zu einem Angebot im Sinne des § 5a Abs. 3 konkreti- 198 siert oder wird gegenüber einem Unternehmer geworben, besteht eine Pflicht zur Angabe wertqualifizierender Merkmale nicht. Dies ergibt sich aus einem Gegenschluss zu § 5a Abs. 3 und entspricht auch der bisherigen höchstrichterlichen **Rechtsprechung,** die einer solchen Pflicht restriktiv gegenüber steht. Selbst wenn man die Entscheidung „Saustarke Angebote" anders verstehen wollte, hat sich der BGH in der Entscheidung **„Gesamtpreisangebot"**[429] (Werbung für eine Pauschalreise inklusive Skier der Marke F., und zwar nach Wunsch Abfahrts- oder Langlaufski) ausdrücklich hiervon distanziert und eine Pflicht zur Angabe der wertqualifizierenden Merkmale (hier des konkreten Skimodells) abgelehnt. Es sei gerade bei Pauschalreisen nicht üblich und in der Regel auch nicht sinnvoll, den Wert[430] aller im Gesamtangebot enthaltenen, sehr verschiedenartigen Leistungen in der Werbung zu erläutern. Das Fehlen näherer Angaben zu den Marken-Skiern begründe nicht die Gefahr einer unsachlichen Beeinflussung der Kunden. Nahm die Begründung in der Entscheidung „Gesamtpreisangebot" noch auf die Besonderheiten der Branche (Pauschalreisen) Bezug, so hat sich der BGH inzwischen auch bei Waren des täglichen Bedarfs gegen eine Verpflichtung des Werbenden ausgesprochen, „weitere aufklärende Angaben" über den Preis hinaus zu machen.[431] Das UWG habe nicht den Zweck, über die für Preisangaben geltenden Vorschriften hinaus und unabhängig vom Schutz der Verbraucher vor unlauterer Beeinflussung die Gewerbetreibenden anzuhalten, in der Werbung die Elemente ihrer Preisbemessung nachvollziehbar darzustellen, um Preisvergleiche zu erleichtern.[432] Diese eher restriktive Haltung kommt auch in den Entscheidungen Regenwaldprojekt I und II zum Ausdruck.[433]

Damit dürften die Entscheidungen einiger **Instanzgerichte**, die bei Kopplungsangebo- 199 ten eine genaue Leistungsbeschreibung forderten, überholt sein. So wurde die Kopplung eines Möbelkaufs im Wert von 3.500 DM mit einer einwöchigen Türkeireise als wettbewerbswidrig angesehen, wenn die angebotene Reise in keiner Weise näher beschrieben wird.[434] Ebenso wurde die erforderliche Transparenz verneint beim Angebot zum Kauf eines Autos gekoppelt mit einer einwöchigen Malaysia-Reise.[435] Seien die Einzelleistungen nur kursorisch umschrieben, blieben dem Kunden nur Preisspielereien übrig, die ihn dazu

---

427 So aber *Köhler* GRUR 2002, 1067, 1072.

428 BGH WRP 2003, 743, 745 – Gesamtpreisangebot; vgl. auch BGH GRUR 2004, 344, 345 – Treue-Punkte.

429 BGH WRP 2003, 743, 745 – Gesamtpreisangebot.

430 Wert ist hier nicht im Sinne eines Durchschnittspreises gemeint, sondern als Beschreibung der wertqualifizierenden Merkmale.

431 BGH GRUR 2004, 344, 345 – Treue-Punkte.

432 BGH GRUR 2004, 344, 345 – Treue-Punkte; BGH WRP 2003, 743, 745 – Gesamtpreisangebot.

433 BGH WRP 2007, 303 Tz. 24 f und 308 Tz. 21 f – Regenwaldprojekt I und II → Rn 380 ff.

434 OLG Frankfurt GRUR-RR 2002, 30 – Traumreise gratis.

435 OLG München WRP 2001, 319, 321 – Kopplungsangebot Auto und Reise.

verleiten könnten, sich in Bezug auf die Preisgestaltung der angebotenen Leistungsgegenstände selbst etwas vor zu machen.[436] Als ausreichend konkret wurde die Beschreibung einer Berlinreise mit der Angabe „Zugfahrt und zwei Hotelübernachtungen" angesehen.[437] Gegen eine Pflicht zur Angabe von Leistungsmerkmalen und Produkteigenschaften spricht sich allerdings das OLG Köln in einem Fall aus, in dem die Hardware für die Nutzung von DSL-Internetzugängen unentgeltlich abgegeben wurde, wenn man ein „DSL Plus-Paket" für 2.90 Euro monatlich bestellte, über dessen Leistungen keine Informationen gegeben wurden.[438]

200 In der **Literatur** wird eine Pflicht zur Angabe von wertqualifizierenden Merkmalen zum Teil befürwortet,[439] zum Teil gänzlich abgelehnt[440] oder nur nach entsprechender Anfrage des Kunden bejaht.[441] Andere wollen danach unterscheiden, ob Erfahrungsgüter oder Such- und Vertrauensgüter erworben werden.[442] *Köhler* schließlich verneint eine Aufklärungspflicht bei Kopplungsangeboten, fordert sie aber für wertvolle Zugaben.[443] Er begründet dies damit, dass der Kunde nur mit entsprechenden Angaben einen Vergleich mit Konkurrenzangeboten vornehmen und auch nur mit deren Hilfe ermitteln könne, ob er einen Bedarf an der entsprechenden Ware hat und welchen Wert sie besitzt. Schließlich sei es dem Kunden nur bei ausreichender Information möglich, später etwaige bürgerlich-rechtliche Mängelansprüche geltend zu machen.

201 Im Rahmen einer **Stellungnahme** ist festzuhalten, dass der BGH einer generellen Verpflichtung des Werbenden zur Angabe von wertqualifizierenden Merkmalen zu Recht ablehnend gegenüber steht.

202 Die Ansicht *Köhlers,* der sich für eine Informationspflicht nur bei Zugaben, nicht aber bei Kopplungsangeboten ausspricht, kann nicht überzeugen. Wollte man eine Leistungsbeschreibung verlangen, so wäre sie bei Kopplungsangeboten eher geboten als bei Zugaben, weil der Kunde hier die Leistung nur gegen Entgelt erhält, während er sie dort unentgeltlich bekommt. Im Ergebnis sprechen die besseren Gründe jedoch **gegen eine Pflicht zur Angabe wertqualifizierender Merkmale.** Das Argument, die Angaben seien erforderlich, damit der Käufer Anhaltspunkte für die Geltendmachung etwaiger Mängelrechte nach §§ 434ff. BGB habe, überzeugt nicht. Allein der Umstand, dass sich die Beschreibung der Ware in der Werbung auf die Rechtsdurchsetzung des Käufers günstig auswirken mag, kann eine Pflicht des Gewerbetreibenden nicht begründen, zumal Angaben in der Werbung für die Rechtsstellung des Gewerbetreibenden wegen § 434 Abs. 3 BGB durchaus nachteilig sein können. Hinzu kommt, dass auch in den Fällen, in denen wertqualifizierende Merkmale nicht genau benannt werden, Gewährleistungsansprüche nicht ausgeschlossen sind. Es ist dann von einer Ware mittlerer Qualität auszugehen. Ebenso wenig überzeugt die Annahme, nur mittels dieser Angaben könne der Verbraucher feststellen, ob er Bedarf für diese Leistung habe und welchen Wert sie besitze. Für eine Bedarfsprüfung und für einen Vergleich mit Konkurrenzangeboten durch den Kunden ist es nicht unabdingbar, dass der Werbende den Kunden über den Gegenstand des Angebots von sich aus informiert. Der Kunde kann Auskunft über die leistungsbeschreibenden Merkmale auch durch eine Nachfrage beim Anbieter erhalten.

203 Die entscheidende Frage ist daher, ob es dem **Kunden zumutbar** ist, die notwendigen **Informationen beim Werbenden durch Nachfragen einzuholen.** Dies wird regelmäßig zu bejahen sein. So wie von einem verständigen Verbraucher erwartet werden kann,

---

[436] OLG Hamm GRUR 1989, 923 – Auto und Urlaub, wobei in der beanstandeten Werbung Reiseziel, Hotel, Reisedauer und Personenzahl genannt wurden.
[437] OLG Karlsruhe GRUR-RR 2001, 272 – Fiat Punto.
[438] OLG Köln CR 2006, 546 – Angebot mit DSL-Internetzugängen.
[439] *Heermann* WRP 2005, 141, 147 (außer bei geringwertigen Zugaben).
[440] *Pluskat* WRP 2004, 282, 285f.
[441] *Eppe* WRP 2004, 153, 158.
[442] *Beater* 2002 § 16 Rn 66 und 74.
[443] Bornkamm/*Köhler* § 4 1.76; *ders.* GRUR 2003, 729, 736.

dass er sich bei Einzelangeboten über Leistungsmerkmale und Produkteigenschaften der angebotenen Waren mit einigem Aufwand informiert, so ist ihm dies auch bei Kopplungsangeboten zumutbar.[444]

Zwar ist der Werbende im Hinblick auf die wertqualifizierenden Merkmale – anders als hinsichtlich der Durchschnittspreise – der einzige, der die begehrte Information erteilen kann. Der Kunde muss sich also mit dem Anbieter selbst in Verbindung setzen, wenn er die Informationen erhalten möchte. Darin wird zum Teil ein maßgebliches Moment für eine unlautere Beeinflussung gesehen, weil durch die Nachfrage gerade der geschäftliche Kontakt ermöglicht wird, der den Werbenden dann in die Lage versetzt, den potentiellen Kunden für sich zu gewinnen.[445] Habe der Kunde einmal persönlichen Kontakt mit dem Werbenden, falle es ihm schwer, sich gegen das Angebot zu entscheiden und er könne keine sachliche Entscheidung mehr treffen.[446] Ein verständiger Verbraucher wird jedoch, wenn nicht besondere weitere Umstände vorliegen, auch nach einem persönlichen Kontakt noch bereit und in der Lage sein, Preisvergleiche anzustellen. Ein psychischer Kaufzwang[447] lässt sich nicht per se begründen. Schließlich rechtfertigt auch das Argument, der Werbende habe – anders als etwa bei der Angabe des Selbstkostenpreises – kein schutzwürdiges Interesse daran, die ihm ohne weiteres vorliegende Information über die wertbildenden Faktoren nicht offen zu legen, keine andere rechtliche Beurteilung. Der Kunde ist auf diese nicht angewiesen, da es ihm frei steht, bei fehlender Aufklärung von dem Angebot Abstand zu nehmen. 204

Abzulehnen ist schließlich eine Abgrenzung danach, ob es sich um den Kauf von Erfahrungsgütern oder um den Erwerb von **Erfahrungs-, Such- und Vertrauensgütern** handelt. Erfahrungsgüter sind niedrigpreisige Produkte des alltäglichen Lebens, bei denen der Verbraucher seine Kaufentscheidung in erster Linie von den Erfahrungen mit dem Produkt abhängig macht. Suchgüter hingegen sind höherwertige Produkte, deren Anschaffung nur in größeren Abständen ansteht, während Vertrauensgüter diejenigen Produkte sind, bei deren Anschaffung der Verbraucher mangels eigener Überprüfungsmöglichkeit in besonderem Maße auf die Informationen durch den Werbenden angewiesen ist. Als zusätzliches Kriterium ist diese Differenzierung wenig gewinnbringend, da die damit verbundenen Wertungen schon im Rahmen der Frage Berücksichtigung finden, welche Aufmerksamkeit von einem durchschnittlich verständigen Verbraucher in der konkreten Situation erwartet werden kann.[448] Darüber hinaus kann sich die Art des zu erwerbenden Produktes durchaus diametral auf die im Einzelfall zu stellenden Informationsanforderungen auswirken: So ist der Verbraucher bei Erfahrungsgütern des täglichen Bedarfs zwar weniger schutzwürdig als bei der Entscheidung über den Erwerb eines Such- oder Vertrauensgutes, dafür ist aber auch seine Aufmerksamkeit bei der Kenntnisnahme der zur Verfügung gestellten Informationen geringer. Folglich kann man bei der Kopplung mit Vertrauensgütern (zB Versicherungen) nicht pauschal eine weitreichende Informationspflicht des Werbenden begründen mit der Annahme, der Kunde sei wegen der Abstraktheit der Leistung überfordert.[449] Gerade bei komplexen Gütern, wie Versicherungen etc., ist eine detaillierte Leistungsbeschreibung schon in der Werbung nicht zumutbar, wenn diese nicht völlig unübersichtlich werden soll. Sie ist idR auch nicht möglich, da detaillierte Angaben meist die Kenntnis von 205

---

[444] OLG Köln CR 2006, 546, 547 – Kopplungsangebot mit DSL-Internetzugängen (unter Offenlassung der Frage, ob dies auch für eine unentgeltliche Zugabe gilt).

[445] OLG Frankfurt GRUR-RR 2002, 30, 31 – Traumreise gratis; OLG Hamm GRUR 1989, 923 – Auto und Urlaub.

[446] OLG Frankfurt GRUR-RR 2003, 30, 31 – Traumreise gratis.

[447] Zum psychischen Kaufzwang → Rn 106.

[448] So auch BGH GRUR 2000, 619, 621 – Orient-Teppichmuster.

[449] *Beater* 2002 § 16 Rn 66 und 74. Als Beispiel nennt *Beater* BGHZ 110, 156 – HBV Familien- und Wohnungsrechtsschutz. Hier handelt es sich tatsächlich um eine missbräuchliche Kopplung, aber nicht wegen der fehlenden Transparenz, sondern aufgrund der Machtstellung des Anbieters → Rn 253. Zu der im Anschluss an wirtschaftswissenschaftliche Untersuchungen anknüpfenden Unterscheidung zwischen Erfahrungs-, Such- und Vertrauensgütern und der unterschiedlichen Schutzbedürftigkeit des Verbrauchers, *Beater* JZ 2000, 973 ff; *Groschke/Kiethe* WRP 2001, 230, 234.

persönlichen Daten und Wünschen des Kunden erfordern (Ausschluss der Haftung, Selbstbehalt). Auf der anderen Seite wird der Kunde eine erhöhte Aufmerksamkeit an den Tag legen, nachfragen und das Angebot nicht allein aufgrund einer bloßen Werbeanzeige annehmen.

206 **g) Einzelfallbetrachtung.** Von dem Grundsatz, dass der Werbende nicht verpflichtet ist, Angaben über den Gesamtpreis, die Einzelpreise oder wertqualifizierende Merkmale der einzelnen Bestandteile des Kopplungsangebotes zu machen, ist eine Ausnahme zu machen, wenn die Werbung ohne nähere Erläuterungen die konkrete **Gefahr der Irreführung** begründet.[450] Hierbei ist auf die allgemeinen Grundsätze zur irreführenden Werbung zurückzugreifen.

207 **aa) Verschweigen der Gesamtbelastung.** Unzulässig ist es, wenn in einer Werbung die unentgeltliche oder preisgünstige Teilleistung herausgestellt wird, der Preis des anderen Teils des Kopplungsangebotes und damit der Gesamtbelastung, die auf den Kunden zukommt, aber verschwiegen oder nur schwer erkennbar angegeben wird. Der Werbende muss klar erkennbar und deutlich lesbar darauf hinweisen, dass ein Entgelt für den anderen Teil des Kopplungsangebots verlangt wird oder dass Folgekosten anfallen.[451] (Bei Zugaben folgt dies aus § 4 Nr. 4). Wenn der **Inhalt der Teilleistungen** unmittelbare Auswirkungen auf die wirtschaftliche Gesamtbelastung des Kunden hat, besteht auch eine Pflicht zur Leistungsbeschreibung. So muss etwa, wenn ein Handy mit Netzkartenvertrag angeboten wird, die Mindestlaufzeit des Netzkartenvertrags angegeben werden, sofern eine Grundgebühr verlangt wird.[452]

208 Ein Hinweis auf das Kleingedruckte reicht insoweit grundsätzlich nicht aus. So begründet zB die blickfangmäßige Herausstellung eines kostenlosen Mobiltelefons die Gefahr, dass der Kunde die in der Zukunft anfallenden Kosten des Netzkartenvertrags bei der Kaufentscheidung vernachlässigt. Daher müssen auch die mit dem Abschluss des Netzkartenvertrags verbundenen Kosten angegeben werden. Für die Frage, in welcher Art und Weise die notwendigen Angaben zu machen sind, kann auf die Grundsätze der PAngV, insbesondere § 1 Abs. 6 S. 2, zurückgegriffen werden. Das bedeutet, dass die erforderlichen Angaben leicht erkennbar, gut lesbar, vollständig und räumlich eindeutig dem (blickfangmäßig herausgestellten) Preis für das Mobiltelefon zugeordnet sein müssen. Dies kann auch durch einen klaren und unmissverständlichen Sternchenhinweis geschehen, wenn dadurch die Zuordnung der Angaben zu dem herausgestellten Preis gewahrt bleibt.[453]

209 Allerdings ist der Anbieter weder gezwungen, ein komplexes Tarifsystem vollständig wiederzugeben, noch ist er gezwungen, das Tarifsystem einfach und übersichtlich zu gestalten.[454] Für die **verbrauchsabhängigen Preise** ist eine vereinfachte Darstellung möglich

---

[450] BGH GRUR 2004, 344, 345 – Treue-Punkte; BGH WRP 2003, 743, 745 – Gesamtpreisangebot; *Pluskat* WRP 2004, 282, 286.

[451] BGH GRUR 2006, 164 Tz. 20 – Aktivierungskosten II; BGH GRUR 2003, 890, 891 – Buchclub-Kopplungsangebot, jedoch ohne abschließende Entscheidung in der Sache mangels dahingehenden Unterlassungsantrags; BGH GRUR 2002, 976, 978 – Kopplungsangebot I; BGH GRUR 2002, 979, 981 – Kopplungsangebot II; BGH NJWE-WettbR 2000, 232, 233 – Handy fast geschenkt für 0,49 DM; BGH NJWE-WettbR 1999, 25, 27 – Handy für 1 DM; BGH GRUR 1999, 264, 267 – Handy für 0,00 DM; BGH WRP 1999, 509, 511 – Kaufpreis je nur 1,– DM; BGH GRUR 1999, 261, 264 – Handy-Endpreis; OLG Hamburg MD 2007, 129 – Opertation Preis; OLG Schleswig GRUR-RR 2004, 27; OLG Karlsruhe GRUR-RR 2002, 168 – Irreführende Preisangaben bei Kopplungsangebot; so schon OLG Stuttgart GRUR 1978, 722 – Radio-Digital-Uhr; OLG Stuttgart GRUR 1972, 658 – Möbelwerbung (ins Entscheidungsregister).

[452] BGH NJWE-WettbR 1999, 25, 27 – Handy für 1 DM; BGH GRUR 1999, 264, 267 – Handy für 0,00 DM.

[453] BGH GRUR 2002, 976, 978 – Kopplungsangebot I; BGH GRUR 2002, 979, 981 – Kopplungsangebot II (unzulässig, weil man die Anzeige um 90 Grad drehen musste, um den Inhalt des Kästchens zu lesen, und darüber hinaus nicht ausreichend Informationen in dem Kästchen vorhanden waren); BGH GRUR 1999, 264, 267 – Handy für 0,00 DM; BGH GRUR 1999, 261, 264 – Handy-Endpreis; BGH NJWE-WettbR 1999, 25, 27 – Handy für 1 DM.

[454] BGH GRUR 1999, 264, 267 – Handy für 0,00 DM; BGH GRUR 1999, 261, 264 – Handy-Endpreis.

(zB durch Preismargen von ... bis). Die verbrauchsunabhängigen festen Entgelte sowie die Vertragslaufzeit sind auf alle Fälle anzugeben.[455]

bb) Gegenüberstellung der Einzelpreise und des Gesamtpreises. Wirbt der Anbieter mit einer Gegenüberstellung der Einzelpreise und des Gesamtpreises, darf er die Einzelpreise nicht überhöht angeben, um damit den Gesamtpreis als niedrig erscheinen zu lassen.[456] Als Einzelpreise dürfen nur die Preise angegeben werden, die der Werbende selbst ernsthaft verlangt, d.h. regelmäßig gefordert hat. Hat der Werbende eine oder mehrere Leistungsbestandteile nicht selbst angeboten, dann darf er nur Durchschnittspreise als Einzelpreise angeben, nicht jedoch den höchsten Preis, der in der Branche verlangt wird. Ebenso wenig darf der Werbende die Unentgeltlichkeit der Zweitleistung herausstellen, um damit den überhöhten Preis für die Erstleistung zu verschleiern.[457] 210

cc) Täuschung über den Wert der Teil- oder Zusatzleistung. Eine missbräuchliche Kopplung unter dem Gesichtspunkt der Preisverschleierung kann auch gegeben sein, wenn die Werbung – etwa aufgrund werblicher Anpreisungen – den Eindruck vermittelt, die angebotenen Leistungen seien von überdurchschnittlicher Qualität oder hohem Wert, dies aber nicht den tatsächlichen Gegebenheiten entspricht.[458] Bei einer solchen Täuschung über den Wert der Teil- oder Zusatzleistung,[459] kann die Pflicht bestehen, wertqualifizierende Angaben zu machen, damit der Kunde deren Wert richtig einschätzen kann. Wirbt ein Verkäufer etwa beim Einkauf von Möbeln im Wert von 3.000 Euro mit der unentgeltlichen Zugabe eines Laptops, darf es sich nicht um ein veraltetes Modell handeln. Hierbei ist jedoch zu berücksichtigen, dass der verständige Verbraucher Werbeanpreisungen nicht für bare Münze nimmt. Insbesondere bei unentgeltlichen oder fast unentgeltlichen Zugaben wird ihm bewusst sein, dass ein Kaufmann nichts zu verschenken hat. 211

Das Bestehen oder Nicht-Bestehen von **Informationspflichten nach dem BGB** gibt keine abschließende Auskunft über die lauterkeitsrechtliche Beurteilung. Tatbestandsvoraussetzungen und Rechtsfolgen sind zu unterschiedlich, als dass Wertungen übertragbar wären. So besteht die in § 312c Abs. 1 und 2 BGB iVm § 1 Abs. 1 Nr. 3 BGB-InfoV[460] verankerte Pflicht zur Information über die „wesentlichen Merkmale der Ware oder Dienstleistung“ nur gegenüber Verbrauchern und auch nur bei Fernabsatzverträgen. Diese Angaben müssen zudem nicht im Rahmen der Werbung, sondern „alsbald, spätestens bis zur vollständigen Erfüllung, bei Waren spätestens bei Lieferung an den Verbraucher“ (§ 312c Abs. 1 und 2 BGB) gemacht werden. Schließlich begründet eine Verletzung der Pflicht nach § 312c Abs. 1 und 2 BGB iVm § 1 Abs. 1 Nr. 3 BGB-InfoV einen Anspruch des Käufers auf Schadenersatz nach § 280 Abs. 1 BGB, während im Lauterkeitsrecht dem Kunden selbst keine Ansprüche zustehen. 212

5. Missbräuchliche Kopplung aufgrund unsachlicher Beeinflussung

a) Übertriebenes Anlocken. aa) Ausgangslage. Ein Kopplungsangebot beeinflusst die Kunden unsachlich, wenn es sie in übertriebener Weise anlockt. Das ist der Fall, wenn von dem Kopplungsangebot eine so starke Anziehungskraft ausgeht, dass bei dem Umworbenen die Rationalität der Nachfrageentscheidung vollständig in den Hintergrund tritt.[461] 213

---

455 BGH GRUR 1999, 264, 267 – Handy für 0,00 DM; BGH GRUR 1999, 261, 264 – Handy-Endpreis; zu einer Werbung für einen Internetzugang mit entsprechender Hard- und Software → OLG Hamburg NJWE-WettbR 2000, 57 – Gesamtangebot von Internetzugangsverträgen und einem Softwarepaket.

456 BGH GRUR 1984, 212, 213 – Unechter Einzelpreis.

457 So *Köhler* GRUR 2003, 729, 738.

458 OLG Düsseldorf WRP 2001, 711, 713 – Treuemarken (Bezeichnung „hochwertig und attraktiv“ für Schmuck); liberaler OLG Stuttgart GRUR 2002, 906 – Schmuck-Set.

459 BGH WRP 2007, 303 Tz. 22 – Regenwaldprojekt I; BGH GRUR 2006, 161 Tz. 27 – Zeitschrift mit Sonnenbrille.

460 BGBl. I 2002 S. 3002.

461 BGH GRUR 2006, 161 Tz. 15 – Zeitschrift mit Sonnenbrille; BGH GRUR 2004, 343 – Playstation; BGH GRUR 2003, 890, 891 – Buchclub-Kopplungsangebot; BGH GRUR 2003, 624, 626 – Kleidersack;

Um zu beurteilen, ob ein Kopplungsangebot die Kunden übertrieben anlockt, ist das Angebot insgesamt zu würdigen. In der Rechtsprechung findet sich immer wieder die Formulierung: „insbesondere kommt es auf den Anlass, auf die Person des Gebers und Empfängers, auf den Wert der Leistungen, aber auch die Intensität der Werbewirkung und den Zweck sowie auf die Art und Weise ihrer Gewährung, d. h. die Art der begleitenden Werbung an".[462] Bei der lauterkeitsrechtlichen Beurteilung eines Kopplungsangebots ist von einem **verständigen Verbraucher** auszugehen,[463] der in durchschnittlicher Weise bereit ist, sachgerechte Informationen in seine Überlegungen einzubeziehen, der sich nicht übereilt und ohne Prüfung der Marktverhältnisse zu einem Vertragsschluss verleiten lässt und der ein aus mehreren Leistungskomponenten bestehendes Gesamtangebot regelmäßig überschauen kann.[464] Legt man dieses Verbraucherleitbild zugrunde, so ist es fraglich, ob und inwieweit die immer wieder genannten Kriterien tatsächlich für die lauterkeitsrechtliche Beurteilung relevant sind.

214 **bb) Umstände des Einzelfalls. (1) Höhe des geldwerten Vorteils.** Insbesondere bei Zugaben (als Unterfall der Kopplungsangebote) spielte der Wert eine entscheidende Rolle für die Frage der lauterkeitsrechtlichen Zulässigkeit. Nach Aufhebung der ZugabeVO gehen Rechtsprechung[465] und Literatur[466] jedoch zunehmend davon aus, dass für die lauterkeitsrechtliche Beurteilung keine festen Wertgrenzen mehr bestehen, sondern dass die Umstände des Einzelfalles entscheidend sind. Zugaben sind nun **in größerem Umfang zulässig,** wobei die Überschreitung gewisser Grenzen weiterhin den Vorwurf wettbewerbswidrigen Verhaltens begründen soll. Von einem übertriebenen Anlocken könne man nur noch ausgehen, „wenn die Lockmittel in einem Maß das übliche Maß übersteigen, dass der angesprochene Verkehr jede Vernunft fahren lasse".[467] Naturgemäß gehen die Ansichten darüber, wann ein solches Maß erreicht ist, auseinander. Die Bandbreite der Vorschläge, wann die Zulässigkeitsgrenze überschritten ist, variiert. Sie reicht von mehr oder weniger vagen Aussagen: „ein übertriebenes Anlocken kann erst angenommen werden, wenn ein besonders krasses Missverhältnis zwischen dem gewährten Vorteil und der entgeltlichen Leistung besteht"[468] bis hin zu konkreten Angaben: „wenn die Zugabe 20–25% des Werts der Hauptleistung ausmacht,"[469] „wenn die Zugabe den halben Wert der Hauptleistung übersteigt,"[470] „wenn die Zugabe ein Drittel bis ein Halb des Werts der Hauptleistung ausmacht,"[471] „wenn der Wert der Zugabe den Wert der Hauptware erreicht, so dass für den Kunden der Eindruck entsteht, keinen oder nur einen symbolischen Kaufpreis zah-

---

BGH GRUR 2002, 976, 978 – Kopplungsangebot I; BGH GRUR 2002, 979, 981 – Kopplungsangebot II. Zum übertriebenen Anlocken → Rn 130 ff.

462 BGH GRUR 2002, 1000, 1002 – Testbestellung; BGH GRUR 1998, 1037, 1038 – Schmuck-Set; BGH GRUR 1998, 475, 476 – Erstcoloration; BGH GRUR 1993, 774, 776 – Hotelgutschein; BGH GRUR 1989, 366, 367 – Wirtschaftsmagazin; BGH GRUR 1986, 820, 821 – Probe-Jahrbuch; BGH GRUR 1984, 463, 464 – Mitmacher-Tour.

463 Zum Verbraucherleitbild → Rn 84.

464 OLG Karlsruhe GRUR-RR 2002, 168 – Irreführende Preisangaben bei Kopplungsangebot.

465 BGH GRUR 2002, 976, 978 – Kopplungsangebot I; BGH GRUR 2002, 979, 981 – Kopplungsangebot II; OLG Jena GRUR-RR 2002, 32, 33 – Abo-Karten für Haarfärbung; OLG Frankfurt GRUR-RR 2002, 30, 31 – Traumreise gratis; OLG Stuttgart GRUR 2002, 906, 907 – Schmuck-Set; OLG Karlsruhe GRUR 2002, 909 – Geburtstagsgutschein; OLG Karlsruhe NJW-RR 2002, 1044, 1045 (für Rabatte): Ein Verstoß gegen das Wettbewerbsrecht liegt vor, wenn aus Sicht des Verbrauchers die Vergünstigung den Wert des Hauptangebots erreicht; ähnlich OLG Hamburg Urt. v. 27. 6. 2002, 3 U 281/01.

466 *Piper*/Ohly UWG § 4 Rn 1/66; *Berlit* WRP 2001, 349, 352; *Cordes* WRP 2001, 867, 870; *Nordemann* NJW 2001, 2505, 2511.

467 *Berlit* WRP 2001, 349, 352.

468 OLG Karlsruhe GRUR-RR 2002, 168 – Irreführende Preisangaben bei Kopplungsangebot; *Berlit* WRP 2001, 349, 353: Das sei der Fall, wenn beim Kauf eines Liters Milch ein Joghurt dazu gegeben werde; aA *Hoß* MDR 2001, 1094, 1095; kritisch auch *Heermann* WRP 2001, 855,865.

469 *Lange/Spätgens* Rn 439.

470 *Nordemann* NJW 2001, 2505, 2511.

471 Köhler/*Piper* UWG § 1 Rn 282; anders aber *Piper*/Ohly UWG § 1 Rn 1/66.

len zu müssen"[472] oder „wenn der Wert der Zugabe den der Hauptleistung deutlich übersteigt".[473]

Der **BGH** geht in seiner jüngsten Rechtsprechung davon aus, dass die Anlockwirkung, die von dem attraktiven Angebot selbst ausgeht, niemals wettbewerbswidrig, sondern gewollte Folge des Leistungswettbewerbs ist.[474] Die Ankündigung der Preiswürdigkeit eines Angebots oder der Kostenlosigkeit eines Teils des Angebots stelle einen legitimen Hinweis auf die eigene Leistung dar.[475] Ein preisgünstiges Angebot, bei dem die gekoppelte Ware sehr günstig angegeben wird oder die gewährte Zugabe sehr wertvoll ist, führe somit nicht zu einer irrationalen Nachfrageentscheidung.[476] **215**

Diese Rechtsprechung verdient Zustimmung.[477] Unter dem Topos des Verbraucherschutzes ist kein Grund ersichtlich, eine wertvolle Zweitleistung zu verbieten.[478] Die Anerkennung fester Wertgrenzen würde dazu führen, dass den Kunden günstige Kaufgelegenheiten vorenthalten würden.[479] Wenn ein Kunde einen Preisvorteil in Form einer wertvollen Zugabe oder in Form eines günstigen Kopplungsangebots wahrnimmt, liegt darin ein sachgerechtes Kaufverhalten. Das gilt selbst dann, wenn der Verbraucher nur in Ansehung der wertvollen Zweitleistung eine Kaufentscheidung trifft. Folglich kann **allein der objektive Wert der Vergünstigung** oder das Verhältnis ihres Werts zum Wert der Hauptsache für sich genommen die **Missbräuchlichkeit eines Kopplungsangebots nicht begründen.** Der Verbraucher ist nicht vor attraktiven Angeboten zu schützen, sondern nur davor, dass durch die vordergründige Attraktivität eines Angebots dessen wahrer Inhalt verborgen bleibt und er dadurch einer Irreführung unterliegt. Folglich reicht selbst ein besonders krasses Missverhältnis zwischen dem gewährten Vorteil und der entgeltlichen Leistung nicht aus, um eine unsachliche Beeinflussung und damit eine missbräuchliche Kopplung anzunehmen.[480] Es obliegt fortan allein den Grenzen der kaufmännischen Betrachtung, ob man als Unternehmer Fahrschülern, die sich für eine Fahrschule entscheiden, einen Gutschein in Höhe von 500 DM für den Erwerb eines Pkw überlässt[481] oder ob man einer Zeitschrift für 4,50 DM eine Sonnenbrille im Wert von ca. 30 DM beifügt.[482] **216**

---

[472] OLG Karlsruhe GRUR 2002, 909 – Geburtstagsgutschein; ähnlich OLG Karlsruhe Urt. v. 12. 9. 2001, 6 U 2/01 (Zugabe einer Designeruhr im Wert von 96,– DM bei einer Mindestbestellsumme in gleicher Höhe).

[473] *Cordes* WRP 2001, 867, 870.

[474] BGH GRUR 2006, 161 Tz. 17 – Zeitschrift mit Sonnenbrille m. Anm. *Steinbeck*; BGH GRUR 2003, 890, 891 – Buchclub-Kopplungsangebot; BGH WRP 2003, 743, 745 – Gesamtpreisangebot; BGH GRUR 2002, 976, 977 – Kopplungsangebot I; BGH GRUR 2002, 979, 980 – Kopplungsangebot II; BGH GRUR 2001, 446, 447 – 1-Pfennig-Farbbild; BGH GRUR 2000, 918, 919 – „Null-Tarif"; BGH WRP 1999, 517, 518 – Am Telefon nicht süß sein?; BGH GRUR 1999, 264, 266 – Handy für 0,00 DM; BGH NJWE-WettbR 1999, 25, 26 – Handy für 1 DM; BGH GRUR 1998, 500, 502 – Skibindungsmontage; BGH GRUR 1994, 743, 744 – Zinsgünstige Kfz-Finanzierung durch Herstellerbank.

[475] BGH GRUR 1999, 264, 266 – Handy für 0,00 DM; aA, d.h. ein unlauteres Kopplungsangebot nahmen an OLG Frankfurt WRP 1997, 49 – Handy als Zugabe; OLG Düsseldorf WRP 1996, 762 – 0,00 DM für ein Handy; OLG Köln WRP 1996, 1207 – 0,11 DM für ein Handy; OLG München WRP 1996, 1060 – Handy für 1 DM.

[476] BGH GRUR 2006, 161 Tz. 18 – Zeitschrift mit Sonnenbrille m. Anm. *Steinbeck*; BGH GRUR 2003, 890, 891 – Buchclub-Kopplungsangebot; BGH GRUR 2002, 976, 978 – Kopplungsangebot I; BGH GRUR 2002, 979, 981 – Kopplungsangebot II.

[477] *Eppe* WRP 2004, 153, 160; *Heermann* WRP 2001, 883, 886; *Hoß* MDR 2001, 1094, 1095; *Berneke* WRP 2001, 615, 618; *Köhler* GRUR 2001, 1067, 1069; *ders.* GRUR 2003, 729, 737; *Steinbeck* ZIP 2001, 1741, 1745; so schon *Jacobs* GRUR 1981, 204, 206.

[478] Es besteht allenfalls die Gefahr von Wettbewerbsnachteilen für kleinere und mittlere Unternehmen, die sich solch ein Werbeangebot nicht leisten können. Doch ist der Schutz des Mittelstands nicht Aufgabe des UWG.

[479] *Köhler* GRUR 2003, 729, 737.

[480] BGH GRUR 2006, 161 Tz. 17f – Zeitschrift mit Sonnenbrille m. Anm. *Steinbeck;* LG Köln GRUR-RR 2005, 168 – Glow by J. Lo; *Berneke* WRP 2001, 615, 618; *Steinbeck* ZIP 2001, 1741, 1745; *Bottenschein* S. 179; aA OLG Karlsruhe GRUR-RR 2002, 168 – Zwei Knaller; *Berlit* WRP 2001, 349, 353.

[481] BGH WRP 2004, 1359 – 500 DM – Gutschein für Autokauf.

[482] BGH GRUR 2006, 161 Tz. 14ff – Zeitschrift mit Sonnenbrille m. Anm. *Steinbeck*.

217 Ebenso wenig kann es zu einer unsachlichen Beeinflussung führen, wenn es sich bei der Zweitleistung um eine **besonders attraktive Leistung** handelt, wie zB um eine Eintrittskarte zu einer begehrten Veranstaltung.[483] Wenn man Vergünstigungen als leistungsgerechte Werbemittel ansieht, kann es keinen Unterschied machen, ob sich der Wert aus finanziellen oder ideellen Gesichtspunkten ergibt. Wenn ein Fußballfan eine Ware nur kauft, um eine Eintrittskarte für ein Endspiel zu erhalten, dann geschieht dies aus Kalkül und ist nicht Ausdruck einer Einschränkung der Willensbildungsfreiheit.[484]

218 **Sammelzugaben** können eine besondere Anziehungswirkung dadurch ausüben, dass sie anderweitig nicht zu beschaffen sind. Meistens haben die Objekte jedoch keinen großen wirtschaftlichen Wert, sondern einen Affektionswert. Ob man einem durchschnittlich informierten, aufmerksamen und verständigen Verbraucher eine so große Sammelleidenschaft unterstellen kann, dass er sich mit an sich nicht benötigten Produkten eindeckt, nur um seine Sammlung zu komplettieren, erscheint zweifelhaft, lässt sich wohl aber nicht für jeden Fall ausschließen.[485]

219 Der Wert der Zweitleistung kann nur noch insofern eine Rolle spielen, als dass bei einer **geringwertigen Zweitleistung** auch das Hinzutreten weiterer Umstände (zB fehlende Transparenz) nicht zur Unlauterkeit der Wettbewerbshandlung führt. Es fehlt in diesen Fällen an der „Unangemessenheit" des unsachlichen Einflusses.

220 **(2) Funktionszusammenhang zwischen den gekoppelten Produkten.** Um dem Anwendungsbereich der ZugabeVO und dem damit verbundenen Zugabeverbot zu entgehen und wohl auch um sich schrittweise von der restriktiven Rechtsprechung zum übertriebenen Anlocken zu befreien, gingen die Gerichte zunächst dazu über, gekoppelte Angebote, die vom Verkehr als Einheit aufgefasst wurden, nicht als Zugaben zu verstehen, sondern als sog. **einheitliches Angebot** oder als Gesamtleistungen. Da ein übertriebenes Anlocken nur angenommen wurde, wenn die versprochene Vergünstigung außerhalb des eigentlichen Angebots lag, wurden einheitliche Angebote grundsätzlich als wettbewerbskonform beurteilt. Als Voraussetzung für ein solches einheitliches Angebot hat der BGH zunächst verlangt, dass dem Verständnis der angesprochenen Verkehrskreise die zusammen angebotenen Waren oder Dienstleistungen als „Gesamtleistung" erscheinen. Das wiederum war der Fall, wenn die Produkte eine funktionale oder wirtschaftliche Einheit bildeten, etwa weil es sich bei der zusätzlich angebotenen Leistung um eine Ergänzung der angebotenen Hauptleistung handelte.[486] Indiz für eine wirtschaftliche oder funktionale Einheit war es, wenn in der Regel das eine nicht ohne das andere angeboten wurde.[487] Hinter dieser Rechtsprechung stand wohl der Gedanke, bei Branchen- oder Gebrauchsnähe der Artikel könne der Kunde den Wert der gekoppelten Waren eher einschätzen als bei branchenfremden Artikeln,[488] so dass es an einer Irreführung oder einer Verlockung mit unsachlichen Mitteln fehle.

221 Die Rechtsprechung hat eine **Funktionseinheit angenommen** zwischen dem Angebot eines Handys zusammen mit dem Abschluss eines Netzkartenvertrages.[489] Ebenso wurde ein Funktionszusammenhang angenommen zwischen einem Angebot zum Kauf von Skiern und der kostenlosen Montage einer Skibindung,[490] zwischen einer CD und einer

---

[483] BGH GRUR 2006, 161 Tz. 17 – Zeitschrift mit Sonnenbrille m. Anm. *Steinbeck;* so aber *Berneke* WRP 2001, 615, 618.

[484] *Eppe* WRP 2004, 153, 160.

[485] *Bottenschein* S. 177; restriktiver noch *Steinbeck* ZIP 2001, 1741, 1745.

[486] BGH GRUR 1998, 500, 502 – Skibindungsmontage; so auch in BGH GRUR 1971, 582, 584 – Koppelung im Kaffeehandel; BGH GRUR 1962, 455, 458 – Glockenpackung; OLG Frankfurt GRUR-RR 2002, 30, 31 – Traumreise gratis.

[487] BGH NJWE-WettbR 2000, 232 – Handy fast geschenkt für 0,49 DM; BGH GRUR 1999, 264, 266 – Handy für 0,00 DM; BGH NJWE-WettbR 1999, 25, 26 – Handy für 1 DM; BGH WRP 1999, 517, 518 – Am Telefon nicht süß sein?.

[488] *Cordes* WRP 2001, 867, 870.

[489] → Fn 460.

[490] BGH GRUR 1998, 500, 502 – Skibindungsmontage.

Zeitschrift,[491] zwischen einer Brillenfassung und Gläsern,[492] zwischen dem Angebot einer günstigen Finanzierung und dem Kauf einer Ware[493] und zwischen einem Angebot über die Entwicklung eines Films und der Herstellung von Abzügen.[494] **Ein Funktionszusammenhang wurde abgelehnt** zwischen einem Möbelkauf und der Buchung einer Ferienreise[495] und zwischen einem Stromliefervertrag und einem Elektrogerät.[496]

Die Abgrenzung zwischen einem einheitlichen Angebot und zwei gekoppelten Leistungen ist in der Sache nicht überzeugend. Sie war jedoch notwendig, um dem Anwendungsbereich der ZugabeVO zu entgehen. Nachdem die ZugabeVO aufgehoben wurde, ist die **Unterscheidung nun nicht mehr erforderlich.** Dementsprechend hat der BGH in einem Fall, in dem er eine funktionale Einheit nicht für gegeben hielt (Kombination eines Fernsehgerätes mit einem Stromlieferungsvertrag) ausdrücklich klar gestellt, dass die liberale Haltung gegenüber gekoppelten Angeboten grundsätzlich auch dann gerechtfertigt ist, wenn eine funktionale Einheit oder ein Gebrauchszusammenhang zwischen den Leistungen nicht besteht.[497] Es stehe dem Kaufmann frei, ohne Rücksicht darauf, ob ein Funktionszusammenhang zwischen den Waren und Dienstleitungen besteht, zu entscheiden, ob er Waren und Dienstleistungen getrennt oder zusammen zu einem einheitlichen Preis abgeben will. Das Merkmal des einheitlichen Angebots und des Funktionszusammenhangs wurde damit zu Recht aufgegeben.[498] 222

(3) Zeitliche Begrenzung des Angebots. Rechtsprechung[499] und Literatur[500] messen immer wieder der **zeitlichen Begrenzung eines Angebots** und damit der Frage, wie viel Zeit der Kunde hat, um sich mit dem Angebot auseinanderzusetzen, maßgebliche Bedeutung für die wettbewerbsrechtliche Beurteilung zu. Unlauter ist nach Ansicht der Rechtsprechung das Sonderangebot eines Händlers, das auf einen Tag begrenzt ist[501] oder eine fünfstündige Aktion mit preisreduzierten Sonderangeboten.[502] Die Befristung von 223

---

491 OLG-Stuttgart NJWE-WettbR 1998, 106 – Auftragsbestätigung, Rechnung ohne Auftrag und Telefonwerbung bei Gewerbetreibenden.

492 BGH GRUR 2000, 918, 919 – Null-Tarif.

493 BGH GRUR 1994, 743, 744f – Zinsgünstige Finanzierung durch Herstellerbank; BGH GRUR 1993, 137, 139 – Zinssubvention.

494 BGH GRUR 2001, 446, 447 – 1-Pfennig-Farbbild.

495 OLG Frankfurt GRUR-RR 2002, 30, 31 – Traumreise gratis.

496 OLG Frankfurt NJW-RR 2002, 40, 41 – Kopplungsangebot bei Stromlieferungsvertrag; OLG Köln GRUR 2001, 853, 875 – Fernseher für 1 DM; aA KG GRUR-RR 2001, 277, 278 – Fernseher für 1 DM; OLG Celle GRUR 2001, 855 – Elektrische Geräte für 1 DM.

497 BGH GRUR 2002, 976, 978 – Kopplungsangebot I; BGH GRUR 2002, 979, 981 – Kopplungsangebot II; bestätigt in BGH GRUR 2003, 743, 744 – Gesamtpreisangebot; BGH GRUR 2003, 77, 78 – Fernwärme für Börnsen; BGH GRUR 2003, 890, 891 – Buchclub-Kopplungsangebot; BGH GRUR 2004, 343 – Playstation. In der Entscheidung „Saustarke Angebote" BGH GRUR 1996, 363, 364 lässt der BGH offen, ob eine Gebrauchsnähe erforderlich ist. Jedenfalls sei sie entbehrlich, wenn ein Preisvergleich auch bei fehlender Branchennähe durch Erfragen ohne weiteres möglich sei. Auf Funktionseinheit oder Branchennähe kommt es nicht an: OLG Düsseldorf GRUR-RR 2002, 285, 286 – Strom und Fon; OLG Köln GRUR-RR 2002, 115, 117 – Miles and more; OLG Celle GRUR 2001, 855, 856 – Elektrische Geräte für 1 DM.

498 BGH GRUR 2006, 161 Tz. 14 – Zeitschrift mit Sonnenbrille; BGH GRUR WRP 2004, 483, 484 – Playstation; kritisch zu diesem Merkmal: *Köhler* GRUR 2003, 729, 730; *Fezer* WRP 2001, 989, 1008.

499 BGH GRUR 1992, 621, 622 – Glücksball-Festival; BGH WRP 1993, 749, 752 – Geld-zurück-Garantie; BGH GRUR 1981, 202, 204 – RAMA-Mädchen; OLG Hamm GRUR 2006, 86 – Sonntagsrabatt; OLG Dresden WRP 2006, 283 – Angebotsbefristung auf einen Tag; OLG Köln WRP 2002, 1189, 1190 – Frühaufsteherrabatt; OLG Jena GRUR-RR 2002, 32, 34 – Abo-Karten für Haarfärbung; OLG Düsseldorf WRP 2001, 711, 713 – Treuemarken; OLG Zweibrücken GRUR 1997, 69 – Super-Preis-Hits; LG Dresden WRP 2002, 261 – Angebote nur am Sonntag; zu § 7 UWG aF: OLG Schleswig NJWE-WettbR 1997, 16 – Preiswerbung für nur einen Tag; LG Bochum WRP 2003, 289 – Spar-WM-Rabatt; LG Leipzig WRP 2003, 290 – „ab sofort 20%".

500 *Henning-Bodewig* WRP 2006, 621, 627; *Eppe* WRP 2004, 153, 160; *Köhler* GRUR 2002, 729, 738; *Berneke* WRP 2001, 615, 619; *Heermann* WRP 2001, 855, 856; *Hoß* MDR 2001, 104, 1095.

501 OLG Dresden WRP 2006, 283 – Angebotsbefristung auf einen Tag.

502 OLG Frankfurt Urt. v. 1. 3. 2001, 6 U 215/00 für eine Preisreduzierung zwischen 13 und 18 Uhr an einem verkaufsoffenen Sonntag; LG Dresden WRP 2002, 261 – Angebote nur am Sonntag (die Sprungrevision wurde vom BGH nicht angenommen Beschl. v. 11. 7. 2002, I ZR 300/01); dazu auch OLG Zweibrücken GRUR 1997, 69 – Super-Preis-Hit; OLG Stuttgart WRP 1996, 832 – Spartage.

Sonderangeboten auf eine Woche wird dagegen nicht beanstandet.[503] Ebenfalls zulässig ist ein Frühaufsteherrabatt zwischen 8–10 Uhr am ersten Tag des Winterschlussverkaufs, weil Kunden in dieser Situation ohnehin keinen Preisvergleich vornehmen.[504] Unzulässig soll schließlich ein Sonderangebot sein, das über den Lautsprecher eines Kaufhauses bekannt gegeben wird und jeweils für eine Stunde gilt, weil die anwesenden Kunden ohne Vergleichsmöglichkeiten sofort zugreifen müssen.[505]

224 Ausgangspunkt einer rechtlichen Beurteilung ist, dass die zeitliche Begrenzung eines Angebots nicht grundsätzlich unlauter sein kann, da sie Verkaufsförderungsmaßnahmen immanent ist. Aber auch bei einem erheblichen Zeitdruck lässt sich die Unlauterkeit nicht damit begründen, dass eine zeitliche Begrenzung des Angebots die Gefahr berge, dass der Kunde sich zum Erwerb einer Ware entschließt, obwohl dieser **über seinen eigentlichen Bedarf hinaus** geht.[506] Da der tatsächliche Bedarf eines Kunden von den Gerichten kaum feststellbar sein wird, kann der Anreiz zu Vorratskäufen nicht wettbewerbswidrig sein.[507] Anknüpfungspunkt für einen unsachlichen Einfluss kann allenfalls die Erwägung sein, dass die zeitliche Begrenzung den Kunden zu einer **schnellen und unüberlegten, dh. nicht rationalen Kaufentscheidung** verleitet und so die Gefahr besteht, dass der Kunde die Leistung des Werbenden in Anspruch nimmt, ohne zuvor die Möglichkeit zu haben, das Angebot mit Konkurrenzangeboten zu vergleichen.[508] Eine solche – die Unlauterkeit ausschließende – Vergleichsmöglichkeit besteht jedoch immer dann, wenn die Werbung unter konkreter Beschreibung des Angebots einige Tage vor der Aktion geschaltet wird.[509] Ist das nicht gewährleistet, kann im Einzelfall die unsachliche Beeinflussung mit dem Argument verneint werden, dass der Preisvorteil nur gering ist oder dass die Rabattaktion in der Branche ohnehin regelmäßig wiederholt wird.[510] Liegen solche Umstände im konkreten Fall nicht vor, kann man geltend machen, dass ein Kunde eine freie und sachliche Entscheidung trifft, wenn er aufgrund des zeitlichen Drucks und der damit einhergehenden fehlenden Vergleichsmöglichkeit das Risiko eingeht, mehr für das Angebot zu zahlen als bei einem Konkurrenten. Dass ein erheblicher Zeitdruck nicht ohne weiteres unlauter ist, wird auch durch die Rechtsprechung des BGH zu den umgekehrten Versteigerungen bestätigt.[511]

225 In jedem Fall unbedenklich sind sog. „Happy-hour"-Aktionen, bei denen die Preise zu bestimmten Zeiten regelmäßig gesenkt werden.[512] Zwar ist bei diesen Aktionen der Angebotszeitraum regelmäßig kurz, dem Kunde verbleibt aber idR zuvor genug Zeit, die Angebote mit denen der Konkurrenz zu vergleichen.

226 **b) Sonderfall: sog. Dreieckskopplung.**[513] **aa) Grundlagen.** Ein Kopplungsangebot kann Kunden in übertriebener Weise anlocken und damit missbräuchlich sein, wenn der Adressat der Werbung und damit der **Empfänger der in Aussicht gestellten Vergünstigung** und derjenige, der letztlich **finanziell für die Ware oder Dienstleistung aufzukommen hat** (sog. Dritter), auseinanderfallen. Hierbei sind vielfältige Fallgestaltungen denkbar. So kann der Vergünstigungsempfänger zB durch Beratung auf das Kaufverhalten des Dritten Einfluss nehmen. Der Werbende versucht also, den Vergünstigungsempfänger mit dem Versprechen einer vermögenswerten Leistung **(Zugabe oder Rabatt)** dazu zu

---

503 OLG Hamburg GRUR 1997, 394 – Fotoabzüge für 0,01 DM.

504 OLG Köln WRP 2002, 1189 – Frühaufsteherrabatt.

505 *v. Strobl-Albeg* S. 40 Fn 38.

506 So aber OLG Jena GRUR-RR 2002, 32, 34 – Abo-Karten für Haarfärbung; *Berneke* WRP 2001, 615, 618.

507 *Jacobs* GRUR 1981, 204, 206.

508 So OLG Hamm GRUR 2006, 86, 87 – Sonntagsrabatt; OLG Köln WRP 2002, 1189, 1190 – Frühaufsteherrabatt.

509 *Seichter* WRP 2006, 628, 631.

510 Zu diesen Kriterien *Seichter* WRP 2006, 628, 631.

511 So zutreffend *Seichter* WRP 2006, 628, 630; zu der genannten Rechtsprechung → Rn 351 ff.

512 So auch *Bottenschein* S. 176; aA noch OLG Frankfurt WRP 1996, 212 – Happy hour im Einzelhandel zu § 7 UWG.

513 Hefermehl/*Köhler*/Bornkamm UWG § 4 Rn 1.84 spricht von der Werbung gegenüber drittverantwortlichen Personen.

veranlassen, das beworbene Produkt einem Dritten zum Bezug zu empfehlen. Unerheblich ist hierbei, wie sich die Vertragsbeziehungen im Einzelfall gestalten. Es kommt also nicht darauf an, ob der Vergünstigungsempfänger nur als Vermittler tätig ist und der Dritte/Kunde die Leistung direkt beim Werbenden bezieht oder ob der Vergünstigungsempfänger dergestalt dazwischen geschaltet ist, dass zunächst er die Ware erwirbt, um diese dann an den Dritten weiterzuverkaufen. Ebenso ist es denkbar, dass dem Beworbenen ein Rabatt versprochen wird, den dieser wiederum nur realisieren kann, wenn er sich vertragswidrig gegenüber einem Dritten verhält. Entscheidend ist in allen Fällen, dass der Empfänger der Vergünstigung und derjenige, den letztlich die finanzielle Belastung für den Erwerb des Produkts trifft, nicht identisch sind. Dieses Auseinanderfallen birgt die Gefahr, dass für den Beworbenen weniger Preis und Qualität des angebotenen Produkts eine Rolle spielen als die in Aussicht gestellte Vergünstigung. Er wird entweder dazu verleitet, den Dritten aus sachfremden Motiven einseitig zu beraten[514] oder er verstößt gegen seine vertragliche Verpflichtung, für den Dritten das vorteilhafteste Angebot auszuwählen.[515]

bb) Bisherige Rechtsprechung. Ein Blick auf die bisherige Rechtsprechung zeigt, dass Vertreter aller Branchen von der Idee Gebrauch machen, einer zwischengeschalteten Mittelsperson für die Empfehlung oder die Abnahme der eigenen Produkte eine attraktive Prämie in Aussicht zu stellen. 227

Die ersten Fälle traten auf, als **Warenhersteller** ihren Abnehmern oder deren Personal als Belohnung für den Verkauf ihrer Produkte Sondervorteile in Form von Geld- oder Sachleistungen gewährten.[516] Im Einzelnen wurden folgende Entscheidungen getroffen: Wettbewerbswidrig ist es, wenn der Hersteller eines Herdputzmittels Zwischenhändlern eine Umsatzprämie gewährt und diese gleichzeitig bittet, diese Prämie an die mit dem Verkauf des Erzeugnisses betrauten Angestellten weiterzuleiten, um diese zu veranlassen, das Putzmittel den Verbrauchern beim Verkauf besonders zu empfehlen.[517] Gleiches gilt, wenn ein Süßwarenhersteller seine Ware gekoppelt mit Gebrauchsgegenständen des täglichen Bedarfs (zB Reisewecker, Damenuhren, Handtücher) vertreibt, die für den Verbleib beim Einzelhändler und dessen privaten Gebrauch bestimmt sind. Dies ist insbesondere deshalb unlauter, weil es sich bei den Käufern der Süßwaren zumeist um Kinder handelt, die besonders schutzbedürftig sind, da sie kaum in der Lage sind, die Ware selbst ernsthaft zu prüfen und kritisch zu beurteilen.[518] Ebenfalls wettbewerbswidrig ist es, wenn ein Hersteller von Ski-Sicherheitsbindungen in einer an das Verkaufspersonal von Sportgeschäften gerichteten Anzeige einen Maria-Theresia-Taler auslobt. Dies gilt auch dann, wenn die Prämie ausdrücklich nicht als Verkaufsprämie, sondern als „Auszeichnung für fachliches Wissen" bezeichnet wird und als Kunden getarnte Beauftragte des Herstellers in einem vorgetäuschten Beratungsgespräch das fachliche Wissen des Verkaufspersonals testen.[519] 228

In der **Gastronomiebranche** wird es als wettbewerbswidrig beurteilt, wenn ein Champagnerhersteller Kellner auffordert, den Gästen seine Marke zu empfehlen, und für jeden abgelieferten Korken der verkauften Flaschen zunächst 25 Pfennig, später 35 Pfennig verspricht,[520] oder wenn über die normalen Sammlerprämien hinaus ein Anreiz mittels einer Sonderprämie von 200 DM für den erfolgreichsten Sammler versprochen wird.[521] Unlauter handelt ein Versandhandelsunternehmen, das den in der Kranken- und Altenpflege tätigen 229

[514] BGH GRUR 1971, 223, 225 – clix-Mann; BGH GRUR 1974, 394, 395 – Verschlusskapsel-Prämie; LG Frankfurt/M GRUR-RR 2002, 205 – Raststätte.

[515] BGH WRP 2008, 777 Tz. 16 – Nachlass bei der Selbstbeteiligung; BGH WRP 2008, 780 Tz. 18 – Hagelschaden.

[516] Hierzu *Hiersemann* WRP 1964, 222; *Greifelt* S. 1, 2; *Leo* WRP 1966, 153; *v. Harder* GRUR 1967, 182.

[517] RG GRUR 1938, 619 – Herdweiß; ähnlich OLG Stuttgart BB 1974, 5 – Prämiengewährung an Angestellte des Abnehmers.

[518] BGHZ 34, 264 – Einpfennig-Süßwaren.

[519] BGH GRUR 1971, 223, 225 – clix-Mann; zustimmend *Bauer* GRUR 1971, 226.

[520] RGSt 48, 291, 296 – Korkengeld. Es wurde damals sogar eine Strafbarkeit der Vertreter der Champagner-Firma nach § 12 UWG aF angenommen.

[521] BGH GRUR 1974, 394, 395 – Verschlusskapsel-Prämie.

Personen eine Provision von 10% für von den betreuten Pflegebedürftigen bezogene Artikel anbietet.[522]

230 Seit dem Ende der 90er Jahre mehren sich insbesondere in der **Tourismus-Branche** die Entscheidungen, die sich mit der Absatzförderung in Form der Dreieckskopplung befassen. In der Regel gewähren Reiseunternehmen dem Reisebüroinhaber oder seinen Angestellten über die normale Vermittlungsprovision hinaus eine gesonderte Zuwendung für die Buchung ihrer Angebote. Das OLG Düsseldorf nimmt einen Wettbewerbsverstoß an, wenn dem Inhaber eines Reisebüros durch ein Touristikunternehmen neben der üblichen Reisebüroprovision ein Parfümeriegutschein über 25 DM für die Vermittlung eines Flugreisenden versprochen wird. Auch wenn das Unternehmen die Gutscheine ausschließlich den Reisebüroinhabern verspricht, ist damit zu rechnen, dass diese die Gutscheine an ihre Angestellten weitergeben.[523] Das LG Frankfurt/M hält die Gewährung von Kinogutscheinen an Reisebüromitarbeiter durch eine Fluglinie für unbedenklich. Ein Verstoß gegen das UWG erblickt das LG Frankfurt/M jedoch darin, dass die Fluglinie zusätzlich noch den vier Expedienten mit den meisten Buchungen in einem bestimmten Zeitraum je ein „Club-Klasse-Ticket" im Wert von 1000 DM in Aussicht stellte oder wenn das Reisebüro mit den meisten Buchungen einen Gutschein über 5000 Euro erhält.[524] Ebenfalls wettbewerbswidrig ist es nach der Rechtsprechung, wenn den Mitarbeitern eines Reisebüros im Rahmen eines Prämiensystems für jede Buchung eines Mietwagens Sammelpunkte gutgeschrieben werden (so dass täglich Gutschriften zwischen 15 und 80 Euro möglich sind), die in Sachprämien und Bargeld eingetauscht werden können,[525] oder wenn einem Busunternehmer von einer Raststättenkette eine Provision von 10% des Nettoverzehrumsatzes einer Reisegruppe gutgeschrieben wird, die der Busfahrer an ausgewählte Raststätten fährt.[526]

231 Wettbewerbswidrig ist auch das Angebot einer Provision dafür, dass eine **Schule** gegenüber dem Schulträger eine bestimmte Schließfachanlage empfiehlt.[527] Das Gericht sah die unlauterkeitsbegründende Besonderheit in diesem Fall darin, dass nicht ein privates Unternehmen, sondern die Schule als öffentliche Behörde in die Absatzkette zwischengeschaltet wurde. Aufgrund der Behördeneigenschaft seien an die Verpflichtung zu Sachlichkeit und Unparteilichkeit besonders hohe Anforderungen zu stellen. Demgegenüber sah es der BGH nicht als unsachliche Einflussnahme an, wenn ein Fotostudio einer Schule einen PC überlässt, wenn die Schule eine Schulfotoaktion vermittelt, bei der die angefertigten Fotos Eltern und Schülern zum Kauf angeboten werden, wenn Eltern und Schüler völlig frei sind, die Fotos zu beziehen.[528] Tatsächlich werden die Eltern der Schule hier in Blick auf die Auswahl des Fotografen kein gesondertes Vertrauen entgegenbringen und selbst beurteilen können, ob die Fotos gelungen sind.

232 Unter die Fallgruppe der Dreieckskopplung fällt auch die Ausübung von Einfluss auf das Verschreibungs- oder Überweisungsverhalten von **Ärzten.** Es ist unlauter, wenn die Ärzte durch Gegenleistungen in Form von Geschenken oder Vergünstigungen zu einem bestimmten – nicht allein medizinisch indizierten – Verhalten veranlasst werden. So hat der BGH in der Entscheidung „Kleidersack" das Angebot eines Arzneimittelherstellers an Ärzte, bestehend aus 20 Dosen eines Arzneimittels und einem Kleidersack, als wettbewerbswidriges Kopplungsangebot beurteilt.[529] Der Arzt werde in seiner Entscheidung unsachlich beeinflusst, weil die Gefahr bestehe, dass er die beworbenen Fertigarzneimittel nur wegen

---

522 OLG München GRUR 1989, 280 – Provisionsversprechen.

523 OLG Düsseldorf WRP 1999, 1197 – Verkaufswettbewerb.

524 LG Frankfurt/M GRUR-RR 2002, 204 – Club-Klasse-Tickets; OLG Frankfurt BeckRS 2009, 22003.

525 OLG Hamburg GRUR-RR 2004, 117 – Sixperts.

526 LG Frankfurt/M GRUR-RR 2002, 205 – Raststätte.

527 OLG Karlsruhe GRUR-RR 2003, 191, 192 – Schulschließfächer.

528 BGH GRUR 2006, 77 Tz. 16, 20 – Schulfotoaktion; aA die Vorinstanz, OLG Brandenburg WRP 2003, 903; instruktiv zur strafrechtlichen Beurteilung *Busch* NJW 2006, 1100.

529 BGH GRUR 2003, 624 – Kleidersack; zur Werbung gegenüber Ärzten auch OLG Köln GRUR-RR 2008, 446 All-inclusive Testwochen.

des damit verbundenen sachfremden Vorteils für den Praxisgebrauch erwerbe.[530] Ebenfalls unlauter ist es, wenn einem Arzt eine Gegenleistung dafür zufließt, dass er Untersuchungsmaterial von Patienten an bestimmte Labors überlasst.[531] Auch **Rechtsanwälte**, Steuerberater und Wirtschaftsprüfer dürfen bei ihrer Tätigkeit, die sie im Interesse ihrer Mandanten auszuüben haben, keine Vergünstigung entgegennehmen.[532]

Unlauter ist es schließlich, wenn Kfz-Reparaturwerkstätten für Reparaturen dergestalt mit **Rabatten gegenüber Versicherungsnehmern** werben, dass diese eine etwaige Selbstbeteiligung erstattet erhalten.[533] Dies wird erreicht, indem der nichtrabattierte Betrag in der Rechnung gegenüber der Versicherung ausgewiesen, aber nicht vom Kunden eingefordert wird. (Gleiches gilt, wenn dem Kunden in entsprechender Höhe ein Tankgutschein gewährt wird). Hierdurch werde der Kunde dazu veranlasst, bei seiner Versicherung einen in dieser Höhe nicht entstandenen Schaden abzurechnen, denn der von der Werkstatt gewährte Rabatt mindert die Schadenshöhe und müsste nach dem VVG an die Versicherung weitergegeben werden. 233

Ein ähnlicher Unlauterkeitsvorwurf trifft **Apotheker,** die für jedes zuzahlungsfreie Generikum, das auf Kassenrezept eingereicht wird, einen Bonus von 2,50 Euro versprechen. Die durch diese Vergünstigung hervorgerufene Anlockwirkung ist unangemessen unsachlich, da sie den Kunden dazu veranlasst, auch solche Verschreibungen vorzulegen, die medizinisch nicht veranlasst sind, nur weil mit ihnen Geld verdient werden kann.[534] 234

In den genannten Fällen kommt auch eine gezielte Behinderung nach § 4 Nr. 10 in Betracht, sofern es sich bei dem Dritten um einen Mitbewerber handelt. Auch ein Verstoß gegen § 4 Nr. 11 kann gegeben sein, wenn der Umworbene zu einem Straftatbestand angestiftet wird. Sofern nicht die Wertungen der einzelnen Beispielstatbestände unterlaufen werden, sind sie nebeneinander anwendbar. 235

Zulässig ist dagegen der von einem Kosmetikhersteller veranstaltete Schaufensterwettbewerb, in dessen Rahmen Einzelhändler Schaufensterdekorationen mit den neuen Produkten des Kosmetikherstellers erstellen und damit die Möglichkeit erhalten, einen Preis zu gewinnen (1. Platz war eine zehntägige Italien-Reise für zwei Personen). Unbegründet ist die Befürchtung, die Verbraucher werden irre geführt, weil sie annehmen, der Einzelhändler habe sich nur aufgrund sachlicher und kaufmännischer Überlegungen dazu entschieden, sich für das neue Kosmetikprodukt der Beklagten einzusetzen. Das Publikum weiß, dass ein Einzelhändler keineswegs immer nur solche Waren führt und anpreist, die er aufgrund eigener Prüfung qualitativ und preismäßig als für den Kunden vorteilhaft und empfehlenswert befunden hat.[535] 236

cc) Kriterien der rechtlichen Beurteilung. Die wettbewerbsrechtlichen Anforderungen an die Zulässigkeit von Dreieckskopplungen müssen sich an den mit dieser Absatzform verbundenen Gefahren für die Verbraucher orientieren.[536] Da der Vergünstigungs- 237

530 Ergänzend stützt sich der BGH auf die Art. 9 Abs. 1 der RL 92/82/EWG des Rates vom 31. 3. 1992 über die Werbung für Humanarzneimittel, ABl. EG Nr. L 113 S. 13. Danach ist es verboten, den zur Verschreibung oder Abgabe von Arzneimitteln berechtigten Personen im Rahmen der Verkaufsförderung eine Prämie, finanzielle oder materielle Vorteile zu gewähren, anzubieten oder zu versprechen, es sei denn, sie sind von geringem Wert und für die medizinische und pharmazeutische Praxis von Belang.

531 BGH GRUR 2005, 1059 – Quersubventionierung von Laborgemeinschaften.

532 OLG Köln WRP 2006, 1538 – Smart-Cabrio Gewinnspiel.

533 BGH WRP 2008, 777 – Nachlass bei der Selbstbeteiligung; BGH WRP 2008, 780 – Hagelschaden; die Instanzgerichte hatten die Unlauterkeit zuvor mit § 4 Nr. 11 oder § 3 begrünet: OLG Düsseldorf MD 2007, 9; OLG Frankfurt GRUR-RR 2006, 414 – Selbstbehalt; OLG Celle GRUR-RR 2006, 57 – Werbebonus; OLG Naumburg GRUR-RR 2005, 203 – Selbstbeteiligung; LG Bonn GRUR-RR 2006, 207 – Tankgutschein; LG Mannheim WRP 2004, 1520 – Windschutzscheibenaustausch. Zu diesen Urteilen auch *Möller* GRUR 2006, 292.

534 OLG München GRUR-RR 2007, 297 – Geld verdienen auf Rezept.

535 BGH GRUR 1959, 138, 142 – Italienische Note.

536 So in Bezug auf Kopplungsangebote auch BGH GRUR 2002, 976, 978 – Kopplungsangebot I; *Köhler* GRUR 2003, 729, 732.

empfänger das beworbene Produkt nicht für sich erwirbt, besteht die Gefahr, dass er die gebotene kritische Prüfung des Produkts vernachlässigt und den Dritten unsachlich berät, nur um in den Genuss der in Aussicht gestellten Vergünstigung zu kommen.[537] Insofern liegt hier eine Situation vor, die es rechtfertigen kann, von einem **übertriebenen Anlocken** im Hinblick auf den Vergünstigungsempfänger zu sprechen.[538] Ob im konkreten Einzelfall die Verkaufsvermittler in übertriebener Weise angelockt und dadurch die Interessen des Dritten verletzt werden, hängt davon ab, inwieweit die Vergünstigung geeignet ist, die Objektivität des Beworbenen mehr als vom verständigen Verbraucher erwartet und mehr als geschäftlich notwendig und üblich zu beeinträchtigen. Maßgeblich sind insoweit die Erwartungshaltung des Dritten, die Stellung des Vergünstigungsempfängers im Betrieb des Händlers sowie Wert und Art der Vergünstigung. Die genannten Kriterien stehen in einer **Wechselwirkung** zueinander. Besteht zB bei dem Kunden eine berechtigte Erwartung dahingehend, dass er sachlich und objektiv beraten wird, so kann bereits eine relativ geringwertige Vergünstigung zur Unlauterkeit der Verkaufsförderungsmaßnahme führen.

238 **(1) Erwartungshaltung des Dritten.** Ein wettbewerbswidriges Verhalten liegt nicht vor, wenn der Dritte **Kenntnis** von der Sondervergünstigung zugunsten des Verkaufsvermittlers hat.[539] Diese Kenntnis kann zB darauf beruhen, dass es sich bei dem Vergünstigungsempfänger um einen Alleinvertreter handelt, er nur die Waren eines bestimmten Herstellers verkaufen darf. In diesen Fällen wird der Kunde nicht in seinem Vertrauen in eine neutrale Beratung enttäuscht, sondern er kann selbst auf der Grundlage zutreffender Tatsachen abwägen, wie er den Rat des Vergünstigungsempfängers einstuft.

239 In den Fällen, in denen der Kunde keine Kenntnis von der gewährten Vergünstigung hat, kommt es auf die berechtigte Erwartungshaltung des Kunden an. Entscheidend ist, ob der Kunde mit einer neutralen Beratung rechnet bzw. auf diese sogar angewiesen ist oder ob er realistischer Weise davon ausgeht, dass der Vermittler eine Vergünstigung von dritter Seite erhält. Wird der Kunde durch die Gewährung der Vergünstigungen an den Vergünstigungsempfänger in seiner **Erwartung in eine sachgerechte Beratung** enttäuscht, so ist das Verhalten als unlauter einzustufen.[540]

240 An die Sachlichkeit der Beratung sind besonders strenge Anforderungen zu stellen, wenn ein intensives **Vertrauensverhältnis** zwischen dem Verkaufsvermittler und dem Dritten besteht oder wenn der Mittler aus Rechtsgründen gehalten ist, bei der zu treffenden Entscheidung die Interessen Dritter zu wahren. Diese Voraussetzung ist etwa bei einem Verhältnis zwischen einem Arzt und seinem Patienten[541] oder zwischen einem Rechtsanwalt[542] und seinem Mandanten erfüllt. Ebenso ergibt sich eine erhöhte **Schutzbedürftigkeit,** wenn es sich bei den Abnehmern vornehmlich um Kinder handelt, die zu einer kritischen Prüfung der Ware noch nicht in der Lage sind.[543] In diesen Fällen ist die Unlauterkeit nicht erst zu bejahen, wenn die Gefahr besteht, dass der Mittler ein für den Dritten nachteiliges Produkt empfiehlt, sondern bereits dann, wenn die in Aussicht gestellte Vergünstigung geeignet ist, in den Entscheidungsprozess mit einzufließen.[544]

---

537 BGH GRUR 1974, 394, 395 – Verschlusskapsel-Prämie; BGHZ 34, 264, 272 ff – Einpfennig-Süßwaren; OLG Köln WRP 2006, 1538 – Smart-Cabrio Gewinnspiel; OLG Karlsruhe GRUR-RR 2003, 191, 192 – Schulschließfächer; OLG Düsseldorf WPR 1999, 1197, 1198 – Verkaufswettbewerb; LG Frankfurt/M GRUR-RR 2002, 205, 206 – Raststätte; *Bauer* GRUR 1974, 395, 396; *Hiersemann* WRP 1964, 222, 224; *Seydel* GRUR 1961, 594, 595.

538 Zum übertriebenen Anlocken → Rn 147 ff.

539 LG Frankfurt/M GRUR-RR 2002, 205 – Club-Klasse-Tickets.

540 BGH GRUR 1971, 223, 225 – clix-Mann; OLG Frankfurt BeckRS 2009, 22003; OLG Stuttgart BB 1974, 1265 – Prämiengewährung an Angestellte des Abnehmers.

541 Zu einer solchen Konstellation BGH GRUR 2005, 1059 – Quersubventionierung von Laborgemeinschaften; BGH GRUR 2003, 624 – Kleidersack.

542 OLG Köln WRP 2006, 1538 – Smart-Cabrio Gewinnspiel.

543 BGHZ 34, 264, 274 – Einpfennig-Süßwaren.

544 OLG Köln WRP 2006, 1538 – Smart-Cabrio Gewinnspiel.

Im **Fachhandel** erwartet der Kunde zwar keine schrankenlose Objektivität. Er weiß, dass ein Geschäftsinhaber stets besonders am Verkauf von Produkten interessiert ist, an denen er möglichst viel verdient.[545] Allerdings rechnet er nicht damit, dass der Einzelhändler sich bei der Beratung für bestimmte Produkte ganz besonders einsetzt, nur weil er durch übermäßige Prämienangebote von dritter Stelle beeinflusst wird.[546] Bei beratungsintensiven Produkte des Fachhandels, deren Beurteilung eine besondere Fachkenntnis voraussetzt, vertraut er daher sehr wohl auf eine professionelle Beratung.[547] Dies wurde zB bei Skibindungen angenommen, da die Kunden hier idR nicht mit den technischen Besonderheiten vertraut sind.[548] Demgegenüber ist der Kunde weniger schutzbedürftig, wenn er ohnehin relativ genau weiß, was er will, und er daher nicht maßgeblich auf den Rat des Prämienbegünstigten angewiesen ist. Das kann zB der Fall sein bei der Beziehung zwischen einem Gastronom und seinen Gästen. 241

Auch wird der Kunde in aller Regel in seiner Erwartung nicht enttäuscht, wenn dem Verkaufspersonal vom **Geschäftsinhaber** Vergünstigungen versprochen werden. Gewöhnliche Provisionen sieht das Publikum als geschäftlich notwendig und üblich an.[549] 242

(2) Empfänger der Vergünstigung. Des Weiteren kann es für die wettbewerbsrechtliche Beurteilung von Bedeutung sein, ob eine Herstellerprämie dem Geschäftsinhaber zugewendet wird oder seinen Angestellten. Diese Differenzierung lässt sich damit begründen, dass der Inhaber als verantwortlicher Unternehmer eher auf die Zufriedenheit und langfristige Bindung seiner Kunden bedacht ist und daher die Gefahr der einseitigen Beratung geringer ist.[550] Demgegenüber wird eine Sonderprämie auf das Verkaufspersonal, das nicht in gleichem Maße auf die Geschäftsperspektive achten muss, oftmals eine größere Anreizwirkung ausüben. Dieser Gedanke kommt auch in § 299 Abs. 1 StGB zum Ausdruck, der als Sonderdelikt für Angestellte konzipiert ist. Der Geschäftsinhaber ist kein tauglicher Täter.[551] Allerdings kann man nicht in jedem Fall davon ausgehen, dass die Gewährung einer Herstellerprämie an einen Geschäftsinhaber stets unbedenklich ist. Weitere Umstände des Einzelfalls können auch hier eine andere Beurteilung rechtfertigen.[552] 243

Allein der Umstand, dass der **Vermittler** und Empfänger der Vergünstigung selbst auch eine geldwerte **Leistung erbringt** und die Vergünstigung sich somit als bloße Gegenleistung darstellt, vermag die Lauterkeit nicht zu begründen,[553] denn der Vermittler wird ja regelmäßig eine Leistung erbringen (Vermittlung einer Reise durch den Reisebüroangestellten, Anwendungsbeobachtung eines Arztes). Die Wahrung der Interessen des Dritten, nämlich dass der Vermittler die Leistung nach sachlichen Kriterien wie Qualität und Preis aussucht, ist damit jedenfalls nicht sichergestellt. 244

(3) Wert und Art der Vergünstigung. Die Gefahr einer unsachlichen Beratung durch den Vergünstigungsempfänger hängt schließlich auch von der Anlockwirkung ab, die die Vergünstigung auf den Vergünstigungsempfänger ausübt. Damit ist die Frage nach dem 245

---

545 BGH GRUR 1971, 223, 225 – clix-Mann; BGH GRUR 1974, 394, 395 – Verschlusskapsel-Prämie; *Bauer* GRUR 1974, 395, 396; *Rödding* DB 1969, 1877, 1878; *Harder* GRUR 1967, 182, 184; *Greifelt* S. 1, 2; *Hiersemann* WRP 1964, 222, 224.

546 RG GRUR 1938, 619, 621 – Herdweiß; BGH GRUR 1971, 223, 225 – clix-Mann; *Hiersemann* WRP 1964, 222, 223.

547 *Bauer* GRUR 1971, 226.

548 BGH GRUR 1971, 223, 225 – clix-Mann.

549 BGH GRUR 1971, 223, 225 – clix-Mann; *Hiersemann* WRP 1964, 222, 224.

550 BGH GRUR 1974, 394, 395 – Verschlusskapsel-Prämie; OLG Hamburg GRUR-RR 2004, 117 – Sixperts.

551 Schönke/Schröder/*Heine* StGB § 299 Rn 5, 7; *Tröndle/Fischer* StGB § 299 Rn 11, der den Ausschluss der Geschäftsinhaber im Hinblick auf das geschützte Rechtsgut des freien Wettbewerbs für zumindest rechtspolitisch zweifelhaft hält; ähnlich *Schünemann* S. 74.

552 BGH GRUR 1974, 394 – Verschlusskapsel-Prämie (Ausnutzen des Spiel- und Sammeltriebes); OLG Düsseldorf WRP 1999, 1197, 1198 – Verkaufswettbewerb (Gefahr der Weitergabe der Prämien an die Angestellten).

553 BGH GRUR 2006, 77 Tz. 19 – Schulfotoaktion.

Wert und der Art der in Aussicht gestellten Vergünstigung aufgeworfen.[554] Während im Rahmen von Zwei-Personen-Verhältnissen auch wertvolle Zugaben ein übertriebenes Anlocken nicht begründen, ist dies in den Fällen der Dreieckskopplung denkbar.[555] Hier kann nicht argumentiert werden, dass eine wertvolle Vergünstigung eine sachliche Entscheidung des Kunden geradezu herausfordert, da der Empfänger nicht das finanzielle der Hauptleistung trägt. Es fehlt die finanzielle Belastung als Korrektiv im Entscheidungsprozess.

246 Völlig geringwertige Prämien wie zB Feuerzeuge oder Kugelschreiber werden einen Verkaufsvermittler nicht zu einer unsachlichen Beratung verleiten. Allerdings ist zu berücksichtigen, dass der Vergünstigungsempfänger selbst keine finanziellen Aufwendungen in Kauf nehmen muss, um die Vergünstigung zu erhalten. Für ihn ist es stets attraktiver, eine relativ geringwertige Vergünstigung anstelle von gar nichts zu erhalten. Aus diesem Grund spielt auch die Relation des Wertes der Vergünstigung zum Wert der Hauptware keine Rolle. Selbst eine teure Hauptleistung wird den Empfänger der Vergünstigung nicht zu einem besonneneren Verhalten veranlassen, da er die Investition nicht tätigen muss. Folglich sollte die Grenze, bei der ein übertriebenes Anlocken bejaht wird, eher niedrig angesetzt werden. Unbedenklich sind daher nur relativ **geringwertige Vergünstigungen.**

247 Für die Anlockwirkung relevant kann auch die **Art der Vergünstigung** sein, die dem Vergünstigungsempfänger in Aussicht gestellt wird. Besonders anziehend können zusätzliche Leistungen wirken, die isoliert schwer zu beschaffen sind (zB eine Eintrittskarte zu einer begehrten Veranstaltung).[556] Nach Ansicht der Gerichte wird die Anlockwirkung auch dann verstärkt, wenn mit der Zugabe Bedürfnisse des täglichen Gebrauchs abgedeckt werden können.[557] Abgrenzungsschwierigkeiten können hier entstehen: Während das OLG Düsseldorf das Gewähren eines Parfümerie-Warengutscheins im Wert von 25 DM an Reisebüro-Angestellte für die Vermittlung eines Flugreisenden für unlauter hält,[558] stuft das LG Frankfurt/M die Gewährung eines Kinogutscheins im Wert von 15 bis 20 DM als unbedenklich ein.[559] Das Gericht begründet seine Entscheidung mit dem wenig tragfähigen Argument, der Parfümerie-Gutschein sei im Gegensatz zum Kinogutschein zur Abdeckung von Bedürfnissen des täglichen Gebrauchs geeignet. Weniger attraktiv als Prämien sind Produkte, bei denen man sich nicht von deren Unentgeltlichkeit anlocken lässt, weil man auf andere Dinge – wie etwa Seriosität – Wert legt[560] oder Prämien, die erst im Rahmen einer Verlosung vergeben werden.[561] Schließlich ist bei der lauterkeitsrechtlichen Beurteilung auch zu berücksichtigen, ob die Vergünstigung ihrem Empfänger allein und zum persönlichen Gebrauch überlassen wird[562] oder ob auch die Dritten an der Leistung partizipieren.[563]

248 **c) Aleatorische Reize.** Kopplungsangebote können mit aleatorischen Reizen verbunden werden. Insbesondere bei Zugaben ist dies denkbar, etwa wenn die Gewährung oder der Wert der Zugabe durch ein zuvor veranstaltetes **Gewinnspiel** (zB durch Auswürfeln) bestimmt wird.[564] Nach § 1 Abs. 3 Satz 2 ZugabeVO war es untersagt, Zugaben von dem Ergebnis einer Verlosung oder einem anderen Zufall abhängig zu machen, und auch nach

---

554 So kann beispielsweise die Sozialadäquanz eines Vorteils bei kleinen Aufmerksamkeiten das Tatbestandsmerkmal der Unlauterkeit bei § 299 StGB ausschließen: *Tröndle/Fischer* StGB § 299 Rn 9, 16; Schönke/Schröder/*Heine* StGB § 299 Rn 19, 20.

555 BGH WRP 2008, 777 Tz. 16 – Nachlass bei der Selbstbeteiligung; BGH WRP 2008 Tz. 18 – Hagelschaden; OLG Köln Beschl. v. 16. 5. 2008, 6 W 38/08.

556 *Berneke* WRP 2001, 615, 618.

557 LG Frankfurt/M GRUR-RR 2002, 204 – Club-Klasse-Tickets; BGH GRUR 1976, 248, 249 – Vorspannangebote; BGH GRUR 1974, 346, 347 – Geballtes Bunt.

558 OLG Düsseldorf WRP 1999, 1197 – Verkaufswettbewerb.

559 LG Frankfurt/M GRUR-RR 2002, 204 – Club-Klasse-Tickets.

560 BGH GRUR 1993, 483 – Unentgeltliche Partnervermittlung.

561 LG Frankfurt/M GRUR-RR 2002, 204, 205 – Club-Klasse-Tickets.

562 BGHZ 34, 264, 273 – Einpfennig-Süßwaren.

563 BGH GRUR 2006, 77 – Schulfotoaktion. Dieser Aspekt hätte zur Begründung der Lauterkeit der Fotoaktion herangezogen werden müssen.

564 Das gleiche Problem stellt sich bei Rabatten, → Rn 275.

Aufhebung des Gesetzes wurde die Ansicht vertreten, eine solche Werbemaßnahme verstoße gegen § 1 aF.[565]

249 Allein der Einsatz aleatorischer Reize kann die Wettbewerbswidrigkeit einer Verkaufsförderungsaktion nicht begründen. Es bedarf grundsätzlich weiterer Unlauterkeitsmomente.[566] Diese könnten jedoch ausnahmsweise entbehrlich sein, wenn Art oder Höhe der Zuwendung zufallsabhängig sind, so dass ein **Anwendungsfall des § 4 Nr. 6** vorliegt. Nach § 4 Nr. 6 ist es wettbewerbswidrig, wenn die Teilnahme an einem Preisausschreiben oder Gewinnspiel „in irgendeiner Form"[567] mit dem Warenabsatz oder der Inanspruchnahme einer Dienstleistung gekoppelt wird. Die Wettbewerbswidrigkeit wird dadurch begründet, dass die Maßnahme darauf abzielt, die Spiellust auszunutzen und das Urteil des Verbrauchers hierdurch zu trüben.[568] Bejaht man die Anwendbarkeit von § 4 Nr. 6, dann ist diese Art der Verkaufsförderaktion ohne weitere Abwägung unzulässig. Hält man § 4 Nr. 6 für nicht anwendbar, ist auf § 4 Nr. 1 zurückzugreifen, der Raum für eine Abwägung im Einzelfall bietet.

250 Eine Verkaufsförderaktion, in deren Rahmen der Wert der Zugabe von einem Gewinnspiel abhängig gemacht wird, wird zwar vom Wortlaut des § 4 Nr. 6 erfasst, da man an dem Gewinnspiel nur teilnehmen kann, wenn man die Ware kauft oder die Dienstleistung in Anspruch nimmt (zB „Jeder 100. Käufer gewinnt", **„Erwürfeln Sie Ihren Rabatt"**[569]). Es lässt sich jedoch nicht verkennen, dass der Gesetzgeber bei Schaffung des § 4 Nr. 6 andere Fallkonstellationen vor Augen hatte. Die Teilnahme an einem Gewinnspiel soll nicht dergestalt an den Erwerb einer Ware oder die Inanspruchnahme einer Dienstleistung gebunden werden, dass man erst die entgeltliche Leistung in Anspruch nehmen muss, um dann anschließend an dem Gewinnspiel teilnehmen zu können. Bei den hier in Rede stehenden Konstellationen fallen der Kauf der Ware und das Gewinnspiel jedoch zusammen. Dies gilt unabhängig davon, ob das Gewinnspiel unmittelbar vor oder nach dem Abschluss des Kaufvertrages stattfindet, sofern es sich nur aus Sicht des Käufers als ein einheitliches Geschehen darstellt und der Gewinn sich unmittelbar auf die vertragliche Leistung oder Gegenleistung auswirkt. Die besondere Ausgestaltung der Verkaufsaktion ist daher nicht als an den Verkauf gekoppeltes Gewinnspiel zu verstehen, sondern als **Verfahren der Preisgestaltung.**[570] Es besteht eine Parallele zu den Fällen des Co-Shoppings oder zu den umgekehrten Versteigerungen, bei denen Preisvorteile ebenfalls mit aleatorischen Elementen verbunden werden. Diese sind nach zutreffender Ansicht nicht grundsätzlich unzulässig.[571] Vielmehr ist die Lauterkeit unter Berücksichtigung der besonderen Umstände des Einzelfalls an § 4 Nr. 1 zu messen.[572] So kommt etwa ein **psychischer Kaufzwang** in Betracht, wenn der Rabatt erst an der Kasse unmittelbar vor dem Abschluss des entgeltlichen Geschäftes erwürfelt wird. Hier besteht die Gefahr, dass der Kunde zwar mit dem erwürfelten Rabatt unzufrieden ist und daher eigentlich vom Erwerb absehen möchte, aber dennoch anstandshalber auf das Angebot eingeht.

251 **d) Psychischer Kaufzwang.** Auch wenn angesichts des gewandelten Verbraucherleitbildes strenge Anforderungen an einen psychischen Kaufzwang zu stellen sind, wurde ein

---

565 *Hoß* MDR 2001, 1094, 1097; *Berneke* WRP 2001, 615, 618; *Heermann* WRP 2001, 855, 864; aA *Eppe* S. 201; *Cordes* WRP 2001, 867, 872.

566 → Rn 136.

567 BT-Drucks. 15/1487 S. 18 linke Spalte.

568 BT-Drucks. 15/1487 S. 18 linke Spalte unter Bezug auf BGH GRUR 2002, 976 – Kopplungsangebot I; so auch BGH GRUR 1998, 735, 736 – Rubbelaktion; BGH GRUR 1990, 611, 616 – Werbung im Programm; BGH GRUR 1973, 474, 476 – Preisausschreiben.

569 → § 4 Nr. 6 Rn 83.

570 BGH WRP 2009, 950 – Jeder 100. Einkauf gratis; BGH WRP 2007, 1337 Tz. 31 – 150% Zinsbonus; aA OLG Köln WRP 2007, 678 – Das Große Rabatt-Würfeln; OLG Köln MD 2006, 1388 – Jeder 20. Käufer gewinnt; OLG Hamburg MD 2005, 24 – Glückbon Tage (dazu BGH GRUR 2005, 886, wo allerdings wegen Unzulässigkeit der Nichtzulassungsbeschwerde nicht in der Sache entschieden wurde).

571 Zum CoShopping → Rn 362 ff., zu den umgekehrten Versteigerungen → Rn 351 ff.

572 Für eine generelle Unzulässigkeit nach § 1 UWG aF *Hoß* MDR 2001, 1094, 1097; *Berneke* WRP 2001, 615, 618; aA *Cordes* WRP 2001, 867, 872.

solcher vom BGH[573] zu Recht bejaht in einem Fall, in dem Frühstücksflocken dergestalt beworben wurden, dass Schüler zum Sammeln von auf dem Produkt befindlichen Punkten aufgefordert wurden, die sie über ihre Schulen ein unter Einschaltung der (Sport)Lehrer einschicken sollten. Je nach Anzahl der gesammelten Punkte sollte die Schule verschiedene Sportgeräte erhalten (vom Springseil bis zum Baseball Schulset). Mit einer solchen Werbeaktion setzt der Werbende Minderjährige in unzulässiger Weise als Kaufmotivatoren zur Beeinflussung der Entscheidung der Eltern ein und übt so einen unangemessenen unsachlichen Einfluss auf diese aus, weil er den erheblichen Gruppendruck unter den Schülern und die bei den Schülern bestehende Solidarität ausnutzt. Denn entschließt sich eine Klasse mehrheitlich, an der Aktion teilzunehmen, können Abweichler dem Vorwurf des Spielverderbers, der Kleinlichkeit und vor allem der **mangelnden Solidarität** mit der Klassenmehrheit ausgesetzt sein und sich daher gezwungen sehen, überflüssige Käufe zu tätigen oder von einem Erwerb der Konkurrenzprodukte abzusehen. Zur Druckausübung durch die Kinder auf ihre Eltern kam im konkreten Fall hinzu, dass der Werbende die Autorität der Schule ausnutzte, indem er die Lehrer in die Aktion einband. Eine andere Beurteilung war nach Ansicht des BGH nicht gerechtfertigt, weil die Punkte auch über eine kostenpflichtige Telefonverbindung oder durch Teilnahme an einem einfachen Geschicklichkeitsspiel auf der Internetseite der Beklagten erworben werden konnten. Auch dies fördere den Wettbewerb des Werbenden und sei zudem keine Alternative für die Schüler, die sich an der Sammelaktion gar nicht beteiligen wollten. Außerdem zeige die Lebenserfahrung, dass alle drei Wege genutzt würden, um möglichst viele Taler zu sammeln.

252 **e) Ausübung von wirtschaftlichem oder sozialem Druck.** Eine missbräuchliche, weil machtbedingte Kopplung ist gegeben, wenn der Werbende hinsichtlich einer der Leistungsbestandteile einem **Kontrahierungszwang** unterliegt. Dieser kann sich entweder aus besonderen gesetzlichen Vorschriften (§ 20 GWB; § 5 PflVersG; § 18 EnWG) oder aus allgemeinen Erwägungen (§ 826 BGB) ergeben.[574] Der Kunde nimmt die gekoppelte Leistung hier nicht aufgrund einer sachlichen und freiwilligen Entscheidung in Anspruch, sondern weil er auf die Hauptleistung angewiesen ist. Darin liegt ein Verstoß gegen das Leitbild des Leistungswettbewerbs.

253 Handelt es sich bei dem einen Leistungsbestandteil um eine **Mitgliedschaft** in einem Verein, dann besteht ein Kontrahierungs- und damit Aufnahmezwang auf Seiten des Vereins, wenn dieser eine Monopolstellung oder eine überragende **Machtstellung** in einem sozialen oder wirtschaftlichen Bereich inne hat. In diesen Fällen bleibt für das potentielle Mitglied in der Regel nur die Möglichkeit, dem Verein beizutreten oder auf eine Betätigung in dem von dem Verein beherrschten Lebensbereich bzw. auf eine Inanspruchnahme der von diesem angebotenen Leistung ganz zu verzichten.[575] Sieht die Satzung einer Gewerkschaft vor, dass mit dem Erwerb der Mitgliedschaft in der Gewerkschaft automatisch, d.h. unabhängig von einer Zustimmung des jeweiligen Mitglieds, der Erwerb eines entgeltlichen Versicherungsschutzes verbunden ist, so ist diese Kopplung unlauter.[576] Das einzelne Mitglied ist gezwungen, den Versicherungsschutz zu erwerben, unabhängig davon, ob es den Versicherungsschutz benötigt oder wünscht. Darüber hinaus besteht nicht die Möglichkeit, die Leistung mit denen der Mitbewerber zu vergleichen. Dem kann nicht entgegengehalten werden, dass in den Gewerkschaften keine Zwangsmitgliedschaft besteht, so dass der Eintritt in die Gewerkschaft und damit letztlich auch die Inanspruchnahme des Versicherungsschutzes freiwillig erfolgen. Bei den Gewerkschaften handelt es sich um Interessenverbände mit überragender Machtstellung im sozialen und wirtschaftlichen Bereich.

---

573 BGH GRUR 2008, 183 – Tony Taler (anders die Vorinstanz OLG Bremen); ebenso in einem ähnlichen Fall das OLG Celle GRUR-RR 2005, 387 – Klassensparbuch.

574 Zu kartellrechtlichen Bedenken BGH GRUR 2003, 77, 78 – Fernwärme für Börnsen.

575 Konsequenz dieser Machtstellung ist, dass die Vereinsautonomie des Verbandes insoweit eingeschränkt ist, als dass ein Aufnahmezwang gegenüber den Bewerbern um die Mitgliedschaft besteht; s. dazu BGHZ 101, 193 – Gekoppelter Kartenverkauf; BGHZ 93, 151; BGHZ 63, 282; *Steinbeck* WuW 1996, 91.

576 BGHZ 110, 156, 162 – HBV Familien- und Wohnungsrechtsschutz.

Die Arbeitnehmer sind auf eine Mitgliedschaft daher angewiesen, um ihre Interessen verwirklichen zu können. Eine Ein- und Austrittsfreiheit, die die Kopplung unbedenklich erscheinen lassen würde, besteht nicht.

f) Keine Berücksichtigung öffentlicher Interessen. Die Rechtsprechung hat vereinzelt bei der lauterkeitsrechtlichen Beurteilung öffentliche Interessen mit berücksichtigt und darauf abgestellt, ob durch den Kauf des Produkts soziale Zwecke gefördert werden.[577] Solche Erwägungen können jedoch keine Rolle spielen, da es nicht Aufgabe des Lauterkeitsrechts ist, sozial erwünschtes Verhalten zu fördern. Es spielt daher bei der lauterkeitsrechtlichen Beurteilung keine Rolle, ob die Kopplung der Leistungsbestandteile im öffentlichen Interesse liegt.[578] 254

g) Verstoß gegen gesetzliche Vorschriften. Kopplungsangebote können gegen spezialgesetzliche Normen verstoßen, sofern diese entweder feste Preise für Waren oder Dienstleistungen vorschreiben oder ein Verbot von Zugaben (oder Rabatten) begründen. Allerdings begründet der Gesetzesverstoß zunächst nur eine Unlauterkeit nach § 4 Nr. 11, denn er führt nicht zu einer unsachlichen Beeinflussung der Kunden. Es ist nicht Aufgabe des § 4 Nr. 1, Verbraucher von der Mitwirkung an Gesetzesverstößen oder anderen die Allgemeinheit schädigenden Handlungen abzuhalten.[579] 255

Im Bereich der **Heilmittelwerbung** sind Zuwendungen und sonstige Werbegaben (Waren oder Leistungen) von nicht geringem Wert verboten, vgl. § 7 Abs. 1 HWG.[580] Von dieser Regelung werden auch Rabatte erfasst.[581] Ausnahmen vom Zugabeverbot finden sich in § 7 Abs. 1 Nr. 1 bis 5 HWG.[582] Zu beachten ist zudem § 11 Nr. 14 und Nr. 15 HWG, der die Abgabe sowohl von Mustern und Proben von Arzneimitteln oder anderer Mittel und Gegenstände als auch diesbezüglicher Gutscheine zum Zwecke der Werbung untersagt. 256

Weitere Zugabeverbote für **Tabakerzeugnisse** enthält § 14 Abs. 2 Tabaksteuergesetz (TabakStG). Danach dürfen Kleinverkaufsverpackungen, die an Letztverbraucher verkauft werden, keine anderen Gegenstände als Tabakwaren und Zigarettenhüllen enthalten und der Packung auch nicht von außen beigefügt werden. Nach § 24 Abs. 1 S. 4 TabakStG dürfen Händler bei der Abgabe von Tabakwaren an Verbraucher keine Gegenstände zugeben. Dieses Verbot gilt selbst für ganz geringwertige Gegenstände wie Zündholzbriefe mit oder ohne Reklameaufdruck oder Bildchen. Eine Ausnahmeregelung findet sich in § 24 Abs. 3 TabakStG für den Fall, dass Tabakerzeugnisse zur Durchführung öffentlicher Aufgaben an den Bund oder die Länder abgegeben werden, und in § 25 TabakStG, wonach ein 3%iger Nachlass bei Zigarren und Zigarillos zulässig ist, sofern er handelsüblich ist oder einer der abschließend aufgeführten Ausnahmetatbestände vorliegt. Ein Verstoß liegt selbst dann vor, wenn das Angebot tatsächlich nicht günstiger ist als der Erwerb der Einzelbestandteile, da schon der Anschein der Preiswürdigkeit vermieden werden soll. 257

Ein Rabattverbot enthält § 3 S. 1 BuchpreisbindungsG. Danach muss, wer gewerbs- oder geschäftsmäßig **Bücher** an Letztverbraucher verkauft, den nach § 5 BuchpreisbindungG festgesetzten Preis einhalten. Ausnahmen finden sich in § 3 S. 2 und § 7 BuchpreisbindungsG. Nicht nur die Einräumung von Barzahlungsrabatten, sondern auch die Abgabe 258

---

577 BGH GRUR 1999, 256, 257 – 1000,– DM Umwelt-Bonus; KG GRUR-RR 2001, 279, 280 – Kostenlose Registrierung einer „de"-Adresse.

578 So aber *Cordes* WRP 2001, 867, 870.

579 → Rn 82.

580 Die Zuwendung muss mit der Werbung für ein *Heilmittel* (und nicht für ein Unternehmen) im Zusammenhang stehen. Allerdings genügt es für den Produktbezug, wenn dieses abstrakt beschrieben wird; KG GRUR-RR 2008, 450 – Apothekenbonussystem; OLG Saarbücken GRUR-RR 2008, 84, 87; OLG München GRUR-RR 2007, 297 – Geld verdienen auf Rezept unter Heranziehung von BGH GRUR 2006, 949 – Kunden werben Kunden; OLG Frankfurt GRUR-RR 2006, 233 – Family Taler; OLG Frankfurt GRUR-RR 2005, 393 – Barrabatte für Hörgeräte; aA OLG Naumburg WRP 2006, 132, 134 – Gutschein bei Rezepteinlösung; OLG Rostock GRUR-RR 2005, 391 – Apotheken-Bonuscard; OLG Düsseldorf WRP 2005, 135.

581 OLG Hamburg GRUR-RR 2004, 219 – Air View; OLG Düsseldorf WRP 2005, 135.

582 Zu § 7 Abs. 1 Nr. 2 HWG OLG Köln MarkenR 2007, 126.

von kostenlosen Buchexemplaren an Sammelbesteller,[583] die Ausgabe von Gutscheinen[584] oder die Anrechnung von Bonuspunkten („Meilen"), die zuvor von Kunden durch den Kauf preisgebundener Bücher beim Verkäufer erworben worden sind, begründen einen Verstoß gegen dieses Verbot.[585] Wer nicht Normadressat der Buchpreisbindung ist, kann entsprechend den deliktischen Teilnahmeregelungen nur als Störer in Anspruch genommen werden, wenn er einen Buchhändler oder Verleger vorsätzlich zu einem Verstoß gegen das Buchpreisbindungsgesetz zu bewegen sucht.[586]

259 Aufgrund von gesetzlichen Gebührenregelungen sind Preisnachlässe bei **Freiberuflern** unzulässig. Hierzu zählen beispielsweise § 49b Abs. 1 S. 1 BRAO, § 17 Abs. 1 S. 1 BNotO oder § 4 Abs. 2 HOAI. Abgesehen davon unterliegen Angehörige freier Berufe besonderen Regelungen im Hinblick auf die Zulässigkeit ihrer Werbung. So ist die Werbung eines Rechtsanwalts nach § 43b BRAO nur zulässig, wenn sie in Form und Inhalt sachlich unterrichtet.[587]

II. Rabatte

1. Erscheinungsformen und Abgrenzung

260 Ein Rabatt ist eine Verkaufsförderungsmaßnahme, durch die die finanzielle Belastung für den Käufer verringert wird. Darunter fällt zunächst der **Preisnachlass,** den der Anbietende dem Kunden von einem zuvor angekündigten oder geforderten Preis gewährt (sog. Barrabatt). Der Preisnachlass kann betragsmäßig festgelegt oder prozentual vom ursprünglich verlangten Preis berechnet werden. Unter Geltung des RabattG wurde der Rabatt von der Preissenkung abgegrenzt. Während bei einem Rabatt ein Nachlass vom allgemein geforderten Normalpreis gewährt wurde, wurde bei einer Preissenkung der vorangegangene Preis aufgehoben und nicht mehr verlangt.[588] Für die lauterkeitsrechtliche Beurteilung kommt es nach Aufhebung des RabattG auf diese Unterscheidung nicht mehr an. Jeder Nachlass auf einen zuvor geforderten Preis ist an § 4 Nr. 1 zu messen, unabhängig davon, ob der alte Preis aufgehoben wurde oder ob er als Normalpreis weiter besteht und nur gegenüber dem einzelnen Kunden nicht mehr verlangt wird.[589]

261 Neben dem Preisnachlass fällt die Vergünstigung in Form eines **Wertgutscheins** oder eines **Geldgeschenks** unter den Begriff des Rabatts. Unerheblich ist es, ob der zugewandte Betrag beim Kauf abgezogen bzw. ausgezahlt wird oder ob er direkt vom Verkaufspreis abgezogen wird. So ist ein Wertgutschein, der beim Kauf der Ware einzulösen ist, ebenso als Rabatt anzusehen wie ein Zuschuss, der beim Kauf einer Ware gewährt wird. Ein (verschleierter) Rabatt kann auch gewährt werden, indem der Verkäufer einen festen Betrag – unabhängig von dem Erhaltungszustand – für die Inzahlungnahme von gebrauchten Gegenständen verspricht und die Gegenstände auf diese Weise zu hoch bewertet werden.[590]

262 Abgrenzungsschwierigkeiten zu Kopplungsangeboten können sich ergeben, wenn dem Kunden zum selben Preis ein Mehr an Waren überlassen wird (3 zum Preis von 2). Werden mehrere identische Waren zusammengefasst und zu einem einheitlichen Preis angeboten, der in der Regel niedriger ist als der Preis der entsprechenden Anzahl der Einzelprodukte, liegt ein Rabatt vor (sog. Natural- oder Warenrabatt).[591] Wird eine Ware hinzugegeben, die nicht identisch ist, spricht man von einer Zugabe.

---

583 OLG München GRUR 2005, 391 – Schüler-Lernhilfe.
584 OLG Frankfurt GRUR 2004, 885 – Startgutscheine für Bücher.
585 OLG Frankfurt GRUR 2005, 72 – „Meilen" für Bücher.
586 BGH GRUR 2003, 3525 – Buchpreisbindung; OLG Frankfurt GRUR 2005, 965 – Mängelexemplar.
587 OLG Celle NJW 2002, 1210 – Verstoß gegen das RabattG → Rn 264.
588 BGH GRUR 1995, 165 – Kosmetikset; BGH GRUR 1989, 855 – Teilzahlungskauf II.
589 Als Rechtsbegriff findet sich der Rabatt noch in § 1 Abs. 1 S. 1 PAngV und ist hier von der Preissenkung abzugrenzen, OLG Köln GRUR-RR 2004, 148 – Oster-Rabatt.
590 OLG Köln WRP 1996, 594, 596 – Inzahlungnahme eines Pkw.
591 So auch der Vorschlag zur VO über Verkaufsförderung im Binnenmarkt → Rn 30.

2. Rechtsprechung vor Aufhebung des Rabattgesetzes

263 Das RabattG gestattete dem Unternehmer im geschäftlichen Verkehr mit privaten und gewerblichen Letztverbrauchern Nachlässe von nicht mehr als 3% von seinem allgemein geforderten Normalpreis einer Ware oder gewerblichen Leistung des täglichen Bedarfs. Auch innerhalb dieses Rahmens waren Preisnachlässe unzulässig, wenn sie nur bestimmten Verbrauchergruppen gewährt wurden, zB Stammkunden oder den Mitgliedern eines Vereins (§ 1 Abs. 2 RabattG).

264 § 1 aF kam neben dem RabattG ergänzend zur Anwendung, wenn zugleich ein Verstoß gegen das allgemeine Wettbewerbsrecht vorlag. Ein Verstoß gegen § 1 aF unter dem Gesichtspunkt des **übertriebenen Anlockens** ist von der Rechtsprechung bejaht worden in einem Fall, in dem der Hersteller eines Waschmittels Wertscheine über 0,80 DM unmittelbar an Letztverbraucher verteilte mit der Aufforderung, diese Scheine beim Kauf dem Einzelhändler in Zahlung zu geben. Bei der rechtlichen Beurteilung geht der BGH von der Annahme aus, dass Werbegeschenke in Form von Wertgutscheinen von vornherein wettbewerbsrechtlich bedenklich sind, da sie einen starken Kaufanreiz ausüben. Sie sind daher besonders geeignet, den Kunden von einem sachgerechten Kaufverhalten abzulenken.[592] Auch ein Versicherungsunternehmen, das seinen Kunden Fahrkarten für den Nahverkehr zu Preisen abgab, die 33% oder 50% unter den üblichen Tarifen des Verkehrsträgers lagen,[593] verstößt nach Ansicht des BGH gegen das Lauterkeitsrecht. Gleiches gilt für ein Unternehmen, das 1,50 DM auf den Fahrpreis von öffentlichen Verkehrsmitteln bei Einkäufen ab 10 DM erstattete.[594] Ebenfalls unzulässig ist die Übernahme der ersten Jahresgebühr von 100 DM für eine Kreditkarte durch ein Modehaus[595] und ein Glückwunsch-Rundschreiben, in dem ein Anwalt den Adressaten als Geschenk das Angebot machte, einen Betrag von 50 DM auf das Honorar zu vergüten, wenn anwaltliche Leistungen in Anspruch genommen werden.[596] Hierin liege des Weiteren ein Verstoß gegen das Sachlichkeitsgebot des § 43b BRAO, weil die Gefahr besteht, dass die Kunden sich nicht aus Gründen der fachlichen Qualifikation, sondern aus finanziellen Gründen für die Leistung des werbenden Rechtsanwalts entscheiden.

265 Kein übertriebenes Anlocken liegt in der Gewährung eines „Umwelt-Bonus" von 1000 DM für die Umrüstung einer Heizungsanlage auf Erdgas,[597] in der Gewährung von 10 DM Startkapital beim Erwerb einer Kundenkarte[598] oder in der Ankündigung einer Gutschrift von 10 DM bei einer Warenbestellung von 80 DM durch einen Versandhändler.[599]

3. Kriterien der lauterkeitsrechtlichen Beurteilung

266 **a) Ausgangslage.** Nach Aufhebung des RabattG ist die Rabattgewährung grundsätzlich zulässig. Es müssen weitere Umstände hinzukommen, die dazu führen, dass die Gewährung eines Rabatts die Kunden in unangemessener unsachlicher Weise beeinflusst.

267 **b) Fehlende Transparenz.** Der BGH verlangt bei Kopplungsangeboten eine hinreichende Transparenz.[600] Angelehnt an diese Rechtsprechung stellt sich die Frage, ob auch das Werben mit einem Rabatt aufgrund mangelnder Transparenz unlauter sein kann.[601] Bei

592 BGH GRUR 1999, 755, 756 – Altkleider-Wertgutschein; BGH GRUR 1974, 345, 347 – Geballtes Bunt.

593 BGH GRUR 1995, 353, 354 – Super-Spar-Fahrkarten.

594 Erstattung von 1,50 DM auf den Fahrpreis von öffentlichen Verkehrsmitteln bei Einkäufen ab 10 DM.

595 OLG Frankfurt GRUR 1989, 520 – Kreditkarten-Jahresgebühr.

596 OLG Celle NJW 2002, 1210 – Verstoß gegen das RabattG.

597 BGH GRUR 1999, 256 – 1.000 DM Umweltbonus; aA OLG München NJW-RR 1994, 1129 – Finanzieller Zuschuss.

598 OLG Stuttgart NJWE-WettbR 1996, 126 – Geburtstagsgutschein.

599 OLG Karlsruhe GRUR 2002, 909 – Kein übertriebenes Anlocken nach Aufhebung des RabattG.

600 → allgemein zum Transparenzgebot Rn 143.

601 Auf die allgemeinen Irreführungsmöglichkeiten durch Rabatte (Mondpreisproblematik, Preisschaukelei, Angabe eines falschen Rabattgrundes etc.) soll nicht eingegangen werden → § 5. Sofern es um die Transparenz hinsichtlich der Bedingungen der Inanspruchnahme geht, ist § 4 Nr. 4 spezieller → § 4 Nr. 4 Rn.

der Beurteilung dieser Frage ist davon auszugehen, dass bei der Werbung mit Rabatten die Gefahr einer Preisverschleierung durch mangelnde Transparenz weniger groß ist als bei der Werbung mit Zugaben. Sowohl bei Barrabatten als auch bei Naturalrabatten lässt sich der geldwerte Vorteil ohne weiteres errechnen, sofern die prozentuale oder absolute Rabatthöhe angegeben wird.

268 Es besteht für den Werbenden keine Pflicht zur **Angabe der Rabatthöhe.**[602] Zulässig sind daher allgemeine Werbeaussagen wie etwa: „Sie erhalten Traumrabatte“ oder „Sie erhalten Riesenrabatte.“ Auch bisher wurden Anpreisungen wie „Sparpreise“ oder „Tiefpreise“ als hinreichend transparent bzw. als nicht irreführend angesehen. Solche Aussagen verpflichten den Werbenden lediglich zu Preisen, die unterhalb derer der Mitbewerber liegen.[603] Nur wenn im konkreten Fall die Erwartungen der Kunden enttäuscht werden, weil sich hinter dem Riesenrabatt nur ein Preisnachlass von 3% verbirgt, wird man eine unsachliche Beeinflussung des Kunden – in Form der Irreführung – bejahen können.

269 Aus allgemeinen Erwägungen lässt sich ebenfalls keine Pflicht des Werbenden begründen, auf einen **Verkauf unter Einstandspreis** hinzuweisen.[604] Das Transparenzgebot, das dem Kunden eine informierte Entscheidung ermöglichen soll, verlangt diese Angabe nicht.

270 **c) Übertriebenes Anlocken.** Die Gewährung eines Rabatts ist unlauter, wenn die Kunden dadurch in übertriebener Weise angelockt werden.[605] Das ist der Fall, wenn die angebotene Rabattgewährung den Kunden von einer sachgerechten Prüfung des Angebots abhält. Die Rechtsprechung ist nach Aufhebung des RabattG deutlich liberaler geworden im Hinblick auf die Frage, ab welcher Höhe ein Rabatt die Kunden in übertriebener Weise anlockt. Eine **Höchstgrenze,** bei deren Überschreitung die Rabattgewährung unzulässig ist, ist der Rechtsprechung nicht zu entnehmen. So beeinflusst ein Rabatt in Höhe von 10%[606] oder 20%[607] den Verbraucher nicht unsachlich. Selbst die Möglichkeit eines 50%-igen Rabatts, der beim CoShopping erzielt werden kann, kann für sich genommen die Unlauterkeit nicht begründen.[608] Nach Auffassung des OLG Karlsruhe ist die Grenze der Unlauterkeit erst erreicht, wenn der Preisnachlass aus Sicht des Kunden den Wert der zu bestellenden Ware erreicht und für ihn damit der Eindruck entsteht, keinen oder nur einen symbolischen Kaufpreis zahlen zu müssen.[609] Das OLG Celle sah ein übertriebenes Anlocken in einem verbilligten Angebot von Dienstleistungen, wenn dies nur durch eine Quersubvention möglich ist.[610] In der Literatur wird zum Teil die Grenze der Zulässigkeit als erreicht angesehen, wenn der Rabatt so über das bisher Gewohnte hinausgeht, dass er dem Angebot eine außer jedem Verhältnis stehende Aufmerksamkeit zukommen lässt.[611]

271 Im Ergebnis ist eine Höchstgrenze für Rabatte abzulehnen. Der Preis zählt zu den klassischen Faktoren des Leistungswettbewerbs, so dass ein niedriger Preis ein sachlicher Grund ist, um sich für den Kauf eines Produkts zu entscheiden. Selbst wenn der Kunde durch den Preisnachlass zu Einkäufen veranlasst wird, die über seinem eigentlichen Bedarf liegen,

---

[602] Die VO über Verkaufsförderung im Binnenmarkt sah im Anhang eine solche Pflicht vor unter 2.1. → Rn 41.

[603] *Piper*/Ohly UWG § 5 Rn 527; Hefermehl/Köhler/*Bornkamm* UWG § 5 Rn 7.133; OLG München WRP 1985, 580, 583 – Werbung mit Preisleistungen und Preisknüller; Großkomm/*Lindacher* UWG § 3 Rn 873.

[604] Die VO über Verkaufsförderung im Binnenmarkt sah im Anhang eine solche Pflicht vor unter 2.1. → Rn 43. Hierdurch soll der Verbraucher den wahren wirtschaftlichen Wert der Ware bzw. Dienstleistung erkennen können; zur grundsätzlichen Zulässigkeit des Verkaufs unter Einstandspreis → § 4 Nr. 10 Rn 29.

[605] Zum übertriebenen Anlocken → Rn 147 ff.

[606] OLG Köln WRP 2002, 1189 – Frühaufsteherrabatt; OLG Frankfurt WRP 2002, 468 – 10% Barzahlungsrabatt.

[607] OLG Oldenburg Urt. v. 28. 11. 2002, 1 U 107/02.

[608] OLG Köln WRP 2001, 1095, 1097 – Powershopping; OLG Köln ZUM 2001, 598, 600 – Wettbewerbswidriges Powershopping; aA *Piper*/Ohly UWG § 4 Rn 1/87.

[609] OLG Karlsruhe GRUR 2002, 909 – Geburtstagsgutschein.

[610] OLG Celle GRUR-RR 2002, 336 – Laborfachärzte.

[611] *Cordes* WRP 2001, 867, 974.

kann dies die Unlauterkeit nicht begründen.[612] Es ist nicht Aufgabe des UWG, den Kunden vor einer Überschätzung seines Bedarfs oder seiner finanziellen Leistungsfähigkeit zu schützen. Ebenso wenig kann es entscheidend sein, ob das verbilligte Angebot zu einem Verlust für den Anbieter führt. Die Rabatthöhe ist folglich kein Kriterium, das die Unlauterkeit durch übertriebenes Anlocken begründen kann.[613]

Unerheblich für die wettbewerbsrechtliche Beurteilung ist es, aus welchem Anlass der Rabatt gewährt wird,[614] sofern der von dem Werbenden angegebene **Rabattgrund** zutreffend ist. Ein Rabatt, der ohne weitere Voraussetzungen gewährt wird, ist nicht strenger zu beurteilen als etwa ein Rabatt, dem eine Gegenleistung des Abnehmers gegenübersteht (Mengenrabatt). Ebenfalls kann es nicht entscheidend sein, ob für die Rabattgewährung ein Grund angegeben wird – etwa die Euro-Einführung – und welcher Art dieser ist. 272

Hinsichtlich der Frage, inwieweit eine **zeitliche Befristung** des Rabattangebots eine unsachliche Beeinflussung des Kunden begründen kann, kann auf die Überlegungen zu den Kopplungsangeboten verwiesen werden.[615] Ein Beispiel dafür, dass die Ausübung von zeitlichem Druck auf die Entscheidungsfreiheit des Kunden ein übertriebenes Anlocken begründen kann, sind umgekehrte Versteigerungen mit besonders kurzen Intervallen.[616] 273

Ein übertriebenes Anlocken kann ausnahmsweise bei **Dreipersonenverhältnissen** bejaht werden, wenn die Person, die den Rabatt in Anspruch nimmt und diejenige, die finanziell für die angebotene Leistung aufkommt, auseinanderfallen. So hat der BGH eine Werbung mit einem Rabatt in Höhe von 150,– Euro gegenüber Versicherungsnehmern für die Reparatur eines Hagelschadens bei Kasko-Abwicklung als unsachliche Beeinflussung angesehen.[617] 274

d) Aleatorische Reize. Wie auch bei Kopplungsangeboten kann die Gewährung von Rabatten mit aleatorischen Elementen verbunden werden, so etwa wenn die Gewährung oder die Höhe des Rabatts von dem **Ausgang einer Verlosung** abhängig gemacht wird. Die Zulässigkeit solcher Gestaltungen wird nicht einheitlich beurteilt. Das OLG Hamm hatte keine Bedenken gegen eine Werbung mit einem Gewinnspiel, bei dem die Kunden um einen Rabatt zwischen zwei und zwölf Prozent würfeln konnten. Ein solcher Preisnachlass entfalte weder eine besondere Anlockwirkung noch einen psychischen Kaufzwang.[618] Demgegenüber hielt das LG Lüneburg die Rabattaktion eines Möbelhauses, in deren Rahmen die Kunden sich ihren eigenen Rabatt erwürfeln konnten, für eine unzulässige Verknüpfung von Spiellust mit Warenabsatz.[619] Gegen die Zulässigkeit solcher Rabattaktionen könnte die Regelung des § 4 Nr. 6 sprechen, wonach es unzulässig ist, die Teilnahme von Verbrauchern an einem Preisausschreiben oder Gewinnspiel von dem Erwerb einer Ware abhängig zu machen. Es wurde jedoch bereits dargelegt,[620] dass § 4 Nr. 6 auf andere Fälle zugeschnitten ist und hier daher nur eine Unzulässigkeit im Einzelfall nach Nr. 1 in Betracht kommt. 275

e) Kundendiskriminierung. Wird ein Preisnachlass nicht allen Kunden gleichermaßen gewährt, sondern nur denen, die einen solchen aushandeln, kommt es zu einer Diskriminierung einzelner Kunden.[621] Die Kunden, die sich nicht auf Preisverhandlungen einlassen, müssen den vollen Preis zahlen und vielleicht sogar noch die Kosten tragen, die durch zu- 276

---

612 → Rn 151 u. 214 ff.

613 *Eppe* WRP 2004, 153, 160; *Heermann* WRP 2001, 855, 861; *Hucke* ZUM 2001, 770, 773; *Ernst* CR 2000, 239, 242; zu der besonderen Fallgestaltung, bei der der Empfänger des Rabatts und derjenige, der die Ware letztlich in Anspruch nimmt, nicht identisch sind → Rn 226.

614 AA *Lange/Spätgens* Rn 127.

615 Zu diesem Aspekt bei Zugaben → Rn 223.

616 → Rn 351 ff.

617 BGH WRP 2008, 777 – Nachlass bei der Selbstbeteiligung; BGH WRP 2008, 780 – Hagelschaden.

618 OLG Hamm Urt. v. 17. 6. 2003, 4 U 46/03; ebenso Beschl. v. 20. 11. 2003, 4 W 163/03.

619 LG Lüneburg Beschl. v. 22. 2. 2002, 7 O 21/02.

620 → Rn 250.

621 Die Aufgabe des Rabattgesetzes bestand auch in einem Schutz der Verbraucher vor Preisdiskriminierung *Baumbach/Hefermehl* UWG RabattG Rn 8.

vor an andere Kunden gewährte Preisnachlässe entstehen.[622] Eine solche Ungleichbehandlung, die vom Verhandlungsgeschick des einzelnen Kunden (oder von seiner Zugehörigkeit zu einer Gruppe) abhängt, ist nicht unlauter. Eine **Pflicht zur Gleichbehandlung** kennt das UWG nicht.[623] Das kartellrechtliche Diskriminierungsverbot nach § 20 Abs. 1 GWB schützt nur Unternehmen und kann nicht auf den Schutz der Verbraucher ausgedehnt werden.[624] Ein unmittelbarer Schutz des Verbrauchers vor Preisdiskriminierung wäre mit der Konzeption des GWB schwer vereinbar, das den Verbraucher bisher nur mittelbar schützt durch die Gewährleistung freier Wettbewerbsprozesse.[625] Zudem hätte ein über § 4 Nr. 1 bewirktes Gleichbehandlungsgebot zur Folge, dass individuelle Preisnachlässe nicht mehr beworben und gewährt werden könnten. Damit würde der Liberalisierungswille des Gesetzgebers ignoriert, der durch die Aufhebung des RabattG zum Ausdruck kam.[626] Schließlich ist eine Gleichbehandlung aller Kunden unter dem Blickwinkel des Verbraucherschutzes weder notwendig noch erstrebenswert, da nicht einzusehen ist, warum ein Kunde, der mangels Interesse oder mangels Zeit von Preisverhandlungen absieht, durch das UWG geschützt werden sollte. Eine Grenze wird durch die Rechtsordnung nur dann gezogen, wenn die Unterscheidungskriterien sittlich zu missbilligen und mit den Grundwerten unseres Gemeinwesens unvereinbar sind (zB Rasse oder ethnische Herkunft).[627] Zulässig sind daher Rabatte auf Lebensalter, Körpergröße oder Gewicht der Kunden.

277 **f) Gesetzliche Grenzen.** Zu den gesetzlichen Grenzen der Rabattgewährung bei bestimmten Warengruppen → Rn 255 ff.

III. Rückgabe- und Umtauschrechte, (Preis-)Garantien und Stundungen

Schrifttum: *Borck,* Zur wettbewerbsrechtlichen Relevanz der Stundung des Kaufpreises, WRP 1989, 699; *Heermann,* Garantien, Rückgabe- und Umtauschrechte, Kopplungsgeschäfte – Die ZugabeVO als „Hemmschuh wahrer Leistungssteigerungen"?, WRP 1999, 130; *Knorps,* Rückgabe- und Umtauschrechte als Zusatzleistungen, GRUR 1995, 649; *Weber,* Günstige Finanzierungsangebote – Unzulässige Rabatte oder Zugaben, WRP 1991, 205; *Wedemeyer,* Zinsgewinn als Rabatt, WRP 1989, 357; → Literatur vor Rn 141.

1. Bisherige Rechtsprechung

278 **a) Rückgabe- und Umtauschrechte.** Rückgabe- und Umtauschrechte geben dem Kunden die Möglichkeit, den Kaufgegenstand zurückzugeben. Dafür erhält er einen anderen Artikel des Verkäufers, einen Gutschein oder den Kaufpreis zurück. In der Rechtsprechung wurden Umtauschrechte, die es dem Kunden ermöglichten, den Kaufgegenstand innerhalb einer längeren Frist bzw. unbefristet und ohne einschränkende Bedingung zurückzugeben, als **verbotene Zugaben** bewertet.[628] Das Umtauschrecht wurde als eine von der Hauptleistung zu trennende zusätzliche Nebenleistung angesehen, weil es bei wirtschaftlicher Betrachtung über das üblicherweise Gewünschte und Erwartete hinausging.[629]

---

622 BGH GRUR 1995, 353 – Super-Spar-Fahrkarten.

623 BGH GRUR 1958, 487, 489 – Antibiotika.

624 *Köhler* BB 2001, 265, 266; auch *Piper* WRP 1994, 433, 434 hält eine Unterbindung dieser Verhaltensweise für geboten.

625 *Immenga/Mestmäcker* GWB § 19 Rn 150, 156.

626 *Eppe* S. 254.

627 So auch *Berneke* WRP 2001, 615, 619; *Heermann* WRP 2001, 883, 886; *Cordes* WRP 2001, 867, 874.

628 BGH WRP 1989, 654 – Vertrauensgarantie (uneingeschränktes Umtauschrecht für Schmuck innerhalb von vier Wochen). Beispielhaft seien weitere Entscheidungen genannt: OLG Saarbrücken WRP 1999, 224 – Land's End; OLG Frankfurt NJW-RR 1993, 53, 54–90 Tage Rücknahmegarantie bei Software; OLG Hamburg WRP 1984, 419 – Unbegrenzte Tauschgarantie beim Kauf eines Orientteppichs. Ähnlich die Rspr. zu den Geld-zurück-Garantien: OLG Frankfurt WRP 1998, 335 – Unzulässige Geld-zurück-Garantie für Kreditkarte; OLG Frankfurt GRUR 1994, 659 – Software – Rücknahmegarantie; OLG Hamburg WRP 1992, 191 – Vorbehaltsloses Rückgaberecht.

629 BGH WRP 1998, 489, 490 f – Umtauschrecht I (30 Tage Umtauschrecht für gebrauchten Pkw mit Laufleistung bis zu 2.000 km).

Großzügiger war die Rechtsprechung dagegen bei kurzfristigen oder bedingten Rückgabe- oder Umtauschrechten. Wurde das Umtauschrecht auf wenige Tage oder auf nicht benutzte Artikel beschränkt, stellte es bei wirtschaftlicher Betrachtung eine sinnvolle Ergänzung der Hauptleistung und daher keine Zugabe dar.[630] Dementsprechend hat der BGH ein 14-tägiges Rückgaberecht für Gebrauchtwagen als eine den konkreten Bedürfnissen der Vertragspartner angepasste Ergänzung der Hauptleistung und somit nicht als unzulässige Zugabe angesehen.[631] Der Kunde sei gerade beim Kauf eines Gebrauchtwagens auf ausreichende Erprobungsmöglichkeiten angewiesen, so dass das Rückgaberecht nicht über das vom Verkehr erwartete Maß hinausgehe.

b) Preisgarantien. Preisgarantien geben dem Kunden das Recht, den gekauften Gegenstand gegen volle Erstattung des Kaufpreises zurückzugeben, wenn er ihn innerhalb einer bestimmten Frist bei einem anderen Anbieter zu einem günstigeren Preis entdeckt. Möchte der Kunde die Ware behalten, kann er auch Rückzahlung des im Vergleich zum günstigeren Anbieter mehr bezahlten Kaufpreises verlangen. Dabei ist die Garantie so zu verstehen, dass das Rückgaberecht nicht das Vorliegen eines vollständig identischen Konkurrenzangebots voraussetzt, sondern dass es genügt, wenn der gekaufte Artikel entweder im Preis oder nur hinsichtlich einer einzelnen angebotenen Leistung günstiger ist (zB kostenlose Anlieferung im Umkreis), selbst wenn das Angebot des Werbenden in anderen Punkten oder insgesamt gesehen vorteilhafter ist.[632] Die Rechtsprechung geht zu Recht davon aus, dass solche Preisgarantien **zulässig** sind.[633] Ein übertriebenes und damit unlauteres Anlocken unter dem Gesichtspunkt, dass die Anlockwirkung keine Entsprechung in praktisch möglichen Preisvergleichen findet, ist zu verneinen, sofern der Anbieter einer Preisgarantie den Kunden in die Lage versetzt, bei Mitbewerbern ein Vergleichsangebot einzuholen, wobei auch längeres Suchen zumutbar sein kann.[634] Hierfür reicht es aus, wenn es dem Kunden durch präzise Produktbeschreibungen möglich ist, bei Mitbewerbern ein Vergleichsangebot einzuholen. Für einen Preisvergleich ist nicht erforderlich, dass der Kunde den mit der Geld-zurück-Garantie beworbenen Gegenstand bei einem nahegelegenen Konkurrenzunternehmen in identischer Gestalt „wiederfinden" kann. Etwas anderes kann gelten, wenn sich die Garantie auf ein Exklusivprodukt bezieht, bei dem die Überprüfung der Behauptung, es handele sich um das günstigste Angebot unter den Anbietern, nicht möglich ist.[635] Zeitwertgarantien[636] und selbstständige Garantien[637] wurden bisher als verbotene Zugaben beurteilt, unselbstständige Garantien waren dagegen zulässig.[638] 279

c) Günstige Zahlungsmodalitäten und Finanzierungsangebote. Die Rechtsprechung sah zunächst in der Bewilligung von Ratenzahlungen ohne Zinsaufschlag einen 280

630 BGH WRP 1999, 181 – Umtauschrecht II (fünftägiges, im Übrigen aber vorbehaltsloses Umtauschrecht für gebrauchten Pkw); BGH WRP 2000, 1278 – Möbel-Umtauschrecht (dreimonatiges Umtauschrecht auf unbenutzte Möbel oder sonstige Einrichtungsgegenstände); BGH WRP 2001, 258, 260 – Rückgaberecht (14-tägiges Rückgaberecht beim Kauf von Fotoartikeln und elektronischen Haushaltsgeräten).

631 BGH GRUR 2001, 851, 852 – Rückgaberecht II.

632 BGH GRUR 1991, 468, 469 – Preisgarantie II.

633 BGH WRP 1993, 749, 751 – Geld-zurück-Garantie; BGH GRUR 1991, 468, 469 – Preisgarantie II; BGH GRUR 1975, 553 – Preisgarantie I; OLG Hamm WRP 1990, 356 – Preisgarantie bei Möbeln; OLG Karlsruhe WRP 1974, 219, 221 – Preis-Garantie. Eine Zugabe lag nicht vor, weil hier keine zusätzliche Leistung neben der Hauptleistung gewährt wurde, sondern der Preis für die Hauptleistung herabgesetzt wurde. Ein Rabatt nach dem RabattG war zu verneinen, weil es sich bei Preisgarantien nicht um einen Preisnachlass, sondern entweder um einen Rücktritt vom Vertrag oder – bei Rückzahlung des Mehrpreises – um einen, wenn gleich bedingt, so doch allgemein angekündigten Preis für eine bestimmte Ware handelt (aA OLG Karlsruhe WRP 2000, 1417, 1418 – Preisgarantie, das einen Verstoß gegen das RabattG annahm).

634 BGH WRP 1993, 749, 751 – Geld-zurück-Garantie; BGH GRUR 1991, 468, 469 – Preisgarantie II.

635 BGH WRP 1993, 749, 751 – Geld-zurück-Garantie; OLG Stuttgart WRP 1998, 433, 434 – Preisgarantie bei echten Orientteppichen. Dieser Gedanke klingt auch an in BGH GRUR 1991, 468, 469 – Preisgarantie II.

636 BGH GRUR 1988, 321 – Zeitwertgarantie.

637 OLG Zweibrücken WRP 1982, 441 – „Garantie zum Nulltarif" als Zugabe.

638 BGH WRP 1958, 151 – Federkernmatratzen I.

Verstoß gegen das RabattG[639] und in zinsgünstigen Vereinbarungen einen Verstoß gegen die ZugabeVO und § 1 aF.[640] Eine Wende brachte das Urteil des BGH „Zinsgünstige Entscheidung durch KfZ-Herstellerbank".[641] Hier sprach sich der BGH dafür aus, in der Gewährung eines zinsgünstigen Darlehens beim Autokauf eine Modalität des Kaufpreises zu sehen, und nicht eine selbstständig neben dem Verkauf von Fahrzeugen stehende Nebenleistung. Damit schied sowohl ein Verstoß gegen die ZugabeVO als auch eine unsachliche Beeinflussung des Kunden durch ein sittenwidriges Vorspannangebot nach § 1 aF aus. Wenn das günstige Finanzierungsangebot schon nicht als Nebenleistung anzusehen sei, fehle es auch an der erforderlichen Verlockung mit zusätzlichen, unsachlichen Mitteln.[642]

2. Kriterien der lauterkeitsrechtlichen Beurteilung

281 Nach der Aufhebung von RabattG und ZugabeVO ist die Zulässigkeit von Rückgabe- und Umtauschrechten bzw. Garantien allein an den lauterkeitsrechtlichen Grenzen zu messen. Ein Verstoß gegen § 4 Nr. 1 wegen einer unangemessenen unsachlichen Kundenbeeinflussung kommt unter folgenden Gesichtspunkten in Betracht:

282 **a) Fehlende Transparenz.** Ein unsachlicher Einfluss ist zu befürchten, wenn das Angebot hinsichtlich der Zusatzleistung nicht hinreichend transparent ist.[643] Das ist zB der Fall, wenn eine Werbung den Eindruck vermittelt, das Rücktrittsrecht sei an keinerlei Bedingungen geknüpft, solche sich aber sehr wohl aus den Vertragsbedingungen ergeben (da es sich hierbei um eine Bedingung der Inanspruchnahme handelt, ist § 4 Nr. 4 einschlägig). Gleiches hat zu gelten, wenn die angebotene Garantie im Hinblick auf die Lebens- und Gebrauchsdauer des betreffenden Produkts für den Kunden ohne jede Bedeutung ist, etwa weil sie sich nicht realisieren oder beweisen lässt.[644]

283 Unzulässig ist die Einräumung einer **lebenslangen Garantie,** wenn damit die Verjährung für gesetzliche Gewährleitungsansprüche verlängert wird, weil nach § 202 Abs. 2 BGB die Verjährung durch Rechtsgeschäft nicht über eine Frist von 30 Jahren hinaus ausgedehnt werden kann (nach § 225 aF BGB war jeglicher rechtsgeschäftliche Ausschluss der Verjährung unwirksam). Mangels rechtlicher Durchsetzbarkeit besteht daher die Gefahr der Irreführung der Verbraucher.[645] Eine Garantie von bis zu 30 Jahren ist dagegen zulässig. Keine lauterkeitsrechtlichen Bedenken hat der BGH demgegenüber, wenn ein **selbstständiger Garantievertrag** für einen über einen länger als 30 Jahre dauernden Zeitraum abgeschlossen wird.[646] Die durch die Werbung hervorgerufene unzutreffende Vorstellung des Kunden, eine Garantie dauere „lebenslang", wird in der Regel – anders bei langlebigen Produkten – keine relevante Fehlvorstellung bewirken.

284 Nach Ansicht des BGH sind **Erfolgsgarantien** (zB bei Nachhilfestunden) wegen einer Irreführung der Kunden unzulässig.[647] Die Behauptung, bei Misserfolg werde das Geld zurück gezahlt, werde von den Verkehrskreisen im Sinne einer Garantie hinsichtlich des Bestehens der Prüfung aufgefasst.

---

[639] BGH GRUR 1989, 855, 856 – Teilzahlungskauf II; BGH NJW 1959, 1182 – Teilzahlungskauf I; KG GRUR 1981, 74 – Barpreis; kritisch zu dieser Rechtsprechung: *Weber* WRP 1991, 205; *Wedemeyer* WRP 1989, 357; *Borck* WRP 1989, 699.

[640] OLG München WRP 1992, 347 – 2,9% effektiver Jahreszins; OLG München WRP 1991, 51 – Finanzierungsangebot m. krit. Anm. *Emmerich* JuS 1991, 251; KG WM 1990, 1929, 1930; OLG Düsseldorf WM 1989, 922 – Rabatt bei Teilzahlungskauf.

[641] BGH GRUR 1994, 743 – Zinsgünstige Kfz-Finanzierung durch Herstellerbank.

[642] BGH GRUR 1994, 743, 744 – Zinsgünstige Kfz-Finanzierung durch Herstellerbank.

[643] → Rn 143.

[644] *Lange/Spätgens* Rn 445.

[645] BGH WRP 1994, 732, 733 – Zielfernrohr; OLG Frankfurt GRUR 2006, 247, 248 – 40 Jahre Garantie; *Heermann* WRP 2001, 855, 864; *Dittmer* BB 2001, 1961, 1964; *Nordemann* NJW 2001, 2505, 2510; aA *Köhler* GRUR 2001, 1067, 1079; *Eppe* S. 228.

[646] BGH GRUR 2008, 915 Tz. 16–18.

[647] BGH GRUR 1983, 254, 255 – Nachhilfeunterricht.

b) Übertriebenes Anlocken. Rückgabe- und Umtauschrechte bzw. **Garantien** 285
stärken die Rechte der Verbraucher. Das gilt auch und gerade in den Fällen, in denen die Garantie über das üblicherweise Erwartete oder Gewünschte hinausgeht. Eine solche Leistungssteigerung bei gleichbleibendem Preis entspricht dem Gedanken des Leistungswettbewerbs. Es ist daher kein Grund ersichtlich, warum besonders lange oder vorbehaltlose Garantien den Käufer durch ein übertriebenes Anlocken unsachlich beeinflussen sollten.[648] Folglich können Garantien, Umtausch- und Rückgaberechte kein wettbewerbswidriges übertriebenes Anlocken bedeuten.[649]

Teilzahlungskäufe mit nur geringem oder **ohne Zinsaufschlag** bieten dem Kunden – 286
ebenso wie Kaufpreisstundungen – finanzielle Vorteile, die sich freilich nicht ohne weiteres ermitteln lassen. Vergleichsgröße wäre der Zinssatz für eine entsprechende Kreditaufnahme durch den Kunden. Der Zinssatz ist aber keine feste Größe, sondern hängt von unterschiedlichen Umständen ab, wie zB Kreditwürdigkeit oder Risikobereitschaft des Kunden. Der geldwerte Vorteil einer Kaufpreisstundung ist umso höher, je höher der Zinssatz für ein entsprechendes Darlehen wäre. Diese Vorteile sind nicht dazu geeignet, die Kunden unsachlich zu beeinflussen. Selbst wenn der Kunde sich für ein Produkt entscheidet, eben weil hierfür ein günstiges Finanzierungsangebot besteht, handelt es sich um eine ökonomisch sinnvolle und nicht um eine irrationale Entscheidung. Finanzierungsangebote sind daher, egal bei welchem Kaufpreis und über welchen Zeitraum, ebenso zulässig wie Ratenzahlungsangebote ohne Zinsen.[650] Auch die Möglichkeit, den Kaufpreis zu stunden, ist – unabhängig vom Zeitraum und von der Höhe des Kaufpreises – zulässig.[651]

IV. Werbegeschenke

1. Erscheinungsformen

Ein Werbegeschenk zeichnet sich dadurch aus, dass der Werbende dem Kunden unent- 287
geltlich oder fast unentgeltlich eine Leistung gewährt, ohne dass die Zuwendung vom entgeltlichen Bezug einer anderen Ware oder Dienstleistung abhängig gemacht wird.[652] Darin liegt der Unterschied zu einem Kopplungsangebot in Form der Zugabe, da der Kunde die Zugabe nur erhält, wenn er auch die Hauptleistung erwirbt. Auch in den Fällen, in denen der Erwerb der Leistung von einer Testbestellung abhängt, liegt ein Werbegeschenk vor, sofern der Käufer das Recht hat, das Geschenk auch bei Rückgabe der Ware zu behalten. Gegenstand eines Werbegeschenks kann eine Ware oder eine Dienstleistung sein. Ein Sonderfall der Werbung mit Werbegeschenken ist die unentgeltliche Beförderung von Kunden zu Ladenlokalen oder anderen Verkaufsflächen.

2. Kriterien der lauterkeitsrechtlichen Beurteilung

a) Grundlagen. Die Rechtsprechung stand der unentgeltlichen Abgabe von Waren 288
oder Dienstleistungen zunächst großzügig gegenüber.[653] Im Jahr 1936 (unmittelbar nach Erlass der ZugabeVO und des RabattG) wurde erstmals das Verteilen von Gutscheinen zum Gratisbezug einer Dose Schuhcreme als sittenwidrig beurteilt.[654] Begründet wurde diese Entscheidung damit, dass die Werbemaßnahme dazu führe, dass deren Kosten in den Preis

---

648 *Köhler* GRUR 2001, 1067; *Heermann* WRP 1999, 130, 135 f; *Schuhlert* S. 124; aA *Dittmer* BB 2001, 1961, 1964; *Knorps* GRUR 1995, 649, 657. Zum übertriebenen Anlocken → Rn 147 ff.

649 Im Ergebnis auch *Lange/Spätgens* Rn 443, jedoch mit anderer Begründung.

650 So auch *Schuhlert* S. 134; tendenziell auch *Heermann* WRP 2001, 855, 861.

651 Restriktiver BGH GRUR 1991, 936 – Goldene Kundenkarte; BGH WRP 1994, 311, 312 – Versandhandelspreis II; BGH WRP 1993, 243, 244 – Versandhandelspreis I.

652 In dem Entwurf der VO zur Verkaufsförderung findet sich die Bezeichnung „Unentgeltliche Zuwendung" → Rn 36.

653 KG JW 1931, 3131; RG GRUR 1930, 1204 – Lose; RG JW 1930, 1687 – Schiller-Ausgabe.

654 RG GRUR 1936, 810 – Schuhcreme.

der Ware mit einfließe, so dass letztlich die Allgemeinheit damit belastet werde. Das Wettbewerbsrecht schütze die Allgemeinheit jedoch vor Auswüchsen des Wettbewerbs, weswegen Werbemaßnahmen vernünftigen betriebswirtschaftlichen und kaufmännischen Überlegungen entsprechen müssten. Dies sei bei einem Verschenken von Schuhcreme nicht der Fall. Diese Rechtsprechungslinie behielt das RG[655] bei und auch den ersten Entscheidungen des BGH lagen ausschließlich wirtschaftspolitische Erwägungen zugrunde. Werbegeschenke waren danach unzulässig, wenn sie den Bestand des Wettbewerbs dadurch gefährdeten, dass den Wettbewerbern infolge des Umfangs der Werbeaktion für einen nicht unerheblichen Zeitraum schlechthin die Möglichkeit genommen wurde, noch weiterhin am Wettbewerb teilzunehmen.[656] Erst in späteren Entscheidungen wurde die Unlauterkeit daran gemessen, ob die Gratisgabe geeignet war, den Kunden in seiner wirtschaftlichen Entschließungsfreiheit zu beeinträchtigen.[657]

289 Die Rechtsprechung geht heute davon aus, dass das unentgeltliche Verteilen von Waren oder Dienstlungen im geschäftlichen Verkehr **grundsätzlich zulässig** ist. Es müssen konkrete Umstände hinzutreten, die die Gewährung der Vergünstigung wettbewerbswidrig erscheinen lassen.[658] Erforderlich ist eine Gesamtwürdigung aller Umstände des Einzelfalls, bei der insbesondere Anlass und Wert der Zuwendung, die Art des Vertriebs sowie die begleitende Werbung zu berücksichtigen sind.[659] Die besonderen Umstände müssen dazu führen, dass der Kunde in unsachlicher Weise zum Abschluss eines entgeltlichen Geschäfts veranlasst wird. Dies kann zum einen dadurch erreicht werden, dass Originalware über längere Zeit verteilt wird, so dass die Gefahr besteht, dass sich die Kunden an den Gebrauch dieser speziellen Warensorte gewöhnen und nach Beendigung der Werbeaktion davon absehen, die Angebote der Mitbewerber auf Güte und Preiswürdigkeit zu überprüfen.[660] Zum anderen kann eine Gratisgabe den Kunden unsachlich beeinflussen, wenn sie ihn in übertriebener Weise anlockt oder einen psychischen Kaufzwang begründet. Ein Verstoß gegen das Transparenzgebot ist schwer vorstellbar.

290 Für die Frage, in welchen Fällen die Unlauterkeit einer unentgeltlichen Leistung damit begründet werden kann, dass einzelne oder mehrerer Mitbewerber unangemessen behindert werden oder dass der Wettbewerb in seinem Bestand gefährdet wird, kann auf die Kommentierung zu § 4 Nr. 10 verwiesen werden.[661]

291 **b) Mangelnde Transparenz.** Den Werbenden trifft keine Pflicht zur **Angabe des Werts des Werbegeschenks.**[662] Die Verordnung über Verkaufsförderung im Binnenmarkt sieht eine solche Pflicht vor.[663] Dahinter steht wohl der Gedanke, dass der Kunde nur dann

---

655 RG GRUR 1939, 862 – Lockenwickler; KG GRUR 1939, 314 – Melitta-Filter; RG GRUR 1938, 207 – Persil; RG GRUR 1936, 190, 192 – Dentistentagebuch.

656 BGH GRUR 1957, 365 – SUWA; BGH GRUR 1957, 363 – Sunil; BGH GRUR 1957, 600 – Westfalenblatt.

657 BGH GRUR 1959, 31 – Feuerzeug.

658 BGH WRP 2003, 1102, 1103 – Fotoaktion; BGH GRUR 2002, 1000, 1001 – Testbestellung; BGH GRUR 1999, 256 – 1000 DM-Umweltbonus; BGH GRUR 1998, 475, 476 – Erstcoloration; BGH GRUR 1998, 1037, 1038 – Schmuck-Set; BGH GRUR 1995, 165, 166 – Kosmetikset; BGH GRUR 1993, 774, 776 – Hotelgutschein; BGH GRUR 1993, 484 – Unentgeltliche Partnervermittlung; BGH GRUR 1992, 621, 622 – Glücksball-Festival; BGH GRUR 1990, 44, 45 – Annoncen-Avis; BGH GRUR 1989, 366, 367 – Wirtschaftsmagazin; BGH GRUR 1986, 820, 821 – Probe-Jahrbuch; BGH GRUR 1984, 463, 464 – Mitmacher-Tour; BGHZ 81, 291, 293 – Bäckerzeitschrift; KG GRUR-RR 2001, 279, 280 – Kostenlose Registrierung einer „de"-Adresse.

659 BGH GRUR 1998, 1037, 1038 – Schmuck-Set; BGH GRUR 1989, 366, 367 – Wirtschaftsmagazin; BGH GRUR 1986, 820, 821 – Probe-Jahrbuch; BGH GRUR 1984, 463, 464 – Mitmacher-Tour; KG GRUR-RR 2001, 279 – Kostenlose Registrierung einer „de"-Adresse.

660 BGH GRUR 1996, 778, 780 – Stumme Verkäufer; BGH GRUR 1969, 287, 289 – Stuttgarter Wochenblatt I; BGH GRUR 1969, 295, 296 – Goldener Oktober; BGHZ 43, 278, 284 – Kleenex.

661 → § 4 Rn 10 Rn 27 ff; zu den kartellrechtlichen Grenzen → Rn 52 ff.

662 Ausdrücklich ablehnend OLG Stuttgart GRUR 2002, 906, 907 – Schmuck-Set. In den Entscheidungen Testbestellung (BGH GRUR 2002, 1000, 1002) und Schmuck-Set (BGH GRUR 1998, 1037, 1038) geht der BGH auf diese Frage nicht ein.

663 → Rn 43.

eine informierte Entscheidung treffen kann, wenn er weiß, welcher Wert der ihm unentgeltlich gewährten Leistung zukommt. Es ist jedoch nicht ersichtlich, warum der Kunde über den Wert eines Werbegeschenks, das ihn finanziell nicht belastet, informiert werden muss. Eine Pflicht zur Angabe des Werts eines Werbegeschenks ist daher abzulehnen. Sofern der Erwerb des Geschenks an eine Leistung gebunden ist, kommt § 4 Nr. 4 zur Anwendung.

c) Übertriebenes Anlocken. aa) Rechtsprechung. Unter dem Gesichtspunkt des übertriebenen Anlockens[664] wird eine unsachliche Beeinflussung in der Rechtsprechung in folgenden Fällen **bejaht:** Das Verschenken von 1/2 Pfund Pralinen oder Kaffee bei dem Besuch einer Werbeveranstaltung;[665] ein Aschenbecher (Wert 27 DM) als Werbegeschenk für die Bestellung eines 24-teiligen Essbestecks;[666] eine Leselampe (Wert 10–20 DM) als Werbegeschenk für ein dreimonatiges Zeitungsabonnement,[667] das widerrufen werden konnte; das Verschenken eines Gutscheins über eine Flasche Piccolo und einen Ball anlässlich der Eröffnung eines Küchenstudios.[668] Übertrieben angelockt werden die Kunden nach Ansicht der Gerichte auch durch das Angebot eines unentgeltlichen Frühstücks von einer schwedischen Möbelhauskette,[669] das Verteilen von kleinen Nagellackfläschchen durch das Modell Cindy Crawford,[670] durch Überraschungsgeschenke, deren Gegenstand dem Publikum nicht mitgeteilt wird, die aber nach den Umständen ein wertvolles Geschenk erwarten lassen,[671] durch das kostenlose Verteilen von Gutscheinen zur Filmentwicklung[672] oder von zwei 110-Gramm Gläsern Nescafé Gold an 100 Haushalte mit der Bitte, einen Fragebogen zur Marktforschung auszufüllen.[673] Ebenfalls unlauter ist es, wenn eine Bank Jahresteller im Wert von 5–10 DM verteilt, um die Kunden in ihre Filiale zu locken. 292

Folgende unentgeltliche Dienstleistungen führen zu einem übertriebenen Anlocken: eine Fahrzeugüberprüfung im Wert von 10–18 DM,[674] das Blutdruckmessen in einer Apotheke,[675] die Schmuckreinigung durch einen Juwelier,[676] die Gewährung einer Fahrstunde[677] (eine kostenlose Tanzstunde wurde dagegen nicht beanstandet)[678] oder eine Öltankprüfung.[679] 293

Verneint wird ein übertriebenes Anlocken beim Verteilen von Gutscheinen für 100 Papiertücher[680] oder von 1/4 Liter Wein.[681] Ebenfalls unbeanstandet blieben geringwertige Werbegeschenke (Taschenspiegel, Taschenkamm, Haarschleife),[682] die auch ohne Bestellung von Waren angefordert werden konnten; geringwertige Gutscheine für einen kostenlosen Check eines Pkws in einer markenunabhängigen Werkstatt[683] oder für Farbabzüge in 294

---

664 Zum übertriebenen Anlocken → Rn 147 ff.
665 BGH GRUR 1967, 254 – Waschkugel.
666 BGH GRUR 1968, 649 – Rocroni-Aschenbecher.
667 BGH GRUR 1989, 366, 368 – Wirtschaftsmagazin.
668 OLG Hamburg WRP 1979, 315 – Eröffnungswerbung und Grenzen einer Wertreklame.
669 OLG Hamburg WRP 1983, 163 – Werbung mit dem Slogan „Zur Stärkung gibt es erst einmal ein unmögliches Frühstück"; OLG Hamburg WRP 1977, 805 – Kostenloses Frühstück als unzulässige Eröffnungswerbung.
670 OLG München WRP 1994, 133 – Verschenkaktion.
671 OLG Hamburg WRP 1992, 248, 249 – Übertriebenes Anlocken durch „Überraschungsgeschenk".
672 OLG München WRP 1996, 598, 599 – Filmentwicklung im Nachtservice.
673 OLG Hamburg GRUR 1979, 246, 247 – 100 Gramm Gläser.
674 BGH GRUR 1971, 162 – Diagnose-Zentrum.
675 OLG Düsseldorf WRP 1979, 794 – Kostenloses Blutdruckmessen.
676 OLG München NJW-RR 1987, 625 – Unentgeltliche Dienstleistung zu Werbezwecken.
677 OLG Koblenz NJW-RR 1987, 1124 – Geschenkgutscheine für eine Freifahrt in der Fahrschule.
678 OLG München GRUR 2000, 80 – Probestunde – kostenlos.
679 OLG Nürnberg GRUR 1989, 768 – Tankprüfung; OLG München GRUR 1988, 770 – Tank-Schmutztest; OLG Köln WRP 1984, 432 – Werbung mit kostenlosen Tankprüfungen.
680 BGH GRUR 1965, 489 – Kleenex.
681 BGH GRUR 1969, 295 – Goldener Oktober.
682 BGH GRUR 1992, 621 – Glücksball-Festival.
683 OLG Stuttgart NJWE-WettbR 2000, 86 – Gutscheine eines Automobilclubs.

der Größe 9 mal 13 zu 0,01 DM.[684] Bei Hotelgutscheinen, die eine Werbeagentur ihren Kunden zur Verfügung stellte, verneint der BGH ein übertriebenes Anlocken durch das Hotel, da der Kunde nicht von der Auswahl unter mehreren Konkurrenzhotels abgehalten werde, wenn er Ort und Zeit der geschenkten Übernachtungsmöglichkeit nicht beeinflussen könne.[685] Kostenlose Telefongespräche, die dadurch finanziert werden, dass sie alle 90 Sekunden für 20 Sekunden durch Werbung unterbrochen werden, sind ebenfalls nicht unlauter.[686] Zulässig ist die Werbung eines Versandunternehmens mit einem Schmuck-Set (das vergleichbar in Kaufhäusern zum Preis von 70–100 DM erhältlich ist) als Gratisgabe, auch dann, wenn man ohne Bestellung die Gratisgabe nur mit einer gewissen zeitlichen Verzögerung erhält,[687] oder das Angebot eines Schals (im Wert von 20–30 DM) zum Preis von 2 DM bei einer Testbestellung im Wert von 55 DM, wobei der Kunde den Schal behalten kann, wenn er von dem ihm eingeräumten Recht auf Rücksendung der Ware im Übrigen Gebrauch macht.[688] Die Erstattung von 1 DM bei Fahrpreisen von 1,50 DM und einem Mindestkauf von 35 DM ist ebenso wenig wettbewerbswidrig[689] wie die Erstattungen von 1,50 DM auf Tagesnetzkarten von 16 DM und Mindesteinkäufen ab 20 DM.[690] Unbeanstandet blieb auch der kostenlose Abdruck privater Kleinanzeigen in einem gegen Entgelt vertriebenen Anzeigenblatt[691] und die kostenlose Registrierung einer „de"– Adresse im Wert von 6 DM.[692] Schließlich verstößt auch eine kostenlose Vermittlung weiblicher Kunden durch eine Partnervermittlung nicht gegen § 1 aF, weil hier andere Umstände als der Preis für die Entscheidung eine Rolle spielen (zB Seriosität der Vermittlung).

295 **bb) Stellungnahme.** Die Möglichkeit, eine Vergünstigung im Vorfeld eines Geschäftsabschlusses zu erhalten, kann geeignet sein, den Kunden bei der späteren Kaufentscheidung zu beeinflussen. Es ist jedoch zu betonen, dass die häufig anzutreffende Formulierung „Es ist mit den guten Sitten im Wettbewerb nicht vereinbar, dass der umworbene Verbraucher verleitet wird, seine Kaufentscheidung statt nach Preiswürdigkeit und Qualität der angebotenen Ware danach zu treffen, ob bzw. wie er in den Genuss der Zuwendung kommen kann,"[693] nicht den Kern des Unlauterkeitsvorwurfs trifft, denn der Kunde erlangt das Werbegeschenk ja gerade unabhängig vom Kauf. **Anknüpfungspunkt für ein übertriebenes Anlocken**[694] des Kunden sind vielmehr folgende Gesichtspunkte: Zum einen kann man befürchten, dass der Kunde blind vor Freude über die unentgeltliche Leistung das vom Werbenden angestrebte Folgegeschäft abschließt, ohne zuvor das Angebot mit denen der Mitbewerber zu vergleichen. Ein solches Verhalten ist bei einem verständigen Verbraucher jedoch kaum zu befürchten. Er ist durchaus in der Lage, zwischen der gewährten unentgeltlichen Leistung einerseits und dem vom Werbenden angebotenen entgeltlichen Geschäft andererseits zu differenzieren.[695] Der aufgeklärte Verbraucher wird nicht allein vor Freude über die unentgeltliche Leistung weitere entgeltliche Geschäfte tätigen.

296 Es bleibt zum anderen die realistischere Möglichkeit, dass das Versprechen einer unentgeltlichen Leistung den Kunden dazu veranlasst, sich mit dem Angebot des Werbenden zu beschäftigen,[696] weil er sich, um das Geschenk zu erhalten, in das Geschäftslokal des werbenden Unternehmens oder an einen anderen Ort begeben muss, wo er im Einflussbereich

684 BGH WRP 2003, 1101, 1103 – Fotoaktion.
685 BGH GRUR 1993, 774, 776 – Hotelgutschein.
686 BGH WRP 2002, 676, 678 – Werbefinanzierte Telefongespräche.
687 BGH GRUR 1998, 1037, 1038 – Schmuck-Set; aA OLG Hamburg NJW-RR 1994, 428 – Verspäteter Versand von Werbegeschenken bei Nichtbestellung.
688 BGH GRUR 2002, 1000, 1001 – Testbestellung.
689 BGH GRUR 1995, 163, 164 – Fahrtkostenerstattung I.
690 BGH GRUR 1995, 616, 617 – Fahrtkostenerstattung II.
691 BGH GRUR 1990, 44, 45 – Annoncen-Avis.
692 KG GRUR-RR 2001, 279, 280 – Kostenlose Registrierung einer „de"-Adresse.
693 BGH GRUR 2002, 1000, 1002 – Testbestellung; BGH GRUR 1998, 1037, 1038 – Schmuck-Set; BGH GRUR 1992, 621, 622 – Glücksball-Festival; BGH GRUR 1989, 366, 367 – Wirtschaftsmagazin.
694 Zum übertriebenen Anlocken → Rn 147 ff.
695 *Bottenschein* S. 195 f.
696 BGH GRUR 1972, 367, 369 – Besichtigungsreisen.

des Anbieters ist. Ebenfalls wird der Kunde dazu veranlasst, sich mit dem Angebot zu beschäftigen, wenn eine Testbestellung Voraussetzung für den Erhalt des Geschenks ist. Ist der Kunde einmal im Geschäft des Werbenden oder im Besitz der bestellten Waren, so ist eine Situation erreicht, die den Abschluss des Kaufvertrags in größere Nähe rückt. Sei es, dass der Kunde dann eher Gefallen an dem Erwerb der Ware hat, sei es, dass etwaige Bedenken durch das Geschenk verringert werden, sei es, dass er die Mühe der Rückgabe oder eines weiteren Suchens scheut.[697] Während die Rechtsprechung früher davon ausging, dass das Anlocken der Kunden zum Besuch von Werbeveranstaltungen oder Verkaufslokalen oder zur probeweisen Bestellung von Waren durch das Angebot übermäßiger Vorteile wettbewerbswidrig ist,[698] wird man heute davon auszugehen haben, dass allein das Angebot einer unentgeltlichen Leistung und die damit verbundene Möglichkeit, dass der Kunde aufgrund des Angebots veranlasst wird, die Verkaufsräume zu betreten und das nicht im Preis reduzierte Angebot zur Kenntnis zu nehmen, nicht unlauter ist.[699] Gleiches gilt für die Möglichkeit, dass der Kunde sich in dieser Situation dafür entscheidet, ein entgeltliches Folgegeschäft abzuschließen, welches er ohne das Geschenk nicht abgeschlossen hätte. Ein unangemessener unsachlicher Einfluss wird in diesen Fällen nicht ausgeübt, weil es nicht Aufgabe des Lauterkeitsrechts ist, einen verständigen Verbraucher davor zu schützen, ein aus seiner Sicht ungünstiges Angebot **nur aus Bequemlichkeit** anzunehmen. Insbesondere in den Fällen, in denen der Werbende Waren des täglichen Bedarfs veräußert, die sich innerhalb der Konkurrenz in Preis und Qualität weitgehend ähneln, muss man den Kunden nicht vor Werbegeschenken und damit verbundenen Gelegenheitskäufen schützen.

Entgegen der Ansicht der Rechtsprechung[700] ist der **Wert des Werbegeschenkes** inso- 297
weit kein maßgeblicher Gesichtspunkt für die wettbewerbsrechtliche Beurteilung. Ein hochwertiges Werbegeschenk mag die Kunden eher dazu veranlassen, sich mit dem Warenangebot des Unternehmers zu beschäftigen, doch begründet allein dies keinen unangemessenen unsachlichen Einfluss auf die spätere Kaufentscheidung. Auch die Befristung der Gratisgabe verleitet Kunden nicht zum Kauf aus einem zeitlich unbefristeten Warensortiment.[701] Ebenfalls unerheblich für die lauterkeitsrechtliche Beurteilung ist es, ob die Gratisgaben aus der eigenen Produktpalette des Werbenden stammen oder nicht.[702] Zum Verleiten zu einem unrechtmäßigen Verhalten durch Geschenke vgl. → Rn 82.

d) Psychischer Kaufzwang. aa) Rechtsprechung. Eine unentgeltliche oder fast un- 298
entgeltliche Zuwendung kann den Kunden unter einen psychischen Kaufzwang setzen, sofern er befürchten muss, dass er die ihm als Kaufinteressenten entgegengebrachte Wertschätzung verliert, wenn er allein die Vergünstigung in Anspruch nimmt, ohne ein entgeltliches Geschäft abzuschließen. Es besteht die Gefahr, dass er – um dieser Situation zu entgehen – anstandshalber einen an sich nicht beabsichtigten Geschäftsabschluss tätigt.[703]

Bejaht wird eine solche Zwangslage, wenn der Hersteller von Haartönungsmitteln zu- 299
sammen mit Friseuren Gutscheine für eine Haartönung verteilt und der Friseur, während er die Tönung durchführt, für Produkte des Herstellers wirbt,[704] oder wenn ein Friseursalon

---

697 So BGH GRUR 1968, 649, 651 – Rocroni-Aschenbecher.

698 BGH GRUR 1972, 367, 369 – Besichtigungsreisen; BGH GRUR 1971, 162 – Diagnose-Zentrum; BGH GRUR 1968, 649, 651 – Rocroni-Aschenbecher; BGH GRUR 1967, 254, 255 – Waschkugel; BGH GRUR 1959, 544, 546 – Modenschau.

699 BGH WRP 2003, 1101, 1103 – Fotoaktion.

700 BGH GRUR 1989, 366, 367 – Wirtschaftsmagazin; BGH GRUR 1986, 820, 821 – Probe-Jahrbuch; BGH GRUR 1984, 463, 464 – Mitmacher-Tour; BGH GRUR 1971, 162 – Diagnose-Zentrum; BGH GRUR 1968, 648, 651 – Rocroni-Aschenbecher; OLG Stuttgart NJWE-WettbR 2000, 86 – Gutscheine eines Automobilclubs; OLG Hamburg NJW-RR 1994, 428, 429 – Verspäteter Versand von Werbegeschenken bei Nichtbestellung.

701 BGH GRUR 1998, 1037, 1038 – Schmuck-Set.

702 AA BGH GRUR 1989, 366, 368 – Wirtschaftsmagazin.

703 BGH WRP 2003, 1102, 1103 – Fotoaktion; BGH GRUR 2002, 1000, 1002 – Testbestellung; BGH GRUR 1998, 475, 476 – Erstcoloration; BGH GRUR 1992, 621, 622 – Glücksball-Festival; BGH GRUR 1971, 162 – Diagnose-Zentrum.

704 BGH GRUR 1998, 475, 476 – Erstcoloration.

ein Würfelspiel veranstaltet und man zur Einlösung der gewonnen Gutscheine (zB über die Dienstleistung „Fönen“) das Friseurgeschäft betreten und sogar dort verweilen muss, um den Preis in Anspruch zu nehmen. Hier gerate der Gewinner in einen besonders engen Kontakt mit dem Werbenden.[705]

300 Dagegen wird ein psychischer Kaufzwang **abgelehnt,** wenn Kunden im Versandhandel einen Schal zum Preis von 2 DM (Wert des Schals 20–30 DM) bei einem Mindestbestellwert von 55 DM erwerben können, wobei der Kunde den Schal behalten kann, auch wenn er die Ware zurücksendet.[706] Ebenso wenig führt der kostenlose Abdruck privater Kleinanzeigen in einem gegen Entgelt vertriebenen Anzeigenblatt ohne redaktionellen Teil dazu, dass die Inserenten aus Dankbarkeit das Anzeigenblatt erwerben.[707] Auch wird ein psychischer Kaufzwang abgelehnt, wenn Besichtigungsreisen zu Ferienhäusern in Spanien im Wert von 6750 DM für 750 DM angeboten werden.[708]

301 **bb) Stellungnahme.** Entscheidend für die Beurteilung der Frage, ob das Angebot der unentgeltlichen Leistung einen psychischen Kaufzwang auslöst, sind die Umstände des Einzelfalles.[709] So ist eine unsachliche Beeinflussung im **Versandhandel** eher zu verneinen, weil der Kunde hier seine Bestellung in Ruhe, in räumlicher Distanz und ohne unmittelbare Einflussnahme von Verkäufern, denen er seine Entscheidung erläutern muss, treffen kann.[710] Außerdem sind Geschenke im Versandhandel üblich und der Verkehr misst ihnen keine kaufentscheidende Bedeutung bei.[711] Im stationären Handel dagegen steigt die Möglichkeit einer unsachlichen Beeinflussung, wenn der Kunde über einen **längeren Zeitraum** der Situation ausgesetzt ist, in der von ihm erwartet wird, dass er andere Waren erwirbt oder andere Dienstleistungen in Anspruch nimmt.[712]

302 Die Gefahr, dass der Kunde nur aus Dankbarkeit etwas kauft, ist geringer, wenn die Geschenke zu **besonderen Anlässen,** wie etwa Weihnachten, einem Jubiläum oder einer Geschäftseröffnung gewährt werden.[713] Sie besteht nicht, wenn der Kunde die unentgeltliche Leistung (zB einen Gutschein) nicht von demjenigen erhält, der die entgeltliche Leistung erbringt. Ein Gefühl, aus Gründen der Dankbarkeit etwas kaufen zu müssen, kann hier nicht entstehen.[714]

303 Ebenfalls von Bedeutung ist der **Wert des Werbegeschenks.** Zwar wird man auch hier das Leitbild eines verständigen Verbrauchers zugrunde zu legen haben, so dass idR nicht davon auszugehen ist, dass der Kunde sich durch ein Werbegeschenk ohne weiteres verpflichtet fühlt, anstandshalber etwas zu kaufen. Kommen jedoch neben einer hochwertigen Gratisleistung noch weitere Umstände hinzu, wie etwa eine lange Dauer der Verkaufssituation oder die fehlende Anonymität, kann ein psychischer Kaufzwang nicht in jedem Fall ausgeschlossen werden. Bei einem nur geringwertigen Geschenk ist ein besonderes Gefühl der Dankbarkeit zu verneinen.[715]

3. Sonderfall: Unentgeltliche Kundenbeförderung

Schrifttum: *Bülow,* Die Ausgestaltung der kostenlosen Kundenbeförderung in der Bewertung durch die Gerichte, BB 1973, 409; *Hofmann,* Kostenloser Kundentransport und psychischer Kaufzwang, WRP 1970, 290; *Piper,* Fahrpreiserstattung und Kundenbeförderung als Werbemittel, GRUR 1993, 276; *Tetzner,* Wettbewerbsrechtliche Beurteilung von Kundenfahrten, NJW 1973, 1099; *Wedemeyer,* Unentgeltliche Kundenbeförderung, WRP 1971, 55.

---

705 OLG Braunschweig WRP 2002, 356 – Friseurgutscheine.

706 BGH GRUR 2002, 1000, 1002 – Testbestellung.

707 BGH GRUR 1990, 44, 45 – Annoncen-Avis.

708 BGH GRUR 1972, 367 – Besichtigungsreisen.

709 Zum psychischen Kaufzwang → Rn 106 ff.

710 BGH GRUR 2002, 1000, 1002 – Testbestellung; BGH GRUR 1998, 1037, 1038 – Schmuck-Set; *Köhler* GRUR 2003, 729, 738.

711 BGH GRUR 2002, 1000, 1002 – Testbestellung.

712 BGH GRUR 1998, 475, 476 – Erstcoloration.

713 OLG Hamburg GRUR 1989, 614, 615 – Umweltmanagement.

714 BGH GRUR 1993, 774, 776 – Hotelgutschein.

715 BGH GRUR 2002, 1000, 1002 – Testbestellung; BGH GRUR 1992, 621, 622 – Glücksball-Festival.

a) Rechtsprechung. Die Kundenbeförderung ist eine Dienstleistung, die den Kunden unentgeltlich zur Verfügung gestellt wird. Da die Beförderung nicht von einem entgeltlichen Geschäft abhängig gemacht wird, sondern dieses vielmehr als Folgegeschäft angestrebt wird, handelt es sich um einen besonderen Fall des Werbegeschenks. Daraus folgt, dass – ebenso wie bei allgemeinen Werbegeschenken – das Ankündigen und Gewähren kostenloser Fahrmöglichkeiten nicht schlechthin wettbewerbswidrig ist. Die Rechtsprechung begründet die Unlauterkeit bei Vorliegen besonderer Umstände mit dem Kriterium des psychischen Kaufzwangs oder des übertriebenen Anlockens. 304

Wettbewerbsrechtlich **zulässig** ist die unentgeltliche oder verbilligte Kundenbeförderung nach Ansicht der Rechtsprechung, wenn der Kunde während der Fahrt und auch beim anschließenden Einkauf anonym bleibt, d. h. wenn er nicht in einen direkten Kontakt mit dem Werbenden tritt und wenn die Beförderung nur dazu dient, **Standortnachteile auszugleichen.**[716] Unter diesen Voraussetzungen entsteht beim Fahrtteilnehmer nicht das Gefühl, er müsse wegen der kostenermäßigten Beförderung nun auch bei dem Werbenden einkaufen. Insbesondere werde die Beförderung nicht als besonderer Vorteil empfunden, sondern als angemessener Ausgleich für die zum Besuch des Geschäftslokals aufgewandte Zeit.[717] Die Abgrenzung, ob die Beförderung einem notwendigen Standortausgleich dient oder ob sie einen besonderen selbstständigen Eigenwert als Ausflugsmöglichkeit erhält, erfolgt durch Abwägung der Interessen der Beteiligten. Es ist das Interesse des Werbenden, den Standortnachteil gegenüber den im Stadtzentrum und Umgebung gelegenen Unternehmen auszugleichen, den berechtigten Interessen der Mitbewerber, dass ihnen die Kunden nicht in einem gegenüber jeder Konkurrenzsituation verstärktem Ausmaß abgezogen werden, gegenüberzustellen. Des Weiteren ist auch das Interesse der Allgemeinheit, einen ausreichenden Zugang zu allen Werbeangeboten zu erhalten, zu berücksichtigen.[718] 305

Werden die Kunden einzeln in Personenkraftwagen befördert und so aus der **Anonymität** herausgerissen, ist das Verhalten aufgrund eines psychischen Kaufzwangs unzulässig.[719] Bleibt die Anonymität bei der Beförderung gewahrt, geht der Transport aber über den Ausgleich eines Standortnachteils hinaus, etwa weil mit der Fahrt ein Ausflug verbunden werden kann oder weil nicht unerhebliche Kosten für die Benutzung des eigenen Pkw oder öffentlicher Verkehrsmittel eingespart werden, wird die Unlauterkeit auf das Kriterium des übertriebenen Anlockens gestützt.[720] 306

b) Stellungnahme. Vor dem Hintergrund eines richtig verstandenen Begriffs des Leistungswettbewerbs kann es nicht überzeugen, wenn eine kostenlose Kundenbeförderung als ein **übertriebenes Anlocken** der Kunden gewertet und daher für wettbewerbswidrig erklärt wird. Richtigerweise ist dieses zusätzliche Angebot des Werbenden als Service zugunsten der Verbraucher und damit als sachliches Element des Leistungswettbewerbs zu beurteilen.[721] Als Mittel der unsachlichen Kundenbeeinflussung bleibt damit allein der **psychische Kaufzwang.** In diesem Zusammenhang ist das Kriterium des Ausgleichs des Standortnachteils wenig überzeugend, da auch der verständige Verbraucher kaum beurteilen kann, in welchen Fällen nun ein solcher angemessener Ausgleich stattfindet. Seine psychische Situation, d. h. die Frage, ob der Kunde sich anstandshalber zum Abschluss eines entgeltlichen Vertrags verpflichtet sieht, kann nicht von diesem Umstand abhängig gemacht werden. Maßgebliches Abgrenzungskriterium bleibt insoweit die Frage, ob der Kun- 307

---

716 BGH GRUR 1972, 364, 365 – Mehrwert-Fahrten; BGH GRUR 1971, 322, 323 – Lichdi-Center.

717 BGH GRUR 1971, 322, 323 – Lichdi-Center.

718 BGH GRUR 1984, 463, 464 – Mitmacher-Tour; BGH GRUR 1972, 364, 366 – Mehrwert-Fahrten.

719 BGH GRUR 1972, 603 – Kunden-Einzelbeförderung; OLG München WRP 1963, 414 – Kostenlose Kundenbeförderung; OLG Karlsruhe GRUR 1961, 300 – Vergleich mit Listenpreis; OLG München NJW 1955, 1681, 1682 – Unzulässige Werbungsmethoden; anders, wenn es sich um kurze Besichtigungsfahrten zu einem anderen Ausstellungslager desselben Unternehmens am gleichen Ort handelt: OLG Düsseldorf WRP 1968, 226, 227.

720 BGH GRUR 1984, 463 – Mitmacher-Tour, wenn ein Anbieter Kunden unentgeltlich aus der Innenstadt zu einem 20 km außerhalb der Stadt entfernt liegenden Ladengeschäft hin und zurück befördert.

721 *Eppe* S. 46; *Sosnitza* S. 80.

de durch die Beförderung derart unter Druck gesetzt wird, dass er sich verpflichtet fühlt, anstandshalber etwas zu kaufen. Dies ist bei einem gewöhnlichen Transport kaum vorstellbar. Auch aus der Rn 71 der Begründung zur Richtlinie über unlautere Geschäftspraktiken lässt sich entnehmen, dass der europäische Gesetzgeber ein solches Verhalten nicht als unlauter ansieht. Dort heißt es: „Anreize für Verbraucher, wie etwa eine kostenlose Busfahrt zu einem außerhalb gelegenen Geschäft oder Erfrischungen während des Einkaufs, können den Verbraucher ebenfalls beeinflussen, würden jedoch keine unerlaubte Beeinflussung darstellen."

V. Werbe- oder Verkaufsfahrten

Schrifttum: *Beckers,* Werbefahrten im Spiegel der Rechtsprechung, WRP 1981, 397; *Pluskat,* Die Tücken von „Kaffeefahrten", WRP 2003, 18; *Walter,* Omnibusfahrten und Werbeveranstaltungen, WRP 1970, 293; *Wedemeyer,* Wettbewerbswidrige Kaffeefahrten – Nichtige Kaufverträge, WRP 1972, 117; *Zuck,* Die rechtliche Problematik der Werbefahrten, BB 1971, 1389.

1. Grundlagen

308 Unter einer Werbe- oder Verkaufsfahrt versteht man eine (meist Tages)Fahrt zu einem Ausflugsort mit weiteren Vergünstigungen (Mittagessen, Kaffee und Kuchen, Geschenke etc.) zu einem besonders günstigen Preis, in die eine Werbe- oder Verkaufsveranstaltung integriert ist. Ziel des Veranstalters ist es, die potentiellen Kunden unter Inaussichtstellung von Vergünstigungen zur Teilnahme an einer Ausflugsfahrt zu bewegen und ihnen bei dieser Gelegenheit Waren zu idR höheren Preisen als denen im üblichen Einzelhandel zu verkaufen.[722]

2. Kriterien der lauterkeitsrechtlichen Beurteilung

309 Werbe- bzw. Verkaufsfahrten sind nicht ohne weiteres wettbewerbswidrig. Gleichwohl bergen sie die Gefahr einer unsachlichen Beeinflussung, so dass es letztlich auf die konkrete Ausgestaltung der Fahrt im Einzelfall ankommt.[723] Die Gefahren liegen einerseits darin begründet, dass die Kunden durch die Beförderung an einen fremden Ort nur eingeschränkte Bewegungsfreiheit besitzen. Es ist den Teilnehmern praktisch unmöglich, sich der Verkaufsveranstaltung zu entziehen.[724] Andererseits sind die Teilnehmer in der Veranstaltung selbst einer intensiven Bewerbung ausgesetzt, die infolge der begrenzten Gruppengröße dazu führt, dass der einzelne Teilnehmer einem verstärkten Druck zum Kauf der angebotenen Produkte unterliegt.[725] Da es sich bei den angebotenen Produkten meist um Waren des täglichen Bedarfs handelt, ist zudem die Schwelle, einen Kaufentschluss zu fassen, niedrig anzusetzen.[726] Hinzu kommt, dass die meisten Fahrtteilnehmer ältere Menschen sind, da es ihnen im Allgemeinen eher möglich ist, an einem Tagesausflug auch an Werktagen teilzunehmen. Diese Menschen sind aufgrund ihres Alters verstärkt den Irreführungsgefahren ausgesetzt.[727] Vor diesem Hintergrund kann sich die Unlauterkeit einer Werbe- bzw. Verkaufsfahrt aus verschiedenen Gesichtspunkten – insbesondere aus der Täuschung über den Charakter der Fahrt, dem Aspekt des übertriebenen Anlockens, des unzulässigen psychischen Kaufzwangs und der unlauteren Laienwerbung – ergeben.[728]

---

[722] *Pluskat* WRP 2003, 18, 21.

[723] BGH GRUR 1986, 318, 319 – Verkaufsfahrten I; OLG Hamm WRP 1970, 32 – Ausflugsfahrten und Werbeveranstaltungen.

[724] BGH GRUR 1986, 318, 329 – Verkaufsfahrten I; OLG Celle WRP 1986, 211 – Verbindung einer Werbeveranstaltung mit einer mehrtägigen Busfahrt; *Pluskat* WRP 2003, 18, 21.

[725] *Pluskat* WRP 2003, 18, 21.

[726] *Beckers* WRP 1981, 182, 186.

[727] BGH GRUR 1986, 318, 320 – Verkaufsfahrten I.

[728] Zur Strafbarkeit des Veranstalters einer derartigen Fahrt nach § 4 UWG aF: BGH WRP 2002, 1432 mit Besprechung *Pluskat* WRP 2003, 18.

a) Täuschung über den Charakter der Veranstaltung. Eine Werbe- bzw. Verkaufsfahrt ist wettbewerbswidrig, wenn sie dazu führt, dass das Publikum durch Täuschung zur Teilnahme veranlasst wird. Das ist der Fall, wenn der Eindruck erweckt wird, es handele sich um eine preisgünstige Ausflugsfahrt.[729] Über den Charakter der Fahrt muss daher mit der Ankündigung unzweideutig unterrichtet werden.[730] Um eine Irreführung auszuschließen, ist ein eindeutiger, unmissverständlicher und auch für den flüchtigen Betrachter unübersehbarer Hinweis erforderlich, dass es sich um eine Verkaufsfahrt handelt und dass die Teilnahme an der Verkaufsveranstaltung freiwillig ist.[731] Werden im Rahmen der Werbung für eine Werbe- bzw. Verkaufsfahrt die Vorteile der Fahrt blickfangmäßig herausgestellt, so muss auch der Charakter der Verkaufsfahrt blickfangmäßig verdeutlicht werden.[732] Der bloße Hinweis „Werbefahrt" verdeutlicht den Charakter nicht hinreichend.[733] Bei mehrtägigen Reisen sind an den Inhalt des Hinweises besonders strenge Anforderungen zu stellen, da eine über mehrere Tage stattfindende Fahrt in besonderem Maße den Anschein einer Urlaubsfahrt erweckt, insbesondere wenn das Reiseziel im Ausland liegt.[734] 310

b) Übertriebenes Anlocken. Wurde der Kunde ordnungsgemäß über den Charakter der Werbe- oder Verkaufsfahrt informiert, ist das Inaussichtstellen von tatsächlichen Vergünstigungen für sich genommen nicht wettbewerbswidrig.[735] Jedoch kann sich die Wettbewerbswidrigkeit nach bisheriger Rechtsprechung aus dem Aspekt des übertriebenen Anlockens ergeben.[736] Das OLG Stuttgart hat die gebotenen Vorteile dann für sittenwidrig gehalten, „wenn der Umworbene sie wegen des übertriebenen Wertes nicht mehr nur als Aufmerksamkeit des Veranstalters für das gezeigte Interesse empfindet, sondern durch die Aussicht auf den unentgeltlichen Vorteil in seiner Entscheidung beeinflusst wird, ob er an der Veranstaltung teilnehmen will oder nicht".[737] 311

Als **unzulässig** wurden folgende Angebote beurteilt: Tagesausflugsfahrten von Hamburg nach Dänemark für 3 DM pro Person;[738] praktisch unentgeltliche (2 DM) Ausflugsfahrten von erheblichem Wert mit der Möglichkeit am zoll- und steuerfreien Bordverkauf teilzunehmen;[739] Busreisen und Schiffsreisen inklusive Tanz auf dem Schiff, gemeinsames Mittagessens in guter Gaststätte im Wert von 8 DM und einem Bastkorb als Geschenk im Wert von 3 DM zum Gesamtpreis von 19,90 DM;[740] Tagesausflüge einschließlich einer Verkaufsveranstaltung in eine als idyllisch bekannte Gegend verbunden mit dem Versprechen „fantastischer Reiseerinnerungen", die beim Adressaten eine Wertvorstellung von 30 bis 50 DM hervorrufen, bei einem Reisepreis von 19,95 DM.[741] Ebenfalls wettbewerbswidrig wegen eines übertriebenen Anlockens ist eine Werbung, die sog. Butterfahrten mit der unentgeltlichen Abgabe von Gutscheinen für eine Kaffeefahrt bzw. eine Express-Linienfahrt verspricht,[742] und die Werbung für eine Busreise zum Preis von 19,95 DM mit 312

---

729 OLG Bamberg WRP 1985, 344 – Kaffeefahrten; OLG Hamm WRP 1970, 32 – Ausflugsfahrten und Werbeveranstaltungen.

730 BGH GRUR 1962, 461, 465 – Werbeveranstaltung mit Filmvorführung; OLG Bamberg WRP 1985, 344 – Kaffeefahrten; HK-WettbR/*Plaß* § 1 Rn 171; als irreführend wurde es von OLG Stuttgart WRP 1978, 232, 233 angesehen, wenn ein buntes Programm mit Unterhaltungskünstlern und Tanz angepriesen wird, tatsächlich aber nur ein Alleinunterhalter auftritt und der Tanz wegen Überfüllung des Saales nicht stattfinden kann.

731 BGH GRUR 1986, 318 – Verkaufsfahrten I; OLG Frankfurt WRP 1970, 120 – Ausflug mit Werbeveranstaltung; OLG Hamburg WRP 1969, 206 – Werbeveranstaltung; LG Heilbronn WRP 1998, 102.

732 BGH GRUR 1986, 318 – Verkaufsfahrten I; BGH GRUR 1988, 829, 830 – Verkaufsfahrten II.

733 BGH GRUR 1988, 829, 830 – Verkaufsfahrten II.

734 *Piper*/Ohly UWG § 4 Rn 1/29.

735 BGH GRUR 1967, 254, 255 f – Waschkugel.

736 Zum übertriebenen Anlocken → Rn 147 ff.

737 OLG Stuttgart Urt. v. 27. 6. 1969, 2 U 16/69.

738 OLG Hamburg WRP 1986, 103 – Butterfahrten.

739 OLG Bremen GRUR 1988, 137, 138 – Butterfahrten.

740 OLG Hamburg WRP 1981, 532, 533 – Gutscheinwerbung für Butterfahrten.

741 OLG Bremen WRP 1997, 87 – Fantastische Reiseerinnerungen.

742 OLG Hamburg WRP 1981, 533 – Gutscheinwerbung für Butterfahrten.

der Ankündigung, dass in dem Preis neben der Busfahrt ein gutes Mittagessen, ein Besuch im Museum und ein 4-teiliges Luxus-Koffer-Set enthalten sei.[743]

313 **Zulässig** ist dagegen das Angebot einer Busfahrt von Nürnberg und Fürth nach Bad Orb zum Fernmeldeturm in Frankfurt/M zum Preis von 12,90 DM inklusive „deftiger Brotzeit" und Turmbesichtigung.[744]

314 **c) Psychischer Kaufzwang.** Die Unlauterkeit einer Werbe- oder Verkaufsfahrt kann sich aus dem Aspekt des psychischen Kaufzwangs ergeben,[745] wenn für die Teilnehmer wegen der geringen Höhe des Fahrpreises und dem Wert der Geschenke der Eindruck entsteht, sie müssten anstandshalber etwas kaufen. Auch unter Berücksichtigung des neuen Verbraucherleitbildes erscheint dies durchaus möglich. Dabei soll es nicht entscheidend darauf ankommen, ob und inwieweit der geforderte Preis die Kosten des Veranstalters deckt und ihm einen Gewinn ermöglicht.[746] Ein psychischer Kaufzwang liegt nicht vor, wenn die Verkaufsaktion nicht der bestimmende Mittelpunkt der „Kaffeefahrt" ist, sondern diese so in den zeitlichen Ablauf eingepasst wird, dass die Fahrt den Charakter eines Ausflugs nicht verliert.[747]

315 **d) Unzulässige Laienwerbung.** Schließlich kann sich die Wettbewerbswidrigkeit einer Werbe- oder Verkaufsfahrt aus dem Gesichtspunkt der unzulässigen Laienwerbung ergeben.[748] So bejaht das OLG Frankfurt die Wettbewerbswidrigkeit einer Werbung unter dem Aspekt der Laienwerbung, in der der Veranstalter Teilnehmer einer Reise im Wert von 19,90 DM dazu aufforderte unter Inaussichtstellung einer erfolgsabhängigen Prämie im Wert von 48 bis 72 DM, neue Kunden mitzubringen.[749]

VI. Gutscheine

316 Gutscheine können in unterschiedlicher Art und Weise gestaltet und je nach Erscheinungsform als Rabatt, Zugabe oder Werbegeschenk einzuordnen sein. Folglich sind die jeweils dort geltenden lauterkeitsrechtlichen Grenzen zu beachten, insbesondere § 4 Nr. 4. Handelt es sich um einen Wertgutschein (sog. Rabattcoupon oder Rabattgutschein), der beim Kauf eines Produkts eingelöst werden kann, liegt ein Rabatt vor. Das gilt auch dann, wenn die Ware, für die der Preisnachlass gewährt wird, vom Kunden selbst aus dem Sortiment des Anbieters ausgesucht werden kann. Erhält man bei Einlösung des Gutscheins einen Sachwert, ist der Gutschein als Zugabe zu qualifizieren. Beinhaltet der Gutschein das Recht zum unentgeltlichen Bezug einer Ware oder einer Dienstleistung, ohne dass der Abschluss eines entgeltlichen Geschäfts erforderlich ist, handelt es sich um ein Werbegeschenk. Werden Gutscheine im Zusammenhang mit dem Kauf einer anderen Ware oder mit der Inanspruchnahme einer Dienstleistung vergeben, liegt ein Kopplungsangebot vor, und zwar unabhängig davon, ob es sich um einen Wert- oder Sachgutschein handelt (zB Tankbeleg mit Mc Donalds Gutschein).[750]

317 Weder ein Rabatt noch eine Zugabe werden gewährt, wenn der Gutschein als Gegenwert für eine Leistung des Kunden versprochen wird. Das ist zB der Fall, wenn Wertgutscheine für noch tragbare Kleidung im Rahmen einer Altkleidersammlung ausgegeben werden, die dann bei einer Vielzahl von Gewerbetreibenden beim dortigen Kauf eingelöst

---

743 LG Ravensburg WRP 1999, 1204 – Kaffeefahrt für 19,95 DM (außerdem wurde ein psychischer Kaufzwang bejaht).

744 OLG Frankfurt WRP 1981, 528 – Kaffeefahrten.

745 Zum psychischen Kaufzwang → Rn 106 ff.

746 OLG Celle WRP 1986, 211 – Verbindung einer Werbeveranstaltung mit einer mehrtägigen Busfahrt; OLG Frankfurt WRP 1970, 120, 121 f – Ausflug mit Werbeveranstaltung.

747 OLG Celle GRUR 1982, 687 – Garant; OLG Celle WRP 1982, 329 – Sittenwidrigkeit sog. „Kaffeefahrten".

748 Zur Laienwerbung → Rn 410 ff.

749 OLG Frankfurt NJWE-WettbR 1996, 109 – Freundschaftswerbung.

750 OLG München GRUR 1992, 181, 182 – Tankbeleg mit McDonalds-Gutschein.

werden können. Dieses Verhalten ist schon deshalb nicht unlauter, weil die Kunden mit den Wertgutscheinen nur den Gegenwert für ihre Kleider erhalten.[751]

318 Zulässig ist es, die Auszahlung eines Waren- oder Geldgutscheins durch einen Dritten auszuloben. Zwar geht damit die Gefahr einher, dass unseriöse Dritte als Auszahler vorgeschoben werden. Dieses Risiko wird man nach Aufhebung des RabattG aber hinnehmen müssen.[752] Die Einschaltung Dritter ist nicht per se unlauter. Nur in den Fällen, in denen der Gewerbetreibende offensichtlich insolvente Strohmänner, Briefkastenfirmen o. Ä. vorschiebt, dürfte ein irreführendes und damit unlauteres Verhalten anzunehmen sein.[753]

VII. Preisausschreiben oder Gewinnspiele

Schrifttum: *Berlit,* Preisausschreiben und Gewinnspiele im Lauterkeitsrecht, WRP 2005, 1213; *Rüttig,* „Verkaufsverlosungen“: Verkaufsförderung zwischen Gewinnspiel und Sonderangebot, WRP 2005, 925.

1. Grundlagen

319 Bei einem Gewinnspiel hängt die Preisvergabe allein vom Zufall ab, während bei einem Preisausschreiben gewisse Fertigkeiten oder Kenntnisse gefordert werden.[754] Das nationale Recht trifft eine solche Unterscheidung jedoch nicht. Ein Preisausschreiben ist nach § 661 Abs. 1 BGB eine „Auslobung, die eine Preisbewerbung zum Gegenstand hat“. Es ist nicht erforderlich, dass eine oder mehrere Aufgaben von den Teilnehmern gelöst werden. Da somit nicht nur der Ausgang einer Verlosung, sondern auch der Ausgang eines Preisausschreibens vom Zufall abhängig sein kann, umfasst der Begriff des Preisausschreibens im deutschen Recht auch Gewinnspiele. Eine Abgrenzung ist ohnehin in der Praxis nur schwer möglich und angesichts der identischen Rechtsfolgen (in § 4 Nr. 5 und 6) entbehrlich.

320 Eine neue Marketingmethode sind sog. **Verkaufsverlosungen.** Diese zeichnet sich dadurch aus, dass ein mengenmäßig begrenztes Sonderangebot beworben wird. Melden sich mehr Kaufinteressenten als Warenstücke vorhanden sind, wird unter den potentiellen Käufern ausgelost, wer die Ware erwerben darf.[755]

321 Die Frage, ob die Veranstaltung von Preisausschreiben und Gewinnspielen zulässig ist, richtet sich zunächst nach § 4 Nr. 5 und Nr. 6. Diese Sondertatbestände werfen die Frage auf, ob der Gesetzgeber damit die lauterkeitsrechtlichen Grenzen von Preisausschreiben und Gewinnspielen abschließend regeln wollte.[756] Das ist zu verneinen, da § 4 Nr. 5 und 6 nicht alle Aspekte berücksichtigen, die die Rechtsprechung bisher herangezogen hat, um die lauterkeitsrechtliche Zulässigkeit von Gewinnspielen oder Preisausschreiben im Einzelfall zu beurteilen. Es ist nicht anzunehmen, dass der Gesetzgeber diese umfangreiche Rechtsprechung ohne weiteres für überholt erklären wollte. Neben § 4 Nr. 5 und 6 kann daher auch die **Auffangregelung des § 4 Nr. 1** für die rechtliche Beurteilung von Gewinnspielen und Preisausschreiben herangezogen werden.

2. Kriterien der lauterkeitsrechtlichen Beurteilung

322 Nach ständiger Rechtsprechung ist das Veranstalten von Gewinnspielen und Preisausschreiben und der damit verbundene Einsatz aleatorischer Reize nicht grundsätzlich unlau-

751 BGH GRUR 1999, 755, 756 – Altkleider-Wertgutschein.

752 Nach § 4 Abs. 1 und 2 RabattG musste der Rabatt vom dem nachlassgewährenden Gewerbetreibenden oder von einem Rabattsparverein gewährt werden.

753 *Cordes* WRP 2001, 867, 875.

754 Der Verordnungsvorschlag über Verkaufsförderung im Binnenmarkt unterscheidet zwischen Preisausschreiben und Gewinnspielen.

755 OLG Frankfurt GRUR-RR 2005, 388 = MD 2005, 630 – Verkaufsverlosung; zur rechtlichen Beurteilung einer Verkaufsverlosung → Rn 324.

756 Hierzu auch Stellungnahme des Bundestags, BT-Drucks. 15/1487 S. 30 rechte Spalte und die Gegenäußerung der Bundesregierung, BT-Drucks. 15/1487 S. 41 linke Spalte, die allerdings auf § 3 UWG zurückgreifen möchte.

ter. Es müssen vielmehr zusätzliche Umstände hinzukommen, damit die Veranstaltung die Kunden unsachlich beeinflusst und das Verhalten als unlauter angesehen werden kann.[757] Diese Umstände können eine fehlende Transparenz, ein übertriebenes Anlocken oder einen psychischen Kaufzwang begründen.

323 **a) Fehlende Transparenz.** § 4 Nr. 5 normiert das Transparenzgebot bei Preisausschreiben und Gewinnspielen mit Werbecharakter. Danach müssen die Teilnahmebedingungen klar und deutlich angegeben werden. Die tatsächlichen Gewinnchancen müssen nicht angegeben werden. Sie unterliegen nicht dem Transparenzgebot, da die Ungewissheit hierüber zum Charakter eines Preisausschreibens bzw. Gewinnspiels gehören kann.[758] Zudem ist es dem Veranstalter häufig nicht möglich, die Gewinnchancen anzugeben, da diese in der Regel von der im Vorfeld ungewissen Anzahl der Mitspieler abhängen werden. Ein Umkehrschluss zu § 4 Nr. 5 könnte den Gedanken nahe legen, dass eine **Irreführung über Gewinnchancen** nicht unlauter ist. Dagegen spricht jedoch zum einen, dass auch nach der Gesetzesbegründung die Ungewissheit über die Gewinnchancen zum Charakter einer solchen Verkaufsförderungsmaßnahme gehören *kann*. Es sind also durchaus Fälle denkbar, in denen der Werbende die Gewinnchancen sehr wohl kennt. Zum anderen ist nicht anzunehmen, dass mit der neuen Gesetzesfassung der Rechtsprechung eine Absage erteilt werden sollte, nach der eine Irreführung über Gewinnchancen zur Unlauterkeit führt, wenn die tatsächlichen Gewinnchancen im krassen Widerspruch stehen zu den durch Art und Umfang der Ankündigung erweckten Erwartungen des Publikums.[759] Das ist zB der Fall, wenn die Gewinnchancen verschwindend gering sind und der Veranstalter dazu keinen Hinweis gibt. Allein in der fehlenden Angabe der Gewinnchancen liegt jedoch kein die Unlauterkeit begründender Umstand.[760]

324 Bei den **Verkaufsverlosungen**[761] muss deutlich auf den Verlosungscharakter hingewiesen werden. Wird die Aktion als mengenmäßig begrenztes Angebot beworben, geht der Kunde davon aus, dass entsprechend der bisherigen Übung die Schnelligkeit der Kaufentscheidung darüber entscheidet, wer von dem Angebot profitiert. Soll stattdessen das Los über die Kaufberechtigung entscheiden, bedarf es eines klaren Hinweises, da ein solches Angebot weit weniger attraktiv ist und allein der von einer unrichtigen Werbeaussage ausgehende Anlockeffekt vermieden werden muss.[762] Es ist jedoch nicht erforderlich, dass der Werbende den Kunden die Anzahl der Warenstücke mitteilt, die für den erniedrigten Preis erworben werden können. Ebenso wenig muss dem Kunden nach einer solchen „Umwandlung" in ein Gewinnspiel die Möglichkeit eingeräumt werden, seine Kaufentscheidung zu überdenken und ohne finanzielles Risiko rückgängig zu machen.[763]

325 **b) Übertriebenes Anlocken.** Ein Gewinnspiel ist unlauter, wenn der von dem Gewinnspiel ausgehende Anlockeffekt so stark ist, dass das Publikum von einer sachgerechten Prüfung des mit dem Gewinnspiel beworbenen Warenangebots abgelenkt wird und es sei-

---

[757] Ständige Rechtsprechung: RGZ 115, 320; BGH GRUR 2002, 1003, 1004 – Gewinnspiel im Radio; BGH GRUR 2000, 820, 821 – Space Fidelity Peep Show; BGH GRUR 1998, 735, 736 – Rubbelaktion; BGH GRUR 1989, 757, 758 – McBacon; BGH GRUR 1989, 434, 436 – Gewinnspiel I; BGH GRUR 1987, 243, 244 – Alles frisch; BGH GRUR 1977, 727 – Kaffee-Verlosung I; BGH GRUR 1974, 729, 731 – Sweepstake; BGH GRUR 1973, 474, 475 – Preisausschreiben; BGH GRUR 1973, 418 – Das goldene A; BGH GRUR 1967, 202, 203 – Gratisverlosung; BGH GRUR 1959, 544, 546 – Modenschau; BGH GRUR 1959, 138, 140 – Italienische Note (m. Nachw. aus der älteren Rspr. und Literatur); zum übertriebenen Anlocken → Rn 147 ff.

[758] BT-Drucks. 15/1487 S. 18 linke Spalte.

[759] BGH GRUR 2000, 820, 821 – Space Fidelity Peep Show; BGH GRUR 1998, 735, 736 – Rubbelaktion; BGH WRP 1995, 591, 593 – Gewinnspiel II; BGH GRUR 1989, 434, 435 – Gewinnspiel I; BGH GRUR 1974, 729, 731 – Sweepstake; BGH GRUR 1973, 591, 593 – Schatzjagd; BGH GRUR 1959, 138, 140 – Italienische Note.

[760] So schon *Hoth* GRUR 1973, 593, 594; offen gelassen in BGH GRUR 1973, 592, 593 – Schatzjagd.

[761] → Rn 320.

[762] OLG Frankfurt WRP 2005, 635 = MD 2005, 630 – Verkaufsverlosung (ein übertriebenes Anlocken wurde verneint).

[763] AA *Ruttig* WRP 2005, 925, 929.

ne geschäftliche Entscheidung – zB sich mit dem Warenangebot des Veranstalters zu befassen oder von diesem Gebrauch zu machen – nicht mehr aufgrund sachlicher Erwägungen trifft, sondern maßgeblich von der Erwägung bestimmt wird, den in Aussicht gestellten Gewinn zu erlangen bzw. an dem in Aussicht gestellten Gewinnspiel teilzunehmen.[764]

aa) Rechtsprechung. Ein übertriebenes Anlocken wird in der Rechtsprechung **bejaht,** wenn man zur Abholung der Teilnahmekarten für das Gewinnspiel das Geschäftslokal entweder mehrmals betreten muss[765] oder dieses zwar nur einmal betreten muss, dafür aber durch besonders attraktive Preise angelockt wird und zudem Waren verkauft werden, an denen ein fortwährendes Interesse besteht;[766] wenn ein Händlerpreisausschreiben zugleich einen Vordruck für Warenbestellungen enthält und die Händler den Eindruck gewinnen können, ihre Gewinnchancen würden bei einer Warenbestellung positiv beeinflusst.[767] Übertrieben angelockt werden die Kunden auch, wenn wertvolle Gewinne durch ein Torwandschießen verlost werden. Zwar war im konkreten Fall die Chance, die für einen Gewinn erforderliche Trefferzahl zu erreichen, gering, aber ein nicht unerheblicher Teil des angesprochenen Publikums werde mangels realistischer Einschätzung der fußballerischen Treffsicherheit die Gewinnchancen deutlich höher bemessen und durch Fehleinschätzungen zu einer Spielteilnahme bestimmt, welche notwendig mit einem Besuch des werbenden Unternehmens verbunden war.[768] Ebenfalls als unlauter beurteilt wird es, wenn dem Kunden ohne nähere Angaben ein „Überraschungsgeschenk" versprochen wird, weil durch die mangelnde Benennung der Preise ein zusätzlicher Anreiz entstehe.[769] 326

Ein übertriebenes Anlocken wird von den Gerichten **verneint** bei einem Schaufensterdekorationswettbewerb, den ein Hersteller veranstaltet, damit die Einzelhändler seine Ware im Schaufenster dekorieren. Es sei nicht anzunehmen, dass die Einzelhändler sich aus unkaufmännischen und betriebsfremden Gründen zur Teilnahme an dem Wettbewerb entschließen;[770] bei einem Gewinnspiel, bei dem Gewinnscheine im Wert von 6 DM in einem Schnellimbissrestaurant verteilt werden und bei dem die Teilnehmer an der Außenseite des Lokals aus angebrachten Hinweisen, die wöchentlich wechseln, entnehmen können, ob sie gewonnen haben, wobei 20 mal 5.000 DM verlost werden;[771] bei einer Verlosung von drei VW Golf monatlich, 111 Mountainbikes wöchentlich oder einem weiteren Los für die Verlosung von 20 Traumreisen monatlich an einer Tankstelle;[772] bei der Ankündigung von spacigen Sofortgewinnen;[773] bei einem Gewinnspiel, das zum Inhalt des Hörfunkprogramms gehört und damit als Programmbestandteil Teil der Leistung des Rundfunksenders wird;[774] bei einer Verkaufsverlosung, bei der 1.000 Fahrräder zum Preis von 49,90 Euro statt 499,– Euro angeboten wurden.[775] 327

bb) Stellungnahme. Die ältere Rechtsprechung ging davon aus, die Attraktivität der ausgelobten Preise reiche aus, um eine übertriebene Anlockwirkung und damit eine Un- 328

[764] BGH GRUR 2003, 626, 627 – Umgekehrte Versteigerung II; BGH GRUR 2002, 1003, 1004, – Gewinnspiel im Radio; BGH GRUR 2000, 820, 821 – Space Fidelity Peep; BGH GRUR 1998, 735, 736 – Rubbelaktion; BGH GRUR 1989, 757, 758 – McBacon; BGH WRP 1976, 100, 101 – Mars; BGH WRP 1974, 21, 22 – Geld-Gewinnspiel; BGH GRUR 1974, 729, 731 – Sweepstake; BGH GRUR 1973, 474, 476 – Preisausschreiben; BGH GRUR 1973, 418, 419 – Das goldene A; BGH GRUR 1990, 611 – Werbung im Programm; BGH GRUR 1959, 544, 546 – Modenschau; BGH GRUR 1959, 138, 140 – Italienische Note; LG München NJW 2003, 3066, 3067 – Rubbel-Gewinnspiel m. krit. Anm. *Schmits;* NJW 2003, 3034; zum übertriebenen Anlocken → Rn 130 ff.

[765] BGH GRUR 1973, 418, 419 – Das goldene A.

[766] BGH WRP 1974, 21, 22 – Geld-Gewinnspiel.

[767] BGH GRUR 1973, 474, 476 – Preisausschreiben.

[768] OLG Naumburg NJW-RR 1995, 680, 681 – Schießen auf Torwand als Gewinnspiel.

[769] OLG Düsseldorf WRP 1997, 260, 263 – Überraschungsgeschenk.

[770] BGH GRUR 1959, 138 – Italienische Note.

[771] BGH GRUR 1989, 757, 758 – McBacon.

[772] BGH GRUR 1998, 735 – Rubbelaktion.

[773] BGH GRUR 2000, 820, 822 – Space Fidelity Peep Show.

[774] BGH GRUR 2002, 1003, 1004 – Gewinnspiel im Radio.

[775] OLG Frankfurt WRP 2005, 635 = MD 2005, 630 – Verkaufsverlosung.

lauterkeit zu bejahen. Das gelte insbesondere dann, wenn der Veranstalter des Gewinnspiels Waren des täglichen Bedarfs anbiete, die sich in Qualität und Preis kaum unterscheiden. Der Kunde sei dann geneigt, bei Abholung des Loses seinen ohnehin bestehenden Bedarf beim Veranstalter des Gewinnspiels zu decken.[776] Der Kundenstamm verlagere sich in diesen Fällen nicht wegen der Qualität oder Preiswürdigkeit der Produkte von den Mitbewerbern auf den Werbenden, sondern wegen der Hoffnung der Kunden auf einen Gewinn.[777]

329 Diese Rechtsprechung kann als überholt bezeichnet werden. Angesichts der Gewöhnung der Verbraucher an Sonderaktionen und Gewinnspiele kann nicht davon ausgegangen werden, der Verbraucher werde in besonderem Maße zu unkritischen Gelegenheitskäufen neigen, wenn er sich **in das Verkaufslokal begeben** muss, um an dem Gewinnspiel teilzunehmen.[778] Der durch das Gewinnspiel gesetzte Anreiz, sich mit dem Angebot des Veranstalters zu befassen, ist daher nicht wettbewerbswidrig. Ebenso wenig besteht die Gefahr, dass die Kunden durch die mit dem Gewinnspiel verbundenen sachfremden Einflüsse davon abgehalten werden, die Güte und Preiswürdigkeit der angebotenen Waren zu prüfen.[779] Werden die Kunden durch das Gewinnspiel weder irregeführt noch einem psychischen Kaufzwang ausgesetzt, sind keine Gesichtspunkte erkennbar, warum ein Kunde von einer Prüfung der Waren absehen sollte, nur weil er die Möglichkeit erhalten hat, an einem Gewinnspiel teilzunehmen. Eine solche unsachliche Entscheidung wäre nur denkbar, wenn der Kaufentschluss durch das Streben nach der in Aussicht gestellten Gewinnchance bestimmt ist, d. h. die Gewinnchance erst bei Abschluss eines entgeltlichen Geschäfts entsteht oder realisiert werden kann. In diesen Fällen der **Kopplung des Gewinnspiels mit dem Warenabsatz** liegt jedoch ohnehin ein Verstoß gegen § 4 Nr. 6 vor, sofern es sich bei dem Umworbenen um einen Verbraucher handelt. Richtet sich die Werbeaktion an „sonstige Marktteilnehmer", ergibt sich im Umkehrschluss zu § 4 Nr. 6, dass die Kopplung des Absatzgeschäftes mit einem Gewinnspiel allein nicht genügt, um eine Beeinträchtigung durch unangemessenen unsachlichen Einfluss anzunehmen.[780]

330 **c) Psychischer Druck.** Der Kunde kann durch die Art und Weise der Durchführung des Gewinnspiels in eine psychische Zwangslage geraten.[781] Eine psychische Zwangslage ist beispielsweise gegeben, wenn der Umworbene zur Abholung oder Abgabe der Teilnahmekarte oder zur Abholung des Gewinns das Geschäft des Werbenden betreten muss und er sich nun verpflichtet fühlt, anstandshalber Waren oder Dienstleistungen des Veranstalters zu erwerben, um den als peinlich empfundenen Eindruck zu vermeiden, nicht als Kunde, sondern nur wegen des Gewinnspiels gekommen zu sein.[782]

331 **aa) Rechtsprechung.** Die Rechtsprechung **bejaht** einen psychischen Kaufzwang bei Preisausschreiben, wenn die Kunden ein kleines Ladenlokal mit individueller Bedienung betreten müssen, um sich am Spiel zu beteiligen, und so in unmittelbaren Kontakt mit dem Verkaufspersonal kommen.[783] Gleiches gilt, wenn die Teilnehmer die Verkaufsräume mehrfach betreten[784] oder eingehend durchsuchen müssen.[785] Unlauter ist die Veranstaltung des

---

776 BGH WRP 1974, 21, 22 – Geld-Gewinnspiel; BGH GRUR 1973, 474, 476 – Preisausschreiben; so auch LG München NJW 2003, 3066, 3067 – Rubbel-Gewinnspiel.

777 BGH WRP 1974, 21, 22 – Geld-Gewinnspiel.

778 OLG Köln GRUR-RR 2005, 194, 195 – REWE-Haushaltskarte (wobei der Kunde hier sogar außerhalb des Verkaufs- und Kassenbereichs bleiben konnte); ähnlich schon *Ohlgart* GRUR 1984, 693, 695.

779 BGH GRUR 2002, 1003, 1004 – Gewinnspiel im Radio; BGH GRUR 2000, 820, 821 – Space Fidelity Peep Show; BGH GRUR 1998, 735, 736 – Rubbelaktion.

780 OLG Köln WRP 2006, 1538 – Smart-Cabrio Gewinnspiel.

781 Zum psychischen Kaufzwang → Rn 106 ff.

782 BGH GRUR 2000, 820, 821 – Space Fidelity Peep Show; BGH GRUR 1998, 735, 736 – Rubbelaktion; BGH GRUR 1989, 757, 758 – McBacon; BGH GRUR 1987, 243, 244 – Alles frisch; BGH GRUR 1977, 727, 728 – Kaffee-Verlosung I; BGH GRUR 1973, 591, 593 – Schatzjagd; BGH GRUR 1959, 544, 546 – Modenschau.

783 BGH GRUR 1989, 757, 758 – McBacon; BGH GRUR 1987, 243, 244 – Alles frisch; BGH GRUR 1977, 727, 728 – Kaffee-Verlosung I.

784 BGH GRUR 1973, 591, 593 – Schatzjagd.

785 BGH GRUR 1973, 418, 419 – Das goldene A.

Preisausschreibens auch dann, wenn die Kunden eine Verkaufsfiliale besuchen und in Kontakt mit dem Verkaufspersonal treten müssen, um den Teilnahmeschein zu erhalten.[786] **Abgelehnt** wird ein psychischer Kaufzwang, wenn die Teilnahmekarten abzuholen sind entweder in einem Schnellimbissrestaurant, in dem eine Atmosphäre der Anonymität herrscht,[787] oder auf einer großen Verkaufsfläche, bei der man eher um eine Beratung nachsuchen muss.[788] Ebenfalls unbedenklich ist es, wenn die Gewinnkarten an einer Tankstelle in Ständern stehen, die sich außerhalb des Verkaufsraums befinden[789] oder wenn die erforderliche Teilnahmehandlung außerhalb des Verkaufs- und Kassenbereichs vorgenommen werden kann.[790]

Einen psychischen Druck auf den Verbraucher hat das OLG Köln angenommen in einem Fall, in dem der Veranstalter des Gewinnspiels die Teilnahme an diesem von einer Einwilligung in die Übersendung von Werbung abhängig gemacht hat.[791] Diese Kopplung war für den Verbraucher erst erkennbar, nachdem er sich für die Teilnahme entschieden und im Internet einige Felder mit seinen persönlichen Daten ausgefüllt hatte. Verlangt man, dass die Teilnahmebedingungen schon angegeben werden, bevor es zu relevanten Teilnahmehandlungen kommt, kann das Verbot auch auf § 4 Nr. 5 gestützt werden. 332

bb) Stellungnahme. Ausgehend vom Leitbild eines verständigen Verbrauchers werden die Fälle selten sein, in denen der Kunde sich allein aufgrund der Möglichkeit zur Teilnahme an einem Preisausschreiben verpflichtet fühlt, anstandshalber ein entgeltliches Geschäft zu tätigen. Dennoch sollte die Fallgruppe nicht voreilig aufgegeben, sondern der rechtlichen Beurteilung des Einzelfalls der Vorzug gegeben werden. Es ist durchaus denkbar, dass ein aufwendig gestaltetes oder über längere Zeit andauerndes Gewinnspiel bei bestimmten Verbraucherkreisen eine psychische Zwangslage hervorruft, bei der sie sich verpflichtet fühlen, anstandshalber etwas zu kaufen. 333

Allein der Hinweis des Veranstalters „kein Kaufzwang" kann den psychischen Kaufzwang und damit die Unlauterkeit nicht beseitigen, denn der Kunde weiß ohnehin, dass ein rechtlicher Kaufzwang nicht besteht. Dennoch hat er das Gefühl, anstandshalber etwas kaufen zu müssen.[792] Dieses Gefühl wird auch durch ein solches Schild nicht verdrängt. 334

Ein psychischer Kaufzwang wurde bisher verneint, wenn die Kunden die Teilnahmekarten erlangen können, ohne die Verkaufsräume aufsuchen zu müssen. Allerdings muss dieser alternative Bezugsweg (zB Post oder Internet) auch zumutbar sein.[793] So kann zB die Möglichkeit, die Gewinnkarte auf dem Postweg anzufordern, die Unlauterkeit nicht beseitigen, wenn das postalische Anfordern unrentabel ist.[794] 335

VIII. Kundenbindungssysteme

1. Erscheinungsformen

Kundenbindungssysteme können in vielfältigen Formen ausgestaltet sein. Vgl. hierzu die Kommentierung zu § 4 Nr. 4 Rn 17 ff. 336

2. Kriterien der lauterkeitsrechtlichen Beurteilung

a) Ausgangslage. Bei der lauterkeitsrechtlichen Beurteilung muss man sich vor Augen führen, dass Kundenbindungssysteme eine besondere Form der Gewährung von Rabatten 337

---

786 BGH GRUR 1987, 243, 244 – Alles frisch; BGH GRUR 1977, 727, 728 – Kaffee-Verlosung I.
787 BGH GRUR 1989, 757, 758 – McBacon.
788 BGH GRUR 2000, 820, 822 – Space Fidelity Peep Show.
789 BGH GRUR 1998, 735, 736 – Rubbelaktion.
790 OLG Köln GRUR-RR 2005, 194, 195 – REWE-Haushaltskarte.
791 OLG Köln GRUR-RR 2008, 62.
792 BGH GRUR 1973, 591, 593 – Schatzjagd; BGH GRUR 1973, 474, 476 – Preisausschreiben; zum psychischen Kaufzwang → Rn 106 ff.
793 → Rn 251.
794 BGH GRUR 1973, 591, 593 – Schatzjagd.

und Zugaben sind. Werden Geldprämien ausgezahlt, sind dies Rabatte auf die eingekauften Waren. Das ausgezahlte Geld wirkt sich wie ein Abschlag auf die zuvor geforderten Preise aus. Die zeitliche Spanne zwischen Kauf und Erhalt des Rabatts ändert an dieser Einordnung nichts.[795] Werden Sachprämien ausgeschüttet, handelt es sich um Zugaben. Zwar lässt sich die Sachprämie nicht einer bestimmten Hauptleistung zuordnen, aber mit jedem Kauf erwirbt der Kunde einen weiteren Teilanspruch auf die spätere Prämie. Die Summe der akzessorisch erworbenen Teilansprüche bildet den Anspruch auf die Sachprämie, die dann letztlich im Fall der Ausschüttung als Zugabe zu werten ist.[796]

338 Kundenbindungssysteme waren früher insbesondere im Hinblick auf einen möglichen Verstoß gegen das RabattG oder die ZugabeVO problematisch.[797] Nach Aufhebung dieser Gesetze sind Kundenbindungssysteme grundsätzlich zulässig. Die Bundesregierung führt dazu im Regierungsentwurf zur Aufhebung des RabattG aus:

> „Die Aufhebung des Rabattgesetzes gibt kleinen und mittleren Unternehmen auch die Möglichkeit, gemeinsame Rabattkooperationen unter Beteiligung mehrerer kleiner und mittlerer Unternehmen, zB in Form von sog. Bonussystemen, zu gründen. Diese sind wegen der Kumulierung von Rabatten aus Kundensicht besonders attraktiv und können die Wettbewerbsposition der beteiligten mittelständischen Unternehmen gegenüber volumenstarken Rabattsystemen von großen Konzernen stärken. Das Kartellrecht (GWB) eröffnet Bonussystemen kleiner und mittlerer Unternehmen erhebliche Spielräume (wird ausgeführt).“[798]

339 Auch auf europäischer Ebene geht man von der grundsätzlichen Zulässigkeit der Kundenbindungssysteme aus. Das ergibt sich aus dem Erwägungsgrund (7) des geänderten Vorschlages der Verordnung über Verkaufsförderung im Binnenmarkt.[799]

340 **b) Transparenz.** Das Gebot der Transparenz ist im Hinblick auf Kundenbindungssysteme in § 4 Nr. 4 geregelt. Allerdings sagt § 4 Nr. 4 nur, dass die **Bedingungen für die Inanspruchnahme** der in Aussicht gestellten Vorteile und damit auch des Kundenbindungssystems an sich klar und eindeutig anzugeben sind. Darüber hinausgehende Transparenzanforderungen werden nicht gestellt, so dass insoweit auf § 4 Nr. 1 zurückgegriffen werden kann. Insoweit stellt sich die Frage, ob bei der Werbung für ein Kundenbindungssystem der **Wert der in Aussicht gestellten Prämie** angegeben werden muss. Da es sich bei Kundenbindungssystemen um eine Form der Gewährung von Zugaben handelt, kann insoweit auf die Ausführungen zu den Kopplungsangeboten verwiesen werden.[800] Die Angabe des Werts der Prämien ist demnach nicht erforderlich.

341 **c) Übertriebenes Anlocken.** Mit der Regelung des Transparenzgebots in § 4 Nr. 4 ist die lauterkeitsrechtliche Zulässigkeit von Kundenbindungssystemen nicht abschließend geregelt. Kundenbindungssysteme können dazu führen, dass Kunden, die schon eine gewisse Anzahl von Punkten (Meilen etc.) gesammelt haben, im Zweifel eher geneigt sind, die Leistungen des Systemanbieters in Anspruch zu nehmen, um eine Prämie auch tatsächlich zu erhalten. Infolgedessen kann auch bei hinreichender Transparenz des Kundenbindungssystems ein Wettbewerbsverstoß aufgrund eines übertriebenen Anlockens gegeben sein.[801]

342 **aa) Rechtsprechung. Unzulässig** ist es, wenn nach sechsmaligem Kauf von Speiseeis die kostenlose Abgabe eines Eisbechers versprochen wird, dessen regulärer Verkaufspreis 5,90 DM beträgt. Diese Werbemaßnahme war besonders streng zu beurteilen, weil sie sich an Kinder richtete.[802] Ebenfalls unlauter ist es, wenn im Rahmen eines auf ein Jahr befriste-

---

795 Früher wurden diese Sachverhalte von § 4 RabattG erfasst.

796 *Eppe* S. 155. Unter Geltung der ZugabeVO sprach man von „Sammelgutscheinen“.

797 BGH WRP 1995, 810 – 30% Ermäßigung; BGH WRP 1991, 225 – Family-Karte; BGH WRP 1983, 335 – Diners-Club; BGH WRP 1981, 167 – Goldene Karte II; dazu *Fritsche* BB 1999, 273; *Peter* WRP 1998, 576; *Dierck* WRP 1999, 616.

798 BT-Drucks. 14/5441 S. 8 f.

799 KOM (20) 585 endg. S. 6.

800 → Rn 181 ff.

801 Zum übertriebenen Anlocken → Rn 147 ff.

802 OLG Stuttgart WRP 1995, 258 – Eisschlotzwochen; die Werbung richtete sich an Kinder, so dass hier mit Recht ein strengerer Maßstab angelegt wurde.

ten Abonnements nach der Abnahme von sieben Haar-Colorationen eine achte Gratiscoloration als Treueprämie versprochen wird (und bei drei Dauerwellen die vierte zum halben Preis angeboten wird). Dieses Angebot hält den verständigen Kunden von einer rationalen Entscheidung ab, weil der Kunde durch einen Preisnachlass von umgerechnet 12,5 Prozent pro in Anspruch genommener Leistung über seinen wirklichen Bedarf hinaus zur Abnahme bewogen werden soll. Die Gefahr ist insbesondere dann besonders groß, wenn der Kunde aufgrund der bereits geschlossenen Verträge kurz vor Erhalt der Treueprämie steht.[803] Ein Wettbewerbsverstoß wird auch angenommen, wenn Kunden bei Zahlung von 20 DM die Möglichkeit erhalten, ein Jahr lang Filme (maximal 20) kostenfrei entwickeln zu lassen und bei jeder Entwicklung einen weiteren Film geschenkt erhalten. Der Kunde wird auf diese Weise für die Dauer von einem Vertragsjahr an den Werbenden gebunden, denn der erlangte Vorteil wird mit jedem in Anspruch genommenen Film größer. Diese Bindung führt zu einer anhaltenden unsachlichen Beeinflussung des Kunden, weil er nun eine weitere Dienstleistung des Werbenden – die Erstellung von Abzügen – ohne Prüfung der Konkurrenzangebote in Anspruch nimmt.[804]

Zulässig ist es, wenn nach dem Kauf von 12 Rama-Bechern zu 2 DM ausreichend Treuepunkte gesammelt sind, um 3 DM zu erhalten. Die Treuevergütung von 3 DM (abzüglich Porto nur 2,50 DM) ist weder absolut, noch im Verhältnis zum Kaufpreis des einzelnen 500 g-Bechers Rama, noch im Hinblick auf den Anreiz zur Beteiligung an der Aktion geeignet, das Publikum in rechtlich erheblichem Maße von einem sachgerechten Käuferverhalten abzuhalten.[805] Ebenfalls zulässig ist die Auslobung von Prämien für die passive Nutzung einer Leistung. So kann ein Mobilfunkanbieter eine Gutschrift von 3 Pfennig für jede eingehende Gesprächsminute an seine Vertragspartner versprechen, selbst wenn der den Anruf tätigende Dritte durch das Bonussystem nicht begünstigt wird. Die Annahme, der Kunde könnte Gespräche wegen der Gutschrift in die Länge ziehen, ist aufgrund der geringen Prämie unwahrscheinlich.[806] Zulässig ist nach Ansicht des OLG Köln schließlich auch die Werbung für „Miles and more", auch wenn hochwertige Prämien, wie etwa ein Restaurantbesuch oder das Zurverfügungstellen eines Mietwagens versprochen werden. Zwar richtet die Werbung sich potentiell an jedermann, de facto aber an Personen, die aus privaten oder beruflichen Gründen häufig fliegen. Hierbei handelt es sich um Akademiker oder Kaufleute, die erfolgsorientiert und wirtschaftlich denken und sich nicht ohne weiteres von einem Angebot blenden lassen, das sich für sie nicht rechnet.[807] 343

bb) Stellungnahme. Kundenbindungssysteme gewähren Rabatte und/oder Zugaben. Nach der Aufhebung von ZugabeVO und RabattG ist dies grundsätzlich zulässig. Der Unterschied zu herkömmlichen Rabatt- und Zugabeaktionen besteht zum einen darin, dass die gewährten **Vergünstigungen** absolut betrachtet **höher** sind. Umgerechnet auf den geldwerten Einsatz des Kunden gehen sie jedoch in der Regel nicht über herkömmliche Rabatt- und Zugabeaktionen hinaus. Selbst wenn im Einzelfall die in Aussicht gestellten Vergünstigungen übermäßig hoch sind, kann allein dieser Umstand ein übertriebenes Anlocken nicht begründen.[808] 344

Zum anderen unterscheiden sich Kundenbindungssysteme von herkömmlichen Rabatten und Zugaben dadurch, dass sie die **Kunden an das Unternehmen binden.** Allerdings ist die Gefahr gering einzustufen, dass der Kunde, allein weil er in dem Besitz einer Kundenkarte ist, die Angebote der Konkurrenz nicht mehr wahrnimmt, um seine Bonuspunkte und damit die Vergünstigung zu erhalten.[809] Durch die Übersättigung des Markts mit Kundenbindungssystemen verliert deren Bindungswirkung zunehmend. Auch die Kon- 345

[803] OLG Jena GRUR-RR 2002, 32, 34 – Abo-Karten für Haarfärbung.
[804] BGH GRUR 1981, 286, 287 – Goldene Karte I.
[805] BGH GRUR 1981, 202 – RAMA-Mädchen.
[806] OLG Hamburg Urt. v. 1. 2. 2001, 3 U 316/00.
[807] OLG Köln GRUR-RR 2002, 115, 116 – „Miles and more"-Prämien.
[808] → Rn 214 ff u. 271.
[809] So *Schricker/Hennig-Bodeweg* WRP 2001, 1367, 1403.

kurrenz hat idR ein solches Programm, so dass man auch dort Punkte erlangen kann. Je größer die Zahl der teilnehmenden Unternehmen ist, desto geringer ist die Gefahr, dass der Kunde zu einer unsachlichen Entscheidung zugunsten eines der Unternehmen verleitet wird.[810] Darüber hinaus wird der verständige Verbraucher nicht allein deshalb ein teureres Angebot bevorzugen, weil er damit Bonuspunkte erwirbt. Tut er dies trotzdem, etwa weil ihm die versprochene Zugabe besonders attraktiv erscheint, dann ist dies keine unsachliche Entscheidung, vor der ihn das UWG schützen müsste.

346 Als Anknüpfungspunkt für ein übertriebenes Anlocken wird zum Teil eine mögliche **zeitliche Befristung** der Aktion herangezogen, etwa dadurch, dass die Bonuspunkte nach einer bestimmten Zeit verfallen oder das System nur auf eine kurze Zeit angelegt ist.[811] In beiden Fällen wird der Kunde dazu veranlasst, in einem festgelegten Zeitraum eine bestimmte Anzahl von entgeltlichen Geschäften zu tätigen, um überhaupt eine Prämie zu erhalten. Das mag manchen Teilnehmer dazu bewegen, die Produkte des Veranstalters des Kundenbindungssystems in Anspruch zu nehmen, um die nächste Bonushürde zu nehmen, ehe seine Punkte verfallen.[812] Steht der Zeitraum von vornherein fest, so dass der Kunde sich auf ein mögliches Verfallen einstellen kann, wird man hierin jedoch kaum eine unsachliche Beeinflussung sehen können.

347 Ähnlich wie bei einer Dreieckskopplung besteht bei Kundenbindungssystemen die Gefahr, dass der **Kunde,** der in den Genuss der Bonuspunkte und der Prämie kommt, die finanzielle Belastung für die zuvor erforderlichen Käufe nicht selbst trägt, weil er die **Kosten erstattet** bekommt. Hier ist die Gefahr einer unsachlichen Beeinflussung höher, da die mit dem Kauf verbundene finanzielle Belastung als Korrektiv im Auswahlprozess fehlt. Der Kunde entscheidet sich daher eventuell für eine Leistung, die er ohne das Kundenbindungssystem und ohne die in Aussicht gestellten Vorteile nicht ausgewählt hätte. Im Unterschied zu den Fällen der Dreieckskopplungen bezweckt der Veranstalter eines Kundenbindungssystems dieses Auseinanderfallen jedoch nicht. Die Möglichkeit, dass ein Käufer das finanzielle Risiko eines Kaufs nicht selbst trägt, sondern die Kosten erstattet bekommt und daher nicht das günstigste Angebot auswählt, besteht grundsätzlich bei allen entgeltlichen Geschäften. Sie kann daher allein nicht genügen, um eine Unlauterkeit zu begründen. Ein Verstoß gegen § 4 Nr. 1 kommt nur dann in Betracht, wenn das System speziell auf solche Konstellationen zugeschnitten ist und sich diese zu Nutze macht.[813] Ein weiterer Unterschied zu den Fällen der Dreieckskopplung liegt darin, dass derjenige, auf dessen Rechnung gehandelt wird, idR weiß, dass ein solches Programm existiert und daher auch die Missbrauchsgefahr kennt. Es ist ihm daher zumutbar, auf die Wahrung seiner Interessen zu achten.

348 Als Ergebnis bleibt festzuhalten, dass ein verständiger Verbraucher in der Lage ist, den Wert der in Aussicht gestellten Prämien im Verhältnis zu den einzelnen Erwerbsgeschäften zu beurteilen, sofern das Kundenbindungssystem hinreichend transparent ist. Ein übertriebenes Anlocken liegt nicht vor.

349 **d) Aleatorische Reize.** Hängt die Ausschüttung der Prämie oder gar deren Wert vom Zufall ab, so werden aleatorische Momente mit dem Warenabsatz gekoppelt. Insofern kann auf die Ausführungen zu den Kopplungsangeboten verwiesen werden.[814]

350 **e) Kundendiskriminierung.** Nach Ansicht von *Fezer* sind Kundenbindungssysteme nur wettbewerbskonform, wenn sie diskriminierungsfrei sind. Das bedeutet, dass jeder Verbraucher als Kunde gleichen Zugang zu einem Kundenbindungssystem haben muss.[815] Dieser Ansicht ist nicht zu folgen, da das Lauterkeitsrecht ein allgemeines Diskriminierungsverbot nicht kennt.[816]

---

810 BGH GRUR 1999, 755, 756 – Altkleider-Wertgutschein.
811 So im Fall OLG Jena GRUR-RR 2002, 32, 34 – Abo-Karten für Haarfärbung.
812 *Köhler* GRUR 2001, 1067, 1075; *Borck* WRP 1996, 969, 972; *Fritsche* BB 1999, 273, 277.
813 *Bottenschein* S. 220; strenger *Fritsche* BB 1999, 273, 277; *Borck* WRP 2002, 1131, 1132.
814 → Rn 248 ff.
815 *Fezer* WRP 2001, 989, 1014.
816 → Rn 276.

IX. Umgekehrte Versteigerungen

Schrifttum: *Bullinger,* Internet-Auktionen – Die Versteigerung von Neuwaren im Internet aus wettbewerbsrechtlicher Sicht, WRP 2000, 253; *Steinbeck,* Umgekehrte Versteigerungen und Lauterkeitsrecht, K&R 2003, 344.

1. Erscheinungsformen

Umgekehrte Versteigerungen sind eine schon im Offline-Handel angewandte Vertriebsform, die durch den Verkauf von Waren über das Internet wiederbelebt wurde. Anzutreffen sind zwei Erscheinungsformen der umgekehrten Auktionen: Zum einen die sog. Holländische Auktion, bei der der Verkaufspreis allein durch Ablauf der Zeit kontinuierlich sinkt, und zum anderen die sog. Reverse Auction, bei der sich die Anbieter einer Ware oder Dienstleistung gegenseitig unterbieten. Die Verkaufsform der Reverse Auction stößt nicht auf wettbewerbsrechtliche Bedenken.[817] Holländische Auktionen dagegen werfen eine Reihe von Fragen auf. In Ansehung der Terminologie in der Rechtsprechung werden im Folgenden die Holländischen Auktionen als umgekehrte Versteigerungen bezeichnet. 351

2. Kriterien der lauterkeitsrechtlichen Beurteilung

a) Ausgangslage. Umgekehrte Versteigerungen verstoßen nicht gegen § 4 Nr. 6, weil es sich bei diesen Aktionen nicht um ein Gewinnspiel handelt. Es werden keine Preise vom Veranstalter ausgelobt. Die wettbewerbsrechtliche Beurteilung nach § 4 Nr. 1 hat davon auszugehen, dass der Einsatz aleatorischer Reize für sich genommen nicht unlauter ist. Es müssen zusätzliche Umstände hinzukommen, damit der Vorwurf der unsachlichen Kundenbeeinflussung gerechtfertigt ist.[818] In Betracht kommt insbesondere der Vorwurf des übertriebenen Anlockens. 352

b) Fehlende Transparenz. Die Bedingungen der umgekehrten Versteigerungen müssen für die Teilnehmer klar und eindeutig sein. Es muss daher angegeben werden, in welchem Zeitrahmen der Preis um welchen Betrag fällt und ob der Zuschlag den Abschluss eines Kaufvertrags oder nur eine Kaufoption begründet. 353

c) Aleatorische Reize. Bei einer umgekehrten Versteigerung gehen aleatorische Reize von dem stetig fallenden Preis aus. Der Kunde hat die Möglichkeit, ohne weitere Mühe und ohne Gegenleistung, allein durch bloßes Zuwarten, einen nicht unerheblichen „Gewinn" (in Form eines Preisnachlasses) zu erzielen.[819] Da das Setzen aleatorischer Reize für sich allein die Unlauterkeit nicht begründet, lautet die entscheidende Frage, ob durch das Hinzutreten weiterer Umstände, wie etwa ein übertriebenes Anlocken, die Kunden unsachlich beeinflusst werden. 354

Der **BGH** hat die Werbung für eine umgekehrte Auktion, in der der Preis für einen Pkw in jeder Woche um 300 DM fallen sollte, ausdrücklich für zulässig erklärt.[820] Nach zutreffender Ansicht des Gerichts enthält eine solche Werbeanzeige aleatorische Elemente, weil der von der Anzeige ausgehende Reiz zur näheren Befassung mit dem Angebot mit jeder ablaufenden Woche stärker wird und der wöchentliche Anstieg der „Gewinnchance" 355

[817] *Spindler/Wiebe/Ernst* Abschnitt C Rn 44; *Schafft* CR 2001, 393, 400.

[818] StRspr.: s. nur BGH GRUR 2003, 626, 627 – Umgekehrte Versteigerung II; BGH GRUR 2000, 820, 821 – Space Fidelity Peep Show; BGH WRP 1998, 724, 725 – Rubbelaktion; BGH GRUR 1989, 757, 758 – McBacon; zu den aleatorischen Reizen → Rn 155.

[819] Aleatorische Reize fehlen allerdings in den Fällen, in denen der Kunde vor dem Auktionsstart festlegen muss, zu welchem Preis er den Kauf tätigen möchte. Der Zuschlag erfolgt dann automatisch, sobald das gewünschte Preisniveau erreicht ist, falls nicht ein anderer Interessent ein früheres und damit höheres Angebot macht.

[820] BGH GRUR 2003, 626, 627 – Umgekehrte Versteigerung II m. Anm. *Steinbeck* K&R 2003, 344. Der BGH hat damit seine Rechtsprechung aus dem Jahr 1985 (BGH GRUR 1986, 622 – Umgekehrte Versteigerung, dem folgend OLG Köln WRP 1988, 326 – Umgekehrte Versteigerung als sachfremdes Spielangebot) ausdrücklich aufgegeben.

eine steigende suggestive Wirkung auf den Leser ausübt. Weitere Umstände, die die Unlauterkeit rechtfertigen könnten, konnte das Gericht nicht feststellen. Sie wurden insbesondere nicht dadurch begründet, dass ein Interessent aus Angst davor, ein anderer Käufer könne ihm zuvorkommen, zu einem übereilten Kaufentschluss verleitet wird. Die bloße Befürchtung eines potenziellen Kunden, dass ein **anderer Kaufinteressent schneller zugreift,** und der daraus resultierende psychische Druck gehören zum Wesen des Wettbewerbs und können daher von der Rechtsordnung nicht missbilligt werden.[821]

356 Ebenso wenig rechtfertigt der nicht unerhebliche Preisvorteil die Befürchtung, der Kunde werde durch diesen „Gewinn" zu sachfremden Überlegungen und Entschlüssen verleitet. Zwar ist ein **niedriger Preis** in besonderem Maße geeignet, auf die Entscheidung des Kunden einzuwirken, doch ist der Preis, ebenso wie die Qualität einer Ware, Teil des Leistungswettbewerbs. In der Reduzierung des Preises liegt daher keine unsachliche Beeinflussung. Der Anlockeffekt, der von einer Preisreduzierung ausgeht, ist vielmehr Bestandteil des Leistungswettbewerbs und begründet für sich genommen keinen Verstoß gegen das Lauterkeitsrecht unter dem Gesichtspunkt des übertriebenen Anlockens.[822] Etwas anderes kann allenfalls dann gelten, wenn der Ausgangspreis übermäßig hoch bemessen ist (sog. Mondpreis) und daher eine Irreführung des Kunden im Sinne des § 5 vorliegt.[823]

357 Schließlich wird die Suggestivkraft der Veranstaltung nicht allein dadurch in wettbewerbswidriger Weise verstärkt, dass die Auktion im Internet stattfindet und man über einen schnellen Knopfdruck den Kauf tätigen könne.[824] Das **Internet als Verkaufsforum** weist gegenüber dem Offline-Handel keine Merkmale auf, die es rechtfertigen können, in diesem Bereich die Wettbewerbswidrigkeit grundsätzlich vorzeitiger zu bejahen. Zwar kann einerseits die besondere Kaufsituation – zu Hause vor dem Computer – eher dazu verleiten, ein Kaufangebot abzugeben. Immerhin ist dies durch einen einfachen Mausklick möglich. Andererseits kann sich der Interessent hier aber leichter dem Geschehen entziehen, als dies in einer Situation möglich ist, in der er einem Verkäufer im Laden gegenübersteht. Außerdem kann auch im Offline-Handel ein bloßes Handzeichen genügen, um eine rechtsverbindliche Erklärung abzugeben.

358 Insgesamt führt allein der Anreiz, dass durch Zuwarten mit der Kaufentscheidung ein noch höherer „Gewinn" erzielt werden kann, weil weniger gezahlt werden muss, bei einem durchschnittlich informierten, aufmerksamen und verständigen Verbraucher nicht dazu, von einer Prüfung der Preiswürdigkeit des Angebots abzusehen und sich zu einem Erwerb vorrangig wegen des „Spiels" verleiten zu lassen. Der verständige Verbraucher wird auch bei einem Angebot in Form der umgekehrten Versteigerung nicht von einer Prüfung der Preiswürdigkeit der Ware absehen, sondern vielmehr die Preise mit anderen Produkten vergleichen. Im konkreten Fall war dies schon deshalb anzunehmen, weil die Anschaffungskosten für einen Gebrauchtwagen idR recht hoch sind, so dass ein verständiger Verbraucher ein solches Angebot nur nach reiflicher Überlegung annehmen wird. Die Gefahr, dass der Pkw nur aufgrund der besonderen Situation und des in Aussicht gestellten Gewinns erworben wird, besteht daher nicht.

359 Trotz der Entscheidung des BGH können nicht alle denkbaren Formen der umgekehrten Versteigerung als wettbewerbsrechtlich unbedenklich angesehen werden. Es kommt auf

---

[821] BGH GRUR 2004, 344, 345 – Treue-Punkte; BGH GRUR 2003, 626, 627 – Umgekehrte Versteigerung II; so schon BGH GRUR 1986, 622, 623 – Umgekehrte Versteigerung; OLG Köln VerkMitt 2000, 92, 93 – Autoversteigerung; zustimmend *Schafft* CR 2001, 393, 397; *Huppertz* MMR 2000, 65, 67.

[822] BGH WRP 2003, 744, 745 – Gesamtpreisangebot; BGH GRUR 2002, 976, 977 – Kopplungsangebot I; BGH GRUR 2002, 979, 980 – Kopplungsangebot II; BGH GRUR 2000, 918, 919 – Null-Tarif; BGH WRP 1999, 517, 518 – Am Telefon nicht süß sein?.

[823] BGH GRUR 2003, 626, 627 – Umgekehrte Versteigerung II; BGH GRUR 1981, 137, 139 – Tapetenpreisempfehlung.

[824] So aber OLG Hamburg GRUR-RR 2001, 113, 114 – Befristete Verkaufsaktion; ebenfalls kritisch *Schafft* CR 2001, 393, 397.

die **Umstände des Einzelfalls** an, so dass durchaus Verkaufssituationen denkbar sind, die auch für den durchschnittlich informierten, aufmerksamen und verständigen Verbraucher die Gefahr begründen, dass er den Zuschlag letztlich allein aufgrund des inzwischen „erspielten" Gewinns (d. h. des erreichten Preisnachlasses) erteilt und nicht, weil er von der Qualität der Ware überzeugt ist. Die wettbewerbsrechtliche Beurteilung muss daher stets von der konkreten Ausgestaltung der Auktion abhängig gemacht werden, also davon, in welchen **zeitlichen Intervallen** und in welchen Größenordnungen die Preise sinken und auf welche Höhe sich die Anschaffungskosten insgesamt belaufen. So wird man eine umgekehrte Versteigerung, bei der der Preis alle 20 Sekunden um 150 Euro sinkt, anders zu beurteilen haben als eine Auktion, bei der der Preis nur täglich oder gar wöchentlich um diesen Betrag fällt.[825] Im erstgenannten Fall steigt der Anreiz, sich mit dem Angebot zu befassen und dieses auch anzunehmen mit einer enormen Geschwindigkeit. Auch für einen verständigen Verbraucher besteht daher die Gefahr, dass er den Kaufentschluss nicht mehr von sachlichen Gesichtspunkten abhängig macht, sondern nur handelt, um den „Gewinn" zu realisieren. Eine unsachliche Beeinflussung in Form des **übertriebenen Anlockens** kann hier durchaus gegeben sein.[826] Zwar bringt eine Einzelfallbetrachtung Abgrenzungsschwierigkeiten mit sich, doch lässt sich der suggestive Charakter von umgekehrten Versteigerungen und dementsprechend die psychologische Situation der potentiellen Käufer im Hinblick auf die unterschiedlichen Ausgestaltungen nicht einheitlich beurteilen. Daraus folgt zwingend, dass auch die wettbewerbsrechtliche Zulässigkeit nicht pauschal bejaht oder verneint werden kann.

Eine besondere Variante der umgekehrten Versteigerung ist gegeben, wenn durch den **Zuschlag nur eine Kaufoption begründet wird,** also kein Kaufvertrag geschlossen wird. Eine endgültige Kaufentscheidung wird in diesen Fällen erst nach einer Besichtigung der zum Verkauf stehenden Ware gefällt. Ebenso kann der Bieter ohne Angabe von Gründen und ohne Entstehung weiterer Kosten auf eine Besichtigung und/oder einen Erwerb des Fahrzeugs verzichten. Das OLG München[827] sieht in dieser Vertriebsform keinen Verstoß gegen das Lauterkeitsrecht. Der suggestive Charakter der Verkaufsaktion verleite den Kunden nicht unmittelbar zu einem Vertragsabschluss, weil der Kaufvertrag nicht mit dem Drücken des Zuschlag-Buttons zustande komme, sondern hierdurch erst die Möglichkeit zu einem zeitlich nachfolgenden Erwerb eingeräumt werde. Bei dem nachfolgenden Besichtigungstermin stehe der „Auktionsgewinner" nicht mehr unter dem „Druck der Chance". Er habe zwischenzeitlich ausreichend Gelegenheit gehabt, Vergleichsangebote einzuholen. Nach Ansicht des OLG Hamburg[828] rechtfertigt der Umstand, dass der Zuschlag nicht bereits zum Abschluss eines wirksamen Kaufvertrags führt, sondern dem „Auktions-Gewinner" nur eine Kaufoption einräumt, keine andere rechtliche Beurteilung. Zwischen einem unmittelbaren Erwerb durch Zuschlag und der hier in Rede stehenden Vertriebsform bestehe kein durchgreifender Unterschied, weil auch im erstgenannten Fall der Erwerber nicht unlösbar an den geschlossenen Kaufvertrag gebunden sei. Gemäß §§ 312 d, 355, 356 BGB stehe dem Käufer ein Widerrufs- und Rückgaberecht zu, wenn er – wie im vorliegenden Fall – die Ware im Wege eines Fernabsatzvertrags erworben habe.[829] Die rechtliche Situation des Kunden, der nur eine Kaufoption erwerbe, stelle sich damit nur unwesentlich günstiger dar als die rechtliche Situation desjenigen, der einen unmittelbaren 360

825 Das LG Dresden WRP 2003, 403 – Umgekehrte Versteigerung verbot eine Auktion, bei der der Preis für einen Pkw jede Stunde um 500 DM fiel.

826 AA BGH GRUR 2004, 249 – Umgekehrte Versteigerung im Internet. Allerdings ist zu beachten, dass der Käufer hier nur eine Kaufoption erhielt.

827 OLG München WRP 2001, 431, 433 – Sixt Gebrauchtwagen-Aktion m. zust. Anm. *Ernst;* zustimmend *Müller/Petri* RTkom 2001, 153, 159.

828 OLG Hamburg GRUR-RR 2002, 232 – Umgekehrte Internet-Auktion.

829 OLG Hamburg GRUR-RR 2002, 232, 234 – Umgekehrte Internet-Auktion; LG Hof CR 2002, 844; AG Kehl NJW-RR 2003, 1060; *Bamberger/Roth/Eckert* BGB § 156 Rn 4; *Leible/Sosnitza* CR 2002, 755, 757. Die Ausnahmeregelung des § 312 d Abs. 4 Nr. 5 BGB greift insoweit nicht ein, da eine Internet-Versteigerung keine Versteigerung im Sinne von § 156 BGB ist.

Kaufvertrag per Internet-Auktion abschließe. Folglich seien beide Fallgestaltungen gleichermaßen unlauter.[830]

361 Der **BGH** ist zu Recht der Argumentation des OLG München gefolgt.[831] Erhält der Kunde durch den Zuschlag nur eine Kaufoption, so ist er damit in keiner Weise gebunden. Er hat ausreichend Zeit, um über den Erwerb der Ware nachzudenken, Vergleichsangebote einzuholen und er kann schließlich ohne jegliche Kostenlast[832] von dem Erwerb Abstand nehmen. Hinzu kam im konkreten Fall, dass der Kunde vorab Informationen über die versteigerten Fahrzeuge im Internet abrufen konnte. Sollten tatsächlich aleatorische Reize die Aufmerksamkeit des Kunden auf die Ware des Veräußerers gelenkt und ihn auch zum „Zuschlag" bewogen haben, so wirkten diese nicht mehr fort. Der Kunde war also in seiner späteren Entscheidung, ob er tatsächlich kaufen will oder nicht, völlig frei.[833] Dies gilt allerdings nur, wenn dem Kunden nicht fälschlicherweise der Eindruck vermittelt wird, zum Kauf verpflichtet zu sein. Entgegen der Auffassung des OLG Hamburg steht der Käufer daher im Falle einer bloßen Kaufoption sehr wohl günstiger als bei einem Widerrufsrecht nach §§ 312d, 355, 356 BGB. Um einen wirksamen Kaufvertrag zu widerrufen, muss der Käufer die Initiative ergreifen. Der Widerruf muss dem richtigen Adressaten zugehen und die Voraussetzungen der Textform erfüllen. Ein bloßer Anruf beispielsweise genügt diesen Anforderungen nicht. Die Verlagerung der Obliegenheit zu Handeln auf den Käufer, das gesetzlich vorgeschriebene Formerfordernis für den Widerruf und das Risiko des Käufers, im Streitfall den Zugang des Widerrufs beweisen zu müssen, verbieten es, die bloße Kaufoption der Widerrufsmöglichkeit gleichzustellen. Im Ergebnis bleibt daher festzuhalten, dass umgekehrte Versteigerungen, die dem ersten Bieter eine Kaufoption einräumen, regelmäßig nicht gegen § 4 Nr. 1 verstoßen.

X. CoShoppping

Schrifttum: *Ernst,* Rechtliche Zulässigkeit von Preisnachlässen an virtuelle Kaufgemeinschaften im Internet, CR 2000, 239; *Hucke,* Ist Powershopping wirklich wettbewerbswidrig?, ZUM 2001, 770; *Huppertz,* Wettbewerbsrechtliche Zulässigkeit von Verbraucher-Einkaufsgemeinschaften im Web, MMR 2000, 329; *Lange,* Steht das Powershopping in Deutschland vor dem Aus?, WRP 2001, 888; *Leible/Sosnitza,* Virtuelle Einkaufsgemeinschaften, ZIP 2000, 732; *Menke,* Community Shopping und Wettbewerbsrecht, WRP 2000, 337; *Schafft,* „Reverse Auctions" im Internet, CR 2001, 393; *Steinbeck,* Aleatorische Reize beim Community-Shopping, WRP 2002, 604; *Stoffmehl,* Powershopping und Customer-driven Pricing als Marketing- und Vertriebsformen im Internet, MMR Beilage 2001, 35.

1. Erscheinungsformen

362 Die Vertriebsform des CoShoppings ist im Internet in verschiedenen Ausgestaltungen zu finden. Beim **„CoShopping mit einer Preisstufe"** wird ein bestimmtes Produkt, mengenmäßig begrenzt, zu einem Festpreis offeriert. Ein Kaufvertrag zwischen dem Anbieter und dem Interessenten über das angebotene Produkt kommt nur dann zustande, wenn innerhalb einer bestimmten Frist (dem Aktionszeitraum) eine ausreichende Zahl von Interessenten ein verbindliches Angebot abgibt, die vorher festgesetzte Mindestkäuferzahl also tatsächlich erreicht wird. Häufiger anzutreffen und in seiner wettbewerbsrechtlichen Beurteilung umstritten ist das **„CoShopping mit mehreren Preisstufen".** Bei diesem System ist die Preisstaffelung abhängig von der Anzahl der Käufer, d. h. je mehr Interessenten

---

830 AA *Leible/Sosnitza* CR 2002, 755, 757, die aus der Möglichkeit des Widerrufs auf die Zulässigkeit jeder Form der Rückwärtsauktion schließen, unabhängig von der konkreten Ausgestaltung des Vertragsschlusses.

831 BGH GRUR 2004, 249 – Umgekehrte Versteigerung im Internet.

832 Unbeachtlich erschien es dem BGH, dass der Kunde eine Überführungspauschale in Höhe von 300 DM zahlen musste, wenn er eine Besichtigung des Fahrzeugs vor Ort wünschte.

833 Das Gefühl der Peinlichkeit, das darin begründet liegt, dass der Kunde sich mit der Abstandnahme vom Kauf dem (Selbst)Vorwurf aussetzt, die Kaufaktion des Versteigerers „missbraucht" zu haben, hält der BGH für nicht beachtlich.

ein Angebot zum Erwerb eines bestimmten Produkts abgeben, desto geringer ist der Preis. Ein Interessent kann dabei jederzeit im Internet erkennen, wie viele Angebote zum Erwerb des Produkts schon abgegeben wurden, d. h. welche Preisstufe bereits erreicht wurde und wie viele Käufer noch fehlen, um die nächste, niedrigere Preisstufe zu erreichen. Bei den meisten Anbietern kann ein Interessent darüber hinaus von vornherein wählen, auf welcher Preisstufe er einsteigen möchte. Er hat also die Möglichkeit, das Produkt verbindlich zu der gerade offenen Preisstufe zu ordern, in der Hoffnung, dass der Preis soweit wie möglich sinken wird, oder er kann ein Kaufangebot abgeben, das unter der Bedingung steht, dass eine bestimmte Preisstufe erreicht wird. Wird letztlich sogar eine noch niedrigere als die angegebene Preisstufe erreicht, so kommt dies allen Interessenten zugute, d. h. die Interessenten erwerben letztlich zu dem in der Aktion ermittelten günstigsten Preis.

Bei den Systemen mit freier Preiswahl ist darüber hinaus zu unterscheiden zwischen sog. 363
offenen und geschlossenen Preisstufen. Diese Unterscheidung wird dann relevant, wenn ein Interessent auf einer Preisstufe einsteigt, für die sich bis zum Aktionsende nicht genügend Käufer finden. Bei den Systemen mit **offenen Preisstufen** hat der Interessent in diesem Fall die Möglichkeit, das angebotene Produkt zu dem Preis zu kaufen, der bei Aktionsende letztlich erreicht wurde. Der Interessent kann sein Angebot also nach Aktionsende „nachbessern". Bei den Systemen mit **geschlossenen Preisstufen** hingegen geht der Interessent leer aus. Die Preisstufe „schließt", sobald die für die Preisstufe erforderliche Käuferanzahl erreicht wurde. Es ist nicht mehr möglich, in die letztlich erreichte Preisstufe einzusteigen.

Schließlich gibt es auch Anbieter, die nur einen **„Kauf zum aktuellen Preis"** zulas- 364
sen. Bedingte Angebote (Erwerb eines Produkts nur bei Erreichen einer bestimmten Preisstufe) sind in einem solchen System nicht möglich. Ein Interessent kann also nur sofort, d. h. zum aktuellen Preis, „zuschlagen" und hoffen, dass das Produkt bis zum Aktionsende noch billiger wird. Wartet der Interessent ab, so geht er das Risiko ein, dass das Produkt in der Zwischenzeit ausverkauft ist.

Einzelne Ausgestaltungen des CoShoppings sehen sich wettbewerbsrechtlichen Beden- 365
ken ausgesetzt. Zwar wurde den auf das RabattG gestützten Bedenken[834] durch die ersatzlose Streichung dieses Gesetzes der Boden entzogen. Daneben werden CoShopping-Verkaufsaktionen aber auch unter wettbewerbsrechtlichen[835] und preisangabenrechtlichen[836] Gesichtspunkten diskutiert. Klärende höchstrichterliche Entscheidungen stehen insoweit noch aus.

2. Kriterien der lauterkeitsrechtlichen Beurteilung

a) Ausgangslage. Angebote im Wege des CoShoppings verstoßen nicht gegen § 4 Nr. 6, 366
weil es sich hierbei nicht um Gewinnspiele handelt. Es werden keine Preise vom Veranstalter ausgelobt. Der Einsatz von aleatorischen Reizen allein kann eine unsachliche Beeinflussung der Kunden nach § 4 Nr. 1 nicht begründen. Vielmehr müssen weitere Umstände hinzukommen, die den Vorwurf der Unlauterkeit rechtfertigen.[837]

834 Das OLG Hamburg WRP 2000, 412 – CoShopping und ihm zustimmend das LG Nürnberg-Fürth MMR 2000, 640 – Powerbuying kamen – ausgehend davon, dass der Verkehr den höchsten Preis als Normalpreis und die weiteren Preisstufen als Rabatte davon ansehe – zu dem Schluss, dass bei dem System des CoShoppings ein verbotener Preisnachlass angekündigt und gegebenenfalls gewährt wird. Das Vertriebssystem sei daher wegen Verstoßes gegen das Rabattgesetz unzulässig. Diese Rechtsprechung wurde zu Recht vielfach kritisiert (→ *Ernst* CR 2000, 239, 240 f; *Leible/Sosnitza* ZIP 2000, 732, 733 f; *Menke* WRP 2000, 337, 338 f), denn schließlich kann der Verkehr die einzelnen Preisstufen auch als selbstständige Normalpreise verstehen.

835 OLG Köln GRUR-RR 2002, 40 – CoShopping; OLG Köln WRP 2001, 1095 – Powershopping; LG Köln MMR 2001, 54 – Powershopping; LG Nürnberg-Fürth 2000 – Powerbuying, 640; LG Köln K&R 2000, 137 – Powershopping.

836 OLG Hamburg WRP 2000, 412, 413 – CoShopping.

837 Ständige Rechtsprechung: BGH GRUR 2003, 626, 627 – Umgekehrte Versteigerung II; BGH GRUR 2000, 820, 821 – Space Fidelity Peep Show; BGH WRP 1998, 724, 725 – Rubbelaktion; BGH GRUR 1989, 757, 758 – McBacon; zu den aleatorischen Reizen → Rn 155.

367 **b) Fehlende Transparenz.** CoShopping-Systeme müssen hinreichend transparent sein. Das setzt voraus, dass die Kunden ohne weiteres erkennen können, welche Preisstufen vorgesehen sind, wie viele Käufer für die jeweilige Preisstufe erforderlich sind und wie viele Käufer sich im jeweiligen Zeitpunkt gefunden haben.

368 **c) Übertriebenes Anlocken.** CoShopping-Systeme sind nach § 4 Nr. 1 unlauter, wenn die Kunden durch den Einsatz aleatorischer Reize in übertriebener Weise angelockt werden. Voraussetzung hierfür ist, dass das Verkaufssystem **aleatorische Elemente** enthält und dass die Kunden aufgrund dieser die Ware nicht aus sachlichen Gründen kaufen, sondern um den erspielten Gewinn zu realisieren.

369 CoShopping-Systeme mit einer Preisstufe und solche Systeme, bei denen nur zum niedrigsten Preis („bester Preis") gekauft werden kann, lassen keinen Spielcharakter erkennen. Sie unterliegen daher auch keinen wettbewerbsrechtlichen Bedenken.[838] Systeme mit mehreren Preisstufen sind differenzierter zu beurteilen.[839] Diese Systeme lassen dem Interessenten die Wahl, auf welcher Preisstufe er einsteigen möchte. Folglich wird er zunächst die Preisstufe wählen, bei der ihm das Preis-/Leistungsverhältnis angemessen bzw. günstig erscheint.[840] Wenn die niedrigste Preisgruppe nicht ohne weiteres vor dem Ablauf der für die Aktion vorgesehenen Zeit erreicht wird, muss sich der Interessent entscheiden, ob er das **Risiko des Nichterwerbs** eingeht oder ob er nun doch auf einer höheren als der ursprünglich anvisierten Preisstufe einsteigt, weil nur deren erforderliche Käuferzahl voraussichtlich bis zum Ablauf der Aktionsfrist erreicht wird.[841] Allein der Umstand, dass ein Interessent eine solche Entscheidung unter Zeitdruck treffen muss, begründet noch keinen aleatorischen Reiz. Auch im konventionellen Handel steht ein Kunde bei einem Sonderangebot mit begrenztem Kontingent vor der Frage, ob er aus Angst davor, das Produkt überhaupt nicht zu bekommen, bereit ist, einen bestimmten Preis zu zahlen. Das Risiko, dass ein anderer Interessent dem Zögernden zuvorkommt, ist im Wettbewerb, der eben auch ein Wettbewerb auf der Nachfrageseite ist, üblich und wird von der Rechtsordnung nicht missbilligt.[842] Die Tatsache, *dass* die verschiedenen Systeme des CoShoppings die Interessenten zuweilen unter einen gewissen Entscheidungsdruck stellen, ist also ohne Relevanz für die aleatorische Wirkung.

370 Etwas anderes gilt für die Frage, *wann* diese Entscheidung zu treffen ist. Hier ist zwischen den **Systemen mit offenen und geschlossen Preisstufen zu unterscheiden.** Bei geschlossen Preisstufen muss der Interessent die Entscheidung treffen kurz bevor die Preisstufe schließt, d. h. kurz bevor ausreichend Käufer für eine Preisstufe vorhanden sind. Bei einem System mit offenen Preisstufen ist die Entscheidung hingegen kurz vor Ablauf der Aktionszeit zu treffen. Bei einem System mit geschlossenen Preisstufen verursacht also die Schließung der Preisstufe den Entscheidungsdruck; bei einem System mit offenen Preisstufen, verursacht der Zeitablauf den Entscheidungsdruck. Daraus ergibt sich ein Unterschied für die aleatorische Wirkung des CoShoppings. Diese tritt nämlich erst und nur dann ein, wenn dem Kunden nach der Ausgestaltung der jeweiligen Form des CoShoppings noch Anlass zur Spekulation darüber gegeben wird, ob der Preis nach seiner Angebotseingabe noch fällt oder nicht. Der Käufer, der in eine geschlossene Preisgruppe eingetreten ist, kann durchaus noch darauf hoffen, dass die Ware bis zum Ablauf der Aktionszeit billiger wird. Für diese, den aleatorischen Reiz begründende Spekulation ist kein Raum, wenn der Käufer – wie bei einem offenen Preisstufensystem – erst kurz vor Aktionsschluss einsteigt.

---

[838] Ein mit Verdrängungsabsicht durchgeführter und daher eventuell wettbewerbswidriger Verkauf unter Einstandspreis ist bislang nicht ersichtlich.

[839] AA *Leible/Sosnitza* CR 2001, 547, 548; *Spindler/Wiebe/Ernst* Abschnitt C Rn 76, der auch hier aleatorische Reize verneint.

[840] Diese Vermutung hinsichtlich des Käuferverhaltens wird durch einen Blick auf die einschlägigen Websites bestätigt. Die Interessenten steigen in der Regel in der niedrigsten Preisstufe ein.

[841] *Leible/Sosnitza* CR 2001, 547, 548; *Spindler/Wiebe/Ernst* Abschnitt C Rn 76; *ders.* CR 2000, 239, 242.

[842] BGH GRUR 2003, 626, 627 – Umgekehrte Versteigerung II; BGH GRUR 1986, 622, 623 – Umgekehrte Versteigerung; *Schafft* CR 2001, 393, 397.

Folglich besteht die Möglichkeit, dass ein Interessent durch spekulative Aspekte zum Eintritt in eine höhere als die ursprünglich anvisierte Preisstufe animiert wird, nur bei geschlossenen Preisstufen.[843] Hier beruht der Kaufentschluss nicht allein auf einem sachlichen Preis-/Leistungsvergleich, sondern ist auch von der Hoffnung geprägt, dass nach dem Einstieg ein besonders günstiger Preis erreicht wird.[844]

Auch bei CoShopping-Systemen, bei denen der potentielle Kunde nicht frei entscheiden kann, zu welchem Preis er eintritt (sog. **„Kauf zum aktuellen Preis"**), sind spekulative Aspekte gegeben. Wenn der Interessent nur die Möglichkeit hat, zum aktuellen Preis einzusteigen, ergibt sich der Spielcharakter daraus, dass nach dem Eintritt für den Interessenten unklar ist, ob und inwieweit der Preis noch fällt.[845] Insofern ist die Situation mit dem System mit geschlossenen Preisstufen vergleichbar. Die Ausgestaltungen unterscheiden sich nur in der Motivation, die für den Eintritt in eine eigentlich als zu hoch empfundene Preisstufe maßgeblich ist. Bei einem System mit geschlossenen Preisstufen ist es die Befürchtung des Interessenten, dass die erforderliche Käuferzahl in der nächst billigeren Preisstufe bis zum Aktionsende nicht zustande kommt. Bei einem System, das nur einen Eintritt zum aktuellen Preis zulässt, ist es die Befürchtung, beim nächsten Besuch der Website könnte das vorhandene Kontingent des begehrten Produkts ausverkauft sein. Würde der Interessent das Geschehen ständig online beobachten, könnte er ohne weiteres kurz vor Verkauf der letzten Objekte einsteigen, ohne sich in Ungewissheit über den Kaufpreis zu befinden. Um den Zeitaufwand zu ersparen, der mit einer ständigen Beobachtung des virtuellen Marktplatzes im Internet einhergeht, tritt der Interessent jedoch üblicherweise in die aktuelle Preisstufe ein und spekuliert darauf, dass der Preis anschließend sinken wird. 371

Trotz dieser aleatorischen Reize und den durchaus beträchtlichen Preisnachlässen[846] kann beim CoShopping ein **übertriebenes Anlocken** nicht festgestellt werden, denn die Anlockwirkung geht hier von dem Unterschied zwischen dem Ausgangspreis und dem bestmöglichen Preis aus. Noch weniger als die Höhe eines Gewinnes[847] kann aber der **Preis einer Ware** als sachfremder Einfluss beurteilt werden, da die Anlockwirkung, die von einem günstigen Preis ausgeht, gewollte Folge des Leistungswettbewerbs ist.[848] Folglich ist ein niedriger Preis ein sachlicher Grund, um sich für den Kauf eines Produkts zu entscheiden.[849] 372

Neben der wettbewerbsrechtlich unbedenklichen Anlockwirkung eines günstigen Preises könnten in der Ausgestaltung der Aktion besondere Unlauterkeitsmerkmale liegen, die die Sittenwidrigkeit begründen. So geht das OLG Köln davon aus, dass die Möglichkeit, den Verlauf der Aktion **im Internet** zu beobachten, die Teilnehmer zu Spekulationen darüber veranlasse, ob die erforderliche Teilnehmerzahl einer bestimmten Preisstufe noch erreicht wird oder nicht. Dabei verliere der Interessent das Ziel aus dem Auge, die Ware möglichst billig zu erwerben. Die Entscheidung, ob und zu welchem Preis der Interessent sein An- 373

---

843 Im Ergebnis ebenso OLG Köln BB 2001, 1973 – CoShopping; aA *Spindler/Wiebe/Ernst* Abschnitt C Rn 76.

844 So zutreffend OLG Köln BB 2001, 1973 – CoShopping; *Huppertz* MMR 2000, 329, 332; *Menke* WRP 2000, 337, 345.

845 *Leible/Sosnitza* ZIP 2000, 732, 736; *Ernst* CR 2000, 239, 242; *Spindler/Wiebe/Ernst* Abschnitt C Rn 76.

846 Das OLG Köln spricht von einem Preisnachlass bis zu 50%. Das ist bei Produkten der niedrigeren Preisklasse (zB PC-Spiele, Kinderpuppen) durchaus zutreffend. Bei höherpreisigen Artikeln (Digitalreceiver, Geschirrspülmaschine oder Handy) dagegen belaufen sich die Preisnachlässe nur auf 5–20%.

847 → Rn 271 f.

848 BGH WRP 2003, 744, 745 – Gesamtpreisangebot; BGH GRUR 2003, 890, 891 – Buchclub-Kopplungsangebot; BGH GRUR 2002, 976, 977 – Kopplungsangebot I; BGH GRUR 2002, 979, 980 – Kopplungsangebot II; BGH GRUR 2001, 446, 447 – 1-Pfennig-Farbbilder; BGH GRUR 2000, 918, 919 – „Null-Tarif"; BGH GRUR 1999, 264, 266 – Handy für 0,00 DM; BGH WRP 1999, 517, 518 – Am Telefon nicht süß sein?; BGH GRUR 1998, 500, 502 – Skibindungsmontage; BGH GRUR 1994, 743, 744 – Zinsgünstige Kfz-Finanzierung durch Herstellerbank; BGH NJWE-WettbR 1999, 25, 26 – Handy für 1,00 DM; so schon *Hoth* GRUR 1974, 348, 349.

849 *Hucke* ZUM 2001, 770, 773; *Ernst* CR 2000, 239, 242.

gebot abgebe, sei durch dieses spielerische Element beeinflusst.[850] Ob ein geschlossenes Preisstufensystem bei den angesprochenen Verbraucherkreisen tatsächlich diese Wirkung hervorruft, erscheint zweifelhaft. Die Antwort hierauf hängt maßgeblich von dem Verbraucherleitbild ab, das man der Beurteilung zugrunde legt.[851] Geht man von einem durchschnittlich informierten, aufmerksamen und verständigen Verbraucher aus, dann kann man annehmen, dass dieser weiß, dass im Internet-Handel ebenso, wie im konventionellen Handel die Preise angebotener Produkte kaufmännisch kalkuliert werden und Geschenke nicht erwartet werden können. Mit diesem Wissen wird die Mehrzahl der Verbraucher an der zunächst getroffenen und sorgfältig abgewogenen Entscheidung des Erwerbs eines Produkts (nur) zu einem bestimmten Preis festhalten. Selbst wenn einzelne Interessenten sich nachträglich zum Eintritt in eine höhere Preisgruppe entschließen, so ist nicht anzunehmen, dass ein durchschnittlich verständiger Interessent diese Entscheidung trifft, weil er – aus Angst davor, „leer" auszugehen – vom Spieltrieb übermannt wird.[852] Das Risiko für den Interessenten, dass der Preis nicht mehr sinkt, ist offensichtlich. Schließlich rechtfertigt auch die besondere Situation des Internet-Handels kein anderes Ergebnis.[853] Die Erwägungen, die sowohl für ein System mit geschlossenen Preisstufen als auch für den „Eintritt zum aktuellen Preis" gelten, machen deutlich, dass es an den notwendigen zusätzlichen Umständen fehlt, die die aleatorischen Reize des CoShoppings wettbewerbswidrig erscheinen lassen. Es steht nicht zu befürchten, dass Interessenten Güte und Preiswürdigkeit der angebotenen Ware außer Betracht lassen und sich nur aufgrund der Chance, ein „Schnäppchen" zu machen, zum Kauf entschließen. Ein Verstoß gegen § 4 Nr. 1 ist daher nicht gegeben, und zwar bei keiner der angesprochenen Formen des CoShoppings.

374 **d) Unzulässige Laienwerbung.** Gegen bestimmte Ausgestaltungen des CoShoppings wird darüber hinaus der Vorwurf unzulässiger Laienwerbung erhoben.[854] Dieser Vorwurf zielt auf die weit verbreitete Praxis der Anbieter, Kaufinteressenten die Möglichkeit einzuräumen, unmittelbar von der Website des Anbieters aus mittels eines sog. „Weitersagen-Buttons", Freunde und Bekannte über Angebote und Aktionen zu informieren. Der mögliche Vorteil des Kaufinteressenten an der Nutzung dieser Möglichkeit liegt auf der Hand, erhöht die Teilnahme weiterer Personen an einer Aktion doch die Chance, schneller bzw. überhaupt eine günstige Preisstufe zu erreichen.

375 Eine nach § 4 Nr. 1 unlautere Laienwerbung ist jedoch zu verneinen, da die von der Laienwerbung typischerweise ausgehenden Gefahren nicht bestehen. Die Produkte des Co-Shoppings sind in der Regel keine Güter des täglichen Bedarfs, sondern meist Konsumgüter der mittleren oder hohen Preisklasse. Je größer die finanzielle Belastung für den anzuwerbenden Kunden ist, desto unwahrscheinlicher ist es, dass er sich allein deshalb zum Kauf entschließt, um dem Werbenden einen Gefallen zu erweisen.[855] Auch erfährt der Angeworbene spätestens bei dem Besuch der Website des Anbieters die Motivation des Laienwerbers.[856] Ebenso wenig besteht die Gefahr einer unzureichenden Beratung durch den Laienwerber, da dem Beworbenen bei eben diesem Besuch alle erforderlichen Informationen zur Verfügung gestellt werden. Des Weiteren spricht gegen eine Unlauterkeit, dass die Prämie (der Preisvorteil durch Erreichen der nächst niedrigeren Preisstufe) relativ gering ist (5–15 Prozent) und zudem, da nicht sicher ist, ob die nächste Stufe erreicht wird, nur in einer Gewinnchance besteht. Ein übermäßiger Prämienanreiz ist daher zu verneinen.[857] Demgegenüber fällt der Umstand, dass der Laienwerber nur wenig Aufwand und Zeit in-

---

[850] OLG Köln GRUR-RR 2002, 40 – CoShopping.
[851] Zum Verbraucherleitbild → Rn 84.
[852] Ebenso *Leible/Sosnitza* ZIP 2000, 732, 736; ähnlich LG Hamburg Urt. v. 20. 10. 1999, 315 O 670/99 (unveröffentlicht), aufgehoben durch OLG Hamburg WRP 2000, 412.
[853] → Rn 357.
[854] LG Köln CR 2000, 318 – Wettbewerbsverstoß bei Powershopping; zur Laienwerbung → Rn 410 ff.
[855] BGH GRUR 1959, 285, 287 – Bienenhonig.
[856] *Menke* WRP 2000, 337, 345.
[857] *Köhler* WRP 1997, 373, 377.

vestieren muss, um andere Kaufinteressenten zu werben, nur wenig ins Gewicht. Dies gilt um so mehr, als eine Werbe-Mail weitaus weniger belästigend ist und weniger Raum für eine unsachliche Beeinflussung durch den Werbenden lässt als ein aufgedrängtes Werbegespräch unter vier Augen in privater Atmosphäre.

XI. Gefühlsbetonte Werbung

Schrifttum: *Baudenbacher,* Suggestivwerbung und Lauterkeitsrecht, 1978; *Federhoff-Rink,* Social Sponsoring in der Werbung – Zur rechtlichen Akzessorietät der Werbung mit Umweltsponsoring, GRUR 1992, 643; *v. Gierke,* Wettbewerbsrechtlicher Schutz der Persönlichkeitssphäre insbesondere im Bereich der gefühlsbetonten Werbung, FS Piper, 1996, S. 243; *Hartwig,* Der BGH und das Ende des Verbots „gefühlsbetonter Werbung", NJW 2006, 1326; *Hösch,* Meinungsfreiheit und Wettbewerbsrecht, WRP 2003, 936; *Henning-Bodewig,* Neuorientierung von § 4 Nr. 1 und 2 UWG?, WRP 2006, 621; *Hoffrichter-Daunicht,* Unlauterer Wettbewerb auf dem Spendenmarkt?, FS v. Gamm, 1990, S. 39; *Kort,* Zur wettbewerbsrechtlichen Beurteilung gefühlsbetonter Werbung, WRP 1997, 526; *Menke,* Zur Fallgruppe „Gefühlsbetonte Werbung", GRUR 1995, 534; *Reichardt,* Gestattet § 1 gefühlsansprechende, unsachliche Werbung?, WRP 1995, 796; *Seichter,* Das Regenwaldprojekt – Zum Abschied von der Fallgruppe der gefühlsbetonten Werbung, WRP 2007, 230; *Sosnitza,* Zulässigkeit und Grenzen der sog. Imagewerbung, WRP 1995, 786; *Teichmann/van Krüchten,* Kriterien gefühlsbetonter Werbung, WRP 1994, 704; *Wiebe,* Zur „ökologischen Relevanz" des Wettbewerbsrechts, WRP 1993, 798.

1. Erscheinungsformen und Abgrenzung

Von gefühlsbetonter Werbung spricht man, wenn ein Werbetreibender versucht, die 376
Kunden auf einer emotionalen Ebene anzusprechen. Es geht also nicht darum, mit Informationen über das Produkt oder mit geldwerten Vorteilen auf das Angebot aufmerksam zu machen, sondern das Kaufinteresse soll durch die **Erregung von Emotionen** geweckt werden. Appelliert wird an die Hilfsbereitschaft, das Mitleid, das Umweltbewusstsein oder das soziale Verantwortungsgefühl, wobei der Kunde mit dem Kauf des beworbenen Produkts unmittelbar oder mittelbar helfen kann, den dargestellten Missstand zu beheben, zu lindern oder zu verhindern. Bei allen Erscheinungsformen handelt es sich um **geschäftliche Handlungen,** da sie zumindest mittelbar auf eine Absatzförderung gerichtet sind. Es lassen sich verschiedene Arten der gefühlsbetonten Werbung unterscheiden.

a) Social sponsoring. Verkaufsförderung durch social sponsoring zeichnet sich dadurch 377
aus, dass ein Unternehmen finanzielle Mittel für soziale Zwecke spendet. Der Betrag kann feststehen, vom konkret erzielten Umsatz innerhalb eines bestimmten Zeitraums abhängig gemacht werden oder unmittelbar mit dem Verkauf des jeweiligen Produkts verknüpft werden.

b) Social production. Eine andere Möglichkeit, die Kunden auf emotionaler Ebene 378
zu erreichen, besteht darin, in der Werbung darauf hinzuweisen, dass das Unternehmen bei der Produktion oder beim Verkauf seiner Produkte soziale oder umweltpolitische Belange berücksichtigt. Das ist zB der Fall, wenn damit geworben wird, dass das Unternehmen bei der Herstellung seiner Produkte strukturschwächere Gegenden fördert oder tier- oder umweltfreundlich produziert.

c) Imagewerbung. Abzugrenzen von der gefühlsbetonten Werbung ist die reine Auf- 379
merksamkeits- oder Imagewerbung. Diese Art der Werbung setzt Bilder oder Themen ein, die Aufmerksamkeit erregen, ohne dass ein Zusammenhang mit dem Produkt oder dem werbenden Unternehmen besteht. Da diese Werbung häufig sensible Bereiche thematisiert, wie etwa Religion, Politik, Elend oder Sexualität, wird insoweit auch von **Schockwerbung** gesprochen. Ziel ist es allein, durch das Anprangern von Missständen[858] oder durch schlicht schockierende Bilder[859] die Aufmerksamkeit der Kunden zu erregen und die Bekanntheit des werbenden Unternehmens im Verkehr zu steigern. Diese Form der Werbung steht der gefühlsbetonten Werbung nahe, wird zum Teil sogar als solche verstanden. Den-

[858] BGH GRUR 1997, 761 – Politikerschelte.
[859] Zur Schockwerbung → Rn 125.

noch ist hier eine Abgrenzung nötig. Merkmal der gefühlsbetonten Werbung ist es, dass dem Umworbenen der Eindruck vermittelt wird, er könne mit dem Kauf des beworbenen Produkts helfen und dazu beitragen, den dargestellten Missstand zu beheben oder zu lindern.[860] Demnach muss das in der Werbung angesprochene soziale Verhalten in einem nachvollziehbaren Zusammenhang mit dem Kauf des Produkts stehen, da die Werbung nur so eine Kaufentscheidung auslösen kann. Dieser Zusammenhang fehlt bei der sog. Schockwerbung, die dementsprechend nicht zur gefühlsbetonten Werbung zählt. Der Kunde geht hier nicht davon aus, dass er bestimmte soziale oder karitative Zwecke mit dem Kauf der Produkte sinnvoll verbinden kann.[861]

2. Kriterien der lauterkeitsrechtlichen Beurteilung

380 **a) Ausgangslage und Entwicklung der Rechtsprechung.** Es gehört zum Bild der modernen Werbung, dass sie auf die unterschiedlichste Weise die Emotionen der Kunden anspricht, um diese so zu einem Erwerb der angebotenen Ware zu veranlassen. Das bloße **Ansprechen von Gefühlen** des Umworbenen kann folglich nicht als wettbewerbswidrig angesehen werden.[862] Insbesondere ist ein **sachlicher Zusammenhang** zwischen den Eigenschaften der Ware und dem sozialen oder umweltorientierten Engagement keine Voraussetzung für die Lauterkeit der Werbung. Der BGH hat – nachdem er einen solchen Zusammenhang zunächst verlangt hat[863] – dieses Kriterium inzwischen ausdrücklich aufgegeben.[864] Er ist damit den Vorgaben des BVerfG[865] und der Kritik in der Literatur[866] nachgekommen, die einen Verzicht auf dieses Merkmal gefordert hatten.

381 Der Entscheidung des **BVerfG** lagen folgende Sachverhalte zugrunde (das Gericht hatte zwei Verfassungsbeschwerden zur gemeinsamen Entscheidung verbunden): In einen Fall hatte ein Einzelhändler für synthetische Pelze in Prospekten und Flugblättern geworben, indem er die Kunden als Tierliebhaber und Menschen mit Verstand, Herzbildung und Moral ansprach und über die Leiden der Intensivzucht berichtete. In dem anderen Fall warb ein Augenoptik-Filialunternehmen, deren Vorstandsmitglied der „Aktionsgemeinschaft Artenschutz" angehörte, in einer Anzeige mit dem Emblem der Aktionsgemeinschaft und dem Satz „B-Optik unterstützt die Aktionsgemeinschaft Artenschutz".

382 Das OLG München hatte die Ansicht vertreten, es gebe keinen zwingenden Grund, bei der Bewerbung von Textilien aus synthetischen Fasern auf die Tötung von Tieren und weiteren damit einhergehenden Umständen hinzuweisen.[867] Das OLG Stuttgart hatte ausgeführt, die Nutzung sozialen Engagements für die Verfolgung geschäftlicher Interessen sei für eine Fortführung der Unterstützung der Aktionsgemeinschaft Artenschutz nicht notwendig und auch nicht sachlich veranlasst.[868] Der BGH hatte die Revision gegen diese Urteile nicht angenommen.[869]

383 Das BVerfG sah in den beanstandeten Werbeanzeigen eine Meinungsäußerung und in den Urteilen der Zivilgerichte eine Verletzung des Grundrechts der freien Meinungsäuße-

---

860 *Hösch* WRP 2003, 926, 942.

861 OLG Frankfurt NJW-RR 1994, 734 – Paradise now.

862 BGH GRUR 2006, 75 Tz. 17 – Artenschutz; BGH GRUR 1999, 1141 – Generika-Werbung; BGH NJW-RR 1997, 1192, 1193 – Umweltfreundliche Reinigungsmittel; BGH GRUR 1991, 545 – Tageseinnahmen für Mitarbeiter; BGH GRUR 1976, 308 – UNICEF-Grußkarten; strenger noch BGH GRUR 1959, 143 – Blindenseife und BGH GRUR 1965, 485, 487 – Versehrtenbetrieb. Hier ging der BGH noch davon aus, dass grundsätzlich in allen Fällen, in denen nicht das Kaufinteresse, sondern das soziale Mitleid der Käufer angesprochen werde, ein Verstoß gegen die guten Sitten im Wettbewerb vorliege.

863 → Rn 394.

864 BGH WRP 2007, 303 Tz. 19 – Regenwaldprojekt I; WRP 2007, 308 Tz. 16 – Regenwaldprojekt II; BGH GRUR 2006, 75 (1. Leitsatz) – Artenschutz m. Anm. *Heermann* JZ 2006, 318.

865 BVerfG GRUR 2002, 455 – Tier- und Artenschutz.

866 OLG Hamburg GRUR-RR 2003, 51, 52 – Bringt die Kinder durch den Winter; so schon *Teichmann/v. Krüchten* WRP 1994, 704; *Federhoff-Rink* GRUR 1992, 643, 652.

867 OLG München Urt. v. 5. 7. 1990, 6 U 1623/90.

868 OLG Stuttgart WRP 1996, 628, 630 – Unterstützung des Artenschutzes.

869 BGH Beschl. v. 19. 9. 1996, I ZR 12/96.

rung nach Art. 5 Abs. 1 GG. Zwar sei es zutreffend, dass die Werbung an das Mitgefühl der Kunden appelliere. Es werde jedoch nicht deutlich, auf welche Weise und in welchem Maße die für sittenwidrig erachtete Werbung Gefährdungen für den an der Leistung orientierten Wettbewerb auslöse, obwohl doch die Marktteilnehmer üblicherweise einer Vielzahl von suggestiven Werbeeinflüssen ausgesetzt seien, ohne dass in diesen eine entsprechende Gefährdung gesehen werde. Es sei nicht nachvollziehbar dargelegt, warum es im **Leistungswettbewerb** als unbedenklich gelte, etwa den Glanz gesellschaftlicher Prominenz oder das Versprechen sportlicher Anerkennung als Kaufanreiz für bestimmte Produkte zu nutzen, andererseits aber ein Appell an das Mitgefühl für Tiere den Leistungswettbewerb beeinträchtigen soll. Das gelte zumindest dann, wenn die Werbung nicht irreführend sei. Den Kunden stehe es vielmehr frei, aufgrund welcher Motive sie am rechtsgeschäftlichen Verkehr teilhaben.[870]

Dieser **Rechtsprechungswandel ist zu begrüßen.** Es gibt in der Werbung zahlreiche 384
Beispiele, bei denen ein sachlicher Bezug zwischen Werbung und Produkt fehlt, ohne dass diese auch nur im Entferntesten als wettbewerbswidrig angesehen würden (zB „ich bin on", „Strom ist gelb"). Ein grundsätzliches Verbot dieser Werbung würde in die durch Art. 12 GG geschützte unternehmerische Freiheit des Werbenden eingreifen, sich in sozialen Bereichen oder im Umweltschutz zu engagieren und darauf hinzuweisen. Das Leitbild des Leistungswettbewerbs rechtfertigt einen solchen Eingriff nicht, da auch das soziale Engagement eines Unternehmens sachlicher Grund für die Kaufentscheidung des Umworbenen sein kann.[871] Das gilt unabhängig davon, ob es sich um die Werbung einer karitativen Organisation oder eines gewinnorientierten Unternehmens handelt. Auch bei Letzterem kann der Umstand, dass das Unternehmen sich für soziale Zwecke engagiert, ein gewichtiges Argument dafür sein, sich einem bestimmten Anbieter zulasten eines anderen zuzuwenden.[872] Es ist allein Sache des Kunden, frei zu entscheiden, ob er sich durch dieses Motiv zum Kauf anregen lassen möchte. Tut er dies, dann ist die **Kaufentscheidung nicht unsachlich.** Ein richtig verstandener Leistungswettbewerb setzt nicht voraus, dass jede Kaufentscheidung ausschließlich nur auf wirtschaftlichen Gesichtspunkten beruht.[873] Vielmehr kann auch das Bild des Unternehmens in der Öffentlichkeit und sein soziales Engagement ein Kriterium der Leistung sein, mit dem geworben werden darf.

Es ist nicht nur mit dem Lauterkeitsrecht vereinbar, die Gefühle der Kunden anzuspre- 385
chen, sondern es ist dem Werbenden auch erlaubt, sein soziales Engagement von der **Kaufentscheidung des Kunden abhängig** zu machen.[874] Die freie Entscheidung des Verbrauchers wird regelmäßig nicht dadurch gefährdet, dass seine Kaufentscheidung nicht ausschließlich auf wirtschaftlichen Überlegungen, sondern auch auf der Möglichkeit beruht, sich durch die Unternehmer versprochene Förderung eines Dritten mittelbar für das damit verbundene Ziel zu engagieren.[875] Insofern lässt sich ein Vergleich ziehen zu den Kopplungsangeboten bestehend aus verschiedenen Waren. Wenn ein Kunde eine Ware nur kauft, um die geldwerte Zugabe zu erhalten, begründet dies ebenso wenig die Unlauterkeit des Angebots wie der Umstand, dass ein Kundenentschluss von dem Gedanken motiviert wird, gleichzeitig ein soziales Projekt zu unterstützen. Erkennt man soziales und umweltorientiertes Engagement als Element der Leistung eines Gewerbetreibenden an, kann es nicht unsachlich sein, wenn dieses den Kunden zum Kauf motiviert.

Ist gefühlsbetonte Werbung damit **grundsätzlich, aber nicht uneingeschränkt zu-** 386
lässig, so bleibt die Frage zu beantworten, in welchen Fällen gefühlsbetonte Werbung die Rationalität der Entscheidung des Umworbenen ausschaltet und somit unangemessen un-

---

870 BVerfG GRUR 2002, 455, 456 – Tier- und Artenschutz.

871 → Rn 80.

872 OLG Hamburg GRUR-RR 2003, 51, 52 – Bringt die Kinder durch den Winter.

873 OLG Hamm NJW 2003, 1745, 1746 – Regenwald-Projekt.

874 BVerfG GRUR 2002, 455, 456 – Tier- und Artenschutz; OLG Hamm NJW 2003, 1745, 1746 – Regenwald-Projekt; aA *Teichmann/v. Krüchten* WRP 1994, 704, 707; *Federhoff-Rink* GRUR 1992, 643, 652.

875 BGH WRP 2007, 303 Tz. 21 – Regenwaldprojekt I; WRP 2007, 308 Tz. 18 – Regenwaldprojekt II.

sachlich beeinflusst. Der 2. Leitsatz der BGH-Entscheidung „Artenschutz“,[876] in dem es lautet: „Eine Werbemaßnahme ist eine unangemessene unsachliche Einflussnahme auf Marktteilnehmer im Sinne des § 4 Nr. 1 UWG, wenn sie mit der Lauterkeit des Wettbewerbs unvereinbar ist“, ist ebenso wenig ergiebig wie der Hinweis, es sei eine Abwägung der Umstände des Einzelfalles im Hinblick auf die Schutzzwecke des Gesetzes erforderlich. Entscheidend ist, ob der Einfluss ein solches Ausmaß erreicht, dass er die freie Entscheidung des Verbrauchers zu beeinträchtigen vermag.[877] Zurückzugreifen ist auf den Kanon der Einflussmittel.[878]

387 **b) Fehlende Transparenz.** Es versteht sich von selbst, dass die **Angaben,** die der Werbende über die Förderung als solche, deren Art und Weise und deren Höhe macht, **wahr** sein müssen. Behauptet er also, etwaige Verkaufserlöse kämen einem sozialen Zweck zugute, muss dies zutreffen. Zu weitgehend erscheint es jedoch, wenn man die Werbung „L. unterstützt das Bodensee-Umweltschutzprogramm der deutschen Umwelthilfe e.V.“ auf einem Karton für ein Geschirrspülmittel allein deshalb für wettbewerbswidrig hält, weil die Unterstützung bereits abgeschlossen ist.[879] Ebenso wenig wird man in dem Hinweis des Werbenden, er unterstütze ein soziales oder ökologisches Projekt, die Behauptung erblicken können, die Förderung sei erlösbezogen. Das gilt unabhängig davon, ob das unterstützte Projekt im weitesten Sinne etwas mit dem beworbenen Produkt zu tun hat oder nicht.[880]

388 Inwieweit für den Werbenden **eine Pflicht zur Aufklärung** über die Art und Weise der Förderung oder deren Höhe bzw. den Wert der Zuwendungen besteht, hängt vom Einzelfall ab. Auch hier gilt das Gebot der abgestuften Information, das besagt, dass die Informationsanforderungen an eine Werbung nicht immer gleich hoch sind, sondern sich verdichten, je konkreter die Werbung wird.[881] So gibt es keine grundsätzliche Pflicht, den Förderbetrag zu beziffern und Details über die Art und Weise der Unterstützungsleistung zu erläutern. Hat der Werbende keine nach Art und Umfang näher bestimmte Leistung versprochen, wird der Verbraucher regelmäßig nur erwarten, dass das werbende Unternehmen zeitnah überhaupt eine Unterstützungsleistung erbringt und diese nicht so geringfügig ist, dass sie die werbliche Herausstellung nicht rechtfertigt.[882] Wer aber vollmundig oder mit pauschalen Andeutungen einen bestimmten Förderungsumfang suggeriert, läuft Gefahr, irrige Vorstellungen beim Verkehr hervorzurufen. Es besteht somit die Gefahr, dass der Verkehr die Höhe des Betrags überschätzt und von einer effektiveren Art der Förderung ausgeht als im Ergebnis erbracht wird. Dies kann der Werbende verhindern, wenn er die Höhe des Spendenbetrags ausdrücklich nennen.

---

[876] BGH GRUR 2006, 75 Tz. 17 – Artenschutz.

[877] BGH WRP 2007, 303 Tz. 21 – Regenwaldprojekt I; WRP 2007, 308 Tz. 18 – Regenwaldprojekt II.

[878] → Rn 98 ff.

[879] OLG Köln WRP 1993, 346, 347 – Werbung mit Hinweis auf Umweltengagement.

[880] LG Köln Urt. v. 5. 3. 1992, 31 O 617/91; aA OLG Hamburg GRUR-RR 2004, 216 – Kindernothilfe: Der Slogan „K. unterstützt Kindernothilfe“ sei unzulässig, weil der Eindruck entstehe, dass mit dem Erwerb der einzelnen Produkte zur Unterstützung der Kindernothilfe beigetragen würde, obwohl das Unternehmen jährlich einen vom konkreten Umsatz unabhängigen Festbetrag an die soziale Einrichtung überwies.

[881] → § 4 Nr. 4 Rn 27.

[882] BGH WRP 2007, 303 Tz. 25 – Regenwaldprojekt I; WRP 2007, 308 Tz. 22 – Regenwaldprojekt II; aA OLG Hamm NJW 2003, 1745, 1746 – Regenwald-Projekt: Die Werbung gebe dem Kunden nicht die nötige Klarheit darüber, in welcher Weise er das Bild vom quadratmeterweisen Schutz des Regenwalds deuten solle. Er folgere vielmehr eine besonders effektive Form der Förderung. Dahinter blieben die geplanten Maßnahmen des Werbenden aber zurück, so dass keine hinreichende Transparenz gewährleistet sei; *Hennig-Bodewig* WRP 2006, 621, 626; die Ablehnung einer solchen Verpflichtung kann allerdings nicht überzeugend damit gerechtfertigt werden, dass hier keine unmittelbaren finanziellen Vor- oder Nachteile des Käufers in Rede stünden, so dass er von einer unzutreffenden Vorstellung nicht unmittelbar in seinen finanziellen Belangen betroffen sei (so OLG Hamburg GRUR-RR 2003, 51, 52 – Bringt die Kinder durch den Winter). Erkennt man das soziale Engagement des Unternehmens als Kriterium des Leistungswettbewerbs an, dann dürfen an die Transparenz nicht geringere Anforderungen gestellt werden als bei Kopplungen mit vermögenswerten Leistungen.

Der BGH sah in der Werbung „Mit jedem Kasten Krombacher wird 1 m² Regenwald nachhaltig geschützt", wobei das Geld in einen großen Topf floss, aus dem allgemeine Maßnahmen zum Schutz des Walds bezahlt wurden, weder eine unsachliche Einflussnahme auf die Marktteilnehmer noch eine irreführende Werbung.[883] Ebenso wenig ist ein Verstoß gegen das Transparenzgebot festzustellen, wenn ein Händler für Elektroartikel damit wirbt, dass er die UNICEF-Aktion „Bringt die Kinder durch den Winter" unterstützt und dass sein Unternehmen für jeden in den nächsten Monaten eingehenden Auftrag einen festen Betrag (ohne Nennung dessen Höhe) an die Hilfsorganisation überweist.[884] Entscheidend ist, dass die angesprochenen Verkehrskreise erkennen können, dass der konkrete Betrag nicht genannt wird, so dass der konkrete Betrag auch nicht von der Willensbildung umfasst sei. Dem Käufer kommt es daher erkennbar nur darauf an, dass das Unternehmen überhaupt einen nennenswerten Beitrag an die Hilfsorganisation leiste. 389

Um beurteilen zu können, ob eine Werbung ein Mehr an Förderung verspricht als tatsächlich geleistet wird, ist zunächst – wenn ausdrückliche Angaben fehlen – festzustellen, wie die angesprochenen Verbraucher die Werbung verstehen und ob diese Vorstellungen sich mit den tatsächlich erbrachten Unterstützungsleistungen decken. Wird der Käufer in seinen Erwartungen enttäuscht, wenn er den wahren Betrag erfährt (etwa weil nur ein derart geringer Betrag abgeführt wird, mit dem eine nennenswerte Unterstützung nicht erreicht werden kann), dann verstößt die Werbung gegen das Irreführungsverbot. Auch wenn die **Darlegungs- und Beweislast** für eine Irreführung grundsätzlich beim Kläger liegen, kann den Beklagten hier aus § 242 BGB eine prozessuale Erklärungspflicht treffen, sofern der Kläger über bloße Verdachtsmomente hinaus die für die Irreführung sprechenden Tatsachen vorgetragen und unter Beweis gestellt hat.[885] 390

Diese rechtliche Beurteilung zeigt eine deutliche **Parallele zu den üblichen Kopplungsangeboten.** Auch hier wird es dem Verkehr zugemutet, sich über die wesentlichen Bedingungen des Angebots zu informieren und Nachforschungen darüber anzustellen. Zwar ist der Kunde in Fällen des social sponsorings mehr noch als bei herkömmlichen Kopplungsangeboten auf Informationen durch den Werbenden angewiesen, da er nicht die Möglichkeit hat, bei der Konkurrenz Vergleichspreise in Erfahrung bringen.[886] Doch führt auch bei einer Kopplung mit einer Ware, die keinen gängigen Marktpreis hat, die fehlende Wertangabe nicht zur Unlauterkeit.[887] In all diesen Fällen steht es dem Interessenten frei, dem Angebot mangels ausreichender Informationen nicht nachzukommen. 391

c) Psychischer Kaufzwang. Gefühlsbetonte Werbung kann den Kunden unsachlich beeinflussen, wenn sie ihn vor die Alternative stellt, das Produkt zu kaufen oder aber die Umwelt oder sozial schwache Menschen ihrem Schicksal zu überlassen und damit als sozial verantwortungslos dazustehen.[888] Im Fall des social sponsorings besteht eine solche Zwangslage schon deshalb nicht, weil der Kunde auch ohne Kauf die Möglichkeit hat, für die soziale Organisation zu spenden. Die mit dieser Werbung verbundene Anregung, den „guten Zweck" mittelbar dadurch zu unterstützen, dass man bei Werbenden einkauft, lässt die freie Entscheidung des Umworbenen unberührt.[889] 392

Ein Beispielsfall für einen psychischen Kaufzwang mittels des Appells an Mitleid und soziale Verantwortung findet sich in § 3 Abs. 2 iVm Nr. 30 des Anhangs. Danach unterliegt der ausdrückliche Hinweis gegenüber dem Verbraucher, dass „Arbeitsplatz oder Lebensunterhalt des Gewerbetreibenden gefährdet sind, falls der Verbraucher das Produkt oder die 393

---

883 BGH WRP 2007, 303 Tz. 19, 23–25 f – Regenwaldprojekt I; BGH WRP 2007, 308 Tz. 16, 20–22 – Regenwaldprojekt II.

884 OLG Hamburg GRUR-RR 2003, 51 – Bringt die Kinder durch den Winter.

885 BGH WRP 2007, 303 Tz. 33 – Regenwaldprojekt I; WRP 2007, 308 Tz. 31 – Regenwaldprojekt II; Hefermehl/Köhler/*Bornkamm* UWG § 5 Rn 4.178.

886 LG Siegen GRUR-RR 2003, 379 – Regenwaldprojekt II.

887 → Rn 194.

888 LG Siegen GRUR-RR 2003, 379 – Regenwaldprojekt II; zum psychischen Kaufzwang → Rn 106 ff.

889 BGH GRUR 2006, 75 Tz. 20 – Artenschutz.

Dienstleistung nicht erwirbt“ einem per-se-Verbot, da hier die Gefahr besteht, dass der Kunde sich nicht aufgrund einer informierten Entscheidung, sondern aufgrund von Mitleid zum Kauf entschließt. Denkbar ist ein psychischer Druck in den Fällen, in denen ein Produkt gegenüber anderen Produkten in einer besonders umweltschützenden Weise hergestellt wird (social production). Bewirbt ein Hersteller seine Produkte mit einer solchen umweltfreundlichen Herstellungsart, so kann der Erwerb eines anderen Produkts als sozial verantwortungslos erscheinen. Allerdings wird man einen psychischen Druck auf den Kunden nur dann annehmen können, wenn der Kunde in einen unmittelbaren Kontakt mit dem Werbenden gerät und der Werbende darüber hinaus in einer besonders aggressiven und aufdringlichen Art und Weise an die Gefühle des Kunden appelliert oder gar ein Gefühl der Angst bei diesem provoziert.

394 **d) Frühere Rechtsprechung.** Zur Abgrenzung zwischen zulässiger gefühlsansprechender und unzulässiger gefühlsausnutzender Werbung hatte die – inzwischen überholte – Rechtsprechung das Merkmal des **sachlichen Zusammenhangs** zwischen der Werbung und den Eigenschaften der umworbenen Ware herausgebildet. Wettbewerbswidrig war die Werbung demnach, wenn ein sachlicher Zusammenhang zwischen dem in der Werbung angesprochenen sozialen Engagement und den Eigenschaften der beworbenen Ware nicht bestand, wenn vielmehr zielbewusst und planmäßig an die soziale Hilfsbereitschaft appelliert wurde, um diese im eigenen wirtschaftlichen Interesse als entscheidende Kaufmotivation auszunutzen.[890] Standen die emotionalen Aussagen dagegen in einem direkten Zusammenhang mit der Herkunft oder der Herstellungsart des beworbenen Produkts, lag in dem Ansprechen der Gefühle keine unlautere Gefühlsausnutzung. Hinter dieser Rechtsprechung stand der Gedanke, dass die produktunabhängige gefühlsbetonte Werbung keine Aussage über Preis, Qualität oder Herkunft der beworbenen Ware enthalte und damit aus dem Rahmen des Leistungswettbewerbs herausfalle. Zulässig war daher nur eine Werbung, in der auf die Herkunft oder Herstellungsart eines Produkts hingewiesen wurde, wie etwa bei hand- oder fußbemalten Postkarten[891] oder bei Werbung für Waren mit Herkunft aus den neuen Bundesländern.[892] Unzulässig wegen eines fehlenden sachlichen Bezugs war es dagegen, wenn der Ware selbst keine umweltfördernde Wirkung anhaftet und das Gefühl, die Umwelt zu fördern, erst durch Verwendung der erzielten Erlöse erreicht wird.[893]

395 Besonders restriktiv ist die Rechtsprechung des BGH zum Vertrieb von Seife und anderen Artikeln, wenn dabei auf die Herkunft der Ware aus Betrieben hingewiesen wird, die bei der Fabrikation **Blinde** oder andere **Schwerbehinderte** beschäftigen.[894] Es wird als allgemeiner Grundsatz des Wettbewerbsrechts herausgestellt, dass es in der Regel gegen die Lauterkeit im Wettbewerb verstößt, wenn zielbewusst und planmäßig an die soziale Hilfsbereitschaft des Umworbenen appelliert wird, um diese im eigenen wirtschaftlichen Interesse auszunutzen. Zulässig ist die Bezeichnung als Schwerbeschädigtenware (heute wohl „Schwerbehindertenware“) mit der Herstellerangabe „Schwerbeschädigtenhilfe e. V.“ nur, wenn Waren aus einem anerkannten Schwerbeschädigtenbetrieb an gewerbliche Abnehmer

---

[890] BGH GRUR 1999, 1141, 1143 – Generika-Werbung; BGH NJW 1995, 1964 – Arbeitsplätze bei UNS; BGHZ 112, 311, 314 – Biowerbung mit Fahrpreiserstattung; BGH GRUR 1991, 542, 543 – Tageseinnahmen für Mitarbeiter; BGH GRUR 1987, 534, 535 – McHappy-Tag; BGH GRUR 1976, 308, 309 – UNICEF-Grußkarten; BGH GRUR 1976, 699, 700 – Die zehn Gebote heute; OLG Stuttgart WRP 1999, 456 – Schokolade für die Umwelt; OLG Stuttgart WRP 1996, 628 – Unterstützung des Artenschutzes; OLG Köln GRUR 1992, 454, 456 – Zigarettenwerbung; OLG Saarbrücken WRP 1992, 510, 511 – Umweltwerbung; OLG Hamburg GRUR 1989, 614 – Umweltmanagement; OLG Hamburg GRUR 1987, 386, 387 – Bäumchen-Aktion; KG WRP 1984, 607, 608 – Gefühlsbetonte Werbung mit Umweltschutzmaßnahmen.

[891] BGH GRUR 1959, 277, 279 – Künstlerpostkarten.

[892] BGH GRUR 1995, 742, 743 – Arbeitsplätze bei UNS.

[893] *Wiebe* WRP 1993, 798, 809.

[894] BGH GRUR 1968, 44, 46 – Schwerbeschädigten-Betrieb; BGH GRUR 1965, 485, 487 – Versehrtenbetrieb; BGH GRUR 1959, 143, 145 – Blindenseife; s. hierzu HK-WettbR/*Plaß* § 1 Rn 237.

und Behörden veräußert werden. Dies ergibt sich aus den in § 140 und § 141 SGB IX[895] geregelten Vergünstigungen.[896] Auf die Eigenschaft als Blindenware darf bei bestimmten Waren unter Einhaltung der Voraussetzungen des Blindenwarenvertriebsgesetzes[897] hingewiesen werden.[898] Was dieses Gesetz erlaubt, kann nicht wettbewerbsrechtlich verboten werden.[899] Allerdings kann aus dem Blindenwarenvertriebsgesetz kein Rückschluss darauf gezogen werden, welche Vertriebsformen zulässig sind (zB Telefonwerbung). Dies richtet sich allein nach den wettbewerbsrechtlichen Normen.[900]

Nicht herangezogen werden die von der Rechtsprechung entwickelten Grundsätze zur gefühlsbetonten Werbung, wenn ein nicht gewinnorientiertes Unternehmen, sondern eine **karitative Organisation** wirbt. Der wahrheitsgemäße Hinweis auf die gemeinnützige Verwendung der Mittel aus dem Verkauf der Waren ist nicht unlauter.[901] 396

Ausgehend von diesen Grundsätzen wurde ein **Wettbewerbsverstoß bejaht,** wenn ein kommerzielles Unternehmen beim Vertrieb eines Sammelbands darauf hinweist, dass ein karitativer Verein (hier: Kinderhilfswerk e. V.) Herausgeber des Werks ist und dass zudem dieser Verein mit einem Teil des Verkaufserlöses gefördert wird.[902] Die Herausgebereigenschaft des Vereins beeinflusse nicht die Qualität des Werkes, so dass es an dem nötigen sachlichen Bezug fehle. Erst recht fehle der Sachbezug, wenn in der Werbung darauf hingewiesen wird, dass mit dem Kauf des Buchs das Kinderhilfswerk und andere Hilfseinrichtungen gefördert werden. Unzulässig ist nach Ansicht der Rechtsprechung auch die Werbung eines Schnellimbissrestaurants für den Verkauf von Hamburgern für 2 DM damit, dass dieser Betrag an ein Kinderhilfswerk abgeführt wird.[903] Die Werbung stehe in keinem Zusammenhang mit dem Angebot und die Kunden werden aus sachfremden Erwägungen, nämlich zum Zwecke der Wohltätigkeit, zu dem Restaurantbesuch veranlasst. Gleiches gilt für die Werbung eines Möbelherstellers mit der Erstattung von 1,50 DM für den Fahrpreis eines öffentlichen Verkehrsmittels bei einem Kauf ab 10 DM.[904] Der Werbende benutze sein Eintreten für die Belange des Umweltschutzes, die mit seinem Warenangebot in keinerlei sachlichem Zusammenhang stehen, als unsachlichen Vorspann für die Verfolgung wirtschaftlicher Eigeninteressen. Unlauter ist schließlich auch der Verkauf von Bäumchen zum Selbstkostenpreis, wenn von dem Erlös jedes verkauften Bäumchens 20 Pfennig an die Deutsche Umwelt-Aktion gehen[905] und die Werbung eines Reinigungsmittelherstellers mit der Aussage: „HaRa: Damit Mensch und Natur eine Chance haben".[906] Hier werde das weitverbreitete Bewusstsein für die Zerstörung der natürlichen Lebensgrundlagen und der Notwendigkeit schneller Gegenmaßnahmen sowie die Angst vor weiterer Umweltzerstörung für das eigene Produkt ausgenutzt, indem suggeriert werde, bei Verwendung des Produkts etwas gegen die Umweltzerstörung zu tun bzw. bei Nichtverwendung mitverantwortlich für weitere Umweltzerstörung zu sein. Die Werbung eines Möbelhauses mit folgendem Text: Am … schenken sie unseren Mitarbeitern Millionen. Das Geld, das sie uns am … für Ihren Einkauf zahlen, schenken sie unseren Mitarbeitern" ist ebenso unlauter[907] wie eine Werbung damit, dass für jedes gekaufte Auto das verkaufende Unternehmen 397

---

895 BGBl. I S. 1046 (früher § 53 und § 54 Schwerbehindertengesetz in der Bekanntmachung vom 26. 8. 1982, BGBl. I S. 1421, zuletzt geändert durch Gesetz vom 20. 12. 2000, BGBl. I S. 1827).

896 BGH GRUR 1980, 800, 801 – Schwerbeschädigtenhilfe e. V. m. krit. Anm. *Jacobs.*

897 Vom 9. 4. 1965, BGBl. I S. 3308, zuletzt geändert durch VO vom 25. 11. 2003, BGBl. I S. 2304.

898 BGH GRUR 1959, 143, 145 – Blindenseife.

899 *Piper*/Ohly UWG § 4 Rn 1/158.

900 BGH GRUR 2001, 1181, 1183 – Telefonwerbung für Blindenware; *Piper*/Ohly UWG § 4 Rn 1/158.

901 BGH GRUR 1976, 308, 309 – UNICEF-Grußkarten; zur Bedeutung von Art. 4 GG in diesem Zusammenhang → BVerfG 24, 236 – Aktion Rumpelkammer.

902 BGH GRUR 1976, 699 – Die 10 Gebote heute.

903 BGH GRUR 1987, 534 – Mc Happy-Tag.

904 BGH GRUR 1991, 542, 543 – Biowerbung mit Fahrpreiserstattung.

905 OLG Hamburg GRUR 1987, 386 – Bäumchen-Aktion; auch LG Hamburg WRP 1986, 59 – Aktion „Grüner Gutschein".

906 OLG Saarbrücken WRP 1992, 510, 511 – Umweltwerbung; zust. *Wiebe* WRP 1993, 798, 805.

907 BGH GRUR 1991, 545 – Tageseinnahmen für Mitarbeiter.

einen Baum an die Stadt stiftet.[908] Das Gericht sah zwar einen sachlichen Zusammenhang der Gefühlsbetonung mit dem Absatz, da man mit dem Kauf eines Baums dem schlechten Gewissen hinsichtlich der Schadstoffbelastung entgegenwirken könne, es nahm aber die unzulässige Ankündigung einer Zugabe an. Unzulässig ist es schließlich auch, wenn ein Unternehmen allgemein darauf hinweist, dass der für die Inanspruchnahme der Leistung des werbenden Unternehmens zu zahlende Preis der Förderung sozialer Belange dient.[909]

398 Ein **Wettbewerbsverstoß wurde verneint,** wenn ein Lebensmitteleinzelhandelsunternehmen in den neuen Bundesländern wirbt mit dem Satz: „Dieses Produkt schafft Arbeitsplätze bei UNS".[910] Der wahrheitsgemäße Hinweis auf die Herkunft aus ostdeutschen Herstellerbetrieben sei nicht leistungswidrig, auch wenn damit ein Appell an das Solidaritätsgefühl der umworbenen Bewohner aus dem östlichen Teil Deutschlands verbunden sei. Der Hinweis auf die Körperbehinderung von Künstlern ist zulässig, weil damit auf die besondere Maltechnik und Arbeitsweise der Urheber hingewiesen wird.[911] Wenn sich diese sachliche Aufklärung über die Schaffensvorgänge günstig auf den Kaufentschluss auswirke, so könne hierin allein nichts Wettbewerbswidriges erblickt werden, selbst wenn der Käufer sich weniger wegen der Güte der angebotenen Ware, sondern aus der Erwägung zu dem Erwerb entschließen sollte, dass eine solche Leistung körperbehinderter Menschen besondere Unterstützung verdiene. Zulässig ist auch die Werbeaussage: „Jedes verordnete B.-Generikum unterstützt langfristig die innovative Arzneimittel-Forschung, weil zukünftig ein Teil des Gewinns in diesen Bereich zurückfließt", wenn die Arzneimittelforschung tatsächlich unterstützt werde, wenn auch nicht in Bezug auf die beworbenen Generika.[912]

XII. Einsatz von Autoritäten

Schrifttum: *Eisenhardt,* Werbung gegenüber Kindern, WRP 1997, 283; *Köhler,* Wettbewerbsrechtliche Grenzen des Mitgliederwettbewerbs der gesetzlichen Krankenkassen, WRP 1997, 373.

1. Grundlagen

399 Der Begriff der „Autorität" ist weit zu verstehen. Hierunter sind zum einen Personen oder Einrichtungen zu verstehen, die ein gewisses Ansehen aufgrund einer besonderen Machtposition genießen. Der Beworbene ist idR von diesen Personen in irgendeiner Form abhängig – etwa weil er **auf deren Leistung angewiesen** ist – so dass er deren Wohlwollen nicht verlieren möchte (sog. Gehorsam gegenüber der Autorität). Zum anderen fallen unter den Begriff der Autorität auch Personen oder Institutionen, die ein **gesteigertes Vertrauen** in Anspruch nehmen, etwa wegen ihrer Sachkenntnis, den ihnen zukommenden Aufgaben oder ihrer gesellschaftlichen Stellung. Beispielhaft sind hier Betriebsräte,[913] Gewerkschaften, Arbeitgeber, Parteien, Vorgesetzte, Schulen (bzw. Lehrer), Kindergärten (bzw. Erzieher), Trainer, Vereinsvorstände,[914] Behörden oder Geistliche[915] zu nennen. Wird ein Produkt über eine solche Autorität angeboten, besteht die Gefahr, dass der Beworbene sich nicht aufgrund einer sachlichen Prüfung des Angebots zum Kauf entschließt, sondern weil er entweder das Wohlwollen der Autorität nicht verlieren möchte oder weil er der Empfehlung der Autorität besonderes Gewicht beimisst. Hieraus darf aber nicht gefolgert werden, dass das Einspannen von Autoritäten für den Warenabsatz grundsätzlich wettbewerbsfremd sei, weil der Verbraucher sich nicht im Sinne des Leistungswettbewerbs für das günstigste An-

[908] KG Berlin WRP 1984, 607 – Gefühlsbetonte Werbung mit Umweltschutzmaßnahmen.
[909] OLG Hamburg GRUR 1989, 614 – Umweltmanagement.
[910] BGH NJW 1995, 1964 – Arbeitsplätze bei UNS.
[911] BGH GRUR 1959, 277, 279 – Künstlerpostkarten.
[912] BGH GRUR 1999, 1141, 1143 – Generika-Werbung.
[913] OLG Zweibrücken NJWE-WettbR 2000, 40, 41 – Prämienwerbung des Arbeitgebers für Betriebskrankenkasse.
[914] OLG Celle GRUR-RR 2003, 91 – Abwerbung von Versicherungskunden.
[915] OLG München NJWE-WettbR 1997, 1, 2 – Gruppenreise-Freiplätze.

gebot entscheide, sondern sich von der Empfehlung der Autorität leiten lasse.[916] Es kommt vielmehr darauf an, ob der Einsatz der Autorität geeignet ist, die Entscheidung des Umworbenen unsachlich zu beeinflussen. Bei der Beurteilung im Einzelfall kann danach differenziert werden, welche Motivation der Entscheidung des Umworbenen zugrunde liegt.

2. Kriterien der lauterkeitsrechtlichen Beurteilung

a) Ausübung von Druck. Unlauter ist es, wenn der Beworbene vor die Wahl gestellt 400 wird, die gewünschte Handlung vorzunehmen oder aber das **Wohlwollen der Autorität** zu verlieren. In diesen Fällen beruht die Entscheidung nicht auf sachlichen Erwägungen, sondern auf einem Gehorsam gegenüber der Autorität. Dieses Motiv kann auch bei einem weit verstandenen Begriff des Leistungswettbewerbs nicht mehr als leistungsgerecht beurteilt werden. Es besteht kein berechtigtes Interesse des Werbenden, mittels der Autorität, die einem Dritten zukommt, psychischen Druck auf den Umworbenen auszuüben und ihn auf diese Weise unsachlich zu beeinflussen.[917] Zuzustimmen ist daher insoweit dem Verbot gegenüber einem Spielzeughersteller, einen zur Förderung seines Absatzes ausgeschriebenen Kindergarten-Malwettbewerb so auszugestalten, dass nur die Kindergärten einen Preis gewinnen, von denen die meisten bemalten Bögen zurückgeschickt werden.[918] Dadurch geraten die Eltern unter moralischen Druck, ihre Kinder teilnehmen zu lassen, wenn sie sich nicht dem Vorwurf der mangelnden Hilfsbereitschaft und Solidarität gegenüber dem Kindergarten ausgesetzt sehen wollen. Zwar wurden die Eltern durch die Werbeaktion hier nicht unmittelbar zum Kauf von Waren veranlasst, aber sie wurden in ihrer Freiheit beeinflusst, zu entscheiden, ob sie ihre Kinder der Werbung des Anbieters von Kinderspielzeug aussetzen. Durch diese Werbung wiederum wurde bei den Kindern der an die Eltern herangetragene Wunsch hervorgerufen, dieses Spielzeug zu besitzen.

Ebenfalls unlauter handelt ein Verlag, wenn er Vorstände von Angler- und Sportfischer- 401 Vereinen veranlasst, die Vereinsmitglieder aufzufordern, eine Anglerzeitschrift zu bestellen.[919] Maßgeblich für das Verbot war hier weniger der Umstand, dass die Mitglieder eines Vereins davon ausgehen, der **Vorstand** sei bemüht, die Interessen des Vereins und seiner Mitglieder zu fördern, als die Drohung, bei mangelnder Resonanz werde die Beilage der Vereinsnachrichten abgeschafft. Es wird ein unangemessener Druck auf Patienten ausgeübt, wenn ein Patient von seinem **Arzt** im Zusammenhang mit einer Behandlung darauf angesprochen wird, dass dieser ihm eine neue Brille beschaffen könne.

Es muss in jedem Einzellfall geprüft werden, ob der Umworbene tatsächlich um das 402 Wohlwollen der Autorität fürchtet oder seine Entscheidungsfreiheit in anderer Weise unsachlich beeinflusst wird. Zahlt der Arbeitgeber seinen Mitarbeitern eine **Anerkennungsprämie für die Zugehörigkeit zu Krankenkassen** mit niedrigen Beitragssätzen, versetzt dies die Arbeitnehmer, die Mitglied in einer Krankenkasse mit höheren Beitragssätzen sind, nicht in eine psychische Zwangslage. Dies gilt zumindest dann, wenn die Prämie nicht unangemessen ist (100 Euro im Jahr), sie nur an Zugehörigkeit zu einer beliebigen Krankenkasse mit günstigem Beitragssatz anknüpft, nicht aber den Wechsel zu einer konkreten Krankenkasse voraussetzt und zudem für den Arbeitnehmer nicht der Eindruck entsteht, er müsse bei unterlassenem Wechsel mit weiteren Repressalien rechnen.[920]

---

916 BGH GRUR 1984, 665, 666 – Werbung in Schulen; OLG Hamburg GRUR-RR 2005, 224, 225 – STERN; aA OLG Hamburg WRP 1979, 729, 731 – Einspannen fremder Autoritäten bei einer Zeitschriftenwerbung; OLG Frankfurt DB 1978, 535 – Einspannen des Betriebsrats in den Warenabsatz; OLG Frankfurt WRP 1971, 379, 380 – Betriebsräte und Warenabsatz.

917 → Rn 118.

918 BGH GRUR 1979, 157, 158 – Kindergarten-Malwettbewerb.

919 OLG Hamburg WRP 1979, 729 – Einspannen fremder Autoritäten bei einer Zeitschriftenwerbung.

920 OLG Stuttgart GRUR-RR 2008, 430; OLG Hamm GRUR-RR 2006, 30 m. Anm. *Döring/Kapitza* EWiR § 3 UWG 2/05, 445. Als unlauter angesehen wurde eine solche Prämie jeweils wegen der besonderen Umstände des Einzelfalles von: OLG Zweibrücken NJWE-WettbR 2000, 40 – Prämienwerbung des Arbeitsgebers für Betriebskrankenkasse; OLG Frankfurt Urt. v. 22. 1. 1998, 6 U 216/97; OLG Nürnberg Urt. v. 8. 9. 1998, 3 U 1495/98.

403 **b) Ausnutzen von unberechtigtem Vertrauen.** Der Umworbene kann einer Autorität besonderes Vertrauen entgegenbringen, weil er davon ausgeht, die Autorität habe besondere Sachkunde in dem in Rede stehenden Produktbereich und sei in besonderem Maße darauf bedacht, seine Interessen zu wahren. Diese Annahme kann ihn dazu veranlassen, der Empfehlung besonderes Gewicht beizumessen und von der eigenen Prüfung des Angebots abzusehen. Allerdings ist es nicht in jedem Fall sachwidrig, wenn der Umworbene auf die Empfehlung der Autorität vertraut und sich bei der Auswahl von dieser beeinflussen lässt.[921] Anders als in den Fällen des „Gehorsams" gegenüber der Autorität liegt die Gefahr hier nicht in der Ausübung von unsachlichem Druck auf den Umworbenen, sondern vielmehr darin, dass dieser irrig annimmt, die Autoritätsperson stehe sachlich hinter dem Angebot. Die **falsche Vorstellung des Umworbenen** ist somit geeignet, seine Entscheidung **unsachlich zu beeinflussen.** Die rechtliche Beurteilung hängt also maßgeblich davon ab, ob die eingesetzte Autorität die fragliche Leistung tatsächlich gut heißt.

404 Wird in einer **Schule** mit Einwilligung der Schulleitung für eine Jugendzeitschrift geworben, so ist dies geeignet, den Absatz der Jugendzeitschrift zu fördern, weil der Eindruck entstehen kann, die Schule fördere die angebotene Zeitschrift, und weil die Schule aus Sicht der Eltern in der Frage der Beurteilung der pädagogischen Qualität von solchen Zeitschriften als sachverständig gilt.[922] Beziehen die Eltern die Empfehlung der Lehrer in ihre Kaufüberlegungen mit ein, handeln sie nicht sachwidrig, sofern die Schule tatsächlich positiv gegenüber der Zeitschrift eingestellt ist. Anderes gilt jedoch dann, wenn besondere Umstände hinzutreten, die den sachlichen Wert der Empfehlung der Lehrer in Frage stellen. Zu denken ist hier etwa an das Versprechen besonderer Vorteile für die Schule oder den Lehrer.[923] Die Werbemaßnahme wäre dann an den Grundsätzen der Dreieckskopplung zu messen.[924]

405 Einer besonderen rechtlichen Beurteilung unterliegen die Fälle, in denen **hoheitliche Stellen,** deren Empfehlungen und Hinweisen eine besondere Aufmerksamkeit zuteil wird, Empfehlung aussprechen und dadurch eigenen oder fremden Wettbewerb fördern. Die Kaufentscheidung des Umworbenen wird hier möglicherweise ohne eigene sachliche Prüfung gefasst, sondern schlicht um den Vorgaben der hoheitlichen Stelle nachzukommen oder im Vertrauen darauf, dass die Empfehlung auf einem neutralen und sachlichen Urteil beruht. Ein Missbrauch der amtlichen Stellung kann hier zu einer unsachlichen Beeinflussung des Umworbenen führen. Allerdings liegt allein in dem bloßen Erwecken von Aufmerksamkeit kein Missbrauch der amtlichen Autorität. Erst wenn im Zusammenhang damit eine psychische Zwangslage[925] begründet wird oder der Adressat auf andere Weise unsachlich beeinflusst wird, kann von einem Missbrauch der amtlichen Autorität die Rede sein. Letzteres ist etwa anzunehmen, wenn dem Adressaten die Information vorenthalten wird, dass die öffentliche Stelle bei ihrer Empfehlung nicht neutral und objektiv gehandelt hat. Verschickt ein Amt für soziale Dienste ein Informationsschreiben über pädagogische Probleme an Eltern und fügt diesem Schreiben die Werbung einer Sparkasse für Bausparverträge bei, so wird damit kein psychischer Druck auf die Eltern ausgeübt, da die Eltern in diesem Schreiben nicht einmal eine Empfehlung sehen.[926] Ebenso wenig wird auf die Auswahl von Hinterbliebenen im Hinblick auf verschiedene gewerbliche **Bestattungsunternehmen** ein unsachlicher Einfluss ausgeübt, wenn sich in ein und demselben Friedhofsgebäude das Büro des erwerbswirtschaftlichen Bestattungsdienstes der Stadtverwaltung neben dem Büro der Friedhofsverwaltung befindet.[927] Von dem Autoritätsmissbrauch zu

---

[921] BGH GRUR 1984, 665, 666 – Werbung in Schulen; OLG Hamburg GRUR-RR 2005, 224, 225 – STERN; LG Hamburg MD 2005, 584.

[922] BGH GRUR 1984, 665, 666 – Werbung in Schulen.

[923] BGH GRUR 1984, 665, 666f – Werbung in Schulen; OLG Hamburg GRUR-RR 2005, 224 – STERN; aA *Eisenhardt* WRP 1997, 283, 292.

[924] → Rn 226ff.

[925] BGH GRUR 2002, 550 – Elternbriefe; BGH GRUR 1973, 530 – Crailsheimer Stadtblatt.

[926] BGH GRUR 2002, 550, 551 – Elternbriefe.

[927] BGH GRUR 2005, 960, 962 – Friedhofsruhe.

trennen ist die Frage, ob in dem Verhalten der öffentlichen Hand eine unzulässige Randnutzung öffentlicher Einrichtungen liegt.[928]

Zu streng urteilt teilweise die instanzgerichtliche Rechtsprechung. Als unlautere Vertrauensausnutzung wurde die Werbung eines Baumarktes, der in einem Werbeprospekt eine Informationsveranstaltung der örtlichen **Feuerwehr** über Brandschutzfragen in seinen Verkaufsräumen ankündigte und gleichzeitig verschiedene Produkte aus dem Brandschutzsektor bewarb. Der Gewerbetreibende instrumentalisiere eine dem Gemeinwohl verpflichtete Institution und beeinträchtige dadurch die Verbraucher. Die Informationsveranstaltung übe eine derartige Suggestivkraft auf die Umworbenen aus und wecke das Interesse der Kunden an den angebotenen Brandschutzartikeln, dass sie unter dem Eindruck der institutionell kompetenten Beratung zum Erwerb von Waren verleitet würden, die sie ansonsten mit hoher Wahrscheinlichkeit nicht gekauft hätten.[929] Das kann nicht überzeugen. Da die Feuerwehr „produktneutral" informiert hatte, vertrauten die Umworbenen nicht auf eine bestimmte Empfehlung der Feuerwehr (dann hätte sich die Frage gestellt, ob die Feuerwehr die Produkte tatsächlich gut heißt). 406

Nach Ansicht des OLG Frankfurt ist für die Belegschaft eines Unternehmens die Empfehlung des Betriebsrats ein hinreichender Grund, ein Warenangebot ohne eigene Prüfung als vorteilhaft anzusehen, weil der **Betriebsrat** von seiner Funktion her arbeitnehmerfreundlich und auf soziale Fürsorge bedacht ist.[930] Allein das Verteilen von Werbematerial durch die Gewerkschaften beeinflusst die Kritik- und Entschlussfähigkeit des Durchschnittsverbrauchers jedoch nicht in unsachlicher Weise.[931] 407

c) Persönliche Beziehungen. Das Vertrauen des Kunden kann allein auf einer persönlichen Beziehung zur Person des Werbenden beruhen. Der Umworbene trifft seine Kaufentscheidung dann möglicherweise nur, um dem Werbenden einen Gefallen zu erweisen oder ihn nicht zu verärgern. Diese Gefahr besteht naturgemäß nur, wenn Privatpersonen als Werber eingesetzt werden, es sich mithin um einen Fall der Laienwerbung handelt.[932] 408

d) Starwerbung. Schließlich kann die Autorität dazu eingesetzt werden, um beim umworbenen Publikum Aufmerksamkeit zu erwecken (sog. Starwerbung). Das ist für sich gesehen nicht unlauter.[933] Eine unsachliche Beeinflussung der Kunden ist nicht gegeben, wenn sich der Werbende zur Unterstreichung seiner Werbeaussage **bekannter Persönlichkeiten** in der Erwartung bedient, deren gutes Image werde die Wertschätzung des beworbenen Produkts positiv beeinflussen.[934] Der Verkehr erkennt in solchen Fällen den Werbecharakter der Empfehlung, so dass von einer sachwidrigen Inanspruchnahme von Vertrauen oder von einer getarnten Werbung nicht auszugehen ist. 409

XIII. Laienwerbung

Schrifttum: *Bühring,* Der Einsatz von Laien als Werber unter Gewährung von Prämien, WRP 1958, 321; *Hartwig,* Der BGH und das Ende des Verbots „gefühlsbetonter Werbung", NJW 2006, 1326; *Köhler,* Wettbewerbsrechtliche Grenzen des Mitgliederwettbewerbs der gesetzlichen Krankenkassen, WRP 1978, 373; *Ulrich,* Die Laienwerbung, FS Piper, 1996, S. 495.

---

928 BGH GRUR 2002, 550, 551 – Elternbriefe (bejahend); BGH GRUR 2005, 960, 962 – Friedhofsruhe (verneinend); siehe dazu auch BGH GRUR 2003, 164 – Altautoverwertung; BGH GRUR 2003, 167 – Kommunaler Schilderprägebetrieb; BGH GRUR 1987, 116 – Kommunaler Bestattungswirtschaftsbetrieb I.

929 OLG Saarbrücken GRUR-RR 2005, 283 – Brandschutzwerbung.

930 OLG Frankfurt DB 1978, 535 – Einspannen des Betriebsrats in den Warenabsatz; OLG Frankfurt WRP 1971, 379, 380 – Betriebsräte und Warenabsatz.

931 OLG Nürnberg BB 1963, 166 – Einschaltung von Gewerkschaften im Kaufscheinhandel.

932 Zur Laienwerbung → Rn 410 ff.

933 Zum Erwecken von Aufmerksamkeit mittels einer amtlichen Autorität BGH GRUR 2002, 550, 553 – Elternbriefe.

934 BGH GRUR 2002, 752, 754 – Geschäftseröffnung; OLG Hamburg NJW-RR 1994, 110, 111 – Werbung mit Medienprominenz.

1. Grundlagen

410 Unter Laienwerbung versteht man die Einschaltung von nicht berufsmäßigen privaten Kundenwerbern (Laienwerbern) durch Gewerbetreibende gegen Gewährung einer Werbeprämie oder Provision.[935] Die Laienwerber wenden sich regelmäßig an Personen aus dem eigenen Bekanntenkreis und versuchen, sie als Kunden zu werben, um die von dem Unternehmer versprochene Prämie zu erzielen. Die Rechtsprechung sieht auch Vertreter im Nebenberuf als „Laien" an.[936] Da sich das Tätigkeitsfeld der Laienwerber zumeist auf den Bekannten- und Verwandtenkreis beschränkt, nutzt der Gewerbetreibende gerade die **privaten Beziehungen** des Werbers zum Zwecke des Wettbewerbs aus.

411 Die Laienwerbung kommt in den unterschiedlichsten Bereichen vor.[937] Besondere Bedeutung erlangt sie im Buch-, Zeitungs- und Zeitschriftenvertrieb,[938] im Versandhandel, im Versicherungswesen,[939] im Bauspar- und Kreditwesen[940] und im Krankenkassenbereich. Aber auch in anderen Bereichen wie zB der Automobil-[941] oder der Kosmetikbranche[942] oder der Vertriebsform des CoShopping[943] werden Laienwerber eingesetzt. Auch nach der Abschaffung der ZugabeVO ist die Vertriebsform der Laienwerbung nicht unattraktiv geworden.[944] Zwar ist es nach Abschaffung der ZugabeVO möglich, den Kunden die Prämie unmittelbar zukommen zu lassen, so dass es nicht notwendig erscheint, einen Laienwerber dazwischen zu schalten (so wird inzwischen idR in der Zeitschriftenbranche verfahren). Es ist jedoch zu berücksichtigen, dass die Laienwerbung eine Wirkung erzielt, die die Gewährung einer Zugabe nicht erreichen kann: die Ausnutzung eines privaten Vertrauensverhältnisses.[945]

2. Kriterien der lauterkeitsrechtlichen Beurteilung

412 **a) Ausgangslage.** Der Einsatz von Laienwerbern ist nicht grundsätzlich wettbewerbswidrig.[946] Dennoch standen Rechtsprechung und Literatur dem Einsatz von Laienwerbern zunächst kritisch gegenüber, weil befürchtet wurde, dass diese Form des Marketing zu einer Kommerzialisierung der Privatsphäre führe[947] und der Beworbene dadurch unsachlich beeinflusst werde, dass für den Laienwerber eine Prämie ausgesetzt sei. Inzwischen hat der BGH seine einstmaligen Vorbehalte ausdrücklich und weitgehend aufgegeben.[948] Die in dem fehlenden sachlichen Zusammenhang zwischen dem Prämieninteresse des Werbenden

---

935 BGH GRUR 1995, 122 – Laienwerbung für Augenoptiker.

936 OLG München WRP 1996, 42, 43 – Vertriebssystem.

937 Rechtsprechung in verschiedenen Branchen: Automobile (BGH GRUR 1992, 622 – Verdeckte Laienwerbung), Immobilien- und Wohnungsvermittlung (BGH GRUR 1981, 655 – Laienwerbung für Maklerauftrage), Kosmetika (BGH GRUR 1974, 341 – Campagne), Reisen (OLG Frankfurt NJWE-WettbR 1996, 109 – Freundschaftswerbung; OLG München NJWE-WettbR 1997, 1 – Gruppenreise-Freiplätze).

938 OLG Karlsruhe WRP 1995, 960 – Prämien für Adressenmitteilung.

939 BGH GRUR 1994, 443 – Versicherungsvermittlung im öffentlichen Dienst.

940 BGH GRUR 1991, 150 – Laienwerbung für Kreditkarten; OLG Hamm NJW-RR 1986, 1236 – Angemessenheit von Werbeprämien für Laienwerber.

941 BGH GRUR 1992, 622 – Verdeckte Laienwerbung.

942 BGH GRUR 1974, 341 – Campagne; Verbot, da eine unzulässige Sonderveranstaltung.

943 → Rn 362.

944 So *Berlit* WRP 2001, 349, 353; *Lange/Spätgens* Rn 134.

945 Hierauf stützte *Baumbach/Hefermehl* UWG § 1 Rn 202 die wettbewerbsrechtliche Bedenklichkeit.

946 BGH GRUR 2006, 949 Tz. 13 – Kunden werben Kunden m. Anm. *Bülow*; BGH WRP 1995, 122, 123 – Laienwerbung für Augenoptiker; BGH GRUR 1992, 622 – Verdeckte Laienwerbung; BGH GRUR 1991, 150, 151 – Laienwerbung für Kreditkarten; BGH GRUR 1981, 655, 656 – Laienwerbung für Maklerauftrage; BGH GRUR 1959, 285, 286 – Bienenhonig; OLG Saarbrücken WRP 2000, 791, 793 – Gewinnreise.

947 BGH GRUR 1995, 122, 123 – Laienwerbung für Augenoptiker; BGH GRUR 1992, 622 – Verdeckte Laienwerbung; BGH GRUR 1991, 150, 151 – Laienwerbung für Kreditkarten; BGH GRUR 1981, 655, 656 – Laienwerbung für Maklerauftrage; BGH GRUR 1959, 285, 286 – Bienenhonig; OLG Zweibrücken NJWE-WettbR 2000, 40, 41 – Prämienwerbung des Arbeitgebers für Betriebskrankenkasse; *Piper* GRUR 1996, 147, 159; *v. Gamm* GRUR 1991, 405, 408; *Speckmann* Rn 476; aA *Emmerich* WettbR § 19 Nr. 4.

948 BGH GRUR 2006, 949 Tz. 16 – Kunden werben Kunden m. Anm. *Bülow*.

und der Entscheidung des Umworbenen für die beworbene Ware oder Dienstleistung liegende Unsachlichkeit begründe als solche die Wettbewerbswidrigkeit des Einsatzes von Laienwerbern nicht. Selbst wenn für die Kaufentscheidung des Neukunden die Erwägung, dem Laienwerber die ausgesetzte Prämie zu verschaffen, Bedeutung erlange und der Einsatz von Laienwerbern im Einzelfall auf eine solche Beeinflussung abziele, sei dies für die wettbewerbsrechtliche Bewertung ohne Bedeutung.[949] Dem ist zuzustimmen. Ebenso wenig wie eine auf Umweltbewusstsein gestützte Kaufentscheidung als unsachlich bezeichnet werden kann, gilt dies für eine solche, deren Motiv in einer freundschaftlichen Verbundenheit liegt. Allein die mit der Laienwerbung einhergehende unerwünschte Kommerzialisierung der Privatsphäre rechtfertigt ein generelles Verbot nach § 4 Nr. 1 nicht.[950]

Damit ist jedoch nicht gesagt, dass Laienwerbung in allen Fällen zulässig ist. Vielmehr ist für die wettbewerbsrechtliche Beurteilung zunächst davon auszugehen, dass Laienwerber allen Werbeverboten unterliegen, die auch für gewerbliche Werbende gelten. Daraus folgt, dass die Laienwerbung unlauter ist, wenn die Gefahr einer Belästigung oder einer Irreführung des umworbenen Kunden durch den Laienwerber besteht.[951] 413

b) Belästigung. Wie jeder anderen Werbung auch ist der Laienwerbung die Gefahr der Belästigung der Kunden immanent. Dies allein kann jedoch die Wettbewerbswidrigkeit nicht begründen. Hinzukommen muss, dass der Unternehmer fordert, weiß oder damit rechnen muss, dass der von ihm eingesetzte Laienwerber zu belästigenden Methoden im Sinne von § 7 greift, die auch berufsmäßigen Werbern verboten sind.[952] Dazu gehört etwa die gezielte Aufforderung des Laienwerbers durch den Gewerbetreibenden zu unzulässiger Telefonwerbung.[953] 414

c) Irreführung. Eine Irreführungsgefahr besteht, wenn der Laienwerber, um seine Aussage über das Produkt als eigennützigen Rat erscheinen zu lassen, das Interesse an der **Prämie verheimlicht.**[954] Der Beworbene verlässt sich dann eher auf die Angaben des Werbers, als das Produkt einer kritischen Prüfung zu unterziehen. Bei der Beurteilung der Wettbewerbswidrigkeit von Laienwerbung ist daher zu berücksichtigen, ob nach der Konzeption des Gewerbetreibenden der Werber sein Prämieninteresse offenbaren muss oder nicht. Ob dem so ist, kann sich aus den Bestellformularen ergeben. In der Regel ist die Laienwerbung wettbewerbswidrig, wenn der Laienwerber in der Lage ist, sein hinter der Werbung stehendes Prämieninteresse zu verheimlichen. 415

Bei Produkten, die einer besonderen Beratung bedürfen, besteht die Gefahr, dass der Kunde durch den Werbenden **fehlerhaft oder einseitig beraten** wird. Dem Werber wird in der Regel die erforderliche Sachkunde für die gebotene und vom Kunden erwartete Beratung fehlen. Das gilt auch dann, wenn der Werbende selbst bereits Kunde des zu vermarktenden Produkts ist, so dass auch einem Kreditkarteninhaber die erforderliche Sachkunde bezüglich der mit der Kreditkarte angebotenen Serviceleistungen abzusprechen ist.[955] Der Wettbewerbsverstoß kann in diesen Fällen in einer Irreführung durch Unterlassen liegen, weil der Kunde über die fehlende Kompetenz des Werbenden im Unklaren gelassen wird. Der Einsatz von Laienwerbern ist daher eher wettbewerbswidrig, wenn die Werber zur Vermittlung von Verträgen eingesetzt werden, deren Abschluss notwendig eine gewisse Beratung voraussetzt.[956] Der fehlenden Sachkunde kann mit Schulungen oder mit der 416

949 BGH GRUR 2006, 949 Tz. 19 – Kunden werben Kunden m. Anm. *Bülow.*

950 *Hartwig* NJW 2006, 1326, 1329.

951 BGH GRUR 2006, 949 Tz. 19f – Kunden werben Kunden m. Anm. *Bülow.*

952 *Köhler*/Piper UWG § 1 Rn 377.

953 OLG München WRP 1996, 42, 44 – Vertriebssystem.

954 BGH GRUR 2006, 949 Tz. 17 – Kunden werben Kunden m. Anm. *Bülow;* BGH GRUR 1992, 622, 624 – Verdeckte Laienwerbung; BGH GRUR 1991, 150 – Laienwerbung für Kreditkarten; BGH GRUR 1981, 655, 656 – Laienwerbung für Maklernaufträge; BGH GRUR 1959, 285, 287 – Bienenhonig; OLG Hamburg MMR 2001, 619, 620 – Easy Money; *Piper* GRUR 1992, 803, 807; *v. Gamm* GRUR 1991, 405, 408.

955 BGH GRUR 1991, 150, 151 – Laienwerbung für Kreditkarten; auch OLG Karlsruhe GRUR 1969, 224, 225 – Ka.-Tageblatt.

956 HK-WettbR/*Plaß* § 1 Rn 260.

Überlassung von Informationsmaterialien durch den Gewerbetreibenden entgegengewirkt werden.[957]

417 **d) Psychischer Kaufzwang.** Die zum Warenvertrieb eingesetzten Laien werden sich in der Regel an Verwandte, Bekannte, Freunde, Nachbarn oder Berufskollegen wenden. Der Unternehmer nutzt also die persönlichen Beziehungen des Werbers zu Zwecken des Warenvertriebs aus (die Privatsphäre wird kommerzialisiert). Während die Umworbenen einen unbekannten Werber idR leicht abweisen können, können sie sich wegen der privaten Beziehung zum Laienwerber und der privaten Atmosphäre dem **Werbegespräch nur schwer entziehen.**[958] Aufgrund dieser Situation wurde früher befürchtet, dass die angesprochenen Personen ihre Entscheidung für das Produkt nicht aus freien Stücken treffen, sondern um einer vom Laienwerber ausgehenden Kauferwartung zu entsprechen.[959] Wurde das Prämieninteresse offengelegt, sah man die Gefahr einer unsachlichen Beeinflussung darin, dass der Kunde sich evtl. verpflichtet sah, dem Werbenden die Prämie zu verschaffen.[960] Dieser Ansicht hat der BGH eine Absage erteilt. Selbst wenn für die Kaufentscheidung des Neukunden die Erwägung, dem Laienwerber die ausgesetzte Prämie zu verschaffen, Bedeutung erlangt und der Einsatz von Laienwerbern im Einzelfall auf eine solche Beeinflussung abzielt, ist dies für die wettbewerbsrechtliche Beurteilung ohne Bedeutung.[961]

418 **e) Maßgeblichkeit der Umstände des Einzelfalls.** Maßgeblich für die Frage, ob die mit Laienwerbung verbundenen Gefahren tatsächlich bestehen, sind schließlich die Umstände des Einzelfalls.[962]

419 **aa) Anreizwirkung der Prämie.** Bisher ist die Rechtsprechung davon ausgegangen, bei einer attraktiven Prämie sei zu befürchten, dass der Laienwerber jedes Mittel (Belästigung, Irreführung) einzusetzen versuche, um die Prämie zu erlangen. Das Inaussichtstellen einer unverhältnismäßig **wertvollen Prämie** sei daher unlauter.[963] Die Anreizwirkung einer Prämie wurde nicht allein nach dem absoluten Wert der Prämie bemessen, sondern es wurde auch der **persönliche Einsatz des Werbenden** berücksichtigt, den er erbringen musste, um den Kunden von dem Produkt zu überzeugen und die Prämie zu verdienen.[964] Bei umsatzabhängigen Prämien war von der Anreizwirkung der Höchstprämie auszugehen,[965] auch wenn sie realistisch betrachtet nicht erreichbar war.[966] Wurde dem Laien nur eine Chance für einen Gewinn eingeräumt, war ein übermäßiger Anreiz zu verneinen.[967] Bei der Übernahme von Dauerverpflichtungen wie Zeitungsabonnements war die unzulässige Grenze überschritten, wenn der Wert der Prämie den Jahresbeitrag überschritt.[968] Bei anderen Produkten wurde ein übermäßiger Anreiz bejaht, wenn der Prämienwert an den vom Kunden zu zahlenden Preis herankam oder ihn überschritt.[969]

---

957 OLG Düsseldorf NJW 1957, 187, 188 – Zusage von Werbeprämien.

958 OLG München WRP 1996, 42, 44 – Vertriebssystem.

959 BGH GRUR 1981, 655, 656 – Laienwerbung für Makleraufträge; OLG Saarbrücken WRP 2000, 791, 794 – Gewinnreise; *Bülow* GRUR 1994, 254, 262; zur Ausübung von Druck allgemein → Rn 100 ff.

960 BGH GRUR 1991, 150, 151 – Laienwerbung für Kreditkarten; OLG Saarbrücken WRP 2000, 791, 794 – Gewinnreise.

961 BGH GRUR 2006, 949 Tz. 19 – Kunden werben Kunden m. Anm. *Bülow*.

962 BGH GRUR 1981, 655, 656 – Laienwerbung für Maklerauftrage; BGH GRUR 1959, 285, 286 – Bienenhonig; *Piper* GRUR 1996, 147, 159.

963 BGH GRUR 1981, 655, 656 – Laienwerbung für Maklerauftrage; OLG München GRUR 1989, 354, 355 – Kundenvermittlungsaktion.

964 *Köhler*/Piper UWG § 1 Rn 380; *v. Gamm* WRP 1991, 405, 408; *Speckmann* Rn 476; *Ulrich* FS Piper S. 495, 499.

965 BGH WRP 1995, 104, 106 – Laienwerbung für Augenoptiker.

966 OLG München GRUR 1989, 354, 355 – Kundenvermittlungsaktion.

967 *Köhler* WRP 1997, 373, 377.

968 OLG Düsseldorf GRUR-RR 2001, 171 – Laienwerbung; OLG Hamm WRP 1995, 270 – Zur Höhe von Werbeprämien für Zeitschriften.

969 BGH GRUR 1991, 150, 151 – Laienwerbung für Kreditkarten; BGH GRUR 1958, 285, 286 – Bienenhonig; OLG Frankfurt NJWE-WettbR 1996, 109 – Freundschaftswerbung; KG WRP 1988, 672 – Laienwerbung im Kosmetik-Versandhandel.

Der BGH hat sich von seiner strengen Haltung distanziert und geht inzwischen davon aus, dass die **Anreizwirkung,** die von einer **nicht unerheblichen Prämie** (hier 30 Euro für den Verkauf einer Brille für 100 Euro) ausgeht, die Wettbewerbswidrigkeit der Laienwerbung nicht begründen kann. Es könne auch bei einer solchen Prämie nicht davon ausgegangen werden, dass der Werbende seine persönlichen Beziehungen durch den Einsatz unlauterer Mittel missbrauche, um in den Besitz der Prämie zu gelangen.[970] Es bleibt abzuwarten, ob damit die gesamte bisherige Rechtsprechung überholt ist und ob auch bei ganz erheblichen Prämien die Unlauterkeit verneint wird. 420

bb) Person des Laienwerbers. Auch die Person des Laienwerbers hat Einfluss auf die wettbewerbsrechtliche Beurteilung.[971] Die Vermittlung von Versicherungsverträgen durch **Angehörige des öffentlichen Dienstes** ist etwa unzulässig, weil es nicht hinnehmbar ist, dass Angehörige des öffentlichen Dienstes ihre Dienstzeit nicht in vollem Umfang dienstlichen Interessen widmen, sondern ihre Dienstzeit auch für private Zwecke nutzen.[972] Ist der Werbende eine besondere **Autoritäts- oder Vertrauensperson,** gelten strengere Maßstäbe.[973] So ist es wettbewerbswidrig, wenn ein Arbeitgeber als Laienwerber eingesetzt wird, um unter den Mitarbeitern Mitglieder für die dem Unternehmen verbundene Betriebskrankenkasse zu gewinnen.[974] Die Tatsache, dass der Werbende dabei Gefahr läuft, seine privaten Beziehungen zu gefährden, ist unerheblich.[975] 421

cc) Die beworbene Ware. Nach der neuen Rechtsprechung des BGH[976] wird man nicht mehr davon ausgehen können, dass bei Gegenständen des täglichen Bedarfs die Unlauterkeit der Laienwerbung eher angenommen werden kann, als bei teuren und ausgefallenen Produkten oder bei Verträgen mit langer Laufzeit.[977] Unterliegt die beworbene Ware einem Werbeverbot (zB § 7 HWG), gilt dies auch für den Laienwerber.[978] Die Unlauterkeit der Werbemaßnahme wird sich hier regelmäßig bereits aus § 4 Nr. 11 ergeben. 422

Nach der Rechtsprechung kann auch das kumulative Vorliegen mehrerer für sich gesehen nicht unlauterkeitsbegründender Umstände die Wettbewerbswidrigkeit begründen.[979] Das ist bspw. der Fall, wenn zusätzlich die Spiel- oder Wettleidenschaft des Laienwerbers oder der Kunden ausgenutzt wird.[980] 423

3. Einzelfälle aus der Rechtsprechung

Als **unzulässige** Laienwerbung wird beurteilt: eine Werbeprämie im Wert von 2 DM (Kristallteller) und 5 DM (Kristallschale) sowie die Beteiligung an einem Gewinnspiel mit Preisen von Buch- und sonstigen Trostpreisen bis hin zu einer Italienreise für einen Kauf von einem Glas Honig im Wert von 2,50 bis 3 DM;[981] eine Werbeprämie im Wert von 112,00 DM (2 Messing-Ölleuchten) oder 173,00 DM (Flasche Champagner mit Kühler und zwei Gläsern) bei Bestellung einer Kreditkarte mit Belastung von 150 DM jährlich;[982] 424

---

970 BGH GRUR 2006, 949 Tz. 18 – Kunden werben Kunden m. Anm. *Bülow.*

971 BGH GRUR 1991, 150, 151 – Laienwerbung für Kreditkarten; HK-WettbR/*Plaß* § 1 Rn 259; *Speckmann* Rn 476; *Lehmler* S. 55 f; *Ulrich* FS Piper S. 495, 499.

972 In BGH GRUR 1994, 443 – Versicherungsvermittlung im öffentlichen Dienst – stellte der BGH die Wettbewerbswidrigkeit bei der Vermittlung von Versicherungsverträgen während der Dienstzeit fest.

973 Zum Einsatz von Autoritäten → Rn 399 ff.

974 OLG Zweibrücken NJWE-WettbR 2000, 40, 41 – Prämienwerbung des Arbeitgebers für Betriebskrankenkasse.

975 AA *Hartlage* WRP 1997, 1, 4.

976 BGH GRUR 2006, 949 Tz. 16 – Kunden werben Kunden m. Anm. *Bülow.*

977 So noch BGH WRP 1995, 104, 106 – Laienwerbung für Augenoptiker; BGH GRUR 1991, 150, 151 – Laienwerbung für Kreditkarten; BGH GRUR 1959, 285, 287 – Bienenhonig; → aber OLG München WRP 1989, 126 – Laienwerbung in der Automobilbranche; *Ulrich* FS Piper S. 495, 499.

978 BGH GRUR 2006, 949 Tz. 24 – Kunden werben Kunden m. Anm. *Bülow.*

979 → OLG München WRP 1996, 42, 44 – Vertriebssystem.

980 OLG Jena GRUR 2000, 442 – Bonussystem bei Sportwetten.

981 BGH GRUR 1959, 285 – Bienenhonig.

982 BGH GRUR 1991, 150 – Laienwerbung für Kreditkarten.

eine Gutschrift von 25 DM für Gewinnung eines Sparers mit Mindesteinlage in Höhe von 100 DM; eine Werbeprämie im Wert von 270 bis 2700 DM (Reise) für die Vermittlung von PKW-Interessenten;[983] eine Gutschrift im Wert von 1000 DM für die Vermittlung von Bauplätzen von 500 bis 1000 qm an einen Makler;[984] eine Gutschrift in Höhe von 120 DM für die Vermittlung von Wohnungsvermietungen an Makler;[985] Prämien zum Einkaufswert von 40 bis 120 DM für die Vermittlung von Möbelkäufen;[986] Werbeprämien im Wert von 15 bis 40 DM für die Vermittlung von Käufen bei Optikern;[987] Werbeprämien im Wert von mindestens 1000 DM für die Vermittlung von Reiseinteressenten;[988] Gutschrift im Wert von 20 DM für jeden Neukunden;[989] Prämien im Wert von 2 Prozent des angeworbenen Wetteinsatzes;[990] Werbeprämien (Zucker-Sahne-Set) im Wert von 48 DM für einen Reisepreis von 19 DM;[991] Werbeprämien (Frottier-Set oder Reise-Set) im Wert von 47 DM für die Vermittlung von neuen Kunden für Kosmetika im Wert von 9,90 DM zuzüglich 3,75 DM Portokosten;[992] Werbeprämien (Autoatlas) im Wert von 21 DM für die Vermittlung der Bestellung einer Zeitung für mindestens 6 Monate zu einem Preis von monatlich 5,50 DM.[993]

425 Als **zulässige** Laienwerbung wird es angesehen, wenn eine Gutschrift von 50 DM gewährt wird bei einer Kreditkartenbestellung mit einer Belastung von 150 DM jährlich[994] und wenn eine Werbeprämie in Höhe von 15–30 Prozent des Warenwerts ausgezahlt wird, wenn der Werber das Produkt vorführen muss.[995]

4. Sonderformen

426 Bei der sog. **Partywerbung** erklärt sich eine Privatperson bereit, ihre Räumlichkeiten für eine Verkaufsveranstaltung zur Verfügung zu stellen, bei der ein Vertreter des Unternehmens Produkte vorführt und zum Kauf anbietet. Bekannt sind vor allem die „Tupperware"-Parties, bei denen Tupperware-Produkte vorgeführt und zum Kauf angeboten werden. Der Gastgeber erhält als Geschenk ein Produkt des Werbenden. Der Wert des Geschenks hängt von dem bei der Verkaufsveranstaltung erzielten Umsatz ab. In der Regel wird man hier nicht davon ausgehen können, dass die persönliche Beziehung zum Gastgeber das maßgebliche Kaufmotiv ist.

427 Eine **verdeckte Laienwerbung** liegt vor, wenn die Werbenden nicht für die Vermittlung eines Kaufvertrags eine Prämie erhalten, sondern schon für die Nennung von Namen potentieller Käufer im Falle des Zustandekommens eines späteren Vertrages. Auch in diesen Fällen wird ein Verstoß gegen das Lauterkeitsrecht angenommen.[996] Die Anreizwirkung sei hier hoch einzustufen, da die Nennung der Namen keinen besonderen Aufwand fordere. Bedenken ergeben sich außerdem im Hinblick auf das Recht auf informationelle Selbstbestimmung, weil das Verhalten des Geschäftsherrn auf das Ausspähen von Daten zielt, die ihm diese Personen nicht ohne weiteres selbst mitteilen würden.[997]

---

[983] OLG München GRUR 1989, 354 – Kundenvermittlungsaktion; BGH GRUR 1992, 622 – Verdeckte Laienwerbung.
[984] BGH GRUR 1981, 655, 656 – Laienwerbung für Maklerauftäge.
[985] OLG Stuttgart GRUR 1990, 205 – Werbung über Altkunden.
[986] OLG Hamm WRP 1982, 479 – Werbung mit „unverbindlich empfohlener Richtpreis des Herstellers".
[987] BGH WRP 1995, 104, 105 – Laienwerbung für Augenoptiker.
[988] OLG München NJWE-WettbR 1997, 1 – Gruppenreise-Freiplätze.
[989] LG Dresden WRP 1997, 992 – Neukunden-Werbeprämien.
[990] OLG Jena GRUR 2000, 442 – Bonussystem bei Sportwetten.
[991] OLG Frankfurt NJWE-WettbR 1996, 109 – Freundschaftswerbung.
[992] KG WRP 1988, 672 – Laienwerbung im Kosmetik-Versandhandel.
[993] OLG Karlsruhe GRUR 1969, 224 – Ka.-Tageblatt.
[994] BGH GRUR 1991, 150 – Laienwerbung für Kreditkarten.
[995] OLG Karlsruhe GRUR 1970, 144, 145 – Laienwerbung für Handwaschmaschinen.
[996] BGH GRUR 1992, 622 – Verdeckte Laienwerbung; OLG Karlsruhe WRP 1995, 960 – Prämien für Adressenmitteilung.
[997] BGH GRUR 1992, 622 – Verdeckte Laienwerbung; *Piper*/Ohly UWG § 4 Rn 1/182.

5. Abgrenzung

Von einem Laienwerber abzugrenzen ist zunächst der Sammelbesteller und der branchenfremde Wiederverkäufer. Ein **Sammelbesteller** wird von einem Versandhaus ausgewählt. Er nimmt – in erster Linie für Verwandte und Bekannte – Sammelbestellungen auf, zieht den Kaufpreis ein und nimmt Reklamationen der Abnehmer entgegen. Als Provision erhält er 5–10% vom Gesamtumsatz. Anders als bei der progressiven Kundenwerbung trägt der Sammelbesteller kein finanzielles Risiko, da er die Ware erst bestellt und abnimmt, wenn er entsprechende Bestellungen aus seinem Umkreis aufgenommen hat. Der Warenvertrieb mit Hilfe von Sammelbestellern ist als solcher nicht wettbewerbswidrig.[998] 428

Unternehmer setzen **branchenfremde Gewerbetreibende als Wiederverkäufer** für Waren ein und gewähren den Wiederverkäufern dafür hohe Rabatte auf die angekündigten Endverbraucherpreise. Bedenken hinsichtlich der Vereinbarkeit mit dem RabattG kommen heute nicht mehr in Betracht.[999] Wettbewerbsrechtliche Bedenken im Hinblick auf eine unzulässige Laienwerbung bestehen nur, wenn im Einzelfall davon auszugehen ist, dass der branchenfremde Wiederverkäufer hauptsächlich Kunden aus seinem Bekanntenkreis gewinnen wird.[1000] 429

Bei der **progressiven Kundenwerbung (Schneeballsystem)** wird der Kunde in die Vertriebsorganisation des werbenden Unternehmens in der Weise einbezogen, dass ihm besondere Vorteile (zB Preisnachlässe für das eigene entgeltliche Geschäft) in Aussicht gestellt werden für den Fall, dass er seinerseits weitere Kunden zu entsprechenden Bedingungen anwirbt. In den meisten Fällen ist die progressive Kundenwerbung unlauter. Die Wettbewerbswidrigkeit wird damit begründet, dass das System darauf abzielt, den Kundenkreis lawinenartig bis hin zur Marktverstopfung unter Vermögensgefährdung der Teilnehmer anschwellen zu lassen. Selbst wenn die beworbenen Waren Verbrauchsprodukte des täglichen Lebens sind, wird die Zahl der binnen bestimmter Frist Angeworbenen größer sein als die der innerhalb gleicher Frist verbrauchten Waren, so dass sich nur der Zeitraum vergrößert, innerhalb dessen die Marktsättigung eintritt.[1001] Kennt der Umworbene seine Stellung in dem System und die Gefahr der Marktsättigung nicht, ist die progressive Kundenwerbung außerdem systemimmanent irreführend nach § 5a.[1002] Aber auch bei Kenntnis der Umstände werden regelmäßig die Voraussetzungen des § 4 Nr. 2 vorliegen. Die zivilrechtlichen Vereinbarungen zwischen den beteiligten Personen sind nach §§ 134, 138 BGB nichtig.[1003] Aus **§ 16 Abs. 2** kann sich außerdem eine Strafbarkeit ergeben, allerdings nur, wenn es sich bei den Teilnehmern um Verbraucher handelt. 430

Die Laienwerbung weist Parallelen zur **Dreieckskopplung** auf, weil bei beiden Absatzformen der von der Prämie Begünstigte und der tatsächliche Abnehmer der Ware auseinanderfallen. Allerdings werden bei der Laienwerbung anders als bei der Dreieckskopplung Privatpersonen eingesetzt, um deren persönlichen Kontakt zu den Kunden auszunutzen. Der unsachliche Einfluss wird hier also durch einen psychischen Kaufzwang begründet, während bei der Dreieckskopplung das Vertrauen des Kunden in die Neutralität des Beratenden ausgenutzt wird. 431

6. Verantwortlichkeit des Laienwerbers und des Unternehmers

Wendet der Laienwerber unzulässige Werbemethoden an (zB belästigende Werbemethoden), dann haftet er selbst. Auch gegen den Geschäftsherrn besteht ein Unterlassungs- oder 432

---

998 BGH GRUR 1963, 578 – Sammelbesteller.

999 BGH GRUR 1968, 595 – Wiederverkäufer; BGH GRUR 1969, 362 – Rabatte für branchenfremde Wiederverkäufer.

1000 *Köhler*/Piper UWG § 1 Rn 374.

1001 OLG Karlsruhe GRUR 1989, 615, 617 – Karlsbader Goldkreis; OLG München NJW 1986, 1880, 1881 – Sittenwidrigkeit von Franchiseverträgen mit Schneeballsystem.

1002 BGH NJW 1955, 377, 378 – Progressive Kundenwerbung.

1003 *Piper*/Ohly UWG § 4 Rn 1/146; HK-WettbR/*Plaß* § 1 Rn 198.

Beseitigungsanspruch nach § 8 Abs. 2.[1004] Handelt der Laienwerber an sich korrekt, ist das System der Laienwerbung aber als solches unzulässig (etwa weil die Prämien überhöht sind), haftet der Laienwerber, der zur Förderung fremden Wettbewerbs handeln wird, persönlich. Der Geschäftsherr haftet als Betreiber des Systems ebenfalls persönlich.

XIV. Anzapfen

Schrifttum: *Emmerich,* Missbrauch der Nachfragemacht, JuS 1983, 150; *Gilbert,* Die rechtliche Bewertung des sog. Anzapfens, 1980; *Gröner/Köhler,* Der Selbstbedienungshandel zwischen Rechtszwang und Wettbewerb, 1986; *Herrmann,* Anzapfverbote im Einzelhandel und privatrechtlicher Verbraucherschutz, GRUR 1982, 395; *Hölzler/Satzky,* Wettbewerbsverzerrungen durch nachfragemächtige Handelsunternehmen, 1980; *Jungk,* Die Ausübung wirtschaftlicher Macht als unlauterer Wettbewerb?, 1997; *Kaligin,* Die wettbewerbsrechtliche Beurteilung des „Anzapfens" nach § 1 UWG und 26 GWB (nF), WRP 1981, 129; *Köhler,* Zur Auslegung, Anwendung und Reform des § 20 III GWB, FS Tilmann, 2003, S. 693; *Köhler,* Zur Kontrolle der Nachfragemacht nach dem neuen GWB und dem neuen UWG, WRP 2006, 139; *Köhler,* Zur Konkurrenz lauterkeitsrechtlicher und kartellrechtlicher Normen, WRP 2006, 645; *Lademann,* Nachfragemacht von Handelsunternehmen, 1986; *Loewenheim,* Eintrittsgelder und Sittenwidrigkeit, GRUR 1976, 224; *Meier,* Nochmals: Wettbewerbsrecht und Nebenleistungswettbewerb, WRP 1982, 135; *Merz,* Die Vorfeldthese, 1988; *Mestmäcker,* Der verwaltete Wettbewerb, 1984; *Sosnitza,* Wettbewerbsbeschränkungen durch die Rechtsprechung, 1995; *Treis,* Zur Erklärung von Händlerverhalten mittels der Lehre von den Handelsfunktionen, GRUR 1985, 955; *Ulmer,* Der Begriff „Leistungswettbewerb" und seine Bedeutung für die Anwendung von GWB- und UWG-Tatbeständen, GRUR 1977, 565; *Wirtz,* Der unlautere Handel mit dem Handel, GRUR 1985, 15.

1. Erscheinungsform

433 Eine Beeinträchtigung der Entscheidungsfreiheit von Lieferanten und Herstellern kommt insbesondere dann in Betracht, wenn Leistungen gefordert oder gewährt werden, denen **keine echte Gegenleistung** gegenübersteht (Anzapfen).[1005] Bei den Forderungen geht es oftmals um Nebenleistungen wie Eintrittsgelder des Handels, Listungsgebühren, Regal- oder Schaufenstermieten, Umsatzprämien, Werbekostenzuschüsse oder Investitionszuschüsse.[1006] Eintrittsgelder und Listungsgebühren sind Gelder, die vom Hersteller oder Lieferanten für die Aufnahme in das Sortiment des Händlers bzw. für den Verbleib im Sortiment des Händlers an diesen bezahlt werden.[1007] Bei Schaufenster- und Regalmieten bezahlt der Hersteller oder Lieferant ein zusätzliches Entgelt dafür, dass der Händler die gelieferte Ware dort ausstellt oder anbietet, wo sie besonders auffällt und vom Verbraucher besonders gut wahrgenommen werden kann.

2. Ausübung von Druck

434 Die Unlauterkeit des Anzapfens wurde ursprünglich mit der sog. Funktionswidrigkeit des Händlerverhaltens begründet. Dahinter stand die Überlegung, dass der Händler als Mittler zwischen Hersteller und Verbraucher dazu aufgefordert sei, aus dem Angebot der Hersteller diejenigen Waren auszusuchen, die der Verbraucher vermeintlich nach Art, Preis und Qualität bevorzuge. Der Händler handle funktionswidrig, wenn er die Auswahl nur aufgrund der Sondervorteile und nicht auf Grund des Preises, der Art oder der Qualität der Ware treffe.[1008] Diese viel kritisierte Rechtsprechung[1009] wird mittlerweile als überholt an-

---

[1004] Hefermehl/*Köhler*/Bornkamm UWG § 4 Rn 1.190; vgl. auch Großkomm/*Erdmann* UWG § 13 Rn 148; *Ulrich* FS Piper S. 495, 498.

[1005] Harte/Henning/*Omsels/Stuckel* UWG § 4 Nr. 1 Rn 119, 123; Hefermehl/*Köhler*/Bornkamm UWG § 4 Rn 10.130; Piper/*Ohly* UWG § 4.10 Rn 16; *Köhler* WRP 2006, 645, 648; ähnlich: OLG Hamm WRP 2002, 747, 749; BKartA BB 1999, 706.

[1006] Harte/Henning/*Omsels/Stuckel* UWG § 4 Nr. 1 Rn 119; *Emmerich* WettbR § 8 V.

[1007] BGH GRUR 1977, 619 – Eintrittsgeld; OLG Hamm GRUR-RR 2003, 288; Harte/Henning/*Omsels/Stuckel* UWG § 4 Nr. 1 Rn 129.

[1008] BGH GRUR 1977, 619, 621 – Eintrittsgeld; BGH GRUR 1977, 257, 258 – Schaufensteraktion; OLG Saarbrücken BB 1977, 710; OLG München GRUR 1992, 712, 713.

[1009] *Treis* GRUR 1985, 955; *Wirtz* GRUR 1985, 15; *Loewenheim* GRUR 1976, 224; *Emmerich* WettbR § 8 V.

gesehen.[1010] Es soll für die lauterkeitsrechtliche Beurteilung vielmehr darauf abgestellt werden, ob der Nachfrager versucht, die Forderung mit einer lauterkeitsrechtlich unzulässigen Druckausübung auf den Hersteller durchzusetzen.[1011]

Demnach genügt das bloße Fordern von Leistungen allein nicht, um es als unlauteres Verhalten einzustufen. Es ist regelmäßig nicht unlauter, wenn eine Partei für sich günstigere Konditionen fordert als der Vertragspartner ihm gewähren will.[1012] Unzulässig wird das Verhalten des Händlers erst dann, wenn er dem Lieferanten oder Hersteller **mit einem empfindlichen Übel droht,** damit der Lieferant aufgrund des mit dem Nachteil verbundenen Drucks der Forderung des Händlers nachgibt. Allerdings ist **nicht jede Ausübung von Druck unzulässig.** Es ist dem Umstand Rechnung zu tragen, dass das Aushandeln der Vertragsbedingungen grundsätzlich von der Privatautonomie gedeckt und somit gemäß Art. 2 I GG gewährleistet ist. Aus diesem Grunde ist es zulässig, damit zu drohen, Geschäftsverbindungen abzulehnen[1013] oder nach Auslaufen der Vertragszeit nicht fortzusetzen.[1014] Jeder Wettbewerber ist in der Auswahl seiner Lieferanten und Abnehmer frei.[1015] Unerheblich ist es, ob der Lieferant dem Druck tatsächlich nachgibt. Selbst wenn der Lieferant die Möglichkeit hat, zu anderen Händlern zu wechseln, ändert dies an der rechtlichen Beurteilung nichts. Es kommt einzig und allein auf das Verhalten des Nachfragers an. **435**

Wettbewerbsrechtlich unlauter ist diese Verhaltensweise, wenn einer der Parteien seine Marktmacht oder die wirtschaftliche Abhängigkeit des anderen ausnutzt,[1016] um seine Verhandlungsposition zu stärken.[1017] In diesen Fällen sind jedoch vorrangig die kartellrechtlichen Vorschriften des GWB, insbesondere § 20 Abs. 3 GWB, einschlägig.[1018] Ein Verstoß gegen § 20 Abs. 3 GWB stellt in der Regel auch eine unlautere Druckausübung gemäß § 4 Nr. 1 dar. Verfügt der Nachfrager indessen nicht über ausreichende Marktmacht, so müssen weitere Umstände hinzutreten, um eine Druckausübung im Sinne des § 4 Nr. 1 annehmen zu können. Andernfalls käme es zu einem Wertungswiderspruch zu § 20 Abs. 3 GWB.[1019] Konstellationen, in denen keine Marktmacht missbraucht wird, die Verhaltensweisen aber dennoch lauterkeitsrechtlich bedenklich sind und somit nur unter Zuhilfenahme des UWG untersagt werden können, liegen beispielsweise vor, wenn der Händler dem Lieferanten damit droht, ihn bei Dritten anzuschwärzen, Vertragsinterna zu verraten oder bestehende Verträge nicht einzuhalten.[1020] Des Weiteren handelt es sich um eine unlautere Druckausübung, wenn damit gedroht wird, das Markenimage zu schädigen, etwa indem die Ware im beschädigten oder verschmutzten Zustand verkauft oder zu besonders niedrigen Preisen angeboten wird.[1021] Ebenso sind die Fälle zu beurteilen, in denen gedroht wird, eine berechtigte Forderung nicht zu begleichen oder eine Rechnung des Lieferanten eigenmächtig zu kürzen.[1022] Für die Frage der Zulässigkeit nach § 4 Nr. 1 ist es gleichgültig, ob der **436**

1010 Hefermehl/*Köhler*/Bornkamm UWG § 4 Rn 10.134 – unter Berufung auf das Urteil BGH GRUR 1982, 677 – Unentgeltliche Übernahme der Preisauszeichnung; *Piper*/Ohly UWG § 4 Nr. 10 Rn 16; *Emmerich* WettbR § 8 V.

1011 Hefermehl/*Köhler*/Bornkamm UWG § 4 Rn 10.135; Piper/*Ohly* UWG § 4 Nr. 10 Rn 16.

1012 Hefermehl/*Köhler*/Bornkamm UWG § 4 Rn 1.29.

1013 BGH GRUR 1982, 737, 738 – Eröffnungsrabatt; BGH GRUR 1977, 619, 620 – Eintrittsgeld; OLG Zweibrücken GRUR-RR 2003, 17.

1014 OLG Zweibrücken GRUR-RR 2003, 17; *Köhler* WRP 2006, 645, 649.

1015 BGH GRUR 1982, 737, 738 – Eröffnungsrabatt; BGH GRUR 1977, 619, 620f – Eintrittsgeld.

1016 OLG Hamm GRUR-RR 2003, 288.

1017 BGH GRUR 2003, 80 – Konditionenanpassung.

1018 → Rn 51; *Köhler* WRP 2006, 645, 648.

1019 → BGH WuW/E 1943, 1945f; *Köhler* WRP 2006, 645, 648; zum Verhältnis Kartellrecht – Lauterkeitsrecht → Rn 48ff.

1020 Hefermehl/*Köhler*/Bornkamm UWG § 4 Rn 1.32; *Köhler* WRP 2006, 139, 146; *Köhler* WRP 2006, 645, 649.

1021 OLG Hamburg GRUR-RR 2002, 39.

1022 OLG Hamm WRP 2002, 747; Hefermehl/*Köhler*/Bornkamm UWG § 4 Rn 1.32; *Köhler* WRP 2006, 139, 146.

Händler die ihm gewährten Einkaufsvorteile an die Verbraucher weitergibt, sie in den Betrieb investiert oder seinem Privatvermögen zuführt.[1023]

3. Behinderung nach § 4 Nr. 10 UWG

437 Geschäftspraktiken wie das Anzapfen können nicht nur die Entscheidungsfreiheit von sonstigen Marktteilnehmern unlauter beeinflussen, sondern sie können auch unter dem Aspekt der Mitbewerberbehinderung gemäß § 4 Nr. 10 als wettbewerbswidrig anzusehen sein.[1024] Der lauterkeitsrechtliche Vorwurf kann darin liegen, dass der Händler durch das „Anzapfen" des Lieferanten bessere Konditionen als seine Konkurrenten erzielt und diesen dadurch in dessen Absatz behindert. Da jede Förderung des eigenen Wettbewerbs eine Behinderung des fremden Wettbewerbs darstellt, begründet allein der Umstand, dass ein Händler für sich günstigere Bedingungen schafft und somit einen Vorteil gegenüber seinen Konkurrenten erlangt, keinen Unlauterkeitsvorwurf. Auch führt die unlautere Druckausübung nach § 4 Nr. 1 gegenüber dem Hersteller nicht automatisch zu einer gezielten Behinderung der Mitbewerber. Eine solche liegt erst vor, wenn die Maßnahme bewusst darauf angelegt und zugleich geeignet ist, Mitbewerber vom Genuss gleicher Vorteile auszuschließen.[1025] Dies kann etwa der Fall sein, wenn der Händler vom Lieferanten fordert, als Einziger bestimmte Vorteile eingeräumt zu bekommen („Exklusivitätsvereinbarung")[1026] oder wenn der Händler keine Vorteile oder Nebenleistungen für sich, sondern eine Benachteiligung seiner Konkurrenten fordert. Lässt der Händler die erlangten Vorteile oder Nebenleistungen unmittelbar in sein Privatvermögen fließen, stellt dies ein Indiz dafür dar, dass es dem Händler nicht auf eine gezielte Behinderung seiner Mitbewerber ankam.

1023 BGH GRUR 1977, 619, 621 f – Eintrittsgeld; Hefermehl/*Köhler*/Bornkamm UWG § 4 Rn 1.32; *Köhler* WRP 645, 648.

1024 Hefermehl/*Köhler*/Bornkamm UWG § 4 Rn 10.133.

1025 Hefermehl/*Köhler*/Bornkamm UWG § 4 Rn 10.136.

1026 Hefermehl/*Köhler*/Bornkamm UWG § 4 Rn 10.136; *Köhler* WRP 2006, 139, 146; *Köhler* WRP 2006, 645, 649.

Ausnutzung der geschäftlichen Unerfahrenheit, Leichtgläubigkeit, Angst oder Zwangslage (§ 4 Nr. 2)

Übersicht

Rn

A. Einleitung ... 1

I. Geschichtliche Entwicklung, Gesetzesgeschichte, Entstehungsgeschichte ... 1

II. Systematischer Überblick über die gesetzliche Regelung ... 4

B. Ausnutzen von Angst und Zwangslagen ... 6

I. Einleitung ... 6
1. Geschichtliche Entwicklung, Gesetzesgeschichte, Entstehungsgeschichte ... 6
2. Systematischer Überblick über die gesetzliche Regelung ... 8
3. Normzweck ... 12
4. Europäisches Gemeinschaftsrecht ... 13

II. Grundsätzliche Erwägungen ... 15
1. Abstrakte Feststellung anhand normativer Kriterien ... 15
a) Vorliegen einer Ausnahmesituation ... 15
b) Eignung zur Ausnutzung ... 19
c) Beurteilungsmaßstab ... 21
2. Spürbare Beeinträchtigung der Fähigkeit zur informierten Entscheidung ... 23
3. Allgemeininteressen ... 34

III. Ausnutzung von Angst im Sinne des § 4 Nr. 2 ... 35
1. Bisherige Rechtslage unter § 1 UWG aF ... 35
a) Anwendungsgebiete ... 35
b) Argumentationsmuster ... 37
c) Literatur ... 39
2. Beurteilung konkreter Fallgestaltungen ... 43
a) Inflationsängste ... 43
b) Ängste um die Gesundheit ... 45
c) Angst vor technischen Unglücksfällen ... 47
d) Angst vor Umweltzerstörung ... 49
e) Angst vor beruflichem Scheitern ... 51
f) Angst vor sozialen Sanktionen ... 52
g) Angst vor Verkehrsunfällen ... 54
h) Androhung konkreter, unzulässiger Nachteile ... 58
3. Fazit ... 61

IV. Ausnutzung einer Zwangslage von Verbrauchern ... 62
1. Ansprechen von Unfallopfern ... 63
a) Rechtsprechung und Literatur ... 63
b) Argumentationsmuster ... 64
c) Beurteilung der Fallgestaltungen ... 66
2. Unerbetene Vertreterbesuche nach dem Todesfall eines nahen Angehörigen und bei alten und/oder kranken Verbrauchern ... 70
a) Rechtsprechung und Literatur ... 70
b) Argumentationsmuster ... 73
c) Beurteilung der Fallgestaltungen ... 75
aa) Grabsteinaufträge ... 75
bb) Bestattungswerbung ... 81
3. Erschlichene Vertreterbesuche ... 84
a) Rechtsprechung und Literatur ... 84
b) Argumentationsmuster ... 85
c) Beurteilung der Fallgestaltungen ... 86
4. Ansprechen von Verbrauchern auf der Straße ... 93
a) Rechtsprechung und Literatur ... 93
b) Argumentationsmuster ... 94
c) Beurteilung der Fallgestaltungen ... 95
5. Zusendung unbestellter Ware ... 97
a) Rechtsprechung und Literatur ... 97
b) Argumentationsmuster ... 98
c) Beurteilung der Fallgestaltungen ... 99

Rn

6. Ausnutzung abergläubischer Vorstellungen ... 105
a) Äußerungen der Literatur ... 105
b) Beurteilung der Fallgestaltung ... 108
7. Einschränkung der Bewegungsfreiheit und ähnliche Fallgestaltungen ... 112
a) Fallgestaltungen ... 112
b) Beurteilung der Fallgestaltungen ... 114
8. Psychologischer Kaufzwang ... 115
a) Rechtsprechung ... 115
b) Argumentationsmuster ... 116
c) Literatur ... 117
d) Beurteilung der Fallgestaltungen ... 118

C. Ausnutzen von geistigen oder körperlichen Gebrechen, Alter, geschäftlicher Unerfahrenheit oder Leichtgläubigkeit ... 128

I. Einleitung ... 128
1. Geschichtliche Entwicklung, Gesetzesgeschichte, Entstehungsgeschichte ... 128
2. Systematischer Überblick über die gesetzliche Regelung ... 133
3. Normzweck ... 137
4. Europäisches Gemeinschaftsrecht ... 138

II. Grundsätzliche Erwägungen ... 143
1. Abstrakte Feststellung anhand normativer Kriterien ... 143
a) Massive Defizite gegenüber dem Durchschnittsverbraucher ... 144
b) Eignung zur Ausnutzung ... 153
2. Spürbare Beeinträchtigung der Fähigkeit zur informierten Entscheidung ... 161
3. Einsatz von Kindern als „Kaufmotivatoren" ... 165
4. Allgemeininteressen ... 171

III. Ausnutzen altersbedingter entwicklungstypischer Defizite bei Kindern und Jugendlichen ... 172
1. Rechtsprechung ... 172
2. Literatur ... 178
3. Beurteilung der Fallgestaltungen ... 179
a) Einsatz von Autoritätspersonen ... 179
b) Ausnutzen des Spiel- und Sammeltriebes ... 181
c) Direkte Kaufappelle ... 186
d) Suggestivwerbung ... 191
e) Einsatz von Idolen in der Werbung ... 194
f) Werbung „below the line" ... 197
g) Abwälzen von Werbekosten ... 198
h) Erhebung von Daten ... 200
i) Fazit ... 201
4. Nr. 28 Anhang UWG ... 205
a) Entstehungsgeschichte, Europäisches Gemeinschaftsrecht ... 206
b) Normzweck ... 207
c) Systematischer Überblick über die gesetzliche Regelung ... 209
d) Tatbestandsmerkmale ... 210
e) Systemwidrigkeit der 2. Tatbestands-Alternative ... 224

IV. Ausnutzen von massiven Defiziten bei Erwachsenen ... 228
1. Rechtsprechung ... 228
2. Literatur ... 232
3. Beurteilung ... 233
a) Sprach-, Lese- und Schreibunkundigkeit ... 234
b) Psychische Störungen oder bestimmte körperliche Behinderungen ... 235
c) Rentner und Hausfrauen ... 238
d) Gläubige ... 239
e) Inhaftierte ... 240
f) Aberglauben ... 241
g) Rechtsunkenntnis ... 242
h) Fazit ... 243

D. „Schockwerbung" („Benetton") und „diskriminierende Werbung" ... 244

I. Einleitung ... 244
1. Geschichtliche Entwicklung und Entstehungsgeschichte ... 244
a) Schockwerbung ... 244
b) „Diskriminierende Werbung" ... 247

Rn
2. Gesetzesgeschichte zum neuen Unlauterkeitsrecht 249
3. Europäisches Gemeinschaftsrecht 254
II. Rechtsprechung 255
1. „Benetton"-Rechtsprechung 255
a) Entscheidungstroika vom 6. 7. 1995: Kinderarbeit, Ölverschmutzte Ente, H. I. V. POSITIVE 255
b) Bundesverfassungsgericht „Benetton I" vom 12. 12. 2000 260
c) BGH „H. I. V. POSITIVE II" vom 6. 12. 2001 263
d) Bundesverfassungsgericht „Benetton II" vom 11. 3. 2003 265
e) Bundesverfassungsgericht „Tier- und Artenschutz" vom 6. 2. 2002 266
2. Ansätze einer Beurteilung durch die Rechtsprechung in den Fällen der „diskriminierenden Werbung" 269
a) BGH „Busengrapscher/Schlüpferstürmer" vom 18. 12. 1995 269
b) Untergerichte 271
III. Grundsätzliches zur Schockwerbung und zur „diskriminierenden Werbung" 278
1. Schutzbereich des Art. 5 GG 278
2. Schranken nach Art. 5 Abs. 2 GG 289
3. Menschenwürde des Art. 1 Abs. 1 GG als absolute Schranke 304
4. Anforderungen an einen Verstoß gegen die Menschenwürde im Sinne des Art. 1 Abs. 1 GG 311
IV. Einzelne Fallgruppen 317
1. „Schock"-Werbung („Benetton") 317
2. Sexistische Werbung 323
a) Allgemeines 323
b) Einzelfälle 332
c) Fazit 345
3. Religiös diskriminierende Werbung 347
a) Allgemeines 347
b) Einzelfälle 348
4. Behindertendiskriminierung 354
a) Allgemeines 354
b) Einzelfälle 355
5. Ethnische bzw. nationale Diskriminierung 360
a) Allgemeines 360
b) Einzelfälle 361
6. Politische Überzeugungen diskriminierender Werbung 367
7. Kriegs- oder gewaltverherrlichende Werbung 368
V. Fazit 373

Schrifttum: *Ahrens,* Benetton und Busengrapscher – ein Test für die wettbewerbsrechtliche Sittenwidrigkeitsklausel und die Meinungsfreiheit, JZ 1995, 1096; *Albert,* Die wettbewerbsrechtliche Beurteilung der werblichen Beeinflussung von Kindern, 2001; *Albrecht,* Europäisches Werberecht und seine Auswirkungen auf das deutsche Wettbewerbsrecht, WRP 1997, 927; *Apostopoulos,* Neuere Entwicklungen im europäischen Lauterkeitsrecht: Problematische Aspekte und Vorschläge, WRP 2004, 841; *Bahr,* Urteilsanmerkung, MMR 2003, 470; *Baudenbacher,* Zur gesundheitsbezogenen Werbung, WRP 1980, 471; *Baukelmann,* Jugendschutz und Lauterkeitsrecht, FS Ullmann, 2006, S. 587; *Beckmann,* Werbeselbstdisziplin in Deutschland und Europa, WRP 1991, 702; *Benz,* Kinderwerbung und Lauterkeitsrecht, 2002; *dies.,* Werbung vor Kindern unter Lauterkeitsgesichtspunkten, WRP 2003, 1160; *Bornkamm/Henning-Bodewig/Köhler,* Vorschlag für eine Richtlinie zum Lauterkeitsrecht und eine UWG-Reform, WRP 2002, 1317; *Bottenschein,* „Regenwald Projekt" und der Kaufzwang bei der akzessorischen Werbung, WRP 2002, 1107; *Brändel,* Jugendschutz im Wettbewerbsrecht, FS v. Gamm, 1990, S. 9; *Brandner,* Imagewerbung mit dem World Trade Center?, FS Erdmann, 2002, S. 533; *Bülow,* Der psychologische Kaufzwang, GRUR 1974, 254; *ders.,* Anmerkung zu den BGH-Entscheidungen vom 6. 7. 1995, ZIP 1995, 1289; *ders.,* Werbung gegenüber Kindern und Jugendlichen, FS Piper, 1996, S. 121; *ders.,* Kein Abschied von psychologischen Kaufzwang, WRP 2005, 954; *Charlton/Neumann/Braun/Aufenanger/Hoffmann-Riem,* Fernsehwerbung und Kinder, 1995; *Dembowski,* Kinder und Jugendliche als Werbeadressaten, FS Eike Ullmann, 2006, S. 599; *Doepner,* Unlauterer Wettbewerb durch Verletzung von Marktzutrittsregelungen?, WRP 2003, 1292; *Drexl,* Die wirtschaftliche Selbstbestimmung des Verbrauchers, 1998; *Dürig,* Der Grundrechtssatz von der Menschenwürde, AöR 81 (1956), 117; *Eisenhardt,* Werbung gegenüber Kindern, WRP 1997, 283; *Emmerich,* Übertriebenes Anlocken – Was ist das eigentlich?, FS Piper, 1996, S. 171; *ders.,* Wettbewerbsbeschränkungen durch die Rechtsprechung, FS Gernhuber, 1993, S. 857; *Engels/Salomon,* Vom Lauterkeitsrecht zum Verbraucherschutz, UWG-Reform 2003, WRP 2004, 32; *Eppe,* Der lauterkeitsrechtliche Tatbestand des übertriebenen Anlockens im Wandel – am Beispiel der Wertreklame, WRP 2004, 153; *Ernst,* Abmahnungen auf Grund von Normen außerhalb des UWG, WRP 2004, 1133; *Fezer,* Diskriminierende Werbung – Das Menschenbild der Verfassung im Wettbewerbsrecht, JZ 1998, 265;

ders., Imagewerbung mit gesellschaftskritischen Themen im Schutzbereich der Meinungs- und Pressefreiheit, NJW 2001, 580; *ders.,* Modernisierung des deutschen Rechts gegen unlauteren Wettbewerb auf der Grundlage einer Europäisierung des Wettbewerbsrechts, WRP 2001, 989; *ders.,* Plädoyer für eine offensive Umsetzung der Richtlinie über unlautere Geschäftspraktiken in das deutsche UWG, WRP 2006, 781; *Frenzel,* Neukonzeption des Rechtsbruchstatbestandes abgeschlossen, WRP 2004, 1137; *Freund,* Das Persönlichkeitsrecht des Umworbenen, 1983; *Fuchs,* Wettbewerbsrechtliche Schranken bei der Werbung gegenüber Minderjährigen, WRP 2009, 255; *Gaedertz,* Zur Wettbewerbswidrigkeit der Werbung des Abschleppunternehmens am Unfallort, GRUR 1980, 792; *Gaedertz/Steinbeck,* Diskriminierende und obszöne Werbung, WRP 1996, 978; *Gamerith,* Der Richtlinienvorschlag über unlautere Geschäftspraktiken – Möglichkeiten einer harmonischen Umsetzung, WRP 2005, 391; *Gärtner,* Zum Einfluss der Meinungsfreiheit auf § 1 UWG am Beispiel der Problemwerbung; *Girth/Sack,* Die Werbung mit der Inflation, WRP 1974, 181; *Hartwig,* „H. I. V. POSITIVE II" – zugleich Abschied vom Verbot „gefühlsbetonter Werbung"?, WRP 2003, 582; *ders.,* Der BGH und das Ende des Verbots „gefühlsbetonter Werbung", NJW 2006, 1326; *Glöckner/Henning-Bodewig,* EG-Richtlinie über unlautere Geschäftspraktiken – Was wird aus dem neuen UWG?, WRP 2005, 1311; *Hecker,* Die Richtlinie über unlautere Geschäftspraktiken: Einige Gedanken zu der „aggressive Geschäftspraktiken"-Umsatzung in das deutsche Recht, WRP 2006, 640; *Heermann,* Ausnutzung der geschäftlichen Unerfahrenheit von Kindern und Jugendlichen in der Werbung, FS Raiser, 2005, S. 681; *Heim,* Sebastian, Der Schutz Minderjähriger durch Wettbewerbsrecht, FamRZ 2007, 321; *Henning-Bodewig,* Neue Aufgaben für die Generalklausel des UWG?, GRUR 1997, 180; *dies.,* Schockierende Werbung, WRP 1992, 533; *dies.,* Das neue Gesetz gegen den unlauteren Wettbewerb, GRUR 2004, 713; *dies.,* Die Richtlinie 2005/29/EG über unlautere Geschäftspraktiken, GRUR Int. 2005, 629; *dies.,* Neuorientierung von § 4 Nr. 1 und 2 UWG?, WRP 2006, 621; *Hoffmann-Riem,* Kommunikationsfreiheit für Werbung, ZUM 1996, 1; *Hoffmann-Riem/Engels,* Fernsehwerbung und Kinder, RdJB 1996, 48; *Hollerbach/Kapp,* Fehlentwicklungen der wettbewerbsrechtlichen Rechtsprechung zum Social Sponsoring, DB 1998, 1501; *Jergolla,* Die britische Werbeselbstkontrolle anhand des Advertising Code – eine Gegenüberstellung mit der Rechtslage in Deutschland, WRP 2003, 431; *Keßler,* UWG und Verbraucherschutz – Wege und Umwege zum Recht der Marktkommunikation, WRP 2005, 264; *Kießling/Kling,* Die Werbung mit Emotionen, WRP 2002, 615; *Knubben,* Die Werbung unter Ausnutzung von Angst, 2006; *Köhler,* Das neue UWG, WRP 2004, 2121; *ders.,* Zur Umsetzung der Richtlinie über unlautere Geschäftspraktiken, GRUR 2005, 793; *ders.,* Minderjährigenschutz im Lauterkeitsrecht, FS Ullmann, 2006, S. 685; *ders.,* Werbung gegenüber Kindern: Welche Grenzen zieht die Richtlinie über unlautere Geschäftspraktiken?, WRP 2008, 709; *ders.,* Zur richtlinienkonformen Auslegung und Neuregelung der „Bagatellklausel" in § 3 UWG, WRP 2008, 10; *ders.,* Rechtsprechungsbericht zum Recht des unlauteren Wettbewerbs IX, GRUR-RR 2008, 145; *ders.,* Vom deutschen zum europäischen Lauterkeitsrecht – Folgen der Richtlinie über unlautere Geschäftspraktiken für die Praxis, NJW 2008, 3032; *Köhler/Lettl,* Das geltende europäische Lauterkeitsrecht, der Vorschlag für eine EG-Richtlinie über unlautere Geschäftspraktiken und die UWG-Reform, WRP 2003, 1019; *Kort,* Zur wettbewerbsrechtlichen Beurteilung gefühlsbetonter Werbung, WRP 1997, 526; *Kübler/Kübler,* Werbefreiheit nach „Benetton", FS Peter Ulmer, 2003, S. 907; *Kur,* Die „geschlechtsdiskriminierende Werbung" im Recht der nordischen Länder, WRP 1995, 790; *Lange,* Anmerkung zur BVerfG-Entscheidung „Benetton II", JZ 2003, 624; *ders.,* Werbung mit gesellschaftskritischen Themen als Bestandteil der Meinungs- und Pressefreiheit, AfP 2002, 185; *Lehmann,* Vertragsanbahnung durch Werbung, 1981; *Lettl,* Gemeinschaftsrecht und neues UWG, WRP 2004, 1079; *Mankowski,* Wer ist ein „Kind"?, WRP 2007, 1398; *ders.,* Was ist eine „direkte Aufforderung zum Kauf" an Kinder?, WRP 2008, 421; *ders.,* „Hol es dir und zeig es deinen Freunden" – Der Schutz von Kindern und Jugendlichen im Werberecht, in: Das Kind im Recht, 2009, 51; *Meydam,* Sozialrechtliche Tatbestände und Wettbewerbsrecht, GRUR 1970, 399; *Micklitz/Kessler,* Europäisches Lauterkeitsrecht, GRUR Int. 2002, 885; *Ohly,* Das neue UWG – Mehr Freiheit für den Wettbewerb?, GRUR 2004, 889; *ders.,* Bausteine eines europäischen Lauterkeitsrechts, WRP 2008, 177; *Otto,* Allgemeininteressen im neuen UWG, 2007; *Peterek,* Ausnutzen der Rechtsunkenntnis – Anwendungsfall des § 4 Nr. 2 UWG?, WRP 2008, 714; *ders.,* Der Schutz erwachsener Verbraucher vor der Ausnutzung ihrer geschäftlichen Unerfahrenheit oder Leichtgläubigkeit gemäß § 4 Nr. 2 UWG, 2008; *Reichold,* Unlautere Werbung mit der „Realität"?, WRP 1994, 219; *Ruess/Voigt,* Wettbewerbsrechtliche Regelung von diskriminierenden Werbeaussagen – Notwendigkeit oder abzulehnende Geschmackszensur?, WRP 2002, 171; *Scherer,* Privatrechtliche Grenzen der Verbraucherwerbung, 1996; *dies.,* Schutz „leichtgläubiger" und „geschäftlich unerfahrener" Verbraucher in § 4 Nr. 2 UWG n. F. – Wiederkehr des alten Verbraucherleitbildes „durch die Hintertür"?, WRP 2004, 1355; *dies.,* Die Werbung zur Ausnutzung zur Angst von Verbrauchern nach § 4 Nr. 2 UWG n. F. – Neukonzeption eines altvertrauten Tatbestandes, WRP 2004, 1426; *dies.,* Abschied vom psychischen Kaufzwang – Paradigmenwechsel im neuen Unlauterkeitsrecht, WRP 2005, 672; *dies.,* Marktverhaltensregeln im Interesse der Marktbeteiligten – Funktionsorientierte Ausrichtung des Rechtsbruchtatbestandes in § 4 Nr. 11 UWG, WRP 2006, 401; *dies.,* Verletzung der Menschenwürde durch Werbung, WRP 2007, 594; *dies.,* Die „unsachliche" Beeinflussung in § 4 Nr. 1 UWG, WRP 2007, 723; *dies.,* Kinder als Konsumenten und Kaufmotivatoren, WRP 2008, 430; *dies.,* Ende der Werbung in Massenmedien? – Überlegungen zu Art. 5 Abs. 3 UGP-RL/ § 3 Abs. 1 Satz 2 UWG-RefE, WRP 2008, 563; *dies.,* Die „wesentliche Beeinflussung" nach der Richtlinie über unlautere Geschäftspraktiken, WRP 2008, 708; *dies.,* Das Ende des Verdikts der „gefühlsbetonten" Werbung – Aufgabe der „Sachlichkeits"-Doktrin?, GRUR 2008, 490; *dies.,* „Case law" in Gesetzesform – Die „Schwarze Liste" als neuer UWG-Anhang, NJW 2009, 324; *Schibel,* Belästigungswettbewerb: Ansprechen von Unfallgeschädigten an der Unfallstelle, BB 1968, 1449; *Schichl,* Die Zugabe im UWG und GWB nach dem Wegfall der Zugabeverordnung, 2005; *Schlemmer,* Die Europäisierung des UWG, 2005; *Schmittmann,* Blick nach Brüssel, AfP 2003, 24; *Schmitts,* „Übertriebenes Anlocken" und psychologischer Kaufzwang durch Gewinnspiele?, NJW 2003, 3034; *Schnorbus,* Werbung mit der Angst – Eine Analyse ihrer Erscheinungsformen, GRUR 1994, 15; *Schricker/Henning-Bodewig,* Elemente einer Harmonisierung des Rechts des unlauteren Wettbewerbs in der Europäischen Union, WRP 2001, 1367; *Schulze-Fielitz,* Anmerkung zur BVerfG-Entscheidung „Benetton I", JZ 2001, 302; *Seichter,* Der Umsetzungsbedarf der Richtlinie über unlautere Geschäftspraktiken, WRP 2005, 1087; *ders.,* „20% auf alles – nur heute!" – Zur wettbewerbsrechtlichen Beurteilung von kurzfristigen Rabattaktionen, WRP 2006, 620; *ders.,* Das Regenwaldprojekt – Zum Abschied von der Fallgruppe der gefühlsbetonten Werbung, WRP 2007, 230; *Sevecke,* Die Benetton-Werbung als Problem der Kommunikationsfreiheiten, AfP 1994, 196; *ders.,* Wettbewerbsrecht und Kommunikationsgrundrechte, 1997; *Sosnitza,* Werbung mit der Realität, GRUR 1993, 540; *ders.,* Wettbewerbsbeschränkungen durch die Rechtsprechung, 1995; *ders.,* Zulässigkeit und Grenzen der sogenannten Image-Werbung, WRP 1995, 786; *ders.,* Die Richtlinie über unlautere Geschäftspraktiken – Voll- oder Teilharmonisierung?, WRP 2006, 1; *ders.,* Der Gesetzentwurf zur Umsetzung der Richtlinie über unlautere Geschäftspraktiken, WRP 2008, 1014; *Stein,* Wettbewerb ohne Meinung?, FS Grimm, 2000, S. 97; *Steinbeck,* Das Bild der Frau in der Werbung, ZRP 2002, 435; *dies.,* Übertriebenes Anlocken, psychischer Kaufzwang etc. ... gibt es sie noch?, GRUR 2005, 540; *dies.,* Urteilsanmerkung, GRUR 2006, 163; *dies.,* Die Zukunft der Aggressiven Geschäftspraktiken, WRP 2008, 865; *Tetzner,* Ist „Werben mit der Angst" unlauter?, MDR 1975, 281; *Toscani,* Die Werbung ist ein lächelndes Aas, 2000; *Tsiliotis,* Der verfassungsrechtliche Schutz der Wettbewerbsfreiheit und seine Einwirkung auf die privatrechtlichen Beziehungen, 2000; *Ulbrich,* Der BGH auf dem Weg zum normativen Verbraucherleitbild?, WRP 2005, 940; *Ullmann,* Einige Bemerkungen zur Meinungsfreiheit in der Wirtschaftswerbung, GRUR 1996, 948; *Ungern-Sternberg,* Wettbewerbsbezogene Anwendung des § 1 UWG und normzweckgerechte Auslegung der Sittenwidrigkeit, FS Erdmann, 2002, S. 741; *Vida,* Die rechtlichen Grenzen der Werbung gegenüber Kindern im schwedischen Lauterkeits- und Medienrecht, WRP 2007, 139; *Veelken,* Kundenfang gegenüber dem Verbraucher, WRP 2004, 1; *Wassermeyer,* Diskriminierende Werbung, 2000; *Wehlau,* Urteilsanmerkung, BGH-Report 2006, 109; *Weiler,* Psychischer Kaufzwang – Ein Abschiedsplädoyer WRP 2002, 871; *Widmann,* Der Bestattungsvertrag, 2000; *Wünnenberg,* Schockierende Werbung – Ein Verstoß gegen § 1 UWG?, 1996; *Wuttke,* Die Bedeutung der Schutzzwecke für ein liberales Wettbewerbsrecht (UWG), WRP 2007, 119; *Zagouras,* Werbung für Mobilfunkmehrwertdienste und die Ausnutzung der geschäftlichen Unerfahrenheit von Kindern und Jugendlichen, GRUR 2006, 731.

A. Einleitung

I. Geschichtliche Entwicklung, Gesetzesgeschichte, Entstehungsgeschichte

1 Der hier behandelte Bereich war unter Geltung des UWG 1909 komplett im Rahmen des § 1 UWG aF angesiedelt. Die einzelnen von § 4 Nr. 2 geregelten Tatbestände bildeten einzelne Fallgruppen, deren Übereinstimmung mit den „guten Sitten" gemäß § 1 UWG aF als typischerweise problematisch angesehen wurde.

2 Mit der **UWG-Novelle 2004** hat sich in den hier behandelten Bereichen in zweifacher Hinsicht ein **Paradigmenwechsel** vollzogen: Zum einen liegt der Neuregelung nicht mehr das alte deutsche, sondern das neue **europäische Verbraucherleitbild** zugrunde. Dies wirkt sich nicht nur im Bereich der Irreführung, sondern auch in jedem anderen Bereich des Unlauterkeitsrechts aus, das den Verbrauchern vor unlauteren geschäftlichen Handlungen schützen will. Zum anderen ist das neue Unlauterkeitsrecht – ausweislich des in § 1 definierten Gesetzestexts – in wesentlich stärkerem Maße als das alte Recht funktionsbezogen: Geschützt wird nicht mehr der Einklang des Wettbewerbs mit den „guten Sitten", sondern Maßstab ist jetzt die **Wirkung wettbewerblichen Verhaltens auf das Marktgeschehen.**[1] Beides wird für den hier zu behandelnden Bereich von erheblicher Bedeutung sein.

3 Schließlich ist durch das **Erste Gesetz zur Änderung des UWG** eine bisher dem Unlauterkeitsrecht unbekannte Regelungstechnik gewählt worden: Eine „Schwarze Liste" ist als Anhang dem UWG angefügt worden, deren Tatbestände in jedem Fall bei Vornahme gegenüber Verbrauchern gemäß § 3 Abs. 3 unzulässig sind. Einige dieser Tatbestände betreffen thematisch den in § 4 Nr. 2 geregelten Bereich. In § 4 Nr. 2 hat sich im Tatbestand

[1] BT-Drucks. 15/1487 S. 17.

eine Änderung dadurch ergeben, dass zunächst die Worte „insbesondere von Kindern und Jugendlichen" gestrichen wurden und die Worte „geistige oder körperliche Gebrechen, das Alter" aufgenommen wurden.

II. Systematischer Überblick über die gesetzliche Regelung

4 § 4 Nr. 2 gliedert sich in die Tatbestände der Eignung der geschäftlichen Handlung zur Ausnutzung von geistigen oder körperlichen Gebrechen, Alter, geschäftlicher Unerfahrenheit, Leichtgläubigkeit, Angst oder der Zwangslage von Verbrauchern auf. Die Einzeltatbestände werden jedoch – wegen der engen Verwandtschaft der sich stellenden Probleme – wie folgt in den Abschnitten B und C zusammengefasst: In Abschnitt B wird das **Ausnutzen von Angst und Zwangslagen** kommentiert, da hier regelmäßig Verbraucher betroffen sind, die bereits vom Wortlaut des Gesetzes her keine Besonderheiten aufweisen; anders hingegen die in Abschnitt C behandelte **Ausnutzung von geistigen oder körperlichen Gebrechen, Alter, geschäftlicher Unerfahrenheit, Leichtgläubigkeit,** da hier Personen betroffen sind, die bereits durch die gesetzliche Beschreibung Besonderheiten aufweisen. Dieser Bereich wird in Abschnitt C gemeinsam kommentiert, da diese Verbraucher bereits aufgrund ihrer Konstitution spezifische Besonderheiten aufweisen, die in der rechtlichen Einordnung und Bewertung zu Friktionen führen können.

5 In Abschnitt D wird der Bereich **„Schockwerbung"** („Benetton") und **„diskriminierende Werbung"** behandelt. Dieser Abschnitt steht zwar thematisch nicht in unmittelbarem Zusammenhang mit dem Wortlaut der Norm; da eine Kommentierung auch für das neue Unlauterkeitsrecht geboten erscheint, wurde diese hier vorgenommen. Der Abschnitt D versteht sich daher gewissermaßen als thematisch nicht unmittelbar mit § 4 Nr. 2 zusammenhängenden Annex.

B. Ausnutzen von Angst und Zwangslagen

I. Einleitung

1. Geschichtliche Entwicklung, Gesetzesgeschichte, Entstehungsgeschichte

6 Im Bereich des § 1 UWG aF gab es eine spezielle Fallgruppe der sog. **„Angstwerbung",** die von der Rechtsprechung relativ streng gehandhabt wurde. Werbung mit dem Hervorrufen von Angstgefühlen, selbst vor alltäglichen Dingen, wurde unter dem alten Unlauterkeitsrecht meistens verboten.[2]

7 Die **Ausnutzung von Zwangslagen** war im Bereich des § 1 UWG aF auf mehrere **spezielle Fallgruppen** verteilt: Das Ansprechen von Unfallopfern, unerbetene Vertreterbesuche, das sog. „Anreißen", die Zusendung unbestellter Ware, der „psychologische Kaufzwang" und das „übertriebene Anlocken" enthielten sämtlich Elemente einer gewissen Zwangslage. Sie wurden unter dem alten Unlauterkeitsrecht typischerweise untersagt.[3]

2. Systematischer Überblick über die gesetzliche Regelung

8 Bei der **Abgrenzung von § 4 Nr. 2 zu § 7** ist zu beachten: Nach dem Lauterkeitsrecht ergibt sich bei der Beeinträchtigung der Entscheidungsfreiheit des Verbrauchers folgendes System. Da die Freiheit der Willensentschließung des Verbrauchers bereits bei der Entscheidung einsetzt, von einer Werbung überhaupt Kenntnis zu nehmen und sich mit ihr zu befassen oder dies zu unterlassen,[4] und schließlich mit der Entscheidung hinsichtlich

---

[2] Ausführlich hierzu → Rn 35 ff.
[3] Ausführlich hierzu → Rn 62 ff.
[4] *Lehmann* S. 55; *Scherer* S. 69.

eines konkreten Vertragsabschlusses endet,[5] müssen diese Stadien, in denen die Entscheidungsfreiheit des Verbrauchers von Wettbewerbern beeinträchtigt werden kann, dem System des neuen Rechts zugeordnet werden.

Das Lauterkeitsrecht hat einerseits in § 7 einen speziellen Tatbestand konzipiert, in dem in Abs. 1 Satz 2 festgelegt ist, dass eine unzumutbare Belästigung (die nach Abs. 1 Satz 1 unzulässig ist) insbesondere anzunehmen ist, bei einer Werbung, obwohl erkennbar ist, dass der Empfänger diese Werbung nicht wünscht; andererseits hat es spezielle Tatbestände konzipiert wie etwa § 4 Nr. 1 und Nr. 2, die geeignet sind, die Entscheidungsfreiheit der Verbrauchern zu beeinträchtigen (Nr. 1) oder die Angst oder die Zwangslage von Verbraucher auszunutzen (Nr. 2). Diesem System entsprechend muss die freie Willensentschließung der Verbraucher hinsichtlich der Kenntnisnahme von Werbung bei § 7 angesiedelt werden, die freie Willensentschließung der Verbraucher hinsichtlich **konkreter Vertragsentscheidungen** bei § 4.[6] Ausdrücklich wird nämlich von der Gesetzesbegründung zu § 7 betont, dass die Belästigung darin besteht, dass geschäftliche Handlungen dem Empfänger aufgedrängt werden.[7] Der hier zu kommentierende § 4 Nr. 2 ist daher nur dann einschlägig, wenn die Entscheidungsfreiheit des Verbrauchers **ausgenommen die Kenntnisnahme von Werbung** betroffen ist; denn diese Freiheit der Willensentschließung des Verbrauchers hinsichtlich der Kenntnisnahme von Werbung ist bei § 7 angesiedelt und nur von § 7 geschützt. 9

§ 4 Nr. 2 enthält **verschieden Alternativen,** die sowohl untereinander, als auch zu § 4 Nr. 1 **schwer systematisch abzugrenzen** sind. Da die Androhung von konkreten, unzulässigen Nachteilen, die die Angst der Verbraucher auslöst oder verstärkt, zum einen eine Druckausübung bedeutet, zum anderen regelmäßig zugleich eine Zwangslage für die Verbraucher bewirkt, sind geschäftliche Handlungen, die geeignet sind, die Angst der Verbraucher auszunutzen bisweilen kaum abzugrenzen von den geschäftliche Handlungen, die geeignet sind, eine Zwangslage der Verbraucher auszunutzen und die eine Druckausübung darstellen. Als einziges Abgrenzungskriterium kommt in Frage, dass beim Ausnutzen der Angst (Nr. 2) nur die Angst vor einem **zukünftig** eintretenden Ereignis erfasst wird, während unter einer Zwangslage (Nr. 2) eine bereits **gegenwärtig** existierende Zwangslage verstanden wird. Eine Druckausübung, die eine Zwangslage aktuell herbeiführt oder Angst vor einem zukünftigen Ereignis bewirkt, sollte – sofern die geschützte Personengruppe betroffen ist – entsprechend dem Tatbestand der Nr. 2 behandelt werden. Jedoch ist eine trennscharfe Abgrenzung ohnehin nicht nötig, da beide Kriterien im Rahmen des § 4 Nr. 2 gleichwertig sind und Nr. 2 und Nr. 1 ohnehin nur Regelbeispiele für unlauteres Wettbewerbsverhalten darstellen; häufig wird daher auch Normkonkurrenz bejaht.[8] Gleiches gilt auch für eine Ausnutzung der Leichtgläubigkeit nach § 4 Nr. 2 und eine Ausübung von Druck nach § 4 Nr. 1.[9] 10

Beim **Ausnutzen der Leichtgläubigkeit oder geschäftlicher Unerfahrenheit** ist zudem die Abgrenzung dadurch erschwert, dass die Leichtgläubigkeit und die geschäftliche Unerfahrenheit die Ängstlichkeit erhöht und das Entstehen von (vermeintlichen) Zwangslagen fördert. Da Leichtgläubigkeit und geschäftliche Unerfahrenheit spezielle Tatbestände des § 4 Nr. 2 sind, haben sie für die Beurteilung einer Zwangslage nach § 4 Nr. 2 außer Betracht zu bleiben.[10] Die „Druckausübung" nach § 4 Nr. 1 gegenüber den verschiedenen Alternativen des § 4 Nr. 2 sollte daher danach abgegrenzt werden, dass Druck, der Angst verursacht oder eine Zwangslage schafft, oder durch Leichtgläubigkeit oder geschäftliche 11

---

[5] *Lehmann* S. 55; *Scherer* S. 70.

[6] Ebenso MünchKomm/*Heermann* UWG § 4 Nr. 2 Rn 98.

[7] BT-Drucks. 15/1487 S. 20.

[8] Vgl. MünchKomm/*Heermann* UWG § 4 Nr. 2 Rn 98 mwN; Hefermehl/*Köhler*/Bornkamm UWG § 4 Rn 2.4; *Lehmler* UWG § 4 Rn 4.

[9] Ganz ähnlich für die „aggressiven Geschäftspraktiken" nach der Richtlinie über unlautere Geschäftspraktiken (2005/29/EG) nach Art. 5 Abs. 3, 4 b iVm Art. 8 auch *Köhler/Lettl* WRP 2003, 1019, 1046.

[10] → Rn 144 ff.

Unerfahrenheit begünstigt wird, immer nur § 4 Nr. 2 unterfällt. Sofern nicht Verbraucher (Nr. 2), sondern der nur von Nr. 1 geschützte Personenkreis sonstiger Marktteilnehmer betroffen ist, muss auf Nr. 1 zurückgegriffen werden. Da hier jedoch ohnehin nur Regelbeispiele für unlauteres Wettbewerbsverhalten gegeben werden, wird häufig auch hier Normenkonkurrenz bejaht.[11]

3. Normzweck

12 Normzweck des § 4 Nr. 2 ist der Schutz der Verbraucher, die sich in **Ausnahmesituationen** befinden.[12]

4. Europäisches Gemeinschaftsrecht

13 Derzeit existiert im Gemeinschaftsrecht speziell zu den hier zu behandelnden Fallgestaltungen des § 4 Nr. 2 lediglich die **Richtlinie über unlautere Geschäftspraktiken** vom 11. 5. 2005 (RL 2005/29/EG),[13] die im Ersten Gesetz zur Änderung des UWG umgesetzt wurde. Relevant sind hier insbesondere Art. 8, 9, die iVm Art. 5 aggressive Geschäftspraktiken verbietet, die Belästigung, Nötigung und unzulässige Beeinflussung einsetzen. Vor allem ist hier Art. 9 lit. c einschlägig, der darauf abstellt, dass der Gewerbetreibende konkrete Unglückssituationen oder Umstände von solcher Schwere, dass sie das Urteilsvermögen des Verbrauchers beeinträchtigen, ausnutzt und damit die Entscheidung des Verbrauchers in Bezug auf das Produkt bewusst beeinflusst.

14 Ebenso ist Art. 9 lit. e einschlägig, der Drohungen mit unzulässigen Handlungen untersagt. Bei der im Anhang der Richtlinien aufgeführten, unter allen Umständen unlauteren Geschäftspraktiken sind die dort unter Nr. 24 (Nr. 25 des Anhangs zu § 3 Abs. 3) näher beschriebenen Vorgehensweisen einschlägig. In diesen Praktiken wird der Eindruck erweckt, der Verbraucher könne die Räumlichkeiten ohne Vertragsabschluss nicht verlassen, oder es wird die Aufforderung des Verbrauchers an den Werbenden, die Wohnung des Verbrauchers zu verlassen nicht befolgt, Nr. 25 (Nr. 26 des Anhang zu § 3 Abs. 3), oder der Verbraucher wird zur Bezahlung, Rücksendung oder Verwahrung von unbestellt gelieferten Produkten aufgefordert, Nr. 29 (Nr. 29 des Anhangs zu § 3 Abs. 3).

II. Grundsätzliche Erwägungen

1. Abstrakte Feststellung anhand normativer Kriterien

15 **a) Vorliegen einer Ausnahmesituation.** In §§ 3, 4 Nr. 2 wird als unlauter handelnd bezeichnet, wer geschäftliche Handlungen vornimmt, die geeignet sind, die Angst oder die Zwangslage von Verbrauchern auszunutzen. Da in der Gesetzesbegründung zu § 4 Nr. 2 ausdrücklich niedergelegt ist, dass im Tatbestand der Nr. 2 **Ausnahmesituationen für die Verbraucher** beschrieben sind, aus denen ihre Schutzbedürftigkeit resultiert,[14] ist evident, dass es sich nicht um kleine Ängstlichkeiten, Belastungen und Sorgen, die alltäglich sind, handeln kann, sondern um massive Einwirkungen auf die Verbraucher handeln muss. Fraglich ist, anhand welcher Kriterien zu bestimmen ist, wann die durch die geschäftliche Handlung auszunutzende Angst oder die Zwangslage der Verbraucher das zulässige Maß übersteigt.

16 Hierzu ist zunächst festzuhalten, dass es nur darauf ankommt, dass die fragliche geschäftliche Handlung **geeignet** sein muss, die **Angst** oder die **Zwangslage** von Verbrauchern **auszunutzen;** ob sie dies tatsächlich tut, oder ob die Verbraucher tatsächlich Angst haben, wird von der Norm nicht verlangt. Die **erforderliche Feststellung** muss daher **abstrakt**

---

[11] Vgl. MünchKomm/*Heermann* UWG § 4 Nr. 2 Rn 18 mwN.
[12] BT-Drucks. 15/1487 S. 17.
[13] ABl. EG Nr. L 149 vom 11. 6. 2005, S. 22.
[14] BT-Drucks. 15/1487 S. 17.

getroffen werden;[15] die tatsächlichen Gegebenheiten bei real existierenden Verbrauchern spielen nach dem Tatbestand der Norm keine Rolle.

17 Für diese abstrakte Feststellung ist ein **normativer Maßstab** erforderlich. Der Neuregelung des UWG liegt – ebenso wie der Aufhebung von Rabattgesetz und Zugabeverordnung[16] – ein **neues Verbraucherleitbild,** nämlich das Europäische, zugrunde. In der Begründung heißt es wörtlich: „In seiner neuen Rechtsprechung zu den bisherigen §§ 1 und 3 UWG geht der BGH in Anlehnung an die Rechtsprechung des Europäischen Gerichtshofes zu den einschlägigen gemeinschaftsrechtlichen Regelungen inzwischen vom **Leitbild eines durchschnittlich informierten und verständigen Verbrauchers** aus, der das Wettbewerbsverhalten mit einer der Situation angemessenen Aufmerksamkeit verfolgt."[17] Dieses Leitbild ist daher der Maßstab für die erforderliche abstrakte Feststellung.[18] Dies findet mittlerweile auch in dem neu eingefügten § 3 Abs. 2 S. 2, der auf den durchschnittlichen Verbraucher abstellt, seine gesetzliche Manifestation.

18 Für § 4 Nr. 2 muss daher die fragliche geschäftliche Handlung geeignet sein, die Angst oder die Zwangslage eines durchschnittlich informierten und verständigen Verbrauchers auszunutzen, der das Wettbewerbsverhalten mit einer der Situation angemessenen Aufmerksamkeit verfolgt. Um jedoch überhaupt die Angst oder die Zwangslage ausnutzen zu können, muss zunächst einmal bei einem entsprechenden normativen Verbrauchertypus **Angst vorhanden** sein (oder diese zeitgleich mit der geschäftlichen Handlung entstehen) bzw. eine **Zwangslage vorliegen;** ob dies der Fall ist, kann wieder nur **abstrakt** anhand des obigen Verbraucherleitbildes **beantwortet** werden.

19 **b) Eignung zur Ausnutzung.** Weitere Voraussetzung ist, dass der Wettbewerber eine geschäftliche Handlung vornimmt, die geeignet ist, diese Ausnahmesituation auszunutzen. Das bedeutet, dass er die **Ausnahmesituation kennt** und sie **zu seinem Vorteil nutzt.**[19] Er muss von der Angst oder Zwangslage der Verbraucher wissen oder zumindest mit ihr rechnen und im Bewusstsein dieser Sachlage sich mit seiner geschäftlichen Handlung an diese Verbraucher wenden,[20] um aus der Angst oder Zwangslage Vorteile zu ziehen, die ohne die Zwangslage für ihn nicht erreichbar wären. Bedingter Vorsatz des Wettbewerbers genügt hierbei.[21] Nur im Fall dieses zielgerichteten Vorgehens kann von Ausnutzen im Sinne der Nr. 2 gesprochen werden.[22]

20 Hierbei kommt es jedoch nicht darauf an, ob das Vorgehen des Wettbewerbers Erfolg hat, ob also der angestrebte Vertragsschluss zu Stande gekommen ist, da § 4 Nr. 2 nur eine Eignung zur Ausnutzung verlangt. Da auch hier eine **abstrakte Beurteilung** anhand **normativer Kriterien** erforderlich ist, ist für die Eignung der geschäftlichen Handlung zur Ausnutzung der Ausnahmesituation zu fragen, ob das Vorliegen der Ausnahmesituation für den Wettbewerber erkennbar war. Dies muss bejaht werden, wenn für einen verständigen, situationsangemessen aufmerksamen und durchschnittlich informierten Wettbewerber **Erkennbarkeit** gegeben gewesen wäre. Ist dies der Fall, muss davon ausgegangen werden, dass ein zumindest bedingt vorsätzliches Vorgehen des Wettbewerbers vorliegt. Damit muss die Eignung der geschäftlichen Handlung zur Ausnutzung der Ausnahmesituation bejaht werden.

21 **c) Beurteilungsmaßstab.** Daher ist generell zu fragen, wie ein durchschnittlich informierter, verständiger und situationsangemessen aufmerksamer Verbraucher auf die betref-

---

15 Ebenso der Erwägungsgrund (18) der UGP-RL.

16 Begr. BT-Drucks. 14/5594 S. 7; für abstrakte und normative Feststellung auch *Lettl* WRP 2004, 1079, 1099.

17 Begr. RegE BT-Drucks. 15/1487 S. 19.

18 Ebenso der Erwägungsgrund (18) der UGP-RL.

19 Ebenso *Piper*/Ohly UWG § 4.2 Rn 2/2f; Hefermehl/*Köhler*/Bornkamm UWG § 4 Rn 2.19; OLG Hamburg NJW 2007, 2264, 2265 – Vertragsrechtlicher Verbraucherschutz und Marktverhalten; BGH WRP 2006, 885, 887 – Handy-Klingeltöne.

20 So auch MünchKomm/*Heermann* UWG § 4 Nr. 2 Rn 15; *Piper*/Ohly UWG § 4.2 Rn 2/2f.

21 Hefermehl/*Köhler*/Bornkamm UWG § 4 Rn 2.19.

22 Ebenso Hefermehl/*Köhler*/Bornkamm UWG § 4 Rn 2.19; *Lettl* Rn 243; OLG Hamburg NJW 2007, 2264, 2265 – VertragrechtlicherVerbraucherschutz und Marktverhalten.

fende geschäftliche Handlung reagieren würde. Ein derartiger Verbraucher **neigt weder zu Panikreaktionen,** kennt also typischerweise **keine „Kaufpsychosen“ oder Panikkäufe,** noch lässt er sich zu voreiligen, unbesonnenen Handlungen hinreißen. Vielmehr strebt er danach, sich in für ihn wichtigen Bereichen die **relevanten Sachinformationen zu verschaffen** und besonnen die einzelnen, für seine Entscheidungen **relevanten Kriterien abzuwägen.**

22 Erforderlich ist daher sowohl bei Fällen der Eignung zur Ausnutzung der Angst als auch der Zwangslage, dass der maßgebliche Durchschnittsverbraucher sich in einer **Ausnahmesituation** befindet, die ihn **außerstande** setzt, seine **Verbraucherentscheidung frei zu treffen.**

2. Spürbare Beeinträchtigung der Fähigkeit zur informierten Entscheidung

23 Allein das Vorliegen des Tatbestandes des § 4 führt aber nicht zur Unzulässigkeit der geschäftlichen Handlung. Aus der Fassung des § 4 wird klar, dass dessen **Voraussetzungen kumulativ** mit den **Tatbestandsvoraussetzung des § 3 Abs. 1** vorliegen müssen.[23] § 4 kann also niemals isoliert betrachtet werden, vielmehr muss in einem nächsten Schritt immer geprüft werden, ob die geschäftliche Handlung im Sinne von § 3 Abs. 1 geeignet ist, die Interessen von Mitbewerbern, Verbrauchern oder sonstigen Marktteilnehmern spürbar zu beeinträchtigen. Dies ist **gemäß § 3 Abs. 2 S. 1 jedenfalls dann der Fall,** wenn sie nicht der für den Unternehmer geltenden fachlichen Sorgfalt entsprechen und dazu **geeignet** sind, die **Fähigkeit des Verbrauchers,** sich auf Grund von Informationen zu **entscheiden,** spürbar zu beeinträchtigen und ihn damit zu einer **geschäftlichen Entscheidung zu veranlassen,** die er **andernfalls nicht getroffen** hätte.

24 Dabei setzt eine informierte Entscheidung neben der Möglichkeit der Prüfung des eigenen Bedarfs zumindest eine Entscheidung in Kenntnis aller für die Kaufentscheidung wesentlichen Faktoren voraus.[24] Zudem muss jedoch gesehen werden, dass – bei wörtlicher Anwendung des § 3 Abs. 2 S. 1 – die jede unternehmerischen Kommunikation immanente Beeinflussungs- und Informationsfunktion ignoriert würde:[25] Denn das **Ziel jeder unternehmerischer Kommunikation** ist es, den Verbraucher dahingehend **zu beeinflussen,** dass er den **Geschäftsabschluss** mit dem jeweiligen Unternehmer tätigt.[26] Daher kann § 3 Abs. 2 S. 1 nicht dahingehend ausgelegt werden, dass die geschäftliche Handlung „conditio sine qua non“ für den Geschäftsabschluss mit den Verbrauchern ist,[27] da dies jede unternehmerische Kommunikation automatisch unzulässig machen würde.

25 Vielmehr muss § 3 Abs. 2 S. 1 aufgrund der **Funktion des Verbrauchers** im Wettbewerb ausgelegt werden: Der unserer Wettbewerbsordnung zugrunde liegende Gedanke, dass der Wettbewerb das Marktgeschehen bestimmen und sich dadurch die beste wirtschaftliche Leistung durchsetzen soll, geht von der Voraussetzung aus, dass der Verbraucher die Entscheidung darüber trifft, welches das beste und damit konkurrenzfähigste Angebot ist. Dem **Verbraucher** kommt damit die Rolle des **„Schiedsrichters“ im Wettbewerb** zu.[28] Der Verbraucher steuert kraft seiner Konsumentenentscheidung das Leistungsangebot

---

[23] BT-Drucks. 15/1487 S. 17.

[24] *Henning-Bodewig* WRP 2006, 621, 627 f.

[25] *Glöckner/Henning-Bodewig* WRP 2005, 1311, 1328; *Scherer* WRP 2008, 708, 711; MünchKomm/*Micklitz* UWG EG E Rn 152.

[26] *Scherer* WRP 2008, 708, 711; *Glöckner/Henning-Bodewig* WRP 2005, 1311, 1328; MünchKomm/*Micklitz* UWG EG E Rn. 152.

[27] *Scherer* WRP 2008, 708, 711; *Glöckner/Henning-Bodewig* WRP 2005, 1311, 1328; MünchKomm/*Micklitz* UWG EG E Rn 152.

[28] Hefermehl/*Köhler*/Bornkamm UWG § 4 Rn 1.2, § 1 Rn 17; *Piper*/Ohly UWG § 1 Rn 19, § 4.1 Rn 1/4; *Scherer* S. 35 f; *Drexl* S 91 ff., 128 ff., 133 ff; *Wünnenberg* S. 104; *Peterek* S. 19; *Wuttke* WRP 2007, 119, 123; *Ulbrich* WRP 2005, 940, 951; *Micklitz/Keßler* GRUR Int. 2002, 885, 890; *Fezer* WRP 2001, 989, 997 f; *Bottenschein* WRP 2002, 1107, 1110; jeweils mwN.

des Marktes[29] und übt damit eine unerlässliche, ganz zentrale Funktionsbedingung unserer Wettbewerbsordnung aus.[30] Voraussetzung für die Ausübung dieser „Schiedsfunktion" des Verbrauchers ist jedoch die Möglichkeit des Verbrauchers, seine Konsumentscheidung frei treffen zu können; die **freie Willensentschließung** des Verbrauchers ist damit unabdingbare Funktionsvoraussetzung für die Erfüllung seiner zentralen Aufgabe im Wettbewerbsgeschehen.[31]

Keine Rolle kann jedoch für die freie Willensentschließung des Verbrauchers der Gesichtspunkt der **„Unsachlichkeit"** (d. h.: der Maßgeblichkeit von anderen Kriterien als Preis und Qualität für die Kaufentscheidung) spielen: denn um seiner „Schiedsfunktion" gerecht werden zu können, muss ausschließlich der Verbraucher entscheiden, welches die für seine Konsumentscheidung maßgeblichen Kriterien sind.[32] Gerade hinsichtlich der Lenkungsfunktion des Verbrauchers in der Wettbewerbsordnung darf ihm von niemanden vorgeschrieben werden, aus welchen Gründen er ein Produkt akzeptiert, ein anderes verwirft – denn nach seinen Wünschen und Vorstellungen soll sich ja schließlich das künftige Angebot richten.[33] 26

Der Versuch einer Nachprüfung und Missbilligung bestimmter Kaufentscheidungen wäre nicht nur einer freien Wettbewerbsordnung fremd, sondern zudem auch eine Anmaßung von Wissen.[34] So betont auch das **Bundesverfassungsgericht** ausdrücklich, dass es den Bürgern gemäß Art. 2 Abs. 1 GG freisteht, aufgrund welcher Motive sie am rechtsgeschäftlichen Verkehr teilhaben.[35] Der Verbraucher muss daher wesensnotwendig auch die **Freiheit zur „unsachlichen" Entscheidung** besitzen.[36] 27

Die **zentrale Funktionsvoraussetzung** dafür, dass der Verbraucher seine Lenkungs- und Steuerungsfunktion, mithin seine „Schiedsrichterrolle" im Wettbewerbsgeschehen erfüllen kann, ist daher die **Gewährleistung seiner Entscheidungsfreiheit** unter allen Umständen.[37] Da jedoch die immanente wettbewerbliche Funktion der unternehmerischen Kommunikation die Veranlassung des Verbrauchers zur Vornahme des Geschäftsabschlusses ist, muss zwischen einer **zulässigen Beeinflussung einerseits** und einer **unzulässigen Beeinflussung andererseits** ein tragfähiges Abgrenzungskriterium gefunden werden. Dieses muss einerseits die immanente wettbewerbliche Funktion der unternehmerischen Kommunikation akzeptieren und andererseits die Freiheit der geschäftlichen Entscheidung des Verbrauchers gewährleisten. 28

Dieses Abgrenzungskriterium kann nur die **Beherrschbarkeit der Beeinflussung** durch den Verbraucher sein: Die Freiheit des Verbrauchers zur geschäftlichen Entscheidung kann immer dann, aber auch nur dann als gewahrt angesehen werden, wenn er sich noch anders verhalten kann, als die unternehmerische Kommunikation dies von ihm verlangt.[38] Der Appell, der durch die unternehmerische Kommunikation an ihn gerichtet wird, etwa ein Kaufappell, muss vom Verbraucher bei Mobilisierung seiner Gegenkräfte beherrschbar sein. Der Verbraucher muss also noch die **Möglichkeit** haben, das von ihm durch die unternehmerische Kommunikation **geforderte geschäftliche Verhalten abzulehnen.** Hat er dies nicht, ist der durch die unternehmerische Kommunikation an ihn gerichtete Appell 29

---

[29] *Micklitz/Keßler* GRUR Int. 2002, 885, 890; *Scherer* S. 35 f; Harte/Henning/*Schünemann* UWG § 3 Rn 142; *Peterek* S. 20.

[30] *Lehmann* S. 9; *Freund* S. 10; *Scherer* S. 36; *Peterek* S. 20.

[31] *Scherer* S. 39; Hefermehl/*Köhler*/Bornkamm UWG § 1 Rn 14.

[32] Harte/Henning/*Schünemann* UWG § 3 Rn 140 ff; MünchKomm/*Sosnitza* UWG Grundl Rn 13 ff; *Sosnitza* S. 48 f; *Scherer* S. 47 f; *dies.* WRP 2005, 672, 674; *Sevecke* S. 68; *Bottenschein* WRP 2002, 1107, 1110; *Hollerbach/Kapp* DB 1998, 1501, 1503; aA *Fezer* WRP 2001, 989, 997.

[33] *Scherer* S. 48.

[34] *Sosnitza* S. 48 f; *Scherer* WRP 2005, 672, 674; ähnlich bei *Eppe* WRP 2004, 153, 160: „Unerträgliche Gängelung des Konsumenten".

[35] BVerfG GRUR 2002, 455, 457 – Tier- und Artenschutz.

[36] *Sosnitza* S. 45; *Kießling/Kling* WRP 2002, 615, 618 f; *Albert* S. 89; *Peterek* S. 20.

[37] Harte/Henning/*Schünemann* UWG § 1 Rn 43 ff; Hefermehl/*Köhler*/Bornkamm UWG Einl. 1.17.

[38] *Scherer* WRP 2008, 708, 712; ähnlich Harte/Henning/*Glöckner* UWG Einl B Rn 137 f; MünchKomm/*Micklitz* UWG EG E Rn 137.

durch ihn nicht mehr beherrschbar und der Verbraucher kann seine Funktion im Wettbewerb nicht mehr ausüben. Ähnlich spricht auch *Helmut Köhler* generell davon, dass die Grenze überschritten sei, wenn der Verbraucher auf Grund des Verhaltens des Unternehmers zu einer informierten und rationalen Entscheidung außerstande sei.[39]

30 Die **Kontrollfrage** für die „spürbare Beeinträchtigung der Fähigkeit des Verbrauchers zur informierten Entscheidung" muss daher lauten: **Kann der Verbraucher** unter Anspannung seiner Gegenkräfte **sich noch anders verhalten, als vom Unternehmer verlangt?** Kann er dies nicht, ist seine Fähigkeit zur informierten Entscheidung spürbar beeinträchtigt und somit die unabdingbare Voraussetzung für seine Funktion im Wettbewerb nicht mehr gewährleistet. Die geschäftliche Handlung ist damit unzulässig gemäß § 3 Abs. 2 S. 1.

31 Nur dieses Ergebnis entspricht auch den Vorgaben der Richtlinie über unlautere Geschäftspraktiken 2005/29/EG vom 11. 5. 2005.[40] Art. 5 (2) b) der Richtlinie sieht als eines der beiden Kriterien für die Unlauterkeit einer Geschäftspraxis die **„wesentliche Beeinflussung" des Durchschnittsverbrauchers** vor. Darunter ist gemäß Art. 2 lit. e der Richtlinie zu verstehen, dass die Geschäftspraxis angewendet wird, um die Fähigkeit des Verbrauchers, eine informierte Entscheidung zu treffen, spürbar zu beeinträchtigen und damit den Verbraucher zu einer **geschäftlichen Entscheidung** zu veranlassen, **die er andernfalls nicht getroffen hätte.** Da auch der europäische Gesetzgeber offenkundig nicht die Funktion unternehmerischer Kommunikation ignorieren wollte, scheidet eine Auslegung des Art. 2 lit. e UGP-RL mit dem Ergebnis, das eine unternehmerische Kommunikation als „conditio sine qua non" für geschäftliche Entscheidungen der Verbraucher anzusehen wäre und daher jede Geschäftspraxis, die in unternehmerischer Kommunikation gegenüber dem Verbraucher besteht, ausnahmslos gemäß Art. 5 Abs. 1, Abs. 2 iVm Art. 2 lit. e UGP-RL verboten wäre, aus.[41]

32 Der **Maßstab** für die oben genannte Beherrschbarkeit der Beeinflussung durch den Verbraucher muss der durchschnittlich informierte, verständige und situationsangemessen aufmerksame Verbraucher sein; kann dieser – trotz Anspannung seiner Kräfte – nicht mehr anders reagieren, als von der unternehmerischen Kommunikation gefordert, so ist seine Fähigkeit zur informierten Entscheidung spürbar beeinträchtigt und die geschäftliche Handlung damit im Sinne des § 3 Abs. 2 S. 1 unzulässig.

33 Dass im Übrigen bei einer Beeinträchtigung der des Verbrauchers zur informierten Entscheidung gemäß § 3 Abs. 1, Abs. 2 S. 1 nicht nur die Interessen der Verbraucher, sondern auch die Interessen der übrigen Marktbeteiligten spürbar beeinträchtigt werden, liegt wegen der zentralen Bedeutung der Funktion des Verbrauchers für das gesamte Marktgeschehen auf der Hand. Sämtliche **Voraussetzungen des § 3 Abs. 1, Abs. 2 S. 1** liegen somit immer dann vor, wenn sich der durchschnittlich informierte, verständige und situationsangepasst aufmerksame Verbraucher nicht mehr anders verhalten kann, als durch die geschäftliche Handlung vom Unternehmer gefordert.

3. Allgemeininteressen

34 Weiterhin ist zu beachten, dass die §§ 3 und 4 im Lichte des in **§ 1 definierten Gesetzeszweck** auszulegen sind. Die Interessen der Allgemeinheit sind gemäß § 1 S. 2 zwar geschützt, jedoch nur die Interessen der Allgemeinheit an einem unbeeinträchtigten Wettbewerb. Ausdrücklich betont die Gesetzesbegründung: „Der Schutz sonstiger Allgemeininteressen ist weiterhin nicht Aufgabe des Wettbewerbsrecht."[42] Die von Rechtsprechung

[39] Hefermehl/*Köhler*/Bornkamm UWG § 1 Rn 14.

[40] ABl. EG Nr. L 149 vom 11. 6. 2005, S. 22.

[41] *Scherer* WRP 2008, 708, 711; *Glöckner/Henning-Bodewig* WRP 2005, 1311, 1328; MünchKomm/*Micklitz* UWG EG E Rn 152.

[42] BT-Drucks. 15/1487 S. 16; wie hier *Köhler* WRP 2004, 2121 f; *Lettl* WRP 2004, 1079, 1095; *Sosnitza* WRP 2006, 1, 5 f; *Scherer* WRP 2006, 401, 403; *Ohly* WRP 2008, 177, 182 f; *Fuchs* WRP 2009, 255, 257; MünchKomm/*Sosnitza* UWG § 1 Rn 30 ff; *Piper*/Ohly UWG § 1 Rn 29; Hefermehl/*Köhler*/Bornkamm

und Literatur zur alten Rechtslage angeführten Allgemeininteressen wie etwa Geldwertstabilität, Umweltschutz und Volksgesundheit müssen daher von vornherein außer Betracht bleiben.[43]

III. Ausnutzung von Angst im Sinne des § 4 Nr. 2

1. Bisherige Rechtslage unter § 1 UWG aF

a) Anwendungsgebiete. Bereits unter Geltung des § 1 UWG aF wurde es als unlauter beurteilt, die Angst der Verbraucher auszunutzen; etliche Entscheidungen belegen dies: Die **Anwendungsfälle** eines Verbots reichen von einer Werbung unter Ausnutzung der Angst vor Inflation,[44] Angst um die Gesundheit,[45] Angst vor geschäftlichem Scheitern,[46] vor technischen Unglücksfällen,[47] und vor Umweltzerstörung.[48] Relativ selten nur gestattete die Rechtsprechung eine derartige Werbung.[49] 35

Diese Werbung setzt das **Hervorrufen oder Verstärken von vorhandenen Ängsten** dergestalt ein, dass sie bei Kauf oder Inanspruchnahme der beworbenen Produkte oder Leistungen eine „Rettung" aus der beängstigenden Situation verspricht. Ohne den Erwerb oder die Inanspruchnahme der beworbenen Leistungen hingegen – so wird dem Verbraucher suggeriert – bleibe er ohne Hilfe dem beängstigenden Zustand ausgeliefert. Diese Werbung unter Ausnutzung der Angst wird für § 4 Nr. 2 – wie für § 1 UWG aF auch – immer dann relevant, wenn die Angst verursachenden Werbeangaben nicht irreführend sind, ansonsten sind sie bereits nach § 5 unzulässig. Für das Verbot dieser Angstwerbung unter Verwendung wahrer Angaben hatte die Rechtsprechung außerdem gelegentlich auf die ausdrücklichen Verbote in § 11 Nr. 7 HWG und § 18 Abs. 1 Nr. 6 LMBG zurückgegriffen, die – ähnlich wie jetzt § 4 Nr. 2 – Angaben verbieten, die geeignet sind, Angstgefühle hervorzurufen oder auszunutzen. 36

b) Argumentationsmuster. Der zentrale Punkt in der Argumentation der Rechtsprechung ist das – allerdings nie belegte – **Hervorrufen von „Kaufpsychosen"** bei den angesprochenen Verbrauchern und dadurch hervorgerufene unsachliche Beeinflussung von deren Kaufentscheidung: Bei den angesprochenen Konsumenten würde – insbesondere durch die Verwendung von „Horrortexten"[50] – besondere Angstgefühle hervorgerufen oder bestehende verstärkt, um durch die Ausnutzung dieser Angstgefühle den Warenabsatz zu steigern.[51] Selbst wenn tatsächlich die beschriebene Gefahr bestehe, dürfe diese nicht kaufpsychologisch ausgebeutet werden;[52] der Empfänger werde nämlich durch den Text der Angstwerbung verängstigt und eingeschüchtert und veranlasst, sich dem Angebot des 37

UWG § 1 Rn 41; Harte/Henning/*Schünemann* UWG § 1 Rn 37, 52 ff; Harte/Henning/*v. Jagow* UWG § 4 Nr. 11 Rn 42 f, 45; HK-WettbR/*Klippel/Brämer* § 1 Rn 21; *Lehmler* UWG § 1 Rn 28, § 3 Rn 22; Gloy/*Hasselblatt* § 50 Rn 15, 31; *Emmerich* S. 29 f; *Lettl* Rn 64; *Boesche* Rn 1; *Berlit* Vor Rn 1, 105; *Otto* S. 217 f; aA Fezer/*Fezer* § 1 Rn 46 ff; Fezer/*Götting* § 4–11 Rn 72; *Götting* S. 87.

43 HK-WettbR/*Klippel/Brämer* § 1 Rn 21; Hefermehl/*Köhler*/Bornkamm UWG § 1 Rn 41; Harte/Henning/*Schünemann* § 1 Rn 54; *Lettl* WRP 2004, 1079, 1095; *Köhler* NJW 2004, 2121; *Scherer* WRP 2006, 401, 403; *Ohly* WRP 2008, 177, 182 f; *Fuchs* WRP 2009, 255, 257; MünchKomm/*Sosnitza* UWG § 1 Rn 30 ff; *Lehmler* UWG § 1 Rn 28, § 3 Rn 22; *Piper*/Ohly UWG § 1 Rn 29.

44 LG Frankfurt/M WRP 1971, 86 f – Brillianten contra Inflation; LG Frankfurt/M WRP 1980, 476 f – Geldbrief; ähnlich KG WRP 2004, 130 für den Wegfall von Zuschüssen.

45 OLG Karlsruhe WRP 1992, 50 f – Cholesterinspiegel; KG WRP 1987, 686 – Grippale Infekte überrollen Berlin; OLG Karlsruhe WRP 1991, 331 – Ist ihr Herz gefährdet?; kritisch hierzu *Berlit* Rn 24.

46 OLG Köln WRP 1987, 869 – Sind Sie der Nächste?.

47 LG Hamburg WRP 1987, 587 f – Ölheizung.

48 OLG Saarbrücken WRP 1992, 510 – Damit Mensch und Natur eine Chance haben.

49 BGH GRUR 1986, 902 – Grippale Infekte überrollen Berlin; BGH GRUR 1999, 1007 – Vitalkost; OLG Hamm GRUR 1975, 318 – Mensch sei Fuchs.

50 LG Frankfurt/M WRP 1971, 86 f, 87 – Brillianten contra Inflation.

51 LG Frankfurt/M WRP 1971, 86 f, 87 – Brillianten contra Inflation; KG WRP 1984, 686 f, 687 – Grippale Infekte überrollen Berlin.

52 LG Frankfurt/M WRP 1971, 86 f, 87 – Brillianten contra Inflation.

Werbenden in der Annahme zuzuwenden, so einen Ausweg aus der bedrohlichen Lage zu finden.[53] Damit schaffe der Werbende eine Situation, in der der Empfänger der Werbebotschaft seine Entscheidung über das Angebot nicht mehr sachlich, sondern – wenn auch möglicherweise teilweise unterschwellig – aus Verängstigung treffe,[54] also letztlich aus unsachlichen Motiven.

38 Ähnlich argumentiert die Rechtsprechung, wenn sie darauf abstellt, dass die Angst ein **schlechtes Gewissen** bei den angesprochenen Verbrauchern auslöse, bei Nichtverwendung des beworbenen Produktes für negative Konsequenzen verantwortlich zu sein, die dann ihrerseits wiederum Angst auslösend wirken würden.[55] Schließlich werden ergänzend **Allgemeininteressen** an der Geldwertstabilität und dem Umweltschutz als verletzt angesehen, die bei bestimmten Werbebehauptungen – selbst wenn sie auf einer realen Grundlage beruhten – sozialschädlich seien.[56] Diese Gesichtspunkte überragend wichtiger Gemeinschaftsgüter dürften durch eine derartige Verwendung in der Werbung nicht verwässert werden.[57]

39 **c) Literatur.** In der älteren Literatur hat das Thema „Angstwerbung" nur relativ geringe Aufmerksamkeit gefunden. Sie gründete ihr Verdikt dieser Werbeform – ähnlich wie die Rechtsprechung – letztlich auf den Gesichtspunkt einer **Auslösung unsachlicher Entscheidungen** der Verbraucher durch die Hervorrufung von Ängsten; ergänzend wurde auf die Verletzung von Allgemeininteressen abgehoben, wie etwa die Geldwertstabilität, der Umweltschutz, ein Unterbleiben von Medikamentenmissbrauch etc.[58] Dass diese Gesichtspunkte als solche unter dem neuen UWG keine Unlauterkeit mehr begründen können, wurde bereits oben dargelegt.[59]

40 Interessant ist aber, dass nur in der Literatur die **Werbung mit sozialen bzw. sexuellen Sanktionen** ebenfalls als „Angstwerbung" für unzulässig gehalten wird – in der Rechtsprechung war dies, soweit ersichtlich, niemals Gegenstand einer Entscheidung: Wesentliche Teile der Werbung für Körperpflegemittel und Kosmetika stellen dem Verbraucher negative Sanktionen, vorzugsweise den Misserfolg beim anderen Geschlecht in Aussicht, entscheide sich der Verbraucher nicht für den Kauf des beworbenen Produkts; dies wird als wettbewerbswidrige „Angstwerbung" beurteilt,[60] da die Angst vor derartigen sozialen Sanktionen und persönlichen Misserfolgen als mindestens genauso schwerwiegend eingestuft werden müsse als die Angst vor Geldentwertung und Umweltzerstörung.[61]

41 Diese Aussage, dass die Angst vor Versagen in der Gesellschaft nicht geringer sei als vor einer Inflation[62] führt in letzter Konsequenz in der Tat zu einem Verdikt weiter Bereiche der Werbung für Körperpflegemittel und Kosmetika, da – wenn auch häufig nur unterschwellig – die Suggestion von Misserfolg im sozialen und sexuellen Bereich die zentrale Werbebotschaft in diesem Marktsegment ist. Eigenartigerweise war eine derartige Werbung – obwohl mengenmäßig der Löwenanteil in der „Angstwerbung" – niemals Thema für die Rechtsprechung; vielleicht fürchteten die potentiellen Kläger die Lächerlichkeit eines solchen Verbots.

42 Die hM in der **neuen Literatur** geht davon aus, dass aufgrund des Leitbildes des durchschnittlich informierten, situationsadäquat aufmerksamen und verständigen Verbrauchers ein von „Angstwerbung" ausgelöster Panikkauf so gut wie nie vorkommt[63] bzw. vor allem

---

[53] OLG Köln WRP 1987, 869 – Sind Sie der Nächste?; KG WRP 2004, 130.

[54] OLG Köln WRP 1987, 869 – Sind Sie der Nächste?; KG WRP 2004, 130.

[55] OLG Saarbrücken WRP 1992, 510, 511 – Damit Mensch und Natur eine Chance haben.

[56] LG Frankfurt/M WRP 1971, 86f, 87 – Brillianten contra Inflation; OLG Saarbrücken WRP 1992, 510, 512 – Damit Mensch und Natur eine Chance haben.

[57] OLG Saarbrücken WRP 1992, 510, 512 – Damit Mensch und Natur eine Chance haben.

[58] *Schnorbus* GRUR 1994, 15; *Baudenbacher* WRP 1980, 471; *Girth/Sack* WRP 1974, 181; *Meydam* GRUR 1970, 399; *Tetzner* MDR 1975, 281.

[59] → Rn 34.

[60] *Schnorbus* GRUR 1994, 15, 22f.

[61] *Schnorbus* GRUR 1994, 15, 22f.

[62] *Schnorbus* GRUR 1994, 15, 23.

[63] Hefermehl/*Köhler*/Bornkamm UWG § 4 Rn 2.34; *Lettl* Rn 256; *Boesche* Rn 328; *Scherer* WRP 2004, 1426; MünchKomm/*Heermann* UWG § 4 Nr. 2 Rn 73.

in wirtschaftlich oder politisch instabilen Situationen denkbar ist.[64] Lediglich vereinzelte Stimmen plädieren für die unveränderte Beibehaltung der alten rechtlichen Beurteilung trotz neuen Rechts.[65]

2. Beurteilung konkreter Fallgestaltungen

a) Inflationsängste. Aufgrund der oben dargelegten Kriterien[66] müsste zunächst bei einem durchschnittlich informierten, verständigen und situationsangemessen aufmerksamen Verbraucher überhaupt Angst vor einer Geldentwertung vorhanden sein oder zumindest zeitgleich mit der betreffenden Werbung entstehen. Derartige Ängste sind – vor allem bei schlechter Wirtschaftslage – recht weit bei verständigen und informierten Menschen verbreitet. Die betreffende geschäftliche Handlung müsste nun geeignet sein, diese Inflationsängste auszunutzen, also für den Wettbewerber die Möglichkeit bieten, Vorteile aus diesen Ängsten zu ziehen. 43

Hierbei ist jedoch zu beachten, dass ein **verständiger Verbraucher,** der Angst vor einer Geldentwertung hat, gerade wegen dieser Besorgnis großen Wert auf stabile und sichere Geldanlagen legen wird und daher um so **sorgfältiger abwägen** wird, welches die für ihn günstigste Anlageform ist.[67] Eine Werbung mit der Inflation ist daher nicht in der Lage, Ängste der Verbraucher auszunutzen, erst recht nicht, wenn sie reißerisch aufgemacht ist; denn je dramatischer und unsachlicher sie die realen Inflationsgefahren schildert,[68] desto vorsichtiger wird der verständige und situationsangemessen aufmerksame Verbraucher reagieren, um sein Geld nicht noch zusätzlich zu gefährden.[69] Eine moderat aufgemachte Werbung unter sachlichem Hinweis auf die tatsächliche Geldentwertung[70] ist für den verständigen Verbraucher ohnehin zunächst eine wichtige Sachinformation, die ihn dazu anregt, sich über Vermeidungsstrategien weitergehend zu informieren, um dann umfassend informiert seine Entscheidung zu treffen. Eine Werbung mit Inflationsängsten ist daher im Rahmen des § 4 Nr. 2 **unbedenklich.** 44

b) Ängste um die Gesundheit. Ängste um die Gesundheit sind bei informierten und verständigen Menschen, die um die Gesundheitsrisiken generell und speziell aufgrund der Lebensweise in der postindustriellen Gesellschaft informiert sind, in erheblichem Umfang vorhanden. Dass die Werbung für bestimmte Lebens- oder Arzneimittel geeignet ist, diese Ängste auszunutzen, muss jedoch verneint werden: Gerade weil der verständige, situationsangemessen aufmerksame und durchschnittlich informierte Verbraucher um die Kostbarkeit dieses Gutes weiß, wird er um so sorgfältiger seine Handlungen in Bezug auf seine Gesundheit, insbesondere beim Kauf und der Einnahme von Arzneimitteln oder den Genuss von Lebensmittel abwägen und im Zweifelsfall bei Apothekern oder Ärzten Rat einholen.[71] Eine Werbung mit Ängsten um die Gesundheit, die **ausschließlich wahre Angaben** enthält, ist daher **unbedenklich.** 45

Werden hingegen **unwahre Angaben** verwandt, ist § 5 einschlägig. **Nr. 18 des Anhangs zu § 3 Abs. 3** ist einschlägig bei unwahren Angaben, mit denen behauptet wird, eine Ware oder Dienstleistung könne Krankheiten oder Funktionsstörungen heilen oder Missbildungen beseitigen, so dass die geschäftliche Handlung gemäß § 3 Abs. 3 bei Vornahme gegenüber Verbrauchern **stets unzulässig** ist. Bereits aufgrund der Fallgestaltung nicht zu 46

---

64 HK-WettbwerbsR/*Plaß* § 4 Rn 254; ähnlich Gloy/*Hasselblatt* § 63 Rn 77; *Piper*/Ohly UWG § 4.2 Rn 2/17; differenzierend *Lehmler* UWG § 4 Rn 27 ff.

65 Gloy/*Loschelder* § 65 Rn 10.

66 → Rn 15 ff.

67 Vgl. bereits zur alten Rechtslage *Scherer* S. 180 f.

68 Vgl. die Sachverhalte von LG Frankfurt/M WRP 1971, 186 f – Brillianten contra Inflation und LG Frankfurt/M WRP 1980, 45 f – Geldbrief.

69 *Scherer* WRP 2004, 1426, 1428.

70 Vgl. den Sachverhalt von OLG Hamm GRUR 1975, 318 – Mensch sei Fuchs.

71 *Scherer* WRP 2004, 1426, 1428; aA HK-WettbR/*Plaß* § 4 Rn 255, die darauf abstellt, wie gefährlich oder abstoßend die Krankheit ist, da sie davon ausgeht, dass umso eher es beim umworbenen Personenkreis zu kaufauslösenden Angstgefühlen kommt.

der „Angstwerbung" gehört der aus Großbritannien berichtete Fall, dass eine Direktwerbung für Software eine scheinbare Röntgenaufnahme eines menschlichen Kopfes enthielt und die Produktinformation in Form eines medizinischen Begleitschreibens mitgeteilt wurde.[72] Die möglicherweise Angst verursachende Werbeangaben basieren nicht auf einer realen Tatsachengrundlage, sondern auf Irreführung, so dass nach dem System des UWG nicht § 4 Nr. 2, sondern § 4 Nr. 3 bzw. § 5 einschlägig ist.

47 **c) Angst vor technischen Unglücksfällen.** Werden einem durchschnittlich informierten, verständigen Verbraucher die konkreten Möglichkeiten eines technischen Unglücksfalles vor Augen geführt, zB die Explosion einer Gasheizung,[73] so weckt dies durchaus Ängste vor einem realen Unglücksfall dieser Art. Der verständige Verbraucher wird jedoch diese Sorge zum Anlass nehmen, sich über die vorhandenen tatsächlichen Risiken bei vergleichbaren technischen Systemen zu informieren und schließlich das Für und Wider sorgsam gegeneinander abwägen – gerade aufgrund der erkannten realen Gefahr. Zu einem „Panikkauf" der angepriesenen technischen Produkte, um den geschilderten Unglücksfällen zu entgehen, wird sich der verständige Verbraucher nicht verleiten lassen, da er die verschiedenartigen Risiken sämtlicher technischer Systeme vor dem Erwerb des – für seine Zwecke – risikoärmsten Systems kennen lernen will.[74] Eine Werbung mit der Angst vor technischen Unglücksfällen, die **ausschließlich wahre Angaben** verwendet, ist daher lauterkeitsrechtlich **unbedenklich.**

48 Bei Verwendung unwahrer Angaben ist § 5 einschlägig. Werden **unwahre Angaben** gemacht über eine Gefahr für die persönliche Sicherheit des Verbrauchers oder seiner Familie für den Fall, dass er die angebotene Ware nicht erwirbt oder die angebotene Dienstleistung nicht in Anspruch nimmt, ist **Nr. 12 des Anhangs zu § 3 Abs. 3** einschlägig, der als Fall der Irreführung die geschäftlichen Handlung bei Vornahme gegenüber Verbrauchern gemäß § 3 Abs. 3 **stets unzulässig** macht.

49 **d) Angst vor Umweltzerstörung.** Die Besorgnis über die Zerstörung der Umwelt und der natürlichen Lebensgrundlagen ist bei verständigen und durchschnittlich informierten Verbrauchern vorhanden. Auch weiß ein solcher Verbraucher, dass er durch seine Kaufentscheidung hinsichtlich umweltfreundlicher Produkte zum Schutz der natürlichen Lebensgrundlagen beitragen kann. Jedoch ist die Umweltfreundlichkeit eines Produktes für den verständigen Verbraucher **nur eines von vielen Kriterien für seine Kaufentscheidung.** Er wird daher die verschiedenen Kriterien gegeneinander abwägen und kann dann dem für seine Bedürfnisse besten Produkt den Vorzug geben.

50 Dabei ist es möglich, dass der Gesichtspunkt der Umweltfreundlichkeit gegenüber anderen Kriterien – zB des günstigen Preises – zurücktreten muss und die Kaufentscheidung des Verbrauchers zu Lasten des umweltfreundlichen Produktes ausfällt. Dies kann zwar dazu führen, dass danach auch der verständige Verbraucher Schuldgefühle empfindet; diese führen jedoch gerade nicht zu einer Kaufentscheidung im Sinne der Werbebotschaft, denn sie sind ja eben durch die gegenteilige Kaufentscheidung ausgelöst worden.[75] Der verständige Verbraucher trifft daher seine Kaufentscheidung unter Abwägung aller für ihn relevanten Gesichtspunkte, in der die Besorgnis um das Fortschreiten der Umweltzerstörung nur ein Aspekt unter anderen ist; die Werbung mit der Angst vor weiteren Umweltzerstörungen ist daher nicht geeignet, die vorhandene Besorgnis des verständigen Verbrauchers im Sinne des von der Werbung verlangten Verhaltens auszunutzen; sie **verstößt daher nicht** gegen § 4 Nr. 2.

51 **e) Angst vor beruflichem Scheitern.** Die Angst vor beruflichem Scheitern haben – noch dazu in wirtschaftlich schlechten Zeiten – auch verständige Verbraucher. Dass die Werbung unter Hinweis auf die Möglichkeit beruflichen Scheiterns geeignet sei, diese

---

[72] *Jergolla* WRP 2003, 431, 438.
[73] Vgl. Sachverhalt von LG Hamburg WRP 1987, 517 f.
[74] *Scherer* WRP 2004, 1426, 1428 f.
[75] *Scherer* WRP 2004, 1426, 1429.

Ängste auszunutzen, muss jedoch verneint werden: Der verständige Verbraucher **wird gerade wegen dieser Sorge** vor beruflichem Scheitern **umso sorgfältiger alle Entscheidungen,** die mit seiner Berufsausübung zusammenhängen, abwägen, um auf diese Weise die für ihn vorteilhafteste Lösung zu finden; selbst drastische werbliche Darstellungen[76] werden eher im Gegenteil dafür sorgen, dass der besorgte, aber verständige Verbraucher doppelt so gründlich alle Entscheidungen durch Einholung von Informationen absichert und keineswegs in einer „Panikaktion“ dem Werbeappell folgt.[77] Ein Verstoß gegen § 4 Nr. 2 besteht daher nicht.

f) Angst vor sozialen Sanktionen. Die Angst vor sozialen Sanktionen bei körperlicher Ungepflegtheit, insbesondere Misserfolg in geschlechtlicher und gesellschaftlicher Hinsicht, ist ein bekanntes Faktum[78] auch bei verständigen Menschen. Sehr fraglich ist jedoch, ob ein Werbeappell, der den Kauf eines bestimmten Produktes fordert, geeignet ist, diese Angst auszunutzen. Die Angst vor sozialem Misserfolg bei körperlicher Ungepflegtheit führt zunächst zu der **Bereitschaft,** überhaupt **Waren einer bestimmten Gattung** zu erwerben, also zB Seife oder Zahnpasta, und zwar völlig unabhängig von irgendwelchen Werbeappellen. 52

Diese Werbeappelle können allenfalls dazu führen, dass der Verbraucher das konkret beworbene Produkt erwirbt – wie von dem Werbeappell gefordert. Der durchschnittlich informierte, verständige Verbraucher weiß jedoch, dass es **zahlreiche ähnliche Produkte** dieser Gattung gibt, die alle den von ihm erstrebten Zweck – körperliche Gepflegtheit – gewährleisten können. Er wird daher das für seine Bedürfnisse geeignetste Produkt aus dieser Warengattung auswählen, so dass diese Werbung nicht geeignet ist, die Angst des Verbrauchers vor sozialem Misserfolg bei körperlicher Ungepflegtheit auszunutzen. Ein **Verstoß** gegen § 4 Nr. 2 besteht daher **nicht.** 53

g) Angst vor Verkehrsunfällen. Eine sehr spezielle Fallgestaltung ist die in der Literatur[79] auch als „Angstwerbung“ für unzulässig gehaltene Werbung mit der **Abbildung von Unfallopfern** für die Sicherheit von Fahrzeugen bzw. Fahrzeugzubehör. Es fragt sich zunächst, ob diese werbliche Darstellung geeignet ist, auch bei verständigen Verbrauchern die Angst vor derartigen Unfällen zu wecken oder zu verstärken. Geht die Darstellung nicht über das hinaus, was dem Verbraucher ohnehin tagtäglich in den Medien an schrecklichen Unfallgeschehen präsentiert wird, ist sie von vornherein nicht geeignet insoweit Ängste zu wecken oder latent vorhandene zu aktualisieren und scheidet bereits aus diesem Grund aus dem Anwendungsbereich des § 4 Nr. 2 aus. 54

Geht die werbliche Darstellung jedoch deutlich über das sonst in den Medien übliche Maß hinaus, kann sie auch bei einem verständigen Verbraucher Angst auslösen. Die Werbung für sichere Fahrzeuge bzw. sicheres Fahrzeugzubehör, die mit derartig abschreckenden Bildern von Unfallopfern wirbt, wird jedoch den verständigen, durchschnittlich informierten Verbraucher nicht etwa zu „Panikkäufen“ veranlassen, sondern zu einer besonders **sorgfältigen Information** über die Sicherheit der verschiedenen Kraftfahrzeuge bzw. des Zubehörs.[80] Diese Werbung ist daher **nicht geeignet,** die Angst auszunutzen. Ein Verstoß gegen § 4 Nr. 2 ist daher in keinem Fall ersichtlich. 55

Werden hingegen **unwahre Angaben** gemacht über eine Gefahr für die persönliche Sicherheit des Verbrauchers oder seiner Familie für den Fall, dass er die angebotene Ware nicht erwirbt oder die angebotene Dienstleistung nicht in Anspruch nimmt, ist **Nr. 12 des Anhangs zu § 3 Abs. 3** einschlägig, der als Fall der Irreführung die geschäftliche Handlung bei Vornahme gegenüber Verbrauchern gemäß § 3 Abs. 3 **stets unzulässig** macht. 56

---

[76] Henkerstrick statt Krawatte um den Hals: Werbung der VDVM-Versicherungsmakler.
[77] *Scherer* WRP 2004, 1426, 1429.
[78] *Schnorbus* GRUR 1994, 15, 22.
[79] *Henning-Bodewig* GRUR 1997, 180, 190; *Schricker/Henning-Bodewig* WRP 2001, 1367, 1396; zum neuen Recht HK-WettbR/*Plaß* § 4 Rn 260.
[80] *Scherer* WRP 2004, 1426, 1429.

57 Es kann jedoch eine Verletzung des allgemeinen bzw. des **postmortalen Persönlichkeitsrechts** des Unfallopfers und seiner Angehörigen in Betracht kommen sowie ein **Verstoß gegen die Menschenwürde,** die verbietet, einen anderen als Objekt zu behandeln. Auf diese Gesichtspunkte kann hier jedoch nicht weiter eingegangen werden.[81]

58 **h) Androhung konkreter, unzulässiger Nachteile.** Angst auslösend und auch geeignet zur Ausnutzung dieser Angst beim verständigen Verbraucher wäre jedoch ein Werbeappell, der dem Verbraucher **konkrete, unzulässige Nachteile androht,** auf die der **Werbende Einfluss** zu haben vorgibt und deren Realisierung er für die Nichtbefolgung des Werbeappells in Aussicht stellt,[82] zB wenn der Türsteher eines Nachtlokals einen Passanten zum Betreten des Lokals auffordert und ihm widrigenfalls Schläge androht oder der Installateur, der einen nicht bestehenden Zahlungsanspruch durchsetzen will mit der Drohung bei Nichtzahlung die Warmwasserversorgung zu unterbrechen. In diesem Fall wäre auch die freie Willensentschließung des verständigen Verbrauchers beeinträchtigt, da er sich – angesichts der unmittelbar drohenden, empfindlichen Nachteile – nicht mehr anders entscheiden kann als von der entsprechenden Werbung gefordert. Derartige Fälle stellen einen Verstoß gegen §§ 3, 4 Nr. 2 dar.

59 Gleiches gilt für den Fall, dass der Wettbewerber den Verbraucher zur **Zahlung, Rücksendung oder Verwahrung von unbestellt gelieferten Produkten** auffordert;[83] in diesem Fall erhebt der Wettbewerber nämlich konkludent die Behauptung, dass er seiner Auffassung nach einen solchen Anspruch hat. Dadurch wird dem Verbraucher konkludent eine rechtliche Auseinandersetzung im Fall der Nichtzahlung (bzw. Nichtrücksendung oder Nichtverwahrung)angedroht, obwohl nach § 241a BGB ein solcher Anspruch des Wettbewerbers nicht besteht. Bei der Abwägung einer solchen rechtlichen Auseinandersetzung – insbesondere des immer bestehenden Risikos eines Prozessverlustes – und der Zahlung der geforderten Summe wird auch der verständige Verbraucher dem drohenden Rechtstreit mit seinen unabsehbaren Risiken zu entgehen trachten und die geforderte Summe – noch dazu wenn sie nicht sehr hoch ist – zahlen.[84] Unabhängig von § 4 Nr. 2 ist die Aufforderung zur Bezahlung nicht bestellter Ware oder Dienstleistungen oder eine Aufforderung zur Rücksendung oder Aufbewahrung nicht bestellter Sachen, sofern es sich nicht um eine nach den Vorschriften über Vertragsabschlüsse im Fernabsatz zulässige Ersatzlieferung handelt, gemäß **Nr. 29 des Anhangs zu § 3 Abs. 3** bei Vornahme gegenüber Verbrauchern **stets unzulässig.**

60 Erläutert der Wettbewerber jedoch gleichzeitig dem Verbraucher, dass dieser nur zahlen muss, wenn er die unbestellt zugesandte Ware kaufen will – so dass deutlich wird, dass Zahlungspflichten für den Verbraucher jetzt eben nicht bestehen –, so ist für den verständigen Verbraucher klar, dass ihm kein Rechtstreit im Falle der Nichtzahlung droht. Nur die erste Variante verstößt daher gegen §§ 3, 4 Nr. 2. **Nr. 29 des Anhangs zu § 3 Abs. 3** ist im Fall einer **Aufklärung** über die derzeit nicht bestehende Zahlungspflicht ebenfalls **nicht erfüllt,** da der Sinn und Zweck dieses Tatbestandes die Verhinderung einer Zahlung (bzw. Aufbewahrung oder Rücksendung) auf Grund der irrtümlichen Annahme tatsächlich nicht bestehender vertraglicher Beziehungen ist.[85]

3. Fazit

61 Es ist festzuhalten, dass die traditionell als „Angstwerbung" bezeichneten und nach altem Recht größtenteils untersagten Werbemethoden nach neuem Recht in vollem Umfang zulässig sind. Die unzulässige „Angstwerbung" nach dem aktuellen Unlauterkeitsrecht hat

---

[81] Zu den Kriterien eines Verstoßes gegen Art. 1 Abs. 1 GG durch geschäftliche Handlungen → Rn 304ff und Rn 357.

[82] Entsprechend auch Art. 9e UGP-RL.

[83] Zu der einfachen Zusendung unbestellter Ware ohne Zahlungsaufforderung → Rn 103ff.

[84] *Scherer* WRP 2004, 1426, 1430; aA MünchKomm/*Heermann* UWG § 4 Nr. 1 Rn 84, der wegen der Existenz des sanktionsähnlichen § 241a BGB Unlauterkeit verneint.

[85] Ähnlich Begründung Regierungsentwurf S. 60.

hingegen einen anderen, **wesentlich engeren Anwendungsbereich,** der sich mit den traditionell als „Nötigung von Kunden“ bezeichneten Werbemethoden zumindest in Teilen deckt und darauf basiert, dass Wettbewerber mit der **Androhung von konkreten, unzulässigen Nachteilen** die freie Willensentschließung des Verbrauchers beeinträchtigt und damit seine Fähigkeit zur informierten Entscheidung spürbar beeinträchtigt.

IV. Ausnutzung einer Zwangslage von Verbrauchern

Hinsichtlich der **grundsätzlichen Überlegungen** zur Einordnung in die neue Rechtslage ist auf die abstrakte Feststellung anhand normativer Kriterien zu verweisen.[86] 62

1. Ansprechen von Unfallopfern

a) Rechtsprechung und Literatur. Bei der Eignung einer geschäftlichen Handlung zum Ausnutzen einer Zwangslage kommt das Ansprechen von Unfallopfern durch Beauftragte von Kfz-Werkstätten oder Abschleppunternehmen am Unfallort in Betracht, die den Unfallopfern anbieten, ihr Fahrzeug abzuschleppen, zu reparieren oder ein Ersatzfahrzeug zu mieten. Die Rechtsprechung hat diese Form der Werbung bereits **nach § 1 UWG aF für unzulässig erklärt.**[87] Dabei wurde von der Rechtsprechung **kein Unterschied** gemacht, ob das Abschleppen vom Unfallort,[88] der Abschluss eines Mietvertrages für einen Ersatzwagen[89] oder ein Reparaturvertrag hinsichtlich des Unfallwagens angeboten wurde.[90] Die Rechtsprechung blieb dabei konsequent bei ihrem Verbot. 63

b) Argumentationsmuster. Die **Rechtsprechung** geht typischerweise davon aus, dass der noch unter dem Eindruck des Unfallgeschehens stehende Unfallbeteiligte sich in einem **Zustand der Hilflosigkeit** befindet, in dem er das erste an ihn herangetragene Angebot kritiklos annehme, da er in diesem Gemütszustand dankbar für jede „Hilfe“ sei.[91] Der Unfallgeschädigte stehe zumindest unter dem Eindruck eines Unfallschocks, der zu einer gewissen Labilität führe und daher den Angesprochenen außerstande setze, wirtschaftliche Offerten mit gebotener Übersicht, Kritikfähigkeit und ruhiger Überlegung zu begegnen.[92] Es bestehe daher regelmäßig die Gefahr der Überrumpelung der Unfallbeteiligten.[93] 64

Nur gelegentlich wird in der **Literatur** demgegenüber die Zulässigkeit von Werbung für den Abschluss eines Abschleppvertrages an der Unfallstelle angenommen,[94] da der Abschleppvertrag in der Mehrzahl der Fälle von den Unfallbeteiligten tatsächlich benötigt werde.[95] 65

c) Beurteilung der Fallgestaltungen. Differenziert man nun nach dem Gegenstand des Vertrages, zu dessen Abschluss die Unfallopfer durch den Wettbewerber an der Unfallstelle aufgefordert werden, so ergibt sich sowohl für den Reparaturvertrag, als auch für den Abschleppvertrag, als auch für einen Mietvertrag eines Ersatzwagens, dass hier auch der verständige und situationsangemessen aufmerksame Verbraucher – selbst wenn er nicht 66

---

86 → Rn 15 ff.

87 BGH GRUR 1975, 264 f – Unfallwerbung I; BGH GRUR 1975, 266 f – Unfallwerbung II; BGH GRUR 1980, 790 f – Unfallwerbung III; BGH NJW 2000, 586 – Unfallwerbung IV; OLG Nürnberg BB 1968, 1448 – Unfallwerbung.

88 BGH NJW 2000, 586 – Unfallwerbung IV; BGH GRUR 1980, 790 f – Unfallwerbung III; OLG Nürnberg BB 1968, 1448 – Unfallwerbung.

89 BGH GRUR 1975, 266 – Unfallwerbung II; OLG Nürnberg BB 1968, 1448 – Unfallwerbung.

90 BGH GRUR 1975, 264 f – Unfallwerbung I.

91 OLG Nürnberg BB 1968, 1484 – Unfallwerbung; BGH NJW 2000, 586, 587 – Unfallwerbung IV.

92 BGH GRUR 1975, 264 f, 265 – Unfallwerbung I; BGH GRUR 1975, 266 – Unfallwerbung II.

93 BGH NJW 2000, 586, 587 – Unfallwerbung IV; BGH GRUR 1975, 264 f, 265 – Unfallwerbung I; BGH GRUR 1980, 790 f, 791 – Unfallwerbung III.

94 *Schibel* BB 1968, 1449; *Gaedertz* GRUR 1980, 792; zum neuen Recht differenzierend HK-WettbR/*Plaß* § 4 Rn 274.

95 *Schibel* BB 1968, 1449; zum neuen Recht differenzierend HK-WettbR/*Plaß* § 4 Rn 274.

körperlich verletzt ist – aufgrund der mit dem Unfallereignis einhergehenden **Traumatisierung** keine Möglichkeit besitzt, mit klarem Kopf dem Angebot gegenüber zu treten. Das Unfallopfer befindet sich in einer **Ausnahmesituation,** die seine psychologische Verfassung völlig verändert.[96]

67 Dies bedeutet nicht nur, dass sich der Verbraucher aufgrund der Verwirrung und der Hilflosigkeit, die mit dem Unfall einhergehen, in einer Zwangslage befindet und die Werbung geeignet ist, diese Zwangslage auszunutzen, da **Kritiklosigkeit** die typische Folge dieser mentalen Verfassung ist. Zugleich bedeutet es, aufgrund des Fehlens der **mentalen Möglichkeiten,** die Werbung aufmerksam und verständig entgegen zu nehmen und die notwendige Entscheidung unter Abwägung aller Informationen zu treffen, dass die Grundvoraussetzungen für die Ausübung der Rolle des Verbrauchers im Wettbewerb fehlt: Der Verbraucher ist als Unfallopfer hier nicht mehr in der Lage, seinen Willen frei zu bilden, da der Werbeappell aufgrund der Ausnahmesituation für ihn **nicht mehr beherrschbar** ist.[97]

68 Dieses Ergebnis wird bestätigt durch Art 9 lit. c UGP-RL: Danach ist ein wesentliches Kriterium bei der Feststellung einer aggressiven und damit unlauteren Geschäftspraxis die Ausnutzung von konkreten Unglückssituationen oder Umständen von solcher Schwere, dass sie das Urteilsvermögen des Verbrauchers beeinträchtigen.

69 Gleichgültig, für welchen Vertragsabschluss ein Wettbewerber an der Unfallstelle wirbt, ist daher diese Werbung gemäß § 4 Nr. 2 **unzulässig.**

2. Unerbetene Vertreterbesuche nach dem Todesfall eines nahen Angehörigen und bei alten und/oder kranken Verbrauchern

70 **a) Rechtsprechung und Literatur.** Bei der Eignung einer geschäftlichen Handlung zum Ausnutzen einer Zwangslage kommen im übrigen zwei Fallgestaltungen unerbetener Vertreterbesuche in Frage: Zum einen die Fälle, in denen unaufgefordert nach einem Todesfall ein Vertreter eines Steinmetzunternehmens bei den Hinterbliebenen erscheint, um einen **Auftrag für die Gestaltung eines Grabmals** zu erlangen;[98] zum anderen die Fälle, in denen zu alten oder kranken Menschen unaufgefordert Vertreter von Bestattungsunternehmen kamen, sie auf die Möglichkeit ihres baldigen Ablebens hinwiesen und sich bemühten, mit ihnen einen Vertrag für ihre **zukünftige Bestattung** abzuschließen.[99]

71 Ein **zeitliches Limit** für die Unzulässigkeit wird **nicht gesetzt:** So wird für die erste Fallgestaltung kein Unterschied für die Beurteilung dieser geschäftlichen Handlung daraus abgeleitet, dass der Tod der nahen Angehörigen bereits längere Zeit zurück liegt[100] oder der unaufgeforderte Besuch innerhalb von vier Wochen nach dem Todesfall stattfindet.[101]

72 Die **Literatur** akzeptiert diese Rechtsprechung ohne Vorbehalte.[102] Auch für eine zeitliche Differenzierung, etwa die Festsetzung einer Karenzzeit zum Todesfall wird keine Veranlassung gesehen.[103]

73 **b) Argumentationsmuster.** Der BGH ist der Ansicht, dass kurze Zeit nach dem Todesfall die Angehörigen noch unter der Last dieses Eindrucks stehen und daher vielfach ge-

---

[96] MünchKomm/*Heermann* UWG § 4 Nr. 1 Rn 94; *Piper*/Ohly UWG § 4.2 Rn 2/21.

[97] Vgl. *Scherer* S. 137; ähnlich Hefermehl/*Köhler*/Bornkamm UWG § 7 Rn 73; MünchKomm/*Heermann* UWG § 4 Nr. 1 Rn 94; *Piper*/Ohly UWG § 4.2 Rn 2/21; Gloy/*Hasselblatt* § 71 Rn 33; *Lettl* Rn 575; *Emmerich* S. 211; *Schlemmer* S. 122; differenzierend nach Art und Schwere des Unfalls HK-WettbR/*Plaß* § 4 Rn 274.

[98] RG GRUR 1935, 686 – Grabsteinwerbung; BGH GRUR 1967, 430 – Grabsteinaufträge I; BGH GRUR 1971, 317 – Grabsteinwerbung II; BVerfG GRUR 1972, 358 – Grabsteinwerbung; OLG Karlsruhe WRP 1973, 231 – Grabsteinwerbung; OLG Hamburg GRUR 1988, 144f – Bestattungswerbung.

[99] RG GRUR 1940, 54 – Bestattungswerbung; BGH GRUR 1955, 541 – Bestattungswerbung.

[100] BGH GRUR 1971, 317 – Grabsteinwerbung II.

[101] BGH GRUR 1967, 430 – Grabsteinaufträge I.

[102] Vgl. *Wittmann* S. 141; Gloy/*Hasselblatt* § 71 Rn 36ff; Harte/Henning/*Ubber* UWG § 7 Rn 72f.

[103] Gloy/*Hasselblatt* § 71 Rn 36ff; Harte/Henning/*Ubber* UWG § 7 Rn 72f.

genüber geschäftlichen Dingen eine gewisse Gleichgültigkeit zeigen und durch Gefühlsaufwallungen beeinflusst in dieser seelischen Verfassung Entschlüsse treffen, die sie nicht treffen würden, wenn sie sich nach Abklingen dieser Stimmung durch vernünftige Überlegungen leiten ließen.[104] Selbst wenn der Tod des nahen Angehörigen länger als vier Wochen zurückliegt, sei zu berücksichtigen, dass die Angesprochenen als Hinterbliebene im allgemeinen einen persönlichen Appell durch einen Vertreter nicht kritisch abwägend gegenüber stünden und ein Drängen des Vertreters eben wegen ihrer **besonderen seelischen Verfassung** weniger Widerstand entgegen setzen würden, als dies im üblichen Alltagsablauf sonst bei ihnen der Fall sei.[105]

Für die Werbebesuche bei alten oder kranken Menschen ist der BGH der Auffassung, 74
dass es viele Menschen gebe, die sich durchaus **nicht mit dem Gedanken an ihren Tod befassen** wollten; aber auch diejenigen, die sich mit dem Gedanken an ihren Tod vertraut machten, lehnten es in der Regel ab, mit anderen hierüber zu sprechen oder beschränkten solche Erörterungen auf Gespräche mit ihnen besonders nahe stehenden Menschen.[106] Wenn ein Angesprochener jedoch aus Schwäche oder Höflichkeit den ungebetenen Besucher nicht abweisen könne, würden hierdurch erhebliche Unlustgefühle in ihm geweckt; diese Art der Werbung sei eine unzumutbare Belästigung.[107]

c) Beurteilung der Fallgestaltungen. aa) Grabsteinaufträge. Betrachtet man zu- 75
nächst die unaufgeforderten Vertreterbesuche, die zeitnah zu den Todesfällen eines nahen Angehörigen gemacht werden, um einen Auftrag für die Gestaltung eines Grabmals zu erhalten, muss folgendes gesehen werden: Aufgrund der psychischen Verfassung in **zeitlicher Nähe zu dem Todesfall** ist ein naher Angehöriger nicht in der Lage, geschäftliche Dinge mit der gebotenen Nüchternheit zu behandeln; die Trauer und Apathie und die damit häufig einhergehende Orientierungslosigkeit in der Bewältigung alltäglichster Dinge schaffen eine **psychische Ausnahmesituation** für den Trauernden.

Ein Vertreter, der unaufgefordert in dieser ersten Trauerzeit einen Geschäftsbesuch bei 76
den Trauernden macht, trifft mit diesen Bemühen um einen Vertragsabschluss für ein Grabmal die Hinterbliebenen in der beschriebenen psychischen Verfassung. Diese geschäftliche Handlung ist daher geeignet, diese Verfassung der Hinterbliebenen und damit ihre Zwangslage auszunutzen. Zugleich fehlt aufgrund der mentalen Disposition die Möglichkeit auch für den verständigen und situationsangemessen aufmerksamen Verbraucher, diese Werbung aufmerksam und verständig aufzunehmen und unter Abwägung der für ihn relevanten Information die notwendigen Entscheidungen zu treffen (zB ein Gespräch zu verweigern). Eine freie Willensbildung ist ihm nicht mehr möglich. Die Fähigkeit des Verbrauchers zu einer informierten Entscheidung ist daher in dieser **Ausnahmesituation** des zeitnahen, auf den Todesfall folgenden Vertreterbesuchs spürbar beeinträchtigt.[108]

Der **Zeitrahmen für diese Ausnahmesituation** der Trauer muss sich danach richten, 77
wie lange beim verständigen Verbraucher erfahrungsgemäß dieser psychische Ausnahmezustand anhält: Üblicherweise wird ein verständiger Mensch nach einiger Zeit von selbst damit beginnen, die mit dem Todesfall zusammenhängenden wirtschaftlichen Dinge zu ordnen, etwa ein Nachlassverzeichnis aufzustellen oder über Bankguthaben zu verfügen. In diesen Zusammenhang gehört auch die Befassung mit der Errichtung eines Grabmals für den Verstorbenen. Im Allgemeinen kann dieser Zeitraum mit vier Wochen angesetzt werden, so dass innerhalb dieses Zeitraums ein unaufgeforderter Vertreterbesuch zur Erlangung eines Auftrags durch die Hinterbliebenen gegen §§ 3, 4 Nr. 2 verstößt.

Nach diesem Zeitraum ist, wie dargelegt, diese **psychische Ausnahmesituation** bei 78
einem verständigen Menschen soweit **abgeklungen,** dass er in der Lage ist, sich mit wirt-

---

104 BGH GRUR 1967, 430, 431 – Grabsteinaufträge I.
105 BGH GRUR 1971, 317 – Grabsteinwerbung II.
106 BGH GRUR 1955, 541 – Bestattungswerbung.
107 BGH GRUR 1955, 541 – Bestattungswerbung.
108 Ebenso HK-WettbR/*Plaß* § 4 Rn 275; MünchKomm/*Heermann* UWG § 4 Nr. 1 Rn 86; *Piper*/Ohly UWG § 4.2 Rn 2/21.

schaftlichen Gegebenheiten auseinander zu setzen. Hierzu gehört auch die Befassung mit der Errichtung eines Grabmals für den Verstorbenen. Zwar bedeutet die unmittelbare, persönliche Ansprache beim Hausbesuch durch den unerbetenen Vertreter für die Hinterbliebenen einen eindeutigen Gewissensappell: Würden sie nämlich in der Frage der Grabmalgestaltung eines nahen Angehörigen Überlegungen hinsichtlich der Preis-/Leistungsrelation vornehmen, würde es bedeuten, dass sie sich vor einem Fremden, also quasi öffentlich als „gefühlskalt" und „pietätlos" erweisen.

79 Mit einem solchen Verhalten möchte normalerweise kein Hinterbliebener sich präsentieren. Jedoch muss beachtet werden, dass ein verständiger, durchschnittlich informierter und situationsangemessen aufmerksamer Verbraucher solchen Herausforderungen von vorne herein dadurch begegnen wird, dass er einen Einlass des unerbetenen Vertreters in seine Wohnung verweigert.[109] Daher kann die beschriebene Situation bei einem verständigen Verbraucher, der ein derartiges Gespräch nicht wünscht, nicht entstehen. Nach einer Zeit von **vier Wochen nach dem Todesfall** ist daher ein unaufgeforderter Vertreterbesuch nach §§ 3, 4 Nr. 2 unbedenklich.[110]

80 Jedoch muss beachtet werden, dass eine **Unzulässigkeit gemäß § 7 Abs. 1 S. 2** besteht: Ein solcher Besuch ist von einem verständigen Verbraucher bereits deshalb erkennbar abgelehnt, weil er ihn aufs neue mit seiner Trauer und dem Verlust seines Angehörigen konfrontiert, obwohl er dies zur Bewältigung seiner Trauer nicht möchte. An dieser Stelle ist hierauf nicht näher einzugehen.

81 **bb) Bestattungswerbung.** Bei der Bestattungswerbung könnte man zwar davon ausgehen, dass die Menschen dazu neigen, die Dinge, die mit ihrem eigenen Tod zusammenhängen, nicht distanziert und nüchtern zu betrachten und abwägend zu entscheiden. Hinzu kommt, dass die angesprochenen Verbraucher aufgrund ihres Alters oder ihres Gesundheitszustandes auf ein solches Thema besonders empfindsam reagieren und die daher ein solches – für sie äußerst unangenehmes Gespräch – so schnell wie möglich beenden wollen, wofür der Vertragsabschluss die nächstliegende Möglichkeit ist. Bei einer solchen Betrachtungsweise läge die Bejahung der Unlauterkeit nach §§ 3, 4 Nr. 2 nahe.

82 Es muss jedoch berücksichtigt werden, dass – die psychische Gesundheit vorausgesetzt – ein verständiger Verbraucher, auch und gerade wenn er alt und krank ist, eine **Unterhaltung über dieses Thema verweigern** und ein Vertreter daher erst gar nicht zum Hausbesuch zugelassen wird. Eine Unzulässigkeit gemäß § 3, 4 Nr. 2 besteht daher nicht.[111]

83 Jedoch muss genauso wie in der vorherigen Fallgestaltung eine **Unlauterkeit gemäß § 7 Abs. 1 S. 2** angenommen werden, da ein solcher Besuch von einem verständigen Verbraucher bereits deshalb erkennbar abgelehnt wird, weil er dadurch gezwungen würde, sich an die für ihn meistens sehr unangenehme Tatsache des baldigen eigenen Sterbens erinnern lassen zu müssen. Darauf ist hier nicht näher einzugehen.

3. Erschlichene Vertreterbesuche

84 **a) Rechtsprechung und Literatur.** Bei der Eignung einer geschäftlichen Handlung zum Ausnutzen einer Zwangslage kamen des Weiteren die Fallgestaltungen der erschlichenen Vertreterbesuche in Betracht: So verschieden die konkreten Sachverhalte auch sind, gemeinsam ist ihnen allen, dass der Verbraucher etwa postalisch oder telefonisch Wareninformationen angefordert hatte, aber statt dessen ein Vertreter zu ihm in die Wohnung kam oder aber Gewinne für den Verbraucher vom Vertreter in die Wohnung des Verbrauchers überbracht wurden – der **Vertreterbesuch war als solcher also nicht angefordert,** sondern vom Wettbewerber „erschlichen". Die Rechtsprechung lehnte bereits daher die

[109] Ähnlich HK-WettbR/*Plaß* § 4 Rn 275.
[110] Ohne konkrete Zeitangabe aber für Zulässigkeit nach Wartefrist HK-WettbR/*Plaß* § 4 Rn 275.
[111] Ebenso MünchKomm/*Heermann* UWG § 4 Nr. 1 Rn 91.

Zulässigkeit dieser geschäftlichen Handlung ab.[112] Die Literatur akzeptiert diese Rechtsprechung ohne Einwände.[113]

b) Argumentationsmuster. Der Dreh- und Angelpunkt für die Beurteilung als unlauter ist das Argument, dass dem Umworbenen durch den Wettbewerber die Möglichkeit genommen werde, den – immerhin vom Umworbenen mittelbar selbst verursachten – Vertreterbesuch abzulehnen; dadurch werde der Umworbene in eine Zwangslage versetzt: Hatte zB der Umworbene auf einem Gutschein „unverbindlich und kostenlos" vom Wettbewerber ein Angebot angefordert, und dem Interessenten werde darauf das Angebot nicht zugesandt, sondern an seiner Wohnungstür erscheine ein Vertreter „bepackt mit schweren Mustermappen und Katalogen", werde es dem Umworbenen äußerst peinlich sein, den Vertreter, dessen Besuch er ja ausgelöst habe, wegzuschicken.[114] Mit dieser vom Wettbewerber **künstlich geschaffenen Situation** beraube der Wettbewerber den Umworbenen zudem eines der beliebtesten und zugkräftigsten Argumente bei der Abwehr eines unerbetenen Vertreterbesuches: nämlich der Behauptung, es interessiere ihn nicht.[115] Zudem könne die Abwehrmöglichkeit des Umworbenen noch zusätzlich dadurch erschwert werden, dass der Umworbene glaube, er habe den Vertreter – wenn auch vielleicht versehentlich – tatsächlich bestellt; der Verbraucher werde dadurch in eine Zwangslage versetzt.[116] 85

c) Beurteilung der Fallgestaltungen. Für die Frage einer Unlauterkeit dieser erschlichenen Vertreterbesuche sind diejenigen Fallgestaltungen, in denen der Vertreter lediglich einen Gewinn persönlich überbringt,[117] von den Fallgestaltungen zu trennen, in denen der Umworbene annehmen muss, er habe den Vertreterbesuch letztlich veranlasst.[118] 86

Bei der ersten Fallgruppe ist für das neue Recht folgendes zu berücksichtigen: Zwar sind **Geschenke,** also auch Gewinne, die der Verbraucher vom Wettbewerber erhält, eine sehr attraktive Marketingmaßnahme zur Gewinnung der Gunst des Verbrauchers, so dass man annehmen könnte, der Verbraucher befinde sich aufgrund seiner „Dankbarkeitsgefühle" gegenüber dem Wettbewerber in einer Zwangslage, die der Wettbewerber für sich ausnutzen kann. 87

Jedoch ist zu berücksichtigen, dass seit dem **Wegfall von Zugabeverordnung und Rabattgesetz** die Markt- und Wettbewerbsverhältnisse sich erheblich verändert haben: Der durchschnittlich informierte und verständige Verbraucher ist zum einen mit den Marktgegebenheiten vertraut und weiß, dass Kaufleute letztlich nichts zu verschenken haben, so bereits die Gesetzesbegründung zur Aufhebung der Zugabeverordnung.[119] Der Beispielskatalog des § 4 Nr. 4 behandelt daher die Gewährung von Geschenken an Verbraucher auch nur dann als unlauter, wenn die Bedingungen für ihre Inanspruchnahme nicht klar und eindeutig angegeben werden. Der verständige Verbraucher lässt sich somit nicht vorschnell durch sog. Wertreklame zum Vertragsschluss verleiten;[120] ebenso wenig lässt er sich vorschnell dazu bestimmen, einem unbestellten Vertreter Zutritt zu seiner Wohnung zum Zweck eines Verkaufsgesprächs zu gewähren. 88

Eine Zwangslage, die der Wettbewerber ausnutzen könnte, besteht daher bei der **Überbringung von Gewinnen** oder sonstigen Geschenken für den verständigen, durchschnitt- 89

---

112 LG Osnabrück WRP 1967, 416f – Weinprobe; OLG München WRP 1968, 160 – Solebäder; BGH GRUR 1968, 648f – Farbbildangebot; BGH GRUR 1971, 320 – Schlankheitskur; BGH GRUR 1973, 81 – Gewinnübermittlung; BGH GRUR 1976, 32 – Präsentation; KG WRP 1976, 614 – Gewinnspiel.

113 Hefermehl/*Köhler*/Bornkamm UWG § 7 Rn 55; Harte/Henning/*Ubber* UWG § 7 Rn 49; Gloy/*Hasselblatt* § 71 Rn 30; HK-WettbR/*Plaß* § 7 Rn 25; *Emmerich* S. 211.

114 BGH GRUR 1968, 648f, 649 – Farbbildangebot.

115 OLG München WRP 1969, 160, 164 – Solebäder.

116 BGH GRUR 1968, 648f, 649 – Farbbildangebot.

117 BGH GRUR 19723 81 – Gewinnübermittlung.

118 ZB BGH GRUR 1976, 32 – Präsentation.

119 BT-Drucks. 14/5594 S. 7.

120 So speziell für Zugaben und Rabatte: BT-Drucks. 14/5594 S. 7.

lich informierten und situationsangemessen aufmerksamen Verbraucher nicht.[121] Diese Fallgestaltung ist daher **unbedenklich** im Sinne der §§ 3, 4 Nr. 2.[122]

90 Bei der zweiten Fallgruppe ist für die Beurteilung nach neuem Unlauterkeitsrecht folgendes zu berücksichtigen: Es sind zunächst die Fallgestaltungen auszusondern, in denen auch der verständige, situationsangemessen aufmerksame Verbraucher aufgrund der konkreten Umstände der **Auffassung ist, dass er den Vertreter bestellt** habe. Diese Fallgestaltungen machen die betreffende geschäftlichen Handlung irreführend durch Unterlassen eine Aufklärung über den Grund des Besuchs und daher gemäß §§ 3, 5a Abs. 1 und 2 unlauter. Zudem ist dem Wettbewerber klar, dass der Verbraucher die geschäftliche Handlung nicht wünscht, so dass Unlauterkeit auch gemäß § 7 Abs. 1 S. 2 besteht.[123]

91 Liegt jedoch keine Fallgestaltung der Irreführung zugrunde, so muss man folgendes sehen: Zwar wird der Verbraucher, der mit dem **unaufgeforderten Vertreterbesuch** konfrontiert wird, zunächst überlegen, ob er selbst diesen Vertreter bestellt habe; der situationsangemessen aufmerksame Verbraucher wird sich jedoch alsbald im klaren darüber sein, dass der Besuch nicht von ihm bestellt wurde und er daher keinen Anlass hat, den Vertreter zu empfangen. Zusätzlich wird dieser offensichtliche „Überrumpelungsversuch" beim verständigen Verbraucher eine **starke Abwehrhaltung** fördern, da er ein solches Vorgehen eines Wettbewerbers mit dem Ziel, Angehörige der Marktgegenseite einzuschüchtern und ihre Gegenwehr zu schwächen oder auszuschalten in höchstem Maß missbilligt.

92 Er wird daher gerade mit der Begründung, dass er den Vertreter nicht bestellt und nur Informationsmaterial angefordert habe, **den Vertreter zurückweisen** – Erklärungen darüber, dass ihm das Produkt oder die Dienstleistung nicht interessiere, braucht er gar nicht abzugeben; allein sein Hinweis, auf sein fehlendes Interesse am Vertreterbesuch als solchem reicht aus für eine Abwehr. Eine Zwangslage für den verständigen, situationsangemessen aufmerksamen Verbraucher, die der Wettbewerber ausnutzen könnte, besteht daher nicht. Nach §§ 3, 4 Nr. 2 ist diese geschäftliche Handlung also **unbedenklich.** Jedoch ist festzuhalten, dass in den beschriebenen Fällen für den Wettbewerber offensichtlich ist, dass der Umworbene gerade keinen Vertreterbesuch wünscht; daher ist die geschäftliche Handlung als **unzumutbare Belästigung nach § 7 Abs. 1 S. 2** unlauter.[124] An dieser Stelle ist darauf nicht näher einzugehen.

4. Ansprechen von Verbrauchern auf der Straße

93 **a) Rechtsprechung und Literatur.** Werden auf öffentlichen Straßen oder Plätzen nicht erkennbar interessierte Passanten von Werbern angesprochen, sei es dass die Werber diese Verbraucher zum Beitritt zu einem Buchclub zu gewinnen versuchen,[125] zum Erwerb von Kraftfahrzeugnummernschildern,[126] zur Erteilung eines Hochzeitsfotoauftrages[127] oder ähnliches, so beurteilte die Rechtsprechung dies **nach altem Unlauterkeitsrecht regelmäßig als sittenwidrig.** Die ältere Literatur akzeptierte dies generell.[128] Die Rechtsprechung zum neuen Unlauterkeitsrecht beurteilt diese Wettbewerbhandlung gleichfalls als unlauter.[129] Die neue Literatur geht ebenfalls von Unlauterkeit aus.[130]

---

[121] Ebenso MünchKomm/*Heermann* UWG § 4 Nr. 2 Rn 81.

[122] AA *Lettl* Rn 587; Hefermehl/*Köhler*/Bornkamm UWG § 7 Rn 122; wie hier MünchKomm/*Heermann* UWG § 4 Nr. 2 Rn 81.

[123] Ebenso Hefermehl/*Köhler*/Bornkamm UWG § 7 Rn 55; Harte/Henning/*Ubber* UWG § 7 Rn 49; Gloy/*Hasselblatt* § 71 Rn 30; HK-WettbR/*Plaß* § 7 Rn 25; *Lettl* Rn 586.

[124] Ebenso Hefermehl/*Köhler*/Bornkamm UWG § 7 Rn 55; Harte/Henning/*Ubber* UWG § 7 Rn 49; Gloy/*Hasselblatt* § 71 Rn 30; HK-WettbR/*Plaß* § 7 Rn 25; *Lettl* Rn 586.

[125] BGH GRUR 1965, 315 – Werbewagen; OLG Stuttgart NJW 1955, 146f – Ansprechen von Straßenpassanten.

[126] BGH GRUR 1960, 431 – Kraftfahrzeugnummernschilder.

[127] KG WRP 1973, 156f – Hochzeitsfoto.

[128] Vgl. Baumbach/*Hefermehl* UWG § 1 Rn 60ff mwN.

[129] BGH NJW 2005, 1050 – Ansprechen in der Öffentlichkeit II.

[130] Hefermehl/*Köhler*/Bornkamm UWG § 7 Rn 65ff; *Lettl* Rn 575; *Götting* Rn 56.

b) Argumentationsmuster. Die Rechtsprechung verbot dieses persönliche Ansprechen nicht erkennbar Interessierter in der Öffentlichkeit letztlich aus zwei Gründen: Zum einen wegen der damit für die Verbraucher verbundenen **Belästigung,**[131] zum anderen wegen eines auf den Verbraucher ausgeübten **Zwangs:** aus einem Gefühl der Peinlichkeit und in Folge des Überraschungseffekts erkläre sich der Kunde zum Vertragsabschluss bereit, um dieser unangenehmen Situation zu entkommen.[132] Die Peinlichkeit werde für ihn dadurch hervorgerufen, dass er durch das persönliche Ansprechen aus der Anonymität heraustreten müsse.[133] Unter Geltung des neuen Unlauterkeitsrechts stützt der BGH sein Verdikt allerdings nur noch auf den Gesichtspunkt der Belästigung.[134] 94

c) Beurteilung der Fallgestaltungen. Für die Frage, ob die angesprochenen Verbraucher hier in eine Zwangslage versetzt würden, stellt sich das Problem, ob der verständige und situationsangemessen aufmerksame Verbraucher eine derartige Situation als Zwangslage empfinden würde. Für diesen Verbrauchertypus ist nach wenigen Sätzen des Werbers klar, dass es sich hierbei um eine geschäftliche Handlung dreht, etwa die Werbung für einen Buchclub. Er hat hier die **Möglichkeit, ohne Begründung auszuweichen** und seiner Wege zu gehen; dies wird ihm gerade deshalb um so leichter fallen, als gerade in den letzten Jahren das Angesprochenwerden auf öffentlichen Straßen und Plätzen, etwa in Fußgängerzonen stark zugenommen hat, wobei die Zwecke von Bettelei über Spendensammlung bis hin zu geschäftliche Handlungen reichen. Da der verständige Verbraucher, der das Werbegespräch nicht wünscht, sich von vorneherein nicht darauf einlassen wird, kann für diesen Verbraucher die angenommene Zwangslage nicht entstehen. Das Ansprechen von Straßenpassanten zu Werbezwecken ist daher nach den §§ 3, 4 Nr. 2 **unbedenklich.**[135] 95

Zu beachten ist jedoch, dass das Ansprechen erkennbar nicht Interessierter ein Aufdrängen von Werbung für diese Verbraucher ist, so dass diese Werbeform gemäß **§ 7 Abs. 1 S. 2 unlauter wegen unzumutbarer Belästigung** ist;[136] hierauf ist in diesem Rahmen nicht näher einzugehen. 96

5. Zusendung unbestellter Ware

a) Rechtsprechung und Literatur. Die **Zusendung unbestellter Ware** könnte eine geschäftliche Handlung sein, die geeignet ist, eine Zwangslage des Verbrauchers, dem die Ware ohne seinen Willen zugesandt wurde, auszunutzen. Die Rechtsprechung hat zum alten Recht auch regelmäßig diese Form des Direktmarketings als unzulässig nach § 1 UWG aF angesehen.[137] Die Literatur teilt dieses Verdikt der Rechtsprechung.[138] 97

b) Argumentationsmuster. Der Grund für das Verbot durch die Rechtsprechung ist folgender: Der Verbraucher werde durch die Zusendung unbestellter Ware in eine Zwangslage versetzt. Er befinde sich im Besitz einer unbestellten Ware, habe dies aber erst nach Öffnung der Packung festgestellt, so dass für ihn als juristischen Laien zweifelhaft sei, ob ihn nun irgendwelche **Zahlungs-, Aufbewahrungs- oder Rücksendungspflichten** 98

---

131 BGH GRUR 1965, 315, 316f – Werbewagen; OLG Stuttgart NJW 1955, 146 – Ansprechen von Straßenpassanten; BGH NJW 2004, 2593 – Ansprechen in der Öffentlichkeit I; BGH NJW 2005, 1050, 1052 – Ansprechen in der Öffentlichkeit II; krit. *Apostopoulos* WRP 2004, 841, 849.

132 BGH GRUR 1965, 315, 316f – Werbewagen; aA BGH NJW 2004, 2593f – Ansprechen in der Öffentlichkeit I.

133 BGH GRUR 1965, 315, 316 – Werbewagen.

134 BGH NJW 2005, 1050, 1052 – Ansprechen in der Öffentlichkeit II.

135 Ebenso HK-WettbR/*Plaß* § 4 Rn 107.

136 BGH NJW 2005 1050, 1052 – Ansprechen in der Öffentlichkeit II.

137 BGH GRUR 1959, 279 – Künstlerpostkarten; BGH GRUR 1960, 382 – Verbandstoffe; BGH GRUR 1966, 47 – Indicator.

138 Harte/Henning/*Ubber* UWG § 7 Rn 59; Gloy/*Hasselblatt* § 71 Rn 40; Hefermehl/*Köhler*/Bornkamm UWG § 7 Rn 84ff; *Lettl* Rn 594; *Emmerich* S. 249f; differenzierend HK-WettbR/*Plaß* § 4 Rn 65, § 7 Rn 13; *Götting* § 9 Rn 63.

treffen; der Verbraucher werde deshalb aus dieser Zwangslage den für ihn einfachsten Weg des Entkommens wählen: Die Ware kaufen.[139]

99 **c) Beurteilung der Fallgestaltungen.** Diese Haltung der Rechtsprechung vor Inkrafttreten des § 241a BGB hat sicher unter dem vorherigen Rechtszustand seine Berechtigung gehabt: Das Problem für den Verbraucher vor Geltung des § 241a BGB war in der Tat die rechtliche Unsicherheit des juristischen Laien, der sich letztlich nicht sicher sein konnte, ob ihm für den Fall des Verlustes der Ware, insbesondere dann, wenn er sie selbst in die Mülltonne entsorgte, irgendwelche Ansprüche treffen würden; durch die **Geltung des § 241a BGB** ist nun klargestellt, dass sämtliche Ansprüche, sei es auf eine Gegenleistung, sei es auf Schadenersatz, Herausgabe oder Nutzungsersatz, umfassend ausgeschlossen sind.[140]

100 Diese neue Rechtslage ist nicht nur durch die Medien publik gemacht worden, sondern die Verbraucherverbände haben auch dafür gesorgt, dass der verständige, durchschnittlich informierte und situationsangemessen aufmerksame Verbraucher darüber **informiert** ist, dass er – selbst wenn er die unverlangt zugesandte Ware in Gebrauch nimmt oder wegwirft – **keine Ansprüche befürchten** muss. Die von der Rechtsprechung zu der Rechtslage vor Inkrafttreten des § 241a BGB angenommene Zwangslage des Verbrauchers bei Zusendung unbestellter Ware kann daher unter Geltung des § 241a BGB nicht mehr angenommen werden. Der durchschnittlich informierte, verständige und situationsangemessen aufmerksame Verbraucher ist frei in seiner Entscheidung, ob er die Ware kaufen will oder nicht.[141]

101 Auch eine **moralische Zwangslage** kann **nicht** angenommen werden,[142] da der verständige Verbraucher sofort erkennt, dass ihn der Wettbewerber mit der Zusendung der unbestellten Ware in eine Situation bringen will, die es ihm peinlich erscheinen lässt, die Ware zu behalten, ohne dafür zu bezahlen; dies wird **beim verständigen Verbraucher eine Abwehrhaltung hervorrufen,** da er ein solches Vorgehen eines Wettbewerbers mit dem Ziel, die Gegenwehr von Verbrauchern zu schwächen, in höchstem Maße missbilligt.

102 Fordert der Wettbewerber den Verbraucher jedoch zur **Zahlung,** zur **Rücksendung** oder zur **Verwahrung** auf, ohne ihn darüber aufzuklären, dass hierzu keine Verpflichtung besteht, so muss diese geschäftliche Handlung als konkludente Behauptung eines dem Wettbewerber **nicht zustehenden** Zahlungsanspruchs (bzw. eines Rücksendungs- oder Verwahrungsanspruchs) und damit einer konkludent angedrohten rechtlichen Auseinandersetzung wegen Androhung unzulässiger Nachteile als **unlauter**[143] angesehen werden.[144]

103 Unabhängig von § 4 Nr. 2 ist die Aufforderung zur Bezahlung nicht bestellter Ware oder Dienstleistungen oder eine Aufforderung zur Rücksendung oder Aufbewahrung nicht bestellter Sachen, sofern es sich nicht um eine nach den Vorschriften über Vertragsschlüsse im Fernabsatz zulässige Ersatzlieferung handelt gemäß **Nr. 29 des Anhangs zu § 3 Abs. 3** bei Vornahme gegenüber Verbrauchern **stets unzulässig.** Im Fall einer **Aufklärung** des Verbrauchers durch den Unternehmer über die derzeit nicht bestehende Zahlungspflicht (bzw. Pflicht zur Aufbewahrung oder Rücksendung) ist Nr. 29 des A**nhangs** zu § 3 Abs. 3 jedoch **nicht erfüllt,** da der Sinn und Zweck dieses Tatbestandes die Verhinderung einer Zahlung (bzw. Aufbewahrung oder Rücksendung) auf Grund der irrtümlichen Annahme tatsächlich nicht bestehender vertraglicher Beziehungen ist.[145]

104 Eine Zwangslage muss daher unter Geltung des § 241a BGB bei der bloßen Zusendung unbestellter Ware verneint werden. Die **bloße Zusendung unbestellter Ware** ist daher gemäß §§ 3, 4 Nr. 2 **unbedenklich.**

---

139 BGH GRUR 1959, 277, 279 – Künstlerpostkarten; BGH GRUR 1960, 382, 383 – Verbandstoffe; BGB GRUR 1966, 47, 48 – Indicator.

140 Vgl. nur Palandt/*Heinrichs* BGB § 241a Rn 6ff mwN.

141 Grundsätzlich ähnlich HK-WettbR/*Plaß* § 4 Rn 65.

142 Grundsätzlich ähnlich HK-WettbR/*Plaß* § 4 Rn. 65.

143 Vgl. Anhang I Nr. 29 der RL 2005/29/EG und Nr. 29 UWG-Anhang.

144 → Rn 59f.

145 Ebenso *Sosnitza* WRP 2008, 1014, 1026.

6. Ausnutzung abergläubischer Vorstellungen

a) Äußerungen der Literatur. Fallgestaltungen, die Gegenstand einer wettbewerbsrechtlichen Klage gewesen wären, sind nicht bekannt; die Rechtsprechung konnte sich daher zu dem Problem des Ausnutzens abergläubischer Vorstellungen durch geschäftliche Handlungen nicht äußern. In der Literatur wird vereinzelt dieses Problem erörtert: *Schricker* und *Henning-Bodewig* plädieren dafür, Wettbewerbsmaßnahmen, die abergläubische Vorstellungen missbrauchen, als unlauter zu verbieten; dieser Vorschlag findet sich in ihrem Gesetzesvorschlag für ein harmonisiertes Recht des unlauteren Wettbewerbs in der Europäischen Union.[146] 105

Weder der europäische noch der deutsche Gesetzgeber folgten dem Vorschlag für die Aufnahme dieses Verbots der Ausnutzung abergläubischer Vorstellungen **mit einer ausdrücklichen Regelung;** jedoch könnte es sein, dass in § 4 Nr. 2 entweder in dem Tatbestandsmerkmal der Eignung der geschäftliche Handlung zur Ausnutzung einer Zwangslage oder der Angst oder der Leichtgläubigkeit die Ausnutzung der abergläubischen Vorstellungen mit umfasst ist. Es könnte etwa – bedingt durch abergläubische Vorstellungen – bei einem Verbraucher eine Zwangslage bestehen, in der er glaubt, zur Vermeidung von Nachteilen (etwa einer Verfluchung) in einer bestimmten Weise handeln zu müssen. 106

Fraglich ist zunächst, wie eine derartige **Fallgestaltung im realen Wettbewerbsgeschehen** aussehen könnte: Man könnte sich etwa einen **Kettenbrief** mit Kaufaufforderungen vorstellen, der für den Fall, dass dem Kaufappell nicht Folge geleistet wird, dem Verbraucher Unglück androht; denkbar wäre auch der Fall, dass beim Erwerb einer Ware dem Verbraucher aufgrund **magischer Kräfte** Glück und Erfolg in Aussicht gestellt werden, die er zu verlieren glaubt, wenn er nicht die Ware erwirbt. 107

b) Beurteilung der Fallgestaltung. Durch die beschriebenen abergläubischen Vorstellungen müsste bei dem betreffenden Verbraucher eine Zwangslage entstehen oder aber eine vergleichbare Situation (etwa aufgrund von Angst), die zu einer Ausnahmesituation führt. Es fragt sich jedoch, ob eine solche Ausnahmesituation aufgrund abergläubischer Vorstellungen bei dem verständigen, durchschnittlich informierten Verbraucher überhaupt bestehen kann. Ein verständiger Verbraucher ist darüber informiert, dass magische Kräfte rein fiktiv und ohne reale Existenz sind. Ein **verständiger Verbraucher hat daher von vornherein keine abergläubischen Vorstellungen,**[147] so dass eine Zwangslage gar nicht entstehen kann. 108

Hiergegen kann nicht eingewandt werden, dass § 4 Nr. 2 auch geschäftliche Handlungen verbietet, die geeignet sind, die **Leichtgläubigkeit von Verbrauchern,** die hier gerade eben in dem Glauben an magische oder okkulte Dinge besteht, auszunutzen. Wie bereits mehrfach betont, liegt der Neuregelung des Unlauterkeitsrechts – ebenso wie der Aufhebung von Zugabeverordnung und Rabattgesetz[148] – das neue Verbraucherleitbild vom verständigen durchschnittlich informierten und situationsangemessen aufmerksamen Verbraucher zugrunde.[149] Würde man nun **abergläubische Vorstellungen** unter die „Leichtgläubigkeit" des § 4 Nr. 2 subsumieren und damit **schützen,** würde dadurch das **neue Verbraucherleitbild** nicht nur unterlaufen, sondern geradezu **obsolet** gemacht:[150] Eine Negativauslese von Verbrauchern würde zum Maßstab des Schutzes; dies soll aber gerade durch das neue Verbraucherleitbild unterbunden werden.[151] Die Ausnutzung der Leichtgläubigkeit kann daher nicht mit „Unverständigkeit" in Verbindung gebracht wer- 109

---

[146] *Schricker/Henning-Bodewig* WRP 2001, 1367, 1395.
[147] Ebenso MünchKomm/*Heermann* UWG § 4 Nr. 2 Rn 64.
[148] BT-Drucks. 14/5594 S. 7.
[149] BT-Drucks. 15/1487 S. 19.
[150] Ebenso *Engels/Salomon* WRP 2004, 32, 36; vgl. auch *Scherer* WRP 2008, 563, 570; *dies.* WRP 2004, 1355, 1356.
[151] Ebenso *Engels/Salomon* WRP 2004, 32, 36; vgl. auch *Scherer* WRP 2008, 563, 570; *dies.* WRP 2004, 1355, 1356.

den; genau das würde man aber tun, wenn man bestimmte Menschen in ihren abergläubischen Vorstellungen, die fehlende Verständigkeit signalisieren, auch noch bevorzugt schützen würde – gegenüber den verständigen Verbrauchern nämlich, die keine abergläubischen Vorstellungen haben.[152]

110 Dass die (konsolidierte) Fernsehrichtlinie (97/36/EG zur Änderung der Richtlinie 89/552/EWG) vom 19. 6. 1997[153] im mittlerweile aufgehobenen[154] Art. 12 lit. c[155] die Werbung unter Verletzung religiöser Vorstellungen untersagte, steht dem nicht entgegen, selbst wenn man unter dem Begriff „religiöse" Vorstellungen auch abergläubische Vorstellungen (Amulette, Horoskope, etc.) subsumieren würde: Werbung im Fernsehen erreicht ein Publikum, zu dem auch Kinder und Jugendliche zählen, die für derartige abergläubische Vorstellungen als noch nicht gefestigte Persönlichkeiten besonders anfällig sind; hier soll generell – wie sich auch aus den Erwägungsgründen (44, 45) der RL über audiovisuelle Mediendienste ergibt – einem möglichen negativen Einfluss auf diese Teile des Publikums, die noch nicht als verständige Verbraucher angesehen werden können, vorgebeugt werden.[156]

111 Eine Ausnutzung abergläubischer Vorstellungen kann daher **unter keinem Gesichtspunkt nach § 4 Nr. 2 unlauter** sein, da verständige Verbraucher keinen abergläubischen Vorstellungen anhängen.

7. Einschränkung der Bewegungsfreiheit und ähnliche Fallgestaltungen

112 **a) Fallgestaltungen.** Eine Eignung einer geschäftlichen Handlung zum Ausnutzen einer Zwangslage könnte auch vorliegen, wenn der Eindruck erweckt wird, der Verbraucher könne die **Räumlichkeiten ohne vorherige Vertragsunterzeichnung nicht verlassen.** Als Beispielsfall könnte die Fallgestaltung dienen, dass eine Verkaufsveranstaltung in einem abgelegenen Gebäude, ohne eine Möglichkeit von dort nach Hause zurückzukehren, stattfindet und die Teilnehmer zur Leistung einer Anzahlung gedrängt werden mit dem Versprechen, sie anschließend nach Hause zu bringen.

113 Zwar sind solche Fallgestaltungen plumper, aber sehr aggressiver geschäftliche Handlungen, soweit ersichtlich, bisher nicht Gegenstand von wettbewerbsrechtlichen Entscheidungen geworden. Gemäß **Nr. 25 des Anhangs zu § 3 Abs. 3** sind diese geschäftlichen Handlungen **stets unzulässig,** wenn sie gegenüber Verbrauchern vorgenommen werden. Gleichfalls wird es unter **Nr. 26 des Anhangs zu § 3 Abs. 3** als in jedem Fall unzulässig bezeichnet, wenn bei persönlichen Besuchen in der Wohnung des Verbrauchers dessen **Aufforderung, die Wohnung zu verlassen** oder nicht zu ihr zurückzukehren **nicht beachtet** wird, es sei denn der Besuch ist rechtlich zur Durchsetzung einer vertraglichen Verpflichtung gerechtfertigt.

114 **b) Beurteilung der Fallgestaltungen.** Unabhängig von der Aufnahme der Tatbestände in die „Schwarze Liste" sind diese geschäftliche Handlungen nach § 4 Nr. 2 unlauter: Durch die beschriebenen geschäftliche Handlungen entsteht bei dem verständigen Verbraucher eine **Zwangslage,** die zu einer **Ausnahmesituation** führt. Der Verbraucher sieht sich hier konfrontiert mit einer für ihn äußerst misslichen Situation, nämlich entweder dem Verlust seiner Bewegungsfreiheit oder der Herrschaft über seine Wohnung, wobei die Wiedererlangung vom Wettbewerber von einer Befolgung des Werbeappells abhängig gemacht wird. Angesichts dieser **massiven persönlichen Nachteile** befindet sich der Verbraucher in einer außergewöhnlichen Zwangslage. Da er vom Wettbewerber die Möglichkeit aufgezeigt bekommt, wie diese Zwangslage einfach und unproblematisch zu beenden ist und er seine persönliche Bewegungsfreiheit bzw. die Herrschaft über seine Wohnung wiedererlangen kann, wird auch der verständige Verbraucher angesichts dieser **überlege-**

---

152 → Rn 143 ff; 148 ff.
153 ABl. EG Nr. L 202 S. 60.
154 Aufhebung durch Art. 1 der RL 2007/65/EG, ABl. EG Nr. L 332 vom 18. 12. 2007, S. 27.
155 RL 2007/65/EG, ABl. EG Nr. L 332 vom 18. 12. 2007, S. 27.
156 → Rn 148 ff.

nen Machtposition des Werbenden nachgeben und dem Werbeappell Folge leisten. Diese geschäftlichen Handlungen sind daher geeignet, die Zwangslage von Verbrauchern auszunutzen und daher gemäß §§ 3, 4 Nr. 2 **unzulässig.**[157]

8. Psychologischer Kaufzwang

a) Rechtsprechung. Eine Eignung einer geschäftlichen Handlung zum Ausnutzen einer Zwangslage könnte nach der bisherigen Rechtsprechung zu § 1 UWG aF auch in Betracht kommen in den Fällen des sog. **psychologischen** oder auch **„psychischen" Kaufzwangs** (weithin austauschbar mit dem Topos des „übertriebenen Anlockens"). Die Fallgestaltungen, in denen die Rechtsprechung einen solchen Kaufzwang bejahte und die geschäftliche Handlung daher verbot, sind sehr vielgestaltig: So wurden als psychologischer Kaufzwang Fälle der Wertreklame behandelt,[158] ebenso aber auch das Ansprechen von Straßenpassanten,[159] das Erschleichen von Vertreterbesuchen,[160] die Zusendung unbestellter Ware,[161] die Werbung durch Betreuungspersonal[162] oder mit Laien.[163] 115

b) Argumentationsmuster. Der Kerngedanke der Rechtsprechung, der die Zwangslage für die Verbraucher begründen soll, ist die Überlegung, dass sowohl durch die **Gewährung von Vergünstigungen,** als auch durch die „Überrumpelung" (zB durch unerwartetes Ansprechen von Passanten) diese in eine für sie **peinliche Situation** gebracht werden, aus der sie sich häufig nur wieder befreien könnten, indem sie einen Vertrag abschließen, also dem Werbeappell Folge leisteten.[164] Das Peinlichkeitsgefühl, das bei den Verbrauchern entstanden ist, sei so stark, dass es nur zu überwinden sei durch Tätigkeit eines Kaufs oder Inanspruchnahme der Dienstleistung.[165] Nur scheinbar zeichnet sich in jüngster Zeit eine Milderung der strengen Beurteilung durch die Rechtsprechung ab: Die Kriterien sind nach wir vor sehr streng.[166] 116

c) Literatur. Die herrschende Meinung in der Literatur folgte bis in die neunziger Jahre relativ unkritisch dieser Rechtsprechung.[167] Dann jedoch begannen kritische Autoren, sich gegen das Argumentationsmuster der Rechtsprechung und die ihr zugrunde liegenden Annahmen zu wenden.[168] Diese Stimmen forderten bereits zum alten Unlauterkeitsrecht die Abschaffung dieses Unlauterkeitskriteriums wegen seiner **Untauglichkeit für den Verbraucherschutz,** das stattdessen nur zur Entmündigung des Verbrauchers führte,[169] und seiner Wettbewerbsfeindlichkeit,[170] die in einem verfehlten Mittelstandsschutz ihren Grund 117

---

[157] HK-WettbR/*Plaß* § 4 Rn 100.

[158] BGH WRP 1998, 162f – Erstcoloration; OLG München WRP 1996, 598 – Filmentwicklung; BGH GRUR 1987, 243 – Alles frisch; OLG Düsseldorf WRP 1979, 794 – Kostenloses Blutdruckmessen; BGH GRUR 1979, 157 – Kindergartenmalwettbewerb; BGH GRUR 1973, 418 – Das goldene A; BGH GRUR 1971, 162 – Diagnosezentrum; LG München NJW 2003, 3066 – Rubbelgewinnspiel; OLG Celle GRUR-RR 2005, 287 – Klassensparbuch.

[159] BGH GRUR 1965, 315 – Werbewagen; KG WRP 1973, 176f – Hochzeitsfoto.

[160] BGH GRUR 1973, 81f – Gewinnübermittlung; BGH GRUR 1959, 277 – Künstlerpostkarten.

[161] BGH GRUR 1966, 47f – Indicator; BGH GRUR 1959, 277 – Künstlerpostkarten.

[162] OLG München GRUR 1989, 280 – Provisionsversprechen.

[163] OLG Saarbrücken WRP 1994, 840.

[164] BGH GRUR 1965, 315, 316 – Werbewagen; BGH GRUR 1973, 418, 419 – Das goldene A; BGH GRUR 1979, 157, 158 – Kindergartenmalwettbewerb; BGH GRUR 1987, 243, 244 – Alles frisch; OLG Düsseldorf WRP 1979, 794, 795 – Kostenloses Blutdruckmessen.

[165] BGH GRUR 1973, 418, 419 – Das goldene A; BGH GRUR 1979, 157, 158 – Kindergartenmalwettbewerb; BGH GRUR 1987, 243, 244 – Alles frisch.

[166] BGH WRP 2003, 1101 – Fotoaktion; LG München NJW 2003, 3066 – Rubbelgewinnspiel; etwas großzügiger BGH WRP 2003, 1428 – Einkaufsgutschein; OLG Celle GRUR-RR 2005, 387 – Klassensparbuch, das auf den Gruppenzwang abstellt.

[167] Vgl. Baumbach/*Hefermehl* UWG § 1 Rn 90ff, 164ff; Gloy/*Jacobs* Hdb. § 49 Rn 65; Gloy/*Klosterfelde* Hdb. § 49 Rn 83; *von Gamm* § 1 UWG Rn 165; *Bülow* GRUR 1974, 254.

[168] ZB *Emmerich* FS Piper S. 171ff; *ders.* FS Gernhuber S. 857, 868f; *Sosnitza* S. 42ff; *Schmitts* NJW 2003, 3034f; *Weiler* WRP 2002, 871.

[169] *Weiler* WRP 2002, 871, 873ff; *Sosnitza* S. 38f, 42ff; *Emmerich* FS Piper S. 171, 178ff.

[170] *Sosnitza* S. 38f, 42ff; *Emmerich* FS Gernhuber S. 857, 866f.

hat.[171] Zum neuen Unlauterkeitsrecht ist die Meinung gespalten: Zum einen gibt es Autoren, die zwar prinzipiell für eine Beibehaltung der Rechtsfigur des psychischen Kaufzwangs plädieren, jedoch die Anwendung deutlich restriktiver als bisher handhaben wollen;[172] zum anderen gibt es Autoren, sie sich für eine völlige Abschaffung dieses Kriteriums aussprechen.[173]

118 **d) Beurteilung der Fallgestaltungen.** Durch die beschriebenen geschäftlichen Handlungen müsste beim verständigen, situationsangemessen aufmerksamen Verbraucher eine Zwangslage mit Ausnahmecharakter entstehen, aus der sich der Verbraucher nur dadurch befreien kann, dass er dem Werbeappell Folge leistet. Bereits unter der Herrschaft des „alten“ Verbraucherleitbildes der deutschen Rechtsprechung vom „flüchtigen, unaufmerksamen“ Durchschnittsverbraucher war diese Annahme jedoch außerordentlich zweifelhaft: Mit **Aufhebung von Zugabeverordnung und Rabattgesetz** hatte sich bereits nach kurzer Zeit eine neue Kultur kostenloser Vergünstigungen etabliert; den Verbrauchern war längst klar, dass kein Kaufmann etwas zu verschenken hatte.[174] Gratisleistungen in Anspruch zu nehmen, war für die Verbraucher selbstverständlich geworden; Werbegeschenke und Zugaben wurden zu einem allgegenwärtigen Marketinginstrument.[175]

119 Die Hemmungen bei den Verbrauchern, Werbegeschenke und Zugaben entgegen zu nehmen, und das daraus resultierende **„Peinlichkeitsgefühl“** bei der Inanspruchnahme von Gratisleistungen, das von der Rechtsprechung zwar immer wieder behauptet, aber niemals belegt worden war,[176] existierte bereits damals nur als **Fiktion:**[177] Dieses angenommene Peinlichkeitsgefühl soll einerseits so stark sein, dass der Verbraucher etwas kauft, was er an sich nicht kaufen wollte, andererseits aber so schwach, dass es den Verbraucher nicht von der Annahme des Geschenks abhalten und ihn damit vor der letztlich selbst verursachten peinlichen Situation nicht zu bewahren vermag.[178] Die Annahme des Peinlichkeitsgefühls ist daher ein **Widerspruch zu den eigenen Prämissen:** Wenn es dem Verbraucher nämlich peinlich ist, ein Geschenk anzunehmen, ohne anschließend etwas zu kaufen, ist der nächstliegende Gedanke, dass er keine Geschenke annimmt, um diese peinliche Situation zu vermeiden.[179]

120 Im neuen Unlauterkeitsrecht besteht aufgrund des **neuen Verbraucherleitbildes** ohnehin keine Möglichkeit mehr, diese Annahme zu halten:[180] Der verständige und informierte Verbraucher ist umfassend vertraut mit derartigen Marketingmaßnahmen; ein solcher Verbraucher lässt sich nicht durch kostenlose Vergünstigungen zu einer Konsumentscheidung verleiten, die er ohne die Gratisleistung nicht getroffen hätte. Die Annahme, dass ein verständiger Verbraucher ein Peinlichkeitsgefühl bei der Annahme von Gratisleistungen empfinden könnte, ist heute mehr denn je **lebensfremd.**[181]

121 **Dies ist auch** ersichtlich der **Standpunkt des europäischen Gesetzgebers:** Bereits die Begründung des Vorschlags für die Richtlinie über unlautere Geschäftspraktiken[182] geht

[171] *Emmerich* FS Piper S. 171, 181.

[172] Hefermehl/*Köhler*/Bornkamm UWG § 4 Rn 1.22 ff; *Steinbeck* GRUR 2005, 540, 545 f; *dies.* WRP 2008, 865, 869 f; *Bülow* WRP 2005, 954; *Boesche* Rn 322; *Lettl* Rn 206, 209; HK-WettbR/*Plaß* § 4 Rn 118; Hening-*Bodewig* WRP 2006, 621, 627.

[173] Harte/Henning/*Stuckel* UWG § 4 Nr. 1 Rn 59 ff; *Scherer* WRP 2005, 672, 674 ff; *Ohly* GRUR 2004, 889, 897; letztlich auch *Emmerich* S. 230; *Berlit* Rn 99 ff, 103; *Götting* § 9 Rn 15; ähnlich MünchKomm/*Heermann* UWG § 4 Nr. 1 Rn 262, der für eine Aufgabe dieser Rechtsfigur und Einordnung in § 4 Nr. 2 plädiert.

[174] So bereits BGH WRP 1999, 90, 92 – Handy für 0,00 DM.

[175] *Weiler* WRP 2002, 871, 873.

[176] Dies kritisieren bereits *Emmerich* FS Piper S. 171, 178; *ders.* FS Gernhuber S. 857, 866; *Sosnitza* S. 57; *Weiler* WRP 2002, 871, 873.

[177] Ebenso Harte/Henning/*Stuckel* UWG § 4 Nr. 1 Rn 59.

[178] So bereits *Weiler* WRP 2002, 871, 873.

[179] Hierauf weist auch *Weiler* WRP 2002, 871, 873 hin.

[180] *Scherer* WRP 2005, 672, 674; Harte/Henning/*Stuckel* UWG § 4 Nr. 1 Rn 60; *Berlit* Rn 103; ähnlich *Götting* § 9 Rn 15.

[181] *Scherer* WRP 2005, 672, 675.

[182] KOM (2003) 356 endg. Rn. 71.

wie selbstverständlich davon aus, dass unentgeltliche Zuwendungen an den Verbraucher, wie etwa kostenlose Busfahrten oder das Angebot von Erfrischungen oder ähnliche unentgeltliche Anreize zur Verkaufsförderung den Verbraucher nicht davon abhalten können, eine informierte geschäftliche Entscheidung zu treffen.

Auch zeigt dies Art. 2 lit. e, Art. 8 UGP-RL: Beide Bestimmungen gehen davon aus, **122** dass der Verbraucher eine geschäftliche Entscheidung trifft, die er andernfalls (d. h. ohne die betreffende Geschäftspraxis) nicht getroffen hätte. Dies kann, wie oben[183] ausführlich dargelegt, nur der Fall sein, wenn der Verbraucher seine informierte Entscheidung anders getroffen hätte, als die Werbung dies verlangte; die Werbung überforderte jedoch seine Kräfte und war für ihn somit nicht beherrschbar: Er konnte daher nicht mehr anders reagieren, als von der Werbung gefordert. Nur in diesem Fall kann davon gesprochen werden, dass die Fähigkeit des Verbrauchers, eine informierte Entscheidung zu treffen, spürbar beeinträchtigt wird (Art. 2 lit. e UGP-RL).

Eine spürbare Beeinträchtigung dieser Entscheidung des Verbrauchers ist daher nicht be- **123** reits bei einer psychischen Beeinflussung gegeben, die dem Verbraucher die Entscheidungsfindung erschwert,[184] da dies letztlich bei jeder Werbung aufgrund der ihr immanenten Beeinflussungsfunktion der Fall ist.[185] Vielmehr ist dies erst dann der Fall, wenn der Verbraucher nicht mehr anders reagieren konnte als vom Wettbewerber verlangt, die Werbung also für ihn nicht mehr beherrschbar ist. Dies bestätigt – unter Zugrundelegung des europäischen Verbraucherleitbildes – dass unter dem neuen UWG und der Richtlinie über unlautere Geschäftspraktiken keine Möglichkeit mehr besteht, die Rechtsfigur des psychologischen Kaufzwangs beizubehalten.

Die Fallgestaltungen des traditionell sog. „psychologischen Kaufzwangs" sind daher nach **124** den §§ 3, 4 Nr. 2 **unbedenklich.** Die Rechtsanwendung sollte daher etwas mehr Zutrauen in die vielfach beschriebenen Fähigkeiten des Durchschnittsverbrauchers setzen und diesem auch tatsächlich die Verantwortung zukommen lassen, die ihm in der Theorie des Marktgeschehens zukommt. Das Ergebnis wird ein Gewinn für alle Marktteilnehmer sein.

Gratisleistungen an den Verbraucher, mit denen der Wettbewerber eine Machtposition **125** in der Weise ausnutzt, dass der **Verbraucher die Gratisleistung als für ihn unerlässlich ansieht,** der Wettbewerber aber mit ihrer Gewährung die **Bedingung verknüpft,** dass der Verbraucher dem Werbeappell Folge leistet, versetzen den Verbraucher jedoch in eine Zwangslage, aus der er sich nicht anders befreien kann, als dass er das vom Werbenden Geforderte tut: Beispielsweise, wenn ein Gewerbetreibender, dem ein Verbraucher Zahlungen schuldet und sich damit im Rückstand befindet, diesem erklärt, er werde die Zahlungsfrist verlängern unter der Bedingung, dass der Verbraucher ein weiteres Produkt dieses Wettbewerbers kaufe. In einem solchen Fall wird auch für den verständigen und durchschnittlich informierten Verbraucher eine **Ausnahmesituation** bestehen, da die Erlangung der für ihn unerlässlichen Vergünstigung nicht anders zu erhalten ist als durch Befolgung des Werbeappells. Derartige Fallgestaltungen sind daher gemäß §§ 3, 4 Nr. 2 **unlauter.**

Ob sich auch der Verbraucher in einer **Ausnahmesituation** befindet, der sich mit dem **126** Vorwurf konfrontiert sieht, bei Nichtbefolgung des Werbeappells vernichte er die Existenzgrundlage des Werbenden, ist **sehr fraglich,** da dem Durchschnittsverbraucher die Tatsache vertraut ist, dass der Unternehmer von Geschäftsabschlüssen lebt und daher das Ausbleiben von Geschäftsabschlüssen die wirtschaftliche Existenz des Unternehmers gefährdet. Eine Ausnahmesituation könnte allenfalls angenommen werden, wenn auch der Durchschnittsverbraucher sich in eine moralische Zwangslage versetzt fühlt. Dies könnte möglicherweise bei einem **persönlichen Kontakt** mit dem Unternehmer (bzw. seinen Mitarbeitern, die gemäß § 2 Abs. 1 Nr. 6 ebenfalls als Unternehmer gelten) der Fall sein, da sich der Verbraucher **unmittelbar verantwortlich** sieht für die **Vernichtung der wirt-**

---

183 → Rn 23 ff.
184 So aber *Henning-Bodewig* WRP 2006, 621, 627.
185 → ausführlich Rn 23 ff.

schaftlichen Existenz dieses Wettbewerbers: Bekannt sind etwa die Fälle der Drücker-Kolonnen, deren Mitglieder behaupten, nur durch Erwerb eines Zeitungs-Abonnements durch den Umworbenen vor dem persönlichen Ruin bewahrt werden zu können (mit fantasievollen dramatischen Ausschmückungen jeder Art). Auch hier ist jedoch dem verständigen Verbraucher bekannt, dass derartige Behauptungen typischerweise als Druckmittel eingesetzt werden, um den Verbraucher zu einem Geschäftsabschluss zu drängen, was jedoch seinerseits dessen Widerstand hervorrufen wird.

127 Unabhängig von der Unlauterkeit gemäß §§ 3, 4 Nr. 2 bzw. §§ 3, 5 besteht gemäß **Nr. 30 des Anhangs zu § 3 Abs. 3** in Fällen, in denen der Wettbewerber ausdrücklich angibt, der Arbeitsplatz oder der Lebensunterhalt des Unternehmers sei gefährdet, wenn die angebotene Ware nicht erworben oder die angebotene Dienstleistung nicht in Anspruch genommen werde bei Vornahme gegenüber dem Verbraucher **stets Unzulässigkeit;** jedoch sollte Nr. 30 des Anhangs zu § 3 Abs. 3 aufgrund der obigen Erwägungen **restriktiv** ausgelegt werden,[186] da alleine die Angabe der Existenzgefährdung etwa im Rahmen einer Werbung in Printmedien oder audiovisueller Kommunikation keinen Eindruck auf den Durchschnittsverbraucher macht; dieser kann allenfalls bei einer persönlichen Ansprache unter massiver Betroffenheit des Verbrauchers erzeugt werden.[187]

C. Ausnutzen von geistigen oder körperlichen Gebrechen, Alter, geschäftlicher Unerfahrenheit oder Leichtgläubigkeit

I. Einleitung

1. Geschichtliche Entwicklung, Gesetzesgeschichte, Entstehungsgeschichte

128 Im **UWG 2004** war dem **Wortlaut der Nr. 2** nach die „geschäftliche Unerfahrenheit insbesondere von Kindern oder Jugendlichen, die Leichtgläubigkeit …" vor Ausnutzung geschützt. Diese spezielle Betonung des Schutzes insbesondere von Kindern und Jugendlichen ist durch das Erste Gesetz zur Änderung des UWG entfallen; hingegen wurde die Vorschrift um die Begriffe „geistige und körperliche Gebrechen" sowie „das Alter" ergänzt. Damit sollte ausweislich der Gesetzesbegründung dem Umstand Rechnung getragen werden, dass Art. 5 Abs. 3 der Richtlinie über unlautere Geschäftspraktiken diese Begriffe ausdrücklich nennt.[188]

129 Die **Streichung** der Wörter „insbesondere von **Kindern und Jugendlichen**" hat ausweislich der Gesetzesbegründung **keine inhaltliche Änderung** gegenüber der bisherigen Fassung der Norm zur Folge: Sie war vielmehr erforderlich, um zu verhindern, dass dem Begriff des Kindes an zwei Stellen des Gesetzes eine unterschiedliche Bedeutung beigemessen wird.[189] Da der Begriff des „Kindes" in Nr. 28 des Anhangs zu § 3 Abs. 3 auftaucht und dort gemeinschaftsrechtlicher Natur ist, wäre die Verwendung desselben Begriffs in § 4 Nr. 2 mit der Gefahr verbunden, dass die Regelung an beiden Stellen nach deutschem Recht ausgelegt wird.[190] Um dies von vornherein auszuschließen, wurde die Verwendung des Wortes in der vorliegenden Bestimmung vermieden.[191]

130 Da eine inhaltliche Änderung in Bezug auf Kinder und Jugendliche daher nicht stattgefunden hat, kann der intendierte Schutz von minderjährigen Verbrauchern problemlos mit dem Begriff des **„Alters"** erfasst werden, da nicht nur ein hohes Alter, sondern vor allem auch ein sehr niedriges Alter besondere Schutzbedürftigkeit hervorrufen kann.

---

[186] *Sosnitza* WRP 2008, 1014, 1027.
[187] *Henning-Bodewig* WRP 2006, 621 ff, 625 f.
[188] Begründung RegE S. 44.
[189] Begründung RegE S. 44.
[190] Begründung RegE S. 44.
[191] Begründung RegE S. 44.

131 Bereits im UWG 1909 war die **Werbung gegenüber Kindern** in § 1 UWG aF eine **spezielle Fallgruppe,** in der es als sittenwidrig beurteilt wurde, die Unerfahrenheit dieser minderjährigen Verbraucher auszunutzen. Die Kinder wurden aufgrund ihrer alterstypischen Unerfahrenheit, leichten Beeinflussbarkeit und Leichtgläubigkeit generell als besonders schutzbedürftig angesehen und genossen entsprechend **strengen Schutz vor Marketingmaßnahmen,** die auf eine Ausnutzung dieses alterstypischen Entwicklungsstandes zielten.[192] Zum Teil wurde dem Bereich dieser Fallgruppe auch die **Werbung gegenüber Erwachsenen unter Einsatz von Kindern** zugerechnet, typischerweise in den Fällen, in denen Kinder nach der Intention der Werbung ihre Eltern zu einem Kauf bewegen sollten („Kinder als Kaufmotivatoren").[193]

132 Die Ausnutzung von geistigen oder körperlichen Gebrechen, des Alters, der geschäftlicher Unerfahrenheit oder Leichtgläubigkeit **erwachsener Verbraucher** war zwar ebenfalls als eigene Fallgruppe unter § 1 UWG aF anerkannt. Jedoch genossen die erwachsenen Verbraucher, deren Alter, Gebrechen, Leichtgläubigkeit oder geschäftliche Unerfahrenheit durch Marketingmaßnahmen ausgenutzt wurden, **weniger Schutz als die minderjährigen Verbraucher.** Dieser Schutz Erwachsener vor Ausnutzung ihrer Gebrechen, ihres Alters oder ihrer geschäftlichen Unerfahrenheit und Leichtgläubigkeit wurde zum einen typischerweise in dem Bereich von „Kaffeefahrten" bzw. „Werbeverkaufsfahrten" realisiert, zum anderen bei Verkaufsveranstaltungen in Aussiedler- bzw. Asylantenwohnheimen.[194] Gelegentlich wurde auch der Gesichtspunkt der Rechtsunkenntnis der Adressaten einer Marketingmaßnahme als Grund für eine Beurteilung als sittenwidrig herangezogen, vorzugsweise in Fallgestaltungen, in denen die (falsche bzw. missverständliche) Information des Wettbewerbers eine Täuschung der Verbraucher zum Ziel hatte.[195]

2. Systematischer Überblick über die gesetzliche Regelung

133 Eine Werbung, die **Erwachsene als Zielgruppe** hat, und die auf die spürbare Beeinträchtigung der Fähigkeit zur informierten Entscheidung zielt, ist nach dem System des Unlauterkeitsrechts §§ 3, 4 zugeordnet. Die Beeinträchtigung der freien Willensentschließung des Verbrauchers hinsichtlich der Kenntnisnahme von Werbung ist bei § 7 angesiedelt.[196] Nur sofern daher das Ausnutzen der Gebrechen, des Alters, der Leichtgläubigkeit oder der geschäftlichen Unerfahrenheit die **freie Willensentschließung hinsichtlich einer konkreten Vertragsentscheidung** betrifft, ist § 4 Nr. 2 einschlägig, ansonsten § 7.

134 Bei einem Ausnutzen der Gebrechen, der Leichtgläubigkeit, des Alters und der geschäftlichen Unerfahrenheit von Erwachsenen nach § 4 Nr. 2 ist die Abgrenzung zu einem Ausnutzen der Angst der Verbraucher bzw. zu einer Zwangslage der Verbraucher dadurch erschwert, dass bestimmte Gebrechen, die Leichtgläubigkeit und die geschäftliche Unerfahrenheit die Ängstlichkeit verstärkt und dem Entstehen von (vermeintlichen) Zwangslagen Vorschub leistet. Da die Leichtgläubigkeit und die geschäftliche Unerfahrenheit spezielle Tatbestände im Rahmen des § 4 Nr. 2 sind, ist das Ausnutzen der Leichtgläubigkeit und der geschäftlichen Unerfahrenheit unabhängig von einer Zwangslage oder von Angstgefühlen zu beurteilen. Eine Abgrenzung zwischen Leichtgläubigkeit und geschäftlicher Unerfahrenheit bei Erwachsenen ist sehr schwierig, da beides nahezu untrennbar miteinander verflochten ist: Die Leichtgläubigkeit steigert regelmäßig die Auswirkungen geschäftlicher Unerfahrenheit (und umgekehrt). Jedoch ist eine **trennscharfe Abgrenzung ohnehin nicht nötig,** da beide Tatbestände in § 4 Nr. 2 als Regelbeispiele iVm § 3 zur Unlauterkeit führen.

135 Bei einer geschäftlichen Handlung, die **Kinder oder Jugendliche als Zielgruppe** hat, sollte die Eignung dieser geschäftlichen Handlung zur Beeinträchtigung der Freiheit der Willensentschließung nicht nur für die konkrete Vertragsentscheidung, sondern auch für

---

192 → Rn 172 ff.
193 → Rn 165 ff.
194 → Rn 228 ff.
195 → Rn 228 ff., 231.
196 Hinsichtlich der verschiedenen Stadien der Willensentschließung des Verbrauchers → Rn 8 ff.

die Freiheit der Willensentschließung hinsichtlich der Kenntnisnahme von Werbung[197] **nur § 4 Nr. 2 unterfallen,** da hier in jedem Stadium umfassend die alterstypische Unerfahrenheit der Kinder zum Tragen kommt. Der spezielle Tatbestand in § 4 Nr. 2 ermöglicht es, diese alterstypische Unerfahrenheit in jedem Stadium ihrer Willensentschließung hinreichend zu berücksichtigen und die Beurteilung durch das neue Unlauterkeitsrecht aufeinander abzustimmen.

136 In der „Schwarzen Liste" des Anhangs des UWG betrifft **Nr. 28** die Werbung durch **unmittelbare Aufforderungen an Kinder, selbst die beworbene Ware zu erwerben** oder die beworbene Dienstleistung in Anspruch zu nehmen oder **ihre Eltern oder andere Erwachsene dazu zu veranlassen.** Da gemäß § 3 Abs. 3 die im Anhang genannten geschäftlichen Handlungen stets unzulässig sind, wenn sie Verbrauchern gegenüber vorgenommen werden, ist eine derartige geschäftliche Handlung ohne weitere Prüfung bei Vorliegen des Tatbestandes von Nr. 28 des Anhangs zu § 3 Abs. 3 stets als unzulässig anzusehen. Damit wird die UGP-RL, dort Nr. 28 Anhang I – Aggressive Geschäftspraktiken – umgesetzt. Ohne Rücksicht auf die nach der lauterkeitsrechtlichen Generalklausel relevanten weiteren Gesichtspunkte wird hier bereits durch die Erfüllung des Tatbestandes der Nr. 28 des Anhangs zu § 3 Abs. 3 die Unzulässigkeit begründet. Hinsichtlich dieses Tatbestandes der Nr. 28 des Anhangs zu § 3 Abs. 3 wird verwiesen auf die Kommentierung zum Anhang zu § 3 Abs. 3[198] und die Kommentierung im Rahmen dieser Norm.[199]

3. Normzweck

137 Der Zweck dieser speziellen Tatbestände ist es, **besonders schutzbedürftige Verbraucherkreise** vor einer Ausnutzung ihrer Unerfahrenheit **zu schützen.**[200] Erfasst werden sollen nach der Regierungsbegründung **auch Fälle im Vorfeld** von konkreten Verkaufsfördermaßnahmen, so etwa, wenn Daten von Kindern und Jugendlichen zu Werbezwecken erhoben werden.[201] Die ausdrückliche Erwähnung besonders schutzbedürftiger Gruppen im Normtext, mit dem die Formulierung von Art. 5 Abs. 3 UGP-RL übernommen wird, verdeutlicht, dass der Schutz dieser Verbrauchergruppen im Einklang mit der Richtlinie über unlautere Geschäftspraktiken – ein besonderes Anliegen des Gesetzgebers ist.

4. Europäisches Gemeinschaftsrecht

138 Derzeit existiert im Gemeinschaftsrecht speziell zu den hier zu behandelnden Fallgestaltungen des § 4 Nr. 2 zum einen **Art. 3e lit. g Richtlinie über audiovisuelle Mediendienste**[202] (vormaliger Art. 16 der (konsolidierten) Fernsehrichtlinie (97/36/EG zur Änderung der Richtlinie 89/552/EWG vom 19. 6. 1997),[203] der besagt, dass die audiovisuelle Kommunikation bei Minderjährigen weder zu körperlicher noch seelischer Beeinträchtigung führen darf und daher folgenden Kriterien zum Schutz Minderjähriger unterliegt: Sie soll keine direkten Aufrufe zum Kaufen oder Mieten von Waren oder Dienstleistungen an Minderjährige richten, die deren Unerfahrenheit und Leichtgläubigkeit ausnutzen und Minderjährige nicht unmittelbar dazu auffordern, ihre Eltern oder Dritte zum Kauf der beworbenen Ware oder Dienstleistung zu bewegen; sie soll nicht das besondere Vertrauen ausnutzen, das Minderjährige zu Eltern, Lehrern und anderen Vertrauenspersonen haben; sie soll Minderjährige nicht ohne berechtigten Grund in gefährlichen Situationen zeigen. Art. 3e lit. e) der Richtlinie besagt, dass audiovisuelle kommerzielle Kommunikation für alkoholische Getränke nicht speziell an Minderjährige gerichtet sein darf und nicht den

[197] Hinsichtlich der verschiedenen Stadien der Willensentschließung der Verbraucher → Rn 8 ff.
[198] → Nr. 28 Anhang UWG Rn 1 ff.
[199] → Rn 205 ff.
[200] BT-Drucks. 15/1487 S. 17.
[201] BT-Drucks. 15/1487 S. 17.
[202] RL 2007/65/EG, ABl. EG Nr. L 332 vom 18. 12. 2007, S. 27.
[203] ABl. EG Nr. L 202 S. 60.

übermäßigen Genuss solcher Getränke fördern darf. Diese Bestimmungen sind bereits in **§ 6 des Jugendmedienschutz-Staatsvertrages (JMStV) iVm § 3 S. 4 des Rundfunkstaatsvertrages (RStV) umgesetzt.**

Zum anderen existiert im Gemeinschaftsrecht die **Richtlinie über unlautere Geschäftspraktiken vom 11. 5. 2005** (2005/29/EG);[204] in deren Anhang 1 werden Geschäftspraktiken aufgezählt, die unter allen Umständen als unlauter gelten. Dort wird unter den aggressiven Geschäftspraktiken unter Nr. 28 genannt: Einbeziehung einer direkten Aufforderung an Kinder in einer Werbung, die beworbenen Produkte zu kaufen oder ihre Eltern oder andere Erwachsene zu überreden, die beworbenen Produkte für sie zu kaufen. Zudem werden in Art. 5 Abs. 3 der Richtlinie besonders schutzbedürftige Verbraucher als Angehörige einer eindeutig identifizierbaren Gruppe erwähnt, nämlich aufgrund von geistigen oder körperlichen Gebrechen, Alter oder Leichtgläubigkeit im Hinblick auf bestimmte Praktiken oder die ihnen zu Grunde liegenden Produkte. 139

Von der Kommission wurde auf Grund von Kompetenzstreitigkeiten mittlerweile der (geänderte) Vorschlag für eine **Verordnung über Verkaufsförderung im Binnenmarkt vom 25. 10. 2002**[205] zurückgezogen.[206] Zwar ist momentan nicht in Sicht, dass dieser (oder ein ähnlicher) Vorschlag als Verordnung erlassen werden wird; die Überlegungen dieses Vorschlags verdienen gleichwohl hier Beachtung, da sie den Schutz der Kinder detailliert thematisieren und daher für die Diskussion innerhalb des nationalen Rechts wichtige Anregungen liefern können. Besagter Vorschlag definierte zum einen in Art. 2 lit. j „Kind" als eine Einzelperson unter 14 Jahren, wenn keine abweichenden Altersgrenzen für den Verkauf spezifischer Produkte gelten. 140

Zum anderen bestimmte Art. 5 Ziff. 1: der Auftraggeber erhebt im Rahmen seiner verkaufsfördernden Aktionen keine Daten von Kindern, es sei denn, er hat nachweislich das Einverständnis des Sorgeberechtigten eingeholt. Dies gilt nicht, wenn es notwendig ist, das Kind nach den Daten seines Sorgeberechtigten zu fragen, um dessen Einverständnis einzuholen. Ziff. 4: Es ist dem Auftraggeber in Übereinstimmung mit den Rechtsvorschriften über allgemeine Produktsicherheit untersagt, Kindern direkt unentgeltliche Zuwendungen oder Zugaben oder eine Dienstleistung anzubieten, wenn diese in irgendeiner Weise eine Gefahr für die Unversehrtheit der Kinder darstellen. Ziff. 5: Es ist dem Auftraggeber untersagt, an Einzelpersonen unter 18 Jahren unentgeltliche Zuwendungen in Form von Produkten abzugeben, deren Verkauf an Minderjährige verboten ist, insbesondere alkoholische Getränke. 141

In den Erwägungsgründen 18 und 19 wurde der Schutz der Unversehrtheit der Kinder und die öffentliche Gesundheit genannt. In der Mitteilung der Kommission hinsichtlich des (ursprünglichen) Kommissionsvorschlags vom 15. 1. 2002 wurde ausgeführt, dass der **Schutz der Kinder vor der Herausgabe personenbezogener Daten** seinen Grund darin habe, dass diese noch nicht erkennen könnten, dass diese wertvollen Daten zu kommerziellen Zwecken verwendet würden und daher die Teilnahme an Preisausschreiben, Gewinnspielen etc. eben nicht „kostenlos" sei; das unterentwickelte Einsichtsvermögen der Kinder werde ansonsten missbraucht, da diese glaubten, die Teilnahme sei „kostenlos". Von Bedeutung für die Werbeselbstkontrolle sind die „Verhaltensregeln des deutschen Werberates für die Werbung mit und vor Kindern in Hörfunk und Fernsehen".[207] 142

II. Grundsätzliche Erwägungen

1. Abstrakte Feststellung anhand normativer Kriterien

In § 4 Nr. 2 wird als unlauteres Handeln bezeichnet, wer geschäftliche Handlungen vornimmt, die geeignet sind, geistige oder körperliche Gebrechen, das Alter, die geschäftliche 143

204 ABl. EG Nr. L 149 vom 11. 6. 2005, S. 22.
205 KOM (2002) 585 endg. S. 12 und 13.
206 KOM (2005) 462 endg.
207 Abgedruckt in Anhang 16 bei HK-WettbR S. 1246.

Unerfahrenheit oder die Leichtgläubigkeit von Verbrauchern auszunutzen. Hierbei ist zunächst festzuhalten, dass es nur darauf ankommt, dass die fragliche geschäftliche Handlung geeignet sein muss, die beschriebenen Gegebenheiten auszunutzen; dass sie dies tatsächlich tut, wird von der Norm nicht verlangt. Die **erforderliche Feststellung muss daher abstrakt getroffen werden.**[208]

144 **a) Massive Defizite gegenüber dem Durchschnittsverbraucher.** Die beschriebenen Gegebenheiten sind zunächst charakterisiert durch bestimmte Abweichungen vom Leitbild des Durchschnittsverbrauchers: So wird **geschäftliche Unerfahrenheit** verstanden als Abwesenheit von Erfahrungen im Geschäftsleben, die bei einem durchschnittlich informierten, aufmerksamen und verständigen Verbraucher vorausgesetzt werden und die es ihm ermöglichen, rechtliche und wirtschaftliche Handlugen zu erfassen und kritisch zu bewerten.[209] **Leichtgläubigkeit** liegt vor, wenn auf Grund mangelnden Urteilsvermögens der Verbraucher nicht in der Lage ist, die Vor- und Nachteile eines Geschäfts richtig einzuschätzen und hinreichend kritisch gegeneinander abzuwägen und daher dazu neigt, ungeprüft den Behauptungen des Wettbewerbers Glauben zu schenken.[210] Die **geistigen oder körperlichen Gebrechen** müssen ebenso wie das **Alter** verstanden werden als Eigenschaften, die Abweichungen vom Leitbild des Durchschnittsverbrauchers zur Folge haben. Ansonsten wäre nicht verständlich, weshalb Verbraucher mit diesen Zuschreibungen als besonders schutzbedürftig vom Gesetzgeber angesehen werden.

145 Für diese Feststellung ist ein **normativer Maßstab** erforderlich.[211] Der Neuregelung des UWG liegt – ebenso wie der Aufhebung von RabattG und ZugabeVO[212] – ein neues Verbraucherleitbild, nämlich das europäische, zugrunde. In der Begründung heißt es wörtlich: „In seiner neuen Rechtsprechung zu den bisherigen §§ 1 und 3 UWG geht der BGH in Anlehnung an die Rechtsprechung des Europäischen Gerichtshofs zu den einschlägigen gemeinschaftsrechtlichen Regelungen inzwischen vom Leitbild eines durchschnittlich informierten und verständigen Verbrauchers aus, der das Wettbewerbsverhalten mit einer der Situation angemessenen Aufmerksamkeit verfolgt."[213]

146 Jedoch stößt man bei den „leichtgläubigen" und „geschäftlich unerfahrenen" Verbrauchern der Nr. 2 auf einen frappierenden Widerspruch zu dem Leitbild des durchschnittlich informierten, verständigen und situationsangemessen aufmerksamen Verbraucher: Dieser Durchschnittsverbraucher ist weder naiv noch ohne Kenntnis von Anforderungen des Geschäftslebens; der Durchschnittsverbraucher ist vielmehr mit unserem Wirtschafts- und Rechtssystem vertraut und kann Waren- und Dienstleistungsangebot kritisch beurteilen.[214] Kurz gesagt ist der **verständige Verbraucher** das **genaue Gegenteil** vom leichtgläubigen und vom geschäftlich unerfahrenen Verbraucher.[215] Eine Begründung dafür, warum der leichtgläubige und der geschäftlich unerfahrene Verbraucher die Anforderungen, die grundsätzlich an jeden Durchschnittsverbraucher zu stellen sind, nicht erfüllt, ist jedoch nicht ersichtlich.[216]

147 Wollte man daher dem Wortlaut des § 4 Nr. 2 nach die Leichtgläubigkeit und die geschäftliche Unerfahrenheit von Verbrauchern generell schützen, würde dies in einem **unlösbaren Widerspruch zu dem neuen Verbraucherleitbild** stehen und das neue Verbraucherleitbild auf diese Weise aushebeln.[217] Daher muss eine Lösung gefunden werden,

---

208 Ebenso die Erwägungsgründe (18), (19) der UGP-RL.
209 Vgl. nur Hefermehl/*Köhler*/Bornkamm UWG § 4 Rn 2.13.
210 Vgl. nur Hefermehl/*Köhler*/Bornkamm UWG § 4 Rn 2.14.
211 Ebenso der Erwägungsgrund (19) der UGP-RL.
212 Gesetzesbegründung zur Aufhebung der Zugabeverordnung, BT-Drucks. 14/5594 S. 7.
213 Regierungsbegründung der UWG-Novelle BT-Drucks. 15/1487 S. 19.
214 *Peterek,* WRP 2008, 714, 720; *ders.* S. 104ff.
215 Ebenso *Engels/Salomon* WRP 2004, 32, 36; *Scherer* WRP 2004, 1355f.
216 *Peterek* WRP 2008, 714, 720; *ders.* S. 105.
217 So auch *Engels/Salomon* WRP 2004, 32, 36; *Scherer* WRP 2008, 563, 568f; *dies.* WRP 2004, 1355f; *Peterek* WRP 2008, 714, 720; *ders.* S. 105; ähnlich auch *Boesche* Rn 329; MünchKomm/*Heermann* UWG § 4 Nr. 2 Rn 12: ansonsten „droht ein kaum beherrschbares Ausufern des Schutztatbestandes".

die besonders schutzbedürftige Verbrauchergruppen wirkungsvoll schützt, ohne jedoch das europäische Verbraucherleitbild obsolet zu machen.

Der Schlüssel zur Lösung liegt in der zentralen Frage der **Schutzwürdigkeit:** Wie auch bereits aus Art. 5 Abs. 3 der UGP-RL hervorgeht, sollen durch die Regelung nicht Verbraucher geschützt werden die lediglich zu gleichgültig, zu träge und zu nachlässig sind, sich zu informieren, erhaltene Informationen angemessen aufmerksam zur Kenntnis zu nehmen und angemessen verständig zu würdigen.[218] Vielmehr ist für einen wirkungsvollen Schutz die Frage zu stellen, ob **persönliche Eigenschaften** bei den betreffenden Verbrauchern bestehen, die sie **daran hindern,** sich zu informieren und sich angemessen aufmerksam und verständig zu verhalten.[219] Nur in diesem Fall haben diese Verbrauchergruppen gegenüber dem Durchschnittsverbraucher eine besondere Schutzwürdigkeit. 148

Die **Kernfrage** zur Bestimmung der Schutzwürdigkeit lautet daher: **Kann** die betreffende Verbrauchergruppe sich nicht informieren und sich nicht angemessen aufmerksam und verständig verhalten **oder will sie das nicht,** obwohl sie es könnte?[220] Nur im ersten Fall ist im Vergleich zum Durchschnittsverbraucher die besondere Schutzbedürftigkeit gegeben. Verbraucher hingegen, die sich informieren könnten und sich angemessen aufmerksam und verständig verhalten könnten, aber dazu nicht bereit sind, sind hingegen nicht schutzwürdig. Sie können daher in keinem Fall über § 4 Nr. 2 geschützt werden.[221] 149

Die Norm muss daher so ausgelegt werden, dass **in der Person des Verbrauchers Gründe** liegen, die ihn daran hindern, die an ihn gestellten Anforderungen zu erfüllen, sich also zu informieren und sich angemessen aufmerksam und verständig zu verhalten, obwohl er dies wollte. Dies können nur **massive Defizite** gegenüber den Durchschnittsverbrauchern sein, die sich auf ihre Möglichkeiten, sich zu informieren, und sich angemessen aufmerksam und verständig zu verhalten, deutlich negativ auswirken, und sie so hindern, dem europäischen Verbraucherleitbild zu entsprechen.[222] 150

Als solche Defizite kommen beispielsweise in Betracht **Lese-** und/oder **Schreibunkundigkeit** und/oder **Sprachunkundigkeit** oder **psychische Störungen** oder bestimmte **körperliche Behinderungen** (zB Blindheit, Taubheit oder starke Einschränkungen des Seh- oder Hörvermögens).[223] Diese Defizite hindern die jeweiligen Verbraucher daran, sich zu informieren oder die aufgenommenen Informationen aufmerksam und verständig zu verarbeiten bzw. sich entsprechend im Geschäftsverkehr zu verhalten. 151

Das **Alter** als solches hat **nur bei Kindern und Jugendlichen** altersbedingte entwicklungstypische Wahrnehmungs- und Verarbeitungsdefizite zur Folge. Bei Erwachsenen hat das (hohe) Alter als solches hingegen keine Auswirkungen auf ihre Fähigkeit sich zu informieren und sich verständig und aufmerksam zu verhalten. Hinzu kommen müssen vielmehr bestimmte **altersbedingte Defizite** hinsichtlich der intellektuellen Kapazität, die sich auswirken auf Informiertheit, Aufmerksamkeit und Verständigkeit, wie etwa **beginnende Demenzerkrankungen** oÄ.[224] 152

b) Eignung zur Ausnutzung. Weitere Voraussetzung ist, dass der Wettbewerber eine geschäftliche Handlung vornimmt, die geeignet ist, diese Defizite auszunutzen. Das bedeutet, dass er die **Defizite kennt** und sie **zu seinem Vorteil nutzt.**[225] Er muss von diesen 153

---

218 *Scherer* WRP 2008, 563, 568; *Peterek* WRP 2008, 714, 721.

219 *Scherer* WRP 2008, 563, 568; *Peterek* WRP 2008, 714, 721; *ders.* S. 106f.

220 *Scherer* WRP 2008, 563, 568; *Peterek* WRP 2008, 714, 721 verlangt ausdrücklich einen in der Person des Verbrauchers liegenden Rechtfertigungsgrund dafür, dass er die grundsätzlich an ihn zu stellenden Anforderungen nicht erfüllten kann: „Entscheidend muss sein, dass er sie, selbst wenn er wollte, nicht erfüllen kann"; so auch *ders.* S. 107.

221 *Peterek* WRP 2008, 714, 721.

222 BGH WRP 2007, 1334, 1336 Tz. 27 – Rechtsberatung durch Haftpflichtversicherer.

223 Ebenso MünchKomm/*Heermann* UWG § 4 Nr. 2 Rn 6.

224 *Scherer* WRP 2008, 563, 568.

225 Ebenso *Piper*/Ohly UWG § 4.2 Rn 2/2f; Hefermehl/*Köhler*/Bornkamm UWG § 4 Rn 2.18; *Fuchs* WRP 2009, 255, 257, 259; OLG Hamburg NJW 2007, 2264, 2265 – Vertragsrechtlicher Verbraucherschutz und Marktverhalten; BGH WRP 2006, 885, 887 – Handy-Klingeltöne.

massiven Defiziten wissen oder zumindest mit ihnen rechnen und im Bewusstsein dieser Defizite sich mit seiner geschäftlichen Handlung an diese Verbraucher wenden,[226] um aus diesen Defiziten Vorteile zu ziehen,[227] die ohne die Defizite der Verbraucher für ihn nicht erreichbar wären. Bedingter Vorsatz des Wettbewerbers genügt hierbei.[228] Nur in diesem Fall kann von **Ausnutzen** im Sinne des § 4 Nr. 2 gesprochen werden.[229] Ist dies nicht der Fall, sind also zB lese- und schreibunkundige Verbraucher nur zufällig betroffen, wie etwa mit jeder Werbung mit Textbestandteilen in Printmedien, im Fernsehen etc., ist § 4 Nr. 2 nicht einschlägig.[230]

154 Hierbei kommt es jedoch nicht darauf an, ob das Vorgehen des Wettbewerbers Erfolg hat, ob also der angestrebte Vertragsabschluss zu Stande gekommen ist, da § 4 Nr. 2 nur eine Eignung zur Ausnutzung verlangt. Da auch hier eine **abstrakte Beurteilung** anhand **normativer Kriterien** erforderlich ist, ist für die Eignung der geschäftlichen Handlung zur Ausnutzung der Defizite zu fragen, ob das Vorliegen der Defizite für den Wettbewerber erkennbar war. Dies muss bejaht werden, wenn für einen verständigen, situationsadäquat aufmerksamen und durchschnittlich informierten Wettbewerber **Erkennbarkeit** gegeben gewesen wäre. Ist dies der Fall, muss davon ausgegangen werden, dass ein zumindest bedingt vorsätzliches Vorgehen des Wettbewerbers vorliegt. Damit muss die Eignung der geschäftlichen Handlung zur Ausnutzung des Defizits bejaht werden.

155 Hinsichtlich der Wirkungen auf die Verbraucher ist gemäß § 3 Abs. 2 S. 3 auf die Sicht eines **durchschnittlichen Mitglieds** einer eindeutig identifizierbaren Gruppe von **besonders schutzbedürftigen** Verbrauchern abzustellen, wenn für den Unternehmer vorhersehbar ist, dass seine geschäftliche Handlung nur diese Gruppe betrifft. Davon ist etwa Werbung, die sich an das Massenpublikum richtet (z.B. Fernseh-, Rundfunk-, Zeitungswerbung etc.) nicht betroffen, sondern es wird nur für den Fall auf die Sicht des besonders schutzbedürftigen durchschnittlichen Verbrauchers abgestellt, in dem **nur** diese besonders schutzbedürftige und eindeutig identifizierbare Gruppe vorhersehbar betroffen ist.[231]

156 Für **Kinder und Jugendliche** muss wegen deren entwicklungstypischen Wahrnehmungs- und Verarbeitungsdefiziten[232] anhand der Alters-Zielgruppe der Kinder das **maßgebliche Leitbild nach dem alterstypischen Entwicklungsstand** bestimmt werden;[233] in diesem Rahmen allerdings ist ein durchschnittlich informiertes, aufmerksames und verständiges Kind dieser Altersgruppe maßgeblich.[234]

157 Dabei ist zu berücksichtigen, dass Kinder und Jugendliche – entsprechend ihrer alterstypischen Entwicklung – sich **stark von Altersgruppe zu Altersgruppe unterscheiden:**[235] Kinder im Vorschulalter und noch Jüngere sind regelmäßig noch gar nicht in der Lage, Werbung überhaupt als solche zu erkennen.[236] In höherem Alter sind Kinder dazu zwar in der Lage, können sich jedoch häufig aufgrund ihrer alterstypischen Entwicklung noch nicht mit den durch diese Werbung an sie gestellten Anforderungen auseinander set-

226 So auch MünchKomm/*Heermann* UWG § 4 Nr. 2 Rn 11, 15; *Piper*/Ohly UWG § 4.2 Rn 2/2f; *Lehmler* UWG § 4 Rn 20.

227 Ebenso OLG Hamburg NJW 2007, 2264, 2265 – Vertragsrechtlicher Verbraucherschutz und Marktverhalten; BGH WRP 2006, 885, 887 – Handy-Klingeltöne; ähnlich, aber etwas großzügiger *Engels/Salomon* WRP 2004, 32, 36.

228 Hefermehl/*Köhler*/Bornkamm UWG § 4 Rn 2.18.

229 Ebenso Hefermehl/*Köhler*/Bornkamm UWG § 4 Rn 2.18; *Lettl* Rn 243; OLG Hamburg NJW 2007, 2264, 2265 – Vertragsrechtlicher Verbraucherschutz und Marktverhalten.

230 Ausführlich hierzu *Scherer* WRP 2008, 563ff.

231 Ausführlich hierzu *Scherer* WRP 2008, 563, 565f; *Peterek* S. 119ff.

232 Hierzu ausführlich *Albert* S. 39ff mwN; *Charlton/Neumann-Braun/Aufenanger/Hofmann/Riem* ua S. 325ff, 376ff mwN.

233 Vgl. Erwägungsgrund (18) RL 2005/29/EG; *Köhler* FS Ullmann S. 685, 686, 690; *Lehmler* UWG § 4 Rn 16.

234 BGH WRP 2006, 885, 886 – Handy-Klingeltöne.

235 AA MünchKomm/*Heermann* UWG § 4 Nr. 2 Rn 31, der den entwicklungspsychologischen Befunden kritisch gegenüber steht; wie hier hingegen *Köhler* FS Ullmann S. 685, 690.

236 *Charlton/Neumann-Braun/Aufenanger/Hofmann/Riem* ua S. 376; *Albert* S. 42ff mwN.

zen.[237] Erst ab etwa 10–15 Jahren ist das Kind in der Lage, verschiedene Standpunkte gleichzeitig zu koordinieren und eine „Dritte-Person-Perspektive" oder die Sichtweise eines „generalisierenden Dritten" einzunehmen.[238] Zwischen Minderjährigen und Erwachsenen besteht ab diesem Alter entwicklungspsychologisch kein Unterschied mehr.[239]

Daher wird in der Literatur vorgeschlagen – in Anlehnung an andere gesetzliche Re- 158
gelungen – Minderjährige ab 14 Jahre im Hinblick auf die Verarbeitung einer werblichen Beeinflussung den Erwachsenen zuzuordnen.[240] Jedoch ist zu berücksichtigen, dass in § 4 Nr. 2 besonders schutzbedürftige Verbraucherkreise geschützt werden sollen.[241] Wenn daher auch Minderjährige ab 14 Jahre entwicklungspsychologisch sich nicht von Erwachsenen unterscheiden, so ist dennoch zu berücksichtigen, dass Jugendliche von 14–17 Jahren aufgrund ihrer – altersbedingt fehlenden – Lebens- und damit auch Geschäftserfahrenheit stärkeren Schutz nötig haben als Erwachsene. Sie unterfallen daher als besonders schutzbedürftige Verbraucher § 4 Nr. 2.

Für die **Feststellung der Alters-Zielgruppe einer geschäftlichen Handlung** und 159
damit auch für das maßgebliche Leitbild nach dem alterstypischen Entwicklungsstand bietet sich das von *Albert*[242] entwickelte **Prüfungsschema** an, das zwar von ihm nur zur Feststellung gebraucht wird, ob die Zielgruppe der Werbung Minderjährige oder Erwachsene sind.[243] Es eignet sich jedoch auch für die Feststellung der Alterszielgruppe bei der Kinder-/ Jugend-Werbung. Es sind zu untersuchen 1. das Produkt, für das geworben wird, 2. die Darsteller, die in der Werbung auftreten bzw. abgebildet sind, 3. die Intensität der Ansprache, 4. die Art und Weise der Ansprache, 5. Platzierung der Werbung im jeweiligen programmatischen, räumlichen oder situativen Umfeld, Musik, Aufbau, Farben und Schnitte.[244] Mit diesen Kriterien kann – nötigenfalls unter Zuhilfenahme eines Sachverständigen – nicht nur festgestellt werden, ob sich die geschäftliche Handlung überhaupt an Kinder oder Jugendliche richtet, sondern auch welche Alters-Zielgruppe bei den Minderjährigen angesprochen wird.

Für § 4 Nr. 2 ist daher bei **Kindern und Jugendlichen** als Zielgruppe der geschäftlichen 160
Handlung relevant, dass die fragliche geschäftliche Handlung geeignet ist, die altersbedingten entwicklungstypischen Defizite eines **alterstypisch entwickelten Kindes bzw. Jugendlichen der angesprochenen Alterszielgruppe** auszunutzen. Maßgeblich ist daher die Reaktion eines alterstypisch entwickelten Minderjährigen der angesprochenen Zielgruppe.

2. Spürbare Beeinträchtigung der Fähigkeit zur informierten Entscheidung

Zusätzlich zur Erfüllung des Tatbestandes des § 4 Nr. 2 muss jedoch der Tatbestand des § 3 161
Abs. 1, Abs. 2 erfüllt sein; dies folgt nicht nur aus dem Verweis des § 4 auf § 3, deren Voraussetzungen **kumulativ** vorliegen müssen, sondern ergibt sich auch ausdrücklich aus der Klarstellung in der Gesetzesbegründung.[245] Es muss daher immer zusätzlich festgestellt werden, dass das Verhalten des Wettbewerbers geeignet ist, die Fähigkeit des Verbrauchers, sich aufgrund von Informationen zu entscheiden, spürbar zu beeinträchtigen und ihn damit zu einer geschäftlichen Entscheidung zu veranlassen, die er andernfalls nicht getroffen hätte.[246]

Dass damit nicht gemeint sein kann, dass die geschäftliche Handlung „conditio sine qua 162
non" für den Geschäftsabschluss ist, da dies jede unternehmerische Kommunikation auto-

[237] *Albert* S. 42 ff mwN.
[238] *Albert* S. 43.
[239] *Albert* S. 44.
[240] *Albert* S. 44.
[241] BT-Drucks. 15/1487 S. 17; *Fuchs* WRP 2009, 255, 269 ff geht daher zutreffend davon aus, dass aufgrund der geringen Lebenserfahrung der Jugendlichen ihre Schutzbedürftigkeit höher ist als die der Erwachsenen.
[242] *Albert* S. 50 ff.
[243] *Albert* S. 50 ff.
[244] *Albert* S. 50 ff.
[245] BT-Drucks. 15/1487 S. 17.
[246] → Rn 23 ff.

matisch unzulässig machen würde, wurde bereits oben[247] ausführlich dargelegt. Vielmehr ist die spürbare Beeinträchtigung der Fähigkeit zur informierten Entscheidung immer dann gegeben, wenn eine unabdingbare Voraussetzung für die Funktion des Verbrauchers im Wettbewerb fehlt.

163 Generell gilt, dass dem **Verbraucher die Rolle des „Schiedsrichters" im Wettbewerb** zukommt: Er steuert Kraft seiner „Schiedsfunktion" das Leistungsangebot des Marktes und übt damit eine unerlässliche, zentrale Funktionsbedingung unserer Wettbewerbsordnung aus.[248] Voraussetzung für die Ausübung dieser Schiedsrichterrolle ist die freie Willensentschließung des Verbrauchers, der zudem autonom in seinen Motiven und Maßstäben für seine Verbraucherentscheidung ist.[249] Es muss daher für den Verbraucher noch möglich sein, anders zu reagieren, als dies die betreffende Werbung von ihm fordert; ist es das nicht, ist die Fähigkeit des Verbrauchers zur informierten Entscheidung spürbar beeinträchtigt und damit eine unabdingbare Funktionsvoraussetzung des Wettbewerbsgeschehens ausgeschaltet.[250]

164 Für die Erwachsenen als Zielgruppe der geschäftlichen Handlung ist dies – wie bereits oben[251] ausführlich dargelegt – ein **grundlegendes Axiom unserer Wettbewerbsordnung.** Für die Kinder als Zielgruppe der geschäftlichen Handlung ist dies prinzipiell gleichzusehen, da Kinder ebenso als (potentielle) Verbraucher umworben werden.[252] Dabei spielt die Tatsache, dass Kinder unter 7 Jahren wegen der §§ 104 Nr. 1, 105 Abs. 1 BGB nur nichtige Willenserklärungen abgeben können und Minderjährige von 7–17 Jahren zwar schwebend unwirksame Willenserklärungen abgeben können, diese jedoch nur unter den Voraussetzungen der §§ 107ff, 110 BGB wirksam werden, keine Rolle für ihre „Schiedsrichterfunktion" am Markt, wenn sie die von der geschäftlichen Handlung angesprochene Zielgruppe sind: Kinder unter 7 Jahren können in diesen Fällen als Boten ihrer Eltern Verträge schließen, Minderjährige von 7–17 Jahren ohnehin mit ihrem Taschengeld Rechtsgeschäfte tätigen, so dass ihre wirtschaftliche Stellung am Markt ebenso zu beurteilen ist wie die erwachsener Verbraucher.

3. Einsatz von Kindern als „Kaufmotivatoren"

165 In der Praxis relativ häufig ist der Fall, dass Kinder als „Kaufmotivatoren" eingesetzt werden und zwar dergestalt, dass die Werbung nicht darauf abzielt, die Kinder als Käufer zu gewinnen, sondern durch die **Kinder die Kaufentscheidung ihrer Eltern zu beeinflussen.**[253] Bisweilen wird bei diesen Fällen auf die Relevanz der kindlichen Vorstellung abgestellt.[254] Die Rechtsprechung stand jedoch bereits für § 1 UWG aF auf dem Standpunkt, dass Maßstab der potentielle Käufer, also der Erwachsene sei, da dessen Kaufentscheidung ausschlaggebend sei;[255] ebenso geht die **neueste Rechtsprechung** für §§ 3, 4 UWG davon aus, dass es in den „Motivatorenfällen" auf die Eltern als die potentiellen Käufer ankommt, so dass ausschließlich deren Willensentschließungsfreiheit in Frage steht.[256]

166 Betrachtet man sich die Funktion der Verbraucher am Markt, also deren „Schiedsrichterrolle", so muss es auf denjenigen ankommen, der die **Kaufentscheidung** in den „Motivatorenfällen" **zu treffen hat.**[257] Da dies die Erwachsenen sind, ist ausschließlich die Frage

[247] → Rn 23ff.
[248] → Rn 25ff.
[249] → Rn 25ff.
[250] → Rn 28ff.
[251] → Rn 28ff.
[252] Zu der erheblich gewachsenen wirtschaftlichen Bedeutung minderjähriger Verbraucher vgl. *Benz* S. 9 mwN.
[253] *Benz* S. 9ff; *dies.* WRP 2003, 1160, 1161; *Brändel* FS v. Gamm S. 9f.
[254] So *Benz* WRP 2003, 1160, 1166; *Eisenhardt* WRP 1997, 283, 290; *Brändel* FS v. Gamm S. 9, 16; *Köhler* FS Ullmann S. 685, 686.
[255] Grundlegend BGH GRUR 1957, 40, 43.
[256] BGH WRP 2008, 214, 217 Tz. 14, 16 – Tony Taler.
[257] Ebenso Harte/Henning/*Stuckel* UWG § 4 Nr. 2 Rn 13, 17; MünchKomm/*Heermann* UWG § 4 Nr. 2 Rn 22ff; *Heermann* FS Raiser S. 681, 689f; *Dembowski* FS Ullmann S. 599, 600f.

nach einer Beeinträchtigung ihrer freien Willensentschließung relevant.[258] Daher kann in den Fällen, in denen Kinder als „Kaufmotivatoren" eingesetzt werden, nicht nach der Eignung der Werbung zur Ausnutzung der geschäftlichen Unerfahrenheit der Kinder gefragt werden, sondern es muss die Frage geklärt werden, ob der Einsatz der Kinder zur Beeinflussung ihrer Eltern bei deren Kaufentscheidung unlauter ist nach den §§ 3, 4 Nr. 1 wegen Druckausübung oder sonstigen unangemessenen unsachlichen Einflusses, der geeignet ist, die Entscheidungsfreiheit der Eltern zu beeinträchtigen.[259]

Diese Frage muss jedoch – wie mittlerweile auch die **Rechtsprechung** annimmt[260] – 167
generell verneint werden:[261] Es gehört zu den Grundlagen jeder Erziehung, dass der **Erziehungsberechtigte „nein" sagen muss** zu vielfältigen Wünschen, die Kinder an ihn herantragen[262] – oft unter enervierendem Quengeln, Schreien, Zetern und Weinen (möglichst in der Öffentlichkeit). Dabei spielt es keine Rolle, ob diese Wünsche materieller oder immaterieller Natur sind: Die eingesetzten Mittel und die auf die Durchsetzung der Wünsche verwandte Energie sind die gleichen.

Für den Bereich der Wettbewerbsordnung gilt jedoch auch hier das **Leitbild** des durch- 168
schnittlich informierten und verständigen Verbrauchers, der das Wettbewerbsverhalten mit einer situationsangemessenen Aufmerksamkeit verfolgt. Mit einem solchen Verbrauchertypus kann ein erziehungsunfähiger oder -unwilliger Erziehungsberechtigter nicht kompatibel sein;[263] vielmehr muss ein **Erziehungsberechtigter dieses Verbrauchertypus** bereit und willens sein, seine Erziehungspflichten aus Art. 6 Abs. 2 Satz 1 GG zu erfüllen – denn ein verständiger Verbraucher kann nicht gleichzeitig ein unverständiger Erziehungsberechtigter sein.[264] Die Tatsache, dass seine Kinder den Erziehungsberechtigten intensiv mit Kaufwünschen bedrängen, steht daher einer freien Entscheidung dieses Erwachsenen nicht entgegen.[265]

Dass in **Nr. 28, 2. Alt.** des Anhangs zu § 3 Abs. 3 – der insoweit Nr. 28 des Anhangs 169
der UGP-RL umsetzt – die unmittelbare Aufforderung an Kinder, ihre Eltern oder andere Erwachsene zu veranlassen, die beworbene Ware für sie zu erwerben oder die beworbene Dienstleistung in Anspruch zu nehmen, stets als unzulässig gilt, hat daher auch weniger mit dem Wettbewerbsgeschehen zu tun, als mit der **Wahrung des Familienfriedens** und der **Erleichterung der Erziehungsaufgabe** für die Eltern bzw. andere erwachsene Bezugspersonen. Nr. 28, 2. Alt. des Anhangs zu § 3 Abs. 3 ist daher **familien- und erziehungsorientiert**, nicht aber an den Funktionen der Verbraucher am Markt, also nicht wettbewerbsorientiert.

Diese Familien- und Erziehungsorientierung ist zwar durchaus lobenswert, jedoch im 170
UWG systemwidrig. Nr. 28, 2. Alt. des Anhangs zu § 3 Abs. 3 ist daher auch strikt restriktiv auszulegen,[266] um dem Regelungszweck der Lauterkeitsrichtlinie zur Geltung zu verhelfen. Zudem ist zu berücksichtigen, dass hier nur Kinder genannt sind, nicht aber Jugendliche; hierfür ist die im Europäischen Recht und daher auch für den Umsetzungsbereich des nationalen Rechts gängige Definition „Person unter 14 Jahren"[267] maßgeblich, so dass eine Aufforderung gegenüber älteren Minderjährigen (ab 14 Jahren) nicht betroffen ist. Zudem ist ohnehin nur die unmittelbare Aufforderung von Nr. 28 des Anhangs zu § 3 Abs. 3 erfasst, nicht hingegen die mittelbare.

---

[258] Ebenso Harte/Henning/*Stuckel* UWG § 4 Nr. 2 Rn 13, 17; *Heermann* FS Raiser S. 681, 689 f.
[259] Verneinend mittlerweile Hefermehl/*Köhler*/Bornkamm UWG § 4 Rn 2.26; bejahend Gloy/*Strothmann* § 64 Rn 18.
[260] BGH WRP 2008, 214, 217 f Tz. 17 – Tony Taler.
[261] Für den Regelfall ebenso Harte/Henning/*Stuckel* UWG § 4 Nr. 2 Rn 17; MünchKomm/*Heermann* UWG § 4 Nr. 2 Rn 22 ff; *Heermann* FS Raiser S. 681, 689 f; *Dembowski* FS Ullmann S. 599, 601 f.
[262] Ebenso BGH WRP 2008, 214, 218, Tz. 17 – Tony Taler.
[263] So auch BGH WRP 2008, 214, 218, Tz. 17 – Tony Taler.
[264] BGH WRP 2008, 214, 218, Tz. 17 – Tony Taler.
[265] BGH WRP 2008, 214, 218, Tz. 17 – Tony Taler.
[266] So wohl auch *Henning-Bodewig* GRUR Int. 2005, 629, 633; → Rn 224, Nr. 28 Anhang UWG Rn 30 ff.
[267] → Rn 210.

4. Allgemeininteressen

171 Es ist jedoch zu beachten, dass die §§ 3, 4 im Lichte des in § 1 definierten Gesetzestextes auszulegen sind. Die Interessen der Allgemeinheit sind zwar gemäß § 1 S. 2 geschützt, jedoch nur die Interessen der Allgemeinheit an einem unbeeinträchtigten Wettbewerb. Ausdrücklich heißt es in der Gesetzesbegründung: „Der Schutz sonstiger Allgemeininteressen ist weiterhin nicht Aufgabe des Wettbewerbsrechts."[268] Allgemeininteressen wie der Schutz der Volksgesundheit, die Suchtprävention, die Minderung von Unfallrisiken, die Erhaltung körperlicher Unversehrtheit etc. können daher keine Gesichtspunkte zur Begründung der Unlauterkeit einer geschäftlichen Handlung mehr sein.[269] Ihre Realisierung muss daher anderen Regelungen überlassen bleiben (wie zB dem Jugendmedienschutz-Staatsvertrag, dem Gesetz zum Schutz der Jugend in der Öffentlichkeit etc.).

III. Ausnutzen altersbedingter entwicklungstypischer Defizite bei Kindern und Jugendlichen

1. Rechtsprechung

172 In der Rechtsprechung zu § 1 UWG aF wurde der sittenwidrigkeitsbegründende Gesichtspunkt des Ausnutzens der geschäftlichen Unerfahrenheit von Kindern und Jugendlichen typischerweise in den **Fallgruppen „übertriebenes Anlocken" und „aleatorische Reize"** relevant; die Rechtsprechung zur ZugabeVO ist ohnehin nicht mehr von Belang. Dargestellt wird daher nur diejenige Rechtsprechung, die gezielt auf die geschäftliche Unerfahrenheit als sittenwidrigkeitsbegründenden Gesichtspunkt im Rahmen des alten Unlauterkeitsrechts abhebt.

173 Die gezielte Ansprache von Kindern bis zu 14 Jahren in einem Rundschreiben einer Sparkasse zwecks **Mitgliedschaft im „s-club"** mit dem Angebot einer Freizeitunfallversicherung zu Sonderkonditionen und der Eröffnung eines eigenen Girokontos und dazu „Möglichkeiten und Vorteile ohne Ende" wurde vom OLG Nürnberg als sittenwidrig wegen Ausnutzung der geschäftlichen Unerfahrenheit angesehen, da die Minderjährigen zum Aufsuchen ihrer Sparkassenfiliale veranlasst wurden und als Werbemittler und Absatzhelfer fungierten.[270] Von der Rechtsprechung[271] wurde es als sittenwidrig angesehen, in Jugendzeitschriften für **Handyklingeltöne, Logos, SMS-Bilder** uÄ zu werben, die bei einem Anruf kostenpflichtig auf das Handy geladen werden können; da die angesprochene Altersgruppe noch keine ausreichende Beurteilungsfähigkeit besitze und zu spontanen, emotionalen Reaktionen neige, die von Gruppendruck und Gruppenzugehörigkeit in weit stärkerem Maße als bei Erwachsenen geprägt schien, seien die angesprochenen minderjährigen Verbraucher hier nicht in der Lage, die beworbene Leistung hinsichtlich ihrer finanziellen Folgen zu bewerten.[272]

---

268 BT-Drucks. 15/1487 S. 16; wie hier auch *Köhler* WRP 2004, 2121 f; *Lettl* WRP 2004, 1079, 1095; *Sosnitza* WRP 2006, 1, 5 f; *Scherer* WRP 2006, 401, 403; *Ohly* WRP 2008, 177, 182 f; *Fuchs* WRP 2009, 255, 257; MünchKomm/*Sosnitza* UWG § 1 Rn 30; *Piper*/Ohly UWG § 1 Rn 29; Hefermehl/*Köhler*/Bornkamm UWG § 1 Rn 41; Harte/Henning/*Schünemann* UWG § 1 Rn 37, 52 ff; Harte/Henning/*v. Jagow* UWG § 4 Nr. 11 Rn 42 f, 45; HK-WettbR/*Klippel/Brämer* § 1 Rn 21; *Lehmler* § 1 UWG Rn 28, § 3 Rn 22; Gloy/*Hasselblatt* § 50 Rn 15, 31; *Emmerich* S. 29 f; *Lettl* Rn 64; *Boesche* Rn 1; *Berlit* Vor Rn 1, 105; *Otto* S. 217 f; aA Fezer/*Fezer* § 1 Rn 46 ff; Fezer/*Götting* § 4–11 Rn 72; *Götting* S. 87.

269 HK-WettbR/*Klippel/Brämer* § 1 Rn 21; MünchKomm/*Sosnitza* UWG § 1 Rn 30; *Piper*/Ohly UWG § 1 Rn 29; Hefermehl/*Köhler*/Bornkamm UWG § 1 Rn 41; Harte/Henning/*Schünemann* UWG § 1 Rn 54; *Lettl* WRP 2004, 1079, 1095; *Köhler* NJW 2004, 2121; *Scherer* WRP 2006, 401, 403; *Wuttke* WRP 2007, 119, 123 f; *Fuchs* WRP 2009, 255, 257; *Otto* S. 217 f.

270 OLG Nürnberg WRP 2003, 1368 – Sparkassen-Kinder-Club.

271 OLG Hamburg WRP 2003, 1003 – Klingelton, m. Anm. *Bahr* MMR 2005, 470; OLG Hamm MMR 2005, 112.

272 OLG Hamburg WRP 2003, 1003, 1006 – Klingelton.

Das OLG Frankfurt[273] beurteilte die Ausnutzung der leichten Verführbarkeit von Kindern, um eine „umgekehrte Telefonwerbung“ zu provozieren, als sittenwidrig: In einer Jugendzeitschrift waren die Leser (im Grundschulalter) aufgefordert worden die **„Lego-Hotline“** zu wählen, um zu erfahren, welche „tollen“ neuen Lego-Spielsachen es gibt. Das OLG Frankfurt beurteilte diese Werbung als sittenwidrig, da die Kinder noch keine Vorstellung davon hätten, welche Kosten durch derartige Anrufe anfallen könnten und der Wettbewerber auf diese Weise die Kosten für seine Werbung auf die Umworbenen und deren Eltern abwälze.[274] **174**

Das OLG München[275] hat es als sittenwidrig beurteilt, für von Kindern und Jugendlichen gelesene Comic-Hefte damit zu werben, dass in jedem dieser Hefte ein **Sammelschnipsel** enthalten sei; für eine bestimmte Anzahl dieser Sammelschnipsel wurden den Kindern bestimmte Gegenstände versprochen. Wegen der mangelnden Beurteilungsfähigkeit der Kinder sei diese Werbung geeignet, die minderjährigen Verbraucher bei ihrer Kaufentscheidung von der Qualität der Hauptware abzulenken.[276] Ein ähnlicher Gesichtspunkt führte zur Beurteilung einer Gewinnspielaktion als sittenwidrig durch den BGH:[277] Hier mussten die Teilnehmer entweder zehn Verpackungspapiere eines Schokoladenriegels einsenden oder den Namen des Schokoriegels zehnmal in roten Blockbuchstaben auf Papier geschrieben einsenden; da ein relevanter Teil der angesprochenen Verkehrskreise die zweite Teilnahmemöglichkeit als nicht gleichwertig ansehe, sei hier ein übertriebenes Anlocken zu bejahen.[278] **175**

Das OLG Düsseldorf[279] beurteilte es als sittenwidrig, für eine bestimmte Anzahl von **Einwickelpapieren eines Schokoriegels** bestimmte Gegenstände unentgeltlich zu versprechen, da auf Grund der Unerfahrenheit der angesprochenen Minderjährigen diese durch unsachliche Momente leicht zu beeinflussen seien und sie daher weniger auf Güte und Preiswürdigkeit der Ware achteten.[280] **176**

In der **Rechtsprechung zum neuen Unlauterkeitsrecht** wird hingegen ein **deutlich großzügigerer Maßstab** angelegt: Der BGH sah es als nicht unlauter an, wenn eine Zeitschrift nur deshalb erworben würde, weil es eine Sonnenbrille dazu gab,[281] da die angesprochenen Kinder und Jugendlichen diese Kaufentscheidung zum Preis von 4,50 DM treffen könnten. Das OLG Frankfurt akzeptierte eine „Milchtaler“-Sammelaktion, bei der die auf den Verpackungen verschiedener Produkte aufgedruckten „Milchtaler“ gesammelt und gegen Prämien wie Kinokarten, T-Shirts etc. eingelöst werden konnten, da die Kinder mit dieser im alltäglichen Marktgeschehen üblichen Situation nicht überfordert seien.[282] Ebenso akzeptierten der BGH und das OLG Frankfurt eine Sammelaktion, bei der für den Kauf von 25 Schokoladen-Riegeln ein bei amazon.de einzulösender Gutschein über 5 Euro als Prämie versprochen wurde.[283] Hingegen untersagten der BGH und das KG eine Werbung für Handy-Klingeltöne, in der nur der nicht unerhebliche Minutenpreis angegeben wurde und nicht die voraussichtlich entstehenden höheren Kosten.[284] **177**

---

273 OLG Frankfurt GRUR 1994, 522 – Lego-Hotline.
274 OLG Frankfurt GRUR 1994, 522 f – Lego-Hotline.
275 OLG München WRP 1984, 46 – Sammelschnipsel.
276 OLG München WRP 1984, 46 – Sammelschnipsel.
277 BGH WRP 1976, 100 – Gewinnspiel.
278 BGH WRP 1976, 100, 101 – Gewinnspiel.
279 OLG Düsseldorf GRUR 1975, 267 – Milky Way.
280 OLG Düsseldorf GRUR 1975, 267, 268 f – Milky Way.
281 BGH WRP 2006, 69, 71 – Zeitschrift mit Sonnenbrille; zustimmend *Wehlau* BGH-Report 2006, 109 f; *Steinbeck* GRUR 2006, 169 f.
282 OLG Frankfurt WRP 2005, 1305, 1307 – Milchtaler.
283 BGH WRP 2009, 45 – Sammelaktion für Schokoriegel; OLG Frankfurt WRP 2005, 1301 – Lion-Sammelaktion.
284 BGH WRP 2006, 885 – Handy-Klingeltöne; KG NJOZ 2005, 4066 – Handy-Klingeltöne.

2. Literatur

178 Die hM in der Literatur akzeptiert die Ergebnisse der Rechtsprechung zum alten Unlauterkeitsrecht und geht sogar teilweise noch darüber hinaus, was die Strenge des Schutzes und den Umfang des Schutzbereichs betrifft.[285] **Teilweise** wird sogar dezidiert vorgeschlagen, die Werberestriktion soweit auszudehnen, dass **Werbung gegenüber Kindern nur dann zulässig ist, wenn sie informativ ist** und zur Gewährleistung ihrer Absatzfunktionen und damit einer Sicherung der Existenz des Anbieters am Markt **unbedingt erforderlich ist.**[286] Zahlreiche Arten der Werbung würden nach diesen Kriterien unzulässig.[287]

3. Beurteilung der Fallgestaltungen

179 **a) Einsatz von Autoritätspersonen.** Es kommt vor, dass in der Werbung **Autoritätspersonen** eingesetzt werden (zB Lehrer, Erzieher, Trainer etc.), die Kindern eine Ware empfehlen, die diese selbst erwerben können mittels ihres Taschengeldes. Empfehlen die Autoritätspersonen den Kindern ein bestimmtes Produkt und haben sie zudem die **Kontrollmöglichkeit** über etwaige Bestellungen durch die Minderjährigen sowie eigene wirtschaftliche Interessen an den Bestellungen (Werbeprämien, Boni etc.), so stellt sich hier folgendes Problem: Aufgrund des besonderen Vertrauens- und Abhängigkeitsverhältnisses ist bereits für Grundschulkinder klar, dass eine Entscheidung gegen das beworbene Produkt für sie nicht mehr in Frage kommt, wollen sie sich das Wohlwollen oder zumindest die Neutralität ihres Lehrers erhalten; zudem verbietet ihnen die Furcht vor Nachteilen eine Nichtbefolgung des Werbeappells.[288]

180 Auch haben die Kinder Vertrauen in die **vermutete Sachkompetenz,**[289] die für sie eine Nichtbefolgung des Werbeappells ausscheiden lässt. Aber auch in dem Fall, in dem die Autoritätsperson keine Kontrolle hinsichtlich etwaiger Bestellungen der beworbenen Ware durch die Kinder hat, ist die Sachlage hinsichtlich der Ausnutzung des kindlichen **Vertrauens** zu der Autoritätsperson gleich gelagert: Kinder gehen auch hier davon aus, dass die Autoritätsperson die Empfehlung aus großer Sachkunde und Wohlwollen gegenüber den Kindern macht – nicht etwa aus eigenen ökonomischen Interessen. Die Leitbildfunktion der Autoritätsperson, ihre Vertrauensstellung gegenüber den Kindern und die geschäftliche Unerfahrenheit der Kinder als altersbedingtes entwicklungstypisches Defizit wird hier ausgenutzt; diese Werbung ist daher typischerweise gemäß § 4 Nr. 2 unzulässig.[290] Verfolgt die Autoritätsperson hingegen keine eigenen ökonomischen Interessen, sondern empfiehlt das Produkt nur aus pädagogischen Gründen[291] oÄ, liegt schon keine geschäftliche Handlung vor, da es hier typischerweise an einem objektiven Zusammenhang mit dem Absatz und damit an einer geschäftlichen Handlung gemäß § 2 Abs. 1 Nr. 1 fehlt.[292]

181 **b) Ausnutzen des Spiel- und Sammeltriebes.** Typischerweise existieren bei dieser Werbeform zwei Erscheinungsformen: Zum einen erhalten die Kinder beim Kauf von einer bestimmten Ware eine Zugabe (häufig für eine Sammlung); zum anderen ermöglicht ihnen der Erwerb eines Produktes, an einem **Gewinnspiel** oder einer Auslosung teilzu-

---

[285] *Albert* S. 132 ff; *Benz* S. 61 ff, 87 ff, 112 ff; *dies.* WRP 2003, 1160 ff; *Eisenhardt* WRP 1997, 283 ff; *Hoffmann-Riem/Engels* RdJB 1996, 48 ff; *Brändel* FS v. Gamm S. 9 ff; *Bülow* FS Piper S. 121 ff; *ders.* BB 1974, 768 ff; *Engels* WRP 1997, 6 ff; HK-WettbR/*Plaß* § 4 Rn 229; Harte/Henning/*Stuckel* § 4 Nr. 2 Rn 8 ff; teilweise kritisch *Heermann* FS Raiser S. 681, 694 ff; sehr kritisch Gloy/*Strothmann* § 64 Rn 13 ff; großzügiger hingegen *Wehlau* BGH-Report 2006, 109 f; *Steinbeck* GRUR 2006, 169 f.

[286] *Albert* S. 132 ff, 137 ff.

[287] Umfassend dargestellt bei *Albert* S. 164 ff.

[288] *Eisenhardt* WRP 1997, 283, 292.

[289] *Eisenhardt* WRP 1997, 283, 292.

[290] Etwas großzügiger zum alten Unlauterkeitsrecht *Benz* WRP 2003, 1160, 1170.

[291] Vgl. OLG Hamburg WRP 2005, 245 – Schülerabonnements.

[292] So bereits zum alten Unlauterkeitsrecht *Benz* WRP 2003, 1160, 1168; das Erste UWG-ÄnderungsG hat hier- trotz Änderung des Wortlauts des § 2 Abs. 1 Nr. 1 – keine Veränderung der Rechtslage gebracht, RegE S. 41.

nehmen. Der letzte Fall ist – gleichgültig an wen sich die geschäftliche Handlung richtet – **ohnehin gemäß § 4 Nr. 6 unzulässig.** Der erste Fall stößt auf folgendes Problem: Da Zugaben mittlerweile zulässig sind, stellt sich die Frage, ob wegen des mit ihm verbundenen Anlockeffekts bei den Kindern mit ihren Begehrensvorstellungen und ihrem alterstypischen Sammeltrieb eine Ausnutzung ihrer geschäftlichen Unerfahrenheit als entwicklungstypisches Defizit stattfinden kann.

Eine hilfreiche Überlegung dabei ist, dass es unproblematisch zulässig wäre, die (Sammel-) **Zugabe** (zB Fußballbilder) als Hauptware anzubieten; die Kinder müssten dann überlegen, ob sie ihr Taschengeld für diese Ware ausgeben wollen – genau wie bei jedem anderen Kauf auch. Allein die Tatsache, dass die Ware aufgrund des alterstypischen Sammeltriebes der Kinder von diesen begehrt wird, stellt **keine Ausnutzung** von geschäftlicher Unerfahrenheit als entwicklungstypisches Defizit dar, denn die Kinder sollen ja gerade mit ihrem Taschengeld lernen, Kaufentscheidungen zu treffen und so lernen, den Nutzen, den die Ware für sie hat, zu dem Preis abzuwägen. 182

Wird die Ware als (Sammel-)Zugabe gegeben, ändert dies an dieser grundsätzlichen Beurteilung nichts: Es besteht für die Kinder nach wie vor die Notwendigkeit zu überlegen, ob der Nutzen, den die begehrte Sache – diesmal als Zugabe – für sie hat, es wert ist, diesen Betrag vom Taschengeld auszugeben. Die von der älteren Rechtsprechung[293] geäußerte Überlegung, diese Zugabe lenke von Güte und Preiswürdigkeit der Hauptware ab, ist nicht stichhaltig, da die Schiedsrichterfunktion des Verbrauchers es erfordert, dass er autonom die Wertmaßstäbe seiner Verbraucherentscheidung bestimmt.[294] 183

Es bleibt also – wie auch mittlerweile die **neue Rechtsprechung anerkennt**[295] – den **Kindern überlassen, ihrem alterstypischen Sammeltrieb zu frönen** und eine Hauptware zu erwerben, um die Zugabe zu erhalten und dafür auf Eis oder Kinobesuch zu verzichten.[296] Die Kinder müssen hierbei lernen, sich in Entscheidungssituationen gestellt zu sehen, die im allgemeinen Marktgeschehen alltäglich sind, da sie auf die Alltagswelt der Erwachsenen vorbereitet werden sollen.[297] Treffend formuliert *Anja Steinbeck:* „Kinder müssen zwar geschützt werden, aber eben auch auf die Welt der Erwachsenen vorbereitet werden."[298] 184

Eine Täuschung der Kinder über den Wert der Ware bzw. der Zugabe liegt auch nicht vor, da ohnehin ihre **Wertvorstellungen andere sind als die der Erwachsenen** – was Erwachsenen geringwertig erscheint, hat häufig für Kinder erheblichen Wert (und umgekehrt). Die Kinder bekommen also mit der Zugabe genau das, was sie mit ihrem Kauf haben wollen – die für sie an sich irrelevante Hauptware und die von ihnen äußerst begehrte Zugabe. Wenn sich daher die Hauptware mit dieser Zugabe besser absetzen lässt als ein Konkurrenzprodukt ohne Zugabe ist dies die Konsequenz der von den minderjährigen Verbrauchern getroffenen Konsumentenentscheidung – nach ihren Wünschen soll sich schließlich der Markt richten. Diese Fallgestaltung ist daher unlauterkeitsrechtlich unbedenklich.[299] 185

c) Direkte Kaufappelle. Werden durch die Werbung direkte Kaufappelle an die Kinder gerichtet, so muss folgendes gesehen werden: **Kleine Kinder (bis zum Vorschulalter)** erkennen Werbung als solche ohnehin nicht,[300] so dass sie bereits die Beeinflussungsabsicht nicht erkennen können. Bereits dadurch wird ihre freie Willensentschließung beeinträchtigt, so dass an sich Werbung für Kinder im Vorschulalter generell unzulässig sein müsste; da jedoch § 4 Nr. 2 von der grundsätzlichen Zulässigkeit der Kinderwerbung ausgeht, 186

---

293 OLG München WRP 1984, 46, 47 – Sammelschnipsel.
294 → Rn 25 ff.
295 BGH WRP 2009, 45 – Sammelaktion für Schokoriegel; OLG Frankfurt WRP 2005, 1305, 1306 f – Milchtaler; OLG Frankfurt WRP 2005, 1301 – Lion-Sammelaktion.
296 Prinzipiell ebenso OLG Frankfurt WRP 2005, 1305, 1307 – Milchtaler; *Fuchs* WRP 2009, 255, 262.
297 OLG Frankfurt WRP 2005, 1305, 1307 – Milchtaler; *Fuchs* WRP 2009, 255, 260 f.
298 *Steinbeck* WRP 2008, 865, 869.
299 AA wohl *Schichl* S. 96 ff.
300 → Rn 157 mwN.

ist dies allein hier noch nicht ausreichend. Wird jedoch durch die Werbung eine direkte Kaufaufforderung an die Kinder im Vorschulalter gerichtet, können diese die (Werbe-)Kaufaufforderung nicht von sonstigen Aufforderungen, die sie täglich erhalten, trennen, was dazu führt, dass sie ihr von vornherein nicht den richtigen Stellenwert zuweisen können. Da dies nur durch die Ausnutzung der alterstypisch völligen Unerfahrenheit möglich ist, ist hier Unlauterkeit nach § 4 Nr. 2 gegeben.[301]

187 Aber auch bei **Kindern vom Grundschulalter bis 14 Jahren**[302] stellen sich ähnliche Probleme: Diese Kinder sind zwar in der Lage, Werbung als solche zu erkennen; jedoch können sie sich häufig noch nicht mit den durch die Werbung an sie gestellten Anforderungen auseinander setzen.[303] Sie verfügen also gar nicht über das Mindestmaß an Persönlichkeitsentwicklung, um einen direkten Kaufappell mit den Gegengründen abzuwägen. Diese Beeinflussung ist daher aufgrund ihrer alterstypischen Entwicklungsdefizite für sie nicht beherrschbar und somit unlauter gemäß § 4 Nr. 2.[304]

188 Unabhängig von § 4 Nr. 2 ist gemäß **Nr. 28, 1. Alt.** des Anhangs zu § 3 Abs. 3 die in eine Werbung einbezogene unmittelbare Aufforderung an Kinder, selbst die beworbene Ware zu erwerben oder die beworbene Dienstleistung in Anspruch zu nehmen **stets unzulässig.**[305]

189 Für **Jugendliche von 14 bis 17 Jahren,** die in ihrem intellektuell-psychologischen Entwicklungsstand keinen Unterschied mehr zu den Erwachsenen zeigen,[306] muss davon ausgegangen werden, dass der Werbeappell aufgrund der Persönlichkeitsentwicklung der Umworbenen von diesen beherrscht werden kann: Sie können **genauso wie Erwachsene** dem Kaufappell den richtigen Stellenwert als werbliche Beeinflussung einräumen und ihn mit den Gegengründen abwägen; eine geschäftliche Unerfahrenheit als altersbedingtes entwicklungstypisches Defizit, das ausgenutzt werden könnte, ist daher bei Jugendlichen genauso wenig vorhanden wie bei Erwachsenen. Daher scheidet bei dieser Altersgruppe eine Unlauterkeit aus.

190 Dem steht auch Nr. 28 des Anhangs zu § 3 Abs. 3 nicht entgegen, da dort nur von „Kindern" gesprochen wird gegenüber „Minderjährigen" in Art. 16 der Richtlinie 89/552/EWG über die Ausübung der Fernsehtätigkeit (mittlerweile Art. 3e Abs. 1 lit. g der Richtlinie über audiovisuelle Mediendienste) iVm Nr. 28, S. 2 des Anhangs der UGP-RL. Kinder sind daher, wie der Vergleich zu dem Begriff der „Minderjährigen" zeigt, lediglich Personen unter 14 Jahren.[307]

191 **d) Suggestivwerbung.** Typisch sind hier Fälle, in denen durch die Werbung den Kindern suggeriert wird, ihre Akzeptanz in ihrer Gruppe oder unter Gleichaltrigen sei davon abhängig, dass sie ein bestimmtes Produkt kaufen. Bei **Kindern bis einschließlich des Vorschulalters** gilt wiederum, dass sie die werbliche Beeinflussung noch gar nicht als solche erkennen können und daher meinen, die Drohung mit Nichtakzeptanz bei Nichterwerb sei „ehrlich" gemeint. Hier liegt eine Ausnutzung der alterstypisch völligen Unerfahrenheit der Kinder dieser Altersgruppe vor.

192 Aber auch bei **Kindern vom Grundschulalter bis 14 Jahren** muss festgestellt werden, dass sie sich regelmäßig noch nicht mit den durch die Werbung an sie gestellten Anforderungen auseinander setzen können und noch nicht über das Mindestmaß an Persönlichkeitsentwicklung verfügen, eine derartige Werbesuggestion mit den Gegengründen abzuwägen. Die Werbesuggestion ist daher geeignet, die alterstypische Unreife und damit ein altersbedingt entwicklungstypisches Defizit dieser Kinder auszunutzen. Somit besteht hier Unlauterkeit gemäß § 4 Nr. 2.

---

301 Ebenso *Bauckelmann* FS Ullmann S. 587, 590.
302 Zur Altersabgrenzung → Rn 159ff.
303 → Rn 157ff mwN.
304 Ebenso *Bauckelmann* FS Ullmann S. 587, 590.
305 → Nr. 28 Anhang UWG Rn 12ff., 18ff.
306 → Rn 157.
307 → Nr. 28 Anhang UWG Rn 9.

Die Altersgruppe der **14 bis 17jährigen Jugendlichen,** die entwicklungspsychologisch sich bereits auf dem Stand der Erwachsenen befindet, kann dieser Werbesuggestion den ihr zukommenden Stellenwert einräumen und mit entsprechenden Gegengründen abwägen, so dass für sie diese werbliche Beeinflussung beherrschbar und damit lauterkeitsrechtlich unbedenklich ist. 193

e) Einsatz von Idolen in der Werbung. Denkbar sind hier Fälle, in denen bei der angesprochenen Alters-Zielgruppe sehr beliebte Sportler, Sänger, Film- oder Fernsehstars oder (vor allem bei kleineren Kindern) beliebte Comicfiguren oder Ähnliches ein Produkt präsentieren und bewerben. Durch die Sympathie, die das zur Produktpräsentation eingesetzte Idol bei der angesprochenen Alters-Zielgruppe genießt, ist dem Wettbewerber die **Aufmerksamkeit der Kinder für die Werbung** und damit das beworbene Produkt sicher; ob dadurch bereits ein altersbedingt entwicklungstypisches Defizit der Kinder ausgenutzt wird, ist jedoch fraglich.[308] 194

Bei den **Jugendlichen ab 14 Jahren,** die entwicklungspsychologisch auf dem Stand der Erwachsenen sind, muss dies verneint werden, da dieser Gruppe der **Einsatz von Stars in der Werbung vertraut** ist. **Jüngere Kinder** hingegen verstehen entweder noch gar nicht, dass es sich um Werbung handelt, oder aber können sich zumindest mit der **Werbung nicht auseinander setzen.** Jedoch muss berücksichtigt werden, dass es dem **Wettbewerber möglich sein muss, die Aufmerksamkeit der umworbenen Zielgruppe zu erlangen** – ansonsten wäre die Werbung sinnlos.[309] 195

Wird daher ein Idol zur Präsentation des Produktes eingesetzt und damit nur auf die Aufmerksamkeitserlangung der Kinder gezielt – also **keine direkten Kaufappelle** durch das Idol ausgesprochen bzw. den Kindern suggeriert, dass sie durch Erwerb des Produkts ihrem Idol einen Gefallen tun würden etc. – so ist der Einsatz des Idols auch für an kleine Kinder gerichtete Werbung zulässig. Die Tatsache, dass vor allem kleinere Kinder noch nicht wissen, dass ihr Idol nicht unentgeltlich das Produkt bewirbt, und sie dadurch über den wahren Charakter getäuscht werden, kann nicht ausschlaggebend sein, da kleine Kinder ohnehin eine werbliche Beeinflussung – gleichgültig durch wen oder auf welche Weise – noch nicht erkennen können.[310] 196

f) Werbung „below the line". Hierunter werden alle Werbestrategien begriffen, die sich außerhalb der klassischen audio-visuellen Medien bewegen, wie **Direktwerbung, Kinder-Kundenclubs, Sponsoring** etc.[311] Das Geheimnis des Erfolges dieser Werbestrategie liegt in der **scheinbar individuellen Aufmerksamkeit,** die Kindern und Jugendlichen hier durch den Wettbewerber gewidmet wird.[312] In den Kinder-Kundenclubs erhalten sie sogar eine auf ihren Namen ausgestellte Mitgliedskarte, eigens an sie adressierte Post etc.[313] Da für diese Art der Werbung in aller Regel nur Kinder in Frage kommen, die sich mindestens im Grundschulalter befinden, muss zumindest davon ausgegangen werden, dass diese den werblichen Charakter erkennen. Da aber mit dieser Werbestrategie in der **Regel nur die Aufmerksamkeit der Werbezielgruppe erreicht werden** soll, ohne dass direkte Kaufappelle an die Kinder gerichtet werden, ist diese Art der Werbung nicht geeignet, ihre alterstypische geschäftliche Unerfahrenheit auszunutzen. 197

g) Abwälzen von Werbekosten. Bereits im Vorfeld einer Kaufentscheidung treten die Wettbewerber mit den minderjährigen Verbrauchern in Kontakt durch ihre Produktwerbung; diese verursacht Kosten für die Wettbewerber. Zwar ist es bei Einverständnis des erwachsenen Verbrauchers möglich, diese Kosten (teilweise) auf den Verbraucher abzuwälzen zB bei Fax-Werbung. Bei minderjährigen Verbrauchern liegt in diesem Bereich das Prob- 198

308 Sehr kritisch zum Einsatz von Idolen, allerdings ohne klare Abgrenzungskriterien *Eisenhardt* WRP 1997, 283, 293; *Benz* WRP 2003, 1160, 1171 f; *dies.* S. 101 ff.

309 Ebenso *Albert* S. 146; *Benz* S. 101 f.

310 Anders *Benz* S. 103 f, die von einer unzulässigen Täuschung ausgeht.

311 *Eisenhardt* WRP 1997, 283, 286.

312 *Eisenhardt* WRP 1997, 283, 286.

313 *Eisenhardt* WRP 1997, 283, 286.

lem darin, dass die **Kinder noch nicht erkennen können, dass ihr Verhalten zu einer Überwälzung von Kosten auf sie (bzw. ihre Eltern) führt.**

199 In der Lego-Hotline-Entscheidung des OLG Frankfurt[314] war den Grundschulkindern, die die Lego-Hotline anriefen, um zu erfahren, welche interessanten neuen Angebote es bei Legospielsachen gibt, nicht klar, welche Kosten hierfür anfallen würden (und erst recht nicht, dass sie Kosten dadurch übernehmen, die an sich dem Werbetreibenden entstehen). Diese fehlende Vorstellung, von der auch bei Jugendlichen ausgegangen werden muss, da diese ökonomischen Zusammenhänge auch von ihnen häufig nicht erkannt werden, liegt zentral der geschäftlichen Unerfahrenheit der Kinder und Jugendlichen als altersbedingtes entwicklungstypisches Defizit zugrunde, so dass in diesen Fällen der Überwälzung von Werbekosten **Unlauterkeit** gemäß §§ 3, 4 Nr. 2 vorliegt.

200 **h) Erhebung von Daten.** Da es für Wettbewerber von großem Interesse ist, die Daten von Verbrauchern seiner Kundenzielgruppe zu erlangen, greifen Wettbewerber, die Kinder und Jugendliche als Zielgruppe haben, häufig zu der Strategie, im Zusammenhang mit Gewinnspielen oder ähnlichen Sales-Promotion-Aktionen die (werberelevanten) Daten der Kinder und/oder ihrer Eltern abzufragen. **Jüngere Kinder** begreifen hier noch in keiner Weise, dass sie durch die Mitteilung der nachgefragten Daten außerordentlich wertvolle Informationen für den Wettbewerber diesem preisgeben und dass daher die **Teilnahme an der Sales-Promotion-Aktion für sie keineswegs „kostenlos“** ist – sie „bezahlen“ mit der Preisgabe von wertvollen Daten.[315] Aber auch **Jugendliche** durchschauen diese ökonomischen Zusammenhänge aufgrund ihrer gegenüber Erwachsenen **geringeren Lebens-** und damit auch geschäftlichen **Erfahrung** meistens nicht. Diese Art der Datenerhebung ist daher geeignet, die geschäftliche Unerfahrenheit von Kindern und Jugendlichen als altersbedingtes entwicklungstypisches Defizit auszunutzen und daher **unlauter** gemäß §§ 3, 4 Nr. 2.

201 **i) Fazit.** Die Beurteilung der einzelnen Fallgestaltungen zeigt, dass nur wenige Werbestrategien geeignet sind, bei jeder Alterszielgruppe die geschäftliche Unerfahrenheit als altersbedingtes entwicklungstypisches Defizit bei Kindern und Jugendlichen auszunutzen. Typischerweise ist dies bei einer Täuschung der Minderjährigen gegeben, wenn auch die älteren Jugendlichen bestimmte (**ökonomische) Zusammenhänge altersbedingt noch nicht erkennen können;** zudem ist es gegeben, wenn in einer Abhängigkeitssituation **Kaufaufforderungen** von **Autoritätspersonen** an die minderjährigen Verbraucher gerichtet werden, da der ausgeübte Sog hier in allen Alterszielgruppen die gleiche Drohkulisse aufbaut.

202 Im Übrigen muss jedoch **nach Alterszielgruppen differenziert** werden,[316] da die alterstypische Entwicklung sehr unterschiedlich ist: Eine Beeinflussung durch Suggestivwerbung oder direkte Kaufappelle wirken auf Schul- und Vorschulkinder völlig anders als auf Jugendliche, die aufgrund ihres entwicklungspsychologischen Gleichstandes mit Erwachsenen wie diese eine kognitive und voluntative Kontrolle[317] über die werbliche Beeinflussung ausüben können.

203 Die **Ausnutzung des Sammeltriebes** und der Spielfreude von Kindern ist hingegen – wenn keine Täuschung der Kinder und Jugendlichen vorliegt – anders als nach altem Unlauterkeitsrecht als zulässig anzusehen.[318] Gleiches gilt für die **Aufmerksamkeitswerbung** in allen Erscheinungsformen.

204 Abschließend ist festzuhalten, dass es nicht nur Aufgabe des Unlauterkeitsrechts ist, sondern aufgrund des Art. 6 Abs. 2 S. 1 GG auch **Erziehungspflicht der Eltern,** ihre Kinder mit dem alltäglichen Marktgeschehen vertraut zu machen und mit ihnen den Umgang mit der jeder Werbung immanenten Beeinflussung auf die Umworbenen zu üben. Zudem

---

314 OLG Frankfurt. GRUR 1994, 522 – Lego-Hotline.

315 OLG Frankfurt. GRUR 2005, 785, 787 – Skoda-Autokids-Club.

316 Ebenso *Köhler* FS Ullmann S. 685, 686; *Dembowski* FS Ullmann S. 599, 607.

317 *Scherer* S. 63.

318 AA *Köhler* FS Ullmann S. 685, 686.

darf nicht unterschätzt werden, dass die Eltern durch die Höhe und den Zeitpunkt der Aushändigung des Taschengeldes ganz wesentlich das Konsumverhalten ihrer Kinder bestimmen können.

4. Nr. 28 Anhang UWG

Gemäß Nr. 28 des Anhangs zu § 3 Abs. 3 ist die in eine Werbung einbezogene unmittelbare Aufforderung an Kinder, selbst die beworbene Ware zu erwerben oder die beworbene Dienstleistung in Anspruch zu nehmen oder ihre Eltern oder andere Erwachsene dazu zu veranlassen, stets unzulässig, wenn sie gegenüber Verbrauchern vorgenommen wird. 205

a) Entstehungsgeschichte, Europäisches Gemeinschaftsrecht. Diese Regelung geht 206 – wie alle im UWG-Anhang enthaltenen Regelungen – zurück auf die Richtlinie über unlautere Geschäftspraktiken, deren Nr. 28 Anhang I – Aggressive Geschäftspraktiken – mit Nr. 28 des Anhangs zu § 3 Abs. 3 umgesetzt wurde.

b) Normzweck. Der Normzweck des UWG-Anhangs lässt sich weniger aus der Begrün- 207 dung des Regierungs-Entwurfs für das Erste Gesetz zur Änderung des UWG entnehmen, als vielmehr den Erwägungsgründen der Richtlinie über unlautere Geschäftspraktiken. So werden nach dem Erwägungsgrund (8) unmittelbar die **wirtschaftlichen Interessen** der Verbraucher vor unlauteren Geschäftspraktiken im Geschäftsverkehr zwischen Unternehmen und Verbrauchern geschützt. Das wirtschaftliche Verhalten der Verbraucher soll nach dem Erwägungsgrund (11) nicht durch unlautere Geschäftspraktiken beeinträchtigt werden.

Dabei hat der europäische Gesetzgeber ausweislich des Erwägungsgrundes (17) es als 208 wünschenswert angesehen, dass diejenigen Geschäftspraktiken, die unter allen Umständen unlauter sind und damit ohne weitere Prüfung zu verbieten sind, identifiziert werden, um größere Rechtssicherheit zu schaffen. Anhang I der UGP-RL – und damit umgesetzt der UWG-Anhang – enthält daher eine umfassende Liste solcher Praktiken. Nr. 28 entspricht dabei im Wesentlichen dem Schutz von Kindern bei der Werbung in Hörfunk und Fernsehen,[319] der geregelt ist in § 6 Abs. 2 des Jugendmedien-Staatsvertrages (JMStV) iVm § 4 des Rundfunkstaatsvertrages (RStV) durch die (der inzwischen aufgehobene und mittlerweile in **Art. 3e lit. g der RL über audiovisuelle Mediendienste**[320] inhaltsgleich geregelte) Art. 16 der (konsolidierten) Fernsehrichtlinie (97/36/EG zur Änderung der Richtlinie 89/552/EWG) vom 19. 6. 1997[321] umgesetzt wurde. Das strengere Verbot der Nr. 28 ist wegen ihres Anwendungsnachranges nur einschlägig, sofern keine audiovisuelle Kommunikation betroffen ist.[322]

c) Systematischer Überblick über die gesetzliche Regelung. Sobald Nr. 28 des 209 Anhangs zu § 3 Abs. 3 **tatbestandlich erfüllt** ist, steht die **Unzulässigkeit** dieser geschäftlichen Handlung **ohne weitere Prüfung** fest. Dies ergibt sich aus § 3 Abs. 3. Ein Rückgriff auf § 4 Nr. 2 oder eine Erörterung der Tatbestandsmerkmale des § 3 Abs. 1, Abs. 2 darf nicht vorgenommen werden. Der Tatbestand der Nr. 28 gliedert sich in **zwei Alternativen,** von denen die Erste Alternative den **Selbsterwerb** der Kinder betrifft, die zweite Alternative den **Erwerb durch Eltern oder andere Erwachsene (Fremderwerb).**

d) Tatbestandsmerkmale. Kinder sind Personen **unter 14 Jahren.**[323] Dies ergibt sich 210 nicht nur aus der üblichen Begriffsbestimmung im marktbezogenen Europäischen Gemein-

319 Begründung RefE S. 60.
320 RL 2007/65/EG, ABl. EG Nr. L 332 vom 18. 12. 2007, S. 27.
321 ABl. EG Nr. L 202 S. 60.
322 → Nr. 28 Anh.UWG Rn 7.
323 Ebenso *Köhler* FS Ullmann S. 685, 698; *ders.* WRP 2008, 700, 703; *ders.* NJW 2008, 3032, 3033; *Bauckelmann* FS Ullmann S. 587, 589; Hefermehl/*Köhler*/Bornkamm UWG Nr. 28 Anh zu § 3 III Rn 28.2; *Scherer* WRP 2008, 430, 432; *dies.* NJW 2009, 324, 330; *Fuchs* WRP 2009, 255, 257, 263; *Sosnitza* WRP 2008, 1014, 1026; aA *Mankowski* WRP 2007, 1398, 1404f; *ders.* in: Das Kind im Recht S. 66ff: Personen unter 18 Jahren.

schaftsrecht,[324] sondern geht bereits aus dem Verweis von Nr. 28 S. 2 auf Art. 16 der FernsehRL (jetziger Art. 3e lit. g der Richtlinie über audiovisuelle Mediendienste) hervor: Diese Bestimmung stellt auf Minderjährige ab, Nr. 28 S. 1 hingegen setzt demgegenüber den Begriff „Kinder" ab. Minderjährige von 14–17 Jahren sind von Nr. 28 UWG-Anhang nicht erfasst. Seine Berechtigung findet dies darin, dass Minderjährige ab 14 Jahren entwicklungspsychologisch den Erwachsenen gleichstehen.[325] Ihr Schutz bestimmt sich nach den flexiblen, Spielräume zur Berücksichtigung des Einzelfalls lassenden Regelungen der §§ 3, 4 Nr. 2.

211 Es muss eine **Werbung** vorliegen. Der Begriff der Werbung ist weder im UWG noch in der UGP-RL definiert; er stammt aus Art. 2 Nr. 1 der Irreführungsrichtlinie 84/450/EG. Danach bedeutet Werbung „jede Äußerung bei der Ausübung eines Handels, Gewerbes, Handwerks oder freien Berufs mit dem Ziel, den Absatz von Waren oder die Erbringung von Dienstleistungen, einschließlich unbeweglicher Sachen, Rechte und Verpflichtungen zu fördern." Werbung kann daher keine Äußerung eines – den fremden Wettbewerb fördernden – Dritten sein, der nicht selbst bei der Ausübung eines Handels, Gewerbes, Handwerks oder freien Berufs tätig wird; unerlässlich ist vielmehr, dass die werbliche Äußerung im Zusammenhang mit einer unternehmerischen Tätigkeit gemacht wurde, die auf Warenabsatz oder Dienstleistungserbringung gerichtet ist.[326]

212 In diese Werbung muss eine **unmittelbare Aufforderung** an Kinder einbezogen sein. Als „Aufforderung zum Kauf" definiert Art. 2 lit. j UGP-RL „jeder kommerzielle Kommunikation, die die Merkmale des Produkts und den Preis in einer Weise angibt, die den Mitteln der verwendeten kommerziellen Kommunikation angemessen ist und den Verbraucher dadurch in die Lage versetzt, einen Kauf zu tätigen". Es ist davon auszugehen, dass der deutsche Gesetzgeber mit dieser Wortwahl auch den Bedeutungsinhalt der entsprechenden Richtlinien-Bestimmung übernommen hat,[327] was auch sinnvoll ist, da ohne **konkrete Angabe von Merkmalen und Preis** des zu erwerben Produktes die umworbenen Kinder nicht in die Lage versetzt werden können, sich für oder gegen den Kauf zu entscheiden, da sie die essentiellen Informationen für eine Kaufentscheidung noch nicht haben.

213 Die Intention des Schutzes der umworbenen Kinder vor aggressiver Werbung erfordert es zunächst, auch außerhalb von persönlichem Ansprechen im Rahmen von Verkaufsveranstaltungen[328] eine **unmittelbare** Aufforderung zum Erwerb möglich erscheinen zu lassen. Da die Aufforderung zum Erwerb den Erwerbsentschluss auslösen soll, muss dieser der relevante Bezugspunkt sein. Wann die Unmittelbarkeit vorliegt, kann am besten durch die **Gegenüberstellung** zu einer **mittelbaren** Aufforderung geklärt werden: Charakteristisch für die Mittelbarkeit ist, dass ein **zusätzlicher Schritt** zwischen Aufforderung und Entstehung des Erwerbsentschlusses liegt;[329] dieser zusätzliche Schritt kann nicht vom Werbenden vorgenommen werden, sondern wird **vom Umworbenen vollzogen.** Die Unmittelbarkeit liegt daher nicht vor, wenn die Kinder erst aus sonstigen Umständen darauf schließen, sie sollten einen Kauf tätigen.[330]

214 Eine unmittelbare Aufforderung ist daher beispielsweise der Satz: „Kauf Dir das!" Eine mittelbare Aufforderung stellt hingegen der Satz dar: „Wäre es nicht schön, so etwas zu haben?" Im ersten **Beispiel** ist kein vom Umworbenen zu vollziehender Zwischenschritt zwischen Aufforderung und Entstehung des Erwerbsentschlusses mehr nötig: Entweder entsteht der **Erwerbsentschluss durch die Aufforderung** oder er bleibt aus.

---

[324] ZB Art. 2 lit. j der zurückgezogenen VO über Verkaufsförderung im Binnenmarkt; im Gegensatz hierzu „Minderjährige" in Art. 16 lit. a, b FernsehRL.

[325] Vgl. ausführlich → Rn 157 mwN.

[326] AllgM, vgl. nur Hefermehl/Köhler/*Bornkamm* 26. Aufl. 2008, UWG § 5 Rn 2.12.

[327] *Scherer* WRP 2008, 430, 433; *dies.* NJW 2009, 324, 330; *Mankowski* WRP 2008, 421, 422; Hefermehl/*Köhler*/Bornkamm UWG Anhang zu § 3 Abs. 3 Nr. 28 Rn 28.6; aA *Köhler* WRP 2008, 700, 703; *ders.* NJW 2008, 3032, 3033.

[328] Enger *Steinbeck* WRP 2008, 865, 868; ähnlich *Köhler* NJW 2008, 3032, 3033.

[329] So auch *Köhler* WRP 2008, 700, 702; *Fuchs* WRP 2009, 255, 264; *Scherer* NJW 2009, 324, 330; aA *Mankowski* WRP 2008, 421, 423 ff.

[330] *Köhler* WRP 2008, 700, 702; *Fuchs* WRP 2009, 255, 264; *Scherer* NJW 2009, 324, 330.

215 Im zweiten **Beispielsfall** ist es für den Umworbenen nötig, den Gedankengang, der durch die Werbung angestoßen wurde, fortzuführen, bis als Konsequenz die Entstehung des Erwerbsentschlusses am Ende der gedanklichen Aktivität steht. Von Nr. 28 ist **nur die unmittelbare,** nicht hingegen die mittelbare **Aufforderung erfasst.**

216 Die unmittelbare Aufforderung muss in der **ersten Tatbestands-Alternative** den **Selbsterwerb** der beworbenen Waren oder die Selbstinanspruchnahme der beworbenen Dienstleistung **durch die Kinder** zum Gegenstand haben. Hier kann es keine Rolle spielen, dass Kinder erst ab dem vollendeten 7. Lebensjahr gemäß § 106 BGB beschränkt geschäftsfähig sind, vor Vollendung des 7. Lebensjahres gemäß § 104 Nr. 1 BGB geschäftsunfähig und damit ihre Willenserklärungen gemäß § 105 BGB nichtig. Bereits die unter 7-Jährigen verfügen häufig über ein Taschengeld und werden rechtlich als Boten ihrer Eltern eingestuft, so dass sie als Boten wirksame Verträge schließen und sie aus als Boten wirksam erfüllen können.

217 Die mindestens 7-Jährigen können ohnehin wirksame Verträge gemäß § 110 BGB schließen, wenn sie diese mit ihrem Taschengeld erfüllen. Gleichgültig, ob die Kinder rechtlich als Boten ihrer Eltern auftreten, also die Eltern als Vertragspartner anzusehen sind oder aber bei den mindestens 7-Jährigen die Kinder selbst Vertragspartner werden, ist für den **Selbsterwerb** nach Nr. 28, 1. Alt. die **wirtschaftliche Betrachtungsweise maßgeblich,** da die UGP-RL und damit auch Nr. 28 nach den Erwägungsgründen (8, 11) die wirtschaftlichen Interessen der Verbraucher schützen und ihr wirtschaftliches Verhalten nicht durch unlautere Geschäftspraktiken beeinträchtigen lassen will. Intendierter **Selbsterwerb** durch die umworbenen **Kinder** ist also immer dann gegeben, wenn diese aus ihren **eigenen Mitteln** der Erwerb finanzieren würden.

218 Nötig ist zudem, dass die Aufforderung zum Selbsterwerb – entsprechend Art. 2 lit. i UGP-RL – „die Merkmale des Produktes und den Preis in einer Weise angibt, die … den Verbraucher dadurch in die Lage versetzt, einen Kauf zu tätigen". Für die unmittelbare Aufforderung zum Selbsterwerb ist daher zusätzlich zu dem unmittelbaren Appell noch die **konkrete Angabe von Merkmalen und Preis** des zu erwerbenden **Produktes** erforderlich,[331] da die Verbraucher (hier die umworbenen Kinder) ansonsten nicht in die Lage versetzt werden, sich für oder gegen den Kauf zu entscheiden, da sie die essentiellen Informationen für eine Kaufentscheidung noch nicht haben.

219 In der **zweiten Tatbestands-Alternative** ist der **Erwerb durch Eltern oder andere Erwachsene (Fremderwerb)** erfasst. Auch hier muss wieder aufgrund der Schutzrichtung der UGP-RL und damit auch der Nr. 28 auf die **wirtschaftliche Betrachtungsweise** abgestellt werden. Ein intendierter Erwerb durch Erwachsene liegt also immer dann vor, wenn die **Erwachsenen aus ihren eigenen Mitteln** den Erwerb finanzieren würden, gleichgültig, wer rechtlich als Vertragspartner auftritt. Nötig ist auch hier entsprechend Art. 2 lit. i UGP-RL, dass konkrete Angaben zu Preis und Produktmerkmalen gegeben werden.

220 **Erwachsene** sind gemäß § 2 BGB alle Personen ab **Vollendung ihres 18. Lebensjahres.** Nicht erfasst ist daher von Nr. 28 sowohl die Aufforderung zum Selbsterwerb durch 14–17jährige Personen als auch die Veranlassung von 14–17-jährigen Personen durch Kinder, die beworbene Ware oder Dienstleistung zu erwerben, es sei denn diese 14–17-Jährigen sind die Eltern der Kinder. [332] Diese Fallkonstellationen könnten daher allenfalls über §§ 3, 4 Nr. 2, Nr. 1 erfasst werden, was jedoch mangels Ausnutzung eines massiven Defizits bzw. fehlender Eignung zur Beeinträchtigung ihrer Entscheidungsfreiheit nicht die Unlauterkeit begründen kann.[333]

221 Weiter erfordert die **zweite Tatbestands-Alternative** die **Veranlassung** der Eltern oder anderer Erwachsener durch die umworbenen Kinder zu dem besagten Erwerb. Der

---

331 Hefermehl/*Köhler*/Bornkamm UWG Nr. 28 Anhang zu § 3 Abs. 3 Rn 28.6; *Scherer* WRP 2008, 430, 433; *Mankowski* WRP 2008, 421, 422; aA *Köhler* WRP 2008, 700, 703.

332 → Nr. 28 Anhang UWG Rn 22.

333 Generell ebenso BGH WRP 2008, 214, 217 f Tz. 14 ff – Tony Taler; → Rn 165 ff.

Begriff der Veranlassung muss **wirtschaftlich interpretiert** werden und ist daher zu verstehen als **Weckung des Konsumwunsches** und als Folge die **Herbeiführung des Erwerbsentschlusses.** Sind die betroffenen Personen (Durchschnittsverbraucher als Eltern oder andere Erwachsene) unabhängig vom Zutun der Kinder zum Erwerb entschlossen oder hegen sie den Konsumwunsch unabhängig von den Einwirkungen durch die Kinder, so dass der Erwerbsentschluss letztlich auf ihren autonomen Konsumwunsch zurückgeht, liegt **keine Veranlassung** im Sinne der Nr. 28, 2. Alt. vor, da hier die **Eltern** als Wirtschaftssubjekte **ihre eigenen wirtschaftlichen Wünsche befriedigen.**

222 Veranlassung im Sinne der Nr. 28, 2. Alt. ist daher nur gegeben, wenn der Konsumwunsch der Eltern oder anderer Erwachsener erst durch die Kinder hervorgerufen wird, die betreffende Person also unabhängig von den Kindern kein Interesse am Konsum dieses Produktes hatte. Da dies **normativ beurteilt** werden muss, ist zu fragen, welche Konsumwünsche typischerweise Eltern bzw. Erwachsene, die für Kinder Bezugspersonen sind, im Hinblick auf die betreffende Alters-Zielgruppe der umworbenen Kinder ohnehin haben. Diese werden typischerweise Konsum- und Erwerbswünsche hinsichtlich des üblichen Bedarfs von Kindern dieser Altersgruppe bezüglich Spiel-, Unterhaltungs-, Sport-, Nahrungs- und Genussmittelprodukten haben, ebenso Reisen und Besuch von Unterhalts- und Sportveranstaltungen, so dass eine Veranlassung hier mangels tauglichem Objekt ausscheidet. **Veranlassung** kommt hingegen für solche Konsumwünsche in Frage, **die nicht ohnehin** bei Eltern typischerweise für Kinder dieser Alterszielgruppe **bestehen,** also beispielsweise die Anschaffung eines eigenen Reitpferdes oder der Erwerb von alkoholischen Getränken oder Zigaretten.

223 Die gemäß Nr. 28 umworbenen **Kinder** müssen gemäß § 3 Abs. 3 **Verbraucher** sein. Nach der insoweit maßgeblichen Definition des Art. 2a der UGP-RL (noch umfassender ist der Verbraucherbegriff in § 2 Abs. 2 iVm § 13 BGB) ist Verbraucher jede natürliche Person, die im Geschäftsverkehr zu Zwecken handelt, die nicht ihrer gewerblichen, handwerklichen oder beruflichen Tätigkeit zugerechnet werden können. Das wird der **typische Fall bei Nr. 28** sein. Jedoch ist auch der Fall denkbar, dass ein Kind Inhaber eines Unternehmens ist (etwa auf Grund von Erbgang) und in dieser Eigenschaft als Unternehmensinhaber im Sinne der Nr. 28 umworben wird. Für diese, den geschäftlichen Bereich betreffenden werblichen Aufforderungen ist Art. 28 nicht anwendbar, da die „Schwarze Liste" des UWG-Anhangs gemäß § 3 Abs. 3 im Einklang mit der UGP-RL nur zur Unzulässigkeit führt, wenn diese geschäftlichen Handlungen Verbrauchern gegenüber vorgenommen werden.

224 **e) Systemwidrigkeit der zweiten Tatbestands-Alternative.** Stimmt die erste Tatbestands-Alternative hinsichtlich der unmittelbaren Aufforderung zum Selbsterwerb durch Kinder mit den Erkenntnissen der Entwicklungspsychologie und den Wirtschaftswissenschaften über die Wirkung von Marketing-Maßnahmen auf Minderjährige unter 14 Jahren überein,[334] so muss konstatiert werden, dass die **zweite Tatbestands-Alternative** – die unmittelbare Aufforderung an die Kinder, ihre Eltern oder andere Erwachsene zum Erwerb zu veranlassen – **systemwidrig** ist, da zum einen nicht die Kinder die Kaufentscheidung treffen[335] und die Dritten, die über den Erwerb zu entscheiden haben, nicht in ihrer Entscheidungsfreiheit beeinträchtigt sind.[336]

225 Die Kinder verwenden zur Durchsetzung eines Konsumwunsches gegenüber ihren Eltern oder anderen Erwachsenen keine anderen Mittel als zur Durchsetzung ihrer übrigen Wünsche – gleichgültig, ob diese Wünsche materieller oder immaterieller Natur sind. Zu den **Grundlagen jeder Erziehung** gehört es jedoch, dass der Erziehungsberechtigte **„nein"** sagen muss[337] zu den vielfältigen Wünschen, die Kinder (meist unter Aufbietung sämtli-

[334] → Rn 157, 186 ff.

[335] Ebenso BGH WRP 2008, 214, 217 Tz. 14, 16 – Tony Taler; ausführlich *Scherer* WRP 2008, 430, 435 f; *dies.* NJW 2009, 324, 330.

[336] Ebenso BGH WRP 2008, 214, 217 f Tz. 17 – Tony Taler → Rn 165 ff.

[337] Grundlegend BGH WRP 2008, 214, 217 f Tz. 17 – Tony Taler; ausführlich *Scherer* WRP 2008, 430, 435 f; *dies.* NJW 2009, 324, 330; für den Regelfall ebenso Harte/Henning/*Stuckel* UWG § 4 Nr. 2 Rn 17;

cher, die elterlichen Nerven strapazierender Techniken wie Zetern, Schreien, Quengeln, Heulen etc.) an ihn heran tragen. Da ein verständiger Durchschnittsverbraucher nicht gleichzeitig ein unverständiger Erziehungsberechtigter sein kann, stellt der Versuch der Kinder, Dritte zum Erwerb zu veranlassen, keine Beeinträchtigung der Entscheidungsfreiheit dieser Dritten dar.[338]

Die zweite Tatbestands-Alternative kann daher lediglich als Hilfe für die Eltern und andere Erwachsene bei der Wahrung des Familienfriedens und der Erleichterung der Erziehungsaufgabe durch Schonung der elterlichen Nerven Bedeutung haben; im UWG hingegen ist sie als familien- und erziehungsbezogene Norm systemwidrig.[339] Nr. 28, 2. Alt. sollte daher **so eng wie möglich ausgelegt** werden,[340] um den vom europäischen Gesetzgeber selbst postulierten Gesetzeszweck – nämlich den Schutz der wirtschaftlichen Interessen der Verbraucher vor unmittelbarer Schädigung durch unlautere Geschäftspraktiken[341] nicht zu konterkarieren. Insbesondere muss die **Funktion des Verbrauchers** und seine damit verbundene Verantwortung für das Funktionieren der Wettbewerbsordnung in den Kaufmotivatoren-Fällen („Fremderwerb") **ernst genommen** werden. 226

Damit im Einklang mit dem Gesetzeszweck die wirtschaftlichen Interessen dieser Verbraucher von **unmittelbarer Schädigung** bedroht sind, muss eine Beeinträchtigung der Entscheidungsfreiheit der Erwachsenen vorliegen, was immer dann der Fall ist, wenn die werbliche Beeinflussung für sie nicht mehr beherrschbar ist. Dies kann etwa angenommen werden, wenn die Eltern ausnahmsweise unter einem **erheblichen Gruppendruck** stehen[342] und erst durch die unmittelbare Aufforderung des Wettbewerbs an ihre Kinder, die Eltern zum Erwerb zu veranlassen, sich zum Erwerb der Ware entschlossen haben. 227

IV. Ausnutzen von massiven Defiziten bei Erwachsenen

1. Rechtsprechung

Fallgestaltungen, in denen die Gerichte ihr Verdikt auf die Ausnutzung körperlicher oder geistiger Gebrechen, des Alters, der Leichtgläubigkeit oder der geschäftlichen Unerfahrenheit Erwachsener stützten (sei es auch im Zusammenhang mit anderen die Sittenwidrigkeit begründenden Kriterien) sind bereits in der **älteren Rechtsprechung** zu § 1 UWG aF relativ selten gewesen. 228

In Fallgestaltungen der **„Kaffeefahrten" oder „Werbeverkaufsfahrten"** wurde gelegentlich auf die Leichtgläubigkeit bzw. geschäftliche Unerfahrenheit erwachsener Verbraucher abgestellt: Die Werbung für eine sechstägige Busreise ans Mittelmeer für 298 DM (und ebenso die Reise selbst) wurde vom OLG Celle[343] als sittenwidrig eingestuft, weil laut Annonce eine Verkaufsveranstaltung dabei stattfand. Das Gericht ging davon aus, dass hier aufgrund der Leichtgläubigkeit und der geringen Kritikfähigkeit der angesprochenen Verkehrskreise („Ältere oder einfach strukturierte Menschen") bei diesen der Eindruck erweckt werde, sie erhielten vom Veranstalter ein Geschenk oder einen übermäßigen Vorteil; dies sei reißerisch und damit sittenwidrig.[344] Ähnlich argumentierte das OLG Frankfurt:[345] Hier war die Werbung für eine Ausflugsfahrt mit Zusatzleistungen wie „Werbepräsente" 229

MünchKomm/*Heermann* UWG § 4 Nr. 2 Rn 22ff; *Heermann* FS Raiser S. 681, 689f; *Dembowski* FS Ullmann S. 599, 601f; *Fuchs* WRP 2009, 255, 265.

338 BGH WRP 2008, 214, 217f Tz. 17 – Tony Taler.

339 → Rn 170; ebenso *Fuchs* WRP 2009, 255, 265.

340 Ebenso *Fuchs* WRP 2009, 255, 265; wohl auch *Henning-Bodewig* GRUR Int. 2005, 629, 633.

341 Erwägungsgrund (6) UGP-RL.

342 Vgl. etwa die Fallgestaltungen von BGH WRP 2008, 214 – Tony Taler – hinsichtlich des dort vorliegenden Gruppendrucks; sogar hier verneint jedoch *Köhler* GRUR-RR 2008, 145, 147 die Tatbestandserfüllung der Nr. 28; wie hier *Fuchs* WRP 2009, 255, 265; ausführlich *Scherer* WRP 2008, 430, 437; *dies.* NJW 2009, 324, 330.

343 OLG Celle WRP 1984, 148 – Werbeverkaufsfahrt.

344 OLG Celle WRP 1984, 148, 149 – Werbeverkaufsfahrt.

345 OLG Frankfurt NJW 1971, 811 – Kaffeefahrt.

etc. für 7,80 DM (und ebenso die Durchführung der Fahrt) als sittenwidrig untersagt worden, da laut Programm eine 2 1/2stündige „Unterhaltungsverkaufsveranstaltung" stattfinden sollte. Das Gericht ging davon aus, dass die Teilnehmer („meist Hausfrauen und ältere Leute") des Schutzes vor ihrer eigenen Leichtgläubigkeit und Gutmütigkeit bedürften, da sie sich oft aus einem Gefühl der Dankbarkeit heraus nichts schenken lassen wollten und sie daher davor geschützt werden müssten, sich dem „psychologischen Druck" einer aggressiven Verkaufswerbung auszusetzen.[346]

230 In einem **Übergangswohnheim für Aussiedler** wurde eine **Verkaufsveranstaltung** vom BGH und den beiden Vorinstanzen verboten, bei der Kochtöpfe vertrieben wurden; eine Aussiedlerin hatte bei einer entsprechenden Veranstaltung einen Kaufantrag für ein Topfset für 3870 DM unterzeichnet.[347] Der BGH begründete sein Sittenwidrigkeitsurteil damit, dass die Aussiedler keinerlei Erfahrungen mit dem hiesigen Wirtschafts- und Rechtssystem hätten und es daher nicht gewohnt seien, dass die Rechtsordnung gestatte, Preise ohne Rücksicht auf den tatsächlichen Wert der Ware festzusetzen; auch seien ihnen die ungefähr üblichen Marktpreise für derartige Waren noch nicht bekannt und die Sprache oft noch nicht vertraut.[348] Diese Personengruppe bedürfe daher des besonderen Schutzes vor einer gezielten Ausnutzung der Unkenntnis, Ungewandtheit und Beeinflussbarkeit.[349]

231 Unter Geltung von § 4 Nr. 2 verneinte die **neuere höchstrichterliche Rechtsprechung** Ausnutzung von geschäftlicher Unerfahrenheit bei rechtsberatendem Schreiben eines Kfz-Versicherers an die Geschädigten mit der Überlegung, dass eine etwaige Unkenntnis der Geschädigten hinsichtlich der Rechtsprechung zur Erstattung von Kosten für Sachverständigengutachten die Geschädigten noch nicht zu geschäftlich unerfahrenen Personen mache, die des besonderen Schutzes durch § 4 Nr. 2 bedürften.[350] Das OLG Hamburg verneinte ein Ausnutzen geschäftlicher Unerfahrenheit von Verbrauchern bei Verwendung unwirksamer AGB.[351] Das KG bejahte bei Verwendung unwirksamer AGB die Ausnutzung von Rechtsunkenntnis.[352] Das OLG Köln lehnte hingegen eine Ausnutzung von Rechtsunkenntnis bei Verwendung unwirksamer AGB ab.[353] Bei fehlerhafter Belehrung über Widerrufsrechte für Verbraucher bejahte sowohl das OLG Düsseldorf als auch das LG Frankenthal eine Ausnutzung der geschäftlichen Unerfahrenheit wegen fehlender Rechtskenntnis.[354]

2. Literatur

232 Die Literatur zum neuen Unlauterkeitsrecht ist zurückhaltend mit der Annahme einer Schutzwürdigkeit: Typischerweise wird davon ausgegangen, dass die besonders schutzbedürftigen Verbrauchergruppen bestimmte alters- oder gesundheitsbedingte Defizite aufweisen oder bestimmte Defizite in der Sprach- oder Schriftbeherrschung, die Leichtgläubigkeit bzw. die geschäftliche Unerfahrenheit verursachten.[355]

3. Beurteilung

233 Ausführlich wurde bereits oben[356] dargelegt, dass für einen wirkungsvollen Schutz die Frage zu stellen ist, ob **persönliche Eigenschaften** bei den betreffenden Verbrauchern

346 OLG Frankfurt NJW 1971, 811, 812 – Kaffeefahrt.

347 BGH WRP 1998, 1068 – Verkaufsveranstaltung in Aussiedlerheim.

348 BGH WRP 1998, 1068, 1069 – Verkaufsveranstaltung in Aussiedlerheim.

349 BGH WRP 1998, 1068, 1069 – Verkaufsveranstaltung in Aussiedlerheim.

350 BGH WRP 2007, 1334, 1336 – Rechtsberatung durch Haftpflichtversicherer.

351 OLG Hamburg NJW 2007, 2264 – Vertragsrechtlicher Verbraucherschutz und Marktverhalten.

352 KG WRP 2005, 522.

353 OLG Köln WRP 2007, 1111, 1113 f.

354 OLG Düsseldorf BeckRS 2007, 12 649; OLG Düsseldorf GRUR 2006, 782; LG Frankenthal BeckRS 2007, 06 960.

355 Ausführlich *Scherer* WRP 2004, 1355; *dies.* WRP 2008, 563; *Peterek* S. 135 ff; MünchKomm/*Heermann* UWG § 4 Nr. 2 Rn 6 ff; *Piper*/Ohly UWG § 4.2 Rn 2/1; HK-WettbR/*Plaß* § 4 Rn 211, 216; *Götting* § 9 Rn 43; *Lettl* Rn 242.

356 → Rn 143 ff., 148 ff.

bestehen, die sie **daran hindern,** sich zu informieren und sich angemessen aufmerksam und verständig zu verhalten.[357] Die **Kernfrage** zur Bestimmung der Schutzwürdigkeit lautet daher: **Kann** die betreffende Verbrauchergruppe sich nicht informieren und sich nicht angemessen aufmerksam und verständig verhalten **oder will sie das nicht,** obwohl sie es könnte?[358] Nur im ersten Fall ist im Vergleich zum Durchschnittsverbraucher die besondere Schutzbedürftigkeit gegeben, die nach Sinn und Zweck der Norm Voraussetzung für einen besonderen Schutz ist. Verbraucher hingegen, die sich informieren könnten und sich angemessen aufmerksam und verständig verhalten könnten, aber dazu nicht bereit sind, sind hingegen nicht schutzwürdig. Sie können daher in keinem Fall über § 4 Nr. 2 geschützt werden.[359]

a) Sprach-, Lese- und Schreibunkundigkeit. Da bereits oben[360] ausführlich dargelegt wurde, dass **massive Defizite** bei der betroffenen Verbrauchergruppe erforderlich sind, um einen Schutz über § 4 Nr. 2 zu ermöglichen, muss zunächst konstatiert werden, dass **Analphabetismus und Sprachunkundigkeit** Defizite von einem solchen Gewicht sind, dass sie die betreffende Verbrauchergruppe darin hindert, sich relevante Informationen zu verschaffen. Damit können sie klar von den übrigen Verbrauchern abgegrenzt werden. Werden daher diese Verbraucher in Kenntnis dieser massiven Defizite vom Wettbewerber durch seine geschäftliche Handlung angesprochen,[361] liegt eine **Ausnutzung** der Sprach-, Lese- und Schreibunkundigkeit vor. Verkaufsveranstaltungen in Aussiedler- oder Asylantenwohnheimen oder ähnlich gelagerte Fälle sind daher gemäß §§ 3, 4 Nr. 2 **unzulässig.** 234

b) Psychische Störungen oder bestimmte körperliche Behinderungen. Psychische Störungen (etwa Depressionen, Autismus, Zwangsstörungen, Altersdemenz etc.) sind ebenfalls **massive Defizite,** die die betreffenden Verbraucher daran hindern, sich die relevanten Informationen zu verschaffen und die es so ermöglichen, die betreffende Verbrauchergruppe klar von den übrigen Verbrauchern abzugrenzen.[362] Werden diese Verbraucher in Kenntnis ihrer massiven Defizite[363] vom Wettbewerber mit einer geschäftlichen Handlung angesprochen, etwa eine Verkaufsveranstaltung in einem Wohnheim oder einer Klinik für psychisch Kranke durchgeführt, **verstößt** dies gegen die §§ 3, 4 Nr. 2. 235

Entsprechendes gilt für Verbraucher mit **bestimmten körperlichen Behinderungen,** die als massive Defizite die Fähigkeit der betroffenen Verbraucher sich zu informieren oder die erhaltenen Informationen aufmerksam und verständig zu würdigen. Solche massiven Defizite sind etwa Blindheit, Taubheit oder starke Seh- oder Hörbehinderung. Werden diese Verbraucher in Kenntnis der durch ihre Behinderung verminderten Informationsmöglichkeit von dem Wettbewerber mit einer geschäftlichen Handlung angesprochen, ist dies **unzulässig** gemäß §§ 3, 4 Nr. 2. 236

Hingegen können andere körperliche Behinderungen, die **keine Auswirkung** auf die Fähigkeit des betreffenden Verbrauchers haben, sich zu informieren und sich angemessen aufmerksam und verständig zu verhalten, den Schutz des § 4 Nr. 2 nicht begründen. Dies wäre etwa der Fall bei einer Querschnittlähmung oder dem Fehlen eines Fußes, da derartige Behinderungen in keiner Weise zu einer reduzierten Informiertheit, Aufmerksamkeit und Verständigkeit führen können.[364] 237

---

357 *Scherer* WRP 2008, 563, 568; *Peterek* WRP 2008, 714, 721; *ders.* S. 105 ff.

358 *Scherer* WRP 2008, 563, 568; *Peterek* WRP 2008, 714, 721 verlangt ausdrücklich einen in der Person des Verbrauchers liegenden Rechtfertigungsgrund dafür, dass er die grundsätzlich an ihn zu stellenden Anforderungen nicht erfüllten kann: „Entscheidend muss sein, dass er sie, selbst wenn er wollte, nicht erfüllen kann"; ebenso *ders.* S. 107.

359 *Peterek* WRP 2008, 721.

360 → Rn 143 ff, 148 ff.

361 → Rn 153 ff.

362 → Rn 148 ff.

363 → Rn 153 ff.

364 *Scherer* WRP 2008, 563, 568; *Peterek* S. 140.

238 **c) Rentner und Hausfrauen.** Das typische „Kaffeefahrt-Publikum", also Rentner, Hausfrauen und andere Personen, die tagsüber Zeit für Ausflugsfahrten haben, ist hingegen **in keiner Weise gehindert sich relevante Informationen zu verschaffen.**[365] Ihre von der Rechtsprechung postulierte Leichtgläubigkeit beruht – wenn sie denn überhaupt gegeben ist – vielmehr darauf, dass dieses typische „Kaffeefahrt-Publikum" zu gleichgültig, zu unaufmerksam und zu wenig regsam ist, sich zu informieren. Genau diese Verhaltensweisen aber werden von dem europäischen Verbraucherleitbild dezidiert **nicht geschützt.**[366] Werbeverkaufsfahrten sind daher, sofern keine Irreführung über den Charakter der Veranstaltung vorliegt, nach § 4 Nr. 2 – selbst mit gezielter Ansprache von trägen, gleichgültigen und unaufmerksamen Verbrauchern – zulässig.

239 **d) Gläubige.** Gläubige sind als solche nicht gehindert, sich relevante Informationen zu verschaffen. Daher verstößt es grundsätzlich nicht gegen §§ 3, 4 Nr. 2, die religiösen Überzeugungen dieser Verbraucher in der Werbung anzusprechen und zum Absatz von Waren oder Dienstleistungen auszunutzen.[367] Etwas anderes gilt jedoch, wenn es sich dabei um Personen handelt, die infolge einer **jahrelangen Abgeschiedenheit** in den Räumen eines Klosters oder einer Sekte erhebliche Defizite bei der Beschaffung und Verarbeitung von Informationen erlitten haben; werden diese Verbraucher gerade wegen dieser Defizite werblich angesprochen, ist diese geschäftliche Handlung geeignet zur Ausnutzung ihrer geschäftlichen Unerfahrenheit bzw. Leichtgläubigkeit.[368]

240 **e) Inhaftierte.** Ähnliches wie unter d) ausgeführt gilt für Personen, die lange Zeit in der Haft in geschlossenem Vollzug waren.[369] In diesem Fall waren sie ebenso wie die Personen, die lange in Abgeschiedenheit gelebt haben, der **alltäglichen Geschäftspraxis entwöhnt,** haben häufig Haftdeprivationen erlitten und haben auf diese Weise **massive Defizite** bei der Beschaffung und Verarbeitung von Informationen erlangt. Sofern diese Personen gerade wegen dieser Defizite werblich angesprochen werden, ist diese geschäftliche Handlung geeignet zur Ausnutzung ihrer geschäftlichen Unerfahrenheit bzw. Leichtgläubigkeit.

241 **f) Aberglauben.** Abergläubische Vorstellungen, etwa die **Furcht vor magischen** oder **okkulten Kräften** bei bestimmten Verbraucherkreisen begründen hingegen keine Schutzwürdigkeit: Geistig gesunde Erwachsene des europäischen Kulturkreises wissen, dass magische Kräfte rein fiktiv sind und daher keinerlei Realitätsbezug haben. **Ohne** dass irgendein persönliches **Defizit** besteht, das die betreffenden Verbraucher daran hindert, sich verständig und informiert zu verhalten, darf ihre Unverständigkeit, die ihren signifikanten Ausdruck in ihren abergläubischen Vorstellungen findet, gerade nicht geschützt werden.[370] Diese Verbraucher könnten sich zwar informiert verständig verhalten, wollen dies jedoch nicht. Zeigen jedoch bestimmte Verbraucherkreise, die abergläubischen Vorstellungen anhängen, deutliche Anzeichen von psychischen Störungen, etwa (religiöse) Wahnvorstellungen oder Zwangsstörungen gilt das zu den psychischen Störungen Ausgeführte.

242 **g) Rechtsunkenntnis.** Sofern die fehlende Rechtskenntnis nicht auf massive persönliche Defizite zurückzuführen ist, die die betreffenden Verbraucher daran hindern, sich zu informieren und sich angemessen aufmerksam und verständig zu verhalten, ist von jedem Verbraucher das **Ausmaß an Rechtskenntnis** zu erwarten, das auch **vom Durchschnittsverbraucher verlangt** wird. An diese Rechtskenntnisse dürfen ohnehin keine großen Anforderungen gestellt werden. Daher beruht bereits das Wissensdefizit des Durchschnittsverbrauchers in Rechtsfragen auf einer überdurchschnittlichen Rechtskenntnis des Unternehmers.[371] Die Verwendung unwirksamer AGB oder eine fehlerhafte Belehrung über

365 Ebenso MünchKomm/*Heermann* UWG § 4 Nr. 2 Rn 66.
366 *Piper*/Ohly UWG § 4.2 Rn 2/1.
367 Ebenso *Peterek* S. 144; aA HK-WettbR/*Plaß* § 4 Rn 230.
368 Ebenso HK-WettbR/*Plaß* § 4 Rn 230.
369 Ebenso Hefermehl/*Köhler*/Bornkamm UWG § 4 Rn 2.13; aA *Peterek* S. 143.
370 *Scherer* WRP 2008, 563, 570; ähnlich *Peterek* S. 144.
371 *Peterek* WRP 2008, 714, 721; *ders.* S. 148 f, 151; ähnlich *Köhler* GRUR-RR 2008, 145, 147.

Verbraucherrechte könnten daher bereits vom Durchschnittsverbraucher nicht erkannt werden. Ein Verstoß gegen § 4 Nr. 2 scheidet daher in diesen Fällen aus. Verfügen Verbraucher hingegen nicht über Kenntnisse, die der Durchschnittsverbraucher jedoch hat, also wissen Sie etwa nicht, dass ein Vertragsschluss Pflichten für Sie begründet, so ist diese Rechtsunkenntnis, wenn sie nicht auf massiven persönlichen Defiziten, etwa geistiger Debilität oÄ beruht, nicht schutzwürdig. Ein Verstoß gegen § 4 Nr. 2 scheidet daher aus. Es ist statt dessen § 4 Nr. 11einschlägig,[372] worauf hier allerdings nicht näher eingegangen werden kann.

h) Fazit. Das Unlauterkeitsrecht gewährt somit – trotz des insoweit missverständlichen Wortlauts des § 4 Nr. 2 – **keinen Schutz** mehr für geschäftliche Unerfahrenheit und Leichtgläubigkeit, die darauf beruht, dass die **angesprochenen Verbraucher zu indolent, zu gleichgültig und zu nachlässig** sind, um sich zu informieren und sich situationsangemessen aufmerksam und verständig zu verhalten. Nach wie vor werden aber diejenigen Verbraucher durch das Unlauterkeitsrecht **geschützt, die durch massive Defizite daran gehindert werden, sich zu informieren** und sich dann verständig und aufmerksam zu verhalten, vorausgesetzt, diese massiven Defizite sind dem Wettbewerber **bekannt** und der Wettbewerber **nutzt dies gezielt zu seinem Vorteil.** 243

D. „Schockwerbung" („Benetton") und „diskriminierende Werbung"

I. Einleitung

1. Geschichtliche Entwicklung und Entstehungsgeschichte

a) Schockwerbung. Die durch die Rechtsprechung anlässlich der **„Benetton"-Werbekampagne**[373] ausgelöste Diskussion hat für eine Werbung, die mit schockierenden, befremdlichen oder abschreckenden Bildern versucht, Aufmerksamkeit zu erregen und diese bei den Verbrauchern erregte Aufmerksamkeit für das Bekanntwerden des werbenden Unternehmens zu nutzen, schon bald das Schlagwort von der „Schockwerbung" geprägt und sie unter § 1 UWG aF eingeordnet.[374] Kennzeichnend für diese Werbung ist, dass sie keine Produktwerbung ist, sondern Imagewerbung. Sie soll beim Umworbenen durch Hervorrufen von Entsetzen, Ablehnung und Mitleid Solidaritätsgefühle mit dem Werbenden auslösen und so dessen Ansehen bei dem Umworbenen steigern, was sich wiederum positiv für die Marktposition des Werbenden auswirken soll.[375] Aus der eigenen Sicht der Verantwortlichen für derartige Werbekampagnen soll diese Art der Werbung ein „Vehikel (sein), um eine antirassistische, kosmopolitische und tabulose Geisteshaltung" zu verbreiten.[376] 244

Der Firmeninhaber *Luciano Benetton* erklärte zu der Werbekampagne: „Das global und einheitlich umgesetzte Konzept beruht darauf, dass man als privates Unternehmen Fragen aufgreift, die sonst von den jeweiligen Staaten oder Gesellschaften behandelt werden. Rassismus, Krieg, AIDS lassen die Menschen nicht indifferent."[377] Dass diese „Schockwerbung" letztlich das **Gegenstück zu der herkömmlichen Imagewerbung der sog. Lifestyle-Werbung** darstellt, die ihrerseits positive, freundliche Bilder glücklicher Menschen in der 245

---

372 Hefermehl/*Köhler*/Bornkamm UWG § 4 Rn 11. 156ff.

373 BGH GRUR 1995, 595 – Kinderarbeit; BGH GRUR 1995, 598 – Ölverschmutzte Ente; BGH GRUR 1995, 600 – H.I.V. POSITIVE; BVerfGE 102, 347 – Benetton I; BGH WRP 2002, 434 – H.I.V. POSITIVE II; BVerfG WRP 2003, 633 – Benetton II.

374 Vgl. nur die Stichworte bei Baumbach/*Hefermehl* UWG, 22. Aufl. 2001, § 1 Rn 187aff; HK-WettbR/*Ekey* 1. Aufl. 2000, § 1 I Rn 224ff.

375 Vgl. nur *Hefermehl/KöhlerBornkamm* UWG § 4 Rn 1.148.

376 So der Fotograf *Oliviero Toscani,* der die Fotos der Benetton-Kampagne schuf in *Toscani* S. 44.

377 *Benetton* in: Die Woche vom 14. 7. 1995.

Welt der Reichen und Schönen zeigt, die in Harmonie mit sich und ihren Mitmenschen leben und jung, dynamisch und erfolgreich sind, wurde bereits früh erkannt.[378]

246 Werbestrategisch in eine ähnliche Richtung wie die „Schockwerbung" geht das „Social Sponsoring", das allerdings nicht auf Aufmerksamkeit durch Erschrecken und Solidaritätsgefühle durch Entsetzen baut, sondern auf ein positives Image durch Unterstützung von sozialen Aktivitäten.[379] Der BGH reagierte zum alten Unlauterkeitsrecht auf die „Schockwerbung" sofort mit Verboten: Nicht nur die Werbung mit dem Foto eines nackten menschlichen Gesäßes mit der Aufschrift „H. I. V. POSITIVE" wurde verboten nach § 1 UWG aF, sondern auch die Werbung mit Fotos einer ölverschmutzten Ente und schwer arbeitender Kinder beim Hausbau in der „Dritten Welt"; das BVerfG hob jedoch alle Verbote auf, worauf der BGH aber erneut ein Verbot für das Foto „H. I. V. POSITIVE" aussprach, woraufhin wiederum das BVerfG dieses Urteil aufhob.[380]

247 **b) „Diskriminierende Werbung".** Unter „diskriminierender Werbung" wird eine Werbung verstanden, die Personen oder Personengruppen aufgrund ihres Geschlechts, ihrer Rasse, ihrer Nationalität, ihrer Behinderung, ihrer Religion oder ihrer politischen Überzeugung wegen verächtlich macht oder herabsetzt. Die Abgrenzung oder Ausgrenzung kann dabei in verschiedenen Bereichen erfolgen, von denen **oft Minderheiten betroffen** sind; die Ab- oder Ausgrenzung kann auf sozialen Verhaltensweisen beruhen, etwa wenn gesellschaftliche und weltanschauliche Grundeinstellungen aufeinander treffen und das Verständnis für die jeweilige andere Gruppe fehlt.[381] Im **alten Unlauterkeitsrecht** gab es für die „diskriminierende Werbung" **keine eigene anerkannte Fallgruppe;** eine solche für § 1 UWG aF anzuerkennen, wurde nur gelegentlich in der jüngeren Literatur gefordert.[382] Die Rechtsprechung arbeitete in den wenigen von ihr entschiedenen Fällen unter Zuhilfenahme von § 1 UWG aF und dem Kriterium der Sittenwidrigkeit; dabei kam es nur in Einzelfällen zu Verboten, in der Mehrzahl der Fälle zeigte sich die Rechtsprechung liberal.[383]

248 Lediglich in einer speziellen Regelung ist die „diskriminierende Werbung" für den **Bereich der Fernsehwerbung** verboten: §§ 3, 41, 7 des Rundfunkstaatsvertrages verbieten derartige Programminhalte und setzen damit Art. 12 der konsolidierten Fernsehrichtlinie (97/36/EG zur Änderung der Richtlinie 89/542/EWG) um.

2. Gesetzesgeschichte zum neuen Unlauterkeitsrecht

249 Für das neue Unlauterkeitsrecht wurde in einem im Auftrag des Bundesjustizministeriums erstellten **Gutachten,** das als Arbeitsunterlage für die Arbeitsgruppe des Bundesjustizministeriums für die Modernisierung des Unlauterkeitsrechts und zur Erarbeitung von Vorschlägen für eine Harmonisierung des Unlauterkeitsrechts auf europäischer Ebene angefertigt wurde, von ***Karl-Heinz Fezer*** der **Vorschlag** gemacht, die **„diskriminierende Werbung" als einen Spezialtatbestand** im UWG zu regeln oder zumindest als eigenständige wettbewerbsrechtliche Fallgruppe innerhalb der Generalklausel des UWG anzusehen.[384] Zur Begründung wurde ausgeführt, dass es das Gewicht des wettbewerbsrechtlichen Unrechts einer „diskriminierenden Werbung" rechtfertige, sie in einem Spezialtatbestand gleichwertig neben der vergleichenden und der irreführenden Werbung zu normieren.[385]

---

378 Vgl. nur *Henning-Bodewig* WRP 1992, 533.

379 ZB BGH WRP 2007, 303 – Regenwaldprojekt I; BGB WRP 2007, 308 – Regenwaldprojekt II; BGH WRP 2006, 67 – Artenschutz; BGH GRUR 1987, 583 – McHappy-Tag; KG WRP 1984, 607 – Ein Baum für Köln; ausführlich zum „Regenwaldprojekt" der Krombacher Brauerei *Bottenschein* WRP 2002, 1107.

380 Nachweise und ausführlicher Rechtsprechungsbericht → Rn 255 ff.

381 Ausführlich hierzu *Wassermeyer* S. 20 ff.

382 *Wassermeyer* S. 210; *Fezer* JZ 1998, 265 ff; *Gaedertz/Steinbeck* WRP 1996, 978; *Steinbeck* ZRP 2002, 435.

383 Nachweise und ausführlicher Rechtsprechungsbericht → Rn 269 ff.

384 *Fezer* WRP 2001, 989, 1016.

385 *Fezer* WRP 2001, 989, 1016.

Eine Begründung, warum „diskriminierende Werbung" einen „Kernbereich wettbewerblichen Unrechts" darstellen soll,[386] wird jedoch nicht gegeben. Es wird lediglich verwiesen auf die in den nordischen Ländern bestehenden Regelungen eines Verbots der geschlechterdiskriminierenden Werbung.[387]

Gerhard Schricker* und *Frauke Henning-Bodewig haben in dem von ihnen im Auftrag des Bundesjustizministeriums erstellten **Gutachtens für die Modernisierung des Lauterkeitsrechts** ebenfalls – in Anlehnung an die Fernsehrichtlinie – für eine mit **ausdrücklichem Verbot** versehene spezielle Fallgruppe der „diskriminierenden Werbung" plädiert.[388] Sie begründen dies insbesondere damit, dass – gerade hinsichtlich des Einsatzes sexueller Motive in der Werbung – diese Werbung dem Empfinden der Mehrzahl der Werbeadressaten und/oder grundlegenden gesellschaftspolitischen Vorstellungen widerspreche.[389] Derartige Darstellungen seien nicht nur schockierend, sondern stellten eine eklatante Verletzung dessen dar, was die Verbraucher als Mittel der fairen Absatzförderung akzeptierten.[390] Diese Darstellungen seien zudem in der Regel als jugendgefährdend anzusehen, so dass ihr Verbot auch verfassungsrechtlich gerechtfertigt werde. *Schricker* und *Henning-Bodewig* betonen jedoch zugleich die Schwierigkeiten der Abgrenzung der missbräuchlichen Verwendung sexueller Motive zu der lediglich geschmacklosen oder schockierenden Werbung.[391] 250

In dem Vorschlag für eine Richtlinie zum Lauterkeitsrecht und eine UWG-Reform von ***Helmut Köhler, Joachim Bornkamm und Frauke Henning-Bodewig,*** der aus den Erörterungen in der **Arbeitsgruppe „Unlauterer Wettbewerb"** des Bundesjustizministeriums hervorgegangen ist, findet sich hingegen die „diskriminierende Werbung" **weder als spezieller Verbotstatbestand, noch** wird sie **als eigenständige wettbewerbsrechtliche Fallgruppe** innerhalb der Generalklausel thematisiert.[392] Gleiches gilt für die Richtlinie über unlautere Geschäftspraktiken (2005/29/EG) vom 11. 5. 2005, die ausdrücklich den Zweck verfolgt, die Verbraucher im Binnenmarkt gegen unlautere Geschäftspraktiken zu schützen.[393] Die „diskriminierende Werbung" wird weder als eigener Verbotstatbestand genannt, noch in der Begründung zur Generalklausel des Art. 5 oder einer anderen Norm als verbotene Geschäftspraktik zum Thema gemacht.[394] 251

Der **deutsche Gesetzgeber** des neuen Unlauterkeitsrechts ist dem **Vorschlag der Gutachter** *Fezer, Schricker* und *Henning-Bodewig* **nicht gefolgt.** Das UWG enthält keinen eigenständigen Verbotstatbestand für die „diskriminierende Werbung". Insbesondere ist dieser nicht in § 4 Nr. 1 geregelt.[395] In der **Begründung des Rechtsausschusses** für die Aufnahme der Tatbestandsalternative der „Beeinträchtigung der Entscheidungsfreiheit ... in menschenverachtender Weise" in § 4 Nr. 1 wird auch ausdrücklich davon gesprochen, dass über das Unlauterkeitsrecht „**keine Geschmackszensur** ausgeübt werden kann und soll".[396] Jedoch wird ebenso betont, dass „der hohe Rang der menschlichen Würde, die durch **Art. 1 des Grundgesetzes** geschützt ist, ihre Achtung und Wahrung auch im Wettbewerbsrecht erfordert."[397] Daraus kann jedoch nicht automatisch gefolgert werden, dass der Gesetzgeber damit per se die Zulässigkeit der „diskriminierende Werbung" aus- 252

---

386 So wörtlich *Fezer* WRP 2001, 989, 1016.

387 *Fezer* WRP 2001, 989, 1016 unter Hinweis auf die ausführliche Darstellung bei *Kur* WRP 1995, 790 und GRUR Int. 1996, 38, 44 f.

388 *Schricker/Henning-Bodewig* WRP 2001, 1367, 1386, 1407.

389 *Schricker/Henning-Bodewig* WRP 2001, 1367, 1398.

390 *Schricker/Henning-Bodewig* WRP 2001, 1367, 1398.

391 *Schricker/Henning-Bodewig* WRP 2001, 1367, 1398.

392 *Bornkamm/Henning-Bodewig/Köhler* WRP 2002, 1317.

393 ABl. EG Nr. L 149 vom 11. 6. 2005, S. 22.

394 Zu der Frage, inwieweit angesichts des Erwägungsgrundes (7) der UGP-RL überhaupt noch Raum für den Schutz vor Diskriminierung im Unlauterkeitsrecht bleibt vgl. *Sosnitza* WRP 2006, 1, 5 ff; *Glöckner/Henning-Bodewig* WRP 2005, 1311, 1320.

395 → § 4–1 Rn 123 ff.

396 BT-Drucks. 15/2795, S. 21.

397 BT-Drucks. 15/2795, S. 21.

sprechen wollte: Wie der Begründung des Regierungsentwurfs zu entnehmen ist, hat die Aufzählung von Beispielstatbeständen typische Unlauterkeitshandlungen zum Gegenstand.

253 Da nicht alle denkbaren Fälle des unlauteren Handelns geregelt werden können, seien die Beispielsfälle aber nicht abschließend.[398] In der Begründung des Rechtsausschusses wird zudem ausgeführt, dass Übertreibungen der Werbung mit anzüglich-obszönen Themen im Einzelfall den Tatbestand der Unlauterkeit erfüllten könnten, sich aber eine generalisierende Betrachtung verbiete. Die Feststellung der Unlauterkeit erfordere eine **konkrete Würdigung des Einzelfalles** unter Beachtung insbesondere des Grundrechts der **Meinungsfreiheit nach Art. 5 Abs. 1 GG** und der **neuen Rechtsprechung des BVerfG** hierzu.[399] Daraus kann gefolgert werden, dass der Gesetzgeber die „diskriminierende Werbung" zwar nicht als „typische Unlauterkeitshandlung" ansieht; jedoch wäre im Rahmen der Generalklausel des § 3 ein Verbot von konkreten Fällen „diskriminierender Werbung" möglich, sofern der konkrete Sachverhalt die in § 3 genannte Tatbestandsvoraussetzungen erfüllt. Ob dies so ist, wird im Folgenden untersucht werden.

3. Europäisches Gemeinschaftsrecht

254 An speziellen rechtlichen Regelungen existieren hier lediglich Art. 3e lit. c) der Richtlinie über **audiovisuelle Kommunikation,**[400] der besagt, dass **audiovisuelle kommerzielle Kommunikation** nicht die Menschenwürde verletzen, nicht Diskriminierungen nach Rasse, Geschlecht oderethnischer Herkunft, Staatsangehörigkeit, Religion oder Glauben, Behinderung, Alter oder sexueller Ausrichtung beinhalten oder fördern darf oder Verhaltensweisen fördern darf, die die Gesundheit oder Sicherheit oder den Schutz der Umwelt gefährden. Diese Richtlinie wurde umgesetzt durch den Rundfunkstaatsvertrag (RStV).[401] Hier bestimmt § 3, dass in allen Sendungen die Würde des Menschen zu achten und zu schützen ist; die Sendungen sollen auch dazu beitragen, die Achtung von Leben, Freiheit und körperlicher Unversehrtheit, von Glauben und Meinung anderer zu stärken; die sittlichen und religiösen Überzeugungen der Bevölkerung zu achten. § 41 bestimmt zudem, dass auf ein diskriminierungsfreies Miteinander hinzuwirken ist. Durch § 7 wird überdies vorgeschrieben, dass Werbung und Teleshopping nicht irreführen, den Interessen der Verbraucher nicht schaden und nicht Verhaltensweisen fördern dürfen, die die Gesundheit oder Sicherheit der Verbraucher sowie den Schutz der Umwelt gefährden.

II. Rechtsprechung

1. „Benetton"-Rechtsprechung

255 **a) Entscheidungstroika vom 6. 7. 1995: Kinderarbeit, Ölverschmutzte Ente, H. I. V. POSITIVE.** In dem Sachverhalt, der der **Kinderarbeit-Entscheidung** des BGH[402] zugrunde lag, hatte die Firma Benetton, die weltweit Textilien vertreibt, in der Größe einer Doppelseite Fotografien in der Zeitschrift „Stern" veröffentlicht; eine davon zeigte schwer arbeitende Kleinkinder der „Dritten" Welt beim Hausbau. Am linken unteren Bildrand fand sich auf grünem Feld der Hinweis „United Colors of Benetton". Die Vorinstanz, das LG Frankfurt/M hatte der Unterlassungsklage der Zentrale zur Bekämpfung des unlauteren Wettbewerbs stattgegeben. Der BGH urteilte nach Einlegung der Sprungrevision ebenso.

256 Die wesentlichen Gründe für das Verbot lassen sich dahingehend zusammenfassen, dass der BGH der Auffassung war, dass derjenige, der mit der Darstellung des schweren Leidens von Menschen **Gefühle des Mitleids ohne sachliche Veranlassung zu Wettbewerbs-**

[398] BT-Drucks. 15/1487 S. 17.
[399] BT-Drucks. 15/2795, S. 21.
[400] RL 2007/65/EG, ABl. EG Nr. L 332 vom 18. 12. 2007, S. 27.
[401] *Schmittmann* AfP 2003, 24; *Albrecht* WRP 1997, 926, 927; *Beckmann* WRP 1991, 702, 705.
[402] BGH GRUR 1995, 595 – Kinderarbeit.

zwecken ausnutze gegen die guten Sitten im Sinne des § 1 UWG aF verstoße.[403] Zwar sei § 1 UWG aF unter Beachtung des Grundrechts aus Art. 5 Abs. 1 S. 1 GG auszulegen und so in ihrer das Grundrecht beschränkenden Wirkung selbst wieder einzuschränken, jedoch trage die öffentliche Äußerung zur Auseinandersetzung über das aufgezeigte Elend nichts Wesentliches bei, sie ziele vielmehr darauf ab, beim Verbraucher eine mit dem werbenden Unternehmen solidarisierende Gefühlslage zu schaffen, die der Steigerung des Ansehens des in solcher Art werbenden Unternehmens diene und damit letztlich zu kommerziellen Zwecken eingesetzt werde.[404]

In dem der **Entscheidung „Ölverschmutzte Ente"**[405] zugrunde liegenden Sachverhalt schaltete die Firma Benetton in der Zeitschrift „Stern" eine Anzeige mit einer Fotografie einer ölverschmutzten Ente zusammen mit dem Firmen-Logo. Das LG Frankfurt/M hatte hier ebenfalls der Unterlassungsklage der Wettbewerbszentrale stattgegeben; der BGH hielt das Verbot. Die wesentlichen Gründe hierfür waren ganz ähnliche wie bei der „Kinderarbeit"-Entscheidung: Der Vorwurf der Sittenwidrigkeit liege im Kern darin begründet, dass mit der lediglich auf sie hinweisenden Darstellung des Elends einer geschundenen Kreatur bei einem nicht unerheblichen Teil der Verbraucher starke Gefühle des Mitleids und der Ohnmacht über die Umweltzerstörung geweckt würden und damit eine **Solidarisierung der Verbraucher mit dem werbenden Unternehmen** herbeigeführt werde.[406] Gefühle des Mitleids oder der Solidarität mit sozialem Engagement ohne fachliche Veranlassung zu Wettbewerbszwecken auszunutzen, sei sittenwidrig.[407] 257

In der Entscheidung **„H. I. V. POSITVE"**[408] befasste sich der BGH mit einem doppelseitigen Farbfoto, das ein nacktes menschliches Gesäß mit dem Stempelaufdruck „H. I. V. POSITIVE" zeigt, am Bildrand wiederum mit dem Logo „United Colors of Benetton". Der Unterlassungsklage der Zentrale zur Bekämpfung des unlauteren Wettbewerbs gaben sowohl das LG Frankfurt/M, als auch der BGH statt. Der BGH sah auch hier einen Verstoß gegen die guten Sitten im Sinne des § 1 UWG aF. Die wesentlichen Gründe waren hier, dass diese Werbung Mitleid und Schrecken bei den Verbrauchern auslöse und diese Gefühlsregungen dazu nutze, den Namen oder die Kennzeichen des werbenden Unternehmens, die im wesentlichen den Werbewert dieses Unternehmens darstellten, bekannt zu machen. 258

Der Verbraucher widme nämlich den Angeboten eines Unternehmens, dessen Namen er kenne, von vornherein eine erhöhte Aufmerksamkeit. Überdies **verstoße** diese Werbung in grober Weise **gegen die Grundsätze der Wahrung der Menschenwürde,** indem sie den AIDS-Kranken als „abgestempelt" und damit aus der menschlichen Gesellschaft ausgegrenzt darstelle. Diese Werbung müsse zumindest von Personen, die selbst HIV positiv sind, als grob anstößig und ihre Menschenwürde verletzend angesehen werden. Die Darstellungen dieses menschlichen Leides in der Werbung müsse als zynisch und menschenverachtend von Betroffenen empfunden werden. Diese Wirkung könne sich auch ein Betrachter, der nicht selbst unmittelbar mit dem lebensbedrohenden AIDS-Virus infiziert sei, nicht entziehen.[409] 259

b) Bundesverfassungsgericht „Benetton I" vom 12. 12. 2000. Auf die **Verfassungsbeschwerden** der Verlegerin des „stern", in dem die verbotenen Anzeigen erschienen waren, hob das BVerfG die Unterlassungsurteile des BGH auf und verwies die Verfahren zurück.[410] Die Beschwerdeführerin hatte die Verletzung ihrer Grundrechte aus Art. 5 Abs. 1 S. 2 1. Alt. GG (Pressefreiheit) gerügt. Das BVerfG sah dieses Grundrecht als verletzt 260

403 BGH GRUR 1995, 595, 596 – Kinderarbeit.
404 BGH GRUR 1995, 595, 597 – Kinderarbeit.
405 BGH GRUR 1995, 598 – Ölverschmutzte Ente.
406 BGH GRUR 1995, 598, 599 – Ölverschmutzte Ente.
407 BGH GRUR 1995, 598, 599 – Ölverschmutzte Ente.
408 BGH GRUR 1995, 600 – H. I. V. POSITIVE.
409 BGH GRUR 1995, 600, 601 – H. I. V. POSITVE.
410 BVerfGE 102, 347 – Benetton I.

an. Die wesentliche Begründung des BVerfG war zunächst der Ansatz bei Art. 5 Abs. 1 S. 1 GG: Der **Schutz der Meinungsfreiheit erstrecke sich auch auf kommerzielle Meinungsäußerungen** sowie auf reine Wirtschaftswerbung, die einen wertenden, meinungsbildenden Inhalt habe; sobald eine Meinungsäußerung in einem Bild zum Ausdruck komme, falle auch dieses unter den Schutzzweck von Art. 5 Abs. 1 S. 1 GG.[411]

261 § 1 UWG aF sei ein allgemeines Gesetz im Sinne des Art. 5 Abs. 2 GG, das als Generalklausel auch genügend konkret sei, also als Schranke tauglich sei.[412] Diese Schranke für die Meinungsfreiheit sei allerdings ihrerseits wiederum im Lichte des Art. 5 Abs. 1 GG auszulegen: Der Bedeutung des Grundrechts müsse bei der Auslegung und Anwendung des § 1 UWG aF Rechnung getragen werden.[413] Die Überlegung, dass Mitgefühl mit schwerem Leid nicht zu Wettbewerbszwecken ausgenutzt werden dürfte, rechtfertige nicht eine Einschränkung des Grundrechts Art. 5 Abs. 1 S. 1 GG. Der besondere Schutz der Meinungsfreiheit werde nicht dadurch gemindert, dass sie zur Auseinandersetzung nichts Wesentliches beitrage. Der Schutz dieses Grundrechts bestehe unabhängig davon, ob die Äußerung nützlich oder schädlich, wertvoll oder wertlos ist, also auch hier.[414]

262 Eine Verletzung von Art. 1 Abs. 1 GG könnte zwar grundsätzlich zu einem Verbot einer Äußerung führen, da Art. 1 Abs. 1 GG den Staat verpflichte, alle Menschen gegen Angriffe auf die Menschenwürde wie Erniedrigung, Brandmarkung, Verfolgung, Ächtung etc. zu schützen. Werbeanzeigen, die einzelne Personen oder Personengruppen in einer die Menschenwürde verletzenden Weise ausgrenzten, verächtlich machten, verspotteten oder sonst wie herabwürdigten, könnten daher grundsätzlich auch dann wettbewerbsrechtlich untersagt werden, wenn sie Grundrechtsschutz hätten. Jedoch habe hier der BGH die nahe liegende Möglichkeit verkannt, dass mit der Aussage die öffentliche Aufmerksamkeit in kritischer Absicht auf die tatsächlich anzutreffende Diskriminierung und Ausgrenzung der AIDS-Kranken gerichtet werden sollte, womit **keine Verletzung der Menschenwürde** der AIDS-Kranken verbunden sei.[415]

263 **c) BGH „H. I. V. POSITIVE II" vom 6. 12. 2001.** Nachdem das „H. I. V. POSITIVE"-Verfahren an den BGH zurückverwiesen worden war, untersagte der BGH diese Werbung erneut,[416] weil Art. 1 Abs. 1 GG, und zwar die **Menschenwürde der AIDS-Kranken durch sie verletzt** würde und die Werbung daher sittenwidrig sei. Durch die Darstellung der Not von AIDS-Kranken würde dies in einer Unternehmenswerbung als Reizobjekt missbraucht, um zu kommerziellen Zwecken die Aufmerksamkeit der Öffentlichkeit auf das werbende Unternehmen zu lenken; dies sei eine besonders grobe Verletzung der Menschenwürde. Auch eine „gute Absicht" könne diese objektiv gegebene Verletzung der Menschenwürde nicht ändern.[417]

264 Der Wettbewerb werde auch ganz erheblich beeinträchtigt, da die Werbung ihrer Art nach geeignet sei, in weitem Umfang Nachahmer zu finden.[418] Die Methode, durch Ausbeuten von Reizthemen und Tabus als Gegenstand oder Aufhänger von Werbung, Aufmerksamkeitseffekte zu erzielen, könne um sich greifen. Unternehmen könnten durch die „Benetton-Werbung" ermutigt werden, herabsetzende und diskriminierende Werbung auf Kosten der Würde der Frau, von Behinderten, ethischen und politischen Minderheiten, Ausländern oder religiösen Gruppen einzusetzen; die fragliche Werbung sei daher geeignet, gefühlsverrohend und minderheitenfeindlich zu wirken, und berge deshalb die **Gefahren einer Verwilderung und Verrohung der Wettbewerbssitten.**[419]

---

411 BVerfGE 102, 347, 359 – Benetton I.
412 BVerfGE 102, 347, 360 f – Benetton I.
413 BVerfGE 102, 347, 362 – Benetton I.
414 BVerfGE 102, 347, 365 f – Benetton I.
415 BVerfGE 102, 347, 368 f – Benetton I.
416 BGH WRP 2002, 434 – H. I. V. POSITIVE II.
417 BGH WRP 2002, 434, 439 f – H. I. V. POSITIVE II.
418 BGH WRP 2002, 434, 441 – H. I. V. POSITIVE II.
419 BGH WRP 2002, 434, 442 – H. I. V. POSITIVE II.

265 **d) Bundesverfassungsgericht „Benetton II" vom 11. 3. 2003.** Auf eine **erneute Verfassungsbeschwerde** hin hob das Bundesverfassungsgericht das Unterlassungsurteil des BGH wiederum auf:[420] Bei der Auslegung des § 1 UWG aF – wie auch sonst – müsse sorgfältig begründet werden, weshalb der Gebrauch eines Grundrechts die unantastbare Menschenwürde verletze. Unabhängig vom Nachweis einer Gefährdung des Leistungswettbewerbs rechtfertige zwar ein Verstoß gegen die absolute Grenze der Menschenwürde ein Verbot einer Werbung. Durch den Werbezweck aber werde eine Botschaft, die an sich die Menschenwürde achte, **nicht menschenwürdeverletzend:** Der Werbetext könne den Inhalt der Meinungsäußerung nicht verändern.[421] Wohl könne eine Anzeige, die Leid in einem kommerziellen Kontext thematisiere, als befremdlich empfunden oder für ungehörig gehalten werden; dies betreffe aber nicht Art. 1 Abs. 1 GG.[422]

266 **e) Bundesverfassungsgericht „Tier- und Artenschutz" vom 6. 2. 2002.** Parallel zu den „Benetton"-Verfahren fiel die Entscheidung **„Tier- und Artenschutz"** des Bundesverfassungsgerichts.[423] Der erste Beschwerdeführer vertrieb seit den 60er Jahren des 20. Jahrhunderts Bekleidung aus synthetischem Pelzersatz. In seiner Werbung bezeichnete er die Käufer synthetischer Pelze als Menschen mit Verstand, Herzensbildung und Moral; in mehrfachem Zusammenhang und unter Beifügung von Kundenzuschriften ging er auf die Tötung und die Leiden von Tieren in der Intensivzucht sowie in der Forschung und in der Herstellung von Bekleidungsartikeln ein. Der zweite Beschwerdeführer warb mit dem Slogan: „Die B.-Optik unterstützt die Aktionsgemeinschaft Artenschutz e. V." Beide Werbungen wurden in den jeweiligen Ausgangsverfahren als sittenwidrig nach § 1 UWG aF untersagt.

267 Das Bundesverfassungsgericht hob die Unterlassungsurteile wegen Verletzung des Grundrechts aus Art. 5 Abs. 1 S. 1 GG auf. Bei der Einschränkung der Meinungsfreiheit durch § 1 UWG aF sei unbedingt das **Schutzgut des einschränkenden Gesetzes** zu beachten: Daher müsse gesichert sein, dass nur aufgrund einer Gefährdung des Leistungswettbewerbs die Meinungsäußerung aufgrund des § 1 UWG aF unterbunden werden könne; es müsste konkret festgestellt werden, dass das Schutzgut gefährdet sei.[424] Dies sei hier nicht nachvollziehbar dargelegt. Den Bürgern stehe es nämlich frei, aufgrund welcher Motive sie am rechtsgeschäftlichen Verkehr teilhaben wollten.[425]

268 Gleiche Forderungen stellte das Bundesverfassungsgericht in seiner Entscheidung „Anwaltsranglisten"[426] auf: Es verlangte auch hier für eine Einschränkung des Art. 5 Abs. 1 GG durch § 1 UWG aF auf den konkreten Fall bezogene Feststellungen zur Gefährdung des von § 1 UWG aF geschützten Rechtsgutes.[427] Mittlerweile hat der BGH mit Urteil vom 22. 9. 2005 die Klage in der Sache „Artenschutz" abgewiesen,[428] da durch diese Werbung die freie Entscheidung der Verbraucher nicht beeinträchtigt werden könne und damit der Wettbewerb nicht verfälscht werden könne, mithin kein Schutzgut des UWG betroffen sei.[429]

2. Ansätze einer Beurteilung durch die Rechtsprechung in den Fällen der „diskriminierenden Werbung"

269 **a) BGH „Busengrapscher/Schlüpferstürmer" vom 18. 12. 1995.** Die beiden einzigen bisher vom BGH in diesem Bereich entschiedenen Fallgestaltungen hatten im **„Busengrapscher"-Fall** die Aufmachung von 10,5 cm großen Likörfläschchen zum Gegenstand. Diese trugen auf der Etikettierung den Namen „Busengrapscher" und zeigten in comicarti-

---

420 BVerfG WRP 2003, 633 – Benetton II.
421 BVerfG WRP 2003, 633, 636 – Benetton II.
422 BVerfG WRP 2003, 633, 636 f – Benetton II.
423 BVerfG GRUR 2002, 455 – Tier- und Artenschutz.
424 BVerfG GRUR 2002, 455, 456 – Tier- und Artenschutz.
425 BVerfG GRUR 2002, 455, 457 – Tier- und Artenschutz.
426 BVerfG WRP 2003, 69 – Anwaltsranglisten.
427 BVerfG WRP 2003, 69, 71 – Anwaltsranglisten.
428 BGH WRP 2006, 67 – Artenschutz; ausführlich hierzu *Hartwig* NJW 2006, 1326 ff.
429 BGH WRP 2006, 67, 68 – Artenschutz.

ger Zeichnung einen Mann, der einer lächelnden Frau von hinten an die Brust fasst, wobei die Frau ihrerseits dem Mann das Gesicht streichelt. Im **„Schlüpferstürmer"-Fall** waren die Likörfläschchen mit dem Namen „Schlüpferstürmer" und dem Bild einer lächelnden, nackten Frau in halb liegender Pose, die sich im Moment ihres Schlüpfers entledigt, etikettiert.

270 Der BGH untersagte – anders als LG und KG – diese Werbung nach § 1 UWG aF.[430] Begründet wurde dies im Wesentlichen damit, dass beide Etiketten in Wort- und Bilddarstellung in obszöner Weise den **Eindruck der freien Verfügbarkeit der Frau** in sexueller Hinsicht vermittelten und zugleich die Vorstellung fördern sollten, dass die so bezeichneten alkoholischen Getränke geeignet seien, solcher Verfügbarkeit für die angesprochenen sexuellen Handlungen Vorschub zu leisten. Dies bedeute eine **Herabsetzung und Diskriminierung der Frau** durch die Werbeaussage und verletze damit das sittliche Empfinden der maßgeblichen Verkehrskreise, da damit in grobem Maße gegen das allgemeine Anstandsgefühl verstoßen werde. Der hohe Rang der hier betroffenen menschlichen Würde, die durch Art. 1 Abs. 1 GG geschützt werde, erfordere ihre Achtung und Wahrung auch im Wettbewerbsgeschehen. Eine solche Werbung sei jedenfalls dann nicht mehr hinzunehmen, wenn sie bei Waren verwendet werde, die auf dem normalen Vertriebsweg und nicht in Sexshops angeboten werde.[431] Die Werbung genieße auch keinen Schutz durch Art. 5 Abs. 1 GG, da sie keinerlei Aussagebedürfnis befriedigen solle, sondern allein der Förderung des Warenabsatzes dienen solle.[432]

271 **b) Untergerichte.** Die unteren Gerichte beurteilten Fälle „diskriminierender Werbung" **häufig sehr viel liberaler.** Die beiden Vorinstanzen zu „Busengrapscher" und „Schlüpferstürmer", LG Berlin und KG, hatten die Klagen auf Unterlassung dieser Werbung abgewiesen.[433] Das KG war der Auffassung, die Werbung sei zwar geschmacklos, verletze aber noch nicht schamlos anstößig das sittliche Empfinden. Das Publikum sei sexbetonte Bilder, frivole Texte und drastische Schlagworte gewöhnt. Die umstrittene Ausstattung präge die Ware sichtbar zu einem alkoholischen Scherzartikel, dessen plumpe Anzüglichkeit jeder irgendwie ernstzunehmende sexistische Hintersinn abgehe. Insbesondere spreche nichts dafür, dass mit den Etiketten nach dem Verständnis des Publikums Alkohol als ein Mittel propagiert werde, um sich Frauen für sexuelle Handlungen gefügig zu machen.

272 Das OLG München[434] hatte einen Antrag auf Unterlassungsverfügung abgewiesen, mit dem untersagt werden sollte, folgende **Wodka-Werbung** zu schalten: Das zentrale Bildelement der angegriffenen Anzeige ist die Gestalt einer sitzenden Frau, die mit einem schulterfreien, eng anliegenden, langen, vorn mit einem Reißverschluss verschlossenen Kleidungsstück und schwarzen Handschuhen mit langen Armen bekleidet ist. Die Beine der Frauengestalt gehen nach unten in – an Nixendarstellung erinnernde – überdimensionale flossenähnliche Gebilde über. Über dem Kopf der Frauengestalt finden sich die Worte „Hätten sie nicht Lust, sie gleich zu öffnen?". Neben dieser Abbildung steht – farblich abgesetzt – eine Flasche des beworbenen Wodkas. Das OLG München war der Auffassung, dass ein erotischer Bezug zwar unübersehbar sei, jedoch fehlten übertrieben herausgestellte sexuelle Elemente. Die Frage des Werbeslogans sei im übrigen mehrdeutig: Einerseits habe sie Bezug zum Öffnen der Wodkaflasche, andererseits zum Öffnen der Kleidung der Nixengestalt. Die Werbung wirke zudem durch die Verfremdung der Frauengestalt durch die Flossen distanzierend und nicht plump anbiedernd.[435]

273 Das LG Bayreuth ließ – wiederum im Streit um die Zulässigkeit der Etikettierung eines Likörfläschchens – die Darstellung einer comicartigen Zeichnung einer sich räkelnden,

---

430 BGH GRUR 1995, 592 – Busengrapscher.
431 BGH GRUR 1995, 592, 594 – Busengrapscher.
432 BGH GRUR 1995, 592, 595 – Busengrapscher.
433 Vgl. die Prozessgeschichte von „Busengrapscher" und „Schlüpferstürmer" BGH GRUR 1995, 592, 593 – Busengrapscher.
434 OLG München NJW-RR 1997, 107.
435 OLG München NJW-RR 1997, 107.

nackten Frau innerhalb der Gedankenblase eines nackten Mannes mit der Warenbezeichnung **„Scharfer Hüpfer"** zu.[436] Lediglich das LG Hamburg verbot in einer Entscheidung den Vertrieb einer Spirituosenflasche mit der Warenbezeichnung **„Kleiner Bengel"**, an deren Flaschenhals ein Kondom befestigt war, da eine solche Werbemaßnahme weder üblich noch erforderlich sei und auch unter Berücksichtigung der vorherrschenden Liberalisierung und der zunehmenden Normalität bei der Verwendung von Kondomen dies auf den Verbraucher störend, lästig und für Teile des Verkehrs auch anstößig wirke.[437]

Mit dem Problem **religiös diskriminierender Werbung** hatte sich das OLG Frankfurt[438] zu befassen: Das Bekleidungsunternehmen „Otto Kern" bewarb seine Ware mit einer Reihe von Fotografien, auf denen Personen so dargestellt sind, dass sie eine Anlehnung an biblische Motive aus dem Alten und dem Neuen Testament zeigen, wie etwa Krippenmotiv oder Adam und Eva im Paradies; die Werbeslogans lauteten zB „Wir wünschen mit Adam und Eva, dass der Mensch sich sein Paradies auf Erden schafft", „Wir wünschen uns mit Noah, dass die Klimakatastrophe verhindert werden kann", „Wir wünschen mit Jesus, Maria und Josef, dass es genügend Wohnung für alle gibt". **274**

Das OLG Frankfurt ließ – ebenso wie die Vorinstanz – die Werbung zu: Zwar könne die werbemäßige Benutzung religiöser Themen bei einem Teil der Bevölkerung durchaus Irritationen und Empörung auslösen, da diese Menschen ihre religiösen Glaubensinhalte nicht mit Werbung in Verbindung gebracht sehen wollten. Im vorliegenden Fall gehe jedoch von der Darstellung der biblischen Themen **keine Diffamierung** oder **Verächtlichmachung** aus; die biblischen Motive würden in den betreffenden Abbildungen vielmehr bewusst zurückhaltend und ohne Pervertierung der eigentlichen Inhalte verwendet. Auch die Textzeilen brächten in maßvoller, friedfertiger Diktion ein sozialpolitisches, karitatives oder umweltbezogenes Anliegen zum Ausdruck. (Diese Zurückhaltung ließen lediglich die beiden Abendmahlszenen vermissen, in den zwölf Frauen mit nackten Oberkörpern die zwölf Apostel verkörperten bzw. eine Frau die Gestalt von Jesus angenommen hatte; diese Darstellungen seien aber nicht Gegenstand des vorliegenden Verfahrens.) **275**

Mit Anklängen an Fragen **national (bzw. regional) diskriminierender Werbung** hatten sich das OLG Rostock und der BGH zu befassen: Im ersten Fall[439] ging es um die Frage, ob eine Werbung für Briketts und Kokskohle mit der Überschrift „Augen auf beim Kohlenkauf" und dem Zusatz **„Wir liefern nur deutsche Ware"** sittenwidrig sei. Sowohl das OLG Rostock als auch die Vorinstanz wiesen die Klage ab, da die Werbung nicht pauschal abwertend sei und auch nicht suggeriert werde, nichtdeutsche Ware sei minderwertig oder deutsche Ware sei ohne Rücksicht auf Qualität und Preis allein wegen der nationalen Identität vorzugswürdig. Vielmehr gäbe es bei der Qualität der Kohle aufgrund der Herkunft sogar regional deutliche Unterschiede, so dass sogar ein Informationsbedürfnis der Kunden über die Herkunft der Kohle angenommen werden könne. **276**

Im zweiten Fall[440] ging es um die Frage, ob die Werbung eines Lebensmitteleinzelhändlers aus den neuen Bundesländern in einer Zeitungsanzeige mit dem Slogan „Dieses Produkt schafft **Arbeitsplätze bei UNS!"** zulässig ist. Der BGH und das KG bejahten die Frage: Zwar laufe ein solcher Appell im Allgemeinen dem Leistungswettbewerb zuwider, hier sei aber die besondere Situation in den neuen Ländern zu berücksichtigen. Daher wohne der Werbung ein sachliches Element inne, nämlich der Hinweis, dass die so beworbene Ware allesamt aus ostdeutschen Herstellerbetrieben stamme.[441] Ob diese Werbung diskriminierend sei gegenüber allen nicht aus den neuen Ländern stammenden Anbietern wurde letztlich nicht thematisiert. **277**

---

436 LG Bayreuth Urt. v. 29. 3. 1996, KH U 19/96, nicht veröffentlicht.
437 LG Hamburg Urt. v. 13. 9. 1995, 315 O 387/95, nicht veröffentlicht.
438 OLG Frankfurt WRP 1994, 407 – Paradise now.
439 OLG Rostock WRP 1995, 970 – Nur deutsche Ware.
440 BGH GRUR 1995, 742 – Arbeitsplätze bei UNS!
441 BGH GRUR 1995, 742, 744 – Arbeitsplätze bei UNS!

III. Grundsätzliches zur Schockwerbung und zur „diskriminierenden Werbung“

1. Schutzbereich des Art. 5 GG

278 Zunächst ist bei den grundsätzlichen Überlegungen zu klären, ob jede Art von Werbung, gleichgültig ob Produktwerbung, Imagewerbung oder reine Aufmerksamkeitswerbung, dem **Schutzbereich des Art. 5 Abs. 1 GG** unterfällt; ist dies nämlich der Fall, dann ist für die Einschränkungsmöglichkeit grundsätzlich ein einheitlicher Maßstab anzulegen, wenn nicht, ist innerhalb der Werbung auch nach den Einschränkungsmöglichkeiten zu differenzieren.

279 Nach der oben[442] dargestellten Rechtsprechung des Bundesverfassungsgerichts erstreckt sich der Schutz des Art. 5 Abs. 1 GG **auch auf kommerzielle Meinungsäußerungen** sowie reine Wirtschaftswerbung, die einen wertenden, meinungsbildenden Inhalt hat. Soweit eine Meinungsäußerung – eine Ansicht, ein Werturteil oder eine bestimmte Anschauung – in einem Bild zum Ausdruck kommt, fällt auch dieses in den Schutzbereich von Art. 5 Abs. 1 GG.[443]

280 Fraglich ist also, inwieweit der Zusatz „die einen wertenden, meinungsbildenden Inhalt hat“ als **Einschränkung für bestimmte Typen von Werbung** zu verstehen ist; dazu sind die Typen von Produktwerbung, Imagewerbung und reiner Aufmerksamkeitswerbung auf ihren charakteristischen Inhalt hin zu untersuchen.

281 Die **Produktwerbung** ist dadurch charakterisiert, dass sie – selbst wenn sie keine andere Sachinformation enthält, als die Existenz des beworbenen Produktes dem Verbraucher anzuzeigen – in jedem Fall immanent die Äußerung enthält, dass dieses Produkt empfehlenswert und gegenüber den Konkurrenzprodukten vorzugswürdig sei.[444] Darin liegt immer eine Wertung; diese trägt zur Meinungsbildung in der Marktwirtschaft bei.

282 Bei der **Imagewerbung** ist zu berücksichtigen, dass diese keinen Produktbezug aufweist: Sie ist Instrument der unternehmerischen Kommunikation, das zunächst dem Unternehmen selbst in den Augen der Verbraucher ein bestimmtes Ansehen („Image“) verschaffen soll, das die Verbraucher anspricht; auf diese Weise will sich das Unternehmen am Markt eine angesehene Position verschaffen, wobei die Erwartung des Unternehmens ist, dass das gewonnene Ansehen auf die eigenen Produkte von den Verbrauchern übertragen wird und daher sich – mittelbar – auch der Produktabsatz verbessert. Der Imagewerbung ist daher die Botschaft immanent, dass das Unternehmen mit dem Dargestellten solidarisch ist (zB Opposition gegenüber Missständen oder toleranter, weltoffener Lebensstil – „Benetton“) oder es sogar selbst verkörpert (zB „Der Duft der großen, weiten Welt“ – Peter Stuyvesant; „Freiheit und Abenteuer“ – Marlboro; „Eleganz und Luxus“ – Dior).[445]

283 Diese Botschaft: „So sind wir!“ bzw. „Dafür stehen wir!“ enthält **immer eine Wertung** für bzw. gegen bestimmte Umstände. Beispielsweise in der „Benetton“-Werbung gegen Umweltzerstörung, Ausbeutung von Kindern, Ausgrenzung von AIDS-Kranken etc., in der „Marlboro“-Werbung, dass Freiheit und Abenteuer positiv und erstrebenswert sind. (Marktstrategisch trägt diese Werbung zu einer künstlichen Produktdifferenzierung in einer weitgehend homogenen Warenwelt bei und dient daher der Orientierung der Verbraucher am Markt und der von den Verbrauchern nachgefragten Zuordnung bestimmter Produkte zu einem bestimmten Lebensstil – man denke nur an die Bekleidungs-, Pkw- oder Zigarettenmarken).[446]

284 Selbst wenn es sich um **„reine Aufmerksamkeitswerbung“,** etwa einen „Werbegag“ zur Steigerung der Bekanntheit des Unternehmens oder bloße Präsentation des Firmenlo-

---

442 → Rn 260, 265 ff.
443 BVerfGE 102, 347, 359 – Benetton I.
444 Ebenso *Brandner* FS Erdmann S. 533, 536; ähnlich *Tsiliotis* S. 571.
445 AA ohne Begründung *Brandner* FS Erdmann S. 533, 536 f.
446 *Kübler/Kübler* FS Peter Ulmer S. 907, 918.

gos oder eines Firmennamens, etwa die Bandenwerbung in Sportstadien oder an Brücken oder Hauswänden, die sich auf die reine Nennung des Namens des werbenden Unternehmens beschränkt, so enthält dies die Botschaft, dass das werbende Unternehmen die Aufmerksamkeit der Verbraucher verdient.[447] Dies ist eine wertende Aussage, die den Verbraucher zu eigenen Positionen gegenüber dem werbenden Unternehmen anregen will. Sie dient daher der Meinungsbildung im Wettbewerb.

Eine Analyse des Aussageinhalts der verschiedenen charakteristischen Werbetypen ergibt daher, dass sie **alle einen wertenden, meinungsbildenden Inhalt** haben und daher dem Schutzbereich des Art. 5 Abs. 1 GG unterfallen. 285

Jedoch stand der BGH in der **„Busengrapscher"-Entscheidung**[448] auf dem Standpunkt, dass mit der comicartigen Darstellung auf dem Warenetikett der Schutzbereich des Art. 5 Abs. 1 GG nicht eröffnet sei, da die Werbung erkennbar keinerlei Aussagebedürfnis befriedige, sondern allein der Förderung des Absatzes dienen solle.[449] Bereits dies ist aufgrund des oben Dargelegten unhaltbar, da in einer Produktwerbung zugleich immer die Aussage liegt, dass dieses Produkt empfehlenswert und vorzugswürdig ist. 286

Der BGH setzt sich jedoch zu diesen eigenen Ausführungen unmittelbar im Urteil in Widerspruch. Er führt aus: „... Eindruck der freien Verfügbarkeit der Frau in sexueller Hinsicht vermitteln und sogleich die Vorstellung fördern sollen, dass die ... alkoholischen Getränke geeignet sein sollen, solcher Verfügbarkeit für die angesprochenen sexuellen Handlungen Vorschub zu leisten ... Publikum werde die Etikettierung ... auch als Propagierung eines Mittels zur Überwindung sexueller Widerstände verstehen ... Bei Zugrundelegung eines solchen Verständnisses bedeutet die Werbeaussage eine Herabsetzung und Diskriminierung der Frau ..." Der BGH selbst scheint also offenbar davon auszugehen, dass der Werbeaussage durchaus ein wertender, meinungsbildender Inhalt – sogar weit über die Empfehlung des Produktes als vorzugswürdig hinaus – innewohnt, und zwar in der Bewertung des BGH ein äußerst negativer Inhalt. Unerheblich ist jedoch, ob die Äußerung für wertlos oder schädlich gehalten wird[450] oder für überflüssig, wie der BGH dies wohl zusätzlich tut.[451] Die Ausführungen des BGH sind daher widersprüchlich und somit unschlüssig.[452] 287

Es bleibt daher festzuhalten, dass jede Werbung als kommunikative Interaktion am Markt dem Grundrecht der Meinungs- und der Pressefreiheit unterfällt.[453] Eine unterschiedliche Behandlung von Produktwerbung, Imagewerbung und reiner Aufmerksamkeitswerbung ist daher nicht zulässig, da alle **Werbeformen dem Schutzbereich des Art. 5 Abs. 1 S. 1 GG unterfallen.** Für eine Einschränkung des Schutzes ist daher einheitlich die Schrankenregelung des Art. 5 Abs. 2 GG maßgeblich. 288

2. Schranken nach Art. 5 Abs. 2 GG

Für das **alte Unlauterkeitsrecht** war § 1 UWG aF grundsätzlich als „allgemeines Gesetz" und damit als Schranke im Sinne des Art. 5 Abs. 2 GG anerkannt.[454] Die Ziele des § 1 UWG aF – Konkurrentenschutz, Verbraucherschutz, Schutz der Marktbeteiligten sowie der Allgemeinheit – standen mit der Wertordnung des Grundgesetzes in Einklang.[455] 289

---

447 Ähnlich *Wassermeyer* S. 86.

448 BGH GRUR 1995, 592 – Busengrapscher.

449 BGH GRUR 1995, 592 – Busengrapscher.

450 BVerfGE 102, 347, 366 – Benetton I.

451 „... befriedigt erkennbar keinerlei Aussagebedürfnisse", BGH GRUR 1995, 592, 595 – Busengrapscher.

452 Im Ergebnis ebenso *Wassermeyer* S. 89; *Tsiliotis* S. 571.

453 Ebenso *Kübler/Kübler* FS Peter Ulmer S. 907, 971 f; *Wassermeyer* S. 85 ff; *Stein* S. 99 f; *Schulze-Fielitz* JZ 2001, 302, 303; *Fezer* JZ 1998, 265, 269; *Fezer* NJW 2001, 580, 581; *Ullmann* GRUR 1996, 948, 958; *Lange* AfP 2002, 185, 187; *Sevecke* AfP 1994, 196, 200; *Sosnitza* WRP 1995, 786, 788; *Kort* WRP 1997, 526, 527; *Kießling/Kling* WRP 2002, 615, 621; *Hoffmann-Riem* ZUM 1996, 1.

454 BVerfGE 102, 347, 360 – Benetton I; BVerfGE 62, 230, 245; BVerfGE 85, 248, 263.

455 BVerfGE 102, 347, 360 – Benetton I.

Auch war die Generalklausel des § 1 UWG aF bestimmt genug, da der Gesetzgeber im Hinblick auf die unübersehbare Vielfalt möglicher Verhaltensweisen im geschäftlichen Wettbewerb die missbilligten geschäftlichen Handlungen in verfassungsrechtlich unbedenklicher Weise durch Generalklauseln umschreiben kann.[456]

290 Für das neue Unlauterkeitsrecht folgt daraus, dass die neue **Generalklausel** des § 3 als **Schranke der Meinungsfreiheit** und aller übriger einschlägiger Kommunikationsfreiheiten des Art. 5 Abs. 1 an die Stelle des bisherigen § 1 UWG aF tritt: Insbesondere ist § 3 – der deutlich präziser und mit klareren objektiven Tatbestandsmerkmalen gefasst ist als § 1 UWG aF – bestimmt genug (wenn schon die alte „gute Sitten"-Generalklausel es war). Über § 3 UWG kann prinzipiell jede Werbung im Einklang mit den Wertungen des Grundgesetzes verboten werden.

291 Dabei ist jedoch in jedem Fall die **Wechselwirkungstheorie** zu beachten: Wenn eine zivilrechtliche Entscheidung die Meinungsfreiheit berührt, so fordert Art. 5 Abs. 1 S. 1 GG, dass die Gerichte der Bedeutung dieses Grundrechts bei der Auslegung und Anwendung des Privatrechts Rechnung tragen.[457] Einschränkungen des für eine freiheitlich-demokratische Ordnung schlechthin unerlässlichen Rechts der freien Meinungsäußerung bedürfen grundsätzlich einer Rechtfertigung durch hinreichend gewichtige Gemeinwohlbelange oder schutzwürdige Rechte und Interessen Dritter.[458]

292 Dies bedeutet zunächst, dass das allgemeine Gesetz, hier § 3, die Meinungsfreiheit nur **zugunsten seines eigenen Schutzgutes** einschränken kann. § 3 kann daher nur im Rahmen und innerhalb des Regelungszwecks des UWG die Meinungsfreiheit einschränken. Der Regelungszweck des UWG ist in § 1 klar definiert: Es dient dem Schutz der Mitbewerber, der Verbraucher sowie der sonstigen Marktteilnehmer vor unlauterem Wettbewerb; es schützt zugleich das Interesse der Allgemeinheit an einem unverfälschten Wettbewerb. Ausdrücklich heißt es dazu in der Gesetzesbegründung der Bundesregierung, dass das Interesse der Allgemeinheit an der Erhaltung eines unverfälschten und damit funktionsfähigen Wettbewerbs geschützt ist. **Der Schutz sonstiger Allgemeininteressen ist nicht Aufgabe des Wettbewerbsrechts.**[459]

293 Die Meinungsfreiheit kann daher über § 3 nur beschränkt werden, wenn eine Verletzung der Interessen der Marktteilnehmer und der Allgemeinheit an einem unverfälschten und damit funktionsfähigen Wettbewerb ansonsten die Folge wäre.[460] Andere Interessen der Marktteilnehmer und der Allgemeinheit sind gerade nicht durch das neue Unlauterkeitsrecht geschützt: Dessen alleiniger Schutzzweck ist der Schutz unverfälschten und damit funktionsfähigen Wettbewerbs. Daraus folgt, dass jegliche andere Interessen, die nicht wettbewerbsbezogen sind, **nicht vom UWG geschützt sind;**[461] **sie können daher auch nicht zu Einschränkung von Art. 5 Abs. 1 S. 1 GG durch § 3 dienen.** Diese gesetzliche Vorgabe ist die Voraussetzung für die verfassungskonforme Auslegung und Anwendung des § 3.

---

456 BVerfGE 102, 347, 361 – Benetton I.

457 BVerfGE 102, 347, 362 – Benetton I.

458 BVerfGE 102, 347, 363 – Benetton I.

459 BT-Drucks. 15/1487 15 f; ausdrücklich auch *Köhler* WRP 2004, 2121; *Lettl* WRP 2004, 1079, 1095; *Sosnitza* WRP 2006, 1, 5 f; *Scherer* WRP 2006, 401, 403; *Wuttke* WRP 2007, 119, 123 f; *Ohly* WRP 2008, 177, 182 f; *Fuchs* WRP 2009, 255, 257; MünchKomm/*Sosnitza* UWG § 1 Rn 30 ff; *Piper*/Ohly UWG § 1 Rn 29; Hefermehl/*Köhler*/Bornkamm UWG § 1 Rn 41; Harte/Henning/*Schünemann* UWG § 1 Rn 37, 52 ff; Harte/Henning/*v. Jagow* UWG § 4 Nr. 11 Rn 42 f, 45; *Lehmler* UWG § 1 Rn 28, § 3 Rn 22; HK-WettbR/*Brämer* § 1 Rn 21; *Emmerich* S. 29 f; *Lettl* Rn 64; *Boesche* Rn 1; *Berlit* Vor Rn 1, 105; *Otto* S. 217 f; aA Fezer/*Fezer* § 1 Rn 46 ff; Fezer/*Götting* § 4–11 Rn 72; *Götting* § 4 Rn 8.

460 So bereits zu § 1 UWG aF BVerfG GRUR 2001, 1058, 1060 – Therapeutische Äquivalenz; BVerfG GRUR 2002, 455, 465 – Tier- und Artenschutz.

461 *Köhler* WRP 2004, 2121; *Lettl* WRP 2004, 1079, 1095; *Sosnitza* WRP 2006, 1, 5 f; *Scherer* WRP 2006, 401, 403; *Ohly* WRP 2008, 177, 182 f; *Fuchs* WRP 2009, 255, 257; MünchKomm/*Sosnitza* UWG § 1 Rn 30 ff; *Piper*/Ohly UWG § 1 Rn 29; Hefermehl/*Köhler*/Bornkamm UWG § 1 Rn 41; Harte/Henning/*Schünemann* UWG § 1 Rn 37, 52 ff; Harte/Henning/*v. Jagow* UWG § 4 Nr. 11 Rn 42 f, 45; *Lehmler* UWG § 1 Rn 28, § 3 Rn 22; HK-WettbR/*Brämer* § 1 Rn 21; *Emmerich* S. 29 f; *Lettl* Rn 64; *Boesche* Rn 1; *Berlit* Vor Rn 1, 105; *Otto* S. 217 f; aA Fezer/*Fezer* § 1 Rn 46 ff; Fezer/*Götting* § 4–11 Rn 72; *Götting* § 4 Rn 8.

Auf Seiten der Verbraucher sind wettbewerbsbezogen keineswegs alle wie auch immer gearteten Interessen der Verbraucher, sondern nur die Interessen, die für ihre Rolle am Markt relevant sind.[462] Wie bereits im Rahmen der „Angst-Werbung“[463] ausführlich beschrieben, geht unsere Wettbewerbsordnung von der Voraussetzung aus, dass der Verbraucher die Entscheidung darüber trifft, welches das beste und damit konkurrenzfähigste Angebot ist. Dem Verbraucher kommt damit die **Rolle des „Schiedsrichters“** im Wettbewerb zu.[464] Der Verbraucher bestimmt kraft seiner „Schiedsfunktion“ das Leistungsangebot des Marktes.[465] Er übt damit eine unerlässlich notwendige, ganz zentrale Funktionsbedingung unserer Wettbewerbsordnung aus.[466] 294

Voraussetzung für die Ausübung dieser „Schiedsrichterrolle“ des Verbrauchers ist dabei die Gewährleistung der Möglichkeit für den Verbraucher, seine Konsumentscheidungen frei treffen zu können. Die freie Willensentschließung des Verbrauchers ist damit unabdingbare Funktionsvoraussetzung für die Erfüllung ihrer zentralen Aufgabe im Wettbewerbsgeschehen.[467] Das Interesse des Verbrauchers, den Willen für seine Konsumentscheidungen frei bilden zu können und sich schließlich frei entschließen zu können, ist daher wettbewerbsbezogen im Sinne des § 3. Keine Rolle spielt jedoch dabei der Gesichtspunkt der **„unsachlichen Entscheidungskriterien“:** Denn um seiner „Schiedsfunktion“ gerecht werden zu können, muss ausschließlich der Verbraucher entscheiden, welches die für seine Konsumentscheidungen maßgeblichen Kriterien sind.[468] So betont auch das Bundesverfassungsgericht ausdrücklich, dass es den Bürgern gemäß Art. 2 Abs. 1 GG freisteht, aufgrund welcher Motive sie am rechtsgeschäftlichen Verkehr teilhaben.[469] Der Verbraucher muss daher wesensnotwendig auch die Freiheit zur Wahl „unsachlicher“ Entscheidungskriterien besitzen. 295

Irgendwelche (möglicherweise existierenden) **Interessen der Wettbewerber** an einem Unterbleiben „unsachlicher Entscheidungen“ der Verbraucher sind daher nicht Voraussetzung für die Rolle der Verbraucher am Markt und daher nicht Voraussetzung für einen unverfälschten und damit funktionsfähigen Wettbewerb; sie sind daher nicht im Sinne des § 3 wettbewerbsbezogen und werden daher auch nicht durch § 3 geschützt. 296

Gleiches gilt für **sonstige Interessen** – sei es der Wettbewerber, der Verbraucher, sonstiger Marktbeteiligter oder der Allgemeinheit – die sich nicht auf eine Funktionsvoraussetzung des Marktes beziehen. Positiv gewendet wird von § 3 ein Interesse nur dann durch ein Verbot der betreffenden geschäftlichen Handlung geschützt, wenn das Verbot nötig ist, um den Wettbewerb nicht zu gefährden. Alles, was für das Marktgeschehen irrelevant ist, **scheidet daher aus.** 297

Daher scheidet auch aus dem Kreis der vom Unlauterkeitsrecht geschützten Interessen ein mögliches Interesse der Mitbewerber daran aus, nicht zusehen zu müssen, wie andere mit grob anstößigen Methoden den Markterfolg suchen, oder nicht vor die Entscheidung gestellt zu werden, ob sie selbst in gleicher Form Wettbewerb treiben sollen, um nicht im Wettbewerb zurückzufallen.[470] Es ist **allein Aufgabe der Verbraucher, zu entscheiden, welche Marketing-Methoden bei ihnen Erfolg haben.** Wenn – von anderen Wettbe- 298

---

462 Ausführlich *Scherer* WRP 2006, 401, 404 f mwN.

463 → Rn 25 ff.

464 Hefermehl/*Köhler*/Bornkamm UWG § 4 Rn 1.2; *Piper*/Ohly UWG § 1 Rn 19, § 4.1 Rn 1/4; *Scherer* S. 35 f; *Drexl* S. 91 ff., 128 ff., 133 ff; *Peterek* S. 19; *Ulbrich* WRP 2005, 940, 951; *Micklitz/Keßler* GRUR Int. 2002, 885, 890; *Wünnenberg* S. 104; *Fezer* WRP 2001, 989, 997; *Bottenschein* WRP 2002, 1107, 1110; *Wuttke* WRP 2007, 119, 123 f.

465 *Micklitz/Keßler* GRUR Int. 2002, 885, 890; *Scherer* S. 35 f; *Peterek* S. 20 Harte/Henning/*Schünemann* UWG § 3 Rn. 142.

466 *Lehmann* S. 9; *Freund* S. 10; *Scherer* S. 36; *Peterek* S. 20.

467 *Scherer* S. 39; Hefermehl/*Köhler*/Bornkamm UWG § 1 Rn 14.

468 Harte/Henning/*Schünemann* UWG § 3 Rn 141 f; § 1 Rn 23; *Emmerich* S. 75; *Peterek* S. 20; *Scherer* WRP 2005, 672, 674.; *dies.* S. 47 f; *Sosnitza* S. 48 f; *Sevecke* S. 68; *Hollerbach/Kapp* DB 1998, 1501, 1803; *Bottenschein* WRP 2002, 1107, 1110; aA *Fezer* WRP 2001, 989 ff, 997.

469 BVerfG GRUR 2002, 455, 457 – Tier- und Artenschutz.

470 So aber noch zu § 1 UWG aF *Ungern-Sternberg* FS Erdmann S. 741, 760 f.

werbern missbilligte – Werbemethoden beim Verbraucher ankommen und daher die Wettbewerber, die sich dieser Werbestrategie nicht bedienen, daraufhin im Wettbewerb zurückfallen, ist dies ein von der Wettbewerbsordnung erwünschtes Marktresultat: Denn der Verbraucher, nicht die Wettbewerber entscheiden über Erfolg oder Misserfolg von Marktaktionen.

299 Gleichfalls **scheidet** aus dem Bereich der vom neuen Unlauterkeitsrecht geschützten Interessen der **Schutz von Ehe und Familie,** der **Mutterschutz,** der **Jugendschutz,** die **Bekenntnis-, Glaubens- und Gewissensfreiheit,** die **Unfall- und Suchtprävention etc. aus,** da diese Interessen nicht wettbewerbsbezogen sind. Insbesondere gilt dies für den Gedanken der Unterstützung der Emanzipation der Frau: Das neue Unlauterkeitsrecht ist – ausweislich der klaren Regelung in § 1 S. 2 – nicht geschaffen zur Verhinderung der Vermittlung „falscher" (iSv nicht der Emanzipation förderlicher) Rollenbilder der Geschlechter oder zur Mitwirkung an der Vermittlung „richtiger" (iSv der Emanzipation förderlicher) Rollenbilder.[471]

300 **Verstöße gegen andere „allgemeine Gesetze"** im Sinne des Art. 5 Abs. 2 GG – zB gegen § 166 StGB (Beschimpfung von Bekenntnissen, Religionsgesellschaften und Weltanschauungsvereinigungen), §§ 185 ff StGB (Ehrschutznormen) oder gegen §§ 823 Abs. 1, 1004 Abs. 1 analog BGB bei Verletzung des allgemeinen Persönlichkeitsrechts – können nur über eine dieser Normen, also **außerhalb des Unlauterkeitsrechts verfolgt werden.**

301 Der früher gängige „Umweg" über den Gedanken des „Rechtsbruchs wertbezogener Normen"[472] ist nach **§§ 3, 4 Nr. 11 nicht mehr eröffnet:** § 4 Nr. 11 bezieht sich – konsequent zu § 1 S. 2 – nur auf den Verstoß gegen Vorschriften, die auch dazu bestimmt sind, im Interesse der Marktteilnehmer das Marktverhalten zu regeln.[473] Ausdrücklich betont die Gesetzesbegründung der Bundesregierung, dass es mit Blick auf den Schutzzweck nicht Aufgabe des Wettbewerbsrechts ist, Gesetzesverstöße generell zu sanktionieren.

302 Daher sei die Vorschrift so gefasst, dass nicht jede geschäftliche Handlung, die auf dem Verstoß gegen eine gesetzliche Vorschrift beruht, wettbewerbswidrig ist. Vielmehr sei eine Beschränkung danach vorgenommen worden, dass der verletzten Norm zumindest eine sekundäre Schutzfunktion zugunsten des Wettbewerbs zukommen muss. Es wird dementsprechend nur ein Verstoß gegen solche Normen erfasst, die zumindest auch das Marktverhalten im Interesse der Marktbeteiligten regeln.[474] § 4 Nr. 11 ist also klar **funktionsorientiert** – wie das Unlauterkeitsrecht insgesamt. Daraus folgt, dass auch hier die geschützten Interessen wettbewerbsbezogen sein müssen;[475] sind sie das nicht, wie etwa der Schutz von Ehe und Familie, Förderung der Emanzipation der Frauen etc., so ist ein Schutz auch nicht über §§ 3, 4 Nr. 11 möglich.[476]

303 Es ist daher festzuhalten, dass **§ 3** eine **Schranke** für die Meinungsäußerung im Wettbewerb darstellt; jedoch kann sie nur dann zum Einsatz kommen, **wenn die zu schützenden Interessen wettbewerbsbezogen im Sinne des § 1 sind.**

---

471 So bereits zu § 1 UWG aF *Ahrens* JZ 1995, 1096, 1100; aA zum alten Unlauterkeitsrecht *Gaedertz/Steinbeck* WRP 1996, 978, 982; *Steinbeck* ZRP 2002, 435, 438. War dies aber schon zum alten Unlauterkeitsrecht höchst fragwürdig, so ist es – spätestens mit Inkrafttreten des neuen § 1 S. 2 – endgültig aus dem Bereich der diskutablen Möglichkeiten ausgeschieden; generell wie hier *Köhler* WRP 2004, 2121; *Lettl* WRP 2004, 1079, 1095; *Sosnitza* WRP 2006, 1, 5 f; *Scherer* WRP 2006, 401, 402 f; MünchKomm/*Sosnitza* UWG § 1 Rn 30 ff; *Piper*/Ohly UWG § 1 Rn 29; Hefermehl/*Köhler*/Bornkamm UWG § 1 Rn 41; Harte/Henning/*Schünemann* UWG § 1 Rn 37, 52 ff; Harte/Henning/*v. Jagow* UWG § 4 Nr. 11 Rn 42 f, 45; HK-WettbR/*Brämer* § 1 Rn 21; *Emmerich* S. 29 f; *Lehmler* UWG § 1 Rn 28; *Lettl* Rn 64; *Boesche* Rn 1; *Berlit* Vor Rn 1, 105; aA Fezer/*Fezer* § 1 Rn 46 ff; Fezer/*Götting* § 4–11 Rn 72; *Götting* § 4 Rn 8.

472 Vgl. nur *Baumbach/Hefermehl* UWG § 1 Rn 608 ff, 612 ff.

473 Ausführlich hierzu *Scherer* WRP 2006, 401, 403 ff mwN.

474 BT-Drucks. 15/1487 S. 19.

475 Ausführlich *Scherer* WRP 2006, 401, 403 ff mwN.

476 Ausführlich *Scherer* WRP 2006, 401, 403 ff mwN; *Ernst* WRP 2004, 1133, 1135; *Frenzel* WRP 2004, 1137, 1140; kritisch *Doepner* WRP 2003, 1292.

3. Menschenwürde des Art. 1 Abs. 1 GG als absolute Schranke

Als oberster Wert der Verfassung und zugleich **konstituierende Grundlage der gesamten Rechtsordnung** ist jedoch für alle Marktbeteiligten ihre Menschenwürde nach Art. 1 Abs. 1 GG zu gewährleisten. Denn der freie Wettbewerb setzt voraus, dass die Marktsubjekte sich zumindest als Menschen gegenseitig soweit achten, dass sie die Menschenwürde anderer Marktsubjekte nicht antasten. Die Achtung der Menschenwürde anderer Marktsubjekte ist daher die Grundlage für unverfälschten Wettbewerb; sie ist in allen Lebensbereichen – also auch im Wettbewerb – als Mindeststandard zu verstehen, dessen Missachtung die Rechtsordnung niemandem gestattet.[477] 304

Dabei spielt es keine Rolle, ob dieses Ergebnis erzielt wird über die sog. „Drittwirkung" der Grundrechte, die davon ausgeht, dass der Richter die sich ihm bietenden Wertungsspielräume in unbestimmten Rechtsbegriffen oder Generalklauseln mit Bindung an die Grundrechte auszufüllen hat, im Unlauterkeitsrecht also im Rahmen des § 3[478] oder über die wohl von *Wassermeyer*[479] bevorzugte Konstruktion des schlechthin konstituierenden Mindeststandards für sämtliche von der Rechtsordnung anerkannten geschäftlichen Handlungen: Denn Art. 1 Abs. 1 GG enthält das **kategorische Verbot für die Staatsgewalt, die Würde des Menschen anzutasten.**[480] Daher ist auch der Richter in der Wertung der Zulässigkeit wettbewerblichen Verhaltens in jedem Fall an dieses Verbot gebunden. Dies war bereits zum alten Unlauterkeitsrecht allgemeiner Konsens.[481] 305

Da Art. 1 Abs. 1 GG als oberster Wert der Verfassung **nicht abwägungsfähig** ist, muss bei einer Verletzung der Menschenwürde im Sinne des Art. 1 Abs. 1 GG die Meinungsfreiheit nach Art. 5 Abs. 1 GG zurücktreten.[482] Die Menschenwürde setzt der Meinungsfreiheit auch im Wettbewerbsrecht eine absolute Grenze.[483] 306

Wenn eine **geschäftliche Handlung** die **Menschenwürde** im Sinne des Art. 1 Abs. 1 GG **verletzt,** ist die geschäftliche Handlung daher immer als **unzulässig im Sinne des § 3** anzusehen. Die übrigen Tatbestandsmerkmale des § 3 müssen jedoch nicht erfüllt sein: Zwar gehen *Helmut Köhler* und *Stefanie Otto* davon aus, dass ohne Beeinträchtigung des Wettbewerbs im Sinne des § 3 UWG 2004 (jetzt also Beeinträchtigung der Interessen der Marktteilnehmer) keine Möglichkeit besteht, die geschäftliche Handlung nach dem UWG zu verbieten.[484] Diese Überlegung ist auf den ersten Blick konsequent und bestechend: Strikt an der Funktionsorientiertheit des UWG ausgerichtet, soll auch eine Verletzung der Menschenwürde nur dann nach § 3 untersagt werden können, wenn die Marktfunktion gestört wird, also der Wettbewerbsbezug gegeben ist. 307

Jedoch ist zu beachten, dass die Menschenwürde im Sinne des Art. 1 Abs. 1 GG nicht nur oberster Wert der Verfassung, sondern zugleich konstituierende Grundlage der gesamten Rechtsordnung ist. Die Menschenwürde ist der absolute Mindeststandard in allen Lebensbereichen – also auch im Wettbewerb. Die Achtung der Menschenwürde anderer Marktteilnehmer ist daher die Grundlage für jeden freien Wettbewerb: Der **freie Wettbewerb setzt mithin voraus,** dass die Marktsubjekte sich zumindest als Menschen gegenseitig so weit achten, dass sie die **Menschenwürde** anderer Menschen **nicht antasten.** Ein Wettbewerb, der nicht auf dieser Basis stattfindet, kann per se nicht den Schutz der Rechtsordnung beanspruchen. 308

Die Frage nach der Erfüllung der übrigen Tatbestandsmerkmale des § 3 erübrigt sich damit, da eine geschäftliche Handlung, die die Menschenwürde anderer Menschen verletzt und 309

---

477 *Wassermeyer* S. 142; so auch die Begründung des Rechtsausschusses BT-Drucks. 15/2795 S. 21.

478 Ausführlich zum alten Unlauterkeitsrecht *Sevecke* S. 112 ff.

479 *Wassermeyer* S. 142.

480 Sachs/*Höfling* GG Art. 1 Rn 4.

481 Vgl. nur BVerfGE 102, 347, 367 – Benetton I.

482 BVerfGE 102, 347, 367 – Benetton I.

483 BVerfG WRP 2003, 633, 635 – Benetton II; wohl aA unter Hinweis auf die UGP-RL Harte/Henning/*Stuckel* § 4 Nr. Rn 105.

484 Hefermehl/*Köhler*/Bornkamm UWG § 3 Rn 78; *Otto* S. 193 f.

damit gegen Art. 1 Abs. 1 GG verstößt, **automatisch** die Interessen aller übrigen Marktteilnehmer **beeinträchtigt,** da ein **freier Wettbewerb** im Sinne des UWG nur ein solcher sein kann, der auf der **Basis der Achtung der Menschenwürde** aller übrigen Menschen stattfindet.[485] Festzuhalten ist somit, dass nach § 3 eine die Menschenwürde im Sinne des Art. 1 Abs. 1 GG verletzende geschäftliche Handlung ohne weiteres untersagt werden kann.

310 Dabei wird der einzelne Mensch durch Art. 1 Abs. 1 GG nicht nur als einzelner geschützt, sondern auch in der Gruppe, dem **Kollektiv,** dem er angehört. Verletzt daher eine geschäftliche Handlung die Menschenwürde der Angehörigen des Kollektivs, bedeutet dies zugleich eine Verletzung der Menschenwürde des einzelnen Kollektivangehörigen.[486] Die Meinungsfreiheit findet daher in jedem Fall bei der Verletzung der Menschenwürde nach Art. 1 Abs. 1 GG ihre absolute Grenze; gleichgültig, um welche Betätigung der Meinungsfreiheit im Wettbewerb es sich handelt, hat bei Verletzung der Menschwürde das Recht auf freie Meinungsäußerung (ebenso wie die Presse-, die Rundfunk-, die Wissenschafts- und die Kunstfreiheit des Art. 5 GG) zurückzutreten.

4. Anforderungen an einen Verstoß gegen die Menschenwürde im Sinne des Art. 1 Abs. 1 GG

311 Zwar gibt Art. 1 Abs. 1 GG nach ganz einhelliger Auffassung keinen subsumierbaren Tatbestand.[487] Jedoch hat sich in der Rechtsprechung[488] und der Literatur[489] die sog. „Objektformel“ herausgebildet: Diese auf *Günter Dürig* zurückgehende **„Objektformel“** besagt, dass die Menschenwürde betroffen ist, „wenn der konkrete Mensch zum Objekt, zu einem bloßen Mittel, zu einer vertretbaren Größe herabgewürdigt wird“.[490] Dies ist typischerweise dann der Fall, wenn die Subjektqualität eines Menschen prinzipiell in Frage gestellt wird.[491] Zudem ist die Menschenwürde betroffen, wenn die prinzipielle Gleichheit eines Menschen mit allen anderen Menschen in Zweifel gezogen wird.[492] Von Art. 1 Abs. 1 GG ist daher der Kernbereich menschlicher Existenz geschützt.[493]

312 Für den Rechtsanwender stellt sich aber – angesichts der keiner Abwägung zugänglichen, absoluten Grenze, die Art. 1 Abs. 1 GG zieht – folgendes Problem: Es gibt zwei Alternativen bei der Konkretisierung der Menschenwürde. Entweder Art. 1 Abs. 1 GG „schrumpft“ im Privatrechtsverkehr zur „kleinen Münze“ oder er bleibt als **absolut geltende Basis** des demokratischen Verfassungsstaates schlechthin die **unüberwindbare Grenze** für alle gesellschaftliche und staatliche Gewalt.[494] Will man Letzteres – also die Absolutheit des Anspruchs des Art. 1 Abs. 1 GG und seine Unüberwindbarkeit und die mangelnde Abwägbarkeit gegenüber dem Gebrauch aller anderen Grundrechte – beibehalten, muss man sehr strenge Maßstäbe für die Verletzung der Menschenwürde anlegen: Denn es gibt nahezu nichts, was nicht zu einer Frage der Menschenwürde gemacht werden kann – bis hin zu den ö-Tüpfelchen auf computergefertigten Telefonrechnungen.[495]

313 Solche exzessiv ausdehnenden Interpretationen des Art. 1 Abs. 1 GG bzw. seine Überlagerung durch „moralisierende Alltagsphrasen“ mit Menschenwürde als rhetorischer Floskel

---

[485] *Scherer* WRP 2007, 594, 598.

[486] v. Münch/*Kunig* GG Art. 1 Rn 17; Sachs/*Höfling* GG Art. 1 Rn 56.

[487] Sachs/*Höfling* GG Art. 1 Rn 6, 12; v. Münch/*Kunig* GG Art. 1 Rn 22.

[488] BVerfGE 9, 89, 95; BVerfGE 27, 1, 6 – Urlaubs- und Erholungsreisen; BVerfGE 45, 187, 228 – Heimtückischer Mord; BVerfGE 50, 166, 175 – Ausweisung.

[489] Vgl. nur v. Münch/*Kunig* GG Art. 1 Rn 22; Sachs/*Höfling* GG Art. 1 Rn 13; Jarass/*Pieroth* GG Art. 1 Rn 7.

[490] *Dürig* AöR 81 (1956), 117, 127; *ders.* in: Maunz/*Dürig*/Herzog GG Art. 1 Abs. 1 Rn 28.

[491] BVerfGE 50, 166, 175 – Ausweisung; BVerfGE 87, 209, 228 – Horrorfilm.

[492] BVerfGE 27,1, 6 – Urlaubs- und Erholungsreisen; BVerfGE 28, 386, 391; BVerfGE 30, 1, 26 – Briefgeheimnis; BVerfGE 45, 187, 227 – Heimtückischer Mord; BVerfGE 50, 166, 175 – Ausweisung; BVerfGE 87, 209, 228 – Horrorfilm.

[493] Sachs/*Höfling* GG Art. 1 Rn 16.

[494] *Schulze-Fielitz* JZ 2001, 302, 304; Sachs/*Höfling* GG Art. 1 Rn 9; Jarass/*Pieroth* GG Art. 1 Rn 5.

[495] Sachs/*Höfling* GG Art. 1 Rn 14; ähnlich *Schulze-Fielitz* JZ 2001, 302, 304.

wirken daher ausgesprochen kontraproduktiv: Sie schwächen den allgemeinen Konsens darüber, was unumstrittener verfassungsrechtlicher Kern der fundamentalen Grundlage unserer gesamten Rechtsordnung, nämlich des Art. 1 Abs. 1 GG ist.[496] Mittelfristig würde außerdem eine solche Ausweitung des Art. 1 Abs. 1 GG die grundrechtsdogmatische Konsequenz haben, den Menschenwürdeschutz durch Abwägung mit anderen Interessen relativierbar zu machen.[497]

Um dies zu verhindern, bleibt nichts übrig, als die zweite geschilderte Alternative zu wählen: Art. 1 Abs. 1 GG als absolut geltende Basis des demokratischen Verfassungsstaates eine schlechthin unüberwindbare Grenze für alle gesellschaftliche und staatliche Gewalt bleiben zu lassen. Dies kann aber nur dadurch gesichert werden, indem **sehr strenge Maßstäbe** und **sehr hohe Anforderungen** für eine Begründung der Verletzung der Menschenwürde aufgestellt werden. 314

Zunächst ist dabei festzustellen, dass die Frage, wann ein Mensch zum „Objekt" gemacht wird, nicht umgangssprachlich, sondern verfassungsrechtlich zu bestimmen ist – die **Menschenwürde ist ein Rechtsbegriff.**[498] Wenn daher umgangssprachlich von „Sexualobjekt", „Reizobjekt", „Lustobjekt", „Gewaltobjekt" etc. die Rede ist, hat dies für die verfassungsrechtliche Beurteilung keine Bedeutung. Vielmehr müssen die Kriterien, die für Art. 1 Abs. 1 GG maßgeblich sind, aus dem oben Dargelegten gewonnen werden. Da in der Werbung Menschen in ganz unterschiedlichem Kontext dargestellt werden, muss die Frage, ob die Menschenwürde verletzt ist, für die jeweils charakteristische Darstellungsweise gesondert beantwortet werden. 315

Generell gilt aber für alle Darstellungsweisen gemeinsam die **Maßgeblichkeit** des **Empfängerhorizontes.** Bei mehrdeutigen Werbeäußerungen muss der Rechtsanwender sich mit verschiedenen Deutungsmöglichkeiten auseinandersetzen und für den Ausschluss der jeweiligen Alternativen tragfähige Gründe angeben.[499] Zu beachten ist auch, dass – da die Grundrechte insgesamt Konkretisierungen des Prinzips der Menschenwürde sind – es stets einer sorgfältigen Begründung bedarf, wenn angenommen werden soll, dass der Gebrauch eines Grundrechts die unantastbare Menschenwürde verletzt.[500] 316

IV. Einzelne Fallgruppen

1. „Schock"-Werbung („Benetton")

Bei der „Schock"-Werbung ist unbestritten, dass niemand aus Mitleid mit AIDS-Kranken oder Flüchtlingen oder aus Angst, selbst an AIDS zu erkranken, einen „Benetton"-Pullover kaufen wird.[501] Es handelt sich also um eine **(Image-)Werbung ohne Produktbezug.**[502] Die freie Willensentschließung der Verbraucher kann hier also nicht beeinträchtigt sein. 317

Die Verletzung eines „Verbraucherpersönlichkeitsrechts" durch ein unerwünschtes Eindringen in die „emotionale Intimsphäre"[503] scheidet unter dem neuen Unlauterkeitsrecht – von allem anderen abgesehen[504] – bereits deshalb aus, weil diese **Verletzung eines „Verbraucherpersönlichkeitsrechts"** durch unerwünschtes Eindringen in die „emotionale Intimsphäre" **keinen Bezug zu dem Tatbestand des § 3** aufweist. Eine Verletzung wett- 318

496 *Schulze-Fielitz* JZ 2001, 302, 304; *Hartwig* WRP 2003, 582, 602; ähnlich *Lange* JZ 2003, 624, 625.
497 *Schulze-Fielitz* JZ 2001, 302, 304.
498 v. Münch/*Kunig* GG Art. 1 Rn 18.
499 BVerfG WRP 2003, 633, 636 – Benetton II; ausführlich *Hartwig* WRP 2003, 582, 589.
500 BVerfG WRP 2003, 633, 636 – Benetton II.
501 *Reichold* WRP 1994, 219, 222; *Bülow* ZIP 1995, 1289; *Kübler/Kübler* FS Peter Ulmer S. 907, 913; *Henning-Bodewig* WRP 1992, 533, 536; *Hoffmann-Riem* ZUM 1996, 1, 7; *Sosnitza* GRUR 1993, 540, 542; *Gärtner* S. 72; *Sevecke* S. 56; *Otto* S. 186.
502 *Reichold* WRP 1994, 219, 223.
503 *Henning-Bodewig* WRP 1992, 553, 556.
504 Ausführlich kritisch zum „Verbraucherpersönlichkeitsrecht" *Gärtner* S. 192 ff.

bewerbsbezogener Interessen der Verbraucher – wie oben[505] beschrieben – ist nicht ersichtlich.

319 Interessen der Mitbewerber, die dahingehend sind, die in einer solchen Werbung liegende **Nachahmungsgefahr auszuräumen,** da derartige Werbung die Akzeptanz von Werbung bei den Umworbenen insgesamt untergrabe,[506] waren nicht nur reine Spekulation,[507] sondern sind mittlerweile sogar durch die Marktrealität widerlegt: Wie Äußerungen der Werbebranche zu entnehmen ist,[508] besteht eine Nachahmungsgefahr deswegen nicht, weil die Werbung beim Publikum nicht ankommt. Dies wird durch die Klagevorträge von „Benetton"-Vertragshändlern und Vertriebsvermittlern,[509] die aufgrund der Werbekampagne außergewöhnliche Umsatzeinbußen wegen eines durch die Kampagne verursachten hohen Imageverlustes geltend machten, bestätigt. Auch hier können **keine wettbewerbsbezogenen Interessen** verletzt sein.

320 Es kann daher allenfalls ein Verbot über § 3 iVm Art. 1 Abs. 1 GG in Frage kommen, wenn die jeweilige Abbildung dieser Schockwerbung die Menschenwürde verletzt. Dies stand für den deutschen Rechtsraum nur für das Werbebild „H. I. V. POSITVE" in Frage.[510] Dieses Werbebild, bei dem auf einem nackten menschlichen Gesäß sich der Ausdruck „H. I. V." und dazu schräg versetzt der Stempelaufdruck „POSITIVE" ist mehrdeutig: Der Aussageinhalt könnte zum einen die „Abstempelung" zwecks Verächtlichmachung und Verhöhnung der AIDS-Kranken sein; zum anderen könnte der Aussageinhalt die Darstellung einer „abstempelnden" Behandlung, die die AIDS-Kranken in der Gesellschaft häufig erfahren, beinhalten.

321 Die vom objektiven Empfängerhorizont nahe liegendere Deutungsmöglichkeit ist die zweite Alternative: Eine Werbung, die ja die Verbraucher hinsichtlich ihres Werbenden und seinem Anliegen positiv stimmen soll, kann dieses Ziel von vorneherein nicht erreichen, wenn sie sich der Zielgruppe, die sie erreichen will, als abstoßend präsentiert. Die Zielgruppe von „Benetton" ist ein vorwiegend junges Publikum, das auf aufgeschlossene, tolerante und kritische Einstellungen und entsprechende Lebensstile setzt. Eine Werbung, die erfolgreich sein will, muss sich als deckungsgleich mit den Einstellungen und Präferenzen des von ihr angesprochenen Publikums präsentieren. Daher ist vom Empfängerhorizont die **Darstellung** auf dem „H. I. V. POSITIVE"-Werbebild als **„Anklage"** und Kritik an der gesellschaftlichen Behandlung und Ausgrenzung bzw. Stigmatisierung der AIDS-Kranken aufzufassen. Es prangert in bildlich anschaulicher Weise die **sozialen Missstände** in Zusammenhang mit den AIDS-Erkrankungen an. Eine Verächtlichmachung oder Verhöhnung und eine Ausgrenzung und Stigmatisierung durch dieses Werbefoto ist damit gerade nicht Aussageinhalt.

322 Dass letztlich dieses Werbebild zu Zwecken der Aufmerksamkeit für das werbende Unternehmen der Öffentlichkeit präsentiert wird, ändert nichts am Aussageinhalt; denn es kommt für die Verletzung der Menschenwürde auf den Aussageinhalt, nicht auf die Person des Aussagenden an. Eine Verletzung der Menschenwürde und damit des Art. 1 Abs. 1 GG besteht daher nicht. Die Werbung ist daher **wettbewerbsrechtlich zulässig.**

2. Sexistische Werbung

323 **a) Allgemeines.** Unter sexistischer, also geschlechtsdiskriminierender Werbung wird im Allgemeinen die kränkende, herabsetzende oder dem Grundsatz der Gleichberechtigung der Geschlechter zuwiderlaufende werbliche Darstellung verstanden.[511] Häufig sind Frauen

---

505 → Rn 292 ff.
506 Vgl. *Ahrens* JZ 1995, 1096, 1098.
507 So auch *Gärtner* S. 49.
508 FAZ vom 13. 12. 2000, S. 19 und Kommentar S. 32.
509 BGH NJW 1997, 3304 – Benetton I; BGH NJW 1997, 3309 – Benetton II.
510 Vgl. den Bericht zur „Benetton"-Rechtsprechung → Rn 255 ff.
511 Vgl. den ausführlichen Bericht von *Kur* über die geschlechtsdiskriminierende Werbung im Recht der nordischen Länder *Kur* WRP 1995, 790.

die von der sexistischen Werbung Betroffenen, wenn auch in letzter Zeit die Werbung die Männer „entdeckt" zu haben scheint. Um zu klären, wann diese Form der Werbung gegen Art. 1 Abs. 1 GG verstößt, ist noch einmal an die oben[512] zur Bestimmung einer Verletzung der Menschenwürde entwickelten Kriterien zu erinnern. Für die „Objektformel" war relevant, dass die Frage, wann ein Mensch zum **„Objekt"** degradiert wird, **nicht umgangssprachlich,** sondern **verfassungsrechtlich** zu bestimmen ist, da die Menschenwürde ein Rechtsbegriff ist.[513] Umgangssprachliche Bezeichnungen wie „Sexualobjekt", „Reizobjekt", „Lustobjekt" etc. reichen daher noch nicht einmal als Präjudiz für Art. 1 Abs. 1 GG aus.[514] Sie sind vielmehr hier irrelevant.

Fraglich ist, wann im Rechtssinne der Mensch durch die Darstellung in sexuellem oder **324** erotischem Zusammenhang zum Objekt gemacht wird. Hierbei kann die Lebensrealität der Vielzahl sexueller Praktiken und Verhaltensweisen nicht außer Acht gelassen werden. Das **typische Kennzeichen** für die **„Objektstellung"** einer Person ist innerhalb dieser Lebensrealität die Tatsache, dass die Person **nicht selbstbestimmt,** sondern **fremdbestimmt** handelt bzw. duldet.[515] Ein solches fremdbestimmtes Agieren bei sexuellen Handlungen ist typischerweise gegeben, wenn Menschen **Opfer** einer **Vergewaltigung**, **sadistischer Praktiken** oder **pädophiler Handlungen** werden.[516] Hingegen reicht es nicht aus, wenn sich Personen prostituieren, da sie insoweit selbstbestimmt handeln. Ebenso wenig genügt es, wenn Personen sich freiwillig aus sexuellen Gründen mit masochistischen Praktiken erniedrigen. Erst recht handeln Menschen nicht schon fremdbestimmt, wenn sie sich bei sexuellen Handlungen oder bei der Anbahnung sexueller Kontakte rein passiv verhalten.

In sexueller Hinsicht ist die Menschenwürde im Sinne des Art. 1 Abs. 1 GG somit nur **325** dann verletzt, wenn eine Person nicht selbstbestimmt, sondern fremdbestimmt agiert, also immer nur dann, wenn ein Mensch Opfer wird. Alle übrigen in der Lebensrealität vorkommenden Sexualpraktiken und -verhaltensweisen reichen nicht zur Verletzung der Menschenwürde, da sie freiwillig vorgenommen werden. Diese **rechtliche Grenzbestimmung** hat Konsequenzen für erotische Darstellungen in der Werbung: Die Menschenwürde im Sinne des Art. 1 Abs. 1 GG kann nur dann durch eine Darstellung in der Werbung verletzt werden, wenn ein **Mensch als Opfer** von sexueller Gewalt oder entsprechenden Drohungen, als Opfer sadistischer oder pädophiler Praktiken dargestellt wird und die Darstellung keine erkennbar kritische Haltung zu der sexuellen Gewalt bzw. den sadistischen oder pädophilen Praktiken einnimmt.[517]

Andere Darstellungen, die letztlich nur die Vielzahl der in der Lebensrealität vorkom- **326** menden sexuellen Praktiken bzw. Verhaltensweisen abbilden, reichen weder für die Verletzung der Menschenwürde von Einzelpersonen, noch von Personengruppen (zB der Frauen, der Homosexuellen etc.). Dabei spielt es erst recht **keine Rolle,** wie die **Verteilung der aktiven/passiven Rollen** bei den sexuellen Kontakten dargestellt wird, da sämtliche Darstellungen in der Vielzahl der sexuellen Praktiken und Verhaltensweisen in der Lebenswirklichkeit real existieren. Insbesondere wird durch die häufig behauptete Zuschreibung einer **rein passiven** Haltung der Frauen bei der Aufnahme sexueller Kontakte durch die Werbung weder die Gleichwertigkeit der Frauen mit den Männern geleugnet, noch ihnen die Subjektsqualität abgesprochen, da diese Art der Werbung lediglich eine der in der Lebensrealität vorkommenden sexuellen Verhaltensweisen abbildet.

Auch erotische Darstellungen in der Werbung, die der (männlichen) Phantasie suggerie- **327** ren, die Frau sei aus eigenem Antrieb interessiert an der Aufnahme sexueller Kontakte und

---

512 → Rn 311 ff.
513 v. Münch/*Kunig* GG Art. 1 Rn 18.
514 Dies erkennt zB *Emmerich* S. 236 nicht.
515 Über ähnliche Differenzierungskriterien, allerdings für einen letztlich anderen Bereich berichtet *Kur* WRP 1995, 790, 792; vgl. auch Sachs/*Höfling* GG Art. 1 Rn 30.
516 Ähnlich *Ruess/Voigt* WRP 2002, 176.
517 Ähnlich *Ruess/Voigt* WRP 2002, 176.

erwidere die sexuellen Handlungen des Mannes ihrerseits[518] reichen also gerade nicht aus,[519] denn die Frau wird in diesem Kontext als **aktiv und selbständig** handelnd und damit selbstbestimmt, nicht fremdbestimmt agierend dargestellt. Dass die Darstellung obszön und geschmacklos ist, betrifft nicht die Menschenwürde im Sinne des Art. 1 Abs. 1 GG, sondern nur die Frage von Anstand und Geschmack – und demzufolge weder die Verfassung noch das Unlauterkeitsrecht.

328 Der stereotyp wiederkehrende **Slogan von der freien Verfügbarkeit der Frau** in sexueller Hinsicht[520] entpuppt sich bei näherem Hinsehen als **inhaltsleere Floskel,** da er regelmäßig verwendet wird für Fälle, in denen die Frau als interessiert oder zumindest neugierig hinsichtlich einer Aufnahme sexueller Kontakte dargestellt wird; dieses Schlagwort sagt daher nur etwas aus über die dieser Floskel zugrunde liegende Vorstellung von „richtigem" sexuellen Verhalten der Frau, nämlich: Nur abweisendes Verhalten ist „richtig" für die Frau.

329 Gleichfalls entpuppen sich umgangssprachliche Begriffe wie **„Lustobjekt"** oder **„Sexualobjekt"**[521] ebenso bei näherem Hinsehen als **inhaltsleere Floskeln,** da sie regelmäßig gebraucht werden, wenn die dargestellte Frau sich erotisch-passiv und abwartend verhält: Rein passives Verhalten von Frauen bei der Aufnahme sexueller Kontakte ist nämlich durchaus ein in der Lebensrealität vorkommendes Verhaltensmuster. Die Verwendung dieser Schlagwörter sagt daher nur etwas aus über die ihnen zugrunde liegenden Vorstellungen von „richtigem" sexuellem Verhalten der Frau, nämlich: Nur aktives sexuelles Verhalten der Frau ist „richtig"; verhält sie sich passiv – wie in der Lebensrealität durchaus vorkommend – verhält sie sich „falsch".

330 Mit der Verwendung **derartiger Schlagworte** soll **Art. 1 Abs. 1 GG** dazu benutzt werden, die **Verbraucher** zu „richtigem" Sexualverhalten **zu erziehen** und die Vorstellungen der Verwender dieser Schlagworte von „korrektem Sex" und **„korrekten sexuellen Rollenbildern"** in die Köpfe zu implantieren.[522] Frappierend ist dabei, dass sogar eine entgeltliche „Live-Show" von drei fast nackten, mit body-painting bemalten Frauen zu Werbezwecken als gegen die Menschenwürde verstoßend bewertet wird,[523] jedoch mit keinem Wort eine Parallele zu dem Auftreten von Frauen bzw. Männern in „Strip-Shows", „Oben-Ohne"-Bars, beim „Nacktputzen" oder der Straßenprostitution gesehen wird. Da letztere Erscheinungsformen offensichtlich als nicht gegen die Menschenwürde verstoßend beurteilt werden müssen, wird diese augenfällige Parallele zu den hier behandelten Darstellungen totgeschwiegen.

331 Im Übrigen können die Verfechter dieser Auffassung nicht erklären, weshalb die von ihnen als unzulässig betrachteten „sexistischen" Darstellungen von Frauen für die allgegenwärtige Werbung für Sex-Shops, Erotikartikel, „Herren"-Magazine etc. zulässig sind,[524] nicht aber bei der Werbung für andere Produkte. Denn wenn angeblich die Menschenwürde der Frauen verletzt wird aufgrund der „sexistischen" Darstellungen, wird sie dies in jedem Fall.[525]

332 **b) Einzelfälle.** Als **unzulässig,** weil die Menschenwürde im Sinne des Art. 1 Abs. 1 GG verletzend, müssen aufgrund des oben Dargelegten werbliche Darstellungen beurteilt werden, die **Vergewaltigung,** deren Versuchsstadium oder **erzwungene erotische Kontakte** zeigen, ebenso sadistische **Quälereien,** Folterungen, **pädophile Handlungen** und

---

[518] Vgl. zB den Sachverhalt von BGH GRUR 1995, 592 – Busengrapscher/Schlüpferstürmer.

[519] AA *Emmerich* S. 236; Gloy/*Gloy* § 1 Rn 68; Gloy/*Hasselblatt* § 63 Rn 56, die jedoch lediglich mit umgangssprachlichen Bezeichnungen operieren, ohne eine Bestimmung der Menschenwürde als Rechtsbegriff vorzunehmen.

[520] BGH GRUR 1995, 592, 994 – Busengrapscher/Schlüpferstürmer.

[521] *Wassermeyer* S. 190.

[522] So letztlich im Ergebnis und auch recht unverhohlen in der Begründung *Wassermeyer* S. 189; *Gaedertz/Steinbeck* WRP 1996, 978, 982.

[523] *Wassermeyer* S. 191 f.

[524] So BGH GRUR 1995, 592, 594 – Busengrapscher/Schlüpferstürmer.

[525] Ebenso *Beater* § 25 Rn 37.

die Darstellung keine erkennbar kritische Haltung zu der sexuellen Gewalt bzw. den sadistischen oder pädophilen Praktiken einnimmt.

Dies muss bei der Werbung von Dolce&Gabbana **bejaht** werden, die eine auf dem Rücken am Boden liegende Frau zeigt, die von einem Mann an ihren auf den Boden gepressten Handgelenken festgehalten wird, der sich über sie beugt, während mehrere andere junge Männer dabei stehen und die Szene, wenn nicht komplizenhaft, so doch zumindest voyeuristisch beobachten.[526] Zwar wird hier nicht unmittelbar eine **Vergewaltigung** gezeigt, jedoch strahlt die Szene **die Verherrlichung sexueller Gewalt** aus; Kritik an der dargestellten Erniedrigung der Frau durch die gegen sie ausgeübte Gewalt ist nicht erkennbar. Vielmehr wird die Ausübung sexueller Gewalt aufgrund des Gesamtkontextes positiv bewertet. Diese **„Vergewaltigungs"-Werbung verletzt die Menschenwürde** der Frauen und verstößt daher gegen Art. 1 Abs. 1 GG. 333

Als **zulässig** sind **alle übrigen erotischen Darstellungen** in der Werbung anzusehen. 334
Die vom BGH wegen angeblicher Verletzung der Menschenwürde im Sinne des Art. 1 Abs. 1 GG untersagte Werbung für Likörfläschchen mit dem Namen **„Busengrapscher"** und **„Schlüpferstürmer"** und comicartigen **obszönen Darstellungen auf den Etiketten**[527] muss nach § 3 iVm Art. 1 Abs. 1 GG als zulässig beurteilt werden, da die Frau nicht als Opfer sexueller Gewalt oder erzwungener erotischer Kontakte dargestellt wird, sondern im Gegenteil in beiden Fällen als aktive, erwartungsvolle und selbstbestimmt handelnde Person; dass die Darstellung obszön und geschmacklos ist (wie die allermeisten sexuellen Darstellungen im öffentlichen Raum) ist eine Frage von Anstand und Geschmack, aber nicht von Art. 1 Abs. 1 GG und von § 3.[528]

Dass der Darstellung die Aussage entnommen werden kann, dass dem Alkohol (sexuell) enthemmende Wirkung zukommt, ist eine (zutreffende) Sachinformation. Dass der (männlichen) Phantasie suggeriert wird, Frauen wären aufgrund des Konsums des so beworbenen Getränks bereit zu und interessiert an der Aufnahme sexueller Kontakte, **betrifft nicht die Menschenwürde** – weder der Frauen, die dieses so beworbene Getränk konsumieren, noch die Menschenwürde aller übrigen Frauen (es zeugt nur von primitiver und spätpubertärer Phantasie des Werbenden und der umworbenen Zielgruppe). Ähnliches gilt für die Werbung auf den Etiketten von Likörfläschchen mit der Bezeichnung „Scharfer Hüpfer".[529] 335

Bei der **Wodkawerbung,** bei der eine Nixengestalt im Reißverschlusskleid abgebildet ist und die den Slogan hat: **„Hätten sie nicht Lust, sie gleich zu öffnen?"**[530] suggeriert der Slogan und die erotisch passive, abwartende Pose der Frau, dass sie der Aufnahme sexueller Kontakte gegenüber aufgeschlossen sei; Passivität bei der Bereitschaft zur Aufnahme sexueller Kontakte ist jedoch kein Hinweis auf fremdbestimmtes Handeln,[531] so dass diese Werbung nicht die Menschenwürde verletzen kann. 336

Die Werbung im Fall **„Kleiner Bengel",** bei dem am Flaschenhals einer Spirituosenflasche ein Kondom befestigt war,[532] ist gleichfalls zulässig, da ein Kondom am Flaschenhals ohnehin die Menschenwürde (wessen eigentlich?) nicht verletzen kann. 337

Bei den vom **Werberat** mit einer **öffentlichen Rüge** beanstandeten Fälle ist zunächst vorauszuschicken, dass Aufgabe des Werberats nicht eine rechtliche Beurteilung ist, sondern mit seinem Instrumentarium der Beanstandung und (wenn dieser Beanstandung von den werbenden Unternehmen nicht Rechnung getragen wird) der öffentlichen Rüge sorgt der Werberat sich um die Wahrung des **öffentlichen Anstands,** der guten Sitten und der herrschenden Moral; diese Ziele sind jedoch, wie bereits mehrfach betont, nicht kon- 338

---

526 www.adrants.com/images/dg_girl_down.jpg.
527 Vgl. Sachverhalt → Rn 269.
528 Harte/Henning/*Ahrens* UWG Einl F Rn 114; Hefermehl/*Köhler*/Bornkamm UWG § 3 Rn 73; MünchKomm/*Heermann* UWG § 4 Nr. 1 Rn 115.
529 Vgl. Sachverhalt → Rn 273.
530 Vgl. Sachverhalt → Rn 272.
531 → Rn 323 ff., 325 ff.
532 Vgl. Sachverhalt → Rn 273.

gruent mit den rechtlichen Maßstäben. Hier sollen einige ausgewählte Fallgestaltungen, die den in den letzten Jahren ausgesprochenen öffentlichen Rügen zu Grunde lagen, als „Anschauungsmaterial" dargestellt werden.

339 Öffentlich gerügt wurde unter anderem die Werbung eines Fleischmaschinenherstellers:[533] Sie betraf zwei Anzeigen des Fleischmaschinenherstellers, der zum einen eine Maschine zeigte, mit der Schinken rund gepresst wurde; unmittelbar neben diesem rundlichen Gerät streckte sich ein **nacktes weibliches Gesäß** aus dem Bild; überschrieben war die Anzeige mit der Aussage: **„Best ham",** darunter: „Jeder Schinken braucht die korrekte Behandlung". Vom Empfängerhorizont ist die Gleichsetzung von Frauen mit Lebensmitteln, die eine Leugnung der Subjektsqualität beinhalten würden, fernliegend; naheliegend ist dagegen, dass „Schinken" zugleich als vulgärer Ausdruck für das weibliche Gesäß gebraucht wird und damit ausgesagt wird, dass die „richtige" Behandlung in beiden Fällen sehr verschieden ist.

340 Die zweite Anzeige[534] betraf ein Anzeigenmotiv unter der Überschrift **„Best Models":** Zu sehen war der **nur mit einem BH bekleidete Oberkörper einer Frau,** deren obere Kopfhälfte nicht zu sehen war; daneben stand der Text: „Die richtigen Modelle und die geeigneten Nadeln für jeden Einsatz"; an dieses Bild montiert war die beworbene Fleischabfüllmaschine, die eine Injektionstechnik anpries. Hier gilt Entsprechendes wie zu der ersten Anzeige ausgeführt: In beiden Fällen wird ein sexuell aufreizendes Bild gezeigt, das zusammen mit dem Text die Aufmerksamkeit auf die beworbenen Waren lenken, aber nicht die Frauen mit Lebensmitteln gleichsetzen soll und daher die Menschenwürde im Sinne des Art. 1 Abs. 1 GG verletzt (sondern nur von abenteuerlich schlechtem Geschmack zeugt).

341 Weiterhin wurde die Anzeige einer Autozubehör-Firma gerügt,[535] die eine **Zylinderkopfdichtung** mit Abbildung einer **Frau in einem roten Lackbikini** zeigte unter der Überschrift: „Lecken verboten". Der Aussageinhalt in Bezug auf die dargestellte Frau ist ambivalent: Aufreizend und abweisend zugleich, so dass eine Verletzung der Menschenwürde im Sinne des Art. 1 Abs. 1 GG hier nicht erkennbar ist.

342 Eine weitere öffentliche Rüge[536] zeigt das Bild eines **Paares beim Geschlechtsverkehr** unter der Überschrift: „Habt ihr kein Zuhause?" Beworben wurde damit die technische Betreuung von Internetaktivitäten. Auch hier ist – mangels Darstellung sexueller Gewalt – eine Verletzung des Art. 1 Abs. 1 GG nicht ersichtlich. Auch wurde gerügt, dass ein Ratgeberportal für zwischenmenschliche Kontakt mit dem Slogan beworben wurde: „So bekommst Du jede Frau ins Bett!" und „Noch heute Abend hast Du Spaß mit einer Frau!"[537] Da hier keinerlei sexuelle Gewalt ins Spiel gebracht wird, ist eine Verletzung des Art. 1 Abs. 1 GG ebenfalls nicht ersichtlich.

343 Zudem wurde die Werbung eines Fitnessstudios gerügt,[538] in der in großformatigen Prospekten dem Betrachter eine breitbeinig kniende Frau ihr mit **Spitzenunterwäsche bekleidetes Gesäß** entgegenstreckt, dazu der Text: „Falls Sie Ihre Fitness suchen …" Eine Verletzung der Menschenwürde ist, da keinerlei sexuelle Gewalt gezeigt wird, nicht ersichtlich. Eine weitere Rüge betraf die Werbung für ein DVD-Angebot mit dem Text „Heisse DVDs !!!" mit einem Bild, das ein weibliches Gesäß mit hochgereckten Beinen zeigt, wobei sich auf dem **Gesäß ein Brandmal** befand – quer über das Plakat war ein rauchendes Brenneisen gedruckt.[539] Fernliegend ist hier, dass dadurch eine Aufforderung zu (sexueller) Gewalt gegen Frauen, etwa durch Folter oder die Anwendung sadistischer Praktiken ausgesprochen werden soll; naheliegend ist hingegen, dass durch die Darstellung versinnbildlicht werden soll, wie „heiss" die DVDs sind.

---

533 www.werberat.de – Fälle vor dem Werberat – Rügen.
534 www.werberat.de – Fälle vor dem Werberat – Rügen.
535 www.werberat.de – Fälle vor dem Werberat – Rügen.
536 www.werberat.de – Fälle vor dem Werberat – Rügen.
537 www.werberat.de – Fälle vor dem Werberat – Rügen.
538 www.werberat.de – Fälle vor dem Werberat – Rügen.
539 www.werberat.de – Fälle vor dem Werberat – Rügen.

Die Werbung für eine caritative Hilfsorganisation, die ein dunkelhäutiges, traurig blickendes **Mädchen im Grundschulalter** zeigt, das in der einen Hand eine Puppe hält, an der anderen von einem hellhäutigen erwachsenen, westlich gekleideten Mann fortgezogen wird, enthält zwar die Darstellung einer **Kinderprostitution,** also fremdbestimmtes Dulden des Kindes, ist jedoch – aufgrund des Textes „Sie würde lieber zur Schule gehen" – **erkennbar kritisch**, so dass die Menschenwürde der Kinder durch diese Werbung gerade nicht verletzt wird. 344

c) Fazit. Als Fazit der Fälle „sexistischer" Werbung muss daher festgehalten werden, dass in keinem der von der Rechtsprechung entschiedenen Fälle bzw. der vielen Fälle wegen deren Beschwerden an den Werberat gerichtet wurden und den zahlreichen an anderen Stellen in der juristischen Literatur berichteten Fällen[540] eine **Verletzung der Menschenwürde im Sinne des Art. 1 Abs. 1 GG gegeben** ist.[541] Ein **Verbot nach § 3 kommt daher nicht in Frage.** Lediglich in dem aus Internet und Tagespresse bekannten Fall der „Vergewaltigungs"-Werbung liegt eine Verletzung der Menschenwürde im Sinne des Art. 1 Abs 1 GG vor. 345

Dies mag man – je nach persönlichem Standpunkt – bedauern oder begrüßen. Wichtig erscheint mir dabei jedoch, immer wieder in Erinnerung zu rufen, dass es weder Aufgabe des Art. 1 Abs. 1 GG noch des Unlauterkeitsrechts ist, einen Kulturkampf um Frauenbilder zu führen oder an der sexuellen (Um-)Erziehung der Bevölkerung mitzuwirken.[542] 346

3. Religiös diskriminierende Werbung

a) Allgemeines. Im Rahmen der „diskriminierenden Werbung" steht auch gelegentlich die Frage der religiösen Diskriminierung im Raum, wenn durch die **Darstellung in der Werbung religiöse Symbole, religiös herausragende Personen** oder **religiöse Botschaften** verhöhnt, lächerlich gemacht oder **herabgewürdigt** werden. Nach den oben[543] dargelegten Kriterien verstößt eine solche Werbung gegen Art. 1 Abs. 1 GG, wenn einem Menschen einer bestimmten Religionszugehörigkeit die Achtung als Mensch abgesprochen bzw. die prinzipielle Gleichwertigkeit mit den Angehörigen anderer Religionen geleugnet wird. Eine umgangssprachlich „würdelose" Behandlung reicht dafür nicht aus, ebenfalls nicht eine kränkende oder die zentralen religiösen Symbole der Lächerlichkeit preisgebende Darstellung, solange dies sich nicht so auswirkt, dass die Gleichheit der betroffenen Religionsangehörigen mit anderen Menschen geleugnet wird. 347

b) Einzelfälle. Die Werbung des Bekleidungsunternehmens „Otto Kern" mit **Frauen mit nackten Oberkörpern,** die das letzte **Abendmahl Christi** mit seinen Jüngern darstellen,[544] ist zwar eine Provokation gläubiger Christen; sie leugnet jedoch nicht die Gleichheit der Christen mit anderen Menschen, so dass von einer Verletzung der Menschenwürde nicht die Rede sein kann.[545] 348

Die Darstellung des **gekreuzigten Christus** in einer Werbung für eine Zeitschrift mit der Bildunterschrift **„Nicht alles, was wir zeigen, ist schön und bequem"**[546] stellt eine grobe Missachtung und Verhöhnung von Jesus Christus und seines Opfertodes am Kreuz, also eines der beiden zentralen Inhalte des christlichen Glaubens dar, und damit die grobe Verletzung des religiösen Empfindens der Christen aller Konfessionen (mithin also ein möglicher Anwendungsfall des § 166 Abs. 1 StGB). Jedoch ist damit keine Leugnung 349

[540] Ausführliche Bericht mit Bildmaterial bei *Wassermeyer; Steinbeck* ZRP 2002, 435 ff; Berichte über Sachverhalte aus Großbritannien: *Jergolla* WRP 2003, 431 ff; Berichte über Sachverhalte aus den nordischen Ländern: *Kur* WRP 1995, 790 ff.

[541] Ebenso *Beater* § 25 Rn 25.

[542] Ebenso Harte/Henning/*Ahrens* UWG Einl F Rn 114.

[543] → Rn 311 ff.

[544] *Wassermeyer* Anlage 34.

[545] Im Ergebnis hinsichtlich der Zulässigkeit dieser Werbung ebenso MünchKomm/*Heermann* UWG § 4 Nr. 1 Rn 117.

[546] *Wassermeyer* Anlage 39.

der prinzipiellen Gleichheit der Christen mit allen anderen Menschen oder ein Absprechen der Achtung als Menschen für die Christen verbunden. Eine Verletzung der Menschenwürde der Christen liegt daher nicht vor. Gleiches gilt für den Werbe-Spot eines Online-Dienstleisters, der für Online-Spiele mit einer Kerkerszene warb, in der ein Gefangener, der in **Kreuzigungshaltung an der Wand gefesselt** ist, die Spielkarten aus seiner Hand fallen lässt und stirbt, worauf der Wärter zornig seine Spielkarten in Richtung des toten Häftlings wirft.[547] Auch damit ist keine Leugnung der prinzipiellen Gleichheit der Christen mit allen anderen Menschen oder ein Absprechen der Achtung als Menschen für die Christen verbunden, so dass eine Verletzung der Menschenwürde verneint werden muss.

350 Die Darstellung einer **Nonne als Anhalterin,** die ihren Nonnenhabit bis zum Oberschenkel hochgeschoben hatte und in erotischer Pose kokettierte auf der Titelseite eines Werbekatalogs für Sport- und Freizeitbekleidung,[548] ist zwar – je nach persönlichem Standpunkt – witzig oder kränkend, aber spricht den Ordensangehörigen nicht die Achtung als Menschen ab und leugnet schon gar nicht ihre Gleichwertigkeit mit anderen Menschen – der Gag liegt gerade in der Betonung der Gleichwertigkeit. Eine Verletzung von Art. 1 Abs. 1 GG scheidet daher aus.

351 Die **„Papst"-Werbung** vom Jeans-Hersteller „Levi's", die den knienden, den Boden küssenden Papst zeigt mit dem (frei übersetzten) Werbeslogan **„Mach's mit einer 517, die 517 gibt mehr Beinfreiheit"**[549] ist ebenso – je nach persönlichem Geschmack – humorvoll oder kränkend, spricht aber weder dem Papst noch allen übrigen Katholiken ihre Achtung als Menschen ab oder leugnet ihre prinzipielle Gleichwertigkeit mit anderen Menschen; eine Verletzung der Menschenwürde scheidet aus.

352 Die Werbung für **Schuhe,** die auf dem **Deckel einer Toilettenschüssel** stehen mit der Bildüberschrift: **„Wachet, steht im Glauben, seid mutig und seid stark! 1. Korinther 16, 13"**[550] macht zwar die Bibel als die Heilige Schrift aller christlichen Konfessionen verächtlich, negiert aber nicht den Achtungsanspruch als Menschen für die Christen selbst, so dass keine Verletzung des Art. 1 Abs. 1 GG vorliegt. Ähnliches gilt für die Werbung mit einem Poster, das eine junge Frau in Unterwäsche zeigte, die breitbeinig auf einer Treppe saß und über ihr die Textzeile: „Macht hoch die Tür, die Tor macht weit."[551]

353 Eine mögliche Werbung mit dem aus der Nazi-Zeit bekannten Slogan: **„Kauft nicht bei Juden (oder: Moslems, Katholiken etc.)"** enthält hingegen vom Empfängerhorizont erkennbar die Botschaft, dass Juden (Moslems, Katholiken etc.) minderwertig sind gegenüber Marktteilnehmern anderer Religionszugehörigkeit, denn die Religionszugehörigkeit des Marktteilnehmers spielt im freien Wettbewerbsgeschehen keine Rolle. Durch eine derartige Behauptung der Minderwertigkeit von Angehörigen einer Religion leugnet diese Aussage immanent die Gleichwertigkeit gegenüber den übrigen Menschen, so dass **Art. 1 Abs. 1 GG** verletzt wäre und daher **diese Werbung gemäß § 3 unzulässig** wäre. Nicht zu verwechseln ist dies jedoch mit dem Aufruf etwa eines jüdischen Fleischers, der zB mit dem Slogan werben würde: „Kauft nur koscher!", da koschere Lebensmittel für orthodoxe Juden unerlässlicher Bestandteil ihrer Religionsausübung sind.

4. Behindertendiskriminierung

354 **a) Allgemeines.** Bei der Diskriminierung von Behinderten in der Werbung muss wiederum aufgrund der oben[552] dargelegten Kriterien für die Verletzung der Menschenwürde eine Leugnung der Subjektsqualität der Behinderten oder eine Leugnung der prinzipiellen Gleichheit der Behinderten mit Nicht-Behinderten verlangt werden. **Nicht ausreichend**

---

[547] www.werberat.de – Fälle vor dem Werberat – Einzelfälle – Gewaltverharmlosung und Verletzung religiöser Gefühle.

[548] www.werberat.de – Fälle vor dem Werberat – Einzelfälle – Bekleidung/Religiöse Gefühle.

[549] *Wassermeyer* Anlage 36.

[550] *Wassermeyer* Anlage 37.

[551] www.werberat.de – Fälle vor dem Werberat – Einzelfälle – Verletzung religiöser Gefühle.

[552] → Rn 311 ff.

ist eine **drastische Darstellung** der Behinderung in der Werbung oder ihre **flapsige, kränkende Äußerung** zu Lasten der Behinderten, die umgangssprachlich zwar als „würdelos" bezeichnet werden könnten, jedoch nicht die Menschenwürde im Sinne des Art. 1 Abs. 1 GG betreffen.

b) Einzelfälle. Die Frage der Behindertendiskriminierung stellt sich in der Werbepraxis 355
seltener. Vor den Werberat kam eine Werbung mit dem Slogan: **„Taub macht stumm"** für eine **Schutzimpfung gegen Pneumokokken** bei Säuglingen und Kleinkindern.[553] Diese Werbung enthält nicht nur die richtige Sachinformation, dass bei Taubheit von Säuglingen und Kleinkindern erhebliche Probleme bei der Erlernung der Sprache bestehen, sondern zudem die wichtige Information, dass Infektionen mit Pneumokokken Taubheit verursachen können. Eine Leugnung der Subjektsqualität oder der prinzipiellen Gleichheit Gehörloser mit anderen Menschen enthält diese Werbung hingegen nicht, so dass sie lauterkeitsrechtlich unbedenklich ist.

Eine Werbung für einen **Radiosender** und seine Werbeseiten mit dem Spruch **„Lie-** 356
ber ein Vogel in der Anzeige, als ein Tauber vor dem Radio"[554] kann zwar die Gefühle Gehörloser verletzen, bleibt aber auf der Ebene eines taktlosen Witzes. Sie reicht nicht aus, um die Gleichheit mit Nicht-Gehörlosen zu leugnen. Entsprechendes gilt für die Abbildung einer **Sammlung von Glasaugen** für die Werbung einer Krankenkasse.[555]

Die satirische **Darstellung** eines Sehbehinderten bzw. **Erblindeten zu Werbezwecken,** 357
um die Folgen von Blindheit gegenüber den Gegebenheiten des Marktes zu zeigen,[556] ist zwar makaber, leugnet aber ebenfalls nicht die Gleichheit von Blinden mit anderen Menschen. Werden etwa **Schwerverletzte** bei einer **Werbung für sichere Fahrzeuge** etc. abgebildet,[557] so ist zunächst im Hinblick auf die Verletzung der Menschenwürde zu differenzieren: Die Menschenwürde des abgebildeten Schwerverletzten kann nur betroffen sein, wenn dieser individualisierbar ist und die Abbildung **ohne** sein Einverständnis geschieht. Ist die Abbildung hingegen **mit** seinem Einverständnis erfolgt, ist seine Menschenwürde nicht verletzt.

Die Menschenwürde der übrigen Menschen, die mit dieser Abbildung konfrontiert wer- 358
den, ist ebenfalls nicht verletzt, da schockierende und abstoßende Darstellung in der Werbung, wie zB die **Werbung für die Ausstellung „Körperwelten"** oder für den Kinofilm „Anatomie" (Abbildung eines abgehäuteten menschlichen Kopfes) nicht dem Betrachter den Achtungsanspruch als Mensch verweigern; ein solcher Fall kann lediglich dann gegeben sein, wenn der Betrachter sich von den ekelhaften oder abstoßenden Bildern nicht sofort abwenden kann, sondern gezwungen wird hinzuschauen, wie dies etwa aus psychischen Foltermethoden bekannt ist. Derartige Darstellungen in der Werbung sind daher lauterkeitsrechtlich zulässig.

Eine Verletzung der Menschenwürde wäre hingegen – entsprechend dem von *Gunda* 359
Plaß[558] geschilderten Beispiel – gegeben, in dem Behinderte oder Kranke als **„nutzlose Esser"** dargestellt werden und die nichtbehinderten oder gesunden Werbeadressaten erhielten die Werbebotschaft, dass sie nur durch den Erwerb des beworbenen Produktes verhindern könnten, ebenfalls zu „nutzlosen Essern" zu werden.

5. Ethnische bzw. nationale Diskriminierung

a) Allgemeines. Die Werbung unter Verwendung **herabsetzender Äußerungen** über 360
Personen anderer Nationalität oder anderer Völker ist auch in der Variante **innerdeut-**

---

553 www.werberat.de – Fälle vor dem Werberat – Einzelfälle – Arzneimittel/Diskriminierung Gehörloser.
554 *Wassermeyer* Anlage 44.
555 *Wassermeyer* Anlage 45.
556 *Wassermeyer* Anlage 46.
557 Hinsichtlich der möglichen Angstausnutzung durch diese Werbung → Rn 57.
558 HK-WettbR/*Plaß* § 4 Rn 30.

scher, regionaler Ab- und Ausgrenzungen gelegentlich Gegenstand von gerichtlichen Entscheidungen. Allerdings wird hier Art. 1 Abs. 1 GG regelmäßig nicht thematisiert, sondern nur andere Kriterien erörtert. Die Kriterien für einen Verstoß gegen Art. 1 Abs. 1 GG und damit ein Verbot gemäß § 3 sind wiederum die Versagung des Achtungsanspruchs als Menschen bzw. die Leugnung der prinzipiellen Gleichwertigkeit mit anderen Menschen.

361 **b) Einzelfälle.** Eine Werbung für **Steinkohle** mit dem Slogan **„Kauft nur deutsche Ware“**[559] stellt hingegen keine pauschale Abwertung von ausländischer Kohle – und damit evtl. mittelbar von ausländischen Wettbewerbern – dar, sondern enthält die Sachinformation, dass Steinkohle aus den verschiedenen nationalen Abbaugebieten sehr verschiedene Beschaffenheit und daher auch unterschiedliche Qualität hat.[560]

362 Eine Werbung für **in Ostdeutschland angebotene Produkte** mit dem Slogan **„Dieses Produkt schafft Arbeitsplätze bei UNS“**[561] beinhaltet keine prinzipielle Behauptung der Minderwertigkeit von Arbeitsplätzen in Westdeutschland oder im Ausland, sondern dient einem berechtigten Informationsinteresse der Verbraucher.[562] Von Seiten des Gemeinschaftsrechts (Art. 12 Abs. 1 EG) ist die Werbung ebenfalls nicht zu beanstanden, da zum einen – anders als in der „Buy Irish“-Entscheidung des EuGH[563] – nicht der Staat, sondern ein Wettbewerber der Werbende war und zum anderen die angebotenen Lebensmittel (zB Wurstwaren) in ihrer Qualität eng verknüpft sind mit ihrem Herstellungsort (und damit mittelbar auch ihre arbeitsplatzsichernde Funktion untrennbar verknüpft ist).[564]

363 Andere Beispiele für national diskriminierende Werbung sind einige Fälle, die nicht Gegenstand gerichtlicher Entscheidung wurden. Eine Werbung für **Mietwagen** enthielt in **kyrillischer Schrift** mit deutscher Übersetzung den Slogan: **„Bei unseren Mietpreisen lohnt sich das Klauen nicht.“**[565] Hier ergibt die Auslegung vom objektiven Empfängerhorizont keineswegs die Behauptung, dass alle russisch Sprechenden prinzipiell Autodiebe wären, sondern enthält eine witzige Anspielung auf die in den Polizeistatistiken nachgewiesene Tatsache, dass zahlreiche Kfz-Diebesbanden sich aus Tätern rekrutieren, die aus Osteuropa stammen.

364 Die Werbung der **„Tengelmann“-Gruppe,** die in ihren Werbetexten von „völkerverbindender Freundschaft“ und „Ausländer herzlich willkommen“ spricht und im selben Satz fortfährt: „... und akzeptieren selbstverständlich die **Wertgutscheine der Sozialbehörden** als Zahlungsmittel“[566] stellt vom objektiven Empfängerhorizont keine Herabsetzung von Ausländern dar: Aus dem gesamten Kontext der Aussage geht Freundschaft und Wertschätzung gegenüber den Angehörigen anderer Nationen hervor; der Hinweis auf die Wertgutscheine ist in diesem Kontext nicht so zu verstehen, dass Ausländer prinzipiell Sozialhilfe erhielten, sondern weist auf die vor einigen Jahren eingeführte Übung vieler Sozialämter hin, derartige Gutscheine auszugeben und die Tatsache, dass diese Gutscheine nicht in allen Lebensmittelläden akzeptiert wurden.

365 Die Werbung in der Zeitschrift **„Stern“** unter der Überschrift **„Sternzeichen“**[567] stellte vom objektiven Empfängerhorizont keine Anspielung auf den „Judenstern“ der Nazi-Zeit dar. Selbst mit sehr viel Phantasie ist diese Deutung sehr fern liegend. Diese Fälle sind daher lauterkeitsrechtlich unbedenklich.

366 Eine Werbung für **Computerspiele** hingegen, die eine **„Jagd auf Ausländer“** anpreisen würde,[568] würde die **Menschenwürde der Ausländer verletzen,** da ihnen als Gegen-

---

559 OLG Rostock WRP 1995, 970.
560 OLG Rostock WRP 1995, 970.
561 BGH GRUR 1995, 742 – Arbeitsplätze bei UNS.
562 Ebenso *Beater* § 25 Rn 42.
563 EuGH Slg. 1982, 4005 – Buy Irish.
564 AA *Beater* § 25 Rn 42.
565 *Wassermeyer* Anlage 42.
566 *Wassermeyer* Anlage 41.
567 *Wassermeyer* Anlage 43.
568 Beispiel bei *Ruess/Voigt* WRP 2002, 171, 175.

stand einer „Menschenjagd" die Achtung als Mitmenschen verweigert wird,[569] so dass insoweit **Unlauterkeit** gemäß § 3 iVm Art. 1 Abs. 1 GG **gegeben** wäre.

6. Politische Überzeugungen diskriminierender Werbung

Nach den oben[570] dargelegten Kriterien würde die **„Politikerschelte"** in der gleichnamigen Entscheidung des BGH[571] nicht die Menschenwürde der betroffenen Politiker verletzen, da sie lediglich drastische Hinweise auf allgemein bekannte Missstände enthält. Dass diese harte Kritik gleichzeitig zu Werbezwecken eingesetzt wird, um das werbende Unternehmen bekannt zu machen und sein Image zu verbessern, ändert nichts am – im Hinblick auf Art. 1 Abs. 1 GG – zulässigen Aussageinhalt. 367

7. Kriegs- oder gewaltverherrlichende Werbung

Auch bei kriegs- oder gewaltverherrlichender Werbung kann nur über eine Verletzung der Menschenwürde im Sinne des Art. 1 Abs. 1 GG ein Verbot nach § 3 herbeigeführt werden. Die Kriterien für eine Menschenwürdeverletzung sind die oben[572] dargestellten. 368

Beim Werberat waren Beschwerden über ein am **2. Weltkrieg orientiertes PC-Strategiespiel** eingegangen, für das mit dem Slogan geworben wurde: **„Mit dir hätten wir jeden Krieg gewonnen, sagt mein Opa!"**[573] Von der verfassungsrechtlichen Beurteilung her ist nicht ersichtlich, wessen Menschenwürde hier verletzt sein soll. Auch für eine – außerhalb des Unlauterkeitsrechts gegebene – strafrechtliche Verfolgbarkeit nach § 80a StGB ist diese Werbung nicht ausreichend, da ersichtlich nur ein Strategiespiel beworben wird, selbst wenn sich dieses Spiel an realen, in der Vergangenheit liegenden Ereignissen orientiert. 369

Der **Fernsehsender MTV** hatte ein Anzeigenbild geschaltet, das eine **junge Frau** zeigt, die **einen Mann** in Unterhosen **in die Genitalien tritt;** die Anzeige trug die Überschrift: „Watch this piece of shit." Die Anzeige warb für eine Fernsehsendung dieses Senders.[574] Der Kontext der Anzeige war dergestalt, dass bei der beworbenen Fernsehsendung Frauen ihren angestauten Frust und ihre Wut auf Männer gewaltsam abreagieren konnten. Anhand der „Objektformel" müssten – um die Menschenwürde eines jeden Mannes zu verletzen – durch diese Werbung (und zugleich die Fernsehsendung) die Männer als generell nicht gleichwertig mit den Frauen dargestellt werden oder sie müssten prinzipiell als „Nicht-Menschen" abqualifiziert werden, indem ihnen die Subjektsqualität abgesprochen wird. 370

Die Darstellung von Gewalttätigkeiten von Frauen gegen Männer ist jedoch – nimmt man die Kriminalitätsstatistik als Hintergrund – das typische Gegenteil der in der Realität bei Gewaltdelikten vorkommenden Verhaltensmuster: Gewalt richtet sich in der Realität typischerweise von Männern gegen Frauen oder von Frauen gegen sich selbst, extrem selten aber von Frauen gegen Männer. Die Sendung (und die Werbung für sie) kann daher **nicht** gesehen werden als **Leugnung der Gleichwertigkeit der Geschlechter** und – auf dieser Grundlage als Aufforderung an die Frauen, Gewalt gegen Männer zu üben, sondern als psychische Entlastungsstrategie für frustrierte Frauen, die selbst nicht gewalttätig werden und sich ihrerseits häufig den Männern unterlegen fühlen. Eine Leugnung der Gleichwertigkeit der Männer mit den Frauen und damit eine Verletzung der Menschenwürde der Männer ist somit weder mit der Sendung noch mit der Werbung für sie verbunden. 371

Eine **Schaufensterdekoration,** die die untere Hälfte von Schaufensterpuppen zeigt, die an den **Füßen aufgehängt** sind,[575] stellt vom objektiven Empfängerhorizont keine Auf- 372

---

569 Ebenso *Ruess/Voigt* WRP 2002, 171, 175.
570 → Rn 311 ff.
571 BGH GRUR 1997, 761 – Politikerschelte.
572 → Rn 311 ff.
573 www.werberat.de – Fälle vor dem Werberat – Einzelfälle – Software/Kriegsverherrlichung.
574 Pressemeldung des Werberates Nr. 2 vom 22. 5. 2002, www.werberat.de.
575 *Wassermeyer* Anlage 26.

forderung oder Verherrlichung von Gewaltverbrechen oder Folter dar, sondern ist lediglich eine reichlich geschmacklose, aber nicht den Menschen (insbesondere den Frauen) die Achtung als Subjekt absprechende Gestaltung.

V. Fazit

373 Es ist festzuhalten, dass **in keinem** der den Gerichten oder dem Werberat vorgelegten **Fälle ein Verstoß gegen Art. 1 Abs. 1 GG** vorlag. Bis jetzt verletzte lediglich eine der in der Lebenswirklichkeit vorkommenden Werbegestaltungen – die „Vergewaltigungs-Werbung" eines Bekleidungsherstellers – die Menschenwürde. Diese Werbung wurde jedoch vom Werbenden nach heftigen Protesten von Frauenverbänden zurückgezogen und kam nicht vor Gericht. Alle übrigen Werbegestaltungen, die bisher in der Lebensrealität der Öffentlichkeit präsentiert wurden, verletzen die Menschenwürde nicht,[576] sondern allenfalls die guten Sitten und den guten Geschmack.

374 Es ist aber nach dem geltenden Unlauterkeitsrecht keine Angelegenheit der Gerichte, eine Werbung, die die guten Sitten, die herrschende gesellschaftliche Moral oder ethische Mindeststandards unterschreitet, zu verbieten, sondern zum einen **Sache der Konsumenten,** mittels ihrer Konsumentscheidung Werbende zu „belohnen" bzw. zu „bestrafen", die Werbegestaltungen präsentieren, die ihre Gefühle verletzen.[577] Eine zielführende Möglichkeit ist ebenso eine **funktionierende Werbeselbstkontrolle,** wie sie vom deutschen Werberat praktiziert wird. Die Mittel des Unlauterkeitsrechts stehen jedoch nicht mehr zu Verfügung, um herrschende Gesellschaftsmoral oder gesellschaftliche und kulturelle Projekte im Marktgeschehen zu implantieren.

---

[576] Ebenso *Beater* § 25 Rn 25.
[577] Ebenso *Brandner* FS Erdmann S. 533, 543.

Schleichwerbung (§ 4 Nr. 3)

Übersicht

Rn

A. Einleitung **1**
I. Normzweck und Regelungsübersicht 2
II. Rechtsvergleich 6

B. Begriffsbestimmung **17**

C. Redaktionelle Werbung **20**
I. Allgemein 20
II. Trennungsgebot 23
III. Werbung in Printmedien 26
1. Redaktionell gestaltete Anzeige 27
a) Anordnung und Gestaltung 28
b) Kennzeichnung 29
2. Redaktionell gestaltete Anzeige in sonstigen Druckerzeugnissen 35
3. Redaktioneller Hinweis 37
a) Unzulässigkeit redaktioneller Hinweise 39
b) Zulässigkeit redaktioneller Hinweise 49
c) Incentive-Aktionen 51
4. Passivlegitimation 54
IV. Rundfunkwerbung 59
1. Umfang, Eigenarten und Rechtsquellen 59
2. Besondere Erscheinungsformen 71
a) Unterschwellige Werbung 71
b) Screensplitting 73
V. Internetwerbung 81
1. Begriffsbestimmung 81
2. Rechtsrahmen 82
a) Anwendbares Recht 82
b) Übertragbarkeit des Trennungsgebots auf Onlinebereiche 89
3. Formen der redaktionellen Internetwerbung 92
a) Besondere Charakteristika von Internetwerbung 93
b) Verlinkung 97
c) Banner-Werbung 101
d) Suchmaschinen-Einträge 102
e) Spamming 104
f) Domain-Bezeichnung 107
4. Passivlegitimation 108
a) Haftung für zu Eigen gemachte Angebote Dritter 109
b) Haftung von Diensteanbietern für fremde Inhalte 112
c) Beweislastfragen 122

D. Wissenschaftliche und publizistische Werbung **123**
I. Gutachten und wissenschaftliche Stellungnahmen 124
II. Empfehlungen Dritter 126
III. Presseveröffentlichung 127
IV. Meinungsumfragen 128

E. Sonstige getarnte Werbung **131**
I. Sonstige getarnte Werbung in Printmedien 131
II. Sonstige getarnte Rundfunk- und Filmwerbung 132
1. Sponsoring 132
2. Product Placement 136
III. Sonstige getarnte Werbung im Internet 151

F. Rechtslage und höchstrichterliche Rechtsprechung in Österreich und der Schweiz **152**
I. Schweizer Regelungen 152
II. Vorschriften in Österreich 156

Schrifttum: *Ahrens,* Redaktionelle Werbung – Korruption im Journalismus, GRUR 1995, 307; *Asche,* Das Product Placement im Kinospielfilm, 1996; *Baudenbacher,* Suggestivwerbung und Lauterkeitsrecht, 1978; *Bauer/Ory,* Recht in Hörfunk und Fernsehen, 1997; *Becker,* Urteilsanmerkung zu KG: „Schöner Wetten" – Anbringen von Hyperlinks kein sittenwidriges Verhalten, MMR 2002, 120; *Braun,* Redaktionelle Hinweise in Zeitungen und Zeitschriften, WRP 1983, 600; *Busche,* Restriktion des rundfunkrechtlichen Trennungsgrundsatzes im Unterhaltungsbereich, MMR 2003, 714; *David/Reutter,* Schweizerisches Werberecht, 2. Aufl. 2001; *Doepner,* Heilmittelwerbegesetz, Kommentar, 2. Aufl. 2000; *Engels/Giebel,* Das neue Fernsehwerberecht, ZUM 2000, 265; *Fuchs,* Die wettbewerbsrechtliche Beurteilung redaktioneller Werbung in Presseerzeugnissen unter besonderer Berücksichtigung der Koppelung von entgeltlicher Anzeige und redaktioneller Berichterstattung, GRUR 1988, 736; *Gabel,* Die Haftung für Hyperlinks im Lichte des neuen UWG, WRP 2005, 1102; *Greffe,* La Publicité et la Loi, 10. Aufl. 2004; *Gröning,* Hintertür für redaktionelle Werbung? – Aufdeckung und Bekämpfung redaktioneller Werbung nach der neuesten Rechtsprechung des Bundesgerichtshofs, WRP 1993, 685; *ders.,* Kostenlose Entgeltlichkeit? Wettbewerbskonforme Wettbewerbswidrigkeit? Werbende Nicht-Werbung? – Anmerkung zum Urteil des BGH vom 7. 7. 1994 – I ZR 162/92 – Preisrätselgewinnauslobung II, WRP 1995, 181; *Gummig,* Rechtsfragen bei Werbung im Internet, ZUM 1996, 573; *Hartel,* Werbung im Kinofilm, ZUM 1993, 592; *Henning-Bodewig,* Die Richtlinie 2005/29/EG über unlautere Geschäftspraktiken, GRURInt 2005, 629; *dies.,* Die Tarnung von Werbung, GRUR Int. 1991, 858; *dies.,* Die Trennung von Werbung und Programm im deutschen und europäischen Rundfunk- und Wettbewerbsrecht, GRUR Int. 1987, 538; *dies.,* Der Grundsatz der Trennung von Werbung und Programm im deutschen und europäischen Rundfunk- und Wettbewerbsrecht, GRUR Int. 1986, 538; *dies.,* Die Tarnung von Werbung, GRUR Int. 1991, 858; *dies.,* Product Placement im Kino, ZUM 1988, 263; *dies.,* Product Placement und Sponsoring, GRUR 1988, 867; *dies.,* Werbung im Kinospielfilm, GRUR 1996, 321; *Hochstein,* Teledienste, Mediendienste und Rundfunkbegriff – Anmerkungen zur praktischen Abgrenzung multimedialer Erscheinungsformen, NJW 1997, 2977; *Hoeren,* Das neue UWG – Der Regierungsentwurf im Überblick, BB 2008, 1182; *ders.,* Internationale Datennetze und das Wettbewerbsrecht, in: *Becker,* Rechtsprobleme internationaler Netze, 1996, S. 137, 35; *ders.,* Internationale Datennetze und das Wettbewerbsrecht, in: *Becker,* Rechtsprobleme internationaler Datennetze, 1996; *ders.,* Werbung im WWW – aus der Sicht des neuen UWG, MMR 2004, 643; *Honig,* Werbung und Produktgestaltung, WRP 1997, 807; *Hörle,* Werbung in redaktioneller Form aus rechtlicher Sicht, AfP 1973, 361; *Hüsch,* Keyword Advertising – Rechtmäßigkeit suchwortabhängiger Werbebanner in der aktuellen Rechtsprechung, MMR 2006, 357; *Kaufmann,* Click-Spamming – ein Fall für das reformierte UWG?, MMR 2005, XV; *Köhler,* Rechtsprechungsübersucht zum Recht des unlauteren Wettbewerbs VIII, GRUR-RR 2007, 337; *ders.,* Redaktionelle Werbung, WRP 1998, 349; *ders.,* Zur Umsetzung der Richtlinie über unlautere Geschäftspraktiken, GRUR 2005, 793; *Körner/Lehment,* Werberecht – Allgemeines Werberecht, in: *Hoeren/Sieber,* Handbuch Multimedia und Recht, 20. Aufl. 2009; *Kohl,* Wettbewerbsrechtliche Schranken für Presseberichterstattung und Pressekritik, AfP 1984, 201; *Kraft,* Urteilsanmerkung zu BGH I ZR 142/71 „Verbraucher-Briefumfrage", GRUR 1973, 269; *Kreile,* Die Neuregelung der Werbung im 4. Rundfunkänderungsstaatsvertrag, ZUM 2000, 194; *Kurer,* Product Placement: The Swiss View, European Intellectual Property Review 1990, 330; *Ladeur,* Neue Werbeformen und der Grundsatz der Trennung von Werbung und Programm, ZUM 1999, 672; *Leitgeb,* Virales Marketing – Rechtliches Umfeld für Werbefilme auf Internetportalen wie YouTube, ZUM 2009, 39; *Lettl,* Rechtsprechungsübersicht zum Wettbewerbsrecht 2003/3004 – Relevanz im neuen UWG, BB 2004, 19; *Leupold/Bräutigam/Pfeiff,* Von der Werbung zur kommerziellen Kommunikation: Die Vermarktung von Waren und Dienstleistungen im Internet, WRP 2000, 575; *Löffler/Wenzel,* Presserecht, Kommentar zu den Landespressegesetzen der Bundesrepublik Deutschland mit einem Besonderen Teil und einem Textanhang, 4. Aufl. 2006; *Lutz,* Redaktionell gestaltete Anzeigen und Schleichwerbung, AfP 1969, 832; *Mankowski,* Urteilsanmerkung zu LG Köln: budweiser.com, MMR 2002, 61; *Marwitz,* Werberecht – besondere rechtliche Bestimmungen, in: *Hoeren/Sieber,* Handbuch Multimedia und Recht, 20. Aufl. 2009; *Metzger,* Urteilsanmerkung zu LG Hamburg: Urheberrechtsverletzung bei Framing, CR 2000, 778; *Pankoke,* Beweis- und Substantiierungslast im Haftungsrecht der Internetprovider, MMR 2004, 211; *Peifer,* Die Zukunft der irreführenden Geschäftspraktiken, WRP 2008, 556; *Petersen,* Rundfunkfreiheit und EG-Vertrag, 1994; *Pfeifer,* Die neuen Sponsoringvorschriften im italienischen Rundfunkrecht, GRUR Int. 1994, 912; *Pierson,* Online-Werbung nach der UWG-Reform – Teil 1, K&R 2006, 489; *Platho,* Cross-Promotion in TV-Senderfamilien, MMR 2002, 21; *ders.,* Die Systematik von Schleichwerbung und Produktplatzierung und ihre Verfehlung in der AVMD-Richtlinie, MMR 2008, 582; *Rath-Glawatz/Engels/Dietrich,* Das Recht der Anzeige, 3. Aufl. 2006; *Reed,* Copyright in WWW Pages, Computer Law & Security Report 1997, 167; *Rodekamp,* Wettbewerbsrechtliche Beurteilung redaktionell gestalteter Anzeigen, GRUR 1978, 681; *Roßnagel,* Das Telemediengesetz – Neuordnung für Informations- und Kommunikationsdienste, NVwZ 2007, 743; *Sack,* Das internationale Wettbewerbsrecht- und Immaterialgüterrecht nach der EGBGB-Novelle, WRP 2000, 269; *ders.,* Neue Werbeformen im Fernsehen – rundfunk- und wettbewerbsrechtliche Grenzen, AfP 1991, 705; *ders.,* Zur wettbewerbsrechtlichen Problematik des Product Placement im Fernsehen, ZUM Sonderheft 1987, 103; *Säcker,* Das UWG zwischen den Mühlsteinen europäischer Harmonisierung und grundrechtsgebotener Liberalisierung, WRP 2004, 1199; *ders.,* Die Haftung von Diensteanbietern nach dem Entwurf des EGG, MMR Beilage 9/2001, 2; *Schaar,* Rechtliche Grenzen des „In-Game-Advertising", GRUR 2005, 912; *ders.,* „In-Game-Adverstising", Zulässigkeit und Grenzen nach Europäischem Gemeinschaftsrecht, CR 2006, 619; *Schluep,* Die Werbung im revidierten Lauterkeitsrecht, in: *Baudenbacher,* Das UWG auf neuer Grundlage, 1998, S. 71; *Schotthöfer/Busl,* Handbuch des Werberechts in den EU-Staaten einschließlich Norwegen, Schweiz, Liechtenstein und USA, 2. Aufl. 1997; *Schröder,* Rechtliche Grenzen von Marketing, Öffentlichkeitsarbeit und Eigenwerbung bei öffentlich-rechtlichen Rundfunkanstalten, ZUM 2000, 6; *Schuhmacher,* Verbraucherschutz bei Vertragsanbahnung, 1983; *Schultze,* Product Placement im Spielfilm, Grenzen zulässiger Produktabbildungen im Rundfunkprogramm, 2001; *Schwarze,* Werbung und Werbeverbote im Lichte des europäischen Gemeinschaftsrechts, 1999; *Somariello,* Vergleichende und irreführende Werbung in Italien nach Umsetzung der Richtlinie 97/55/EG, GRUR Int. 2003, 29; *Spindler,* Der neue Vorschlag einer E-Commerce, ZUM 1999, 775; *ders.,* Internationales Verbraucherschutzrecht im Internet – Auswirkungen der geplanten neuen Verordnung des Rates über die gerichtliche Zuständigkeit und die Anerkennung und Vollstreckung von Entscheidungen in Zivil- und Handelssachen, MMR 2000, 18; *ders.,* Haftungsrechtliche Grundprobleme der neuen Medien, NJW 1997, 3193; *Stender-Vorwachs/Theißen,* Die Richtlinie für audiovisuelle Mediendienste, ZUM 2007, 613; *Tettenborn/Bender/Lübben/Karrenfort,* Rechtsrahmen für den elektronischen Geschäftsverkehr, K&R Beilage 12/2001, 1; *Volpers/Herkströter/Schnier,* Die Trennung von Werbung und Programm im Fernsehen, Programmliche und werbliche Entwicklungen im digitalen Zeitalter und ihre Rechtsfolgen, 1998; *Wiebe,* Recht der elektronischen Datenbanken, 2004; *Wieben,* Die Trennung von Werbung und redaktionellem Programm, 2001; *Wiltschek,* Wettbewerbs- und Markenrecht in Österreich, WRP 2005, 769; *Wollemann,* Redaktionell gestaltete Anzeigen, WRP 1979, 679; *Zimmermann,* Zum Begriff der Kundenzeitschrift, WRP 1997, 163.

A. Einleitung

1 Mit dem im Rahmen der Novellierung des UWG am 8. 7. 2004 in Kraft getretenen § 4 hat der Gesetzgeber erstmals typische Unlauterkeitstatbestände kodifiziert. Aufgenommen wurden von der **Rechtsprechung** entwickelte, seit langem **gefestigte Fallgruppen,** aber auch aktuelle Fallgestaltungen. Ziel dieser Neuregelung war es, die Generalklausel des § 3 anhand eines Beispielkatalogs zu präzisieren und dadurch eine größere Transparenz zu schaffen.[1] Im Rahmen der Umsetzung der Richtlinie 2005/29/EG[2] wurde im Zuge der angestrebten Vollharmonisierung[3] zudem ein Anhang zu § 3 Abs. 3 UWG 2008 („black list") angefügt.[4] Dieser präzisiert nach den Vorgaben des europäischen Gesetzgebers in 30 Tatbeständen Handlungen, die dann, wenn sie gegenüber **Verbrauchern** vorgenommen werden, unabhängig von der begrifflich neuen Schwelle der „Spürbarkeit" des § 3 Abs. 1 UWG 2008, die das Erheblichkeitserfordernis entsprechend den Anforderungen der Richtlinie ersetzt,[5] immer als unlauter anzusehen sind. Dazu zählt auch die als redaktionelle Information getarnte Werbung (Nr. 11 Anhang I UWG 2008).[6] Dieser Tatbestand ist nicht identisch mit dem Trennungsgebot. Die Auswirkungen dieser Konkretisierung und das Zusammenspiel mit § 4 Nr. 3 UWG aF wie § 4 Nr. 3 UWG 2008 und der dazu entwickelten Rechtsprechung muss sich noch zeigen. Auch § 4 Nr. 3 wird in Zukunft zumindest richtlinienkonform auszulegen sein.[7] Bedeutsame Änderungen sind in diesem Bereich aber auf Grund der ausführlichen Rechtsprechung, und auch weil der Gesetzgeber zumindest einen Teil der europäischen Vorgaben bereits im Rahmen der Novelle 2004 berücksichtigt hat, wohl nicht zu erwarten.[8]

I. Normzweck und Regelungsübersicht

2 § 4 Nr. 3 enthält das Verbot der verdeckten Werbung. Im Bereich der elektronischen Medien ist die getarnte Werbung oder auch Schleichwerbung gemäß § 7 Abs. 3, 6 Rundfunk-Staatsvertrag (RfStV) sowie gemäß § 6 Abs. 1, 2 Telemediengesetz (TMG) verbo-

[1] BT-Drucks. 15/1487 S. 17.

[2] Richtlinie 2005/29/EG des Europäischen Parlaments und des Rates vom 11. 5. 2005 über unlautere Geschäftspraktiken, ABl. EG Nr. L 149 vom 11. 6. 2005, S. 22.

[3] Begr. RegE BT-Drucks. 16/10145 S. 11.

[4] Erstes Gesetz zur Änderung des Gesetzes gegen den unlauteren Wettbewerb vom 22. 12. 2008, BGBl. I S. 2949.

[5] Begr. RegE BT-Drucks. 16/10145 S. 22; s. auch öOGH GRUR Int. 2008, 249.

[6] Begr. RegE BT-Drucks. 16/10145 S. 32.

[7] S. auch *Köhler* WRP 2009, 109,114.

[8] Begr. RegE BT-Drucks. 16/10145 S. 28; → Nr. 11 Anhang I UWG 2008 Rn 18f; → auch Einl Rn 13.

ten. Der Gesetzgeber bezieht sich in der Gesetzesbegründung auf eben diese bestehenden spezialgesetzlichen Regelungen und stellt mit § 4 Nr. 3 klar, dass das medienrechtliche Schleichwerbungsverbot auf alle Formen der Werbung auszudehnen ist.[9] Daneben soll von § 4 Nr. 3 auch die Tarnung sonstiger Wettbewerbshandlungen wie etwa der Gewinnung von Adressen unter Verschweigen einer kommerziellen Absicht erfasst werden.[10] Der Normzweck besteht darin, eine Manipulation des Verbrauchers zu verhindern, die dadurch eintritt, dass dieser nicht mehr erkennen kann, welchen werblichen Einflüssen er ausgesetzt ist. Mittelbar wird durch das allgemeine Verbot von Schleichwerbung auch der Mitbewerber geschützt, da ein Verstoß gegen das Trennungsgebot einen Vorsprung vor den das Gebot respektierenden Konkurrenten verschafft. Das Verbot lässt sich auf den das ganze Wettbewerbsrecht beherrschenden Wahrheitsgrundsatz zurückführen und steht zudem im Einklang mit dem Gebot der Achtung der Persönlichkeitssphäre.[11] Um eine Täuschung des Verkehrs, also das Hervorrufen einer falschen, der Wirklichkeit nicht entsprechenden Vorstellung, zu verhindern, hat Werbung folglich mit „offenem Visier" anzutreten und darf sich insbesondere kein journalistisches, wissenschaftliches und künstlerisches Deckmäntelchen umhängen.[12] Getarnte Werbung war regelmäßig auch als irreführend im Sinne des § 5 anzusehen, da der Verkehr in solchen Fällen von einer objektiven Information und nicht von der subjektiven Aussage des Werbenden ausgeht.[13] Eine eigenständige Bedeutung kam § 5 neben § 4 Nr. 3 dann zu, wenn der Beitrag zusätzlich irreführende Angaben über das Produkt selbst enthielt oder entsprechende Tatsachen verschwieg.[14] Dies muss auch für § 5a UWG 2008 gelten, der das Irreführungsverbot durch Unterlassen nun wohl abschließend kodifiziert.[15]

3 Der Gesetzgeber setzt „verschleiern" mit „tarnen" gleich.[16] Zudem wird auf die Begrifflichkeit der „Schleichwerbung", bei der es sich lediglich um eine andere Bezeichnung für verschleierte bzw. getarnte Werbung im Sinne des § 4 Nr. 3 handelt, verwiesen.[17] Neben den bisherigen Entscheidungen zum Verbot der Schleichwerbung nach dem RfStV, MDStV aF sowie TDG aF (jetzt beides: TMG) und den presserechtlichen Regelungen der Landespressegesetze ist auch die Rechtsprechung zu § 1 aF zur Fallgruppe „Schleichwerbung", die eine Untergruppe der „Täuschung" darstellt, zur Auslegung des § 4 Nr. 3 heranzuziehen. Wie auch bei den anderen Regelbeispielen des § 4 gilt es zu berücksichtigen, dass von einer Unzulässigkeit nur dann auszugehen ist, wenn eine Handlung auch die übrigen Tatbestandsvoraussetzungen des § 3 (§ 3 Abs. 1 bis 3 UWG 2008) erfüllt.[18] Der Verweis auf § 3 in § 4 Satz 1 ist im UWG 2008 gestrichen worden, weil er den unzutreffenden Eindruck erweckte, dort werde der Begriff der Unlauterkeit definiert. Aus der Gesetzesbegründung ergibt sich aber eindeutig, dass die Voraussetzungen der Unlauterkeit eben in § 3 definiert werden; die §§ 4 bis 7 einschließlich des Anhangs zu § 3 Abs. 3 UWG 2008 enthalten lediglich einen Beispielskatalog.[19] Die als Information getarnte Werbung im Sinne des Nr. 11 Anhang I UWG 2008 ist gemäß § 3 Abs. 3 UWG 2008 in jedem Fall unlauter; der Adressatenkreis dieser strikten Anwendung ist aber zum Schutz des rein kaufmännischen Verkehrs auf Verbraucher beschränkt.[20] Hinsichtlich des allgemeinen Verbraucherbe-

---

[9] BT-Drucks. 15/1487 S. 17.

[10] BT-Drucks. 15/1487 S. 17.

[11] Statt vieler BGH GRUR 1995, 744, 747 – Feuer, Eis & Dynamit I; *Hefermehl/Köhler/Bornkamm* UWG § 1 Rn 7.

[12] BGHZ 50, 1, 3 – Pelzversand; *Baumbach/Köhler/Bornkamm* UWG § 4 Rn 3.18; *Henning-Bodewig* GRUR Int. 1987, 538, 546; *dies.* GRUR Int. 1991, 858, 859.

[13] Dazu *Fuchs* GRUR 1988, 736, 740 aE mwN; *Rodekamp* GRUR 1978, 681, 685f; *Wollemann* WRP 1979, 679, 683.

[14] BGH GRUR 1975, 75, 77 – Wirtschaftsanzeigen – public relations.

[15] Anders der RegE UWG, BT-Drucks. 15/1487 S. 51.

[16] BT-Drucks. 15/1487 S. 17.

[17] BT-Drucks. 15/1487 S. 17.

[18] BT-Drucks. 15/1487 S. 17.

[19] Begr. RegE BT-Drucks. 16/10145 S. 22.

[20] Begr. RegE BT-Drucks. 16/10145 S. 22.

griffs ergeben sich trotz der Regelung in § 3 Abs. 2 Satz 2 UWG 2008 keine wesentlichen Änderungen. Lediglich in Bezug auf die vorhersehbare Beeinträchtigung besonders schutzwürdiger Verbrauchergruppen wird in Zukunft zusätzlich auf § 3 Abs. 2 Satz 3 UWG 2008 abzustellen sein.[21] § 4 Nr. 3 ist weiterhin einheitlich auf Mitbewerber, Verbraucher und sonstige Marktteilnehmer anzuwenden und erfordert die Prüfung der „spürbaren Interessenbeeinträchtigung" im Sinne des § 3 Abs. 1 UWG 2008. Diese Begrifflichkeit ersetzt das Merkmal der Erheblichkeit der Wettbewerbsbeeinträchtigung aus § 3 aF in der Absicht, sachlichen und sprachlichen Gleichklang zu den weiteren Regelungen des UWG herzustellen.[22]

Auch hinsichtlich der Irreführung von Verbrauchern bleibt für § 4 Nr. 3 trotz der neu eingeführten Nr. 11 Anhang I UWG 2008 zumindest mit Blick auf die Begrifflichkeit ein eigener Anwendungsbereich. Nr. 11 regelt die als redaktionelle Information getarnte Verkaufsförderungsmaßnahme, während § 4 Nr. 3 das Verschleierungsverbot allgemeiner fasst. Hier werden also auch in Zukunft noch einige der im Folgenden dargestellten Fallgruppen verankert bleiben.[23] 4

Eine gemeinsame Schnittmenge mit § 4 Nr. 3 weist auch Nr. 29 Anhang I UWG 2008 auf, der Aufforderungen zur Bezahlung, Rücksendung oder Verwahrung unbestellter Waren für unlauter erklärt. Das Vortäuschen einer schuldrechtlichen Beziehung zur Anwerbung eines Neukunden fällt wegen des Verschleierns des Werbecharakters des Handelns unter beide Vorschriften. 5

II. Rechtsvergleich

Im **US-amerikanischen Recht** werden Werbeaussagen als Ausdruck der gewerblichen Meinungsfreiheit durch den ersten Zusatzartikel der Verfassung der Vereinigten Staaten unter Schutz gestellt.[24] Staatliche Beschränkungen von gewerblichen Meinungsäußerungen sind nur zulässig, wenn die Beschränkungen wesentlichen staatlichen Interessen dienen.[25] Die aus europäischer Sicht sehr liberalen Regelungen bezüglich des Werberechts in den USA können nur vor diesem Hintergrund verstanden werden. Solange die Werbung nämlich keinen täuschenden Charakter hat oder unfair ist, wird sie keinerlei Beschränkungen unterworfen. Daraus erklärt sich auch, dass sich in den USA keine gesetzlichen Regelungen bezüglich Product Placements oder Beschränkungen hinsichtlich Sponsorings finden. Solche Regeln würden eine unzulässige Beschränkung der Meinungsfreiheit darstellen. 6

Die Überwachung der Werbung obliegt der Federal Trade Commission.[26] Für den Bereich der Radio- und Fernsehsender ist allerdings auch die Federal Communications Commission[27] im Rahmen der Zuteilung von Radio- und Fernsehlizenzen für die Überwachung von Werbung zuständig. Eine Form der freiwilligen Selbstregulierung stellt das Better Business Bureau dar,[28] welches eigene Werberichtlinien aufgestellt hat. Aber auch in diesen werden keine Regelungen bezüglich Product Placements oder Sponsorings getroffen. Verstöße gegen die Werberichtlinien des Better Business Bureau prüft die National Advertising Division,[29] und bei Missachtung werden geeignete Maßnahmen angeordnet. Insgesamt ist das Werberecht in den USA im Vergleich zu Europa[30] deutlich weniger reglementiert. 7

---

[21] Begr. RegE BT-Drucks. 16/10145 S. 15 und 22; s. auch Begr. UWG, BT-Drucks. 15/1487 S. 19.
[22] Begr. RegE BT-Drucks. 16/10145 S. 22f.
[23] → Nr. 11 Anhang I UWG 2008 Rn 18.
[24] *Schotthöfer* Rn 6.
[25] Central Hudson Gas & Electric Co. vs. Public Service Comm'n of New York, 477 U.S. 557, 564 (1980).
[26] <http://www.ftc.gov>.
[27] <http://www.fcc.gov>.
[28] <http://www.bbb.org>.
[29] <http://www.nadreview.org>.
[30] → Rn 6ff.

8 Im **englischen Recht** finden sich Regelungen für Werbung in der Presse in dem British Code of Advertising, Sales Promotion and Direct Marketing (CAP Code), der von dem Committee of Advertising Practice (CAP),[31] einem Organ der freiwilligen Selbstkontrolle, erlassen wurde. Die Einhaltung des CAP Codes wird von einem weiteren unabhängigen Organ der freiwilligen Selbstkontrolle, der Advertising Standard Authority,[32] überwacht. Section 2.1 des CAP Codes bestimmt, dass Werbung legal, sittsam, ehrlich und wahr sein muss. Weiterhin wird in Section 22.1 bestimmt, dass Werbung als solche zu erkennen sein muss („recognising marketing communications and identifying marketers").[33] Darüber hinaus finden sich im CAP Code verschiedene Beschränkungen hinsichtlich der beworbenen Güter. Gesetzliche Bestimmungen bezüglich der Werbung in der Presse existieren nicht.

9 Auch im Telekommunikationsbereich bestehen keine gesetzlichen Vorschriften im Hinblick auf getarnte Werbung. Stattdessen gab es bisher verschiedene Verbote in Kodizes der freiwilligen Selbstkontrolle. Vor dem Communications Act 2003 gab es fünf verschiedene Regulierungsbehörden für den Bereich der Telekommunikation. In Art. 3 Abs. 1 des Communications Act 2003 wurden die Aufgaben dieser fünf Behörden einer neuen unabhängigen Regulierungsbehörde, OFCOM,[34] zugewiesen. Im Übrigen finden sich auch umfassende Ausführungen zu den Aufgaben von OFCOM im Communications White Paper aus dem Jahr 2000. Die Regulierung soll zum einen durch OFCOM selbst vollzogen werden, zum anderen sollen die Rundfunkunternehmen zur Selbstkontrolle angehalten werden. Im Bereich der getarnten Werbung wurden allerdings bisher durch OFCOM noch keine neuen Regelungen erlassen, so dass die durch die ITC (Independent Television Commission), einer Vorgängerorganisation der OFCOM, im September 2002 erlassenen Bestimmungen hinsichtlich getarnter Werbung noch weiterhin gelten. Nach Section 2.1.1 des ITC Advertising Standards Code müssen Programm und Werbung klar getrennt werden („clear distinction"). Weiterhin findet sich in Section 2.1.2 ein Verbot bezüglich Formen der Werbung, die der Zuschauer nicht als solche erkennen kann, zB Werbung in Form einer Nachrichtensendung.

10 Das Sponsoring von Fernsehsendungen ist im ITC Code of Programme Sponsorship geregelt. Section 15.1 dieses Codes statuiert ein Verbot des Product Placements, welches als Einbeziehung oder Bezugnahme auf ein Produkt definiert wird, für die eine Gegenleistung erbracht wird. Nach Section 15.2 ist jedoch die Verwendung eines Produkts aus redaktionellen Gründen zulässig, wobei das Produkt für diesen Zweck zu einem geringeren Preis oder auch kostenlos erworben werden darf. Außerdem werden in diesem Code noch weitere Beschränkungen bezüglich Art der finanzierten Sendung und des relevanten Produkts getroffen.

11 Im **französischen Recht** lautet Art. 10 Abs. 2 des Pressegesetzes aus dem Jahr 1986 (Gesetz Nr. 86–897 vom 1. 8. 1986): „Tout article de publicité à présentation rédactionnelle doit être précédé de la mention ‚publicité' ou ‚communiqué'". Redaktionelle Werbung in Zeitungen und Zeitschriften muss demnach vom übrigen Text durch den Zusatz „publicité" (= Werbung) oder „communiqué" (= Mitteilung) getrennt sein. Ein Verstoß kann nach Art. 15 mit einer Geldstrafe von bis zu 6000 Euro geahndet werden. Bei schwereren Verstößen, wie zB dem Verschleiern von Werbung aus dem Anlage- oder Finanzbereich, ist gemäß Art. 12 auch eine Gefängnisstrafe von bis zu einem Jahr und/oder eine Geldstrafe von bis zu 30 000 Euro möglich.

12 Regelungen für Werbung im Medienbereich finden sich im Gesetz Nr. 86–1067 vom 30. 9. 1986, das allerdings mehrfach geändert wurde, zuletzt zum 6. 8. 2008. Geregelt sind traditionelle Werbeformen, aber auch Formen der getarnten Werbung wie das Sponsoring, für das in Frankreich aufgrund eines Ministererlasses zum Gebrauch der französischen Spra-

[31] http://www.cap.org.uk; revised by Consumer Protection from Unfair Trading Regulations, 26. 5. 2008.

[32] <http://www.asa.org.uk>.

[33] *Ohly* Rn 131.

[34] <http://www.ofcom.org.uk>.

che in der Werbung der französische Begriff „parrainage" verwendet werden muss. Sponsoring ist nach dem Dekret 92–280 vom 27. 3. 1992, zuletzt geändert am 4. 11. 2003, grundsätzlich zulässig, jedoch darf der Sponsor keinen Einfluss auf den Inhalt des Programms nehmen und die finanzierte Sendung darf keinen werbenden Hinweis enthalten. Weiterhin muss das Sponsoring zu Beginn oder Ende der Sendung kenntlich gemacht werden. Verboten ist gemäß Art. 19 des Dekretes das Sponsoring durch Unternehmen, die hauptsächlich mit der Herstellung oder dem Verkauf von alkoholischen Getränken, Tabak und verschreibungspflichtigen Medikamenten beschäftigt sind.

Ob in Frankreich allerdings ein generelles Verbot getarnter Werbung, so genannter „publicité clandestine", besteht, ist fraglich. Die Rechtsprechung hat verschiedentlich Veröffentlichungen in Presseerzeugnissen beanstandet, die darauf abzielten, durch redaktionelle Darstellung die in Art. 10 Abs. 2 des Pressegesetzes genannten Anforderungen[35] zu umgehen. In diesen Fällen wurde den jeweiligen Artikeln ein täuschender, vergleichender oder herabsetzender Inhalt zuerkannt, oder sie waren eindeutig zugunsten eines Marktteilnehmers verfasst oder von ihm beeinflusst worden.[36] 13

Im **italienischen Recht** bestimmt Art. 4 der Verordnung Nr. 74/1992, dass so genannte „pubblicità nascosta", also getarnte Werbung, unzulässig ist. Mit dieser Verordnung wurde in Italien auch der Verbraucher in den Schutzkreis des Lauterkeitsrechts einbezogen und der Kartellbehörde, der Autorità Garante, eine Kompetenz als unabhängige Verbraucherbehörde eingeräumt.[37] Bezüglich der Presse findet sich eine Regelung für redaktionelle Werbung in Art. 4 Abs. 1 Halbs. 2 der Verordnung Nr. 74/1992. Demnach muss sich Anzeigenwerbung durch eine deutlich wahrnehmbare graphische Gestaltung von der übrigen redaktionellen Mitteilung unterscheiden. Weiterhin konkretisieren zahlreiche berufsständische Vereinbarungen die Trennung von Werbung und redaktionellem Teil. Fernsehwerbung ist in Art. 8 des Gesetzes Nr. 223/1990 aufgeführt. Dort werden verschiedene Formen der Werbung wie Spotwerbung, Sponsoring, Dauerwerbesendungen und bestimmte Formen des Product Placement geregelt. Sponsoring ist nach Art. 4 der einschlägigen Verordnung Nr. 581 vom 9. 12. 1993 zum einen als Hinweis am Anfang und am Ende einer Sendung zulässig. Zum anderen besteht die Möglichkeit, den Hinweis auf eine spätere Sendung mit einer Nennung des Sponsors zu verbinden. Dem Begriff der Dauerwerbesendung unterfällt in Italien jede absatzfördernde Beschreibung eines Produktes. Der Begriff geht also über das deutsche Verständnis einer Dauerwerbesendung hinaus. Außerdem sind verschiedene Formen des Product Placements gesetzlich geregelt, wie zB für Spiel- und Quizsendungen, im Ereignissponsoring und in redaktionell gerechtfertigten Hinweisen.[38] 14

In den meisten europäischen Mitgliedstaaten existieren Selbstkontrollregelungen. Getarnte Werbung wird als ein Akt unlauteren Wettbewerbs angesehen, der gegen die jeweiligen Wettbewerbsgesetze verstößt, so etwa in Spanien, Dänemark oder den Niederlanden.[39] Unter anderem in Portugal, Belgien und Griechenland besteht ein ausdrückliches gesetzliches Verbot für getarnte Werbung.[40] Die Vorschriften orientieren sich zumeist an Art. 11 der Internationalen Verhaltensregeln für die Werbepraxis der Internationalen Handelskammer (ICC).[41] Danach sollen alle Werbemaßnahmen, gleichgültig welcher Form oder in welchem Werbeträger sie veröffentlicht werden, als solche klar erkennbar sein. Werden sie in Werbeträgern veröffentlicht, die gleichzeitig Nachrichten und Meinungen publizieren, sollen sie so gestaltet oder gekennzeichnet werden, dass sie klar als Werbeeinschaltungen erkannt werden können. Unterdessen wurde die Richtlinie für audiovisuelle Mediendiens- 15

---

35 → Rn 11.
36 *Greffe* Rn 793 ff.
37 *Schricker* 1995 – Italien Rn 110 ff; *Somariello* GRUR Int. 2003, 29 f.
38 *Peifer* GRUR 1994, 912, 917.
39 *Henning-Bodewig* GRUR Int 1991, 858 f mwN.
40 *Henning-Bodewig* GRUR Int. 1991, 858 f mwN.
41 <http://www.iccwbo.org/policy/marketing/id905/index.html>; in deutscher Übersetzung abgedruckt bei *Baumbach/Hefermehl* UWG, 22. Auf. 2000, § 3 Anhang IX.

te im Dezember 2007 aktualisiert.[42] Die noch nicht in nationales Recht umgesetzte Neuregelung sieht nun eine wesentliche Deregulierung im Werbebereich vor und lässt unter anderem unentgeltliches Product Placement bei entsprechender Kennzeichnung ausdrücklich zu.[43]

16 Eine weitere Harmonisierung der Regelungen innerhalb der einzelnen Mitgliedstaaten der Europäischen Union ist durch Umsetzung der Richtlinie über unlautere Geschäftspraktiken[44] zu erwarten. Art. 7 Abs. 2 sowie Nr. 11 des Anhangs legen nunmehr eindeutig fest, dass das Verbot redaktioneller Werbung, deren kommerzieller Charakter nicht unmittelbar erkennbar ist, medienübergreifend zu verstehen ist.[45] Nur wenige Staaten, unter anderem Belgien, Bulgarien, Slowenien, Zypern, die Slowakei, Griechenland und Irland haben die Vorgaben fristgerecht zum 12. 6. 2007 umgesetzt. In Deutschland erfolgte die Umsetzung zum 22. 12. 2008.[46] Die Richtlinie selbst dürfte schon seit Juni 2007 im Wege richtlinienkonformer Auslegung der bestehenden Vorschriften unmittelbar anwendbar gewesen sein.

B. Begriffsbestimmung

17 Das ursprüngliche Tatbestandsmerkmal „Wettbewerbshandlungen" (s. Legaldefinition in § 2 Abs. 1 Nr. 1 UWG aF) wird in § 2 Abs. 1 Nr. 1 UWG 2008 ersetzt durch den weiter gefassten Begriff der „geschäftlichen Handlung".[47] Darunter fällt jedes Verhalten einer Person zugunsten des eigenen oder eines fremden Unternehmens während oder nach einem Geschäftsabschluss, das mit der Förderung des Absatzes oder des Bezugs von Waren oder von Dienstleistungen oder mit dem Abschluss oder der Durchführung eines Vertrags über Waren oder Dienstleistungen **objektiv** zusammenhängt; als Waren gelten dabei auch Grundstücke, als Dienstleistungen auch Rechte und Verpflichtungen.[48] Insoweit wird eine Abgrenzung des Wettbewerbsrechts vom allgemeinen Deliktsrecht vorgenommen.

18 Um den Werbecharakter einer Handlung beurteilen zu können, gilt es, den Begriff der „Werbung" näher zu bestimmen. Dabei ist eine Eingrenzung auf Werbung für geschäftliche Zwecke vorzunehmen. Eine gesetzliche Definition des Begriffs Werbung existiert auch auf europäischer Ebene nicht. Einen ersten Anhaltspunkt kann jedoch Art. 1 lit. b der Fernsehrichtlinie[49] sowie die auf Grundlage dieser Richtlinie im deutschen Recht getroffene Begriffsbestimmung in § 2 Abs. 2 Nr. 5 RfStV geben. Danach stellt jede Äußerung, die gegen Entgelt mit dem Ziel gesendet wird, den Absatz von Waren oder Dienstleistungen gegen Entgelt zu fördern, Werbung dar. Diese Definition greift allerdings zu kurz. Insbesondere kommt es im Hinblick auf das Verbot von Schleichwerbung bei der Verfolgung eines Werbezwecks nicht auf die Entgeltlichkeit, sondern auf die Werbewirksamkeit der Erwähnung der Erzeugnisse oder des Unternehmens selbst an. Die Entgeltlichkeit dient lediglich als Indiz für den Werbezweck. Dies berücksichtigend, fällt unter den Begriff Werbung jede Form der beeinflussenden Kommunikation, durch die versucht wird, Einstellungen und Verhaltensweisen der Adressaten im Sinne einer werblichen Zielsetzung (Absatzförderungsabsicht) zu verändern. Noch weiter geht jetzt der Begriff der geschäftlichen Handlung aus § 2 Abs. 1 Nr. 1 UWG 2008, der den Begriff der Wettbewerbshandlung im UWG ersetzt, und der auch sonstige Äußerungen und Handlungen umfasst. Auf eine sub-

---

[42] Richtlinie 2007/65/EG vom 11. 12. 2007 zur Koordinierung bestimmter Rechts- und Verwaltungsvorschriften der Mitgliedstaaten über die Ausübung der Fernsehtätigkeit, ABl. EG Nr. L 332 vom 18. 12. 2007, S. 27; die Umsetzungsfrist läuft zum 19. 12. 2009 ab.

[43] *Stender-Vorwachs/Theißen* ZUM 2007, 613, 618. Die Regelung ist ein Kompromiss mit der deutschen Forderung nach einem völligen Verbot des Product Placement.

[44] → Fn 2.

[45] *Henning-Bodewig* GRUR Int. 2005, 629, 632f.; *Köhler* GRUR 2005, 793, 798.

[46] → Fn 4.

[47] RegE BT-Drucks. 16/10145 S. 21.

[48] → § 2 Rn 8ff.

[49] → Fn 42.

jektiv zu beurteilende Absicht wird es gerade nicht mehr ankommen.[50] Dabei gilt es, das Publikum auf das eigene Angebot aufmerksam zu machen und über die angebotenen Waren und Leistungen zu informieren. Zur Umsetzung bemüht sich der Werbende, auf verschiedene Art und Weise auf den Verbraucher einzuwirken. Unterscheiden lässt sich je nach Wirkungselement Wort-, Ton- und Anschauungswerbung. Um die Wirkung zu verstärken, werden diese verschiedenen Werbeformen oftmals kombiniert. Die E-Commerce-Richtlinie[51] spricht diesbezüglich auch vom Einsatz aller Formen von Kommunikation, die der unmittelbaren oder mittelbaren Förderung des Absatzes von Waren und Dienstleistungen oder des Erscheinungsbilds eines Unternehmens dienen und daher als kommerzielle Kommunikation, kurz Werbung, aufzufassen sind.

Den Werbecharakter verschleiert, wer verhindert, dass Werbung für den Verkehr klar und eindeutig als solche erkennbar ist. Dies erfolgt in der Praxis durch redaktionelle Beiträge, Anzeigen oder Hinweise,[52] in die werbende Aussagen verdeckt eingebunden werden, durch Veröffentlichungen im wissenschaftlichen Bereich[53] sowie mittels sonstiger tarnender Werbung.[54] 19

C. Redaktionelle Werbung

I. Allgemein

Die **redaktionelle Werbung** bildet die praktisch bedeutsamste und zugleich komplexeste Fallgruppe der Tarnung von Werbung. Es handelt sich um Werbung im Gewand eines redaktionellen Beitrags. Entscheidend ist dabei, dass der Beitrag in Form der Meinungsäußerung oder Berichterstattung Informationszwecken dient.[55] Der Verkehr misst einem redaktionellen Beitrag als einer vermeintlich objektiven Meinungsäußerung eines neutralen, nicht am Wettbewerb beteiligten Dritten regelmäßig **größere Bedeutung und Beachtung** bei und steht ihr unkritischer gegenüber als den werbenden Behauptungen von Inserenten. Die wettbewerbsrechtliche Unzulässigkeit gründet folglich auf der Täuschung des Verkehrs, es handele sich bei den in redaktioneller Form erscheinenden, ohne Anlass übermäßig werbenden Äußerungen eines Presse- oder Rundfunkorgans um einen neutral recherchierten Bericht.[56] Da es dem Verkehr an der einer Selbstanpreisung gegenüber vorhandenen gewissen Skepsis fehlt, handelt es sich bei getarnter Werbung wie der redaktionellen Werbung um eine der aus werbepsychologischer Sicht attraktivsten Werbeformen. Das Interesse der Unternehmen, auf diese Art das Publikum zu erreichen, liegt auf der Hand. Als besonders problematisch erweist sich die **wirtschaftliche Abhängigkeit** der Presseorgane von ihren Anzeigenkunden, also den Werbung betreibenden Unternehmen. Sie werden den Anzeigenkunden im Regelfall entgegenkommend gegenüberstehen und deren Hauptinteresse, eine möglichst effektive Werbung, soweit wie möglich unterstützen. Folglich haben beide Beteiligten ein Interesse an der Tarnung von Werbung, so dass die Gefahr eines Zusammenwirkens zum Nachteil der Verbraucher und Mitbewerber besteht. 20

---

[50] Begr. RegE BT-Drucks. 16/10145 S. 20; zum alten Begriff der Wettbewerbshandlung *Hefermehl/Köhler/Bornkamm* UWG § 2 Rn. 49; *Doepner* HWG § 1 Rn 10ff; *Honig* WRP 1997, 807, 808f; *Löffler/Ricker* Kap. 76 Rn 4; *Sack* AfP 1991, 705; s. auch *Schröder* ZUM 2000, 6, 8.

[51] Richtlinie 2000/31/EG über bestimmte rechtliche Aspekte der Dienste der Informationsgesellschaft, insbesondere des elektronischen Geschäftsverkehrs, im Binnenmarkt, ABl. EG Nr. L 178 vom 17. 7. 2000, S. 1.

[52] → Rn 17ff.

[53] → Rn 111ff.

[54] → Rn 119 ff.

[55] OLG Stuttgart WRP 1992, 513, 516f.

[56] BGHZ 50, 1, 3 – Pelzversand; BGHZ 81, 247, 250 – Getarnte Werbung I; BGHZ 110, 278, 291 – Werbung im Programm; BGH GRUR 1994, 441, 443 – Kosmetikstudio; BGH GRUR 1998, 489, 492 – Unbestimmter Unterlassungsantrag III.

21 Die redaktionelle Werbung tritt in zwei Hauptformen auf; zum einen als redaktionell gestaltete Anzeige, zum anderen als redaktioneller Hinweis.[57] Bei einer **redaktionell gestalteten Anzeige** handelt es sich um ein entgeltliches Inserat bzw. ein solches, für das üblicherweise ein Entgelt gezahlt wird, und das in Form und Inhalt nach Art eines redaktionellen Beitrags aufgemacht ist.[58] Allgemein gilt, dass die Verwechslungsgefahr mit einem redaktionellen Beitrag mit Informativität, Ausführlichkeit und „Erlebnischarakter" der Schilderung steigt.[59] Es wird der Anschein erweckt, es handele sich um einen von der Redaktion stammenden Bericht über die Waren und Leistungen des Inserenten. Der Inserent profitiert dabei von der Glaubwürdigkeit und dem publizistischen Gewicht des redaktionellen Teils. Im Hinblick auf die Abgrenzung zu zulässigen Werbemaßnahmen bleibt das **Spannungsverhältnis** zwischen der wettbewerbsrechtlich erforderlichen Erkennbarkeit der Werbung und dem großen Interesse der Werbeindustrie an einer suggestiven Darstellung zu bedenken. Dabei muss Werbung fesseln und „überreden" dürfen. Ein Rückgriff auf emotionale Elemente, Suggestion oder sachfremde Darstellung ist hierzu unerlässlich.[60]

22 Als **redaktionellen Hinweis** bezeichnet man die positive Erwähnung oder Empfehlung der Firma, von Leistungen oder von Erzeugnissen eines bestimmten Unternehmens im redaktionellen Teil eines Druckwerks durch die Redaktion selbst.[61] Diese Beiträge werden teilweise von den begünstigten Unternehmen selbst verfasst und zum Zwecke der Veröffentlichung an die Redaktionen verschickt.[62] Insbesondere bei redaktionellen Hinweisen ist die verfassungsrechtlich zugesicherte Pressefreiheit aus Art. 5 Abs. 1 Satz 2 Alt. 1 GG zu beachten.

II. Trennungsgebot

23 Nach dem Gebot der Trennung von Werbung und redaktionellem Text müssen wettbewerbsrelevante Veröffentlichungen ihren werbenden Charakter **eindeutig erkennen** lassen. Das Trennungsgebot ist auf eine gefestigte Berufsauffassung der Zeitungsverleger, Journalisten und Werbetreibenden zurückzuführen. Niederschlag findet diese in den standesrechtlichen Richtlinien des Zentralverbandes der deutschen Werbewirtschaft (ZAW) für redaktionell gestaltete Anzeigen und für die Werbung mit Zeitungs- und Zeitschriftenanalysen sowie in den Richtlinien der Verlegerorganisationen für redaktionelle Hinweise in Zeitungen und Zeitschriften.[63] Das Trennungsgebot ist zudem in sämtlichen Pressegesetzen der Länder verankert. Danach trifft den Verleger eines periodischen Druckwerks, teilweise auch den für den Anzeigenteil Verantwortlichen, die Verpflichtung, eine Veröffentlichung, für die er ein **Entgelt** erhalten, gefordert oder sich versprechen lassen hat, innerhalb des Druckwerks deutlich mit dem Wort „Anzeige" zu bezeichnen. Dies gilt nicht, soweit die Veröffentlichung schon durch Anordnung und Gestaltung[64] allgemein als Anzeige zu erkennen ist.[65] Im Einzelfall können ausnahmsweise auch nicht-entgeltgebundene Beiträge einen Werbecharakter aufweisen, der mit wettbewerbsrechtlichen Vorschriften kollidiert.[66] Verstöße stellen nach den jeweiligen Vorschriften in den Landespressegesetzen Ordnungswidrigkeiten dar.

---

[57] OLG Saarbrücken WRP 1987, 507, 508; *Ahrens* GRUR 1995, 307, 309; *Braun* WRP 1983, 600; *Fuchs* GRUR 1988, 736 ff; *Löffler/Wenzel* LPG § 10 Rn 13 ff; *Rodekamp* GRUR 1978, 681; *ders.* GRUR 1980, 271; *Wollemann* WRP 1979, 679, 681 f.

[58] *Baumbach/Köhler/Bornkamm* UWG § 4 Rn 3.21; *Henning-Bodewig* GRUR Int. 1991, 858, 862 f mwN.

[59] *Henning-Bodewig* GRUR Int. 1991, 858, 862 f mwN.

[60] *Henning-Bodewig* GRUR Int. 1991, 858, 859.

[61] OLG Hamm AfP 1980, 224, 225; *Braun* WRP 1983, 600 ff; *Fuchs* GRUR 1988, 736, jeweils mwN.

[62] BGHZ 81, 247 – Getarnte Werbung I; BGH GRUR 1968, 382 – Favorit II; OLG Braunschweig WRP 1978, 458.

[63] <http://www.zaw.de/index.php?menuid=130&reporeid=210>; abgedruckt bei *Baumbach/Köhler/Bornkamm* UWG Anhang III 20.

[64] → Rn 25.

[65] S. nur *Löffler/Wenzel* LPG § 10 Rn 17 ff, 23 ff mwN.

[66] BVerfG NJW 2005, 3201.

Das Trennungsgebot verfolgt vorrangig **zwei Ziele:**[67] Zum einen den **Schutz der Leserschaft,** denn der Leser erwartet in dem redaktionell aufgemachten Teil einer Zeitung oder Zeitschrift regelmäßig die um Objektivität bemühte unparteiische Meinung der Redaktion, nicht aber die subjektiv gefärbten Ansichten des seine Waren bewerbenden Gewerbetreibenden. Zum anderen bezweckt das Trennungsgebot die Abwehr von Eingriffen in die **Unabhängigkeit der Presse.** Das Inaussichtstellen von Anzeigenaufträgen, Zahlungen oder sonstigen geldwerten Vorteilen birgt die Gefahr, dass ein Abhängigkeitsverhältnis zu den Werbetreibenden entsteht und Dritte sachfremden Einfluss auf unternehmerische Entscheidungen und den Inhalt des Presseerzeugnisses nehmen. Die Trennung von Werbung und redaktionellen Inhalten dient folglich der ungehinderten Erfüllung der grundrechtlich geschützten publizistischen Aufgabe der Presse.[68] 24

Der Trennungsgrundsatz bezieht sich dabei nicht nur auf Zeitungen, Zeitschriften und sonstige Printmedien, sondern auch auf Rundfunk, Fernsehen, Bildschirmtext, Internetpublikationen und alle andere Medien, soweit Werbung als Äußerung eines scheinbar objektiven Dritten dargestellt und damit getarnt wird.[69] Einschränkungen gelten für Kinospielfilme.[70] Die Ausdehnung auf alle Medienarten ergibt sich direkt aus § 4 Nr. 3, der nicht auf ein bestimmtes Medium Bezug nimmt, sondern vielmehr allgemein auf den Wercharakter von Wettbewerbshandlungen abstellt.[71] Spezialgesetzliche Ausformungen finden sich auch außerhalb der Landespressegesetze für den Rundfunkbereich, und zwar in § 7 Abs. 6 RfStV sowie in § 6 Abs. 1, 2 TMG. 25

III. Werbung in Printmedien

Bei der Beurteilung von **redaktioneller Werbung** in Printmedien hat eine Untergliederung in die zwei Hauptformen zu erfolgen: die redaktionell gestaltete Anzeige und den redaktionellen Hinweis. 26

1. Redaktionell gestaltete Anzeige

Die wettbewerbsrechtliche Problematik von **redaktionell gestalteten Anzeigen** eines Werbung betreibenden Unternehmens in Zeitungen und Zeitschriften liegt vorrangig in der Kennzeichnung der Werbung als solcher. Um einen Verstoß gegen § 4 Nr. 3 zu vermeiden, ist Werbung innerhalb eines Druckwerks deutlich und unübersehbar mit dem Wort **„Anzeige"** oder dem Hinweis „Eine Werbe-Information von bzw. aus ..." zu **kennzeichnen.**[72] Das gilt nur dann nicht, wenn sich aus **Anordnung und Gestaltung** der Anzeige der werbliche Charakter deutlich für den informierten und verständigen Durchschnittsleser ergibt. Dieser muss klar erkennen können, wo es sich um einen redaktionell gestalteten Beitrag und wo um Werbung handelt.[73] Wenn nur die fehlende Kennzeichnung als formaler Bestandteil der Publikation und nicht der Inhalt als solcher beanstandet wird, liegt in der Regel auch keine grundrechtlich geschützte Meinungsäußerung des Mediums mehr vor.[74] 27

---

[67] *Fuchs* GRUR 1988, 736; *Köhler/Piper* UWG § 1 Rn 40f; s. auch *Löffler/Wenzel* LPG § 10 Rn 2.

[68] *Fuchs* GRUR 1988, 736; *Köhler/Piper* UWG § 1 Rn 40f; s. auch *Löffler/Wenzel* LPG § 10 Rn 2; *Säcker* WRP 2004, 1199, 1215.

[69] BGH GRUR 1995, 744, 747 – Feuer, Eis & Dynamit; *Leupold/Bräutigam/Pfeiffer* WRP 2000, 575, 588.

[70] → Rn 124ff.

[71] S. auch BT-Drucks. 15/1487 S. 17.

[72] BGH GRUR 1996, 791, 792f – Editorial II mwN; BGH GRUR 2000, 619, 621 – Orient-Teppichmuster; BGH GRUR 2000, 820, 821 – Space Fidelity Peep-Show.

[73] BGH GRUR 1975, 75, 76 – Wirtschaftsanzeigen – public relations; BGH GRUR 2000, 619, 621 – Orient-Teppichmuster; BGH GRUR 2000, 820, 821 – Space Fidelity Peep-Show; *Rodekamp* GRUR 1978, 681, 682.

[74] *Säcker* WRP 2004, 1199, 1216. Sehr wohl Grundrechtsschutz besteht für den inhaltlichen Teil auch rein kommerzieller Wirtschaftswerbung – BVerfG AfP 2001, 45 – Benetton.

28 **a) Anordnung und Gestaltung.** Zuverlässige, allgemeinverbindliche Aussagen zur Auslegung der zuletzt genannten Beurteilungskriterien **„Anordnung und Gestaltung"** sind wegen der vielfältigen Möglichkeiten kaum zu treffen. Einen Anhaltspunkt bieten die Richtlinien für redaktionell gestaltete Anzeigen des Zentralverbandes der deutschen Werbewirtschaft e. V. (ZAW).[75] Auch darin wird allerdings lediglich auf eine „ungezwungene Gesamtwürdigung" der Veröffentlichung abgestellt, in deren Rahmen die Einzelelemente der Gestaltung und der Anordnung des Beitrags zu berücksichtigen sind. Unter Einzelelemente der Gestaltung sollen etwa Bild und Text, Schriftarten und Schriftgrade, Layout und sonstige Merkmale fallen. Bei der Überprüfung der Anordnung sind sowohl die Anordnung der einzelnen Anzeigenelemente als auch die des Anzeigen- und redaktionellen Teils einzubeziehen.[76]

29 **b) Kennzeichnung.** Das Erfordernis der **unmissverständlichen Kennzeichnung** muss in einen Zusammenhang mit der Anordnung und Gestaltung eines Beitrages gestellt werden.[77] Zwischen diesen Kriterien besteht eine Wechselbeziehung. Aufgrund des fließenden Übergangs von Erkennbarkeit zur Nichterkennbarkeit muss eine Anzeige umso deutlicher gekennzeichnet werden, je weniger sie durch die übrige Anordnung und Gestaltung als solche zu identifizieren ist. Die vereinzelt vertretene Auffassung,[78] es bestehe eine Wechselbeziehung zwischen Inhalt und Kenntlichmachung, vermag nicht zu überzeugen; danach würde ein stark werbender Inhalt die besondere Markierung entbehrlich machen. Der erforderliche Abwägungsvorgang wird von einem informierten und verständigen Durchschnittsleser jedoch kaum vorgenommen werden. Jeder Zweifel bezüglich der Erkennbarkeit als Anzeige wirkt sich aber zu Lasten des Verlages und des Inserenten aus.[79] Bereits bei Unklarheit ist folglich eine unlautere Tarnung von Werbung anzunehmen. Diese Grundsätze gelten auch für neue, nur in Teilen redaktionell gestaltete Anzeigenformen, wie zB die einen Text unterlegenden sog. Shadow- oder die den Titelumschlag ummantelnden Ad-Cover-Anzeigen.[80]

30 Lediglich das Wort **„Anzeige"** oder ein entsprechender Hinweis genügen dem Kennzeichnungserfordernis nur, sofern Anordnung und Gestaltung keine hinreichenden Anhaltspunkte für eine werbende Anzeige liefern.[81] Als nicht ausreichende Kennzeichnung hat die Rechtsprechung unter anderem die folgenden Bezeichnungen erachtet: „PR-Anzeige", „public-relations-Reportage", „Werbereportage", „PR-Advertisement", „Sonderveröffentlichung" oder „Ende des redaktionellen Teils". Bei der Bezeichnung „PR-Mitteilungen"[82] wird die Gefahr gesehen, dass der Verkehr dieser Abkürzung irrtümlich die Bedeutung „Pressemitteilung" beimisst. Eine Erkennbarkeit als Werbeanzeige wird insbesondere auch nicht durch den Hinweis „Wirtschaftsanzeigen – public-relations" gewährleistet, wie der BGH feststellte.[83] In dem zu entscheidenden Fall wies die beanstandete Seitengestaltung einen redaktionellen Beitrag im oberen Teil und eine Wirtschaftswerbung darunter auf. Die Werbung war von ihrem Inhalt und ihrer äußeren Gestaltung wie ein redaktioneller Beitrag aufgemacht. Beide Bereiche wurden durch einen waagerechten Strich und den in gleicher Schrift und Druckgestaltung wie der laufende Text gehaltenen Hinweis „Wirtschaftsanzeigen – public-relations" getrennt. Der flüchtige und eilige Durchschnittsleser und wohl auch der durchschnittlich informierte, verständige Leser vermag mit dem Begriff „public-relations" nichts anzufangen. Jedenfalls geht er nach Ansicht des BGH zumindest

---

[75] <http://www.zaw.de/index.php?menuid=130&reporeid=210>, → Fn 63.
[76] *Rodekamp* GRUR 1978, 681, 684 mwN.
[77] *Rodekamp* GRUR 1978, 681, 684 mwN.
[78] LG Hamburg AfP 1979, 106f.
[79] *Henning-Bodewig* GRUR Int. 1991, 858, 862f.
[80] *Rath-Glawatz/Engels/Dietrich* Rn 267.
[81] BGH GRUR 1996, 791, 792f – Editorial II.
[82] OLG Düsseldorf WRP 1972, 145; OLG Düsseldorf GRUR 1979, 165; OLG Hamburg WRP 1972, 89, 90; OLG Oldenburg WRP 1972, 153; s. auch ZAW-Richtlinien Nr. 8.
[83] BGH GRUR 1975, 76, 77 – Wirtschaftsanzeigen – public relations.

aufgrund des Gesamthinweises „Wirtschaftsanzeigen – public-relations“ davon aus, dass es sich um etwas anderes handele als nur eine bezahlte Anzeige. Der Verkehr erhält folglich keine eindeutige Aufklärung, die den durch die inhaltliche Gestaltung und äußere Form der Veröffentlichung hervorgerufenen tarnenden Charakter unmissverständlich ausräumen könnte.

Ebenso wenig kann von einer hinreichend deutlichen Kennzeichnung gesprochen werden, wenn ein Verlag durchgängig alle Seiten eines Printproduktes als „Anzeige“ kennzeichnet, also auch die Seiten, auf denen redaktionelle Inhalte veröffentlicht werden.[84] 31

Im Hinblick auf die **konkrete Platzierung** des Wortes „Anzeige“ bleibt zunächst festzuhalten, dass der Begriff unmittelbar bei dem entsprechenden Inserat stehen muss. Ein Hinweis an anderer Stelle innerhalb des Druckerzeugnisses, etwa im Impressum, genügt nicht, da in diesem Fall die erforderliche Verbindung in der Gestaltung fehlt.[85] Auch darf das Wort nicht derart außerhalb des redaktionell gestalteten Inserats abgedruckt werden, dass es wie der Teil eines anderen Beitrags wirkt. Des Weiteren sind verschiedene Kriterien zu berücksichtigen, die eine Umgehung des wettbewerbsrechtlichen Trennungsgebots durch entsprechende Gestaltung verhindern sollen. Das Wort „Anzeige“ ist danach nicht senkrecht, sondern waagerecht zu setzen, sowie links und nicht rechts über dem Inserat anzuordnen, da der Leser regelmäßig links zu lesen beginnt. Bei dem üblichen Zeitungsformat gilt es zudem, Platzierungen über der Bruchfalte zu vermeiden, wenn die Anzeige darunter liegt. Erstreckt sich eine Anzeige über mehrere Seiten, bedarf es einer Kenntlichmachung auf jeder Folgeseite, denn die redaktionelle Form der Anzeige wirkt für den Leser als selbstständiges Element und führt gerade nicht zur Erkennbarkeit als Inserat.[86] Werden mehrere redaktionell gestaltete Anzeigen auf einer Seite veröffentlicht, reicht es auch keinesfalls aus, wenn das Wort „Anzeigen“ am oberen Seitenrand angebracht wird; vielmehr ist jede Anzeige einzeln zu kennzeichnen.[87] 32

Auch hinsichtlich der **konkreten Ausgestaltung** des Hinweises „Anzeige“ ist stets zu beachten, dass er von einem informierten und verständigen Durchschnittsleser rasch wahrnehmbar sein muss. Einzelne Kriterien sind unter anderem Schriftart, Schriftgrad, Schriftstärke und die Größe des Wortes. Aufgrund der Vielzahl der möglichen Gestaltungsformen muss von einer allgemeinverbindlichen Festlegung abgesehen werden. Das Kriterium einer einheitlichen Verwendung der größten in der Anzeige auftretenden Schrift in Grad und Stärke ist ebenso wie die Auffassung, dass grundsätzlich die der Grundschrift des Anzeigentextes entsprechende Schrift genügt, lediglich ein Ansatzpunkt für die Feststellung der Erkennbarkeit einer Anzeige.[88] Auch eine verhältnismäßig auffällige Kennzeichnung kann durch den Textzusatz „(red./pr.)“ negiert werden. Dieser für den Durchschnittsleser nicht spontan zu durchdringende Zusatz bedeutet, dass der entsprechende Artikel zwar tatsächlich redaktionell verfasst, aber vom Werbenden veranlasst wurde.[89] 33

Die dargestellte Wechselbeziehung[90] zwischen Anordnung und Gestaltung und der besonderen Kenntlichmachung spielt bei der Einordnung eine wichtige Rolle. 34

2. Redaktionell gestaltete Anzeige in sonstigen Druckerzeugnissen

Auch **Anzeigenblätter** unterliegen dem Trennungsgebot. Anzeigenblätter sind werbliche Veröffentlichungen mit einer von sonstigen Presseerzeugnissen abweichenden Kalkulation. Bei Verlegern sonstiger Zeitungen und Zeitschriften stehen üblicherweise Einnahmen aus Verkaufspreis und Anzeigengeschäft den laufenden Kosten gegenüber. Im Gegen- 35

[84] OLG Hamburg GRUR 2000, 455.
[85] OLG Celle GRUR 1959, 191 – Werbereportage; OLG Hamm OLGR 1991, 12; LG Düsseldorf WRP 1973, 17.
[86] *Rodekamp* GRUR 1978, 681, 684 f mwN.
[87] OLG Stuttgart WRP 2007, 1274 – Anzeigenkennzeichnung; ebenso OLG Frankfurt WRP 2007, 111.
[88] ZB OLG Frankfurt WRP 2007, 111; *Lutz* AfP 1969, 832, 836; *Rodekamp* GRUR 1978, 681, 684 f.
[89] LSG Saarland Beschl. vom 21. 6. 2006 – L 2 B 5/06 KR.
[90] → Rn 26.

satz dazu konzentriert der Verleger von Anzeigenblättern seine Kostenrechnung auf die Einnahmen allein aus dem Anzeigengeschäft. Die Anzeigenblätter werden **kostenlos** verteilt oder auch ausgelegt. Trotz der für den Leser erkennbaren unentgeltlichen Verbreitung ist auch eine in einem Anzeigenblatt veröffentlichte, redaktionell gestaltete Anzeige Schleichwerbung, wenn sich dem Leser der Werbecharakter nicht unmissverständlich offenbart.[91]

36 Auch bei redaktionell aufgemachten Werbeanzeigen in **Kundenzeitschriften und -magazinen** handelt es sich um Wettbewerbshandlungen. Kundenzeitschriften sind, angelehnt an die Legaldefinition des § 1 Abs. 2 lit. e der inzwischen aufgehobenen ZugabeVO, periodisch erscheinende Zeitschriften belehrenden und unterhaltenden Inhalts, die nach ihrer Aufmachung und Ausgestaltung der Werbung von Kunden und den Interessen des Verteilers dienen.[92] Da Kundenzeitschriften in der Regel nicht nur aus Werbung bestehen, sondern darüber hinaus für den Leser belehrende und unterhaltende Beiträge enthalten, bedarf es der unmissverständlichen Kennzeichnung der werbenden Beiträge, um den Werbecharakter nicht unlauter zu verschleiern.[93] Wenn **Werbeschriften** oder **Hauszeitschriften** eines Unternehmens wie eine Zeitung aufgemacht sind, muss ebenfalls eine hinreichend deutliche Kennzeichnung als eigenes Werbeblatt erfolgen.[94] Kann der Verkehr eine reine Werbeschrift allerdings ohne weiteres als Propaganda und Reklame für die Erzeugnisse und Leistungen eines bestimmten Unternehmens erkennen und entsprechend einordnen, findet das Trennungsgebot keine Anwendung. Bei derartigen Magazinen oder PR-Mitteilungen von Unternehmen erwartet der Verkehr keine unbeeinflusste Information, sondern unterstellt subjektive Eigenwerbung. Die Gefahr einer Irreführung des Lesers besteht nicht.[95]

3. Redaktioneller Hinweis

37 Redaktionelle Hinweise auf Unternehmen und ihre Produkte oder auch zusätzlich auf die entsprechenden Bezugsmöglichkeiten und den Preis verletzen nicht zwangsläufig das Gebot der Trennung von Werbung und redaktionellen Inhalten. Zu berücksichtigen ist insbesondere die publizistische Informationsaufgabe der Presse, also die Aufgabe, die Öffentlichkeit über Vorgänge von allgemeiner Bedeutung zu unterrichten und zur öffentlichen Meinungsbildung beizutragen. Obwohl einem Beitrag objektiv werbende Wirkung zukommt, ist eine Verletzung zu verneinen, wenn der Beitrag wahrheitsgemäß ist und die **sachliche Unterrichtung** der Leser im Vordergrund steht, die Werbewirkung also lediglich als eine **zwangsläufige** und daher in Kauf zu nehmende **Nebenfolge** erscheint (sog. Service-Journalismus).[96] Oftmals sind Angaben über Hersteller, Produkt, Bezugsmöglichkeit und Preis für eine sachliche Unterrichtung der Leser unumgänglich.

38 Eine wettbewerbsrechtliche Beurteilung hat jeweils im **Einzelfall** zu erfolgen. Aufgrund der fließenden Übergänge von unlauteren redaktionellen Hinweisen oder sonstiger redaktioneller Werbung und zulässiger journalistischer Berichterstattung fällt eine Abgrenzung oftmals schwer. Maßgeblich für die rechtliche Einordnung sind Inhalt und Aufmachung des redaktionellen Berichts, Art und Maß der Herausstellung des im Beitrag erörterten Erzeugnisses bzw. seines Herstellers sowie Vergleiche mit Text und Inhalt im Falle einer erteilten Herstellerinformation.[97] Insbesondere zu berücksichtigen ist, ob ein **publizistischer Anlass** für die konkrete Form des Beitrags bestand, inwieweit ein sachliches Informationsbedürfnis des Publikums anzunehmen ist und ferner, ob anerkennenswerte Gründe für die

---

[91] OLG Hamm WRP 1985, 655, 656; OLG Düsseldorf AfP 1978, 52, 53 – Anzeigenkennzeichnung im Anzeigenblatt; OLG Köln AfP 1971, 74.

[92] ZugabeVO in der Fassung vom 15. 11. 1955, BGBl. I S. 719; BGH GRUR 1967, 665, 666f – Fernsehprogramm; LG Hamburg WRP 1997, 253, 254f; *Zimmermann* WRP 1997, 163f.

[93] BGH GRUR 1997, 907, 908f – Emil-Grünbär-Klub; OLG Stuttgart Magazindienst 2007, 861.

[94] BGH GRUR 1989, 516, 518 – Vermögensberater; OLG Hamm WRP 1979, 561.

[95] BGH GRUR 1989, 516 – Vermögensberater; *Zimmermann* WRP 1997, 163.

[96] BGHZ 50, 1, 3 – Pelzversand; BGH GRUR 1994, 819, 820 – Produktinformation II; BGH GRUR 1998, 489, 492 – Unbestimmter Unterlassungsantrag III; OLG Frankfurt NJW 1985, 1647.

[97] BGH GRUR 1975, 77 – Wirtschaftsanzeigen – public relations; BGH GRUR 1990, 1012, 1014 – Pressehaftung I; BGH GRUR 1997, 139, 140 – Orangenhaut; s. auch *Säcker* WRP 2004, 1199, 1216 mwN.

Nennung von Namen und Produkt des Hersteller- bzw. Vertreiberunternehmens sprechen.[98] Die aufgeführten Aspekte sind im Rahmen einer **Gesamtbetrachtung** zu würdigen, wobei mit Blick auf die unterschiedliche Verkehrserwartung, etwa bei Veröffentlichungen in Kundenzeitschriften im Vergleich zu solchen in überregionalen Zeitungen und Zeitschriften, unterschiedliche Maßstäbe gelten.[99] Es ist auch hier, orientiert am Verbraucherbegriff des § 13 BGB (vgl. § 2 Abs. 2 und § 3 Abs. 2 Satz 2 UWG 2008)[100] und dem neuen Verbraucherleitbild des BGH, auf die Wirkung des Beitrags auf den informierten und verständigen Durchschnittsleser abzustellen.[101]

a) Unzulässigkeit redaktioneller Hinweise. Unlautere Schleichwerbung und damit ein unzulässiger redaktioneller Hinweis ist **stets** anzunehmen, wenn für einen werbenden redaktionellen Beitrag ein **vermögenswerter Vorteil** von einigem Gewicht verlangt oder von einem Dritten versprochen oder gewährt wird, ohne dass die Veröffentlichung mit dem Wort „Anzeige" versehen wurde bzw. sich aus Anordnung und Gestaltung eine unmissverständliche Kennzeichnung als Werbung ergibt. Neben einer unmittelbaren Vergütung kommen auch mittelbare Vergütungen in Betracht. Darunter fallen etwa die Erteilung von Anzeigenaufträgen oder Preisnachlässe beim Kauf bestimmter Produkte. 39

Nach Ansicht des BGH soll auch die **unentgeltliche Bereitstellung** von **Preisen** für im redaktionellen Teil veröffentlichte Gewinnspiele oder Preisrätsel einen solchen vermögenswerten Vorteil darstellen.[102] Dieser liege zum einen in dem ersparten Kaufpreis für den Erwerb des Gewinnartikels, zum anderen in der Ersparnis an Zeitaufwand für die Auswahl und Beschaffung gleichwertiger Gewinne in eigener Regie. Zur Begründung einer Täuschung der Leser hat der BGH auf die Verkehrsvorstellung des Publikums verwiesen, nach der die ausgelobten Preise von der verantwortlichen Redaktion nach ihrem Belieben und ihrer Wertschätzung ausgesucht und beschafft würden. Der Verkehr gehe davon aus, dass der qualitätsvoll dargestellte Gewinnartikel von der Redaktion in unabhängiger, überlegter Auswahlentscheidung bestimmt worden sei. Fehle es also an einer Auskunft darüber, dass die Preise unentgeltlich zur Verfügung gestellt worden seien, bleibe dem Leser der wahre Charakter und Wert des Rätselspiels und des ausgelobten Preises verborgen. Hier sind **Zweifel** angebracht, ob der Verkehr sich tatsächlich mit der Auswahl eines Gewinnartikels beschäftigt oder sich nicht vielmehr – was wahrscheinlicher sein dürfte – keinerlei Gedanken über diesen Punkt macht.[103] Dies gilt jedenfalls dann, wenn die Redaktion, wie in dem vom BGH entschiedenen Fall, den Gewinnartikel nicht durch lobende oder werbende Äußerungen herausgestellt hat. In jedem Fall kann mit der unentgeltlichen Überlassung von Gewinnen kein Entgelt für den redaktionellen Beitrag konstruiert werden,[104] der damit eine bezahlte Anzeige darstellen würde und folglich auch deutlich als solche zu kennzeichnen wäre; die Kennzeichnungspflicht würde dann also noch über die Nennung des Sponsors hinausgehen. 40

Weiter handelt es sich um unlautere Schleichwerbung, wenn einem Anzeigenkunden redaktionelle Hinweise ohne bezahlten Auftrag oder besondere Berechnung als **Zugabe** geboten werden oder wenn für ein Produkt im Voraus geworben wird, um so den Hersteller als Anzeigenkunden zu gewinnen.[105] 41

Genauso verhält es sich mit vergleichbaren **Kooperationsvereinbarungen** zwischen dem Presseorgan und dem Werbung betreibenden Unternehmen, wobei allerdings häufig 42

[98] *Säcker* WRP 2004, 1199, 1216.

[99] OLG Düsseldorf WRP 1986, 556, 558; *Ahrens* GRUR 1995, 307, 311; *Braun* WRP 1983, 600; *Fuchs* GRUR 1988, 736, 742; *Hörle* AfP 1973, 361, 363f.

[100] S. auch Begr. RegE BT-Drucks. 16/10145 S. 11, 15 und 22.

[101] BGH GRUR 1964, 392, 395 – Weizenkeimöl; BGH GRUR 1975, 75, 77 – Wirtschaftsanzeigen – public relations; BGH GRUR 2000, 619, 621 – Orient-Teppichmuster; BGH GRUR 2000, 820, 821 – Space Fidelity Peep-Show; OLG Karlsruhe WRP 1988, 757, 759 – Petra; *Ahrens* GRUR 1995, 307, 310 mwN.

[102] BGH GRUR 1994, 823, 824f – Preisrätselgewinnauslobung II.

[103] *Ahrens* GRUR 1995, 307, 312f; *Gröning* WRP 1995, 181f; *ders.* WRP 1993, 685, 688.

[104] So aber KG Urt. vom 19. 6. 1992 – 5 U 6253/91.

[105] OLG Braunschweig WRP 1978, 458; OLG Hamm WRP 1981, 109, 110 mwN.

ein Beweisproblem besteht. Dem Verkehr erschließt sich der werbende Charakter des Beitrags in den genannten Fällen nicht. Zum Schutz vor einer derartigen Irreführung ist es erforderlich, nicht allein auf die tatsächliche Erteilung eines vermögenswerten Vorteils abzustellen. Vielmehr ist danach zu fragen, ob eine entsprechende Veröffentlichung üblicherweise nur gegen Entgelt erfolgt.[106] Sieht ein Kooperationsvertrag vor, dass die redaktionelle Freiheit des Publikationsorgans nicht beschränkt werden darf, besteht nach dem OLG Hamburg für eine zwischen dem Pay-TV Sender Premiere und einer Programmzeitschrift bestehende Vertriebskooperation aber keinerlei Hinweispflicht, wobei allerdings offen gelassen wurde, ob dieser Grundsatz auch auf entgeltliche Vereinbarungen anzuwenden ist.[107]

43 Von **Schleichwerbung** ist im Übrigen **regelmäßig** auszugehen, wenn in einem redaktionellen Beitrag einseitig die Erzeugnisse eines einzelnen Herstellers über das durch eine **sachliche Information bedingte Maß** hinaus werbend dargestellt werden, etwa indem der Beitrag trotz einer Vielzahl von Produkten entsprechender Art nur ein Erzeugnis nennt.[108] Die bloße Nennung eines bestimmten Produktes, obwohl es eine Vielzahl ähnlicher Produkte auf dem Markt gibt, reicht jedoch allein nicht aus.[109] Als problematisch erweist sich die im Rahmen der jeweiligen Gesamtwürdigung vorzunehmende Feststellung, wann das „durch eine sachliche Information bedingte Maß" überschritten wird oder anders, wann es an einem **publizistischen Anlass** für bestimmte Äußerungen fehlt. Gerade in Konstellationen, in denen sich ein Presseorgan einem designierten Anzeigenkunden mittels eines werbenden redaktionellen Beitrags annähert und dieser gleichzeitig oder zeitlich versetzt mit entgeltlichen Anzeigenaufträgen reagiert – so genannte **Koppelungsgeschäfte** – erweist sich eine Abgrenzung oft als schwierig. In den Themenbereichen Gesundheit, Wohnen, Heirat, Reisen oder Geschäftseröffnungen sind derartige „unterstützende" redaktionelle Beiträge geradezu üblich.[110] Aufgrund des Nachahmungszwanges kommt zu der Täuschung der Leser auch eine Bedrohung der journalistischen Unabhängigkeit hinzu.[111] Zur Bestimmung des Fehlens eines publizistischen Anlasses hat die Rechtsprechung auf verschiedene **Indizien** abgestellt, die als Orientierungshilfe dienen können. Zu bedenken bleibt immer, dass ein mit unzureichenden Indizien begründetes Verbot die verfassungsrechtlich geschützte Pressefreiheit aus Art. 5 Abs. 1 Satz 2 Alt. 1 GG verletzt. Im Lichte der Pressefreiheit ist der Begriff des publizistischen Anlasses daher grundsätzlich weit auszulegen.[112]

44 **Indizien,** die für eine **unlautere Werbung** sprechen, sind unter anderem ein gezieltes Unternehmens- oder Produktlob mit pauschalen Formulierungen und deutlicher Aufforderung zur Inanspruchnahme der Unternehmensleistung,[113] eine unkritisch hervorhebende, pauschal lobende Berichterstattung, die zudem unmittelbar mit der Anzeige des dargestellten Unternehmens verknüpft ist,[114] anzeigetypische Details wie die Benennung von Name, Preis oder Telefonnummer mit dem Hinweis auf eine Angebotsfrist in lobender, anpreisender Sprache,[115] überschwängliche werbende Darstellung oder massive Unterstützung,[116] die unbegründete namentliche Nennung von Produkt und Unternehmen,[117] be-

---

[106] *Baumbach/Köhler/Bornkamm* UWG § 4 Rn 3.23; Rn 3.40.
[107] OLG Hamburg GRUR-RR 2006, 15, 18 – TV Digital.
[108] BGH GRUR 1993, 561, 562 – Produktinformation I; BGH GRUR 1993, 565, 566 – Faltenglätter; BGH GRUR 1994, 441, 442 – Kosmetikstudio; BGH GRUR 1994, 445, 446 – Beipackzettel. Für den Rundfunk s. BGH GRUR 1997, 541, 542 – Produkt-Interview; KG GRUR-RR 2005, 320, 321.
[109] BGH GRUR 1997, 541, 542f – Produkt-Interview.
[110] *Köhler* WRP 1998, 349, 357.
[111] OLG Düsseldorf WRP 1986, 556, 558.
[112] OLG Düsseldorf WRP 1986, 556, 558; OLG Hamm GRUR 1991, 856 – Euro-Card; OLG Hamburg GRUR 1979, 162, 163f; *Fuchs* GRUR 1988, 736, 742; *Kohl* AfP 1984, 201, 208.
[113] OLG Saarbrücken WRP 1987, 507, 508f.
[114] BGH GRUR 1998, 489, 492 – Unbestimmter Unterlassungsantrag III.
[115] OLG Frankfurt WRP 1985, 37, 38 – Minizins. Für die Annahme unzulässiger Schleichwerbung kann bereits die Nennung einer Servicetelefonnummer ausreichen, sofern nicht hinreichend deutlich wird, dass es sich um einen gewerblichen Anschluss handelt – OLG Jena Beschl. vom 4. 3. 2005.
[116] OLG Hamm AfP 1981, 294, 295; OLG Hamm AfP 1985, 43, 44.
[117] BGH GRUR 1994, 819, 820 – Produktinformation II; OLG Hamburg WRP 1990, 183, 185.

wusst falsche Behauptungen,[118] die lobende Hervorhebung der Vorzüge eines neu eröffneten Geschäftslokals ohne kritische Distanz oder die Verwendung typischer Werbesprache.[119] Die Unlauterkeit folgt daraus, dass der Verkehr dem redaktionell gestalteten Beitrag als einer Information eines am Wettbewerb nicht beteiligten Dritten regelmäßig größere Beachtung beimisst als entsprechenden, ohne weiteres als Werbung erkennbaren Angaben des Werbenden selbst. Gleiches gilt auch dann, wenn der Beitrag ohne Entgelt geschaltet wurde und auch sonst nicht im Zusammenhang mit einer Anzeigenwerbung für das genannte Produkt steht.[120]

Ein Verstoß gegen das in § 4 Nr. 3 verankerte Trennungsgebot liegt in einem redaktionellen Beitrag, der unter teilweise wörtlicher Verwendung des Anschreibens der Presseinformationen neue Produkte eines bestimmten Unternehmens einzeln nennt, auf deren Wirksamkeit hinweist und mit einem vorteilhaften Foto aus der Informationsmappe ergänzt. Diese Elemente könnten nämlich ebenso in einer attraktiv aufgemachten Werbeanzeige enthalten sein.[121] Gleiches gilt selbst für den redaktionellen Teil einer als solchen ausgewiesenen Werbebroschüre, sofern übermäßig anpreisende Aussagen im Text nicht erneut als solche benannt werden.[122] 45

Als wettbewerbswidrig hat der BGH auch eine redaktionelle Serie mit dem Titel „Die besten Ärzte Deutschlands" bezeichnet, in der die Ärzte namentlich und teilweise auch mit Foto aufgeführt wurden.[123] Eine über das durch eine sachliche Information bedingte Maß hinausreichende werbende Darstellung hat der BGH bejaht, weil die vorgenommene Qualifizierung nicht auf aussagekräftigen, objektiven Kriterien beruht habe. Gleiches gilt für eine vergleichbare Reihe mit dem Titel „Die 500 besten Anwälte".[124] Die namentliche Nennung enthalte auch eine werbende Darstellung, die aufgrund der **unzureichenden Bewertungskriterien** den Bereich einer redaktionellen und sachlichen Information verlasse. Gleichzeitig würden durch die superlative Bewertung der genannten Rechtsanwälte nicht genannte, in gleicher Weise oder besser qualifizierte Rechtsberater herabgesetzt. Diese Entscheidungen sind allerdings mit Blick auf die Meinungsäußerungs- und Pressefreiheit mit Vorsicht zu betrachten; ein Presseunternehmen muss, unabhängig von den angewandten Bewertungskriterien, zu einer wertenden Darstellung berechtigt sein. Unlauterkeit kann erst bei einer Täuschung über die Objektivität der Berichterstattung vorliegen, wenn etwa das Ranking gegen Entgelt erfolgt.[125] Eine Änderung dieser Rechtsprechung ist aber wohl auch in Zukunft insofern nicht zu erwarten, als dass nach dem UWG 2008 nun keine spezielle Absatzförderungsabsicht mehr nachzuweisen sein wird, sondern ein für die Zusammenstellung spezifischer Auswahlkriterien eher nachzuweisendes objektiv geschäftsförderndes Verhalten (§ 2 Abs. 1 Nr. 1 UWG 2008) ausreichen wird. 46

Unlauter im Sinne des § 4 Nr. 3 ist auch die Publikation einer **Ad-hoc-Mitteilung** nach § 15 Wertpapierhandelsgesetz (WpHG), wenn aus Sicht eines ordentlichen und gewissenhaften Unternehmensleiters keine kursrelevanten Tatsachen eingetreten sind. Auch wenn die Information erkennbar nicht im Zusammenhang mit redaktionell-objektiver Berichterstattung erfolgt, ist Vergleichbarkeit insoweit gegeben, als dass auch mit einer unnötigen Ad-hoc-Mitteilung ein unzutreffender Eindruck beim Konsumenten bzw. Anleger, erweckt wird: nämlich dass eine neue Tatsache vorliege, die sich auf den Kurs auswirke.[126] 47

---

[118] BGH WRP 1994, 862, 864 – Bio-Tabletten.

[119] BGH GRUR 1994, 441, 442 – Kosmetikstudio; OLG Köln GRUR 1993, 698.

[120] BGH GRUR 1994, 819, 820 – Produktinformation II; BGH GRUR 1997, 541, 543 – Produkt-Interview.

[121] BGH GRUR 1997, 139 – Orangenhaut.

[122] OLG München GesR 2005, 549, 550.

[123] BGH GRUR 1997, 912, 913 – Die Besten I.

[124] BGH GRUR 1997, 914, 916 – Die Besten II.

[125] *Köhler* FS Sonnenberger, 2004, S. 249; *Lettl* GRUR 2007, 936, 943.

[126] BGH NJW 2004, 2971, 2971 zu § 826 BGB mit Begründung gemäß § 826 BGB; zur Übertragbarkeit auf das UWG nF *Lettl* BB 2004, 1913, 1916.

48 Auch das **Zustandekommen** eines redaktionellen Beitrags, etwa die Art und Weise der Recherchetätigkeit, kann nähere Hinweise zu dem Fehlen eines publizistischen Anlasses geben. Weiß ein Redakteur von der Unrichtigkeit einer positiven Aussage über ein Unternehmen in seinem Beitrag, folgert die Rechtsprechung daraus, dass der Grund für eine derartige Berichterstattung nicht in der Unterrichtung und Aufklärung der Leser liegen könne.[127] Da es sich bei § 4 Nr. 3 um ein allgemeines Gesetz im Sinne des Art. 5 Abs. 2 GG handelt, scheidet eine Berufung des Presseorgans auf das **Grundrecht der Pressefreiheit** gemäß Art. 5 Abs. 1 Satz 2 Alt. 1 GG bei Verstößen gegen das Schleichwerbeverbot regelmäßig aus.[128]

49 **b) Zulässigkeit redaktioneller Hinweise.** Eine **Vereinbarkeit** mit § 4 Nr. 3 ist zu bejahen, wenn die Erwähnung bestimmter Unternehmen und ihrer Erzeugnisse durch die publizistische Informationsaufgabe veranlasst und gerechtfertigt ist, also das Unternehmen oder Erzeugnis nicht über das durch eine sachliche Information bedingte Maß hinaus werbend dargestellt wird. Dies gilt auch für den Fall, dass der Pressebeitrag auf sachlich zutreffenden Informationen des Unternehmens beruht. Eine generelle Verpflichtung der Presse, in redaktionelle Berichte übernommene Produktinformationen des Herstellers als solche zu kennzeichnen, besteht folglich nicht.[129] Selbst eine wortgleiche Übernahme von Informationen, zB von einem Beipackzettel, kann als zulässige Berichterstattung eingeordnet werden.[130] Etwas anderes kann sich bei der unkritischen Übernahme von Herstellerangaben mit übermäßig werbendem Gehalt ergeben.

50 Ebenfalls **zulässig** ist eine Presseveröffentlichung über das Warenangebot zweier Geschäftsbetriebe, wenn die Einzelangaben in der Gesamtbetrachtung nicht als so intensiv erscheinen, dass daraus zwingend die Absicht der Verfolgung privatwirtschaftlicher Zwecke hervorgeht.[131] Im Übrigen kann eine Orientierung an den oben angeführten Merkmalen, die als Indizien für das Vorliegen unlauterer redaktioneller Werbung dienen, erfolgen. Aufgrund der unterschiedlichen Informationsinteressen des von einem Publikationsorgan angesprochenen typischen Leserkreises richtet sich die Beantwortung der Frage, ob ein publizistischer Anlass besteht, auch nach dem angesprochenen Leserkreis etwa einer regionalen oder überregionalen Tageszeitung, eines lokalen Anzeigenblattes oder einer Fachzeitschrift für eine bestimmte Berufsgruppe. **Mildere Maßstäbe** als bei überregionalen Tageszeitungen sind etwa anzulegen, wenn eine Lokalzeitung über ortsansässige Unternehmen berichtet.[132] Sog. „Special-Interest-Zeitschriften" können zudem ihren redaktionellen Schwerpunkt auf ein einziges Unternehmen verlagern, sofern dieses als einziger Anbieter für den speziellen Markt auftritt.[133]

51 **c) Incentive-Aktionen.** Die Grundsätze zur Veröffentlichung redaktioneller Beiträge werbenden Inhalts lassen sich nach der Rechtsprechung des BGH nicht ohne weiteres auf so genannte Incentive-Aktionen, also Veranstaltungen wie etwa **Preisrätsel,** bei denen Gewinne ausgelobt werden, übertragen. Zwar sind Preisrätsel dem redaktionell gestalteten und zu verantwortenden Bereich einer Zeitschrift im weiteren Sinne zuzuordnen. Es gelten für sie jedoch **andere Maßstäbe** als für den der Unterrichtung des Leserkreises und der Meinungsbildung dienenden engeren redaktionellen Bereich.[134]

---

[127] BGH WRP 1994, 862, 864 – Bio-Tabletten; s. auch *Köhler* WRP 1998, 349, 351 f.

[128] BVerfG Beschl. vom 21. 7. 2005 – 1 BvR 217/99; BGH GRUR 1997, 912, 914 – Die Besten I; BGH GRUR 1997, 914, 916 – Die Besten II; BGH GRUR 1998, 471, 473 – Modenschau im Salvatorenkeller; BGH GRUR 1998, 947, 948 – Azubi '94; *Köhler/Piper* UWG Einf. Rn 276 f, § 1 Rn 57; s. auch *Säcker* WRP 2004, 1199, 1216.

[129] BGH GRUR 1993, 565, 566 – Faltenglätter.

[130] BGH GRUR 1994, 445, 446 – Beipackzettel.

[131] OLG Hamm DB 1972, 1227.

[132] OLG Hamburg AfP 1985, 41 f; *Braun* WRP 1983, 600, 604 f; *Rodekamp* GRUR 1980, 271, 273.

[133] OLG Hamburg GRUR-RR 2006, 15, 18.

[134] BGH GRUR 1994, 821, 823 – Preisrätselgewinnauslobung I; BGH GRUR 1996, 804 – Preisrätselgewinnauslobung III; BGH GRUR 1997, 145, 146 – Preisrätselgewinnauslobung IV.

Anders als bei redaktionellen Beiträgen wie Meldungen, Berichten, Leitartikeln o. ä. erwartet der Leser nach Auffassung des BGH bei Preisrätseln in erster Linie spielerische Unterhaltung und Gewinnchancen und damit verbunden auch eine werbende Selbstdarstellung der Zeitung bzw. Zeitschrift. Preisrätsel stellten für den Verkehr eine Form der Werbung für die Zeitschrift dar und würden als solche regelmäßig mit anderen Augen gesehen und in ihrem Aussagegehalt anders beurteilt als ein redaktioneller Beitrag zu Tagesthemen. Wer sich mit der Lösung eines Preisrätsels in einer Zeitung oder Zeitschrift befasse, um an der Auslosung der Gewinne teilzunehmen, erwarte, dass ihm die Gewinne attraktiv präsentiert werden. Eine positiv gehaltene Vorstellung der ausgelobten Preise gehöre daher zur Natur des Preisrätsels und stelle deshalb noch keine verdeckte Werbung dar. 52

Etwas anderes soll jedoch dann gelten, wenn das hervorgehobene Erzeugnis sowohl optisch als auch nach dem Inhalt der begleitenden Aussagen in einer Weise in den Mittelpunkt der Aufmerksamkeit gerückt oder lobend herausgestellt wird, dass sich beim Leser der Eindruck einstellen muss, hier sei von der Redaktion in einem vermeintlich objektiven Auswahlverfahren ein Erzeugnis als Preis ausgesucht worden, das nicht nur die im Regelfall erwähnte positive Eignung, sondern derart außerordentliche Qualitäten aufweise, dass es jedenfalls ein lohnendes, vergleichbaren Produkten überlegenes und damit besonders empfehlenswertes Objekt für einen käuflichen Erwerb darstelle.[135] Ein Verstoß gegen § 4 Nr. 3 setzt nach Ansicht des BGH folglich voraus, dass die Präsentation des Gewinns die Grenzen des **Normalen** und **Üblichen** überschreitet.[136] 53

4. Passivlegitimation

Verantwortlich für den Inhalt eines redaktionellen Beitrags sind der Verleger und der Redakteur. Beide trifft die Verpflichtung, eine Presseveröffentlichung – Artikel genauso wie Anzeigen – auf ihre Vereinbarkeit mit den gesetzlichen Vorschriften zu überprüfen. Folglich haften für redaktionelle Werbung zunächst der **Verleger** der beanstandeten Veröffentlichung und der verantwortliche **Redakteur.**[137] Stets zu beachten ist dabei, dass die Anforderungen an das Ausmaß der Prüfung entsprechend den praktischen Notwendigkeiten des Pressewesens nicht überspannt werden. Um die Verantwortlichen mit einer jeweils eingehenden wettbewerbsrechtlichen Überprüfung nicht zu überfordern, ist die Prüfungspflicht in der **Anzeigenwerbung** in der Regel auf grobe und unschwer zu erkennende Verstöße zu beschränken.[138] Im Übrigen ist auf den Umfang der verfassungsrechtlich geschützten Pressefreiheit zu verweisen. 54

Darüber hinaus gilt im Wettbewerbsrecht der allgemeine Grundsatz, dass nicht nur der Herausgeber des Beitrages, sondern auch derjenige, der an dem Verstoß mit Wettbewerbsabsicht mitgewirkt hat, für eine gegen das Verbot der Schleichwerbung verstoßende Handlung verantwortlich ist.[139] Nach § 2 Abs. 1 Nr. 1 UWG 2008 genügt für die Haftung schon, dass der Handelnde **aus objektiver Sicht** fremden Wettbewerb fördern will.[140] Es ist daher ohne Belang, ob der Handelnde Täter, Anstifter oder bloßer Gehilfe ist.[141] Derjenige, der den nicht mit dem Trennungsgebot konformen Beitrag erstellt, hat nach §§ 3, 4 dafür einzustehen. Die Haftung eines **Unternehmens** oder seines **Presseinformanten** neben Verleger und Redakteur als Mitverantwortlicher ist daher zu bejahen, wenn in re- 55

[135] BGH GRUR 1994, 821, 823 – Preisrätselgewinnauslobung I; BGH GRUR 1996, 804 – Preisrätselgewinnauslobung III; BGH GRUR 1997, 145, 146 f – Preisrätselgewinnauslobung IV.

[136] Kritisch dazu *Fuchs* GRUR 1995, 307, 313; *Gröning* WRP 1995, 181, 181 f.

[137] BGHZ 39, 124, 129 – Fernsehansagerin; BGH GRUR 1973, 203, 204 – Badische Rundschau; BGH GRUR 1975, 208 – Deutschland-Stiftung; BGH GRUR 1994, 441, 443 – Kosmetikstudio; BGH GRUR 1998, 471, 473 – Modenschau im Salvatorenkeller.

[138] BGH GRUR 1973, 203, 204 – Badische Rundschau; BGH GRUR 1992, 618, 619 – Pressehaftung II; BGH GRUR 1995, 600, 601 – H. I. V. Positive.

[139] *Baumbach/Köhler/Bornkamm* UWG § 8 Rn 2.5; *Löffler/Ricker* Kap. 78 Rn 4 ff.

[140] Begr. RegE S. 40; nach UWG 2004 ist hingegen ein finaler Zurechnungszusammenhang zwischen unternehmerischem Ziel und Tun zu prüfen. Die Haftung wird so im Ergebnis noch weiter ausgedehnt.

[141] *Teplitzky* 14. Kap. Rn 11.

daktionellen Beiträgen sachlich unrichtig über ein Produkt berichtet wird und diese Darstellung auf sachlich unrichtige, fehlerhafte oder unzureichende Produktinformationen des Unternehmens zurückzuführen ist bzw. wenn das Unternehmen gezielt auf eine unlautere Berichterstattung hingewirkt hat.[142] Grundsätzlich keine wettbewerbsrechtliche Verantwortung trifft demgegenüber ein Unternehmen, das die Öffentlichkeit werbend, aber sachlich zutreffend über seine Produkte informiert, wenn das Presseorgan bei seiner Berichterstattung unter (wörtlicher) Übernahme der dargebotenen Informationen seinerseits das Gebot sachlicher Berichterstattung verletzt und das Produkt im Übermaß werbend herausstellt.[143] Insoweit ist auf die eigene Verantwortlichkeit des Pressorgans für Inhalt und Gestaltung der redaktionellen Beiträge zu verweisen.[144]

56 Aus der bloßen Tatsache, dass ein Unternehmen von einer unzulässigen Werbemaßnahme begünstigt wird, kann **kein Anscheinsbeweis** für eine (Mit-)Verantwortlichkeit abgeleitet werden.[145] Auch besteht kein Erfahrungssatz, nach dem ein als redaktioneller Beitrag gestalteter werbender Text von einem Produkthersteller dann als Anzeige in Auftrag gegeben wurde, wenn dieser wenige Monate später Auftraggeber einer ähnlich gestalteten Anzeige war. Ein solcher Rückschluss kommt nur dann in Betracht, wenn zuvor keine entsprechenden Anzeigen in anderen Zeitschriften erschienen sind, auf die bei der Gestaltung der beanstandeten Anzeige zurückgegriffen worden sein könnte.[146]

57 In Einzelfällen hat die Rechtsprechung die Haftung eines **Produktherstellers** als (Mit-) Störer jedoch auch in Fällen sachlich zutreffender Informationen bejaht. So etwa, wenn das Unternehmen dem Presseorgan die Produktinformationen **gezielt zur Veröffentlichung** oder in einer Weise zukommen lässt, die die Annahme nahe legt, dass über das Produkt in einem redaktionellen Beitrag berichtet wird, oder wenn das Unternehmen nach den **konkreten Umständen** des Falles **damit rechnen muss,** dass seine Informationen verfälscht und somit irreführend oder in einer sonstigen wettbewerbsrechtlich unzulässigen Weise, beispielsweise in der Form einer getarnten Werbung, in dem Presseorgan veröffentlicht werden. Liegen diese Voraussetzungen vor, ist das werbende Unternehmen verpflichtet, sich eine Überprüfung des entsprechenden redaktionellen Beitrags vorzubehalten.[147] Die wettbewerbsrechtliche (Mit-)Verantwortung gründet in diesem Fall auf dem Ausbleiben der Erklärung des Vorbehalts oder auf der Nichtvornahme der Überprüfung des redaktionellen Beitrags, durch die der Wettbewerbsverstoß adäquat kausal (mit-)verursacht wird.[148] Eine generelle Pflicht der Unternehmen, erteilte Informationen mit Sperrauflagen zu versehen, existiert nicht.[149] Von einer (Mit-)Verantwortlichkeit ist weiter auszugehen, wenn ein Produkthersteller druckfertige Artikel mit getarnter Werbung an solche Zeitungen versendet, denen er auch **Insertionsaufträge** erteilt hat.[150] Es besteht hier die Gefahr, dass der Redakteur die Entscheidung, ob der vorbereitete Artikel einschließlich des darin enthaltenen Werbehinweises veröffentlicht werden soll, gerade nicht unbeeinflusst in der allein durch seine redaktionellen Aufgaben bestimmten Verantwortlichkeit trifft. Schließlich ist dem Redakteur, der seinerseits auf die Lebensfähigkeit des Verlagsunternehmens angewiesen ist, die Abhängigkeit der Zeitung von Einnahmen aus dem Anzeigengeschäft durchaus bewusst. Nahe liegt deswegen, dass er den Wünschen oder Anregungen eines Insertionskunden weniger kritisch und mit größerem Wohlwollen begegnen wird als denen eines belie-

---

[142] BGHZ 81, 247, 250 – Getarnte Werbung I; BGH GRUR 1964, 392, 393 – Weizenkeimöl; BGH GRUR 1967, 362, 365 ff – Spezialsalz; BGH GRUR 1997, 139, 140 – Orangenhaut; *Köhler* WRP 1998, 349, 359 ff.

[143] BGH GRUR 1993, 561, 562 – Produktinformation I.

[144] BGHZ 81, 247, 251 – Getarnte Werbung I.

[145] BGH GRUR 1994, 445, 446 – Beipackzettel; BGH GRUR 1996, 681, 683 – Produktwerbung.

[146] BGH GRUR 1996, 681, 683 – Produktwerbung.

[147] BGH GRUR 1964, 392, 393 – Weizenkeimöl; BGH GRUR 1967, 362, 365 – Spezialsalz; BGH GRUR 1993, 561, 562 – Produktinformation I.

[148] BGH GRUR 1993, 561, 562 – Produktinformation I.

[149] BGH GRUR 1994, 819, 821 – Produktinformation II.

[150] BGH GRUR 1981, 835, 836 – Getarnte Werbung I.

bigen Dritten. Er könnte aufgrund dessen sogar bereit sein, gegen die Standesrichtlinien zu verstoßen. Gerade auf solch ein Fehlverhalten spekuliert der Inserent nach – lebensnaher – Auffassung des BGH.[151] Unabhängig von den angeführten Überlegungen ist noch zu berücksichtigen, dass Presseorgane, die über nur mit wenig Personal besetzte Redaktionen verfügen, wie etwa Kundenzeitschriften, Anzeigenblätter, viele Lokalzeitungen oÄ aus Zeitmangel oder auch Bequemlichkeit grundsätzlich geneigt sind, schon fertige Beiträge unverändert zu veröffentlichen.[152]

Eine Haftung des Produktherstellers ist weiter bejaht worden, wenn dieser **Bestandteile** 58 für einen redaktionellen Text bereitstellt, die bei verständiger Würdigung **allein** in **redaktionelle Werbung** einfließen können. In dem entschiedenen Fall hatte der Produkthersteller Produktabbildungen und werbliche Hinweise versandt, die im veröffentlichten Text in die Mitte eines Kreuzworträtsels montiert wurden.[153] Eine (Mit-)Verantwortlichkeit für eine wettbewerbsrechtlich unzulässige Veröffentlichung im Rahmen eines **Interviews,** das ein Unternehmen einem Presseorgan gegeben hat, kann allein aus einer Kontrollverpflichtung herrühren. Eine solche kommt dann in Betracht, wenn nach Art und Inhalt des Interviews und/oder bei Berücksichtigung der Gegebenheiten auf Seiten des Adressaten die Möglichkeit eines Berichts mit werbendem Charakter nicht ganz fern liegt.[154]

IV. Rundfunkwerbung

1. Umfang, Eigenarten und Rechtsquellen

Eine gegenüber den Printmedien ungleich **größere Vielfalt** an Erscheinungsformen 59 **redaktioneller Werbung** ist im Rahmen des Rundfunks, d. h. im Hörfunk und Fernsehen anzutreffen. Diesem Umstand wurde durch detaillierte **medienspezifische Sonderregelungen** im RfStV Rechnung getragen. Ein Verstoß gegen diese Spezialvorschriften konnte unter Gesichtspunkten der Gesetzeskonkurrenz auch das in der Rechtsprechung entwickelte Rechtsinstitut des „Vorsprungs durch Rechtsbruch" berühren.[155] Nach heutiger Rechtslage ist § 4 Nr. 11 auch unabhängig von einer Vorsprungserzielungsabsicht anwendbar.[156] Hintergrund der wesentlichen Besonderheiten in diesem Bereich[157] ist die hohe Massenattraktivität und überragende Innovationsfähigkeit der Medien. Gerade letzteres ermöglicht den Werbetreibenden hier zunehmend, der schwindenden Akzeptanz konventioneller Werbemethoden auf Seiten der Rezipienten entgegen zu steuern. Gleichzeitig folgt aus der Dynamik dieser Entwicklung allerdings, dass es sich hier um ein äußerst kontroverses und rechtlich (zumindest höchstrichterlich) noch weitgehend ungeklärtes Diskussionsfeld handelt.

Auf **europäischer Ebene** bilden **zwei Regelungswerke** die Grundlage für die natio- 60 nalen rundfunkrechtlichen Vorschriften. Zu berücksichtigen ist einerseits das **Europäische Abkommen über das grenzüberschreitende Fernsehen** vom 5. 5. 1989,[158] das einer Erleichterung der Verbreitung und Weiterverbreitung von Fernsehprogrammen dienen soll. Neben einem Definitionskatalog der zentralen Begriffe von Werbung und Sponsoring in Art. 2f und 2g beinhaltet es in Kapitel III (Art. 11 bis 18) umfangreiche Vorschriften zur Zulässigkeit kommerzieller Techniken. Zum anderen ist auf die **Fernsehrichtlinie** vom 3. 10. 1989 hinzuweisen, die in großer sachlicher Übereinstimmung mit dem Europäischen

---

151 BGH GRUR 1981, 835, 836 – Getarnte Werbung I.

152 KG WRP 1990, 333, 335.

153 KG GRUR 1992, 719f – Kreuzworträtsel mit Werbung.

154 BGH GRUR 1987, 241, 242f – Arztinterview; BGH GRUR 1997, 541, 543 – Produkt-Interview.

155 BGH GRUR 1990, 611, 613 – Werbung im Programm; *Baumbach/Köhler/Bornkamm* UWG § 4 Rn 3.7; *Henning-Bodewig* GRUR Int. 538, 545.

156 *Baumbach/Köhler/Bornkamm* UWG § 4 Rn 11.57f.

157 ZB Verbot unterschwelliger Werbung → Rn 71; Einschränkung des Trennungsgebots beim sog. Splitscreen → Rn 73.

158 Abgedruckt in GRUR Int. 1990, 448ff.

Abkommen (vgl. Art. 1 bzw. 10 bis 20) den unmittelbaren Gegenstand der Umsetzung in nationales Recht darstellt. Sie weist dabei keineswegs abschließenden Charakter auf, sondern zeichnet sich durch die Gewährleistung eines reinen Mindeststandards aus, der den Mitgliedstaaten die Möglichkeit einer strengeren Regulierung inländischer Veranstalter ausdrücklich offen lässt (Art. 3).[159]

61 Die Vorgabe hat in Deutschland am 31. 8. 1991 in Gestalt des **Staatsvertrages** über den **Rundfunk** im vereinigten Deutschland (RfStV)[160] eine umfassende Kodifikation erfahren. Adressaten des Regelungswerkes, das sich in Erweiterung der europäischen Vorschriften auch auf den Hörfunk erstreckt, sind angesichts des dualen Rundfunksystems sowohl die öffentlich-rechtlichen Rundfunkanstalten als auch private Sendeunternehmen. Weitere nationale Rechtsquellen unterhalb des RfStV finden sich in den **Richtlinien** zur Durchführung der die Werbung betreffenden Normen. Zu ihrem Erlass sind die öffentlich-rechtlichen Veranstalter gemäß § 16 RfStV verpflichtet,[161] während für die Privaten gleiches nach den Vorschriften der Landesmedienanstalten gilt (§ 31 RfStV). Abgesehen von ihrer umstrittenen Rechtsnatur entfalten diese aber jedenfalls keine dem RfStV vergleichbare rechtliche Wirkung.[162]

62 Ähnlich der Ausrichtung der presserechtlichen Bestimmungen[163] verfolgen auch die rundfunkrechtlichen Verbote redaktioneller Werbung einen **doppelten Schutzzweck.** In erster Linie dienen sie der **Vermeidung der Täuschung des Publikums** über den werblichen Charakter des Programmangebots.[164] Dies bringt § 7 Abs. 3 Satz 1 und 2 RfStV generalklauselartig zum Ausdruck, indem festgelegt wird, dass Werbung als solche klar erkennbar sein muss und im Fernsehen durch optische, im Hörfunk durch akustische Mittel zu kennzeichnen ist.

63 Darüber hinaus steht jedoch grundsätzlich auch die Sicherung einer **autonomen Programmgestaltung** und der ungehinderten publizistischen Aufgabenerfüllung des Veranstalters in Rede.[165] Diese Aussage verdeutlicht die Vorschrift des § 7 Abs. 2 RfStV, wonach Werbung oder Werbetreibende das übrige Programm nicht beeinflussen dürfen (sog. **Beeinflussungsverbot**). Als Ausprägung der Rundfunkfreiheit in Art. 5 Abs. 1 Satz 2 GG handelt es sich hierbei anerkanntermaßen um ein gewichtiges verfassungsrechtliches Ziel, dessen Beeinträchtigung zwangsläufig als ein Fall der Unlauterkeit nach § 4 Nr. 3 (und ggf. zugleich nach § 4 Nr. 11) aufzufassen ist. Nicht mit diesem Kriterium fassbar ist hingegen eine (unvermeidbare) strukturelle Einflussnahme auf das Programm. Deren Folgen können in der sukzessiven Anpassung des Programms an Qualität und Inhalt (zB Daily Soaps) bzw. der Ausrichtung auf bestimmte Werbezielgruppen gesehen werden.

64 Eine Aufzählung der verschiedenen rundfunkrechtlich relevanten Facetten des Trennungsgebots im Sinne des § 4 Nr. 3 bietet die **Systematik des § 7 RfStV.**[166] Eine zentrale Stellung beansprucht § 7 Abs. 3 Satz 2 RfStV als abstrakte Fassung des Trennungsprinzips im RfStV. Danach bedürfen Werbung und Teleshopping einer erkennbaren optischen bzw. akustischen Trennung vom übrigen Programm des Fernsehens bzw. Hörfunks. Weitere, im Katalog des § 7 RfStV aufgeführte Tatbestände verstehen sich demgegenüber lediglich als Konkretisierung einzelner Erscheinungsformen.

65 So betreffen auch die Regelung der virtuellen Werbung (als Unterfall der ausnahmsweise zulässigen Schleichwerbung) in § 7 Abs. 6 Satz 2 RfStV einerseits und das Verbot der Wer-

---

[159] *Engels/Giebel* ZUM 2000, 265, 266; *Petersen* S. 102. Zur Revision der Richtlinie → Fn 42.

[160] Abgedruckt in Nds. GVBl. 1991, 311, 314 ff; zuletzt geändert durch den 10. RfÄStV zum 1. 9. 2008.

[161] ARD-Richtlinie vom 24. 6. 1992 bzw. ZDF-Richtlinie vom 19. 5. 1993, abgedruckt bei *Bauer/Ory* 1997, Bd. 1, 4.2.4. bzw. 4.3.1.

[162] OLG Frankfurt WRP 1997, 115, 117 – Fürst Metternich; näher dazu *Ohly* 1995 Rn 477.

[163] → Rn 26 ff.

[164] S. nur BGH GRUR 1995, 744, 747 – Feuer, Eis & Dynamit I.

[165] BGH GRUR 1990, 611, 614 f – Werbung im Programm; *Baumbach/Köhler/Bornkamm* UWG § 4 Rn 3.39.

[166] Zu den verwandten Phänomenen des Product Placement und des Sponsorings nach § 8 RfStV → Rn 132 ff.

bung durch Nachrichtenrepräsentanten in § 7 Abs. 7 RfStV andererseits die Grundaussage des Trennungsgebots. Sie stehen allerdings nicht direkt mit der hier interessierenden Problematik redaktioneller Werbung in Zusammenhang. Demgegenüber enthalten das Verbot unterschwelliger Werbung in § 7 Abs. 3 RfStV und die Vorschrift zum Screensplitting in § 7 Abs. 4 RfStV spezielle Ausflüsse des Prinzips, die auch und gerade in Verbindung mit redaktioneller Berichterstattung auftreten können.[167] Die zwangsläufige Konsequenz des Trennungsgebots stellt das ausdrückliche und grundsätzliche **Verbot der Schleichwerbung in § 7 Abs. 6 Satz 1 RfStV** dar, das rundfunkrechtlich als unmittelbarer Anknüpfungspunkt des Unlauterkeitsbegriffs in § 4 Nr. 3 dient. Schleichwerbung ist nach der Legaldefinition in § 2 Abs. 2 Nr. 6 RfStV als Darstellungsform von Produkten oder Dienstleistungen gekennzeichnet, die zwar zu Werbezwecken vorgesehen, hinsichtlich dieser Zielsetzung beim Adressaten jedoch irreführend ist.

Das **Trennungsgebot** kann im grundrechtssensiblen Bereich des Rundfunks **keine absolute, uneingeschränkte Geltung** besitzen: Zu berücksichtigen ist stets die **Ausstrahlungswirkung der Rundfunkfreiheit** aus Art. 5 Abs. 1 Satz 2 GG, die es verbietet, die Erfüllung des Programmauftrags über Gebühr zu verkürzen. So können werbliche Handlungen im Interesse einer möglichst umfassenden Dokumentation der Wirklichkeit sowie eines objektiven Überblicks über das Weltgeschehen (soweit der Programmauftrag in Art. 2 ZDF-Staatsvertrag) im Ausnahmefall sogar geboten sein.[168] Anerkannt wurde dies zB für einen lediglich publizistischen, vom öffentlich-rechtlichen Programmauftrag gedeckten Hinweis auf ein Buch.[169] Auch bei Sportereignissen, die unabhängig von einer Fernsehübertragung stattfinden, findet das Trennungsgebot insofern keine Anwendung, als dass den Programmveranstaltern der Einfluss auf die Werbemaßnahmen nicht möglich sei („aufgedrängte Werbung“). Es fehlt dann schon an der vom RfStV geforderten Werbeabsicht. Anders urteilte das VG Berlin am 11. 12. 2008 in Bezug auf Stefan Raabs sog. „Wok-WM“; dieses Ereignis werde nicht nur ausschließlich für die Fernsehübertragung veranstaltet; dem Sender stünden zudem im Verhältnis zur Produktionsfirma redaktionelle Mitbestimmungsrechte aus dem Lizenzvertrag zu. Die „Wok-WM“ verstößt folglich nach Auffassung des VG gegen das Schleichwerbeverbot.[170] 66

Im Innenverhältnis der Rundfunkveranstalter muss das Trennungsgebot auch insbesondere bei Programmhinweisen auf einzelne Programme innerhalb großer privater TV-Sendefamilien Anwendung finden.[171] 67

Dauerwerbesendungen sind als solche zu kennzeichnen; dabei reicht die Einblendung des Begriffs „Promotion“ nicht aus.[172] 68

Zu weit gehen gelegentlich in der Literatur vorgetragene **Ansätze,** die für einen **Wegfall,** jedenfalls aber für eine Aufweichung des **rundfunkrechtlich kodifizierten Trennungsgebots** zugunsten flexiblerer Selbstregulierungsmechanismen der Anstalten und Sendeveranstalter plädieren.[173] Es wird dabei vordergründig versucht, dem heutigen Anpassungsdruck des Trennungsgrundsatzes gerecht zu werden, der durch das gewandelte Verbraucherverständnis von Marken in der alltäglichen Realität entstanden ist. Die Diskussion erfolgt aber mit einer rein wirtschaftlich geprägten Sichtweise. Es wird argumentiert, dass eine zu restriktive Handhabung der rundfunkrechtlichen Werbemöglichkeiten dauerhaft zu einer unangemessenen **Gefährdung der Finanzierungsgrundlagen,** insbesondere des Free-TV, führe.[174] Angesprochen ist damit die Pflicht des Gesetzgebers zur Gewährleistung und 69

---

[167] → Rn 20.

[168] *Baumbach/Köhler/Bornkamm* UWG § 4 Rn 3.39.

[169] BGH GRUR 1990, 611, 614 – Werbung im Programm.

[170] VG Berlin Urt. vom 11. 12. 2008 – VG 27 A 132.08.

[171] Dazu *Platho* MMR 2002, 21 ff.

[172] BayVGH Beschl. vom 15. 10. 2008 – 7 CS 08.2309.

[173] In diese Richtung vor allem *Ladeur* ZUM 1999, 672, 680 ff; ähnlich *Volpers/Herkströter/Schnier* Trennung von Werbung S. 166 f; zum Ganzen auch *Busche* MMR 2003, 714, 716 ff.

[174] *Ladeur* ZUM 1999, 672, 680 f.

Sicherung einer adäquaten Refinanzierung der Rundfunkveranstalter (mit Blick auf die kontinuierlich steigenden Programmkosten).[175]

70 Fraglich erscheint aber, ob eine Lösung dieser Problematik wirklich am rundfunkrechtlichen Trennungsgebot anzusetzen hat. Ein alternativer Weg ist auch auf dem Boden der geltenden rundfunkrechtlichen Bestimmungen, etwa innerhalb der Regelungen des Umfangs der Werbezeiten vorstellbar (vgl. §§ 16, 45 RfStV). Zudem würde diese Tendenz der allgemein zunehmenden gesetzlichen Weiterentwicklung des **Verbraucherschutzes klar zuwider** laufen (vgl. auch den im Rahmen des 10. RfÄStV[176] neu eingefügten § 9b RfStV). Zu verweisen ist insofern auf die ausdrückliche Erwähnung der Verbraucher im Rahmen der Schutzzwecktrias des § 1 UWG.

2. Besondere Erscheinungsformen

71 **a) Unterschwellige Werbung.** Unterschwellige Formen der Werbung, die verbreitet auch als **sog. subliminale Techniken** bezeichnet werden, bergen insbesondere im Bereich des Fernsehens ein außergewöhnlich hohes Gefährdungspotential. Darunter wird eine **Einwirkungsmethode auf den Adressaten** verstanden, die vom Umworbenen nicht mehr rational erfasst, sondern **unterhalb der Schwelle des Bewussten** wahrgenommen wird.[177] Technisch wird dieser Effekt dadurch zu erreichen versucht, dass eingängige Werbebotschaften während einer beliebigen Ausstrahlung in stetiger Abfolge für Sekundenbruchteile eingeblendet werden. Experimentelle Studien dieses Phänomens fanden bislang jedoch nur vereinzelt, in den USA Ende der 50er-Jahre, Beachtung. Damals sollen durch derartige Versuche im Rahmen von Kinovorführungen erhebliche Absatzzunahmen der beworbenen Produkte festzustellen gewesen sein. Eine empirisch-wissenschaftliche Fundierung haben diese Ansätze allerdings nicht erfahren. Hinsichtlich ihres **Wirkungserfolgs** sind derartige Praktiken bis in die heutige Zeit **höchst umstritten,** wobei überwiegend angenommen wird, dass auf diesem Wege zwar eine Beeinflussung des autonomen Nervensystems, nicht aber die Stimulation eines bestimmten gewünschten Verhaltens möglich ist.[178]

72 Unabhängig von der Diskussion um ihre Wirkungsweise ist aber zumindest die **rechtliche Beurteilung** der unterschwelligen Werbung im Hinblick auf die **Unlauterkeit im Sinne des § 4 Nr. 3** unbestritten. § 7 Abs. 3 Satz 3 RfStV verankert das Verbot ihres Einsatzes auf fernsehrechtlicher Ebene ausdrücklich und kategorisch. Zu Recht werden diese Techniken aber auch wettbewerbsrechtlich einhellig als **massivste Form getarnter Werbung** qualifiziert.[179] Gegen die Ratio des Trennungsgebots, namentlich den Schutz des Adressaten vor unreflektiertem Werbungskonsum bzw. fehlender Rückzugsmöglichkeit vor werbewirksamen Maßnahmen wird hier in höchstem Ausmaß verstoßen. Die Praktiken zielen auf eine vollständige Ausschaltung jeglicher natürlicher und instinktiver Abwehrmechanismen des Zuschauers ab. Die wettbewerbsrechtlich beabsichtigte Konsumentensouveränität in Form des Erhalts ihrer Kritikfähigkeit wird mithin nicht bloß beeinträchtigt, sondern vollumfänglich unterlaufen. Die in dieser gezielten Manipulation liegende Verletzung des allgemeinen Persönlichkeitsrechts des Verbrauchers aus Art. 2 Abs. 1 iVm. Art. 1 Abs. 1 GG verstößt jedenfalls gegen Art. 4 Nr. 3.[180]

73 **b) Screensplitting.** Eine gegenüber den weiteren Ausprägungen redaktioneller Werbung neuartigere Variante stellt das sog. Screensplitting dar, das in § 7 Abs. 4 RfStV Berücksichtigung findet. Der Sache nach handelt es sich dabei grundsätzlich um jede Form zeitlich koinzidenter Mehrfachbelegung des Fernsehbildschirms mit sowohl redaktionellen als auch werblichen Programminhalten. Weiter zu differenzieren sind dabei die alternativen

---

[175] Zur Ableitung dieser Pflicht aus der Rundfunkfreiheit BVerfGE 118, 178.
[176] 10. RfÄStV vom 19. 12. 2007, in Kraft getreten am 1. 9. 2008.
[177] *Baumbach/Köhler/Bornkamm* UWG § 4 Rn 1.169; *Baudenbacher* 1978 S. 89.
[178] *Baudenbacher* 1978 S. 89 ff mwN; *ders.* schwUWG Art. 2 Rn 70.
[179] *Ohly* 1995 Rn 253; *Baumbach/Köhler/Bornkamm* UWG § 4 Rn 1.17; *Sack* ZUM 1987, 103, 124 ff.
[180] *Henning-Bodewig* GRUR Int. 1991, 858 ff; *Sack* ZUM 1987, 103 ff.

Möglichkeiten einer **Fenster-Methode** sowie des Einsatzes von **Laufband-Technik (Crawl)** auf dem Bildschirm. Die Gestattung dieser Praktiken wurde seit längerem von Seiten der Werbeindustrie, aber auch der privaten Fernsehveranstalter lanciert, insbesondere um dem werbeschädlichen Phänomen des Flucht-Zappings (im Sinne des permanenten Programmwechsels für die Dauer der Werbeblöcke) zu begegnen. Die entsprechende Vorschrift im RfStV wurde im Zuge des 4. RÄndStV im Jahre 2000 eingefügt und geht inhaltlich in bemerkenswerter Weise über die entsprechenden Vorgaben der Fernsehrichtlinie in Art. 10 Abs. 1 hinaus.

Die Brisanz der Regelung liegt in der Aufgabe des Grundsatzes zeitlicher Werbetrennung:[181] Normiert wurde eine **partielle Beschneidung des Trennungsgebots** in seiner herkömmlichen Lesart. Nach klassischem Verständnis wird dem Trennungsgebot sowohl eine räumliche als auch eine zeitliche Komponente zugeschrieben, wovon gerade auch die Vorschriften zur Unterbrecherwerbung in §§ 14, 44 RfStV ausgehen und insofern nach der Neuregelung einen Widerspruch aufwerfen. Als **problematisch** anzusehen ist diese Ausgestaltung aber insbesondere vor dem Hintergrund des Wortlauts der **Fernsehrichtlinie,** zumal **in Art. 3 Abs. 1** im Umkehrschluss das Verbot einer inhaltlich großzügigeren Umsetzung in nationales Recht angeordnet ist. 74

Die Auslegung der in Art. 10 Abs. 1 Fernsehrichtlinie verankerten Modalität des fernsehrechtlichen Trennungsgebots wird sich aber maßgeblich an teleologischen Gesichtspunkten zu orientieren haben. Der Schutzzweck der Prävention einer Adressatentäuschung durch adäquate Kenntlichmachung von Werbeinhalten lässt sich bereits hinreichend durch optische Mittel, also auf bloß räumlicher Ebene, gewährleisten. Dies muss schon aufgrund einer **Gegenüberstellung mit der presserechtlichen Handhabung** des Trennungsgebots gelten. Dort ist Werbung anerkanntermaßen auch nicht bloß in Form separater Beilagen zu einzelnen Druckerzeugnissen, sondern ebenfalls durch rein graphische Abgrenzung von den jeweiligen redaktionellen Inhalten zulässig.[182] Mit diesem Umstand korrespondiert rundfunkrechtlich der Verzicht auf eine zeitliche Trennung. Das Ergebnis der Richtlinienkonformität des § 7 Abs. 4 RfStV lässt sich zudem auch auf dem Boden einer restriktiven Auslegung der Beschränkungen der Fernsehrichtlinie gewinnen.[183] 75

Noch im Vorfeld der Kodifizierung dieser Fallgruppe im RfStV galt als streitig, inwieweit die unter dem Oberbegriff des Screensplittings diskutierten Kompositionen überhaupt einheitlich dem Korrektiv des Rundfunkrechts zu unterstellen seien. Es war vor allem der Frage nachzugehen, ob Ausstrahlungsformen, deren einzelne Komponenten isoliert als reine **Mediendienste im Sinne des MDStV** aufzufassen waren, **rundfunkrechtlich bewertet** werden können. Paradigmatisch für diese Problematik steht der Fall Bloomberg TV[184] sowie die Entscheidungen zum Nachrichtensender n-tv. In der letztgenannten Rechtssache ging es um die Beurteilung der Belegung von ursprünglich für Börsendaten eingesetzten Laufbändern mit Werbebotschaften. Das OVG Berlin schloss sich dem vorausgegangenen Urteil des VG Berlin[185] insofern an, dass ein gleichzeitiges **Nebeneinander von Rundfunk und Mediendiensten** nach den jeweils eigenständigen Regelungskomplexen des MDStV (§ 10 Abs. 4 Nr. 1, wortgleich übernommen in § 6 Abs. 1 Nr. 1 TMG), bzw. des RfStV zu bemessen sei.[186] Diese Rechtsprechung versuchte zwar der zunehmenden Überschneidung der verschiedenen Dienste im Zuge der fortschreitenden Digitalisierung gerecht zu werden, drohte jedoch angesichts des abweichenden Reglementierungsniveaus den Rezipientenschutz leer laufen zu lassen.[187] 76

---

181 *Wieben* 2001 S. 248.

182 → Rn 26.

183 So auch *Kreile* ZUM 2000, 194, 195 im Hinblick auf EuGH ZUM 2000, 58 – Brutto-netto.

184 Näher dazu *Castendyk* in: *Schwarze* Werbung und Werberverbot S. 151, 160.

185 VG Berlin ZUM 1999, 165 unter Ablehnung der „optischen Dominanz" des Rundfunkprogramms als Beurteilungskriterium.

186 OVG Berlin ZUM 1999, 500 mit der Begründung, ein Vorrang des RfStV sei nicht ersichtlich.

187 *Wieben* 2001 S. 254.

77 Mit der Neufassung des § 7 Abs. 4 RfStV trat der Gesetzgeber letztlich dieser Ansicht entgegen. Klargestellt wurde, dass mediendienstlichen Angeboten in diesem Rahmen keine eigenständige Bedeutung zukommt. Dies ist zwangsläufige Konsequenz aus der Regelung des Satzes 2, der eine vollständige rundfunkrechtliche Anrechnung der Werbung im teilbelegten Bild vorsieht. Das jeweils einschlägige und damit allein verbindliche Gesetzeswerk ist durch eine **Gesamtbetrachtung der Angebote** auf dem Bildschirm zu ermitteln.[188] Dies hat den Vorteil, dass eine Umgehung des Trennungsgebots durch die Heranziehung des jeweils restriktiveren Regelungssystems gesperrt ist. Auf diese Kriterien zur Abgrenzung zwischen Mediendiensten und Rundfunkdiensten ist auch nach dem 10. RfÄStV[189] zurückzugreifen.[190]

78 Aus den Vorüberlegungen ergibt sich ein weiter Gestaltungsspielraum, was die **Zulässigkeit einzelner Präsentationsformen** des Screensplittings im Rahmen des § 7 Abs. 4 RfStV angeht. Solange eine deutliche optische Abgrenzung zum parallelen redaktionellen Programm vorgenommen wird, kann es für die Einhaltung des Trennungsgebots keinen Ausschlag geben, in welcher Weise das **ausgestrahlte Werbefenster** auf dem Bildschirm platziert ist. Zwingend erforderlich ist zunächst aber die dauerhafte Einblendung des Schriftzugs „Werbung" an prominenter, gut erkennbarer Stelle auf dem Bildschirm. Die Teilung kann in diesem Fall dann beliebig, d.h. horizontal, vertikal, ebenso aber auch kreisförmig oder schräg erfolgen.[191] Das in der Praxis verbreitete Drei-Ebenenmodell (dergestalt, dass sowohl das Fenster mit redaktionellen als auch jenes mit werblichem Inhalt zusätzlich in ein großes Hintergrundfenster eingebettet sind) ist nicht notwendig, bringt das Trennungsgebot allerdings optimal zur Geltung. Die Ratio des Gebots, die Erkennbarkeit des werblichen Charakters zu gewährleisten, spricht gerade dafür, visuell sehr auffällige und damit die Separation besonders hervorhebende Formen zu gestatten.

79 Selbstverständlich ist es in diesem Sinne auch unproblematisch möglich, beim Screensplitting die Ausstrahlung des **Werbefensters mit Ton** zu unterlegen und den redaktionellen Beitrag entsprechend stumm zu senden. Häufig kann dies zB im Rahmen von Sportübertragungen innerhalb der jeweiligen Wettkampfpausen geschehen. Die Zulässigkeit folgt allein schon daraus, dass die erforderliche Trennung hinreichend mit optischen Mitteln sicherzustellen ist. Auch aus systematischen Gründen legt das Anrechungsgebot solcher Maßnahmen auf das Werbezeitlimit des § 45 RfStV nahe, diese Werbung als vollwertig zu begreifen. Dann muss es den Werbetreibenden unbenommen bleiben, einen Spot auch akustisch zu präsentieren. Weiterhin ändert ein ausnahmsweise gesteigertes Affektionsinteresse der Zuschauer an einer vertonten Ausstrahlung der parallelen Berichterstattung nichts an diesem Ergebnis, zumal es nicht den Schutzzweck des Prinzips tangieren würde. Jedenfalls aber hätte eine derartige Einschränkung des Rundfunkveranstalters von Seiten des Gesetzgebers ausdrücklich erklärt werden müssen.[192]

80 Auf die **Ausgestaltung von Laufbändern (Crawls)** sind die soeben genannten weiten Variationsspielräume **grundsätzlich übertragbar.** Die Frage nach dem Einsatz akustischer Mittel stellt sich hier naturgemäß nicht, begegnet unabhängig davon aber (auch) keinen Bedenken. Zu fordern ist in diesem Bereich ebenfalls eine augenscheinliche und dauerhafte Markierung des unterlegten Laufbandes mit dem Schriftzug „Werbung". Äußerst zweifelhaft und im Ergebnis als unzureichend abzulehnen ist demgegenüber die **bloße Kennzeichnung zu Beginn und am Ende** der jeweiligen Textwerbung.[193] Eine diesbezügliche Privilegierung dieser Alternative gegenüber der Fenster-Technik lässt sich nicht rechtfertigen. Im Gegenteil werden auch und gerade derartige Laufbänder häufig mit publizistisch geprägten oder sogar reinen Nachrichtensendungen kombiniert. In dieser Situation wäre die

---

[188] Amtl. Begr. zum 4. RfÄStV vom 21. 2. 2000, GVBl. I S. 74.
[189] GVBl. I S. 740.
[190] *Schmitz* K&R 2007, 135, 136.
[191] So auch *Kreile* ZUM 2000, 194, 197.
[192] So sinngemäß EuGH ZUM 2000, 58 – Brutto-netto.
[193] AA offenbar *Wieben* 2001 S. 250.

Gefahr unangemessen hoch, dass sie vom Zuschauer unreflektiert als eine Art zusätzlicher Newsticker bzw. jedenfalls als Quelle objektiv und seriös recherchierter Informationen wahrgenommen würden. Es könnte mitunter also zu einem elementaren Verstoß gegen das rundfunkrechtliche Trennungsgebot und damit einem Fall der **Unlauterkeit im Sinne des § 4 Nr. 3** kommen.

V. Internetwerbung

1. Begriffsbestimmung

Das **Internet** hat neben den herkömmlichen Informationsquellen wie Rundfunk und Presse oder als Ergänzung zu diesen eine nach wie vor steigende Bedeutung in der Informationsgesellschaft erlangt, wobei die Verbreitung redaktionell aufbereiteter Beiträge einen nicht unmaßgeblichen Stellenwert einnimmt. Ebenso wie bei den herkömmlichen Medien gilt jedoch auch bei publizistischen Diensten im Internet, dass eine Finanzierung im Wesentlichen über Werbung erfolgt. Die Einführungs- bzw. Experimentierphase, in der solche Dienste lediglich zu Testzwecken ins Netz gestellt und die mit der Verbreitung von Informationen verbundenen Kosten von den Unternehmen als versunkene Kosten in der Testphase betrachtet wurden, ist spätestens seit Platzen der Börsenblase im Neuen Markt und dem damit einhergehenden Verlust von Risikokapital Vergangenheit. Die zur Finanzierung der redaktionellen Angebote einsetzbare Werbung kann aufgrund der technischen Möglichkeiten des Internets vielfältige Formen aufweisen. Neben **optischen Signalen** können auch **akustische Reize** sowie neben bloßen Bildeinblendungen auch Videostreams zum Zweck der Gewinnung der Aufmerksamkeit der Betrachter eingesetzt werden. Da das Internet kein rechtsfreier Raum ist, gilt es bei der Werbung im Internet die insbesondere durch das Lauterkeitsrecht gesetzten rechtlichen Schranken zu beachten. 81

2. Rechtsrahmen

a) Anwendbares Recht. Aufgrund der **Ubiquität des Internets** kann das Angebot von Leistungen über das Internet und damit auch die Internetwerbung faktisch in jedem Staat der Welt abgerufen werden, ohne dass hiermit jedoch eine Aussage über das anzuwendende Recht getroffen ist. Bei entsprechenden grenzüberschreitenden Sachverhalten richtet sich die „extraterritoriale“ Anwendung des nationalen Rechts nach bestimmten völkerrechtlichen Prinzipien, den so genannten Anknüpfungspunkten. Anerkannt ist insoweit, dass das Privatrecht nicht gebietsbezogen ist, sondern auch auf grenzüberschreitende Sachverhalte Anwendung findet, wenn der Sachverhalt Wirkungen im jeweiligen Staat entwickelt. Dieses Wirkungsprinzip, das seinen Niederschlag unter anderem in Art. 40 EGBGB und § 130 Abs. 2 GWB gefunden hat, bedeutet bei der Beurteilung von Verhaltensweisen unter lauterkeitsrechtlichen Gesichtpunkten, dass neben dem Ausgangspunkt der Handlung auch der Erfolgsort entscheidend ist. Abzustellen ist dabei auf den Begehungsort, an dem die betreffende Wettbewerbshandlung nicht lediglich vorbereitet wird, sondern die wettbewerblichen Interessen kollidieren.[194] Dies ist bei Werbung in der Regel der Ort, an dem die Produkte beworben werden.[195] Wegen der weltweiten Abrufbarkeit von Online-Werbung führt dieser Ansatz nicht weiter, so dass darauf abzustellen ist, an welchem Ort die Website bzw. individuelle Kommunikation bestimmungsgemäß abgerufen werden kann. 82

Sofern es sich bei dem zu beurteilenden Verhalten um einen **rein nationalen Sachverhalt** im dem Sinne handelt, dass die redaktionell gestaltete Werbung sowohl von einem in Deutschland ansässigen Unternehmen erstellt als auch von einem Provider mit Sitz in Deutschland ins Internet gestellt wurde, ist die Anwendbarkeit des deutschen Unlauter- 83

[194] *Sack* WRP 2000, 269, 272.
[195] *Baumbach/Köhler/Bornkamm* UWG Einl. Rn 5.4.

keitsrechts zu bejahen. Dies gilt auch dann, wenn die von Deutschland aus erfolgende Werbung Produkte oder Dienstleistungen betrifft, die im Ausland erbracht werden sollen. In solchen Fällen greift unabhängig vom Marktbezug der Wettbewerbshandlung das gemeinsame Heimatrecht, wenn der Wettbewerb auf dem Auslandsmarkt ausschließlich von inländischen Wettbewerbern geführt wird oder sich die beanstandete Wettbewerbshandlung gezielt gegen einen inländischen Mitbewerber richtet.[196]

84 Grundsätzlich anders stellt sich die Situation dar, wenn die betreffenden Informationen von einem in einem **EU-Mitgliedstaat** ansässigen Anbieter verbreitet werden. In einem solchen Fall ist ein Rückgriff auf das Kollisionsrecht nunmehr in der Rom-II-Verordnung niedergelegt (früher Art. 40 Abs. 1 EGBGB) und das hieraus für das Lauterkeitsrecht entwickelte Marktort-Prinzip aufgrund § 3 TMG ausgeschlossen. Die Umsetzung des in Art. 3 Abs. 1 der **E-Commerce-Richtlinie** (ECRL)[197] enthaltenen Grundsatzes, dass sich die Dienste der Informationsgesellschaft nach den mitgliedstaatlichen Vorschriften zu richten haben, in dem der Diensteanbieter niedergelassen ist, erfolgte durch Regelung des **Herkunftslandprinzips** in § 3 TMG. Hiernach wird der freie Dienstleistungsverkehr von geschäftsmäßigen Diensteanbietern mit Niederlassung in einem Mitgliedstaat nicht eingeschränkt. Ein Provider, der seine Dienste entsprechend den Vorgaben seines Heimatrechts erbringt, soll daher keine zusätzlichen Restriktionen im Abrufstaat befürchten müssen. Ausgenommen sind die Fälle nicht aufgeforderter kommerzieller Kommunikation durch elektronische Post nach § 3 Abs. 4 Nr. 3 TMG, den sog. Spam-Mails (§ 7 Abs. 2 Nr. 3).

85 Nach Art. 3 Abs. 2 ECRL gilt das **Herkunftslandprinzip** und somit das Verbot der Beschränkung des freien Dienstleistungsverkehrs durch mitgliedstaatliche Maßnahmen für Gründe, die dem koordinierten Bereich unterfallen. Der koordinierte Bereich betrifft Forderungen unter anderem in Bezug auf Anforderungen an Inhalt und Qualität der Dienste, einschließlich der auf Werbung anwendbaren Anforderungen. Nach Erwägungsgrund 21 ECLR ist damit ausdrücklich auch die Online-Werbung erfasst. Da nach Art. 3 Abs. 1 ECRL jeder Mitgliedstaat dafür Sorge zu tragen hat, dass die in seinem Hoheitsgebiet niedergelassenen Diensteanbieter die in diesem Mitgliedstaat geltenden innerstaatlichen Vorschriften, die in den koordinierten Bereich fallen, erfüllen, findet als **Heimatrecht des Diensteanbieters** das jeweilige nationale Werberecht an dessen Niederlassung Anwendung. Aufgrund der unterschiedlichen Regelungstiefe des Werberechts in den einzelnen Mitgliedstaaten wird daher ein Anbieter von Internetwerbung seine Niederlassung in dem Staat wählen, in dem für ihn – neben anderen Gesichtspunkten – die geringsten Anforderungen hinsichtlich werberechtlicher Regelungen zu erfüllen sind. Auch wenn sich durch die Umsetzung der Richtlinie 2005/29/EG[198] weitgehend eine Vollharmonisierung auf dem Gebiet der wettbewerbsrechtlichen Regulierung einstellen wird, ergeben sich zumindest Unterschiede hinsichtlich der Rechtsdurchsetzung.[199]

86 In den sonstigen Fällen, in denen ein Betreiber von Internetwerbung mit Sitz außerhalb Deutschlands und ohne Niederlassung in einem Mitgliedstaat der Europäischen Union tätig wird, bestimmt sich die Anwendbarkeit des deutschen Lauterkeitsrechts nach dem Marktort-Prinzip. Unlautere Wettbewerbshandlungen zählen zu den unerlaubten Handlungen, auf die nach **Art. 40 Abs. 1 EGBGB** die Rechtsordnung des Tatortes Anwendung findet.[200] Im Wettbewerbsrecht ist dies der Ort der wettbewerbsrechtlichen Interessenkollision, der auch als **Marktort** bezeichnet wird. Unter Marktort versteht man den Ort, an dem die marktbezogene Wettbewerbshandlung auf den Wettbewerbsgegner einwirkt.[201] Wer sich für seine Werbung des Internets bedient, muss diese also an deutschem Recht

[196] BGHZ 40, 391, 397 – Stahlexport; BGH GRUR 1982, 495, 497 – Domgarten-Brand.
[197] → Fn 51.
[198] → Fn 2.
[199] → Rn 6ff.
[200] *Baumbach/Köhler/Bornkamm* UWG Einl. Rn 5.15.
[201] Ausführlich *Sack* WRP 2000, 269, 272f.

messen lassen, sofern nur der Ort der wettbewerblichen Interessenkollision im Inland liegt. Dies ist regelmäßig der Ort, an dem gezielt in das Marktgeschehen eingegriffen wird.[202]

Im Internet kommt Werbung in zwei Formen in Betracht: zum einen durch individuell oder massenhaft versandte **E-Mails,** zum anderen durch die Präsentation auf einer **Website.** Aufgrund des erforderlichen finalen Charakters der Einwirkung fallen Internet-Angebote, die zum Beispiel nur auf den amerikanischen Markt zugeschnitten sind, für eine lauterkeitsrechtliche Prüfung nach deutschem Recht aus. Für die Bestimmung des einschlägigen Rechts könnte daher auf den **Adressatenkreis** des Internetangebots bzw. der Werbemaßnahmen abgestellt werden. Wettbewerbliche Interessen im Inland sind dann berührt, wenn die Werbung dazu geeignet und bestimmt ist, eine Absatzhandlung auszulösen.[203] Die Frage ist jedoch, wie sich der Adressatenkreis einer Website festlegen lässt. Websites stehen grundsätzlich einem weltweiten Publikum zum Abruf zur Verfügung, ohne dass sie jedoch allein aufgrund dieser Möglichkeit auch an die gesamte Welt adressiert sein müssen. Entscheidend dürfte wohl kaum die subjektiv-finale Sichtweise des Online-Anbieters sein; denn dann könnte dieser durch Warnhinweise (sog. Disclaimer) auf seiner Website, zB „Diese Homepage ist nicht für den deutschen Markt bestimmt", die Anwendung des deutschen Rechts ausschließen. Hier muss im Zweifel der Grundsatz der „protestatio facto contraria" gelten und auf den objektiven Empfängerhorizont abgestellt werden. Es ist daher nach objektiven Kriterien zu bestimmen, auf welche Verkehrskreise eine Werbekampagne im Internet zielt. Allerdings fällt es schwer, solche Indizien herauszukristallisieren.[204] Als relevant dürfte in jedem Fall die Sprachfassung der Website gelten, die oft auch mit einem nationalen Markt korrespondiert. Allerdings ist dies eine deutsch geprägte Sicht. Schon bei Verwendung englischer oder französischer Sprache ist ein nationaler Markt angesichts der weltweiten Bedeutung solcher Sprachen nicht mehr rekonstruierbar.[205] Neben der Sprache können auch die für das Online-Angebot verfügbaren Zahlungsmittel weiterhelfen. Werden zB ausschließlich Zahlungen in Euro über Konten deutscher Kreditinstitute zugelassen, kann daraus auch auf eine Beschränkung für den deutschen Markt geschlossen werden. Auch dieser Aspekt hat jedoch seine Schwäche. Denn im Internet werden üblicherweise mehrere Zahlungsmöglichkeiten angeboten, unter denen sich meist die Zahlungsform per Kreditkarte befindet. Diese Zahlungsmodalität ist international verbreitet und lässt damit keine Rückschlüsse auf einen national beschränkten Adressatenkreis des Online-Marketings zu. Auch Hinweise auf Verkaufs- und Lieferbeschränkungen („Die hier angebotenen Waren können von Österreich und der Schweiz aus nicht bestellt werden.") können lediglich als Indiz für eine Beschränkung auf den deutschen Markt angesehen werden. 87

Entscheidend ist daher, wie sich der Online-Anbieter tatsächlich verhält und ob er Bestellungen aus den umliegenden Grenzländern de facto annimmt oder nicht. Es gibt folglich eine Reihe von Websites, deren **Marktausrichtung** nicht eindeutig fixierbar ist. Die Betreiber dieser Seiten müssen mehrere nationale Wettbewerbsordnungen beachten. Deutsche Provider werden zum Beispiel regelmäßig auch das – vom deutschen Recht zum Teil stark divergierende – Wettbewerbsrecht der Schweiz und Österreichs[206] mit bedenken müssen. 88

b) Übertragbarkeit des Trennungsgebots auf Onlinebereiche. Das **Trennungsgebot** bzw. das Verbot der redaktionellen Werbung hat seinen Niederschlag in den Regelungen der Pressegesetze der Länder (§ 10 LPresseG NRW, § 9 LPresseG Berlin), des Rund- 89

---

202 Dazu BGHZ 113, 11, 15 – Kauf im Ausland; OLG Karlsruhe GRUR 1985, 556, 557; aA allerdings das OLG Frankfurt IPRspr. 1990, Nr. 155, 307, 309, welches auf das finale Element verzichtet.

203 OLG Karlsruhe GRUR 1985, 556, 557; KG GRUR 1989, 134, 135; OLG Frankfurt GRUR 1989, 136.

204 Dazu OLG Frankfurt CR 1999, 450 und, allerdings auf die internationale Zuständigkeit bezogen, *Spindler* MMR 2000, 18, 20.

205 Anders OLG Hamburg MMR 2002, 822 sowie LG Köln MMR 2002, 60 m. Anm. *Mankowski,* wonach die Verwendung der englischen Sprache und das Fehlen der deutschen Flagge dafür spreche, dass die Seite nicht für den deutschen Markt konzipiert sei.

206 → Rn 152 ff.

funkstaatsvertrages (§ 7 Abs. 3 RfStV) und des Telemediengesetzes (§ 6 TMG) gefunden. Die europarechtliche Grundlage findet sich in Art. 10 Abs. 1 der Fernsehrichtlinie.

90 Die **Anwendbarkeit des RfStV** auf Internetwerbung dürfte in den meisten Fällen ausscheiden, da es am Vorliegen von Rundfunk im Sinne des § 2 Abs. 1 RfStV mangelt. Eine für die Allgemeinheit bestimmte Veranstaltung und Verbreitung von Darbietungen aller Art in Wort, Ton und Bild mittels elektromagnetischer Schwingungen ist bei Internetwerbung wohl zu verneinen. Die komplizierte Unterscheidung zwischen Telediensten und Mediendiensten hat sich durch die Einführung des Telemediengesetzes erledigt. Entscheidend ist nunmehr nur noch die **Abgrenzung des RfStV** zu den Regelungen des **TMG,** wobei letzteres nach Maßgabe des § 1 Abs. 1 TMG für alle elektronischen Informations- und Kommunikationsdienste gilt, soweit sie nicht Telekommunikationsdienste nach § 3 Nr. 24 TKG, die ganz in der Übertragung von Signalen über Telekommunikationsnetze bestehen, telekommunikationsgestützte Dienste nach § 3 Nr. 25 TKG oder Rundfunk nach § 2 RfStV darstellen. Bei einem Verstoß gegen das in § 6 Abs. 1 enthaltene Trennungsgebot von redaktionellem Teil und Werbung im Rahmen von Internetwerbung ist unter dem Gesichtspunkt des Vorsprungs durch Rechtsbruch aufgrund der unmittelbar wettbewerbsbezogenen Normen des TMG ein Verstoß gegen § 3 UWG anzunehmen.[207]

91 Unabhängig von der Einordnung redaktionell unterlegter Internetwerbung ist ein lauterkeitsrechtliches Vorgehen nunmehr über das Regelbeispiel des § 4 Nr. 3 iVm der Generalklausel des § 3 UWG möglich.[208] Die vor Einführung des § 4 UWG 2004 aufgrund des Nebeneinanders der verschiedenen das Trennungsgebot kodifizierenden Regelungswerke bestehende Gefahr unterschiedlicher Wertungen[209] ist jetzt entfallen. Die Ausweitung des Trennungsgebots auf alle Formen von Werbung, unabhängig von dem hierzu verwendeten Medium, beendete auch die nach alter Rechtslage ungeklärte Frage, ob das Trennungsgebot über den Bereich der Mediendienste hinaus auch auf andere Dienste anwendbar war.[210] Weitere Präzisierung erfolgt durch die neue Regelung in Nr. 11 Anhang I UWG 2008.

3. Formen der redaktionellen Internetwerbung

92 Redaktionell gestaltete Werbung im Internet unterscheidet sich zunächst einmal nicht grundlegend von Werbeformen in anderen Medien, stellt man auf die inhaltliche Gestaltung von presseähnlichen Internetdiensten ab. Eine im Internet veröffentlichte Anzeige kann ebenfalls so aufgemacht sein, dass diese als redaktioneller Beitrag erscheint. Eine andere Möglichkeit besteht darin, dass in online zugänglichen Berichten bzw. Beiträgen bestimmte Produkte oder Leistungen angepriesen werden, ohne dass der mit dem Beitrag bezweckte werbende Bezug für die Leser erkennbar wird. Beide Fallgestaltungen unterscheiden sich nicht von herkömmlicher redaktioneller Werbung, abgesehen vom Medium, in dem die Veröffentlichung erfolgt, so dass sich keine andere wettbewerbsrechtliche Beurteilung ergibt. Die zur Schleichwerbung entwickelten **Grundsätze**[211] sind daher auch bei entsprechender **redaktioneller Online-Werbung anwendbar.** Gleiches gilt auch für die redaktionelle Werbung im Internet, die eine unerlaubte Tarnung darstellt, indem der Eindruck erweckt wird, es handle sich bei den Beiträgen um Recherchen oder Meinungen unabhängiger Dritter; denn durch die Verwendung des Internets als Medium für die Veröffentlichung solcher Beiträge wird der mit dem Schleichwerbeverbot bezweckte Schutz des Wahrheitsgrundsatzes ebenso beeinträchtigt, indem die Umworbenen über die Objektivität bzw. Unabhängigkeit einer publizistischen Empfehlung irregeführt werden.[212] Sieht man

[207] BGH GRUR 1990, 611, 613 ff – Werbung im Programm; OLG Hamm WRP 1985, 655, 656.
[208] Kritisch hierzu *Baumbach/Köhler/Bornkamm* UWG § 4 Rn 3.1.
[209] *Gounalakis* NJW 1997, 2993, 3000.
[210] Zu diesen Fragen ausführlich *Hoeren* Internationale Netze und das Wettbewerbsrecht, in: *Becker* Rechtsprobleme internationaler Datennetze, UFITA-Schriftenreihe 137, 1996, 35–56; *Gummig* ZUM 1996, 573 ff.
[211] → Rn 26 ff.
[212] BGH GRUR 1995, 744, 746 – Feuer, Eis & Dynamit I.

von diesen Fallgestaltungen mit starkem Bezug zur Pressetätigkeit und den insoweit übertragbaren Regeln zur redaktionellen Werbung ab, dann sind Maßnahmen des Online-Marketings anhand der eingesetzten Technik zu beurteilen.

a) Besondere Charakteristika von Internetwerbung. Neben der wie in anderen Presseerzeugnissen erfolgenden Einbindung von Werbung in redaktionelle Beiträge[213] kann die Bewerbung von Produkten und/oder Unternehmen bei Onlinewerbung durch die technischen Möglichkeiten, die die elektronischen Kommunikations- und Informationsdienste eröffnen, wesentlich effizienter gestaltet werden. Zum einen kann die Darstellung nicht nur **visuell** in Text- und/oder Bildform erfolgen, sondern durch zusätzliche Nutzung von Tonsignalen **audiovisuell** gestaltet werden. Zum anderen sind Verknüpfungen zwischen den Informationsangeboten verschiedener Anbieter über die Setzung von Hyperlinks, durch sichtblockierende Pop-Up-Fenster oder durch Integration von fremden Websites in das eigene Angebot über Frames sowie die Bewerbung von Produkten über Banner denkbar. Eine weitere Möglichkeit der Verknüpfung von redaktionellen Berichten mit Werbung besteht beim Einsatz von Suchmaschinen sowie im Rahmen der Individualkommunikation per E-Mail (§ 7). 93

Bei der werberechtlichen Beurteilung von Websites stellt sich die grundsätzliche Frage, wie ein Internetauftritt mit Wettbewerbsbezug einzuordnen ist. Eine Homepage könnte entweder als eigenständiges Werbemittel oder als Internet-Gattung eigener Art aufgefasst werden. Würde man einer Homepage als solcher schon den Charakter als Werbemittel zusprechen, würde sich die Frage des Verstoßes gegen das Trennungsgebot so nicht stellen, da einem Werbemittel auch bei redaktioneller Untermalung nicht mehr der Anschein von Unabhängigkeit und Objektivität zugeschrieben werden kann. Eine solche Auffassung wird aber den tatsächlichen Gegebenheiten nicht gerecht. So kann auf einer Unternehmenshomepage nicht nur die Anpreisung von Produkten und dem Unternehmen selbst erfolgen, vielmehr findet man oft auch sachliche Informationen, zum Beispiel zu branchenspezifischen Aspekten. Ein pauschales Urteil zum werberechtlichen Charakter von Websites ist somit wegen der Vielfalt von unterschiedlichsten Internetauftritten nicht möglich und auch nicht geboten. Für die Einordnung ist daher vom **Zweck des Verbotes** von Schleichwerbung **auszugehen:** dem Schutz der Leserschaft vor Täuschung über den werbenden Charakter von Programmteilen bzw. Beiträgen.[214] Mit der nicht eindeutigen Trennung von publizistischem Teil und Werbung soll die üblicherweise von neutralen und sachlichen Stellungnahmen ausgehende Überzeugungskraft und Glaubwürdigkeit für die beworbenen Waren genutzt werden. Bei Bewertung von Online-Marketing ist somit entscheidend, ob die Internetnutzer durch die gewählte Marketingform über den Werbecharakter getäuscht werden. Insoweit ist auf die **Sicht des Verbrauchers** abzustellen. 94

Der BGH geht diesbezüglich in seiner neueren Rechtsprechung von dem **Leitbild** eines durchschnittlich informierten und verständigen Verbrauchers aus, der das fragliche Werbeverhalten mit einer der Situation angemessenen Aufmerksamkeit verfolgt (vgl. auch § 2 Abs. 2 und § 3 Abs. 2 Satz 2 UWG 2008 iVm § 13 BGB).[215] Wegen der Gewöhnung des Nutzers an Werbeverhalten im Internet kann hier – mit Ausnahme presseähnlicher Online-Angebote – im Einzelfall aber großzügig ausgelegt werden; das Trennungsgebot ist medienspezifisch anzuwenden.[216] Objektive Informationen werden die Internetnutzer insbesondere 95

---

[213] → Rn 26ff.

[214] BGH GRUR 68, 382, 384 – Favorit II; BGH GRUR 75, 75, 77 – Wirtschaftsanzeigen – public relations; BGHZ 81, 247, 250 f – Getarnte Werbung I; BGHZ 110, 278, 291 – Werbung im Programm; BGH GRUR 1993, 561, 562 – Produktinformation I; BGH GRUR 1994, 441, 442 – Kosmetikstudio; BGH GRUR 1994, 819, 820 – Produktinformation II; BGH GRUR 1994, 821, 822 – Preisrätselgewinnauslobung I; BGH GRUR 1994, 823, 824 – Preisrätselgewinnauslobung II; BGHZ 130, 205, 214 – Feuer, Eis & Dynamit I; BGH GRUR 1996, 71, 72f – Produktinformation III; BGH GRUR 1997, 139, 140 – Orangenhaut; BGH GRUR 1997, 541, 543 – Produkt-Interview; BGH GRUR 1997, 907, 909 – Emil-Grünbär-Klub.

[215] BGH GRUR 2000, 619, 621 – Orient-Teppichmuster; BGH GRUR 2000, 820, 821 – Space Fidelity Peep-Show; s. auch Begr. RegE BT-Drucks. 16/10145 S. 15 und 22.

[216] LG Berlin MMR 2005, 778, 779; *Pierson* K&R 2006, 489, 493 mwN; aA *Gabel* WRP 2005, 1106 mwN.

aber auf Homepages von staatlichen Organisationen, Presse- und Rundfunkunternehmen sowie anerkannten unabhängigen Organisationen erwarten, wobei es hier jedoch auf die Umstände jedes Einzelfalles, insbesondere die Gestaltung der Website und der Beiträge im Einzelnen, ankommt.[217] Eigene Websites der Anbieter von Kommunikations- und Informationsdiensten nehmen diesbezüglich eine Zwitterstellung ein, da sie – für den Nutzer erkennbar – neben Teilnehmerentgelten auch aus Werbung finanziert werden und damit einen eher unterhaltenden Charakter aufweisen, daneben aber von einem Serviceunternehmen auch die Darstellung sachlich unabhängiger Informationen erwartet werden kann. Ein weiterer Sonderfall sind die inzwischen weit verbreiteten, moderierten Web-Blogs. Sie werden nicht mehr nur durch private, sondern vermehrt auch von Unternehmensvertretern genutzt. Der durchschnittliche Nutzer wird hier trotz redaktioneller Gestaltung der Seite in der Regel nicht von einem objektiven Inhalt ausgehen, wenn er klar erkennen kann, dass die Inhalte subjektiv verbreitet werden, so dass kein zu strenger Maßstab etwa bei privaten Produkthinweisen oÄ anzulegen sein wird (die Entscheidung muss dennoch im Einzelfall getroffen werden.)

96 Entscheidend kommt es immer auf den mit redaktionellen Beiträgen üblicherweise **verfolgten Informationszweck** an,[218] der bei übertriebenen redaktionellen Produkthinweisen nicht mehr erfüllt ist. Aufgrund des mit dem Trennungsgebot verfolgten Zwecks, unabhängige Informationen der Redaktion von Darstellungen mit vorwiegend werbendem Charakter aus Lesersicht eindeutig unterscheiden zu können, ist eine solche Trennung immer dann zu fordern, wenn der Verleger – auch der Autor – für die Veröffentlichung ein **Entgelt** erhalten oder gefordert hat oder sich hat versprechen lassen.[219] Das Trennungsgebot ist insoweit kein Selbstzweck, sondern soll der Erlangung eines wettbewerbswidrigen Vorsprungs entgegenwirken, indem durch Verschleierung des Werbecharakters dem Beitrag vom Verkehr eine höhere Aufmerksamkeit beigemessen wird als den eindeutig als Werbung erkennbaren Aussagen der Mitbewerber. Bei redaktioneller Werbung ist daher von Belang, ob ein publizistischer Anlass für die konkrete Form des Beitrags bzw. Hinweises bestanden hat, was dann anzunehmen ist, wenn ein sachliches Informationsbedürfnis des Publikums und anerkennenswerte Gründe für die konkret gewählte Form der Nennung von Namen und/oder Produkt des Herstellers gegeben sind.

97 **b) Verlinkung.** Mittels technischer Verknüpfung von redaktionellem Beitrag und der Website des beschriebenen Produktes bzw. Dienstleistung bietet die Werbung im Internet eine Möglichkeit, den Nutzer direkt auf die Website des Unternehmens weiterzuleiten (Hyperlink) bzw. die dort enthaltenen Produktinformationen per Framingtechnik in die Online-Publikationen einzubinden. Beide Techniken ermöglichen ein verbessertes Marketing als dies zB durch bloße Angabe von Kontaktmöglichkeiten wie Telefonnummer und Adresse erreicht werden kann. Mit dieser Feststellung ist jedoch noch keine Aussage über die wettbewerbsrechtliche Bewertung getroffen. Hier gilt es vielmehr die Ausgestaltung der Verknüpfung im jeweiligen Einzelfall zu betrachten.

98 Bei Weiterleitung mittels **Hyperlink** wird auf eine andere (eigene oder fremde) Website mit weitergehenden Informationen verwiesen, wobei ein vollständiger Wechsel auf die aufgerufene Seite erfolgt. Zur Beachtung des Gebots von Trennung des redaktionellen vom werbenden Teil ist bei Verlinkung insbesondere auf die Platzierung des Links im Dokument abzustellen.

99 So hat das Kammergericht betont, dass das einfache Setzen eines Links von einem redaktionellen Beitrag auf die Internetseiten eines Glücksspielunternehmens nicht verboten werden könne.[220] Sofern mit dem Link keine werbende Anpreisung verbunden sei, handele es

[217] Zur Wertung *Baumbach/Köhler/Bornkamm* UWG § 4 Rn 3.8 f.

[218] BGH GRUR 1981, 835, 836 – Getarnte Werbung I; BGH GRUR 1997, 912 – Die Besten I; BGH GRUR 914, 916 – Die Besten II.

[219] BGH GRUR 1997, 541, 543 – Produkt-Interview; s. auch *Baumbach/Köhler/Bornkamm* UWG § 4 Rn 1.209; 3.20; 3.27.

[220] KG MMR 2002, 119 m. Anm. *Becker.*

sich noch um **journalistische Arbeit zugunsten des Lesers,** so dass auch keine Wettbewerbsförderungsabsicht (nach § 2 Abs. 1 Nr. 1 aF) zugunsten des verlinkten Unternehmens unterstellt werden könne. In die gleiche Richtung geht eine Entscheidung des OLG Jena, wonach in der Angabe von Links zu Verbänden ein bloßes Informationsangebot für die Internetnutzer zu sehen ist.[221] Führt der Link jedoch zu einem Werbeportal, muss er dementsprechend erkennbar gestaltet sein.[222] Weniger kritisch zu sehen ist dies mit Blick auf die Nutzererwartung bei den sog. Werbebannern.[223] Das Kennzeichnungsgebot gilt aber auch dann, wenn einfache Links kommentiert sind, da insoweit auf eine Verbindung zwischen dem Websitebetreiber und dem Anbieter der verlinkten Seite geschlossen werden kann, so dass bei redaktionellen Beiträgen eine Trennung zum werbenden Teil in der verlinkten Seite nicht mehr gewährleistet ist. Dabei kommt es grundsätzlich nicht darauf an, ob die verlinkte Werbeseite selbst deutlich als „Anzeige" gekennzeichnet ist. Hinweise wie „Sonderveröffentlichung" am oberen Rand reichen nicht aus.[224] Problematisch ist in diesem Zusammenhang auch die Verwendung von Hyperlinks in elektronischen Presseerzeugnissen, wenn direkte Verweisungen auf die Websites der im Text erwähnten Unternehmen vorgenommen werden. Legt man die presserechtliche Judikatur zugrunde, so ist ein solcher Hyperlink nur im Rahmen der **publizistischen Informationsaufgabe** zulässig. Das Trennungsgebot ist danach nicht verletzt, wenn die sachliche Unterrichtung der Leser im Vordergrund steht und die mit der Verweisung auf ein bestimmtes Unternehmen unvermeidlich verbundene Werbewirkung nur als eine in Kauf zu nehmende Nebenfolge erscheint.[225] Die mit Hyperlinks verbundene **Werbewirkung** ist danach in den Fällen nicht nur als **Nebenfolge** aufzufassen und somit von der Informationsaufgabe nicht mehr gedeckt, wenn mittels **Deeplink** direkt auf die Website mit den jeweiligen Produktbeschreibungen verlinkt wird. Der Nutzer wird regelmäßig durch den Beitrag selbst sachgerecht informiert, ohne dass es dieses speziellen Verweises bedarf. Zur Sachaufklärung reicht es aus, wenn der Nutzer im Artikel die Domain des Unternehmens ausgestaltet als Link findet. Kann er darüber hinaus sofort die Website mit der Präsentation des beschriebenen Produktes aufrufen, verschwimmen die Grenzen von inhaltlicher Information und Werbung.[226]

Framing stellt eine besondere Spielart der Verlinkung zweier Websites dar. Indem bei 100
der Verknüpfung mit der zweiten Website diese nicht das komplette Browser-Fenster einnimmt, sondern die zuerst aufgerufene Website als Rahmen – zumeist in Form von Balken am linken und oberen Bildrand, auf denen sich die Navigationsleiste befindet – verbleibt, wird per Link quasi eine Verschmelzung der aufgerufenen und auftretenden Websites bewirkt.[227] Ist die Integration der zweiten Seite so gestaltet, dass deren Inhalt als Teil des Angebotes der ursprünglich aufgerufenen Website erscheint, kann eine Verschleierung des werbenden Charakters des Beitrages eintreten. Eine solche Verschleierung kommt vor allem bei so genannten **Inline-Linking** in Betracht. Hierunter versteht man Verfahren, bei denen der Link nicht mit einem Wechsel der Internet-Adresse verbunden ist, sondern der Benutzer den Eindruck hat, er finde das Angebot noch auf dem ursprünglichen Server. Dies wird durch den Einsatz von Frames erreicht, die beim Aufruf der fremden URL erhalten bleiben (sog. IMG-Links). In solchen Fällen wird suggeriert, dass die verlinkte Homepage von einem anderen als dem tatsächlichen Anbieter stammt. Neben der aus urheberrechtlichen Gründen folgenden Bedenken im Hinblick auf das Namensnennungsrecht des Ur-

---

[221] OLG Jena MMR 2003, 531, 532.
[222] KG MMR 2006, 680.
[223] *Marwitz* K&R 1998, 369, 371; einschränkend *Gabel* WRP 2005, 1107; → Rn 92.
[224] LG Berlin MMR 2005, 778; KG MMR 2006, 680.
[225] BGHZ 50, 1 – Pelzversand; BGH GRUR 1968, 382 – Favorit II; OLG Köln AfP 1972, 289 f; OLG Düsseldorf WRP 1986, 556, 558; OLG Frankfurt WRP 1985, 37 f.
[226] Für diese letztendlich serviceorientierte Einordnung auch *Gabel* WRP 2005, 1107, der aber im Ergebnis die Zwischenschaltung einer weiteren, auf das Verlassen des redaktionellen Bereiches hinweisenden Seite empfiehlt.
[227] Zu den technischen Möglichkeiten *Metzger* CR 2000, 778 f.

hebers (§ 12 UrhG)[228] erscheint ein solches Vorgehen aber auch wettbewerbsrechtlich bedenklich, wenn nicht nur über den Anbieter der verlinkten Website irregeführt, sondern mittels dieser Technik auch dem Trennungsgebot zuwidergehandelt werden kann, indem durch die gewählte Form der Einblendung die Grenzen zwischen dem redaktionellen und werbenden Teil verschwimmen können. Insoweit kommt der optischen Gestaltung der Website entscheidende Bedeutung zu. Ein Verstoß gegen das Trennungsgebot ist jedenfalls anzunehmen, wenn die per Inline-Linking eingefügte Website derart in das bestehende Angebot integriert ist, dass beide Inhalte als eins erscheinen, was insbesondere bei gleicher Schriftart und fehlender Trennung der Beiträge zB mittels Absatz oder Trennlinie anzunehmen ist.

101 **c) Banner-Werbung.** Die Banner-Werbung stellt einen Sonderfall der Linktechnik dar, bei dem zumeist am oberen Bildrand horizontal oder auf der rechten Bildseite großformatige Einblendungen erfolgen, bei deren Aktivierung eine Verknüpfung zu anderen Websites hergestellt wird. Sofern diese aufgrund ihrer farblichen und/oder graphischen Gestaltung zB durch Einrahmung vom übrigen Angebot für den Nutzer als selbstständiger Teil erkennbar sind, ist dem Trennungsgebot genüge getan; eine zusätzliche Kennzeichnung als „Anzeige" erübrigt sich nach ganz überwiegender Auffassung.[229] Anders wäre dies zu beurteilen, wenn das im Banner gewählte Schlagwort weitergehende fachliche Informationen zum Beitrag suggeriert, beim Aufruf der verlinkten Website auf dieser jedoch rein werbende Aussagen erfolgen. Ebenso verhält es sich in den Fällen des sog. **Keyword Advertising.** Hierbei handelt es sich um Werbebanner, die auf den Seiten von Suchmaschinen geschaltet werden. Welche Werbebanner erscheinen, hängt davon ab, welches Suchwort vom Nutzer eingegeben wurde. Der kommerzielle Charakter der erscheinenden Banner muss ausreichend zum Ausdruck kommen. Für die Beurteilung der wettbewerbsrechtlichen Zulässigkeit gelten die allgemeinen Grundsätze zur Banner-Werbung.[230]

102 **d) Suchmaschinen-Einträge.** Fasst man die Einträge in Suchmaschinen als redaktionelle Beiträge auf, da infolge des vom Nutzer per Schlagwort eingegrenzten Themenbereiches die Suchmaschine neben den einschlägigen Websites auch eine kurze Inhaltsangabe anzeigt, so wäre auch das Trennungsgebot zu beachten. Die Gefahr des Verstoßes gegen das Trennungsgebot besteht immer dann, wenn das Ranking der Verweise nicht von dem tatsächlichen Inhalt der aufgeführten Seiten, sondern von Geldzahlungen oder anderen Versprechen der die Seiten betreibenden Unternehmen abhängt.

103 Zu bedenken ist jedoch, dass dem **durchschnittlich informierten** und **verständigen Verbraucher** mittlerweile bekannt ist, dass Websitebetreiber insbesondere durch die Gestaltung von Meta-Tags die Funktion von Suchmaschinen manipulieren können und deshalb die Ergebnisse von Suchmaschinenanfragen auch Domains angeben, die mit dem Suchbegriff nur wenig oder gar nichts gemein haben.[231] Um die mit dieser Manipulation einhergehende Beeinträchtigung des Rufs für die eigene Suchmaschine zu verhindern, sind die Betreiber von Suchmaschinen in jüngster Zeit dazu übergegangen, die Auflistung von Websites und deren Ranking davon abhängig zu machen, auf wie vielen anderen Websites Links zu der Seite eingefügt sind. Aber auch dieser Suchalgorithmus wird mittlerweile durch Websitebetreiber zu eigenen Gunsten beeinflusst, indem in einer Vielzahl anderer Websites eine Linksetzung auf die gewünschte Website erfolgt. Dem Betreiber einer Suchmaschine kann daher in solchen Fällen der Vorwurf des unlauteren Verhaltens bei Auflistung von Verweisen auf rein werbende Websites bei einem Suchwort mit sachlichem Kontext nicht gemacht werden. Zudem gilt es zu berücksichtigen, dass aufgrund der Informationsflut im Internet und der Beschränktheit von Suchalgorithmen eine vollständige inhaltliche Prüfung

---

[228] S. auch Shetland Times vs. Shetland News vom 24. 10. 1996, abrufbar zB unter <http://www.linksandlaw.com/decisions-87.htm>; s. dazu auch *Reed* Copyright in WWW Pages, Computer Law & Security Report 13 (1997), 167.

[229] Ausführlich *Pierson* K&R 2006, 489, 492 ff.

[230] *Hüsch* MMR 2006, 357, 360; *Tietge* K&R 2007, 503.

[231] OLG Düsseldorf MMR 2003, 407, 408.

von Websites nicht möglich ist. Der durchschnittlich informierte und verständige Verbraucher ist sich dessen auch bewusst, so dass eine Irreführung durch Suchmaschineneinträge hinsichtlich des Werbecharakters der aufgelisteten Websites ausgeschlossen werden kann.

e) Spamming. Bei der Werbung per E-Mail, insbesondere in Form der massenhaft versendeten Spam-Mails, gilt es genau zu differenzieren, ob die elektronische Post eine redaktionelle Gestaltung aufweist, und damit das Trennungsgebot zu beachten ist, oder nur der kommerziellen Kommunikation dient. Sind sowohl die Begriffe im Betreff unverfänglich gefasst, als auch der eigentliche Inhalt der E-Mail redaktionell gestaltet, ergeben sich keine anderen Beurteilungsgrundsätze als bei sonstiger redaktioneller Werbung.[232] In den meisten Fällen ist jedoch bereits aus der Absenderkennzeichnung und dem Betreff der werbende Charakter der E-Mail erkennbar und der wettbewerbsrechtliche Aspekt betrifft dann die mit solchen Nachrichten verbundene Belästigung (§ 7 Abs. 2 Nr. 3). Eine ergänzende Regelung für die kommerzielle Kommunikation besteht auch in § 6 Abs. 2 TMG, der besagt, dass bei elektronischer Post in Kopf- und Betreffzeile weder der Absender noch der kommerzielle Charakter der Nachricht verschleiert oder verheimlicht werden darf. **104**

Der werbende Charakter einer E-Mail entfällt selbst dann nicht, wenn es sich um eine Pressemitteilung handelt. Auch die Versendung an ein Web-Blog ohne vorherigen Geschäftskontakt ist als unzulässiges Spamming einzuordnen, wenn die Mitteilung in keinem konkreten Kontext zum Thema des Blogs steht.[233] Rechtmäßig ist die Zusendung einer E-Mail durch eine Verlagsredaktion ohne Zustimmung des Empfängers nur dann, wenn der Nachrichteninhalt keine Werbung enthält, sondern der Nachrichtenbeschaffung dient und weder unmittelbar noch mittelbar der Absatzförderung von Produkten dient. Das Recht auf Informationsbeschaffung durch Art. 5 Abs. 1 GG überwiegt in diesen Fällen, da der Presse die Informationsbeschaffungsmöglichkeit über das Internet sonst fast völlig verwehrt bliebe.[234] **105**

Kein Fall des § 4 Nr. 3 ist auch das sog. Click-Spamming. Dabei blockieren Mitbewerber die von Konkurrenten bei einer Suchmaschine angemieteten Schlüsselwörter (sog. AdWords, in der Regel ein am rechten Bildschirmrand bei Eingabe eines bestimmten Schlüsselbegriffes durch den User erscheinender Link) durch automatisch generiertes permanentes Anklicken, bis das vertragliche Klick-Limit überschritten ist und der Link vom Suchmaschinenbetreiber entfernt wird, ohne dass ein realer Internetnutzer die Anzeige zur Kenntnis nehmen konnte. Damit liegt aber mangels Kenntnisnahme keine Täuschung über den Werbecharakter des Links vor, sondern – mindestens – eine gezielte Behinderung von Mitbewerbern (auf technischem Wege) im Sinne des § 4 Nr. 10.[235] **106**

f) Domain-Bezeichnung. Eine weitere Möglichkeit der Irreführung der Internetnutzer über den Charakter einer Wettbewerbshandlung kann durch die Wahl einer schlagkräftigen Domain-Bezeichnung herbeigeführt werden, hinter der die angesprochenen Verkehrskreise sachliche und unabhängige Informationen vermuten. Ebenso wie das OLG Hamburg in seiner Entscheidung zur Wahl der Domain-Bezeichnung „Mitwohnzentrale.de" festgestellt hat, ist jedoch davon auszugehen, dass allein der Domain-Bezeichnung nicht die für eine Täuschung maßgebliche Bedeutung zukommt, sondern der auf der Website vorgehaltene Inhalt entscheidend ist.[236] Die Domain hat insoweit nur eine gewisse Leitfunktion, die beim Nutzer eine Erwartung hinsichtlich bestimmter durch die Domain-Bezeichnung suggerierter Informationen wecken kann. Eine Irreführung des Nutzers über den werbenden Charakter der Informationen erfolgt jedoch erst mit der Aufnahme der auf der Website enthaltenen Beiträge. Im Zusammenspiel von Domain-Bezeichnung und dahinter stehendem Internetangebot ist ein Verstoß gegen das Trennungsgebot dann anzu- **107**

---

232 → Rn 20 ff.
233 LG Berlin K & R 2007, 56.
234 LG München I MMR 2007, 120, 121.
235 *Kaufmann* MMR 2005, XV f.
236 OLG Hamburg GRUR 2003, 1058.

nehmen, wenn für den Nutzer nicht erkennbar wird, dass es sich hierbei um den Internetauftritt eines Anbieters bestimmter Produkte oder Dienstleistungen handelt, sondern die Aussagen zB einer unabhängigen Organisation zugerechnet werden.

4. Passivlegitimation

108 Im Wettbewerbsrecht gilt der allgemeine Grundsatz, dass nicht nur der Herausgeber des Beitrages, sondern auch derjenige, der an dem Verstoß mit Wettbewerbsabsicht (§ 2 Abs. 1 Nr. 1 aF) bzw. im Rahmen geschäftlichen Handelns im Sinne des § 2 Abs. 1 Nr. 1 UWG 2008 mitgewirkt hat, für eine gegen das Verbot der Schleichwerbung verstoßende Handlung verantwortlich ist.[237] Nach § 2 Abs. 1 Nr. 1 UWG 2008 genügt für die Haftung schon, dass das geschäftlich motivierte Verhalten einer Person objektiv mit der Absatzförderung zusammenhängt. Daher ist ohne Belang, ob der Handelnde Täter, Anstifter oder bloßer Gehilfe ist.[238] Derjenige, der den nicht mit dem Trennungsgebot konformen Beitrag erstellt, hat nach §§ 3, 4 bzw. Anhang I UWG 2008 dafür einzustehen.

109 **a) Haftung für zu Eigen gemachte Angebote Dritter.** Aufgrund der technischen Präsentationsmöglichkeiten im Internet kann ein Websitebetreiber aber auch Beiträge Dritter in das eigene Angebot mittels Link oder Framingtechnik einfügen und sich diese damit zu eigen machen. Durch das Setzen von Hyperlinks dürfte eine **Identifizierung** und damit ein zu Eigenmachen **mit den verlinkten fremden Inhalten** noch nicht gegeben sein, da mit dem vollständigen Wechsel auf eine Website eines anderen Anbieters für den Nutzer erkennbar der Beitrag eines Dritten erfolgt. Allein, dass die Nutzer durch die Kommentierung eines Links auf Verbindungen zwischen den Betreibern der verlinkenden und verlinkten Websites schließen, macht den verlinkten Inhalt noch nicht zu einem eigenen Angebot des Linksetzenden.[239]

110 Bei der Beurteilung von Einblendungen fremder Websites mittels Framingtechnik in das eigene Angebot hängt die Verantwortlichkeit des den Frame Setzenden davon ab, ob überhaupt ein Verstoß gegen das Trennungsgebot gegeben ist. Da ein solcher Verstoß beim **Inline-Linking** wegen der mit dieser Technik verursachten Täuschung über den Anbieter des verlinkten Internetauftritts gegeben sein kann, muss sich der Linksetzende den so geschaffenen Anschein eines eigenen Angebots zurechnen lassen, so dass beim Inline-Linking eine Haftung für die verlinkten Inhalte als zu eigen gemachte Angebote zu bejahen ist.

111 Nach der mittels analoger Anwendung von **§ 1004 Abs. 1 BGB** begründeten wettbewerbsrechtlichen Störerhaftung als **Mitstörer** kann sich auch ein an der Verletzungshandlung Mitwirkender, der keine eigene Wettbewerbsförderungsabsicht hat, der lauterkeitsrechtlichen Haftung ausgesetzt sehen.[240] Bei Vorliegen einer wettbewerbswidrigen Handlung eines Dritten, hier der gegen § 4 Nr. 3 verstoßenden Handlung, ist die streng akzessorische Störerhaftung dann gegeben, wenn der Handelnde den Wettbewerbsverstoß des Dritten kannte und an der Verletzung willentlich und kausal mitwirkt.[241] Die Frage der Kenntnis beurteilt sich dabei anhand der Einhaltung von Prüfungs- und Kontrollpflichten.

112 **b) Haftung von Diensteanbietern für fremde Inhalte.** Bei Online-Werbung ist neben dem Ersteller des inkriminierten Beitrags auch eine Verantwortlichkeit des **Informations- und Kommunikationsdiensteanbieters** anzunehmen. Durch die Speicherung und/oder Zugangsvermittlung der fraglichen Informationen wirkt der Diensteanbieter an dem Wettbewerbsverstoß mit. Bei der Frage nach seiner wettbewerbsrechtlichen Verantwortung gilt es jedoch die **Wertungen des TMG,** insbesondere die Haftungsprivile-

---

[237] *Baumbach/Köhler/Bornkamm* UWG § 8 Rn 2.1 ff.
[238] *Teplitzky* 14. Kap. Rn 11.
[239] BGH MMR 2004, 529, 532 – Schöner Wetten.
[240] BGH GRUR 1997, 473, 475 – Versierter Ansprechpartner.
[241] BGHZ 14, 163 – Constanze II; BGH GRUR 1988, 829, 830 – Verkaufsfahrten II; BGH GRUR 1991, 769, 770 – Honoraranfrage; BGH GRUR 1990, 373, 374 – Schönheits-Chirurgie; BGH WRP 1997, 1059, 1061 – Branchenbuch-Nomenklatur.

gien der §§ 7 ff TMG, zu berücksichtigen, die den früheren Regelungen des TDG entsprechen.

Den die Verantwortlichkeit begrenzenden Normen des TMG liegt ein technisch orientierter Ansatz zugrunde, der nach der Beteiligung verschiedener Diensteanbieter an unterschiedlichen technischen Vorgängen differenziert. Dementsprechend unterscheidet das Gesetz im Wesentlichen drei Gruppen von Vorgängen. Dies sind erstens die Speicherung eigener Informationen (Content Provider), zweitens die Speicherung fremder Informationen für Dritte (Host Provider) und als dritte Kategorie die bloße Zugangsvermittlung oder Durchleitung fremder Informationen sowie das Caching, die Zwischenspeicherung (Access Provider). Mit dieser Einteilung korrespondiert ein im Wesentlichen ebenfalls dreistufiges System der Haftungsbegrenzung: 113

(1) Für die Speicherung eigener Informationen gilt der Grundsatz der Eigenverantwortlichkeit, so dass die Diensteanbieter insoweit nach den allgemeinen Regeln ohne weitere Begrenzung haften (§ 7 Abs. 1 TMG).
(2) Für fremde Informationen, die ein Diensteanbieter lediglich für Dritte speichert, haftet er grundsätzlich erst ab Kenntnis dieser Informationen (§ 10 TMG).
(3) Für die bloße Zugangsvermittlung zu fremden Informationen (§ 8 TMG) sowie das Caching scheidet eine Haftung der Diensteanbieter dagegen grundsätzlich aus (§§ 8, 9 TMG).

Nach der ausdrücklichen Regelung in § 7 Abs. 1 TMG sind Diensteanbieter für **eigene Informationen,** die sie zur Nutzung bereithalten, nach den allgemeinen Gesetzen verantwortlich. Die Verantwortlichkeit für wettbewerbswidrige Werbung liegt damit grundsätzlich bei dem Anbieter, von dessen Computer die Werbung entweder zum Abruf bereitgehalten oder an Nutzer versandt wird. Anders als bei fremden Informationen kennt der Diensteanbieter die durch ihn selbst bereitgehaltenen Informationen und kann diese somit auch kontrollieren. Deshalb sind eigene Informationen für den Diensteanbieter nicht mit einem besonderen Risiko behaftet und verdienen auch keine Haftungsprivilegierung.[242] 114

Demgegenüber erfolgt mit der **Speicherung und/oder bloßen Vermittlung** des Zugangs zu **fremden Informationen** eine lediglich automatisierte, rein technische Durchleitung bzw. Vermittlung von Informationen. Die entsprechenden Haftungsprivilegierungen im TMG berücksichtigen in diesen Konstellationen die Tatsache, dass der Diensteanbieter die **fremden Inhalte nicht veranlasst** hat und es ihm aufgrund der technisch bedingten Vervielfachung von Inhalten und der hierdurch folgenden Unüberschaubarkeit zunehmend unmöglich ist, alle fremden Inhalte im eigenen Dienstebereich zur Kenntnis zu nehmen und auf ihre Rechtmäßigkeit hin zu überprüfen.[243] 115

Die **Haftungsprivilegierung entfällt** jedoch im Umkehrschluss zu den in § 8 Abs. 1 Nr. 1 bis 3 TMG aufgeführten Voraussetzungen der Privilegierung in den Fällen, wo der Diensteanbieter die Übermittlung selbst veranlasst hat, den Adressaten der übermittelten Informationen selbst ausgewählt hat oder die übermittelten Informationen ausgewählt oder verändert hat. In all diesen Fällen beschränkt sich die Tätigkeit des Diensteanbieters nicht auf die automatisierte, rein technische Durchleitung von Informationen. Vielmehr trifft er eigene Entscheidungen im Hinblick auf die ihm bekannten fremden Informationen, so dass die Haftungsprivilegien ihre Rechtfertigung verlieren. In diesen Fällen haftet er daher für die fremden Informationen voll, so als würde es sich um eigene Informationen handeln. Ähnliche Beurteilungsgrundsätze gelten auch für die Betreiber von Proxy Cache Servern. Die Haftungsbegrenzung findet dabei – ähnlich der Beurteilung bei der Vermittlung des Zugangs zu den Informationen – ihre Grenze, sobald die Beteiligung des Diensteanbieters 116

---

[242] So für das TDG 2001 *Säcker* MMR Beilage 9/2001, 2, 3 mit Verweis auf Nr. 42 der E-Commerce-Richtlinie, in der die Haftungsprivilegien ebenfalls mit fehlender Kenntnis und Kontrolle über bestimmte Informationen gerechtfertigt werden; *Roßnagel* NVwZ 2007, 743, 747.

[243] So schon Begründung zum Entwurf des IuKDG zu § 5 Abs. 2 TDG aF, BT-Drucks. 13/7385 S. 20; zur Unmöglichkeit einer umfassenden Kontrolle der fremden Inhalte auch *Tettenborn/Bender/Lübben/Karrenfort* K&R 2001, Beilage zu Heft 12, 1 ff.

die automatisierten, rein technischen Vorgänge überschreitet und er eigene Entscheidungen in Bezug auf die fraglichen Informationen trifft oder sobald er bestimmte Sorgfaltsanforderungen nicht beachtet (§ 9 TMG). Schließlich scheidet eine Haftungsprivilegierung aus, wenn Diensteanbieter und Nutzer absichtlich zusammenarbeiten, um eine rechtswidrige Handlung zu begehen (§ 8 Abs. 1 Satz 2 TMG).

117 Abgesehen von diesem aufgrund kollusiven Zusammenwirkens eindeutigen Fall hängt die Haftung grundsätzlich von der **positiven Kenntnis des Diensteanbieters** von einer rechtswidrigen Handlung oder Information ab.[244] Eine Untersuchungs- und Nachforschungspflicht zur Vermeidung von Wettbewerbsverstößen durch gespeicherte und/oder übermittelte fremde Informationen trifft den Diensteanbieter grundsätzlich nicht. Diese in § 7 Abs. 2 TMG wegen der mit der Informationsflut im Onlinebereich einhergehenden Unüberschaubarkeit geregelte Haftungsbeschränkung hatte der BGH schon für das TDG klargestellt.[245] Den zuvor geführten Diskussionen über Art und Umfang von Kontroll- und Prüfungspflichten ist mit dieser Entscheidung der Boden entzogen worden.[246]

118 In der die Prüfungs- und Kontrollpflichten von Onlinediensten betreffenden Entscheidung hatte der **BGH** über die Haftung des Internet-Auktionshauses ricardo.de für die Veranstaltung von Fremdversteigerungen von gefälschten Uhren der Marke Rolex zu urteilen. Die Entscheidung stellte das Haftungssystem von TDG und MDStV (jetzt TMG) in Frage. Aus dem Urteil geht hervor, dass das **Haftungsprivileg nur bei Schadensersatzansprüchen,** nicht jedoch bei einem Unterlassungsanspruch eingreifen soll.[247] Die Ansicht des höchsten deutschen Zivilgerichts steht somit im Widerspruch zum insoweit eindeutigen Gesetzeswortlaut von TDG und MDStV und dem hinter der Haftungsprivilegierung stehenden Gedanken. Betrachtet man das Verhältnis von Unterlassungs- zu Schadensersatzansprüchen und die hieraus folgenden unterschiedlichen Anspruchsvoraussetzungen, so ist die Urteilsbegründung auch aus rechtstechnischer Sicht nicht nachvollziehbar. So liegt das haftungsauslösende Moment von Unterlassungs- und Schadensersatzansprüchen in der Zuwiderhandlung gegen Verbote, wobei der Schadensersatzanspruch zusätzlich noch ein Verschulden hinsichtlich des rechtsverletzenden Verhaltens voraussetzt. Wenn entsprechend den gesetzlichen Regelungen in bestimmten Fällen ein ansonsten einen Schadensersatzanspruch begründendes Verhalten keine Verantwortlichkeit begründen soll, so fehlt es mangels rechtsverletzenden Verhaltens auch an einer Grundlage für die Begründung eines Unterlassungsanspruchs.[248] Zudem setzt ein Schadensersatzanspruch grundsätzlich ein vorwerfbares Verhalten des Inanspruchgenommenen bezüglich der rechtsverletzenden Handlung voraus, wohingegen der Unterlassungsanspruch grundsätzlich nur eine Rechtsverletzung unabhängig von einem Verschuldensvorwurf erfordert. Nach Ansicht des BGH wäre jedoch der weniger gewichtige Unterlassungsanspruch nicht vom Haftungsprivileg erfasst. Quintessenz des Urteils ist daher, dass schuldhaftem Handeln über die Anwendung der Haftungsprivilegierung ein geringerer Unwertgehalt beigemessen wird, als dem weder aufgrund Fahrlässigkeit geschweige denn Vorsatz verursachten Unterlassungsanspruch. Auch in seiner neuesten Entscheidung hält der BGH daran fest, dass das Haftungsprivileg des § 10 Satz 1 TMG sowohl auf den auf eine bereits geschehene Verletzung gestützten Unterlassungsanspruch als auch auf den vorbeugenden Unterlassungsanspruch nicht anwendbar ist. An den bereits entwickelten Grundsätzen des vorangegangenen Urteils habe sich auch mit dem Inkrafttreten des Telemediengesetzes nichts geändert.[249] Diese Entscheidungen widersprechen nicht nur

---

[244] Zur Frage der positiven Kenntnis BGH GRUR 2004, 74, 75.

[245] BGH Urt. vom 11. 3. 2004 – I ZR 304/01.

[246] Zu den einzelnen Meinungen *Leupold/Rücker* in: *Wiebe* Recht der elektronischen Datenbanken Teil IV D X Rn 142 ff.

[247] BGHZ 158, 326.

[248] Entsprechend der Begründung zu § 5 MDStV aF handelt es sich bei den Haftungsprivileg um eine haftungsbegründende und nicht lediglich haftungsbeschränkende Norm, epd-medien 1997 Nr. 48 S. 28.

[249] BGH MMR 2007, 507, 508 – Internetversteigerung II; kritisch zB *Leible/Sosnitza* NJW 2007, 3324; vermittelnd *Fülbier* CR 2007, 515.

dem eindeutigen Gesetzeswortlaut und gesetzgeberischen Willen, sondern sind auch aus dogmatischen Gründen nicht haltbar.

Neben diesen rechtsdogmatischen Fragen, die die Entscheidungen aufwerfen, ergeben sich auch Zweifel in **verfahrensrechtlicher Hinsicht.** So hatte bereits der VI. Zivilsenat im September 2003 zur Auslegung der Haftungsregeln des TDG 2001 entschieden, dass diese Normen haftungsbegründender Natur seien.[250] Die Beschränkung des Haftungsprivilegs auf Schadensersatzansprüche durch den I. Zivilsenat in seiner Entscheidung zur Haftung des Internet-Auktionshauses ricardo.de und die Bestätigung dieser Grundsätze in der Entscheidung Internetversteigerung II stellen insoweit abweichende Entscheidungen von der bereits zuvor durch den VI. Zivilsenat entschiedenen Rechtsfrage der Einordnung der Haftungsprivilegien des TDG 2001 bzw. des TMG in das allgemeine Haftungssystem dar. Es hätte somit einer Vorlage an den großen Senat für Zivilsachen nach § 132 GVG zur Klärung der offensichtlich divergierenden Rechtsansichten der beiden Zivilsenate bedurft. 119

Letztlich müsste eine Haftung des Host Providers als Mitstörer zumindest über die **allgemeinen Grundsätze zur Störerhaftung** in den allermeisten Fällen auszuschließen sein, da es ihm oftmals an der positiven Kenntnis derjenigen Tatsachen, aus denen sich ein Verstoß gegen § 4 Nr. 3 ergibt, mangelt. So stellt der BGH in der soeben kritisierten Entscheidung zumindest klar, dass für die Annahme einer Wiederholungs- wie einer Erstbegehungsgefahr die Verletzung einer zuvor aktivierten Prüfpflicht erforderlich sei.[251] Bei der Bestimmung der maßgeblichen **Kontroll- und Prüfungspflichten** ist der Aspekt des automatischen Verfahrens bei Speicherung und/oder Vermittlung des Zugangs zu den Daten zu beachten,[252] so dass grundsätzlich keine entsprechenden Pflichten angenommen werden dürften. 120

Diese providerfreundlichen Grundsätze werden durch die Rechtsprechung jedoch bereits wieder in Frage gestellt. Nach einem Urteil des LG Hamburg darf das Nachrichtenportal heise online keine Forenbeiträge verbreiten, in denen dazu aufgerufen wird, durch massenhaften Download den Betrieb eines anderen Servers zu Fall zu bringen.[253] Der Forenbetreiber ist durch diese Rechtsprechung faktisch gezwungen, alle Beiträge im Voraus zu kontrollieren, um auch die Verbreitung von rechtswidrigen Inhalten zu vermeiden, von denen er sonst keine Kenntnis hätte – praktisch unter Erhalt der bisherigen Struktur kaum machbar. Der BGH hat inzwischen klargestellt, dass ein Forenbetreiber selbst dann als Mitstörer haftbar ist, wenn dem Verletzten die Identität des Autors eines rechtsverletzenden Beitrages bekannt ist.[254] Die ausufernden Kontrollpflichten hat der BGH in einer weiteren Entscheidung als „wettbewerbsrechtliche Verkehrpflicht" konkretisiert auf die Pflicht, konkreten Hinweisen nachzugehen. Erst danach muss der Anbieter zumutbare Vorsorgemaßnahmen zur Vermeidungen weiterer Rechtsverletzungen treffen.[255] 121

c) Beweislastfragen. Gilt es die Haftungsprivilegien des TMG im Rahmen der wettbewerbsrechtlichen Haftung zu berücksichtigen, stellt sich auch die Frage nach Verteilung der Darlegungs- und Beweislast hinsichtlich dieser haftungsbegründenden Normen.[256] Die in der Literatur[257] umstrittene Frage hat der BGH dahingehend geklärt, dass den **Anspruchsteller** die **Darlegungs- und Beweislast** trifft, dass der Inanspruchgenommene positive Kenntnis von dem Inhalt der beanstandeten Website hatte.[258] Den Verletzten bzw. nach § 8 Abs. 3 Anspruchsberechtigten treffen somit erhöhte Anforderungen bei Geltendmachung von Unterlassungs- und Schadensersatzansprüchen sowie des Gewinnabschöpfungsanspruchs. 122

250 BGH GRUR 2004, 74, 75.
251 → Rn 117 .
252 LG Hamburg MMR 2004, 195, 197.
253 LG Hamburg Urt. vom 5. 12. 2005 – 324 O 721/05.
254 BGH NJW 2007, 2558; anders noch in der Vorinstanz OLG Düsseldorf MMR 2006, 553.
255 BGH K&R 2007, 517 – Jugendgefährdende Medien bei eBay.
256 Allgemein *Pankoke* MMR 2004, 211 ff mwN.
257 Für die Beweislastverteilung zulasten des Verletzers s. *Spindler* NJW 1997, 3193, 3198.
258 BGH GRUR 2004, 74, 75.

D. Wissenschaftliche und publizistische Werbung

123 Bei Verwendung **wissenschaftlicher** oder **publizistischer** Werke zu Werbezwecken gilt es ebenso wie in den übrigen Fallkonstellationen von tarnender Werbung eine Täuschung des Publikums zu verhindern. Insbesondere wissenschaftlich untermalte Beiträge können bei Lesern den falschen Anschein eines unabhängigen und sachlichen Urteils hervorrufen, da gerade wissenschaftlichen Stellungnahmen und Empfehlungen in der Öffentlichkeit ein hoher Stellenwert hinsichtlich der Glaubwürdigkeit zukommt und auf diese Weise den Angaben eine größere Beachtung zuteil wird.

I. Gutachten und wissenschaftliche Stellungnahmen

124 Ein Gutachten soll dem Verkehr einen fachlich fundierten, objektiven Rat vermitteln, der auf wissenschaftlichen oder fachspezifischen Erkenntnissen beruht und sich nicht in einer Werbezwecken dienenden Veröffentlichung erschöpft. Daher hat derjenige, der im Wettbewerb von einem für ihn günstigen Gutachten Gebrauch machen will, stets auf eine Abhängigkeit des Gutachters, auf ein etwa zugrunde liegendes Auftragsverhältnis oder sonstige Umstände hinzuweisen, um den irrigen **Eindruck** beim Publikum auszuschließen, es handele sich um eine **unabhängige** und **unbeeinflusste Stellungnahme,** der man sich unbedenklich anschließen könne.[259] Dieser für alle Lebensbereiche gültige Aspekt findet bei dem besonders durch fachliche bzw. wissenschaftliche Angaben leicht manipulierbaren Bereich der Heilmittelwerbung in den weitreichenden Verboten bzw. Beschränkungen von fachlichen und wissenschaftlichen Aussagen der §§ 6, 11 Abs. 1 HWG seinen Niederschlag.

125 Der Werbende hat grundsätzlich für die Richtigkeit seiner Werbeaussagen einzustehen. Dies gilt insbesondere immer dann, wenn die getroffenen Aussagen als wissenschaftlich gesichert und objektiv richtig hingestellt werden, obwohl es sich in Wahrheit um eine fachlich umstrittene Materie handelt. Der Werbende übernimmt durch die Entscheidung für eine Auffassung die **Verantwortung für die Richtigkeit.**[260] Dieser Einstandspflicht kommt gerade bei Artikeln der Gesundheitspflege eine besondere Bedeutung zu, da im Fall von Werbung mit ungesicherten wissenschaftlichen Erkenntnissen eine erhöhte Gefahr für die körperliche Integrität der Konsumenten besteht. Angaben auf dem Gebiet des Gesundheitswesens sind im Interesse der Allgemeinheit nur zuzulassen, wenn sie gesicherter wissenschaftlicher Erkenntnis entsprechen. Allgemeine Angaben wie zB „ärztlich empfohlen" sind unklar und irreführend.[261] Wird ein Gutachten ohne die Einwilligung des Gutachters verwendet, ist dies stets wettbewerbswidrig.

II. Empfehlungen Dritter

126 Wettbewerbswidrig handelt auch, wer seine Waren durch Angaben anpreist, die scheinbar auf **fachkundigen Aussagen eines Dritten** beruhen, um eine größere Aufmerksamkeit am Markt zu erlangen. Ebenso wie bei gutachterlichen Stellungnahmen wird der vermeintlichen Aussage eines fachkundigen Dritten eine größere Glaubwürdigkeit zugesprochen. So ist auch die Tarnung einer Warenanpreisung als eigene Erklärung des Herausgebers einer Fachzeitschrift als anstößig angesehen worden, weil dadurch der unrichtige Eindruck entsteht, es handele sich um die fachkundige Äußerung eines unbeteiligten Dritten.[262]

---

[259] BGH GRUR 1961, 189 – Rippenstreckmetall.

[260] BGH GRUR 1958, 485, 486 – Odol; BGH GRUR 1965, 368, 373 – Kaffee C; *Baumbach/Köhler/Bornkamm* UWG § 5 Rn. 2.160.

[261] BGH GRUR 1971, 153, 155 – Tampax; s. auch *Löffler/Ricker* Kap. 76 Rn 12.

[262] BGH GRUR 1968, 382 – Favorit II.

III. Presseveröffentlichung

127 Die Verwendung einer scheinbar objektiv geschriebenen und von einer neutralen Person veranlassten Presseveröffentlichung verstößt gegen wettbewerbsrechtliche Grundsätze, wenn damit tatsächlich Eigenwerbung betrieben wird.[263] Ähnlich wie im Bereich der redaktionell gestalteten Werbung misst der Leser solchen Aussagen ein höheres Gewicht bei als den erkennbar von dem in der Veröffentlichung erwähnten Unternehmen verfassten Erklärungen.

IV. Meinungsumfragen

128 Eine weitere Möglichkeit der unterschwelligen Beeinflussung des Konsumentenverhaltens kann durch den gezielten Einsatz von **Meinungsumfragen** erfolgen, indem die Meinungsumfrage lediglich vorgeschoben wird. Es ist daher unzulässig, sich im Rahmen einer Umfrage unter Täuschung des Befragten über den **Zweck** der Befragung **Daten zu beschaffen,** um dann unter Ausnutzung dieser Daten den Befragten gezielter umwerben und zu einem Vertragsabschluß bewegen zu können.[264] Unternehmen, die in dieser Weise vorgehen, verschaffen sich einen Wettbewerbsvorsprung vor ihren Mitbewerbern, die sich nicht derartiger Praktiken bedienen. Die **Antwortbereitschaft des Verbrauchers** wird entscheidend durch den Zweck der Befragung **beeinflusst.** Muss der Befragte annehmen, dass die ihm gestellten Fragen unverbindlich sind und dass der Fragesteller ihn insbesondere nicht zu einem Vertragsabschluß bewegen will, wird er eher bereit sein, auf die Fragen zu antworten, als wenn er schon zu Beginn des Gesprächs darüber informiert wird, dass er zu einem Vertragsabschluss veranlasst werden soll. Daher sind solche Umfragen nur zulässig, wenn für die Befragten klar erkennbar ist, dass sie der Kundengewinnung dienen.[265]

129 Häufig werden Meinungsumfragen vorgeschoben und als Türöffner benutzt. So hat auch das OLG München in einer Entscheidung zur Frage des Wettbewerbsverhältnisses zwischen den Mitgliedern eines Verbandes von Meinungsforschungsinstituten und einer Zeitschriftenvertriebsgesellschaft betont, dass durch eine vorgeschobene Meinungsumfrage bei den Angesprochenen der Eindruck entstehe, der Fragende komme im Auftrag eines Meinungsforschungsinstitutes, um eine ernsthafte Umfrage durchzuführen. Durch solches Gebaren, so das Gericht weiter, werde die Tätigkeit der Meinungsforschungsunternehmen behindert und auf Dauer schwer beeinträchtigt. Es könne der Eindruck entstehen, dass es bei Meinungsumfragen letztlich nicht um die Durchführung einer Umfrage, sondern um den Verkauf von Zeitschriften gehe.[266] Bei einem solchen Verhalten bestehe die **Gefahr,** dass die Tätigkeit der Markt- und Sozialforschungsinstitute zu Unrecht an Vertrauen verliere und somit ihre **Funktionsfähigkeit gefährdet** werde.[267]

130 Die von einer vorgeschobenen Meinungsumfrage ausgehende Störung ist vielfach noch intensiver als bei Maßnahmen, die offenkundig Werbezwecken dienen. Dass sich der wahre Zweck dem Angesprochenen nicht sofort erschließt, macht diese Methode erst recht sittenwidrig. Nach einer Entscheidung des OLG Stuttgart wird eine vom Angerufenen nicht erbetene und auch nicht in seinem Interesse liegende Telefonwerbung (vgl. § 7) nicht dadurch wettbewerbsrechtlich zulässig, dass man sie als Meinungsumfrage tarnt. Einen offenkundigen Werbeanruf könne man wenigstens umgehend beenden. Anders sei es, wenn man zunächst nur um seine Meinung gefragt werde. So unhöflich, dass sie hier das Gespräch sofort abrupt beendeten, wollten viele Angerufene nicht sein. Darauf, ob ein durchschnittlich informierter und aufgeklärter Verbraucher wisse, dass er an einer Befragung

---

[263] BGHZ 50, 1, 3 – Pelzversand.
[264] OLG Frankfurt GRUR 1989, 845 – Adressbeschaffung.
[265] BGH GRUR 1973, 268 f – Verbraucher-Briefumfrage m. Anm. *Kraft.*
[266] OLG München ZUM 1991, 94.
[267] BGH GRUR 1973, 268 f – Verbraucher-Briefumfrage m. Anm. *Kraft.*

nicht teilnehmen müsse und es auch nicht als unhöflich empfunden werde, wenn er dies ablehne, komme es nicht an.[268] Eine Täuschung des Umworbenen und damit auch ein unlauteres Handeln der Werbenden ist nur ausgeschlossen, wenn der **tatsächliche Zweck** des Gesprächs für den Angesprochenen **klar erkennbar** ist.[269]

E. Sonstige getarnte Werbung

I. Sonstige getarnte Werbung in Printmedien

131 Im Bereich der nichtredaktionellen getarnten Werbung in Printmedien kann etwa auf Werbung in **Büchern** verwiesen werden. Oftmals finden sich dort werbende Aussagen. Teilweise werden sogar ganze Bücher um Werbeaussagen herum geschrieben. Besonders anfällig sind zB Kochbücher, Reisebeschreibungen oder, gerade im medizinischen Bereich, Ratgeber.[270] In Kinderbüchern besteht ebenfalls die Gefahr, dass Anregungen für kindliche Aktivitäten mit herstellerbezogenen Produktempfehlungen versehen werden. Grundsätzlich gilt das wettbewerbsrechtliche Trennungsgebot auch für Bücher. Da der Leser ein Buch jedoch weniger flüchtig als periodische Presse wahrnimmt, sind an die Ausgestaltung der Kennzeichnung im Einzelfall **weniger strenge Anforderungen** zu stellen. Deutliche Hinweise am Anfang und am Ende des Buches sollten insoweit genügen. Noch zulässig sein dürfte daher zB entgeltliches Product Placement in Romanen, etwa indem ein Protagonist bestimmte namentlich genannte Erzeugnisse verwendet oder sich mit Markenprodukten einkleidet, wenn eine entsprechende Kennzeichnung am Anfang und Ende des Buches erfolgt.[271] Zu beachten ist hier gerade bei fiktiven Werken auch der grundrechtlich gewährleistete Schutz über die Kunstfreiheit (Art. 5 Abs. 3 GG). Sach- und Schulbücher genießen hingegen eine erhöhte Glaubwürdigkeit, so dass hier wiederum auf die allgemeinen Grundsätze für Presseerzeugnisse zurückzugreifen ist.

II. Sonstige getarnte Rundfunk- und Filmwerbung

1. Sponsoring

132 Das Sendesponsoring ist in § 8 RfStV separat geregelt und stellt eine **typische Sonderwerbeform** dar.[272] Systematisch steht das Sponsoring von den übrigen rundfunkrechtlichen Werbebestimmungen getrennt, zumal es sich anerkanntermaßen um eine eigenständige Finanzierungsform der Veranstalter handelt.[273] Nach der Legaldefinition in § 2 Abs. 2 Nr. 7 RfStV beschreibt der Begriff jeden Beitrag eines Dritten zur direkten oder indirekten Finanzierung einer Sendung, die den Zweck der Imageförderung verfolgt. Die näheren Zulässigkeitsvoraussetzungen dieser Methode führt § 8 RfStV im Einzelnen auf.

133 Hintergrund der detaillierten Hinweispflichten ist die **Befürchtung einer inhaltlichen Einflussnahme** auf die finanzierte Sendung. Bei ganz oder teilweise finanzierten Sendungen verlangt § 8 Abs. 1 Satz 1 RfStV daher einen entsprechenden Hinweis auf den Financier, der jedenfalls zu Beginn oder am Ende zu platzieren und in vertretbarer Kürze darzustellen ist. Nach Sinn und Zweck der Hinweispflicht im Sinne der **Warnfunktion gegenüber dem Zuschauer** ist eine darüber hinaus gehende mehrmalige Nennung grundsätzlich zulässig. Eine extensive Sponsoringpraxis ist gerade im privatrechtlichen TV-Programm häufig anzu-

---

[268] OLG Stuttgart GRUR 2002, 457 f.
[269] Dazu BGH GRUR 1973, 268 f – Verbraucher-Briefumfrage m. Anm. *Kraft*.
[270] OLG Köln WRP 1993, 515 – Verdeckte Arzneimittelwerbung; *Ahrens* GRUR 1995, 307, 308.
[271] *Henning-Bodewig* GRUR Int. 1991, 858, 865.
[272] BGH GRUR 1992, 518, 520 – Ereignis-Sponsorwerbung/Agfa; umfassend *Sack* ZUM 1987, 103, 110 mwN.
[273] *Engels/Giebel* ZUM 2000, 265, 271.

treffen. Von den Landesmedienanstalten werden inzwischen weitere Hinweise vor und nach Werbeunterbrechungen, sog. Sponsor-Reminder, ohne weiteres für zulässig gehalten. Nach § 8 Abs. 1 Satz 2 RfStV ist anstelle der Namensnennung auch die Einblendung des Firmenemblems oder einer Marke zulässig. **Keinesfalls** darf allerdings eine Einebnung von Sponsoring und sonstiger rundfunkrechtlichen Werbung insofern stattfinden, dass anstelle des Firmennamens **Produktnamen** oder Dienstleistungen des Sponsors angeführt werden (vgl. § 8 Abs. 3 RfStV).

Eine **elementare Unterscheidung** im Rahmen des Sponsorings hat der **BGH** in einer Entscheidung im Jahr 1992 getroffen, der das Sponsoring eines Fußballländerspiels zugrunde lag.[274] Danach ist hinsichtlich der Anwendung der Sondervorschrift des § 8 RfStV **zwischen Sendesponsoring und Ereignissponsoring** streng zu differenzieren. Lediglich die Zulässigkeit des Sendesponsorings (im Sinne des § 2 Abs. 2 Nr. 7 RfStV) beurteilt sich nach den soeben bezeichneten Sondervorschriften des § 8 RfStV. Demgegenüber ist das Ereignissponsoring, d. h. die Finanzierung des der Sendung zugrunde liegenden Ereignisses von Seiten Dritter, an den grundsätzlichen rundfunkrechtlichen Werbebestimmungen,[275] insbesondere am Trennungsgebot, zu messen.[276] 134

Infolgedessen kann bei einer redaktionellen Sendung über ein bestimmtes Ereignis die **Nennung des Sponsors** des Ereignisses im Vor- und Abspann der Sendung **gegen § 7 Abs. 3 RfStV verstoßen** und mithin unlauter sein, wenn der Sendeanstalt eine Wettbewerbsförderungsabsicht nachgewiesen werden kann.[277] **Unlauter** im Sinne des § 4 Nr. 3 ist es zudem jedenfalls, als Sponsorenhinweis die **Marke des Sponsors auf dem Hintergrund** der Szene eines Fußballspiels **einzublenden,** so dass sie als zusätzlicher Werbeeffekt in Form einer Bandenwerbung ein zweites Mal in Erscheinung tritt.[278] 135

2. Product Placement

Einen weiteren, in seiner Tragweite und wirtschaftlichen Bedeutung äußerst schillernden Unterfall der verbotenen Schleichwerbung bezeichnet das sog. **Product Placement.** Verstanden wird darunter die zielgerichtete Verwendung von Produkten und Marken als Requisiten in Fernsehsendungen bzw. Filmen.[279] Obwohl dieses Phänomen integrativer Werbung filmgeschichtlich bereits auf eine lange Tradition zurückblicken kann,[280] erfreut es sich aufgrund seiner spezifischen Vorzüge gegenüber konventionellen Werbeformen nach wie vor wachsender Beliebtheit. **Charakteristisch** für die Effizienz des Product Placements und zugleich Kern seiner rechtlichen Problematik ist **das Ausnutzen der symbiotischen Beziehung** zwischen der Botschaft des Films bzw. der Sendung und dem Image des Produkts. Über das Vehikel des Mediums betreibt hier eben nicht nur der Hersteller Imagepflege, sondern umgekehrt bedient sich auch der Regisseur bzw. verantwortliche Redakteur der Markenartikel, um dem medialen Produkt eine bestimme Atmosphäre zu verleihen.[281] 136

Zu unterscheiden ist grundsätzlich zwischen der Behandlung des Product Placements im regulären Rundfunk und im Spielfilm. Bei der Behandlung des Product Placements im Rahmen von Rundfunksendungen lässt sich unmittelbar an § 7 Abs. 3 RfStV anknüpfen. Vor der Einführung des § 4 Nr. 3[282] war jedoch **lange Zeit umstritten,** ob das Verbot der Tarnung von Werbung **im Bereich des Kinospielfilms** überhaupt Geltung beanspruchen 137

---

274 BGH GRUR 1992, 518 – Ereignis-Sponsorwerbung/Agfa.
275 → Rn 59 ff.
276 BGH GRUR 1992, 518, 520 – Ereignis-Sponsorwerbung/Agfa; *Gloy/Ahrens* Hdb. § 59 Rn 91.
277 BGH GRUR 1992, 518, 520 – Ereignis-Sponsorwerbung/Agfa; *Baumbach/Hefermehl* UWG § 1 Rn 41.
278 OLG Frankfurt GRUR 1995, 500, 502 – Isostar.
279 *Baumbach/Köhler/Bornkamm* UWG § 4 Rn 3.43 ff.
280 Dazu *Henning-Bodewig* ZUM 1988, 263 mwN.
281 *Baudenbacher* schwUWG Art. 2 Rn 75.
282 Begr. zum RegE, BT-Drucks. 15/1487 S. 17.

konnte.[283] Schwierigkeiten bereitete die Heranziehung des Prinzips in erster Linie vor dem systematischen Hintergrund, dass eine gesetzliche Grundlage in diesem Segment, anders als im Presse- oder Rundfunkrecht, gerade nicht vorhanden war. Zudem wurde die Anwendbarkeit des Grundsatzes im Rahmen der Kontroverse – die dogmatisch weitgehend einer sauberen Grenzziehung zwischen dem Tarnungsverbot und dem Trennungsgebot entbehrte – insbesondere mit dem spezifischen Erwartungshorizont der Zuschauer abgelehnt. Dieser sei bei Kinofilmen weniger auf eine objektive (redaktionelle) Berichterstattung gerichtet, sondern erschöpfe sich weitgehend im Unterhaltungszweck des Werkes.[284]

138 Letztgenannter Ansicht ist der **BGH** allerdings in seinen beiden **richtungsweisenden Entscheidungen**[285] zu diesem Problemkreis im Jahr 1995 dezidiert entgegengetreten. Gegenstand der Rechtsstreitigkeiten war die Aufführung des Kinofilms „Feuer, Eis & Dynamit", in dem über die herkömmlichen Dimensionen des Product Placements hinaus zahlreiche Markenartikel in die Spielhandlung integriert waren. Hiergegen wendeten sich zwei Unternehmen (in parallelen Verfahren),[286] deren Produkte im regulären Blocksystem im Vorprogramm des Films beworben wurden. Der BGH hat klargestellt, dass es sich beim wettbewerbsrechtlichen Grundsatz des Verbots von getarnter Wirtschaftswerbung um ein für sämtliche Formen der Print- und elektronischen Medien geltendes Institut handelt.

139 Zur Begründung bemüht der BGH zum einen den das Lauterkeitsrecht beherrschenden Wahrheitsgrundsatz, zum anderen verweist er auf das grundgesetzliche Gebot der Persönlichkeitssphäre.[287] Er greift aber auch den Aspekt des Erwartungshorizontes auf und führt aus, dass an Spielfilmwerbung mangels vergleichbarer Verkehrserwartung an die Objektivität des Dargebotenen nicht die strengen Maßstäbe redaktioneller Presse- und Rundfunkbeiträge anzulegen seien.[288] Die Täuschung gegenüber dem Zuschauer sei aber grundsätzlich – vorbehaltlich fehlender Aufklärungsmaßnahmen[289] – **wettbewerbswidrig,** sofern sie **vermeidbar** sei oder **gegen Entgelt** erfolge.[290]

140 In dieser Konsequenz ist dem BGH indes nicht uneingeschränkt zu folgen.[291] Dabei setzt die geäußerte **Kritik** vor allem bei zwei Punkten an. Einerseits der pauschalen **Privilegierung des Kinospielfilms** gegenüber Rundfunksendungen, andererseits am **Kriterium der Entgeltlichkeit** zur Beurteilung der Unzulässigkeit.

141 Zunächst existiert der vom BGH zugrunde gelegte Gattungsbegriff des Kinospielfilms in dieser Form schlechthin nicht. Die Aussagen müssten sich jedenfalls auf zahlreiche Beiträge des Rundfunks übertragen lassen, dies schon aufgrund der wirtschaftlichen Realität, in der eine Sekundärverwertung von Kinofilmen im Fernsehen und umgekehrt äußerst verbreitet ist.[292]

142 Sehr **zweifelhaft** ist insbesondere aber der Maßstab der Entgeltlichkeit der fraglichen Produktverwendung. Es kann nicht überzeugen, dass es von Herstellerseite zulässig sein soll, ein hochwertiges Produkt (zumindest in der Erwartung der Amortisation) zur Verfügung zu stellen, es dagegen aber verboten sein soll, die Präsentation eines geringwertigeren Produkts in sehr hoher Gewinnerwartung durch eine Zuzahlung zu erreichen.[293] Die vom Gericht hierzu genannte Begründung, mit solch erheblichen Zahlungen rechne der Be-

---

[283] Grundlegend *Henning-Bodewig* ZUM 1988, 263, 268; aA etwa *Sack* Sonderheft ZUM 1987, 121 f; *Hartel* ZUM 1993, 592, 598.

[284] *Hartel* ZUM 1993, 592, 598.

[285] BGH GRUR 1995, 744 ff, 750 ff – Feuer, Eis & Dynamit I, II.

[286] OLG Hamburg ZUM 1994, 190 bzw. OLG München ZUM 1993, 617.

[287] BGH GRUR 1995, 744, 747 – Feuer, Eis & Dynamit I; s. auch *Henning-Bodewig* GRUR 1996, 321, 325.

[288] BGH GRUR 1995, 744, 747 – Feuer, Eis & Dynamit I.

[289] → Rn 133.

[290] BGH GRUR 1995, 744, 747 – Feuer, Eis & Dynamit I; dem uneingeschränkt folgend *Baumbach/Köhler/Bornkamm* UWG § 4 Rn 3.46.

[291] Kritisch etwa auch *Baudenbacher* 2001 Art. 2 Rn 78 ff; *Schultze* Product Placement S. 21 ff.

[292] *Henning-Bodewig* GRUR 1996, 321, 326 ff; *Schultze* Product Placement S. 22; *Baudenbacher* 2001 Art. 2 Rn 78.

[293] *Baudenbacher* 2001 Art. 2 Rn 81.

trachter nicht,[294] wird dem teleologischen Hintergrund nicht gerecht. Mag man in Anbetracht der Verbreitung des Phänomens schon an der unterstellten Naivität der Konsumenten zweifeln,[295] so geht es bei dem wettbewerbsrechtlichen Tarnungsverbot in der Sache nicht um die Vorhersehbarkeit der Qualität der Werbung. Vielmehr ist danach allein ausschlaggebend, ob und inwieweit der Adressat die Werbewirkung überhaupt erkennen und sich ihr infolgedessen ggf. entziehen kann. Im Vordergrund der Frage nach der Unlauterkeit eines Product Placements im Sinne des § 4 Nr. 3 muss daher auch hier der jeweilige Täuschungscharakter der Maßnahme stehen.[296]

Die Neufassung der Richtlinie über audiovisuelle Medien (früher: Fernsehrichtlinie)[297] **143** lässt unentgeltliches Product Placement bei entsprechender Kennzeichnung nun ausdrücklich zu. Die Regelung hat sich als Kompromiss gegen Widerstand vor allem auch von deutscher Seite durchgesetzt. Eine Umsetzung in deutsches Recht muss bis zum 19. 12. 2009 erfolgen.

Von **verfassungsrechtlicher Relevanz** ist im Bereich der Kinospielfilme die **Kunstfreiheit** des Art. 5 Abs. 3 GG. Sie gewährt einen umfassenden Schutz für alle an der kommunikativen Vermittlung des einzelnen Kunstwerkes Beteiligten, also nicht lediglich der schaffenden Künstler, sondern ebenfalls in Richtung der Produzenten und Vertriebsunternehmer. Der BGH betont insofern neben der extensiven Auslegung des grundrechtlichen Werkbereichs ausdrücklich, dass sogar eine etwaige Einflussnahme der Werbetreibenden auf Handlung, Drehbuch oder technische Umsetzung des Films dessen Kunstqualität nicht entgegenstünden.[298] **144**

Infolge der Schrankenlosigkeit der Kunstfreiheit in Art. 5 Abs. 3 GG kann die Beurteilung der Zulässigkeit eines Werkes in diesem Bereich nur anhand einer **Abwägung mit** dem in Form der Entschließungsfreiheit konkretisierten **Persönlichkeitsrecht der Zuschauer** aus Art. 2 Abs. 1 GG iVm Art. 1 Abs. 1 GG erfolgen. Aus der Wertigkeit des betroffenen Guts auf Seiten der Produzenten ergibt sich zugleich, dass ein generelles **Ausstrahlungsverbot** eines mit Product Placement versehenen Kinospielfilms in der Regel **nicht in Betracht kommt.** Ebenso ist es Konsequenz der starken Ausstrahlungskraft des Art. 5 GG, dass in diesem Bereich eine widerlegliche Vermutung gegen das Vorliegen einer für die Unzulässigkeit nach § 2 Abs. 1 Nr. 1 UWG 2008 notwendigen objektiven Zusammenhang des fraglichen Handelns mit einer Förderung des Absatzes zu gelten hat. Anerkanntermaßen stellt demgegenüber aber die Entgeltlichkeit der Maßnahme ein kaum zu widerlegendes Indiz für diesen Zusammenhang dar.[299] **145**

Das OLG München hat einen zwischen den Parteien geschlossenen entgeltlichen Vertrag über Product Placement in Kinofilmen wegen Verstoßes gegen § 4 Nr. 3 als nichtig nach § 134 BGB angesehen; dem stehe auch das Grundrecht der Kunstfreiheit nicht entgegen, da in einer Abwägung mit dem Recht des Einzelnen auf freie, dh. auch von Manipulationen unbeeinflusste, Entfaltung der eigenen Persönlichkeit nach Art. 2 GG der Vorrang gebühre.[300] **146**

Aus der vorstehenden Abwägung resultieren **verfassungsrechtliche Auflagen** in Form **147** von bestimmten **Hinweispflichten,** die wettbewerbsrechtlich zur Aufklärung des Publikums hinsichtlich des Werbecharakters des Films zu erfüllen sind. Diese Pflichten richten sich grundsätzlich sowohl an die Produzenten als auch die Filmverleiher des jeweiligen Werks. Der BGH hat ausdrücklich auf ein solches Gebot aus § 1 UWG aF verwiesen, sich

---

294 BGH GRUR 1995, 744, 747 – Feuer, Eis & Dynamit I.

295 Ähnlich *Asche* Product Placement S. 86; *Schultze* 2001 S. 23.

296 *Stender-Vorwachs/Theißen* ZUM 2007, 613, 618.

297 → Fn 42.

298 BGH GRUR 1995, 744, 747 – Feuer, Eis & Dynamit I; BGH GRUR 1995, 750f – Feuer, Eis & Dynamit II.

299 BGH GRUR 1990, 611f – Werbung im Programm (zum alten Recht: Indiz für die – subjektive – Absatzförderungsabsicht); *Henning-Bodewig* GRUR 1988, 867, 869.

300 OLG München GRUR 2006, 603, 604.

aber eine konkretisierenden Stellungnahme zu der Thematik enthalten. In Anlehnung an die Darstellung *Henning-Bodewigs*[301] wird man insofern nach Intensität und Ausmaß des werblichen Inhalts **differenzieren** müssen. Sollte es sich der Qualität nach um ein Produkt mit **rein oder überwiegend werblicher Stoßrichtung** handeln, die nur zweckmäßigerweise im Medium des Films aufbereitet und mit Spielhandlungen angereichert ist, sind höchste Anforderungen zu stellen. Zwingend erforderlich ist dann, dass dies schon im Vorfeld der Veranstaltung, jedenfalls vor dem Verkauf der Kinokarten, dem potentiellen Publikum gegenüber mittels deutlicher Ankündigungen klargestellt wird. Würden Filmtitel und Vorankündigung auf einen (echten) Kinospielfilm hinweisen, läge in diesem Fall eine wettbewerbsrechtliche Unlauterkeit vor.[302]

148 Bewegt sich der Einsatz von Markenprodukten demgegenüber **im Rahmen des dramaturgisch Erforderlichen,** liegen aber zudem die Voraussetzungen des Product Placements (insb. objektiver Zusammenhang mit der Förderung des Absatzes) vor, genügen unter Umständen **aufklärende Hinweise unmittelbar vor der Vorführung** selbst. Als Verletzung der grundgesetzlich gewährleisteten Kunstfreiheit scheidet aber jedenfalls die Einblendung des Schriftzugs „Werbung" in der jeweils betreffenden Szene aus. Zu fordern sein wird in der Regel eine entsprechende, deutlich hervorgehobene schriftliche (oder sogar verbale) Mitteilung an die Zuschauer, die bereits im Vorspann erfolgen sollte. Einzelheiten der Gestaltung können hier dem Produzenten überlassen werden, soweit nur der drohenden Manipulationsgefahr für das Publikum hinreichend vorgebeugt wird. Nicht ausreichend ist aber der bloße Hinweis auf „Sponsoren" des Films, zumal dieser Begriff im rundfunkrechtlichen Kontext eine eigenständige Bedeutung erlangt hat.[303] Seine Verwendung in Bezug auf das Product Placement als Form der integrativen Werbung wäre daher irreführend.[304]

149 Vergleichbar mit den Spielarten des Product Placements in Rundfunk und Kino ist die relativ junge Werbeform des sog. **„In-Game-Advertisings"**, also der gezielten Produktunterbringung in Computerspielen. Als besonders vorteilhaft für den Werbenden erweist sich dabei die anzunehmende Wiederholung der Werbebotschaft durch mehrfaches Spielen sowie die geistige Verknüpfung der Werbebotschaft mit einem Erfolgserlebnis des aktiv agierenden Spielers. Mangels Spezialvorschriften kommt auch hier dem Lauterkeitsrecht erhöhte Bedeutung zu, speziell den Vorschriften über unzumutbare Belästigung (§§ 3, 7) und – sofern die Platzierung entgeltlich erfolgt – über irreführende Werbung im Sinne der §§ 3, 4 Nr. 3/Nr. 11 Anhang I UWG 2008. Zu beachten ist, dass es sich um eine junge Werbeform handelt, der die Konsumenten, die zudem zum Teil beträchtliches Entgelt für den Erwerb der Spiele zahlen, mit einem größeren Maß an Naivität begegnen dürften, als es im Rundfunk oder Kinospielfilm der Fall ist – zumal es sich in vielen Fällen um jugendliche, relativ unerfahrene Nutzer handeln dürfte. Daher ist in diesen Fällen auch die Medienkompetenz der Zielgruppe in die Einzelfallentscheidung mit einzubeziehen. Dieses Erfordernis folgt jetzt ausdrücklich auch aus § 3 Abs. 2 Satz 3 UWG 2008. Solange die Spielauthentizität durch die bloße situationsbezogene Hintergrundeinbindung von realistischen Logos oder Markenprodukten gesteigert wird, wird aber in der Regel nicht von einer Täuschung auszugehen sein. Bezüglich der Aufklärung von Konsumenten gelten die oben ausgeführten Grundsätze zu Spielfilmen entsprechend; Ausnahmen können für speziell auf Kinder zugeschnittene oder firmenabhängige Spiele gelten.[305]

150 **Verschwiegenheitsvereinbarungen** unter den am Product Placement jeglicher Art Beteiligten sind als Geschäft, das gegen wichtige, rechtlich geschützte Belange der Allgemeinheit verstößt, gemäß § 138 BGB nichtig.[306]

---

301 *Henning-Bodewig* GRUR 1996, 321, 328 f.
302 So schon BGH GRUR 1962, 461, 465 – Werbeveranstaltung mit Filmvorführung.
303 → Rn 132.
304 *Henning-Bodewig* GRUR 1996, 321, 329.
305 Ausführlich zum Thema *Schaar* GRUR 2005, 912 ff; *ders.* CR 2006, 619; s. auch *Lober* MMR 2006, 643.
306 OLG München NJW-RR 2004, 767.

III. Sonstige getarnte Werbung im Internet

151 Neben der redaktionellen Werbung[307] kommt sonstiger getarnter Werbung im Internet **kaum Bedeutung** zu, da die unterschwellige Beeinflussung des Bewusstseins der Internetnutzer mittels getarnter Werbung dem Charakter des Internets als vorwiegend zu Informationszwecken genutzter Quelle widerspricht. Die Aufmerksamkeit des Nutzers soll gerade auf die jeweilige Produkt- bzw. Unternehmenspräsentation gelenkt werden, was durch den Einsatz unterschwelliger Techniken nicht immer effektiv erreicht werden kann. Im Hinblick auf die allgemein anerkannten Fallgestaltungen der sonstigen tarnenden Werbung wie dem **Product Placement**[308] kann solche Werbung im Internet auftreten, wenn das Internet neben Kino und Fernsehen eine weitere Verwertungsstufe zB für Spielfilme bildet. Da es sich hierbei nur um mittels eines anderen Mediums erfolgende öffentliche Zugänglichmachung einer aus werberechtlichen Gründen zu beanstandenden Film- oder Fernsehsendung handelt, kann auf die entsprechenden Grundsätze zur lauterkeitsrechtlichen Einstufung solcher Werbemethoden zurückgegriffen werden.[309]

F. Rechtslage und höchstrichterliche Rechtsprechung in Österreich und der Schweiz

I. Schweizer Regelungen

152 Im **schweizerischen** UWG (schwUWG) fehlt es an einer ausdrücklichen Regelung des Schleichwerbeverbots. Art. 3 lit. i schwUWG benennt das Verbot der Täuschung durch Verschleiern bestimmter Wareneigenschaften, nicht jedoch die Täuschung über den Werbecharakter einer Maßnahme selbst. Mangels spezieller Regelung unterfällt Schleichwerbung daher der Generalklausel des **Art. 2 schwUWG,** der ausdrücklich die Täuschung als Unterfall des Verstoßes gegen Treu und Glauben benennt.[310]

153 **Werbung im Rundfunk** muss sich vom übrigen Programm unterscheiden und darf das Vertrauen, das das Publikum dem redaktionellen Teil entgegenbringt, nicht ausnutzen. Dieser rundfunkspezifische **Trennungsgrundsatz** ist in Art. 9 des Gesetzes über Radio und Fernsehen (RTVG) niedergelegt. Ergänzend findet sich in Art. 11 Abs. 2 Radio- und Fernsehverordnung (RTVV) ein ausdrückliches Verbot der Schleichwerbung. Verboten ist demnach die, insbesondere gegen Entgelt, vorgenommene Darstellung werbenden Charakters von Waren und Dienstleistungen außerhalb der Werbung. Verlangt wird somit zum einen, dass keine Einflussnahme der Werbung auf die redaktionelle Arbeit stattfindet, und zum anderen, dass Werbemaßnahmen deutlich kenntlich zu machen sind. So ist es im Grundsatz untersagt, dass Programmmitarbeiter in Werbesendungen mitwirken. Lediglich im Bereich von Lokalradios können Mitarbeiter des Senders an Werbemaßnahmen mitwirken, wenn ihre Tätigkeit nicht überwiegend in der Moderation von Nachrichten oder Sendungen zum Zeitgeschehen besteht.[311]

154 Diese rundfunkspezifischen Grundsätze können zur näheren Bestimmung von Art. 2 schwUWG im Bereich der Schleichwerbung herangezogen werden. Unlauterkeit im Sinne des Art 2 schwUWG liegt bei einem Verstoß gegen die rundfunkspezifischen Werberegeln vor. Allgemein ist eine Werbemaßnahme **unlauter,** wenn sie als solche **nicht erkennbar** ist, vielmehr beim Adressaten die Vorstellung erweckt, es handele sich nicht um Werbung.[312]

---

[307] → Rn 92 ff.
[308] → Rn 136 ff.
[309] → Rn 132 ff.
[310] *Schluep* Das UWG auf neuer Grundlage S. 95 f.
[311] *David/Reutter* 2001 S. 173.
[312] *Baudenbacher* 2001 Art. 2 Rn 71; *Knaak/Ritscher* Rn 141 f.

Werden Sendungen, die den Anspruch von Objektivität für sich erheben, durch Unternehmen zu Zwecken der Werbung gefördert, so verstößt eine solche Praxis wegen Irreführung und grob unsachlicher Beeinflussung gegen Art. 2 schwUWG.

155 **Product Placement** bedeutet, dass Werbemaßnahmen nicht erkennbar sind, sondern als Teil einer Handlung, insbesondere im Bereich der Film- und Fernsehunterhaltung, wahrgenommen werden. Bisher gibt es zu diesem Bereich keine Rechtsprechung in der Schweiz. Jedoch kommt auch in diesem Teilbereich der Schleichwerbung ein Verstoß gegen Art. 2 schwUWG in Betracht.[313] Zur Feststellung der Unlauterkeit muss das in Art. 9 RTVG kodifizierte Trennungsgebot, sowie das Verbot der Schleichwerbung aus Art. 11 Abs. 2 RTVV Beachtung finden. Bei der Gesamtschau ist allerdings auch die grundrechtlich verbürgte Kunstfreiheit zu berücksichtigen. Ein Regisseur ist somit darin frei, die spezifische Wirkung von bestimmten Produkten zu nutzen, um Charaktere und Szenen mit einem so transportierten Image anzureichern. Da der Adressat im Bereich der Unterhaltungsmedien, anders als bei redaktionellen Beiträgen, einen weniger hohen Grad an Objektivität erwartet, sind weniger strenge Maßstäbe anzulegen[314] und dem Regisseur ist ein größerer Spielraum bei der Ausstattung seines Werks einzuräumen. Die Unlauterkeit kann ungeachtet dessen darin begründet sein, dass eine zum Schutz des Adressaten gebotene Kenntlichmachung der getarnten Werbung, beispielsweise im Abspann des Films, nicht erfolgt.[315]

II. Vorschriften in Österreich

156 Im **österreichischen Recht** ist eine Werbemaßnahme, die so getarnt ist, dass sie als solche vom Umworbenen nicht erkannt werden kann, grundsätzlich **sittenwidrig** nach § 1 des österreichischen UWG (öUWG).[316] Dem Vorwurf der Sittenwidrigkeit kann nur durch eine deutliche Kennzeichnung einer Werbemaßnahme begegnet werden.[317]

157 Das Gebot der Kennzeichnung von Werbung in Abgrenzung zum redaktionellen Inhalt ist neben dem allgemeinen Gebot nach § 1 öUWG in verschiedenen anderen Gesetzen näher spezifiziert. So verlangt § 26 MedienG allgemein für jedes Mittel zur Verbreitung von gedanklichem Inhalt, dass Ankündigungen, Empfehlungen sowie sonstige Beiträge und Berichte, für deren Veröffentlichung ein Entgelt geleistet wird, in periodischen Medien als **„Anzeige", „entgeltliche Einschaltung"** oder **„Werbung"** gekennzeichnet sein müssen, es sei denn, dass Zweifel an der Entgeltlichkeit durch Gestaltung oder Anordnung ausgeschlossen werden können. Für den **öffentlich-rechtlichen Rundfunk** findet sich ein ausdrückliches Verbot der Schleichwerbung in § 14 Abs. 2 Satz 1 ORF-G. Die Beteiligung an Werbemaßnahmen durch Mitarbeiter des Österreichischen Rundfunks, die sonst im journalistischen Bereich tätig sind, ist nach § 14 Abs. 3 ORF-G untersagt. Das Verbot der redaktionellen Einflussnahme des Werbenden auf den Programminhalt findet sich in § 14 Abs. 4 ORF-G. **Product Placement** ist nach § 14 Abs. 5 ORF-G außerhalb von Kino- und Fernsehfilmen sowie Serien unzulässig. Für den **privaten Rundfunk** existieren entsprechende Regelungen in § 19 Abs. 4 lit. b bis d PrivatradioG, § 34 Abs. 2 PrivatfernsehG in Bezug auf Schleichwerbung, sowie bzgl. der Präsentation und der möglichen Einflussnahme durch Werbetreibende in § 35 PrivatfernsehG.

158 Neben der fehlenden Kenntlichmachung als Werbemaßnahme ist die **Entgeltlichkeit** maßgebliches Indiz zur Feststellung der Werbeintention. Gemäß § 14 Abs. 2 Satz 3 ORF-G und § 26 MedienG wird eine solche bei einem Entgelt oder einer ähnlichen Gegenleistung vermutet. An die Entgeltlichkeit sind keine zu hohen Anforderungen zu stellen; so können

---

[313] *Kurer* EIPR 1990, 331.
[314] *Baudenbacher* 2001 Art. 2 Rn 77.
[315] *Baudenbacher* 2001 Art. 2 Rn 83.
[316] öOGH GRUR Int. 1993, 504 – Römerquelle II; ÖBl. 1989, 74; *Schuhmacher* S. 221.
[317] OLG Wien GRUR Int. 1993, 179, 180 – Römerquelle I.

im Einzelfall Druckkostenbeiträge ausreichend sein.[318] Ein Verstoß gegen die vorgenannten Vorschriften führt zur Sittenwidrigkeit der Handlung gemäß § 1 öUWG.[319]

Die generelle Unzulässigkeit von Schleichwerbung erfährt im Bereich von Filmen und Serien allerdings zwingende Einschränkungen. Zum einen ist die **Kunstfreiheit** von Regisseur und Filmschaffenden zu berücksichtigen, zum anderen das begrenzte **Vertrauen,** das das Publikum einem reinen Unterhaltungsprogramm im Gegensatz zu einem redaktionellen Beitrag entgegenbringt (§ 14 Abs. 5 ORF-G). Aus diesem Grund ist in diesem Bereich getarnte Werbung zur szenischen Ausstattung in gewissem Umfang wettbewerbsrechtlich nicht zu beanstanden. **159**

---

318 öOGH GRUR Int. 1993, 504, 505 – Römerquelle II.
319 öOGH Medien und Recht 2003, 101 – ChefINFO.

Informationspflichten bei Verkaufsförderungsmaßnahmen (§ 4 Nr. 4)

Übersicht

	Rn
A. Grundlagen	**1**
I. Normzweck und Verhältnis zu anderen lauterkeitsrechtlichen Informationspflichten	1
II. Entstehungsgeschichte	3
1. Richtlinie über den elektronischen Geschäftsverkehr	3
2. Richtlinie 2005/29/EG über unlautere Geschäftspraktiken	5
B. Tatbestand	**7**
I. Allgemeines	7
II. Verkaufsförderungsmaßnahmen	9
III. Bedingungen der Inanspruchnahme	12
1. Allgemeines	12
2. Einzelfälle	18
3. Probleme des Geltungszeitraums der Aktion	21
IV. Zeitpunkt der Angaben	24
V. Klare und eindeutige Angabe	29
1. Allgemeines	29
2. Einzelfälle	32
C. Kundenbindungssysteme	**35**
I. Verkaufsförderungsmaßnahme	35
II. Ziel und Entwicklung von Kundenbindungssystemen	36
III. Erscheinungsformen der Kundenbindungssysteme	38
IV. Notwendige Angaben	41
D. Wettbewerbsrechtliche Relevanz	**48**
E. Rechtsfolgen unzureichender Informationen	**50**

Schrifttum: *Dierck,* Kundenbindungssysteme und Bonus-Meilen, WRP 1999, 616; *Fritzsche,* Miles & More, BB 1999, 273; *Heermann,* Lauterkeitsrechtliche Informationspflichten bei Verkaufsförderungsmaßnahmen, WRP 2005, 141; *Knieper,* BB-Kommentar zu Bonusprogrammen, BB 1999, 553; *Manssen,* Telekommunikations- und Multimediarecht, 2003; *Steingass/Teworte,* Stellung und Reichweite des Transparenzgebots im neuen UWG, WRP 2005, 676; *Ultsch,* „Bonus-Meilen" für Kreditkartenumsätze – Verbotene Zugaben?, WM 1999, 2535; *Weisert,* Zur Zulässigkeit von Kundenkarten mit Rabattgewährung, WRP 1999, 1120.

A. Grundlagen

I. Normzweck und Verhältnis zu anderen lauterkeitsrechtlichen Informationspflichten

1 Verkaufsförderungsmaßnahmen wie Preisnachlässe, Zugaben und Werbegeschenke haben eine hohe Attraktivität für den Kunden. Hieraus resultiert eine nicht unerhebliche **Missbrauchsgefahr,** und zwar dergestalt, dass durch eine Werbung mit solchen Maßnahmen die Kaufentscheidung beeinflusst wird, oft jedoch, zum Beispiel bei Kundenbindungssystemen, hohe Hürden für die Inanspruchnahme des Vorteils aufgestellt werden.[1] Der Gesetzgeber wollte daher mit § 4 Nr. 4 dem speziellen Informationsbedarf der Abnehmer

[1] BT-Drucks. 15/1487 S. 17 rechte Spalte.

bei Verkaufsförderungsmaßnahmen Rechnung tragen. Werbungstreibenden müssen daher bei Verkaufsförderungsmaßnahmen die Bedingungen für ihre Inanspruchnahme klar und eindeutig angeben. Der Kunde soll damit in die Lage versetzt werden, eine rationale und informierte Entscheidung über die Inanspruchnahme der Verkaufsförderungsmaßnahmen zu treffen.

§ 4 Nr. 4 ist damit ein Ausschnitt aus dem im UWG verankerten **Transparenzgebot,**[2] 2
verstanden als Oberbegriff für eine Vielzahl von Aufklärungspflichten. Da der deutsche Gesetzgeber bewusst davon abgesehen hat, eine generelle Regelung einzelner Informationspflichten in das UWG aufzunehmen,[3] können sich Aufklärungspflichten neben den speziellen Informationsgeboten des § 4 Nr. 4 und § 4 Nr. 5 auch mittelbar aus Verboten, insbesondere dem Verbot der unangemessenen unsachlichen Beeinflussung des § 4 Nr. 1 und dem Irreführungsverbot in §§ 5 und 5a ergeben.[4] Die Vorschriften sind grundsätzlich nebeneinander anwendbar, weil es sich jeweils um Beispiele für unlautere Wettbewerbshandlungen im Sinne von § 3 handelt.[5] Allerdings ist zu beachten, dass der Gesetzgeber die Regelung des § 4 Nr. 4 speziell für den Bereich der Verkaufsförderungsmaßnahmen geschaffen hat. Bei der rechtlichen Beurteilung einer Verkaufsförderungsmaßnahme ist daher vorrangig zu prüfen, ob sich eine Informationspflicht bereits aus diesem Tatbestand ergibt.[6] Nur für den Fall, dass die Voraussetzungen des § 4 Nr. 4 nicht erfüllt sind – etwa weil es sich bei der Information nicht um eine „Bedingung der Inanspruchnahme" handelt –, kann zur Begründung einer Informationspflicht ergänzend auf § 5 und eventuell auf § 4 Nr. 1[7] zurückgegriffen werden.

II. Entstehungsgeschichte

1. Richtlinie über den elektronischen Geschäftsverkehr

Der Anstoß für eine Normierung von Informationspflichten im deutschen Recht ging 3
von der Richtlinie über den elektronischen Geschäftsverkehr[8] (ECRL) aus. Nach Art. 6 lit. c der ECRL müssen Angebote zur Verkaufsförderung wie Preisnachlässe, Zugaben und Geschenke, soweit sie im Mitgliedstaat der Niederlassung des Dienstanbieters zulässig sind, klar als solche erkennbar sein. Außerdem müssen die Bedingungen für ihre Inanspruchnahme leicht zugänglich sein sowie klar und unzweideutig angegeben werden. Die ECRL ist am 17. 7. 2000 in Kraft getreten und war von den Mitgliedstaaten bis zum 17. 1. 2002 in nationales Recht umzusetzen (vgl. Art. 22 Abs. 1 ECRL). Ziel der ECRL ist es, für bestimmte Dienste der Informationsgesellschaft geltende innerstaatliche Regelungen anzugleichen (Art. 1 Abs. 2 ECRL), damit der freie Dienstleistungs- und Warenverkehr zwischen den Mitgliedstaaten sichergestellt wird (Art. 1 Abs. 1 ECRL). Der Anwendungsbereich der Richtlinie wird durch die Definition „Dienste der Informationsgesellschaft" in Art. 2 lit. a ECRL beschrieben. Die Richtlinie umfasst danach einen weiten Bereich von wirtschaftlichen Tätigkeiten im elektronischen Rechts- und Geschäftsverkehr[9] und vor

---

[2] Angestoßen wurde die Entwicklung des Transparenzgebots maßgeblich in BGH GRUR 2002, 976 – Kopplungsangebot I; BGH GRUR 2002, 979 – Kopplungsangebot II; zum Transparenzgebot vgl. *Steingass/Teworte* WRP 2005, 676, 679.

[3] RegE BT-Drucks. 15/1487 S. 20 linke Spalte. Diese Entscheidung gegen einen dem EU-Verordnungsvorschlag entsprechenden detaillierten Informationskatalog fand in der Literatur weit überwiegend Zustimmung, vgl. *Ohly* GRUR 2004, 889, 894.

[4] *Steingass/Teworte* WRP 2005, 676, 679f.

[5] OLG Hamburg Magazindienst 2007, 918, 922 – DSL-Testpaket; Hefermehl/Köhler/*Bornkamm* UWG § 5 Rn 1.71.

[6] So OLG Naumburg WRP 2006, 1393; anders das LG Bonn MMR 2006, 634, 636, das bei einem Kopplungsangebot zunächst ausführlich einen Verstoß gegen § 5 UWG prüft, um im Anschluss daran knapp festzustellen, dass „ferner ein Verstoß gegen § 4 Nr. 4 UWG" vorliegt.

[7] → § 4–1 Rn 4 u. 143f zum Verhältnis § 4 Nr. 1 zu § 5.

[8] ABl. EG Nr. L 178 vom 17. 7. 2000, S. 1.

[9] RegE BT-Drucks. 14/6098 S. 11 rechte Spalte.

allem die kommerzielle Kommunikation als regelmäßigen Bestandteil eines Dienstes der Informationsgesellschaft.[10]

4 Obwohl der Gesetzgeber davon ausging, dass für eine Umsetzung der Informationspflichten des Art. 6 ECRL in nationales Recht im Grunde kein Bedarf bestand, weil sich die in Art. 6 ECRL normierten Informationspflichten bereits aus dem geltenden Recht ergäben (§ 1 und § 3 UWG aF),[11] hat er – um der wachsenden Bedeutung kommerzieller Kommunikationen im elektronischen Geschäftsverkehr Rechnung zu tragen – die nach Art. 6 ECRL genannten Pflichten in die damals geltenden § 10 Abs. 4 Nr. 3 MDStV und § 7 Nr. 3 TDG ausdrücklich aufgenommen.[12] Beide Gesetze sind inzwischen außer Kraft getreten und wurden durch das am 1. 3. 2007 in Kraft getretene Telemediengesetz ersetzt. Die Informationspflichten sind dort in § 6 Abs. 1 Nr. 3 geregelt. Die Ansicht des Gesetzgebers von der **rein deklaratorischen Umsetzung** der Informationspflichten stieß in der Literatur nur zum Teil auf Zustimmung.[13] Kritische Stimmen machten geltend, das UWG enthalte nur eine Generalklausel, aus der sich spezifische Anweisungen in Bezug auf die Erkennbarkeit und Zugänglichkeit von Verkaufsförderungsmaßnahmen bisher nicht ergeben.[14] Durch die Neufassung von TDG und MDStV komme es nun zu einer Zweiteilung zwischen elektronischem und herkömmlichem Geschäftsverkehr, die sachlich nicht gerechtfertigt sei. Vielmehr sei eine Ausdehnung der Pflichten auf den gesamten Handelsverkehr zu fordern.[15] Diese Kritik hat der Gesetzgeber im Rahmen der UWG-Reform 2004 aufgegriffen. Unter Hinweis darauf, dass eine unterschiedliche Behandlung des elektronischen und des traditionellen Geschäftsverkehrs nicht sachgerecht sei, hat er die Informationspflichten auf das allgemeine Lauterkeitsrecht übertragen.[16] Damit hat er freilich seine eigene Ansicht von der bloß deklaratorischen Umsetzung der ECRL in Frage gestellt.

2. Richtlinie 2005/29/EG über unlautere Geschäftspraktiken

5 Wenngleich Verkaufsförderungsmaßnahmen in der Richtlinie über unlautere Geschäftspraktiken aufgrund der ehemals parallel geplanten Verkaufsförderungsverordnung[17] keine eigenständige Regelung erfahren haben, ist die Richtlinie auf die lauterkeitsrechtliche Beurteilung von Verkaufsförderungsmaßnahmen **anwendbar.**[18] Das kommt in Erwägungsgrund 7 des Richtlinien-Vorschlages zum Ausdruck, wonach in der Richtlinie „die allgemeinen Anforderungen in Bezug auf irreführende Werbung und andere unlautere Geschäftspraktiken, die auf den Einsatz und die Mitteilung verkaufsfördernder Maßnahmen anwendbar sind",[19] geregelt werden sollen. Träte die Verkaufsförderungsverordnung in Kraft, gälte die Richtlinie über unlautere Geschäftspraktiken gemäß Art. 3 Abs. 4 subsidiär. Auch der deutsche Gesetzgeber ging bei Umsetzung der Richtlinie ausdrücklich von deren Anwendbarkeit auf Verkaufsförderungsmaßnahmen aus.[20]

6 § 4 Nr. 4 wurde im Rahmen der Umsetzung der Richtlinie über unlautere Geschäftspraktiken unverändert beibehalten. Die Richtlinienkonformität der Norm lässt sich damit begründen, dass es sich bei den in § 4 Nr. 4 geregelten Anforderungen an die Angabe von Inanspruchnahmebedingungen bei Verkaufsförderungsmaßnahmen um wesentliche Infor-

---

[10] Zum Begriff der kommerziellen Kommunikation → § 4–1 Rn 32.

[11] BT-Drucks. 14/6098 S. 22 linke Spalte.

[12] Die Kommentierungen zu § 7 TDG und § 10 MDStV (jetzt § 6 Abs. 1 Nr. 3 TMG) sind für die Auslegung des § 4 Nr. 4 wenig ergiebig. Statt einer Erläuterung der Tatbestandsmerkmale wird weitgehend auf die Kommentierung zum UWG verwiesen, vgl. etwa *Manssen/Brunner* TDG § 7 Rn 10; *Nickels* CR 2002, 302, 305.

[13] *Fezer* WRP 2001, 989, 1015; *Köhler/Piper* UWG § 1 Rn 296; *Manssen/Brunner* TDG § 7 Rn 1; *Nickels* CR 2002, 302, 305.

[14] *Lange/Spätgens* Rn 427; *Eppe* WRP 2004, 153, 157; *Sack* WRP 2001, 1408, 1423.

[15] *Köhler* GRUR 2001, 1067, 1070; *ders.* GRUR 2003, 729, 734; *Lange/Spätgens* Rn 425.

[16] BT-Drucks. 15/1487 S. 17 rechte Spalte.

[17] Die Kommission hat diesen Vorschlag inzwischen ausdrücklich zurück genommen; → § 4–1 Rn 30.

[18] AA *Köhler* GRUR 2005, 793 (dort Fn 5), 798; *Henning-Bodewig* GRUR Int. 2004, 183, 193.

[19] KOM (2003) 356 endg. S. 23.

[20] BT-Drucks. 15/1487 S. 17 rechte Spalte.

mationen im Sinne des Art. 7 Abs. 1 der Richtlinie handelt. Art. 7 regelt die Unlauterkeit durch „Irreführende Unterlassungen", wenn dem Verbraucher wesentliche Informationen vorenthalten werden. Die in Art. 7 Abs. 1 geforderte Relevanz für die Verbraucherentscheidung wird über die Bagatellschwelle in § 3 Abs. 1 S. 2 hinreichend berücksichtigt.[21]

B. Tatbestand

I. Allgemeines

7 Der **persönliche** Anwendungsbereich der Norm ist nicht auf einen bestimmten Adressatenkreis beschränkt. § 4 Nr. 4 gilt damit nicht nur bei Verkaufsförderungsmaßnahmen gegenüber Verbrauchern, sondern auch gegenüber anderen Unternehmen, dh. im Stufenwettbewerb.

8 In **sachlicher** Hinsicht erfasst § 4 Nr. 4 nur Verkaufsförderungsmaßnahmen (dazu II.).[22] Deren Bedingungen der Inanspruchnahme (dazu III.) müssen klar und eindeutig (dazu V.) angegeben werden. Über den Zeitpunkt, zu dem die Informationen angegeben werden müssen, sagt das Gesetz nichts. Insoweit kommt das Prinzip der abgestuften Information zum Tragen (dazu IV.).

II. Verkaufsförderungsmaßnahmen

9 § 4 Nr. 4 verwendet den Begriff der Verkaufsförderungsmaßnahmen, ohne dass dieser in der Norm oder an anderer Stelle des Gesetzes definiert wird. Allerdings nennt § 4 Nr. 4 als Maßnahmen der Verkaufsförderung beispielhaft Preisnachlässe, Zugaben und Geschenke.[23] Aus dieser **nicht abschließenden** Aufzählung ergibt sich, dass damit nicht jede Maßnahme gemeint sein soll, die irgendwie geeignet sein kann, den Absatz einer Ware oder Dienstleistung zu fördern.[24] Vielmehr sollen vom Anwendungsbereich der Vorschrift nur solche Maßnahmen erfasst werden, die ihrer Art nach mit den dort genannten Maßnahmen vergleichbar sind.[25] Das OLG Frankfurt hat als maßgebliches Kriterium zur Bestimmung der Frage der Vergleichbarkeit zu Recht den Gesetzeszweck herangezogen[26] und insoweit darauf abgestellt, dass durch die Vorschrift den Missbrauchsgefahren begegnet werden soll, die daraus entstehen, dass Verkaufsförderungsmaßnahmen aufgrund ihrer hohen Attraktivität die Kaufentscheidung des Kunden beeinflussen können.[27] Darüber hinaus wollte sich der Gesetzgeber mit dieser Terminologie offensichtlich an den – mittlerweile zurückgezogenen[28] – Vorschlag für eine Verordnung über Verkaufsförderung im Binnenmarkt anlehnen.[29] Sonstige Verkaufsförderungsmaßnahmen im Sinne des Gesetzes müssten daher genauso attraktiv und zur unsachlichen Beeinflussung der Verbraucher geeignet sein wie Preisnachlässe, Zugaben oder Geschenke. Die notwendige Vergleichbarkeit wird man bejahen können, wenn dem Umworbenen im Rahmen einer Werbeaktion neben der angebotenen Ware oder Dienstleistung weitere Vorteile in Aussicht gestellt werden[30] und diese darüber hinaus nur für einen begrenzten Zeitraum gewährt werden. Dementsprechend lassen sich Verkaufsförderungsmaßnahmen als zeitlich befristete Werbeaktionen beschrei-

---

[21] → Rn 9.

[22] → Rn 27.

[23] Zum Begriff des Preisnachlasses → § 4–1 Rn 260; zum Begriff der Zugabe → § 4–1 Rn 161 f und zum Begriff des Geschenks → § 4–1 Rn 265.

[24] OLG Frankfurt GRUR-RR 2007, 156 – Geld-zurück-Garantie.

[25] OLG Frankfurt GRUR-RR 2007, 156 – Geld-zurück-Garantie; *Heermann* WRP 2005, 141, 143.

[26] OLG Frankfurt GRUR-RR 2007, 156 – Geld-zurück-Garantie.

[27] BT-Drucks. 15/1487 S. 17 rechte Spalte.

[28] → § 4–1 Rn 30.

[29] BT-Drucks 15/1487 S. 12 rechte Spalte.

[30] So auch OLG München Magazindienst 2007, 172, 176 – Geld-zurück-Garantie.

ben, mittels derer die Marktgegenseite durch das Inaussichtstellen von besonderen Vorteilen zum Kauf bestimmter Produkte motiviert werden soll.[31]

10 Darunter fallen neben den genannten Maßnahmen insbesondere auch **Gutscheine**[32] und allgemeine **Kopplungsangebote** in Gestalt von Gesamtpreisangeboten.[33] Für letztere gilt dies jedenfalls dann, wenn der Werbende durch die Art der Präsentation den Eindruck zusätzlicher Vorteile erweckt (zB durch einen Slogan wie „Zusammen nur 29,95 Euro, Summe der Einzelpreise 35 Euro"). Auch das Verteilen von Gutscheinen ist eine Verkaufsförderungsmaßnahme.[34] Die Rechtsprechung fasst auch **Geld-Zurück-Garantien** unter den Begriff der Verkaufsförderungsmaßnahme.[35] So hatte das OLG Frankfurt eine Werbung zu beurteilen, mit der der Hersteller eines Mineralwassers den Käufern die Erstattung des Kaufpreises für den Fall in Aussicht stellte, dass der Käufer mit dem Produkt, zB geschmacklich, nicht zufrieden sein sollte. Eine solche Garantie unterscheide sich von einem gewöhnlichen Rückgaberecht, da die Prüfung des Produktes eine – zumindest teilweise – Leerung der Flasche voraussetze. Zudem gebe es für die Geltendmachung des Erstattungsanspruchs keine echte inhaltliche Voraussetzung, da das Nichtgefallen nicht überprüfbar sei. Daher handele es sich nicht nur um eine besondere Form der Gewährleistung, sondern wirtschaftlich betrachtet, verstehe der Verbraucher das Angebot als eine (nachträglich) kostenlose Warenprobe, die mit den in § 4 Nr. 4 genannten Maßnahmen vergleichbar sei.[36] Darüber werden auch **Tiefpreis-Preisgarantien,** die etwa beworben werden mit dem Slogan „Gelddifferenz zurück, wenn Sie Vergleichbares billiger kaufen" vom Anwendungsbereich des § 4 Nr. 4 erfasst.[37] (Zur lauterkeitsrechtlichen Beurteilung nach § 4 Nr. 1 vgl. § 4–1 Rn 256). Zu den Verkaufsförderungsmaßnahmen zählen auch **Räumungs-**[38] **oder Winterschlussverkäufe,** da es sich um zeitlich befristete Werbeaktionen handelt, mittels derer Kunden durch das Inaussichtstellen von besonderen Vorteilen zum Kauf motiviert werden sollen. Noch nicht geklärt ist, ob es sich bei dem In Aussicht gestellten Vorteil um einen vermögenswerten Vorteil handeln muss.[39] Würde man dies nicht verlangen, könnten auch Werbeaktionen, bei denen der Kauf der Ware an ein kulturelles, soziales, sportliches oder ökologisches Engagement gekoppelt wird, unter § 4 Nr. 4 fallen.[40]

11 **Gewinnspiele und Preisausschreiben** erfüllen zwar ebenfalls die Voraussetzungen von Verkaufsförderungsmaßnahmen, fallen jedoch nicht in den Anwendungsbereich des § 4 Nr. 4, da sie ausdrücklich in § 4 Nr. 5 und § 4 Nr. 6 geregelt sind.

III. Bedingungen der Inanspruchnahme

1. Allgemeines

12 § 4 Nr. 4 verlangt keine umfassende Aufklärung über sämtliche Informationen, die für die Entscheidung über die Inanspruchnahme der Verkaufsförderungsmaßnahme in irgendeiner Weise von Bedeutung sein können. Angegeben werden müssen vielmehr nur die Be-

---

[31] Dahingehend auch *Köhler,* der unter Verkaufsförderungsmaßnahmen alle zur Förderung des Absatzes von Waren oder Dienstleistungen gewährten geldwerten Vergünstigungen versteht, Hefermehl/*Köhler*/Bornkamm UWG § 4 Rn 1.40.

[32] OLG Naumburg GRUR-RR 2007, 159 – Kaffeezuckertütchen.

[33] LG Bonn MMR 2006, 634; Hefermehl/*Köhler*/Bornkamm UWG § 4 Rn 1.53; zum Begriff des Kopplungsangebots auch → § 4–1 Rn 161.

[34] OLG Naumburg GRUR-RR 2007, 159 – Kaffeezuckertütchen.

[35] OLG Hamburg Magazindienst 2005, 790; OLG München Magazindienst 2007, 172 – Geld-zurück-Garantie; OLG Frankfurt GRUR-RR 2007, 156 – Geld-zurück-Garantie.

[36] OLG Frankfurt GRUR-RR 2007, 156 – Geld-zurück-Garantie.

[37] OLG Hamburg Magazindienst 2005, 790.

[38] OLG Stuttgart BeckRS 2007, 5919; OLG Oldenburg BeckRS 2007, 8839; LG Stuttgart WRP 2006, 260; aA OLG Hamm BeckRS 2006, 15405.

[39] OLG München Magazindienst 2007, 172, 176 – Geld-zurück-Garantie: „Eine Beschränkung auf bestimmte Vorteile kann dem Zweck der Vorschrift nicht entnommen werden." Offen ist, ob damit auch an nicht vermögenswerte Vorteile einbezogen werden sollten.

[40] BGH WRP 2007, 303 – Regenwaldprojekt; → § 4–1 Rn 380 ff.

dingungen der Inanspruchnahme. Das bedeutet, der Werbende muss darüber informieren, welche **Voraussetzungen erfüllt sein müssen, damit der Kunde den in Aussicht gestellten Vorteil erhält.** Es ist nicht erforderlich, dass der Eintritt der Voraussetzungen in der Macht des Kunden steht.

Zu den Bedingungen der Inanspruchnahme gehört die Angabe der **Waren, die der Kunde erwerben muss,** um in den Genuss der Vergünstigung zu kommen.[41] Hierbei genügt nach der Rechtsprechung die Angabe der Waren nach abstrakten Kriterien, zB nach Warengruppen, sofern die gewählten Kriterien geeignet sind, dem Durchschnittsverbraucher hinreichende Kenntnis über das Angebot zu verschaffen.[42] Die vom Kunden zu erbringende Leistung muss nicht notwendig im Erwerb eines Produktes liegen. Die vom Kunden erwartete „Gegenleistung" kann auch in der Freigabe von eigenen Kontaktdaten liegen oder in der Bereitschaft, an einem Lastschriftverfahren teilzunehmen.[43] Zu den Bedingungen der Inanspruchnahme gehört es auch, wenn der Kunde, um den Vorteil zu erlangen, weitere Kunden werben oder weitere Verträge – eventuell sogar mit anderen Partnern als dem Werbenden – abschließen muss. § 4 Nr. 4 begründet insoweit die Pflicht zur Information über Art und Anzahl möglicher weiterer Verträge und/oder Vertragspartner.[44] 13

Ebenso gehören zu den Bedingungen der Inanspruchnahme **geographische oder personenbezogene Beschränkungen** des Angebots.[45] Im Falle personenbezogener Beschränkungen darf bei den Kunden nicht der Eindruck erweckt werden, sie gehörten zu einem ausgewählten Kundenkreis, dem ein besonderer Vorteil gewährt werde, wenn tatsächlich alle Kunden an der Aktion teilnehmen können und den Vorteil erhalten. Ein Gebot zur Gleichbehandlung trifft den Werbenden hierbei jedoch nicht.[46] 14

Wird beim Kauf einer bestimmten Ware eine Vergünstigung gewährt und hängt deren Höhe von weiteren Kriterien ab (Beispiel: Der Rabatt ist umso höher, je früher man sich zum Kauf entscheidet), so zählen auch diese weiteren Kriterien zu den Bedingungen der Inanspruchnahme. 15

Nicht zu den Bedingungen der Inanspruchnahme von Verkaufsförderungsmaßnahmen gehören **Angaben über Eigenschaften der Ware,** die der Kunde erwerben muss[47] oder über die in Aussicht gestellte **Vergünstigung selbst.** Eine Pflicht, die Höhe des Rabattes (prozentual oder in absoluter Höhe)[48] oder die Art der Zugabe/des Geschenkes anzugeben, besteht ebenso wenig wie eine Pflicht zur Angabe des Wertes[49] oder wertbildender Faktoren.[50] Schon begrifflich sind die Höhe des Rabattes oder die Art der Zugabe keine Bedingung ihrer Inanspruchnahme. Auch teleologische Erwägungen sprechen nicht dafür, den Tatbestand des § 4 Nr. 4 auszudehnen. Würde man dies anders sehen, müsste der Werbende die genaue Höhe des auf das jeweilige Einzelstück entfallenden Preisnachlasses in jeder Art von Rabattwerbung angeben. Eine Werbung in einer unpräzisen Form wie etwa „bis zu X % Rabatt" oder „bis zu 100 Euro Preisnachlass" wäre unzulässig.[51] Für den Adressa- 16

---

41 OLG München GRUR-RR 2005, 356 – Unsere Polstermöbel-Bestseller; OLG Köln GRUR-RR 2006, 196 – Urlaubsgewinnspiel.

42 OLG München GRUR-RR 2005, 356 – Unsere Polstermöbel-Bestseller; OLG Köln GRUR-RR 2006, 196 – Urlaubsgewinnspiel.

43 OLG Hamm BeckRS 2007, 9411.

44 OLG Hamburg Magazindienst 2007, 918, 923 – DSL-Testpaket; OLG Karlsruhe GRUR-RR 2001, 272, 275 – Fiat Punto.

45 Hefermehl/*Köhler*/BornkammUWG § 4 Rn 1.97 und 4.10; *Heermann* WRP 2005, 141, 144.

46 → § 4–1 Rn 258.

47 OLG Köln MMR 2006, 472 – Angebote mit DS L-Internetzugängen.

48 So aber Hefermehl/*Köhler*/Bornkamm UWG § 4 Rn 4.11; Harte/Henning/*Bruhn* UWG § 4 Nr. 4 Rn 50; *Piper*/Ohly UWG § 4 Nr. 4 Rn 4/4.

49 *Steingass/Teworte* WRP 2005, 676, 685; OLG Brandenburg GRUR-RR 2005, 227, 228 – bei 14-tägiger Gültigkeit soll die Angabe nur im Einzelfall erforderlich sein. Genau eine solche Einzelfallbetrachtung anhand der konkreten Werbung ist aber nur im Rahmen des § 5 möglich.

50 So aber OLG Hamm BeckRS 2007, 9441.

51 Ebenso OLG Köln GRUR-RR 2008, 250; OLG Köln GRUR-RR 2006, 196, 197 – Urlaubsgewinnspiel; aA LG Berlin Magazindienst 2006, 107, wonach die Werbung „Sie erhalten garantiert Prozente" gegen § 4 Nr. 4 verstößt; LG Potsdam Magazindienst 2005, 1024 – Sie erhalten garantiert Prozente.

ten muss nur erkennbar sein, welche Ware überhaupt rabattiert ist. Eine Aufklärungspflicht über den Wert der Zugabe oder über wertbildende Faktoren kann sich allenfalls aus § 5a, § 4 Nr. 1[52] oder § 4 Nr. 11 iVm PAngV ergeben. Das kommt insbesondere dann in Betracht, wenn die Gefahr besteht, dass andernfalls durch Gestaltung der Werbung eine Fehlvorstellung über den Wert der Zusatzleistung beim Adressaten erweckt wird. Wird für den Empfang eines Geschenkes keine Gegenleistung verlangt, sondern nur um eine **Spende** gebeten, stellt dies keine Bedingung der Inanspruchnahme dar.[53]

17 Eine Pflicht zur Angabe besteht nicht bei Informationen, deren Kenntnis der Anbieter einer Verkaufsförderungsmaßnahme unter Berücksichtigung des modernen Verbraucherleitbilds **als selbstverständlich voraussetzen** darf.[54] Die Informationspflicht würde auf einen überflüssigen Formalakt hinauslaufen, an dem keiner ein berechtigtes Interesse haben kann. Unter Berufung hierauf wurde eine Pflicht zur Angabe des Beginns eines Räumungsverkaufs für nicht erforderlich gehalten, weil sich aus der Werbung klar und eindeutig ergab, dass diese Sonderveranstaltung im Zeitpunkt der Werbung schon begonnen hatte.[55] Wirbt ein Elektro-Discounter mit einem Rabatt von 19% beschränkt auf einen bestimmten Tag, so wird es unterschiedlich beurteilt, ob er darauf hinweisen muss, dass der Rabatt nur auf Artikel gewährt wird, die am Tag der Aktion im Ladengeschäft vorrätig sind. Für eine solche Pflicht spricht, dass dieser Umstand nicht zwingend und selbstverständlich aus der Werbung hervorgeht. Der Kunde kann die Werbung auch so verstehen, dass für die Erlangung des Preisnachlasses allein entscheidend ist, dass der Kaufvertrag an diesem Tag geschlossen wird.[56] Verneint wurde ein Verstoß gegen § 4 Nr. 4 bei der Aussage „Gelddifferenz zurück, wenn Sie Vergleichbares billiger kaufen“, da es selbstverständlich sei und auch vom Verkehr nicht anders erwartet werde, dass dabei nur vergleichbare Angebote in Betracht kämen.[57] Dass es im Einzelfall möglicherweise zu einer Diskussion kommen könne, ob ein vom Kunden herangezogenes Vergleichsprodukt im Sinne dieser Garantie vorliegt oder nicht, betreffe nicht das mit § 4 Nr. 4 angesprochene Transparenzgebot.

2. Einzelfälle

18 Bei Kopplungsangeboten muss über die Tatsache informiert werden, dass die gekoppelte Ware bzw. Zugabe nur gewährt wird, wenn eine andere Ware oder Dienstleistung erworben wird.[58] Handelt es sich bei der Zugabe um einen Gutschein, so ist der **Mindesteinkaufswert** zu nennen.

19 **Rabattgutscheine** müssen klar erkennen lassen, für welche Artikel und in welchem Zeitraum sie gelten. Die Bedingungen der Inanspruchnahme werden nicht in ausreichender Weise angegeben, wenn auf einem Rabattgutschein nicht erkennbar ist, dass nur bestimmte Waren der auf dem Gutschein aufgedruckten Marken rabattiert werden oder dass einzelne Waren – etwa aufgrund einer Preisbindung – von der Rabattierung ausgeschlossen sind.[59]

20 Wird im Rahmen einer Verkaufsaktion ein **Werbegeschenk** in Aussicht gestellt oder wird in anderer Weise mit der Kostenlosigkeit einer weiteren Leistung geworben, so ist darauf hinzuweisen, wenn dem Kunden an anderer Stelle, etwa für Versand, Verpackung

---

[52] → § 4 Nr. 1 Rn 196ff.

[53] OLG Naumburg GRUR-RR 2007, 157 – Blutzuckermessgerät.

[54] OLG Oldenburg BeckRS 2007, 8839; OLG Köln MMR 2006, 472 – Angebot mit DSL-Internetzugängen; OLG Köln WRP 2001, 721, 724 – Miles & More Card; Hefermehl/*Köhler*/Bornkamm UWG § 4 Rn 1.67.

[55] OLG Oldenburg BeckRS 2007, 8839; OLG Stuttgart BeckRS 2007, 5919.

[56] OLG Stuttgart WRP 2007, 1115 – Abholpreise; OLG Karlsruhe GRUR-RR 2007, 363 – Rabatt an einem Tag.

[57] OLG Hamburg Magazindienst 2005, 790, 793.

[58] OLG Köln MMR 2006, 472 – Angebote mit DSL-Internetzugängen; Hefermehl/*Köhler*/Bornkamm UWG § 4 Rn 4.11; *Seichter* in: Ullmann juris-PK UWG § 4 Nr. 4 Rn 17.

[59] OLG Naumburg GRUR-RR 2007, 159 – Kaffeezuckertütchen.

oder für eine Schutzgebühr Kosten entstehen.[60] Ebenfalls ist eine etwaige mengenmäßige Beschränkung der Abgabe des Geschenks pro Person deutlich zu machen.[61]

3. Probleme des Geltungszeitraums der Aktion

Zu den Bedingungen der Inanspruchnahme im Sinne des § 4 Nr. 4 gehört grundsätzlich auch der **Geltungszeitraum** der Verkaufsförderungsmaßnahme.[62] Wird die Aktion über den angekündigten Zeitraum hinaus fortgesetzt, wird darin regelmäßig ein Verstoß gegen das Irreführungsverbot des § 5 liegen,[63] denn beim Verbraucher wird der unzutreffende Eindruck erweckt, er könne den Vorteil nur innerhalb eines begrenzten Zeitraums in Anspruch nehmen. Probleme bereiten die Fälle, in denen der Werbende für die Aktion keinen Zeitraum festsetzt, sondern – etwa unter dem Motto „Winter- oder Saisonschlussverkauf" oder „solange der Vorrat reicht" – eine nur begrenzt vorhandene Ware bis zum letzten Stück vergünstigt verkauft. Eine datumsmäßige Angabe des Aktionszeitraums wird man hier ausnahmsweise nicht verlangen können, da es dem Werbenden nicht möglich ist, den Zeitraum im Voraus abzuschätzen.[64] 21

In der instanzgerichtlichen Rechtsprechung[65] wird angenommen, dass der Werbende in diesen Fällen verpflichtet ist, die **verfügbare Warenmenge, die als Zugabe zur Verfügung steht,** als Bedingung der Inanspruchnahme anzugeben (sog. „gegenständliche Limitierungen"), *sofern* die Zugabe in geringerer Stückzahl vorhanden ist als die Hauptware. Der Wortlaut des § 4 Nr. 4 stehe einer Auslegung nicht entgegen, die es als Bedingung der Inanspruchnahme betrachtet, dass im Zeitpunkt des Kaufs der Hauptware die Zugabe noch vorrätig sei. Allerdings soll in diesen Fällen – mangels konkreter Mengenangabe – die Angabe „solange der Vorrat reicht" nicht ausreichend im Sinne von § 4 Nr. 4 sein.[66] Diese Ansicht ist insofern nicht unproblematisch, weil sie dazu führt, dass die vorrätige Warenmenge der Zugabe nur dann zu einer „Bedingung der Inaspruchnahme" avanciert, wenn sie in geringerer Stückzahl als die Hauptware vorhanden ist. Ist die Zugabe genauso oft vorhanden wie die Hauptware, ist nicht § 4 Nr. 4, sondern § 5 Abs. 5 Prüfungsmaßstab. Hinzu kommt, dass – lässt man die Angabe „solange der Vorrat reicht" nicht genügen – nur eine Angabe der konkreten Stückzahl der Zugabe in Betracht kommt, diese aber wiederum für den Kunden ohne Informationswert ist. Selbst wenn er weiß, dass 200, 500 oder 1000 Stück vorhanden sind, wird er kaum abschätzen können, wann das letzte Stück verkauft ist, da er keine Anhaltspunkte dafür hat, in welcher Zeit wie viel Stück verkauft werden.[67] 22

Angemessen lassen sich Verkaufsförderungsmaßnahmen mit offenem Ende, also solche, in denen der Endzeitpunkt der Aktion nicht feststeht, über das grundsätzlich neben § 4 Nr. 4 anwendbare[68] **Irreführungsverbot** des § 5 Abs. 1 erfassen. § 5 Abs. 5 konkretisiert das Irreführungsverbot hinsichtlich der Vorratsmenge und verlangt, dass eine beworbene Ware unter Berücksichtigung der Art der Ware sowie der Gestaltung und Verbreitung der Werbung in angemessener Menge zur Befriedigung der zu erwartenden Nachfrage vorgehalten wird. Erweckt die Werbung den unzutreffenden Eindruck, die Zugabe sei in glei- 23

---

60 *Steingass/Teworte* WRP 2005, 676, 685.

61 MünchKomm/*Heermann* UWG § 4 Nr. 4 Rn 56.

62 OLG Köln GRUR-RR 2006, 57, 58 – Zugabe „solange der Vorrat reicht"; OLG Köln GRUR 2006, 786 – Winterschlussverkauf; LG Konstanz BeckRS 2007, 3021; LG Heilbronn WRP 2006, 620; LG Ulm WRP 2006, 780; LG Dresden WRP 2006, 620.

63 LG Konstanz BeckRS 2007, 3021; LG Heilbronn WRP 2006, 620; LG Ulm WRP 2006, 780; LG Saarbrücken WRP 2006, 290; LG Stuttgart WRP 2006, 777; LG Wuppertal BeckRS 2006, 9323; Gutachterausschuss für Wettbewerbsfragen WRP 2007, 1508.

64 BGH GRUR 2008, 1114 Tz 13 – Räumungsfinale; OLG Stuttgart GRUR-RR 2008, 11, 12; dahin tendierend auch OLG Oldenburg BeckRS 2007, 8839; i. E. ebenso OLG Köln GRUR 2006, 786 – Winterschlussverkauf; LG Stuttgart WRP 2006, 290; aA LG Stuttgart WRP 2006, 290.

65 OLG Köln GRUR-RR 2006, 57 – Zugabe „solange der Vorrat reicht".

66 OLG Köln GRUR-RR 2006, 57 – Zugabe „solange der Vorrat reicht".

67 Gegen eine Pflicht zur Angabe der verfügbaren Restmenge auch OLG Stuttgart BeckRS 2007, 5919.

68 Hefermehl/Köhler/*Bornkamm* UWG § 5 Rn 1.71.

cher Menge vorhanden wie die Hauptware oder beides sei länger vorhanden als dies tatsächlich der Fall ist, ist die Werbung irreführend. Damit wird der Umstand, dass die Attraktivität der Vergünstigung maßgeblich von der mitgeteilten Menge abhängen kann, da beispielsweise eine Ankündigung von 10 Zugaben eine geringere Werbewirkung hat als die von 500 Zugaben,[69] angemessen erfasst. Sofern die Bevorratung nur angemessen im Sinne des § 5 Abs. 5 ist, bedarf es keiner darüber hinausgehenden Information des Verbrauchers, ob nun 200, 500 oder 1000 Stück vorhanden sind. Im Ergebnis begründet die Bewerbung von Preisnachlässen mit der Aussage „Winterschlussverkauf" ohne genaue Angaben über die Dauer der Verkaufsveranstaltung daher keinen Verstoß gegen § 4 Nr. 4.[70] Ob ein Verstoß gegen § 5 Abs. 5 vorliegt, hängt von der konkreten Ausgestaltung der Werbung ab. Sofern der Anbieter einer Verkaufsförderungsmaßnahme sich dafür entscheidet, mit einer konkreten Stückzahl zu werben, muss diese selbstverständlich der Wahrheit entsprechen. Jedenfalls liegt ein Verstoß gegen § 5 Abs. 1 vor, wenn eine konkret angekündigte Stückzahl bei der Aktion tatsächlich nicht vorhanden ist.[71] Gleiches gilt, wenn der Werbende den unzutreffenden Eindruck erweckt, die Kaufgelegenheit bestehe nur noch kurze Zeit und es sei schnelles Handeln geboten.[72]

IV. Zeitpunkt der Angaben

24 Hinsichtlich der Frage, wann der Werbende die notwendigen Angaben machen muss, bleibt das Gesetz vage, indem es die Angabe der Bedingungen der Inanspruchnahme „bei" Verkaufsförderungsmaßnahmen verlangt. Grundsätzlich sind die notwendigen Angaben im Zeitpunkt der **Werbung** zu machen.[73] Eine Verlautbarung der Bedingungen erst im Verkaufslokal würde den Umstand vernachlässigen, dass der Kunde entscheidend durch den werbenden Hinweis angelockt wird und er zu diesem Zeitpunkt grundlegende Informationen am dringendsten benötigt. Schon die Werbung für eine Verkaufsförderungsmaßnahme prägt die Vorstellung des Verkehrs von der Aktion.[74] Die Gesetzesbegründung stellt ebenso ausdrücklich darauf ab, dass die Gefahr der Beeinflussung der Kaufentscheidung der Kunden bereits im Rahmen der Werbung für solche Maßnahmen besteht.[75]

25 Dieser grundsätzliche Ausgangspunkt bedarf jedoch in Einzelfällen einer Einschränkung. So kann es aufgrund des **eingesetzten Werbemediums** gerechtfertigt sein, wenn einzelne Bedingungen der Inanspruchnahme in einer Werbung nicht genannt werden.[76] Für die Berücksichtigung des eingesetzten Mediums bei der Bestimmung des Umfangs der Informationspflichten spricht zum einen, dass der Möglichkeit zur ausführlichen Information in manchen Medien aus Kostengründen enge Grenzen gesetzt sind und zum anderen, dass die Erwartungshaltung der Adressaten hinsichtlich des Informationsgehaltes bei den verschiedenen Medien unterschiedlich ist. So kann man etwa eine Zugabeaktion, bei der Treuepunkte oÄ zu sammeln sind, möglicherweise in einem Radiospot nicht umfassend erläutern. Hier kann es ausreichend sein, wenn deutlich darauf hingewiesen wird, wo die Informationen in vollem Umfang bereitgestellt werden.[77] Selbstverständlich darf sich der Werbetreibende nicht durch die Wahl eines bestimmten Mediums seiner Aufklärungspflicht entziehen, indem er unter Berufung auf Informationsmöglichkeiten lediglich konkrete Vorteile einer

---

[69] OLG Köln GRUR-RR 2006, 57, 59 – Zugabe „solange der Vorrat reicht".
[70] OLG Köln GRUR 2006, 786 – Winterschlussverkauf.
[71] LG Wiesbaden WRP 2006, 780.
[72] OLG Hamm BeckRS 2006, 15 405.
[73] OLG Köln GRUR-RR, 2008, 250 – Einführungsrabatt bis zu 8.000 Euro; OLG Stuttgart WRP 2007, 694; OLG Hamm BeckRS 2007, 421; OLG München GRUR-RR 2005, 356, 357 – Unsere Polstermöbel-Bestseller; dahingehend auch OLG Naumburg GRUR 2007, 159 – Kaffeezuckertütchen; LG Saarbrücken WRP 2006, 290.
[74] BGH GRUR 1999, 515, 518 – Bonusmeilen.
[75] BT-Drucks. 15/1487 S. 17 rechte Spalte.
[76] BGH GRUR 2008, 724 – Urlaubsgewinnspiel (allerdings zu § 4 Nr. 5).
[77] Im konkreten Fall offengelassen OLG Frankfurt GRUR-RR 2007, 156 – Geld-zurück-Garantie.

Verkaufsförderungsmaßnahme anpreist.[78] Dieses Verständnis entspricht auch der Richtlinie über unlautere Geschäftspraktiken, die in Art. 7 Abs. 3 ausdrücklich vorsieht, dass bei der Ermittlung, ob es sich bei einer Geschäftspraxis um eine unzulässige irreführende Unterlassung im Sinne des Art. 7 Abs. 1 handelt, sowohl die räumlichen oder zeitlichen Beschränkungen des verwendeten Informationsmediums sowie alle Maßnahmen, die der Gewerbetreibende getroffen hat, um den Verbrauchern die Informationen anderweitig zur Verfügung zu stellen, zu berücksichtigen sind.

Bereits vor Inkrafttreten des neuen UWG hat der BGH[79] in einem Urteil zur Handy-Werbung die Ansicht vertreten, dass die Anbieter keiner Verpflichtung unterliegen, ihr Tarifsystem einfach und übersichtlich zu gestalten. In der Werbung könne nicht eine vollständige Auflistung sämtlicher Inlands- und Auslandstarife verlangt werden. Eine ähnliche Tendenz ist einer Entscheidung des OLG Düsseldorf zu entnehmen, in der es das Gericht bei einem Kopplungsangebot von „Strom & Fon“ als zumutbar ansah, dass sich der Verbraucher im Internet, bei der Aufsichtsbehörde oder beim Anbieter selbst über die jeweiligen Einzeltarife erkundigt, um so einen Preisvergleich mit dem Gesamtangebot vorzunehmen.[80] Wenn aber schon bei dem Kriterium des Preises eine abgestufte Information des Kunden durch den Werbenden möglich ist, muss dies erst recht für zusätzliche Vergünstigungen und deren Bedingungen der Inanspruchnahme gelten. 26

Der Werbetreibende darf sich nicht durch die Wahl eines bestimmten Mediums seiner Aufklärungspflicht entziehen, indem er unter Berufung auf anderweitige Informationsmöglichkeiten lediglich die konkreten Vorteile seiner Verkaufsförderungsmaßnahme anpreist und etwaige Nachteile verschweigt.[81] Der Umfang der Informationspflichten im Einzelfall korrespondiert mit dem Informationsgehalt der jeweiligen Werbung, dh. die Pflicht des Werbenden, über die Bedingungen der Inanspruchnahme einer Verkaufsförderungsmaßnahme zu informieren, steigt, je ausführlicher die Werbung insgesamt ist **(Modell der abgestuften Information).** Wird eine Verkaufsförderungsmaßnahme vollmundig und detailliert beworben, dann müssen auch die Bedingungen der Inanspruchnahme konkret benannt werden. So haben die Instanzgerichte die Information über die konkreten Bedingungen der Inanspruchnahme einer Geld-Zurück-Garantie gleichermaßen auf dem Etikett wie auch bereits in einem Fernsehwerbespot für erforderlich gehalten[82] und eine weitere Information im Internet für nicht ausreichend angesehen.[83] 27

Im Falle einer bloßen **Aufmerksamkeitswerbung** kann die Pflicht zur Angabe der Informationen nach § 4 Nr. 4 ganz entfallen. Aufmerksamkeitswerbung ist dadurch gekennzeichnet, dass die Werbung noch keinerlei entscheidungsrelevante Informationen beinhaltet, etwa weil die Verkaufsförderungsmaßnahme zunächst nur angekündigt wird. Sofern eine Werbung keine konkreten Informationen übermittelt, macht der Adressat sich auch noch keine Vorstellung von dem konkreten Angebot. Eine bloße Aufmerksamkeitswerbung liegt beispielsweise vor, wenn ein Kaufhaus damit wirbt, „Designer-Mode“ sei „zum Teil stark reduziert“ oder wenn mit dem Slogan geworben wird: „Bald gibt es bei uns Traumrabatte“. Dementsprechend hat das OLG Köln bereits unter Geltung des alten UWG bei einem Fernsehspot eines Mobilfunkbetreibers für eine Kopplung aus SIMLOCK-Handy und Prepaid-Karte mit 25,– DM Startguthaben eine Informationspflicht über den Inhalt der Vertragsbindung mit der Begründung verneint, dass die Werbung weder Preisangaben noch sonstige Hinweise enthalte.[84] Sobald eine Werbung hingegen konkrete Informationen vermittelt und der Verbraucher den Eindruck gewinnt, er könne sich eine genaue Vorstel- 28

[78] So auch *Steingass/Teworte* WRP 2005, 676, 683.

[79] BGH GRUR 1999, 264, 267 – Handy für 0,00 DM.

[80] OLG Düsseldorf GRUR 2002, 285, 286 – Strom & Fon; zu den Anforderungen nach der Preisangabenverordnung vgl. OLG Köln MMR 2000, 753 – Free&Easy Christmas-Set.

[81] So auch *Steingass/Teworte* WRP 2005, 676, 683.

[82] OLG Frankfurt GRUR-RR 2007, 156 – Geld-zurück-Garantie.

[83] OLG München Magazindienst 2007, 172, 177 – Geld-zurück-Garantie.

[84] OLG Köln MMR 2002, 469, 470 – XTRA PAC.

lung von dem Angebot machen, besteht eine Pflicht zur Information über sämtliche entscheidungsrelevanten Bestandteile des Angebots im Sinne des § 4 Nr. 4.

V. Klare und eindeutige Angabe

1. Allgemeines

29 Die Bedingungen der Inanspruchnahme müssen klar und eindeutig angegeben werden. Unter dem Begriff **„klar"** ist die äußere Gestaltung und Darstellung zu verstehen, **„eindeutig"** bezieht sich auf die inhaltliche Verständlichkeit der Angaben.[85] Für einen durchschnittlich verständigen Kunden müssen die Bedingungen der Inanspruchnahme ohne weiteres verständlich sein. Daran fehlt es, wenn es für den aufmerksamen Betrachter, der eine Werbeanzeige mit Bedacht zur Kenntnis nimmt, unklar bleibt, welche Leistungen er in Anspruch nehmen muss, um in den Genuss der Zugabe zu kommen.[86] Bei den Anforderungen an eine klare Angabe sind insbesondere die Grundsätze zur Blickfangwerbung[87] zu berücksichtigen.[88] Blickfangmäßig herausgestellte Angaben dürfen für sich genommen nicht unrichtig sein.[89] Eine für die Eindeutigkeit der Aussage notwendige Aufklärung muss durch einen klaren und unmissverständlichen Hinweis erfolgen, der am Blickfang teilhat und dadurch eine Zuordnung zu den herausgestellten Angaben wahrt.

30 Handelt es sich um eine Werbung im **Internet,** stellt sich in besonderem Maße die Frage, ob die notwendigen Angaben für den Beworbenen klar und eindeutig wahrnehmbar sind. Es gelten hier die gleichen Grundsätze wie bei der rechtlichen Beurteilung einer möglicherweise irreführenden Werbung. Es kommt maßgeblich darauf an, ob der Verkehr die Inhalte als zusammengehörig ansieht. Sind einzelne Informationen mit Links erreichbar, ist dies ausreichend, sofern diese verständlich sind und sich dem Nutzer ohne weiteres aufdrängen.[90]

31 Nach § 6 Abs. 1 Nr. 3 TMG müssen die Bedingungen für die Inanspruchnahme darüber hinaus **leicht zugänglich** sein. Leicht zugänglich sind die Informationen dann, wenn sie leicht erkennbar, unmittelbar erreichbar und ständig verfügbar sind.[91] Des Weiteren muss die Verkaufsförderungsmaßnahme **klar als solche erkennbar** sein. Obwohl diese beiden Voraussetzungen nicht in § 4 Nr. 4 genannt werden, sind sie auch im Lauterkeitsrecht erforderlich. Es bedarf jedoch keiner eigenständigen Nennung, da die Frage, ob die notwendigen Informationen unmittelbar erreichbar sind, schon bei der Prüfung des Merkmals „klare und eindeutige Angabe in der Werbung" einfließt. Insbesondere das Gebot der gestuften Information[92] sichert, dass die Information für den Umworbenen erreichbar ist. In der Sache kommt es hier darauf an, ob statt der konkreten Information das bloße Zugänglichmachen eben dieser an anderer Stelle den Anforderungen des § 4 Nr. 4 genügt. Das Erfordernis der klaren Erkennbarkeit der Verkaufsförderungsmaßnahmen – an der es ohnehin kaum fehlen wird – kann man aus § 4 Nr. 1, Nr. 3 oder § 5 herleiten.

2. Einzelfälle

32 Sofern die **Waren, die der Kunde erwerben muss**, um die Vergünstigung zu erlangen, nicht konkret genannt, sondern nur mittels abstrakter Kriterien beschrieben werden,

---

[85] Fezer/*Hecker* UWG § 4–5 Rn 168ff.
[86] BGH GRUR 2002, 979, 982 – Kopplungsangebot II.
[87] BGH GRUR 1999, 264 – Handy für 0,00 DM; BGH GRUR 2000, 911 – Computerwerbung I; BGH GRUR 2003, 163 – Computerwerbung II; BGH GRUR 2003, 249 – Preis ohne Monitor.
[88] OLG Hamburg BeckRS 2007, 14962; OLG Hamburg Magazindienst 2007, 918, 922 – DSL-Testpaket; OLG Hamburg Magazindienst 2007, 129 – Operation Preis; OLG Hamburg Magazindienst 2005, 784; OLG Köln GRUR-RR 2006, 196, 197 – Urlaubsgewinnspiel.
[89] OLG Stuttgart WRP 2009, 236 – 12% auf alles!; grundlegend hierzu BGH GRUR 2005, 438 – Epson-Tinte; BGH GRUR 2003, 889 – Internet-Reservierungssystem.
[90] OLG Stuttgart WRP 2007, 694, 696; OLG Dresden WRP 2008, 1389.
[91] *Manssen/Brunner* TDG § 7 Rn 3.
[92] → Rn 27.

ist eine solche Beschreibung nur klar und eindeutig, wenn der angesprochene Durchschnittsverbraucher aufgrund der Angabe hinreichende Kenntnis über die bezeichnete Warengruppe erlangt. Nicht diesen Anforderungen entspricht die Bezeichnung „Polstermöbel-Bestseller"[93] oder „ausgenommen Prospektware" bzw. „ausgenommen in Prospekten und Anzeigen beworbene Ware/bereits reduzierte Ware[94]/Werbeware[95]". Selbst wenn der Verkehr inzwischen weiß, dass unter Werbeware die Ware zu verstehen ist, für die der Händler wirbt, so nützt ihm diese Information wenig, da ein Werbeadressat nicht weiß, für welche Waren der Händler (irgendwann und irgendwo) wirbt oder schon geworben hat. Unbeanstandet blieb dagegen der Hinweis, dass sich ein Rabatt „nur auf Neukäufe" bezieht.[96] Ebenso wird man es als zulässig ansehen können, wenn auf einem Rabattgutschein einer Modeboutique im Frühjahr 2008 angegeben wird, dass die Sommerkollektion 2008 von der Rabattaktion ausgenommen ist. Nicht als hinreichend „klar und eindeutig" wurde beurteilt die Bewerbung von preisreduzierten Flügen mit der Einschränkung, dass „Reisen zu großen Sportveranstaltungen" ausgeschlossen sind.[97]

Die klare und eindeutige Angabe des **Geltungszeitraums** einer Verkaufsförderungs- 33
maßnahme erfordert in der Regel eine konkrete datumsmäßige Angabe des Anfangs- und Endtermins der Aktion.[98] Die Werbung für einen Preisnachlass mit der Angabe „nur 14 Tage gültig" in einem einer Tageszeitung lose beigefügten Werbeprospekt, der selbst keine Datumsangabe enthielt, verstößt daher gegen § 4 Nr. 4.[99] Das gilt selbst dann, wenn die Werbebeilage ein Erscheinungsdatum ausweist, denn diese Angabe bietet immer noch keine hinreichende Grundlage zur Bestimmung des genauen Aktionszeitraums. So können sich Unklarheiten bei der Fristberechnung ergeben, zB im Hinblick darauf, ob der Erscheinungstag bereits der erste Aktionstag ist oder ob die Aktion erst am darauf folgenden Tag beginnt. Auch die Aussage „Werbepreise gelten in der Werbewoche" begründet einen Verstoß gegen § 4 Nr. 4.[100]

Eine blickfangmäßig hervorgehobene Werbung mit einem Preisnachlass auf der Titel- 34
oder Rückseite eines mehrseitigen Prospekts ist unlauter, wenn nicht in unmittelbarem räumlichen Zusammenhang mit einem **Sternchenhinweis** angegeben wird, dass der Preisnachlass nur bei Abschluss eines Vertrages mit einer Mindestlaufzeit von zwölf Monaten gilt.[101] Ebenso wenig genügt ein Sternchenhinweis, dessen Auflösung sich auf einer ganzseitigen eng bedruckten Zeitungswerbung etwa 25 cm von der streitgegenständlichen Werbung mit einer „Einkaufs-Prämie" entfernt befindet, den Anforderungen an eine klare und eindeutige Angabe.[102] Auch ein Fußnotentext, der so klein gedruckt ist, dass er nicht deutlich lesbar ist, verstößt gegen § 4 Nr. 4.[103] Allerdings ist es mit § 4 Nr. 4 vereinbar, wenn in einem Prospekt für den Abschluss eines DSL-Internetzugangsvertrages auf der Titelseite die Angabe „Schnurlos-Tastatur für 0,– Euro" mit einem auf derselben Seite angebrachten Sternchenvermerk zwar nicht erläutert wird, dort aber auf die Seite des Prospekts verwiesen wird, auf der die angekündigten „Vorteilspakete" zum Vertragsabschluss im Einzelnen dargestellt sind und die Angabe auf der Titelseite zu einer erkennbar nur auszugsweise dargestellten Vorankündigung der im Innenteil des Prospekts erläuterten Vorteilspakete ge-

---

93 OLG München GRUR-RR 2005, 356 – Unsere Polstermöbel-Bestseller.

94 LG Dortmund WRP 2007, 849; LG Frankfurt BeckRS 2007, 6556.

95 OLG Hamm BeckRS 2007, 421; OLG Köln GRUR-RR 2006, 196 – Urlaubsgewinnspiel; LG Karlsruhe WRP 2007, 847; LG Frankfurt/M BeckRS 2006, 2907; zu allen Fallgestaltungen Gutachterausschuss für Wettbewerbsfragen WRP 2007, 1508, 1510.

96 OLG Köln GRUR-RR 2006, 196, 197 – Urlaubsgewinnspiel.

97 LG Köln WRP 2007, 1016.

98 OLG Brandenburg GRUR-RR 2005, 227 – 14-tägige Gültigkeit; LG Heilbronn WRP 2006, 620; LG Ulm WRP 2006, 780.

99 OLG Brandenburg GRUR-RR 2005, 227 – 14-tägige Gültigkeit.

100 LG Heilbronn WRP 2006, 620.

101 OLG Hamburg Magazindienst 2007, 129 – Operation Preis.

102 OLG Köln GRUR-RR 2006, 196, 197 – Urlaubsgewinnspiel.

103 LG Bonn MMR 2006, 634, 635.

hört.[104] Wird im **Internet** für eine Verkaufsförderungsmaßnahme geworben, so genügt es den Anforderungen des § 4 Nr. 4, wenn die erforderlichen Informationen mittels eines Links abgerufen werden können, sofern der Nutzer hierauf klar und unmissverständlich hingewiesen wird.[105] Die Angabe der notwendigen Bedingungen auf der **Rückseite des Flaschenetiketts** wurde für nicht klar und eindeutig gehalten.[106]

C. Kundenbindungssysteme

I. Verkaufsförderungsmaßnahme

35 Die Gesetzesbegründung nennt ausdrücklich Kundenbindungssysteme als Beispiel dafür, dass durch eine Verkaufsförderungsaktion hohe Hürden für die Inanspruchnahme der Vorteile aufgestellt werden, die für die Kunden nicht ohne weiteres verständlich sind. Allerdings zeichnen sich Kundenbindungssysteme dadurch aus, dass sie auf eine langfristige Kundenbindung angelegt sind. Ihnen fehlt daher das Merkmal der zeitlichen Befristung, so dass sie selbst keine Verkaufsförderungsmaßnahmen sind.[107] Dennoch sind die Anforderungen des § 4 Nr. 4 auf die im Rahmen eines Kundenbindungssystems angebotenen Verkaufsförderungsmaßnahmen anwendbar. Während bei der Einführung des neuen § 4 Nr. 4 sowohl der Gesetzgeber als auch die Literatur davon ausgingen, dass Kundenbindungssysteme den Hauptanwendungsfall des § 4 Nr. 4 bilden werden, ist bemerkenswert, dass die Gerichte sich bislang noch nicht allzu häufig mit dieser Vorschrift zu beschäftigen hatten.[108]

II. Ziel und Entwicklung von Kundenbindungssystemen

36 Ziel von Kundenbindungssystemen ist es, die Kunden durch das Inaussichtstellen von geldwerten Vorteilen **nachhaltig** an ein oder mehrere Unternehmen **zu binden.** Die Kunden sollen mit Blick auf die in Aussicht gestellten Sach- und Geldprämien ihre Kaufwünsche ausschließlich bei dem anbietenden Unternehmen oder einem Partnerunternehmen des Systemanbieters decken. Besonders erfolgreich sind Kundenbindungssysteme wohl deshalb, weil die meisten Kunden das Aushandeln von Rabatten und Zugaben als zeitaufwendig und lästig empfinden und ein Kundenbindungssystem es ermöglicht, Rabatte oder Zugaben ohne Verhandlungen zu erhalten. So gaben in einer Befragung durch EMNID zwei Drittel der befragten Kunden an, sie wollten Preisnachlässe bekommen, ohne an der Kasse feilschen zu müssen.[109]

37 Kundenbindungssysteme haben insbesondere nach der Aufhebung von RabattG und ZugabeVO einen Aufschwung erlebt. Aber bereits vor diesen gesetzgeberischen Maßnahmen gab es erste Kundenbindungssysteme. Den Anfang machte im Jahr 1993 das Vielfliegerprogramm Miles & More der Deutschen Lufthansa AG. Es folgten zahlreiche weitere Kundenbindungsprogramme unterschiedlicher Unternehmen, die durch das Inaussichtstellen von Rabatten ohne Verhandlungsnotwendigkeit bei den Kunden großen Anklang fanden. Zu nennen ist hier beispielsweise die Karstadt-Karte, die mit einem Rabatt in Höhe von 3% zahlreiche Kunden gewinnen konnte. Mit Einzug der Payback-Karte im Jahr 2000 wurde eines der ersten Kundenbindungssysteme entwickelt, das mehrere marktführende

---

[104] OLG Hamburg Magazindienst 2005, 784.

[105] BGH GRUR 2003, 889, 890 – Internet-Reservierungssystem; OLG Frankfurt GRUR-RR 2002, 113 – Null Pfennig; OLG Frankfurt MMR 2005, 116, 117; OLG Hamburg MMR 2004, 235.

[106] OLG Frankfurt GRUR-RR 2007, 156 – Geld-zurück-Garantie.

[107] → Zum Begriff der Verkaufsförderungsmaßnahmen Rn 9.

[108] Soweit ersichtlich hatte bislang allein das OLG Rostock GRUR-RR 2005, 391 – Apotheken-Bonuscard, die Vereinbarkeit eines Kundenbindungssystems mit den Anforderungen des § 4 Nr. 4 zu beurteilen.

[109] Verbraucherzentrale Bundesverband e. V., Kundenbindungssysteme und Datenschutz, Dezember 2003, Gutachten, S. 17.

Unternehmen verbindet (mehr als 30 Partnerunternehmen, darunter Kaufhof, AOL, DEA und Europcar), die gemeinsam eine Kundenkarte herausgeben. Mit derzeit nach eigenen Angaben 22,5 Millionen Teilnehmern ist Payback das größte auf dem deutschen Markt vertretene Kundenbindungssystem.[110] Zwei Jahre nach dem erfolgreichen Start der Payback-Karte schlossen sich die KarstadtQuelle AG und die Deutsche Telekom zusammen und brachten ebenfalls eine Verbund-Kundenkarte heraus, die Happy Digits Karte.[111] Mittlerweile werden in Deutschland bereits mehr als 300 Bonussysteme angeboten, die praktisch alle Branchen erfassen: von Anbietern von Babynahrung und -pflege (der „Baby-Club" von Hipp und Penaten) bis hin zur Tabakindustrie (West-Club).

III. Erscheinungsformen der Kundenbindungssysteme

Kundenbindungssysteme gewähren den Kunden Vorteile, deren Höhe in der Regel umsatz- und zeitbezogen ist. Meistens werden Kundenbindungssysteme mit Kundenkarten organisiert, die bei jedem Einkauf vorgelegt werden. Zum Teil werden die Kundenkarten durch eine Kreditfunktion erweitert, so dass die Kunden mit der Karte zusätzlich bargeldlos einkaufen können. Am Ende des Monats werden die getätigten Einkäufe abgerechnet und von dem angegebenen Konto abgebucht. 38

Wenn der Kunde bei dem kartenausgebenden Unternehmen oder einem angeschlossenen Partnerunternehmen einkauft, werden diese Einkäufe beim Systemanbieter registriert und später nach bestimmten Modi (Umsatzstaffelung, Einkaufszeiträume) Bonuspunkte gutgeschrieben. Hat der Kunde durch seine Einkäufe einen bestimmten Schwellenwert an Punkten erreicht, kann er aus einem begrenzten Angebot einen entsprechenden geldwerten Vorteil (Prämie) wählen oder sich den Gegenwert der Punkte auszahlen lassen. Es sind auch Kombinationen denkbar. Das „Miles & More"-System der Lufthansa zB stellt ein sogenanntes „Upgrading" (einen Flug in der Business-Class zum Preis der Economy-Class), Freiflüge und wertvolle Prämien in Aussicht. Zusätzlich bietet die Fluggesellschaft kostenlose Dienstleistungen oder besondere Privilegien an, zB einen Gepäckservice. Daneben sind auch Zahlungsaufschübe denkbar, zB durch Kundenkarten mit Kreditkartenfunktion mit einem bestimmten Zahlungsziel (sogenannte charge cards) oder Kundenkarten, die darüber hinaus Ratenzahlungen ermöglichen (sogenannte revolving credit cards). Je öfter die Leistung des Systemanbieters in Anspruch genommen wird und je mehr Punkte gesammelt werden, desto höher sind die in Aussicht gestellten Vergünstigungen. 39

Werden Geldprämien ausgezahlt, sind dies **Rabatte** auf die eingekauften Waren. Das ausgezahlte Geld wirkt sich wie ein Abschlag auf die zuvor gezahlten Preise aus. Die je nach Ausgestaltung des Systems ggf. zwischen Kauf und dem Erhalt des Rabattes liegende zeitliche Spanne ändert an dieser Einordnung nichts.[112] Werden Sachprämien ausgeschüttet, handelt es sich um **Zugaben.** Zwar lässt sich die Sachprämie nicht einer bestimmten entgeltlich erlangten Leistung zuordnen, aber mit jedem Kauf erwirbt der Kunde einen weiteren Teilanspruch auf die spätere Prämie. Die Summe der akzessorisch erworbenen Teilansprüche bildet den Anspruch auf die Sachprämie, die dann letztlich im Falle der Ausschüttung als Zugabe zu werten ist.[113] Die Zugaben können aus dem eigenen Angebot an Waren und Dienstleistungen stammen oder branchenidentische, branchennahe und branchenfremde Waren und Dienstleistungen anderer Anbieter einbeziehen. 40

[110] Verbraucherzentrale Bundesverband e. V., Kundenbindungssysteme und Datenschutz, Dezember 2003, Gutachten, S. 17.
[111] Verbraucherzentrale Bundesverband e. V., Kundenbindungssysteme und Datenschutz, Dezember 2003, Gutachten, S. 17.
[112] Früher wurden diese Sachverhalte von § 4 RabattG erfasst.
[113] *Eppe* S. 155.

IV. Notwendige Angaben

41 Der Anbieter eines Kundenbindungssystems muss die **Bedingungen für die Inanspruchnahme** des Systems angeben. Der Werbende muss zum einen angeben, welche Voraussetzungen der Kunde erfüllen muss, um an dem Kundenbindungssystem teilzunehmen. Zum anderen sind Angaben darüber zu machen, wie der Kunde die in Aussicht gestellten Vergünstigungen erlangen kann. Der Werbende muss also mitteilen, wie viel Umsatz der Kunde tätigen muss, um eine Prämie zu erlangen, und ob für einzelne Prämien Zuzahlungen notwendig sind. Sinnvoll sind diese Angaben wiederum nur dann, wenn der Kunde auch erfährt, welche Prämien es gibt.

42 Diese Bedingungen müssen klar und eindeutig angegeben werden. Hierbei ist fraglich, ob eine **Umrechnung** des getätigten Umsatzes **in eine fiktive „Währung"** dem Transparenzgebot entgegensteht. In der Regel wird nämlich der von dem Kunden in Euro getätigte Umsatz nicht in Euro addiert, sondern in eine „neue Währung" (Punkte oder Digits) umgerechnet. Eine solche Umrechnung ist sogar erforderlich, wenn das System in verschiedenen Währungsräumen angeboten wird. Grundsätzlich ist gegen den Umtausch von gezahlten Euro in Bonuspunkte im Hinblick auf eine etwaige Verschleierungsgefahr nichts einzuwenden. Auch ein in Euro geführter Kontostand, der wiedergibt, für wie viel Euro der Kunde eingekauft hat, sagt noch nichts über den Wert dieses Kontos aus.[114] Bonuspunkte verhindern sogar eher die Illusion eines Geldkontostands.

43 Gewährt ein Kreditkartenunternehmen, das an einem Vielfliegerprogramm beteiligt ist, seinen Kunden für jeweils 10 DM/Euro Kreditkartenumsatz eine „Meile" im Rahmen dieses Vielflieger-Bonussystems und wirbt es mit dem Slogan „Ihnen fehlen 1000 Meilen? Kaufen Sie sich einen Anzug", führt dies nicht dazu, dass die Bedingungen der Inanspruchnahme verschleiert werden.[115] Der durchschnittlich informierte Verbraucher weiß, dass es sich bei dem beworbenen Angebot der Beklagten um ein Prämiensystem handelt, bei dem man ab Erreichen einer bestimmten Mindestprämien-Punktzahl Prämienflüge oder andere Sach- bzw. Dienstleistungen in Anspruch nehmen kann. Aufgrund der Werbung wird kein relevanter Teil des angesprochenen Verkehrskreises den Schluss ziehen, beim Kauf eines Anzugs für 1.000 Euro könne er 1.000 Meilen mit dem Flugzeug umsonst fliegen und damit zB von Köln nach Paris und zurück.

44 Baut ein Kundenbindungssystem auf einer Umrechnung der Währung auf, muss der Anbieter dem Kunden zum einen mitteilen, für wie viel Euro Umsatz er wie viele Bonuspunkte bekommt und zum anderen, wie viele Bonuspunkte für welche Prämie erforderlich sind.[116] Andernfalls kann der Kunde den Wert der ihm in Aussicht gestellten Prämie und das Verhältnis dieses Wertes zu dem seiner eigenen Leistung, nämlich die mit der Kreditkarte getätigten Umsätze, nicht abschätzen.[117] Verspricht ein Apotheker seinen Kunden die Rückerstattung einer Praxisgebühr, sofern diese 10 Bonuspunkte gesammelt haben und gibt er an, dass die Bonuspunkte beim Einlösen von Rezepten oder beim Einkauf in der Apotheke vergeben werden, wobei die Gutschrift je eines Bonuspunktes für jedes Rezept, für einen Einkaufswert über 10 Euro, bei Wartezeiten länger als zehn Minuten, bei Nichtverfügbarkeit des Arzneimittels und erforderlichem zweiten Besuch sowie bei unpünktlicher Lieferung erfolgt, ist dies eine klare und eindeutige Angabe des Umrechnungsfaktors, bei der der Kunde erkennen könne, welche Bedingungen für die Inanspruchnahme der angekündigten Vergünstigungen gelten.[118]

---

[114] *Bottenschein* S. 212.

[115] OLG Köln WRP 2001, 721, 724 – Miles & More Card.

[116] OLG Rostock GRUR-RR 2005, 391, 392 – Apotheken-Bonuscard; *Steinbeck* ZIP 2001, 1741, 1744; vgl. ausführlich zu den Transparenzanforderungen bei der Verwendung imaginärer Kenngrößen *Ruoff* Die Aufhebung des Rabattgesetzes und der Zugabeverordnung und ihre Auswirkungen auf das Wettbewerbsrecht S. 211 ff.

[117] BGH NJW 1999, 1398, 1400 – Bonusmeilen.

[118] OLG Rostock GRUR-RR 2005, 391, 392 – Apotheken-Bonuscard.

Grundsätzlich müssen auch bei Kundenbindungssystemen die nach § 4 Nr. 4 erforderlichen Angaben bereits **in der Werbung** gemacht werden. Dies kommt auch in der Entscheidung „Bonusmeilen“ des BGH[119] zum Ausdruck, in der es heißt, dass die Vorstellung des Verkehrs auch durch das geprägt wird, was in der ihm gegenübertretenden Werbung zum Ausdruck kommt. Es sei nicht ausreichend, wenn ihm die wesentlichen Informationen erst später und auch nur mehrstufig mitgeteilt werden. Im Interesse der **Übersichtlichkeit** und der **Wahrnehmbarkeit der Informationen** wird man jedoch nicht verlangen können, dass die Funktionsweise eines Kundenbindungssystems bereits aus der Werbung ohne Hinzutreten weiterer Erläuterungen bis ins Detail verständlich wird. Dies würde bedeuten, dass das gesamte Umrechnungssystem, alle Prämien und auch die sonstigen Bedingungen, wie etwa Befristungen, in der Werbung genannt werden müssten. Schlichte Aufmerksamkeitswerbung[120] für Kundenbindungssysteme wäre demnach unmöglich. Es muss vielmehr ausreichen, wenn der Werbende die Kunden abgestuft informiert. Dabei steigt die Pflicht des Werbenden, über Details des Kundenbindungssystems zu informieren, je ausführlicher die Werbung insgesamt ist. Wirbt das Unternehmen in einer umfangreichen Anzeige mit Fließtext und Abdruck der Teilnahmebedingungen, müssen wesentliche Informationen über erforderliche Umsätze und Prämien bereits hier enthalten sein. Handelt es sich um eine schlichte Aufmerksamkeitswerbung, kann man die genaue Beschreibung der Prämien und der Modalitäten ihrer Erlangung nicht verlangen.[121] Dem Verbraucher ist es durchaus zumutbar, diese Bedingungen in Erfahrung zu bringen. Es genügt daher, wenn der Werbende die erforderlichen Informationen in einer Broschüre oder einem Prämienheft zur Verfügung stellt.[122] Ob eine Internetpräsenz ausreichend ist, ist eine Frage des Einzelfalls und wird entscheidend davon abhängen, inwieweit man davon ausgehen kann, dass der angesprochene Kundenkreis Zugang zu diesem Medium hat. Das wird in der Regel zu bejahen sein. **45**

Ist der Aktionszeitraum von vornherein zeitlich festgelegt, darf der Anbieter die Anzahl der zu sammelnden Bonuspunkte für eine Prämie im Aktionszeitraum nicht nach Belieben ändern oder **einzelne Prämien absetzen.** Der verständige Verbraucher erwartet, dass eine angekündigte Prämie auch vorhanden ist. Fraglich ist, ob der Anbieter solche Änderungen vornehmen darf, wenn er sich dies ausdrücklich vorbehalten hat. Das wird man nur annehmen können, wenn er hierauf in besonderer Weise hingewiesen hat und es sachliche Gründe für eine solche Änderung gibt. **46**

Problematisch sind die Fälle, in denen die Auswahl der Prämien rein tatsächlich dadurch beschränkt wird, dass beliebte **Prämien** nach gewisser Zeit **nicht mehr vorhanden** sind. Die Gefahr, dass beworbene Ware nicht mehr vorhanden ist, wenn der Kunde nachfragt, ist in der Regelung des § 5 Abs. 5 berücksichtigt. Der hier angegebene Zeitraum von zwei Tagen ist jedoch für Kundenbindungssysteme völlig unbrauchbar, da das Ansammeln der erforderlichen Punkte schon einen längeren Zeitraum in Anspruch nimmt. Man wird daher nur anhand der Umstände des Einzelfalls beurteilen können, ob der Systemanbieter einzelne Zugaben in ausreichender Menge vorrätig hält. Im Gegensatz zu einer Werbung für einen einmaligen Kauf sind hier höhere Anforderungen an die Zeit des Vorhandenseins zu stellen, weil es gewisse Zeit in Anspruch nimmt, bis ein Kunde die erforderlichen Punkte gesammelt hat. Hinzu kommt, dass der Kunde im Hinblick auf die gewünschte Prämie eine Vielzahl von Geschäften beim Anbieter tätigt, so dass sein Vertrauen in den Erhalt der Prämie besonders groß ist. Das Modell der abgestuften Information[123] gilt für die Werbung mit Kundenbindungssystemen in besonderem Maße. **47**

---

[119] BGH NJW 1999, 1398, 1401 – Bonusmeilen.
[120] → Rn 28.
[121] So auch *Dierck* WRP 1999, 616, 618; *Schuhlert* S. 147.
[122] So wohl auch OLG Köln WRP 2001, 721, 724 – Miles & More Card.
[123] → Rn 27.

D. Wettbewerbsrechtliche Relevanz

48 Unzulässig ist eine fehlende oder unklare Angabe über eine Bedingung der Inanspruchnahme nur dann, wenn das Fehlen bzw. die Unklarheit geeignet ist, den Wettbewerb zum Nachteil der Verbraucher nicht nur unerheblich zu beeinträchtigen (vgl. § 3). Ein Überschreiten der Bagatellschwelle kann nur dann angenommen werden, wenn die Verletzung der Informationspflicht geeignet ist, sich auf die geschäftliche Entscheidung des Umworbenen auszuwirken. Es darf sich also nicht um Informationen handeln, die für die Nachfrageentscheidung des Verbrauchers von völlig untergeordneter Bedeutung sind oder die der Verbraucher ohnehin schon besitzt. Ein Überschreiten der Bagatellklausel wurde etwa bei der Werbung mit einem Gutschein in Höhe von nur 0,50 Euro angenommen, weil Fehlvorstellungen über die Einsatzmöglichkeiten des Gutscheins die angesprochenen Verkehrskreise dazu veranlassen könnten, das Ladenlokal des Werbenden aufzusuchen.[124] Auch mit der hohen Anlockwirkung einer als „Startguthaben-Spar-Aktion" angekündigten Verkaufsförderungsmaßnahme wurde das Überschreiten der Relevanzschwelle begründet.[125]

49 Obwohl die sachliche Nähe des § 4 Nr. 4 zur Irreführung nach § 5 dafür gesprochen hätte, den Tatbestand des § 4 Nr. 4 ebenso wie den des § 5 um das **ungeschriebene Merkmal** der wettbewerbsrechtlichen Relevanz zu ergänzen und so dieses Erfordernis – ebenso wie die Richtlinie über unlautere Geschäftspraktiken – in den Tatbestand zu integrieren, ist der deutsche Gesetzgeber einen anderen Weg gegangen. Er hat die Formulierung, mit der der Richtliniengeber das Erfordernis der wettbewerbsrechtlichen Relevanz zum Ausdruck bringt („geeignet, den Verbraucher zu einer geschäftlichen Entscheidung zu veranlassen, die er sonst nicht getroffen hätte"), in die **Spürbarkeitsschwelle** in § 3 Abs. 1 bzw. Abs. 2 S. 1 aufgenommen.[126]

E. Rechtsfolgen unzureichender Information

50 Sofern die werbliche Ankündigung einer Verkaufsförderungsmaßnahme gegen §§ 3, 4 Nr. 4 verstößt, umfasst der Unterlassungsanspruch nach § 8 Abs. 1 grundsätzlich auch nur die Werbung für die Maßnahme und nicht auch deren Durchführung.[127] Sofern jedoch im Einzelfall der Verstoß bis zum Abschluss des Vertrages noch nicht, etwa durch ein Verkaufsgespräch, beseitigt ist, kann ausnahmsweise auch das Gewähren des Vorteils, dh. die gesamte Durchführung der Verkaufsförderungsmaßnahme vom Unterlassungsanspruch erfasst sein. Somit bedarf es stets einer Prüfung der Reichweite des Wettbewerbsverstoßes im Einzelfall.[128]

---

[124] OLG Naumburg GRUR-RR 2007, 159, 160 – Kaffeezuckertütchen.

[125] OLG Brandenburg GRUR-RR 2005, 227 – 14-tägige Gültigkeit.

[126] Für eine Berücksichtigung an dieser Stelle auch Hefermehl/*Köhler*/Bornkamm UWG § 4 Rn 4.16; MünchKomm/*Heermann* UWG § 4 Nr. 4 Rn 100; *Seichter* in: Ullmann juris-PK UWG § 4 Nr. 4 Rn 10; so tendenziell auch OLG Köln GRUR 2006, 786 – Winterschlussverkauf.

[127] BGH GRUR 2002, 979, 982 – Kopplungsangebot II; Harte/Henning/*Bruhn* UWG § 4 Nr. 4 Rn 85 f.

[128] *Seichter* in: Ullmann juris-PK UWG § 4 Nr. 4 Rn 27.

Transparenzgebot bei Preisausschreiben und Gewinnspielen (§ 4 Nr. 5)

Übersicht

Rn

A. Einleitung **1**

I. Entstehungsgeschichte 2
1. Vorschläge der Arbeitsgruppe Unlauterer Wettbewerb 3
2. Referentenentwurf 7

II. Europäisches Gemeinschaftsrecht 10
1. E-Commerce- und Irreführungs-Richtlinie 11
2. Vorschlag für eine Verkaufsförderungs-Verordnung 13
3. Richtlinie über unlautere Geschäftspraktiken 18
a) Grundzüge der Richtlinie 19
b) Beibehaltung des § 4 Nr. 5 nach der Umsetzung 20

III. Systematischer Überblick 25
1. Bisherige Rechtslage 26
a) Geschichtliche Entwicklung 27
b) Aleatorische Anreize als Marketinginstrument 28
c) Unlauterkeitsmerkmale nach der Rechtsprechung zu § 1 UWG aF 31
aa) Irreführende bzw. täuschende Angaben 33
bb) Kopplung der Teilnahmeberechtigung mit dem Warenabsatz 36
cc) Psychischer Kaufzwang und übertriebenes Anlocken 37
2. Neuer Beurteilungsmaßstab durch geändertes Verbraucherleitbild 41
a) Das europäische Verbraucherleitbild 41
b) Auswirkungen des gemeinschaftsrechtlichen Verbraucherleitbildes auf die Transparenzregeln des UWG 42

B. Regelungsgehalt von § 4 Nr. 5 .... **45**

I. Sinn und Zweck der Regelung 45

II. Preisausschreiben und Gewinnspiele 47
1. Preisausschreiben und Gewinnspiele im Spannungsverhältnis zwischen Verkaufsförderungsmaßnahme und verbotenem Glücksspiel 47
2. Das Glücksspiel – Kurzer geschichtlicher Abriss 48
3. Glücksspiele gemäß § 3 Abs. 1 GlüStV und gemäß § 284 StGB 50
a) Erlaubnis 64
b) Einsatz, erheblicher 65
c) Das Zufallselement 66
d) Öffentlichkeit 67
4. Zeitpunkt 68
5. Zivilrechtliche Einordnung 73

III. Anwendungsbereich 74
1. § 4 Nr. 5 als Beispielsfall von § 3 74
2. Definition von Preisausschreiben und Gewinnspielen 77
a) Abgrenzung zu Glücksspielen im Sinne von § 284 StGB bzw. § 3 Abs. 1 GlüStV 77
b) Begriffsbestimmung 78
aa) Preisausschreiben 79
bb) Gewinnspiele 85
cc) Stellungnahme 90
dd) Gewinnzusagen gemäß § 661 a BGB 91
3. Werbecharakter 95
4. Teilnahmebedingungen 101
a) Umfang des Transparenzgebotes 101
b) Zeitpunkt der Informationspflicht 111
c) Umfang der Informationspflicht im Einzelnen 124
d) Informationspflicht über Preise 127
e) Informationspflicht über Gewinnchancen 132
f) Täuschung über Gewinnchancen und Gewinnhöhe 138
g) Kriterienkatalog 140
aa) Klarstellung 143

Rn
bb) Voraussetzungen für die Teilnahme ... 144
cc) Veranstalteridentität/Beschreibung der Gewinne ... 145
dd) Formale Kriterien der Gewinnermittlung ... 146
ee) Gewinninformation ... 147
ff) Verwendung der Gewinnerdaten ... 148
f) Erläuterungen zum Katalog und besondere Fallgruppen ... 149
aa) Versandhandel ... 149
bb) Preisausschreiben und Gewinnspiele in der Presse ... 150
cc) Geographische bzw. personengebundene Beschränkungen ... 151
dd) Beschreibung der Preise ... 153
ee) Wert der Preise ... 154
ff) Redaktionelle Werbung ... 155
gg) Barauszahlung und Sachgewinne ... 157
hh) Gewinnauskehrung ... 158
ii) Adressgewinnung und -nutzung ... 162
5. Klar und eindeutig ... 168
a) Parallele Vorschriften ... 169
aa) Telemediengesetz (TMG) ... 169
bb) § 1 Abs. 5 Verordnung über Preisangaben (PAngV) ... 175
cc) § 307 Abs. 1 S. 2 BGB, § 312 c Abs. 1 BGB ... 176
b) Begriffsbestimmung ... 180
aa) Klarheit ... 181
bb) Eindeutigkeit ... 191
cc) Im Einzelnen ... 195
dd) Allgemein ... 197
IV. Besondere Anforderungen an das Klarheitsgebot bei Medien- und Telediensten ... 198

Schrifttum: *Aigner/Hofmann,* Virtuelle Kaufhäuser, MMR Beilage 8/2001, 30; *Bahr,* Anmerkung zum Urteil des OLG Hamburg vom 10. 1. 2002, 3 U 218/01, MMR 2002, 471; *Berlit,* Das „Traumcabrio": Preisausschreiben und Gewinnspiele im Lauterkeitsrecht, WRP 2005, 1213; *Böhm,* Anmerkung zum Beschluss des OLG Frankfurt/M vom 13. 11. 1998, 6 W 163/98, MMR 1999, 285; *Bolay,* Mehrwertgebührenpflichtige Gewinnspiele, Diss. 2008; *Brandl,* Spielleidenschaft und Strafrecht, Diss. 2003; *Dietlein/Woesler,* Spielbank goes „online", K&R 2003, 458; *Fezer,* Plädoyer für eine offensive Umsetzung der Richtlinie über unlautere Geschäftspraktiken in das deutsche UWG – Originärer Verbraucherschutz durch Lauterkeitsrecht als Paradigma der europäischen Rechtsharmonisierung, WRP 2006, 781; *ders.,* Das wettbewerbsrechtliche Vertragsauflösungsrecht in der UWG-Reform, WRP 2003, 127; *ders.,* Modernisierung des deutschen Rechts gegen den unlauteren Wettbewerb auf der Grundlage einer Europäisierung des Wettbewerbsrechts, WRP 2001, 989; *Fritzemeyer/Rinderle,* Das Glücksspiel im Internet, CR 2003, 599; *Glöckner/Henning-Bodewig,* EG-Richtlinie über unlautere Geschäftspraktiken – Was wird aus dem „neuen" UWG?, WRP 2005, 1311; *Göhre,* Frischer Wind aus Brüssel?, WRP 2002, 36; *Gola/Wronka,* Werbung, Wettbewerb und Datenschutz, RDV 1994, 157; *Hayer/Meyer,* Die Prävention problematischen Spielverhaltens – Eine multidimensionale Herausforderung, Journal of Public Health, 2004, 293; *Hecker,* Die Richtlinie über unlautere Geschäftspraktiken: Einige Gedanken zu den „aggressiven Geschäftspraktiken" – Umsetzung in das deutsche Recht, WRP 2006, 640; *Hecker/Ruttig,* „Versuchen Sie es noch einmal" – Telefon-Gewinnspiele im Rundfunk unter Einsatz von Mehrwertdienste-Rufnummern und ihre Beurteilung nach StGB und neuem UWG, GRUR 2005, 393; *Hecker/Ruttig,* Zur Unlauterkeit der Veranstaltung von Sportwetten ohne Erlaubnis einer deutschen Behörde, WRP 2006, 307; *Helm,* Der Abschied vom „verständigen" Verbraucher, WRP 2005, 931; *ders.,* Das Verbraucherleitbild des europäischen Gerichtshofes und des Bundesgerichtshofes im Vergleich, FS Tilmann, 2003, S. 135; *Henning-Bodewig,* Das neue UWG – von Brüssler Gnaden?, FS Schricker, 2005, S. 705; *dies.,* Die Richtlinie 2005/29/EG über unlautere Geschäftspraktiken, GRUR Int 2005, 629; *Hoenike/Hülsdunk,* Die Gestaltung von Fernabsatzangeboten im elektronischen Geschäftsverkehr nach neuem Recht, MMR 2002, 415; *Hoeren,* Vorschlag für eine EU-Richtlinie über E-Commerce, MMR 1999, 192; *Hoß,* Rabattgesetz und Zugabeverordnung – Die Rechtslage nach der Aufhebung, MDR 2001, 1094; *Hoth,* Anmerkung zum Urteil des BGH vom 16. März 1973, I ZR 20/72, GRUR 1973, 591; *Hüsken,* Zur Zulässigkeit von Pokerturnieren und dem gewerblichen Spielrecht, ZfWG 2009, 77; *Klute,* Anmerkung zum Beschluss des OLG Hamburg vom 20. 11. 2002, 5 W 80/02, MMR 2003, 105; *Köhler,* Zur Umsetzung der Richtlinie über unlautere Geschäftspraktiken, GRUR 2005, 793; *Köhler,* Die Unlauterkeitstatbestände des § 4 UWG und ihre Auslegung im Lichte der Richtlinie über unlautere Geschäftspraktiken; *Köhler,* Die UWG-Novelle 2008, WRP 2009, 109; *Köhler/Bornkamm/Henning-Bodewig,* Vorschlag für eine Richtlinie zum Lauterkeitsrecht und eine UWG-Reform, WRP 2002, 1317; *Köhler/Lettl,* Das geltende europäische Lauterkeitsrecht, der Vorschlag für eine EG-Richtlinie über unlautere Geschäftspraktiken und die UWG-Reform, WRP 2003, 1019; *Lettl,* Der lauterkeitsrechtliche Schutz vor irreführender Werbung in Europa, GRUR Int. 2004, 85; *ders.,* Der Schutz der Verbraucher nach der UWG-Reform, GRUR 2004, 449; *Mankowski,* Fernabsatzrecht: Information über das Widerrufsrecht und Widerrufsbelehrung bei Internetauftritten, CR 2001, 767; *Ott,* Informationspflichten im Internet und ihre Erfüllung durch das Setzen von Hyperlinks, WRP 2003, 945; *Ruttig,* Auf Gambelli folgt Placanica – und keine Liberalisierung der Glücksspielmärkte in Europa, WRP 2007, 621; *Sack,* Das internationale Wettbewerbsrecht nach der E-Commerce-Richtlinie (ECRL) und dem EGG-/TDG-Entwurf WRP 2001, 1408; *ders.,* Die relevante Irreführung im Wettbewerbsrecht, WRP 2004, 521; *Schricker/Henning-Bodewig,* Elemente einer Harmonisierung des Rechts des unlauteren Wettbewerbs in der Europäischen Union, WRP 2001, 1367; *Seichter,* Der Umsetzungsbedarf der Richtlinie über unlautere Geschäftspraktiken, WRP 2005, 1087; *Sosnitza,* Die Richtlinie über unlautere Geschäftspraktiken – Voll- oder Teilharmonisierung WRP 2006, 1; *Steegmann,* Sportwetten zu festen Gewinnquoten als Glücksspiele im Sinne des § 284 StGB, ZfWG 2007, 410; *Ullmann,* Das Koordinatensystem des Rechts des unlauteren Wettbewerbs im Spannungsfeld von Europa und Deutschland, GRUR 2003, 817; *Ulmer,* Der Begriff „Leistungswettbewerb" und seine Bedeutung für die Anwendung von GWB und UWG-Tatbeständen, GRUR 1977, 565; *Weichert,* Datenschutzrechtliche Probleme beim Adressenhandel, WRP 1996, 522; *Wind,* Neues Datenschutzrecht und Direktwerbung, WRP 1991, 771; *Ziemer,* Der juristische Unterschied zwischen Spiel und Glücksspiel in Geschichte, Theorie und Praxis, Diss. 1922.

A. Einleitung

Das UWG aF kannte keine ausdrücklichen Informationspflichten für die Marktteilnehmer, sondern lediglich ein generelles Verbot der Irreführung. Die neue Bestimmung des § 4 Nr. 5 statuiert neben § 4 Nr. 4 erstmals ausdrücklich eine wettbewerbsrechtliche **Informationspflicht** in Gestalt eines Transparenzgebots im UWG. Der Grund hierfür dürfte in dem durch europarechtliche Vorgaben geänderten Verbraucherleitbild zu finden sein, das von durchschnittlich informierten, situationsadäquat aufmerksamen und verständigen Verbrauchern ausgeht. Dies berücksichtigend, hat der Gesetzgeber erkannt, dass die Aufgeklärtheit des Verbrauchers in einigen Bereichen nicht vorausgesetzt werden kann, sondern vielmehr erst durch die Marktteilnehmer herzustellen ist. Dies gilt vor allem für die Wertreklame und hier besonders für Preisausschreiben und Gewinnspiele, bei deren mannigfaltigen und von der Phantasie des Veranstalters abhängigen Gestaltungsmöglichkeiten der Verbraucher grundsätzlich weiterer Aufklärung bedarf, um eine sachliche Teilnahmeentscheidung gerade für das angebotene Spiel zu treffen.[1] 1

I. Entstehungsgeschichte

Zwecks Fortsetzung der in der 14. Legislaturperiode mit der Abschaffung von Zugabeverordnung und Rabattgesetz begonnenen Modernisierung des Wettbewerbsrechts[2] setzte die Bundesregierung zu Beginn der 15. Legislaturperiode beim Bundesjustizministerium eine Arbeitsgruppe Unlauterer Wettbewerb ein. Diese war neben Experten aus Rechtswissenschaft und Praxis auch mit Vertretern der Spitzenverbände der Industrie, des Handels und des Handwerks sowie der Verbraucher und Gewerkschaften besetzt.[3] Ihr Ziel war es, unter anderem Vorschläge für die Fortentwicklung des nationalen und des europäischen Lauterkeitsrechts zu entwickeln.[4] 2

1. Vorschläge der Arbeitsgruppe Unlauterer Wettbewerb

Bereits im ersten vorbereitenden Gutachten für das Bundesjustizministerium betonte *Fezer,* dass bestimmte Regelungsbereiche des neuen UWG im Vorgriff auf eine Europäisierung des Lauterkeitsrechts geändert, andere Regelungsbereiche hingegen im Zusammenhang mit einer EG-Harmonisierungsrichtlinie[5] in das europäische Richtlinienverfahren eingebracht 3

---

[1] *Hecker/Ruttig* GRUR 2005, 393, 396.

[2] S. zuvor den Bericht der Arbeitsgruppe „Überprüfung des Wettbewerbsrechts" vom 17. 12. 1996, GRUR 1997, 201.

[3] Vgl. die Ausführungen in der Gesetzesbegründung zum Anlass für eine Reform des Gesetzes gegen den unlauteren Wettbewerb, BT-Drucks. 15/1487 S. 12 li. Sp.

[4] Vgl. *Göhre* WRP 2002, 36, 36.

[5] Vgl. dazu nunmehr die Richtlinie 2005/29/EG des Europäischen Parlaments und des Rates vom 11. Mai 2005 über unlautere Geschäftspraktiken im binnenmarktinternen Geschäftsverkehr zwischen Un-

werden sollten.[6] Zu den änderungsbedürftigen Fallkonstellationen zählten aus seiner Sicht diejenigen, die im Interesse eines substantiellen Lauterkeitsrechts den Verbraucher mit solchen Informationen versorgen, die er nach dem europäischen Vorbild als **durchschnittlich informierter,** aufmerksamer und verständiger Modelladressat benötigt.[7] Bereits in einem sehr frühen Stadium der UWG-Reform wurde somit die gesteigerte Bedeutung des Verbraucherschutzes und damit ein sozialrechtliches Verständnis des wettbewerblichen Unrechts in der Reformdiskussion verankert.

4 *Schricker/Henning-Bodewig* stellten in ihrem vorbereitenden Gutachten für das Bundesjustizministerium in Frage, ob sich in einem reformierten Lauterkeitsrecht angesichts der europarechtlichen Vorgaben das deutsche Verbraucherleitbild aufrechterhalten lasse, wonach von einer maßgeblichen Irreführungsquote von 10 bis 15% und dem Erfahrungssatz vom „flüchtigen Verbraucher" auszugehen sei; dies führe dazu, dass „die Verurteilung von der Reaktion kleiner Gruppen wenig lebenstüchtiger, erfahrener und aufmerksamer Verbraucher abhängig gemacht wird".[8]

5 In diesem Gutachten findet sich erstmals der Vorschlag, die Wettbewerber zu verpflichten, „auf die Bedingung der Teilnahme, die Modalitäten des Gewinnspiels und die Durchführung der Gewinnverteilung [...] klar und unmissverständlich hinzuweisen".[9] Soweit nicht bereits unter dem Aspekt der Tarnung von Absatzmaßnahmen geregelt, solle weiter dafür gesorgt werden, dass die Veranstalter von Gewinnspielen und die letztlich zur Preisausgabe Verpflichteten klar und unmissverständlich angegeben werden.[10]

6 In dem diesem Gutachten folgenden ersten „Vorschlag für eine Richtlinie zum Lauterkeitsrecht und eine UWG-Reform" taucht die Informationspflicht des Gewinnspielveranstalters in allgemeiner Form in § 4 Nr. 4 auf.[11] Unter den im Vorschlag geregelten Beispielen des unlauteren Wettbewerbs gegenüber der Marktgegenseite, vornehmlich den Verbrauchern, soll unlauter insbesondere handeln, wer „Verbrauchern oder sonstigen Marktteilnehmern Informationen nicht erteilt, die zu ihren Gunsten gesetzlich vorgeschrieben oder für ihre Entscheidung unerlässlich sind". In dem Richtlinien- und Gesetzesentwurf fehlt hingegen eine ausdrückliche Pflicht zur Angabe des Veranstalters von Preisausschreiben/Gewinnspielen und des letztlich zur Preisausgabe Verpflichteten. Auf diese spezielle Informationspflicht wurde in der weiteren Reformdiskussion auch nicht mehr zurückgegriffen.

2. Referentenentwurf

7 Im Referentenentwurf des BMJ wurde die Informationspflicht für Preisausschreiben und Gewinnspiele sodann in einer eigenen Vorschrift geregelt. Der Vorläufer von § 4 Nr. 5 im Referentenentwurf[12] lehnt sich im Übrigen stark an den Entwurf der Arbeitsgruppe Unlauterer Wettbewerb an: Eine Einschränkung auf Verbraucher findet nicht statt,[13] sondern es bleibt bei dem ursprünglich vorgeschlagenen weiten Anwendungsbereich. Der Referentenentwurf greift mit der hierzu entwickelten Rechtsprechung[14] das geänderte Verbraucherleitbild auf und schafft bereits eine Bestimmung, die von der grundsätzlichen Zulässig-

ternehmen und Verbrauchern und zur Änderung der Richtlinie 84/450/EWG des Rates, 97/7/EG und 98/27/G und 2002/65 EG des Europäischen Parlaments und des Rates sowie der Verordnung (EG) Nr. 2006/2004 des Europäischen Parlaments und des Rates (Richtlinie über unlautere Geschäftspraktiken), ABl. EG 2005 Nr. L 149 S. 22.

[6] *Fezer* WRP 2001, 989, 990.

[7] *Fezer* WRP 2001, 989, 992; *Fezer* WRP 2006, 781, 786.

[8] *Schricker/Henning-Bodewig* WRP 2001, 1367, 1374.

[9] *Schricker/Henning-Bodewig* WRP 2001, 1367, 1393.

[10] *Schricker/Henning-Bodewig* WRP 2001, 1367, 1394.

[11] *Köhler/Bornkamm/Henning-Bodewig* WRP 2002, 1317, 1319.

[12] Entwurf eines Gesetzes gegen den unlauteren Wettbewerb vom 23. 1. 2003 S. 3, 34.

[13] → § 4–6 Rn 47.

[14] BGH GRUR 2000, 820, 821 – Space Fidelity Peep-Show; BGH GRUR 1987, 243, 244 – Alles frisch; BGH GRUR 1962, 461, 465 – Werbeveranstaltung mit Filmvorführung; BGH GRUR 1959, 544, 546 – Modenschau; BGH GRUR 1959, 138, 139 – Italienische Note.

keit von Gewinnspielen ausgeht. Gleichzeitig soll der Verbraucher bei Preisausschreiben und Gewinnspielen in die Lage versetzt werden, diese angemessen und vernünftig zu beurteilen.

Die Gesetzesfassung von § 4 Nr. 5 im neuen UWG hat gegenüber dem Referentenentwurf nur eine marginale Änderung erfahren, die inhaltlich ohne Relevanz ist: In § 4 Nr. 6 des Referentenentwurfs ist die Rede von „unzweideutig" statt von „eindeutig", wie später in § 4 Nr. 5 aufgenommen. Hierdurch und durch die Änderung der Nummerierung ergeben sich jedoch keine rechtlichen Konsequenzen. Wie auch bei § 4 Nr. 6[15] ist damit festzustellen, dass die Bestimmung des § 4 Nr. 5 einschließlich ihrer Begründung nach ihrer Erstfassung bis zum Inkrafttreten des Gesetzes keine erheblichen – insbesondere keine inhaltlichen – Änderungen erfahren hat. Anders als bei § 4 Nr. 6, der sich ebenfalls mit Preisausschreiben und Gewinnspielen befasst, hat nicht einmal der Bundesrat für § 4 Nr. 5 Änderungsbedarf angemeldet. 8

Für die historische Gesetzesauslegung ist damit allein auf die Arbeiten der Arbeitsgruppe Unlauterer Wettbewerb und für die Bestimmung des Willens des Gesetzgebers auf die Gesetzesbegründung abzustellen. Als Regelungsgrund lässt sich dort[16] feststellen, dass durch § 4 Nr. 5 das Transparenzgebot bei Preisausschreiben und Gewinnspielen mit Werbecharakter entsprechend den Verkaufsförderungsmaßnahmen in Nr. 4 geregelt werden sollte, weil insoweit ein vergleichbares Missbrauchspotenzial bestehe. Die Wahrung dieses Transparenzgebots setzt die Beachtung einer im Einzelfall zu bestimmenden Mindestinformationspflicht voraus. Von einer allgemeinen Informationspflicht zur Stützung der Verbraucherentscheidung hat der Gesetzgeber hingegen abgesehen. 9

II. Europäisches Gemeinschaftsrecht

Die europäische Rechtsentwicklung zum gewandelten Verbraucherleitbild war bei der Vorbereitung des Gesetzesentwurfs zur UWG-Novelle eine wichtige Richtschnur.[17] Insbesondere die **gesteigerten Informationsbedürfnisse des Verbrauchers** nach europäischem Leitbild haben in den Vorschriften des neuen UWG ihren deutlichen Niederschlag gefunden. § 4 Nr. 5 übernimmt zum Teil die europarechtlichen Vorgaben, wenn dort die Zulässigkeit der Gewinnspiele entsprechend den Regelungen anderer Formen der Verkaufsförderung[18] wie Zugaben, Werbegeschenke, Preisnachlässe etc. davon abhängig gemacht wird, dass die Teilnahmebedingungen „klar und eindeutig" anzugeben sind. 10

1. E-Commerce- und Irreführungs-Richtlinie

Bereits die am 8. 6. 2000 verabschiedete sog. E-Commerce-Richtlinie enthält in Art. 6 Informationspflichten für die kommerzielle Kommunikation.[19] Sinn und Zweck dieser nur für den elektronischen Geschäftsverkehr geltenden Bestimmungen ist es jedoch, eine Tarnung des kommerziellen Charakters der Verkaufsförderungsmaßnahmen zu verhindern. Gemäß Art. 6 lit. d der in das deutsche Recht umgesetzten Richtlinie müssen im elektronischen Geschäftsverkehr Preisausschreiben und Gewinnspiele klar als solche erkennbar sein und die Teilnahmebedingungen leicht zugänglich sowie klar und unzweideutig angegeben werden. Darüber hinaus verlangt Art. 6 lit. b der Richtlinie, dass auch der Veranstalter klar identifizierbar ist. 11

[15] → § 4–6 Rn 12ff.
[16] BT-Drucks. 15/1487 S. 12 re. Sp.
[17] BT-Drucks. 15/1487 S. 12 re. Sp.; → Rn 33ff.
[18] → § 4–4 Rn 9ff.
[19] RL 2000/31/EG des Europäischen Parlaments und des Rates vom 8. 6. 2000 über bestimmte rechtliche Aspekte der Dienste der Informationsgesellschaft, insbesondere des elektronischen Geschäftsverkehrs im Binnenmarkt.

12 Nach der Irreführungs-Richtlinie[20] sind auch Gewinnspiele als Wertreklame grundsätzlich unlauter, wenn der Verbraucher durch sie in irgendeiner Weise getäuscht wird. Aus den in Art. 3 der Richtlinie aufgeführten Anwendungsfällen wird jedoch deutlich, dass sich diesbezügliche Informationspflichten eher auf den Inhalt der Werbebotschaft bezüglich des werbenden Unternehmens, des Produkts, des Preises und der Geschäftsbedingungen beziehen.[21] An die Gestaltung der Teilnahmebedingungen für Gewinnspiele hat der europäische Gesetzgeber dagegen weniger gedacht. Jedenfalls lassen sich der Richtlinie keine inhaltlichen Vorgaben hinsichtlich Art und Umfang der Informationspflichten über den konkreten Ablauf von Gewinnspielveranstaltungen entnehmen.

2. Vorschlag für eine Verkaufsförderungs-Verordnung

13 Zwischen den verschiedenen Generaldirektionen der Europäischen Union gab es unterschiedliche Vorstellungen, in welchem Umfang das Lauterkeitsrecht der Mitgliedstaaten harmonisiert werden sollte. In der Diskussion waren zwei Gesetzesvorhaben: zum einen der Entwurf einer Richtlinie über unlautere Geschäftspraktiken[22] und zum anderen der mehrfach geänderte Vorschlag einer Verkaufsförderungs-Verordnung (Verkaufsförderungs-VO).[23] Durch eine **Bezugnahme in Art. 5 Abs. 4 iVm Abs. 11 von Anhang 1 des Richtlinienentwurfs** sollten die gleichen europarechtlichen Vorgaben für § 4 Nr. 5 wie in dem von der Bundesregierung bereits abgelehnten Vorschlag einer Verkaufsförderungs-VO gelten. Letztlich scheiterte der Verordnungsvorschlag und mit ihm der nachfolgend wiedergegebene Informationskatalog unter anderem an der Uneinigkeit über die rechtliche Behandlung von Gewinnspielen.[24] Wäre die VerkaufsförderungsVO in Kraft getreten, so hätte dies weitreichende Auswirkungen gehabt, denn die Verordnung sah detailliertere und verbindlichere Informationspflichten vor, als sie in § 4 Nr. 5 statuiert worden sind:[25]

14 Ziffer 4.1 des Anhangs der VerkaufsförderungsVO enthielt einen Katalog mit obligatorischen Angaben bei kommerzieller Kommunikation von Verkaufsförderaktionen. Da Preisausschreiben wie auch Gewinnspiele mittelbar der Förderung des Absatzes von Waren und Dienstleistungen dienen, sind sie zur kommerziellen Kommunikation zu rechnen. Im Rahmen ihrer Veranstaltung und daher auch gemäß Art. 2 lit. a und lit. b der VerkaufsförderungsVO in den entsprechenden Teilnahmebedingungen wären im Falle der Verabschiedung der Verordnung wie auch ihrer Bezugnahme durch die Richtlinie bei der Anwendung von § 4 Nr. 5 deshalb folgende Vorgaben **zwingend** zu beachten gewesen:
- Handelswert und Art des Preises;
- Einsendeschluss;
- jegliche geografische oder personengebundene Einschränkung wie Ort oder Alter;
- Notwendigkeit einer Teilnahmeerlaubnis von einem Erziehungsberechtigten oder vom Arbeitgeber;
- alle mit der Teilnahme an dem Preisausschreiben oder dem Gewinnspiel verbundenen Kosten, abgesehen vom Kauf der beworbenen Ware oder Dienstleistung;
- bei Gewinnspielen ausreichende Informationen für die Teilnehmer an dem Gewinnspiel, damit jeder versteht, wie groß seine Gewinnchance ist.

---

[20] RL 84/450/EWG des Rates vom 10. 9. 1984 über irreführende und vergleichende Werbung, ABl. EG Nr. L 250 S, 17, geändert durch RL 97/55/EG des Europäischen Parlaments und des Rates, ABl. EG Nr. L 290 S. 18.

[21] *Schricker/Henning-Bodewig* WRP 2001, 1367, 1387.

[22] Vorschlag der Kommission der Europäischen Gemeinschaften für eine RL des Europäischen Parlaments und des Rates über unlautere Geschäftspraktiken im binnenmarktinternen Geschäftsverkehr zwischen Unternehmen und Verbrauchern und zur Änderung der RL 84/450/EWG, 97/7/EG und 98/27/EG, KOM(2003), 356 endg. vom 18. 6. 2003.

[23] Geänderter Vorschlag für eine VO des Europäischen Parlaments und des Rates über Verkaufsförderung im Binnenmarkt, KOM(2002), 585 endg. vom 25. 10. 2002.

[24] MünchKomm/*Leible* UWG § 4 Nr. 5 Rn 15.

[25] → Rn 44.

Auf Verlangen und unabhängig vom Kauf der beworbenen Ware oder Dienstleistung sollten nach Ziff. 4.2 des Anhangs der geänderten VerkaufsförderungsVO folgende Angaben des Veranstalters gegenüber dem Verbraucher gemacht werden: 15
- alle Bedingungen, die für das Preisausschreiben oder das Gewinnspiel gelten, einschließlich aller Einschränkungen bezüglich der Einsendung oder der Preise;
- Zahl der Preise, die zu gewinnen sind, sowie Zahl der einzelnen Preise in jeder Preiskategorie, wenn Preise in unterschiedlicher Kategorie zu gewinnen sind;
- Teilnahmebedingungen sowie die Regeln für die Vergabe von Preisen;
- Kriterien zur Bewertung der Einsendungen;
- Auswahlverfahren für die Vergabe der Preise und, sofern eine Jury daran beteiligt ist, Zusammensetzung der Jury;
- Datum und Art und Weise der Bekanntmachung der Gewinner;
- Art der Preisaushändigung (Zustellung, Abholung), einschließlich der damit verbundenen Kosten;
- Zeitraum, in dem die Preise abgeholt werden müssen;
- Absicht, die Gewinner für spätere Werbemaßnahmen einzusetzen, und Bedingungen dafür;
- Einzelheiten über die richtigen Einsendungen, vorbehaltlich der Einwilligung der Gewinner und der Einhaltung der Datenschutzvorschriften.

Da der Gesetzgeber zwar in der Begründung zu § 4 Nr. 5, nicht aber im Gesetzestext festgestellt hat, dass die Gewinnchancen nicht anzugeben sind, wäre § 4 Nr. 5 bei Inkrafttreten der Verordnung somit zwar nicht europarechtswidrig gewesen; es hätte sich aber eine Auslegung nach dem ausdrücklichen Willen des Gesetzgebers verboten, weil dieser von einer Informationspflicht über die tatsächlichen Gewinnchancen absehen wollte.[26] 16

Zwischenzeitlich wurde der Vorschlag für eine VerkaufsförderungsVO von der Kommission zurückgezogen.[27] Sowohl die Kommission als auch das Europäische Parlament hatten bereits im Vorfeld erkannt, dass es weder für Verbraucher noch für Unternehmen sinnvoll ist, „übermäßige Informationsanforderungen bei der Verkaufsförderung" aufzustellen.[28] 17

3. Richtlinie über unlautere Geschäftspraktiken

Am 11. 5. 2005 haben das Europäische Parlament und der Rat der Europäischen Union die Richtlinie 2005/29/EG über unlautere Geschäftspraktiken erlassen,[29] die mit der erneuten Reform des UWG zum 12. 6. 2007 in deutsches Recht umzusetzen war und mangels entsprechender Umsetzung ab dem 12. 12. 2007 unmittelbar anwendbar wurde. Das neue UWG wurde am 29. 12. 2008 im Bundesgesetzblatt veröffentlicht und ist am 30. 12. 2008 in Kraft getreten. 18

a) Grundzüge der Richtlinie. Die Unlauterkeitsrichtlinie zielt auf eine vollständige Harmonisierung der verbraucherschützenden lauterkeitsrechtlichen Regeln in Europa.[30] Zentrale Norm ist die in Art. 5 Abs. 1 enthaltene Generalklausel, wonach unlautere Geschäftspraktiken verboten sind. Nach Art. 5 Abs. 2 ist eine Geschäftspraxis unlauter, wenn 19

---

[26] BT-Drucks. 15/1487 S. 18 li. Sp.

[27] ABl. EU Nr. C 64 vom 17. 3. 2006, S. 3.

[28] Vgl. Legislative Entschließung des Europäischen Parlaments im Geänderten Vorschlag für eine VO des Europäischen Parlaments und des Rates über Verkaufsförderung im Binnenmarkt KOM(2001) 546 vom 4. 9. 2002, ABl. EG Nr. C 272, 397, 401, Nr. 25.

[29] Richtlinie 2005/29/EG des Europäischen Parlaments und des Rates vom 11. 5. 2005 über unlautere Geschäftspraktiken im binnenmarktinternem Geschäftsverkehr zwischen Unternehmen und Verbrauchern und zur Änderung der Richtlinie 84/450/EWG des Rates, der Richtlinien 97/7/EG, 98/27/EG und 2002/65/EG des Europäischen Parlaments und des Rates sowie der Verordnung (EG) Nr. 2006/2004 des Europäischen Parlaments und des Rates (Richtlinie über unlautere Geschäftspraktiken), ABl. EG 2005 Nr. L 149 S. 22.

[30] *Fezer* WRP 2006, 781, 782; *Henning-Bodewig* FS Schricker S. 705, 709; *dies.* GRUR Int. 2005, 626, 630; *Glöckner/Henning-Bodewig* WRP 2005, 1311, 1315; *Köhler* GRUR 2005, 793, 798; einschränkend *Sosnitza* WRP 2006, 1.

sie den Erfordernissen der beruflichen Sorgfaltspflicht widerspricht und zudem das wirtschaftliche Verhalten des Durchschnittsverbrauchers wesentlich zu beeinflussen geeignet ist. In Art. 5 Abs. 4 schlüsselt die Richtlinie den unlauteren Wettbewerb gegenüber Verbrauchern in irreführende Praktiken einerseits und aggressive Praktiken andererseits auf. Bei der Irreführung unterscheidet die Richtlinie zwischen irreführenden Handlungen (Art. 6) und irreführendem Unterlassen (Art. 7). Letzteres liegt vor, wenn im konkreten Fall unter Berücksichtigung aller tatsächlichen Umstände und der Beschränkung des Kommunikationsmediums **wesentliche Informationen** vorenthalten werden, die der Verbraucher benötigt, um eine informierte geschäftliche Entscheidung zu treffen. Ferner ist erforderlich, dass die Irreführung zumindest geeignet ist, den Durchschnittsverbraucher zu einer geschäftlichen Entscheidung zu veranlassen, die er sonst nicht getroffen hätte.

20 **b) Beibehaltung des § 4 Nr. 5 nach der Umsetzung.** Bei der Umsetzung der Unlauterkeitsrichtlinie musste der Gesetzgeber insbesondere beachten, dass das deutsche UWG den Schutzstandard der Richtlinie aufgrund der beabsichtigten Vollharmonisierung weder unter, noch überschreiten darf. Im Rahmen der Umsetzung war daher insbesondere zu überprüfen, ob § 4 Nr. 5 mit den Vorgaben der Richtlinie vereinbar ist.[31]

21 Bereits der Diskussionsentwurf des Bundesjustizministeriums zur Umsetzung der Richtlinie über unlautere Geschäftspraktiken sah vor, § 4 Nr. 5 unberührt zu lassen. Zwar wurden sämtliche Regelbeispiele (Nr. 16, 19 und 31) aus der sog. black list der Richtlinie in einem Anhang zum neuen UWG (Nr. 16, 17 und 20)[32] übernommen. Für erforderlich hielt es das BMJ jedoch zunächst, die Terminologie dergestalt anzupassen, dass der Begriff des „Glücksspiels" in Nr. 14 der Richtlinie durch das Begriffspaar „Preisausschreiben und Gewinnspiel" ersetzt wurde. Diese Änderung sei erforderlich, weil es sich bei „Glücksspielen" nach deutschem Rechtsverständnis um Veranstaltungen handelt, die unter anderem dadurch gekennzeichnet sind, dass der Spieler einen Einsatz erbringen muss und außerdem der behördlichen Erlaubnis bedürfen. Aus diesem Grunde kämen Glücksspiele per se als Verkaufsförderungsmaßnahmen im engeren Sinne nicht in Betracht. Diese Ansicht wurde später in der zutreffenden Erkenntnis revidiert, dass Nr. 16 der black list nicht das Glücksspiel als Gegenstand der Verkaufsförderungsmaßnahme betrifft, sondern Produkte, die mit der Behauptung beworben werden, sie seien geeignet, die Gewinnchancen bei Glücksspielen zu erhöhen. Dementsprechend wurde in dem am 30. 12. 2008 in Kraft getretenen Gesetz der Wortlaut in Nr. 16 wieder identisch mit jenem der Richtlinie übernommen.[33]

22 Der Diskussionsentwurf zur Richtlinienumsetzung stellt fest, dass § 4 Nr. 5 unverändert fortbestehen kann, obwohl die dortigen Transparenzerfordernisse über Art. 7 V RiLi hinausgehen. Hier geht die Begründung davon aus, dass der Unternehmer mit den nach den Nummern 16, 17 und 20 des Anhangs zu § 3 Abs. 2 UWG-E unzulässigen Verhaltensweisen zugleich gegen das nach § 4 Nr. 5 bestehende Gebot verstoße, wonach die Teilnahmebedingungen von Preisausschreiben und Gewinnspielen klar und eindeutig anzugeben sind. Obwohl § 4 Nr. 5 über die speziellen Irreführungstatbestände des Anhangs I der Unlauterkeitsrichtlinie hinausginge, könne das Transparenzgebot neben der im Wortlaut angepassten Übernahme der black list beibehalten werden. Begründet wird dies damit, dass die mangelnde Transparenz von Teilnahmebedingungen den nach der Richtlinie ebenfalls vom Verkehr im Verhältnis zum Verbraucher zu beachtenden Erfordernissen der beruflichen Sorgfalt widersprechen und darüber hinaus geeignet sind, das wirtschaftliche Verhalten der Verbraucher zu beeinflussen. Insbesondere wird von der Literatur darauf hingewiesen, dass die Anforderungen in § 4 Nr. 5 jenen des Art. 6 lit. c und d der Richtlinie über den elektronischen Geschäftsverkehr entsprechen. Es sei daher nicht sinnvoll, in diesem Punkt online und offline unterschiedlich zu handeln.[34]

---

[31] *Köhler* WRP 2009, 109, 117.
[32] → hierzu die separaten Kommentierungen.
[33] → hierzu die Kommentierung zu Nr. 16.
[34] *Köhler* WRP 2009, 109, 117.

Im Vorfeld der Umsetzung der Richtlinie hat sich die überwiegende Meinung im Schrifttum dafür ausgesprochen, dass die Vorschrift in ihrer bisherigen Fassung als richtlinienkonform anzusehen sei und somit beibehalten werden könne.[35] Bei den in § 4 Nr. 5 normierten Teilnahmebedingungen für Preisausschreiben und Gewinnspiele handle es sich aufgrund der hohen Attraktivität derartiger Verkaufsförderungsmaßnahmen und dem damit verbundenen hohen Missbrauchspotenzial stets um wesentliche Informationen im Sinne des Art. 7 Abs. 1. Hierfür spricht auch die Inbezugnahme von Art. 6 der E-Commerce-Richtlinie im Anhang II der Unlauterkeitsrichtlinie. Nach dieser nicht abschließenden Regelung umfasst das Erfordernis der wesentlichen Informationen insbesondere, dass die Teilnahmebedingungen leicht zugänglich sind, sowie klar und unzweideutig angegeben werden müssen. 23

Allerdings gilt das Vorenthalten wesentlicher Informationen gemäß Art. 7 Abs. 1 der Richtlinie nur dann als irreführend, wenn der Verbraucher die Informationen benötigt, um eine informierte geschäftliche Entscheidung zu treffen und ihr Vorenthalten somit zumindest geeignet ist, ihn zu einer geschäftlichen Entscheidung zu veranlassen, die er sonst nicht getroffen hätte. In der Generalklausel des § 3 findet dieses Relevanzerfordernis der Richtlinie zwar keine genaue Entsprechung. Zu Recht ist aber darauf hingewiesen worden, dass ein Marktverhalten, welches keine Auswirkungen auf die Verbraucherentscheidung hat, auch wettbewerbsrechtlich irrelevant ist.[36] Der Diskussionsentwurf des Bundesjustizministeriums geht davon aus, dass das Erfordernis der „spürbaren Beeinträchtigung" der Entscheidungsfreiheit des Verbrauchers im Ergebnis der im UWG bereits normierten Erheblichkeitsschwelle entspricht. 24

III. Systematischer Überblick

Preisausschreiben, Preisrätsel, Verlosungen und Gewinnspiele verbinden das Mittel der Wertreklame mit der Ausnutzung der Risikofreude und der Spielleidenschaft und zählen daher zur Fallgruppe der sog. aleatorischen Werbemittel.[37] 25

1. Bisherige Rechtslage

Die wettbewerbsrechtliche Beurteilung von Preisausschreiben und Gewinnspielen in ihrer Eigenschaft als **aleatorische Werbemittel** richtete sich vor der UWG-Reform nach § 1 UWG aF. 26

a) Geschichtliche Entwicklung. Bis in die 1950er Jahre hinein wurde die Zulässigkeit der Werbung mit Preisausschreiben und Gewinnspielen unter **„denkbar strengen Maßstäben"** geprüft, die in aller Regel dazu führten, einen Verstoß gegen die guten Sitten im Sinne des § 1 UWG aF anzunehmen.[38] Der DIHT und die Hauptgemeinschaft des Einzelhandels sahen die Werbung mit Preisausschreiben und Gewinnspielen als „grundsätzlich mit guter kaufmännischer Sitte nicht vereinbar" an, und zwar ohne Rücksicht darauf, ob ein Einsatz gefordert oder auf einen Einsatz verzichtet wurde.[39] Von dieser strengen Ablehnung der Veranstaltung von Preisausschreiben und Gewinnspielen als Werbemaßnahme wandte sich der BGH in seinem Urteil vom 7. 10. 1958[40] ab, indem er ausführte, dass die der dortigen Auffassung zugrunde liegende Verallgemeinerung „in aller Regel" von der Recht- 27

[35] *Glöckner/Henning-Bodewig* WRP 2005, 1311, 1332; *Köhler* GRUR 2005, 793, 798; *Seichter* WRP 2005, 1087, 1095; für einen Ermessensspielraum der mitgliedstaatlichen Gesetzgeber in dieser Frage auch MünchKomm/*Micklitz* UWG EG E Rn 94; aA MünchKomm/*Leible* UWG § 4 Nr. 5 Rn 21.

[36] *Henning-Bodewig* GRUR-Int 2004, 183, 190; Zentrale zur Bekämpfung unlauteren Wettbewerbs e. V., Anmerkung zur Umsetzung der Richtlinie 2005/29/EG vom 8. 11. 2006, 6.

[37] *Piper/Ohly* UWG § 4.1 Rn 132 ff; Harte/Henning/*Stuckel* UWG § 4 Nr. 1 Rn 67; *Hefermehl/Köhler/Bornkamm* UWG § 4 Rn 1.117.

[38] OLG Düsseldorf GRUR 1951, 463, 465.

[39] Gutachten des Ausschusses für Wettbewerbsfragen in der Hauptgemeinschaft für den Einzelhandel Nr. 3/1950.

[40] BGH GRUR 1959, 138, 139 – Italienische Note.

sprechung und Lehre nicht übernommen worden sei. Preisausschreiben, die als reine **Aufmerksamkeitswerbung** ein Unternehmen oder eine Ware bekannt machen sollen, seien daher nicht zu beanstanden, auch wenn sie von den Mitbewerbern vielfach als lästig und unbequem empfunden würden oder aus anderen Gründen unerwünscht seien. In der Folgezeit wurde die grundsätzliche Zulässigkeit des Einsatzes von Preisausschreiben und Gewinnspielen im Zusammenhang mit der Reklame, soweit sie gratis veranstaltet wurden, nicht mehr in Frage gestellt.[41]

28 **b) Aleatorische Anreize als Marketinginstrument.** Der Einsatz aleatorischer Anreize, durch welche die Aufmerksamkeit des Kunden auf die angebotenen Waren oder Dienstleistungen gelenkt werden soll, stellt an sich ein **sachfremdes Lockmittel** dar, das zu den Grundsätzen des Leistungswettbewerbs in Widerspruch steht.[42] Gegenstand des **Leistungswettbewerbs** ist das Produkt bzw. die Dienstleistung eines Unternehmens am Markt und Grundlage der Verbraucherentscheidung ist der Produkt- bzw. Leistungsvergleich. In einem wirksamen Leistungswettbewerb entscheidet der Verbraucher nach dem Preis und der Qualität der Ware oder der Dienstleistung sowie den mit dem Produkt verbundenen Nebenleistungen wie etwa Finanzierung, Service und Gewährleistung.[43]

29 Im Gegensatz zu der im Wettbewerbsrecht geltenden Maxime, dass der Erfolg eines Unternehmens von der Qualität seiner Ware und seiner Leistungsfähigkeit bestimmt sein soll, stellt die Wertreklame eine Form des Kundenfangs dar, bei der die angesprochenen Verkehrskreise **durch besondere Vergünstigungen** von der kritischen Beurteilung der Qualität und Preiswürdigkeit der Ware oder Dienstleistung abgelenkt und zum Vertragsabschluss, zum Betreten des Geschäfts oder zum Besuch von Werbeveranstaltungen veranlasst werden sollen.[44] Mittels der Preisausschreiben und Gewinnspiele bewerben die Veranstalter ihre Produkte oder Leistungen sachfremd, und zwar durch die **Ausnutzung der Spiellust.**[45]

30 Trotz der Gefahr, dass die angesprochenen Verkehrskreise angesichts der unsachlichen Beeinflussung ihre Kaufentscheidung nicht in erster Linie nach den Vorstellungen über Preiswürdigkeit und Qualität der konkurrierenden Waren treffen, sondern vor allem danach, wie sie in den Genuss des Gewinns gelangen können,[46] muss der Tatsache Rechnung getragen werden, dass die aleatorische Wertreklame eine Möglichkeit eröffnet, das Publikum in einer Weise auf das **Waren- und Dienstleistungsangebot aufmerksam zu machen,** die den Bedürfnissen der Werbung entgegenkommt. Der Einsatz sachfremder Lockmittel ist daher nicht mehr grundsätzlich wettbewerbswidrig.[47] Die frühere strenge Rechtsprechung, wonach die Ansprache der Spiellust auf das Publikum kein zu starkes Gewicht ausüben und die aleatorische Wertreklame die Grenzen der **Aufmerksamkeitswerbung** nicht überschreiten durfte,[48] ist als überholt anzusehen. Das Ausloben von Gewinnen ohne eine Kopplung an den Warenabsatz und ohne Einsatzerfordernis stellt sich nach der neueren Rechtsprechung als ein Verschenken von Gewinnchancen dar, das wettbewerbsrechtlich nicht zu beanstanden ist.[49] Denn die allein von der Ankündigung einer Gewinnchance ausgehende Anlockwirkung reicht nicht aus, um eine übertriebene Anlockwirkung zu entfalten.[50] Erst das Hinzutreten weiterer Umstände, wie zB die Irreführ-

---

[41] BGH GRUR 1989, 434, 435 – Gewinnspiel; BGH GRUR 1987, 243, 244 – Alles frisch; BGH GRUR 1977, 727, 728 – Kaffee-Verlosung I; BGH GRUR 1974, 729, 731 – SWEEPSTAKE; BGH GRUR 1973, 474, 475 – Preisausschreiben; BGH GRUR 1973, 418, 418 – Das Goldene A; BGH GRUR 1973, 81, 81 – Gewinnübermittlung; BGH GRUR 1971, 223, 224 – clix-Mann; BGH GRUR 1967, 202, 203 – Gratisverlosung; BGH GRUR 1962, 461, 465 – Werbeveranstaltung mit Filmvorführung.

[42] Hefermehl/*Köhler*/Bornkamm UWG § 4 Rn 1.123.

[43] *Fezer* WRP 2001, 989, 1007; *Ulmer* GRUR 1977, 565, 567.

[44] *Löffler/v. Strobl-Albeg* LPG BT Gewinnsp. Rn 2; Hefermehl/*Köhler*/Bornkamm UWG § 4 Rn 1.41 ff.

[45] Gloy/*Jaeger-Lenz* Hdb. § 69 Rn 1; Hefermehl/*Köhler*/Bornkamm UWG § 4 Rn 1.41; Harte/Henning/*Stuckl* UWG § 4 Nr. 1 Rn 67; *Berneke* WRP 2001, 615, 618.

[46] BGH WRP 1992, 644, 645 – Glücksball-Festival; *Löffler/v. Strobl-Albeg* LPG BT Gewinnsp. Rn 2.

[47] Hefermehl/*Köhler*/Bornkamm UWG § 4 Rn 1.43.

[48] BGH WRP 1976, 100 – Mars mwN; BGH GRUR 1974, 729, 731 – SWEEPSTAKE.

[49] BGH GRUR 1998, 735 – Rubbelaktion.

[50] BGH GRUR 2000, 820 – Space Fidelity Peep Show.

rung über Gewinnchancen,[51] die verschleierte Kopplung mit Waren- oder Dienstleistungsabsatz[52] oder Fälle der allgemeinen Behinderung[53] konnte nach dieser neueren Rechtsprechung zu einer Wettbewerbswidrigkeit der Gewinnspiele führen. Zweifelhaft ist damit auch, ob nach wie vor der Grundsatz gilt, dass an die wettbewerbsrechtliche Beurteilung ein strengerer Maßstab anzulegen ist als an die rein produkt-/leistungsbezogene Wort- und Bildwerbung, weil die Wertreklame nicht dem Leitbild des Leistungswettbewerbs entspricht.[54]

c) Unlauterkeitsmerkmale nach der Rechtsprechung zu § 1 UWG aF. Preisausschreiben oder Gewinnspiele waren nach der Judikatur zu § 1 UWG aF dann wettbewerbswidrig, wenn **besondere Unlauterkeitsmerkmale** hinzutraten, die den ihnen ohnehin anhaftenden Anlockeffekt noch verstärkten.[55] Im Zusammenhang mit Preisausschreiben und Gewinnspielen hat die Rechtsprechung zu § 1 UWG aF im Wesentlichen vier Unlauterkeitskriterien entwickelt: 31

– die irreführenden bzw. täuschenden Angaben über die Spielabwicklung[56] sowie über die Gewinnchancen und deren Höhe;[57]
– die Kopplung der Teilnahmeberechtigung mit dem Warenabsatz;[58]
– das Herbeiführen einer psychischen Zwangslage;[59]
– das übertriebene Anlocken durch überzogene Gewinne.[60]

Die grundsätzliche Zulässigkeit von Preisausschreiben und Gewinnspielen ist nun durch § 4 Nr. 5 ausdrücklich im Gesetz bestätigt worden.[61] Die vier von der Rechtsprechung entwickelten Unlauterkeitskriterien im Zusammenhang mit der Veranstaltung von Preisausschreiben und Gewinnspielen beurteilen sich nach der UWG-Novelle wie folgt: 32

aa) Irreführende bzw. täuschende Angaben. Das bisherige Irreführungsverbot hat der Gesetzgeber um eine Informationspflicht für alle Varianten von Preisausschreiben und Gewinnspielen erweitert. 33

Von § 4 Nr. 5 erfasst sind zum einen diejenigen Fälle, welche Rechtsprechung und Lehre zu dem Unlauterkeitsmerkmal der irreführenden bzw. täuschenden Angaben über die Art und Weise der Spielabwicklung sowie über die Gewinnchancen und deren Höhe[62] entwickelt haben. Dies ergibt sich aus dem vom Gesetzgeber intendierten Zweck des Transparenzgebots, wonach die angesprochenen Verkehrskreise bei Preisausschreiben und Gewinn- 34

---

[51] BGH GRUR 1973, 591, 593 – Schatzjagd; BGH GRUR 1974, 729, 731 – Sweepstake; BGH GRUR 1989, 434, 436f – Gewinnspiel I; BGH WRP 1995, 591, 593 – Gewinnspiel II.

[52] BGH WRP 1976, 100, 101 – Mars; BGH GRUR 1989, 434, 436 – Gewinnspiel I.

[53] BGH GRUR 1974, 156, 157 – Geld-Gewinnspiel.

[54] So noch BGH WRP 1976, 172, 173 – Versandhandels-Preisausschreiben; BGH GRUR 1973, 591, 593 – Schatzjagd; zum österreichischen Recht öOGH ÖBl. 1996, 38 – Städteflugreisen; öOGH ÖBl. 1995, 211 – Falschparkzettel.

[55] Hefermehl/*Köhler*/Bornkamm UWG § 4 Rn 1.123.

[56] BGH GRUR 1976, 32, 33 – Präsentation; BGH WM 1975, 702 – Bauhausverlosung; BGH GRUR 1973, 81, 82 – Gewinnübermittlung; Hefermehl/*Köhler*/Bornkamm UWG § 4 Rn 1.124ff.

[57] BGH GRUR 2001, 1178, 1179 – Gewinn-Zertifikat; BGH GRUR 2000, 820, 821 – Space Fidelity Peep-Show; BGH GRUR 1996, 290, 291 – Wegfall der Wiederholungsgefahr; BGH WRP 1995, 591, 593 – Gewinnspiel II; BGH GRUR 1989, 434, 435 – Gewinnspiel; BGH GRUR 1974, 729, 731 – SWEEPSTAKE; BGH GRUR 1973, 591, 593 – Schatzjagd; BGH GRUR 1962, 461, 465 – Werbeveranstaltung mit Filmvorführung; BGHZ 15, 356, 370 – Progressive Kundenwerbung; Hefermehl/*Köhler*/Bornkamm UWG § 4 Rn 1.124ff.

[58] BGH GRUR 2001, 1178, 1179 – Gewinn-Zertifikat; BGH WRP 1976, 100, 101 – Mars; BGH GRUR 1973, 474, 475f – Preisausschreiben; Hefermehl/*Köhler*/Bornkamm UWG § 4 Rn 1.124ff.

[59] BGH GRUR 2000, 820, 821 – Space Fidelity Peep-Show; BGH GRUR 1998, 735, 736 – Rubbelaktion; BGH GRUR 1989, 757, 757f – McBacon; BGH GRUR 1987, 243, 244 – Alles frisch; BGH GRUR 1977, 727, 728 – Kaffee-Verlosung I; BGH GRUR 1973, 591, 593 – Schatzjagd; Hefermehl/*Köhler*/Bornkamm UWG § 4 Rn 1.124ff.

[60] BGH GRUR 1989, 434, 435f – Gewinnspiel; BGH GRUR 1974, 729, 731 – SWEEPSTAKE; Hefermehl/*Köhler*/Bornkamm UWG § 4 Rn 1.124ff.

[61] Vgl. die Entscheidungen nach der gesetzlichen Verankerung des Transparenzgebots BGH GRUR 2005, 1061 – Telefonische Gewinnauskunft; OLG Frankfurt GRUR-RR 2005, 388.

[62] → Rn 132ff.

spielen einen erhöhten Informationsbedarf haben, damit eine Irreführung vermieden wird.[63] Hält sich der Veranstalter an die ihm auferlegten Transparenzpflichten, dann klärt er die angesprochenen Verkehrskreise über alle wesentlichen und für die Entscheidung über die Teilnahme bedeutsamen Faktoren[64] auf, so dass es nicht zu einer Irreführung im Bereich der Teilnahmebedingungen kommen kann. Zum anderen sind auch solche Informationen vom Transparenzgebot des § 4 Nr. 5 umfasst, die der Irreführung vorgelagert sind.[65] Hierzu gehören insbesondere solche Informationen, die der Gesetzgeber oder die Rechtsprechung zur Aufnahme in die Teilnahmebedingungen bestimmen, und zwar ungeachtet der Frage, ob ein Verstoß gegen diese Pflicht eine Irreführung begründet oder nicht.

35 Das Transparenzgebot in § 4 Nr. 5 stellt somit eine Vorverlagerung des Unlauterkeitsvorwurfes aus dem Bereich der Irreführung im Sinne des § 5 in den Bereich der Handlungs- bzw. Unterlassungspflichten des Veranstalters für den Bereich der Teilnahmebedingungen dar. Dies hat zur Folge, dass alle Sachverhalte, die bisher im Zusammenhang mit den Teilnahmebedingungen bei Preisausschreiben und Gewinnspielen unter dem Aspekt der unlauteren Irreführung beurteilt wurden, zukünftig auf der Ebene des Transparenzgebotes gemäß § 4 Nr. 5 abzuhandeln sind.[66] § 4 Nr. 5 ist daher als lex specialis zu § 5 – und im Rahmen der dortigen Verweisung zu § 3[67] zu verstehen. Auf eine kurze Formel gebracht bedeutet dies: Immer dann, wenn nach dem UWG aF im Zusammenhang mit Preisausschreiben/Gewinnspielen und unter Berücksichtigung des neuen Verbraucherleitbildes eine Irreführung über die Teilnahmebedingungen zu bejahen war, liegt heute ein Verstoß gegen das Transparenzgebot des § 4 Nr. 5 vor. Ungeachtet dessen mag das Irreführungsverbot in § 5 als Auffangtatbestand fortwirken, wenngleich nicht ersichtlich ist, welche Fälle hiervon noch erfasst sein könnten.

36 **bb) Kopplung der Teilnahmeberechtigung mit dem Warenabsatz.** Neben den Fällen des § 4 Nr. 5 hat der Gesetzgeber für Preisausschreiben und Gewinnspiele eine Sonderregelung in § 4 Nr. 6 geschaffen, welche die Kopplung der Gewinnspielteilnahme an den Erwerb einer Ware bzw. die Inanspruchnahme einer Dienstleistung untersagt. Das Transparenzgebot ist nämlich nicht ausreichend, um der bedenklichsten Gestaltung von Preisausschreiben/Gewinnspielen in Form einer Verknüpfung der Teilnahme mit dem Erwerb von Waren/Dienstleistungen zu begegnen.[68] Allerdings gelten die Regelungen des § 4 Nr. 6 nur für Veranstaltungen, die sich an Verbraucher richten, wohingegen die Vorschriften des § 4 Nr. 5 auf sämtliche Veranstaltungen anwendbar sind, also auch auf solche aus dem B2B–Bereich.

37 **cc) Psychischer Kaufzwang und übertriebenes Anlocken.** Die Unlauterkeitsmerkmale des psychischen Kaufzwangs und des übertriebenen Anlockens spielen im Regelungsbereich des § 4 Nr. 5 keine Rolle, weil dabei nicht Fragen der Transparenz, sondern allenfalls der unsachlichen Einflussnahme gemäß § 4 Nr. 1[69] in Rede stehen.

38 Vor dem Hintergrund der bewussten gesetzgeberischen Liberalisierung des Rechts der Wertreklame, insbesondere unter Berücksichtigung der europarechtlichen Entwicklungen und des europäischen Verbraucherleitbilds, wird man allein durch die Auslobung hoher und werthaltiger Gewinne oder durch die Schaffung von psychischem Kaufdruck einen Wettbewerbsverstoß wegen übertriebenen Anlockens nicht mehr annehmen können.[70] Verwendet der Werbende keine unzutreffenden Tatsachenbehauptungen, wird er nahezu alle

---

[63] BT-Drucks. 15/1487 S. 20 li. Sp.

[64] → Rn 45 ff.

[65] MünchKomm/*Leible* UWG § 4 Nr. 5 Rn 3.

[66] Im Ergebnis wohl auch MünchKomm/*Leible* UWG § 4 Nr. 5 Rn 3.

[67] BT-Drucks. 15/1487 S. 19 re. Sp.

[68] *Schricker/Henning-Bodewig* WRP 2001, 1367, 1394.

[69] → § 4–1 Rn 301.

[70] Vgl. zu diesen Fallgruppen BGH GRUR 2000, 820, 821 – Space Fidelity Peep-Show; BGH GRUR 1998, 735, 736 – Rubbelaktion; BGH WRP 1995, 591, 593 – Gewinnspiel II; BGH GRUR 1989, 434, 436 – Gewinnspiel; OLG Stuttgart GRUR 2002, 906, 908 – Schmuck-Set; offen gelassen von BGH GRUR 1974, 729, 731 – SWEEPSTAKE.

Register ziehen dürfen, um sich beim Verbraucher einzuschmeicheln.[71] Grundsätzlich zulässig dürfte es auch sein, wenn zum Zwecke einer Kundenbindungsmaßnahme Teilnahmegutscheine für ein von einem Dritten zulässigerweise veranstaltetes Gewinnspiel als Prämie oder Zugabe angeboten werden.

Fraglich erscheint dies allerdings in Hinsicht auf die Teilnahme an einem **Glücksspiel** oder einer **Lotterie** im Sinne des GlüStV. So haben zwar das LG Duisburg[72] und das OLG Düsseldorf[73] im konkreten Fall die Auslobung eines Lottoscheins unter dem Aspekt der nicht erlaubten Kopplung eines Gewinnspiels im Sinne des § 4 Nr. 6 für unzulässig erachtet. Der BGH hat die Revision gegen die Entscheidung des OLG Düsseldorf zum Anlass genommen, dem EuGH die Frage der Europarechtskonformität des § 4 Nr. 6 vorzulegen.[74] 39

Ungeachtet dessen stellt sich jedoch angesichts der besonderen Gefahren und Beschränkungen, die mit der Teilnahme an Glücksspielen verbunden sind, die Frage, ob die Auslobung solcher Teilnahmemöglichkeit überhaupt Gegenstand einer zulässigen Veranstaltung im Sinne des § 4 Nr. 5 sein können. Mit Inkrafttreten des Glücksspielstaatsvertrages und dessen Umsetzung in die Gesetzgebung der Länder per 1. 1. 2008 wurde der Vertrieb von Glücksspielen einer Vielzahl von **Restriktionen zum Schutz der Spieler** und zu Zwecken des **Jugendschutzes** unterworfen. Dementsprechend dürfte der Einsatz von Glücksspielen als Mittel von Verkaufsförderungsveranstaltungen bereits dem in § 1 Nr. 2 GlüStV niedergelegten Gesetzesziel widersprechen, das Glücksspielangebot zu begrenzen und den natürlichen Spieltrieb der Bevölkerung in geordnete und überwachte Bahnen zu lenken. Durch die massenhafte Auslobung von Glückspielteilnahmen im Zusammenhang mit Verkaufsförderungsmaßnahmen wird das an dem Bedarf öffentlicher Glücksspiele restriktiv orientierte Angebot unkontrolliert und beliebig erweitert.[75] 40

2. Neuer Beurteilungsmaßstab durch geändertes Verbraucherleitbild

a) Das europäische Verbraucherleitbild. Die jüngere Entwicklung des Lauterkeitsrechts und damit auch die rechtliche Beurteilung des Einsatzes von aleatorischen Werbemitteln wie Preisausschreiben und Gewinnspielen zu Werbezwecken sind geprägt von einer zunehmenden **Europäisierung.** Zentraler Auslegungsmaßstab ist das geänderte Verbraucherleitbild,[76] das zunächst vom EuGH entwickelt[77] und anschließend vom BGH – jedenfalls in seinen wesentlichen Grundzügen[78] – übernommen wurde.[79] Erstmals im Urteil „Orient-Teppichmuster"[80] hat der BGH seine Rechtsprechung dem vom EuGH entwickelten Verbraucherleitbild angepasst und in späteren Entscheidungen fortentwickelt.[81] Nach dem neuen Verbraucherleitbild muss der Wettbewerb sein Handeln an einem **durchschnittlich informierten, aufmerksamen und verständigen Durchschnittsverbraucher** ausrich- 41

---

[71] So *Ullmann* GRUR 2003, 817, 819.

[72] LG Duisburg WRP 2005, 764.

[73] OLG Düsseldorf MD 2005, 757 – Millionenchance.

[74] BGH GRUR 2008, 807 – Millionenchance; hierzu auch → § 4 Nr. 6 Rn 3 f.

[75] → näher Rn 57.

[76] → § 2 Abs. 2 Rn 67 ff.

[77] EuGH GRUR Int. 2000, 354, 356 – Lifting-Creme; EuGH WRP 1998, 848, 850 f – Gut Springheide.

[78] Zu den unterschiedlichen dogmatischen Ansätzen *Piper/Ohly* UWG § 2 Rn 91 ff; *Lettl* GRUR 2004, 449, 454 f mwN; *Helm* FS Tilmann S. 135 ff.

[79] BGH NJW 2004, 2593, 2594 – Ansprechen in der Öffentlichkeit; BGH GRUR 2004, 343, 343 f – Playstation; BGH GRUR 2004, 344, 345 – Treue-Punkte; BGH GRUR 2004, 249, 251 – Umgekehrte Versteigerung im Internet; BGH GRUR 2004, 244, 245 – Marktführerschaft; BGH GRUR 2004, 162, 163 – Mindestverzinsung; BGH GRUR 2003, 626, 627 – Umgekehrte Versteigerung II; BGH WRP 2002, 81, 84 – Anwalts- und Steuerkanzlei; BGH WRP 2000, 1278, 1280 – Möbel-Umtauschrecht; BGH GRUR 2000, 619, 621 – Orient-Teppichmuster; → § 2 Abs. 2 Rn 71.

[80] BGH GRUR 2000, 619, 621.

[81] BGH GRUR 2004, 343, 343 f – Playstation; BGH GRUR 2004, 344, 345 – Treue-Punkte; BGH GRUR 2004, 249, 251 – Umgekehrte Versteigerung im Internet; BGH GRUR 2004, 244, 245 – Marktführerschaft; BGH GRUR 2004, 162, 163 – Mindestverzinsung; BGH GRUR 2003, 626, 627 – Umgekehrte Versteigerung II; BGH WRP 2002, 81, 84 – Anwalts- und Steuerkanzlei; BGH WRP 2000, 1278, 1280 – Möbel-Umtauschrecht; BGH GRUR 2000, 619, 621 – Orient-Teppichmuster; → § 2 Abs. 2 Rn 71.

ten.[82] Dies bedeutet, dass eine Wechselwirkung zwischen Umfang und Inhalt der Information einerseits und dem Schutzumfang für den angesprochenen Verbraucher andererseits besteht (je informierter der Verbraucher, desto geringer sein Schutzbedürfnis).[83]

42 **b) Auswirkungen des gemeinschaftsrechtlichen Verbraucherleitbildes auf die Transparenzregeln des UWG.** Nach Ansicht des europäischen,[84] aber auch des deutschen Gesetzgebers in der Begründung zur UWG-Novelle[85] soll eine **erhöhte Informationspflicht** generelle Verbote und einige Fallgruppen der Unlauterkeit ersetzen können.

43 Der Gesetzgeber hat sich aber nicht für einen generellen Paradigmenwechsel entschieden, wonach die vollständigen Verbote durch korrespondierende Informationspflichten ersetzt werden sollen.[86] Nur hinsichtlich derjenigen Sachverhalte, für die eine gesteigerte Informationspflicht angezeigt ist, wurden besondere Transparenzerfordernisse in § 4 Nr. 4 und Nr. 5 aufgenommen. Die Regelung in § 4 Nr. 5 konkretisiert als Beispielsfall die abstrakte Verbotsnorm des § 3 und ist nach der Intention des Gesetzgebers geprägt durch die von der Rechtsprechung seit langem gefestigten Fallgruppen,[87] gleichzeitig aber offen für die Lösung aktueller Sachverhalte.[88]

44 In der Begründung[89] zu § 5 führt der Gesetzgeber aus, dass § 4 Nr. 5 für Preisausschreiben und Gewinnspiele mit Werbecharakter wegen der mit diesen Formen der Wertreklame verbundenen erhöhten Gefahren und des damit einhergehenden besonderen Informationsbedarfs der Verbraucher spezielle Informationspflichten enthalte. Diese beziehen sich auf die **Teilnahmebedingungen.** Der Gesetzgeber formuliert aber keine konkreten Informationspflichten (wie zB die Angabe des Veranstalters, der Gewinne, eine Beschreibung des Spielablaufes oÄ), sondern er beschränkt sich auf die Feststellung, dass die Teilnahmebedingungen **klar und eindeutig** angegeben werden müssen. Es bleibt somit der Judikatur überlassen festzulegen, welche Einzelinformationen unter den Begriff der Teilnahmebedingungen zu subsumieren sind und welche Voraussetzungen erfüllt sein müssen, damit diese mit hinreichender Klarheit und Eindeutigkeit angegeben werden. Da der Gesetzgeber auch die einzelnen Begriffe „klar" und „eindeutig" nicht durch eine Legaldefinition konkretisiert hat, bedarf es auch in dieser Hinsicht einer entsprechenden Ausfüllung. Für beide Tatbestandsmerkmale kann insoweit auf die bisher zu Preisausschreiben und Gewinnspielen ergangene Rechtsprechung Bezug genommen werden, wobei stets zu beachten ist, ob die dort entwickelten Grundsätze angesichts des gewandelten Verbraucherleitbildes nach wie vor Gültigkeit haben.

B. Regelungsgehalt von § 4 Nr. 5

I. Sinn und Zweck der Regelung

45 Mit dem Transparenzgebot in § 4 Nr. 5 will der Gesetzgeber der nicht unerheblichen Missbrauchsgefahr entgegenwirken, die darin besteht, dass Preisausschreiben und Gewinnspiele mit Werbecharakter als Formen der aleatorischen Wertreklame die Kaufentscheidung der Verbraucher unsachlich beeinflussen.[90] Bei Preisausschreiben und Gewinnspielen soll der Verbraucher grundsätzlich diejenigen Informationen erhalten, die ihn in die Lage ver-

---

[82] → § 2 Rn 137 zum Verbraucherleitbild.
[83] Vgl. hierzu Hefermehl/*Köhler*/Bornkamm UWG § 1 Rn 21.
[84] Vgl. geänderter Vorschlag für eine VO des Europäischen Parlaments und des Rates über Verkaufsförderung im Binnenmarkt, KOM(2002) 585 endg. vom 25. 10. 2002, Nr. 17; ebenso ursprünglicher Vorschlag der Kommission, KOM(2001) 546 endg. vom 2. 10. 2001 – 2001/0227 (COD), Nr. 11, 12.
[85] BT-Drucks. 15/1487 S. 20 li. Sp.
[86] BT-Drucks. 15/1487 S. 20 li. Sp.
[87] → Rn 25.
[88] BT-Drucks. 15/1487 S. 13 li. Sp.
[89] Vgl. BT-Drucks. 15/1487 S. 19 re. Sp. f.
[90] BT-Drucks. 15/1487 S. 18 li. Sp., S. 17 re. Sp.

setzen, sich auf objektiver Grundlage für oder gegen die Teilnahme an einem Preisausschreiben oder an einem Gewinnspiel zu entscheiden.

Zur Begründung der in § 4 Nr. 5 geregelten Transparenzvorschrift[91] nimmt der Gesetzgeber Bezug auf seine Ausführungen zu § 4 Nr. 4.[92] Dort wird auf die **Gefahren der Werbung für die Kaufentscheidung** hingewiesen. Da es sich bei Preisausschreiben und Gewinnspielen auch um Verkaufsförderungsmaßnahmen im Sinne von § 4 Nr. 4 handelt, ist § 4 Nr. 5 im Verhältnis zu § 4 Nr. 4 als lex specialis anzusehen mit besonderem Gewicht auf der transparenten Gestaltung der Teilnahmebedingungen. 46

II. Preisausschreiben und Gewinnspiele

1. Preisausschreiben und Gewinnspiele im Spannungsverhältnis zwischen Verkaufsförderungsmaßnahme und verbotenem Glücksspiel

Preisausschreiben und Gewinnspiele haben sich aus den klassischen Glücksspielen entwickelt und nutzen den menschlichen Spieltrieb als Mittel zur kommerziellen Werbung. Es besteht daher hinsichtlich einer Vielzahl von Merkmalen der Preisausschreiben/Gewinnspiele meist eine sehr intensive Verwandtschaft mit den wesentlichen Eigenschaften der Glücksspiele. Die Veranstaltung von Glücksspielen und deren Bewerbung unterliegt jedoch den Vorschriften des GlüStV und den hierzu ergangenen Ausführungsgesetzen der Länder sowie den Strafnormen der §§ 284ff StGB mit der Folge, dass eine Überschreitung der Grenzlinie zwischen Preisausschreiben/Gewinnspiel einerseits und Glücksspiel andererseits zur Verwirklichung der vorgenannten Verbots- und Straftatbestände führt. 47

2. Das Glücksspiel – Kurzer geschichtlicher Abriss

Das Glücksspiel ist so alt wie die Menschheit und ein aus deren Leben nicht hinwegzudenkender Bestandteil. Bereits die Bibel berichtet darüber, dass die Soldaten um die Kleidung des gekreuzigten Christus gewürfelt haben.[93] Nahezu alle Kulturen der Welt kannten und kennen das Glücksspiel. So variantenreich sich Glücksspiele entwickelt haben, so unterschiedlich haben die Kulturen hierauf reagiert. Einer in manchen Ländern erfolgten Freigabe steht in anderen Kulturen seit jeher das Bemühen gegenüber, zumindest das Glücksspiel um Geld möglichst weit einzuschränken. Staatsmänner wie Cicero, Religionsführer wie Buddha und Mohammed sowie die christliche Kirche haben sich für Einschränkungen oder Verbote des Glücksspiels eingesetzt. In Deutschland herrschte bis weit in das Mittelalter hinein überwiegend Spielfreiheit. Die damit allerdings verbundene, stetig zunehmende Kriminalität führte zu Verboten und strafrechtlicher Sanktionierung.[94] Bereits Friedrich Wilhelm III. erließ am 9. 2. 1787 ein Edikt, das sich gegen alle Glücksspiele richtete.[95] Das Preußische Allgemeine Landrecht von 1794 verbot einerseits in § 248 ALR öffentliche Lotterien ohne Erlaubnis und bestrafte andererseits in den §§ 1298ff ALR das „Hazardspiel aus Gewinnsucht".[96] Nach dem „Strafgesetzbuch für das Deutsche Reich" von 1871 wurde derjenige mit Gefängnis bis zu zwei Jahren bestraft, der „aus dem Glücksspiel ein Gewerbe macht". Es war deutlich geworden, dass ein nicht unerheblicher Teil von Spielern die Kontrolle verlor und ein problematisches Spielverhalten mit suchttypischer Symptomatik entwickelte, welchen – abgesehen von manipulativen Vorgängen bei der 48

[91] BT-Drucks. 15/1487 S. 18 li. Sp.
[92] BT-Drucks. 15/1487 S. 17 re. Sp.
[93] *Matthäus* 27, Vers 35.
[94] *Ziemer* S. 17.
[95] „[...] bey welchen Gewinn und Verlust hauptsächlich vom Zufall abhängen, und nach Beschaffenheit der spielenden Personen, des Einsatzes und der übrigen Umstände, nicht blos zum Zeitvertreibe, sondern aus Gewinnsucht gespielt werden", *Ziemer* S. 24f.
[96] *Brandl* 2003 S. 12.

Spieldurchführung – die Notwendigkeit einer regulierenden Glücksspielpolitik begründete.[97]

49 Nach wechselvoller Geschichte, die das Glücksspiel in seinen unterschiedlichsten Erscheinungsformen teils restriktiver, teils liberaler behandelte, wurde am 23. 12. 1919 das Gesetz gegen das Glücksspiel erlassen, durch das die §§ 284 und 285 StGB ihre im Wesentlichen heute noch geltende Fassung erhielten. Die letzte Änderung des Glücksspielstrafrechts erfolgte durch das 6. Strafrechtsreformgesetz vom 26. 1. 1998. Dort wurde den Glücksspiel- und Lotterietatbeständen das Verbot der Werbung für solche unerlaubten Veranstaltungen hinzugefügt.[98]

3. Glücksspiele gemäß § 3 Abs. 1 GlüStV und gemäß § 284 StGB

50 Die Legaldefinition des **Glücksspiels** findet sich seit dem Inkrafttreten des GlüStV in § 3 Abs. 1 GlüStV. Sie folgt dem von der Rechtsprechung entwickelten klassischen Glücksspielbegriff des § 284 StGB,[99] ist mit diesem allerdings nicht deckungsgleich. Ein Glücksspiel nach § 3 Abs. 1 GlüStV liegt vor, wenn im Rahmen eines Spiels für den Erwerb der Gewinnchance ein **Entgelt** gefordert wird und bei dem die Entscheidung über Gewinn und Verlust nicht wesentlich von Fähigkeiten, Kenntnissen und der Aufmerksamkeit der Spieler abhängt, sondern allein oder hauptsächlich vom Zufall.[100] Ist für die Entscheidung über den Gewinn der Eintritt oder Ausgang eines zukünftigen Ereignisses maßgeblich, so ist gemäß § 3 Abs. 1 Satz 2 GlüStV das entscheidungserhebliche Ereignis stets zufallsabhängig. § 3 Abs. 1 Satz 3 GlüStV stellt klar, dass gegen Entgelt angebotene „Wetten auf den Eintritt eines zukünftigen Ereignisses" ebenfalls als Glücksspiele anzusehen sind.

51 **Lotterien** und **Ausspielungen** sind als Sonderformen des Glücksspiels in § 3 Abs. 3 Satz 2 GlüStV entsprechend der strafrechtlichen Dogmatik des § 287 StGB geregelt. Gegenstand der Ausspielung ist die vom Betreiber der Verkaufsförderungsveranstaltung vermittelte Teilnahme am Glücksspiel.

52 Es ist zu beachten, dass § 3 GlüStV von der **Entgeltlichkeit** des Spielvorgangs spricht und nicht entsprechend dem Tatbestand des § 284 StGB darauf abstellt, ob für die Teilnahme ein **Einsatz** gefordert wird. Ein das Tatbestandsmerkmal des Glücksspiels im Sinne des GlüStV begründender Sachverhalt liegt also bereits immer dann vor, wenn der Erwerb der Gewinnchance in irgendeiner Weise von der Entrichtung eines Entgelts abhängig gemacht wird, und zwar auch dann, wenn das Entgelt der Spieler nicht – wie bei § 284 StGB vorausgesetzt – zumindest teilweise zur Finanzierung der Gewinne verwendet wird. Unter einem Entgelt ist jede Vermögensleistung zu verstehen, unabhängig von ihrer Höhe und der Art ihrer Bezeichnung. Da der im GlüStV verwendete Entgeltbegriff als eigenständiges Tatbestandsmerkmal anzusehen ist, sind die zur **Erheblichkeitsschwelle** in der strafrechtlichen Diskussion bzgl. des Einsatzbegriffes in § 284 StGB entwickelten Beschränkungen auf das Entgelt nach § 3 GlüStV nicht anwendbar. Somit dürften auch die sog. „Telefon-" oder „Mitmachgewinnspiele" in Hörfunk und Fernsehen unter den Glücksspielbegriff des § 3 Abs. 1 GlüStV fallen. Die strafrechtliche Bagatellgrenze von 0,49 € gilt daher im Bereich des GlüStV nicht.[101] Es ist daher ebenfalls gleichgültig, ob das Entgelt als Turniergeld,

---

[97] *Hayer/Meyer* Die Prävention problematischen Spielverhaltens – Eine multidimensionale Herausforderung, Journal of Public Health 2004, 293.

[98] Vgl. dazu BT-Drucks. 13/8587 S. 67 f; BT-Drucks. 13/9064 S. 20 f.

[99] Vgl. BGH NStZ 2003, 372, 373; BGH NJW 2002, 2175; BVerwG NJW 2001, 2648; Schönke/Schröder/*Eser/Heine,* § 284 StGB, Rn 5.

[100] *Dietlein*/Hecker/Ruttig § 3 Rn 5, sowie für § 284 StGB BGHSt 2, 274, 276; 29, 152, 157; 36, 74, 80; *Schönke/Schröder* StGB § 284 Rn 5 mwN; *Fischer* StGB § 284 Rn 4; § 3 Abs. 1 des am 1. 7. 2004 in Kraft getretenen Lotteriestaatsvertrages definiert das Glücksspiel wie folgt: „Ein Glücksspiel liegt vor, wenn im Rahmen eines Spiels für den Erwerb einer Gewinnchance ein Entgelt verlangt wird und die Entscheidung über den Gewinn ganz oder überwiegend vom Zufall abhängt. Die Entscheidung über den Gewinn hängt in jedem Fall vom Zufall ab, wenn dafür der ungewisse Eintritt oder Ausgang zukünftiger Ereignisse maßgeblich ist."

[101] *Dietlein*/Hecker/Ruttig § 3 Rn 6; *Hüsken* ZfWG, 77.

Startgeld, Teilnahmegebühr, Unkostenbeitrag oÄ bezeichnet wird.[102] Auch eine Finanzierung der Gewinne durch (Voll)Sponsoring schließt den Glücksspielcharakter im Sinne des § 3 GlüStV nicht aus.[103]

Im Unterschied hierzu spricht **§ 284 StGB** nicht von einem Entgelt, sondern von einem **Einsatz.** Danach muss die Vermögensaufwendung jedenfalls mindestens in nicht gänzlich unbeträchtlicher Höhe der **Finanzierung der Gewinne** dienen und nicht lediglich der vom eigentlichen Spiel unabhängigen Ermöglichung der Spielteilnahme, zB der Finanzierung der Raum- oder Verzehrkosten.[104] Der Einsatz kann allerdings auch in versteckter Form, zB als Eintrittsgeld oder Verzehrkostenpauschale verbrämt werden.[105] 53

Unerheblich für die Frage der Charakterisierung eines Spieles als Glücksspiel ist, wer das Entgelt bzw. den Einsatz entrichtet hat. Auch wenn die Rechte aus dem abgeschlossenen Spielvertrag auf einen **Dritten** übertragen werden, verliert das Spiel im Verhältnis zu dem Dritten nicht seinen Charakter als Glücksspiel. So bleibt LOTTO ein Glücksspiel auch für denjenigen, der von einem Dritten einen LOTTO-Schein geschenkt erhält. Daher verlieren Glücksspiele, die im Rahmen einer Verkaufsförderungsveranstaltung ausgelobt werden im Verhältnis zu den Gewinnern auch dann nicht ihre Glücksspieleigenschaft, wenn sie an diese im Rahmen einer dem Kopplungsverbot des § 4 Nr. 6 entsprechenden aufwendungsfreien Teilnahme ausgekehrt werden. 54

Die Verkaufsförderungsveranstaltung ist daher – hinsichtlich der ausgelobten Glücksspielteilnahme – in ihrer Gesamtheit nach den **Grundsätzen des GlüStV** und den entsprechenden Landesgesetzen zu beurteilen. Durch die Auslobung einer Berechtigung zur Teilnahme an einem Glücksspiel erfolgt nämlich seitens des Veranstalters im Verhältnis zum Kunden die **„Vermittlung" eines Glücksspiels** im Sinne des § 2 Satz 1 GlüStV. Unter dem Begriff der Vermittlung ist nicht nur die „gewerbliche Vermittlung" im Sinne des § 19 GlüStV erfasst, sondern jede Form der Vermittlung, also insbesondere auch die nur gelegentliche oder nicht-gewerbliche Vermittlung.[106] Ferner handelt es sich auf Seiten des Gewinners um eine „Teilnahme" an einem Glücksspiel, wenn auch das Entgelt oder der Einsatz für die Teilnahme nicht von ihm, sondern von dem Veranstalter der Verkaufsförderungsmaßnahme entrichtet wurde. 55

Ungeachtet der grundsätzlichen Bedenken gegen die Instrumentalisierung von Glücksspielen als Gegenstand von Verkaufsförderungsveranstaltungen[107] dürften die Beschränkungen, welche der GlüStV und die Umsetzungsgesetze der Länder an den Vertrieb von Glücksspielen stellen, eine kaum überwindbare Hürde für deren Einsatz als Gegenstand der Gewinnauslobung für eine Verkaufsförderungsmaßnahme sein. So ist zunächst darauf hinzuweisen, dass die gewerbliche **Vermittlung öffentlicher Glücksspiele** nach § 4 Abs. 1 S. 1 GlüStV nur mit Erlaubnis der zuständigen Behörde des jeweiligen Landes zulässig ist. Über eine solche Vermittlererlaubnis dürfte der Veranstalter einer Verkaufsförderungsmaßnahme in der Regel nicht verfügen. Ferner dürfte sich das über die allgemeinen Vorschriften des Jugendschutzrechts hinausgehende absolute **Verbot der Teilnahme von Minderjährigen** an öffentlichen Glücksspielen[108] gemäß § 4 Abs. 3 GlüStV bei Verkaufsförderungsveranstaltungen nur dann umsetzen lassen, wenn Minderjährige von der Teilnahme an der Verkaufsförderungsmaßnahme insgesamt ausgeschlossen sind. Wie sich aus den Bußgeldbewehrungen in verschiedenen Landesausführungsgesetzen ergibt,[109] soll nämlich nicht 56

---

[102] VG Münster ZfWG 2008, 151, Rn 13ff; aA OVG Rheinland-Pfalz Beschl. v. 21. 10. 2008, 6 B 10778/08, ZfWG 2008, 396 (LS); *Dietlein*/Hecker/Ruttig § 3 Rn 5 mwH; *Hüsken* ZfWG 2009, 77, 78.

[103] *Dietlein*/Hecker/Ruttig § 3 Rn 5.

[104] Schönke/Schröder/*Eser*/*Heine* StGB § 284 Rn 6.

[105] BGHSt 11, 209, 210; Schönke/Schröder/*Eser*/*Heine* StGB § 284 Rn 6 mwH.

[106] *Dietlein*/*Hüsken* in: Dietlein/Hecker/Ruttig § 2 Rn 6.

[107] → Rn 21.

[108] *Postel* in: Dietlein/Hecker/Ruttig § 4 Rn 80.

[109] ZB Art. 9 Abs. 1 Nr. 2 AG GlüStV Bayern; § 16 Abs. 1 Nr. 2 HambGlüStV AG; § 26 Abs. 1 Nr. 4 NGlüSpG.

nur die Teilnahme durch Minderjährige, sondern auch das **Teilnehmenlassen** nach § 4 Abs. 3 GlüStV verboten sein.[110]

57 Auch die **Werbebeschränkungen** des § 5 GlüStV sind im Zusammenhang mit der Bewerbung einer drittfinanzierten Glücksspielteilnahme zu beachten. Unter „Werbung" ist „jede Äußerung bei der Ausübung eines Handelsgewerbes, Handwerks oder freien Berufs mit dem Ziel" zu verstehen, „den Absatz von Waren oder die Erbringung von Leistungen zu fördern".[111] Der Tatbestand der verbotenen Werbung kann daher über die §§ 3, 4 Nr. 11 auch von einem Dritten erfüllt werden, der selbst nicht mit dem betroffenen Marktteilnehmer in einem Wettbewerbsverhältnis steht, sofern die Äußerung im Rahmen oder im Zusammenhang mit einer unternehmerischen Tätigkeit erfolgt.[112] Dementsprechend wurde dem DFB die Bandenwerbung,[113] einem Hörfunksender die Werbung[114] für einen in Deutschland nicht zugelassenen Sportwettenanbieter verboten. Die Werbung mit einem Glücksspiel als Gewinn einer Verkaufsförderungsveranstaltung darf somit **nicht zur Teilnahme am Glücksspiel auffordern, anreizen oder ermuntern.** Nach den Erläuterungen zum GlüStV (dort zu § 5 Abs. 3, S. 15) sind „insbesondere die Glücksspielsucht fördernde Formen der Werbung etwa durch verkaufsfördernde Maßnahmen wie Rabatte, Gutscheine und ähnliche Aktionen" verboten. Aus diesem Hinweis lässt sich nicht nur auf ein Verbot der Veranstaltung solcher Maßnahmen mit dem Ziel der Verbesserung des Glücksspielabsatzes schließen. Es liegt angesichts des Gesetzeszwecks[115] nahe, hieraus auch auf ein grundsätzliches Verbot der Instrumentalisierung von Glücksspielen zu sonstigen absatzfördernden Maßnahmen zu schließen. Die **wettbewerbsrechtliche Zulässigkeit** einer solchen Veranstaltung ist unter diesen Gesichtspunkten allerdings nicht im Rahmen des § 4 Nr. 5, sondern gemäß § 3 iVm § 4 Nr. 11 zu prüfen.

58 Zu einer nachhaltigen Kollision des Einsatzes von Glücksspielbeteiligungen als Verkaufsförderungsmaßnahme mit der Regelungsintention des GlüStV dürfte es allerdings dann kommen, wenn das Kopplungsverbot des § 4 Nr. 6 tatsächlich entsprechend der Ansicht des BGH im **Vorlageverfahren**[116] an den Schranken der Vollharmonisierung scheitern sollte. Wäre es danach nämlich zulässig, die Glückspielteilnahme als Verkaufsförderungsmaßnahme an den entgeltlichen Erwerb von Waren oder Dienstleistungen zu koppeln, würde damit die gesetzgeberische Grundentscheidung aus dem GlüStV konterkariert, wonach ein konsistentes Präventionsmodell geschaffen werden sollte, um das Entstehen von Glücksspiel- und Wettsucht zu verhindern.[117] In diesem Fall würden das Glücksspiel und das damit verbundene **Suchtpotenzial** instrumentalisiert, um die angesprochenen Verkehrskreise zum **Erwerb von Waren oder Dienstleistungen** und damit zur Aufwendung von Geldleistungen zu veranlassen. Glücksspiele würden zum Gegenstand der „wirtschaftlich effektiven Vermarktung einer grundsätzlich unbedenklichen Freizeitbeschäftigung" und „zu einem allerorts verfügbaren „normalen" Gut des täglichen Lebens". Genau diese Banalisierung hat hingegen das BVerfG in seiner Sportwettenentscheidung[118] beanstandet. Wenn auch das Urteil des BVerfG auf Sportwetten bezogen war, so lassen sich die dortigen Grundsätze doch auch auf alle anderen Glücksspielarten übertragen, deren Sucht- und Gefährdungspotenzial der Gesetzgeber für so erheblich erachtet, dass er deren Veranstaltung und Vertrieb dem Staatsmonopol bzw. entsprechenden Erlaubnisvoraussetzungen unterworfen hat.[119]

59 Insbesondere lässt sich im Fall einer künftigen Zulässigkeit der Kopplung von Glücksspielen mit dem Verkauf von Waren oder Dienstleistungen nicht mehr feststellen, ob der

---

110 *Postel* in: Dietlein/Hecker/Ruttig § 4 Rn 82.
111 BGH GRUR 2005, 1061 – Telefonische Gewinnauskunft.
112 Hefermehl/Köhler/*Bornkamm* UWG § 5 Rn 2.19.
113 LG Hamburg ZfWG 2007, 395 f.
114 LG Bremen ZfWG 2006, 238 f.
115 → Rn 45.
116 GRUR 2008, 807 – Millionenchance.
117 *Dietlein*/Hecker/Ruttig, § 1 Rn 1.
118 BVerfG ZfWG 2006, 16, 29 Tz. 134 und 138.
119 So wohl auch BVerfG, Beschl. v. 20. 3. 2009, 1 BvR 2410/08, Rn 16, ZfWG Heft 3/09.

Kunde für die Glücksspielteilnahme oder die Teilnahme an dem sog. „Gewinnspiel" **zumindest einen Teil seines Kaufpreises** aufwendet. Das Entgelt für die Teilnahme am ausgelobten Glücks- oder Gewinnspiel kann nämlich auch im Kaufpreis für eine Ware enthalten sein.[120] Wollte man annehmen – was naheliegt –, dass die im Zusammenhang mit dem vorausgesetzten Erwerb der Waren oder Dienstleistungen aufgebrachten Geldleistungen – jedenfalls auch und in einem gewissen Umfang – dem Erwerb der Gewinnchance bei dem ausgelobten Glücksspiel dienen, wären diese nicht nur als Entgelt im Sinne des § 3 Abs. 1 S. 1 GlüStV, sondern auch als Einsatz im Sinne des § 284 StGB zu qualifizieren.

Der Wegfall des Kopplungsverbotes gemäß § 4 Nr. 6 dürfte dazu führen, dass Ge- 60
winnspiele zukünftig überhaupt nicht mehr zum Gegenstand von solchen Verkaufsförderungsmaßnahmen gemacht werden dürfen, die an den Waren- oder Dienstleistungsverkauf gekoppelt sind, weil durch die Zurechnung zumindest eines Teilbetrages des Kaufpreises als „Einsatz" im Sinne des § 284 StGB oder als „Entgelt" im Sinne des § 3 Abs. 1 GlüStV in jedem Fall ein Glücksspiel entsteht, das den jeweiligen restriktiven Vorschriften unterfällt.

Die öffentliche Veranstaltung und Durchführung von Glücksspielen, Lotterien/Ausspie- 61
lungen im Sinne der Tatbestandsverwirklichung nach den Vorschriften des StGB sowie die dort beschriebenen Formen der Mitwirkung sind nach §§ 284 ff StGB unter Strafe gestellt, sofern für die betreffenden Veranstaltungen keine behördliche Erlaubnis vorliegt. Ziel dieser Sanktionen ist es nach den Vorstellungen des Gesetzgebers, die Spielleidenschaft der Bevölkerung durch ein begrenztes legales, staatlich kontrolliertes und damit manipulationsfreies Spielangebot zu kanalisieren und die Spieler vor einer wirtschaftlichen Ausbeutung durch Dritte zu schützen.[121]

Preisausschreiben und Gewinnspiele im Sinne des UWG sind Sonderformen der 62
Glücksspiele, die sich jedoch tatbestandsmäßig von Glücksspiel, Lotterie und Ausspielung im strafrechtlichen Sinne unterscheiden. Wesentliches Merkmal zur Abgrenzung der strafrechtlich relevanten Glücksspiele, Lotterien und Ausspielungen zu straflosen Veranstaltungsformen wie Preisausschreiben, Preisrätseln, Gewinnspielen und Verlosungen ist das bei Glücksspielen bestehende Erfordernis der Aufbringung eines **nicht gänzlich unerheblichen Einsatzes.**[122] Andere für Glücksspiele typische Tatbestandselemente wie etwa die Entscheidung über Gewinn und Verlust auf Grund des Zufalls[123] oder die Öffentlichkeit des Teilnahmeangebots[124] finden sich auch bei Preisausschreiben und Gewinnspielen.

Werden nicht erlaubte Glücksspiele, Lotterien oder Ausspielungen zu Wettbewerbszwe- 63
cken eingesetzt, stellt dies stets einen **Verstoß gegen § 3 iVm § 4 Nr. 11** dar.[125] Die gegen die unerlaubte Veranstaltung von Glücksspielen, Lotterien und Ausspielungen gerichteten Strafvorschriften sind nämlich wettbewerbsbezogene Normen, die auch dem Schutz der Verbraucher dienen.[126] Dies gilt auch für die Bestimmungen des seit dem 1. 1. 2008 in Kraft getretenen Staatsvertrages zum Glücksspielwesen in Deutschland.[127]

a) Erlaubnis. Unter einer Erlaubnis im Sinne von § 284 StGB und im Sinne des § 4 64
GlüStV ist nur diejenige einer für das jeweilige Bundesland zuständigen deutschen Behörde

---

[120] Vgl. OLG Düsseldorf NJW 1958, 760; *Eichmann/Sörup* MMR 2002, 142; *v. Gamm* Wettbewerbsrecht Kap. 27 Rn 6.

[121] Vgl. BVerfG DVBl. 2000, 1596, 1597.

[122] *Schönke/Schröder* StGB § 284 Rn 6; *Fischer* StGB § 284 Rn 4.

[123] *Schönke/Schröder* StGB § 284 Rn 5; *Fischer* StGB § 284 Rn 4.

[124] *Schönke/Schröder* StGB § 284 Rn 9; *Fischer* StGB § 284 Rn 22.

[125] BGH NJW 2004, 2158, 2160 – Schöner Wetten zu § 1 UWG aF; zuletzt OLG Celle v. 1. 2. 2007, 13 U 195/06.

[126] Vgl. BGH GRUR 2002, 636, 637 – Sportwetten; BGH GRUR 2002, 269, 270 – Sportwetten-Genehmigung; OLG Hamburg MMR 2002, 471, 473; vgl. weiter OVG NW NVwZ-RR 2003, 351, 352; Hefermehl/*Köhler*/Bornkamm UWG § 4 Rn 11.178; *Fritzemeyer/Rinderle* CR 2003, 599, 600 ff; *Dietlein/Woesler* K&R 2003, 458, 461 f; *Piper/Ohly* UWG § 4.11 Rn 28; aA LG München I NJW 2004, 171, 172.

[127] Vgl. dazu OLG Düsseldorf GRUR 2006, 782, 783.

anzusehen.[128] § 284 StGB knüpft die strafrechtliche Sanktionierung an das Fehlen der Erlaubnis und nimmt damit entsprechend der föderalen Struktur der Bundesrepublik hin, dass die Veranstaltung von Glücksspielen von Land zu Land unterschiedlich zu beurteilen sein kann, nämlich danach, ob überhaupt eine Erlaubnis erteilt wird oder nicht.[129] Ein landesrechtlicher Erlaubnisvorbehalt erscheint auch europarechtlich unbedenklich, weil der Gerichtshof der Europäischen Gemeinschaften erst jüngst die Möglichkeit der Mitgliedstaaten ausdrücklich anerkannt hat, Tätigkeiten im Glücksspielsektor einem Erlaubnisvorbehalt zu unterstellen.[130] Die Mitgliedstaaten sind nicht zur gegenseitigen Anerkennung der in einem anderen Mitgliedstaat erteilten Erlaubnis verpflichtet.[131]

65 **b) Einsatz, erheblicher.** Unter einem Einsatz im Sinne des § 284 StGB ist **jede Leistung** zu verstehen, die in der Hoffnung erbracht wird, im Falle des „Gewinnens" eine gleiche oder höherwertige Leistung zu erhalten, gleichzeitig aber von der Befürchtung getragen wird, dass sie im Falle des „Verlierens" dem Gegenspieler oder dem Veranstalter anheim fällt.[132] Wegen des Erfordernisses eines nicht gänzlich unerheblichen Einsatzes[133] gilt insofern für die Strafbarkeit eine Geringfügigkeitsgrenze.[134]

66 **c) Das Zufallselement.** Voraussetzung für das Vorliegen eines Glücksspiels im Sinne des § 284 StGB und des § 3 Abs. 1 GlüStV ist des Weiteren, dass die **Entscheidung über Gewinn und Verlust** nach den Spielbedingungen überwiegend durch den **Zufall,** nicht aber von Fähigkeiten, Kenntnissen oder einer besonderen Aufmerksamkeit des Spielers geprägt wird.[135] Bei der Beurteilung des Zufallselements ist auf die Fähigkeiten und Erfahrungen des Durchschnittsspielers abzustellen.[136] Den Maßstab hierfür bildet das Publikum, für welches das Spiel eröffnet ist, also nicht der geübte oder besonders geübte Teilnehmer. So wurden Wetten auf den Ausgang von Sportveranstaltungen ungeachtet der besonderen Kenntnisse sportlich interessierter Personenkreise bereits vor dem Inkrafttreten des GlüStV als Glücksspiele qualifiziert, weil das Ergebnis einer Sportwette auch für den versierten Spieler hauptsächlich vom Zufall abhängt.[137] Der GlüStV enthält nunmehr in § 3 Abs. 1 S. 3 die Regelung, dass „Wetten gegen Entgelt auf den Eintritt zukünftiger Ereignisse" Glücksspiele sind. Damit spielt die Frage, ob und inwieweit ein Durchschnittsspieler den Erfolg der Sportwette durch eigene Kenntnisse voraussehen kann, oder ob ein Sportereignis angesichts der überragend unterschiedlichen Leistungsstärke der Spieler ohnehin von vornherein feststehen dürfte, bei der Beurteilung der Glücksspieleigenschaft im Sinne des GlüStV keine Rolle mehr.[138]

67 **d) Öffentlichkeit.** Öffentlich ist ein Glücksspiel, wenn die Teilnahme nicht auf einen geschlossenen Personenkreis beschränkt, sondern der Allgemeinheit – also einem unbestimmten, nicht durch persönliche Beziehung verbundenen Personenkreis – zugänglich ist.[139] Die Legaldefinition des § 3 Abs. 2 GlüStV greift auf die zu § 284 StGB entwickelten Grundsätze und die Elemente des § 284 Abs. 2 StGB zurück und entspricht somit dem strafrechtlichen Glücksspielbegriff.

---

128 *Hecker/Ruttig* WRP 2006, 307, 310; *Postel* in: Dietlein/Hecker/Ruttig § 4 Rn 18.

129 BVerwGE 126, 149, 158f; BGH WRP 2007, 970, 974.

130 BGH WRP 2007, 970, 974 mit Hinweis auf EuGH WRP 2007, 525 – Placanica, m. Anm. *Ruttig* WRP 2007, 621; zuvor EuGH NJW 1994, 2013 – Schindler; EuGH EuZW 2000, 148 – Läärä; EuGH Slg. 1999, I-7289 – Zenatti; EuGH NJW 2004, 139 – Gambelli.

131 EFTA-Gerichtshof v. 30. 5. 2007, E-3/06 Tz. 87 ff sowie zum Sportwettenmonopol grundsätzlich BVerfG v. 28. 3. 2006, 1 BvR 1054/06 = ZfWG 2006, 16.

132 BGH NJW 1987, 851, 852; MünchKomm/*Leible* UWG § 4 Nr. 5 Rn 29.

133 Vgl. *Fischer* StGB § 284 Rn 4.

134 → § 4–6 Rn 134 ff.

135 *Fischer* StGB § 284 Rn 4 mwN.

136 *Fischer* StGB § 284 Rn 4.

137 BVerfG ZfWG 2006, 16; BGH NStZ 2003, 372, 373; BGH GRUR 2002, 636 – Sportwetten; *Fischer* StGB § 284 Rn 10; *Steegmann* ZfWG 2007, 410 ff.

138 *Dietlein*/Hecker/Ruttig § 3 Rn 7.

139 LK/*v. Bubnoff* StGB § 284 Rn 15; *Schönke/Schröder* StGB § 284 Rn 9.

4. Zeitpunkt

Grundsätzlich sind die vorgesehenen Angaben im Zeitpunkt der Werbung zu machen.[140] 68
Für den **Umfang der Informationspflichten** kann der Zeitraum von Bedeutung sein, der zwischen der Information und der eigentlichen Gewinnspielteilnahme liegt. Der Umfang der Informationspflichten könnte unterschiedlich zu beurteilen sein, je nach dem, **wie weit entfernt** der von einer Werbung angesprochene Verbraucher in zeitlicher und sachlicher Hinsicht noch von einer tatsächlichen Teilnahme am Gewinnspiel ist. Dem Wortlaut des Gesetzes lässt sich nicht entnehmen, zu welchem Zeitpunkt die Teilnahmebedingungen anzugeben sind. Auch die Entstehungsgeschichte des Gesetzes hilft nicht weiter. Dieser lässt sich nur entnehmen, dass nach der Vorstellung des Gesetzgebers im Rahmen des § 4 Nr. 5, wie auch bei § 4 Nr. 4, die notwendigen Angaben grundsätzlich „in der Werbung" zu machen sind.

Spätester Zeitpunkt für eine umfassende Information[141] ist dann, wenn dem Verbraucher 69
Möglichkeit eingeräumt wird, **an dem Gewinnspiel teilzunehmen.**[142] Die notwendigen Informationen können dann umfassend, beispielsweise durch entsprechende Angaben auf der Teilnehmerkarte, mitgeteilt werden.[143] Dies bedeutet, dass der Verbraucher über alle Teilnahmebedingungen zu informieren ist, wenn bereits in der Werbung eine unmittelbare (zB telefonische oder postalische) Teilnahmemöglichkeit eröffnet wird. Nur so ist gewährleistet, dass er im Zeitpunkt der Entscheidung über die Teilnahme eine „informierte Entscheidung" treffen kann.[144]

Streitig ist allerdings, ob bereits bei einer Bewerbung des Gewinnspiels im **Vorfeld der** 70
Teilnahmemöglichkeit sämtliche nach dem Transparenzgebot erforderlichen Informationen zu erteilen sind. In diesem Zusammenhang hat das OLG Frankfurt darauf hingewiesen, dass sich die vollständigen Teilnahmebedingungen in **bestimmten Werbemedien**, etwa im Rahmen einer Fernsehwerbung, die der Durchschnittsverbraucher – situationsadäquat – mit eher geringer Aufmerksamkeit wahrnimmt, aufgrund ihres Umfangs kaum sachgerecht vermitteln lassen.[145] Eine solche werde vom Verbraucher auch nicht erwartet. Das OLG Frankfurt verknüpft somit den Umfang der pflichtigen Informationen mit dem vom Veranstalter gewählten Werbemedium. Auch das OLG Köln[146] sieht eine **Wechselwirkung** zwischen dem Zeitpunkt der Bewerbung eines Gewinnspiels und der erst durch eine weitere und zeitlich spätere Handlung möglichen Teilnahme. Grundsätzlich hält das OLG Köln die Transparenzregeln des § 4 Nr. 5 bereits dann für anwendbar, wenn im Vorfeld eines Preisausschreibens oder Gewinnspiels auf die Veranstaltung hingewiesen wird.[147] Allerdings relativiert das OLG Köln die Anforderungen an den Inhalt der mitteilungspflichtigen Informationen unter Berücksichtigung der jeweiligen Situation, in welcher der Verbraucher informiert wird. Wird ein Gewinnspiel in einem **erheblichen zeitlichen Abstand** vor der Durchführung der Veranstaltung beworben, so genügen in den Teilnahmebedingungen Angaben über den Ausschluss bestimmter Personenkreise, die Möglichkeit des Bezuges von Teilnahmekarten, den Einsendeschluss, die Benennung des ausgelobten Gewinns und die Art der Gewinnerermittlung (zB durch Losentscheid). Zutreffend ist auf das **situationsadäquate Informationsinteresse** abzustellen, also zu ermitteln, an welchen Informationen der Verbraucher zum jeweiligen Zeitpunkt und unter Berücksichtigung des jeweiligen Mediums ein schützenswertes Interesse hat.[148]

---

[140] OLG Köln GRUR 2008, 250ff; OLG Stuttgart WRP 2007, 694; OLG München GRUR-RR 2005, 356, 357; → § 4–4 Rn 24ff.
[141] → ausführlich Rn 111ff.
[142] OLG Frankfurt WRP 2007, 668, 669.
[143] Hefermehl/*Köhler*/Bornkamm UWG § 4 Rn 5.14.
[144] OLG Frankfurt WRP 2007, 668, 669.
[145] OLG Frankfurt WRP 2007, 668, 669.
[146] OLG Köln GRUR-RR 2006, 196.
[147] OLG Köln GRUR-RR 2006, 196, 198.
[148] OLG Köln GRUR-RR 2006, 196, 198; so auch *Leible* § 4 Nr. 5 Rn 36f; wohl auch Hefermehl/*Köhler*/Bornkamm UWG § 4 Rn 5.14 ungeachtet der dort wohl missverständlich abgelehnten Ansicht des OLG Köln.

71 Im Ergebnis kommt es somit nicht allein auf das vom Veranstalter **gewählte Werbemedium** an, auch wenn etwa das OLG Frankfurt zu Recht darauf verweist, dass Art. 7 Abs. 3 der Richtlinie 2005/29/EG über unlautere Geschäftspraktiken eine solche Differenzierung nahelegt. Entscheidend ist vielmehr in erster Linie der Inhalt der Werbung selbst. Eine reine **Aufmerksamkeitswerbung,** die lediglich auf die Durchführung eines Gewinnspiels hinweist, ohne eine unmittelbare Teilnahmemöglichkeit zu eröffnen, muss daher – mit Ausnahmen für Sonderfälle wie etwa extrem kurze Veranstaltungsdauer oder eingeschränkter Teilnehmerkreis – keine (weiteren) Teilnahmebedingungen enthalten.[149] Spätestens im Handel müssen die Teilnahmebedingungen dann aber vorliegen.

72 Kein Zweifel dürfte allerdings daran bestehen, dass die Teilnahmebedingungen stets und überall dort zugänglich zu machen sind, wo der Verbraucher die Teilnahmehandlung vornimmt. Es reicht nicht, wenn lediglich in einzelnen Niederlassungen oder Filialen eines netzweit vertriebenen Gewinnspiels oder Preisausschreibens die Teilnahmebedingungen ordnungsgemäß vorgehalten werden.

5. Zivilrechtliche Einordnung

73 Auch der zivilrechtliche Begriff des Glücksspiels setzt voraus, dass die Teilnehmer einen Einsatz leisten. § 763 BGB erklärt insofern unter Übernahme des Regelungsgehalts aus den §§ 284ff StGB einen Lotterie- oder Ausspielungsvertrag nur dann für verbindlich, wenn die Lotterie oder die Ausspielung staatlich genehmigt ist.

III. Anwendungsbereich

1. § 4 Nr. 5 als Beispielsfall von § 3

74 Die in § 4 enthaltenen Beispiele unlauteren Wettbewerbs führen nur dann zur Wettbewerbswidrigkeit des zu Grunde liegenden Verhaltens, wenn sie auch die in § 3 wiedergegebenen Tatbestandsvoraussetzungen erfüllen.[150] Dies ergibt sich zum einen aus dem Wortlaut des § 4, wenn es dort einleitend heißt: „Unlauter im Sinne des § 3 handelt **insbesondere,** wer […].“ Zum anderen hat der Gesetzgeber in der Begründung zu § 4 ausdrücklich klargestellt, dass die dort näher beschriebenen Handlungen nur dann unzulässig sind, „wenn auch die weiteren Tatbestandsvoraussetzungen des § 3 vorliegen“.[151] Der Verstoß gegen die Vorschriften des § 4 Nr. 5 muss also geeignet sein, den Wettbewerb **nicht nur unerheblich** zu beeinträchtigen.

75 Eine nicht unerhebliche Beeinträchtigung des Wettbewerbs durch einen Verstoß gegen die Regelungen in § 4 Nr. 5 kann allerdings nur dann angenommen werden, wenn diese „von einem gewissen **Gewicht für das Wettbewerbsgeschehen** und die Interessen der geschützten Personenkreise“[152] sind. Dies gilt auch deshalb, weil nach der Unlauterkeitsrichtlinie vorausgesetzt wird, dass die Irreführung geeignet ist, den Durchschnittsverbraucher zu einer geschäftlichen Entscheidung zu veranlassen, die er sonst nicht getroffen hätte. Für die Auslegung des § 4 Nr. 5 bedeutet dies, dass insoweit unerhebliche, geringfügige Verstöße gegen das Transparenzgebot mangels Überschreiten der Bagatellschwelle nicht zur Unlauterkeit im Sinne des § 3 führen.[153] Die Beurteilung, ob eine solche **Geringfügigkeit** vorliegt, hängt indes von den Umständen des Einzelfalls ab. Hierzu ist die Werbe- und Anlockwirkung der Veranstaltung in ihrer Gesamtheit zu berücksichtigen, insbesondere Art und Streuung der Werbung, Attraktivität und Anlockwirkung der Gewinne, Entschei-

---

149 Für diese Unterscheidung auch MünchKomm/*Heermann* UWG § 4 Nr. 4 Rn 79ff; → § 4–4 Rn 28; so im Ergebnis auch OLG Frankfurt WRP 2007, 668, 670 mwN; offen gelassen für § 4 Nr. 4 von OLG München MD 2007, 172, 177f.

150 So auch Hefermehl/*Köhler*/Bornkamm UWG § 4 Rn 5.6.

151 BT-Drucks. 15/1487 S. 17 li. Sp.

152 BT-Drucks. 15/1487 S. 17 li. Sp. (Hervorhebung durch Verfasser).

153 → § 3 Rn 52f; → § 4–4 Rn 48f.

dungserheblichkeit der betreffenden Information für das Verhalten der angesprochenen Marktteilnehmer, Umfang und Gewicht eventueller Nachteile, die aus einer Teilnahme resultieren können etc.[154] Kann nicht ausgeschlossen werden, dass ein Informationsmangel völlig irrelevant für die Entscheidung der Spielteilnehmer ist, dürfte in aller Regel auch die Durchführung der Veranstaltung nach § 4 Nr. 5 unlauter sein.[155]

Anders als die allein auf Verbraucher beschränkte Bestimmung des § 4 Nr. 6, gilt § 4 Nr. 5 sowohl für Verbraucher als auch für die Mitbewerber.[156] Preisausschreiben und Gewinnspiele **im Stufenwettbewerb** waren seit jeher als zulässige Form der Wertreklame anerkannt, weil die Empfänglichkeit gegenüber irrationalen Einflussgrößen etwa auf die Einkaufsentscheidung für diese Zielgruppe als sehr gering angesehen wurde.[157] Obwohl die Rechtsprechung davon ausgeht, dass die Mitbewerber auf Grund ihrer größeren Sachkunde zu objektiveren Entscheidungen neigen als der Verbraucher, wurden an die wettbewerbsrechtliche Beurteilung von Preisausschreiben/Gewinnspielen die gleichen Kriterien angelegt, wie sie für den Verbraucher galten.[158] Diese Grundsätze dürften angesichts des gewandelten Verbraucherleitbildes heute umso berechtigter und daher nicht anders zu beurteilen sein. 76

2. Definition von Preisausschreiben und Gewinnspielen

a) Abgrenzung zu Glücksspielen im Sinne von § 284 StGB bzw. § 3 Abs. 1 GlüStV. Die Begriffe des Preisausschreibens/Gewinnspiels sind gesetzlich nicht eindeutig definiert. In den unterschiedlichen Normenwerken finden sich verschiedene Definitionsansätze.[159] Entscheidend für die Abgrenzung zwischen Preisausschreiben/Gewinnspielen einerseits und Glücksspielen im Sinne des § 284 StGB bzw. § 3 Abs. 1 GlüStV andererseits ist indes nach den meisten definitorischen Ansätzen, dass die Teilnehmer an Preisausschreiben/Gewinnspielen **keinen erheblichen vermögenswerten Einsatz** bzw. kein **Entgelt** für die Teilnahme erbringen, welche sich beim Ausbleiben eines Gewinns als Verlust niederschlagen.[160] Unerheblich auch im wettbewerbsrechtlichen Sinne ist allerdings eine Aufwendung der Teilnehmer, die sich in etwa mit den Kosten für das übliche Brief- oder Postkartenporto oder für Telefongebühren in dieser Größenordnung bewegt.[161] Wettbewerbsrechtlich von Bedeutung im Sinne des § 4 Nr. 6 sind hingegen die Fälle eines **versteckten Einsatzes,**[162] die häufig dann vorliegen, wenn die Teilnahme am Preisausschreiben oder Gewinnspiel vom Erwerb eines Gegenstandes oder der Inanspruchnahme einer Dienstleistung abhängig ist.[163] Im Einzelfall kann der Einsatz auch im Eintrittspreis versteckt sein.[164] Eröffnet der Veranstalter dagegen jedermann alternativ die Möglichkeit, auch ohne versteckten Einsatz zu gleichen Chancen an dem Gewinnspiel teilzunehmen, so wird in der Regel ein genehmigungsfreies Gewinnspiel vorliegen.[165] 77

b) Begriffsbestimmung. § 4 Nr. 5 enthält ebenso wenig wie das UWG aF eine Definition der Begriffe „Preisausschreiben" und „Gewinnspiel". Die bisherige Rechtsprechung hat – allerdings ohne dies terminologisch ausdrücklich zu definieren – zwischen solchen Gewinnspielveranstaltungen unterschieden, bei denen für die Entscheidung über den Gewinn **ausschließlich oder jedenfalls ganz überwiegend der Zufall** maßgeblich 78

---

154 Hefermehl/*Köhler*/Bornkamm UWG § 4 Rn 5.15.
155 Harte/Henning/*Bruhn* UWG § 4 Nr. 5 Rn 47.
156 Zur Definition → § 2 Abs. 2 Rn 77.
157 Großkomm/*Schünemann* UWG § 1 Abschnitt C Rn C 154.
158 BGH GRUR 1973, 474, 475 – Preisausschreiben; OLG Hamburg WRP 1973, 44, 45.
159 → Rn 50 ff.
160 BGH NJW 1987, 851, 852; *Löffler/v. Strobl-Albeg* LPG BT Gewinnsp. Rn 6; → Rn 53 ff.
161 *Fischer* StGB § 284 Rn 5; *Hecker/Ruttig* GRUR 2005, 393, 396; → Rn 54.
162 → § 4–6 Rn 117 ff.
163 Hefermehl/*Köhler*/Bornkamm UWG § 4 Rn 11.176.
164 Hefermehl/*Köhler*/Bornkamm UWG § 4 Rn 11.176.
165 Hefermehl/*Köhler*/Bornkamm UWG § 4 Rn 11.176; MünchKomm/*Leible* UWG § 4 Nr. 5 Rn 30; näher hierzu → § 4–6 Rn 95 ff.

ist,[166] und solchen, bei denen (zumindest zusätzlich) eine **Leistung der Teilnehmer** gefordert wird.[167]

79 **aa) Preisausschreiben.** Für Preisausschreiben findet sich eine gesetzliche Begriffsbestimmung in **§ 661 Abs. 1 BGB.** Danach handelt es sich bei Preisausschreiben um **Auslobungen, die eine Preisbewerbung zum Gegenstand haben** und in denen eine Frist für die Bewerbung bestimmt ist. Eine Auslobung gemäß § 657 BGB betreibt derjenige, der durch öffentliche Bekanntmachung eine Belohnung für die Vornahme einer Handlung, insbesondere für die Herbeiführung eines Erfolges, aussetzt. Diese enge Tatbestandsvoraussetzung nach § 661 Abs. 1 BGB, welche die Erbringung einer wirklichen Leistung voraussetzt, liegt meist bei den zu gewerblichen Zwecken veranstalteten Preisausschreiben nicht vor.[168] Dies gilt insbesondere, wenn die Lösung der Aufgabe ohne größere Mühe möglich ist.[169] Der wettbewerbsrechtliche Begriff des Preisausschreibens ist folglich weiter gefasst als der zivilrechtliche in § 661 BGB.[170]

80 Dass der Gesetzgeber hier keine inhaltliche Kongruenz zwischen zivil- und wettbewerbsrechtlicher Begrifflichkeit vorgesehen hat, ergibt sich für das UWG bereits aus der Tatsache, dass dort eine Verweisung auf die Begriffsbestimmung aus §§ 661, 657 BGB nicht erfolgt ist, wohingegen das UWG für die Definitionen der Begriffe „Verbraucher" und „Unternehmer" in § 2 Abs. 2 auf die Vorschriften des Bürgerlichen Gesetzbuches verweist. Zudem wurde auf der Grundlage des UWG aF regelmäßig davon ausgegangen, dass für diesen Bereich der Begriff des Preisausschreibens weiter zu fassen sei.[171]

81 In der wettbewerbsrechtlichen **Rechtsprechung** werden Preisausschreiben, welche die Tatbestandsvoraussetzungen der §§ 661, 657 BGB erfüllen (sog. echte Preisausschreiben), sowie solche Preisausschreiben, welche die vorbezeichneten Tatbestandsvoraussetzungen nicht erfüllen (sog. unechte Preisausschreiben), grundsätzlich nach **gleichen Kriterien** bewertet.[172]

82 Soweit in der **Literatur** eine Differenzierung erfolgt ist, orientiert sie sich überwiegend daran, ob die angesprochenen Verbraucher zum Zwecke der Teilnahme eine eigene **Leistung** zu erbringen haben oder ob allein der **Zufall** über den Gewinn entscheidet.[173] *Schünemann*[174] fordert für das Vorliegen eines Preisausschreibens, dass von den Teilnehmern zumindest auch eine gewisse Leistung erbracht wird, durch die sie sich für die Teilnahme qualifizieren müssen.[175] Die Leistungsanforderungen können einen sehr unterschiedlichen Schwierigkeitsgrad aufweisen. Sind sie sehr geringfügig, handelt es sich terminologisch um eine **Verlosung**[176] oder **Gratisverlosung.** Als solche bezeichnet man Preisausschreiben, deren Lösung jedermann ohne Mühe möglich ist, also keine ernsthafte oder echte Leistung der Teilnehmer erfordert.[177]

83 Eine weitere Form der Preisausschreiben sind die **Preisrätsel,** bei denen der Schwierigkeitsgrad des von den Teilnehmern geforderten Beitrages – in der Regel – über jenem der

---

166 OLG Düsseldorf MD 2005, 757, 759 – Millionenchance; LG Duisburg WRP 2005, 764, 765; OLG Hamburg MD 2005, 24, 26; OLG Köln BeckRS 2005, 6369 (Revision von BGH GRUR 2007, 981 als unbegründet abgewiesen).

167 OLG Hamburg GRUR 1990, 466, 466 – Der neue Gold-Regen (Leistung durch Beantwortung einer Preisfrage); OLG Hamburg WRP 1988, 463, 464 (keine eigene Leistung).

168 So auch MünchKomm/*Leible* UWG § 4 Nr. 5 Rn 25.

169 Hefermehl/*Köhler*/Bornkamm UWG § 4 Rn 1.119; MünchKomm/*Leible* UWG § 4 Nr. 5 Rn 25.

170 So auch MünchKomm/*Leible* UWG § 4 Nr. 5 Rn 25.

171 Noch zum UWG aF *Köhler*/*Piper* UWG 3. Aufl. § 1 Rn 328.

172 BGH GRUR 1973, 474, 475 – Preisausschreiben; Hefermehl/*Köhler*/Bornkamm UWG § 4 Rn 1.121; MünchKomm/*Leible* UWG § 4 Nr. 5 Rn 25.

173 Allerdings nicht konsequent Hasselblatt/*Krekel* § 16 Rn 85.

174 Großkomm/*Schünemann* UWG § 1 Abschnitt C Rn C 154.

175 So auch MünchKomm/*Leible* UWG § 4 Nr. 5 Rn 25 mit Hinweis auf OLG Düsseldorf NJW 1997, 2122 – Gute Fee.

176 *v. Gamm* 1987 Kap. 27 Rn 9.

177 BGH GRUR 1974, 729, 730 – SWEEPSTAKE; BGH GRUR 1973, 474, 475 – Preisausschreiben; OLG Stuttgart WRP 1973, 487, 490 – Münster Schatzkiste.

üblichen Preisausschreiben angesiedelt ist.[178] Der Begriff des „Preisrätsels“ findet sich meist zur Kennzeichnung der Preisausschreiben in der **Presse.** Solche Preisrätsel gehören zum herkömmlichen Unterhaltungsstoff in Zeitungen und Zeitschriften. Die angesprochenen Verkehrskreise haben sich an Preisrätsel in den Printmedien gewöhnt und erwerben vielfach die Presseprodukte nicht zuletzt wegen der dort angekündigten, teilweise sehr attraktiven Preisrätsel.[179] Es hat sich sogar seit langem eine eigene Gattung der **Preisrätselzeitschriften** entwickelt, die ausschließlich oder nahezu ausschließlich Preisrätsel der verschiedenen Spielarten beinhaltet. Die Tatsache, dass solche Zeitungen und Zeitschriften käuflich erworben werden müssen, führt wegen des im Vordergrund stehenden Unterhaltungszecks der Preisrätsel grundsätzlich nicht zur unlauteren Kopplung im Sinne des § 4 Nr. 6.[180]

Preisausschreiben lassen sich somit – ohne dass dies allerdings rechtliche Auswirkungen 84
hat – entsprechend der Schwierigkeit der im Einzelnen geforderten Teilnahmeleistung in **drei Kategorien** einordnen: Am unteren Ende der Schwierigkeitsskala stehen die **Gratisverlosungen,** bei denen allenfalls formale Lösungsanforderungen zugrunde gelegt werden (zB das Vervollständigen eines auf Lückentext gesetzten bekannten oder in der mit der beworbenen Veranstaltung zusammenhängenden Werbung mehrfach genannten Werbeslogans; die Beantwortung einer Frage, deren Lösung augenfällig in der Werbung angeführt ist etc.). Wird eine anspruchsvollere Eigenleistung erwartet, handelt es sich um **Preisausschreiben** (zB die Beantwortung von nicht augenfällig in der Werbung enthaltenen Fragen, die aber aus dem sonstigen Umfeld oder auf der Grundlage des durchschnittlichen Allgemeinwissens unschwer beantwortet werden können). Im gehobenen Bereich mit einem anspruchsvolleren Schwierigkeitsgrad (zB Kreuzworträtsel, Sudoku, Wissensrätsel, Knobeleien etc.) der geforderten Leistung sollte man von **Preisrätseln** sprechen.

bb) Gewinnspiele. Eine einheitliche Begriffsbestimmung für Gewinnspiele, wie sie 85
§ 661 BGB für Preisausschreiben enthält, ist in der deutschen **Gesetzgebung** nicht zu finden. Auch § 762 BGB gibt keine definitorische Hilfe. § 4 Abs. 4 Nr. 4 TMG spricht von „Gewinnspielen mit einem einen Geldwert darstellenden Einsatz bei Glücksspielen, einschließlich Lotterien und Wetten.“ Danach wären Glücksspiele eine besondere Ausgestaltung der Gewinnspiele. Einen anderen Ansatz verfolgt die Spielverordnung, wenn in Anlage zu § 5a, Nr. 3 SpielV definiert wird: „Gewinnspiele sind unter Beteiligung von einem oder mehreren Spielern betriebene, auf kurze Zeit angelegte **Geschicklichkeitsspiele,** bei denen die Gestehungskosten eines Gewinns höchstens 60 Euro betragen“. Für diesen Rechtsbereich kann es sich bei Gewinnspielen also nur um Geschicklichkeitsspiele handeln, nicht hingegen um solche Spiele, deren Ausgang überwiegend vom Zufall bestimmt ist. In Art. 2 lit. i der VerkaufsförderungsVO wurde der Begriff „Gewinnspiel“ definiert als „zeitlich befristete Aufforderung zur Teilnahme an einem Spiel, bei dem der Gewinner **vor allem durch Zufall** ermittelt wird“. Auch die VerkaufsförderungsVO sah somit das Zufallselement als terminologisches Unterscheidungsmerkmal zu den Preisausschreiben an.

In der **Literatur** findet sich ebenfalls keine einheitliche Definition des Begriffs „Ge- 86
winnspiel“. Teilweise wird er im Sinne einer übergreifenden Gattungsbezeichnung verwendet, unter welcher je nach Variation und Spielregel Glücksspiele, Geschicklichkeitsspiele, Wetten, Lotterien, Verlosungen etc. zusammengefasst sind[181] oder als Bezeichnung für solche vom Glücksentscheid abhängige Spiele, für deren Teilnahme kein Entgelt verlangt wird.[182]

Überwiegend wird unter „Gewinnspielen“ im Sinne des UWG allerdings eine Form der 87
Wertreklame verstanden, die allein durch das **Zufallsmoment** als Kriterium **für Gewinn**

---

178 Großkomm/*Schünemann* UWG § 1 Abschnitt C Rn C 154.
179 *Löffler/v. Strobl-Albeg* LPG BT Gewinnsp. Rn 15.
180 → § 4–6 Rn 152ff.
181 Harte/Henning/*Bruhn* UWG § 4 Vor Nr. 5 Rn 1ff.
182 *Dietlein*/Hecker/Ruttig § 3 Rn 5.

oder Verlust charakterisiert wird.[183] Die Rechtsprechung[184] führt aus, dass es sich dann um ein Gewinnspiel zu Werbezwecken handelt, wenn der **Unterhaltungszweck**[185] **zurücktritt** und die **Absatzförderung** mittels Ausnutzung des Spieltriebes im Vordergrund steht. Werden Personen, die zum verbilligten Bezug von Waren oder Dienstleistungen berechtigt sind, durch Auslosung ermittelt, handelt es sich um eine **Verkaufsverlosung.**[186] Die Leistungen des Teilnehmers beschränken sich auf das Ausfüllen und Übersenden der individualisierten Teilnahmeunterlagen (zB Postkarte zum Zwecke der Teilnahme an einer Lotterie, das regelmäßige Scannen einer Kundenkarte, die Übermittlung der persönlichen Daten im Wege des elektronischen Datenverkehrs oder per Telefon etc.), also letztlich die „Meldung" ihrer Person zum Zwecke der Teilnahme. Naturgemäß vermindert sich der Unterhaltungswert einer solchen Veranstaltung umso mehr, je weniger eigene Leistung der Teilnehmer investieren muss. Zur Bemessung des Unterhaltungswertes ist in diesem Zusammenhang nicht auf die eigentliche Gewinnausspielung abzustellen, sondern auf den vom Teilnehmer durchzuführenden Lösungsvorgang selbst.[187]

88 Ob es für ein Gewinnspiel erforderlich ist, dass es unter den Teilnehmern **Gewinner *und* Verlierer** gibt,[188] erscheint indes fraglich. Würde man diese These bejahen, würden (einsatzlose) Wettspiele dann aus der Kategorie der Gewinnspiele herausfallen, zu der sie fraglos gehören, wenn alle „Teilnehmer" auf dasselbe zufallsabhängige Ergebnis setzen und daher entweder alle gewinnen oder alle verlieren. Diese Frage kann jedenfalls im Fall des Zinsbonus-Versprechens eines Kreditinstituts, das an den Ausgang eines ungewissen Ereignisses geknüpft ist (wie etwa das Abschneiden einer Fußballmannschaft bei einem Turnier) dahingestellt bleiben. Denn es sind diejenigen Teilnehmer als Verlierer anzusehen, die ihr Geld in der Hoffnung auf einen höheren Zins nicht bei einem anderen Institut mit fest zugesagten höherem Zinssatz angelegt haben. Der entgangene Gewinn dürfte bei negativem Ausgang des ungewissen Ereignisses durchaus als (vorweg in Kauf genommener) Verlust anzusehen sein. Auch wenn es in diesem Fall auf Seiten der Verbraucher nur Verlierer gibt, ist jedoch alleiniger Gewinner die Bank. Damit gibt es zumindest einen Gewinner und viele Verlierer. Der das Wettspiel Anbietende ist dabei auch als Teilnehmer des Spiels im weiteren Sinne anzusehen, denn auch bei ihm steht nicht – wie bei einem fest ausgelobten Gewinn – von vornherein fest, welche Summe er als Gewinn auskehren muß. Auch dieses Risiko realisiert sich erst zufallabhängig in der Zukunft.

89 Anders mag man dies allerdings dann sehen, wenn das sog. „Gewinnspiel" von vornherein darauf angelegt ist, dass es keine Verlierer gibt, sondern alle Teilnehmer einen gleichwertigen Gewinn erhalten. In diesem Fall liegt **kein zufallsabhängiger Entscheid** über Gewinn oder Verlust vor, sodass hier auch nicht von einem Gewinnspiel gesprochen werden kann. Dies ist aber bereits dann anders, wenn zwar jeder Teilnehmer einen Gewinn erhält, die **Art der Preise jedoch eine unterschiedliche Wertigkeit** aufweisen und das Zufallsmoment über die individuelle Zuweisung der Preise entscheidet. Unter „Verlust" ist nämlich nicht zwingend nur der „Totalverlust" zu verstehen. Auch die Zuweisung eines weniger werthaltigen Preises aus der Gesamtheit der Preise kann als „Verlust" im Sinne der Definition angesehen werden.

90 **cc) Stellungnahme.** Eine Abgrenzung zwischen Preisausschreiben und Gewinnspielen erscheint von Bedeutung, weil die Rechtsprechung in ihren Entscheidungen zur Zulässigkeit von Preisausschreiben bzw. Gewinnspielen in den Printmedien diese **unterschied-**

---

[183] Vgl. OLG Köln BeckRS 2005, 6369 (Revision von BGH GRUR 2007, 981 als unbegründet abgewiesen); Hefermehl/*Köhler*/Bornkamm UWG § 4 Rn 1.120; MünchKomm/*Leible* UWG § 4 Nr. 5 Rn 26; Großkomm/*Schünemann* UWG § 1 Abschnitt C Rn C 154.

[184] OLG Hamburg GRUR 1990, 466, 466 – Der neue Gold-Regen; OLG Hamburg WRP 1988, 463, 464.

[185] → § 4–6 Rn 152.

[186] OLG Frankfurt GRUR-RR 2005, 388, 390; → § 4–1 Rn 302, 306.

[187] Vgl. hierzu auch *Löffler/v. Strobl-Albeg* LPG BT Gewinnsp. Rn 15 ff.

[188] So OLG Köln BeckRS 2005, 6369 (Revision von BGH GRUR 2007, 981 als unbegründet abgewiesen).

lichen Beurteilungsansätze in Bezug nimmt.[189] Zur Klarstellung sollte daher zukünftig eine terminologische Differenzierung dahingehend eingehalten werden, dass mit dem Begriff „Gewinnspiele" nur diejenigen Veranstaltungen bezeichnet werden, bei denen die Teilnehmer **gar keine individuelle Leistung** – weder intellektuell, noch finanziell – zu erbringen haben. Hiervon sind die Preisausschreiben zu unterscheiden, bei denen eine – wenn auch zumindest geringfügige – **Leistung des Teilnehmers** erforderlich ist.

dd) Gewinnzusagen gemäß § 661 a BGB. Zu unterscheiden von Preisausschreiben und Gewinnspielen sind die **Gewinnzusagen** gemäß § 661 a BGB.[190] Bei einer Gewinnzusage handelt es sich um ein einseitiges Rechtsgeschäft oder eine rechtsgeschäftsähnliche Handlung, die eine schuldrechtliche Verpflichtung des Mitteilenden gegenüber dem Mitteilungsempfänger begründet, an diesen den angekündigten Preis zu leisten.[191] Erweckt der Veranstalter bei den angesprochenen Verkehrskreisen durch eine Gewinnzusage, eine vergleichbare Mitteilung oder durch die Gestaltung seiner Informationen den Eindruck, der Verbraucher habe bereits einen Preis gewonnen, ist er nach § 661 a BGB verpflichtet, diesen an den Verbraucher auszukehren. Eine Annahme der „Zusage" ist nicht vonnöten. Es kommt nur darauf an, dass die dem Verbraucher zugegangene Zusendung eines Unternehmers – nach Inhalt und Gestaltung – abstrakt geeignet ist, bei einem durchschnittlichen Verbraucher in der Lage des Empfängers den Eindruck zu erwecken, er werde einen – bereits gewonnenen – Preis erhalten.[192] Auf das subjektive Verständnis der Zusendung durch den Empfänger kommt es nicht an. Es ist auch nicht erforderlich, dass der Empfänger dem Schreiben tatsächlich Glauben schenkt. Auch der Verbraucher, der die Gewinnzusage als bloßes Werbemittel durchschaut oder durchschauen könnte, kann nach § 661 a BGB die Leistung des (angeblich) gewonnenen Preises verlangen.[193] Die unwahre Ankündigung, der Verbraucher habe einen Preis gewonnen oder werde ihn gewinnen ist nach Nr. 17 des Anhangs zu § 3 Abs. 2 nun auch ausdrücklich unlauter und kann von Wettbewerbern abgemahnt werden[194]. 91

Bei der Gewinnzusage handelt es sich nicht um ein Preisausschreiben, weil die angesprochenen Verkehrskreise keine Handlung oder Leistung vorzunehmen haben. Auch scheiden Gewinnspiel und Gratisverlosung aus, weil dort zum Zeitpunkt der Teilnahme noch offen ist, ob ein Gewinn auf den Teilnehmer entfällt, wohingegen bei der Gewinnzusage aus objektiver Empfängersicht der Eindruck erweckt wird, ein Preisgewinn sei bereits erfolgt.[195] In diesem Fall stellt sich die Werbemaßnahme als eine nicht auf aleatorische Reize abstellende Gewinnspielveranstaltung dar, bei der es lediglich um die unentgeltliche Zusendung von Waren zu Werbezwecken geht.[196] Zu Grunde zu legen ist stets eine objektive Betrachtung des Mitteilungsinhalts, durch den sich der Empfänger als Gewinner angesprochen fühlen muss.[197] Auf das subjektive Verständnis der Zusendung durch den konkreten Empfänger kommt es nicht an.[198] 92

Gewinnzusagen fallen somit grundsätzlich nicht unter den Regelungsgehalt des § 4 Nr. 5, sondern unter Nr. 17 des Anhangs zu § 3 Abs. 2.[199] Es ist allerdings zu berücksichtigen, dass eine als **Preisausschreiben oder Gewinnspiel** intendierte Veranstaltung ausnahmsweise den **Charakter einer Gewinnzusage** im Sinne des § 661 a BGB erlangen 93

---

189 OLG Hamburg GRUR 1990, 466, 466 – Der neue Gold-Regen; OLG Hamburg ZUM 1989, 362 – Super-Chance; OLG Hamburg WRP 1988, 463, 464.

190 Näheres bei *Fezer* WRP 2003, 127, 133 ff.

191 OLG Köln NJOZ 2006, 189, 190.

192 BGH WRP 2006, 257, 259 f; BGH WRP 2004, 617, 618 – Gewinn-Mitteilung (Leitsatzentscheidung zu Gewinnversprechen) mwN; OLG Saarbrücken OLGR 2003, 55, 60.

193 BGH WRP 2004, 617, 618.

194 → Kommentierung zu Nr. 17.

195 BGH WRP 2004, 617, 618 – Gewinn-Mitteilung (Leitsatzentscheidung zu Gewinnversprechen).

196 BGH WRP 1992, 644, 645 – Glücksball-Festival.

197 OLG Stuttgart VuR 2004, 151.

198 BGH WRP 2004, 617, 618 – Gewinn-Mitteilung (Leitsatzentscheidung zu Gewinnversprechen).

199 → Kommentierung zu Nr. 17.

kann, wenn der Veranstalter die Transparenzanforderungen nach § 4 Nr. 5 nicht hinreichend beachtet und dadurch den Eindruck erweckt, die ausgelobten Gewinne würden nicht erst zukünftig unter den Teilnehmern ausgespielt, sondern es sei an die angesprochenen Personen bereits eine Gewinnzuteilung erfolgt (missglücktes Gewinnspiel). In diesen Fällen kommt es nicht darauf an, ob der Veranstalter tatsächlich ein Preisausschreiben oder Gewinnspiel veranstalten wollte. Ist die „Darstellung des Gewinnspiels in höchstem Maße unklar und missverständlich", so dass der aufgeklärte Verbraucher die Gewinnunterlagen als Mitteilung eines tatsächlich gemachten Gewinns versteht, ist der Veranstalter zur Auskehrung des versprochenen Preises verpflichtet[200] und darüber hinaus auch den aus den Verstößen gegen die §§ 4 Nr. 5, 3 Abs. 2 iVm Nr. 17 des Anhangs resultierenden Rechtsfolgen unterworfen.[201]

94 Für das Vorliegen einer Gewinnzusage sprechen Werbeäußerungen wie: „Die Frage lautet nicht mehr, ob Sie gewinnen, sondern nur noch wie viel Sie gewinnen!";[202] „Sie sind aus vielen, vielen Kandidaten als Eigentümerin an der Gesamt-Bargeld-Summe von 25.000 Euro ermittelt worden" und „Das Geld steht zur sofortigen Auszahlung" bereit;[203] „Ich wende mich direkt an Sie, um Sie offiziell zu informieren, dass Sie von der Geschäfts- und Finanzleitung einstimmig als Gewinnerin [...] bestätigt wurden: Sie erhalten einen Scheck!" (gekürzt);[204] „Bargeld-Gewinn (50.000 DM) steht fest. Gewinn-Nummer: 435.543, Gewinner: G.K. (Empfänger)", wenn die Gewinn-Nummer mit dem Gewinnzertifikat übereinstimmt;[205] „Lieber Herr A., über drei große Ereignisse kann ich Ihnen als Kunde unseres „Spezialitäten"-Programms berichten: 1. Es hat am 11. 9. 2001 eine Ziehung stattgefunden. 2. Es war Ihr Name, sehr geehrter Herr A., den mir der Justitiar nannte. 3. Es war einer der höchsten Geldbeträge, der Ihnen zugeteilt wurde. [...] Es ging um die Gesamtgewinnsumme von 33.000 DM [...] in bar" (gekürzt);[206] „[...] Ich habe Ihnen bereits am 18. 9. 2000 Ihren Einkommens-Bescheid geschickt, mit der Aufforderung, die 25.000 DM direkt bei unserer Kassenstelle abzurufen. [...]" (gekürzt),[207] „Stimmt Ihre persönliche GEWINN-NUMMER mit einer in den Rubbelfeldern überein, dann winken Ihnen tatsächlich DM 50.000,–, ... DM 100.000,– ... oder sogar bis zu DM 200.000,– IN BAR! ... Frau ..., holen Sie sich mit Ihrer Gewinn-Nummer DM 200.000,– ...". Die freigerubbelte Nummer entsprach derjenigen für einen Gewinn über 200.000,– DM.[208]

3. Werbecharakter

95 Das Transparenzgebot des § 4 Nr. 5 bezieht sich lediglich auf Preisausschreiben oder Gewinnspiele mit Werbecharakter. Wettbewerbsneutrale Preisausschreiben/Gewinnspiele sind nicht vom Schutzbereich des § 4 Nr. 5 umfasst, sie müssen zumindest auch zum Zwecke des Wettbewerbs veranstaltet werden.[209] Der Begriff des **Werbecharakters** ist im Gesetz nicht definiert. Allerdings knüpft der Gesetzgeber ersichtlich an die Definition des Begriffs der Werbung in Art. 2 Nr. 1 der Irreführungsrichtlinie 84/450/EWG an.[210] Die Irreführungsrichtlinie[211] definiert Werbung als „jede Äußerung bei der Ausübung eines Handels, Gewerbes, Handwerks oder freien Berufs mit dem Ziel, den Absatz von Waren

---

[200] OLG Karlsruhe MD 2000, 641, 643; vgl. auch BGH NJW-RR 2006, 701, 702 Tz. 10, 11.
[201] → Rn 8, 22, 36.
[202] LG Koblenz MD 2000, 138, 138.
[203] LG Offenburg MD 2003, 389, 390.
[204] OLG Hamburg MD 2002, 866, 868.
[205] BGH GRUR 2001, 1178, 1179 – Gewinn-Zertifikat, wobei der BGH hier nicht § 661 a BGB diskutierte, sondern den Tatbestand des Betruges gemäß § 263 StGB bejahte.
[206] BGH MD 2003, 1207, 1207.
[207] BGH WRP 2004, 617, 617 – Gewinn-Mitteilung.
[208] BGH WRP 2006, 257, 257 f.
[209] LG Berlin MD 2005, 1413, 1417.
[210] Hefermehl/Köhler/*Bornkamm* UWG § 5 Rn 2.12.
[211] RL 84/450/EWG des Rates vom 10. 9. 1984 zur Angleichung der Rechts- und Verwaltungsvorschriften der Mitgliedstaaten über irreführende Werbung.

oder die Erbringung von Dienstleistungen, einschließlich unbeweglicher Sachen, Rechte und Verpflichtungen zu fördern". Für das Vorliegen eines wettbewerbsrechtlich relevanten Werbecharakters reicht es daher aus, wenn das Gewinnspiel unmittelbar oder mittelbar diesem Ziel dient. Der Werbecharakter ist in der Regel bereits durch die Verbindung der Gewinnauslobung mit einer positiven Selbstdarstellung des auslobenden Unternehmens gegeben.[212] Damit werden von § 4 Nr. 5 sämtliche Maßnahmen erfasst, die ihrer Ausgestaltung und Wirkung nach als **Werbemaßnahme im weitesten Sinne** zu verstehen sind.

Nicht erforderlich ist es, dass **Produkte des Veranstalters** beworben werden. Der Werbecharakter der Veranstaltung liegt bereits dann vor, wenn durch die positive Selbstdarstellung des Unternehmens eine bloße Imagewerbung realisiert wird.[213] Werbecharakter haben daher Preisausschreiben/Gewinnspiele auch dann, wenn sie mit Preisen durchgeführt werden, welche von dritten Herstellern entgeltlich oder unentgeltlich beigestellt werden. 96

Der Begriff der Werbung ist somit **weit auszulegen** und erfasst sowohl Maßnahmen zur Förderung des eigenen als auch fremder Unternehmen. Werbung muss sich nicht unmittelbar oder zielgerichtet an den umworbenen Personenkreis richten; man kann sie als den planvollen Einsatz von Werbemitteln zur Erzielung bestimmter Absatzleistungen und Beschaffungserfolge verstehen,[214] weshalb hierzu auch **mittelbare Werbemaßnahmen** zum Zwecke der Vorbereitung einer unmittelbaren Werbeansprache gehören. 97

Den Begriff des Werbecharakters verwendet der Gesetzgeber auch in § 4 Nr. 3, in dem das medienrechtliche Schleichwerbungsverbot in das UWG aufgenommen worden ist. Aus der Begründung zu dieser Vorschrift wird deutlich, dass der Gesetzgeber den Begriff des Werbecharakters – wie auch von der Literatur angeregt[215] – weiter gefasst wissen wollte, als die im UWG aF verwendete Begrifflichkeit „zu Zwecken des Wettbewerbs". Mit der weiten Fassung des Gesetzes will der Gesetzgeber auch die Tarnung sonstiger Wettbewerbshandlungen im Sinne des § 2 Abs. 1 Nr. 1 erfassen,[216] also insbesondere diejenigen Fälle, in denen Preisausschreiben und Gewinnspiele unter dem Deckmantel der privaten oder wohltätigen Veranstaltung beworben, in Wirklichkeit jedoch zu Werbezwecken veranstaltet werden. 98

Hierzu gehört insbesondere auch die **Gewinnung von Adressen** unter Verschweigen einer kommerziellen Absicht.[217] Es ist folglich unzulässig, Preisausschreiben oder Gewinnspiele zu veranstalten, allein um hierdurch Adressmaterial von Personen zu erlangen, deren potenzielles Interesse durch das Preisausschreiben ermittelt wurde und die sodann durch Vertreter oder Werber des Veranstalters oder Dritter (Adresshandel) zur Durchführung von Verkaufsgesprächen aufgesucht werden.[218] Der Verbraucher hat nämlich regelmäßig bei der Teilnahme an einem Gewinnspiel nicht das Bewusstsein, eine Erklärung zu irgendeinem anderen Sachverhalt abzugeben.[219] Dies gilt auch dann, wenn auf der Gewinnspielkarte oder in den Teilnahmebedingungen ein generelles Einverständnis mit der Übermittlung von Werbung aufgedruckt ist.[220] Dies gilt insbesondere für die Erklärung eines Einverständnisses in telefonische Werbeanrufe. Eine solche Klausel verstößt gegen den Grundgedanken der Regelung nach § 7 Abs. 2 Nr. 1, wonach Werbung mit Telefonanrufen gegenüber Verbrauchern grundsätzlich als unzumutbare Belästigung anzusehen ist.[221] An die 99

---

212 BGH GRUR 2005, 1061, 1064 – Telefonische Gewinnauskunft.

213 MünchKomm/*Leible* UWG § 4 Nr. 5 Rn 27; HK-UWG/*Plaß* § 4 Rn 328.

214 Gloy/*Gloy* Hdb. § 9 Rn 13; allgemein zum Begriff der Werbung im UWG vgl. Gloy/*Gloy* Hdb. § 15 Rn 1 ff.

215 *Piper/Ohly* UWG § 4.5 Rn 3.

216 BT-Drucks. 15/1487 S. 17 re. Sp.

217 BT-Drucks. 15/1487 S. 17 re. Sp.

218 BGH GRUR 1976, 32, 33 – Präsentation; GRUR 1973, 81, 81 f – Gewinnübermittlung.

219 LG Heidelberg MMR 2008, 258.

220 LG Düsseldorf MMR 2007, 458, 459; bezüglich Internetmaske LG Heidelberg MMR 2008, 258; OLG Hamburg v. 4. 3. 2009, 5 U 260/08.

221 LG Hamburg MD 2008, 409 f; Hefermehl/*Köhler*/ Bornkamm UWG § 7 Rn 125 ff.

Zustimmung zur Übermittlung von Werbung im Nachgang der Teilnahme am Preisausschreiben/Gewinnspiele sind besondere Anforderungen zu stellen, die sich angesichts der Regelung in § 7 Abs. 2 je nach eingesetztem Kommunikationsmedium erheblich unterscheiden.[222] Der BGH ging zur bisherigen Rechtslage zwar von der Möglichkeit einer vorformulierten Einverständniserklärung aus, unterwarf diese allerdings einer strengen Inhaltskontrolle nach § 9 AGBG (neu: § 307 BGB), weil der Kunde keine Gestaltungsfreiheit in Bezug auf die vom Verwender einseitig vorgegebene Vertragsbedingung habe.[223] Die vorformulierte Einwilligung braucht sich zwar nicht nur auf solche Anrufe zu beschränken, die in unmittelbarem Zusammenhang mit der Durchführung oder der Abwicklung des Gewinnspiels stehen, also zB auf die Benachrichtigung des Teilnehmers über einen eventuellen Gewinn. Dies wäre wohl nicht einmal ein Werbeanruf iSd § 7 Abs. 2 Nr. 2. Dem durchschnittlich informierten und aufgeklärten Verbraucher ist nämlich bewusst, dass derartige Gratisgewinnspiele regelmäßig auch der Werbung dienen. Andererseits darf die Einwilligung nicht so offen formuliert sein, dass von ihr die Bewerbung aller möglichen Waren und Dienstleistungen erfasst wird, die irgendwie mit dem Angebot des Veranstalters in Verbindung stehen. Zulässig dürfte aber eine Einwilligungsklausel sein, die sich inhaltlich auf Werbeanrufe bezieht, welche unmittelbar auf das mit dem Gewinnspiel in Bezug stehende Produkt bzw die in Bezug stehende Dienstleistung gerichtet sind, zB bei einem in einer Zeitschrift abgedruckten Gewinnspiel auf den Abschluss eines Abonnementvertrages über den Bezug von Zeitschriften oder Zeitungen.[224] Nach Ansicht des OLG Hamburg[225] erscheint es erforderlich, dass eine Einwilligung nicht unbefristet formuliert ist, selbst wenn sie einen jederzeitigen Widerrufsvorbehalt enthält. Denn der Verbraucher halte in der Regel bei der Teilnahme an solchen Gewinnspielen keine schriftlichen Unterlagen zurück, sodass ihm die Widerrufsmöglichkeit nicht mehr präsent ist, wenn er nach mehreren Wochen oder gar Monaten einen Werbeanruf erhält.[226]

100 Das Merkmal des **Werbecharakters** bezieht sich nicht nur – wie man dem Wortlaut entnehmen könnte – auf die Gewinnspiele. Von der Vorschrift sind auch **Preisausschreiben** erfasst, wenn sie Werbecharakter aufweisen. Dies ergibt sich zum einen aus der Tatsache, dass der Gesetzgeber Preisausschreiben und Gewinnspiele auch ansonsten in rechtlicher Hinsicht nicht unterschiedlich behandelt wissen will. Es wäre daher inkonsequent, wenn der Gesetzgeber an dieser Stelle nur die Gewinnspiele mit Werbecharakter erfassen würde, die Preisausschreiben hingegen ohne diese Einschränkung. Ferner schützt das Gesetz gemäß § 1 die dort angesprochenen Personenkreise vor unlauterem, die Allgemeinheit vor verfälschtem Wettbewerb. Erfasst sind somit stets nur solche Handlungen, die – zumindest auch – zu Zwecken des Wettbewerbs vorgenommen werden. Preisausschreiben können zwar grundsätzlich auch gänzlich ohne jeglichen Wettbewerbsbezug und Werbecharakter durchgeführt werden. Dies dürfte allerdings eher eine theoretische Konstellation betreffen, denn bereits die nach dem Transparenzgebot erforderliche Angabe des Veranstalters führt zu einer mittelbaren oder unmittelbaren Förderung des an der Veranstaltung beteiligten Unternehmens oder der vertriebenen Produkte/Dienstleistungen. Der Werbecharakter ergibt sich mithin nahezu zwingend aus der Bezeichnung und idR positiven Darstellung des Veranstalters oder seines Angebotes.[227] Soweit es allerdings gelingt, **wettbewerbsneutrale Preisausschreiben/Gewinnspiele** zu veranstalten, sind diese nicht vom Schutzzweck des Gesetzes umfasst. Es ergibt sich auch kein eingeschränkter oder erweiterter Anwendungsbereich der Norm, weil das Tatbestandsmerkmal „mit Werbecharakter" im Gesetzeswortlaut des § 4 Nr. 6 fehlt. Der Anwendungsbereich ist vielmehr in beiden Bestimmungen identisch.

---

[222] Vgl. → § 7 Rn 139.
[223] BGH GRUR 2000, 818, 819 – Telefonwerbung VI; vgl. auch: BGH GRUR 2008, 1010 – Payback; so auch OLG Köln GRUR RR 2008, 316, 317.
[224] OLG Hamburg v. 4. 3. 2009 – 5 U 260/08.
[225] OLG Hamburg v. 4. 3. 2009 – 5 U 260/08.
[226] Ausführlich → § 7 Rn 139.
[227] Hefermehl/*Köhler*/Bornkamm UWG § 4 Rn 5.7.

4. Teilnahmebedingungen

a) Umfang des Transparenzgebotes. Der Gesetzgeber bezieht die in § 4 Nr. 5 begründeten Transparenzpflichten auf die **Teilnahmebedingungen.** Bei den Teilnahmebedingungen handelt es sich um diejenigen Modalitäten, die der Veranstalter dem Gewinnspiel/Preisausschreiben als Regelungskatalog zu Grunde legt. Sie unterfallen als **Allgemeine Geschäftsbedingungen** den Vorschriften der §§ 305ff BGB,[228] denn sie sind dazu bestimmt, Bestandteil der rechtsgeschäftlichen Beziehungen zu werden, die mit der Teilnahme an dem Gewinnspiel/Preisausschreiben zwischen dem Veranstalter und dem jeweiligen Teilnehmer zustande kommen. 101

Eine Erläuterung von Art und Umfang der Informationen, welche von dem Begriff „Teilnahmebedingungen" erfasst sein sollen, findet sich weder im Gesetz noch in der Gesetzesbegründung. Unter Zugrundelegung des allgemeinen Sprachverständnisses lassen sich für die Bestimmung des erforderlichen **Informationsumfangs** der Teilnahmebedingungen, eine enge und eine weite Auslegung finden. 102

Versteht man den Begriff der Teilnahmebedingungen im engen Sinne, so fallen darunter nur diejenigen Voraussetzungen, die der Teilnehmer in seiner Person sachlich und zeitlich oder mittels seiner Leistung zu erfüllen hat **(enge Interpretation),** um am Preisausschreiben/Gewinnspiel teilnehmen zu können. Es handelt sich dabei lediglich um diejenigen Informationen, die sich auf den Vorgang des Eintritts des Teilnehmers in den Kreis der am Preisausschreiben/Gewinnspiel Beteiligten sowie die von ihm geforderten persönlichen Voraussetzungen zur Teilnahme beziehen, wie zB Mindestalter, Nationalität, Ausschluss von Angehörigen des Unternehmens, Einsendeschluss sowie beim Preisausschreiben die Beschreibung dessen, was der angesprochene Verbraucher als Voraussetzung für die Teilnahme leisten muss. 103

Dem gegenüber steht die Auslegung des Begriffs der Teilnahmebedingungen im weiten Sinne. Danach sind ergänzend zu den Informationen nach der engen Auslegung auch sämtliche Modalitäten umfasst, die der umworbene Interessent akzeptieren und erfüllen muss, wenn er teilnehmen will **(weite Interpretation).** Rechtsprechung und Literatur vertreten im Grundsatz übereinstimmend eine weite Auslegung dieses Tatbestandsmerkmals.[229] Allerdings unterscheiden sich die Ansichten im Einzelfall in Bezug auf Umfang, Inhalt und Reichweite der Informationspflichten. So spricht *Bruhn*[230] davon, dass „alle **wesentlichen Informationen**" mitzuteilen seien. *Leible*[231] erstreckt den Begriff der Teilnahmebedingungen auf „alle für die Teilnahme **relevanten Umstände** ..., also sowohl die Voraussetzungen als auch die Modalitäten der Teilnahme", wohingegen *Köhler*[232] die Voraussetzungen erfasst sehen will, „die der Interessent erfüllen muss, um an dem Gewinnspiel teilnehmen zu können" und somit auf das Merkmal der „Wesentlichkeit" verzichtet. 104

Dass allein die weite Interpretation des Begriffs der Teilnahmebedingungen zutreffend ist, dürfte nun auch aus dem Wortlaut des neu eingefügten § 5a Abs. 2 abzuleiten sein. Gewinnspiele und Preisausschreiben sind nach der Neufassung des § 2 Abs. 1 Nr. 1 zwanglos als „geschäftliche Handlungen" im Sinne des in Bezug genommenen § 3 Abs. 2 anzusehen. Demgegenüber beschränken sich die Transparenzregeln des § 5a auf eine Beeinträchtigung der Entscheidungsfähigkeit von Verbrauchern, also auf **„geschäftliche Entscheidungen".** Entsprechend der Definition aus Art. 2k der Richtlinie 2005/29/EG des Europäischen Parlaments und des Rates vom 11. 5. 2005 ist eine Entscheidung über die 105

---

228 Palandt/*Heinrichs* BGB § 305 Rn 4; OLG Karlsruhe NJW-RR 1988, 302.

229 So zB BGH GRUR 2005, 1061, 1064 – Telefonische Gewinnauskunft; OLG Köln GRUR-RR 2006, 196, 198; OLG Frankfurt WRP 2007, 668, 669; OLG Hamburg v. 4. 3. 2009, 5 U 260/08 – Hefermehl/*Köhler*/Bornkamm UWG § 4 Rn 5.9ff; HK-UWG/*Plaß* § 4 Rn 329; MünchKomm/*Leible* UWG § 4 Nr. 5 Rn 35; Harte/Henning/*Bruhn* UWG § 4 Nr. 5 Rn 3; *Hecker/Ruttig* GRUR 2005, 393, 396.

230 Harte/Henning/*Bruhn* UWG § 4 Rn 3.

231 MünchKomm/*Leible* UWG § 4 Nr. 5 Rn 35.

232 Hefermehl/*Köhler*/Bornkamm UWG § 4 Rn 5.9.

Teilnahme an einem gemäß § 4 Nr. 6 nicht an den Erwerb einer Ware oder einer Dienstleistung gekoppelten Preisausschreiben/Gewinnspiel keine „geschäftliche Entscheidung" im Sinne des § 5a Abs. 1. Es besteht hier nämlich kein Zusammenhang mit den Bedingungen eines Kaufs oder der Leistung einer Zahlung. Auch wird man in der Entscheidung über die Teilnahme an dem Preisausschreiben/Gewinnspiel nicht die Ausübung eines vertraglichen Rechts im Zusammenhang mit einem Produkt sehen können. Es besteht zu dem Zeitpunkt der Entscheidung über die Teilnahme weder ein „vertragliches Recht" auf Teilnahme, noch ein solches in Bezug auf einen Preis. Ungeachtet dessen könnten die in § 5a Abs. 1 und 2 angesprochene Abwägungskriterien als „Programmsatz" für eine Auslegung von Art und Umfang der Informationsinhalte über die Teilnahmebedingungen herangezogen werden. Diese Normen knüpfen für die Frage der Irreführung durch Unterlassen an die Entscheidungsrelevanz der verschwiegenen Tatsachen an. Für die Inhalte der Teilnahmebedingungen dürfte entsprechendes gelten. Die Regeln, nach denen das ausgelobte Preisausschreiben/Gewinnspiel abgewickelt werden soll sind für die Entscheidung des angesprochenen Verbrauchers über seine Teilnahme von grundlegender Relevanz. Für die Bestimmung der Informationsinhalte kann somit auf den Programmsatz des § 5a Abs. 1 und 2 abgestellt werden. Fraglich ist indessen, ob eine analoge Übertragbarkeit auch hinsichtlich des Informationenkataloges in § 5a Abs. 3 angenommen werden kann. Dieser gilt nämlich nach Erwägungsgrund 14 der Richtlinie nur bei der „Aufforderung zum Kauf", nicht bereits für die Werbung. Dort heißt es: „Im Hinblick auf Unterlassungen legt diese Richtlinie eine bestimmte Anzahl von Basisinformationen fest, die der Verbraucher benötigt, um eine informierte geschäftliche Entscheidung treffen zu können. Solche Informationen müssen nicht notwendigerweise in jeder Werbung enthalten sein, sondern nur dann, wenn der Gewerbetreibende zum Kauf auffordert; dieses Konzept wird in der Richtlinie klar definiert." Sollte es allerdings aus europarechtlichen Gründen zu einer Unanwendbarkeit des Kopplungsverbotes nach § 4 Nr. 6 kommen,[233] dürfte bei gekoppelten Preisausschreiben/Gewinnspielen § 5a unmittelbar auch auf die Inhalte der Teilnahmebedingungen anwendbar sein.

106 Zu berücksichtigen ist allerdings, dass nach Art. 7 Abs. 5 der Richtlinie 2005/29/EG des Europäischen Parlaments und des Rates vom 11. 5. 2005 bezüglich der Informationsanforderungen bei kommerzieller Kommunikation auf die nicht erschöpfende Liste des Anhangs II verwiesen und die dort in Bezug genommenen Informationen als wesentlich bezeichnet werden. *Köhler*[234] sieht eine **Unvereinbarkeit der Informationsanforderungen** nach § 4 Nr. 5, weil die dortigen Regelungen zwar hinter den Anforderungen des Art. 6 lit. c und d der Richtlinie über den elektronischen Geschäftsverkehr zurückbleiben, andererseits aber darüber hinausgehen, weil sie sich nicht auf den elektronischen Geschäftsverkehr beschränken, sondern den gesamten Geschäftsverkehr erfassen. Hierdurch kommt es zu einer europarechtlich wohl unbeabsichtigten Ungleichbehandlung der Informationsregeln für den online- und den offline-Geschäftsverkehr. Diese Lücke könnte zwar durch die einheitliche Regelung in § 4 Nr. 5 geschlossen werden. Eine solche Auslegung steht aber nicht in der Kompetenz des nationalen Gesetzgebers. Unter Bezug auf Erwägungsgrund 15 der Richtlinie, welcher „nur die nach dem Gemeinschaftsrecht vorgeschriebenen Informationen als wesentlich für die Zwecke des Art. 7 Abs. 5 dieser Richtlinie betrachtet" kommt *Köhler* daher zu dem Ergebnis, dass die offenkundige Regelungslücke im Richtlinienwerk nur nach den Grundsätzen der gemeinschaftsrechtlichen Gesetzesauslegung, etwa mit einem Analogieschluss, zu schließen sei. Diese Frage müsse allerdings im Ergebnis durch den EuGH entschieden werden.

107 Einigkeit dürfte darin bestehen, dass eine Vielzahl von Tatsachen zwingend unter den Begriff der nach § 4 Nr. 5 informationspflichtigen Teilnahmebedingungen fällt, daneben aber auch die im konkreten Fall bestehende oder durch die Verlautbarung des Veranstalters

---

233 → § 4 Nr. 6 Rn 29 ff.

234 *Köhler* GRUR 2008, 841, 844.

hervorgerufene Erwartungshaltung des angesprochenen Personenkreises zu berücksichtigen ist.[235] Hinsichtlich der Anforderungen ist auf die jeweilige Situation abzustellen, in welcher die angesprochenen Verkehrskreise über die Bedingungen der Teilnahme an der Veranstaltung informiert werden.[236] Maßgeblich ist, an welchen Informationen der Interessent in der konkreten Situation und zum konkreten Zeitpunkt[237] der Informationserteilung ein schützenswertes Interesse hat. Daher erfasst der Begriff der Teilnahmebedingungen alle relevanten Umstände im Zusammenhang mit der Beteiligung des Teilnehmers am Spiel und während der gesamten Dauer der Spielabwicklung.[238] Von der weiten Auslegung umfasst ist daher auch bereits das Geschehen in der Zeit **vor der Anmeldung** des Teilnehmers beim Veranstalter, zB im Zusammenhang mit der reinen Bewerbung der Veranstaltung.[239] So ist im Zweifel bereits hier klarzustellen, dass es sich bei der beworbenen Veranstaltung um ein Gewinnspiel oder Preisausschreiben handelt, wer der Veranstalter ist, welche Personenkreise von der Teilnahme ausgeschlossen sind und wo die erforderlichen Teilnahmehandlungen vollzogen werden können.[240] Ferner müssen auch die notwendigen Hinweise zur Lösung der gestellten Preisausschreiben- bzw. Preisrätselaufgabe in den Teilnahmebedingungen transparent dargestellt werden. Deswegen werden auch falsche Lösungshinweise, durch die der angesprochene Verbraucher irregeführt wird, zu den Teilnahmebedingungen gerechnet.[241] Die Teilnahmebedingungen umfassen bei Zugrundelegung der weiten Interpretation schließlich auch solche informationsbedürftigen Sachverhalte, die sich an die **Beendigung** der eigentlichen Ausspielung anschließen. Hierzu können im Einzelfall auch solche über Art und Wert der Gewinne[242] sowie nähere Erläuterungen über die Gewinnchancen[243] gehören, wenn diese Informationen für die Entscheidung der angesprochenen Verkehrskreise über eine Beteiligung an der Veranstaltung von Bedeutung sein können.[244]

108 Auch eine Analyse der **Gesetzesbegründung** spricht für die weite Interpretation des auf den gesamten Spielverlauf bezogenen Teilnahmebegriffs. Hier weist der Gesetzgeber ausdrücklich darauf hin, dass von dem in § 4 Nr. 5 geregelten Transparenzgebot „die tatsächlichen Gewinnchancen" nicht erfasst sind.[245] Würde man die enge Interpretation zugrunde legen, wären die tatsächlichen Gewinnchancen ohnehin mangels Sachbezuges nicht vom Regelungsumfang des § 4 Nr. 5[246] umfasst. Wenn der Gesetzgeber aber das in der Norm verankerte Transparenzgebot ausdrücklich für einen Teilbereich ausgesetzt wissen will, der nach der engen Auslegung ohnehin nicht zum Regelungsinhalt der Norm gehört, wird deutlich, dass der Begriff der Teilnahmebedingungen weiter zu fassen ist, nämlich im Sinne der weiten Interpretation.

109 Für die weite Interpretation spricht außerdem der **Schutzzweck der Norm.**[247] Schutzzweck des Gesetzes ist neben der Angebotsfreiheit der Wettbewerber die Entscheidungsfreiheit der Verbraucher.[248] Hierdurch wird vor allem die Stellung, die dem Verbraucher im

---

235 Im Einzelnen → Rn 123 ff.
236 BGH GRUR 2008, 724, 725 Tz. 11 – Urlaubsgewinnspiel; OLG Köln GRUR-RR 2006, 196, 198; Hefermehl/*Köhler*/Bornkamm UWG § 4 Rn 5.14.
237 Im Einzelnen → Rn 111 ff.
238 BGH GRUR 2005, 1061, 1064 – Telefonische Gewinnauskunft; Hefermehl/*Köhler*/Bornkamm UWG § 4 Rn 5.9; *Hecker/Ruttig* GRUR 2005, 393, 396.
239 → Rn 111.
240 Hefermehl/*Köhler*/Bornkamm UWG § 4 Rn 5.11; *Berlit* WRP 2005, 1213, 1214; OLG Frankfurt GRUR-RR 2005, 388, 389 – zur Verkaufsverlosung.
241 OLG Düsseldorf GRUR 1951, 461, 463.
242 → Rn 130.
243 Hierzu im Einzelnen → Rn 132 ff.
244 AA Harte/Henning/*Bruhn* UWG § 4 Nr. 5 Rn 15 ff; ebenso aA MünchKomm/*Leible* UWG § 4 Nr. 5 Rn 40 f; aA jedenfalls in Bezug auf die Gewinnchancen Hefermehl/*Köhler*/Bornkamm UWG § 4 Rn 5.12.
245 BT-Drucks. 15/1487 S. 18 li. Sp.; zur weiteren Vertiefung → Rn 132 ff.
246 → Rn 102.
247 So wohl auch MünchKomm/*Leible* UWG § 4 Nr. 5 Rn 35; aA *Seichter* in: Ullmann jurisPK-UWG § 4 Nr. 5 Rn 21.
248 BT-Drucks. 15/1487 S. 13 re. Sp.

Rahmen des Lauterkeitsrechts zukommt, unterstrichen.[249] Im Lichte dieser Gesetzgebungsintention ist der Begriff der Teilnahmebedingungen so umfassend auszulegen, dass hierdurch sämtliche Informationen erfasst werden, durch welche die vom Gesetzeszweck intendierte Entscheidungsfreiheit des mündigen Verbrauchers[250] und des Mitbewerbers gewährleistet wird.

110 **Informations- und transparenzpflichtig** sind daher **solche Merkmale** des Preisausschreibens/Gewinnspiels, die von den Verkehrskreisen zu einem bestimmten Zeitpunkt erwartet werden oder von denen sie nach der Lebenserfahrung ihre Entscheidung über die Teilnahme oder Nichtteilnahme abhängig machen.[251] Hierunter fallen **sämtliche Tatsachen,** die im Zusammenhang mit einem Preisausschreiben/Gewinnspiel und seiner Abwicklung, beginnend mit der Ankündigung über die Durchführung bis zur Auskehrung der Gewinne und Bekanntgabe der Gewinner, **für die angesprochenen Verkehrskreise nicht ohne weiteres erkennbar, aber für ihre Entscheidung über die Teilnahme von Bedeutung sind.**[252]

111 **b) Zeitpunkt der Informationspflicht** Weder der Gesetzestext noch die Begründung enthalten einen Hinweis auf die Frage, zu welchem Zeitpunkt ab dem Beginn der Veranstaltung eines Preisausschreibens/Gewinnspiels, die Informationen nach § 4 Nr. 5 zu erfolgen haben. Diese Frage wird in Rechtsprechung und Literatur unterschiedlich beurteilt und ist im Einzelnen höchstrichterlich bislang nicht geklärt.

112 Das Transparenzgebot des § 4 Nr. 5 findet bereits dann Anwendung, wenn im **Vorfeld** eines Preisausschreibens/Gewinnspiels auf die Veranstaltung werbend hingewiesen wird.[253] Die zu § 4 Nr. 4 entwickelten Grundsätze[254] sind auf § 4 Nr. 5 übertragbar, denn dem der dortigen Regelungen zugrunde liegenden Missbrauchspotenzial soll auch durch die Regelung des § 4 Nr. 5 begegnet werden.[255] In der Phase der reinen Bewerbung ohne Teilnahmemöglichkeit liegt allerdings noch kein Sachverhalt, der die vollständigen Informationspflichten nach § 4 Nr. 5 auslöst.[256] Es müssen nicht **sämtliche Einzelheiten** des Spielablaufs dargelegt werden, denn dies würde zu einer völlig unangemessenen und nicht praktikablen Informationsüberflutung führen.[257] Dem Gebot der Transparenz würde die daraus folgende Informationsdichte der Boden entzogen und es käme zu einem **„informational overkill".** Daher hat eine situationsbezogene Eingrenzung in Bezug auf diejenigen Informationen stattzufinden, an denen dem potenziellen Spielteilnehmer in der konkreten Situation ein schützenswertes Interesse zuzubilligen ist[258] **(situationsadäquates Informationsinteresse).**

113 Dabei ist nicht nur der reine Werbecharakter der Information zu berücksichtigen, sondern auch das **Kommunikationsmedium**, mit dem die Werbeinformationen übermittelt werden.[259] Bei **„flüchtigen" Werbemedien** (zB Rundfunk, Fernsehen) genügt daher – unter Berücksichtigung der berechtigten Interessen der werbenden Unternehmen[260] – eine Reduzierung der Hinweise auf leicht merkbare Basis-Informationen. Die Berücksichtigung der Besonderheiten des jeweils genutzten Werbemediums ist auch nach Art. 7 Abs. 3 der

---

[249] BT-Drucks. 15/1487 S. 13 re. Sp.

[250] BGH NJW 2004, 2593, 2594 – Ansprechen in der Öffentlichkeit.

[251] Hefermehl/*Köhler*/Bornkamm UWG § 4 Rn 5.14.

[252] So auch Hefermehl/*Köhler*/Bornkamm UWG § 4 Rn 5.9, 5.14; MünchKomm/*Leible* UWG § 4 Nr. 5 Rn 35 ff; KG BeckRS 2008, 52587 S. 10.

[253] BGH GRUR 2008, 724, 725 Tz. 11 – Urlaubsgewinnspiel; OLG Köln GRUR-RR 2006, 196, 198; Hefermehl/*Köhler*/Bornkamm UWG § 4 Rn 5.14; Harte/Henning/*Bruhn* UWG § 4 Nr. 5 Rn 39; MünchKomm/*Leible* UWG § 4 Nr. 5 Rn 57.

[254] → § 4 Nr. 4 Rn 24 ff.

[255] BGH GRUR 2008, 724, 725 – Urlaubsgewinnspiel.

[256] BGH GRUR 2008, 724, 725 – Urlaubsgewinnspiel; OLG Frankfurt WRP 2007, 668, 669.

[257] So auch für das Transparenzgebot nach § 307 Abs. 1 S. 2 BGB Palandt/*Heinrichs* BGB § 307 Rn 18.

[258] BGH GRUR 2008, 724, 725 Tz. 11 – Urlaubsgewinnspiel; Harte/Henning/*Bruhn* UWG § 4 Nr. 5 Rn 39.

[259] Harte/Henning/*Bruhn* UWG § 4 Nr. 5 Rn 41.

[260] Vgl. hierzu Harte/Henning/*Bruhn* UWG § 4 Nr. 4 Rn 67 f, 69.

Richtlinie 2005/29/EG indiziert, wonach beim Einsatz von Kommunikationsmedien, denen eine räumliche oder zeitliche Beschränkung zu Eigen ist, „alle Maßnahmen, die der Gewerbetreibende getroffen hat, um den Verbrauchern die Informationen anderweit zur Verfügung zu stellen, bei der Entscheidung darüber, ob Informationen vorenthalten wurden, berücksichtigt" werden. Damit korrespondiert auch Art. 6d der Richtlinie 2000/31/EG über den elektronischen Geschäftsverkehr, auf dem die Vorschriften der § 7 Nr. 4 TDG und § 10 Abs. 2 MStVG beruhen, durch welche schon vor Inkrafttreten des § 4 Nr. 5 ein entsprechendes **Transparenzgebot im Bereich der elektronischen Kommunikation** umgesetzt wurde. Nach den in Art. 6d) der oben genannten Richtlinie für die kommerzielle elektronische Kommunikation vorgesehenen Bestimmungen müssen Gewinnspiele als solche klar erkennbar, die Teilnahmebedingungen leicht zugänglich und unzweideutig angegeben sein. Allerdings ist das Interesse der mittels dieser Medien angesprochenen Verbraucher zu berücksichtigen, nicht durch die Aussicht auf Teilnahme an einem Gewinnspiel zu einem bestimmten Ort oder in eine Situation gelockt zu werden, welche zur Einbindung in Verkaufsgespräche oder zur Veranlassung unbeabsichtigter Käufe geeignet sind, wenn erst dort über Teilnahmebedingungen informiert wird, die zu akzeptieren der Verbraucher aber nicht in der Lage oder nicht Willens ist.[261]

Angesichts der ausdrücklich für den Bereich der „flüchtigen" Medien vorgesehenen Besonderheiten könnte man annehmen, dass für die Werbung in **Medien mit einer größeren Verweildauer** allein deswegen grundsätzlich höhere Anforderungen an die Vollständigkeit der Informationen auch schon im Bereich der Bewerbung ohne Teilnahmemöglichkeit zu stellen sind.[262] Dem ist indes zu widersprechen. Abzustellen ist vielmehr auf die berechtigte **Verbrauchererwartung** zum Zeitpunkt der Werbewahrnehmung unter Berücksichtigung des im Einzelfall verwendeten Werbemediums und der konkreten Werbegestaltung. Diese Verbrauchererwartung wird in Rechtsprechung und Literatur unterschiedlich beurteilt. 114

Das OLG Köln[263] hält es bereits bei der **Bewerbung** eines Gewinnspiels für erforderlich, über eine Vielzahl von Anforderungen in subjektiver und objektiver Hinsicht zu informieren (zB Voraussetzungen an Alter und Beruf des Teilnehmers, Gewinne, Modalitäten der Gewinnermittlung und -übergabe etc.). Allerdings können Art und Umfang dieser Informationen situationsbedingt auf diejenigen Informationen reduziert werden, „die den angesprochenen Verbraucher schon bei der Wahrnehmung der Anzeige interessieren und seinen Entschluss, sich mit ihrem Warenangebot näher zu befassen, beeinflussen" können. So ist es als eine **unangemessene Einwirkung auf die Entscheidungsfreiheit** des Verbrauchers anzusehen, wenn der Verbraucher erstmals zu einem Zeitpunkt von Bedingungen der Teilnahme in Kenntnis gesetzt wird, zu dem er sich bereits auf Grund anderweitiger, aber nicht vollständiger Informationen zur Teilnahme entschlossen hat, so zB die erstmalige Offenbarung einer Kopplung der Gewinnspielteilnahme an die Einwilligung in eine Weitergabe der persönlichen Daten.[264] 115

Dem Vorliegen einer umfassenden Erwartungshaltung an die **Informationsdichte** auf Seiten der Verbraucher bereits im Zusammenhang mit der werblichen Ankündigung eines Gewinnspiels widerspricht *Köhler*[265] ausdrücklich. Er sieht zu diesem Zeitpunkt noch kein grundsätzliches Verbraucherinteresse an einer umfassenden Information. *Leible*[266] hält § 4 Nr. 5 bei einer lediglich in allgemeiner Form auf ein Gewinnspiel hinweisenden Werbung nicht für anwendbar. 116

---

261 KG BeckRS 2008, 52587 S. 10.

262 So zu § 4 Nr. 4 OLG Brandenburg GRUR-RR 2005, 227; OLG München GRUR-RR 2005, 356f; OLG Köln GRUR-RR 2006, 57; OLG Köln GRUR-RR 2008, 250, 251; zu § 4 Nr. 5 OLG Köln GRUR-RR 2006, 196, 198.

263 OLG Köln GRUR-RR 2006, 196, 198; so wohl auch Harte/Henning/*Bruhn* UWG § 4 Nr. 5 Rn 39.

264 OLG Köln GRUR-RR 2008, 62, 63.

265 Hefermehl/*Köhler*/Bornkamm UWG § 4 Rn 5.14.

266 MünchKomm/*Leible* UWG, § 4 Nr. 5, Rn 57.

117 **Eigene Ansicht:** Der Gesetzesformulierung kann nicht entnommen werden, dass generell eine Information erst bei der Durchführung des Gewinnspiels ausreichend sei. Dies ist allerdings in jedem Fall der späteste Zeitpunkt,[267] zB durch Aufdruck der Teilnahmebedingungen auf der Teilnahmekarte. Stets als Verletzung der Informationspflichten anzusehen ist die Bekanntgabe von informationspflichtigen Sachverhalten im Sinne des § 4 Nr. 5 erst nachdem der Interessent seine Teilnahme an der Veranstaltung erklärt hat, also beispielsweise die werbliche Verwendung von Fotografien des Teilnehmers anlässlich der Preisverleihung.

118 Eine zwar auch vom Wortlaut der Norm getragene Auslegung dahingehend, dass die geforderten Informationen über die Teilnahmebedingungen grundsätzlich erst unmittelbar vor Veranstaltungsbeginn mitgeteilt werden, berücksichtigt nicht hinreichend, dass die angesprochenen Verkehrskreise durch den werbenden Hinweis entscheidend zu der Veranstaltung angelockt werden, durch die Teilnahmebedingungen ihre Entscheidung über die Teilnahme maßgeblich bestimmt wird und sie daher bereits zum Zeitpunkt der Bewerbung der Veranstaltung jedenfalls einige grundlegenden Informationen benötigen. Die Teilnahmebedingungen beispielsweise eines Einverständnisses zur Weitergabe der persönlichen Daten[268] oder der öffentlichen Übertragung einer Preisverleihung sind derart gravierende Anforderungen an den Verbraucher, dass diese bereits in der Bewerbung der Veranstaltung mitgeteilt werden müssen.

119 Somit ist vom Zeitpunkt der Mitteilung und von der Eigenart des gewählten Werbemediums auch abhängig, **welches situationsadäquate Informationsinteresse** der Veranstalter angemessen zu berücksichtigen hat. Bereits in der Werbung sind folglich die wesentlichen Informationen bekannt zu geben, welche die angesprochenen Verkehrskreise für ihre Entscheidung über die Teilnahme an der Veranstaltung benötigen.[269] Hierzu gehört insbesondere die Klarstellung, dass es sich um ein Gewinnspiel/Preisausschreiben handelt[270] und durch wen es veranstaltet wird.[271] Erfolgt eine unmittelbare Aufforderung zur Teilnahme in der Werbung (zB „Rufen Sie jetzt an!"), müssen gleichzeitig sämtliche Teilnahmebedingungen bekannt gegeben werden.[272] Bei den sog. „Mitmachgewinnspielen" im Fernsehen gehört der Hinweis auf die Kosten der Gewinnspielteilnahme einschließlich aller Folgekosten,[273] auch jener für vergebliche Teilnahmeversuche zu den informationspflichtigen Teilnahmebedingungen, ebenso die Tatsache eines durch einen Zufallsgenerator gesteuerten Selektionsvorgangs, wenn der Moderator nachdrücklich zu einer Beteiligung auffordert.[274] Erfolgt hingegen lediglich die Werbung für ein Preisausschreiben/Gewinnspiel, ohne dass damit unmittelbar die Möglichkeit einer Teilnahme verbunden ist, erwartet der Verkehr noch keine umfassende Information.[275]

120 Bei räumlich stark begrenzten Werbeträgern oder „flüchtigen" Medien können die Anforderungen allerdings relativiert sein, wenn die Werbewirksamkeit des betreffenden Mediums durch eine vollständige Aufnahme der Teilnahmebedingungen in erheblicher Weise beeinträchtigt wäre[276] und keine Gefahr besteht, dass durch die Unvollständigkeit der Teilnahmebedingungen bei den angesprochenen Verkehrskreisen eine relevante Fehlvorstellung über das Gewinnspiel hervorgerufen wird.[277] Eine solche kann allerdings bereits in der irrigen Vorstellung bestehen, die Teilnahmebedingungen erschöpften sich in den mitgeteilten Aus-

---

[267] Hefermehl/*Köhler*/Bornkamm UWG § 4 Rn 5.14; MünchKomm/*Leible* UWG § 4 Nr. 5 Rn 57; Harte/Henning/*Bruhn* UWG § 4 Nr. 5 Rn 39.

[268] Wie im Fall OLG Köln GRUR-RR 2008, 62, 63.

[269] OLG Köln GRUR-RR 2008, 62, 63; für § 4 Nr. 4 vgl. OLG München MD 2007, 172, 177.

[270] OLG Köln GRUR-RR 2006, 196, 199; Hefermehl/*Köhler*/Bornkamm UWG § 4 Rn 5.11; *Berlit* WRP 2005, 1213, 1214.

[271] Hefermehl/*Köhler*/Bornkamm UWG § 4 Rn 5.11.

[272] Hefermehl/*Köhler*/Bornkamm UWG § 4 Rn 5.14.

[273] *Bolay* S. 199 ff.

[274] Zum Thema *Hecker/Ruttig* GRUR 2005, 393 ff.

[275] Hefermehl/*Köhler*/Bornkamm UWG § 4 Rn 5.14.

[276] OLG Köln GRUR-RR 2006, 196, 198.

[277] Harte/Henning/*Bruhn* UWG § 4 Nr. 5 Rn 41.

führungen. Zur Vermeidung einer solchen Fehlvorstellung erscheint es angezeigt, dass der Werbende deutlich und unübersehbar in der betreffenden Werbung auf die Existenz weitergehender Teilnahmebedingungen und deren allgemein und unschwer für jedermann zugängliche Bezugsquelle hinweist.

Auch die Frage der **Zugänglichkeit zu alternativen Informationsquellen** ist unter 121
Berücksichtigung der angesprochenen Verkehrskreise zu beurteilen, an die sich das Gewinnspiel/Preisausschreiben richtet. Der Hinweis, der Verbraucher möge sich **„im Handel"** über die weiterführenden Teilnahmebedingungen informieren, ist nur im Ausnahmefall ausreichend. Wird die Veranstaltung nämlich von einem bestimmten Hersteller durchgeführt, so werden dessen Produkte in aller Regel nicht umfassend „im Handel" geführt, sondern nur in einzelnen Geschäften oder **Vertriebsketten.**[278] Andererseits kann der Verweis auf ein bestimmtes Geschäftslokal bereits einen Zwischenschritt zu einer etwaigen Kaufentscheidung darstellen, sodass die Informationsmöglichkeit nicht mehr als „leicht zugänglich" zu bewerten ist.[279] Allerdings dürfte die damit verbundene Anlockwirkung nach dem europäischen Verbraucherleitbild nicht mehr ins Gewicht fallen. Ein Hinweis auf die „im Handel" erhältlichen weitergehenden Informationen dürfte jedenfalls dann ausreichen, wenn sich aus der Werbung ergibt, zu welcher Branche der „Handel" gehört (zB Lebensmittel, Möbel-, Bau- oder Drogeriemärkte) und eine breite Streuung der die Informationen führenden Geschäfte sichergestellt ist, zB Filialen,[280] jedenfalls wenn diese ohnehin regelmäßig von den Verbrauchern aufgesucht werden, wie zB Drogerie-, Supermarkt-, Kaufhaus- oder Baumarktketten.[281]

Auch der Hinweis auf die **Internetseiten** des werbenden Unternehmens ist unter Be- 122
rücksichtigung der angesprochenen Personenkreise zu beurteilen. Er dürfte angesichts der weiten Verbreitung der Internetnutzung genügen, wenn sich die Veranstaltung an die Allgemeinheit oder jedenfalls an einen Personenkreis richtet, von dem zu erwarten ist, dass er regelmäßig über einen Internetzugang verfügt.[282] Demgegenüber reicht ein auf das Internet beschränkter Hinweis dann nicht aus, wenn sich die Veranstaltung zB an alte Menschen richtet, die erwartungsgemäß nur in beschränkter Zahl mit der Internetnutzung vertraut sind.

Daneben wären auch die **Interessen der Mitbewerber** als Anbieter von Preisausschrei- 123
ben und Gewinnspielen durch ein ausuferndes Transparenzgebot in erheblichem Umfang tangiert. Gemäß § 1 ist nämlich die freie wettbewerbliche Entfaltung der Mitbewerber zu berücksichtigen, und es geht beim Schutz der Entscheidungsfreiheit des Verbrauchers auch darum, die Grenzen der noch zulässigen Beeinträchtigung der freien Entscheidung aufzuzeigen.[283] Durch die Verpflichtung zur Angabe eines auf alle Einzelheiten erstreckten Informationskataloges wäre es für die Mitbewerber vielfach nicht möglich, ein Preisausschreiben/Gewinnspiel in attraktiver Form zu präsentieren. Des Weiteren würde ihnen das unzumutbare Risiko eines Wettbewerbsverstoßes durch die große Vielzahl der zu beachtenden Informationspflichten auferlegt. Es gilt also, eine **ausgewogene,** an den Erfordernissen des jeweiligen Einzelfalls ausgerichtete **Informationsdichte** zu gewährleisten.[284]

c) Umfang der Informationspflicht im Einzelnen. Hinsichtlich der informations- 124
pflichtigen Tatbestände lässt sich auf die Rechtsprechung zum UWG aF zurückgreifen. Die bisherige Judikatur hat es im Rahmen des Unlauterkeitsmerkmals der **Täuschung bzw. Irreführung des Publikums** als wettbewerbswidrig angesehen, wenn durch die Gestaltung oder die Bewerbung des Preisausschreibens/Gewinnspiels bei den angesprochenen Ver-

---

[278] KG BeckRS 2008, 52587 S. 10.
[279] OLG Frankfurt WRP 2007, 668, 671.
[280] Hefermehl/*Köhler*/Bornkamm UWG § 4 Rn 5.14.
[281] OLG Frankfurt WRP 2007, 668, 671.
[282] KG BeckRS 2008, 52587 S. 10; einschränkend OLG Köln GRUR-RR 2008, 250, 251; so jetzt auch Hefermehl/*Köhler*/ Bornkamm UWG § 4 Rn 6.13; → § 4–6 Rn 114.
[283] *Lettl* GRUR 2004, 449, 452.
[284] So auch MünchKomm/*Leible* UWG § 4 Nr. 5 Rn 36f.

kehrskreisen erhebliche Irrtümer hervorgerufen werden. Die hierzu entwickelten Grundsätze können auf § 4 Nr. 5 in Bezug auf die Teilnahmebedingungen übertragen werden.[285] Bei der Heranziehung der Rechtsprechung zum UWG aF sind allerdings die dortigen Sachverhalte stets unter dem Gesichtspunkt des veränderten Verbraucherleitbildes nach europarechtlichem Maßstab[286] zu beurteilen.

125 So wurde es bislang als wettbewerbswidrig angesehen, wenn die **Einsendefrist** für die Teilnahmeunterlagen in Prospekten mit einem anderen Datum angegeben wird als in der Zeitschrift, in der das Preisrätsel abgedruckt wurde;[287] wenn der Eindruck erweckt wird, eine Verlosung würde noch stattfinden, obwohl die **Ziehung der Lose bereits erfolgt** ist;[288] wenn die Zuteilung der Gewinne auf bestimmte Lose willkürlich und nicht nach einem **ordnungsgemäßen System** erfolgt;[289] wenn **irreführende Lösungshinweise** in den Teilnahmebedingungen enthalten sind.[290]

126 Auch aus der Rechtsprechung zu § 1 UWG aF, die sich zwar nicht ausdrücklich zu Inhalten der Teilnahmebedingungen äußert, sind Anhaltspunkte für Informationserfordernisse nach § 4 Nr. 5 zu entnehmen. So sind insbesondere die ausgelobten Preise Gegenstand vielfältiger Entscheidungen.[291] Indes geht die Literatur zu § 4 Nr. 5 übereinstimmend davon aus, dass **Art, Anzahl und Wertigkeit** der ausgelobten Preise sinnvollerweise anzugeben sind und in der Regel auch benannt werden.[292]

127 **d) Informationspflicht über Preise.** Eine Verpflichtung zu einer zumindest allgemein gehaltenen Beschreibung der **Art der Preise** – wie sie noch in Art. 4 iVm Nr. 4 des Anhangs zum Entwurf der EG-Verkaufsförderungsverordnung vorgesehen war – besteht nach einer verbreiteten Ansicht in der Literatur nicht.[293] *Leible*[294] meint, auch wenn die Art der ausgelobten Preise durchaus die Teilnahmeentscheidung des Verbrauchers beeinflussen könne, sei der Verbraucher selbst in der Lage darüber zu befinden, ob er an einem Gewinnspiel mit unklarer Preisbeschreibung teilnehmen wolle oder nicht. Diese Ansicht erscheint jedoch bedenklich, gehört doch die Art der zu gewinnenden Preise zu den **wesentlichen Motivationsfaktoren** der Verbraucher für die Beteiligung an einem Gewinnspiel. Sie übersieht, dass es gerade die Aufgabe der Transparenzvorschriften ist, dem Verbraucher die Grundlagen für seine sachliche Entscheidung zu verschaffen und ihn nicht angesichts der durch die Unklarheiten verursachten Unsicherheit zu einer allein von seiner Risikobereitschaft und unsachlichen Hoffnung auf einen ausreichend interessanten Gewinn geprägten Teilnahmeentscheidung zu veranlassen. Die für eine solche Sachverhaltkonstellation typischen Phrasen der Preisbewerbung „tolle Überraschungspreise" oder „spacige Sofortgewinne" [295] ohne konkrete Benennung zumindest der oder einzelner Hauptgewinne machen deutlich, dass der Veranstalter gerade darauf abzielt, auch solche Teilnehmer für sein Gewinnspiel anzuwerben, die in Kenntnis der ausgelobten Preise nicht teilgenommen hätten. Angesichts der ratio legis der Transparenzvorschrift[296] des § 4 Nr. 5, den Interessenten an einem Gewinnspiel alle wesentlichen Informationen zu vermitteln, die für seinen

---

285 → Rn 33 ff.
286 → Rn 41 ff.
287 OLG Hamburg GRUR 1955, 585, 586.
288 OLG Hamburg GRUR 1955, 585, 586.
289 OLG Hamburg GRUR 1955, 585, 586.
290 OLG Düsseldorf GRUR 1951, 461, 463.
291 BGH GRUR 2000, 820, 821 – Space Fidelity Peep-Show; BGH GRUR 1998, 735, 736 – Rubbelaktion; BGH WRP 1995, 591, 593 – Gewinnspiel II; BGH GRUR 1989, 434, 436 – Gewinnspiel; offen gelassen: BGH GRUR 1974, 729, 731 – SWEEPSTAKE; vgl. auch OLG Stuttgart GRUR 2002, 906, 908 – Schmuck-Set.
292 Hefermehl/*Köhler*/Bornkamm UWG § 4 Rn 5.12; MünchKomm/*Leible* UWG § 4 Nr. 5 Rn 40; Harte/Henning/*Bruhn* UWG § 4 Nr. 5 Rn 15; aA HK-UWG/*Plaß* § 4 Rn 329; ausführlich → Rn 129.
293 Hefermehl/*Köhler*/Bornkamm UWG § 4 Rn 5.12; *Piper/Ohly* UWG § 4.5 Rn 5/4; MünchKomm/*Leible* UWG § 4 Nr. 5 Rn 40; nicht eindeutig Harte/Henning/*Bruhn* UWG § 4 Nr. 5 Rn 28, 29.
294 MünchKomm/*Leible* UWG § 4 Nr. 5 Rn 40.
295 BGH GRUR 2000, 820, 821 – Space Fidelity Peep-Show.
296 → Rn 45 f.

Entschluss zur Teilnahme relevant sein können, liegt es nahe, auch eine – zumindest allgemeine – Benennung der zu gewinnenden Preise – bei einer Vielzahl ausgelobter Preise jedenfalls der Hauptpreise – zu fordern.

Auch die Regelung in **Anh. 20 zu § 3 Abs. 3** spricht dafür, eine zumindest gattungsmäßige Beschreibung der ausgelobten Preise als Gegenstand der informationspflichtigen Angaben anzusehen.[297] Werden nämlich die in Aussicht gestellten Preise überhaupt nicht gattungsmäßig konkretisierend, sondern nur mit allgemeinen Attributen (wie „Traumpreise", „spacig", „attraktiv", „super") beschrieben, stünde es im Belieben des Veranstalters, nach Abschluss der Gewinnermittlung irgendwelche beliebigen, ggf. objektiv geringwertige Preise auszukehren und sich somit seiner Verpflichtung zu entziehen, einen Preis oder ein angemessenes Äquivalent zu vergeben.[298] Unter einem „Traumpreis" mag man ein Kosmetik- oder Topfset, aber auch ein Kraftfahrzeug oder eine Fernreise verstehen. In diesen Fällen würde die in Anh. 20 zwingend vorausgesetzte Pflicht des Veranstalters zur Auskehrung des in Aussicht gestellten Preises bzw. eines entsprechenden Äquivalentes (welches nur bei Kenntnis des ausgelobten Preises als „äquivalent" oder „nicht äquivalent" beurteilt werden kann) dadurch unterlaufen, dass der Veranstalter überhaupt keinen konkreten Preis auslobt, sondern nur eine allgemeine werbetypische Anpreisung vornimmt. Diese ist indes lediglich den weiten Schranken des § 5 unterworfen.[299] Da der Gesetzgeber den Gewinnspielen/Preisausschreiben aber angesichts der besonderen Gefahren der damit verbundenen aleatorischen Anreize[300] durch die Einführung der Transparenzregeln **engere Zulässigkeitsschranken** auferlegen wollte, würde diese Verbraucherschutzregelung durch einen Verzicht auf die Verpflichtung zur gattungsmäßigen Benennung zumindest einzelner Hauptpreise unterlaufen. 128

Die oben dargestellten Überlegungen gelten insbesondere dann, wenn das Kopplungsverbot nach **§ 4 Nr. 6 in Fortfall geraten** sollte.[301] In diesem Fall würde es eine unerträgliche Intransparenz darstellen, müsste sich der Teilnehmer hinsichtlich der Beschreibung der nur im Zusammenhang mit dem Erwerb einer Ware oder Dienstleistung zu erzielenden Gewinne für seine Teilnahme- und damit für seine Kaufentscheidung mit allgemeinen Phrasen, wie „Überraschungspakete" oder „spacige Sofortgewinne", zufrieden geben. 129

Die vom Veranstalter vorgenommenen **Angaben über Art, Wert und Herkunft** der Preise unterliegen den allgemeinen wettbewerbsrechtlichen Grundsätzen, insbes. gemäß § 4 Nr. 1. und 2, sowie § 5.[302] So ist es unzulässig, über den Wert eines oder mehrerer Preise irreführende Angaben zu machen,[303] die Preise als „nicht unerheblich" zu beschreiben, wenn gleichzeitig nicht deutlich gemacht wird, dass es sich im wesentlichen um Einkaufsgutscheine des Veranstalters im Wert von 5 Euro handelt,[304] ein für 50 Cent erhältliches Geldtäschchen als „echt ledern" zu bewerben,[305] bei Preisrätseln in Zeitschriften nicht darauf hinzuweisen, dass die ausgelobten Gewinne von den Herstellern kostenlos zur Verfügung gestellt worden sind,[306] den Eindruck zu erwecken, die Teilnehmer des Gewinnspiels könnten im Falle des Erfolges den Gewinn aus einem Lottoschein alleine erhalten, obwohl lediglich eine Beteiligung an einer Lotto-Tippgemeinschaft als Preis vergeben wird.[307] 130

Die besondere **Attraktivität** der ausgelobten Preise und ihre werbliche Hervorhebung werden im Allgemeinen allerdings nicht mehr ausreichen, um die Wettbewerbswidrigkeit 131

---

297 → hierzu auch Anhang Nr. 20 zu § 3 Abs. 3 Rn 25.

298 Vgl Erläuterungen zu Anhang Nr. 20 in der Begründung zum Gesetzesentwurf der Bundesregierung zum Entwurf des Ersten Gesetzes zur Änderung des Gesetzes gegen den unlauteren Wettbewerb.

299 Zu den Grenzen werbetypischer Übertreibungen → § 5 Rn 185, 350; in Bezug auf die Bewerbung der ausgelobten Preise → Rn 153 f.

300 → Rn 45.

301 → § 4 Nr. 6 Rn 3.

302 BGH GRUR 2000, 820, 821 – Space Fidelity Peep-Show; BGH GRUR 1998, 735, 736 – Rubbelaktion.

303 BGH WRP 1995, 591, 593 – Gewinnspiel II.

304 BGH GRUR 1989, 434, 436 – Gewinnspiel.

305 OLG Karlsruhe GRUR 1965, 103.

306 BGH GRUR 1997, 145, 147 – Preisrätselgewinnauslobung IV.

307 LG Köln MD 2004, 1069, 1071.

der Ankündigung eines Preisausschreibens/Gewinnspiels zu begründen, wenn hierüber keine täuschenden Angaben gemacht werden.[308]

132 **e) Informationspflicht über Gewinnchancen.** Zu den wesentlichen Merkmalen eines Preisausschreibens/Gewinnspiels können auch Informationen über Gewinnchancen gehören.[309] Stehen die wirklichen Gewinnchancen in krassem Widerspruch zu den durch Art und Umfang der Ankündigung erweckten Erwartungen des Publikums, ist die Veranstaltung wegen Täuschung des Publikums nach § 1 UWG aF als unzulässig qualifiziert worden.[310]

133 Überwiegend abgelehnt wird die Ansicht, dass die **Gewinnchancen,** ebenfalls Gegenstand der Transparenzpflicht im Sinne des § 4 Nr. 5 sind.[311] Ein gewisses Informationsbedürfnis an der Mitteilung über die Gewinnchancen lässt sich aus der Tatsache entnehmen, dass das europäische Modell der freilich im Verfahren „steckengebliebenen" VerkaufsförderungsVO-E in Art. 4 iVm Nr. 4 Anhang 1 als „obligatorische Angabe in der kommerziellen Kommunikation" eine ausreichende Information für die Teilnehmer an dem Gewinnspiel vorsah, „damit jeder versteht, wie groß seine Gewinnchance ist". In der Begründung zu § 4 Nr. 5 führt der Gesetzgeber allerdings aus, dass die „tatsächlichen Gewinnchancen" nicht vom Transparenzgebot erfasst werden.[312]

134 Was unter den **„tatsächlichen" Gewinnchancen** zu verstehen ist, erläutert der Gesetzgeber nicht. Eine Interpretationsmöglichkeit erschließt sich aus der weiteren Begründung des Gesetzgebers, wenn es dort heißt: „[...] da die Ungewissheit hierüber zum Charakter eines Preisausschreibens bzw. eines Gewinnspiels gehören kann."[313] Es entspricht der bisherigen Rechtsprechung[314] sowie der Meinung in der Literatur,[315] dass die **Ungewissheit der Chance,** einen Gewinn zu erzielen, nicht dazu führen kann, dass eine solche Veranstaltung bzw. die Werbung hierfür als wettbewerbswidrig (weil irreführend) zu qualifizieren ist, und zwar auch dann nicht, wenn in der Werbung nicht auf diese Ungewissheit hingewiesen wird. In der Begründung zu der Einschränkung des Transparenzgebotes weist der Gesetzgeber[316] des Weiteren darauf hin, dass der Veranstalter auch häufig bereits deswegen nicht in der Lage ist, die Gewinnchancen anzugeben, weil diese „in der Regel von der im Vorfeld ungewissen Anzahl der Mitspieler abhängen werden". Auch diese Erwägung deckt sich mit der bisherigen Ansicht in Literatur und Rechtsprechung, wonach nicht die Größe der Gewinnchance durch Nennung der Zahl der ausgesetzten Gewinne sowie die Anzahl der zur Verteilung vorgesehenen Gewinnlose im Einzelnen genau angegeben werden muss.[317] Diese Erwägungen treffen allerdings nur auf die „tatsächlichen Gewinnchancen" im Sinne einer Individualisierung auf die Gewinnaussichten eines einzelnen Spielteilnehmers zu, nicht hingegen auf die abstrakten oder allgemeinen Gewinnchancen.

135 Nach dieser Auslegung erstreckt sich somit die Einschränkung des Transparenzgebotes nach der Gesetzesbegründung zum einen auf die **Tatsache,** dass die Erzielung eines Gewinns bekannterweise unsicher ist. Zum anderen schränkt sie die Transparenzpflicht hinsichtlich einer **Information über die individuellen Gewinnchancen** ein, weil – wie der Gesetzgeber ausführt[318] – diese von der ungewissen Anzahl der Mitspieler abhängt und daher ohnehin im Voraus nicht angegeben werden kann.

---

[308] OLG Köln GRUR-RR 2005, 194, 195 – REWE-Haushaltskarte; *Berlit* WRP 2005, 1213, 1216; Harte/Henning/*Bruhn* UWG § 4 Nr. 5 Rn 29.

[309] *Hecker/Ruttig* GRUR 2005, 393, 396.

[310] BGH GRUR 1973, 591, 593 – Schatzjagd.

[311] Hefermehl/*Köhler*/Bornkamm UWG § 4 Rn 5.12; MünchKomm/*Leible* UWG § 4 Nr. 5 Rn 46f; wohl auch Harte/Henning/*Bruhn* UWG § 4 Nr. 5 Rn 15.

[312] BT-Drucks. 15/1487 S. 18 li. Sp.

[313] BT-Drucks. 15/1487 S. 18 li. Sp.

[314] BGH GRUR 1959, 138, 140 – Italienische Note.

[315] Hefermehl/*Köhler*/Bornkamm UWG § 4 Rn 1.130; *Löffler/v. Strobl-Albeg* LPG BT Gewinnsp. Rn 75.

[316] BT-Drucks. 15/1487 S. 18 li. Sp.

[317] BGH GRUR 1959, 138, 140 – Italienische Note; Hefermehl/*Köhler*/Bornkamm UWG § 4 Rn 1.130, sowie § 4 Rn 5.12; *Hoth* GRUR 1973, 593, 594, Anm. zu BGH GRUR 1973, 591, 593 – Schatzjagd; *Hecker/Ruttig* GRUR 2005, 393, 396; *Berlit* WRP 2005, 1213, 1213.

[318] BT-Drucks. 15/1487 S. 18 li. Sp.

Offen bleibt bei dieser Argumentation, ob entgegen der Gesetzesbegründung dann Informationspflichten bestehen, wenn die **Gewinnchancen von vornherein im Wesentlichen feststehen,** etwa weil auf der Grundlage des Spielplanes **unabhängig von der Anzahl der Mitspieler** das Ergebnis der Ausspielung ermittelt wird und somit durch eine Wahrscheinlichkeitsberechnung eine Gewinnchance mathematisch genau quantifiziert werden kann. Es sind dies zB die klassischen Lotterien, bei denen die Trefferchance (nicht die ggf. von der Anzahl der Treffer abhängige Gewinnhöhe!) mathematisch mit Hilfe von Binomialkoeffizienten rechnerisch exakt zu bestimmen ist. **136**

Der Gesetzgeber hat die unterschiedlichen Gattungen der Preisausschreiben/Gewinnspiele zwar durchaus erkannt („[...] ist es einem Unternehmen *häufig* nicht möglich, [...] da diese *in der Regel* ..."),[319] wollte aber diese vom Spielablauf her verschiedenen Arten nicht einer voneinander abweichenden Informationspflicht unterwerfen, weil von beiden ein vergleichbares Gefahrenpotenzial ausgeht. Auch sieht es der Gesetzgeber angesichts des nicht mit den Glücksspielen vergleichbaren **Gefahrenpotentials** der Gewinnspiele nicht als erforderlich an, eine Regelung wie im GlüStV einzuführen. Eine Bekanntgabe über die Gewinnwahrscheinlichkeit in der Werbung hat der Gesetzgeber nämlich im „Anhang zum Glücksspielstaatsvertrag" (dort Ziff. 2) zur Vermeidung und Bekämpfung der Glücksspielsucht bei Informationen über Höchstgewinne vorgesehen. Die Tatsache, dass indes selbst bei Glücksspielen nicht immer die **Gewinnwahrscheinlichkeit** anzugeben ist, sondern nur bei den besonders anreizenden Höchstgewinnen, macht deutlich, dass diese Angaben bei den wesentlich ungefährlicheren Verkaufsförderungsveranstaltungen nach den Vorschriften des UWG erst recht nicht indiziert sind. Insofern erstreckt sich das Transparenzgebot auch bei solchen Gewinnspielen, bei denen die theoretische Gewinnchance mathematisch berechenbar ist, nicht auf die abstrakte Gewinnchance. Die strengere Ansicht in der 1. Auflage[320] wird aufgegeben. **137**

f) Täuschung über Gewinnchancen und Gewinnhöhe. In Rechtsprechung[321] und Literatur[322] ist allerdings unstrittig, dass die angesprochenen Verkehrskreise nicht über die Gewinnchancen und deren Höhe getäuscht werden dürfen. Sind also die tatsächlichen Gewinnchancen grundsätzlich nicht Gegenstand des Transparenzgebotes nach § 4 Nr. 5, so besteht jedoch Veranlassung, einen Verstoß gegen die allgemeinen Vorschriften der § 5 oder § 4 Nr. 11 iVm einer anderweit gesetzlich geregelten Informationspflicht anzunehmen, wenn das Gewinnspiel von seiner Konzeption her oder die Werbung für das Gewinnspiel geeignet sind, bei den angesprochenen Verkehrskreisen eine **unrichtige Vorstellung über die Gewinnchancen** herbeizuführen. Erweckt die Präsentation eines Gewinnspiels den fälschlichen Eindruck einer außergewöhnlichen oder besonders hohen Gewinnchance, kann ein Verstoß gegen das Irreführungsverbot vorliegen, wenn in der Werbung nicht hinreichend auf die Gewinnchancen hingewiesen wird.[323] **138**

Bei einem extremen Missverhältnis zwischen Gewinnchance und ausgelobten Preisen ist darüber hinaus ein Verstoß gegen das Unlauterkeitsmerkmal des übertriebenen Anlockens zu diskutieren, das unter § 3 iVm § 4 Nr. 1 zu fassen ist.[324] **139**

g) Kriterienkatalog. Da die Transparenzpflicht für die Teilnahmebedingungen nach § 4 Nr. 5 ein dem alten UWG fremdes Tatbestandsmerkmal ist, blieb es nach Inkrafttreten **140**

319 BT-Drucks. 15/1487 S. 18 li. Sp. (Hervorhebung durch Verfasser).

320 § 4–5 Rn 107.

321 BGH GRUR 2001, 1178, 1179 – Gewinn-Zertifikat; BGH GRUR 2000, 820, 821 – Space Fidelity Peep-Show; BGH GRUR 1974, 729, 731 – SWEEPSTAKE; BGH GRUR 1973, 591, 593 – Schatzjagd; BGH GRUR 1962, 461, 465 – Werbeveranstaltung mit Filmvorführung; OLG Hamburg GRUR 1955, 585, 586; BGHZ 15, 356, 366 – Progressive Kundenwerbung.

322 Hefermehl/*Köhler*/Bornkamm UWG § 4 Rn 1.131; *v. Gamm* 1987 § 27 Rn 13; MünchKomm/*Leible* UWG § 4 Nr. 5 Rn 47.

323 BGH GRUR 2000, 820, 821 – Space Fidelity Peep-Show; BGH GRUR 1989, 434, 436 – Gewinnspiel; so auch schon BGH GRUR 1973, 591, 593 – Schatzjagd.

324 BT-Drucks. 15/1487 S. 41 li. Sp.; vgl. OLG Stuttgart GRUR 2002, 906, 908 – Schmuck-Set; → § 4–1 Rn 301.

der UWG-Novelle Lehre und Rechtsprechung überlassen, die hiervon konkret erfassten Inhalte zu erarbeiten. Auf Grundlage der in der Praxis bisher üblichen und daher auch vom Verkehr erwarteten Informationen sowie unter Berücksichtigung der neueren Literatur und Rechtsprechung sowie der europarechtlichen Entwicklung[325] lässt sich ein nicht abschließender **Beispielskatalog für Angaben** aufstellen, über welche die Veranstalter im Einzelfall nähere Informationen erteilen müssen oder sollten. Besonderer Augenmerk ist insbesondere solchen Veranstaltungen zu widmen, bei denen die tatsächlichen Sachverhalte (zB als Gewinn wird die Teilnahme an einer nicht ungefährlichen oder besondere körperliche Kondition erfordernde Reise ausgelobt oder eine Reise kann nur innerhalb eines konkreten Zeitrahmens in Anspruch genommen werden) vom dem regulären und vom Verbraucher erwarteten Ablauf abweichen.[326]

141 Die nachfolgend aufgeführten Kriterien sind daher nicht als ein geschlossener Informationskatalog zu verstehen, der bei allen Preisausschreiben/Gewinnspielen zwingend einzuhalten ist oder für jeden Einzelfall alle zu Gebote stehenden Informationen umfasst. Vor dem Hintergrund der konkreten Gewinnspielkonzeption und -darstellung ist zu entscheiden, welche Angaben von den angesprochenen Verkehrskreisen berechtigterweise erwartet werden oder erforderlich sind.

142 Unterschiede ergeben sich auch auf Grund des jeweiligen **Mediums,** über das die betreffende Veranstaltung beworben und durchgeführt wird.[327] Rechtliche Anforderungen und Erwartungshaltung hinsichtlich des Inhalts der teilnahmebezogenen Informationen sind bei Veranstaltungen, die über die Printmedien verbreitet werden, anders als bei solchen, die über das Fernsehen, das Radio oder die sonstigen elektronischen Medien Verbreitung finden. Der nachfolgende **Kriterienkatalog** ist daher als Leitlinie unter Berücksichtigung des jeweiligen Einzelfalls und des verwendeten Informationsmediums zu verstehen:

143 **aa) Klarstellung,** dass es sich um ein Gewinnspiel oder Preisausschreiben handelt, sofern sich dies nicht aus der Aufmachung und der Darstellung klar und eindeutig ergibt;[328]

144 **bb) Voraussetzungen für die Teilnahme**

(1) zu erbringende Teilnahmeleistung (zB Kopplung mit dem Erwerb einer Ware oder der Inanspruchnahme einer Dienstleistung, sofern sich die Veranstaltung nicht an Verbraucher richtet (§ 4 Nr. 6);[329] Einverständnis mit der werblichen Verwertung von Film-, Foto- oder Tonmitschnitten im Zusammenhang mit der Teilnahme oder der Preisverleihung);

(2) Teilnahmeweg sowie ggf. alternative Teilnahmemöglichkeiten (Übersendung des Teilnahmecoupons; Postkarte; Mehrwertdienste-Rufnummern; Telefax; E-Mail; SMS etc.);

(3) Kosten der Teilnahmemöglichkeiten, insbesondere für Mehrwertdienste-Rufnummern oder sonstige Kosten, die im Zusammenhang mit der Entgegennahme oder Inanspruchnahme des Gewinns stehen;[330]

(4) bei Preisausschreiben/Gewinnspielen mit Waren-/Dienstleistungskopplung: Hinweis auf gleiche Gewinnchancen bei alternativer Teilnahmemöglichkeit;

(5) geographische Einschränkungen (Beschränkung auf Teilnehmer aus bestimmten Ländern, Bundesländern oder Regionen);[331]

---

325 → Rn 18 ff, 41 ff.

326 Zu den Grundsätzen → Rn 110 ff.

327 → Rn 113.

328 OLG Köln GRUR-RR 2006, 196, 199; *Berlit* WRP 2005, 1213, 1214; Hefermehl/*Köhler*/Bornkamm UWG § 4 Rn 5.11; aus der Rechtsprechung nach altem UWG zu Werbung: BGH GRUR 1962, 461, 464 f – Werbeveranstaltung mit Filmvorführung; OLG Düsseldorf GRUR 1951, 463, 465.

329 Hefermehl/*Köhler*/Bornkamm UWG § 4 Rn 5.11.

330 BGH GRUR 2005, 1061, 1064 – Telefonische Gewinnauskunft; LG Hamburg Urt. v. 22. 2. 2005, 312 O 808/04; Hefermehl/*Köhler*/Bornkamm UWG § 4 Rn 5.11; MünchKomm/*Leible* UWG § 4 Nr. 5 Rn 40; vgl. nach altem Recht OLG Stuttgart CR 2000, 745, 746; OLG Frankfurt MMR 1999, 285, 286 m. Anm. *Böhm;* LG München WRP 1999, 247, 248; öOGH ÖBl. 2004, 114 (LS); → § 4–6 Rn 121 ff.

331 → Rn 150.

(6) personengebundene Einschränkungen (zB Ausschluss von Mitarbeitern des Veranstalters; Altersbeschränkung);[332]

cc) Veranstalteridentität/Beschreibung der Gewinne

(1) Name[333] und Kommunikationsdaten des Veranstalters;[334] 145
(2) Art der Gewinne;[335]
(3) Hinweis auf kostenlose Gestellung durch Dritte;[336]
(5) Ausschluss der Barauszahlung bei Sachpreisen.[337]

dd) Formale Kriterien der Gewinnermittlung

(1) Einsende- oder Teilnahmeschluss mit Kriterienbestimmung (Poststempel; Eingang beim Veranstalter oÄ);[338] 146
(2) Art und Weise der Gewinnerermittlung (Los, notarielle Aufsicht etc.);[339]
(3) Ausschluss des Rechtsweges. [340]

ee) Gewinninformation

(1) Art und Zeitpunkt der Bekanntgabe des Gewinners;[341] 147
(2) Art der Übergabe des Preises (Zustellung/Abholung/Vertreterbesuch);[342]
(3) Sollte das Kopplungsverbot des § 4 Nr. 6 angesichts des Vorlagebeschlusses des BGH[343] in Wegfall geraten, auch die Tatsache und Art der Kopplung, sowie die für den Kaufentschluss eines Verbrauchers üblichen Informationen über die gekoppelte Ware/Dienstleistung, insb. Beschreibung, Preis, sonstige Besonderheiten etc.[344]

ff) Verwendung der Gewinnerdaten

(1) Veröffentlichung oder Verwendung der Personendaten zu eigenen oder fremden Werbezwecken – je nach Gestaltung der Werbemaßnahme – mit Hinweis auf ein Widerspruchsrecht bzw. mit Einwilligungserklärung des Teilnehmers und ohne Kopplung an die Teilnahmeerklärung selbst;[345] 148
(2) Verwendung von Lösungsinhalten der Teilnehmer zu Werbezwecken (zB bei Fotowettbewerb).

f) Erläuterungen zum Katalog und besondere Fallgruppen. aa) Versandhandel. 149 Bei Preisausschreiben im Versandhandel muss eindeutig klargestellt sein, dass eine gleichzeitige Warenbestellung keinerlei Einfluss auf die Gewinnchancen hat. Aufgrund des gewandelten Verbraucherleitbildes hat der BGH in der „Traumcabrio"-Entscheidung Abstand von seiner bisher vertreten streng formalen Ansicht genommen.[346]

bb) Preisausschreiben und Gewinnspiele in der Presse. Entsprechendes gilt für die 150 Veranstaltung von Preisausschreiben/Gewinnspielen in der Presse. Nach dem bisherigen Stand der Rechtsprechung und Literatur war der Hinweis darauf, dass die Teilnahme am Preisausschreiben unabhängig vom Erwerb der Ware „Zeitschrift" möglich und chancen-

---

332 Harte/Henning/*Bruhn* UWG § 4 Nr. 5 Rn 7; MünchKomm/*Leible* UWG § 4 Nr. 5 Rn 38.
333 Auch keine falsche Bezeichnung der Rechtsform zB die Verwendung des Namens „tipp.ag", wenn es tatsächlich keine Aktiengesellschaft ist, vgl. den Fall OLG Hamburg MMR 2004, 680.
334 Hefermehl/*Köhler*/Bornkamm UWG § 4 Rn 5.11; Harte/Henning/*Bruhn* UWG § 4 Nr. 5 Rn 6; für § 6 TDG (jetzt § 5 TMG) OLG Hamm MD 2002, 1279, 1279.
335 Früher streitig: → Rn 130 und 153; vgl. BGH GRUR 1989, 434, 436 – Gewinnspiel.
336 → Rn 155 f sowie → § 4–6 Rn 151 ff.
337 → Rn 157.
338 Hefermehl/*Köhler*/Bornkamm UWG § 4 Rn 5.11; vgl. OLG Hamburg GRUR 1955, 585, 586.
339 Hefermehl/*Köhler*/Bornkamm UWG § 4 Rn 5.11; vgl. OLG Hamburg GRUR 1955, 585, 586.
340 Harte/Henning/*Bruhn* UWG § 4 Nr. 5 Rn 10.
341 Harte/Henning/*Bruhn* UWG § 4 Nr. 5 Rn 11; HK-UWG/*Plaß* § 4 Rn 329; MünchKomm/*Leible* UWG § 4 Nr. 5 Rn 44; Hefermehl/*Köhler*/Bornkamm UWG § 4 Rn 5.11.
342 → Rn 158 ff.
343 → § 4–6 Rn 3.
344 → Rn 127 ff.
345 → Rn 162 ff.
346 Näheres → § 4 Nr. 6 Rn 100 ff; BGH GRUR 2005, 599, 600 – Traumcabrio.

gleich ist, nur dann ausreichend, wenn nicht für die Teilnahme ein entsprechender Teilnahmecoupon in der Zeitschrift abgedruckt ist, der als Teilnahmeformular angeboten bzw. empfohlen wird.[347] *v. Strobl-Albeg*[348] spricht in diesem Zusammenhang vom „Aschenputtel-Prinzip", weil der Verzicht auf die Verwendung eines aus dem Printobjekt auszuschneidenden Coupons des Verlages nach den Vorstellungen der angesprochenen Verkehrskreise bei dem Veranstalter den Eindruck erweckt, der Teilnehmer wolle „nur" spielen, während der Einsender eines aus dem Printobjekt ausgeschnittenen Coupons sich als Käufer des Objektes legitimiert und damit **bessere Gewinnchancen** erzielt. Diese Ansicht wird vor dem Hintergrund des gewandelten Verbraucherleitbildes, der Freistellung in § 4 Nr. 6 und der „Traumcabrio"-Entscheidung des BGH[349] keinen Bestand mehr haben,[350] so dass bei einem entsprechenden ausdrücklichen Hinweis kein unlauteres Handeln anzunehmen sein wird.

151 **cc) Geographische bzw. personengebundene Beschränkungen.** Nach § 9a Abs. 2 Ziff. 8 des österreichischen Gesetzes über unlauteren Wettbewerb von 1992 sind in Österreich Gewinnspiele in Zeitschriften verboten. Der EuGH[351] hat diese Norm des österreichischen UWG nicht als Verstoß gegen Art. 30 EG angesehen, allerdings festgestellt, dass das nationale Verbot dem Inverkehrbringen von solchen Zeitschriften nicht entgegenstehen darf, die zwar Preisausschreiben, Rätsel oder Gewinnspiele enthalten, jedoch Lesern im fraglichen Mitgliedsstaat keine Gewinnchance eröffnen. Vor diesem Hintergrund ist für Gewinnspiele, die auf Grund ihrer Verbreitung auch im Territorialgebiet Österreichs für die dortigen Verkehrskreise erhältlich sind, ein deutlicher Hinweis darauf aufzunehmen, dass eine Teilnahme von Personen aus Österreich nicht zugelassen wird.

152 Sollen Mitarbeiter des Veranstalters von der Teilnahme ausgeschlossen werden, ist ein entsprechender Hinweis aufzunehmen. Entsprechendes gilt für Altersbeschränkungen, zB das Mindestalter von 18 Jahren bei Auslobung eines Kraftfahrzeuges als Gewinn.

153 **dd) Beschreibung der Preise.** Die Beschreibung der Preise wird üblicherweise von den Verbrauchern erwartet, erscheint nach derzeitiger Literaturmeinung[352] aber nicht zwingend, weil auch „Überraschungspreise" zulässig sind, wenn nicht durch die Aufmachung der Ankündigung eine falsche Erwartungshaltung bei den angesprochenen Verbrauchern erweckt wird.[353] Handelt es sich allerdings bei den Gewinnen um **Gutscheine,** die zum Zwecke der Erlangung eines Preisnachlasses beim Erwerb von Waren oder Dienstleistungen nur beim Veranstalter eingesetzt werden können, wird man hierauf in den Teilnahmebedingungen hinweisen müssen.[354] Auch ist der Wert der ausgelobten Gutscheine insbesondere dann anzugeben, wenn er in der Regel nicht ausreicht, um aus dem Sortiment des Veranstalters Produkte oder Dienstleistungen **ohne Zuzahlung** erwerben zu können.[355] Für die Beurteilung solcher „Rabattgewinne" gelten auch in Zukunft – insbesondere hinsichtlich der Höhe des Rabatts – die allgemeinen Grundsätze gemäß § 4 Nr. 1.[356] Besteht der Gewinn aus einer Reiseveranstaltung, bei der die Teilnehmer auf Grund der Gestaltung der Reise gezwungen sind, sich **Werbeverkaufsveranstaltungen** zu unterziehen, ist hierauf hinzuweisen.

154 **ee) Wert der Preise.** Stimmt bei objektiver Betrachtung der bei den angesprochenen Verkehrskreisen durch die Werbung des Veranstalters hervorgerufene Eindruck über die

---

347 BGH WRP 1976, 172, 173 – Versandhandels-Preisausschreiben; OLG Düsseldorf GRUR 1951, 461, 463.

348 *Löffler/v. Strobl-Albeg* LPG BT Gewinnsp. Rn 32.

349 BGH GRUR 2005, 599, 600 – Traumcabrio.

350 → § 4–6 Rn 100ff.

351 Human Rights Law Journal 18 (1997), 234f – Familiar Press; öOGH GRUR Int. 1999, 354, 355 – NEWS-Gewinnspiele.

352 Vgl. ausführlich → Rn 127ff.

353 Harte/Henning/*Bruhn* UWG § 4 Nr. 5 Rn 15f; Hefermehl/*Köhler*/Bornkamm UWG § 4 Rn 5.12; MünchKomm/*Leible* UWG § 4 Nr. 5 Rn 40; aA HK-UWG/*Plaß* § 4 Rn 329.

354 *Ruttig* WRP 2005, 925, 929.

355 *Ruttig* WRP 2005, 925, 929; BGH GRUR 2005, 1061 m. Anm. *Dittmer* EWiR 2006, 157, 158.

356 Zur Frage der Zulässigkeit solcher „Rabattgewinne" → § 4–1 Rn 246ff.

Werthaltigkeit der Preise nicht mit der Realität überein, gehört zur Vermeidung einer Irreführung im Sinne des § 5 auch eine Angabe zum Handelswert der Preise.[357] Preisausschreiben/Gewinnspiele sind wegen Irreführung der angesprochenen Verbraucher bzw. übertriebenen Anlockens unzulässig, bei denen durch die Auslobung einiger, besonders werthaltiger Preise der unzutreffende Eindruck erweckt wird, auch die anderen Preise stünden zu den hochwertigen Preisen in einer gewissen Relation, wohingegen tatsächlich die weiteren unerwähnten Preise in einer nicht zu erwartenden Höhe hinter den ausgelobten Preisen zurückbleiben.[358] Die Ankündigung bei Gewinnspielen im Versandhandel, Gewinne von nicht unerheblichem Wert auszuspielen, ohne gleichzeitig deutlich darauf hinzuweisen, dass zu den Gewinnen auch eine Vielzahl von Warengutscheinen mit einem Wert von lediglich 5,- DM gehören, wurde ebenfalls – wohl auch unter dem Gesichtspunkt der Irreführung – als wettbewerbswidrig erachtet.[359] Ebenso liegt eine Irreführung über die Teilnahmebedingungen vor, wenn durch Werbeaussagen der unzutreffende Eindruck erweckt wird, dass ausgelobte Gewinne in Millionenhöhe an einzelne Gewinner ausgezahlt würden, wohingegen tatsächlich die Gewinne unter den Mitgliedern von Spielgemeinschaften anteilsmäßig aufgeteilt werden. In diesen Fällen ist mitzuteilen, wie viele Teilnehmer eine solche Spielgemeinschaft üblicherweise umfasst.[360]

ff) Redaktionelle Werbung. Werden im redaktionellen Teil von Zeitungen oder Zeitschriften Sachpreise ausgelobt, die den Redaktionen von den Herstellern **kostenlos** oder gegen geringfügiges Entgelt **zur Verfügung** gestellt werden, ist über die Tatsache des vergünstigten Bezuges durch die Redaktion aufzuklären.[361] Die Attraktivität der ausgelobten Preise stellt für die Presse auch eine Form der Werbung für ihre Zeitungs- und Zeitschriftenprodukte dar. Eine positiv gehaltene **Präsentation** der ausgelobten Preise gehört daher zur Natur des Preisrätsels und ist deswegen noch **keine verdeckte redaktionelle Werbung (Schleichwerbung).** 155

Dies gilt auch, wenn gleichzeitig mit der Präsentation des Produktes der Herstellername erwähnt und dadurch eine gewisse Werbewirkung für das Produkt hervorgerufen wird.[362] Der Charakter einer solchen erkennbaren Eigenwerbung tritt aber dann in den Hintergrund, wenn der ausgelobte Gewinn optisch und hinsichtlich der begleitenden Produktinformationen in einer Weise in den Mittelpunkt der Aufmerksamkeit gerückt und lobend herausgestellt wird, dass sich beim Leser der Eindruck einstellen muss, hier sei von der Rätselredaktion – in einem vermeintlich **objektiven Auswahlverfahren** – ein Erzeugnis als Gewinn ausgesucht worden, das nicht nur die im Regelfall erwähnte (positive) Eignung eines solchen, sondern darüber hinaus so außerordentliche Qualitäten aufweise, dass es jedenfalls ein lohnendes, vergleichbaren Produkten überlegenes Objekt für einen käuflichen Erwerb darstelle.[363] Nach der **bisherigen Rechtsprechung** ist davon auszugehen, den angesprochenen Verkehrskreisen sei nicht bekannt, dass die ausgelobten Preise den Verlagen in der Regel von den Herstellern unentgeltlich zur Verfügung gestellt werden. Der BGH hat in seiner Entscheidung „Preisrätsel-Gewinnauslobung IV“[364] festgestellt, dass ein nicht unbeachtlicher Teil des Verkehrs Preisrätseln einer Zeitschrift mit der Vorstellung begegnet, die ausgelobten Preise würden von verantwortlichen Redaktionen nach ihrem Belieben und ihrer Einschätzung ausgesucht und beschafft. So stelle sich der ausgelobte Gewinnartikel als von der Redaktion in unabhängiger, **überlegter Auswahlentscheidung** bestimmt und dementsprechend als qualitätsvoll erachtet dar. Aus diesem Grunde fordert die bisheri- 156

---

357 → hierzu Rn 138 f.

358 BGH WRP 1995, 591, 593 – Gewinnspiel II; BGH GRUR 1974, 729, 731 – SWEEPSTAKE.

359 BGH GRUR 1989, 434, 436 – Gewinnspiel.

360 LG Köln MD 2004, 1069, 1071.

361 BGH GRUR 1994, 823, 824 – Preisrätselgewinnauslobung II; BGH GRUR 1997, 145, 147 – Preisrätselgewinnauslobung IV; aA Hefermehl/*Köhler*/Bornkamm UWG § 4 Rn 3.26 mwH.

362 BGH WRP 1994, 814, 815 – Preisrätselgewinnauslobung I.

363 BGH WRP 1994, 814, 815 – Preisrätselgewinnauslobung I; aA Hefermehl/*Köhler*/Bornkamm UWG § 4 Rn 3.26 mwH.

364 BGH WRP 1996, 1153, 1155 – Preisrätselgewinnauslobung IV.

ge Rechtsprechung zur Vermeidung des Vorwurfs der Schleichwerbung, dass im Falle unentgeltlich zur Verfügung gestellter Gewinne das Preisrätsel als „Anzeige" entsprechend den einschlägigen Vorschriften der Landespressegesetze gekennzeichnet werde.[365] Alternativ hierzu reicht allerdings ein Hinweis dahingehend, dass die ausgelobten Preise von den namentlich genannten Herstellern unentgeltlich zur Verfügung gestellt worden sind.[366] Inwieweit diese Rechtsprechung vor dem Hintergrund des aufgeklärten Verbraucherleitbildes zukünftig Bestand haben wird, muss sich erweisen.[367]

157 **gg) Barauszahlung und Sachgewinne.** Der häufig anzutreffende Hinweis, eine Barauszahlung der ausgelobten Sachgewinne könne nicht gefordert werden, besitzt zwar keinerlei rechtlichen Hintergrund, denn die Auskehrung anderer als der ausgelobten Gewinne kann der Teilnehmer ohnehin nicht verlangen. Dennoch scheint in der Praxis das Begehren der Teilnehmer zur Auskehrung eines Geld- statt des ausgelobten Sachgewinns derart verbreitet zu sein, dass sich die Veranstalter vielfach veranlasst sehen, einen entsprechenden Hinweis aufzunehmen. Dadurch, dass sich – jedenfalls bei hochwertigen Sachgewinnen – der Ausschluss einer Barauszahlung als keineswegs ungewöhnlicher Hinweis etabliert hat, könnte unter dem Gesichtspunkt der Erwartungshaltung der Verbraucher im Einzelfall erwogen werden, einen solchen Hinweis aufzunehmen. Inwieweit bei der Auslobung hochwertiger und ggf. „exotischer" Gewinne (die nach der Lebenserfahrung von einer Vielzahl der angesprochenen Verkehrskreise mit großer Wahrscheinlichkeit ohnehin nicht in Anspruch genommen werden – zB Überlebenstraining im Dschungel) eine solche Angabepflicht besteht, um dem Gebot der Eindeutigkeit zu genügen, ist in jedem Einzelfall zu prüfen.

158 **hh) Gewinnauskehrung.** Muss sich der Gewinner zwecks Abholung der Gewinne **in die Geschäftsräume des Veranstalters begeben,** ist hierauf in den Teilnahmebedingungen hinzuweisen.[368] Ebenso ist darauf hinzuweisen, wenn der **Gewinnanspruch** nach Ablauf eines bestimmten Zeitraumes bei Nichtabholung oder Nichtmeldung **verfällt.**[369]

159 Manche Veranstalter unternehmen es, die Gewinnauskehrung für einen **Vertreterbesuch** zum Zwecke eines Verkaufsgesprächs zu missbrauchen. Ein solches Verhalten war nach bisheriger Ansicht unzulässig, und zwar unabhängig davon, ob auf den Vertreterbesuch im Zusammenhang mit der Gewinnübergabe hingewiesen wird oder nicht.[370] Der BGH hat es als eine **unzumutbare Belästigung** angesehen, wenn ein Vertreter durch unbestellte Hausbesuche in die Privatsphäre des Teilnehmers eindringt.[371]

160 Zu erörtern ist allerdings die Frage, ob angesichts einer Vollharmonisierung durch die Richtlinie 2005/29/EG über unlautere Geschäftspraktiken und die darin enthaltene „black list" (Anhang I) nach der dortigen Nummer 25 Haustürwerbung und damit auch der Vertreterbesuch grundsätzlich als zulässig anzusehen sind, sodass in den Teilnahmebedingungen eines Preisausschreibens/Gewinnspiels nicht mehr auf einen nachfolgenden Vertreterbesuch hingewiesen werden muss. Nach Nr. 25 der „black list" ist es nämlich unter allen Umständen als unlauter anzusehen, bei persönlichen Besuchen in der Wohnung des Verbrauchers dessen Aufforderung, die Wohnung zu verlassen bzw. nicht zurückzukehren, nicht zu beachten. Nicht geregelt ist indessen die Frage, ob Haustürwerbung überhaupt, und wenn ja, unter welchen Voraussetzungen zulässig ist. Aus dem Anspruch einer Vollharmonisierung durch die RiLi kann aber nicht der Umkehrschluss gezogen werden, Haustürwerbung durch Vertreterbesuch sei zukünftig grundsätzlich zulässig.[372]

---

365 BGH WRP 1996, 1153, 1156 – Preisrätselgewinnauslobung IV
366 BGH WRP 1996, 1153, 1155 – Preisrätselgewinnauslobung IV.
367 Kritisch: Hefermehl/*Köhler*/Bornkamm UWG § 4 Rn 3.26 mwH.
368 Harte/Henning/*Bruhn* UWG § 4 Nr. 5 Rn 13.
369 MünchKomm/*Leible* UWG § 4 Nr. 5 Rn 45.
370 BGH GRUR 1973, 81, 81 – Gewinnübermittlung.
371 BGH GRUR 1973, 81, 81 – Gewinnübermittlung.
372 Ausführlich *Hecker* WRP 2006, 640, 644 f; Hefermehl/*Köhler*/Bornkamm UWG § 7 Rn 106.

Wird bei einer Gratisverlosung auf offener Straße der Eindruck erweckt, bereits aus der Ziehung der Lose selbst könne ersehen werden, ob der Teilnehmer einen Gewinn erhält, findet dagegen die **Gewinnermittlung** tatsächlich erst in einem in der Nähe gelegenen Geschäft oder Werbewagen des Veranstalters statt oder muss der Teilnehmer unter Angabe seiner Anschrift das Los an den Veranstalter einsenden,[373] liegt hierin ein Verstoß gegen das Transparenzgebot im Sinne des § 4 Nr. 5. 161

ii) Adressgewinnung und -nutzung. Nicht selten besteht der Zweck von Preisausschreiben/Gewinnspielen überwiegend darin, **Adressdaten** der Teilnehmer für die spätere Übersendung von Werbeinformationen zu erlangen oder die so gewonnenen Adressdaten zum Zwecke der Weiterveräußerung oder Weitervermietung an Dritte zu nutzen.[374] Schon nach der bisherigen Rechtslage galt gemäß **§ 33 BDSG,** dass die Tatsache der zu Werbezwecken erfolgten Speicherung der persönlichen Daten der Teilnehmer an einem Preisausschreiben diesen mitzuteilen ist. Die Teilnehmer an einem Preisausschreiben oder Gewinnspiel müssen nicht davon ausgehen, dass ihre Daten zu Werbezwecken gespeichert werden.[375] Preisausschreiben, die nur der Beschaffung von Personen- und Adressdaten dienten, waren daher unzulässig, wenn die Teilnehmer über die Datenspeicherung nicht vor ihrer Teilnahme informiert wurden.[376] Sofern die Verletzung der Vorschriften des BDSG über die Nutzung oder Übermittlung von Daten zu Werbezwecken geeignet war, dem Wettbewerber einen Vorsprung vor seinen Mitbewerbern zu verschaffen, lag ein Verstoß gegen die Fallgruppe des Vorsprungs durch Rechtsbruch vor.[377] 162

Will der Unternehmer die im Rahmen eines Preisausschreibens oder Gewinnspiels gewonnenen personenbezogenen Daten lediglich zum Zwecke einer (individuellen) **Briefwerbung** nutzen, ist dem Teilnehmer gemäß § 28 Abs. 3 BDSG ein **Widerspruchsrecht** einzuräumen, auf das er in den Teilnahmebedingungen des Preisausschreibens/Gewinnspiels klar hinzuweisen hat. Der Veranstalter muss daher das Widerspruchsrecht im äußeren Erscheinungsbild der Erklärung hervorheben (vgl. auch § 4 Abs. 2 BDSG) und deutlich, also inhaltlich so zweifelsfrei darstellen, dass der flüchtige, aber durchschnittlich verständige Verbraucher auch beim einmaligen Lesen erfassen kann, dass er mangels Widerspruch zukünftig postalische Werbung zu erwarten hat.[378] Die Ausübung des Widerspruchsrechts muss dabei unabhängig von der Teilnahmeerklärung möglich sein, so dass auch die **Teilnahme bei gleichzeitiger Widerspruchserklärung** erfolgen kann (sog. „datenschutzrechtliches Kopplungsverbot“, vgl. § 4a Abs. 1 BDSG, § 12 Abs. 3 TMG). Macht der Verbraucher von seinem Widerspruchsrecht Gebrauch, ist eine anschließende Briefwerbung gemäß § 7 Abs. 2 Nr. 1 als unzumutbare Belästigung unlauter. Ebenso ist dem Teilnehmer nach § 28 Abs. 4 BDSG ein Widerspruchsrecht einzuräumen, wenn seine Daten zum Zwecke der Werbung an Dritte weitergegeben werden sollen.[379] 163

In § 7 regelt der Gesetzgeber verschiedene Formen **unzulässiger Belästigung,** insbesondere in § 7 Abs. 2 unerlaubte Formen der Werbung.[380] Im Zusammenhang mit der Verwendung der durch das Gewinnspiel gewonnenen Adressdaten zu weiteren eigenen oder fremden werblichen Zwecken sind an die Informationspflichten über die Nutzung dieser personenbezogenen Daten hohe Anforderungen zu stellen, die den Vorgaben des § 4a Abs. 1 BDSG entsprechen. 164

---

373 BGH GRUR 1967, 202, 203 – Gratisverlosung.

374 MünchKomm/*Leible* UWG § 4 Nr. 5 Rn 48; allgemein zur wettbewerbsrechtlichen Beurteilung der Adressgewinnung vgl. Gloy/*Loschelder* Hdb. § 66 Rn 22; vgl. auch LG Düsseldorf MMR 2007, 458.

375 Simitis/*Dix* BDSG § 33 Rn 64; *Weichert* WRP 1996, 522, 523; *Gola/Wronka* RDV 1994, 157, 165; *Wind* WRP 1991, 771, 773; MünchKomm/*Leible* UWG § 4 Nr. 5 Rn 48; LG München I DUD 2006, 309 m. Anm. *v. Fragstein* EWiR 2006, 517, 518.

376 *Weichert* WRP 1996, 522, 523.

377 Hefermehl/*Köhler*/Bornkamm UWG § 4 Rn 11.42; *Piper/Ohly* UWG § 4.11 Rn 37.

378 Vgl. zur Abgenzung von „klar“ und „eindeutig“ → Rn 168ff.

379 Zu den Voraussetzungen einer Datenweitergabe bei Gewinnspielen/Preisausschreiben im Einzelnen → § 7 Rn 139.

380 → hierzu im Einzelnen § 7 Rn 139.

165 Grundsätzlich sieht der Gesetzgeber in § 7 Abs. 2 Nr. 2 und Nr. 3 eine ausdrückliche Einwilligung für die Werbung mit Telefonanrufen, automatischen Anrufmaschinen, Faxgeräten oder elektronischer Post vor. Zur elektronischen Post gehört neben E-Mails auch der Kommunikationsweg über **SMS.**[381] Allerdings genügt es gemäß § 7 Abs. 2 Nr. 2 im Verkehr mit den **sonstigen Marktteilnehmern** – nicht allerdings im Verkehr mit dem Verbraucher[382] – und nur für die Werbung mit **Telefonanrufen,** wenn der sonstige Marktteilnehmer zumindest **mutmaßlich** hierin eingewilligt hat. Eine lediglich mutmaßliche Einwilligung reicht jedoch gemäß § 7 Abs. 2 Nr. 3 für die Werbung mittels **automatischen Anrufmaschinen, Faxgeräten** oder **elektronischer Post** auch im Verkehr mit den sonstigen Marktteilnehmern nicht aus. Hier liegt ohne **ausdrückliche** Einwilligung nach der Wertung des Gesetzgebers stets eine unzumutbare Belästigung vor.

166 Für die als **Allgemeine Geschäftsbedingungen** zu qualifizierenden und damit der Kontrolle nach §§ 305 ff BGB unterliegenden Teilnahmebedingungen und einer darin enthaltenen **vorformulierten Einwilligungserklärung**[383] bedeutet dies, dass es in keinem Fall ausreicht, wenn dort vorformulierte, nicht aber **individualisierte Einwilligungserklärungen** enthalten sind. Solche Einwilligungsklauseln sind nach § 307 Abs. 1 Satz 1, Abs. 2 Nr. 1 BGB wegen unangemessener Benachteiligung unwirksam.[384] Für den Verbraucher ist es nämlich praktisch unüberschaubar, wer sich letztlich auf eine solche Einwilligung berufen kann. Erforderlich ist daher eine ausdrückliche Einwilligung im Sinne des § 138 BGB (eine nachträgliche Genehmigung im Sinne des § 184 BGB reicht nicht[385]), auf die in den Teilnahmebedingungen klar und eindeutig hinzuweisen ist, wenn solche Werbemaßnahmen im Anschluss an ein Preisausschreiben/Gewinnspiel geplant sind. Zumindest ist auf dem Medium, mit dem der Teilnehmer seine Teilnahme dem Veranstalter anzeigt, eine **gesonderte Erklärung** über die Erteilung der Einwilligung vorzusehen oder ein gesondertes Feld, dessen Markierung durch den Teilnehmer deutlich als Einwilligung bezeichnet wird.[386] Nicht ausreichend ist lediglich eine vorformulierte Einwilligungserklärung mit dem Hinweis, der Teilnehmer könne sein Einverständnis über eine dort angegebene kostenlose Telefonnummer widerrufen. Die zur Wiederherstellung der ungestörten Privatsphäre erforderliche Maßnahme darf nicht auf die betroffenen Verbraucher verlagert werden.[387] Auch erscheint nach neuerer Ansicht eine Befristung der Einwilligungserklärung angezeigt.[388]

167 Eine **Ausnahme vom Erfordernis der Einwilligung** liegt bezüglich der elektronischen Post nach § 7 Abs. 3 vor, sofern der Unternehmer die elektronische Adresse „im Zusammenhang mit dem Verkauf der Ware oder Dienstleistung" erhalten hat. Das Tatbestandsmerkmal des „Zusammenhangs mit dem Verkauf einer Ware oder Dienstleistung" ist aber auf Grund des Schutzzwecks der Datenschutz-Richtlinie eng auszulegen. Die Teilnahme an einem Preisausschreiben oder Gewinnspiel begründet jedenfalls einen solchen Zusammenhang nicht.[389]

5. Klar und eindeutig

168 Die Teilnahmebedingungen sind klar und eindeutig anzugeben. Hierbei handelt es sich um den eigentlichen Kern des Transparenzgebots für Preisausschreiben und Gewinnspiele.

381 Vgl. RL 2002/58/EG des Europäischen Parlaments und des Rates vom 12. 7. 2002 über die Verarbeitung personenbezogener Daten und den Schutz der Privatsphäre in der elektronischen Kommunikation, Nr. 40; *Köhler/Lettl* WRP 2003, 1019, 1026.

382 Harte/Henning/*Ubber* UWG § 7 Rn 141; Hefermehl/*Köhler*/Bornkamm UWG § 7 Rn 57.

383 → ausführlich Rn 99; BGH GRUR 2000, 818, 819 – Telefonwerbung VI; BGHZ 141, 124, 126 ff; vgl. LG Hamburg MMR 2008, 859; OVG NW BeckRS 2008, 39 644; Hefermehl/*Köhler*/Bornkamm UWG § 7 Rn 47.

384 OVG NW BeckRS 2008, 39644; LG Hamburg MMR 2008, 859.

385 Harte/Henning/*Ubber* UWG § 7 Rn 127.

386 BGH NJW 2000, 2675.

387 OVG NW BeckRS 2008, 39644.

388 OLG Hamburg v. 4. 3. 2009, 5 U 260/08; → s. a. Rn 99.

389 *Köhler/Lettl* WRP 2003, 1019, 1027.

Das Begriffspaar „klar und eindeutig“ findet sich neben der hier besprochenen Vorschrift des Weiteren in § 4 Nr. 4 und in § 7 Abs. 3 S. 2.[390] Wann nach den Vorstellungen des Gesetzgebers im Einzelnen eine hinreichende Klarheit und Eindeutigkeit vorliegt, lässt sich dem Gesetz jedoch insgesamt nicht entnehmen.

a) Parallele Vorschriften: aa) Telemediengesetz (TMG). Der Gesetzgeber hat in 169 der Begründung zu § 4 Nr. 5 auf die bereits im Bereich der elektronischen Medien geltenden Bestimmungen der § 10 Abs. 4 Nr. 4 MDStV und § 7 Nr. 4 TDG verwiesen.[391] Der MDStV und das TDG wurden am 1. 3. 2007 durch das TMG abgelöst und die genannten Normen durch den inhaltsgleichen § 6 Abs. 1 Nr. 4 TMG ersetzt, der folgende Regelung enthält: „Preisausschreiben oder Gewinnspiele mit Werbecharakter müssen klar als solche erkennbar und die Teilnahmebedingungen leicht zugänglich sein sowie klar und unzweideutig angegeben werden.“ Der Wortlaut des § 4 Nr. 5 weicht von dem vorzitierten Gesetzestext im TMG in dreierlei Hinsicht ab:

Im TMG ist über den Normgehalt des § 4 Nr. 5 hinaus geregelt, dass Preisausschreiben 170 oder Gewinnspiele mit Werbecharakter **„klar als solche erkennbar“** sein müssen. Die Berücksichtigung dieses Tatbestandsmerkmals in § 4 Nr. 5 erübrigt sich jedoch, weil eine entsprechende allgemeine Regelung in § 4 Nr. 3 enthalten ist. Danach sind sämtliche Wettbewerbshandlungen – also auch die in § 4 Nr. 5 näher angesprochenen Preisausschreiben/Gewinnspiele – unlauter, wenn deren Werbecharakter verschleiert wird. Es ist insoweit für Preisausschreiben/Gewinnspiele auf die Erläuterungen zu § 4 Nr. 3 zu verweisen.[392]

Eine weitere Divergenz im Gesetzeswortlaut findet sich dahingehend, dass statt des im 171 TMG verwendeten Begriffs „unzweideutig“ in § 4 Nr. 5 der Begriff **„eindeutig“** verwendet wird. Der Referentenentwurf zu § 4 Nr. 5 enthielt noch den Begriff „unzweideutig“. Hieraus lässt sich indes nicht die Intention eines unterschiedlichen Regelungsgehalts entnehmen, denn die Begriffsinhalte sind identisch.

Letztlich fehlt im Gesetzestext des § 4 Nr. 5 die im TMG enthaltene Regelung, wonach 172 die „Teilnahmebedingungen **leicht zugänglich** sein“ müssen. Das Erfordernis der leichten Zugänglichkeit gründet sich auf die besondere Gefahr, die sich im Zusammenhang mit der Nutzung dieser unterschiedlichen Kommunikationsmedien ergibt, weil die Informationen nicht – wie zB bei den Printmedien – in räumlicher Nähe zueinander stehen. Sobald Preisausschreiben oder Gewinnspiele über Tele- oder Mediendienste beworben oder vertrieben werden, greift die hierfür geltende Spezialnorm mit der Folge, dass auf Grund der spezifischen Übermittlung und der damit verbundenen Gefahren strengere und spezielle Anforderungen nach der dortigen gesetzlichen Vorschrift zu stellen sind.[393]

Der am 1. 3. 2007 außer Kraft getretene **MDStV** sowie der 6. Rundfunk-Änderungs- 173 staatsvertrag (RÄStV) vom 1. 7. 2002, durch den die Informationspflichten in den MDStV eingefügt wurden, enthalten ebenfalls keine Anhaltspunkte für eine weitergehende Auslegung des Tatbestandsmerkmals „klar und eindeutig“. In der Begründung zum 6. RÄStV wird hinsichtlich der Aufnahme des Transparenzgebotes für Preisausschreiben oder Gewinnspiele im MDStV auf die diesbezüglichen Regelungen in § 1 UWG aF und die hierzu ergangene Rechtsprechung verwiesen.[394] Daher enthält diese Norm keine weiterreichenden Interpretationsansätze.

Der inzwischen außer Kraft getretene **§ 7 Nr. 4 TDG** ist durch das Gesetz über rechtliche 174 Rahmenbedingungen für den elektronischen Geschäftsverkehr (elektronischer Geschäftsverkehr-Gesetz-EGG) in das TDG eingefügt worden. Somit ist für die Auslegung der Inhalte von § 7 Nr. 4 TDG die Begründung des Gesetzgebers zum EGG[395] heranzuziehen. Das EGG enthält lediglich für den Begriff „klar“ eine Erläuterung. Unter einer „klaren“ Information

---

390 → § 4–4 Rn 29 ff.
391 BT-Drucks. 15/1487 S. 18 li. Sp.
392 → § 4–3 Rn 14 ff.
393 → Rn 198 ff.
394 *Sack* WRP 2001, 1408, 1423.
395 BT-Drucks. 14/6098 S. 22 li. Sp.

versteht der Gesetzgeber eine solche, die **„ohne Aufwand wahrnehmbar"** ist.[396] Die Möglichkeit, die Teilnahmebedingungen ohne Aufwand wahrnehmen zu können, ist eine Eigenschaft, die sich auf die **äußere Erkennbarkeit** bezieht. Die Erläuterung zum EGG als Auslegungskriterium für § 7 Nr. 4 TDG und die Bezugnahme in der Begründung zu § 4 Nr. 5 legen es somit nahe, den Begriff der Klarheit auch in § 4 Nr. 5 auf **die äußere Gestaltung und Darstellung der Teilnahmebedingungen** zu beziehen.

175 **bb) § 1 Abs. 5 Verordnung über Preisangaben (PAngV).** Der ebenfalls dem Verbraucherschutz dienende § 1 Abs. 5 PAngV[397] verpflichtet die Anbieter von Waren oder Leistungen ihrem Angebot oder in der Werbung die nach der PAngV vorgeschriebenen Angaben eindeutig zuzuordnen sowie leicht erkennbar und deutlich lesbar oder sonst gut wahrnehmbar zu machen. Zwar weichen die Bestimmungen von § 4 Nr. 5 sowie § 1 Abs. 5 PAngV im Wortlaut voneinander ab. Inhaltlich lassen sich jedoch keine Rückschlüsse, insbesondere Gegenschlüsse, aus der unterschiedlichen Begriffswahl ziehen. Alle im Katalog von § 1 Abs. 5 PAngV aufgeführten Kriterien beziehen sich auf die sinnliche Wahrnehmbarkeit und damit auf die äußere Gestaltung der Preisangabe und ihre Zuordnung zum beworbenen Produkt. Die zu dieser Vorschrift ergangene Rechtsprechung[398] lässt sich daher durchaus als Auslegungshilfe und Richtschnur für das in § 4 Nr. 5 enthaltene Gebot der Klarheit entsprechend heranziehen.

176 **cc) § 307 Abs. 1 S. 2 BGB, § 312c Abs. 1 BGB.** Für die Auslegung des Begriffspaars „klar und eindeutig" geeignet ist ferner eine zumindest entsprechende Anwendung der zum Transparenzgebot des **§ 307 Abs. 1 S. 2 BGB** (bzw. früher § 9 AGBG) entwickelten Rechtsprechung.[399] Danach kann sich eine unangemessene Benachteiligung daraus ergeben, dass eine Bestimmung in AGB nicht klar und verständlich ist. Diesen zivilrechtlichen Normen liegt eine vergleichbare Interessen- und Regelungssituation zu Grunde: Wie in § 4 Nr. 5 wird hier den angesprochenen Verkehrskreisen unter bestimmten, vom Anbieter vorgegebenen Bedingungen ein Angebot unterbreitet. Des Weiteren verfolgen UWG und § 307 Abs. 1 S. 2 BGB[400] eine gleichgelagerte Zielrichtung, nämlich einerseits den Schutz des mit den AGB konfrontierten Vertragspartners und in § 4 Nr. 5 den Schutz der mit den Teilnahmebedingungen konfrontierten Verkehrsbeteiligten.

177 Auch im Bericht der EG-Kommission über die Anwendung der Richtlinie 1993/13/EWG (AGB-RL) vom 5. 4. 1993,[401] durch die das vormalige AGBG novelliert wurde, heißt es in Bezug auf Art. 5 der AGB-RL, der Transparenzgrundsatz solle dafür sorgen, „dass der Verbraucher vor Abschluss eines Vertrages die Möglichkeit erhält, **alle nötigen Informationen** einzusehen, **um seine Entscheidung in Kenntnis aller Umstände zu fällen".** Diese Begründung entspricht sinngemäß der Begründung des deutschen Gesetzgebers für die Schutzzweckbestimmung in § 1. Dort heißt es wörtlich: „Geschützt werden insbesondere die Angebotsfreiheit der Wettbewerber und **die Entscheidungsfreiheit der Verbraucher.**"[402]

178 Auch auf einseitige Rechtsgeschäfte sind die Regelungen über die Allgemeinen Geschäftsbedingungen entsprechend anwendbar, wenn die Klauseln auf einer Vorformulierung des Verwenders beruhen; Art und Rechtsnatur des Vertrages sind gleichgültig.[403] Erfasst werden auch Teilnahmebedingungen für Gewinnzusagen nach § 661a BGB.[404]

---

396 BT-Drucks. 14/6098 S. 22 li. Sp.

397 *Völker* 2002 Einl. PAngV Rn 3.

398 Vgl. dazu *Völker* 2002 § 1 Rn 117 ff mwN.

399 OLG Karlsruhe NJW-RR 1988, 302, 303 noch zum AGBG; Ulmer/Brandner/Hensen/*Ulmer* BGB § 305 Rn 16; Palandt/*Heinrichs* BGB § 305 Rn 4, vgl. dazu außerdem § 312c Abs. 1 BGB.

400 Vgl. Palandt/*Heinrichs* BGB Überbl. vor § 305 Rn 8.

401 RL 1993/13/EWG des Rates vom 5. 4. 1993 über missbräuchliche Klauseln in Verbraucherverträgen, ABl. EG Nr. L 95 S. 29.

402 BT-Drucks. 15/1487 S. 13 re. Sp.

403 Ulmer/Brandner/Hensen/*Ulmer* BGB § 305 Rn 16.

404 Palandt/*Heinrichs* BGB § 305 Rn 4 mit Hinweis auf OLG Karlsruhe NJW-RR 1988, 302, 303.

Im Ergebnis sind angesichts der Ähnlichkeit der Interessenlage und der den gesetzlichen Regelungen zu Grunde liegenden Schutzgedanken damit die in der **Rechtsprechung zum Transparenzgebot im Recht der Allgemeinen Geschäftsbedingungen** entwickelten Grundsätze bei der Auslegung des Transparenzgebotes nach § 4 Nr. 5 entsprechend heranzuziehen. Auch die Regelungen über die Allgemeinen Geschäftsbedingungen und die hierzu ergangene Rechtsprechung enthalten – soweit ersichtlich – keine Definitionen für die einzelnen Begriffe „klar" einerseits und „verständlich" andererseits. Das Begriffspaar „klar und verständlich" aus § 307 Abs. 1 S. 2 BGB wird vielmehr in seiner Gesamtheit dahingehend verstanden, dass die Bedingungen einem sorgfältig handelnden Verkehrsteilnehmer Gewissheit über Inhalt und Umfang seiner Rechte und Pflichten, einschließlich der Hauptleistungen, verschaffen bzw. dass sie der rechtsunkundige Durchschnittsverbraucher nachvollziehen kann.[405] Entsprechendes wird man für die Merkmale „klar und eindeutig" in § 4 Nr. 5 hinsichtlich der vom angesprochenen Interessenten erwarteten Teilnahmeleistung und der angekündigten Gewinne fordern müssen. 179

b) Vorschlag für Begriffsbestimmung: Für die formale Abgrenzung des Begriffspaares „klar und eindeutig" gemäß § 4 Nr. 5 ist somit folgende Differenzierung vorzuschlagen[406]: 180

aa) Klarheit. Unter dem Begriff **„klar"** ist in Bezugnahme auf die Begründung zum EGG[407] die **äußere Gestaltung und Darstellung** der Teilnahmebedingungen zu verstehen. Der Voraussetzung hinreichender Klarheit ist dann Genüge getan, wenn die Möglichkeit einer einfachen und effektiven optischen Wahrnehmung besteht.[408] Hierzu gehört auch, dass die Teilnahmebedingungen bereits äußerlich als solche erkennbar sind.[409] Diejenigen Fälle, welche die Rechtsprechung zum UWG aF unter das Unlauterkeitsmerkmal der Täuschung des Publikums auf Grund einer irreführenden äußeren Gestaltung und Darstellung gefasst hat, sind zukünftig als Verstoß gegen den **Klarheitsgrundsatz** aus § 4 Nr. 5 zu werten, wenn es sich um einen Sachverhalt handelt, der in den Teilnahmebedingungen anzugeben ist. Für Sachverhalte außerhalb der Teilnahmebedingungen gelten die Auffangnorm des § 4 Nr. 1 oder der Irreführungstatbestand nach § 5. 181

Ob eine hinreichende Klarheit der Teilnahmebedingungen gegeben ist, entscheidet sich in einer **Gesamtschau** der jeweiligen Gegebenheiten des **Einzelfalles** und in Abhängigkeit davon, ob die **Gesamtaufmachung** der Preisausschreiben-/Gewinnspielpräsentation blickfangmäßige Elemente[410] enthält, welche die Darstellung der Teilnahmebedingungen so weit in den Hintergrund treten lassen, dass sie für die angesprochenen Verkehrskreise nicht ohne weiteres und unschwer als Teilnahmebedingungen erkennbar und als solche lesbar sind. 182

Im Einzelnen: Welche Anforderungen im Einzelnen an die Klarheit von Teilnahmebedingungen gestellt werden, lässt sich anhand der Rechtsprechung eingrenzen, die zur **Darstellung von Teilnahmebedingungen** – aber auch zu anderen, für wesentlich erachteten Informationen in der Werbung – nach dem UWG aF ergangen ist: 183

Allgemein ist zunächst festzustellen, dass die Angaben über die Teilnahmebedingungen[411] nicht in einer **bestimmten zusammenfassenden Form** (zB in einem separaten Kasten) wiedergegeben werden müssen. Da die Teilnahmebedingungen keinen vom Gesetzgeber fixierten **Kriterienkatalog** bilden, sondern je nach konkreter Ausgestaltung der Preisausschreiben/Gewinnspiele inhaltlich unterschiedliche Angaben umfassen können,[412] ist es 184

---

405 BGHZ 116, 1, 3f; *Haas/Schäfer* Kap. 8 Rn 30.

406 Die von Teilen der Literatur so auch ausdrücklich übernommen wurde: MünchKomm/*Leible* UWG § 4 Nr. 5 Rn 51ff; wohl auch Hefermehl/*Köhler*/Bornkamm UWG § 4 Rn 5.13.

407 → Rn 174.

408 Vgl. insoweit die Ausführungen zu § 6 TDG (jetzt § 5 TMG) von *Hoenike/Hülsdunk* MMR 2002, 415, 417.

409 MünchKomm/*Leible* UWG § 4 Nr. 5 Rn 51; LG Köln v. 1. 2. 2005, 33 O 303/04.

410 Vgl. auch *Seichter* in: Ullmann jurisPK-UWG § 4 Nr. 5 Rn 24, der die Grundsätze der Blickfangwerbung heranziehen will.

411 → Rn 140ff.

412 → Rn 140ff.

ebenso üblich wie rechtlich beanstandungsfrei, wenn einzelne Kriterien aus dem Katalog der Teilnahmebedingungen an unterschiedlichen Stellen der Preisausschreiben/Gewinnspielauslobung wiedergegeben werden. So sind meist die Gewinne prominent herausgestellt und beschrieben und der Veranstalter unübersehbar beworben. Hinsichtlich der Anforderungen an die Klarheit der Teilnahmebedingungen ist lediglich zu fordern, dass die notwendigen Informationen insgesamt hinreichend **vollständig, deutlich und erkennbar sowie im Zusammenhang** mit dem Preisausschreiben/Gewinnspiel wiedergegeben sind.

185 Die Teilnahmebedingungen müssen **leicht erkennbar** sein. Der aufgeklärte Verbraucher sollte sie ohne Suchen als solche erkennen können.[413] Sie müssen auch äußerlich in einer Beziehung zum Preisausschreiben/Gewinnspiel stehen, dürfen also nicht durch einen Text- oder Bildteil, der mit dem Preisausschreiben/Gewinnspiel keine inhaltliche oder sachliche Verbindung hat, räumlich getrennt sein. Ob dies anders zu sehen ist, wenn innerhalb des Preisausschreibens/Gewinnspiels durch einen deutlichen Sternchenhinweis auf die an anderer Stelle abgedruckten Teilnahmebedingungen verwiesen wird, ist eine Frage des Einzelfalls. Nicht hinreichend klar ist jedenfalls die Angabe der Teilnahmebedingungen, wenn sie bei einem Faltblatt auf der Rückseite des an den Veranstalter zurückzusendenden Zertifikats abgedruckt sind.[414]

186 Nicht den Voraussetzungen der Klarheit im Sinne des § 4 Nr. 5 dürfte es entsprechen, wenn im Rahmen eines werblichen Gewinnspiels auf Teilnahmebedingungen verwiesen wird, die an **unüblicher und unzugänglicher Stelle,** zB auf der Innenseite der Versandtasche der Werbesendung, abgedruckt sind.[415] Dort können sie nur dann wahrgenommen werden, wenn die Versandtasche aufgerissen und damit zerstört wird. Der Veranstalter kann nicht davon ausgehen, dass die dergestalt wiedergegebenen Teilnahmebedingungen in hinreichendem Umfang von den Verkehrskreisen wahrgenommen werden.

187 Ferner ist dem Gebot der Klarheit nicht Genüge getan, wenn die Teilnahmebedingungen als einziger Text in der Informationsschrift über die Preisausschreiben oder Gewinnspiele **nicht waagerecht, sondern senkrecht,** also parallel zum Seitenrand gedruckt sind, so dass der Leser die Information um 90 Grad drehen muss, um den Inhalt zur Kenntnis nehmen zu können, und wenn dieser Text gleichzeitig in **wesentlich kleinerer Schrift** wiedergegeben ist, als die sonstigen Informationen.[416] Werden die Teilnahmebedingungen aber in einem separaten Kasten abgedruckt, auf den (ggf. durch Sternchenhinweis)[417] ausreichend klar hingewiesen wird, führt auch die Verwendung einer kleineren Schriftgröße als jener der anderen Textteile nicht ohne weiteres zur Rechtswidrigkeit.[418]

188 Die Klarheit der Teilnahmebedingungen kann andererseits dadurch beeinträchtigt werden, dass sie in ihrer **Schriftgröße** deutlich kleiner wiedergegeben sind, als die anderen Angaben. Rücken die Teilnahmebedingungen hierdurch so weit in den Hintergrund, dass sie „optisch erdrückt" werden, ohne dass dem durch einen deutlichen Hinweis (zB der fett gedruckten Überschrift „Teilnahmebedingungen", farbliche Unterlegung, Einrahmung) ausreichend entgegengewirkt wird, dürfte dies dem Erfordernis der Klarheit nicht entsprechen. Der Text der Teilnahmebedingungen muss deutlich und aus einer üblichen Entfernung mit normaler Sehkraft und ohne Mühe lesbar sein.[419]

189 Die strengen Anforderungen, die das Heilmittelwerbegesetz (§ 4 Abs. 4 HWG) an die Darstellung der Pflichtangaben stellt,[420] wird man nicht als Leitbild für die Klarheit der Angabe von Teilnahmebedingungen zu Grunde legen können. Insbesondere wird man keine feste Untergrenze der Schriftgröße (wie vom BGH für die Pflichtangaben nach

413 Vgl. zum Preisangabenrecht OLG Düsseldorf WRP 1988, 40, 42.
414 BGH GRUR 1989, 434, 436 – Gewinnspiel.
415 OLG Hamburg MD 2002, 866, 871.
416 Vgl. zur Unzulässigkeit eines Kopplungsangebots BGH GRUR 2002, 979, 982 – Kopplungsangebot II.
417 OLG Stuttgart WRP 1984, 170, 171 – Sternchenwerbung.
418 BGH GRUR 2002, 976, 979 – Kopplungsangebot I.
419 Vgl. zum Preisangabenrecht OVG Rheinland-Pfalz GRUR 1983, 458, 458.
420 Vgl. hierzu BGH GRUR 1993, 52 – Lesbarkeit IV.

HWG mit 6 Didot-Punkten gefordert)[421] verlangen können, denn das Schutzobjekt der Pflichtangaben gemäß HWG in Gestalt einer Warnung an den Verkehr vor gesundheitsschädlichen Nebenwirkungen des beworbenen Arzneimittels ist weit bedeutsamer als der Schutzzweck der Regelung in § 4 Nr. 5. Ungeachtet der auf den Einzelfall bezogenen Beurteilung darf nicht übersehen werden, dass der BGH Schriftgrößen unterhalb der Grenze von 6-Didot-Punkten für einen normalsichtigen Betrachter und unter gewöhnlichen Sichtverhältnissen sowie ohne besondere Konzentration und Anstrengung als kaum mehr lesbar bezeichnet hat.[422]

Ferner dürfte es nicht ausreichen, wenn unter dem Hinweis auf die Teilnahmebedingungen diese nicht oder nicht vollständig im erforderlichen Umfang[423] dargestellt werden, sondern stattdessen ein Hinweis aufgenommen ist, dass die **Teilnahmebedingungen von dritter Seite eingesehen** oder **von dort bezogen** werden können.[424] 190

bb) Eindeutigkeit. Der Begriff der **Eindeutigkeit** hingegen bezieht sich entsprechend der zum AGB-Recht entwickelten Grundsätze und in Übereinstimmung mit der zu § 1 UWG aF ergangenen Rechtsprechung auf die **inhaltliche Verständlichkeit und Bestimmtheit** der Teilnahmebedingungen.[425] Unter eindeutig versteht man Angaben, die nach dem Verständnis des durchschnittlich informierten, situationsadäquat aufmerksamen und verständigen Marktteilnehmers/Verbrauchers nicht in unterschiedlicher Hinsicht verstanden werden können.[426] Der Sinngehalt einer eindeutigen Aussage lässt nur eine Verständnismöglichkeit zu. Bei der Beurteilung, ob die Teilnahmebedingungen klar und eindeutig angegeben wurden, kommt es also nicht auf das subjektive Verständnis durch den konkreten Empfänger an. Zu beurteilen ist vielmehr, wie die Mitteilung aus **objektiver Empfängersicht** verstanden werden muss.[427] 191

Man mag bezweifeln, ob der Begriff der Eindeutigkeit am Verständnis des aufgeklärten Verbrauchers gemessen werden kann. Eindeutigkeit ist nämlich ein objektiver Parameter, der keine alternative, subjektiv geprägte Verständnismöglichkeit zulässt. Die Beantwortung dieser Frage ist aber eher akademischer Natur, denn wenn eine objektiv zweideutige Information vom relevanten Verbrauchertypus als eindeutig verstanden wird, dürfte eine Unlauterkeit mangels wettbewerblicher Relevanz im Sinne des § 3 nicht gegeben sein.[428] Jedenfalls gehen Zweifel – wie im Recht der AGB (§ 305c Abs. 2 BGB) vorgesehen – an der Eindeutigkeit der Teilnahmebedingungen **zu Lasten des Veranstalters.** 192

Die Eindeutigkeit des Inhalts der Teilnahmebedingungen setzt voraus, dass **über alle informationspflichtigen Merkmale**[429] verständlich informiert wird. Verständlich ist der Inhalt der Teilnahmebedingungen nur dann, wenn der Veranstalter vernünftigerweise erwarten kann, dass die angesprochenen Verkehrskreise die in den Teilnahmebedingungen wiedergegeben Informationen verstehen.[430] Die Fälle mangelnder Eindeutigkeit entsprechen im Ergebnis denjenigen Sachverhalten, welche die Rechtsprechung zum UWG aF unter das Unlauterkeitsmerkmal der **Täuschung über die Inhalte der Informationen** im Zusammenhang mit Preisausschreiben/Gewinnspielen gefasst hat.[431] 193

---

421 BGH GRUR 1988, 68, 70 – Lesbarkeit I.

422 Zum HWG BGH GRUR 1987, 301, 302 – 6-Punkt-Schrift.

423 → Rn 140 ff.

424 → Rn 121 f.

425 MünchKomm/*Leible* UWG § 4 Nr. 5 Rn 53; vgl. hierzu Palandt/*Heinrichs* BGB § 307 Rn 21 ff.

426 Hefermehl/*Köhler*/Bornkamm UWG § 4 Rn 5.13.

427 Vgl. BGH WRP 2004, 617, 618 – Gewinn-Mitteilung; vgl. auch *Hoenike/Hülsdunk* MMR 2002, 415, 417.

428 Vgl. Hefermehl/*Köhler*/Bornkamm UWG § 5 Rn 2.70 mit Hinweis auf BGH GRUR 1957, 285, 286 – Erstes Kulmbacher.

429 → Rn 140 ff.

430 Vgl. *Hoenike/Hülsdunk* MMR 2002, 415, 417.

431 Vgl. hierzu zum UWG aF *Baumbach/Hefermehl* UWG 22. Aufl. § 1 Rn 152; *Köhler/Piper* UWG 3. Aufl. § 1 Rn 331; *v. Gamm* 1987 Kap. 27 Rn 13.

194 **Mangelnde Eindeutigkeit** liegt immer dann vor, wenn die Teilnahmebedingungen oder einzelne, für die Entscheidung der angesprochenen Verkehrskreise hinsichtlich der Teilnahme bedeutsame Tatsachen missverständlich dargestellt werden. Hierzu gehören insbesondere die Fälle der sog. **mittelbaren Kopplung,** bei denen lediglich der **Eindruck einer Kopplung** erweckt wird, ohne dass tatsächlich eine Kopplung im Rechtssinne gegeben ist.[432] Die Fälle der Kopplung von Preisausschreiben/Gewinnspielen mit Waren-/Dienstleistungsbezug sind grundsätzlich in § 4 Nr. 6 geregelt. Die vermeintliche Kopplung ist allerdings dann unter § 4 Nr. 5 zu behandeln, wenn in den Teilnahmebedingungen nicht hinreichend klar und eindeutig auf bestehende **alternative Teilnahmemöglichkeiten** hingewiesen wird, welche die Wettbewerbswidrigkeit einer Kopplung gemäß § 4 Nr. 6 entfallen lassen.

195 **cc) Im Einzelnen.** Der Hinweis **„kein Kaufzwang"** ist nicht ohne weiteres geeignet, hinreichend deutlich den Eindruck der Kopplung auszuschließen.[433] Weist jedoch der Veranstalter mit **deutlich lesbaren Formulierungen** darauf hin, dass die Teilnahme nicht von einem Waren- oder Dienstleistungserwerb abhängig ist und der Teilnehmer auch ohne Kauf die gleichen Gewinnchancen hat, kann hierdurch dem Eindruck eines Kopplungsangebotes wirksam entgegengetreten werden.[434] Dies gilt insbesondere dann, wenn der Veranstalter **zusätzlich die Möglichkeit einer telefonischen Teilnahme** eröffnet und hierauf ausdrücklich und unmissverständlich in den Teilnahmebedingungen, die nicht allein auf dem Produkt oder der Verpackung abgedruckt sein dürfen, hinweist.

196 Der Hinweis, dass die Möglichkeit besteht, sich telefonisch – sogar mehrfach – über eine Mehrwertdienste-Rufnummer zum Preis von 1,21 DM pro Minute an einer Gratisverlosung zu beteiligen, wurde als **nicht geeignet** angesehen, den Eindruck der Kopplung zu beseitigen, wenn der Teilnahmeschein auf der Rückseite des Bestellscheins aufgedruckt ist.[435] Dies gilt auch dann, wenn die Möglichkeit der telefonischen Teilnahme als primäre Alternative im Verhältnis zur schriftlichen Teilnahme deutlich und besonders herausgestellt ist.[436] Nicht eindeutig ist eine Werbeaussage auch, wenn eine **unzutreffende Darstellung** durch eine weitere, klarstellende Angabe relativiert wird.[437] Auch die Verwendung von **Fachtermini** kann im Einzelfall dem Gebot der Eindeutigkeit zuwiderlaufen, wenn sie für das angesprochene Laien-Publikum nicht oder nicht ohne Einholung zusätzlicher Informationen verständlich sind. Ebenso sind die Teilnahmebedingungen nur dann eindeutig im Sinne des § 4 Nr. 5, wenn sie in der **Sprache** der vom Veranstalter angesprochenen **Zielgruppe** abgefasst sind. Wendet sich ein ausländischer Veranstalter an das deutsche Publikum, so ist nicht davon auszugehen, dass es ausreicht, die Teilnahmebedingungen in einer anderen Sprache abzufassen, auch wenn es sich um eine Weltsprache, zB Englisch oder Spanisch, handelt.[438]

197 **dd) Allgemein.** Ohne Bedeutung ist es, ob der Verbraucher die Informationen über die Teilnahmebedingungen auch **tatsächlich zur Kenntnis nimmt.**[439] Es ist daher nicht erforderlich, dass der Teilnehmer dem Veranstalter des Preisausschreibens/Gewinnspiels bestätigt, Einsicht in die Teilnahmebedingungen genommen zu haben, etwa durch Unterzeichnung einer entsprechenden Erklärung auf dem Teilnahmecoupon.

---

432 BGH WRP 1976, 100, 101 – Mars; MünchKomm/*Leible* UWG § 4 Nr. 5 Rn 56; Hefermehl/*Köhler*/Bornkamm UWG § 4 Rn 5.13; wohl auch *Piper/Ohly* UWG § 4.5 Rn 5; *v. Gamm* 1987 Kap. 27 Rn 12.

433 BGH GRUR 2005, 599, 600 – Traumcabrio; BGH WRP 1976, 172, 174 – Versandhandels-Preisausschreiben; OLG Hamburg MD 2002, 758, 764; MünchKomm/*Leible* UWG § 4 Nr. 5 Rn 56; Hefermehl/*Köhler*/Bornkamm UWG § 4 Rn 5.13.

434 BGH GRUR 2005, 599, 600 – Traumcabrio; OLG Hamburg MD 2002, 758, 764; → Rn 148, § 4–6 Rn 101.

435 OLG Hamburg MD 2002, 753, 754.

436 OLG Hamburg MD 2002, 753, 754.

437 BGH WRP 2000, 1402 – Falsche Herstellerpreisempfehlung; OLG Frankfurt MD 2002, 862, 863.

438 *Hoenike/Hülsdunk* MMR 2002, 415, 417.

439 *Henssler/Graf v. Westphalen/Brisch* Teil IV zu § 312 c BGB Rn 31 mit Bezug auf § 307 Abs. 1 S. 2.

IV. Besondere Anforderungen an das Klarheitsgebot bei Medien- und Telediensten

Ergänzend zu den vorbeschriebenen Transparenzerfordernissen gelten für **Medien- und Teledienste** besondere Regelungen in den hierzu ergangenen spezifischen Gesetzeswerken (insbesondere TMG, TKG etc.). Besondere Erwähnung finden Preisausschreiben und Gewinnspiele in § 6 Abs. 1 Nr. 4 TMG[440] und für den **Hörfunk- und Fernsehbereich** in § 8a des 10. RfÄStV. Die vorbezeichneten Normen entsprechen im Wesentlichen dem Transparenzgebot in § 4 Nr. 5 und regeln damit als leges speciales die dienstespezifischen Anforderungen an das Gebot der Klarheit und Unzweideutigkeit. 198

Für die Darstellung der Teilnahmebedingungen im Internet sind mittels analoger Anwendung der Rechtsprechung zur allgemeinen Kennzeichnungspflicht für Anbieter nach § 5 TMG darüber hinaus beispielhaft folgende Voraussetzungen zu erfüllen: 199

Die leicht erkennbare Wiedergabe im Sinne von § 5 TMG und somit die von § 4 Nr. 5 geforderte Klarheit setzt voraus, dass die Informationen **optisch leicht wahrnehmbar** sind. Hierzu sind eine sinnvolle Gliederung der Seiten erforderlich sowie die Verwendung weiterführender, durch entsprechende Oberbegriffe gekennzeichneter Links mit **verständlicher Terminologie.**[441] Insbesondere dürfen Teilnahmebedingungen bzw. der Link auf diese nicht derart platziert werden, dass ein vorheriges **Scrollen des Bildschirms** erforderlich ist.[442] Inwieweit die Bedenken hinsichtlich des Scrollens im Zusammenhang mit der Erfüllung der Transparenzerfordernisse und angesichts des neuen Verbraucherleitbildes sowie vor dem Hintergrund der wachsenden Vertrautheit der angesprochenen Verkehrskreise mit dem Medium des Internets ernsthaft aufrechterhalten werden können, erscheint zweifelhaft.[443] 200

Die im Rahmen der Darstellung der Teilnahmebedingungen erforderlichen Informationen können durch einen **Link** zur Verfügung gestellt werden.[444] Für die Bezeichnung eines solchen Links, um ihn hinreichend deutlich als Weg zu den geforderten Informationen zu kennzeichnen, gibt es keine gesetzlichen Vorgaben.[445] Erforderlich ist jedoch eine Terminologie, durch die der Nutzer leicht erkennt, dass er über diesen Weg zu den Angaben nach § 5 TMG gelangen kann.[446] Zweifelhaft erscheint, ob ein nicht eindeutig gekennzeichneter **doppelter Link** – wie bei der Anbieterkennzeichnung nach § 6 TMG[447] – dem Transparenzerfordernis genügt. Der Begriff „backstage" ist auch hier jedenfalls nicht ausreichend.[448] 201

---

440 *Hoeren/Sieber/Holznagel/Kibele* 2004 Teil 5 Rn 91 f.

441 OLG Hamburg MMR 2003, 105, 105.

442 OLG München NJW-RR 2004, 1345, 1345; *Hoenike/Hülsdunk* MMR 2002, 415, 417; so auch noch zum Fernabsatzgesetz *Mankowski* CR 2001, 767, 770.

443 So auch *Klute* Anm. zu OLG Hamburg MMR 2003, 105, 108.

444 *Ott* WRP 2003, 945, 947; *Aigner/Hofmann* MMR-Beilage 8/2001, 30, 33, dies gilt nunmehr auch für AGB, vgl. BGH NJW 2006, 2976, 2977.

445 *Ott* WRP 2003, 945, 948.

446 OLG Hamburg MMR 2003, 105, 105; *Ott* WRP 2003, 945, 949.

447 BGH WRP 2006, 1507, 1509; OLG München K&R 2004, 34, 35; OLG Hamburg MMR 2003, 105, 105.

448 OLG Hamburg ZUM 2003, 566, 568.

Kopplungsverbot bei Preisausschreiben und Gewinnspielen (§ 4 Nr. 6)

Übersicht

Rn

A. Einleitung **1**

I. Entstehungsgeschichte 6
1. Vorschläge der Arbeitsgruppe Unlauterer Wettbewerb 7
2. Referentenentwurf 11
3. Änderungsvorschläge des Bundesrates 12
4. Erste Änderung des UWG 15

II. Europäisches Gemeinschaftsrecht 16
1. Vorschlag einer Verkaufsförderungs-Verordnung 18
2. Richtlinie über unlautere Geschäftspraktiken 23
a) Entwicklung 24
b) Regelungen mit Bezug zu Gewinnspielen 26
3. Umsetzung der Richtlinie 27
4. Europarechtskonformität von § 4 Nr. 6 29
a) Diskussionsstand 29
b) Stellungnahme 33

III. Systematischer Überblick 37
1. Bisherige Rechtslage 38
2. Rechtsänderungen 41

B. Regelungsgehalt **42**

I. Sinn und Zweck der Regelung 42

II. Anwendungsbereich 47
1. Persönlich 47
2. Sachlich 49

III. Der Grundsatz des Kopplungsverbots 53
1. Das „Abhängigmachen der Teilnahme" 54
a) Eindruck der Kopplung 55
b) Psychischer Kaufzwang 57
c) Kopplung bei der Gewinnzuteilung 61
aa) Enge Auslegung 62
bb) Weite Auslegung 67
cc) Stellungnahme 70
2. Werbung 76
3. Kopplung mit dem Warenabsatz 78
a) Kopplung durch eigene oder Begünstigung Dritter 79
b) Unmittelbare Kopplung 84
c) Mittelbare Kopplung 91
4. Ausnahme: Alternative Teilnahmemöglichkeiten 95
a) Bestellschein 100
b) Teilnahmekarten 105
c) Post 108
d) Hotline/SMS 110
e) Internet 114
f) Alternative Lösungswege bei Preisausschreiben 116
5. Wertmäßige Bagatellgrenze 117
6. Beteiligung über Mehrwertdienste-Rufnummern 121
a) Bisherige Rechtslage 121
b) Neue Rechtslage 124
aa) Übliche Übermittlungskosten 127
bb) Anzahl der Teilnahmeversuche 132
cc) Grenze zum unerlaubten Glücksspiel 134

IV. Naturgemäße Verbindung 140
1. Auslegungsbedürftigkeit 141
a) Bedeutung der „naturgemäßen Verbindung" 142
b) Stellungnahme 146

Rn
2. Grenzen bei Preisausschreiben/Gewinnspielen der Presse 151
3. Preisausschreiben der Presse nach § 4 Nr. 6 154
4. Preisausschreiben und Gewinnspiele in kostenpflichtigen Angeboten 158
5. Ausblick 161
V. Rechtsfolgen 163

Schrifttum: *Amann/Lambsdorff,* Rechtsfragen in Wettbewerb und Werbung, Stand Juli 2003; *Apostolopoulos,* Neuere Entwicklungen im europäischen Lauterkeitsrecht: Problematische Aspekte und Vorschläge, WRP 2004, 841; *Bahr,* 0190-Telefonnummern und Gewinnspiele – Ein Verstoß gegen § 1 UWG?, WRP 2002, 501; *Becker/Ulbrich/Voß,* Tele-Gewinnspiele im „Hot-Button-Verfahren": Betrug durch Moderatoren?, MMR 2007, 149; *Böhm,* Telefonmehrwertdienste und unlautere Geschäftspraktiken, MMR 1998, 585; *Berlit,* Das „Traumcabrio": Preisausschreiben und Gewinnspiele im Lauterkeitsrecht, WRP 2005, 1213; *Berneke,* Zum Lauterkeitsrecht nach einer Aufhebung von Zugabeverordnung und Rabattgesetz, WRP 2001, 615; *Bolay,* Mehrwertgebührenpflichtige Gewinnspiele, 2008; *Cordes,* Die Gewährung von Zugaben und Rabatten und deren wettbewerbsrechtliche Grenzen nach Aufhebung von Zugabeverordnung und Rabattgesetz, WRP 2001, 867; *Demmel/Skrobotz,* Rechtsfragen der Nutzung von Premium-Rate-Diensten (0190er-Nummern), CR 1999, 561; *Eichmann/Sörup,* Das Telefongewinnspiel, MMR 2002, 142; *Engels/Salomon,* Vom Lauterkeitsrecht zum Verbraucherschutz: UWG-Reform 2003, WRP 2004, 32; *Ernst,* Das Zuschauerquiz im BGB zwischen Auslobung und Gewinnspiel, NJW 2006, 186; *Fezer,* Plädoyer für eine offensive Umsetzung der Richtlinie über unlautere Geschäftspraktiken in das deutsche UWG – Originärer Verbraucherschutz durch Lauterkeitsrecht als Paradigma der europäischen Rechtsharmonisierung, WRP 2006, 781; *ders.,* Das wettbewerbsrechtliche Vertragsauflösungsrecht in der UWG-Reform, WRP 2003, 127; *ders.,* Modernisierung des deutschen Rechts gegen den unlauteren Wettbewerb auf der Grundlage einer Europäisierung des Wettbewerbsrechts, WRP 2001, 989; *Gamerith,* Neue Herausforderungen für ein europäisches Lauterkeitsrecht, WRP 2003, 143; *Gerstenberg,* Der Kunde als Schatzgräber, WRP 1973, 444; *Glöckner,* Richtlinienvorschlag über unlautere Geschäftspraktiken, deutsches UWG oder die schwierige Umsetzung von europarechtlichen Generalklauseln, WRP 2004, 336; *Glöckner/Henning-Bodewig,* EG-Richtlinie über unlautere Geschäftspraktiken – Was wird aus dem „neuen" UWG?, WRP 2005, 1311; *Göhre,* Frischer Wind aus Brüssel?, WRP 2002, 36; *Haas,* Das neue Schuldrecht, 2002; *Hecker,* Die Richtlinie über unlautere Geschäftspraktiken: Einige Gedanken zu den „aggressiven Geschäftspraktiken" – Umsetzung in das deutsche Recht, WRP 2006, 640; *ders.,* Gekoppeltes Gewinnspiel oder naturgemäße Verbindung?, FS Bartenbach, 2005, S. 489; *Hecker/Ruttig,* „Versuchen Sie es noch einmal" – Telefon-Gewinnspiele im Rundfunk unter Einsatz von Mehrwertdienste-Rufnummern und ihre Beurteilung nach StGB und neuem UWG, GRUR 2005, 393; *Heermann,* Rabattgesetz und Zugabeverordnung ade!, WRP 2001, 855; *Heil,* Gewinnspiele – eine unendliche Geschichte?, WRP 1998, 839; *ders.,* Zur wettbewerbsrechtlichen Zulässigkeit von Gewinnspielen, WRP 1989, 647; *Henning-Bodewig,* Das Europäische Wettbewerbsrecht: Eine Zwischenbilanz, GRUR Int. 2002, 389; *dies.,* Das neue UWG – von Brüssler Gnaden?, FS Schricker, 2005, S. 705; *dies.,* Die Richtlinie 2005/29/EG über unlautere Geschäftspraktiken, GRUR Int 2005, 629; *Henssler/Graf von Westphalen,* Praxis der Schuldrechtsreform, 2002; *Hoß,* Rabattgesetz und Zugabeverordnung – Die Rechtslage nach der Aufhebung, MDR 2001, 1094; *Keßler/Micklitz,* Der Richtlinienvorschlag über unlautere Praktiken im binnenmarktinternen Geschäftsverkehr, BB 2003, 2073; *Köhler,* Zur Umsetzung der Richtlinie über unlautere Geschäftspraktiken, GRUR 2005, 793; *ders.,* Die „Bagatellklausel" in § 3 UWG, GRUR 2005, 1; *ders.,* UWG-Reform und Verbraucherschutz, GRUR 2003, 265; *ders.,* Zum Anwendungsbereich der §§ 1 und 3 UWG nach Aufhebung von RabattG und ZugabeVO, GRUR 2001, 1067; *ders.,* Die UWG-Novelle 2008, WRP 2009, 109; *ders./Bornkamm/Henning-Bodewig,* Vorschlag für eine Richtlinie zum Lauterkeitsrecht und eine UWG-Reform, WRP 2002, 1317; *ders./Lettl,* Das geltende europäische Lauterkeitsrecht, der Vorschlag für eine EG-Richtlinie über unlautere Geschäftspraktiken und die UWG-Reform, WRP 2003, 1019; *Löffler/Wenzel,* Presserecht, Kommentar zu den Landespressegesetzen der Bundesrepublik Deutschland mit einem Besonderen Teil und einem Textanhang, 4. Aufl. 1997; *Lutz,* Veränderungen des Wettbewerbsrechts im Zuge der Richtlinie über unlautere Geschäftspraktiken, GRUR 2006, 908; *Management-Enzyklopädie,* Bd. 10: Das Managementwissen unserer Zeit, 2. Aufl. 1985; *Meller-Hannich,* Bestandsaufnahme und Bewertung der Ansprüche aus Gewinnzusagen, NJW 2006, 2516; *Noltenius,* Quizsendungen von „Neun Live" und der Tatbestand des Betruges", wistra 2008, 285; *Oppermann/Kilian,* Rechtsgrundsätze der Finanzierung öffentlich-rechtlichen Rundfunks in der dualen Rundfunkverfassung der Bundesrepublik Deutschland, 1989; *Ruttig,* „Verkaufsverlosung": Verkaufsförderung zwischen Gewinnspiel und Sonderangebot, WRP 2005, 925; *Schmits,* „Übertriebenes Anlocken" und psychologischer Kaufzwang durch Gewinnspiele?, NJW 2003, 3034; *Schricker/Henning-Bodewig,* Elemente einer Harmonisierung des Rechts des unlauteren Wettbewerbs in der Europäischen Union, WRP 2001, 1367; *Seichter,* Der Umsetzungsbedarf der Richtlinie über unlautere Geschäftspraktiken, WRP 2005, 1087; *Sosnitza,* Die Richtlinie über unlautere Geschäftspraktiken – Voll- oder Teilharmonisierung, WRP 2006, 1; *ders.,* Das Koordinatensystem des Rechts des unlauteren Wettbewerbs im Spannungsfeld zwischen Europa und Deutschland, GRUR 2003, 739; *Steindorff,* Unlauterer Wettbewerb im System des EG-Rechts, WRP 1993, 139; *Ullmann,* Das Koordinatensystem des Rechts des unlauteren Wettbewerbs im Spannungsfeld von Europa und Deutschland, GRUR 2003, 817; *Ulmer,* Der Begriff „Leistungswettbewerb" und seine Bedeutung für die Anwendung von GWB und UWG-Tatbeständen, GRUR 1977, 565; *Veelken,* Kundenfang gegenüber dem Verbraucher, WRP 2004, 1; *Vieregge/Stroth-*

mann, Preisausschreiben und Gewinnspiele als Werbemittel, FS Quack, 1991, S. 139; *Völker,* Preisangabenrecht, 2. Aufl. 2002; *Wimmer,* Spiele ohne Grenzen? – Reformbedarf bei der Aufsicht über TV-Gewinnspiele, MMR 2007, 417.

A. Einleitung

1 Die Vorschrift des § 4 Nr. 6 besaß vor 2004 kein Pendant im UWG. Die Rechtsprechung hat sich jedoch schon sehr früh mit der Veranstaltung von Preisausschreiben und Gewinnspielen befasst und es im Ergebnis nach der Generalklausel des § 1 UWG aF grundsätzlich für wettbewerbswidrig erachtet, die Teilnahme an Preisausschreiben oder Gewinnspielen an den Warenabsatz zu koppeln.[1]

2 Fragen im Zusammenhang mit der Veranstaltung von Preisausschreiben und Gewinnspielen haben die Rechtsprechung in den zurückliegenden 50 Jahren sehr häufig beschäftigt, da die Veranstaltung von Preisausschreiben/Gewinnspielen sowie die Werbung mit ihnen in besonderem Maße geeignet sind, den Absatz von Waren und Dienstleistungen zu fördern. Bereits 1973 stellte der BGH fest, dass sich der Absatz einer Ware durch die Veranstaltung eines Gewinnspiels um 20 bis 50% steigern lässt.[2] Solche kurzfristigen und kurzlebigen Umsatzzuwächse lassen sich auch heute noch – insbesondere im **Online-Handel** – erzielen.[3] Es wird sogar vermutet, dass die demographische Entwicklung sowie der Umstand, dass vermehrt Kinder als Käufer auftreten, dazu führen werden, dass die Bedeutung von Gewinnspielen als Werbemittel weiter steigt.[4]

3 Schon aus Gründen der Rechtsklarheit war es deshalb zu begrüßen, dass die in der Praxis überaus relevante Gewinnspielproblematik wenigstens ausschnittweise einer gesonderten Regelung zugeführt worden ist. Diese Klarheit hatte jedoch nur kurze Zeit Bestand. Da die Rechtsprechung bereits seit dem 12. 12. 2007 gezwungen war, das innerstaatliche Recht im **Sinne der Lauterkeitsrichtlinie** auszulegen, stellte sich dem Bundesgerichtshof die Frage, ob Art. 5 Abs. 2 der Richtlinie der Anwendung von § 4 Nr. 6 entgegenstehe. Der BGH hat diese Frage zwischenzeitlich dem EuGH zur Prüfung vorgelegt, weil er davon ausgeht, dass die Lauterkeitsrichtlinie zu einer **Vollharmonisierung** des Lauterkeitsrechts in ihrem Anwendungsbereich führe, wodurch es dem nationalen Gesetzgeber verwehrt sei, strengere Bestimmungen aufrechtzuerhalten oder neu zu schaffen.[5] Fraglich sei daher, ob der nationale Gesetzgeber über Sachverhalte hinaus, die in der sog. black list der Richtlinie als per-se-Verbote ausgestaltet sind, Regelungen einführen oder bestehen lassen dürfe, die unabhängig von der Gefährdung der Verbraucherinteressen im Einzelfall ein bestimmtes Verhalten generell untersagen.[6]

4 Durch diesen Vorlagebeschluss ist der Bestimmung des § 4 Nr. 6 die **praktische Wirksamkeit** genommen worden. Die Gerichte könnten dazu tendieren, in Verfahren, deren Ergebnis von der Beantwortung der Vorlagefrage abhängt, so lange auszusetzen, bis die Entscheidung des EuGH vorliegt. Bereits jetzt ist aber abzusehen, dass auch nach der EuGH-Entscheidung Fragen hinsichtlich der Unzulässigkeit von Gewinnspielkopplungen offen bleiben werden. Deshalb muss zum einen bereits gegenwärtig geprüft werden, ob ein Wettbewerbsverstoß im Falle einer Gewinnspielkopplung bereits auf andere Bestimmungen, etwa die §§ 3 Abs. 1, 4 Nr. 11 iVm § 284 Abs. 1 StGB gestützt werden kann.[7] Sollte

[1] BGH GRUR 1959, 138, 139 – Italienische Note; zuletzt BGH WRP 2004, 345, 347 – Umgekehrte Versteigerung im Internet; vgl. außerdem §§ 7, 11 Nr. 13 HWG sowie OLG Karlsruhe WRP 2001, 562, 565.

[2] BGH GRUR 1973, 591, 592 – Schatzjagd.

[3] *Schricker/Henning-Bodewig* WRP 2001, 1367, 1393 mit Hinweis auf die Rechtslage in Österreich öOGH GRUR Int. 1999, 181 – Hauptpreis.

[4] Hasselblatt/*Wulf* § 13 Rn 22.

[5] BGH GRUR 2008, 807, 810 – Millionen-Chance.

[6] So auch *Köhler* WRP 2009, 109, 114.

[7] → Rn 134 ff.

§ 4 Nr. 6 wegen seines strikten Verbotscharakters gegen Europarecht verstoßen, so ist außerdem fraglich, ob nicht bereits jetzt eine Gewinnspielkopplung im Einzelfall unter Berücksichtigung der Gefährdung der Verbraucherinteressen nach der Generalklausel des § 3 Abs. 2 unlauter ist. Bei Anwendung der Generalklausel wäre das Kopplungsverbot wieder (allein) der Entwicklung der Rechtsprechung zu § 3 Abs. 2 überantwortet.

Bereits bei der UWG-Reform 2004 hatte der Gesetzgeber erkannt, dass sich durch die neue Bestimmung weder alle bestehenden noch neue Einzelprobleme abschließend lösen lassen. Die Rechtsprechung ist daher auch weiterhin zur richterlichen Rechtsfortbildung aufgerufen. Nach dem Willen des Gesetzgebers sollte § 4 Nr. 6 als eine die neue Generalklausel des § 3 konkretisierende Vorschrift die Gerichte daran auch nicht hindern.[8] 5

I. Entstehungsgeschichte

Bereits in der 14. Legislaturperiode hatte die Bundesregierung in den Gesetzentwürfen zur Aufhebung des Rabattgesetzes und der Zugabeverordnung eine weitergehende **Liberalisierung des Wettbewerbsrechts** angekündigt. Vom Bundesjustizministerium wurde zu Beginn der 15. Legislaturperiode deshalb eine Arbeitsgruppe Unlauterer Wettbewerb eingesetzt, die unter anderem Vorschläge für die Fortentwicklung des nationalen und des europäischen Lauterkeitsrechts entwickeln sollte.[9] 6

1. Vorschläge der Arbeitsgruppe Unlauterer Wettbewerb

In ihrem vorbereitenden Gutachten für das Bundesjustizministerium schlugen erstmals *Schricker/Henning-Bodewig*[10] vor, das **Verbot der Kopplung** von zu Absatzzwecken veranstalteten Preisausschreiben/Gewinnspielen an den Erwerb von Waren oder an die Inanspruchnahme entgeltlicher Dienstleistungen gesetzlich zu regeln. Außerdem sollten in einer Regelung folgende, vom Gesetzgeber in § 4 Nr. 6 nicht weiter verfolgte Punkte berücksichtigt werden:[11] 7

- bei sog. Sweepstakes [Gewinnspielen] Verbot des Erweckens des Eindrucks (aus der Sicht des durchschnittlich verständigen Verbrauchers), die Zusendung eines Loses bedeute bereits den Gewinn;
- Verpflichtung des diesen Eindruck Erweckenden zur Aushändigung des angeblich gewonnenen Preises;
- (zivilrechtlicher) Anspruch auf Aushändigung gewonnener Preise;
- Rücksichtnahme auf besonders anfällige Zielgruppen (Kinder, Jugendliche).

Formal hat der Gesetzgeber die zweite und dritte Forderung in § 661 a BGB umgesetzt.[12] Die Werbung mit **vorgetäuschten Gewinnversprechen** dürfte dadurch deutlich unattraktiver geworden sein, insbesondere, da es auf das subjektive Verständnis vom Inhalt der Zusendung beim Empfänger nicht ankommt, dieser also das Gewinnversprechen sogar als bloßes Werbemittel durchschauen darf.[13] 8

Das von der Arbeitsgruppe anfänglich ebenfalls geforderte Verbot, den Eindruck zu erwecken, die Gewinnchancen könnten durch den Erwerb von Waren etc. vergrößert werden, dürfte – anders als nach dem UWG aF – nicht mehr dem Kopplungsverbot immanent sein.[14] Die Wettbewerbswidrigkeit solcher Veranstaltungen ist als Verstoß gegen die Pflicht 9

---

8 Begr. des Entwurfs eines Gesetzes gegen den unlauteren Wettbewerb (UWG), BT-Drucks. 15/1487 S. 13 li. Sp.

9 Vgl. *Göhre* WRP 2002, 36.

10 WRP 2001, 1367, 1394.

11 *Schricker/Henning-Bodewig* WRP 2001, 1367, 1394; aA *Fezer* WRP 2001, 989, 1008.

12 Vgl. dazu *Meller-Hannich* NJW 2006, 2516 ff.

13 BGH WRP 2004, 617, 618 – Gewinn-Mitteilung; LG Saarbrücken v. 25. 3. 2003, 1 O 429/00, nicht rechtskräftig; kritisch *Fezer* WRP 2003, 127, 133 ff; zur Verfassungsmäßigkeit der Norm BGH MD 2003, 1207, 1208 f.

14 Harte/Henning/*Bruhn* UWG § 4 Nr. 6 Rn 9.

zur Angabe klarer und eindeutiger Teilnahmebedingungen nach § 4 Nr. 5 zu beurteilen.[15] In diesem Zusammenhang kann nunmehr außerdem ein Verstoß gegen Nr. 16 des Anhangs zu § 3 Abs. 3 in Betracht kommen.[16]

10 In dem parallel von anderen Mitgliedern der Arbeitsgruppe Unlauterer Wettbewerb erarbeiteten „Vorschlag für eine Richtlinie zum Lauterkeitsrecht und eine UWG-Reform" fehlte eine konkrete Regelung der Kopplungsproblematik bei Gewinnspielen.[17] Das Kopplungsverbot von Preisausschreiben/Gewinnspielen mit dem Warenabsatz bzw. der Inanspruchnahme von Dienstleistungen hätte jedoch auch nach diesem Vorschlag der Arbeitsgruppe durch die Formulierung in § 4 Nr. 1 als „unsachlicher Einfluss auf die Entscheidungsfreiheit des Verbrauchers" die Voraussetzung der Unlauterkeit erfüllt.[18]

2. Referentenentwurf

11 Erstmals sah der Referentenentwurf vom 23. 1. 2003 in § 4 Nr. 7 UWG-Entwurf eine Bestimmung vor, die mit der jetzt in § 4 Nr. 6 getroffenen Regelung identisch ist. Es ist bemerkenswert, dass diese Entwurfsfassung angesichts der teilweise erst in der Begründung zu § 4 Nr. 6 enthaltenen Regelungen bei allen weiteren Beratungen der Gesetzesnovelle inhaltlich unverändert geblieben ist.

3. Änderungsvorschläge des Bundesrates

12 Die Änderungsvorschläge des Bundesrates zu § 4 Nr. 6 fanden dementsprechend keinen Eingang ins Gesetz. Erst aus der Stellungnahme der Bundesregierung bezüglich dieser Änderungsvorschläge wird aber der Regelungsumfang von § 4 Nr. 6 vollends deutlich. Der Bundesrat hatte angeregt, im weiteren Gesetzgebungsverfahren zu prüfen, ob der Tatbestand von § 4 Nr. 6 um die weiteren Fallgruppen zu ergänzen sei, in denen zu Zwecken des Wettbewerbs veranstaltete Preisausschreiben/Gewinnspiele nach der Rechtsprechung des BGH[19] wettbewerbswidrig sind.[20]

13 Die Bundesregierung hielt diesen Bedenken entgegen, dass eine Ergänzung des Beispielkatalogs von § 4 um weitere Fallgruppen wettbewerbswidriger Preisausschreiben/Gewinnspiele zwar denkbar sei. Von einer Ergänzung habe sie jedoch bewusst abgesehen, weil der geänderte Vorschlag der Europäischen Kommission für eine Verkaufsförderungs-Verordnung (VerkaufsförderungsVO)[21] es den Mitgliedstaaten verbiete, Gewinnspiele – mit Ausnahme des in § 4 Nr. 6 geregelten Kopplungsverbots – zu reglementieren. Auch wenn dieser Vorschlag der Europäischen Kommission im Rat keine Mehrheit gefunden habe, müsse mit einer entsprechenden europäischen Regelung gerechnet werden. Die vom Bundesrat angesprochenen Fallgruppen seien außerdem von § 3 erfasst.[22]

14 Der Bundesrat hatte weiter empfohlen, den Ausnahmetatbestand einer naturgemäßen Verbindung von Preisausschreiben/Gewinnspielen mit der Ware oder der Dienstleistung verständlicher und in einer Weise zu fassen, dass auch die Konstellation eines Gewinnspiels im Rundfunk erfasst wird, das Teil eines Unterhaltungsprogramms ist. Der Fall des Gewinnspiels im Radio lasse sich mit der vorgeschlagenen Formulierung kaum erfassen.[23]

---

[15] → § 4–5 Rn 143.
[16] → Nr. 16 Anhang Rn 21 ff.
[17] *Köhler/Bornkamm/Henning-Bodewig* WRP 2002, 1317, 1319.
[18] *Hecker* WRP 2006, 640, 643.
[19] BGH GRUR 2002, 976, 978 – Kopplungsangebot I.
[20] Stellungnahme des Bundesrates zum Entwurf eines Gesetzes gegen den unlauteren Wettbewerb (UWG), BT-Drucks. 15/1487 S. 30 re. Sp.
[21] Vgl. Art. 2 lit. i iVm Art. 3 § 4 Nr. 1 des geänderten Vorschlags der Kommission der Europäischen Gemeinschaften für eine VO des Europäischen Parlaments und des Rates über Verkaufsförderung im Binnenmarkt, KOM (2002) 585 endg. vom 25. 10. 2002; *Glöckner* WRP 2004, 936.
[22] Gegenäußerung der Bundesregierung, BT-Drucks. 15/1487 S. 41 li. Sp.
[23] Stellungnahme des Bundesrates zum Entwurf eines Gesetzes gegen den unlauteren Wettbewerb (UWG), BT-Drucks. 15/1487 S. 30 re. Sp.

Hierauf entgegnete die Bundesregierung, dass mit dem Ausnahmetatbestand nicht einseitig bestimmte Produkte wie etwa Rundfunksendungen privilegiert werden sollen, weshalb eine abstrakte Umschreibung erforderlich sei. Im Übrigen fielen die vom Bundesrat angesprochenen Gewinnspiele im Radio ohne weiteres unter den Ausnahmetatbestand, da sie naturgemäß voraussetzten, dass der Teilnehmer am Gewinnspiel die Sendung hört.[24]

4. Erste Änderung des UWG

15 Durch die Lauterkeitsrichtlinie sah sich der Gesetzgeber nicht dazu verpflichtet, § 4 Nr. 6 aufzugeben oder zu ändern.[25] Die Beschlussempfehlung und der Bericht des Rechtsausschusses vom 25. 11. 2008[26] zu dem Gesetzentwurf der Bundesregierung für ein Erstes Gesetz zur Änderung des Gesetzes gegen den unlauteren Wettbewerb[27] sahen ebenfalls keine Änderungen an § 4 Nr. 6 vor. Wie die Bundesregierung war auch der Rechtsausschuss der Auffassung, dass die mit dem Gesetz umzusetzende Richtlinie eine vollständige Rechtsangleichung vorsehe. Soweit das Schutzniveau des UWG im harmonisierten Bereich über dasjenige der Richtlinie hinausgehe oder dahinter zurückbleibe, werde das Gesetz der Richtlinie angepasst, soweit nicht Bereichsausnahmen oder andere Ausnahmen greifen. Der Bundesrat hat daher am 19. 12. 2008 – trotz anfänglicher Kritik[28] – beschlossen, den Gesetzentwurf mit den Änderungsvorschlägen des Rechtsausschusses anzunehmen.[29] Das an die Lauterkeitsrichtlinie angepasste UWG wurde am 29. 12. 2008 im Bundesgesetzblatt veröffentlicht und ist am 30. 12. 2008 in Kraft getreten.

II. Europäisches Gemeinschaftsrecht[30]

16 Am 11. 5. 2005 wurde die Richtlinie 2005/29/EG über unlautere Geschäftspraktiken im binnenmarktinternen Geschäftsverkehr zwischen Unternehmen und Verbrauchern[31] vom Europäischen Parlament und Rat verabschiedet; am 11. 6. 2005 wurde die Richtlinie im Amtsblatt der Europäischen Union veröffentlicht. Die für die Umsetzung der Lauterkeitsrichtlinie gesetzte Frist ist nach Art 19 Satz 1 der Richtlinie am 12. 6. 2007 abgelaufen. Nach Art. 19 Satz 3 Anhang I UGP-RL wären die Vorschriften, die zur Umsetzung der Richtlinie erforderlich sind, spätestens ab dem 12. 12. 2007 in Kraft zu setzen gewesen. Mangels fristgemäßer Umsetzung war das Lauterkeitsrecht damit seit dem 12. 12. 2007 richtlinienkonform auszulegen.[32]

17 Damit hat innerhalb der Europäischen Kommission die Generaldirektion Gesundheit und Verbraucherschutz (SANCO) das Rennen um die Harmonisierung des europäischen Lauterkeitsrechts für sich entschieden. Der Vorschlag einer VerkaufsförderungsVO[33] der Generaldirektion Binnenmarkt ist auf der Strecke geblieben und wurde zurückgenom-

---

24 Gegenäußerung der Bundesregierung, BT-Drucks. 15/1487 S. 41 li. Sp.

25 BT-Drucks. 16/10 145, S. 33 li. Sp.: „Dieses Transparenzgebot und Kopplungsverbot können neben dem Anhang zu § 3 Abs. 3 UWG-E beibehalten werden."

26 BT-Drucks. 16/11 070.

27 BT-Drucks. 16/10 145 vom 20. 8. 2008.

28 Vgl. BT-Drucks. 16/10 145 S. 37.

29 BR-Drucks. 901/08.

30 Zur Rechtslage in Österreich, der Schweiz sowie den USA vgl. *Beater* UWG § 16 Rn 26, 28.

31 Richtlinie 2005/29/EG des Europäischen Parlaments und des Rates vom 11. Mai 2005 über unlautere Geschäftspraktiken im binnenmarktinternen Geschäftsverkehr zwischen Unternehmen und Verbrauchern und zur Änderung der Richtlinie 84/450/EWG des Rates, der Richtlinien 97/7/EG, 98/27/EG und 2002/65/EG des Europäischen Parlaments und des Rates sowie der Verordnung (EG) Nr. 2006/2004 des Europäischen Parlaments und des Rates (Richtlinie über unlautere Geschäftspraktiken), ABl. EG 2005 Nr. L 149 S. 22.

32 BGH GRUR 2008, 807, 809 – Millionen-Chance mit Hinweis auf EuGH NJW 2006, 2465 – Adeneler/ELOG; BGH GRUR 1998, 824 – Testpreis-Angebot.

33 Geänderter Vorschlag für eine VO des Europäischen Parlaments und des Rates über Verkaufsförderung im Binnenmarkt, KOM(2002), 585 endg. vom 25. 10. 2002.

men.[34] Gescheitert ist der Verordnungsvorschlag letztlich unter anderem an der Uneinigkeit über die rechtliche Behandlung von Gewinnspielen.[35]

1. Vorschlag einer Verkaufsförderungs-Verordnung

18 Gestützt auf das Grünbuch über kommerzielle Kommunikation im Binnenmarkt[36] und das entsprechende Folgedokument[37] legte die Europäische Kommission im Jahre 2001 den ersten Entwurf einer VerkaufsförderungsVO vor.[38]

19 Die von der Generaldirektion Binnenmarkt erarbeitete Verordnung zielte von Anfang an auf Preisausschreiben und Gewinnspiele, die den Absatz von Waren und Dienstleistungen fördern sollen, jedoch nicht auf Glücksspiele ab.[39] Nach dem Willen der Kommission sollten Preisausschreiben und Gewinnspiele als **Teil verkaufsfördernder Aktionen** künftig nicht mehr von den Mitgliedstaaten generell verboten werden dürfen.[40] Solche Verbote seien unverhältnismäßig. Ein lauteres Verhalten der Marktteilnehmer könne über **Transparenzregelungen** erreicht werden, wenn dadurch sichergestellt werde, dass der Verbraucher ohne großen Aufwand entscheiden könne, ob das Verhältnis des Einsatzes zur Gewinnchance eine Teilnahme rechtfertige.[41]

20 Aus der Definition sowohl der Preisausschreiben als auch der Gewinnspiele in Art. 2 lit. h und lit. i des Kommissionsvorschlages folgte zunächst, dass diese auch dann nicht von den Mitgliedstaaten verboten werden durften, wenn die Teilnahme an die Verpflichtung zum vorherigen Kauf einer Ware oder Inanspruchnahme einer Dienstleistung gebunden ist. In den parlamentarischen Beratungen verlangte erstmals der Ausschuss für Umweltfragen, Volksgesundheit und Verbraucherpolitik, die Definition der Gewinnspiele so zu fassen, dass die Teilnahme von keinerlei Zahlung oder Kaufverpflichtung abhängig sein dürfe.[42] Begründet wurde diese Änderung wie folgt: „Die Abschaffung der kostenlosen Teilnahme am Spiel bedeutet, dass jeder Wirtschaftsteilnehmer außerhalb der nationalen Kontrollsysteme für Glücksspiele auf europäischer Ebene solche Spiele organisieren kann, bei denen der **Einsatz im Preis** des Produkts oder der Dienstleistung verborgen ist. In diesem Fall würde das beworbene Produkt oder die beworbene Dienstleistung zu einem einfachen Vorwand, um ein Glücksspiel hinter einer Verkaufsförderaktion zu verstecken. Deshalb ist es notwendig, die kostenlose Teilnahme an Gewinnspielen wieder einzuführen."[43]

21 Den entsprechenden Änderungsvorschlag hatte nicht nur das Europäische Parlament, sondern auch die Kommission aufgegriffen. In der Definition der Gewinnspiele war klargestellt, dass diese nicht „mit einer Verpflichtung zum vorherigen Kauf" verbunden sein dürfen.[44] Anders als der deutsche Gesetzgeber, der gekoppelte Preisausschreiben und Ge-

---

[34] ABl. EU Nr. Nr. C 64 vom 17. 3. 2006, S. 3.

[35] MünchKomm/*Leible* UWG § 4 Nr. 5 Rn 15.

[36] KOM (1996), 192 endg. vom 18. 5. 1996.

[37] Folgedokument zum Grünbuch über kommerzielle Kommunikation im Binnenmarkt, Mitteilung der Kommission, KOM (1998), 121 endg. vom 4. 3. 1998.

[38] Vorschlag für eine VO des Europäischen Parlaments und des Rates über Verkaufsförderung im Binnenmarkt, KOM (2001), 546 endg. vom 2. 10. 2001.

[39] Vgl. Vorschlag für eine VO des Europäischen Parlaments und des Rates über Verkaufsförderung im Binnenmarkt, KOM (2001), 546 endg. vom 2. 10. 2002, Nr. 7.

[40] Art. 3 Abs. 1, 1. Spiegelstrich des Vorschlags für eine VO des Europäischen Parlaments und des Rates über Verkaufsförderung im Binnenmarkt, KOM (2001), 546 endg. vom 2. 10. 2002.

[41] Mitteilung der Kommission „Verkaufsförderung im Binnenmarkt mit einem Vorschlag für eine VO des Europäischen Parlaments und des Rates über Verkaufsförderung im Binnenmarkt, KOM (2001), 546 endg. S. 14; einschränkend der deutsche Gesetzgeber, vgl. BT-Drucks. 15/1487 S. 20 li. Sp.; *Henning-Bodewig* GRUR Int. 2002, 389, 396 ff.

[42] Bericht über den Vorschlag für eine VO des Europäischen Parlaments und des Rates über Verkaufsförderung im Binnenmarkt, KOM (2001) 546 vom 10. 7. 2001, S. 66, 72.

[43] Bericht über den Vorschlag für eine VO des Europäischen Parlaments und des Rates über Verkaufsförderung im Binnenmarkt, KOM (2001) 546 vom 10. 7. 2001, S. 72.

[44] Vgl. außerdem die noch weitergehende Definition des Kompromissvorschlags der Ratspräsidentschaft vom 22. 4. 2004, Ratsdokument Nr. 8408/04 S. 9, 17. Der Vorschlag wurde von Deutschland abgelehnt und an den Ausschuss der Ständigen Vertreter überwiesen.

winnspiele wegen des übermäßigen aleatorischen Anreizes in § 4 Nr. 6 sanktioniert, lag für die Kommission der Regelungsgrund allein darin, **verdeckte Glücksspiele** zu verbieten.[45]

Die Definition der Preisausschreiben, einschließlich solcher mit Kopplung von Teilnahme und Warenabsatz, ist hingegen nicht in Frage gestellt worden. Hier wurde offenbar eine **Umgehungsgefahr des Glücksspielverbots** nicht gesehen und daher eine Einschränkung nicht für erforderlich erachtet. Die Folge wäre gewesen, dass über § 4 Nr. 6 das Damoklesschwert einer jedenfalls teilweisen Europarechtswidrigkeit geschwebt hätte, wenn die geänderte VerkaufsförderungsVO in ihrer alten Fassung verabschiedet worden wäre.[46] Dabei hatte bereits eine seinerzeitige Anhörung zum Grünbuch ergeben, dass die Mehrzahl der Mitgliedstaaten ein Verbot der Kopplung der Teilnahme an einem Gewinnspiel mit dem Bezug der Ware bzw. der Inanspruchnahme einer Dienstleistung kannte; für eine „umgekehrte Harmonisierung" hätte daher kein Bedarf bestanden.[47] In einem letzten überarbeiteten Kompromisstext zum geänderten Vorschlag für eine Verordnung über Verkaufsförderung im Binnenmarkt[48] wurden daher Gewinnspiele und Preisausschreiben vom Anwendungsbereich der Verordnung ausgenommen. § 4 Nr. 6 hätte damit, vorbehaltlich einer Überprüfung zwei Jahre nach Inkrafttreten der Verordnung, unverändert fortgelten können, da er nicht zum Regelungsbereich der Verordnung gehört hätte. 22

2. Richtlinie über unlautere Geschäftspraktiken

Durch die Richtlinie über unlautere Geschäftspraktiken soll eine Vollharmonisierung der verbraucherschützenden lauterkeitsrechtlichen Regeln in Europa erfolgen.[49] 23

a) Entwicklung. Parallel zum Vorschlag einer VerkaufsförderungsVO versuchte die Generaldirektion Gesundheit und Verbraucherschutz seit dem Jahr 2001[50] mit der Richtlinie über unlautere Geschäftspraktiken das Lauterkeitsrecht in einem **umfassenderen Ansatz** zu harmonisieren. Beide Rechtsinstitute standen sich diametral gegenüber:[51] Während die Verordnung nur bestimmte Verbote oder Beschränkungen hinsichtlich verkaufsfördernder Maßnahmen und den Verweis auf diese in kommerziellen Mitteilungen aufheben wollte, sollten von der Richtlinie allgemeine Anforderungen in Bezug auf irreführende Werbung und andere unlautere Geschäftspraktiken aufgestellt werden.[52] 24

Wie problematisch ursprünglich diese zwischen den Generaldirektionen nicht abgestimmte Rechtsentwicklung war, zeigt das Beispiel der **Wertreklame.** Der Richtlinienentwurf selbst ging in Art. 3 Abs. 5 davon aus, dass die Maßnahmen der Verkaufsförderung, also auch die Wertreklame, grundsätzlich von der VerkaufsförderungsVO erfasst werden. Die Richtlinie hätte hier allenfalls subsidiär gelten können. Zu einer solchermaßen ergänzenden Regelung ist es nicht gekommen. Die VerkaufsförderungsVO ist nicht weiterverfolgt worden. Die Lauterkeitsrichtlinie ist hingegen, wenn auch verspätet, zum 1. 1. 2009 in das UWG transformiert worden. Bereits seit dem 12. 12. 2007 war das UWG im Sinne der Richtlinie auszulegen, weil die Umsetzungsfrist nach Art 19 Satz 1 der Richtlinie am 12. 6. 2007 abgelaufen und nach Art. 19 Satz 3 der Richtlinie die Vorschriften, die zur 25

45 So Art. 2 lit. i des Geänderten Vorschlags für eine VO des Europäischen Parlaments und des Rates über Verkaufsförderung im Binnenmarkt, KOM (2002), 585 endg. vom 25. 10. 2002, S. 11.

46 Vgl. jedoch die Gegenäußerung der Bundesregierung zur Stellungnahme des Bundesrates, BT-Drucks. 15/1487 S. 41 li. Sp.

47 *Göhre* WRP 2002, 36, 41.

48 Ratsdokument 12498/04 vom 17. 9. 2004, Addendum; vgl. MünchKomm/*Leible* UWG § 4 Nr. 6 Rn 18.

49 BGH GRUR 2008, 807, 809 – Millionen Chance; *Fezer* WRP 2006, 781, 782; *Henning-Bodewig* FS Schricker S. 705, 709; *dies.* GRUR Int. 2005, 629, 630; *Glöckner/Henning-Bodewig* WRP 2005, 1311, 1332; *Köhler* GRUR 2005, 793, 798; einschränkend *Sosnitza* WRP 2006, 1.

50 Grundlage ist das Grünbuch zum Verbraucherschutz in der Europäischen Union, KOM (2001), 531 endg. vom 2. 10. 2001.

51 *Apostolopoulos* WRP 2004, 841, 842 mwH; kritisch auch *Keßler/Micklitz* BB 2003, 2073, 2078.

52 Vgl. zum Anwendungsbereich *Veelken* WRP 2004, 1, 3f.

Umsetzung der Richtlinie erforderlich sind, spätestens ab dem 12. 12. 2007 anzuwenden gewesen waren.[53]

26 **b) Regelungen mit Bezug zu Gewinnspielen.** Unmittelbaren Bezug zu Gewinnspielen weist die Richtlinie lediglich in Nr. 16, 19 und 31 der sog. black list (Geschäftspraktiken, die unter allen Umständen als unlauter gelten) auf. Als irreführende Geschäftspraxis ist nach Nr. 16 die Behauptung verboten, Produkte könnten die Gewinnchance bei Glücksspielen erhöhen.[54] Nach Nr. 19 zählt zu den irreführenden Geschäftspraktiken, wenn Wettbewerbe und Preisausschreiben angeboten werden, ohne dass die beschriebenen Preise oder ein angemessenes Äquivalent vergeben werden.[55] Als aggressive Geschäftspraxis im Sinne von Nr. 31 ist es anzusehen, wenn der falsche Eindruck erweckt wird, der Verbraucher habe bereits einen Preis gewonnen, werde einen Preis gewinnen oder werde durch eine bestimmte Handlung einen Preis oder einen sonstigen Vorteil gewinnen, obwohl es in Wirklichkeit keinen Preis oder sonstigen Vorteil gibt oder die Möglichkeit des Verbrauchers, Handlungen in Bezug auf die Inanspruchnahme des Preises oder eines sonstigen Vorteils vorzunehmen, in Wirklichkeit von der Zahlung eines Betrages oder der Übernahme von Kosten durch den Verbraucher abhängig gemacht wird.[56] Inwieweit Gewinnspiele darüber hinaus nach der Richtlinie unlauter sein können, hängt davon ab, in welchem Umfang eine Harmonisierung stattfinden soll und ob sich aus den Generalklauseln der Richtlinie ein § 4 Nr. 6 vergleichbares Verbot ableiten lässt.

3. Umsetzung der Richtlinie

27 In dem ersten Diskussionsentwurf des Bundesjustizministeriums zur Umsetzung der Richtlinie über unlautere Geschäftspraktiken vom 8. 5. 2007 blieb § 4 Nr. 6 unverändert. Über den neuen § 3 Abs. 2 wurde die sog. „black list" der Lauterkeitsrichtlinie, also diejenigen Fallkonstellationen, die keiner **Einzelfallbeurteilung** unterliegen, als Anhang in das UWG aufgenommen. In Nr. 16, 17 und 20 wurden die im Wortlaut modifizierten Verbote aus der „black list" in den Anhang übernommen. Zur Begründung hieß es, dass Nr. 16, 17 und 20 im Zusammenhang mit den Transparenzklauseln in § 4 Nr. 5 und 6 stehen und den drei Verboten ein Bezug zu Gewinnspielen und Preisausschreiben gemeinsam sei. Ein unzutreffender erster Begründungsansatz, wonach es zur Umsetzung der Richtlinie erforderlich sei, den Begriff des „Glücksspiels", wie er in Nr. 16 der black list verwendet werde, durch das Begriffspaar „Preisausschreiben und Gewinnspiele" zu ersetzen, wurde letztlich aufgegeben.

28 Obwohl § 4 Nr. 6 über die speziellen Irreführungstatbestände des Anhangs I der Richtlinie hinausgeht, ist der Gesetzgeber der Ansicht, dass das Kopplungsverbot neben dem Anhang zu § 3 Abs. 3 beibehalten werden könne. Denn die Kopplung von Gewinnen mit dem Waren- oder Dienstleistungsabsatz widerspreche den nach der Richtlinie zu beachtenden Erfordernissen der beruflichen Sorgfalt und sei darüber hinaus auch geeignet, das wirtschaftliche Verhalten der Verbraucher zu beeinflussen.[57]

4. Europarechtskonformität von § 4 Nr. 6

29 **a) Diskussionsstand.** Bereits im Vorfeld der Umsetzung der Lauterkeitsrichtlinie war im Schrifttum diskutiert worden, ob die Regelung des § 4 Nr. 6 aufrecht erhalten werden könne.[58] Ausgangspunkt der Überlegungen war auch hier, dass eine Kopplung des Erwerbs

---

[53] Vgl. BGH GRUR 2008, 807, 809 – Millionen -Chance.

[54] → Nr. 16 Anhang Rn 21 ff.

[55] → Nr. 20 ff Anhang Rn 19 ff.

[56] → Nr. 17 Anhang Rn 23 ff.

[57] Im Ergebnis ebenso *Hecker* WRP 2006, 640, 643; *Glöckner/Henning-Bodewig* WRP 2005, 1311, 1334 f; *Köhler* GRUR 2005, 793, 798 f; aA MünchKomm/*Leible* UWG § 4 Nr. 6 Rn 21; *Seichter* in: Ullmann jurisPK-UWG § 4 Nr. 6 Rn 6, *Seichter* WRP 2005, 1087, 1095.

[58] Vgl. dazu Zentrale zur Bekämpfung unlauteren Wettbewerbs e. V., Anmerkung zur Umsetzung der Richtlinie 2005/29/EG vom 8. 11. 2006, 18 f.

von Waren oder Dienstleistungen mit der Teilnahme an einem Gewinnspiel nicht gegen das Irreführungsverbot aus Art. 6 lit. f der Richtlinie verstoße und daher auch in den seltensten Fällen eine aggressive Geschäftspraxis im Sinne von Art. 8 lit. f darstellen düfte.[59] § 4 Nr. 6 wurde dennoch als richtlinienkonform bewertet,[60] weil die Bestimmung den Anforderungen der Generalklausel des Art. 5 der Richtlinie genüge. In der dem UWG-E vorausgehenden rechtswissenschaftlichen Debatte wurde ebenfalls angenommen, dass die in § 4 Nr. 6 normierte Kopplung den **„Erfordernissen der beruflichen Sorgfalt"** im Sinne des Art. 5 der Richtlinie widerspreche und die Norm daher fortbestehen könne. Bei der Gewinnspielkopplung gewinne nämlich die emotionale Ansprache und die unmittelbare Bindung der **aleatorischen Anreize** an den Warenerwerb eine die produktbezogene Verbraucherentscheidung stark oder gänzlich überlagernde Bedeutung.[61] Darüber hinaus ergebe sich die nach Art. 5 Abs. 2 lit. b der Richtlinie erforderliche Relevanz der Kopplung für die Verbraucherentscheidung aus den §§ 1, 3.

Angesichts des vormaligen europäischen Parallelvorhabens einer VerkaufsförderungsVO sollte außerdem davon auszugehen sein, dass mit der Richtlinie über unlautere Geschäftspraktiken keine abschließende Regelung über Verkaufsförderungsmaßnahmen getroffen werden sollte.[62] Die anfänglichen Zweifel am Grad der Vollharmonisierung, welche es den Mitgliedstaaten eröffnet hätte, über die Generalklausel in einzelnen Bereichen strengere Regelungen aufrecht zu erhalten, sofern es sich nicht um irreführende oder aggressive Geschäftspraktiken aus der black list handelt, dürften aber kaum aufrecht zu erhalten sein. Denn zum einen hat der Bundesgerichtshof dem EuGH nach Art. 234 EG die Frage vorgelegt, ob Art. 5 Abs. 2 der Richtlinie 2005/29/EG dahin auszulegen ist, dass „diese Vorschrift einer nationalen Regelung entgegensteht, nach der eine Geschäftspraxis, bei der die Teilnahme von Verbrauchern an einem Preisausschreiben oder Gewinnspiel vom Erwerb einer Ware oder von der Inanspruchnahme einer Dienstleistung abhängig ist, ohne dass es darauf ankommt, ob die Werbemaßnahme im Einzelfall Verbraucherinteressen beeinträchtigt."[63] 30

Zum anderen liegen sowohl die Schlussanträge von Generalanwältin *Trstenjak* in den verbundenen Rechtsachen **VTB-VAB NV** und **Galatea BVBA**[64] als auch zwischenzeitlich die Entscheidung des EuGH[65] vor, die sich mit der Frage der Vereinbarkeit des belgischen Verbots von Kopplungsangeboten genereller Art beschäftigen. Der EuGH kommt, wie die Generalanwältin vor ihm, zu dem Ergebnis, dass die Lauterkeitsrichtlinie einer nationalen Regelung wie Art. 54 des belgischen Gesetzes über die Handelspraktiken sowie die Aufklärung und den Schutz der Verbraucher entgegensteht, die – mit Ausnahme der im Gesetz abschließend aufgezählten Fälle – jedes **Kopplungsangebot** eines Verkäufers an einen Verbraucher verbietet, bei dem der entgeltliche oder kostenlose Erwerb von Waren, Dienstleitungen, etc. an den Erwerb sonstiger, selbst identischer Waren oder Dienstleistungen geknüpft ist – „und zwar ungeachtet der Umstände des Falles, insbesondere ungeachtet des Einflusses, den das konkrete Angebot auf den Durchschnittsverbraucher haben kann, und ungeachtet dessen, ob dieses Angebot unter den konkreten Umständen als der beruflichen Sorgfaltspflicht oder den lauteren Handelsbräuchen zuwiderlaufend anzusehen ist." 31

EuGH und Generalanwältin sehen den Verstoß gegen die Dienstleistungsfreiheit aus Art. 49 EG in Parallele zu einer Zugabeverbote betreffenden Entscheidung des EuGH[66] 32

---

59 *Hecker* WRP 2006, 640, 643.

60 *Hecker* WRP 2006, 640, 643; *Glöckner/Henning-Bodewig* WRP 2005, 1311, 1334f; *Köhler* GRUR 2005, 793, 798f; *Lutz* GRUR 2006, 908, 910; *Lehmler* in: Büscher/Dittmer/Schiwy UWG § 4 Nr. 6 Rn. 2; aA MünchKomm/Leible UWG § 4 Nr. 6 Rn 21; *Seichter* WRP 2005, 1087, 1095.

61 *Hecker* WRP 2006, 640, 643.

62 *Glöckner/Henning-Bodewig* WRP 2005, 1311, 1335; *Köhler* GRUR 2005, 793, 799.

63 BGH GRUR 2008, 807 – Millionen-Chance beim EuGH unter C-304/08.

64 Vom 21. 10. 2008 in den verb. Rs. C-261/07 und C-299/07.

65 EuGH v. 23. 4. 2009, verb. Rs. C-261/07, C-299/07 = GRUR 2009, 529ff.

66 EuGH Slg. 1982, 4575 – Oosthoek`s Uitgeversmaatschappij.

darin begründet, dass das Verbot nicht erforderlich sei, um das Ziel des Verbraucherschutzes zu erreichen. Der Schutz lasse sich auch mittels eines flexibleren und differenzierteren Ansatzes gewährleisten, „indem nur jene Kopplungsangebote verboten werden, die je nach den konkreten Umständen des Einzelfalls entweder als irreführend oder aggressiv zu beurteilen sind, das wirtschaftliche Verhalten des Durchschnittsverbrauchers wesentlich beeinflussen oder geeignet sind, es wesentlich zu beeinflussen." Die Richtlinie 2005/29 biete ein Vorbild für einen entsprechenden Ansatz, so die Argumentation der Generalanwältin. Der EuGH bestätigt, dass mit der UGP-RL eine vollständige Harmonisierung auf Gemeinschaftsebene stattgefunden hat. Daher dürfen die Mitgliedstaaten, wie dies in Art. 4 der Richtlinie ausdrücklich vorgesehen sei, keine strengeren als die in der Richtlinie festgelegten Maßnahmen erlassen, und zwar auch nicht, um ein höheres Verbraucherschutzniveau zu erreichen.[67]

33 **b) Stellungnahme.** Der EuGH ist den Schlussanträgen der Generalanwältin in den verb. Rs. C-261/07 und C-299/07 gefolgt. Es ist daher damit zu rechnen, dass der EuGH auch § 4 Nr. 6 für unverhältnismäßig befinden wird. Es ist zutreffend darauf hingewiesen worden, dass § 4 Nr. 6 nur noch „gerettet" werden kann, wenn der EuGH zu der Ansicht gelangen sollte, dass bei § 4 Nr. 6 – anders als bei den belgischen Kopplungsverboten – auch für jeden konkreten Einzelfall die Unlauterkeit nachgewiesen werden muss.[68] Den Charakter eines per se-Verbots könnte § 4 Nr. 6 die stets erforderliche Erheblichkeitsprüfung nach § 3 UWG sowie der Umstand nehmen, dass § 4 mehr Beispiele unlauterer Handlungen aufführt.[69] Auch eine Europarechtswidrigkeit von § 4 Nr. 6 würde aber im Gegenschluss nicht bedeuten, dass damit Gewinnspielkopplungen stets lauterkeitsrechtlich zulässig sind. Im Gegenteil wäre, wie unter Geltung von § 1 UWG aF, stets zu prüfen, ob die **Gewinnspielkopplung im Einzelfall** unlauter ist, etwa weil sie als zu aggressiv oder aber als nicht den Regeln der beruflichen Sorgfaltspflicht entsprechend anzusehen ist. Diese Prüfung anhand der Generalklausel des § 3 ist bereits heute vorzunehmen. Denn es kann kaum zweifelhaft sein, dass die übermäßige Ausnutzung des Spieltriebs dazu geeignet ist, die Fähigkeit des Verbrauchers einzuschränken, sich auf Grund von Informationen für oder gegen den Produkterwerb zu entscheiden. Bereits jetzt wird daher ganz überwiegend davon ausgegangen, dass eine Gewinnspielkopplung (stets) den Erfordernissen der beruflichen Sorgfalt widerspricht und außerdem geeignet ist, das wirtschaftliche Verhalten des Durchschnittsverbrauchers wesentlich zu beeinflussen.[70] Diese Auffassung hat zur Folge, dass die Wertungen gemäß § 4 Nr. 6 in § 3 zu übernehmen sind, wenngleich die Einzelfallbetrachtung in Ausnahmefällen zur Zulässigkeit der Gewinnspielkopplung führen kann. Angesichts der Tatsache, dass die gesetzgeberische Intention und die herrschende Ansicht in der Literatur davon ausgehen[71], dass eine Gewinnspielkopplung stets den Erfordernissen der beruflichen Sorgfalt widerspricht und außerdem geeignet ist, das wirtschaftliche Verhalten des Durchschnittsverbrauchers wesentlich zu beeinflussen, dürfte für die im Einzelfall zulässigen Gewinnspielkopplungen jedoch nur ein geringer Spielraum bestehen.

34 Gewonnen wäre durch die Abschaffung von § 4 Nr. 6 vielleicht ein höheres Maß an Flexibilität bei der Bewertung von Gewinnspielkopplungen. Auf der Strecke hingegen bliebe die durch § 4 Nr. 6 gewonnene Rechtssicherheit, weil die Frage der Zulässigkeit einer Gewinnspielkopplung damit (wieder) stets eine Einzelfallentscheidung erfordert.

---

[67] EuGH GRUR 2009, 599 Rn 52; so auch Schlussanträge GA in *Trstenjak* Rs. S-304/08, Rn 69.

[68] So *Dembowski* in: juris PR-WettbR 6/2009, Anm. 1.

[69] So *Dembowski* in: juris PR-WettbR 6/2009, Anm. 1.

[70] BT-Drucks. 16/10 145 S. 33 re. Sp.; Hefermehl/*Köhler*/Bornkamm UWG § 4 Rn 6.4; *Köhler* GRUR 2005, 793, 798f; *Hecker* WRP 2006, 640, 643; *Glöckner/Henning-Bodewig* WRP 2005, 1311, 1334f; *Lutz* GRUR 2006, 908, 910; *Lehmler* in: Büscher/Dittmer/Schiwy UWG § 4 Nr. 6 Rn 2; aA MünchKomm/Leible UWG § 4 Nr. 6 Rn 21; *Seichter* WRP 2005, 1087, 1095.

[71] BT-Drucks. 16/10 145 S. 33 re. Sp.; Hefermehl/*Köhler*/Bornkamm UWG § 4 Rn 6.4; *Köhler* GRUR 2005, 793, 798f; *Hecker* WRP 2006, 640, 643; *Glöckner/Henning-Bodewig* WRP 2005, 1311, 1334f; *Lutz* GRUR 2006, 908, 910; *Lehmler* in: Büscher/Dittmer/Schiwy UWG § 4 Nr. 6 Rn 2; aA MünchKomm/Leible UWG § 4 Nr. 6 Rn 21; *Seichter* WRP 2005, 1087, 1095.

35 Unabhängig davon, dass gewisse Ausgestaltungen von Gewinnspielkopplungen bei einer Einzelfallbetrachtung weiterhin nach § 3 Abs. 2 S. 1 unzulässig sein könnten, kommt parallel eine Unzulässigkeit über die §§ 3 Abs. 1, 4 Nr. 11 iVm § 284 StGB in Betracht, wenn das Gewinnspiel dadurch zum Glücksspiel mutiert, dass ein Teil des Kaufpreises als Einsatz verwendet wird, aus dem sich der mögliche Gewinn ergibt. Das Entgelt für die Teilnahme am ausgelobten **Glücks- oder Gewinnspiel** kann nämlich im Kaufpreis für eine Ware enthalten sein.[72] Wollte man annehmen – was naheliegt –, dass die im Zusammenhang mit dem vorausgesetzten Erwerb der Waren oder Dienstleistungen aufgebrachten Geldleistungen – jedenfalls auch in einem gewissen Umfang – dem Erwerb der Gewinnchance bei dem ausgelobten Glücksspiel dienen, wären diese nicht nur als Entgelt im Sinne des § 3 Abs. 1 S. 1 GlüStV, sondern auch als Einsatz im Sinne des § 284 StGB zu qualifizieren. Um hier Glücksspielveranstaltungen gleichsam durch die Hintertüre zu vermeiden, hatte der Vorschlag einer VerkaufsförderungsVO ein § 4 Nr. 6 entsprechendes Kopplungsverbot jedenfalls für den Einsatz von Gewinnspielen zum Zwecke der Verkaufsförderung vorgesehen.

36 Schließlich ist zu berücksichtigen, dass jedenfalls bestimmte Formen der Gewinnspielkopplungen durch Nr. 17 des Anhangs zu § 3 Abs. 3 sanktioniert sind und sich diese Bestimmung in ihrer letzten Tatbestandsvariante sogar als § 4 Nr. 6 entsprechendes Kopplungsverbot interpretieren ließe.[73]

III. Systematischer Überblick

37 § 4 Nr. 6 gehört zu den Beispielen, welche das allgemeine Verbot unlauterer Wettbewerbshandlungen aus der Generalklausel des § 3 konkretisieren. Neben den Tatbestandsvoraussetzungen von § 4 Nr. 6 müssen deshalb – wie bei den übrigen Regelbeispielen des § 4 – immer auch die Voraussetzungen von § 3 vorliegen, um eine Maßnahme als wettbewerbswidrig zu beurteilen.[74] Bei einer Gewinnspielkopplung ist jedoch stets von einer nicht nur unerheblichen Beeinträchtigung der Interessen des Umworbenen auszugehen.[75]

1. Bisherige Rechtslage

38 Im Grundsatz galt nach § 1 UWG aF, dass die Veranstaltung von Preisausschreiben und Gewinnspielen zu Werbezwecken – anders als die Veranstaltung von Glücksspielen – zulässig ist.[76] Wettbewerbswidrig sollte die Veranstaltung von oder die Werbung mit Preisausschreiben und Gewinnspielen allerdings dann sein, wenn zusätzliche, besondere Umstände vorliegen, die den Vorwurf der Sittenwidrigkeit begründen.[77]

39 Rechtsprechung[78] und Literatur[79] hatten nach dem alten UWG bei der Beurteilung von Preisausschreiben- und Gewinnspielveranstaltungen im Wesentlichen vier Fallgruppen[80]

---

[72] Vgl. OLG Düsseldorf NJW 1958, 760; *Eichmann/Sörup* MMR 2002, 142; *v. Gamm* Wettbewerbsrecht Kap. 27 Rn 6.

[73] → Nr. 17 Anhang Rn 35.

[74] → § 4–5 Rn 74.

[75] BGH GRUR 2005, 599, 600 – Traumcabrio, Hefermehl/*Köhler*/Bornkamm UWG § 4 Rn 6.5; *Köhler* GRUR 2005, 1, 6; aA *Löffler/v. Strobl-Albeg* LPG Bt Gewinnsp. Rn 11f; MünchKomm/*Leible* UWG § 4 Nr. 6 Rn 10; offen gelassen von BGH GRUR 2008, 807, 809 – Millionen-Chance m. krit. Anm. *Seichter* jurisPR-WettbR 8/2008.

[76] BGH GRUR 2000, 820, 821 – Space Fidelity Peep-Show; BGH GRUR 1987, 243, 244 – Alles frisch; BGH GRUR 1962, 461, 465 – Werbeveranstaltung mit Filmvorführung; BGH GRUR 1959, 544, 546 – Modenschau; BGH GRUR 1959, 138, 139 – Italienische Note; *Heil* WRP 1998, 839, 839.

[77] BGH GRUR 2000, 820, 821 – Space Fidelity Peep-Show; BGH GRUR 1998, 735, 736 – Rubbelaktion.

[78] BGH GRUR 2000, 820, 821 – Space Fidelity Peep-Show; BGH GRUR 1998, 735, 736 – Rubbel-aktion.

[79] Hefermehl/*Köhler*/Bornkamm UWG § 4 Rn 1.123ff; Piper/*Ohly* UWG § 4.1 Rn 134; MünchKomm/*Leible* UWG § 4 Nr. 6 Rn 2; instruktiv *Vieregge/Strothmann* FS Quack S. 139, 140ff; weitergehend *Heil* WRP 1998, 839, der zu Recht auf die Wettbewerbswidrigkeit von Gewinnspielen auch unter dem Aspekt der Nachahmungsgefahr und des Eindringens in die Individualsphäre hinweist.

[80] Zur Behinderung kleinerer Mitbewerber vgl. BGH GRUR 1974, 156, 157 – Geld-Gewinnspiel.

herausgearbeitet, bei denen besondere Unlauterkeitsmerkmale angenommen wurden: Neben der **Kopplung** der Gewinnspielteilnahme an den Warenerwerb, die seit 2004 in § 4 Nr. 6 ausdrücklich untersagt ist, hatte es der BGH als unlauter erachtet, wenn durch die Veranstaltung eines Preisausschreibens/Gewinnspiels ein **psychischer Kaufzwang** geschaffen, das Publikum über die Gewinnchancen **irregeführt** oder **übertrieben angelockt** wurde.[81] Die besondere Unlauterkeit sollte in all diesen Fällen auf der Erwägung beruhen, dass der Einsatz aleatorischer Reize dazu führe, die freie Entschließung der angesprochenen Verkehrskreise so nachhaltig zu beeinflussen, dass ein Kaufentschluss nicht mehr von sachlichen Gesichtspunkten, sondern maßgeblich durch das Streben nach der in Aussicht gestellten Gewinnchance bestimmt werde.[82]

40 § 4 Nr. 6 umfasst allein das Abhängigmachen der Teilnahme an einem Preisausschreiben oder Gewinnspiel vom Erwerb einer Ware bzw. der Inanspruchnahme einer Dienstleistung. Die drei übrigen bislang relevanten Fallgruppen im Zusammenhang mit der Veranstaltung von Gewinnspielen sind von § 4 Nr. 6 nicht umfasst. Sie sollen nach der Gesetzesbegründung künftig unter § 3 aF fallen.[83] Für die Fallgruppe der Irreführung des Publikums über Teilnahmebedingungen dürfte künftig jedoch vor allem das **Transparenzgebot** des § 4 Nr. 5 zu beachten sein. Denn bei der durch diese Bestimmung gebotenen Verwendung klarer und eindeutiger Teilnahmebedingungen kann nicht mehr irregeführt werden. § 4 Nr. 5 ist insoweit sowohl lex specialis zu § 5 als auch zu § 3 Abs. 1 iVm § 4 Nr. 1.[84] An einem Fortbestehen der Fallgruppen des übertriebenen Anlockens sowie des psychischen Kaufzwangs allein durch die Veranstaltung von oder die Werbung mit Gewinnspielen oder Preisausschreiben in § 3 sind erhebliche Zweifel angebracht.[85]

2. Rechtsänderungen

41 Im Kern blieb die von der Rechtsprechung zu § 1 UWG aF entwickelte Rechtslage zur Gewinnspielkopplung für die Auslegung von § 4 Nr. 6 bestehen; auf sie kann – vorbehaltlich einer Aufhebung der Norm durch den EuGH – weiterhin zurückgegriffen werden. Sollte § 4 Nr. 6 wegfallen, bleibt fraglich, welche Fallgruppen nach der Generalklausel unlauter sind.[86] Der Gesetzgeber hat durch § 4 Nr. 6 – anders als nach der Abschaffung von Zugabeverordnung und Rabattgesetz von manchen vermutet[87] – **keine grundsätzliche Neubewertung** der Maßnahmen vorgenommen, in denen der Warenabsatz mit einer Gewinnchance verknüpft wird.[88] Auch durch die Lauterkeitsrichtlinie sah sich der Gesetzgeber nicht dazu verpflichtet, § 4 Nr. 6 aufzugeben oder zu ändern.[89]

---

[81] BGH GRUR 2002, 1003, 1004 – Gewinnspiel im Radio.

[82] BGH WRP 2004, 345, 347 – Umgekehrte Versteigerung im Internet; BGH GRUR 2003, 626, 627 – Umgekehrte Versteigerung II; BGH GRUR 2002, 976, 978 – Kopplungsangebot I; BGH GRUR 2002, 979, 981 – Kopplungsangebot II; BGH GRUR 1998, 735, 736 – Rubbelaktion; BGH GRUR 2000, 820, 821 – Space Fidelity Peep-Show; BGH GRUR 1989, 757, 758 – McBacon; BGH WRP 1976, 100, 101 – Mars; OLG Stuttgart WRP 1973, 487, 489 – Gewinnspiel.

[83] Gegenäußerung der Bundesregierung, BT-Drucks. 15/1487 S. 41 li. Sp.

[84] → § 4–5 Rn 35.

[85] Kritisch auch OLG Köln GRUR-RR 2005, 194, 195 – REWE-Haushaltskarte; *Berlit* WRP 2005, 1213, 1216.

[86] → Rn 33 ff.

[87] So *Cordes* WRP 2001, 867, 872; ihm folgend *Köhler* GRUR 2001, 1067, 1075; differenzierend *Engels/Salomon* WRP 2004, 32, 35; *Heermann* WRP 2001, 855, 857; wie hier LG München NJW 2003, 3066, 3067 – Rubbel-Gewinnspiel.

[88] Vgl. nunmehr BGH GRUR 2005, 599 – Traumcabrio; OLG Köln GRUR-RR 2007, 48, 48; Hefermehl/*Köhler*/Bornkamm UWG § 4 Rn 6.1; Harte/Henning/*Bruhn* UWG § 4 Nr. 6 Rn 5; MünchKomm/Leible UWG § 4 Nr. 6 Rn 4; Gloy/*Jaeger-Lenz* Hdb. § 69 Rn 1.

[89] BT-Drucks. 16/10145, S. 33 li. Sp.: „Dieses Transparenzgebot und Kopplungsverbot können neben dem Anhang zu § 3 Abs. 3 UWG-E beibehalten werden."

B. Regelungsgehalt

I. Sinn und Zweck der Regelung

Aleatorische Anreize, durch welche die Aufmerksamkeit des Kunden auf die angebotenen Waren oder Dienstleistungen gelenkt werden sollen, sind Lockmittel, die außerhalb der Grundsätze des Leistungs- und Preiswettbewerbs angesiedelt sind.[90] Gegenstand des **Leistungswettbewerbs** ist das Produkt bzw. die Dienstleistung eines Unternehmens am Markt. Grundlage der Verbraucherentscheidung im Leistungswettbewerb ist der Produkt- bzw. Leistungsvergleich. Bei einem wirksamen Leistungsvergleich entscheidet der Verbraucher nach dem Preis und der Qualität der Ware oder der Dienstleistung sowie den mit dem Produkt verbundenen Nebenleistungen wie etwa Finanzierung, Service und Gewährleistung.[91] 42

Mit der Kopplung der Gewinnspielteilnahme an den Warenabsatz versucht der Unternehmer, Kunden mit anderen Mitteln als Aussagen über die Güte, Preiswürdigkeit der Ware und sonstige Leistungen **anzulocken.** In der Rechtsprechung[92] wie auch im Schrifttum[93] wird die Gefahr solcher Verkaufsförderungsmaßnahmen daher ganz überwiegend darin gesehen, dass sich der Verbraucher aus **sachfremden Überlegungen** dem Angebot des Veranstalters zuwendet. Dies bedeutet eine unerwünschte Abkehr vom Leistungswettbewerb. 43

Nach der Rechtsprechung zu § 1 UWG aF war die Wertreklame unzulässig, wenn sie das Publikum im Wege der **Aufmerksamkeitswerbung** auf das Angebot hinlenkte und dabei **sachfremde Einflüsse** ein zu starkes Gewicht erlangten. Bei der Kopplung der Gewinnspielteilnahme an den Warenerwerb wurde dieser sachfremde Einfluss bislang stets angenommen,[94] und zwar in jeder Phase der Teilnahme am Preisausschreiben/Gewinnspiel.[95] Wurde der Waren-/Dienstleistungserwerb zur Bedingung der Teilnahme gemacht, sei es mittelbar, unmittelbar, dem Anscheine nach oder versteckt, lag eine unzulässige Kopplung vor, weil hier ein besonders starker psychischer Kaufdruck ausgeübt werde.[96] Die Kopplung war eindeutig, wenn die Einräumung der Gewinnchance nicht ohne einen Warenerwerb erfolgte. Aber auch wenn erst die **Inanspruchnahme des Gewinns** von dem Erwerbsvorgang abhängig gemacht wurde, lag – jedenfalls nach der bisherigen Rechtsprechung[97] – eine unzulässige Verknüpfung mit dem Warenabsatz vor. 44

Auch nach dem Wegfall von Zugabeverordnung und Rabattgesetz sollte die Kopplung der Gewinnspielteilnahme an den Warenerwerb dazu führen, dass „auch bei einem verständigen Verbraucher ausnahmsweise die Rationalität der Nachfrageentscheidung vollständig in den Hintergrund rückt".[98] Der Gesetzgeber hat es ausweislich der Begründung zu § 4 Nr. 6 verboten, Preisausschreiben oder Gewinnspiele „in irgendeiner Form mit dem Warenabsatz oder der Inanspruchnahme einer Dienstleistung" zu verkoppeln.[99] Diese legislati- 45

---

[90] Hefermehl/*Köhler*/Bornkamm UWG § 4 Rn 1.123.

[91] *Fezer* WRP 2001, 989, 1007; *Ulmer* GRUR 1977, 565, 567.

[92] BGH GRUR 2004, 249, 250 – Umgekehrte Versteigerung im Internet; BGH GRUR 2003, 626, 627 – Umgekehrte Versteigerung II; BGH GRUR 2002, 1003, 1004 – Gewinnspiel im Radio; BGH WRP 1992, 644, 645 – Glücksball-Festival; BGH WRP 1976, 100, 101 – Mars; BGH GRUR 1974, 729, 731 – SWEEPSTAKE; BGH WRP 1974, 202, 203 – Verschlusskapsel-Prämie.

[93] Hefermehl/*Köhler*/Bornkamm UWG § 4 Rn 6.2ff; MünchKomm/Leible UWG § 4 Nr. 6 Rn 1; Hasselblatt/*Ebert-Weidenfeller* § 13 Rn 57.

[94] BGH GRUR 1989, 434, 436 – Gewinnspiel mit Hinweis auf BGH WRP 1976, 172, 173 – Versandhandels-Preisausschreiben; BGH WRP 1976, 100, 101 – Mars.

[95] Hefermehl/*Köhler*/Bornkamm UWG § 4 Rn 6.1.

[96] Hefermehl/*Köhler*/Bornkamm UWG § 4 Rn 6.1., 6.2.

[97] BGH GRUR 1989, 434, 436 – Gewinnspiel; einschränkend OLG Frankfurt GRUR-RR 2005, 388, 390; so wohl auch *Ullmann* GRUR 2003, 817, 818; aA Hefermehl/*Köhler*/Bornkamm UWG § 4 Rn 6.6; vgl. zur Reichweite des Teilnahmebegriffs → Rn 61ff.

[98] *Ullmann* GRUR 2003, 817, 818.

[99] BT-Drucks. 15/1487 S. 18 li. Sp.; s. hierzu Rn 70ff.

ve Entscheidung erfolgte im Bewusstsein der von der jüngeren Rechtsprechung und Literatur gesehenen zunehmenden Gewöhnung des Publikums an die Verlockungen durch aleatorische Anreize.[100] Der Gesetzgeber anerkennt somit die Gefahr der Trübung des Verbraucherurteils, die mit der **Ausnutzung der Spiellust** für Werbezwecke einhergeht.[101] Sinn und Zweck von § 4 Nr. 6 sind es daher, den Verbraucher als speziellen Normadressaten der lauterkeitsrechtlichen Schutzzwecktrias in seiner Kaufentscheidung zu schützen. Der Unterschied des mit dem Warenerwerb gekoppelten irrationalen Spielanreizes mit den sonstigen Formen der Wertreklame ist folglich neben der Gefahr des verdeckten Glücksspiels der tragende Grund für die Beibehaltung des Verbots einer Kopplung von Preisausschreiben/Gewinnspielen nach Abschaffung der Zugabeverordnung und des Rabattgesetzes.

46 In der Vorauflage wurde noch darüber spekuliert, ob das geänderte, europarechtlich geprägte Verbraucherleitbild, wie es insbesondere der Richtlinie über unlautere Geschäftspraktiken zu Grunde liegt, in Zukunft dazu führen würde, dass nur **besonders verwerfliche Fälle** der Gewinnspielkopplung verboten werden, weil allein diese überhaupt geeignet sind, das Urteil des Verbrauchers zu trüben.[102] Genau diese Entwicklung könnte jetzt dadurch eintreten, dass der EuGH § 4 Nr. 6 auf die Vorlagefrage des BGH[103] hin für europarechtswidrig erklärt und besonders verwerfliche Fälle der Gewinnspielkopplung an § 3 zu messen sind. Angesichts vieler restriktiver Regelungen im Bereich des Glücksspielwesens lässt sich nicht bestreiten, dass die übermäßige Ausnutzung des Spieltriebs dazu geeignet ist, die Fähigkeit des Verbrauchers einzuschränken, sich auf Grund von Informationen für oder gegen den Produkterwerb zu entscheiden. Von der Rechtsprechung wäre folglich herauszuarbeiten, welche Gewinnspielkopplungen als besonders verwerflich anzusehen sind.

II. Anwendungsbereich

1. Persönlich

47 § 4 Nr. 6 ist im Gegensatz zu § 4 Nr. 5, der ebenfalls Preisausschreiben und Gewinnspiele behandelt, auf **Verbraucher beschränkt.** Für die Definition des Verbraucherbegriffs verweist § 2 Abs. 2 auf § 13 BGB.[104] Im Ergebnis gilt somit auch hier das Leitbild des durchschnittlich informierten, aufmerksamen und verständigen bzw. kritischen Verbrauchers, auf dessen Verständnis es abhängig von der jeweiligen Situation ankommt.[105] Der Gesetzgeber hat den persönlichen Anwendungsbereich des Verbots aus § 4 Nr. 6 bewusst eingeschränkt, weil er die sonstigen Marktteilnehmer mit Blick auf deren Erfahrungen im Geschäftsverkehr in den hier geregelten Fällen als weniger schutzbedürftig ansieht.[106]

48 Folge des eingeschränkten persönlichen Anwendungsbereichs der Norm ist, dass unter § 4 Nr. 6 nicht solche Preisausschreiben und Gewinnspiele fallen, die ausschließlich für **Händler**[107] oder **Wiederverkäufer**[108] veranstaltet werden.[109] Hier ging die Rechtsprechung bislang davon aus, dass grundsätzlich die gleichen Kriterien zu gelten haben wie bei Preis-

---

[100] BGH GRUR 2000, 820, 821 – Space Fidelity Peep-Show; BGH GRUR 1998, 735, 736 – Rubbelaktion; OLG Stuttgart GRUR 2002, 906, 907 – Schmuck-Set; OLG Hamburg MD 2002, 758, 763; *Löffler/von Strobl-Albeg* LPG BT Gewinnsp. Rn 3.

[101] Begr. des Entwurfs eines Gesetzes gegen den unlauteren Wettbewerb (UWG), BT-Drucks. 15/1487 S. 18 li. Sp.

[102] *Sosnitza* GRUR 2003, 739, 743 sieht in der Regelung eine Zementierung der Rechtslage, die es dem BGH unmöglich machen dürfte, seine bisherige Rspr. zu ändern.

[103] BGH GRUR 2008, 807 – Millionen-Chance.

[104] → § 2 Abs. 2 Rn 7 ff.

[105] BGH WRP 2002, 81, 84 – Anwalts- und Steuerkanzlei; BGH GRUR 2000, 619, 621 – Orient-Teppichmuster.

[106] BT-Drucks. 15/1487 S. 18 li. Sp.

[107] Zur bisherigen Rechtslage vgl. *Amann/Lambsdorff/Gerstenberg* RWW Kap. 3.1 Rn 46 ff.

[108] Vgl. BGH WRP 1974, 202 – Verschlusskapsel-Prämie; BGH GRUR 1973, 474, 476 – Preisausschreiben; BGH GRUR 1971, 223 – clix-Mann.

[109] OLG Köln Urt. v. 7. 7. 2006 – 6 U 239/05 – Smart-Cabrio Gewinnspiel.

ausschreiben/Gewinnspielen für Endverbraucher.[110] Darüber hinaus wurde insbesondere das Zwischenschalten eines Großhändlers, zu dem der Endverkäufer in einem viel persönlicheren Verhältnis als zum Hersteller steht, als unlauter angesehen. Allerdings sind Preisausschreiben und Gewinnspiele, die sich nicht an Verbraucher richten, nicht allein deshalb wettbewerbskonform, weil sie nicht unter § 4 Nr. 6 fallen. Preisausschreiben-/Gewinnspielkopplungen, die sich an Händler oder Wiederverkäufer richten, müssen künftig in jedem Einzelfall an den sonstigen Normen des UWG daraufhin überprüft werden, ob ein Verstoß gegen § 4 Nr. 1 etwa wegen unangemessener unsachlicher Beeinflussung vorliegt.[111] Hieran hat sich durch die Umsetzung der Lauterkeitsrichtlinie nichts geändert, weil diese sich ohnehin nur auf das Verhältnis zwischen Verbraucher und Unternehmer bezieht.

2. Sachlich

Das Kopplungsverbot untersagt das Abhängigmachen der Teilnahme an einem Preis- 49
ausschreiben/Gewinnspiel von dem Erwerb einer Ware oder der Inanspruchnahme einer Dienstleistung. Die Begriffe des Preisausschreibens und Gewinnspiels werden inhaltlich identisch wie in § 4 Nr. 5 verwendet.[112] Man wird außerdem davon ausgehen müssen, dass die Bestimmung nicht eingreift, wenn sich die Kopplung auf ein Glücksspiel bezieht, egal ob das Gewinnspiel durch seine Gestaltung zu einem Glücksspiel mutiert oder aber von vornherein die Teilnahme an einem eigenen[113] oder fremden[114] Glücksspiel beabsichtigt ist.[115]

Wenn der Gesetzgeber neben dem Erwerb der Ware auch die Inanspruchnahme einer 50
Dienstleistung ausdrücklich erwähnt, macht dies deutlich, dass er von der vorliegenden Norm alle **Rechtsgeschäfte** erfasst wissen will, in denen der Verbraucher eine irgendwie geartete Gegenleistung für die Teilnahme am Preisausschreiben/Gewinnspiel erbringen muss. Hierfür spricht weiter, dass der Gesetzgeber nicht vom Kauf, sondern vom Erwerb spricht. Darunter ist zwar in erster Linie, aber nicht allein, der auf Eigentumsübertragung gerichtete Kauf zu verstehen. So wird der Begriff des Erwerbs gemäß § 854 BGB auch im Zusammenhang mit der Erlangung des Besitzes verwendet. Es spricht auf Grund des Schutzzwecks der Norm außerdem viel dafür, dass die Definition des Begriffs „Dienstleistung" ähnlich weit gefasst werden soll, wie dies für den Begriff der „Leistung" nach dem alten UWG der Fall war.[116]

Für die Auslegung der Norm ergibt sich somit, dass sich die Kopplung für Preisaus- 51
schreiben und Gewinnspiele im Sinne des § 4 Nr. 6 auf alle denkbaren entgeltlichen Rechtsgeschäfte, unter anderem auch auf den Abschluss von Miet- oder Leasingverträgen, erstreckt. Damit erübrigt sich eine Unterscheidung im Einzelfall nach der Rechtsnatur des gekoppelten Geschäfts.[117]

Die Übermittlung der Teilnahmeerklärung durch Dritte stellt in der Regel keine Dienst- 52
leistung im Sinne des § 4 Nr. 6 dar. Anders kann dies allerdings dann sein, wenn im Zusammenhang mit der Übermittlung dem Veranstalter des Gewinnspiels ein Dienstleistungsentgelt, zB durch die notwendige Inanspruchnahme einer Mehrwertdiensterufnummer zufließt und die hierdurch entstehenden Kosten die üblichen Übermittlungskosten (Porto, Briefpapier etc.) übersteigen.[118] Eine Entkopplung bei Einsatz der Mehrwertdiensterufnummer kann durch eine gleichwertige kostengünstige Alternative erfolgen.[119]

---

110 Vgl. BGH GRUR 1973, 474 – Preisausschreiben; OLG Hamburg WRP 1973, 44, 45.

111 OLG Köln Urt. v. 7. 7. 2006 – 6 U 239/05 – Smart-Cabrio Gewinnspiel; Piper/*Ohly* UWG § 4.6 Rn 3; → § 4–1 Rn 301 ff.

112 Zur Definition der Begriffe → § 4–5 Rn 78 ff.

113 Offengelassen von OLG München v. 21. 2. 2008 – 29 U 3812/07.

114 BGH GRUR 2008, 807 – Millionen-Chance; aA Hefermehl/*Köhler*/Bornkamm UWG § 4 Rn 6.6.

115 → § 4–5 Rn 50 ff.

116 Deutlich einschränkend OLG Köln OLGR 2005, 576, bestätigt durch BGH GRUR 2007, 981 – 150%-Zinsbonus sowie OLG München v. 21. 2. 2008 – 29 U 3812/07.

117 So auch MünchKomm/Leible UWG § 4 Nr. 6 Rn 34; Hefermehl/*Köhler*/Bornkamm UWG § 4 Rn 6.8.

118 Begr. RegE UWG zu § 4 Nr. 6, BT-Drucks. 15/1487 S. 18; *Hecker/Ruttig* GRUR 2005, 393, 394 f.

119 → ausführlich Rn 95 ff.

III. Der Grundsatz des Kopplungsverbots

53 Nach der Rechtsprechung zu § 1 UWG aF ist die Kopplung der Gewinnspielteilnahme an den Warenerwerb umfassend untersagt, unabhängig davon, wo und wann sie innerhalb des Gewinnspielverlaufs erfolgt.[120] Auch die Lösung einer Aufgabe gehört iwS zur Teilnahme. Eine Kopplung der Teilnahme mit dem Warenerwerb liegt insbesondere vor, wenn die Lösung nur über den Kauf des Produkts zu finden ist oder wenn der Kauf den (vermeintlich) leichteren Lösungsweg darstellt. Dem Kopplungsverbot wurden bisher sogar Konstellationen zugerechnet, in welchen dem Verbraucher **lediglich suggeriert** wurde, dass sich Art oder Höhe des Gewinns (Steigerung der Gewinnchance) durch einen Kaufentschluss positiv beeinflussen lassen, sowie Fälle, in denen der Kauf von den Teilnehmern neben anderen Möglichkeiten als einfachste Teilnahmealternative angesehen werden konnte.[121] Nach dem Wortlaut von § 4 Nr. 6 ist allerdings zu erörtern, ob es auch in Zukunft bei diesem weiten Verständnis des Kopplungsverbots bleiben wird.

1. Das „Abhängigmachen der Teilnahme"

54 Entgegen dem von der Rechtsprechung[122] und Literatur[123] überwiegend verwendeten Begriff der „Kopplung" mit dem Warenabsatz spricht § 4 Nr. 6 davon, dass unlauter handelt, wer „die Teilnahme [...] an einem Preisausschreiben oder Gewinnspiel von dem Erwerb einer Ware [...] abhängig macht." Es stellt sich die Frage, ob der Gesetzgeber durch die Wahl des Begriffs „abhängig" bewusst einzelne der bislang von der Rechtsprechung unter das sog. „Kopplungsverbot" gefassten Fallkonstellationen vom Anwendungsbereich der Norm ausklammern wollte. Da der Gesetzgeber in der Gesetzesbegründung aber selbst die Begriffe „verkoppeln" und „Verkopplung" zur Erläuterung der Norm verwendet,[124] können aus dem Wortlaut des Gesetzes insoweit keine diesbezüglichen Rückschlüsse gezogen werden.

55 **a) Eindruck der Kopplung.** Bei einer strengen Auslegung der Gesetzesterminologie könnten – ausgehend von dem Erfordernis einer Abhängigkeit im Rechtssinne – die Fälle der sog. mittelbaren Kopplung[125] vom Tatbestand des § 4 Nr. 6 ausgenommen sein. Bei den Fällen der mittelbaren Kopplung wird lediglich der Eindruck einer Kopplung – sei es offen oder verdeckt – erweckt; eine Kopplung im Rechtssinne liegt aber tatsächlich nicht vor.[126] Auf der Grundlage der aus Sicht der angesprochenen Verkehrsteilnehmer zu entscheidenden Frage, ob die Teilnahme am Preisausschreiben/Gewinnspiel mit dem Kauf der Ware verbunden ist, wurden solche Fälle der mittelbaren Kopplung nach § 1 UWG aF für wettbewerbswidrig erachtet.[127] Laut Gesetzesbegründung ist es unter den Tatbestand des § 4 Nr. 6 zu fassen, „wenn die Teilnahme an einem Preisausschreiben oder Gewinnspiel **in irgendeiner Form** mit dem Warenabsatz oder der Inanspruchnahme einer Dienstleistung **verkoppelt wird**".[128] Bei dieser Formulierung bleibt offen, ob der Gesetzgeber nur diejenigen Fälle von § 4 Nr. 6 erfasst wissen wollte, in denen die Teilnahme mit dem Warenabsatz tatsächlich im Sinne einer conditio sine qua non mit dem Warenabsatz verbunden ist oder auch jene Fälle der Anscheinskopplung. Der BGH[129] hat frühzeitig klargestellt, dass

---

[120] BGH GRUR 1989, 434, 436; BGH WM 1975, 702, 703 – Bauhausverlosung.

[121] Einschränkend nunmehr BGH GRUR 2005, 599 – Traumcabrio.

[122] BGH GRUR 2002, 1003, 1004 – Gewinnspiel im Radio; BGH GRUR 2000, 820, 821 – Space Fidelity Peep-Show; BGH GRUR 1998, 735, 736 – Rubbelaktion; anders noch BGH WRP 1976, 172, 174 – Versandhandels-Preisausschreiben; BGH WRP 1976, 100, 101 – Mars.

[123] Gloy/*Jaeger-Lenz* Hdb. § 69 Rn 3; Großkomm/*Schünemann* UWG § 1 Abschnitt C Rn 155; MünchKomm/Leible UWG § 4 Nr. 6 Rn 30.

[124] BT-Drucks. 15/1487 S. 18.

[125] → Rn 91 ff.

[126] Hefermehl/*Köhler*/Bornkamm UWG § 4 Rn 6.12 f; *Piper/Ohly* UWG § 4.1 Rn 20.

[127] BGH WRP 1976, 100, 101 – Mars.

[128] BT-Drucks. 15/1487 S. 18 li. Sp.

[129] BGH GRUR 2005, 599, 600 – Traumcabrio.

nicht nur die rechtliche Verknüpfung, sondern auch eine tatsächliche (mittelbare) Abhängigkeit zwischen dem Warenabsatz und der Gewinnspielteilnahme oder den Gewinnchancen eine unzulässige Kopplung im Sinne des § 4 Nr. 6 darstellen kann. Ob eine derartige Abhängigkeit anzunehmen ist, beurteilt sich im Einzelfall aus der Sicht eines durchschnittlich informierten, aufmerksamen und verständigen Verbrauchers.[130] Da der irreführende Anschein der Kopplung bei Beachtung des nunmehr ebenfalls in das UWG eingefügten Transparenzgebots nicht mehr ohne weiteres entstehen kann, ohne dass eine Unlauterkeit nach § 4 Nr. 5 vorliegt,[131] wird § 4 Nr. 6 in diesen Fällen aber nur noch selten einschlägig sein.

Tatbestandsmäßig im Sinne des § 4 Nr. 6 erfassten Kopplungsverbots sind Preisausschreiben und Gewinnspiele, in denen auch nach der bisherigen Rechtsprechung eine mittelbare Kopplung deshalb angenommen wurde, weil dem Interessenten durch die **Gestaltung der Teilnahmemöglichkeiten** nahegelegt wird, das Produkt zu kaufen, etwa um die auf dem Produkt angebrachten Informationen über die Art und Weise der Teilnahme in Erfahrung zu bringen oder sie derart auf leichtestem Wege erhalten zu können.[132] Diese Fälle stellen iE sogar eine unmittelbare Kopplung dar, wenn es zum Erwerb des Produkts keine gleichwertige alternative Teilnahmemöglichkeit gibt und hierauf nicht hinreichend deutlich hingewiesen wird.[133] 56

b) Psychischer Kaufzwang. Die bislang unter dem Begriff des „psychischen Kaufzwangs" behandelten Kopplungsfälle[134] von Gewinnspielteilnahme und Warenerwerb sind vom Anwendungsbereich des § 4 Nr. 6 ausgeschlossen. Die Abhängigkeit der Teilnahme in § 4 Nr. 6 bezieht sich auf den „Erwerb" einer Ware bzw. die „Inanspruchnahme" einer Dienstleistung. Damit fallen diejenigen Veranstaltungen nicht unter § 4 Nr. 6, bei denen die Teilnahme nur auf Grund einer fakultativen Entscheidung des Teilnehmers aus gefühlsbedingten Gründen erfolgt, nicht aber wegen des nach dem Spielplan obligatorischen Warenerwerbs. Dies sind die Fälle, in denen lediglich das Betreten der Verkaufsräume und die dortige Aufnahme eines persönlichen Kontakts mit dem Veranstalter oder seinem Personal erforderlich sind.[135] Bei solchen Veranstaltungen fehlt es an einer von § 4 Nr. 6 verbotenen Kopplung der Teilnahme an den Warenerwerb.[136] Entsprechend gestaltete Preisausschreiben und Gewinnspiele könnten zukünftig allenfalls nach § 4 Nr. 1 wettbewerbswidrig sein.[137] Zum Kauf einer Ware wird der Teilnehmer bei diesen Gewinnspielgestaltungen nämlich nicht durch aleatorische Anreize genötigt, sondern allenfalls durch das Gefühl der Peinlichkeit oder durch sonstigen psychischen Druck. 57

Auch das Erfordernis, aus der Anonymität bei der **Auslieferung oder Abholung des Gewinns** heraustreten zu müssen, ist vom Verbot des § 4 Nr. 6 nicht erfasst. Diese bislang von der Rechtsprechung nach § 1 UWG aF ebenfalls unter Bezug auf den „psychischen Kaufzwang" entschiedenen Fälle[138] sind nach § 4 Nr. 1 zu beurteilen. 58

---

[130] BGH GRUR 2005, 599, 600 – Traumcabrio; OLG Köln GRUR-RR 2007, 364, 364 – Das große Rabattwürfeln; OLG Frankfurt MD 2006, 1177, 1178; MünchKomm/*Leible* UWG § 4 Nr. 6 Rn 41; Hefermehl/*Köhler*/Bornkamm UWG § 4 Rn 6.10; Harte/Henning/*Bruhn* § 4 Nr. 6 Rn 8f.

[131] → § 4–5 Rn 36.

[132] OLG Düsseldorf v. 27. 1. 1998 – 20 U 74/97; vgl. dazu LG München NJW 2003, 3066 – Rubbel-Gewinnspiel m. abl. Anm. *Schmits* NJW 2003, 3034.

[133] → Rn 95ff.

[134] *Berlit* 1998 Rn 36; *Emmerich* 2002 WettbR § 12 Nr. 7b ordneten diese Fälle unter das Kopplungsverbot ein; ähnlich *v. Gamm* 1987 Kap. 27 Rn 12; *Beater* UWG § 16 Rn 32 der bei dieser Fallgruppe zu Recht annimmt, dass es eher um ein „fatales Höflichkeitsproblem" geht.

[135] Vgl. BGH GRUR 2000, 820, 821; BGH GRUR 1998, 735, 736 – Rubbelaktion; BGH GRUR 1973, 418, 418 – Das Goldene A; BGH GRUR 1973, 591, 593 – Schatzjagd; BGH GRUR 1971, 223, 224 – clix-Mann; OLG Köln WRP 1989, 411, 413; zuletzt OLG München MD 2001, 204, 207; OLG Köln GRUR-RR 2005, 194, 195 – REWE-Haushaltskarte.

[136] MünchKomm/*Leible* UWG § 4 Nr. 6 Rn 52; aA Hefermehl/*Köhler*/Bornkamm UWG § 4 Rn 6.13.

[137] → § 4–1 Rn 330ff.

[138] Vgl. BGH GRUR 1998, 735 – Rubbelaktion; BGH GRUR 1989, 757, 758 – McBacon; BGH GRUR 1987, 243, 244 – Alles frisch; BGH WM 1975, 702, 703 – Bauhausverlosung; OLG Köln WRP 1989, 411, 411, für die Aushändigung des Gewinntickets an einen Mitarbeiter des Veranstalters.

59 Schließlich sind diejenigen Ausgestaltungen von Preisausschreiben/Gewinnspielen an § 4 Nr. 1 und nicht an § 4 Nr. 6 zu messen, bei denen **Verkaufsvertreter** den Gewinn aushändigen und dies zum Werbegespräch nutzen, insbesondere wenn dazu ein Aufsuchen im persönlichen Umfeld des Teilnehmers erfolgt.[139] Grundlage für die Wettbewerbswidrigkeit dieser Fallkonstellationen ist neben der Ausübung „psychischen Kaufzwangs" vor allem ein belästigender **Eingriff in die Individualsphäre** des Verbrauchers und damit eine möglicherweise unzumutbare Belästigung.[140]

60 Zusammenfassend ist festzustellen, dass die von der Rechtsprechung zu § 1 UWG aF entwickelte Fallgruppe des „psychischen Kaufzwangs" im Rahmen von Gewinnspielveranstaltungen wegen des gewandelten Verbraucherleitbildes heute obsolet sein dürfte.[141]

61 **c) Kopplung bei der Gewinnzuteilung.** § 4 Nr. 6 ist nicht eindeutig zu entnehmen, ob zum Kopplungsverbot bei Preissausschreiben/Gewinnspielen auch diejenigen Fälle zählen, in denen die **Auskehrung des Gewinns** an den Bezug weiterer Ware geknüpft ist.[142] Auch diese Fälle wurden bislang vornehmlich unter dem Stichwort des „psychischen Kaufzwangs" erörtert.[143] Das Abhängigmachen der Gewinnauskehrung vom Erwerb (weiterer) Ware des Veranstalters im Sinne einer Kopplung nach § 4 Nr. 6 ist hingegen differenziert zu betrachten:

62 **aa) Enge Auslegung.** Würde man nach dem Gesetzeswortlaut das „Abhängigmachen" der Teilnahme am Gewinnspiel vom Erwerb einer Ware bzw. Inanspruchnahme einer Dienstleistung lediglich als Voraussetzung für den **Eintritt in das Spielgeschehen** verstehen, wäre eine Kopplung, die erst im Zusammenhang mit der Bekanntgabe der Gewinner oder der Auskehrung eines bereits erzielten Gewinns erfolgt, nicht von § 4 Nr. 6 erfasst.[144]

63 Für dieses enge Verständnis der Norm, mit dem allerdings eine Abkehr von der bisherigen Rechtsprechung[145] verbunden wäre, lassen sich folgende Argumente anführen: Die Entscheidung des Verbrauchers über seine Teilnahme im Sinne einer Präsenz am Spielgeschehen des Preisausschreibens/Gewinnspiels ist bereits erfolgt und beendet. Des Weiteren mag man davon ausgehen, dass der als wettbewerbsfremd angesehene aleatorische Anreiz spätestens im Zeitpunkt der Gewinnmitteilung abgeschlossen ist. Letztlich lässt sich bezweifeln, dass bei diesen Fällen eines **„Rabattgewinns"** tatsächlich eine Anreizwirkung geschaffen wird, die beim Verbraucher einen die rationalen Erwägungen ausschließenden Teilnahmedrang („Nichts wie hin!") auslöst.[146]

64 Der Kunde ist bei dieser Betrachtungsweise dem aleatorischen Anreiz des Preisausschreibens/Gewinnspiels **lediglich im Vorfeld** des Waren-/Dienstleistungserwerbs erlegen. Nachdem er als Gewinner ermittelt wurde, ist er frei darin, die mit einem Waren-/Dienstleistungsabsatz gekoppelte Auskehrung des Gewinns anzunehmen oder abzulehnen. Bei einer solchen Konstellation mag der Verbraucher nicht anders zu behandeln sein als derjenige, dem im Rahmen einer Verkaufsverlosung eine **Zugabe oder ein Rabatt** gewährt wird. Von einem mündigen Verbraucher kann nach Abschaffung der Zugabeverordnung und des Rabattgesetzes aus Sicht des Gesetzgebers erwartet werden, dass er die Wertigkeit der von ihm zusätzlich für die Gewinnrealisierung geforderten Leistung kritisch und unter

---

139 BGH GRUR 1973, 81, 81 – Gewinnübermittlung.

140 BGH GRUR 2004, 1160, 1161 – Ansprechen in der Öffentlichkeit; vgl. zur Haustürwerbung nach der UWG-Novelle *Hecker* WRP 2006, 640, 644.

141 So auch MünchKomm/Leible UWG § 4 Nr. Rn 52; kritisch auch Hefermehl/*Köhler*/Bornkamm UWG § 4 Rn 6.14.

142 BGH GRUR 1989, 434, 436; OLG Hamburg MD 2002, 866, 872 auch nach Wegfall von Zugabeverordnung und Rabattgesetz für die Kopplung der Gewinnanforderung an die gleichzeitige Warenbestellung; OLG Frankfurt GRUR 1999, 778 (Ls).

143 Vgl. BGH GRUR 1989, 757, 758 – McBacon; *Vieregge/Strothmann* FS Quack S. 139, 142.

144 So Hefermehl/*Köhler*/Bornkamm UWG § 4 Rn 6.6; wohl auch *Ullmann* GRUR 2003, 817, 818; MünchKomm/Leible UWG § 4 Nr. 6 Rn 27; ähnlich OLG Frankfurt GRUR-RR 2005, 388, 390 – Verkaufsverlosung, m. Anm. *Ruttig* WRP 2005, 388.

145 BGH GRUR 1989, 434, 435 – Gewinnspiel.

146 Vgl. hierzu *Ullmann* GRUR 2003, 817, 818.

Berücksichtigung der alternativen Wettbewerbsangebote abwägt.[147] Seine Entscheidung folgt dann den im Leistungswettbewerb erwünschten marktwirtschaftlichen Erwägungen und keinen aleatorischen Anreizen. Dies gilt insbesondere, wenn der Verbraucher bei Beachtung der Transparenzpflichten gemäß § 4 Nr. 5 durch den Veranstalter klar und eindeutig über diesen Sachverhalt vor Eintritt in das Preisausschreiben/Gewinnspiel informiert worden ist und sich folglich bei seiner Teilnahmeentscheidung entsprechend einstellen kann.[148] Fehlt eine solche Information oder ist sie unklar, greift Nr. 17 des Anhangs zu § 3 Abs. 3.

Einer solchen Interpretation scheint auch *Ullmann* zu folgen, wenn er die missbräuch- 65
liche Kopplung durch Verknüpfung eines Gewinnspiels mit dem Absatzgeschäft wie folgt erläutert: „Die Ware muss erworben werden, *bevor* um den Gewinn gespielt werden darf. Ein Nebeneinander von Gewinnspiel und Erwerb reicht dazu in der Regel nicht."[149]

Folgende Beispielsfälle sind bei dieser Auslegung nicht vom Kopplungsverbot des § 4 66
Nr. 6 erfasst: Gutscheine, die nur im Geschäft des Veranstalters und nur mit einer Zuzahlung durch den Teilnehmer eingelöst werden können, werden als Gewinne ausgelobt.[150] Gleiches gilt für Preisausschreiben/Gewinnspiele, bei denen eine Reise zu gewinnen ist, für deren Inanspruchnahme eine Zuzahlung (zB für Anreise) aufgewendet werden muss. Auch sog. **Verkaufsverlosungen** fallen hierunter, bei denen Sonderangebote bei Überschreiten einer gewissen Nachfrageschwelle unter den Kaufwilligen verlost werden.[151]

bb) Weite Auslegung. Im Gegensatz zur engen Auslegung kann der Gesetzeswortlaut 67
auch dahingehend interpretiert werden, dass die Kopplung eines Preisausschreibens/Gewinnspiels an den Waren-/Dienstleistungserwerb in jeder **Phase der Abwicklung** eines Preisausschreibens/Gewinnspiels als unzulässig erfasst werden soll. Diese Auffassung lässt sich aus dem Begriff der „Teilnahme" in § 4 Nr. 6 herleiten, wenn man diese als Präsenz des Teilnehmers während der gesamten Dauer der Spielabwicklung versteht. Die Teilnahme an einem Preisausschreiben/Gewinnspiel umfasst dann alle Sachverhalte im Zusammenhang mit der Beteiligung am Spiel, also auch die Art und Weise des Erwerbs eines angefallenen Gewinns. Auch die Definition des Begriffs der „Geschäftspraxis" aus der Lauterkeitsrichtlinie spricht für diese Auslegung, weil von ihr auch Handlungen nach Vertragsschluss erfasst sind.

Stützen lässt sich die weite Auslegung auch durch die Begründung des Gesetzgebers zu 68
§ 4 Nr. 6. Es heißt dort, dass die Teilnahme am Preisausschreiben/Gewinnspiel „nicht in irgendeiner Form mit dem Warenabsatz oder der Inanspruchnahme einer Dienstleistung"[152] verkoppelt werden darf. Die Verwendung der Formulierung **„in irgendeiner Form"** macht deutlich, dass der Gesetzgeber jedwede Verbindung zwischen Preisausschreiben/Gewinnspiel einerseits und Waren-/Dienstleistungserwerb andererseits ausschließen wollte. Grund hierfür ist, dass eine solche Werbemaßnahme „darauf abzielt, die Spiellust auszunutzen und das Urteil des Verbrauchers hierdurch zu trüben".[153]

Nach der bisherigen Rechtsprechung zu § 1 UWG aF war anerkannt, dass Preisaus- 69
schreiben/Gewinnspiele wegen ihrer Eigenschaften als aleatorische Werbemittel einer strengeren Beurteilung als die übliche Wort- und Bildwerbung unterliegen.[154] Diese Wertung hat der Gesetzgeber in § 4 Nr. 6 berücksichtigt und ausweislich der Gesetzesbegründung konsequent umgesetzt. Durch die weite Auslegung ließen sich auch die zuvor genannten Beispielsfälle – wie etwa die Verkaufsverlosung – unter § 4 Nr. 6 subsumieren, bei

[147] So auch *Ruttig* WRP 2005, 925, 928; Hefermehl/*Köhler*/Bornkamm UWG § 4 Rn 6.6.
[148] Vgl. *Ruttig* WRP 2005, 925, 930; → § 4–5 Rn 123 ff.
[149] *Ullmann* GRUR 2003, 817, 818 (Hervorhebung durch Verfasser).
[150] Vgl. BGH WM 1975, 702, 703 – Bauhausverlosung.
[151] OLG Frankfurt GRUR-RR 2005, 388, 390 – Verkaufsverlosung.
[152] BT-Drucks. 15/1487 S. 18 li. Sp.
[153] BT-Drucks. 15/1487 S. 18 li. Sp.
[154] Allgemein zur Wertreklame BGH GRUR 1974, 345 – Geballtes Bunt, BGH WRP 1976, 176 – Versandhandelspreisausschreiben.

denen der Erwerb der Verlosung nicht vor, sondern die Verlosung dem Kaufvertragsangebot nachgeschaltet ist.

70 **cc) Stellungnahme.** Der Gesetzeszweck, der darauf abzielt, den aleatorischen Einfluss auf die Kaufentscheidung des Verbrauchers möglichst gering zu halten, könnte für die weite Auslegung des Teilnahmebegriffs sprechen.[155] Danach darf derjenige, der nicht mit Mitteln des Leistungswettbewerbs, sondern mit aleatorischen Anreizen die Aufmerksamkeit der angesprochenen Verbraucher auf sein Angebot lenkt, das so erweckte Interesse an dem Preisausschreiben/Gewinnspiel nicht missbrauchen, um den Verbraucher zu einer mit der Teilnahme wie auch immer verknüpften Kaufentscheidung zu veranlassen. Dies spricht dafür, § 4 Nr. 6 dahingehend auszulegen, dass Preisausschreiben/Gewinnspiele über ihren gesamten Verlauf hinweg vom Verbot umfasst werden und nicht etwa nur einzelne Phasen, wie etwa die Entscheidung über die Teilnahme am Gewinnspiel[156] oder der Entschluss, Kenntnis über die Person des Gewinners und damit gleichzeitig Kenntnis vom eigenen Teilnahmeerfolg zu erlangen. Es kann unter diesem Gesichtspunkt nicht damit argumentiert werden, dass der Gesetzgeber nur den Eintritt des Teilnehmers in das Spielgeschehen, nicht aber das Spielende dem Kopplungsverbot unterwerfen wollte.[157]

71 Die engere Auslegung geht allerdings zu Recht davon aus, dass die Wirkung des aleatorischen Werbemittels zum **Zeitpunkt der Gewinnauskehrung** beendet ist.[158] Erfolgt nämlich der Erwerb einer Ware oder Dienstleistung erst zu einem Zeitpunkt, zu dem der Verbraucher weiß, dass und was er gewonnen hat, kann er sich wie jeder beliebige Verbraucher, dem ein Zugabeangebot unterbreitet wird, entscheiden, ob er dieses annehmen oder ablehnen will. Der aleatorische Anreiz durch das Gewinnspiel ist nach Kenntnis darüber, dass und welchen Preis der Teilnehmer gewonnen hat, nicht mehr gegeben. Sämtliche aleatorischen Phasen hat der Verbraucher bis dahin kopplungsfrei durchlaufen. In diesem Fall kann somit nicht mehr davon gesprochen werden, dass die „Teilnahme an dem Preisausschreiben oder Gewinnspiel" vom Erwerb einer Ware/Dienstleistung abhängig gemacht wird. Das Gewinnspiel ist faktisch beendet.

72 Eine weite Auslegung könnte nunmehr auch der Wertung von Nr. 17 des Anhangs zu § 3 Abs. 3 widersprechen. Sofern man diese Bestimmung zutreffend als Transparenzgebot[159] versteht, ist der Verbraucher bei einem Gewinnspiel darüber aufzuklären, dass die Möglichkeit, einen Preis oder Vorteil zu erlangen, von der Zahlung eines Geldbetrages oder der Übernahme von Kosten abhängig gemacht wird. Im Umkehrschluss bedeutet dies, dass die Lauterkeitsrichtlinie gerade für die hier diskutierten Fälle (lediglich) Transparenzanforderungen vorsieht, bei deren Erfüllung das Gewinnspiel im übrigen zulässig sein soll.

73 Im Ergebnis ist damit davon auszugehen, dass das **Abhängigmachen der Gewinnauskehrung** vom Erwerb einer Ware/Dienstleistung eine eigenständige Gestaltung des Gewinnspiels/Preisausschreibens darstellt, in welcher der ausgelobte Gewinn in der Berechtigung besteht, ein nur beschränkt – nämlich für die Gewinner des Gewinnspiels/Preisausschreibens – vorgehaltenes Zugabeangebot in Anspruch zu nehmen. Ob der Gewinner dann tatsächlich von diesem Angebot Gebrauch macht oder nicht, obliegt seiner freien Entscheidung, die nicht mehr durch aleatorische Anreize geprägt ist, sondern von der Abwägung, ob es sich aus der Sicht des durchschnittlich informierten, aufmerksamen und verständigen Verbrauchers um ein sinnvolles Zugabeangebot handelt. Ein „Gewinn" (= Zugabe) von 5 Euro dürfte kaum geeignet sein, den Verbraucher zum Erwerb einer Ware/Dienstleistung zum Preis von 500 Euro zu bewegen.[160] Demgegenüber erscheint es nicht realistisch

---

[155] So auch *Hoß* MDR 2001, 1094, 1097 nach Abschaffung von § 1 Abs. 3 S. 2 ZugabeVO; *Berneke* WRP 2001, 615, 618.

[156] So aber Hefermehl/*Köhler*/Bornkamm UWG § 4 Rn 6.6.

[157] So aber Hefermehl/*Köhler*/Bornkamm UWG § 4 Rn 6.6 mit Hinweis auf OLG Frankfurt GRUR-RR 2005, 388, 390; *Ruttig* WRP 2005, 925, 927 f.

[158] So insbesondere Hefermehl/*Köhler*/Bornkamm UWG § 4 Rn 6.6.

[159] Hefermehl/*Köhler*/Bornkamm UWG UGP-RL Anh I Rn 31.3.

[160] So das Beispiel von Hefermehl/*Köhler*/Bornkamm UWG § 4 Rn 6.6.

anzunehmen, dass der Gewinner eines 14-tägigen Maledivenurlaubs nicht bereit ist, die mit der Inanspruchnahme dieses „Gewinns" verbundene Verpflichtung zu übernehmen, die Kosten der (nicht überteuerten) Anreise selbst zu bezahlen, vor allem, wenn er – entsprechend Nr. 17 des Anhangs zu § 3 Abs. 3 – von Anfang an darüber Bescheid wusste.

Die Frage, inwieweit bei derartigen Fällen Unlauterkeitsmerkmale erfüllt werden, ist 74 somit an den Grundsätzen nach § 4 Nr. 1 sowie dem Transparenzgebot von Nr. 17 des Anhangs zu § 3 Abs. 3 zu prüfen. Hierdurch können Auswüchse im Bereich des übertriebenen Anlockens und psychischen Kaufzwangs weiterhin mit dem Instrumentarium des Wettbewerbsrechts reguliert werden.[161] An der noch in der Erstauflage vertretenen Ansicht, dass die Kopplung der Gewinnauskehrung mit dem Erwerb einer Ware/Dienstleistung stets unter § 4 Nr. 6 zu subsumieren sei, wird daher nicht mehr festgehalten.

Klarzustellen ist jedoch, dass dies nicht für Fälle des Warenerwerbs zu einem früheren 75 Zeitpunkt gilt, in dem die Entscheidung über den Gewinner oder die Art des Gewinns noch nicht bekannt ist. Setzt die **Bekanntgabe des Gewinns oder des Gewinners** den Erwerb einer Ware/Dienstleistung voraus, so ist das Gewinnspiel/Preisausschreiben aus Sicht des Verbrauchers noch nicht abgeschlossen. Zwar mag der Gewinner zu diesem Zeitpunkt bereits feststehen. Jedoch ist die Kenntnis des Veranstalters über die Person des Gewinners und die Art des Gewinns für die Frage der aleatorischen Anreizwirkung auf die Entscheidung des Verbrauchers irrelevant. Solange der Verbraucher nicht weiß, ob er gewonnen oder verloren hat und worin der Preis besteht, bleibt er „Teilnehmer" am Gewinnspiel/Preisausschreiben. Dann dominiert nach wie vor der aleatorische Spielanreiz die Entscheidungsfreiheit des Verbrauchers. Dies gilt umso mehr, wenn dem Verbraucher bekannt gegeben worden ist, er habe gewonnen, über die Art seines Gewinns werde er aber erst nach dem Erwerb einer Ware/Dienstleistung informiert.[162] In diesem Fall verstärkt sogar die Information über die Tatsache seines Gewinnerfolges das aleatorisch wirkende Interesse des Verbrauchers, in Erfahrung zu bringen, was er gewonnen hat und hierzu auch den Erwerb einer Ware oder Dienstleistung in Kauf zu nehmen. Der aleatorische Kaufanreiz erfüllt daher zu diesem Zeitpunkt weiterhin den Normzweck des § 4 Nr. 6. Außerdem dürfte Nr. 17 des Anhangs zu § 3 Abs. 3 in diesen Fällen ebenso einschlägig sein[163] wie § 4 Nr. 5.[164]

2. Werbung

Anders als § 4 Nr. 5 fordert § 4 Nr. 6 nicht ausdrücklich, dass die Preisausschreiben/ 76 Gewinnspiele Werbecharakter haben müssen.[165] Für die Wettbewerbswidrigkeit ausreichend ist die **Ankündigung** eines mit dem Warenabsatz gekoppelten Preisausschreibens/ Gewinnspiels.[166] Denn die Kopplung von Preisausschreiben/Gewinnspielen mit dem Warenabsatz dient naturgemäß der Kundengewinnung und hat daher immer Werbecharakter, so dass es keiner besonderen Klarstellung im Gesetzestext bedurfte.

Kein Fall der Kopplung, sondern eine grundsätzlich zulässige Form der Wertreklame 77 liegt daher vor, wenn der Veranstalter ein Preisausschreiben/Gewinnspiel im Rundfunk oder in der Presse bewirbt und dabei jeglicher Eindruck vermieden wird, Gewinnchancen bestünden durch den Kauf seiner Produkte oder könnten durch einen Kauf verbessert werden.[167] Bei der Veranstaltung von Preisrätseln und Preisausschreiben ist in diesen Fällen zur

---

[161] So auch OLG Frankfurt GRUR-RR 2005, 988, 990f, letztlich aber im konkreten Fall ablehnend.

[162] AA Hefermehl/*Köhler*/Bornkamm UWG § 4 Rn 6.6.

[163] → Nr. 17 Anhang Rn 30ff.

[164] → § 4–5 Rn 95ff.

[165] Vgl. dazu BGH GRUR 2005, 1061, 1063 – Telefonische Gewinnauskunft; aA für den (zweifelhaften) Fall eines Gewinnspiels ohne Werbecharakter LG Berlin MD 2005, 1413, 1417.

[166] BGH GRUR 1988, 829, 830 – Verkaufsfahrten II; LG Hamburg BGH GRUR 1970, 368, 368; BGH WRP 1976, 100, 101 – Mars; BGH WRP 1976, 172, 174 – Versandhandels-Preisausschreiben; LG München NJW 2003, 3066, 3068 – Rubbel-Gewinnspiel.

[167] BGH GRUR 1959, 138, 139 – Italienische Note; instruktiv LG Hamburg v. 28. 3. 2003 – 416 O 19/03; *v. Gamm* 1987 Kap. 27 Rn 10; Hefermehl/*Köhler*/Bornkamm UWG § 4 Rn 1.123 mwH.

Vermeidung einer Kopplung darauf zu achten, dass sich die Lösung allein aus der Kenntnisnahme der Werbung ergibt und nicht der Eindruck erweckt wird, die Lösung sei nur oder einfacher über den Erwerb des Produktes möglich.[168]

3. Kopplung mit dem Warenabsatz

78 Ein Kopplung liegt vor, wenn eine rechtliche oder tatsächliche Verknüpfung zwischen der Gewinnspielteilnahme und dem Produktabsatz besteht.[169] Seit der Entscheidung „150%-Zinsbonus"[170] ist streitig, ob das Gewinnspiel vom Umsatzgeschäft getrennt sein muss oder ob das Spielelement sich auch unmittelbar auf die im Rahmen des Umsatzgeschäfts zu erbringende Leistung beziehen kann. Die überwiegende Meinung[171] ging bislang wie selbstverständlich davon aus, dass § 4 Nr. 6 auch Fälle erfasst, in denen der Gewinn darin besteht, dass für den Teilnehmer die vertraglich vereinbarte Leistung günstiger wird. Diese wurden sogar als intensivste Form des Abhängigmachens angesehen.[172] Der BGH hat sich in der soeben genannten Entscheidung der Mindermeinung angeschlossen, weil § 4 Nr. 6 gegenüber § 4 Nr. 1 Ausnahmecharakter habe. Der Gesetzgeber habe die Fallkonstellation vor Augen gehabt, dass der Verbraucher – um an einem Gewinnspiel teilnehmen zu können – zunächst eine entgeltliche Leistung in Anspruch nehmen müsse. Der vom BGH zur Begründung herangezogene Vergleich mit den Entscheidungen „Umgekehrte Versteigerung II"[173] und „Umgekehrte Versteigerung im Internet"[174] greift aber zu kurz. Bei jenen Fällen wurde dem Verbraucher lediglich eine Chance zum preisgünstigen Erwerb angeboten, ohne dass er bereits zum Zeitpunkt der Teilnahme an der Versteigerung eine verbindliche Kaufentscheidung treffen musste. Bei den hier in Rede stehenden Fällen hängt jedoch die Teilnahme am Gewinnspiel und damit die Frage einer möglichen Vergünstigung davon ab, dass der Verbraucher zunächst einen verbindlichen Vertrag mit dem Veranstalter oder einem Dritten über einen Waren-/Dienstleistungsbezug abschließt. Diesen Einsatz aleatorischer Elemente wollte auch der Gesetzgeber verhindern; er war auch nicht nach der Rechtsprechung zum UWG aF zulässig.

79 **a) Kopplung durch eigene oder Begünstigung Dritter.** Mit der Vorschrift des § 4 Nr. 6 wollte der Gesetzgeber jegliche Verkopplung zwischen dem Gewinnspiel und dem Waren- bzw. Dienstleistungsabsatz verhindern, um die Kaufentscheidung des Verbrauchers vor einer unsachlichen Beeinflussung durch aleatorische Anreize zu schützen.[175] Eine Kopplung liegt somit auch dann vor, wenn das Preisausschreiben/Gewinnspiel zielgerichtet vom Erwerb der Ware oder Dienstleistung eines Dritten abhängig gemacht wird[176] oder der Gewinnspielveranstalter den Gewinn nicht selbst auslobt.[177] Nicht erforderlich für die Unlauterkeit der Kopplung ist es somit, dass dem Veranstalter durch das Abhängigmachen der Teilnahme vom Warenerwerb unmittelbar oder mittelbar ein Vorteil erwächst.[178] Auch derjenige, der ohne davon selber mittelbar zu profitieren (etwa durch eine Beteiligung am Umsatzerlös), die Teilnahme am eigenen Preisausschreiben oder Gewinnspiel vom Kauf

---

[168] BGH GRUR 1990, 611 – Werbung im Programm; OLG Hamburg WRP 1977, 806, 807.

[169] BGH GRUR 2005, 599, 600 – Traumcabrio.

[170] BGH GRUR 2007, 981, 983 m. krit. Anm. *Seichter* in: Ullmann jurisPK-UWG § 4 Nr. 6 Rn 16.3.

[171] OLG Hamburg MD 2005, 24, 26 f; OLG Köln MD 2006, 1388, 1389; Hefermehl/*Köhler*/Bornkamm UWG § 4 Rn 6.6; MünchKomm/Leible UWG § 4 Nr. 6 Rn 37; *Seichter* in: Ullmann jurisPK-UWG § 4 Nr. 6 Rn 22; aA Fezer/*Steinbeck* → § 4–1 Rn 232.

[172] → Rn 85.

[173] BGH GRUR 2003, 626, 627.

[174] BGH GRUR 2004, 249, 250.

[175] BT-Drucks. 15/1487 S. 18 mit Verweis auf BGH GRUR 2002, 976 – Kopplungsangebot I; Hefermehl/*Köhler*/Bornkamm UWG § 4 Rn 6.2.

[176] Hefermehl/*Köhler*/Bornkamm UWG § 4 Rn 6.6; MünchKomm/Leible UWG § 4 Nr. 6 Rn 31; aA Löffler/*v. Strobl-Albeg* LPG BT Gewinnsp. Rn 13; *Piper*/Ohly UWG § 4 Rn 6/4.

[177] So jetzt BGH GRUR 2008, 807, 809 – Millionen-Chance; *Seichter* jurisPR-WettbR 8/2008.

[178] Die frühere Ansicht in Rn 62 wird damit aufgegeben.

fremder Waren oder der Inanspruchnahme **fremder Dienstleistungen** abhängig macht, verstößt gegen § 4 Nr. 6.[179]

Die Fallkonstellationen, in denen der Erwerb einer Ware/Dienstleistung auf Grund der Natur des Preisausschreibens/Gewinnspiels lediglich als zwangsläufiges Erfordernis anzusehen ist und bei dem kein „unmittelbarer Zusammenhang"[180] zum Waren-/Dienstleistungsabsatz besteht, also ohne die Zielrichtung, die geschäftlichen Entscheidungen des Verbrauchers in Bezug auf die Waren/Dienstleistungen zu beeinflussen,[181] nicht besteht, fallen hingegen nicht unter § 4 Nr. 6. Es sind dies in der Regel die Fälle der „naturgemäßen Verbindung" im Sinne des § 4 Nr. 6.[182] Nicht tatbestandsmäßig im Sinne der Inanspruchnahme einer Dienstleistung ist es deshalb, wenn die **Übermittlung der Teilnahmeerklärung** an den Veranstalter durch die Post oder über ein normales Orts- oder Ferngespräch erfolgt. Auch das Preisausschreiben einer Zeitschrift, bei dem die Teilnehmer aufgefordert werden, im örtlichen Zoo Fotoaufnahmen zu fertigen und der Redaktion Papierabzüge in vorgegebenen Größen zur Prämierung der besten Aufnahme zu übersenden,[183] führt nicht zu einer von § 4 Nr. 6 erfassten Kopplung, weil die Teilnehmer Filme eines beliebigen Herstellers kaufen, Eintritt zahlen und Entwicklungs- sowie Übersendungsdienstleistungen in Anspruch nehmen müssen. Hier ist die Teilnahme zwar an die Inanspruchnahme einer Dienstleistung gebunden. Zum Einen zielt die Veranstaltung ersichtlich nicht auf die Steigerung eines Waren- oder Dienstleistungsangebots. Ihr fehlt es daher an einem Werbecharakter, wenn auch mit der Veranstaltung selbst ein gewisser Werbeeffekt zu Gunsten des Veranstalters einhergehen mag. Im Vordergrund steht jedoch der Unterhaltungszweck. Ferner erfolgen Warenabsatz oder Dienstleistungserbringung nicht vom Veranstalter selbst, sondern von einem Dritten, sodass nicht der Veranstalter, sondern allein der Dritte hieran verdient.[184] Zum Anderen ist die Durchführung derartiger Preisausschreiben/Gewinnspiele ohne den Erwerb dieser Hilfsmittel gar nicht möglich und es fehlt hier an der zielgerichteten Umsatzförderung zu Gunsten eines Dritten und somit an der Kausalität der „Kopplung". 80

Die Verknüpfung der Teilnahme mit der Wahl einer Mehrwertdienste-Rufnummer hat der Gesetzgeber in der Gesetzesbegründung zu § 4 Nr. 6 hingegen gesondert geregelt, da durch die Inanspruchnahme einer solchen Nummer auch der Veranstalter des Preisausschreibens/Gewinnspiels an den anfallenden Telefongebühren partizipiert.[185] 81

Für die Tatbestandsmäßigkeit ausreichend ist es außerdem, wenn irgendeine Ware oder Dienstleistung vom Verbraucher erworben werden muss. Nicht erforderlich ist, dass die Teilnahme an einem Gewinnspiel/Preisausschreiben vom Erwerb einer **bestimmten Ware** oder der Inanspruchnahme einer bestimmten Dienstleistung abhängig gemacht wird.[186] 82

Keine Kopplung wiederum soll nach Ansicht der Rechtsprechung anzunehmen sein, wenn eine Bank die Zinshöhe vom Ergebnis eines ungewissen Ereignisses wie etwa dem Ausgang eines Fußballturniers abhängig macht.[187] Begründet wird dies unter anderem damit, dass die zeitweise Überlassung von Kapital gegen Zahlung einer Rendite nach Ende der Laufzeit weder die „Inanspruchnahme einer Dienstleistung" noch den „Erwerb einer Ware" im Sinne von § 4 Nr. 6 darstelle. Ob die Verwaltung des hingegebenen Geldes, tatsächlich keine Inanspruchnahme einer Dienstleistung ist, darf bezweifelt werden. Schließlich kommt mit der Bank ein Vertrag zustande, und die Bank verpflichtet sich in Form eines Mindestzinses jedenfalls zu einer bestimmten Leistung. Fraglich erscheint auch, ob der Tatbestandsausschluss damit begründet werden kann, dass die Elemente der Inanspruch- 83

179 So jetzt auch OLG Celle v. 10. 1. 2008 – 13 U 118/07.
180 So der Erwägungsgrund 7 UGP-RL zu § 2 Abs. 1 Nr. 1.
181 Hefermehl/*Köhler*/Bornkamm UWG § 2 Rn 25.
182 → Rn 142ff.
183 So das Beispiel von Löffler/*v. Strobl-Albeg* LPG BT Gewinnsp. Rn 13.
184 So auch die Gesetzesbegründung, BT-Drucks. 15/1487 S. 18 li. Sp.
185 → Rn 121ff.
186 OLG Frankfurt MD 2006, 1177.
187 OLG Köln OLGR Köln 2005, 576; BGH GRUR 2007, 981 – 150% Zinsbonus.

nahme der Dienstleistung und der Gewinnspielteilnahme in einem Akt zusammenfallen.[188] Denn dann müsste auch das sog. Rabattwürfeln[189] tatbestandslos sein. Der eigentliche Grund dafür, dass in den vorliegenden Fällen ein Wettbewerbsverstoß verneint wird, scheint der Umstand zu sein, dass der Kunde dasjenige, was er zur Inanspruchnahme der Dienstleistung hingegeben hat, nicht verlieren kann. Dabei gerät aber in Vergessenheit, dass der Kunde, durch das Gewinnspiel angelockt, den (tatsächlich besseren) Zinsvorteil eines anderen Kreditinstituts nicht nutzen kann. **Umgekehrte Versteigerungen** fallen nicht unter das Verbot nach § 4 Nr. 6, denn mangels Auslobung von Preisen handelt es sich nicht um Gewinnspiele.[190]

84 **b) Unmittelbare Kopplung.** Aus Sicht der Absatzwerbung ist ein ideales Gewinnspiel dasjenige, das mit dem Absatz der Ware auf das Engste gekoppelt ist.[191] Diesem Idealbild setzt der Gesetzgeber § 4 Nr. 6 entgegen, mit dem unmittelbar an den Kauf der Ware oder die Inanspruchnahme einer Dienstleistung gebundene Preisausschreiben/Gewinnspiele verboten werden. Mit dem Begriff der „unmittelbaren Kopplung" werden diejenigen Preisausschreiben/Gewinnspiele bezeichnet, bei denen eine Teilnahme allein oder primär durch den Erwerb der Ware möglich ist und bei denen eine gleichwertige alternative Teilnahmemöglichkeit fehlt.

85 Eine gesonderte Kategorie stellen die Fälle des stets unzulässigen **rechtlichen Kaufzwangs** dar, bei dem die Teilnahme an einem Preisausschreiben/Gewinnspiel dergestalt an den Warenerwerb gebunden ist, dass die Teilnahme allein vom Abschluss des Kaufgeschäfts abhängt.[192] Zutreffend ist von der Rechtsprechung festgestellt worden, dass sich § 4 Nr. 6 nicht auf solche Fallkonstellationen beschränkt, in denen das eigentliche Gewinnspiel dem Erwerbsvorgang nachgeschaltet ist, in denen also zwischen dem Kauf einerseits und der Teilnahme bzw. der Gewinnmitteilung andererseits tatsächlich und zeitlich unterschieden werden kann. Tatbestandsmäßig im Sinne des § 4 Nr. 6 ist die Veranstaltung eines Gewinnspiels auch dann, wenn durch den Warenerwerb automatisch die Teilnahme am Gewinnspiel bewirkt und mit diesem Akt zusammenfällt.[193] In der Tat sind intensivere Formen des Abhängigmachens, also etwa die Fälle, in denen jeder 1.000 **Kassenbon storniert** wird oder jeder 1000 Käufer gewinnt, kaum denkbar.[194] Die hier und in der folgenden Rn behandelten Fälle sind allerdings nach der Entscheidung des BGH *150%-Zinsbonus* strittig.[195] Da der BGH der Auffassung ist, § 4 Nr. 6 setzt ein vom Umsatzgeschäft getrenntes Gewinnspiel voraus, hat er aus seiner Sicht konsequent auch eine Kopplung verneint, wenn mit der Aussage „Jeder 100. Einkauf gratis" geworben wird.[196] Die Begründung, es handle sich bei diesen Fällen um ein besonderes Verfahren der „Preisgestaltung" ist wenig überzeugend, weil der ausgelobte Gewinn stets Eingang in die Kalkulation des Kaufmanns findet.

86 Hierher gehören außerdem das im Rahmen eines Gewinnspiels angekündigte gelegentliche **Beifügen von Geldgutscheinen** oder -gewinnen in oder an ausgewählten Waren („2 Euro in jeder 5. Packung"),[197] die Möglichkeit der Teilnahme oder Lösung eines Preisrätsels nur durch unmittelbare Benutzung der Verpackung oder Ware[198] sowie die Abhän-

---

188 So → 4 Nr. 1 Rn 232.

189 → Rn 87 f.

190 → § 4–1 Rn 333 ff.

191 *Gerstenberg* WRP 1973, 444, 447.

192 So zum UWG aF BGH GRUR 1973, 474, 476 – Preisausschreiben; zum neuen UWG OLG Köln GRUR-RR 2007, 48 – Jeder 20. Käufer gewinnt; LG Köln v. 7. 10. 2004 – 33 O 353/04; Hefermehl/*Köhler*/Bornkamm UWG § 4 Rn 6.9; Piper/*Ohly* UWG § 4.6 Rn 5.

193 OLG Köln GRUR-RR 2007, 48, 48 – Jeder 20. Käufer gewinnt; OLG Hamburg MD 2005, 24, 26 – Glücksbon-Tage; offen gelassen von BGH WRP 2005, 1251 – Glücksbon-Tage.

194 OLG Hamburg MD 2005, 24, 26 – Glücksbon-Tage; aA BGH v. 22. 1. 2009 – I ZR 31/06 – Jeder 100. Einkauf gratis.

195 *Lehmler* in: Büscher/Dittmer/Schiwy UWG § 4 Nr. 6 Rn 11; → Rn 78.

196 BGH v. 22. 1. 2009 – I ZR 31/06.

197 RG JW 1928, 1210.

198 Vgl. LG München GRUR 1970, 367, 368 – d-c-fix-Wettbewerb.

gigkeit der Teilnahme allein vom Einsenden der Verpackung oder Teilen davon.[199] Aus den gleichen Gründen wurde auch die sog. „EM-Wette" untersagt, wonach derjenige, der am 1. Juni einen Fernseher kaufte, den Kaufpreis erstattet bekommen hätte, falls Deutschland Europameister geworden wäre.[200]

Beim sog. **Rabattwürfeln** ist hingegen zu differenzieren: Ist das Angebot so ausgestaltet, dass der Kunde nach dem Kauf der Ware an der Kasse eine Reduzierung des eigentlich zu zahlenden Kaufpreises erspielen, zumeist erwürfeln, kann, so liegt unzweifelhaft eine Kopplung vor. Denn der Kunde kommt in den Genuss des Spiels um den Rabatt nur, wenn er zuvor gekauft hat. 87

Findet der Würfelvorgang an der Kasse statt, ist in der Regel von einer Anwendbarkeit des § 4 Nr. 6 auszugehen, ungeachtet der Frage, ob zu diesem Zeitpunkt zivilrechtlich bereits ein Kaufvertrag über die Ware geschlossen wurde. Eine Würdigung der Interessenlage dieser Gestaltung des Gewinnspiels ergibt nämlich, dass der Kunde die Ware auf jeden Fall unter Abzug des erwürfelten Rabatts erwerben soll. Ob die Zulassung des Kunden zum Würfeln dem Eintritt seiner vertraglichen Bindung zeitlich nachfolgt oder mit dem Warenerwerb in einem Akt zusammenfällt, ist nicht entscheidend.[201] 88

Anders wären jedoch Fallgestaltungen zu beurteilen, bei denen der Verbraucher ersichtlich vor der eigentlichen Kaufentscheidung, also etwa im Einlassbereich, um den Rabatt spielen und sich erst im Anschluss an eine ihm ausreichend erscheinende Preisreduzierung zum Kauf entschließen kann.[202] 89

Keine Kopplung an den Kauf, sondern eine zulässige Kopplung an die Offenbarung der Kaufgewohnheiten ist gegeben, wenn die Teilnahme an einer Verlosung als Belohnung für die Mitwirkung an einer Verbraucherbefragung gewährt wird (sog. **Marktforschungspreisausschreiben**).[203] Gleiches gilt für **Kundenbindungssysteme,** in denen die Teilnahme am Gewinnspiel als Bonus für eine Treueleistung des Verbrauchers gewährt wird. Können etwa Bonuspunkte für eine kostenlose Teilnahme an einer zugelassenen Lotterie eingetauscht werden, so besteht eine Kopplung schon deshalb nicht, weil der Verbraucher nicht daran gehindert ist, jederzeit ohne den Warenbezug beim Werbenden an der Lotterie teilzunehmen.[204] § 4 Nr. 6 ist in diesen Fällen nicht einschlägig, weil der Verbraucher erkennt, dass er die Zugabe, welche in der Inanspruchnahme einer von einem Dritten erbrachten Dienstleistung besteht, jederzeit selber und unabhängig vom Angebot der Werbenden in Anspruch nehmen kann, ohne dafür aufwendig Bonuspunkte sammeln zu müssen.[205] Auf die Frage der alternativen Teilnahmebedingungen kommt es daher gar nicht an. Näher liegt in diesen Fällen vielmehr die Prüfung einer Irreführung, weil der Verbraucher uU über den Wert der Zugabe getäuscht wird. 90

c) Mittelbare Kopplung. Die bislang unter dem Gesichtspunkt der mittelbaren Kopplung behandelten Preisausschreiben-/Gewinnspielveranstaltungen werden ebenfalls durch § 4 Nr. 6 dem Grunde nach erfasst.[206] Durch die Rechtsprechung noch nicht geklärt ist indes, ob auch Preisausschreiben/Gewinnspiele, bei denen die Teilnahme nur **scheinbar** oder **in versteckter Form** an den Kauf der Ware gebunden ist, aufgrund der unklaren 91

---

199 OLG Düsseldorf NJW 1952, 70; LG Hamburg v. 28. 3. 2003 – 416 U 19/03.

200 LG Hamburg v. 1. 6. 2004 – 315 O 580/04; LG Köln v. 4. 8. 200 – 31 O 524/04 für das Versprechen der Kaufpreiserstattung, wenn ein bestimmter Politiker noch innerhalb der Legislaturperiode zurücktritt.

201 OLG Köln GRUR-RR 2007, 364, 364 – Das große Rabatt-Würfeln mit Hinweis auf OLG Köln MD 2006, 1388.

202 Ohne die hier angestellte Differenzierung für eine Kopplung im Sinne des § 4 Nr. 6 LG Lüneburg v. 22. 2. 2002 – 7 O 21/02; LG Dortmund v. 17. 9. 2002 – 16 O 25/02; aA OLG Hamm v. 17. 6. 2003 – 4 U 46/03; OLG Hamm v. 20. 11. 2003 – 4 W 163/03.

203 OLG Stuttgart NJWE-WettbR 1999, 127, 128.

204 AA BGH GRUR 2008, 807, 809 – Millionen-Chance; *Seichter* jurisPR-WettbR 8/2008; wie hier Hefermehl/*Köhler*/Bornkamm UWG § 4 Rn 6.6; MünchKomm/Leible UWG § 4 Nr. 6 Rn 37.

205 AA OLG Düsseldorf MD 2005, 757, 759 – Millionen-Chance; wie hier *Köhler* GRUR-RR 2006, 1, 4.

206 BGH GRUR 2005, 599, 600 – Traumcabrio.

Teilnahmebedingungen auch oder ausschließlich unter den Anwendungsbereich des § 4 Nr. 5 fallen. Der BGH hat nur klargestellt, dass die deutliche Hervorhebung der Unabhängigkeit zwischen Warenbestellung einerseits und Gewinnchance andererseits aus der Unlauterkeit hinausführt, selbst wenn Bestell- und Gewinnschein miteinander verbunden sind.[207]

92 Jedenfalls weiterhin nach § 4 Nr. 6 werden solche Gewinnspielveranstaltungen zu beurteilen sein, in denen das unmittelbare Teilnahmemedium selbst – zB ein Teilnahmeschein oder das beworbene Produkt – derart gestaltet ist, dass für die Teilnahme die Erforderlichkeit eines Kaufs oder bessere Gewinnchancen durch den Kauf suggeriert werden.[208] Nach § 4 Nr. 6 ist es danach wettbewerbswidrig, wenn lediglich der an die Warenbestellung gekoppelte Teilnahmeschein vorfrankiert ist[209] oder dem Produkt selbst zwar keine Teilnahmekarte beiliegt, sich aber nur auf der **Produktverpackung** die für die Teilnahme erforderliche Telefonnummer befindet,[210] wenn in einem Internetangebot zB mit dem Hinweis „schnell anmelden und gewinnen" der Eindruck erweckt wird, eine Teilnahme am Gewinnspiel sei von der durch Anmeldung erfolgenden Inanspruchnahme einer Dienstleistung abhängig.[211]

93 Gleichfalls von § 4 Nr. 6 erfasst bleiben Preisausschreiben/Gewinnspiele, bei denen die angebotenen alternativen Teilnahmemöglichkeiten nicht gleichwertig mit dem Kauf des Produkts sind: Bei all diesen Varianten bleibt es im Ergebnis bei einer Kopplung, weil der Erwerb der Ware – aus der maßgeblichen Sicht des Verbrauchers – faktisch[212] die einzig sinnvolle Teilnahmemöglichkeit darstellt.

4. Ausnahme: Alternative Teilnahmemöglichkeiten

94 Das Unlauterkeitsmoment der Verbindung von Preisausschreiben-/Gewinnspielteilnahme mit dem Kauf einer Ware oder der Inanspruchnahme einer Dienstleistung kann nach § 4 Nr. 6 entfallen, wenn dem Verbraucher eine zusätzliche, gleichwertige Teilnahmemöglichkeit eingeräumt wird, die vom Erwerb der Ware oder der Inanspruchnahme einer Dienstleistung unabhängig ist.[213] Der Gesetzgeber geht in der Begründung zu § 4 Nr. 6 davon aus, dass „eine Verkopplung regelmäßig dann nicht anzunehmen [sein wird], wenn es alternativ die Möglichkeit der Teilnahme gibt, ohne dass eine Ware gekauft oder eine Dienstleistung in Anspruch genommen werden muss".[214] Auch nach Normierung des Kopplungsverbots in § 4 Nr. 6 bleibt damit die Möglichkeit der **„Entkopplung"** über das Bereitstellen eines alternativen Teilnahmewegs bestehen.

95 Insbesondere nach der jüngsten Rechtsprechung des Bundesgerichtshofs kann allerdings bei Beachtung der Verpflichtung zur klaren und eindeutigen Angabe der Teilnahmebedingungen gemäß § 4 Nr. 5 ohne konkrete Veranlassung durch die Art der Gewinnspielbewerbung und -gestaltung nicht mehr von vornherein unterstellt werden, dass der Verbraucher sich allein durch den (nachzuweisenden) Kauf eines Produkts des Veranstalters bessere Gewinnchancen erhofft hat. Auch von einer Ungleichwertigkeit der Gewinnchancen und damit einer verdeckten Kopplung kann nicht mehr ohne weiteres ausgegangen werden, wenn der Veranstalter – seinen Pflichten nach § 4 Nr. 5 entsprechend – eindeutige Hin-

---

207 BGH GRUR 2005, 599, 600 – Traumcabrio unter ausdrücklicher Aufgabe der Entscheidung BGH WRP 1976, 172, 174 – Versandhandels-Preisausschreiben.

208 BGH GRUR 2005, 599, 600 – Traumcabrio mit Hinweis auf BGH GRUR 1973, 474, 475 f – Preisausschreiben; OLG Hamburg OLGR 2002, 367.

209 KG GRUR 1976, 378, 379 – Readers Digest; anders, nämlich nach § 4 Nr. 5 zu beurteilen ist es, wenn lediglich in den Teilnahmebedingungen zwischen Bestellern einerseits und Teilnehmern andererseits – zum Beispiel durch die Anrede „Kunde" – differenziert wird, vgl. OLG Stuttgart WRP 1987, 337, 338.

210 OLG Düsseldorf v. 27. 1. 1998 – 20 U 74/97; OLG Frankfurt WRP 1996, 961 – X-Rum.

211 LG Darmstadt MMR 2007, 671.

212 OLG Frankfurt WRP 1996, 961, 961.

213 BGH GRUR 2005, 599, 600 – Traumcabrio; MünchKomm/*Leible* UWG § 4 Nr. 6 Rn 45.

214 BT-Drucks. 15/1487 S. 18 li. Sp.

weise auf die Gleichwertigkeit bei Nutzung alternativer Teilnahmemöglichkeiten gibt, die den Erwerb des Produkts nicht voraussetzen.[215]

Nur weil der Gesetzgeber in der Begründung zu § 4 Nr. 6 davon spricht, dass eine Kopplung „regelmäßig“ nicht anzunehmen sei, wenn es alternativ die Möglichkeit der Teilnahme gebe, lässt sich daraus indes nicht folgern, dass die strengen Voraussetzungen gelockert werden sollen, unter denen die Rechtsprechung bisher die **Gleichwertigkeit der angebotenen Teilnahmealternativen** geprüft hat. Hierzu finden sich seitens des Gesetzgebers keine speziellen Ausführungen, was eher gegen eine Lockerung spricht. Die obergerichtliche Rechtsprechung hat bislang bei der Beurteilung von unmittelbaren Kopplungs-Preisausschreiben/Gewinnspielen zudem ein Aufweichen der Unlauterkeitsgrenze selbst bei Zugrundelegung des neuen Verbraucherleitbildes gemäß der Rechtsprechung des EuGH und trotz Abschaffung von Zugabeverordnung und Rabattgesetz abgelehnt.[216] Auch nach der Rechtsprechung des BGH zu § 4 Nr. 6 war eine solche Tendenz grundsätzlich nicht zu erkennen.[217] Bleibt es also – insbesondere nach dem Willen des Gesetzgebers – beim Kopplungsverbot für Preisausschreiben/Gewinnspiele, müssen unter Beachtung des gewandelten Verbraucherleitbildes[218] auch diejenigen Voraussetzungen fortgelten, unter denen die Kopplung ausnahmsweise entfällt. 96

Es ist nicht zu verkennen, dass der Wortlaut der Gesetzesbegründung die Ansicht stützt, wonach die Bereitstellung bereits eines einzigen alternativen Teilnahmewegs zur Entkopplung genügt. Danach könnte bereits ein gleichwertiger, kaufunabhängiger Teilnahmeweg die Abhängigkeit der Teilnahme vom Kauf entfallen lassen. 97

Eine alternative Teilnahmemöglichkeit ist nach der bisherigen Rechtsprechung gegeben, wenn sie objektiv gleichwertig ist, subjektiv vom Verbraucher als gleichwertig empfunden wird und üblicherweise realisiert zu werden pflegt.[219] Die Unlauterkeit wird allerdings nicht schon dadurch ausgeräumt, dass es überhaupt andere Möglichkeiten zur Teilnahme gibt und die Verbraucher sie kennen.[220] Die Alternative muss vielmehr **tauglich und gleichwertig** sein, sie darf für die Teilnehmer eines Preisausschreibens oder Gewinnspiels nicht unbequem sein oder erfahrungsgemäß beim Publikum keine Beachtung finden.[221] Letzteres dürfte etwa für ein Gewinnspiel gelten, bei dem der Kunde bestimmte mit einer Gewinnziffer versehene Produkte erwerben und im Anschluss an eine Ziehung von fünf Glückszahlen an einer Verlosung teilnehmen kann, wenn er vier oder fünf „richtige“ Produkte gekauft hat. Hier reicht für die Entkopplung nicht, dass einmal pro Tag über eine kostenpflichtige Hotline oder über das Internet ein virtueller Kauf von bis zu zehn Produkten ohne Verbindungsmöglichkeit der Einzelspiele erfolgen kann, wenn der Kunde seine Gewinnchancen in der eigentlichen Kopplungsvariante des Gewinnspiels massiv dadurch steigern kann (und soll), dass er möglichst viele derjenigen Produkte kauft, die eine Glückszahl verkörpern. Die angebotenen Teilnahmealternativen sind in diesem Fall offensichtlich nicht gleichwertig. 98

Dadurch, dass auch in der Rechtsprechung des BGH immer stärker der vernünftige Verbraucher zum Entscheidungsmaßstab wird, dürften künftig die Anforderungen an das **subjektive Empfinden** der Verbraucher nicht überspannt und beim Verbraucher nicht vorschnell eine übermäßige Bequemlichkeit oder ein übermäßiges Misstrauen unterstellt werden. Für jede Teilnahmevariante ist gesondert zu prüfen, ob ein erheblicher Teil der angesprochenen Verbraucher der Ansicht sein kann, auf Grund der Ausgestaltung der Teilnahmealternative sei die Teilnahme durch den Kauf der Ware leichter oder die Gewinnchance 99

---

215 Vgl. bereits OLG Hamburg MD 2002, 758, 763 f; → § 4–5 Rn 143.

216 OLG Hamburg MD 2002, 753, 754; OLG Karlsruhe MD 2000, 641, 643; *Ullmann* GRUR 2003, 817, 818.

217 BGH GRUR 2005, 599, 600 – Traumcabrio.

218 *Berlit* WRP 2005, 1213, 1215.

219 OLG Hamburg MD 2002, 753, 754.

220 OLG Hamburg MD 2001, 1234, 1236.

221 KG GRUR 1976, 378, 379; Hefermehl/*Köhler*/Bornkamm UWG § 4 Rn 6.13.

größer. Lässt sich eine solche Meinung nachweisen, wird es regelmäßig an einer Gleichwertigkeit des alternativen Teilnahmewegs fehlen.[222]

100 **a) Bestellschein.** Die Zusendung der Teilnahmebedingungen eines Preisausschreibens oder Gewinnspiels zusammen mit **Bestellscheinen** eines Versandhandelskatalogs ist nicht schlechthin wettbewerbswidrig.[223] Eine unzulässige Kopplung sollte nach Ansicht der bisherigen Rechtsprechung zu § 1 UWG aF – wenn auch eher wegen eines unlauteren psychischen Kaufzwangs – gegeben sein, wenn im Versandhandel ein Preisausschreiben oder Gewinnspiel veranstaltet wird und das beigefügte Bestellformular gleichzeitig als Teilnahmeschein verwendet werden konnte. Der angesprochene Verkehrskreis gehe in diesen Fällen davon aus, ein Besteller würde möglicherweise bevorzugt, sein Teilnahmeschein würde größere Bedeutung finden und nicht verloren gehen, so dass auch aus diesen sachfremden Motiven Bestellungen getätigt werden.[224]

101 Der daneben angefügte Hinweis, die Teilnahme sei auch durch Übersendung einer einfachen **Postkarte** oder per Telefon möglich, wurde von dieser Rechtsprechung für unbeachtlich gehalten: Der Verbraucher könne solche Hinweise nicht ernst nehmen, wenn sich der Veranstalter genau entgegengesetzt verhalte, indem er den Teilnahmecoupon körperlich mit dem Bestellformular verbindet.[225] Durch die Entscheidung „Traumcabrio" hat der BGH diese Rechtsprechung nunmehr aufgegeben.[226] Aufgrund des gewandelten europäischen Verbraucherleitbildes nimmt der BGH ausdrücklich Abstand von seiner noch in der Entscheidung „Versandhandels-Preisausschreiben" vertretenen Ansicht, wonach ein nicht unerheblicher Teil der angesprochenen Verbraucherkreise schon aufgrund der Verbindung von Bestell- und Teilnahmeschein – selbst bei einem gegenteiligen Hinweis – davon ausgehe, durch die Warenbestellung können seine Gewinnchance verbessert werden.

102 Mit Blick auf die Gesetzesbegründung zu § 4 Nr. 6 allenfalls teilweise aufrecht erhalten lassen sich außerdem die Entscheidungen, wonach bei einheitlicher Gestaltung von Bestell- und Teilnahmeschein die Angabe einer Mehrwertdienste-Rufnummer unzureichend sei, weil ein teures Telefongespräch, dessen Dauer ein Interessent nicht abschätzen könne, kein gleichwertiger Ersatz gegenüber der Verwendung der Bestell- und Teilnahmekarte sei.[227] Mehrwertdienste-Rufnummern sind ausnahmsweise sogar als **alleiniger Teilnahmeweg** zulässig, wenn sie die üblichen Übermittlungskosten nicht übersteigen[228] und auf die entstehenden Kosten des alternativen Teilnahmewegs klar und eindeutig hingewiesen worden ist.

103 Als unbedenklich sollte die Rechtslage nach Ansicht des OLG Hamburg bereits nach § 1 UWG aF zu beurteilen sein, wenn der Teilnahme-Coupon eines Gewinnspiels von dem Warenbestellschein separat abtrennbar ist und der Veranstalter unmissverständlich darauf hinweist, dass die – auch telefonisch zu regulären Gebühren mögliche – Teilnahme nicht von einer gleichzeitigen Warenbestellung abhängig ist.[229]

104 Weder nach § 4 Nr. 5 noch nach § 4 Nr. 6 wird man vom Veranstalter verlangen können, den alternativen Teilnahmeweg so auszugestalten, dass er selbst nicht feststellen kann, ob der Teilnehmer die Ware bestellt hat oder nicht.[230] Hebt der Veranstalter die Gleichwertig-

---

[222] BGH WRP 1976, 100 – Mars; OLG Stuttgart GRUR 1988, 546, 546.

[223] BGH GRUR 2005, 599, 600 – Traumcabrio, bereits BGH WRP 1976, 172, 173 – Versandhandels-Preisausschreiben.

[224] BGH WRP 1976, 172, 174 – Versandhandels-Preisausschreiben; BGH GRUR 1973, 474, 476 – Preisausschreiben; Hefermehl/*Köhler*/Bornkamm UWG § 4 Rn 6.11; Gloy/*Jaeger-Lenz* Hdb. § 69 Rn 8; Großkomm/*Schünemann* UWG § 1 Abschnitt C Rn 156.

[225] OLG Hamburg MD 2002, 758, 763; einstweilige Verfügung des LG Bremen v. 2. 7. 2004 – 9 O 1426/04 für aus einer Zeitung auszuschneidenden Originalcoupon.

[226] BGH GRUR 2005, 599, 600 –Traumcabrio.

[227] OLG Hamburg MD 2002, 753, 754 für Telefonkosten in Höhe von 1,21 DM.

[228] BT-Drucks. 15/1487 S. 18 li. Sp.

[229] OLG Hamburg MD 2002, 758.

[230] BGH WRP 1976, 172, 173f – Versandhandels-Preisausschreiben; OLG Hamburg WRP 1977, 806, 807.

keit der Teilnahmealternative ausreichend hervor, reicht für die Entkopplung nach der neuen Rechtsprechung des BGH künftig in jedem Fall die Angabe einer Telefonnummer zu normalen Tarifen aus, selbst wenn Bestell- und Teilnahmeschein miteinander verbunden sind.

b) Teilnahmekarten. Für Preisausschreiben-/Gewinnspieleveranstaltungen mit im Produkt befindlichen Teilnahme- oder Antwortkarten kann ein alternativer Teilnahmeweg darin bestehen, dass unmittelbar am **Verkaufsort (point of sale) Teilnahmekarten** erhältlich sind, die eine gleichwertige Teilnahmemöglichkeit eröffnen. Die alternative Erhältlichkeit der Teilnahmekarten muss ohne weiteres erkennbar sein, zumindest muss hierauf deutlich hingewiesen werden. Bereits zu unbequem dürfte es sein, wenn Kunden die Verkäufer erst auf die Teilnahmescheine ansprechen müssen,[231] zumal gerade damit an kleineren Verkaufsorten versucht werden könnte, den potenziellen Kunden in ein Verkaufsgespräch zu verwickeln. Auch wenn die Teilnahmekarten nicht am Verkaufsort selbst, sondern erst an der **Kasse** erhältlich sind, wird es an der Gleichwertigkeit fehlen. 105

Nicht ausreichend für eine Entkopplung dürfte es außerdem sein, wenn Teilnahmescheine oder Antwortkarten – egal auf welchem Wege – erst angefordert werden müssen, die Teilnahme andererseits aber unmittelbar durch den Erwerb eines Produktes möglich ist und dieses noch dazu preislich in der Nähe von üblichen Telefon- oder Portogebühren liegt. Insbesondere bei Produkten des täglichen Bedarfs liegt die Schwelle zum Kaufentscheid im Zusammenhang mit einem Preisausschreiben/Gewinnspiel dieser Art sehr niedrig.[232] 106

Hat der Veranstalter als alternative Teilnahmemöglichkeit spezielle **Antwortkarten** herausgegeben, muss er außerdem sicherstellen, dass diese stets in ausreichender Zahl vorhanden sind. Das bedeutet, dass etwa ein Warenhersteller, der ein Preisausschreiben/Gewinnspiel über die sein Produkt vertreibenden Handelsbetriebe veranstaltet, diese mit Teilnahmekarten in ausreichender Menge versorgen muss.[233] 107

c) Post. Die Möglichkeit, die für die Teilnahme notwendigen Unterlagen statt durch den Erwerb der Ware auf dem Postweg anfordern zu können, stellt – wie gesehen – grundsätzlich keine alternative Teilnahmemöglichkeit zum Produktkauf dar.[234] Auch wurde die Einräumung einer postalischen Teilnahme bisher nicht als gleichwertig – weil wesentlich unbequemer – im Verhältnis zur Teilnahmemöglichkeit im Verkaufsgeschäft selbst angesehen.[235] 108

Die Teilnahme mittels einer neutralen **Postkarte** muss – wie beispielsweise im Versandhandel üblich – nicht immer gegen § 4 Nr. 6 verstoßen. Bei der alternativen Teilnahme über die Post ist jedoch zu berücksichtigen, dass die Höhe der Portokosten einen ausreichenden Abstand zum Preis der beworbenen Ware einhält, weil sich sonst ein Kauf eher rechnet und keine gleichwertige Alternative zum Erwerb vorliegt.[236] 109

d) Hotline/SMS. Die Angabe einer Telefonnummer allein auf der Um- oder Sammelverpackung eines Produkts ist bislang nicht als gleichwertige Teilnahmealternative zum Kauf des entsprechenden Produkts angesehen worden.[237] Erfährt der Verbraucher die Nummer während des Einkaufs, wird er sie nicht memorieren und regelmäßig keine Möglichkeit oder Lust haben, sich im Ladengeschäft Notizen zu machen.[238] Das Gleiche gilt, wenn die Teilnahme neben dem Erwerb des Produkts nur dergestalt möglich ist, dass erst an der Kasse des die Aktion veranstaltenden Unternehmens „Flyer“ ausliegen, auf denen eine kos- 110

---

231 OLG Frankfurt WRP 1996, 961 – X-Rum.

232 OLG Düsseldorf v. 27. 1. 1998 – 20 U 74/97.

233 OLG Düsseldorf v. 27. 1. 1998 – 20 U 74/97.

234 OLG Hamburg WRP 1985, 167, 168.

235 BGH GRUR 1973, 591, 593 – Schatzjagd.

236 BGH GRUR 1973, 591, 593 – Schatzjagd; OLG Hamburg WRP 1985, 167, 168; OLG Stuttgart WRP 1973, 487, 490 – Münster Schatzkiste; für SMS vgl. OLG Frankfurt MD 2006, 1177, 1178.

237 LG Hamburg MD 2003, 1202; LG Stuttgart WRP 2001, 1254; OLG Düsseldorf v. 27. 1. 1998 – 20 U 74/97.

238 So ausdrücklich OLG Hamburg MD 2001, 1234, 1236.

tenpflichtige Telefonnummer angegeben ist, unter der sog. Rubbellose angefordert werden können, die der Verbraucher beim Erwerb der Ware jedoch sofort ausgehändigt bekommt.[239]

111 Nicht nach § 4 Nr. 6 wettbewerbswidrig wird es dagegen sein, wenn die Telefonnummer auf ausreichend vorhandenen und in unmittelbarer Nähe zu dem beworbenen Produkt befindlichen Teilnahmebedingungen oder Teilnahmekarten ersichtlich ist, so dass der Kunde diese genauso leicht mitnehmen kann wie das Produkt selbst.[240]

112 Bezüglich der Bewerbung eines Preisausschreibens/Gewinnspiels im Fernsehen oder im Radio kann die Angabe einer Telefonnummer zur Entkopplung ausreichen: Wird für die Zuschauer/Zuhörer die Bekanntgabe einer Telefonnummer, über welche die Teilnahme erfolgt, rechtzeitig angekündigt, die Telefonnummer mehrfach wiederholt oder längere Zeit hinreichend klar lesbar eingeblendet, ist nicht von einer Kopplung auszugehen. In einer derartigen Bekanntgabe einer Telefonnummer ist auch eine gleichwertige Teilnahmealternative zu sehen.

113 Gegen eine Entkopplung durch **SMS** (Short Message Service) hat sich ausdrücklich das OLG Frankfurt/M ausgesprochen. Eine gleichwertige Teilnahmebedingung sei hierin nicht zu sehen, weil Mobiltelefone in erster Linie zum Telefonieren genutzt werden und sich nicht jeder Benutzer des Short Message Service bediene. Bei SMS handle es sich auch um eine „etwas umständliche Kommunikationsmöglichkeit", die erst erlernt werden müsse, so dass ein relevanter Teil der angesprochenen Verkehrskreise es vorziehe, einen Kauf zu tätigen.[241] So zutreffend diese Erwägungen im Allgemeinen (noch) sein mögen, dürften sie für ein speziell an Jugendliche gerichtetes Gewinnspiel bereits heute nicht mehr tragen.[242]

114 **e) Internet.** Im Gegensatz zur Angabe einer Telefonnummer auf der Verpackung des Produkts für die Teilnahme an einem Telefongewinnspiel dürfte die Angabe einer einfachen **Internetadresse** auf der Produktverpackung jedenfalls dann als zulässige alternative Teilnahmemöglichkeit bei unmittelbaren Kopplungen zu beurteilen sein,[243] wenn sich die Werbung insbesondere angesichts des beworbenen Produktes nicht überwiegend an einen Personenkreis richtet, bei dem die Mehrheit erwartungsgemäß das Internet nicht nutzt, so zB bei der Bewerbung von Produkten, die sich an besonders betagte Personenkreise richtet, zB für Pflegemittel für Zahnprotesen, Rollator etc. Die Angabe der Internetadresse auf der Produktverpackung kann nämlich bei der gegenwärtigen Anzahl der Internetanschlüsse von 42,7 Millionen Deutschen ab 14 Jahren[244] heute als gleichwertige alternative Teilnahmemöglichkeit angesehen werden, wenn dem Verbraucher die Teilnahme an einem Preisausschreiben/Gewinnspiel ansonsten nur über den Kauf des Produkts möglich ist, etwa weil sich darin eine Teilnahmekarte befindet.[245] Im Zweifel ist zu prüfen, welche Verbraucherkreise von der Veranstaltung angesprochen werden. Handelt es sich bei den gekoppelten Produkten um solche aus dem EDV-Bereich, dürfte ein alternatives Teilnahmeangebot per Internet stets ausreichend sein, weil hierdurch nahezu ausschließlich solche Personenkreise angesprochen werden, die sich mit der EDV und damit auch der Internetnutzung beschäftigen. Aber auch hinsichtlich anderer gekoppelter Produkte ist von einer zulässigen Alternative auszugehen,

---

239 LG München NJW 2003, 3066, 3068 – Rubbel-Gewinnspiel m. abl. Anm. *Schmits* NJW 2003, 3034.

240 Zur Angabe in der Werbung vgl. LG Hamburg v. 28. 3. 2003 – 416 O 19/03.

241 OLG Frankfurt MD 2006, 1177, 1178f.

242 Ähnlich MünchKomm/Leible UWG § 4 Nr. 6 Rn 51; Hefermehl/*Köhler*/Bornkamm UWG § 4 Rn 6.13.

243 AA mit Hinweis auf den unzulänglichen Verbreitungsgrad OLG Frankfurt MD 2006, 1177; wie hier nunmehr auch Hefermehl/*Köhler*/Bornkamm UWG § 4 Rn 6.13; OLG Düsseldorf v. 25. 6. 2005 – 30 U 57/02; LG Hamburg v. 28. 3. 2003 – 416 O 19/03, aus dessen Entscheidung hervorgeht, dass bereits im Jahr 2003 über 60% der Teilnehmer das Internet und nicht die Telefonhotline oder die Post als Teilnahmeweg wählten sowie MünchKomm/Leible UWG § 4 Nr. 6 Rn 51.

244 So die ARD/ZDF-Online Studie 2008 unter www.daserste.de/service/studie.asp.

245 Anders aber, wenn auf der Webseite des Veranstalters ganz andere Teilnahmebedingungen zu erfüllen sind als bei der an den Kauf des Produkts gekoppelten Gewinnspielgestaltung, vgl. OLG Hamburg MD 2001, 1234, 1236.

wenn sich das konkrete Angebot an Verbraucher richtet, die zu einem ganz überwiegenden Teil als Internetnutzer angesehen werden können. Nach einer Studie der Arbeitsgemeinschaft Online Forschung AGOF[246] waren im Jahre 2008 aus dem Kreis der 14 bis 19jährigen 96,6%, aus dem Kreis der 20 bis 29jährigen 93,9%, aus dem Kreis der 30 bis 39jährigen 87%, aus dem Kreis der 40 bis 49jährigen 77,4%, aus dem Kreis der 50 bis 59jährigen 61,8% und aus dem Kreis der über 59jährigen 25% regelmäßige Internetnutzer. Es ist also auf Grund dieser Zahlen davon auszugehen, dass jedenfalls solche gekoppelten Gewinnspiele/Preisausschreiben durch eine über das Internet mögliche alternative Spielteilnahme „entkoppelt" werden können, die sich überwiegend an Verbraucher im Alter zwischen 14 und 49 Jahren richten. Dies setzt allerdings stets voraus, dass die alternative Teilnahme direkt über die Anwahl der angegebenen Internetadresse erfolgen kann und der Verbraucher dort nicht etwa noch einen Teilnahmeschein anfordern oder zusätzliche Fragen beantworten muss. Weiter ist erforderlich, dass die Internetadresse auf der Produktverpackung deutlich hervorgehoben sowie **einfach und gut merkbar** ist.[247] Bei der Verwendung des Produktnamens als Hauptbestandteil der Internetadresse, dem lediglich die Landeskennung „de" nach- sowie die Angabe „www" voranzustellen ist (zB www.persil.de oder www.twix.de), kann davon ausgegangen werden, dass sich der angesprochene Verbraucherkreis auch nach dem Einkauf oder der Bewerbung des Preisausschreibens/Gewinnspiels an die Adresse erinnern wird.[248] Ist in den Teilnahmebedingungen außerdem darauf hingewiesen, dass die Gewinnchancen unabhängig vom eingeschlagenen Teilnahmeweg gleichwertig sind, stellt die Angabe der Internetadresse eine geeignete alternative Teilnahmemöglichkeit dar.

Erst recht kann die Angabe einer einfach merkbaren Internetadresse auf der Verpackung **115** genügen, um eine mittelbare Kopplung zu vermeiden.[249] Der Anschein einer Kopplung entsteht gar nicht erst, wenn die Teilnahme am Preisausschreiben/Gewinnspiel allein über die Webseite des Veranstalters möglich ist und zwar auch für denjenigen, der das Produkt erwirbt. Bei einer solchen Ausgestaltung kann es keinen Unterschied machen, ob der Verbraucher die Verpackung gleichsam neben den Computer legt oder die Internetadresse aus dem Gedächtnis ansteuert.

f) Alternative Lösungswege bei Preisausschreiben. Bislang ist die Rechtsprechung **116** für Preisausschreiben davon ausgegangen, dass die alternative Lösung für den durchschnittlichen Verbraucher ohne jede Schwierigkeit schon aus dem Werbematerial ersichtlich sein muss und nicht erst durch den Kauf der Ware ermöglicht wird. Die Lösung (der Frage: „Wie heißt dieses Produkt?") mit Hilfe des Werbematerials dürfe nicht einzig von einem „besonders aufmerksamen und sachlich abwägenden Interessenten" gefunden werden können.[250] Ein Grenzfall solle jedoch vorliegen, wenn auf der Verpackung eines Produkts ein vom Kunden les- und lösbares Gewinnspiel veranstaltet wird, ohne dass der Erwerb der Ware nötig ist.[251]

5. Wertmäßige Bagatellgrenze

Die für die Teilnahme aufzuwendende Leistung des Verbrauchers unterliegt grundsätz- **117** lich keiner wertmäßigen Bagatellgrenze. Eine solche ist auch kein ungeschriebenes Tatbestandsmerkmal von § 4 Nr. 6 und kann auch nicht über eine Analogie zu den §§ 284 ff StGB und die dort geltenden Anforderungen an die Höhe des Einsatzes für die Teilnahme

---

246 AGOF Studie „internet facts 2008-I, http://www.agof.de/if-2008-i-teil-1-online.download.31e8d76891001b3739d0b0314fe62304.pdf, S. 10.

247 OLG München v. 9. 12. 2005 – 29 U 4550/05.

248 OLG Düsseldorf v. 25. 6. 2005 – 30 U 57/02; OLG Frankfurt WRP 1996, 961 – X-Rum, wobei in dem diesem Urteil zugrundeliegenden Sachverhalt auf der Produktverpackung keine Internetadresse, sondern eine Telefonnummer sowie eine postalische Adresse angegeben waren.

249 OLG Düsseldorf v. 25. 6. 2005 – 30 U 57/02.

250 Vgl. KG WRP 1970, 26.

251 *Ullmann* GRUR 2003, 817, 818 Fn 6; wegen der Angabe der Telefonnummer nur auf der Verpackung für wettbewerbswidrig gehalten von LG Hamburg MD 2003, 1202.

an einem Glücksspiel abgeleitet werden. Der Gesetzgeber hat lediglich durch den Bezug auf § 3 den **Grad der Wettbewerbsverfälschung** einer Erheblichkeitsgrenze unterworfen. Außerdem hat er für Mehrwertdienste-Rufnummern in der Gesetzesbegründung zu § 4 Nr. 6 eine Ausnahme vom Kopplungsverbot vorgesehen und klargestellt, dass die Teilnahme über Mehrwertdienste-Rufnummern, deren Nutzung die üblichen Übermittlungskosten nicht übersteigen, nicht als Kopplung gilt. Damit ist aber die Regelung einer wertmäßigen Bagatellgrenze in § 4 Nr. 6 für einen genau umrissenen Sonderfall vorgegeben und nicht generell auf andere Sachverhalte übertragbar.

118 Für die Frankierung einer Teilnahme-Postkarte zu den üblichen Kosten sowie für die üblichen Telefonkosten, sofern diese unter 0,49 Euro liegen, bleibt es schon deshalb bei der bisher gültigen Ausnahme vom Kopplungsverbot, weil hier der „Einsatz" einem Dritten und auch nicht teilweise dem Veranstalter zufließt.[252] Die Kosten für die Einwahl ins Internet lösen ebenfalls keine wettbewerbsrechtlich relevante Kopplung aus.

119 Für jede unmittelbare Kopplung der Teilnahme an den Warenerwerb – wie etwa im Fall eines Beitrages zu den Verwaltungskosten des Veranstalters[253] – bleibt daher in jedem Einzelfall genau zu prüfen, ob sich durch Überschreiten der strafrechtlich relevanten Bagatellgrenze[254] die gekoppelte Gewinnspielteilnahme als ein **verdecktes Glücksspiel** darstellt. In diesen Fällen liegt stets auch ein Rechtsbruch[255] (Verstoß gegen §§ 284 ff StGB) und damit ein Verstoß nach §§ 3, 4 Nr. 11 vor.

120 Um ein Glücksspiel handelt es sich bei Kopplungsangeboten dann, wenn die vermögenswerte und zum Zwecke der Teilnahme aufgewendete Leistung des Verbrauchers nicht unerheblich ist und sich beim Ausbleiben des Gewinns als Verlust niederschlägt.[256] Die Bewerbung eines Kinofilms mit dem Hinweis, unter den Einsendern einer gelösten Kinokarte werde eine Weltreise **verlost,** verstößt zwar gegen § 4 Nr. 6. Ein Glücksspiel im Sinne des § 284 StGB liegt hingegen nicht vor. Durch den Kauf der Kinokarte wird dem Kinobesucher eine marktübliche Gegenleistung gewährt. Außerdem läuft der Kinobesucher nicht Gefahr, seinen Eintrittspreis oder die darin verkörperte Leistung, also einen Einsatz, zu verlieren.[257] Nicht nach § 284 StGB, sondern nach § 4 Nr. 6 relevant ist deshalb auch die Ankündigung, den Kaufpreis für ein Produkt zurückzuerstatten, wenn ein mehr oder weniger zufälliges Ereignis eintritt, zB die deutsche Fußball-Nationalmannschaft Europameister wird.[258] Trotzdem ist in jedem Einzelfall zu prüfen, ob nicht ein versteckter Einsatz vorliegt, mit der Folge, dass dann § 284 StGB eingreift. Dies gilt erst recht, sollte der EuGH § 4 Nr. 6 für europarechtswidrig erklären.[259]

6. Beteiligung über Mehrwertdienste-Rufnummern

121 **a) Bisherige Rechtslage.** Die Abhängigkeit der Preisausschreiben-/Gewinnspielteilnahme von der Wahl einer sog. Mehrwertdienste-Rufnummer wurde durch die Instanzgerichte[260] bislang als unmittelbare Kopplung für wettbewerbswidrig gehalten. Die Zentrale

---

[252] Zur Wettbewerbswidrigkeit einer Hotline auch zu normalen Verbindungspreisen wegen übertriebenen Anlockens vgl. OLG Frankfurt GRUR 1994, 522, 523 – Lego-Hotline; zur Bagatellgrenze bei Fernseh-Gewinnspielen vgl. Ziff. 1.1 der Anwendungs- und Auslegungsregeln der Landesmedienanstalten für die Aufsicht über Fernseh-Gewinnspiele (GewinnSpielReg) vom 19. 6. 2007.

[253] Dazu OLG Köln NJW 1957, 721.

[254] → § 4–5 Rn 63 ff; sowie *Dietlein*/Hecker/Ruttig § 3 GleitStV Rn 6.

[255] BGH GRUR 2002, 269, 270 – Sportwetten-Genehmigung; Piper/*Ohly* UWG § 4.11 Rn 28.

[256] → § 4–5 Rn 51 ff; sowie *Dietlein*/Hecker/Ruttig § 3 GleitStV Rn 5.

[257] Vgl. BGHSt 11, 209, 210 – Gratisroulette.

[258] Vgl. LG Hamburg, einstweilige Verfügung vom 1. 6. 2004 – 315 O 580/04; sowie die einstweilige, auf § 4 Nr. 1 gestützte Verfügung wegen der Aussage „Alles umsonst, wenn Schröder geht" – LG Köln Beschl. v. 4. 8. 2004 – 31 O 524/04.

[259] → Rn 29 ff.

[260] LG Memmingen GRUR-RR 2001, 135, 136; LG Dortmund, einstweilige Verfügung v. 25. 4. 2001 – 20 O 27/01; LG Hamburg, einstweilige Verfügung v. 8. 1. 2002 – 406 O 7/02; aA *Böhm* MMR 1998, 585; offen gelassen von BGH GRUR 2005, 1061, 1063 – Telefonische Gewinnauskunft.

zur Bekämpfung unlauteren Wettbewerbs[261] ging außerdem zu Recht davon aus, dass bei Teilnahmekosten von jedenfalls 1,86 Euro pro Anruf auch ein erheblicher Einsatz und damit ein erlaubnispflichtiges Glücksspiel vorliegt.[262]

Da der Veranstalter durch den Einsatz einer Mehrwertdienste-Rufnummer an der von den Teilnehmern in Anspruch genommenen Dienstleistung verdient, fehlt es an einer Vergleichbarkeit mit solchen Gestaltungen, bei denen die Teilnehmer lediglich an Dritte die üblichen Post- und Telekommunikationsgebühren entrichten müssen. Das System der Mehrwertdienste-Nummern besteht gerade darin, dass ein Telekommunikationsunternehmen Telefonnummern vermietet, der Mieter (Veranstalter) einen bestimmten Geld-Betrag pro Minute für die Anwahl des Anschlusses als eigene Einnahme (für sich) festlegt und diesen Gebührenanteil dem Anrufer – mittelbar – in Rechnung stellt.[263] 122

Aus der allgemeinen Regelung in § 43b Abs. 3 TKG aF,[264] die den Preis für zeitabhängige 0190-Mehrwertdienste-Rufnummern auf höchstens 2,00 Euro pro Minute und bei einem Blocktarif auf insgesamt nicht mehr als 30,00 Euro begrenzt, konnte nichts Gegenteiliges abgeleitet werden. Die wettbewerbsrechtliche Regelung von § 1 aF in der gerichtlichen Auslegung zum Kopplungsverbot bei Gewinnspielen ging als lex specialis vor. 123

b) Neue Rechtslage. In der Begründung zu § 4 Nr. 6 hat der Gesetzgeber klargestellt, dass von einer Kopplung der Teilnahme an die Inanspruchnahme einer Dienstleistung auch dann auszugehen ist, wenn der Verbraucher für die Teilnahme am Preisausschreiben/Gewinnspiel eine Mehrwertdienste-Rufnummer anrufen muss, da in diesem Falle eine über den Basistarif für die Übermittlung hinausgehende Zahlung erforderlich werde.[265] Auffällig ist, dass der Gesetzgeber – anders als in den §§ 43a ff TKG aF – nicht von 0190er-**Mehrwertdienste-Rufnummern** spricht, sondern in allgemeinerer Form von „Mehrwertdienste-Rufnummern". Dies kann nur so verstanden werden, dass vom Kopplungsverbot des § 4 Nr. 6 (unabhängig von den Vorwahlziffern) alle Mehrwertdienste-Rufnummern erfasst werden, bei denen der Veranstalter durch die Verwendung einer kostenpflichtigen Telefonnummer über die Teilnahme am Preisausschreiben/Gewinnspiel Einnahmen für sich erzielt. 124

Ebenfalls in der Gesetzesbegründung und nicht etwa im Gesetz spricht der Gesetzgeber eine Ausnahme vom Kopplungsverbot für die Mehrwertdienste-Rufnummern an: „Eine andere Beurteilung ist nach Sinn und Zweck der Vorschrift dann denkbar, wenn die Kosten für die Mehrwertdienste-Rufnummer die **üblichen Übermittlungskosten** nicht übersteigen."[266] Nach dem Willen des Gesetzgebers können bestimmte Mehrwertdienste-Rufnummern somit künftig aus dem Anwendungsbereich von § 4 Nr. 6 herausfallen. Selbst wenn es dem Grunde nach bei einer Kopplung bleibt, bedeutet dies, dass Mehrwertdienste-Rufnummern nicht nur als Teilnahmeweg selbst, sondern auch als alternative Teilnahmemöglichkeit wettbewerbsrechtlich zulässig sein können, sofern keine anderen Unlauterkeitsmerkmale hinzutreten. 125

Unter die Mehrwertdienste-Rufnummern ist auch die Teilnahme per **Short Message Service (SMS)** zu fassen.[267] Der Verbraucher, insbesondere Kinder und Jugendliche, sind in Bezug auf dieses Kommunikationsmittel in gleichem Maße, wenn nicht sogar besonders schutzwürdig. Von einem Anruf unterscheidet sich die SMS lediglich dadurch, dass eine Textbotschaft über die angewählte Mehrwertdienste-Rufnummer versandt wird. Die Geschäftsmodelle von Mehrwerttelefon- und SMS-Nummern sind im Grundsatz identisch, 126

---

261 Zentrale zur Bekämpfung unlauteren Wettbewerbs e. V., Neue Freiheiten der Verkaufsförderung S. 10.

262 → § 4–5 Rn 50 ff; so jetzt auch für Gewinnspiele, die mehrfache Anrufe provozieren, OLG Düsseldorf MD 2005, 919.

263 LG Offenburg MD 2003, 389; zur Funktionsweise instruktiv *Demmel/Skrobotz* CR 1999, 561, 564.

264 In der Fassung vom 5. 5. 2004, gültig bis zur Neuregelung in einer VO der Bundesregierung, vgl. § 152 Abs. 1 TKG. Seit dem 1. 8. 2004 ist die Preisangabepflicht auf Anrufe aus dem Mobilfunknetz erweitert.

265 BT-Drucks. 15/1487 S. 18 li. Sp.

266 BT-Drucks. 15/1487 S. 18 li. Sp.

267 Vgl. BT-Drucks. 15/2316 S. 129; vgl. auch *Hecker/Ruttig* GRUR 2005, 393, 394 f.

was eine entsprechende Anwendung des Ausnahmetatbestands rechtfertigt. Die Ausweitung des Ausnahmetatbestands auf die Gewinnspielteilnahme per Premium SMS bedeutet gleichzeitig, dass auch dieser Teilnahmeweg der Begrenzung auf die üblichen Übermittlungskosten unterliegt.

127 **aa) Übliche Übermittlungskosten.** Das Begriffspaar der „üblichen Übermittlungskosten" ist missverständlich und daher auslegungsbedürftig. Gemeint ist offenbar, dass die Kopplung der Teilnahme an die Wahl kostenpflichtiger Mehrwertdienste-Rufnummern nicht der Verbotsnorm des § 4 Nr. 6 unterstellt werden soll, wenn sie die üblichen Übermittlungskosten **alternativer Kommunikationswege** nicht übersteigt. Einen üblichen Preis für Mehrwertdienste-Rufnummern selbst gibt es nämlich nicht, weil dieser vom Nutzer der Rufnummer festgelegt wird.

128 Als übliche alternative Übermittlungswege sind der Brief- und Postkartenversand anzusehen. Wohl könnte hierunter auch die Gebühr für ein Ferngespräch zu verstehen sein. Die üblichen Übermittlungskosten können jedoch nicht kommunikationswegimmanent bestimmt werden.[268] Müssten sich die Kosten der Mehrwertdienste-Rufnummern nämlich an den Verbindungsgebühren für gewöhnliche Orts- oder Ferngespräche orientieren, hätte der Gesetzgeber telefonische Mehrwertdienste nicht von § 4 Nr. 6 ausgenommen. Auf Basis der üblichen Telefongebühren würde sich eine Mehrwertdienste-Rufnummer allerdings nicht tragen. Die wettbewerbsrechtlich relevante Bagatellgrenze liegt hier also höher.

129 Die Höhe der üblichen Übermittlungskosten lässt sich daher an dem jeweils gültigen Porto für Postkarten oder Briefe[269] zzgl. der Kosten für den Erwerb des Übermittlungsträgers bemessen. Der derzeit maximal zulässige Betrag dürfte sich somit auf ca. 0,65 Euro belaufen,[270] also 0,55 Euro Porto zzgl. Kosten für die Postkarte selbst. Die Einrichtung einer Hotline oder ähnlicher Verwaltungsaufwand beim Veranstalter rechtfertigen keinen höheren Preis für die Teilnahme über Mehrwertdienste-Rufnummern.[271] § 8a Abs. 1 Satz 6 RStV bestimmt, dass für die Teilnahme an Gewinnspielsendungen nur ein Entgelt bis zu 0,50 Euro verlangt werden darf.

130 Da aus der Gesetzesbegründung folgt, dass Mehrwertdienste-Rufnummern als Teilnahmeweg für ein Preisausschreiben/Gewinnspiel grundsätzlich eine wettbewerbswidrige Kopplung darstellen, bleibt die Verwendung teurerer Mehrwertdienste-Rufnummern auch dann verboten, wenn gleichzeitig günstigere alternative Teilnahmewege zur Verfügung gestellt werden.[272] Sinn und Zweck der bei der Gesetzesauslegung zu berücksichtigenden Ausnahme legen es geradezu nahe, dass der Gesetzgeber keine **Erweiterung des Ausnahmetatbestands** beabsichtigt hat.

131 Im Übrigen dürfte bei vielen Preisausschreiben-/Gewinnspielgestaltungen mit Mehrwertdienste-Rufnummern in Hörfunk und Fernsehen zwischen der Ankündigung und Offenlegung der Teilnahmebedingungen einerseits und der Ermittlung des Gewinners andererseits kein ausreichender Zeitraum für eine gleichwertige alternative Teilnahme (zB per Post) bestehen. Insbesondere durch die Möglichkeit einer schnellen Aneinanderreihung mehrerer Teilnahmeversuche durch Verwendung der manuellen oder automatischen Wahlwiederholung stellt jedenfalls die postalische Teilnahme – anders als möglicherweise per E-Mail – keine gleichwertige Alternative dar.

132 **bb) Anzahl der Teilnahmeversuche.** Über die Anzahl der (kostenpflichtigen) Teilnahmeversuche trifft der Gesetzgeber keine Aussage. Solange durch mehrfache Anrufe die

[268] MünchKomm/Leible UWG § 4 Nr. 6 Rn 39.

[269] MünchKomm/Leible UWG § 4 Nr. 5 Rn 31, Nr. 6 Rn 39; Harte/Henning/*Bruhn* UWG Vor § 4 Nr. 5 Rn 19, § 4 Nr. 6 Rn 14; *Hecker/Ruttig* GRUR 2005, 393, 395.

[270] *Bahr* WRP 2002, 501, 505 schlägt 0,51 Euro – 0,56 Euro vor; *Eichmann/Sörup* MMR 2002, 142, 145 halten 2,50 Euro (wenn auch vor Geltung des TKG) für angemessen.

[271] LG Memmingen GRUR-RR 2001, 135, 136; vgl. *Fischer* StGB § 284 Rn 5; Gloy/*Jaeger-Lenz* Hdb. § 69 Rn 8.

[272] Vgl. LG Hamburg, einstweilige Verfügung v. 8. 1. 2002 – 406 O 7/02.

Teilnahmechancen erhöht werden können und jeder Anruf die gleichen Erfolgschancen hat, also jeder Anruf zur Teilnahme führt, ist hiergegen auch nichts einzuwenden. Anders wird es indes liegen, wenn der Anruf oder eine SMS selbst noch nicht zu einem unmittelbaren Teilnahmeversuch führt, jedoch bereits kostenpflichtig ist, insbesondere wenn über einen automatischen Anrufbeantworter mitgeteilt wird, man sei „nicht durchgekommen", und man solle „es noch einmal versuchen" oder der Teilnehmer die Kostenpflichtigkeit seines Anrufs nicht bemerkt.[273]

Über die Kosten des Anrufs und ihr Entstehen werden die Teilnehmer künftig gemäß § 4 Nr. 5 angemessen aufgeklärt werden müssen.[274] Diese Aufklärung muss bereits vor dem ersten **kostenpflichtigen Anruf** erfolgen und nicht erst durch einen Ansagetext des Veranstalters. Besonders bei Gewinnspielen über Mehrwertdienste-Rufnummern, die sich vornehmlich an Kinder und Jugendliche richten, können Gewinnspielgestaltungen, die mehrfache Teilnahmeversuche voraussetzen, wie bisher unter dem Aspekt des übertriebenen Anlockens wettbewerbswidrig sein.[275] Ebenfalls wird es nach § 4 Nr. 6 wettbewerbswidrig bleiben, wenn etwa Gewinnzahlen laufend telefonisch abgefragt werden müssen, damit der Spielteilnehmer im Rennen bleibt.[276] 133

cc) Grenze zum unerlaubten Glücksspiel. Mit der begrenzten Freistellung der Mehrwertdienste-Rufnummern vom Verbot des § 4 Nr. 6 wird einerseits den tatsächlichen Entwicklungen im Kommunikationsverhalten des Verbrauchers Rechnung getragen und andererseits der Verbraucher geschützt. Dadurch, dass die Kosten für die Gewinnspielteilnahme über Mehrwertdienste-Rufnummern an einer **Üblichkeitsgrenze** zu messen sind, soll Missbräuchen vorgebeugt werden, durch welche die Veranstaltung des Gewinnspiels zur alternativen Einnahmequelle wird. 134

Die hierbei verfolgte Ausrichtung an einer Üblichkeits- oder Marginalitätsgrenze spiegelt sich in der strafrechtlichen Relevanz der Gewinnspielkopplung wider. Dies ist hier deshalb von besonderer Bedeutung, weil die Inanspruchnahme von Mehrwertdienste-Rufnummern im unmittelbaren Grenzbereich zum unerlaubten Glücksspiel liegt.[277] Als Einsatz im Sinne der §§ 284 ff StGB reicht eine „nicht ganz unbeträchtliche Leistung" aus.[278] Relevant im strafrechtlichen Sinne dürfte der Einsatz von Mehrwertdienste-Rufnummern in jedem Fall sein, wenn die Kosten 0,65 Euro übersteigen.[279] Dies gilt besonders für Preisausschreiben/Gewinnspiele, bei denen über eine solche Art Einsatz der Teilnehmer die Gewinne finanziert und ggf. ein zusätzlicher Ertrag für den Veranstalter erwirtschaftet wird.[280] Ein „Unkostenbeitrag" stellt in der Regel einen Einsatz dar und führt – wenn die Lösung überwiegend vom Zufall abhängig ist – zu einer strafbaren Ausspielung.[281] 135

---

273 Zu der Frage, ob eine Addition der Anrufe zur Ermittlung der Gesamtkosten vorzunehmen ist, vgl. bejahend OLG Düsseldorf MD 2005, 919, 922; *Hecker/Ruttig* GRUR 2005, 393, 395 f; ablehnend LG München I v. 28. 7. 2005 – 17 HK O 13 392/05; OLG München MMR 2006, 225 f, wonach eine Irreführung näher gelegen hätte; LG Berlin MD 2005, 1413, 1417; → Rn 137.

274 → § 4–5 Rn 143; *Hecker/Ruttig* GRUR 2005, 393, 396 f; aA *Seichter* in: Ullmann jurisPK-UWG § 4 Nr. 5 Rn 25, der davon ausgeht, dass der Verkehr Kenntnis davon hat, dass die Kosten auch anfallen, wenn der Anrufer nicht durchkommt, s. auch LG Berlin MD 2005, 1413, 1418 für Fernsehgewinnspiele.

275 Vgl. OLG Frankfurt GRUR 1994, 522, 523 – Lego-Hotline.

276 *Heil* WRP 1989, 647, 649 mit Hinweis auf OLG Hamburg WRP 1988, 463, 465; OLG Düsseldorf v. 23. 9. 2003 – I 20 U/39/03.

277 Die Bundesregierung hielt auf eine entsprechende Anfrage im Jahre 1994 Gewinnspiele mit 0190er-Nummern für genehmigungspflichtig, BT-Drucks. 12/7165 S. 3; vgl. auch AG München v. 16. 9. 2003 – 155 C 21 673/03; LG München I v. 30. 3. 2004 – 33 S 19 524/03 – 9 Live, die die auf §§ 1004, 823 BGB gestützte Klage einer Anruferin mangels Aktivlegitimation abgewiesen haben.

278 *Fischer* StGB § 284 Rn 5; *Schönke/Schröder* StGB § 284 Rn 6 mwH; → § 4–5 Rn 65 ff.

279 Für eine unter § 138 BGB liegende Eingriffsschwelle auch *Bahr* WRP 2002, 501, 504; für TV-Gewinnspiele vgl. § 8 a Abs. 1 S. 6 RStV.

280 *Schönke/Schröder* StGB § 284 Rn 6 mit Hinweis auf BGHSt 34, 175 f.

281 RGSt 60, 385; BGHSt 3, 99; OLG Düsseldorf v. 23. 9. 2003 – I 20 U/39/03; Hefermehl/*Köhler*/Bornkamm UWG § 4 Rn 11.177; *v. Gamm* 1987 Kap. 27 Rn 9 sowie *Bolay* Mehrwertgebührenpflichtige Gewinnspiele S. 110 mwN; *Noltenius* wistra 2008, 285, 287 bejaht darüber hinaus die Tatbestandsverwirklichung von § 263 StGB.

136 Erst recht liegt eine nach § 4 Nr. 6 unzulässige und darüber hinaus strafbare Kopplung mit der Inanspruchnahme einer Dienstleistung vor, wenn die Teilnahme an dem Gewinnspiel/Preisausschreiben durch das jeweils einzelne kostenpflichtige Telefonat nicht gewährleistet ist. Ist das über den Gewinn entscheidende Zufallsmoment ganz oder teilweise an den zufallsbestimmten Erfolg des Anrufs (nämlich die Registrierung des Teilnehmers zum Zwecke seiner Berücksichtigung bei der Gewinnermittlung oder seine sonstige Beteiligung an dem Preisausschreiben/Gewinnspiel) angelehnt, liegt in der Regel auch ein die Strafbarkeit im Sinne der §§ 284 ff StGB begründender Einsatz vor. Dies trifft insbesondere für solche Preisausschreiben/Gewinnspiele zu, bei denen das entscheidende Zufallselement entweder darauf beruht, dass von der Vielzahl der kostenpflichtig teilnehmenden Anrufer nur einzelne, nach weiteren, zufallsabhängigen Kriterien ausgewählte Personen unmittelbar in den Genuss eines Preises kommen oder erst auf Grund dieser Zufallsauswahl zum eigentlichen Preisausschreiben/Gewinnspiel zugelassen werden. Diesen Konstellationen ist gemeinsam, dass die auf eine möglichst hohe Anrufquote ausgelegte Spielkonzeption *allein* dazu veranstaltet wird, um einen Verdienst zu generieren.[282] Die Plausibilität dieses Ergebnisses liegt auf der Hand, wenn man berücksichtigt, dass die Information über einen erfolglosen Versuch der Teilnahme unproblematisch auch durch die Schaltung des kostenlosen Besetztzeichens erfolgen kann.

137 Die Instanzgerichte nahmen in diesen Fällen, insbesondere den sog. Fernseh-Gewinnspielen, die mittlerweile von fast allen privaten Rundfunkveranstaltern angeboten werden, bisher keine Glückspiele gemäß § 284 StGB bzw. keine unzulässige Kopplung im Sinne des § 4 Nr. 6 an. Die Gerichte sahen bei einem Preis von 0,49 Euro die Schwelle der Geringfügigkeit nicht als überschritten an. Damit liege kein erheblicher Einsatz vor. Eine Addition der Kosten der einzelnen Anrufversuche sei jedenfalls solange nicht vorzunehmen, wie die Spielteilnehmer nicht zu mehrmaligen Anrufen aufgefordert und motiviert würden.[283] Damit lassen die Gerichte allerdings außer Acht, dass diesen Spielen das mehrfache Anrufen immanent ist.[284] Das Abstellen alleine auf jeden einzelnen Anruf, wird dem Charakter dieser **mehrwertgebührenpflichtigen Gewinnspiele** nicht gerecht. Durch die mittels der Wiederholtaste unschwer mögliche permanente Spielteilnahme in einer Vielzahl von Einzelschritten können Einsätze in erheblicher Größenordnung generiert werden. Somit muss sich bei zeitweilig oder dauerhaft vorgehaltenen Gewinnspielangeboten die Bemessung der „Erheblichkeit" des eingesetzten Vermögenswertes nicht nach dem jeweils im Einzelfall vom Spieler aufzuwendenden Betrag richten, sondern nach den potentiellen Gesamtverlusten, auf welche die Spielkonzeption bei objektiver Beurteilung angelegt ist.[285] Ist der Teilnahme am eigentlichen Gewinnspiel ein zufallsabhängiger Zulassungsvorgang vorgeschaltet, ist regelmäßig von einem Gewinnspiel auszugehen, das auf einen mehrfachen Teilnahmevorgang ausgelegt ist.

138 Insbesondere die von den Gerichten angenommene **Geringsfügigkeitsschwelle** ist zwischenzeitlich jedoch durch § 8a Abs. 1 S. 6 des 10. RÄStV Gesetz geworden. Danach darf für die Teilnahme nur ein Entgelt von 0,50 Euro verlangt werden. Die Mehrfachteilnahme und darauf ausgerichtete Teilnahmeformen wurden weder im RStV noch in der Gewinnspielsatzung der Landesmedienanstalten nicht geregelt. Jedoch § 8a Abs. 1 RStV stellt jedoch fest, dass Gewinnspielsendungen und Gewinnspiele zulässig sind. Sie unterliegen dem Gebot der Transparenz und des Teilnehmerschutzes und dürfen nicht irreführen und den Interessen der Teilnehmer nicht schaden. Insbesondere ist im Programm über die

---

[282] So auch *Bahr* WRP 2002, 501, 503; aA *Ernst* NJW 2006, 186, 188 sowie die Satzung der Landesmedienanstalten über Gewinnspielsendungen und Gewinnspiele aufgrund von § 8a RStV.

[283] LG München I v. 28. 7. 2005 – 17 HK O 13392/05; OLG München MMR 2006, 225f; LG Berlin MD 2005, 1413, 1417; vgl. jetzt auch LG Köln MMR 2009, 485; LG München I v. 26. 2. 2009 – 33 O 3359/09.

[284] Vgl. ausführlich zu Telefongewinnspielen *Hecker/Ruttig* GRUR 2005, 393 ff; *Bolay* Mehrwertgebührenpflichtige Gewinnspiele S. 119 ff.

[285] Vgl. *Bolay* Mehrwertgebührenpflichtige Gewinnspiele S. 113.

Kosten der Teilnahme, die Teilnahmeberechtigung, die Spielgestaltung sowie über die Auflösung der gestellten Aufgabe zu informieren. Ein entsprechender Verstoß könnte also sowohl über § 4 Nr. 11 iVm § 8a RStV, als auch über § 4 Nr. 5 gerügt werden. Noch nicht abschließend geklärt ist das Verhältnis zwischen § 3 GleiStV und § 8a RStV.

Die Satzung der Landesmedienanstalten über Gewinnspielsatzungen und Gewinnspiele 139 (Gewinnspielsatzung) vom 27. 2. 2009 sieht darüber hinaus ein Irreführungsverbot für Moderationen vor. Die Veranstalter von Fernseh-Gewinnspielen sind außerdem gehalten, in regelmäßigen Abständen von 60 Minuten mittels Bildschirmeinblendungen und durch Moderationen mit einer Mindestdauer von 30 Sekunden die Zuschauer über die Mitmachregeln sowie über das Teilnahmeentgelt, den Ausschluss Minderjähriger und vieles mehr (vgl. § 10 Gewinnspielsatzung) zu informieren. Auch hier sind die Grundsätze einer klaren und eindeutigen Aufklärung einzuhalten.[286]

IV. Naturgemäße Verbindung

Keine Kopplung im Sinne des § 4 Nr. 6 soll schließlich nach dem Wortlaut der Bestim- 140 mung bestehen, wenn ein Preisausschreiben oder Gewinnspiel naturgemäß mit der Ware oder Dienstleistung verbunden ist. Diese neben den alternativen Teilnahmemöglichkeiten und der Verwendung von Mehrwertdienste-Rufnummern zu üblichen Übermittlungskosten **dritte Ausnahme** vom Kopplungsverbot des § 4 Nr. 6 ist die Einzige, die der Gesetzgeber ausdrücklich im Gesetz verankert hat.

1. Auslegungsbedürftigkeit

§ 4 Nr. 6 muss im Hinblick auf die Ausnahmeregelung als zumindest sprachlich verun- 141 glückt angesehen werden. Die Bestimmung ist allein aus dem Gesetzeswortlaut – wie die beiden anderen Ausnahmen auch – nicht zu verstehen, sondern allenfalls unter Zuziehung der Gesetzesbegründung.[287] Der unbestimmte Rechtsbegriff der „Naturgemäßheit“ einer Verbindung ist folglich anhand der Gesetzesbegründung auszulegen.

a) Bedeutung der „naturgemäßen Verbindung“. Ein wörtliches Verständnis der Aus- 142 nahmebestimmung verbietet sich. Es gibt keine naturgemäßen, also von Natur aus zwingend vorgegebenen Verbindungen von Preisausschreiben/Gewinnspielen und Waren-/Dienstleistungserwerb. Preisausschreiben/Gewinnspiele einerseits und Waren/Dienstleistungen andererseits sind Produkte bzw. Leistungen unterschiedlicher Gattungen, die von Natur aus stets unabhängig voneinander existieren können. Allenfalls eine willkürliche Verquickung dieser Gattungen miteinander kann eine Wechselbezüglichkeit begründen, die bei hinreichender Intensität bis zur Kopplung geführt werden kann.

Würde man ein wörtliches Verständnis des Begriffes der „naturgemäßen Verbindung“ 143 zugrunde legen, müsste dieses Tatbestandsmerkmal im Sinne einer „conditio sine qua non“ verstanden werden. Dann aber wäre ausgerechnet die Verbindung derjenigen Preisausschreiben/Gewinnspiele erlaubt, bei denen eine Teilnahme nicht anders als durch den Kauf der Ware oder die Inanspruchnahme einer Dienstleistung möglich wäre. In diesem Fall liefe das Verbot von § 4 Nr. 6 leer. Ausgerechnet jene Preisausschreiben/Gewinnspiele wären vom Kopplungsverbot freigestellt, die bislang von der Rechtsprechung unter der Geltung von § 1 UWG aF als **rechtliche Kopplungen**[288] eingestuft und gerade wegen des Unlauterkeitsmoments der zwingenden Kopplung untersagt worden sind.[289]

---

286 § 4–5 Rn 169ff.

287 So auch die Stellungnahme des Bundesrates, BT-Drucks. 15/1487 S. 30 re. Sp. „aus sich heraus kaum verständlich“.

288 → Rn 85; vgl. OLG Saarbrücken GRUR 1955, 101, 102 – die Lösung des Preisausschreibens setzte den Kauf der Ware voraus; Einigungsamt für Wettbewerbsstreitigkeiten für das Land Braunschweig GRUR 1935, 61 – Puddingpulver – die Lösung des Preisausschreibens konnte nur durch Ausprobieren der Ware gefunden werden.

289 *Hecker* FS Bartenbach S. 489ff.

144 Der Gesetzesbegründung zufolge wollte der Gesetzgeber mit der „naturgemäßen Verbindung" Fälle von § 4 Nr. 6 ausnehmen, „in denen man ein Gewinnspiel oder ein Preisausschreiben gar nicht veranstalten kann, ohne dass der Kauf der Ware oder die Inanspruchnahme der Dienstleistung erforderlich ist".[290] Auch diese Begründung ist sprachlich nicht gelungen. Denn es kann nicht davon ausgegangen werden, dass eine gekoppelte Preisausschreiben-/Gewinnspielveranstaltung umso eher zulässig sein soll, je enger sie an den Erwerb der Ware oder Dienstleistung geknüpft ist.

145 Eine weiterführende Interpretationshilfe gibt die Gesetzesbegründung allerdings durch die Aufzählung derjenigen Beispielsfälle, die den Gesetzgeber zu der Ausnahmeregelung bewogen haben: Die Kopplung soll zwingend – „etwa im Falle eines in einer Zeitschrift abgedruckten Preisrätsels" – erforderlich und erlaubt sein. Gerade bei Printmedien sei diese Form der Wertreklame seit längerem im Markt eingeführt und könne schon deshalb nicht generell als unlauter angesehen werden.[291] Gemeint sind demnach solche Konstellationen, in denen ein Preisausschreiben/Gewinnspiel zum **Inhalt der Leistung** gehört.[292] Ergänzend wird man allerdings anmerken müssen, dass sich die Leistung nicht in der Bewerbung des Produkts oder in sonstigen Maßnahmen der Absatzförderung erschöpfen darf.

146 **b) Stellungnahme.** Die Antwort der Bundesregierung auf die Stellungnahme des Bundesrates[293] erhellt, dass die Ausnahme in § 4 Nr. 6 im Ergebnis eine auf bestimmte **Medien zugeschnittene Sondererlaubnis** darstellt, wie sie bislang nach der höchstrichterlichen Rechtsprechung lediglich für die Presse galt, nach nunmehriger Ansicht des Gesetzgebers aber auch für den Hörfunk und das Fernsehen gelten soll. Im Ergebnis sollen jedenfalls die von der Rechtsprechung entwickelten Ausnahmen unangetastet und die alte Rechtslage bestehen bleiben.

147 Preisausschreiben/Gewinnspiele in der Presse und im Rundfunk sollen somit hinsichtlich des Kopplungsverbots teilweise privilegiert werden, weil sie Teil des Unterhaltungsprogramms der Medien selbst sind. Diese Privilegierung wird allerdings – nach wie vor – durch das Verbot des übertriebenen Anlockens durch zu hohe Gewinnversprechen und im Rahmen der sonstigen Grenzen nach § 4 Nr. 6 (insbesondere hinsichtlich der Verwendung von Mehrwertdienste-Rufnummern) beschränkt. Nicht erfasst von der Ausnahme sind danach – wie auch nach der alten Rechtslage – von Dritten im Rundfunk oder in der Presse veranstaltete Preisausschreiben/Gewinnspiele.

148 In ihrer Erwiderung auf die Stellungnahme des Bundesrates hat die Bundesregierung[294] das Privileg einer Ausnahme vom Kopplungsverbot wegen des überwiegenden Unterhaltungszwecks der Preisausschreiben/Gewinnspiele unter Bezugnahme auf die Rechtsprechung des BGH[295] ausgedehnt. Dies wäre allerdings nicht erforderlich gewesen. Bei den Printmedien beruht nämlich der gedankliche Ansatz einer Kopplung zwischen Preisausschreiben/Gewinnspiel einerseits und Warenerwerb andererseits auf der Tatsache, dass für den Erwerb der entsprechenden Zeitungen/Zeitschriften ein Entgelt zu entrichten ist. Beim Rundfunk hingegen fehlt es an einer solchen kausalen Leistung des Verbrauchers, die zum Zweck des Erwerbs der Preisausschreiben-/Gewinnspielteilnahme aufgewendet werden muss. Mit Ausnahme des Pay-TV entrichtet der Empfänger für die von den privaten Rundfunkveranstaltern gesendeten Programme keine Gegenleistung. Die weitestgehend den öffentlich-rechtlichen Rundfunkanstalten zufließende Rundfunkgebühr wird durch das Bereithalten des Empfangsgeräts unabhängig davon fällig, welches Programm empfangen und ob darin Preisausschreiben oder Gewinnspiele veranstaltet werden oder nicht.[296]

---

[290] BT-Drucks. 15/1487 S. 18 li. Sp.
[291] BT-Drucks. 15/1487 S. 18 li. Sp.
[292] *Ullmann* GRUR 2003, 817, 818; *Nordemann* Rn 1106; BGH WRP 1996, 1153, 1155 – Preisrätselgewinnauslobung IV spricht vom „redaktionellen Bereich".
[293] BT-Drucks. 15/1487 S. 41 li. Sp.
[294] BT-Drucks. 15/1487 S. 41 li. Sp.
[295] BGH GRUR 2002, 1003 – Gewinnspiel im Radio.
[296] Vgl. § 2 Abs. 2 RGebStV; *Oppermann/Kilian* 1989 S. 89 ff.

Sofern die Kabelnetzbetreiber nicht selbst Programmveranstalter sind, bezieht der Empfänger die entgeltliche Dienstleistung von einem Dritten und nicht vom Veranstalter des Programms und damit nicht vom Veranstalter des Gewinnspiels.

Entgegen der Ansicht des Bundesrats in seiner Stellungnahme zu § 4 Nr. 6[297] war es nicht erforderlich, für Gewinnspiele im Radio eine gesetzliche Ausnahme von § 4 Nr. 6 vorzusehen. Auch die vom Bundesrat hierfür in Bezug genommene Entscheidung des BGH[298] hat die Veranstaltung eines Gewinnspiels im Radio nicht unter dem Gesichtspunkt eines Kopplungsverbotes, sondern daran gemessen, ob ein – nach der heutigen Rechtslage – übertriebenes und damit unlauteres Anlocken vorlag.[299] 149

Im Gegensatz zu den Preisausschreiben in der Presse verhält sich die höchstrichterliche Rechtsprechung nicht zu der Frage einer im Rundfunk vorgenommenen Kopplung im Sinne des § 4 Nr. 6. Es ist also davon auszugehen, dass auch für den Rundfunk die Vorschriften des § 4 Nr. 6 – insbesondere bei Einsatz von Mehrwertdienste-Rufnummern – unterschiedslos gelten wie für jede andere Gewinnspielgestaltung auch. 150

2. Grenzen bei Preisausschreiben/Gewinnspielen der Presse

Bei Preisausschreiben/Gewinnspielen in und durch die Presse ist nach der Rechtsprechung[300] zu § 1 UWG aF darauf zu achten, dass durch die Auslobung eines Gewinns nicht die Grenze zur **unerlaubten redaktionellen Werbung** überschritten wird. Für die Grenzziehung soll es darauf ankommen, ob Abbildung und Beschreibung des Gewinns dem Rätselteil aufdringlich zugeordnet sind; Anordnung und Größenverhältnis der Gewinndarstellung dürfen nicht unangemessen sein, und der begleitende Text darf keine hervorhebenden Anpreisungen enthalten.[301] Preisausschreiben in der Presse sind deshalb wettbewerbsrechtlich erst dann zu beanstanden, wenn die werbliche Herausstellung der Preise deutlich im Vordergrund steht und dem Verkehr der Eindruck vermittelt wird, die Redaktion habe ein nicht nur als Preis attraktives, sondern auch ein seiner Eigenschaften wegen besonders empfehlenswertes Produkt ausgesucht.[302] Diese Grundsätze, welche die Pflicht begründen, darauf hinzuweisen, dass die Preise dem Veranstalter vom Hersteller kostenlos überlassen worden sind,[303] haben auch nach der Einführung von § 4 Nr. 6 weiterhin Bestand. Die unlautere redaktionelle Werbung wird von § 4 Nr. 6 jedoch nicht erfasst. Einschlägig dürften hier künftig § 4 Nr. 3 unter dem Aspekt der Verschleierung des Werbecharakters sein sowie § 4 Nr. 5 hinsichtlich der Verpflichtung zum Hinweis auf die kostenlose Bereitstellung der Gewinne durch den Hersteller.[304] 151

Neben der Grenzziehung für erlaubte und unerlaubte redaktionelle Werbung (Schleichwerbung) hat die Rechtsprechung für die Printmedien[305] **Ausnahmen vom Kopplungsverbot** bei der Veranstaltung von Preisausschreiben herausgearbeitet: Preisausschreiben mit ausgesetzten Preisen für die richtige Lösung sollen iwS zum redaktionellen Teil einer Zeitung oder Zeitschrift gehören und wegen ihres Unterhaltungswertes nicht als an den Wa- 152

---

297 BT-Drucks. 15/1487 S. 30 re. Sp.

298 BGH GRUR 2002, 1003 – Gewinnspiel im Radio.

299 Die Vorinstanz, KG AfP 2000, 281, 282 war von einer Kopplung ausgegangen, ohne auf die Entgeltlichkeit der in Anspruch genommenen Dienstleistung einzugehen.

300 BGH WRP 1994, 814, 815 – Preisrätselgewinnauslobung I; BGH WRP 1994, 816, 817 – Preisrätselgewinnauslobung II; BGH WRP 1996, 1153, 1155 – Preisrätselgewinnauslobung IV.

301 *Gloy/Ahrens* Hdb. § 59 Rn 54 mwH; vgl. dazu auch die ZAW-RL für redaktionell gestaltete Anzeigen, abgedruckt bei *Baumbach/Hefermehl* UWG 22. Aufl. Anh. § 3 UWG X.1 sowie → § 4–5 Rn 154f.

302 BGH WRP 1996, 1153, 1155 – Preisrätselgewinnauslobung IV; BGH WRP 1996, 1034, 1037 – Preisrätselgewinnauslobung III mit Hinweis auf BGH WRP 1994, 814, 815 – Preisrätselgewinnauslobung I.

303 BGH WRP 1996, 1034, 1037 – Preisrätselgewinnauslobung III; BGH WRP 1996, 1153, 1155 – Preisrätselgewinnauslobung IV.

304 → § 4–3 Rn 96ff; → § 4–5 Rn 145.

305 BGH WRP 1994, 816, 817f – Preisrätselgewinnauslobung II; BGH GRUR 1990, 611 – Werbung im Programm; OLG Hamburg ZUM 1990, 412.

renabsatz gekoppelt gelten.[306] Die Rechtsprechung begründete das Privileg damit, dass Preisausschreiben in Zeitschriften gewöhnlich nicht nur Werbe-, sondern auch **Unterhaltungsstoff** seien, an den der Verkehr gewöhnt sei und mit dem er rechne.[307] Hierdurch unterscheide sich das Preisausschreiben in Printmedien von Preisausschreiben anderer Branchen, selbst wenn diese ebenfalls in Zeitungen veröffentlicht werden.[308] Im Hinblick auf das Grundrecht der **Meinungsäußerungsfreiheit** aus Art. 5 Abs. 1 GG, unter das sämtliche Beiträge der Presse unabhängig von ihrem Inhalt fallen, war diese Lesart des § 1 UWG aF verfassungsrechtlich angezeigt und wurde in der UWG-Novelle gebührend beachtet, wie die Intention des Gesetzgebers bei der Fassung von § 4 Nr. 6 bestätigt.

153 Die Ausnahme vom Kopplungsverbot gilt so lange, wie für das Preisausschreiben nicht mit außergewöhnlichem Aufwand geworben wird und dadurch Personen, die an der Zeitung kein Interesse haben, veranlasst werden könnten, allein wegen der Teilnahmemöglichkeit am Preisausschreiben die Zeitung zu kaufen oder um zu erfahren, ob sie gewonnen haben.[309] An diese Rechtsprechung knüpft der Gesetzgeber mit § 4 Nr. 6 an; sie gilt daher fort.

3. Preisausschreiben der Presse nach § 4 Nr. 6

154 Der Gesetzgeber geht in seiner Begründung zu § 4 Nr. 6, wie gesehen, davon aus, dass vom Verbot „etwa [...] in einer Zeitschrift abgedruckte[s] Preisrätsel[s] ausgenommen sind". Da bislang die Ausnahme vom Kopplungsverbot auch für Zeitungen galt, ist nicht zu vermuten, dass der Gesetzgeber mit dem Verweis nur auf Zeitschriften eine Einschränkung verfolgt, sondern vielmehr sämtliche **Presseerzeugnisse** meint.[310]

155 Andererseits ist – ebenfalls vor dem Hintergrund der bestehenden Rechtsprechung – davon auszugehen, dass der Begriff des „Preisrätsels" bewusst gewählt worden ist. Grenzt man Preisausschreiben und Gewinnspiele dergestalt voneinander ab, dass bei letzteren keine über die Ausführung der formalen Teilnahmemodalitäten hinausgehende Leistung zu erbringen ist,[311] so waren nach bisheriger Rechtsprechung Preisausschreiben/Preisrätsel in der Presse zulässig, reine Gewinnspiele dagegen nicht.[312] Eine grundsätzliche **Freistellung von Gewinnspielen** ist auch durch § 4 Nr. 6 ersichtlich nicht beabsichtigt.[313]

156 Somit dürfte es weiter als wettbewerbswidrig gelten, wenn in einer Zeitung oder Zeitschrift ein verdecktes Gewinnspiel veranstaltet wird, bei dem der Unterhaltungszweck zurücktritt und die Ausnutzung der Spiel- und Gewinnlust und damit die mit ihr verbundene unsachliche Absatzförderung in den Vordergrund treten.[314] Erst recht unlauter bleibt es, in einer Zeitung oder Zeitschrift lediglich Gewinnzahlen zu veröffentlichen, die eine Teilnahme ohne Lösung eines Preisrätsels ermöglichen.[315] Gleiches gilt für den Fall, dass Gewinncoupons aus dem Medium ausgeschnitten und eingeschickt werden müssen.[316]

157 Auch nach der neuen Rechtslage darf jedoch nicht übersehen werden, dass die Rechtsprechung der Presse das Privileg der an den Erwerb ihrer Produkte gekoppelten Preisrät-

---

306 BGH WRP 1994, 814, 815 – Preisrätselgewinnauslobung I; BGH WRP 1994, 816, 817f – Preisrätselgewinnauslobung II; BGH WRP 1996, 1034, 1037 – Preisrätselgewinnauslobung III; BGH WRP 1996, 1153, 1155 – Preisrätselgewinnauslobung IV.

307 OLG Stuttgart GRUR 1988, 546, 548.

308 *Baumbach/Hefermehl* UWG 22. Aufl. § 1 Rn 168.

309 OLG Hamburg WRP 1988, 463 – Super-Bingo; Hasselblatt/*Wulf* § 13 Rn 26.

310 BT-Drucks. 15/1487 S. 20 li. Sp. bezieht sich im Anschluss auch entsprechend auf die „Printmedien".

311 → § 4–5 Rn 79.

312 OLG Hamburg WRP 1988, 463, 464 – Super-Bingo; nicht differenzierend KG Berlin MD 2001, 25, 26.

313 AA *Seichter* in: Ullmann jurisPK-UWG § 4 Nr. 6 Rn 30.

314 OLG Hamburg GRUR 1990, 466 – Der neue Gold-Regen; Hefermehl/*Köhler*/Bornkamm UWG § 4 Rn 6.18.

315 OLG Hamburg GRUR 1990, 466 – Der neue Gold-Regen; OLG Hamburg ZUM 1989, 362, 363 – Super-Chance – zu einer Konstellation des psychischen Kaufzwangs.

316 Einstweilige Verfügung des LG Bremen v. 2. 7. 2004 – 9 O 1426/04.

selveranstaltung sogar dann gewährt, wenn die Lösung des Preisrätsels verhältnismäßig einfach, insbesondere nur eine einzige Frage zu beantworten war, die darüber hinaus noch von jedermann ganz leicht beantwortet werden kann.[317] Da es nach der Intention des Gesetzgebers beim Pressepriviieg bleiben soll, sind diese Anforderungen an die Veranstaltung eines Preisrätsels auch in Zukunft nicht höher anzusetzen.

4. Preisausschreiben und Gewinnspiele in kostenpflichtigen Angeboten

Als weiteren Fall der „naturgemäßen Verbindung" im Sinne des § 4 Nr. 6 sieht der Gesetzgeber nunmehr ausdrücklich auch die Veranstaltung eines Gewinnspiels im Radio an.[318] Wie gesehen, bestätigt der Gesetzgeber damit nur scheinbar die jüngst zu diesen Veranstaltungsformen ergangene Rechtsprechung des BGH.[319] 158

Gewinnspiele und Preisausschreiben gehören zum Inhalt des Programms und sind daher – mit Ausnahme von Bezahlangeboten – als Programmbestandteil **Teil der Leistung** eines Sendeunternehmens oder einer Sendeanstalt. Als Teil des Rundfunkprogramms haben die Empfänger für die Teilnahme – außer beim Pay-TV – keine Gegenleistung zu erbringen. Es liegt somit in der Regel keine kostenpflichtige Inanspruchnahme einer Dienstleistung vor. Der BGH hat jedoch auch hier im Ergebnis zu Recht darauf hingewiesen, dass es in diesen Fällen nicht um die Ablenkung vom Leistungsangebot durch ein das Programm komplettierendes Gewinnspiel gehe; das Gewinnspiel bestimme vielmehr die Attraktivität des Programms mit und sei daher Bestandteil der Leistung selbst.[320] 159

Als bedenklich ist es einzustufen, dass auch die Veranstaltung eines Gewinnspiels in einem **kostenpflichtigen Internetradio** mangels Kopplung nicht unlauter sein soll.[321] Bei dem vom OLG München entschiedenen Fall[322] handelt es sich, wie auch beispielweise bei einem kostenpflichtigen TV-Gewinnspielkanal, um ein geradezu klassisches Bezahlangebot. Das OLG München vertritt die Auffassung, dass sich auch ein Gewinnspiel, an dem nur bestimmte Hörer, die hierfür gesondert bezahlt haben, teilnahmeberechtigt sind, nicht anders beurteilen lasse, als die im Rundfunk verbreiteten Gewinnspiele, die vom BGH als Bestandteil des Unterhaltungsprogramms eingestuft wurden.[323] An dieser Argumentation erscheinen Zweifel berechtigt: Die Bereitstellung eines „Premium-Programms" nur für ein gesondert zahlendes Publikum spricht eher dafür, dass die allein in diesem Programm stattfindende Veranstaltung des Gewinnspiels dem Kunden- bzw. Abonnentenfang und nicht in erster Linie der Unterhaltung dient. Wäre das Gewinnspiel tatsächlich Teil des „normalen" Programms gewesen, hätten auch diejenigen Hörer daran teilnehmen können, die eine gesonderte Zuzahlung zuvor abgelehnt haben. Die Zuzahlung der Teilnehmer an den Veranstalter, an der es beim Rundfunk normalerweise, in jedem Fall aber bei dem vom BGH entschiedenen Fall[324] fehlt, besitzt überdies den Charakter eines Einsatzes und ist daher als unlautere Kopplung im Sinne des § 4 Nr. 6 zu beurteilen. Hier könnte es sich sogar – ohne entsprechende Genehmigung und bei völliger Anspruchslosigkeit der Gewinnfragen – um strafbares Glücksspiel handeln. 160

5. Ausblick

Auf der Grundlage der vorhandenen Rechtsprechung ist das Begriffspaar der „naturgemäßen Verbindung" dahingehend einzugrenzen, dass das Gewinnspiel/Preisausschreiben „seit längerem im Markt eingeführt sein muss",[325] und es sich um die bislang bekannten Fälle 161

---

317 OLG Hamburg GRUR 1990, 466 – Der neue Gold-Regen.
318 BT-Drucks. 15/1487 S. 41 li. Sp.
319 BGH GRUR 2002, 1003 f – Gewinnspiel im Radio; → Rn 140 ff.
320 BGH GRUR 2002, 1003 f – Gewinnspiel im Radio.
321 OLG München GRUR-RR 2003, 222, 223 – Internetradio.
322 OLG München GRUR-RR 2003, 222, 223 – Internetradio.
323 OLG München GRUR-RR 2003, 222, 223 – Internetradio mit Hinweis auf BGH GRUR 2002, 1003 – Gewinnspiel im Radio.
324 BGH GRUR 2002, 1003, 1003 – Gewinnspiel im Radio.
325 Gesetzesbegründung BT-Drucks. 15/1487 S. 18 li. Sp.

der unterhaltungsorientierten Gewinnspiele/Preisausschreiben handelt. Die herkömmlicherweise als unmittelbare Kopplungsfälle angesehenen Sachverhalte[326] sind nicht als naturgemäße Verbindung anzusehen und bleiben auch bei einer Veranstaltung durch die Medien nach § 4 Nr. 6 wettbewerbswidrig.

162 Innovative Werbeformen, die sich nicht auf das Privileg des Art. 5 GG bzw. den medialen Unterhaltungszweck berufen können, dürften demnach kaum eine Chance besitzen, vom Kopplungsverbot befreit zu werden. Es ließe sich allenfalls darüber nachdenken, ob unter den Ausnahmetatbestand von § 4 Nr. 6 Gewinnspiele eines **Host-Providers** zu zählen sind, die dieser für seine Kunden veranstaltet, sofern dafür neben den Einwahlgebühren keine weiteren Kosten anfallen.

V. Rechtsfolgen

163 Wird die Rechtswidrigkeit der Ausgestaltung des Gewinnspiels wegen Verstoßes gegen das Kopplungsverbot in § 4 Nr. 6 festgestellt, ist sowohl die **Ankündigung** als auch die **Bewerbung** und **Durchführung** des Preisausschreibens/Gewinnspiels unzulässig.[327] Als rechtsmissbräuchlich wurde es allerdings angesehen, wenn im Rahmen mehrerer einstweiliger Verfügungsverfahren zunächst nur die Werbung und erst anschließend die Durchführung rechtlich und kostenpflichtig angegriffen wurde.[328] Aufgrund eines einheitlichen Antrags sollte daher im Wege der einstweiligen Verfügung die gesamte Veranstaltung einschließlich der Werbung[329] und der Verteilung der Gewinne angegriffen werden.[330]

164 Wie auch bei § 1 UWG aF[331] richtet sich § 4 Nr. 6 nur gegen die Unlauterkeit des Vorgehens, nicht hingegen gegen die Wirksamkeit der **Folgeverträge,** weshalb die Unzulässigkeit einer Gewinnspielkopplung unter wettbewerbsrechtlichen Gesichtspunkten die Wirksamkeit geschlossener Verträge nicht berührt. Der Verbraucher, der zwar durch § 4 Nr. 6 geschützt wird, ist zudem nicht klagebefugt.[332]

165 Soweit Wettbewerbshandlungen Verbraucher betreffen, können die Einigungsstellen nach § 15 zu einer Aussprache mit dem Gegner über den Streitfall angerufen werden.[333] Verbraucher werden jedoch darüber hinaus geschützt, weil sie bei wettbewerbswidrigen Gewinnspielaktionen, die sie zum Abschluss eines entgeltlichen Vertrages über Waren oder Dienstleistungen veranlasst haben, zur Anfechtung über §§ 119, 123 BGB berechtigt sind.[334] Die Beurteilung der Wettbewerbswidrigkeit nach § 4 Nr. 6 bemisst sich selbst dann nach deutschem Recht, wenn der Veranstalter des Preisausschreibens/Gewinnspiels seinen Sitz im Ausland hat, sich das Preisausschreiben/Gewinnspiel aber auch an das deutsche Publikum wendet und in Deutschland als Begehungsort auf die Entschließung der Teilnehmer eingewirkt werden soll.[335]

---

326 BGH GRUR 1990, 111, 116 – Werbung im Programm; BGH GRUR 1989, 434, 436 – Gewinnspiel; BGH WRP 1976, 100 – Mars.

327 BGH GRUR 2000, 820, 822 – Space Fidelity Peep-Show; MünchKomm/Leible UWG § 4 Nr. 6 Rn 55 mwN; *v. Gamm* 1987 Kap. 27 Rn 14; aA noch OLG Stuttgart WRP 1973, 487, 490 – Münster Schatzkiste.

328 OLG Hamburg GRUR 1984, 826 – Gewinnzahlen II; so auch *Teplitzky* Kap. 13 Rn 58.

329 LG München NJW 2003, 3066, 3067 – Rubbel-Gewinnspiel.

330 *Amann/Lambsdorff/Gerstenberg* RWW Kap. 3.1 Rn 57 mit Hinweis auf LG Hamburg GRUR 1970, 368; ebenso *v. Gamm* 1987 Kap. 27 Rn 14.

331 *Köhler/Piper* UWG 3. Aufl. § 1 Rn 83 ff.

332 LG München I v. 30. 3. 2004 – 33 S 19524/03 – 9 Live; vgl. dazu BT-Drucks. 15/1487 S. 14 f; kritisch *Fezer* WRP 2001, 989, 998; → § 8 Rn 182 ff.

333 → § 15 Rn 11 ff.

334 Zur internationalen Zuständigkeit deutscher Gerichte nach Art. 3, 13, 14 EuGVÜ BGH WRP 2004, 617, 618; zur Rechtslage nach Art. 15–17 EuGVVO vgl. *Zöller/Geimer* ZPO Anh. I Art 15 EuGVVO.

335 Zur Anwendbarkeit deutschen Rechts nach Art. 40 EGBGB vgl. Palandt/*Thorn* EGBGB Art. 40–42 Rn 1 ff sowie BGH GRUR 1998, 945, 946 – Co-Verlagsvereinbarung; BGH GRUR 1998, 419, 420 – Gewinnspiel im Ausland; BGH GRUR 1991, 463, 464 – Kauf im Ausland.

Geschäftsehrverletzung (§ 4 Nr. 7)

Übersicht

Rn

A. Einleitung **1**

I. Sinn und Zweck der Norm, Stellung im Gesetz 1

II. Entstehungsgeschichte 6

III. Europarechtskonforme Auslegung 12

IV. Abgrenzung zu anderen Vorschriften 13
1. Abgrenzung zu § 6 14
2. Abgrenzung zu § 4 Nr. 8 18
a) Behauptung oder Verbreitung wahrer Tatsachen 19
b) Behauptung oder Verbreitung unwahrer oder nicht erweislich wahrer Tatsachen 20
c) Behauptung oder Verbreitung unwahrer oder nicht erweislich wahrer Tatsachen, denen es an einer Eignung zur Geschäftsschädigung mangelt 21
d) Werturteil auf tatsächlicher Basis 22
3. Abgrenzung zu § 4 Nr. 10 23
4. Abgrenzung zu § 5, § 5 a 24
5. Abgrenzung zu den §§ 823 ff BGB 26
6. Abgrenzung zum Markenrecht 27

B. Regelungsgehalt **28**

I. Überblick über den Tatbestand 28

II. Mitbewerber 29

III. Anknüpfungspunkte 34
1. Kennzeichen 34
2. Waren und Dienstleistungen (Produkt) 35
3. Tätigkeiten 37
4. Geschäftliche Verhältnisse 38
5. Persönliche Verhältnisse 39

IV. Verbotenes Handeln 40
1. Herabsetzung 44
2. Verunglimpfung 47
3. Differenzierung zwischen Herabsetzung und Verunglimpfung 49
4. Adressat der geschäftlichen Handlung 50
5. Art und Weise der Herabsetzung/Verunglimpfung 51
6. Herabsetzende und verunglimpfende Werturteile 53
a) Abgrenzung zwischen Meinungsäußerung und Tatsachenbehauptung 54
b) Die Bedeutung von Art. 5 Abs. 1 GG für die Zulässigkeit werblicher Meinungsäußerungen 56
c) Schmähkritik und unternehmensbezogene (persönlich bezugnehmende) Werbung 64
aa) Meinungsäußerungen und eine wertende Kritik 64
bb) Unternehmensbezogene (persönlich bezugnehmende) Werbung 67
7. Herabsetzende und verunglimpfende Tatsachenbehauptungen 72
a) Wahre Tatsachenbehauptungen 73
b) Unwahre Tatsachenbehauptungen 79
8. Rechtfertigungsgründe 80
9. Haftung der Presse 81

V. Kennzeichenverunglimpfung 85
1. Allgemeines 85
2. Abgrenzung zum Markenrecht 86
3. Herabsetzung und Verunglimpfung von Kennzeichen 91

VI. Relevanz der Bagatellklausel (Spürbarkeit) des § 3 Abs. 1 94

C. Rechtsvergleichendes **98**

D. Prozessuales **101**

Rn

E. Anhang: Pauschale Herabsetzung nicht erkennbarer Mitbewerber (§ 3 Abs. 1) **105**
I. Allgemeines 106
II. Einzelfälle 107
III. Fazit 113

Schrifttum: *Ahrens,* Die Benetton-Rechtsprechung des BVerfG und die UWG-Fachgerichtsbarkeit, JZ 2004, 763; *Borck,* Vermutungen über vergleichende Werbung, über Wertreklame und deren weitere Entwicklung, WRP 2001, 1124; *Born,* Gen-Milch und Goodwill – Äußerungsrechtlicher Schutz durch das Unternehmenspersönlichkeitsrecht, AfP 2005, 110; *Bornkamm,* Entwicklungen der Rechtsprechung im Wettbewerbsrecht – Vergleichende Werbung, in: Schwarze (Hrsg.), Werbung und Werbeverbote im Licht des europäischen Gemeinschaftsrechts, 1999; *Brinkmann* Der äußerungsrechtliche Unternehmensschutz in der Rechtsprechung des Bundesgerichtshofs, GRUR 1988, 516; *Eck/Ikas,* Neue Grenzen vergleichender Werbung, WRP 1999, 251; *Fezer,* Modernisierung des deutschen Rechts gegen den unlauteren Wettbewerb auf der Grundlage einer Europäisierung des Wettbewerbsrechts, WRP 2001, 989; *Freund,* Vergleichende Werbung nach der Richtlinie 97/55/EG und der UWG-Novelle, 2001; *Gamerith,* Vergleichende Werbung, ÖBl. 1998, 115; *Gabel,* Die Haftung für Hyperlinks im Lichte des neuen UWG, WRP 2005, 1102; *ders.,* Neue Herausforderungen für ein europäisches Lauterkeitsrecht, WRP 2003, 143; *Gloy/Bruhn,* Die Zulässigkeit von Preisvergleichen nach der Richtlinie 97/55/EG – Kehrtwende oder Kontinuität?, GRUR 1998, 226; *Hartwig,* Meinungsfreiheit und lauterer Wettbewerb, GRUR 2003, 924; *Illing,* Die gesetzliche Neuregelung vergleichender Werbung unter Berücksichtigung ihrer Entstehung und ihrer Auswirkungen auf die Werbewirtschaft, 2001; *Köhler,* Spendenwerbung und Wettbewerbsrecht GRUR 2008, 281; *ders.,* Das Verhältnis des Wettbewerbsrechts zum Recht des geistigen Eigentums GRUR 2007, 548; *ders.,* Zur Umsetzung der Richtlinie über unlautere Geschäftspraktiken GRUR 2005, 793; *Kotthoff,* Neue Maßstäbe für vergleichende Werbung, BB 1998, 2217; *Leible/Sosnitza,* Richtlinienkonforme Auslegung vor Ablauf der Umsetzungsfrist und vergleichende Werbung, NJW 1998, 2507; *Lindacher,* Kritisierende vergleichende Werbung, FS Brandner, 1996, S. 399; *Menke,* Die vergleichende Werbung in Deutschland nach der Richtlinie 97/55/EG und der BGH-Entscheidung „Testpreis-Angebot", WRP 1998, 811; *Ohly,* Schadensersatzansprüche wegen Rufschädigung und Verwässerung im Marken- und Lauterkeitsrecht, GRUR 2007, 926; *Ohly/Spence,* Vergleichende Werbung: Die Auslegung der Richtlinie 97/55/EG in Deutschland und Großbritannien, GRUR Int. 1999, 681; *Plaß,* Die gesetzliche Neuregelung der vergleichenden Werbung, NJW 2000, 3161; *Sack,* Die Bedeutung der EG-Richtlinie 84/450/EWG und 97/55/EG über irreführende und vergleichende Werbung für das deutsche Wettbewerbsrecht, GRUR Int. 1998, 263; *ders.,* Die Berücksichtigung der Richtlinie 97/55/EG über irreführende und vergleichende Werbung bei der Anwendung des §§ 1 und 3 UWG; WRP 1998, 241; *ders.,* Vergleichende Werbung nach der UWG-Novelle, WRP 2001, 327; *Säcker,* Das UWG zwischen den Mühlensteinen europäischer Harmonisierung und grundrechtsgebotener Liberalisierung WRP 2004, 1199; *Tilmann,* Richtlinie vergleichende Werbung, GRUR 1997, 790; *ders.,* Anwendungsbereich und Bindungswirkung der Richtlinie Vergleichende Werbung, GRUR 1999, 546; *Ullmann,* Das Koordinatensystem des Rechts des unlauteren Wettbewerbs im Spannungsfeld von Europa und Deutschland, GRUR 2003, 817; *Wamprechtshamer,* Die Neuordnung der vergleichenden Werbung, ÖBl. 2000, 147.

A. Einleitung

I. Sinn und Zweck der Norm, Stellung im Gesetz

1 Idealbild des freien Leistungswettbewerbs ist der faire Wettkampf *neben*einander, nicht *gegen*einander um die Gunst des Publikums, also der Marktgegenseite.[1] Die werbliche Bezugnahme auf Mitbewerber oder ihre Produkte oder Leistungen entspricht diesem Bild schon deshalb nicht, weil sie sich naturgemäß direkt oder indirekt **gegen** diese wendet.

2 Nach § 4 Nr. 7 handelt im Sinne von § 3 Abs. 1 insbesondere unlauter, wer die Kennzeichen, Waren, Dienstleistungen, Tätigkeiten oder persönlichen oder geschäftlichen Verhältnisse eines Mitbewerbers herabsetzt oder verunglimpft. § 4 Nr. 7 ist nach der Konzeption des UWG ein Beispielstatbestand, der ebenso wie die anderen Beispielstatbestände des § 4 lediglich der Konkretisierung des Merkmals der Unlauterkeit in § 3 Abs. 1 dient.[2] An-

[1] Vgl. schon *Nordemann* seit der 1. Aufl. 1971, Rn 1 und 2: Leistungswettbewerb als unaufhörliche „Tour de France" des Wirtschaftslebens.
[2] → § 3 Rn 2.

spruchsgrundlagen finden sich in den §§ 8ff, die jeweils eine Zuwiderhandlung gegen § 3 Abs. 1 voraussetzen, welche bei einem Verstoß gegen § 4 Nr. 7 und dem regelmäßigen Erreichen der Spürbarkeitsschwelle des § 3 Abs. 1 gegeben sein wird.[3]

§ 4 Nr. 7 ist im Zusammenhang mit § 4 Nr. 8 und § 6 Abs. 2 Nr. 5 zu sehen: Während § 4 Nr. 7 die **Geschäftsehrverletzung** vor allem **durch Meinungsäußerungen** erfasst,[4] enthält § 4 Nr. 8 die **Anschwärzung,** vor allem **durch geschäftsschädigende Tatsachenbehauptungen;**[5] § 6 Abs. 2 Nr. 5 regelt demgegenüber als Spezialtatbestand zu § 4 Nr. 7 einen Unterfall der **unlauteren vergleichenden Werbung.** § 4 Nr. 7 und § 6 Abs. 2 Nr. 5 sind – bis auf die in § 6 Abs. 2 Nr. 5 nicht genannten Kennzeichen – wortgleich; § 4 Nr. 7 besitzt insoweit denselben Regelungsbereich wie § 6 Abs. 2 Nr. 5, als sich jede herabsetzende oder verunglimpfende vergleichende Werbung im Sinne von § 6 Abs. 2 Nr. 5 auch unter die Geschäftsehrverletzung gemäß § 4 Nr. 7 subsumieren lässt. Der Anwendungsbereich von § 4 Nr. 7 ist allerdings weiter als der des § 6 Abs. 2 Nr. 5, weil er die Herabsetzung oder Verunglimpfung auch außerhalb eines Vergleichs, den unternehmensbezogenen Vergleich und schließlich die Herabsetzung oder Verunglimpfung aller Mitbewerber erfasst.[6] Rechtssystematisch ist das wenig geglückt: Man hätte besser daran getan, eine einheitliche Vorschrift über „bezugnehmende Werbung" zu schaffen, in der man dann vergleichende Werbung, Geschäftsehrverletzung und Anschwärzung in unmittelbarem Zusammenhang hätte regeln können. 3

Die Vorschrift dient als Schutz vor der Geschäftsehrverletzung schon von ihrer Anlage her zuförderst dem Schutz des **Individualinteresses des betroffenen Mitbewerbers.**[7] Da mit einer herabsetzenden oder verunglimpfenden Äußerung über einen Mitbewerber häufig auch eine irreführende, unsachliche Beeinflussung des Kunden verbunden ist, der dadurch in seinem Recht auf freie Entscheidung beeinträchtigt wird, kann ebenso wie bei § 4 Nr. 8[8] unabhängig von § 5 auch bei Geschäftsehrverletzungen nach § 4 Nr. 7 das **Verbraucherinteresse** betroffen sein.[9] Da es eine „kollektive Geschäftsehre" nicht gibt, dient § 4 Nr. 7 nicht dem Schutz der übrigen Mitbewerber und anderen Marktteilnehmer, die in der betroffenen Aussage nicht individualisierbar sind; die frühere Fallgruppe „pauschale Herabsetzung der Mitbewerber" fällt daher nicht unter § 4 Nr. 7, sondern direkt unter § 3 Abs. 1.[10] 4

Bei § 4 Nr. 7 handelt es sich – insbesondere soweit dadurch die persönlichen Verhältnisse des Mitbewerbers geschützt werden – ebenso wie bei § 4 Nr. 8 um einen **kodifizierten Ausschnitt aus dem allgemeinen Persönlichkeitsrecht,** das der Staat vor Gefährdungen durch Dritte schützen muss und zu dessen wesentlichem Inhalt es gehört, vor Äußerungen zu schützen, die sich abträglich auf das Ansehen einer Person und ihr Bild in der Öffentlichkeit auswirken können.[11] Da Geschäftsehrverletzungen vor allem durch Meinungsäußerungen begangen werden, ist eine Abwägung zwischen dem allgemeinen Persönlichkeitsrecht und der Meinungsfreiheit erforderlich.[12] 5

II. Entstehungsgeschichte

Die Geschäftsehrverletzung wurde in Deutschland in den ersten 90 Jahren der Geltung des alten UWG grundsätzlich als sittenwidrig im Sinne der „großen" Generalklausel des 6

---

[3] → Rn 94ff.
[4] Begr. RegE zu § 4 Nr. 7 BT-Druck. 15/1487 S. 18.
[5] Begr. RegE zu § 4 Nr. 8 BT-Drucks. 15/1487 S. 18.
[6] → Einzelheiten bei Rn 14ff und 29ff.
[7] Ebenso *Piper/Ohly* UWG § 4.7 Rn 7/1.
[8] → § 4 Nr. 8 Rn 5, 21, 28, 32.
[9] Vgl. BGH GRUR 2002, 633, 635 – Hormonersatztherapie (zu § 14 aF = § 4 Nr. 8); → Rn 5.
[10] → Rn 16, 32f und 105ff.
[11] Vgl. nur BVerfG NJW 2006, 207, 208 – „IM-Sekretär" Stolpe; zum Unternehmenspersönlichkeitsrecht → Rn 73ff.
[12] → Rn 58ff, 94, 103.

§ 1 angesehen.[13] Ausnahmen galten zunächst nur für besonders gelagerte Fälle der vergleichenden Werbung, vor allem für diejenigen der Unvermeidlichkeit (sog. notwendiger oder Systemvergleich)[14] und der wettbewerblichen Notwehr (sog. Abwehrvergleich),[15] seit 1940 auch für den sog. Fortschrittsvergleich,[16] den der BGH sodann 1969 – mit Rücksicht auf den inzwischen im Bewusstsein der Öffentlichkeit verankerten Gedanken des Verbraucherschutzes – zu dem aus der Sicht des Marktgegners gebotenen sog. nützlichen Vergleich weiterentwickelte.[17] Die in den beiden folgenden Jahrzehnten zu beobachtende, allerdings etwas uneinheitliche Tendenz der Rechtsprechung des BGH zu größerer Nachsicht bei der Beurteilung bezugnehmender Werbung[18] änderte am grundsätzlichen Verbot zunächst nichts.

7 Der Ausnahmecharakter einer bestimmten Norminterpretation bedingt im Regelfall deren enge Auslegung.[19] Schon immer war deshalb auch die – innerhalb der genannten Fallgruppen ausnahmsweise zugelassene – kritische Befassung mit der Konkurrenz nur insoweit zulässig, als sie zur Aufklärung des Kunden **geboten** war.[20] Einen „Notwehrexzess", wie ihn das Strafrecht kennt, gab es nicht.[21] Deshalb wurde eine **Herabsetzung** des Mitbewerbers oder seiner Produkte, Leistungen oder sonstigen Verhältnisse, die über das zur Aufklärung des Marktgegners Gebotene hinausging, ohne weiteres als Verstoß gegen § 1 UWG aF gewertet;[22] erst recht galt dies für jegliche **Verunglimpfung.**[23]

8 Abzugrenzen galt es diese Fälle von der in § 14 UWG aF geregelten Anschwärzung und der in § 15 UWG aF geregelten geschäftlichen Verleumdung, die sich auf geschäftsschädigende Tatsachenbehauptungen bezogen, die entweder „nicht erweislich wahr" oder „der Wahrheit zuwider" behauptet oder verbreitet wurden. Im Bereich der Geschäftsehrverletzung erfasste § 1 UWG aF daher nur einerseits herabsetzende oder verunglimpfende **wahre Tatsachenbehauptungen** und andererseits herabsetzende oder verunglimpfende **Werturteile.** Soweit ein Handeln im geschäftlichen Verkehr zu Zwecken des Wettbewerbs nicht vorlag, wurden herabsetzende oder verunglimpfende Äußerungen von den §§ 823, 824, 826, 1004 BGB aufgefangen.

---

[13] *Lobe* MuW XVI (1916/17), 129: „Man darf beim Wettbewerb nicht mit fremden Kalbe pflügen!" unter Zitat der älteren Rechtsprechung des Reichsgerichts; *Josef Kohler* MuW XVI (1916/17), 127, 128; RG ausdrücklich in RGZ 116, 277 – Konsumverein, und sodann in GRUR 1931, 1299, 1301 – Hellegold: „Die Mitbewerber, auch wenn ihre gewerbliche Leistungsfähigkeit tatsächlich geringer sein sollte, brauchen sich nicht gefallen zu lassen, in den fremden Anpreisungen als Mittel zur Erhöhung der eigenen Leistungsfähigkeit des Anpreisenden verwendet zu werden. Die Abwägung etwa bestehender Beschaffenheitsunterschiede ... muss dem Verkehr selbst überlassen bleiben ..."

[14] So schon *Josef Kohler* MuW XVI (1916/17), 127; RGZ 131, 74 – Odol-Chlorodont; RGZ 156, 1, 3; BGHZ 49, 325, 329 – 40% können Sie sparen, mwN aus der älteren Rechtsprechung; OLG München Urt. v. 21. 7. 2005, 6 U 5248/04, Tz. 3.

[15] BGH GRUR 1971, 259, 260 – WAZ; BGH GRUR 1970, 422, 424 – Tauchkühler; BGH GRUR 1968, 262, 265 – Fälschung; BGH GRUR 1954, 337, 341 – Radschutz; BGH GRUR 1962, 45, 48 – Betonzusatzmittel.

[16] RG GRUR 1961, 237, 240 – TOK-Band und 1940, 50, 53; BGH GRUR 1958, 343, 345 – Bohnergerät.

[17] BGHZ 49, 325, 329 ff – 40% können Sie sparen; BGH GRUR 1970, 422, 423 f – Tauchkühler; BGH GRUR 1969, 283, 285 f – Schornsteinauskleidung.

[18] Vgl. BGH GRUR 1997, 227 – Aussehen mit Brille und BGH GRUR 1972, 558 – Statt Blumen – Onko Kaffee, einerseits; BGH GRUR 1985, 982 – Großer Werbeaufwand, andererseits.

[19] Ständige Rechtsprechung, vgl. nur BGHZ 50, 147, 152 f – Kandinsky I und BGHZ 134, 250, 264 – CB-Infobank I.

[20] OGH Wien ÖBl. 2000, 219, 222 – Konsumenten-Information; BGH GRUR 1971, 259, 260 – WAZ; ebenso schon OLG Frankfurt WRP 1974, 98, 89 f und OLG Düsseldorf GRUR 1958, 94, 95 – Garantiezusage.

[21] Vgl. BGH GRUR 1954, 337, 341 – Radschutz.

[22] Vgl. schon *Baumbach* Wettbewerbsrecht, 1. Aufl. 1929, S. 531 f unter Hinweis auf RG MuW 1908, 248 und 1925, 97; später BGH GRUR 1968, 262, 265 – Fälschung; BGH GRUR 1982, 234, 236 – Großbanken-Restquoten; OLG München NJWE-WettbR 1996, 177 („Ein Eingreifen der Aufsichtsbehörden erscheint angezeigt"); OLG München ZUM-RD 1999, 85, 87 f (Bericht im Fernsehen über prozessuale Auseinandersetzungen mit der Konkurrenz).

[23] BGH GRUR 1995, 427, 428 f – Schwarze Liste (Gegen die Bonität des Konkurrenten bestünden Bedenken); BGH GRUR 1954, 404, 405 – Fachmann (Der Konkurrent sei kein Fachmann).

Eine **erstmalige Normierung** von herabsetzenden oder verunglimpfenden Äußerungen fand im Rahmen der vergleichenden Werbung anlässlich der Umsetzung der Richtlinie Nr. 97/55/EG der Europäischen Union vom 6. 10. 1997 mit dem Gesetz vom 1. 9. 2000 (BGBl. I S. 1374) durch Aufnahme in § 2 Abs. 2 Nr. 5 UWG aF statt. Im Ergebnis führte dies jedoch zu keiner Veränderung gegenüber dem bisher geltenden Recht.[24] Unter Berufung auf § 2 Abs. 2 Nr. 1 UWG aF, der eine Regelung lediglich für den Produktvergleich vorsah, wurde zwar teilweise im Schrifttum geltend gemacht, dass die **unternehmensbezogene bzw. persönlich vergleichende Werbung** fortan generell als unzulässig anzusehen sei;[25] dies folge aus dem Sinn und Zweck der Richtlinie, mit der eine abschließende Regelung über die Zulässigkeit der vergleichenden Werbung getroffen werden sollte.[26] Doch ausweislich der Regierungsbegründung zu § 2 Abs. 1 UWG aF ging der deutsche Gesetzgeber dagegen zu Recht nicht von einer generellen Unzulässigkeit unternehmensbezogener Werbung aus. Aus dem Verhältnis von Art. 2 Nr. 2a der Richtlinie, der nach seinem Wortlaut unternehmensbezogene Werbevergleiche erfasse und Art. 3a lit. b und lit. c, die sich ausdrücklich nur mit dem Vergleich von Waren und Dienstleistungen befassten, resultiere eine Regelungslücke, aus der sich eine generelle Unzulässigkeit unternehmensbezogener Werbung nicht ableiten lasse.[27] Die Richtlinie 97/55/EG beziehe zwar durch Art. 2 Nr. 2a die unternehmensbezogene Werbung mit ein, unterlasse es aber, deren Voraussetzungen zu regeln.[28] Insofern gelte es auf die von der Rechtsprechung entwickelten Grundsätze abzustellen, mithin § 1 UWG aF, anzuwenden. Der BGH hat sich zu dieser Frage bisher noch nicht ausdrücklich positioniert.[29] Lediglich in Fällen, in denen der BGH die Erkennbarkeit eines Mitbewerbers und damit das Vorliegen eines Vergleichs abgelehnt hat, hat er § 1 UWG aF neben § 2 Abs. 2 Nr. 5 UWG aF für anwendbar erklärt.[30] Nunmehr regelt die RL 2006/114/EG[31] die irreführende und vergleichende Werbung, ohne dass sich hierdurch wesentliche Änderungen ergeben. 9

Mit der damaligen **Neuregelung in § 4 Nr. 7** hat der Gesetzgeber erstmals die Fälle der Rufschädigung und Geschäftsehrverletzung in Form von wahren Tatsachenbehauptungen bzw. Meinungsäußerungen (außerhalb der vergleichenden Werbung) im Gesetz verankert. Die umstrittene Frage, ob unternehmensbezogene Werbung, die mangels Erkennbarkeit des Mitbewerbers nicht als vergleichende Werbung im Sinne des § 2 UWG aF zu qualifizieren ist, nach lauterkeitsrechtlichen Gesichtspunkten beurteilt werden kann, wurde damit endgültig im Sinne der zuletzt ständigen Rechtsprechung des BGH entschieden.[32] Die spezielle Regelung des § 4 Nr. 7 ist auch schon deshalb begrüßenswert, weil einerseits die „Beeinträchtigung" eines Kennzeichens nur durch Herabsetzung oder Verunglimpfung denkbar und seine „Ausnutzung" schon im MarkenG geregelt ist, und der Gesetzestext andererseits mit dem des Art. 3a Abs. 1 lit. e RL 97/55/EG der Richtlinie nunmehr fast wörtlich übereinstimmt. 10

---

24 → Rn 17.

25 *Gloy/Bruhn* GRUR 1998, 226, 233, 237; *Menke* WRP 1998, 811, 825; *Sack* GRUR Int 1998, 263, 270.

26 Gloy/Loschelder/*Hasselblatt* Voraufl. § 46 Rn 5; *Plaß* NJW 2000, 3161, 3163; *Köhler/Piper* UWG § 2 Rn 11.

27 Amtliche Begründung zum Entwurf eines Gesetzes zur vergleichenden Werbung und zur Änderung wettbewerbsrechtlicher Vorschriften vom 20. 3. 2000, BT-Drucks. 14/2959 S. 10.

28 So auch *Tilmann* GRUR 1999, 546, 547.

29 Vgl. zB Harte/Henning/*Sack* UWG § 6 Rn 83, der lediglich auf obiter dicta des BGH verweisen kann und daher zu Recht die Ansicht des BGH mit dem Wort „scheint" umschreibt.

30 BGH GRUR 2002, 983, 984 – Die „Steinzeit" ist vorbei; BGH GRUR 2002, 75, 77 – „SOOO ... BILLIG!?"; BGH GRUR 1999, 1100, 1102 – Generika-Werbung.

31 RL 2006/114/EG vom 12. 12. 2006 über irreführende und vergleichende Werbung, ABl. EU Nr. L 376 vom 27. 12. 2006, S. 21.

32 Vgl. zum Streit zB *Tilmann* GRUR 1999, 546, 547; *Eck/Ikas* WRP 1999, 251, 263; *Köhler/Piper* UWG § 2 Rn 18; Gloy/Loschelder/*Hasselblatt* Voraufl. § 46 Rn 6; zur Rechtsprechung vgl. zB BGH GRUR 2002, 983 – Die „Steinzeit" ist vorbei; BGH GRUR 2002, 75, 77 – „SOOO ... BILLIG!?"; BGH GRUR 1999, 1100, 1102 – Generika-Werbung.

11 Die **UWG-Reform 2008** zur Umsetzung der Richtlinie 2005/29/EG des Europäischen Parlaments und des Rates vom 11. 5. 2005 über unlautere Geschäftspraktiken in binnenmarktinternem Geschäftsverkehr zwischen Unternehmen und Verbrauchern[33] hat für den Regelungsbereich des § 4 Nr. 7 keine Änderung gebracht, weil § 4 Nr. 7 nur dem Mitbewerberschutz dient, die Richtlinie 2005/29/EG von ihrem Anwendungsbereich her jedoch ausschließlich solche unlauteren Geschäftspraktiken betrifft, die die wirtschaftlichen Interessen der Verbraucher beeinträchtigen (Art. 1, 3 RL 2005/29/EG).[34] Lediglich die Tathandlung des § 4 Nr. 7 stützt sich nunmehr auf eine **geschäftliche Handlung** statt nur auf eine Wettbewerbshandlung (§ 2 Abs. 1 Nr. 1). Vgl. die Ausführungen zur geschäftlichen Handlung in § 2 B Rn 1 ff.

III. Europarechtskonforme Auslegung

12 Es besteht – mit Ausnahme des Gegenstandes der Kennzeichen – **Identität** zwischen den Tatbeständen des **§ 4 Nr. 7** und **§ 6 Abs. 2 Nr. 5.** Letzterer ist zurückzuführen auf Art. 3 lit. e der Richtlinie 84/450/EWG zur Angleichung der Rechts- und Verwaltungsvorschriften der Mitgliedstaaten über irreführende Werbung,[35] geändert durch die Richtlinie 97/55/EG zur Einbeziehung der vergleichenden Werbung.[36] § 6 Abs. 2 Nr. 5 gilt es damit richtlinienkonform auszulegen; die Auslegungshoheit liegt letztlich beim EuGH. Aufgrund der Identität der beiden Vorschriften scheint eine unterschiedliche Auslegung zunächst kaum denkbar. Zumindest eine im Vergleich zu § 6 Abs. 2 Nr. 5 divergierende, weil strengere, Auslegung des § 4 Nr. 7 kommt nicht in Betracht. Denn es erschließt sich nicht, warum ein werbliches Verhalten, welches schon im Rahmen eines Vergleichs – wo der Mitbewerber also erkennbar wird – zulässig ist, außerhalb eines solchen – wo der Mitbewerber nicht direkt erkennbar ist – unzulässig sein soll. Insoweit kann auf die von EuGH und BGH bereits ergangenen Entscheidungen zurückgegriffen werden.[37] Ein Unterschied kann sich aber insofern ergeben, als vermeintlich herabsetzende vergleichende Werbung bereits aus anderen Gründen zB mangels Vergleichs objektiver Eigenschaften im Sinne des § 6 Abs. 2 Nr. 2 unzulässig, während dieselbe werbliche Äußerung außerhalb eines Vergleichs zulässig sein kann. Insoweit kann es daher im Einzelfall zu einer milderen Beurteilung kommen.[38]

IV. Abgrenzung zu anderen Vorschriften

13 Die Fälle der Geschäftsehrverletzung werden nicht allein von § 4 Nr. 7 geregelt. Rufschädigende Maßnahmen fallen auch in den Anwendungsbereich weiterer wettbewerbsrechtlicher (§§ 6 Abs. 2 Nr. 5, 4 Nr. 8), markenrechtlicher (§§ 14 Abs. 2 Nr. 3, 15 Abs. 3 MarkenG) und zivilrechtlicher Vorschriften (§ 823 Abs. 1, Abs. 2 BGB iVm §§ 185 ff StGB, §§ 824, 826 BGB).

1. Abgrenzung zu § 6

14 Eine Spezialbestimmung im Bereich der bezugnehmenden Werbung enthält § 6 Abs. 2 Nr. 5, der die Geschäftsehrverletzung im Rahmen vergleichender Werbung für unlauter erklärt; die Vorschrift ist – bis auf die Nicht-Erwähnung der Kennzeichen – mit § 4 Nr. 7

---

[33] → Einl Rn 16 ff.

[34] → Einl Rn 16 ff.

[35] Richtlinie 84/450/EWG des Rates vom 10. 9. 1984.

[36] Richtlinie 97/55/EG des Europäischen Parlaments und des Rates vom 6. 10. 1997.

[37] Vgl. unter anderem BGH GRUR 2002, 75, 77 – „SOOO ... BILLIG!?"; BGH GRUR 2002, 633, 635 – Hormonersatztherapie; BGH GRUR 2002, 828, 829 – Lottoschein; BGH GRUR 2002, 983 – Die „Steinzeit" ist vorbei; BGH GRUR 2001, 752 f – Eröffnungswerbung; BGH GRUR 1999, 1100, 1102 – Generika-Werbung; BGH GRUR 1998, 824, 828 – Testpreis-Angebot.

[38] So auch Harte/Henning/*Omsels* UWG § 4 Rn 7.

wortgleich. § 6 regelt nach der klaren Definition seines Abs. 1 nur die **direkte** vergleichende Werbung, mit der ein Mitbewerber oder seine Produkte oder Leistungen **erkennbar** gemacht werden.[39] § 4 Nr. 7 und § 6 Abs. 2 Nr. 5 sind, rechtssystematisch betrachtet, missglückt: § 6 Abs. 2 Nr. 5 wiederholt das, was gemäß § 4 Nr. 7 ohnehin **allgemein** gilt, für dessen häufigsten Anwendungsfall: Fast immer lässt die Herabsetzung oder gar Verunglimpfung konkurrierender Waren und Leistungen zumindest erkennen, welcher Mitbewerber gemeint ist. Erst recht gilt dies, wo es um die Tätigkeiten oder um die geschäftlichen oder persönlichen Verhältnisse eines Mitbewerbers geht. Der Gesetzgeber hat sich zu der „Doppelung" des Verbots offenbar mit Rücksicht darauf veranlasst gesehen, dass eine Nichtnennung des Regelungsbereichs von Art. 3a Abs. 2 lit. e der Richtlinie 97/55/EG im neuen § 6 – der Spezialregelung für den Bereich der vergleichenden Werbung – zu Missverständnissen in der innerdeutschen Rechtsprechung und Lehre und zu Irritationen in den anderen Mitgliedstaaten hätte führen können. Dennoch wäre es rechtssystematisch konsequenter gewesen, die gesamte bezugnehmende Werbung, also die §§ 4 Nr. 7, 4 Nr. 8 und § 6, in einer Vorschrift zusammenzufassen.[40]

Für die vergleichende Werbung trifft § 6 daher grundsätzlich eine abschließende Rege- 15
lung und verdrängt in seinem Anwendungsbereich § 4 Nr. 7.[41] Rechtsanwälte und Richter werden deshalb in der Rechtsanwendung besondere Sorgfalt auf die Beantwortung der Vorfrage zu verwenden haben, ob der jeweilige Fall unter § 4 Nr. 7 oder unter § 6 Abs. 2 Nr. 5 zu subsumieren ist. Eine verlässliche Orientierungshilfe bieten dazu die Ausführungen des BGH in der – noch zum bisherigen Recht ergangenen – Entscheidung von BGH GRUR 2001, 752, 752f – Eröffnungswerbung.[42]

Im Gegensatz zu § 6 Abs. 2 Nr. 5 und entgegen seinem Wortlaut, der von der Herabset- 16
zung oder Verunglimpfung „eines" Mitbewerbers spricht, erfasst § 4 Nr. 7 auch die pauschale Abwertung von nicht im Einzelnen erkennbaren Mitbewerbern.[43] Neben § 6 Abs. 2 Nr. 5 hat § 4 Nr. 7 daher eigenständige Bedeutung grundsätzlich nur in den folgenden Fällen:

- Herabsetzung oder Verunglimpfung **außerhalb eines Vergleichs**, wenn zB ein Konkurrenzunternehmen als „einstige Hehlerbude"[44] bezeichnet wird oder Waren eines Konkurrenten mit den Worten „Scheiß des Monats"[45] umschrieben werden. Die Aussage über die Konkurrenz (deren Produkte) darf demnach keine Verknüpfung mit dem eigenen Produkt aufweisen, damit § 4 Nr. 7 und nicht § 6 anwendbar ist.
- Herabsetzung oder Verunglimpfung **im Rahmen eines Vergleichs** von Mitbewerbern (unternehmensbezogene Werbung):[46] „Der Konkurrent sei anders als der Werbende kein Fachmann."[47] Vergleich persönlicher Eigenschaften wie Staatsangehörigkeit, Rasse, Konfession, Parteizugehörigkeit etc.[48]
- Herabsetzung oder Verunglimpfung innerhalb eines Vergleichs bei Nicht-Erkennbarkeit eines Mitbewerbers (pauschale Abwertung aller Mitbewerber): „Die Steinzeit ist vorbei!"[49] oder auch „Billige Composite Rackets muten wir Ihnen nicht zu".[50]

---

[39] → § 6 Rn 236–265.
[40] → Rn 3.
[41] So auch EuGH GRUR 2003, 534, 536 Tz. 44 – Pippig Augenoptik.
[42] GRUR 2001, 752f; vgl. auch EuGH WRP 2001, 1432, 1435 Tz. 31 – Toshiba Europa und dazu *Sack* WRP 2002, 363f.
[43] Begr. RegE zu § 4 Nr. 7 UWG BT-Drucks. 15/1487 S. 18; Einzelheiten → Rn 29ff.
[44] OLG Wien ÖBl. 1991, 58, 61f – Hehlerbude; im Fall des OLG Hamburg Magazindienst 2006, 725 lag keine Herabsetzung vor, wenn wahrheitsgemäß verbreitet wird, der Mitbewerber biete gefälschte Auflastungs-Gutachten an, aber auch hier ist § 6 nicht einschlägig, weil die Aussage nicht mit einem eigenen Angebot verknüpft wurde.
[45] OLG München WRP 1996, 925.
[46] → Rn 9.
[47] BGH GRUR 1954, 404, 405 – Fachmann.
[48] Vgl. *Piper/Ohly* UWG § 4.7 Rn 7/17.
[49] BGH GRUR 2002, 982, 983 – Die Steinzeit ist vorbei.
[50] BGH GRUR 1998, 824, 826 – Testpreis-Angebot.

17 Die Spezialregelung für den **Bereich der Kennzeichen** bei Geschäftsehrverletzung im Rahmen vergleichender Werbung findet sich in § 6 Abs. 2 Nr. 4: Auch wenn dort entsprechend der Diktion aus § 14 Abs. 2 Nr. 3 MarkenG von einer unlauteren Ausnutzung oder Beeinträchtigung der Wertschätzung des von einem Mitbewerber verwendeten Kennzeichens gesprochen wird, ist die Vorschrift europäisch im Sinne von Art. 3a Abs. 1 lit. d RL 84/450/EWG so auszulegen, dass eine Ausnutzung oder Beeinträchtigung der Wertschätzung nur dann gegeben ist, wenn eine Herabsetzung oder Verunglimpfung des Kennzeichens des Mitbewerbers vorliegt.[51] Da die Verwendung des Kennzeichens eines Mitbewerbers diesen grundsätzlich erkennbar macht, besitzt § 4 Nr. 7 gegenüber § 6 Abs. 2 Nr. 4 nur für die Fälle der Kennzeichenherabsetzung oder -verunglimpfung noch eine eigenständige Bedeutung, die sich außerhalb eines Vergleichs oder im Rahmen einer unternehmensbezogenen Werbung, also außerhalb des reinen Waren- und Dienstleistungsvergleichs, vollziehen; eine Herabsetzung oder Verunglimpfung eines Kennzeichens innerhalb eines Vergleichs bei gleichzeitiger Nicht-Erkennbarkeit des Inhabers des Kennzeichens erscheint nicht denkbar.

2. Abgrenzung zu § 4 Nr. 8

18 In der **Herabsetzung** oder gar **Verunglimpfung** der Person eines anderen oder dessen, was er liefert oder leistet, liegt stets ein **Werturteil** – genauer: ein *Unwert*urteil – über den Betroffenen oder seine Verhältnisse. Ein solches wird stets nach § 4 Nr. 7 gewertet. Ist es jedoch – wie meist – mit der Behauptung von **Tatsachen** verknüpft,[52] so liegt die Anwendbarkeit von § 4 Nr. 8 nahe, der die Behauptung oder Verbreitung von unwahren oder (zumindest) nicht erweislich wahren Tatsachen verbietet, soweit diese die Eignung zur Geschäftsschädigung des Mitbewerbers besitzen. Insoweit kann man folgende Fallkonstellationen unterscheiden:

19 **a) Behauptung oder Verbreitung wahrer Tatsachen.** Sind die behaupteten Tatsachen **zutreffend,** so ist allein **§ 4 Nr. 7** anwendbar. Herabsetzung und Verunglimpfung zu Lasten eines Mitbewerbers sind stets unlauter, auch wenn ihre tatsächliche Basis stimmt; es ist die **Art** der Auseinandersetzung, die ihr Verdikt veranlasst. Beispielhaft lassen sich hier abwertende wahre Äußerungen über persönliche Verhältnisse oder geschäftliche unzulässige Gebaren[53] des Konkurrenten anführen (Vorstrafen, finanzielle Probleme, Familienverhältnisse etc.).

20 **b) Behauptung oder Verbreitung unwahrer oder nicht erweislich wahrer Tatsachen.** Ist die abwertende Tatsachenbehauptung **unzutreffend** oder jedenfalls **nicht beweisbar,** so ist **§ 4 Nr. 8** anzuwenden. Dies betrifft Fälle wie den unwahren Vorwurf fehlender Lieferfähigkeit.[54] Die Anwendbarkeit von **§ 4 Nr. 8** gilt auch bei geschäftsschädigenden unwahren Äußerungen im Rahmen einer vergleichenden Werbung. Der BGH hat dies für das Verhältnis des am 1. 9. 2000 in das alte UWG eingefügten § 2 Abs. 2 zu dem damals noch fortgeltenden § 14 Abs. 1 UWG 1909 mit dem zutreffenden Hinweis gerechtfertigt, dass in einer unwahren Behauptung zu Wettbewerbszwecken (der die nicht beweisbare Behauptung gleichsteht) stets zugleich eine Irreführung im Sinne von Art. 3a Abs. 1 lit. a, Art. 2 Abs. 2, Art. 3 und Art. 7 Abs. 1 der Richtlinie 84/450/EWG (in der Fassung der Richtlinie 97/55/EG, neu Art. 4 lit. a, Art. 2 lit. c in der Fassung der Richtlinie 2006/114/EG) liege, die von dem grundsätzlich abschließenden Charakter des § 2 Abs. 2 UWG aF nicht betroffen sei (vgl. § 3 S. 2 UWG aF und heute § 5 Abs. 2 und 3).[55]

---

51 Vgl. Hefermehl/*Köhler*/Bornkamm UWG § 4 Rn 7.9a.

52 Zur Abgrenzung von Werturteil und Tatsachenbehauptung → Rn 53.

53 OLG Hamburg Magazindienst 2006, 725 – Auflastungsgutachten, über die wahrheitsgemäße Verbreitung, der Mitbewerber biete gefälschte Auflastungs-Gutachten an.

54 BGH GRUR 1993, 572, 574 – Fehlende Lieferfähigkeit.

55 BGH GRUR 2002, 633, 634 und 635 – Hormonersatztherapie; auch → Rn 10 und 24.

c) Behauptung oder Verbreitung unwahrer oder nicht erweislich wahrer Tatsachen, denen es an einer Eignung zur Geschäftsschädigung mangelt. § 4 Nr. 8 ist, wenn die herabsetzenden oder verunglimpfenden Tatsachenbehauptungen unwahr oder nicht erweislich wahr sind, gleichwohl dann *nicht* anwendbar mit der Folge, dass allein § 4 Nr. 7 greift, wenn die Behauptungen etwa *nicht* zur Schädigung des betroffenen Unternehmens oder des Kredits des Unternehmers geeignet sein sollten, was freilich nur in Ausnahmefällen in Betracht kommt: Ein Schausteller wurde in der Mitgliederversammlung seines Verbandes von einem Kollegen verdächtigt, er habe sich durch eine Sonderzahlung an den Veranstalter einen bestimmten Standplatz gesichert.[56] Das konnte zwar sein Ansehen im Kollegenkreis beeinträchtigen, aber sein Geschäft nicht schädigen. Entsprechendes gilt für die Behauptung eines Schornsteinanlagen-Herstellers gegenüber dem gemeinsamen Fachverband, ein Kollege habe Einfluss auf Ausschreibungen genommen.[57] 21

d) Werturteil auf tatsächlicher Basis. § 4 Nr. 7 bleibt ferner allein anwendbar, wenn ein Werturteil abgegeben wird, das seine **Grundlage in gesammelten Tatsachen** hat. Beispielsweise beruht die Einordnung großer Anwaltskanzleien in Ranglisten auf einem Werturteil, das über deren Leistungen abgegeben wird, auch wenn letztere aufgrund von tatsächlichen Erhebungen bewertet werden.[58] Sollte diese Einordnung in einer Weise erfolgt sein, die einzelne der genannten Kanzleien unangemessen abfällig, abwertend oder unsachlich beurteilte, so wäre dies eine Herabsetzung im Sinne von § 4 Nr. 7. 22

3. Abgrenzung zu § 4 Nr. 10

Nach § 4 Nr. 10 handelt unlauter im Sinne des § 3 Abs. 1, wer Mitbewerber gezielt behindert. Unter diese generalklauselhafte und ausfüllungsbedürftige Vorschrift lassen sich alle nur erdenklichen Erscheinungsformen des Behinderungswettbewerbs subsumieren, soweit diese aufgrund „weiterer Umstände" über die wettbewerbsimmanente Konsequenz der Beeinträchtigung des Mitbewerbers durch erfolgreiches unternehmerisches Handeln hervorstechen (weitere Umstände sind zB Boykottaufrufe, gezielte Kampfpreisunterbietung, Missbrauch von Nachfragemacht etc.). Durch herabsetzende oder verunglimpfende Äußerungen im Zusammenhang mit beispielsweise einem Boykottaufruf kann es zur Überlappung von § 4 Nr. 7 und Nr. 10 kommen. Abzugrenzen gilt es hier ähnlich wie bei Werturteil und Tatsachenbehauptung nach dem **Schwerpunkt der Äußerung.**[59] Maßgeblich wird sein, ob der Mitbewerber mit seiner Äußerung die Geschäftsehre seines Konkurrenten verletzen wollte (dann **§ 4 Nr. 7**) oder ob seine Zielsetzung auf die konkrete Behinderung des Konkurrenten durch den Boykottaufruf ausgerichtet war (dann **§ 4 Nr. 10**). Ist eine exakte Trennung dagegen nicht möglich und erweist sich die Äußerung als unlauter sowohl im Sinne von § 4 Nr. 7 als auch von § 4 Nr. 10, ist eine Differenzierung entbehrlich. § 4 Nr. 10 ist gegenüber § 4 Nr. 7 allgemeiner gehalten.[60] 23

4. Abgrenzung zu § 5, § 5a

Nur die Behauptung einer *Tatsache* kann wahr oder unwahr – und damit irreführend – sein. Ein reines Werturteil ist bloße Meinungsäußerung und damit keine *Angabe* im Sinne des § 5 Abs. 1 und Abs. 2 und 3;[61] für **Werturteile** gilt damit allein § 4 Nr. 7. Soweit demgegenüber **tatsächliche Angaben,** die eine Bezugnahme enthalten, **irreführend** sind, greift bereits das Verbot des § 5, ohne dass es noch darauf ankäme, ob die Art und Weise ihrer Äußerung durch einen Mitbewerber darüber hinaus auch noch das zusätzliche 24

---

56 OLG Düsseldorf GRUR 1985, 224, 225 – Vereinsinterne Anschwärzung.
57 BGH NJW-RR 1992, 1392 f – Bauausschreibung.
58 BVerfG WRP 2003, 69, 70 f – Juve-Handbuch; BGH GRUR 2006, 875, 876, Tz 24 ff – Rechtsanwalts-Ranglisten.
59 Gloy/Loschelder/*Hasselblatt* § 46 Rn 12.
60 OLG München GRUR-RR 2006, 268, 278 – Patentstreit um BiSS/Trivial-Patente.
61 → § 4–8 Rn 35 bis 43.

Verdikt der Herabsetzung oder gar Verunglimpfung veranlasst. § 4 Nr. 7 kommt deshalb bei der Beurteilung herabsetzender Angaben zu den darin genannten Schutzgegenständen nur insoweit zur Anwendung, als sie nicht zugleich irreführend sind.

25 Einen Beispielfall liefert dazu OLG Hamburg:[62] Das Nachrichtenmagazin FOCUS hatte dem Konkurrenten SPIEGEL in einer Werbeanzeige Täuschung seiner Leser vorgeworfen, weil dieser „76 Sonderseiten zur CEBIT" versprochen, dann aber nur 48 Textseiten zu diesem Ereignis gedruckt hatte (und weitere 28 Seiten Werbeanzeigen mit Bezug zur CEBIT). In der fehlenden Klarstellung letzterer Tatsache lag eine Falschinformation der Leser der Anzeige und damit deren Irreführung, die – ungeachtet des Umstandes, dass der ungerechtfertigte Täuschungsvorwurf schon eine an der Grenze zur Verunglimpfung liegende Herabsetzung enthielt – nach neuem Recht unter § 5, nicht aber unter § 4 Nr. 7 zu subsumieren wäre.

5. Abgrenzung zu den §§ 823 ff BGB

26 Das UWG als besonderes Deliktsrecht ist – soweit eine geschäftliche Handlung im Sinne des § 2 Abs. 1 Nr. 1 vorliegt – grundsätzlich **Spezialregelung** gegenüber dem **allgemeinen Deliktsrecht** des bürgerlichen Rechts. Es gilt insoweit der Grundsatz, dass zwischen mehreren Haftungstatbeständen, deren Voraussetzungen eine Handlung erfüllt, Anspruchskonkurrenz gegeben ist, falls nicht aus besonderen Gründen anzunehmen ist, dass einer von ihnen eine abschließende Regelung bezweckt; dies ist für den Fall angenommen worden, dass ein Wettbewerbsverstoß lediglich deshalb auch mit § 823 Abs. 1 BGB kollidiert, weil er zugleich einen Eingriff in den eingerichteten und ausgeübten Gewerbebetrieb darstellt.[63] Fällt eine wettbewerbswidrige Handlungsnorm nur als Schutzgesetz unter § 823 Abs. 2 BGB, so scheidet wegen des Blankettnormcharakters jener Bestimmung die Annahme einer Anspruchskonkurrenz schon gedanklich aus.[64] Ist die verletzte Norm jedoch keine Norm des Wettbewerbsrechts und zudem Schutzgesetz im Sinne des § 823 Abs. 2 BGB (wie zB die §§ 185 ff StGB), wird dieser nicht durch das UWG verdrängt. Gleich zu behandeln sind die Fälle der Kreditgefährdung (§ 824 BGB) sowie der vorsätzlichen sittenwidrigen Schädigung (§ 826 BGB); dort findet der Spezialitätscharakter des UWG ebenfalls keine Berücksichtigung, da beide Normen nur unter – im Vergleich zum UWG – strengeren Voraussetzungen zur Anwendung kommen.[65]

6. Abgrenzung zum Markenrecht

27 Die Abgrenzung von § 4 Nr. 7 zum Markenrecht ist dargestellt bei der Herabsetzung oder Verunglimpfung von Kennzeichen in Rn 86 ff.

B. Regelungsgehalt

I. Überblick über den Tatbestand

28 Gemäß § 4 Nr. 7 handelt insbesondere unlauter im Sinne von § 3 Abs. 1, wer die Kennzeichen (Rn 34) die Waren, Dienstleistungen (Rn 35 f), Tätigkeiten (Rn 37) oder persönli-

[62] OLG Hamburg ZUM-RD 2000, 240, 240 f – 76 Sonderseiten zur Cebit.

[63] BGH GRUR 2007, 313, 314 f Tz. 11 – Funkuhr II; BGH GRUR 2006, 219, 221 Tz. 12 – Detektionseinrichtung II; BGH GRUR 2006, 432, 432 f Tz. 23 – Verwarnung aus Kennzeichenrecht II; BGH GRUR 2005, 882, 884 – Unberechtigte Schutzrechtsverwarnung; BGH NJW 2006, 830, 839 f – Kirch-Gruppe; BGH GRUR 1995, 424, 425 – Abnehmerverwarnung; BGH GRUR 1968, 205, 206 – Teppichreinigung; BGH GRUR 1962, 310, 314 – Gründerbildnis; OLG Schleswig OLGR 2008, 287, 288 Tz. 22 – Urteilsweitergabe. Weitergehend Baumbach/*Hefermehl* Einl. Rn 61, der die Haftungsnormen des UWG und seiner Nebengesetze für abschließend hält.

[64] BGH GRUR 1962, 310, 314 – Gründerbildnis; BGH GRUR 1959, 31, 34 – Feuerzeug mwN.

[65] BGH GRUR 1962, 310, 314 – Gründerbildnis; ebenso *Köhler/Piper* UWG Einf Rn 42 ff.

chen (Rn 39) oder geschäftlichen Verhältnisse (Rn 38) eines Mitbewerbers (Rn 29 ff) herabsetzt (Rn 44 ff) oder verunglimpft (Rn 47 ff), wobei die Herabsetzung oder Verunglimpfung sowohl in einem Werturteil (Rn 53 ff) als auch in einer Tatsachenbehauptung (Rn 72 ff) liegen kann und eine Privilegierung der Presse (Rn 81 ff) ggf. zu berücksichtigen ist.

II. Mitbewerber

Der Begriff *Mitbewerber* grenzt den Anwendungsbereich der Nr. 7 nach zwei Seiten ein: 29
Das Unternehmen, für das gehandelt wird, muss Mitbewerber des Betroffenen, umgekehrt muss der Betroffene Mitbewerber des hinter dem Handelnden stehenden Unternehmens sein. Nach der Legaldefinition des § 2 Abs. 1 Nr. 3 ist Mitbewerber **jeder Unternehmer, der mit einem oder mehreren Unternehmern als Anbieter oder Nachfrager von Waren oder Dienstleistungen in Wettbewerb steht.** Die beiderseits angebotenen Waren und/oder Dienstleistungen müssen also – aus der Sicht der jeweiligen Marktgegenseite – zumindest in dem Teilbereich **austauschbar** sein, auf den sich die fragliche Negativäußerung bezieht; die Wirkung der letzteren muss den Absatz des einen auf Kosten des anderen in diesem Teilbereich positiv beeinflussen können und/oder umgekehrt.[66] Dabei ist es unerheblich, ob sich die Beteiligten auf der gleichen Wirtschaftsstufe befinden, solange sich ihre Kundenkreise überschneiden.[67] So zB wenn der Hersteller seine Ware den Kunden auch direkt anbietet und dadurch in Wettbewerb zu den Einzelhändlern tritt (sog. konkret-mittelbares Wettbewerbsverhältnis). Selbst bei unterschiedlicher Branchenzugehörigkeit kann ein konkretes Wettbewerbsverhältnis entstehen, nämlich dann, wenn eines der beteiligten Unternehmen durch seine geschäftliche Handlung mit dem anderen branchenfremden Unternehmen eine wettbewerbliche Beziehung herstellt.[68] Unter dieser Prämisse wurde ein konkretes Wettbewerbsverhältnis zwischen einem Kaffeehändler und Blumenhändlern bejaht, wenn der Kaffeehandel für Kaffee als Geschenkartikel mit dem Slogan „Statt Blumen ONKO-Kaffee“ warb[69] oder eine Kfz-Haftpflichtversicherung sich gegenüber Rechtsanwälten äußert, die Kfz-Sachverständigenkosten nicht zu übernehmen.[70] Ebenso sind Unternehmen als Mitbewerber zu qualifizieren, wenn ein Unternehmer ein zur Herstellung eines anderen Produkts benötigtes Vorprodukt anbietet, zB Zerstäuber für Parfumflacons und Pumpensprühköpfe.[71]

Äußerungen eines Dritten, der weder Mitbewerber des betroffenen Unternehmens ist 30
noch für einen Mitbewerber spricht, noch mit der Absicht der Förderung fremden Wettbewerbs handelt, werden dagegen **nicht** von Nr. 7 erfasst, selbst wenn sie in der Absicht getan werden, den Wettbewerb zu dessen Lasten zu beeinflussen[72] (anders der frühere § 1, der ein Handeln **zu Zwecken des Wettbewerbs** genügen ließ).[73] Einen solchen Fall hatte der OGH Wien zu entscheiden: Dort warb ein Anti-Raucher-Verein in Anlehnung an die Camel-Zigaretten-Werbung mit dem Slogan „Nur ein Kamel geht meilenweit für eine Zigarette“. Das Gericht lehnte wettbewerbsrechtliche Ansprüche mangels Wettbewerbshandlung (nunmehr geschäftliche Handlung) ab und verwies auf bürgerlichrechtliche Ansprüche zum Schutze der Persönlichkeit und der Ehre.[74]

Gleichwohl muss nicht etwa die natürliche Person, die die Äußerung vornimmt, *selbst* 31
Mitbewerber des betroffenen Unternehmens sein; andernfalls wäre Nr. 7 nur für Einzelun-

---

[66] Einzelheiten → § 2 Rn 77 ff; ebenso schon zum bisherigen Recht *Köhler/Piper* UWG § 2 Rn 24 und *Sack* WRP 2001, 327, 334; aA wohl nur *Völker* MDR 2000, 1360.
[67] → § 2 Rn 110 ff.
[68] → § 2 Rn 113 ff mwN; BGH GRUR 2004, 877, 878 – Werbeblocker.
[69] BGH GRUR 1972, 553, 554 – Statt Blumen ONKO-Kaffee.
[70] OLG Nürnberg WRP 2007, 202, 203 – Kfz-Sachverständigenkosten.
[71] OLG Köln OLGR 2008, 500 (LS) = BeckRS 2008, 7756 Tz. 15 – Pumpensprühköpfe.
[72] Beispiel: OGH Wien GRUR Int. 1989, 326 – Camel-Werbung.
[73] Näheres zu Fällen dieser Art in → § 3 Rn 17.
[74] OGH Wien GRUR Int 1989, 326 – Camel-Werbung.

ternehmer relevant. Vielmehr sind dem Mitbewerber die geschäftlichen Handlungen derjenigen, die mit seinem Einverständnis tätig werden, als eigene zuzurechnen – die Äußerungen seiner **Vorstandsmitglieder** ebenso wie diejenigen seiner mit Außenwirkung tätigen Mitarbeiter und seines **Pressesprechers,** aber auch externer Bevollmächtigter wie seiner selbständigen Handelsvertreter, Wirtschaftsprüfer, Rechtsanwälte, Werbeagenturen und PR-Journalisten.

32 Umstritten ist, ob § 4 Nr. 7 nur auf den Mitbewerber anwendbar ist, der anhand der getätigten Äußerung **individualisiert** werden kann, von ihr also konkret betroffen ist, oder ob § 4 Nr. 7 auch auf die **pauschale Herabsetzung** aller Mitbewerber anwendbar ist.[75] Die maßgeblich von *Ohly* vertretene Gegenauffassung stützt sich vor allem darauf, dass pauschale Abwertungen sämtlicher Mitbewerber vom durchschnittlich aufmerksamen und informierten Verbraucher als Marktschreierei erkannt und jedenfalls dann nicht für bare Münze genommen werden würden, wenn es sich um allgemeine Wertungen ohne Tatsachenkern handele.[76] Das überzeugt jedoch schon deshalb nicht, weil es nicht ausgemacht ist, dass der Verbraucher tatsächlich pauschale Abwertungen als reine Marktschreierei auffasst und damit nicht ernst nimmt; je nach den Umständen des konkreten Einzelfalles und der vermeintlichen „Seriosität", die der Äußernde beim Durchschnittsverbraucher besitzt, kann letzterer nämlich einer pauschal herabsetzenden Äußerung über alle Mitbewerber sehr wohl ein erhebliches Gewicht beimessen und ihr Glauben schenken, beispielsweise wenn ein deutscher Autohersteller zur Förderung seines Ersatzteilgeschäfts mit Autoreifen eines bestimmten Reifenherstellers, dem er verbunden ist, Autoreifen aus fernöstlicher Produktion pauschal als „Mist" abqualifizieren würde.

33 Gleichwohl hat *Ohly* recht, wenn auch aus einem anderen Grund: § 4 Nr. 7 schützt die **Geschäftsehre** und damit einen Ausschnitt aus dem allgemeinen Persönlichkeitsrecht.[77] Das allgemeine Persönlichkeitsrecht einschließlich des Unternehmenspersönlichkeitsrechts[78] kann aber immer nur dann betroffen sein, wenn die Person oder das Unternehmen, das sich darauf beruft, individualisierbar ist;[79] wer sich nur pauschal über alle Mitbewerber äußert, macht den Einzelnen nicht erkennbar und kann deshalb auch die Geschäftsehre des Einzelnen nicht verletzen.[80] **Für die pauschale Herabsetzung aller Mitbewerber ist daher direkt auf § 3 Abs. 1 zurückzugreifen,**[81] wobei allerdings auf die bisherigen Voraussetzungen der wettbewerbsrechtlichen Unlauterkeit der pauschalen Herabsetzung im Rahmen von § 1 UWG aF und nicht auf die Vorgaben von § 4 Nr. 7 zurückgegriffen werden muss. Danach kommt es für die Unlauterkeit darauf an, ob die angegriffene Werbeaussage sich noch in den **Grenzen einer sachlich gebotenen Erörterung** hält oder über die bloße Kritik hinaus Umstände hinzutreten, die die Kritik in unangemessener Weise abfällig, abwertend oder unsachlich erscheinen lassen.[82] Der Slogan „Lieber zu SIXT als zu teuer!" wäre deshalb nach heutigen Maßstäben nicht mehr als unlauter einzuordnen,[83] weil in einem solchen Slogan wohl kaum eine unangemessene, abfällige, abwertende oder unsachliche Kritik gesehen werden kann. Entsprechend wurde ein Informationsblatt, in dem aufgefordert wurde, Werbungen mit durchgestrichenen Preisen unter Hinweis auf mögliche

---

75 In diesem Sinne Begr. RegE zu § 4 Nr. 7 BT-Drucks. 15/1487 S. 18 und Harte/Henning/*Omsels* UWG § 4 Rn 24; Hefermehl/*Köhler*/Bornkamm UWG § 4 Rn 7.11; *Heermann/Hirsch/Jänich* § 4 Nr. 7 Rn 18; Gloy/Loschelder/*Hasselblatt* § 46 Rn 16; *Ullmann/Müller-Bidinger* § 4 Nr. 7 Rn 15.

76 *Piper/Ohly* UWG § 4.7 Rn 7/10; vgl. auch *Sack* WRP 2005, 531, 535 und HK-WettbR/*Plaß* § 4 Rn 597, die jeweils anstelle von § 4 Nr. 7 direkt auf § 3 zurückgreifen wollen.

77 → Rn 5, 90, 105.

78 → Einzelheiten Rn 73 ff.

79 Vgl. BVerfG BeckRS 2007, 26 821 Tz. 75 – Esra; BVerfG NJW 2004, 3619, 3620; BVerfG GRUR 1971, 461, 467 – Mephisto.

80 → Rn 105 ff.

81 Zutreffend *Piper/Ohly* UWG § 4 Rn 7/10 und § 6 Rn 79; *Sack* WRP 2005, 531, 535; HK-WettbR/*Plaß* § 4 Rn 598.

82 BGH GRUR 2002, 75, 77 – „SOOOO ... BILLIG!"; BGH GRUR 2001, 752, 753 f – Eröffnungswerbung.

83 So noch OLG Hamburg GRUR 1992, 531 – Lieber zu SIXT als zu teuer.

Unseriosität, Lockvögel, Ladenhüter und Finten misstrauisch zu prüfen, vom BGH ebenso für nicht wettbewerbsrechtlich unlauter im Sinne von § 1 aF gehalten wie eine werbliche Aufforderung, die beabsichtigte Anschaffung eines Computers bis zur Eröffnung des nächsten Media Marktes zurückzustellen.[84] Die Einzelheiten zur Behandlung der pauschalen Herabsetzung aller Mitbewerber sind dargestellt im Anhang zu § 4 Nr. 7 ab → Rn 105 ff.

III. Anknüpfungspunkte

1. Kennzeichen

Die Geschäftsehrverletzung im Zusammenhang mit Kennzeichen ist einheitlich dargestellt ab → Rn 85 ff. Meinungsrelevant ist die Markenparodie als satirische Verfremdung einer bekannten Marke.[85] Kennzeichen sind Marken, Handelsnamen und andere Unterscheidungszeichen wie (noch) nicht eingetragene Marken (Anwartschaften),[86] Art. 3a RL 97/55/EG (neu Art. 4 lit. d, lit. e RL 2006/114/EG). 34

2. Waren und Dienstleistungen (Produkt)

Der Schutzgegenstand Waren und Dienstleistungen ist umfassend zu verstehen. Zu den **Waren** rechnen nicht nur alle körperlichen Gegenstände, die das Unternehmen veräußert, sondern auch diejenigen, die es erwirbt, um sie entweder – unverändert oder verarbeitet – weiterzuveräußern, oder um sie selbst zu nutzen: Der Vorwurf, schlechtes Material oder veraltete Rohstoffe zu verarbeiten, kann ebenso gegen das Verbot von § 4 Nr. 7 verstoßen wie die Behauptung, eine Raffinerie beziehe ihr Rohöl aus undurchsichtigen Quellen, die wohl von der Terrorgruppe Al Quaida kontrolliert würden. Der Begriff **Dienstleistungen** umfasst die Tätigkeiten des Wettbewerbers gegenüber seinen Kunden. Dienstleistung ist jede geldwerte Arbeit im Verhältnis Unternehmer-Kunde, die entweder in der Herstellung, Bereitstellung oder Betreuung **materieller** oder in der Schaffung, Darbietung oder Betreuung **immaterieller** Güter für den Kunden liegt, kurzum jede geldwerte Arbeit im Verhältnis Unternehmer-Kunde, die sich nicht bloß in der Veräußerung einer Ware an den Kunden selbst erschöpft. Darunter fallen einerseits alle Tätigkeiten von Gewerbebetrieben, aber andererseits auch die Leistungen von Freiberuflern, wie Ärzten, Architekten, Rechtsanwälten sowie künstlerische und geistige Leistungen, sofern sie einen „Geldwert" haben, wie zB die Aufführungen eines Opern-Ensembles.[87] Eine genaue Differenzierung zwischen Waren und Dienstleistungen ist in der Praxis jedoch zumeist entbehrlich, da die Schutzgegenstände gleichberechtigt nebeneinander stehen. 35

Der Anwendungsbereich der Richtlinie 2005/29/EG über unlautere Geschäftspraktiken liegt zwar allein im B2C-Bereich,[88] so dass B2B-Normen wie § 4 Nr. 7 im Zuge der UWG-Reform 2008 nicht von Änderungen betroffen waren.[89] Dennoch hätte man die Begriffe der „Waren und Dienstleistungen" in § 4 Nr. 7 an die Terminologie der Richtlinie anpassen können: Diese verwendet in Art. 2 lit. c als Oberbegriff dafür die Bezeichnung „Produkt", so dass auch das UWG anstelle der Begriffe „Waren und Dienstleistungen" die Bezeichnung „Produkt" verwenden sollte.[90] 36

---

[84] BGH GRUR 2002, 75, 77 – „SOOOO ... BILLIG!"; BGH GRUR 2001, 752, 753 f – Eröffnungswerbung.

[85] BGH GRUR 2005, 583, 585 – Lila-Postkarte; ebenso dem BGH folgend OLG Hamburg GRUR-RR 2006, 231, 232 – Bildmarke AOL, wo die Bildmarke und Werbung von AOL in satirischer Weise für ein Abi-T-Shirt verfremdet wurde; BGH GRUR 1995, 58 – Markenverunglimpfung II; BGH GRUR 1994, 808 – Markenverunglimpfung I; *Säcker* WRP 2004, 1199, 1208 mwN.

[86] *Sack* WRP 2004, 1405, 1416.

[87] → ausführlich § 2 Rn 64 ff.

[88] → Rn 11.

[89] → Rn 11.

[90] So auch *Köhler* GRUR 2005, 793, 796.

3. Tätigkeiten

37 Die sonstigen Tätigkeiten eines Wettbewerbers sind diejenigen, die er zur Erreichung seiner betrieblichen Zwecke **mit Außenwirkung** erbringt, also beispielsweise der Umgang mit Lieferanten und Besuchern oder die Firmenwerbung, aber etwa auch die Abfallentsorgung, der Schadstoffausstoß und die etwaige Luftverschmutzung, die Betriebssicherheit der Firmen-Lkws, die Lärmbelästigung der Nachbarschaft, der Zustand der Zufahrten zum Betriebsgelände.

4. Geschäftliche Verhältnisse

38 Innerbetriebliche Vorgänge oder Tatsachen, die nach außen nicht relevant werden, rechnen dagegen unter den Begriff der geschäftlichen Verhältnisse, den § 4 Nr. 7 neu einführt. Dies dient offenbar der Klarstellung, nachdem in § 2 Abs. 2 Nr. 5 UWG aF nach dem Gesetz vom 1. 9. 2000 nur von den „Tätigkeiten und persönlichen Verhältnissen des Mitbewerbers" die Rede war; darin lag eine – unbeabsichtigte – Abweichung von Art. 3a Abs. 1 lit. e der Richtlinie 97/55/EG, der umfassend „die Tätigkeiten oder Verhältnisse eines Mitbewerbers" formuliert. Geschäftliche Verhältnisse ohne direkte Außenwirkung sind etwa die **Struktur** der Leitungshierarchie, das Lohnsystem, das Ausmaß von Überstunden, die Beschäftigung von – möglicherweise nicht ordnungsgemäß gemeldeten – Fremdarbeitern, aber auch Verhältnisse mit Drittwirkung wie die **Zahlungsmoral,** die Einhaltung von **Abnahme- und Lieferverpflichtungen,** die **finanziellen Verhältnisse** und/oder **behördlichen Auflagen**/behördliche Genehmigungen (zB Sportwetten[91]), das Ausmaß und die Art der Regulierung von Mängelrügen.

5. Persönliche Verhältnisse

39 Persönliche Verhältnisse werden stets solche des oder der **Inhaber**, der **Mitglieder der Geschäftsleitung**[92] oder sonst **prominenter Repräsentanten des Unternehmens** sein: Ihre Neigungen und Schwächen, Seitensprünge, Fehlentscheidungen, Religion, Herkunft, Pleiten, Vorstrafen oder ihre berufliche Qualifikation: Fabrikant F könne ja nicht einmal zwei und zwei zusammenzählen, geschweige denn eine Bilanz lesen, der Aufsichtsratsvorsitzende der X-AG lasse Anzeichen von Altersdemenz erkennen oder Rechtsanwalt R müsse sich wohl auf einer „Presse" sein Abitur ermogelt und einen Freund unter seinem Namen in seine mündliche Examensprüfung geschickt haben.

IV. Verbotenes Handeln

40 Nicht jede bezugnehmende geschäftliche Handlung, die eine Äußerung über die voranstehend dargestellten Anknüpfungspunkte beinhaltet, ist schon wettbewerbsrechtlich unlauter. Noch nicht einmal jede Äußerung, die den Mitbewerber in einem schlechten Licht erscheinen lässt, ist zwangsläufig schon eine Geschäftsehrverletzung.[93] § 4 Nr. 7 verbietet vielmehr nur die **Herabsetzung** oder **Verunglimpfung** eines Mitbewerbers. Sachliche Kritik ist erlaubt. Dies erfolgt unter anderem durch ein Richtigstellungsschreiben unter Nennung des Mitbewerbers.[94]

41 Herabsetzung wie auch Verunglimpfung müssen allerdings im Rahmen einer geschäftlichen Handlung erfolgt sein, die weit zu verstehen ist und jegliche Äußerung oder Form umfassen kann (vgl. § 2 Abs. 1 Nr. 1). So handelte auch im geschäftlichen Verkehr ein Ge-

[91] OLG Jena GRUR-RR 2006, 134, 135 – Sportwetten.de; OGH Wien GRUR Int. 2006, 351 – Sportwetten im Internet.
[92] → § 4 Nr. 8 Rn 29 und 33.
[93] *Piper/Ohly* UWG § 4.7 Rn 7/12.
[94] OLG München Pharma Recht 2006, 590, 593 f – Richtigstellung.

schäftsführer einer GmbH, der sich als gleichzeitiges Verbandsorgan (Vereinsvorsitzender des Patentvereins = www.patentverein.de) öffentlich in einem Gastkommentar zugunsten seiner GmbH und zu Ungunsten des Mitbewerbers der GmbH äußerte.[95] Die Äußerung unterfiel nicht der wettbewerbsneutralen allgemeinpolitischen Meinungsäußerung, weil der Vereinsvorsitzende (und GmbH-Geschäftsführer) selbst den Bezug zur GmbH im Gastkommentar herstellte und seine Äußerungen über Trivialpatente der Monopolisten als Förderung der eigenen GmbH zu werten waren.[96]

Interne Vertragsverletzungen sind grds. keine geschäftliche Handlung, zB Schlechterfüllung.[97] Wird allerdings im Rahmen einer vertraglichen Lieferbeziehung eine Äußerung in Form der Veröffentlichung eines Gastkommentars unter anderem auch über die Produkte des Vertragspartners vorgenommen, ist dies eine geschäftliche Handlung.[98] 42

Eine geschäftliche Handlung ergibt sich auch durch Übersendung eines obsiegenden eigenen Urteils über den Mitbewerber an potentielle Kunden.[99] 43

1. Herabsetzung

Den Begriff Herabsetzung im strengen Wortsinne auf Äußerungen eines Mitbewerbers, die einen Bezug zu diesen Bereichen haben, anzuwenden, hieße einerseits, sie grundsätzlich zu verbieten; denn der Sinn jeder bezugnehmenden Werbung oder geschäftlichen Handlung ist es, das eigene Produkt oder die eigene Leistung **hervorzuheben,** und darin liegt zwangsläufig eine mehr oder weniger deutliche „Hintansetzung" der Konkurrenz. Andererseits haben die Verbraucher als den Wettbewerbern nunmehr ausdrücklich gleichgestellte Schutzsubjekte des neuen UWG (vgl. § 1 Satz 1)[100] ein vorrangiges Interesse an sachgemäßer Information zu allen für ihre Entscheidung relevanten Tatsachen. Erwägungsgrund (2) der Richtlinie 97/55/EG, die die grundlegende Neugestaltung des deutschen Wettbewerbsrechts letztlich veranlasst hat, hebt hervor, dass die dort geregelte Freigabe der (direkten) **vergleichenden Werbung** dazu beitragen werde, die „Vorteile der verschiedenen vergleichbaren Erzeugnisse objektiv herauszustellen und damit den Wettbewerb zwischen den Anbietern von Waren und Dienstleistungen im Interesse der Verbraucher zu fördern". Schon die Begründung zum Ursprungsentwurf der Kommission gibt dazu im Interesse der Erreichung dieses Ziels den ausdrücklichen Hinweis, dass mit dem Verbot der Herabsetzung eine solche gemeint sei, die über die herabsetzende Wirkung jeder vergleichenden Werbung hinausgehe.[101] 44

Der BGH hat deshalb schon *vor* der Umsetzung der Richtlinie in das deutsche Recht seine frühere restriktive Rechtsprechung – zunächst zur vergleichenden Werbung im engeren Sinne – geändert. Leitsatz 3 der Entscheidung lautet: „Eine vergleichende Werbung ist nur dann herabsetzend oder verunglimpfend im Sinne des Art. 3a Abs. 1 lit. e der Richtlinie 97/55/EG (neu, aber identisch Art. 4 RL 2006/114/EG), wenn über die mit jedem Werbevergleich verbundenen (negativen) Wirkungen für den Mitbewerber hinaus besondere Umstände hinzutreten, die den Vergleich in unangemessener Weise abfällig, abwertend oder unsachlich erscheinen lassen."[102] Diese Auslegung hat der BGH in der Folge in mehreren Entscheidungen bestätigt.[103] Da der Begriff „Herabsetzung" in § 4 Nr. 7 und § 6 45

[95] BGH GRUR 1997, 916, 918 – Kaffeebohne; OLG München GRUR-RR 2006, 268, 271 f – Patentstreit um BiSS/Trivialpatente, Vermutung der Wettbewerbsförderung.

[96] OLG München GRUR-RR 2006, 268, 271 – Patentstreit um BiSS/Trivialpatente.

[97] BGH GRUR 2002, 1093, 1094 – Kontostandsauskunft.

[98] OLG München GRUR-RR 2006, 268, 271 – Patentstreit um BiSS/Trivialpatente.

[99] BGH GRUR 1995, 424, 425 – Abnehmerverwarnung; OLG Schleswig OLGR 2008, 287, 289 f – Urteilsweitergabe.

[100] → § 1 Rn 17 ff.

[101] KOM (91) 147, 10 und 26, zitiert bei *Plassmann* GRUR 1996, 377, 380 Fn 50.

[102] BGH GRUR 1999, 501, 502 f – Vergleichen Sie.

[103] Vgl. nur BGH GRUR 2002, 75, 77 – „SOOOO ... BILLIG!?"; BGH GRUR 2002, 828, 829 – Lottoschein; BGH GRUR 2002, 982, 984 – Die „Steinzeit" ist vorbei!; BGH GRUR 2001, 752, 753 – Eröffnungswerbung; BGH GRUR 1999, 1100, 1102 – Generika-Werbung.

Abs. 2 Nr. 5 identisch ist, kann **zur Auslegung** des Begriffs auf die **zur vergleichenden Werbung** ergangenen Urteile zurückgegriffen werden. Zwar könnte § 6 Abs. 2 Nr. 5 infolge einer richtlinienkonformen Auslegung anders als § 4 Nr. 7 auszulegen sein, doch sollte zur Vermeidung gesetzessystematischer Wertungswidersprüche die Auslegung von § 4 Nr. 7 der Auslegung der spezielleren Vorschrift des § 6 Abs. 2 Nr. 5 folgen. Dadurch wird ein einheitliches und widerspruchfreies Begriffsverständnis innerhalb des UWG gewährleistet.

46 **Herabsetzung** ist danach als **Geringschätzung des Mitbewerbers, seines Unternehmens und/oder seiner Produkte aus Sicht der angesprochenen Verkehrskreise** zu verstehen. Für die Beurteilung der Frage, ob eine solche Geringschätzung vorliegt, kommt es darauf an, ob die angegriffene Aussage sich noch in den Grenzen einer sachlich gebotenen Erörterung hält oder bereits eine pauschale Abwertung des Mitbewerbers, seines Unternehmens oder seiner Produkte darstellt.[104] Das kann nur dann angenommen werden, wenn es über die mit jeder werblichen Äußerung verbundenen (negativen) Wirkungen für die Konkurrenz zu einer abfälligen oder abwertenden Darstellung des Mitbewerbers und/oder seiner Erzeugnisse aus Sicht der Adressaten kommt.[105] Zulässig ist es insoweit, die Werbung mit Stilmitteln der Ironie oder der Satire zu versehen und den Mitbewerber humoristisch „durch den Kakao" zu ziehen.[106] Der Humor oder auch die Satire findet jedoch dort ihre Grenze, wo der Mitbewerber der Lächerlichkeit oder dem Spott ausgesetzt wird,[107] mithin er oder seine Produkte als schlecht oder minderwertig herausgestellt werden.[108] Das ist der Fall, wenn die Produkte, oder in dem Fall Patente, als „trivial" und damit gleichbedeutend ohne Erkenntnisgewinn als erfinderisches Nullum und als banal betitelt werden.[109] Regelmäßig ergibt sich ein zweistufiger Aufbau, zum einen ob die Handlung zur Verringerung der Wertschätzung geeignet ist und zum anderen, ob daraus eine unsachliche Interessenbeeinträchtigung des Mitbewerbs resultiert.

2. Verunglimpfung

47 Was unter einer Verunglimpfung zu verstehen ist, sagen leider weder die Erwägungsgründe zur Richtlinie 97/55/EG (oder nachfolgend RL 2006/114/EG) noch die Urteilsgründe der beiden „Markenverunglimpfung I und II" genannten Entscheidungen des BGH,[110] noch gar die §§ 189, 194 Abs. 2 StGB, wo die Verunglimpfung sogar Straftatbestand ist. Auch in den Materialien zum UWG-Änderungsgesetz vom 1. 9. 2000, mit dem der Begriff aus Art. 3a Abs. 2 lit. e der Richtlinie 97/55/EG in § 2 Abs. 2 Nr. 5 übernommen wurde, findet sich dazu keine Erläuterung. Einen ersten Definitionsversuch hat seither *Köhler* mit der Formulierung unternommen, die Verunglimpfung sei eine „gesteigerte Form der Herabsetzung und bestehe in der Verächtlichmachung in Gestalt eines abträglichen Werturteils ohne sachliche Grundlage".[111] Daran ist zunächst der Zusatz „ohne sachliche Grundlage" kritikwürdig, weil „Verunglimpfung" nur die Art und Weise der Kritik, nicht deren – möglicherweise ja durchaus gegebenen – sachlich begründeten Anlass umschreibt. Weiterhin ist nicht so recht nachvollziehbar, warum die Verunglimpfung nur in Form eines Werturteils auftreten soll. Eine Verächtlichmachung des Mitbewerbers ist auch durch Tat-

---

104 Vgl. BGH GRUR 2005, 609, 610 – Sparberaterin II; BGH GRUR 2001, 752, 753 – Eröffnungswerbung; BGH GRUR 1997, 227, 228 – Aussehen mit Brille.

105 Vgl. BGH GRUR 1999, 1100, 1102 – Generika-Werbung; ferner zur Frage der Herabsetzung bei der vergleichenden Werbung BGH GRUR 1999, 501 – Vergleichen Sie; BGH GRUR 2002, 72, 73 – Preisgegenüberstellung im Schaufenster; BGH GRUR 2002, 982, 984 – Die Steinzeit ist vorbei!; BGH GRUR 2005, 609, 610 – Sparberaterin II.

106 → Rn 96, 107.

107 Zur Parallele im Rahmen der vergleichenden Werbung BGH GRUR 2002, 828, 830 – Lottoschein.

108 BGH GRUR 1998, 824, 828 – Testpreis-Angebot.

109 OLG München GRUR-RR 2006, 268, 276f – Patentstreit um BiSS/Trivialpatente.

110 BGH GRUR 1994, 808 und BGH GRUR 1995, 57.

111 *Köhler/Piper* 3. Aufl. 2002, UWG § 2 Rn 52; nunmehr Hefermehl/*Köhler*/Bornkamm UWG § 4 Rn 7.12.

sachenbehauptungen möglich, sei es durch wahre oder durch unwahre. Verunglimpfung kann auch Verleumdung oder Diffamierung bedeuten. Nach hier vertretener Auffassung ist unter einer **Verunglimpfung** somit zu verstehen **die gesteigerte Form der Herabsetzung,** die in einer Verächtlichmachung, Verleumdung oder Diffamierung bestehen kann und im Wege eines abträglichen Werturteils oder einer Tatsachenbehauptung bestehen kann.

Ein **Mitbewerber** wird in diesem Sinne verächtlich gemacht, wenn seine Ehre angegriffen, er also etwa einer gegen das allgemeine Anstandsgefühl verstoßenden Verhaltensweise bezichtigt oder als Straftäter bezeichnet oder verdächtigt wird: 48
- Das Konkurrenzunternehmen sei „eine einstige Hehlerbude";[112]
- der Unternehmer – Großhändler mit Ketten und Kettenrädern – gehöre einer „Ketten-Mafia" an.[113]

3. Differenzierung zwischen Herabsetzung und Verunglimpfung

In der Praxis wird es im Ergebnis auf die Abgrenzung von Herabsetzung und Verunglimpfung jedoch kaum ankommen, da eine exakte Differenzierung zwischen Herabsetzung und Verunglimpfung in den seltensten Fällen möglich sein wird[114] und beide Begriffe im Tatbestand von § 4 Nr. 7 gleichrangig verwendet werden.[115] Unter Berücksichtigung der Gleichrangigkeit der beiden Begriffe in § 4 Nr. 7 (genauso wie in § 6 Abs. 2 Nr. 5) findet in der Rechtsprechung ebenfalls häufig keine ausdrückliche Unterscheidung statt, vielmehr werden **beide gleichberechtigt nebeneinander** angewandt.[116] In der Entscheidung „Vergleichen Sie" hat der BGH sogar explizit von der Gleichstellung zwischen Herabsetzung und Verunglimpfung gesprochen.[117] Diese Rechtsprechung deckt sich schließlich auch mit der Gesetzesbegründung zum UWG 2004, wo ebenfalls nicht zwischen den beiden Begriffen differenziert wird.[118] Insoweit soll auch im Folgenden keine Differenzierung vorgenommen werden. 49

4. Adressat der geschäftlichen Handlung

Maßgeblich für die Beurteilung, ob eine Herabsetzung oder eine Verunglimpfung vorliegt, ist die **Wahrnehmung der Adressaten der geschäftlichen Handlung, häufig in Form von Werbung.** Abzustellen gilt es insoweit auf die Sicht des durchschnittlich informierten, aufmerksamen und verständigen Durchschnittsverbrauchers oder sonstigen Marktteilnehmers.[119] Unbeachtlich sind daher sowohl die Vorstellungen und Absichten des Äußernden (die subjektive Seite hat nur Bedeutung für den Schadensersatzanspruch des § 9) als auch die des betroffenen Mitbewerbers.[120] Dies entspricht im Übrigen auch der Rechtsprechung des BVerfG zum Äußerungsrecht, nach der maßgeblich für die Deutung einer Aussage weder die subjektive Absicht des sich Äußernden noch das subjektive Verständnis des von der Äußerung Betroffenen, sondern allein der Sinn, den die Äußerung nach dem **Verständnis eines unvoreingenommenen und verständigen Durchschnittspublikums** hat, entscheidend ist.[121] Im Gegensatz zum Tatbestand von § 4 Nr. 7 ist die Abgrenzung zwischen Werturteil und Tatsachenbehauptung für den Tatbestand von 50

---

112 OLG Wien ÖBl. 1991, 58, 61 f – Hehlerbude.

113 BGH GRUR 1993, 412, 414 – zu Unrecht ohne Wertung des Begriffs „Mafia".

114 Gloy/Loschelder/*Hasselblatt* § 46 Rn 15.

115 Hefermehl/*Köhler*/Bornkamm UWG § 4 Rn 7.12; *Piper/Ohly* UWG § 4.7 Rn 7/13.

116 EuGH GRUR 2003, 533, 538, Rn 80 – Pippig Augenoptik; BGH GRUR 2002, 828, 830 – Lottoschein; dagegen nur auf die pauschale Herabsetzung abstellend BGH NJW 2002, 3399, 3400 – Die Steinzeit ist vorbei; BGH GRUR 2002, 72, 73 – Eröffnungswerbung.

117 BGH GRUR 1999, 501, 502 f – „Vergleichen Sie".

118 BT-Drucks. 15/1487 S. 18; zum neuen UWG, BT-Drucks 16/10 145, findet sich keine eingehende Begründung.

119 BGH GRUR 2002, 982, 984 – Die Steinzeit ist vorbei; Hefermehl/*Köhler*/Bornkamm UWG § 4 Rn 7.13; *Piper/Ohly* UWG § 4.7 Rn 7/14; *Ullmann/Müller-Bidinger* § 4 Nr. 7 Rn 29.

120 Hefermehl/*Köhler*/Bornkamm UWG § 4 Rn 7.13.

121 BVerfG NJW 2006, 207, 208 Tz. 31 – „IM-Sekretär" Stolpe.

§ 4 Nr. 8 jedoch von entscheidender Bedeutung, weil § 4 Nr. 8 tatbestandlich nur dann einschlägig ist, wenn eine Tatsachenbehauptung vorliegt; weitere Einzelheiten zur Abgrenzung zwischen Werturteil und Tatsachenbehauptung finden sich deshalb bei § 4 Nr. 8 Rn 35ff. Die Äußerung muss weiterhin auch tatsächlich an die Öffentlichkeit gelangt sein. Ist die Werbemaßnahme noch in der Planung und daher **nur unternehmensintern** bekannt, bleibt dem Mitbewerber nur der vorbeugende Unterlassungsanspruch (der dann regelmäßig von der Frage abhängt, ob Erstbegehungsgefahr bejaht werden kann).[122]

5. Art und Weise der Herabsetzung/Verunglimpfung

51 Auch wenn dies der Regelfall sein wird, ist die Herabsetzung oder Verunglimpfung eines Mitbewerbers nicht nur durch **mündliche oder schriftliche Äußerungen** möglich, sondern kann vielmehr unterschiedlichste Formen annehmen. Der Phantasie des Werbenden sind keine Grenzen gesetzt. So reichen die **Erscheinungsformen**
- von kritischen oder suggestiven Fragen an Händler oder Abnehmer zur Leistungsfähigkeit der Konkurrenz,[123] wenn diese ein Bild des Mitbewerbers zeichnen, welches diesen herabsetzt (beispielsweise zu bejahen, wenn die Fragen suggerieren, dass der Mitbewerber unzuverlässig ist und qualitativ minderwertige Waren liefert),
- über die Abbildung einer – angesichts des angeblich unübertroffenen Angebots des Werbenden – neidisch, niedergeschlagen und hilflos dargestellten Person als Verkörperung des Kunden eines Mitbewerbers[124] (unzulässige herabsetzende vergleichende Werbung),
- bis zu der Platzierung einer Ware in ein negatives Werbe- oder Vertriebsumfeld,[125] insbesondere dann, wenn durch die Platzierung zB in einem Werbeprospekt das vom Hersteller geschaffene Image spürbar (nach der alten Fassung: erheblich) beeinträchtigt würde, oder
- der Verschleuderung der Ware zu Ramschpreisen[126] – allerdings nur dann, wenn sich aus dem Gesamtzusammenhang der Werbung eine Verramschung der Ware und damit eine Rufschädigung des Herstellers im Hinblick auf die Qualität der Ware feststellen lässt –
- bis hin zur aktiven Entfernung, Veränderung oder Verschlechterung der Waren, Kennzeichen oder Werbematerialien des Konkurrenten,[127] wenn beispielsweise durch das Austauschen von Kennzeichen suggeriert wird, es handele sich um eigene Produkte und so der Eindruck entsteht, der Mitbewerber sei durch das eigene Unternehmen vom Markt gedrängt worden.

52 Fremde Äußerungen auf der eigenen Homepage muss sich der Mitbewerber zurechnen lassen, wenn er sich nicht eindeutig von ihnen distanziert.[128] Wie zumeist sind hier die Umstände des Einzelfalles entscheidend.

6. Herabsetzende und verunglimpfende Werturteile

53 Eine Herabsetzung oder Verunglimpfung kann den Mitbewerber in Form eines **Werturteils** (Meinungsäußerung) oder einer **Tatsachenbehauptung** treffen. Insbesondere wegen des Grundrechtsschutzes aus Art. 5 Abs. 1 GG, der grundsätzlich eine unterschiedliche Behandlung der werblichen Äußerung je nach Form rechtfertigen kann, ist eine differenzierende Betrachtung nach Werturteil auf der einen Seite und nach Tatsachenbehauptung auf der

---

122 Vgl. dazu BGH GRUR 1971, 119, 120 – Branchenverzeichnis; ausführlich → § 2 Rn 23f.

123 OLG Düsseldorf WRP 1984, 22f – Blitzumfrage.

124 OLG Köln NJWE-WettbR 1999, 277 – Telefondienstanbieter.

125 Vgl. EuGH WRP 1998, 150, 155 Rn 45f, 47 – Dior/Evora, der Ansprüche des Herstellers und Markeninhabers mangels erheblicher (nunmehr spürbarer) Rufbeeinträchtigung verneinte.

126 Abgelehnt in BGH GRUR 1984, 204, 206f – Verkauf unter Einstandspreis II, weil die Ware unter anderem als „Superknüller" werblich angepriesen wurde, woraus sich ein abwertendes Qualitätsurteil nicht ableiten lässt.

127 Vgl. BGH MDR 1972, 484 – Teerspritzmaschinen.

128 *Gabel* WRP 2005, 1102, 1108; mwN zu BGH GRUR 1997, 233, 234 – Chefarzt; BGH GRUR 1997, 396, 397 – Lohnkiller; OLG München AfP 2002, 522, 523 – Disclaimer im Internet.

anderen geboten.[129] Im Folgenden wird daher zunächst die Zulässigkeit/Unzulässigkeit herabsetzender oder verunglimpfender Werturteile Gegenstand der Erörterung sein.

a) Abgrenzung zwischen Meinungsäußerung und Tatsachenbehauptung. Die Abgrenzung zwischen Werturteil und Tatsachenbehauptung ist nicht immer eindeutig und daher in nicht wenigen Fällen äußerst diffizil. Ausschlaggebendes Kriterium ist die Antwort auf die Frage, ob die in Rede stehende Äußerung **dem Beweis zugänglich** ist oder nicht.[130] Kann man dies bejahen, liegt eine Tatsachenbehauptung, anderenfalls ein Werturteil vor. In den problematischen Fällen, in denen die Äußerung sowohl Werturteil als auch Tatsachenbehauptung enthält, gilt es auf den **Schwerpunkt** abzustellen.[131] Danach ist entscheidend, ob die Äußerung vorwiegend durch die Elemente der Stellungnahme, des Dafürhaltens oder Meinens geprägt ist, mithin der tatsächliche Gehalt der Äußerung so substanzarm ist, dass er gegenüber der subjektiven Wertung in den Hintergrund tritt oder ob sich der Kern der Äußerung letztlich als Tatsachenbehauptung erweist.[132] 54

Die mitunter schwierige Abgrenzung zwischen Werturteil und Tatsachenbehauptung ist jedoch in den Fällen **entbehrlich,** in denen die Äußerung in jedem Falle herabsetzend oder verunglimpfend ist.[133] 55

b) Die Bedeutung von Art. 5 Abs. 1 GG für die Zulässigkeit werblicher Meinungsäußerungen. Die von § 4 Nr. 7 geregelte Geschäftsehrverletzung findet häufig in Form von Werturteilen (Meinungsäußerungen) statt, so dass sich die frühere, gegenüber jeglicher Bezugnahme auf Mitbewerber oder ihre Produkte oder Leistungen außerordentlich restriktive Rechtsprechung jedenfalls in Grenzfällen dem Vorwurf einer Beeinträchtigung des Grundrechts der Freiheit der Meinungsäußerung (Art. 5 Abs. 1 GG) ausgesetzt sah. Demgegenüber hat das BVerfG schon recht früh einerseits klargestellt, dass das UWG, indem es (nur) den **unlauteren** Wettbewerb untersage, sich im Rahmen der nach Art. 12 Abs. 1 GG zulässigen Beschränkung der freien Berufsausübung halte,[134] während es andererseits im Hinblick auf das besondere Gewicht des Grundrechts der Meinungsfreiheit dem Art. 5 Abs. 1 S. 1 GG die Forderung entnimmt, „dass die Gerichte bei Auslegung und Anwendung der privatrechtlichen Regelungen der Bedeutung des Grundrechts Rechnung zu tragen haben".[135] Es sieht sich allerdings nur dort in der Lage, korrigierend einzugreifen, wo Fehler der ordentlichen Gerichte erkennbar werden, „die auf einer grundsätzlich unrichtigen Anschauung von der Bedeutung eines Grundrechts, namentlich vom Umfang seines Schutzbereichs, beruhen und in ihrer materiellen Bedeutung für den konkreten Rechtsfall von einiger Bedeutung sind".[136] 56

Der rund acht Jahre zuvor vom BGH gegen das werbende Unternehmen entschiedene Fall,[137] der Anlass zu einer derart unmissverständlichen Kritik durch die Verfassungsrichter gab, betraf eine Arzneimittelwerbung, die eine Meinungsäußerung zur Qualität des eigenen Produkts zum Inhalt hatte; es sollte den schon länger eingeführten, anders zusammengesetzten Erzeugnissen der Konkurrenz „therapeutisch äquivalent", also gleichwertig sein, worin ein – damals noch als Verstoß gegen § 1 angesehener – Werbevergleich lag. Dieser wäre, da kein konkreter Mitbewerber erkennbar war, heute nach Nr. 7 zu beurteilen und, weil von jeder Herabsetzung der Konkurrenz weit entfernt, ohne weiteres zulässig. 57

---

129 → Rn 54 ff.

130 BGH GRUR 1988, 402, 403 – Mit Verlogenheit zum Geld.

131 BGH GRUR 1975, 89, 91 – Brüning Memoiren I.

132 BGH NJW 1994, 2614, 2615; BGH GRUR 1975, 89, 91 – Brüning Memoiren I; BGH GRUR 1969, 555, 557 – Cellulitis.

133 GRUR 1982, 234, 236 – Großbanken-Restquoten; BGH GRUR 1974, 477, 479 – Hausagentur.

134 BVerfG GRUR 1972, 358, 360 – Grabsteinwerbung.

135 So wörtlich BVerfG GRUR 2001, 1058, 1059 – Therapeutische Äquivalenz, unter Hinweis auf seine ständige, schon mit BVerfGE 7, 198, 206 f beginnende ständige Rechtsprechung. Ähnlich schon BGH GRUR 1976, 268, 270 – Warentest II, unter dem Gesichtspunkt des eingerichteten und ausgeübten Gewerbebetriebs.

136 BVerfG GRUR 2001, 1058, 1059 – Therapeutische Äquivalenz.

137 BGH GRUR 1992, 625, 627 – Therapeutische Äquivalenz.

58 Auch **nach früherem Recht** wurde allerdings schon die Beurteilung eines gewerblichen Angebots als durch das Grundrecht der freien Meinungsäußerung gedeckt angesehen, wenn die ihr zugrunde liegende Meinungskundgabe Mittel zum geistigen Meinungskampf in einer die Öffentlichkeit wesentlich berührenden Frage war.[138]

59 **Heute** ist allgemein anerkannt, dass der **Schutzbereich der Meinungsfreiheit grundsätzlich weit** zu verstehen ist und sich Art. 5 Abs. 1 GG **auch auf kommerzielle Meinungsäußerungen** einschließlich reiner **Wirtschaftswerbung** erstreckt.[139] Dabei gilt es jedoch nicht zu verkennen, dass an wettbewerbliche Äußerungen, bei denen die Meinungsfreiheit und das Informationsinteresse der angesprochenen Verkehrskreise lediglich als Mittel zur Förderung privater Wirtschaftsinteressen eingesetzt werden, strengere Anforderungen insbesondere dann zu stellen sind, wenn es um die Person des Mitbewerbers geht, da bei einer solchen persönlichen Werbung eine unsachliche Beeinflussung des Kunden in erhöhtem Maße zu befürchten ist.[140]

60 § 4 Nr. 7 ist ein **allgemeines Gesetz** im Sinne des Art. 5 Abs. 2 GG und damit eine Schranke der Meinungsfreiheit. Dessen ungeachtet ist § 4 Nr. 7 jedoch so auszulegen und in seiner das Grundrecht beschränkenden Wirkung selbst wieder so einzuschränken, dass der besondere Gehalt der Meinungsfreiheit dabei zur Geltung kommt (Wechselwirkungslehre des BVerfG).[141] Eine Einschränkung des Grundrechts der Meinungsfreiheit kommt danach nur in Betracht, wenn damit die Gefährdung des Leistungswettbewerbs unterbunden wird.[142] Bei werblichen Äußerungen über Themen von erhöhter gesellschaftlicher, politischer oder sozialer Bedeutung, die zum geistigen Meinungskampf in der Öffentlichkeit anregen sollen, unterliegt der Nachweis einer solchen Gefährdung allerdings besonderen Anforderungen.[143] Die Interessenabwägung muss das konkret gefährdete Gut durch die Handlung dem Grundrecht und deren Bedeutung gegenüberstellen.[144]

61 Das Grundrecht der Meinungsfreiheit ist allerdings nach der Rechtsprechung des BVerfG **nicht nur auf Werturteile,** sondern **auch auf Tatsachenbehauptungen** anzuwenden, wobei allerdings der Meinungsfreiheit bei Tatsachenbehauptungen gegenüber Werturteilen ein erheblich geringeres Gewicht zukommt und zu berücksichtigen ist, dass für die Verbreitung unwahrer Tatsachenbehauptungen in der Regel kein rechtfertigender Grund anzuerkennen ist; bei Tatsachenbehauptungen, die bewusst unwahr oder erwiesenermaßen falsch sind, tritt deshalb die Meinungsfreiheit hinter das Persönlichkeitsrecht zurück.[145] Das BVerfG erkennt jedenfalls auch bei Tatsachenbehauptungen, die nicht erwiesenermaßen falsch sind, die also wahr sein könnten, vor allem dann eine Notwendigkeit der Abwägung mit der Meinungsfreiheit an, wenn es sich um eine die Öffentlichkeit **wesentlich berührende Angelegenheit** handelt und der Äußernde hinreichend sorgfältige Recherchen über den Wahrheitsgehalt seiner Behauptung angestellt hat, bevor sie aufgestellt oder verbreitet wurde.[146] Ist die Tatsachenbehauptung wahr, aber herabsetzend oder verunglimpfend, wird dem Grundrecht der Meinungsfreiheit wiederum ein stärkeres Gewicht zukommen und im einzelnen abzuwägen sein, ob die Geschäftsehrverletzung, die durch die Verbreitung der wahren Tatsache hervorgerufen wird, tatsächlich so schwerwiegend ist, dass sie die freie Rede, die freie Information und die freie Meinungsbildung auch im Rahmen des Wett-

---

138 BVerfGE 25, 256, 265 – Blinkfüer; BVerfG GRUR 1984, 357, 360 – markt intern; vgl. auch OLG München NJWE-WettbR 1999, 274, 275 – Tierversuchs-Positivliste.

139 ZB Hefermehl/*Köhler*/Bornkamm UWG § 4 Rn 7.18; Gloy/Loschelder/*Hasselblatt* § 46 Rn 18; Harte/Henning/*Omsels* UWG § 4 Rn 9ff; BVerfG GRUR 2001, 1058, 1059 – Generika-Werbung; BVerfG GRUR 2002, 455, 455f – Tier- und Artenschutz; ebenso Begr. RegE zu § 4 Nr. 7 BT-Drucks. 15/1487 S. 18.

140 BGH GRUR 1966, 92, 94 – Bleistiftabsätze.

141 BVerfG GRUR 2001, 1058, 1059 – Generika-Werbung.

142 BVerfG GRUR 2002, 455, 456 – Tier- und Artenschutz.

143 BVerfG GRUR 2003, 442, 443 – Benetton-Werbung II; BVerfG GRUR 2001, 170, 173 – Benetton-Werbung.

144 Die sog. Schranken-Schranke, BVerfGE 71, 206, 214.

145 BVerfG NJW 2006, 207, 208 Tz. 30 und 209 Tz. 42 – „IM-Sekretär" Stolpe.

146 BVerfG NJW 2006, 207, 208 Tz. 44 – „IM-Sekretär" Stolpe.

bewerbskampfes zurückzudrängen vermag; dabei wird sicherlich zu berücksichtigen sein, dass das BVerfG der Meinungsfreiheit im Zusammenhang mit der Beurteilung von Werbeanzeigen gerade aktuell einen besonders wichtigen Stellenwert eingeräumt hat.[147]

Bei **mehrdeutigen Äußerungen** ist noch eine weitere Nuance in der Rechtsprechung 62
des BVerfG im Hinblick auf die Meinungsfreiheit zu berücksichtigen: Bei der Abwägung von Persönlichkeitsschutz (Geschäftsehre) und Meinungsfreiheit ist im Rahmen des Unterlassungsanspruchs, der ohnehin nur in die Zukunft gerichtet ist, zu berücksichtigen, dass der Äußernde die Möglichkeit hat, sich zukünftig klarer auszudrücken und damit zugleich deutlich machen kann, welcher Äußerungsinhalt der rechtlichen Prüfung zugrunde zu legen ist; für den Unterlassungsanspruch gilt also, dass bei mehrdeutigen Äußerungen das für den Äußernden ungünstigere Verständnis normalerweise der Vorrang gebührt.[148] Stehen allerdings Schadensersatz-, Widerrufs- und Berichtigungsansprüche in Streit, gilt dies nicht: Das BVerfG möchte insoweit vermeiden, dass die Meinungsfreiheit dadurch beschränkt wird, dass der Äußernde befürchten muss, wegen einer Deutung, die den gemeinten Sinn verfehlt, mit staatlichen Sanktionen belegt zu werden.[149] In diesen Fällen gilt daher, dass im Zweifel das für den Äußernden günstigere Verständnis den Vorrang erhält. In einem Verfahren, in dem der Kläger neben dem Unterlassungs- auch Auskunfts-, Schadensersatz- und Widerrufsansprüche geltend macht, kann deshalb im Falle einer mehrdeutigen Äußerung die Abwägung zwischen Persönlichkeitsrecht und Meinungsäußerung ergeben, dass der Geschäftsehrverletzung für den Unterlassungsanspruch der Vorrang gebührt, die Auskunfts-, Schadensersatz- und Widerrufsansprüche jedoch an dem Vorrang der Meinungsfreiheit scheitern.

Erfolgt eine Meinungsäußerung auf der Basis falscher Voraussetzungen und wird der 63
Adressat der Äußerung über die Grundlagen der getroffenen Bewertung getäuscht, so ist regelmäßig eine sachlich nicht gerechtfertigte Kritik gegeben und die Meinungsäußerung herabsetzend, folglich unlauter.[150]

**c) Schmähkritik und unternehmensbezogene (persönlich bezugnehmende) 64
Werbung. aa) Meinungsäußerungen und wertende Kritik.** Meinungsäußerungen und wertende Kritik am Verhalten anderer müssen ihre Grenzen dort finden, wo es sich um reine Schmähkritik oder eine Formalbeleidigung handelt oder wo die Äußerung die Menschenwürde antastet.[151] In solchen Fällen soll § 4 Nr. 7 auch nach der Intention des Gesetzgebers generell zur Anwendung kommen und Art. 5 Abs. 1 GG eine Schranke setzen.[152] Allerdings gilt es zu beachten, dass der Begriff der Schmähkritik wegen seines die Meinungsfreiheit des Art. 5 Abs. 1 GG verdrängenden Effekts eng auszulegen ist.[153] Auch eine überzogene, ungerechte oder gar ausfällige Kritik macht eine Äußerung für sich genommen noch nicht zur Schmähung. Von einer solchen kann nach der Rechtsprechung des BGH vielmehr nur dann die Rede sein, wenn bei der Äußerung nicht mehr die Auseinandersetzung in der Sache, sondern die Diffamierung des Betroffenen im Vordergrund steht, der jenseits polemischer und überspitzter Kritik herabgesetzt und gleichsam an den Pranger gestellt werden soll.[154] Der BGH hatte in seiner Entscheidung „Schmähkritik" die Frage zu beurteilen, ob die in einem Autorenmagazin getroffene Aussage, der kritisierte

---

147 Vgl. nur BVerfG GRUR 2003, 442, 442f – Benetton Werbung II; BVerfG GRUR 2002, 455, 455 – Tier- und Artenschutz; BVerfG GRUR 2001, 1058, 1058 – Therapeutische Äquivalenz; BVerfG GRUR 2001, 170, 173 – Schockwerbung.

148 BVerfG NJW 2006, 207, 209 Tz. 34 – „IM-Sekretär" Stolpe.

149 BVerfG NJW 2006, 207, 208 Tz. 33 – „IM-Sekretär" Stolpe.

150 OLG München GRUR-RR 2006, 268, 276f – Patentstreit um BiSS/Trivialpatente, Behauptung, der Wettbewerber beantrage „Trivialpatente", also letztendlich technisch minderwertige Patente, die nicht erteilt werden dürften; ferner warf der Äußernde dem Mitbewerber einen Missbrauch des Patentwesens vor.

151 BVerfG NJW 2006, 207, 209 Tz. 34 – „IM-Sekretär" Stolpe; BVerfG NJW 1992, 2073; BVerfG NJW 1991, 95, 96.

152 Dazu Begr. RegE zu § 4 Nr. 7 UWG BT-Drucks. 15/1487 S. 18.

153 BGH NJW 2002, 1192, 1193 – Schmähkritik.

154 BGH NJW 2002, 1192, 1193 – Schmähkritik.

Zuschussverlag „verhalte sich gegenüber den bei ihr publizierenden Autoren wie ein Lebensmittelhändler, bei dem man ein Pfund Käse verlange, es bezahle, dann aber zu Hause feststelle, dass man nur 100 Gramm bekommen habe und dies sei ja Betrug“, als Schmähkritik zu werten sei. Zu Recht hat der BGH die Äußerung aufgrund des Gesamtzusammenhangs als Meinungsäußerung gewertet, die den erforderlichen Sachbezug nicht vermissen lasse; sie enthalte zwar scharfe und übertreibende Kritik, geschmückt mit Polemik, diffamiere aber nicht im Sinne einer Schmähkritik.[155] Danach muss sich ein Gewerbetreibender kritische Einschätzungen seiner Leistungen grundsätzlich gefallen lassen und in den Fällen, in denen es sich für die angesprochenen Verkehrskreise um ein aktuelles Thema von besonderer Relevanz handelt (hier: Ausbeutung von Autoren durch Zuschussverlage), auch übertrieben polemische und heftige Kritik als Meinungsäußerung akzeptieren. Dies ist zB auch der Fall, wenn ein Wettbewerber für die Vermittlung von Sportwetten eine Bank auffordert, die Kontoverbindung eines anderen Mitbewerbers zu kündigen, weil dieser über keine behördliche Erlaubnis zur Vermittlung von Sportwetten verfügt und vor allem bereits verurteilt war.[156]

65 Soweit der Mitbewerber dagegen ohne jeden sachlichen Bezug pauschal abgewertet wird, hat dies mit geistigem Meinungskampf nichts mehr zu tun und muss als **Schmähkritik** untersagt werden. Dies ist in den folgenden Beispielen der Fall:
- Der Mitbewerber sei ein „Halsabschneider“;[157]
- „nicht seriös“ oder „unzuverlässig“ ist eine Herabsetzung oder Verunglimpfung, wenn die Werturteile unsubstantiiert, sachlich nicht gerechtfertigt sind;[158]
- Die „Geschäftsführung eines Schmuddelsenders bedient sich für ihre Schmuddelkampagne eines Schmuddelblattes“.[159]

66 Nichts anderes gilt bei der pauschalen Abwertung von **Waren oder Leistungen,** wobei dort jedoch im Regelfall § 6 Abs. 2 Nr. 5 als die speziellere Regelung eingreifen wird:
- „Scheiß des Monats“;[160]
- „Mist“;[161]
- „Scheiße in Tuben“;[162]
- „Zahnbürstenhaus“ zur Kennzeichnung des Sortiments eines Möbelhauses;[163]
- Die Zeitung eines Konkurrenten eigne sich „in erster Linie als Toilettenpapier“;[164]
- Der Kaffee des Wettbewerbers wird bildlich verglichen, indem altmodische im Verkehr eher lasch auftretende Menschen gezeigt und für die eigene Kaffeemarke dynamische, moderne fortschrittliche Personen gewählt werden.[165]

67 **bb) Unternehmensbezogene (persönlich bezugnehmende) Werbung.** Unternehmensbezogene (persönlich bezugnehmende) Werbung, die nicht Schmähkritik ist, ist unzulässig, wenn im Rahmen einer Gesamtwürdigung der jeweiligen Umstände des Einzelfalles eine Abwägung der Rechtsgüter und Interessen unter Berücksichtigung des Verhältnismäßigkeitsgrundsatzes zu Lasten des Grundrechts der Meinungsfreiheit ausfällt. Dies wird man zumeist dann annehmen können, wenn es an einem **dringenden Informations- oder Aufklärungsinteresse** der Mitarbeiter,[166] der angesprochenen Verkehrskreise oder der

---

155 BGH NJW 2002, 1192, 1193 – Schmähkritik.
156 OLG Jena GRUR-RR 2006, 134, 135 – sportwetten.de; ähnlich aber zu § 4 Nr. 8 OGH Wien GRUR Int. 2006, 351, 353 f – Sportwetten im Internet.
157 Vgl. BGH GRUR 1977, 801, 803 – Halsabschneider.
158 *Köhler* GRUR 2008, 281, 284.
159 OLG Hamburg NJW 1996, 1002, 1003 – Schmuddelsender.
160 OLG München WRP 1996, 925.
161 OLG Köln WRP 1985, 233, 234; OLG München WRP 1996, 925, 928.
162 Vgl. Corte Costitutionale GRUR Int. 1990, 326, 327 – Merda in Tubetto II; Tribunale di Milano GRUR Int. 1980, 679, 679 f – Merda in Tubetto I.
163 OLG Hamburg WRP 1970, 226.
164 OGH Wien ÖBl. 1991, 64, 66 – Kronenzeitung.
165 OLG München Urt. v. 21. 7. 2005, 6 U 5248/04, Tz. 3.
166 OLG München WRP 1971, 280.

Öffentlichkeit im Allgemeinen mangelt.[167] Denn stets bedarf es für die geschäftsehrverletzende Kritik eines **hinreichenden Anlasses.**[168] Ein solcher kann beispielsweise bejaht werden, wenn ein die Leserschaft grob irreführender Bericht von einem Konkurrenten als Fälschung betitelt wird,[169] wenn in einer Presseerklärung die Verletzung von Leistungsschutzrechten bzw. die Ausnutzung von Schutzlücken zu Lasten der Autoren/Künstler durch eine Kaffeerösterei angeprangert wird[170] oder auch wenn die angesprochenen Verkehrskreise darüber informiert werden, dass ein Teil des Kaufpreiserlöses der erworbenen Generika der Forschung zur Verfügung gestellt werde.[171]

Zudem muss sich die Äußerung nach Art und Maß **im Rahmen des Erforderlichen** 68
oder **sachlich Gebotenen** halten.[172] Dabei muss im Rahmen einer Verhältnismäßigkeitsprüfung gefragt werden, ob die werbliche Äußerung noch von dem Informationsinteresse der angesprochenen Verkehrskreise gedeckt ist oder darüber hinausschießt. Zur letzteren Ansicht gelangte der BGH in seiner Entscheidung „copy-charge".[173] Dort wird ausgeführt, dass eine Presseberichterstattung zwar auch im Falle eines Boykottaufrufs durch das Grundrecht der freien Meinungsäußerung gedeckt sein kann, wenn die ihr zugrunde liegende Meinungskundgabe das Mittel zu geistigem Meinungskampf in einer die Öffentlichkeit wesentlich berührenden Frage ist, wenn es also dem Handelnden um eine argumentative Auseinandersetzung zB über politische, soziale, kulturelle – oder was in der Entscheidung in Betracht kam – wirtschaftliche Belange der interessierten Öffentlichkeit geht.[174] Anders sei dies aber, wenn solche Äußerungen über eine bestimmte Meinungskundgabe hinaus dazu dienen, in den individuellen Bereich des wirtschaftlichen Wettbewerbs bestimmter Marktkonkurrenten einzugreifen, und das Recht auf freie Meinungsäußerung und das Informationsinteresse der Allgemeinheit lediglich als Mittel zum Zweck der Förderung privater Wettbewerbsinteressen eingesetzt werden.[175]

Auch eine den geistigen Meinungskampf zu einer die Öffentlichkeit wesentlich berüh- 69
renden Frage unterstützende werbliche Äußerung stößt jedoch dort an ihre Grenzen, wo Mitbewerber in **unangemessener Weise abfällig, abwertend oder unsachlich** dargestellt werden. In solchen Fällen ist der Rahmen des Erforderlichen oder sachlich Gebotenen in aller Regel überschritten. So zB, wenn ein Mitbewerber in unangemessener Weise über Vorgänge aus dem Vor- oder Privatleben eines Konkurrenten berichtet,[176] wenn der Leiter eines Naturheilzentrums einem anderen Anbieter von gleichen Dienstleistungen vorwirft, er nutze die Notlage von Schmerz leidenden Patienten aus, um finanzielle Vorteile zu erwirtschaften,[177] oder auch wenn Ärzte in ihrer Praxis eine Krankenkasse ohne sachliche Grundlage als weniger leistungsbereit bezeichnen und die Patienten zum Wechsel auffordern.[178] Auch ein Aufklärungsinteresse führt nicht dazu zulässig von „Lüge" und „offensichtlicher Falschaussage" zu sprechen.[179]

Nicht jede kritische oder negative persönlich bezugnehmende bzw. unternehmensbezo- 70
gene Werbung erfüllt jedoch die Anforderungen an eine unangemessen abfällige, abwertende oder unsachliche Darstellung des Mitbewerbers und kann daher **zulässig** sein:

---

167 BGH GRUR 1995, 270, 272 – Dubiose Geschäftsgebaren; BGH GRUR 1968, 262, 265 – Fälschung; OLG Jena GRUR-RR 2006, 134, 135 – sportwetten.de.

168 BGH GRUR 1990, 1012, 1013 f – Pressehaftung I; BGH GRUR 1968, 262, 265 – Fälschung; BGH GRUR 1962, 45, 48 – Betonzusatzmittel.

169 BGH GRUR 1968, 262, 265 – Fälschung.

170 BGH GRUR 1997, 916, 920 – Kaffeebohne.

171 BGH GRUR 1999, 1100, 1102 – Generika-Werbung.

172 BGH GRUR 1962, 45, 48 – Betonzusatzmittel; BGH GRUR 1968, 262, 265 – Fälschung; BGH GRUR 1990, 1012, 1013 f – Pressehaftung I.

173 BGH GRUR 1984, 214, 215.

174 BVerfG NJW 1969, 1161 – Blinkfuer.

175 BGH GRUR 1983, 214, 215 – Copy-Charge.

176 RG GRUR 1933, 504, 505.

177 OLG Karlsruhe GRUR 1994, 130, 131 – Testpatient.

178 OLG München GRUR 2001, 762 – geringe Leistungsbereitschaft.

179 OLG Hamm OLGR 2008, 568, 569 Tz. 7 – Lüge.

– Die bloße Wiedergabe einer Zeitungsseite, auf der die Konkurrenz mit der Schlagzeile „AOL verliert bei Unternehmen" kritisiert wird, ist entgegen der Ansicht des OLG Hamburg keine unsachliche Herabsetzung.[180]
– Die Schlagzeile „Fremdgehen kann teuer werden", der eine Gegenüberstellung der eigenen Preise mit denen eines Mitbewerbers in der Werbung folgt, ist, wenn zutreffend, jedenfalls nicht in unangemessener Weise abfällig oder abwertend, sondern sachgerecht.[181]
– Die Abbildung einer Person mit unzufriedenem Gesichtsausdruck im Zusammenhang mit einem konkurrierenden Telefondienste-Anbieter mag – je nach Art der Darstellung – an der Grenze liegen.[182] Entsprechendes gilt für die Werbung eines Vermögensberaters, der nach Benennung einzelner Banken und Bausparkassen in einem „Wegweiserkreuz" deren Kundenbetreuung mit den Worten „Viele Gespräche. Oft einseitige Angebote und keine Abstimmung auf Ihre persönliche Situation" kritisiert hatte;[183] das ist sicherlich abwertend, aber weder abfällig noch unsachlich.

71 Im heutigen **Internetzeitalter** ist schließlich auch eine unangemessen abfällige, abwertende oder unsachliche Darstellung des Mitbewerbers durch die Verwendung von **Hyperlinks** möglich: So wenn ein Mitbewerber auf seiner Homepage zunächst allgemein irreführendes Geschäftsgebaren in der Praxis anprangert und diese mit einem Hyperlink auf einen Konkurrenten als Beispiel „belegt".[184] Darüber hinaus kann auch ein ohne Kommentar abgelegter Hyperlink geeignet sein, den Mitbewerber herabzusetzen. Dies wird dann der Fall sein, wenn durch den Hyperlink eine (geschäftliche oder private) Verbindung suggeriert wird, die den Mitbewerber in der Öffentlichkeit diskreditiert oder in ein zwielichtiges Umfeld stellt.[185]

7. Herabsetzende und verunglimpfende Tatsachenbehauptungen

72 Neben Werturteilen kann eine Herabsetzung oder Verunglimpfung des Mitbewerbers auch in Form einer Tatsachenbehauptung erfolgen, wobei es insoweit zwischen **wahren** und **unwahren** Tatsachenbehauptungen zu unterscheiden gilt.

73 **a) Wahre Tatsachenbehauptungen.** Nicht nur Meinungsäußerungen, sondern auch Tatsachenbehauptungen sind als Teil der Meinungsfreiheit gemäß Art. 5 Abs. 1 GG freigegeben, wenn ein sachlich gerechtfertigtes Informationsbedürfnis der Allgemeinheit oder der angesprochenen Verkehrskreise an ihrer Verbreitung besteht.[186] Denn gerade Tatsachen sind regelmäßig Grundlage und Voraussetzung für die Bildung von Meinungen.[187] In der jüngeren Rechtsprechung des BVerfG ist dies insbesondere im Zusammenhang mit Behauptungen einer früheren Zusammenarbeit mit dem Staatssicherheitsdienst der DDR (Stasi) bestätigt worden.[188]

74 Berichtet ein Mitbewerber über den **Ausgang eines Rechtsstreits,** so gilt es zu unterscheiden: Ein ernsthaftes Informationsinteresse der Allgemeinheit ist grundsätzlich dann zu bejahen, wenn es sich um die im Interesse der Verbraucher liegende Aufklärung über allgemein interessierende Geschäftsmethoden, wie zB über die schwindelhafte Werbung, handelt. Aber auch dann, wenn die Mitbewerber durch die Werbung eines Konkurrenten und den damit verbundenen Vertrauensverlust beim Publikum an der gesamten Branche in Mitleidenschaft gezogen werden, kann ein ernsthaftes Interesse der Allgemeinheit bestehen,

---

180 OLG Hamburg GRUR-RR 2002, 112 – AOL.
181 Gegenteilig entschieden von OLG Jena GRUR-RR 2003, 254, 254 f – Fremdgehen.
182 In OLG Köln NJWE-WettbR 1999, 277 fehlt eine präzise Beschreibung.
183 OLG Hamburg VersR 2002, 1120, 1121.
184 Vgl. ausführlich *Gabel* WRP 2005, 1102, 1108.
185 Vgl. das Beispiel in LG München I AfP 2005, 412, wo Aktaufnahmen eines Playboy-Models ohne dessen Einverständnis in ein pornographisches Umfeld gebracht und die Betroffene als jederzeit verfügbares Sexobjekt dargestellt wurde; s. auch *Gabel* WRP 2005, 1102, 1108.
186 → § 4 Nr. 8 Rn 37.
187 Vgl. BVerfG NJW 1983, 1415, 1416 f – NPD von Europa; BVerfG NJW 1980, 2072, 2072 f – Böll/Walden.
188 BVerfG NJW 2006, 207, 208 Tz. 30 und 210 Tz. 44 ff – „IM-Sekretär" Stolpe.

welches die öffentliche Richtigstellung auf Veranlassung eines Mitglieds der Branche rechtfertigt. Handelt es sich dagegen nur um die wettbewerbliche Auseinandersetzung zweier Wettbewerber und um deren individuelle wettbewerbliche Interessen, so wird in der Regel ein sachlich gerechtfertigtes Allgemeininteresse an einer Aufklärung nicht anzuerkennen sein, ebenso wenig wie bei Gegenständen, die vorwiegend der Befriedigung der Sensationslust der Leser dienen.[189]

Neben dem berechtigten Informationsinteresse bedarf es darüber hinaus eines **hinreichenden Anlasses,** die Förderung des eigenen Wettbewerbs mit der Herabsetzung des Konkurrenten zu verbinden.[190] Schließlich ist die negative werbliche Äußerung nur zulässig, wenn sie sich **nach Art und Maß im Rahmen des Erforderlichen** hält.[191] 75

Zulässig in diesem Zusammenhang sind daher folgende Behauptungen von Mitbewerbern: 76
- Aufklärung der Öffentlichkeit über Fälschungen von einem Mitbewerber,[192]
- Wahrheitsgemäßer Bericht über unsachgemäße Beratungsmethoden eines konkurrierenden Finanzdienstleisters,[193]
- Übersendung eines obsiegenden Urteils eines Mitbewerbers gegenüber potentiellen Kunden, das sich mit Insolvenzproblemen des Insolvenzschuldners beschäftigt, so dass der Insolvenzgläubiger über wirtschaftliche Probleme aufklären will,[194]
- Werbeschreiben eines am Markt neuen Unternehmens, das im Schreiben auf die langjährige Erfahrung von namentlich benannten Mitarbeitern verweist, die für angesprochenen Kunden erkennbar vorher bei der Konkurrenz gearbeitet haben,[195]
- Sachliche Wiedergabe wissenschaftlicher Erkenntnisse einer Vergleichsstudie über zwei Arzneimittel, auch wenn die Studie deutliche Nachteile des einen Präparats ergeben hat.[196]

Nicht mehr im Rahmen des Erforderlichen oder sachlich Gebotenen und damit **unzulässig** sind folgende Tatsachenbehauptungen: 77
- „Diese Teppichmaschine zerpflückt jeden Teppich" mit der Abbildung eines Konkurrenz-Produkts, selbst wenn dessen Hersteller nicht ohne weiteres erkennbar sein sollte;[197]
- „Titelbildklau" über eine konkurrierende Zeitschrift;[198]
- der Unternehmer – Großhändler mit Ketten und Kettenrädern – gehöre einer „Ketten-Mafia" an;[199]
- das Konkurrenzblatt sei ein „billiges Plagiat".[200]

§ 4 Nr. 7 spricht auch von der Herabsetzung oder Verunglimpfung **persönlicher Verhältnisse.** In diesem Zusammenhang wird man unterscheiden müssen, welcher Rechtssphäre die Behauptung zugeordnet werden kann. Bei Behauptungen, die die **Intim-, Privat- oder Vertraulichkeitssphäre** betreffen, wird die werbliche Äußerung in aller Regel unzulässig sein, ohne dass es auf eine Herabsetzung oder Verunglimpfung bedeutend an- 78

---

189 Zum Ganzen BGH GRUR 1968, 645, 647 – Pelzversand.
190 BGH GRUR 1968, 262, 265 – Fälschung.
191 BGH GRUR 1962, 45, 48 – Betonzusatzmittel; BGH GRUR 1968, 262, 265 – Fälschung; BGH GRUR 1990, 1012, 1013 – Pressehaftung. Vgl. zum hinreichenden Anlass und zur Erforderlichkeit ausführlich auch → Rn 66 f.
192 BGH GRUR 1968, 262, 265 – Fälschung. Vgl. auch BGH GRUR 1990, 1012, 1013 – Pressehaftung; OLG Hamburg Magazindienst 2006, 725, 729 – Auflastungs-Gutachten über eine wahre Äußerung, der Konkurrent bietet gefälschte Auflastungs-Gutachten an.
193 Entgegen LG Mainz Urt. v. 18. 5. 2000, 12 HK O 130/98, zitiert bei *Kießling/Kling* WRP 2002, 615, 627.
194 Ähnlich BGH GRUR 1995, 424, 425 f – Abnehmerverwarnung; OLG Schleswig OLGR 2008, 287, 290 – Urteilsweitergabe.
195 BGH GRUR 1988, 545 – Ansprechpartner.
196 BGH GRUR 2002, 633 – Hormonersatztherapie.
197 BGH GRUR 1966, 633, 635 – Teppichmaschine.
198 OLG Köln AfP 1988, 368, 369.
199 BGH NJW 1993, 525, 527 – zu Unrecht ohne Wertung des Begriffs „Mafia".
200 OLG München ZUM 2004, 491.

käme.[201] Ist diese Sphäre betroffen, bedarf es insoweit schon eines herausragenden sachlich gerechtfertigten Interesses der Allgemeinheit, welches nur in den seltensten Fällen vorliegen wird. Eine Rechtfertigung wird zumeist nur dann denkbar sein, wenn sich der betroffene Mitbewerber bereits mit seiner Intim-, Privat- oder Vertraulichkeitssphäre in die Öffentlichkeit begibt.[202] In den übrigen Fällen, wo die persönlichen Verhältnisse eines Mitbewerbers berührt sind, wird es wie auch sonst darauf ankommen, ob ein Informationsinteresse sowie ein hinreichender Anlass besteht und sich die Äußerung im Rahmen des Erforderlichen und sachlich Gebotenen hält.

79 **b) Unwahre Tatsachenbehauptungen.** Unwahre Tatsachenbehauptungen werden nicht notwendigerweise allein von § 4 Nr. 8 erfasst, der grundsätzlich als Spezialregelung für Tatsachenbehauptungen zu verstehen ist.[203] Denn § 4 Nr. 7 ist auch dann anwendbar, wenn die unwahre oder nicht erweislich wahre Tatsachenbehauptung nicht geschäftsschädigend oder herabsetzend oder verunglimpfend ist. An die **Unzulässigkeit von unwahren Tatsachenbehauptungen** sind allerdings **keine hohen Anforderungen** zu stellen, zumal ihnen auch ein Schutz durch Art. 5 Abs. 1 GG verwehrt bleibt: Die Meinungsfreiheit tritt bei Tatsachenbehauptungen, die bewusst unwahr oder erwiesenermaßen falsch sind, grundsätzlich hinter das Persönlichkeitsrecht zurück.[204] Unrichtige Informationen sind unter dem Blickwinkel der Meinungsfreiheit kein schützenswertes Gut, weil sie der verfassungsrechtlich vorausgesetzten Aufgabe zutreffender Meinungsbildung nicht dienen können.[205] Mithin besteht an ihrer Verbreitung auch kein sachlich gerechtfertigtes Interesse der Öffentlichkeit.[206] Lediglich im Fall eines non liquet, wenn also der Wahrheitsgehalt einer Tatsachenbehauptung nicht mit Sicherheit festgestellt werden kann und sie wahr oder unwahr sein könnte, kann die Meinungsfreiheit bei die Öffentlichkeit wesentlich berührenden Angelegenheiten Berücksichtigung finden, wenn der Äußernde vor der Aufstellung und Verbreitung seiner Behauptung hinreichend sorgfältige Recherchen über den Wahrheitsgehalt angestellt hat.[207] Dieser Prämisse folgend wird man bereits **einfachste** für den Mitbewerber **negative werbliche Äußerungen,** bei denen es sich normalerweise nicht um die Öffentlichkeit wesentlich berührende Angelegenheiten handeln dürfte, für eine Unzulässigkeit im Rahmen von § 4 Nr. 7 genügen lassen. Denn jeglicher negativen Äußerung in Form einer unwahren Tatsachenbehauptung **fehlt es an einer sachlich gebotenen Erörterung** und stellt eine **Geringschätzung** des Mitbewerbers, seines Unternehmens und/oder seiner Produkte, mithin eine Herabsetzung, aus Sicht der angesprochenen Verkehrskreise dar.[208]

8. Rechtfertigungsgründe

80 Grundsätzlich ist der unlautere Wettbewerb anderer kein Rechtfertigungsgrund für eigenes unlauteres Verhalten.[209] Wird die ehrverletzende Äußerung jedoch durch einen vorangegangen Angriff des Betroffenen hervorgerufen, kann diese unter dem Aspekt der **Notwehr** (§ 227 BGB), der **Wahrnehmung berechtigter Interessen** oder der **wettbewerblichen Abwehr** gerechtfertigt sein.[210] Dies jedoch nur dann, wenn die herabsetzende Äußerung zum Zwecke der Abwehr unumgänglich **notwendig** ist.[211] Dies setzt voraus,

---

[201] Vgl. BVerfG NJW 2000, 2413, 2415; OLG Schleswig OLGR 2008, 287, 290 Tz. 30 – Urteilsweitergabe.
[202] Vgl. BVerfG GRUR 446, 450 – Caroline von Monaco.
[203] → Rn 18 ff.
[204] → § 4 Nr. 8 Rn 3 und 19 und BVerfG NJW 2006, 207, 209 f Tz. 42 – „IM-Sekretär" Stolpe.
[205] Vgl. BVerfG NJW 1961, 819 – Schmid-Spiegel; BVerfG NJW 1980, 2072, 2073.
[206] Vgl. BVerfG NJW 2000, 2413, 2414.
[207] → § 4 Nr. 8 Rn 38 und BVerfG NJW 2006, 207, 210 Tz. 44 – „IM-Sekretär" Stolpe.
[208] Zur Herabsetzung auch → Rn 44 ff.
[209] BGH GRUR 1960, 431, 433 – Kraftfahrzeugnummernschilder.
[210] BGH GRUR 1971, 259, 260 – WAZ; BGH GRUR 1970, 422, 424 – Tauchkühler; BGH GRUR 1968, 262, 265 – Fälschung; BGH GRUR 1962, 45, 48 – Betonzusatzmittel; BGH GRUR 1954, 337, 341 f – Radschutz.
[211] BGH GRUR 1954, 337, 341 f – Radschutz.

dass zwischen dem Ursprungsangriff und der Reaktion **ein innerer Bezug** besteht, die Äußerung **sachlich zutreffend** ist und sich **in den Grenzen** des **Erforderlichen** hält.[212] Insoweit kann die besondere Intensität des Angriffs oder die Schutzwürdigkeit des zu wahrenden berechtigten Interesses auch eine entsprechend scharfe Entgegnung rechtfertigen.[213] In der Entscheidung „Pressehaftung" des BGH hat dieser daher die Veröffentlichung einer „Gegenanzeige" in derselben Zeitung, in der zuvor die stark herabsetzende Ursprungsanzeige abgedruckt war, als schadensmindernde Maßnahme gegenüber dem Angriff auf den Ruf des ursprünglich Betroffenen Mitbewerbers für geboten erachtet.[214] Eine Verspottung oder Beleidigung des Mitbewerbers sowie eine pauschale Herabsetzung von Mitbewerbern als Reaktion auf ehrverletzende Angriffe sind mit dem Sachlichkeitsgebot dagegen nicht zu vereinbaren und können somit auch nicht unter dem Aspekt der wettbewerblichen Abwehr gerechtfertigt sein.

9. Haftung der Presse

Wie eingangs ausgeführt, wird für die Anwendung von § 4 Nr. 7 eine **geschäftliche** 81 **Handlung** im Sinne des § 2 Abs. 1 Nr. 1 vorausgesetzt. Danach ist eine Handlung einer Person erforderlich, die objektiv mit der Förderung des Absatzes oder Bezuges von Waren oder Dienstleistungen zugunsten des eigenen oder fremden Unternehmens zusammenhängt; eine Absicht ist nicht mehr zwingend erforderlich, erfüllt aber bei Vorliegen idR das Tatbestandsmerkmal. Es bedarf mithin einer geschäftlichen Handlung, die objektiv geeignet ist, den Wettbewerb zugunsten des eigenen oder eines fremden Unternehmens zu beeinflussen und mit dem Ziel einer solchen Förderung erfolgt.[215] Bei objektiver Eignung wird allgemein von einer **tatsächlichen Vermutung** für den objektiven Zusammenhang der Förderung eigenen oder fremden Wettbewerbs ausgegangen. Würde dies ebenso allgemein auch für Äußerungen der Presse gelten, wäre diese in ihrer Arbeit wesentlich eingeschränkt. Die Pressefreiheit des Art. 5 Abs. 1 S. 2 GG gebietet daher eine differenzierte Betrachtung. Zu unterscheiden gilt es **redaktionelle Äußerungen** einerseits und (in der Regel fremde) Äußerungen im **Anzeigenbereich** andererseits.

Bei **redaktionellen Äußerungen,** also Äußerungen im eigentlichen Kernbereich der 82 Presse, will die Presse Beiträge zum geistigen Meinungskampf über die Öffentlichkeit wesentlich berührende Themen leisten. Es wäre daher eine unangemessene Beeinträchtigung von Art. 5 Abs. 1 S. 2, wenn auch hier eine früher geforderte Wettbewerbsförderungsabsicht, jetzt ein objektiver Zusammenhang, generell vermutet würde. Im **redaktionellen Kernbereich** muss vielmehr die **Wettbewerbsförderungsabsicht positiv** auf Grund der konkreten Umstände des Einzelfalles **festgestellt** werden.[216] Deshalb wird der objektive Zusammenhang mit der Förderung fremden Wettbewerbs dort, wo Presse oder Rundfunk in Erfüllung der ihnen von Art. 5 GG zugewiesenen Informationsaufgaben handeln, nur dann angenommen, wenn dafür gewichtige Beweisanzeichen vorliegen, wenn also beispielsweise der betroffene Wettbewerber polemisch abqualifiziert wird oder die Kritik sonst unsachlich oder überzogen ist[217] oder umgekehrt pauschale Lobhudelei eine bestimmte Leistung anpreist, während bei wissenschaftlich-nüchterner Darstellung,[218] aber auch bei

---

212 OLG Hamburg AfP 1991, 539, 541.

213 BGH GRUR 1957, 360, 362 – Erdstrahlen; BGH GRUR 1962, 45, 48 – Betonzusatzmittel.

214 GRUR 1990, 1012, 1015.

215 *Nordemann* Rn 114.

216 BGH GRUR 1998, 167, 168 – Restaurantkritiker; BGH GRUR 1995, 270, 272 – Dubiose Geschäftsgebaren; BGH GRUR 1986, 898, 899 – Frank der Tat; BGH GRUR 1986, 812, 813f – Gastrokritiker; BGH GRUR 1982, 234, 236 – Großbanken-Restquoten.

217 BGH GRUR 1995, 270, 272 – Dubioses Geschäftsgebaren; BGH WRP 1994, 862, 864 – Bio-Tabletten; BGH GRUR 1990, 373, 374 – Schönheits-Chirurgie; BGH GRUR 1969, 304, 305f – Kredithaie I (vgl. BVerfG GRUR 1982, 498 – Kredithaie II). Das Privileg gilt auch für Interviewgäste, OLG Hamburg AfP 1989, 678.

218 KG WRP 1996, 1162, 1163.

positiver Empfehlung,[219] eine Wettbewerbsabsicht, nunmehr ein objektiver Zusammenhang, eher verneint wird. In seiner aktuellen Entscheidung „Rechtsanwalts-Ranglisten"[220] hat der BGH seine bisherige Rechtsprechung erneut bestätigt und eine damals noch erforderliche Wettbewerbsförderungsabsicht auf Seiten des beklagten Verlages, der eine Publikation mit – nach Region und Fachbereich sortierten – Ranglisten von Rechtsanwälten veröffentlicht hatte, mit der Begründung verneint, dass der Verlag durch ausdrückliche Hinweise auf die Subjektivität der gesammelten Einschätzungen von Mandanten, Anwälten und Akademikern und der eigenen wertenden Beurteilung den Boden sachlicher Information nicht verlassen habe. Zudem handele es ich bei dem angesprochenen Adressatenkreis um ein Fachpublikum, welches zu einer kritischen Beurteilung der Ranglisten fähig sei.[221]

83 Anders dagegen im **Anzeigengeschäft** der (periodischen) Presse. Dort wird das Bestehen eines objektiven Zusammenhangs mit der Forderung regelmäßig zu vermuten sein.[222] Nach der Rechtsprechung des BGH sind daher Verleger und Redakteure auch bei der Entgegennahme von Anzeigenaufträgen grundsätzlich zur Prüfung verpflichtet, ob die Veröffentlichung der Anzeige gegen gesetzliche Vorschriften (wie zB § 4 Nr. 7) verstößt, und wenn dies der Fall ist, verpflichtet, die Anzeigen abzulehnen.[223] Bei der Frage nach den Anforderungen an die Prüfungspflicht ist allerdings zu beachten, dass die Gewährleistung der Pressefreiheit durch Art. 5 Abs. 1 S. 2 GG auch den Anzeigenteil einer Druckschrift einschließt, weil auch in der Veröffentlichung von Anzeigen die Verbreitung von Nachrichten liegt.[224] Die danach gebotene verfassungskonforme Auslegung hat zu berücksichtigen, dass die Presse unter Zeitdruck steht und dass eine umgehende Überprüfung sämtlicher Anzeigen auf Gesetzesverstöße die Arbeit der Presse unzumutbar erschweren würde.[225] Die Anforderungen an das Ausmaß der Prüfung dürfen deshalb entsprechend den praktischen Notwendigkeiten des Pressewesens nicht überspannt werden. Andererseits findet die Pressefreiheit aber ihre Schranke in den Vorschriften der allgemeinen Gesetze, Art. 5 Abs. 2 GG. Die Presse hat daher grundsätzlich auch die wettbewerbsrechtlichen Regelungen zu beachten. Bei der Anzeigenwerbung ist es der Presse in der Regel zumutbar, ihre **Prüfungspflicht** zumindest **auf grobe und eindeutige Verstöße** zu erstrecken; die Verantwortlichen wären jedoch überfordert, wenn sie jeweils eine eingehende wettbewerbsrechtliche Überprüfung vornehmen müssten.[226]

84 Auf **Schadensersatz** haften die verantwortlichen Personen von periodischen Druckschriften gemäß § 9 S. 2 stets nur bei einer **vorsätzlichen** Zuwiderhandlung gegen § 3 Abs. 1 **(Presseprivileg).**[227]

V. Kennzeichenverunglimpfung

1. Allgemeines

85 Der vom Gesetzgeber verwendete Begriff **Kennzeichen** ist im weiten Sinne zu verstehen und erfasst mehr als bloß die Schutzobjekte des MarkenG: Marken (§ 1 Nr. 1 MarkenG), geschäftliche Bezeichnungen (§ 1 Nr. 2 MarkenG) und geographische Herkunftsangaben (§ 1 Nr. 3 MarkenG). Art. 3a Abs. 1 lit. e der Richtlinie 84/450/EWG in der Fassung der Richtlinie 97/55/EG vom 6. 10. 1997, neu Art. 4 lit. d RL 2006/114/EG, spricht inso-

[219] BGH GRUR 1998, 947, 948 – AZUBI '94; BGH GRUR 1997, 473, 475 – Versierter Ansprechpartner; BGH GRUR 1986, 898, 899 – Frank der Tat.
[220] BGH GRUR 2006, 875, 876f – Rechtsanwalts-Ranglisten.
[221] BGH GRUR 2006, 875, 877 – Rechtsanwalts-Ranglisten.
[222] BGH GRUR 1990, 1012, 1014 – Pressehaftung.
[223] BGH GRUR 1973, 203, 204 – Badische Rundschau.
[224] BVerfGE 21, 271, 278ff.
[225] BGH GRUR 1990, 1012, 1014 – Pressehaftung.
[226] BGH GRUR 1990, 1012, 1014 – Pressehaftung; BGH GRUR 1973, 203, 204 – Badische Rundschau.
[227] → § 9 Rn 37ff.

weit von **Marken, Handelsnamen oder anderen Unterscheidungszeichen** eines Mitbewerbers, umfasst also über die Bereiche des Marken- und Firmenrechts hinaus schlechthin alles, was der Unterscheidung eines Unternehmens von anderen Unternehmen dient oder dienen kann – vom Firmenlogo bis zur Dienstkleidung der Mitarbeiter, vom Erscheinungsbild der Firmenfahrzeuge bis zur Gestaltung der Rechnungsformulare oder der Website, vom Anstrich der Fabrikhallen bis zur Präsentation des Messestandes in Hannover oder Leipzig. Das Verbot des § 4 Nr. 7 gilt deshalb nicht etwa nur für die bekannten Fälle der Herabsetzung oder Verunglimpfung von Marken oder Firmenschlagwörtern,[228] sondern würde beispielsweise auch dann relevant, wenn etwa die Damen der Herbertstraße in Hamburg-Altona mit Uniformen eingekleidet würden, die denen der Lufthansa-Stewardessen entsprächen, oder mit Hilfe eines Virus an den Schluss jeder von einem bestimmten Unternehmen versandten Email ein auf dessen Namen passender zweideutiger Reim angehängt werden würde.

2. Abgrenzung zum Markenrecht

Soweit § 4 Nr. 7 auch die Kennzeichen in seinen Schutzbereich mit aufnimmt, gilt es bei der Herabsetzung oder Verunglimpfung von **Marken** § 14 Abs. 2 Nr. 3 MarkenG zu berücksichtigen, die dem Markenrechtsinhaber einen Unterlassungsanspruch gewähren, wenn ein mit seiner im Inland bekannten Marke identisches oder ähnliches Zeichen für andere Waren oder Dienstleistungen als für diejenigen, für die die Marke Schutz genießt, verwendet wird und die Benutzung des Zeichens die Unterscheidungskraft oder Wertschätzung der Marke ohne rechtfertigenden Grund in unlauterer Weise beeinträchtigt. Nichts anderes gilt für **geschäftliche Bezeichnungen** im Sinne des § 15 Abs. 3 MarkenG. Eine Abgrenzung zwischen § 4 Nr. 7 einerseits und §§ 14, 15 MarkenG andererseits lässt sich nur vornehmen, wenn man sich das Verhältnis von Lauterkeitsrecht und Immaterialgüterrecht vor Augen führt. Dieses wird seit jeher kontrovers diskutiert.[229] Sowohl das europäische Markenrecht über Art. 5 Abs. 5 Richtlinie 89/104/EWG[230], Art. 5 Abs. 5 idF der RL 2008/95/EG als auch das deutsche Markenrecht über § 2 MarkenG schließen den ergänzenden wettbewerbsrechtlichen Schutz von Kennzeichen durch das Lauterkeitsrecht nicht ausdrücklich aus. Trotzdem ist es nahezu einhellige Meinung, dass das MarkenG in seinem Anwendungsbereich eine grundsätzlich abschließende Regelung darstellt.[231] Soweit sich das vom Mitbewerber beanstandete Verhalten also im Rahmen der Tatbestandsvoraussetzungen der §§ 14, 15 MarkenG hält, kommt § 4 Nr. 7 nicht zum Zuge.[232] Dies gilt zumindest für **bekannte Kennzeichen,** denen ein Schutz vor Rufausbeutung (auch durch Herabsetzung oder Verunglimpfung) durch die §§ 14 Abs. 2 Nr. 3, 15 Abs. 3 MarkenG gewährt wird. **86**

Eine andere Beurteilung ist im Zusammenhang mit bekannten Kennzeichen nur dort geboten, wo es an einer **markenmäßigen Benutzung** mangelt.[233] Daran fehlt es, wenn das Zeichen nicht in einer Art und Weise verwendet wird, dass es im Rahmen des Produktabsatzes die gekennzeichneten Waren oder Dienstleistungen von Waren oder Dienstleistungen anderer Unternehmen unterscheidet.[234] Ausschlaggebend ist somit, ob der Verkehr aufgrund der Verwendung des Kennzeichens eine **gedankliche Verknüpfung** mit **87**

---

228 → Rn 34.

229 → Rn 95 f; *Köhler* GRUR 2007, 548 ff.

230 Dazu auch EuGH GRUR 2003, 143, 145 Rn 30 – Robelco/Robeco.

231 Vorrang des Rechts des geistigen Eigentums: BGH GRUR 2007, 339, 343 Tz. 23 – Stufenleitern; BGH GRUR 2003, 332, 336 – Abschlussstück; BGH GRUR 2000, 70, 73 – SZENE; BGH GRUR 1999, 161, 162 – Mac Dog.

232 BGH GRUR 2002, 340, 342 – Fabergé.

233 Nicht abschließend entschieden von BGH GRUR 2005, 583, 584 – Lila-Postkarte; in diesem Sinne aber unter anderem *Nordemann* Rn 1638.

234 BGH GRUR 2005, 162 – SodaStream; EuGH GRUR 2003, 55, 57 Tz. 47 ff – Arsenal Football Club; EuGH GRUR Int 1999, 438 Tz. 38 – BMW/Deenik.

der bekannten Marke herstellt.[235] Nach der Rechtsprechung des EuGH wird dies dann zu bejahen sein, wenn ein entsprechender Grad der Ähnlichkeit zwischen Kollisionszeichen und bekannter Marke besteht. In „Adidas/Fitnessworld" hat es der EuGH für eine markenmäßige Benutzung als ausreichend erachtet, dass die beteiligten Verkehrskreise das Kollisionszeichen (zweistreifiges Design auf Sporttextilien von Fitnessworld) zwar als Verzierung auffassten, es wegen der hochgradigen Ähnlichkeit jedoch gedanklich mit der bekannten Marke (dreistreifiges Design von Adidas) verknüpften.[236] Da die Verwendung zu einer bekannten Marke ähnlichen Kennzeichen als Verzierung der eigenen Produkte in den meisten Fällen zu einer gedanklichen Verknüpfung mit dieser führen wird – schließlich ist das Herbeiführen einer solchen gedanklichen Verknüpfung regelmäßig auch der Sinn und Zweck der Verwendung – ist der Begriff der markenmäßigen Benutzung durch den EuGH relativ weit gefasst.[237]

88 **Nicht bekannten Kennzeichen** wird dagegen ein Rufausbeutungsschutz durch die §§ 14 Abs. 2 Nr. 3, 15 Abs. 3 MarkenG nicht gewährt. Insoweit ist umstritten, ob § 4 Nr. 7 auf nicht bekannte Kennzeichen Anwendung findet oder ob das MarkenG mit den §§ 14, 15 eine abschließende Regelung enthält. Die Befürworter für letzteres sehen in den §§ 14 Abs. 2 Nr. 3, 15 Abs. 3 MarkenG eine bewusste Entscheidung des Gesetzgebers, nicht bekannten Kennzeichen einen entsprechenden Schutz nicht zu gewähren. Sie argumentieren, dass die Gewährung eines wettbewerbsrechtlichen Schutzes nach § 4 Nr. 7 einen Widerspruch zur bewussten Bevorzugung bekannter Kennzeichen darstellen würde.[238] Für die zutreffende Gegenansicht spricht, dass § 4 Nr. 7 im Gegensatz zu den §§ 14 Abs. 2 Nr. 1, 2 und 15 Abs. 2 MarkenG **andere** (schärfere) Voraussetzungen für einen Schutz der nicht bekannten Kennzeichen aufstellt, indem die Herabsetzung oder Verunglimpfung des Kennzeichens verlangt wird. In konsequenter Auslegung der BGH-Entscheidung „Fabergé", in der der BGH einen Vorrang des MarkenG damit begründet, dass keine weiteren wettbewerbsrechtlichen Umstände vorgelegen hätten, die nicht schon bereits der Prüfung von § 14 MarkenG zugrunde gelegen haben,[239] gibt es für eine Ausschlusswirkung des MarkenG dann keine Rechtfertigung, wenn die wettbewerbsrechtlichen Vorschriften – wie hier § 4 Nr. 7 – andere und insbesondere strengere Voraussetzungen als das MarkenG selbst aufstellen.[240]

89 Es bleibt daher Raum für **die Anwendung von § 4 Nr. 7 auf nicht bekannte Kennzeichen** auch neben dem MarkenG. Dies lässt sich auch aus § 2 MarkenG ableiten, der einen Kennzeichenschutz durch andere Bestimmungen ausdrücklich nicht ausschließt. Darüber hinaus spricht dafür auch ein Vergleich mit § 6 Abs. 2 Nr. 4, der den Kennzeichenschutz im Rahmen vergleichender Werbung zum Gegenstand hat. Entgegen seinem Wortlaut, der von der unlauteren Ausnutzung bzw. Beeinträchtigung der Wertschätzung der Kennzeichen des Mitbewerbers spricht, ist § 6 Abs. 2 Nr. 4 richtlinienkonform (Art. 3a Abs. 1 lit. d Richtlinie 84/450/EWG, neu in der Fassung Art. 4 lit. d RL 2006/114/EG) dahingehend auszulegen, dass eine solche Ausnutzung oder Beeinträchtigung der Wertschätzung nur gegeben ist, wenn es sich um eine Herabsetzung oder Verunglimpfung der Kennzeichen des Mitbewerbers handelt.[241] Soweit also die Herabwürdigung von Kennzeichen der Streitgegenstand ist, ist im Zusammenhang mit vergleichender Werbung § 6 Abs. 2 Nr. 4 das Äquivalent zu § 4 Nr. 7.[242] Da es sich bei § 6 Abs. 2 Nr. 4 um harmonisiertes Recht handelt, scheidet die These

---

235 Vgl. BGH GRUR 2005, 583, 584 – Lila-Postkarte; EuGH GRUR 2004, 58, 60 Tz. 39 – Adidas/Fitnessworld; EuGH GRUR 2003, 55, 57 Tz. 56 – Arsenal Football Club.

236 Vgl. EuGH GRUR 2004, 58, 60 Tz. 39 – Adidas/Fitnessworld.

237 Vgl. EuGH GRUR 2004, 58, 60 Tz. 39 – Adidas/Fitnessworld.

238 *Helm* GRUR 2001, 291, 293; vgl. auch *Piper/Ohly* UWG § 4.7 Rn 7/8.

239 BGH GRUR 2002, 340, 342 – Fabergé.

240 Vgl. OLG München GRUR 2000, 518, 519 – buecherde.com, zu einem Fall der wettbewerbswidrigen Behinderung nach § 1 UWG aF; auch → Einl E Rn 95; in diesem Sinne ebenso Hefermehl/*Köhler*/Bornkamm UWG § 4 Rn 7.9.

241 So auch Hefermehl/*Köhler*/Bornkamm UWG § 4 Rn 7.9.

242 → Rn 17.

vom Vorrang des Markenrechts aus.[243] § 6 Abs. 2 Nr. 4 ist mithin neben § 14 Abs. 2 Nr. 3 MarkenG anwendbar. Wenn aber § 6 Abs. 2 Nr. 4 neben dem MarkenG Berücksichtigung findet, wäre es widersprüchlich und gesetzessystematisch kaum vertretbar, wenn dies für die spiegelbildliche Vorschrift des § 4 Nr. 7 nicht gelten soll.[244] Denn es erschließt sich nicht, wie man bei der Beurteilung des Verhältnisses zwischen Lauterkeitsrecht und Markenrecht eine die unterschiedliche Behandlung rechtfertigende Verschiedenheit darin sehen kann, dass die Herabsetzung des Kennzeichens einerseits innerhalb vergleichender Werbung und andererseits außerhalb vergleichender Werbung erfolgt.

Eine **differenzierende Ansicht** vertritt *Ohly*, der nicht bekannten Kennzeichen Schutz 90
nach § 4 Nr. 7 nur in Fällen der qualifizierten Herabsetzung, wie der Formalbeleidigung oder der Schmähkritik, gewähren will und dies damit begründet, dass ansonsten die Schutzuntergrenzen des MarkenG unterlaufen würden.[245] Dagegen spricht jedoch, dass die Entscheidung des Gesetzgebers zumindest insoweit eindeutig ist, als dass die §§ 14 Abs. 2 Nr. 3, 15 Abs. 3 MarkenG nicht bekannten Kennzeichen keinen Schutz gewähren. Vertritt man daher die Auffassung, dass in diesem Zusammenhang § 4 Nr. 7 neben dem MarkenG Anwendung findet, kann auch nur dieser den Maßstab des Schutzes ausgestalten. Da § 4 Nr. 7 ohnehin schärfere Voraussetzungen als die §§ 14 Abs. 2 Nr. 3, 15 Abs. 3 MarkenG aufstellt, erschließt es sich ferner nicht, warum diese zusätzlich noch auf Fälle der Schmähkritik und der Formalbeleidung beschränkt werden sollen. Im Ergebnis gilt es daher, § 4 Nr. 7 auch auf nicht bekannte Kennzeichen anzuwenden. Dasselbe gilt für bekannte Marken, soweit es an einer markenmäßigen Benutzung fehlt.

3. Herabsetzung und Verunglimpfung von Kennzeichen

Aufgrund des Anwendungsvorrangs des MarkenG kommt § 4 Nr. 7 nur bei der Verun- 91
glimpfung von ungeschützten und/oder nicht bekannten Marken sowie – was selten der Fall sein wird – bei der Verunglimpfung von bekannten Kennzeichen, wenn eine **markenmäßige Benutzung** des fremden Kennzeichens nicht nachgewiesen werden kann und schließlich in all den Fällen, in denen kein Schutzrecht nach dem MarkenG, aber doch ein der Unterscheidung des Unternehmens von anderen dienendes Kennzeichen[246] betroffen ist, zur Anwendung.[247] Als Verunglimpfung von Kennzeichen wird nach der Rechtsprechung des BGH regelmäßig die **Verballhornung eines Kennzeichens** angesehen, die so beschaffen ist, dass das Kennzeichen in eine unpassende und jedenfalls von Teilen des Verkehrs als anstößig oder zumindest als geschmacklos empfundene Beziehung zu bestimmten Erzeugnissen gesetzt wird oder es in einen im Übrigen schlüpfrigen Spruchzusammenhang gebracht wird, sofern nur die Möglichkeit besteht, dass wenigstens nicht ganz unerhebliche Teile des Verkehrs die darin von ihnen gesehene Geschmacklosigkeit als eine solche des Kennzeicheninhabers selbst auffassen und dadurch der Werbewert des Kennzeichens beeinträchtigt wird (sog. **inkompatibler Zweitgebrauch**).[248]

Vor diesem Hintergrund ist eine nach § 4 Nr. 7 zu verbietende Kennzeichenverun- 92
glimpfung unter anderem in den folgenden Fällen denkbar:

- direkte Verballhornung des Kennzeichens, beispielsweise durch die Verfremdung der Shell-Muschel zu einem Totenkopf auf T-Shirts;[249]
- Verwendung des Kennzeichens als „eye-catcher" („Es tut NIVEA als beim ersten Mal") für Produkte, die „unter dem Ladentisch" gehandelt zu werden pflegen;[250]

---

243 *Bornkamm* GRUR 2005, 97, 101.
244 Ähnlich Hefermehl/*Köhler*/Bornkamm UWG § 4 Rn 7.9.
245 *Piper/Ohly* UWG § 4.7 Rn 7/8.
246 → Rn 85.
247 Dazu ausführlich → Rn 86 f.
248 BGH GRUR 1994, 808, 811 – Markenverunglimpfung I; BGH GRUR 1995, 57, 59 – Markenverunglimpfung II.
249 OLG Hamburg, NJW-RR 1998, 1121.
250 Vgl. BGH GRUR 1995, 57, 59 – Markenverunglimpfung II für die Präservativ-Werbung.

– Verwendung des Kennzeichens für einen „schlüpfrigen" Spottvers: Verballhornung der Marke BMW durch „Bumms mal wieder"[251] oder auch der Marke Mars durch „Mars macht mobil bei Sex, Sport und Spiel"[252] (in Abwandlung der Mars-Werbung" „...bei Arbeit, Sport und Spiel").

93 Abgelehnt wurde eine Kennzeichenverunglimpfung dagegen in der Entscheidung des BGH „Lila-Postkarte".[253] Dort hatte ein Kartenvertreiber eine lilafarbene Postkarte mit dem Aufdruck „Über allen Wipfeln ist Ruh, irgendwo blökt eine Kuh. Muh! Rainer Maria Milka" auf den Markt gebracht. Dies wurde zu Recht nicht als herabsetzende oder gar verunglimpfende, sondern als witzige und humorvolle Auseinandersetzung mit der Marke und den Werbemethoden für Milka-Schokolade angesehen, der darüber hinaus aufgrund des humorvoll-satirischen Charakters die **Kunstfreiheit des Art. 5 Abs. 3 GG** zur Seite stand.[254] Humorvoll-ironisch verwendete Bildmarken, wie die Verfremdung des Unternehmenskennzeichens von AOL auf einem Abi-T-Shirt mit dem Spruch „Bin ich da schon durch ... oder was? Das war ja einfach!" ist von der Kunstfreiheit nach Art. 5 Abs. 3 GG gedeckt.[255]

VI. Relevanz der Bagatellklausel (Spürbarkeit) des § 3 Abs. 1

94 Gemäß § 3 Abs. 1 sind nur solche unlauteren geschäftlichen Mitteilungen unzulässig, die geeignet sind, den Wettbewerb zum Nachteil der Mitbewerber, der Verbraucher oder der sonstigen Marktteilnehmer spürbar zu beeinflussen. Da es sich bei § 4 Nr. 7 um einen **kodifizierten Ausschnitt aus dem allgemeinen Persönlichkeitsrecht** handelt,[256] dem die Rechtsordnung gemäß Art. 2 Abs. 1 GG einen hohen Rang zuerkennt, ist im Falle einer Verletzung von § 4 Nr. 7 bereits **ohne weiteres die Spürbarkeit** der Wettbewerbsbeeinträchtigung begründet.[257]

95 Soweit herabsetzende oder verunglimpfende Äußerungen **öffentlich** getan wurden, lässt sich ihre *Eignung* zu einer spürbaren Beeinträchtigung des Wettbewerbs zum Nachteil des oder der betroffenen Mitbewerber im Regelfall ohnehin kaum leugnen. Handelt es sich um eine Öffentlichkeit, von der eine Weiterverbreitung nicht zu erwarten ist – der Inhaber eines der letzten Tante-Emma-Läden in der dörflichen Einsamkeit Vorpommerns oder der Niederlausitz verteilt Werbezettel mit der Schlagzeile „ALDI taugt nichts – lasst Euch nicht betrügen" in allen Häusern seines Einzuggebiets –, so wird die Verletzung der Nr. 7 kaum zu einer rechtlichen Auseinandersetzung führen, weil das betroffene Unternehmen davon nichts erfährt; geschieht das dennoch, so lässt sich auch in einem solchen Fall die Eignung der Äußerung zu einer spürbaren Beeinträchtigung der zuvor gegebenen Wettbewerbslage nicht bestreiten: Die Leser des Zettels kaufen dann möglicherweise woanders.

96 Selbst Äußerungen am **Wirtshaustisch,** mit denen ein Mitbewerber einen anderen herabsetzt oder verunglimpft, werden regelmäßig nicht als Bagatellfall zu behandeln sein, weil der Schutz der Geschäftsehre auch in solchen Fällen ohne weiteres die Spürbarkeit der Wettbewerbsbeeinträchtigung begründen dürfte;[258] auch wettbewerbsrechtlich kann es nicht

---

[251] Vgl. BGH GRUR 1986, 759 – BMW, zu Unrecht freigegeben.

[252] BGH GRUR 1994, 808, 811 – Markenverunglimpfung I; mit Kritik zur Entscheidung *Säcker* WRP 2004, 1199, 1208, der BGH habe insoweit falsch entschieden, weil kein Beweis für die irrtümliche Zuordnung der Kondompackung zum Markeninhaber erbracht worden sei und darüber hinaus Mars nicht geschädigt worden sei und Vorrang des Art. 5 Abs. 3 GG – Kunstfreiheit – weil die Eigentumskomponente der Marke nicht tangiert sei, S. 1209.

[253] BGH GRUR 2005, 583, 585.

[254] BGH GRUR 2005, 583, 585 – Lila-Postkarte; ebenso dem BGH folgend OLG Hamburg GRUR-RR 2006, 231, 232 – Bildmarke AOL, wo die Bildmarke und Werbung von AOL in satirischer Weise für ein Abi-T-Shirt verfremdet wurde.

[255] OLG Hamburg GRUR-RR 2006, 231, 232 – Bildmarke AOL.

[256] → Rn 5.

[257] → § 3 Rn 40.

[258] So schon nach früherem Recht BGH GRUR 1960, 384, 386 – Mampe halb und halb, bejahend zur Frage, ob die private Unterhaltung eines Handelsvertreters mit einem Kellner in einem Lokal als Handeln im geschäftlichen Verkehr im Sinne des § 1 UWG aF aufgefasst werden kann.

hinzunehmen sein, dass ein Mitbewerber über den anderen am Stammtisch herabwürdigend oder verleumdend „herzieht".

Für **vertrauliche Mitteilungen** unter Geschäftspartnern oder innerhalb eines Betriebes gilt, was ihre Eignung und die Frage ihrer Spürbarkeit betrifft, an sich nichts anderes. Insoweit ist jedoch zu beachten, dass Nr. 8 Halbs. 2 für diesen Bereich sogar unzutreffende Tatsachen privilegiert, solange sie nicht gerade wider besseres Wissen behauptet worden sind. Für die von Nr. 7 erfassten Werturteile wird Entsprechendes anzunehmen sein.[259] 97

C. Rechtsvergleichendes

Verbote, die dem des § 4 Nr. 7 zumindest im Kern entsprechen, finden sich in fast allen nationalen Wettbewerbsverordnungen Europas, soweit solche überhaupt als Sondergesetze existieren. Im Einzelnen soll lediglich das schweizerische und das österreichische Lauterkeitsrecht hervorgehoben werden: 98

Die Grundlagen des **schweizerischen** Lauterkeitsrechts finden sich im Bundesgesetz gegen den unlauteren Wettbewerb (UWG) vom 19. 12. 1986. Dieses ist von der Gesetzessystematik her kaum vom deutschen UWG zu unterscheiden. So findet sich in Art. 1 der Zweck des Gesetzes, in Art. 2 eine Generalklausel, die jedes täuschende oder in anderer Weise gegen den Grundsatz von Treu und Glauben verstoßende Verhalten oder Geschäftsgebaren verbietet, in den Art. 3 bis 8 eine beispielhafte Konkretisierung der Generalklausel und schließlich in den Art. 9 bis 15 die zivilrechtlichen, in Art. 16 bis 22 die verwaltungsrechtlichen und in Art. 23 bis 27 die strafrechtlichen Rechtsschutz- bzw. Rechtsverfolgungsmöglichkeiten. Das Verbot herabsetzender Äußerungen enthält Art. 3 lit. a schweizUWG. Das Wettbewerbsrecht in der Schweiz ist im Übrigen überblickartig dargestellt bei HK-WettbR/*Bühler* (S. 998 ff). 99

Im **österreichischen** Lauterkeitsrecht ist das Bundesgesetz gegen den unlauteren Wettbewerb 1984 (UWG) die wichtigste Rechtsquelle, geändert am 12. 12. 2007 wegen der RL 2005/29/EG. Daneben kommt aber auch den nach § 32 öUWG erlassenen Kennzeichnungsverordnungen sowie dem Nahversorgungsgesetz eine gewisse Bedeutung im Lauterkeitsrecht zu. Das öUWG ähnelt von seiner Gesetzessystematik dem alten deutschen UWG. Es enthält in § 1 eine umfassende Generalklausel und regelt in § 2 das Verbot der Irreführung und teilweise der vergleichenden Werbung. Es folgen weitere Unlauterkeits- und Straftatbestände und ab § 13 die Regelung der zivilrechtlichen Ansprüche sowie allgemeine Bestimmungen. Anders als im deutschen Recht wurde die EG-Richtlinie zur vergleichenden Werbung[260] jedoch nicht größtenteils zusammenhängend an einer Stelle im Gesetz verortet. Nach Ansicht des österreichischen Gesetzgebers bedurfte es lediglich der Einfügung des § 2 Abs. 3 öUWG und des Hinweises in § 2 Abs. 2 öUWG, dass sich die Zulässigkeit vergleichender Werbung im Übrigen nach den §§ 1, 2, 7 und 9 öUWG richte. Das Verbot von Herabsetzungen oder Beschimpfungen der Konkurrenz (Geschäftsehrverletzungen) wird – ähnlich wie nach früherem deutschem Recht – von der Generalklausel des § 1 öUWG erfasst. Das Wettbewerbsrecht in der Österreich ist im Übrigen überblickartig dargestellt bei HK-WettbR/*Winternitz/Steinmair* (S. 918 ff). 100

D. Prozessuales

Für § 4 Nr. 7 gilt nicht die im Rahmen von § 4 Nr. 8 im Normalfall bestehende Beweislastumkehr.[261] Vielmehr gilt hier der Grundsatz uneingeschränkt, dass jede Seite die ihr 101

---

[259] Vgl. zur Abgrenzung → Rn 53.

[260] Richtlinie 97/55/EG des Europäischen Parlaments und des Rates vom 6. 10. 1997 zur Änderung der Richtlinie 84/450/EWG über irreführende Werbung zwecks Einbeziehung der vergleichenden Werbung.

[261] → § 4 Nr. 8 Rn 58 ff.

günstigen Tatsachen **darlegen und beweisen** (glaubhaft machen) muss (vgl. § 138 ZPO). Im Rahmen von § 4 Nr. 7 bedeutet dies, dass der Kläger (Antragsteller) darlegen und beweisen muss,
- dass der Beklagte (Antragsgegner) Mitbewerber ist,
- er, seine persönlichen oder geschäftlichen Verhältnisse, Kennzeichen, Waren, Dienstleistungen oder Tätigkeiten in der Äußerung individualisierbar sind und
- die Äußerung ihn herabsetzt oder ihn verunglimpft.

102 Der Beklagte (Antragsgegner) muss darlegen und beweisen (glaubhaft machen), dass dies nicht zutrifft, zB durch Gutachten, eidesstattliche Versicherungen.

103 Die Einhaltung der Meinungsfreiheit und ihre Abwägung mit den im § 4 Nr. 7 enthaltenen Persönlichkeitsschutz[262] ist **von Amts wegen** zu berücksichtigen.

104 Regelmäßig problematisch ist der Nachweis eines Schadens. Denn die Schädigung durch Herabsetzung oder Verunglimpfung messbar zu machen, ist problematisch, denn der Betroffene müsste darlegen, welche Einbußen er aufgrund der Äußerung erlitt, und dass die Äußerung vor allem kausal mit der Meidung des Betroffenen einhergeht. Möglich ist nicht nur die Unterlassung der entsprechenden Äußerung zu verlangen, sondern zur Imagebesserung Werbeaufwendungen zur Verfügung zu stellen, deren Kosten dem Schädiger in Rechnung zu stellen sind.[263]

E. Anhang: Pauschale Herabsetzung nicht erkennbarer Mitbewerber (§ 3 Abs. 1)

105 § 4 Nr. 7 ist nur dann anwendbar, wenn der Mitbewerber in der herabsetzenden oder verunglimpfenden Aussage individualisierbar und somit konkret betroffen ist, weil § 4 Nr. 7 die Geschäftsehre schützt.[264] Fälle der pauschalen Herabsetzung aller oder einer größeren Zahl nicht erkennbarer Mitbewerber sind deshalb nur direkt über die Generalklausel des § 3 Abs. 1 zu lösen.[265]

I. Allgemeines

106 Da im Falle der pauschalen Herabsetzung nicht im einzelnen individualisierbarer Mitbewerber Gesichtspunkte der Geschäftsehre keine Rolle spielen können, weil der Mitbewerber eben gerade nicht individualisierbar ist und es eine „Kollektivehre“ aller Mitbewerber nicht gibt, muss die **Schwelle** für die Annahme unlauteren Wettbewerbs im Falle der pauschalen Herabsetzung nicht individualisierbarer Mitbewerber **deutlich höher** gelegt werden als in den Fällen des § 4 Nr. 7. Der BGH hat schon in seiner früheren Rechtsprechung zu § 1 aF hervorgehoben, dass werbliche Äußerungen über eine Vielzahl nicht individualisierbarer Mitbewerber nur dann als wettbewerbswidrig eingeordnet werden können, wenn sich die Aussage **als in unangemessener Weise abfällig, abwertend oder unsachlich** darstellt.[266] In Fällen der pauschalen Herabsetzung nicht individualisierbarer Mitbewerber kommt dem **Grundrecht der Meinungsfreiheit** deshalb eine besondere Bedeutung zu, weil wegen fehlender Verletzung der Geschäftsehre das allgemeine Persönlichkeitsrecht als Grundrecht von Verfassungsrang nicht mehr in die Abwägung mit einbezogen werden kann und damit die Meinungsfreiheit nur noch der Einhaltung des lauteren Wettbewerbs gegenüber zu stellen ist.[267] Zwar sind Fälle der pauschalen Herabsetzung nicht individuali-

---

262 → Rn 5, 58ff.
263 *Ohly* GRUR 2007, 926, 930f.
264 → Rn 3f.
265 → Rn 4, 94ff.
266 BGH GRUR 2002, 75, 77 – „SOOOO … billig!“; BGH GRUR 2001, 752, 753 – Eröffnungswerbung; BGH GRUR 1999, 1100, 1101f – Generika-Werbung.
267 → Rn 59f.

sierbarer Mitbewerber noch nicht vor das BVerfG gelangt; insoweit ist allerdings zu erwarten, dass das BVerfG der Meinungsfreiheit den Vorrang einräumen wird, sofern nicht dargelegt werden kann, dass „die für sittenwidrig erachtete Werbung Gefährdungen für den an der Leistung orientierten Wettbewerb auslöst, obwohl die Marktteilnehmer üblicherweise einer Vielzahl von suggestiven Werbeeinflüssen ausgesetzt sind, ohne dass in diesen eine entsprechende Gefährdung gesehen wird".[268]

II. Einzelfälle

Nach neuerem Recht wird deshalb über § 3 Abs. 1 der früheren Fallgruppe der pauschalen Herabsetzung nicht individualisierbarer Mitbewerber kaum noch eine Bedeutung zukommen, es sei denn, darin würde zugleich eine irreführende Angabe und deshalb eine wettbewerbsrechtliche Unlauterkeit gemäß § 5 Abs. 1 liegen.[269] Insbesondere dürften die folgenden, von der Rechtsprechung früher als unlauter wegen einer pauschalen Herabsetzung aller Mitbewerber angesehenen Werbeaussagen heute **nicht mehr als wettbewerbswidrig** gemäß § 3 Abs. 1 eingeordnet werden können: 107

- „Dagegen ist alles andere eben bloß Zahnpasta";[270]
- „Bei uns hat Qualität auch Stil";[271]
- „Lieber PLUS bei X als NULL woanders";[272]
- „Solange unsere Kunden uns gut leiden können, können uns alle andern";[273]
- „Die einen erfinden, und die andern plappern nach";[274]
- „Die Privaten klauben sich nur die Rosinen raus";[275]
- die Konkurrenz habe „billige Arzneimittel verteufelt".[276]
- Auch die bildliche Gegenüberstellung einer eigenen einwandfreien Sanitär-Garnitur mit einem Konkurrenzprodukt gleicher Zweckbestimmung, das offensichtlich defekt ist, erscheint nicht als in unangemessener Weise abfällig und wäre daher heute nicht zu verbieten.[277]
- Dasselbe gilt für die Werbeaussage „Billige Composite Rackets (Graphite-Fiberglas) muten wir Ihnen nicht zu".[278]

Die bisherige Rechtsprechung lässt deutlich werden, dass die Fälle der pauschalen Herabsetzung keineswegs selten sind, auch früher wurde manches als unlauter angesehen, was das Verdikt „in unangemessener Weise abfällig, abwertend oder unsachlich" nicht verdiente und daher bereits nach früherem Recht hätte unbedenklich gewesen sein müssen und erst Recht nach § 3 Abs. 1 unbedenklich ist: 108

- „Stärken ist besser"[279] oder „Frische Bohnen schmecken besser";[280]
- „Weil niemand gern zuviel bezahlt";[281]
- „Wir bieten mehr";[282]

---

[268] So wörtlich BVerfG GRUR 2002, 455, 456 – Tier- und Artenschutz.
[269] Ebenso *Piper/Ohly* UWG § 6 Rn 81.
[270] OLG Frankfurt WRP 1972, 91; vgl. auch OLG Köln WRP 1986, 169.
[271] OLG Koblenz WRP 1983, 289.
[272] OLG Düsseldorf WRP 1987, 673, 674.
[273] OGH Wien ÖBl. 1995, 111 – Götz-Zitat.
[274] OLG Stuttgart NJW-RR 1993, 1516.
[275] OLG München NJW-RR 1996, 1323; vgl. auch OLG München NJW-RR 1996, 1001.
[276] OLG Stuttgart WRP 1996, 350f.
[277] OLG Hamburg WRP 1999, 355, 356f; vgl. schon OGH Wien GRUR Int. 1982, 204, 205 – Ketchup-Flaschen für den unsachlich abwertenden Vergleich von Glas- und Plastikflaschen.
[278] BGHZ 138, 55, 66 = GRUR 1998, 824, 828 – Testpreis-Angebot.
[279] BGH GRUR 1963, 371, 375 – Wäschestärkemittel.
[280] OLG Hamburg WRP 1979, 133f.
[281] BGH GRUR 1964, 208, 210 – Fernsehinterview.
[282] BGH GRUR 1968, 433, 437 – Westfalenblatt II; vgl. auch OLG Hamburg NJW-RR 1995, 144f – TV-More.

– „Der sanfte Bitter" für einen Magenbitter in Portionsflaschen;[283]
– „Man geht nicht zum Friseur, man geht zu Meister L.";[284]
– Man könne bei diesem sog. Büffelgras-Wodka das Büffelgras schmecken, „ohne es kauen zu müssen";[285]
– „Warum wollen Sie woanders unbedingt mehr bezahlen?";[286]
– „Die Steinzeit ist vorbei";[287]
– „Am besten kaufen Sie bei uns";[288]
– „Guter alter Opel" in einer Mitsubishi-Werbung;[289]
– „Lieber zu Sixt als zu teuer";[290]
– „Lieber besser aussehen als zu viel bezahlen";[291]
– „Da haben undichte Rohrverbindungen, Wurzeleinwuchs, Rissbildungen und Bruch durch Verkehrslasten keine Chance … freie Fahrt für duktile Gussrohrtechnik";[292]
– „Die beste Werbung für S. sind die Angebote der Konkurrenz";[293]
– „Achtung, Mitsubishi Fahrer: Beim Kauf eines neuen Opel machen wir Ihnen jetzt ein besonderes Angebot".[294]

109 Selbst eine in scharfer Form geäußerte Negativwerbung ist noch zulässig, wenn sie die ungenannte Konkurrenz **nicht definitiv herabsetzt,** sondern **nur die Möglichkeit** betont, dass andere Angebote unseriös sein könnten, weil es sich vielleicht um „Lockvögel", „Ladenhüter" oder „Finten" handele, und deshalb eine „misstrauische" **Prüfung empfiehlt.**[295] Erst recht setzt die Empfehlung, mit dem Kauf von Computern bis zur Eröffnung der neuen Verkaufsstelle des Werbenden zu warten, niemanden herab.[296] In der Werbeaussage „Die M.M. Tiefpreisgarantie hält, was andere versprechen"[297] liegt daher genauso wenig eine pauschale Herabsetzung der (gesamten) Konkurrenz wie in der plakativen Werbebehauptung „Ich bin doch nicht blöd."[298]

110 Entsprechendes gilt für die **satirische Überzeichnung** in einer Werbeaussage: In einem TV-Werbespot war ein überdimensional großer, sehr biegsamer und vor Staub sprühender Müsli-Riegel von zwei im Freien stehenden Büroangestellten betrachtet und betastet worden; das werbende Unternehmen hatte sodann das eigene Produkt mit dem Hinweis gezeigt „Hätten wir kinder country zäh wie Gummi oder staubtrocken gemacht, sollten Büros besser im Freien sein". Das OLG Hamburg hat einen solchen TV-Werbespot nicht als wettbewerbsrechtlich unzulässige pauschale Herabsetzung aller Hersteller von Müsli-Riegeln angesehen, weil die Werbeaussage in humoristischer Weise gestaltet und ihr ein erkennbar scherzhafter Inhalt zukomme; der durchschnittlich informierte und verständige Verbraucher entnehme einer derartigen Werbeaussage keine ernsthafte Sachaussage über Müsli-Riegel, die real am Markt erhältlich sind, sondern er nehme sie lediglich als Aufhänger wahr, der seine Aufmerksamkeit wecken soll.[299] Entsprechend hat das OLG Hamburg im Hinblick auf einen Hörfunk-Werbespot für Dienstleistungen einer Krankenkasse entschieden: „Manche Krankenkassen hören sich so an (Geräusch: nicht anspringendes, „or-

---

[283] BGH GRUR 1972, 270, 271.
[284] OLG Hamm GRUR 1977, 547.
[285] OLG Köln WRP 1980, 715.
[286] OLG Saarbrücken, WRP 1989, 830.
[287] OLG München WRP 1980, 356; wie hier inzwischen BGH GRUR 2002, 982, 983f.
[288] KG WRP 1982, 220.
[289] OLG Düsseldorf GRUR 1985, 302.
[290] OLG Hamburg GRUR 1992, 531; wie hier schon OLG Oldenburg WRP 1993, 128f.
[291] Schon von BGH GRUR 1997, 227, 228f – Aussehen mit Brille zugelassen.
[292] OLG Köln GRUR 1996, 220f – Herabsetzender Werbevergleich.
[293] KG WRP 1999, 339, 340.
[294] OLG Saarbrücken EuZW 1999, 575f, dort bereits zugelassen.
[295] BGH GRUR 2002, 75, 76f – „SOOOO … BILLIG!".
[296] BGH GRUR 2001, 752f – Eröffnungswerbung.
[297] OLG Hamburg GRUR-RR 2003, 50, 51 – Tiefpreisgarantie.
[298] OLG Karlsruhe NJWE-WettbR 1998, 49, 49f – Ich bin doch nicht blöd.
[299] OLG Hamburg GRUR-RR 2003, 251, 252 – Müsli-Riegel.

gelndes" Auto), aber nur eine so (Geräusch: Formel-1-Auto). BKK Mobil Oil – die einzige offene Krankenkasse mit voller Leistung. Nur 11% Beitrag".[300]

Auch die satirische Verdeutlichung eines an sich trockenen Zahlenwerks mit dem Ziel, für eine Werbeanzeige größere Aufmerksamkeit zu wecken, ist als solche nicht unlauter: In einem Fachinformationsdienst war den Reichweitenzahlen dreier Wochenmagazine die – maßstabgetreue – Abbildung entsprechend kleiner bzw. großer Hunde zugeordnet (Schoßhündchen für SPIEGEL und FOCUS, Dogge für STERN). Darin sah das OLG München zu recht keine unsachliche Herabsetzung der beiden erstgenannten Zeitschriften.[301] 111

Entsprechend müssten die folgenden Entscheidungen heute wohl anders ausfallen: 112
- OLG München sah noch in der Abbildung eines Wasserhahns, der ein Etikett trug, zur Werbung für Leitungswasser als Trinkwasser mit der Schlagzeile „Hängen Sie noch an der Flasche?" eine unsachliche Herabsetzung der Mineralwasser-Industrie.[302]
- OLG Hamm[303] hielt eine Werbung für echten Goldschmuck mit dem Slogan „Die Zeit des Modeschmucks ist vorbei!" noch für eine „pauschale Abwertung" der Produkte des klagenden Modeschmuck-Herstellers, und dies unter Zitat der Entscheidung des BGH „Vergleichen Sie".[304]
- Wiederum das OLG München[305] verbot die werbliche Bezugnahme auf bekannte Markenparfums der Konkurrenz in so genannten Duftvergleichslisten, obwohl solche allenfalls einer besseren Orientierung der Verbraucherinnen dienen können, aber keine unangemessene Herabsetzung enthalten.[306]

III. Fazit

Die frühere Fallgruppe der pauschalen Herabsetzung aller Mitbewerber wird daher heute nach § 3 Abs. 1 kaum noch eine praktische Bedeutung besitzen, sondern wohl nur noch ausnahmsweise und dann zu einem Verbot wegen unlauteren Wettbewerbs führen, wenn es sich um überzogene, unsachliche Schmähkritik handelt.[307] Sofern die pauschale Herabsetzung aller Mitbewerber allerdings mit unwahren oder irreführenden Angaben einhergeht, bleibt die Wettbewerbswidrigkeit nach § 5 Abs. 1 S. 1, Abs. 2, 3 eigenständig zu überprüfen.[308] 113

---

300 GRUR-RR 2003, 249, 251 – „orgelndes" Auto. Anders noch – OLG München GRUR 1992, 322, 322 f – Unkenntlichmachung durch Geräusch.
301 GRUR-RR 2003, 189, 190 – Dogge.
302 OLG München NJWE-WettbR 2000, 177 f.
303 OLG Hamm WRP 2000, 1316, 1317 f.
304 BGH GRUR 1999, 501 – „Vergleichen Sie"; → Rn 45 f, 49.
305 WRP 2001, 820, 828 f.
306 Ebenso schon OLG Köln WRP 1996, 1200, 1203 f.
307 Ebenso *Piper/Ohly* UWG § 6 Rn 81.
308 → auch Rn 24 f.

Anschwärzung (§ 4 Nr. 8)

Übersicht

	Rn
A. Einleitung	**1**
I. Sinn und Zweck der Norm, Stellung im Gesetz	1
II. Entstehungsgeschichte	8
III. EU-Richtlinien	12
IV. Abgrenzung zu anderen Vorschriften	13
1. Abgrenzung zu §§ 823 ff BGB	14
2. Abgrenzung zu § 4 Nr. 7	19
3. Abgrenzung zu § 4 Nr. 10	20
4. Abgrenzung zu § 5	21
5. Abgrenzung zu § 6	22
B. Regelungsgehalt	**23**
I. Überblick über den Tatbestand	23
II. Mitbewerber und Anspruchsberechtigung	24
1. Mitbewerber	24
2. Anspruchsberechtigter	27
III. Anknüpfungspunkte	30
1. Waren und Dienstleistungen sowie Kennzeichen	31
2. Unternehmen, Unternehmer und Mitglied der Unternehmensleitung	33
IV. Verbotenes Handeln	34
1. Tatsache	35
2. Behaupten oder Verbreiten	44
3. Eignung zur Schädigung	49
4. Sonderfall: Abnehmerverwarnung	54
V. Beweislast	58
1. Normfall der Beweislastumkehr	59
2. Ausnahmefall der vertraulichen Mitteilungen	64
VI. Relevanz der Bagatellklausel (Spürbarkeitsschwelle) des § 3 Abs. 1	75
C. Rechtsvergleichendes	**76**

Schrifttum: *Ahrens,* Die Benetton-Rechtsprechung des BVerfG und die UWG-Fachgerichtsbarkeit, JZ 2004, 763; *Born,* Gen-Milch und Goodwill – Äußerungsrechtlicher Schutz durch das Unternehmenspersönlichkeitsrecht, AfP 2005, 110; *Brinkmann,* Der Äußerungsrechtliche Unternehmensschutz in der Rechtsprechung des Bundesgerichtshofs, GRUR 1988, 516; *Gamerith,* Neue Herausforderungen für ein europäisches Lauterkeitsrecht, WRP 2003, 143; *Hartwig,* Meinungsfreiheit und lauterer Wettbewerb, GRUR 2003, 924; *Helle,* Die Begrenzung des zivilrechtlichen Schutzes der Persönlichkeit und Ehre gegenüber Äußerungen in rechtlich geordneten Verfahren, GRUR 1982, 207; *Hesse,* Ist § 14 UWG auf die Abnehmerverwarnung aus Patenten und Gebrauchsmustern anwendbar?, GRUR 1979, 438; *John,* Die unberechtigte Schutzrechtsverwarnung im deutschen und österreichischen Recht, GRUR Int. 1979, 236; *Kübler,* Öffentliche Kritik an gewerblichen Erzeugnissen und beruflichen Leistungen, AcP 172 (1972) 177; *Pärn,* Tatsachenmitteilung und Tatsachenbehauptung, NJW 1979, 2544; *Pfeiffer,* Die geschäftliche Verleumdung nach § 15 UWG, FS Quack, 1991, S. 89; *v. Rando,* Rating und Wettbewerb, ZBB 1996, 85; *Rüßmann,* Umstrittene Heilungsmethoden – ein Problem des Wettbewerbsrechts?, NJW 1997, 1620; *Sack,* Notwendige Differenzierungen bei unbegründeten Abnehmerverwarnungen, WRP 2007, 708; *ders.,* Die Haftung für unbegründete Schutzrechtsverwarnungen, WRP 2005, 253; *Schricker,* Öffentliche Kritik an gewerblichen Erzeugnissen und beruflichen Leistungen, AcP 172 (1972) 203; *Schricker/Henning-Bodewig,* Elemente einer Harmonisierung, WRP 2001, 1367, 1384; *Teplitzky,* Zur Frage der Rechtmäigkeit unbegründeter Schutzrechtsverwarnungen – Zugleich eine Besprechung von BGH „Verwarnung Kennzeichenrecht", GRUR 2005, 9; *Tilmann,* Haftungsbegrenzung im Äußerungsdeliktsrecht, NJW 1975, 758; *Wagner/Thole,* Kein Abschied von der unberechtigten Schutzrechtsverwarnung, NJW 2005, 3470.

A. Einleitung

I. Sinn und Zweck der Norm, Stellung im Gesetz

1 Das natürliche Bestreben des Kaufmanns, den Mitbewerber zu überflügeln, bringt die Versuchung mit sich, ihn beim Kunden „auszustechen". Die gröbste Form eines solchen Versuchs ist die Anschwärzung, sozusagen der „geistige Brachialwettbewerb": Man behauptet Unwahres über den Konkurrenten selbst, über seinen Betrieb, seine Waren oder Dienstleistungen, um den Kunden zu sich herüberzuziehen.[1]

2 Nach § 4 Nr. 8 handelt (im Sinne von § 3 Abs. 1) insbesondere unlauter, wer über die Waren, Dienstleistungen oder das Unternehmen eines Mitbewerbers oder über den Unternehmer oder ein Mitglied der Unternehmensleitung Tatsachen behauptet oder verbreitet, die geeignet sind, den Betrieb des Unternehmens oder den Kredit des Unternehmers zu schädigen, sofern die Tatsachen nicht erweislich wahr sind; handelt es sich um vertrauliche Mitteilungen und hat der Mitteilende oder der Empfänger der Mitteilung an ihr ein berechtigtes Interesse, so ist die Handlung nur dann unlauter, wenn die Tatsachen der Wahrheit zuwider behauptet oder verbreitet wurden. § 4 Nr. 8 ist nach der Konzeption des UWG ein Beispielstatbestand, der ebenso wie die anderen Beispielstatbestände des § 4 lediglich der Konkretisierung des Merkmals der Unlauterkeit in § 3 Abs. 1 dient.[2] Die Anspruchsgrundlagen finden sich in den §§ 8ff, die jeweils eine Zuwiderhandlung gegen § 3 Abs. 1 voraussetzen, welche bei einem Verstoß gegen § 4 Nr. 8 und dem regelmäßigen Erreichen der Spürbarkeitsschwelle des § 3 Abs. 1 gegeben sein wird.[3]

3 § 4 Nr. 8 ist **im Zusammenhang mit § 4 Nr. 7** zu sehen: Während § 4 Nr. 7 die Geschäftsehrverletzung vor allem durch Meinungsäußerungen erfasst,[4] erfasst § 4 Nr. 8 die Anschwärzung, vor allem durch geschäftsschädigende Tatsachenbehauptungen;[5] die schon zu § 4 Nr. 7 geäußerte rechtssystematische Kritik[6] gilt auch für § 4 Nr. 8: Es wäre rechtssystematisch konsequenter gewesen, die gesamte bezugnehmende Werbung in einer einheitlichen Vorschrift zu regeln, in die man neben § 4 Nr. 7 und 8 auch die vergleichende Werbung gemäß § 6 mit hätte aufnehmen sollen.

4 § 4 Nr. 8 regelt dabei einen großen Bereich der **unwahren Bezugnahme auf Wettbewerber,** nämlich die Behauptung von falschen Tatsachen in Bezug auf einen bestimmten Mitbewerber, einen bestimmten Unternehmer oder ein bestimmtes Mitglied der Unternehmensleitung bzw. über Waren oder Dienstleistungen, die einem bestimmten Unternehmen zugeordnet werden können. **Nicht erfasst** wird der unwahre Systemvergleich, also ein Vergleich, der den Mitbewerber oder seine Leistungen nicht erkennbar macht, aber auf falschen Tatsachen beruht; dafür muss auf § 5 zurückgegriffen werden.[7] Ferner regelt § 4 Nr. 8 nicht den Sonderfall der unwahren Lobhudelei, weil die Vorschrift voraussetzt, dass die unwahre Tatsache zur Schädigung des Betroffenen geeignet ist, das unwahre Lob dem Kaufmann jedoch regelmäßig zugute kommt; auch in einem solchen Fall wird jedoch, Wettbewerbsförderungsabsicht vorausgesetzt, § 5 einschlägig sein.[8]

5 Der über § 4 Nr. 8 bestehende Schutz vor der Behauptung oder Verbreitung unwahrer Tatsachen wird gemeinhin als Schutz vor **„Anschwärzung"** bezeichnet,[9] lediglich *Hasselblatt* fasst die Vorschrift etwas weiter als „Kreditschädigung", ohne dass dem aber ein

[1] Vgl. *Nordemann* Rn 1501.
[2] → § 3 Rn 2.
[3] → Rn 75 und § 4 Nr. 7 Rn 94ff.
[4] → § 4 Nr. 7 Rn 18ff und Begr. RegE zu § 4 Nr. 7 BT-Drucks. 15/1487 S. 18.
[5] Begr. RegE zu § 4 Nr. 8 BT-Drucks. 15/1487 S. 18.
[6] → § 4 Nr. 7 Rn 3 und 14.
[7] → § 5 Rn 178, 408ff; § 6 Rn 69ff.
[8] → § 5 Rn 408ff.
[9] Harte/Henning/*Bruhn* UWG § 4 Rn 4; *Heermann/Hirsch/Jaenich* § 4 Nr. 8 Rn 1; *Hefermehl/Köhler/Bornkamm* § 4 Rn 8.2; *Nordemann* Rn 1513; *Piper/Ohly* UWG § 4.8 Rn 8/1.

maßgeblicher Unterschied zukommt.[10] § 4 Nr. 8 dient damit zuförderst **dem Schutz des Individualinteresses des betroffenen Mitbewerbers;** da jede unwahre Angabe im Wettbewerb jedoch zwangsläufig auch eine Irreführung und damit eine unsachliche Beeinflussung des Kunden ist, der dadurch in seinem Recht auf freie Entscheidung beeinträchtigt wird, dient sie darüber hinaus auch dem **Schutz der Verbraucher.**[11] Demgegenüber erscheint es als zu weitgehend, anzunehmen, § 4 Nr. 8 diene als spezielle Ausprägung des Irreführungsverbots auch dem Schutz der übrigen Mitbewerber und anderen Marktteilnehmer vor einem verfälschten Wettbewerb;[12] ansonsten wäre der Kreis der Anspruchsberechtigten aus § 4 Nr. 8 unzutreffend erweitert.[13]

6 § 4 Nr. 8 betrifft zwar nur die Behauptung oder Verbreitung unwahrer Tatsachen. Die Bezugnahme auf den Konkurrenten ist dem freien Leistungswettbewerb jedoch auch dann im Prinzip wesensfremd, wenn die gemachten Angaben wahr sind; denn Kennzeichen des freien Leistungswettbewerbs ist der Kampf der Wettbewerber nebeneinander, nicht gegeneinander um die Gunst des Publikums, weil der Kunde nach der in seinen Augen besseren Leistung frei entscheiden soll.[14] Das UWG enthält deshalb eine ganze Reihe von Tatbeständen, nach denen auch die wahre bezugnehmende Werbung unlauter sein kann, so beispielsweise gemäß § 4 Nr. 7, wenn sie herabsetzend oder verunglimpfend ist, gemäß § 4 Nr. 10, wenn sie sich als Behinderungswettbewerb darstellt, gemäß § 5, wenn sie in einem irreführenden Zusammenhang steht oder gemäß § 6 Abs. 2, wenn sie im Zusammenhang mit einem Werbevergleich fällt, aber dessen Zulässigkeitsvoraussetzungen nicht erfüllt sind.

7 Bei § 4 Nr. 8 handelt es sich ebenso wie bei § 4 Nr. 7 um einen **kodifizierten Ausschnitt aus dem allgemeinen Persönlichkeitsrecht,** das der Staat vor Gefährdungen durch Dritte schützen muss und zu dessen wesentlichem Inhalt es gehört, vor Äußerungen zu schützen, die sich abträglich auf das Ansehen einer Person und ihr Bild in der Öffentlichkeit auswirken können.[15] Nach der Rechtsprechung des BVerfG kann auch im Falle der Verbreitung nicht erweislich wahrer Tatsachenbehauptungen eine **Abwägung mit dem Grundrecht der Meinungsfreiheit** erforderlich sein.[16] Auch wenn der Tatbestand von § 4 Nr. 8 nur Tatsachenbehauptungen erfasst, ist nach der Rechtsprechung des BVerfG unter bestimmten Umständen eine Abwägung zwischen dem allgemeinen Persönlichkeitsrecht und der Meinungsfreiheit erforderlich.[17]

II. Entstehungsgeschichte

8 Die Vorschrift hat eine schon mehr als ein Jahrhundert währende Rechtsgeschichte: Erstmals mit dem Gesetz zur Bekämpfung des unlauteren Wettbewerbs vom 27. 5. 1896 (RGBl. S. 145) brachte der damalige § 6 eine denselben Regelungstatbeständen gewidmete Bestimmung. Diese wurde sodann in § 14 des Gesetz zur Bekämpfung des unlauteren Wettbewerbs vom 7. 6. 1909 (RGBl. S. 499) mit einigen Änderungen von eher redaktioneller Bedeutung übernommen: So hatte § 6 Abs. 1 des Gesetzes von 1896 von „Behauptungen tatsächlicher Art“ gesprochen, während das Gesetz von 1909 nunmehr wie § 4 Nr. 8 formulierte „wer … Tatsachen behauptet oder verbreitet …“. Ferner wurde das Privileg für vertrauliche Mitteilungen in § 6 Abs. 2 des Gesetzes von 1896 im Gesetz von

[10] Gloy/Loschelder/*Hasselblatt* § 47 Rn 1.
[11] Vgl. BGH GRUR 2002, 633, 635 – Hormonersatztherapie; *Nordemann* Rn 1501.
[12] So aber *Ullmann/Müller-Bidinger* § 4 Nr. 8 Rn 2.
[13] → Rn 27 ff; aA wohl auch Harte/Henning/*Bruhn* UWG § 4 Nr. 8 Rn 8; *Piper/Ohly* UWG § 4.8 Rn 8/1, die auch die sonstigen Marktteilnehmer miteinbezogen wissen wollen, aber in Rn 8/10 nur den konkret betroffenen Unternehmer für anspruchsberechtigt halten.
[14] *Nordemann* Rn 1502.
[15] Vgl. nur BVerfG NJW 2006, 207, 208 Tz. 26 ff – „IM-Sekretär“ Stolpe; zum Unternehmenspersönlichkeitsrecht → § 4–7 Rn 73 ff.
[16] → Rn 36 ff, 43.
[17] → Rn 37 f, 43.

1909 durch den Ausschluss wahrheitswidriger Angaben eingeschränkt, wie er nunmehr in Nr. 8 Halbs. 2 am Ende wiederkehrt.

Die **Neufassung** des Regelungsinhalts des bisherigen § 14 UWG 1909 in § 4 Nr. 8 enthält nur eine substantielle Änderung: Bei vertraulichen Mitteilungen, an denen ein berechtigtes Interesse des Mitteilenden oder des Empfängers besteht, ist Unlauterkeit – und damit eine zum Schadensersatz verpflichtende unerlaubte Handlung – nur noch gegeben, wenn die Tatsachen der Wahrheit zuwider behauptet oder verbreitet worden sind, also bei direktem Vorsatz des Mitteilenden, nicht mehr schon bei fahrlässiger Unkenntnis der Unrichtigkeit der Mitteilung wie bei § 14 Abs. 2 aF. Das hat Auswirkungen auf die Möglichkeit der Geltendmachung sowohl von Unterlassungs- als auch von Schadensersatzansprüchen aus dem neuen UWG durch den Betroffenen; sie sind nur bei Zuwiderhandlungen gegen § 3 Abs. 1 gegeben, setzen also stets das Vorliegen einer unlauteren geschäftlichen Handlung voraus (§ 8 Abs. 1, § 9):[18] Gegenüber einer unzutreffenden vertraulichen Mitteilung kann der betroffene Mitbewerber mit Unterlassungs- und Schadensersatzansprüchen aus § 8 Abs. 1 bzw. § 9 **nur im Vorsatzfall** reagieren.[19] 9

§ 4 Nr. 8 hat im Übrigen den Regelungsinhalt des bisherigen § 14 UWG 1909 nur in seinem Wortlaut **modernisiert:** So heißt es statt Erwerbsgeschäft jetzt Unternehmen, statt Inhaber oder Leiter des Geschäfts jetzt Unternehmer oder ein Mitglied der Unternehmensleitung, statt Waren oder gewerbliche Leistungen jetzt Waren, Dienstleistungen, Tätigkeiten und statt Betrieb des Geschäfts oder Kredit des Inhabers jetzt Betrieb des Unternehmens oder Kredit des Unternehmens; eine Änderung des Regelungsinhalts von § 14 aF hat der Gesetzgeber damit jedoch nicht beabsichtigt,[20] so dass § 4 Nr. 8 – mit der vorbeschriebenen Ausnahme – der Regelung aus § 14 aF entspricht und auch die zu § 14 aF ergangene Rechtsprechung einschränkungslos herangezogen werden kann. 10

Der Hinweis auf die Haftungsklausel des § 13 Abs. 4 aF, den § 14 Abs. 3 aF enthielt, ist in § 4 Nr. 8 nicht aufgenommen worden, weil sich eine gleichartige allgemeine Regelung nunmehr in § 8 Abs. 2 findet.[21] 11

III. EU-Richtlinien

Eine gemeinschaftsrechtliche Harmonisierung durch eine EU-Richtlinie besteht für den Bereich des § 4 Nr. 8 bislang nicht. Entsprechend hat auch die UWG-Reform 2008 zur Umsetzung der Richtlinie 2005/29/EG des Europäischen Parlaments und des Rates vom 11. Mai 2005 über unlautere Geschäftspraktiken im binnenmarktinternen Geschäftsverkehr zwischen Unternehmen und Verbrauchern[22] keine Änderung der Vorschrift gebracht. Lediglich in dem Sonderfall, dass eine Anschwärzung im Rahmen eines Werbevergleichs von Waren oder Dienstleistungen erfolgt und § 4 Nr. 8 deshalb von § 6 Abs. 2 verdrängt wird,[23] ist zu beachten, dass § 6 europäisch auszulegen ist, weil die Vorschrift auf die Richtlinie 97/55/EG des Europäischen Parlaments und des Rates vom 6. 10. 1997 zur Änderung der Richtlinie 84/450/EWG (neu 2006/114/EG) über irreführende Werbung zwecks Einbeziehung der vergleichenden Werbung zurückgeht.[24] 12

IV. Abgrenzung zu anderen Vorschriften

Die Fälle der Anschwärzung werden nicht allein von § 4 Nr. 8 geregelt. Vielmehr ist die Vorschrift abzugrenzen von § 824 BGB sowie § 823 Abs. 2 BGB iVm §§ 186, 187 StGB 13

---

[18] → näher → § 8 Rn 42 und § 9 Rn 8.
[19] → Einzelheiten Rn 64ff.
[20] Begr. RegE vom 22. 8. 2003, BT-Drucks. 15/1487 S. 18.
[21] → § 8 Rn 168ff.
[22] → Einzelheiten E Rn 16ff.
[23] → Rn 22.
[24] → § 6 Rn 9f.

oder § 826 BGB.[25] Des Weiteren kann eine Anschwärzung zugleich eine Geschäftsehrverletzung gemäß § 4 Nr. 7, ein Behinderungswettbewerb gemäß § 4 Nr. 10, eine irreführende geschäftliche Handlung gemäß § 5 und schließlich eine unzulässige vergleichende Werbung gemäß § 6 Abs. 2 darstellen.[26]

1. Abgrenzung zu §§ 823 ff BGB

14 Handlungen, die nach § 4 Nr. 8 als unlauter (im Sinne von § 3 Abs. 1) gelten, fielen schon bisher regelmäßig zugleich unter § 824 BGB; bei Vorliegen der Tatbestände der § 823 Abs. 2 iVm §§ 186, 187 StGB oder § 826 BGB waren und sind diese Bestimmungen anwendbar.[27]

15 Zwischen § 824 Abs. 1 BGB und dem bisherigen § 14 Abs. 1 UWG 1909 bestand jedoch – von der abweichenden Formulierung der Gefährdungstatbestände abgesehen, die keine materielle Relevanz hatte – stets ein nicht unwesentlicher Unterschied: Während § 824 Abs. 1 BGB voraussetzt, dass die Unwahrheit der behaupteten oder verbreiteten Tatsache feststeht, wofür den Verletzten die Beweislast trifft, genügte es für die Haftung des Handelnden aus § 14 Abs. 1 UWG aF, dass die Tatsachen nicht erweislich wahr waren, anders ausgedrückt: Dass sie zwar möglicherweise zutreffend waren, dem Handelnden aber der – insoweit ihm obliegende – Wahrheitsbeweis nicht gelang. Daran hat die Neugestaltung der Bestimmung im § 4 Nr. 8 nichts geändert.[28]

16 Auch in der Gegenrichtung herrschte nach bisherigem Recht dann Parallelität zwischen den bürgerlich-rechtlichen Normen des Ehrenschutzes und § 14 UWG aF, wenn es sich um Tatsachenbehauptungen handelte, die die Wettbewerbslage zulasten des Betroffenen zu verändern geeignet waren; fast immer waren solche Äußerungen außerhalb des rein privaten Bereichs, also „im geschäftlichen Verkehr", geschehen und war dem Handelnden zu unterstellen, dass er die zumindest in dem Bewusstsein einer Eignung „zu Wettbewerbszwecken" getätigt hatte.[29]

17 Das trifft für die Neuregelung dieses Bereichs durch § 4 Nr. 8 so allgemein nicht mehr zu. Diese Bestimmung ist vielmehr nur noch dann anwendbar, wenn es sich um Tatsachenbehauptungen über die geschäftlichen oder persönlichen Verhältnisse (im weiteren Sinne) eines Mitbewerbers handelt.[30]

18 § 823 Abs. 2 iVm § 1004 BGB analog iVm § 12 Abs. 3 (Verletzung des allgemeinen Persönlichkeitsrechts) bzw. aus §§ 823 Abs. 1, 1004 BGB (Eingriff in den eingerichteten und ausgeübten Gewerbebetrieb) kommt in Abgrenzung zu § 4 Nr. 8 vor allem immer dann in Betracht, wenn keine geschäftliche Handlung nach §§ 3 Abs. 1, 4 Nr. 8, 2 Abs. 1 Nr. 1 erfüllt ist. Unberechtigte Abnehmerverwarnungen fallen regelmäßig unter §§ 823 Abs. 1, (1004) BGB.[31]

---

[25] → Rn 14 ff.

[26] → Rn 22.

[27] Allgemeine Meinung, vgl. zB Harte/Henning/*Bruhn* UWG § 4 Nr. 8 Rn 5; Hefermehl/*Köhler*/Bornkamm UWG § 4 Rn 8.9; *Heermann/Hirsch/Brammsen/Doehner* § 4 Nr. 8 Rn 17 ff; *Piper/Ohly* UWG § 4.8 Rn 8/8; *Ullmann/Müller-Bidinger* § 4 Nr. 8 Rn 13; Anwendbarkeit vor allem bei Fehlen einer Wettbewerbshandlung (nunmehr geschäftliche Handlung) Gloy/Loschelder/*Hasselblatt* § 47 Rn 5; HK-WettbR/*Kotthoff* § 4 Rn 360.

[28] Einzelheiten hierzu → Rn 9 f.

[29] Zum früheren Recht Großkomm/*Messer* UWG § 14 Rn 14/162 und 166/182.

[30] → Rn 30 und § 4 Nr. 7 Rn 38 f.

[31] BGH GRUR 2006, 433, 434 f – Unbegründete Abnehmerverwarnung; BGH GRUR 2005, 882, 883, 885 – Unberechtigte Schutzrechtsverwarnung; für Anwendung des UWG BGH GRUR 2004, 958 – Verwarnung aus Kennzeichenrecht; kritisch zum BGH-Urteil Kennzeichenrecht *Teplitzky* GRUR 2005, 9 f, 13; anders *Wagner/Thole* NJW 2005, 3470, 3472 f; vielseitige Diskussion der unbegründete Abmahnung/Schutzrechtsverwarnung zur Rechtsprechung des BGH *Ullmann* WRP 2006, 1070 f; *Meier-Beck* WRP 2006, 790, 792; *Sack* WRP 2007, 708; differenzierend zwischen Hersteller- und Abnehmerverwarnung *ders.* BB 2005, 2368; *ders.* WRP 2005, 253.

2. Abgrenzung zu § 4 Nr. 7

Während § 4 Nr. 8 ausschließlich unwahre Tatsachenbehauptungen erfasst, betrifft § 4 Nr. 7 herabsetzende oder verunglimpfende Werturteile, die auch mit der Behauptung wahrer Tatsachen einhergehen können. § 4 Nr. 8 ist nicht gegeben, wenn die behauptete Tatsache zutrifft.[32] 19

3. Abgrenzung zu § 4 Nr. 10

Bezugnehmende Werbung und damit auch die Anschwärzung geschieht regelmäßig zur Behinderung des Mitbewerbers. § 4 Nr. 8 ist daher letztendlich ein Spezialfall des Behinderungswettbewerbs und geht insoweit § 4 Nr. 10 vor.[33] 20

4. Abgrenzung zu § 5

Jedenfalls dann, wenn eine unwahre Angabe im Wettbewerb verwendet wird, liegt in der bezugnehmenden Werbung oder geschäftlichen Handlung immer auch eine **Irreführung des Verbrauchers;**[34] § 5 ist deshalb grundsätzlich neben § 4 Nr. 8 anwendbar.[35] Allerdings kann es für den Kläger (Antragsteller) von Vorteil sein, seine Ansprüche auf eine Verletzung von § 4 Nr. 8 zu stützen, weil die Vorschrift in Halbs. 1 für alle nicht vertraulichen Mitteilungen eine Beweislastumkehr enthält,[36] während im Rahmen von § 5 grundsätzlich der Kläger (Antragsteller) die Unwahrheit der von dem Mitbewerber behaupteten Tatsachen darlegen und beweisen muss.[37] 21

5. Abgrenzung zu § 6

Obwohl § 4 Nr. 8 im Gegensatz zu § 4 Nr. 7 keine Entsprechung zu einer Ziffer in § 6 Abs. 2 besitzt, ist doch nicht zu verkennen, dass jede bezugnehmende Werbung und damit auch die Anschwärzung eine **vergleichende Werbung** darstellen kann, weil nach § 6 Abs. 1 die vergleichende Werbung bereits vorliegt, wenn sie einen Mitbewerber oder die von ihm angebotenen Waren oder Dienstleistungen unmittelbar oder mittelbar erkennbar macht.[38] Ist eine Anschwärzung in einen Werbevergleich eingebunden, wird § 4 Nr. 8 dennoch nicht von § 6 Abs. 2 verdrängt, sondern ist eigenständig daneben zu beurteilen;[39] wollte man wie bei § 4 Nr. 7 der Vorschrift des § 6 Abs. 2 in ihrem Anwendungsbereich den Vorrang einräumen, bedeutete dies, dem Kläger (Antragsteller) die ihm im Rahmen von § 4 Nr. 8 Halbs. 1 zugute kommende Beweislastumkehr zu nehmen; diese ist jedoch gerade durch Art. 6 der Richtlinie 84/450/EWG (Art. 7 der Richtlinie 2006/114/EG) gedeckt.[40] Die Abgrenzungsproblematik stellt sich dann nicht, wenn die Angaben erweislich wahr sind; dann kann § 6 Abs. 2 gleichwohl zur Anwendung kommen, wenn der Werbevergleich nicht dessen Voraussetzungen entspricht. Umgekehrt scheidet die Anwendbarkeit von § 6 Abs. 2 ohnehin dann aus, wenn entweder kein Werbevergleich vorliegt oder kein Waren- und Dienstleistungsvergleich, sondern ein reiner Unternehmensvergleich erfolgt ist.[41] 22

---

[32] Im Einzelnen → § 4 Nr. 7 Rn 18 ff.
[33] Allgemeine Meinung, vgl. Hefermehl/*Köhler*/Bornkamm UWG § 4 Rn 8.7; *Piper/Ohly* UWG § 4.8 Rn 8/5; *Heermann/Hirsch/Brammsen/Doehner* § 4 Nr. 8 Rn 1.14.
[34] → Rn 5, 28.
[35] Vgl. auch BGH GRUR 2002, 633, 635 – Hormonersatztherapie.
[36] → Einzelheiten Rn 58 ff.
[37] Ebenso *Piper/Ohly* UWG § 4.8 Rn 8/6.
[38] → Einzelheiten § 6 Rn 96 ff.
[39] Vgl. BGH GRUR 2002, 633, 634 – Hormonersatztherapie.
[40] Vgl. BGH GRUR 2002, 633, 635 – Hormonersatztherapie; Harte/Henning/*Sack* UWG § 6 Rn 183.
[41] → Vgl. § 4 Nr. 7 Rn 14 ff und § 6 Rn 110 ff.

B. Regelungsgehalt

I. Überblick über den Tatbestand

23 Gemäß § 4 Nr. 8 handelt insbesondere unlauter (im Sinne von § 3 Abs. 1), wer unter Bezugnahme auf einen Mitbewerber (Rn 24) über dessen Waren, die von ihm erbrachten Dienstleistungen, das Unternehmen, dem Unternehmer oder ein Mitglied der Unternehmensleitung (Rn 33) Tatsachen (Rn 35 ff) behauptet oder verbreitet (Rn 44 ff), die geeignet sind, den Betrieb des Unternehmens oder den Kredit des Unternehmers zu schädigen (Rn 49 ff), sofern die Tatsachen nicht erweislich wahr sind (Rn 58); handelt es sich um vertrauliche Mitteilungen (Rn 64 ff) und hat der Mitteilende oder der Empfänger der Mitteilung an ihr ein berechtigtes Interesse (Rn 68), so ist die geschäftliche Handlung nur dann unlauter, wenn die Tatsachen der Wahrheit zuwider behauptet oder verbreitet wurden (Rn 70). Grundvoraussetzung jeder unlauteren Handlung ist das Vorliegen einer geschäftlichen Handlung nach § 2 Abs. 1 Nr. 1. Interne Schreiben, auch über gerichtliche Entscheidungen zB von berufsständischen Kammern an Mitglieder über die Verletzung beruflicher Interessen erfüllen diese Voraussetzung nicht, auch wenn die Mitglieder untereinander Konkurrenten sind.[42] Ohne Wettbewerbsabsicht, nunmehr objektiven Zusammenhang mit der Förderung gemäß § 2 Abs. 1 Nr. 1, äußert sich als Konkurrent seines vorigen Arbeitgebers über die Durchführung der Wartung von Kühlanlagen, wenn er die internen Anweisungen seines Konkurrenten auf konkrete Anfrage einzelner Kunden diesen gegenüber preisgibt, um sich selbst zu entlasten.[43]

II. Mitbewerber und Anspruchsberechtigung

1. Mitbewerber

24 Die Legaldefinition des § 2 Abs. 1 Nr. 3 versteht unter dieser Bezeichnung jeden Unternehmer, der mit einem oder mehreren Unternehmern als Anbieter oder Nachfrager von Waren oder Dienstleistungen im Wettbewerb steht. Das muss für beide Seiten, für den Betroffenen wie ebenso für den Äußernden, zutreffen; die beiderseits angebotenen Waren- und/oder Dienstleistungen müssen also – aus der Sicht der jeweiligen Marktgegenseite – zumindest in Teilen **austauschbar** sein, und die Wirkung der fraglichen Tatsachenbehauptung muss den Absatz des betroffenen Mitbewerbers in diesem Bereich negativ und/oder den des Äußernden positiv beeinflussen können.[44] Ein freiberuflich tätiger Sachverständiger, der in einer Publikation vor der Anschaffung von Hartgussglocken mit der Behauptung warnt, sie seien nicht klangrein, und statt dessen Bronzeglocken empfiehlt, kann nach heutigem Recht also nicht mehr nach Nr. 8 belangt werden, auch wenn seine Behauptung unzutreffend ist.[45] Ein konkretes Wettbewerbsverhältnis entsteht allerdings auch schon allein durch die konkrete geschäftliche Handlung, ohne dass die Unternehmen in derselben Branche tätig sein müssen,[46] wie zB der Betreiber eines Internetportals und der Herausgeber eines Spamfilters zur Kennzeichnung solcher Internetseiten als Spam. An das Vorliegen eines Wettbewerbsverhältnisses sind im Sinne des hohen wettbewerbsrechtlichen Individualschutzes keine zu hohen Anforderungen zu stellen.[47]

---

42 OLG Brandenburg GRUR 2008, 356, 356 – Rundschreiben.

43 OLG Zweibrücken OLGR 2005, 456, 457 – Betriebsinterna.

44 Einzelheiten und Nachweise → § 4 Nr. 7 Rn 29 ff und → § 2 Rn 91 ff.

45 Anders nach altem Recht: OLG Celle GRUR 1952, 523, 524 – Glocken.

46 BGH GRUR 2004, 877, 878 f – Werbeblocker; OLG Hamm GRUR-RR 2007, 282, 283 – Google-Spamfilter.

47 BGH GRUR 2004, 877, 878 f – Werbeblocker; OLG Hamm GRUR-RR 2007, 282, 283 – Google-Spamfilter.

Im Rahmen des mithin zu verlangenden **konkreten Wettbewerbsverhältnisses** erfasst § 4 Nr. 8 nicht nur die Fälle, in denen der Mitbewerber unmittelbar identifiziert werden kann, sondern es genügt vielmehr, dass der Mitbewerber auch durch die Umstände – und somit **mittelbar** – erkennbar wird.[48] Dabei genügt es allerdings nicht, wenn nur eine bestimmte Gruppe von Mitbewerbern identifizierbar ist und sich der mittelbare Bezug nur aus der Gruppenzugehörigkeit ergibt. § 4 Nr. 8 stellt einen Ausschnitt aus dem allgemeinen Persönlichkeitsrecht dar und schützt vor **ehrverletzenden Äußerungen;**[49] eine Gruppe untereinander konkurrierender Unternehmen hat jedoch keine „Gruppenehre“, die es zu schützen gilt. Vielmehr muss das Unternehmen, über das die unwahren Tatsachenbehauptungen getätigt wurden, **noch als solches identifizierbar** sein, beispielsweise, wenn in einer Zeitungsanzeige behauptet wird „nur reguläre Ware wird verkauft, keine Ramschware, wie in Warenhäusern vielfach üblich“, wobei die Zeitung in Gera erschien, nur dort und in der unmittelbaren Umgebung verbreitet wurde und es in Gera nur ein einziges Kaufhaus gab.[50] Ebenfalls noch erkennbar ist der Mitbewerber, wenn beispielsweise unwahre Tatsachen über fliegende Händler, die Stände auf Pelzausstellungen hatten, verbreitet wurden, weil sich die Behauptung auf eine bestimmte Ausstellung bezog und die daran teilnehmenden Händler Anlass für die Äußerung waren.[51] Wären die Äußerungen in den beiden vorgenannten Beispielsfällen allerdings ohne individualisierbare Bezugnahme erfolgt, also beispielsweise in einer bundesweit verbreiteten Zeitungsanzeige und damit in Bezug auf alle Warenhäuser bundesweit oder ohne Bezugnahme auf eine bestimmte Ausstellung über alle fliegenden Händler, wäre § 4 Nr. 8 mangels Individualisierbarkeit eines Mitbewerbers nicht einschlägig; es blieben dann allerdings noch § 3 Abs. 1, unter den auch die pauschale Herabsetzung aller Mitbewerber fällt[52] und natürlich auch § 5 zu prüfen. 25

Außerhalb des konkreten Wettbewerbsverhältnisses ist § 4 Nr. 8 auch dann einschlägig, wenn nicht der eigene, sondern lediglich **fremder Wettbewerb gefördert** werden soll.[53] Ob die unwahre Tatsachenbehauptung nun zur Förderung eigenen oder fremden Wettbewerbs getätigt wurde, kann schon allein deshalb keinen Unterschied machen, weil § 4 Nr. 8 als Ausschnitt des allgemeinen Persönlichkeitsrechts dem Ehrenschutz dient[54] und es insoweit für den Betroffenen unerheblich ist, ob der Äußernde nun den eigenen Wettbewerb oder den eines Mitbewerbers des Betroffenen fördern wollte. Ist der Mitbewerber des betroffenen Unternehmers, über den die unwahren Tatsachenbehauptungen getätigt wurden, aus dem Zusammenhang der Äußerung erkennbar, wird der objektive Zusammenhang (vormals die Wettbewerbsförderungsabsicht) vermutet.[55] Sind die unwahren Tatsachenbehauptungen im Rahmen von **Presseartikeln** erfolgt, gilt diese Vermutung jedoch nicht; eine Wettbewerbsförderungsabsicht der Presse kommt regelmäßig nur dann in Betracht, wenn sich aus den Umständen der journalistischen Berichterstattung ergibt, dass der Wettbewerb individualisierbarer Unternehmen durch den Presseartikel über das mit der Wahrnehmung der publizistischen Aufgabe notwendigerweise verbundene Maß hinaus gefördert werden sollte.[56] 26

---

[48] Vgl. Hefermehl/*Köhler*/Bornkamm UWG § 4 Rn 8.12; *Piper/Ohly* UWG § 4.8 Rn 8/10.
[49] → Rn 7.
[50] Zutreffend auch nach heutigem Recht RG GRUR 1930, 200, 201 – Ramschware.
[51] Ebenfalls noch zutreffend nach neuem Recht OLG Nürnberg WRP 1956, 129, 131.
[52] → § 4 Nr. 7 Rn 100 ff.
[53] Vgl. Gloy/Loschelder/*Hasselblatt* § 47 Rn 6.
[54] → Rn 7.
[55] Gloy/Loschelder/*Hasselblatt* § 47 Rn 6; nach § 2 Abs. 1 Nr. 1 nF genügt nun ein objektiver Zusammenhang, ohne dass es noch auf eine solche Wettbewerbsförderungsabsicht ankommt; vgl. Erwägungsgrund 7 RL 2005/29/EG und näher *Köhler* WRP 2007, 1393, 1395.
[56] BGH GRUR 2006, 875, 876 Tz. 25 – Rechtsanwalts-Ranglisten; → § 4 Nr. 7 Rn 78 ff BR-Drucks. 345/08, S. 40.

2. Anspruchsberechtigter

27 Anspruchsberechtigt nach § 4 Nr. 8 ist zunächst nur der **konkret betroffene und individualisierbare Mitbewerber.**[57] Erfolgt die Individualisierbarkeit über ein Produkt, das einem bestimmten Hersteller oder seinem Vertriebspartner zugeordnet wird, ist anspruchsberechtigt derjenige, dem der Verkehr das Produkt zuordnet;[58] denn durch die Ehrverletzung ist immer nur derjenige betroffen, auf den der Verkehr die unwahre Tatsachenbehauptung bezieht, weil seine wirtschaftlichen Belange beeinträchtigt werden können.[59] Derjenige, auf den der Verkehr die unwahre Tatsachenbehauptung bezieht, ist auch regelmäßig derjenige, bei dem die Schädigung durch die unwahre Tatsachenbehauptung eintreten kann.[60] Insoweit kann beispielsweise im Falle der Vermarktung eines Filmes die Anspruchsberechtigung nicht bei dem US-amerikanischen Filmhersteller, sondern bei dem deutschen Inhaber der ausschließlichen Vertriebsrechte liegen.[61]

28 Neben dem konkret betroffenen Mitbewerber sind aber auch die in § 8 Abs. 3 Nr. 3 genannten **qualifizierten Einrichtungen zum Schutz der Verbraucherinteressen**[62] anspruchsberechtigt, weil § 4 Nr. 8 neben dem Schutz des Individualinteresses des Mitbewerbers auch dem Schutz der Verbraucher vor Irreführung dient.[63] Nicht anspruchsberechtigt sind jedoch die anderen, nicht unmittelbar betroffenen Mitbewerber sowie ihre Verbände und die Industrie- und Handelskammern oder die Handwerkskammern (§ 8 Abs. 3 Nr. 1, 2 und 4), weil andere Mitbewerber als derjenige, der individualisierbar ist, von dem Wettbewerbsverstoß nach § 4 Nr. 8 nicht selbst betroffen sind.[64] Soweit in der unwahren Tatsachenbehauptung zugleich auch eine Irreführung liegt, kann allerdings eine Anspruchsberechtigung des nicht unmittelbar betroffenen Mitbewerbers und der Verbände aus § 5 folgen.[65]

29 Soweit § 4 Nr. 8 neben dem Unternehmen und dem Unternehmer noch das **Mitglied der Unternehmensleitung** nennt, ist zu beachten, dass ein Mitglied der Unternehmensleitung[66] regelmäßig nicht selbst im geschäftlichen Verkehr tätig ist, sondern das Unternehmen, dessen Geschäftsleitung er angehört, vertritt; Mitglieder der Unternehmensleitung sind deshalb nicht selbst anspruchsberechtigt.[67]

III. Anknüpfungspunkte

30 § 4 Nr. 8 nennt die Waren, Dienstleistungen oder das Unternehmen eines Mitbewerbers oder ein Mitglied der Unternehmensleitung und weicht damit von § 4 Nr. 7 – und damit auch von § 6 Abs. 2 Nr. 5 – ohne sachlichen Grund ab; die dort an dritter bis fünfter Stelle benannten Tätigkeiten oder persönlichen oder geschäftlichen Verhältnisse umschreiben nichts anderes als die unternehmensbezogenen Schutzgegenstände von Nr. 8. Soweit § 4 Nr. 8 enger gefasst erscheint, gilt Folgendes:

1. Waren und Dienstleistungen sowie Kennzeichen

31 Zu den in § 4 Nr. 7 und § 4 Nr. 8 identisch verwendeten Begriffen der Waren und Dienstleistungen kann zunächst auf § 4 Nr. 7 Rn 35f sowie auf § 6 Rn 108f verwiesen

---

57 → Rn 24f.
58 BGH GRUR 1989, 222, 224 – Filmbesprechung.
59 BGH GRUR 1989, 222, 224 – Filmbesprechung.
60 → Einzelheiten Rn 49ff.
61 BGH GRUR 1989, 222, 224 – Filmbesprechung.
62 → § 8 Rn 216ff.
63 → Rn 5.
64 Vgl. Hefermehl/*Köhler*/Bornkamm UWG § 8 Rn 3.28 einschränkend allerdings in § 4 Rn 8.24, wo *Köhler* die Verbände und Organisationen dann für anspruchsberechtigt hält, wenn gleichzeitig Interessen anderer Branchenangehöriger beeinträchtigt seien und durch die Äußerung der Wettbewerb zum Nachteil der übrigen Marktbeteiligten verfälscht werde.
65 Vgl. Hefermehl/*Köhler*/Bornkamm UWG § 4 Rn 8.24.
66 → Einzelheiten Rn 33.
67 Gleiche Ansicht Hefermehl/*Köhler*/Bornkamm UWG § 4 Rn 8.24.

werden. Die in § 4 Nr. 7 Rn 35 als Beispiel apostrophierte Rohöl-Äußerung würde unter § 4 Nr. 8 zu subsumieren sein, wenn das Werturteil „aus undurchsichtigen Quellen" definitiv als Tatsachenbehauptung formuliert worden wäre: „Aus einer von der Terrorgruppe Al Quaida kontrollierten Quelle", oder wenn statt von der Verarbeitung „schlechter Rohstoffe" von „Rohstoffen, die vom Produzenten als unbrauchbar ausgesondert waren" gesprochen worden wäre. Nicht nur Waren des Herstellers sind von § 4 Nr. 8 erfasst; vielmehr genügt die individualisierende Bezugnahme auch bei Waren, die von einem Unternehmen lediglich vertrieben werden.[68]

Im Gegensatz zu § 4 Nr. 7 werden die **Kennzeichen** in § 4 Nr. 8 nicht genannt. Dennoch werden von § 4 Nr. 8 auch unwahre Tatsachenbehauptungen über Kennzeichen erfasst, weil eine Marke oder ein geschäftliches Bezeichnungsrecht ein Produkt, eine Dienstleistung, ein Unternehmen oder einen Titel individualisieren: Die Marke unterscheidet die Waren und Dienstleistungen eines Unternehmens von den Waren und Dienstleistungen eines anderen Unternehmens und garantiert dem Verbraucher die Ursprungsidentität der damit gekennzeichneten Ware oder Dienstleistung, ist also **Mittel der Zuordnung einer Ware oder Dienstleistung** nach ihrer Herkunft zu einem bestimmten Unternehmen,[69] Name und Firma im Sinne von § 5 Abs. 2 MarkenG weisen auf den Geschäftsinhaber hin, während besondere Geschäftsbezeichnung, Geschäftsabzeichen gemäß § 5 Abs. 2 MarkenG und Werktitel gemäß § 5 Abs. 3 iVm Abs. 1 MarkenG auf das Geschäft selbst hinweisen.[70] Unwahre Tatsachenbehauptungen über Marken oder geschäftliche Bezeichnungsrechte beziehen sich daher jeweils auch unmittelbar auf die Ware oder Dienstleistung bzw. das Unternehmen oder den Unternehmer.[71] 32

2. Unternehmen, Unternehmer und Mitglied der Unternehmensleitung

Die Begriffe sind **weit auszulegen.**[72] Darunter fallen deshalb nicht nur das Unternehmen und der Unternehmer auch dann, wenn sie nicht namentlich genannt sind, aber individualisiert werden können[73] und die Mitglieder der Organe einer juristischen Person, also die Mitglieder des Vorstands einer AG, die Geschäftsführer einer GmbH oder die geschäftsführenden Gesellschafter einer KG,[74] sondern auch die Mitglieder von Aufsichtsräten, Beiräten und sonstige leitende Mitarbeiter, die zur Unternehmensleitung zählen (Abteilungsleiter und vergleichbare Personen).[75] Die Gegenansicht will Aufsichtsorgane und Mitarbeiter lediglich indirekt in § 4 Nr. 8 mit einbeziehen, weil unwahre Tatsachenbehauptungen über diese einen mittelbaren Angriff gegen das Unternehmen selbst darstellten und sie Rückschlüsse auf den Zustand des Unternehmens zuließen.[76] 33

IV. Verbotenes Handeln

§ 4 Nr. 8 sanktioniert die Behauptung oder Verbreitung von Tatsachen, die den Betrieb des Unternehmens oder den Kredit des Unternehmers zu schädigen geeignet sind. 34

---

[68] → zur Anspruchsberechtigung Rn 24, 27 ff.

[69] Ständige Rechtsprechung, vgl. nur EuGH GRUR 2004, 428, 429 f Tz. 30 – Henkel; EuGH GRUR 2002, 804, 806 Tz. 29 – Philips; EuGH GRUR 2001, 1148, 1149 Tz. 22 – Bravo; vgl. auch *Fezer* MarkenG Einl Rn 30; *Nordemann* Rn 2141.

[70] Vgl. *Nordemann* Rn 2592.

[71] Ähnlich Hefermehl/*Köhler*/Bornkamm UWG § 4 Rn 8.17; *Piper/Ohly* UWG § 4.8 Rn 8/11.

[72] Gloy/Loschelder/*Hasselblatt* § 47 Rn 16; HK-WettbR/*Kotthoff* UWG § 4 Rn 364.

[73] → Rn 26.

[74] Vgl. Hefermehl/*Köhler*/Bornkamm UWG § 4 Rn 8.17; *Piper/Ohly* UWG § 4.8 Rn 8/11; *Heermann/Hirsch/Brammsen/Doehner* § 4 Nr. 8 Rn 42.

[75] Gloy/Loschelder/*Hasselblatt* § 47 Rn 16.

[76] *Heermann/Hirsch/Brammsen/Doehner* § 4 Nr. 8 Rn 42; Hefermehl/*Köhler*/Bornkamm UWG § 4 Rn 8.17; *Piper/Ohly* UWG § 4.8 Rn 8/11.

1. Tatsache

35 Von § 4 Nr. 8 werden **nur Tatsachenbehauptungen** erfasst; **Werturteile unterfallen § 4 Nr. 7.**[77] Als Tatsache wurde in der ständigen Rechtsprechung des Reichsgerichts „etwas Bestehendes oder Geschehenes, in Vergangenheit oder Gegenwart in der Wirklichkeit zu Tage Getretenes umschrieben, das dem Wahrheitsbeweis oder Unwahrheitsbeweis zugänglich" sei.[78] Der BGH hat diese Definition – im Anschluss an *Wenzel*[79] – dahin weiterentwickelt, dass das Begriffspaar **wahr/unwahr** einer **Tatsachenbehauptung,** das Begriffspaar **richtig/falsch** dagegen einer **Meinung,** also einem Werturteil zuzuordnen sei mit der Folge, dass erstere als dem Wahrheitsbeweis zugänglich angesehen wurde, letzteres aber nicht.[80] Auch das BVerfG geht von einer entsprechenden Unterscheidung aus.[81]

36 Diese auf den ersten Blick klar und einfach erscheinende Gegenüberstellung hat in der Rechtsprechung zum bisherigen § 14 gleichwohl immer wieder zu **Abgrenzungsproblemen** geführt. Vielfach ist die Behauptung einer Tatsache in eine Meinungsäußerung gekleidet, oder enthält ein Werturteil einen tatsächlichen Kern. In solchen Fällen hat der BGH bisher auf den Gesamteindruck abgestellt, den die fragliche Äußerung auf den unbefangenen durchschnittlichen Hörer oder Leser machte,[82] je nachdem ob die in ihr enthaltene Tatsachenbehauptung oder die Meinungsäußerung stärker substantiiert war und damit das größere Gewicht hatte, wurde das eine oder das andere angenommen,[83] wobei der Äußerung im Hinblick auf die vorrangige Bedeutung des Grundrechts der Meinungsfreiheit (Art. 5 Abs. 1 GG) **im Zweifel Meinungscharakter** zugebilligt wurde.[84] Wenn Tatsachenbehauptung und Meinung in einer zusammengesetzten Äußerung jeweils selbständige Bedeutung hatten, sich also trennen ließen, fand eine getrennte Bewertung statt.[85]

37 Für die Einordnung als Tatsachenbehauptung oder Werturteil ist grundsätzlich auf den **Gesamteindruck** abzustellen, den die fragliche Äußerung beim unvoreingenommen und verständigen Durchschnittspublikum hervorruft, nicht jedoch auf die subjektive Absicht des sich Äußernden oder das subjektive Verständnis des von der Äußerung Betroffenen.[86] Das **Grundrecht der Meinungsfreiheit** gemäß Art. 5 Abs. 1 GG ist nach der Rechtsprechung des BVerfG nicht nur auf Werturteile, sondern **auch auf Tatsachenbehauptungen** anzuwenden. Die Mitteilung einer Tatsache ist im strengen Sinne zwar keine Äußerung einer Meinung im Sinne des Art. 5 Abs. 1 S. 1 GG, weil ihr die für eine Meinungsäußerung charakteristischen Merkmale fehlen. Tatsachenbehauptungen fallen deswegen aber nicht von vornherein aus dem Schutzbereich von Art. 5 Abs. 1 S. 1 GG heraus. Sie sind vielmehr durch das Grundrecht der Meinungsfreiheit geschützt, weil und soweit sie Voraussetzung der Bildung von Meinungen sind, welche Art. 5 Abs. 1 S. 1 GG gewährleistet.[87] Daher endet der Schutz der Meinungsfreiheit für Tatsachenbehauptungen erst dort, wo sie zu der verfassungsrechtlich vorausgesetzten Meinungsbildung nichts beitragen können.[88] Dies ist der Fall, wenn es schon an einem **sachlich gerechtfertigten Informationsbedürfnis der**

---

77 → Rn 19.

78 RG ständig seit RGSt 24, 301; RGZ 58, 207, 209; zuletzt RGSt 55, 129, 131; RGZ 101, 135, 138.

79 Das Recht der Wort- und Bildberichterstattung Rn 4.32.

80 BGH GRUR 1997, 396, 398 – Polizeichef; BGH GRUR 1988, 402, 403 – Mit Verlogenheit zum Geld; BGH GRUR 1978, 258, 259 – Schriftsachverständiger; im gleichen Sinne Europäischer Gerichtshof für Menschenrechte NJW 1987, 2143, 2144.

81 Vgl. zuletzt BVerfG NJW 2006, 207, 209 Tz. 34 und 41 f – „IM-Sekretär" Stolpe.

82 BGH GRUR 1993, 412, 413 f – Ketten-Mafia; BGH GRUR 1966, 693, 695 – Höllenfeuer.

83 BGH GRUR 1993, 409, 410 f – Illegaler Fellhandel.

84 BVerfG AfP 1992, 53, 55 – Kritische Bayer-Aktionäre.

85 BVerfG AfP 1992, 53, 55 – Kritische Bayer-Aktionäre; BGH GRUR 1968, 314, 316 – Fix und Clever.

86 BVerfG NJW 2006, 207, 208 Tz. 31 – „IM-Sekretär" Stolpe; BGH GRUR 1988, 402, 403 – Mit Verlogenheit zum Geld; BGH GRUR 1980, 309, 310 – Straßen- und Autolobby; BGH GRUR 1972, 435, 439 – Grundstücksgesellschaft.

87 Vgl. BVerfG NJW 1980, 2072 – Böll/Walden; BVerfG NJW 1983, 1415 – NPD von Europa.

88 BVerfG NJW 1992, 1439, 1440.

Allgemeinheit oder der **angesprochenen Verkehrskreise** mangelt.[89] Besteht allerdings ein sachlich gerechtfertigtes Informationsbedürfnis der Allgemeinheit oder der angesprochenen Verkehrskreise, ist auch bei Tatsachenbehauptungen eine Abwägung zwischen der Schwere der Persönlichkeitsbeeinträchtigung durch die Äußerung einerseits und der Einbuße an Meinungsfreiheit durch die Untersagung der Äußerung andererseits vorzunehmen.[90] Allerdings kommt der Meinungsfreiheit bei Tatsachenbehauptungen gegenüber Werturteilen ein erheblich geringeres Gewicht zu und ist zu berücksichtigen, dass für die Verbreitung unwahrer Tatsachenbehauptungen in der Regel kein rechtfertigender Grund anzuerkennen ist; deshalb tritt die Meinungsfreiheit bei Tatsachenbehauptungen, die bewusst unwahr oder erwiesenermaßen falsch sind, hinter das Persönlichkeitsrecht zurück.[91]

Besteht allerdings ein non liquet, kann der Wahrheitsgehalt einer Tatsachenbehauptung mithin nicht endgültig festgestellt werden, ist sie also „nicht erweislich wahr", kann die Meinungsfreiheit dann Berücksichtigung finden, wenn es sich um eine die **Öffentlichkeit wesentlich berührende Angelegenheit** handelt und der die Behauptung Aufstellende vor der Aufstellung und Verbreitung seiner Behauptung **hinreichend sorgfältige Recherchen** über den Wahrheitsgehalt angestellt hat.[92] Wie hoch die Anforderungen an die Erfüllung dieser Sorgfaltspflicht zu stellen sind, hängt wiederum von der Stärke des Eingriffs in das Persönlichkeitsrecht ab; bei einem schwerwiegenden Eingriff sind deshalb hohe Anforderungen zu stellen.[93] Keinesfalls darf jedenfalls eine nach dem Kenntnisstand des Äußernden umstrittene oder zweifelhafte Tatsache als feststehend hingestellt werden.[94] 38

Tatsache und damit dem Beweis zugänglich können auch Bewertungen sein, die zunächst subjektive Elemente enthalten, allerdings in einem weiteren Schritt objektivierbar gemacht werden. Dies ist der Fall, wenn Internetnutzer ein Internetportal als Spam melden und daraufhin eine Prüfung anhand von transparenten Kriterien vorgenommen wird, so dass anschließend ein Softwarehersteller ein Spamming-Programm herausbringt.[95] Diese Filtersoftware spürt Spamming-Seiten auf, die beispielsweise doorway-pages benutzen, um auf den Google-Seiten künstlich eine der vordersten Ränge einzunehmen.[96] An der Filterung von Spamseiten besitzt der Verbraucher ein legitimes Interesse wegen der Flut von ungerechtfertigten Internetportalen.[97] 39

In einer unwahren Tatsachenbehauptung kann **zugleich eine Herabsetzung oder Verunglimpfung** liegen, so dass dann § 4 Nr. 7 und 8 nebeneinander anwendbar sind.[98] Dies würde beispielsweise für die folgenden Fälle aus der bisherigen Rechtsprechung gelten: 40

- „Diese Kehrmaschine zerpflückt jeden Teppich";[99]
- Der Betroffene habe in einem konkreten Einzelfall „unwahr, böswillig und leichtfertig" gehandelt;[100]
- Ein Geschäftsführer „betrüge Landesbeamte";[101]
- „Titelbildklau" über die Aufmachung einer konkurrierenden Zeitschrift;[102]
- Es sei die Masche einer Ärztezeitschrift, „mit Verlogenheit zum Geld" zu kommen.[103]

---

[89] BGH GRUR 1968, 262, 265 – Fälschung.
[90] BVerfG NJW 2006, 207, 208 Tz. 30 – „IM-Sekretär" Stolpe.
[91] BVerfG NJW 2006, 207, 209 Tz. 42 – „IM-Sekretär" Stolpe.
[92] BVerfG NJW 2006, 207, 210 Tz. 44 – „IM-Sekretär" Stolpe.
[93] BVerfG NJW 2006, 207, 210 Tz. 45 – „IM-Sekretär" Stolpe.
[94] BVerfG NJW 2006, 207, 210 Tz. 48 – „IM-Sekretär" Stolpe.
[95] OLG Hamm GRUR-RR 2007, 282, 283 f – Google-Spamfilter.
[96] OLG Hamm GRUR-RR 2007, 282, 284 – Google-Spamfilter.
[97] OLG Hamm GRUR-RR 2007, 282, 285 – Google-Spamfilter.
[98] → § 4 Nr. 7 Rn 79.
[99] BGH GRUR 1966, 633, 635 – Teppichkehrmaschine.
[100] BGH GRUR 1968, 262, 264 f – Fälschung.
[101] BGH GRUR 1982, 633, 634 – Geschäftsführer.
[102] OLG Köln AfP 1988, 368, 369.
[103] BGH GRUR 1988, 402, 403 – Mit Verlogenheit zum Geld.

41 Dagegen würde etwa die seinerzeit noch aus § 14 Abs. 1 aF verbotene Bewertung der Tätigkeit eines Wünschelrutengängers als „Betrugsmasche“ und „Taschenspielertrick, zu dem nur Fingerfertigkeit nötig ist“,[104] wenn sie etwa von einem Brunnenbauer stammte, nach neuem Recht als Verunglimpfung zu bewerten und unter § 4 Nr. 7 zu subsumieren sein, weil die Äußerungen wohl eher Werturteile sind; eine „Betrugsmasche“ oder ein „Taschenspielertrick“ sind kaum dem Wahrheitsbeweis zugänglich. Ebenso würde wohl die Behauptung einer Stiftung, eine andere sei „von Alt- und Neufaschisten durchsetzt“, unter § 4 Nr. 7 fallen, auch wenn der BGH seinerzeit zur Annahme einer Tatsachenbehauptung tendierte,[105] weil sich kaum zuverlässig beweisen lassen dürfte, was „Alt- und Neufaschisten“ im Sinne einer politischen Geisteshaltung wirklich sind. Tatsachenbehauptung ist ferner die Behauptung künftigen Verhaltens, weil sie die tatsächliche Angabe einer gegenwärtig bestehenden Absicht beinhaltet.[106]

42 **Werturteile, die auf der Feststellung und Bewertung von Tatsachen beruhen,** wie dies – im Hinblick auf die wettbewerbsrechtliche Relevanz solcher Äußerungen – vor allem für Sachverständigengutachten, Testberichte (Warentests) und die Kunstkritik im weiteren Sinne (Theater, Konzert, Kunst, Film, Literatur) zutrifft, wurden wegen des Vorranges der Meinungsäußerung von der Rechtsprechung seit jeher als solche beurteilt.[107] Auf sie ist § 4 Nr. 8 nur unter zwei Voraussetzungen anwendbar: Erstens müssen die in ihnen enthaltenen oder ihnen jedenfalls zugrunde liegenden **tatsächlichen Angaben** richtig sein. Sind die die Beurteilung prägenden Tatsachen zwar richtig, aber unvollständig, so dass sie ein falsches Bild entstehen lassen (können),[108] oder sind sie gar unzutreffend,[109] so kann das Werturteil, das durch ihre Mitteilung nahegelegt oder in dieser zum Ausdruck gebracht wird, nicht richtig sein, was deren Verbot rechtfertigt. Zweitens muss der Gutachter, Warentester, Berichterstatter oder Kritiker entweder selbst ein Mitbewerber sein oder sich im Auftrage eines solchen äußern; ein Nachweis der Wettbewerbsförderungsabsicht (nunmehr nur noch objektiven Zusammenhangs, § 2 Abs. 1 Nr. 1) genügt ebenfalls.[110] Werden Warentests, Gutachten und wissenschaftliche Abhandlungen zu Werbezwecken eingesetzt, ist der Anwendungsbereich der § 4 Nr. 8 gegenüber darin enthaltenen unwahren Tatsachenbehauptungen regelmäßig eröffnet;[111] allerdings macht sich der Gewerbetreibende insoweit die Äußerungen des Warentesters oder Gutachters zu eigen, so dass es auf deren Wettbewerbsförderungsabsicht gar nicht mehr ankommt, sondern die in dem Warentest oder dem Gutachten enthaltenen unwahren Tatsachenbehauptungen dem Werbenden wie eigene Behauptungen zugerechnet werden müssen.[112]

43 Ist eine Äußerung **missverständlich,** dh. kann sie in einer Deutung Werturteil und in einer anderen Deutung Tatsachenbehauptung sein, ist nach der Rechtsprechung des BVerfG im Hinblick auf die Meinungsfreiheit nach Art. 5 Abs. 1 GG zu unterscheiden: Geht es um Schadensersatz, Widerruf oder Berichtigung und lassen Formulierungen oder die Umstände der Äußerung eine das Persönlichkeitsrecht nicht verletzende Deutung zu (also im Sinne eines Werturteils), kommt der Meinungsfreiheit gemäß Art. 5 Abs. 1 GG in der Regel der Vorrang zu, weil der Äußernde ansonsten befürchten müsste, wegen einer

---

[104] BGH GRUR 1989, 781, 782 – Wassersuche.

[105] BGH GRUR 1975, 208, 209 – Deutschland-Stiftung; das Berufungsgericht hatte die Äußerung als politisches Werturteil eingeordnet.

[106] BGH WRP 1998, 303, 305 – Versicherungs-Rundschreiben; BGH GRUR 1995, 224, 228 – Erfundenes Exclusiv-Interview.

[107] Für Gutachten RG ständig seit RGZ 84, 294, 296f; BGH ständig seit GRUR 1969, 624, 627 – Hormoncreme. Für Warentests BGH GRUR 1987, 468, 469 – Warentest IV; BGH GRUR 1976, 268, 270 – Warentest II.

[108] Beispiel: BGH GRUR 2000, 247, 248 – Vergabepraxis (mit Nachweisen aus der älteren Rechtsprechung); vgl. auch OLG Hamburg ZUM-RD 2000, 240, 241.

[109] Beispiel: Messergebnisse und Preisvergleiche, BGH GRUR 1986, 330, 331 – Warentest II; BGH GRUR 1989, 539, 539f – Warentest V.

[110] → Rn 62.

[111] Ebenso Gloy/Loschelder/*Hasselblatt* § 47 Rn 12.

[112] → Fn 110.

Deutung, die den gemeinten Sinn verfehlt, mit staatlichen Sanktionen belegt zu werden, und sich so über die Beeinträchtigung der individuellen Meinungsfreiheit hinaus negative Auswirkungen auf die generelle Ausübung des Grundrechts der Meinungsfreiheit ergeben würden.[113] Für den im Wettbewerbsrecht regelmäßig in der Praxis sehr viel bedeutenderen Unterlassungsanspruch gilt dies jedoch nicht: Bei der Abwägung von Meinungsfreiheit und Persönlichkeitsschutz ist im Hinblick auf die ohnehin nur zu beanspruchende zukünftige Unterlassung zu berücksichtigen, dass der Äußernde die Möglichkeit hat, sich zukünftig klarer auszudrücken und damit zugleich deutlich zu machen, welcher Äußerungsinhalt der rechtlichen Prüfung zugrunde zu legen ist.[114] Bei mehrdeutigen Äußerungen hat also im Falle von Schadensersatz-, Widerrufs- oder Berichtigungsansprüchen im Zweifel das für den Äußernden günstigere Verständnis der Vorrang; für den Unterlassungsanspruch muss er allerdings das für ihn ungünstige Verständnis gegen sich gelten lassen.

2. Behaupten oder Verbreiten

Den Terminus **behauptet oder verbreitet** hatte schon § 6 des UWG von 1896 aus § 824 BGB übernommen, das bei seinem Inkrafttreten verabschiedet, aber noch nicht in Kraft getreten war. Er kehrte in § 14 Abs. 1 des UWG von 1909 unverändert wieder und ist nunmehr auch in § 4 Nr. 8 übernommen worden, was schon deshalb begrüßenswert ist, weil damit die Übereinstimmung von § 4 Nr. 8 mit dem vorrangig für den Schutz der Ehre bestimmten Normen des Zivil- und des Strafrechts gesichert wird; die §§ 186, 187 StGB sind insoweit gleichlautend. 44

Behaupten heißt aus eigenem Wissen oder eigener Überzeugung von der Richtigkeit einer Drittinformation mitteilen, **Verbreiten** bedeutet, eine fremde Tatsachenbehauptung weiterzugeben, ohne sich davon eindeutig zu distanzieren.[115] Dabei muss sich der Verbreitende die Äußerung nicht zu eigen gemacht haben; es genügt, einen Dritten über die Existenz der Mitteilung zu informieren und ihm dann anschließend zu ermöglichen, diese zur Kenntnis zu nehmen.[116] 45

Auf die **Form der Mitteilung** kommt es nicht an; eine bloße – wenn auch unmissverständliche – Andeutung, etwa in Gestalt einer Frage oder Umschreibung, genügt.[117] Auch in einer verfälschten bildlichen Darstellung liegt eine Falschbehauptung,[118] ebenso beispielsweise in der Weitergabe einer gefälschten Urkunde oder eines Werkes der bildenden Kunst mit falscher Signatur sowie eines Zeitungsartikels.[119] Entsprechendes gilt für die Äußerung eines eigenen (Behauptung) oder fremden (Verbreitung) Verdachts.[120] Schon mit einem bloßen Hinweis auf eine fremde wissenschaftliche Abhandlung ohne eigene Distanzierung verbreitet man die darin behaupteten Tatsachen.[121] Sogar mit der kommentarlosen Weitergabe eines Urteils, in dem eine Behauptung verboten wurde, soll man sich diese zu eigen machen;[122] das geht zu weit, weil eine Weitergabe, die **nicht** mit einer Kritik an der Entscheidung verbunden ist, wohl eher als Zustimmung zu dieser verstanden wird denn als Wiederholung der darin verbotenen Behauptung. 46

---

113 BVerfG NJW 2006, 207, 208f Tz. 33 – „IM-Sekretär" Stolpe.

114 BVerfG NJW 2006, 207, 209 Tz. 34 – „IM-Sekretär" Stolpe; OGH Wien Medien und Recht 2006, 255, 256.

115 BGH GRUR 1995, 427, 428 – Schwarze Liste; BGH GRUR 1969, 624, 627 – Hormoncreme, zu § 824 BGB; zu weitgehend dagegen BGH GRUR 1958, 448, 449 – Blanko-Verordnungen: Die Weitergabe einer Drittinformation mit dem Zusatz „ich glaube es selber nicht" ist eine klare Distanzierung.

116 BGH GRUR 1995, 427, 428 – Schwarze Liste.

117 BGH GRUR 1975, 89, 91 – Brüning-Memoiren I; OGH Wien ÖBl. 1997, 69, 71 – Mietschulden.

118 ÖOGH Wien ÖBl. 2000, 263, 264 – Wohnanlage S.

119 OLG Hamburg NJWE-WettbR 1996, 221, 222 zu vergleichender Werbung.

120 BGH GRUR 1959, 31, 32 – Feuerzeug als Werbegeschenk.

121 BGH GRUR 2002, 633, 634 – Hormonersatztherapie; OLG Celle GRUR 1989, 119, 119 – Kundenanfrage.

122 OLG Köln WRP 1986, 626, 626.

47 Die Begriffe **Behaupten** und **Verbreiten** implizieren die Notwendigkeit ihres **Zugangs** an einen **Dritten** zur Entstehung ihrer rechtlichen Relevanz.[123] Dieser kann nur ein **Außenstehender** sein; Gerede in der eigenen Familie oder im eigenen Betrieb kann, solange es nicht nach Außen weitergegeben wird, zur Schädigung des Mitbewerbers nicht geeignet sein. Deshalb fallen Äußerungen in betriebsinternen Gremien, insbesondere im Aufsichtsrat oder Beirat oder gar in der Vorstandssitzung eines Unternehmens, oder interne Betriebsanweisungen **nicht** unter § 4 Nr. 8.[124] Andererseits geschieht eine Äußerung, die ein Wettbewerber gegenüber dem Beiratsmitglied eines Konkurrenzunternehmens macht, zweifelsfrei gegenüber einem Dritten.[125]

48 Ob die Behauptung oder Verbreitung der fraglichen Tatsache **öffentlich, nichtöffentlich** oder **vertraulich** geschehen ist, spielt, wenn sie überhaupt gegenüber einem **Dritten** erfolgt ist, für ihre rechtliche Beurteilung nur im letztgenannten Fall eine – dort allerdings bedeutsame – Rolle.[126] In jedem der beiden erstgenannten Wirkungsbereiche können Eignung und Ausmaß der Schädigung des Betroffenen höchst unterschiedlich sein: Die Anzeige in einer kleinen Lokalzeitung, mit der einem Konkurrenten Unzutreffendes untergeschoben wird, enthält ein möglicherweise sehr viel geringeres Gefährdungspotential als eine entsprechende Mitteilung an einige wenige Großabnehmer oder Zulieferer, oder gar nur an die einzige Hausbank des Anschwärzungsopfers.[127] Deshalb macht § 4 Nr. 8 – wie schon § 14 aF – zurecht **keinen Unterschied** zwischen öffentlich oder nicht-öffentlich aufgestellten oder verbreiteten Behauptungen.

3. Eignung zur Schädigung

49 Zur Feststellung, ob die von § 4 Nr. 8 geforderte **Eignung** der Mitteilung zur **Schädigung** des betroffenen Mitbewerbers gegeben ist, kommt es zunächst auf die Beantwortung der Vorfrage an, wie die beteiligten Verkehrskreise sie **verstehen,** an die sie sich richtet; wie sie **gemeint** war, ist ohne Bedeutung.[128] Maßgebend war in der Rechtsprechung zum früheren Recht das Verständnis des nicht nur unbefangenen, sondern zugleich auch flüchtigen Adressaten.[129] Für eine an Fachkreise gerichtete Mitteilung konnte das schon bisher nicht richtig sein. Soweit Verbraucher durch eine solche angesprochen werden, ist auch insoweit nunmehr das **Verbraucherleitbild** maßgebend, dass der BGH schon seit 1999 im Anschluss an die ständige Rechtsprechung des Europäischen Gerichtshofes der Anwendung insbesondere von § 3 aF zugrunde gelegt hat.[130] Das ist allgemeine Meinung in der wettbewerbsrechtlichen Literatur[131] und entspricht auch der aktuellen Rechtsprechung des BVerfG zum Äußerungsrecht, nach der weder die subjektive Absicht des sich Äußernden noch das subjektive Verständnis der von der Äußerung betroffenen Person, sondern nur das **Verständnis eines unvoreingenommenen und verständigen Durchschnittspublikums** entscheidend ist.[132] Zur Beurteilung einer Mitteilung nach § 4 Nr. 8 ist danach, soweit sie sich an Fachkreise richtet, also an Mitbewerber oder andere Branchenkundige

---

[123] Im gleichen Sinne, nur anders formuliert, BGH GRUR 1995, 427, 428 – Schwarze Liste: Dem Dritten muss die Möglichkeit verschafft worden sein, von der Behauptung Kenntnis zu nehmen.

[124] OGH Wien ÖBl. 2000, 262, 262f – ORKY.

[125] OLG Düsseldorf NJW-RR 1997, 490, 491.

[126] → Rn 63ff.

[127] Vgl. BGH NJW 1984, 1104, 1106 für einen Fall des § 824 BGB: „Beschuldigungen ‚unter vier Augen' oder in einem kleinen Kreis sachlich Interessierter … (können) unter Umständen nachhaltiger beeinträchtigen als öffentliche Kritik".

[128] → Rn 23f.

[129] So noch BVerfG AfP 1992, 51, 53 – Arbeitskreis Umwelt und Frieden zu Flugblättern, die für die Allgemeinheit bestimmt waren; zu § 14 vgl. BGH GRUR 1975, 89, 91 – Brüning-Memoiren I und OLG Hamm WRP 1991, 37, 38 – Unwahre Tatsachenbehauptung.

[130] BGH GRUR 2000, 619, 621 – Orientteppichmuster; Einzelheiten → § 5 Rn 194ff.

[131] Vgl. Hefermehl/*Köhler*/Bornkamm UWG § 4 Rn 8.19; *Heermann/Hirsch/Brammsen/Doehner* § 4 Nr. 8 Rn 46; *Lettl* Rn 313; Gloy/Loschelder/*Hasselblatt* § 47 Rn 23; *Piper/Ohly* UWG § 4.8 Rn 8/15.

[132] BVerfG NJW 2006, 207, 208 Tz. 31 – „IM-Sekretär" Stolpe.

wie Banken oder öffentliche Auftraggeber, deren qualifiziertes Verständnis maßgebend, soweit sie Verbraucher anspricht, das Verständnis eines durchschnittlich informierten, verständigen Durchschnittsverbrauchers, der die Mitteilung mit einem Grad von Aufmerksamkeit aufnimmt, der der jeweils gegebenen Situation adäquat ist, zugrunde zulegen.[133]

Die Mitteilung muss geeignet sein, den **Betrieb des Unternehmens** oder den **Kredit des Unternehmers** zu **schädigen.** Dafür kommen nach neuem Recht nur noch Angaben über Tatsachen in Betracht, die **unmittelbar** auf einen dieser beiden Bereiche bezogen sind, also den Mitbewerber zugleich nennen oder doch ohne weiteres erkennbar machen; denn § 4 Nr. 8 schützt ausdrücklich (nur) das **Unternehmen eines Mitbewerbers,** den **Unternehmer** und jedes **Mitglied der Unternehmensleitung,** nicht aber die Mitbewerber schlechthin.[134] 50

Der **Betrieb des Unternehmens** war beispielsweise – und wäre auch nach § 4 Nr. 8 – in den folgenden Fällen aus der Rechtsprechung zu § 14 aF betroffen: 51

- Der Konkurrent liefere mangelhafte oder wertlose Ware;[135]
- Der Konkurrent habe sich durch massive Einflussnahme öffentliche Aufträge verschafft, die sonst der Äußernde erhalten hätte;[136]
- Der Konkurrent sei weder in der Lage, Zündkerzen zu günstigeren Bedingungen als der deutsche oder europäische Handel, noch in der Lage, Zündkerzen in den von ihm angebotenen Mengen zu liefern;[137]
- Das betroffene Unternehmen habe „zweimal Pleite gemacht";[138]
- Der Katalog des Konkurrenten sei „nachgemacht";[139]
- Ein Spielzeug erfüllt nicht alle DIN-Normen;[140] falsch daran war, dass die Stichproben nur Einzelfälle betrafen, die Äußerung diese Einschränkung indes nicht kenntlich machte und die relevanten Stichproben ihrerseits im Rahmen der Zahl der festgelegten Ausreißer lag.[141] Die Prüfung nur einzelner Geräte rechtfertigt nicht den Schluss auf die gesamte Modellreihe;[142]
- Das Präparat der Klägerin führe zu einer deutlich stärkeren Dichtigkeit des Gewebes, wodurch die Mammographiediagnostik erschwert werde.[143]

Der **Kredit des Unternehmers** war etwa durch folgende Behauptungen betroffen: 52

- Der Konkurrent sei wegen der Unterschlagung von Leihmieten entlassen worden;[144]
- Die Werbegeschenke seien geeignet, die Seriosität des Konkurrenten im Geschäftsverkehr in Zweifel zu ziehen;[145]
- Der Unternehmer – ein „Außenseiter" gegenüber einem der damals üblichen Preisbindungssysteme – habe eine reverswidrig erfolgte Lieferung zur Unterbietung der Endverkaufspreise ausgenutzt;[146]
- Der Inhaber eines Reisebüros schulde dem Vermittler Provisionen und sei möglicherweise insolvent;[147]
- Die Beklagte sei im Besitz einer Liste, in welcher die Namen möglicher Bezieher von Baubedarfsartikeln aufgeführt seien, gegen deren Bonität Bedenken bestünden.[148]

---

133 → § 5 Rn 25, 77f.
134 → Rn 4, 23.
135 OGH Wien ÖBl. 1973, 105.
136 BGH GRUR 1992, 860, 860f – Bauausschreibungen.
137 BGH GRUR 1993, 572, 573 – Fehlende Lieferfähigkeit.
138 BGH GRUR 1994, 915, 918 – Börsenjournalist.
139 OLG Stuttgart NJWE-WettbR 1997, 270, 271.
140 OLG Hamburg WRP 2007, 443, 445 – Spielzeugautorennbahn.
141 OLG Hamburg WRP 2007, 443, 445 – Spielzeugautorennbahn.
142 OLG Hamburg WRP 2007, 443, 445 – Spielzeugautorennbahn.
143 BGH GRUR 2002, 633, 635 – Hormonersatztherapie.
144 BGH GRUR 1957, 93, 95 – Jugendfilmvertrieb.
145 BGH GRUR 1959, 31, 32 – Feuerzeug als Werbegeschenk.
146 BGH GRUR 1970, 254, 256 – Remington.
147 OLG Hamburg GRUR-RR 2004, 52, 53 – Kooperation Forum.
148 BGH GRUR 1995, 427, 429 – Schwarze Liste.

53 Im **Äußerungsrecht** sind Vorwürfe einer früheren Zusammenarbeit mit dem Staatssicherheitsdienst der DDR („Stasi“) als schwerwiegende Eingriffe in das Persönlichkeitsrecht eingeordnet worden.[149] Derartige Äußerungen über Mitbewerber dürften entsprechend geeignet sein, den Betrieb des Unternehmens oder den Kredit des Unternehmers zu schädigen, weil die Behauptung der Stasi-Zusammenarbeit einhergehen dürfte mit der Behauptung der persönlichen Unzuverlässigkeit und fehlenden Vertrauenswürdigkeit, was mit einer Gefährdung der wirtschaftlichen Wertschätzung einhergeht; letztere ist aber durch § 4 Nr. 8 geschützt.[150]

4. Sonderfall: Abnehmerverwarnung

54 Eine umfangreiche Rechtsprechung über das ganze vergangene Jahrhundert hinweg hat den Sonderfall der Abnehmerverwarnung durch Inhaber von Patenten oder Gebrauchsmustern provoziert, die in Konkurrenzerzeugnissen eine Verletzung ihrer Ausschließlichkeitsrechte sahen und den ihnen entstehenden Schaden jedenfalls für den Zeitraum bis zu einer gerichtlichen Entscheidung auf diese Weise zu begrenzen suchten. Für den jeweils betroffenen Konkurrenten kann die Verwarnung in der Tat schwerwiegende Folgen sowohl materieller wie ideeller Art haben: Die Reaktion seiner verwarnten Abnehmer bedeutet für ihn einerseits Umsatzeinbrüche, andererseits gefährdet der Vorwurf von Rechtsverletzungen, mit dem sich die Verwarnung zwangsläufig zu rechtfertigen hat, seinen guten Ruf und damit seine Stellung im Markt. Die Gerichte haben in der Abnehmerverwarnung allerdings **stets ein Urteil des Verwarnenden über rechtliche Gegebenheiten** und mithin eine **Meinungsäußerung** gesehen[151] und sie deshalb nur dann als Anschwärzung des betroffenen Mitbewerbers im Sinne von § 14 aF bewerten wollen, wenn sie etwa unrichtige Tatsachenbehauptungen enthielten.[152] Die neuere Rechtsprechung betont sogar das gute Recht jedenfalls des Inhabers von geprüften Schutzrechten (Patenten, Gebrauchsmustern, Sorten), Dritte – auch zu deren eigenem Schutz – vor den Folgen der Verletzung solcher Rechte zu warnen; der Hinweis müsse allerdings den Umständen nach angemessen und zur Abwehr erforderlich sein.[153]

55 § 4 Nr. 8 scheidet für die rechtliche Beurteilung der Abnehmerverwarnung allerdings nicht aus, wenn gegenüber dem Adressaten der Eindruck vermittelt wird, die Schutzrechtsverletzung sei **objektiv und nicht nur nach Meinung des Absenders gegeben.**[154] Das kann etwa der Fall sein, wenn die Behauptung der Schutzrechtsverletzung in einen Kontext gestellt wird, in dem der Eindruck entsteht, die Schutzrechtsverletzung stehe fest, ohne dass eine rechtliche Begründung hierfür gegeben wird („der Import des Produktes X verletzt unser Urheberrecht und ist damit rechtswidrig“) oder behauptet wird, die Schutzrechtsverletzung stehe bereits durch eine gerichtliche Entscheidung fest, aber verschwiegen wird, dass diese noch angefochten werden kann.[155] Eine **unwahre Tatsachenbehauptung** kann ferner darin bestehen, das markenverletzende Produkt sei außerhalb der EU in Verkehr gebracht worden, so dass Erschöpfung nicht eingetreten sei[156] oder ein Patent, das sich noch im Anmeldeverfahren befindet, sei bereits erteilt bzw. es sei noch rechtsbestän-

[149] BVerfG NJW 2006, 207, 210 Tz. 45 – „IM-Sekretär“ Stolpe.

[150] Vgl. *Piper/Ohly* UWG § 4.8 Rn 8/15.

[151] BGH GRUR 1995, 424, 425 – Abnehmerverwarnung; BGH GRUR 1979, 332, 333 – Brombeerleuchte; bereits RG ständig seit JW 1899, 749, 750; zuletzt RG GRUR 1942, 54.

[152] Diese Möglichkeit sieht schon RG JW 1899, 749, 750 für den Fall, dass das Patent, aus dem verwarnt wurde, gar nicht existierte, weil es dann eine Patentverletzung auf Seiten des betroffenen Unternehmens nicht geben könne. Vgl. auch BGH WRP 1968, 50, 51 – Spielautomat I.

[153] BGH GRUR 1995, 424, 425 – Abnehmerverwarnung. Ebenso schon *Hesse* GRUR 1979, 438, 439. Mit gegenteiligem Ergebnis OGH Wien GRUR Int. 2000, 558, 559 – Abnehmerverwarnung (wo allerdings die Fundstelle GRUR 1995, 424 einem Aufsatz von *Lohn* zugeordnet und wohl deshalb davon ausgegangen wird, der OGH habe die Frage bislang offen gelassen).

[154] Gloy/Loschelder/*Hasselblatt* § 47 Rn 15.

[155] Ebenso Gloy/Loschelder/*Hasselblatt* § 47 Rn 15.

[156] BGH GRUR 2006, 433, 435 – unbegründete Abnehmerverwarnung.

dig, obwohl es nicht verlängert worden ist.[157] Neben oder anstelle von § 4 Nr. 8 kann in Fällen der Abnehmerverwarnung auch § 4 Nr. 7 zur Anwendung kommen, wenn die Art und Weise der Verwarnung eine Herabsetzung oder Verunglimpfung des betroffenen Mitbewerbers indizieren sollte.[158] Entsprechendes gilt für § 4 Nr. 1, wenn mit der Verwarnung Druck oder ein anderer unangemessener, unsachlicher Einfluss ausgeübt, also mit ihr etwa ein Boykottaufruf verbunden werden würde.[159] Im Falle einer bewusst grundlosen Abnehmerverwarnung läge zugleich ein Fall der gezielten Behinderung des betroffenen Mitbewerbers gemäß § 4 Nr. 10 vor.[160] Die fahrlässige Fehleinschätzung der Rechtslage und die darauf beruhende unbegründete Abnehmerverwarnung muss wegen ihrer besonderen Gefährlichkeit als unlauter anzuerkennen sein – entgegen des Grundsatzes, dass das Einleiten und Betreiben eines gesetzlich eingerichteten und geregelten Verfahrens nicht rechtswidrig ist.[161] Bei der unbegründeten Abnehmerverwarnung stellt der BGH die Verwarnung und die Klage auf die gleiche Stufe und erachtet sie für rechtswidrige Eingriffe.[162]

Regelmäßig wird bei der Abnehmerverwarnung auf § 823 Abs. 1 BGB unter dem Gesichtspunkt des **Eingriffs in den eingerichteten und ausgeübten Gewerbebetrieb** zurückzugreifen sein, wie dies auch für die an den Hersteller gerichtete Schutzrechtsverwarnung anerkannt ist.[163] Die nicht gegenüber Abnehmern, sondern gegenüber dem Mitbewerber selbst ausgesprochene Herstellerverwarnung, kann nie unter § 4 Nr. 8 fallen, weil die Äußerung einer darin etwa enthaltenen unwahren Tatsache nicht gegenüber einem Dritten erfolgt ist.[164] 56

Von der Abmahnung und Verwarnung ist die Berechtigungsanfrage abzugrenzen, die regelmäßig keine Schadensersatzansprüche wegen Eingriffs nach § 823 Abs. 1 BGB nach sich zieht, wie dies die unberechtigte Abnehmerverwarnung oder Herstellerverwarnung im Zweifelsfall eröffnet. Eine Berechtigungsanfrage ist ein Angebot an die Gegenseite, sich über die Frage einer Verletzung und dem Bestand des Schutzrechtes auszutauschen.[165] Im Gegensatz dazu ist die Verwarnung ein endgültiges und ernsthaftes Verlangen, das Verhalten zu unterlassen, ohne eine Korrespondenz zur Disposition zu stellen, wie zB die Gelegenheit zur Stellungnahme binnen einer Frist mit der Fragestellung der Berechtigung. 57

V. Beweislast

Der Vorwurf der Unlauterkeit trifft die in § 4 Nr. 8 Halbs. 1 bezeichneten Tatbestände nur, wenn die fraglichen Tatsachen **nicht erweislich wahr** sind. Die insoweit bestehende 58

[157] Hefermehl/*Köhler*/Bornkamm UWG § 4 Rn 10.179; ähnlich *Piper/Ohly* UWG § 4.8 Rn 8/13 und § 4.10 Rn 10/39; *Oman* GRUR 2001, 1027, 1030.

[158] → § 4 Nr. 7 Rn 44.

[159] Großkomm/*Messer* UWG § 14 Rn 238 meint sogar, dieser liege in jeder Abnehmerverwarnung mit der Folge, dass sie generell zu verbieten sei, weil Boykottaufrufe durch das Grundrecht der Meinungsfreiheit nicht gerechtfertigt werden würden (BVerfGE 62, 230, 245 = GRUR 1984, 357, 360 – markt intern).

[160] → § 4–10 Rn 61. Vgl. auch *Nordemann* Rn 1453; *Oman/Müller-Bidinger* § 4 Nr. 10 Rn 151.

[161] BGH GRUR 2005, 882 – Unberechtigte Schutzrechtsverwarnung; *Sack* WRP 2007, 708, 708 f; *ders.* BB 2005, 2368, 2370.

[162] BGH GRUR 2005, 882 – Unberechtigte Schutzrechtsverwarnung.

[163] Vgl. BGH GRUR 2007, 313, 314 Tz. 27 – Funkuhr II; BGH GRUR 2006, 433, 435 – unbegründete Abnehmerverwarnung; BGH GRUR 2006, 219 – Detektionseinrichtung II und BGH GSZ GRUR 2005, 882, 883 ff – unberechtigte Schutzrechtsverwarnung. S. im Übrigen die ausführlichen Darstellungen zur unberechtigten Schutzrechtsverwarnung → § 4–10 Rn 54 ff sowie Hefermehl/*Köhler*/Bornkamm UWG § 4 Rn 10.169 ff; *Heermann/Hirsch/Jaenich* § 4 Nr. 10 Rn 108 ff; Gloy/Loschelder/*Hasselblatt* Voraufl. § 45 Rn 114 ff; *Nordemann* Rn 1443 ff; *Piper/Ohly* UWG § 4.10 Rn 10/33 ff; *Oman/Müller-Bidinger* § 4 Nr. 10 Rn 120 ff; Harte/Henning/*Omsels* UWG § 4 Nr. 10 Rn 160 ff; HK-WettbR/*Plaß* UWG § 4 Rn 487 ff; *Sack* WRP 2007, 708, 712; *ders.* BB 2005, 2368, 2369 ff; *ders.* WRP 2005, 253 ff; *Wagner/Thole* NJW 2005, 3470, 3471 f.

[164] Vgl. *Piper/Ohly* UWG § 4.8 Rn 8/14; *Oman/Müller-Bidinger* § 4 Nr. 10 Rn 152; *Sack* BB 2005, 2368, 2369 – differenziert zwischen Abnehmer- und Herstellerverwarnungen und sieht letztere bei fahrlässig unbegründeten Klagen nicht per se als rechtswidrig an, erst wenn weitere besondere Umstände hinzutreten, S. 2371.

[165] BGH GRUR 2007, 313, 314 – Funkuhr II; BGH GRUR 1979, 332, 333 – Brombeerleuchte.

Beweislastumkehr entspricht dem bisherigen Recht in § 14 Abs. 1 aF. Mit Einschränkungen **privilegiert** ist gemäß § 4 Nr. 8 Halbs. 2 die Behauptung oder Verbreitung von Tatsachen, die zur Schädigung des betroffenen Mitbewerbers geeignet sind, wenn es sich um vertrauliche Mitteilungen handelt, an denen entweder der Mitteilende oder der Empfänger der Mitteilung ein berechtigtes Interesse hat; dieser Teil der Vorschrift entspricht § 14 Abs. 2 S. 1 aF.

1. Normfall der Beweislastumkehr

59 Eine Tatsachenbehauptung ist wahr, wenn die Wirklichkeit mit dem Inhalt übereinstimmt, den der unbefangene, verständige Hörer, Leser oder – bei Film und Fernsehen – Zuschauer ihr entnimmt.[166] Dabei kommt es allein auf ihren **tatsächlichen Kern** an; trifft dieser zu und wird er als die eigentliche Botschaft verstanden, so bleiben Ausschmückungen oder Auslassungen außer Betracht; selbst eine Übertreibung macht eine tatsächliche Mitteilung nicht unwahr, wenn sie deren eigentliche Aussage nicht verändert.[167] Dagegen ist die Mitteilung **als unwahr zu behandeln,** wenn ihre negative Aussage bei Hinzufügung eines verschwiegenen Tatsachenteils wenig naheliegend erscheint, durch das Verschweigen also ein falscher Anschein entstehen kann.[168]

60 Die **Beweislast** für die Wahrheit der Mitteilung trifft den Mitbewerber des Betroffenen, der sie behauptet oder verbreitet hat. Die **Beweislastumkehr** folgt insoweit eindeutig aus dem Wortlaut der Vorschrift („nicht erweislich wahr").[169] Ihm stehen dazu im Hauptprozess die **Beweismittel** der §§ 371 bis 455 ZPO, im Verfügungsverfahren die Glaubhaftmachungsmittel des § 294 ZPO zur Seite.[170] Deren **Würdigung** ist letztendlich Sache des Gerichts (§ 286 ZPO); verbleibende Zweifel gehen grundsätzlich zu Lasten dessen, von dem die Mitteilung stammt. Angesichts des Umstandes, dass es für die Wahrheit oder Unwahrheit einer Mitteilung schon immer nur auf deren tatsächlichen Kern ankam, wurde der Wahrheitsbeweis schon von der früheren Rechtsprechung nur dann als erbracht angesehen, wenn der „Tatsachenkern als wahr erwiesen ist, der das (...) Verletzende der zur beurteilenden Äußerung begründet".[171]

61 Eine **Beweiserleichterung** hat allerdings schon die bisherige Rechtsprechung demjenigen zugestanden, der eine **negative Tatsache** behauptet oder verbreitet hat und für deren Wahrheit beweispflichtig ist. Der Betroffene hat in einem solchen Fall seinerseits eine Darlegungslast: Er muss darlegen, welche tatsächlichen Umstände für das Vorliegen des Positiven sprechen. Derjenige, von dem die Mitteilung stammt, genügt dann der ihm obliegenden Beweispflicht, wenn er die gegnerische Tatsachenbehauptung widerlegt oder zumindest ernsthaft in Frage stellt.[172]

62 Die Beweislastumkehr bezieht sich allerdings nur auf die Wahrheit der behaupteten Tatsachen. Im Hinblick auf **alle anderen Anspruchsvoraussetzungen** verbleibt es bei der **grundsätzlichen Beweislastverteilung,** dass derjenige die Tatsachen darlegen und beweisen muss, die für ihn günstig sind. Das gilt für den **Kläger** namentlich bei Ansprüchen auf der Basis von § 4 Nr. 8 für die folgenden Anspruchsvoraussetzungen:
– dass der Beklagte Mitbewerber ist,

---

[166] → Rn 35f.

[167] Vgl. BGH GRUR 1969, 555, 558 – Cellulitis; so sinngemäß schon RG JW 1932, 3060, 3061 m. Anm. *Eugen Ulmer.* Vgl. auch OGH Wien ÖB 1991, 224, 227 – Diskontprodukt.

[168] BGH GRUR 2000, 247, 248 – Vergabepraxis.

[169] Allgemeine Meinung, zB Gloy/Loschelder/*Hasselblatt* § 47 Rn 20; Harte/Henning/*Bruhn* UWG § 4 Nr. 8 Rn 30; Hefermehl/*Köhler*/Bornkamm UWG § 4 Rn 8.20.

[170] OLG Stuttgart NJWE-WettbR 1997, 270, 271f.

[171] Leitsatz zu BGHSt 18, 182.

[172] So fast wörtlich BGH GRUR 1993, 572, 574 – fehlende Lieferfähigkeit; dort ging es um die Behauptung, der Betroffene könne das Produkt, mit dem beide Parteien handelten, nicht günstiger beziehen als die Konkurrenz, er sei nicht einmal in der Lage, die in seiner Werbung angebotenen Mengen tatsächlich zu liefern.

– dass er Dritten gegenüber Tatsachen in Bezug auf die von § 4 Nr. 8 genannten Schutzgegenstände oder Personen behauptet oder diese verbreitet hat und schließlich
– dass diese Tatsachen zu seiner – des Klägers – Schädigung geeignet sind.

Die Verteidigung des **Beklagten** ist dann nur erfolgversprechend, wenn er den Beweis für die Richtigkeit seiner Tatsachenbehauptung erbringen kann.[173] 63

2. Ausnahmefall der vertraulichen Mitteilungen

Die Beweislastumkehr nach § 4 Nr. 8 Halbs. 1 gilt gemäß § 4 Nr. 8 Halbs. 2 nicht für vertrauliche Mitteilungen, an denen entweder der Mitteilende oder der Empfänger ein berechtigtes Interesse hat. Als vertraulich ist nicht etwa jede Mitteilung einzustufen, die dies zu sein behauptet. Das macht schon die Tatsache deutlich, dass selbst Postwurfsendungen heutzutage des Öfteren so bezeichnet werden. Auch was „unter vier Augen" gesagt wird, hat deshalb noch lange nicht den Charakter der Vertraulichkeit; nicht nur das Zwiegespräch zwischen Verkäuferin und Kundin oder gar die Antwort des Passanten auf die Frage eines Ortsfremden nach dem Weg ist von einer solchen Qualifikation meilenweit entfernt. Vielmehr kommt es auf eine bestimmte **Willensrichtung** des Mitteilenden an: Dieser muss voraussetzen, dass der **Empfänger der Mitteilung diese für sich behält** oder allenfalls dann an einen Dritten weitergibt, wenn gewährleistet erscheint, dass dieser sich gleichermaßen verhält. 64

Die vertrauliche Mitteilung ist also nicht etwa der begriffliche Gegensatz zur öffentlichen Mitteilung. Sie ist vielmehr grundsätzlich durch den **Anspruch des Mitteilenden auf ihre Geheimhaltung** gekennzeichnet. Dieser wiederum kann sich ergeben aus der ohnehin bestehenden **Berufsverschwiegenheitspflicht** des Empfängers (Pfarrer, Arzt, Rechtsanwalt, Steuerberater; Mitarbeiter im öffentlichen Dienst jedenfalls gegenüber Dritten außerhalb der Behörde), einem ausdrücklichen, vom Empfänger als ernsthaft verstandenen und zumindest konkludent akzeptierten **Verlangen des Mitteilenden,** den **äußeren Umständen,** unter denen die Mitteilung erfolgt ist, wenn sich aus dieser für den normal denkenden Empfänger der Anspruch des Mitteilenden auf Geheimhaltung unzweideutig ergab (Treffen an einem abgeschirmten Ort – zB in einem Nebenraum – und/oder zu ungewöhnlicher Zeit; Übergabe eines Schriftstücks in einem verschlossenen Umschlag; Mitteilung in einer internen Vorstands- oder Aufsichtsratsitzung). Für letzteres finden sich in der publizierten Rechtsprechung immerhin einige Beispiele: In den Fällen RG MuW 1927/28, 177 und RG GRUR 1938, 527, 533 – Toschi sowie BGH GRUR 1960, 135, 136 – Druckaufträge war die Mitteilung jeweils in einem Brief an nur einen einzigen Empfänger enthalten. Sie hatte auch nur für diesen Interesse, so dass sie – aus der Sicht des Mitteilenden – nicht geeignet erschien, in weiteren Kreisen bekannt zu werden; er konnte deshalb von ihrer vertraulichen Behandlung durch den jeweiligen Empfänger ausgehen. 65

Lassen allerdings die gegebenen **äußeren Umstände** eine verlässliche Geheimhaltung der Mitteilung gegenüber Personen, die der Mitteilende nicht ins Vertrauen gezogen wissen will, nicht zu, so ist Vertraulichkeit selbst dann nicht mehr gegeben, wenn der Mitteilende sie ausdrücklich beansprucht hat. Es entspricht der allgemeinen Lebenserfahrung, dass die **Chance der Geheimhaltung,** gleich welchen Gegenstandes, im umgekehrten Verhältnis zu der Zahl derer steht, die ihn kennen.[174] Im 21-köpfigen Aufsichtsrat eines größeren deutschen Industrieunternehmens lassen sich Vorgänge solcher Art nicht erörtern. Entsprechendes gilt etwa für Mitteilung am Biertisch, die von dem Tischnachbarn mitgehört werden können,[175] oder für einen Aushang auf dem Flur der Vorstandsetage. 66

In den wenigen weiteren zum alten § 14 Abs. 2 UWG 1909 publizierten Fällen ergaben allerdings schon die **jeweiligen Tatumstände,** dass der Mitteilende von vornherein nicht mit einer vertraulichen Behandlung gerechnet haben kann, sondern die Berufung auf das 67

---

173 → Rn 60 und BVerfG NJW 2006, 207, 209 Tz. 34 und 42 – „IM-Sekretär" Stolpe.
174 Vgl. schon BGH GRUR 1960, 331, 333 f – Schleuderpreise.
175 → § 4 Nr. 7 Rn 97.

Vertraulichkeitsprivileg vielmehr wohl eher zum Zweck der Prozessverteidigung diente: Wer sich gegenüber einem Handelsvertreter zu Konkurrenzprodukten äußert, kann – trotz gegenteiliger Erklärung – nicht ernstlich damit rechnen, dass dieser davon Dritten gegenüber keinen Gebrauch macht.[176] Entsprechendes gilt, wenn der ausdrückliche Vermerk „vertraulich" mit Sinn und Zweck des Mitteilungsschreibens im Widerspruch steht,[177] oder dieses an eine größere Zahl von Unternehmen gerichtet wird.[178] Erst recht kann von Vertraulichkeit keine Rede mehr sein, wenn es sich um ein Rundschreiben an **alle Branchenangehörigen** gehandelt hat,[179] oder dieses in den Verbandsnachrichten veröffentlicht wurde.[180] Das Schreiben eines Unternehmens, mit dem es sich über das Marktverhalten eines Konkurrenzunternehmens beschwert, an den Industrieverband, dem beide als Mitglied angehören, ist schon seiner Natur nach nicht für eine vertrauliche Behandlung geeignet.[181]

68 Hat es sich tatsächlich einmal um eine vertrauliche Mitteilung gehandelt, was nach Vorstehendem nur selten vorkommt (und dann auch kaum jemals gerichtsnotorisch werden dürfte, weil sich die meisten Empfänger an die ihnen auferlegte Geheimhaltung halten dürften), so muss für die Anwendung des Haftungsprivilegs des § 4 Nr. 8 Halbs. 2 zunächst noch ein **berechtigtes Interesse** des Mitteilenden oder des Empfängers hinzutreten. Für die Beantwortung der Frage, was darunter zu verstehen ist, findet sich bisher nur ein einziger Beleg in der Rechtsprechung: In BGH GRUR 1971, 159, 160 – Motorjacht hatte ein Hersteller solcher Boote während einer Ausstellung einen Interessenten im Gespräch wahrheitsgemäß darauf hingewiesen, dass die von einem Mitbewerber dort präsentierte Motorjacht nicht hochseetüchtig sei (was dieser verschwiegen hatte). An dieser Mitteilung hatte zunächst der **Interessent** ein berechtigtes Interesse; denn durch die Kenntnis oder Unkenntnis dieses Umstandes konnte sein Kaufentschluss maßgeblich beeinflusst werden. Dem **Mitteilenden** gestand der BGH ein entsprechendes Recht im Hinblick auf das schutzwürdige Bedürfnis der Allgemeinheit oder auch nur der angesprochenen Verkehrskreise nach sachgemäßer Aufklärung zu, zu dessen Befriedigung der jeweilige Marktgegner nicht nur berechtigt, sondern unter Umständen sogar verpflichtet ist.

69 Das danach für den Regelfall bestehende Privileg des früheren § 14 Abs. 2 und des nunmehrigen § 4 Nr. 8 Halbs. 2 gilt grundsätzlich auch für den Fall, dass die Mitteilung sich **im nachhinein als unrichtig** erweist – dies naturgemäß nur solange, bis der Mitteilende das weiß.

70 Das Privileg kommt dem Äußernden von vornherein **nicht** zugute, wenn er die unzutreffende Tatsache **wider besseren Wissens** behauptet oder verbreitet haben sollte. Ein solcher Fall war bisher noch nicht Gegenstand der Rechtsprechung, soweit diese publiziert worden ist, was wohl auch darauf zurückzuführen ist, dass die Anwendung des § 14 Abs. 2 UWG aF jeweils schon in einem früheren Stadium der Prüfung seiner Voraussetzungen scheiterte.

71 **Gänzlich privilegiert,** dh. vom Regelungsbereich des § 4 Nr. 8 ausgenommen sind Mitteilungen in **gerichtlichen oder behördlichen Verfahren** oder solche, die deren Einleitung bezwecken. Der BGH geht insoweit schon seit dem Urteil BGH GRUR 1965, 381 – Weinbrand von der zutreffenden Erwägung aus, „daß auf den Ablauf eines gerichtlichen Verfahrens nicht dadurch Einfluß genommen oder seinem Ergebnis nicht dadurch vorgegriffen werden darf, daß ein an diesem Verfahren in irgendeiner Weise Beteiligter durch Unterlassungs- oder Widerrufsansprüche in seiner Äußerungsfreiheit eingeengt wird".[182] Dieser Grundsatz schließt die – gleichzeitige oder spätere – Geltendmachung

---

[176] RG Mow IX, 390.
[177] RG Mow 1934, 177 und BGH GRUR 1993, 572, 573 – fehlende Lieferfähigkeit.
[178] RG GRUR 1941, 382: 7 Unternehmen.
[179] BGH GRUR 1957, 93, 95 – Jugendfilmverleih.
[180] BGH GRUR 1956, 212, 215 – Wirtschafts-Archiv.
[181] BGH GRUR 1992, 860, 861 – Bauausschreibung.
[182] So zuletzt wörtlich BGH GRUR 1998, 587, 589 – Bilanzanalyse Pro7.

eines Abwehranspruchs durch den Betroffenen schlechthin aus, ohne dass auch nur in die Sachprüfung einer etwa gleichwohl erhobenen Klage einzutreten wäre. Das Erstverfahren, in dem die beanstandete Äußerung gemacht worden ist, hat insoweit Vorrang mit Ausschlusswirkung; ob die Äußerung unter anderen Umständen nach den §§ 823ff BGB oder nach UWG zu beurteilen wäre, ist insoweit ohne Bedeutung.[183]

Für behördliche Verfahren gilt entsprechendes, und zwar nicht nur, soweit es sich um Äußerungen innerhalb eines bereits **laufenden Verfahrens** handelt, sondern auch, wenn mit diesen ein Verfahren erst veranlasst, dh. seine **Einleitung** bewirkt werden soll.[184] Das übersieht neuerdings – ohne Erörterung der BGH-Rechtsprechung – das OLG Naumburg: Der Hinweis an den Landrat, dass ein für den Landkreis erstattetes Gutachten eines Mitbewerbers unzutreffende statistische Berechnungen enthalte, soll ein entsprechendes Überprüfungsverfahren veranlassen,[185] muss sich aber zutreffend von vornherein jeder wettbewerbsrechtlichen Beurteilung entziehen. 72

Die **Beweislast** trägt in einem von dem betroffenen Mitbewerber angestrengten Rechtsstreit zu § 4 Nr. 8 Halbs. 2 der **Kläger** für die seinen Anspruch aus den §§ 8 und 9 begründenden Tatsachen, also zunächst – wie in den Fällen von § 4 Nr. 8 Halbs. 1 – dafür, 73

- dass der Beklagte Mitbewerber ist,
- er Dritten gegenüber bestimmte Tatsachen in Bezug auf die von § 4 Nr. 8 genannten Gegenstände oder Personen behauptet oder verbreitet hat,
- dass diese Tatsachen zu einer Schädigung des Klägers geeignet sind und schließlich,
- wenn sich der Beklagte auf das Privileg des § 4 Nr. 8 Halbs. 2 beruft, dafür, dass der Beklagte oder der für ihn Handelnde schon im Augenblick der Mitteilung gewusst hat, dass sie unzutreffend war.

Der **Beklagte** ist dann für die ihn – über einen bloßen Gegenbeweis hinaus – entlastenden Tatsachen, also dafür, dass seine Mitteilung der Wahrheit entsprach, sie vertraulich war und er oder der/die Empfänger daran ein berechtigtes Interesse hatten, beweisbelastet. 74

VI. Relevanz der Bagatellklausel (Spürbarkeitsschwelle) des § 3 Abs. 1

Gemäß § 3 Abs. 1 sind nur solche unlauteren geschäftlichen Handlungen unzulässig, die geeignet sind, den Wettbewerb zum Nachteil der Mitbewerber, der Verbraucher oder der sonstigen Marktteilnehmer spürbar zu beeinflussen. Da § 4 Nr. 8 die Unzulässigkeit der Anknüpfung nicht nur an das tatbestandliche Handeln der Behauptung oder Verbreitung unwahrer Tatsachen knüpft, sondern darüber hinaus eine Eignung zur Schädigung des Mitbewerbers voraussetzt, erscheint die fehlende Spürbarkeit **als von vornherein ausgeschlossen;** ein Verhalten, das den anderen zu **schädigen** geeignet ist, wird den Wettbewerb immer **spürbar** beeinflussen.[186] Die Gegenauffassung, die § 4 Nr. 8 wegen der Bagatellklausel des § 3 Abs. 1 nur dann zur Anwendung kommen lassen will, wenn die Tatsachenbehauptung oder -verbreitung geeignet ist, das Geschäft oder den Kredit des Mitbewerbers mit einem gewissen Gewicht zu schädigen,[187] übersieht einerseits, dass es sich bei § 4 Nr. 8 um einen kodifizierten Ausschnitt aus dem allgemeinen Persönlichkeitsrecht handelt,[188] dem die Rechtsordnung gemäß Art. 2 Abs. 1 iVm Art. 1 GG einen hohen Rang zuerkennt, was im Verletzungsfalle bereits ohne weiteres die Spürbarkeit der Wettbewerbsbeeinträchtigung begründet.[189] Andererseits kann es kaum in der Intention des Gesetzgebers gelegen haben, die qualifizierte Tatbestandsvoraussetzung der Schädigungseignung auch noch mit der Spürbarkeitsschwelle (nach altem UWG: Erheblichkeitsschwelle) 75

[183] BGH GRUR 1998, 587, 589 – Bilanzanalyse Pro7.
[184] BGH GRUR 1998, 587, 589 – Bilanzanalyse Pro7.
[185] OLG Naumburg GRUR-RR 2003, 375, 375ff.
[186] Ebenso *Köhler* GRUR 2005, 1, 7; *Piper/Ohly* UWG § 4.8 Rn 8/9.
[187] *Heermann/Hirsch/Brammsen/Doehner* § 4 Nr. 8 Rn 34.
[188] → Rn 7.
[189] → § 3 Rn 40.

zu verknüpfen; ansonsten würde der Gesetzgeber den von einer unwahren Tatsachenbehauptung betroffenen Mitbewerber dazu zwingen, jedenfalls nach Wettbewerbsrecht eine solche Anschwärzung hinzunehmen, die zwar den Betrieb seines Unternehmens oder seinen Kredit zu schädigen geeignet ist, bei der der drohenden Schädigung aber kein ausreichendes Gewicht beigemessen wird. Gesetzgeberische Zielsetzung ist der Ausschluss der Verfolgung von Bagatellfällen.[190] Da § 3 Abs. 1 bereits solche unlauteren geschäftlichen Handlungen für unzulässig erklärt, die zu einer spürbaren Beeinträchtigung (früher einem Nachteil) der Mitbewerber führen können, ein drohender Schaden aber qualitativ mehr ist als eine Beeinträchtigung (früher ein Nachteil),[191] ist ein über eine bloße Beeinträchtigung hinausgehender drohender Schaden immer spürbar.

C. Rechtsvergleichendes

76 Verbote, die dem von § 4 Nr. 8 zumindest im Kern entsprechen, finden sich in fast allen nationalen Wettbewerbsordnungen Europas, soweit solche überhaupt als Sondergesetze existieren. Nach Ermittlungen des Max-Planck-Instituts für geistiges Eigentum, Wettbewerbs- und Steuerrecht in München[192] trifft dies derzeit auf folgende Länder zu: Belgien (Art. 23 Nr. 6 Handelspraktikengesetz), Dänemark (§ 2 Abs. 2 Marktgesetz), Finnland (§ 2 Abs. 1 Nr. 2 UWG), Griechenland (Art. 11, 12 UWG), Italien (Art. 2598 Nr. 2 Codice Civile), Luxemburg (Art. 17h Handelspraktikengesetz), Portugal (§ 260 lit. b Gesetz über gewerbliche Schutzrechte) und Spanien (Art. 9 UWG, Art. 6 lit. a Werbegesetz). In Frankreich und den Niederlanden kommt man über eine Generalklausel, in Großbritannien und Irland über eine gefestigte Rechtsprechung zu entsprechenden Ergebnissen.

77 In **Österreich** findet sich die Regelung in § 7 UWG.[193] Wirkt sich die in Österreich begangene Handlung, also die Werbung, grenzüberschreitend auf den deutschen Markt aus, so ist auch das nationale UWG anwendbar.[194] Die **Schweiz** hat eine § 4 Nr. 8 entsprechende Regelung in Art. 3 lit. a UWG getroffen.[195]

---

190 → § 3 Rn 35.
191 → § 3 Rn 20; vgl. *Lettl* GRUR 2004, 449, 450.
192 *Schricker/Henning-Bodewick* WRP 2001, 1367, 1384.
193 Vgl. auch HK-WettbR/*Winternitz/Steinmair* Österreich Rn 45.
194 OGH Wien GRUR Int. 2006, 351, 353 – Sportwetten im Internet; OGH Wien Medien und Recht 2006, 255, 255f – Holocaust-Bilder.
195 Vgl. auch HK-WettbR/*Bühler* Schweiz Rn 8.

Wettbewerbsrechtlicher Leistungsschutz (§ 4 Nr. 9)

Übersicht

	Rn
A. Einleitung	**1**
I. Zweck und Bedeutung	1
II. Geschichtliche Entwicklung	4
1. Die Rechtsprechung des Reichsgerichts	4
a) Ausgangspunkt	4
b) Differenzierung zwischen technischen und nichttechnischen Gegenständen	5
2. Die Rechtsprechung des BGH	6
3. Schutzvoraussetzungen im Überblick	7
4. Der Beispielstatbestand nach § 4 Nr. 9 a–c	10
a) Inhalt der Regelung	10
b) Gesetzesbegründung	11
c) Behinderung	12
III. Europäisches Gemeinschaftsrecht und Rechtsvergleichung	13
1. Europäisches Gemeinschaftsrecht	13
2. Rechtsvergleichung	15
a) Gemeinsamkeiten und Unterschiede	15
b) Die Regelungen in den einzelnen Mitgliedstaaten	16
aa) § 8 des Schwedischen Marktvertriebsgesetzes	17
bb) Art. 2598 Nr. 1 des Italienischen Codice Civile	18
cc) Art. 11 des Spanischen UWG	19
dd) Art. 5 des Schweizer UWG	20
3. Vorschläge zur Rechtsangleichung auf internationaler Ebene	22
B. Grundlagen der Beurteilung	**27**
I. Die Nachahmungsfreiheit als Ausgangsthese der Rechtsprechung	27
II. Bewertung	32
C. Die Schutzvoraussetzungen im Überblick	**34**
D. Verhältnis zu anderen Regelungen	**36**
I. Verhältnis zu anderen Regelungen des UWG	36
II. Verhältnis zu den Immaterialgüterrechten	37
1. Verhältnis zum Urheberrecht	39
a) Werkschutz	39
b) Leistungsschutz	41
aa) Lückenfüllende Funktion	41
bb) Computerprogramme	43
cc) Datenbanken	44
2. Verhältnis zum Geschmacksmusterrecht	45
3. Verhältnis zum Markenrecht	47
a) Allgemeine Grundsätze (Vorrangthese)	47
b) Dreidimensionale Marken	48
c) Andere Kennzeichen	49
4. Verhältnis zum Patent- und Gebrauchsmusterrecht	50
III. Verhältnis zu § 826 BGB	52
E. Wettbewerbliche Eigenart	**53**
I. Allgemeine Grundlagen	53
II. Anforderungen an die wettbewerbliche Eigenart	55
1. Ausprägung der wettbewerblichen Eigenart	55
a) Kein Ideenschutz	55
b) Konkretisierung	56
c) Kombination von Gestaltungselementen	57
d) Produktpalette	58
2. Neuheit	59

Rn
3. Bekanntheit ... 61
4. Beurteilung der wettbewerblichen Eigenart ... 64

F. Nachahmungstatbestände ... 65
I. Nachahmungshandlungen ... 65
1. Unmittelbare Übernahme ... 67
2. Fast identische Nachahmung ... 68
3. Nachschaffende Nachahmung ... 69
4. Darlegungs- und Beweislast ... 70
II. Nachahmungsgegenstände ... 71
1. Leistungen jeder Art ... 72
2. Ästhetische Erzeugnisse ... 73
3. Technische Erzeugnisse ... 75
a) Technisch notwendige Gestaltungselemente ... 76
b) Willkürlich wählbare Gestaltungselemente ... 77
c) Spielraum für Abweichungen ... 78
4. Kennzeichen ... 80
a) Grundsätzlicher Vorrang des Markenrechts ... 80
b) Werbeslogans ... 83
c) Dreidimensionale Marken ... 84

G. Besondere wettbewerbliche Umstände ... 85
I. Überblick ... 85
1. Bedeutung ... 85
2. Fallgruppen ... 86
3. Gesamtbewertung und Wechselwirkung ... 88
II. Die besonderen wettbewerblichen Umstände im Einzelnen ... 90
1. Vermeidbare Herkunftstäuschung (§ 4 Nr. 9 a) ... 90
a) Bedeutung ... 90
b) Herkunftstäuschung ... 93
c) Vermeidbarkeit ... 96
d) Einzelne Maßnahmen ... 98
2. Rufausbeutung und Rufbeeinträchtigung (§ 4 Nr. 9 b) ... 99
a) Allgemeines ... 99
b) Wertschätzung ... 100
c) Ausnutzung der Wertschätzung ... 101
d) Beeinträchtigung der Wertschätzung ... 104
3. Erschleichung und Vertrauensbruch (§ 4 Nr. 9 c) ... 105
a) Zweck und Bedeutung ... 105
b) Unredlichkeit ... 108
aa) Erschleichen ... 109
bb) Vertrauensbruch ... 110
4. Behinderung ... 111
a) Zweck und Bedeutung ... 111
b) Die systematische Nachahmung ... 112
c) Amortisation ... 114

H. Wechselwirkung ... 115

I. Subjektive Voraussetzungen ... 117

J. Schutzdauer ... 118
I. Allgemeines ... 118
1. Einzelfallbezogene Festlegung ... 118
2. Verhältnis zu den immaterialgüterrechtlichen Schutzfristen ... 119
a) Grundsätzliche Kritik ... 119
b) Die Rechtsprechungspraxis ... 120
II. Fallgruppenspezifische Differenzierung ... 121

K. Beweislast ... 122

L. Sonderfragen ... 123
I. Einschieben in fremde Serie ... 123
1. Ausgangspunkt ... 123
2. Die neuere Entwicklung der Rechtsprechung ... 125
3. Kritik ... 126

Rn
II. Nachbau von Ersatzteilen 127
III. Modeneuheiten 129
1. Die Grundsätze der Rechtsprechung 129
2. Kritik 132
M. Rechtsfolgen 134
I. Aktiv- und Passivlegimitation 134
1. Anspruchsberechtigter 134
2. Anspruchsverpflichteter 135
II. Unterlassungs- und Beseitigungsanspruch 136
III. Schadensersatz 137
IV. Bereicherungsanspruch 139
V. Auskunftsansprüche 140
1. Unselbstständiger Auskunftsanspruch 140
2. Anspruch auf Drittauskunft 141
3. Anspruch auf Rechnungslegung 142
VI. Verjährung 143
VII. Klageantrag 144

Schrifttum: *Aigner/Müller-Broich*, Der Schutz von Prestige-Produkten gemäß § 4 Nr. 9 b) UWG, WRP 2008, 438; *Altmeppen,* Zur Unlauterkeit des Einschiebens in eine fremde Serie, ZIP 1997, 2069; *Artmann,* Nachahmen und Übernahme fremder Leistung im Wettbewerbsrecht, ÖBl 1999, 3; *Bartenbach/Jung/Fock*, Aktuelle Rechtsprechung und Entwicklung im Wettbewerbsrecht, Mitt. 2006, 208; *Beater,* Nachahmen im Wettbewerb, 1995; *Bopp,* Sklavischer Nachbau technischer Erzeugnisse, GRUR 1997, 34; *Bornkamm*, Markenrecht und wettbewerbsrechtlicher Kennzeichenschutz, GRUR 2005, 97; *Brändel,* Spielzeug – Abbildung der Erwachsenenwelt – Nachahmungsfreiheit und Leistungsschutz, FS Piper, 1996, S. 77; *Emmerich*, Unlauterer Wettbewerb, 8. Aufl. 2009; *Erdmann,* Der wettbewerbsrechtliche Schutz von Computerprogrammen, FS „175 Jahre Oberlandesgericht Oldenburg“, 1989, S. 641; *ders.*, Die zeitliche Begrenzung des ergänzenden wettbewerbsrechtlichen Leistungsschutzes, FS Vieregge, 1995, S. 197; *Fezer,* Markenschutz durch Wettbewerbsrecht, GRUR 1986, 485; *ders.*, Der wettbewerbsrechtliche Schutz der unternehmerischen Leistung, FS „Gewerblicher Rechtsschutz und Urheberrecht in Deutschland“, 1991, S. 939; *ders.*, Leistungsschutz im Wettbewerbsrecht, WRP 1993, 63; *Fiebig,* Wohin mit dem „Look-alike“?, WRP 2007, 1316; *Fournier,* Bereicherungsausgleich bei Eingriffen in Wettbewerbspositionen – Zugleich ein Beitrag zur Dogmatik des wettbewerbsrechtlichen Leistungsschutzes, Diss., 1998; *Gloy,* Zum Schutz von Verpackungen vor Nachahmung, FS Oppenhoff, 1985, S. 77; *Götte,* Die Schutzdauer im wettbewerbsrechtlichen Leistungsschutz; *Götting,* Gewerblicher Rechtsschutz, 8. Aufl. 2007; *Hass,* Gedanken zur sklavischen Nachahmung, GRUR 1979, 361; *Heermann,* Rechtlicher Schutz von Slogans, WRP 2004, 263; *Heinrich*, Der rechtliche Schutz von Datenbanken, WRP 1997, 275; *Hellenbreuch*, Die unmittelbare Leistungsübernahme, Diss. 1980; *Henning-Bodewig*, Das neue Gesetz gegen den unlauteren Wettbewerb, GRUR 2004, 723; *dies.*, Relevanz der Irreführung, UWG-Nachahmungsschutz und die Abgrenzung Lauterkeitsrecht/IP-Rechte, GRUR Int. 2007, 986; *Heyers*, Zum Umfang und den Voraussetzungen des ergänzenden wettbewerbsrechtlichen Leistungsschutzes, JR 2005, 331; *Hoeren*, Rechtliche Zulässigkeit von Meta-Suchmaschinen, Urheber- und wettbewerbsrechtliche Vorgaben, MMR Beilage 8/2001, 2; *Hubmann*, Die sklavische Nachahmung, GRUR 1975, 230; *Ingerl*, Der wettbewerbsrechtliche Kennzeichenschutz und sein Verhältnis zum MarkenG in der neueren Rechtsprechung des BGH und in der UWG-Reform, WRP 2004, 809; *Kiethe/Groeschke*, „Jeans“ – Verteidigung wettbewerblicher Eigenart von Modeneuheiten, WRP 2006, 794; *Köhler,* Der ergänzende Leistungsschutz: Plädoyer für eine gesetzliche Regelung, WRP 1999, 1075; *ders.*, Zur Bereicherungshaftung bei Wettbewerbsverstößen, FS Lorenz, 2001, S. 167; *König,* Der wettbewerbsrechtliche Schutz von Computerprogrammen vor Nachahmung, NJW 1990, 2233; *Kroitzsch,* Rufausbeutung und § 1 UWG-Lizenz, GRUR 1986, 579; *Krüger,* Der Schutz kurzlebiger Produkte gegen Nachahmungen (Nichttechnischer Bereich), GRUR 1986, 115; *Kur,* Der wettbewerbsrechtliche Leistungsschutz, GRUR 1990, 1; *dies.*, Wettbewerbsrechtlicher Nachahmungsschutz gegen kompatible Produkte, GRUR Int. 1995, 469; *dies.*, Ansätze zur Harmonisierung des Lauterkeitsrechts im Bereich des wettbewerblichen Leistungsschutzes, GRUR Int. 1998, 771; *dies.*, Nachahmungsschutz und Freiheit des Warenverkehrs – der wettbewerbsrechtliche Leistungsschutz aus der Perspektive des Gemeinschaftsrechts, FS Ullmann, 2006, S. 717; *Lindacher,* Beweisrisiko und Aufklärungslast der nicht risikobelasteten Partei in Wettbewerbssachen, WRP 2000, 950; *Lettl*, Rechtsprechungsübersicht zum Wettbewerbsrecht 2006/2007, BB 2007, 2465; *Loewenheim,* Möglichkeiten des Rechtsschutzes für Computerprogramme, CR 1988, 799; *Loschelder,* Der Schutz technischer Entwicklungen und praktischer Gestaltungen durch das Marken- und Lauterkeitsrecht, GRUR Int. 2004, 767; *Lubberger,* Grundsatz der Nachahmungsfreiheit?, FS Ullmann, 2006, S. 737; *ders.*, Alter Wein in neuen Schläuchen – Gedankenspiele zum Nachahmungsschutz, WRP 2007, 873; *Luchterhandt,* Rechtsprechung zur Sittenwidrigkeit der unmittelbaren Ausnutzung der Leistung, GRUR 1969, 581; *Mees,* Verbandsklagebefugnis in Fällen des ergänzenden wettbewerbsrechtlichen Leistungsschutzes, WRP 1999, 62; *Müller-Laube,* Wettbewerbsrechtlicher Schutz gegen Nachahmung und Nachbildung gewerblicher Erzeugnisse – Entwurf eines dogmatischen Ordnungsrezeptes, ZHR 156 (1992), 480; *Münker*, Verbandsklagen im sogenannten ergänzenden wettbewerbsrechtlichen Leistungsschutz, FS Ullmann, 2006, S. 781; *Nirk*, Zur Rechtsfigur des wettbewerbsrechtlichen Leistungsschutzes, GRUR 1993, 247; *Nordemann*, Wettbewerbsrecht und Markenrecht, 10. Aufl. 2004; *Ohly*, Klemmbausteine im Wandel der Zeit – ein Plädoyer für eine strikte Subsidiarität des UWG-Nachahmungsschutzes, FS Ullmann, 2006, S. 795; *ders.*, Designschutz im Spannungsfeld von Geschmacksmuster-, Kennzeichen- und Lauterkeitsrecht, GRUR 2007, 731; *ders.*, Bausteine eines europäischen Lauterkeitsrechts, WRP 2008, 177; *Ortner*, Zum gewerblichen Rechtsschutz bei Nachahmung von Modeerzeugnissen, WRP 2006, 189; *Petry*, „Nachwirkender" UWG-Nachahmungsschutz, WRP 2007, 1045; *Rauda*, Abschied des BGH vom „Einschieben in eine fremde Serie"?, GRUR 2002, 38; *ders.*, Zum Einschieben in fremde Serie, EWiR 2005, 323; *Rohnke*, Schutz der Produktgestaltung durch Formmarken und wettbewerbsrechtlichen Leistungsschutz, FS Erdmann, 2002, S. 455; *Sack*, Nachahmen im Wettbewerb, ZHR 160 (1996), 493; *ders.*, Die Verletzung abstrakter Farbmarken, WRP 2001, 1022; *Sambuc*, UWG-Nachahmungsschutz, 1996; *ders.*, Nicht immer, aber immer öfter: Schutz von Werbesprüchen mit § 1 UWG, FS Hertin, 2000, S. 439; *Schmidt/Eidenmüller*, Zur Schutzdauer wegen vermeidbarer Herkunftstäuschung bei technischen Produkten, GRUR 1990, 337; *Schultz/Störing*, Die wettbewerbsrechtliche Beurteilung von Keyword-Advertising mit fremden Marken, WRP 2008, 741; *Schricker/Henning-Bodewig*, Harmonisierung des Rechts des unlauteren Wettbewerbs in der Europäischen Union, WRP 2001, 1367; *Spätgens*, Produktausstattung und ästhetisch wirkende Produktgestaltung – Möglichkeiten und Grenzen des ergänzenden wettbewerbsrechtlichen Schutzes vor Nachahmung gemäß § 1 UWG, FS Oppenhoff, 1985, S. 407.

A. Einleitung

I. Zweck und Bedeutung

1 Die Funktion des ergänzenden wettbewerbsrechtlichen Leistungsschutzes besteht darin, ausnahmsweise, unter bestimmten Voraussetzungen, einen Schutz gegen Nachahmung auch außerhalb des gesetzlichen Sonderschutzes aufgrund der gewerblichen Schutzrechte und des Urheberrechts zu gewähren. Den Hintergrund bildet die These von der **Nachahmungsfreiheit,** wonach der nachahmende Wettbewerb **(Imitationswettbewerb)** grundsätzlich erlaubt ist, soweit nicht besondere Ausschlussrechte verletzt werden. Der ergänzende wettbewerbsrechtliche Leistungsschutz hat die Frage zu beantworten, ob bzw inwieweit es im Einzelfall gerechtfertigt erscheint, diesen Grundsatz zu durchbrechen. Die hierfür erforderliche Wertung berührt das Grundverständnis der **Immaterialgüterrechte,** die aufgrund einer vom Gesetzgeber abstrakt vorgenommenen Interessenabwägung eine Wettbewerbsbeschränkung vornehmen, um die Innovation zu stimulieren. Bei der vom Richter im Einzelfall vorzunehmenden Interessenabwägung geht es darum, zwei gegensätzliche Aspekte miteinander in Einklang zu bringen, die in einem antinomen Sinne mit den Begriffen „Imitations-" und „Innovationswettbewerb" umschrieben werden.

2 Einerseits wird betont, dass das Ausnutzen fremder Arbeitsergebnisse im Wettbewerb alltäglich sei und der nachahmende Wettbewerb grundsätzlich keinen Bedenken begegne, da jeder Geschäftsmann, wie jeder andere sich irgendwie wissenschaftlich oder wirtschaftlich betätigende Mensch, in sehr vielem auf den Schultern seiner Vorgänger stehe[1] oder, wie es das Reichsgericht ausgedrückt hat: „Jeder schöpferisch Tätige steht in einem kontinuierlichen Entwicklungsprozess mit vorausgegangenem Schaffen und knüpft an das Erreichte als das Erbe der Vergangenheit an."[2] „Aus der gesetzlichen Anerkennung besonderer ausschließlicher Rechte für technische und nichttechnische geistige Schöpfungen wird e contrario zwingend gefolgert, dass die wirtschaftliche Betätigung des Einzelnen außerhalb der geschützten Sonderbereiche frei sein soll. An diese sowohl im Interesse der Mitbewerber als auch im Interesse der Allgemeinheit getroffene Entscheidung sei die wettbewerbsrechtliche Beurteilung gebunden."[3] Aus diesen Erwägungen wird die Regel abgeleitet, dass die Nachahmung einer fremden Leistung grundsätzlich zulässig ist und nur **unter beson-**

[1] So Baumbach/*Hefermehl* 22. Aufl. UWG § 1 aF Rn 440.
[2] RGZ 135, 385, 394 – Künstliche Blumen.
[3] So wörtlich Baumbach/*Hefermehl* 22. Aufl. UWG § 1 aF Rn 439.

deren, die Wettbewerbswidrigkeit begründenden Umständen wettbewerbswidrig sein kann.[4] Andererseits stehen in einem gewissen Kontrast zu diesem Bekenntnis zur grundsätzlichen Nachahmungsfreiheit moralische Bedenken gegenüber einer Ausbeutung fremder Leistung. Ansatzpunkt ist das Gebot „du sollst nicht stehlen" sowie die biblischen Metaphern, wie das „Pflügen mit fremdem Kalbe"[5] oder das „Abernten fremder Felder".[6] Diese Vorbehalte schlagen sich bei der rechtlichen Beurteilung in der Konkretisierung des Erfordernisses der „besonderen, die Sittenwidrigkeit begründenden Umstände" nieder. Diese Formel lässt Raum für eine Vielzahl von Wertungen, die bisweilen nicht offengelegt, sondern verdeckt werden. Die Fülle der Kasuistik, die die Fallgruppe des ergänzenden wettbewerbsrechtlichen Leistungsschutzes hervorgebracht hat, lässt zum Teil eine klare Linie und innere Konsistenz vermissen. In der Literatur wird die daraus resultierende Rechtsunsicherheit kritisiert. So liest man bei *Beater*, dass die für einen über den sondergesetzlichen Schutz hinausreichenden wettbewerbsrechtlichen Leistungsschutz gegebenen Begründungen „ebenso zahlreich wie unzutreffend" seien.[7] Andere gehen noch weiter und beklagen, dass jeder Prozess zu einem Glücksspiel werde, das man gewinnt oder verliert, je nach dem, ob das Gericht den Akzent auf die Nachahmungsfreiheit legt oder auf den Leistungsschutz.[8] Das Kernproblem liegt darin, dass der ergänzende wettbewerbsrechtliche Leistungsschutz durch ein schwer aufzulösendes Spannungsverhältnis zwischen den Ausschließlichkeitsrechten des Gewerblichen Rechtsschutzes und des Urheberrechts und dem Prinzip der Nachahmungsfreiheit gekennzeichnet ist. Im Prinzip besteht Einigkeit darüber, dass die durch den Sonderschutz vom Gesetzgeber bewusst gezogenen Grenzen im Hinblick auf Schutzfähigkeit und zeitliche Befristung durch den wettbewerbsrechtlichen Nachahmungsschutz nicht unterlaufen werden dürfen. Die praktische Umsetzung dieses Postulats bereitet indes erhebliche Schwierigkeiten. *Hefermehl* hat zutreffend darauf hingewiesen, dass die Frage, ob und inwieweit man sich die Ergebnisse fremder Leistungen aneignen darf, und die damit verbundene Problematik der Abgrenzung zu den Immaterialgüterrechten „eine der heikelsten Fragen des Wettbewerbsrechts" ist.[9]

Der BGH erblickt ein wesentliches Abgrenzungskriterium darin, dass der Nachahmungs- 3
schutz unter zwei unterschiedlichen Perspektiven gewährt wird: Im Unterschied zu den Sonderschutzrechten schützt der ergänzende wettbewerbsrechtliche Leistungsschutz nicht die schöpferische Leistung als solche, sondern wendet sich gegen das Handlungsunrecht. Auf eine kurze Formel gebracht: Die Verletzung von Immaterialgüterrechten ist Erfolgsunrecht, der Verstoß gegen das Wettbewerbsrecht ist **Handlungsunrecht.** Dies ist der Grund, warum ein die Immaterialgüterrechte ergänzender wettbewerbsrechtlicher Schutz grundsätzlich nur dann in Betracht kommt, wenn zu der bloßen Nachahmungshandlung als solcher besondere Umstände hinzutreten, die als wettbewerbswidrig zu qualifizieren sind und die außerhalb des Sonderrechtsschutztatbestandes liegen.[10] Allerdings lässt sich nicht ver-

---

4 BGHZ 5, 1, 10 – Hummelfiguren I; BGHZ 35, 341, 348 – Buntstreifensatin I; BGHZ 41, 55, 57 – Klemmbausteine I; BGHZ 44, 288, 297 – Apfel-Madonna; BGHZ 50, 125, 131 – Pulverbehälter; BGH GRUR 1961, 581, 583 – Hummelfiguren II; BGH GRUR 1967, 315, 317 – skai-cubana; BGH GRUR 1976, 434 – Merkmalklötze; BGH GRUR 1981, 517, 519 – Rollhocker; BGH GRUR 1986, 673, 675 – Beschlagprogramm; BGH GRUR 1995, 581, 583 – Silberdistel; BGH GRUR 1998, 477, 478 – Trachtenjanker; BGH GRUR 2000, 521, 526f – Modulgerüst; BGH GRUR 2001, 251, 253 – Messerkennzeichnung; BGH GRUR 2001, 443, 444 – Viennetta; jeweils mwN.

5 *Lobe* MuW 1916/1917, 129.

6 Vgl. *Beater* 2002 § 22 Rn 8, S. 568; *ders.* 1995 S. 346.

7 *Beater* 2002 § 22 Rn 57, S. 585.

8 So *Müller-Laube* ZHR 156 (1992), 480, 493f; ebenso *Rauda* GRUR 2002, 38, 41.

9 Baumbach/*Hefermehl* UWG 22. Aufl § 1 aF Rn 439.

10 Ständige Rechtsprechung, s. etwa BGHZ 44, 288, 295f – Apfel-Madonna; BGH GRUR 1987, 814, 816 – Die Zauberflöte; BGH GRUR 1996, 210, 211 – Vakuumpumpen; BGHZ 134, 250, 267 – CB-Infobank I; BGHZ 140, 183, 189 – Elektronische Pressearchive; BGH GRUR 1999, 751, 752 – Güllepumpen; BGH GRUR 1999, 1106, 1108 – Rollstuhlnachbau; BGH GRUR 2000, 521, 526f – Modulgerüst; BGH GRUR 2002, 86, 89 – Laubhefter; BGH GRUR 2002, 275, 276 – Noppenbahnen; BGH GRUR 2002, 629, 631 – Blendsegel; BGH GRUR 2003, 958, 962 – Paperboy.

kennen, dass der ergänzende wettbewerbsrechtliche Leistungsschutz im Ergebnis einem immaterialgüterrechtlichen Schutz sehr nahe kommt, weil er ungeachtet der verschiedenen Anknüpfungspunkte dem Schöpfer eines Produktes mit wettbewerblicher Eigenart gegenüber dem nachahmenden Konkurrenten ein negatives Verbietungsrecht und ein positives Benutzungsrecht verleiht. Dies zeigt sich deutlich darin, dass für den Schadensersatz und den Bereicherungsanspruch die für die Verletzung von Immaterialgüterrechten entwickelten Grundsätze Anwendung finden.[11]

II. Geschichtliche Entwicklung

1. Die Rechtsprechung des Reichsgerichts

4 **a) Ausgangspunkt.** Die historischen Wurzeln des ergänzenden wettbewerbsrechtlichen Leistungsschutzes liegen in der **reichsgerichtlichen Rechtsprechung der 20er Jahre** des letzten Jahrhunderts. Den Ausgangspunkt bildet das „Käthe-Kruse-Puppen"-Urteil vom 11. 7. 1925. Nach Ansicht des Reichsgerichts verstieß es gegen die guten Sitten im Sinne des § 1 aF, dass die Beklagte die Arbeit und das mit Mühe und Kosten errungene Arbeitsergebnis der Klägerin dadurch ausnutzte, dass sie ähnliche Puppen herstellte, obwohl diese mit den bekannten, künstlerischen Ruf genießenden Käthe-Kruse-Puppen verwechselt werden konnten.[12] In der wenig später ergangenen Entscheidung „Puppenjunge" vom 30. 10. 1926 urteilte das Reichsgericht, dass die in Frage stehende Puppe (ein „kleiner Gernegroß") zwar nicht den hohen ästhetischen Gehalt eines Kunstwerks erreichte, aber an sich als Geschmacksmuster schutzfähig gewesen wäre und einen solchen Grad an Eigenart aufwies, „dass man den Urheber billigerweise gegen Nachahmung nicht schutzlos lassen könne".[13]

5 **b) Differenzierung zwischen technischen und nichttechnischen Gegenständen.** Als Reaktion auf die Kritik, dass über den Umweg des § 1 aF ein Schutz eingeführt worden sei, den der Gesetzgeber an anderer Stelle ausdrücklich versage,[14] nahm das Reichsgericht in der „Huthaken"-Entscheidung eine grundsätzliche **Differenzierung zwischen technischen und nichttechnischen Gegenständen** vor. Bei ersteren gebe es keinen Grund dafür, vor Erwerb und nach Ablauf des Sonderschutzes einen darüber hinausgehenden Schutz durch ergänzende Heranziehung von Vorschriften anderer Gesetze zu schaffen, sondern es liege vielmehr im Interesse der Allgemeinheit, dass die freie Herstellung des bisher geschützten Gegenstandes nunmehr jedermann offen stehe. Demgegenüber bestehe beim Geschmacksmuster kein öffentliches Interesse, den Schutzgegenstand möglichst bald gemeinfrei zu machen, denn es gehe um den ästhetischen Bereich, nicht dagegen um „Werke, die für die Allgemeinheit, für die Volkswirtschaft eines Landes ein irgendwie nennenswertes Interesse haben".[15]

2. Die Rechtsprechung des BGH

6 Der BGH hat sich dieser Differenzierung des Reichsgerichts nicht angeschlossen, sondern verschiedentlich nachdrücklich betont, dass die Sondergesetze für ihren Anwendungsbereich als abschließend anzusehen seien.[16] Dies gilt auch für den Geschmacksmusterschutz.[17] Das Gericht sieht den wettbewerbsrechtlichen Nachahmungsschutz als etwas „wesensmäßig anderes als den sondergesetzlichen Schutz an".[18] In der Literatur wird kri-

---

[11] → Rn 137 ff.
[12] RGZ 111, 254, 256 – Käthe-Kruse-Puppen.
[13] RGZ 115, 180, 182f – Puppenjunge; eingehend *Beater* 1995 S. 97 ff.
[14] So *Allfeld* JW 1926, 564 und JW 1927, 110.
[15] RGZ 120, 94, 98 – Huthaken; eingehend *Beater* 1995 S. 100 ff; *ders.* 2002 § 22 Rn 56, S. 585.
[16] Vgl. etwa BGHZ 125, 322, 328 – Cartier-Armreif mwN.
[17] Vgl. etwa BGH GRUR 1966, 97, 100 – Zündaufsatz.
[18] So *Beater* 2002 § 22 Rn 57, S. 585.

tisch vermerkt, dass die dafür gegebenen Begründungen ebenso zahlreich wie unzutreffend seien.[19] Im Mittelpunkt dürften vor allem zwei Kriterien stehen: Zum einen geht es auf der Basis des Merkmals der „wettbewerblichen Eigenart"[20] um die Qualität der nachgeahmten Leistung; zum anderen wird auf Zumutbarkeitserwägungen abgestellt, d.h., maßgebend ist, inwieweit dem „Nachahmer" andere Ausweichmöglichkeiten zur Verfügung stehen und dass es ihm im Interesse einer Verhinderung von Monopolbildungen erlaubt sein muss, abstrakte Ideen oder Mode- und Stilrichtungen zu übernehmen.

3. Schutzvoraussetzungen im Überblick

Zusammenfassend ist festzustellen, dass nach ständiger Rechtsprechung nach dem Prinzip der Nachahmungsfreiheit die Nachahmung einer fremden Leistung grundsätzlich frei ist, soweit nicht entweder Sondergesetze eingreifen oder besondere, über die bloße Nachahmung hinausgehende und **die Wettbewerbswidrigkeit begründende Umstände** hinzutreten.[21] 7

Zentrale Voraussetzung für das Eingreifen eines ergänzenden wettbewerbsrechtlichen Leistungsschutzes ist die **wettbewerbliche Eigenart.**[22] Allerweltserzeugnisse (Alltagsware, Dutzendware), deren Herkunft und Besonderheiten den interessierten Verkehrskreisen gleichgültig sind und die demzufolge unter den wettbewerbsrechtlich relevanten Gesichtspunkten der Herkunftstäuschung, Rufausnutzung und Behinderung keine Rolle spielen, sind einem ergänzenden wettbewerbsrechtlichen Leistungsschutz nicht zugänglich,[23] wobei allerdings Massenproduktionsware nicht ohne Weiteres mit Alltagsware gleichzusetzen ist, der wettbewerbliche Eigenart fehlt.[24] 8

Im Rahmen der **Nachbildungstatbestände**[25] wird zwischen den Nachahmungshandlungen, der unmittelbaren Leistungsübernahme und Nachahmung (nachschaffende Übernahme), sowie den verschiedenen Gegenständen der Nachbildung unterschieden. Zu den besonderen wettbewerblichen Umständen zählen neben der vermeidbaren Herkunftstäuschung, der Ausnutzung des Rufs fremder Leistungen, die Erschleichung sowie der Vertrauensbruch. 9

4. Der Beispielstatbestand nach § 4 Nr. 9a–c

a) Inhalt der Regelung. Die zuletzt genannten Unlauterkeitskriterien wurden unter Nr. 9a–c[26] in den Beispielskatalog des § 4 aufgenommen, durch den zum Zwecke einer stärkeren Transparenz die in ständiger Rechtsprechung anerkannten **Fallgruppen zur Konkretisierung der Generalklausel** des § 3 kodifiziert werden, ohne dass damit eine richterliche Rechtsfortbildung verbaut werden soll.[27] 10

b) Gesetzesbegründung. Die Gesetzesbegründung hat hierzu folgendes ausgeführt: „Im Tatbestand der Nummer 9 ist die Fallgruppe des wettbewerbsrechtlichen Leistungsschutzes geregelt. Der Schutz der Leistungen ist durch eine Reihe von Spezialgesetzen, von 11

---

[19] So *Beater* 2002 § 22 Rn 57, S. 585.

[20] → Rn 53ff.

[21] BGHZ 5, 1, 10 – Hummelfiguren I; BGHZ 35, 341, 348 – Buntstreifensatin I; BGHZ 41, 55, 57 – Klemmbausteine I; BGHZ 44, 288, 297 – Apfel-Madonna; BGHZ 50, 125, 131 – Pulverbehälter; BGH GRUR 1961, 581, 583 – Hummelfiguren II; BGH GRUR 1967, 315, 317 – skai-cubana; BGH GRUR 1976, 434 – Merkmalklötze; BGH GRUR 1981, 517, 519 – Rollhocker; BGH GRUR 1986, 673, 675 – Beschlagprogramm; BGH GRUR 1995, 581, 583 – Silberdistel; BGH GRUR 1998, 477, 478 – Trachtenjanker; BGH GRUR 2000, 521, 526f – Modulgerüst; BGH GRUR 2001, 251, 253 – Messerkennzeichnung; BGH GRUR 2001, 443, 444 – Viennetta; jeweils mwN.

[22] → Rn 53ff.

[23] BGHZ 21, 266, 272 – Uhrenrohwerke; BGH GRUR 1968, 698, 702 – Rekordspritzen; BGH GRUR 1988, 385, 386 – Wäsche-Kennzeichnungsbänder.

[24] BGHZ 50, 125, 130 – Pulverbehälter.

[25] → Rn 65ff.

[26] → Rn 90ff.

[27] RegE BT-Drucks. 15/1487 v. 22. 8. 2003 S. 13 und 17.

denen das Patentgesetz und das Urheberrechtsgesetz hervorzuheben sind, gewährleistet. Aus der gesetzlichen Anerkennung besonderer ausschließlicher Rechte für technische und nichttechnische geistige Schöpfungen folgt zwingend, dass die wirtschaftliche Betätigung des Einzelnen außerhalb der geschützten Sonderbereiche frei sein soll. Durch die Regelung des wettbewerbsrechtlichen Leistungsschutzes soll die grundsätzliche **Nachahmungsfreiheit** nicht in Frage gestellt werden. Das bloße Nachahmen eines nicht unter Sonderrechtsschutz stehenden Arbeitsergebnisses ist daher auch künftig nicht unlauter. Die Nachahmung einer fremden Leistung wird nur unter besonderen, die Wettbewerbswidrigkeit begründenden Umständen wettbewerbswidrig sein. In den Fallgruppen Buchstabe a bis c werden die wichtigsten Fälle genannt, wobei diese Aufzählung – entsprechend der allgemeinen Regelungsstruktur der Beispielstatbestände – nicht abschließend sein kann. Im Einzelnen gilt hier folgendes:

- Die erste Fallgruppe erfasst die Fälle der **vermeidbaren Herkunftstäuschung.** Danach handelt wettbewerbswidrig, wer ein fremdes Erzeugnis durch Übernahme von Merkmalen, mit denen der Verkehr eine betriebliche Herkunftsvorstellung verbindet, nachahmt und sein Erzeugnis in den Verkehr bringt, wenn er nicht im Rahmen des Möglichen und Zumutbaren alles Erforderliche getan hat, um eine Irreführung des Verkehrs möglichst auszuschließen. Dies setzt eine gewisse wettbewerbliche Eigenart des Vorbilds, das nachgeahmt worden ist, voraus, da der Verkehr andernfalls nicht auf die Herkunft achtet.
- Die zweite Fallgruppe betrifft Fälle der **Rufausbeutung und der Rufbeeinträchtigung.** Hiervon wird insbesondere dann auszugehen sein, wenn der Verkehr mit einer Ware bestimmte Herkunfts- und Gütevorstellungen verbindet und so durch die Nachahmung der gute Ruf der fremden Ware ausgenutzt wird.
- Die dritte Fallgruppe betrifft die Fälle der unredlichen Kenntniserlangung, in denen sich der Nachahmer die erforderlichen Kenntnisse durch **Erschleichung** eines fremden Betriebsgeheimnisses oder durch **Vertrauensbruch** verschafft hat."[28]

12 **c) Behinderung.** Außer den in § 4 Nr. 9 a bis c genannten Unlauterkeitskriterien wird vom Tatbestand des ergänzenden wettbewerbsrechtlichen Leistungsschutzes auch die im Rahmen von § 1 aF entwickelte Fallgruppe der Behinderung von Mitbewerbern erfasst.[29] Die Tatsache, dass es insoweit an einer ausdrücklichen gesetzlichen Regelung fehlt, steht dem nicht entgegen, da § 4 Nr. 9 a bis c nur eine Teilregelung darstellt, die für die Berücksichtigung weiteren unlauteren Nachahmungsverhaltens Raum lässt.[30] Die Behinderung als ein den Nachahmungsschutz begründendes Unlauterkeitsmerkmal geht dem Tatbestand der gezielten Behinderung nach § 4 Nr. 10 vor. Dies gilt insbesondere im Hinblick auf die für den ergänzenden wettbewerbsrechtlichen Leistungsschutz anerkannte dreifache Schadensberechnung.

III. Europäisches Gemeinschaftsrecht und Rechtsvergleichung

1. Europäisches Gemeinschaftsrecht

13 Es besteht kein Zweifel, dass auf Gemeinschaftsebene eine Regelung des wettbewerbsrechtlichen Leistungsschutzes nicht nur wünschenswert, sondern auch erforderlich ist, da die unterschiedliche Beurteilung innerhalb der EU geeignet ist, den freien Warenverkehr zu behindern und den Wettbewerb zu verzerren.[31] Dies gilt insbesondere deshalb, weil die **Unterschiede in der Ausgestaltung** des ergänzenden wettbewerbsrechtlichen Leistungsschutzes die Harmonisierungsbemühungen auf der Ebene der Immaterialgüterrechte unterlaufen können; der Rechtsprechung bleibt es aufgrund von Generalklauseln bzw dem Ge-

---

[28] BT-Drucks. 15/1487 S. 18.
[29] *Piper/Ohly* UWG § 4.9 Rn 9/91.
[30] BT-Drucks. 15/1487 S. 18; *Piper/Ohly* UWG § 4.9 Rn 9/91.
[31] So *Schricker/Henning-Bodewig* WRP 2001, 1367, 1384; s. dazu auch EuGH GRUR Int. 2001, 327 – Tuk/Dior.

setzgeber mittels spezieller Regelungen möglich, bestimmte Formen der Nachahmung, unter Umständen mit vorgeschobenen Begründungen, als Handlungsunrecht zu definieren, obwohl es in Wahrheit um den Schutz bestimmter Leistungsergebnisse geht, die nicht von den Immaterialgüterrechten erfasst werden.[32] Angesichts der erheblichen Unterschiede, die traditionell zwischen den Rechtsauffassungen in den verschiedenen Mitgliedstaaten der EU bestehen, zeichnet sich **gegenwärtig keine Harmonisierung** ab und es ist nicht damit zu rechnen, dass dies in absehbarer Zeit gelingen wird.

Es ist nicht auszuschließen, dass die unterschiedliche Intensität des Nachahmungsschutzes in den Mitgliedstaaten der EU zu Konflikten mit den Grundsätzen des freien Warenverkehrs führt.[33] Die Anwendbarkeit von Art. 28 EG ist nach den Grundsätzen der „Keck"-Rechtsprechung[34] des EuGH nicht ausgeschlossen. Bei Maßnahmen des Nachahmungsschutzes handelt es sich um zweifellos „produktbezogene Maßnahmen" und nicht um Maßnahmen, die Modalitäten der Verkaufsförderung betreffen, denn es geht um die Untersagung des Vertriebes und damit im Ergebnis um ein Importverbot im Ausland hergestellter Erzeugnisse.[35] Probleme können sich in zweierlei Richtungen ergeben: Sofern der in einem bestimmten Mitgliedstaat gewährte ergänzende wettbewerbsrechtliche Schutz für europarechtskonform gehalten wird, kann es zu einer Beschränkung des freien Warenverkehrs kommen, weil der Import unterbunden werden kann, obwohl im Exportland kein Nachahmungsschutz, sondern Nachahmungsfreiheit herrscht. Wird hingegen der Nachahmungsschutz als ein Verstoß gegen die Grundsätze des freien Warenverkehrs angesehen, so wird dem wettbewerbsrechtlichen Leistungsschutz damit die Grundlage entzogen. In der „Beele"-Entscheidung[36] hat der EuGH die Frage der Vereinbarkeit des Nachahmungsschutzes im niederländischen Recht mit den Grundsätzen des freien Warenverkehrs, insbesondere auch unter Hinweis auf Art. 10bis PVÜ uneingeschränkt bejaht, da sie zwingenden Erfordernissen des lauteren Handelsverkehrs genüge.[37] Aus dieser Entscheidung lassen sich aber keine generellen Schlüsse ziehen. Zum einen ist zu bedenken, dass die Entscheidung zu einem Zeitpunkt ergangen ist, als die Harmonisierung des immaterialgüterrechtlichen Schutzes noch nicht den heutigen Stand erreicht hatte. Zum anderen bleibt die Frage offen, welche Maßstäbe für die Ausgestaltung des Nachahmungsschutzes heranzuziehen sind. Die Problematik wird noch dadurch erschwert, dass es sich nicht selten nach den Eigenheiten der nationalen Rechtsordnungen richtet, ob ein Leistungsschutz nach den sondergesetzlichen Bestimmungen des Urheberrechts, insbesondere des britischen Copyright, oder des Kennzeichenrechts, insbesondere des dreidimensionalen nicht eingetragenen Markenschutzes, oder aber auf wettbewerbsrechtlicher Grundlage gewährt wird. In Anbetracht der Tatsache, dass der ergänzende wettbewerbsrechtliche Leistungsschutz an der Schnittstelle zu verschiedenen Immaterialgüterrechten liegt, wäre eine weitreichende europäische Koordinierung und Harmonisierung wünschenswert. Die Richtlinie über unlautere Geschäftspraktiken vom 11. 5. 2005[38] bietet hierfür keine ausreichende Grundlage, da sich ihr Anwendungsbereich auf die Rechtsverhältnisse zwischen den Anbietern und den Endverbrauchern beschränkt.[39] Mit Blick auf die verbraucherschützende Ausrichtung der Rege- 14

---

[32] *Schricker/Henning-Bodewig* WRP 2001, 1367.

[33] Vgl. dazu und zum Folgenden *Kur* FS Ullmann S. 717 ff.

[34] EuGH verb. Rs. C-267/91 und C-268/91, Slg. 1993, I-6097 – Keck & Mithouard.

[35] *Kur* FS Ullmann S. 717, 721.

[36] EuGH Rs. C-6/81, Slg. 1982, 707 = GRUR Int. 1982, 439 – BV Industrie Diensten Groep/J. A. Beele Handelmaatschappij („Multi Cable Transit").

[37] EuGH Rs. C-6/81, Slg. 1982, 707 = GRUR Int. 1982, 439 – BV Industrie Diensten Groep/J. A. Beele Handelmaatschappij („Multi Cable Transit") Rn 8; *Kur* FS Ullmann S. 717, 722.

[38] Richtlinie 2005/29/EG des Europäischen Parlaments und des Rates über unlautere Geschäftspraktiken im binnenmarktinternen Geschäftsverkehr zwischen Unternehmen und Verbrauchern und zur Änderung der Richtlinie 84/450/EWG des Rates, der Richtlinien 97/7/EG, 98/27/EG und 2002/65/EG des Europäischen Parlaments und des Rates sowie der Verordnung (EG) Nr. 2006/2004 des Europäischen Parlaments und des Rates (Richtlinie über unlautere Geschäftspraktiken) vom 11. 5. 2006, ABl. EU Nr. L 149 vom 11. 6. 2005, S. 22.

[39] Vgl. Erwägungsgrund 7 der Richtlinie; s. auch *Kur* FS Ullmann S. 717, 719 f.

lungen kommt allenfalls ein mittelbarer Nachahmungsschutz, insbesondere unter dem Aspekt des Schutzes vor Herkunftstäuschungen oder Verwechslungen nach der Generalklausel des Art. 5 bzw der Regelung über irreführende Handlungen nach Art. 6 oder auch irreführende Unterlassungen nach Art. 7 der Richtlinie in Betracht.

2. Rechtsvergleichung

15 **a) Gemeinsamkeiten und Unterschiede.** Einen gemeinsamen Nenner bildet am ehesten der Schutz vor Verwechslungsgefahr, der in den kontinentaleuropäischen Mitgliedstaaten auf der Grundlage der wettbewerbsrechtlichen oder deliktsrechtlichen Generalklausel und in Großbritannien und Irland auf der Grundlage des *common-law*-Tatbestands des **passing off** anerkannt wird.[40] Das Unlautere wird dabei weniger in der (sklavischen) Nachahmung als solcher als vielmehr in der (vermeidbaren) Irreführung des Publikums über die betriebliche Herkunft gesehen. Erhebliche Unterschiede zeigen sich hingegen, wenn es um den Nachahmungsschutz außerhalb des Tatbestands der Verwechslungsgefahr geht. Am deutlichsten tritt diese Kluft zutage, wenn man die Rechtsauffassungen in Frankreich und Großbritannien gegenüberstellt. Während in Frankreich (ebenso in Belgien, Italien und Spanien) die sklavische Nachahmung als **concurrence parasitaire** und damit als klassischer Fall eines gegen die anständigen Gebräuche auf kaufmännischem Gebiet verstoßenden Verhaltens (Art. 1382 Code Civil) gilt, wird in Großbritannien (und auch in Irland) traditionell ein derartiger wettbewerbsrechtlicher Tatbestand abgelehnt; man sieht hierin nämlich eine unzulässige Vorverlegung der durch die Immaterialgüterrechte ohnehin bewirkten „Monopolstellung".[41] Dementsprechend beschränkt sich der Schutz gegen Nachahmung auf den **passing-off-tort,** dessen Eingreifen die Gefahr einer unmittelbaren Verwechslung der Produkte durch das Publikum voraussetzt. Zur Illustration der Divergenzen, die dieses unterschiedliche Rechtsverständnis hervorbringt, wird auf die Beurteilung der sog. **look-alikes** verwiesen. Dabei wird die Aufmachung eines bekannten Produktes, wie zB der Coca Cola-Flasche, kopiert, allerdings die Verwechslungsgefahr durch eine abweichende Markierung ausgeschlossen. Während in Kontinentaleuropa Länder wie Frankreich, Belgien, Italien und Spanien hier wegen der Ausnutzung des **good will** der bekannten Produkte auch außerhalb des Marken- und Designrechts großzügig Schutz gewähren, wird dieser in Großbritannien und Irland abgelehnt.[42] Aber auch diejenigen Mitgliedstaaten, die einen Mittelweg einschlagen, weisen hinsichtlich der Voraussetzungen und der Reichweite des ergänzenden wettbewerbsrechtlichen Leistungsschutzes erhebliche Unterschiede auf.

16 **b) Die Regelungen in den einzelnen Mitgliedstaaten.** Nur in wenigen Mitgliedstaaten der EU sind bisher **spezialgesetzliche Regelungen** zum ergänzenden wettbewerbsrechtlichen Leistungsschutz geschaffen worden. Zu nennen sind insbesondere folgende Bestimmungen:[43]

17 **aa) § 8 des Schwedischen Marktvertriebsgesetzes.** Ein Gewerbetreibender darf beim Vertrieb keine Nachbildungen verwenden, die dadurch irreführend sind, dass sie leicht mit den bekannten oder unterscheidungskräftigen Produkten eines anderen Gewerbetreibenden verwechselt werden können. Dies gilt jedoch nicht für Nachbildungen, deren Form vorrangig dazu dient, das Produkt funktionstauglich zu machen.

18 **bb) Art. 2598 Nr. 1 des Italienischen Codice Civile.** Unbeschadet der Bestimmungen über den Schutz der Unterscheidungszeichen und Gewerblichen Schutzrechte begeht unlauteren Wettbewerb, wer die Erzeugnisse eines Wettbewerbers sklavisch nachahmt oder mit irgendeinem anderen Mittel Handlungen begeht, die geeignet sind, Verwechslungen mit den Erzeugnissen und der Tätigkeit eines Wettbewerbers herbeizuführen.

---

[40] Vgl. dazu und zum Folgenden *Schricker/Henning-Bodewig* WRP 2001, 1367, 1382 ff.
[41] So *Schricker/Henning-Bodewig* WRP 2001, 1367, 1382.
[42] So *Schricker/Henning-Bodewig* WRP 2001, 1367, 1382; s. auch *Mills* E. I. P. R. 116 (1995), 4.
[43] Vgl. *Schricker/Henning-Bodewig* WRP 2001, 1367, 1382.

cc) Art. 11 des Spanischen UWG. Die Nachahmung von nicht sondergesetzlich geschützten Leistungen – die laut Art. 11 Abs. 1 grundsätzlich frei ist – stellt unlauteren Wettbewerb dar, wenn sie bei einem Verbraucher „Assoziationen" erzeugt oder eine „ungerechtfertigte Ausnutzung des fremden Rufs oder der fremden Mühe mit sich bringt" (Abs. 2); dies soll wiederum nicht gelten, wenn die Ausnutzung der Assoziation „unvermeidbar" ist. Abs. 3 verbietet das systematische Nachahmen. 19

dd) Art. 5 des Schweizer UWG. Außerhalb des Kreises der Mitgliedstaaten der EU ist auf die Rechtslage in der Schweiz hinzuweisen: 20

Unlauter handelt, wer ein ihm anvertrautes Arbeitsergebnis unbefugt verwertet oder „das marktreife Arbeitsergebnis eines anderen ohne angemessenen eigenen Aufwand durch technische Reproduktionsverfahren als solches übernimmt oder verwertet". Die Regelung zielt vor allem auf den Investitionsschutz ab, das heißt sie verfolgt den Zweck, dem Leistungserbringer eine angemessene Amortisation seiner Aufwendungen zu ermöglichen. Entgegen der im Schrifttum vereinzelt vertretenen Auffassung handelt es sich dabei aber nicht um eine Art wettbewerbsrechtlichen Immaterialgüterrechtsschutz oder eine allgemeine Normierung des Leistungs- bzw Investitionsschutzes.[44] Nach einer Leitentscheidung des Schweizerischen Bundesgerichts hat der „lauterkeitsrechtliche Schutz gegen Ausbeutung bzw unmittelbare Übernahme fremder Leistungen im Unterschied zum immaterialgüterrechtlichen Schutz nicht die Leistung als solche zum Gegenstand. Deswegen sind die konkret erbrachten bzw objektiv erforderlichen Aufwendungen der Konkurrenten im Vergleich zum (fehlenden) Eigenaufwand stets zu berücksichtigen."[45] 21

3. Vorschläge zur Rechtsangleichung auf internationaler Ebene

Auf internationaler Ebene liegen Vorschläge zur Rechtsangleichung seitens der AIPPI und der WIPO vor. 22

Die 1995 verabschiedete **Resolution der AIPPI**[46] sieht vor, dass:[47] 23

- die sklavische oder quasi-sklavische Nachahmung und die unmittelbare Leistungsübernahme eines Produktes oder einer Dienstleistung nicht nur dann Handlungen unlauteren Wettbewerbs darstellen, wenn sie eine Verwechslungsgefahr hervorrufen, sondern auch, wenn sie den Ruf des nachgeahmten Produktes oder der Dienstleistung ausbeuten oder ihr Unterscheidungsvermögen erheblich beeinträchtigen;
- bei Vorliegen dieser Umstände kein ungerechtfertigtes und unbegrenztes Monopolrecht gewährt, sondern eine bestimmte unlautere Geschäftspraktik verboten wird;
- die sklavische oder quasi-sklavische Nachahmung eines Produkts oder einer Dienstleistung keine unlautere Wettbewerbshandlung darstellt, sofern sie für die technische Funktion des Produktes oder der Dienstleistung notwendig ist;
- nationale Rechtsordnungen vorsehen können, dass andere Umstände ein Verbot der sklavischen oder quasi-sklavischen Nachahmung eines Produktes oder einer Dienstleistung rechtfertigen können.

In den Vorschlägen der **WIPO Model Provisions** findet sich zwar keine direkte Sonderregelung der sklavischen Nachahmung, aber in Art. 3 eine Bestimmung, die den Titel „Damaging Another's Good Will or Reputation" trägt. Sie lautet: „(1) [General Principle] Any act or practice, in the course of industrial or commercial activities, that damages, or is likely to damage, the goodwill or reputation of another's enterprise shall constitute an act of unfair competition, regardless of whether such act or practice causes confusion. 24

(2) [Examples of Damaging Goodwill or Reputation] (a) Damaging another's goodwill or reputation may, in particular, result from the dilution of the goodwill or reputation attached to 25

---

[44] Vgl. dazu *Hilty* FS Ullmann S. 643, insbesondere 658 ff.

[45] BGE 131 III 395 f; auszugsweise zitiert bei *Hilty* FS Ullmann S. 643, 656.

[46] Vgl. Jahrbuch 1995/I.

[47] Abgedruckt bei *Schricker/Henning-Bodewig* WRP 2001, 1367, 1383.

– a trademark, whether registered or not;
– a trade name;
– a business identifier other than a trademark or a trade name;
– the appearance of a product;
– the presentation of products or services;
– a celebrity or a well-known fictional character.

26 (b) [Definition of „Dilution"] For the purposes of these Model Provisions, „dilution of goodwill or reputation" means the lessening of the distinctive character or advertising value of a trademark, trade name or other business identifier, the appearance of a product or the presentation of products or services or of a celebrity or well-known fictional character."[48]

B. Grundlagen der Beurteilung

I. Die Nachahmungsfreiheit als Ausgangsthese der Rechtsprechung

27 Nach den Formulierungen der Rechtsprechung bildet die Nachahmungsfreiheit die wesentliche dogmatische Grundlage für den ergänzenden wettbewerbsrechtlichen Leistungsschutz. Ausgangspunkt ist die in ständiger Rechtsprechung wiederholte Prämisse, dass die Übernahme eines mit Mühe und Kosten errungenen fremden Leistungsergebnisses grundsätzlich frei ist, soweit nicht entweder Sondergesetze eingreifen oder besondere Umstände vorliegen, die die Handlungsweise ausnahmsweise als wettbewerbswidrig erscheinen lassen.[49] Die zur Rechtfertigung bzw Untermauerung des **Prinzips der Nachahmungsfreiheit** herangezogenen Argumente sind zum einen mehr auf einer rechtspolitischen und zum anderen mehr auf einer methodischen Ebene angesiedelt. In erster Linie wird darauf hingewiesen, dass jeder schöpferisch Tätige in einem kontinuierlichen Entwicklungsprozess vorausgegangenen Schaffens stehe und an das Erreichte als das Erbe der Vergangenheit anknüpfe.[50] Da jeder, der eine wettbewerbsrechtliche Leistung erbringt, „auf den Schultern seiner Vorgänger"[51] stehe und auf dem Erreichten aufbaue, treffe ihn auch seinerseits die Verpflichtung, die Ergebnisse seiner Arbeit grundsätzlich nicht für sich zu monopolisieren, sondern sie der Allgemeinheit und den Mitbewerbern zur Verfügung zu stellen.[52] Aus methodischer Perspektive wird betont, der wettbewerbsrechtliche Schutz könne nicht anstelle des Sonderrechtsschutzes herangezogen werden, weil sonst die zeitlichen Begrenzungen des sondergesetzlichen Schutzes ihren Sinn verlören, wie überhaupt Leistungsschutz dann allein schon über § 1 aF bzw § 4 Nr. 9 gewährt werden könnte. Aus den Beschränkungen, die das Prinzip der Nachahmungsfreiheit durch die sondergesetzlichen Regelungen erfahre, folge mithin e contrario, dass Leistungsergebnisse außerhalb des sondergesetzlich festgelegten Schutzumfangs grundsätzlich frei sind, weil die gewerblichen Schutzrechte den Leistungsschutz abschließend regeln.[53]

28 Allerdings wird dieser Umkehrschluss nicht streng befolgt, sondern dahin gehend abgeschwächt, dass die sondergesetzlichen Regelungen nicht zum Ausschluss eines ergänzenden wettbewerbsrechtlichen Leistungsschutzes führen. Zur Begründung wird auf die unter-

---

[48] Abgedruckt bei *Schricker/Henning-Bodewig* WRP 2001, 1367, 1383.

[49] BGHZ 5, 1, 10 – Hummelfiguren I; BGHZ 35, 341, 348 – Buntstreifensatin I; BGHZ 41, 55, 57 – Klemmbausteine I; BGHZ 44, 288, 297 – Apfel-Madonna; BGHZ 50, 125, 131 – Pulverbehälter; BGH GRUR 1961, 581, 583 – Hummelfiguren II; BGH GRUR 1967, 315, 317 – skai-cubana; BGH GRUR 1976, 434 – Merkmalklötze; BGH GRUR 1981, 517, 519 – Rollhocker; BGH GRUR 1986, 673, 675 – Beschlagprogramm; BGH GRUR 1995, 581, 583 – Silberdistel; BGH GRUR 1998, 477, 478 – Trachtenjanker; BGH GRUR 2000, 521, 526f – Modulgerüst; BGH GRUR 2001, 251, 253 – Messerkennzeichnung; BGH GRUR 2001, 443, 444 – Viennetta.

[50] RGZ 135, 385, 394 – Künstliche Blumen.

[51] Baumbach/*Hefermehl* UWG Einl. Rn 163 § 1 aF Rn 439.

[52] *Piper/Ohly* UWG § 4.9 Rn 9.6.

[53] *Piper/Ohly* UWG § 4.9 Rn 9.6.

schiedliche Rollenverteilung verwiesen: Das Wettbewerbsrecht erfasst die Ausnutzung einer fremden Leistung unter einem anderen Gesichtspunkt als die Sonderschutzrechte.[54] Während diese die schöpferische Leistung als solche schützen, wende sich das Wettbewerbsrecht gegen das Handlungsunrecht unlauterer Wettbewerbshandlungen.[55] Der Gegenstand der wettbewerbsrechtlichen Beurteilung wird nicht wie bei den Immaterialgüterrechten in dem Schutz der konkreten fremden Leistung, sondern in der Art und Weise, in der fremde Leistungen im Wettbewerb genutzt und verwertet werden, gesehen. Kurz gesagt bezieht sich der ergänzende wettbewerbsrechtliche Leistungsschutz anders als die Immaterialgüterrechte nicht auf das „ob", sondern auf das „wie" der Nachahmung. Bei den Sonderschutzrechten geht es um Erfolgsunrecht, beim wettbewerbsrechtlichen Leistungsschutz um **Handlungsunrecht.** Das UWG gewährt keine Ausschließlichkeits- oder quasi-Ausschließlichkeitsrechte mit gegenständlicher (dinglicher) Wirkung, sondern allein wettbewerbsrechtliche, schuldrechtliche Ansprüche gegen die Art und Weise der Verwertung einer fremden Leistung, d. h., gegen ein bestimmtes Wettbewerbshandeln.[56] Demzufolge kommt ein die Immaterialgüterrechte ergänzender wettbewerbsrechtlicher Leistungsschutz nur dann in Betracht, wenn zu der bloßen Nachahmungshandlung als solcher besondere Umstände hinzutreten, die als wettbewerbswidrig zu qualifizieren sind und die außerhalb des Sonderrechtsschutztatbestandes liegen.[57]

In der Literatur ist die These von der Nachahmungsfreiheit auf heftigen Widerspruch gestoßen. Namentlich *Fezer* hat sich nachdrücklich gegen die tradierte Lehre vom wettbewerbsrechtlichen Leistungsschutz als einer ausnahmsweisen Ergänzung des immaterialgüterrechtlichen Sonderschutzes gewandt.[58] Er hält es im theoretischen und dogmatischen Ansatz für verfehlt, das Wettbewerbsrecht auf eine Lückenbüßerfunktion zu reduzieren und tritt dafür ein, den **Schutz der unternehmerischen Leistung im Wettbewerbsrecht** originär zu begründen. Es handele sich dabei um eine eigenständige Aufgabe dieses Rechtsgebiets, deren Wahrnehmung bisher weithin versäumt und deren Reichweite längst nicht ausgelotet sei. Nach seiner Ansicht bestimmt sich der Anwendungsbereich der Sonderrechtsgesetze nach deren jeweiligen immaterialgüterrechtlichem Normzweck und damit nach dem Schutzbereich der einzelnen gewerblichen Schutzrechte. Der wettbewerbsrechtliche Schutz der unternehmerischen Leistung dient einem anderen Schutzzweck. Schon insoweit normieren die Sonderrechtsgesetze den unternehmerischen Leistungsschutz nicht abschließend. Das Wettbewerbsrecht dient der **Abwehr von Behinderungswettbewerb zum Schutze des Leistungswettbewerbs.** Damit rückt die Schutzwürdigkeit einer unternehmerischen Leistung an sich in den Mittelpunkt der wettbewerbsrechtlichen Bewertung der Abwehr von Behinderungen im Leistungswettbewerb.[59] Nach *Fezer* sollen die rechtlichen Voraussetzungen der wettbewerbsrechtlichen Schutzwürdigkeit einer unternehmerischen Leistung (Schutztatbestand) in Abgrenzung zu den Normzwecken und Schutzbereichen der verschiedenen Immaterialgüterrechte entwickelt werden. Gleichzeitig sollen die Gründe einer sachlichen Rechtfertigung der Aneignung einer fremden Leistung (Rechtfertigungstatbestand) in Abgrenzung zum Schutz der Nachahmungsfreiheit herausgebildet werden.[60] Im Rahmen der Beratungen der UWG-Reform hat er deshalb vorge- 29

[54] So *Piper/Ohly* UWG § 4 Nr. 9 Rn 9/7.

[55] So *Piper/Ohly* UWG § 4 Nr. 9 Rn 9/7.

[56] BGHZ 50, 125, 129 – Pulverbehälter; BGH GRUR 1982, 305, 308 – Büromöbelprogramm; BGH GRUR 1992, 523, 524 – Betonsteinelemente.

[57] BGHZ 44, 288, 295 f – Apfel-Madonna; BGH GRUR 1987, 814, 816 – Die Zauberflöte; BGH GRUR 1996, 210, 211 – Vakuumpumpen; BGHZ 134, 250, 267 – CB-Infobank I; BGHZ 140, 183, 189 – Elektronische Pressearchive; BGH GRUR 1999, 751, 752 – Güllepumpen; BGH GRUR 1999, 1106, 1108 – Rollstuhlnachbau; BGH GRUR 2000, 521, 526 f – Modulgerüst; BGH GRUR 2002, 86, 89 – Laubhefter; BGH GRUR 2002, 275, 276 – Noppenbahnen; BGH GRUR 2002, 629, 631 – Blendsegel; BGH GRUR 2003, 958, 962 – Paperboy; BGH GRUR 2005, 600, 602 – Handtuchklemmen.

[58] Vgl. dazu und zum Folgenden *Fezer* WRP 1993, 63, 64 f; s. auch *dens.* GRUR 1986, 485, 490 ff; *dens.* FS 100 Jahre GRUR, Bd. II, S. 939, 952 ff.

[59] *Fezer* WRP 1993, 63, 64 ff.

[60] *Fezer* WRP 1993, 63, 65; *ders.* WRP 2001, 989, 1004 f.

schlagen, einen eigenständigen Spezialtatbestand folgenden Wortlauts in das UWG aufzunehmen: „Wer eine schutzwürdige Leistung eines anderen ohne sachlich gerechtfertigten Grund unmittelbar übernimmt oder wesentlich nachahmt, handelt unlauter im Sinne des § 1."[61] Er löst sich damit von der traditionellen Ausrichtung des Schutzes an der Unterbindung von Herkunftstäuschungen (Nr. 9a); dies entspricht der Regelung nach Art. 5 des Schweizer UWG.

30 Demgegenüber hat *Kur* den weiteren Ausbau des wettbewerbsrechtlichen Leistungsschutzes im Sinne einer festen Etablierung als gleichrangiges Normsystem neben den traditionellen Schutzrechten des Gewerblichen Rechtsschutzes und Urheberrechts mit eindrucksvollen Argumenten abgelehnt. Aus Rechtssicherheitsgründen sei es zu begrüßen, wenn die Schutzvoraussetzungen und die ggf. erforderlichen zeitlichen Begrenzungen einer ausschließlichen Rechtsposition kodifiziert und damit für jedermann einsichtig geregelt werden. Dasselbe gelte auch für die inhaltlichen Beschränkungen des Rechts, da auch hier grundsätzlich ein erhebliches öffentliches Interesse daran bestehe, zu erfahren, in welchen Fällen die Ausnutzung der fremden Leistung unbeschadet des daran bestehenden Ausschließlichkeitsrechts zulässig sein kann. Den Schutz kommerzieller Leistungen auf wettbewerbsrechtlicher Grundlage sieht sie als **Übergangs- oder Notlösung** für solche Fälle an, die von bestehenden Kodifizierungen noch nicht oder gerade nicht mehr erfasst werden. Die rechtlichen Bemühungen sollen auch weiterhin primär darauf gerichtet sein, die bestehenden Gesetze auszuschöpfen sowie an neue Entwicklungen anzupassen; wo dies nicht möglich sei, neue Schutzbedürfnisse jedoch unabweisbar vorhanden seien, müsse der Erlass neuartiger Gesetze in Betracht gezogen werden.[62]

31 Nach der von *Kur* entwickelten[63] und von *Ohly* aufgegriffenen und akzentuierten[64] **Subsidiaritäts- und Vorrangthese** bleibt für den Nachahmungsschutz kein Raum, wenn ein Aspekt, der für den Nachahmungsschutz spricht, im Immaterialgüterrecht bereits abschließend berücksichtigt wurde. Nur wenn dem Recht des geistigen Eigentums keine Wertung über die Zulässigkeit einer Nachahmung zu entnehmen ist, kommt „lückenfüllend" ein ergänzender wettbewerbsrechtlicher Leistungsschutz in Betracht.

II. Bewertung

32 Die von *Fezer* vorgeschlagene Umkehrung des Regel-Ausnahme-Verhältnisses, wonach die Nachahmung einer fremden Leistung grundsätzlich unlauter ist, wenn nicht ein sachlicher Rechtfertigungsgrund vorliegt, ist insofern konsequent, als sie die bisherige Rechtsprechungspraxis authentischer wiedergibt, als diese es selbst zu tun vermag. Bei dem Prinzip der Nachahmungsfreiheit handelt es sich in aller Regel um ein Lippenbekenntnis. Immer dann, wenn es mit besonderem Nachdruck beschworen wird, setzt der BGH mit dem nächsten Atemzug dazu an, es unter Berufung auf das Vorliegen besonderer, die Unlauterkeit begründenden Umstände außer Kraft zu setzen. Dies ändert freilich nichts daran, dass das **Spannungsverhältnis** zwischen dem immaterialgüterrechtlichen Sonderschutz und dem wettbewerbsrechtlichen Leistungsschutz, jedenfalls auf dogmatischer Ebene, bisher nicht in befriedigender Weise aufgelöst werden konnte. Es mag sein, dass es im Einzelfall gelungen ist, im Lichte der besonderen Umstände zu „gerechten" Lösungen zu gelangen. Rechtstheoretisch bleibt aber die Frage unbeantwortet, wie der wettbewerbsrechtliche Leistungsschutz mit den abstrakten Wertungen in Einklang gebracht werden kann, die der Gesetzgeber bezüglich des Konflikts zwischen Imitations- und Innovationswettbewerb im Rahmen der Definition des Inhalts und der Grenzen der Immaterialgüterrechte vorgenommen hat. An einer eingehenden wissenschaftlichen Untersuchung der Problematik, die

[61] *Fezer* WRP 2001, 989, 1007.
[62] *Kur* GRUR 1990, 1, 15.
[63] Vgl. *Kur* GRUR 1990, 1, 15; *dies.* GRUR 1998, 771, 776, 777; s. auch *dies.* FS Ullmann S. 717, 726 ff.
[64] *Ohly* FS Ullmann S. 795, 808 ff.

ein dogmatisches Fundament für den wettbewerbsrechtlichen Leistungsschutz legt, fehlt es bis heute.

Ungeachtet dieser in der Literatur seit langem kontrovers diskutierten Ansätze vermittelt 33 die Rechtsprechung ein diffuses, wenn nicht gar widersprüchliches Bild, denn sie verfolgt weder konsequent die Position eines „generellen Nachahmungsschutzes" noch einer „Nachahmungsfreiheit" im Sinne des Vorrangs immaterialgüterrechtlicher Wertungen. Die Formel, wonach es beim ergänzenden wettbewerbsrechtlichen Leistungsschutz nicht um den Schutz der Leistung als solcher, sondern um die Unlauterkeit der Nachahmungshandlungen gehe, wird vielfach durchbrochen. Häufig spielen nicht die Modalitäten und Begleitumstände der Nachahmung die entscheidende Rolle, um das Verdikt der Unlauterkeit zu begründen, sondern die Qualität des übernommenen Arbeitsergebnisses.[65] So kommt es beim sog. „Saisonschutz" von Modeneuheiten[66] überhaupt nicht auf die Modalitäten der Nachahmungshandlung an, sondern es handelt sich um einen reinen Leistungsschutz.[67] Entsprechendes galt auch für den wettbewerbsrechtlichen Nachahmungsschutz, der der Schaffung von speziellen urheberrechtlichen Leistungsschutzrechten vorausging, wie den Schutz des Sendeunternehmens,[68] den Schutz der ausübenden Künstler,[69] den Schutz des Tonträgerherstellers[70] oder den Schutz des Datenbankherstellers.[71] In den genannten Fällen ging es im Vorgriff auf den urheberrechtlichen Leistungsschutz[72] um einen wettbewerbsrechtlichen Leistungsschutz als solchen, ohne dass die Begleitumstände der Handlung für die Begründung der Unlauterkeit entscheidend ins Gewicht fielen. Auf einem Schutz der Leistung als solcher beruhte traditionell auch die Rechtsprechung zur Fallgruppe des „Einschiebens in eine fremde Serie".[73] In der Entscheidung „Klemmbausteine III"[74] bekennt sich der BGH dazu, dass die Wertungen der Immaterialgüterrechte zu berücksichtigen seien. Unbefriedigend ist es dabei allerdings, dass die Frage, ob die streitgegenständlichen „Lego"-Bausteine markenrechtlichen oder geschmacksmusterrechtlichen Schutz genießen, an die Vorinstanz zurückverwiesen wird, ohne dass Anhaltspunkte für die anstehende Beurteilung gegeben werden, obwohl gerade die Problematik der markenrechtlichen Schutzfähigkeit weitgehend ungeklärt ist. Während in der „Klemmbausteine III"-Entscheidung gerade im Hinblick auf die Befristung des sondergesetzlichen Schutzes immaterialgüterrechtliche Wertungen herangezogen werden,[75] postuliert der BGH in der „Jeans"-Entscheidung das Nebeneinander von wettbewerbsrechtlichem Leistungsschutz und nicht eingetragenem Gemeinschaftsgeschmacksmuster.[76] Zur Begründung wird darauf verwiesen, dass der zeitlich befristete Schutz für ein nicht eingetragenes Gemeinschaftsgeschmacksmuster nicht den zeitlich nicht von vornherein befristeten Anspruch aufgrund ergänzenden wettbewerbsrechtlichen Leistungsschutzes wegen vermeidbarer Herkunftstäuschung nach §§ 3, 4 Nr. 9 lit. a berühre.[77] Es erscheint äußerst fraglich, ob nach der Einführung des nicht eingetragenen Gemeinschaftsgeschmacksmusterrechts, mit dem auch gerade für den Bereich der Modeneuheiten eine Schutzlücke geschlossen wurde, der Dualismus von sondergesetzlichem und wettbewerbsrechtlichem Nachahmungsschutz aufrecht erhalten werden kann.[78]

---

[65] So Harte/Henning/*Sambuc* UWG § 4 Rn 7 f.
[66] → Rn 129 ff.
[67] Harte/Henning/*Sambuc* UWG § 4 Rn 7.
[68] BGH GRUR 1962, 470 – AKI (jetzt § 87 UrhG).
[69] BGH GRUR 1960, 614 – Figaros Hochzeit (jetzt §§ 73 ff UrhG).
[70] RGZ 73, 294 – Schallplatten (jetzt §§ 85 f UrhG).
[71] BGH GRUR 1999, 923, 926 – Tele-Info-CD (jetzt § 87 b UrhG).
[72] → Rn 41 ff.
[73] Vgl. BGH GRUR 1964, 621 – Klemmbausteine I; BGH GRUR 1992, 619 – Klemmbausteine II.
[74] BGHZ 161, 204 = GRUR 2005, 349 – Klemmbausteine III.
[75] BGH GRUR 2005, 349, 352 – Klemmbausteine III.
[76] BGH GRUR 2006, 79 – Jeans I.
[77] BGH GRUR 2006, 79, 80 – Jeans I.
[78] Zweifelnd auch *Ohly* FS Ullmann S. 795, 810; s. ferner MünchKomm/*Wiebe* UWG § 4 Nr. 9 Rn 30.

C. Die Schutzvoraussetzungen im Überblick

34 Ausgehend von der Prämisse, dass nach ständiger Rechtsprechung gemäß dem Prinzip der Nachahmungsfreiheit die Nachahmung einer fremden Leistung grundsätzlich frei ist, soweit nicht entweder Sondergesetze eingreifen oder besondere, über die bloße Nachahmung hinausgehende und die Wettbewerbswidrigkeit begründende Umstände hinzutreten,[79] bildet die **wettbewerbliche Eigenart die zentrale Voraussetzung** für das Eingreifen eines ergänzenden wettbewerbsrechtlichen Leistungsschutzes.[80] Damit wird letztlich eine qualitative Bewertung der Schutzwürdigkeit der in Frage stehenden Leistung vorgenommen. Allerweltserzeugnisse (Alltagswaren, Dutzendwaren), deren Herkunft und Besonderheiten den interessierten Verkehrskreisen gleichgültig sind und demzufolge unter den wettbewerbsrechtlich relevanten Gesichtspunkten der Herkunftstäuschung, Rufausnutzung und Behinderung keine Rolle spielen, sind einem ergänzenden wettbewerbsrechtlichen Leistungsschutz nicht zugänglich,[81] wobei allerdings Massenproduktionsware nicht ohne Weiteres mit Alltagsware gleichzusetzen ist, der eine wettbewerbliche Eigenart fehlt.[82] Im Rahmen der **Nachbildungstatbestände**[83] wird zwischen den Nachahmungshandlungen, der unmittelbaren Leistungsübernahme und der Nachahmung, sowie den verschiedenen Gegenständen der Nachbildung[84] unterschieden. Zu den **besonderen wettbewerblichen Umständen**[85] zählen neben der **vermeidbaren Herkunftstäuschung** die **Ausnutzung des Rufs fremder Leistungen,** die **Erschleichung sowie der Vertrauensbruch.** Die zuletzt genannten, von der Rechtsprechung entwickelten Unlauterkeitskriterien wurden unter Nr. 9a bis c in den Beispielskatalog des § 4 aufgenommen, durch den zum Zwecke einer stärkeren Transparenz die anerkannten Fallgruppen zur Konkretisierung der Generalklausel des § 3 kodifiziert wurden, ohne dass damit eine richterliche Rechtsfortbildung verbaut werden soll.[86]

35 Außer den in § 4 Nr. 9a bis c genannten Unlauterkeitskriterien wird vom Tatbestand des ergänzenden wettbewerbsrechtlichen Leistungsschutzes auch die im Rahmen von § 1 aF entwickelte Fallgruppe der **Behinderung von Mitbewerbern** erfasst.[87] Die Tatsache, dass es insoweit an einer ausdrücklichen gesetzlichen Regelung fehlt, steht dem nicht entgegen, da § 4 Nr. 9a bis c nur eine Teilregelung darstellt, die für die Berücksichtigung weiteren unlauteren Nachahmungsverhaltens Raum lässt.[88] Die Behinderung als ein den Nachahmungsschutz begründendes Unlauterkeitsmerkmal geht dem Tatbestand der gezielten Behinderung nach § 4 Nr. 10 vor. Dies gilt insbesondere im Hinblick auf die für den ergänzenden wettbewerbsrechtlichen Leistungsschutz anerkannte dreifache Schadensberechnung.

---

[79] BGHZ 5, 1, 10 – Hummelfiguren I; BGHZ 35, 341, 348 – Buntstreifensatin I; BGHZ 41, 55, 57 – Klemmbausteine I; BGHZ 44, 288, 297 – Apfel-Madonna; BGHZ 50, 125, 131 – Pulverbehälter; BGH GRUR 1961, 581, 583 – Hummelfiguren II; BGH GRUR 1967, 315, 317 – skai-cubana; BGH GRUR 1976, 434 – Merkmalklötze; BGH GRUR 1981, 517, 519 – Rollhocker; BGH GRUR 1986, 673, 675 – Beschlagprogramm; BGH GRUR 1995, 581, 583 – Silberdistel; BGH GRUR 1998, 477, 478 – Trachtenjanker; BGH GRUR 2000, 521, 526f – Modulgerüst; BGH GRUR 2001, 251, 253 – Messerkennzeichnung; BGH GRUR 2001, 443, 444 – Viennetta; jeweils mwN.

[80] → Rn 53ff.

[81] BGHZ 21, 266, 272 – Uhrenrohwerke; BGH GRUR 1968, 698, 702 – Rekordspritzen; BGH GRUR 1988, 385, 386 – Wäsche-Kennzeichnungsbänder; BGH GRUR 2001, 251, 253 – Messerkennzeichnung; BGH GRUR 2003, 359, 360 – Pflegebett; BGH GRUR 2005, 166, 167 – Puppenausstattungen; BGH GRUR 2007, 339 Rn 26 – Stufenleitern.

[82] BGHZ 50, 125 – Pulverbehälter.

[83] → Rn 65ff.

[84] → Rn 71ff.

[85] → Rn 85ff.

[86] RegE BT-Drucks. 15/1487 vom 22. 8. 2003 S. 13 und 17.

[87] *Piper/Ohly* UWG § 4.9 Rn 9/91.

[88] BT-Drucks. 15/1487 S. 18; *Piper/Ohly* UWG § 4.9 Rn 9/91.

D. Verhältnis zu anderen Regelungen

I. Verhältnis zu anderen Regelungen des UWG

Der ergänzende wettbewerbsrechtliche Leistungsschutz nach § 4 Nr. 9 weist Berührungspunkte mit anderen Unlauterkeitstatbeständen auf. Deutliche Überschneidungen zeigen sich insbesondere zwischen dem Tatbestand der vermeidbaren Herkunftstäuschung nach § 4 Nr. 9a und dem des § 5 Abs. 2 sowie dem § 3 Abs. 3 i. V. m. Nr. 13 Anh. UWG. Nach § 5 Abs. 2 ist eine geschäftliche Handlung auch dann irreführend, wenn sie im Zusammenhang mit der Vermarktung von Waren oder Dienstleistungen einschließlich vergleichender Werbung eine Gefahr einer Verwechslung mit einer anderen Ware oder Dienstleistung oder mit der Marke oder einem anderen Kennzeichen eines Mitbewerbers hervorruft. Nach § 3 Abs. 3 i. V. m. Nr. 13 Anh. UWG ist gegenüber Verbrauchern eine Werbung für eine Ware oder Dienstleistung, die der Ware oder Dienstleistung eines Mitbewerbers ähnlich ist, stets unzulässig, wenn dies in der Absicht geschieht, über die betriebliche Herkunft der beworbenen Ware oder Dienstleistung zu täuschen. In welchem Verhältnis die Regelungen zueinander stehen, bedarf noch der Klärung, und es ist zu vermuten, dass es dabei zu einer Reihe von Streitfragen kommen wird. Das zusammenhanglose Nebeneinander von Normen, die sich alle auf die betriebliche Herkunftstäuschung beziehen, ist ein weiterer Beweis für die Konzeptionslosigkeit und Unausgegorenheit des UWG. Der Hinweis von *Köhler*, dass die Regelung in § 4 Nr. 9 jedenfalls deshalb nicht überflüssig wird, weil sie insoweit ihre Bedeutung behält, als sie dem von der Produktnachahmung betroffenen Originalhersteller einen Schadensersatzanspruch nach den Grundsätzen der dreifachen Schadensberechnung gewährt,[89] mag zwar in der Sache durchaus zutreffend sein. Er belegt aber, dass es an der erforderlichen Feinabstimmung fehlt, wenn sich die Regelung des § 4 Nr. 9a auf diesen Rest reduziert. Überschneidungen können sich außerdem mit dem Beispielstatbestand der gezielten Behinderung nach § 4 Nr. 10 ergeben.[90] Zu einer Konkurrenz kann es mit den Straftatbeständen der §§ 17, 18 kommen, die über den Rechtsbruchtatbestand nach § 4 Nr. 11 zivilrechtliche Ansprüche auslösen können.[91] 36

II. Verhältnis zu den Immaterialgüterrechten

Wegen des unterschiedlichen Blickwinkels, nämlich dem Schutz vor Handlungsunrecht, der mit dem UWG gewährleistet werden soll, geht der BGH in ständiger Rechtsprechung davon aus, dass der ergänzende wettbewerbsrechtliche Leistungsschutz auf eigenen Beinen steht und von dem auf den Schutz vor Erfolgsunrecht bezogenen Sonderschutz der Immaterialgüterrechte unabhängig ist. Demnach decken sich die Anforderungen an die wettbewerbliche Eigenart nicht mit den sondergesetzlichen Schutzanforderungen.[92] Ansprüche aus dem ergänzenden wettbewerbsrechtlichen Leistungsschutz gegen die Verwertung eines fremden Leistungsergebnisses können **unabhängig vom Bestehen eines sonderrechtlichen Schutzes** gegeben sein, wenn besondere Begleitumstände vorliegen, die außerhalb des sondergesetzlichen Tatbestandes liegen.[93] Es gilt die in ständiger Rechtsprechung geprägte Formel, dass die Übernahme einer Gestaltungsform, die nicht (mehr) unter Sonderrechtsschutz steht, wettbewerbswidrig sein kann, wenn das Erzeugnis von wettbewerblicher 37

[89] *Köhler* GRUR 2009, 445, 451.

[90] → Rn 35.

[91] Vgl. *Beater* Unlauterer Wettbewerb § 22 Rn 22.

[92] BGHZ 5, 1, 9, 11 – Hummelfiguren I; BGH GRUR 1986, 673, 675 – Beschlagprogramm; BGH GRUR 1987, 903, 905 – Le Corbusier-Möbel.

[93] BGH GRUR 2002, 629, 631 – Blendsegel; s. auch BGHZ 134, 250, 267 – CB-Infobank I; BGHZ 140, 183, 189 – Elektronische Pressearchive.

Eigenart ist und besondere Umstände hinzutreten, die die Nachahmung unlauter erscheinen lassen.[94]

38 Hieraus folgt, dass es für den wettbewerbsrechtlichen Leistungsschutz auf die sachlichen Voraussetzungen der Sonderschutzrechte grundsätzlich nicht ankommt und auch keine Parallelwertung vorgenommen wird. Andererseits hat der BGH wiederholt darauf hingewiesen, dass der wettbewerbsrechtliche Leistungsschutz auch in Relation zu den gewerblichen Schutzrechten gesehen werden muss und deshalb nicht ohne Weiteres schrankenlos zuzubilligen sei.[95] Das maßgebliche Abgrenzungskriterium wird darin gesehen, dass es anders als bei den Sonderschutzrechten, die ein Leistungsergebnis mit einer bestimmten erfinderischen Gestaltungshöhe bzw urheberrechtlichen Eigentümlichkeit schützen, beim ergänzenden wettbewerbsrechtlichen Leistungsschutz entscheidend darauf ankommt, dass das Erzeugnis aufgrund seiner Ausgestaltung oder einzelner Merkmale geeignet ist, die interessierten Verkehrskreise auf **seine betriebliche Herkunft oder seine Besonderheiten hinzuweisen.**[96] Überschneidungen können sich dadurch ergeben, dass die wettbewerbliche Eigenart auch in ästhetischen oder technischen Gestaltungen, die den sonderschutzrechtlichen Anforderungen entsprechen, ihren Ausdruck finden kann[97] und regelmäßig dann anzunehmen ist, wenn die sonderschutzrechtlichen Voraussetzungen einer ästhetischen oder erfinderischen Gestaltung erfüllt sind.[98] Als entscheidend wird aber nicht die Sonderschutzfähigkeit angesehen, sondern die Eignung der in Frage stehenden Merkmale, auf die betriebliche Herkunft oder die Besonderheiten der Waren hinzuweisen.

1. Verhältnis zum Urheberrecht

39 **a) Werkschutz.** Sofern die nachgeahmte Leistung urheberrechtlichen Schutz genießt, besteht aus der Sicht des Rechtsinhabers regelmäßig kein Bedürfnis für ein ergänzenden wettbewerbsrechtlichen Leistungsschutz. Dieser wäre auch mit dessen subsidiären Charakter unvereinbar. Mit Blick auf den ungerechtfertigten Wettbewerbsvorteil, den sich der Rechtsverletzer verschafft, kann allerdings von Seiten der rechtstreuen Mitbewerber ein Interesse daran bestehen, gegen die Verletzung eines fremden Urheberrechts vorzugehen. Als Grundlage hierfür kommt der Rechtsbruchtatbestand gemäß § 4 Nr. 11 in Betracht. Da es sich bei den nachgeahmten Erzeugnissen häufig um Gegenstände handelt, die allenfalls in den Bereich der „angewandten Kunst" fallen, werden an das Vorliegen der für den urheberrechtlichen Schutz erforderlichen persönlichen geistigen Schöpfung (§ 2 Abs. 2 UrhG) besonders hohe Anforderungen gestellt. Zwar reicht nach den Grundsätzen des „Schutzes der kleinen Münze"[99] bereits ein „äußerst geringer Grad" individuellen Schaffens[100] aus, um einen urheberrechtlichen Werkschutz zu begründen. Als Beispiele für ein solches „Minimum an Gestaltungshöhe" gerade noch urheberrechtschutzfähiger Gestaltungen werden Kataloge, Preislisten, Fernsprechbücher, Sammlungen von Kochrezepten, etc., genannt.[101] Abweichend hiervon wird bei Werken der angewandten Kunst, d.h. Bedarfs- und Gebrauchsgegenständen mit künstlerischer Formgebung,[102] ein weiterer Abstand im Sinne eines deutliches Überragens der Durchschnittsgestaltung erlangt.[103] Da das Geschmacksmusterrecht einen Unterbau des Schutzes von Werken der angewandten Kunst bildet, wird bei

[94] BGH GRUR 2001, 251, 253 – Messerkennzeichnung mwN.
[95] BGH GRUR 1999, 751, 754 – Güllepumpen (zur zeitlichen Begrenzung); BGH GRUR 1969, 186, 188f – Reprint; BGH GRUR 1986, 895, 896 – Notenstichbilder.
[96] *Piper/Ohly* UWG § 4.9 Rn 9/25.
[97] BGH GRUR 1985, 876, 877 – Tchibo/Rolex I; BGH GRUR 1988, 690, 693 – Kristallfiguren.
[98] BGH GRUR 1983, 377, 379 – Brombeer-Muster; BGH GRUR 1984, 597, 598 – vitra programm.
[99] Dieser Begriff geht zurück auf *Elster*, Gewerblicher Rechtsschutz, 1921, S. 40; s. dazu und zum Folgenden Schricker/*Loewenheim* UrhG § 2 Rn 38.
[100] So schon RGZ 81, 120, 123.
[101] Schricker/*Loewenheim* UrhG § 2 Rn 38.
[102] Schricker/*Loewenheim* UrhG § 2 Rn 156.
[103] BGH GRUR 1981, 517, 519 – Rollhocker; BGH GRUR 1987, 903, 904 – Le Corbusier-Möbel; BGH GRUR 1995, 581, 582 – Silberdistel; BGH GRUR 1998, 830, 832 – Les-Paul-Gitarren.

diesen für den urheberrechtlichen Schutz einen höhere Schutzuntergrenze angesetzt, die nicht zu niedrig sein dürfe.[104] Allerdings schließen sich Urheberrechtsschutz und Geschmacksmusterschutz nicht aus, sondern können nebeneinander bestehen.[105] Im Schrifttum ist diese „Abstandslehre" im Sinne gesteigerter Anforderungen an die Schöpfungshöhe bei Werken der angewandten Kunst zunehmend auf Kritik gestoßen, weil sie insbesondere mit einem einheitlichen europäischen Werkbegriff unvereinbar sei.[106] Folgt man dieser Ansicht, wonach auch Erzeugnisse der angewandten Kunst, die in den Anwendungsbereich des Geschmacksmusterrechts fallen, nach den Grundsätzen des „Schutzes der keinen Münze" zu beurteilen sind, so erhebt sich die schon vom Reichsgericht zur Begründung der Abgrenzung aufgeworfene Frage,[107] welche Funktion das Geschmacksmusterrecht dann überhaupt noch erfüllt. Dies gilt umso mehr, als subsidiär auch noch der ergänzende wettbewerbsrechtliche Leistungsschutz zur Verfügung steht, für den allerdings dann bei Gebrauchsgegenständen mit ästhetischer Formgebung wegen des vorrangigen urheberrechtlichen Schutzes selten eine Notwendigkeit bestehen dürfte.

Werbeslogans besitzen nur selten den für ein urheberrechtlich schutzfähiges Werk erforderlichen geistigen Gehalt sowie eine hinreichende Individualität.[108] Fehlt es an einer Urheberrechtsverletzung, so ist damit die Anwendung des ergänzenden wettbewerbsrechtlichen Leistungsschutzes nicht ausgeschlossen. Es bedarf aber des Hinzutretens besonderer, außerhalb der Sondertatbestände des Urheberrechtsgesetzes liegender Umstände, um die Unlauterkeit zu begründen.[109] 40

b) Leistungsschutz. aa) Lückenfüllende Funktion. Gerade im Bereich des urheberrechtlichen Leistungsschutzes hat der ergänzende wettbewerbsrechtliche Leistungsschutz häufig eine „Vorfeldfunktion" erfüllt. Er hat gleichsam als ein **Provisorium** vorübergehend die Lücken geschlossen, die sich daraus ergeben haben, dass der Gesetzgeber auf neue technische Entwicklungen und die daraus resultierenden Schutzbedürfnisse erst mit einer gewissen Verzögerung reagieren konnte. Der wettbewerbsrechtliche Leistungsschutz spielte somit nur eine vorübergehende Rolle, die nach der Intervention des Gesetzgebers von den vorrangigen urheberrechtlichen Regelungen übernommen und daher obsolet wurde. Das **klassische Beispiel hierfür ist das Nachpressen von Schallplatten,** das vom Reichsgericht als eine unzulässige unmittelbare Ausnutzung einer fremden Leistung angesehen wurde[110] und das heute von dem ausschließlichen Vervielfältigungs- und Verbreitungsrecht erfasst wird, das dem Schallplattenhersteller für die Dauer von 25 Jahren als urheberrechtliches Leistungsschutzrecht eingeräumt wird (§ 85 UrhG). Entsprechendes gilt auch für den Schutz ausübender Künstler (§§ 73 bis 80 UrhG), der Darbietungen von Veranstaltern (§ 81 UrhG), von Sendeunternehmen (§ 87 UrhG) sowie Film- und Laufbildherstellern (§§ 94, 95 UrhG). Sie alle genießen heute Schutz für ihre Leistungen, denen das für ein Urheberrecht entscheidende Merkmal eigenschöpferischer Gestaltung fehlt. 41

Durch den urheberrechtlichen Leistungsschutz ist eine Lücke geschlossen worden, die zunächst unter dem wettbewerbsrechtlichen Gesichtspunkt der unmittelbaren Ausnutzung fremder Leistung ausgefüllt wurde.[111] Durch die Zuerkennung eines urheberrechtlichen 42

---

[104] BGH GRUR 1983, 377, 378 – Brombeer-Muster; BGH GRUR 1995, 581, 582 – Silberdistel; Schricker/*Loewenheim* UrhG § 2 Rn 158 mwN.

[105] Schricker/*Loewenheim* UrhG § 2 Rn 157.

[106] Schricker/*Loewenheim* UrhG § 2 Rn 158; s. auch Schricker/*Schricker* UrhG Einl. Rn 34 mwN.

[107] Vgl. RGZ 76, 339.

[108] Schricker/*Loewenheim* UrhG § 2 Rn 45; *Dreier/Schulze* UrhG § 2 Rn 55; s. auch *Heermann* WRP 2004, 263, 264f.

[109] BGHZ 44, 288, 295f – Apfel-Madonna; BGHZ 134, 250, 267 = GRUR 1997, 459 – CB-infobank I; BGHZ 140, 183, 189 = GRUR 1999, 325 – Elektronische Pressearchive; BGHZ 141, 13, 27 = GRUR 1999, 707 – Kopienversanddienst; BGH GRUR 2003, 958, 962 – Paperboy; s. auch Schricker/*Schricker* UrhG Einl. Rn 43ff.

[110] RGZ 73, 294 – Schallplatten.

[111] Vgl. BGHZ 33, 20 – Figaros Hochzeit; BGHZ 33, 38 – Künstlerlizenz; BGHZ 37, 1, 15 – AKI; BGHZ 39, 352, 356 – Vortragsabend; s. auch schon RGZ 73, 294, 297 – Schallplatten; RGZ 153, 1, 7ff – Schallplattensendung; allgemein zum Verhältnis des Urheberrechts zum Recht des unlauteren Wettbewerbs

Leistungsschutzes wird die Möglichkeit eines ergänzenden wettbewerbsrechtlichen Leistungsschutzes zwar nicht gänzlich ausgeschlossen; dieser darf jedoch nicht im Widerspruch zu Inhalt und Grenzen des Sonderrechtsschutzes geraten. Es sind insbesondere die Wertungen zu berücksichtigen, von denen sich der Gesetzgeber bei Schließung der zunächst bestehenden gesetzlichen Lücke hat leiten lassen.[112] Das Wettbewerbsrecht darf nicht zum Schutz einer Leistung dienen, die vom Urheberrechtsgesetz nach dem Willen des Gesetzgebers nicht geschützt werden soll. Nur wenn es an einer solchen gesetzlichen Entscheidung über die Schutzunwürdigkeit fehlt und die sondergesetzliche Bestimmung nicht als eine bewusst abschließende Regelung zu werten ist, kann eine Lücke anzunehmen sein, zu deren Ausfüllung wiederum auf den wettbewerbsrechtlichen Leistungsschutz zurückgegriffen werden kann.[113]

43 **bb) Computerprogramme.** Auch im Bereich des **Schutzes von Computerprogrammen** hat der ergänzende wettbewerbsrechtliche Leistungsschutz zunächst als Provisorium gedient, um vermeintliche Schutzlücken zu schließen. Diese ergaben sich daraus, dass der BGH zwar im Grundsatz Computerprogramme als Schriftwerke nach § 2 Abs. 1 Nr. 1 UrhG oder als Darstellungen wissenschaftlicher oder technischer Art nach § 2 Abs. 1 Nr. 7 UrhG als grundsätzlich schutzfähig anerkannte; in der Praxis fehlte es aber zumeist an einem hinreichend schöpferischen Eigentümlichkeitsgrad im Sinne des § 2 Abs. 2 UrhG, an den der BGH in der Inkasso-Programm-Entscheidung verhältnismäßig strenge Anforderungen stellte.[114] In Umsetzung der Richtlinie 91/250/EWG des Rates vom 14. 5. 1991 über den Rechtsschutz von Computerprogrammen wurden durch das 2. Gesetz zur Änderung des Urheberrechtsgesetzes vom 9. 6. 1993 in einem eigenständigen 8. Abschnitt besondere Bestimmungen für den **Schutz von Computerprogrammen** eingeführt (§§ 69a ff UrhG), durch den diese als Sprachwerke geschützt werden. Danach genügt es für den urheberrechtlichen Schutz, der alle Ausdrucksformen eines Computerprogramms umfasst (§ 69a Abs. 3 UrhG), dass das Computerprogramm das Ergebnis einer eigenen geistigen Schöpfung des Programmurhebers darstellt, ohne dass es auf sonstige Kriterien, wie insbesondere qualitative oder ästhetische, ankommt. Nach § 69g UrhG schließt die urheberrechtliche Regelung einen patent-, marken- oder wettbewerbsrechtlichen Schutz nicht aus. Ein ergänzender wettbewerbsrechtlicher Leistungsschutz wird nach § 69g Abs. 1 UrhG insbesondere dann nicht präkludiert, wenn ein Computerprogramm zur Umgehung der Sicherung eines anderen Computerprogramms vertrieben wird.[115] Ansonsten spielt der ergänzende wettbewerbsrechtliche Leistungsschutz für den Schutz von Computerprogrammen nach Einführung der speziellen urheberrechtlichen Regelungen, die gegenüber der früheren Rechtsprechung des BGH eine deutliche Absenkung des Schutzniveaus mit sich gebracht haben, keine wesentliche Rolle mehr.[116]

44 **cc) Datenbanken.** Ähnlich verhält es sich auch mit dem **Schutz von Datenbanken.** Bei der Übernahme von Datenbanken oder Datenbeständen, wie beispielsweise aus Telefon- oder Telefaxverzeichnissen, die keine typischen Schrift- oder sonstigen besonderen Gestaltungsmerkmale aufweisen, reicht es zwar nach der Rechtsprechung des BGH für die Annahme der erforderlichen wettbewerblichen Eigenart aus, wenn der Verkehr mit den Teilnehmereintragungen besondere Gütevorstellungen mit Blick auf die Vollständigkeit der Einträge des Originals verbindet.[117] In Umsetzung der Richtlinie 96/9/EG des Europäischen Parlaments und des Rates vom 11. 3. 1996 über den rechtlichen Schutz von Daten-

Schricker/*Schricker* UrhG Einl. Rn 36ff; sowie zum Verhältnis der Leistungsschutzrechte zum Wettbewerbsrecht Schricker/*Krüger* UrhG Vor §§ 73ff Rn 26.

112 Schricker/*Krüger* UrhG Vor §§ 73ff Rn 26.

113 Baumbach/*Hefermehl* UWG § 1 aF Rn 580.

114 BGH GRUR 1985, 1041, 1047f – Inkasso-Programm.

115 BGH GRUR 1996, 78 – Umgehungsprogramm.

116 Vgl. zum wettbewerbsrechtlichen Leistungsschutz vor Einführung der urheberrechtlichen Sonderregelungen *Hubmann/Götting,* 7. Aufl. 2007, § 50 Rn 1.

117 BGHZ 141, 329, 340f – Tele-Info-CD; s. auch BGH GRUR 1988, 308, 309 – Informationsdienst.

banken[118] durch Art. 7 des Informations- und Kommunikationsdienstegesetzes (IuKDG) vom 13. 6. 1997 enthält das Urheberrechtsgesetz in den §§ 87a ff spezielle Vorschriften über den Schutz von Datenbanken, die eine gegenüber den allgemeinen Anforderungen (§ 2 Abs. 2 UrhG) deutliche Absenkung des Schutzniveaus vorsehen. Unterschieden wird bei schöpferischen Sammlungen zwischen Sammelwerken nach § 4 Abs. 1 UrhG und ihrer speziellen Erscheinungsform der **Datenbankwerke** nach § 4 Abs. 2 UrhG. Jedenfalls sind Datenbankwerke nach Maßgabe der Originalitätsdefinition der Richtlinie (Art. 3 Abs. 1) bereits dann urheberrechtlich geschützt, wenn ihre Struktur auf einer eigenen geistigen Schöpfung beruht, ohne dass für die Beurteilung der Schutzfähigkeit eines Datenbankwerkes andere Kriterien herangezogen werden dürfen (Art. 3 Abs. 1 der Richtlinie).[119] Damit entspricht der Schutzstandard dem des harmonisierten europäischen Rechts an Computerprogrammen (§ 69a Abs. 3 UrhG). Neben den urheberrechtlichen Schutz an Datenbankwerken tritt nach §§ 87a ff das selbstständige, in seinem Rechtsgrund vom Urheberrecht verschiedene **Leistungsschutzrecht des Datenbankherstellers,** das unabhängig vom Recht des Urhebers nach § 4 Abs. 2 UrhG entsteht. Es gilt nicht für jede beliebige Sammlung von Werken, Daten und anderen unabhängigen Elementen, sondern ausschließlich für eine Datenbank als systematisch oder methodisch angelegte Sammlung mit einzeln zugänglichen Elementen im Sinne der gesetzlichen Definition des § 87a Abs. 1 UrhG.[120] Wesentlicher Rechtsgrund des Schutzes ist nicht in erster Linie die schöpferische, sondern die wirtschaftliche Leistung, die nach dem Gesetzeswortlaut in einer nach Art und Umfang wesentlichen Investition in Form der Beschaffung, Überprüfung oder Darstellung des Datenbankinhalts zu bestehen hat.[121] Vor diesem Hintergrund besteht anders als nach der früheren Rechtslage vor Umsetzung der Richtlinie[122] kaum noch ein Bedürfnis für die Anwendung des ergänzenden wettbewerbsrechtlichen Leistungsschutzes im Zusammenhang mit Datenbanken. Außerdem ist davon auszugehen, dass die auf den Investitionsschutz ausgerichtete urheberrechtliche Regelung abschließend ist und deshalb ein Rückgriff auf das Wettbewerbsrecht kaum gerechtfertigt erscheint.

2. Verhältnis zum Geschmacksmusterrecht

Da an die Schöpfungshöhe gesteigerte Anforderungen gestellt werden und deshalb ein urheberrechtlicher Schutz für Gegenstände der angewandten Kunst, wie ästhetisch gestaltete Gebrauchsartikel, oder simple Designleistungen nur selten zu erlangen ist, liegt das Schwergewicht im Anwendungsbereich des Geschmacksmusterrechts, das als „Unterbau" des Urheberrechts angesehen wird. Überschneidungen mit dem Geschmacksmusterrecht ergeben sich insbesondere daraus, dass die Gemeinschaftsgeschmacksmusterverordnung nach Art. 3ff Schutz für ein nicht eingetragenes Gemeinschaftsgeschmacksmuster vorsieht. Nach der Rechtsprechung des BGH werden Ansprüche aus ergänzendem wettbewerbsrechtlichen Leistungsschutz wegen vermeidbarer Herkunftstäuschung §§ 3, 4 Nr. 9 lit. a nicht dadurch ausgeschlossen, dass für das Erzeugnis ein solcher **Schutz als nicht eingetragenes Gemeinschaftsgeschmacksmuster** besteht oder bestanden hat.[123] Begründet wird diese Auffassung mit dem Hinweis auf Art. 96 Abs. 1 GMVO, wonach Bestimmungen der Mitgliedstaaten über unlauteren Wettbewerb unberührt bleiben. Dazu zählten auch die Vorschriften über ergänzenden wettbewerbsrechtlichen Leistungsschutz, die sich gegen ein unlauteres Wettbewerbsverhalten richten, das in der vermeidbaren Täuschung der Abnehmer über die betriebliche Herkunft der Produkte liege. Von dieser Zielrichtung des Gesetzes gegen den unlauteren Wettbewerb unterscheide sich die Gemeinschaftsgeschmacksmusterverordnung (GMVO), die in der Form des Gemeinschaftsgeschmacksmusters ein 45

---

118 ABl. EG Nr. L 77 S. 20 = GRUR Int. 1996, 806.
119 Schricker/*Vogel* UrhG Vor § 87a Rn 7.
120 Schricker/*Vogel* UrhG Vor § 87a Rn 7.
121 Vgl. im Einzelnen Schricker/*Vogel* UrhG § 87a Rn 14ff.
122 Vgl. die Nachweise von Rechtsprechung und Literatur bei Schricker/*Vogel* UrhG Vor § 87a Rn 5.
123 BGH GRUR 2006, 79 (1. Ls) – Jeans I; BGH GRUR 2006, 346, 347 – Jeans II.

bestimmtes Leistungsergebnis schütze. Der zeitlich befristete Schutz für ein nicht eingetragenes Gemeinschaftsgeschmacksmuster berühre daher nicht den ergänzenden wettbewerbsrechtlichen Leistungsschutz wegen vermeidbarer Herkunftstäuschung.[124] Offen gelassen hat der BGH die Frage nach dem Verhältnis des Gemeinschaftsgeschmacksmusterschutzes zum wettbewerbsrechtlichen Saisonschutz für eine Modeneuheit, der eine vermeidbare Herkunftstäuschung nicht voraussetzt.[125]

46 Die Auffassung des BGH ist kritikwürdig, weil sie die durch den Sonderschutz gezogenen Grenzen missachtet. Dies gilt insbesondere in Relation zu den aus dem Markenrecht folgenden Wertungen. Zwar trifft es zu, dass durch das Geschmacksmusterrecht der Aspekt der Herkunftstäuschung nicht erfasst wird, so dass von diesem Standpunkt aus dem ergänzenden wettbewerbsrechtlichen Leistungsschutz nichts im Wege steht. Dagegen sprechen aber die vom Markenrecht aufgestellten Maßstäbe für den Schutz dreidimensionaler Gestaltungen. Dies gilt zum einen für die im Interesse des Freihaltebedürfnisses der Allgemeinheit vorgesehene Schranke der **Markenfähigkeit dreidimensionaler Gestaltungen** nach § 3 Abs. 2 MarkenG und zum anderen für die Anforderungen an den **Grad der Verkehrsgeltung** gemäß § 4 Nr. 3 MarkenG. Dieser dürfte mit einer Quote zu veranschlagen sein, die nicht deutlich unter 50 Prozent liegt.[126] Ist diese Voraussetzung nicht erfüllt, so scheidet ein ergänzender wettbewerbsrechtlicher Leistungsschutz unter dem Gesichtspunkt der Herkunftstäuschung aus, da ansonsten die Wertungen des Markenrechts unterlaufen werden.[127] In Betracht zu ziehen ist allenfalls ein Irreführungsschutz der Verbraucher gemäß § 5. Dem stehen allerdings die für das Markenrecht entwickelten Grundsätze über die qualifizierten betrieblichen Herkunftsangaben entgegen. Danach wird aus dem Vorrang des Kennzeichenrechts gefolgert, dass eine reine Herkunftstäuschung nicht genügt, sondern der Irreführungsschutz nur dann eingreift, wenn besondere Gütevorstellungen erweckt werden, die der Verkehr mit dem Kennzeichen verbindet.[128]

3. Verhältnis zum Markenrecht

47 **a) Allgemeine Grundsätze (Vorrangthese).** Mit dem Markenrecht weist der ergänzende wettbewerbsrechtliche Leistungsschutz eine Vielzahl von Berührungspunkten und Überschneidungen auf. Der Schutz von Kennzeichen bildet mit Blick auf das Unlauterkeitsmerkmal der vermeidbaren Herkunftstäuschung ein Kernstück der Fallgruppe. Die Zusammenhänge und Abgrenzungen zwischen beiden Rechtsmaterien sind durch Unklarheiten, Ungereimtheiten und Widersprüche gekennzeichnet, die eine vertiefte wissenschaftliche Aufarbeitung notwendig erscheinen lassen. Nach der Grundsatzentscheidung des BGH „MAC Dog"[129] ist im Anwendungsbereich der §§ 9 Abs. 1 Nr. 3, 14 Abs. 2 Nr. 3, 15 Abs. 3 MarkenG für einen ergänzenden wettbewerbsrechtlichen Kennzeichenschutz kein Raum, weil es sich insoweit um eine **abschließende Regelung** handelt.[130] Die Anwendung des UWG ist demnach nur dann in Betracht zu ziehen, wenn der Schutz nach den MarkenG versagt, d. h. von vornherein bzw dem Grunde nach nicht in Betracht kommt. Der früher auf der Grundlage des § 1 aF gewährte Schutz bekannter Marken vor Rufbeeinträchtigung und Ausbeutung beruht heute auf § 14 Abs. 2 Nr. 3 MarkenG, der nicht nur wortlautgemäß für die Benutzung außerhalb des Ähnlichkeitsbereichs, sondern analog auch innerhalb des Ähnlichkeitsbereichs gilt.[131] Entsprechendes gilt auch für geschäftliche Bezeichnungen

[124] BGH GRUR 2006, 79, 80 – Jeans I.
[125] BGH GRUR 2006, 346, 347 – Jeans II.
[126] Vgl. *Ingerl/Rohnke* MarkenG § 4 Rn 19.
[127] Vgl. *Rohnke* FS Erdmann S. 455, 459 f; s. auch *Ohly* FS Ullmann S. 795, 811.
[128] Vgl. *Ingerl/Rohnke* MarkenG § 2 Rn 3; BGH GRUR 1966, 267, 270 – White Horse; BGH GRUR 1997, 754 – grau/magenta.
[129] BGH GRUR 1999, 161 – MAC Dog.
[130] Vgl. auch BGH GRUR 2006, 329 Rn 36 – Gewinnfahrzeug mit Fremdemblem; BGH GRUR 2008, 793, 795 Rn 26 – Rillenkoffer.
[131] Vgl. EuGH GRUR 2003, 240 – Davidoff/Gofkid; BGH GRUR 2004, 235 – Davidoff II.

gemäß § 15 Abs. 3 MarkenG sowie geografische Herkunftsangaben gemäß § 127 Abs. 3 MarkenG. Aus dem Bekenntnis der Rechtssprechung zum abschließenden Charakter des Markenrechts lässt sich verallgemeinernd die „Vorrangthese"[132] ableiten, wonach bei Vorliegen kennzeichenrechtlicher Sachverhalte für deren Beurteilung ausschließlich das Markenrecht heranzuziehen ist und ein Rückgriff auf einen ergänzenden wettbewerbsrechtlichen Leistungsschutz zu unterbleiben hat. Tatsächlich wird dieser Vorrang des Markenrechts zwar postuliert, aber nur halbherzig praktiziert und zum Teil völlig außer Acht gelassen. Im offenen Widerspruch zu den markenrechtlichen Wertungen hat sich der ergänzende wettbewerbsrechtliche Leistungsschutz für Kennzeichen zu einem Auffangnetz entwickelt, das zum Tragen kommt, wenn die Anforderungen des markenrechtlichen Kennzeichenschutzes nicht erfüllt werden.

b) Dreidimensionale Marken. Ein Schutz dreidimensionaler Gestaltungen durch den ergänzenden wettbewerbsrechtlichen Leistungsschutz soll unter dem Gesichtspunkt der vermeidbaren Herkunftstäuschung auch dann eingreifen, wenn die vom Markenrecht gestellten Anforderungen (noch) nicht erfüllt sind.[133] Diese Auffassung verstößt gegen das allgemein formulierte Prinzip, dass der ergänzende wettbewerbsrechtliche Leistungsschutz nur dann zum Zuge kommt, wenn es um solche, die Unlauterkeit begründenden Umstände geht, die außerhalb des Sonderrechtsschutztatbestandes liegen.[134] Gerade die Frage des Inhalts und des Umfangs des Schutzes vor Herkunftstäuschungen ist ein zentrales Element des Markenrechts. Hieran ändert auch die apodiktisch ohne nähere Begründung getroffene Feststellung des BGH nichts, dass der begehrte Schutz vor vermeidbaren Herkunftstäuschungen einer dreidimensionalen Aufmachung nicht in den Schutzbereich des Markenrechts falle.[135] 48

c) Andere Kennzeichen. Die genannten Vorbehalte und Einwände gelten in gleicher Weise für andere Kennzeichen, wie insbesondere für Werbeslogans, denen früher ein ergänzender wettbewerbsrechtlicher Schutz gewährt wurde und die heute in das markenrechtliche Schutzsystem integriert sind.[136] Es ist nicht nachvollziehbar, dass nach der grundsätzlichen Anerkennung der markenrechtlichen Schutzfähigkeit ein ergänzender wettbewerbsrechtlicher Leistungsschutz als Auffangtatbestand fungieren soll, wenn es versäumt wurde, durch eine entsprechende Eintragung für diesen zu sorgen oder aber wenn dessen Schutzvoraussetzungen nicht erfüllt sind.[137] Besonders deutlich ist die Fragwürdigkeit des Verhältnisses von Markenschutz und wettbewerbsrechtlichem Leistungsschutz in der Entscheidung „Tupperwareparty" zu Tage getreten. Dort hat der BGH festgestellt, dass ein ergänzender wettbewerbsrechtlicher Kennzeichenschutz bereits dann in Betracht komme, wenn ein Markenschutz nicht besteht.[138] Es ist zu hoffen, dass es sich dabei um einen Lapsus handelt, der bald korrigiert werden wird, denn andernfalls liefe das Diktum des BGH auf die fragwürdige Logik hinaus, dass derjenige, der einen markenrechtlichen Schutz (bewusst) nicht in Anspruch nimmt oder nicht in Anspruch nehmen kann, weil es an den erforderlichen Schutzvoraussetzungen fehlt, in den Genuss eines „ergänzenden wettbewerbsrechtlichen Markenschutzes" kommen kann.[139] Das Argument, mit dem *Bornkamm* 49

---

[132] Vgl. dazu *Bornkamm* GRUR 2005, 97 ff, insbesondere 101 f.

[133] So *Hefermehl/Köhler/Bornkamm* UWG § 4 Rn 9.9.

[134] So die ständige Rechtsprechung, BGHZ 44, 288, 295 f – Apfel-Madonna; BGHZ 134, 250, 267 = GRUR 1997, 459, 464 – CB-infobank I; BGHZ 140, 183, 189 = GRUR 1999, 325, 326 – Elektronische Pressearchive; BGH GRUR 1999, 751, 752 – Güllepumpen; BGH GRUR 1999, 1106, 1108 – Rollstuhlnachbau; BGH GRUR 2000, 521, 523 – Modulgerüst; BGH GRUR 2002, 86, 89 – Laubhefter; BGH GRUR 2002, 275, 276 – Noppenbahnen; BGH GRUR 2002, 629, 631 – Blendsegel; BGH GRUR 2003, 359, 360 – Pflegebett; BGHZ 156, 1, 17 = GRUR 2003, 958, 962 – Paperboy; BGH GRUR 2005, 600, 602 – Handtuchklemmen.

[135] So BGH GRUR 2007, 339 Rn 23 – Stufenleiter; BGH GRUR 2008, 793 Rn 26 – Rillenkoffer.

[136] Vgl. etwa BGH GRUR 2000, 323 – Partner with the Best; BGH GRUR 2000, 321 – Radio von hier; BGH GRUR 2000, 720 – Unter uns.

[137] Vgl. auch *Heermann* WRP 2004, 263, 271; *Ingerl* WRP 2004, 809, 814.

[138] BGH GRUR 2003, 973, 974 – Tupperwareparty.

[139] *Götting* Wettbewerbsrecht § 12 Rn 73.

dafür eintritt, einen ergänzenden wettbewerbsrechtlichen Schutz auch dann zu gewähren, wenn die markenrechtlichen Voraussetzungen nicht erfüllt sind,[140] entbehrt der Substanz. Der Einwand, dass die Erweiterung des Markenschutzes dann zu einer Geißel geworden wäre, wenn mit ihm eine Verpflichtung verbunden wäre, den möglichen Schutz durch eine (vorsorgliche) Anmeldung wahrzunehmen, beantwortet nicht die Frage, warum unter Missachtung der markenrechtlichen Bedingungen ein Rechtsschutz kreiert werden darf, der in zumeist unvorhersehbarer Weise den Freiraum einschränkt, den das Gesetz den Mitbewerbern offenbar bewusst eingeräumt hat. Der Hinweis auf ein faktisches Schutzbedürfnis ersetzt nicht dessen normative Rechtfertigung.

4. Verhältnis zum Patent- und Gebrauchsmusterrecht

50 Aus dem Grundsatz der Nachahmungsfreiheit ist eigentlich zu folgern, dass technische Lösungen, die aus welchen Gründen auch immer, keinem sondergesetzlichen Schutz nach dem Patent- oder Gebrauchsmusterrecht unterliegen, von den Mitbewerbern ohne jede Einschränkung übernommen werden dürfen. Dies entspricht dem Zweck der Innovationsförderung, der mit den technischen Schutzrechten verfolgt wird. Die **zeitliche Befristung** stellt nämlich einen Kompromiss zwischen dem auf Anreiz und Belohnung beruhenden Innovationswettbewerb und dem aus der freien Verwertbarkeit des Standes der Technik gespeisten Imitationswettbewerb dar. Der technische Fortschritt wird gleichermaßen durch den Schutz der Innovation wie umgekehrt durch die Freiheit der Nachahmung außerhalb der durch die technischen Schutzrechte gesetzten Grenzen gefördert. Bei Anlegung dieses Maßstabes müsste „ein wettbewerbsrechtlicher Schutz gegen die Übernahme technischer Problemlösungen praktisch ausgeschlossen“ sein.[141] „Das gilt nicht nur nach Ablauf oder Versagung des Patent- oder Gebrauchsmusterschutzes, sondern auch für schutzfähige Erfindungen, die nicht angemeldet werden.“[142] Die Rechtsprechung folgt dieser Linie nicht, sondern zeigt sich auch hier inkonsistent und inkonsequent. Statt den vorrangigen Patentschutz zum **Ausgangspunkt der Beurteilung** zu erheben, sieht sie in der aus dem Patentrecht fließende Wertung, dass der freie Stand der Technik der Allgemeinheit uneingeschränkt zur Verfügung steht, einen den wettbewerbsrechtlichen Leistungsschutz begrenzenden Faktor. Dementsprechend soll der ergänzende Leistungsschutz technischer Erzeugnisse dadurch beschränkt sein, dass die technische Lehre und der Stand der Technik frei sind, so dass gemeinfreie technische Lösungen grundsätzlich verwendet werden dürfen, ohne dass der Übernehmer auf das Risiko verwiesen werden darf, es mit einer anderen Lösung zu versuchen.[143] Dies schließe jedoch nicht aus, dass der Vertrieb eines nachgeahmten Erzeugnisses wettbewerbsrechtlich unlauter sein kann, wenn ein technisches Erzeugnis in seiner Gesamtkombination, die aus einer Vielzahl von technisch-funktionalen Gestaltungselementen besteht, identisch oder fast identisch nachgeahmt worden ist, obwohl für die Abweichungen ein hinreichend großer Spielraum bestanden hat.[144] Zugunsten der Mitbewerber wird eine Nachahmungsfreiheit selbst dann konzediert, wenn ein **Spielraum für abweichende Gestaltungen** vorhanden ist. Demnach kann die Übernahme willkürlich auswechselbarer Merkmale nicht verwehrt werden, wenn darin – im Blick auf das Freihaltebedürfnis der Mitbewerber am Stand der Technik und unter Berücksichtigung des Gebrauchszwecks und der Verkäuflichkeit der Ware sowie der Verbrauchererwartung – die angemessene Verwirklichung einer technischen Aufgabe liegt.[145] Mit Blick auf den beson-

[140] *Bornkamm* GRUR 2005, 97, 102.

[141] So zutreffend *Kraßer* Patentrecht, 6. Aufl. 2009, § 2 II e, bb, 3.

[142] *Kraßer* aaO.

[143] BGH GRUR 1999, 1106, 1108 – Rollstuhlnachbau, unter Hinweis auf BGHZ 50, 125, 129 = GRUR 1968, 591 – Pulverbehälter.

[144] BGH GRUR 1999, 1106, 1108 – Rollstuhlnachbau, unter Hinweis auf BGH GRUR 1981, 517, 519 – Rollhocker; BGH GRUR 1963, 152, 156 – Rotaprint.

[145] BGH GRUR 1999, 751, 752 f – Güllepumpen, unter Hinweis auf BGHZ 50, 125, 128 f – Pulverbehälter.

deren Unlauterkeitstatbestand der vermeidbaren Herkunftstäuschung ist der Nachbauende aber im Rahmen des Zumutbaren verpflichtet, die Gefahr einer betrieblichen Herkunftsverwechslung durch geeignete Maßnahmen zu beseitigen oder wenigstens zu verringern.[146]

Die Rechtsprechung des BGH ist nicht nur mit dem aus dem Patentrecht abzuleitenden Grundsatz unvereinbar, dass technische Lösungen, für die kein Sonderrechtsschutz besteht, gemeinfrei sind und demzufolge von jedermann uneingeschränkt nachgeahmt werden dürfen. Unter dem Blickwinkel der kennzeichenrechtlichen Dimension der **vermeidbaren Herkunftstäuschung** widerspricht sie auch den markenrechtlichen Wertungen. Nach dem Ausschlusstatbestand des § 3 Abs. 2 Nr. 2 MarkenG, der wegen fehlender abstrakter Unterscheidungskraft der Markenfähigkeit eine Grenze setzt, kommt es bei Merkmalen, die zur Erreichung einer technischen Wirkung erforderlich sind, nicht darauf an, ob alternative Gestaltungen zur Erreichung der gleichen technischen Wirkung zur Verfügung stehen.[147] Diese Beurteilung weicht damit sowohl von der früheren deutschen Rechtsprechung zum Ausstattungsschutz[148] als auch von der aktuellen Rechtsprechung des BGH zum ergänzenden wettbewerbsrechtlichen Leistungsschutz ab, wonach auf die zur Wahl stehenden Ausweichmöglichkeiten und damit ein konkretes Freihaltebedürfnis der Mitbewerber abgestellt wird.[149] Durch die alleinige **Relevanz der objektiven technischen Bedingtheit** soll verhindert werden, dass es dem Einzelnen erlaubt wird, „ausschließliche Rechte an technischen Lösungen zu erlangen oder fortbestehen zu lassen".[150] Dieser Parameter ist auch eine verbindliche Richtschnur, soweit es um die Beurteilung des Schutzes von technischen Merkmalen geht, denen eine Herkunftsfunktion innewohnt. Im Übrigen ist zu beachten, dass für den Schutz als nicht eingetragene Marke nach § 4 Nr. 2 eine Verkehrsgeltung erforderlich wäre, die jedenfalls nicht deutlich unter einer Quote von 50 Prozent liegen müsste.[151] Soweit es um die verbraucherschützende Dimension der Problematik geht, ist bei **Herkunftstäuschungen aufgrund technischer Merkmale** ein Verstoß gegen das Irreführungsverbot nach § 5 in Erwägung zu ziehen. Dem steht aber die Rechtsprechung zu den qualifizierten betrieblichen Herkunftsangaben entgegen, wonach das lauterkeitsrechtliche Irreführungsverbot in der Regel durch den im MarkenG vorgesehenen kennzeichenrechtlichen Schutz verdrängt wird.[152] Etwas anderes gilt nur dann, wenn die Herkunftsangabe bei den angesprochenen Verkehrskreisen besondere Gütevorstellungen erweckt.[153] Insgesamt bleibt festzuhalten, dass der ergänzende wettbewerbsrechtliche Leistungsschutz technischer Gestaltungen außerhalb der Voraussetzungen und Grenzen des Patent- und Gebrauchsmusterrechts eine **verfehlte Konstruktion** darstellt, die in dogmatischer Hinsicht an vielen Wertungswidersprüchen und Ungereimtheiten leidet. Aus praktischer Sicht ist sie durch erhebliche Rechtsunsicherheit geprägt, die eine verlässliche Beratung erschwert oder zum Teil sogar unmöglich macht. 51

III. Verhältnis zu § 826 BGB

Eine wettbewerbswidrige Nachahmung im Sinne des § 4 Nr. 9 erfüllt nicht automatisch, 52
sondern nur ganz ausnahmsweise bei Vorliegen zusätzlicher erschwerender Umstände, wie insbesondere der Absicht einer gezielten Behinderung oder Vernichtung, den Tatbestand der vorsätzlichen sittenwidrigen Schädigung nach § 826 BGB. Zwischen beiden Regelun-

146 BGH GRUR 1999, 1106, 1108f – Rollstuhlnachbau.
147 EuGH GRUR 2002, 804, 809 Rn 83 – Philips/Remington.
148 Vgl. etwa BGH GRUR 1964, 621, 623 – Klemmbausteine I; BGH GRUR 1986, 252, 253 – Sportschuhe.
149 Vgl. BGH GRUR 1999, 1106, 1108f – Rollstuhlnachbau.
150 EuGH GRUR 2002, 804, 809 Rn 82 – Philips/Remington.
151 Vgl. *Ingerl/Rohnke* MarkenG § 4 Rn 21.
152 Vgl. BGHZ 149, 191, 195f – shell.de; *Ingerl/Rohnke* MarkenG § 2 Rn 3.
153 BGH GRUR 1966, 267, 270 – White Horse; BGH GRUR 1997, 754 – grau/magenta; *Ingerl/Rohnke* MarkenG § 2 Rn 3.

gen bestehen grundlegende Funktionsunterschiede. Während § 3 (§ 1 aF) und damit auch der Beispielstatbestand des § 4 Nr. 9 im Interesse der Mitbewerber, der Verbraucher und der Allgemeinheit auf die Bewahrung der Lauterkeit des Wettbewerbs zielt, schützt § 826 BGB den Einzelnen gegen eine vorsätzliche sittenwidrige Schädigung.[154]

E. Wettbewerbliche Eigenart

I. Allgemeine Grundlagen

53 Das für den ergänzenden wettbewerbsrechtlichen Leistungsschutz konstitutive Merkmal der **wettbewerblichen Eigenart** steht in engem Zusammenhang mit dem Unlauterkeitskriterium der **vermeidbaren Herkunftstäuschung,** das zumeist im Vordergrund der lauterkeitsrechtlichen Beurteilung steht.[155] Die **Wechselwirkung** zwischen diesen beiden Elementen des Unlauterkeitstatbestandes resultiert daraus, dass eine Irreführung des Verkehrs über die betriebliche Herkunft nur zu befürchten ist, wenn der Gegenstand des Nachbaus oder der Nachahmung Merkmale aufweist, die wettbewerblich eigenartig sind.[156] Dementsprechend hat sich in ständiger Rechtsprechung folgende Formel herausgebildet: Die erforderliche wettbewerbliche Eigenart setzt ein Erzeugnis voraus, dessen konkrete Ausgestaltung oder bestimmte einzelne Merkmale geeignet sind, die angesprochenen Verkehrskreise auf seine **betriebliche Herkunft oder auf seine Besonderheiten hinzuweisen.**[157] Für die Annahme wettbewerblicher Eigenart genügt es, dass der angesprochene Verkehr aufgrund der Ausgestaltung oder der Merkmale des Erzeugnisses die Vorstellung hat, es könne wohl nur von einem bestimmten Anbieter oder einem mit diesen verbundenen Unternehmen stammen.[158] Es kann zudem ausreichen, dass die Gestaltung eines Erzeugnisses die Eignung besitzt, auf seine Besonderheiten hinzuweisen.[159] Die wettbewerbliche Eigenart findet regelmäßig im Produkt selbst, d. h. in seiner ästhetischen oder auch technischen Gestaltung seinen Ausdruck; sie kann aber auch in dessen Kennzeichnung liegen.[160] Die erforderliche wettbewerbliche Eigenart ist bei solchen Merkmalen eines Erzeugnisses nicht vorhanden, die **allgemein üblich** sind oder von Mitbewerbern in gleicher oder ähnlicher Form oder Funktion verwendet werden und deshalb vom Verkehr nicht als Herkunftshinweis betrachtet werden.[161] Vor allem bei Produkten des täglichen Bedarfs, die sich in der äußeren Erscheinungsform und insbesondere in der Gestaltung ih-

---

[154] BGH GRUR 1999, 751, 753 – Güllepumpen.

[155] → Rn 90 ff.

[156] BGHZ 5, 1, 10 – Hummelfiguren I; BGHZ 18, 176, 183 – Werbeidee; BGHZ 21, 266, 272 – Uhrenrohwerk; BGHZ 50, 125, 130 – Pulverbehälter; BGH GRUR 1954, 337 – Radschutz; BGH GRUR 1960, 232 – Feuerzeug-Ausstattung; BGH GRUR 1963, 152, 155 – Rotaprint; BGH GRUR 1968, 698, 702 – Rekordspritzen; BGH GRUR 1969, 618, 619 – Kunststoffzähne; BGH GRUR 1970, 244, 245 – Spritzgussengel; BGH WRP 1976, 370, 372 – Ovalpuderdose; BGH GRUR 1981, 517, 519 – Rollhocker; BGH GRUR 1996, 210, 211 – Vakuumpumpen; BGH GRUR 1999, 751, 752 – Güllepumpen; BGH GRUR 2000, 521, 523 – Modulgerüst.

[157] BGHZ 60, 168, 170 – Modeneuheit; BGH GRUR 1984, 453, 454 – Hemdblusenkleid; BGH GRUR 1986, 673, 675 – Beschlagprogramm; BGH GRUR 1988, 690, 693 – Kristallfiguren; BGH GRUR 1995, 581, 583 – Silberdistel; BGH GRUR 1996, 210, 211 – Vakuumpumpen; BGHZ 138, 143, 148 – Les-Paul-Gitarren; BGH GRUR 1999, 751, 752 – Güllepumpen; BGH GRUR 1999, 1106, 1108 – Rollstuhlnachbau; BGH GRUR 2000, 521, 526 f – Modulgerüst; BGH GRUR 2002, 86, 89 – Laubhefter; BGH GRUR 2002, 275, 276 – Noppenbahnen; BGH GRUR 2002, 629, 632 – Blendsegel; BGH GRUR 2003, 359, 360 – Pflegebett; BGH GRUR 2005, 600, 602 – Handtuchklemmen; BGH GRUR 2007, 795 Rn 25 – Handtaschen; BGH GRUR 2008, 793, 795 Rn 29 – Rillenkoffer.

[158] BGH WRP 2007, 1455 (Ls b), 1458 Rn 23 – Gartenliege.

[159] BGH WRP 2007, 1455 (Ls b), 1458 Rn 24 – Gartenliege.

[160] BGH GRUR 1977, 614, 615 – Gebäudefassade; BGH GRUR 2001, 251, 253 – Messerkennzeichnung.

[161] BGH GRUR 1968, 698, 702 – Rekordspritzen; BGH GRUR 1992, 329, 334 – AjS-Schriftenreihe; BGH GRUR 2001, 251, 254 – Messerkennzeichnung.

rer Verpackung von einer Fülle ähnlicher Produkte nur wenig unterscheiden, wie zB Eiscreme in Haushaltspackungen, ist im Rahmen des ergänzenden wettbewerbsrechtlichen Leistungsschutzes bei der Beurteilung der vermeidbaren Herkunftstäuschung im Allgemeinen davon auszugehen, dass der Verkehr sich in erster Linie an der Produktbezeichnung und der Herstellerangabe orientiert und die verschiedenen Erzeugnisse nicht ausschließlich nach der äußeren Gestaltung der Ware oder der Verpackung unterscheidet.[162] Unter diesen Umständen kommt der Kennzeichnung des Erzeugnisses für die Beurteilung der wettbewerblichen Eigenart und der damit in engem Zusammenhang stehenden Frage der Herkunftstäuschung entscheidende Bedeutung zu. Nur im Falle der identischen Übernahme aller wesentlichen Gestaltungsmerkmale kann eine Herkunftstäuschung trotz unterschiedlicher Produkt- oder Herstellerbezeichnungen naheliegen.[163] Soweit sich zwar der auf der wettbewerblichen Eigenart beruhende Leistungsschutz auf Kennzeichen bezieht, ist zu prüfen, ob die einschlägigen markenrechtlichen Bestimmungen eine abschließende Regelung darstellen, die einem weitergehenden wettbewerblichen Schutz entgegenstehen.[164]

Das Erfordernis der wettbewerblichen Eigenart gilt als solches für alle Fälle des ergän- 54
zenden Leistungsschutzes. Differenzierungen sind jedoch im Sinne einer graduellen Abstufung nach Maßgabe der **Intensität der Nachahmungshandlung** vorzunehmen. In Fällen der unmittelbaren Übernahme (identische oder fast identische Nachbildung) einer fremden Leistung sind geringere Anforderungen an die wettbewerbliche Eigenart zu stellen als bei der nachschaffenden Übernahme, bei der der Leistungsgegenstand lediglich das Vorbild für eine mehr oder weniger angelehnte eigene Leistung des Übernehmers im Sinne einer „nachschaffenden Wiederholung“[165] bildet.[166] Die wettbewerbliche Eigenart eines Erzeugnisses kann entfallen, wenn seine konkrete Ausgestaltung oder seine Merkmale aufgrund der Entwicklung der Verhältnisse auf dem Markt nicht mehr geeignet sind, die angesprochenen Verkehrskreise auf seine betriebliche Herkunft oder seine Besonderheiten hinzuweisen.[167]

II. Anforderungen an die wettbewerbliche Eigenart

1. Ausprägung der wettbewerblichen Eigenart

a) Kein Ideenschutz. Die wettbewerbliche Eigenart muss ihren Ausdruck in der kon- 55
kreten Ausgestaltung des Leistungsergebnisses oder in bestimmten Einzelmerkmalen des Erzeugnisses finden. Sie wird aufgrund eines **allgemeinen Freihaltebedürfnisses verneint** für abstrakte Ideen, die keinen Niederschlag in einer konkreten Formgestaltung gefunden haben,[168] für allgemeine Lehren und den Stand der Technik[169] sowie für solche Erzeugnisse, die unter Benutzung allgemein üblicher Stil- und Gestaltungsmittel geschaffen worden sind oder lediglich realistische Nachbildungen natürlicher Gegebenheiten oder Gegenstände ohne individualisierende Besonderheit darstellen.[170] Sofern lediglich die in einem bestimmten Produkt verwirklichte Gestaltungsidee nachgeahmt wird, ist sie einem Leistungsschutz mangels wettbewerblicher Eigenart nicht zugänglich. Unter den genannten Umständen ist es hinzunehmen, dass der Betrachter, dem das Ausgangsprodukt (zB Außen-

---

162 BGH GRUR 2001, 443, 446 – Viennetta.

163 BGH GRUR 2001, 443 – Viennetta.

164 → Rn 47, 80.

165 BGH GRUR 1958, 97, 98 – Gartensessel.

166 Vgl. BGHZ 51, 41, 47 – Reprint; BGH GRUR 1972, 127, 128 – Formulare; BGH GRUR 1979, 119, 120 – Modeschmuck; BGH GRUR 1996, 210, 211 – Vakuumpumpen; BGH GRUR 1999, 923, 927 – Tele-Info-CD.

167 BGH WRP 2007, 1455, 1458 Rn 25 – Gartenliege.

168 BGHZ 18, 175, 183 – Werbeidee; BGH GRUR 1977, 547, 550 – Kettenkerze; BGH GRUR 1979, 119, 120 – Modeschmuck; s. auch BGH GRUR 2002, 629, 633 – Blendsegel.

169 BGH GRUR 1976, 434, 436 – Merkmalklötze; BGH GRUR 1979, 705, 706 – Notizklötze.

170 BGHZ 35, 341, 349 – Buntstreifensatin I; BGH GRUR 1979, 119, 120 – Modeschmuck; BGH GRUR 1987, 903, 905 – Le Corbusier-Möbel; BGH GRUR 1988, 690, 693 – Kristallfiguren.

leuchte mit einer senkrecht gestellten Leuchtröhre und einem halbrunden Blendsegel) bekannt ist, hieran durch das nachgeahmte Produkt erinnert wird. Dies gilt selbst dann, wenn damit im Einzelfall eine Herkunftstäuschung verbunden sein sollte.[171] Andernfalls würde sich der ergänzende Leistungsschutz nicht mehr auf den Schutz des konkreten wettbewerblich eigenartigen Erzeugnisses beschränken. Es würde vielmehr Schutz gewährt werden für eine gestalterische und praktische Grundidee, die einem Sonderschutz nicht zugänglich ist.[172] Dementsprechend genießt die Idee, für eine typische Spielsituation Puppen mit dem entsprechenden Zubehör herzustellen und zu vertreiben, im Interesse der Freiheit des Wettbewerbs grundsätzlich keinen wettbewerbsrechtlichen Schutz. Dies gilt selbst dann, wenn bestimmte Ausstattungen aufgrund besonderer Werbeanstrengungen auf dem Markt bekannt geworden sein sollten und es schon deshalb naheliegen sollte, entsprechende Erzeugnisse demselben Unternehmen zuzurechnen.[173] Der Grundsatz, dass **schutzfähig nur die Gestaltung, Farbgebung und Merkmale sein können, die eine Idee zur Form prägen, aber nicht die Idee als solche,**[174] liegt auf einer Linie mit dem auch bei den Immaterialgüterrechten in verschiedenen Ausprägungen anerkannten Prinzip, dass abstrakte Ideen im Interesse des Freihaltebedürfnisses der Allgemeinheit vom Schutz ausgeschlossen sind.

56 **b) Konkretisierung.** Das für die Anerkennung eines wettbewerbsrechtlichen Leistungsschutzes erforderliche Maß der **Konkretisierung einer „Idee“** durch die Verwendung bestimmter Gestaltungsmittel lässt sich nicht allgemeingültig, sondern nur im Lichte der besonderen Umstände des Einzelfalls, insbesondere der ästhetischen oder technischen Beschaffenheit des Produktes und der durch den Gebrauchszweck gesetzten Vorgaben, bestimmen. So lässt sich etwa die wettbewerbliche Eigenart einer „Designerbrille“ nicht allein aus dem für die Gestaltung erkennbar gewählten designerischen Stilmittel der „Rückführung auf die unbedingt erforderlichen Teile“ herleiten. Dieses betrifft nämlich lediglich die gestalterische Vorgehensweise des Designers als solche bzw die damit zum Ausdruck gebrachte abstrakte designerische „Idee“, nicht aber die allein maßgebliche konkrete gestalterische Weise, wie diese designerische Vorgabe bei der Kreation des Aussehens der Brille im Einzelnen individuell umgesetzt worden ist. Den maßgeblichen Ansatzpunkt für die Beurteilung der wettbewerblichen Eigenart bilden die das Erscheinungsbild prägenden konkreten Formelemente, wie die Art und Weise der Befestigung der seitlich ausgeführten Bügel, die weit in die Gläser hineinreichenden Stege sowie deren Verankerung durch Lochungen im Glas. Dadurch wird der „Reduktion auf das unbedingt Erforderliche“ bzw der durch dieses Stilmittel gekennzeichneten designerischen Linie des „Minimalismus“ oder „Purismus“ ein hinreichend gestalterischer Ausdruck verliehen.[175]

57 **c) Kombination von Gestaltungselementen.** Die wettbewerbliche Eigenart manifestiert sich, wie regelmäßig bei einzelnen Gegenständen, zumeist in bestimmten Einzelmerkmalen. Sie kann aber auch in der besonderen Kombination von Gestaltungselementen liegen[176] oder sich aus der Auswahl oder Zusammenstellung ergeben.[177] Bei Programmen, die als Gesamtheit von Erzeugnissen und Gemeinsamkeiten in der Formgestaltung und Zweckbestimmung erscheinen, ist eine wettbewerbliche Eigenart anzunehmen, wenn sich diese aus den Merkmalen der einzelnen Teile oder aus der Kombination der Einzelteile ableiten lässt. Dabei ist es nicht erforderlich, dass jedes einzelne Teil für sich genommen wettbewerbliche Eigenart besitzt. Diese kann sich auch aus einer wiederkehrenden Form-

---

[171] BGH GRUR 2002, 629, 633 – Blendsegel; s. auch BGH GRUR 2002, 275, 277 – Noppenbahnen.
[172] BGH GRUR 2002, 629, 633 – Blendsegel.
[173] BGH GRUR 2005, 166 (Ls) – Puppenausstattungen.
[174] OLG Hamburg WRP 1982, 232 – Zauberwürfel; s. auch öOGH GRUR Int. 1982, 64; Schweizerisches BG GRUR Int. 1983, 754.
[175] OLG Köln GRUR-RR 2003, 183, 184 – Designerbrille.
[176] BGH GRUR 2002, 629, 632 – Blendsegel; BGH GRUR 2006, 79, 81 – Jeans I.
[177] BGH GRUR 1982, 305, 307 – Büromöbelprogramm; BGH GRUR 1986, 673, 675 – Beschlagprogramm; BGH GRUR 1991, 232, 224 – Finnischer Schmuck.

gestaltung der einzelnen Teile mit charakteristischen Besonderheiten ergeben, die die zum Programm gehörenden Gegenstände für den Verkehr von Waren anderer Hersteller unterscheiden.[178]

d) Produktpalette. Auch eine Produktpalette kann als Gesamtheit von Erzeugnissen mit Gemeinsamkeiten in der Zweckbestimmung und Formgestaltung über wettbewerbliche Eigenart verfügen.[179] Voraussetzung ist dabei nicht, dass jedes einzelne Teil für sich genommen eine wettbewerbliche Eigenart aufweist. Diese kann vielmehr auch in einer wiederkehrenden Formgestaltung mit charakteristischen Besonderheiten bestehen, die bewirken, dass sich die zum Programm gehörenden Gegenstände für den Verkehr deutlich von Waren anderer Hersteller abheben.[180] 58

2. Neuheit

Neuheit stellt keine zwingende Voraussetzung für die Annahme einer wettbewerblichen Eigenart dar. Allerdings sind neue und ungewöhnliche Gestaltungsformen eher geeignet, auf die Herkunft oder die Besonderheiten des Erzeugnisses hinzuweisen, als solche, die bereits früher Verwendung gefunden haben. Es genügt aber, wenn ein Erzeugnis trotz des Rückgriffs auf Vorbekanntes, wie insbesondere im Modebereich, **über eine allgemein übliche Gestaltung hinaus eine Individualität aufweist,** die geeignet ist, auf seine betriebliche Herkunft oder auf seine Besonderheiten hinzuweisen.[181] Die wettbewerbliche Eigenart ist erst dann zu verneinen, wenn die konkrete Ausgestaltung des Erzeugnisses auf formgebenden Elementen beruht, die nicht geeignet sind, herkunftshinweisend zu wirken.[182] 59

Bei einem **Vertrieb von Nachbildungen** entfällt die wettbewerbliche Eigenart des Originals nicht, solange der Verkehr zwischen Original und Kopie unterscheidet und die erforderliche herkunftshinweisende Wirkung gegeben ist. Diese ist nicht schon dann zu verneinen, wenn andere Hersteller, die mit dem Hersteller des Originals konkurrieren, Kopien mit denselben äußeren Merkmalen vertreiben, diese aber vom Verkehr ohne Weiteres oder auch erst nach näherer Prüfung als solche erkannt werden.[183] 60

3. Bekanntheit

Der BGH hat in ständiger Rechtsprechung den Grundsatz etabliert, die für den Wettbewerbsschutz erforderliche Eigenart setze ein Erzeugnis voraus, dessen konkrete Ausgestaltung oder bestimmte einzelne Merkmale geeignet sind, die angesprochenen Verkehrskreise auf seine betriebliche Herkunft oder auf seine Besonderheiten hinzuweisen.[184] Aus dieser Formulierung wurde gefolgert, dass die Eignung als solche genügt und eine, insbesondere durch Benutzung erworbene, **tatsächliche Bekanntheit** im Verkehr zwar die Annahme einer wettbewerblichen Eigenart verstärkt,[185] aber keine zwingende Voraussetzung 61

---

178 BGH GRUR 1982, 305, 307 – Büromöbelprogramm; BGH GRUR 1986, 673, 675 – Beschlagprogramm; BGH GRUR 1996, 210, 212 – Vakuumpumpen; BGH GRUR 1999, 183, 186 – Ha-Ra/HARIVA.

179 BGH GRUR 2008, 793 (2. Ls) – Rillenkoffer.

180 BGH GRUR 2008, 793, 796 Rn 29 – Rillenkoffer, unter Hinweis auf BGH GRUR 1982, 305, 307 – Büromöbelprogramm; BGH GRUR 1986, 673, 675 – Beschlagprogramm; BGH GRUR 1999, 183, 186 – Ha-Ra/HARIVA.

181 BGHZ 60, 168, 170f – Modeneuheit; BGH GRUR 1984, 453, 454 – Hemdblusenkleid; BGH GRUR 1988, 690, 693 – Kristallfiguren.

182 BGH GRUR 1999, 751, 752 – Güllepumpen.

183 BGHZ 138, 143, 149 – Les-Paul-Gitarren.

184 BGHZ 60, 168, 170 – Modeneuheit; BGH GRUR 1984, 453, 454 – Hemdblusenkleid; BGH GRUR 1986, 673, 675 – Beschlagprogramm; BGH GRUR 1988, 690, 693 – Kristallfiguren; BGH GRUR 1995, 581, 583 – Silberdistel; BGH GRUR 1996, 210, 211 – Vakuumpumpen; BGHZ 138, 143, 148 – Les-Paul-Gitarren; BGH GRUR 1999, 751, 752 – Güllepumpen; BGH GRUR 1999, 1106, 1108 – Rollstuhlnachbau; BGH GRUR 2000, 521, 523 – Modulgerüst; BGH GRUR 2002, 86, 89 – Laubhefter; BGH GRUR 2002, 629, 632 – Blendsegel.

185 BGH GRUR 1997, 308, 310 – Wärme fürs Leben; BGH GRUR 2001, 251, 253 – Messerkennzeichnung; so WRP 2007, 1455, 1458 Rn 28 – Gartenliege.

zung für deren Anerkennung darstellt.[186] Begründet wird diese Auffassung mit dem überzeugenden Argument, dass andernfalls ein erst neu auf dem Markt eingeführtes Erzeugnis an einem wettbewerbsrechtlichen Leistungsschutz nicht teilhaben könnte.[187] Dies würde zu der (fragwürdigen) Konsequenz führen, dass der wettbewerbsrechtliche Leistungsschutz gerade dann versagt, wenn der Hersteller eines neuen Produkts noch keine Chance hatte, seine Investitionen zu amortisieren. Allerdings hat der BGH in seiner jüngeren ständigen Rechtsprechung betont,[188] dass der „ergänzende wettbewerbsrechtliche Leistungsschutz gegen eine vermeidbare Herkunftstäuschung nicht nur zur Voraussetzung (hat), dass das nachgeahmte Erzeugnis wettbewerbliche Eigenart besitzt, sondern auch, dass es bei den maßgeblichen Verkehrskreisen eine **gewisse Bekanntheit** erlangt hat, da in aller Regel bereits begrifflich die Gefahr einer Herkunftstäuschung nicht bestehen könnte".[189] Diese Aussage bezieht sich nicht auf die Begründung der wettbewerblichen Eigenart, sondern auf die hiervon zu trennende Frage, ob die Voraussetzungen für eine vermeidbare Herkunftstäuschung vorliegen. Es besteht allerdings ein enger Zusammenhang zwischen dem „besonderen wettbewerblichen Umstand der vermeidbaren Herkunftstäuschung" und dem zentralen Aufgreifkriterium der „wettbewerblichen Eigenart". Die innere Verbindung zwischen diesen beiden Elementen resultiert daraus, dass eine wettbewerbliche Eigenart voraussetzt, dass die konkrete Ausgestaltung oder bestimmte Merkmale des Erzeugnisses geeignet sind, die interessierten Verkehrskreise auf seine betriebliche Herkunft oder seine Besonderheiten hinzuweisen.[190] Hieraus folgt, dass beim Vorhandendsein von Herkunftsvorstellungen, die zu einer Herkunftstäuschung führen können, auch die erforderliche wettbewerbliche Eigenart gegeben ist.[191] Eine Ausnahme vom Erfordernis einer „gewissen Bekanntheit" soll für Fälle gelten, in denen Original und (insbesondere billigere) Nachahmung nebeneinander vertrieben werden, so dass der Verkehr beides unmittelbar miteinander vergleichen kann.[192] Eine Verkehrsgeltung hält der BGH in Übereinstimmung mit seiner früheren Rechtsprechung[193] nicht für erforderlich. Es genügt, dass das wettbewerblich eigenartige Erzeugnis bei nicht unerheblichen Teilen der angesprochenen Verkehrskreise eine solche Bekanntheit erreicht hat, dass sich in relevantem Umfang die Gefahr der Herkunftstäuschung ergeben kann, wenn Nachahmungen vertrieben werden.[194] Dies kann allerdings nicht schon dann angenommen werden, wenn das wettbewerblich eigenartige Erzeugnis in nicht nur völlig irrelevantem Umfang auf den inländischen Markt gelangt ist.[195] Maßgeblich soll die Bekanntheit bei den Fachkreisen im Zeitpunkt der Markteinführung der beanstandeten Erzeugnisse des Verletzers sein, sofern es sich dabei um die allein bedeutsamen Abnehmerkreise handelt.[196] Die Beweislast für diese Anspruchsvoraussetzung trifft den Anspruchsteller.[197] Beim Fehlen einer gewissen Bekanntheit kann nach Auffassung des BGH allerdings eine wettbewerbswidrige Behinderung in Betracht kommen.[198]

---

186 So *Piper/Ohly* UWG § 4.9 Rn 9/29.

187 So *Piper/Ohly* UWG § 4.9 Rn 9/29, unter Hinweis auf BGH WRP 1976, 370, 371 – Ovalpuderdose; BGH GRUR 1992, 523, 524 – Betonsteinelemente.

188 BGH GRUR 2004, 941, 943 – Metallbett; BGH GRUR 2005, 166, 167 – Puppenausstattungen; BGH GRUR 2005, 600, 602 – Handtuchklemmen.

189 Ebenso *Hefermehl/Köhler/Bornkamm* UWG § 4 Nr. 9 Rn 9.41; Harte/Henning/*Sambuc* UWG § 4 Nr. 9 Rn 97; aA *Krüger/v. Gamm* WRP 2004, 978, 984.

190 Ständige Rechtsprechung, s. etwa BGH GRUR 2002, 629, 632 – Blendsegel; BGH GRUR 2002, 275, 276 – Noppenbahnen.

191 → Rn 90.

192 BGH GRUR 2005, 600, 602 – Handtuchklemmen.

193 BGHZ 50, 125, 130f – Pulverbehälter.

194 Vgl. *Piper/Ohly* UWG § 4.9 Rn 9/28.

195 BGH GRUR 2002, 275, 277 – Noppenbahnen.

196 Wiederum BGH GRUR 2002, 275, 277 – Noppenbahnen.

197 BGH GRUR 2002, 275, 277 – Noppenbahnen.

198 BGH GRUR 2005, 600, 602 – Handtuchklemmen; s. auch BGH WRP 2007, 1076 (Ls b), 1081 Rn 50 – Handtaschen.

62 Der Argumentation des BGH wird entgegengehalten, dass der betriebliche Herkunftshinweis bereits mit der wettbewerblichen Eigenart des Erzeugnisses selbst verbunden sein kann, was auch ohne eine „gewisse" Verkehrsbekanntheit die Gefahr einer betrieblichen Herkunftsverwechslung begründen kann. Danach muss das Produkt, das nachgeahmt wird, zwar auf dem Markt erscheinen. Ist dies aber der Fall und steht zu erwarten, dass es **in relevantem Umfang** vertrieben wird, so genügt dies für den Anspruch auf ergänzenden Leistungsschutz.[199] Unabhängig von dieser Streitfrage kann ein hoher Marktanteil Rückschlüsse auf die Verkehrsbekanntheit des Erzeugnisses und damit auf die wettbewerbliche Eigenart zulassen.[200]

63 Ist ein **origineller, einprägsamer und aussagekräftiger Werbespruch** geeignet, auf einen bestimmten Anbieter hinzuweisen, genießt er auch ohne Bekanntheit im Verkehr wettbewerbsrechtlichen Schutz vor Nachahmung.[201] Etwas anderes gilt dann, wenn bei einer nur geringen Eignung eines Werbespruchs, als Herkunftshinweis zu dienen, die Mitbewerber an der werbend verwendeten Wortkombination zur Beschreibung der Eigenschaft ihrer Produkte ein schutzwürdiges Interesse haben.[202]

4. Beurteilung der wettbewerblichen Eigenart

64 Die Beurteilung der Frage, ob die erforderliche wettbewerbliche Eigenart vorliegt, richtet sich nach den besonderen Umständen des Einzelfalls. Im Rahmen der gebotenen Gesamtwürdigung ist eine **umfassende Interessenabwägung** vorzunehmen, bei der insbesondere die Qualität des in Frage stehenden Produkts und damit das Schutzbedürfnis des Herstellers in Relation zur grundsätzlich geltenden Nachahmungsfreiheit und dem Freihaltebedürfnis der Mitbewerber zu setzen ist. Bei der Feststellung bestimmter Produkteigenschaften, wie insbesondere spezifischer ästhetischer oder technischer Merkmale, oder der Unterschiede gegenüber vergleichbaren Produkten, die die Grundlage der Beurteilung bilden, handelt es sich um eine **Tatfrage.** Dagegen stellt die „qualitative" Bewertung der festgestellten Gegebenheiten eine **Rechtsfrage** dar und ist somit revisibel.[203] Als **Indizien** werden Umstände herangezogen, die nicht notwendigerweise zu den rechtlichen Erfordernissen der wettbewerblichen Eigenart zählen, gleichwohl aber als Beleg für deren Existenz angesehen werden,[204] wie insbesondere eine den sondergesetzlichen Schutzanforderungen entsprechende Gestaltungshöhe,[205] Neuheit,[206] Lizenzierungserfordernisse[207] sowie die Markterschließung und auch der Aufwand an Mühe und Kosten.[208] Bei der Beurteilung der wettbewerblichen Eigenart eines Erzeugnisses können auch Besonderheiten zu berücksichtigen sein, die dieses im Gebrauch aufweist, auch wenn sie nicht auf den ersten Blick erkennbar sind.[209] Der maßgebliche **Zeitpunkt** für die Beurteilung der wettbewerbsrechtlichen Eigenart ist die Verletzungshandlung.[210]

---

199 *Piper/Ohly* UWG § 4.9 Rn 9/29.

200 BGH GRUR 1963, 152, 156 – Rotaprint; BGH GRUR 2000, 521, 523 – Modulgerüst.

201 BGH GRUR 1997, 308, 310 – Wärme fürs Leben.

202 BGH GRUR 1997, 308, 310 – Wärme fürs Leben.

203 Vgl. zur Abgrenzung zB BGH GRUR 1999, 751, 752f – Güllepumpen.

204 BGH GRUR 2002, 275, 277 – Noppenbahnen.

205 Vgl. BGH GRUR 1983, 377, 379 – Brombeer-Muster; BGH GRUR 1984, 597, 598 – vitra programm; BGH GRUR 1985, 876, 877 – Tchibo/Rolex I; BGH GRUR 1988, 690, 693 – Kristallfiguren.

206 BGHZ 60, 168, 170f – Modeneuheit; BGH GRUR 1984, 453, 454 – Hemdblusenkleid; BGH GRUR 1988, 690, 693 – Kristallfiguren; vgl. auch BGH GRUR 1999, 751, 752 – Güllepumpen.

207 BGH GRUR 1963, 152, 156 – Rotaprint.

208 BGHZ 60, 168, 170f – Modeneuheit; BGH GRUR 1984, 453, 454 – Hemdblusenkleid; BGH GRUR 1992, 448, 450 – Pullovermuster.

209 BGH WRP 1455, 1457 (Ls a) sowie Rn 21 – Gartenliege.

210 BGH GRUR 1985, 876, 878 – Tchibo/Rolex I.

F. Nachahmungstatbestände

I. Nachahmungshandlungen

65 Nach § 4 Nr. 9 handelt unlauter, wer nachgeahmte Waren oder Dienstleistungen eines Mitbewerbers **anbietet,** sofern die besonderen unlauterkeitsbegründenden Umstände gemäß lit. a bis c vorliegen. Vom Begriff des Anbietens werden nicht nur konkrete Verkaufsangebote im engeren Sinne, wie insbesondere nach Maßgabe der §§ 145ff BGB, sondern in einem weiteren Sinne alle Handlungen erfasst, die sich auf Vertrieb beziehen. Entsprechend dem allgemeinen Zweck des UWG, die Lauterkeit im Wettbewerb auf der Ebene Absatzförderung und Vertragsanbahnung zu gewährleisten, fallen darunter auch die Werbung und das Feilhalten.[211] Ausreichend ist bereits die Auslieferung der Nachahmungsprodukte an einen Zwischenhändler.[212] Dagegen erfüllt das Herstellen nicht den Nachahmungstatbestand, sondern vermag allenfalls einen auf Unterlassung des Anbietens gerichteten vorbeugenden Unterlassungsanspruch auszulösen, sofern bereits durch das Herstellen eine entsprechende Begehungsgefahr des Anbietens begründet.[213] Hinsichtlich des Begriffs der Nachahmung, der vom Gesetz nicht definiert wird, ist auf die von der Rechtsprechung entwickelten Kategorien zurückzugreifen, die im Sinne einer graduellen Abstufung nach der Intensität der Nachahmung differenzieren.

66 Bei Vorliegen der erforderlichen wettbewerblichen Eigenart kommen als Nachahmungshandlungen sowohl eine **unmittelbare Leistungsübernahme** sowie eine **fast identische Leistungsübernahme** als auch eine **Übernahme nachschaffender Art** in Betracht. Die Unterscheidung ist historisch bedingt; sie geht darauf zurück, dass nach der früheren, inzwischen überholten Rechtsprechung die unmittelbare Leistungsübernahme im Gegensatz zur nur nachschaffenden auch ohne das Hinzutreten besonderer Umstände als wettbewerbsrechtlich anstößig angesehen wurde.[214] Auch aus heutiger Sicht ist aber die Differenzierung zwischen diesen beiden Formen der Nachbildungshandlungen nicht ohne Bedeutung. Dies ergibt sich daraus, dass nach der gebotenen Gesamtbetrachtung zwischen den verschiedenen Tatbestandselementen des ergänzenden wettbewerbsrechtlichen Leistungsschutzes eine **Wechselwirkung** in dem Sinne besteht, dass die Anforderungen an eines der Merkmale mit davon abhängen, in welchem Maße und mit welcher Intensität die anderen Merkmale verwirklicht sind. Je größer die wettbewerbliche Eigenart, je höher der Grad der Übernahme, desto geringer sind die Anforderungen an die besonderen Umstände, die die Wettbewerbswidrigkeit der Nachbildung begründen.[215] Die früher üblichen Begriffe „sklavische Nachahmung" (für den nicht technischen Bereich) bzw „sklavischer Nachbau" (für den technischen Bereich) sind nach ihrem strengen Wortsinn zu eng, da nicht jede, wenn auch detailgetreue Nachbildung für sich genommen geeignet ist, die Wettbewerbswidrigkeit zu begründen. Nach dem Grundsatz der Nachahmungsfreiheit[216] gilt vielmehr die Regel, dass außerhalb der Sonderschutzrechte die Nachbildung grundsätzlich erlaubt ist und der wettbewerbsrechtliche Leistungsschutz nur ergänzend eingreift, wenn besondere Umstände vorliegen, die den Vorwurf der Unlauterkeit rechtfertigen.[217]

---

[211] *Hefermehl/Köhler/Bornkamm* UWG § 4 Rn 9.39.

[212] BGH GRUR 2003, 892, 893 – Alt Luxemburg; *Hefermehl/Köhler/Bornkamm* UWG § 4 Rn 9.39.

[213] *Hefermehl/Köhler/Bornkamm* UWG § 4 Rn 9.39.

[214] Baumbach/*Hefermehl* UWG § 1 aF Rn 500.

[215] BGHZ 138, 143, 150 – Les-Paul-Gitarren; BGH GRUR 1996, 210, 211 – Vakuumpumpen; BGH GRUR 1997, 308, 310f – Wärme fürs Leben; BGH GRUR 1999, 1106, 1108 – Rollstuhlnachbau; BGH GRUR 2000, 521, 528 – Modulgerüst; BGH GRUR 2002, 86, 89 – Laubhefter; BGH GRUR 2007, 339 Rn 24 – Stufenleitern; BGH WRP 2007, 1455, 1457 Rn 14.

[216] → Rn 27ff.

[217] Vgl. BGHZ 41, 55, 57 – Klemmbausteine I; BGH GRUR 1967, 315, 317 – skai-cubana; BGH GRUR 1977, 666, 667 – Einbauleuchten.

1. Unmittelbare Übernahme

Die unmittelbare Übernahme (identische oder fast identische Nachbildung) ist dadurch gekennzeichnet, dass die fremde Leistung ohne nennenswerte zusätzliche Leistung des Übernehmers, meist mit Hilfe technischer Vervielfältigungsverfahren und -methoden, zB fotomechanischer Nachdruck, Nachpressen von Schallplatten, Tonbandaufnahmen oder durch Einscannen von Texten, **direkt und unverändert übernommen** wird.[218] Unter diesen Voraussetzungen einer unmittelbaren Übernahme werden an die besonderen wettbewerblichen Umstände, die die Wettbewerbswidrigkeit begründen, regelmäßig geringere Anforderungen gestellt als bei der lediglich nachschaffenden Übernahme.[219] 67

2. Fast identische Nachahmung

Der unmittelbaren Übernahme gleichgestellt wird die **fast identische Nachahmung,**[220] weil es bei ihr ebenso wie bei der unmittelbaren Übernahme an irgendeiner nennenswerten Leistung des Übernehmers fehlt.[221] Dementsprechend werden an die wettbewerbsrechtliche Zulässigkeit der Nachbildung die gleichen strengen Anforderungen gestellt wie bei der unmittelbaren Übernahme.[222] 68

3. Nachschaffende Nachahmung

Eine nachschaffende Übernahme (Nachahmung) liegt vor, wenn der von wettbewerblicher Eigenart geprägte Leistungsgegenstand nicht unmittelbar oder fast identisch übernommen wird, sondern lediglich das **Vorbild für eine mehr oder weniger angelehnte eigene Leistung** des Übernehmers im Sinne einer nachschaffenden Wiederholung bildet.[223] Dabei genügt es, dass wesentlichen Elemente des Originals nachgeahmt werden, so dass dessen Wesenszüge (noch) erkennbar sind.[224] Eine Nachahmung setzt voraus, dass dem Hersteller im Zeitpunkt der Schaffung des beanstandeten Produkts das Vorbild bekannt ist und es sich nicht um eine selbstständige Zweitentwicklung handelt.[225] Während die Kenntnis bei einem gegenüber dem „Original späteren Marktzutritt" vermutet wird; steht eine zufällige Übereinstimmung der Annahme einer Nachahmung entgegen.[226] Einen Unternehmer, der unabhängig von einem fremden Erzeugnis ein eigenes Produkt entwickelt hat, trifft somit auch keine generelle Pflicht zur Wahrung eines Abstands zu einem identischen oder ähnlichen Erzeugnis, das ein Mitbewerber bereits auf den Markt gebracht hat.[227] 69

4. Darlegungs- und Beweislast

Der BGH hat in der „Kunststoffzähne"-Entscheidung[228] eine **Umkehrung der Darlegungs- und Beweislast** vorgenommen. Danach obliegt es dem potentiellen Verletzer, 70

---

218 *Piper/Ohly* § 4.9 Rn 9/40; BGHZ 28, 387, 392f – Nelkenstecklinge; BGHZ 51, 41, 45 – Reprint; BGH WRP 1976, 370, 371 – Ovalpuderdose; BGH GRUR 1972, 127, 128 – Formulare; BGH GRUR 1999, 923, 927 – Tele-Info-CD.

219 BGH GRUR 1960, 244, 246 – Simili-Schmuck; BGH GRUR 1986, 673, 675 – Beschlagprogramm; BGH GRUR 1996, 210, 211 – Vakuumpumpen; BGH GRUR 1999, 923, 927 – Tele-Info-CD.

220 BGH GRUR 1996, 210, 211 – Vakuumpumpen; BGH GRUR 1999, 1106, 1108 – Rollstuhlnachbau.

221 *Piper/Ohly* UWG § 4.9 Rn 9/41.

222 BGH GRUR 1999, 751, 753 – Güllepumpen; BGH GRUR 1999, 1106, 1108 – Rollstuhlnachbau.

223 *Piper/Ohly* UWG § 4.9 Rn 9/42; BGH GRUR 1958, 97, 98 – Gartensessel.

224 *Piper/Ohly* UWG § 4.9 Rn 9/42; MünchKomm UWG § 4 Nr. 9 Rn 69; BGH GRUR 1963, 152, 155 – Rotaprint.

225 BGH GRUR 2008, 1115 ff – ICON.

226 BGH GRUR 1966, 30, 32 – Konservenzeichen I; BGH GRUR 1971, 305, 306 – Konservenzeichen II; BGH GRUR 1982, 305, 307 – Büromöbelprogramm; BGH GRUR 1986, 673, 675 – Beschlagprogramm.

227 BGH GRUR 2008, 1115, 1118 – ICON.

228 BGH GRUR 1969, 618, 620 – Kunststoffzähne.

„Rechtfertigungsgründe" anzuführen, die gegen die Annahme einer Wettbewerbswidrigkeit der unmittelbaren Übernahme sprechen. In der Entscheidung „Vakuumpumpen" hat der BGH diese Aussage dahin gehend abgeschwächt, dass die Umkehr der Beweislast auf Erzeugnisse von besonders hervorragender wettbewerblicher Eigenart begrenzt ist.[229] Auch diese Auffassung ist fragwürdig, da sie mit dem Grundsatz der Nachahmungsfreiheit unvereinbar ist.[230] Durch sie wird der von der Rechtsprechung des BGH ständig betonte Grundsatz der Nachahmungsfreiheit, **wonach auch die unmittelbare Übernahme nur zu beanstanden ist,** wenn besondere wettbewerbliche Umstände hinzutreten, geradezu konterkariert. Mit dem Postulat der Nachahmungsfreiheit ist auch die Auffassung unvereinbar, wonach es Sache des beklagten Verletzers ist darzutun, aus welchen Gründen er bei einem identischen Nachbau eines technischen Erzeugnisses einen Spielraum für Abweichungen nicht genutzt hat und die Übernahme deshalb wettbewerbsrechtlich nicht zu beanstanden ist. Es ist deshalb in Anwendung allgemeiner Regeln davon auszugehen, dass die Darlegungs- und Beweislast den Kläger auch in den Fällen der unmittelbaren Übernahme eines fremden Erzeugnisses trifft. Beweiserleichterungen können allerdings hinsichtlich der subjektiven Tatseite zum Tragen kommen, weil die objektive Tatseite geeignet sein kann, Rückschlüsse auf die Kenntnis des Verletzers zuzulassen.[231] So begründet eine weitreichende Übereinstimmung zwischen Original- und Verletzermodell die tatsächliche Vermutung, dass jenes dem Letzteren als Vorbild gedient und der Hersteller das Original nachgeahmt hat.[232]

II. Nachahmungsgegenstände

71 Als Gegenstände der Nachahmung, auf die sich der Unlauterkeitstatbestand bezieht, nennt § 4 Nr. 9 **Waren oder Dienstleistungen** eines Mitbewerbers. Diese Formulierung ist nicht wörtlich zu nehmen, sondern bezeichnet alle nur denkbaren Gegenstände, die für eine Nachahmung in Betracht kommen. Allerdings dürfte der Anwendungsbereich für „Dienstleistungen" äußerst gering sein. Die hinter einem Angebot bestimmter Dienstleistungen stehende Geschäftsidee oder Konzeption ist nämlich als solche nicht schutzfähig. Unabhängig von der begrifflichen Einordnung kommen aber andererseits auch Leistungen wie Formate von Fernsehsendungen[233] oder auch fiktive Figuren im Rahmen des *character merchandising*, wie bekannte Comic-Helden,[234] als Objekte des Nachahmungsschutzes in Betracht.

1. Leistungen jeder Art

72 Als Nachbildungsgegenstände kommen Leistungsergebnisse jeder Art, **technische**[235] **und nichttechnische**[236] **Erzeugnisse, Marken** und andere **Herkunftskennzeichen**[237] sowie auch **fremde Werbung** wie **Anzeigen, Kataloge, Prospekte, Plakate, Werbesprüche,**[238] **Abbildungen,**[239] **Fotografien, Typenbezeichnungen**[240] und andere **konkrete Ausgestaltungen eines Erzeugnisses,** wie zB Farbbezeichnungen, Farbgebungen

[229] BGH GRUR 1996, 210, 212 – Vakuumpumpen.
[230] AA *Gloy/Loschelder/Eck* Handbuch des Wettbewerbsrechts § 43 Rn 33.
[231] *Piper/Ohly* UWG § 4.9 Rn 9/150.
[232] BGH GRUR 1991, 914, 916 – Kastanienmuster.
[233] Vgl. BGH GRUR 2003, 876, 878 – Sendeformat.
[234] Vgl. *Kur* GRUR 1990, 1, 10 f.
[235] BGH GRUR 1999, 751, 752 – Güllepumpen; BGH GRUR 2000, 521, 526 f – Modulgerüst; BGH GRUR 2002, 86, 98 – Laubhefter.
[236] BGH GRUR 1968, 698, 702 – Rekordspritzen; BGH GRUR 1969, 292, 293 – Buntstreifensatin II; BGH GRUR 1970, 244, 246 – Spritzgussengel; OLG Köln GRUR-RR 2003, 183 – Designerbrille.
[237] BGH GRUR 2001, 251, 253 – Messerkennzeichnung.
[238] BGH GRUR 1997, 308, 309 – Wärme fürs Leben.
[239] OLG Dresden WRP 1998, 415, 417 – Metall-Fördergurte.
[240] BGH GRUR 1956, 553, 557 – Coswig.

und Farbkombinationen,[241] wenn sie von den angesprochenen Verkehrskreisen als **Hinweis auf die betriebliche Herkunft** aufgefasst werden, in Betracht. Gegenstand des ergänzenden wettbewerbsrechtlichen Leistungsschutzes können auch solche Erzeugnisse sein, für die ein Sonderrechtsschutz noch nicht oder nicht mehr besteht, da es auf die Sonderschutzfähigkeit für die Gewährung des „ergänzenden" wettbewerbsrechtlichen Leistungsschutzes nicht ankommt.[242]

2. Ästhetische Erzeugnisse

Historisch betrachtet liegt die Keimzelle des ergänzenden wettbewerbsrechtlichen Leistungsschutzes im Bereich der ästhetisch-künstlerischen Gestaltung von Leistungen nichttechnischer Art. Den Ausgangspunkt der Entwicklung bildet das „Käthe-Kruse-Puppen"-Urteil des Reichsgerichts vom 11. 7. 1925, wonach es als Verstoß gegen die guten Sitten im Sinne des § 1 aF angesehen wurde, dass die Beklagte die Arbeit und das mit Mühen und Kosten errungene Arbeitsergebnis der Klägerin dadurch ausnutzte, dass sie ähnliche Puppen herstellte, obwohl diese mit den bekannten, künstlerischen Ruf genießenden Käthe-Kruse-Puppen verwechselt werden konnten. Als ausschlaggebend sah es die besondere, „künstlerische" Qualität der Puppen und deren innovativen Charakter an.[243] Der BGH hat in Anknüpfung an diese Rechtsprechung anerkannt, dass ästhetisch geprägte Erzeugnisse die für einen wettbewerbsrechtlichen Leistungsschutz erforderliche Eigenart besitzen, wenn sie **Gestaltungsmerkmale aufweisen, die über das allgemein übliche, alltägliche Schaffen hinausgehen.**[244] 73

Besondere Bedeutung hat der wettbewerbsrechtliche Leistungsschutz im Bereich der **Modebranche** erlangt, wo ein dringendes Bedürfnis für einen Schutz der kurzlebigen, zumeist nur für eine Saison bestimmten Kreationen besteht.[245] Allerdings ist nicht zu verkennen, dass der Schutz auch durch ein sehr schnell erhältliches Geschmacksmuster sichergestellt werden kann. Außerdem trägt die Einführung des auf 3 Jahre befristeten nicht eingetragenen Geschmacksmusterrechts nach Art. 3ff der GMVO in besonderem Maße dem Anliegen der Modebranche Rechnung. Ungeachtet dessen werden nach der Rechtsprechung des BGH Ansprüche aus ergänzendem wettbewerbsrechtlichen Leistungsschutz hierdurch nicht ausgeschlossen, sondern bestehen parallel und unabhängig vom geschmacksmusterrechtlichen Schutz.[246] Man fragt sich allerdings, warum es in Anbetracht dessen überhaupt noch eines geschmacksmusterrechtlichen Schutzes bedarf, zumal der ergänzende wettbewerbsrechtliche Schutz anders als das eingetragene Geschmacksmuster ohne Einhaltung von Formalitäten und kostenfrei erhältlich ist. 74

3. Technische Erzeugnisse

Ausgehend von dem grundsätzlich geltenden Prinzip der Nachahmungsfreiheit kann der Nachbau fremder, nicht (mehr) unter Sonderrechtsschutz stehender technischer Erzeugnisse nach § 1 aF bzw § 4 Nr. 9 wettbewerbswidrig sein, wenn die Erzeugnisse von wettbewerblicher Eigenart sind und besondere Umstände hinzutreten, die den Nachbau unlauter erscheinen lassen.[247] Auch technische Erzeugnisse können wettbewerbliche Eigenart besit- 75

[241] BGH GRUR 1985, 445, 446 – Amazonas; BGH GRUR 1997, 754, 756 – grau/magenta; vgl. auch öOGH GRUR Int. 2001, 880, 881f – Wärmedämmplatten.

[242] BGH GRUR 1963, 423, 428 – coffeinfrei; BGH GRUR 1969, 190, 191f – halazon; BGH GRUR 1977, 614, 615 – Gebäudefassade; → Rn 37f.

[243] RGZ 111, 254, 256 – Käthe-Kruse-Puppen.

[244] Vgl. BGHZ 35, 341, 348 – Buntstreifensatin I; BGH GRUR 1985, 876, 877 – Tchibo/Rolex I; BGH GRUR 1987, 903, 905 – Le Corbusier-Möbel; BGH GRUR 1988, 690, 693 – Kristallfiguren.

[245] Vgl. BGHZ 60, 168, 170 – Modeneuheit; BGH GRUR 1984, 453 – Hemdblusenkleid; BGH GRUR 1998, 477, 479 – Trachtenjanker; → Rn 129ff.

[246] BGH GRUR 2006, 79, 80 – Jeans I; BGH GRUR 2006, 346, 347 – Jeans II; zur Kritik → Rn 132f.

[247] Ständige Rechtsprechung, BGH GRUR 1996, 210, 211 – Vakuumpumpen; BGH GRUR 1999, 751, 752 – Güllepumpen; BGH GRUR 1999, 1106, 1108 – Rollstuhlnachbau; BGH GRUR 2000, 521, 523 –

zen, wenn die konkrete Ausgestaltung oder bestimmte Merkmale geeignet sind, die interessierten Verkehrskreise auf die **betriebliche Herkunft** oder die **Besonderheiten des Produktes** hinzuweisen.[248] Die wettbewerbliche Eigenart kann sich auch aus den technischen Merkmalen des Erzeugnisses ergeben.[249]

76 **a) Technisch notwendige Gestaltungselemente.** Für **technisch notwendige Gestaltungselemente entfällt allerdings ein wettbewerbsrechtlicher Leistungsschutz,** weil nach dem Grundsatz der Freiheit des Standes der Technik die Übernahme solcher nicht (mehr) unter Sonderrechtsschutz stehender Gestaltungsmerkmale wettbewerbsrechtlich nicht zu beanstanden ist. Dementsprechend können **technisch notwendige Merkmale,** d. h. solche Merkmale, die bei gleichartigen Erzeugnissen aus technischen Gründen zwingend verwendet werden müssen, aus Rechtsgründen keine wettbewerbliche Eigenart begründen.[250] Sie ist immer dann zu verneinen, wenn sich eine gemeinfreie technische Lösung in einer technisch notwendigen Gestaltung verwirklicht, d. h. das Erreichen eines bestimmten technischen Erfolgs die Verwendung bestimmter Gestaltungselemente zwingend voraussetzt.[251] Die Beurteilung, ob die übernommene Gestaltung eine gemeinfreie technische Lösung darstellt, deren Übernahme wettbewerbsrechtlich zulässig ist, ist bei einem Bauelement, das nach dem Kauf in ein komplexes Erzeugnis eingefügt wird, nicht auf die nach dem Einbau sichtbaren Teile beschränkt.[252]

77 **b) Willkürlich wählbare Gestaltungselemente.** Dies gilt jedoch nicht für technische Gestaltungselemente, die zwar technisch bedingt, aber willkürlich wählbar und austauschbar sind, sofern der Verkehr im Hinblick auf sie auf die Herkunft der Erzeugnisse aus einem bestimmten Betrieb wert legt oder mit ihm gewisse Qualitätserwartungen verbindet.[253] Ungeachtet der anderweitig getroffenen Feststellung, dass ergänzender wettbewerbsrechtlicher Leistungsschutz unabhängig von den sondergesetzlichen Schutzanforderungen zu beurteilen ist,[254] wird bei technischen Erzeugnissen an die **Wertungen des Patent- bzw. Gebrauchsmusterrechts** angeknüpft. Demnach wird deren Schutzfähigkeit dadurch beschränkt, dass die **technische Lehre und der Stand der Technik frei** sind.[255] Diese Beschränkung ist kein der Prüfung der wettbewerblichen Eigenart immanenter Bewertungsfaktor, sondern greift gleichsam auf der zweiten Ebene ein, d. h. selbst wenn die wettbewerbliche Eigenart an sich zu bejahen ist, findet der ergänzende wettbewerbsrechtlicher Leistungsschutz in Ausstrahlung der patent- und gebrauchsmusterrechtlichen Wertungen seine Grenze an dem vorrangig zu berücksichtigenden freien Stand der Technik und ist deshalb ggf. zu verneinen. Die Rechtsprechung des BGH bringt dies durch folgende Formulierung zum Ausdruck: „Wenn ein Erzeugnis aufgrund technischer Merkmale wettbewerblich eigenartig ist, kann es deshalb grundsätzlich nicht als wettbewerbsrechtlich unlauter angesehen werden, wenn solche Merkmale übernommen werden, die dem freizuhaltenden

---

Modulgerüst; BGH GRUR 2002, 86 – Laubhefter; BGH GRUR 2002, 275, 276 – Noppenbahnen; zur Kritik → Rn 50 f.

[248] Ständige Rechtsprechung, BGHZ 138, 143, 148 – Les-Pauls-Gitarren; BGH GRUR 2000, 521, 523 – Modulgerüst; BGH GRUR 2002, 86 – Laubhefter; BGH GRUR 2002, 275, 276 – Noppenbahnen.

[249] BGH GRUR 1999, 1106, 1108 – Rollstuhlnachbau; BGH GRUR 2000, 521, 523 – Modulgerüst; BGH GRUR 2002, 86 – Laubhefter; BGH GRUR 2002, 275, 276 – Noppenbahnen; BGH GRUR 2002, 820, 822 – Bremszangen; BGH GRUR 2007, 339 Rn 27 – Stufenleitern.

[250] BGH GRUR 2000, 521, 523 – Modulgerüst mwN; BGH GRUR 2002, 275, 276 – Noppenbahnen.

[251] BGH GRUR 2002, 820, 822 – Bremszangen; BGH GRUR 2007, 339 Rn 27 – Stufenleitern; BGH WRP 2007, 1455, 1457 Rn 20 – Gartenliege; BGH GRUR 2008, 790, 793 Rn 36 – Baugruppe.

[252] BGH GRUR 2008, 790 (2. Ls), 793 Rn 37 – Baugruppe; ferner MünchKomm UWG § 4 Nr. 9 Rn 99 ff.

[253] BGH GRUR 2002, 820, 822 – Bremszangen; BGH GRUR 2007, 339 Rn 27 – Stufenleitern; BGH WRP 2007, 1455, 1457 Rn 20 – Gartenliege; BGH GRUR 2008, 790, 793 Rn 36 – Baugruppe.

[254] → Rn 37 f.

[255] BGHZ 50, 125, 128 f – Pulverbehälter; BGH GRUR 1981, 517, 519 – Rollhocker; BGH GRUR 1996, 210, 211 – Vakuumpumpen; BGH GRUR 1999, 1106, 1108 – Rollstuhlnachbau; BGH GRUR 2002, 86, 90 – Laubhefter; BGH GRUR 2002, 275, 276 – Noppenbahnen; BGH GRUR 2008, 790, 793 Rn 36 – Baugruppe.

Stand der Technik angehören und – unter Berücksichtigung des Gebrauchszwecks, der Verkäuflichkeit der Ware sowie der Verbrauchererwartung – der angemessenen Lösung einer technischen Aufgabe dienen."[256]

c) Spielraum für Abweichungen. Zwar dürfen gemeinfreie technische Lösungen grundsätzlich verwertet werden, ohne dass der Übernehmende auf das Risiko verwiesen werden darf, es mit einer anderen Lösung zu versuchen.[257] Mit Blick auf die **Relevanz des Freihalteinteresses der Mitbewerber,** das letztendlich den entscheidenden Maßstab für die Bewertung bildet, ist es jedoch nicht ausgeschlossen, dass der Vertrieb eines nachgeahmten Erzeugnisses wettbewerbsrechtlich unlauter sein kann, wenn das Erzeugnis in seiner aus einer Vielzahl von technisch funktionalen Gestaltungselementen bestehenden **Gesamtkombination** identisch oder fast identisch nachgeahmt worden ist, obwohl für Abweichungen ein hinreichend großer Spielraum bestanden hat.[258] 78

Damit unterliegt der ergänzende wettbewerbsrechtliche Leistungsschutz **im technischen Bereich stärkeren Restriktionen als bei ästhetischen Erzeugnissen.** Bei diesen werden vergleichbare Wertungen, die sich an der Reichweite des urheberrechtlichen oder geschmacksmusterrechtlichen Schutzes orientieren, nicht herangezogen. Der Grund hierfür dürfte darin liegen, dass auf ästhetischem Gebiet ganz allgemein größere Spielräume für alternative Gestaltungsmöglichkeiten vorhanden sind als im Bereich der Technik, so dass das Freihaltebedürfnis der Mitbewerber ein deutlich geringeres Gewicht besitzt. 79

4. Kennzeichen

a) Grundsätzlicher Vorrang des Markenrechts. Die wettbewerbliche Eigenart kann sich auch aus der Kennzeichnung des Produkts ergeben.[259] Dies gilt vor allem für Produkte des täglichen Bedarfs, die sich in der äußeren Erscheinungsform und insbesondere in der Gestaltung ihrer Verpackung von einer Fülle ähnlicher Produkte nur wenig unterscheiden (wie zB Eiscreme in Haushaltspackungen). Im Rahmen des ergänzenden wettbewerbsrechtlichen Leistungsschutzes ist bei der **Beurteilung der vermeidbaren Herkunftstäuschung** im Allgemeinen davon auszugehen, dass der Verkehr sich in erster Linie an der Produktbezeichnung und der Herstellerangabe orientiert und die verschiedenen Erzeugnisse nicht ausschließlich nach der äußeren Gestaltung der Ware oder Verpackung unterscheidet.[260] Eine Kennzeichnung vermag zwar als Teil der Gesamtaufmachung, insbesondere in Kombination mit anderen Gestaltungsmerkmalen des Produktes, die erforderliche wettbewerbliche Eigenart (mit) zu begründen. Ein ergänzender wettbewerbsrechtlicher Schutz für die Kennzeichnung als solche dürfte aber kaum in Betracht kommen, weil das **Markenrecht eine abschließende Gesamtkodifikation** darstellt, die hierfür keinen oder allenfalls einen ganz geringen Raum lässt. Hieran hat auch der BGH keinen Zweifel gelassen. Vor dem Inkrafttreten des Markengesetzes am 1. 1. 1995 wurde der Schutz bekannter Kennzeichnungen gegen Rufausbeutung oder Rufschädigung auf die Generalklausel des § 1 aF gestützt.[261] Dabei konnte nach der Rechtsprechung des BGH ein Wettbewerbsverhältnis im Sinne des § 1 aF bereits dann angenommen werden, wenn die Parteien – ob- 80

---

256 BGHZ 50, 125, 128f – Pulverbehälter; BGH GRUR 1981, 517, 519 – Rollhocker; BGH GRUR 1996, 210, 213 – Vakuumpumpen; BGH GRUR 2000, 521, 523 – Modulgerüst; BGH GRUR 2002, 275, 276 – Noppenbahnen; BGH GRUR 2008, 790, 793 Rn 36 – Baugruppe.

257 BGHZ 50, 125, 129 – Pulverbehälter; BGH GRUR 1999, 1106, 1108 – Rollstuhlnachbau; BGH GRUR 2002, 275, 276 – Noppenbahnen.

258 BGH GRUR 1981, 517, 519 – Rollhocker; BGH GRUR 1999, 1106, 1108 – Rollstuhlnachbau; BGH GRUR 2000, 521, 527 – Modulgerüst; GRUR 2002, 86, 90 – Laubhefter.

259 Vgl. BGH GRUR 1963, 423, 428 – coffeinfrei; BGH GRUR 1977, 614, 615 – Gebäudefassade; BGH GRUR 2001, 251, 253 – Messerkennzeichnung; BGH GRUR 2001, 443, 445 – Viennetta; BGH GRUR 2003, 973, 974 – Tupperwareparty.

260 BGH GRUR 2001, 443 (Ls) – Viennetta.

261 Vgl. BGHZ 86, 90, 95 – Rolls-Royce; BGH GRUR 1985, 550, 552 – DIMPLE; BGHZ 113, 82, 87 – Salomon; BGHZ 113, 115, 126 – S L; BGHZ 125, 91, 98 – Markenverunglimpfung I; BGH GRUR 1995, 57, 59 – Markenverunglimpfung II.

gleich unterschiedlichen Branchen zugehörig – bei der wirtschaftlichen Verwertung einer Kennzeichnung in der Weise in Wettbewerb treten, dass der Verletzer durch den Gebrauch der fremden Kennzeichnung deren wirtschaftlich verwertbaren besonderen Ruf für sich auszunutzen sucht.[262] Heute sind für den Schutz der bekannten Marke vorrangig die Regelungen der §§ 9 Abs. 1 Nr. 3, 14 Abs. 2 Nr. 3 und 15 Abs. 3 MarkenG maßgebend.

81 Der BGH hat hierzu in der grundlegenden **„MAC-DOG"-Entscheidung** folgendes ausgeführt: „Der Schutz der bekannten Marke im Markengesetz stellt sich als eine umfassende spezialgesetzliche Regelung dar, mit der der bislang in der Rechtsprechung entwickelte Schutz fixiert und ausgebaut werden sollte.[263] Diese Regelung ist an die Stelle des bisherigen von der Rechtsprechung entwickelten Schutzes getreten und lässt in ihrem Anwendungsbereich für eine gleichzeitige Anwendung des § 1 aF sowie des § 823 BGB grundsätzlich keinen Raum."[264] Mit Blick auf die Regelung des § 2 MarkenG, wonach die Anwendung anderer Vorschriften zum Schutz von den im Markengesetz geregelten Kennzeichen nicht ausgeschlossen ist, kann ein ergänzender Schutz nach dem UWG herangezogen werden, wenn der Schutz nach dem MarkenG versagt.[265] Eine Schutzlücke, die zu einer ergänzenden Anwendung des UWG führen könnte, ist allerdings allenfalls in Betracht zu ziehen, wenn eine bekannte Marke als Blickfang der Werbung für ein anderes Produkt verwendet wird[266] und wenn man hierin keine „markenmäßige Benutzung" im Sinne des Markengesetzes sieht.[267]

82 Unter dem Strich bleibt nach Maßgabe der Grundsätze, die der BGH in den oben genannten Entscheidungen aufgestellt hat, Folgendes festzustellen: Für die Anwendung des ergänzenden wettbewerbsrechtlichen Leistungsschutzes besteht, wenn überhaupt, allenfalls ein äußerst geringer Spielraum, da der markenrechtliche Schutz regelmäßig vorgeht. Hiermit unvereinbar ist allerdings die in der **Entscheidung „Tupperwareparty"** getroffene Feststellung, dass ein ergänzender wettbewerbsrechtlicher Leistungsschutz dann nicht ausgeschlossen ist, wenn „Ansprüche aus Markenrecht … mangels Bestehens von Markenschutz gerade nicht in Betracht" kommen.[268] Dies würde bedeuten, dass ein ergänzender wettbewerbsrechtlicher Leistungsschutz selbst dann gewährt wird, wenn das Markenrecht den Schutz bewusst versagt. Damit würde sich der ergänzende wettbewerbsrechtliche Leistungsschutz über die Wertungen des Markenrechts hinwegsetzen und in offenen Widerspruch zu ihnen geraten. Da dies mit den in der „MAC DOG"-Entscheidung angestellten (überzeugenden) Erwägungen unvereinbar erscheint, dürfte es sich bei dem in der Entscheidung „Tupperwareparty" herangezogenen Kriterium[269] um einen Lapsus handeln.

83 **b) Werbeslogans.** Der Vorrang des Markenrechts müsste konsequenterweise auch für Werbeslogans gelten, nachdem deren markenrechtliche Schutzfähigkeit in Abweichung von der früher äußerst restriktiven Haltung der Rechtsprechung[270] nunmehr durch die neuere Rechtsprechung anerkannt worden ist.[271] Da somit eine früher bestehende Schutzlücke durch das Markenrecht gefüllt wurde, dürfte **für einen Lücken füllenden, ergänzenden wettbewerbsrechtlichen Leistungsschutz kein Raum** mehr sein.[272] Dies gilt umso

---

[262] BGHZ 125, 91, 98 – Markenverunglimpfung I mwN; BGH GRUR 1999, 161, 163 – MAC DOG.
[263] Vgl. Begr. RegE BT-Drucks. 12/6581 S. 72 = Sonderheft Bl. f.PMZ 66.
[264] BGH GRUR 1999, 161, 162 – MAC DOG.
[265] BGH GRUR 1999, 161, 162 – MAC DOG.
[266] Vgl. BGHZ 86, 90, 95 – Rolls-Royce; s. auch BGH GRUR 2000, 70, 73 – SZENE (zum erweiterten Schutz der bekannten geschäftlichen Bezeichnung nach § 15 Abs. 3 MarkenG).
[267] Vgl. dazu *Ingerl/Rohnke* MarkenG § 14 Rn 876 ff.
[268] BGH GRUR 2003, 973, 974 – Tupperwareparty.
[269] BGH GRUR 2003, 973, 974 – Tupperwareparty.
[270] Vgl. *Ingerl/Rohnke* MarkenG § 8 Rn 146; s. auch *Erdmann* GRUR 1996, 550; BGH GRUR 1997, 308 – Wärme fürs Leben.
[271] Grundlegend BGH GRUR 2000, 321, 322 – Radio von hier; s. auch BGH GRUR 2000, 323, 324 – Partner with the Best; BGH GRUR 2002, 1070, 1071 – Bar jeder Vernunft; BGH GRUR 2001, 1047, 1048 – LOCAL PRESENCE, GLOBAL POWER; EuGH GRUR 2004, 1027, 1030 – DAS PRINZIP DER BEQUEMLICHKEIT; *Heermann* WRP 2004, 263, 265.
[272] In diesem Sinne auch *Heermann* WRP 2004, 263, 271; *Ingerl* WRP 2004, 809, 814.

mehr, als die für die markenrechtliche Schutzfähigkeit von Werbeslogans im Hinblick auf die Unterscheidungskraft aufgestellten Kriterien so gut wie deckungsgleich sind. Als Indizien für die erforderliche Unterscheidungskraft sieht der BGH die „Kürze, eine gewisse Originalität und Prägnanz einer Wortfolge" sowie „Mehrdeutigkeit und daher Interpretationsbedürftigkeit" an.[273] Dies entspricht genau den Kriterien, die auch für die Annahme einer wettbewerblichen Eigenart maßgeblich sind. Ungeachtet dessen wird unter Missachtung der vorrangigen Wertungen des Markenrechts davon ausgegangen, dass auch zukünftig Werbeslogans in den Genuss eines ergänzenden wettbewerbsrechtlichen Leistungsschutzes kommen können.[274] Der Hinweis darauf, dass die werbende Wirtschaft einen Pyrrhussieg errungen hätte, wenn der lauterkeitsrechtliche Schutz entfallen wäre,[275] ist kein Argument in der Sache, denn er liefert keine substantielle und normative Rechtfertigung, warum der Vorrang des Markenrechts nicht gelten soll.[276]

c) Dreidimensionale Marken. Dass der Schutz dreidimensionaler Gestaltungen im 84 **Widerspruch zu den vorrangigen Wertungen des Markenrechts** gerät, soweit es um den Schutz einer ihnen innewohnenden Herkunftsfunktion und die Vermeidung von Herkunftstäuschungen geht, wurde bereits ausführlich dargelegt.[277]

G. Besondere wettbewerbliche Umstände

I. Überblick

1. Bedeutung

Entscheidend für das Eingreifen des ergänzenden wettbewerblichen Leistungsschutzes als 85 Handlungsunrecht ist, dass zu der nach dem Prinzip der stets betonten Nachahmungsfreiheit grundsätzlich zulässigen Nachbildung **besondere wettbewerbliche Umstände** hinzutreten. Diese haben, entsprechend den von der Rechtsprechung entwickelten Grundsätzen, in dem Beispielstatbestand des § 4 Nr. 9a bis c eine spezielle Regelung erfahren. Damit wird der von der Rechtsprechung aufgestellte Grundsatz festgeschrieben und bekräftigt, wonach der ergänzende Leistungsschutz nicht schon gegen die identische Übernahme oder Nachahmung als solche, also nicht allein schon gegen die Herstellung der Nachbildung bzw des Nachbaus nach einer Vorlage von wettbewerblicher Eigenart gewährt wird. Vielmehr richtet er sich gegen die **wettbewerbswidrige Art und Weise der Verwendung der Nachbildung,** d.h. gegen die als wettbewerbswidrig zu qualifizierende Verbreitung eines Erzeugnisses, das einem Leistungsergebnis von wettbewerblicher Eigenart nachgebildet wurde.[278] Da der wettbewerbsrechtliche Leistungsschutz die Wertungen des Sonderrechtsschutzes, insbesondere die von ihm bezüglich der Schutzwürdigkeit einer Leistung gezogenen Grenzen, zu beachten hat, muss es sich bei den besonderen wettbewerblichen Umständen um solche handeln, die **außerhalb des sondergesetzlichen Tatbestandes** liegen.[279] Dies folgt zwingend aus dem Prinzip der Nachahmungsfreiheit, wonach die Übernahme von nicht unter Sonderrechtsschutz stehenden Gestaltungen grundsätzlich zulässig ist. Ohne das Erfordernis, dass besondere wettbewerbliche Umstände hinzutreten müssen, die die für sich genommen zulässige Nachahmung unlauter erscheinen lassen, würde der ergänzende wettbewerbsrechtliche Leistungsschutz Quasi-Ausschließlich-

---

[273] BGH GRUR 2000, 321, 322 – Radio von hier.

[274] So *Bornkamm* GRUR 2005, 97, 102; ebenso auch *Hefermehl/Köhler/Bornkamm* UWG § 4 Rn 9.22.

[275] So *Bornkamm* GRUR 2005, 97, 102.

[276] Zur Kritik → Rn 49.

[277] → Rn 48; s. auch *Rohnke* FS Erdmann S. 455, 459f.

[278] BGHZ 50, 125, 129 – Pulverbehälter; BGH GRUR 1982, 305, 308 – Büromöbelprogramm; BGH GRUR 1988, 690, 693 – Kristallfiguren; BGH GRUR 1996, 210, 212 – Vakuumpumpen; BGHZ 141, 329, 344 – Tele-Info-CD.

[279] BGH GRUR 1995, 581, 583 – Silberdistel; BGHZ 138, 143, 150 – Les-Paul-Gitarren.

keitsrechte begründen, was zur Wertung der sondergesetzlichen Schutzrechte im Widerspruch stünde.[280]

2. Fallgruppen

86 Die wichtigsten Fallgruppen, die sich für die Beurteilung der besonderen wettbewerblichen Umstände in der Rechtsprechung herausgebildet haben und die nunmehr in dem Beispielstatbestand des § 4 Nr. 9 a bis c ausdrücklich genannt werden, sind nicht statisch zu verstehen, sondern sind durch **Überschneidungen und fließende Übergänge** gekennzeichnet und offen für die Berücksichtigung weiterer Unlauterkeitskriterien. Im Zentrum steht die vermeidbare Herkunftstäuschung (a), hinzu kommen die Rufausbeutung und Rufbeeinträchtigung (b) sowie die Erschleichung oder der Vertrauensbruch (c).

87 Die in § 4 Nr. 9 a bis c genannten Fallgruppen stellen **keine abschließende Aufzählung** dar, sondern haben entsprechend der allgemeinen Regelungsstruktur des § 9 beispielhaften Charakter und sind dementsprechend offen für eine genauere Ausformung und eine Erweiterung und Ergänzung durch weitere Unlauterkeitskriterien seitens der Rechtsprechung. Dies kommt in der Gesetzesbegründung deutlich zum Ausdruck, wo es heißt: „In den Fallgruppen (a) bis (c) werden die wichtigsten Fälle genannt, wobei diese Aufzählung – entsprechend der allgemeinen Regelungsstruktur der Beispielstatbestände – nicht abschließend sein kann."[281] Aus diesem Grunde ist auch das Unlauterkeitsmerkmal der „Behinderung", das die Rechtsprechung traditionell als besonderen wettbewerblichen Umstand in die Beurteilung einbezieht, weiterhin maßgebend, obwohl es in § 4 Nr. 9 nicht ausdrücklich genannt wird.

3. Gesamtbewertung und Wechselwirkung

88 Die Beantwortung der Frage, ob die genannten Umstände das Urteil der Wettbewerbswidrigkeit rechtfertigen, erfolgt aufgrund einer **Gesamtbewertung** des einheitlichen Lebenssachverhalts nach Anlass, Durchführung und Auswirkung des wettbewerblichen Vorgehens des Übernehmers unter Abwägung der betroffenen Interessen.[282] Dabei wird davon ausgegangen, dass bei Nachbildungen im nichttechnischen, ästhetischen Bereich ein größerer Spielraum für abweichende Gestaltungen besteht als bei technischen, so dass bei ersteren eher anzunehmen ist, dass Umstände vorliegen, die geeignet sind, die Wettbewerbswidrigkeit zu begründen.[283]

89 Im Rahmen der Gesamtbewertung ist ferner zu berücksichtigen, dass zwischen den besonderen wettbewerblichen Umständen, dem Grad der wettbewerblichen Eigenart, der Art und Weise und Intensität der Übernahme der fremden Leistung eine **Wechselwirkung** besteht. Je größer die wettbewerbliche Eigenart und je höher der Grad der Übernahme, desto geringer sind die Anforderungen an die besonderen Umstände, die die Wettbewerbswidrigkeit der Nachbildung begründen.[284]

---

[280] *Piper/Ohly* UWG § 4.9 Rn 9/44; BGH GRUR 1983, 377, 379 – Brombeer-Muster; BGH GRUR 1984, 453, 454 – Hemdblusenkleid; BGH GRUR 1986, 673, 675 – Beschlagprogramm; s. auch BGH GRUR 1996, 210, 211 – Vakuumpumpen; BGH GRUR 1999, 751, 752 – Güllepumpen; BGH GRUR 1999, 1106, 1108 – Rollstuhlnachbau; BGH GRUR 2000, 521, 523 – Modulgerüst; BGH GRUR 2001, 443, 444 – Viennetta; BGH GRUR 2002, 86, 89 – Laubhefter; BGH GRUR 2002, 275, 276 – Noppenbahnen.

[281] RegE BT-Drucks. 15/1487 vom 22. 8. 2003 S. 18; s. auch BGH WRP 2007, 1076, 1081 Rn 50 – Handtaschen.

[282] BGH GRUR 2001, 251, 253 f – Messerkennzeichnung.

[283] BGH GRUR 1981, 517, 519 – Rollhocker; BGH GRUR 1984, 453, 454 – Hemdblusenkleid; BGH GRUR 1986, 673, 675 – Beschlagprogramm.

[284] BGHZ 138, 143, 150 – Les-Pauls-Gitarren; BGH GRUR 1996, 210, 211 – Vakuumpumpen; BGH GRUR 1997, 308, 310 – Wärme fürs Leben; BGH GRUR 1999, 1106, 1108 – Rollstuhlnachbau; BGH GRUR 2000, 521, 528 – Modulgerüst; BGH GRUR 2001, 251, 253 – Messerkennzeichnung; BGH GRUR 2002, 86, 89 – Laubhefter; BGH GRUR 2002, 629, 631 – Blendsegel; BGH WRP 2007, 1455, 1457 Rn 14 – Gartenliege.

II. Die besonderen wettbewerblichen Umstände im Einzelnen

1. Vermeidbare Herkunftstäuschung (§ 4 Nr. 9 a)

a) Bedeutung. Das Kriterium der vermeidbaren Herkunftstäuschung (betrieblichen Herkunftsverwechslung) bildet nicht nur im Rahmen der besonderen wettbewerblichen Umstände, sondern im Gesamtgefüge des Tatbestands des ergänzenden wettbewerbsrechtlichen Leistungsschutzes den **wesentlichen Anknüpfungspunkt der wettbewerbsrechtlichen Beurteilung.** Dies gilt nicht nur für das deutsche Recht, sondern aus rechtsvergleichender Sicht auch für viele ausländische Rechtsordnungen.[285] Es besteht eine enge Verbindung zwischen dem „besonderen wettbewerblichen Umstand der vermeidbaren Herkunftstäuschung" und dem Aufgreifkriterium für den wettbewerbsrechtlichen Leistungsschutz, nämlich der „wettbewerblichen Eigenart". Der Kontext zwischen diesen beiden Elementen resultiert daraus, dass eine wettbewerbliche Eigenart voraussetzt, „dass die konkrete Ausgestaltung oder bestimmte Merkmale des Erzeugnisses geeignet sind, die interessierten Verkehrskreise auf seine betriebliche Herkunft oder seine Besonderheiten hinzuweisen".[286] Dies bedeutet gleichzeitig, dass beim Vorhandensein von Herkunftsvorstellungen, die zu einer Herkunftstäuschung führen können, auch die erforderliche wettbewerbliche Eigenart gegeben ist.[287] Nach der von der Rechtsprechung entwickelten Fallgruppe der vermeidbaren Herkunftstäuschung handelt wettbewerbswidrig, wer ein fremdes Erzeugnis durch Übernahme von Merkmalen, mit denen der Verkehr eine betriebliche Herkunftsvorstellung verbindet, nachahmt und sein Erzeugnis in den Verkehr bringt, wenn er nicht im Rahmen des Möglichen und Zumutbaren alles Erforderliche getan hat, um eine Irreführung des Verkehrs möglichst auszuschließen.[288] 90

Die **Gesetzesbegründung** schließt zur Erläuterung des Beispielstatbestandes nach § 4 Nr. 9 a unmittelbar an diesen vom BGH in ständiger Rechtsprechung entwickelten Grundsatz an, indem sie dazu ausführt: 91

„Die erste Fallgruppe erfasst die Fälle der vermeidbaren Herkunftstäuschung. Danach handelt wettbewerbswidrig, wer ein fremdes Erzeugnis durch Übernahme von Merkmalen, mit denen der Verkehr eine betriebliche Herkunftsvorstellung verbindet, nachahmt und sein Erzeugnis in den Verkehr bringt, wenn er nicht im Rahmen des Möglichen und Zumutbaren alles Erforderliche getan hat, um eine Irreführung des Verkehrs möglichst auszuschließen. Dies setzt eine gewisse wettbewerbliche Eigenart des Vorbilds, das nachgeahmt worden ist, voraus, da der Verkehr andernfalls nicht auf die Herkunft achtet." 92

b) Herkunftstäuschung. Die Gefahr einer vermeidbaren Herkunftstäuschung der angesprochenen Verkehrskreise besteht bei allen Gestaltungen, die geeignet sind, **herkunftshinweisend** zu wirken.[289] Damit besteht eine weitgehende Übereinstimmung mit den für die Feststellung der wettbewerblichen Eigenart maßgeblichen Beurteilungskriterien. Der Schutz vor einer Täuschung über die betriebliche Herkunft eines nachgeahmten Erzeugnisses setzt, sofern nicht Original und Nachahmung nebeneinander vertrieben werden und der Verkehr damit beide unmittelbar miteinander vergleichen kann, voraus, dass das nach- 93

---

[285] → Rn 15.

[286] Ständige Rechtsprechung, BGH GRUR 2002, 629, 632 – Blendsegel; BGH GRUR 2002, 275, 276 – Noppenbahnen mwN.

[287] Vgl. BGH GRUR 2002, 275, 277 – Noppenbahnen.

[288] Ständige Rechtsprechung, s. etwa BGHZ 50, 125, 128, 130 f – Pulverbehälter; BGH GRUR 1986, 673 – Beschlagprogramm; BGH GRUR 1990, 528, 530 – Rollen-Clips; BGH GRUR 1996, 210, 212 – Vakuumpumpen; BGH GRUR 1997, 754, 755 – grau/magenta; BGH GRUR 1999, 751, 753 – Güllepumpen; BGH GRUR 1999, 1106, 1109 – Rollstuhlnachbau; BGH GRUR 2000, 521, 526 f – Modulgerüst; BGH GRUR 2001, 251, 253 – Messerkennzeichnung; BGH GRUR 2001, 443, 445 – Viennetta; BGH GRUR 2002, 275, 277 – Noppenbahnen; BGH GRUR 2004, 941, 942 – Metallbett; BGH GRUR 2007, 339 Rn 24 – Stufenleitern; BGH WRP 2007, 1455, 1458 Rn 36 – Gartenliege.

[289] BGH GRUR 1996, 210, 212 – Vakuumpumpen; BGH GRUR 1997, 754, 755 – grau/magenta; BGH GRUR 1999, 751, 753 – Güllepumpen; BGH GRUR 1999, 1106, 1109 – Rollstuhlnachbau; BGH GRUR 2000, 521, 524 – Modulgerüst.

geahmte Erzeugnis eine **gewisse Bekanntheit bei nicht unerheblichen Teilen der angesprochenen Verkehrskreise** erlangt hat.[290] Es genügt dabei eine Bekanntheit, bei der sich die Gefahr der Herkunftstäuschung in relevantem Umfang ergeben kann, wenn Nachahmungen vertrieben werden.[291] Eine Verkehrsgeltung des nachgeahmten Erzeugnisses im Sinne des § 4 Nr. 2 MarkenG ist nicht erforderlich.[292] An die Konkretheit der Herkunftsvorstellungen der angesprochenen Verkehrskreise werden geringe Anforderungen gestellt. Es ist nicht erforderlich, dass der Verkehr das Unternehmen, dem er die ihm bekannte Ware zuschreibt, namentlich kennt, sondern es genügt, dass er die Vorstellung hat, die Ware sei von einem bestimmten Hersteller, wie auch immer dieser heißen möge, oder einem mit diesem verbundenen Unternehmen in den Verkehr gebracht worden. Dies kann auch dann der Fall sein, wenn die Ware nicht unter einer Herstellerbezeichnung vertrieben wird.[293] In **zeitlicher Hinsicht** ist, was die Bekanntheit anbelangt, der Zeitpunkt der Markteinführung der Nachahmung und für die Frage der Herkunftstäuschung der Zeitraum bis zur Kaufentscheidung der Abnehmer maßgeblich.[294] Voraussetzung für die Gefahr einer Herkunftstäuschung ist nicht die identische oder quasi-identische Nachahmung eines Produkts. Es brauchen nicht alle Gestaltungsmerkmale des Produkts eines Wettbewerbers übernommen zu werden, sondern es kommt darauf an, dass gerade die übernommenen Gestaltungsmerkmale geeignet sind, im Verkehr auf die betriebliche Herkunft hinzuweisen.[295] Gebäude werden regelmäßig vom Verkehr nur in ihrer technischen Funktion und ästhetischen Gestaltung und nicht als Hinweis auf die Herkunft von Waren oder Dienstleistungen wahrgenommen. Für eine vom Regelfall abweichende Verkehrsauffassung sind besondere Anhaltspunkte erforderlich.[296]

94 Maßgeblich für die Feststellung der Herkunftstäuschung ist der **Eindruck der Verkehrskreise,** die durch die herkunftshinweisenden Gestaltungsmerkmale des Produkts in ihrer wirtschaftlichen Entschließung angesprochen werden.[297] Bei der Beurteilung der Art und Weise der Herkunftstäuschung, die durch eine von den Parteien verwandte Kennzeichnung hervorgerufen wird, gelten die aus dem Kennzeichenrecht bekannten Grundsätze zur Verwechslungsgefahr. Demnach kommt es auch hier auf den **Gesamteindruck** an. Es ist davon auszugehen, dass der Verkehr ein Kennzeichen in seiner Gesamtheit mit allen seinen Bestandteilen, so wie es ihm bei der konkreten Verwendung entgegentritt, aufnimmt, ohne es einer analysierenden Betrachtungsweise zu unterziehen.[298] Geringfügige oder nicht ohne Weiteres erkennbare Abweichungen der Nachbildung vom Original sind im Allgemeinen nicht geeignet, Fehlvorstellungen des Verkehrs zu beseitigen. Dies gilt vor allem dann, wenn augenfällige Übereinstimmungen oder Gestaltungselemente vorhanden sind.[299] Maßgebend für die Wahrnehmung durch die angesprochenen Verkehrskreise ist grundsätzlich die **Sichtweise des durchschnittlich informierten, situationsbedingt aufmerksamen und verständigen Durchschnittsverbrauchers,** an den sich das Produkt richtet. Sofern es sich dabei um Fachleute handelt, ist auf deren Verständnishorizont abzustellen.[300] Dabei ist anzunehmen, dass sie sich anders als der Durchschnittsverbraucher bei Alltagsprodukten aufgrund ihrer Fachkenntnisse mit dem in Frage stehenden Angebot genauer befassen und auch Fragen wie Service- und Garantieleistungen sowie auch dem Hersteller ge-

---

[290] BGH GRUR 2005, 600, 602 – Handtuchklemmen; BGH GRUR 2006, 79 Rn 19 – Jeans I; BGH GRUR 2007, 339 Rn 39 – Stufenleitern.

[291] BGH GRUR 2005, 166, 167 – Puppenausstattungen; BGH GRUR 2007, 339 Rn 39 – Stufenleitern.

[292] BGH GRUR 2002, 275, 277 – Noppenbahnen; BGH GRUR 2007, 339 Rn 39 – Stufenleitern.

[293] BGH WRP 2007, 1455 (Ls c), 1458 Rn 23 – Gartenliege.

[294] BGHZ 161, 204, 211 f – Klemmbausteine III; BGH GRUR 2007, 339 Rn 39 – Stufenleitern.

[295] BGHZ 141, 329 – Tele-Info-CD; BGH GRUR 2001, 251, 253 – Messerkennzeichnung.

[296] BGH GRUR 2005, 419 (1. Ls) – Räucherkate.

[297] BGH GRUR 1988, 385, 387 – Wäschekennzeichnungsbänder; BGH GRUR 1996, 210, 212 – Vakuumpumpen.

[298] BGH GRUR 2000, 608, 610 – ARD-1; BGH GRUR 2002, 629, 632 – Blendsegel.

[299] Vgl. BGH GRUR 2000, 521, 524 – Modulgerüst.

[300] Vgl. BGH GRUR 1999, 1106, 1108 – Rollstuhlnachbau.

nauere Beachtung schenken.[301] Nicht erforderlich ist eine Herkunftstäuschung im Sinne einer **unmittelbaren Herkunftsverwechslung,** sondern es genügt eine **mittelbare Verwechslungsgefahr.** Sie ist dann gegeben, wenn nicht unbeachtliche Teile des Verkehrs das nachgeahmte Produkt aufgrund der Übereinstimmung für ein Schwester- oder Zweiterzeugnis des Originalherstellers oder für das Erzeugnis eines mit diesem Unternehmen rechtlich oder in sonstiger Weise verbundenen Unternehmens halten.[302]

Es sind also die aus dem Kennzeichenrecht bekannten **Grundsätze zur Verwechslungsgefahr** im engeren und weiteren Sinne sowie zur mittelbaren Verwechslungsgefahr bei Serienzeichen anzuwenden.[303] Demnach kann eine unzulässige vermeidbare Herkunftstäuschung auch dann vorliegen, wenn der Verkehr bei dem nachgeahmten Produkt oder der nachgeahmten Kennzeichnung annimmt, es handle sich um eine Zweitmarke des Originalherstellers oder wenn er von geschäftlichen oder organisatorischen Beziehungen zwischen den beteiligten Unternehmen ausgeht.[304] 95

c) Vermeidbarkeit. Maßgebliche Bedeutung für die Beurteilung der Herkunftstäuschung kommt dem Kriterium der Vermeidbarkeit zu. Insbesondere bei **technischen Erzeugnissen** bildet das Schwergewicht der Beurteilung die Frage, ob der Gefahr einer betrieblichen Herkunftsverwechslung durch zumutbare Maßnahmen von Seiten des Nachahmenden entgegengewirkt werden kann.[305] Dabei kommt es wesentlich darauf an, ob bzw inwieweit dem Nachahmer mit Blick auf die technische Bedingtheit des Produkts **Ausweichmöglichkeiten** zur Verfügung stehen. Begründet ein Nachahmer die Gefahr von Herkunftstäuschungen dadurch, dass er besondere technische Gestaltungsmerkmale eines anderen Erzeugnisses in zulässiger Weise übernimmt, handelt er nur dann wettbewerbswidrig, wenn er der Gefahr der Herkunftstäuschung nicht durch **zumutbare Maßnahmen** entgegenwirkt.[306] Ist dies der Fall, muss eine noch verbleibende Verwechslungsgefahr, insbesondere hinsichtlich geschäftlicher oder organisatorischer Beziehungen zwischen den beteiligten Unternehmen,[307] hingenommen werden. Auf eigene Bemühungen des Herstellers des nachgeahmten Erzeugnisses kann sich der Nachahmende, der die Gefahr der Herkunftstäuschung begründet hat, dagegen nicht berufen. Die Beantwortung der Frage, welche **Maßnahmen im Einzelfall zur Vermeidung von Herkunftsverwechslungen** geeignet und zumutbar sind, liegt weitgehend auf tatrichterlichem Gebiet.[308] Insbesondere die Frage, welche Bedeutung der Verkehr der Anbringung von (unterscheidenden) Kennzeichnungen beimisst, bedarf einer umfassenden tatrichterlichen Würdigung aufgrund der konkreten Umstände des Einzelfalls, um feststellen zu können, ob dadurch eine Täuschung des Verkehrs vermieden wird.[309] Bei der Konkretisierung des Rechtsbegriffs der vermeidbaren Herkunftstäuschung ist zu berücksichtigen, dass nach den Wertungen, die dem technischen Sonderschutzrecht zugrunde liegen, der freie Stand der Technik grundsätzlich ungehindert benutzt werden darf und Verbraucherwünschen und -erwartungen, vor allem im Hinblick auf den Gebrauchszweck des Erzeugnisses, Rechnung zu tragen ist.[310] Der für technische Erzeugnisse zu gewährende ergänzende Leistungsschutz ist dadurch beschränkt, dass die technische Lehre und der Stand der Technik frei sind.[311] **Gemeinfreie technische** 96

301 Vgl. BGH GRUR 1996, 210, 212 – Vakuumpumpen.
302 BGH GRUR 2001, 443, 445 – Viennetta; MünchKomm UWG § 4 Nr. 9 Rn 123 ff.
303 BGH GRUR 2001, 251, 253 – Messerkennzeichnung.
304 BGH GRUR 2001, 251, 253 (s. schon den Ls S. 251) – Messerkennzeichnung.
305 BGHZ 50, 125, 128, 130 f – Pulverbehälter; BGH GRUR 1986, 673, 675 – Beschlagprogramm; BGH GRUR 1990, 528, 530 – Rollen-Clips; BGH GRUR 2002, 820, 822 f – Bremszangen; BGH GRUR 2004, 941, 943 – Metallbett; BGH GRUR 2007, 339 Rn 43 – Stufenleitern; vgl. auch öOGH GRUR Int. 2001, 880, 881 f – Wärmedämmplatten.
306 BGHZ 50, 125, 129 f – Pulverbehälter; BGH GRUR 2002, 275, 277 – Noppenbahnen.
307 Vgl. BGH GRUR 2001, 251, 254 – Messerkennzeichnung.
308 BGH GRUR 2000, 521, 524 f – Modulgerüst; BGH GRUR 2002, 275, 277 – Noppenbahnen.
309 BGH GRUR 1999, 751, 753 – Güllepumpen; BGH GRUR 2001, 443, 445 – Viennetta mwN.
310 BGHZ 50, 125, 129, 131 – Pulverbehälter; BGH GRUR 2000, 521, 525 – Modulgerüst.
311 BGHZ 50, 125, 128 f – Pulverbehälter; BGH GRUR 1981, 517, 519 – Rollhocker; BGH GRUR 1996, 210, 211 – Vakuumpumpen; BGH GRUR 1999, 1106, 1108 – Rollstuhlnachbau; → Rn 50, 76.

Lösungen dürfen deshalb grundsätzlich verwertet werden, ohne dass der Übernehmende auf das Risiko verwiesen werden darf, es mit einer anderen Lösung zu versuchen. Die Übernahme von Gestaltungselementen ist dann nicht zu beanstanden, wenn ein vernünftiger Gewerbetreibender, der auch den Gebrauchszweck und die Verkäuflichkeit des Erzeugnisses berücksichtigt, die übernommene Gestaltung dem offenbarten Stand der Technik einschließlich der praktischen Erfahrung als angemessene technische Lösung entnehmen kann.[312] Der Rückgriff auf gemeinfreie technische Lösungen schließt es allerdings nicht aus, dass der Vertrieb eines nachgebauten Erzeugnisses wettbewerbsrechtlich unlauter sein kann, wenn das Erzeugnis in seiner aus einer **Vielzahl von technisch funktionalen Gestaltungselementen** bestehenden Gesamtkombination identisch oder fast identisch nachgebaut wird, obwohl für Abweichungen ein hinreichend großer Spielraum besteht und die Herkunftstäuschung demzufolge vermeidbar wäre.[313]

97 Bei ästhetischen Leistungen sind strengere Anforderungen an die Vermeidbarkeit der Herkunftstäuschung hinsichtlich der Einhaltung eines hinreichenden Abstands zu stellen, da der Spielraum für Abweichungen größer ist. Gleiches gilt auch für die Nachahmung von Kennzeichnungen.[314]

98 **d) Einzelne Maßnahmen.** Welche Maßnahmen im Einzelnen geeignet und zumutbar sind, um eine Herkunftstäuschung auszuschließen, richtet sich nach den Besonderheiten des Einzelfalls und kann nicht pauschal beurteilt werden. Ein nicht dauerhaft angebrachter Hinweis auf den Nachahmenden kann nicht in jedem Fall als zum Ausschluss von Herkunftsverwechslungen ausreichend angesehen werden.[315] Die Frage, welche Bedeutung der Verkehr der Anbringung von (unterscheidenden) Kennzeichnungen oder einer (abweichenden) Farbgestaltung beimisst, unterliegt der tatrichterlichen Würdigung aufgrund der konkreten Umstände des Einzelfalls.[316] Bei Produkten des täglichen Bedarfs, die sich in der äußeren Erscheinungsform und insbesondere in der Gestaltung ihrer Verpackung von einer Fülle ähnlicher Produkte nur wenig unterscheiden (wie etwa Eiscreme in Haushaltspackungen), ist bei der Beurteilung der vermeidbaren Herkunftstäuschung im Allgemeinen davon auszugehen, dass der Verkehr sich in erster Linie an der Produktbezeichnung und der Herstellerangabe orientiert und die verschiedenen Erzeugnisse nicht ausschließlich nach der äußeren Gestaltung der Ware oder der Verpackung unterscheidet. Nur im Falle der identischen Übernahme aller wesentlichen Gestaltungsmerkmale kann eine Herkunftstäuschung trotz unterschiedlicher Produkt- oder Herstellerbezeichnungen naheliegen.[317]

2. Rufausbeutung und Rufbeeinträchtigung (§ 4 Nr. 9b)

99 **a) Allgemeines.** Nach § 4 Nr. 9b handelt unlauter im Sinne des § 3 insbesondere, wer Waren oder Dienstleistungen anbietet, die eine Nachahmung der Waren oder Dienstleistungen eines anderen Mitbewerbers sind, wenn er die Wertschätzung der nachgeahmten Ware oder Dienstleistung unangemessen ausnutzt oder beeinträchtigt. Mit diesem Beispielstatbestand wird an die von der Rechtsprechung unter Geltung des § 1 aF entwickelten Fallgruppen der Rufausbeutung und Rufbeeinträchtigung angeknüpft. Die Regelung ähnelt dem **Tatbestand des § 6 Abs. 2 Nr. 4,** der eine vergleichende Werbung für un-

---

[312] BGHZ 50, 125, 129 – Pulverbehälter; BGH GRUR 2000, 521, 525 – Modulgerüst; BGH GRUR 2002, 86, 90 – Laubhefter.

[313] Vgl. BGH GRUR 1981, 517, 519 – Rollhocker; BGH GRUR 1999, 1106, 1108 – Rollstuhlnachbau; BGH GRUR 2000, 521, 527 – Modulgerüst; BGH GRUR 2002, 86, 90 – Laubhefter.

[314] Vgl. GRUR 1961, 581, 583 – Hummelfiguren II; BGH GRUR 1966, 617, 620 – Saxophon; BGH GRUR 1967, 315, 317 – skai/cubana; BGH GRUR 1968, 420, 422 – feuerfest I; BGH GRUR 1976, 434, 436 – Merkmalklötze; BGH GRUR 1990, 528, 530 – Rollen-Clips.

[315] BGHZ 21, 266, 275 – Uhrenwerke; BGH GRUR 1968, 591, 594 – Pulverbehälter; BGH GRUR 2000, 521, 524 – Modulgerüst.

[316] BGH GRUR 1999, 751, 753 – Güllepumpen; BGH GRUR 2000, 521, 524 – Modulgerüst.

[317] BGH GRUR 2001, 443 (Ls) – Viennetta.

lauter erklärt, wenn die Wertschätzung des von einem Mitbewerber verwendeten Kennzeichens in unlauterer Weise ausgenutzt oder beeinträchtigt wird. Der **Unterschied** zum Tatbestand des § 4 Nr. 9b liegt darin, dass zum einen die Waren oder Dienstleistungen vergleichend in Beziehung gesetzt werden müssen und dass es sich zum anderen um die Werbung mit Kennzeichen handeln muss. Auf beide Elemente kommt es im Rahmen von § 4 Nr. 9b nicht an. Entscheidend ist vielmehr, dass der auf einer erfolgreichen unternehmerischen Leistung beruhende gute Ruf eines Mitbewerbers in unzulässiger Weise ausgenutzt oder beeinträchtigt wird. Von einer Rufausbeutung und Rufbeeinträchtigung wird insbesondere ausgegangen, wenn der Verkehr mit einer Ware **bestimmte Herkunfts- und Gütevorstellungen** verbindet, so dass durch die Nachahmung der gute Ruf der fremden Ware ausgenutzt wird.[318] Das Merkmal der Unangemessenheit impliziert, dass es auch angemessene und damit zulässige Formen der Rufausnutzung oder -beeinträchtigung gibt. Dies erscheint wenig überzeugend, weil bereits die Feststellung der Ausnutzung oder Beeinträchtigung des guten Rufs eines Mitbewerbers ein Unwerturteil in sich trägt. Gesichtspunkte, die gegen eine Unlauterkeit sprechen, können auch ohne Rückgriff auf die Frage der Angemessenheit oder Unangemessenheit im Rahmen der Ausfüllung der Begriffe Rufausnutzung bzw. -beeinträchtigung berücksichtigt werden. Man wird deshalb das Merkmal der „Unangemessenheit“ lediglich als einen Hinweis auf eine im Einzelfall eventuell notwendige Interessenabwägung verstehen können. Hierauf deutet auch die Feststellung des BGH hin, dass die Frage der Wettbewerbswidrigkeit „jeweils im Wege einer Gesamtbetrachtung zu beantworten“ ist.[319]

b) Wertschätzung. Den Gegenstand, auf den sich die Ausnutzung oder Beeinträchtigung bezieht, bildet die „Wertschätzung“. Ebenso wie nach der Regelung des § 14 Abs. 2 Nr. 3 MarkenG, in der der früher auf wettbewerbsrechtlicher Grundlage (§ 1 aF) gewährte Schutz der bekannten Marke kodifiziert wurde, ist es erforderlich, dass die nachgeahmte Ware oder Dienstleistung bei den angesprochenen Verkehrskreisen eine besondere Wertschätzung genießt. Hinsichtlich der Intensität der wettbewerblichen Eigenart des guten Rufes wird ebenso wie bei dem Tatbestand der Herkunftstäuschung davon ausgegangen, dass „eine gewisse Bekanntheit“[320] genügt. Eine Verkehrsgeltung wird nicht verlangt. Soweit es sich um Kennzeichen handelt, die einen Herkunftshinweis auf ein bestimmtes Unternehmen geben und damit in den Anwendungsbereich des Markenrechts fallen, stehen die geringen Anforderungen an die Bekanntheit in klarem Widerspruch zu den vorrangigen markenrechtlichen Regelungen. Bei nicht eingetragenen Marken ist nämlich eine Verkehrsgeltung (§ 4 Nr. 2 MarkenG) erforderlich, die regelmäßig einen Bekanntheitsgrad von nicht weniger als ca. 50 Prozent der angesprochenen Verkehrskreise voraussetzt.[321] Bei **Berücksichtigung der markenrechtlichen Wertungen** ist es nur konsequent, wenn die bloße Annäherung an fremde Kennzeichen grundsätzlich nicht als unzulässig, sondern als zulässig angesehen wird.[322] Denn das Kennzeichenrecht schützt grundsätzlich nur vor Verwechslungsgefahren und nur ganz ausnahmsweise gemäß § 14 Abs. 2 Nr. 3, § 15 Abs. 3 MarkenG ohne Vorliegen einer Verwechslungsgefahr den besonderen Bekanntheitsgrad eines Zeichens vor der unlauteren Ausnutzung oder Beeinträchtigung der Unterscheidungskraft oder Wertschätzung. Auch in der Rechtsprechung des BGH findet sich die, allerdings vielfach missachtete, Aussage, dass es dem Inhaber einer gewerblichen Kennzeichnung grundsätzlich zuzumuten ist, „die Schwächung seines Kennzeichens durch das Aufkommen benachbarter Kennzeichnungen so lange hinzunehmen, wie die Grenze der Verwechs- 100

[318] Ständige Rechtsprechung, s. BGH GRUR 1968, 49, 51 – Zentralschlossanlagen; BGH GRUR 1970, 510, 512 – Fußstützen; BGH GRUR 1984, 453, 454 – Hemdblusenkleid; BGH GRUR 1985, 876, 877 – Tchibo/Rolex I; BGH GRUR 1992, 619, 620 – Klemmbausteine II; BGH GRUR 2003, 973, 974 – Tupperwareparty.
[319] BGH GRUR 2005, 349, 353 – Klemmbausteine III.
[320] Vgl. BGH GRUR 2002, 275, 277 – Noppenbahnen.
[321] Vgl. dazu *Ingerl/Rohnke* MarkenG § 4 Rn 6ff.
[322] In diesem Sinne auch Harte/Henning/*Sambuc* UWG § 4 Nr. 9 Rn 123.

lungsgefahren noch nicht überschritten ist. Eine Auslegung des § 1 [aF] UWG, die darauf hinausliefe, schon Annäherungen und eine damit verbundene Schädigung als wettbewerbsrechtlich unzulässig anzusehen, verstieße gegen die Systematik des Wettbewerbs- und Kennzeichenrechts."[323]

101 **c) Ausnutzung der Wertschätzung.** Die Handlung, die die Wettbewerbswidrigkeit begründet, ist das Ausnutzen der Wertschätzung. Während es bei dem Tatbestand der Beeinträchtigung[324] um die Schädigung des guten Rufes geht, liegt der Akzent bei der „Ausnutzung" auf den Aspekt der Ausbeutung des Good Will, dem sich das Unternehmen durch die von ihm angebotenen Waren oder Dienstleistungen erworben hat. Es liegt ein „unlauterer Imagetransfer" vor, das heißt, das auf der Qualität der unternehmerischen Leistung beruhende positive Image wird von einem Mitbewerber für eigene Absatzzwecke usurpiert. **Kernelement des Imagetransfers** und damit auch der Rufausbeutung ist die Anlehnung an die fremde Leistung.[325] Ein Anlehnen setzt nicht die namentliche Benennung oder Bezeichnung des Mitbewerbers voraus. Erforderlich ist aber eine aus der Sicht der angesprochenen Verkehrskreise erkennbare Bezugnahme auf den Mitbewerber oder seine Produkte.[326] Die Frage, ob eine Übertragung der Güte- und Wertvorstellungen stattfindet, die die Beurteilung des Verhaltens als wettbewerbswidrig rechtfertigt, ist jeweils im Wege einer Gesamtbetrachtung zu beantworten, bei der alle Umstände des Einzelfalls wie insbesondere der **Grad der Anlehnung sowie die Stärke des Rufs** zu berücksichtigen sind, der von dem Produkt ausgeht.[327] Grundsätzlich kann auch die Annäherung an die verkehrsbekannten Merkmale eines fremden Produkts als solche zu einer für die Annahme einer Rufausbeutung erforderlichen Übertragung der Gütevorstellung führen.[328] Nicht ausreichend ist allerdings, wenn lediglich Assoziationen an ein fremdes Kennzeichen oder Produkt und damit Aufmerksamkeit erweckt werden. Ebenso wenig genügt es, wenn der Originalhersteller mit seinem Produkt einen neuen Markt erschlossen hat und der Nachahmer beim Eindringen in diesen Markt die angesprochenen Verkehrskreise in geeigneter Weise darüber informiert, dass sein eigenes von dem nachgeahmten Produkt zu unterscheiden sei. Zu berücksichtigen ist dabei insbesondere, dass entsprechende Assoziationen die typische und nahezu zwangsläufige Folge eines zuvor gewährten monopolartigen Schutzes, wie insbesondere eines gewerblichen Schutzrechts oder eines ergänzenden wettbewerbsrechtlichen Leistungsschutzes, darstellen.[329]

102 Insbesondere bei **Produktnachahmungen** kommt es regelmäßig zu einer Koinzidenz von Herkunftstäuschung und Rufausbeutung. Jede Herkunftstäuschung ist zwangsläufig mit einer Rufausbeutung verbunden. Umgekehrt liegt auch bei einer Rufausbeutung häufig eine Herkunftstäuschung vor. Typischerweise aber erweckt der Nachahmer den Eindruck, sein Produkt oder seine Dienstleistung stamme von einem Anbieter, um sich dessen guten Ruf zunutze zu machen. Unter diesen Umständen ergibt sich die Unlauterkeit bereits aus § 4 Nr. 9a, wenn die Herkunftstäuschung vermeidbar ist. Die Rufausbeutung muss aber nicht notwendigerweise mit einer Herkunftstäuschung zusammenfallen. Vielmehr kann die unlautere Ausnutzung der Wertschätzung auch eine von der Herkunftstäuschung unabhängige, selbstständige Bedeutung erlangen. Dies ist insbesondere dann der Fall, wenn die angesprochenen Verkehrskreise deutlich darauf hingewiesen werden, dass es sich um eine Nachahmung und nicht um das Produkt eines Konkurrenten handelt. Unter diesen Umständen spielt der Aspekt der Täuschung der Abnehmer keine Rolle, sondern es

[323] BGH GRUR 1997, 754, 755 – grau/magenta.

[324] → Rn 104.

[325] BGH GRUR 2005, 349, 352f – Klemmbausteine III, unter Hinweis auf BGHZ 141, 329, 342 = GRUR 1999, 923 = NJW 1999, 2898 – Tele-Info-CD.

[326] BGH GRUR 2005, 349, 351 – Klemmbausteine III.

[327] BGH GRUR 2005, 349, 353 – Klemmbausteine III.

[328] BGH GRUR 2005, 349, 353 – Klemmbausteine III, unter Hinweis auf BGH GRUR 2003, 973, 975 = WRP 2003, 1338 – Tupperwareparty.

[329] BGH GRUR 2005, 349, 353 – Klemmbausteine III.

geht ausschließlich um den Schutz des Mitbewerbers vor einer unlauteren Ausbeutung des von ihm durch seine unternehmerische Leistung etablierten Renommees. Ein klassisches Beispiel dafür sind die nachgeahmten Rolex-Uhren, die von einem Kaffeeröster angeboten wurden und deren Preis nur ca. ein Prozent von dem des Originals betrug.[330] Ein weiterer anschaulicher Beispielsfall ist das Angebot der unter einer eigenen Marke vertriebenen nachgeahmten Les-Paul-Gitarren, deren Preis nur bei etwa ein Viertel bis ein Drittel der Originale lag.[331] Eine Herkunftstäuschung gegenüber den Käufern erfolgt nicht, weil sie sich darüber im Klaren sind, dass sie Imitate erwerben. Getäuscht werden allenfalls Dritte, die möglicherweise annehmen, dass es sich um Originalprodukte handelt. Eine Ausnutzung der Wertschätzung kommt auch dann in Betracht, wenn die Gefahr einer Täuschung über die Herkunft beim allgemeinen Publikum eintritt, das bei den Käufern die Nachahmungen sieht und zu irrigen Vorstellungen über die Echtheit der Nachahmungen verleitet wird.[332] Nicht ausreichend ist allerdings, dass durch die Herbeiführung von bloßen Assoziationen an ein fremdes Produkt Aufmerksamkeit geweckt wird,[333] da der Schutz der Wertschätzung eines Produkts im Sinne des § 4 Nr. 9b nicht den Sonderschutzrechten mit Ausschließlichkeitsbefugnis gleichzusetzen ist.[334]

Ausreichend ist auch eine **verdeckte Anlehnung,** wie etwa durch das Hervorrufen von **103**
Gütevorstellungen. So wurde eine Rufausbeutung auch bei der unmittelbaren Übernahme von Telefonteilnehmerverzeichnissen der Telekom durch Einscannen angenommen, weil der Verkehr auf die Vollständigkeit und Richtigkeit der von ihm als „amtlich" angesehenen Telefonbücher vertraue.[335]

d) Beeinträchtigung der Wertschätzung. Während bei der Ausnutzung der Wert- **104**
schätzung die missbräuchliche Ausbeutung des auf unternehmerische Leistung beruhenden guten Rufs im Vordergrund steht, geht es bei der Beeinträchtigung der Wertschätzung um die **Schädigung des Rufes,** die negative Auswirkungen auf künftige Absatzchancen zur Folge haben kann. Dies ist nicht nur dann der Fall, wenn im Sinne einer Warenverwechslung minderwertige Produkte als Originale vertrieben werden, so dass die Qualitätserwartungen der Abnehmer enttäuscht und das Image nachhaltig geschädigt wird. Auch ohne das Vorliegen einer Herkunftstäuschung kann allein die als solche gekennzeichnete Imitation zu einem Verlust des Nimbus der Exklusivität und somit zu einer Rufbeeinträchtigung führen. Beispiele sind wiederum die bereits erwähnten Fälle der Imitation von Rolex-Uhren und Les-Paul-Gitarren.[336] Zu beachten ist aber, dass die **durch die gewerblichen Schutzrechte und das Urheberrecht gezogenen Grenzen** nicht unterlaufen werden dürfen. So ist es bei Fehlen oder nach Beendigung eines geschmacksmusterrechtlichen Schutzes nicht gerechtfertigt, eine Beeinträchtigung der Wertschätzung anzunehmen, wenn klar und deutlich darauf hingewiesen wird, dass es sich um ein Imitat handelt und deshalb auch die Voraussetzungen für eine Herkunftstäuschung nicht vorliegen. Im Widerspruch hierzu geht allerdings die neuere Rechtsprechung des BGH davon aus, dass der ergänzende wettbewerbsrechtliche Leistungsschutz neben dem Geschmacksmusterschutz und unabhängig von den dort gezogenen Grenzen zur Anwendung kommt.[337] Damit wird der Grundsatz der Nachahmungsfreiheit[338] ad absurdum geführt.

---

[330] BGH GRUR 1985, 876 – Tchibo/Rolex I.

[331] BGH GRUR 1998, 830, 833 – Les-Paul-Gitarren; s. dazu und zum Vorstehenden auch Harte/Henning/*Sambuc* UWG § 4 Nr. 9 Rn 130.

[332] BGH WRP 2007, 1076 (Ls a), 1081 Rn 44 – Handtaschen.

[333] BGH WRP 2007, 1076, 1081 Rn 44, unter Hinweis auf BGH GRUR 2003, 973, 975 – Tupperwareparty; BGHZ 161, 204, 215 – Klemmbausteine III.

[334] BGH WRP 2007, 1076, 1081 Rn 44 – Handtaschen, unter Hinweis auf BGH GRUR 1996, 508, 509 – Uhren-Applikationen.

[335] BGH GRUR 1999, 923, 927 – Tele-Info-CD.

[336] → Rn 102.

[337] Vgl. BGH GRUR 2006, 79, 80 – Jeans I; BGH GRUR 2006, 346, 347 – Jeans II.

[338] → Rn 27 ff.

3. Erschleichung und Vertrauensbruch (§ 4 Nr. 9 c)

105 **a) Zweck und Bedeutung.** Ein besonderer, die Unlauterkeit begründender Umstand besteht in der unredlichen Kenntniserlangung, bei der sich der Nachahmer die erforderlichen Kenntnisse durch **Erschleichung eines fremden Betriebsgeheimnisses oder durch Vertrauensbruch** verschafft hat.[339] Das (bloße) Ausnutzen eines fremden Vertragsbruchs fällt dagegen nicht unter eine der in § 4 Nr. 9 genannten Fallgruppen, insbesondere nicht unter § 4 Nr. 9 c; hierzu liegt auch kein sonstiger unlauterkeitsbegründender Umstand vor.

106 Kennzeichnend für den Tatbestand des § 4 Nr. 9 c ist, dass es nicht in erster Linie um den Schutz des Nachahmungsgegenstandes geht, sondern um die **Verwerflichkeit der Nachahmungshandlung.** Deshalb ist im Unterschied zu den übrigen Tatbeständen keine wettbewerbliche Eigenart erforderlich.[340]

107 Angesichts der Strafvorschriften über den Verrat von Geschäfts- und Betriebsgeheimnissen (§ 17), die Verwertung von Vorlagen (§ 18) sowie das Verleiten und Erbieten zum Verrat (§ 19) verbleibt für den Beispielstatbestand des § 4 Nr. 9 c nur ein **schmaler Anwendungsbereich.** Die genannten Straftatbestände lösen über den Rechtsbruchtatbestand des § 4 Nr. 11 auch zivilrechtliche Ansprüche aus. Es kann deshalb zu Überschneidungen kommen. Der wettbewerbsrechtliche Leistungsschutz tritt ergänzend neben die §§ 17 ff, die keine abschließende Regelung darstellen.

108 **b) Unredlichkeit.** In Anknüpfung an die unter § 1 aF im Rahmen dieser Fallgruppe entwickelten Grundsätze wird das für den Tatbestand zentrale Merkmal der „unredlichen Erlangung“ von Kenntnissen oder Unterlagen durch zwei Elemente konkretisiert, nämlich einerseits das Erschleichen und andererseits den Vertrauensbruch.[341]

109 **aa) Erschleichen.** Ein die Unlauterkeit begründendes Erschleichen liegt dann vor, wenn sich jemand die für die Nachahmung erforderlichen Kenntnisse mit verwerflichen Mitteln, wie Werkspionage oder das Abwerben von Mitarbeitern zum Zwecke des Ausspähens eines fremden Betriebes verschafft.[342] Das Erschleichen setzt voraus, dass es sich um Kenntnisse handelt, die nicht bereits offenkundig und deshalb dem Nachahmer frei zugänglich gewesen sind.[343] Auch wenn anders als nach § 17 kein Geheimnis vorliegen muss, so wird man eine Unzugänglichkeit nur dann annehmen können, wenn sich die Kenntnisse auf einen „eng begrenzten“ Personenkreis beschränken. Wird dieser überschritten, so ist von einer Offenkundigkeit auszugehen.[344]

110 **bb) Vertrauensbruch.** Eine Unredlichkeit aufgrund eines Vertrauensbruchs ist anzunehmen, wenn Kenntnisse, die im Rahmen eines Vertrauensverhältnisses gutgläubig erworben wurden, missbräuchlich zur Nachahmung ausgenutzt werden. Grundlage für die Entstehung des Vertrauensverhältnisses sind regelmäßig vertragliche Beziehungen oder zumindest eine Sonderverbindung.[345] Fehlt es an vertraglichen Beziehungen, so kommt ein Vertrauensbruch unter dem Gesichtspunkt einer Verletzung des durch Vertragsanbahnung oder Vertragsverhandlungen entstandenen Vertrauensverhältnisses in Betracht.[346]

---

339 BGH GRUR 1961, 40, 42 – Wurftaubenpresse; BGH GRUR 1955, 402, 405 f – Anreißgerät; BGH GRUR 2004, 941 – Metallbett.

340 Harte/Henning/*Sambuc* UWG § 4 Nr. 9 Rn 154; MünchKomm UWG § 4 Nr. 9 Rn 191.

341 So auch die Gesetzesbegründung BT-Drucks. 15/1487 vom 22. 8. 2003 S. 18.

342 Vgl. BGH GRUR 1973, 484 – Betriebsspionage; BGH GRUR 1955, 402, 405 f – Anreißgerät; BGH GRUR 2003, 356, 357 – Präzisionsmessgeräte.

343 Harte/Henning/*Sambuc* UWG § 4 Nr. 9 Rn 156; BGH GRUR 1992, 523, 524 – Betonsteinelemente.

344 Vgl. BGH GRUR 1955, 424 – Möbelwachspaste; s. auch BGH GRUR 1958, 297, 298 f – Petromax I; Harte/Henning/*Sambuc* UWG § 4 Nr. 9 Rn 156.

345 Vgl. RG GRUR 1942, 352, 354 – Quarzlampe; BGH GRUR 1955, 445, 446 – Mantelmodell; BGH GRUR 1956, 284, 286 – Rheinmetall-Borsig-Urteil II; BGH GRUR 1964, 31, 33 – Petromax II; BGH GRUR 1983, 377, 379 – Brombeer-Muster; BGH GRUR 2003, 356, 357 – Präzisionsmessgeräte.

346 Vgl. BGH GRUR 1964, 31, 33 – Petromax II; BGH GRUR 1983, 377, 379 – Brombeer-Muster.

4. Behinderung

a) Zweck und Bedeutung. Neben den in § 4 Nr. 9 genannten typischen Fallgruppen, die geeignet sind, die Wettbewerbswidrigkeit zu begründen, zählt zu den „besonderen wettbewerblichen Umständen" auch die Behinderung von Mitbewerbern. Der Behinderungstatbestand wird zwar in der gesetzlichen Regelung des § 4 Nr. 9 nicht ausdrücklich genannt. Er gehört aber zu den klassischen Unlauterkeitskriterien, die von der Rechtsprechung unter Geltung des § 1 aF im Rahmen des ergänzenden wettbewerbsrechtlichen Leistungsschutzes entwickelt wurden. Dass die Behinderung im Gesetz nicht erwähnt wird, steht ihrer Heranziehung als Unlauterkeitsmerkmal nicht entgegen, weil der **Beispielstatbestand des § 4 Nr. 9 keine abschließende Regelung** darstellt. Dies geht auch aus der Gesetzesbegründung hervor.[347] Weitgehende Überschneidungen ergeben sich allerdings mit § 4 Nr. 10, wonach die gezielte Behinderung unlauter ist. Dies gilt umso mehr, als der BGH das Merkmal „gezielt" weitgehend neutralisiert hat, weil er davon ausgeht, dass eine gezielte Behinderung auch dann vorliegt, wenn es an einer Behinderungsabsicht fehlt.[348] Danach kommt eine Unlauterkeit von Nachahmungen selbst dann in Betracht, wenn sie lediglich eine behindernde Wirkung haben. Die selbstständige Bedeutung des Behinderungstatbestandes im Rahmen des § 4 Nr. 9 resultiert insbesondere daraus, dass beim ergänzenden wettbewerbsrechtlichen Leistungsschutz die für die Verletzung von Immaterialgüterrechten entwickelten Grundsätze zur dreifachen Schadensberechnung Anwendung finden.[349] Das Unlauterkeitsmerkmal der Behinderung erfasst insbesondere die systematische Nachahmung einer Vielzahl eigenartiger, überdurchschnittlicher Erzeugnisse eines Mitbewerbers durch ein **planmäßiges und zielgerichtetes Anhängen an die fremde Leistung,** obwohl andere Gestaltungselemente frei wählbar sind. Dies gilt vor allem dann, wenn das Anhängen kostspielige eigene Entwicklungsarbeiten erspart und eine Preisunterbietung des Konkurrenten mit entsprechenden Wettbewerbsvorteilen ermöglicht.[350] 111

b) Die systematische Nachahmung. Das Unlauterkeitskriterium der Behinderung ist seinerseits von generalklauselhafter Weite und trägt nur unwesentlich zur Konkretisierung bei.[351] Es ist von konturloser Unbestimmtheit und bedarf seinerseits der Ausfüllung durch konkretere Bewertungsmaßstäbe. Dies gilt umso mehr, als die Behinderung als solche kein geeigneter Anknüpfungspunkt für die lauterkeitsrechtliche Bewertung darstellt, weil es sich dabei um ein Phänomen handelt, dass dem Wettbewerb immanent ist. Zwangsläufige Folge des Wettbewerbs ist es, dass der Vorteil zugunsten eines Wettbewerbers mit einem Nachteil zulasten eines anderen Mitbewerbers verbunden ist. Wer am Markt erfolgreich ist, behindert notwendigerweise die Absatzchancen eines anderen Anbieters. Im Vordergrund der Kriterien, die im Rahmen des § 4 Nr. 9 zur Konturierung des Unlauterkeitsmerkmals der Behinderung herangezogen werden, steht die systematische Nachahmung der Leistungsergebnisse eines Mitbewerbers. Als eine unlautere systematische Nachahmung, die den Tatbestand der Behinderung erfüllt, wird das **planmäßige Nachahmen einer Vielzahl von Erzeugnissen eines Mitbewerbers** angesehen.[352] Das Verwerfliche wird darin gesehen, 112

---

[347] RegE BT-Drucks. 15/1487 vom 22. 8. 2003 S. 18; s. auch BGH WRP 2007, 1076, 1081 Rn 51 – Handtaschen.

[348] BGH WRP 2007, 951, 954 – Außendienstmitarbeiter.

[349] → Rn 137.

[350] BGH GRUR 1960, 244, 246 – Simili-Schmuck; BGH GRUR 1969, 618, 619f – Kunststoffzähne; BGHZ 60, 168, 170f – Modeneuheit; BGH GRUR 1984, 453, 454 – Hemdblusenkleid; BGH GRUR 1986, 673, 675 – Beschlagprogramm; BGH GRUR 1988, 308, 310 – Informationsdienst; BGH GRUR 1988, 690, 693 – Kristallfiguren; BGH GRUR 1996, 210, 212f – Vakuumpumpen; BGH GRUR 1999, 751, 753 – Güllepumpen; BGHZ 141, 329, 343 – Tele-Info-CD.

[351] → § 4–10 Rn 1.

[352] Vgl. BGH GRUR 1960, 244, 246 – Simili-Schmuck; BGH GRUR 1986, 673, 675 – Beschlagprogramm; BGH GRUR 1988, 308, 310 – Informationsdienst; BGH GRUR 1988, 690, 693 – Kristallfiguren; BGH GRUR 1996, 210, 212f – Vakuumpumpen; BGH GRUR 1999, 751, 753 – Güllepumpen; BGH GRUR 1999, 923, 927 – Tele-Info-CD.

dass es dem Nachahmer ausschließlich darum geht, durch zielbewusstes Anklammern an eigenartige Arbeitsergebnisse eines Mitbewerbers dessen Leistungen zum eigenen Vorteil auszunutzen.[353] Diese Beurteilung erscheint auf den ersten Blick überzeugend, da es als „unanständig“ empfunden wird, systematisch fremde Leistungsergebnisse auszunutzen und sich zu eigen zu machen. Dementsprechend hat der BGH ein solches Vorgehen als „mit den Anforderungen kaufmännischen Anstands“ nicht vereinbar bezeichnet.[354] Allerdings steht die vereinzelt vertretene Auffassung, dass die Unlauterkeit allein aus der Systematik der Nachahmung abgeleitet werden kann,[355] im Widerspruch zum Prinzip der Nachahmungsfreiheit. Genießt ein Produkt keinen sondergesetzlichen Leistungsschutz, so ist die Nachahmung grundsätzlich zulässig und zwar auch dann, wenn sie systematisch erfolgt. Im Sinne des grundsätzlich geltenden Imitationswettbewerbs ist es erlaubt, die Leistungsergebnisse eines Mitbewerbers zu übernehmen, um mit ihm in Konkurrenz zu treten. Dementsprechend ist auch die systematische Nachahmung als grundsätzlich zulässig anzusehen.

113 Entscheidender Anknüpfungspunkt für eine Durchbrechung dieses Grundsatzes ist wiederum die **wettbewerbliche Eigenart.** Sofern es sich nicht um ein Allerweltserzeugnis, sondern um ein Produkt von besonderer Qualität handelt, ist es gerechtfertigt, ausnahmsweise vom Grundsatz der Nachahmungsfreiheit abzurücken und einen Nachahmungsschutz zu gewähren. Erst unter diesen Umständen gewinnt auch die Zahl der nachgeahmten Produkte Bedeutung, wobei sich der Rechtsprechung allerdings keine klaren Richtwerte entnehmen lassen. So wurden beispielsweise bei einer Zahl von vier nachgeahmten Produkten ein systematisches Vorgehen sowohl bejaht[356] als auch verneint.[357] Hieraus ist der Schluss zu ziehen, dass die Anzahl von Nachahmungen als quantitatives Kriterium nur einen Bewertungsfaktor unter anderen Gesichtspunkten bildet.[358] Von Bedeutung sind insbesondere auch die dem Nachahmer zur Verfügung stehenden Ausweichmöglichkeiten. Tendenziell dürften diese bei Gestaltungen, die technisch funktional bedingt sind, eher geringer und bei solchen, die ästhetisch geprägt sind, eher größer sein. Dieser Aspekt steht in engem Zusammenhang mit der Frage der Vermeidbarkeit eventueller Herkunftstäuschungen. Bei Produkten, die eine große Verkehrsbekanntheit erlangt haben, können sich deshalb Überschneidungen zwischen dem Tatbestand der Behinderung und der Herkunftstäuschung ergeben. Außerdem wird regelmäßig auch eine Rufausbeutung vorliegen. Selbstständige Bedeutung kommt dem Kriterium der Behinderung aber zu, wenn es um Erzeugnisse geht, die eine geringe Verkehrsbekanntheit besitzen oder gerade erst auf dem Markt eingeführt wurden.

114 **c) Amortisation.** Von erheblichem Gewicht für die Beurteilung unter dem Gesichtspunkt der Behinderung ist der Gedanke der Amortisation. Mit ihm verbindet sich die Überlegung, dass dem Anbieter eines Produkts, das wettbewerbliche Eigenart besitzt und dementsprechend auch eine innovative Leistung verkörpert, eine angemessene Zeit eingeräumt werden muss, damit er die oftmals erheblichen Investitionen für die Produktentwicklung und Markteinführung amortisieren kann. Umgekehrt wird es für missbräuchlich gehalten, wenn der Nachahmer unter Ersparung eigener Aufwendungen von der Leistung des Originalherstellers profitiert und das Produkt sogar preisgünstiger anbieten kann als dieser.[359] Gegen den Vorwurf einer unlauteren Behinderung kann sich der Nachahmer auch nicht mit dem Argument zur Wehr setzen, dass der Hersteller des Originals verpflichtet ist, ihm aufgrund von speziellen gesetzlichen Bestimmungen (etwa § 12 TKG) oder kartellrechtlichen Vorschriften, die Nutzung zu gestatten, wobei das Entgelt aber als miss-

[353] So grundlegend BGH GRUR 1960, 244, 246 – Simili-Schmuck.
[354] BGH GRUR 1960, 244, 246 – Simili-Schmuck.
[355] Vgl. dazu die Nachweise bei Harte/Henning/*Sambuc* UWG § 4 Nr. 9 Rn 168 Fn 325.
[356] Vgl. BGH GRUR 1988, 690, 693 – Kristallfiguren.
[357] Vgl. BGH GRUR 1966, 503, 507 – Apfel-Madonna.
[358] So zutreffend Harte/Henning/*Sambuc* UWG § 4 Nr. 9 Rn 164, 165 mwN.
[359] Vgl. BGH GRUR 1999, 923, 927 – Tele-Info-CD.

bräuchlich überhöht anzusehen sei.[360] Hier muss der Nachahmer seine Ansprüche auf dem hierfür vorgesehenen Weg geltend machen.

H. Wechselwirkung

115 Gemäß der nach der Rechtsprechung gebotenen Gesamtbetrachtung besteht zwischen den verschiedenen Tatbestandselementen eine Wechselwirkung in dem Sinne, dass die Anforderungen an eines der Merkmale mit davon abhängen, **in welchem Maße und mit welcher Intensität die anderen Merkmale verwirklicht sind.**[361]

116 So soll quasi nach einem beweglichen System folgender Zusammenhang gelten: Je größer die wettbewerbliche Eigenart ist, umso geringer sind die Anforderungen, die (im Rahmen der Gesamtbeurteilung) an das Vorliegen der wettbewerblichen Begleitumstände zu stellen sind, die die Wettbewerbswidrigkeit begründen.[362] Differenziert wird ferner hinsichtlich der Bedeutung, die der unmittelbaren Leistungsübernahme gegenüber der lediglich nachschaffenden, im Zusammenspiel einerseits mit der wettbewerblichen Eigenart, andererseits mit den wettbewerblichen Begleitumständen zukommt. Handelt es sich um eine identische oder nahezu identische Leistungsübernahme, sind an die besonderen unlauterkeitsbegründenden Umstände nur geringe Anforderungen zu stellen.[363]

I. Subjektive Voraussetzungen

117 In Anwendung allgemeiner Grundsätze ist für den Unterlassungsanspruch auch beim ergänzenden wettbewerbsrechtlichen Leistungsschutz im Unterschied zur früheren Rechtsprechung[364] **kein subjektiver Tatbestand erforderlich.** Bedeutung hat dieser nur für die verschuldensabhängigen Ansprüche auf Schadensersatz und Gewinnherausgabe (§§ 9, 10), nicht aber für die verschuldensunabhängigen Unterlassungs-, Beseitigungs- (§ 8) und Bereicherungsansprüche. Dem Tatbestand der Nachahmung ist allerdings immanent, dass der Nachahmende **eine Kenntnis von dem Original** als Nachahmungsgegenstand besitzt, da es sich andernfalls um keine Nachahmung, sondern eine Doppelschöpfung handelt, gegen die der ergänzende wettbewerbsrechtliche Leistungsschutz mangels Sperrwirkung keine Handhabe bietet.[365] Allerdings dürfte der **Einwand der „Doppelschöpfung“** praktisch nur selten erfolgreich sein, da ebenso wie im Urheberrecht nach den Regeln des Anscheinsbeweises davon auszugehen ist, dass der Anbieter des jüngeren Produktes das ältere Produkt gekannt hat.[366] Bei einem Händler, der das nachgeahmte Produkt vertreibt, kommt es für die Unlauterkeit nicht darauf an, ob er von der Nachahmung Kenntnis hatte oder hätte haben müssen. Relevant ist diese Frage nur für den verschuldensabhängigen Schadensersatzanspruch.

---

[360] Vgl. BGH GRUR 1999, 923, 927 – Tele-Info-CD.

[361] Ständige Rechtsprechung, BGH GRUR 1996, 210, 211 – Vakuumpumpen; BGH GRUR 1997, 308, 311 – Wärme fürs Leben; BGHZ 138, 143, 150 – Les-Paul-Gitarren; BGH GRUR 1999, 751, 752 – Güllepumpen; BGH GRUR 1999, 1106, 1108 – Rollstuhlnachbau; BGH GRUR 2001, 443, 445 – Viennetta.

[362] BGH GRUR 2004, 941, 942 – Metallbett; BGH GRUR 2006, 79 Rn 19 – Jeans I; BGH GRUR 2007, 795, 797 Rn 22 – Handtaschen; BGH WRP 2007, 1455, 1457 Rn 14 – Gartenliege.

[363] BGH GRUR 1996, 210, 211 f – Vakuumpumpen; BGH GRUR 1998, 830, 833 – Les-Paul-Gitarren; BGH GRUR 1999, 923, 927 – Tele-Info-CD.

[364] Vgl. etwa BGH GRUR 2002, 629, 633 – Blendsegel.

[365] Harte/Henning/*Sambuc* UWG § 4 Nr. 9 Rn 190.

[366] Schricker/*Loewenheim* UrhG § 24 Rn 28 mwN; s. auch BGH GRUR 1991, 914, 915 – Kastanienmuster; BGH GRUR 1998, 477, 480 – Trachtenjanker; BGH GRUR 2008, 1115 ff – ICON.

J. Schutzdauer

I. Allgemeines

1. Einzelfallbezogene Festlegung

118 Auch wenn eine zeitliche Begrenzung dem wettbewerbsrechtlichen Unterlassungsanspruch eigentlich fremd ist, kann diese einzelfallbezogen nach Maßgabe der Besonderheiten der konkreten Umstände erfolgen. Bei der Beurteilung der Schutzdauer wird von Art und Bedeutung (Eigenart des nachgeahmten fremden Leistungsergebnisses) und dem Gewicht der Verletzungshandlung ausgegangen[367] und der **Amortisationsgedanke** berücksichtigt, wonach dem Berechtigten die Früchte seiner unter Umständen mit hohem Arbeits- und Kosteneinsatz erzielten Leistung für einen angemessenen Zeitraum gesichert werden sollen. Bei Modeschöpfungen wird die Schutzdauer entsprechend dem saisonalen Charakter regelmäßig auf eine Saison beschränkt und kann nur im Einzelfall darüber hinausreichen.[368]

2. Verhältnis zu den immaterialgüterrechtlichen Schutzfristen

119 **a) Grundsätzliche Kritik.** Die Frage der Schutzdauer des ergänzenden wettbewerbsrechtlichen Leistungsschutzes ist der Kristallisationspunkt des bisher ungeklärten Verhältnisses zu den Immaterialgüterrechten, der die vielfältigen Wertungswidersprüche und Ungereimtheiten virulent werden lässt. Die einzelfallbezogene, auf einer richterlichen Wertung beruhende und damit auch in starkem Maße von subjektiven Einschätzungen abhängige Festlegung der Dauer des ergänzenden wettbewerbsrechtlichen Leistungsschutzes ist wegen ihrer Unberechenbarkeit eine Quelle der Rechtsunsicherheit. Sie steht in einem Spannungsfeld, wenn nicht gar in einem Widerspruch zu den vom Gesetz im Einzelnen festgelegten Voraussetzungen und zeitlichen Grenzen des immaterialgüterrechtlichen Sonderschutzes. Dieser ist Ausdruck einer abstrakten Abwägung zwischen einem individuellen Leistungsschutz, der Anreiz und Belohnung schaffen soll, und der im Allgemeininteresse liegenden Wettbewerbsfreiheit. Die Wettbewerbsfreiheit umfasst vor allem auch den Imitationswettbewerb, der ein wesentliches Element der Marktwirtschaft darstellt, da er zu einer gerade auch im Verbraucherinteresse liegenden Preissenkung führt.[369] Gleichzeitig sind mit ihm durchaus auch innovative Effekte verbunden, weil Mitbewerber dazu animiert werden, hochwertigere Produkte zu entwickeln, mit denen sie höhere Preise erzielen können. Bei der Schutzdauer der Immaterialgüterrechte handelt es sich um „gesetzlich typisierte Amortisationsfristen".[370] Andererseits spielen auch bei der einzelfallbezogenen Bestimmung der Dauer des ergänzenden wettbewerbsrechtlichen Leistungsschutzes **„Amortisations- und Belohnungsgesichtspunkte"**[371] eine entscheidende Rolle.[372] Angesichts der klaren gesetzlichen Vorgaben, aus denen sich die Voraussetzungen und die Dauer des immaterialgüterrechtlichen Leistungsschutzes ergibt, lässt sich ein Nebeneinander von gesetzlichen Sonderschutzrechten und auf Richterrecht beruhendem ergänzenden Leistungsschutz kaum rechtfertigen.[373] Hieran vermag auch das ständig wiederholte Lippenbekenntnis, dass sich die Unlauterkeit nicht aus dem „ob", sondern aus dem „wie" der Nachahmung ergibt,

---

[367] BGHZ 51, 41, 49 – Reprint; BGH GRUR 1986, 895, 896 – Notenstichbilder.
[368] BGHZ 60, 168, 172 – Modeneuheit.
[369] *Ohly* GRUR 2007, 731, 735.
[370] *Ohly* GRUR 2007, 731, 738.
[371] *Piper/Ohly* UWG § 4 Nr. 9 Rn 9/105.
[372] Vgl. BGHZ 51, 41 = GRUR 1969, 186 – Reprint; BGH GRUR 1986, 895 – Notenstichbilder; BGHZ 60, 168 = GRUR 1973, 478 – Modeneuheit; BGH GRUR 1984, 453 – Hemdblusenkleid; BGH GRUR 1998, 477, 479f – Trachtenjanker.
[373] So aber BGH GRUR 2006, 79, 80 – Jeans I; BGH GRUR 2006, 346, 347 – Jeans II.

nichts zu ändern. Ungeachtet der angeblich unterschiedlichen Ansatzpunkte des Schutzes hat sich der ergänzende wettbewerbsrechtliche Leistungsschutz auch nach Einschätzung des BGH an das Recht des geistigen Eigentums angenähert[374] und zu einem **„Quasi-Immaterialgüterrecht“**[375] entwickelt. Widersprüchlich ist es, wenn der BGH einerseits von einer unabhängigen Co-Existenz von geistigem Eigentum und ergänzendem wettbewerbsrechtlichen Leistungsschutz ausgeht, andererseits aber davon spricht, dass sich die Schutzfrist „an den hierfür sondergesetzlich vorgesehenen Fristen zu orientieren“ hätte.[376] Unter Berücksichtigung des vorrangigen gesetzlichen Sonderschutzes dürfte der ergänzende wettbewerbsrechtliche Leistungsschutz nur subsidiär zur Anwendung kommen, wenn es um Bewertungskriterien geht, die von den Immaterialgüterrechten nicht erfasst werden.[377] Dies gilt insbesondere für Fälle der Herkunftstäuschung, bei denen es aber keiner gesonderten Schutzdauer bedarf, da Fehlzuordnungen durch zumutbare und geeignete Hinweise ausgeräumt werden können. § 4 Nr. 9a wäre dann eine **Ausprägung Irreführungsverbots nach § 5** und hätte damit eine verbraucherschützende Funktion, so dass die Verbandsklagebefugnis (§ 8 Abs. 3) gegeben wäre.[378] Aus § 5 Abs. 2 folgt, dass entgegen der bisherigen Rechtsprechung[379] auch die Täuschung über betriebliche Herkunft vom Irreführungsverbot erfasst wird, was Art. 6 Abs. 2 lit. a der Richtlinie über unlautere Geschäftspraktiken entspricht.[380]

b) Die Rechtsprechungspraxis. Bei der vom BGH geforderten Orientierung der Schutzdauer des wettbewerbsrechtlichen Leistungsschutzes an den sondergesetzlich vorgesehenen Fristen[381] zeigt sich ein uneinheitliches, zum Teil sogar widersprüchliches Bild. Tendenziell lässt sich feststellen, dass bei den **technischen Schutzrechten,** also insbesondere dem Patentschutz, ein ergänzender Leistungsschutz in der Regel verneint wird. Von einem vom Patentschutz unabhängigen Leistungsschutz kann kaum die Rede sein. Während der BGH einerseits ein Nachahmungsschutz auch nach Ablauf des Patentschutzes für möglich gehalten hat,[382] hat er andererseits eine Perpetuierung des Patentschutzes auf der Grundlage des Wettbewerbsrechts abgelehnt, auch wenn Herkunftstäuschungen nicht ausgeschlossen werden konnten.[383] Demgegenüber hat der BGH im Bereich **ästhetischer Gestaltungen** gerade in jüngster Zeit das Nebeneinander von wettbewerbsrechtlichem Leistungsschutz und Geschmacksmusterschutz betont.[384] So hat er den auf drei Jahre begrenzten Schutz für das nicht eingetragene Gemeinschaftsgeschmacksmuster (Art. 3ff GGVO) nicht als verbindliche Grenze für den formlosen Nachahmungsschutz angesehen, sondern eine darüber hinausreichende Schutzdauer anerkannt. 120

II. Fallgruppenspezifische Differenzierung

Allgemein wird davon ausgegangen, dass der auf eine einzelfallbezogenen Beurteilung beruhende Nachahmungsschutz so lange andauert, wie die unlauterkeitsbegründenden Umstände vorliegen. Dies führt zu einer fallgruppenbezogenen Differenzierung. Hinsichtlich der Tatbestände des § 4 Nr. 9a und b ist die zentrale Voraussetzung der **Fortbestand der wettbewerblichen Eigenart.** Entfällt diese, so entfällt damit auch die Grundlage für die Gewährung des ergänzenden Leistungsschutzes. Eng verbunden mit der wettbewerblichen Eigenart ist das Unlauterkeitsmerkmal der vermeidbaren Herkunftstäuschung. Sofern 121

[374] BGH GRUR 2007, 431 Rn 27 – Steckverbindergehäuse.
[375] *Ohly* GRUR 2007, 731, 735.
[376] BGH GRUR 2005, 349, 351 – Klemmbausteine III.
[377] Vgl. dazu eingehend *Ohly* GRUR 2007, 731, 736ff.
[378] *Ohly* GRUR 2007, 731, 738; *Münker* FS Ullmann S. 781, 784ff.
[379] BGH GRUR 1952, 577, 581 – Zwilling; BGH GRUR 1966, 267, 270 – White Horse; BGH GRUR 1970, 528, 531 – Migrol; BGH GRUR 1997, 754, 755 – grau/magenta.
[380] *Ohly* GRUR 2007, 731, 738.
[381] BGH GRUR 2005, 349, 352 – Klemmbausteine III.
[382] Vgl. BGH GRUR 1988, 385, 386f – Wäsche-Kennzeichnungsbänder.
[383] BGH GRUR 1990, 528 – Rollen-Clips; s. auch Harte/Henning/*Sambuc* UWG § 4 Nr. 9 Rn 194.
[384] BGH GRUR 2006, 79, 80 – Jeans I; BGH GRUR 2006, 346, 347 – Jeans II.

der Nachahmungsschutz auf diesem die Unlauterkeit begründenden „besonderen Umstand" beruht, erlischt er, wenn die Herkunftstäuschung, insbesondere auch durch das Ergreifen geeigneter und zumutbarer Maßnahmen, ausgeräumt wird. Entsprechendes gilt auch für die Fälle der Ausnutzung oder Beeinträchtigung der Wertschätzung. Bei der unredlichen Erlangung von Kenntnissen und Unterlagen (§ 4 Nr. 9c) dauert der Schutz an, solange die in Frage stehenden Informationen nicht offenkundig und damit der Allgemeinheit zugänglich geworden sind. Beim Nachbau gestohlener Modelle kann ein wettbewerbsrechtlicher Schutz noch mehrere Jahre nach der unredlichen Kenntniserlangung fortbestehen.[385] In Fällen der Behinderung kommt dem **Gesichtspunkt der Amortisation** bei der Bemessung der Schutzdauer maßgebliche Bedeutung zu. Dem Hersteller des nachgeahmten Produkts soll ein angemessener Zeitraum gewährt werden, um die Entwicklungs- und Markterschließungskosten zu erwirtschaften und einen angemessenen Gewinn zu erzielen, damit sich der Nachahmer nicht auf dessen Kosten durch die Ersparung eigener Aufwendungen einen ungerechtfertigten Wettbewerbsvorsprung verschaffen kann.[386] Welcher Zeitraum für die Amortisation der Investitionen angemessen ist, richtet sich nach den Eigenschaften des Produktes und den Marktgegebenheiten. Bei kurzlebigen Produkten wie Modeneuheiten beschränkt sich der Schutz regelmäßig nur auf eine Saison.[387] Im Einzelfall kann er auch länger andauern, geht aber grundsätzlich nicht über einen Zeitraum von zwei Jahren hinaus.[388] Durch die Einführung des nicht eingetragenen Gemeinschaftsgeschmacksmusters mit einer Schutzdauer von höchstens drei Jahren (Art. 3ff GGVO) ist die Rechtfertigung für den (subsidiär eingreifenden) „ergänzenden" Leistungsschutz entfallen, da der Gesetzgeber dem in der Modebranche bestehenden Schutzbedürfnis nunmehr durch eine spezielle Regelung Rechnung getragen hat. Im Bereich technischer Gestaltungen, die dem Patentschutz unterliegen, ist für die Zuerkennung eines darüber hinausreichenden Nachahmungsschutzes grundsätzlich kein Raum.[389] So hat der BGH ausdrücklich darauf hingewiesen, dass für die wettbewerbsrechtliche Beurteilung nach Ablauf des Patentschutzes dem „Gesichtspunkt der freien Benutzung des Standes der Technik" entscheidendes Gewicht beizumessen ist.[390] Für den Vorrang der patentrechtlichen Begrenzung der Schutzfrist spricht auch die Existenz der ergänzenden Schutzzertifikate (§ 16a PatG), die eine Verlängerung des Schutzes ganz ausnahmsweise nur für Arzneimittel und Pflanzenschutzmittel bei Vorliegen bestimmter Voraussetzungen, die insbesondere die faktische Verkürzung der Schutzdauer wegen der erforderlichen Zulassungsverfahren betreffen, vorsehen. Dass die Rechtsprechung im Prinzip von einer abschließenden Verbindlichkeit der patentrechtlichen Schutzfristen ausgeht, zeigt auch die unangefochtene Zulässigkeit von Generika, die als nachgeahmte Produkte mit „therapeutischer Äquivalenz"[391] unmittelbar nach Ablauf des patentrechtlichen Schutzes für das Originalprodukt angeboten werden.

K. Beweislast

122 Abweichend von der vom BGH – in einer 40 Jahre zurückliegenden Entscheidung – vertretenen Auffassung[392] erfolgt keine Beweislastumkehr, sondern der Kläger trägt in Anwendung des allgemein geltenden Grundsatzes die Beweislast für das Vorliegen der anspruchsbegründenden Tatsachen. Von zentraler Bedeutung ist dabei der Nachweis einer Nachahmung. Diese setzt die Kenntnis des Nachahmers vom nachgeahmten Gegenstand voraus, da es sich

[385] BGH GRUR 2003, 356, 358 – Präzisionsmessgeräte.
[386] Vgl. BGHZ 51, 41, 45f = GRUR 1969, 186 – Reprint; BGH GRUR 1986, 895, 896 – Notenstichbilder.
[387] BGH GRUR 1984, 453, 454 – Hemdblusenkleid.
[388] BGH GRUR 1998, 477, 480 – Trachtenjanker.
[389] In diesem Sinne BGH GRUR 1990, 528 – Rollen-Clips; BGH GRUR 2000, 521, 525 – Modulgerüst.
[390] BGH GRUR 2000, 521, 525 – Modulgerüst.
[391] Vgl. BVerfG GRUR 2001, 1058, 1060f – Therapeutische Äquivalenz.
[392] Vgl. BGH GRUR 1969, 618, 620 – Kunststoffzähne.

andernfalls um eine selbstständige eigene Schöpfung des Nachahmers handelt und somit kein Raum für die Anwendung des ergänzenden wettbewerbsrechtlichen Leistungsschutzes ist. Allerdings greift zugunsten des Anspruchstellers eine Beweiserleichterung ein. Sofern zwischen Klage- und Verletzungsmodell eine weitgehende Übereinstimmung besteht, spricht der **Beweis des ersten Anscheins** dafür, dass der Zweithersteller das Original nachgeahmt hat.[393] Es ist Sache des Beklagten, den Nachweis zu führen, dass das von ihm angebotene Produkt in Unkenntnis des Originalprodukts hergestellt wurde.[394] Ihm obliegt dann auch die Darlegungs- und Beweislast dafür, dass die prägenden Merkmale des Klagemodells auf Vorbekanntes zurückgreifen, dass die Verwertung entsprechender Produkte allgemein üblich geworden ist oder dass später auf den Markt gekommene Erzeugnisse mit ähnlichen Merkmalen eine zunächst vorhandene Eigenart des Klagemodells geschwächt oder beseitigt haben.[395] Es gelten insoweit die von der Rechtsprechung für Urheberrechtsverletzungen aufgestellten Grundsätze zur Verteilung der Darlegungs- und Beweislast[396] entsprechend.[397]

L. Sonderfragen

I. Einschieben in fremde Serie

1. Ausgangspunkt

Nach ständiger Rechtsprechung des BGH ist es wettbewerbswidrig, wenn Mitbewerber 123
den Markterfolg der fremden Leistung dadurch auf sich überleiten, dass sie sich trotz vorhandener Ausweichmöglichkeiten in das von Anfang an auf Deckung eines Folgebedarfs ausgerichtete Verkaufssystem des Erstherstellers einschieben.[398]

Allerdings ist das **Kompatibilitätsinteresse eines Mitbewerbers** zu berücksichtigen. 124
Soweit für die Kompatibilität des nachgebauten Produkts unverzichtbare Gestaltungselemente die Gefahr einer Verwechslung der betrieblichen Herkunft begründen, ist diese grundsätzlich als unvermeidbar hinzunehmen, soweit der Nachbauende geeignete und ihm ohne einen Kompatibilitätsverlust zumutbare anderweitige Vorkehrungen getroffen hat, um die Gefahr einer Herkunftstäuschung auszuschließen oder jedenfalls zu mindern.[399] Das Kompatibilitätsinteresse eines Mitbewerbers ist jedoch dann nicht schutzwürdig, wenn seine mit den Waren des Originalherstellers technisch verbaubaren Produkte den in der Originalware verwirklichten Qualitätsmaßstäben nicht gerecht werden, so dass im Falle einer Warenvermischung die Gefahr einer **Beeinträchtigung des guten Rufs des Originalherstellers** besteht und darüber hinaus auch die **Gebrauchssicherheit** des aus unterschiedlichen Teilen kombinierten Produkts auf dem Spiel steht.[400]

2. Die neuere Entwicklung der Rechtsprechung

Mit der grundlegenden Entscheidung „Klemmbausteine III"[401] hat der BGH die in sei- 125
ner früheren Rechtsprechung aufgestellten Grundsätze zur Unlauterkeit des „Einschiebens

---

393 BGH GRUR 1991, 914, 915 – Kastanienmuster; BGH GRUR 1998, 477, 480 – Trachtenjanker, *Piper/Ohly* UWG § 4 Nr. 9 Rn 9/102.

394 BGH GRUR 2002, 629, 633 – Blendsegel.

395 BGH GRUR 1998, 477, 479 – Trachtenjanker; *Piper/Ohly* UWG § 4 Nr. 9 Rn 9/148.

396 BGH GRUR 1981, 820, 822 – Stahlrohrstuhl II; BGHZ 112, 264, 273 = GRUR 1991, 449, 451 – Betriebssystem; Schricker/*Loewenheim* UrhG § 23 Rn 28 mwN.

397 BGH GRUR 1998, 477, 479 – Trachtenjanker.

398 BGHZ 41, 55, 57 – Klemmbausteine I; BGH GRUR 1992, 619, 620 – Klemmbausteine II; BGH GRUR 2000, 521, 526f – Modulgerüst.

399 BGH GRUR 2000, 521 (Ls 2) – Modulgerüst.

400 BGH GRUR 2000, 521 – Modulgerüst.

401 BGH GRUR 2005, 349 – Klemmbausteine III.

in eine fremde Serie“ ganz erheblich relativiert oder eventuell sogar eine grundsätzliche Kehrtwende vollzogen. Den Anstoß hierzu gab die zum Teil äußerst **massive Kritik,** die im Schrifttum schon seit längerer Zeit geäußert wird. Der wesentliche Einwand, der gegen die Unterfallgruppe des Einschiebens in „fremde Serie“ erhoben wurde, bestand darin, dass dem Hersteller eines auf Ergänzungsbedarf angelegten Produktes eine **zeitlich unbegrenzte Monopolstellung** eingeräumt wird, wie sie abgesehen vom Kennzeichenschutz den Immaterialgüterrechten fremd ist. Selbst die revolutionärste Erfindung nach Ablauf der 20-Jahres-Schutzfrist (§ 16 PatG) wird frei und darf von jedermann nachgebaut werden.[402] Paradigmatisch ist der berühmte **„Lego-Baustein“** dem im Hinblick auf den dauerhaft bestehenden Ergänzungsbedarf unter dem Gesichtspunkt des vermeintlichen Unlauterkeitsmerkmals des „Einschiebens in eine fremde Serie“ seit dem Jahre 1963 ein über den Rahmen aller technischen Schutzrechte hinausreichender „Dauerschutz“ zugebilligt wurde.[403] In dem im Jahre 2004 ergangenen Urteil „Klemmbausteine III“[404] hat der BGH zunächst festgestellt, dass im Streitfall keine Notwendigkeit besteht, zu der vom Schrifttum geäußerten Kritik abschließend Stellung zu nehmen. Er ist ihr aber insoweit gefolgt, als auch nach seiner Ansicht „mit dem wettbewerbsrechtlichen Schutz des Unternehmers vor einem Einschieben in seine Serie kein in zeitlicher Hinsicht unbegrenzter Schutz vor Nachahmungen für eine Innovation gewährt werden darf. Ein solcher Schutz stünde im Gegensatz zu der gesetzlichen Befristung des Innovationsschutzes im Patentrecht, im Gebrauchsmusterrecht und im Geschmacksmusterrecht. Die Gewährung eines wettbewerbsrechtlichen Schutzes des Unternehmens vor einem Einschieben in seine Produktserie verhinderte, dass in diesem Bereich der Grundsatz der Freiheit der Nachahmung von Produkten, die keinem sonderrechtlichen Schutz (mehr) unterfallen, jemals berücksichtigt werden könnte.“[405] Dementsprechend gelangte er hinsichtlich der „Lego-Bausteine“ zu dem Ergebnis, dass diesen 45 Jahre nach ihrer Markteinführung kein „Innovationsschutz“ mehr zugebilligt werden könne. Ob der BGH das fragwürdige und logisch kaum begründbare Unlauterkeitsmerkmal des „Einschiebens in fremde Serie“ endgültig über Bord geworfen hat, lässt sich nicht mit Sicherheit sagen. Die in der Entscheidung „Klemmbausteine III“ enthaltenen Aussagen weisen in verschiedene Richtungen. Einerseits wird „der Freiheit des Wettbewerbs und der Nachahmung“ und der „Orientierung an den sondergesetzlich vorgesehenen Fristen“[406] besondere Bedeutung beigemessen; andererseits wird aber unterstellt, dass eine wie auch immer zu bestimmende Dauer eines Innovationsschutzes auf der Grundlage des ergänzenden wettbewerbsrechtlichen Leistungsschutzes in Betracht kommt.[407]

3. Kritik

126 Die Unterfallgruppe des „Einschiebens in eine fremde Serie“ ist bereits im Ansatz verfehlt. Sie führt sich selbst ad absurdum, wenn man daran denkt, dass eine Vielzahl von Produkten auf einen Ergänzungsbedarf ausgerichtet sind. Wollte man dies zum entscheidenden Anknüpfungspunkt der lauterkeitsrechtlichen Beurteilung erheben, so wären die **Monopolisierungswirkungen unübersehbar.** Auch Fahrzeuge sind von vornherein auf einen fortlaufenden Benzinverbrauch ausgerichtet, so dass man bei Heranziehung der von der Rechtsprechung entwickelten Grundsätze auch für sie die Benzinlieferung monopolisieren könnte.[408] Entscheidend ist auch hier wiederum, dass die für die **Immaterialgüterrechte festgelegten Schutzfristen** als „gesetzlich typisierte und normierte Amortisationsfris-

---

[402] So *Nordemann* Wettbewerbsrecht und Markenrecht Rn 1642; ähnlich *Emmerich* Unlauterer Wettbewerb § 11 IV 3 b; s. auch *Beater* 1995 S. 178 f.

[403] BGHZ 41, 55, 58 ff – Klemmbausteine I; s. auch BGH GRUR 1992, 619, 629 f – Klemmbausteine II.

[404] BGH GRUR 2005, 349 – Klemmbausteine III.

[405] BGH GRUR 2005, 349 – Klemmbausteine III.

[406] BGH GRUR 2005, 349 – Klemmbausteine III.

[407] BGH GRUR 2005, 349 – Klemmbausteine III.

[408] So zutreffend *Nordemann* Wettbewerbsrecht und Markenrecht Rn 1642.

ten"[409] respektiert werden. Die Gewährung einer darüber hinausreichenden zusätzlichen Amortisationsschonfrist lässt sich auch mit kalkulatorischen Überlegungen nicht rechtfertigen. Dass ein Hersteller eine Kalkulation aufstellt, wonach erst die Befriedigung des Ergänzungsbedarfs ein betriebswirtschaftlich befriedigendes Ergebnis verspricht, unterliegt seiner freien unternehmerischen Disposition. Er hat ohne Weiteres die Möglichkeit, hiervon abweichend durch die Preisgestaltung dafür zu sorgen, dass bereits der Verkauf der Primärprodukte zur Kostendeckung und zur Erwirtschaftung von Gewinnen führt. Aus der Sicht der Allgemeinheit ist es demgegenüber geradezu erwünscht, dass sich im Sinne einer **Intensivierung des Wettbewerbs** mit preissenkenden Wirkungen andere Anbieter zur Deckung des Folgebedarfs „in eine fremde Serie einschieben". Dies gilt umso mehr, als damit der Tendenz von Monopolbildungen durch faktische Standardisierungen (zB bei Betriebssystemen von Computern, Druckerpatronen, etc.) entgegengetreten wird. Nichtssagende Floskeln wie „einschieben" oder „ausbeuten", die einer nebulösen Gefühlsjurisprudenz entspringen, sind nicht geeignet, diese Argumente zu entkräften.[410]

II. Nachbau von Ersatzteilen

Eine detailgetreue Nachbildung technisch bedingter, nicht austauschbarer Merkmale ist 127
als solche nicht nur wegen des Grundsatzes der Nachahmungsfreiheit nicht zu beanstanden; sie ist im Gegenteil sogar gefordert, um die **Kompatibilität von Original und Ersatzteil** sicherzustellen und Gefährdungen der Verbraucher auszuschließen.[411] Sofern der Nachbau zu Herkunfts- oder Warenverwechslungen führt, ist er jedenfalls dann nicht schutzwürdig, sofern diese durch geeignete und zumutbare Maßnahmen verhindert werden können.[412] Der Unterschied zum Einschieben in eine fremde Serie wird darin gesehen, dass der Hersteller des Ausgangsprodukts seinen Markterfolg durch das erste Umsatzgeschäft bereits voll verwirklicht hat.[413] Diese Abgrenzung erscheint fragwürdig, da es allein von den Produkteigenschaften und in Abhängigkeit davon von der Kalkulation des Herstellers abhängt, ob er damit rechnen kann, eine Amortisation und einen Gewinn bereits durch den Absatz des Originalprodukts und damit auf dem Primärmarkt zu erreichen oder ob ihm dies erst durch die Deckung des Bedarfs für Ersatzteile auf dem Sekundärmarkt gelingt.

Die Frage, ob der Nachbau von Ersatzteilen zulässig ist, hat sich in erster Linie nach dem 128
Inhalt und den **Grenzen des Schutzes von Ersatzteilen durch die Immaterialgüterrechte** zu richten. Im Vordergrund stehen dabei die im Patentrecht entwickelten Grundsätze für die Abgrenzung zwischen der vom Schutzrecht nicht erfassten und daher erlaubten Reparatur zur Aufrechterhaltung der Gebrauchstauglichkeit eines Produkts und der patentrechtlich unzulässigen Neuherstellung. Für die Abgrenzung zwischen bestimmungsgemäßem Gebrauch und Neuherstellung eines erfindungsgemäßen Erzeugnisses ist maßgeblich, ob die getroffenen Maßnahmen unter Berücksichtigung der spezifischen Eigenschaften, Wirkungen und Vorteile der Erfindung noch die Identität des bereits in den Verkehr gebrachten konkreten patentgeschützten Erzeugnisses wahren oder der Schaffung eines neuen erfindungsgemäßen Erzeugnisses gleichkommen.[414] Maßgeblich sind die immaterialgüterrechtlichen Wertungen auch im Verhältnis zum Geschmacksmusterrecht. Dies zeigt sich besonders deutlich bei der im Augenblick heftig umstrittenen **Frage des geschmacksmusterrechtlichen Schutzes von (sichtbaren) Autoersatzteilen.** Sollten

---

409 → Rn 119.

410 In diesem Sinne auch *Beater* 1995 S. 178.

411 BGH GRUR 1968, 49, 51 – Zentralschlossanlage; BGH GRUR 1968, 698, 701 – Rekordspritzen; BGH GRUR 1988, 385, 386 – Wäsche-Kennzeichnungsbänder.

412 → Rn 96.

413 BGH GRUR 1988, 385, 386 – Wäsche-Kennzeichnungsbänder; s. auch BGHZ 41, 55, 57 – Klemmbausteine I; BGH GRUR 1976, 434, 436 – Merkmalklötze.

414 BGH GRUR 2007, 769 (2. Ls) – Pipettensystem.

sich die von der EU-Kommission unterbreiteten Vorschläge[415] für eine „Reparaturklausel" durchsetzen, wonach Autoersatzteile vom geschmacksmusterrechtlichen Schutz ausgenommen werden, so erzeugt diese wettbewerbspolitische Grundentscheidung auch eine Verbindlichkeit für die wettbewerbsrechtliche Beurteilung. Es wäre widersinnig, wenn die Freigabe des Nachbaus von Ersatzteilen durch das Geschmacksmusterrecht über die Hintertür eines wettbewerbsrechtlichen Leistungsschutzes ausgehebelt würde. Fehlt es an einem immaterialgüterrechtlichen Schutz oder ist dieser abgelaufen, so ist prinzipiell davon auszugehen, dass der Nachbau von Ersatzteilen nicht nur zulässig, sondern wegen der preissenkenden Wirkung des Wettbewerbs sogar erwünscht ist. Etwas anderes gilt allenfalls, wenn es zu Herkunftstäuschungen des Verbrauchers kommt, denen durch geeignete und zumutbare Maßnahmen entgegengetreten werden kann.

III. Modeneuheiten

1. Die Grundsätze der Rechtsprechung

129 Der ergänzende wettbewerbsrechtliche Leistungsschutz für Modeneuheiten resultiert aus dem Bedürfnis der Modebranche, sich gegen Nachahmungen von Kreationen, die durch eine besondere Kurzlebigkeit gekennzeichnet sind, zur Wehr zu setzen, weil sie zumeist nur auf eine Saison angelegt sind.

130 Die Wettbewerbswidrigkeit der Nachahmung von Modeschöpfungen ergibt sich regelmäßig nicht aus einer betrieblichen Herkunftsverwechslung, auch wenn diese im Einzelfall vorliegen kann, sondern aus der Behinderung des Modeschöpfers, der unter Einsatz von Kosten und Ideen ein herausragendes, überwiegend nur in einer Saison absetzbares Modell geschaffen hat und darauf angewiesen ist, den erreichten Wettbewerbsvorsprung in dieser Saison zu realisieren.[416] Er wird um die ihm billigerweise zustehenden Früchte seiner Arbeit gebracht, wenn Mitbewerber ihm in der gleichen Saison mit identischen oder nahezu identischen Nachahmungen – unter Ersparung der Entwurfskosten – Konkurrenz machen.[417] Es handelt sich um einen reinen „unmittelbaren Leistungsschutz", bei dem allein die Nachahmung als solche die Unlauterkeit begründet, ohne dass es auf das Vorliegen besonderer, die Wettbewerbswidrigkeit begründender Umstände ankommt.[418]

131 Eine Neuheit im Sinne des Geschmacksmusterrechts ist nicht erforderlich, vielmehr ist eine wettbewerbliche Eigenart auch dann zu bejahen, wenn auf klassische Elemente oder Linien zurückgegriffen wird, falls die Modeschöpfung in der fraglichen Modesaison erstmalig kreiert worden ist und sie deshalb als eigenartige Modeneuheit empfunden wird.[419]

2. Kritik

132 Die Rechtfertigung für die Anerkennung eines auf einen reinen Nachahmungsschutz ausgerichteten Sonderschutz für Modeneuheiten auf wettbewerbsrechtlicher Grundlage ist entfallen, nachdem das Geschmacksmusterrecht dem Schutzbedürfnis der Modebranche hinreichend Rechnung trägt. Dies geschieht vor allem durch die Einführung eines auf drei Jahre befristeten **nicht eingetragenen Gemeinschaftsgeschmacksmusters** (Art. 11 Abs. 1 GGVO). Die Frist beginnt mit dem Tag, an dem das Geschmacksmuster der Öffentlichkeit innerhalb der Gemeinschaft erstmals zugänglich gemacht wurde. Außerdem sieht § 6 GeschmMG eine Neuheitsschonfrist von zwölf Monaten für die Anmeldung eines deutschen Geschmacksmusters vor. Sind die Voraussetzungen für den geschmacksmusterrechtlichen Schutz nicht erfüllt, so besteht kein Grund, Modeneuheiten gegen die Nach-

---

[415] Richtlinienvorschlag der EU-Kommission vom 14. 9. 2004, KOM (2004) 582, S. 7.
[416] *Piper/Ohly* UWG § 4 Nr. 9 Rn 9/56; BGH GRUR 1984, 453 – Hemdblusenkleid.
[417] BGH GRUR 1973, 478, 480 – Modeneuheit; BGH GRUR 1984, 453 – Hemdblusenkleid.
[418] So zutreffend Harte/Henning/*Sambuc* UWG § 4 Nr. 9 Rn 28 ff, insbesondere 29, 35.
[419] BGHZ 60, 168, 170 – Modeneuheit; BGH GRUR 1984, 453 – Hemdblusenkleid; BGH GRUR 1998, 477, 479 – Trachtenjanker.

ahmung als solche zu schützen. Ungeachtet dessen bestehen nach der Rechtsprechung des BGH der Schutz des nicht eingetragenen Geschmacksmusters und der ergänzende wettbewerbsrechtliche Leistungsschutz nebeneinander.[420] Dies führt zu der logisch kaum begründbaren Konsequenz, dass der wettbewerbsrechtliche Leistungsschutz auch dann eingreift, wenn der geschmacksmusterrechtliche Schutz abgelaufen ist, wenn auf ihn bewusst verzichtet wurde oder aber die Schutzvoraussetzungen nicht vorgelegen haben.

Eine andere Beurteilung wäre allenfalls gerechtfertigt, wenn man § 4 Nr. 9a als eine spezifische Ausprägung des Irreführungsverbots mit einer verbraucherschützenden Funktion auffassen würde.[421] Dann müsste konkret und fundiert begründet werden, dass der angesprochene Durchschnittsverbraucher (§ 3 Abs. 2) durch die Aufmachung des Produkts über dessen betriebliche Herkunft irregeführt würde.[422] Voraussetzung für eine solche dogmatische Neuorientierung wäre allerdings, dass die traditionellen Grundsätze der Rechtsprechung aufgegeben würden, wonach ein wettbewerbsrechtlicher Schutz vor Irreführung bei betrieblichen Herkunftsangaben nur dann gewährt wird, wenn sich mit der betrieblichen Herkunftsangabe Gütevorstellungen verbinden.[423] Entsprechendes gilt auch für das Erfordernis, dass ein kennzeichenrechtlicher Schutz bestehen muss, da der Irreführungsschutz als ein über den individualrechtlichen Kennzeichenschutz hinausreichender Schutz betrachtet wird.[424] Angesichts der klaren Regelung in § 5 Abs. 2 dürfte hieran kein Weg vorbeiführen. Wegen der weitgehenden Überschneidung mit § 5 Abs. 2 spricht einiges für die Auffassung von *Köhler*, dass sich die Bedeutung des Tatbestands des § 4 Nr. 9a darin erschöpft, „dem von der Produktnachahmung betroffenen Originalhersteller einen Schadensersatzanspruch nach den Grundsätzen der dreifachen Schadensberechnung zu gewähren."[425] Eine abstrakte Verwechslungsgefahr genügt nicht, um das Vorliegen einer vermeidbaren Herkunftstäuschung zu begründen, da dies im Widerspruch zu der für die Anerkennung einer Benutzungsmarke erforderlichen Verkehrsgeltung nach § 4 Nr. 2 MarkenG steht. 133

M. Rechtsfolgen

I. Aktiv- und Passivlegitimation

1. Anspruchsberechtigter

Da das Schutzgut des wettbewerbsrechtlichen Leistungsschutzes in erster Linie die Individualinteressen des durch die Nachahmung Verletzten bilden, steht die Klagebefugnis regelmäßig nur dem **Hersteller** oder einem **ausschließlich Vertriebsberechtigten** zu und kann nicht von Verbänden oder Kammern und grundsätzlich auch nicht vom Händler einer Ware in Anspruch genommen werden.[426] Etwas anderes gilt ausnahmsweise dann, wenn der Händler selbst durch die Auswahl und Zusammenstellung einer Kollektion eine schutzwürdige Leistung erbracht hat, die nachgeahmt wird.[427] Hieran wird erkennbar, dass der ergänzende wettbewerbsrechtliche Leistungsschutz einem auf die Zuweisung eines subjektiven Rechts angelegten Immaterialgüterrecht sehr nahe kommt. Eine Anspruchsberechtigung von Verbänden (§ 8 Abs. 3 Nr. 2 bis 4), insbesondere Verbraucherverbänden, kommt dann in Betracht, wenn man den Tatbestand der vermeidbaren Herkunftstäuschung 134

---

420 Vgl. BGH GRUR 2006, 79, 80 – Jeans I; BGH GRUR 2006, 346, 347 – Jeans II.

421 Vgl. dazu *Ohly* GRUR 2007, 731, 738; *Köhler* GRUR 2007, 548 Rn 31.

422 *Ohly* GRUR 2007, 731, 738.

423 Vgl. BGH GRUR 1966, 267, 270 – White Horse; BGH GRUR 1970, 528, 531 – Migrol; BGH GRUR 1990, 68, 69 – VOGUE-Ski.

424 Vgl. BGH GRUR 1997, 754, 755 – grau/magenta.

425 *Köhler* GRUR 2009, 445, 451.

426 Vgl. BGH GRUR 1994, 630, 634 – Cartier-Armreif; BGH GRUR 1988, 620, 621 – Vespa-Roller; BGH GRUR 1991, 223, 224 – Finnischer Schmuck.

427 BGH GRUR 1991, 223, 224 – Finnischer Schmuck.

nach § 4 Nr. 9a als einen Unterfall des Irreführungsverbots nach § 5 und demzufolge auch als eine verbraucherschützende Norm auffasst.[428] Voraussetzung hierfür wäre allerdings, dass generell in Abweichung von der bisherigen Rechtsprechung[429] auch die Täuschung über die betriebliche Herkunft als relevante Irreführung im Sinne des § 5 anerkannt wird, wofür die Regelung des Art. 6 Abs. 2 lit. a der Richtlinie über unlautere Geschäftspraktiken spricht. Danach gilt jegliche Art der Vermarktung eines Produkts, die eine Verwechslungsgefahr mit einem anderen Produkt oder Kennzeichen begründet, als irreführend. Nach der „Schwarzen Liste" im Anhang I Nr. 13 ist jede Werbung unlauter, die absichtlich Verbraucher zu einer Produktverwechslung verleitet. Von einer Beeinträchtigung von Verbraucherinteressen, die eine Anspruchsberechtigung von Verbraucherverbänden auslösen kann, ist auch dann auszugehen, wenn die nachgeahmten Produkte von minderwertiger Qualität sind oder wenn von ihnen Gefahren für die Sicherheit ausgehen.

2. Anspruchsverpflichteter

135 Anspruchsverpflichtet sind diejenigen Personen, die das Tatbestandsmerkmal des „Anbietens" verwirklichen. Das sind der **Hersteller,** der **Importeur** und auch der **Händler,** der das nachgeahmte Produkt vertreibt.[430] Darüber hinaus kann auch eine in dem Unternehmen tätige Person, die für die Nachahmung verantwortlich ist, wie insbesondere ein Konstruktionsleiter, der Kenntnis von der Nachahmung hatte, für eine Mithaftung in Anspruch genommen werden.[431]

II. Unterlassungs- und Beseitigungsanspruch

136 Der verschuldensunabhängige Unterlassungsanspruch, der in der Praxis die wichtigste Rolle spielt, **richtet sich nur gegen das „Anbieten", nicht aber gegen das „Herstellen"** des nachgeahmten Produkts.[432] Der Unterlassungsanspruch ist nicht schon dann ausgeschlossen, wenn der Vertrieb des nachgeahmten Produkts gegen ein gesetzliches Verbot verstößt oder selbst wettbewerbswidrig ist.[433] Da die Herstellung der nachgeahmten Erzeugnisse nicht untersagt werden kann, ist auch ein Vernichtungsanspruch als Form des Beseitigungsanspruchs ausgeschlossen.[434]

III. Schadensersatz

137 Im Falle des Verschuldens, das heißt eines vorsätzlichen oder fahrlässigen Verstoßes gegen §§ 3, 4 Nr. 9a bis c steht dem Anspruchsberechtigten gemäß § 9 S. 1 ein Schadensersatzanspruch zu. Im Rahmen des ergänzenden wettbewerbsrechtlichen Leistungsschutzes findet die bei der Verletzung von Immaterialgüterrechten anerkannte **dreifache Art der Schadensberechnung** Anwendung. Dies gilt auch für Erzeugnisse, die nur eine geringe wettbewerbliche Eigenart aufweisen.[435] Danach kann der Verletzte zwischen der **Konkretmethode nach der Differenzhypothese** einschließlich des entgangenen Gewinns (§§ 249 Abs. 1, 252 BGB) und der objektiven Schadensberechnungsart, nämlich der **Lizenzanalo-**

---

[428] In diesem Sinne *Ohly* GRUR 2007, 731, 738.

[429] Vgl. BGH GRUR 1952, 577, 581 – Zwilling; BGH GRUR 1966, 267, 270 – White Horse; BGH GRUR 1970, 528, 531 – Migrol; BGH GRUR 1997, 754, 755 – grau/magenta.

[430] Vgl. BGH GRUR 1981, 517, 520 – Rollhocker; BGH GRUR 1994, 630, 634 – Cartier-Armreif; BGH GRUR 2004, 941, 943 – Metallbett; BGH GRUR 2005, 519, 520 – Vitamin-Zell-Komplex.

[431] BGH GRUR 1999, 751, 754 – Güllepumpen.

[432] Vgl. BGH GRUR 1988, 690, 693 – Kristallfiguren; BGH GRUR 1996, 210, 212 – Vakuumpumpen; BGH GRUR 1999, 751 – Güllepumpen; BGH GRUR 1999, 923, 927 – Tele-Info-CD.

[433] BGH GRUR 2005, 519 (2. Ls) – Vitamin-Zell-Komplex.

[434] BGH GRUR 1988, 690, 693 – Kristallfiguren; BGH GRUR 1999, 923, 928 – Tele-Info-CD.

[435] BGH GRUR 1993, 757, 758 – Kollektion Holiday.

gie oder der **Herausgabe des Verletzergewinns,** wählen und sich die für ihn günstigste aussuchen. Das Wahlrecht erlischt erst durch Erfüllung oder rechtskräftige Zuerkennung des Anspruchs.[436] Die konkrete Schadensberechnungsmethode spielt in der Praxis nur eine geringe Rolle, weil sich der Nachweis eines entgangenen Gewinns trotz der Beweiserleichterung des § 252 S. 2 BGB oft kaum mit hinreichender Sicherheit führen lässt. Gerade wenn das nachgeahmte Produkt zu wesentlich günstigeren Preisen vertrieben worden ist als das Original, kann nicht ohne Weiteres angenommen, werden, dass der Verletzte sein Erzeugnis ebenfalls abgesetzt hätte und demzufolge eine Einbuße durch entgangene Gewinne erlitten hat. Im Vordergrund steht in der Praxis die Berechnungsart der „Lizenzanalogie". Sie beruht auf dem Gedanken, dass dem Verletzer die Zahlung des üblichen Entgelts für die Nutzung einer fremdem Leistung nicht erspart bleiben soll und stellt darauf ab, wie die Vermögenslage des Verletzten sich bei rechtmäßigem Verhalten des Verletzers darstellen würde.[437] Da dieser für die Inanspruchnahme der Leistung üblicherweise eine Lizenzgebühr zu zahlen gehabt hätte, ist der Verletzer so zu behandeln, als sei durch seinen rechtswidrigen Eingriff dem Rechtsinhaber die angemessene Lizenzgebühr entgangen.[438] Die **Angemessenheit der geschuldeten Lizenzgebühr** bemisst sich danach, was bei vertraglicher Einräumung ein vernünftiger Lizenzgeber gefordert und ein vernünftiger Lizenznehmer gewährt hätte, wenn beide die im Zeitpunkt der Entscheidung gegebene Sachlage gekannt hätten.[439] Dabei handelt es sich nicht um die nachträgliche Konstruktion des Abschlusses eines Lizenzvertrages, sondern um eine **Methode der Schadensberechnung.** Diese hat keine Strafcharakter, sondern soll dafür sorgen, dass der Verletzte einen billigen Schadensausgleich erhält. Der Schädiger soll nicht besser, aber auch nicht schlechter gestellt werden als ein rechtstreuer Konkurrent.[440] Unerheblich ist es, ob der Verletzte überhaupt zur Lizenzierung bereit gewesen wäre. Im Sinne einer objektiven Eignung zur Lizenzvergabe genügt es, dass ein Lizenzierungsinteresse auf Seiten des potentiellen Lizenznehmers und eine nur hypothetische Möglichkeit der Lizenzvergabe auf Seiten des Verletzten vorhanden sind.[441]

Die Schadensberechnungsart der Herausgabe des Verletzergewinns gründet sich auf die Fiktion, dass dem Verletzten entsprechende eigene Geschäfte (und daraus resultierende Gewinnmöglichkeiten) entgangen sind.[442] Wegen der besonderen Schutzbedürftigkeit soll der Verletzte auch schon bei fahrlässigem Verhalten wie der Geschäftsherr bei der angemaßten Geschäftsführung nach § 687 Abs. 2 BGB gestellt werden.[443] Den Ausgangspunkt der Berechnung des abzuschöpfenden Gewinns bildet die Überlegung, dass nur der Vorteil, den der Verletzer gerade aus der Nachahmung des konkreten Original-Erzeugnisses gezogen hat, vom Verletzten verlangt werden darf.[444] Hieraus folgt einerseits, dass diejenigen Kosten abgezogen werden dürfen, die der Herstellung des nachgeahmten Produkts zuzuordnen sind; andererseits kann aber der Rechtsverletzer nicht Kosten in Ansatz bringen, die generell, also unabhängig von der Herstellung des nachgeahmten Produktes, anfallen. Bei der Bemessung des Schadensersatzes nach diesen Grundsätzen gehören zu den **Kosten, die der Produktion des rechtsverletzenden Gegenstands unmittelbar zugerechnet werden können,** neben den Produktions- und Materialkosten und den Vertriebskosten die Kosten des Personals, das für die Herstellung und den Vertrieb des Nachahmungsprodukts eingesetzt ist, sowie bei Investitionen in Anlagevermögen die Kosten für Maschinen und Räumlichkeiten (anteilig bezogen auf ihre Lebensdauer), die nur für die Produktion und den 138

[436] BGH GRUR 1993, 757, 758 – Kollektion Holiday.
[437] BGH GRUR 1990, 1008, 1009 – Lizenzanalogie.
[438] BGH GRUR 1993, 899, 901 – Dia-Duplikate.
[439] BGH GRUR 1990, 1008, 1009 – Lizenzanalogie; BGH GRUR 1993, 899, 901 – Dia-Duplikate.
[440] Harte/Henning/*Sambuc* UWG § 4 Nr. 9 Rn 210; *Piper/Ohly* UWG § 4 Nr. 9 Rn 9/120.
[441] BGH GRUR 1994, 808, 811 – Markenverunglimpfung I; *Piper/Ohly* UWG § 4 Nr. 9 Rn 9/120.
[442] BGH GRUR 1995, 349, 351 – Objektive Schadensberechnung; BGH GRUR 2001, 329, 331 – Gemeinkostenanteil; BGH GRUR 2007, 431 – Steckverbindergehäuse.
[443] BGH GRUR 2007, 431 – Steckverbindergehäuse.
[444] Harte/Henning/*Sambuc* UWG § 4 Nr. 9 Rn 217.

Vertrieb der Nachahmungsprodukte verwendet worden sind. **Nicht anrechenbar** sind die Kosten, die unabhängig vom Umfang der Produktion und des Vertriebs durch die Unterhaltung des Betriebs entstanden sind. Hierzu zählen allgemeine Marketingkosten, wie Geschäftsführergehälter, Verwaltungskosten sowie die Kosten für Anlagevermögen, das nicht konkret der Rechtsverletzung zugerechnet werden kann. Nicht anrechenbar sind ferner Anlauf- und Entwicklungskosten sowie Kosten für die nicht mehr veräußerbaren Produkte.[445]

IV. Bereicherungsanspruch

139 Abweichend davon, dass Wettbewerbsverstöße nach hM keine Bereicherungsansprüche gegen Mitbewerber auslösen,[446] besteht beim ergänzenden wettbewerbsrechtlichen Leistungsschutz ein **Anspruch aus Eingriffskondiktion** nach § 812 Abs. 1 S. 1 2. Alt. BGB, da sich aus dem Zuweisungsgehalt der Rechtsposition ergibt, dass die Nutzungsmöglichkeit als das „Erlangte" aus der Leistung des Bereicherungsgläubigers stammt.[447] Der nach § 818 Abs. 2 BGB geschuldete Wertersatz richtet sich nach dem objektiven Verkehrswert des Erlangten, der sich nach der angemessenen Lizenzgebühr bestimmt.[448] Praktische Bedeutung erlangt der verschuldensunabhängige Bereicherungsanspruch wegen Eingriffskondiktion nur in den Fällen, in denen (ausnahmsweise) nicht wenigstens eine fahrlässige und damit schuldhafte Rechtsverletzung vorliegt, so dass die Voraussetzungen für einen Schadensersatzanspruch nicht erfüllt sind.

V. Auskunftsansprüche

1. Unselbstständiger Auskunftsanspruch

140 Der unselbstständige Auskunftsanspruch, der seine Rechtsgrundlage in § 242 BGB hat und dem inzwischen gewohnheitsrechtlicher Rang zukommt,[449] dient als akzessorischer Hilfsanspruch zur **Vorbereitung eines gegen den Auskunftspflichtigen gerichteten Hauptanspruchs.**[450] Zumeist richtet sich der Auskunftsanspruch auf eine Verpflichtung des Beklagten, dem Kläger diejenigen Informationen zu geben, die er benötigt, um seinen Schadensersatzanspruch zu beziffern. Regelmäßig wird er mit einem Anspruch auf Unterlassung und Feststellung der Schadensersatzpflicht verbunden. Bei einer derartigen Abhängigkeit von der Schadensersatzpflicht setzt auch der Auskunftsanspruch Verschulden voraus. Sofern er zur Feststellung des Bestehens oder Umfangs eines Unterlassungs- bzw Beseitigungsanspruchs gestellt wird, ist dagegen kein Verschulden erforderlich.[451]

2. Anspruch auf Drittauskunft

141 **Zweck des Anspruchs auf Drittauskunft** ist es, zukünftige Wettbewerbsverstöße durch Auskunft über die Lieferanten bzw Abnehmer wettbewerbswidrig vertriebener Produkte zu unterbinden. Rechtsgrundlage für einen Anspruch auf Drittauskunft ist **§ 242 BGB (Treu und Glauben)**[452] und nicht eine analoge Anwendung der Regelungen zu

---

[445] BGH GRUR 2007, 431 (Ls b und c) – Steckverbindergehäuse; im Anschluss an BGHZ 145, 366 = GRUR 2001, 329, 331 – Gemeinkostenanteil (zu einer Geschmacksmusterrechtsverletzung).
[446] Offen gelassen in BGH GRUR 1960, 554, 557 – Handstrickverfahren; BGH GRUR 1991, 914, 917 – Kastanienmuster.
[447] BGHZ 82, 299, 306 – Kunststoffhohlprofil II.
[448] BGHZ 82, 299, 306 – Kunststoffhohlprofil II.
[449] BGH GRUR 1980, 227, 232 – Monumenta Germaniae Historica; BGH GRUR 1994, 630, 632 – Cartier-Armreif.
[450] *Piper/Ohly* UWG § 4 Nr. 9 Rn 9/130.
[451] BGH GRUR 1972, 558, 560 – Teerspritzmaschinen.
[452] BGHZ 125, 322, 329 – Cartier-Armreif; BGH GRUR 1994, 635, 637 – Pulloverbeschriftung.

den Auskunftspflichtigen, wie sie das Produktpirateriegesetz[453] zum Schutz von Immaterialgütern eingeführt hat.[454] Vorraussetzung für die Gewährung dieses Anspruchs, der verschuldensunabhängig ist, da er den Unterlassungsanspruch vorbereitet, ist eine Interessenabwägung, wobei vor allem der Gesichtspunkt der Verhältnismäßigkeit nach Maßgabe der besonderen Umstände des Einzelfalls zu berücksichtigen ist.[455] Dabei sind auf Seiten des Verletzten einerseits Art und Bedeutung der geschützten Rechtsposition, der Grad deren Beeinträchtigung sowie das Gewicht zukünftiger Störungen und andererseits auf Seiten des Verletzers das Interesse an der Geheimhaltung seiner geschäftlichen Verhältnisse und auch die Folgen einer Auskunft für den Dritten zu berücksichtigen.[456]

3. Anspruch auf Rechnungslegung

Als besondere Ausprägung des Auskunftsanspruchs kommt zur Berechnung des Scha- 142
densersatzes im Wege der Lizenzanalogie oder der Herausgabe des Verletzergewinns der Anspruch auf Rechnungslegung in Betracht. Neben der Mitteilung der zur Schadensberechnung notwendigen Informationen beinhaltet er erforderlichenfalls auch die Vorlage einer die geordnete Zusammenstellung der Einnahmen oder Ausgaben enthaltenden Rechnung sowie von Belegen (§ 259 Abs. 1 BGB).[457]

VI. Verjährung

Obwohl angesichts des quasi-immaterialgüterrechtlichen Charakters des ergänzenden 143
wettbewerbsrechtlichen Leistungsschutzes eine Verjährung von drei Jahren, wie im allgemeinen Deliktsrecht und bei den Sonderschutzrechten, angemessener wäre,[458] gilt nach der klaren gesetzlichen Regelung des § 11 die kurze Verjährung von sechs Monaten. Die dreijährige Verjährungsfrist nach § 852 BGB gilt nur dann, wenn eine vorsätzliche sittenwidrige Schädigung im Sinne des Deliktstatbestandes des § 826 BGB vorliegt.[459] Diese Voraussetzungen dürften aber nur ganz ausnahmsweise unter besonderen Umständen erfüllt sein. Auch die Anwendbarkeit des § 823 Abs. 1 BGB scheidet regelmäßig aus, da der wettbewerbsrechtliche Leistungsschutz kein „sonstiges Recht" im Sinne des Abs. 1 ist und eine unlautere Nachahmung auch keinen Eingriff in den eingerichteten und ausgeübten Gewerbebetrieb darstellt. Es fehlt an der Betriebsbezogenheit. Außerdem kommt dieser Tatbestand nur subsidiär zum Tragen, soweit vorrangige Regelungen, zu denen auch der Nachahmungsschutz nach § 4 Nr. 9 gehört, nicht einschlägig sind.

VII. Klageantrag

An die Bestimmtheit des Klageantrags und des in ihm begehrten Verbotsausspruchs sind 144
nach Maßgabe des § 253 Abs. 2 Nr. 2 ZPO strenge Anforderungen zu stellen. Bei deren Formulierung ist deshalb ganz besondere Sorgfalt geboten. Ein Unterlassungsantrag nach § 253 Abs. 2 Nr. 2 ZPO und nach § 313 Abs. 1 Nr. 4 ZPO und die darauf beruhende Verurteilung darf nicht derart undeutlich gefasst sein, dass der Streitgegenstand und der Umfang der Prüfungs- und Entscheidungsbefugnis des Gerichts nicht mehr klar umrissen

---

453 Vom 7. 3. 1990, BGBl. I S. 422.

454 Vgl. § 101 a UrhG, § 46 GeschmMG, § 104 b PatG, § 24 b GebrMG, § 9 HLSchG, § 37 SSchG, § 19 MarkenG.

455 Vgl. BGH GRUR 1994, 630, 632 – Cartier-Armreif.

456 BGH BGH GRUR 1994, 630, 632 – Cartier-Armreif; BGH GRUR 2001, 841, 843 – Entfernung der Herstellungsnummer II.

457 Vgl. BGH GRUR 1981, 517, 520 – Rollhocker; BGH GRUR 1986, 673, 676 – Beschlagprogramm; BGH GRUR 1988, 690, 693 – Kristallfiguren; BGH GRUR 1999, 1106, 1109 – Rollstuhlnachbau.

458 So zu Recht Harte/Henning/*Sambuc* UWG § 4 Nr. 9 Rn 228.

459 BGH GRUR 1999, 751, 753 – Güllepumpen.

sind, so dass sich der Beklagte nicht erschöpfend verteidigen kann und im Ergebnis dem Vollstreckungsgericht die Entscheidung darüber überlassen bleibt, was dem Beklagten verboten ist.[460] Der Klageantrag und entsprechend der Verbotsausspruch müssen zumindest unter Heranziehung des Klagevortrags unzweideutig erkennen lassen, in welchen Merkmalen des angegriffenen Erzeugnisses die Grundlage und der Anknüpfungspunkt des Wettbewerbsverstoßes und damit des Unterlassungsgebotes liegen soll.[461] Der Unterlassungsantrag muss so konkretisiert und präzisiert werden, dass sich Inhalt und Grenzen des darauf beruhenden Verbotsausspruchs klar und eindeutig definieren lassen. Die Angabe von Merkmalen wie „Farbe, Gesamtaussehen, Abmessungen, Form, typische Anordnung der Bauteile, technische Gestaltung und Funktionsweise" sind so allgemein gehalten, dass sie den Bestimmtheitsanforderungen nicht genügen.[462] Entsprechendes gilt auch für die Formulierung „zu Verwechslungen geeignet", mit der nach den zur Auslegung des Tenors mit heranzuziehenden Entscheidungsgründen die Gefahr einer betrieblichen Herkunftsverwechslung gemeint ist.[463] Auch wenn es sich nicht stets vermeiden lässt, dass das Vollstreckungsgericht bei der Beurteilung der Frage, ob ein Verstoß gegen ein ausgesprochenes Verbot vorliegt, in gewissem Umfang auch Wertungen vornimmt,[464] so handelt es sich um eine grundsätzlich dem Erkenntnisverfahren vorgehaltene Tatfrage, die nicht ins Vollstreckungsverfahren verlagert werden darf.[465] Letztlich kommt die Verwendung derart allgemeiner, weit gefasster Begriffe der Wiederholung des Gesetzestextes nahe, die die Entscheidung über Inhalt und Grenzen des Verbotsauspruchs fast vollständig dem Vollstreckungsgericht überlässt.

145 Mit Blick auf den Umfang der Rechtskraft des Urteils bedarf es auch der Klarstellung, auf welche Anspruchsgrundlage der Kläger sein Begehren stützt. Kommt neben einem Anspruch aus einer geltend gemachten Schutzrechtsverletzung auch ein Anspruch unter dem Gesichtspunkt des ergänzenden Leistungsschutzes in Betracht, so ist darauf abzustellen, ob der Kläger sich zur Begründung seiner Klage allein auf das Schutzrecht gestützt hat oder ob er – kumulativ oder alternativ – einen Lebenssachverhalt vorgetragen hat, der den Tatbestand einer wettbewerbswidrigen Nachahmung begründen kann.[466] Gründet sich der Klageantrag allein auf eine Schutzrechtsverletzung, so darf das Gericht die begehrte Rechtsfolge nicht mit einem Wettbewerbsverstoß unter dem Gesichtspunkt des ergänzenden wettbewerbsrechtlichen Leistungsschutzes zusprechen, da dies gegen § 308 Abs. 1 ZPO verstößt.[467]

146 Der Unterlassungsantrag braucht keine Einschränkungen hinsichtlich der Maßnahmen zu enthalten, durch die eine Herkunftstäuschung vermieden werden kann. Der Kläger kann das auf das Verletzungsverhalten bezogene Verbot grundsätzlich einschränkungslos begehren, da es Sache des Verletzers ist, einen Weg zu finden, der ihn aus dem Verbotsbereich herausführt.[468]

---

[460] BGH GRUR 2002, 86, 88 – Laubhefter, unter Hinweis auf BGH GRUR 1998, 489, 491 – Unbestimmter Unterlassungsantrag III; BGH GRUR 1999, 1017 – Kontrollnummernbeseitigung; BGH GRUR 2001, 453, 454 – TCM-Zentrum.

[461] BGH GRUR 2001, 86, 88 – Laubhefter, unter Verweis auf BGH GRUR 1966, 617, 618 – Saxophon.

[462] BGH GRUR 2001, 86, 88 – Laubhefter, unter Hinweis auf BGH GRUR 1993, 565, 566 – Faltenglätter.

[463] BGH GRUR 2001, 86, 88 – Laubhefter, unter Hinweis auf BGH GRUR 1990, 611, 617 – Werbung im Programm.

[464] BGH GRUR 2001, 86, 88 – Laubhefter, unter Hinweis auf BGH GRUR 1987, 172, 174 – Unternehmensberatungsgesellschaft I.

[465] BGH GRUR 2001, 86, 88 – Laubhefter.

[466] BGH GRUR 2001, 755 (1. Ls) – Telefonkarte.

[467] BGH GRUR 2001, 755, 757 – Telefonkarte.

[468] BGH GRUR 2002, 820, 823 – Bremszangen.

Behinderungswettbewerb (§ 4 Nr. 10)

Übersicht

	Rn
A. Einleitung	**1**
I. Zweck und Bedeutung	1
1. Der Behinderungstatbestand der Generalklausel	1
2. Einzelfallbezogene Bewertung und Interessenabwägung	2
3. Abgrenzung zur allgemeinen Marktbehinderung	3
II. Entstehungsgeschichte	4
III. Rechtsvergleichung und europäische Harmonisierung	11
IV. Verhältnis zu anderen Regelungen des UWG	12
V. Verhältnis zum Kartellrecht	13
VI. Verhältnis zum BGB	16
B. Allgemeine Tatbestandsvoraussetzungen	**17**
I. Geschäftliche Handlung	17
II. Mitbewerber	18
III. Behinderung	19
IV. Zielgerichtetheit	20
V. Bagetellklausel	22
VI. Die klassischen Formen der Behinderung als Ausgangspunkt der Darstellung	23
C. Die einzelnen Behinderungstatbestände	**24**
I. Boykott	24
1. Begriff und Bedeutung	24
2. Verhältnis zu anderen Regelungen	26
a) Das kartellrechtliche Boykottverbot	26
b) Deliktstatbestände der §§ 823 Abs. 1, 826 BGB	27
3. Unlauterkeitsvoraussetzungen	28
a) Geschäftliche Handlung	28
b) Aufforderung	29
c) Inhalt des Aufrufs	32
d) Rechtswidrigkeit	33
II. Preisunterbietung	35
1. Zusammenhang mit dem Vernichtungswettbewerb	35
2. Grundsatz der freien Preisgestaltung	36
3. Verkäufe unter Einstandspreis oder Selbstkosten	37
4. Gezielte Kampfpreisunterbietung (Vernichtungswettbewerb)	38
a) Grundsätze der Rechtsprechung	38
b) Bewertung	39
5. Darlegungs- und Beweislast	40
6. Verhältnis zum Kartellrecht	41
III. Missbrauch von Nachfragemacht	42
1. Problembeschreibung	42
2. Wettbewerbswidrige Behinderung	43
3. Maßgeblichkeit der kartellrechtlichen Wertungen	44
IV. Betriebsstörungen	45
1. Physische Einwirkungen und Betriebsspionage	45
2. Abwerben von Mitarbeitern	47
a) Grundsätzliche Zulässigkeit	47
b) Unzulässigkeit des Abwerbens	48
aa) Unlautere Mittel	49
(1) Ansprechen am Arbeitsplatz	49
(2) Verleiten zum Vertragsbruch	51
(3) Ausnutzen eines Vertragsbruchs	53
(4) Beeinträchtigung der Entscheidungsfreiheit	54
bb) Unlautere Zwecke der Abwerbung	55

Rn

(1) Grundsatz ... 55
(2) Existenzgefährdung ... 56
(3) Beschaffung von Geschäftsgeheimnissen ... 57
(4) Ausnutzung von Vertragsbeziehungen oder Vertragsverhandlungen ... 58
cc) Rechtsfolgen ... 59
3. Testmaßnahmen ... 60
a) Grundsätzliche Zulässigkeit ... 60
b) Ausnahme: Unzulässigkeit ... 61
aa) Täuschung ... 62
bb) Störung des Betriebsablaufs ... 63
cc) Testfotos ... 64
4. Unberechtigte Abmahnung ... 65
a) Grundsatz:keine Unlauterkeit ... 65
b) Ausnahme: Unlauterkeit ... 66
aa) Fehlende Abmahnbefugnis ... 67
bb) Rechtsfolgen ... 68
cc) Verhältnis zu anderen Regelungen ... 69
5. Unberechtigte Schutzrechtsverwarnung ... 70
a) Begriff und Bedeutung ... 70
b) Fehlende Berechtigung ... 71
c) Herstellerverwarnung und Abnehmerverwarnung ... 72
d) Interessenlage ... 73
e) Eingriff in das Recht am eingerichteten und ausgeübten Gewerbebetrieb ... 74
aa) Grundlagen der Beurteilung ... 74
bb) Die Grundsatzentscheidung des RG und die ständige Rechtsprechung des BGH ... 75
cc) Vorlagebeschluss des I. Zivilsenats ... 76
dd) Der Beschluss des Großen Senats für Zivilsachen ... 78
ee) Kritik und eigene Stellungnahme ... 79
ff) Konsequenzen ... 84
f) Unterlassungsanspruch ... 86
g) Schadensersatzanspruch ... 87
aa) Verschulden des Verwarners ... 87
bb) Besondere Sorgfaltsanforderungen ... 88
cc) Inhalt ulnd Umfang des Schadensersatzanspruchs ... 89
dd) Mitverschulden des Verwarnten ... 90
h) Verhältnis zu anderen Regelungen ... 91
aa) Zum UWG ... 91
bb) Zum BGB ... 92

V. Absatzbehinderung, Nachfrage- und Werbebehinderung sowie Behinderung durch Zeichenerwerb ... 93
1. Absatzbehinderung ... 94
a) Kundenbezogene Behinderung ... 96
aa) Abfangen von Kunden ... 97
(1) Verhältnis zu anderen Regelungen des UWG ... 98
(2) Abfangen in räumlicher Nähe zum Mitbewerber ... 99
(3) Werbung im sonstigen zeitlichen Kontext mit der Werbung des Mitbewerbers ... 100
(4) Unterschieben fremder Waren oder Dienstleistungen ... 101
(5) Abfangen geschäftlicher Korrespondenz ... 102
(6) Verwendung von verwechslungsfähigen Telefonnummern oder Domainnamen ... 103
(7) Kanalisierung von Kundenströmen durch die Verwendung beschreibender Begriffe in Domains und Vanity-Rufnummern ... 104
(a) Second-Level-Domains ... 104
(b) Vanity-Rufnummern ... 105
(8) Umleitung von Kundenströmen durch Beeinflussung von Internet-Suchmaschinen ... 106
(a) Metatags ... 107
(b) Keyword-Buying ... 108
(c) Keyword-Advertising ... 109
bb) Ausspannen von Kunden ... 110
(1) Verhältnis zu anderen Regelungen des UWG ... 111

Rn
(2) Konkurrenzschützende Regelungen ... 112
cc) Verleiten zum Vertragsbruch ... 113
b) Produktbezogene Behinderung ... 115
aa) Einwirkung auf Produkte ... 116
(1) Unmittelbare Einwirkung ... 116
(2) Mittelbare Einwirkung ... 117
bb) Entfernung von Kennzeichen ... 120
(1) Weitervertrieb der Ware ohne Herstellerkennzeichen und neues Kennzeichen ... 121
(2) Anbringung eines eigenen Kennzeichens ... 122
(a) Anstelle des Herstellerkennzeichens ... 122
(b) Zusätzlich zum Herstellerkennzeichen ... 123
c) Vertriebsbezogene Behinderung ... 124
aa) Allgemeine Bedeutung ... 124
bb) Aufkauf von Waren ... 125
cc) Inzahlungnahme ... 126
dd) Schutz vor Konkurrenz durch rechtliche Mittel ... 127
ee) Einflussnahme auf Händler ... 128
ff) Entfernung von Kontrollnummern ... 129
(1) Allgemeines ... 129
(2) Selektives Vertriebssystem ... 131
(a) Kartellrechtliche Zulässigkeit ... 132
(b) Diskriminierungsfrei ... 133
(3) Ansprüche des Herstellers ... 134
(a) Gegen den gebundenen Händler ... 135
(b) Gegen den Außenseiter ... 136
(4) Gesetzlich vorgeschriebene Kontrollnummern ... 138
(5) Irreführung ... 140
2. Nachfragebehinderung ... 141
3. Werbebehinderung ... 142
a) Bedeutung ... 142
b) Werbung im Internet ... 144
c) Unmittelbare Bezugnahme auf die Werbung eines Konkurrenten ... 145
d) Ambush-Marketing ... 147
4. Behinderung durch Kennzeichenverwendung ... 148
a) Ausgangspunkt der Beurteilung ... 148
b) Vorrang des Markenrechts ... 149
c) Behinderung durch „Sperrzeichen" ... 150
aa) Grundsatz ... 150
bb) Besondere Umstände ... 151
d) Behinderung durch „Spekulationsmarken" ... 153
aa) Markenhandel ... 153
bb) Hinterhaltsmarken ... 154
e) Behinderung durch Internetdomains ... 159
aa) Gleichnamigkeit ... 160
bb) Domain grabbing ... 161
cc) Gattungsbegriffe ... 162
f) Mithaftung der DENIC ... 163
g) Vanity-Rufnummern ... 164

D. Allgemeine Marktbehinderung (Marktstörung) ... 165

Schrifttum: *Ahrens,* „Kostenloser" Vertrieb meinungsbildender Tagespresse, WRP 1999, 123; *Baudenbacher,* Marktstörung durch Ausnutzen fremden Vertragsbruchs zu Lasten selektiver Vertriebssysteme, FS Gaedertz, 1992, S. 19; *Bettinger/Freytag,* Verantwortlichkeit der DENIC eG für rechtswidrige Domains?, CR 1999, 28; *Brandl/Fallenböck,* Der Schutz von Internet-Domain-Namen nach UWG, RdW 1999, 186; *Diesbach/Bormann/Vollrath,* Public-Viewing als Problem des Urheber- und Wettbewerbsrechts, ZUM 2006, 265; *Dittmer,* Zur gezielten Behinderung von Mitbewerbern, EWiR 2006, 665; *ders.,* Zur Abwerbung von Kunden durch Unterstützung bei der Kündigung, EWiR 2005, 745; *Deutsch,* Gedanken zur unberechtigten Schutzrechtsverwarnung, WRP 1999, 25; *ders.,* Zur Markenverunglimpfung, GRUR 1995, 319; *ders.,* Anspruchskonkurrenzen im Marken- und Kennzeichenrecht, WRP 2000, 854; *ders.,* Der BGH-Beschluss zur unberechtigten Schutzrechtsverwarnung und seine Folgen für die Praxis, GRUR 2006, 376; *Dreier,* Die Umsetzung der Urheberrechtsrichtlinie 2001/29/EG in deutsches Recht, ZUM 2002, 28; *Ernst-Moll,* Die berühmte und die bekannte Marke, GRUR 1993, 8; *Fezer,* Markenschutz durch das Wettbewerbsrecht, GRUR 1986, 485; *ders.,* Kumulative Normenkonkurrenz im Kennzeichenrecht, WRP 2000, 863; *Friedrich,*

Der perfide Testkauf, FS Sandrock, 1995, S. 323; *v. Gamm,* Das Verbot einer unbilligen Behinderung und einer sachlich nicht gerechtfertigen Diskriminierung, NJW 1980, 2489; *ders.,* Rufausnutzung und Beeinträchtigung bekannter Marken und geschäftlicher Bezeichnungen, FS Piper, 1996, S. 537; *Geller,* Die Auflösung des geistigen Eigentums, GRUR Int. 2006, 273; *Gillert,* Die rechtliche Bewertung des sog. Anzapfens, 1980; *Gloy/Loschelder/Hasselblatt,* Handbuch des Wettbewerbsrechts, 3. Aufl. 2005; *Götting,* Gewerblicher Rechtsschutz, 8. Aufl. 2007; *Gröner/Köhler,* Der Selbstbedienungshandel zwischen Rechtszwang und Wettbewerb, 1996; *Günther,* Ja, wo laufen sie denn? – Sanktionsmöglichkeiten des Arbeitgebers gegen unlauteres Abwerben von Mitarbeitern, WRP 2007, 240; *Hagenkötter,* Die Unlauterkeit von Testfotos, WRP 2008, 39; *Heidrich,* Zur Wettbewerbswidrigkeit von IP-Blacklisting als Anti-Spam-Maßnahme, MMR 2008, 62; *Helm,* Die bösgläubige Markenanmeldung, GRUR 1996, 593; *Heermann,* Ambush-Marketing anlässlich Sportgroßveranstaltungen – Erscheinungsformen, wettbewerbsrechtliche Bewertung, Gegenmaßnahmen, GRUR 2006, 359; *Henning-Bodewig,* Das neue Gesetz gegen den unlauteren Wettbewerb, GRUR 2004, 713; *Hirtz,* Die Relevanz der Marktmacht bei der Anwendung des UWG, GRUR 1980, 93; *Horstmeier,* Die Abwerbung von Arbeitnehmern zwischen Wettbewerbs- und Arbeitsrecht, ZAP Fach 16, 2008, 356; *Hüsch,* Keyword Advertising, MMR 2006, 357; *ders.,* Der Gebrauch geschützter Kennzeichen als Advertising Keyword (AdWords) – ein Fall für das Marken- oder Wettbewerbsrecht?, K&R 2006, 223; *Jänich/Schrader,* Markenrechte und ihre Durchsetzung nach dem Wegfall staatlicher Monopole – „Post“, „Telekom“ und „Die Bahn“ als Marken, WRP 2006, 656; *Jonas/Schmitz,* Neue Möglichkeiten für den Kennzeichenmissbrauch? – Zur Einordnung von sogenannten Vanity-Rufnummern –, GRUR 2000, 183; *Jungk,* Die Ausübung wirtschaftlicher Macht als unlauterer Wettbewerb?, 1997; *Kicker,* Problematik des Beschäftigungsverbotes als Nachlese zum „Lopez-Szenario“, FS Piper, 1996, S. 237; *Knöpfle,* Die marktbezogene Unlauterkeit, 1983; *Köhler,* Wettbewerbs- und kartellrechtliche Kontrolle der Nachfragemacht, 1979; *ders.,* Wettbewerbs- und verfassungsrechtliche Fragen der Verteilung unentgeltlicher Zeitungen, WRP 1998, 455; *ders.,* „Verkauf unter Einstandspreis“ im neuen GWB, BB 1999, 697; *ders.,* Durchsetzung von Vorzugsbedingungen durch marktmächtige Nachfrager, BB 1999, 1017; *ders.,* Zur wettbewerbsrechtlichen Zulässigkeit der telefonischen Ansprache von Beschäftigten am Arbeitsplatz zum Zwecke der Abwerbung, WRP 2002, 1; *ders.,* Zur Kontrolle der Nachfragemacht nach dem neuen GWB und dem neuen UWG, WRP 2006, 139; *ders.,* Das Verhältnis des Wettbewerbsrechts zum Recht des geistigen Eigentums, GRUR 2007, 548; *ders.,* Spendenwerbung und Wettbewerbsrecht, GRUR 2008, 281; *Kotthoff,* Fremde Kennzeichen in Metatags: Marken- und Wettbewerbsrecht, K&R 1999, 157; *Krasser,* Der Schutz von Preis- und Vertriebsbindungen gegenüber Außenseitern, 1972; *Kreuzer,* Wettbewerb um jeden Preis? Zur Problematik des Verkaufs zu Verlustpreisen im Einzelhandel, WRP 1985, 467; *Kunath,* Kostenerstattung bei ungerechtfertigter Verwarnung, WRP 2000, 1074; *Kur,* Kennzeichenkonflikte im Internet, FS Beier, 1996, S. 262; *dies.,* Namens- und Kennzeichenschutz im Cyberspace, CR 1996, 590; *Lehmann,* Die Werbung mit Geschenken, 1974; *ders.,* Domains – weltweiter Schutz für Name, Firma, Marke, geschäftliche Bezeichnung im Internet, WRP 2000, 947; *Lindacher,* Lockvogel- und Sonderangebote, 1979; *ders.,* Der Gegenschlag des Abgemahnten, FS v. Gamm, 1990, S. 83; *ders.,* Zur unberechtigten Schutzrechtsverwarnung, EWiR 2004, 1123; *Lober/Neumüller,* Zum Keyword-Advertising, EWiR 2008, 343; *Mann,* „Kostenloser“ Vertrieb von Presse – eine Gefährdung der Pressefreiheit?, WRP 1999, 740; *Mann/Smid,* Preisunterbietung von Presseprodukten, WRP 1997, 139; *Merz,* Die Vorfeldthese: Die Anwendung von § 1 UWG im Vorfeldbereich der horizontalen Marktbehinderungstatbestände des GWB, 1988; *Messer,* Der Anspruch auf Geldersatz bei Kreditgefährdung, § 824 BGB, und Anschwärzung, § 14 UWG, FS Steffen, 1995, S. 347; *Meyer,* 0800-TAXIRUF – Vanity-Nummern in Deutschland, K&R 2006, 116; *Möller,* Zur Werbung mit Rabatten zu Lasten Dritter, EWiR 2005, 871; *Möschel,* Pressekonzentration und Wettbewerbsgesetz, 1978; *ders.,* Die Idee der rule of law und das Kartellrecht heute – Am Beispiel der gezielten Kampfpreisunterbietung, Ordo Band 30 (1979), 295; *ders.,* Die Kontrolle von Marktmacht außerhalb des Kartellrechts, FS Locher, 1990, S. 461; *Ohly,* Irreführende vergleichende Werbung – Anmerkungen zu EuGH „Pippig Augenoptik/Hartlauer“, GRUR 2003, 641; *Omsels,* Die Kennzeichenrechte im Internet, GRUR 1997, 328; *ders.,* Zur Unlauterkeit der gezielten Behinderung von Mitbewerbern (§ 4 Nr. 10 UWG), WRP 2004, 136; *Pierson,* Online-Werbung nach der UWG-Reform – Teil 1, K&R 2006, 489; *ders.,* Online-Werbung nach der UWG-Reform – Teil 2, K&R 2006, 547; *Piper,* Zur Wettbewerbswidrigkeit des Einbrechens in fremde Vertragsbeziehungen durch Abwerben von Kunden und Mitarbeitern, GRUR 1990, 643; *Quiring,* Muss die telefonische Abwerbung von Mitarbeitern verboten werden?, WRP 2000, 33; *Raiser,* Marktbezogene Unlauterkeit, GRUR Int. 1973, 443; *Renner,* Metatags und Keyword Advertising mit fremden Kennzeichen im Marken- und Wettbewerbsrecht, WRP 2007, 49; *Riha,* Anmerkungen zur Headhunter-Entscheidung des BGH aus ökonomischer Sicht, WRP 2004, 1250; *Rojahn,* Testkäufe – rechtliche Würdigung einer ungeliebten Kundschaft, WRP 1984, 241; *Sack,* Der Verkauf unter Selbstkosten in Handel und Handwerk, BB 1988, Beilage 3 zu Heft 11; *ders.,* Sonderschutz bekannter Marken, GRUR 1995, 81; *ders.,* Der Beschluss des Großen Zivilsenats des BGH vom 15. 7. 2005 zur Haftung für unbegründete Schutzrechtsverwarnungen – Ende des Diskussion?, BB 2005, 2368; *Schirmbacher,* Metatags und Keyword-Advertising, ITRB 2007, 117; *Schloßer,* Personalabwerbung als Wettbewerbshandlung, Diss. 2002; *Schmid,* Zur wettbewerbsrechtlichen Beurteilung der unentgeltlichen Verteilung anzeigenfinanzierter Zeitungen, WRP 2000, 991; *Schricker,* Bemerkungen zum Rechtsschutz selektiver Vertriebsbindungen, GRUR 1976, 528; *ders.,* Gratisverteilung von Tageszeitungen und das Gesetz gegen unlauteren Wettbewerb, AfP 2001, 101; *Schultz/Störing,* Die wettbewerbsrechtliche Beurteilung von Keyword-Advertising mit fremden Marken, WRP 2008, 741; *Sosnitza,* Wettbewerbsbeschränkungen durch die Rechtsprechung: Erscheinungsformen und Ursachen auf dem Gebiet des Lauterkeitsrechts,

1995; *ders.*, Gattungsbegriffe als Domain-Namen im Internet, K & R 2000, 209; *Sosnitza/Kostuch*, Telefonische Mitarbeiterwerbung am Arbeitsplatz, WRP 2008, 166; *Teplitzky*, Zur Frage der wettbewerbsrechtlichen Zulässigkeit des (ständigen) Gratisvertriebs einer ausschließlich durch Anzeigen finanzierten Zeitung, GRUR 1999, 108; *ders.*, Zur Frage der Rechtmäßigkeit unbegründeter Schutzrechtsverwarnungen – Zugleich eine Besprechung von BGH „Verwarnung aus Kennzeichenrecht", GRUR 2005, 9; *ders.*, Die prozessualen Folgen der Entscheidung des Großen Senats für Zivilsachen zur unberechtigten Schutzrechtsverwarnung, WRP 2005, 1433; *Treis*, Zur Erklärung von Händlerverhalten mittels der Lehre von den Handelsfunktionen, GRUR 1985, 955; *Ubber*, Rechtsschutz bei Missbrauch von Internet-Domains, WRP 1997, 497; *Ullmann*, Die Verwarnung aus Schutzrechten, GRUR 2001, 1027; *ders.*, Eine unberechtigte Abmahnung – Entgegnung, WRP 2006, 1070; *Ulmer*, Wettbewerbsrechtliche Schranken für die Händlerwerbung mit bekannten Herstellermarken, WRP 1987, 299; *ders.*, Kartellrechtliche Schranken der Preisunterbietung nach § 26 Abs. 4 GWB – Zum Verhältnis des kartellrechtlichen Verbots unbilliger Behinderung zur Generalklausel des § 1 UWG, FS von Gamm, 1990, S. 677; *Varadinek*, Trefferlisten von Suchmaschinen im Internet als Werbeplatz für Wettbewerber, GRUR 2000, 279; *Viefhues*, Internet und Kennzeichenrecht: Meta-Tags, MMR 1999, 336; *ders.*, Domain-Name-Sharing, MMR 2000, 334; *Wagner*, Abschied von der unberechtigten Schutzrechtsverwarnung?, ZIP 2005, 49; *Wagner/Thole*, Kein Abschied von der unberechtigten Schutzrechtsverwarnung, NJW 2005, 3470; *Westen*, Unbillige Behinderung von Wettbewerbern durch Verkäufe unter Einstandspreis, 1987; *Wrage-Molkenthin*, Zur kartellrechtlichen Erfassung des Verkaufs unter Einstandspreis (§ 26 IV, V GWB), wistra 1990, 183.

A. Einleitung

I. Zweck und Bedeutung

1. Der Behinderungstatbestand als Generalklausel

1 Unter Behinderung im Sinne des Wettbewerbsrechts wird traditionell die Beeinträchtigung der wettbewerblichen Entfaltungsmöglichkeiten eines Mitbewerbers verstanden.[1] Der **Begriff der Behinderung** ist allerdings von generalklauselhafter und deshalb auch ausfüllungsbedürftiger Weite, weil die Behinderung häufig eine wettbewerbsimmanente und wettbewerbskonforme Konsequenz erfolgreichen unternehmerischen Handelns darstellt. Da der Vorteil eines Mitbewerbers Nachteil seiner Konkurrenten sein kann, ist die Behinderung als solche wettbewerbsrechtlich nicht zu beanstanden. Ob ein behinderndes Wettbewerbsverhalten unlauter ist, ergibt sich nach allgemeiner Auffassung nicht aus der behindernden Wirkung.[2] Eine Wettbewerbswidrigkeit ist erst dann anzunehmen, wenn weitere Umstände hinzutreten, die ihr das Gepräge der Unlauterkeit verleihen.[3]

2. Einzelfallbezogene Bewertung und Interessenabwägung

2 Zur Beantwortung der Frage, ob eine Behinderung ein wettbewerbsimmanentes, wettbewerbskonformes Phänomen darstellt oder ob sie wettbewerbsrechtlich zu beanstanden ist, ist eine umfassende Bewertung im Einzelfall erforderlich, wobei Anlass, Zweck, Mittel und die Zweck-Mittel-Relation sowie auch die Wertungen des Kartellrechts zu berücksichtigen sind.[4] Von einer Wettbewerbswidrigkeit kann im Allgemeinen nur dann ausgegangen werden, wenn eine geschäftliche Handlung ausschließlich darauf ausgerichtet ist, den Mitbewerber an der Wahrnehmung seiner wirtschaftlichen Entfaltungsfreiheit zu hindern oder ihn in seiner Existenz zu vernichten. Ansonsten bedarf es einer Abwägung der Interessen der Beteiligten. Entsprechend dieser grundlegenden Differenzierung wurde die unlautere Behinderung von der Rechtsprechung zum früheren UWG in zwei Kategorien unterteilt, die gezielte und die sonstige unlautere Behinderung. Zusammenfassend hat der BGH in den Entscheidungen „mitwohnzentrale.de"[5] und „Vanity-Nummer"[6] hierzu Fol-

[1] BGH GRUR 2002, 902, 905 – Vanity-Nummer; BGH GRUR 2001, 1061, 1062 – Mitwohnzentrale.de.
[2] *Omsels* WRP 2004, 136, 139.
[3] BGH GRUR 2002, 902, 905 – Vanity-Nummer; BGH GRUR 2001, 1061 – Mitwohnzentrale.de.
[4] *Piper/Ohly* UWG § 4 Nr 10 Rn 10/2.
[5] BGH GRUR 2001, 1061, 1062 – Mitwohnzentrale.de.
[6] BGH GRUR 2002, 902, 905 – Vanity-Nummer.

gendes ausgeführt: „Voraussetzung eines Behinderungswettbewerbs nach § 1 ist stets eine Beeinträchtigung der wettbewerblichen Entfaltungsmöglichkeiten der Mitbewerber. Da eine solche Beeinträchtigung jedem Wettbewerb eigen ist, muss noch ein weiteres Merkmal hinzutreten, damit von einer wettbewerbswidrigen Beeinträchtigung und von einer unzulässigen individuellen Behinderung gesprochen werden kann. Wettbewerbswidrig ist die Beeinträchtigung im Allgemeinen dann, **wenn gezielt der Zweck verfolgt** wird, den Mitbewerber an seiner Entfaltung zu hindern und ihn dadurch zu verdrängen. Ist eine solche Zweckrichtung nicht festzustellen, muss die Behinderung doch derart sein, dass der beeinträchtigte Mitbewerber seine Leistung am Markt durch eigene Anstrengung nicht mehr in angemessener Weise zur Geltung bringen kann. Dies lässt sich nur aufgrund einer Gesamtwürdigung der Einzelumstände unter Abwägung der widerstreitenden Interessen des Wettbewerbs beurteilen, wobei sich die Bewertung an den von der Rechtsprechung entwickelten Fallgruppen orientieren muss."

3. Abgrenzung zur allgemeinen Marktbehinderung

3 Der Hinweis auf die **Vielzahl von Fallgruppen,** die der BGH neben der gezielten „sonstigen Behinderung" entwickelt hat, macht bereits deutlich, dass es sich bei dem Tatbestand der Behinderung um einen sehr weiten Begriff handelt, der ganz unterschiedliche Sachverhalte erfasst und angesichts der Vielschichtigkeit verschiedenster Untergruppen ein „disparates" Erscheinungsbild vermittelt.[7] Die gezielte Behinderung und die davon abgegrenzten sonstigen Formen der Behinderung fallen unter die Kategorie der sog. „individuellen Behinderung", die ihrerseits von der **„allgemeinen Marktbehinderung"** zu unterscheiden ist. Diese ist dadurch gekennzeichnet, dass durch bestimmte Maßnahmen, die sich nicht gezielt gegen einen einzelnen Mitbewerber richten, der relevante Markt in seinem Bestand gefährdet wird, weil der Leistungswettbewerb hinsichtlich der fraglichen Warenart in nicht unerheblichem Maße eingeschränkt wird oder vollständig zum Erliegen kommt.[8]

II. Entstehungsgeschichte

4 Der Beispielstatbestand hat in der Gesetzgebungsgeschichte des neuen UWG keine große Rolle gespielt und blieb weitgehend unbeachtet.[9] Er geht auf den Vorschlag der Expertengruppe zurück, die vom Bundesministerium für Justiz mit dem Entwurf eines neuen UWG beauftragt wurde.[10] Deren Begründung der Vorschrift hat die Bundesregierung in ihrer eigenen Gesetzesbegründung wörtlich übernommen.[11]

5 Der Tatbestand des § 4 Nr. 10 knüpft nach der Gesetzesbegründung an die frühere Rechtsprechung an und bezieht sich auf die bereits vor der UWG-Reform bekannte sog. **individuelle Mitbewerberbehinderung.** Durch die weite, generalklauselartige Fassung soll sichergestellt werden, dass alle Erscheinungsformen des Behinderungswettbewerbs einbezogen werden. In der Gesetzesbegründung wird hierzu ausgeführt:

6 „Der Tatbestand der Nr. 10 bezieht sich auf die sog. individuelle Mitbewerberbehinderung. Die weite, generalklauselartige Fassung stellt sicher, dass alle Erscheinungsformen des Behinderungswettbewerbs einbezogen werden, einschließlich des Boykotts, des Vernichtungswettbewerbs, aber auch zum Beispiel des Missbrauchs von Nachfragemacht zur Ausschaltung von Mitbewerbern. Erfasst werden sollen somit auch Handlungen im Verhältnis

---

[7] In diesem Sinne *Omsels* WRP 2004, 136, 137.

[8] Vgl. etwa BGHZ 114, 82 – Motorbootfachzeitschrift; BGH GRUR 2001, 80, 81 – Ad-hoc-Meldung; BGH WRP 2001, 688, 690 – Eröffnungswerbung; → Rn 165.

[9] *Omsels* WRP 2004, 136, 137.

[10] *Köhler/Bornkamm/Henning-Bodewig* WRP 2002, 1317, 1326; *Omsels* WRP 2004, 136, 137.

[11] Vgl. *Köhler/Bornkamm/Henning-Bodewig* WRP 2002, 1317, 1326 einerseits und Begr. RegE BT-Drucks. 15/1487 S. 19 (zu § 4 Nr. 10) andererseits.

zweier Unternehmer auf verschiedenen Wirtschaftsstufen. Durch das Tatbestandsmerkmal des gezielten Handelns wird klargestellt, dass eine Behinderung von Mitbewerbern als bloße Folge des Wettbewerbs nicht ausreicht, um den Tatbestand zu verwirklichen. Die Rechtsprechung hat in der Vergangenheit bereits die typischen Formen des unlauteren Behinderungswettbewerbs herausgearbeitet. Ihre Aufgabe wird es weiterhin sein, die Abgrenzung von den kartellrechtlichen Behinderungstatbeständen, die das Vorliegen von Marktmacht voraussetzen, vorzunehmen. Entsprechendes gilt für die sog. allgemeine Marktbehinderung, die zwar nicht als Beispielstatbestand aufgeführt ist, aber – entsprechend des nicht abschließenden Charakters der Beispielstatbestände – gleichwohl unter die Generalklausel des § 3 fallen kann."[12]

Der **Bundesrat** hatte in seiner Stellungnahme zum Entwurf der Bundesregierung eine weitere Differenzierung des § 4 Nr. 10 verlangt. Für das Vorliegen eines zielgerichteten Handelns eines Marktteilnehmers würde seiner Ansicht nach insbesondere auch sprechen, dass durch Reduzierung der Angebotspreise unter Einstandspreis ein dem üblichen Gesamtumsatz dieses Produkts bzw dieser Produktgruppe entsprechender Mehrverbrauch nicht zu erwarten sei. Dies sei in der Regel bei Produkten mit geringer Preiselastizität der Fall (zB Nahrungsmittel).[13] 7

Das Ansinnen des Bundesrates wurde von der **Bundesregierung** mit folgender Gegenäußerung zurückgewiesen: 8

„Die Bundesregierung teilt die Auffassung des Bundesrates nicht. Die Fallgruppe der gezielten Behinderung von Mitbewerbern ist durch die Rechtsprechung der Vergangenheit sehr stark ausdifferenziert worden. Um den vielfältigen Konstellationen gerecht zu werden, müsste die gezielte Mitbewerberbehinderung im Gesetzestext entsprechend umfangreich geregelt werden. Dies würde über den eigentlichen Zweck des Beispielskatalogs hinausgehen, typische Unlauterkeitshandlungen zur Verbesserung der Transparenz aufzuzählen. Da die Rechtsprechung in dieser Frage bisher zu durchweg sachgerechten Ergebnissen gelangt ist, hält es die Bundesregierung für vorzugswürdig, die weitere Konkretisierung dieser Fallgruppe weiterhin der Rechtsprechung zu überlassen."[14] 9

Die Formulierung des Beispielstatbestandes des § 4 Nr. 10 und die Begründung der Bundesregierung weisen gewisse **Unstimmigkeiten mit der bisherigen Rechtsprechung** zur Behinderung nach der Generalklausel des § 1 aF auf. Abweichungen ergeben sich in zweierlei Hinsicht:[15] In seinen Urteilen „Vanity-Nummern"[16] und „mitwohnzentrale.de"[17] ging der BGH davon aus, dass die gezielte Behinderung nur „im Allgemeinen" unlauter ist und hielt Ausnahmen für möglich. Außerdem geht aus den Urteilen hervor, dass es neben den Fällen der „gezielten Behinderung" zahlreiche andere Formen wettbewerbswidriger Behinderungen gibt, die erst aufgrund einer Gesamtwürdigung aller Umstände festgestellt werden können. Vor diesem Hintergrund steht die Fokussierung auf die „gezielte Behinderung" in § 4 Nr. 10 im Widerspruch zu der Aussage in der Gesetzesbegründung, wonach die „weite generalklauselartige Fassung" sicherstelle, dass alle Erscheinungsformen des Behinderungswettbewerbs einbezogen werden.[18] Es wird deshalb zu Recht angenommen, dass § 4 Nr. 10 nach „dem Wortlaut, der Systematik und der Historie" nicht die zahlreichen Sachverhalte erfasst, in denen die Behinderung des Mitbewerbers zwar unlauter, aber nicht das Ziel des Mitbewerbers ist.[19] Entsprechend der für die Beispielstatbestände des § 4 allgemein geltenden Regelungsstruktur, wonach diese „nicht ab- 10

---

[12] Begr. RegE BT-Drucks. 15/1487 S. 19 (zu § 4 Nr. 10).
[13] Stellungnahme des Bundesrates BR-Drucks. 301/03 S. 6 = BT-Drucks. 15/1487 S. 30 (Anlage 2).
[14] Gegenäußerung der Bundesregierung BT-Drucks. 15/1487 (Anlage 3) S. 41 (zu Nr. 9 – zu § 4 Nr. 10 UWG).
[15] So zutreffend *Omsels* WRP 2004, 136, 140.
[16] BGH GRUR 2002, 902, 905 – Vanity-Nummern.
[17] BGH GRUR 2001, 1061, 1062 – Mitwohnzentrale.de.
[18] Begr. RegE BT-Drucks. 15/1487 S. 19 (zu § 4 Nr. 10); → Rn 6.
[19] So *Omsels* WRP 2004, 136, 140.

schließend" sind, sondern lediglich das Ziel verfolgen, „die Generalklausel zu präzisieren und dadurch eine größere Transparenz zu schaffen",[20] ergibt sich die Unlauterkeit der Behinderung in den Fällen, die nicht unmittelbar unter § 4 Nr. 10 fallen, aus der Generalklausel des § 3.[21] In diesem Rahmen kann an die von der Rechtsprechung zu § 1 aF entwickelten Grundsätze angeknüpft werden. Die vereinzelt vertretene Auffassung, dass grundsätzlich erlaubt sei, was der Gesetzgeber nicht in den Beispielstatbeständen der §§ 4 bis 7 als unlauter aufgeführt habe,[22] ist angesichts der eindeutigen Stellungnahme des Gesetzgebers, dass die Beispielstatbestände in § 4 keinen abschließenden Charakter besitzen, unhaltbar.[23] Aufgrund der Einbettung der Regelung des § 4 Nr. 10 in den weitgesteckten Radius der Generalklausel des § 3 haben die Unschärfen bei der Definition des Anwendungsbereichs des Tatbestandes der „gezielten Behinderung" keine praktische Bedeutung. Behinderungen, die nicht unmittelbar von § 4 Nr. 10 erfasst werden, werden ggf. durch die Generalklausel des § 3 aufgefangen.

III. Rechtsvergleichung und europäische Harmonisierung

11 Der Unlauterkeitstatbestand der Behinderung weist keine klaren Konturen auf, sondern ist eine „disparate" Fallgruppe[24] mit einer heterogenen Struktur, die durch ein Konglomerat einer Vielzahl von Untergruppen gekennzeichnet ist. Diese werden durch das gemeinsame Etikett der „Behinderung" nur mühsam zusammengehalten. Angesichts der Vielzahl und Vielschichtigkeit der verschiedenen Erscheinungsformen fehlt es bereits aus deutscher Sicht an einem Angelpunkt für eine rechtsvergleichende Betrachtung. Die Schwierigkeiten, ein rechtsvergleichendes Fundament zu schaffen, verstärken sich dadurch, dass die ausländischen Rechtsordnungen ganz **verschiedene Anknüpfungspunkte** für die Beurteilung der vom Tatbestand der Behinderung abgedeckten Konflikte wählen, so dass sich unter rechtsvergleichender Perspektive ein noch diffuseres Bild bietet als nach deutschem Recht. Der Hauptgrund hierfür liegt darin, dass das Unlauterkeitsrecht häufig nur eine periphere Rolle spielt, weil es nur ergänzend zur Anwendung kommt. So werden Boykott und Diskriminierung in den Mitgliedstaaten vielfach und oft schwerpunktmäßig dem Kartellrecht zugewiesen, und auch die Regelungen der Art. 81 ff EG können eingreifen.[25] Hinsichtlich der Preisunterbietung kommen in einigen Mitgliedstaaten nicht nur kartellrechtliche Vorschriften gegen den Missbrauch von Marktmacht zur Anwendung, sondern es bestehen auch Spezialregelungen, insbesondere zum Verkauf unter Einstandspreis oder Selbstkosten.[26] Im Zusammenhang mit dem Schutz von Vertriebsbindungen geht es zumindest um kartellrechtliche Vorfragen hinsichtlich der Erlaubtheit der Bindungssysteme. Zudem ist die Beurteilung der Rechtsverletzung zum Teil im Vertragsrecht und zum Teil im Deliktsrecht angesiedelt.[27] In Anbetracht dieser Divergenzen haben *Schricker* und *Henning-Bodewig* in ihrem Gutachten „Elemente einer Harmonisierung des Rechts des unlauteren Wettbewerbs in der Europäischen Union", das sie im Juli 2001 im Auftrag des Bundesministeriums der Justiz erstattet haben, bewusst davon abgesehen, die typischen Erscheinungsformen der Behinderung, nämlich Boykott, Diskriminierung, Preisunterbietung und Schutz von Vertriebsbindungen in den Katalog der Vorschläge für eine Harmonisierung des Unlauterkeitsrechts in der Europäischen Union aufzunehmen.[28] Resümierend haben sie festgestellt:

---

[20] Begr. RegE BT-Drucks. 15/1487 S. 17 (zu § 4).
[21] So zutreffend *Omsels* WRP 2004, 136, 140.
[22] Vgl. *Quiring* WRP 2003, 1181, 1184.
[23] So im Ergebnis auch *Omsels* WRP 2004, 136, 140 Fn 32.
[24] So treffend *Omsels* WRP 2004, 136, 137.
[25] *Schricker/Henning-Bodewig* WRP 2001, 1367, 1377.
[26] *Schricker/Henning-Bodewig* WRP 2001, 1367, 1377; s. zB das Verbot der „vente á perte" in Frankreich.
[27] Dazu rechtsvergleichend *Krasser,* Der Schutz vertraglicher Rechte gegen Eingriffe Dritter, 1971, passim; *Schricker/Henning-Bodewig* WRP 2001, 1367, 1377.
[28] *Schricker/Henning-Bodewig* WRP 2001, 1367, 1377.

„Von einer Einbeziehung in das Harmonisierungsprogramm sollte deshalb abgesehen werden."[29] Bereits *Eugen Ulmer* hatte in seinem 1965 veröffentlichten Gutachten auf den kartellrechtlichen Bezug der Tatbestände des Boykotts, der wirtschaftlichen Diskriminierung, der Preisunterbietung und der Verstöße gegen Vertriebsbindungen aufmerksam gemacht und im Ergebnis darauf verzichtet, Vorschläge für eine lauterkeitsrechtliche Harmonisierung zu machen.[30] Als Quintessenz bleibt demnach festzuhalten, dass sich gegenwärtig hinsichtlich des Tatbestandes der Behinderung eine **Rechtsharmonisierung nicht abzeichnet,** und es ist aus den genannten Gründen auch nicht damit zu rechnen, dass sich daran in absehbarer Zeit etwas ändern wird.

IV. Verhältnis zu anderen Regelungen des UWG

Zu einer Überschneidung des Behinderungstatbestands mit anderen Regelungen des UWG kann es insbesondere unter zwei Gesichtspunkten kommen:[31] Zum einen, wenn durch **Täuschung, Belästigung oder unsachliche Beeinflussung** Kunden umgeleitet werden und damit mittelbar in unlauterer Weise auch die Konkurrenten in ihren wirtschaftlichen Entfaltungsmöglichkeiten behindert werden. Zum anderen liegt eine Behinderung auch dann vor, wenn der **geschäftliche Ruf von Mitbewerbern geschädigt wird oder dessen Leistungen unter besonderen, die Unlauterkeit begründenden Umständen, ausgebeutet werden.** Im ersteren Fall haben die Regelungen der §§ 7, 5, 4 Nr. 1 und 2 Vorrang, soweit sich die Behinderung ausschließlich aus den dort geregelten Konstellationen ergibt. Entsprechendes gilt auch für den zweiten Fall mit Blick auf die §§ 6, 4 Nr. 7 bis 9. Zu beachten sind insbesondere im Zusammenhang mit der Ausbeutung oder Beeinträchtigung des Rufes bekannter Kennzeichen auch die gegenüber dem UWG **grundsätzlich vorrangigen markenrechtlichen Regelungen** (§§ 14, 15 MarkenG). Eine parallele Anwendbarkeit des § 4 Nr. 10 kommt allerdings dann in Betracht, wenn ein Boykottaufruf mit unzutreffenden Behauptungen über den Geschäftsbetrieb eines Konkurrenten verbunden wird und deshalb zugleich ein Verstoß gegen § 4 Nr. 8 vorliegt.[32] 12

V. Verhältnis zum Kartellrecht

Auch im deutschen Recht weist die Fallgruppe der Behinderung eine Vielzahl von Berührungspunkten und Überschneidungen mit dem Kartellrecht auf. Ganz generell gilt, dass das Wettbewerbsrecht und das Kartellrecht in einem **inneren Funktionszusammenhang** und einer Wechselwirkung zueinander stehen. Sie dienen unter verschiedenen Aspekten dem gemeinsamen Ziel eines freien und lauteren Wettbewerbs. Dabei ist die Rollenverteilung so ausgestaltet, dass das Kartellrecht den Bestand, also das „Ob", und das Unlauterkeitsrecht die Art und Weise, also das „Wie", des Wettbewerbs regeln. Hieraus folgt, dass das UWG die Wertungen des GWB in zweierlei, entgegen gesetzten Richtungen zu berücksichtigen hat. Zum einen muss die Generalklausel des § 3 im Lichte der Ziele des GWB, insbesondere der Wahrung der Freiheit des Wettbewerbs ausgelegt und konkretisiert werden. Zum anderen sind spezielle und vorrangige Wertungen des GWB zu beachten und dürfen nicht durch das UWG unterlaufen werden. Sofern ein Verhalten vom Anwendungsbereich des GWB erfasst wird, aber die dort statuierten Verbotsvoraussetzungen nicht erfüllt sind, wie insbesondere die erforderliche Marktmacht nicht vorliegt, ist ein **Rückgriff auf den Behinderungstatbestand nur dann gerechtfertigt, wenn zusätzliche** 13

---

[29] *Schricker/Henning-Bodewig* WRP 2001, 1367, 1377.
[30] Vgl. *Ulmer* 1965 Rn 313.
[31] Vgl. dazu *Piper/Ohly* UWG § 4 Nr. 10 Rn 10/13, 10/14.
[32] So *Piper/Ohly* UWG § 4 Nr. 10 Rn 10/14 unter Hinweis auf OLG Frankfurt GRUR-RR 2005, 197, 198 – Vertragshändlernetz, wo allerdings nur § 4 Nr. 10 angewandt wurde.

unlauterkeitsbegründende Umstände vorliegen, die von der kartellrechtlichen Norm nicht berücksichtigt und von dieser auch nicht ausgeschlossen werden.[33]

14 Im vorliegenden Zusammenhang bedeutet dies, dass nach der **Doppelkontrolle** Behinderungen sowohl der Kontrolle nach §§ 3, 4 als auch nach § 20 Abs. 1 bis 4 GWB unterliegen.[34] Aber auch wenn die genannten Vorschriften sich überschneiden, so decken sie sich nicht, da sie an einen **unterschiedlichen Adressatenkreis** gerichtet sind. § 20 Abs. 1, Abs. 4 GWB beschränkt sich in seinem Anwendungsbereich auf marktbeherrschende und marktstarke Unternehmen, während § 3 für alle Unternehmen (und im Falle einer Absicht der Förderung fremden Wettbewerbs sogar für Nichtunternehmen) gilt.

15 Aus dem Funktionszusammenhang zwischen UWG und GWB bei der Beurteilung der **Unlauterkeit und der Unbilligkeit** (§ 20 Abs. 1, Abs. 2, Abs. 4 GWB) folgt, dass bei der Konkretisierung der beiden Tatbestandsmerkmale weitgehend parallele Wertungen geboten sind.[35] Daher begründet die Wettbewerbswidrigkeit einer Behinderung auch ihre Unbilligkeit. Umgekehrt gilt dies nicht, da andernfalls die Begrenzung des Adressatenkreises in § 20 Abs. 1, Abs. 2, Abs. 4 GWB durch das UWG unterlaufen würde. Wird allerdings die Unbilligkeit verneint, so ist diese Wertung auch für die Unlauterkeit verbindlich.[36]

VI. Verhältnis zum BGB

16 Fehlt es an einer geschäftlichen Handlung oder einem Wettbewerbsverhältnis,[37] so ist im Falle einer Behinderung auch eine deliktsrechtliche Haftung nach dem BGB (§§ 823 ff) in Betracht zu ziehen. Denkbar ist insbesondere ein Eingriff in das Recht am Unternehmen, das als „sonstiges Recht" im Sinne des § 823 Abs. 1 BGB geschützt ist. Allerdings ist dessen Anwendung von der Erfüllung enger Voraussetzungen abhängig, wie insbesondere der Betriebsbezogenheit des Eingriffs, so dass es in der Praxis nur selten zum Zuge kommt.[38] Die unberechtigte Schutzrechtsverwarnung wird nicht nach dem Behinderungstatbestand des § 4 Nr. 10, sondern nach den Grundsätzen über den Eingriff in den eingerichteten und ausgeübten Gewerbebetrieb beurteilt. Dies hat der große Senat des BGH für Zivilsachen trotz zum Teil heftiger Kritik des Schrifttums bestätigt.[39]

B. Allgemeine Tatbestandvoraussetzungen

I. Geschäftliche Handlung

17 Als Ausprägung der Generalklausel des § 3 muss der Beispielstatbestand des § 4 Nr. 10 die allgemeine Voraussetzung des Vorliegens einer geschäftlichen Handlung erfüllen. Nach der **Definition in § 2 Abs. 1 Nr. 1** bedeutet eine „geschäftliche Handlung" jedes Verhalten einer Person zugunsten des eigenen oder eines fremden Unternehmens vor, während oder nach einem Geschäftsabschluss, das mit Förderung des Absatzes oder des Bezugs von Waren oder Dienstleistungen oder mit dem Abschluss oder der Durchführung eines Vertrages über Waren oder Dienstleistungen objektiv zusammenhängt; als Waren gelten auch Grundstücke, als Dienstleistungen auch Rechte und Verpflichtungen.

---

33 BGH GRUR 1995, 690, 692 f – Hitlisten-Platten; *Piper/Ohly* UWG § 4 Nr. 10 Rn 10/15; s. auch BGH GRUR 2006, 773, 774 Rn 17 – Probeabonnement.

34 BGHZ 96, 337, 351 – Abwehrblatt II; BGHZ 101, 72, 78 – Krankentransporte.

35 BGHZ 107, 40, 41 – Krankentransportbestellung; BGH WRP 1999, 105, 109 – Schilderpräger im Landratsamt.

36 BGHZ 96, 337, 347, 351 – Abwehrblatt II; BGHZ 101, 72, 77 – Krankentransporte.

37 → Rn 17 f.

38 Vgl. Palandt/*Thomas* BGB § 823 Rn 19 ff.

39 Vgl. BGH GRUR 2005, 882 – Unberechtigte Schutzrechtsverwarnung; → Rn 70 ff.

II. Mitbewerber

18 Die geschäftliche Handlung muss sich gegen einen Mitbewerber richten. Als Mitbewerber definiert § 2 Abs. 1 Nr. 3 jeden Unternehmer, der mit einem oder mehreren Unternehmern als Anbieter oder Nachfrager von Waren oder Dienstleistungen in einem **konkreten Wettbewerbsverhältnis** steht.

III. Behinderung

19 Unter Behinderung wird im weitesten Sinne **jede Beeinträchtigung der wettbewerblichen Entfaltungsmöglichkeiten** der Mitbewerber verstanden.[40] Zu betonen ist aber, dass allein das Vorliegen einer Behinderung nicht genügt, um die Unlauterkeit zu begründen, da diese dem Wettbewerb immanent ist. Es handelt sich um ein generalklauselhaften und deshalb konkretisierungsbedürftigen Begriff.[41]

IV. Zielgerichtetheit

20 Nach seinem eindeutigen Wortlaut hat der Tatbestand des § 4 Nr. 10 (nur) die „gezielte Behinderung" im Auge. Nach dem allgemeinen Sprachverständnis ist dem Tatbestandsmerkmal „gezielt" **„eine intentionale Richtung"** immanent. Hiervon geht auch der BGH aus, wenn er davon spricht, dass eine wettbewerbswidrige Behinderung anzunehmen ist, „wenn gezielt der Zweck verfolgt wird, den Mitbewerber an seiner Entfaltung zu hindern und ihn dadurch zu verdrängen."[42] Auch die **Gesetzesbegründung** scheint von diesem Vorstellungsbild beeinflusst zu sein, wenn sie als Erscheinungsformen des Behinderungswettbewerbs insbesondere den „Boykott" und den „Vernichtungswettbewerb" erwähnt.[43] Andererseits wird aber dieses enge Verständnis des Beispielstatbestandes des „gezielten Behinderns" durch den Hinweis relativiert, es werde „klargestellt, dass eine Behinderung von Mitbewerbern als bloße Folge des Wettbewerbs nicht ausreicht, um den Tatbestand zu verwirklichen".[44] Legt man diese Aussage zugrunde, so ist daraus die Konsequenz zu ziehen, dass unter den Begriff der „gezielten Behinderung" nach dem Verständnis des Gesetzgebers auch „nicht gezielte Behinderungen" fallen. Es wurde bereits darauf aufmerksam gemacht,[45] dass diese Ungereimtheiten **keine praktische Bedeutung** haben, da auch bei einem engeren Verständnis der „gezielten Behinderung" nach Maßgabe des allgemeinen Sprachgebrauchs und der Rechtsprechung des BGH alle übrigen Formen der Behinderung von der Generalklausel des § 3 erfasst werden, da der Beispielstatbestand des § 4 Nr. 10 nicht abschließend, sondern eben nur „beispielhaft" ist.

21 Die Anknüpfung an den Wortlaut des § 4 Nr. 10 entspricht auch der historischen Entwicklung des „Behinderungstatbestands", der eine Fortschreibung der von *Kohler* eingeführten Kategorie der „Feindseligkeit" darstellt, die auf *Nerreter*[46] zurückgeht.[47] Der Tatbestand der Behinderung ist in seiner Aussagekraft geschmälert worden, weil die ursprüngliche inhaltliche Begrenzung auf wettbewerbsausschließende Praktiken verloren ging. Er reicht als Begründung für eine Wettbewerbswidrigkeit nicht mehr aus, da er zunächst le-

---

[40] BGH GRUR 2002, 902, 905 – Vanity-Nummer; BGH GRUR 2001, 1061, 1062 – Mitwohnzentrale.de; BGH GRUR 2004, 877, 879 – Werbeblocker.

[41] → Rn 1f.

[42] BGH GRUR 2002, 902, 905 – Vanity-Nummer; BGH GRUR 2001, 1061, 1062 – Mitwohnzentrale.de.

[43] Begr. RegE BT-Drucks. 15/1487 S. 19 (zu § 4 Nr. 10).

[44] Begr. RegE BT-Drucks. 15/1487 S. 19 (zu § 4 Nr. 10).

[45] → Rn 10.

[46] *Nerreter* S. 107f („ungehörige Behinderung").

[47] *Beater* 2002 S. 483.

diglich besagt, dass Handlungen des einen Wettbewerbers zu Lasten eines anderen Wettbewerbers gehen können.[48] Daraus ergibt sich nicht, ob und warum die fragliche Handlung zulässig oder unzulässig sein soll, weil sich der Wettbewerb gerade gegen das Zementieren erreichter Positionen richtet.[49] Der **Begriff der „gezielten Behinderung"** ist von generalklauselhafter Weite, der den wertausfüllungsbedürftigen Rechtsbegriff der „Unlauterkeit" der Generalklausel des § 3 nur unwesentlich konkretisiert und seinerseits der Konkretisierung bedarf. Das nach dem klaren Wortlaut des § 4 Nr. 10 aufgestellte Erfordernis einer „gezielten" Behinderung verdeutlicht, dass generell eine Unlauterkeit der Behinderung nur angenommen werden kann, wenn es dem Behindernden subjektiv gezielt um die Behinderung des Mitbewerbers geht, auch wenn diese nicht das einzige Motiv zu sein braucht.[50] Es muss also eine Behinderungsabsicht gegeben sein. Ist dies nicht der Fall, so kommt allenfalls ein Rückgriff auf die Generalklausel des § 3 in Betracht, wobei eine Unlauterkeit dann aber nur bei Vorliegen ganz besonderer, außergewöhnlicher Umstände angenommen werden kann. Im Gegensatz dazu hat der BGH entschieden, dass eine **„gezielte" Behinderung keine Absicht erfordert.**[51] Dies steht im klaren Widerspruch zum gesetzlichen Wortlaut. Hinter einer gezielten Handlung steht notwendigerweise eine entsprechende Absicht. Hiervon zu trennen ist die Frage, in welcher Weise das Vorliegen einer entsprechenden Absicht substantiiert werden kann. Wie ganz generell bei subjektiven Tatbeständen muss hierfür auf objektive Indizien abgestellt werden. Das Beispiel von *Köhler,*[52] wonach auch im folgenden Fall eine „gezielte" Behinderung vorliegen soll, überzeugt nicht: „Unternehmer A lässt Werbeplakate kleben. Versehentlich werden bei dieser Aktion auch Werbeplakate seines Mitbewerbers B überklebt." Diese Auffassung setzt sich über den Wortsinn des Begriffs „gezielt" hinweg; ein „zufälliges", „versehentliches" und damit unabsichtliches Verhalten ist nicht „gezielt". Es mag sein, dass die historische Auslegung nach Maßgabe der widersprüchlichen und daher verwirrenden Gesetzesbegründung[53] gegen eine solche wortlautgemäße Interpretation spricht.[54] Sollte ein solcher Wille des Gesetzgebers vorhanden gewesen sein, so kommt dieser jedenfalls nicht mit hinreichender Deutlichkeit zum Ausdruck, vielmehr ist die Aufnahme des Tatbestandsmerkmals „gezielt" nicht nur unglücklich, sondern verunglückt. Immerhin hat auch der BGH festgestellt, dass eine „versehentliche" Vertragsverletzung keine gezielte Behinderung ist.[55]

V. Bagatellklausel

22 Für die Anwendung der in § 3 enthaltenen Bagatellklausel besteht im Rahmen des Behinderungstatbestands kein Raum. Die erforderliche Konkretisierung der Generalklausel des § 4 Nr. 10 erfordert eine umfassende Bewertung aller Umstände des Einzelfalls und eine Abwägung der auf dem Spiele stehenden Interessen. Die Frage, ob die Wettbewerbshandlung geeignet ist, den Wettbewerb zum Nachteil der Mitbewerber der Verbraucher oder der sonstigen Marktteilnehmer spürbar zu beeinträchtigen, bildet deshalb einen Bewertungsfaktor, der **bereits im Zusammenhang mit der Ausfüllung des Behinderungstatbestands** Berücksichtigung findet. Die Erheblichkeitsprüfung ist nämlich ein wichtiges Kriterium für die Abgrenzung zwischen der zulässigen wettbewerbsimmanenten und der unzulässigen wettbewerbsfremden „gezielten" Behinderung.

---

48 *Beater* 2002 S. 483.
49 *Beater* 2002 S. 483.
50 So Harte/Henning/*Omsels* UWG § 4 Nr. 10 Rn 7.
51 BGH WRP 2007, 951, 954 Rn 22 – Außendienstmitarbeiter.
52 *Hefermehl/Köhler/Bornkamm* UWG § 4 Rn 10.10.
53 → Rn 4ff.
54 In diesem Sinne *Piper/Ohly* UWG § 4 Nr. 10 Rn 10/10.
55 Vgl. BGH WRP 2007, 1341 (Ls), 1344 Rn 25 – Änderung der Voreinstellung.

VI. Die klassischen Formen der Behinderung als Ausgangspunkt der Darstellung

Auch aus der Sicht der Entwicklung der Rechtsprechung erscheint es gerechtfertigt, bei der nachfolgenden Darstellung zunächst an die **typischen Fälle der „gezielten Behinderung"** anzuknüpfen. Als klassische Formen und Keimzelle des Behinderungstatbestandes sind nämlich im Sinne der „Feindseligkeit" von *Kohler* die **Fälle des Boykotts und des Vernichtungswettbewerbs** anzusehen. Tendenziell lässt sich sagen, dass von der Rechtsprechung Wettbewerbshandlungen umso eher als wettbewerbswidrig betrachtet werden, je mehr sie von der Absicht getragen sind, den Mitbewerber auszuschalten, d.h. zu verdrängen oder gar zu vernichten. Diese Sichtweise bedarf allerdings einer erheblichen Relativierung. Selbst der Extremfall der Vernichtung ist nicht von vornherein mit dem Makel der Unlauterkeit behaftet. Die Vernichtung von Mitbewerbern ist für sich genommen nicht wettbewerbswidrig, sondern wettbewerbskonform, denn sie entspricht der wettbewerbsimmanenten Auslesefunktion.[56] Auch die Absicht, Mitbewerber zu behindern oder gar zu vernichten, ist als solche ein **untaugliches Unlauterkeitskriterium,** da jedes Unternehmen sein Handeln wettbewerbsstrategisch ausrichten muss und dies zwingend auch die Variante einer bewusst gegen den Konkurrenten gerichteten Angriffspolitik mit einschließt.[57] Entscheidend sind die eingesetzten Mittel, die gerade in ihrer Relation zu den verfolgten Zielen einer eingehenden und umfassenden Bewertung bedürfen. 23

C. Die einzelnen Behinderungstatbestände

I. Boykott

1. Begriff und Bedeutung

Zu den klassischen Formen des Behinderungswettbewerbs zählt der Boykott.[58] Hierunter ist der Aufruf eines Unternehmens oder Unternehmensverbandes an andere Unternehmen zu verstehen, ihre Geschäftsbeziehungen zu einem Dritten, dem gezielt behinderten Mitbewerber, abzubrechen. 24

Seinen Ursprung soll die Bezeichnung „Boykott" in dem Vorgehen der irischen Landliga gegen den englischen Gutsverwalter *Charles Boycott* haben, welche die Arbeiter zum Verlassen der Arbeitsstelle und Geschäftsleute zum Abbruch der Geschäftsbeziehungen veranlasst haben soll.[59] Hinsichtlich der an einem Boykott Beteiligten ist zwischen drei Personen zu unterscheiden, die für das Vorhandensein einer den Boykott kennzeichnenden Konstellation notwendig sind. Zu den **drei Beteiligten** gehören: der Auffordernde (Verrufer, Boykottierer), der Adressat, der die Sperre vornehmen soll, und der Verrufene (Boykottierte), gegen den sich die Sperre richtet.[60] Dabei ist nicht erforderlich, dass der Adressat selbst die Liefer- bzw. Bezugssperre verhängen soll, sondern es genügt, wenn der Adressat veranlasst wird, seinerseits mit ihm zu Gebote stehenden Mitteln auf einen Boykott des Wettbewerbers durch dessen Lieferanten oder Kunden hinzuwirken.[61] Erforderlich ist, dass der Adressat in seiner Entscheidung über die Durchführung der Sperre frei ist, d.h. die 25

---

[56] So zutreffend *Beater* 2002 S. 561 f.

[57] *Beater* 2002 S. 484.

[58] Vgl. Begr. RegE BT-Drucks. 15/1487 S. 19 (zu § 4 Nr. 10).

[59] So *Hefermehl/Köhler/Bornkamm* UWG § 4 Rn 10.116; ebenso DUDEN-Herkunftswörterbuch, 2. Aufl. 1989.

[60] Vgl. BGH GRUR 1965, 440, 442 – Milchboykott; BGH GRUR 1985, 468, 469 – Ideal-Standard; BGH GRUR 1990, 474, 475 – Neugeborenentransporte; BGH WRP 1999, 941, 943 – Sitzender Krankentransport; BGH WRP 2000, 89, 90 – Beteiligungsverbot für Schilderpräger.

[61] BGH GRUR 1980, 242, 243 – Denkzettelaktion; BGH GRUR 1984, 461, 462 – Kundenboykott.

Möglichkeit hat, sie abzulehnen. Vor Inkrafttreten des Kartellverbots diente der Boykott als schärfste Waffe eines Kartells vor allem dazu, Außenseiter durch Abschneiden von ihren Lieferquellen oder Absatzkanälen zur Aufgabe zu zwingen.[62] Das Reichsgericht nahm gegenüber Boykotten als Mittel des wettbewerblichen Kampfes eine sehr großzügige Haltung ein und untersagte sie nur, wenn die verwandten Mittel oder die verfolgten Ziele für sich allein betrachtet als solche sittenwidrig waren.[63] Unter dem Einfluss des Boykottverbots, welches zunächst das alliierte Dekartellierungsrecht und später das GWB (§ 21 Abs. 1 GWB) vorsahen, hat sich in der Rechtsprechung ein grundlegender Wandel vollzogen, so dass auch **aus der Sicht des Wettbewerbsrechts von einer grundsätzlichen Unzulässigkeit des Boykottaufrufs auszugehen** ist. Eine lauterkeitsrechtliche Unbedenklichkeit kommt nur in Ausnahmefälle bei Vorliegen besonderer Umstände in Betracht. Soweit es sich um Äußerungen in den Medien handelt, die von der Privilegierung der Art. 5 Abs. 1 GG gedeckt sind, fehlt es bereits an einer geschäftlichen Handlung.[64] Ansonsten ist Art. 5 im Rahmen der bei der Prüfung von Rechtfertigungsgründen vorzunehmenden Interessenabwägung zu berücksichtigen.[65]

2. Verhältnis zu anderen Regelungen

26 **a) Das kartellrechtliche Boykottverbot.** Da sich der lauterkeitsrechtliche und der kartellrechtliche Boykotttatbestand überschneiden, aber nicht vollständig decken, sind beide Normen nebeneinander anwendbar und stehen in Anspruchskonkurrenz zueinander.[66] Der vom Wettbewerbsrecht erfasste Boykottaufruf fällt regelmäßig auch unter § 21 Abs. 1 GWB und umgekehrt.[67] Bei der Beurteilung nach § 21 Abs. 1 GWB ist im Rahmen des Merkmals der „Unbilligkeit" eine umfassende Abwägung der schutzwürdigen Interessen der Beteiligten unter Berücksichtigung der auf die Freiheit des Wettbewerbs gerichteten Zielsetzung erforderlich.[68]

27 **b) Deliktstatbestände der §§ 823 Abs. 1, 826 BGB.** Sofern keine geschäftliche Handlung[69] vorliegt und damit die zentrale Voraussetzung für die Anwendbarkeit des UWG nicht gegeben ist, kann ein Boykottaufruf den Tatbestand des § 826 BGB erfüllen. Daneben kommt auch ein Eingriff in das Recht am Unternehmen als sonstiges Recht im Sinne des § 823 Abs. 1 BGB in Betracht.[70] Ein nicht für Zwecke des Wettbewerbs eingesetzter Boykott dürfte allerdings regelmäßig von Art. 5 Abs. 1 GG gedeckt sein, wenn er als Mittel des geistigen Meinungskampfes dient und kein physischer, wirtschaftlicher oder vergleichbarer Druck zur Verstärkung der geäußerten Meinung ausgeübt wird.[71]

3. Unlauterkeitsvoraussetzungen

28 **a) Geschäftliche Handlung.** Konstitutive Voraussetzung für die Anwendbarkeit des UWG ist, dass der Boykottaufruf eine geschäftliche Handlung im Sinne des § 2 Abs. 1 Nr. 1 darstellt. Hieran fehlt es regelmäßig bei politisch, religiös oder in sonstiger Weise weltanschaulich motivierten Boykottaktionen, wie sie zB von Greenpeace gegen den Ver-

---

62 Harte/Henning/*Straub* UWG § 4 Nr. 10 Rn 206.

63 Vgl. RGZ 56, 271, 274 ff; RG GRUR 1933, 44, 47; s. dazu *Beater* 2002 S. 554.

64 → Rn 28.

65 → Rn 33 f.

66 Vgl. BGH WRP 1999, 941, 943 – Sitzender Krankentransport; BGH GRUR 2000, 344, 347 – Beteiligungsverbot für Schilderpräger; *Piper/Ohly* UWG § 4 Nr. 10 Rn 10/87.

67 BGH GRUR 2000, 344, 347 – Beteiligungsverbot für Schilderpräger; *Piper/Ohly* UWG § 4 Nr. 10 Rn 10/87.

68 BGH GRUR 2000, 344, 346 – Beteiligungsverbot für Schilderpräger.

69 → Rn 28.

70 Vgl. BGH GRUR 1965, 440, 442 – Milchboykott; BGH GRUR 1985, 470 – Mietboykott; kritisch dazu *Larenz/Canaris* SchR II/1 § 81 III 3; ablehnend auch *Piper/Ohly* UWG § 4 Nr. 10 Rn 10/87.

71 BVerfGE 7, 198, 212 – Lüth; BVerfG NJW 1989, 381, 382; s. auch OLG Stuttgart GRUR-RR 2006, 20, 21 f – Absperrband-Aktion.

trieb bestimmter Molkereiprodukte durch eine Unternehmensgruppe durchgeführt wurden, um diese dazu zu bewegen, nur Milch von Kühen zu verwenden, die nicht mit gentechnisch veränderten Futtermitteln gefüttert worden sind.[72] Bei Unternehmen oder Unternehmensvereinigungen wird die nach herrschender Meinung erforderliche Wettbewerbsabsicht[73] vermutet.[74] Dabei genügt die Absicht, fremden Wettbewerb zu fördern, wie dies bei einem Brancheninformationsdienst der Fall sein kann.[75] Bei **Presseäußerungen,** die im Einstrahlungsbereich des Art. 5 GG liegen, ist eine Wettbewerbsabsicht nicht zu vermuten,[76] sondern es ist im Lichte der Umstände des Einzelfalls eine Gesamtwürdigung vorzunehmen. Dabei ist von Bedeutung, ob der Redakteur sich von den Interessen eines bestimmten Unternehmens oder einer Branche leiten lässt und zu eigen macht, oder ob es ihm um eine argumentative Auseinandersetzung über Belange der Öffentlichkeit geht.[77]

b) Aufforderung. Das zentrale Unlauterkeitselement des Boykotts bildet die Aufforderung des Boykottierers (Verrufers) an den Adressaten, einen Dritten, also den Verrufenen, zu boykottieren. Ein Verhalten, welches dadurch gekennzeichnet ist, dass jemand seine Vertragsbeziehungen mit einem anderen, aus welchen Gründen auch immer, abbricht, befindet sich in Übereinstimmung mit dem Grundsatz der Vertragsfreiheit und ist deshalb wettbewerbsrechtlich nicht zu beanstanden. Das für den Boykotttatbestand typische **Unlauterkeitsmerkmal liegt darin, dass auf die freie Willensentschließung eines Dritten durch die Aufforderung zu einer Liefer- oder Bezugssperre Einfluss genommen wird.** Dementsprechend unterfallen dem Boykotttatbestand nach ständiger Rechtsprechung alle Handlungsweisen, die den Versuch darstellen, auf die freie Willensentscheidung der Adressaten, mit Dritten Lieferbeziehungen aufzunehmen oder aufrechtzuerhalten, einen Einfluss zu nehmen, der auf eine Aufhebung oder Verhinderung abzielt, und die hierzu auch geeignet sind.[78] Keiner Weisungsgebundenheit unterliegt das Krankenhaus gegenüber der Krankenkasse, sofern diesem als unabhängiges Unternehmen die Nachfrageentscheidung überlassen bleibt.[79] Die für den Boykott(-aufruf) konstitutive Aufforderung muss also subjektiv auf eine Beeinflussung der freien Willensentscheidung des Adressaten gerichtet[80] und objektiv dazu geeignet sein, diese auch herbeizuführen.[81] Elementare Voraussetzung ist, dass ein **eigener Entscheidungsspielraum des Adressaten** besteht, auf dessen Ausfüllung die Aufforderung einen bestimmenden Einfluss ausübt. An der erforderlichen „Dreizahl“ der beteiligten Unternehmen und damit an einer Einwirkung auf die Entscheidungsfreiheit des Adressaten fehlt es dann, wenn dieser im Verhältnis zum Auffordernden weisungsgebunden und ohne eigenen Entscheidungsspielraum handelt.[82] Die maßgebliche Einwirkung auf die Entscheidungsfreiheit des Adressaten setzt voraus, dass dieser die Äußerungen oder Verhaltensweisen des Boykottierers als eine Aufforderung zum Abbruch der geschäftlichen Beziehungen zum Boykottierten verstehen musste. Dies evo- 29

---

72 Vgl. OLG Stuttgart GRUR-RR 2006, 20 – Absperrband-Aktion.

73 Vgl. *Hefermehl/Köhler/Bornkamm* UWG § 2 Rn 24ff, 31ff, 35ff; Harte/Henning/*Keller* UWG § 2 Abs. 1 Nr. 1 Rn 28, 32ff, 38ff; Harte/Henning/*Straub* UWG § 4 Nr. 10 Rn 236; *Piper/Ohly* UWG § 4 Nr. 10 Rn 10/88; aA *Fezer/Fezer* UWG § 2 Rn 44ff; *Piper/Ohly* UWG § 2 Abs. 1 Nr. 1 Rn 24.

74 BGH GRUR 1984, 461, 462 – Kundenboykott; OLG Düsseldorf NJWE-WettbR 1999, 123.

75 BGH GRUR 1984, 461, 462 – Kundenboykott.

76 BGH GRUR 1984, 461, 462 – Kundenboykott; BGH GRUR 1995, 270, 272 – Dubioses Geschäftsgebaren.

77 BGH GRUR 1985, 468, 469f – Ideal-Standard; vgl. auch BGH GRUR 1980, 242, 244 – Denkzettel-Aktion.

78 BGH GRUR 1985, 468, 469 – Ideal-Standard mwN; s. auch BGH GRUR 1990, 474, 475 – Neugeborenentransporte; BGH GRUR 1999, 1031, 1033 – Sitzender Krankentransport.

79 BGH GRUR 1990, 474, 475 – Neugeborenentransporte; s. auch BGHZ 101, 72, 76f = GRUR 1987, 829, 830 – Krankentransporte I; BGHZ 107, 40, 43 = GRUR 1989, 430, 431 – Krankentransportbestellung.

80 BGH GRUR 1985, 468, 469 – Ideal-Standard.

81 BGH GRUR 1984, 214, 215 – Copy-Charge; OLG Frankfurt WRP 1998, 98, 99.

82 BGH GRUR 1990, 474, 475 – Neugeborenentransporte.

ziert Abgrenzungen in verschiedene Richtungen. Die bloße Aufforderung, wirksame vertragliche Bindungen oder gesetzliche Bestimmungen zu verletzen, genügt ebenso wenig[83] wie eine bloße Information oder unverbindliche Anregung zum Nachdenken.[84] Maßgebend ist dabei aber nicht allein der Wortlaut, sondern es kommt darauf an, wie der Adressat die Äußerung den Umständen, insbesondere der Interessenlage nach verstehen darf.[85] Ein Indiz für die Einflussnahme auf die freie Willensbestimmung kann es sein, wenn unterschwellig zugleich Vorteile für die Befolgung oder Nachteile für die Nichtbefolgung in Aussicht gestellt werden,[86] wobei die Anwendung von Druckmitteln nicht erforderlich ist.[87] Eine Aufforderung zu einer Liefer- oder Bezugssperre kann sich aus einer vertraglichen Vereinbarung zwischen dem Verrufer und dem Adressaten des Boykottaufrufs ergeben.[88]

30 Die neben der Absicht erforderliche **Eignung zur Sperre** wird indiziert, wenn es tatsächlich zu ihr kommt;[89] notwendig ist dies aber nicht, es genügt auch die „Eignung" im Sinne einer Möglichkeit, dass der Adressat der Aufforderung nachkommt.[90] Eine bestehende Abhängigkeit des Adressaten kann zwar die Eignung indizieren, sie ist aber ebenso wenig erforderlich wie die Möglichkeit der Druckausübung auf ihn.[91] An der Eignung fehlt es, wenn der Adressat bereits von sich aus endgültig zur Sperre oder Nichtsperre entschlossen war, was allerdings selten anzunehmen sein dürfte.

31 Die **Adressaten der Aufforderung und die Verrufenen,** gegen die sie sich richtet, müssen hinreichend **bestimmt** oder **zumindest bestimmbar** sein.[92] Hierfür genügt eine nähere Bezeichnung nach Tätigkeits- oder Organisationsmerkmalen (zB Elektrofachhandel, Verbrauchermärkte, ausländische Lieferanten).[93]

32 **c) Inhalt des Aufrufs.** Die Boykottaufforderung kann sich auf **jede Tätigkeit im geschäftlichen Verkehr** beziehen, also auch auf eine Dienst- und Werkleistung.[94] Unter einer Sperre, zu der aufgerufen wird, ist jede dauerhafte oder vorübergehende Beendigung bestehender oder die Nichtaufnahme neuer Lieferbeziehungen im Geschäftsverkehr mit Waren oder gewerblichen Leistungen durch den Lieferanten oder Abnehmer zu verstehen.[95] Ausreichend kann bereits eine gegenständliche oder mengenmäßige Begrenzung sein,[96] ebenso die Aufstellung von Bedingungen, die den betreffenden Geschäftsverkehr für den Verrufenen unzumutbar macht.[97] Eine gewerbliche Leistung und damit Gegenstand eines verbotenen Boykotts kann ferner die gesellschaftsrechtliche Beteiligung an einem Unternehmen sein.[98] Die Werbung für das eigene Angebot (und sei es auch mit unlauteren Mitteln) stellt ebenso wenig eine Aufforderung zur Bezugssperre dar wie der bloße Hinweis auf günstige Angebote Dritter. Etwas anderes gilt nur, wenn für die Adressaten eine entsprechende Absicht erkennbar ist.[99] In der positiven Aufforderung zum Abschluss einer (zulässigen) Ausschließlichkeitsbindung liegt im Regelfall schon mangels Bestimmtheit der

---

83 OLG Düsseldorf WRP 1984, 22, 24; OLG Stuttgart NJWE-WettbR 1999, 93, 94.
84 BGH WRP 1999, 941, 944 – Sitzender Krankentransport; OLG Düsseldorf WRP 1984, 22, 24.
85 Vgl. BGH GRUR 1985, 468, 469 – Ideal-Standard; BGH WRP 1999, 941, 944 – Sitzender Krankentransport; OLG Düsseldorf GRUR 1984, 131, 134 – Fragebogenaktion; OLG Stuttgart NJWE-WettbR 1999, 97.
86 OLG Düsseldorf NJWE-WettbR 1999, 123.
87 BGH GRUR 1999, 1031, 1033 – Sitzender Krankentransport.
88 BGH WRP 2000, 89, 91 – Beteiligungsverbot für Schilderpräger.
89 OLG Stuttgart NJWE-WettbR 1999, 97.
90 BGH GRUR 1980, 242, 244 – Denkzettelaktion.
91 BGH GRUR 1985, 468, 469 – Ideal-Standard.
92 BGH WRP 1999, 1283, 1287 – Kartenlesegerät; BGH GRUR 1980, 242, 244 – Denkzettelaktion.
93 *Hefermehl/Köhler/Bornkamm* UWG § 4 Rn 10.120; BGH GRUR 1980, 242, 244 – Denkzettelaktion.
94 BGH WRP 1999, 941, 944 – Sitzender Krankentransport; *Hefermehl/Köhler/Bornkamm* UWG § 4 Rn 10.121.
95 *Immenga/Mestmäcker* GWB § 21 Rn 20; *Hefermehl/Köhler/Bornkamm* UWG § 4 Rn 10.121.
96 OLG Frankfurt WRP 1998, 98, 99.
97 *Hefermehl/Köhler/Bornkamm* UWG § 4 Rn 10.121.
98 BGH WRP 2000, 89, 90 – Beteiligungsverbot für Schilderpräger.
99 Vgl. BGH WRP 1999, 1283, 1287 – Kartenlesegerät; vgl. auch BGH WRP 2000, 759, 761 – Zahnersatz aus Manila (zu § 21 Abs. 1 GWB).

zu Sperrenden keine Aufforderung, selbst wenn dadurch andere von einer Geschäftsverbindung ausgeschlossen werden sollen. Etwas anderes ist ausnahmsweise dann anzunehmen, wenn die Beschränkung eine gegen bestimmte Dritte gerichtete Zielsetzung aufweist und mit ihrer Hilfe bestimmte, individualisierbare Unternehmen getroffen oder sogar vom Markt verdrängt oder ferngehalten werden sollen.[100]

d) Rechtswidrigkeit. Hinsichtlich der Rechtswidrigkeit ist im Sinne eines Regel-Ausnahme-Verhältnisses davon auszugehen, dass der Boykottaufruf grundsätzlich rechtswidrig und damit unlauter ist, sofern nicht besondere Rechtfertigungsgründe eingreifen.[101] Im Rahmen der bei der **Prüfung des Rechtfertigungsgrundes** vorzunehmenden Interessenabwägung sind insbesondere der Grundsatz der Verhältnismäßigkeit sowie ggf. die Marktmacht des Verrufers zu berücksichtigen.[102] Sofern der Boykottaufruf im Zusammenhang mit einer Presseberichterstattung erfolgt, kann eine Berufung auf Art. 5 GG in Betracht kommen, wenn die zugrunde liegende Meinungskundgabe Mittel zu geistigem Meinungskampf in einer die Öffentlichkeit wesentlich berührenden Frage ist und es dem Handelnden demzufolge um eine argumentative Auseinandersetzung, zB über wirtschaftliche Belange geht.[103] 33

Entscheidend für die Beurteilung ist, ob überhaupt eine **Einwirkung auf die öffentliche Meinung** vorliegt, was bei Versendung eines Informationsblattes ausschließlich an beteiligte und informierte Fachkreise nicht anzunehmen ist.[104] Auch wenn dies der Fall sein sollte, ist der Boykottaufruf nicht von Art. 5 GG gedeckt, wenn der Aufruf zu einer unangemessenen Beeinträchtigung des Betroffenen führen kann,[105] oder wenn die Meinungsäußerung lediglich als Mittel zur Förderung privater Wettbewerbsinteressen benutzt wird[106] bzw wenn der Handelnde wirtschaftlichen Druck auf die Adressaten ausübt oder veranlasst und dadurch ihre Entscheidungsfreiheit beeinträchtigt.[107] Ausnahmsweise kann ein Boykottaufruf auch als Abwehrmaßnahme gerechtfertigt sein,[108] wenn dadurch nicht die schutzwürdigen Belange unbeteiligter Dritter verletzt werden, wie etwa dadurch, dass auf sie wirtschaftlicher Druck ausgeübt wird.[109] 34

II. Preisunterbietung

1. Zusammenhang mit dem Vernichtungswettbewerb

Als zweites typisches Beispiel für den Tatbestand der „gezielten Behinderung" nach § 4 Nr. 10 nennt die Gesetzesbegründung[110] als Extremfall den „Vernichtungswettbewerb". Dieser wird traditionell mit dem Problem der Preisunterbietung identifiziert[111] und hat seine historischen Wurzeln in der berühmten Entscheidung des Reichsgerichts „Benrather Tankstelle" aus dem Jahre 1931.[112] Auch später wurde die Preisunterbietung immer wieder mit der Problematik des Vernichtungswettbewerbs in Zusammenhang gebracht.[113] 35

---

100 *Hefermehl/Köhler/Bornkamm* UWG § 4 Rn 10.121; BGH WRP 2000, 89, 90 – Beteiligungsverbot für Schilderpräger; OLG Stuttgart WuW/E OLG 2269, 2270.
101 BGH GRUR 1980, 242, 244 – Denkzettelaktion.
102 OLG Düsseldorf NJWE-WettbR 1999, 123, 125.
103 BVerfGE 25, 256, 264 – Blinkfuer; OLG München NJWE-WettbR 1999, 274, 275.
104 BVerfGE 62, 230, 244 f – markt-intern.
105 BVerfGE 62, 230, 244 f – markt-intern.
106 BGH GRUR 1984, 214, 215 f – Copy-Charge.
107 BVerfGE 62, 230, 244 f – markt-intern.
108 BGH GRUR 1959, 244, 247 – Versandbuchhandlung.
109 BGH GRUR 1984, 461, 463 – Kundenboykott.
110 Begr. RegE BT-Drucks. 15/1487 S. 19 (zu § 4 Nr. 10).
111 *Beater* 2002 S. 561 ff.
112 RGZ 134, 342, 350 f – Benrather Tankstelle.
113 Vgl. BGH GRUR 1960, 331, 334 – Schleuderpreise; BGH GRUR 1979, 321, 322 – Verkauf unter Einstandspreis I; BGH GRUR 1984, 204, 206 – Verkauf unter Einstandspreis II; BGH GRUR 1986, 397, 400 – Abwehrblatt II; BGH GRUR 1990, 371, 372 – Preiskampf.

2. Grundsatz der freien Preisgestaltung

36 Ausgangspunkt der Beurteilung der Preisunterbietung, die seit jeher Assoziationen mit dem Vernichtungswettbewerb auslöst, ist der Grundsatz der freien Preisgestaltung. Er besagt, dass der Unternehmer seine Preise in eigener Verantwortung gestalten darf, sofern keine gesetzlichen oder wirksamen vertraglichen Beschränkungen vorliegen.[114] Der Grundsatz der Preisgestaltungsfreiheit, der auch die „Preisunterbietungsfreiheit"[115] einschließt, bildet ein **Kernelement der Wettbewerbsfreiheit,** die ihrerseits das Fundament der geltenden marktwirtschaftlich orientierten Wirtschaftsordnung darstellt.[116] Dementsprechend ist die Unterbietung des Marktpreises oder der Preise von Mitbewerbern für sich genommen nicht als eine unbillige Behinderung zu werten, sondern ganz im Gegenteil als Kennzeichen eines gesunden Wettbewerbs.[117] Die **Wettbewerbskonformität von Preisunterbietungen** ist auch dann gegeben, wenn sie von einem marktbeherrschenden Unternehmen betrieben werden[118] und den Marktaustritt von Mitbewerbern zur Folge haben.[119] Im Hinblick auf die dem Wettbewerb immanente Auslesefunktion ist es dabei grundsätzlich unerheblich, ob kleine oder mittlere Unternehmen mithalten können.[120]

3. Verkäufe unter Einstandspreis oder Selbstkosten

37 Aus dem Prinzip der Preisgestaltungsfreiheit folgt, dass auch Verkäufe unter Selbstkosten oder unter Einstands- bzw Einkaufspreis **grundsätzlich zulässig** und nur bei Vorliegen besonderer Umstände wettbewerbswidrig sind.[121] In der früheren Rechtsprechung wurde zwar einerseits betont, dass sich die Unlauterkeit nicht mit verfehlten betriebswirtschaftlichen Überlegungen begründen lässt. Andererseits wurde aber festgestellt, dass es zur Widerlegung der für eine unzulässige Behinderung sprechenden Indizien nötig sei, aber auch genüge, „dass sich der Anbieter durch ein vernünftiges und anzuerkennendes Eigeninteresse leiten lässt".[122] Mit anderen Worten: Der **Verkauf unter Einstandspreis bzw. Selbstkosten bedurfte eines Rechtfertigungsgrundes,** um die für eine Wettbewerbswidrigkeit sprechenden Indizien zu entkräften. Ein solcher wurde beispielsweise unter folgenden Umständen anerkannt:[123] vorübergehende Abgabe einzelner Artikel unter Selbstkosten im Rahmen einer (zulässigen) Mischkalkulation für das gesamte Warenangebot, um einen Werbeeffekt zu erzielen,[124] Einführung oder Wiederbelebung des Geschäfts mit bestimmten Artikeln,[125] Erzielung von Kostendeckungsbeiträgen in einer Absatzkrise,[126] drohende Unverkäuflichkeit der Ware oder Eintritt in Konkurrenzpreise. Angesichts der grundsätzlichen Zulässigkeit von Verkäufen unter Selbstkosten bedarf es somit zusätzlicher Umstände, um die Unlauterkeit zu begründen.[127] **In der neueren Rechtsprechung werden solche „Rechtfertigungsgründe" nicht verlangt,** sondern es wird umgekehrt betont, dass sich vor dem Hintergrund der Maxime der Preisgestaltungsfreiheit eine Unlauterkeit nur aus dem Vorliegen besonderer Umstände ergeben kann.[128]

---

114 Vgl. BGH GRUR 1990, 371, 372 – Preiskampf.
115 BGH GRUR 2006, 596, 597 – 10% billiger.
116 In diesem Sinne auch BGH GRUR 2006, 569, 597 – 10% billiger.
117 BGH GRUR 1990, 687, 688 – Anzeigenpreis II.
118 BGH GRUR 1986, 397, 399 – Abwehrblatt II.
119 BGH GRUR 1990, 685, 686 – Anzeigenpreis I.
120 BGH GRUR 1984, 204, 207 – Verkauf unter Einstandspreis II.
121 BGH GRUR 1979, 321, 322 – Verkauf unter Einstandspreis I; BGH GRUR 1990, 371, 372 – Preiskampf; BGH GRUR 1990, 685, 686 – Anzeigenpreis I; BGH GRUR 2006, 596, 597 – 10% billiger.
122 BGH GRUR 1984, 204, 206 – Verkauf unter Einstandspreis II.
123 Vgl. Harte/Henning/*Omsels* UWG § 4 Nr. 10 Rn 154.
124 BGH GRUR 1960, 331, 334 – Schleuderpreise; BGH GRUR 1979, 321, 322 – Verkauf unter Einstandspreis I; BGH GRUR 1984, 204, 206 – Verkauf unter Einstandspreis II.
125 BGH GRUR 1986, 397, 400 – Abwehrblatt II; BGH GRUR 1990, 371, 372 – Preiskampf.
126 RG GRUR 1936, 139, 141 – Putztuchwäscherei.
127 Vgl. BGH GRUR 1984, 204, 206 – Verkauf unter Einstandspreis II; BGH GRUR 1990, 371, 372 – Preiskampf.
128 In diesem Sinne BGH GRUR 2006, 596, 597 – 10% billiger.

4. Gezielte Kampfpreisunterbietung (Vernichtungswettbewerb)

a) Grundsätze der Rechtsprechung. Der grundsätzlich zulässige Verkauf unter Einstandspreis oder Selbstkosten ist **ausnahmsweise wettbewerbswidrig,** wenn die Maßnahme geeignet ist und dazu dient, einzelne Mitbewerber zu verdrängen, da darin ein Missbrauch von Marktmacht und Wettbewerbsfreiheit zu sehen ist.[129] Eine Preisgestaltung, durch die lediglich die abstrakte Gefahr begründet wird, dass in einzelnen Fällen Waren unter Einstandspreis abgegeben werden, stellt keine gezielte Behinderung von Mitbewerbern dar. Sie ist objektiv nicht geeignet, einen oder mehrere Wettbewerber vom Markt zu verdrängen oder den Bestand des Wettbewerbs ernstlich zu gefährden.[130] Dies gilt insbesondere im Hinblick auf eine abstrakte Preisgarantie, wonach auf jedes günstigere Angebot eines Konkurrenten ein Rabatt von 10 Prozent gewährt wird.[131] Ob die Preisunterbietung geeignet ist, einzelne Mitbewerber zu verdrängen, ist aufgrund der Umstände des Einzelfalls festzustellen. Dies ist in aller Regel nur dann der Fall, wenn der Verkauf unter Selbstkosten auf längere Sicht angelegt ist.[132] Eine entsprechende **Verdrängungsabsicht** lässt sich mangels anderer Aufklärungsmöglichkeiten nur aufgrund objektiver Indizien ermitteln. Sie liegt nicht vor, wenn der unmittelbar angegriffene Mitbewerber wirtschaftlich weit überlegen ist.[133] Dabei sind aber die **Besonderheiten der jeweiligen Marktverhältnisse** zu berücksichtigen. Auch eine regionale Preisspaltung indiziert noch keine Verdrängungsabsicht, sondern kann eine Reaktion auf unterschiedliche Wettbewerbsstrukturen sein. Letztlich entscheidend ist, ob der Preisunterbietung eine betriebswirtschaftlich vernünftige, jedenfalls nach kaufmännischen Grundsätzen vertretbare Kalkulation zugrundeliegt oder ob sie lediglich als Vorwand zur Verschleierung eines Kampfpreises dient.[134] Eine Berufung auf eine **„Quersubvention",** also darauf, dass Verluste durch Gewinne aus einem anderen Geschäftszweig ausgeglichen werden, scheidet aus. 38

b) Bewertung. Zusammenfassend ist zu betonen, dass jede Beschränkung der freien Preisgestaltung des Unternehmers auf erhebliche Bedenken stößt und nur ganz ausnahmsweise bei Vorliegen extremer Umstände, die auf eine gezielte Vernichtungsabsicht schließen lassen, gerechtfertigt erscheint. Die „gezielte" Preisunterbietung ist ein erwünschtes Phänomen des freien Wettbewerbs, das insbesondere im Interesse des Verbrauchers liegt und darüber hinaus auch innovationsfördernde Wirkungen entfaltet. Auch eine Mischkalkulation ist ein legitimes Mittel, um einen aktiven Wettbewerb zu betreiben und neue Käuferschichten zu erschließen. Es ist allein Sache des Unternehmens, darüber zu entscheiden, mit welchen Angeboten es einen Gewinn erzielen möchte. Jede Art von „Preiskontrolle" ist mit dem Prinzip der freien Marktwirtschaft unvereinbar. Die Beurteilung der Frage, ob eine nach kaufmännischen Grundsätzen noch vertretbare Kalkulation vorliegt, ist äußerst problematisch, weil sie unter Durchbrechung des Prinzips der freien Preisgestaltung auf eine **„richterliche Kalkulationskontrolle"** hinausläuft und den fragwürdigen Versuch unternimmt, die subjektive unternehmerische Rationalität durch objektive Kriterien für die Festlegung eines „angemessenen Preises" zu ersetzen. Bereits die Ermittlung der für die Kalkulation maßgeblichen Basisgröße der Selbstkosten kann erhebliche Schwierigkeiten bereiten, weil sie von einer Vielzahl unternehmensinterner Einflussfaktoren abhängt. 39

5. Darlegungs- und Beweislast

Ungeachtet der Tatsache, dass der Kläger über keinen Einblick in die Kalkulationsgrundlagen des Beklagten verfügt, finden die Grundsätze über die Beweiserleichterung für den 40

[129] RGZ 134, 342, 351 ff – Benrather Tankstelle; BGH GRUR 1990, 371, 372 – Preiskampf; BGH GRUR 1990, 687, 688 – Anzeigenpreis II; BGH GRUR 2006, 5596, 597 – 10% billiger.
[130] BGH GRUR 20 006, 596 (Ls) – 10% billiger.
[131] BGH GRUR 2006, 569 – 10% billiger.
[132] BGH GRUR 1992, 191, 193 – Amtsanzeiger.
[133] BGH GRUR 1990, 371, 372 – Preiskampf.
[134] BGH GRUR 1986, 397, 399 – Abwehrblatt II; BGH GRUR 1992, 191, 193 – Amtsanzeiger.

außerhalb des Geschehensablaufs stehenden Kläger keine Anwendung, sondern es gelten die **allgemeinen Regeln der Darlegungs- und Beweislast.** Das bedeutet, dass der Kläger das Vorliegen der Tatsachen, die eine wettbewerbswidrige Kampfpreisunterbietung begründen, substantiiert darzulegen und nötigenfalls unter Beweis zu stellen hat.[135] Dahinter steht die Erwägung, dass es dem Beklagten trotz der für den Kläger schwierigen Beweislage nicht zuzumuten ist, im Prozess seinem Mitbewerber seine Kostenstruktur offen zu legen.[136] Allerdings wird dem Kläger die Möglichkeit zugebilligt, Beweis durch Sachverständigengutachten anzubieten.[137]

6. Verhältnis zum Kartellrecht

41 Sofern eine Preisunterbietung von einem **marktbeherrschenden oder marktstarken** Unternehmen praktiziert wird, kann ein Verstoß gegen Art. 82 EG oder §§ 19, 20 Abs. 1, Abs. 2[138] bzw 20 Abs. 4 S. 1 GWB gegeben sein.[139]

Durch die Sechste Kartellnovelle wurde der Tatbestand der „unbilligen Behinderung" von kleinen und mittleren Wettbewerbern im Sinne des § 20 Abs. 4 GWB durch das Kriterium des „nicht nur gelegentlichen und sachlich nicht gerechtfertigten Verkaufs unter Einstandspreis" konkretisiert (§ 20 Abs. 4 S. 2 GWB).[140] Damit wurde die Rechtsprechung des BGH[141] dahin gehend korrigiert, dass eine Verdrängungsabsicht oder Gefährdung des Wettbewerbsbestands nicht mehr erforderlich ist.

III. Missbrauch von Nachfragemacht

1. Problembeschreibung

42 Als dritte Fallgruppe, die vom Tatbestand des § 4 Nr. 10 erfasst wird, erwähnt die Gesetzesbegründung[142] beispielhaft den Missbrauch von Nachfragemacht. Die Ausübung von Nachfragemacht durch marktstarke Nachfrager gegenüber Anbietern, d.h. Handelsunternehmen gegenüber Herstellern, aber auch Herstellern gegenüber Zulieferern wird seit den siebziger Jahren heftig diskutiert.[143] Im Mittelpunkt steht die Rechtmäßigkeit des sog. **Anzapfens,** also das Fordern von Leistungen, denen keine echte Gegenleistung gegenübersteht, wie zB die Zahlung einer Regal- oder Schaufenstermiete oder die Gewährung eines besonderen Rabatts.[144]

2. Wettbewerbswidrige Behinderung

43 Entsprechend den von der Rechtsprechung zu § 1 aF entwickelten Grundsätzen kann die Ausübung von Nachfragemacht zur Erzielung besonderer Vorteile unter bestimmten Voraussetzungen wettbewerbswidrig sein. Während anfänglich[145] das Unlauterkeitsurteil über bestimmte Maßnahmen des „Anzapfens" mit dem konturlosen und deshalb später auch vom BGH aufgegebenen[146] Kriterium der Funktionswidrigkeit des Händlerverhal-

---

135 BGH GRUR 1992, 191, 193 – Amtsanzeiger.
136 BGH GRUR 1992, 191, 194 – Amtsanzeiger.
137 Vgl. BGH GRUR 1992, 191, 193 – Amtsanzeiger.
138 BGH GRUR 1992, 191, 193 – Amtsanzeiger.
139 BGHZ 129, 203 – Hitlisten-Platten.
140 *Köhler/Piper* UWG 3. Aufl. § 1 aF Rn 494; dazu auch *Köhler* BB 1999, 697.
141 BGHZ 129, 203, 211 – Hitlisten-Platten.
142 Begr. RegE BT-Drucks. 15/1487 S. 19 (zu § 4 Nr. 10).
143 Vgl. *Wirtz* GRUR 1985, 15 ff; s. BGH GRUR 1977, 619 – Eintrittsgeld.
144 *Piper/Ohly* UWG § 4 Nr. 10 Rn 10/16.
145 Vgl. BGH GRUR 1977, 257 – Schaufensteraktion; BGH GRUR 1977, 619 – Eintrittsgeld; BGH GRUR 1982, 737 – Eröffnungsrabatt; OLG Köln WRP 1989, 193; OLG München GRUR 1992, 712 – Besonders plazierte Arzneimittel.
146 Vgl. BGH GRUR 1982, 677 – Unentgeltliche Übernahme der Preisauszeichnung.

tens[147] begründet wurde, steht heute der Aspekt der **Behinderung der Mitbewerber des Nachfragers** im Vordergrund. Maßgeblich ist die Erwägung, dass die Erzielung von Einkaufsvorteilen gleichzeitig einen Wettbewerbsvorsprung gegenüber den Mitbewerbern im Absatz bedeutet.[148] Die Schwierigkeit bei der Handhabung dieses Unlauterkeitskriteriums liegt darin, dass das Aushandeln möglichst günstiger Einkaufsbedingungen wettbewerbskonform ist und grundsätzlich kein Anbieter Anspruch auf die Aufnahme oder Fortsetzung von Lieferbeziehungen mit einem bestimmten Nachfrager hat,[149] so dass die Drohung, die Geschäftsbeziehungen abzubrechen oder nicht aufzunehmen, grundsätzlich nicht zu beanstanden ist.[150] Damit wird wiederum ein an sich wettbewerbskonformes Verhalten zum Anknüpfungspunkt einer wettbewerbswidrigen Behinderung gemacht. Vor diesem Hintergrund bedarf es der (schwierigen) Abgrenzung zur missbräuchlichen Ausnutzung der Wettbewerbs- und Vertragsfreiheit.

3. Maßgeblichkeit der kartellrechtlichen Wertungen

Dabei ist anerkannt, dass bei der wettbewerbsrechtlichen Beurteilung auf die kartell- 44
rechtlichen Wertungen zurückgegriffen werden muss.[151] Dies gilt in zweierlei Richtungen: Wegen der Wertungsparallelität begründet ein Verstoß gegen die wettbewerbs- und mitbewerberschützende Norm des § 20 Abs. 3 GWB und ggf. des § 20 Abs. 4 S. 1 GWB stets auch einen Wettbewerbsverstoß. Andererseits dürfen aber vom Wettbewerbsrecht die kartellrechtlichen Verbotsschranken nicht unterlaufen werden. Dementsprechend sind unabdingbare Voraussetzungen der wettbewerbsrechtlichen Unzulässigkeit eine marktbeherrschende Stellung oder doch eine im Verhältnis zu den Lieferanten (§ 20 Abs. 3 S. 2 GWB) oder den kleinen und mittleren Mitbewerbern (§ 20 Abs. 4 S. 1 GWB) überlegene Marktmacht des Nachfragers. Damit verlagert sich die Beurteilung in den Bereich des Kartellrechts, das den Maßstab für die Beantwortung der Frage bildet, ob eine wettbewerbswidrige Behinderung aufgrund eines Missbrauchs von Nachfragemacht vorliegt. Für eine darüber hinausgehende eigenständige Begründung der Unlauterkeit ist nur dann Raum, wenn Umstände zum Tragen kommen, die von der kartellrechtlichen Bewertung nicht erfasst werden. Dies gilt insbesondere für eine unlauterkeitsbegründende Ausübung von Druck auf den Lieferanten im Sinne des § 4 Nr. 1.

IV. Betriebsstörungen

1. Physische Einwirkungen und Betriebsspionage

Es liegt auf der Hand, dass absichtliche, physische Beeinträchtigungen der betrieblichen 45
Abläufe im Unternehmen eines Mitbewerbers, wie etwa die Zerstörung oder Beschädigung von Betriebsmitteln (Gebäude, Maschinen), das Versperren des Zugangs zum Betriebsgelände, die Störung von Computersystemen, aber auch die den Betrieb störende Einwirkung auf Mitarbeiter als Extremformen der gezielten Behinderung stets wettbewerbswidrig sind.

Entsprechendes gilt auch für das Eindringen in den gegenständlichen Bereich eines Be- 46
triebes durch Einschleusen von Dritten, wie insbesondere Detektiven, zu dem Zweck, Betriebsvorgänge auszukundschaften.[152]

---

147 Vgl. dazu eingehend *Wirtz* GRUR 1985, 15 ff.

148 Vgl. OLG Hamm GRUR-RR 2003, 288 – Sortimentsoptimierung.

149 BGH GRUR 1977, 619, 621 – Eintrittsgeld.

150 BGH GRUR 1982, 737, 738 – Eröffnungsrabatt; *Hefermehl/Köhler/Bornkamm* UWG § 4 Rn 1.29; Großkomm/*Schünemann* UWG § 1 Rn C 193.

151 BGH GRUR 1982, 737, 738 – Eröffnungsrabatt; Großkomm/*Schünemann* UWG § 1 Rn C 81, 193.

152 BGH GRUR 1973, 483, 485 – Betriebsspionage.

2. Abwerben von Mitarbeitern

47 **a) Grundsätzliche Zulässigkeit.** Die praktisch größte Bedeutung im Rahmen der Unterfallgruppe der Betriebsstörungen besitzt die Problematik des Abwerbens von Mitarbeitern. Gerade im Bereich anspruchsvoller Produkte und Dienstleistungen hängt der unternehmerische Erfolg ganz wesentlich von der Qualifikation der Mitarbeiter ab. In bestimmten Branchen, wie zB der Informationstechnologie, findet zwischen den Unternehmen deshalb ein intensiver **Konkurrenzkampf um die besten Mitarbeiter** statt. Aus wettbewerbsrechtlicher Sicht gilt der Grundsatz, dass das Abwerben von Mitarbeitern erlaubt ist[153] und zwar selbst dann, wenn die Abwerbung bewusst und planmäßig erfolgt,[154] wie dies bei sog. „Headhuntern" gang und gäbe ist. Die grundsätzliche Zulässigkeit des Abwerbens von Mitarbeitern folgt daraus, dass die Freiheit des Wettbewerbs sich auch auf die Nachfrage nach Arbeitnehmern erstreckt und kein Unternehmen einen Anspruch auf den dauerhaften Bestand ihrer Mitarbeiterschaft hat. Außerdem ist im Rahmen der lauterkeitsrechtlichen Bewertung auch die **Freiheit der Berufswahl** der betroffenen Mitarbeiter nach Art. 12 GG zu berücksichtigen. Vor diesem Hintergrund ist es grundsätzlich auch unerheblich, welche Kategorie von Mitarbeitern, wie insbesondere Führungskräfte, oder wie viele Mitarbeiter abgeworben werden. Als Schutz vor Abwerbung stehen den Unternehmen die Vereinbarung vertraglicher Wettbewerbsverbote (§§ 74ff, 90a HGB) zur Verfügung. Absprachen über die Nichtabwerbung von Arbeitnehmern nach § 75f HGB sind rechtlich nicht durchsetzbar und uU sogar nach § 138 BGB bzw § 1 GWB nichtig,[155] sofern sie nicht zur Durchführung eines Austauschvertrags erforderlich sind.

48 **b) Unzulässigkeit des Abwerbens.** Das als Teil des freien Wettbewerbs grundsätzlich erlaubte Abwerben fremder Mitarbeiter ist ausnahmsweise nur dann wettbewerbswidrig, wenn unlautere Begleitumstände hinzukommen, insbesondere **unlautere Mittel** eingesetzt oder **unlautere Zwecke** verfolgt werden.[156]

49 **aa) Unlautere Mittel. (1) Ansprechen am Arbeitsplatz.** In einem Grundsatzurteil[157] hat der BGH die in Rechtsprechung und Literatur lange Zeit umstrittene Frage entschieden, ob es ein wettbewerbsrechtlich unlauteres Mittel der Abwerbung ist, den Mitarbeiter eines Wettbewerbers am Arbeitsplatz anzurufen, um mit ihm erstmals über einen Stellenwechsel zu sprechen. Nach dieser praktisch äußerst bedeutsamen Entscheidung, deren Grundsätze für Anrufe über Festnetz und Mobiltelefon gleichermaßen gelten,[158] ist es nicht wettbewerbswidrig, wenn ein Arbeitnehmer von einem Personalberater am Arbeitsplatz in einem **zur ersten Kontaktaufnahme geführten Telefongespräch** nach seinem Interesse an einer neuen Stelle befragt und diese kurz beschrieben wird. Eine wettbewerbswidrige Störung des betrieblichen Arbeitsablaufs liegt aber vor, wenn sich der im Auftrag eines Wettbewerbers anrufende Personalberater in einem solchen Gespräch darüber hinwegsetzt, dass der Arbeitnehmer daran kein Interesse hat, oder das Gespräch über eine knappe Stellenbeschreibung hinaus ausdehnt.

50 Zur Begründung hat der BGH ausgeführt, die Beurteilung, ob ein beanstandetes Wettbewerbsverhalten unlauter sei, erfordere regelmäßig eine am Schutzzweck des UWG auszurichtende **Würdigung des Gesamtcharakters des Verhaltens** nach seinem konkreten Anlass, seinem Zweck, den eingesetzten Mitteln, seinen Begleitumständen und Auswirkungen, wobei die Bedeutung der Grundrechte schon bei der Prüfung, ob das angegriffene

153 BGH GRUR 1961, 482 – Spritzgussmaschine.
154 BGH GRUR 1966, 263 – Bau-Chemie.
155 AA noch Baumbach/*Hefermehl* UWG § 1 Rn 583.
156 BGH GRUR 1961, 482, 483 – Spritzgussmaschine; BGH GRUR 1966, 263, 264f – Bau-Chemie; BGH GRUR 1984, 129, 130f – shop-in-the-shop; *Baumbach/Köhler/Hefermehl* UWG § 4 Rn 10.103; Großkomm/*Brandner/Bergmann* UWG § 1 Rn A 243ff; vgl. auch öOGH ÖBl. 1997, 158, 160 – S-Powerfrauen.
157 BGH GRUR 2004, 696 – Direktansprache am Arbeitsplatz I.
158 BGH GRUR 2006, 426 – Direktansprache am Arbeitsplatz II.

Verhalten unlauter ist, mit abzuwägen sei.[159] Dabei sei es unerheblich, ob eine bestimmte Vorgehensweise in der Branche verbreitet oder gar üblich ist.[160] Bei der Beurteilung, ob ein Personalberater wettbewerbswidrig handele, wenn er zum Zweck der Personalsuche durch Telefonanrufe am Arbeitsplatz ein erstes Gespräch mit dem Mitarbeiter eines Wettbewerbers seines Auftraggebers führt, seien die **Interessen des Personalberaters und seines Auftraggebers und des betroffenen Mitarbeiters und seines Arbeitgebers gegeneinander abzuwägen.**[161] Diese Abwägung ergebe – gerade auch unter Einbeziehung des Interesses der Allgemeinheit an einem wirksamen Wettbewerb um Arbeitskräfte – dass es grundsätzlich nicht als wettbewerbswidrig zu beurteilen sei, wenn der Mitarbeiter eines Unternehmens zum Zweck der Abwerbung erstmals mit einem kurzen Telefonanruf am Arbeitsplatz angesprochen werde.[162] Dagegen sei ein zu Abwerbungszwecken geführtes Telefongespräch, das über eine solche Kontaktaufnahme hinausgeht, als unlauterer Wettbewerb zu beurteilen, weil dann vor allem die schutzwürdigen Interessen des Arbeitgebers des angesprochenen Mitarbeiters weit überwiegen. Je weniger der erste Telefonanruf am Arbeitsplatz auf das zur ersten Kontaktaufnahme Notwendige beschränkt werde, desto mehr würden die schutzwürdigen Interessen des Arbeitgebers und ggf. auch die Interessen eines Mitarbeiters, der einen solchen Anruf als Belästigung ansieht, beeinträchtigt.[163]

(2) Verleiten zum Vertragsbruch. Ein unlauteres Mittel ist es, den Mitarbeiter eines 51 Mitbewerbers zum Vertragsbruch zu verleiten, dass heißt gezielt und bewusst auf dessen Vertragsbruch hinzuwirken.[164] **Gegenstand des Vertragsbruchs** kann ein Arbeitsvertrag, aber auch ein Geschäftsbesorgungs-, insbesondere ein Handelsvertretervertrag sein.[165] Unter einem Vertragsbruch ist jede Verletzung einer wesentlichen Verpflichtung aus dem Vertragsverhältnis, wie beim Arbeitsvertrag die Arbeitsverweigerung, eine vorzeitige oder aus anderen Gründen unberechtigte fristlose oder ordentliche Kündigung oder die Provokation einer fristlosen Kündigung sowie auch einer Ausschließlichkeitsbindung oder eines Wettbewerbsverbots,[166] zu verstehen.

Der Abwerbende muss **Kenntnis von der Existenz einer vertraglichen Bindung,** 52 insbesondere einer Ausschließlichkeitsbindung, haben, deren Verletzung durch den Abgeworbenen einen Vertragsbruch darstellt.[167] Allerdings ist die Kenntnis zwar eine notwendige, aber keine hinreichende Bedingung für die Begründung der Unlauterkeit. Vielmehr verpflichtet allein die Kenntnis von dem Bestehen vertraglicher Bindungen des Umworbenen zu einem Konkurrenzunternehmen den Werbenden ohne das Hinzutreten besonderer Umstände in der Regel noch nicht, von jedem „Hinwirken" auf einen Vertragsschluss Abstand zu nehmen, bevor er sich nicht über den Inhalt dieser vertraglichen Bindung Gewissheit verschafft hat.[168] Eine Wettbewerbswidrigkeit ist nur dann zu bejahen, wenn zur bloßen Kenntnis von vertraglichen Bindungen weitere Umstände hinzukommen.[169] Ein solcher die **Unlauterkeit begründender Umstand** liegt insbesondere vor, wenn für den Abwerbenden das den Abgeworbenen bindende Verbot, einen weiteren Vertrag zu schließen, klar erkennbar war[170] und er gleichwohl auf die Missachtung dieses Verbots hinwirkte.

159 BGH GRUR 2004, 696, 697 – Direktansprache am Arbeitsplatz I – unter Hinweis auf BVerfGE 32, 311, 316ff – Grabsteinwerbung; BVerfG GRUR 2001, 1058, 1060; BGH GRUR 1994, 380, 382 – Lexikothek.

160 BGH GRUR 2004, 696, 697 – Direktansprache am Arbeitsplatz I, unter Hinweis auf BGH GRUR 2002, 1093, 1094 – Kontostandsauskunft.

161 BGH GRUR 2004, 696, 697 – Direktansprache am Arbeitsplatz.

162 BGH GRUR 2004, 696, 698 – Direktansprache am Arbeitsplatz.

163 BGH GRUR 2004, 696, 699 – Direktansprache am Arbeitsplatz.

164 BGH GRUR 1961, 482, 483 – Spritzgußmaschine; BGH GRUR 1994, 447, 448 – Sistierung von Aufträgen; BGH GRUR 2007, 800 Rn 14 – Außendienstmitarbeiter.

165 OLG Hamm GRUR-RR 2004, 27 – AVAD; *Piper/Ohly* UWG § 4 Nr. 10 Rn 10/28.

166 Harte/Henning/*Omsels* UWG § 4 Nr. 10 Rn 28; *Piper/Ohly* UWG § 4 Nr. 10 Rn 10/28.

167 BGH GRUR 1975, 555, 557 – Speiseeis.

168 BGH GRUR 1975, 555, 557 – Speiseeis; s. auch BGH GRUR 1976, 372, 374 – Möbelentwürfe.

169 BGH GRUR 1975, 555, 557 – Speiseeis.

170 BGH GRUR 1975, 555, 557 – Speiseeis.

Entsprechendes gilt auch, wenn der Abwerbende sich zumindest bewusst der Kenntnis der Umstände verschlossen und entzogen hat und daher so zu behandeln ist, als ob er die den Vertragsbruch begründenden Umstände gekannt hätte.[171]

53 **(3) Ausnutzen eines Vertragsbruchs.** Das bloße Ausnutzen eines fremden Vertragsbruchs, ohne den vertraglich Gebundenen zu dem Vertragsbruch zu verleiten, ist grundsätzlich nicht unlauter, wenn nicht besondere, die Unlauterkeit begründende Umstände hinzutreten.[172] Begründet wird dieser Grundsatz vom BGH mit der prinzipiellen Erwägung, dass die **schuldrechtliche Bindung zwischen dem Wettbewerber und seinem Vertragspartner Dritten gegenüber im Allgemeinen keine rechtlichen Wirkungen zu entfalten vermag** und dass die Annahme eines Wettbewerbsverstoßes schon bei Ausnutzen fremden Vertragsbruchs „gewissermaßen zu einer Verdinglichung der schuldrechtlichen Verpflichtungen führen würde".[173] Diese Argumentation ist formalistisch und entbehrt der inhaltlichen Substanz. Verfehlt ist bereits die Begrifflichkeit, da keinerlei Bezug zum Sachenrecht besteht und daher auch nicht „von Verdinglichung" gesprochen werden kann. In Wahrheit geht es um die Frage, ob die Relativität des Vertragsverhältnisses in bestimmter Hinsicht durchbrochen und eine absolute Wirkung auf Dritte angenommen werden kann. Dies grundsätzlich zu verneinen ist zutreffend, da Dritte grundsätzlich nicht in vertragliche Beziehungen einbezogen werden dürfen, an deren Zustandekommen sie nicht beteiligt waren. Dass schuldrechtliche Verträge trotz ihrer grundsätzlichen Relativität eine Außenwirkung im Verhältnis zu Dritten entfalten können, so dass man in bestimmter Hinsicht von „absoluten Wirkungen" sprechen kann, ist aber ein durchaus bekanntes Phänomen und ist für sich genommen kein substantielles Argument, um das Fehlen einer Wettbewerbswidrigkeit inhaltlich zu begründen. Auch beim Verleiten zum Vertragsbruch besteht eine „Außenwirkung", weil Dritte verpflichtet sind, das ihnen gegenüber vorrangige Vertragsverhältnis zu respektieren und von einem Hinwirken auf dessen Verletzung abzusehen. Abseits dieser begriffsjuristischen Argumentation ist entscheidend, dass das durch Art. 12 Abs. 1 GG geschützte **Recht der freien Wahl des Arbeitsplatzes** das Recht einschließt, selbst über das Ende seines Arbeitsverhältnisses und den Wechsel zu einem neuen Arbeitgeber zu entscheiden und dabei ggf. das Risiko einzugehen, durch das neue Arbeitsverhältnis den Vertrag mit dem alten Arbeitgeber zu verletzen.[174] Eine Unlauterkeit wird selbst dann verneint, wenn der Abwerbende die vertragliche Bindung, wie etwa ein Wettbewerbsverbot, kennt oder kennen muss.[175] Auch dann erreicht die mit der Abwerbung verbundene Behinderung kein solches Ausmaß, dass der beeinträchtigte Mitbewerber seine Leistung am Markt nicht mehr in angemessener Weise durch eigene Anstrengung zur Geltung bringen kann.[176] Die Unlauterkeit des Ausnutzens des fremden Vertragsbruchs lässt sich auch nicht damit begründen, dass schon die bloße Bereitschaft des Mitbewerbers, den vertragsbrüchigen Arbeitnehmer zu beschäftigen, diesen in seinem Entschluss vertragsbrüchig zu werden, bestärken und darin eine gewisse Förderung des Vertragsbruchs liegen kann.[177] In der Praxis dürfte die **Abgrenzung zwischen der Verleitung zur Begehung eines Vertragsbruchs** und der Ausnutzung eines begangenen Vertragsbruchs schon wegen der damit zusammenhängenden Beweisfragen häufig erhebliche Schwierigkeiten bereiten. Ein Arbeitnehmer wird einen Vertragsbruch und damit eine mögliche Arbeitslosigkeit in der Regel nicht in Betracht ziehen, wenn er nicht bereits eine Alternative in Aussicht hat.

---

171 BGH GRUR 1975, 555, 557 – Speiseeis.

172 BGH GRUR 2007, 800 Rn 15 – Außendienstmitarbeiter, unter Hinweis auf BGHZ 143, 232, 240 = GRUR 2000, 724 – Außenseiteranspruch II; BGH GRUR 2002, 795, 798 = WRP 2002, 993 – Titelexklusivität.

173 BGH GRUR 2007, 800, 801 – Außendienstmitarbeiter, unter Hinweis auf BGHZ 143, 232, 240 = GRUR 2000, 724 – Außenseiteranspruch II; BGH GRUR 2002, 795, 798 = WRP 2002, 993 – Titelexklusivität.

174 BGH GRUR 2007, 800, 801 – Außendienstmitarbeiter.

175 BGH GRUR 2007, 800, 802 – Außendienstmitarbeiter.

176 BGH GRUR 2007, 800, 802 Rn 23 – Außendienstmitarbeiter.

177 BGH GRUR 2007, 800, 802 Rn 24 – Außendienstmitarbeiter.

Andererseits wird ein Unternehmen nicht ohne jede eigene Initiative auf den Vertragsbruch des Mitarbeiters eines Konkurrenzunternehmens warten, um ihm dann ein attraktives Angebot zu unterbreiten. Dies gilt gerade für die Gruppe hoch qualifizierter Fachkräfte, nach denen eine große Nachfrage besteht und die man nur durch gezielte attraktive Angebote abwerben kann.

(4) Beeinträchtigung der Entscheidungsfreiheit. Ein die Unlauterkeit begründendes Mittel der Abwerbung wird vom Abwerbenden eingesetzt, wenn er den Abgeworbenen in unzulässiger Weise in seiner Entscheidungsfreiheit beeinträchtigt. Auch hierbei handelt es sich um einen Grenzbereich, in dem die Unterscheidung zwischen einer jeder Abwerbung innewohnenden Beeinflussung und einem wettbewerbswidrigen Eingriff in die Willensbildung schwer fällt. Eindeutig ist, dass die Ausübung von Druck im Sinne des § 4 Nr. 1 unzulässig ist. Im Übrigen ist der Rückgriff[178] auf das in § 4 Nr. 1 statuierte Verbot, Wettbewerbshandlungen vorzunehmen, die geeignet sind, die Entscheidungsfreiheit „durch sonstigen unangemessenen unsachlichen Einfluss zu beeinträchtigen", wenig ergiebig. Das Kriterium der „unangemessenen Unsachlichkeit" des insoweit wegen seiner völligen Unbestimmtheit verfehlten Beispielstatbestands des **§ 4 Nr. 1 ist eine Leerformel, die keinerlei operable Anhaltspunkte für die Konkretisierung der Unlauterkeit enthält.** Unter welchen Voraussetzungen eine „angemessene" und demzufolge zulässige Unsachlichkeit vorliegt, lässt sich kaum zuverlässig feststellen. Jeder Werbung ist ein gewisses, in der Praxis sogar hohes Maß an Unsachlichkeit immanent, dass in der modernen Mediengesellschaft mit einer Vielzahl von emotionalen und suggestiven Beeinflussungsmethoden tagtäglich praktiziert und akzeptiert wird. Diese Überlegungen gelten, wenn auch im geringeren Maße, ebenso für die Beurteilung der Werbung um einen neuen Mitarbeiter. Auch hier spielen neben den objektiv überprüfbaren Vertragsbedingungen, wie Arbeitsaufgaben und Arbeitsentgelt sowie Vergünstigungen und Prämien, **persönliche, immaterielle und emotionale Faktoren,** wie Arbeitsklima und Arbeitsumfeld nicht zuletzt auch die Frage des persönlichen Umgangs bei der Abwerbung, eine entscheidende Rolle. Dementsprechend ist anerkannt, dass beim Angebot von Lockmitteln, wie Zugaben (incentive), Prämien oder sonstigen Vorteilen, wie einem Einkaufsrabatt,[179] ein großzügiger Maßstab anzulegen ist, nachdem die ZugabeVO und das RabattG aufgehoben wurden.[180] Ebenso wie bei der Kündigungshilfe bei vertraglich gebundenen Kunden[181] ist es nicht zu beanstanden, wenn dem Abgeworbenen eine **Kündigungshilfe** geleistet wird, wie insbesondere durch ein vorformuliertes Kündigungsschreiben und das Angebot, dieses an den alten Arbeitgeber zu übermitteln.[182] Wettbewerbsrechtlich zulässig ist auch der Einsatz von ehemaligen Mitarbeitern des Konkurrenten zur Abwerbung weiterer Mitarbeiter.[183] Der Rückgriff auf das Verbot eines „übertriebenen Anlockens" als unzulässiges Mittel der Abwerbung[184] ist nicht geeignet, das Verdikt der Unlauterkeit zu begründen. Da das Anlocken nicht wettbewerbsfremd, sondern wettbewerbseigen ist, bedarf es einer Konkretisierung und Präzisierung des „Übermaßes", das sich ebenso schwierig definieren lässt wie die „Unangemessenheit" der Unsachlichkeit. Das Merkmal wird nicht zu Unrecht als „Schimäre" bezeichnet.[185] Es handelt sich um eine Scheinbegründung, die auf unbewiesenen psychologischen Unterstellungen beruht. Wird der Mitbewerber zum Zwecke der Abwerbung herabgesetzt, so richtet sich die Beurteilung nach dem Beispielstatbeständen über die Rufschädigung (§ 4 Nr. 7, 8).[186] 54

178 So *Piper/Ohly* UWG § 4 Nr. 10 Rn 10/30.

179 Ablehnend unter Geltung des inzwischen aufgehobenen RabattG BGH GRUR 1984, 129, 130 – shop-in-the-shop.

180 So zu Recht Harte/Henning/*Omsels* UWG § 4 Nr. 10 Rn 26.

181 Vgl. BGH GRUR 2005, 603, 604 – Kündigungshilfe.

182 Harte/Henning/*Omsels* UWG § 4 Nr. 10 Rn 26; *Piper/Ohly* UWG § 4 Nr. 10 Rn 10/30.

183 Harte/Henning/*Omsels* UWG § 4 Nr. 10 Rn 27, unter Hinweis auf OLG Stuttgart WRP 1993, 780, 782.

184 So Harte/Henning/*Omsels* UWG § 4 Nr. 10 Rn 26.

185 So *Emmerich* Unlauterer Wettbewerb S. 230.

186 *Piper/Ohly* UWG § 4 Nr. 10 Rn 10/30.

55 **bb) Unlautere Zwecke der Abwerbung. (1) Grundsatz.** Die Schwelle der als bloße Folge des Wettbewerbs hinzunehmenden Behinderung ist beim Abwerben von Mitarbeitern auch überschritten, wenn das betreffende Verhalten bei objektiver Würdigung der Umstände in erster Linie auf die **Beeinträchtigung der wettbewerblichen Entfaltung des Mitbewerbers** und nicht auf die Förderung des eigenen Wettbewerbs gerichtet ist.[187] Eine Behinderungsabsicht ist nach der Rechtsprechung des BGH in Übereinstimmung mit dem für § 4 Nr. 10 geltenden Grundsatz auch hier trotz des (eindeutigen) Wortlauts der „gezielten" Behinderung nicht erforderlich.[188]

56 **(2) Existenzgefährdung.** Ein unlauterer Zweck der Abwerbung wird angenommen, wenn der Abwerbende planmäßig vorgeht und dabei bezweckt oder bewusst in Kauf nimmt, dass dadurch die wettbewerbliche Betätigung des Mitbewerbers ernstlich beeinträchtigt oder dessen Leistung ausgebeutet wird.[189] Gegen diese Auffassung wird zu Recht der Einwand erhoben, dass es eine Ausprägung der Wettbewerbsfreiheit ist, dass der eigene Vorteil auch um den Preis der wirtschaftlichen Gefährdung eines Konkurrenten gesucht werden darf.[190] Auch die **Gefährdung der Existenz eines Mitbewerbers steht im Einklang mit der dem Wettbewerb innewohnenden Auslesefunktion.** Die damit verbundene „Behinderung" ist somit wettbewerbskonform und nicht zu beanstanden. Etwas anderes gilt aber, wenn die Abwerbung mit einer Behinderungsabsicht erfolgt, die darauf abzielt, den Mitbewerber zu vernichten.[191] Hierfür kann insbesondere der Umstand sprechen, dass mit der Abwerbung nicht die Gewinnung neuer Mitarbeiter für eigene betriebliche Bedürfnisse, sondern allein die Schädigung des Konkurrenzunternehmens durch den Verlust des Personals bezweckt wird.

57 **(3) Beschaffung von Geschäftsgeheimnissen.** Im Hinblick auf den verfolgten Zweck wurde es als wettbewerbswidrig angesehen, wenn gezielt und planmäßig wichtige Mitarbeiter abgeworben werden, um von ihnen **Geschäftsgeheimnisse** zu erfahren[192] oder um in den Kundenstamm des Konkurrenten einzudringen.[193] Hiergegen wird zu Recht eingewandt, dass die fachliche Kompetenz und auch das Vertrauen, das ein Mitarbeiter sich bei Kunden erworben hat, zu seinem eigenen Kapital gehörten, welches er zum eigenen Vorteil einsetzen darf.[194] Es gilt der **Grundsatz, dass ein Mitarbeiter die während eines Arbeitsverhältnisses gewonnenen Kenntnisse und Beziehungen nach dessen Beendigung zu seinen eigenen Gunsten nutzen darf.**[195] Dies ergibt sich auch aus dem Grundrecht der Freiheit der Berufswahl gemäß Art. 12 Abs. 1 GG sowie aus dem „wirtschaftlichen Persönlichkeitsrecht" gemäß Art. 2 Abs. 1, welches das Recht umfasst, im Rahmen der Entfaltung und Weiterentwicklung der Persönlichkeit über seine durch eigene Arbeit erworbenen Qualifikationen wirtschaftlich zu disponieren. Will sich ein Unternehmen dagegen schützen, so muss es ein Wettbewerbsverbot mit seinem Mitarbeiter vereinbaren.[196] Eine Unlauterkeit ist nur dann zu bejahen, wenn der Abwerbende den Mitarbeiter eines Konkurrenten zum Vertragsbruch verleitet, um auf diesem Wege an dessen Know-how oder andere für den Wettbewerb wichtige Informationen zu gelangen.[197]

58 **(4) Ausnutzung von Vertragsbeziehungen oder Vertragsverhandlungen.** Die bloße Tatsache, dass zwischen dem abwerbenden Unternehmen und dem anderen Unternehmen Vertragsbeziehungen oder Vertragsverhandlungen bestehen, begründet noch nicht

---

187 BGH GRUR 2007, 800, 802 Rn 23 – Außendienstmitarbeiter, unter Hinweis auf BGH GRUR 2005, 581, 582 = WRP 2005, 881 – The Colour of Elégance.

188 BGH GRUR 2007, 800, 702 Rn 22 – Außendienstmitarbeiter; allgemein zur Kritik → Rn 21.

189 BGH GRUR 1966, 263 – Bau-Chemie.

190 So *Piper/Ohly* UWG § 4 Nr. 10 Rn 10/25.

191 Ebenso *Piper/Ohly* UWG § 4 Nr. 10 Rn 10/25.

192 BGH GRUR 2006, 426 – Direktansprache am Arbeitsplatz II.

193 BGH GRUR 1966, 263, 266 – Bau-Chemie; BGH GRUR 1971, 358 – Textilspitzen.

194 Harte/Henning/*Omsels* UWG § 4 Nr. 10 Rn 24.

195 BGH GRUR 2002, 91. 92 – Spritzgießwerkzeuge.

196 So zu Recht Harte/Henning/*Omsels* UWG § 4 Nr. 10 Rn 24.

197 → Rn 46.

die Unlauterkeit der Abwerbung. Etwas anderes ist allenfalls dann anzunehmen, wenn das durch Vertragsverhandlungen – wie bei der Anbahnung eines Gesellschaftsverhältnisses unter Wettbewerbern – begründete Vertrauensverhältnis zur Abwerbung von „Schlüsselkräften" missbraucht wird.[198]

cc) Rechtsfolgen. Die unlautere Abwerbung führt nicht zur Unwirksamkeit des Arbeitsvertrages zwischen dem neuen Arbeitgeber und dem abgeworbenen Mitarbeiter, sofern diese nicht mit dem abwerbenden Mitbewerber kollusiv zum Nachteil des bisherigen Arbeitgebers zusammen gewirkt haben.[199] Im Falle der Unzulässigkeit der Abwerbung besteht neben Unterlassungs-, Beseitigungs- und ggf. Schadensersatzansprüchen (§§ 8, 9, § 826 BGB) als mögliche Sanktion auch ein Anspruch auf Einhaltung eines **befristeten Beschäftigungsverbots** als Maßnahme der Störungsbeseitigung bzw des Schadensersatzes unter dem Gesichtspunkt der Naturalrestitution (§ 249 Abs. 1 BGB).[200] Voraussetzung ist, dass die Beseitigung der durch die Rechtsverletzung eingetretenen Nachteile noch möglich ist und Interessen Dritter nicht in unverhältnismäßiger Weise beeinträchtigt werden. Das Beschäftigungsverbot kann **im Wege der einstweiligen Verfügung** durchgesetzt werden. Hierin liegt kein Verstoß gegen das Verbot der Vorwegnahme der Hauptsache, da wegen des Zeitablaufs andernfalls ein effektiver Rechtsschutz nicht gewährleistet wäre.[201] Das Beschäftigungsverbot beginnt mit der vorläufigen Vollstreckbarkeit der Entscheidung[202] oder mit Rechtskraft des Urteils.[203] Für die **Festlegung der Dauer und des Umfangs** des Beschäftigungsverbots ist maßgeblich, was für die Beseitigung des durch die Abwerbung hervorgerufenen Störungszustandes[204] oder die Beseitigung des durch die unlautere Abwerbung erzielten wettbewerblichen Vorsprungs[205] erforderlich ist.[206] Sofern die Voraussetzungen für ein zeitlich befristetes Beschäftigungsverbot nicht vorliegen, steht dem durch die Abwerbung geschädigten Unternehmen ein Schadensersatzanspruch in Geld zu.[207] 59

3. Testmaßnahmen

a) Grundsätzliche Zulässigkeit. Es ist grundsätzlich zulässig, Testmaßnahmen, wie Testkäufe, Testfahrten, Testbeobachtungen, Testgespräche, Testfotos etc.[208] durchzuführen, um Wettbewerbsverstöße eines Gewerbetreibenden aufzudecken.[209] Das deutsche Wettbewerbsrecht ist konzeptionell auf ein **System der zivilrechtlichen Selbststeuerung und Selbstkontrolle** ausgerichtet. Dementsprechend ist es grundsätzlich legitim, dass Testmaßnahmen durchgeführt werden, die dazu dienen, die Einhaltung der Spielregeln des Wettbewerbs durch einen Mitbewerber zu überprüfen. Abgesehen davon ist die Beschaffung von Informationen über Preis und Leistung konkurrierender Angebote auch eine notwendige Voraussetzung für die erwünschte Fortschritts- und Innovationsfunktion des Wettbewerbs. Nur wer die Leistung des Konkurrenten kennt, ist in der Lage, ihn durch eine bessere Leistung zu übertreffen und hierfür Werbung zu betreiben. Dies gilt insbesondere 60

---

198 BGH GRUR 1961, 482, 483 – Spritzgußmaschine.
199 BGH GRUR 1971, 358, 359 – Textilspitzen.
200 BGH GRUR 1961, 482, 483 – Spritzgußmaschine; BGH GRUR 1971, 358, 360 – Textilspitzen; BGH GRUR 1976, 306, 307 – Baumaschinen.
201 OLG Jena WRP 1997, 363, 365 – Abwerben von Arbeitnehmern; OLG Oldenburg WRP 1996, 612, 615 f – Abwerben von Arbeitskräften; Harte/Henning/*Omsels* UWG § 4 Nr. 10 Rn 38.
202 BGH GRUR 1961, 482, 483 – Spritzgußmaschine.
203 BGH GRUR 1971, 358 – Textilspitzen.
204 BGH GRUR 1970, 182, 184 – Bierfahrer; OLG Jena WRP 1997, 363, 365 – Abwerben von Arbeitnehmern.
205 BGH GRUR 1961, 482 – Spritzgußmaschine; OLG Jena WRP 1997, 363, 365 – Abwerben von Arbeitnehmern.
206 Harte/Henning/*Omsels* UWG § 4 Nr. 10 Rn 39.
207 BGH GRUR 1976, 306, 307 – Baumaschinen.
208 Vgl. *Hefermehl/Köhler/Bornkamm* UWG § 4 Rn 10.161.
209 BGH GRUR 1981, 827, 828 – Vertragswidriger Testkauf; BGH GRUR 1989, 113, 114 – Mietwagen-Testfahrt; OLG Nürnberg GRUR 1982, 571 – Testbeobachtung; OLG Karlsruhe GRUR 1994, 62 – Werbegespräch und GRUR 1994, 130 – Testpatient.

dann, wenn die Testmaßnahme dazu dient, eine vergleichende Werbung im Sinne des § 6 zu ermöglichen.[210] Leitlinie der Beurteilung ist die Erwägung, dass der Gewerbetreibende Testmaßnahmen im Interesse der Allgemeinheit und der betroffenen Mitbewerber **dulden muss, sofern sich der Tester wie ein normaler Nachfrager verhält.**[211] Dementsprechend darf sich der Betroffene dagegen nicht durch Allgemeine Geschäftsbedingungen[212] oder ein individuelles oder allgemeines Hausverbot zur Wehr setzen.[213] Zum Verkauf der Ware an den Testkäufer ist der Gewerbetreibende nicht verpflichtet.[214] Die Zulässigkeit eines Testkaufs hängt nicht davon ab, ob er für sich allein beweiskräftig ist.[215]

61 **b) Ausnahme: Unzulässigkeit.** Unzulässig sind Testmaßnahmen ausnahmsweise dann, wenn sich die Testperson nicht wie ein normaler Kunde verhält. Ist dies der Fall, kann ihr gegenüber ein Hausverbot ausgesprochen werden.[216] Wettbewerbswidrig ist es, wenn es dem Tester darum geht, über die Beschaffung frei zugänglicher Informationen hinaus **Geschäftsgeheimnisse auszuspionieren.** Unter diesen Umständen kann sich die Unlauterkeit auch aus §§ 17 bis 19 bzw unmittelbar aus der Generalklausel des § 3 ergeben.[217]

62 **aa) Täuschung.** Eine Ausnahme von der grundsätzlichen Zulässigkeit von Testmaßnahmen ist insbesondere dann anzunehmen, wenn der Tester lediglich die Absicht verfolgt, einen Mitbewerber durch **Täuschung, Tricks oder Drohungen** „hereinzulegen" oder mit verwerflichen Mitteln, insbesondere strafbaren oder sonst rechtswidrigen Handlungen oder „besonderen Verführungskünsten", auf einen Wettbewerbsverstoß hinwirkt.[218] Ein Handeln mit verwerflichen Mitteln ist allerdings noch nicht bei einem zwar hartnäckigen, aber noch nicht aus dem Rahmen fallenden Hinwirken auf den Geschäftsabschluss anzunehmen.[219] Abgesehen davon ist bei einem intensiven Einwirken auf den Getesteten stets zu fragen, ob dieser nicht ohnehin schon zur Tat bereit war.[220]

63 **bb) Störung des Betriebsablaufs.** Unzulässig sind Testmaßnahmen insbesondere auch dann, wenn sie mit der Gefahr einer Betriebsstörung verbunden sind, weil der Tester ein deutlich anderes Verhalten an den Tag legt als normale Nachfrager, wobei Verbände, die im Interesse von Mitbewerbern vorgehen, keine Sonderstellung beanspruchen können.[221]

64 **cc) Testfotos.** Wegen der zu befürchtenden Betriebsstörung ist das Fotografieren von Geschäftsräumen grundsätzlich unzulässig. Es vermag auch der Kontrollzweck nicht zu rechtfertigen, weil ein Beweis in der Regel auch anderweitig, etwa durch Gedächtnisnotizen des Testers, geführt werden kann.[222] Das Fotografieren wird allerdings dann **für zulässig gehalten, wenn eine Betriebsstörung generell ausgeschlossen ist,** etwa bei Verwendung von Knopflochkameras[223] oder bei Fotoaufnahmen außerhalb von Geschäftsräumen (zB auf Messeveranstaltungen) sowie, wenn der Beweis einer schwerwiegenden Verletzung nicht

---

210 EuGH GRUR 2003, 533, 537 – Pippig/Hartlauer; *Ohly* GRUR 2003, 641, 645 ff; aA OLG Saarbrücken GRUR 2001, 175, 176 – Testkauf zum Preisvergleich.

211 BGH GRUR 1991, 843, 844 – Testfotos I.

212 Vgl. BGH GRUR 1981, 827, 829 – Vertragswidriger Testkauf.

213 BGH GRUR 1966, 564, 565 – Hausverbot I; BGH GRUR 1979, 859, 860 – Hausverbot II; BGH GRUR 1981, 827, 828 – Vertragswidriger Testkauf.

214 BGH GRUR 1987, 835, 838 – Lieferbereitschaft.

215 BGH GRUR 1981, 827, 828 – Vertragswidriger Testkauf.

216 BGH GRUR 1979, 859, 860 – Hausverbot II.

217 *Piper/Ohly* UWG § 4 Nr. 10 Rn 10/21.

218 *Hefermehl/Köhler/Bornkamm* UWG § 4 Rn 10.162; BGHZ 43, 359, 367 – Warnschild; BGH GRUR 1965, 607, 609 – Funkmietwagen; BGH GRUR 1985, 447, 450 – Provisionsweitergabe durch Lebensversicherungsmakler; BGH GRUR 1989, 113, 114 – Mietwagen-Testfahrt; BGH GRUR 1989, 115 – Mietwagen-Mitfahrt; BGH GRUR 1992, 612, 614 – Nicola.

219 BGH NJW-RR 1990, 173 – Beförderungsauftrag.

220 *Hefermehl/Köhler/Bornkamm* UWG § 4 Rn 10.162; BGH GRUR 1989, 113, 114 – Mietwagen-Testfahrt; BGH NJW-RR 1990, 173 – Beförderungsauftrag.

221 BGH WRP 1996, 1099, 1101 – Testfotos II.

222 BGH GRUR 1991, 843, 844 – Testfotos I.

223 *Krings* GRUR 1991, 844; aA Großkomm/*Brandner/Bergmann* UWG § 1 Rn A 257.

anders zu führen ist.[224] In Anknüpfung an diese Grundsätze hat der BGH kürzlich klargestellt, dass die **Anfertigung von Fotos innerhalb der Geschäftsräume nicht unlauter ist, wenn ein Wettbewerbsverstoß nur durch Fotoaufnahmen hinreichend bestimmt, dargelegt und bewiesen werden** kann und ein überwiegendes Interesse des Geschäftsinhabers an der Vermeidung einer möglichen Betriebsstörung nicht besteht, weil insbesondere die (konkrete) Gefahr einer erheblichen Belästigung nicht gegeben ist.[225]

4. Unberechtigte Abmahnung

a) Grundsatz: keine Unlauterkeit. Eine Abmahnung, mit der der Abgemahnte aufgefordert wird, eine bestimmte Wettbewerbshandlung zu unterlassen und eine strafbewehrte Unterlassungsverpflichtungserklärung abzugeben, „behindert" ihn in seinen wettbewerblichen Aktivitäten. Sofern es sich um eine berechtigte Abmahnung handelt, weil ein Wettbewerbsverstoß vorliegt, ist dies als Ausfluss des auf zivilrechtlicher Selbststeuerung und Selbstkontrolle beruhenden deutschen Wettbewerbsrechts nicht nur wettbewerbsrechtlich unbedenklich, sondern geradezu erwünscht, weil dadurch Wettbewerbsverstöße unterbunden werden. Fraglich ist, wer das **Risiko einer unberechtigten Abmahnung** zu tragen hat, insbesondere, ob der Abmahnende eine wettbewerbswidrige Behinderung im Sinne des § 4 Nr. 10 begeht. Im Grundsatz ist davon auszugehen, dass eine objektiv unbegründete Abmahnung wegen eines (vermeintlichen) Wettbewerbsverstoßes nicht schon aus diesem Grunde als Behinderung wettbewerbswidrig ist. Es ist dem Abmahner nicht zuzumuten, lediglich aufgrund rechtlicher Zweifel eine Abmahnung zu unterlassen. Eine wettbewerbsrechtliche Abmahnung ist selbst dann, wenn das beanstandete Verhalten rechtmäßig ist, nur ausnahmsweise wettbewerbswidrig.[226] Dies gilt umso mehr, als die Abmahnung nunmehr in § 12 Abs. 1 in Übereinstimmung mit den von der Rechtsprechung entwickelten Grundsätzen gesetzlich normiert wurde. Würde der Abmahnende sich selbst bei geringsten Zweifeln über die Rechtmäßigkeit einer Abmahnung seinerseits wettbewerbsrechtlicher Ansprüche wegen Behinderung aussetzen, so würde der auch im Interesse des Abgemahnten liegende **Zweck, als Mittel zur außergerichtlichen Streitbeilegung in Wettbewerbssachen zu dienen,**[227] gefährdet. Außerdem riskiert der Kläger, der eine mögliche und zumutbare Abmahnung unterlassen hat, dass er die Kosten zu tragen hat, wenn der Beklagte den Anspruch sofort anerkennt (vgl. § 93 ZPO).[228] Umgekehrt ist diese Rechtslage für den Abgemahnten nicht unzumutbar, da er, wenn er erkennt, dass die Abmahnung zu Unrecht erfolgt, das Abmahnschreiben unbeachtet lassen kann, ohne dass er hohe Ersatzansprüche zu befürchten hätte. Außerdem steht es ihm frei, sich gegen die Abmahnung mit einer negativen Feststellungsklage zur Wehr zu setzen.[229] 65

b) Ausnahme: Unlauterkeit. Eine unberechtigte oder unbefugte Abmahnung stellt somit **nur bei Vorliegen besonderer Umstände eine rechtswidrige Behinderung** dar.[230] Mit Blick auf das Ziel, eine außergerichtliche Beilegung von Wettbewerbsstreitigkeiten nicht durch zu strenge Anforderungen an die Prüfung der Rechtmäßigkeit zu behindern, ist eine Wettbewerbswidrigkeit einer unberechtigten Abmahnung nur dann anzunehmen, wenn der **Abmahner von der fehlenden Berechtigung Kenntnis hat oder sich** 66

---

224 Vgl. auch *Krings* GRUR 1991, 844; offen gelassen von BGH WRP 1996, 1099, 1101 – Testfotos II.

225 BGH GRUR 2007, 802 (Ls) – Testfotos III, in Fortführung von BGH WRP 1996, 1099 – Testfotos II.

226 BGH WRP 1965, 97, 99 – Kaugummikugeln; BGH GRUR 1985, 571, 573 – Feststellungsinteresse; BGH GRUR 1994, 841, 843 – Suchwort; BGH GRUR 2001, 354, 355 – Verbandsklage gegen Vielfachabmahner; *Teplitzky* 41. Kap. Rn 75 ff.

227 Begr. RegE BT-Drucks. 15/1487 S. 25 (zu § 12 Abs. 1).

228 Begr. RegE BT-Drucks. 15/1487 S. 25 (zu § 12 Abs. 1).

229 BGH GRUR 2001, 354, 355 – Verbandsklage gegen Vielfachabmahner.

230 BGH WRP 1965, 97, 98 ff – Kaugummikugeln; BGH GRUR 1985, 571, 573 – Feststellungsinteresse; BGH GRUR 1994, 841, 843 – Suchwort; BGH GRUR 2001, 354, 355 – Verbandsklage gegen Vielfachabmahner; OLG Frankfurt NJW-RR 1991, 1006; OLG Hamm WRP 1980, 216, 217.

der Kenntnis bewusst verschließt; Fahrlässigkeit genügt nicht.[231] Neben der (subjektiven) Kenntnis des Abmahnenden ist erforderlich, dass die Abmahnung auch geeignet ist, das wettbewerbliche Verhalten des Mitbewerbers oder Dritter zum Nachteil des Mitbewerbers zu beeinflussen.[232]

67 **aa) Fehlende Abmahnbefugnis.** Erfolgt die Abmahnung lediglich ohne die dafür erforderliche Befugnis (etwa wegen Verstoßes gegen § 8 Abs. 4), kann die Abmahnung nicht allein aus diesem Grund untersagt werden, weil die Geltendmachung eines wettbewerbsrechtlichen Anspruchs jeweils nur im Einzelfall und unter Berücksichtung der gesamten Umstände als missbräuchlich angesehen werden kann.[233]

68 **bb) Rechtsfolgen.** Ist die Abmahnung in wettbewerbswidriger Weise erfolgt, so kann der Abgemahnte Unterlassung, Beseitigung und im Fall des Verschuldens auch Schadensersatz verlangen, wobei sich die Ersatzpflicht auch auf die Kosten eines Anwalts erstrecken kann, soweit dessen Beiziehung erforderlich war. Bei einer unangemessenen Reaktion des Abgemahnten, d.h. Aufwendungen, die zu seiner Verteidigung nicht erforderlich waren, kann ein Mitverschulden (§ 254 BGB) vorliegen.[234]

69 **cc) Verhältnis zu anderen Regelungen.** Ein Eingriff in das **Recht am eingerichteten und ausgeübten Gewerbebetrieb** als sonstiges Recht im Sinne des § 823 Abs. 1 BGB kommt wegen der Subsidiarität und Lücken füllenden Funktion dieses Rechtsinstituts nur dann in Betracht, wenn eine Abmahnung durch Personen oder Organisationen erfolgt, die ihre Aktivlegitimation aus § 8 Abs. 3 Nr. 2 bis 4 herleiten, für die aber wegen des Fehlens einer geschäftlichen Handlung (§ 2 Nr. 1) der Anwendungsbereich des UWG nicht eröffnet ist.[235] Regelmäßig dürfte allerdings die unmittelbare Betriebsbezogenheit des Eingriffs zu verneinen sein; außerdem ist bei einer Aufforderung zur Einstellung eines bestimmten Wettbewerbverhaltens durch eine „Abmahnung" im Rahmen der erforderlichen Gesamtabwägung auch Art. 5 GG zu beachten. Ausnahmsweise kann bei Erfüllung der dort normierten strengen Voraussetzungen einer vorsätzlichen sittenwidrigen Schädigung, wie im Falle mutwilliger bzw evident auf Einnahmeerzielung gerichteter erkennbar unberechtigter Abmahnung auch eine Haftung nach § 826 BGB zum Zuge kommen.[236] Neben § 4 Nr. 10 kann sich die Unlauterkeit einer Abmahnung auch aus einer unlauteren Herabsetzung nach § 4 Nr. 7 oder aus falschen Tatsachenbehauptungen nach § 4 Nr. 8, nicht hingegen aus einer fehlenden Subsumtion, ergeben.[237]

5. Unberechtigte Schutzrechtsverwarnung

70 **a) Begriff und Bedeutung.** Die unberechtigte Schutzrechtsverwarnung betrifft Fälle, in denen einem Konkurrenten der Marktzutritt unzulässig verwehrt wird. Es liegt in der Natur der Immaterialgüterrechte, dass sie dem Berechtigten eine rechtliche Monopolstellung verschaffen und den Konkurrenten vom Wettbewerb ausschließen. Sofern ein Schutzrechtsinhaber einen Konkurrenten auf Unterlassung in Anspruch nimmt und damit potentielle Mitbewerber, die in den Schutzbereich seines Rechts eingreifen, am Marktzutritt hindert, ist dies wettbewerbskonform, da er die Möglichkeiten ausnutzt, die ihm der Gesetzgeber bewusst zur Schaffung von Innovationsanreizen eingeräumt hat.[238] Unter diesen Umständen ist eine **Schutzrechtsverwarnung** berechtigt. Diese ist dadurch gekennzeichnet, dass ein Hersteller und/oder Abnehmer eines Produkts wegen Verletzung

[231] LG Bremen WRP 1999, 570, 571.
[232] *Piper/Ohly* UWG § 4 Nr. 10 Rn 10/43.
[233] BGH GRUR 2001, 354, 355 – Verbandsklage gegen Vielfachabmahner; *Hefermehl/Köhler/Bornkamm* UWG § 4 Rn 10.167.
[234] Vgl. BGH WRP 1965, 97, 101 – Kaugummikugeln; OLG Hamburg NJW-RR 1999, 1060.
[235] Harte/Henning/*Omsels* UWG § 4 Nr. 10 Rn 158.
[236] Harte/Henning/*Omsels* UWG § 4 Nr. 10 Rn 159.
[237] *Piper/Ohly* § 4 Nr. 10 Rn 10/43.
[238] *Beater* 2002 S. 520.

von Ausschließlichkeitsrechten (gewerblichen Schutzrechten und Urheberrechten) oder im Sinne des ergänzenden wettbewerbsrechtlichen Leistungsschutzes nach § 4 Nr. 9 geschützten Rechtspositionen ernstlich und endgültig, in der Regel durch Androhung gerichtlicher Schritte, zur Unterlassung aufgefordert wird. Von einer Verwarnung zu unterscheiden ist die sog. **„Berechtigungsanfrage"**, durch die lediglich im Rahmen eines der Rechtswahrung dienenden Meinungsaustauschs das Bestehen eines Rechts behauptet wird.[239]

b) Fehlende Berechtigung. Eine Schutzrechtsverwarnung ist **unberechtigt,** wenn entweder das behauptete Recht nicht oder noch nicht oder nicht mehr besteht, oder wenn es zwar besteht, aber nicht verletzt wurde, oder wenn die behaupteten Ansprüche aus dem verletzten Recht nicht hergeleitet werden können,[240] wobei es unerheblich ist, ob das behauptete Recht von Anfang an nicht bestanden hatte[241] oder rückwirkend beseitigt wurde[242] oder, wenn auch nur teilweise[243] vom Schutzrecht nicht erfasst wird. Ob eine Schutzrechtsverwarnung unberechtigt ist oder nicht, richtet sich allein nach der **objektiven Rechtslage,** auf den guten Glauben des Verwarners kommt es nicht an.[244] Der unberechtigten Schutzrechtsverwarnung wurde von der früheren Rechtsprechung die unberechtigte Klageerhebung gleichgestellt.[245] Hieran kann nach der Grundsatzentscheidung des GSZ nicht mehr festgehalten werden.[246] 71

c) Herstellerverwarnung und Abnehmerverwarnung. Mit Blick auf die Adressaten der Verwarnung ist zu unterscheiden zwischen der Herstellerverwarnung, die sich an den Mitbewerber richtet, der die behauptete Verletzungshandlung begangen hat und der Abnehmerverwarnung, die gegenüber aktuellen oder potentiellen Abnehmern des Produkts des Herstellers ausgesprochen wird.[247] 72

d) Interessenlage. Die Interessenlage, die bei der Beurteilung der unberechtigten Schutzrechtsverwarnung zu berücksichtigen ist, ist sowohl hinsichtlich des Verwarners als auch des Verwarnten äußerst kompliziert. Der Grund hierfür liegt darin, dass die Existenz und die Reichweite der Schutzrechte, auf die sich die Geltendmachung von Unterlassungsansprüchen seitens des Verwarners stützen, oftmals mit einer erheblichen Unsicherheit behaftet sind, weil sie sich von vornherein kaum zuverlässig beurteilen lassen und nur durch eine gerichtliche Entscheidung verbindlich geklärt werden können. Diese Unsicherheit sowie der Umstand, dass gerichtliche Auseinandersetzungen häufig Jahre in Anspruch nehmen, bringen sowohl den Verwarner als auch den Verwarnten in eine **Dilemmasituation:**[248] Leistet der Verwarnte der Schutzrechtsverwarnung keine Folge und betreibt er seine Geschäftstätigkeit unverändert weiter, so drohen ihm erhebliche Schadensersatzpflichten; leistet er dagegen dem Unterlassungsbegehren Folge, um diese zu vermeiden, so läuft er Gefahr, geschäftliche Möglichkeiten aufzugeben, ohne dazu verpflichtet zu sein. In Anbetracht dessen ist das Bedürfnis, vor den Folgen unberechtigter Verwarnungen geschützt zu werden, grundsätzlich größer als bei der unberechtigten Abmahnung wegen eines Wettbewerbsverstoßes. Andererseits besteht seitens des Verwarners ein berechtigtes Interesse daran, außergerichtlich und gerichtlich Ansprüche geltend machen zu können, ohne Sank- 73

---

[239] Vgl. BGH GRUR 1995, 424, 425 – Abnehmerverwarnung; BGH GRUR 1997, 896, 897 – Mecki-Igel III; *Hefermehl/Köhler/Bornkamm* UWG § 4 Rn 10.169; *Ullmann* GRUR 2001, 1027; s. auch *Beater* 2002 S. 521 ff.

[240] *Hefermehl/Köhler/Bornkamm* UWG § 4 Rn 10.170.

[241] BGHZ 38, 200, 205 = GRUR 1963, 255, 257 ff – Kindernähmaschinen.

[242] BGH GRUR 1976, 715, 716 f – Spritzgießmaschine.

[243] BGH WRP 1968, 50 – Spielautomat.

[244] BGHZ 38, 200, 205 = GRUR 1963, 255 – Kindernähmaschinen; BGH GRUR 1996, 812, 813 – Unterlassungsurteil gegen Sicherheitsleistung.

[245] BGHZ 38, 200, 205 = GRUR 1963, 255, 258 – Kindernähmaschinen; BGH GRUR 1996, 812, 813 – Unterlassungsurteil gegen Sicherheitsleistung.

[246] BGH (GSZ) GRUR 2005, 882, 884 – Unberechtigte Schutzrechtsverwarnung; → Rn 78 ff.

[247] Harte/Henning/*Omsels* UWG § 4 Nr. 10 Rn 160; *Piper/Ohly* UWG § 4 Nr. 10 Rn 10/33.

[248] *Piper/Ohly* UWG § 4 Nr. 10 Rn 10/34; *Beater* 2002 S. 521.

tionen befürchten zu müssen.[249] Wäre er dem Risiko ausgesetzt, dem Verwarnten Schadensersatz leisten zu müssen, wenn sich das Unterlassungsbegehren schließlich als rechtlich unbegründet herausstellt, so wäre er letztlich gezwungen, auf die Geltendmachung seines Schutzrechts zu verzichten, um so weitreichende negative Folgen zu vermeiden. Es besteht Einigkeit darüber, dass das **Interesse des Verwarners dann nicht schutzwürdig ist, wenn er vorsätzlich oder leichtfertig handelt.** Die Problematik spitzt sich auf die in der Praxis äußerst bedeutsame Frage zu, ob der Verwarner bereits für eine fahrlässige Falschbeurteilung einstehen muss und welche Sorgfaltsmaßstäbe gelten sollen. Zu differenzieren ist bei Beurteilung der Interessenlage zwischen der Herstellerverwarnung, die sich im Rahmen eines Zweipersonenverhältnisses vollzieht, und der durch eine Dreiecksbeziehung gekennzeichneten Abnehmerverwarnung. Hieraus ergeben sich Unterschiede im Hinblick auf den Informationsstand über die Schutzrechtslage und die zur Verfügung stehenden Reaktionsmöglichkeiten. Der Abnehmer verfügt zwar über weniger Informationen, die ihm eine zuverlässige Einschätzung der Schutzrechtslage ermöglichen, er hat aber im Gegensatz zum Hersteller eine Ausweichmöglichkeit, nämlich den Wechsel der Bezugsquelle.[250] Demgegenüber hat die Schutzrechtsverwarnung gegenüber dem Hersteller schwerwiegendere Folgen, auch wenn dieser eher dazu imstande ist, die Schutzrechtslage zu beurteilen. Abgesehen davon, dass er unter Umständen nicht sofort davon erfährt, kann sein guter Ruf geschädigt werden und gerade großen, marktstarken Abnehmern fällt es leicht, den Lieferanten zu wechseln.[251]

74 **e) Eingriff in das Recht am eingerichteten und ausgeübten Gewerbebetrieb. aa) Grundlagen der Beurteilung.** Die Beurteilung der unberechtigten Schutzrechtsverwarnung beruht auf der Prämisse der Rechtsprechung, dass die Interessen des Verwarners grundsätzlich niedriger zu bewerten sind als die des Verwarnten und Zweifel an der Existenz und Reichweite des Schutzrechts im Grundsatz zu Lasten des Verwarnenden gehen, da ihm als Inhaber des Rechts solche Unsicherheiten eher zugemutet werden können, als dem Wettbewerber. Dementsprechend wird die objektiv unberechtigte Schutzrechtsverwarnung und –klage grundsätzlich als rechtswidrig angesehen.[252] Zur Begründung wird angeführt, dass die erfolgreiche unberechtigte Schutzrechtsverwarnung den Wettbewerb beschränkte und damit nicht nur das Interesse des Verwarnten verletze, am Wettbewerb teilnehmen zu können, sondern zugleich auch das Interesse der Verbraucher an der Existenz von Preiswettbewerb zwischen dem Verwarnenden und dem verwarnten Unternehmen.[253] Außerdem bildet das erhöhte Risiko des Verwarners einen Ausgleich für den besonderen Schutz, den Inhaber von Ausschließlichkeitsrechten genießen.[254]

75 **bb) Die Grundsatzentscheidung des RG und die ständige Rechtsprechung des BGH.** Nach dem Grundsatz des Urteils des RG aus dem Jahre 1904,[255] dem der BGH in ständiger Rechtsprechung gefolgt ist,[256] stellt die **unberechtigte Schutzrechtsverwarnung einen rechtswidrigen Eingriff in das Recht am eingerichteten uns ausgeübten Gewerbebetrieb** als „sonstiges Recht" im Sinne des § 823 Abs. 1 BGB dar. Dem unberechtigt Verwarnten stehen dementsprechend bei schuldhaftem Verhalten, also Vorsatz

---

[249] Vgl. BGH GRUR 1998, 587, 590 – Bilanzanalyse ProSieben; *Köhler/Piper* UWG 3. Aufl. § 1 Rn 483; *Hefermehl/Köhler/Bornkamm* UWG § 4 Rn 10.171 mwN; *Deutsch* WRP 1999, 25; *Pastor/Ahrens/Deutsch* Kap. 10 Rn 10f.

[250] *Piper/Ohly* UWG § 4 Nr. 10 Rn 10/34.

[251] *Piper/Ohly* UWG § 4 Nr. 10 Rn 10/34.

[252] BGHZ 38, 200, 205 = GRUR 1963, 255, 257ff – Kindernähmaschinen; BGHZ 62, 29, 33 = GRUR 1974, 290, 291 – maschenfester Strumpf; BGH GRUR 1997, 741, 742 – Chinaherde; BGH GRUR 2004, 958 – Verwarnung aus Kennzeichenrecht I mwN.

[253] Vgl. *Beater* 2002 S. 523.

[254] RGZ 58, 24, 30 – Juteplüsch.

[255] RGZ 58, 24, 29 – Juteplüsch.

[256] BGHZ 38, 200, 205 = GRUR 1963, 255, 257ff – Kindernähmaschinen; BGHZ 62, 29, 33 = GRUR 1974, 290, 291 – maschenfester Strumpf; BGH GRUR 1997, 741, 742 – Chinaherde; BGH GRUR 2004, 958 – Verwarnung aus Kennzeichenrecht I mwN.

oder Fahrlässigkeit des Verwarners (§ 276 Abs. 1, Abs. 2 BGB) Schadensersatzansprüche zu. Der verschuldensunabhängige Unterlassungsanspruch ergibt sich aus § 1004 BGB analog. Das RG hat diese Rechtsprechung in einem die Verwarnung aus einem Gebrauchsmuster betreffenden Streitfall insbesondere damit begründet, dass das Gesetz den Gewerbetreibenden in Gestalt des Patent- und Musterschutzes wertvolle Ausschließungsrechte zur Verfügung stelle, vermöge deren sie die Erzeugnisse ihrer Erfindungstätigkeit von der Benutzung durch den Wettbewerb sichern und ihren eigenen Vorteil vorbehalten könnten. Es sei nur ein Korrelat zu dieser bevorzugten Stellung, dass sie auch für den Bestand der zur Beschränkung des an sich freien Gewerbebetriebs ihrer Gegner geltend gemachten Rechte einzustehen hätten und nicht nur die Vorteile genössen, sondern auch die Gefahren tragen müssten, welche mit der Behauptung solcher ausschließlichen Patent- und Musterrechte verbunden seien.[257] Wer durch die Ausübung eines in Wirklichkeit sachlich nicht gerechtfertigten Monopolrechts eine Vermögensschädigung des Verwarners verursacht, habe für diesen Schaden jedenfalls dann einzustehen, wenn er bei gehöriger Prüfung hätte erkennen können, dass eine vermeintliche Monopolstellung rechtlich keinen Bestand haben werde.[258]

cc) Vorlagebeschluss des I. Zivilsenats. Die Rechtsprechung zur unberechtigten Schutzrechtsverwarnung und insbesondere ihre deliktsrechtliche Verankerung ist im Schrifttum auf zum Teil heftige Kritik gestoßen.[259] Gegen die Auffassung, dass der **Eingriff in den eingerichteten und ausgeübten Gewerbebetrieb** einen geeigneten Maßstab für die Beurteilung der unberechtigten Schutzrechtsverwarnung bildet, wird zu Recht eingewandt, dass dies im **Widerspruch zu den dogmatischen Grundlagen dieses Rechtsinstituts** steht: Zum einen greift er nur subsidiär ein, wenn vorrangige Rechtsbehelfe versagen und daher eine Schutzlücke vorliegt. Diese ist bei der unberechtigten Schutzrechtsverwarnung deshalb zu verneinen, weil spätestens seit der Reform des UWG der Unlauterkeitstatbestand des § 3 und die ihn konkretisierenden Beispielstatbestände wie § 4 Nr. 10 kein subjektives Element mehr voraussetzen. Dementsprechend ist es nicht erforderlich, dass der Verwarner Kenntnis von der Rechtswidrigkeit der Verwarnung hat oder sich dieser Erkenntnis verschließt.[260] Deshalb **besteht auch kein hinreichender Grund mehr für ein Ausweichen auf das Deliktsrecht.** Zum anderen liegen die strengen Voraussetzungen, die die Rechtsprechung generell für einen Eingriff in den eingerichteten und ausgeübten Gewerbebetrieb stellt, nämlich die Unmittelbarkeit im Sinne einer betriebsbezogenen Zielgerichtetheit, regelmäßig nicht vor. Mit Blick auf die Rechtswidrigkeit, die wegen des Charakters des Rechts am eingerichteten und ausgeübten Gewerbebetrieb als Rahmenrecht nicht indiziert wird, sondern erst unter Abwägung sämtlicher Umstände des Einzelfalls festgestellt werden kann, wird auf die grundrechtlich geschützte Inanspruchnahme gerichtlicher Verfahren hingewiesen. Wer klagen darf, müsse auch verwarnen dürfen.[261] Der Verwarnte könne frei entscheiden, ob und wie er auf die Schutzrechtsverwarnung reagiere, es stehe insbesondere auch die negative Feststellungsklage zur Verfügung.[262] 76

Als Reaktion auf diese kritischen Stimmen hat der **I. Zivilsenat des BGH seine Absicht bekundet, die bisherige Rechtsprechung zur Schutzrechtsverwarnung zu ändern.** Er entschloss sich daher, dem Großen Senat für Zivilsachen die Rechtsfrage vorzulegen, ob eine unbegründete Verwarnung aus einem Kennzeichenrecht bei schuldhaftem Handeln als rechtswidriger Eingriff in den eingerichteten und ausgeübten Gewerbebetrieb gemäß § 823 Abs. 1 BGB zu Schadensersatz verpflichten kann oder sich eine Schadenser- 77

[257] RGZ 58, 24, 29 f; zusammenfassend BGH (GSZ) GRUR 2005, 882, 883 – Unberechtigte Schutzrechtsverwarnung.

[258] RGZ 58, 24, 30 – Juteplüsch; BGH (GSZ) GRUR 2005, 882, 883 ff.

[259] Vgl. *Beater* 2002, S. 522; *Larenz/Canaris* SchR II/2 S. 554 f; *Ullmann* GRUR 2001, 1027, 1029; *Deutsch* WRP 1999, 25, 28; *Lindacher* ZHR 144 (1980), 350, 356; *Sack* WRP 1976, 733, 735 f; s. auch Harte/Henning/*Omsels* UWG § 4 Nr. 10 Rn 178 ff; *Piper/Ohly* UWG § 4 Nr. 10 Rn 10/36; BGH GRUR 2004, 958 – Verwarnung aus Kennzeichenrecht I; jeweils mwN.

[260] So aber BGHZ 38, 200, 205 = GRUR 1963, 255, 257 ff – Kindernähmaschinen.

[261] So *Ullmann* GRUR 2001, 1027, 1028.

[262] *Deutsch* WRP 1999, 25, 28; Harte/Henning/*Omsels* UWG § 4 Nr. 10 Rn 180.

satzpflicht, falls nicht § 826 BGB eingreift, nur aus dem Recht des unlauteren Wettbewerbs (§§ 3, 4 Nr. 1, 8 und 10, § 9) ergeben könne.[263] Zur **Begründung der Vorlage hat der I. Zivilsenat ausgeführt:** Eine Behinderung, die sich aus der rechtmäßigen Ausübung von Schutzrechten ergebe, sei grundsätzlich wettbewerbskonform und dementsprechend von dem betroffenen Mitbewerber hinzunehmen. Ebenso sei die gerichtliche und außergerichtliche Geltendmachung von Ansprüchen aus Schutzrechten, auch wenn sich diese (letztlich) als unbegründet erwiesen, grundsätzlich nicht rechtswidrig. Wer ein staatliches, gesetzliches eingerichtetes und geregeltes Verfahren einleite und betreibe, greife bei subjektiver Redlichkeit nicht rechtswidrig in ein geschütztes Gut seines Verfahrensgegners ein, auch wenn sein Begehren sachlich nicht gerechtfertigt sei und dem anderen Teil aus dem Verfahren über dieses hinaus Nachteile erwüchsen.[264] Der X. Zivilsenat hat sich demgegenüber dafür ausgesprochen, an der ständigen höchstrichterlichen Rechtsprechung festzuhalten. Insbesondere im Hinblick auf die Abnehmerverwarnung sei dies unerlässlich, um zu verhindern, dass die gesetzlichen Grenzen des Schutzes von Patenten und anderen Schutzrechten von deren Inhaber vorsätzlich oder fahrlässig zu Lasten des freien Wettbewerbs ausgedehnt würden und der Schutzrechtsinhaber hieraus nahezu risikolosen Gewinn ziehen könne, ohne für den hierdurch anderen zugefügten, nicht selten erheblichen Schaden einstehen zu müssen, wenn sich die Verwarnung als unberechtigt erweist.[265]

78 **dd) Der Beschluss des Großen Senats für Zivilsachen.** Der Große Senat für Zivilsachen hat sich der Argumentation des I. Zivilsenats nicht angeschlossen. Vielmehr hat er **keine Veranlassung gesehen, von der bisherigen Rechtsprechung abzurücken,** sondern hat sie bestätigt. Auch in Zukunft richtet sich die Beurteilung der unberechtigten Schutzrechtsverwarnung nach den traditionellen Grundsätzen über die Haftung für Eingriffe in den eingerichteten und ausgeübten Gewerbebetrieb als sonstiges Recht im Sinne des § 823 Abs. 1 BGB. Zur Begründung hat sich der Große Senat im Wesentlichen auf die Argumente gestützt, die schon vom RG in seiner Grundsatzentscheidung[266] angeführt wurden. **Der entscheidende Gesichtspunkt,** dem nach wie vor Rechnung zu tragen sei, wird darin gesehen, dass **das dem Schutzrechtsinhaber verliehene Ausschließlichkeitsrecht** jeden Wettbewerber von der Benutzung des nach Maßgabe der jeweiligen gesetzlichen Vorschriften definierten Schutzgegenstandes ausschließt. Diese einschneidende, die Freiheit des Wettbewerbs begrenzende Wirkung des Ausschließlichkeitsrechts verlange nach einem Korrelat, welches sicherstellt, dass der Wettbewerb nicht über die objektiven Grenzen hinaus eingeschränkt wird, durch die das Gesetz den für schutzfähig erachteten Gegenstand und seinen Schutzbereich bestimmt. Dieser notwendige Ausgleich zwischen dem durch Art. 14 GG verfassungsrechtlich geschützten Interesse des Schutzrechtsinhabers, sein Recht geltend machen zu können und dem gleichfalls, jedenfalls als Ausfluss der allgemeinen Handlungsfreiheit durch das GG geschützten Interesse des Wettbewerbers sich außerhalb des Schutzbereichs bestehender Rechte unter Beachtung der Gesetze frei entfalten zu können, wäre nicht mehr wirksam gewährleistet, wenn es dem Schutzrechtsinhaber gestattet wäre, aus einem Schutzrecht Schutz in einem Umfang zu beanspruchen, der ihm nicht zusteht und wenn er den wirtschaftlichen Nutzen aus einer schuldhaften Verkennung des Umfangs des ihm zustehenden Schutzes ziehen dürfte, ohne für einen hierdurch verursachten Schaden seiner Mitbewerber einstehen zu müssen. Das **Schwergewicht der Argumentation wird auf die Abnehmerverwarnung gelegt,** bei der der Schutzrechtsinhaber sein vermeintlich verletztes Recht nicht gegenüber dem unmittelbaren Mitbewerber, sondern gegenüber dessen Abnehmern geltend macht. Einschneidend getroffen wäre in dieser Situation nicht der verwarnte Abnehmer, sondern der ihn beliefernde Hersteller.

[263] BGH GRUR 2004, 958 – Verwarnung aus Kennzeichenrecht I; s. auch BGH (GSZ) GRUR 2005, 882f – Unberechtigte Schutzrechtsverwarnung.

[264] BGH GRUR 2004, 958 – Verwarnung aus Kennzeichenrecht I; BGH (GSZ) GRUR 2005 882, 883 – Unberechtigte Schutzrechtsverwarnung.

[265] BGH (GSZ) GRUR 2005, 882, 883 – Unberechtigte Schutzrechtsverwarnung.

[266] RGZ 58, 24, 29f – Juteplüsch.

Ohne das von der Rechtsprechung entwickelte Institut der unberechtigten Schutzrechtsverwarnung ergäbe sich keine wirksame Handhabe, um einem möglicherweise existenzgefährdenden Eingriff in seine Kundenbeziehungen durch die unberechtigte Geltendmachung von Ausschließlichkeitsrechten gegenüber seinen Abnehmern entgegenzutreten. Wäre die unberechtigte Schutzrechtsverwarnung für den Verwarner ohne Haftungsrisiko, bliebe dem Mitbewerber nur die Klage auf Feststellung, dass dem aus dem Schutzrecht Verwarnenden die vermeintlichen Ansprüche nicht zustehen. Schon wegen der bis zum rechtskräftigen Abschluss eines solchen Verfahrens verstreichenden Zeit wäre hierdurch jedoch in aller Regel kein wirksamer Rechtsschutz zu erreichen.[267] Eingeräumt wird vom Großen Senat zwar, dass bei subjektiver Redlichkeit nicht rechtswidrig in ein geschütztes Rechtsgut seines Verfahrensgegners eingreift, wer ein staatliches, gesetzlich eingerichtetes und geregeltes Verfahren einleitet oder betreibt, auch wenn sein Begehren sachlich nicht gerechtfertigt ist und dem anderen Teil aus dem Verfahren über dieses hinaus Nachteile erwachsen. Für die Folgen einer nur fahrlässigen Fehleinschätzung der Rechtslage hafte der ein solches Verfahren betreibende Schutzrechtsinhaber wie jeder andere Kläger oder Antragssteller außerhalb der schon im Verfahrensrecht vorgesehenen Sanktionen grundsätzlich nicht nach dem Recht der unerlaubten Handlung, da der Schutz des Prozessgegners regelmäßig durch das gerichtliche Verfahren nach Maßgabe seiner gesetzlichen Ausgestaltung gewährleistet wird.[268] Ungeachtet dessen wird **damit eine Gleichbehandlung von Klage und Abmahnung abgelehnt.** Die der unberechtigten Verwarnung aus Immaterialgütern zugrunde liegenden Sachgründe sprächen vielmehr gegen eine Privilegierung der Verwarnung, wie sie der Klage zugestanden wird.[269] Die Erwägungen, eine Unsicherheit über die Schutzrechtslage bestehe beiderseits, wird mit dem Argument zurückgewiesen, dass dies für den wichtigsten Fall der Abnehmerverwarnung nicht zuträfe, da der verwarnte Abnehmer gar nicht prüfungswillig, der betroffene Lieferant hingegen zur wirksamen Wahrnehmung seiner Rechte nicht in der Lage sei. Selbst im Verhältnis zwischen Verwarner und Verwarnten sei es im Übrigen nicht zwingend, dass die Beurteilung der Schutzrechtslage für beide Seiten gleich schwierig ist; wo dies im Einzelfall tatsächlich der Fall sei, könne dem, wie schon das RG anerkannt habe, flexibel mit dem Einwand des Mitverschuldens Rechnung getragen werden. Dabei sei jedoch zu beachten, dass derjenige, der fahrlässig zu Unrecht ein Ausschließlichkeitsrecht geltend mache und damit schuldhaft unberechtigerweise mit den einschneidenden Rechtsfolgen drohe, die das Gesetz zugunsten des Inhabers eines solchen Rechts vorsieht, „näher dran" ist, den daraus resultierenden Schaden zu tragen als derjenige, der – und sei es gleichfalls fahrlässig – nicht erkannt hat, dass das Ausschließlichkeitsrecht zu Unrecht geltend gemacht worden ist. So wie der Wettbewerber das Risiko tragen müsste, dass er nur fahrlässig den Schutzbereich eines gewerblichen Schutzrechts oder Urheberrechts zu eng bemisst, so sei es umgekehrt angemessen, den aus einem Schutzrecht Verwarnenden dafür einstehen zu lassen, dass er fahrlässig, insbesondere ohne die von ihm nach Lage des jeweiligen Falls zu erwartende Prüfung der Sach- und Rechtslage Schutz beansprucht hat, der ihm in dieser Form nicht zustand.[270]

ee) Kritik und eigene Stellungnahme. Der Beschluss des Großen Zivilsenats ist in 79
der Literatur auf starke Kritik gestoßen.[271] Die Kritik richtet sich im Wesentlichen auf folgende Punkte:

(1) Nahezu einhellig wird zu Recht darauf hingewiesen, dass die dogmatischen Gründe, 80
die gegen die Anwendung des Rechtsinstituts des Eingriffs in den eingerichteten und ausgeübten Gewerbebetrieb als sonstiges Recht im Sinne des § 823 Abs. 1 BGB sprechen,

---

267 BGH (GSU) GRUR 2005, 882, 884 – Unberechtigte Schutzrechtsverwarnung.

268 BGH (GSZ) GRUR 2005, 882, 884 – Unberechtigte Schutzrechtsverwarnung.

269 BGH (GSZ) GRUR 2005, 882, 885 – Unberechtigte Schutzrechtsverwarnung.

270 BGH (GSZ) GRUR 2005, 882, 885 – Unberechtigte Schutzrechtsverwarnung.

271 Vgl. MünchKomm/*Jänich* UWG § 4 Nr. 10 Rn 127f; *Piper/Ohly* UWG § 4 Nr. 10 Rn 19/38; *Wagner/Thole* NJW 2005, 3470ff; *Deutsch* GRUR 2006, 376ff.

„unübersehbar sind"[272] und „die vom I. Zivilsenat angeregte Beurteilung der Schutzrechtsverwarnung nach Maßstäben des UWG bei Vorliegen einer Wettbewerbshandlung (§ 2 Nr. 1) und eines Wettbewerbsverhältnisses (§ 2 Nr. 3) als nahezu zwingend" erscheint.[273] Da die Generalklausel des § 3 und dementsprechend auch die sie konkretisierenden Beispielstatbestände wie § 4 Nr. 10 kein subjektives Verschuldenselement mehr voraussetzen, ist nach dem für das Rechtsinstitut des eingerichteten und ausgeübten Gewerbebetriebs geltenden Subsidiaritätsgrundsatz[274] kein Raum mehr für die Anwendung des § 823 Abs. 1 BGB. Warum sich der BGH über diese von ihm selbst aufgestellten Grundsätze hinweggesetzt, lässt sich dem Beschluss nicht entnehmen, da jegliche Begründung hierfür fehlt. Es ist bedauerlich, dass der BGH dem Dialog mit der Wissenschaft ausweicht, der bei einer so grundlegenden Weichenstellung angemessen erscheint, und die Argumente bedeutender Literaturstimmen außer Acht lässt.[275]

81 (2) Widersprüchlich ist es, wenn der Große Senat einerseits völlig zutreffend das Recht auf Klageerhebung betont, das ein verfassungsrechtlich geschütztes Privileg darstellt, aber andererseits die der Klageerhebung vorausgehende und deren Vermeidung dienende Verwarnung einer ungleich strengeren Haftung unterwirft. Dies führt zu dem auch ökonomisch sinnwidrigen Ergebnis, dass der Verwarner zur unmittelbaren Klageerhebung gezwungen wird. Die Verwarnung kann also die mit der Abmahnung gleichzusetzende streitvermeidende Wirkung nicht entfalten. Die gegen eine der Abmahnung entsprechenden Privilegierung der Verwarnung vorgebrachten Argumente können deshalb nicht überzeugen.

82 (3) Da die Argumentation des Großen Senats sich fast ausschließlich auf die Herstellerverwarnung bezieht, bleibt unberücksichtigt, dass bei der Herstellerverwarnung ein gravierendes Informationsgefälle bezüglich der Schutzrechtslage zwischen dem Verwarnenden und dem Verwarnten besteht.

83 (4) Als Ausgangspunkt der Bewertung ist im Ergebnis zu betonen, dass aus rechtspolitischer Sicht gute Gründe dafür sprechen, die unberechtigte Schutzrechtsverwarnung einer strengen Haftung zu unterwerfen. Nur so lässt sich gewährleisten, dass der um sich greifenden Praxis, insbesondere kleinere und mittlere Unternehmen mit fadenscheinigen Begründungen durch Schutzrechtsverwarnungen einzuschüchtern und sie auf diese Art und Weise entweder zum Abschluss eines Lizenzvertrages zu veranlassen oder vom Markt zu verdrängen, Einhalt geboten wird. Angesichts der Tatsache, dass sich die Beurteilung der Schutzrechtslage, insbesondere hinsichtlich des Schutzumfangs von Patenten häufig äußerst kompliziert und langwierig gestaltet, kann die Verwarnung nicht ohne Weiteres mit der Abmahnung bei Wettbewerbsverstößen auf eine Stufe gestellt werden. Die hier bestehenden Ausweichmöglichkeiten zB durch Umstellung einer Werbung, sind allenfalls im Kennzeichenrecht vorhanden, weil es dem Verwarnten hier möglich ist, auch ohne größeren Aufwand sein Produkt unter einer modifizierten Marke zu vertreiben oder ein anderes Kennzeichen zu verwenden. Im Übrigen ist auch die Rechtsprechung dazu angehalten, für eine Reduktion von Komplexität bei den für die Beurteilung von Schutzrechtsverletzungen maßgeblichen Kriterien zu sorgen. Zweifellos resultieren die Schwierigkeiten der Festlegung des Schutzumfangs von Patenten häufig aus der Natur der Sache, weil die technischen Sachverhalte und deren rechtliche Bewertung sehr subtile Erwägungen und Abwägungen erforderlich machen. Zum Teil ist die Unübersichtlichkeit bei der Grenzziehung von Rechten des geistigen Eigentums aber auch hausgemacht. So hat sich bei der Auslegung von Patentansprüchen mit der Festlegung ihrer Reichweite eine „Meta-Ebene" der Auslegung von Auslegungsregelungen herausgebildet, die mit einem wuchernden Dickicht von Grundsätzen, Ausnahmen, Gegenausnahmen und Unterausnahmen selbst für einge-

---

[272] MünchKomm/*Jänich* UWG § 4 Nr. 10 Rn 127.
[273] *Piper/Ohly* UWG § 4 Nr. 10 Rn 10/38.
[274] Ständige Rechtsprechung, grundlegend BGHZ 36, 252, 256 – Gründerbildnis.
[275] *Larenz/Canaris* SchR II/2 S. 554 f.

weihte Fachleute kaum noch durchschaubar sind.[276] So ist etwa die Rechtsprechung zu computerimplementierten Erfindungen und deren Schutzbereich zum Teil kaum noch nachvollziehbar. Dies gilt umso mehr, wenn man neben der deutschen Rechtsprechung auch den Einfluss des europäischen und internationalen Rechts berücksichtigen muss. Eine zentrale Bedeutung für die Haftung wegen unberechtigter Schutzrechtsverwarnung kommt deshalb der Frage der Komplexität und Kompliziertheit der Einschätzung der Schutzrechtslage zu, die sowohl im Rahmen der Rechtswidrigkeit des Eingriffs als auch im Rahmen der Fahrlässigkeit im Hinblick auf die Intensität der Sorgfaltspflichten zu berücksichtigen ist. So ist bei nicht eingetragenen Rechten ein strengerer Maßstab anzulegen als bei eingetragenen Registerrechten, bei denen aber zwischen ungeprüften und geprüften zu differenzieren ist. Dass die Beurteilung der unberechtigten Schutzrechtsverwarnung nicht auf § 4 Nr. 10, sondern auf den Deliktstatbestand des § 823 Abs. 1 BGB gestützt wird, ist ganz offensichtlich verfehlt, wenn man die in ständiger Rechtsprechung entwickelten Grundsätze zur Subsidiarität des Eingriffs in den eingerichteten und ausgeübten Gewerbebetrieb zugrunde legt. Es ist unverständlich, dass in der Begründung des Beschlusses kein einziges Wort hierüber verloren wird. Dieses Defizit ist nicht mit den Qualitätserwartungen vereinbar, die man berechtigterweise an eine Entscheidung des Großen Zivilsenats des BGH stellen darf.

ff) Konsequenzen. Zusammenfassend ist festzuhalten, dass es nach dem Beschluss des 84
Großen Senats für Zivilsachen **bei der bisherigen Rechtslage bleibt** und die vom I. Zivilsenat des BGH angeregte Änderung nicht eintritt.[277] Herstellerverwarnung und Abnehmerverwarnung werden im Grundsatz gleichbehandelt. Es gilt allerdings der Vorbehalt, dass die Abnehmerverwarnung erst dann zulässig ist, wenn die Herstellerverwarnung erfolglos geblieben oder unzumutbar ist.[278] Anders als nach der früheren Rechtsprechung,[279] wonach der unberechtigten Schutzrechtsverwarnung die unberechtigte Klageerhebung gleichgestellt wurde, ist nach dem Beschluss des Großen Senats für Zivilsachen die **Klageerhebung privilegiert, das heißt, bei subjektiver Redlichkeit greift derjenige nicht rechtswidrig in ein geschütztes Rechtsgut seines Verfahrensgegners ein, der ein staatliches, gesetzlich eingerichtetes und geregeltes Verfahren einleitet oder betreibt,** auch wenn sein Begehren sachlich nicht gerechtfertigt ist und dem anderen Teil aus dem Verfahren über dieses hinaus Nachteile erwachsen. Für die Folgen einer nur fahrlässigen Fehleinschätzung der Rechtslage haftet der ein solches Verfahren betreibende Schutzrechtsinhaber wie jeder andere Kläger oder Antragsteller außerhalb der schon im Verfahrensrecht vorgesehenen Sanktionen grundsätzlich nicht nach dem Recht der unerlaubten Handlung, da der Schutz des Prozessgegners regelmäßig durch das gerichtliche Verfahren nach Maßgabe seiner gesetzlichen Ausgestaltung gewährleistet wird.[280] Allerdings gilt dieses Privileg nicht im Verhältnis zu einem nicht Beteiligten. Dem durch ein gegen seinen Abnehmer gerichteten Antrag auf Erlass einer einstweiligen Verfügung beeinträchtigten Hersteller oder Lieferanten kann daher Ersatz sowohl der Schäden zuzusprechen sein, die ihm durch eine vorherige Abnehmerverwarnung entstanden sind, als auch der Schäden, die ihm der anschließende Antrag auf Erlass der einstweiligen Verfügung oder ein klageweises Vorgehen gegen den Abnehmer verursacht hat. Letzteres findet seinen Sinn auch darin, dass der Hersteller oder Lieferant die Einleitung eines gegen seinen Abnehmer gerichteten gerichtlichen Verfahrens zur Durchsetzung eines unberechtigten Unterlassungsanspruchs nicht seinerseits durch Geltendmachung eines Unterlassungsanspruchs verhindern kann, weil insoweit das

---

[276] Vgl. zur Kritik *Geller* GRUR Int. 2006, 273 ff; s. auch *Götting*, Gewerblicher Rechtsschutz § 24 Rn 22.

[277] So auch BGH GRUR 2006, 219, 221 f Rn 13 f – Detektionseinrichtung II; BGH GRUR 2006, 433, 434 f Rn 17 ff – Unbegründete Abnehmerverwarnung.

[278] BGH GRUR 1979, 332, 337 – Brombeerleuchte.

[279] Vgl. BGHZ 38, 200 = GRUR 1963, 255, 258 – Kindernähmaschine; BGH GRUR 1996, 812, 813 – Unterlassungsurteil gegen Sicherheitsleistung.

[280] BGH (GSZ) GRUR 2005, 882, 884 – Unberechtigte Schutzrechtsverwarnung.

prozessuale Privileg zu beachten ist, das Bestehen eines behaupteten Anspruchs aus einem Schutzrecht gerichtlich klären zu lassen.[281]

85 Ausdrücklich offen gelassen hat der BGH die Frage, ob ein unbegründetes Vorgehen aus einem Schutzrecht nicht ohne Weiteres, sondern erst aufgrund einer Interessen- und Güterabwägung als rechtswidrig beurteilt werden soll.[282] Dies entspricht dem allgemeinen Grundsatz, dass das Recht am eingerichteten und ausgeübten Gewerbebetrieb ein offener **Tatbestand ist, dessen Inhalt und Grenzen sich erst aus einer Interessen- und Güterabwägung mit der im Einzelfall konkret kollidierenden Interessensphäre anderer ergeben.**[283] Die Rechtswidrigkeit eines Eingriffs wird dementsprechend nicht indiziert, sondern ist in jedem Fall unter Heranziehung aller Umstände zu prüfen.[284] Der BGH neigt zwar dieser Auffassung zu, weist aber gleichzeitig darauf hin, dass sie von früheren Entscheidungen abweicht.[285] Im gegebenen Fall sah er keine Veranlassung, die Frage zu entscheiden.[286] Entsprechend der allgemein für das Rahmenrecht des eingerichteten und ausgeübten Gewerbebetriebs geltenden Grundsätze ist auch hier von dem Erfordernis einer positiven Feststellung der Rechtswidrigkeit aufgrund einer Güter- und Interessenabwägung auszugehen. Allerdings werden auch unter dieser Voraussetzung nur ausnahmsweise Umstände vorliegen, die zu einem Ausschluss der Rechtswidrigkeit führen, wenn die Verwarnung objektiv unberechtigt ist. Zu berücksichtigen ist, dass der Verwarnte die Möglichkeit haben muss, sich gegen eine unberechtigte Verwarnung mit Hilfe des Unterlassungsanspruchs zur Wehr zu setzen, der nur bei Rechtswidrigkeit eingreift. Die auf subjektiver Ebene angesiedelte Frage, ob der Verwarner trotz der objektiv fehlenden Berechtigung darauf vertrauen durfte, dass eine Berechtigung gegeben ist, ist im Rahmen der für den Schadensersatzanspruch relevanten Fahrlässigkeit im Hinblick auf die Verletzung von Sorgfaltspflichten zu prüfen.[287] Unklar ist allerdings, dass der BGH das Klageprivileg, also das Recht, auch ein sachlich nicht gerechtfertigtes Begehren in einem staatlichen, gesetzlich eingerichteten und geregelten Verfahren überprüfen zu lassen, „bei subjektiver Redlichkeit" als „nicht rechtswidrig" ansieht[288] und damit das subjektive Element des Verschuldens in die Rechtswidrigkeitsprüfung einbezieht. Überträgt man diese Sichtweise auf die Beurteilung der Rechtswidrigkeit der unberechtigten Schutzrechtsverwarnung, so wäre sie dann nicht rechtswidrig, wenn der Verwarnende aufgrund „subjektiver Redlichkeit" auf das Bestehen seines Schutzrechts und demzufolge auf die Berechtigung der Verwarnung vertrauen durfte. Damit würden Rechtswidrigkeits- und Verschuldensprüfung hinsichtlich der Fahrlässigkeit koinzidieren und bei fehlendem Verschulden auch die Rechtswidrigkeit entfallen, so dass auch gegen eine unberechtigte Verwarnung kein Unterlassungsanspruch bestehen würde.[289]

86 **f) Unterlassungsanspruch.** Grundlage für einen Unterlassungsanspruch ist § 1004 Abs. 1 BGB.[290] Aus dem Klageprivileg,[291] wonach bei subjektiver Redlichkeit nicht rechtswidrig handelt, wer ein staatliches, gesetzlich eingerichtetes und geregeltes Verfahren einleitet oder betreibt, folgt, dass dem durch eine unberechtigte Schutzrechtsverwarnung Betroffenen nicht das Recht zuzubilligen ist, die gerichtliche Geltendmachung der ver-

---

281 BGH GRUR 2006, 219, 222 Rn 14 – Detektionseinrichtung II.

282 Vgl. dazu *Sack* BB 2005, 2368, 2370 f; MünchKomm/*Wagner* BGB § 823 Rn 192; *Wagner/Thole* NJW 2005, 3470, 3471 f; *Teplitzky* GRUR 2005, 9, 14; *ders.* WRP 2005, 1433 f.

283 Ständige Rechtsprechung, BGHZ 138, 311, 318.

284 BGHZ 59, 30, 34 = GRUR 1973, 90 – Demonstrationsschaden; BGH NJW-RR 2005, 1175.

285 BGH GRUR 2006, 432, 433 Rn 24 – Verwarnung aus Kennzeichenrecht II, unter Hinweis auf BGHZ 38, 200, 206 f = GRUR 1963, 255 – Kindernähmaschinen; BGH GRUR 1996, 812, 813 – Unterlassungsurteil gegen Sicherheitsleistung; s. auch BGH GRUR 1976, 715, 717 – Spritzgießmaschine.

286 BGH GRUR 2006, 432, 433 Rn 24 – Verwarnung aus Kennzeichenrecht II.

287 → Rn 87.

288 BGH (GSZ) GRUR 2005, 882, 884 – Unberechtigte Schutzrechtsverwarnung.

289 Vgl. dazu *Deutsch* GRUR 2006, 374, 377.

290 BGHZ 38, 200, 205 = GRUR 1963, 255, 258 – Kindernähmaschinen; BGHZ 131, 233 = GRUR 1996, 812, 913 – Unterlassungsurteil gegen Sicherheitsleistung.

291 BGH (GSZ) GRUR 2005, 882, 884 f – Unberechtigte Schutzrechtsverwarnung.

meintlichen Ansprüche gegenüber seinen Abnehmern mit einem hiergegen gerichteten Unterlassungsanspruch zu verhindern.[292] Allerdings kann diese Privilegierung der Inanspruchnahme gerichtlichen Rechtsschutzes wegen der mit der unberechtigten Verwarnung verbundenen, gegenüber einem gerichtlichen Vorgehen erheblich größeren Gefahren für den Schutzrechtsinhaber nicht auf die außer- oder vorgerichtliche Verwarnung übertragen werden.[293]

g) Schadensersatzanspruch. aa) Verschulden des Verwarners. Voraussetzung für einen Schadensersatzanspruch ist Verschulden (§ 276 BGB). Dies gilt auch dann, wenn man die Haftung für unberechtigte Schutzrechtsverwarnungen abweichend von der Rechtsprechung des BGH nicht auf einen Eingriff in den eingerichteten und ausgeübten Gewerbebetrieb nach § 823 Abs. 1 BGB, sondern auf einen Wettbewerbsverstoß wegen gezielter Behinderung nach § 4 Nr. 10 stützt (der Anspruch ergibt sich dann aus § 9 S. 1). Regelmäßig geht es im Hinblick auf das erforderliche Verschulden um die Frage, welche **Sorgfaltsmaßstäbe im Rahmen der Fahrlässigkeitsprüfung** anzulegen sind. Im Grundsatz ist davon auszugehen, dass strenge Anforderungen an die Sorgfaltspflichten gestellt werden, die der Verwarner erfüllen muss, um dem Vorwurf der Fahrlässigkeit und damit einer Haftung auf Schadensersatz zu entgehen. Er muss alles ihm zumutbare tun, um zu einer objektiv richtigen Beurteilung der Rechtslage zu gelangen, wozu insbesondere die Einholung und eigene Überprüfung fachlichen Rates gehört.[294] Hierin wird der gerechte Ausgleich für den strengen Sorgfaltsmaßstab gesehen, dem Dritte zur Vermeidung von Schutzrechtsverletzungen unterliegen.[295] Während die Sorgfaltsanforderungen früher einer Gefährdungshaftung nahe kamen,[296] betont die neuere Rechtsprechung des BGH, dass die Sorgfaltspflichten nicht überspannt werden dürfen.[297] Der **Verwarner genügt grundsätzlich seinen Sorgfaltspflichten,** wenn er auf dem in Frage stehenden Gebiet den Rat erfahrener Rechts- und Patentanwälte einholt, an deren Objektivität kein Zweifel besteht,[298] bzw wenn er in schwierigeren Fällen ergänzend die Stellungnahme eines neutralen Sachverständigen in Auftrag gibt.[299] Allerdings darf er sich nicht blind auf den anwaltlichen oder sachverständigen Rat verlassen, sondern muss sich im Rahmen seiner Möglichkeiten an der Prüfung beteiligen.[300] Er muss insbesondere ihm bekannte und relevante Informationen berücksichtigen, so zB eigene neuheitsschädliche Handlungen.[301] Werden nachträglich Umstände bekannt, die darauf hindeuten, dass die Schutzrechtsverwarnung unberechtigt sein könnte, wie zB Gerichtsurteile, die zu Ungunsten des Verwarners entschieden haben, so kann sich sogar eine Verpflichtung zum Widerruf der Schutzrechtsverwarnung ergeben.[302] 87

bb) Besondere Sorgfaltsanforderungen. Erhöhte Sorgfaltsanforderungen werden bei den sog. reinen Registerrechten gestellt, die auf einer bloßen Eintragung beruhen, ohne dass eine materiell rechtliche Prüfung erfolgt, wie insbesondere Gebrauchs- und Geschmacksmusterrechte oder das formlos entstehende Urheberrecht sowie Rechtspositionen, die auf einem ergänzenden wettbewerbsrechtlichen Leistungsschutz im Sinne des § 4 Nr. 9 beruhen.[303] Wegen der besonderen Gefährlichkeit für den Hersteller ist **besondere Vorsicht bei der Abnehmerverwarnung geboten,** die grundsätzlich erst dann zulässig ist, 88

---

[292] BGH GRUR 2006, 433, 435 Rn 17 – Unbegründete Abnehmerverwarnung.
[293] BGH GRUR 2006, 432, 435 Rn 17 – Unbegründete Abnehmerverwarnung.
[294] BGH GRUR 1976, 715 – Spritzgießmaschine.
[295] BGH GRUR 1977, 250, 252f – Kunststoffhohlprofil; Harte/Henning/*Omsels* UWG § 4 Nr. 10 Rn 182.
[296] *Sack* WRP 2005, 253, 254; *Wagner* ZIP 2005, 49, 52f; *Piper/Ohly* UWG § 4 Nr. 10 Rn 10/41.
[297] BGH GRUR 1974, 290, 292 – maschenfester Strumpf; BGH GRUR 2006, 432, 433 Rn 25 – Verwarnung aus Kennzeichenrecht II.
[298] BGH GRUR 1974, 290, 293 – maschenfester Strumpf.
[299] BGH GRUR 1976, 715 – Spritzgießmaschine.
[300] BGH GRUR 1974, 290, 293 – maschenfester Strumpf.
[301] Vgl. BGH GRUR 1997, 741 f – Chinaherde.
[302] BGH GRUR 1978, 492, 494 f – Fahrradgepäckträger II.
[303] BGH GRUR 1997, 741, 742 – Chinaherde.

wenn eine Herstellerverwarnung erfolglos geblieben oder ausnahmsweise unzumutbar ist und außerdem die Rechtslage besonders eingehend geprüft und der Grundsatz der Verhältnismäßigkeit beachtet wurde.[304] Aus dem Bestand eines geprüften Rechts darf sich der Verwarner grundsätzlich verlassen.[305] So kann der Inhaber einer eingetragenen Marke bei einer Verwarnung aus diesem Schutzrecht grundsätzlich davon ausgehen, dass dem Bestand des Rechts keine absoluten Eintragungshindernisse entgegenstehen, wie sie das DPMA vor der Eintragung zu prüfen hatte. Diese **Sorgfaltspflichten eines Markenrechtsinhabers** würden im Allgemeinen überspannt, wenn von ihm bei einer Verwarnung eine bessere Beurteilung der Rechtslage verlangt würde, als sie der Eintragungsbehörde möglich war.[306] Gesteigerte Sorgfaltspflichten können sich nur ausnahmsweise bei Vorliegen besonderer Umstände ergeben.[307] Hinsichtlich der Verwarnung aus einem Patent hat der BGH allerdings betont, dass die Auffassung, **ein auf dem Bestand des Patents gestütztes Verhalten** könne nicht schuldhaft sein, in dieser Allgemeinheit nicht zutrifft. Ein dahin gehender Rechtssatz bestehe jedenfalls dann nicht, wenn der Patentinhaber weitergehende Kenntnisse als die Erteilungsbehörden über den Stand der Technik hat, diese Kenntnisse aber entgegen seiner nunmehr in § 34 Abs. 7 PatG normierten Wahrheitspflicht zurückhält, aber auch dann nicht, wenn ihm möglicherweise der Schutzfähigkeit entgegenstehendes Material nachträglich bekannt geworden ist und er wusste, dass dieses Material der Schutzfähigkeit des Streitpatents entgegensteht oder er sich dieser Erkenntnis in vorwerfbarer Weise verschlossen hat.[308]

89 **cc) Inhalt und Umfang des Schadensersatzanspruchs.** Der Schadensersatzanspruch beinhaltet den **Ersatz des entgangenen Gewinns aufgrund einer Produktionseinstellung, die Kosten der Rechts- und Patentanwälte, die Recherchekosten und die Kosten für einen Sachverständigen.** Dies gilt auch dann, wenn der Verwarnte der Verwarnung keine Folge geleistet hat, sofern er diese Kosten für notwendig halten durfte und es sich nicht um Kosten handelte, die auch ohne die Verwarnung angefallen wären, weil er Veranlassung hatte, die Rechtslage wegen einer möglichen Schutzrechtsverletzung zu prüfen.[309] Ist die Verwarnung aus formalen Gründen unberechtigt, aber materiell berechtigt, so kann kein Ersatz für solche Schäden verlangt werden, die aus der zukünftigen Unterlassung der Schutzrechtsverletzung resultieren.[310] Für den Fall, dass nur ein **Teil der Schutzrechtsverwarnung** begründet ist, entfällt der Schadensersatzanspruch, sofern dieser Teil für sich allein den gesamten Schaden herbeigeführt hat, weil es dann an der erforderlichen Kausalität zwischen dem unberechtigten Teil der Verwarnung und dem Schadenseintritt fehlt.[311] Sowohl die Kausalität als auch der Umfang des Schadens können nach § 287 ZPO geschätzt werden.[312]

90 **dd) Mitverschulden des Verwarnten.** Sofern die Beurteilung der Schutzrechtslage für beide Seiten gleich schwierig ist, kann dem flexibel mit dem Einwand des Mitverschuldens des Verwarnten Rechnung getragen werden.[313] Ein solches Mitverschulden kommt insbesondere in Betracht, wenn der Verwarnte der Verwarnung voreilig nachgibt.[314] Auch

---

[304] BGH GRUR 1979, 332, 336 – Brombeerleuchte.

[305] BGH GRUR 1976, 715, 717 – Spritzgießmaschine; BGH GRUR 2006, 432, 433 Rn 25 – Verwarnung aus Kennzeichenrecht II.

[306] BGH GRUR 2006, 432, 433 Rn 25 – Unbegründete Abnehmerverwarnung, unter Hinweis auf BGH GRUR 1976, 715, 717 – Spritzgießmaschine.

[307] BGH GRUR 2006, 432, 433 Rn 25 – Unbegründete Abnehmerverwarnung.

[308] BGH GRUR 2006, 219, 222 Rn 18 – Detektionseinrichtung II.

[309] Harte/Henning/*Omsels* UWG § 4 Nr. 10 Rn 200.

[310] BGH GRUR 1995, 424, 426 – Abnehmerverwarnung.

[311] BGHZ 38, 200 = GRUR 1963, 255, 259 – Kindernähmaschinen; BGH WRP 1968, 50, 53 – Spielautomat.

[312] BGH GRUR 1997, 741 f – Chinaherde.

[313] Vgl. BGH (GSZ) GRUR 2005, 882, 885 – Unberechtigte Schutzrechtsverwarnung.

[314] BGHZ 38, 200 = GRUR 1963, 255, 259 – Kindernähmaschinen; BGH WRP 1965, 97, 101 – Kaugummikugeln.

wenn der Verwarnende sich grundsätzlich auf das Bestehenen eines patentamtlich geprüften Schutzrechts verlassen darf, kann der Verwarnte hierauf nicht blind vertrauen. Dies gilt insbesondere für Registerrechte, bei denen nur eine sehr begrenzte Prüfung erfolgt, wie beim Gebrauchsmuster[315] oder auch Geschmacksmuster. Bei der **Bestimmung des Umfangs der Sorgfaltspflicht, die den Verwarnten trifft,** ist zu berücksichtigen, dass er auch unabhängig von der Schutzrechtsverwarnung generell verpflichtet ist, die Sach- und Rechtslage eingehend zu überprüfen, um nicht Gefahr zu laufen, ein fremdes Schutzrecht zu verletzen.[316] Der Verwarnte kann somit nicht eine Prüfung der Schutzrechtslage unterlassen und sie erst dann vornehmen, wenn ihm gegenüber eine Schutzrechtsverwarnung ausgesprochen wird. Nach dem Beschluss des Großen Senats für Zivilsachen[317] ist allerdings bei dem Einwand des Mitverschuldens zu beachten, dass derjenige, der „fahrlässig zu Unrecht ein Ausschließlichkeitsrecht geltend macht und damit schuldhaft unberechtigterweise mit den einschneidenden Rechtsfolgen droht, die das Gesetz zugunsten des Inhabers eines solchen Rechts vorsieht, ‚näher dran' ist, den daraus resultierenden Schaden zu tragen, als derjenige, der – und sei es gleichfalls fahrlässig – nicht erkannt hat, dass das Ausschließlichkeitsrecht zu Unrecht geltend gemacht worden ist."[318] Hieraus folgt, dass der BGH **hinsichtlich der Prüfung der Schutzrechtslage auf Seiten des Verwarners strengere Sorgfaltsmaßstäbe anlegt, als auf Seiten des Verwarnten.** Gerechtfertigt wird dies mit der Erwägung, dass auf diese Weise der Schutz der geistigen Leistung einerseits und die Freiheit des Wettbewerbs andererseits, die durch die Grenzen des Schutzbereichs objektiv voneinander abgegrenzt werden, auch hinsichtlich der Mittel ihrer Durchsetzung und der Haftung für die Überschreitung dieser Grenzen ins Gleichgewicht gebracht werden.[319]

h) Verhältnis zu anderen Regelungen. aa) Zum UWG. Während bei der Herstel- 91
lerverwarnung der für die Anwendung der Beispielstatbestände des § 4 Nr. 7 und 8 erforderliche „Drittbezug" fehlt,[320] können die genannten Regelungen bei der Abnehmerverwarnung eingreifen, sofern die entsprechenden Voraussetzungen vorliegen. Mit Blick auf § 4 Nr. 8 ist dies der Fall, wenn die Abnehmerverwarnung mit falschen Tatsachenbehauptungen verbunden ist,[321] wie insbesondere unrichtige Behauptungen zur Existenz oder zur Laufzeit eines Schutzrechts. Im Unterschied dazu ist die fehlerhafte Subsumtion der Tatsachen unter den Verletzungstatbestand keine Tatsachenbehauptung, sondern eine Wertung, für die die in § 4 Nr. 8 vorgesehene Beweislastumkehr unangemessen wäre, so dass allenfalls § 4 Nr. 7 und 10 eingreifen können.[322]

bb) Zum BGB. In Erwägung gezogen wird ein Anspruch aus § 280 Abs. 1 BGB iVm. 92
§§ 311 Abs. 2, 241 Abs. 2 BGB **(culpa in contrahendo).**[323] Dagegen wird eingewandt, dass Schäden nach dieser Anspruchsgrundlage nur dann zu ersetzen sind, wenn sie aus der Verletzung von Sorgfaltspflichten resultieren, die der Einleitung von Vertragsverhandlungen zeitlich nachfolgen.[324] Dem wird zu Recht entgegen gehalten, dass dies im Widerspruch zu den Grundsätzen der Prospekthaftung steht, wonach Anknüpfungspunkt für die Haftung schon die fehlerhafte Erstellung des Prospektes ist, die vor Aufnahme des geschäftlichen

---

[315] BGH GRUR 1963, 255, 259f – Kindernähmaschinen.

[316] So zu Recht Harte/Henning/*Omsels* UWG § 4 Nr. 10 Rn 186.

[317] BGH (GSZ) GRUR 2005, 882 – Unberechtigte Schutzrechtsverwarnung.

[318] BGH (GSZ) GRUR 2005, 882, 885 – Unberechtigte Schutzrechtsverwarnung.

[319] BGH (GSZ) GRUR 2005, 882, 885 – Unberechtigte Schutzrechtsverwarnung.

[320] *Piper/Ohly* UWG § 4 Nr. 10 Rn 10/39.

[321] *Ullmann* GRUR 2001, 1027, 1030.

[322] *Ullmann* GRUR 2001, 1027, 1030; *Teplitzky* GRUR 2005, 9, 13; MünchKomm/*Jänich* UWG § 4 Nr. 10 Rn 125; *Piper/Ohly* UWG § 4 Nr. 10 Rn 19/39; Harte/Henning/*Omsels* UWG § 4 Nr. 10 Rn 172; aA *Beater* Unlauterer Wettbewerb, 2002, S. 522; *Emmerich* Unlauterer Wettbewerb, 2004, S. 161; *Sack* WRP 2005, 253, 262; *Wagner/Thole* NJW 2005, 3470, 3471.

[323] Vgl. dazu und zum Folgenden MünchKomm/*Jänich* UWG § 4 Nr. 10 Rn 129.

[324] Harte/Henning/*Omsels* UWG § 4 Nr. 10 Rn 190, unter Hinweis auf OLG Düsseldorf GRUR-RR 2002, 213, 214 – Auslaufendstücke für Sanitärarmaturen; OLG Köln GRUR 2001, 525, 529.

Kontakts mit dem Interessenten erfolgt.[325] Die Voraussetzungen für eine Haftung aus culpa in contrahendo sind aber jedenfalls dann erfüllt, wenn der Verwarner nach der Schutzrechtsverwarnung und vor der Abgabe einer Unterlassungserklärung Erkenntnisse gewinnt, denen er entnehmen muss, dass die Schutzrechtsverwarnung unberechtigt sein könnte. Er ist dann verpflichtet, den Verwarnten darüber zu informieren.[326] Ein Anspruch auf Schadensersatz kann sich auch aus einer **Haftung wegen positiver Forderungsverletzung** ergeben, wenn die Erkenntnisse nach Abgabe einer Unterlassungserklärung und dem damit verbundenen Abschluss eines Unterlassungsvertrages gewonnen werden.[327] Dagegen scheidet ein Anspruch aus **Geschäftsführung ohne Auftrag (§§ 677, 683, 670 BGB)** aus, da der zu Unrecht Verwarnte mit seiner Rechtsverteidigung weder ein objektiv fremdes Geschäft des Verwarners führt, noch subjektiv einen darauf gerichteten Fremdgeschäftsführerwillen besitzt. Der Verwarnte will vielmehr ein eigenes, seinen Interessen dienendes Geschäft wahrnehmen.[328] Eine Haftung aus § 826 BGB kommt nur in extremen Ausnahmefällen in Frage, wenn hinter der Verwarnung eine sittenwidrige Schädigungsabsicht steht.

V. Absatzbehinderung, Nachfrage- und Werbebehinderung sowie Behinderung durch Zeichenerwerb

93 Während sich die Betriebsstörungen unmittelbar gegen die Funktionsfähigkeit des Unternehmens richten, geht es bei diesen Formen der Behinderung um den nachgelagerten Bereich des Vertriebs, insbesondere den Absatz und die Werbung, einschließlich der „Kommunikation" durch die Verwendung von Kennzeichen, oder den vorgelagerten Bereich der Nachfragebehinderung im Zusammenhang mit dem Erwerb von Waren und sonstigen Wirtschaftsgütern.

1. Absatzbehinderung

94 Der Begriff der Absatzbehinderung ist **lauterkeitsrechtlich von geringer Aussagekraft.** Seine Konturlosigkeit ergibt sich daraus, dass er ein Phänomen kennzeichnet, dass als solches nicht nur **nicht wettbewerbsfremd, sondern wettbewerbskonform** und geradezu erwünscht ist. Es liegt in der Natur der Konkurrenz um die Präferenz der Abnehmer, dass die Absatzbemühungen eines erfolgreichen Unternehmens den Absatz eines Mitbewerbers behindern. Dies gilt vor allem für stark umkämpfte Märkte mit weitgehend homogenen wechselseitig substituierbaren Produkten, wo der Markterfolg zwangsläufig mit Absatzeinbußen des Konkurrenten verbunden ist. Auch das Merkmal einer „gezielten" Absatzbehinderung trägt nichts zur Konkretisierung des Unlauterkeitstatbestandes bei. Dass man gezielt auf eine bestimmte Gruppe von Abnehmern, also eine „Zielgruppe", fokussiert und damit den Absatz der Produkte oder Dienstleistungen eines anderen Unternehmens behindert, **liegt in der Natur des Wettbewerbs.** Wer seine Absatzbemühungen nicht zielgerichtet anlegt, erreicht nicht die Abnehmer und kann sich deshalb nicht erfolgreich auf dem Markt behaupten. Der Tatbestand der „Absatzbehinderung", der im Verhältnis zum Unlauterkeitstatbestand der Generalklausel des § 3 eine Unter-Unterfallgruppe darstellt, ist ebenso eine Leerformel wie der Beispielstatbestand des § 4 Nr. 10 insgesamt, die der Ausfüllung bedarf und ihre Konturen erst durch eine kasuistische Ausdifferenzierung gewinnt. Es bedarf einer weiteren Konkretisierung auf einer noch niedrigeren Stufe durch Unter-Unter-Unterfallgruppen. Er zerfällt deshalb in eine Vielzahl von Facetten, hinter der unterschiedliche Konstellationen stehen.

---

[325] MünchKomm/*Jänich* UWG § 4 Nr. 10 Rn 129, unter Hinweis auf BGHZ 71, 284, 289; BGHZ 111, 314, 316; BGHZ 123, 106.

[326] So Harte/Henning/*Omsels* UWG § 4 Nr. 10 Rn 190.

[327] Harte/Henning/*Omsels* UWG § 4 Nr. 10 Rn 191.

[328] Harte/Henning/*Omsels* UWG § 4 Nr. 10 Rn 191; MünchKomm/*Jänich* UWG § 4 Nr. 10 Rn 129.

Dementsprechend umfasst die Absatzbehinderung **verschiedene Aspekte,** nämlich die **kundenbezogene Behinderung,** die das Abwerben von Kunden betrifft, die **produktbezogene Behinderung,** bei der es um die Einwirkung auf die Ware oder Leistung der Mitbewerber geht sowie die **vertriebsbezogene Behinderung,** bei der die Frage der Zulässigkeit der Entfernung von Kontrollnummern im Vordergrund des Interesses steht. 95

a) Kundenbezogene Behinderung. Den Ausgangspunkt der Beurteilung der kundenbezogenen Behinderung bildet der **Grundsatz,** dass der Mitbewerber **kein Recht auf Erhaltung seines Kundenstammes** oder auf Fortbestand von Vertragsverhältnissen besitzt, sondern dass das Eindringen in einen fremden Kundenkreis und das Ausspannen von Kunden, selbst wenn es zielbewusst und systematisch erfolgt, im Wesen des Wettbewerbs liegt und dementsprechend nicht wettbewerbsfremd, sondern wettbewerbskonform ist.[329] Eine wettbewerbswidrige kundenbezogene Behinderung liegt erst dann vor, wenn **besondere, die Unlauterkeit begründende Umstände** hinzutreten, die über die dem Wettbewerb immanente Abwerbung von Kunden hinausgehen.[330] 96

aa) Abfangen von Kunden. Nach der Rechtsprechung des BGH kann eine werbliche Einwirkung, die dadurch gekennzeichnet ist, dass der Werbende sich gewissermaßen zwischen dem Kaufinteressenten und dem Mitbewerber schiebt, um ihm eine Änderung seines Kaufentschlusses aufzudrängen,[331] unlauter sein. Als wettbewerbswidrig unter dem Gesichtspunkt des Abfangens von Kunden wurden die **Verteilung von Handzetteln**[332] sowie das **gezielte Ansprechen von Kaufinteressenten unmittelbar vor der Verkaufsstelle des Konkurrenten**[333] oder in deren engstem räumlichen Bereich beurteilt. 97

(1) Verhältnis zu anderen Regelungen des UWG. In Übereinstimmung mit den Regelungen der §§ 7, 4 Nr. 2 ist davon auszugehen, dass Maßnahmen, die dem Anlocken von Kunden dienen, nur dann als unlauter anzusehen sind, wenn diese entweder in unzumutbarer Weise belästigt (§ 7) oder in ihrer Entscheidungsfreiheit durch „Ausübung von Druck oder durch sonstigen **unangemessenen unsachlichen Einfluss**" beeinträchtigt werden (§ 4 Nr. 2). Eine Unlauterkeit unter dem Gesichtspunkt der „Umleitung von Kunden" durch Fehlinformationen, die den betroffenen Mitbewerber an einer dem Wettbewerbsprozess adäquaten Darstellung seiner unternehmerischen Leistung hindern, kann sich auch aus einem Verstoß gegen das **Irreführungsverbot** gemäß § 5 ergeben. Entsprechendes gilt auch für eine unzulässige **vergleichende Werbung** nach § 6. Insofern haben **die auf den Verbraucherschutz gemünzten Regelungen** auch eine **konkurrentenschützende Dimension,** weil sie die Spielregeln des Wettbewerbs zwischen den Mitbewerbern festlegen und der Verbraucher nicht nur um seiner selbst willen, sondern auch in seiner Funktion als Adressat der Absatzbemühungen und in seiner Rolle als „Schiedsrichter" betroffen ist. Zu berücksichtigen ist dabei das von der früheren Rechtsprechung abweichende neue Leitbild eines durchschnittlich informierten und verständigen Verbrauchers, der das Werbeverhalten mit einer der Situation angemessenen Aufmerksamkeit verfolgt.[334] 98

(2) Abfangen in räumlicher Nähe zum Mitbewerber. In der älteren Rechtsprechung des BGH war die Fallgruppe des unlauteren Abfangens von Kunden entsprechend der zu der damaligen Zeit vorherrschenden Werbepraktiken dadurch gekennzeichnet, dass 99

---

[329] BGH GRUR 1963, 197, 200 – Zahnprothesen-Pflegemittel; BGH GRUR 1986, 547, 548 – Handzettelwerbung; BGH GRUR 1990, 522, 527 – HBV – Familien- und Wohnungsrechtsschutz; BGH WRP 2002, 524, 525 f – Mietwagenkostenersatz; BGH GRUR 2005, 603, 604 – Kündigungshilfe.

[330] BGH GRUR 1990, 522, 527 – HBV-Familien- und Wohnungsrechtsschutz; BGH WRP 2002, 524, 525 f – Mietwagenkostenersatz; BGH WRP 2007, 1341, 1344 Rn 35 – Änderung der Voreinstellung.

[331] BGH GRUR 1963, 197, 200 – Zahnprothesen-Pflegemittel; BGH GRUR 1986, 547, 548 – Handzettelwerbung; BGH GRUR 1987, 532, 533 – Zollabfertigung; BGH GRUR 2001, 1061, 1063 f – Mitwohnzentrale.de; BGH WRP 2007, 1341, 1344 Rn 25 – Änderung der Voreinstellung.

[332] KG GRUR 1984, 601, 602 – Handzettelverteilung.

[333] BGH GRUR 1960, 431, 433 – Kfz-Nummernschilder.

[334] Vgl. BGH WRP 2000, 517 – Orient-Teppichmuster; BGH GRUR 2001, 1061, 1063 f – Mitwohnzentrale.de sowie Begr. RegE BT-Drucks. 15/1487 S. 19 (zu § 5).

in räumlicher Nähe zum Geschäft eines Mitbewerbers potentielle Kunden „abgeworben" und zum eigenen Angebot umgeleitet werden. So wurde das Ansprechen von Kunden, die sich in mutmaßlicher Kaufabsicht dem Geschäft eines Konkurrenten nähern, als wettbewerbswidrig angesehen, wenn dadurch auf das eigene konkurrierende Unternehmen aufmerksam gemacht werden soll.[335] Eine **unzulässige sog. „Fangwerbung"**[336] wurde für den Fall angenommen, dass eine Verteilung von Handzetteln mit der Werbung für das eigene Geschäft unmittelbar vor dem Geschäftsbetrieb des Konkurrenten oder in dessen engstem räumlichen Bereich erfolgt und dadurch Kunden des Mitbewerbers gezielt abgefangen und zum Kauf im eigenen Geschäft verleitet werden sollen.[337] Dagegen wurde es nicht als unlauter angesehen, wenn sich ein Unternehmer bei der Wahl des Ortes seiner Werbung Werbeaufwendungen seines Konkurrenten zunutze macht, sofern den angesprochenen Kunden die Möglichkeit einer ruhigen, von jeder Übereilung freien vergleichenden Prüfung der beiden Leistungsangebote bleibt.[338] Das in der früheren Rechtsprechung als maßgeblich erachtete **Kriterium der räumlichen Nähe** ist verfehlt. Niemand kann daran gehindert werden, in unmittelbarer Nähe von einem Mitbewerber ein Geschäft zu eröffnen, wenn sich ihm dazu die Möglichkeit bietet. In Einkaufszentren kommt es häufig vor, dass Einzelhändler mit ähnlichen oder sogar identischen Sortimenten in unmittelbarer Nähe zueinander Geschäftslokale unterhalten und gleichsam Tür an Tür mit einem harten Preis- und Qualitätswettbewerb um Kunden konkurrieren. Vor diesem Hintergrund kann der räumlichen Nähe zum Mitbewerber keine Bedeutung für die lauterkeitsrechtliche Beurteilung beigemessen werden. Dies gilt auch deshalb, weil sich für den für erforderlich gehaltenen räumlichen Abstand und die unzulässige räumliche Nähe kaum hinreichend klare Anhaltspunkte finden lassen, die dem Gebot der Bestimmtheit bei der Vollstreckung von Unterlassungstiteln genügen. Entscheidend ist deshalb allein die Frage, ob **durch das „Abfangen" in unzulässiger Weise auf die Entscheidungsfreiheit der Kunden eingewirkt** wird. Dies richtet sich nach den oben dargestellten verbraucherschützenden Regelungen wie insbesondere §§ 4 Nr. 1, 5, 6, 7, die reflexhaft auch eine konkurrentenschützende Wirkung entfalten, da der Verbraucher nicht nur um seiner selbst willen geschützt wird, sondern als Adressat der Absatzbemühungen der Unternehmen mit seiner Präferenzentscheidung eine „Schiedsrichterrolle" im Wettbewerb spielt. Eines Rückgriffs auf den Behinderungstatbestand des § 4 Nr. 10 unter dem Gesichtspunkt der Absatzbehinderung in Form des unzulässigen Abfangens von Kunden bedarf es aber wegen der Maßgeblichkeit der unzulässigen Einwirkung auf die Konsumentensouveränität nicht. Da es **keine wettbewerbsfreien „Schutzräume"** gibt, ist die räumliche Nähe zum Mitbewerber für die lauterkeitsrechtliche Beurteilung irrelevant. Etwas anderes gilt nur, wenn die Werbung auf dem Grundstück oder in den Geschäftsräumen des betroffenen Mitbewerbers erfolgt.[339] Der Betroffene kann sich hiergegen mit Ansprüchen aus §§ 823 Abs. 1, 1004, 862 BGB wegen Eigentumsverletzung oder Besitzstörung zur Wehr setzen.[340]

100 **(3) Werbung im sonstigen zeitlichen Kontext mit der Werbung des Mitbewerbers.** Abgesehen von der Werbung in räumlicher Nähe ist „auch die Werbung im sonstigen zeitlichen oder sachlichen Kontext mit Werbemaßnahmen der Mitbewerber zulässig".[341] Dies folgt nicht zuletzt aus der grundsätzlichen Zulässigkeit vergleichender Werbung und dem dahinter stehenden Grundgedanken, dass die Gegenüberstellung konkurrierender Angebote im Interesse der Verbesserung der Markttransparenz liegt, sofern sie auf richtigen Informationen beruht. Dementsprechend ist es nicht nur zulässig, sondern geradezu erwünscht, wenn ein Mitbewerber unmittelbar, insbesondere mit den Parametern von Preis

[335] BGH GRUR 1960, 431, 433 – Kraftfahrzeugnummernschilder.
[336] Harte/Henning/*Omsels* UWG § 4 Nr. 10 Rn 68.
[337] BGH GRUR 1986, 547, 548 – Handzettelwerbung.
[338] BGH GRUR 1986, 547, 548 – Handzettelwerbung; *Piper/Ohly* UWG § 4 Nr. 10 Rn 10/47.
[339] OLG Brandenburg NJW-RR 1996, 1514.
[340] *Piper/Ohly* UWG § 4 Nr. 10 Rn 10/48.
[341] Harte/Henning/*Omslels* UWG § 4 Nr. 10 Rn 69.

und Leistung auf Werbeaktionen eines anderen Unternehmens reagiert. Grundsätzlich ist eine Stimulierung und Intensivierung des Wettbewerbs zu begrüßen, denn sie entspricht den Interessen der Verbraucher und ist auch volkswirtschaftlich erwünscht, weil Preiswettbewerb zur Preissenkung und Qualitätswettbewerb zur Qualitätssteigerung sowie Innovationsförderung beiträgt.

(4) Unterschieben fremder Waren oder Dienstleistungen. Unlauter ist auch das Unterschieben fremder Ware. Dies ist dann der Fall, wenn ein Händler den Kunden anstelle der bestellten Produkte andere Waren verkauft, ohne dass dies für den Kunden erkennbar ist.[342] Das Unterschieben fremder Ware stellt in der Regel einen **Verstoß gegen das Irreführungsverbot des § 5** dar.[343] Eine Behinderung im Sinne des § 4 Nr. 10 kann dann vorliegen, wenn ein Hersteller seine vertraglich gebundenen Händler auffordert, anstelle bestellter Produkte eines Mitbewerbers sein eigenes Erzeugnis zu liefern.[344] Eine unlautere Behinderung ist auch dann anzunehmen, wenn durch technische Mittel wie ein Computerprogramm für Arztpraxen anstelle des eingegebenen Original-Arzneimittels automatisch das Generikum angezeigt wird.[345] Dagegen ist die versehentliche Nichtausführung der Umstellung von Telefonanschlüssen nach Preselection-Anträgen und die damit verbundene Verletzung einer vertraglichen Pflicht, dem Wettbewerber Kunden zuzuführen, nicht ausreichend, um die Annahme einer unlauteren gezielten Behinderung zu begründen, auch wenn sich dies auf den Absatz des Mitbewerbers nachteilig auswirken kann.[346] 101

(5) Abfangen geschäftlicher Korrespondenz. Eine unlautere Behinderung ist auch dann gegeben, wenn geschäftliche Korrespondenz wie Briefe, Telefonate oder E-Mails oder andere an einen Konkurrenten gerichtete Dokumente abgefangen werden, um sie für einen eigenen Geschäftsabschluss auszunutzen.[347] Eine fehlgeleitete Bestellung, die erkennbar an einen anderen adressiert ist, darf der Empfänger nicht zum eigenen Vorteil ausführen oder für ein Gegenangebot nutzen[348] bzw zielgerichtet an einen anderen Unternehmer weiterleiten.[349] 102

(6) Verwendung von verwechslungsfähigen Telefonnummern oder Domainnamen. Eine unlautere Behinderung liegt vor, wenn Kunden abgefangen oder umgeleitet werden, indem entweder verwechslungsfähige Telefonnummern[350] oder Domains verwendet werden, die sich von denen eines Konkurrenten lediglich durch typische Tippfehler unterscheiden („Typosquatting“).[351] Bei gleichzeitiger Verletzung eines Kennzeichenrechts hatte das MarkenG den Vorrang mit der Folge, dass ein Rückgriff auf § 4 Nr. 10 ausgeschlossen ist.[352] Grundsätzlich ist es nicht zu beanstanden, einen **generischen Begriff,** der zugunsten eines anderen Mitbewerbers geschützt ist, in einer anderen Schreibweise registrieren zu lassen. Wer nach dem 1. 3. 2004 von der neu eröffneten Möglichkeit, Internetdomains mit Umlauten eintragen zu lassen, in der Weise Gebrauch gemacht hat, dass er sich weitere **Schreibweisen eines Gattungsbegriffs** gesichert hat, behindert dadurch allein nicht wettbewerbswidrig einen Mitbewerber, der denselben Gattungsbegriff ohne Umlautschreibweise als Domain nutzt (schlüsselbänder statt schluesselbaender).[353] 103

---

[342] Vgl. BGH GRUR 1966, 564, 564 – Hausverbot; BGH GRUR 1963, 218, 222 – Mampe Halb und Halb II.

[343] Vgl. Referentenentwurf zur Umsetzung der Lauterkeitsrichtlinie – Erstes Gesetz zur Änderung des Gesetzes gegen den unlauteren Wettbewerb, Anhang zu § 3 Abs. 2 Nr. 6.

[344] BGH GRUR 1963, 218, 222 – Mampe Halb und Halb II.

[345] OLG Hamburg GRUR 2002, 278, 279 – AKUmed.

[346] BGH WRP 2007, 1341 (Ls), 1344 Rn 25 – Änderung der Voreinstellung.

[347] BGH GRUR 1983, 34, 35 f – Bestellschreiben; BGH GRUR 1987, 532, 533 – Zollabfertigung.

[348] BGH GRUR 1983, 34, 36 – Bestellschreiben.

[349] BGH GRUR 1989, 430, 431 – Krankentransportbestellung; Harte/Henning/*Omsels* UWG § 4 Nr. 10 Rn 71.

[350] OLG Hamburg GRUR-RR 2004, 151, 152 – Telefonauskunft 11 881.

[351] LG Erfurt MMR 2005, 121, 123 – deutsche-anwaltshotline.de; *Piper/Ohly* UWG § 4 Nr. 10 Rn 10/51.

[352] *Piper/Ohly* UWG § 4 Nr. 10 Rn 10/51.

[353] OLG Köln GRUR-RR 2006, 19 – schlüsselbänder.de; LG Frankenthal GRUR-RR 2006, 13 – guenstig.de/günstig.de.

104 **(7) Kanalisierung von Kundenströmen durch die Verwendung beschreibender Begriffe in Domains und Vanity-Rufnummern. (a) Second-Level-Domains.** Die Registrierung von Allgemeinbegriffen oder Gattungsbegriffen als Second-Level-Domain wie im Falle „mitwohnzentrale.de" stellt grundsätzlich kein unlauteres Verhalten dar. Dies gilt selbst dann, wenn die Verwendung beschreibender Begriffe zu einer Kanalisierung von Kundenströmen führen kann, weil der einzelne Internetnutzer, der den entsprechenden Begriff als Internet-Adresse eingibt, möglicherweise aus Bequemlichkeit auf weiteres Suchen verzichtet.[354] Für die Annahme einer unzulässigen Behinderung von Mitbewerbern durch Abfangen von Kunden oder eine unsachliche Beeinflussung von Verbrauchern genügt dies nicht. Nach dem maßgebenden **Leitbild des durchschnittlich informierten und verständigen Verbrauchers** ist davon auszugehen, dass dieser das Werbeverhalten mit einer der Situation angemessenen Aufmerksamkeit verfolgt und sich daher der Nachteile der Suchmethode der unmittelbaren Eingabe eines Gattungsbegriffs als Internet-Adresse bewusst ist.[355] Es handelt sich nicht um ein unzulässiges Abfangen, sondern um ein zulässiges Hinlenken von Kunden.[356] Es besteht auch **kein Interesse der Allgemeinheit,** derartige Begriffe „freizuhalten", das heißt von der Registrierung als Domain auszuschließen.[357] Dies bedeutet allerdings nicht, dass nicht **im Einzelfall eine unzulässige Alleinstellungswerbung** vorliegen kann, wenn der Benutzer irrig annimmt, es handle sich um den einzigen Anbieter solcher Leistungen.[358] Eine solche Irreführung kann vermieden werden, indem der Allgemeinbegriff mit einem **unterscheidungskräftigen Zusatz** versehen oder auf der Homepage auf weitere Anbieter hingewiesen wird.[359] Ein Anspruch auf Teilhabe (domain-name-sharing) an generischen Domainnamen besteht hingegen nicht.[360] Ein Rechtsmissbrauch kann sich daraus ergeben, dass der Anmelder denselben Begriff mehrfach registrieren lässt, etwa durch Verwendung anderer Schreibweisen oder durch Anmeldung unter einer anderen Top-Level-Domain.[361]

105 **(b) Vanity-Rufnummern.** Analog gelten die für die Beurteilung von Domainnamen herangezogenen Wertungen auch für die Anmeldung von Vanity-Rufnummern. Dabei handelt es sich um einen sog. Mehrwertdienst im Telekommunikationsbereich, der dadurch gekennzeichnet ist, dass **alphanumerisch umgesetzte Telefonnummern** verwendet werden, bei denen an die Stelle einer Zahlenkombination ein bestimmter Begriff tritt, der sich beim Nutzer besonders gut einprägt. In Anknüpfung an seine Entscheidung zur Benutzung des beschreibenden Begriffs „Mitwohnzentrale.de" als Domainname[362] hat der BGH entschieden, dass eine Vanity-Rufnummer, die mit den berufsbezeichnenden bzw tätigkeitsbeschreibenden Begriffen „Rechtsanwalt", „Anwaltskanzlei" oder „Rechtsanwaltskanzlei" belegt ist, weder gegen § 43b BRAO, § 6 Abs. 1 BORA verstoße, noch unter dem **Gesichtspunkt einer Irreführungsgefahr** wegen einer unzutreffenden Alleinstellungsbehauptung wettbewerbswidrig sei. Dieser Gesichtspunkt spiele ebenso wie bei den als Domainnamen verwendeten Gattungsbegriffen bei der in Frage stehenden Vanity-Nummer keine Rolle. Die **Gefahr einer Kanalisierung der Kundenströme,** die bei der Verwendung bestimmter beschreibender Begriffe als Domainname sogar gegeben sein möge, bestehe bei der Nutzung einer Vanity-Nummer mit den in Rede stehenden Gattungsbezeichnungen von vorneherein nicht, weil der Verkehr erkenne, dass es sich bei dem Inhaber der betreffenden Nummer nicht um den alleinigen Anbieter anwaltlicher Dienstleistungen handelt.[363]

---

[354] BGHZ 148, 1 = GRUR 2001, 1061, 1063f – Mitwohnzentrale.de.
[355] BGHZ 148, 1 = GRUR 2001, 1061, 1063f – Mitwohnzentrale.de.
[356] BGHZ 148, 1 = GRUR 2001, 1061, 1063f – Mitwohnzentrale.de.
[357] BGHZ 148, 1 = GRUR 2001, 1061, 1063f – Mitwohnzentrale.de.
[358] BGHZ 148, 1 = GRUR 2001, 1061, 1063f – Mitwohnzentrale.de.
[359] BGHZ 148, 1 = GRUR 2001, 1061, 1063f – Mitwohnzentrale.de.
[360] BGHZ 148, 1 = GRUR 2001, 1061, 1063f – Mitwohnzentrale.de.
[361] BGHZ 148, 1 = GRUR 2001, 1061, 1063f – Mitwohnzentrale.de; BGH GRUR 2005, 517, 518 – Literaturhaus.
[362] BGHZ 148, 1, 6f = GRUR 2001, 1061, 1063f – Mitwohnzentrale.de.
[363] BGH GRUR 2002, 902, 905 – Vanity-Nummer.

(8) Umleitung von Kundenströmen durch Beeinflussung von Internet-Suchmaschinen. Der weltweite Marktplatz des Internets hat moderne Formen der Umleitung von Kundenströmen hervorgebracht. Im Kern geht es dabei um die Beeinflussung oder gar Manipulation von Suchmaschinen, die der Internetuser in seiner Eigenschaft als Kunde dazu nutzt, um Anbieter und Angebote von Waren oder Dienstleistungen ausfindig zu machen. Die verschiedenen Phänomene der Einwirkung auf Suchmaschinen und ihre rechtliche Beurteilung sind **Gegenstand einer gesonderten Darstellung zum Thema „Wettbewerbsrecht des Internet", das von *Mankowski* im Anhang zu § 4 unter S 12 umfassend behandelt wird.** Dabei wird auch auf die Frage eingegangen, ob bzw inwieweit die Umleitung von Kundenströmen als unzulässige Absatzbehinderung unter dem Gesichtspunkt des Abfangens von Kunden zu bewerten ist. **Auf die einschlägigen Erläuterungen wird hiermit verwiesen.** Im Folgenden soll lediglich auf die wesentlichen Gesichtspunkte kurz eingegangen werden. Zur Beeinflussung der Auswahlentscheidung des Kunden durch die Einwirkung auf Suchmaschinen werden insbesondere Mittel wie Metatags sowie das Keyword-Buying oder Keyword-Advertising eingesetzt. 106

(a) Metatags. Metatags dienen dazu, den Browser zu der eigenen Homepage zu dirigieren. Sie werden in den Dokumentenkopf (*Header*) eingefügt. Sie bleiben dem Betrachter verborgen, führen aber dazu, dass bei der Suche nach dem Namen eines Konkurrenten der Browser oder die Suchmaschine in die Liste auch die eigene Website aufnimmt.[364] Bei der rechtlichen Beurteilung ist **grundlegend zwischen der Nutzung fremder Kennzeichen als Metatags und beschreibender Metatags zu unterscheiden.** Im ersteren Fall beurteilt sich die Zulässigkeit nach dem grundsätzlich vorrangigen Markengesetz, das, soweit es anwendbar ist, eine abschließende Regelung darstellt, so dass für einen Rückgriff auf das Wettbewerbsrecht kein Raum ist.[365] Die Verwendung einer Marke als Metatag ist eine kennzeichenmäßige Benutzung.[366] Im letzteren Fall, also bei der Verwendung beschreibender oder allgemeiner Suchbegriffe als Metatags, erfolgt kein Eingriff in den Zuweisungsgehalt von Rechten, die anderen zugeordnet sind und es liegt demzufolge keine wettbewerbswidrige Behinderung durch unzulässiges Abfangen von Kunden vor.[367] Etwas anderes gilt ausnahmsweise für das sog. „Index-Spamming". Dieses ist dadurch gekennzeichnet, dass die Suchmaschinen geradezu systematisch überflutet werden und dass letztlich alle vorderen Plätze in Trefferlisten belegt und sämtliche Konkurrenten aus dem Aufmerksamkeitsbereich verdrängt werden.[368] 107

(b) Keyword-Buying. Beim Keyword-Buying (oder auch Paid-Listings) erfolgt ein Kauf von Listingplätzen, das heißt der Anbieter trifft mit dem Betreiber der Suchmaschine eine Vereinbarung, dass der Link zum Angebot in der Trefferliste bevorzugt, möglichst an erster Stelle erscheinen soll.[369] Parallel zu den vom BGH in seiner Rechtsprechung zur Verwendung von generischen Begriffen als Domain angestellten Erwägungen,[370] ist davon auszugehen, dass der maßgebliche **durchschnittlich informierte Nutzer nicht schon aufgrund einer schlechteren Platzierung auf der Ergebnisliste vom Angebot des betreffenden Anbieters abgelenkt oder von einer Prüfung weiterer Angebote abgehalten wird.**[371] Allerdings liegt eine unzulässige verdeckte (§ 4 Nr. 3) oder irreführende Werbung (§ 5) vor, wenn die Tatsache, dass der hohe Listenplatz auf Bezahlung beruht, nicht offengelegt wird. Ohne einen entsprechenden Hinweis erwartet der Nutzer 108

---

[364] → § 4–S 12 Rn 76.
[365] *Piper/Ohly* UWG § 4 Nr. 10 Rn 10/53; aA → § 4–S 12 Rn 78 *(Mankowski)*; Harte/Henning/*Omsels* UWG § 4 Nr. 10 Rn 75.
[366] BGH GRUR 2007, 65, 66 Rn 15 f – Impuls.
[367] → § 4–S 12 Rn 80.
[368] → § 4–S 12 Rn 88.
[369] → § 4–S 12 Rn 96.
[370] BGHZ 148, 1 = GRUR 2001, 1061, 1063 f – Mitwohnzentrale.de.
[371] *Piper/Ohly* UWG § 4 Nr. 10 Rn 10/53.

halbwegs objektive Rankinglisten, deren Zustandekommen nicht auf eine Bezahlung für entsprechend hohe Platzierungen zurückzuführen ist.[372]

109 **(c) Keyword-Advertising.** Grundsätzlich unbedenklich ist das Keyword-Advertising, bei dem bei Eingabe eines bestimmten Keywords in die Suchmaschine durch einen Nutzer entgeltliche Werbung, zumeist in Form eines Popup-Fensters oder eines Banners, eingeblendet wird.[373] Bei der Verwendung von Kennzeichen von Mitbewerbern richtet sich die **Beurteilung in erster Linie nach dem MarkenG.**[374] Zu beachten ist allerdings die Zulässigkeit der Benutzung fremder Kennzeichen im Rahmen einer erlaubten vergleichenden Werbung (§ 6). Ein Rückgriff auf den Behinderungstatbestand unter dem Gesichtspunkt eines unzulässiges Abfangens von Kunden ist wegen des Vorrangs des MarkenG ausgeschlossen.[375] Dies gilt auch mit Blick auf eine eventuelle Rufausbeutung.[376]

110 **bb) Ausspannen von Kunden.** Während das Abfangen von Kunden die Phase der Kontaktanbahnung betrifft, geht es beim Ausspannen von Kunden um das **Eindringen in eine bestehende oder sich anbahnende Vertragsbeziehung durch Abwerbung.** Dies ist grundsätzlich nicht unlauter, denn es gehört zum Wesen des Wettbewerbs, dass Kunden abgeworben werden. Im Wettbewerb hat grundsätzlich niemand Anspruch auf Erhaltung seines Kundenstammes. Kunden zur ordnungsgemäßen Vertragsauflösung unter Beachtung der gesetzlichen oder vertraglichen Kündigungsfristen zu bestimmen, ist grundsätzlich zulässig.[377] Eine Wettbewerbswidrigkeit kann sich nur aus dem Vorliegen besonderer Umstände ergeben, insbesondere wenn nicht wettbewerbskonforme, sondern unlautere Mittel der Abwerbung eingesetzt werden.[378] Die bloß versehentliche Verletzung einer vertraglichen Pflicht, den Mitbewerber (aufgrund von Preselection-Anträgen) Kunden zuzuführen, genügt nicht, um die Annahme eines unzulässigen Ausspannens von Kunden zu begründen, auch wenn sich dies auf den Absatz des Mitbewerbers nachteilig auswirken kann.[379] Abgesehen davon kann es bei bloßen Vertragsverletzungen bereits an einer Wettbewerbshandlung (geschäftlichen Handlung) im Sinne des § 2 Abs. 1 Nr. 1 fehlen. Diese für die Anwendung des UWG konstitutive Voraussetzung wird nur dann als erfüllt angesehen, wenn die Vertragsverletzung in Umfang und Ausmaß ein besonderes Gewicht hat.[380]

111 **(1) Verhältnis zu anderen Regelungen des UWG.** Bei den unlauteren Mitteln, die zur Abwerbung von Kunden eingesetzt werden, handelt es sich typischerweise um **Eingriffe in deren Entscheidungsfreiheit.** Maßgeblich für die Beurteilung sind daher diejenigen Vorschriften, die den Schutz der Konsumentensouveränität bezwecken. Einschlägig ist der Beispielstatbestand des § 4 Nr. 1, wonach die Beeinträchtigung der Entscheidungsfreiheit durch Ausübung von Druck oder sonstigen unangemessenen unsachlichen Einfluss unlauter ist. Bei Anwendung des (wegen seiner völligen Unbestimmtheit verfehlten) Merkmals der „unangemessen unsachlichen Beeinflussung" kann nicht mehr auf die pseudopsychologischen Kriterien der älteren Rechtsprechung des BGH, die auf unbewiesenen Annahmen beruhen, wie insbesondere das „übertriebene Anlocken" durch das Gewähren besonderer Vorteile zurückgegriffen werden. Die Vorstellung, dass der Verbraucher hier-

[372] → § 4–S 12 Rn 96.

[373] → § 4–S 12 Rn 89.

[374] Vgl. BGH GRUR 2009, 500, 501 f – Beta Layout; BGH GRUR 2009, 502, 504 f – pcb; OLG Frankfurt WRP 2008, 830, 831 f – Google-AdWords mN.

[375] Vgl. BGH GRUR 2009, 500, 502 – Beta Layout; OLG Frankfurt WRP 2008, 830, 832 f – Google-AdWords mN; s. auch *Ullmann* GRUR 2007, 632, 638.

[376] Vgl. BGH GRUR 2009, 500, 502 – Beta Layout; *Schultz/Störing* WRP 2008, 741, 747 f.

[377] BGH GRUR 2004, 704, 705 – Verabschiedungsschreiben; BGH GRUR 2005, 603, 604 – Kündigungshilfe.

[378] BGH GRUR 2002, 548, 549 – Mietwagenkostenersatz; BGH GRUR 2005, 603, 604 – Kündigungshilfe; s. auch BGH WRP 2007, 1341, 1344 Rn 25 – Änderung der Voreinstellung.

[379] BGH WRP 2007, 1341 (Ls), 1344 Rn 25 – Änderung der Voreinstellung.

[380] BGH WRP 2007, 1341, 1343 Rn 24 – Änderung der Voreinstellung, unter Hinweis auf BGH GRUR 2002, 093, 1094 – Kontostandsauskunft; BGH GRUR 2007, 805 Rn 13 f – Irreführender Kontoauszug.

durch magnetisch zum Geschäft des Werbenden gezogen wird, so dass es erfahrungsgemäß zu Geschäftsabschlüssen kommt, die ohne den Einsatz der sachfremden Lockmittel nicht zustande gekommen wären,[381] lässt sich mit dem **Leitbild eines durchschnittlich informierten, verständigen Verbrauchers** nicht vereinbaren.[382] In der Tat scheint die Rechtsprechung tendenziell in den letzten Jahren eine großzügigere Haltung an den Tag zu legen.[383] Soweit die Entschließungsfreiheit durch irreführende Angaben beeinträchtigt wird, ist das **Irreführungsverbot nach § 5** heranzuziehen. Bei **Belästigungen** richtet sich die Beurteilung nach § 7. Insgesamt ist festzustellen, dass diese verbraucherschützenden Regelungen den entscheidenden Maßstab für die lauterkeitsrechtliche Bewertung der Zulässigkeit oder Unzulässigkeit der zur Abwerbung von Kunden eingesetzten Mittel bilden. Für einen Rückgriff auf den Behinderungstatbestand des § 4 Nr. 10 ist deshalb kein Raum, da die Verletzung der genannten Regelungen mit Blick auf die Schiedsrichterrolle, die den Abnehmern im Hinblick auf die von ihnen getroffene Präferenzentscheidung zukommt, reflexartig auch eine konkurrentenschützende Wirkung entfalten.

(2) Konkurrentenschützende Regelungen. Soweit mit der Abwerbung von Kunden eine Herabsetzung von Mitbewerbern einhergeht, sind die Regelung der §§ 4 Nr. 7, 8; 6 Abs. 2 Nr. 5 maßgebend. 112

cc) Verleiten zum Vertragsbruch. In den Anwendungsbereich des Behinderungstatbestands fällt das Ausspannen von Kunden durch eine Verleitung zum Vertragsbruch.[384] Unter Verleiten ist **jedes bewusste Hinwirken auf einen Vertragsbruch** zu verstehen.[385] Es genügt nicht, wenn der Verleitete lediglich zur Verletzung bloßer Nebenpflichten veranlasst wird.[386] Auch die bloße Abgabe eines Angebots, das einem vertraglich gebundenen Kunden im Hinblick auf einen künftigen Vertragsschluss unterbreitet wird, stellt kein Verleiten dar. Gegen die herrschende Meinung, dass die Verleitung zum Vertragsbruch generell als unlauter anzusehen ist, erhebt *Beater* den überzeugenden Einwand, dass ein berechtigtes Interesse des Konkurrenten, einen Schutz vor der Abwerbung von Vertragspartnern zu haben, nicht ersichtlich sei.[387] Einen Schutz vor dem Verlieren von Kunden dürfe es als solchen nicht geben und auch ein dadurch bedingter Vertragsbruch rechtfertige grundsätzlich keine andere Bewertung.[388] Der Vertragsbruch könne zwar zu Schäden des Konkurrenten führen, doch könne der Konkurrent diese vom vertragsbrüchigen Kunden ersetzt verlangen.[389] Eine Unlauterkeit sei nur dann anzunehmen, wenn das Verbraucherschutzinteresse berührt werde. Das Abwerben verschaffe dem Verbraucher nämlich nicht nur die Chance auf ein günstigeres Geschäft, sondern bringe ihm zugleich auch in eine besondere Gefahrenlage, da sich die vertragsrechtlichen Konsequenzen des Vertragsbruchs, insbesondere die Höhe möglicher Ersatzforderungen des anderen Vertragspartners, häufig schwer abschätzen ließen.[390] Diese Differenzierung erscheint sachgerecht und verdient Zustimmung.[391] Ebenso wie beim Abwerben von Mitarbeitern[392] ist **vom Verleiten zum Vertragsbruch die bloße Ausnutzung eines Vertragsbruchs zu unterscheiden,** die grundsätzlich zulässig und nur bei Hinzutreten weiterer, die Wettbewerbswidrigkeit be- 113

---

[381] Vgl. BGH GRUR 1998, 1037, 1038 – Schmuck-Set.

[382] Vgl. etwa BGH GRUR 2005, 438, 440 – Epson-Tinte; idS auch *Steinbeck* § 4–1 Rn 132.

[383] Vgl. BGHZ 139, 368, 374 = GRUR 1999, 264, 266 – Handy für 0,00 DM; s. auch BGH GRUR 1999, 261, 263 – Handy-Endpreis; vgl. auch BGH GRUR 2001, 446, 447 – 1-Pfennig-Farbbild; BGH GRUR 2002, 287, 288 – Widerruf der Erledigungserklärung.

[384] BGH GRUR 1956, 273, 275 – Drahtverschluss; BGH GRUR 1969, 474, 475 – Bierbezug I; BGH GRUR 1994, 447, 448 – Sistierung von Aufträgen; *Piper* GRUR 1990, 643, 644; aA *Beater* Unlauterer Wettbewerb, 2002, S. 384 ff.

[385] BGH GRUR 1987, 532, 533 – Zollabfertigung.

[386] BGH GRUR 1960, 558, 560 – Eintritt in Kundenbestellung.

[387] *Beater* Unlauterer Wettbewerb, 2002, S. 385.

[388] *Beater* Unlauterer Wettbewerb, 2002, S. 385.

[389] *Beater* Unlauterer Wettbewerb, 2002, S. 385.

[390] *Beater* Unlauterer Wettbewerb, 2002, S. 385 f.

[391] Im Ergebnis ablehnend MünchKomm/*Jänich* UWG § 4 Nr. 10 Rn 12.

[392] → Rn 47 ff.

gründenden Umständen, ausnahmsweise unlauter sein kann.[393] Grundsätzlich zulässig ist es auch, einem vertraglich noch gebundenen Kunden dadurch bei einer ordentlichen Kündigung zu helfen, dass ihm ein **vorbereitetes Kündigungsschreiben** vorgelegt wird, das nach Einfügung des Kündigungstermins nur noch zu unterschreiben ist. Ein solches Verhalten ist ohne Hinzutreten besonderer Umstände weder als unangemessen unsachliche Einflussnahme auf den Verbraucher noch als unlautere gezielte Behinderung eines Mitbewerbers zu beurteilen.[394] Wettbewerbsregeln, die insbesondere nach § 24 Abs. 1 GWB von Wirtschafts- und Berufsvereinigungen aufgestellt werden können, sind nicht bindend. Soweit in ihnen Beschränkungen über die Abwerbung von Kunden der Konkurrenz enthalten sind, können sie allenfalls eine Indizwirkung entfalten. Dabei ist aber stets zu prüfen, ob sie nicht eine unzulässige Wettbewerbsbeschränkung darstellen und deshalb lauterkeitsrechtlich unbeachtlich sind.[395] Besonderheiten sollen gelten, wenn Mitarbeiter oder ehemalige Mitarbeiter Kunden für eine eigene konkurrierende Tätigkeit oder für die eines Mitbewerbers abwerben. Dabei wird danach unterschieden, ob die **Abwerbung nach Beendigung des Arbeitsverhältnisses erfolgt oder ob noch während der Laufzeit des Arbeitsvertrages** auf die künftige Tätigkeit als Mitbewerber oder für einen Mitbewerber hingewiesen wird. Nach Beendigung des Vertragsverhältnisses steht es einem Arbeitnehmer oder Vertreter frei, Kunden zu einem Wechsel zu sich oder zu einem neuen Dienstherrn zu veranlassen.[396] Will sich der ehemalige Arbeitgeber dagegen schützen, so muss er sich durch Vereinbarung einer Wettbewerbsbeschränkung absichern. Für das Handelsrecht ergibt sich dies aus §§ 74, 90a HGB.

114 Nach der Rechtsprechung des BGH soll es unlauter sein, wenn ein Mitarbeiter noch während der Laufzeit des Arbeitsverhältnisses ein **„Verabschiedungsschreiben"** an die ihm aus seiner bisherigen Tätigkeit bekannten Kunden richtet und auf seine künftige Tätigkeit als Wettbewerber oder für einen Wettbewerber hinweist.[397] Hiergegen ist einzuwenden, dass dies mit Art. 2 Abs. 1, 12 Abs. 1 GG unvereinbar ist. Um sich von der Abhängigkeit vom bisherigen Arbeitgeber oder Dienstherrn zu lösen, muss jeder die Möglichkeit haben, durch eine entsprechende Ankündigung darauf aufmerksam zu machen, dass er mit einer neuen Tätigkeit entweder als Selbständiger oder für einen anderen Prinzipal mit seinem bisherigen Arbeitgeber in Wettbewerb treten wird. Die damit verbundene **Intensivierung des Wettbewerbs** liegt auch im Interesse der Kunden. Dem grundrechtlichen Schutz unterliegt es auch, eigene Kenntnisse, die während des früheren Vertragsverhältnisses erworben wurden, zu verwerten, sofern sie nicht rechtswidrig erlangt wurden.[398] Unzulässig ist demgegenüber die **Ausnutzung von Betriebsgeheimnissen oder anderen vertraulichen Informationen,** wie Kundenlisten. Einschlägig sind in diesem Zusammenhang die Regelungen der §§ 17ff, deren Verletzung nicht nur die dort vorgesehenen strafrechtlichen, sondern über §§ 4 Nr. 11, 3, 8 Abs. 1 nach sich ziehen können.

115 **b) Produktbezogene Behinderung.** Während die Absatzbehinderung Praktiken betrifft, die auf das Abfangen oder Ausspannen von Kunden auf der Ebene der Vertragsanbahnung abzielen, geht es bei der produktbezogenen Behinderung um die **unmittelbare, gegenständliche oder auch mittelbare Einwirkung auf die Substanz bzw Beschaffenheit von Produkten** im Rahmen des Absatzes. Dabei sind zwei Konstellationen zu unterscheiden: Zum einen die Einwirkung auf ein zum Weitervertrieb bestimmtes Produkt durch Veränderungen und zum anderen die Entfernung von Kennzeichen beim weiteren Vertrieb von Waren.

---

[393] *Piper* GRUR 1990, 643, 646.

[394] BGH GRUR 2005, 603, 604 – Kündigungshilfe.

[395] Vgl. dazu die Beispiele bei MünchKomm/*Jänich* UWG § 4 Nr. 10 Rn 24; s. auch Harte/Henning/*Omsels* UWG § 4 Nr. 10 Rn 81.

[396] BGH GRUR 1964, 215, 216 – Milchfahrer; *Piper* GRUR 1990, 643, 646.

[397] RG GRUR 1939, 728, 731 – Versicherungsmakler; BGH GRUR 2004, 704, 705 – Verabschiedungsschreiben; *Piper* GRUR 1990, 643, 646.

[398] Vgl. BGH GRUR 1963, 197, 201 – Zahnprothesen-Pflegemittel.

116 **aa) Einwirkung auf Produkte. (1) Unmittelbare Einwirkung.** Eine unlautere produktbezogene Behinderung kommt beim Vorliegen einer unmittelbaren Einwirkung auf das Produkt des Mitbewerbers etwa dadurch in Betracht, dass dieses vernichtet oder beschädigt wird.[399] Dabei ist allerdings zu berücksichtigen, dass die Vernichtung von Waren in erster Linie eine Eigentumsverletzung im Sinne des § 823 Abs. 1 BGB darstellt, die Schadensersatzansprüche auslöst. In den von der Rechtsprechung entschiedenen Fällen ging es dementsprechend nicht um die Zerstörung, sondern die **Veränderung von Waren,** die vom Hersteller oder mit seiner Zustimmung in den Verkehr gebracht wurden. Im Vordergrund der Beurteilung steht dann das **vorrangige MarkenG.** Regelmäßig liegt eine Markenverletzung gemäß § 14 Abs. 2 Nr. 2, Abs. 3 Nr. 2 MarkenG vor. Eine Erschöpfung nach § 24 Abs. 1 MarkenG tritt unter diesen Umständen nicht ein, da sich der Inhaber der Marke des veränderten Produkts oder der geschäftlichen Bezeichnung der Benutzung im Zusammenhang mit dem weiteren Vertrieb aus „berechtigten Gründen" widersetzen kann (§ 24 Abs. 2 MarkenG). Im Kern geht es um die Abwehr von Täuschungen über die betriebliche Herkunft. Der Abnehmer erwartet, dass es sich bei dem mit einem Kennzeichen eines bestimmten Herstellers versehenem Produkt um das Original und nicht um eine von einem Dritten gegen den Willen des Markeninhabers vorgenommene Abwandlung handelt. Es ergeben sich **deshalb Berührungspunkte mit dem Irreführungsverbot.** Nach § 5 Abs. 1 Nr. 1, der zur Umsetzung der Richtlinie neu gefasst wurde bzw. den neu eingeführten § 5 Abs. 2, sind bei der Beurteilung der Irreführung auch Angaben über die Merkmale der Waren oder Dienstleistungen zu berücksichtigen.[400] Dazu zählt unter anderem die betriebliche Herkunft. Die bisherige Rechtsprechung, wonach grundsätzlich ein Vorrang des MarkenG gilt, sofern das Kennzeichen nicht über den Hinweis auf die betriebliche Herkunft hinaus weitere Informationen transportiert, das heißt die Herkunftsangabe nicht nur identifiziert, sondern darüber hinaus besondere Gütevorstellungen erweckt, ist mit Art. 6 Abs. 2 lit. a der Richtlinie über unlautere Geschäftspraktiken nicht vereinbar. Geschäftspraktiken, die eine Verwechslungsgefahr begründen, sind allerdings nur dann als irreführend anzusehen, wenn diese im konkreten Fall unter Berücksichtigung aller tatsächlichen Umstände mindestens dazu geeignet sind, den Durchschnittsverbraucher zu einer geschäftlichen Entscheidung zu veranlassen, die er ansonsten nicht getroffen hätte. Eine Irreführung kommt im Gegensatz zum abstrakten Begriff der Verwechslungsgefahr des Markenrechts nur dann in Betracht, wenn eine konkrete Verwechslungsgefahr festgestellt werden kann.[401] Eine solche konkrete Verwechslungsgefahr bleibt in der Regel allerdings bestehen, wenn die Herkunftsangaben **besondere Gütevorstellungen** im Sinne der bisherigen Rechtsprechung erwecken.[402] Im Falle einer nicht autorisierten Veränderung der Originalwaren und deren Weitervertrieb unter dem Kennzeichen des Herstellers ist grundsätzlich eine Irreführung anzunehmen, da die Entscheidung des Konsumenten regelmäßig ganz wesentlich von Qualitätserwartungen bestimmt wird, die er mit dem Kennzeichen verbindet. Für einen Rückgriff auf § 4 Nr. 10 unter dem Gesichtspunkt einer produktbezogenen Behinderung ist nur dann Raum, wenn **besondere Umstände** hinzutreten, die nicht bereits durch den Kennzeichenschutz oder den Schutz vor Irreführungen erfasst werden. Dies kann insbesondere dann der Fall sein, wenn durch den Weitervertrieb des veränderten Produkts der gute Ruf des Herstellers beeinträchtigt wird.[403] Entsprechendes gilt auch, wenn die Gefahr besteht, dass der Hersteller wegen der Verschlechterung von den Endabnehmern wegen Produkthaftung in Anspruch genommen wird.[404] Auch wenn diese unbe-

---

[399] BGH GRUR 2004, 877, 879 – Werbeblocker.

[400] Referentenentwurf zur Umsetzung der Lauterkeitsrichtlinie – Erstes Gesetz zur Änderung des Gesetzes gegen den unlauteren Wettbewerb.

[401] Referentenentwurf zur Umsetzung der Lauterkeitsrichtlinie – Erstes Gesetz zur Änderung des Gesetzes gegen den unlauteren Wettbewerb, S. 31.

[402] Referentenentwurf zur Umsetzung der Lauterkeitsrichtlinie – Erstes Gesetz zur Änderung des Gesetzes gegen den unlauteren Wettbewerb, S. 31.

[403] Vgl. OLG Düsseldorf NJW-RR 1989, 240.

[404] *Piper/Ohly* UWG § 4 Nr. 10 Rn 10/59.

gründet sind, sofern die Fehler auf die vom Zwischenhändler vorgenommenen Veränderungen zurückzuführen sind (vgl. § 1 Abs. 2 Nr. 2 ProdHaftG), trägt der Hersteller hierfür die Beweislast.[405]

117 **(2) Mittelbare Einwirkung.** Auch eine mittelbare Einwirkung auf die Ware oder Dienstleistung eines Mitbewerbers kann unlauter sein. Dies ist insbesondere beim Vertrieb von Waren oder Dienstleistungen anzunehmen, die geeignet sind, Dritten einen unberechtigten kostenlosen Zugang zu einer entgeltlich angebotenen Leistung zu verschaffen,[406] wie etwa beim **Vertrieb von sog. „Piratenkarten"** zum kostenlosen Empfang von Pay-TV-Programmen.[407] Ebenso verhält es sich beim Einsatz von **Hackertools** zur Umgehung von Zugangsbeschränkungen in Online- oder Offlinemedien.[408] Eine spezialgesetzliche Regelung sieht das UrhG im Hinblick auf Produkte oder Dienstleistungen vor, die im Wesentlichen die Umgehung wirksamer technischer Schutzmaßnahmen für geschützte Werke oder einen anderen urheberrechtlich geschützten Schutzgegenstand bezwecken. Gemäß **§ 95 a Abs. 3 UrhG** sind die Herstellung, die Einfuhr, die Verbreitung, der Verkauf, die Vermietung, die Werbung im Hinblick auf Verkauf oder Vermietung und der gewerblichen Zwecken dienende Besitz von Vorrichtungen, Erzeugnissen oder Bestandteilen sowie die Erbringung von Dienstleistungen verboten, die der Umgehung technischer Schutzmaßnahmen dienen. Zivilrechtliche Ansprüche ergeben sich aus § 823 Abs. 2.

118 § 95 a UrhG ist ein Schutzgesetz im Sinne des § 823 Abs. 2 BGB, da der geschützte Personenkreis, nämlich die Rechtsinhaber und der Schutzgegenstand, die technischen Schutzmaßnahmen, hinreichend klar abgegrenzt sind.[409] Unterlassungs- und Beseitigungsansprüche können auf der Grundlage von § 1004 BGB geltend gemacht werden.[410] Schadensersatzansprüche sind zwar grundsätzlich denkbar, dürften in der Praxis aber keine wesentliche Rolle spielen, da der Nachweis eines Schadens auf erhebliche Schwierigkeiten stoßen dürfte.[411] Auch § 97 UrhG mit den dort geregelten Ansprüchen auf Unterlassung und Schadensersatz kann einschlägig sein. Entsprechendes gilt für die Ansprüche auf Vernichtung und Überlassung gemäß §§ 98, 99.[412] § 4 Nr. 10 unter dem Gesichtspunkt der produktbezogenen Behinderung bzw der Rechtsbruchtatbestand nach § 4 Nr. 11 kommen daher allenfalls ergänzend zur Anwendung. Etwas anderes gilt für Verstöße gegen das Zugangskontrolldiensteschutzgesetz (ZKDSG). Sie sind gemäß § 4 Nr. 11 wettbewerbswidrig, da die Regelung auch den Zweck verfolgt, die Hersteller legaler Entschlüsselungsvorrichtungen vor unlauterem Wettbewerb zu schützen.[413]

119 Von einer unzulässigen mittelbaren Einwirkung auf die Ware oder Dienstleistung eines Mitbewerbers zu unterscheiden sind solche Mittel, die es dem potentiellen Werbeadressaten ermöglichen, **Leistungsangebote eines Wettbewerbers von sich fern zu halten.** Schon unter dem Blickwinkel der verfassungsrechtlich geschützten „negativen Informationsfreiheit" (Art. 5 Abs. 1 GG) folgt, dass der Vertrieb von Produkten, die dazu dienen, unerwünschte Werbung zu unterbinden, wie Werbeblocker, die automatisch bei Beginn eines Werbeblocks auf ein anderes um- und bei dessen Ende wieder zurückschalten, wettbewerbsrechtlich nicht zu beanstanden sind.[414] Ebenso verhält es sich bei Pop-up-Blockern, Web-Washern oder Spam-Software.

120 **bb) Entfernung von Kennzeichen.** Die Entfernung von Kennzeichen auf der Ware kann unter dem Gesichtspunkt der Absatz- oder Werbebehinderung oder wegen Irreführ-

[405] *Piper/Ohly* UWG § 4 Nr. 10 Rn 10/59.
[406] BGH GRUR 2004, 877, 879 – Werbeblocker.
[407] Vgl. OLG Frankfurt NJW 1996, 264f; s. auch LG Hamburg GRUR-RR 2006, 27, 28.
[408] Harte/Henning/*Omsels* UWG § 4 Nr. 10 Rn 93.
[409] *Schricker/Götting* UrhG § 95 a Rn 40.
[410] In diesem Sinne auch OLG München ZUM 2005, 896, 900; *Schricker/Götting* UrhG § 95 a Rn 40.
[411] *Schricker/Götting* UrhG § 95 a Rn 40.
[412] *Schricker/Götting* UrhG § 95 a Rn 40; *Dreier* ZUM 2002, 28, 39; aA HK/*Dreyer* Rn 43.
[413] OLG Frankfurt GRUR-RR 2003, 287.
[414] BGH GRUR 2004, 877, 879 – Werbeblocker.

rung über die betriebliche Herkunft der Waren wettbewerbswidrig sein.[415] Der Vorrang des Markenrechts[416] steht der Anwendung des Behinderungstatbestands nach § 4 Nr. 10 nicht entgegen. Der Anwendungsbereich markenrechtlicher Bestimmung ist nämlich nicht eröffnet, da die **bloße Beseitigung eines fremden Kennzeichens keine Benutzung des Zeichens und daher keine Kennzeichenverletzung** im Sinne der §§ 14, 15 MarkenG ist.[417] Der Vertrieb einer Ware nach Entfernung eines auf den Hersteller hinweisenden Kennzeichens ist nicht bereits als solcher wettbewerbswidrig. Ob durch die Beseitigung einer Kennzeichnung der Mitbewerber in der Werbung oder im Absatz wettbewerbswidrig behindert oder der Verkehr über die betriebliche Herkunft der Ware getäuscht wird (§ 5 Abs. 2 Nr. 1) hängt von den Umständen des Einzelfalls ab.[418] Bei der lauterkeitsrechtlichen Beurteilung sind im Wesentlichen **zwei verschiedene Konstellationen zu unterscheiden:** Zum einen der weitere Vertrieb der Ware nach Beseitigung des Kennzeichens ohne die Anbringung eines eigenen Kennzeichens und zum anderen der weitere Vertrieb der Ware nach Anbringung eines eigenen Kennzeichens. Bei der zuletzt genannten Situation ist weiter danach zu differenzieren, ob das Kennzeichen zusätzlich neben dem ursprünglichen Kennzeichen oder an dessen Stelle angebracht wurde.

(1) Weitervertrieb der Ware ohne Herstellerkennzeichen und neues Kennzeichen. Unter diesen Umständen richtet sich die lauterkeitsrechtliche Bewertung nach zwei Kriterien, nämlich einerseits nach der Beeinträchtigung der Werbewirkung des Herstellerkennzeichens und andererseits nach der Gefahr einer Täuschung über die betriebliche Herkunft. Der Hersteller hat ein Interesse daran, dass sein Kennzeichen weiterhin an den Waren erhalten bleibt, wenn diese sich bereits in den Händen der Endabnehmer befinden, da das Herstellerkennzeichen neben einer **Erinnerungswerbung** bei den Erwerbern auch gegenüber interessierten Dritten eine nicht unerhebliche **Werbewirkung** entfaltet.[419] Sofern die Herstellerkennzeichen hingegen ohnehin dazu bestimmt sind, vom Endabnehmer beseitigt zu werden, dürfen sie auch schon vor dem Verkauf beseitigt werden, wenn der Herkunftshinweis in anderer Form erfolgt.[420] Die Beseitigung von Herstellerkennzeichen kann darüber hinaus eine **Täuschung über die betriebliche Herkunft der Ware** auslösen (§ 5 Abs. 2 Nr. 1). Diese kann allerdings zu verneinen sein, wenn aufgrund der sonstigen Umstände des Vertriebs der Verkehr gleichwohl die Ware weiterhin dem Kennzeicheninhaber und nicht dem Händler zurechnet und ein schutzwürdiges Interesse des Herstellers an der Verwendung gerade der beseitigten Kennzeichnung nicht verletzt wird.[421] 121

(2) Anbringung eines eigenen Kennzeichens. (a) Anstelle des Herstellerkennzeichens. Ersetzt der Vertreiber einer Ware das Herstellerkennzeichen durch ein anderes eigenes Kennzeichen, so greift er damit in die **Kennzeichnungssouveränität des Zeicheninhabers** ein. Die damit verbundene Verwechslungsgefahr fällt in den exklusiven Anwendungsbereich des Markenrechts, so dass wegen dessen Vorrangs die Heranziehung des Behinderungstatbestandes ausgeschlossen ist. 122

(b) Zusätzlich zum Herstellerkennzeichen. Der markenrechtliche Vorrang gilt im Hinblick auf die maßgebliche Frage der Verwechslungsgefahr auch dann, wenn zusätzlich zum Herstellerkennzeichen ein weiteres Kennzeichen angebracht wird, wie insbesondere anlässlich einer Reparatur oder Instandsetzung[422] sowie der Wiederbefüllung von Produk- 123

---

[415] BGH GRUR 1972, 558, 559 – Teerspritzmaschinen; BGH GRUR 2004, 1039, 1041 – SB-Beschriftung.

[416] Vgl. BGHZ 149, 191, 195 f = GRUR 2002, 622 – shell.de.

[417] BGH GRUR 2004, 1039, 1041 – SB-Beschriftung, mit umfassenden Nachweisen; aA *Fezer* MarkenG § 4 Rn 461 a.

[418] BGH GRUR 2004, 1039, 1042 – SB-Beschriftung.

[419] BGH GRUR 1972, 558, 559 – Teerspritzmaschinen; BGH GRUR 2004, 1039, 1041 – SB-Beschriftung.

[420] BGH GRUR 2004, 1039, 1041 f – SB-Beschriftung.

[421] BGH GRUR 2004, 1039, 1041 – SB-Beschriftung.

[422] Vgl. BGH GRUR 1972, 558 – Teerspritzmaschinen.

ten, wie zB Gaszylindern.[423] Eine **Markenverletzung** (§ 14 Abs. 3 Nr. 2 und 3 MarkenG) liegt immer dann vor, wenn ein mit der Marke des Originalherstellers gekennzeichnetes wieder befüllbares Behältnis mit Waren eines anderen Herstellers nachgefüllt wird und der Verkehr die Marke auf dem Behältnis als Hinweis nicht nur auf die betriebliche Herkunft des Behältnisses, sondern auch auf die betriebliche Herkunft des Inhalts versteht.[424] Dagegen ist eine **Markenverletzung zu verneinen,** wenn unter Beibehaltung der Marke ein weiteres Zeichen angebracht und damit hinreichend deutlich gemacht wird, dass die herkunftshinweisende Wirkung der ursprünglichen Marke beschränkt ist und das weitere Zeichen vom Verkehr nicht als ein Hinweis auf den Hersteller, sondern auf ein anderes Unternehmen aufgefasst wird, dass die Befüllung vorgenommen hat.[425]

124 **c) Vertriebsbezogene Behinderung. aa) Allgemeine Bedeutung.** Unter vertriebsbezogenen Behinderungen sind im weitesten Sinne alle Maßnahmen zu verstehen, die darauf abzielen, den **Vertriebsweg vom Hersteller zum Endabnehmer zu blockieren oder zu beeinträchtigen.** Behinderungen, die auf dem Einsatz von Vertriebshindernissen beruhen, sind stets wettbewerbswidrig, wenn sie nur den Zweck verfolgen, den Vertrieb des Mitbewerbers zu verhindern oder auszuschalten, was immer dann anzunehmen ist, wenn kein sachlicher Grund für die Maßnahme erkennbar ist.[426]

125 **bb) Aufkauf von Waren.** Der Aufkauf von Waren durch einen Mitbewerber ist grundsätzlich lauterkeitsrechtlich nicht zu beanstanden. In Übereinstimmung mit dem für Immaterialgüterrechte geltenden Erschöpfungsgrundsatz hat der Hersteller oder Händler nach dem Verkauf der Ware kein Anspruch auf eine bestimmte Art der Veräußerung oder auf Veräußerung in einem bestimmten Erwerberkreis, sofern darüber keine rechtsverbindlichen Verträge vorliegen.[427] Dementsprechend bedarf es beim Kauf oder bei der Übernahme von Konkurrenzware einer Würdigung der besonderen Umstände, wobei darauf abzustellen ist, ob nach Anlass, Zweck und Bedeutung des Erwerbs unter Berücksichtigung der wettbewerblichen Zusammenhänge der Handlungsfreiheit im Einzelfall Grenzen gesetzt sind.[428] Der **Erwerb von Handelsware** durch einen Mitbewerber kann **nur unter besonderen Umständen als eine unzulässige Behinderung** des Mitbewerbers gewertet werden, so etwa, wenn eine in der Publikumswerbung herausgestellte Ware mit dem Ziel herausgekauft wird, den Mitbewerber als lieferunfähig hinzustellen oder um dessen Preispolitik zu behindern.[429] **Für ein generelles Verbot des Erwerbs von Konkurrenzware besteht keine Grundlage.** Es kann auch nicht damit begründet werden, dass es grundsätzlich unzulässig sei, „den Weg der Ware zum Verbraucher zu unterbrechen".[430]

126 **cc) Inzahlungnahme.** Wettbewerbsrechtlich unbedenklich ist die Inzahlungnahme von Produkten eines Mitbewerbers. Auch eine Absatzmethode, bei der der Händler Letztverbrauchern zusagt, ein von diesen **bereits fest bestelltes Konkurrenzerzeugnis selber abzunehmen oder kostenlos weiterzuvermitteln,** ist jedenfalls so lange, wie der Händler nicht unaufgefordert und planmäßig mit diesem Vorschlag an Besteller seiner Mitbewerber herantritt, nicht schlechthin wettbewerbswidrig.[431]

127 **dd) Schutz vor Konkurrenz durch rechtliche Mittel.** Der Schutz vor Konkurrenzangeboten durch vertragliche Vereinbarungen oder dingliche Rechte, wie beschränkte Dienstbarkeiten, ist lauterkeitsrechtlich grundsätzlich zulässig. So kann Inhalt einer be-

---

[423] Vgl. BGH GRUR 2005, 162 – SodaStream.
[424] BGH GRUR 2005, 162, 163 – SodaStream, unter Hinweis auf BGHZ 100, 51, 56f = GRUR 1987, 438 – Handtuchspender; BGH GRUR 1957, 84, 86 – Einbrandflaschen.
[425] BGH GRUR 2005, 163, 163 – SodaStream.
[426] OLG München NJW-RR 1998, 984, 985; OLG Dresden NJWE-WettbR 1999, 133, 136; OLG Düsseldorf GRUR 2001, 247, 250.
[427] BGH GRUR 1988, 619, 620 – Lieferantenwechsel.
[428] BGH GRUR 1988, 619, 620 – Lieferantenwechsel.
[429] BGH GRUR 1988, 619, 620 – Lieferantenwechsel.
[430] BGH GRUR 1988, 619, 620 – Lieferantenwechsel.
[431] BGH GRUR 1960, 558 (Ls b) – Eintritt in Kundenbestellung.

schränkten **persönlichen Dienstbarkeit** das Verbot sein, auf dem Grundstück eine Verkaufsstelle für Biere in Flaschen zu errichten oder zu betreiben. Dieses Verbot erfasst auch den Verkauf von Flaschen im Rahmen eines erlaubten Lebensmittelgeschäfts.[432] Die Ausübung einer Grunddienstbarkeit kann allerdings missbräuchlich sein, „wenn sie vom Standpunkt einer vernünftigen Wirtschaft angesehen keinerlei Vorteil mehr für das herrschende Grundstück bietet und sich zugleich der Nachteil für das dienende Grundstück so stark vermehrt hat, dass nunmehr der Nutzen außer Verhältnis zum Schaden steht".[433]

ee) Einflussnahme auf Händler. Finanzielle Zuwendungen an Händler, die wie Treueprämien, Regalmieten oder Schaufensteraktionen eine Absatzsteigerung bewirken sollen, sind grundsätzlich zulässig, selbst wenn diese einen Nachteil auf Seiten der Mitbewerber zur Folge haben. Soweit diese beeinträchtigt werden, weil deren Waren nicht oder nur in geringem Maße zur Schau gestellt werden, ist dies eine **Folge der unternehmerischen Entscheidung des Händlers.** Diese ist von den Mitbewerbern hinzunehmen, wenn sie auf betriebseigenen Erwägungen beruhen und auf den Händler kein unsachlicher Druck ausgeübt wird.[434] Soweit die frühere Rechtsprechung diesem Aspekt keine hinreichende Beachtung schenkt und auf „objektive Handelsfunktionen" (Händler als Anwalt des Verbrauchers bei der Warenauswahl) abstellt, erscheint sie bedenklich.[435] Dies schließt allerdings nicht aus, dass eine „Fremdwerbung", für die ein Händler vom Hersteller bestimmte Zuwendungen erhält, eine irreführende Werbung im Sinne des § 5 Abs. 2 Nr. 3 darstellt (Identität des Werbenden), wenn der Verbraucher irrig eine „Eigenwerbung" des Händlers annimmt und davon ausgeht, dass dieser die beworbenen Waren aufgrund eigener Sachkunde empfiehlt.[436] 128

ff) Entfernung von Kontrollnummern. (1) Allgemeines. Die Kennzeichnung von Produkten mit Kontrollnummern (Herstellungsnummern, Identifizierungsnummern), die aufgrund einer gesetzlichen Verpflichtung oder freiwillig vorgenommen wird, kann auf verschiedenen Gründen beruhen, wie etwa zur Gewährleistung der Produktsicherheit durch die Möglichkeit, eine Warnung oder eine Rückrufaktion vornehmen zu können, oder um eine Qualitätskontrolle sicherzustellen. 129

Den **Dreh- und Angelpunkt** der wettbewerbsrechtlichen Beurteilung bildet die Frage, **ob das Kontrollnummernsystem zulässig und schutzwürdig ist.** Sofern dies zu bejahen ist, müssen es davon betroffene Gewerbetreibende hinnehmen, und der Hersteller kann seinerseits gegen die Entfernung von Kontrollnummern und gegen den Vertrieb dekodierter Ware nach dem UWG wegen Behinderung oder bei Fehlen eines Wettbewerbsverhältnisses nach §§ 823 Abs. 1, 1004 BGB wegen eines Eingriffs in das Recht am Unternehmen vorgehen.[437] Soweit die Kontrollnummern gesetzlich vorgeschrieben sind, ist deren Entfernung unter dem Gesichtspunkt des Rechtsbruchs nach § 4 Nr. 11 wettbewerbswidrig. 130

(2) Selektives Vertriebssystem. In der Praxis steht die Kennzeichnung der Ware mit Kontrollnummern zur Überwachung der **Einhaltung eines selektiven Vertriebssystems** im Vordergrund des Interesses. Da sich durch die Kontrollnummern feststellen lässt, ob ein Vertragshändler gegen das Verbot der Belieferung an Wiederverkäufer außerhalb des selektiven Vertriebssystems verstoßen hat, fühlen sich vertragsbrüchige Händler oder Außenseiter dazu veranlasst, die Kontrollnummern zu entfernen, um sich der angestrebten Überwachung seitens des Herstellers zu entziehen. Auch die Dekodierung von Waren zur Verhin- 131

[432] BGH GRUR 1962, 198 (Ls) – Franziskaner.

[433] BGH GRUR 1962, 198, 200 – Franziskaner, unter Berufung auf RGZ 169, 180.

[434] *Baumbach/Köhler/Hefermehl* UWG § 4 Rn 10.63.

[435] In diesem Sinne BGH GRUR 1959, 138, 142 – Italienische Note; BGH GRUR 1977, 257 – Schaufensteraktion; BGH GRUR 1977, 619, 621 – Eintrittsgeld; OLG München GRUR 1992, 712 – Besonders platzierte Arzneimittel.

[436] Vgl. BGH GRUR 1977, 257 – Schaufensteraktion.

[437] BGH GRUR 1999, 1109, 1112 – Entfernung der Herstellungsnummer I; BGH GRUR 2000, 724 – Außenseiteranspruch II; BGH GRUR 2001, 448 – Kontrollnummernbeseitigung II.

derung der Kontrolle eines selektiven Vertriebssystems ist (nur) wettbewerbswidrig, wenn das **Vertriebsbindungssystem rechtlich geschützt** ist. Es ist hierfür erforderlich, dass es kartellrechtlich zulässig ist sowie ein berechtigtes Interesse sowohl des Herstellers als auch des Handels an einem selektiven Vertrieb besteht und dieser vom Vertriebsbinder diskriminierungsfrei praktiziert wird.[438] Die ökonomischen und rechtlichen Aspekte der Beurteilung selektiver Vertriebssysteme werden **im Rahmen des Sonderthemas „selektiver Vertrieb" und „Vertikal-GVO" im Anhang 9 zu § 4 umfassend behandelt. Auf die Darstellung von *Simon* wird verwiesen.** Die nachfolgende Kommentierung beschränkt sich deshalb auf die Skizzierung der wesentlichen Grundzüge der Problematik.

132 **(a) Kartellrechtliche Zulässigkeit.** Die Grundvoraussetzung für die wettbewerbsrechtliche Schutzwürdigkeit eines Kontrollnummernsystems besteht zunächst in der **kartellrechtlichen Zulässigkeit des selektiven Vertriebssystems.** Nach dem europäischen Kartellrecht, das bei einer spürbaren Beeinträchtigung des innergemeinschaftlichen Handels zur Anwendung kommt, werden auch wettbewerbsbeschränkende Vertikalvereinbarungen vom Verbot des Art. 81 Abs. 1 EG erfasst.[439] Sie werden allerdings nicht als Wettbewerbsbeschränkungen qualifiziert, sofern das selektive Vertriebssystem auf objektiven Selektionskriterien qualitativer Art beruht, die ohne Diskriminierung angewandt werden.[440] Infolge der durch die 7. GWB-Novelle erfolgten Europäisierung gelten die vom EuGH entwickelten Kriterien unmittelbar auch für die Beurteilung nach dem deutschen Kartellrecht. Demnach ist erforderlich, dass die **Auswahl der Wiederverkäufer aufgrund objektiver Gesichtspunkte qualitativer Art** erfolgt, die sich auf die fachliche Eignung des Wiederverkäufers, seines Personals und seiner sachlichen Ausstattung beziehen, und diese Voraussetzungen **einheitlich für alle in Betracht kommenden Wiederverkäufer** festgelegt und **ohne Diskriminierung angewendet** werden. Selbst wenn selektive Vertriebssysteme unter Art. 81 Abs. 1 EG fallen, besteht die Möglichkeit einer Gruppen- bzw Einzelfreistellung nach Art. 81 Abs. 3 EG.[441] In Betracht kommt insoweit insbesondere die GVO über Vertikalvereinbarungen vom 22. 12. 1999.[442]

133 **(b) Diskriminierungsfrei.** Sofern nicht schon bei der Beurteilung der EG-kartellrechtlichen Wirksamkeitsanforderungen berücksichtigt, muss für den wettbewerbsrechtlichen Schutz eines Kontrollnummernsystems zusätzlich noch ein berechtigtes Interesse sowohl des Herstellers als auch des Handels an einem selektiven Vertrieb vorhanden sein, was sich nach der Art der vertriebenen Waren richtet.[443] Darüber hinaus muss das Vertriebssystem vom Hersteller diskriminierungsfrei angelegt sein und dementsprechend gehandhabt werden.[444] Gemäß dem nach wie vor bestehenden Erfordernis der **gedanklichen Lückenlosigkeit** eines solchen Systems im Sinne einer einheitlichen Bindung der Abnehmer muss der Hersteller alle Händler grundsätzlich denselben vertraglichen Verpflichtungen unterwerfen und dafür Sorge tragen, dass innerhalb eines einheitlichen Wirtschaftsraums nur systemgebundene Händler als Anbieter auftreten.[445] Demgegenüber ist die von der früheren Rechtsprechung des BGH verlangte[446] **praktische Lückenlosigkeit keine Voraus-**

---

[438] EuGH GRUR Int. 1998, 149, 156 – Leclerc/Yves Saint Laurent; BGH GRUR 2000, 733, 735 – Außenseiteranspruch II; BGH GRUR 1999, 1109, 1112 f – Entfernung der Herstellernummer I; BGH GRUR 1999, 276 – Depotkosmetik.

[439] → § 4–S 9 Rn 53.

[440] EuGH GRUR Int. 1978, 254 Rn 20 – Metro I; EuGH GRUR Int. 1984, 28 Rn 35 – AEG-Telefunken; → § 4–S 9 Rn 54 ff.

[441] Vgl. EuGH GRUR Int. 1998, 149, 155 f – Leclerc/Yves Saint Laurent.

[442] ABl. EG Nr. L 336 vom 29. 12. 1999, S. 21, abgedruckt in GRUR Int. 2000, 425.

[443] *Piper/Ohly* § 4 Rn 10/74.

[444] BGH GRUR 1999, 1109, 1112 – Entfernung der Herstellungsnummer I; *Piper/Ohly* § 4 Rn 10/74.

[445] BGH GRUR 1999, 1109, 1112 – Entfernung der Herstellungsnummer I; BGH GRUR 2001, 448, 449 – Kontrollnummernbeseitigung II; *Piper/Ohly* § 4 Rn 10/74.

[446] Vgl. BGHZ 40, 135, 138 = GRUR 1964, 154, 157 – Trockenrasierer II; BGH GRUR 1968, 272, 275 – Trockenrasierer III; BGH GRUR 1992, 627, 629 – Pajero; s. dazu *Schricker* GRUR 1976, 528 ff; aufgegeben von BGH GRUR 1999, 1113 – Außenseiteranspruch I; BGH GRUR 1999, 1109, 1112 f – Entfernung der Herstellungsnummer I; BGH GRUR 2000, 724 – Außenseiteranspruch II.

setzung für den wettbewerbsrechtlichen Schutz eines selektiven Vertriebssystems,[447] da die Verwendung von Kontrollnummern gerade dazu dienen soll, auftretende Lücken im System durch ein Vorgehen gegen den vertragsbrüchigen Händler zu schließen.[448]

(3) Ansprüche des Herstellers. Da die durch selektive Vertriebssysteme hervorgerufene Bindung, die der Hersteller gegenüber bestimmten Händlern herbeiführt, im Vergleich zu einem ungebundenen, freien Vertrieb der Produkte zu einer Preiserhöhung führt, besteht ein Anreiz, undichte Stellen des Systems auszunutzen, um Originalware zu günstigeren Preisen anzubieten. Dies gilt insbesondere, wenn die Möglichkeit besteht, im grenzüberschreitenden Handel Preisunterschiede zwischen den verschiedenen nationalen Märken durch Parallelimporte auszunutzen.[449] Es liegt deshalb im Interesse des Herstellers, zur Sicherung seines selektiven Vertriebssystems sowohl gegen den vertragsbrüchigen gebundenen Händler als auch gegen den nicht gebundenen Händler, den Außenseiter, vorzugehen. 134

(a) Gegen den gebundenen Händler. Gegen den gebundenen Händler stehen dem Hersteller wegen Vertragsverletzung Schadensersatzansprüche gemäß § 281 Abs. 1 BGB zu; außerdem hat er einen Kündigungsgrund. 135

(b) Gegen den Außenseiter. Gegen den Außenseiter können sich Ansprüche unter verschiedenen Blickwinkeln ergeben. Ein unter dem Gesichtspunkt der Behinderung wettbewerbswidriger **Schleichbezug** liegt vor, wenn ein Außenseiter gegenüber einem gebundenen Händler eine Bezugsberechtigung vortäuscht,[450] sofern es sich um ein kartellrechtlich zulässiges selektives Vertriebssystem handelt. Wettbewerbswidrig ist es ferner, wenn der **Außenseiter einen gebundenen Händler zum Vertragsbruch verleitet,** das heißt bewusst auf eine Verletzung der ihn aufgrund seiner Bindung an das selektive Vertriebssystem treffenden Loyalitätspflichten hinwirkt. Insofern gelten die im Zusammenhang mit der Verleitung zum Vertragsbruch bei der Abwerbung von Arbeitnehmern oder Kunden[451] entwickelten Grundsätze entsprechend. Vom Verleiten zum Vertragsbruch abzugrenzen ist das grundsätzlich zulässige **Ausnutzen fremden Vertragsbruchs.** Dementsprechend handelt ein Außenseiter dann nicht wettbewerbswidrig, wenn die Ware nur aufgrund des Vertragsbruchs eines gebundenen Händlers in seinen Besitz gelangt sein könnte.[452] 136

Da die Entfernung der Kontrollnummern im Falle des weiteren Vertriebs der Produkte unter der Originalmarke gemäß § 24 Abs. 2 MarkenG dem Eintritt der Erschöpfung entgegensteht, liegt **regelmäßig zugleich eine Markenverletzung** (§ 14 Abs. 2 Nr. 1, Abs. 3 MarkenG) vor.[453] Dies erlangt vor allem dann Bedeutung, wenn ein Vorgehen gegen den Außenseiter wegen des bloßen Ausnutzens eines fremden Vertragsbruchs nicht in Betracht kommt.[454] Auch insoweit ist aber Voraussetzung, dass es sich um ein kartellrechtlich unbedenkliches und deshalb schutzwürdiges selektives Vertriebssystem handelt.[455] 137

(4) Gesetzlich vorgeschriebene Kontrollnummern. Gesetzlich vorgeschriebene Kontrollnummernsysteme, wie zB nach § 4 Abs. 1 KosmetikVO,[456] sind nicht zu beanstan- 138

---

[447] BGHZ 142, 192, 203 – Entfernung der Herstellungsnummer I; BGHZ 143, 232, 236 – Außenseiteranspruch II.
[448] *Hefermehl/Köhler/Bornkamm* UWG § 4 Rn 10.65.
[449] *Piper/Ohly* UWG § 4 Nr. 10 Rn 10/68.
[450] *Piper/Ohly* UWG § 4 Nr. 10 Rn 10/77, § 4 Nr. 11 Rn 11/375 ff.
[451] → Rn 51 f.
[452] BGH GRUR 1999, 1109, 1112 – Entfernung der Herstellungsnummer I; Gloy/Loschelder/*Hasselblatt* § 45 Rn 42.
[453] BGH GRUR 2000, 724, 727 – Außenseiteranspruch II; BGH GRUR 2002, 709, 711 – Entfernung der Herstellungsnummer III.
[454] BGH GRUR 2000, 724, 727 – Außenseiteranspruch II.
[455] Gloy/Loschelder/*Hasselblatt* § 45 Rn 46.
[456] BGH GRUR 1999, 1109, 1111 – Entfernung der Herstellungsnummer I; BGH GRUR 2001, 841, 842 – Entfernung der Herstellungsnummer II.

den, sofern sie nicht weitergehend dazu missbraucht werden, ein von der Rechtsordnung missbilligtes Vertriebssystem durchzusetzen.[457]

139 Wird ein Kontrollnummernsystem vom Hersteller zum Schutze anderer berechtigter Interessen, wie etwa zur **Abwehr ernstlicher Gefahren,** wie dem Schutz vor Nachahmungen oder der Ermöglichung des Rückrufs mangelhafter Produkte[458] eingesetzt, so darf das System keine weitergehende Identifizierung erlauben, als zum Schutze berechtigter Interessen erforderlich ist und es darf insbesondere nicht dazu dienen, ein von der Rechtsordnung missbilligtes Vertriebssystem durchzusetzen.[459] Außerdem darf es für die Abwehr der Gefahren keine anderen zumutbaren Ausweichmöglichkeiten geben als die Praktizierung eines kundenspezifischen Kontrollnummernsystems.[460]

140 **(5) Irreführung.** Der Verkauf einer Ware, bei der die Kontrollnummer entfernt wurde, kann irreführend im Sinne des § 5 sein, wenn der Händler eine Aufklärungspflicht verletzt, die aber nur soweit besteht, als dies zum Schutze des Verbrauchers unter Berücksichtigung der Interessen des Werbenden unerlässlich ist.[461]

2. Nachfragebehinderung

141 Soweit eine Behinderung von Mitbewerbern darauf beruht, dass beim **Bezug von Waren oder anderen Wirtschaftsgütern ein Nachfragewettbewerb** besteht, ist dies wettbewerbskonform und deshalb nicht zu beanstanden, auch wenn es zu Engpässen kommt, weil ein Mitbewerber den gesamten Bestand aufkauft, um seinen Bedarf zu decken oder einen höheren Preis zahlt und damit andere überbietet, die nicht mithalten können. Eine Wettbewerbswidrigkeit ist erst dann anzunehmen, wenn sie nicht lediglich Folge der Förderung des eigenen Geschäftsbetriebs ist, sondern der Aufkauf von Waren oder anderen Wirtschaftsgütern darauf abzielt, den Mitbewerber an der Erstellung seiner Leistung zu hindern und ihn auf diese Weise vom Wettbewerb auszuschließen.[462]

3. Werbebehinderung

142 **a) Bedeutung.** Der Begriff der Werbebehinderung ist diffus. Er besitzt wenig klare Konturen; hinter ihm verbirgt sich eine Reihe von Konstellationen, die mit anderen Behinderungstatbeständen oder auch anderen Unlauterkeitstatbeständen im Zusammenhang stehen, mit denen sich Überschneidungen ergeben. Als Ausgangspunkt ist zunächst wiederum festzustellen, dass auch die Werbebehinderung ebenso wie die meisten anderen Behinderungstatbestände an ein Phänomen anknüpft, das nicht von vornherein wettbewerbsfremd, sondern im Gegenteil **wettbewerbskonform** ist. Dass die Werbung eines Unternehmens durch die Werbung von Mitbewerbern in den Hintergrund gedrängt oder in der Wahrnehmung des Publikums sogar verdrängt und damit behindert wird, ist wettbewerbsimmanent und lauterkeitsrechtlich nicht zu beanstanden. Mit anderen Worten: Auch der Werbewettbewerb ist naturgemäß mit einem Behinderungseffekt verbunden. Eine **Unlauterkeit kann sich erst aus dem Hinzutreten weiterer Umstände ergeben,** wie insbesondere aus dem Einsatz wettbewerbswidriger Mittel. Fehlzurechnungen und Fehlkalkulationen resultieren vor allem daraus, dass im Rahmen des Werbewettbewerbs in die Konsumentensouveränität eingegriffen und dadurch die Präferenzentscheidungen verfälscht werden. Damit werden nicht nur die Interessen des Verbrauchers verletzt, sondern im Hin-

---

[457] Offen gelassen von BGH GRUR 1999, 1109, 1111 – Entfernung der Herstellungsnummer I; siehe auch BGH GRUR 2001, 841, 842 – Entfernung der Herstellungsnummer II.

[458] EuGH WRP 1998, 156, 160 – Loendersloott/Ballantine; BGH GRUR 1978, 364, 366f – Golfrasenmäher; BGH GRUR 1988, 826, 828 – Entfernung von Kontrollnummern II.

[459] Offen gelassen in BGH GRUR 1999, 1109, 1111 – Entfernung der Herstellungsnummer.

[460] BGH GRUR 1989, 110, 113 – Synthesizer.

[461] BGH WRP 1999, 1035, 1037 – Kontrollnummernbeseitigung; → zu den Einzelheiten die Kommentierung bei § 5.

[462] *Baumbach/Köhler/Hefermehl* UWG § 4 Rn 10.69.

blick auf die von ihm ausgeübte Schiedsrichterfunktion auch die Interessen der Mitbewerber, weil diese daran gehindert werden, im Sinne der Markttransparenz ihre unternehmerischen Leistungen werbemäßig zur Geltung zu bringen. Soweit es um diese Form der Behinderung geht, sind der **Unlauterkeitstatbestand der unangemessenen unsachlichen Beeinflussung** gemäß § 4 Nr. 1 sowie das **Irreführungsverbot** des § 5 und die Unlauterkeitstatbestände der unzulässigen vergleichenden Werbung nach § 6 einschlägig. Als eine Behinderung der Werbung von Mitbewerbern wirken sich auch die **Unlauterkeitstatbestände der unzumutbaren Belästigung** gemäß § 7 aus. Überlappungen bestehen mit Unterfallgruppen der kundenbezogenen Absatzbehinderung, wie insbesondere des Umleitens oder Abfangens von Kundenströmen sowie der produktbezogenen Absatzbehinderung, wie insbesondere der mittelbaren Einwirkung auf die Ware oder Dienstleistung eines Mitbewerbers oder der Entfernung von Kennzeichen.

Selbständige Bedeutung kommt der Werbebehinderung allenfalls im Falle einer **gezielten Ausschaltung fremder Werbung** zu, mit der die Absicht verfolgt wird, ein konkurrierendes Unternehmen daran zu hindern, seine Leistungen auf dem Markt werbemäßig in angemessener Weise zur Geltung zu bringen. Klassische Beispiele hierfür sind die archaischen Formen der Zerstörung, Beschädigung, Beseitigung oder Bedeckung von Werbeplakaten, etc., die schon aufgrund des Eingriffs in die Sachsubstanz und darüber hinaus durch die gegen den Willen des Werbenden und der Adressaten erfolgende Unterdrückung der Werbebotschaft wettbewerbswidrig sind. Nur ganz ausnahmsweise kann ein Rechtfertigungsgrund, wie zB § 229 BGB eingreifen.[463] 143

b) Werbung im Internet. Analog hierzu kommt bei den modernen Formen der Werbung im Internet eine Werbebehinderung dann in Betracht, wenn durch gezielte Störmaßnahmen der Internetauftritt des Mitbewerbers vereitelt oder beeinträchtigt wird. Von entscheidender Bedeutung für die lauterkeitsrechtliche Beurteilung ist, ob die Entscheidung über den Empfang oder die Unterdrückung der Werbung beim Adressaten liegt. Im Hinblick auf die **negative Informationsfreiheit** ist das Anbieten von Spam-Software oder Web-Washer-Programmen, die es dem einzelnen Internetbenutzer ermöglichen, sich der Banner- oder der Pop-up-Fensterwerbung zu entziehen, nicht als unzulässige Werbebehinderung zu werten, da es der freien Entscheidung des Internetnutzers unterliegt, ob er sich dieses Programms bedient oder nicht.[464] Die Bewerbung und der Vertrieb eines Werbeblockers und die Ausstrahlung von Befehlssignalen stellen auch unter Berücksichtigung des verfassungsrechtlichen Schutzes, den das Fernsehsendeunternehmen aus Art. 5 und 12 GG genießt, weder eine produktbezogene Behinderung noch eine Werbebehinderung dar.[465] Auch der Einsatz von **Deep-Links,** durch den der Nutzer an der mit der Werbung versehenen Startseite der Webseite eines Konkurrenten vorbeigeführt wird, ist für sich genommen keine unzulässige Werbebehinderung, sofern nicht weitere unlauterkeitsbegründende Umstände, wie etwa die Umgehung technischer Schutzmaßnahmen, hinzutreten.[466] Ein Berechtigter, der die Vorteile des World Wide Web, die gerade auch auf der Hyperlinktechnik beruhen, für seine Angebote in Anspruch nimmt, kann es nicht als unlautere Behinderung beanstanden, wenn andere die Hyperlinktechnik zur Erschließung seines eigenen Werbeangebots für die Öffentlichkeit nutzen. Die Tätigkeit von Suchdiensten und deren Einsatz von Hyperlinks ist wettbewerbsrechtlich zumindest dann grundsätzlich hinzunehmen, wenn diese lediglich den Abruf von berechtigten öffentlich zugänglich gemachten Informationsangeboten ohne Umgehung technischer Schutzmaßnahmen für Nutzer erleichtern. Im Übrigen besteht die Möglichkeit, Werbeeinblendungen auch auf die „tiefer liegenden" Webseiten zu verlagern bzw den unmittelbaren Zugriff mit technischen Mitteln zu verhindern.[467] Es wird deshalb grundsätzlich auch kein urheberrechtlicher Stö- 144

[463] Vgl. OLG Stuttgart NJW-RR 1996, 1515 – Überkleben fremder Plakate.
[464] Vgl. BGH GRUR 2004, 877, 879 – Werbeblocker.
[465] BGH GRUR 2004, 877 – Werbeblocker; → Rn 119.
[466] BGH GRUR 2003, 958, 963 – Paperboy.
[467] BGH GRUR 2003, 958, 963 – Paperboy.

rungszustand geschaffen, wenn der Zugang zu dem Werk durch das Setzen von Hyperlinks, auch in der Form von Deep-Links erleichtert wird.[468]

145 **c) Unmittelbare Bezugnahme auf die Werbung eines Konkurrenten.** Bei der unmittelbaren Bezugnahme auf die Werbung eines Konkurrenten sind typischerweise zwei Konstellationen denkbar: Zum einen werden **Kennzeichen, aber auch Werbeslogans im Rahmen der eigenen Werbung** verwendet. Zum anderen erfolgt eine unmittelbare Bezugnahme auf die Werbung eines Konkurrenten, indem man sich **in der eigenen Werbung inhaltlich mit dessen Aussagen auseinandersetzt oder auf ihn oder dessen Werbebehauptungen anspielt.** Eine mittelbare Reaktion auf die Werbung eines Mitbewerbers ist dem Werbewettbewerb immanent, denn jede Maßnahme der Vertragsanbahnung oder Verkaufsförderung ist letztlich darauf gerichtet, die werbemäßigen Anpreisungen der Konkurrenz auszustechen und zu überbieten. In dem zuerst genannten Fall, also der Verwendung von Kennzeichen oder Werbeslogans eines Mitbewerbers, richtet sich die **Beurteilung nach dem vorrangigen Kennzeichenrecht.** Dies gilt auch für Werbeslogans, deren grundsätzliche Schutzfähigkeit als Marke anerkannt ist.[469] Ihnen wird die erforderliche Unterscheidungskraft zugesprochen, wenn sie Kürze, eine gewisse Originalität und Prägnanz einer Wortfolge sowie Mehrdeutigkeit und daher Interpretationsbedürftigkeit aufweisen.[470] Darüber hinaus gewährt die Rechtsprechung über die vom MarkenG gezogenen Grenzen hinaus einen ergänzenden wettbewerbsrechtlichen Leistungsschutz, der im Sinne eines „Schutzes der kleinen Münze" als Unterbau des markenrechtlichen Kennzeichnungsschutzes fungiert.[471] Vor diesem Hintergrund bleibt für die Anwendung des Unlauterkeitstatbestandes der Werbebehinderung kein Raum, zumal das (diffuse) Merkmal der Behinderung auch eine ungeschriebene Kategorie der besonderen, die Unlauterkeit begründenden Umstände im Rahmen des ergänzenden wettbewerbsrechtlichen Leistungsschutzes nach § 4 Nr. 9 darstellt. Selbst wenn man dies wegen der damit verbundenen Missachtung der markenrechtlichen Wertungen für verfehlt hält, so scheidet ein Rückgriff auf die Werbebehinderung aus. Die gegen eine Ausdehnung des Kennzeichenschutzes auf der Grundlage des ergänzenden wettbewerbsrechtlichen Leistungsschutzes erhobenen Einwände,[472] nämlich die Missachtung der durch das MarkenG gezogenen Grenzen, gelten in gleicher Weise gegenüber dem Unlauterkeitstatbestand der Werbebehinderung.

146 Soweit es um die zweite eingangs genannte Konstellation, nämlich die inhaltliche Bezugnahme auf Werbeaussagen eines Konkurrenten, geht, bietet das vermeintliche Unlauterkeitskriterium der Werbebehinderung keine geeignete Handhabe, um sich hiergegen zur Wehr zu setzen. Es ist vielmehr davon auszugehen, dass die von **Art. 5 GG garantierte Meinungsäußerungsfreiheit im Rahmen der Werbung**[473] auch das Recht umfasst, sich kritisch mit der Werbung eines Konkurrenten auseinanderzusetzen. Dies folgt aus der grundsätzlichen Zulässigkeit der vergleichenden Werbung. Einschränkungen ergeben sich aus den Unlauterkeitstatbeständen der unzulässigen vergleichenden Werbung nach § 6 Abs. 2 Nr. 1 bis 6 sowie des Verbots der irreführenden Werbung nach § 5 und den Beispielstatbeständen des § 4 Nr. 7 und 8, die ebenso wie das Verbot herabsetzender Werbevergleiche nach § 6 Abs. 2 Nr. 4 und 5 im Interesse des Konkurrenten dem Schutz seines guten Rufs (good will) dienen. Die Einschränkungen der Werbefreiheit können sich unter Umständen aus den Unlauterkeitstatbeständen der Rufausbeutung und Rufbeeinträchtigung im Rahmen des ergänzenden wettbewerbsrechtlichen Leistungsschutzes nach § 4 Nr. 9b ergeben. Im Übrigen liefert der diffuse und konturlose Begriff der Werbebehinde-

---

[468] BGH GRUR 2003, 958 (3. Ls) – Paperboy.

[469] BGH GRUR 2000, 321, 322 – Radio von hier; EuGH GRUR 2004, 1027 – DAS PRINZIP DER BEQUEMLICHKEIT.

[470] BGH GRUR 2000, 321, 322 – Radio von hier; s. auch HABM WK MarkenG 1999, 173, 175 – BEAUTY ISN'T ABOUT LOOKING YOUNG BUT LOOKING GOOD.

[471] → § 4–9 Rn 83.

[472] → § 4–9 Rn 80ff.

[473] Vgl. BVerfGE 102, 347 = GRUR 2001, 170, 172 – Benetton-Schockwerbung I.

rung im Rahmen des allgemeinen Behinderungstatbestandes keine hinreichend konkrete Grundlage, um als „allgemeines Gesetz“ im Sinne des Art. 5 Abs. 2 GG die vom Recht auf freie Meinungsäußerung nach Art. 5 Abs. 1 GG geschützte Werbefreiheit zu begrenzen.

d) Ambush-Marketing. Dies gilt auch für den vermeintlichen Unlauterkeitstatbestand 147
des sog. „Ambush-Marketing“. Mit diesem tendenziösen Begriff, der sich mit „Angriff aus dem Hinterhalt“ übersetzen lässt,[474] werden Werbemaßnahmen bezeichnet, die darauf angelegt sind, bei den Werbeadressaten eine Assoziation zu einer besonderen Sportveranstaltung hervorzurufen, und davon, ohne den Status eines offiziellen exklusiven Sponsors zu besitzen, zu profitieren.[475] Sofern nicht das Hausrecht verletzt wird oder der irreführende Eindruck einer Sponsoreigenschaft erweckt wird, so dass ein Verstoß gegen das Irreführungsverbot nach § 5 Abs. 1, Abs. 2 Nr. 1, 3 vorliegt, ist auch die **Ausnutzung des Werbewerts von sportlichen Großveranstaltungen,** wie etwa der Fußball WM 2006, **lauterkeitsrechtlich nicht zu beanstanden.** Ein ergänzender wettbewerbsrechtlicher Leistungsschutz ist ausgeschlossen, da dies im Widerspruch zu den Wertungen des immaterialgüterrechtlichen Sonderschutzes steht, wonach die Ausrichtung und Durchführung einer sportlichen Großveranstaltung für sich genommen keinen wie auch immer gearteten Leistungsschutz genießt. Nach der grundlegenden Entscheidung des BGH fehlt der Bezeichnung „FUSSBALL WM 2006“ die für einen **markenrechtlichen Schutz** erforderliche Unterscheidungskraft.[476] Dies dürfte auch für andere schlichte Bezeichnungen von sportlichen Veranstaltungen, wie deutsche Meisterschaften, Europameisterschaften oder Weltmeisterschaften, gelten. Bei der lauterkeitsrechtlichen Beurteilung ist zu berücksichtigen, dass ein **überragendes Freihaltebedürfnis der Allgemeinheit** besteht. Es ist nicht gerechtfertigt, Sportereignisse, die im Fokus des öffentlichen Interesses stehen, so zu monopolisieren, dass die Kommunikations- und Werbefreiheit massiv beeinträchtigt wird. Der Begriff des „Ambush-Marketing“, der von interessierten Kreisen bewusst kolportiert wird, ist abzulehnen, da er die erforderliche Wertung vorweg nimmt[477] und die Betroffenen diskreditiert, indem man sie in die Nähe eines hinterhältigen, fast kriminellen Verhaltens rückt.[478]

4. Behinderung durch Kennzeichenverwendung

a) Ausgangspunkt der Beurteilung. Auch die Fallgruppe der Behinderung durch 148
Kennzeichenverwendung knüpft an ein für sich genommen wettbewerbskonformes Phänomen an. Es liegt in der Natur von Kennzeichenrechten, dass von ihnen eine Behinderung ausgeht. Sie verleihen ihrem Inhaber ein Exklusivrecht, das Mitbewerber an einer Benutzung des Kennzeichens hindert. Dieser Behinderungseffekt beruht auf der mit dem Rechtserwerb verbundenen Sperrwirkung. Diese ist nicht nur lauterkeitsrechtlich unbedenklich, sondern nach den maßgeblichen Wertungen des Kennzeichenrechts sogar erwünscht. Die Sperrwirkung beruht auf dem Prioritätsprinzip, das in § 6 MarkenG einen gesetzlichen Ausdruck gefunden hat. Es besagt, dass demjenigen, der den Erwerbstatbestand als erster verwirklicht hat, insbesondere für die Eintragung des Kennzeichens gesorgt hat, der Vorrang gegenüber allen anderen Nutzern des Kennzeichens gebührt. Der Prioritätsgrundsatz findet seine Rechtfertigung unter dem individualrechtlichen Blickwinkel darin, dass es sich um ein „Gerechtigkeitsprinzip“[479] handelt. Darüber hinaus liegt es im Interesse aller Marktteilnehmer, dass das Kennzeichen nur von einem Rechtsinhaber benutzt werden darf, damit Zuordnungsverwirrungen oder Verwechslungen unterbunden werden. Inwieweit die auf dem Prioritätsprinzip beruhende Sperrwirkung und damit auch die von

[474] *Heermann* GRUR 2006, 359.
[475] *Heermann* GRUR 2006, 359.
[476] BGH GRUR 2006, 850 – FUSSBALL WM 2006.
[477] Kritisch auch *Piper/Ohly* UWG § 4 Nr. 10 Rn 10/66.
[478] *Götting* Gewerblicher Rechtsschutz § 53 Rn 8.
[479] BGH GRUR 2005, 687, 688 – weltonline.de.

dem Kennzeichenrecht ausgehende Behinderung rechtmäßig ist, richtet sich nach den Maßstäben des Kennzeichenrechts, insbesondere des MarkenG, das grundsätzlich den Vorrang gegenüber dem Lauterkeitsrecht genießt. Das UWG und hier speziell der Behinderungstatbestand kommt nur ausnahmsweise zur Anwendung, wenn besondere, die Unlauterkeit begründende Umstände vorliegen, die außerhalb des Anwendungsbereichs des MarkenG liegen. Dabei dürfen aber die Wertungen des Markenrechts nicht unterlaufen werden. Grundsätzlich ist von einem **Vorrang des Kennzeichenrechts** auszugehen und es sind insbesondere die mit der Sperrwirkung verbundenen „Behinderungen" als eine gewollte Konsequenz des Prioritätsgrundsatzes hinzunehmen.

149 **b) Vorrang des Markenrechts.** Das Markenrecht bildet grundsätzlich eine abschließende Regelung für den Schutz von Kennzeichen, die auch im Hinblick auf die Begrenzungsfunktion verbindlich ist und nicht durch die Anwendung des Wettbewerbsrechts verwischt werden darf. Nach § 2 MarkenG schließt der markenrechtliche Schutz zwar die Anwendung anderer Vorschriften, also auch des UWG, zum Schutz der durch das Markenrecht geschützten Kennzeichen nicht aus. Nach der **Grundsatzentscheidung des BGH „Mac Dog"** ist dabei im Anwendungsbereich der § 9 Abs. 1 Nr. 3, § 14 Abs. 2 Nr. 3, § 15 Abs. 3 MarkenG für einen ergänzenden wettbewerbsrechtlichen Kennzeichenschutz kein Raum, weil es sich insoweit um eine abschließende Regelung handelt.[480] Die Anwendung des UWG ist demnach nur in Betracht zu ziehen, wenn der Schutz nach dem MarkenG versagt, d. h. von vornherein bzw dem Grunde nach nicht in Betracht kommt.[481] Entsprechendes gilt auch für geographische Herkunftsangaben, für die in §§ 126ff MarkenG eine sondergesetzliche Regelung besteht, die grundsätzlich den Vorrang gegenüber den §§ 3, 5 (§§ 1, 3 aF) genießen, so dass gemäß § 2 MarkenG ein wettbewerbsrechtlicher Schutz nur dann zum Zuge kommen kann, wenn es sich um Sachverhalte handelt, die vom Markenrecht nicht erfasst werden.[482] In Anbetracht des Umstandes, dass durch das am 1. 1. 1995 in Kraft getretene **MarkenG eine umfassende Kodifikation des gesamten Kennzeichenschutzes** geschaffen wurde, verbleibt, wie im Rahmen von § 4 Nr. 9 dargelegt, für die Anwendung des UWG im Sinne eines ergänzenden wettbewerbsrechtlichen Kennzeichenschutzes[483] nur ein sehr eng begrenzter Raum. Der Vorrang des Markenrechts ist auch bei Beurteilung der im vorliegenden Zusammenhang auftretenden Frage zu beachten, nämlich, unter welchen Voraussetzungen die aus dem Prioritätsgrundsatz resultierende Sperrwirkung des Erwerbs von Kennzeichenrechten ausnahmsweise unter dem Gesichtspunkt einer unlauteren Behinderung durchbrochen werden darf. Grundsätzlich ist davon auszugehen, dass die mit der Sperrwirkung verbundene „Behinderung" als ein den Kennzeichenrechten innewohnendes Phänomen hinzunehmen ist. Die markenrechtlich immanente Behinderung erfüllt erst dann den Unlauterkeitstatbestand der Behinderung, wenn sie **in rechtsmissbräuchlicher Weise für wettbewerbsfremde Zwecke ausgenutzt wird.** § 8 Nr. 10 MarkenG statuiert ein von Amts wegen in Anmeldeverfahren zu beachtendes absolutes Schutzhindernis für Marken, die bösgläubig angemeldet worden sind. Nach der Eintragung besteht die Möglichkeit der Löschung der §§ 50, 54 MarkenG. Diese markenrechtlichen Bestimmungen stellen aber keine abschließende Regelung dar, sondern es kann im Falle einer unlauteren Behinderung ein außermarkenrechtlicher Löschungsanspruch gemäß §§ 4 Nr. 10, 3, 8 Abs 1 bzw bei Fehlen eines Wettbewerbsverhältnisses gemäß § 826 BGB geltend gemacht werden, der auch einer Verletzungsklage einredeweise entgegen gehalten werden kann.[484] Der zu Unrecht als Verletzer in Anspruch Genommene

---

[480] BGH GRUR 1999, 161, 162 – MacDog.

[481] BGH GRUR 1999, 161, 162 – MadDog; BGH WRP 1999, 931, 935 – Big Pack; BGH GRUR 2000, 70, 73 – SZENE; BGH WRP 2000, 529, 532 – ARD-1; OLG Frankfurt WRP 2000, 772, 774; KG WRP 2001, 551, 554; *Piper* GRUR 1996, 429; *Sack* GRUR 1995, 81, 93ff; *ders.* WRP 1995, 887; aA *Fezer* WRP 2000, 863; *ders.* MarkenG § 2 Rn 2ff und § 15 Rn 135.

[482] BGH GRUR 2001, 73, 76 – Stich den Buben.

[483] → § 4–9 Rn 47ff.

[484] BGH GRUR 1998, 1034, 1037 – Makalu; *Piper/Ohly* UWG § 4 Nr. 10 Rn 10/83.

kann sich ferner mit der Einrede des Rechtsmissbrauchs nach § 242 BGB verteidigen und diesbezüglich eine negative Feststellungsklage erheben.[485]

150 **c) Behinderung durch „Sperrzeichen". aa) Grundsatz.** Das Wettbewerbsrecht gewährt unter dem Gesichtspunkt des Rechtsmissbrauchs ausnahmsweise einen Schutz gegen Behinderung aufgrund des formal rechtmäßigen Zeichenerwerbs durch einen Mitbewerber, wenn dies in der Absicht geschieht, die **Sperrwirkung einer Marke zweckfremd als Mittel des Wettbewerbskampfes** einzusetzen.[486] Nach dem Prioritätsgrundsatz, der das gesamte Kennzeichenrecht beherrscht und in § 6 MarkenG einen gesetzlichen Ausdruck gefunden hat, gebührt der markenrechtliche Schutz grundsätzlich demjenigen, der zuerst für eine Anmeldung und Eintragung des Zeichens gesorgt hat. Dies gilt grundsätzlich auch dann, wenn ein anderer das Zeichen vorher über einen längeren Zeitraum benutzt hat, aber eine Registrierung unterlassen hat und auch nicht die für eine Benutzungsmarke (§ 4 Nr. 2 MarkenG) notwendige Verkehrsgeltung erworben hat. Bei **Vorliegen besonderer wettbewerbswidriger Umstände** wird die formal zu Recht bestehende Rechtsposition, die durch Anmeldung und Eintragung begründet wurde, zugunsten des Vorbenutzers in eng begrenzten Ausnahmefällen durchbrochen, wenn es sich bei dem eingetragenen Zeichen um ein sog. „Sperrzeichen" handelt.

151 **bb) Besondere Umstände.** Die für die Wettbewerbswidrigkeit maßgeblichen besonderen Umstände sind wegen des grundsätzlich zu beachtenden **Prioritätsprinzips** nicht schon dann anzunehmen, wenn der Anmelder weiß, dass ein anderer das Zeichen im Inland für gleiche Waren benutzt hat oder benutzen möchte.[487] Besondere, die Wettbewerbswidrigkeit begründende Umstände liegen nur dann vor, wenn der Zeicheninhaber in Kenntnis eines **schutzwürdigen Besitzstands** des Vorbenutzers ohne zureichenden sachlichen Grund für gleiche oder gleichartige Waren die gleiche oder eine zum Verwechseln ähnliche Bezeichnung mit dem Ziel der Störung des Besitzstandes des Vorbenutzers oder in der Absicht, für diesen den Gebrauch der Bezeichnung zu sperren, als Kennzeichen hat eintragen lassen.[488] Aber auch ohne Vorliegen eines schützenswerten (inländischen) Besitzstandes kann das wettbewerbsrechtlich Verwerfliche darin gesehen werden, dass der Anmelder die an sich unbedenkliche Sperrwirkung einer Marke zweckfremd als Mittel des Wettbewerbskampfes einsetzt,[489] etwa in der Absicht, das Eindringen eines Mitbewerbers in den Inlandsmarkt zu verhindern.[490] Wegen des im Markenrecht geltenden Territorialitätsgrundsatzes ist es zwar im Allgemeinen rechtlich unbedenklich, wenn im Inland ein Zeichen als Marke in Kenntnis des Umstands angemeldet wird, das ein anderer dasselbe oder ein verwechselbar ähnliches Zeichen im Ausland als Marke für gleichartige oder sogar identische Waren benutzt.[491] Nur wenn zur Kenntnis von der Benutzung besondere Umstände hinzutreten, die das Verhalten des Anmelders als wettbewerbswidrig erscheinen lassen, steht der markenrechtliche Territorialitätsgrundsatz der Anwendung des UWG nicht entgegen.[492] Solche besonderen Umstände können insbesondere darin liegen, dass der Anmelder die mit der Eintragung der Marke entstehende Sperrwirkung zweckfremd als Mittel des Wettbe-

---

485 BGH GRUR 2001, 242, 243f – Classe E; *Piper/Ohly* UWG § 4 Nr. 10 Rn 10/83.

486 BGH GRUR 1998, 412, 414 – Analgin.

487 BGH GRUR 1998, 412 – Analgin.

488 BGH GRUR 1980, 110, 112 – Torch; BGH GRUR 1984, 210, 211 – AROSTAR; BGH GRUR 1986, 74, 76f – Shamrock III; BGH GRUR 1991, 465, 467 – Salomon; BGH GRUR 1998, 412, 414 – Analgin; BGH GRUR 1998, 1034, 1037 – Makalu; BGH GRUR 2000, 1032, 1034 – EQUI 2000; BGH GRUR 2005, 414, 417 – Russisches Schaumgebäck; BGH GRUR 2008, 917, 918 – EROS.

489 BGH GRUR 1998, 412, 414 – Analgin; BGH GRUR 2008, 917, 918 – EROS; OLG München WRP 1996, 1056; OLG Karlsruhe GRUR 1997, 373 – Neutral Red.

490 Vgl. BGH WRP 2008, 785, 788 Rn 21 – AKADEMIKS; BGH WRP 2008, 226, 228 Rn 18f – CORDARONE; öOGH GRUR Int. 2000, 560, 562.

491 BGH WRP 2008, 785, 788 Rn 21 – AKADEMIKS, unter Hinweis auf BGH GRUR 1987, 292, 294 – KLINGT; BGH GRUR 2000, 1032, 1034 – EQUI 2000; BGH GRUR 2005, 581, 582 – The Colour of Elégance; BGH WRP 2008, 226, 228 Rn 18 – CORDARONE.

492 BGH WRP 2008, 785, 788 Rn 21 – AKADEMIKS, unter Hinweis auf BGH 2008, 226, 228 Rn 18 – CORDARONE.

werbskampfes einsetzen möchte. Diese Voraussetzung ist erfüllt, wenn er weiß, dass ein identisches oder verwechselbares Zeichen im Ausland bereits für identische oder gleichartige Waren benutzt wird und wenn sich ihm nach den Umständen zumindest die Kenntnis aufdrängen muss, dass der Inhaber der ausländischen Marke die Absicht hat, das Zeichen in absehbarer Zeit auch im Inland zu benutzen. Dabei schließt der Umstand, dass der Anmelder die inländische Marke für eigene Marken benutzen will, die Unlauterkeit nicht aus, wenn die unter der Marke zu vertreibenden Waren Nachahmungen der Waren darstellen, die der Inhaber der ausländischen Marke unter dieser Marke vertreibt.[493] Die **Behinderungsabsicht** braucht nicht der einzige Beweggrund zu sein, vielmehr reicht es aus, wenn diese Absicht das wesentliche Motiv war.[494] Sofern die Absicht, die mit der Eintragung eines Zeichens entstehende Sperrwirkung für sich als Mittel des Wettbewerbskampfes gegen einen Mitbewerber einzusetzen, zwar ein wesentlicher Beweggrund für die Anmeldung einer Marke ist, aber der Anmelder die Marke auch für eigene Waren benutzen will, so hängt die Beurteilung von einer Würdigung der Umstände des Einzelfalls ab.[495] Von einer wettbewerbswidrigen Behinderungsabsicht ist bei einer Markenanmeldung grundsätzlich nicht auszugehen, wenn mit ihr eine „Markenfamilie" des Anmelders fortgeschrieben wird.[496]

152 Unter den genannten Umständen, die eine unlautere Behinderung begründen, kann sich der Vorbenutzer gegen markenrechtliche Ansprüche des Anmelders zur Wehr setzen, indem er den **Einwand des Rechtsmissbrauchs** erhebt. Er kann darüber hinaus die Rücknahme der Anmeldung bzw Löschung des Zeichens verlangen, wenn bereits die Anmeldung als solche wettbewerbswidrig ist.[497]

153 **d) Behinderung durch „Spekulationsmarken". aa) Markenhandel.** Grundsätzlich ist es zulässig, sich Zeichen als Marken schützen zu lassen, um sie später durch Übertragung oder Lizenzvergabe im Wege des **Merchandising** als eigenständiges Wirtschaftsgut kommerziell zu verwerten, so dass die Marke gleichsam selbst zur Ware wird. Dies ergibt sich daraus, dass der Gesetzgeber im Unterschied zum früheren WZG im MarkenG bewusst darauf verzichtet hat, den Erwerb einer Marke an das Vorhandensein eines Geschäftsbetriebes zu knüpfen, indem er den **Akzessorietätsgrundsatz abgeschafft** hat. Hinsichtlich des grundsätzlich bestehenden Benutzungszwangs besteht nach § 25 MarkenG eine Schonfrist von fünf Jahren, innerhalb derer die Nichtbenutzung der Marke nicht beanstandet werden kann. Hieraus folgt umgekehrt, dass beim Erwerb des Markenschutzes und darüber hinaus für die Frist von fünf Jahren **keine aktuelle Benutzungsabsicht erforderlich** ist. Dementsprechend ist es grundsätzlich nicht unzulässig, wenn „Markenhändler" sich auf Vorrat eine Vielzahl von Marken zulegen, um sie dann interessierten Unternehmen anzubieten, und sie ihnen zur Benutzung gegen entsprechende Bezahlung entweder durch Übertragung oder Lizenzierung zu überlassen.

154 **bb) Hinterhaltsmarken.** Etwas anderes gilt allerdings dann, wenn sog. **„Hinterhaltsmarken"** von vornherein in der Absicht angemeldet und eingetragen werden, Unternehmen für den Fall der Aufnahme der Benutzung eines Zeichens systematisch mit Unterlassungs- und Schadensersatzansprüchen zu überziehen, insbesondere um sie zum Abschluss von entsprechenden Lizenzverträgen zu veranlassen. Eine solche unlautere Behinderung im Sinne einer „Bösgläubigkeit" im Sinne des § 8 Abs. 2 Nr. 10 MarkenG wird unter folgenden Voraussetzungen angenommen:[498]

155 (1) Es erfolgt eine Anmeldung einer Vielzahl von Marken für sehr unterschiedliche Waren oder Dienstleistungen.

---

[493] BGH WRP 2008, 785 (Ls) – AKADEMIKS.
[494] BGH GRUR 2000, 1032, 1034 – EQUI 2000.
[495] BGH GRUR 2008, 917 – EROS.
[496] BGH GRUR 2005, 581 (2. Ls) – The Colour of Elégance.
[497] BGH GRUR 1998, 1034, 1037 – Makalu.
[498] BGH GRUR 2001, 242, 244 – Classe E.

(2) Für die fragliche Marke besteht kein ernsthafter Benutzungswille (insbesondere zur Benutzung im eigenen Geschäftsbetrieb oder für Dritte aufgrund eines bestehenden oder potentiellen konkreten Beratungskonzepts). 156

(3) Die Anmeldung wird vielmehr ausschließlich oder vornehmlich zu dem Zweck vorgenommen, Unterlassungs- und Schadensersatzansprüche gegen beliebige Dritte geltend zu machen, sobald diese die Marke benutzen. 157

Zur Abwehr von Unterlassungs- und Schadensersatzansprüchen kann der „Markenverletzer" sich auf den Einwand des Rechtsmissbrauchs berufen.[499] 158

e) Behinderung durch Internetdomains. Internetdomains, die sich inzwischen zu einer eigenen Kategorie von Kennzeichenrechten entwickelt haben, können bestehende **Kennzeichenrechte Dritter,** wie insbesondere Marken, geschäftliche Bezeichnungen und Namen verletzen und entsprechende Unterlassungs-, Beseitigungs- und Schadensersatzansprüche nach sich ziehen, wobei marken- und wettbewerbsrechtliche Ansprüche ein Handeln im geschäftlichen Verkehr voraussetzen.[500] Allerdings ist allein mit der Registrierung einer Internetdomain noch keine kennzeichenmäßige Benutzung der fraglichen Bezeichnung im geschäftlichen Verkehr verbunden.[501] Grundsätzlich gilt aber ein Vorrang des Kennzeichenrechts, der nur ausnahmsweise durchbrochen wird. 159

aa) Gleichnamigkeit. Im Falle der **Gleichnamigkeit** ist durch **Abwägung der sich gegenüberstehenden Interessen** nach den schon früher zum Kennzeichenrecht entwickelten Grundsätzen zu bestimmen, wem der Vorrang zu gewähren ist. Es gilt auch hier **der Grundsatz der Priorität**, selbst wenn der Erstanmelder nur private und keine geschäftlichen Interessen verfolgt und weniger bekannt ist.[502] Etwas anderes gilt aber dann, wenn einer der beiden Namensträger eine derart überragende Bekanntheit genießt, dass der Verkehr den Internetauftritt unter diesem Namen erwartet und demgegenüber der Inhaber des Domainnamens kein besonderes Interesse gerade an dieser Internet-Adresse dartun kann, d. h. ihm die Verwendung eines unterscheidenden Zusatzes zuzumuten ist.[503] 160

bb) Domain grabbing. Grundsätzlich ist die Reservierung einer Vielzahl von Domainnamen nicht zu beanstanden, auch wenn sie in der Absicht der späteren Weiterveräußerung erfolgt.[504] Eine wettbewerbswidrige Behinderung stellt das sog. „Domain grabbing" dar. Parallel zu den „Hinterhaltsmarken"[505] ist diese Form der Zeichenbehinderung dann anzunehmen, wenn die Anmeldung von Domains ausschließlich zu dem **Zweck erfolgt, andere Namensinhaber zu behindern bzw sich von diesen die Domain unter Zahlung einer „Überlassungsgebühr" abkaufen zu lassen.**[506] Der Betroffene kann Unterlassung der Domain-Verwendung und -beseitigung durch Abgabe einer Löschungserklärung gegenüber der DENIC verlangen, aber nicht die Übertragung der Domain, weil dies über die geschuldete Unterlassung und Beseitigung hinausginge.[507] Als Anspruchsgrundlagen kommen, abgesehen vom UWG, §§ 14, 15 MarkenG, § 12 BGB[508] sowie in Ausnahmefällen auch §§ 826, 1004 BGB in Frage.[509] 161

cc) Gattungsbegriffe. Die Registrierung generischer Begriffe als Domainnamen ist im Grundsatz keinen rechtlichen Schranken unterworfen.[510] Es ist nicht wettbewerbswidrig, 162

---

499 BGH GRUR 2001, 242, 244 – Classe E.
500 BGH GRUR 2005, 687, 688 f – weltonline.de; OLG Köln WRP 2002, 244.
501 BGH GRUR 2005, 687, 688 f – weltonline.de.
502 *Hefermehl/Köhler/Bornkamm* UWG § 4 Rn 10.93.
503 BGHZ 149, 191, 198 ff = GRUR 2002, 622 – shell.de.
504 Vgl. BGH GRUR 2005, 687, 688 – weltonline.de; OLG Frankfurt WRP 2002, 1452, 1455 – drogerie.de.
505 → Rn 154 f.
506 OLG Frankfurt WRP 2000, 772, 774; OLG München NJW-RR 1998, 984; OLG München GRUR 2000, 518, 519; OLG München GRUR 2000, 519, 520; OLG Karlsruhe WRP 1998, 900; OLG Dresden NJWE-WettbR 1999, 133, 135; LG Düsseldorf GRUR 1998, 159, 164; *Nordemann* NJW 1997, 1891, 1896.
507 BGHZ 149, 191, 198 ff = GRUR 2002, 622 – shell.de.
508 OLG München NJW-RR 1998, 984; OLG Hamm NJW-RR 1998, 909.
509 OLG Frankfurt WRP 2000, 645.
510 Unter dem Gesichtspunkt des Abfangens von Kunden → Rn 103.

wenn ein Anbieter einen Gattungsbegriff, an dessen Verwendung als Domainnamen auch Mitbewerber ein Interesse haben können, als Domainnamen registrieren lässt und sich damit einen Vorteil gegenüber seinen Mitbewerbern verschafft.[511] Die Registrierung generischer Begriffe als Domainname ist vielmehr **weitgehend dem Gerechtigkeitsprinzip der Priorität unterworfen:** Der Vorteil, der demjenigen zukommt, der als erster die Registrierung eines beschreibenden Domainnamens erwirkt, kann nicht als unlauter angesehen werden.[512] So stellt die Registrierung als Domain grundsätzlich auch kein unlauteres Verhalten dar, selbst wenn die Verwendung beschreibender Begriffe zu einer **Kanalisierung von Kundenströmen** führen kann, weil der einzelne Internetnutzer, der den entsprechenden Begriff als Internet-Adresse eingibt, möglicherweise aus Bequemlichkeit auf weiteres Suchen verzichtet.[513] Für die Annahme einer unbilligen Behinderung von Mitbewerbern durch Abfangen von Kunden oder eine unsachliche Beeinflussung von Verbrauchern genügt dies nicht. Nach dem maßgebenden **Leitbild des durchschnittlich informierten und verständigen**, das fragliche Werbeverhalten mit einer der Situation angemessenen Aufmerksamkeit verfolgenden **Verbrauchers** ist davon auszugehen, dass dieser sich im Allgemeinen über die Nachteile der Eingabe eines Gattungsbegriffs als Internet-Adresse anstelle der Verwendung einer Suchmaschine im Klaren ist.[514] Vor diesem Hintergrund besteht auch kein Interesse der Allgemeinheit, derartige Begriffe „freizuhalten", dh von der Registrierung als Domain auszuschließen.[515] Dies bedeutet allerdings nicht, dass im Einzelfalle eine unzulässige Alleinstellungswerbung vorliegen kann, wenn der Benutzer zu der irrigen Annahme verleitet wird, es handele sich um den alleinigen oder den größten Anbieter solcher Leistungen.[516] Vermeidbar ist eine solche Irreführung dadurch, dass der Allgemeinbegriff mit einem unterscheidungskräftigen Zusatz versehen oder auf der Homepage auf weitere Anbieter hingewiesen wird.[517] Ein Anspruch auf Teilhabe (Domain-name-sharing) an generischen Domainnamen besteht hingegen nicht.[518] Ein **Rechtsmissbrauch** kann ferner dann vorliegen, wenn der Anmelder die Verwendung des fraglichen Begriffs durch Dritte dadurch blockiert, dass er gleichzeitig andere Schreibweisen des registrierten Begriffs unter derselben Top-Level-Domain oder dieselbe Bezeichnung unter anderen Top-Level-Domains registrieren lässt.[519]

163 **f) Mithaftung der DENIC.** In Anwendung allgemeiner Grundsätze ist eine Mithaftung der DENIC dann in Betracht zu ziehen, wenn ihr der Kennzeichen- bzw Rechtsverstoß bekannt ist oder sie ihn für möglich hält und billigend in Kauf nimmt.[520] Diese Voraussetzungen sind nicht schon dann erfüllt, wenn der Verletzte auf sein besseres Recht hinweist, da die **DENIC eine reine Registrierungsstelle** ist, der eine entsprechende Prüfung weder möglich noch zumutbar ist. Selbst in dem Fall, dass ein Namensinhaber die Löschung eines Domain-Namens wegen Verletzung seiner Rechte veranlasst hat, ist die DENIC auch bei weiteren Anträgen Dritter auf Registrierung desselben Domain-Namens grundsätzlich nicht zu der Prüfung verpflichtet, ob die angemeldete Bezeichnung Rechte

---

[511] BGHZ 148, 1, 5 ff = GRUR 2001, 1061, 1064 – Mitwohnzentrale.de; BGH GRUR 2005, 687, 688 – weltonline.de.

[512] BGHZ 148, 1, 5 ff = GRUR 2001, 1061, 1064 – Mitwohnzentrale.de; BGH GRUR 2005, 687, 688 – weltonline.de.

[513] BGH GRUR 2001, 1061, 1063 – Mitwohnzentrale.de; siehe zum Folgenden auch *Hefermehl/Köhler/Bornkamm* UWG § 4 Rn 10.95.

[514] BGHZ 148, 1, 5 ff = GRUR 2001, 1061, 1063 – Mitwohnzentrale.de; → Rn 104.

[515] BGHZ 148, 1, 5 ff = GRUR 2001, 1061, 1063 f – Mitwohnzentrale.de; *Hefermehl/Köhler/Bornkamm* UWG § 4 Rn 10.95.

[516] BGHZ 148, 1, 5 ff = GRUR 2001, 1061, 1064 – Mitwohnzentrale.de; *Kur* CR 1996, 325, 329 f; *Sosnitza* K&R 2000, 209, 215; *Ubber* WRP 1997, 497, 510.

[517] BGHZ 148, 1, 5 ff = GRUR 2001, 1061, 1064 – Mitwohnzentrale.de; *Hefermehl/Köhler/Bornkamm* UWG § 4 Rn 10.95.

[518] BGHZ 148, 1, 5 ff = GRUR 2001, 1061, 1064 – Mitwohnzentrale.de.

[519] BGH GRUR 2005, 517, 518 – Literaturhaus; BGHZ 148, 1, 5 ff = GRUR 2001, 1061, 1064 – Mitwohnzentrale.de.

[520] *Hefermehl/Köhler/Bornkamm* UWG § 4 Rn 10.99.

des Namensinhabers verletzt. Der Domain-Name kann nämlich vom Namensinhaber selbst registriert werden bzw kann vor der Eintragung des Ranges durch einen **sog. Dispute-Eintrag** abgesichert werden.[521] Etwas anderes gilt, wenn die Zeichenverletzung nachgewiesen wird, insbesondere durch Vorlage eines rechtskräftigen Titels gegen den Domainnutzer oder einer unbestrittenen Unterwerfungserklärung, oder die Kennzeichenverletzung offensichtlich war, wie insbesondere bei identischer Benutzung eines berühmten Kennzeichens mit überragender Verkehrsgeltung, so dass sich der Vergabestelle die Kenntnis der Unrechtmäßigkeit der Anmeldung aufdrängen musste.[522] Die Regelungen des § 5 TDG und des § 5 MDStV finden auf die Beurteilung der Verantwortlichkeit der Vergabestelle weder eine direkte noch eine analoge Anwendung.[523]

g) Vanity-Rufnummern. Analog gelten die für die Beurteilung von Domainnamen herangezogenen Wertungen auch für die Anmeldung von Vanity-Rufnummern. Dabei handelt es sich um einen sog. Mehrwertdienst im Telekommunikationsbereich, der dadurch gekennzeichnet ist, **dass alphanumerisch umgesetzte Telefonnummern verwendet werden,** bei denen an die Stelle einer Zahlenkombination ein bestimmter Begriff tritt, der sich beim Nutzer besonders gut einprägt.[524] In Anknüpfung an seine Entscheidung zur Benutzung des beschreibenden Begriffs „mitwohnzentrale.de“ als Domainname[525] hat der BGH entschieden, dass eine Vanity-Rufnummer, die mit den berufsbezeichnenden bzw tätigkeitsbeschreibenden Begriffen „Rechtsanwalt“, „Anwaltskanzlei“ oder „Rechtsanwaltskanzlei“ belegt ist, weder eine unzulässige Behinderung darstelle noch unter dem Gesichtspunkt einer Irreführungsgefahr wegen einer unzutreffenden Alleinstellungsbehauptung wettbewerbswidrig sei. Dieser Gesichtspunkt spiele ebenso wie die den als Domainnahmen verwendeten Gattungsbegriffen bei der in Frage stehenden Vanity-Nummer keine Rolle. Die **Gefahr einer Kanalisierung** der Kundenströme, die bei der Verwendung bestimmter beschreibender Begriffe als Domainname sogar gegeben sein mag, bestehe bei der Nutzung einer Vanity-Nummer mit den in Rede stehenden Gattungsbezeichnungen von vornherein nicht, weil der Verkehr erkennt, dass es sich bei dem Inhaber der betreffenden Nummer nicht um den alleinigen Anbieter anwaltlicher Dienstleistungen handle.[526] 164

D. Allgemeine Marktbehinderung (Marktstörung)

Während es bei der individuellen, „gezielten Behinderung“ im Sinne des § 4 Nr. 10 darum geht, dass ein oder mehrere Mitbewerber in ihren wirtschaftlichen Entfaltungsmöglichkeiten in unlauterer Weise beeinträchtigt werden, hat die **allgemeine Marktbehinderung eine „überindividuelle“ institutionelle Dimension.** Es geht um Maßnahmen, die den Wettbewerb auf einem bestimmten Markt in seinem Bestand gefährden bzw seine Funktionsfähigkeit beeinträchtigen. Nach der Definition der Rechtsprechung des BGH ist eine allgemeine Marktbehinderung oder Marktstörung dann gegeben, wenn das Wettbewerbsverhalten allein oder in Verbindung mit zu erwartenden gleichartigen Maßnahmen von Mitbewerbern die ernstliche Gefahr begründet, der auf der unternehmerischen Leistung beruhende Wettbewerb werde in erheblichem Maße eingeschränkt.[527] 165

Die allgemeine Marktbehinderung und Marktstörung liegt im Schnittfeld von UWG und GWB. Mit Blick auf die zwischen beiden Gesetzen bestehenden Funktionszusammen- 166

[521] BGH GRUR 2004, 619, 621 – kurt-biedenkopf.de.
[522] BGH WRP 2001, 1305, 1308 – ambiente.de; *Bettinger/Freytag* CR 1999, 28, 31 ff; *Nägele* WRP 2002, 138, 144; *Renck* NJW 1999, 3587, 3593; *Welzel* MMR 2000, 39, 40.
[523] OLG Frankfurt WRP 2000, 214, 217.
[524] Unter dem Gesichtspunkt des Abfangens von Kunden → Rn 105.
[525] BGHZ 148, 1, 6 f = GRUR 2001, 1061 – Mitwohnzentrale.de.
[526] BGH GRUR 2002, 902, 905 – Vanity-Nummer; → Rn 105.
[527] BGHZ 114, 82, 84 – Motorboot-Fachzeitschrift; BGH GRUR 2001, 80, 81 – ad-hoc-Meldung; BGH GRUR 2001, 752, 753 – Eröffnungswerbung; BGH GRUR 2004, 602, 603 – 20 Minuten Köln.

hänge, die sich daraus ergeben, dass sie beide trotz unterschiedlicher Rollenverteilung, nämlich Bestandsschutz einerseits und Lauterkeitsschutz andererseits, auf das gemeinsame Ziel der Sicherung eines freien und lauteren Wettbewerbs ausgerichtet sind, kommt es zu Überschneidungen und Wechselwirkungen. Im Einzelfall besteht ein Spannungsverhältnis, wenn es um die Abgrenzung des UWG gegenüber dem Regelungsbereich des GWB geht. Auf der einen Seite ist dessen Zweck, die Freiheit und den Bestand des Wettbewerbs zu gewährleisten, auch bei der Anwendung des UWG zu berücksichtigen; auf der anderen Seite dürfen die vom GWB bewusst gezogenen Grenzen nicht missachtet und die dahinterstehenden Wertungen nicht unterlaufen werden.

167 Angesichts der Komplexität der Problematik, die sich gerade auch im Zusammenhang mit der Konkretisierung des Unlauterkeitstatbestands der allgemeinen Marktbehinderung manifestiert, wird in der Gesetzesbegründung ausdrücklich darauf hingewiesen, dass die allgemeine Marktbehinderung nicht vom Beispielstatbestand des § 4 Nr. 10 erfasst wird und auch nicht zum Gegenstand eines eigenen Beispielstatbestandes gemacht wurde, sondern unter die Generalklausel des § 3 fällt.[528] Die Fallgruppe der allgemeinen Marktbehinderung wird deshalb eigenständig und in umfassender Weise als Spezialthema behandelt.[529]

---

[528] Begr. RegE BT-Drucks. 15/1487 S. 19 (zu § 4 Nr. 10).
[529] → § 4–S 1.

Rechtsbruch (§ 4 Nr. 11)

Übersicht

	Rn
A. Einleitung	**1**
I. Überblick	1
1. Problemstellung	1
2. Die Unterscheidung zwischen wertbezogenen und wertneutralen Vorschriften	2
3. Der „Marktbezug" in der neueren Rechtsprechung	3
4. Die gesetzliche Regelung	4
II. Historische Entwicklung	5
1. Die Entwicklung der Rechtsprechung	5
a) Die Rechtsprechung des Reichsgerichts	5
b) Die traditionelle Rechtsprechung des BGH	6
c) Die Neuorientierung des BGH	7
2. Die Kritik der Literatur	8
a) Die Normzwecktheorie	9
b) Der Vorwurf der Kompetenzüberschreitung	10
c) Die Lehre vom Marktbezug	11
III. Rechtsvergleichung	12
1. Die Rechtslage in anderen Ländern	12
2. Harmonisierungsansätze durch die Richtlinie über unlautere Geschäftspraktiken	14
B. Allgemeine Grundsätze der Beurteilung	**17**
I. Der Paradigmenwechsel der Rechtsprechung	18
1. Die Ausgangslage	18
a) Die Abgasemissionen-Entscheidung des BGH	18
b) Marktzutrittsregelungen	21
c) Lauterkeitsbezug von Marktzutrittsregelungen	24
d) „Trennungstheorie"	25
e) Kritik	26
2. Die Absicht des Gesetzgebers	30
a) Formulierung des Gesetzes	30
b) Gesetzesbegründung	31
c) Stellungnahme des Bundesrates	35
d) Gegenäußerung der Bundesregierung	39
e) Änderungsantrag im Rechtsschuss	40
f) Fazit	42
II. Zusammenfassung und Ausblick	43
1. Die wesentlichen Beurteilungskriterien	43
2. Abgrenzungsprobleme	44
3. Die Ausgrenzung kommunalrechtlicher Marktzutrittsregelungen	45
4. Eigener Ansatz	46
C. Der Rechtsbruchtatbestand	**47**
I. Verhältnis zu § 3	47
1. Erfordernis einer geschäftlichen Handlung	47
2. Rückgriff auf die Generalklausel	48
3. Systematik des Rechtsbruchtatbestandes nach § 4 Nr. 11	49
II. Gesetzliche Vorschrift	50
1. Begriff	50
2. Nicht gesetzliche Vorschriften	51
a) Ausländisches Recht	51
b) Verwaltungsanordnungen	52
c) Verwaltungsakte	53
d) Wettbewerbsregeln, Handelsbräuche, Branchenübungen und Gewohnheitsrecht	54
e) Vereinssatzungen	56

	Rn
f) Standesregeln	57
g) Technische Regeln (insbesondere DIN-Normen)	58
III. Regelung des Marktverhaltens im Interesse der Marktteilnehmer	59
1. Marktbezug	59
2. Marktverhalten	62
3. Interesse der Marktteilnehmer	63
IV. Abgrenzung von Marktverhaltensregelungen	64
1. Regelungen ohne Marktbezug	64
a) Produktionsvorschriften	65
b) Umweltschutzvorschriften	67
c) Arbeitnehmerschutzvorschriften	69
d) Sozialrechtliche Vorschriften	72
e) Steuer- und Strafvorschriften	73
f) Straßen- und Wegerecht	75
g) Verkehrsvorschriften	76
h) Regelungen zum Schutz des geistigen Eigentums	77
i) Berufsrechtliche Regelungen ohne Außenwirkung	78
j) Datenschutzvorschriften	80
k) EG-Beihilferecht	81
2. Marktzutrittsregelungen	82
a) Allgemeine Grundsätze	82
b) Dichotomie von Marktzutritts- und Marktverhaltensregelungen	84
c) Kommunalrechtliche Vorschriften	85
d) Weitere wirtschaftslenkende Vorschriften	87
3. Vorschriften mit Doppelfunktion (Marktzutritts- und Marktverhaltensregelungen)	88
V. Sonstige Vorschriften im Einzelnen	91
1. Allgemeine Kriterien	91
2. Gang der Darstellung	94
3. Berufsrechtliche Vorschriften	95
a) Allgemeine Grundsätze	95
b) Rechtsberatung	98
aa) Rechtsanwälte	98
(1) Rechtsdienstleistungsgesetz (RDG)	98
(2) Bundesrechtsanwaltsordnung (BRAO)	107
bb) Notare	114
cc) Patentanwälte	116
dd) Steuerberater	117
ee) Wirtschaftsprüfer	119
ff) Außergerichtliche Rechtsdienstleistungen	120
c) Heilberufe	121
aa) Ärzte	121
bb) Zahnärzte	124
cc) Tierärzte	125
dd) Heilpraktiker	127
ee) Apotheker	129
d) Weitere Zulassungsregelungen für gewerbliche Tätigkeit	135
4. Produktbezogene Vorschriften	136
a) Arzneimittelgesetz (AMG)	136
b) Heilmittelwerbegesetz (HWG)	138
c) Kosmetikverordnung (KosmetikVO)	140
d) Lebensmittelrechtliche Vorschriften	141
e) Pflanzenschutzgesetz (PflSchG)	142
f) Zusammenfassung	143
aa) Produktbezogene Zulassungspflichten	144
bb) Vertriebsverbote für bestimmte Produkte	145
cc) Produktkennzeichnungspflichten	146
5. Absatzbezogene Vorschriften	147
a) Preisvorschriften und Preiskennzeichnungsvorschriften	147
aa) Preisvorschriften	147
bb) Preisangabenvorschriften	148
(1) Preisangabenverordnung (PAngV)	148
(2) Sonderregelungen	150
b) Vorschriften über Geschäftszeiten	151

Rn
aa) Ladenschlussgesetze 151
bb) Feiertagsgesetze 152
cc) Nachtbackverbot 153
6. Vertragsbezogene Vorschriften 154
a) Kontrahierungszwang 154
b) Gleichbehandlungsgesetz 155
c) Informationspflichten 156
aa) Belehrung über Widerrufsrechte 156
bb) Vertragspartnerbezogene Informationspflichten 157
cc) Vertragsgegenstandsbezogene Informationspflichten 158
d) Verwendung unwirksamer allgemeiner Geschäftsbedingungen 159
e) Benachteiligungsverbote 160
f) Verpackungsverordnung 161
g) Vergaberecht 162
7. Verhältnis zum Kartellrecht 163
8. Strafvorschriften und Ordnungswidrigkeiten 164
9. Jugendschutzrechtliche Vorschriften 165

D. Keine subjektiven Erfordernisse 166

E. Vertragsbruch 167
I. Allgemeine Grundsätze 167
II. Besondere Fallkonstellationen 169

Schrifttum: *Alexander,* Öffentliche Auftragsvergabe und unlauterer Wettbewerb, WRP 2004, 700; *Badura,* Wirtschaftliche Betätigung der Gemeinde zur Erledigung von Angelegenheiten der örtlichen Gemeinschaft im Rahmen der Gesetze, DÖV 1998, 818; *Bieber,* Die Kontrolle des Berufsrechts der Freiberufler – insbesondere der Rechtsanwälte – mit Hilfe von § 4 Nr. 11 UWG, WRP 2008, 723; *Borck,* Vorsprung, Vorfeld und Doppler-Effekt im Wettbewerbsrecht, WRP 1989, 145; *Bürglen,* Kritische Brennpunkte im Rechtsberatungsgesetz, WRP 2000, 846; *ders.,* Berufsaufsicht im wettbewerbsrechtlichen Verfahren, FS Ullmann, 2006, S. 913; *Büttner,* Sittenwidrige Wettbewerbshandlung durch Gesetzesverstoß in der neuen Rechtsprechung des BGH, FS Erdmann, 2002, S. 545; *Doepner,* Unlauterer Wettbewerb durch Verletzung von der Verbraucherinformation dienenden Gesetzesvorschriften, WRP 1980, 473; *ders.,* Unlauterer Wettbewerb durch Rechtsbruch – Quo vadis?, FS Helm, 2002, S. 47 = GRUR 2003, 825; *Eberhardt,* Werbeverbot für Heilpraktiker, WRP 1984, 57; *Elskamp,* Gesetzesverstoß und Wettbewerbsrecht, 2008; *Erdemir,* Zu den Anforderungen an ein Altersverifikationssystem, CR 2005, 660; *Ernst,* Abmahnungen aufgrund von Normen außerhalb des UWG, WRP 2004, 1133; *ders.,* Arzneimittelverkauf im Internet, WRP 2001, 893; *Ernst/Seichter,* Zur Wettbewerbswidrigkeit von Verstößen gegen das AGB-Recht, DB 2007, 1573; *Feiter,* Wettbewerbswidriges Verteilen von Flyern durch Kanzlei, DStR 2006, 776; *Frenz,* Kommunalwirtschaft außerhalb des Wettbewerbsrechts?, WRP 2002, 1367; *Frenzel,* Neukonzeption des Rechtsbruchtatbestandes abgeschlossen – zu § 3 i. V. m. § 4 Nr. 11 UWG, WRP 2004, 1137; *v. Gamm,* Datenschutz und Wettbewerbsrecht, GRUR 1996, 574; *Gärtner/Heil,* Kodifizierter Rechtsbruchtatbestand und Generalklausel, WRP 2005, 20; *Goldmann,* Abgaswerte und Kraftstoffverbrauch als Gegenstand des Wettbewerbsrechts, WRP 2007, 38; *Graf,* Die Impressumspflicht des § 6 TDG im Lichte der §§ 3, 4 Nr. 11 UWG, ITRB 2007, 45; *Gröning,* Die neueste Rechtsprechung zum Pflichtangabenrecht, WRP 2001, 899; *ders.,* Arzneimitteleigenschaft und Verkehrsauffassung – zugleich Bemerkungen zu den BGH-Entscheidungen „L-Carnitin" und „Franzbranntwein-Gel", WRP 2001, 1051; *Günes,* Produktsicherheitsrecht und UWG, WRP 2008, 731; *Hagenmeyer/Hahn,* Zurück zum Lebensmittel – oder – „Back to the roots", WRP 2008, 275; *Haslinger,* Schutzlos gegen rechtswidrigen Marktzutritt der öffentlichen Hand? – „Erwünschte Belegung des Wettbewerbs?", WRP 2002, 1023; *Heidinger,* Die Fallgruppe Rechtsbruch nach der UWG-Novelle 2007, M&R 2008, 108; *Hoeren,* Zu Preisangaben im Internet, EWiR 2008, 315; *Jennert,* Rechtsschutz bei rechtswidrig unterlassener Ausschreibung, WRP 2002, 507; *Kaufmann,* Zur Wettbewerbswidrigkeit eines Verstoßes gegen die Preisangabenverordnung, CR 2008, 109; *Kießling,* Deutsche Post versus Remailing, WRP 2000, 368; *Kiethe/Groeschke,* Das europäische Lebensmittelrecht und der Irreführungsschutz, WRP 2001, 1035; *Kilian,* Vorsprung durch Rechtsbruch beim Factoring von Vergütungsforderungen?, AnwBl. 2006, 235; *Köhler,* Wettbewerbsverstoß durch rechtswidrigen Marktzutritt, GRUR 2001, 777; *ders.,* Zur Objektivierung der Abgrenzung von Arzneimittel und Lebensmittel nach der L-Carnitin-Entscheidung des Bundesgerichtshofs, WRP 2001, 355; *ders.,* Wettbewerbsrecht im Wandel – Die neue Rechtsprechung zum Tatbestand des Rechtsbruchs, NJW 2002, 2761; *ders.,* Zur wettbewerbsrechtlichen Sanktionierung öffentlich-rechtlicher Normen, FS Schmitt Glaeser, 2003, S. 499; *ders.,* Der Rechtsbruchtatbestand im neuen UWG, GRUR 2004, 381; *Konow,* Unlauterer Wettbewerb durch Außerachtlassung von Formvorschriften, WRP 1987, 293; *Kruse,* Rechtstreue und Lauterer Wettbewerb, Das Verhältnis von Rechtswidrigkeit und Sittenwidrigkeit im Deutschen Wettbewerbsrecht, Diss., 2003; *Lettl,* Der unlautere Wettbewerb durch Rechtsbruch in der instanzgerichtlichen Rechtsprechung, GRUR-RR 2004, 225; *Leupold,* Die Sportwettenentscheidungen des BGH vom 14–02–2008 – Nicht nur Altlastenbeseitigung, WRP 2008, 920; *Mees,* Wettbewerbsverstoß durch vorangegangenen Normverstoß, FS Traub, 1994, S. 275; *ders.*, Zum Erfordernis der Spürbarkeit bei Wettbewerbsverletzungen durch Normverstöße, FS Vieregge, 1995, S. 617; *Meisterernst,* Zur Abgrenzung von Arzneimitteln und Lebensmitteln – die „L-Carnitin"-Entscheidung des BGH und ihre Folgen, GRUR 2001, 111; *Meisterernst/Haber,* Die VO (EG) 1924/2006 über nährwert- und gesundheitsbezogene Angaben, WRP 2007, 363; *Möller,* Zur Laienwerbung im Heilmittelbereich, EWiR 2006, 733; *ders.*, Zum Rabattversprechen eines Reparaturbetriebes an kaskoversicherte Kunden, EWiR 2008, 381; *Neef,* Zum Erfordernis der Marktbezogenheit der verletzten Norm, EWiR 2006, 667; *Otto,* Wettbewerbsrechtlicher Schutz gegen kommunale Wirtschaftstätigkeit?, GewArch 2001, 360; *Piper,* Warenproduktion und Lauterkeitsrechte, WRP 2002, 1197; *ders.*, Warenproduktion und Lauterkeitsrecht – Eine Anmerkung zu BGHZ 144, 255 = GRUR 2000, 1076 – Abgasemissionen; FS Erdmann, 2002, S 679; *ders.*, Zur wettbewerbs- und berufsrechtlichen Bedeutung des Werbeverbots der ärztlichen Berufsordnung, FS Brandner, 1996, S. 449; *Quack,* Vom Beitrag des unlauteren Wettbewerbs zur Entwicklung des Wirtschaftsverwaltungsrechts, FS Trinkner, 1995, S. 265; *Reinhart,* Anwendbarkeit des HWG auf Medizinprodukte, WRP 2001, 627; *Richter,* Zivilgerichtliche Wettbewerbskontrolle kommunaler Unternehmen nach der UWG-Novelle anhand des Rechtsbruchtatbestandes in § 4 Nr. 11 UWG?, IR 2006, 59; *Sack,* Die wettbewerbsrechtliche Durchsetzung arbeitsrechtlicher Normen, WRP 1998, 683; *ders.*, Gesetzwidrige Wettbewerbshandlungen nach der UWG-Novelle, WRP 2004, 1307; *ders.*, Die lückenfüllende Funktion der Generalklausel des § 3 UWG, WRP 2005, 531; *Schack,* Urheber- und Urhebervertragsrecht, 2005; *v. Schall-Riaocour,* Wettbewerbsverstöße durch Verletzung außerwettbewerblicher Normen, 1968; *Schricker,* Gesetzesverletzung und Sittenverstoß, 1970; *Scholz,* Ist Werbung für den Verkauf von Waren mit der Behauptung, der Verkauf erfolgte ohne Mehrwertsteuer, zulässig?, WRP 2008, 571; *Schünemann,* Die wirtschaftliche Tätigkeit der öffentlichen Hand zwischen öffentlichem und privatem Wettbewerbsrecht, WRP 2000, 1001; *Streinz,* Werbung für Lebensmittel – Verhältnis Lebensmittel- und Wettbewerbsrecht, GRUR 1996, 16; *Tilmann,* Privatwirtschaftliche Betätigung der Kommungen, FS Schricker, 2005, S. 763; *Tomerius,* Wirtschaftliche Betätigung der Kommunen zwischen Gemeindewirtschafts- und Wettbewerbsrecht, LKV 2000, 41; *v. Ungern-Sternberg,* Wettbewerbsbezogene Anwendung des § 1 UWG und normzweckgerechte Auslegung der Sittenwidrigkeit, FS Erdmann, 2002, S. 741; *Ullmann,* Das Koordinatensystem des Rechts des unlauteren Wettbewerbs im Spannungsverhältnis von Europa und Deutschland, GRUR 2003, 817; *Wallerath,* Ladenschluss und Konkurrentenschutz, NJW 2001, 781; *Weidert,* Vorsprung durch Technik oder Vorsprung durch Rechtsbruch? – Zur Fallgruppe des Rechtsbruchs im E-Commerce, FS Helm, 2002, S. 123; *Weidner,* Unterschiedliche Behandlung von Nahrungsergänzungsmittel und Kosmetika hinsichtlich der Abgrenzung zu Arzneimitteln?, WRP 2001, 622; *Woitkewitsch,* Konkurrentenabmahnung wegen fehlerhafter AGB, GRUR-RR 2007, 257; *Zeppernick,* Die Beurteilung von Wettbewerbshandlungen ohne Vor- und Rückschau?, WRP 2000, 1069; *ders.,* Vorsprung durch Rechtsbruch, Diss. 2002; *Ziegler,* Der Vorsprung durch Rechtsbruch von Umweltvorschriften, 1998; *A. Zöller,* Unlauterer Wettbewerb durch Rechtsbruch in international-privatrechtlicher Sicht, WRP 1991, 447.

A. Einleitung

I. Überblick

1. Problemstellung

1 Die Fallgruppe des Rechtsbruchs, die nunmehr in dem Beispielstatbestand des § 4 Nr. 11 eine gesetzliche Regelung gefunden hat, betrifft die Frage, ob bzw inwieweit die Verletzung außerwettbewerbsrechtlicher Normen einen Verstoß gegen die Generalklausel des § 3, also das Verbot unlauteren Wettbewerbs, begründen. Das Problem, inwieweit der wertausfüllungsbedürftige Begriff der Unlauterkeit (früher Sittenwidrigkeit nach § 1 aF) gleichsam als ein Einfallstor für Normen fungiert, die außerhalb des Wettbewerbsrechts angesiedelt sind, beschäftigt Rechtsprechung und Literatur seit langem und ist bis heute nicht abschließend geklärt. Es kommt treffend in dem Titel der grundlegenden Monografie von *Gerhard Schricker* „Gesetzesverletzung und Sittenverstoß" aus dem Jahre 1970 zum Ausdruck. Theoretisch wären **zwei gegensätzliche Lösungen denkbar:** Entweder man setzt Gesetzeswidrigkeit mit Wettbewerbswidrigkeit gleich, so dass jeder Rechtsverstoß, der einen Einfluss auf das Wettbewerbsgeschehen hat, als unlauter gilt, oder man geht davon aus, dass die Beurteilung der Unlauterkeit völlig unabhängig davon zu erfolgen hat, ob eine Verletzung außerwettbewerbsrechtlicher Normen vorliegt. Es besteht Einigkeit darüber, dass beide Extreme abzulehnen sind. Gesucht wird nach einem **Mittelweg,** über dessen genauen Verlauf aber bis heute Unklarheit besteht.

2. Die Unterscheidung zwischen wertbezogenen und wertneutralen Vorschriften

Traditionell wurde von der Rechtsprechung bezüglich der außerwettbewerbsrechtlichen Vorschriften zwischen wertbezogenen und wertneutralen Normen unterschieden. Zur erstgenannten Gruppe zählen sog. „sittlich fundierte" Normen (mit Blick auf die Sittenwidrigkeit nach § 1 aF) und solche, die besonders wichtige Gemeinschaftsgüter (zB Rechtspflege, Wettbewerb als Institution, Gesundheitsbelange der Allgemeinheit, Rundfunkfreiheit) schützen. In vielen Fällen ist ein Handeln zu Zwecken des Wettbewerbs schon als solches unlauter, ohne dass es in der Regel des Hinzutretens weiterer Umstände oder einer zusätzlichen wettbewerblichen Relevanz bedürfe. Gerechtfertigt wird dies mit der Überlegung, dass es selbst dann, wenn die verletzte Norm keinen unmittelbaren wettbewerbsbezogenen Zweck verfolgt, in der Zielsetzung der Generalklausel liege, zu verhindern, dass Wettbewerb unter Missachtung gewichtiger **Interessen der Allgemeinheit** stattfindet.[1] Eine Automatik, die ausnahmslos zur Bejahung der Wettbewerbswidrigkeit in Fällen der Verletzung wertbezogener Normen führen würde, wurde aber abgelehnt. Stattdessen wurde gerade in der neueren Rechtsprechung betont: Der Grundsatz, dass ein Verstoß gegen **wertbezogene Normen** (wie etwa gegen Bestimmungen des Arzneimittelgesetzes) regelmäßig zugleich als Verstoß gegen § 1 aF zu werten ist, schließt es nicht aus, im Einzelfall unter Berücksichtigung des Gesamtverhaltens des Wettbewerbers und des Schutzzwecks des UWG eine sittenwidrige Beeinträchtigung der Lauterkeit des Wettbewerbs zu verneinen.[2] Ungeachtet dessen indiziert die Verletzung wertbezogener Normen grundsätzlich die Unlauterkeit, ohne dass es der Feststellung weiterer Unlauterkeitsumstände bedarf.[3] Demgegenüber soll ein Verstoß gegen **wertneutrale Vorschriften** mangels eines ausreichenden wettbewerbsrechtlichen Gehalts erst dann wettbewerbswidrig sein, wenn Umstände hinzutreten, die den Gesetzesverstoß auch wettbewerbsrechtlich als anstößig erscheinen lassen. Dies galt insbesondere dann, wenn die Übertretung einer Norm bewusst und planmäßig zum Mittel des Wettbewerbs gemacht wird, um einen sachlich nicht gerechtfertigten Wettbewerbsvorsprung vor Mitbewerbern zu erzielen (Vorsprung durch Rechtsbruch).[4] 2

3. Der „Marktbezug" in der neueren Rechtsprechung

In seiner **neueren Rechtsprechung** hat sich der BGH deutlich von dem bisher maßgeblichen Kriterium der Wertbezogenheit gelöst und stellt darauf ab, dass die in Frage stehende Norm einen hinreichenden **„Marktbezug"** aufweist, indem sie das Marktverhalten dahin gehend regelt, dass sie die Gegebenheiten auf bestimmten Produktmärkten festlegt und so gleiche rechtliche Voraussetzungen für die auf dem Markt tätigen Wettbewerber schafft.[5] Letztlich geht es bei dieser Abgrenzung vor allem um die Frage, ob ein Verstoß gegen Regelungen, die den Markzutritt betreffen, geeignet ist, die Unlauterkeit zu begründen. Der BGH hat diese Frage dahin gehend beantwortet, dass es nicht Sinn des § 1 aF (§ 3 nF) sei, den Anspruchsberechtigten zu ermöglichen, Wettbewerber unter Berufung darauf, dass ein Gesetz ihren Marktzutritt verbiete, vom Markt fernzuhalten, wenn das be- 3

[1] BGHZ 81, 130, 132 – Grippewerbung; BGHZ 98, 330, 336 – Unternehmensberatungsgesellschaft I; BGHZ 110, 278, 290 – Werbung im Programm; BGHZ 114, 354, 360 – Katovit; BGH GRUR 1994, 839, 840 – Kontraindikationen; BGH GRUR 1995, 419, 421 – Knoblauchkapseln; BGH GRUR 1996, 213, 216 – Sterbegeldversicherung; BGH WRP 1998, 181, 183 f – Warentest für Arzneimittel; BGHZ 140, 134, 138 f – Hormonpräparate; BGHZ 142, 192, 197 – Entfernung der Herstellungsnummer; BGH GRUR 2000, 237, 238 – Giftnotruf-Box; BGH GRUR 2000, 528, 529 – L-Carnitin; BGH GRUR 2001, 354, 356 – Verbandsklage gegen Vielfachabmahner; BGH GRUR 2001, 453, 455 – TCM-Zentrum; BGH GRUR 2002, 269, 270 – Sportwetten-Genehmigung; Baumbach/*Hefermehl* UWG, 22. Aufl., § 1 aF Rn 609 ff, 613 ff; *Doepner* GRUR 2003, 825 ff.

[2] BGHZ 140, 134, 138 f – Hormonpräparate; BGH GRUR 2000, 237, 238 – Giftnotruf-Box mwN.

[3] BGH SRVR 2000, 237, 238 – Giftnotruf-Box.

[4] BGHZ 84, 130, 135 – Flughafen-Verkaufsstellen; BGH GRUR 1988, 699, 700 – qm-Preisangaben II; BGH GRUR 2001, 1166, 1168 – Fernflugpreise; Baumbach/*Hefermehl* UWG, 22. Aufl., § 1 aF Rn 631 ff.

[5] BGHZ 144, 255 – Abgasemissionen.

treffende Gesetz den Marktzutritt nur aus Gründen verhindern will, die den Schutz des lauteren Wettbewerbs nicht berühren.[6]

4. Die gesetzliche Regelung

4 Einen gewissen Widerhall hat dieser Ansatz in der Formulierung des § 4 Nr. 11 gefunden, wonach unlauter handelt, wer „einer gesetzlichen Vorschrift zuwiderhandelt, die auch dazu bestimmt ist, im Interesse der Marktteilnehmer das **Marktverhalten** zu regeln". Dies bedeutet freilich nicht, dass damit die weitere Entwicklung der Rechtsprechung zwangsläufig vorgezeichnet ist. Die Gesetzesbegründung lässt die zentrale Frage, ob Verstöße gegen Marktzutrittsregelungen vom Beispielstatbestand erfasst werden und dementsprechend dazu geeignet sind, eine Unlauterkeit im Sinne des § 3 zu begründen, ausdrücklich offen. Dort heißt es: „Die vorgenommene Einschränkung schließt nicht aus, dass auch Verstöße gegen Marktzutrittsregelungen vom Tatbestand erfasst sein können."[7]

II. Historische Entwicklung

1. Die Entwicklung der Rechtsprechung

5 **a) Die Rechtsprechung des Reichsgerichts.** Die Frage, ob bzw inwieweit Verstöße gegen gesetzliche Vorschriften, insbesondere solche außerhalb des Wettbewerbsrechts, als „sittenwidrig" im Sinne des § 1 aF zu werten sind, stellte sich bereits kurz nach dem Inkrafttreten des UWG vom 7. 6. 1909.[8] Das Vorläufergesetz vom 27. 5. 1896 enthielt nur einzelne Tatbestände des unlauteren Wettbewerbs, die eine abschließende Regelung darstellten; eine Generalklausel im Sinne des späteren § 1 aF fehlte, so dass das Problem, in welchem Verhältnis Gesetzesverletzungen zur Sittenwidrigkeit stehen, zunächst nicht auftrat.[9] Als **erste einschlägige Entscheidung,** gleichsam als Keimzelle der Problematik, wird ein Urteil des Reichsgerichts[10] betrachtet, das die Verletzung einer strafbewehrten Vorschrift über den Verkehr mit Arzneimitteln (Apothekenbindung) durch einen Drogisten betraf. Das Reichsgericht vertrat die aus dem Gegensatz der Vorschriften der §§ 134, 138 BGB entwickelte und bis heute ganz herrschende[11] Auffassung, dass eine ein gesetzliches Verbot verletzende Handlung noch nicht schlechthin gegen die guten Sitten verstoße.[12] Im vorliegenden Fall handle es sich „nur um eine Ordnungswidrigkeit", deren gesundheitspolitischer Aspekt für den Apotheker als Konkurrenten außer Betracht zu bleiben habe und deren rein gewerbepolizeiliche Seite selbst bei beharrlichen Verstößen gegen die Verbotsnorm den Sittenwidrigkeitsvorwurf nicht rechtfertigen könne. Diese restriktive Rechtsprechung des Reichsgerichts mündete im Jahre 1926 in eine heute kaum nachvollziehbare Entscheidung ein, wonach Kundenwerbung durch eine unerlaubte Ausspielung, ungeachtet der Erkenntnis, dass das Verbot des § 286 StGB (aF) mittelbar auch dem Schutz der Allgemeinheit diene, an sich noch nicht sittenwidrig sei, sondern nur bei Vorliegen zusätzlicher sittenwidrigkeitsbegründender Tatumstände in der Art, dem Zweck oder den Folgen der Ausspielung.[13] Einen Wendepunkt markiert eine im folgenden Jahr ergangene Entscheidung des Reichsgerichts,[14] die den Weg für die Entwicklung des **„Vorsprungsgedankens"** ebnen sollte. Mit Blick auf die wettbewerbsrechtliche Relevanz der Unter-

[6] BGH GRUR 2002, 825, 826 f – Elektroarbeiten.
[7] Begr. RegE BT-Drucks. 15/1487 S. 19 (zu § 4 Nr. 11).
[8] Großkomm/*Teplitzky* UWG § 1 Rn G1.
[9] Großkomm/*Teplitzky* UWG § 1 Rn G1 Fn 1.
[10] RGZ 77, 217.
[11] Vgl. die Nachweise bei *Sack* WRP 1995, 1, 9, Fn 106, der allerdings selbst eine abweichende Ansicht vertritt (aaO S. 10 ff); Großkomm/*Teplitzky* UWG § 1 Rn G1 (Fn 5).
[12] RGZ 77, 217, 220.
[13] RGZ 115, 319, 325 f; Großkomm/*Teplitzky* UWG § 1 Rn G2.
[14] RGZ 117, 16, 21 ff.

schreitung von Lohntarifen durch einen Mitbewerber übernahm das Gericht den schon vorher im Zusammenhang mit der Beurteilung der Missachtung einer Preisbindung entwickelten[15] Gedanken, dass sittenwidrig handelt, wer sich durch Rechtsbruch einen Vorsprung vor den gesetzestreuen Mitbewerbern verschafft.[16] Einen weiteren wichtigen Schritt in Richtung auf die später fest etablierte Differenzierung zwischen wertbezogenen und wertneutralen Normen vollzog das Reichsgericht im Jahre 1941 mit einem Urteil, in dem es erstmalig die besondere Rolle solcher Normen hervorhob, deren „Verbot selbst einer sittlichen Auffassung Ausdruck verleiht".[17] Bei ihnen kann stets schon „der Umstand, dass sich der Täter schuldhaft über das Verbot hinwegsetzt, genügen, um die sittliche Missbilligung der Allgemeinheit hervorzurufen". Dagegen seien gesetzliche und behördliche Vorschriften für § 1 aF unbeachtlich, wenn sie „auf Erwägungen beruhen, die mit dem allgemeinen sittlichen Empfinden nichts zu tun haben und das Gebiet des geschäftlichen Anstands nicht berühren".

b) Die traditionelle Rechtsprechung des BGH. Nach dem Zweiten Weltkrieg hat 6
der **BGH** die Rechtsprechung des Reichsgerichts in einer Reihe grundlegender Entscheidungen aufgegriffen und fortgesetzt[18] und zu einem System ausgebaut, das im Grundsatz von einer **Differenzierung zwischen wertbezogenen und wertneutralen Normen** geprägt ist, aber darüber hinaus eine Vielzahl an Unterfallgruppen und Verästelungen aufweist. Zunächst hatte die Rechtsprechung des BGH noch eine dritte Gruppe von wettbewerbsrechtlich sittenwidrigen Normverstößen anerkannt, nämlich eine Kategorie von Gesetzesverstößen mit eo-ipso-Relevanz im Sinne des § 1 aF, die zunächst in der Verletzung solcher Vorschriften gesehen wurde, die unmittelbar der Regelung des Wettbewerbs dienen.[19] Später wurde die Fallgruppe von per se unlauteren Rechtsbrüchen im Zuge einer stärkeren Gewichtung der Funktion der verletzten Norm als eine (Unter-)Kategorie in den Rahmen des Oberbegriffs der „wertbezogenen Normen" eingeordnet.[20]

c) Die Neuorientierung des BGH. Wie bereits oben dargelegt,[21] hat der BGH in 7
seiner **jüngsten Rechtsprechung** einen Wandel vollzogen und eine **Neuorientierung** vorgenommen, deren Konsequenzen sich bisher nicht vollständig abschätzen lassen. Dies gilt umso mehr, als § 4 Nr. 11 zwar hinsichtlich des Verstoßes gegen die gesetzliche Vorschrift darauf abstellt, dass ihre Funktion darauf ausgelegt ist, „das Marktverhalten zu regeln". Gleichzeitig wird aber in der Gesetzesbegründung hinsichtlich des neuralgischen Punkts der Einbeziehung von Marktzutrittsregelungen ausdrücklich darauf hingewiesen, dass diese vom Tatbestand erfasst sein können.[22]

2. Die Kritik der Literatur

Während die Problematik des Rechtsbruchs zunächst wenig Beachtung gefunden hat 8
und in der Kommentarliteratur die Rechtsprechung zumeist wohlwollend begleitet wurde, hat sowohl die Anzahl der kritischen Stimmen als auch die Vehemenz der Kritik stetig zugenommen.[23] Eine **fundamentale Kritik** an den dogmatischen Grundlagen übten die Untersuchungen von *Graf v. Schall-Riaocour* aus dem Jahre 1968[24] und *Schricker* aus dem

---

[15] Vgl. RGZ 88, 9.

[16] Großkomm/*Teplitzky* § 1 G3; zur weiteren Entwicklung *Schricker* 1970 S. 25 ff.

[17] RGZ 166, 315, 319 f; Großkomm/*Teplitzky* UWG § 1 Rn G4.

[18] Vgl. etwa BGHZ 22, 67 – Arzneifertigwaren; BGHZ 23, 184, 186 – Spalttabletten; BGH GRUR 1957, 606 – Heilmittelvertrieb; BGH GRUR 1957, 558 – Bayern-Express; vgl. auch Großkomm/*Teplitzky* UWG § 1 Rn G7.

[19] Vgl. Großkomm/*Teplitzky* UWG § 1 Rn G7, G31 ff; *Doepner* GRUR 2003, 825.

[20] Großkomm/*Teplitzky* UWG § 1 Rn G7, G31 ff; *Doepner* GRUR 2003, 825; s. auch Baumbach/*Hefermehl* UWG, 22. Auflage, § 1 aF Rn 626 und 669.

[21] → Rn 3.

[22] Begr. RegE BT-Drucks. 15/1487 S. 19 (zu § 4 Nr. 11).

[23] Vgl. Großkomm/*Teplitzky* UWG § 1 Rn G259 ff; *Doepner* GRUR 2003, 825 ff; s. auch *Schricker* 1970 S. 30 ff.

[24] *v. Schall-Riaocour* Wettbewerbsverstöße durch Verletzung außerwettbewerblicher Normen.

Jahre 1970,[25] die sich insbesondere auch wegen der Abgrenzungsschwierigkeiten und Ungereimtheiten gegen die Unterscheidung zwischen sittlich fundierten bzw wertbezogenen und wertneutralen Normen wandten und für eine am Schutzzweck orientierte Auslegung der in Frage stehenden Vorschriften plädierten.

9 **a) Die Normzwecktheorie.** Dort, wo dieser sich mit dem des Wettbewerbsrechts decke oder überschneide, sei § 1 aF unmittelbar anzuwenden; im Übrigen müsse es beim Rückgriff auf den Vorsprungsgedanken verbleiben.[26] Diese in Anlehnung an § 823 Abs. 2 BGB entwickelte **„Normzweck"- oder „Schutznorm"-Theorie** hat zwar in der späteren Literatur einen starken Widerhall gefunden, wurde aber mit einer Vielzahl von Einschränkungen, Erweiterungen und Modifikationen versehen.[27] Einen deutlicheren Niederschlag als bisher findet dieser Ansatz auch in der jüngsten Rechtsprechung des BGH. In Abkehr von der traditionellen formalisierten Fallgruppenbildung wird an den Anfang der Prüfung nunmehr der Grundsatz gestellt, dass der in § 1 aF enthaltene Begriff der Sittenwidrigkeit wettbewerbsbezogen auszulegen ist.[28] Ob ein beanstandetes Wettbewerbsverhalten unlauter sei, müsse regelmäßig durch eine am Schutzzweck des § 1 aF auszurichtende Beurteilung des Gesamtcharakters des Verhaltens unter Berücksichtigung des konkreten Anlasses, des Zwecks, der eingesetzten Mittel, der Begleitumstände und Auswirkungen ermittelt werden. Für Fälle, in denen der Gesetzesverstoß dem wettbewerblichen Handeln vorausgeht oder erst nachfolgt, wird unabhängig von der Wertbezogenheit verlangt, dass die verletzte Norm zumindest eine sekundäre wettbewerbsbezogene Schutzfunktion erfüllt.[29]

10 **b) Der Vorwurf der Kompetenzüberschreitung.** Abgesehen von diesen grundlegenden dogmatischen Einwänden wird insbesondere aus praktischer Sicht der Vorwurf der „Hypertrophie" erhoben.[30] Es ist davon die Rede, dass die Rechtsprechung in quantitativer und qualitativer Hinsicht alle Grenzen sprenge[31] und eine „Konturlosigkeit" aufweise.[32] Zielgerichteter als dieses allgemeine Unbehagen gegenüber einer inflationären Ausuferung ist der Angriff, der sich gegen die angeblichen Kompetenzüberschreitungen der Wettbewerbsgerichte richtet.[33] Der zentrale Vorwurf lautet, die Rechtsprechung betreibe eine **„systemwidrige Expansion des Wettbewerbsrechts"** und „dilettiere" in Zentralbereichen des allgemeinen Verwaltungsrechts[34] mit der Folge, dass sich das Wettbewerbsrecht zu einer „ubiquitären Struktur" entwickle, „die sich krakenartig über das öffentliche Recht" lege.[35] Mit der Kompetenzüberschreitung und dem Mangel an fachlicher Kompetenz verbinde sich eine bedenkliche Missachtung verwaltungsrechtlicher Beurteilungskriterien und Verfahrensprinzipien (Verwaltungsermessen, Opportunitätsprinzip, Verhältnismäßigkeitsgrundsatz, Folgeerwägungen, informelles Verwaltungshandeln usw.).[36] In den zügig durchgeführten wettbewerbsrechtlichen Zivilverfahren könnten die genannten verwaltungsrechtlichen Grundsätze keine hinreichende Berücksichtigung finden. Außerdem gingen mit dem wettbewerbsrechtlichen Zivilverfahren aufgrund der dort geltenden Dispositions- und Verhandlungsmaxime spezifische Nachteile und Gefahren einher; die Manipulations-

---

[25] *Schricker* Gesetzesverletzung und Sittenverstoß.

[26] *Schricker* 1970 S. 250 ff.

[27] Großkomm/*Teplitzky* UWG § 1 Rn G261 mwN.

[28] BGH GRUR 2000, 1076, 1078 – Abgasemissionen; BGH GRUR 2001, 354, 356 – Verbandsklage gegen Vielfachabmahner; BGH GRUR 2002, 269 – Sportwetten-Genehmigung; *Doepner* GRUR 2003, 825, 829.

[29] BGH GRUR 2000, 1076, 1079 – Abgasemissionen; zustimmend *Doepner* GRUR 2003, 825, 829; *v. Ungern-Sternberg* FS Erdmann S. 741, 745; *Zeppernick* WRP 2000, 1069 ff; krit. *Piper* WRP 2002, 1197 ff.

[30] Vgl. Großkomm/*Teplitzky* UWG § 1 Rn G262.

[31] *Kroitzsch* GRUR 1995, 322, 323 ff.

[32] *Beater* ZHR 159 (1995) 217, 223, 226; *Zeppernick* WRP 2000, 1069.

[33] Vgl. Großkomm/*Teplitzky* UWG § 1 Rn G265; *Doepner* GRUR 2003, 825, 829 ff.

[34] *Tettinger* NJW 1998, 3473, 3474.

[35] *Quack* FS Trinkner S. 265, 268; in diesen Sinne auch *Emmerich* WettbR S. 312 f; *Kroitzsch* GRUR 1982, 389 ff; *ders.* GRUR 1995, 322 ff; *Pagenkopf* GewArch 2000, 177 ff; *Stolterfoht* FS Rittner S. 695 ff.

[36] *Quack* FS Trinkner S. 265, 273 ff; *Stolterfoht* FS Rittner S. 695, 697 ff.

gefahr sei groß und die Rechtsverfolgung erfolge selektiv, dabei teils interessengesteuert, teils recherchengebunden. Den Zivilgerichten fehle es an „Professionalität“ im Umgang mit öffentlich-rechtlichen Normen.[37]

c) Die Lehre vom Marktbezug. Es besteht kein Zweifel, dass die vom BGH in der grundlegenden Entscheidung „Abgasemissionen“ vom 11. 5. 2000[38] begründete **„Lehre vom Marktbezug“**[39] als eine Reaktion auf diese massiven Vorwürfe zu verstehen ist. Das maßgebliche Kriterium des Marktbezugs besagt, dass nur die Verletzung solcher Normen das Unlauterkeitsurteil tragen kann, die entweder unmittelbar oder doch mittelbar das Marktverhalten aller am Markt tätigen Unternehmen regeln.[40] Damit wird eine Filterfunktion bezweckt, die den Kreis der wettbewerbsrechtlich relevanten Normen eingrenzen und verhindern soll, dass über die Generalklausel des UWG unter dem Gesichtspunkt des Rechtsbruchs eine „Popularklage“ geschaffen wird. Fraglich ist aber, ob die in der Rechtsprechung des BGH deutlich erkennbare Tendenz, Marktzutrittsregelungen den erforderlichen „Marktbezug“ abzusprechen und dementsprechend aus der Fallgruppe des Rechtsbruchs auszuklammern,[41] sachlich gerechtfertigt ist.[42] 11

III. Rechtsvergleichung

1. Die Rechtslage in anderen Ländern

Rechtsvergleichend betrachtet ist die Fallgruppe der Verletzung außerwettbewerbsrechtlicher Normen in ihrer Komplexität und Intensität der dogmatischen Durchdringung eine singuläre Erscheinung.[43] Die europäischen Wettbewerbsordnungen, die eine Generalklausel vorsehen, gehen – soweit ersichtlich – davon aus, dass in bestimmten Fällen ein Verstoß gegen außerwettbewerbliche Rechtsnormen einen Wettbewerbsverstoß begründen können. Dabei werden **unterschiedliche Ansätze** zugrunde gelegt. In **Österreich** stimmte die Rechtslage lange Zeit in etwa mit der deutschen Position überein.[44] In einer jüngst ergangenen Entscheidung, der grundsätzliche Bedeutung beizumessen ist, hat der öOGH neue Akzente gesetzt, die sich deutlich von der deutschen Entwicklung abheben. In Abstandnahme von der deutschen Rechtsprechung betont der öOGH nachdrücklich, dass es für eine Reduktion des Rechtsbruchtatbestands auf die Verletzung von „marktverhaltensregelnden“ Normen keinen (ausreichenden) Grund gäbe.[45] Entscheidend für die Wettbewerbsrelevanz der Verletzung einer Norm sei nicht deren Zweck oder Regelungsgegenstand, sondern die tatsächliche Auswirkung auf den Markt. Eine solche Auswirkung sei immer dann anzunehmen, wenn ein Unternehmer durch die Verletzung der Norm im Ergebnis einen spürbaren Vorteil gegenüber rechtstreuen Mitbewerbern erlangen kann. Damit erhebt das Gericht den Vorsprungsgedanken, der in der aktuellen deutschen Rechtsprechung fast völlig in den Hintergrund getreten ist, zum zentralen Beurteilungskriterium für die Anwendung des Rechtsbruchtatbestandes. In dem Bestreben, ein Ausufern der lauterkeitsrechtlichen Judikatur zu verhindern, schränkt der öOGH den Anwendungsbereich des Rechtsbruchtatbestandes dahin gehend ein, dass nur solche Rechtsverstöße relevant sind, die für den in Anspruch genommenen Mitbewerber klar erkennbar waren. Zur Be- 12

[37] *Quack* FS Trinkner S. 265, 270 ff; s. dazu auch *Doepner* GRUR 2003, 825, 830; *Köhler* GRUR 2001, 777, 779.

[38] BGH GRUR 2000, 1076 – Abgasemissionen.

[39] So *Köhler* GRUR 2001, 777, 780.

[40] *Köhler* GRUR 2001, 777, 780.

[41] BGH GRUR 2002, 825, 826 f – Elektroarbeiten.

[42] Zustimmend *Köhler* NJW 2002, 2761, 2762; *ders.* GRUR 2001, 777 ff; krit. *Ackermann* FS Tilmann S. 73 ff; *Doepner* WRP 2003, 1292 ff; *ders.* GRUR 2003, 825 ff; *Dreher* ZIP 2002, 648 ff; *Frenz* WRP 2002, 1367 ff; *Gröning* WRP 2002, 17 ff; *Haslinger* WRP 2002, 1023 ff; *Sack* BB 2003, 1073 ff; → Rn 26 ff.

[43] Vgl. dazu *Schricker/Henning-Bodewig* WRP 2001, 1367, 1405.

[44] Vgl. öOGH ÖBl. 1991, 67 – Bankfeiertag.

[45] öOGH v. 11. 3. 2008, Gz 4 Ob 225/07 b, www.ris.bka.gv.at (zuletzt besucht am 27. 8. 2008).

gründung wird auf die Regelung der Richtlinie über unlautere Geschäftspraktiken zurückgegriffen, die der österreichischen UWG-Novelle von 2007 zugrunde liegt. Danach ist eine Geschäftspraktik nur dann unlauter, wenn sie den Erfordernissen der beruflichen Sorgfalt widerspricht (Art. 5 Abs. 2 lit. a). Zur Vermeidung von Wertungswidersprüchen sei das Sorgfaltserfordernis auch dem Unlauterkeitsbegriff im Mitbewerber schützenden Lauterkeitsrecht zugrunde zu legen. Daher sei Unlauterkeit nur dann anzunehmen, wenn der Mitbewerber „den Standard an Fachkenntnissen und Sorgfalt" verletzt, „bei dem billigerweise davon ausgegangen werden kann, dass ihn der Unternehmer gemäß den anständigen Marktgepflogenheiten in seinem Tätigkeitsbereich anwendet". Die in dieser Bestimmung enthaltenen unbestimmten Rechtsbegriffe seien nach dem Zweck des Lauterkeitsrechts zu konkretisieren. Auf dieser Grundlage könne man aber von einem Unternehmer „billigerweise" nur erwarten, dass seine Handlungen in einer vertretbaren Auslegung der dafür maßgebenden Gesetze entsprechen.[46] Unklarheiten bei der Auslegung schlagen somit zugunsten des in Anspruch genommenen Mitbewerbers aus. Wörtlich stellt der öOGH hierzu zusammenfassend fest: „Ein Verstoß gegen eine nicht dem Lauterkeitsrecht im engeren Sinne zuzuordnende generelle Norm ist (nur) dann als unlautere Geschäftspraktik oder als sonstige unlautere Handlung im Sinne von § 1 Abs. 1 Nr. 1 UWG idgF zu werten, wenn die Norm nicht auch mit guten Gründen in einer Weise ausgelegt werden kann, dass sie dem beanstandeten Verhalten nicht entgegensteht. Der Unterlassungsanspruch setzt ferner voraus, dass das beanstandete Verhalten geeignet ist, den Wettbewerb zum Nachteil von rechtstreuen Mitbewerbern nicht bloß unerheblich zu beeinflussen."[47]

13 Eine Extremposition nimmt das **belgische Recht** ein, wo jede Verletzung einer außerwettbewerbsrechtlichen Norm, gleichgültig, welchen Normzweck sie verfolgt, als Verstoß gegen die Generalklausel des Art. 93 des Handelspraktikengesetzes[48] angesehen wird. Demgegenüber wird in den **Niederlanden** die sog. „Relativiteitsleer" vertreten, wonach nur diejenigen Verstöße von wettbewerbsrechtlicher Relevanz sind, die den Schutz des Klägers vor dem geltend gemachten Schaden oder der konkreten Interessenbeeinträchtigung bezwecken.[49] **Spanien** ist das einzige EU-Land, in dem sich eine spezialgesetzliche Regelung findet. Gemäß Art. 15 des UWG ist es verboten, aus der Verletzung von Gesetzen einen bedeutsamen Wettbewerbsvorteil auf dem Markt zu ziehen, wobei die Verletzung wettbewerbsregelnder Normen stets als unlauter betrachtet wird. In den übrigen Mitgliedstaaten scheint die Problematik des Rechtsbruchs keine große Rolle zu spielen, da sich, anders als in Deutschland, die auf der Grundlage der Generalklausel ergangene Rechtsprechung nicht zu einer Fallgruppe mit eigenständigen dogmatischen Strukturen verfestigt hat.[50]

2. Harmonisierungsansätze durch die Richtlinie über unlautere Geschäftspraktiken

14 Mit Blick auf die angestrebte **Harmonisierung des Wettbewerbsrechts** auf Gemeinschaftsebene wird für eine Regelung des Vorsprungs durch Rechtsbruch plädiert, da dieser Tatbestand das notwendige Bindeglied zu den rechtlichen Rahmenbedingungen bildet, innerhalb derer sich ein lauterer Wettbewerb zu bewegen hat.[51] Für konsensfähig, zumindest in den kontinentaleuropäischen Staaten, wird eine auf die jeweiligen Schutzzwecke abstellende Regelung gehalten.[52] Die Mindestvoraussetzung wird dahin gehend definiert, dass es sich um ein marktgerichtetes Verhalten handelt, das zudem spürbare Auswirkungen auf den Wettbewerb hat.[53] Ansatzpunkte hierfür bietet, wenn auch nur mittelbar, die

[46] öOGH aaO unter 4.5.a).
[47] öOGH aaO unter 5.
[48] Vgl. dazu *Henning-Bodewig* Rn 35.
[49] Jetzt geregelt in Art. 6: 167 B. W.
[50] *Schricker/Henning-Bodewig* WRP 2001, 1367, 1405.
[51] *Schricker/Henning-Bodewig* WRP 2001, 1367, 1405.
[52] *Schricker/Henning-Bodewig* WRP 2001, 1367, 1405.
[53] *Schricker/Henning-Bodewig* WRP 2001, 1367, 1405.

Richtlinie über unlautere Geschäftspraktiken.[54] Nach Art. 5 (Verbot unlauterer Geschäftspraktiken) gilt gemäß Abs. 2a eine Geschäftspraxis als unlauter, „wenn sie dem Gebot der beruflichen Sorgfalt widerspricht". Als **„berufliche Sorgfalt"** wird in Art. 2 (Begriffsbestimmungen) der Richtlinie unter (h) der Standard an Fachkenntnissen und Sorgfalt verstanden, bei denen billigerweise davon ausgegangen werden kann, dass der Gewerbetreibende sie gegenüber dem Verbraucher gemäß den anständigen Marktgepflogenheiten und/oder dem allgemeinen Grundsatz von Treu und Glauben in seinem Tätigkeitsbereich anwendet. Damit wird insbesondere auch auf die gesetzlichen Bestimmungen Bezug genommen, die die für die jeweiligen Branchen maßgeblichen fachlichen Qualifikationen und Sorgfaltsanforderungen festlegen. Ähnliches gilt auch für Verhaltenskodizes, bei denen es sich um nicht gesetzlich vorgeschriebene Verhaltensnormen oder Standards für Gewerbetreibende handelt. In Art. 2f wird der Begriff des **Verhaltenscodex** wie folgt definiert: „... eine Vereinbarung oder ein Vorschriftenkatalog, die bzw der nicht durch die Rechts- und Verwaltungsvorschriften eines Mitgliedstaates vorgeschrieben ist und das Verhalten der Gewerbetreibenden definiert, die sich in Bezug auf eine oder mehrere spezielle Geschäftspraktiken oder Wirtschaftszweige auf diesen Kodex verpflichten; ...". Im englischen Recht ist zwar der „tort" des „breach of statutory duty" anerkannt, wonach jemand Schadensersatz verlangen kann, wenn er durch den Gesetzesverstoß eines anderen geschädigt worden ist.[55] Im Zusammenhang mit dem Wettbewerbsrecht ist den in Betracht kommenden Normen jedoch stets der für erforderlich gehaltene Konkurrenten schützende Zweck abgesprochen worden, da die Rechtsprechung dazu tendiert, in der Missachtung von Gesetzen, die öffentliche oder Allgemeininteressen schützen, keine Verletzung individueller Rechte zu sehen.[56]

Der Zusammenhang mit gesetzlichen Bestimmungen ergibt sich daraus, dass es in eini- 15
gen Mitgliedstaaten üblich ist, in Verhaltenskodizes Verhaltensnormen festzulegen, die „entweder eine genauere Beschreibung der Anwendung der gesetzlichen Vorschriften (zB durch Erläuterung komplizierter rechtlicher Sachverhalte, so dass Verbraucher sie verstehen können), oder eine Ausfüllung der geltenden Rechtsvorschriften in Bereichen, in denen es keine speziellen Regelungen gibt (zB Aspekte der Kundenbetreuung nach dem Kauf)" ermöglichen.[57] Aus dem Harmonisierungsziel folgt zwangsläufig die Notwendigkeit, für eine **Annäherung der maßgeblichen Verhaltenskodizes** zu sorgen. Auf diesen Aspekt wird auch in der Begründung des Richtlinienvorschlags hingewiesen, wo es heißt: „Es gibt durchaus ein Potential für EU-weit anwendbare Kodizes zur Förderung der Konvergenz hinsichtlich der an die berufliche Sorgfalt zu stellenden Erwartungen. Dadurch könnten die Hindernisse für den Binnenmarkt abgebaut werden, sofern gewährleistet ist, dass derartige Kodizes den Wettbewerb nicht verhindern, einschränken oder verzerren. Sie würden den Gewerbetreibenden einen zusätzlichen Nutzen bringen, da sie ihnen die wirksame Anwendung der Grundsätze der Richtlinie im geschäftlichen Alltag erleichtern würden."[58] Weiter heißt es: „Kodizes auf dem von der Richtlinie harmonisierten Gebiet könnten von den Mitgliedstaaten bei der Beurteilung herangezogen werden, ob ein Gewerbetreibender in dem Mitgliedstaat seiner Niederlassung gegen die dort umgesetzten Bestimmungen der

---

[54] Richtlinie 2005/29/EG des Europäischen Parlaments und des Rates vom 11. Mai 2005 über unlautere Geschäftspraktiken im binnenmarktinternen Geschäftsverkehr zwischen Unternehmen und Verbrauchern und zur Änderung der Richtlinie 84/450/EWG des Rates, der Richtlinien 97/7/EG, 98/27/EG und 2002/65/EG des Europäischen Parlaments und des Rates sowie der Verordnung (EG) Nr. 2006/2004 des Europäischen Parlaments und des Rates (Richtlinie über unlautere Geschäftspraktiken) ABl. EG Nr. L 149 vom 11. 6. 2005 S. 22.

[55] *Beater* FS Schricker S. 629, 632.

[56] *Beater* FS Schricker S. 629, 632 mit Rechtsprechungsnachweisen.

[57] Vorschlag für eine RL des Europäischen Parlaments und des Rates über unlautere Geschäftspraktiken im binnenmarktinternen Geschäftsverkehr zwischen Unternehmen und Verbrauchern und zur Änderung der RL 84/450/EWG, 97/7/EG und 98/25/EG vom 18. 6. 2003 (Begründung des RL-E Nr. 72).

[58] Begr. des RL-E Nr. 73.

Richtlinie verstoßen hat. Wie ein solcher EU-Verhaltenskodex in der Praxis anzuwenden wäre, hängt von den Bedürfnissen und Verhältnissen der jeweiligen Branche ab.“[59] Die Entwicklung solcher gemeinsamer, für die gesamte EU maßgeblicher Verhaltenskodizes stellt ein ehrgeiziges Ziel dar, dessen Verwirklichung angesichts der Vielzahl betroffener Branchen und der fast unüberschaubaren Fülle von Detailproblemen noch geraume Zeit in Anspruch nehmen dürfte. Zu berücksichtigen ist ferner, dass die Richtlinie ausschließlich auf den Verbraucherschutz zugeschnitten ist, während die Fallgruppe des Rechtsbruchs, insbesondere mit Blick auf den „Vorsprungsgedanken“ traditionell in starkem Maße konkurrentenschützend geprägt ist. In Art. 1 der Richtlinie heißt es: „Zweck dieser Richtlinie ist es, durch Angleichung der Rechtsverwaltungsvorschriften der Mitgliedstaaten über unlautere Geschäftspraktiken, die die wirtschaftlichen Interessen der Verbraucher beeinträchtigen, zu einem reibungslosen Funktionieren des gemeinsamen Marktes und dem Erreichen eines hohen Verbraucherschutzniveaus beizutragen.“ Die **Beschränkung auf den Verbraucherschutz** wird auch in der Begründung des Richtlinienvorschlags ausdrücklich hervorgehoben. Dort heißt es: „Wie von Art. 1 klargestellt wird, beschäftigt sich die Richtlinie lediglich mit denjenigen Sachverhalten, welche die wirtschaftlichen Interessen der Verbraucher berühren.“[60] Allerdings geht von der Richtlinie mittelbar eine Konkurrenten schützende Wirkung aus. Denn sie schützt rechtmäßig handelnde Unternehmen vor Mitbewerbern, die sich nicht an die Regeln der Richtlinie halten und gewährleistet damit einen lauteren Wettbewerb in dem durch sie koordinierten Bereich.[61] *Beater* hat darauf aufmerksam gemacht, dass sich in der Rechtsprechung des EuGH hinsichtlich der Befugnis gegen Rechtsverstöße von Konkurrenten im Wege des Zivilprozesses vorzugehen, eine am Schutzzweck der fraglichen Norm orientierte Beurteilung erkennen lässt.[62] So habe das Gericht in der wenig beachteten Entscheidung „Muńoz“ und „Superior frutticola“[63] maßgeblich auf den Zweck der im Streitfall einschlägigen Verordnung 2200/96 über die Einstufung bestimmter landwirtschaftlicher Erzeugnisse in Qualitätsklassen abgestellt. Der EuGH ging dabei davon aus, dass die Regelung dazu diene, den lauteren Handel und die Markttransparenz sicherzustellen und dass die Klagen von Konkurrenten von nationalen Gerichten mit Blick auf die gleichmäßige Beachtung und Durchsetzung der fraglichen Normen „besonders geeignet seien“, „wesentlich zur Sicherung eines lauteren Handels und der Markttransparenz in der Gemeinschaft beizutragen“.[64]

16 Unter dem Strich bleibt festzuhalten, dass sich gegenwärtig eine Regelung des Problems des Rechtsbruchs auf europäischer Ebene nicht konkret abzeichnet. Es wird deshalb auf absehbare Zeit bei den nationalen Eigenheiten bleiben, wobei das deutsche Recht im Hinblick auf die Intensität und Subtilität der Ausprägung (ebenso wie in vielen anderen Bereichen) der dogmatischen Durchdringung sowohl quantitativ als auch qualitativ eine Sonderstellung einnimmt.

B. Allgemeine Grundsätze der Beurteilung

17 Maßgeblich für die künftige Beurteilung des in § 4 Nr. 11 beispielhaft geregelten Tatbestands des Rechtsbruchs ist einerseits die jüngste Rechtsprechung, die in den letzten Jahren einen paradigmatischen Wandel vollzogen hat, und andererseits die Intention des Gesetzgebers, wie sie sich vor diesem Hintergrund in den Gesetzgebungsmaterialien niedergeschlagen hat.

---

[59] Begr. des RL-E Nr. 74.
[60] Begr. des RL-E Nr. 39; s. auch Erwägungsgrund 8 der RL.
[61] Erwägungsgrund 8 der RL.
[62] *Beater* FS Schricker S. 629, 638 f.
[63] EuGH Slg 2002, I-7289.
[64] EuGH Slg 2002, I-7289 Erw. 29 ff.

I. Der Paradigmenwechsel der Rechtsprechung

1. Die Ausgangslage

a) Die Abgasemissionen-Entscheidung des BGH. Um die Veränderungen einschätzen zu können, die die neuere Rechtsprechung des BGH hervorgebracht hat, ist es zunächst notwendig, sich die Ausgangslage zu vergegenwärtigen. Nach der früheren Rechtsprechung, die traditionell von einer Zweiteilung geprägt war, sollten Verstöße gegen wertbezogene Normen die wettbewerbsrechtliche Unlauterkeit einer damit zusammenhängenden Wettbewerbshandlung ohne Weiteres begründen, ohne dass es noch des Nachweises zusätzlicher objektiver oder subjektiver Elemente bedürfe.[65] Als „wertbezogen" wurde eine Norm angesehen, die entweder sittlich fundiert, d. h. Ausdruck einer sittlichen Grundanschauung war, oder dem Schutze eines wichtigen Gemeinschaftsguts diente. Dagegen sollte dies bei Verstößen gegen wertneutrale Normen nur dann der Fall sein, wenn der Verstoß bewusst und planmäßig erfolgte und sich der Wettbewerber durch den Rechtsverstoß einen sachlich nicht gerechtfertigten Vorsprung vor seinen gesetzestreuen Mitbewerbern verschaffe oder zu verschaffen versuche. Als „wertneutral" wurde eine Norm betrachtet, die lediglich aus Gründen ordnender Zweckmäßigkeit erlassen worden war. Von diesem schematischen Dualismus ist der BGH in der bahnbrechenden **Entscheidung „Abgasemissionen" im Jahre 2000** abgerückt.[66] Den Dreh- und Angelpunkt dieser Neuorientierung bildet das Diktum, dass im Hinblick auf die Zielsetzung des § 1 aF, die Lauterkeit des Wettbewerbs im Interesse der Marktbeteiligten und der Allgemeinheit zu schützen, der darin enthaltene Begriff der „Sittenwidrigkeit" wettbewerbsbezogen auszulegen ist.[67] In der Entscheidung ging es um die Frage, ob der Vertrieb von Waren, die unter Verstoß gegen Umweltschutzvorschriften hergestellt wurden, wettbewerbswidrig sein kann, weil die dabei erzielten Kosteneinsparungen einen Wettbewerbsvorsprung ermöglichen. Der BGH hat dies verneint und sich dabei im Wesentlichen auf zwei Erwägungen gestützt:[68] 18

(1) Soweit das Wettbewerbsverhalten gegen ein Gesetz, das „dem **Schutz wichtiger Gemeinschaftsgüter** wie dem Schutz der Gesundheit der Bevölkerung dient, verstößt, indiziert die Verletzung einer derartigen wertbezogenen Norm grundsätzlich die wettbewerbsrechtliche Unlauterkeit mit der Folge, dass es regelmäßig nicht der Feststellung weiterer Unlauterkeitsmerkmale bedarf. Dies hat seinen Grund darin, dass es auch dann, wenn die verletzte Norm selbst keinen unmittelbar wettbewerbsbezogenen Zweck verfolgt, in der Zielsetzung des § 1 UWG [aF] liegt zu verhindern, dass Wettbewerb unter Missachtung gewichtiger Interessen der Allgemeinheit betrieben wird."[69] 19

(2) Etwas anderes gilt, wenn der Gesetzesverstoß dem wettbewerblichen Handeln vorausgegangen ist oder ihm erst nachfolgt, weil dann „der Gesetzesverstoß nicht mit dem Wettbewerbsverhalten selbst zusammenfällt, sondern nur in einem mehr oder weniger engen Zusammenhang mit ihm steht". Der Gesetzesverstoß macht das Wettbewerbsverhalten nur dann wettbewerbswidrig, wenn die verletzte Norm „zumindest eine sekundäre **wettbewerbsbezogene Schutzfunktion"** aufweist, also zumindest auch die Gegebenheiten eines bestimmten Marktes festlegt und so auch gleiche rechtliche Voraussetzungen für die auf dem Markt tätigen Mitbewerber schafft.[70] Diesen Begründungsansatz hat der BGH in nachfolgenden Entscheidungen in folgender Formel zusammengefasst: „Nach der neueren Rechtsprechung des Senats kommt ein Anspruch aus § 1 aF in Fällen, in denen ein bean- 20

---

[65] Vgl. dazu und zum Folgenden Großkomm/*Teplitzky* UWG § 1 Rn G1-G258; *Köhler* NJW 2002, 2761 ff; *Doepner* GRUR 2003, 825 ff.

[66] BGHZ 144, 255, 266.

[67] BGHZ 144, 255, 265 – Abgasemissionen, unter Hinweis auf *Schricker* 1970 S. 247, 275.

[68] Zusammenfassend *Köhler* NJW 2002, 2761.

[69] BGHZ 144, 255, 266 – Abgasemissionen.

[70] BGHZ 144, 255, 267, 269 – Abgasemissionen.

standetes Verhalten gegen ein Gesetz verstößt, nur dann in Betracht, wenn von dem Gesetzesverstoß zugleich eine unlautere Störung des Wettbewerbs auf dem Markt ausgeht. Es muss daher anhand einer am Schutzzweck des § 1 aF ausgerichteten Würdigung des Gesamtcharakters des Verhaltens geprüft werden, ob dieses durch den Gesetzesverstoß das Gepräge eines unlauteren Verhaltens bekommt. Der Gesetzesverstoß kann dazu allein nicht genügen, wenn die verletzte Norm nicht zumindest auch eine wettbewerbsbezogene, d. h. – entsprechend dem Normzweck des § 1 aF – eine auf die Lauterkeit des Wettbewerbs bezogene Schutzfunktion hat."[71]

21 **b) Marktzutrittsregelungen.** Einen praktisch äußerst wichtigen Aspekt berührt die Frage, ob das vom BGH für maßgeblich erachtete Kriterium des „Marktbezugs" der verletzten Norm auch **Marktzutrittsregelungen** erfasst, oder ob diese vom Anwendungsbereich der wettbewerbsrechtlichen Generalklausel ausgenommen werden. Eine Antwort hierauf findet sich in der grundlegenden Entscheidung „Elektroarbeiten",[72] mit der der BGH einen Meilenstein der weiteren Rechtsentwicklung setzte.[73] In dem Fall ging es darum, ob ein kommunales Unternehmen bereits dann einen Wettbewerbsverstoß begeht, wenn es unter Verletzung der kommunalrechtlichen Grenzen in Wettbewerb zu privaten Unternehmen tritt.[74] Zu dem Rechtsstreit war es gekommen, weil die beklagten Stadtwerke für bestimmte Elektroarbeiten ein günstigeres Angebot abgegeben hatten, als der klagende private Mitbewerber und daraufhin den Zuschlag vom Nachfrager bekommen hatten. Auf eine Prüfung, ob dieses Verhalten überhaupt einen Verstoß gegen Art. 87 BayGO darstellte, verzichtete der BGH, da es nach seiner Ansicht hierauf nicht entscheidend ankam. In der Vergangenheit hatte die Rechtsprechung darauf abgestellt, ob die kommunalrechtlichen Normen einen drittschützenden Charakter hatten, d. h., es kam darauf an, ob die kommunalrechtlichen Normen nur die Gemeinden vor den Risiken unternehmerischen Handelns oder darüber hinaus auch die privaten Mitbewerber vor dem Wettbewerb durch die öffentliche Hand schützen wollten. Da das Kommunalrecht eine Materie des Landesrechts ist, kam es zu divergierenden Entscheidungen. So hatte das OLG München[75] für Bayern die Schutzfunktion gegenüber privaten Mitbewerbern bejaht, während das OLG Karlsruhe[76] sie für Baden-Württemberg verneint hatte.[77] Der BGH hat dieser Frage keine Bedeutung beigemessen, sondern den Standpunkt eingenommen, dass das Wettbewerbsrecht von seiner Funktion her nur das Marktverhalten, insbesondere die Art und Weise des Leistungsangebots, nicht aber den Marktzutritt bewerten kann und darf.[78] In den Leitsätzen kommt dieser klare Schnitt deutlich zum Ausdruck. Dort heißt es:

22 1. „Ein Verstoß gegen die Vorschriften des Art. 87 BayGO, die der erwerbswirtschaftlichen Tätigkeit der Gemeinden Grenzen setzt, ist nicht zugleich sittenwidrig im Sinne des § 1 aF."

23 2. „Es ist nicht Sinn des § 1 aF, dem Anspruchsberechtigten zu ermöglichen, Wettbewerber unter Berufung darauf, dass ein Gesetz ihren Marktzutritt verbiete, vom Markt fernzuhalten, wenn das betreffende Gesetz den Marktzutritt nur aus Gründen verhindern will, die den Schutz des lauteren Wettbewerbs nicht berühren."

24 **c) Lauterkeitsbezug von Marktzutrittsregelungen.** Das entscheidende Kriterium, auf das der BGH abstellt und das einer Konkretisierung im Einzelfall bedarf, besteht darin, dass die verletzte Norm „zumindest eine sekundäre wettbewerbsbezogene, d. h. – entspre-

---

[71] BGH GRUR 2004, 346 – Rechtsanwaltsgesellschaft; ebenso schon BGHZ 150, 343, 347 f – Elektroarbeiten; BGH GRUR 2003, 164, 165 – Altautoverwertung; BGH GRUR 2003, 969, 970 – Ausschreibung von Vermessungsleistungen.

[72] BGHZ 150, 343, 347 f.

[73] So *Köhler* NJW 2002, 2761, 2762.

[74] Zusammenfassend *Köhler* NJW 2002, 2761, 2762.

[75] OLG München NVwZ 2000, 835.

[76] OLG Karlsruhe NVwZ 2001, 712.

[77] *Köhler* NJW 2002, 2761, 2762.

[78] So schon *Köhler* GRUR 2001, 777; ablehnend *Gröning* WRP 2002, 17.

chend dem Normzweck des § 1 aF – eine auf die Lauterkeit des Wettbewerbs bezogene Schutzfunktion hat".[79] Nach Auffassung des BGH besitzen eine solche Schutzfunktion „zB Vorschriften, die als Voraussetzung für die Ausübung bestimmter Tätigkeiten – etwa ärztlicher Behandlungen – im Interesse des Schutzes der Allgemeinheit den Nachweis besonderer fachlicher Fähigkeiten fordern".[80] Daraus folgt, dass Marktzutrittsregelungen zwar grundsätzlich, aber nicht ausnahmslos der erforderliche „Lauterkeitsbezug" fehlt. Hierauf deutet das vom BGH – wenn auch als obiter dictum – erwähnte Beispiel des fehlenden Nachweises besonderer fachlicher Fähigkeiten für ärztliche Behandlungen hin. Demnach dürfte die auf die „Lauterkeit des Wettbewerbs bezogene Schutzfunktion" tangiert sein, wenn ärztliche Leistungen von jemandem angeboten werden, der hierfür nicht die gesetzlich vorgeschriebenen Qualifikationen besitzt, weil hier das „Interesse des Schutzes der Allgemeinheit"[81] berührt wird. Der erforderliche Lauterkeitsbezug ist demnach anzunehmen, wenn es sich um Vorschriften handelt, die nicht nur den Marktzutritt, sondern auch das Marktverhalten regeln.[82]

d) „Trennungstheorie". Dieser Abgrenzungsversuch erzeugt erhebliche Rechtsunsicherheit. 25
In der Literatur ist der Verdacht geäußert worden, dass der BGH gerade mit Blick auf die Entscheidung „Elektroarbeiten"[83] im Anschluss an *Köhler*[84] auf die früher praktizierte **Trennung zwischen dem „ob" und „wie"** wettbewerbsrechtlicher, kommunaler Tätigkeit zurückgreift. Dahinter steht das Bestreben, Kompetenzkonflikte mit den Verwaltungsbehörden und -gerichten zu vermeiden.[85] Es erfolge damit eine Anlehnung an die vor allem zur Subventionsvergabe und zum Eingang zu öffentlichen Einrichtungen entwickelten Zwei-Stufen-Theorie.[86] Danach soll die Grundentscheidung, also „ob" sich die öffentliche Hand an dem Wettbewerb beteiligen dürfe, öffentlich-rechtlicher Natur sein. Das Wettbewerbsrecht regele nicht den Zugang zum Wettbewerb, sondern lediglich die Art und Weise der Betätigung auf dem Markt, d.h., „wie" sich ein Marktteilnehmer am Wettbewerb beteiligen dürfe.[87] Es wird zu Recht betont, dass die Frage, ob die Zwei-Stufen-Theorie, wonach zwischen der ersten Stufe, auf der nach Maßgabe des öffentlichen Rechts über das „ob" der Leistungsgewährung einschließlich der Person des Begünstigten und der grundlegenden Bewilligungsbedingungen entschieden wird, und einer zweiten Stufe, auf welcher die Abwicklung der Begünstigungen näher geregelt wird und die sich nach dem Privatrecht bestimmt, im vorliegenden Zusammenhang keiner abschließenden Entscheidung bedarf.[88] Allerdings wird darauf hingewiesen, dass diese zweistufige öffentlich-rechtliche und privatrechtliche Betrachtungsweise zunehmend als eine unrealistische Aufspaltung einheitlicher Lebensverhältnisse oder als rechtsstaatlich überholt angesehen wird.[89]

e) Kritik. Ausschlaggebend für die Vorhersehbarkeit künftiger Entscheidungen und da- 26
mit für den Aspekt der Rechtssicherheit ist, dass der BGH die von der Zwei-Stufen-Theorie vorgezeichnete strikte Trennung zwischen den Regelungen, die den Marktzutritt betreffen, und solchen, die das Marktverhalten bestimmen, nicht konsequent praktiziert. Es mag durchaus sein, dass eine solche Differenzierung, wenn auch mit Mühe, möglich ist und einigermaßen verlässliche Ergebnisse hervorbringt. In der Entscheidung „Elektroarbei-

---

[79] BGHZ 150, 343, 348 – Elektroarbeiten.
[80] BGHZ 150, 343, 348 – Elektroarbeiten; unter Hinweis auf *Köhler* GRUR 2001, 777, 781.
[81] BGHZ 150, 343, 348 – Elektroarbeiten.
[82] *Köhler* GRUR 2001, 777, 781.
[83] BGHZ 150, 343 – Elektroarbeiten.
[84] *Köhler* GRUR 2001, 777 ff.
[85] Vgl. dazu und zum Folgenden *Doepner* WRP 2003, 1292, 1298 ff.
[86] Zur Herkunft dieser Differenzierung *Schliesky* S. 304.
[87] Vgl. BGH WRP 1974, 397, 398 – Schilderverkauf; BGH WRP 1987, 22, 24 – Kommunaler Bestattungswirtschaftsbetrieb; vgl. auch hinsichtlich der sozialrechtlichen Schranken der wirtschaftlichen Betätigung von Ersatzkassen BGH WRP 1995, 475 – Sterbegeldversicherung; zustimmend *Badura* DÖV 1998, 818, 822; *Köhler* GRUR 2001, 777, 780 ff; *Piper* GRUR 1986, 574, 578; *Tomerius* LKV 2000, 41, 44 f.
[88] So *Doepner* WRP 2003, 1292, 1298 f.
[89] Vgl. *Schoch/Ehlers* VwGO § 40 Rn 255 ff mwN.

ten" wird die Dichotomie zwischen Marktzutritt und Marktverhaltensvorschriften aber von vorneherein dadurch durchbrochen, dass „Vorschriften, die als Voraussetzung für die Ausübung bestimmter Tätigkeiten – etwa ärztlicher Behandlungen – im Interesse des Schutzes der Allgemeinheit den Nachweis besonderer fachlicher Fähigkeiten fordern" und damit elementare Marktzutrittsregelungen, die für eine wettbewerbsrechtliche Prüfung erforderliche „wettbewerbsbezogene Schutzfunktion" erfüllen.[90] Verallgemeinernd gesprochen bedeutet dies, dass Marktzutrittsregelungen, jedenfalls dann, wenn von ihnen **elementare Interessen des Schutzes der Allgemeinheit** berührt werden, im Falle einer Verletzung geeignet sind, eine Wettbewerbswidrigkeit wegen Rechtsbruchs zu begründen. Damit verliert die Unterscheidung zwischen „marktzutrittsbezogenen" und „marktverhaltensbezogenen" außerwettbewerbsrechtlichen Normen weitgehend ihre Differenzierungsfunktion, und die Rechtsklarheit und Rechtssicherheit werden ganz erheblich in Frage gestellt. In der Literatur ist die vom BGH intendierte Abgrenzung zwischen Marktzutritts- und Marktverhaltensregelungen auf grundsätzliche Ablehnung gestoßen. Die namentlich von *Doepner* geäußerte Kritik[91] richtet sich einerseits gegen die praktische Handhabbarkeit der Differenzierung und andererseits gegen deren inhaltliche Berechtigung.

27 Es wird zu Recht geltend gemacht, dass die dem dogmatischen Ansatz des BGH zugrunde liegende Vorstellung der strikten Trennung eines öffentlich-rechtlich zu beurteilenden Marktzutritts und des privatrechtlich-wettbewerbsrechtlich zu würdigenden Marktverhaltens konstruiert wirkt.[92] Mit Blick auf die Entscheidung „Elektroarbeiten"[93] wird darauf aufmerksam gemacht, dass der zu beurteilende Marktauftritt der Kommune einschließlich der hierauf bezogenen Marktzutrittsentscheidungen vom Marktverhalten nicht zu trennen ist. „Ob" und „wie" sind Bestandteile einer einheitlichen Kausalkette und aus wirtschaftlich-wettbewerbsrechtlicher Sicht eine **untrennbare Einheit.**[94] In der Tat stellt die Marktzutrittsentscheidung als solche ein rein subjektives Element dar, mit dem der Konkurrent auf dem Markt nicht konfrontiert wird; dies geschieht erst mit einem diese rechtswidrige Marktzutrittsentscheidung umsetzenden und damit ebenfalls illegalen Marktverhalten.[95] Der Marktzutritt ist das erste Marktverhalten. Es wird ferner darauf hingewiesen, dass sich diese Differenzierung des BGH nicht in die allgemein anerkannten Grundsätze zur Auslegung der wettbewerbsrechtlichen Generalklausel einfügt, wonach bei der Beurteilung eines Wettbewerbsverhaltens stets die gesamten Umstände, unter denen sich dieses im Einzelfall vollzogen hat, zu berücksichtigen sind. In Abkehr zur früher von *Kohler*[96] vertretenen Lehre des freien Wettbewerbs, wonach eine Wettbewerbshandlung stets für sich allein, gewissermaßen „ohne Vor- und Rückschau", zu würdigen ist, gilt es heute als ein fest etabliertes Prinzip, das auf das **Gesamtverhalten** abzustellen ist.[97] Dementsprechend hat der wettbewerbsrechtlich zu beurteilende Gesamtcharakter des Geschehens auch Anlass, Zweck, Mittel, Begleitumstände und Auswirkungen einschließlich Nachwirkungen zu berücksichtigen.[98]

28 Im Hinblick auf die sachliche Rechtfertigung des vom BGH neuerdings verfolgten Ansatzes einer Trennung zwischen Marktzutritt und Marktverhalten wird zu Recht eingewandt, dass illegaler Wettbewerb in einer rechtsstaatlich verfassten Wettbewerbsordnung nicht akzeptabel sein sollte.[99] Dementsprechend wird es als „befremdlich" bezeichnet, wenn

[90] Vgl. BGHZ 150, 343, 348 – Elektroarbeiten.
[91] *Doepner* WRP 2003, 1292, 1298 ff.
[92] Vgl. dazu und zum Folgenden *Doepner* WRP 2003, 1292, 1299.
[93] BGHZ 150, 343, 347 f.
[94] *Doepner* WRP 2003, 1292, 1298 ff; ebenso *Dreher* ZIP 2002, 1648, 1649; *Frenz* WRP 2002, 1367, 1369; *Otto* GewArch 2001, 360, 364; *Schünemann* WRP 2000, 1001, 1003; vgl. auch *Schoch/Ehlers* VwGO § 40 Rn 258 mwN.
[95] So *Schultz-Süchting* GRUR 1974, 700, 701.
[96] *Kohler* S. 26 ff.
[97] *Piper/Ohly* UWG § 4.11 Rn 11/323, § 3 Rn 12.
[98] Vgl. BGHZ 81, 291, 295 – Bäcker-Fachzeitschrift; BGHZ 123, 330, 334 – Folgeverträge I; BGH WRP 1998, 857–1000 DM Umwelt-Bonus; *Piper/Ohly* UWG § 4.11 Rn 11/323.
[99] *Doepner* WRP 2003, 1292, 1300.

der BGH in der Entscheidung „Elektroarbeiten“ berechtigte Bedenken gegenüber der Legalität des Marktzutritts eines öffentlichen Unternehmens mit folgenden Worten für unbeachtlich erklärt:[100]

„Unter dem Gesichtspunkt des Wettbewerbsrechts, zu dessen Zielen der Schutz der Freiheit des Wettbewerbs gehört, ist vielmehr jede Belebung des Wettbewerbs, wie sie uU auch vom Marktzutritt der öffentlichen Hand ausgehen kann, grundsätzlich erwünscht.“ Dem ist entgegenzuhalten, dass eine illegale Teilnahme am Wettbewerb ganz besonders unerwünscht ist. Um ein Bild aus dem Sport zu verwenden: Wer an einem sportlichen Wettkampf teilnimmt, für den er nicht zugelassen ist, weil er nicht qualifiziert ist, ist besonders unfair, weil er durch sein Verhalten den Ausgang des Wettkampfs beeinflusst, ohne hierzu berechtigt zu sein. Der wesentliche Schutzzweck des Wettbewerbsrechts besteht darin, im Interesse der Allgemeinheit die **Funktionsfähigkeit des Wettbewerbs** sicherzustellen und im Interesse der Marktteilnehmer deren Ausübung von Freiheitsrechten vor Verfälschungen zu bewahren.[101] Vor diesem Hintergrund ist es nur konsequent, ein Marktverhalten, das auf einem illegalen Marktzutritt beruht, als eine besonders gravierende Form unlauteren Wettbewerbs zu qualifizieren.[102] Dem berechtigten Anliegen, einer Ausuferung der Fallgruppe „unlauterer Wettbewerb durch Rechtsbruch“ entgegenzuwirken, kann entsprechend dem Grundsatz „minima non curat praetor“ durch eine strenge Prüfung einer wettbewerbsrechtlichen Relevanz Rechnung getragen werden.[103] Diese kann sich in Bezug auf die Konkurrenzsituation („par condicio concurrentium“) daraus ergeben, dass der Rechtsverstoß dazu geeignet ist, dem Rechtsverletzer einen spürbaren Wettbewerbsvorsprung zu verschaffen.[104] Handelt es sich um Verstöße gegen verbraucherschützende Normen oder solche Vorschriften, die Interessen der Allgemeinheit schützen, bedarf es der Feststellung, dass die Wettbewerbslage möglicherweise spürbar beeinflusst wird.[105] 29

2. Die Absicht des Gesetzgebers

a) Formulierung des Gesetzes. Der von der neuen Rechtsprechung des BGH verfolgte Ansatz eines „Marktverhaltensbezuges“ spiegelt sich auch in der Formulierung des § 4 Nr. 11 wider, wo davon die Rede ist, dass eine Unlauterkeit im Sinne des § 3 insbesondere anzunehmen ist, wenn einer gesetzlichen Vorschrift zuwidergehandelt wird, „die auch dazu bestimmt ist, im Interesse der Marktteilnehmer das Marktverhalten zu regeln“. 30

b) Gesetzesbegründung. Auch in der Gesetzesbegründung wird auf die jüngste Rechtsprechung des BGH sowie den in der Literatur geführten Streit über die Relevanz von Marktzutrittsregelungen für die Beurteilung der Unlauterkeit Bezug genommen. 31

Dort heißt es:[106] „Der Tatbestand des Nr. 11 betrifft die Fälle des Wettbewerbsverstoßes durch Rechtsbruch. Es ist allerdings mit Blick auf den Schutzzweck nicht Aufgabe des Wettbewerbsrechts, Gesetzesverstöße generell zu sanktionieren. Daher ist die Vorschrift so gefasst, dass nicht jede Wettbewerbshandlung, die auf dem Verstoß gegen eine gesetzliche Vorschrift beruht, wettbewerbswidrig ist. Vielmehr wurde eine Beschränkung danach vorgenommen, dass der verletzten Norm zumindest eine sekundäre Schutzfunktion zu Gunsten des Wettbewerbs zukommen muss. Es wird dementsprechend nur ein Verstoß gegen solche Normen erfasst, die zumindest auch das Marktverhalten im Interesse der Marktbeteiligten regeln. Dies entspricht der neueren Rechtsprechung zu § 1 aF.[107] 32

---

[100] BGHZ 150, 343, 347 f – Elektroarbeiten.
[101] *Piper/Ohly* UWG § 1 Rn 30.
[102] So zutreffend *Doepner* WRP 2003, 1292, 1301; idS auch *Piper/Ohly* UWG § 4 Nr. 11 Rn 11/43; kritisch auch Harte/Henning/*v. Jagow* UWG § 4 Nr. 11 Rn 32; Gloy/Loschelder/*Hasselblatt* § 50 Rn 18.
[103] *Doepner* GRUR 2003, 825, 832.
[104] *Doepner* GRUR 2003, 825, 832; ebenso *Schricker/Henning-Bodewig* WRP 2001, 1367, 1405, unter Hinweis auf die spanische Regelung; → Rn 13.
[105] *Doepner* GRUR 2003, 825, 832; *Schricker/Henning-Bodewig* WRP 2001, 1367, 1407.
[106] Begr. RegE BT-Drucks. 15/1487 S. 19 (zu § 4 Nr. 11).
[107] Vgl. BGH GRUR 2002, 825 – Elektroarbeiten.

33 Die vorgenommene Einschränkung schließt nicht aus, dass auch Verstöße gegen Marktzutrittsregelungen vom Tatbestand erfasst sein können. Dies gilt jedenfalls dann, wenn die Marktzutrittsregelung eine auf die Lauterkeit des Wettbewerbs bezogene Schutzfunktion hat und somit auch zugleich das Marktverhalten regelt. Hiervon ist insbesondere bei Vorschriften auszugehen, die als Voraussetzung für die Ausübung bestimmter Tätigkeiten den Nachweis besonderer fachlicher Fähigkeiten fordern. Damit werden lediglich die wesentlichen Aussagen der Entscheidung „Elektroarbeiten"[108] referiert und die Frage, ob bzw inwieweit „Marktzutrittsregelungen" eine auf die Lauterkeit des Wettbewerbs bezogene Schutzfunktion besitzen und demzufolge vom Beispielstatbestand des § 4 Nr. 11 erfasst werden, offen gelassen. Sie bleibt damit der Beantwortung durch die Rechtsprechung überlassen.

34 Ein Blick auf die Entstehungsgeschichte der Regelung des § 4 Nr. 11 zeigt, dass zunächst vorgeschlagen wurde, expressis verbis auch solche Regelungen in den Beispielstatbestand einzubeziehen, die den „Marktzutritt" regeln. So war im Referentenentwurf vom 23. 1. 2003[109] eine Formulierung vorgesehen, wonach es unlauter ist, gesetzlichen Vorschriften zuwider zu handeln, „die auch dazu bestimmt sind, im Interesse der Marktteilnehmer das Marktverhalten oder den Marktzutritt zu regeln". In der Begründung des Referentenentwurfs[110] wurde hierzu ausgeführt: „Es wird ... nur ein Verstoß gegen solche Normen erfasst, die zumindest auch das Marktverhalten oder den Marktzutritt im Interesse der Marktbeteiligten regeln. Dies entspricht auch der neueren Rechtsprechung zu § 1 aF."[111]

35 **c) Stellungnahme des Bundesrates.** In seiner Stellungnahme vom 20. 6. 2003 hatte der Bundesrat[112] vorgeschlagen, die in § 4 Nr. 11 vorgesehene Fallgruppe durch die Fallvariante der Verletzung von Marktzutrittsschranken zu ergänzen und die Forderung erhoben, die Vorschrift sollte dahin erweitert werden, dass auch Verstöße gegen gesetzliche Vorschriften, die im Interesse der Marktteilnehmer den Marktzutritt regeln, als unlautere Wettbewerbshandlungen gelten.

36 Richtig ist zwar, wie in der Gesetzesbegründung ausgeführt wird, dass es nicht Aufgabe des Wettbewerbsrechts ist, Gesetzesverstöße generell zu sanktionieren, weshalb nicht jede Wettbewerbshandlung, die auf dem Verstoß gegen eine gesetzliche Vorschrift beruht, wettbewerbswidrig ist. Immer dann jedoch, wenn der verletzten Norm im Interesse vorhandener Marktteilnehmer zumindest eine sekundäre Schutzfunktion zu Gunsten des Wettbewerbs zukommt, erscheint es gerechtfertigt, Verstöße gegen solche Normen als wettbewerbswidrig einzustufen und dadurch beeinträchtigten Unternehmen einen Unterlassungsanspruch zuzubilligen.

37 Der **Begründung des Bundesrates** ist ferner zu entnehmen, dass er im Unterschied zur Bundesregierung nicht die Rechtsprechung des BGH, sondern der Oberlandesgerichte in Bayern und Nordrhein-Westfalen hinsichtlich der kommunalrechtlichen „Marktzutrittsregelungen" für überzeugend hält.[113] Im Interesse einer Chancengleichheit zwischen privatwirtschaftlichen Unternehmen, vor allem des Mittelstands, und kommunalen Betrieben, sei eine konsequente Durchsetzung der gemeindewirtschaftsrechtlichen Subsidiaritätsregeln geboten. Angesichts gravierender öffentlich-rechtlicher Rechtsschutzdefizite müssten die privatwirtschaftlichen Unternehmen in die Lage versetzt werden, wettbewerbsrechtlichen Schutz bei den zivilen Gerichten zu erlangen.

---

[108] BGHZ 150, 343 – Elektroarbeiten.
[109] GRUR 2003, 298 zu § 4 Nr. 12 (entspricht dem jetzigen § 4 Nr. 11).
[110] GRUR 2003, 298, 307.
[111] Vgl. BGH GRUR 2002, 825 – Elektroarbeiten.
[112] BT-Drucks. 15/1487 (Anlage 2) S. 31 (zu § 4 Nr. 11).
[113] Vgl. OLG Hamm NJW 1998, 3504 – Gelsengrün; ähnlich auch OLG Düsseldorf WRP 1997, 42 – Nachhilfeunterricht in der Volkshochschule; OLG Düsseldorf NVwZ 2000, 111 – Altautoverwertung; OLG Düsseldorf WRP 2001, 1086 – Gemeindliches Beteiligungsunternehmen; OLG München OLGR 2000, 221 – Elektroarbeiten, aufgehoben durch BGHZ 150, 343 – Elektroarbeiten; aA OLG Karlsruhe DVBl. 2001, 832.

Wörtlich hat der Bundesrat hierzu in seiner **Stellungnahme** Folgendes ausgeführt: „Die Vorschrift sollte dahin erweitert werden, dass auch Verstöße gegen gesetzliche Vorschriften, die im Interesse der Marktteilnehmer den Marktzutritt regeln, als unlautere Wettbewerbshandlungen gelten. Richtig ist zwar, wie in der Gesetzesbegründung ausgeführt wird, dass es nicht Aufgabe des Wettbewerbsrechtes ist, Gesetzesverstöße generell zu sanktionieren, weshalb nicht jede Wettbewerbshandlung, die auf dem Verstoß gegen eine gesetzliche Vorschrift beruht, wettbewerbswidrig ist. Immer dann jedoch, wenn der verletzten Norm im Interesse vorhandener Marktteilnehmer zumindest eine sekundäre Schutzfunktion zu Gunsten des Wettbewerbs zukommt, erscheint es gerechtfertigt, Verstöße gegen solche Normen als wettbewerbswidrig einzustufen und dadurch beeinträchtigten Unternehmen einen Unterlassungsanspruch zuzubilligen. Abweichend von der in der Gesetzesbegründung erwähnten neueren Rechtsprechung des BGH würde damit in Übereinstimmung mit mehreren Urteilen verschiedener Oberlandesgerichte in Bayern und Nordrhein-Westfalen klargestellt, dass die Bestimmung einen wettbewerbsrechtlichen Unterlassungsanspruch gegenüber der wirtschaftlichen Betätigung von Gemeinden bzw insbesondere ihren privatrechtlich organisierten Tochtergesellschaften begründen kann, soweit diese die für sie nach Maßgabe der jeweiligen Gemeindeordnung der Länder geltenden gemeindewirtschaftsrechtlichen Subsidiaritätsregelungen missachten und sich im Widerspruch zu diesen Vorschriften erwerbswirtschaftlich betätigen. Derartige Rechtsverstöße künftig mit den Mitteln des Wettbewerbsrechtes zu sanktionieren, erscheint angesichts der ausufernden, weit über den Kernbereich der Daseinsvorsorge hinausgehenden wirtschaftlichen Betätigungen der Gemeinden wirtschaftspolitisch geboten. Besonders benachteiligt und in ihrer Wettbewerbsfreiheit beeinträchtigt durch solche kommunalen Wirtschaftsaktivitäten sind kleine und mittlere Betriebe in Mittelstand und Handwerk, die – anders als kommunale Unternehmen – weder über eine garantierte Finanzausstattung noch über günstige Finanzierungsmöglichkeiten verfügen und zudem einem permanenten Insolvenzrisiko unterliegen. Chancengleichheit im Wettbewerb zwischen privatwirtschaftlichen Unternehmen des Mittelstandes und kommunalen Betrieben, in deren Rahmen sich das leistungsstärkere Unternehmen am Markt durchsetzen sollte, ist infolgedessen nicht gegeben. Die nicht zuletzt deshalb gerade zum Schutz der Privatwirtschaft vor zunehmender Konkurrenz kommunaler Wirtschaftstätigkeit in den vergangenen Jahren in Gemeindeordnungen der Länder eingeführten bzw verschärften Subsidiaritätsklauseln haben faktisch allerdings nicht die beabsichtigte begrenzende Wirkung gegenüber der Marktteilnahme kommunaler Unternehmen gezeitigt. Ein wesentlicher Grund dafür, dass diese öffentlich-rechtlichen Vorschriften in der Praxis vielfach leer laufen, dürfte darin liegen, dass sie von den Verwaltungsgerichten nicht als drittschützend angesehen werden, so dass es gegenwärtig an einem angemessenen Rechtsschutz privatwirtschaftlicher Unternehmen gegen den rechtswidrigen, die Grenzen der jeweiligen Gemeindeordnung überschreitenden Marktzutritt kommunaler Wirtschaftsunternehmen fehlt. Dieses gravierende Rechtsschutzdefizit sollte mit Hilfe der vorgeschlagenen Änderung des § 4 Nr. 11 UWG-E beseitigt werden.“ [114] 38

d) Gegenäußerung der Bundesregierung. Die vom Bundesrat erhobene und überzeugend begründete Forderung wurde von der Bundesregierung nicht aufgegriffen. Die **Gegenäußerung der Bundesregierung** lautet wie folgt: „Der Bundesrat führt beachtliche Gründe dafür an, auch Marktzutrittsregelungen ohne Bezug zum Marktverhalten vom Rechtsbruchtatbestand des § 4 Nr. 11 UWG-E zu erfassen. Nicht von der Hand zu weisen sind allerdings auch Bedenken, die von kommunaler Seite geltend gemacht werden, dass nämlich das UWG als Zivilrecht keine strukturpolitische Zielsetzung habe. Diese Fragen bedürfen noch vertiefter Prüfung bei den Beratungen des Deutschen Bundestages. Dabei wird zu erwägen sein, ob es nicht sachgerechter erscheint, die Überschreitung der rechtlichen Grenzen, die der erwerbswirtschaftlichen Betätigung der öffentlichen Hand gesetzt sind, im öffentlichen Recht zu sanktionieren. So könnten beispielsweise im Landesrecht die 39

[114] BT-Drucks. 15/1487 (Anlage 2) S. 31 (zu § 4 Nr. 11).

gemeindewirtschaftlichen Subsidiaritätsklauseln mit einer drittschützenden Wirkung versehen werden, um Mitbewerbern die Möglichkeit zu geben, gegen einschlägige Verstöße vor den Verwaltungsgerichten zu klagen."[115]

40 **e) Änderungsantrag im Rechtsschuss.** Auf dieselben Gründe wie der Bundesrat stützte sich auch der von der **Fraktion der FDP im Rechtsausschuss** gestellte Änderungsantrag, „(i)n § 4 Nr. 11 ... nach dem Wort ‚Marktverhalten' die Wörter ‚oder den Marktzutritt' einzufügen".[116] Begründet wurde der Änderungsantrag, der sich nicht durchsetzen konnte, wie folgt:

41 „Hierdurch soll erreicht werden, dass auch Verstöße gegen gesetzliche Vorschriften, die im Interesse der Marktteilnehmer den Marktzutritt regeln, als unlautere Wettbewerbshandlungen gelten. Dies ist erforderlich, um insbesondere der exzessiven erwerbswirtschaftlichen Betätigung von Gemeinden in immer neuen Bereichen, zB beim Garten-, Landschafts- und Sportplatzbau, Grenzen zu ziehen. Die in die Gemeindeordnungen der Länder eingeführten Subsidiaritätsklauseln laufen vielfach leer, da sie von den Verwaltungsgerichten nicht als drittschützend angesehen werden. Privatwirtschaftliche Unternehmen haben deshalb nach geltendem Recht häufig keine Möglichkeit, sich gegen einen die Grenzen der jeweiligen Gemeindeordnung überschreitenden Marktzutritt kommunaler Wirtschaftsunternehmen zu wehren. Dass insoweit ein Rechtsschutzdefizit besteht, wird auch von der Bundesregierung anerkannt. Jedoch ist der Hinweis auf die Länder, die ihre gemeindewirtschaftlichen Subsidiaritätsklauseln mit einer drittschützenden Wirkung versehen könnten, wenig überzeugend. Die Länder werden hieran regelmäßig kein Interesse haben, da sie anderenfalls ‚ihren Kommunen' die Möglichkeit nehmen würden, durch erwerbswirtschaftliche Betätigungen zusätzliche Einnahmequellen zu erschließen. Auch begegnet eine entsprechende Regelung im UWG keinen systematischen Bedenken. Den gemeindewirtschaftlichen Subsidiaritätsklauseln kommt eine zumindest sekundäre Schutzfunktion zu Gunsten des Wettbewerbs zu, so dass es gerechtfertigt erscheint, Verstöße hiergegen als wettbewerbswidrig einzustufen und betroffenen Unternehmen einen Unterlassungsanspruch zuzubilligen."[117]

42 **f) Fazit.** Die vorliegende Fassung des § 4 Nr. 11 ist gerade vor dem Hintergrund ihrer Entstehungsgeschichte, also mit Blick auf die bewusste Ausklammerung von Marktzutrittsregelungen aus dem Gesetzestext und die Beschränkung auf solche gesetzlichen Vorschriften, die auch dazu bestimmt sind, das „Marktverhalten" zu regeln, als ein Kompromiss zu verstehen. Damit wird der von der Rechtsprechung des BGH in der Entscheidung „Elektroarbeiten"[118] eingeschlagene Weg beschritten. Diese Einschätzung bestätigt auch ein Blick in die Begründung des Regierungsentwurfs.[119]

II. Zusammenfassung und Ausblick

1. Die wesentlichen Beurteilungskriterien

43 Im Lichte der Rechtsprechung des BGH und der Entstehungsgeschichte des Beispielstatbestandes nach § 4 Nr. 11 ist davon auszugehen, dass sich die Rechtslage hinsichtlich der Fallgruppe des Rechtsbruchs wie folgt darstellt:

---

115 BT-Drucks. 15/1487 (Anlage 3) S. 41 (zu Nr. 10 – zu § 4 Nr. 11).

116 Beschlussempfehlung und Bericht des Rechtsausschusses (6. Ausschuss) zu dem Gesetzentwurf der Bundesregierung – BT-Drucks. 15/1487 – Entwurf eines Gesetzes gegen den unlauteren Wettbewerb (UWG), BT-Drucks. 15/2795 (Beschlussempfehlung vom 24. 3. 2004) S. 19.

117 Beschlussempfehlung und Bericht des Rechtsausschusses (6. Ausschuss) zu dem Gesetzentwurf der Bundesregierung – BT-Drucks. 15/1487 – Entwurf eines Gesetzes gegen den unlauteren Wettbewerb (UWG), BT-Drucks. 15/2795 (Beschlussempfehlung vom 24. 3. 2004) (Begr. des Änderungsantrages der Fraktion der FDP zu § 4 Nr. 11) S. 19.

118 BGHZ 150, 343 – Elektroarbeiten.

119 Begr. RegE BT-Drucks. 15/1487 S. 19 (zu § 4 Nr. 11).

1. Ausgangspunkt ist der Grundsatz, dass nur ein Verstoß gegen solche Normen erfasst wird, die zumindest auch das Marktverhalten im Interesse der Marktbeteiligten regeln.
2. Der Verstoß gegen Marktzutrittsregelungen ist grundsätzlich nicht dazu geeignet, einen Wettbewerbsverstoß zu begründen.
3. Bei einem Verstoß gegen Vorschriften über den Marktzutritt kann sich eine Wettbewerbswidrigkeit ausnahmsweise daraus ergeben, dass die verletzte Norm eine wettbewerbsbezogene, d.h. eine auf die Lauterkeit des wettbewerbsbezogene Schutzfunktion hat.
4. Eine solche Schutzfunktion besitzen zB Vorschriften, die als Voraussetzung für die Ausübung bestimmter Tätigkeiten – etwa ärztlicher Behandlungen – im Interesse des Schutzes der Allgemeinheit den Nachweis besonderer fachlicher Fähigkeiten fordern.[120]

2. Abgrenzungsprobleme

Das zuletzt genannte Kriterium, das für die Annahme einer wettbewerbsrechtlichen Relevanz herangezogen wird, ist in der Sache völlig berechtigt. Es liegt auf der Hand, dass das Wettbewerbsrecht nicht die Augen davor verschließen kann, wenn ein „selbst ernannter Arzt", der über keinerlei fachliche Nachweise verfügt, gefährliche Heilbehandlungen durchführt. Andererseits ist nicht zu verkennen, dass diese Relativierung der grundsätzlich postulierten Ausklammerung von Marktzutrittsregelungen aus dem Kreis der wettbewerbsrechtlich relevanten Normen zu **kaum überwindbaren Abgrenzungsschwierigkeiten und erheblicher Rechtsunsicherheit** führt. Im Gegensatz zu den Prämissen, auf die sich der BGH in der Entscheidung „Abgasemissionen"[121] stützt, ist einem Verstoß gegen umweltrechtliche Vorschriften durch Überschreitung der zulässigen Grenzwerte für Abgasemissionen der „Wettbewerbsbezug" nicht abzusprechen, da die Bestimmungen (wie auch der BGH einräumt)[122] „dem Schutz überragend wichtiger Gemeinschaftsgüter dienen, insbesondere dem Schutz der Menschen und der Umwelt vor schädlichen Umwelteinwirkungen". Das rein formale Argument, dass die Unlauterkeit nicht indiziert wird, weil der Gesetzesverstoß dem wettbewerblichen Handeln vorausgegangen ist oder ihm erst nachfolgt und deshalb „nicht mit dem Wettbewerbsverhalten selbst zusammenfällt, sondern nur in einem mehr oder weniger engen Zusammenhang mit ihm steht",[123] befindet sich im klaren Widerspruch zu dem allgemein anerkannten Grundsatz, dass zur Beurteilung wettbewerblichen Verhaltens eine Gesamtbewertung vorzunehmen ist.[124] 44

3. Die Ausgrenzung kommunalrechtlicher Marktzutrittsregelungen

Eine klar absehbare, aber fragwürdige Konsequenz der vom BGH vorgenommenen Differenzierungen besteht darin, dass jedenfalls **kommunalrechtliche Marktzutrittsregelungen** über die wirtschaftliche Betätigung der öffentlichen Hand aus dem Kreis der Normen ausgegrenzt wird, die geeignet sind, einen Wettbewerbsverstoß zu begründen. Damit wird de facto ein rechtsfreier Raum geschaffen, weil den privaten Mitbewerbern keine Möglichkeiten zur Verfügung stehen, sich gegen erwerbswirtschaftliche Betätigungen kommunaler Unternehmen zu wehren, selbst wenn sie auf einem eindeutig rechtswidrigen Verhalten beruhen. Eine verwaltungsgerichtliche Überprüfung bleibt ihnen in der Regel verschlossen, da die maßgeblichen Normen nicht als drittschützend anerkannt werden. Die öffentliche Hand erhält damit eine „carte blanche", ihre exzessive Expansionspolitik fortzusetzen, die zu einer ganz erheblichen Verzerrung des Wettbewerbs führt. Der gesamte Bereich der sog. „Drittmittelforschung" der Universitäten, die unter dem Deckmantel der Grundlagenforschung eine Vielzahl von „Wirtschaftsunternehmen" betreiben, die sich 45

---

[120] BGHZ 150, 343, 348 – Elektroarbeiten.
[121] BGHZ 144, 255.
[122] BGHZ 144, 255, 265 f – Abgasemissionen.
[123] BGHZ 144, 255, 267 – Abgasemissionen.
[124] → Rn 27.

öffentlicher Einrichtungen bedienen und damit einen völlig ungerechtfertigten Vorsprung vor ihrer privaten Konkurrenz verschaffen, bleibt einer wett-bewerbsrechtlichen Kontrolle gänzlich entzogen. Es zeigt sich einmal mehr, dass das viel beschworene Postulat der Förderung des freien Wettbewerbs ein Lippenbekenntnis ist und dass im Zweifel der staatliche Protektionismus der erwerbswirtschaftlichen Aktivitäten der öffentlichen Hand auf Kosten privater Konkurrenz die Oberhand gewinnt. Eine rechtswidrige Wettbewerbsverzerrung wird durch das Wettbewerbsrecht konserviert. Da auch das Öffentliche Recht keine Handhabe bietet, entsteht ein rechtsfreier Raum. Damit wird gegen die verfassungsrechtliche Garantie der Gewährleistung eines effektiven Rechtsschutzes verstoßen.

4. Eigener Ansatz

46 Den **maßgeblichen Ansatz** für die wettbewerbsrechtliche Beurteilung sollten zwei Kriterien bilden, nämlich einerseits die Frage, ob die vom UWG geschützten Interessen spürbar und nachhaltig durch den Rechtsbruch beeinträchtigt werden und andererseits, ob sich der Rechtsverletzer gegenüber den Mitbewerbern einen Vorsprung verschafft.[125] Maßgebend sollte die ökonomisch ausgerichtete Erwägung sein, „dass das Wettbewerbsrecht nicht hinnehmen darf, dass durch die Missachtung der Rechtsordnung, welche die normative par condicio concurrentium aller Marktteilnehmer bildet, Delinquenzrenten, marktleistungsfremde Einkommen durch Rechtsbruch, erzielt werden".[126] Diese Einwände ändern nichts daran, dass die vom BGH entwickelten Grundsätze mitsamt der ihnen immanenten subtilen Abgrenzungsprobleme für die weitere Entwicklung der Fallgruppe des Rechtsbruchs maßgebend sein werden. Bezugspunkte der Beurteilung bilden die **Entscheidungen „Abgasemissionen"**[127] **bzw „Elektroarbeiten"**,[128] mit denen für die Fallgruppe des Rechtsbruchs eine neue Zeitrechnung begonnen hat. Insbesondere auf das zuletzt genannte Urteil wird vom BGH in seiner neueren Rechtsprechung verwiesen.[129] Frühere Entscheidungen zur Fallgruppe des Wettbewerbsverstoßes durch Rechtsbruch besitzen kaum noch Verbindlichkeit; auf sie kann allenfalls mit größter Vorsicht zurückgegriffen werden.[130]

C. Der Rechtsbruchtatbestand

I. Verhältnis zu § 3

1. Erfordernis einer geschäftlichen Handlung

47 Entsprechend der allgemeinen Konzeption, die hinter der Rollenverteilung zwischen der Generalklausel des § 3 und den Beispielstatbeständen des § 4 steht, exemplifiziert und konkretisiert § 4 Nr. 11 lediglich den Unlauterkeitstatbestand. Dementsprechend müssen die **in § 3 genannten allgemeinen Voraussetzungen** erfüllt sein. Der Wettbewerbsverstoß durch Rechtsbruch muss daher eine **„geschäftliche Handlung"** im Sinne der Definition des § 2 Abs. 1 Nr. 1 darstellen. Darunter ist jedes Verhalten einer Person zugunsten des eigenen oder eines fremden Unternehmens vor, bei oder nach einem Geschäftsabschluss zu

[125] In diesem Sinne auch *Schricker/Henning-Bodewig* WRP 2001, 1367, 1405 in Anknüpfung an die spanische Regelung; idS auch die Rechtsprechung des öOGH sowie *Glöckner* GRUR 2008, 960, 964 ff, → Rn 12.

[126] *Schünemann* WRP 2001, 466, 469.

[127] BGHZ 144, 255 – Abgasemissionen.

[128] BGHZ 150, 343, 347 f – Elektroarbeiten.

[129] Vgl. BGH GRUR 2004, 346 – Rechtsanwaltsgesellschaft, unter Hinweis auf BGHZ 150, 343, 347 f – Elektroarbeiten; BGH GRUR 2003, 164, 165 – Altautoverwertung; GRUR 2003, 969, 970 – Ausschreibung von Vermessungsleistungen.

[130] In diesem Sinne auch *Köhler* GRUR 2004, 381, 389.

verstehen, das mit der Förderung des Absatzes oder des Bezugs von Waren oder Dienstleistungen oder mit dem Abschluss oder der Durchführung eines Vertrags über Waren oder Dienstleistungen objektiv zusammenhängt. Als Waren gelten auch Grundstücke, als Dienstleistungen auch Rechte und Verpflichtungen. Die geschäftliche Handlung muss darüber hinaus geeignet sein, die Interessen der Mitbewerber, der Verbraucher oder der sonstigen Marktteilnehmer spürbar zu beeinträchtigen (§ 3 Abs. 1).

2. Rückgriff auf die Generalklausel

Ebenso wie die Beispielstatbestände des § 4 im Allgemeinen bildet auch der Rechts- 48
bruchtatbestand keine abschließende Regelung.[131] Demzufolge steht auch der Wortlaut des § 4 Nr. 11, wonach der Tatbestand sich auf den Verstoß gegen eine „gesetzliche Vorschrift" beschränkt, einem Rückgriff auf die Generalklausel nicht entgegen, wenn es sich um einen **Verstoß gegen eine „nicht gesetzliche Vorschrift"** handelt. Normen, die nicht die Qualität eines Gesetzes aufweisen, wie Handelsbräuche, Branchenübungen, allgemein anerkannte Standesregeln oder auch technische Normen sowie das Gewohnheitsrecht, werden nach dem eindeutigen Wortlaut nicht von § 4 Nr. 11 erfasst, da sie keine „gesetzlichen Vorschriften" darstellen. Eine Subsumtion unter dem Beispielstatbestand wäre eine Rechtsanwendung contra legem. Sie lässt sich auch nicht auf dem Wege einer „Auslegung" erreichen, da der Wortlaut die äußerste Grenze der Auslegung bildet. Es wäre auch paradox, wenn man die Einführung der Beispielstatbestände mit der Förderung größerer Transparenz und Rechtsklarheit begründet,[132] aber man sich gleichzeitig über den klaren Wortlaut der Regelung hinwegsetzen würde. Die Voraussetzungen für eine analoge Anwendung liegen nicht vor, da es an einer Regelungslücke durch ein planwidriges Unterlassen des Gesetzgebers fehlt. Hierfür besteht auch kein Bedürfnis, da die **Generalklausel des § 3 als Auffangtatbestand** bei einer Zuwiderhandlung gegen „nicht gesetzliche Vorschriften" zu dienen vermag. Diesen kommt unter Umständen dieselbe wettbewerbsrechtliche Relevanz zu wie gesetzlichen Normen. Gerade bei Standesregelungen ist es nicht selten von Zufällen abhängig, ob die Normierung von Verhaltenspflichten auf einer gesetzlichen Kodifizierung beruht, in Satzungen von Berufsorganisationen niedergelegt ist oder sich aus Gewohnheitsrecht ergibt.[133] Diese Einschätzung befindet sich auch im Einklang mit den Vorgaben der Richtlinie über unlautere Geschäftspraktiken.[134] Nach Art. 5 Abs. 2a der Richtlinie ist eine Voraussetzung für die Unlauterkeit einer Geschäftspraxis, dass „sie den Erfordernissen der beruflichen Sorgfaltspflicht widerspricht". Art. 2h der Richtlinie definiert „berufliche Sorgfalt" als den „Standard an Fachkenntnissen und Sorgfalt, bei denen billigerweise davon ausgegangen werden kann, dass der Gewerbetreibende sie gegenüber dem Verbraucher gemäß den anständigen Marktgepflogenheiten und/oder dem allgemeinen Grundsatz von Treu und Glauben in seinem Tätigkeitsbereich anwendet". Demnach sind für die lauterkeitsrechtliche Beurteilung mit Blick auf die Erfordernisse der beruflichen Sorgfaltspflicht nicht nur gesetzliche Vorschriften, sondern auch nicht gesetzliche Vorschriften relevant. Untermauert wird diese Einschätzung auch durch Art. 10 der Richtlinie, wonach die Kontrolle unlauterer Geschäftspraktiken durch die Urheber von Verhaltenskodizes bei Vorliegen bestimmter verfahrensrechtlicher Voraussetzungen nicht ausgeschlossen ist. Ein „Verhaltenscodex" ist nach der Definition in Art. 2f eine „Vereinbarung oder ein Vorschriftenkatalog, die bzw der nicht durch die Rechts- und Verwaltungsvorschriften eines

131 Begr. RegE BT-Drucks. 15/1487 S. 17.
132 Begr. RegE BT-Drucks. 15/1487 S. 13.
133 So zutreffend Gloy/Loschelder/*Hasselblatt* § 51 Rn 6; → Rn 57.
134 Richtlinie 2005/29/EG des Europäischen Parlaments und des Rates vom 11. Mai 2005 über unlautere Geschäftspraktiken im binnenmarktinternen Geschäftsverkehr zwischen Unternehmen und Verbrauchern und zur Änderung der Richtlinie 84/450/EWG des Rates, der Richtlinien 97/7/EG, 98/27/EG und 2002/65/EG des Europäischen Parlaments und des Rates sowie der Verordnung (EG) Nr. 2006/2004 des Europäischen Parlaments und des Rates (Richtlinie über unlautere Geschäftspraktiken) ABl. EG Nr. L 149 vom 11. 6. 2005, S. 22.

Mitgliedstaates vorgeschrieben ist und das Verhalten der Gewerbetreibenden definiert, die sich in Bezug auf eine oder mehrere spezielle Geschäftspraktiken oder Wirtschaftszweige auf diesen Kodex verpflichten". Auch in der Begründung zum Regierungsentwurf wird in Anknüpfung an Art. 10bis Abs. 2 der Pariser Verbandsübereinkunft vom 20. 3. 1883 zum Schutz des gewerblichen Eigentums in der in Stockholm am 14. 7. 1967 revidierten und am 2. Oktober 1979 geänderten Fassung klargestellt, dass alle Handlungen unlauter sind, „die den anständigen Gepflogenheiten in Handel, Gewerbe, Handwerk oder selbständiger beruflicher Tätigkeit zuwiderlaufen".[135] Auch hieraus folgt, dass gerade mit Blick auf die Erfordernisse der beruflichen Sorgfaltspflichten die Beurteilung des Verstoßes gegen einschlägige „nicht gesetzliche Vorschriften" auf der Grundlage der Generalklausel des § 3 zu erfolgen hat. Der Beispielstatbestand des § 4 Nr. 11 stellt somit keine umfassende Regelung des Rechtsbruchtatbestandes dar, sondern bezieht sich auf den zwar wichtigsten, aber nicht ausschließlich maßgeblichen Fall des Verstoßes gegen gesetzliche Vorschriften.

3. Systematik des Rechtsbruchtatbestandes nach § 4 Nr. 11

49 Nach der von der Regelung des § 4 Nr. 11 vorgegebenen Systematik sind bei der Prüfung des Rechtsbruchtatbestandes verschiedene Ebenen zu unterscheiden, die sukzessive miteinander verknüpft sind. Zu unterscheiden sind einerseits die formalen und andererseits die inhaltlichen Anforderungen, die an die Norm gestellt werden, gegen die durch die Wettbewerbshandlung verstoßen wird. Zunächst muss es sich um eine **„gesetzliche Vorschrift"** handeln. „Nicht gesetzliche Vorschriften" fallen nicht unter § 4 Nr. 11, sondern ggf. unter § 3.[136] Hinsichtlich des Regelungsinhalts der verletzten Norm ist erforderlich, dass sie zumindest auch **dazu bestimmt ist, im Interesse der Marktteilnehmer das Marktverhalten zu regeln.** Dies bedeutet zum einen, dass der Schutzzweck der verletzten gesetzlichen Vorschrift sich auf eine Regelung des Marktverhaltens bezieht. Damit werden nach den Absichten des Gesetzgebers, wie sie bei der Entstehungsgeschichte des Rechtsbruchtatbestandes deutlich zum Ausdruck gekommen sind, vor allem solche gesetzlichen Vorschriften ausgegrenzt, die ausschließlich die Regelung des Marktzutritts zum Gegenstand haben, wie insbesondere die kommunalrechtlichen Vorschriften über die wirtschaftliche Betätigung der Gemeinden.[137] Zum anderen muss die **Regelung des Marktverhaltens auch „im Interesse der Marktteilnehmer"** liegen. Gegen eine „gesetzliche Vorschrift", die diesen Anforderungen entspricht, muss eine **Zuwiderhandlung** erfolgen. Dies setzt voraus, dass der Tatbestand der in Frage stehenden Norm vollständig erfüllt wird.[138] Ein subjektives Element im Sinne eines bewusst begangenen Gesetzesverstoßes ist nicht erforderlich, sondern es genügt zur Erfüllung des Rechtsbruchtatbestandes ein objektiv rechtswidriger Gesetzesverstoß.[139]

II. Gesetzliche Vorschrift

1. Begriff

50 Gesetzliche Vorschrift im Sinne des § 4 Nr. 11 ist **jede Rechtsnorm (vgl. Art. 2 EGBGB),** die in Deutschland Geltung besitzt.[140] Hierzu zählen (Bundes- und Landes-)Gesetze im formellen Sinne, Rechtsverordnungen als Gesetze im materiellen Sinne,[141] für

[135] Begr. RegE BT-Drucks. 15/1487 S. 16; Referentenentwurf – 1. Gesetz zur Änderung des Gesetzes gegen den unlauteren Wettbewerb, S. 18.

[136] → Rn 48.

[137] BGHZ 150, 343 = GRUR 2002, 825, 826 – Elektroarbeiten; BGH GRUR 2003, 164, 165 – Altautoverwertung; → Rn 30 ff.

[138] Vgl. BGH GRUR 2008, 530, 531 – Nachlass bei Selbstbeteiligung.

[139] → im Einzelnen Rn 166.

[140] Vgl. zum Folgenden *Köhler* GRUR 2004, 381, 382 f.

[141] BGHZ 93, 177, 179 = GRUR 1985, 447, 448 – Provisionsweitergabe durch Lebensversicherungsmakler.

allgemein verbindlich erklärte Tarifverträge,[142] in innerstaatliches Recht transponierte völkerrechtliche Verträge[143] sowie auch die Normen des primären und sekundären Gemeinschaftsrechts mit unmittelbarer Bindungswirkung im Inland.[144]

2. Nicht gesetzliche Vorschriften

51 **a) Ausländisches Recht.**[145] Da ausländische Rechtsnormen im Anwendungsbereich des UWG, der sich auf die Bundesrepublik Deutschland beschränkt, **keine Verbindlichkeit** besitzen, sind sie nicht als „gesetzliche Vorschriften" im Sinne des Rechtsbruchtatbestandes nach § 4 Nr. 11 anzusehen.[146] Hieran ändert auch der Umstand nichts, dass ausländische Rechtsnormen im Inland dadurch mittelbar Bedeutung erlangen können, weil aufgrund des Gemeinschaftsrechts das Herkunftslandprinzip zur Anwendung kommt. Durch die daraus resultierende Berücksichtigung des ausländischen Rechts wird nämlich das deutsche Recht nicht verdrängt, sondern lediglich modifiziert.[147]

52 **b) Verwaltungsanordnungen.** Sie binden Behörden nur im Innenverhältnis, besitzen aber nicht die für eine Rechtsnorm erforderliche Allgemeinverbindlichkeit.[148]

53 **c) Verwaltungsakte.** Im Gegensatz zu Verwaltungsanordnungen entfalten Verwaltungsakte zwar eine Außenwirkung und treffen eine verbindliche Regelung. Diese bezieht sich aber auf einen Einzelfall und besitzt **nicht die für eine gesetzliche Vorschrift charakteristische Allgemeinverbindlichkeit** (§ 35 S. 1 VwVfG). Dies gilt auch für Allgemeinverfügungen, bei denen es sich um ein „Bündel" von Verwaltungsakten handelt (§ 35 S. 2 VwVfG). An einer Allgemeinverbindlichkeit fehlt es auch bei Gerichtsentscheidungen, die ungeachtet der faktischen Präzedenzwirkung höchstrichterlicher Urteile im Umfang der Rechtskraft nur inter partes Verbindlichkeit erzeugen. Soweit höchstrichterliche Entscheidungen grundsätzliche Feststellungen zur Auslegung von Gesetzen treffen oder im Rahmen der Fallgruppenbildung oder bei der Ausfüllung von Generalklauseln bzw der Rechtsfortbildung, Rechtsgrundsätze aufstellen, entfalten sie faktisch eine über den Einzelfall hinausgehende (mittelbare) Bindungswirkung, die bei Anwendung der für den Rechtsbruchtatbestand einschlägigen gesetzlichen Vorschriften Berücksichtigung findet.

54 **d) Wettbewerbsregeln, Handelsbräuche, Branchenübungen und Gewohnheitsrecht.** Gemeinsam ist den genannten Kategorien, dass es sich zwar um Normen, aber nicht um gesetzliche Vorschriften im Sinne des § 4 Nr. 11 handelt. Ihre Verletzung erfüllt dementsprechend nicht den Beispielstatbestand des Rechtsbruchs; dies schließt aber einen Rückgriff auf die Generalklausel des § 3 nicht aus. Wettbewerbsregeln sind, selbst wenn sie von der Kartellbehörde anerkannt sind (§ 24 GWB), keine Rechtsnormen, da es ihnen an der normativen Verbindlichkeit fehlt.[149] Es handelt sich bei ihnen, wie beispielsweise bei den Regeln des Markenverbandes oder des Zentralausschusses der deutschen Werbewirtschaft (ZAW) um Vereinbarungen privater Wirtschafts- oder Berufsvereinigungen, an die nur deren Mitglieder gebunden sind.[150] Sie können aber **für die Konkretisierung der Unlauterkeit** herangezogen werden, denn sie können ein Indiz dafür sein, welches Wettbewerbsverhalten nach Auffassung der beteiligten Verkehrskreise als unlauter anzusehen ist.[151] Dabei ist aber zu beachten, dass die Freiheit wettbewerblicher Betätigung unter Umständen in einem weiteren Umfang eingeschränkt wird, als vom Wettbewerbsrecht gefor-

---

[142] BGHZ 120, 320, 324 – Tariflohnunterschreitung.
[143] BGH GRUR 1987, 532, 534 – Zollabfertigung (zur CMR); s. auch BGH GRUR 1980, 858, 860 – Asbestimporte (zum ILO-Übereinkommen Nr. 139 vom 24. 6. 1974).
[144] Großkomm/*Teplitzky* UWG § 1 Rn G24; Harte/Henning/*v. Jagow* UWG § 4 Nr. 11 Rn 36.
[145] Großkomm/*Teplitzky* UWG § 1 Rn G26.
[146] *Sack* WRP 2004, 1307, 1308; MünchKomm/*Schaffert* UWG § 4 Nr. 11 Rn 46.
[147] So MünchKomm/*Schaffert* UWG § 4 Nr. 11 Rn 46 Fn 187.
[148] BGH GRUR 1984, 665, 667 – Werbung in Schulen.
[149] Vgl. Immenga/Mestmäcker/*Kellermann* GWB § 26 Rn 50; *Köhler* GRUR 2004, 381, 383.
[150] Gloy/Loschelder/*Hasselblatt* § 51 Rn 46, 48.
[151] BGH GRUR 1991, 462, 463 – Wettbewerbsrichtlinie der Privatwirtschaft.

dert. Es ist deshalb zu prüfen, ob ein wettbewerbliches Verhalten auch tatsächlich als unlauter anzusehen ist.[152]

55 Auch den auf tatsächlicher Übung beruhenden **Handelsbräuchen, Branchenübungen, Verkehrssitten oder üblichen Gepflogenheiten** (§ 157 BGB, § 346 HGB) kommt keine Rechtsnormqualität zu, sie können aber im Rahmen der Anwendung der Generalklausel als Maßstab für die Konkretisierung der Unlauterkeit Bedeutung erlangen.[153]

56 **e) Vereinssatzungen.** Auch Vereinssatzungen, die ein bestimmtes Verhalten vorschreiben, sind keine gesetzlichen Vorschriften und haben **keinen Wettbewerbsbezug,** so dass auch aus diesem Grund kein wettbewerbsrechtlicher Anspruch auf ihre Einhaltung besteht.[154]

57 **f) Standesregeln.** Diese sind keine Rechtsnormen, solange sie nicht Eingang in Gesetze oder autonome Körperschaftssatzungen gefunden haben.[155] Sie können aber Indizwirkung für die Beurteilung der Unlauterkeit haben, soweit sie mit den Wertungen des Grundgesetzes übereinstimmen.[156] Bei den Standesregeln zeigt sich besonders deutlich, dass bei der Verletzung „nicht gesetzlicher Vorschriften" ein Bedürfnis dafür besteht, die Frage der Unlauterkeit unter **Rückgriff auf den Grundtatbestand der Generalklausel** des § 3 zu beurteilen. Die Beschränkung des Beispielstatbestandes des § 4 Nr. 11 auf „gesetzliche Vorschriften" steht dem nicht entgegen, da es sich hierbei nicht um eine abschließende Regelung handelt.[157] Es beruht oftmals auf Zufällen, ob das Standesrecht der freien Berufe in Gesetzen, Verordnungen oder Satzungen niedergelegt ist oder aufgrund gewohnheitsrechtlicher Anerkennung gilt.[158] Da die Grenzen zwischen gesetzlicher und untergesetzlicher Normierung von Standesregeln verschwimmen und letztere auch häufig zur Auslegung des Gesetzesrechts herangezogen werden, wie etwa die Bestimmungen der §§ 6 bis 10 BORA zur Interpretation des § 42b BRAO,[159] ist eine klare inhaltliche Abgrenzung nicht möglich. Vor diesem Hintergrund ist es nicht nur zulässig, sondern sachlich geboten, über den Beispielstatbestand des § 4 Nr. 11 hinaus den Rechtsbruchtatbestand auf der Grundlage des § 3 auch auf Normen auszudehnen, die nicht die Qualität einer „gesetzlichen Vorschrift" besitzen. Dies gilt umso mehr, als nach Art. 5 Abs. 2a der Richtlinie über unlautere Geschäftspraktiken eine Geschäftspraxis unlauter ist, „wenn sie den Erfordernissen der beruflichen Sorgfaltspflicht widerspricht". Der Begriff der beruflichen Sorgfalt wird durch Art. 2h) der Richtlinie als „Standard an Fachkenntnissen und Sorgfalt" definiert, „bei denen billigerweise davon ausgegangen werden kann, dass der Gewerbetreibende sie gegenüber dem Verbraucher gemäß den anständigen Marktgepflogenheiten und/oder dem allgemeinen Grundsatz von Treu und Glauben in seinem Tätigkeitsbereich anwendet". Auch in der Gesetzesbegründung wird in Anknüpfung an Art. 2bis Abs. 2 der Pariser Verbandsübereinkunft vom 20. 3. 1883 zum Schutz des gewerblichen Eigentums in der in Stockholm am 14. 7. 1967 revidierten und am 2. 10. 1979 geänderten Fassung klargestellt, dass alle Handlungen unlauter sind, „die den anständigen Gepflogenheiten in Handel, Gewerbe, Handwerk oder selbständiger beruflicher Tätigkeit zuwiderlaufen".[160] Damit werden auch die nicht auf gesetzlichen Vorschriften beruhenden Anforderungen an die berufliche Sorgfalt, wie sie sich in gewohnheitsrechtlich anerkannten Standesregeln, aber auch Bran-

---

[152] Vgl. BGH GRUR 1991, 462, 463 – Wettbewerbsrichtlinie der Privatwirtschaft; GRUR 1999, 748, 749 – Steuerberaterwerbung auf Fachmessen.

[153] Vgl. BGH GRUR 1969, 474, 476 – Bierbezug.

[154] BGH GRUR 2003, 973 – Satzungsregeln eines Vereins.

[155] *Köhler* GRUR 2004, 381, 383.

[156] Vgl. BVerfGE 76, 196, 205; BGH GRUR 1989, 827 – Werbeverbot für Heilpraktiker; GRUR 1996, 789, 791 – Laborbotendienst; GRUR 1997, 136, 138 – Laborärzte; NJW 1999, 2360; *Köhler* GRUR 2004, 381, 383.

[157] Vgl. Begr. RegE BT-Drucks. 15/1487 S. 17.

[158] So zutreffend Gloy/Loschelder/*Hasselblatt* § 51 Rn 6.

[159] Gloy/Loschelder/*Hasselblatt* § 51 Rn 6.

[160] Begr. RegE BT-Drucks. 15/1487 S. 16; Referentenentwurf „Erstes Gesetz zur Änderung des Gesetzes gegen den unlauteren Wettbewerb" S. 18.

chenübungen und üblichen Gepflogenheiten manifestieren und konkretisieren, zum Maßstab der lauterkeitsrechtlichen Beurteilung erhoben. Unterstrichen wird diese Einschätzung durch Art. 10 der Richtlinie über unlautere Geschäftspraktiken, wonach die Kontrolle unlauterer Geschäftspraktiken durch die Urheber von Verhaltenskodizes bei Einhaltung bestimmter verfahrensrechtlicher Voraussetzungen nicht ausgeschlossen wird. Unter einem „Verhaltenskodex" ist nach Art. 2f der Richtlinie „eine Vereinbarung oder ein Vorschriftenkatalog zu verstehen, die bzw der nicht durch die Rechts- und Verwaltungsvorschriften eines Mitgliedstaats vorgeschrieben ist und das Verhalten der Gewerbetreibenden definiert, die sich in Bezug auf eine oder mehrere spezielle Geschäftspraktiken oder Wirtschaftszweige auf diesen Kodex verpflichten".

g) Technische Regeln (insbesondere DIN-Normen). Diese enthalten, sofern sie 58
nicht Handelsbrauch oder branchenüblich geworden sind, keine Rechtsnormen, sondern Empfehlungen zur Berücksichtigung und Anwendung auf freiwilliger Grundlage.[161] Ihre **Nichteinhaltung allein vermag die Unlauterkeiten nicht zu begründen.** Eine DIN-Norm kann aber wettbewerbsrechtlich von Bedeutung sein, wenn sich ihre Verwendung bei den Beteiligten allgemein durchgesetzt hat und ihre Beachtung im Rahmen eines redlichen Geschäftsverkehrs unabweisbar ist.[162] Ungeachtet der Tatsache, dass es sich nicht um eine gesetzliche Vorschrift im Sinne des § 4 Nr. 11 handelt, kann sich die Wettbewerbswidrigkeit der Nichtbeachtung einer DIN-Norm aber daraus ergeben, dass Sicherheitsinteressen der Allgemeinheit gefährdet werden.[163] Dies gilt mit Blick auf die Bezugnahme in Art. 5 Abs. 2a auf die „berufliche Sorgfaltspflicht bei der Definition der Unlauterkeit von Geschäftspraktiken insbesondere dann, wenn die Beachtung der DIN-Normen in einem bestimmten Tätigkeitsbereich zu den **allgemein anerkannten Regeln** gehört und deshalb den maßgeblichen Standard für das Verhalten eines Fachmanns bildet. Eine zumindest mittelbare Verbindlichkeit entfalten technische Normen auch dann, wenn sie zur Ausfüllung des generalklauselhaften Begriffs des „Standes der Technik" herangezogen werden, mit dem die beim Betrieb einer gefährlichen technischen Anlage zu beachtenden Sorgfaltspflichten umschrieben werden.[164] Eine unmittelbare rechtliche Verbindlichkeit und damit einen Rechtsnormcharakter gewinnen technische Normen, wenn auf sie in einer gesetzlichen Regelung durch eine **statische oder dynamische Verweisung** Bezug genommen wird oder sie sogar in den Gesetzeswortlaut inkorporiert werden.

III. Regelung des Marktverhaltens im Interesse der Marktteilnehmer

1. Marktbezug

Nach § 4 Nr. 11 muss die gesetzliche Vorschrift, gegen die verstoßen wird, zumin- 59
dest auch dazu bestimmt sein, im Interesse der Marktteilnehmer das Marktverhalten zu regeln. Aus der Formulierung „auch" folgt, dass es nicht darauf ankommt, ob die verletzte Vorschrift ausschließlich oder vornehmlich (primär) oder nur sekundär diesen Zweck verfolgt.[165] In Anknüpfung an die neuere Rechtsprechung des BGH[166] ist es nach der Gesetzesbegründung erforderlich, dass der verletzten Norm **zumindest eine „sekundäre Schutzfunktion" zugunsten des Wettbewerbs** zukommen muss.[167] Sie muss (zumin-

[161] BGH GRUR 1994, 640, 641 – Ziegelvorhangfassade.
[162] Vgl. BGH GRUR 1969, 474, 475 – Bierbezug; GRUR 1991, 921, 923 – Sahnesiphon; GRUR 1994, 640, 641 – Ziegelvorhangfassade.
[163] Vgl. BGH GRUR 1985, 555, 556 – Abschleppseile.
[164] ZB § 5 Abs. 1 Nr. 2 BImSchG, § 49 Abs. 1 EnWG.
[165] Gloy/Loschelder/*Hasselblatt* § 50 Rn 29.
[166] BGHZ 144, 255, 268 = GRUR 2000, 1076 – Abgasemissionen; BGHZ 150, 343 = GRUR 2002, 825, 826 – Elektroarbeiten.
[167] Begr. RegE BT-Drucks. 15/1487 S. 19; ebenso BGH WRP 2007, 177, 178 Rn 11 – Mengenausgleich in Selbstentsorgergemeinschaft.

dest auch) die Funktion haben, das Marktverhalten zu regeln und so gleiche Voraussetzungen für die auf diesem Markt tätigen Wettbewerber zu schaffen.[168] Das Erfordernis eines Marktverhaltensbezugs bildet einen Filter, der den Kreis der gesetzlichen Vorschriften, deren Verletzung vom Rechtsbruchtatbestand erfasst wird, beschränken und eingrenzen soll. Das gröbste Raster besteht zunächst darin, dass nicht jeder Verstoß gegen eine gesetzliche Vorschrift, der irgendeine Auswirkung auf das Marktgeschehen hat, zugleich einen Wettbewerbsverstoß darstellt. Aus der Entstehungsgeschichte der Regelung geht ferner hervor, dass es dem Gesetzgeber[169] ganz besonders darum ging, unter Übernahme der von der jüngeren Rechtsprechung aufgestellten neuen Grundsätze[170] reine Marktzutrittsregelungen, wie insbesondere kommunalrechtliche Vorschriften, welche die erwerbswirtschaftliche Betätigung von Gemeinden und kommunalen Unternehmen begrenzen (wie zB Art. 87 BayGO, § 107 NWGO) vom Anwendungsbereich des Rechtsbruchtatbestandes auszunehmen. Eine Ausnahme von dieser „Ausnahme" soll aber gelten, wenn es sich um **Marktzutrittsregelungen mit Doppelfunktion** handelt, die nicht nur den Marktzutritt regeln, sondern auch einen Marktverhaltensbezug aufweisen.[171]

60 Mit Blick auf den letztlich maßgeblichen Schutz besonders wichtiger Gemeinschaftsgüter betrifft dies vor allem die Zulassungsregelungen für freie Berufe, wie Ärzte, Zahnärzte, Apotheker, Rechtsanwälte, etc.[172] Da das Kriterium des Schutzes besonders wichtiger Gemeinschaftsgüter einen weiten Beurteilungsspielraum eröffnet, lässt sich kaum mit hinreichender Sicherheit voraussagen, welchen gesetzlichen Vorschriften, die auch den Marktzutritt betreffen, eine Doppelfunktion im Sinne eines gleichzeitigen Marktverhaltensbezugs zugesprochen werden. Dem (neuen) dogmatischen Ansatz der jüngeren Rechtsprechung, den sich der Gesetzgeber zu eigen gemacht hat, fehlt es an logischer Konsistenz und Konsequenz und gerade die „Theorie der Doppelfunktion" beweist, dass es sich um eine Fehlkonstruktion handelt, die praktisch zu ganz erheblicher Rechtsunsicherheit führt. Von dem durch den Beispielstatbestand angestrebten Ziel einer Verbesserung der Transparenz und Rechtssicherheit[173] ist man weit entfernt.

61 Eine weitere Begrenzung des Rechtsbruchtatbestandes ergibt sich daraus, dass die gesetzliche Vorschrift, der zuwidergehandelt wird, zumindest auch dazu bestimmt sein muss, das **Marktverhalten „im Interesse der Marktteilnehmer"** zu regeln. Dies bedeutet, dass die gesetzliche Vorschrift auch den Individualschutz der Marktteilnehmer bezwecken muss. Erforderlich ist dementsprechend eine **doppelte Berücksichtigung des Schutzzwecks,** nämlich einerseits des Schutzzwecks des UWG wie er in §§ 1, 3 zum Ausdruck kommt, und andererseits des Zwecks der fraglichen gesetzlichen Vorschrift, gegen die durch die Wettbewerbshandlung verstoßen wird.[174] Kritisch zu bemerken ist allerdings, dass sich der Zweck der verletzten gesetzlichen Vorschrift bisweilen nur schwer klar und eindeutig feststellen lässt. Bei der zunächst maßgeblichen Orientierung am Wortlaut sowie dem systematischen Zusammenhang ergibt sich für die Bestimmung des Zwecks ein Interpretationsspielraum, der je nach dem Standpunkt des Rechtsanwenders unterschiedlich ausgefüllt werden kann. Überspitzt könnte man sagen, man gewinnt über die Auslegung den Zweck, den man der Regelung aufgrund eines bestimmten Vorverständnisses zugeschrieben hat. Der Rückgriff auf den historischen Gesetzgeber, der nach allgemeinen Grundsätzen nur subsidiär in Betracht zu ziehen ist, ist nicht selten wenig ergiebig. Im Zweifel lässt sich die Intention des historischen Gesetzgebers oftmals nicht zuverlässig ermitteln, da er spätere Entwicklungen und die daraus resultierenden Veränderungen des Normkontextes nicht

---

[168] BGH GRUR 2006, 872 Rn 15 – Kraftfahrzeuganhänger mit Werbeschildern, unter Verweis auf BGHZ 144, 255, 266 = GRUR 2000, 1076, 1078 – Abgasemissionen.
[169] Vgl. Begr. RegE BT-Drucks. 15/1487 S. 19.
[170] Vgl. BGHZ 150, 343, 346 ff = GRUR 2002, 825, 826 – Elektroarbeiten; → Rn 21 ff, 30 ff.
[171] → Rn 33.
[172] → Rn 24.
[173] Vgl. Begr. RegE BT-Drucks. 15/1487 S. 13.
[174] So Gloy/Loschelder/*Hasselblatt* § 50 Rn 31.

antizipieren konnte. Mutmaßungen über den „Willen des Gesetzgebers" bleiben nicht selten reine Spekulation oder Fiktion.

2. Marktverhalten

Trotz der Definitionsfreude, die der deutsche Gesetzgeber in Anlehnung an das europäische Recht an den Tag legt, fehlt es an einer gesetzlichen Bestimmung des Begriffs „Marktverhalten". Marktverhaltensregelungen sind solche **gesetzliche Vorschriften, die nicht das „ob", sondern das „wie" des Wettbewerbs regeln.** Sie müssen sich auf Tätigkeiten beziehen, die der Förderung des Absatzes oder des Bezugs von Waren oder Dienstleistungen eines Unternehmens einschließlich der Werbung dienen.[175] Hiervon abzugrenzen sind gesetzliche Vorschriften, die keine Außenwirkung auf den Markt entfalten, sondern der wettbewerblichen Betätigung vorangehen oder nachfolgen, wie etwa betriebsinterne Maßnahmen, die mit dem Produktionsvorgang in Zusammenhang stehen.[176] Nach der früheren Rechtsprechung wurde ein Gesetzesverstoß auch dann vom Rechtsbruchtatbestand erfasst, wenn er der „eigentlichen Wettbewerbshandlung vorausgegangen oder ihr nachgefolgt war".[177] In der Grundsatzentscheidung „Abgasemissionen",[178] an der sich auch der Gesetzgeber orientiert hat,[179] hat sich der BGH ausdrücklich von dieser Auffassung distanziert und festgestellt, dass Gesetzesverstöße, die der Wettbewerbshandlung vorangehen oder nachfolgen, bei der wettbewerbsrechtlichen Beurteilung außer Betracht bleiben. 62

3. Interesse der Marktteilnehmer

Die gesetzliche Vorschrift, gegen die verstoßen wird, muss nach § 4 Nr. 11 auch dazu bestimmt sein, „im Interesse der Marktteilnehmer" das Marktverhalten zu regeln. Gemäß der Legaldefinition des § 2 Nr. 1 sind „Marktteilnehmer" neben Mitbewerbern und Verbrauchern alle Personen, die als Anbieter oder Nachfrager von Waren- oder Dienstleistungen tätig sind. Aus dieser **Konkretisierung des „persönlichen" Schutzbereichs** der verletzten Norm folgt, dass diese sich nicht darauf beschränken darf, sich reflexartig begünstigend auf den Schutz beliebiger Dritter oder von Gemeinschaftsgütern auszuwirken, sondern nach ihrem Zweck unmittelbar auf den Schutz der Interessen von Marktteilnehmern ausgerichtet sein muss.[180] Bei der erforderlichen Auslegung ist zu berücksichtigen, dass eine Marktverhaltensregelung zugleich eine Berufsausübungsregelung im Sinne des Art. 12 Abs. 1 S. 2 GG darstellt. Sie ist daher nur zulässig, wenn sie durch „ausreichende Gründe des Gemeinwohls" gerechtfertigt ist und der Eingriff nicht weiter geht, als es die rechtfertigenden Gemeinwohlbelange erfordern.[181] Aus der gebotenen verfassungskonformen Auslegung des einfachen Rechts kann sich eine einschränkende Auslegung von Marktverhaltensregelungen ergeben.[182] 63

IV. Abgrenzung von Marktverhaltensregelungen

1. Regelungen ohne Marktbezug

Außerhalb des Anwendungsbereichs des § 4 Nr. 11 liegen von vornherein solche Regelungen, die keinen Marktbezug aufweisen. Ob dies der Fall ist, ist durch Auslegung nach 64

---

175 *Piper/Ohly* UWG § 4 Nr. 11 Rn 11/15; MünchKomm/*Schaffert* UWG § 4 Nr. 11 Rn 54.

176 *Piper/Ohly* UWG § 4 Nr. 11 Rn 11/15; MünchKomm/*Schaffert* UWG § 4 Nr. 11 Rn 54.

177 Vgl. BGHZ 28, 54, 67 = GRUR 1958, 557, 560f – Direktverkäufe; BGH GRUR 1989, 116, 118 – Nachtbackverbot; BGHZ 120, 320, 325f = GRUR 1993, 980, 982 – Tariflohnunterschreitung; *Piper* FS Erdmann S. 679, 684ff; s. dazu MünchKomm/*Schaffert* UWG § 4 Nr. 11 Rn 54.

178 BGHZ 144, 255, 265 = GRUR 2000, 1076, 1078 – Abgasemissionen.

179 Vgl. Begr. RegE BT-Drucks. 15/1487 S. 19.

180 Gloy/Loschelder/*Hasselblatt* § 50 Rn 31.

181 BVerfGE 54, 301, 313; BVerfG NJW 2003, 2520, 2521.

182 Vgl. etwa BVerfG GRUR 2003, 966, 968 – Internetwerbung von Zahnärzten.

Maßgabe des **Normzwecks der verletzten Vorschrift** zu ermitteln.[183] Dabei ist es unerheblich, dass ein Unternehmer sich durch Verstöße gegen derartige Vorschriften indirekt einen Wettbewerbsvorsprung vor seinen gesetzestreuen Mitbewerbern verschaffen kann.[184] Bei den nachfolgend genannten Vorschriften ist davon auszugehen, dass sie nicht den nach der Rechtsprechung des BGH erforderlichen Marktbezug besitzen.

65 **a) Produktionsvorschriften.** Vorschriften, die dem Wettbewerbsverhalten vorausgehen und lediglich die Art und Weise der Produktion regeln, haben keinen Marktbezug, wie etwa im Falle der Verletzung von Vorschriften des Umweltschutzes durch die Überschreitung der zulässigen Grenzwerte für Schadstoffemissionen bei der Herstellung von Erzeugnissen. Dies folgt aus der **Grundsatzentscheidung „Abgasemissionen"**, wo der BGH festgestellt hat:

66 „Ein Marktverhalten wird grundsätzlich nicht schon dadurch wettbewerbsrechtlich unlauter, dass es Vorteile aus einem vorangegangenen Verstoß gegen ein Gesetz ausnutzt, das keinen unmittelbaren Marktbezug aufweist (vgl. dazu auch *Sack* WRP 1998, 683, 688 – mit dem Beispiel, dass eine Werbeaktion durch die Hinterziehung von Erbschaftssteuern finanziert wird). Dementsprechend erhält auch ein Verstoß gegen die Vorschriften der 13. Verordnung zur Durchführung des Bundesemissionsschutzgesetzes nicht dadurch den ihm an sich fehlenden Wettbewerbsbezug, dass der Verletzer daraus Vorteile ziehen kann, die er zur Verbesserung seiner Marktstellung einsetzen kann. Die genannten Immissionsschutzvorschriften sind keine Normen, die im Zuge einer anderen Zwecken dienenden Regelung sekundär auch die Funktion haben sollen, die Gegebenheiten eines bestimmten Marktes … festzulegen und so auch gleiche rechtliche Voraussetzungen für die auf diesem Markt tätigen Wettbewerber schaffen."[185]

67 **b) Umweltschutzvorschriften.** Umweltschutzvorschriften wird der für erforderlich gehaltene **Marktbezug abgesprochen,** sofern sie nicht Regelungen enthalten, die unmittelbar den Schutz eines Marktbeteiligten, wie insbesondere der Verbraucher, bezwecken. Der BGH hat zwar in seiner grundlegenden Entscheidung „Abgasemissionen"[186] die Feststellung getroffen, dass Umweltschutzvorschriften (§ 1 BImSchG; §§ 4, 18, 19 VO über Großfeuerungsanlagen; 13. BImSchV) „wertbezogen" im Sinne seiner früher für maßgeblich erachteten Differenzierung[187] sind, weil sie „dem Schutz überragend wichtiger Gemeinschaftsgüter dienen, insbesondere dem Schutz der Menschen und der Umwelt vor schädlichen Umwelteinwirkungen".[188] Gleichzeitig hat er aber in Abkehr von seiner früheren Rechtsprechung eine Wettbewerbswidrigkeit aufgrund der Überschreitung der in den genannten Vorschriften festgelegten Grenzwerte verneint und dies wie folgt begründet:

68 „Der Grundsatz, dass die Verletzung von wertbezogenen Gesetzen, die dem Schutz wichtiger Rechtsgüter wie der Gesundheit der Bevölkerung oder der Umwelt dienen, auch die (wertbezogene) Sittenwidrigkeit indiziert, kann aber jedenfalls auf Fälle wie den vorliegenden, in denen der Gesetzesverstoß dem wettbewerblichen Handeln vorausgegangen ist oder ihm erst nachfolgt, nicht übertragen werden, weil bei diesen der Gesetzesverstoß nicht mit dem Wettbewerbsverhalten selbst zusammenfällt, sondern nur in einem mehr oder weniger engen Zusammenhang mit ihm steht."[189] Es ist nicht akzeptabel, dass das Wettbewerbsrecht aufgrund fragwürdiger begrifflicher Abgrenzungen die Augen davor verschließt, dass die Missachtung von Umweltschutzvorschriften zu erheblichen Gefahren für die Abnehmer führen kann. Wer planmäßig bei der Herstellung von Kinderspielzeug schädliche Stoffe verwendet oder zulässige Grenzwerte überschreitet, setzt Leben und Ge-

---

[183] BGHZ 144, 255, 267 ff – Abgasemissionen.
[184] BGHZ 144, 255, 268 – Abgasemissionen.
[185] BGHZ 144, 255, 268 f – Abgasemissionen.
[186] BGHZ 144, 144, 255, 265 f – Abgasemissionen.
[187] → Rn 6.
[188] BGHZ 144, 255, 266 – Abgasemissionen, unter Hinweis auf BVerfG NJW 1990, 1229, BGHZ 105, 277, 280 – Umweltengel.
[189] BGHZ 144, 255, 266 f – Abgasemissionen.

sundheit von Eltern und Kindern aufs Spiel. Es ist nicht nachzuvollziehen, dass dies lauterkeitsrechtlich irrelevant sein soll. Mit praktiziertem Verbraucherschutz hat diese Haltung wenig zu tun.

c) Arbeitnehmerschutzvorschriften. Gesetzliche Vorschriften, die den Schutz der Arbeitnehmer bezwecken und damit nicht dem Schutzzweck des Wettbewerbsrechts entsprechen, wird der erforderliche **Wettbewerbsbezug abgesprochen,** da die mittelbare Bedeutung für die Preisgestaltung nicht für ausreichend gehalten wird, um diesen Bezug herzustellen.[190] Es wird vielmehr davon ausgegangen, dass selbst der Nachweis, dass der Mitbewerber bewusst und planmäßig untertariflichen Lohn zahlt und die gesparten Kosten zur Unterbietung wettbewerbsgerechter Preise einsetzt, nicht ohne Weiteres zu einem wettbewerbsrechtlich begründeten Verbot führt.[191] 69

Bei Zugrundelegung dieser (fragwürdigen) Abgrenzungskriterien fehlt auch Arbeitszeitgesetzen der sog. unmittelbare Marktbezug im Sinne einer „sekundären marktbezogenen Schutzfunktion", da sie nicht unmittelbar das Marktgeschehen als solches regeln, sondern nur „mittelbare" Auswirkungen auf das Marktgeschehen haben. Dies gilt auch für die Arbeitszeit bei Tätigkeiten mit „unmittelbarem Marktbezug", wie etwa in der Gastronomie, da sich auch hier ebenso wie bei der reinen Warenproduktion der Gesetzesverstoß nicht direkt auf die Leistungserbringung als solche bezieht, sondern dieser „vorgelagert" ist.[192] Gänzlich inkonsequent ist es allerdings, wenn der BGH die Vorschriften über das Nachtbackverbot in seiner Grundsatzentscheidung zum Erfordernis eines „Marktbezugs" „Abgasemissionen" als Marktverhaltensregelungen mit einer zumindest sekundären marktbezogenen Schutzfunktion qualifiziert.[193] Die Argumentation offenbart einmal mehr die Widersprüchlichkeit der in dieser Entscheidung niedergelegten und später in ständiger Rechtsprechung wiederholten Grundsätze. Dies gilt umso mehr, als der Marktbezug des Nachtbackverbots mit dem Hinweis auf „die Erzielung eines Vorsprungs im Wettbewerb" begründet wird, während andererseits dem Vorsprungsgedanken in derselben Entscheidung eine grundsätzliche Absage erteilt wird. An dem Fehlen eines Wettbewerbsbezugs der in Frage stehenden bundesemissionsschutzrechtlichen Vorschrift soll sich nämlich auch dadurch nichts ändern, „dass dem Verletzer aus seinem Verstoß sachlich unberechtigte Vorteile gegenüber gesetzestreuen Mitbewerbern erwachsen".[194] 70

Keinen Marktbezug weist § 266a StGB auf, der das **Nichtabführen der Arbeitnehmeranteile der Sozialbeiträge** unter Strafe stellt, da der Zweck der Regelung darin besteht, im Interesse der Solidargemeinschaft das Aufkommen der Mittel für die Sozialversicherung sicherzustellen sowie das Vermögen der Arbeitnehmer zu schützen.[195] 71

d) Sozialrechtliche Vorschriften. Auch bei sozialrechtlichen Vorschriften wird der für die Erfüllung des Rechtsbruchtatbestands nach § 4 Nr. 11 für erforderlich gehaltene Marktverhaltensbezug abgelehnt. Dies gilt für § 30 Abs. 1 SGB IV, wonach Versicherungsträger für die gesetzliche Kranken-, Unfall- und Rentenversicherung einschließlich der Alterssicherung der Landwirte sowie der sozialen Pflegeversicherung nur Geschäfte zur Erfüllung ihrer gesetzlich vorgeschriebenen oder zugelassenen Aufgaben führen dürfen.[196] Auch den Vorschriften des SGB V wird der Marktverhaltensbezug im Sinne des § 4 Nr. 11 abgesprochen,[197] da sie die Leistungserstattung in bestehenden Mitgliedschaften und Ab- 72

---

[190] *Ullmann* GRUR 2003, 817, 822.

[191] *Ullmann* GRUR 2003, 817, 822; *Köhler* GRUR 2004, 381, 384; anders noch BGHZ 120, 320, 324 – Tariflohnunterschreitung.

[192] AA Harte/Henning/*v. Jagow* UWG § 4 Nr. 11 Rn 65.

[193] BGH GRUR 2000, 1076, 1079 (re. Sp.) – Abgasemissionen.

[194] BGH GRUR 2000, 1076, 1079 (re. Sp.) – Abgasemissionen.

[195] MünchKomm/*Schaffert* UWG § 4 Nr. 11 Rn 61, unter Hinweis auf *Tröndle/Fischer* StGB § 266a Rn 2.

[196] Vgl. MünchKomm/*Schaffert* UWG § 4 Nr. 11 Rn 26; *Elskamp*, Gesetzesverstoß und Wettbewerbsrecht, S. 199.

[197] *Piper/Ohly* UWG § 4 Nr. 11 Rn 11/302; MünchKomm/*Schaffert* UWG § 4 Nr. 11 Rn 25; *Elskamp*, Gesetzesverstoß und Wettbewerbsrecht, S. 208f; vgl. zu § 1 aF BGH GRUR 2004, 247, 249 – Krankenkassenzulassung.

rechnungsverhältnissen im Interesse der Allgemeinheit an der Sicherung eines Mindeststandards in Versorgung der Bevölkerung mit Gesundheitsleistungen regeln und nicht auch dem Schutz der Interessen der Versicherten als Marktteilnehmer beim Beitritt zu einer Krankenkasse oder beim Abschluss eines Behandlungsvertrages dienen.[198] In der Regelung der Leistungserstattung wird auch nicht die Zielsetzung gesehen, dem Interesse der Kassen als Mitbewerber zu dienen.[199] Dementsprechend werden von § 4 Nr. 11 die Regelungen der §§ 31 Abs. 3, 43b SGB V sowie auch der §§ 27, 39, 115a, 115b SGB V nicht erfasst. Gleiches gilt auch für die in § 28 Abs. 4 SGB V geregelte Pflicht zur Leistung einer Praxisgebühr.[200]

73 **e) Steuer- und Strafvorschriften.** Wie in dem Grundsatzurteil „Abgasemissionen"[201] besitzen auch Steuervorschriften nicht den erforderlichen Marktbezug, so dass deren Verletzung nicht den Rechtsbruchtatbestand erfüllt. Neue rechtliche Vorschriften verfolgen nicht den Zweck, im Interesse der Marktteilnehmer das Marktverhalten auf bestimmten Märkten zu regeln, sondern dienen der Einnahmeerzielung zugunsten öffentlich-rechtlicher Gemeinwesen.[202]

74 Zu den Vorschriften, die im Interesse der Verbraucher das Marktverhalten von Unternehmen bestimmen, gehören auch §§ 119 Abs. 1 und 120 Abs. 1 Nr. 2 OWiG. Die Vorschriften sanktionieren als Ordnungswidrigkeit mit einer Geldbuße unter bestimmten Voraussetzungen das öffentliche Anbieten, Anpreisen und Ankündigen der Gelegenheit zu sexuellen Handlungen. Sie enthalten Werbebeschränkungen und haben damit einen auch unmittelbar das Marktverhalten von Unternehmen regelnden Charakter. Denn durch sie ist jede Werbung, die die Voraussetzungen der §§ 119, 120 OWiG erfüllt, untersagt und mit einer Geldbuße belegt.[203] Bei der Auslegung der Regelungen ist allerdings zu berücksichtigen, dass die Prostitution aufgrund eines gewandelten Verständnisses in der Bevölkerung nicht mehr schlechthin als sittenwidrig angesehen wird.[204]

75 **f) Straßen- und Wegerecht.** Vorschriften des Straßen- und Wegerechts (zB über erlaubnispflichtige Sondernutzungen) dienen weder dem Mitbewerber- noch dem Verbraucherschutz und **werden daher ebenfalls nicht als Marktverhaltensregelungen im Sinne des § 4 Nr. 11 angesehen**. So begründet das Abstellen eines Anhängers zu Werbezwecken im öffentlichen Straßenraum ohne die erforderliche straßenrechtliche Erlaubnis (§ 16 Abs. 1 S. 1 HessStrG) keinen Wettbewerbsverstoß unter dem Gesichtspunkt des Rechtsbruchs. Der Zweck der Regelung über die erlaubnispflichtige Sondernutzung besteht nämlich darin, Gefahren für die Leichtigkeit und Sicherheit des Verkehrs möglichst auszuschließen oder doch in erheblichem Maße zu mindern und damit den Gemeingebrauch frei zu halten.[205] Der Erlaubnisvorbehalt der Sondernutzung dient damit nicht der Kontrolle der Lauterkeit des Marktverhaltens, sondern dem Schutz der im Rahmen des Gemeingebrauchs liegenden Nutzungsmöglichkeiten der öffentlichen Straße.[206] Den nach der Rechtsprechung des BGH erforderlichen Marktbezug erlangt die Regelung über den Erlaubnisvorbehalt der Sondernutzung auch nicht dadurch, dass bei der Entscheidung über

---

[198] *Elskamp*, Gesetzesverstoß und Wettbewerbsrecht, S. 208.

[199] *Elskamp*, Gesetzesverstoß und Wettbewerbsrecht, S. 208 f.

[200] MünchKomm/*Schaffert* UWG § 4 Nr. 11 Rn 25; *Elskamp*, Gesetzesverstoß und Wettbewerbsrecht, S. 209 mwN.

[201] BGHZ 144, 255, 268 = GRUR 2000, 1076, 1079 – Abgasemissionen, unter Hinweis auf *Sack* WRP 1998, 683, 688 mit dem Beispiel, dass eine Werbeaktion durch die Hinterziehung von Erbschaftssteuern finanziert wird.

[202] MünchKomm/*Schaffert* UWG § 4 Nr. 11 Rn 63; *Piper/Ohly* UWG § 4 Nr. 11 Rn 11/39, 11/306; *Elskamp*, Gesetzesverstoß und Wettbewerbsrecht, S. 206, *Schricker*, Gesetzesverletzung und Sittenverstoß, S. 232, 260.

[203] BGH GRUR 2006, 1042, 1043 Rn 18 – Kontaktanzeigen.

[204] BGH GRUR 2006, 1042, 1043 Rn 21 – Kontaktanzeigen.

[205] BGH GRUR 2006, 872, 873 Rn 17 – Kraftfahrzeuganhänger mit Werbeschildern, unter Hinweis auf BVerfGE 56, 63, 67 = NJW 1978, 1937 zu den in soweit übereinstimmenden Vorschriften des Landesstraßengesetzes Baden-Württemberg und § 8 Abs. 1 S. 1 FStrG.

[206] BGH GRUR 2006, 872, 873 Rn 17 – Kraftfahrzeuganhänger mit Werbeschildern.

die Erlaubnis der Sondernutzung dem öffentlich-rechtlichen Bedürfnis nach einem Interessenausgleich bei Zusammentreffen gegenläufiger Straßennutzungsinteressen verschiedener Straßenbenutzer Rechnung zu tragen ist.[207] Auch unter Berücksichtigung des Gleichbehandlungsgrundsatzes des Art. 3 Abs. 1 GG bei der Ermessensausübung dient die Vorschrift nicht dazu, gleiche rechtliche Wettbewerbsvoraussetzungen für die Außenwerbung zu schaffen. Die Ermessensentscheidung hat sich nicht an den Belangen des Wettbewerbs zu orientieren, sondern an den Gegebenheiten, die einen sachlichen Bezug zur öffentlichen Straße haben. Auswirkungen auf den Wettbewerb zwischen den Werbetreibenden sind deshalb ein bloßer Reflex, der auf eine Sondernutzung des öffentlichen Straßenraums bezogenen Normen.[208]

g) Verkehrsvorschriften. Entsprechendes wird auch für den Verstoß gegen Verkehrsvorschriften, wie insbesondere der StVO, angenommen, die ebenfalls **nicht als Marktverhaltensregelungen gelten.** Sie dienen nicht dem Schutz der Interessen der Marktbeteiligten, sondern dem im Allgemeininteresse sowie im Interesse der einzelnen Verkehrsteilnehmer liegenden Schutz der Sicherheit im Straßenverkehr. Dies gilt auch für eine nach § 33 Abs. 2 S. 2 StVO unzulässige Werbung iVm Verkehrszeichen oder Verkehrseinrichtungen oder auch die Aufforderung eines Spediteurs an seine LKW-Fahrer, sich nicht an Geschwindigkeitsbeschränkungen zu halten.[209] 76

h) Regelungen zum Schutz des geistigen Eigentums. Die Regelungen zum Schutz des geistigen Eigentums (Patent-, Gebrauchsmuster-, Geschmacksmuster-, Kennzeichen-, Urheberrechte) sind zwar Ausschließlichkeitsrechte, die eine absolute Wirkung entfalten und deswegen von jedermann und demzufolge auch von den Mitbewerbern zu beachten sind. Gleichwohl werden sie **nicht als Marktverhaltensregelungen** im Interesse der Marktteilnehmer angesehen. Zur Begründung wird darauf verwiesen, dass sie keine zugunsten Dritter wirkende Schutzfunktion erfüllen, da sie nicht den Zweck verfolgen, den Wettbewerb durch Aufstellung gleicher Schranken zu regeln und dadurch zur Chancengleichheit der Wettbewerber beizutragen.[210] Dabei ist es unerheblich, dass eine Verletzung von Ausschließlichkeitsrechten zu einem Wettbewerbsvorsprung vor Mitbewerbern führen kann, zB durch Einsparung von Lizenzgebühren.[211] Aus der gesetzlichen Wertung der Sonderschutzrechte, die allein die Individualinteressen der Rechtsinhaber schützen, wird gefolgert, dass allein diese befugt sind, darüber zu entscheiden, ob gegen einen Verletzer vorgegangen oder eine Verletzungshandlung geduldet werden soll.[212] So wie diese ausschließlich über die Einräumung von Nutzungsrechten befinden, ist es auch allein ihre Sache, über eine Inanspruchnahme des Verletzers zu bestimmen. Gegen diese Beurteilung wird der Einwand erhoben, dass die Vorschriften zum Schutz des geistigen Eigentums deshalb die Voraussetzung des § 4 Nr. 11 erfüllen, da sie, soweit der Vertrieb und die Werbung betroffen sei, das Marktverhalten im Interesse der Rechtsinhaber als aktuelle oder potentielle Marktteilnehmer regelten.[213] Es trifft zwar zu, dass die mit Immaterialgüterrechten verbundenen exklusiven Nutzungsbefugnisse des Rechtsinhabers und die daraus gegenüber den Mitbewerbern resultierenden Nutzungsbeschränkungen dazu bestimmt sind, das Marktverhalten auf den jeweils betroffenen Märkten zu regeln und zu gleichen rechtlichen Bedingungen unter den Mitbewerbern führen. Dies ändert aber nichts daran, dass es mit der exklusiven Rechtstellung, die den Schutzrechtsinhabern eingeräumt wird, unvereinbar 77

[207] BGH GRUR 2006, 872, 873 Rn 18 – Kraftfahrzeuganhänger mit Werbeschildern, unter Hinweis auf BVerfGE 56, 63, 68 = NJW 1978, 1937.
[208] BGH GRUR 2006, 872, 873 Rn 18 – Kraftfahrzeuganhänger mit Werbeschildern.
[209] MünchKomm/*Schaffert* UWG § 4 Nr. 11 Rn 67.
[210] BGHZ 140, 183, 188 f = GRUR 1999, 325, 326 – Elektronische Pressearchive (zum Urheberrecht); Gloy/Loschelder/*Hasselbatt* § 50 Rn 79.
[211] BGHZ 140, 183, 188 f = GRUR 1999, 325, 326 – Elektronische Pressearchive.
[212] *Piper/Ohly* UWG § 4 Nr. 11 Rn 11/41.
[213] *Sack* WRP 2004, 1307, 1317; *Schack*, Urheber- und Urhebervertragsrecht, 2005, Rn 69; *Elskamp*, Gesetzesverstoß und Wettbewerbsrecht, S. 188.

ist, wenn Dritte über § 4 Nr. 11 in deren Dispositionsbefugnis eingreifen. Der Inhaber eines Immaterialgüterrechts mag gute Gründe haben, von einer Rechtsverfolgung abzusehen, etwa um sich mit dem potentiellen Rechtsverletzer gütlich zu einigen. Außerdem werden Wettbewerbsstreitigkeiten überwiegend im Rahmen des einstweiligen Rechtsschutzes ausgetragen. Das auf eine schnelle Erledigung ausgerichtete und daher auf eine summarische Prüfung beschränkte einstweilige Verfügungsverfahren eignet sich aber häufig nicht dazu, eine umfassende Beurteilung der Schutzrechtslage vorzunehmen.

78 **i) Berufsrechtliche Regelungen ohne Außenwirkung.** Sofern berufsrechtliche Regelungen keine Außenwirkung haben, fehlt ihnen der Wettbewerbsbezug.[214] So ist der Verstoß eines Rechtsanwalts gegen die Verpflichtung, Handakten zu führen, oder das Verbot der Forderungsabtretung mangels des erforderlichen Wettbewerbsbezugs **nicht dazu geeignet, einen Wettbewerbsverstoß zu begründen.** Entsprechendes gilt auch für die Verletzung des Verbots nach § 45 Abs. 1 Nr. 4 BRAO, in einer Sache als Anwalt tätig zu werden, in der er vorher schon geschäftlich tätig war.[215] Paradigmatisch sind die nachfolgend zitierten Ausführungen des BGH mit Blick auf das Erfordernis des Wettbewerbsbezugs:

79 „Ein Rechtsanwalt, der gegen § 45 Abs. 1 Nr. 4 BRAO verstößt, handelt damit jedoch nicht zugleich wettbewerbswidrig. Ein solcher Verstoß hat nur insofern einen Bezug zum Wettbewerbsgeschehen, als der Anwalt andernfalls in der betreffenden Sache nicht tätig werden könnte; er fällt deshalb mit dem Auftreten des Rechtsanwalts im Wettbewerb zusammen. Ein derartiger bei der Wettbewerbshandlung lediglich mitverwirklichter Gesetzesverstoß begründet nicht ohne Weiteres die Wettbewerbswidrigkeit des Verhaltens. Daran ändert auch der Umstand nichts, dass die verletzte Gesetzesvorschrift eine wertbezogene Norm ist. Die Vorschrift des § 45 Abs. 1 Nr. 4 BRAO hat als solche keinen Bezug zum Wettbewerb. Ihr kommt weder primär noch sekundär die Funktion zu, die Gegebenheiten eines bestimmten Marktes zu regeln. Soweit sie einen Rechtsanwalt im Einzelfall vom Tätigwerden ausschließt und damit insoweit auch als Wettbewerber, ist dies nur ein Reflex ihrer beabsichtigten andersartigen Wirkung. Ein Gesetzesverstoß, der mit einem Tätigwerden unter Verletzung des § 45 Abs. 1 Nr. 4 BRAO begangen wird, strahlt nicht in der Weise auf die Handlung aus, dass diese gerade auch als Wettbewerbsverhalten gegen die guten Sitten im Wettbewerb verstößt. Das Interesse der Allgemeinheit daran, dass die Vorschrift des § 45 Abs. 1 Nr. 4 BRAO eingehalten wird, gilt nicht der Lauterkeit des Wettbewerbs, sondern ausschließlich der Wahrung einer geordneten Rechtspflege und der Aufrechterhaltung der Integrität der Anwaltschaft. Die ihrem Grundcharakter nach deliktsrechtlichen wettbewerbsrechtlichen Ansprüche geben danach keine Grundlage dafür, Verstöße gegen § 45 Abs. 1 Nr. 4 BRAO zu unterbinden."[216]

80 **j) Datenschutzvorschriften.** Schon unter der früheren Rechtsprechung war anerkannt, dass die **Verletzung datenschutzrechtlicher Regelungen** des Bundesdatenschutzgesetzes nicht ohne Weiteres wettbewerbswidrig ist. Der Datenschutz zählt zwar zu den besonders wichtigen Gemeinschaftsgütern. Deshalb müssen personenbezogene Daten im Rahmen des allgemeinen Persönlichkeitsrechts unter dem Gesichtspunkt der informationellen Selbstbestimmung vor Zugriffen Dritter geschützt werden.[217] Gleichwohl ist ein Eingriff in diesen Schutz mit Blick auf die Verschiedenheit der rein personenbezogenen Wertungsgrundlagen des BDSG und lauterkeitsrechtlichen Ausrichtung des UWG nicht stets auch als wettbewerbswidrig zu qualifizieren. Dies entspricht dem Grundsatz, dass auch sonstige Verletzungen des Persönlichkeitsrechts nicht schon per se wettbewerbswidrig sind.[218] Dementsprechend kann ein Verstoß gegen das BDSG nicht für sich allein, sondern

---

[214] *Ullmann* GRUR 2003, 817, 822.
[215] BGH GRUR 2001, 354 – Verbandsklage gegen Vielfachabmahner.
[216] BGH 2001, 354, 356 – Verbandsklage gegen Vielfachabmahner.
[217] BVerfGE 65, 1, 43 ff – Volkszählung.
[218] Vgl. etwa BGHZ 54, 188, 180 ff – Telefonwerbung I; BGH GRUR 1989, 753, 754 – Telefonwerbung II; BGH GRUR 1995, 220, 221 – Telefonwerbung V; BGHZ 130, 5, 9 ff – Busengrabscher.

nur bei Hinzutreten weiterer Umstände, die über die rein persönlichkeitsrechtlichen Wertungen hinausreichen, die Unlauterkeit begründen.[219] Eine **Ausnahme** gilt für die Regelung des **§ 28 Abs. 4 BDSG.** Hier ergibt sich der **Marktbezug** daraus, dass die Vorschrift den Zweck verfolgt, den Betroffenen vor einer widerrechtlichen Nutzung seiner personenbezogenen Daten für die Werbung oder Markt- und Meinungsforschung zu schützen.[220]

k) EG-Beihilferecht. Trotz ihrer unbestreitbaren, im Einzelfall weitreichenden Auswirkungen auf die Marktverhältnisse, wird den EG-beihilferechtlichen Regelungen (Art. 87 EG)[221] anders als den vergaberechtlichen Vorschriften[222] der für das Eingreifen des Rechtsbruchtatbestandes für erforderlich gehaltene **Marktbezug abgesprochen.** 81

2. Marktzutrittsregelungen

a) Allgemeine Grundsätze. Nicht als Marktverhaltensregelungen werden reine Marktzutrittsregelungen angesehen.[223] Darunter werden solche Normen verstanden, die Personen den Marktzutritt aus Gründen verwehren, die nichts mit ihrem Marktverhalten, also der Art und Weise des Agierens am Markt zu tun haben.[224] Hierzu zählen insbesondere Normen, die den Marktzutritt zum eigenen Schutz oder aus wirtschaftslenkenden Gründen nicht oder nur unter Einhaltung bestimmter Voraussetzungen gewähren, etwa um die auf einem bestimmten Markt agierenden Unternehmen vor unerwünschtem Wettbewerb zu schützen.[225] Verstöße gegen solche reinen Marktzutrittsregelungen fallen nicht unter § 4 Nr. 11. Sie werden auch nicht über die Generalklausel des § 3 erfasst. Aus der Entstehungsgeschichte und der Gesetzesbegründung[226] ergibt sich eindeutig, dass mit dem Rechtsbruchtatbestand des § 4 Nr. 11 eine abschließende Regelung getroffen werden sollte, wonach diese sich auf Marktverhaltensvorschriften beschränkt und den Verstoß gegen reine Marktzutrittsvorschriften von dessen Anwendungsbereich ausnimmt. Begründet wird diese **Abgrenzung** mit der Erwägung, es sei nicht die ordnungspolitische Aufgabe des UWG, Märkte vor dem Zutritt weiterer Wettbewerber abzuschotten. Ihm gehe es lediglich darum, unlautere Verhaltensweisen auf einem Markt zu unterbinden, die geeignet sind, den bestehenden Wettbewerb zum Nachteil der Mitbewerber, der Verbraucher und der sonstigen Marktteilnehmer zu verfälschen.[227] Aus der Tatsache, dass ein Unternehmen gegen eine Marktzutrittsregelung verstößt, folge daher nicht, dass damit gleichsam automatisch auch seine Marktteilnahme wettbewerbswidrig ist.[228] 82

Köhler versucht diese Differenzierung anhand des folgenden Beispiels zu illustrieren: „Wer ein Auto stielt und damit am Straßenverkehr teilnimmt, benutzt das Auto zwar rechtswidrig, aber verstößt dadurch nicht gegen die Regeln der Straßenverkehrsordnung".[229] Dem ist Folgendes entgegen zu halten: Dieses Bild erscheint allenfalls auf den ersten Blick plausibel. Die Relevanz der Frage, ob die „Teilnahme" oder aber nur das „Verhalten bei der Teilnahme" den Gegenstand der Beurteilung bildet, richtet sich nach dem maßgeblichen Schutzzweck der Norm. Der Zweck der Straßenverkehrsordnung besteht darin, die Sicherheit des Straßenverkehrs zu gewährleisten und nicht vor Diebstahl zu schützen. Dafür ist das Strafrecht zuständig. Der wesentliche Schutzzweck des Wettbewerbsrechts besteht 83

[219] *v. Gamm* GRUR 1996, 574, 578.
[220] *Piper/Ohly* UWG § 4 Nr. 11 Rn 11/37.
[221] *Ullmann* GRUR 2003, 817, 822; OLG München GRUR 2004, 169, 170.
[222] → Rn 162.
[223] Vgl. BGH GRUR 2002, 269, 270 – Sportwetten-Genehmigung; GRUR 2002, 825, 826 – Elektroarbeiten; *Köhler* GRUR 2001, 777, 780; *ders.* NJW 2002, 2761; *ders.* GRUR 2004, 381, 384; *Ullmann* GRUR 2003, 817, 823; krit. *Doepner* WRP 2003, 1292, 1298 ff.
[224] Vgl. *Köhler* GRUR 2004, 381, 384.
[225] *Köhler* GRUR 2004, 381, 384; *Ullmann* GRUR 2003, 817, 823.
[226] → Rn 18 ff.
[227] Vgl. BGH GRUR 2002, 825, 826 – Elektroarbeiten; *Köhler* GRUR 2001, 777, 780; *ders.* GRUR 2004, 381, 384.
[228] *Köhler* GRUR 2004, 381, 384.
[229] *Köhler* GRUR 2004, 381, 384.

darin, im Interesse der Allgemeinheit die Funktionsfähigkeit des Wettbewerbs sicherzustellen und im Interesse der Marktteilnehmer deren Ausübung von Freiheitsrechten vor Verfälschungen zu bewahren. Die Verkehrssicherheit wird nicht dadurch beeinträchtigt, dass jemand mit einem gestohlenen Fahrzeug unterwegs ist, solange er die Verkehrsregeln einhält. Dagegen wird der Wettbewerb unter Umständen ganz erheblich verfälscht, wenn sich ein Unternehmen an ihm beteiligt, das die Marktzutrittsregelungen missachtet und sich dadurch einen Vorsprung vor rechtstreuen Mitbewerbern verschafft. Nebenbei gefragt: Könnte sich der Fahrer eines Kfz, der in eine Polizeikontrolle gerät, darauf berufen, dass er nach der Straßenverkehrsordnung das Recht habe, seine Fahrt fortzusetzen, obwohl sich bei dieser Gelegenheit herausstellt, dass er das Fahrzeug gestohlen hat? Alle Vergleiche hinken, und nach *Schopenhauer* sind sie die „Wurzel allen Übels". Aber wenn man sich gleichwohl dem Reiz mehr oder weniger einleuchtender Gedankenspiele nicht entziehen kann, so liegt folgendes Bild näher: Wer an einem sportlichen Wettkampf teilnimmt, für den er nicht zugelassen ist, weil er nicht qualifiziert ist, verhält sich besonders unfair (unlauter). Denn er beeinflusst durch sein Verhalten den Ausgang des Wettkampfs, ohne hierzu berechtigt zu sein. Dies gilt umso mehr, wenn eine Disqualifikation wegen „Dopings" geboten ist. Kurz gesagt: „Es gibt kein richtiges Leben im falschen" *(Adorno)*.[230]

84 **b) Dichotomie von Marktzutritts- und Marktverhaltensregelungen.** *Ullmann* hat die Dichotomie von Marktzutritts- und Marktverhaltensregelungen in folgendem **Grundsatz** zugespitzt: „Die Existenz und die geschäftliche Tätigkeit eines Wettbewerbers, der sich den Marktzutritt auf gesetzwidrige, anstößige, strafwürdige Weise verschafft hat, sind als solche nicht unlauter. Ein Marktverhalten wird grundsätzlich nicht schon dadurch wettbewerbsrechtlich unlauter, dass der Mitbewerber Vorteile aus einem vorangegangenen Verstoß gegen ein Gesetz ausnutzt, das keinen unmittelbaren Marktbezug aufweist. Auch wer Dreck am Schuh hat, darf sich unbehelligt von einer Wettbewerbsklage am Markt bewegen. Mafiöse Strukturen, organisierter Einsatz von Schwarzgeld, Verkauf von Hehlerware können prinzipiell nicht mit dem Einsatz des UWG unterbunden werden. Der Staat hat hierzu vorrangig andere Mittel." Auf eine etwas abstraktere Ebene gehoben bedeutet dies: Eine Wettbewerbswidrigkeit „ist nicht immer schon dann gegeben, wenn bei der Gründung eines Unternehmens Vorschriften verletzt werden, bei deren Einhaltung es auf dem Markt nicht existent wäre".[231]

85 **c) Kommunalrechtliche Vorschriften.** Als gesichert kann gelten, dass gemäß den Entscheidungen „Elektroarbeiten"[232] und „Altautoverwertung"[233] kommunalrechtliche Vorschriften, die der **erwerbswirtschaftlichen Betätigung von Gemeinden** Schranken setzen (wie zB Art. 87 BayGO; § 107 NWGO), bloße Marktzutrittsregelungen darstellen, die nicht zugleich Marktverhaltensregelungen sind. Nach Maßgabe der vom BGH aufgestellten Grundsätze erfüllt allein die Verletzung dieser Vorschriften noch nicht den Tatbestand des § 4 Nr. 11. Unerheblich ist insbesondere, ob sie zugleich auch eine Einflussnahme auf das unternehmerische Verhalten der Gemeinden bezwecken oder die private Wirtschaft vor einem Wettbewerb durch die öffentliche Hand schützen und ihnen dadurch eine den Wettbewerb regelnde Funktion zukommt, indem sie durch die Beschränkung des Marktzutritts der Gemeinden Rahmenbedingungen des Wettbewerbs festlegen. Denn sie dienen letztlich nicht der Kontrolle der Lauterkeit des Marktverhaltens der Gemeinden.[234] Auch § 823 Abs. 2 BGB bietet keine Handhabe, da die maßgeblichen Vorschriften nicht als Schutzgesetze zugunsten der privaten Mitbewerber anerkannt werden.[235] Bei Verstößen gegen kommunalrechtliche Marktzutrittsregelungen sind private Mitbewerber häufig wehr-

---

[230] *Götting* FS Schricker S. 689, 701 f.
[231] *Ullmann* GRUR 2003, 817, 823.
[232] BGH GRUR 2002, 825, 826 – Elektroarbeiten.
[233] GRUR 2003, 164, 165 – Altautoverwertung.
[234] Vgl. BGH GRUR 2002, 825, 826 f – Elektroarbeiten; GRUR 2003, 164, 165 – Altautoverwertung.
[235] Vgl. BGH GRUR 2002, 825, 828 – Elektroarbeiten; GRUR 2003, 164, 166 – Altautoverwertung.

los, da ihnen wegen des vermeintlichen Fehlens des drittschützenden Charakters der verletzten Normen die Klagebefugnis abgesprochen wird. Auch an die Aufsichtsbehörden gerichtete Anregungen dürften wenig Erfolg versprechen. Praktische Erfahrungen belegen, dass die Gemeinden sich zumeist in einem rechtsfreien Raum bewegen, den sie ungehindert nach eigenem Gutdünken ausnutzen. Einen Ausweg zur Wiederherstellung rechtmäßiger Verhältnisse bieten allenfalls Verwaltungsgerichte, die, wie ausnahmsweise das OVG Münster, bereit sind, den einschlägigen Regelungen über die Zulässigkeit der wirtschaftlichen Betätigung der Gemeinden (§ 107 Abs. 1 Nr. 1 NWGO) drittschützenden Charakter für die örtlichen Wirtschaftsteilnehmer zuzubilligen und ihnen einen öffentlich-rechtlichen Unterlassungs- und Folgenbeseitigungsanspruch zuzuerkennen, der darauf gerichtet ist, dass die Gemeinde eine unzulässige wirtschaftliche Betätigung unterlässt bzw auf eine Eigengesellschaft einwirkt, unzulässige wirtschaftliche Betätigungen zu unterlassen.[236]

Kommunalrechtliche Satzungen, die erwerbswirtschaftliche Regelungen enthalten, wie eine Friedhofssatzung, werden als gesetzliche Vorschriften im Sinne des § 4 Nr. 11 (Art. 2 EGBGB) angesehen, die auch dazu bestimmt sind, im Interesse der Marktteilnehmer (§ 2 Abs. 1 Nr. 2) das Marktverhalten zu regeln.[237] 86

d) Weitere wirtschaftslenkende Vorschriften. Auch **sozialrechtliche Vorschriften,** die Hoheitsträgern die Betätigung auf bestimmten Gebieten zugunsten privater Unternehmer untersagen, werden als reine Marktzutrittsregelungen angesehen, denen der Marktverhaltensbezug im Sinne des § 4 Nr. 11 fehlt.[238] Entsprechendes wird auch für **wirtschaftsverfassungsrechtliche Vorschriften,** wie insbesondere die Regelung des Art. 87f Abs. 2 S. 1 GG, die eine privatwirtschaftliche Leistungserbringung im Bereich des Postwesens und der Telekommunikation vorsieht, angenommen.[239] **Handels- und gesellschaftsrechtliche Vorschriften,** die keinen unmittelbaren Einfluss auf die Marktverhältnisse ausüben und keine Schutzwirkung zugunsten Dritter entfalten, sind keine Marktverhaltensregelungen im Sinne des § 4 Nr. 11, sondern betreffen allenfalls den Marktzutritt. Dies gilt insbesondere für die gesetzlich normierten **Wettbewerbsverbote** wie das Wettbewerbsverbot des Handlungsgehilfen (§§ 60, 61 HGB), des Gesellschafters der oHG nach § 112 HGB, der Vorstandsmitglieder der AG nach § 88 AktG oder des persönlich haftenden Gesellschafters in der KGaA nach § 284 Abs. 1 AktG. Die aus der Treuepflicht des Gesellschafters resultierenden Wettbewerbsverbote haben zwar einen unmittelbaren Wettbewerbsbezug, sie betreffen aber primär den Rechtskreis der betroffenen Gesellschaft und/oder Mitgesellschafter.[240] Entsprechende Erwägungen gelten auch für Verstöße gegen vereinsrechtliche Vorschriften. Zwar bezweckt die Regelung der §§ 21ff in erster Linie den Gläubigerschutz,[241] die **unzulässige wirtschaftliche Betätigung von Idealvereinen** unter Überschreitung des „Nebenzweckprivilegs" fällt aber nicht unter den Rechtsbruchtatbestand,[242] da sie nach den maßgeblichen Grundsätzen der Rechtsprechung des BGH nicht das Marktverhalten, sondern den (rechtswidrigen) Marktzutritt betrifft. 87

3. Vorschriften mit Doppelfunktion (Marktzutritts- und Marktverhaltensregelungen)

Wie sich der Grundsatzentscheidung des BGH „Elektroarbeiten"[243] entnehmen lässt, geht der BGH davon aus, dass es Vorschriften gibt, die sich nicht eindeutig als Marktzutritts- 88

---

236 OVG Münster NVwZ 2003, 1520; s. dazu *Tilmann* FS Schricker S. 763ff.
237 BGH GRUR 2005, 960, 961 – Friedhofsruhe.
238 MünchKomm/*Schaffert* UWG § 4 Nr. 11 Rn 74; s. auch BGH GRUR 1996, 213, 215ff – Sterbegeldversicherung; BGH GRUR 1999, 267, 269 – Verwaltungsstellenleiter.
239 MünchKomm/*Schaffert* UWG § 4 Nr. 11 Rn 76; unter Hinweis auf BGHZ 156, 379, 390f = GRUR 2004, 255, 258 – Strom und Telefon I; BGH GRUR 2004, 259, 262 – Strom und Telefon II.
240 Gloy/Loschelder/*Hasselblatt* § 50 Rn 78, der allerdings eine Gesamtabwägung der Einzelfallumstände für geboten hält.
241 BGHZ 85, 84 88f = GRUR 1983, 120, 123 – ADAC-Verkehrsrechtsschutz.
242 AA wohl BGH GRUR 1986, 823, 824f – Fernsehzuschauerforschung.
243 BGHZ 150, 343.

oder als Marktverhaltensregelung qualifizieren lassen, sondern beide Elemente enthalten. In der genannten Entscheidung heißt es dazu: „Auch bei einem Verstoß gegen Vorschriften über den Marktzutritt muss daher anhand einer – am Schutzzweck des § 1 – auszurichtenden Würdigung des Gesamtcharakters des Verhaltens geprüft werden, ob es durch den Gesetzesverstoß das Gepräge eines wettbewerbsrechtlich unlauteren Verhaltens enthält. Der Gesetzesverstoß kann dazu allein nicht genügen, wenn die verletzte Norm nicht zumindest eine sekundäre wettbewerbsbezogene, d.h. – entsprechend dem Normzweck des § 1 – eine auf die Lauterkeit des Wettbewerbs bezogene, Schutzfunktion hat.[244] Eine solche **Schutzfunktion** besitzen zB Vorschriften, die als Voraussetzung für die Ausübung bestimmter Tätigkeiten – etwa ärztlicher Behandlungen – im Interesse des Schutzes der Allgemeinheit den Nachweis besonderer fachlicher Fähigkeiten fordern."[245] In Anlehnung hieran genügt es für die Anwendung des § 4 Nr. 11 bereits nach dessen Wortlaut, dass die gesetzliche Vorschrift „auch" eine Regelung des Marktverhaltens im Interesse der Marktbeteiligten darstellt. Hieraus folgt, dass Verstöße gegen Marktzutrittsregelungen insoweit erfasst werden, als sie gleichzeitig auch „das Marktverhalten regeln".[246] Ob gesetzliche Vorschriften eine solche **„Doppelfunktion"** erfüllen, ist **durch Auslegung zu ermitteln.** Davon ist in der Regel auszugehen, wenn die Betätigung auf einem bestimmten Markt unter einem Erlaubnisvorbehalt steht, um dadurch im Interesse der Marktteilnehmer, insbesondere der Verbraucher, eine bestimmte Qualität, Sicherheit oder Unbedenklichkeit der angebotenen Waren oder Dienstleistungen sicherzustellen.[247] Dies ist vor allem dann der Fall, wenn die Norm den Nachweis besonderer fachlicher Qualifikationen fordert.[248]

89 Wörtlich heißt es dazu in der **Gesetzesbegründung:** „Die vorgenommene Einschränkung schließt nicht aus, dass auch Verstöße gegen Marktzutrittsregelungen vom Tatbestand erfasst sein können, dies gilt jedenfalls dann, wenn die Marktzutrittsregelung eine auf die Lauterkeit des Wettbewerbs bezogene Schutzfunktion hat und somit auch zugleich das Marktverhalten regelt. Hiervon ist insbesondere bei Vorschriften auszugehen, die als Voraussetzung für die Ausübung bestimmter Tätigkeiten den Nachweis besonderer fachlicher Fähigkeiten fordern."[249] Das Erfordernis einer bestimmten fachlichen Qualifikation bezieht sich insbesondere auf Zulassungsregelungen für freie Berufe wie Ärzte, Zahnärzte, Apotheker, Rechtsanwälte und Steuerberater, etc. Entsprechendes gilt darüber hinaus aber auch für die Ausübung von Tätigkeiten ohne die erforderliche öffentlich rechtliche Genehmigung, wie zB das nicht konzessionierte Betreiben von Wettbüros, da die staatliche Reglementierung der Spielwette letztlich auch dem Schutz des Verbrauchers dient.[250] Diese Relativierung der These, dass Marktzutrittsregelungen von § 4 Nr. 11 nicht erfasst werden, verdient zwar in der Sache Zustimmung, weil andernfalls die Gefahr bestünde, dass die Beeinträchtigung überragend wichtiger Rechtsgüter, wie Leben und Gesundheit, aus der wettbewerbsrechtlichen Beurteilung ausgeblendet werden. Man denke nur an „selbst ernannte Ärzte", die ohne die erforderliche Fachkunde gefährliche Heilbehandlungen durchführen. Dies liegt auf der Linie der vom BGH in der Grundsatzentscheidung „Elektroarbeiten"[251] getroffenen Feststellung, dass Marktzutrittsregelungen nur dann den erforderlichen Marktbezug besitzen, wenn sie eine auf die Lauterkeit des Wettbewerbs bezogene Schutzfunktion erfüllen. Diese wird dann angenommen, wenn es sich um Vorschriften handelt, die als Voraussetzung für die Ausübung bestimmter Tätigkeiten – etwa ärztlicher Behandlungen – im Interesse des Schutzes der Allgemeinheit den Nachweis besonderer

---

[244] BGHZ 144, 255, 267 = GRUR 2002, 825, 826 – Abgasemissionen.

[245] BGHZ 150, 343, 348 – Elektroarbeiten; vgl. dazu auch *Köhler* GRUR 2001, 777, 781.

[246] Vgl. Begr. RegE BT-Drucks. 15/1487 S. 19 (zu § 4 Nr. 11).

[247] Vgl. BGHZ 150, 343, 346ff = GRUR 2002, 825, 826 – Elektroarbeiten; *Köhler* GRUR 2004, 381, 385; *Ullmann* GRUR 2003, 817, 824.

[248] Vgl. Begr. RegE BT-Drucks. 15/1487 S. 19 (zu § 4 Nr. 11).

[249] Begr. RegE BT-Drucks. 15/1487 S. 19 (zu § 4 Nr. 11).

[250] *Ullmann* GRUR 2003, 817, 824, unter Hinweis auf BGH GRUR 2002, 636 – Sportwetten; BGH GRUR 2004, 693 – Schöner Wetten.

[251] BGHZ 150, 343, 348 – Elektroarbeiten.

fachlicher Fähigkeiten fordern. Damit wird allerdings die Ausgangsthese der „wettbewerbsrechtlichen Irrelevanz der Verletzung von Marktzutrittsregelungen" erheblich relativiert und eine **nicht unerhebliche Rechtsunsicherheit** erzeugt. Ein Schlaglicht hierauf wirft eine Entscheidung des Kartellsenats aus dem Jahre 2002 zu „Massenbriefsendungen aus dem Ausland".[252] Danach handelt ein Unternehmen, das ohne die nach § 5 Abs. 1 PostG erforderliche Erlaubnis (Lizenz) gewerbsmäßig für andere Briefsendungen befördert, deren Einzelgewicht mehr als 1000 Gramm beträgt, wettbewerbswidrig. Zur Begründung wurde lapidar ausgeführt: „Verstößt das zu überprüfende Wettbewerbsverhalten gegen ein Gesetz, das dem Schutz wichtiger Gemeinschaftsgüter dient, so indiziert die Verletzung einer derartigen wertbezogenen Norm grundsätzlich die wettbewerbsrechtliche Unlauterkeit mit der Folge, dass es der Feststellung weiterer Unlauterkeitsumstände regelmäßig nicht bedarf."[253]

Weiter heißt es: „Der Streitfall gibt angesichts des unmittelbaren Marktbezuges, der den Schutz des Universaldienstes kennzeichnet, zu einer abweichenden Beurteilung keinen Anlass. Auch unter diesem Gesichtspunkt kann die Kl. als unmittelbare Wettbewerberin daher Unterlassung der unerlaubten Beförderung von Briefsendungen verlangen."[254] Es besteht kein Zweifel, dass § 5 Abs. 1 PostG eine Erlaubnispflicht und damit den Marktzutritt regelt. Bedeutet dies, dass die **Verletzung von Marktzutrittsregelungen, die „dem Schutz wichtiger Gemeinschaftsgüter" dienen,** wie es nach Einschätzung des Kartellsenats die Postbeförderung ist, auch im Lichte der vom 1. ZS des BGH entwickelten Abgrenzungskriterien einen Wettbewerbsverstoß begründen? Es fällt deshalb schwer, eine Prognose darüber abzugeben, welche Ergebnisse die Differenzierung zwischen „Marktzutritts-" und „Marktverhaltensregelungen" künftig im Einzelfall hervorbringen wird. 90

V. Sonstige Vorschriften im Einzelnen

1. Allgemeine Kriterien

Der Rechtsbruchtatbestand des § 4 Nr. 11 bildet gleichsam die Nahtstelle oder das Scharnier gegenüber Verstößen gegen außerhalb des UWG liegenden Rechtsvorschriften. Angesichts der fast uferlosen Fülle von rechtlichen Regelungen ist die Zahl von Normen, bei denen sich die Frage stellt, ob sie als Marktverhaltensvorschriften im Sinne des § 4 Nr. 11 zu qualifizieren sind, tendenziell unüberschaubar. Dies gilt selbst dann, wenn man als erstes grobes Raster nur auf solche Regelungen abstellt, deren Schutzzweck auf die Marktteilnehmer im Sinne des § 1 iVm. § 2 Abs. 1 Nr. 2 ausgerichtet ist. Oftmals lässt sich nicht mit hinreichender Eindeutigkeit bestimmen, welchen Schutzzweck eine Norm verfolgt. Abgesehen davon, dass der Wille des historischen Gesetzgebers nur subsidiär heranzuziehen ist, lässt er sich häufig kaum eindeutig feststellen, vor allem dann nicht, wenn sich die technologischen und ökonomischen Rahmenbedingungen grundlegend geändert haben. Pointiert und provokant könnte man sagen, dass nicht selten einer Norm der Zweck entnommen wird, der ihr vom Normanwender aufgrund seines Vorverständnisses zugesprochen wird. Hinzukommt die Schwierigkeit, zwischen unmittelbaren und mittelbaren Wirkungen einer gesetzlichen Vorschrift zu differenzieren. 91

Wenig ergiebig ist auch der vom BGH in der Grundsatzentscheidung „Elektroarbeiten" angesprochene Aspekt des „Schutzes der Allgemeinheit".[255] Was **„im Interesse des Schutzes der Allgemeinheit"** liegt, darüber lässt sich trefflich streiten. Dies schon allein deshalb, weil bereits der Begriff der „Allgemeinheit" keine klaren Konturen besitzt, sondern eher metaphysisch anmutet. Es ist schwer zu sagen, ob es sich dabei um ein Konglo- 92

[252] BGH GRUR 2003, 250.
[253] BGH GRUR 2003, 250, 251, unter Hinweis auf BGHZ 140, 134, 138 – Hormonpräparate; BGHZ 144, 255, 266 – Abgasemissionen.
[254] BGH GRUR 2003, 250, 251 – Massenbriefsendungen aus dem Ausland.
[255] BGHZ 150, 343, 348 = GRUR 2002, 825, 826 – Elektroarbeiten.

merat von Einzelinteressen oder aber um die auch immer definierbare überindividuelle, kollektive oder institutionelle Interessen handelt. Außerdem fällt die Abgrenzung gegenüber dem Schutz anderer wettbewerbsrechtlich relevanter Interessen äußerst schwer. Liegt nicht auch der Verbraucherschutz im Allgemeininteresse?

93 Ein konkreteres Abgrenzungskriterium liefert der vom BGH in seiner neueren Rechtsprechung aufgestellte Grundsatz, dass bei Anwendung des Rechtsbruchtatbestands Gesetzesverstöße außer Betracht zu bleiben haben, die der Wettbewerbshandlung vorgelagert oder nachgelagert sind.[256] Das vom Reichsgericht begründete[257] und vom BGH in ständiger Rechtsprechung bestätigte Prinzip, dass für die lauterkeitsrechtliche Wertung nicht allein das Außenhandeln maßgeblich ist, sondern der **Gesamttatbestand,** wie er sich nach seinem konkreten Anlass, nach Zweck, Mittel, Begleitumständen und Auswirkungen darstellt,[258] so dass auch diejenigen Umstände in die Betrachtung einbezogen werden, die dem Außenhandeln vorausgehen oder nachfolgen,[259] wurde damit aufgegeben. Eine Ausnahme von dem Grundsatz, dass der Wettbewerbshandlung vorausgehende Gesetzesverstöße außer Betracht bleiben, gilt aber insofern, als nach der Grundsatzentscheidung „Elektroarbeiten" solche Vorschriften einen Wettbewerbsbezug im Sinne einer „auf die Lauterkeit des Wettbewerbs bezogenen" Schutzfunktion aufweisen, die „im Interesse des Schutzes der Allgemeinheit den Nachweis besonderer fachlicher Fähigkeiten fordern".[260] Als gesichert kann ferner gelten, dass Werbeverbote oder werbebeschränkende Regelungen, wie sie sich in berufsregelnden Normen für freie Berufe, wie insbesondere im Bereich der Rechtsberatung, der Steuerberatung oder der Heilberufe, finden, einen unmittelbaren Wettbewerbsbezug aufweisen, so dass sie als Marktverhaltensvorschriften im Sinne des § 4 Nr. 11 zu qualifizieren sind.[261] Sieht man von diesen Fixpunkten ab, so bleibt eine Vielzahl von Zweifelsfragen, die die grundsätzliche Kritik[262] an der (verfehlten) Abgrenzung zwischen Marktzutritts- und Marktverhaltensvorschriften bestätigen.

2. Gang der Darstellung

94 Mangels anderer valider Einteilungskriterien beruht die nachfolgende Kategorisierung auf dem Parameter, der auch bei der Herausbildung von Fallgruppen im Rahmen der Konkretisierung von Generalklauseln wirksam wird, nämlich dem empirischen Ansatz der praktischen Relevanz. Es werden damit retrospektiv diejenigen Problembereiche nachgezeichnet, die in der Vergangenheit in Rechtsprechung und Literatur besonders hervorgetreten sind. Ein Anspruch auf Vollständigkeit, der alle denkbaren Normenkomplexe in die Darstellung einbezieht, ist wegen der tendenziell unüberschaubaren Normenflut ohnehin nicht erfüllbar. Bei Zugrundelegung der bisherigen praktischen Erfahrungen mit Gesetzesverstößen, die für den Rechtsbruchtatbestand Bedeutung erlangt haben, ergibt sich folgendes Einteilungsmuster: Eine Vielzahl von Urteilen bezieht sich auf **berufsrechtliche Vorschriften,** wobei zwischen solchen Regelungen zu unterscheiden ist, die Qualifikationsanforderungen betreffen, deren Nachweis für die Aufnahme der Tätigkeit erforderlich ist und Werbeverbote oder Werbebeschränkungen, die bei der Ausübung der beruflichen Tätigkeit zu beachten sind. Dies gilt für die freien Berufe im Bereich der **Rechtsberatung, Steuerberatung, Wirtschaftsprüfung** sowie **Heilbehandlung** und **Apotheken.** Um Anforderungen an die Aufnahme einer unternehmerischen Tätigkeit oder deren Aus-

---

[256] Vgl. BGH 144, 255, 267 f = GRUR 2000, 1076, 1078 – Abgasemissionen; BGHZ 150, 343, 347 f = GRUR 2002, 825, 826 – Elektroarbeiten; → zur Kritik Rn 26 ff; s. auch eingehend *Piper/Ohly* UWG § 4 Nr. 11 Rn 11/335 f.

[257] Grundlegend RGZ 88, 9, 11 = GRUR 1916, 151, 152 – Salem Gold 3 1/2.

[258] So noch BGH GRUR 1999, 256, 258 – 1000,– DM Umwelt-Bonus.

[259] Vgl. etwa BGH GRUR 1989, 116, 118 – Nachtbackverbot; BGHZ 120, 320, 324 f = GRUR 1993, 980, 982 – Tariflohnunterschreitung; s. zur Kritik *Piper/Ohly* UWG § 4 Nr. 11 Rn 11/335 f mwN.

[260] BGHZ 150, 343, 348 = GRUR 2002, 825, 826 – Elektroarbeiten.

[261] Vgl. *Ullmann* GRUR 2003, 817, 823; *Büttner* FS Erdmann S. 545, 554.

[262] → Rn 26 ff.

übung geht es auch **bei betriebsbezogenen Vorschriften.** Demgegenüber betreffen die **produktbezogenen Vorschriften Anforderungen an die Produktbeschaffenheit** oder Einschränkungen hinsichtlich von **Werbung und Vertrieb. Absatzbezogene Vorschriften** betreffen die Modalitäten des Vertriebs von Waren oder der Erbringung von Dienstleistungen. In engem Zusammenhang damit stehen **spezifische Verbraucherschutzvorschriften.** In Betracht zu ziehen sind schließlich auch **medienrechtliche und wirtschaftsrechtliche Vorschriften.**

3. Berufsrechtliche Vorschriften

a) Allgemeine Grundsätze. Dass berufsrechtliche Vorschriften, die die Ausübung der Tätigkeit von besonderen fachlichen Qualifikationen abhängig machen, im Sinne einer „Doppelfunktion" zugleich als Marktzutritts- und Marktverhaltensregeln betrachtet werden, wurde bereits dargelegt.[263] Angehörige bestimmter freier Berufe, wie Heilberufe oder rechtsberatende Berufe, insbesondere Rechtsanwälte, Steuerberater und Wirtschaftsprüfer, unterliegen darüber hinaus Beschränkungen in der Werbung, insbesondere in ihrer werblichen Selbstdarstellung und der Verwendung bestimmter Berufsbezeichnungen. „Werberegeln in Berufsordnungen haben sicherlich Wettbewerbsbezug. Ihr Maß unterliegt aber stets kritischer Prüfung nach Art. 12 GG."[264] Ein Verstoß gegen Werbebeschränkungen wird demnach von dem Beispielstatbestand des § 4 Nr. 11 erfasst. 95

Die Frage, ob ein Verstoß gegen Werberegeln vorliegt, richtet sich nach den jeweiligen Berufsordnungen und kann angesichts der Vielfalt und Komplexität der einschlägigen Vorschriften und der damit im Zusammenhang stehenden Auslegungsprobleme in diesem Rahmen nicht geklärt werden. Die folgende Darstellung muss sich deshalb darauf beschränken, die **allgemeinen Grundlagen** sowie die für die jeweiligen Berufsgruppen wesentlichen Grundsätze zu skizzieren. Verlässliche Aussagen über die Frage, ob überhaupt ein Gesetzesverstoß vorliegt und ob dieser einen relevanten, weil spürbaren Wettbewerbsverstoß nach sich zieht, lassen sich angesichts der Unsicherheiten, die einerseits die Neuorientierung der Rechtsprechung zur Fallgruppe des Rechtsbruchs hervorgebracht hat und die andererseits die Tendenz der Liberalisierung von Werbeverboten auslöst, kaum treffen. Zu unterstreichen ist die aus berufenem Munde gegebene Einschätzung, dass die stets gebotene Unterscheidung zwischen unerlaubter, weil berufswidriger Werbung von erlaubter sachlicher Information über die berufliche Tätigkeit heute eine der wichtigsten und – mit Blick auf die zunehmende Liberalisierung der allgemeinen Vorstellungen (auch der Rechtsprechung) von dem, was Angehörigen freier Berufe den Empfängern ihrer Dienstleistungen an Information und Selbstdarstellung bieten dürfen – auch schwierigsten Aufgaben der Rechtsprechung in einschlägigen Fällen ist.[265] Erforderlich ist eine (umfassende) „wertende Betrachtung im Rahmen des gesamten Lebensvorgangs, in dem die fragliche Werbemaßnahme ihre Relevanz entfaltet".[266] Bei der gebotenen Berücksichtigung von Anlass, Mittel und Zweck, Begleitumständen und Auswirkungen des in Rede stehenden Wettbewerbsverhaltens können Einzelumstände eine Bedeutung gewinnen, die ihnen in einem anderen Zusammenhang nicht zukommt und zu jeweils unterschiedlichen Ergebnissen führt.[267] 96

Das Grundrecht des Art. 12 Abs. 1 GG schützt jede mit der Berufsausübung zusammenhängende Tätigkeit, nicht nur die berufliche Praxis selbst, wobei sich der Schutz auch auf die Förderung des beruflichen Erfolgs mittels Außendarstellung und Werbung erstreckt.[268] Dementsprechend sind Beschränkungen der beruflichen Werbung durch staatliche Maß- 97

---

[263] → Rn 88.
[264] *Ullmann* GRUR 2003, 817, 822.
[265] Großkomm/*Teplitzky* § 1 G88.
[266] *Piper* FS Brandner S. 449, 455.
[267] *Piper* FS Brandner S. 449, 455; Großkomm/*Teplitzky* § 1 G89.
[268] *Piper/Ohly* UWG § 4.11 Rn 11/54.

nahmen **Eingriffe in die Freiheit der Berufsausübung.**[269] Selbst bei einer grundsätzlich gegebenen verfassungsrechtlichen Unbedenklichkeit können im Einzelfall berufliche Werbeverbote und ähnliche Beschränkungen den Betroffenen unzumutbar belasten. Um die Berufsfreiheit nicht undifferenziert und unverhältnismäßig zu beschränken, ist in die wettbewerbsrechtliche Beurteilung des Einzelfalls auch stets die wertsetzende Bedeutung des Grundrechts der Meinungsfreiheit mit einzubeziehen.[270] Sofern die in Frage stehenden Werbebeschränkungen ihre Grundlage in Gesetzes- oder öffentlich-rechtlichem Satzungsrecht (oder auch im Gewohnheitsrecht) haben, sind sie verfassungsrechtlich grundsätzlich zulässig, wenn sie durch hinreichende Gründe des Gemeinwohls gerechtfertigt sind und dem Grundsatz der Verhältnismäßigkeit genügen,[271] wobei als Beurteilungsmaßstab der Art. 2 Abs. 1 gegenüber Art. 12 Abs. 1 GG zurücktritt.[272] Der Verstoß gegen Regelungen, die keinen Gesetzesrang haben (untergesetzliche Berufsregelungen, wie Standesrichtlinien, Ehrenordnungen, Richtlinien von Berufsverbänden) vermag für sich allein nicht die Wettbewerbswidrigkeit zu begründen, sondern kann lediglich im Rahmen der Gesamtbewertung nach der Generalklausel des § 3 indizielle Bedeutung entfalten, soweit die betreffende Regelung eine wesentliche Erkenntnisquelle dafür bietet, was in dem betreffenden Beruf oder der jeweiligen Branche den Berufsanschauungen entspricht.[273]

98 **b) Rechtsberatung. aa) Rechtsdienstleistungsgesetz (RDG).** Durch das Rechtsdienstleistungsgesetz (RDG) vom 12. 12. 2007, das am 1. 7. 2008 in Kraft getreten ist, wurde das frühere Rechtsberatungsgesetz (RBerG) ersetzt. § 3 RGD statuiert eine Erlaubnispflicht hinsichtlich der Befugnis zur Erbringung außergerichtlicher Rechtsdienstleistungen. Die selbständige Erbringung außergerichtlicher Rechtsdienstleistungen ist nur in dem Umfang zulässig, in dem sie durch das Gesetz oder aufgrund anderer Gesetze erlaubt wird.

99 (1) Die **Erlaubnispflicht** des § 3 RDG bezweckt den Schutz des Vertrauens der Allgemeinheit in die Zuverlässigkeit der Rechtspflege. Zum Schutz der Rechtssuchenden und auch im Interesse einer reibungslosen Abwicklung des Rechtsverkehrs sollen fachlich ungeeignete oder unzuverlässige Personen von der geschäftsmäßigen Besorgung fremder Rechtsangelegenheiten ferngehalten werden.[274] Gemäß § 1 Abs. 1 S. 2 RDG dient das Gesetz dazu, die Rechtsuchenden, den Rechtsverkehr und die Rechtsordnung vor unqualifizierten Rechtsdienstleistungen zu schützen. Ein **Verstoß gegen die Erlaubnispflicht** weist den nach der Grundsatzentscheidung „Elektroarbeiten"[275] erforderlichen Wettbewerbsbezug auf und ist gemäß § 4 Nr. 11 unlauter.[276] Es handelt sich nämlich um eine Regelung, „die als Voraussetzung für die Ausübung bestimmter Tätigkeiten" (also der Erbringung von Rechtsdienstleistungen) „im Interesse des Schutzes der Allgemeinheit den Nachweis besonderer fachlicher Fähigkeiten" fordert.[277] Unerheblich ist es, dass diese Regelung auch über den Marktzutritt bestimmt. Dadurch wird der Anwendungsbereich des § 4 Nr. 11 nicht ausgeschlossen, weil auch Marktzutrittsregelungen eine auf die Lauterkeit des Wettbewerbs bezogene Schutzfunktionen haben können, insbesondere können sie dem

---

[269] BVerfGE 85, 248, 256 – Hackethal; BVerfG NJW 1996, 3067 – Werbeverbot für Apotheker; BVerfG GRUR 1998, 71, 72 – Notarwerbung II; BVerfG NJW 2000, 2736, 2737 – Verbot der Tonometrie und Perimetrie durch Optiker; BVerwG NJW 2001, 3425 – Akupunktur.

[270] BVerfGE 71, 162, 171 ff – Arztwerbung; BVerfGE 71, 183, 200 – Sanatoriumswerbung; BGH GRUR 1987, 241, 243 – Arztinterview.

[271] BVerfGE 71, 162, 171 ff – Arztwerbung; BVerfGE 71, 183, 200 – Sanatoriumswerbung.

[272] BVerfGE 60, 215, 229 – Standespflichten von Steuerberater; BVerfG NJW 1996, 3067 – Werbeverbot für Apotheker.

[273] Vgl. BGH GRUR 1977, 257, 259 – Schaufensteraktion; BGH GRUR 1977, 619, 621 – Eintrittsgeld.

[274] BVerfG NJW 2002, 1190 – Rechtsberatung durch Inkassounternehmen.

[275] BGHZ 150, 343, 348 – Elektroarbeiten.

[276] BGH GRUR 2005, 353, 354 – Testamentsvollstreckung durch Banken; BGH GRUR 2005, 355, 356 – Testamentsvollstreckung durch Steuerberater; BGH GRUR 2005, 604, 605 – Fördermittelberatung; BGH WRP 2007, 174 Rn 15 – Schulden Hulp.

[277] BGHZ 150, 343, 348 – Elektroarbeiten.

Verbraucherschutz dienen.[278] Verfassungsrechtliche Bedenken bestehen nicht, auch wenn das Gesetz grundsätzlich einen Eingriff in die Berufsausübungsfreiheit darstellt. Allerdings ist bei der Auslegung und Anwendung des Gesetzes die Tragweite des Art. 12 Abs. 1 GG zu berücksichtigen, um nicht die grundrechtliche Freiheit unverhältnismäßig zu beschränken.[279]

(2) Hinsichtlich der **territorialen Geltung** hat der BGH entschieden, dass das Rechts- 100
beratungsgesetz auf eine aus dem Ausland erbrachte Rechtsdienstleistung anwendbar ist, welche die Regelung des Rechtsverhältnisses von im Inland ansässigen Parteien betrifft (im gegebenen Fall Schuldenbereinigung nach §§ 305ff InsO).[280] Entsprechendes dürfte auch für das RDG gelten.

(3) Der **Begriff der Rechtsdienstleistung** wird in § 2 Abs. 1 RDG legal definiert. Da- 101
nach ist Rechtsdienstleistung jede Tätigkeit in konkreten fremden Angelegenheiten, sobald sie eine rechtliche Prüfung des Einzelfalls erfordert. Die Frage, ob eine eigene oder eine fremde Rechtsangelegenheit betroffen ist, richtet sich danach, in wessen wirtschaftlichem Interesse die Besorgung der Angelegenheit liegt.[281] Wird die Rechtsangelegenheit nicht nur im eigenen, sondern auch im fremden Interesse besorgt, führt dies nicht notwendig dazu, dass es sich um eine fremde Rechtsangelegenheit handelt.[282] Ein lediglich mittelbares Eigeninteresse macht eine fremde Rechtsangelegenheit allerdings nicht zu einer eigenen.[283]

(4) Eine Rechtsdienstleistung ist gemäß § 2 Abs. 2 RDG unabhängig vom Vorliegen der 102
Voraussetzungen des Abs. 1 auch die Einziehung fremder zum Zweck der Einziehung auf fremde Rechnung abgetretener Forderungen, wenn die Forderungseinziehung als eigenständiges Geschäft betrieben wird (Inkassodienstleistung). Abgetretene Forderungen gelten für den bisherigen Gläubiger nicht als fremd.

(5) Rechtsdienstleistung ist nach § 2 Abs. 3 RDG nicht:

1. die Erstattung wissenschaftlicher Gutachten,
2. die Tätigkeit von Einigungs- und Schlichtungsstellen, Schiedsrichterinnen und Schiedsrichtern,
3. die Erörterung der die Beschäftigten berührenden Rechtsfragen mit ihren gewählten Interessenvertretungen, soweit ein Zusammenhang zu den Aufgaben dieser Vertretungen besteht,
4. die Mediation und jede vergleichbare Form der alternativen Streitbeilegung, sofern die Tätigkeit nicht durch rechtliche Regelungsvorschläge in die Gespräche der Beteiligten eingreift,
5. die an die Allgemeinheit gerichtete Darstellung und Erörterung von Rechtsfragen und Rechtsfällen in den Medien
6. die Erledigung von Rechtsangelegenheiten innerhalb verbundener Unternehmen (§ 15 AktG).

(6) Erlaubt sind nach § 5 Abs. 1 RDG Rechtsdienstleistungen im Zusammenhang mit 103
einer anderen Tätigkeit, wenn sie als **Nebenleistung** zum Berufs- oder Tätigkeitsfeld gehören. Ob eine Nebenleistung vorliegt, ist nach ihrem Inhalt, Umfang und sachlichem Zusammenhang mit der Haupttätigkeit unter Berücksichtigung der Rechtskenntnisse zu beurteilen, die für die Haupttätigkeit erforderlich sind. Als erlaubte Nebenleistungen gelten gemäß § 5 Abs. 2 RDG Rechtsdienstleistungen, die im Zusammenhang mit einer der folgenden Tätigkeiten erbracht werden:

---

[278] BGH GRUR 20 005, 353, 355 – Testamentsvollstreckung durch Banken; BGH GRUR 2005, 355, 356 – Testamentsvollstreckung durch Steuerberater; jeweils unter Hinweis auf Begr. RegE BT-Drucks. 15/1487 S. 19 sowie BGHZ 150, 343, 348 = GRUR 2002, 825 – Elektroarbeiten und *Ullmann* GRUR 2003, 817, 824.

[279] BVerfG NJW 2002, 1190 – Rechtsberatung durch Inkassounternehmen.

[280] BGH WRP 2007, 174, 176f – Schulden Hulp.

[281] BGH GRUR 2007, 978, 979 Rn 22 – Rechtsberatung durch Haftpflichtversicherer.

[282] BGH GRUR 2007, 978, 979 Rn 22 – Rechtsberatung durch Haftpflichtversicherer.

[283] BGH GRUR 2007, 978, 979 Rn 22 – Rechtsberatung durch Haftpflichtversicherer.

1. Testamentsvollstreckung,
2. Haus- und Wohnungsverwaltung,
3. Fördermittelberatung

104 (7) Erlaubt sind nach § 6 RDG unentgeltliche Rechtsdienstleistungen, die nicht im Zusammenhang mit einer entgeltlichen Tätigkeit stehen. Bei Erbringung der Rechtsdienstleistungen außerhalb familiärer, nachbarschaftlicher oder ähnlich enger persönlicher Beziehungen muss sichergestellt werden, dass die Rechtsberatung durch eine Person erfolgt, der die entgeltliche Erbringung dieser Rechtsdienstleistung erlaubt ist oder die die Befähigung zum Richteramt besitzt. Ausreichend ist, wenn die Rechtsdienstleistung unter Anleitung einer solchen Person erbracht wird (§ 6 Abs. 2 RDG).

105 (8) Gemäß § 8 Abs. 1 Nr. 2 RDG sind Rechtsdienstleistungen durch Behörden und juristische Personen erlaubt.

(9) Keine Erbringung einer Rechtsangelegenheit ist die **Reservierung eines Unfall-Ersatzfahrzeugs** und die **Einholung eines Unfallschadensgutachtens durch eine Kfz-Werkstatt** für den Unfallgeschädigten und auf dessen Rechnung. Dies gilt auch für die direkte Weiterleitung des Gutachtens an den Haftpflichtversicherer des Unfallgegners, ohne dass damit Haftpflichtansprüche des Geschädigten gegen den Versicherer verfolgt werden.[284] Eine Erbringung der Rechtsangelegenheit liegt ferner dann nicht vor, wenn der auf Zahlung in Anspruch genommene Kfz-Haftpflichtversicherer des Schädigers dem Geschädigten rechtliche Hinweise erteilt, die die Honorarzahlung des Geschädigten an den von ihm mit der Feststellung der Schadenshöhe beauftragten Kraftfahrzeugsachverständigen betreffen.[285] Keine unzulässige Rechtsbesorgung ist die an den Geschädigten anlässlich des Ausgleichs von Mietwagenkosten gerichtete Aufforderung des Kraftfahrzeughaftpflichtversicherers, Schadensersatzansprüche gegen den Autovermieter – zB wegen falscher Beratung bei Abschluss des Mietwagenvertrages – an ihn abzutreten, wenn dem Versicherer/seinem Versicherungsnehmer im Rahmen des schadensersatzrechtlichen Vorteilsausgleichs ein Anspruch auf Abtretung der Forderung gegen den geschädigten Dritten zusteht. Soweit dies nicht der Fall ist, richtet sich das Abtretungsverlangen des Versicherers auf den geschäftsmäßigen Erwerb einer ihm nicht zustehenden Forderung zur Einziehung auf eigene Rechnung, was gegen § 1 der 5. AVO zum RBerG verstößt.[286]

106 (10) Auch die **Schaltung von Titelschutzanzeigen** in dafür üblichen Veröffentlichungsblättern für anonym bleibende Dritte stellt keine unzulässige Erbringung von Rechtsangelegenheiten dar, da die Wirkung der Titelschutzanzeige aus deren Veröffentlichung als einem rein tatsächlichen Vorgang folgt. Dies genügt nicht, um die Annahme zu begründen, dass der Inserierende bei der Veröffentlichung der Anzeige rechtliche Belange seines Auftraggebers wahrnehme.[287] Auch die bloße Ermittlung von Tatsachen zur späteren Durchsetzung von Rechtsansprüchen stellt keine Rechtsdienstleistung dar.[288]

107 **(2) Bundesrechtsanwaltsordnung (BRAO).** (a) § 3 Abs. 3 BRAO bezweckt den Schutz des **Rechts auf freie Anwaltswahl** und bildet eine tragende Grundlage der Rechtspflege. Die Aufnahmebedingungen eines Mietervereins, die mit dem Erwerb der Mitgliedschaft auch den Erwerb von Wohnungsrechtsschutz nach § 29 ARB im Rahmen eines Gruppenversicherungsvertrages automatisch verknüpfen und gleichzeitig dem Verein das Recht vorbehalten, den Rechtsschutzversicherer im Versicherungsfall selber auszuwählen, ggf. auch gegen den Willen des Mitglieds, haben einen unmittelbaren Marktverhaltensbezug und sind deshalb unlauter im Sinne des § 4 Nr. 11.[289]

[284] BGH WRP 2000, 727, 729 – Sachverständigenbeauftragung; *Piper/Ohly* § 4.11 Rn 11/109.
[285] BGH GRUR 2007, 978 (1. Ls) – Rechtsberatung durch Haftpflichtversicherer.
[286] BGH GRUR 1996, 510, 511 – Unfallersatzwagen-Tarife.
[287] BGH GRUR 1998, 956, 957 – Titelschutzanzeigen für Dritte; *Piper/Ohly* § 4.11 Rn 11/113.
[288] BVerfG WRP 2002, 1423, 1424ff.
[289] Vgl. BGHZ 109, 153, 162f – Anwaltswahl durch Mieterverein.

(b) In Umsetzung der in der Entscheidung „Abgasemissionen“[290] entwickelten Grundsätze, mit denen der BGH von seiner früheren Rechtsprechung Abstand nimmt, hat der BGH entschieden, dass ein Rechtsanwalt, der gegen **§ 45 Abs. 1 Nr. 4 BRAO** verstößt, damit nicht zugleich wettbewerbswidrig handelt, auch wenn diese Vorschrift eine sog. wertbezogene Norm ist.[291] Der BGH räumt zwar ein, dass die Regelung den Zweck verfolgt, die Gefahr von Interessenkollisionen der anwaltlichen Tätigkeit auszuschließen, um die Integrität der Anwaltschaft und das Vertrauen in die Unabhängigkeit der Rechtspflege zu stärken.[292] Gleichwohl hält er einen Verstoß gegen die Vorschriften nicht für unlauter, da sie als solche keinen Bezug zum Wettbewerb haben. Ihnen komme weder primär noch sekundär die Funktion zu, die Gegebenheiten eines bestimmten Marktes zu regeln. Soweit sie einen Rechtsanwalt im Einzelfall vom Tätigwerden ausschließen, sei dies nur ein Reflex ihrer beabsichtigten andersartigen Wirkung. Ein Gesetzesverstoß, der mit einem Tätigwerden unter Verletzung des § 45 Abs. 1 Nr. 4 BRAO begangen werde, strahle nicht in der Weise auf die Handlung aus, dass diese gerade auch als Wettbewerbsverhalten gegen die guten Sitten im Wettbewerb verstoße. Das Interesse der Allgemeinheit daran, dass die Vorschrift des § 45 Abs. 1 Nr. 4 BRAO eingehalten wird, diene nicht der Lauterkeit des Wettbewerbs, sondern ausschließlich der Wahrung einer geordneten Rechtspflege und der Aufrechterhaltung der Integrität der Anwaltschaft. Die ihrem Grundcharakter nach delikts- als auch wettbewerbsrechtlichen Ansprüche gäben danach keine Grundlage dafür, Verstöße gegen § 45 Abs. 1 Nr. 4 BRAO zu unterbinden. 108

(c) Demgegenüber hat der BGH entschieden, dass die Vorschrift des **§ 59k BRAO** eine auf die Lauterkeit des Wettbewerbs bezogene Schutzfunktion erfülle, wobei er aber im gegebenen Fall davon ausging, dass ein Verstoß gegen diese Bestimmung nicht vorliegt.[293] Der **Wettbewerbsbezug** ergibt sich daraus, dass § 59k BRAO als spezielle gesetzliche Regelung zu § 4 GmbHG Bestimmungen zur Firma der Rechtsanwaltsgesellschaft enthält. Die Vorschrift dient der eindeutigen Außendarstellung der Rechtsanwaltsgesellschaften und damit dem Schutz der Öffentlichkeit vor Irreführungen und der Wahrung der Wettbewerbsgleichheit innerhalb des Berufsstands. Die Vorschrift besitzt daher den für die Fallgruppe des Rechtsbruchs erforderlichen Wettbewerbsbezug[294] im Sinne der neueren BGH-Rechtsprechung.[295] Im gegebenen Fall ging der BGH allerdings davon aus, dass eine Steuerberatungsgesellschaft, die eine Kurzbezeichnung (KPMG) zulässigerweise in der Firma führt, in analoger Anwendung des § 59k Abs. 1 S. 2 BRAO nach Ausweitung ihrer Tätigkeit auf das Gebiet einer Rechtsanwaltsgesellschaft die Kurzbezeichnung grundsätzlich beibehalten kann.[296] 109

(d) Zu den Vorschriften, die im Interesse der Marktteilnehmer, insbesondere der Verbraucher auch das **Marktverhalten** regeln, zählen **§ 43b BRAO, § 6 BORA,** die die **Zulässigkeit der anwaltlichen Werbung** betreffen. Ihnen kommt eine auf die Lauterkeit des Wettbewerbs bezogene Schutzfunktion zu.[297] Vor dem Hintergrund der verfassungsgerichtlichen Rechtsprechung sind die Bestimmungen über Beschränkungen der anwaltlichen Werbung restriktiv auszulegen mit der Folge, dass gegenüber der früheren Rechtslage eine Liberalisierung eingetreten ist. Nach § 43b BRAO ist dem Rechtsanwalt Werbung nur erlaubt, soweit sie über die berufliche Tätigkeit in Form und Inhalt sachlich unterrichtet und nicht auf die Erteilung eines Auftrags im Einzelfall gerichtet ist. Die Bestimmung wird inhaltlich teilweise durch §§ 6ff BORA konkretisiert. Nach § 6 Abs. 1 BORA darf der Rechtsanwalt über seine Dienstleistung und seine Person informieren, soweit die Angaben 110

---

290 BGHZ 144, 255.
291 BGH GRUR 2001, 354 – Verbandsklage gegen Vielfachabmahner.
292 BGH GRUR 2001, 354, 356 – Verbandsklage gegen Vielfachabmahner.
293 BGH GRUR 2004, 346 – Rechtsanwaltsgesellschaft.
294 BGH GRUR 2004, 346 – Rechtsanwaltsgesellschaft.
295 BGHZ 150, 343 – Elektroarbeiten.
296 BGH GRUR 2004, 346 – Rechtsanwaltsgesellschaft.
297 BGH GRUR 2005, 520, 521 – Optimale Interessenvertretung.

sachlich unterrichtend und berufsbezogen sind. Durch die Vorschrift des § 43b BRAO wird nicht eine ansonsten nicht bestehende Werbemöglichkeit eröffnet, sondern es wird die verfassungsrechtlich garantierte Werbefreiheit konkretisiert. Deshalb bedarf nicht die Gestattung der Anwaltswerbung der Rechtfertigung, sondern deren Einschränkung.[298] Diese ist nur dann mit Art. 12 Abs. 1 GG vereinbar, wenn sie im Einzelfall durch ausreichende Gründe des Gemeinwohls gerechtfertigt ist und im Übrigen den Grundsatz der Verhältnismäßigkeit entspricht.[299] Selbstdarstellungen des Rechtsanwalts unterliegen, soweit die Form und der Inhalt der Werbung nicht unsachlich sind, keinem generellen Werbeverbot. Das von den Angehörigen eines freien Berufs zu beachtende Sachlichkeitsgebot verlangt keine auf die Mitteilung nüchterner Fakten beschränkte Werbung.[300] Ist in einer Werbung für eine Rechtsanwaltskanzlei die Angabe über eine „optimale Vertretung" eingebettet in eine Reihe von Sachangaben, kann nach dem Kontext der gesamten Werbeaussage ein Verstoß gegen das Sachlichkeitsgebot nach § 43b BRAO, § 6 BORA zu verneinen sein.[301]

111 (e) Die berufsrechtlichen **Bestimmungen über Mindestpreise nach der BRAO, BRAGO** und dem **RVG** sind Vorschriften, denen eine auf die Lauterkeit des Wettbewerbs bezogene Schutzfunktion zukommt. Sie sollen einen Preiswettbewerb um Mandate und die mittelbare Vereinbarung von Erfolgshonoraren im gerichtlichen Verfahren verhindern.[302] Bei derartigen Mindestpreisvorschriften handelt es sich um **Marktverhaltensregeln** im Sinne des § 4 Nr. 11. Ihre Verletzung ist wettbewerbswidrig im Sinne der §§ 3, 4 Nr. 11.[303]

112 Nach dem in **§ 49b Abs. 1 S. 1 BRAO** niedergelegten Grundsatz ist es unzulässig, geringere **Gebühren und Auslagen** zu vereinbaren oder zu fordern, als im RVG vorgesehen. Da die Regelung einen unmittelbaren Einfluss auf die Wettbewerbssituation der konkurrierenden Anwälte hat, ist ein Verstoß gegen die Vorschriften wegen des Marktverhaltensbezuges unlauter im Sinne des § 4 Nr. 11. Ein mit der Terminsvertretung beauftragter Rechtsanwalt erhält die Gebühren des § 53 BRAGO aF nur, wenn ihm die Partei oder mit deren Einverständnis der Prozessbevollmächtigte die Vertretung oder die Ausführung der Parteirechte übertragen hat.[304] Für den Fall, dass der Prozessbevollmächtigte einen Terminsvertreter im eigenen Namen den Auftrag zur Terminswahrnehmung erteilt, richtet sich die Pflicht zur Entschädigung des Terminsvertreters nach der internen Vereinbarung zwischen dem Terminsvertreter und dem Prozessbevollmächtigten. Erhält der Terminsvertreter in einem derartigen Fall weniger als die in § 53 BRAGO aF vorgesehene Gebühr, liegt darin kein Verstoß gegen § 49b BRAO.[305]

113 Ein Rechtsanwalt, der für eine **telefonische Rechtsberatung** einen **Minutenpreis** vereinbart, verstößt damit nicht notwendig gegen das Verbot der Gebührenunter- oder -überschreitung. Allerdings muss in der Werbung für die telefonische Rechtsberatung auf nicht selbstverständliche Einschränkungen und Besonderheiten der Berechnung hingewiesen werden.[306]

---

[298] BGH GRUR 2005, 520, 521 – Optimale Interessenvertretung.

[299] BGH GRUR 2005, 520, 521 – Optimale Interessenvertretung, unter Hinweis auf BVerfG NJW 2001, 3324 = WRP 2001, 1284, 1285; BVerfG GRUR 2003, 965f = NJW 2003, 2816 = WRP 2003, 1213 – Anwaltswerbung II; BGH NJW 2001, 2886 = WRP 2002, 71, 73 – Anwaltsrundschreiben.

[300] BGH GRUR 2005, 520, 521 – Optimale Interessenvertretung, unter Hinweis auf BVerfG GRUR 2003, 966, 968 = NJW 2003, 3470 = WRP 2003, 1209; BVerfG NJW 2004, 3765 = WRP 2005, 83, 87; BGH GRUR 2004, 164, 166 = NJW 2004, 440 – Arztwerbung im Internet.

[301] BGH GRUR 2005, 520, 521 f – Optimale Interessenvertretung.

[302] BGH GRUR 2006, 955 Rn 11 – Gebührenvereinbarung II, unter Hinweis auf Begr. RegE BT-Drucks. 12/4993 S. 31 zu § 49b BRAO.

[303] BGH GRUR 2006, 955 Rn 11 – Gebührenvereinbarung II, unter Hinweis auf BGH GRUR 2005, 433, 435 = WRP 2005, 528 – Telekanzlei; zu der Mindestpreisvorschrift des § 4 Abs. 2 HOAI BGH GRUR 2003, 969, 970 = WRP 2003, 1350 – Ausschreibung von Vermessungsleistungen.

[304] BGH GRUR 2006, 955 2. LS – Gebührenvereinbarung II.

[305] BGH GRUR 2006, 955 3. LS – Gebührenvereinbarung II.

[306] BGH GRUR 2005, 433, 435 – Telekanzlei.

bb) Notare. (1) Hinsichtlich der **Qualifikationsanforderungen** sowie der **Erlaubnispflichten,** die an die Tätigkeit eines Notars gestellt werden, gelten die für Rechtsanwälte dargestellten Grundsätze entsprechend. Die einschlägigen Bestimmungen sind zwar Marktzutrittsvorschriften, sie haben aber die für das Eingreifen des Rechtsbruchtatbestands erforderliche, auf die Lauterkeit des Wettbewerbs bezogene Schutzfunktion, da sie insbesondere der geordneten Rechtspflege und auch dem Verbraucherschutz dienen und sind daher als Marktverhaltensvorschriften im Sinne des § 4 Nr. 11 anzusehen. 114

(2) Nach der in § 29 Abs. 1 BNotO enthaltenen **Werbebeschränkung** hat der Notar jedes gewerbliche Verhalten zu unterlassen, insbesondere eine dem öffentlichen Amt widersprechende Werbung. Seine verfassungsrechtliche Rechtfertigung unter dem Gesichtspunkt des Art. 12 Abs. 1 GG findet das Werbeverbot in seinem Zweck, die Unparteilichkeit, Unabhängigkeit und ordnungsgemäße Berufsausübung des Notars als Trägers eines öffentlichen Amtes zu sichern.[307] Die dezente grafische oder farbliche Ausgestaltung des Briefbogens einer Notarsozietät stellt keinen Verstoß gegen das Verbot berufswidriger Werbung für Notare dar und lässt auch keinen Zweifel an der Unabhängigkeit und Unparteilichkeit der betreffenden Notare aufkommen.[308] Nicht vom Werbeverbot erfasst wird eine vom Anwaltsnotar ehrenamtlich ausgeübte Funktion eines Vereinsvorsitzenden in einem örtlichen Haus- und Grundbesitzerverein.[309] Als unzulässig wurde die Verwendung der Bezeichnung „Notariat" durch einen Anwaltsnotar insbesondere auch in dessen Internet-Adresse angesehen.[310] Die Regelung des § 29 Abs. 3 S. 1 BNotO, wonach es Anwaltsnotaren, die einer überörtlichen Sozietät angehören, untersagt ist, die Anwaltsbezeichnung „Notar" auf Geschäftspapieren anzugeben, die nicht von der Geschäftsstelle des Notars aus versandt werden, ist mit Art. 12 Abs. 1 GG unvereinbar. Der Eingriff in die Berufsfreiheit ist durch den Zweck des Gesetzes, berufswidrige Werbung und eine zielgerichtete Verlagerung des notariellen Amtsgeschäfts zu unterbinden, nicht gerechtfertigt.[311] 115

cc) Patentanwälte. Die für Patentanwälte geltende Werbebeschränkung des § 39b PatAnwO ist mit der für Rechtsanwälte maßgeblichen Bestimmung des § 43b BRAO identisch. Es kann deshalb auf die Ausführungen zum Werberecht der Rechtsanwälte verwiesen werden.[312] Ergänzend ist § 7 der Berufsordnung der Patentanwälte (BOPA) zu berücksichtigen, die auf der Satzungsermächtigung in § 52b Abs. 1, Abs. 2 Nr. 2 PatAnwO beruht. 116

dd) Steuerberater. (1) Soweit das Steuerberatungsgesetz (§§ 4, 5 StBerG) Rechtsberatungsverbote und bestimmte weitere Verbote, die auf die **Zulässigkeit und Ausübung der Beratungstätigkeit** bezogen sind, enthält, gelten die für das Rechtsberatungsgesetz maßgeblichen Grundsätze entsprechend. Dies betrifft etwa das Verbot der gleichzeitigen Leitung einer Hauptniederlassung und einer auswärtigen Beratungsstelle.[313] Eine zur Steuerberatung nicht befugte Unternehmensberatungsgesellschaft darf die Steuerberatung auch nicht durch von ihr beauftragte und bezahlte Steuerberater als ihre Erfüllungsgehilfen ausüben.[314] Der Zweck dieses Verbotes besteht darin, die Unabhängigkeit des Steuerberaters zu schützen und es handelt sich deshalb um eine Marktverhaltensregelung zum Schutze der Verbraucher und sonstigen Marktteilnehmer.[315] Die Regelungen des Steuerberatungsgesetzes dienen dem Schutz der Steuerrechtspflege als einem wichtigen Gemeinschaftsgut.[316] Soweit sie den Zweck verfolgen, eine **fachkundige Beratung** sicherzustellen und sie ei- 117

[307] BVerfG NJW 2005, 1483, 1484.
[308] BVerfG GRUR 1998, 71 – Notarwerbung II gegen BGH GRUR 1996, 908 – Notarwerbung.
[309] BGH NJW 1989, 3281, 3282.
[310] BGH WRP 2005, 1171, 1172f – Notariat.
[311] BVerfG NJW 2005, 1483, 1484f.
[312] → Rn 110.
[313] BGH GRUR 2001, 348, 349 – Beratungsstelle im Nahbereich.
[314] BGHZ 98, 330, 335 = GRUR 1987, 172, 175f – Unternehmensberatungsgesellschaft I; BGHZ 98, 337, 339 – Unternehmensberatungsgesellschaft II.
[315] BGH WRP 2007, 1356 Rn 13 – Gefälligkeit.
[316] BVerfGE 21, 173, 179; BVerfGE 54, 301, 315; BGHZ 90, 232, 242 – Lohnsteuerberatung I.

nen unmittelbaren Einfluss auf das Verhältnis zu den Mitbewerbern haben, weisen sie den nach der neueren Rechtsprechung des BGH **erforderlichen Marktverhaltensbezug** im Sinne einer auf den Wettbewerb bezogenen Schutzfunktion auf.[317] Unter dieser Voraussetzung begründet ihre Missachtung eine Unlauterkeit nach Maßgabe des § 4 Nr. 11.[318] Regelungen gegen die missbräuchliche Verwendung der Berufsbezeichnungen der Steuerberater (§ 43 Abs. 4, § 57 Abs. 1 StBerG) dienen dem Ziel der Sicherung der Wettbewerbsgleichheit der Angehörigen der steuerberatenden Berufe und dem Schutz der Allgemeinheit vor Irreführung.[319] Ihre Verletzung zieht deshalb die Unlauterkeit nach sich. Steuerberater und Steuerbevollmächtigte üben auf dem Gebiet des Steuerrechts eine mit den Rechtsanwälten vergleichbare Tätigkeit aus. Auch sie gehören einem freien Beruf an und ihre Tätigkeit ist kein Gewerbe (§ 32 Abs. 2 StBerG). Sie sind ein **unabhängiges Organ der (Steuer-)Rechtspflege,** das ein wichtiges Gemeinschaftsgut darstellt.[320] Ebenso wie bei Rechtsanwälten hat die ordnungsgemäße Aufgabenerfüllung Vorrang vor den wirtschaftlichen Aspekten der Berufstätigkeit der Steuerberater.[321]

118 (2) Die maßgeblichen Werbeverbote finden ihre gesetzliche Grundlage in §§ 8, 43 Abs. 2, 57 Abs. 1, 72 Abs. 1 StBerG. Nach § 57a StBerG ist eine **Werbung zulässig,** die nach Form und Inhalt über die berufliche Tätigkeit sachlich unterrichtet (§ 8 Abs. 1 StBerG) und nicht auf die Erlangung von Mandanten im Einzelfall gerichtet ist (§ 8 Abs. 2 S. 1 StBerG). Konkretisierungen der Beschränkungen der Außendarstellung enthalten die §§ 10 bis 22 der Berufsordnung der Bundessteuerberater (BOStB).[322] Die Bestimmungen sind bei der Beurteilung der Frage, ob das Werbeverhalten des Steuerberaters das Sachlichkeitsgebot verletzt, zu berücksichtigen.[323] Richtschnur für die Auslegung der Werberegelungen des StBerG und der BOStB ist der gesetzgeberische Zweck des Werbeverbots, eine Verfälschung des Berufsbildes und des Steuerberaters durch reklamehafte Werbung und Kommerzialisierung zu unterbinden.[324] Ein Verstoß gegen Werbebeschränkungen, die dieser Zielsetzung entsprechen, hat **Wettbewerbsbezug** und erfüllt deshalb den die Unlauterkeit begründenden Rechtsbruchtatbestand.[325]

119 **ee) Wirtschaftsprüfer.** Regelungen, die Qualifikationsanforderungen betreffen, deren Erfüllung Voraussetzung für die Aufnahme einer Tätigkeit als Wirtschaftsprüfer ist, haben ungeachtet ihres Charakters als Marktzutrittsregelungen den für den Rechtsbruchtatbestand notwendigen Marktverhaltensbezug, da sie eine auf die Lauterkeit des Wettbewerbs bezogene Schutzfunktion besitzen. Sie dienen einerseits dem Ziel der Sicherung der Wettbewerbsgleichheit der Angehörigen der Berufsgruppe der Wirtschaftsprüfer und stellen andererseits sicher, dass deren Mandanten eine qualifizierte Dienstleistung erhalten. Ebenso wie Rechtsanwälte, Notare, Patentanwälte und Steuerberater unterliegen auch Wirtschaftsprüfer gemäß § 52 S. 2 WPO einem Verbot berufswidriger Werbung. Von dem Werbeverbot ausgenommen ist die Selbstdarstellung, die über die berufliche Tätigkeit in Form und Inhalt sachlich unterrichtet und nicht auf die Erteilung eines Auftrags im Einzel-

---

[317] Vgl. BGHZ 150, 343 – Elektroarbeiten.

[318] Vgl. BGHZ 98, 330, 336f – Unternehmensberatungsgesellschaft I; BGHZ 98, 337, 340 – Unternehmensberatungsgesellschaft II; BGH WM 1990, 1839, 1840 – Kreishandwerkerschaft II; BGH GRUR 1993, 837, 838 – Lohnsteuerberatung II.

[319] Vgl. BGH GRUR 1972, 607, 608 – Steuerbevollmächtigter; BGHZ 79, 390, 400 – Apotheken-Steuerberatungsgesellschaft.

[320] BVerfGE 54, 301, 315; BGHZ 98, 330, 336 – Unternehmensberatungsgesellschaft I; BGH GRUR 2001, 348, 349 – Beratungsstelle im Nahbereich.

[321] BGHSt 42, 55, 57 – Vorstandstätigkeit.

[322] Berufsordnung der Bundessteuerberater (BOStB) vom 2. 6. 1997, in Kraft getreten am 1. 9. 1997.

[323] BGH GRUR 1999, 748, 749 – Steuerberaterwerbung auf Fachmessen; BGH GRUR 2000, 822, 823 – Steuerberateranzeige.

[324] Vgl. BGH GRUR 1993, 837, 838 – Lohnsteuerberatung II; BGH GRUR 1999, 748, 750 – Steuerberaterwerbung auf Fachmessen.

[325] Vgl. BGHZ 79, 390, 400 – Apotheken-Steuerberatungsgesellschaft; BGHZ 98, 330, 336f – Unternehmensberatungsgesellschaft I.

fall gerichtet ist (§ 52 S. 3 WPO). Bei der Regelung handelt es sich um eine wettbewerbsbezogene Vorschrift, bei deren Verletzung der Rechtsbruchtatbestand des § 4 Nr. 11 erfüllt wird.

ff) Außergerichtliche Rechtsdienstleistungen. Eine auf die Lauterkeit des Wettbewerbs bezogene Schutzfunktion haben auch die Vorschriften des Rechtsdienstleistungsgesetzes (RDG), die die Zulässigkeit der Erbringung von außergerichtlichen Rechtsdienstleistungen (§ 3 RDG) regeln, wie insbesondere die Zulässigkeit der Rechtsdienstleistungen durch nicht registrierte Personen (§§ 6ff RDG) und die Zulässigkeit der Rechtsdienstleistungen durch registrierte Personen (§§ 10ff). Der Umstand, dass diese Bestimmungen den Marktzutritt regeln, steht ihrer Charakterisierung als **Marktverhaltensvorschriften im Sinne des § 4 Nr. 11** nicht entgegen, da sie ebenso wie die für Rechtsanwälte und andere rechtsberatende Berufe geltenden Qualifikationsanforderungen einer geordneten Rechtspflege sowie insbesondere auch dem Verbraucherschutz dienen.[326] 120

c) Heilberufe. aa) Ärzte. (1) Die Rechtsgrundlage für die Ausübung des ärztlichen Berufs bildet die Bundesärzteordnung sowie die Heilberufsgesetze der Länder. Für die ärztliche Tätigkeit bedarf es einer **besonderen Zulassung gemäß der Approbationsordnung** (§ 2 BÄO). Deren Verletzung ist mit Blick auf den Zweck, die Gesundheit der Bevölkerung zu schützen, eine wettbewerbsbezogene Marktverhaltensvorschrift im Sinne des § 4 Nr. 11. Tätigkeitsbeschränkungen, wie insbesondere Regelungen über die Abgabe von Waren und die Erbringung von Dienstleistungen außerhalb der Therapie, die verhindern sollen, dass die ärztliche Tätigkeit zu sehr von kommerziellen Motiven beeinflusst wird, wird der erforderliche Marktverhaltensbezug zugesprochen. Dies gilt insbesondere für § 3 Abs. 2 MBO.[327] 121

(2) Maßgeblich für die Zulässigkeit **ärztlicher Werbung** sind neben den Regelungen in den Heilberufsgesetzen der Länder die auf gesetzlicher Grundlage von den Landesärztekammern erlassenen Berufsordnungen, bei denen es sich um Gesetze im materiellen Sinne handelt.[328] Als Vorbild für diese Berufsordnungen fungiert die von den Landesärztekammern in ihre jeweiligen Berufsordnungen weitgehend übernommene (Muster-)Berufsordnung des Deutschen Ärztetages, die zuletzt 2004 als (Muster-)Berufsordnung des Deutschen Ärztetages (MBO-Ä-2004) neu gefasst wurde.[329] Der MBO kommt auch in ihren werberechtlichen Regelungen (§§ 27ff) keine Rechtsnormqualität zu und sie ist deshalb als solche nicht verbindlich.[330] Aufgrund ihrer Vorbildfunktion geht sie aber in die Berufsordnungen der einzelnen Landesärztekammern ein, die daher weitestgehend übereinstimmen.[331] 122

Den wesentlichen Inhalt der verfassungsrechtlich unbedenklichen Werberegelungen für Ärzte bildet das **Verbot berufswidriger Werbung.** Berufswidrig ist eine Werbung, die nicht interessengerecht und sachangemessen informiert.[332] Dies ist etwa beim Führen von Tätigkeitsbezeichnungen oder sonstigen Zusätzen der Fall, die im Zusammenhang mit den geregelten Qualifikationsbezeichnungen und Titeln zu Irrtümern und täuschenden Werbeeffekten führen können.[333] Der Zweck des Werbeverbots besteht einerseits im Schutz der Bevölkerung vor unsachlicher Beeinflussung und der Abwehr langfristig negativer Rückwirkungen auf die medizinische Versorgung und andererseits im Schutz gegen eine Ver- 123

---

326 → Rn 99.

327 BGH GRUR 2005, 875, 876f – Diabetesteststreifen.

328 BVerfGE 10, 20, 49f = NJW 1959, 1531, 1533; BVerfGE 33, 125, 155ff = NJW 1972, 1504, 1505; *Piper/Ohly* UWG § 4 Nr. 11 Rn 11/158; *Piper* FS Brandner S. 449, 453.

329 Abgedruckt in NJW 1997, 3076.

330 BGH GRUR 2000, 1080, 1082 – Verkürzter Versorgungsweg; BGH GRUR 2001, 255, 256 – Augenarztanschreiben.

331 *Piper/Ohly* UWG § 4 Nr. 11 Rn 11/158.

332 BVerfGE 82, 18, 28 = NJW 1990, 2122, 2123 – Verwendung zweier Berufsbezeichnungen; BVerfG GRUR 2004, 68, 69 – Werbung einer Zahnarzt-GmbH; BVerfG GRUR 2006. 425 – Information über Behandlungsmethoden.

333 BVerfG NJW 2002, 1331.

fälschung des ärztlichen Berufsbildes.[334] Es soll einer gesundheitspolitisch unerwünschten Kommerzialisierung des Arztberufs durch Werbemethoden vorgebeugt werden, wie sie in der an der Verfolgung ökonomischer Interessen ausgerichteten gewerblichen Wirtschaft üblich sind.[335] Der hinter dieser Zielsetzung stehende Gesichtspunkt des **Schutzes der Gesundheit der Bevölkerung** erfordert, dass sich die ärztliche Berufsausübung nicht in erster Linie an ökonomischen Erfolgskriterien orientiert, sondern an der dem Arzt gestellten (nicht gewerblichen) medizinischen Aufgabe.[336] Eine interessengerechte und sachangemessene Außendarstellung, die keinen Irrtum erregt und mit Gemeinwohlinteressen nicht kollidiert, muss im Rechts- und Geschäftsverkehr möglich bleiben.[337] Es kann auch Ärzten nicht verwehrt werden, in angemessener Weise auf ihre Leistungen hinzuweisen und ein vorhandenes Informationsinteresse zu befriedigen.[338] Das **Werbeverbot** erstreckt sich auch auf das Verbot, eine den Arzt begünstigende Werbung Dritter, die er in zumutbarer Weise unterbinden kann, zu dulden.[339] Ein Arzt, der in seiner Praxis an die Patienten Diabetesteststreifen abgibt und im Zusammenhang damit Rezepte für die Teststreifen entgegennimmt, sammelt und zur Einlösung verwendet, verstößt, sofern weder ein Schulungsbedarf besteht noch ein Notfall vorliegt, gegen das wettbewerbsrechtlich relevante berufsrechtliche Verbot, Waren im Zusammenhang mit der Ausübung der ärztlichen Tätigkeit abzugeben (§ 3 Abs. 2 BOÄ LSA).[340] Da das Verbot der Verhinderung einer langfristig negativen Rückwirkung auf die medizinische Versorgung durch die Kommerzialisierung des Arztberufs und damit dem Gemeinwohlinteresse dient, führt auch der von einzelnen Patienten geäußerte Wunsch nach einer Abgabe der Ware nicht aus dem Verbotsbereich heraus.[341] Mit der Verletzung der Bestimmung des § 3 Abs. 2 BOÄ LSA wird einer Vorschrift zuwidergehandelt, die dazu bestimmt ist, im Interesse der Marktteilnehmer das **Marktverhalten zu regeln** und damit vom Rechtsbruchtatbestand des § 4 Nr. 11 erfasst wird.[342] Andererseits handelt ein Arzt, der in den Räumen seiner Praxis eine gewerbliche Ernährungsberatung durchführt, weder berufsrechts- noch wettbewerbswidrig, wenn er diese Tätigkeit von seiner freiberuflichen ärztlichen Tätigkeit in zeitlicher, organisatorischer, wirtschaftlicher und rechtlicher Hinsicht getrennt hält.[343]

124 **bb) Zahnärzte.** Nach § 1 ZHG[344] ist die Ausübung der Zahnheilkunde durch andere Personen als Zahnärzte unzulässig. Da die Regelung schon im Hinblick auf ihre Schutzfunktion auf das Marktverhalten bezogen ist, wird ein Verstoß von § 4 Nr. 11 erfasst. **Ebenso wie Ärzte unterliegen auch Zahnärzte aus den für die Ärzte genannten Gründen dem Verbot berufwidriger Werbung (§ 1 Abs. 3, Abs. 4 ZHG). Nicht anders als für Ärzte beziehen sich auch die Werbebeschränkungen in den Berufsordnungen der Landesärztekammern allein auf berufswidrige Werbung.**[345]

---

334 *Köhler/Piper* UWG, 3. Aufl., § 1 aF Rn 803; Großkomm/*Teplitzky* UWG § 1 Rn G90.

335 BVerfGE 85, 248, 260, unter Berufung auf BVerfGE 33, 125, 170; s. auch BGH GRUR 1996, 905, 907 – GmbH-Werbung für ambulante ärztliche Leistung; BGH GRUR 1999, 179, 180 f – Patientenwerbung.

336 BVerfG WRP 2001, 1064, 1066 – Implantologie; BVerfG NJW 2002, 1331, 1332 – Spezialisten für Knie- und Wirbelsäulenoperationen; BGH GRUR 1999, 1009, 1010 – Notfalldienst für Privatpatienten; BGH GRUR 2001, 181, 183 – dentalästhetika.

337 BVerfG NJW 1993, 2988, 2989; BVerfG NJW 2000, 2734, 2735; BVerwGE 105, 362, 367 – Herzkatheter-Messplatz; BVerwG NJW 2001, 3425, 3426 – Akupunktur.

338 BVerfGE 71, 162, 171 ff – Arztwerbung; BGH GRUR 1999, 1009, 1010 – Notfalldienst für Privatpatienten; BGH GRUR 2001, 181, 183 – dentalästhetika.

339 BVerfGE 85, 248, 259 f – Hackethal; BGH GRUR 1999, 504, 506 – Implantatbehandlungen; BGH GRUR 1999, 1009, 1010 – Notfalldienst für Privatpatienten; BVerwG NJW 2001, 3425, 3426 – Akupunktur.

340 BGH GRUR 2005, 875 – Diabetesteststreifen.

341 BGH GRUR 2005, 875, 876, unter Hinweis auf BGH GRUR 1981, 280, 281 = WRP 1981, 205 – Apothekenbegünstigung.

342 BGH GRUR 2005, 875, 876 – Diabetesteststreifen.

343 BGH GRUR 2008, 816 – Ernährungsberatung.

344 Zahnheilkundegesetz vom 16. 4. 1987, BGBl. I S. 1225.

345 BVerfG WRP 2001, 1064, 1066 f – Implantologie; BGH GRUR 1999, 504, 506 – Implantatbehandlungen; BGH GRUR 2001, 181, 183 – dentalästhetika; BGH GRUR 2005, 875, 876 – Diabetesteststreifen.

Nähere Einzelheiten über die Berufspflichten der Zahnärzte enthalten die auf landesrechtlicher Grundlage ergangenen Berufsordnungen der Landeszahnärztekammern.

cc) Tierärzte. (1) Regelungen, die die Qualifikationsanforderungen betreffen, deren Erfüllung Voraussetzung für die Ausübung einer tierärztlichen Tätigkeit sind, stellen ungeachtet ihres Charakters als Marktzutrittsregelungen auch Marktverhaltensregelungen dar, da sie eine auf die Lauterkeit des Wettbewerbs bezogene Schutzfunktion haben. Sie dienen der Sicherung einer qualifizierten tierärztlichen Behandlung und gewährleisten gleichzeitig die Gleichheit der Wettbewerbsbedingungen innerhalb der Berufsgruppe. Voraussetzung für die Berufsausübung ist grundsätzlich die Approbation als Tierarzt gemäß der Approbationsordnung (Ausnahme § 11 BTÄO).[346] 125

(2) Für Tierärzte gelten die in der Bundestierärzteordnung und in den Berufsordnungen der Tierärzteschaften näher geregelten **Werbebeschränkungen.** Verboten ist aber nur die berufswidrige Werbung, die keine interessengerechte und sachangemessene Information darstellt.[347] In der Praxis hat sich gezeigt, dass bei Äußerungen, die das öffentliche Interesse berühren, neben der Berufsausübungsfreiheit nach Art. 12 Abs. 1 auch die Meinungsäußerungsfreiheit nach Art. 5 Abs. 1 GG, Art. 10 der Konvention zum Schutz der Menschenrechte dem Werbeverbot vorgehen kann,[348] wobei sich der EGMR nicht für befugt hält, den Beurteilungsspielraum der Vertragsstaaten und ihrer Gerichte bei der Güter- und Interessenabwägung durch eine eigene Wertung zu ersetzen, wenn die Bewertung der nationalen Gerichte eine Einschränkung der Meinungsäußerungsfreiheit aus sachlichen Gründen rechtfertigt.[349] 126

dd) Heilpraktiker. (1) Auch die Vorschrift des § 1 Abs. 1 HPG, das die Ausübung der Heilkunde ohne Erlaubnis verbietet,[350] ist nicht nur eine Marktzutrittsregelung, sondern zugleich auch eine Marktverhaltensregelung, deren Missachtung den Rechtsbruchtatbestand des § 4 Nr. 11 erfüllt. Die Erlaubnispflicht bezweckt den Schutz der Gesundheit der Bevölkerung und besitzt deshalb eine auf die Lauterkeit des Wettbewerbs bezogene Schutzfunktion. Hier, wie auch sonst, ist allerdings im Hinblick auf das Gebot der verfassungskonformen Auslegung des Art. 12 Abs. 1 GG zu beachten und in jedem Einzelfall zu prüfen, ob das Berufsausübungsverbot **sachlich gerechtfertigt** ist und dem **Verhältnismäßigkeitsprinzip** entspricht. So ist etwa das vom BGH[351] gegenüber Optikern ausgesprochene generelle Verbot der Tonometrie (berührungslose Augeninnendruckmessungen) und Perimetrie (Gesichtsfeldprüfungen mittels Computermessungen) und das Werbeverbot nach der Rechtsprechung des BVerfG[352] nicht von Art. 12 Abs. 1 GG gedeckt, da diese Eingriffe zum Schutz der Gesundheit der Bevölkerung nicht erforderlich sind. Dem verbleibenden Risiko einer mittelbaren Gesundheitsgefährdung – beispielsweise durch Verzögerung des Erkennens eines ernsten Leidens infolge Nichtaufsuchen eines Arztes – kann durch aufklärende Hinweise von Augenoptikern entgegengewirkt werden, die allerdings hinreichend deutlich über Gefahren und Risiken aufklären und so konkret gegeben werden müssen, dass eine auch nur mittelbare Gefährdung des Kunden auszuschließen ist.[353] Dieser kann insbesondere durch einen aufklärenden Hinweis begegnet werden, dass ein krankhafter Befund zuverlässig nur durch eine Augenarzt ausgeschlossen werden kann.[354] Eine hinreichende Aufklärung über die mit der berührungslosen Augeninnendruckmessung (Tonometrie) und der Prüfung des Gesichtsfeldes mittels einer Computermessung (automa- 127

[346] *Piper/Ohly* UWG § 4 Nr. 11 Rn 11/193.
[347] BVerfG WRP 2002, 521, 522 – Tierarztwerbung.
[348] EGMR GRUR Int. 1985, 468, 470 – Tierärztlicher Nachtdienst II.
[349] Vgl. EGMR NJW 1995, 857, 858; *Piper/Ohly* UWG § 4 Nr. 11 Rn 11/195; *v. Gamm* GRUR 1990, 315 f.
[350] Vgl. dazu BGH GRUR 1981, 665, 666 – Knochenbrecherin; BGH GRUR 1992, 175, 176 – Ausübung der Heilkunde; BGH GRUR 1999, 512, 513 – Optometrische Leistungen I.
[351] BGH GRUR 1999, 512, 513 – Optometrische Leistungen I.
[352] BVerfG NJW 2000, 2736, 2737 – Verbot der Tonometrie und Perimetrie durch Optiker.
[353] BGH GRUR 2001, 1170, 1172 – Optometrische Leistungen II.
[354] BGH GRUR 2005, 607, unter Hinweis auf BVerfG NJW 2000, 2736 f.

tische Perimetrie) durch optikerverbundene mittelbare Gesundheitsgefährdung erfordert keine Schriftlichkeit des aufklärenden Hinweises.[355] Einen auf die Lauterkeit des Wettbewerbs bezogenen Gehalt haben auch Verstöße gegen die **unbefugte Ausübung der Heilkunde im Umherziehen** (§ 3 HPG).[356]

128 (2) Für Heilpraktiker gelten bei ihrer **Werbung** die Beschränkungen des Heilmittelwerbegesetzes, sie unterliegen aber keinen berufständigen Werbeverboten. Eine entsprechende Anwendung des ärztlichen Standesrechts ist nicht gerechtfertigt.[357] Da das Grundrecht der Berufsausübungsfreiheit (Art. 12 Abs. 1 S. 2 GG) für eine Beschränkung der Werbung eine Regelung durch den Gesetzgeber verlangt,[358] genügt eine einheitliche Standesauffassung, auch wenn sie in Form von Vereinssatzungen der Heilpraktikervereinigungen niedergelegt sein sollte, nicht, um Werbeverbote wirksam zu begründen.[359]

129 **ee) Apotheker.** (1) Nach § 1 Abs. 2 ApoG ist Voraussetzung für den Betrieb einer Apotheke die Erteilung einer Erlaubnis (Konzession) durch die zuständigen Landesbehörden, die nur einem approbierten Apotheker erteilt werden darf (§ 2 Abs. 1 Nr. 3 ApoG, § 2 Abs. 1 Bundes-Apothekerordnung). Die Vorschriften regeln nicht nur den Marktzutritt, sondern auch das Marktverhalten im Sinne des § 4 Nr. 11, da sie eine auf die Lauterkeit des Wettbewerbs bezogene Schutzfunktion erfüllen. Nach § 1 Abs. 1 ApoG ist es Aufgabe des Apothekers, im öffentlichen Interesse die Arzneimittelversorgung sicherzustellen. Dies ist seit Inkrafttreten des GKV-Modernisierungsgesetzes (Art. 20 GMGE)[360] seit dem 1. 1. 2004 auch im Wege des, auch elektronischen, Versandhandels mit zum Verkehr zugelassenen Arzneimitteln möglich (§ 11 a ApoG).[361]

130 (2) Die **Werbeschränkungen** der Apotheker werden durch Berufsordnungen der Landesapothekenkammern geregelt, die **Bestimmungen über die Außendarstellung der Apotheker** für deren Betrieb und deren Angebote enthalten. Werbeverbote, die über die Konkretisierung der gesetzlichen Vorgaben hinaus weitergehende Einschränkungen enthalten, sind im Hinblick auf Art. 12 Abs. 1 GG durch hinreichende Gründe des Gemeinwohls gerechtfertigt. Sie genügen dem **Grundsatz der Verhältnismäßigkeit** auch dann, wenn sie auf unbestimmte Rechtsbegriffe wie „angemessen", „übertrieben", „marktschreierisch" oder „geeignet zur Förderung des Arzneimittelfehlgebrauchs"[362] abstellen und das Ziel verfolgen, die Arzneimittelversorgung der Bevölkerung zu gewährleisten, einem Arzneimittelfehlgebrauch entgegenzuwirken und das Vertrauen der Bevölkerung in die berufliche Integrität der Apotheker erhalten und zu fördern.[363]

131 Unter dem Gesichtspunkt der Verhältnismäßigkeit ist zu beachten, dass **Apotheker im Gegensatz zu anderen freien Berufen zugleich auch Kaufleute** sind. Sie stehen hinsichtlich der apothekenfreien Arzneimittel und des Randsortiments zu apothekenüblichen Waren (§ 26 ApBetrO) im allgemeinen Wettbewerb und müssen werbend auf sich aufmerksam machen dürfen.[364] Im konkreten Fall muss beachtet werden, dass es allein um die Gewährleistung einer ordnungsgemäßen Berufsausübung gehen darf, nicht um die Regulierung des Wettbewerbs des Apothekers als Kaufmann.[365] Erwägungen zum Berufsbild verlieren bei der Auslegung berufsrechtlicher Vorschriften an Gewicht, soweit Apotheker mit ihrem Warenangebot in Konkurrenz zu sonstigen Berufsgruppen stehen.[366] Deshalb kann

---

[355] BGH GRUR 2005, 607 (Ls) – Optometrische Leistungen III.
[356] BGH GRUR 1957, 606, 608 – Heilmittelvertrieb.
[357] *Piper/Ohly* UWG § 4 Nr. 11 Rn 11/197.
[358] BVerfGE 71, 162, 171 – Arztwerbung.
[359] BGH GRUR 1989, 827, 828 – Werbeverbot für Heilpraktiker.
[360] BGBl. I S. 2190.
[361] *Piper/Ohly* UWG § 4 Nr. 11 Rn 11/206.
[362] Vgl. BVerfG NJW 1996, 3070 – Zeitungswerbung durch Apotheker; BVerfGE 94, 372 – Werbeverbot für Apotheker.
[363] BVerfGE 94, 372, 390 ff – Werbeverbot für Apotheker; *Piper/Ohly* UWG § 4.11 Rn 11/209.
[364] BVerfGE 94, 372, 393 – Werbeverbot für Apotheker.
[365] *Piper/Ohly* UWG § 4.11 Rn 11/210.
[366] BVerfGE 94, 372, 390, 397 – Werbeverbot für Apotheker.

die **Werbung für nicht verschreibungspflichtige Arzneimittel** und für das Randsortiment nicht schon allein deshalb als unsachlich, aufdringlich oder marktschreierisch angesehen werden, weil sich der Apotheker derselben Werbemethoden bedient, die üblicherweise auch von anderen Gewerbetreibenden beim Vertrieb der gleichen Artikel verwendet werden.[367] Eine **Zeitungswerbung für das Nebensortiment** kann allerdings dann unzulässig werden, wenn sie nach Form, Inhalt und Häufigkeit massiv auf den Umwerbenden einwirkt und den Eindruck vermittelt, dass das Randsortiment und die Ausweitung des Warenumsatzes im Vordergrund des Geschäfts stünden und nicht die Hauptaufgabe des Apothekers, die Arzneimittelversorgung der Bevölkerung sicherzustellen.[368] Entscheidend für die Zulässigkeit von Werbemaßnahmen ist, dass das Vertrauensverhältnis von Apotheker und Verbraucher nicht gestört und das Berufsbild des Apothekers nicht beschädigt wird.[369]

(3) Apothekengesetz (ApoG). Nach **§ 1 Abs. 3 ApoG** ist die Ausübung der Apo- 132
thekentätigkeit nur in genehmigten Betriebsräumen zulässig und Rezepte dürfen nur in genehmigten Rezeptsammelstellen gesammelt werden **(§§ 1, 10, 11 ApoG).** Da diese, die Art und Weise der Berufsausübung regelnden Anforderungen, **unmittelbar auf das zulässige Marktverhalten bezogen** sind, ist der Verstoß dagegen auch nach den neuerdings geltenden Maßstäben als wettbewerbswidrig anzusehen.[370]

Dagegen ist **§ 25 ApBetrO,** der die Zulässigkeit der **Abgabe des apothekenüblichen** 133
Randsortiments neben der Abgabe von Arzneimitteln (wie Verbandsmittel und Mittel zur Krankenpflege (§ 25 Nr. 1 und 2 ApBetrO) regelt, **keine Norm mit einem Wettbewerbsbezug.** Die Vorschrift soll allein verhindern, dass der Apotheker durch ein zu weit gehendes Nebensortiment in der Erfüllung seiner Hauptaufgabe, die Arzneimittelversorgung der Bevölkerung sicherzustellen (§ 1 ApBetrO), beeinträchtigt wird.[371] Es ist zulässig, das apothekenübliche Randsortiment (§ 25 ApBetrO) auch außerhalb der Apothekenbetriebsräume in den Verkehr zu bringen, da das entgegenstehende Verbot des § 17 Abs. 1 ApBetrO gegen Art. 12 Abs. 1 und 3 Abs. 1 GG verstößt und daher nichtig ist.[372]

Demgegenüber dürfen Arzneimittel im Sinne des § 2 Abs. 1 AMG, wie beispielsweise 134
Impfstoffe (§ 4 Abs. 4 AMG), nur in den Apothekenbetriebsräumen in Verkehr gebracht werden (§ 17 Abs. 1 S. 1 ApBetrO). Ausnahmen sind nur in engen Grenzen in begründeten Einzelfällen zulässig **(§ 17 Abs. 2 S. 1 ApBetrO).** Dies entspricht § 43 Abs. 1 AMG, der die berufs- oder gewerbsmäßige Abgabe apothekenpflichtiger Arzneimittel an den Endverbraucher (mit Ausnahme allein der Fälle des § 47 AMG) nur in Apotheken, nicht aber im Wege des Versands und demgemäß auch nicht im Wege des Versandhandels erlaubt.[373] Die Regelung bezweckt die **Arzneimittelsicherheit** dadurch zu verbessern, dass eine sachgerechte Beratung durch den Apotheker als den Arzneimittelfachmann gewährleistet wird, die angesichts der wachsenden Zahl an Arzneispezialitäten nicht nur für den Versand aus Apotheken an Patienten, sondern auch an Ärzte, Gesundheitsämter und ähnliche Einrichtungen zu beachten ist.[374] Da die Regelung unmittelbar die Modalitäten des Verkaufs

---

[367] BVerfGE 94, 372, 390 ff – Werbeverbot für Apotheker; *Piper/Ohly* UWG § 4.11 Rn 11/211.

[368] BVerfGE 94, 372, 390 ff – Werbeverbot für Apotheker; s. auch BGH GRUR 1983, 249, 250 – Apothekenwerbung; BGH GRUR 1994, 639, 640 – Pinguin-Apotheke; BGH GRUR 1994, 656, 658 – Stofftragetasche; *Piper/Ohly* UWG § 4.11 Rn 11/212.

[369] Vgl. BVerfGE 94, 372, 390 ff – Werbeverbot für Apotheker; BVerfG NJW 1996, 3070, 3071 – Zeitungswerbung durch Apotheker; BGH GRUR 1999, 1014, 1016 – Verkaufsschütten vor Apotheken.

[370] Vgl. BGH GRUR 1981, 280, 281 – Apothekenbegünstigung; BGH GRUR 1981, 282, 283 – Apothekenbotin; BGH GRUR 1982, 313, 315 f – Rezeptsammlung für Apotheker; BGH GRUR 1983, 249 – Apothekenwerbung.

[371] BGH GRUR 2001, 352, 353 – Kompressionsstrümpfe.

[372] BGH GRUR 1999, 1014, 1015 f – Verkaufsschütten vor Apotheken.

[373] BGH GRUR 2001, 178, 179 f, 181 – Impfstoffversand an Ärzte; KG GRUR-RR 2001, 244, 246 – Internet Apotheke I; OLG Köln GRUR-RR 2001, 250, 251 – Internet Apotheke II.

[374] BGH GRUR 2001, 178, 179 – Impfstoffversand an Ärzte; BVerwG NJW 2001, 1808, 1809 – Versendung apothekenpflichtiger Arzneimittel.

bestimmt, ist sie **wettbewerbsbezogen** und ihre Verletzung zieht einen Wettbewerbsverstoß nach sich.[375] Die Berufsausübungsfreiheit nach Art. 12 Abs. 1 GG wird dadurch nicht berührt.[376] Auch das gemeinschaftsrechtliche Prinzip des freien Warenverkehrs (Art. 28 EG) steht nicht entgegen.[377] Die E-Commerce-Richtlinie findet auf den Apothekenversand von Arzneimitteln keine Anwendung (vgl. Nr. 21 der Richtlinie). Das nationale Verbot hindert aber nicht an der Lieferung von Impfstoffen an Ärzte mit Sitz im EU-Ausland.[378]

135 **d) Weitere Zulassungsregelungen für gewerbliche Tätigkeit.** Vorschriften über gewerbliche Zulassungsschranken erfüllen eine Doppelfunktion,[379] das heißt, es handelt sich bei ihnen nicht nur um Regelungen des Marktzutritts, sondern auch des Marktverhaltens, weil sie eine auf die Lauterkeit des Wettbewerbs bezogene Schutzfunktion wahrnehmen, indem sie durch Anforderungen an bestimmte fachliche oder persönliche Qualifikationen eines Unternehmers im Interesse der Marktbeteiligten, insbesondere der Verbraucher, einen bestimmten Standard an Qualität, Sicherheit oder Unbedenklichkeit der angebotenen Waren oder Dienstleistung sicherstellen sollen.[380] Dies ist insbesondere bei folgenden Vorschriften der Fall:[381] §§ 284,[382] 287[383] StGB; § 2,[384] § 49 Abs. 4 S. 3,[385] § 49 Abs. 4 S. 5[386] PbeFG; § 32 KredWG;[387] § 2 Abs. 1 GastG;[388] §§ 30, 33a, 33c, 33d, 33i, 34 bis 34c GewO[389] (keine Marktverhaltensregelung ist die Anzeigepflicht nach § 14 GewO, da sie lediglich dazu dient, die behördliche Bewachung zu ermöglichen, § 14 Abs. 1 S. 3 GewO);[390] §§ 4, 5 LuftVG; § 3 RöV; § 1 Abs. 1 HufBeschlG,[391] §§ 1, 10 FahrlG;[392] § 1 Abs. 1 HandwO[393] (der Umstand, dass die Tätigkeit aus Gründen der Verhältnismäßigkeit erlaubnisfrei ohne Qualifikationsnachweis ausgeübt werden darf, wenn bestimmte Umsatzzahlen nicht überschritten werden, ändert nichts an der Qualifizierung als Marktverhaltensregelung);[394] § 5 PostG (Lizenzpflicht für die Beförderung von Briefsendungen);[395] § 18 RettG NW (Genehmigung für die Wahrnehmung für Notfallrettung oder des Krankentransports, str.).[396]

---

[375] Vgl. auch BGH GRUR 2001, 178, 181 – Impfstoffversand an Ärzte.
[376] BGH GRUR 2001, 178, 181 f – Impfstoffversand an Ärzte.
[377] KG GRUR-RR 2001, 244, 248 – Internet Apotheke I; OLG Köln GRUR-RR 2001, 250, 252 f – Internet Apotheke II.
[378] BGH GRUR 2001, 178, 181 – Impfstoffversand an Ärzte.
[379] → Rn 95.
[380] Vgl. grundlegend BGHZ 150, 343, 346 ff = GRUR 2002, 825, 826 – Elektroarbeiten; *Ullmann* GRUR 2003, 817, 824.
[381] Vgl. zum Folgenden den Überblick bei *Elskamp*, Gesetzesverstoß und Wettbewerbsrecht, S. 161 ff mwN.
[382] OLG Hamburg WRP 2005, 378 – Laola (Ls); OLG Köln ZUM 2006, 230, 234; OLG München GRUR-RR 2006, 137, 138 – Sportwette; OLG Jena GRUR-RR 2006, 134, 135 – sportwetten.de; zu § 1 aF BGH GRUR 2004, 693 – Schöner wetten; BGH GRUR 2002, 269, 270 – Sportwetten-Genehmigung.
[383] *Piper/Ohly* UWG § 4 Nr. 11 Rn 11/28; MünchKomm/*Schaffert* UWG § 4 Nr. 11 Rn 344.
[384] Harte/Henning/*v. Jagow* UWG § 4 Nr. 11 Rn 107; aA MünchKomm/*Schaffert* UWG § 4 Nr. 11 Rn 137; KG GRUR 2007, 515, 516 – Sammel-Tragstuhlwagentransporte.
[385] *Piper/Ohly* UWG § 4 Nr. 11 Rn 11/289.
[386] Gloy/Loschelder/*Hasselblatt* § 50 Rn 73; MünchKomm/*Schaffert* UWG § 4 Nr. 11 Rn 137.
[387] Offen gelassen von BGH GRUR 2006, 511, 512 f – Umsatzsteuererstattungsmodell; ebenso MünchKomm/*Schaffert* UWG § 4 Nr. 11 Rn 133.
[388] *Piper/Ohly* UWG § 4 Nr. 11 Rn 11/46.
[389] OLG Hamm WRP 2005, 1570, 1571 (§ 33c GewO); OLG Düsseldorf WRP 2006, 1155 (§ 33c GewO); OLG Stuttgart WRP 2006, 918 (Ls) zu § 34c GewO; aA zu § 34c GewO Gloy/Loschelder/*Hasselblatt* § 50 Rn 72.
[390] Vgl. BGH GRUR 1963, 578 – Sammelbesteller.
[391] OLG Saarbrücken GewArch 2005, 194, 195.
[392] *Piper/Ohly* UWG § 4 Nr. 11 Rn 11/292; MünchKomm/*Schaffert* UWG § 4 Nr. 11 Rn 138.
[393] Harte/Henning/*v. Jagow* UWG § 4 Nr. 11 Rn 93; *Piper/Ohly* UWG § 4 Nr. 11 Rn 11/26; MünchKomm/*Schaffert* UWG § 4 Nr. 11 Rn 134.
[394] So OLG Frankfurt GRUR 2005, 695 – Verstoß gegen Handwerksordnung.
[395] *Piper/Ohly* UWG § 4 Nr. 11 Rn 11/291; MünchKomm/*Schaffert* UWG § 4 Nr. 11 Rn 265.
[396] Vgl. zum Streitstand *Elskamp*, Gesetzesverstoß und Wettbewerbsrecht, S. 163 f.

4. Produktbezogene Vorschriften

a) Arzneimittelgesetz (AMG). Arzneimittel sind nach Maßgabe des AMG[397] Stoffe und Zubereitungen aus Stoffen, die dazu bestimmt sind, durch Anwendung am menschlichen (oder tierischen) Körper Krankheiten, Leiden, Körperschäden oder andere krankhafte Beschwerden zu heilen, zu lindern, zu verhüten oder zu erkennen (§ 2 Abs. 1 Nr. 1 AMG). Zu den Arzneimitteln zählen ferner Stoffe und Stoffzubereitungen mit den in § 2 Abs. 1 Nr. 2 bis 5 AMG genannten Anwendungszwecken. Eine Einschränkung erfährt der Arzneimittelbegriff durch § 2 Abs. 3 AMG, wonach Lebensmittel und kosmetische Mittel Arzneimittel sind (§ 2 Abs. 3 Nr. 1 und 3 AMG). Dies gilt auch dann, wenn sie die Voraussetzungen des Arzneimittelbegriffs nach § 2 Abs. 1 AMG erfüllen.[398] Entscheidend für die **Einordnung eines Produkts als Arzneimittel,** Lebensmittel oder kosmetisches Mittel ist seine an objektiven Merkmalen anknüpfende überwiegende Zweckbestimmung, wie sie sich für einen durchschnittlich informierten, aufmerksamen und verständigen Durchschnittsverbraucher darstellt.[399] Dabei ist zu beachten, dass die Verkehrsauffassung regelmäßig durch eine schon bestehende Auffassung über den Zweck vergleichbarer Mittel und deren Anwendung geprägt wird. Diese hängt ihrerseits davon ab, welche Verwendungsmöglichkeiten solche Mittel ihrer Art nach haben. Die Verkehrsauffassung hinsichtlich der Zweckbestimmung eines Produkts kann von der Auffassung pharmazeutischer oder medizinischer Kreise mitbestimmt sein, ebenso durch Indikationshinweise, Gebrauchsanweisungen, Aufmachungen, Darbietungsformen und durch die Art und Weise der Verpackung sowie den Vertriebsweg.[400] Prägend ist regelmäßig, aber nicht in erster Linie, das konkret in Rede stehende Produkt, sondern dessen gattungsgemäße allgemeine Zweckbestimmung.[401] Nach der früher für maßgeblich gehaltenen Differenzierung zwischen wertbezogenen und wertneutralen Regelungen wurden die Vorschriften des AMG unter die zuerst genannte Kategorie eingeordnet, da sie dem Gesundheitsschutz der Bevölkerung dienen. Ihre Verletzung begründete deshalb regelmäßig den Vorwurf wettbewerbswidrigen Verhaltens.[402] Nach der neueren Rechtsprechung sowie dem Beispielstatbestand des § 4 Nr. 11 lässt sich hieran nicht mehr festhalten, sondern es ist wie auch sonst darauf abzustellen, ob der von der Rechtsprechung für erforderlich gehaltene „Wettbewerbsbezug" im Sinne einer auf die Lauterkeit bezogenen Schutzfunktion der in Frage stehenden Norm zu bejahen ist.[403] 136

Diese ist beim **Vertrieb von Arzneimitteln** ohne die nach § 21 AMG vorgeschriebene Zulassung anzunehmen.[404] Für Arzneimittel, die aus EU-Mitgliedstaaten eingeführt werden und dort zugelassen sind, kann eine Vollzulassung nach § 21 AMG nicht verlangt werden, wenn die Zulassung mit der durch Art. 28 EG (früher Art. 30 EGV) gewährleisteten Warenverkehrsfreiheit innerhalb der Gemeinschaft nicht in Einklang steht.[405] Entsprechendes gilt auch für die Lieferung apothekenpflichtiger Waren an Drogerien und die Abgabe apothekenpflichtiger Arzneimittel an Verbraucher durch Drogerien,[406] den Verkauf von Arzneimittel in Drogerien,[407] die Abgabe apothekenpflichtiger Arzneimittel an Drogerien zum Verkauf an Letztverbraucher und der Werbung dafür (§ 43 AMG),[408] den Verkauf rezept- 137

[397] Arzneimittelgesetz in der Fassung der Bekanntmachung vom 12. 12. 2005, BGBl. I S. 3394.

[398] BVerwGE 106, 90, 93 = NJW 1998, 3433, 3434 – Clotrimazol.

[399] BGH GRUR 1999, 1007, 1008 – Vitalkost; BGH GRUR 2000, 528, 529 – L-Carnitin; BGH GRUR 2001, 450, 451 – Franzbrandwein-Gel.

[400] BGH GRUR 2000, 528, 529 f – L-Carnitin; BGH GRUR 2001, 450, 451 – Franzbrandwein-Gel.

[401] BGH GRUR 2001, 450, 451 – Franzbrandwein-Gel; Piper/Ohly UWG § 4 Nr. 11 Rn 11/248.

[402] Vgl. BGH GRUR 1998, 407, 411 – TIAPRIDAL.

[403] Vgl. BGHZ 150, 343 – Elektroarbeiten.

[404] Vgl. BGH GRUR 2001, 452, 453 – Franzbrandwein-Gel.

[405] BGH GRUR 1998, 407, 411 – TIAPRIDAL.

[406] BGHZ 22, 167, 180 – Apothekenpflichtige Arzneimittel/Arzneifertigwaren.

[407] BGHZ 23, 184, 186 – Spalttabletten.

[408] BGHZ 44, 208, 209 – Novo-Petrin.

pflichtiger Arzneimittel ohne Rezept (§ 48 AMG).[409] Den erforderlichen Marktverhaltensbezug besitzen auch die Bestimmungen zum Versand oder der Verbringung von Arzneimitteln.[410] Dies gilt insbesondere für § 73 Abs. 1 AMG, wonach die Verbringung zulassungspflichtiger (§ 21 AMG), aber nicht zugelassener Arzneimittel nach Deutschland unzulässig ist. Vom Verbot erfasst wird auch der nach Maßgabe des § 11 a) ApoG grundsätzlich zulässige Versandhandel mit Arzneimitteln, die Regelung ist gemeinschaftsrechtlich zulässig, da sie keine Maßnahme gleicher Wirkung im Sinne des Art. 28 EG darstellt.[411] Gemeinschaftsrechtlich zulässig ist auch das Verbot des Versandhandels mit Arzneimitteln, die zwar zugelassen, aber apothekenpflichtig sind (§ 43 Abs. 1 AMG). Es handelt sich zwar um eine Maßnahme gleicher Wirkung (Art. 28 EG), die aber gerechtfertigt ist (Art. 30 EG), soweit sie verschreibungspflichtige Arzneimittel betrifft. Soweit sich das Verbot allerdings auf nicht verschreibungspflichtige Arzneimittel bezieht, ist es gemeinschaftsrechtlich unzulässig.[412] Den erforderlichen Wettbewerbsbezug weisen auch die auf der Grundlage des § 78 AMG erlassenen Vorschriften der ArzneimittelpreisVO auf, weil sie im Interesse der Mitbewerber und der Verbraucher das Marktverhalten regeln und damit eine auf die Lauterkeit des Wettbewerbs bezogene Schutzfunktion erfüllen.[413]

138 **b) Heilmittelwerbegesetz (HWG).** Die Verbote des HWG,[414] die sich an alle Werbungstreibenden, also nicht Arzneimittelhersteller und Ärzte, richten,[415] weisen den erforderlichen Marktverhaltensbezug auf. Schon unter der früheren Rechtsprechung war anerkannt, dass es sich um wertbezogene Bestimmungen handelt, da sie aufgrund der gesundheitspolitischen Zielsetzung, die Bevölkerung vor einer unsachlich werbenden Beeinflussung zu schützen, die Möglichkeit der Werbung für Arzneimittel beschränken.[416]

139 Der **Wettbewerbsbezug** ist insbesondere in folgenden Fällen anzunehmen:[417] Verbote irreführender Werbung nach § 3 HWG, Verbot der Werbung für nicht zugelassene Arzneimittel (§ 3a HWG),[418] Pflichtangaben (§ 4 HWG) (der Zweck der Vorschrift besteht darin, den Verkehr über Anwendungsbereiche und Wirkungsweise sowie über bestimmte medizinisch, relevante Eigenschaften eines Arzneimittels zu unterrichten und ihn so in die Lage zu versetzen, sich über das jeweilige Präparat ein eigenes sachbezogenes Bild zu machen),[419] Verbot der Werbung in Packungsbeilagen für andere Arzneimittel oder andere Mittel (§ 4a HWG), Verbot der Werbung für homöopathische Arzneimittel mit der Angabe von Anwendungsgebieten (§ 5 HWG), Werbebeschränkungen hinsichtlich der Werbung mit Gutachten und Fachveröffentlichungen (§ 6 HWG), Beschränkung der Gewährung von Zuwendungen (§ 7 Abs. 1 HWG),[420] das Verbot der Werbung nach § 8 Abs. 1 S. 1 HWG (Werbung für den Bezug apothekenpflichtiger Arzneimittel im Wege des Versands),[421] Verbot der Werbung für Fernbehandlung (§ 9 HWG), die Beschränkung der Publikumswerbung für verschreibungspflichtige Arzneimittel (§ 10 Abs. 1 HWG)[422] und für

---

[409] OLG Düsseldorf GRUR 1987, 295, 296 – Tiamon.

[410] *Piper/Ohly* UWG § 4 Nr. 11 Rn 11/251.

[411] EuGH GRUR 2004, 174, 175 Rn 55ff – DocMorris; *Piper/Ohly* UWG § 4 Nr. 11 Rn 11/218.

[412] EuGH GRUR 2004, 174, 175 Rn 76, 112ff, 124 – DocMorris; *Piper/Ohly* UWG § 4 Nr. 11 Rn 11/218.

[413] *Piper/Ohly* UWG § 4 Nr. 11 Rn 11/251.

[414] HWG in der Fassung der Bekanntmachung vom 19. 10. 1994, BGBl. I S. 3068.

[415] BGH GRUR 2001, 453, 455 – TCM-Zentrum.

[416] Vgl. BGHZ 114, 354, 360 – Katovit; BGH WRP 1994, 605, 606 – Kontraindikationen; BGH GRUR 1996, 806, 808 – Herz Ass; BGHZ 140, 134, 138 – Hormonpräparate; BGH GRUR 2001, 176, 177 – Myalgien; BGH GRUR 2001, 178, 181 – Impfstoffversand an Ärzte.

[417] *Piper/Ohly* UWG § 4 Nr. 11 Rn 11/232.

[418] BGH GRUR 1983, 393, 394 – Novodigal/temagin; BGH GRUR 1995, 223 – Pharma-Hörfunkwerbung; BGH GRUR 2001, 1174, 1175 – Berühmungsaufgabe; BGH GRUR 2002, 910 – Muskelaufbaupräparate; BGH GRUR 2003, 631 – L-Glutamin.

[419] BGH GRUR 1997, 761 – Politikerschelte; BGH GRUR 1998, 591, 592 – Hormonpräparate.

[420] Vgl. BGH GRUR 1990, 1041, 1042 – Fortbildungs-Kassetten; BGH GRUR 2003, 624 – Kleidersack.

[421] BGH GRUR 2001, 178, 179f, 181 – Impfstoffversand an Ärzte.

[422] BGH GRUR 1983, 393, 394 – Novodigal/temagin; vgl. auch BGH GRUR 1992, 871, 872 – Femovan.

Schlafmittel sowie für Arzneimittel zur Behandlung psychischer Störungen und von Stimmungslagen (§ 10 Abs. 2 HWG),[423] Werbeverbote für bestimmte Arzneimittel (§ 10 HWG),[424] Verbot der Publikumswerbung mit Gutachten, fachlichen Veröffentlichungen und fach- oder fremdsprachlichen Bezeichnungen außerhalb der Fachkreise (§ 11 Nr. 1 und 6 HWG),[425] Verbot der Publikumswerbung mit Angaben über fachliche Prüfung und Erprobung von Arzneimitteln (§ 11 Nr. 2 HWG),[426] Verbot der Werbung mit bildlichen Darstellungen von Personen in Berufskleidung (§ 11 Abs. 1 Nr. 4 HWG)[427] (die Regelung ist im Hinblick auf Art. 12 Abs. 1 GG einschränkend dahin gehend auszulegen, dass die Werbung geeignet sein muss, das Laienpublikum unsachlich zu beeinflussen und dadurch zumindest eine mittelbare Gesundheitsgefährdung zu bewirken),[428] Verbot der bildlichen Darstellung und Veränderungen des menschlichen Körpers (§ 11 Abs. 1 Nr. 5 lit. a), Werbeverbot hinsichtlich der vergleichenden bildlichen Darstellung des Körperzustandes oder des Aussehens vor und nach der Anwendung (§ 11 Abs. 1 Nr. 5 lit. b), Werbeverbot hinsichtlich der bildlichen Darstellung des Wirkungsvorganges (§ 11 Abs. 1 Nr. 5 lit. c HWG), Werbeverbot in Bezug auf Werbevorträge (§ 11 Abs. 1 Nr. 8 HWG), Verbot der Tarnung durch Veröffentlichungen, deren Werbezweck missverständlich oder nicht deutlich erkennbar ist (§ 11 Abs. 1 Nr. 9 HWG), Verbot der Publikumswerbung mit Anleitungs- und Selbstbehandlungsschriften (§ 11 Abs. 1 Nr. 10 HWG),[429] Verbot der Publikumswerbung mit Äußerungen Dritter, insbesondere Dank-, Anerkennungs- oder Empfehlungsschreiben (§ 11 Abs. 1 Nr. 11 HWG),[430] Verbot der Werbung gegenüber Kindern (§ 11 Abs. 1 Nr. 12 HWG), Verbot der aleatorischen Werbung durch Preisausschreibungen, Verlosungen oder anderen Verfahren, deren Ergebnis vom Zufall abhängig ist (§ 11 Abs. 1 Nr. 13),[431] Verbot der Publikumswerbung mit Arzneimittel, Heilmittelmustern und Proben (§ 11 Abs. 1 Nr. 14, 15 HWG), Verbot der vergleichenden Publikumswerbung (§ 11 Abs. 2 HWG), Verbot der Publikumswerbung unter Bezugnahme auf bestimmte Krankheiten und Leiden (§ 12 Abs. 1 HWG),[432] (die in § 12 Abs. 2 S. 2 zugunsten von Heilbädern, Kurorten und Kuranstalten vorgesehene Privilegierung für die Werbung für Verfahren oder Behandlungen gilt mit Blick auf Art. 12 Abs. 1 GG auch für Ärzte, die Kliniken und Sanatorien betreiben[433] sowie auch für Kliniken mit Belegärzten),[434] die Regelung über die Werbung ausländischer Unternehmen (§ 13 HWG).

c) Kosmetikverordnung (KosmetikVO). Einen **unmittelbaren Wettbewerbsbezug** haben auch die Kennzeichnungsbestimmungen der KosmetikVO, mit der die Anglei- 140

[423] Vgl. BGH GRUR 1979, 646, 647 f – Klosterfrau Melissengeist.

[424] BGHZ 81, 130, 132 – Grippewerbung I; BGH GRUR 1983, 333 – Grippewerbung II; BGH GRUR 1983, 595 – Grippewerbung III.

[425] Vgl. BGH GRUR 1970, 558, 559 – Sanatorium I; BGH GRUR 1972, 561, 562 – Kavaform; BGH GRUR 1982, 124 – Vegetative Dystonie; BGHZ 114, 354, 360 – Katovit; BGH WRP 1991, 715 – Chelat-Infusionstherapie; BGH GRUR 1998, 495, 497 – Lebertran II.

[426] BGH GRUR 1991, 701 – Fachliche Empfehlung I; BGH GRUR 1991, 929, 930 – Fachliche Empfehlung II; BGH GRUR 1993, 403 – Bronchocedin; BGH GRUR 1993, 677, 678 – Bedingte Unterwerfung; BGH GRUR 1997, 936, 937 – Naturheilmittel; BGH GRUR 1998, 498, 500 – Fachliche Empfehlung III; BGH WRP 1998, 181, 183 – Warentest für Arzneimittel; BGH GRUR 1998, 495, 497 – Lebertran II.

[427] Vgl. BGH GRUR 1985, 936 – Sanatorium II; BGH GRUR 2001, 453, 455 – TCM-Zentrum; BGH WRP 2007, 1088 Rn 19 – Krankenhauswerbung.

[428] BGH WRP 2007, 1088 Rn 19 – Krankenhauswerbung.

[429] BGH GRUR 2004, 799 – Lebertrankapseln.

[430] BGH GRUR 2005, 1067, 1069 – Konsumentenbefragung (Vorlageentscheidung bezüglich RL 2001/83).

[431] Vgl. BGH GRUR 2005, 1067, 1069 – Konsumentenbefragung (Vorlageentscheidung bezüglich RL 2001/83).

[432] BGH GRUR 1996, 806, 807 – HerzASS; BGH GRUR 1998, 961, 962 – Lebertran I; BGH GRUR 1984, 291 – Heilpraktikerwerbung III; BGH GRUR 1984, 292 – THX-Injektionen; BGH GRUR 1985, 305 – THX-Kresvorsorge; BGH GRUR 1999, 936, 937 – Hypothonietee.

[433] BVerfGE 71, 183, 198 ff = GRUR 1986, 387 – Sanatoriumswerbung; BVerfG NJW 2000, 2734, 2735 – Implantatbehandlungen.

[434] BGH GRUR 2003, 353, 356 – Klinik mit Belegärzten.

chungsrichtlinie über kosmetische Mittel[435] in das deutsche Recht umgesetzt worden ist. Verstöße gegen die Vorschrift des § 5 Abs. 1 Nr. 1 KosmetikVO, wonach Firma und Anschrift oder Firmensitz des in der EU ansässigen Herstellers oder Vertreibers anzugeben sind, die dem Schutz der menschlichen Gesundheit und damit dem Verbraucherschutz dienen, werden von der Fallgruppe des Rechtsbruchs erfasst.[436] Entsprechendes gilt auch für die Nichteinhaltung der Verpflichtung zur Angabe der Nummer des Herstellungspostens des Kosmetikerzeugnisses nach § 4 Abs. 1 KosmetikVO[437] und bestimmter Inhaltsstoffe auf dem Behältnis[438] sowie für den Verstoß gegen die Verpflichtung zur Kennzeichnung des Produkts durch eine Identifizierungsnummer, die anhand der beim Hersteller geführten Unterlagen die Ermittlung des Herstellungspostens ohne Weiteres erlaubt, zu dem das mit der Identifizierungsnummer versehene Produkt gehört.[439]

141 **d) Lebensmittelrechtliche Vorschriften.** Verstöße gegen lebensmittelrechtliche Vorschriften weisen einen unmittelbaren Wettbewerbsbezug auf, soweit sie dem Schutz der menschlichen Gesundheit und des Verbrauchers vor Irreführung dienen. Dies gilt insbesondere für folgende Regelungen: Verbot der irreführenden Werbung nach § 11 Abs. 1 Lebensmittel- und Futtermittelgesetzbuch (LFGB),[440] das Verbot der krankheitsbezogenen Werbung nach § 12 LFGB,[441] das Verbot der irreführenden Werbung für kosmetische Mittel gemäß § 27 LFGB,[442] das Verbot der irreführenden Werbung für Tabakerzeugnisse nach § 17 Abs. 1 Nr. 5 Vorläufiges Tabakgesetz, die Werbeverbote für Tabakerzeugnisse gemäß §§ 21 a, 22 Vorläufiges Tabakgesetz, Täuschungsverbot gemäß § 25 WeinG, die Regelungen über nährwert- und gesundheitsbezogene Angaben über Lebensmittel nach der VO (EG) Nr. 1924/2006 vom 20. 12. 2006 (Health-Claims-Verordnung),[443] die Vertriebsbeschränkung nach §§ 5 ff LFGB hinsichtlich der Herstellung, der Behandlung und des Vertreibens bestimmter Lebensmittel[444] sowie über Futtermittel nach § 17 LFBG, kosmetische Mittel nach § 26 LFBG und Bedarfsgegenstände gemäß § 30 LFBG, die Regelungen über das Inverkehrbringen neuartiger Lebensmittel und Lebensmittelzutaten der VO (EG) Nr. 258/97 vom 27. 1. 1997 (Novel-Food-Verordnung)[445] sowie die Bestimmungen über die Zulässigkeit des Vertriebs genetisch veränderter Lebensmittel und Futtermittel gemäß Art. 4 Abs. 2 der VO (EG) Nr. 1829/2003 vom 22. 9. 2003.

142 **e) Pflanzenschutzgesetz (PflSchG).** Die Zulassungspflichtigkeit des Vertriebs von Pflanzenschutzmitteln gemäß §§ 11, 20 PflSchG ist als Marktverhaltensregelung im Sinne des § 4 Nr. 11 zu qualifizieren, weil sie dem Schutz der Sicherheit und Gesundheit der Abnehmer dient und damit eine auf die Lauterkeit des Wettbewerbs bezogene Schutzfunk-

---

[435] RL 76/768/EWG des Rates vom 27. 7. 1976 zur Angleichung der Rechtsvorschriften der Mitgliedstaaten über kosmetische Mittel, ABl. EG Nr. L 262 S. 169.

[436] Vgl. BGHZ 142, 192, 197 – Entfernung der Herstellungsnummer I; BGH GRUR 2001, 841, 843 – Entfernung der Herstellungsnummer II; s. auch die Erwägungsgründe der RL 76/768/EWG des Rates v. 27. 7. 1976 zur Angleichung der Rechtsvorschriften der Mitgliedstaaten über kosmetische Mittel, ABl. EG Nr. L 262 S. 169, insbes. Erwägungsgrund 10; s. auch BGH GRUR 1994, 456, 457 – Prescriptivis.

[437] BGH GRUR 1994, 642, 643 – Chargennummer.

[438] BGH GRUR 1989, 673, 674 – Zahnpasta, m. zust. Anm. *Schroeder* GRUR 1989, 674 f; ablehnend *Giefers* GRUR 1990, 55.

[439] BGHZ 192, 196 – Entfernung der Herstellungsnummer I; vgl. zur Dekodierung von im Rahmen eines Vertriebsbindungssystems vertriebener Waren auch BGH GRUR 2001, 841, 842 ff, 845 – Entfernung der Herstellungsnummer II.

[440] OLG München GRUR-RR 2006, 139; OLG Karlsruhe GRUR-RR 2007, 112; bis 6. 9. 2005 § 17 Abs 1 Nr. 5 LMBG, s. dazu BGH GRUR 1967, 362, 366 – Spezialsalz; BGH GRUR 1983, 376, 377 f – Johannisbeerkonzentrat; BGH GRUR 2003, 631 – L-Glutamin; vgl. auch BGH GRUR 1988, 636 – Golddarm; BGH GRUR 1997, 306, 307 f – Naturkind.

[441] OLG München GRUR-RR 2006, 139; bis 6. 9. 2005 § 18 Abs 1 LMBG, s. dazu BGH GRUR 1998, 493, 494 – Gelenk-Nahrung; BGH GRUR 1999, 1007, 1008 – Vitalkost.

[442] Vgl. BGH GRUR 1997, 537, 538 – Lifting-Creme.

[443] Vgl. dazu *Meisterernst/Haber* WRP 2007, 363.

[444] BGH GRUR 2004, 1037, 1038 – Johanniskraut.

[445] BGH GRUR 2008, 625, 626 – Fruchtextrakt.

tion entfaltet.[446] Die Bestimmung des § 20 Abs. 2 Nr. 6 PflSchG, die zwingend vorschreibt, dass Pflanzenschutzmittel nur in den Verkehr gebracht werden dürfen, wenn die Gebrauchsanleitung auf der Verpackung deutlich sichtbar angebracht ist, besitzt einen Wettbewerbsbezug. Sie dient dem Gesundheitsschutz der Bevölkerung und damit gleichzeitig dem Verbraucherschutz (§ 1 Nr. 4 PflSchG). Ein Verstoß begründet daher die Wettbewerbswidrigkeit.[447]

f) Zusammenfassung. Im Folgenden sollen die produktbezogenen Vorschriften mit Blick auf ihre Funktion als Marktverhaltensregelungen im Sinne des § 4 Nr. 11 kurz zusammengefasst werden. Dabei wird zwischen den Kategorien der produktbezogenen Zulassungspflicht der Vertriebsverbote für bestimmte Produkte und der Produktkennzeichnungspflichten unterschieden.[448] **143**

aa) Produktbezogene Zulassungspflichten. Bei den produktbezogenen Zulassungspflichten handelt es sich zwar um Regelungen, die den Markteintritt betreffen,[449] sie erfüllen aber eine Doppelfunktion, da sie gleichzeitig auch das Marktverhalten regeln. Die Erfüllung von Zulassungspflichten im Hinblick auf Qualität und Sicherheit dienen dem Schutz der Rechtsgüter potentieller Abnehmer und schaffen gleiche Wettbewerbsbedingungen zwischen den Mitbewerbern. Sie erfüllen deshalb eine auf die Lauterkeit des Wettbewerbs bezogene Schutzfunktion. Dies gilt insbesondere für folgende Vorschriften: § 21 AMG,[450] § 6 Abs. 1 Nr. 2 LFGB,[451] § 11 Abs. 1 PflSchG,[452] Art. 4 Abs. 2 VO (EG) Nr. 829/2003 über genetisch veränderte Lebensmittel und Futtermittel sowie § 14 Abs. 1 GenTG. **144**

bb) Vertriebsverbote für bestimmte Produkte. Da Vertriebsverbote dazu dienen, Abnehmer vor den von bestimmten Produkten oder Dienstleistungen ausgehenden Gefahren zu schützen, erfüllen auch sie eine auf die Lauterkeit des Wettbewerbs bezogene Schutzfunktion und sind daher als Marktverhaltensregelungen im Sinne des § 4 Nr. 11 zu qualifizieren. Im Einzelnen handelt es sich dabei insbesondere um folgende Vorschriften:[453] § 73 AMG,[454] § 11 Abs. 1 und 2 LFGB,[455] §§ 4 Abs. 1, 6, 7 MPG,[456] § 10 FTEG,[457] § 4 Abs. 1 GPSG,[458] § 6 Abs. 2 S. 5 ElektroG, § 14a Abs. 1 DiätVO, § 7 AGeV[459] und § 24 PflSchG sowie § 3 Nr. 1 ZKDSG.[460] **145**

cc) Produktkennzeichnungspflichten. Produktkennzeichnungspflichten sind, sofern sie nicht ausschließlich fiskalischen oder anderen staatlichen Zwecken dienen, sondern dazu bestimmt sind, mit Blick auf Gesundheitsgefahren oder Irreführungsgefahren den Abneh- **146**

---

446 OLG Frankfurt GRUR-RR 2006, 59, 62 – Produktidentität; *Piper/Ohly* UWG § 4 Nr. 11 Rn 11/268.

447 Vgl. BGHZ 126, 270, 273 – Zulassungsnummer I; vgl. auch BGH GRUR 1996, 372, 373 – Zulassungsnummer II; *Piper/Ohly* UWG § 4 Nr. 11 Rn 11/267.

448 In Anlehnung an *Elskamp*, Gesetzesverstoß und Wettbewerbsrecht, S. 164ff.

449 *Doepner* WRP 2003, 1292, 1297f; *Ullmann* GRUR 2003, 817, 823; *Elskamp*, Gesetzesverstoß und Wettbewerbsrecht, S. 164.

450 BGH GRUR 2004, 1037, 1038 – Johanniskraut; BGH GRUR 2005, 778, 780 – Atemtest; BGH GRUR 2006, 513, 517 – Arzneimittelwerbung im Internet; Harte/Henning/*v. Jagow* UWG § 4 Nr. 11 Rn 62; *Piper/Ohly* UWG § 4 Nr. 11 Rn 11/251; MünchKomm/*Schaffert* UWG § 4 Nr. 11 Rn 262.

451 BGH GRUR 2004, 1037, 1038 – Johanniskraut; MünchKomm/*Schaffert* UWG § 4 Nr. 11 Rn 269.

452 OLG Frankfurt GRUR-RR 2006, 59, 62 – Produktidentität; *Piper/Ohly* UWG § 4 Nr. 11 Rn 11/267; MünchKomm/*Schaffert* UWG § 4 Nr. 11 Rn 263.

453 Vgl. zur folgenden Übersicht *Elskamp*, Gesetzesverstoß und Wettbewerbsrecht, S. 165f.

454 EuGH GRUR 2004, 174 – DocMorris; Harte/Henning/*v. Jagow* UWG § 4 Nr. 11 Rn 64.

455 OLG Karlsruhe MD 2006, 1288, 1289; OLG München GRUR-RR 2006, 139, 140; OLG Karlsruhe MD 2006, 612, 617; OLG Karlsruhe MD 2006, 1038, 1048, *Piper/Ohly* UWG § 4 Nr. 11 Rn 11/278; Harte/Henning/*v. Jagow* UWG § 4 Nr. 11 Rn 102.

456 BGH GRUR 2008, 922, 923 – In-vitro-Diagnostika.

457 Harte/Henning/*v. Jagow* UWG § 4 Nr. 11 Rn 90; MünchKomm/*Schaffert* UWG § 4 Nr. 11 Rn 203.

458 Harte/Henning/*v. Jagow* UWG § 4 Nr. 11 Rn 90; *Piper/Ohly* UWG § 4 Nr. 11 Rn 11/270; MünchKomm/*Schaffert* UWG § 4 Nr. 11 Rn 202.

459 *Piper/Ohly* UWG § 4 Nr. 11 Rn 11/281.

460 *Piper/Ohly* UWG § 4 Nr. 11 Rn 11/316; MünchKomm/*Schaffert* UWG § 4 Nr. 11 Rn 273.

mern durch entsprechende Informationen eine qualifizierte Kaufentscheidung zu ermöglichen, Marktverhaltensregelungen, da sie eine auf die Lauterkeit des Wettbewerbs bezogene Schutzfunktion erfüllen. Im Einzelnen gilt dies insbesondere für folgende Regelungen:[461] § 10 Abs. 1 Nr. 1 AMG,[462] § 14 APbetrO,[463] Art. 10 Abs. 1 VO (EWG) Nr. 1538/91 über bestimmte Vermarktungsnormen für Geflügelfleisch, §§ 3 bis 6 NKV,[464] § 3 LMKV sowie die MTVO,[465] § 8 Abs. 1 Alt. 2 Nr. 2 AMG, § 7 Abs. 2 EichG,[466] § 13–15 ChemG, § 1 Abs. 1 MeßEinhG,[467] §§ 10 Abs. 3, 12 Abs. 7 GefStoffV,[468] § 4 Abs. 1[469] und § 5 Abs. 1 Nr. 1 KosmetikVO,[470] §§ 4 Abs. 2, 6 MPG,[471] FertigPackVO, § 1 TextilKennZG,[472] §§ 6, 7 TaBProdV,[473] §§ 2, 3, 6, 9, 11 AGeV,[474] §§ 20, 21, 23 PflSchG,[475] §§ 13 bis 15 ChemG, §§ 24, 28 NBauO,[476] §§ 1, 3 LKV.

5. Absatzbezogene Vorschriften

147 **a) Preisvorschriften und Preiskennzeichnungsvorschriften. aa) Preisvorschriften.** In Abweichung von dem für eine freie Marktwirtschaft konstitutiven Prinzip der freien Preisbildung hält der Gesetzgeber ausnahmsweise aus unterschiedlichen Gründen für geboten, eine Preisreglementierung durch die Festsetzung von Mindestpreisen oder Höchstpreisen vorzunehmen. Bei beiden Kategorien einer gesetzlichen Preisfestsetzung handelt es sich um Vorschriften, die darauf ausgerichtet sind, das Marktverhalten im Interesse der Verbraucher oder Mitbewerber zu regeln. Sie erfüllen damit eine auf die Lauterkeit des Wettbewerbs bezogene Schutzfunktion und deren Verletzung begründet einen Wettbewerbsverstoß gemäß § 4 Nr. 11. Während Höchstpreisvorschriften dem Schutz der Abnehmer vor überhöhten Preisen dienen, bezwecken Mindestpreisvorschriften zumeist, die Mitbewerber vor einem ruinösen Preiskamp zu schützen und gleiche rechtliche Voraussetzungen auf dem entsprechenden Markt zu schaffen.[477] Im Einzelnen werden folgende Mindest- oder Höchstpreisvorschriften vom Rechtsbruchtatbestand erfasst: § 4 Abs. 2 HOAI,[478] die Mindest- oder Höchstpreisvorschriften des Steuerberatungsgesetzes sowie der StBGebV,[479] § 49b Abs. 1 BRAO sowie § 4 Abs. 1, §§ 7, 10, 14 und 15 Abs. 2 RVG.[480] Auch der Straftatbestand der Gebührenübererhebung nach § 352 StGB stellt eine Schutzvorschrift zugunsten der Abnehmer dar und besitzt demgemäß den für den Rechtsbruchtatbestand erforderlichen Marktverhaltensbezug.[481] Eine Marktverhaltensregelung im Interesse der Anbieter stellt §§ 1, 3 AMPreisV dar, die den Zweck verfolgen, das Geschehen auf dem Markt des Einzelhandels mit Fertigarzneimitteln zu regeln und die Überlebensfähigkeit der Apotheken sicherzustellen und damit eine flächendeckende Versorgung der Bevölkerung mit

---

461 Vgl. zum Folgenden den Überblick bei *Elskamp*, Gesetzesverstoß und Wettbewerbsrecht, S. 166 ff.
462 MünchKomm/*Schaffert* UWG § 4 Nr. 11 Rn 189.
463 Harte/Henning/*v. Jagow* UWG § 4 Nr. 11 Rn 58; MünchKomm/*Schaffert* UWG § 4 Nr. 11 Rn 131.
464 MünchKomm/*Schaffert* UWG § 4 Nr. 11 Rn 194.
465 *Piper/Ohly* UWG § 4 Nr. 11 Rn 11/283; MünchKomm/*Schaffert* UWG § 4 Nr. 11 Rn 194.
466 *Piper/Ohly* UWG § 4 Nr. 11 Rn 11/294; MünchKomm/*Schaffert* UWG § 4 Nr. 11 Rn 91.
467 *Piper/Ohly* UWG § 4 Nr. 11 Rn 11/271; MünchKomm/*Schaffert* UWG § 4 Nr. 11 Rn 190, 196.
468 *Piper/Ohly* UWG § 4 Nr. 11 Rn 11/272; MünchKomm/*Schaffert* UWG § 4 Nr. 11 Rn 192.
469 *Piper/Ohly* UWG § 4 Nr. 11 Rn 11/263; MünchKomm/*Schaffert* UWG § 4 Nr. 11 Rn 193.
470 *Piper/Ohly* UWG § 4 Nr. 11 Rn 11/262; MünchKomm/*Schaffert* UWG § 4 Nr. 11 Rn 193.
471 OLG Frankfurt WRP 2007, 216; *Piper/Ohly* UWG § 4 Nr. 11 Rn 11/269.
472 *Piper/Ohly* UWG § 4 Nr. 11 Rn 11/293; MünchKomm/*Schaffert* UWG § 4 Nr. 11 Rn 200.
473 *Piper/Ohly* UWG § 4 Nr. 11 Rn 11/279; MünchKomm/*Schaffert* UWG § 4 Nr. 11 Rn 199.
474 *Piper/Ohly* UWG § 4 Nr. 11 Rn 11/281.
475 OLG Köln GRUR 2005, 962, 964 – Pflanzenschutzmittelimport aus Drittland; *Piper/Ohly* UWG § 4 Nr. 11 Rn 11/267.
476 Vgl. BGH GRUR 2006, 82, 84 – Betonstahl; MünchKomm/*Schaffert* UWG § 4 Nr. 11 Rn 62.
477 Vgl. BGH GRUR 2003, 969, 970 – Ausschreibung von Vermessungsleistungen.
478 BGH GRUR 2003, 969, 970 – Ausschreibung von Vermessungsleistungen; s. auch BGH GRUR 2005, 171, 172 – Ausschreibung von Ingenieurleistungen.
479 BGH GRUR 2005, 436, 437 – Steuerberater-Hotline.
480 BGH GRUR 2006, 955 Rn 11 – Gebührenvereinbarung II; BGH GRUR 2005, 433, 435 – Telekanzlei.
481 *Piper/Ohly* UWG § 4 Nr. 11 Rn 11/315; MünchKomm/*Schaffert* UWG § 4 Nr. 11 Rn 327.

Medikamenten zu gewährleisten.[482] Die Vorschriften des BuchPrG weisen zwar einen Marktverhaltensbezug auf, da sie eine auf die Lauterkeit bezogene Schutzfunktion erfüllen, indem die Buchpreisbindung dem Charakter des Buches als Kulturgut durch Erhaltung eines breiten Buchangebots und Förderung einen großen Zahl von Verkaufstellen Rechnung trägt.[483] Die in § 9 BuchPrG enthaltenen Bestimmungen über Rechtsfolgen und Durchsetzung bei Verstößen gegen die Buchpreisbindung stellen allerdings eine abschließende spezielle Regelung dar, so dass eine parallele Anwendung des § 4 Nr. 11 ausscheidet.[484]

bb) Preisangabenvorschriften. (1) Preisangabenverordnung (PAngV). Zu einem grundlegenden Verständniswandel hat die neuere Rechtsprechung des BGH[485] hinsichtlich der wettbewerbsrechtlichen Relevanz der PAngV[486] geführt. Bereits zur PAngV aF (von 1973) hatte die Rechtsprechung mangels unmittelbarer Wettbewerbsbezogenheit auch deren Wertbezogenheit verneint.[487] Der BGH hielt auch nach der Neufassung (von 1985) entgegen einer in der Rechtsprechung der Oberlandesgerichte[488] vertretenen Ansicht hieran fest.[489] Die Einordnung unter die Kategorie der „wertneutralen Norm" entspricht der von der früheren Rechtsprechung vorgenommenen Zweiteilung,[490] die damit begründet wurde, dass die Regelungen der PAngV Ausdruck ordnender Zweckmäßigkeit seien. Deren unmittelbare Wettbewerbsbezogenheit wurde verneint, weil sie Verbraucherschutz und -information sowie Förderung des Wettbewerbs zur Sicherung des Funktionierens der marktwirtschaftlichen Ordnung bezweckten, während der Zweck des UWG nicht allgemein die Förderung des Wettbewerbs, sondern Schutz des lauteren Wettbewerbs sei.[491] Im Zuge der Neuorientierung der Rechtsprechung wurde diese Argumentation, die vor dem Hintergrund der seit langem anerkannten verbraucherschützenden Ausrichtung des UWG schon früher äußerst fragwürdig erschien, aufgegeben. In der Entscheidung **„Telefonischer Auskunftsdienst"**[492] heißt es: „Zweck der Preisangabenverordnung ist es, durch eine sachlich zutreffende und vollständige Verbraucherinformation Preiswahrheit und Preisklarheit zu gewährleisten und durch optimale Preisvergleichsmöglichkeiten die Stellung der Verbraucher gegenüber Handel und Gewerbe zu stärken und den Wettbewerb zu fördern.[493] Ihre Bestimmungen weisen damit Wettbewerbsbezug auf, weshalb Verstöße gegen sie zugleich den Tatbestand des § 1 UWG (aF) erfüllen."[494] 148

Dementsprechend fällt ein Verstoß gegen die PAngV unter den Rechtsbruchtatbestand des § 4 Nr. 11, sofern er geeignet ist, den Wettbewerb auf dem relevanten Markt spürbar zu beinträchtigen. Dieser bereits unter dem alten Recht geltende Vorbehalt[495] ergibt sich nach neuem Recht ganz allgemein aus der in § 3 enthaltenen „Bagatellklausel".[496] 149

---

[482] OLG Naumburg GRUR-RR 2006, 336, 338; Harte/Henning/*v. Jagow* UWG § 4 Nr. 11 Rn 64; *Piper/Ohly* UWG § 4 Nr. 11 Rn 11/251; MünchKomm/*Schaffert* UWG § 4 Nr. 11 Rn 326; *Elskamp*, Gesetzesverstoß und Wettbewerbsrecht, S. 173 f.

[483] *Elskamp, Gesetzesverstoß und Wettbewerbsrecht,* S. 174; s. auch MünchKomm/*Schaffert* UWG § 4 Nr. 11 Rn 24.

[484] *Piper/Ohly* UWG § 4 Nr. 11 Rn 11/391; MünchKomm/*Schaffert* UWG § 4 Nr. 11 Rn 24; *Elskamp*, Gesetzesverstoß und Wettbewerbsrecht, S. 275.

[485] BGHZ 144, 255 – Abgasemissionen; BGHZ 150, 343 – Elektroarbeiten.

[486] Preisangabenverordnung in der Fassung der Bekanntmachung vom 18. 10. 2002, BGBl. I S. 4197.

[487] BGH GRUR 1982, 493, 495 – Sonnenring; BGH GRUR 1983, 443, 445 – KfZ-Endpreis; Köhler/Piper UWG § 1 aF Rn 795.

[488] Vgl. OLG Frankfurt GRUR 1988, 49, 50 – Reisebuchung; OLG Hamm GRUR 1989, 362, 363 – Neubau.

[489] BGH GRUR 1988, 699, 700-qm-Preisangaben II; BGHZ 108, 39, 44 – Stundungsangebote.

[490] → Rn 6.

[491] BGH GRUR 1991, 845, 846 – Nebenkosten.

[492] BGH GRUR 2003, 971, 972 – Telefonischer Auskunftsdienst.

[493] Ständige Rechtsprechung, vgl. BGH GRUR 1997, 767, 769 – Brillenpreise II; BGH GRUR 1999, 762, 763 – Herabgesetzte Schlussverkaufspreise.

[494] Vgl. auch BGH WRP 2008, 98, 101 Rn 25 – Versandkosten; GRUR 2008, 532, 533 – Umsatzsteuerhinweis.

[495] Vgl. BGH GRUR 2001, 258 – Immobilienpreisangaben; BGH GRUR 2001, 1166 – Fernflugpreise.

[496] Vgl. BGH GRUR 2008, 442, 443 – Fehlerhafte Preisauszeichnung.

150 **(2) Sonderregelungen.** Spezielle Vorschriften über Preisangaben finden sich in folgenden gesetzlichen Bestimmungen: § 19 Abs. 1 FahrlehrerG,[497] § 4 Abs. 1 BGB-InfoV sowie §§ 66a, 66b, 66c TKG.

151 **b) Vorschriften über Geschäftszeiten. aa) Ladenschlussgesetze.** Nach Art. 74 Abs. 1 Nr. 11 fällt das Ladenschlussrecht neuerdings in die Gesetzgebungskompetenz der Länder. Das LadSchlG des Bundes gilt jedoch nach Art. 125a Abs. 1 GG in den Bundesländern solange fort, bis es durch ein Landesgesetz ersetzt wird. Während die frühere Rechtsprechung die Regeln des LadenschlussG nach der damals für maßgeblich gehaltenen Zweiteilung in die Kategorie der wertneutralen Normen einordnete,[498] wird heute davon ausgegangen, dass sie den nach der neueren Rechtsprechung des BGH[499] erforderlichen **Wettbewerbsbezug** aufweisen. „Diese betreffen die Tätigkeit gleichartiger Unternehmen in gleicher Weise beim Absatz der Ware. Sie betreffen damit die par condicio concurrentium im Verhalten auf dem Markt, also den Schutz der Mitbewerber".[500] Nach der Gegenmeinung seien die durch das Ladenschlussgesetz geschaffenen gleichen Wettbewerbsbedingungen nur Folge des bezweckten Arbeitnehmerschutzes und dienten nicht dem Interesse der Mitbewerber.[501]

152 **bb) Feiertagsgesetze.** Auch die Feiertagsgesetze der Länder sind Marktverhaltensvorschriften im Sinne des § 4 Nr. 11, denn sie schaffen einheitliche Wettbewerbsbedingungen für den Vertrieb von Waren bzw. das Angebot von Dienstleistungen. Die Missachtung der einschlägigen Bestimmungen haben eine unmittelbare Auswirkung auf das Wettbewerbsgeschehen, da sich der Rechtsverletzer ungerechtfertigte Wettbewerbsvorteile gegenüber rechtstreuen Konkurrenten verschafft.[502]

153 **cc) Nachtbackverbot.** Auch das Nachtbackverbot gemäß dem Bäckerei-Arbeitszeitgesetz (BAZG) ist eine Marktverhaltensregelung, die vom Rechtsbruchtatbestand erfasst wird, da durch deren Verletzung die Gleichheit der Wettbewerbsbedingungen beeinträchtigt wird und der Rechtsverletzer einen ungerechtfertigten Vorteil erlangt.[503]

6. Vertragsbezogene Vorschriften

154 **a) Kontrahierungszwang.** Vorschriften, die einen Kontrahierungszwang begründen, liegen regelmäßig im Interesse der Schwächeren und daher vom Gesetzgeber als schutzwürdig angesehen Partei, wie insbesondere der Verbraucher. Sie erfüllen deshalb eine auf die Lauterkeit des Wettbewerbs bezogene Schutzfunktion und sind Verhaltensvorschriften im Sinne des Rechtsbruchtatbestands. Im Einzelnen handelt es sich beispielsweise um folgende Vorschriften:[504] § 10 AEG, § 5 Abs. 2 PflVG, § 87 Abs. 5 UrhG sowie auch die einschlägigen Bestimmungen über die Verpflichtung zur Annahme von Spareinlagen in den SPKV der Länder.[505]

---

[497] Vgl. BGH GRUR 2004, 960, 961 – 500 DM-Gutschein für Autokauf.

[498] BGHZ 45, 1 – Ratio; BGH GRUR 1972, 609 – Feierabend-Vergnügen; BGH GRUR 1973, 144, Mischbetrieb; BGH GRUR 1974, 31 – Perserteppiche; BGH GRUR 1976, 438 – Tag der offenen Tür I; BGHZ 70, 18 – METRO I; BGH GRUR 1981, 424 – Tag der offenen Tür II; BGHZ 84, 130 – Flughafen-Verkaufsstellen; BGH GRUR 1984, 361 – Hausfrauen-Info-Abend; BGH GRUR 1988, 382 – Schelmenmarkt; BGH GRUR 1995, 601 – Bahnhofs-Verkaufsstellen; BGH GRUR 1996, 786 – Blumenverkauf an Tankstellen.

[499] BGHZ 144, 255 – Abgasemissionen; BGHZ 150, 343 – Elektroarbeiten.

[500] *Ullmann* GRUR 2003, 817, 822; s. auch Harte/Henning/*v. Jagow* UWG § 4 Nr. 11 Rn 98; *Piper/Ohly* UWG § 4 Nr. 11 Rn 11/20, 11/286; MünchKomm/*Schaffert* UWG § 4 Nr. 11 Rn 337.

[501] *Sack* WRP 2004, 1307, 1310; *ders.* WRP 2005, 531, 540; ebenso *Elskamp*, Gesetzesverstoß und Wettbewerbsrecht, S. 191 ff.

[502] Vgl. OLG Dresden WRPO 2006, 1539f.; *Piper/Ohly* UWG § 4 Nr. 11 Rn 11/286; MünchKomm/*Schaffert* UWG § 4 Nr. 11 Rn 338; aA *Elskamp, Gesetzesverstoß und Wettbewerbsrecht,* S. 194.

[503] Ebenso *Ullmann* GRUR 2003, 817, 822 Fn 51.

[504] Vgl. dazu *Elskamp*, Gesetzesverstoß und Wettbewerbsrecht, S. 172.

[505] *Elskamp*, Gesetzesverstoß und Wettbewerbsrecht, S. 172.

b) Gleichbehandlungsgesetz. Sofern Wettbewerbshandlungen vorliegen, werden auch die zivilrechtlichen Benachteiligungsverbote des § 19 AGG als verbraucherschützende Marktverhaltensvorschriften vom Rechtsbruchtatbestand des § 4 Nr. 9 erfasst.[506] 155

c) Informationspflichten. aa) Belehrung über Widerrufsrechte. Regelungen, die eine Verpflichtung zur Belehrung über Widerrufspflichten enthalten, wie etwa nach §§ 312, 312c, 355 BGB weisen einen Marktverhaltensbezug auf, da sie der Entscheidungsfreiheit der Verbraucher dienen und damit eine auf die Lauterkeit des Wettbewerbs bezogene Schutzfunktion erfüllen. Eine unterbliebene falsche oder unzureichende Belehrung begründet daher eine Unlauterkeit gemäß § 4 Nr. 11.[507] 156

bb) Vertragspartnerbezogene Informationspflichten. Vorschriften, die Informationspflichten vorsehen, die zumindest potentiell relevante Informationen über geschäftliche Verhältnisse, insbesondere auch die Identität des Vertragspartners betreffen, sind Marktverhaltensregelungen im Sinne des § 4 Nr. 11, da sie Einfluss auf die Willensbildung ausüben und eine Bedeutung für die Abwicklung von Verträgen erlangen können. Im Einzelnen gilt dies für folgende Vorschriften:[508] § 5 TMG,[509] § 312 Abs. 1 S. 1 BGB iVm. § 1 Abs. 1 Nr. 1 bis 3 BGB-InfoV,[510] § 35a GmbHG, § 80 AktG, §§ 37a, 125a HGB[511] sowie auch die Impressumspflicht in § 8 der Landespressegesetze, da sie auch dem Zweck dienen, Verbrauchern und Mitbewerbern die Wahrnehmung ihrer Rechte gegenüber dem Verlag zu sichern.[512] 157

cc) Vertragsgegenstandsbezogene Informationspflichten. Vertragsgegenstandsbezogene Informationspflichten ermöglichen den Vertragspartnern die Kenntnisnahme vom Vertragsinhalt und dienen damit dem Schutz der Entscheidungsfreiheit. Sie erfüllen damit eine auf die Lauterkeit bezogene Schutzfunktion und stellen Marktverhaltensregelungen im Sinne des § 4 Nr. 11 dar. Im Einzelnen gilt dies etwa für folgende Vorschriften:[513] §§ 492f BGB, § 482 BGB sowie § 651k BGB.[514] 158

d) Verwendung unwirksamer allgemeiner Geschäftsbedingungen. Die Vorschriften über die Inhaltskontrolle allgemeiner Geschäftsbedingungen nach §§ 307ff BGB sind Marktverhaltensregelungen im Sinne des § 4 Nr. 11.[515] Sie erfüllen eine auf die Lauterkeit des Wettbewerbs bezogene Schutzfunktion zugunsten der Verwendungsgegner, insbesondere der Verbraucher und haben gleichzeitig eine marktregulierende Funktion, weil sie die gleichen rechtlichen Voraussetzungen für die auf dem jeweiligen Markt tätigen Mitbewerber gewährleisten sollen.[516] Die Verwendung unwirksamer allgemeiner Geschäftsbedingungen stellt auch eine Wettbewerbshandlung dar, da sie unmittelbar mit dem Verkauf oder Bezug einer Ware oder Dienstleistung zusammenhängen und damit den für eine Wettbewerbshandlung maßgeblichen Voraussetzungen entspricht (Art. 2 lit. d der Richtlinie über unlautere Geschäftspraktiken). Die Anwendung des § 4 Nr. 11 wird auch nicht durch das 159

---

506 *Elskamp*, Gesetzesverstoß und Wettbewerbsrecht, S. 172.

507 OLG Frankfurt GRUR 2007, 56, 57; s. auch BGH GRUR 1990, 46 – Heizgerätevertrieb.

508 Vgl. dazu *Elskamp*, Gesetzesverstoß und Wettbewerbsrecht, S. 184f.

509 Bis 28. 2. 2007 § 6 TDG und § 10 MedStV; *Piper/Ohly* UWG § 4 Nr. 11 Rn 11/21, 11/301; MünchKomm/*Schaffert* UWG § 4 Nr. 11 Rn 283, 285, 288; Harte/Henning/*v. Jagow* UWG § 4 Nr. 11 Rn 128; OLG Karlsruhe WRP 2006, 1038, 1041 – Anbieterkennzeichnung auf Ebay; OLG Jena GRUR-RR 2006, 283, 284 – Pflichtbelehrung.

510 *Piper/Ohly* UWG § 4 Nr. 11 Rn 11/21; MünchKomm/*Schaffert* UWG § 4 Nr. 11 Rn 279; OLG Jena GRUR-RR 2006, 283, 284 – Pflichtbelehrung.

511 MünchKomm/*Schaffert* UWG § 4 Nr. 11 Rn 277, 281f; s. auch OLG Düsseldorf NJW-RR 2004, 41, 42.

512 *Piper/Ohly* UWG § 4 Nr. 11 Rn 11/303; MünchKomm/*Schaffert* UWG § 4 Nr. 11 Rn 284; *Elskamp*, Gesetzesverstoß und Wettbewerbsrecht, S. 185.

513 Vgl. dazu *Elskamp*, Gesetzesverstoß und Wettbewerbsrecht, S. 186.

514 *Piper/Ohly* UWG § 4 Nr. 11 Rn 11/290; MünchKomm/*Schaffert* UWG § 4 Nr. 11 Rn 324; s. auch BGH GRUR 2000, 731 – Sicherungsschein.

515 Differenzierend OLG Hamburg GRUR-RR 2007, 289, 290; KG GRUR-RR 2007, 291f; aA OLG Köln GRUR-RR 2007, 285f; OLG Hamburg GRUR 2007, 287, 288f – Horse-Equipe.

516 Vgl. dazu *Woitkewitsch* GRUR-RR 2007, 257, 258f.

UKlaG ausgeschlossen, da die Verbandsklagebefugnis nach § 1 UKlaG für die Verfolgung von unwirksamen AGB keine abschließende Regelung darstellt. Es ist nicht ersichtlich, warum gerade bei unwirksamen AGB auf das wirksamste Instrument ihrer Verfolgung, nämlich der Unterlassungsklage des Mitbewerbers verzichtet werden sollte.[517]

160 **e) Benachteiligungsverbote.** Bei vertragsbezogene Marktverhaltensregelungen sind auch die Benachteiligungsverbote nach §§ 19, 20 des Allgemeinen Gleichbehandlungsgesetzes (AGG). Sie dienen dem Schutz von Marktteilnehmern vor Diskriminierung im Zusammenhang mit der Begründung und Durchführung von Vertragsverhältnissen.

161 **f) Verpackungsverordnung.** Auch die in der Verpackungsverordnung statuierten Rücknahmepflichten (§ 4 Abs. 1, § 5 Abs. 1, § 6 Abs. 1 und § 7 VerpackV) sowie die Pfanderhebungspflicht (§ 8 Abs. 1 S. 1 VerpackV) weisen den erforderlichen Marktverhaltensbezug auf, so dass deren Missachtung den Rechtsbruchtatbestand des § 4 Nr. 11 erfüllt. Die Regelungen dienen nicht nur abfallwirtschaftlichen und umweltpolitischen Belangen, sondern sie liegen auch im Interesse der Mitbewerber,[518] weil sie einheitliche Wettbewerbsbedingungen schaffen.

162 **g) Vergaberecht.** Die Vorschriften des 4. Teils des Gesetzes gegen Wettbewerbsbeschränkungen, aus denen sich die Pflicht zur Ausschreibung öffentlicher Aufträge ergibt, sind Marktverhaltensregeln im Sinne des § 4 Nr. 11.[519] Zur Begründung hat der BGH im Hinblick auf die Regelung des § 104 Abs. 2 GWB Folgendes ausgeführt: „Anders als bei Zuwiderhandlung gegen das im ersten Teil des Gesetzes gegen Wettbewerbsbeschränkungen geregelte Kartellrecht,[520] das in §§ 33, 34 GWB für die geschützten Personen ausreichende zivilrechtliche Sanktionen bereitstellt, regelt das Kartellvergaberecht die zivilrechtlichen Ansprüche, die im Fall von Vergabeverstößen geltend gemacht werden können, nicht abschließend. Das Gesetz gegen Wettbewerbsbeschränkungen enthält für das Kartellvergaberecht kein in sich geschlossenes Rechtsschutzsystem, das eine Verfolgung von Rechtsverstößen nach § 4 Nr. 11 ausschließt.[521] Vielmehr setzt § 104 Abs. 2 GWB ausdrücklich voraus, dass wegen Vergabeverstößen neben § 97 Abs. 7 GWB auch andere (‚sonstige') Ansprüche auf Beseitigung und Unterlassung gegen öffentliche Auftraggeber bestehen. S. 2 stellt klar, dass (auch insoweit) die Zuständigkeit der ordentlichen Gerichte für Schadensersatz unberührt bleibt. Die Vorschrift des § 104 Abs. 2 GWB begründet damit als Spezialregelung für den Bereich des Kartellvergaberechts eine ausschließliche Zuständigkeit der Vergabekammern nur für den Primärrechtsschutz gegen den Auftraggeber. Sie schließt aber insbesondere nicht aus, dass vergaberechtliche Verstöße unter dem Gesichtspunkt des Rechtsbruchs lauterkeitsrechtlich gegenüber Mitbewerbern vor den ordentlichen Gerichten geltend gemacht werden. Da gegen Mitbewerber die Vergabekammer nach § 104 Abs. 2 GWB nicht angerufen werden kann, würde andernfalls eine mit dem Gebot effektiven Rechtsschutzes (Art. 19 Abs. 4 GG) nicht zu vereinbarende Rechtsschutzlücke entstehen."[522]

7. Verhältnis zum Kartellrecht

163 Verstöße gegen kartellrechtliche Vorschriften fallen grundsätzlich nicht unter den Rechtsbruchtatbestand des § 4 Nr. 11, selbst wenn sie einen Marktverhaltensbezug aufweisen. Der Grund hierfür liegt darin, dass §§ 33, 34a GWB zivilrechtliche Ansprüche aufgrund von Verstößen gegen kartellrechtliche Bestimmungen abschließend regeln. Deshalb bestehen keine lauterkeitsrechtlichen Ansprüche, wenn sich der Vorwurf der Unlauterkeit allein auf

[517] KG GRUR-RR 2007, 291, 292; OLG Jena GRUR-RR 2006, 298; aA OLG Hamburg GRUR-RR 2007, 287 – Horse-Equipe.
[518] BGH GRUR 2007, 162 Rn 12 – Mengenausgleich in Selbstentsorgergemeinschaft.
[519] BGH GRUR 2008, 810 (1. Ls) – Kommunalversicherer.
[520] BGHZ 166, 154 Rn 13f = GRUR 2006, 773 – Probeabonnement.
[521] Vgl. *Alexander* WRP 2004, 700, 706ff; ferner *Ullmann* GRUR 2003, 817, 823 Fn 59.
[522] BGH GRUR 2008, 810, 811 Rn 11 – Kommunalversicherer.

die Verletzung eines kartellrechtlichen Tatbestands stützt.[523] Die Differenzierung zwischen kartellrechtlichen Verboten, die nach § 33 Abs. 1 auch zivilrechtlich durchgesetzt werden können (zB §§ 1, 19 Abs. 1, 20, 21 GWB) und (Missbrauchs-)Tatbeständen, die (wie § 30 Abs. 3 BGB) lediglich ein Eingreifen der Kartellbehörde ermöglichen, würde konterkariert, wenn kartellrechtliche Missbrauchstatbestände, die nicht als Verbote ausgestaltet sind, gleichwohl mit Hilfe des Lauterkeitsrechts durchgesetzt werden könnten oder wenn – ungeachtet der bewussten Beschränkung der Anspruchsberechtigung in § 33 GWB – bei Zuwiderhandlungen gegen kartellrechtliche Verbote, stets auch ein lauterkeitsrechtlicher Unterlassungsanspruch unter dem Gesichtspunkt des Rechtsbruchs (§§ 3, 4 Nr. 11) bejaht würde.[524] „Der klare Vorrang der in §§ 33, 34a GWB geregelten zivilrechtlichen Ansprüche beschränkt sich allerdings auf die Fälle, in denen sich der Vorwurf der Unlauterkeit allein aus dem kartellrechtlichen Verstoß speist. Gründet sich die Unlauterkeit dagegen – wie etwa in Fällen des Boykottes oder der unbilligen Behinderung – auf einen eigenständigen lauterkeitsrechtlichen Tatbestand (zB auf eine gezielte Behinderung nach § 4 Nr. 10), stehen die zivilrechtlichen Ansprüche, die sich aus dem Kartellrecht und aus dem Lauterkeitsrecht ergeben, gleichberechtigt nebeneinander."[525]

8. Strafvorschriften und Ordnungswidrigkeiten

Strafvorschriften sind ganz überwiegend nicht spezifisch darauf ausgerichtet, das Marktverhalten im Wettbewerb zu regeln, sondern dienen im Interesse des Einzelnen und der Allgemeinheit dem Schutz wichtiger Rechtsgüter und sichern damit gleichzeitig die für ein funktionierendes Gemeinwesen notwendige öffentliche Ordnung. Etwas anderes gilt allerdings für den Straftatbestand des § 299 StGB, der die Bestechlichkeit und Bestechung im geschäftlichen Verkehr regelt und damit unmittelbar das Marktverhalten betrifft. Den erforderlichen Marktverhaltensbezug weisen auch die Straftatbestände der Vorteilsannahme im Amt und der Vorteilsgewährung an einen Amtsträger nach §§ 331, 333 StGB auf.[526] Einen Marktverhaltensbezug weisen ebenfalls die Straftatbestände der wettbewerbsbeschränkenden Absprachen bei Ausschreibungen nach §§ 298 bis 302 StGB sowie der ungenehmigten Veranstaltung von Glücksspielen, öffentlicher Lotterien und Ausspielungen und der Werbung hierfür nach §§ 284, 287 StGB auf. Die zuletzt genannten Regelungen bezwecken durch die Abwehr von Gefahren des Glücksspiels und das daran geknüpfte Erfordernis einer staatlichen Kontrolle eines ordnungsgemäßen Spielablaufs den Schutz des Verbrauchers.[527] Die Erfüllung der Straftatbestände durch Missachtung des Erlaubnisvorbehalts stellt deshalb ein unlauteres Marktverhalten dar, das von § 4 Nr. 11 erfasst wird. Verstößt der Erlaubnisvorbehalt selbst jedoch gegen verfassungsrechtliche Grundsätze oder Gemeinschaftsrecht, führt dies zur Nichtanwendbarkeit der Straftatbestände und somit zur Verneinung unlauteren Verhaltens.[528] Als Marktverhaltensnormen, die den Schutz der Verbraucher bezwecken, gelten auch die Straftatbestände des § 259 StGB (Hehlerei)[529] und des § 263 StGB (Betrug).[530] Zu der Frage, ob die §§ 130, 131 StGB (Volksverhetzung, Gewaltdarstellung) Marktverhaltensnormen darstellen, hat der BGH nicht abschließend Stel- 164

---

[523] BGH GRUR 2006, 773 (1. Ls) – Probeabonnement.

[524] BGH GRUR 2006, 773, 774 Rn 15, 16 – Probeabonnement.

[525] BGH GRUR 2006, 773 Rn 17 – Probeabonnement.

[526] MünchKomm/*Schaffert* UWG § 4 Nr. 11 Rn 343; offen gelassen von BGH GRUR 2006, 77, 78 Rn 28 – Schulfotoaktion.

[527] Vgl. BGH GRUR 2002, 269 – Sportwetten-Genehmigung, BGH GRUR 2002, 636, 637 – Sportwetten; BGH GRUR 2004, 693, 695 – Schöner wetten; s. auch BVerwG NJW 2001, 2648.

[528] So entschieden für die private Vermittlung und Veranstaltung von Sportwetten in vor dem 28. 3. 2006 gelegenen Altfällen, die mangels Strafbarkeit gemäß § 284 StGB nicht als unlauter zu werten waren, BGH GRUR 2008, 438, 440 – ODDSET.

[529] MünchKomm/*Schaffert* UWG § 4 Nr. 11 Rn 345; aA *Piper/Ohly* UWG § 4 Nr. 11 Rn 11/311; *Elskamp*, Gesetzesverstoß und Wettbewerbsrecht, S. 207 mwN.

[530] OLG Frankfurt WRP 2006, 1397, 1398 – Windschutzscheibenaustausch, MünchKomm/*Schaffert* UWG § 4 Nr. 11 Rn 345; *Elskamp*, Gesetzesverstoß und Wettbewerbsrecht, S. 183.

lung genommen, da er im gegebenen Fall den Tatbestand der Verbreitung volksverhetzender oder Gewalt verherrlichender Schriften als nicht erfüllt angesehen hat.[531] Der Marktverhaltensbezug ist jedoch auch bei einem Verstoß gegen die Verbote nicht gegeben, da die Regelungen nicht den Schutz der Verbraucher oder anderer Marktteilnehmer bezwecken. Gleiches gilt auch für die im UWG geregelten Straftatbestände der strafbaren irreführenden Werbung gemäß § 16 Abs. 1, der strafbaren progressiven Kundenwerbung gemäß § 16 Abs. 2 sowie des Geheimnisverrats nach §§ 17 ff.[532]

9. Jugendschutzrechtliche Vorschriften

165 Die Vorschriften des Jugendschutzrechts nach dem JuSchG sowie des Jugendmedienschutz-Staatsvertrags (JMStV) erfüllen als verbraucherschützende Normen eine auf die Lauterkeit des Wettbewerbs bezogene Schutzfunktion und sind deshalb Marktverhaltensregelungen im Sinne des § 4 Nr. 11.[533]

D. Keine subjektiven Erfordernisse

166 Eine nach §§ 3, 4 Nr. 11 unlautere Zuwiderhandlung gegen eine Marktverhaltensregelung setzt allein ein objektiv rechtswidriges Verhalten voraus.[534] Demzufolge spielen für den Unterlassungsanspruch subjektive Kriterien oder gar ein Verschulden keine Rolle. Andernfalls wäre das Verschuldenserfordernis beim Schadensersatzanspruch gemäß § 9 überflüssig. Aus dem Grundsatz, dass der Unterlassungsanspruch lediglich ein objektiv rechtswidriges Verhalten voraussetzt, folgt, dass es auch auf die Kenntnis oder das Kennenmüssen des Gesetzesverstoßes nicht ankommt.[535] Ebenso wenig ist, anders als nach der Rechtsprechung zum UWG aF bezüglich des Verstoßes gegen wertneutrale Normen,[536] ein planmäßiges Handeln erforderlich, das auf die Begehung weiterer Gesetzesverstöße gerichtet ist.[537] Im Gegensatz zur früheren Rechtslage ist es zwar nicht erforderlich, dass der Rechtsverletzer die Absicht hat, sich einen Wettbewerbsvorsprung zu verschaffen.[538] Allerdings sollte im Gegensatz zur Rechtsprechung des BGH der Vorsprungsgedanke zum zentralen Beurteilungskriterium des Rechtsbruchtatbestandes erhoben werden.[539] Es ist darauf abzustellen, ob der Gesetzesverstoß objektiv geeignet ist, dem Rechtsverletzer eine Verbesserung der eigenen Wettbewerbsposition im Vergleich zu rechtstreuen Mitbewerbern zu ermöglichen. Es kommt also darauf an, ob sich aus dem Gesetzesverstoß Vorteile ergeben, die ohne ihn nicht bestünden.[540] Die Abkehr vom Maßstab des Vorsprungs durch Rechtsbruch durch die neuere Rechtsprechung ist dafür verantwortlich, dass die Missachtung einer Vielzahl von Vorschriften, denen früher lauterkeitsrechtliche Relevanz zugesprochen wurde, heute als nicht wettbewerbsbezogen qualifiziert und dementsprechend nicht vom Rechtsbruchtatbestand erfasst werden.[541] Außerdem hat der logisch und sachlich nicht begründbare Paradigmenwechsel der Rechtsprechung erhebliche Rechtsunsicherheit erzeugt. Allein die Vielzahl unterschiedlicher Einschätzungen in der Literatur über die Frage, welche Normen den erforderlichen Marktverhaltensbezug aufweisen, zeigen, dass sich im Rahmen der

---

[531] BGH GRUR 2007, 890, 892 Rn 27 f – Jugendgefährdende Medien bei eBay.
[532] Vgl. zu letzterem BGH WRP 2006, 1511, 1513 Rn 17 – Kundendatenprogramm.
[533] BGH GRUR 2007, 890, 893 Rn 35 – Jugendgefährdende Medien bei eBay; GRUR 2008, 534, 539 – ueber18.de.
[534] BGH GRUR 2005, 778, 779 – Atemtest.
[535] AA *Piper/Ohly* UWG § 4 Nr. 11 Rn 11/329.
[536] Vgl. BGH GRUR 1994, 638, 639 – Fehlende Planmäßigkeit.
[537] AA wohl *Piper/Ohly* UWG § 4 Nr. 11 Rn 11/330.
[538] Vgl. etwa BGH GRUR 1996, 786, 788 – Blumenverkauf an Tankstellen.
[539] In diesem Sinne jetzt auch die Rechtsprechung des öOGH, → Rn 12.
[540] In diesem Sinne auch *Piper/Ohly* UWG § 4 Nr. 11 Rn 11/324 ff.
[541] Vgl. die Nachweise bei *Piper/Ohly* UWG § 4 Nr. 11 Rn 11/324.

Rechtsberatung häufig keine verlässlichen Aussagen darüber treffen lassen, zu welcher Beurteilung die Rechtsprechung des BGH gelangen würde.

E. Vertragsbruch

I. Allgemeine Grundsätze

Seinem eindeutigen Wortlaut nach bezieht sich § 4 Nr. 11 nur auf den Verstoß gegen gesetzliche Vorschriften, aber nicht auf die Verletzung von Verträgen. Aufgrund der Relativität von Vertragsverhältnissen binden diese nur die daran beteiligten Vertragsparteien und haben grundsätzlich keine Wirkung gegenüber Dritten. Während gesetzliche Vorschriften absolute, an „jedermann" gerichtete Verbote oder Gebote statuieren, auf deren Zustandekommen der Einzelne unmittelbar keinen Einfluss hat, begründen Verträge Rechte und Pflichten zwischen den Beteiligten, die sie in Ausübung der ihnen zustehenden Vertragsfreiheit vereinbart haben. Der Umstand, dass der Vertragsbruch nicht von § 4 Nr. 11 erfasst wird, bedeutet nicht notwendigerweise, dass er nicht Gegenstand einer lauterkeitsrechtlichen Beurteilung sein kann, da § 4 Nr. 11 als Beispielstatbestand keine abschließende Regelung darstellt. Eines Rückgriffs auf die Generalklausel des § 3 als Auffangtatbestand bedarf es aber nicht, da die Fallgestaltungen, in denen sich die Frage der lauterkeitsrechtlichen Beurteilung der Verletzung von vertraglichen Verpflichtungen stellt, von der Rechtsprechung unter dem Gesichtspunkt der unlauteren gezielten Behinderung nach § 4 Nr. 10 behandelt werden. 167

Verallgemeinernd lassen sich aus den Entscheidungen der Rechtsprechung zu den verschiedenen Aspekten die nachfolgend dargestellten Grundsätze ableiten. Die Verletzung von Vertragspflichten ist zwar rechtswidrig, aber grundsätzlich nicht unlauter.[542] Auch die Durchsetzung von Verträgen, die in rechtlich angreifbarer Weise zustande gekommen sind, ist grundsätzlich nicht wettbewerbswidrig. Es ist einem Kaufmann nicht generell verwehrt, auf der Erfüllung eines Vertrages in Fällen zu bestehen, in denen der Vertragspartner ursprünglich durch eine irreführende Werbung angelockt worden ist.[543] Die Durchsetzung abgeschlossener Verträge kann nur ausnahmsweise dann einen Wettbewerbsverstoß darstellen, wenn ein Gewerbetreibender „systematisch und fortlaufend das Zustandekommen von Verträgen auch und gerade als Folge der Irreführung anstrebt".[544] Die Vertragserfüllung muss als Folge und unter Aufrechterhaltung der Irreführung des Vertragspartners verlangt werden, um die Unlauterkeit zu begründen.[545] Das Abwerben von Kunden oder Mitarbeitern und das damit verbundene Eindringen in fremde Vertragsbeziehungen gehört zum Wesen des Wettbewerbs und ist grundsätzlich ohne das Hinzutreten besonderer Umstände nicht als unlauter anzusehen.[546] Es ist sogar grundsätzlich zulässig, einem vertraglich noch gebundenen Kunden dadurch bei einer ordentlichen Kündigung zu helfen, dass ihm ein vorbereitetes Kündigungsschreiben vorgelegt wird, das nach Einfügung des Kündigungstermins nur noch zu unterschreiben ist.[547] Ebenso wenig ist das Ausnutzen fremden Vertragsbruchs, den ein durch den Vertrag Gebundener gegenüber seinem Vertragspartner begeht und an dem der Ausnutzende nicht beteiligt ist, sondern lediglich die sich aus dem 168

[542] Vgl. BGH GRUR 1983, 450, 452 – Ausschank unter Eichstrich I; BGH GRUR 1986, 816, 819 – Widerrufsbelehrung bei Teilzahlungskauf; BGH GRUR 1987, 180, 181 – Eichstrich II; BGH GRUR 1994, 640, 641 – Ziegelvorhangfassade.

[543] BGH GRUR 1999, 261, 264 – Handy-Endpreis.

[544] BGH GRUR 1999, 261, 264 – Handy-Endpreis, unter Hinweis auf BGH GRUR 1994, 162 – Folgeverträge I; BGH GRUR 1995, 358, 360 – Folgeverträge II; BGH GRUR 1998, 415, 416 – Wirtschaftsregister.

[545] BGH GRUR 1999, 261, 264 – Handy-Endpreis; *Piper/Ohly* UWG § 4 Nr. 11 Rn 11/341.

[546] Vgl. BGH GRUR 2005, 603, 604 – Kündigungshilfe; BGH GRUR 2004, 704, 705 – Verabschiedungsschreiben mwN.

[547] BGH GRUR 2005, 603 (Ls), 604 – Kündigungshilfe.

Vertragsbruch ergebenden Vorteile wahrnimmt, nicht generell, sondern nur bei Vorliegen besonderer Umstände unlauter.[548] Dagegen ist das Verleiten zum Vertragsbruch im Sinne eines bewussten Hinwirkens in der Regel auch ohne das Hinzutreten besonderer Umstände unlauter.[549] Da der Begriff des Verleitens nicht mit dem strafrechtlichen Anstiftungsbegriff gleichgestellt werden kann, sondern weiter reicht als dieser, kommt es für die Unlauterkeiten nicht auf den Erfolgseintritt an, sondern eine Wettbewerbswidrigkeit ist auch dann anzunehmen, wenn der Verleitete bereits zum Vertragsbruch entschlossen war.[550]

II. Besondere Fallkonstellationen

169 Die oben dargelegten Grundsätze kommen insbesondere bei drei Fallkonstellationen zum Tragen, nämlich der Abwerbung von Kunden und Mitarbeitern sowie bei der Verletzung selektiver Vertriebssysteme. Hinsichtlich der beiden zuerst genannten Fallgruppen wird auf die entsprechenden Kommentierungen unter dem Gesichtspunkt der Behinderung nach § 4 Nr. 10[551] und hinsichtlich der Verletzung selektiver Betriebssysteme auf die auf Grundzüge beschränkte Kommentierung zu § 4 Nr. 10[552] sowie auf die umfassende Behandlung als Sonderthema durch *Simon*[553] verwiesen.

---

[548] BGH GRUR 1991, 449, 453 – Betriebssystem; BGH GRUR 1976, 372, 374, unter Hinweis auf BGH GRUR 1957, 219, 221 – Bierbezugsvertrag; BGH GRUR 1962, 426, 427 – Selbstbedienungsgroßhändler; BGH GRUR 1967, 138, 141 – Streckenwerbung.

[549] BGH GRUR 1956, 273, 275 – Drahtverschluß; BGH GRUR 1975, 555, 557 – Speiseeis.

[550] BGH GRUR 1960, 558, 559 – Eintritt in die Kundenbestellung.

[551] → Rn 47 ff, 96 ff.

[552] → Rn 131 ff.

[553] → § 4–S 9.

Wettbewerbsrechtliche Spezialthemen

Allgemeine Marktbehinderung (§ 4–S1)

Übersicht

	Rn
A. Einleitung	**1**
I. Die UWG-Novellen 2004 und 2008	6
1. Die UWG-Novelle 2004	6
2. Die UWG-Novelle 2008	9
3. Bedeutung für den Tatbestand der allgemeinen Marktbehinderung	11
II. Grundfragen der allgemeinen Marktbehinderung	12
1. Funktionsweise einer wettbewerblich verfassten Wirtschaftsordnung	12
2. Das Problem der Ambivalenz unternehmerischen Verhaltens	14
3. Das wettbewerbspolitische Leitbild	21
4. Zusammenfassung	23
III. Gang der Darstellung	24
B. Schutzzweck des UWG	**30**
I. Einleitung	30
II. Schutzzweckdiskussion	33
III. Die Schutzzwecktrias des § 1, insbesondere das Interesse der Allgemeinheit an einem unverfälschten Wettbewerb	41
C. Lauterkeitsrechtlicher Institutionsschutz im wettbewerbstheoretischen Kontext	**45**
I. Die Wettbewerbstheorien	48
1. Die freie Konkurrenz der Klassiker	49
2. Die vollkommene Konkurrenz	53
3. Der funktionsfähige Wettbewerb („workable competition")	56
4. Die freie Konkurrenz der Neoklassik (Systemtheorie)	58
II. Stellungnahme und Fazit	60
D. Lauterkeitsrechtlicher Institutionenschutz im wettbewerbspolitischen Kontext	**65**
I. Internationales Recht	66
II. Gemeinschaftsrecht	69
1. Primärrecht	70
2. Sekundäres Gemeinschaftsrecht	74
a) Richtlinie über irreführende und vergleichende Werbung	75
b) E-Commerce Richtlinie	77
c) Richtlinie über unlautere Geschäftspraktiken	80
d) Fazit	83
3. Das europäische Verbraucherleitbild	84
4. Die ursprünglich geplante Verordnung über Verkaufsförderungsmaßnahmen im Binnenmarkt	87
a) Regelungsinhalt	88
b) Stellungnahmen	90
III. Entwicklungstendenzen im deutschen Lauterkeitsrecht	92
1. Wandel des Verbraucherleitbildes	93
2. Liberalisierungen und Informationspflichten im UWG	96
3. Verbot des Angebotes unter Einstandspreis durch § 20 Abs. 4 S. 2 bis 4 GWB	101
IV. Fazit	102
E. Problemfelder des lauterkeitsrechtlichen Institutionenschutzes	**105**
I. Marktabgrenzung	105
1. Der sachlich relevante Markt	106
2. Der räumlich relevante Markt	107
3. Der zeitlich relevante Markt	108

Rn

II. Beurteilungsmaßstäbe für das Marktverhalten 109
1. Der Begriff des Leistungswettbewerbs 111
2. Die Preisgestaltung als Beurteilungskriterium 116
3. Die Unentgeltlichkeit als Beurteilungskriterium 119
4. Die Marktstärke als Beurteilungskriterium 121
a) Trennungsthese 122
b) Konvergenzthese (Individualschutz vs. Institutionsschutz) 123
c) Wirtschaftspolitische Neutralität des UWG 126
d) Vorfeldthese 132
5. Marktfolgen als Beurteilungskriterium 137
a) Nachahmungsgefahr und Verbrauchergewöhnung 138
b) Die Anforderungen an die Intensität der Marktfolgen 145

III. Problem der begrenzten Erkenntnisfähigkeit im Zivilverfahren 147

F. Reichweite des lauterkeitsrechtlichen Institutionsschutzes 150

I. Maßstab für die Beurteilung institutionsgefährdender Wettbewerbshandlungen 152
1. Die Anstandsformel 154
2. Der wohlfahrtstheoretische Ansatz 155
3. Das Leitbild der Wettbewerbsfreiheit 156
4. Ansätze in der Gesetzgebung 157
5. Stellungnahme 158

II. Fazit: Interessenabwägung 164

G. Die einzelnen Fallgruppen 172

I. Die Methode der Fallgruppenbildung 172

II. Unentgeltliche Abgabe von Waren und Dienstleistungen 175
1. Verschenken von Originalwaren bzw. Dienstleistungen und Warenproben 176
a) Abgabe zu Probezwecken 180
b) Fehlen oder Überschreitung des Probezwecks 183
c) Entscheidungen 184
d) Stellungnahme 186
2. Zugaben und Kopplungen 192
3. Werbegeschenke und Leistungssteigerungen 201
4. Bonusprogramme 203
a) Literatur 204
b) Rechtsprechung 209
c) Stellungnahme 216

III. Unentgeltliche Verteilung von Presseerzeugnissen 217
1. Funktionsweise des Pressemarktes 218
2. Bedeutung der Pressefreiheit 220
3. Die unentgeltliche Abgabe an sich kostenpflichtiger Presseerzeugnisse 221
4. Gefährdung des Bestandes der kostenpflichtigen Tagespresse durch unentgeltliche Vertriebskonzepte 225
a) Bestandsgefährdung durch Anzeigenblätter 226
aa) Reine Anzeigenblätter 227
bb) Anzeigenblätter mit redaktionellem Teil 229
b) Bestandsgefährdung durch Gratiszeitungen 235
c) Stellungnahme 241
5. Der Wettbewerb von Anzeigenblättern untereinander 244
6. Der Wettbewerb von Fachzeitschriften untereinander 247
a) Beispiele 248
b) Stellungnahme 252
7. Werbeblocker 253
a) Problembeschreibung 253
b) Die Werbeblocker-Entscheidung des BGH 257
c) Nachhall bei den Instanzgerichten 260
d) Stellungnahme 261

IV. Preiskampf 267
1. Preisunterbietung nach § 3 Abs. 1 269
a) Preisunterbietung 270
b) Sachliche Rechtfertigung 272
aa) Mischkalkulation 273
bb) Einführungspreise 274

Rn
cc) Privilegierung von Markenartikeln ... 275
dd) Eintritt in wettbewerbswidrige Mitbewerberpreise ... 277
ee) Erhöhung der Lieferantenpreise ... 278
ff) Sonstige Gründe ... 279
c) Gefährdung des Wettbewerbsbestandes ... 280
2. Preisunterbietung nach § 20 Abs. 4 S. 2 bis 4 GWB ... 284
a) Rechtslage vor der 6. GWB-Novelle ... 285
b) Die 6. GWB-Novelle ... 288
c) Die WalMart-Entscheidung ... 298
d) Die Regelung des § 20 Abs. 4 S. 2 Nr. 1 und S. 3 und 4 GWB ... 302
3. Auswirkungen auf die lauterkeitsrechtliche Preiskontrolle ... 303
4. Auslegungsgrundsätze des Bundeskartellamts ... 306
V. Ausbeutung im Stufenwettbewerb ... 307
1. Grundlagen ... 307
2. Situation im Handel ... 316
3. Problematische Fälle im Absatz- und Beschaffungsmarketing ... 320
a) Schaufenster-, Regal- oder Platzmieten ... 321
b) Eintritts- bzw. Verbleibgelder ... 322
c) Unentgeltliche Übernahme der Preisauszeichnung ... 323
d) Eröffnungsrabatte und Werbekostenzuschüsse etc. ... 324
e) Neuere Rechtsprechung ... 325
f) Verhaltensincentivierung durch die Hersteller ... 328
aa) Sondervorteile für Händler ... 329
bb) Treuerabatte ... 334
4. Bedeutung der kartellrechtlichen Regelungen ... 336
a) Rückwirkende Konditionenanpassung ... 340
b) Konditionenanpassung für die Zukunft ... 343
5. Stellungnahme ... 344
a) Beurteilungsmaßstäbe ... 345
aa) Funktionswidrigkeit ... 345
bb) Trennung von Haupt- und Nebenleistungswettbewerb ... 347
cc) Macht- bzw. Druckausübung ... 349
dd) Beeinträchtigung der Entscheidungsgrundlage ... 350
b) Zusammenfassung ... 352
6. Erklärungen der Verbände und „Sündenregister" des BMWA ... 354
a) Beispielskatalog des BMW vom 15. 11. 1974 ... 354
b) Gemeinsame Erklärung von Spitzenorganisationen der gewerblichen Wirtschaft vom November 1975 (Stand Juni 1984) – Auszug – ... 357
c) Wettbewerbsregeln des Markenverbandes vom 10. 5. 1976 – Auszug – 358

H. Rechtsvergleichung ... 359
I. Schweizerisches Recht ... 359
1. Überblick über die relevanten Normen ... 359
2. Stand der Diskussion zum lauterkeitsrechtlichen Institutionsschutz ... 362
a) Schutzzweck des sUWG ... 362
b) Verhältnis KG und sUWG ... 363
c) Lauterkeitsrechtlicher Institutionsschutz ... 365
d) Handhabung der Fallgruppen in der Schweiz ... 367
aa) Massenverteilung von Originalware ... 367
bb) Umsonstlieferung von Presseerzeugnissen ... 369
cc) Preiskampfmethoden ... 370
dd) Ausbeutung ... 381
II. Österreichisches Recht ... 382
1. Überblick über die relevanten Normen ... 382
2. Stand der Diskussion zum lauterkeitsrechtlichen Institutionenschutz ... 388
a) Schutzzweck des öUWG ... 388
b) Verhältnis öUWG, NVG und KartG ... 389
c) Lauterkeitsrechtlicher Institutionsschutz ... 390
d) Handhabung der Fallgruppen in Österreich ... 397
aa) Gratisverteilung von Warenproben und Originalwaren ... 398
bb) Privilegierung des Pressewesens ... 401
cc) Preiskampfmethoden ... 404
dd) Ausbeutung ... 412

Schrifttum: *Ahrens,* „Kostenloser" Vertrieb meinungsbildender Tagespresse, WRP 1999, 123; *Assmann/Brinkmann,* Die Gratisverteilung anzeigenfinanzierter Fachzeitschriften, NJW 1982, 312; *Batzer,* Strukturveränderungen und Wettbewerb im Handel, FIW 102 (1982), 1; *Baudenbacher,* Zur funktionalen Anwendung von § 1 UWG des deutschen und Art. 1 des schweizerischen UWG, ZHR 144 (1980), 145; *ders.,* Machtbedingte Wettbewerbsstörungen als Unlauterkeitstatbestände, GRUR 1980, 19; *Beater,* Schutzzweckdenken im Recht gegen den unlauteren Wettbewerb, JZ 1997, 916; *ders.,* Das Verhältnis von europäischem und nationalem Wettbewerb zueinander, GRUR Int. 2000, 963; *ders.,* Europäisches Recht gegen unlauteren Wettbewerb, ZEuP 2003, 11; *ders.,* Generalklauseln und Fallgruppen, AcP 194 (1994), 82; *Berneke,* Zum Lauterkeitsrecht nach einer Aufhebung von Zugabenverordnung und Rabattgesetz, WRP 2001, 615; *Berst,* Anzeigenblätter und Lesezeitungen zwischen Wettbewerbsrecht und Pressefreiheit, AfP 1999, 425; *Brandner,* Der Stumme Zeitungsverkäufer am Laternenmast, GRUR 1996, 531; *Bunte,* Die Beurteilung von Lockvogel- und Sonderangeboten nach § 1 UWG, GRUR 1981, 397; *Burmann,* Marktbezogene Unlauterkeit als eigenständiger Tatbestand, WRP 1967, 385; *Busche,* Privatautonomie und Kontrahierungszwang, 1999; *Cordes,* Die Gewährung von Zugaben und Rabatten und deren wettbewerbsrechtliche Grenzen nach Aufhebung von Zugabenverordnung und Rabattgesetz, WRP 2001, 867; *Cox/Jens/Markert,* Zum Problem der Sittenwidrigkeit im Wettbewerb, WRP 1972, 511; *Döll,* Berücksichtigung der Nachahmungsgefahr bei Wettbewerbsverstößen, BB 1965, 71; *Drexl,* Die wirtschaftliche Selbstbestimmung des Verbrauchers, 1998; *Emmerich,* Kartellrecht, 9. Aufl. 2001; *Emmerich,* Unlauterer Wettbewerb, FS BGH II, S. 627; *Eppe,* Der lauterkeitsrechtliche Tatbestand des übertriebenen Anlockens im Wandel – am Beispiel der Wertreklame, WRP 2004, 153; *Erdmann,* Was bringt der neue „Fezer" zum UWG, WRP 2005, 663; *Eucken,* Grundsätze der Wirtschaftspolitik, 2. Aufl. 1955; *Fezer,* Das Informationsgebot der Lauterkeitsrichtlinie als subjektives Verbraucherrecht, WRP 2007, 1021; *ders.,* Plädoyer für eine offensive Umsetzung der Richtlinie über unlautere Geschäftspraktiken in das deutsche UWG, WRP 2006, 781; *ders.,* Modernisierung des deutschen Rechts gegen unlauteren Wettbewerb auf der Grundlage einer Europäisierung des Wettbewerbsrechts, WRP 2001, 989; *ders.,* Die Wettbewerbsrechtliche Beurteilung des Einsatzes von Industrieverkäufern im Einzelnhandel, BB 1971, 806; *Fikentscher,* Wettbewerbsrecht im TRIPS-Agreement der Welthandelsorganisation – historische Anknüpfung und Entwicklungschancen, GRUR Int. 1995, 529, 532; *Fritzsche,* Miles & More, BB 1999, 273; *Gamerith,* Neue Herausforderungen für ein Europäisches Lauterkeitsrechts, WRP 2003, 143; *ders.,* Der Richtlinienvorschlag über unlautere Geschäftspraktiken – Möglichkeiten einer harmonischen Umsetzung, WRP 2005, 391; *Gillert,* Handelsfunktion und Nebenleistung, BB 1981, 702; *Gloy,* Neuere Rechtssprechung zu unlauteren Vertriebsmethoden auf dem Pressemarkt, GRUR 1996, 585; *Glöckner/Henning-Bodewig,* EG-Richtlinie über unlautere Geschäftspraktiken: Was wird aus dem „neuen" UWG?, WRP 2005, 1311; *Gounalalkis/Rhode,* Unentgeltlicher Zeitungsvertrieb – modernes Medienkonzept oder Marktstörung?, AfP 2000, 321; *Gratzer,* Das „Anzapfen" von Lieferanten, 2001; *Heermann,* Rabattgesetz und Zugabeverordnung ade!, WRP 2001, 855; *v. Harder,* Zum Unwerturteil der Werbungsübersteigerung, GRUR 1962, 439; *v. Hayek,* Die Verfassung der Freiheit, 1971; *ders.,* Individualismus und wirtschaftliche Ordnung, 2. Aufl. 1976; *Hefermehl,* Grenzen des Lauterkeitsschutzes, GRUR Int. 1983, 507; *ders.,* Entwicklungen im Recht gegen unlauteren Wettbewerb, FS Fischer, S. 197; *Henning-Bodewig,* Das Europäische Lauterkeitsrecht: B2C, B2B oder doch besser beides?, FS Tilmann, S. 149; *dies.,* Richtlinie 2005/29/EG über unlautere Geschäftspraktiken, GRUR Int. 2005, 629; *dies,* Das Europäische Wettbewerbsrecht: Eine Zwischenbilanz, GRUR Int. 2002, 389; *dies,* E-Commerce und ihre führende Werbung, WRP 2001, 771; *Herdzina,* Wettbewerbspolitik, 5. Aufl. 1999; *ders.,* Einführung in die Mikroökonomik, 2001; *Hirtz,* Die Relevanz der Markmacht bei der Anwendung des UWG, GRUR 1980, 93; *Hönn,* Zur Bedeutung spezieller Normen für die Konkretisierung von Generalklauseln, FS Mühl, S. 309; *Hoppmann,* Zum Schutzgut des Gesetzes, in: Wettbewerb als Aufgabe, 1968, S. 61; *Hucke,* Erforderlichkeit einer Harmonisierung des Wettbewerbsrechts in Europa, 2000; *Immenga/Mestmäcker,* Gesetz gegen Wettbewerbsbeschränkungen: GWB, Kommentar zum Kartellgesetz, 3. Aufl. 2001; *Kantzenbach,* Die Funktionsfähigkeit des Wettbewerbs, 2. Aufl. 1967; *Keßler,* Lauterkeitsschutz und Wettbewerbsordnung – zur Umsetzung der Richtlinie 2005/29/EG über unlautere Geschäftspraktiken in Deutschland und Österreich, WRP 2007, 714; *ders.,* Vom Recht des unlauteren Wettbewerbs zum Recht er Marktkommunikation – Individualrechtliche und institutionelle Aspekte des deutschen und europäischen Lauterkeitsrechts WRP 2005, 1203; *Keßler/Micklitz,* Die Harmonisierung des Lauterkeitsrechts in den Mitgliedstaaten der Europäischen Gemeinschaft und die Reform des UWG, 2003; *Knight,* Risk, Uncertainity and Profit, 1921; *Knöpfle,* Die marktbezogene Unlauterkeit, 1983; *Koenigs,* Wechselwirkungen zwischen Gesetz gegen Wettbewerbsbeschränkungen und Recht des unlauteren Wettbewerbs, NJW 1961, 1041; *Kohler,* Der unlautere Wettbewerb, 1914; *Koppensteiner,* Marktbezogene Unlauterkeit und Missbrauch von Marktmacht, WRP 2007, 475; *Köhler,* Wettbewerbs- und kartellrechtliche Kontrolle der Nachfragemacht, 1979; *ders.,* Nebenleistungswettbewerb und Zugabeverbot, FS Hoppmann, S. 283; *ders.,* Zum Anwendungsbereich der §§ 1 und 3 UWG nach Aufhebung von RabattG und ZugabeVO, GRUR 2001, 1067; *ders.,* Rabattgesetz und Zugabeverordnung: Ersatzlose Streichung oder Gewährleistung eines Mindestschutzes für Verbraucher und Wettbewerber?, BB 2001, 265; *ders.,* Kartellrechtliche Aspekte von Kundenbindungssystemen, BB 2001, 1157; *ders.,* Kopplungsangebote (einschließlich Zugaben) im geltenden und künftigen Wettbewerbsrecht, GRUR 2003, 729; *ders.,* Zur Konkurrenz lauterkeitsrechtlicher und kartellrechtlicher Normen, WRP 2005, 645; *ders.,* Zur Umsetzung der Richtlinie über unlautere Geschäftspraktiken, GRUR 2005, 739; *ders.,* Zur Kontrolle der Nachfragemacht nach dem neuen GWB und dem neuen UWG, WRP 2006, 139; *Köhler/Bornkamm/Henning-Bodewig,* Vorschlag für eine Richtlinie zum Lauterkeitsrecht und eine UWG-Reform, WRP 2002, 1317; *Köhler/Lettl,* Das geltende europäische Lauterkeitsrecht, der Vorschlag für eine EG-Richtlinie über unlautere Geschäftspraktiken und die UWG-Reform, WRP 2003, 1019, 1041; *Kraft,* Gemeinschädliche Wirtschaftsstörung als unlauterer Wettbewerb?, GRUR 1980, 966; *ders.,* Die Berücksichtigung wirtschaftspolitischer und gesellschaftspolitischer Belange im Rahmen des § 1 UWG, FS Bartholommeycik, S. 233; *Ladeur,* Der rechtliche Schutz der Fernsehwerbung gegen technische Blockierung durch die „Fernsehfee", GRUR 2005, 559; *Lahusen,* Die wettbewerbs- und verfassungsrechtliche Beurteilung des Gratisvertriebs meinungsbildender Tagespresse, GRUR 2005, 221; *Lange/Spätgens,* Rabatte und Zugaben im Wettbewerb, 2000; *Langen/Bunte,* Kommentar zum deutschen und europäischen Kartellrecht, 9. Aufl. 2001; *Lehmler,* Das Recht des unlauteren Wettbewerbs, 2002; *Leible,* Multi-Level-Marketing im System deutschen Lauterkeitsrechts, BB-Beilage Nr. 10, 1997; *Leibold,* Behinderungswettbewerb, Diss. 1985; *Lettl,* Kartell- und wettbewerbsrechtliche Schranken für Angebote unter Einstandspreis, JZ 2003, 662; *Lindacher,* Grundfragen des Wettbewerbsrechts, BB 1975, 1311; *Loewenheim,* Suggestivwerbung, unlauterer Wettbewerb, Wettbewerbsfreiheit und Verbraucherschutz, GRUR 1975, 99; *Manzavinos,* Wettbewerbstheorie – Eine kritische Auseinandersetzung, 1993; *Martino,* Industrieverkäufer im Einzelhandel als unzulässige Zugabe?, MA 71, 97; *Mayer-Marly,* Was leisten die guten Sitten?, AcP 194 (1994) 105; *Merz,* Die Vorfeldthese, 1988; *Mestmäcker,* Der verwaltete Wettbewerb, 1984; *ders.,* Über das Verhältnis des Rechts der Wettbewerbsbeschränkungen zum Privatrecht, AcP 168 (1968), 235; *Micklitz/Kessler,* Funktionswandel des UWG, WRP 2003, 919; *dies.,* Europäisches Lauterkeitsrecht, GRUR Int. 2002, 885; Münchener Kommentar zum Lauterkeitsrecht, 2006; *Nordemann,* Wie sich die Zeiten ändern – Der Wandel der Rechtsprechung zum Verbraucherleitbild in § 3 UWG, WRP 2000, 977; *ders.,* Wegfall von Zugabeverordnung und Rabattgesetz, NJW 2001, 2505; *Piper/Ohly,* Gesetz gegen den unlauteren Wettbewerb, 4. Aufl., 2006; *Ohly,* Das neue UWG – Mehr Freiheit für den Wettbewerb?, GRUR 2004, 889; *ders.,* Generalklausel und Richterrecht, AcP 201 (2001), 1; *Raiser,* Marktbezogene Unlauterkeit, GRUR Int. 1973, 443; *ders.,* Rechtsschutz und Institutionsschutz im Privatrecht, in: Summum Ius Summa Iniura, 1963; *Reichold,* Lauterkeitsrecht als Sonderdeliktsrecht, AcP 193 (1993), 204; *Sachon,* Die wettbewerbsrechtliche Problematik des Vertriebs von Freistücken auf den Märkten der Fachpresse, WRP 1980, 659; *Sack,* Lauterer und leistungsgerechter Wettbewerb durch Wettbewerbsregeln, GRUR 1975, 297; *ders.,* Der Verkauf unter Selbstkosten im Einzelhandel, WRP 1983, 63; *ders.,* Der Verkauf unter Selbstkosten im Handel und Handwerk, BB Beilage 3/1988, 1; *ders.,* Das Verbraucherleitbild und das Unternehmerleitbild im Europäischen und Deutschen Wettbewerbsrecht, WRP 1998, 264; *Sambuc,* Monopolisierung als UWG-Tatbestand, GRUR 1981, 796; *Scherer,* Wechselwirkungen zwischen Kartellrecht und UWG, WRP 1996, 174; *Schluep,* Vom lauteren zum freien Wettbewerb, GRUR Int. 1973, 446; *Schmid,* Zur wettbewerbsrechtlichen Beurteilung der unentgeltlichen Verteilung anzeigenfinanzierter Zeitungen, WRP 2000, 991; *Schmidt,* Wettbewerbspolitik und Kartellrecht, 7. Aufl., 2001; *Schricker,* Gratisverteilung von Tageszeitungen und das Gesetz gegen unlauteren Wettbewerb, AfP 2001, 101; *Schricker/Henning-Bodewig,* Elemente einer Harmonisierung des Rechts des unlauteren Wettbewerbs in der Europäischen Union, WRP 2001, 1367; *Schwartz,* Verfolgung unlauteren Wettbewerbs im Allgemeininteresse, GRUR 1967, 333; *Sosnitza,* Wettbewerbsbeschränkungen durch die Rechtsprechung, 1995; *ders.,* Richtlinie über unlautere Geschäftspraktiken – Voll- oder Teilharmonisierung?, WRP 2006, 1; *Steindorff,* Die guten Sitten als Freiheitsbeschränkung, in: Summum Ius Summa Iniuria, 1963, S. 58; *Teplitzky,* Zur Frage der wettbewerbsrechtlichen Zulässigkeit des (ständigen) Gratisvertriebs einer ausschließlich durch Anzeigen finanzierten Zeitung, GRUR 1999, 108; *Tilmann,* Über das Verhältnis von GWB und UWG, GRUR 1979, 825; *ders.,* Das UWG und seine Generalklausel, GRUR 1991, 796; *Tolksdorf,* Der dynamische Wettbewerb, 1994; *Treis,* Zur Erklärung von Händlerverhalten mittels der Lehre von den Handelsfunktionen, GRUR 1985, 955; *Ullmann,* Das Koordinatensystem des Rechts des unlauteren Wettbewerbs im Spannungsfeld von Europa und Deutschland, GRUR 2003, 817; *Ulmer,* Sinnzusammenhänge im modernen Wettbewerbsrecht, 1932; *ders.,* Wandlungen und Aufgaben im Wettbewerbsrecht, GRUR 1937, 769; *P. Ulmer,* Wettbewerbs- und kartellrechtliche Grenzen der Preisunterbietung im Pressewesen, AfP 1975, 870; *ders.,* Der Begriff „Leistungswettbewerb" und seine Bedeutung für die Anwendung von GWB und UWG-Tatbeständen, GRUR 1977, 565; *ders.,* Kartellrechtswidrige Konkurrentenbehinderung durch leistungsfremdes Verhalten marktbeherrschender Unternehmen, FS Kummer, S. 565; *Ulmer/Reimer,* Das Recht des unlauteren Wettbewerbs in den Mitgliedstaaten der Europäischen Wirtschaftsgemeinschaft, Bd. 3, 1968; *Universität Tübingen,* Summum Ius Summa Iniuria, 1963; *Veelken,* Kundenfang gegenüber dem Verbraucher, WRP 2004, 1; *Weber,* Einige Gedanken zur Konkretisierung von Generalklauseln durch Fallgruppen, AcP 192 (1992), 516; *Würdinger,* Freiheit der persönlichen Entfaltung, Kartell- und Wettbewerbsrecht, WuW 1953, 277, 283.

A. Einleitung

Die Fallgruppe der allgemeinen Marktbehinderung ist in der Vergangenheit unter verschiedenen Bezeichnungen thematisiert worden. Hierzu zählen Begriffe wie sittenwidrige Behinderung, gemeinschädliche Marktstörung, Marktverstopfung oder allgemeine Marktstörung. Die folgenden Darstellung verwendet in Übereinstimmung mit der Terminologie 1 der Regierungsbegründung zur UWG-Novelle aus dem Jahre 2004 die Bezeichnung **„allgemeine Marktbehinderung“.**[1]

2 Nach herkömmlicher **Definition** liegt eine allgemeine Marktbehinderung dann vor, wenn ein zwar nicht von vorneherein unlauteres, aber doch wettbewerblich bedenkliches Verhalten nach den Gesamtumständen das Wettbewerbsverhalten eines Marktteilnehmers für sich allein oder in Verbindung mit zu erwartenden gleichartigen Maßnahmen die ernstliche Gefahr begründet, dass der Leistungswettbewerb in Bezug auf die betroffenen Waren oder Dienstleistungen in erheblichem Maße eingeschränkt wird.[2]

3 Der Tatbestand der allgemeinen Marktbehinderung ist von der **individuellen Marktbehinderung (§ 4 Nr. 10) zu unterscheiden.** Dabei geht es um die Behinderung von Konkurrenten im Wettbewerb durch gezielte Eingriffe in den Wettbewerbsprozess.[3] Die Unlauterkeit leitet sich hier vornehmlich aus dem Handlungsunwert der Maßnahme ab. Bei der allgemeinen Marktbehinderung hingegen ist ein solches subjektives Element nicht gegeben oder nicht nachweisbar. Die Unlauterkeit knüpft im Wesentlichen an den **Erfolg der Maßnahme** an, nämlich die **Gefährdung der Institution Wettbewerb.**[4]

4 Vor der grundlegenden Umstrukturierung des UWG im Jahre 2004 wurde die allgemeine Marktbehinderung als eine Fallgruppe des § 1 aF behandelt. Sie umfasste die Untergruppen **„unentgeltliche Abgabe von Originalwaren“, „unentgeltliche Abgabe von Presseerzeugnissen“, „Preiskampfmethoden“** und **„Ausbeutung“.** All diesen Fallgestaltungen ist gemein, dass das Verhalten weniger als handlungsbezogene Unlauterkeit – wie in den seit *Kohler* klassischen Fällen der Feindseligkeit oder Irreleitung[5] – erscheint, sondern vielmehr als eine rein **„marktbezogene Unlauterkeit“.**[6] Mangels eindeutigem Handlungsunwert wird anhand der voraussichtlichen Marktwirkungen der jeweils in Rede stehenden Maßnahme ermittelt, ob eine Gefährdung des Wettbewerbs in seinem Bestand gegeben ist. Dabei kommt es gemeinhin neben den **Grundsätzen des Leistungswettbewerbs** auf den Grad der **Gefahr der Nachahmung** des beanstandeten Verhaltens durch andere Wettbewerber an. Weiteres wichtiges Beurteilungskriterium zur Einschätzung der Gefahr für den Wettbewerb ist die **Marktstärke** der beteiligten Unternehmen.

5 Ein so verstandener lauterkeitsrechtlicher Institutionsschutz steht im unmittelbaren **Spannungsverhältnis zu den Wertungen des GWB,** dessen maßgeblicher Schutzzweck ebenfalls der Schutz der Institution des Wettbewerbs ist.[7] Der Konflikt insbesondere mit den kartellrechtlichen Behinderungstatbeständen ist also vorgezeichnet.

---

[1] Vgl. Begr. RegE BT-Drucks. 15/1487 S. 10.

[2] ZB BGH GRUR 1965, 489 – Kleenex m. Anm. *Lehmpfuhl;* BGH NJW 1991, 2151, 2152 – Motorboot-Fachzeitschrift; BGH GRUR 2001, 80, 81 – ad-hoc-Meldung; BGH GRUR 2001, 752 – Eröffnungswerbung; BGH GRUR 2004, 877 – Werbeblocker; BGH GRUR 2004, 602–20 Minuten Köln; vgl. aber die Abwandlung bei *Köhler* WRP 2005, 645, 652 f; zu den einzelnen Elementen der Definition → Rn 9 ff; vgl. zu diesem Problemkreis auch Hefermehl/*Köhler*/Bornkamm UWG § 4 Rn 12.1 ff; Piper/*Ohly* UWG §§ 4.10 Rn 95 ff; MünchKomm/*Heermann* UWG Anh §§ 1–7 B Rn 1 ff.

[3] Vgl. hierzu *Götting* → § 4–10 Rn 1 ff; Hefermehl/*Köhler*/Bornkamm UWG § 4 Rn 10.1 ff; Harte/Henning/*Omsels* UWG § 4 Nr. 10 Rn 1 ff; *Emmerich* WettbR § 6; MünchKomm-UWG/*Jänich* § 4 Nr. 10 Rn 1 ff.

[4] Grundlegend *Mestmäcker* S. 56 ff.

[5] *Kohler* S. 24 ff; vgl. auch *Merz* S. 228 ff; sowie *Reichold* AcP 193 (1993), 204, 221 ff.

[6] *Mestmäcker* S 56 ff; *Knöpfle* passim; vgl. *Fezer* → § 3 Rn 69 ff; Hefermehl/*Köhler*/Bornkamm UWG § 4 Rn 10.13 und 12.1 ff; Harte/Henning/*Omsels* UWG § 4 Nr. 10 Rn 273 ff; *Emmerich* WettbR § 19; s. auch Großkomm/*Köhler* UWG § 1 D 1 ff; *Baumbach/Hefermehl* UWG 22. Aufl. § 1 Rn 832 *Reichold* AcP 193 (1993), 204, 212 f.

[7] Vgl. *Fezer* → Einl E Rn 214 f; Hefermehl/*Köhler*/Bornkamm UWG § 4 Rn 12.2; Piper/*Ohly* UWG § 4.10 Rn 96; Gloy/Loschelder/*Holtorf* Hdb. § 3 Rn 1 ff; *Köhler* WRP 2005, 645 ff; *Keßler* WRP 2005, 1203 ff; bereits Großkomm/*Köhler* UWG § 1 Rn D 11 ff; sowie die Darstellung → Rn 30 ff.

I. Die UWG-Novellen 2004 und 2008

1. Die UWG-Novelle 2004

Durch das Reformgesetz vom 16. 6. 2004 wurde das UWG grundlegend restrukturiert 6
und modernisiert.[8] In § 1 wurde eine Schutzzweckbestimmung aufgenommen, die die Interessen der Verbraucher sowie das **Interesse der Allgemeinheit an einem unverfälschten Wettbewerb** als vom UWG umfasst unterstreicht.[9] Die Generalklausel des § 1 aF als Kernstück des UWG aF blieb als § 3 erhalten. Der Begriff der Unlauterkeit löste dabei den bisher in § 1 aF verwandten Begriff der guten Sitten ab, „weil dieser den Wettbewerber unnötig mit dem Makel der Sittenwidrigkeit belastet".[10]

Begrifflich lehnte sich das UWG mit der Verwendung des Begriffs Wettbewerbsverfäl- 7
schung erstmals ausdrücklich an Art. 3 lit. g, Art. 81 EG sowie an § 1 GWB an. Auch in § 3 wurde eine Beeinträchtigung des Wettbewerbs als Voraussetzung des Unlauterkeitsurteils aufgestellt. All dies belegt den intendierten Wettbewerbsbezug im Sinne einer **wettbewerbsfunktionalen** Sichtweise bei der Beurteilung lauterkeitsrechtlicher Sachverhalte.[11]

Mit § 4 wurde der Generalklausel ein nicht abschließender Katalog von Beispielsfällen 8
zur Seite gestellt, der sowohl die seit langem gefestigte Rechtsprechung aufnimmt als auch aktuelle Probleme aufgreift.[12] Regelungen zu irreführenden, vergleichenden und belästigenden Wettbewerbshandlungen finden sich in §§ 5, 6 und 7. Von der wettbewerbspolitischen Entwicklung überholte Tatbestände wurden aufgehoben oder **entschlackt und** das UWG somit weiter **liberalisiert** (insbesondere §§ 7 und 8 aF).[13] Aufgegriffen wurde auch der europarechtliche Trend zur Etablierung von **Informationspflichten,** der vor allem in § 4 Nr. 4 und 5 seinen Niederschlag gefunden hat.

2. Die UWG-Novelle 2008

Mit dem Gesetz vom 22. 12. 2008 wurde das UWG nun erneut überarbeitet.[14] Damit 9
setzte der Gesetzgeber die **Richtlinie über unlautere Geschäftspraktiken im Binnenmarkt**[15] (im Folgenden „Lauterkeitsrichtlinie") um, die am 11. 5. 2005 verabschiedet wurde. Die Lauterkeitsrichtlinie selbst geht auf die Vorarbeiten im Grünbuch Verbraucherschutz[16] zurück. Der Regelungsbereich der Lauterkeitsrichtlinie beschränkt sich auf das Verhältnis zwischen **Unternehmern und Verbrauchern (B2C).**[17] Neben einer Generalklausel in Art. 5 Abs. 1, nach der unlautere Geschäftspraktiken verboten sind, enthält die Richtlinie in den Art. 6 bis 9 Regelungen zu irreführenden und aggressiven Geschäftspraktiken sowie in Anhang 1 einen Katalog von Geschäftspraktiken (sog. blacklist), die unter allen Umständen als unlauter anzusehen sind. Ziel der Richtlinie ist es, zu „einem **rei-**

---

[8] S. hierzu die Gutachten von *Fezer* WRP 2001, 989 ff; *Köhler/Bornkamm/Henning-Bodewig* WRP 2002, 1217 ff; *Schricker/Hennig-Bodewig* GRUR 2003, 298 ff; sowie die Bewertung von *Ohly* GRUR 2004, 889 ff.

[9] Begr. RegE BT-Drucks. 15/1487 S. 13.

[10] Begr. RegE BT-Drucks. 15/1487 S. 16.

[11] Vgl. Begr. RegE BT-Drucks. 15/1487 S. 17 „Maßstab sind vielmehr die Wirkungen wettbewerbswidrigen Verhaltens auf das Marktgeschehen"; sowie *Keßler* WRP 2005, 1203, 1205 f; Harte/Henning/*Schünemann* UWG § 1 Rn 57 f; s. auch *Köhler* WRP 2005, 645 ff.

[12] Vgl. Begr. RegE BT-Drucks. 15/1487 S. 17 ff.

[13] Vgl. Begr. RegE BT-Drucks. 15/1487 S. 14, aber auch 15 bezüglich §§ 6, 6 a und 6 b aF.

[14] Gesetz gegen den unlauteren Wettbewerb vom 3. 7. 2004 zuletzt geändert duch Gesetz vom 22. 12. 2008 (BGBl. I S. 2949); vgl. hierzu ausführlich *Fezer* → Einleitung E Rn 1 ff; zur Novelle 2008 auch „neue Literaturnachweise"; bereits im Vorfeld *Keßler* WRP 2007, 714; *Fezer* WRP 2006, 781; *Glöckner/Henning-Bodewig* WRP 2005, 1311 ff; GRUR Stellungnahme GRUR 2005, 1017; *Köhler* GRUR 2005, 793; bereits zum Richtlinienvorschlag KOM (2003) 356 endg. *Gamerith* WRP 2005, 391; *Lettl* WRP 2004, 1079; *Veelken* WRP 2004, 1.

[15] RL 2005/29/EG über unlautere Geschäftspraktiken im binnenmarktinternen Geschäftsverkehr zwischen Unternehmern und Verbrauchern, ABl. EG 2005 Nr. L 149 S. 22.

[16] KOM (2001) 351 endg.

[17] B2C = Business to Consumer.

bungslosen Funktionieren des Binnenmarktes“ beizutragen und die **wirtschaftlichen Interessen der Verbraucher** schützen (Art. 1). Der mit diesen beiden Prämissen einhergehende **wettbewerbsfunktionale Ansatz** der Lauterkeitsrichtlinie wird dadurch bekräftigt, dass sich diese nicht auf Fragen des Geschmacks, des Anstands oder der sozialen Verantwortung erstrecken soll.[18] Für ihren Regelungsbereich strebt die Richtlinie eine **Vollharmonisierung** an.[19] Wettbewerbshandlungen, die allein im Verhältnis zwischen den Wettbewerbern (B2B)[20] wirken, werden von der Lauterkeitsrichtlinie allerdings nicht unmittelbar erfasst.[21] Die redlichen Wettbewerber werden jedoch zumindest mittelbar vor solchen Mitbewerbern geschützt, die sich nicht an die Vorgaben der Richtlinie halten.[22]

10 Im Rahmen der **Umsetzung** der Lauterkeitsrichtlinie wurde in § 1 S. 1 die Zielbestimmung des Schutzes vor unlauterem Wettbewerb in den Schutz vor unlauteren geschäftlichen Handlungen geändert. Im Definitionenkatalog des § 2 wurde der Begriff der Wettbewerbshandlung durch den Begriff der geschäftlichen Handlung ersetzt (Nr. 1), der weiter ist, da er auch Handlungen während und nach Vertragsschluss beinhaltet. Konsequenterweise wurde der Begriff an allen weiteren Stellen im Gesetz entsprechend übernommen. In Nr. 5 wurde der Begriff des Verhaltenskodex aufgenommen. In Nr. 7 wurde der Begriff der „fachlichen Sorgfalt“ eingeführt, worunter der Standard an Fachkenntnissen und Sorgfalt, von dem billigerweise angenommen werden kann, dass ein Unternehmer ihn in seinem Tätigkeitsbereich gegenüber Verbrauchern nach Treu und Glauben unter Berücksichtigung der Marktgepflogenheiten einhält, verstanden wird.[23] Die Generalklausel des § 3 aF wurde in § 3 Abs. 1 erhalten, jedoch sprachlich leicht abgeändert. Nunmehr ist es nicht mehr ausschlaggebend, ob ein Verhalten geeignet ist, den Wettbewerb zum Nachteil der Mitbewerber, Verbraucher oder sonstigen Marktteilnehmer nicht nur unerheblich zu beeinträchtigen. Maßgeblich ist fortan die Eignung, die Interessen dieser Marktteilnehmer spürbar zu beeinträchtigen. Speziell für den B2C-Bereich werden in § 3 Abs. 2 S. 1 geschäftliche Handlungen für unlauter erklärt, wenn diese nicht den für den Unternehmer geltenden fachlichen Sorgfaltspflichten entsprechen und sie dazu geeignet sind die geschäftliche Entscheidung des Verbrauchers aufgrund von Informationen spürbar zu beeinträchtigen. In § 3 Abs. 2 S. 2 werden dann die Grundzüge des europäischen Verbraucherleitbildes normiert. Über den neuen § 3 Abs. 3 fand ferner die sog. „blacklist“ Einzug ins Gesetz. Weiter hat im Zuge der Umsetzung der Art. 6 und 7 der Richtlinie das Recht der Irreführung eine tiefgreifende Überarbeitung erfahren. Anknüpfungspunkt ist fortan nicht mehr der Begriff der Werbung, sondern der der geschäftlichen Handlung. § 5 regelt nunmehr nur noch die Irreführung durch aktives Tun, wobei in dessen Abs. 2 gemäß den Vorgaben der Richtlinie ein Katalog von Umständen aufgelistet wird, die bei der Beurteilung zu berücksichtigen sind. Im neu eingefügten § 5a wurde der Tatbestand der Irreführung durch Unterlassen, der zuvor in § 5 Abs. 2 S. 2 aF geregelt war, nun ausführlich normiert. So wird in Umsetzung des Art. 7 Abs. 4 und 5 der Richtlinie in § 5a Abs. 2 eine Liste von Informationen bereitgestellt, deren Verschweigen in aller Regel eine Irreführung darstellt. Damit wurde der mit § 4 Nr. 4 und 5 bereits begonnene Trend zur positiv-rechtlichen Regelung von Informationspflichten fortgeschrieben.[24] Ferner wurde im Recht der ver-

---

[18] ABl. EG 2005 Nr. L 149 S. 23 Erwägungsgrund 7, wo es im Übrigen weiter heißt: „Die Mitgliedstaaten sollten (...) weiterhin Geschäftspraktiken aus Gründen der guten Sitten und des Anstandes verbieten können“.

[19] Vgl. *Sosnitza* WRP 2006, 1 ff.

[20] B2B = Business to Business.

[21] ABl. EG 2005 Nr. L 149 S. 23 Erwägungsgrund 6, wo es im Übrigen weiter heißt: „Die Mitgliedstaaten können solche Praktiken, falls sie es wünschen (...) weiterhin regeln“.

[22] ABl. EG 2005 Nr. L 149 S. 23 Erwägungsgrund 8; vgl. auch RegE BT-Drucks. 16/10 145.

[23] → § 2 Rn 1 ff; zu den Änderungen im Definitionenkatalog s. *Fezer* → Einleitung E Rn 186; die zahlreichen weiteren Definitionen der Richtlinie bedurften keiner gesonderten Umsetzung, da diese bereits an anderen Stellen des Gesetzes Berücksichtigung gefunden haben, vgl. RegE BT-Drucks 16/10 145.

[24] Hierzu *Fezer* WRP 2007, 1021 ff; *Keßler* WRP 2007, 714 ff.

gleichenden Werbung § 6 Abs. 3 aufgehoben.[25] Das Recht der unzumutbaren Belästigung in § 7 wurde derart reformiert, dass diese nun ohne weiteren Rückgriff auf die zusätzlichen Voraussetzungen der Generalklausel des § 3 unzulässig sind.[26]

3. Bedeutung für den Tatbestand der allgemeinen Marktbehinderung

Die allgemeine Marktbehinderung hat wie schon nach der Novelle 2004 auch nach der Novelle 2008 **keine ausdrückliche Erwähnung** Gesetz gefunden. Gleichwohl wurde bereits in der Gesetzesbegründung zur Novelle 2004 darauf hingewiesen, dass sie weiterhin ein denkbarer Fall des unlauteren Wettbewerbs sein kann. Die Herstellung von Wertungsstimmigkeit mit den kartellrechtlichen Behinderungstatbeständen bleibe allerdings der Rechtsprechung aufgetragen.[27] Hieran hat sich auch nach der Novelle 2008 nichts geändert. Seine **dogmatische Verankerung** findet der Tatbestand der allgemeinen Marktbehinderung also nach wie vor in der **Generalklausel** des § 3 Abs. 1 einerseits sowie in der Schutzzweckbestimmung des § 1 S. 2, dem **Allgemeininteresse an einem unverfälschten Wettbewerb,** andererseits.[28] 11

II. Grundfragen der allgemeinen Marktbehinderung

1. Funktionsweise einer wettbewerblich verfassten Wirtschaftsordnung

Eine freiheitlich verfasste Wirtschaftsordnung setzt als Grundprinzip die Entfaltungsfreiheit des Einzelnen auf wirtschaftlichem Gebiet einschließlich der Vertragsfreiheit und das Privateigentum, beides gebunden an die Sozialstaatsklauseln der Art. 3, 14 Abs. 2, 15, 20 Abs. 1, 28 Abs. 1 GG, voraus.[29] Im Rahmen dieser Grundordnung konkurrieren die einzelnen Akteure auf Märkten, also dem Ort, auf dem **Angebot und Nachfrage** zum Ausgleich gebracht werden, um den Absatz ihrer Güter. Aus der Sicht des einzelnen Unternehmens besteht Wettbewerb, wenn es zumindest einen Mitbewerber hat, der ihm den Abschluss von Geschäften mit Dritten streitig macht, diese also in die Lage versetzt werden, aus den sich ergebenden Alternativen wählen zu können.[30] Im Wettbewerbsgeschehen sind ferner die **horizontalen Austauschbeziehungen** der Unternehmen auf der selben Marktstufe und die **vertikalen Austauschbeziehungen** zwischen Unternehmen der vor- oder nachgelagerten Wirtschaftsstufen und das Verhältnis zu den Endverbrauchern zu unterscheiden.[31] Beim **Wettbewerb der Anbieter** geht es um die Verwertung einer Ware oder Leistung auf einem bestimmten Markt. Beim **Wettbewerb der Nachfrager** geht es um die Beschaffung von Waren oder Leistungen zu besonders günstigen Bedingungen.[32] In einer hochgradig arbeitsteiligen Wirtschaft stehen die Unternehmen häufig auf beiden Märkten im Wettbewerb, weshalb der Erfolg auf dem einen Markt unmittelbar von dem Erfolg auf dem anderen Markt abhängen kann. Sowohl im Bereich des Absatzes wie auch im Bereich der Beschaffung stehen den Unternehmen vielfältige **Aktionsparameter** zur Verfügung. Zu diesen Aktionsparametern zählen neben dem Produkt und dessen Qualität bzw. den Produktionsverfahren, die Preisgestaltung, Service, Absatzmethoden, Marketingkonzepte, Finanzierungstechniken und selbst Konzentrations-, Integrations- und Diversifi- 12

[25] Hierzu im Detail *Koos* → § 6 Rn 1 ff.
[26] Hierzu im Detail *Mankowski* → § 7 Rn 1 ff.
[27] Begr. RegE BT-Drucks. 15/1487 S. 19.
[28] Hefermehl/*Köhler*/Bornkamm UWG § 1 Rn 35 ff; Harte/Henning/*Schünemann* UWG § 1 Rn 52 ff; vgl. auch *Ohly* GRUR 2004, 889, 894 Fn 90.
[29] Vgl. *Fezer* → Einl E Rn 241 ff.
[30] *Baumbach/Hefermehl* UWG 22. Aufl. Allg Rn 4.
[31] *Baumbach/Hefermehl* UWG 22. Aufl. Allg Rn 4.
[32] *Baumbach/Hefermehl* UWG 22. Aufl. Allg Rn 5; vgl. auch Hefermehl/*Köhler*/Bornkamm UWG Einl Rn 1.8 ff.

kationsstrategien des Unternehmens.[33] In einer marktwirtschaftlich verfassten Ordnung steht die konkrete **Kombination** der Parameter grundsätzlich **im freien Ermessen** der Akteure.[34]

13 Zielobjekt der Absatzbemühungen der Anbieter sind stets die **Konsumenten.** Ihnen kommt jedoch nicht bloß eine schlicht passive Rolle als Abnehmer zu. Sie fungieren vielmehr quasi als **Schiedsrichter** des Marktgeschehens, die mit ihrer Auswahlentscheidungen den Wettbewerbsprozess erheblich beeinflussen können.[35] Haben die Konsumenten die freie Wahl zwischen den am Markt angebotenen Alternativen, können sich auf lange Sicht nur solche Anbieter behaupten, welche die Konsumentenwünsche am Besten zu erfüllen vermögen. Zentrales **Lenkungsinstrument** in einer solchen Marktordnung ist gewöhnlich der **Preis** einer Ware oder Dienstleistung.[36] Aus Sicht der Anbieter stellt der Preis, neben weiteren Variablen wie Produktqualität, Service und Werbung, eines der wichtigsten, wenn nicht gar das wichtigste Mittel dar, dessen sich die Anbieter zur Erreichung ihrer Absatzziele bedienen können. Aus Sicht der Nachfrager ist der Preis demgegenüber das entscheidende Kriterium für die Marktorientierung und die Bewertung der verschiedenen Angebote. Sind Konkurrenzangebote nach Art und Güte vergleichbar, ist meist der Preis das ausschlaggebende Moment für die Auswahlentscheidung. Der Preis gibt also Auskunft über die Wertschätzung und Knappheit eines Gutes und führt zu einer **Selektion** der Anbieter nach Nachfragerpräferenzen. Ferner setzt dieser Mechanismus einen wichtigen **Anreiz zur Verbesserung** von Gütern und Produktionsverfahren.[37] Damit ist auch die Gewährleistung eines objektiven Preisvergleichs entscheidend für die Funktionsfähigkeit einer freien und wettbewerbsorientierten Marktordnung.[38]

2. Das Problem der Ambivalenz unternehmerischen Verhaltens

14 Wettbewerb basiert also auf der Unterschiedlichkeit der Marktpläne, die im **freien Einsatz aller denkbaren unternehmerischer Aktionsparameter** ihren Ausdruck finden. Die Wettbewerbsfreiheit ist dabei gleichermaßen Folge und Ziel von Wettbewerb.[39] Funktionierender Wettbewerb zeichnet sich dadurch aus, dass auf einem freien Markt eine Ordnung entsteht, die die derzeitige Auffassung der Marktbeteiligten darüber widerspiegelt, was sie für die beste und billigste Kombination dieser Aktionsparameter halten.[40]

15 In diesem sich stetig erneuernden Prozess kann **kein** Gewerbetreibender **Anspruch auf die Wahrung seiner Marktposition oder seines Kundenstamms** erheben. Er muss es vielmehr hinnehmen, dass Absatz und Vertrieb seiner Waren sowie die Verwertung seiner Leistungen durch die wettbewerbliche Tätigkeit seiner Mitbewerber beeinträchtigt werden. Freiem Wettbewerb ist es wesenseigen, dass in bestehende Kundenkreise eingedrungen, vorübergehend wirtschaftliche Macht aufgebaut und im Laufe des Wettbewerbsprozesses durch die Aktivitäten anderer Wettbewerber wieder abgebaut wird. Folgeerscheinung des Ringens um Absatz oder Beschaffung kann auch das Ausscheiden eines Mitbewerbers sein.[41]

---

[33] Einen guten Überblick über die verschiedenen Aktionsparameter und deren wirtschaftlichen Bedeutung findet sich bei *Beater* § 2 Rn 32 ff; sowie Gloy/Loschelder/*Gloy* Hdb. § 9 Rn 7 ff; vgl. zum Ganzen auch *Fezer* → Einl E Rn 241 ff.

[34] Langen/Bunte/*Bunte* GWB Einf Rn 48.

[35] Hefermehl/*Köhler*/Bornkamm UWG § 1 Rn 14; *Beater* § 13 Rn 22; *Keßler* WRP 2005, 1203, 1209; *Lettl* GRUR 2004, 449, 452; *Micklitz/Keßler* WRP 2003, 919, 922.

[36] Aus volkswirtschaftlicher Sicht *Fischbach/Wollenberg* Volkswirtschaftslehre I, 12. Aufl., S. 331 f.

[37] *Fischbach/Wollenberg* Volkswirtschaftslehre I, 12. Aufl., S. 331 f.

[38] *Fezer* WRP 2001, 989, 1011: „einem Verstoß gegen den Grundsatz der Preisklarheit und Preiswahrheit kommt eine das Wettbewerbsunrecht konstituierende Bedeutung zu."; vgl. auch *Micklitz/Keßler* GRUR Int. 2002, 885, 890; sowie *Keßler* WRP 2005, 1203 ff.

[39] Vgl. Langen/Bunte/*Bunte* GWB Einf Rn 48.

[40] Grundlegend *v. Hayek* S. 122, 140.

[41] HM, vgl. Hefermehl/*Köhler*/Bornkamm UWG Einl Rn 1.21 ff; *Beater* § 2 Rn 15, § 17 Rn 25, § 21 Rn 56; sowie bereits RG 134, 342 f – Tankstellen; BGHZ 19, 392 f – Anzeigenblatt; BGH GRUR 1952, 582 f – Sprechstunden; auch BGH GRUR 2002, 548, 549 – Mietwagenkostenersatz; zuletzt BGH GRUR 2004, 602 – 20 Minuten Köln.

Der freie Einsatz aller Aktionsparameter ist nach diesem Verständnis zwar einerseits Grundvoraussetzung für die Funktionsfähigkeit des beschriebenen Marktmechanismus, er kann ihn aber andererseits auch erheblich stören. Dabei sind **zwei Kategorien** von Verhaltensweisen zu unterscheiden.[42]

Einerseits können Wettbewerbsmaßnahmen ausgemacht werden, die generell und unabhängig von den konkreten Marktumständen den Wettbewerb beschränken. Hierunter fallen zum Beispiel Zwang, Irreführung oder Bestechung. Solche, oft mit **per se Verboten** belegte Verhaltensweisen werden nicht Gegenstand der folgenden Darstellung sein. 16

Andere Verhaltensweisen hingegen erlangen ihre **wettbewerbliche Gefährlichkeit erst bei Vorliegen gewisser Marktumstände.** So können beispielsweise gewisse Vertriebsstrukturen (Ausschließlichkeitsbindungen, Treuerabatte etc.) erst in der Hand von dominanten Marktteilnehmern eine wettbewerbsbeschränkende Wirkung entfalten. Andererseits können Ausschließlichkeitsbindungen in der Hand eines Newcomers überhaupt erst die Voraussetzung für die Erschließung eines neuen Marktes und somit Voraussetzungen für Wettbewerb sein. Gleiches gilt für Preisdifferenzierungen. Einerseits können Preisdifferenzierungen von marktmächtigen Unternehmen gezielt als Kampfmittel gegen schwächere Konkurrenten und Newcomer eingesetzt werden. Sie können aber, insbesondere auf Oligopolmärkten, eine wesentliche Voraussetzung dafür sein, dass Preiswettbewerb zwischen den Wettbewerbern überhaupt erst stattfindet.[43] 17

Damit ist angesprochen, was gemeinhin unter dem Topos **„Ambivalenz unternehmerischen Verhaltens"** zusammengefasst wird. Ambivalenz bedeutet in diesem Zusammenhang, dass die Handlung als solche keinen Schluss auf eine wettbewerbsinkonforme Beeinträchtigung des Wettbewerbs zulässt und daher **keinen** eindeutigen **Handlungsunwert** aufweist.[44] Es ist somit Aufgabe des Rechtsanwenders, das grundsätzliche Problem zu lösen, unter allen möglichen Aktionen der Marktbeteiligten die **wettbewerbsinkonformen** von den **wettbewerbskonformen** zu unterscheiden. 18

Dies gilt nicht nur für das GWB.[45] Auch im UWG vermag jedenfalls eine bloß vorübergehende Aufhebung des Wettbewerbs, beispielsweise durch Erlangung einer Monopolstellung auf Grund konsequenter Preisunterbietung für sich alleine das Unlauterkeitsurteil nicht zu tragen, denn auch der vorübergehende Ausschluss des Wettbewerbs kann eine **wesenseigene** Folge des Wettbewerbs selbst sein. Davon gilt es aber solche Handlungen zu unterscheiden, deren Erfolg auf den Einsatz **wettbewerbsfremder** Verhaltensweisen zurückzuführen ist. 19

Es besteht also **normativer Entscheidungsbedarf. Referenzsystem** im Sinne eines übergeordneten Bezugspunktes, der bei dieser Entscheidungsfindung Richtung und Grenzen weist, kann dabei nur die **Wettbewerbsidee** selbst sein.[46] Entscheidend wird es deshalb darauf ankommen, von welchen Funktionsbedingungen man für die Existenz von Wettbewerb ausgeht und welche gesellschaftspolitische Rolle man der Institution des Wettbewerbs zuschreibt. 20

3. Das wettbewerbspolitische Leitbild

Um bei der Anwendung der lauterkeitsrechtlichen Generalklausel allen Umständen Rechnung zu tragen, reicht der ausschließliche Blick auf das wettbewerbliche Referenzmodell jedoch nicht aus. Bedeutend ist auch die Frage, in welchen **wettbewerbspolitischen Kontext** das Lauterkeitsrecht gegenwärtig einzuordnen ist. Gerade auf diesem Feld 21

---

[42] Zur folgenden Unterteilung s. auch die Darstellung bei *Merz* S. 228 ff.

[43] Vgl. Immenga/Mestmäcker/*Möschel* GWB § 19 Rn 13 ff; Immenga/Mestmäcker/*Markert* GWB § 20 Rn 9 mwN.

[44] *Mestmäcker* S. 73; vgl. auch *Baumbach/Hefermehl* UWG 22. Aufl. § 1 Rn 832.

[45] Hierzu zB Immenga/Mestmäcker/*Möschel* GWB § 19 Rn 13 ff.

[46] Instruktiv Harte/Henning/*Schünemann* UWG § 3 Rn 113 ff; Gloy/Loschelder/*Gloy* Hdb. § 9 Rn 5; *Emmerich* WettbR § 5; *Möschel* Wettbewerbsbeschränkungen Rn 62 ff.

sind in den letzten Jahren deutliche Verschiebungen zu erkennen gewesen.[47] Nachdem bis in die achtziger Jahre hinein immer wieder eine gewisse Instrumentalisierung des UWG (wie auch des GWB) zu mittelstandsschützenden Zwecken zu verzeichnen war, stellt die UWG-Novelle 1994 eine gewisse Kehrtwende dar. Erste Schritte zur Entschlackung des Gesetzes stellten beispielsweise die Aufhebung der §§ 6d und 6e aF dar. Eine deutliche – wenn auch vom Gemeinschaftsgesetzgeber initiierte – Verschiebung des wettbewerbspolitischen Leitbildes hat insbesondere die Zulassung der vergleichenden Werbung sowie der **Wandel des Verbraucherleitbildes** mit sich gebracht. Dieser Kurs wurde konsequent durch die **Aufhebung des RabattG und der ZugabeVO** weiterverfolgt. Der Wegfall unter anderem des **Sonderveranstaltungsrechtes** durch die UWG-Novelle 2004 bestätigt diesen erneut.[48]

22 Die Entwicklung im Lauterkeitsrecht ist aber nicht nur durch den Abbau der verschiedenen Verbotstatbestände gekennzeichnet. Im Gegenzug versucht der Gesetzgeber die mit der Liberalisierung der Aktionsspielräume der Unternehmer einhergehende erhöhte Gefahr für die Verbraucher, durch die Gewährleistung eines bestimmten **Informationsniveaus der Verbraucher** zu kompensieren.[49] Zu denken ist hier zum einen an die im Zuge der UWG-Novelle 2004 eingefügten §§ 4 Nr. 4[50] und 5[51]. Aber auch mit dem neuen § 5a[52] wird eine tendenzielle (weitere) Verschärfung des Irreführungsrechts einhergehen.[53]

4. Zusammenfassung

23 In der Fallgruppe der **allgemeinen Marktbehinderung** treffen nun all die genannten Aspekte zusammen. Sie betrifft Maßnahmen, deren wettbewerbliche Gefährlichkeit nicht per se, sondern erst im Zusammenspiel mit anderen Marktfaktoren für gegeben erachtet wird, die also **ambivalent** sind. Dem Schutz der Institution Wettbewerb verpflichtet, liegt die allgemeine Marktbehinderung naturgemäß mitten im **Spannungsfeld zwischen GWB und UWG,** weshalb die Frage nach einem übergeordneten **Referenzmodell** für die Beurteilung wettbewerbsrechtlicher Sachverhalte eine maßgebliche Rolle spielt. Je nach Wettbewerbsverständnis wird sich dies auf sämtliche relevante Einzelfragen auswirken, angefangen von der Berechtigung des Institutionsschutzes durch das UWG überhaupt, über die Frage nach der Tragfähigkeit der Figur des Leistungswettbewerbs als Richtschnur zur Beurteilung wettbewerblicher Sachverhalte, bis hin zu der Frage nach dem Grad der Einbeziehung der Marktfolgen in das Unlauterkeitsurteil. Schließlich ist gerade in Fällen wie der allgemeinen Marktbehinderung der Blick auf die **wettbewerbspolitische Landschaft** unabdingbar, stellt sie doch einen wichtigen Gradmesser bei der näheren Kursbestimmung dar.

III. Gang der Darstellung

24 Im Folgenden wird zunächst die Veränderung des **Schutzzweckverständnisses** lauterkeitsrechtlicher Normen bis hin zur Einbeziehung des Schutzes des Wettbewerbs in seinem Bestand dargestellt (B).

25 Da allein die Feststellung, das UWG schütze auch den Wettbewerb in seinem Bestand, noch keine Aussage über die Reichweite und Maßstäbe des wettbewerbsrechtlichen Institutionsschutzes machen kann, sondern dies maßgeblich davon abhängt, was unter Wettbe-

---

[47] Einen kurzen aber guten Überblick gibt *Emmerich* WettbR § 1 II.

[48] Vgl. Begr. RegE BT-Drucks. 15/1487 S. 14 „oft als übrig gebliebenes Liberalisierungshemmnis angesehen".

[49] Vgl. *Fezer* → Einl E Rn 394ff; auch *Peifer* → § 5 Rn 70ff; *Keßler* WRP 2005, 1203, 1209ff; kritisch zu dieser Tendenz Harte/Henning/*Schünemann* UWG § 1 Rn 48ff.

[50] Hierzu *Steinbeck* → § 4–4 Rn 1ff.

[51] Hierzu *Hecker* → § 4–5 Rn 1ff

[52] Hierzu *Peifer* → § 5a Rn 1ff; § 5 Rn 252ff.

[53] Vgl. *Keßler* WRP 2007, 714; bereits zu § 5 Abs. 2 S. 2 UWG aF *Köhler* GRUR 2003, 729, 733; vgl. auch *Köhler/Lettl* WRP 2003, 1019, 1052.

werb zu verstehen ist und welche Funktionen den Beteiligten in diesem Zusammenhang zugedacht sind, ist es von ausschlaggebender Bedeutung, einen übergeordneten gedanklichen Bezugspunkt im Sinne eines übergeordneten Referenzsystems zu bestimmen. Folglich werden nachfolgend einige **wettbewerbstheoretische Grundlagen** diskutiert (C).

Ferner ist der lauterkeitsrechtliche Institutionsschutz im Zusammenhang mit dem ge- 26
genwärtigen **wettbewerbspolitischen Leitbild** zu sehen. Insbesondere vor dem Hintergrund der europäischen Rechtsentwicklung kam es im deutschen UWG zu einer nachhaltigen Verschiebung des Koordinatensystems, was nicht ohne Einfluss auf die Fallgruppe der allgemeinen Marktbehinderung bleiben kann. Die Rechtsentwicklung auf deutscher wie auf europäischer Ebene wird deshalb kurz zu referieren sein (D).

Im Anschluss an diese grundsätzliche Positionsbestimmung folgt eine Untersuchung der 27
einzelnen Problemfelder, die sich bei der Konkretisierung des lauterkeitsrechtlichen Institutionsschutzes ergeben haben (E).

Danach wird die **Reichweite** des lauterkeitsrechtlichen Institutionsschutzes genauer be- 28
stimmt (F), um dann schließlich auf die verschiedenen Fallgruppen einzugehen (G).

Abschließend wird ein kurzer Überblick über die Rechtslage zu den angesprochenen 29
Problemfeldern in Österreich und in der Schweiz gegeben (H).

B. Schutzzweck des UWG

I. Einleitung

Ende des 19. Jahrhunderts, zu Zeiten des ökonomischen Liberalismus, waren die Märkte 30
in Deutschland von Vermachtung geprägt. Der Begriff der Wettbewerbssitten war weitgehend unbekannt. An gesetzlichen oder richterlichen Schutz war nicht zu denken. Die einzige rechtliche Handhabe gegen Auswüchse des Wettbewerbs bot das damals geltende Markenschutzgesetz.[54] Eine Fruchtbarmachung der deliktsrechtlichen Regeln für einen umfassenderen Schutz der Wettbewerber setzte sich nur in wenigen Einzelfällen durch.[55]

Mit dem **Gesetz gegen den unlauteren Wettbewerb vom 7. 6. 1909**[56] beendete der 31
Gesetzgeber diesen Zustand und schrieb den Gewerbetreibenden im Wege einer Generalklausel die Einhaltung der guten Sitten im Wettbewerb vor und schuf damit den Ausgangspunkt einer stetigen Rechtsentwicklung, die eine kontinuierliche Anpassung an gesellschaftlichen Wandel und wirtschaftliche Veränderung gewährleistet.[57]

Diese Offenheit des Gesetzes lässt sich besonders gut an der Frage nach dem Schutz- 32
zweck des UWG darstellen. Je nach Verständnis über die Aufgaben des Wettbewerbsrechts innerhalb der (jeweils) geltenden Wirtschaftsordnung ist die Antwort auf die Frage nach dem Schutzzweck unterschiedlich ausgefallen.

II. Schutzzweckdiskussion

Das UWG von 1909 wurde zunächst im Sinne eines **individualrechtlichen Delikts- 33
schutzes** zu Gunsten der Mitbewerber interpretiert. Nach der **Firmenrecht-Entscheidung** des Reichsgerichts[58] bezweckte das UWG „nur den einzelnen Gewerbetreibenden selbst in seiner Privatrechtssphäre gegen Beeinträchtigungen bei der freien Ausübung seiner

[54] Grundlegend RGZ 3, 67 ff; vgl. *Fezer* → Einl E Rn 1 ff; *Emmerich* WettbR § 1 II; *Steindorff* Summum Ius Summa Iniuria S. 58, 61.

[55] Vgl. *Beater* ZEuP 2003, 11, 14 ff; *Schricker/Henning-Bodewig* WRP 2001, 1367; *Burmann* WRP 1972, 511 f.

[56] RGBl. 1909 S. 449; bereits 1896 wurde eine Vorgängerversion des heutigen UWG erlassen, welches aber noch keine Generalklausel enthielt, sondern sich auf verschiedene Einzeltatbestände beschränkte. Vgl. hierzu *Fezer* → Einl E Rn 4 ff; *Wadle* JuS 1996, 1064 ff.

[57] *Fezer* → Einl E Rn 21; *Emmerich* WettbR § 1 II 3.

[58] RG GRUR 1911, 276 – Firmenrecht.

Erwerbstätigkeit durch unlautere Wettbewerbshandlungen zu schützen".[59] Der Schutz der Verbraucher oder des Allgemeininteresses am Bestand der Institution Wettbewerb ergab sich allenfalls mittelbar als **Reflex** des Individualschutzes. Schutzsubjekte waren mithin ausschließlich die Mitbewerber.[60]

34 Ausgelöst durch die Rechtsprechung des Reichsgerichts Ende der 20er Jahre, vollzog sich ein Wandel von der **„individualrechtlichen"** zur sog. **„sozialrechtlichen" Betrachtungsweise.**[61] Es griff die Einsicht Platz, dass es sich bei Wettbewerb nicht um eine bloß private Veranstaltung von konkurrierenden Unternehmen handelt. Dementsprechend differenzierte das Reichsgericht nun zunehmend zwischen den Individualinteressen betroffener Wettbewerber und den davon zu trennenden **„öffentlichen Interessen".**[62] Damit war der Grundstein für die Berücksichtigung weiterer Aspekte für die lauterkeitsrechtliche Beurteilung wettbewerblicher Verhaltensweisen gelegt. Hierbei gilt es allerdings zu differenzieren, denn verschiedene Entwicklungslinien sind zu verzeichnen.

35 Einerseits machte das Reichsgericht diesen Gedanken fruchtbar, um auch Handlungsweisen mit dem Verdikt der Unlauterkeit zu belegen, die den Interessen der unmittelbaren Konkurrenten nicht direkt widersprachen, sondern eher **sittlich-moralische** Bedenken hervorrufen. So untersagte es beispielsweise die Praxis von Bestattungsunternehmen, die Angehörige von Verstorbenen bereits wenige Stunden nach dem Todesfall unaufgefordert aufsuchten, um den Bestattungsauftrag zu erlangen.[63] Auch der BGH untersagte in einer frühen Entscheidung unangemeldete Vertreterbesuche von Bestattungsunternehmen in Altenheimen, um die Bewohner vor der unvermittelten Konfrontation mit dem eigenen Tod zu bewahren.[64] Auch die Diskussion um die sog. Schockwerbung oder die diskriminierende Werbung wird man dieser Tendenz zuordnen können.[65]

36 Eine andere Entwicklungslinie betrifft die zunehmende Berücksichtigung des **Verbraucherschutzes.** Auch dieser wurde in den Anfängen des UWG nur als unselbstständiger Reflex des Individualschutzes begriffen. In frühen Entscheidungen zur irreführenden Werbung heißt es, die irreführende Werbung solle verboten sein, weil man es dem Wettbewerber nicht zumuten könne, durch irreführende Werbung des Konkurrenten Kunden zu verlieren.[66] Spätere Entscheidungen berücksichtigen diesen Aspekt dann stärker als eigenständige Schutzrichtung.[67] Doch erst seit der Einführung des Klagerechts der Verbraucherverbände im Zuge der UWG-Novelle 1965 ist der Verbraucherschutz als eigenständiger Schutzzweck auch legistisch anerkannt.[68]

37 In der **Diamantine-Entscheidung,**[69] in der es um das Verschenken von Waren ging, erkannte das Reichsgericht schließlich den hier besonders interessierenden **Bestand des Wettbewerbs** als weiteres eigenständiges Schutzgut an.[70] Es sei Aufgabe des UWG nicht nur „den redlichen Wettbewerber zu schützen, sondern auch im öffentlichen Interesse den Auswüchsen im Wettbewerb überhaupt" entgegenzusteuern. Im Hinblick auf die erhebli-

---

[59] RG GRUR 1911, 276 – Firmenrecht; vgl. *Beater* JZ 1997, 916, 917; *Schricker/Henning-Bodewig* WRP 2001, 1367.

[60] Vgl. *Hucke* S. 131 mwN; zu den verschiedenen Begründungsansätzen der individualrechtlichen Wettbewerbstheorien s. die Nachweise in *Fezer* → § 1 Rn 7 ff.

[61] *Fezer* → § 1 Rn 35 ff; Harte/Henning/*Schünemann* UWG § 1 Rn 1 ff; Hefermehl/*Köhler*/Bornkamm UWG § 1 Rn 1 ff; *Emmerich* WettbR § 3 II und § 5; grundlegend *E. Ulmer* GRUR 1937, 769 ff; sowie *Hefermehl* FS Nipperdey S. 283 ff.

[62] Vgl. RGZ 128, 330, 342; sowie *Beater* JZ 1997, 916, 917.

[63] RGE 145, 396 – Bestattungsunternehmen.

[64] BGH GRUR 1995, 541 – Bestattungswerbung; bestätigt durch BVerfGE 32, 311 – Grabsteinaufträge; zum Ganzen vgl. *Beater* JZ 1997, 916, 917.

[65] Ausführlich *Scherer* → § 4–2 Rn 244 ff; sowie die Darstellung bei *Beater* § 25 Rn 1 ff mwN.

[66] Vgl. *Beater* JZ 1997, 916, 917.

[67] ZB RG MuW 1930, 230, 231 – Amerikanisches Erbrecht; RG GRUR 1933, 782, 786 – Spezialbefehl; vgl. *Beater* JZ 1997, 916, 917.

[68] *Emmerich* WettbR § 3 II; *Beater* JZ 1997, 916 f; s. auch *Fezer* → § 1 Rn 35 ff.

[69] RG GRUR 1936, 810 – Diamantine.

[70] Vgl. auch *Fezer* → § 1 Rn 35 ff; *Beater* JZ 1997, 916 f.

che Sog- und Nachahmungswirkung solcher Werbung wäre zu befürchten, es werde „hierdurch die Wirtschaftsordnung gestört".[71] Diesen Gedanken führte der BGH fort und stellte in der **SUWA-Entscheidung**[72] fest: „Zwar trifft es zu, dass das freie Spiel der Kräfte und die Freiheit wirtschaftlicher Betätigung durch das Grundgesetz (Art. 2, 12 GG) gewährleistet sind, jedoch nur mit der Einschränkung, dass nicht die Rechte anderer verletzt werden und nicht gegen die verfassungsmäßige Ordnung oder gegen das Sittengesetz verstoßen wird. Die Wettbewerbsfreiheit findet also dort ihre Grenzen, wo Eingriffe in die Belange der Allgemeinheit oder der Mitbewerber in einer Art erfolgen, die den sittlich-rechtlichen Anschauungen widersprechen. Gerade weil die Wettbewerbsordnung auf der Auffassung beruht, dass sich der Wettbewerb im lauteren und freien Kräftespiel entwickeln soll, muss eine Wettbewerbsmaßnahme als **unzulässig** gelten, die den **Bestand des Wettbewerbs aufhebt,** indem sie für eine geraume Zeit dem Mitbewerber schlechthin die Möglichkeit nimmt, überhaupt noch weiterhin an dem grundsätzlich allen offen stehenden Wettbewerb teilzunehmen."[73] Dadurch wird nach Auffassung des BGH der Grundsatz des freien Wettbewerbs in seinem Kern berührt.[74]

Dies ist auch **völlig zutreffend.** Denn ein Allgemeininteresse am Bestand des Wettbewerbes muss schon deshalb bestehen, weil dieser konstitutives Element eines marktwirtschaftlich verfassten Rechtssystems und nicht bloße wirtschaftspolitische Zielsetzung ist.[75] Es wäre ungereimt, würde das UWG zwar vor völlig abstrakten Irreführungsgefahren schützen, nicht aber den Wettbewerb als solchen sichern können.[76] Die Wertungen anderer Rechtsgebiete, insbesondere die des Kartellrechts sind – wie es noch zu zeigen gilt – dabei allerdings zu berücksichtigen.[77] 38

Im Rahmen der letztgenannten Entwicklungslinie wurden in der Folge aber **nicht nur rein wettbewerbsimmanente** Überlegungen angestellt. In der Sache ging es dabei namentlich vor allem um den Schutz der **Institution der freien Presse.** Dieses Gut von verfassungsrechtlichem Rang könne nicht uneingeschränkt zur Disposition von Markt und Wettbewerb stehen.[78] Existenzbedrohende Praktiken in diesem Bereich wurden dementsprechend äußerst kritisch betrachtet. Hierauf wird an entsprechender Stelle noch ausführlich eingegangen.[79] 39

Zusammenfassend lässt sich also sagen, dass nach sozialrechtlichem Verständnis das Kennzeichen des unlauteren Wettbewerbs nicht allein in der Verletzung eines subjektiven Rechts oder Rechtsgutes eines Mitbewerbers liegt, sondern auch in dem Verstoß gegen **objektive Verhaltensnormen** begründet sein kann, die den Wettbewerbern im Interesse aller Marktbeteiligten und der Allgemeinheit auferlegt werden. Es handelt sich nicht mehr um individualrechtlichen Deliktsschutz, sondern um ein **Marktverhaltensrecht der Wettbewerber.**[80] 40

III. Die Schutzzwecktrias des § 1, insbesondere das Interesse der Allgemeinheit an einem unverfälschten Wettbewerb

Aus den aufgezeigten Entwicklungslinien hat sich im deutschen Recht alsbald die sog. 41
Schutzzwecktrias von Anbieterschutz, Schutz der Abnehmer, insbesondere der privaten

[71] RG GRUR 1936, 810, 812 – Diamantine.
[72] BGHZ 23, 365 – SUWA.
[73] BGHZ 23, 365, 371 – SUWA.
[74] BGHZ 23, 365, 372 – SUWA.
[75] *Hefermehl* FS Fischer S. 197, 204.
[76] *Beater* § 24 Rn 1.
[77] → Rn 267 ff; vgl. auch *Fezer* → Einl E Rn 214 ff.
[78] Für die dogmatische Einordnung des Interesses der Allgemeinheit an der Erhaltung gewisser Strukturen im Pressewesen s. besonders *Köhler* WRP 1998, 455, 457 f.
[79] → Rn 217 ff.
[80] *Fezer* → § 1 Rn 35 ff; Harte/Henning/*Schünemann* UWG § 1 Rn 1 ff; grundlegend *E. Ulmer* GRUR 1937, 769 ff; *Hefermehl* FS Nipperdey S. 238 ff.

Letztverbraucher, und dem Schutz der Allgemeinheit im Sinne des Schutzes öffentlicher Interessen entwickelt.[81] Durch die UWG-Novelle 2004 wurde diese, dem sozialrechtlichen Verständnis vom Wettbewerbsrecht entsprechende Betrachtungsweise erstmalig umfassend in Gesetzesform gegossen. In § 1 heißt es: „Dieses Gesetz dient dem Schutz der **Mitbewerber,** der **Verbraucherinnen und Verbraucher** sowie der **sonstigen Marktteilnehmer** vor unlauteren geschäftlichen Handlungen. Es schützt zugleich das **Interesse der Allgemeinheit an einem unverfälschten Wettbewerb.**" In der Begründung zur Novelle 2004 wird ausgeführt: „Durch die Beschreibung des Schutzzweckes in § 1 wird klargestellt, dass die Marktteilnehmer, insbesondere die Verbraucher und die Mitbewerber, durch das UWG gleichermaßen und **gleichrangig** geschützt werden. (...) Der eigentliche Zweck des UWG liegt darin, das Marktverhalten der Unternehmen im Interesse der Marktteilnehmer, insbesondere der Mitbewerber und der Verbraucher und **damit zugleich** das Interesse der Allgemeinheit an einem unverfälschten Wettbewerb zu regeln. (...) Der Schutz sonstiger Allgemeininteressen ist weiterhin nicht Aufgabe des Wettbewerbsrechts."[82]

42 Die vorliegende Darstellung widmet sich vornehmlich dem Allgemeininteresse an einem unverfälschten Wettbewerb, da hier der **dogmatische Anknüpfungspunkt** für die Fallgruppe der allgemeinen Marktbehinderung liegt. **Begrifflich** lehnt sich das Lauterkeitsrecht mit dieser Formulierung an die Vertragszielbestimmung des Art. 3 lit. g EG aber auch an die Bestimmungen des EG-Kartellrechts der Art. 81 f, 87 EG an. Auch in § 1 GWB ist von der Verfälschung des Wettbewerbs die Rede.[83] Damit hat der Gesetzgeber also nun auch sprachlich verdeutlicht, dass das UWG zusammen mit dem inhaltlich oft verkürzt als Kartellrecht bezeichneten GWB bzw. den Art. 81 ff EG einen Eckpfeiler dessen darstellt, was gemeinhin als Wettbewerbsrecht bezeichnet wird. Gemeinsamer **Regelungsgegenstand ist der Wettbewerb,** der als konstituierendes Element einer als Soziale Marktwirtschaft bezeichneten Wirtschaftsordnung zu verstehen ist. Bereits das Vertragsziel des Art. 3 lit. g EG des Schutzes des Wettbewerbs vor Verfälschungen beinhaltet die **Garantie des Wettbewerbs in seinem Bestand.**[84] Deshalb kommt neben dem Kartellrecht auch dem Lauterkeitsrecht zu, den **Bestand der Institution Wettbewerb** zu schützen.[85]

43 Allerdings macht es der dargestellte Wandel des Schutzzweckverständnisses hin zu einer sozialrechtlichen Betrachtungsweise notwendig, bei der Auslegung wettbewerbsrechtlicher Rechtssätze die verschiedenen Schutzrichtungen (Wettbewerber, Verbraucher, Institution) stets gleichermaßen zu berücksichtigen. Es ist also ein **mehrdimensionaler Blickwinkel** erforderlich. Der jeweilige Vorrang einer Position ist dann anhand einer umfassenden **marktbezogenen Güter-** und **Interessenabwägung** zu bestimmen.[86]

44 Jedoch darf das Gesagte nicht darüber hinwegtäuschen, dass mit dem sozialrechtlichen Verständnis lediglich der äußere Rahmen des Lauterkeitsrechts und mit der Interessenabwägung **nur die Methode** zur Ergebnisfindung benannt sind. Vor allem steht damit noch **kein Maßstab** bereit, mit dem sich das Allgemeininteresse an der Erhaltung eines unverfälschten Wettbewerbs verlässlich in das Wertungssystem einbringen lässt.[87] Es muss die Frage geklärt werden, **was Wettbewerb eigentlich ist** und wann dieser als unverfälscht anzusehen ist. Dies gilt umso mehr angesichts des offensichtlichen Spannungsverhältnisses

---

[81] Ständige Rechtsprechung, BGH GRUR 2000, 1076 – Abgasemissionen; BGH GRUR 2000, 237 – Giftnotrufbox; BGH GRUR 99, 1128 – Hormonpräparat; BVerfG GRUR 2002, 455 – Tier- und Artenschutz; BVerfG GRUR 2003, 965 – Interessenschwerpunkt „Sportrecht".

[82] Begr. RegE BT-Drucks. 15/1487 S. 15 f.

[83] Vgl. Harte/Henning/*Schünemann* UWG § 1 Rn 57 f; s. auch *Köhler* WRP 2005, 645 ff.

[84] EuGH Slg. 1973, 215 ff, Nr. 24 ff – Europemballage und Continental Can/Kommission; vgl. Harte/Henning/*Schünemann* UWG § 3 Rn 96 und 118; *Beater* § 6 Rn 9 ff, 13.

[85] Vgl. auch *Fezer* → § 1 Rn 92; *Keßler* WRP 2005, 1203, 1204 ff; *Köhler* WRP 2005, 645, 646.

[86] *Fezer* → § 3 Rn 79 f; Harte/Henning/*Schünemann* UWG § 3 Rn 175 ff; Hefermehl/*Köhler*/Bornkamm UWG § 1 Rn 42; *Schricker/Henning-Bodewig* WRP 2001, 1367, *Schricker* GRUR Int. 1970, 32 ff; 1368; aus der Rechtsprechung zB BGH GRUR 2001, 1181 – Telefonwerbung für Blindenwaren.

[87] Harte/Henning/*Schünemann* UWG § 3 Rn 176.

zu den der gleichen Schutzrichtung verschriebenen kartellrechtlichen Tatbeständen, worauf die Gesetzesbegründung zur UWG-Novelle 2004 auch zutreffend hinweist.[88] Erst wenn dieser Maßstab gefunden ist, wird die **Reichweite eines lauterkeitsrechtlich fundierten Institutionsschutzes** verlässlich zu bestimmen sein.

C. Lauterkeitsrechtlicher Institutionsschutz im wettbewerbstheoretischen Kontext

Wenn, wie im Falle der allgemeinen Marktbehinderung die Verfälschung des Wettbewerbs bzw. der Bestand des Wettbewerbs als Institution in Rede steht, ist zunächst der Frage nachzugehen, **was Wettbewerb eigentlich ist,** welches seine Funktionsbedingungen sind und was er in einer marktwirtschaftlich organisierten Wettbewerbsordnung zu leisten bestimmt ist. Je nach Wettbewerbsverständnis wird man unter anderen Voraussetzungen die Institution Wettbewerb als gefährdet bzw. den Wettbewerb als verfälscht ansehen. Deshalb lässt sich erst vor diesem Hintergrund die Reichweite des Tatbestandes der allgemeinen Marktbehinderung und sein Verhältnis zu den entsprechenden GWB-Wertungen präzisieren. 45

Die **Funktionsbedingungen des Wettbewerbs** sind von Hause aus Erkenntnisobjekt der Wirtschaftswissenschaften. Sollen **Wettbewerbshandlungen** einer rechtlichen Betrachtung unterworfen werden, ist es unabdingbar, diese den eigentlichen Regelungsgegenstand betreffenden Erkenntnisse in die Beurteilung mit einzubeziehen. Sie dienen als übergeordneter gedanklicher Bezugspunkt (Referenzsystem) der **Konkretisierung wettbewerblicher Generalklauseln.** Davon unberührt bleibt freilich die Notwendigkeit, die Schlüsselbegriffe wie „Wettbewerb", „Wettbewerbsbeschränkung" und „allgemeine Marktbehinderung" den spezifisch juristischen Interpretationsmethoden zu unterwerfen, um sie überhaupt juristisch-praktikabel zu operationalisieren.[89] Das gilt besonders, wenn unter lauterkeitsrechtlichen Gesichtspunkten das Wettbewerbsgeschehen in seiner vollen Komplexität zu erfassen versucht wird, wie dies bei der Fallgruppe der allgemeinen Marktbehinderung der Fall ist. 46

Die Vergegenwärtigung des wettbewerbstheoretischen Kontextes soll dabei weniger die Existenz des lauterkeitsrechtlichen Institutionsschutzes an sich begründen oder in Frage stellen, als die Maßstäbe aufzeigen, anhand derer dieser zu erfolgen hat. Denn die Hervorhebung des institutionellen Charakters des Wettbewerbs selbst ermöglicht noch keine konkrete Sachaussage darüber, welche konkrete Handlung unter welchen Umständen dazu geeignet ist, den Bestand des Wettbewerbs zu gefährden. 47

I. Die Wettbewerbstheorien

Die verschiedenen Wettbewerbskonzeptionen versuchen einen Einblick in das Wesen und die Funktionsbedingungen von Wettbewerb zu geben. Nicht mehr als eine Arbeitshypothese kann dabei die Wendung sein, Wettbewerb sei „das ständige Streben sich gegenseitig im Wirtschaftserfolg beeinflussender Anbieter oder Nachfrager (Mitbewerber) nach Geschäftsverbindungen mit Dritten (Kunden oder Lieferanten) durch Inaussichtstellen günstiger erscheinender Geschäftsbedingungen".[90] Ausgangspunkt aller Betrachtung muss vielmehr die Frage sein, welche Voraussetzungen für die Etablierung und den Erhalt von Wettbewerb gegeben sein müssen, um daraufhin zu bestimmen, welche unternehmerischen oder staatlichen Maßnahmen tolerierbar und welche zu untersagen sind. In der Wettbe- 48

[88] Begr. RegE BT-Drucks. 15/1487 S. 19.

[89] *Möschel* Wettbewerbsbeschränkungen Rn 62ff; vgl. *Fezer* → Einl E Rn 214ff; Harte/Henning/*Schünemann* UWG § 1 Rn 113ff; Hefermehl/*Köhler*/Bornkamm UWG Einl Rn 1.1ff.

[90] So vorgetragen von *Fikentscher* WuW 1961, 788, 796ff.

werbstheorie wird dies kontrovers diskutiert. Dementsprechend unterschiedlich sind auch die wettbewerbspolitischen Forderungen bzw. Ansichten über die wettbewerbsrechtliche Umsetzung der jeweiligen Erkenntnisse. Im Folgenden soll in der gebotenen Kürze ein Überblick über die für diese Untersuchung wesentlichen Wettbewerbskonzeptionen verschafft werden.[91]

1. Die freie Konkurrenz der Klassiker

49 Mit der Veröffentlichung des Werkes „Wohlstand der Nationen" von 1776 leitete Adam Smith einen radikalen Wechsel vom damals vorherrschenden System des spätfeudalen, von Protektionismus und Reglementierung geprägten Merkantilismus hin zu einer freien Marktwirtschaft ein.[92] Dieses Marktverständnis entsprang aber weniger rein ökonomischen Überlegungen, sondern ist als Konsequenz seines Staatsverständnisses zu verstehen. *Smith's* Ausgangspunkt war die damals politisch fundamentale Frage nach einer Gesellschaftsordnung, in der Armut und Unfreiheit verhindert werden können.[93] Bei der Beantwortung dieser Frage spielen zwei Institutionen eine elementare Rolle: die **Freiheit** und Autonomie der Individuen einerseits, sowie das **Eigentum** andererseits.

50 Der klassische wirtschaftliche **Liberalismus** versteht sich weitestgehend als System nicht-autoritärer sozialer Kontrolle. Er geht davon aus, dass sich die individuell-dezentral und egoistisch aufgestellten Wirtschaftspläne auf den jeweiligen Märkten unter freier Preisbildung autonom koordinieren. Aus Sicht der Wirtschaftssubjekte bildet das egoistisch motivierte Handeln den Antriebsmotor dieses Systems. Seine moralische Legitimation erhält dieser Egoismus durch die **„invisible hand",** einen Selbststeuerungsmechanismus, der das Eigeninteresse in volkswirtschaftlich sinnvolle Bahnen lenken soll. Der Wettbewerb zwingt die Produzenten, sich konsequent auf Marktentwicklungen und Verbraucherwünsche einzustellen, wollen sie nicht auf Gewinn verzichten oder gar Verluste riskieren.[94] In dieser oft als Paradoxie von **„private vices and public benefits"** bezeichneten Wirkungsweise liegt die wirtschaftsmoralische Rechtfertigung der freien Wettbewerbswirtschaft.

51 Grundvoraussetzung für die sich in einem solchen Bewegungsvorgang äußernde Selbststeuerung der Wirtschaft ist nach diesem Verständnis der völlig ungehinderte **Zugang zum Markt** für alle Marktteilnehmer. Weder der Staat noch die Akteure selbst dürfen einer Öffnung der Märkte entgegenwirken. Gewährleistung der Handlungsfreiheit sowie die Existenz von freien Märkten sind für die Klassiker konstitutiv für den **ökonomischen Fortschritt.**[95] Folgerichtig wird Wettbewerb als ein zu keinem Zeitpunkt fixierbarer Zustand angesehen. Er ist vielmehr ein **dynamisches Geschehen,** dessen etwaige Gleichgewichtslagen nur temporär bestehen.[96]

52 Diese Eigengesetzlichkeit verdeutlicht *Smith* anhand des Preises. Ausgehend von der Prämisse, dass der Markt an sich nichts Dauerhaftes ist, sondern etwas, das durch bewegende Kräfte in ständiger Veränderung gehalten wird, müsse man, um die Marktgesetze in ihrem wahren Kausalzusammenhang zu verstehen, das sich hinter diesen Bewegungen versteckende Beständige offen legen. An dieser Stelle werden die Begriffe „natürlicher Preis" und „Marktpreis" eingeführt. Unter dem natürlichen Preis versteht *Smith* die Situation, in wel-

[91] Vgl. auch *Fezer* → Einl E Rn 241 ff; Harte/Henning/*Schünemann* UWG § 1 Rn 9 ff; Hefermehl/*Köhler*/Bornkamm UWG Einl Rn 1.11 ff; vertieft die Darstellungen und Beitragssammlungen bei Großkomm/*Schünemann* UWG Einl A 6 ff (insbesondere A 13 ff), *Cox/Jens/Markert* oder *Herdzina* Wettbewerbstheorie.

[92] *Tolksdorf* S. 37.

[93] *Hoppmann* Wettbewerb als Aufgabe, S. 63, 81, der darüber hinaus konstatiert, dass angesichts der damals vorherrschenden Gesellschaftsordnung bereits die Fragestellung allein zum damaligen Zeitpunkt eine „Kopernikus-Tat" gewesen sei, aaO S. 82.

[94] Großkomm/*Schünemann* UWG Einl. A 13; *Bartling* S. 10.

[95] *Hoppmann* führt hierzu aus, dass das System des freien Wettbewerbs der Klassiker eine doppelte Freiheit umfasst: Erstens die Freiheit zum Wettbewerb unter Konkurrenten (Freiheit zur Initiative und Imitation) und zweitens die Freiheit aus mehreren von der Marktgegenseite gebotenen Alternativen auszuwählen, S. 63, 81.

[96] Großkomm/*Schünemann* UWG Einl. A 15.

cher der zu entrichtende Preis den Grenzkosten des Produzenten entspricht. In dieser Situation ist der (temporäre) Gleichgewichtszustand erreicht. Hierin steckt nach Ansicht von *Smith* das eigentlich Dauerhafte. Solange Marktpreis und natürlicher Preis differieren, sind Kräfte frei, die auf Marktaustritt und -eintritt gerichtet sind. Ein Preis, der jedoch nicht den Grenzkosten entspricht, ist kein effektiver Preis und somit nicht auf Dauer durchsetzbar.[97]

2. Die vollkommene Konkurrenz

Während *Smith* noch versuchte, freien Wettbewerb als Ordnungssystem eines freiheitlichen Gesellschaftsentwurfs zu erfassen, verengt sich der Blickwinkel der sog. neoklassischen Preistheorie auf den **Zustand** am (vermeintlichen) Ende des wettbewerblichen Prozesses.[98] Die Entwicklung führte von *Cournot* (1838) und *Walras* über *Edgeworth* zu *Knight* (1921).[99] Die Vollkommenheit des Wettbewerbs ist nach dieser Ansicht dadurch gekennzeichnet, dass preispolitische Machtlosigkeit herrscht. 53

Die erforderlichen Bedingungen, unter denen der aus dieser Sicht ideale Marktzustand erreicht werden kann, sind – wenn auch je nach Vertreter etwas unterschiedlich – eine große Zahl von Akteuren auf beiden Marktseiten, unbedeutend kleine Marktanteile der Konkurrenten, völlige Homogenität aller Güter, totale Markttransparenz, unbegrenzte Mobilität sowie Teilbarkeit der Produktionsfaktoren, unendliche Reaktionsgeschwindigkeit und völlige Autonomie der individuellen Entscheidung aller Marktteilnehmer.[100] 54

Die Idealisierung dieser, im wahren Wirtschaftsleben nur äußerst selten anzutreffenden Theorieprämissen, hat dieser Wettbewerbskonzeption den Vorwurf der **Realitätsferne** eingebracht. Diese statische, durch mathematische Analytik geprägte Betrachtungsweise löst den Wettbewerb aus seinem ursprünglich gesellschaftstheoretischen Kontext heraus. 55

3. Der funktionsfähige Wettbewerb („workable competition")

Das auf *J. M. Clark*[101] zurückgehende und in Deutschland von *Kantzenbach*[102] unter der Bezeichnung „optimale Wettbewerbsintensität" eingeführte Konzept vom funktionsfähigen Wettbewerb schwört dem Leitbild der vollkommenen Konkurrenz und seiner statischen Betrachtungsweise ab und wendet sich den in der Realität häufig vorkommenden **Marktunvollkommenheiten** zu. Bei aller Unterschiedlichkeit der verschiedenen Varianten dieses Konzeptes ist doch allen die Intention gemein, zu bestimmen, welche der Unvollkommenheiten hinzunehmen oder gar zu fördern seien, um den jetzt wieder stärker als Prozess begriffenen Wettbewerb **„funktionsfähig"** bzw. „workable" zu gestalten.[103] 56

Als **Referenzsystem** zur Bewertung der Marktunvollkommenheiten soll ein Katalog von Funktionen dienen, dessen Erfüllung die Aufgabe des Wettbewerbs ist. Für *Kantzenbach* sind die wesentlichen **Funktionen** leistungsgerechte Einkommensverteilung, Konsumentensouveränität, optimale Faktorallokation, Anpassungsflexibilität und technischer Fortschritt (Innovation).[104] Unter der Annahme einer **Korrelation zwischen Marktstruktur, Marktverhalten und Marktergebnis** wird dann der Zustand optimaler Wettbewerbsintensität im weiten Oligopol mit einer mäßigen Produktheterogenität und beschränkter Markttransparenz angesiedelt. 57

---

[97] *Brandt* FS Hoppmann S. 41, 43.

[98] *Hoppmann* bezeichnet diesen Schwerpunktwechsel wie folgt: „Die wettbewerbstheoretische Fragestellung der Klassiker wurde mehr und mehr durch das Forschungsinteresse an der ‚rein ökonomischen Perspektive' verdrängt. Die Idee des wirtschaftlichen Wohlstandes wurde von der (staats- bzw. gesellschaftstheoretischen elementaren) Idee der Freiheit abgetrennt und auf diese Weise gewissermaßen verselbstständigt.", in: Wettbewerb als Aufgabe S. 63, 85.

[99] *Knight* insbesondere S. 76 ff.

[100] S. auch die Aufzählung bei *Knight* S. 76 ff.

[101] *Clark* Competition as a Dynamic Process.

[102] *Kantzenbach* Die Funktionsfähigkeit des Wettbewerbs.

[103] Vgl. Großkomm/*Schünemann* UWG Einl. A 18.

[104] Vgl. *Kantzenbach* in: *Herdzina* Wettbewerbstheorie S. 194, 196 f.

4. Die freie Konkurrenz der Neoklassik (Systemtheorie)

58 Einen anderen Ansatz als die Workability-Konzepte verfolgt das auch als **Systemtheorie** bezeichnete neoklassische Verständnis vom Wettbewerb.[105] Im Wesentlichen geht dieses auf die Arbeiten von *v. Hayek*[106] zurück, dessen Auffassung vom Wettbewerb vergleichbar mit *Smith* maßgeblich auf staatstheoretischen Grundsatzüberlegungen beruht. Die im deutschsprachigen Raum vornehmlich von *Hoppmann*[107] mit Fokus auf die Wettbewerbstheorie formulierten Vorstellungen unterstreichen den auch bei den Klassikern vorzufindenden Grundgedanken des **dynamischen Charakters des Wettbewerbs.** *Hoppmann* geht bei seinen Überlegungen über die optimalen Rahmenbedingungen für den Wettbewerbsprozess nicht von einem durch Marktstrukturüberlegungen geprägten Ansatz aus, sondern stellt den Begriff der **Wettbewerbsfreiheit,** also die **gesellschaftspolitische** Dimension des Wettbewerbs in den Mittelpunkt. Wettbewerb wird als freiheitsbasiertes Entdeckungs- und Problemlösungsverfahren begriffen. Die Ergebnisse dieses sich in „moves" and „responses" ausdrückenden Prozesses sind ex ante notwendigerweise ungewiss und offen.[108]

59 Wettbewerb umfasst nach dieser Interpretation sowohl die Freiheit der Konkurrenten zur **Imitation** (sog. Parallelprozess), als auch die Auswahlfreiheit der Partner auf der Marktgegenseite.[109] Konstituierend für diesen Prozess ist die Freiheit, verstanden als Abwesenheit von Zwang durch Dritte **(Entschließungsfreiheit)** einerseits und als Abwesenheit von Beschränkungen des Tauschverkehrs durch Marktteilnehmer **(Handlungsfreiheit)** andererseits.[110] In der Systemtheorie geht es also nicht um die positive Definition eines Optimums, sondern um eine Negativdefinition der Wettbewerbsfreiheit.[111]

II. Stellungnahme und Fazit

60 Zusammenfassend lassen sich mit *Herdzina* **zwei** grundlegende wettbewerbstheoretische **Konzeptionen** unterscheiden: der wohlfahrtsökonomische und der systemtheoretische Ansatz.[112]

61 Der **wohlfahrtsökonomische Ansatz** ist dadurch gekennzeichnet, dass er in preistheoretischer Tradition nur auf die sog. ökonomischen Ziele des Wettbewerbs abstellt. Das Freiheitsziel, das bereits in der klassischen Nationalökonomie eine große Rolle spielt, wird hingegen vernachlässigt. Wettbewerb wird als **Funktion der Marktformen** begriffen. Die wettbewerbstheoretische Fundierung erfolgt mit Hilfe des Marktstruktur-Marktverhalten-Marktergebnis-Tests. Entscheidend für das Marktergebnis ist die Marktstruktur. Will man die Marktergebnisse optimieren, so muss man Marktstrukturpolitik betreiben.

62 Zentral für den **systemtheoretischen Ansatz** ist dem gegenüber das **Freiheitsziel des Wettbewerbs.** Marktprozesse können sich danach nur entfalten, wenn die Marktteilnehmer über ein ausreichendes Maß an Wettbewerbsfreiheit verfügen. Mangels Vorhersehbarkeit der Marktergebnisse in einem grundsätzlich offenen Wettbewerbsprozess ist für Strukturpolitik in diesem Konzept kein Raum. Wettbewerbspolitik auf Grundlage des systemtheoretischen Ansatzes ist somit auf die Identifizierung wettbewerbsbeschränkender, d. h. freiheitsbeschränkender Verhaltensweisen, beschränkt.

---

105 Großkomm/*Schünemann* UWG Einl. A 28.

106 *v. Hayek* Die Verfassung der Freiheit.

107 Aus den vielen Schriften exemplarisch *Hoppmann* Wettbewerbstheorie S. 230 ff und *ders.* Wettbewerb als Aufgabe S. 63 ff.

108 Vgl. *Hoppmann* Wettbewerb als Aufgabe S. 63, 88.

109 *Hoppmann* Wettbewerbstheorie S. 230, 236 f.

110 *I. Schmidt* S. 14.

111 *Hoppmann* Wettbewerbstheorie S. 230, 240: „Die Nationalökonomie kann der Aufforderung, jenen wettbewerblichen Prozess, der die Norm der Wettbewerbspolitik ist, praktikabel in positiver Form zu beschreiben, nicht nachkommen." In der Beschränkung auf eine Negativdefinition zeigt sich die große Nähe *Hoppmanns* zu den Gedanken Hayeks und dessen Auffassung zu der „rule of law".

112 *Herdzina* S. 106 ff.

Dieser Gegensatz hat **unmittelbare Auswirkung auf den lauterkeitsrechtlichen Institutionsschutz.** Sieht man die Aufgabe des Wettbewerbs nämlich darin, bestimmte Marktergebnisse oder -strukturen hervorzubringen, so liegt es nahe, eine Gefährdung der Institution schon dann anzunehmen, wenn sich die Marktergebnisse oder -strukturen anders als vorgestellt entwickeln. Versteht man Wettbewerb hingegen als Prozess, der aus der Inanspruchnahme wirtschaftlicher Handlungsfreiheit entsteht und daher in seinem Inhalt und seiner Wirkung nicht vorhersehbar ist, so erscheint es unpraktikabel, eine Wettbewerbsmaßnahme allein auf Grund der Marktfolgen zu beurteilen.[113] 63

Trotz vieler möglicher Einwände im Detail ist vor dem Hintergrund der dargestellten Diskussion dem **systemtheoretischen Ansatz** gegenüber dem wohlfahrtstheoretischen Ansatz entschieden der **Vorzug zu gewähren.**[114] Um die Funktionsfähigkeit des Wettbewerbs als permanentem Informations-, Such- und Lernprozess zu gewährleisten, muss vornehmstes Ziel des Wettbewerbsrechts die Aufrechterhaltung der Handlungs- und Entscheidungsfreiheit der Wirtschaftssubjekte sein.[115] Der Versuch, den Freiheitsinhalt zu Zwecken der Justiziabilität im Sinne einer Marktstruktur-Marktverhaltens- und Marktergebnisrelation positiv zu definieren, ist hingegen zum Scheitern verurteilt. Wegen der Komplexität wettbewerblicher Prozesse wäre eine etwaige Umschreibung stets unzureichend und würde die für Wettbewerb konstitutive Handlungs- und Entscheidungsfreiheit deshalb tendenziell einschränken und nicht fördern. Dies erkennt die für die Zwecke des GWB entwickelte **Theorie der Wettbewerbsbeschränkungen.** Angesichts der Unmöglichkeit der positiven Umschreibung von „Freiheit“ bedient sie sich einer Negativformulierung. Sie versteht Wettbewerbsfreiheit als **Abwesenheit von Wettbewerbsbeschränkungen.**[116] In dieser Gestalt bietet das Konzept der Wettbewerbsfreiheit dann aber die Chance, die einzelnen Unlauterkeitsphänomene systematisch einzuordnen ohne der Gefahr zu erliegen, innovative Vertriebsformen als funktionswidrig oder lauterkeitsfeindlich zu sanktionieren, obgleich diese lediglich Resultanten der frei beweglichen Marktkräfte und deshalb gerade Ausdruck ihrer Autonomie sind.[117] 64

D. Lauterkeitsrechtlicher Institutionsschutz im wettbewerbspolitischen Kontext

Um die Reichweite des lauterkeitsrechtlichen Institutionsschutzes richtig abstecken zu können, ist neben wettbewerbstheoretischen Erwägungen auch ein Blick auf das maßgebliche wettbewerbspolitische Umfeld zu werfen. So ist das deutsche Lauterkeitsrecht in den letzten Jahren stark durch die gemeinschaftsrechtlich initiierten Harmonisierungs- und Liberalisierungsbemühungen geprägt worden.[118] Vorläufiges Endergebnis dieser Entwicklung ist das UWG in der Fassung nach der Novelle 2008. Folge dieser Entwicklung ist eine wesentliche **Veränderung des wettbewerbspolitischen Leitbilds** in Deutschland, das gerade bei der Bewertung von Grenztatbeständen wie im Fall der allgemeinen Marktbehinderung Berücksichtigung finden muss.[119] Deshalb soll diese Veränderung im Folgenden kurz nachgezeichnet werden. 65

[113] So deutlich nur Großkomm/*Köhler* UWG § 1 D 2.

[114] Zutreffend Großkomm/*Schünemann* UWG Einl. A 31 mwN; ebenso Harte/Henning/*Schünemann* UWG § 1 Rn 24 ff; Hefermehl/*Köhler*/Bornkamm UWG Einl Rn 1.16; vgl. auch *Fezer* → Einl E Rn 267 ff der jedoch neben der Freiheit auch die Marktverantwortung besonders heraushebt (Rn 83 ff).

[115] Großkomm/*Schünemann* UWG Einl. A 32; vgl. *Hoppmann* Wettbewerb als Aufgabe S. 63, 90.

[116] Vor allem *Möschel* Wettbewerbsbeschränkungen Rn 69 f; *ders.* Pressekonzentration S. 43; *Merz* S. 219.

[117] Großkomm/*Schünemann* UWG Einl. A 33 f.

[118] Einen guten Überblick zum geschichtlichen Hintergrund der Rechtsangleichung im Lauterkeitsrecht geben Harte/Henning/*Glöckner* Einl B Rn 6 ff; *Henning-Bodewig* GRUR Int. 2002, 389 ff; s. auch Schricker/*Henning-Bodewig* WRP 2001, 1367, 1369 ff; *Ohly* GRUR 2004, 889, 890 ff.

[119] Mit besonderer Deutlichkeit weist hierauf auch *Schricker* AfP 2001, 101, 106 hin.

I. Internationales Recht

66 Einen Grundkonsens über die Notwendigkeit der Existenz und den Inhalt des Lauterkeitsrechts spiegeln bereits die Regelungen des Internationalen Rechts wieder. Dies gilt insbesondere für die **Pariser Verbandsübereinkunft (PVÜ)** zum Schutze des gewerblichen Eigentums vom 20. 3. 1883, die mehrfach revidiert wurde und für die Bundesrepublik Deutschland in der Stockholmer Fassung vom 14. 7. 1967 verbindlich ist.[120] Die Pariser Verbandsübereinkunft dient neben dem Schutz des gewerblichen Eigentums der „Unterdrückung des unlauteren Wettbewerbs" (Art. 2 Abs. 2 PVÜ). Diese Bestimmung wurde in Art. 10bis PVÜ weiter spezifiziert. Diese Bestimmung lautet:

Art 10bis Schutz gegen unlauteren Wettbewerb

(1) Die Verbandsländer sind gehalten, den Verbandsangehörigen einen wirksamen Schutz gegen unlauteren Wettbewerb zu sichern.

(2) Unlauterer Wettbewerb ist jede Wettbewerbshandlung, die den anständigen Gepflogenheiten in Gewerbe oder Handel zuwiderläuft.

(3) Insbesondere sind zu untersagen:

1. alle Handlungen, die geeignet sind, auf irgendeine Weise eine Verwechslung mit der Niederlassung, den Erzeugnissen oder der gewerblichen oder kaufmännischen Tätigkeit eines Wettbewerbers hervorzurufen;
2. die falschen Behauptungen im geschäftlichen Verkehr, die geeignet sind, den Ruf der Niederlassung, der Erzeugnisse oder der gewerblichen oder kaufmännischen Tätigkeit eines Wettbewerbers herabzusetzen;
3. Angaben oder Behauptungen, deren Verwendung im geschäftlichen Verkehr geeignet ist, das Publikum über die Beschaffenheit, die Art der Herstellung, die wesentlichen Eigenschaften, die Brauchbarkeit oder die Menge der Waren irrezuführen.

67 Verbindliche wettbewerbsrechtliche Standards insbesondere in Bezug auf den lauterkeitsrechtlichen Institutionsschutz lassen sich daraus aber nicht ableiten.[121]

68 Das **TRIPS-Übereinkommen** (Übereinkommen über handelsbezogene Aspekte der Rechte des geistigen Eigentums, Agreement on Trade-Related Aspects of International Property Rights – TRIPS) vom 15. 4. 1994,[122] welches am 1. 1. 1995 für die Bundesrepublik Deutschland in Kraft getreten ist,[123] befasst sich nicht mit dem wettbewerbsrechtlichen Lauterkeitsschutz, sondern beschränkt sich auf den Schutz des geistigen Eigentums. Spezifische Regelungen zum lauterkeitsrechtlichen Institutionsschutz lassen sich daher dem TRIPS-Übereinkommen nicht entnehmen.[124]

II. Gemeinschaftsrecht

69 Auf gemeinschaftsrechtlicher Ebene war das Lauterkeitsrecht bisher nur bruchstückhaft geregelt. Mit der Richtlinie über unlautere Geschäftspraktiken im Binnenmarkt hat der Gemeinschaftsgesetzgeber nun den beachtlichen Teilbereich der Geschäftspraktiken zwischen Unternehmer und Verbraucher harmonisiert. Im Einzelnen:

1. Primärrecht

70 Zunächst ist im vorliegenden Zusammenhang wesentlich, dass der Gedanke des **Institutionsschutzes** bereits im **primären Gemeinschaftsrecht** fest verankert ist. Insbesondere das Vertragsziel des **Schutzes des Wettbewerbs vor Verfälschungen** (insbesondere Art. 3 lit. g EG) beinhaltet die **Garantie des Wettbewerbs in seinem Bestand.**[125] Aus diesem Grund ist die lauterkeitsrechtliche Gewährleistung der Institution Wettbewerb im

[120] BGBl. 1970 II S. 1073, berichtigt 1971 II S. 1015.
[121] *Beater* ZEuP 2003, 11, 25f; vgl. auch *Köhler/Lettl* WRP 2003, 1019, 1057 Fn 212.
[122] BGBl. 1970 II S. 1730, abgedruckt auch bei *Fezer* Markenrecht, 3. Aufl., 3. Teil III Ziff. 10.
[123] BGBl. 1994 II S. 1625.
[124] *Fikentscher* GRUR Int. 1995, 529, 532; vgl. auch *Haussmann/Obergfell* → Einl I Rn 45ff.
[125] EuGH Slg. 1973, 215 Nr. 24ff – Europemballage und Continental Can/Kommission; vgl. Harte/Henning/*Schünemann* UWG § 3 Rn 96 und 118; *Beater* § 6 Rn 9ff, 13.

Interesse der Allgemeinheit insbesondere mit den Grundfreiheiten vereinbar.[126] Unter Wettbewerb wird auf Gemeinschaftsebene der **freie Wettbewerb** einer offenen Marktwirtschaft verstanden (vgl. Art. 4 Abs. 1, Abs. 2, Art. 98 S. 2, Art. 105 Abs. 1 S. 3 EG).

Das wohl wichtigste Instrument zur Gewährleistung freien Wettbewerbs auf der Ebene gemeinschaftlichen Primärrechts sind die **Art. 81 und 82 EG.** Diese betreffen aber ausschließlich kartellrechtliche Sachverhalte. Die „schlimmsten Spitzen" im Hinblick auf lauterkeitsrechtliche Disparitäten in der Europäischen Gemeinschaft wurden in der Rechtsprechung des EuGH unter Hinweis auf die gemeinschaftsvertragliche Zielsetzung der Errichtung eines europäischen Binnenmarktes (Art. 2, 3 lit. c, 14 Abs. 2 EG) sowie der Gewährleistung von unverfälschtem Wettbewerb (Art. 3 lit. g EG) und der Gewährleistung der **Waren- und Dienstleistungsfreiheit** (Art. 28ff, 49ff EG) korrigiert.[127] Zu nennen wäre hier exemplarisch die Yves-Rocher – Entscheidung, die zu der Aufhebung des § 6e aF geführt hat. 71

Kennzeichnend für das Gemeinschaftsrecht ist weiterhin der hohe Stellenwert des **Verbraucherschutzes** (vgl. Art. 3 Abs. 1 lit. t; Art. 153 EG), der als Schlüssel zur Erreichung des Binnenmarktes und zu unverfälschtem Wettbewerb angesehen wird.[128] Es entspricht dem immanenten Verständnis der seitens des Vertrages initiierten freien Wettbewerbsordnung, sich in hohem Maße an den Belangen der Verbraucher auszurichten (Art. 95 Abs. 3 EG). Nach dem Verständnis des Vertrages sind die Verbraucher aber nicht als bloße Schutzdestinatäre, sondern als **Marktakteure** zu verstehen, denen eine entscheidende Funktion bei der Gestaltung der Wettbewerbsprozesse zukommt und deren wirtschaftliche Interessen durch das Gemeinschaftsrecht zu schützen sind (vgl. Art. 153 Abs. 1 EG).[129] Das verbraucherschutzrechtliche Konzept des Gemeinschaftsrechts entspricht dem der „Hilfe zur Selbsthilfe".[130] 72

Nach ganz herrschender Auffassung hält das europäische Primärrecht über dieses Grundprogramm hinausgehend keine genuin lauterkeitsrechtlichen Maßstäbe bereit.[131] Wesentlichen materiell-rechtlichen Einfluss übt der Europäische Gesetzgeber vielmehr im Wege des **sekundären Gemeinschaftsrechts** aus. 73

2. Sekundäres Gemeinschaftsrecht

Bereits im Frühstadium der gesetzgeberischen Aktivitäten auf Gemeinschaftsebene in den 1960er Jahren hatte man eine Gesamtharmonisierung des Lauterkeitsrechts ins Auge gefasst. Die Vorarbeit leistete *Eugen Ulmer* mit seinem Gutachten zum „Recht des unlauteren Wettbewerbs in den Mitgliedstaaten des EWG". Danach sollte das Lauterkeitsrecht in allen wesentlichen Belangen, also sowohl im Verhältnis B2C als auch im Verhältnis B2B vereinheitlicht werden. Ein derart umfassendes Projekt ließ sich in der Folge politisch aber nicht durchsetzen.[132] Deshalb begnügte man sich damit, einzelne Aspekte des Lauterkeitsrechts spezifisch zu regeln.[133] Die wohl bedeutsamsten Akte dieser Art waren vor allem die **Richtlinien über irreführende und vergleichende Werbung**[134] und die sog. **E-Com-** 74

---

[126] Vgl. EuGH Slg. 1997, I-3689 – Familiapress zu Maßnahmen zur Sicherung der Medienvielfalt.

[127] Die wichtigsten Entscheidungen: EuGH GRUR Int. 1974, 46 – Dassonville; EuGH GRUR Int. 1980, 660 – Cassis de Dijon; EuGH GRUR Int. 1994, 56 – Keck; vgl. *Wiebe* WRP 2002, 283, 285; *Schricker/Henning-Bodewig* WRP 2001, 1367, 1370ff; *Henning-Bodewig* GRUR Int. 2002, 389, 391f. Für eine ausführliche Darstellung der Rechtsprechung zur Waren- und Dienstleistungsfreiheit s. Harte/Henning/*Glöckner* Einl B Rn 62ff; sowie schon Großkomm/*Schricker* UWG Einl. F 376ff; *Ackermann* S. 339ff.

[128] *Beater* § 6 Rn 7f; *ders.* ZEuP 2003, 11, 32.

[129] *Keßler/Micklitz* S. 45; vgl. auch *Beater* § 6 Rn 36ff; zu den Auswirkungen dieses Verbraucherverständnis auf das Verbraucherleitbild → Rn 84.

[130] *Beater* § 6 Rn 45ff.

[131] *Schricker/Henning-Bodewig* WRP 2001, 1367, 1369; *Beater* GRUR Int. 2000, 963, 967ff; *ders.* ZEuP 2003, 11, 28.

[132] Vgl hierzu Harte/Henning/*Glöckner* Einl B Rn 7ff; *Henning-Bodewig* FS Tilmann S. 149ff.

[133] Umfassend Harte/Henning/*Glöckner* Einl B Rn 9ff.

[134] RL 84/450/EWG über irreführende Werbung, ABl. EG 1984 Nr. L 250 S. 17, idF der RL 97/55/EG zur Änderung der Richtlinie 84/450 EWG über irreführende Werbung zwecks Einbeziehung der vergleichenden Werbung, ABl. EG 1997 Nr. L 290 S. 18; hierzu ausführlich *Peifer* → § 5 Rn 80ff.

merce-Richtlinie.[135] Mit der **Lauterkeitsrichtlinie**[136] hat diese Entwicklung nun ein vorläufiges Ende gefunden.[137] Es ist aber zu betonen, dass diese anders als ihre Vorgänger, nicht nur einen spezifischen Aspekt des unlauteren Wettbewerbs regeln soll, sondern zumindest den gesamten Bereich B2C umfasst. Eine Initiative zur Harmonisierung des Bereiches B2B ist demgegenüber noch nicht absehbar. Noch unklar ist das Schicksal der bereits seit längerem in Planung befindlichen Verordnung über Verkaufsförderungsmaßnahmen im Binnenmarkt[138] (sog. Sales-Promotion-VO; hierzu unten unter 4.). Im Einzelnen:

75 **a) Richtlinie über irreführende und vergleichende Werbung.** Von besonderem Interesse, weil die Frage nach den Schutzzweckvorstellungen des gemeinschaftsrechtlichen Lauterkeitsrecht unmittelbar betreffend, ist der Art. 1 der Richtlinie über irreführende Werbung, der lautet: „Zweck dieser Richtlinie ist der Schutz der **Verbraucher,** der **Personen, die einen Handel oder ein Gewerbe ausüben,** sowie der **Interessen der Allgemeinheit** gegen irreführende Werbung und deren unlautere Auswirkungen und die Festlegung der Bedingungen für zulässige vergleichende Werbung".[139] Das Regelwerk schützt also die Interessen der Unternehmer und die (wirtschaftlichen) Interessen der Verbraucher gleichermaßen und gleichberechtigt.

76 Undeutlich bleibt jedoch, was mit dem dritten Schutzobjekt, dem **Interesse der Allgemeinheit,** genau gemeint ist. Möglich wäre eine Interpretation, dass hiermit – unabhängig von einer Beeinträchtigung der wirtschaftlichen Interessen der Verbraucher und Unternehmer – auch sog. Gemeininteressen („public policy issues") einbezogen werden, also etwa der Schutz der Umwelt, der Jugendlichen, der Gesundheit.[140] Auf Grund der thematischen Ausrichtung der Irreführungsrichtlinie lässt sich eine Einbeziehung des **Institutionsschutzes** in das gemeinschaftsrechtliche Lauterkeitsrecht auf den ersten Blick nur schwer begründen. Das gilt auch für die spätere Erweiterung des Regelungsgegenstandes um die vergleichende Werbung.[141] Einzig die ursprünglich im Vorfeld der Irreführungs-Richtlinie gefassten Pläne einer umfassenden Harmonisierung des Rechts der unlauteren Werbung im Sinne *Ulmers* als „zweiten Schritt" lassen jedoch auf die Intention einer Fortschreibung der Schutzzweckdefinition für den gesamten Bereich des Lauterkeitsrechts und damit auch im Sinne eines lauterkeitsrechtlichen Schutz der Institution Wettbewerb schließen.[142]

77 **b) E-Commerce Richtlinie.** Ziel der E-Commerce-Richtlinie war die Vereinheitlichung speziell des elektronischen Geschäftsverkehrs. Sie stellt verschiedene Kennzeichnungs-, Informations- und Haftungsvorschriften auf, die dem Missbrauch dieses Vertriebsweges Einhalt gebieten soll.[143] Aufgrund dieses spezifischen Regelungsansatzes trifft sie naturgemäß **keine generelle Aussage** über die Auffassung des Gemeinschaftsgesetzgebers über

---

[135] RL 2000/31/EG über bestimmte Aspekte der Dienste der Informationsgesellschaft, insbesondere des elektronischen Geschäftsverkehrs, ABl. EG 2000 Nr. L 178 S. 1.

[136] ABl. EG 2005 Nr. L 149 S. 22.

[137] Weitere das Lauterkeitsrecht betreffende RL sind: RL 89/552/EWG zur Koordinierung bestimmter Rechts- und Verwaltungsvorschriften über die Ausübung der Fernsehtätigkeit, ABl. EG 1989 Nr. L 298 S. 23, idF der RL 97/36/EG, ABl. EG 1997 Nr. L 202 S. 60; RL 2002/58/EG über die Verarbeitung personenbezogener Daten und den Schutz der Privatsphäre in der elektronischen Kommunikation, ABl. EG 2002 Nr. L 201 S. 37; aus dem Bereich der produktspezifischen Werberichtlinien sei die RL 92/28/EWG über die Werbung mit Humanarzneimitteln, ABl. EG 1992 Nr. L 113 S. 13 genannt.

[138] KOM (2002) 585 endg.

[139] Vgl ABl. EG 1997 Nr. L 290 S. 18, 20.

[140] *Henning-Bodewig* FS Tilmann S. 149, 158.

[141] Geschehen durch RL 84/450/EWG über irreführende Werbung, ABl. EG 1984 Nr. L 250 S. 17, idF der RL 97/55/EWG über irreführende Werbung zwecks Einbeziehung der vergleichenden Werbung, ABl. EG 1997 Nr. L 290 S. 18; *Peifer* → § 5 Rn 91 ff.

[142] Ebenso *Peifer* → § 5 Rn 82 ff; vgl. zur den Erwägungen im Rahmen der Gesetzgebungsgeschichte der Irreführungs-RL *Henning-Bodewig* FS Tilmann S. 149, 154; vgl. Harte/Henning/*Glöckner* UWG Einl B Rn 9 ff.

[143] Vgl. ABl. EG 2000 Nr. L 178 S. 1 f (Erwägungsgründe 4 ff); auch Harte/Henning/*Glöckner* UWG Einl B Rn 46 ff.

den Schutz des Wettbewerbs als Institution. Es gilt aber zu berücksichtigen, dass auch die E-Commerce-Richtlinie dem übergeordneten Ziel der Durchdringung der Märkte und der Wettbewerbsfähigkeit der europäischen Wirtschaft verschrieben ist[144] und damit durchaus eine **globale Regelungsperspektive** in Bezug auf die Institution Wettbewerb aufweist. Sie hat darüber hinaus **nachhaltigen Einfluss** auf die **wettbewerbspolitische Landschaft** in Deutschland genommen, der auch im Rahmen des Tatbestandes der allgemeinen Marktbehinderung Berücksichtigung finden muss.

Um den Austausch von Waren- und Dienstleistungen über das Internet zu erleichtern, 78
sah die Richtlinie in Art. 3 vor, dass die Anbieter, nicht den lauterkeitsrechtlichen Regelungen des jeweiligen Absatzortes, sondern nur denen ihres jeweiligen Herkunftslandes unterworfen sind (sog. **Herkunftslandprinzip**).[145] Dieses Prinzip war schon aus anderen Gesetzgebungsvorhaben bekannt. Da der ursprüngliche Plan einer umfassenden Harmonisierung des Lauterkeitsrechts nicht umgesetzt wurde, und daher innerhalb der Gemeinschaft wettbewerbsrechtlich relevante Sachverhalte noch nach unterschiedlichen Normen beurteilt wurden, sah der Gemeinschaftsgesetzgeber hierin ein geeignetes Mittel zur Rechtsangleichung. Allerdings galt das Prinzip stets nur für den jeweils harmonisierten Bereich.[146] Mit der E-Commerce-Richtlinie wurde das Herkunftslandprinzip dann aber auch auf den nicht harmonisierten Bereich ausgedehnt.[147] Da aber gerade das Recht der Wertreklame, wie namentlich für Rabatte und Zugaben in anderen Mitgliedstaaten wesentlich liberaler war, als das deutsche, hatte dies zur Folge, dass, um eine etwaige Inländerdiskriminierung zu vermeiden, das **RabattG und die ZugabeVO aufgehoben** wurden.[148]

Trotz der weitgehenden Zustimmung, jedenfalls hinsichtlich der Aufhebung des Ra- 79
battG, ist diese Regelungstechnik vielfach kritisiert worden. Das Herkunftslandprinzip sei kein angemessenes Mittel zur Rechtsharmonisierung im Bereich der Wertreklame, sondern führe zu einer Erosion der Wettbewerbsstandards im Sinne eines „race to the bottom". Notwendig sei es vielmehr, einheitliche Regelungen innerhalb der Gemeinschaft zu schaffen.[149] Einen dahingehenden, wenn auch umstrittenen Vorschlag stellt die sog. Sales-Promotion-Verordnung dar.[150]

c) Richtlinie über unlautere Geschäftspraktiken. Den bislang letzten Akt im Be- 80
reich der Harmonisierungsbemühungen des Gemeinschaftsgesetzgebers, der auch Auslöser für die UWG-Novelle 2008 war, stellt die sog. Lauterkeitsrichtlinie dar. Ihr Harmonisierungsziel verfolgt die Richtlinie über die Etablierung einer Generalklausel in Art. 5 Abs. 1, nach der es heißt: „unlautere Geschäftspraktiken sind verboten". Dies wird in Art. 5 Abs. 2 dahingehend präzisiert, dass Geschäftspraktiken unlauter sind, die zum einen dem Gebot der beruflichen Sorgfaltspflicht widersprechen und im konkreten Fall eine Beeinträchtigung der wirtschaftlichen Entscheidungsfreiheit des Verbrauchers bedingen oder bedingen können. In den Art. 6 bis 9 wird der Regelungsgehalt der Generalklausel durch eine Aufzählung bestimmter irreführender und aggressiver Geschäftspraktiken konkretisiert. Anhang 1 der Richtlinie enthält einen Katalog von Geschäftspraktiken (sog. blacklist), die unter allen Umständen als unlauter anzusehen sind. Es wird den Mitgliedstaaten aufgegeben, die unterschiedlichen Generalklauseln über unlautere Geschäftspraktiken zwischen Unternehmern und Verbrauchern durch diese Regelungen zu ersetzen.[151] Die wohl wesentlichsten

---

144 ABl. EG 2000 Nr. L 178 S. 1 f (Erwägungsgründe 1 und 2).

145 Ausführlich *Hausmann/Obergfell* → Einl I Rn 117 ff.

146 ZB RL 89/532/EWG zu Koordinierung bestimmter Rechts- und Verwaltungsvorschriften der Mitgliedstaaten über die Ausübung der Fernsehtätigkeit, idF von 1997; konkretisiert durch EuGH GRUR Int. 1997, 913 – de Agostini.

147 Vgl. *Hausmann/Obergfell* → Einl I Rn 117 ff; sowie *Schricker/Henning-Bodewig* WRP 2001, 1367, 1369 f; *Henning-Bodewig* WRP 2001, 771 ff; *dies.* GRUR Int. 2002, 389, 393 f; *dies.* FS Tilmann S. 149, 155 f.

148 Vgl. Begr. RegE BT-Drucks. 14/5441; Begr. RegE BT-Drucks. 14/5594; ausführlich *Steinbeck* → § 4–1 Rn 87 ff.

149 *Köhler* BB 2001, 265, 270; *Henning-Bodewig* GRUR Int. 2002, 389, 395.

150 KOM (2002) 585 endg.

151 ABl. EG 2005 Nr. L 149 S. 24 Erwägungsgrund 13.

Änderungen im Zuge der Umsetzung durch die UWG-Novelle 2008 sind die Neufassung des Rechts der Irreführung durch Unterlassen in **§ 5 a** sowie die Übernahme der **blacklist** über § 3 Abs. 3 iVm Anhang zum UWG.

81 **Kritisiert** wurde aber bereits im Vorfeld stets, dass sich der Anwendungsbereich der Lauterkeitsrichtlinie auf das **Verhältnis B2C beschränkt.** Die Chance einer umfassenden Harmonisierung sei verpasst worden. Die Richtlinie stelle nicht nur einen Rückschritt gegenüber dem durch die Irreführungsrichtlinie bereits Erreichten dar, sondern auch die Ausgangssituation des Wettbewerbs insgesamt auf den Kopf. Mitbewerberschutz und Verbraucherschutz seien zwei Seiten derselben Medaille und somit kaum trennbare Sachverhalte.[152] Teilweise wurde gar ein Spaltung des deutschen Lauterkeitsrechts in die Verbraucher betreffende Regelungen einerseits und die Mitbewerber und die Allgemeinheit betreffende Regeln andererseits befürchtet. Zurückgeführt wird die Beschränkung des Anwendungsbereichs auf das Verhältnis zwischen Unternehmen und Verbrauchern auf mögliche Zuständigkeitsprobleme zwischen der GD SANCO und der GD Markt oder auf eine mögliche mangelnde Konsensbereitschaft zwischen den Mitgliedstaaten.[153]

82 In der Tat wird man der Komplexität des Wettbewerbsprozesses nicht gerecht, wenn man die Sicht bei der Beurteilung einer Wettbewerbshandlung auf das Verhältnis B2C beschränkt. Da die Lauterkeitsrichtlinie den B2B-Bereich bewusst und ausdrücklich ausspart,[154] lassen sich deshalb jedenfalls keine unmittelbaren Maßstäbe für den lauterkeitsrechtlichen Institutionsschutz ablesen. Immerhin konzediert der Gemeinschaftsgesetzgeber aber, dass die redlichen Wettbewerber durch die Richtlinie jedoch zumindest mittelbar vor solchen Mitbewerbern geschützt werden, die sich nicht an die Vorgaben der Richtlinie halten, und somit ein fairer Wettbewerb in dem durch sie harmonisierten Bereich gewährleistet wird.[155] Zwei Dinge gilt es aber darüber hinaus zu beachten. Zum einen sieht die Richtlinie in Art. 11 Abs. 1 ein **Klagerecht** auch für die **Mitbewerber** vor.[156] Zum anderen heißt es in Art. 1 der Richtlinie Ziel der Richtlinie sei es, zu „einem **reibungslosen Funktionieren des Binnenmarktes**" beizutragen. Trotz des verengten sachlichen Anwendungsbereichs ist das Fundament der Richtlinie also breiter. Bei der Beurteilung der von ihr erfassten Sachverhalte ist es deshalb zulässig und auch geboten den Blick zu erweitern und auch die **Interessen der Mitbewerber** sowie das **Allgemeininteresse an einem unverfälschten Wettbewerb** zu berücksichtigen. Dies arbeiten *Köhler/Lettl* und auch *Veelken* völlig zutreffend heraus.[157] Um dem allerdings deutlich Ausdruck zu verleihen, wäre es sicher wünschenswert gewesen, die bekannte Schutzzwecktrias zumindest in die Zielbestimmung aufzunehmen, was nicht zwangsläufig mit einer Erweiterung des Anwendungsbereiches hätte einhergehen müssen.[158] Dies ist nun nicht geschehen. Anhand der aufgezeigten Anknüpfungspunkte lässt sich die Richtlinie mit entsprechendem argumentatorischen Aufwand aber dennoch in die bestehende nationale Lauterkeitsrechtsdogmatik integrieren.[159] Der Gesetzgeber hat jedenfalls gut daran getan, die verbraucherrechtlichen Aspekte des Lauterkeitsrechts nicht etwa in einem eigenständigen Gesetz zu regeln.

83 **d) Fazit.** Auch wenn mit der Lauterkeitsrichtlinie die Chance verpasst wurde, den Bereich des Lauterkeitsrechts umfassend zu harmonisieren, so verdeutlicht die Gesamtschau der europäischen Initiativen doch, dass der Grundgedanke, dass auch das Lauterkeitsrecht dem Zweck dient, das Allgemeininteresse an einem unverfälschten Wettbewerb und damit

[152] *Henning-Bodewig* FS Tilmann S. 149, 157; *Köhler/Lettl* WRP 2003, 1019, 1051; *Veelken* WRP 2004, 1, 5; *Beater* ZEuP 2003, 11, 32, 48; *ders.* § 5 Rn 12, § 10 Rn 21, § 12 Rn 20, § 13 Rn 1 ff; *Wiebe* WRP 2002, 283, 292; *Schricker/Henning-Bodewig* GRUR 2002, 319, 321 f.

[153] *Henning-Bodewig* GRUR Int 2005, 629 f.

[154] ABl. EG 2005 Nr. L 149 S. 23 Erwägungsgrund 8.

[155] ABl. EG 2005 Nr. L 149 S. 23 Erwägungsgrund 8; vgl. auch RegE BT-Drucks. 16/10 145.

[156] Vgl. *Glöckner/Henning-Bodewig* WRP 2005, 1311, 1315 f.

[157] *Köhler/Lettl* WRP 2003, 1019, 1050; *Veelken* WRP 2004, 1, 10 f.

[158] *Köhler/Lettl* WRP 2003, 1019, 1057; *Beater* ZEuP 2003, 11, 45 ff.

[159] Insbesondere *Köhler/Lettl* WRP 2003, 1019, 1051 f; anders aber *Veelken* WRP 2004, 1, 17, der einen gesonderten Umsetzungsakt für notwendig hält.

die Institution des Wettbewerbs insgesamt zu schützen, auch dem sekundären Gemeinschaftsrecht **immanent** ist.

3. Das europäische Verbraucherleitbild

Die Lücken, die die Richtlinie über irreführende Werbung, insbesondere im Hinblick 84
auf das zu Grunde zulegende Verbraucherleitbild gelassen hat, wurden im Laufe der Zeit vom **EuGH** (unter anderem auf der Grundlage des primären Gemeinschaftsrechts) gefüllt. Dabei stellt das Gericht auf das **Leitbild** eines **„durchschnittlich informierten, aufmerksamen und verständigen Durchschnittsverbrauchers"** ab.[160] *Micklitz/Keßler* fassen dieses Leitbild zutreffend wie folgt zusammen: „Der verständige Verbraucher europäischer Provenienz besitzt den Willen und die Intelligenz, sich mit den angebotenen Waren und ihrer werblichen Vermarktung im Rahmen einer eingehenden Prüfung kritisch und distanziert auseinander zusetzen. Er verfügt über gewisse Kenntnisse und handelt überlegt, weshalb er eigenverantwortlich, mündig und umsichtig am Marktgeschehen teilnimmt, Angebote abwägt und – zumindest bedingt – rationale Entscheidungen trifft."[161]

Diese Sichtweise unterstreicht die Stellung des Verbrauchers als **vollwertigen und** 85
gleichberechtigten Marktakteur sowie dessen entscheidende **Funktion bei der Gestaltung der Wettbewerbsprozesse.** Auch in der Richtlinie über unlautere Geschäftspraktiken wird dieses Verbraucherleitbild zugrunde gelegt.[162]

Bei der Frage, ob eine Wettbewerbshandlung zu einer Gefährdung des Wettbewerbsbe- 86
stands führen kann, ist deshalb zu berücksichtigen, dass der aufgeklärte Verbraucher gerade neuen Vertriebskonzepten offen, aber auch kritisch gegenüber tritt und auch die langfristigen Konsequenzen seiner Handlungen nicht außer Betracht lässt. Eine umfassende Interessenabwägung im Rahmen des lauterkeitsrechtlichen Institutionsschutzes darf diese Wertung nicht übersehen, indem sie beispielsweise leichtfertig von einer Verbrauchergewöhnung ausgeht.

4. Die ursprünglich geplante Verordnung über Verkaufsförderungsmaßnahmen im Binnenmarkt

Die Verordnung über Verkaufsförderungsmaßnahmen im Binnenmarkt (sog. **Sales-Pro-** 87
motion-VO)[163] findet ihre konzeptionelle Grundlage im Grünbuch „Kommerzielle Kommunikation" aus dem Jahre 1996, für das die Generaldirektion Markt (GD Markt) verantwortlich zeichnet.[164] Auch hier steht die Erleichterung des Zugangs der Verbraucher zu grenzübergreifend angebotenen und verkauften Waren und Dienstleistungen einerseits und die Beseitigung der Hindernisse, die speziell kleinere und mittlere Unternehmen davon abhalten, den grenzüberschreitenden Handel auszubauen andererseits im Mittelpunkt der Bemühungen.[165] Im Gegensatz zur Richtlinie über unlautere Geschäftspraktiken, die mittels einer Generalklausel den geregelten B2C-Bereich umfassend harmonisieren möchte, verfolgt die Verordnung weiter den bisher vorherrschenden sog. **„spezifischen Ansatz".**[166] Das Harmonisierungsziel ist **punktuell** auf den Bereich der **Verkaufsförderungsmaßnahmen** beschränkt.

a) Regelungsinhalt. Die Verordnung betrifft sog. Verkaufsförderungsaktionen (oder 88
Verkaufsförderungsmaßnahmen), worunter **Rabatte, unentgeltliche Zuwendungen,**

---

[160] EuGH GRUR Int. 1995, 884 – Mars; EuGH GRUR Int. 198, 795 – Gut Springheide; EuGH GRUR Int. 1994, 303 – Clinique; EuGH GRUR 2000, 765 – darbo naturrein; EuGH GRUR Int. 2000, 354 – Lifting; vgl. *Fezer* → § 2 Rn 167 ff; *Henning-Bodewig* FS Tilmann S. 149, 152; *Nordemann* WRP 2000, 977 ff; umfassend zum Verbraucherleitbild des EuGH und dessen Auswirkungen auf das deutsche Lauterkeitsrecht *Hucke* S. 65 ff, 135 ff.

[161] *Micklitz/Keßler* WRP 2003, 919, 924.

[162] ABl. EG 2005 Nr. L 149 S. 25 Erwägungsgründe 18 f.

[163] KOM (2002) 585 endg.; ausführlich hierzu *Steinbeck* → § 4–1 Rn 30 ff.

[164] KOM (1996) 196 endg.; dazu *Henning-Bodewig* GRUR Int. 1999, 233; *dies.* GRUR Int. 2002, 389, 394.

[165] KOM (2001) 351 endg. S. 2; vgl. *Gamerith* WRP 2003, 143, 152.

[166] Vgl. *Gamerith* WRP 2003, 143, 152.

Zugaben oder die Möglichkeit zur Teilnahme an einem **Preisausschreiben** oder einem **Gewinnspiel** verstanden werden (vgl. Art. 2 lit. b). Gemeinsam ist allen Verkaufsförderungsaktionen, dass sie **zeitlich befristet** sind (vgl. Art. 2 lit. e, f, g, h, i, j). Zur Harmonisierung dieses Bereiches sieht die Verordnung im Wesentlichen drei Maßnahmen vor: Zum einen sollen bestehende, aber aus Sicht der VO **unangemessen nationale Verbote aufgehoben** werden (Art. 3). Die verbleibenden Verbote sollen durch **Informationspflichten** ersetzt werden (Art. 4). Im Übrigen soll das Prinzip der gegenseitigen Anerkennung **(Herkunftslandprinzip)** zu einer weiteren Harmonisierung beitragen.[167]

89 Insbesondere soll nach dem Willen der Kommission der **Nebenleistungswettbewerb ohne Wertbegrenzung** zulässig sein (Art. 3 Ab. 1). Dafür sollen bestimmte **Informationspflichten** aufgestellt werden. Diese werden im Anhang der Verordnung näher dargelegt. So ist zum Beispiel für Rabatte unter anderem vorgesehen, die Höhe und den Gültigkeitszeitraum des früheren Preises anzugeben (Anhang 2.2. 2. Spiegelstrich). Bei Zugaben soll unter anderem die Pflicht bestehen, deren Wert anzugeben (Anhang 3.1. 1. Spiegelstrich).[168] Gleiches gilt für Werbegeschenke (Anhang aaO). Der erste Entwurf der VO sah darüber hinaus vor, alle Vorschriften, die den **Verkauf unter Selbstkosten** unabhängig von der Feststellung der missbräuchlichen Ausnutzung der Marktmacht verbieten, aufzuheben.[169] Im Gegenzug sollte der Händler verpflichtet werden, anzugeben, dass es sich um einen Verkauf unter Selbstkosten handelt.[170] Der nunmehr vorliegende Entwurf nimmt die nationalen Verbote des Unterselbstkostenpreises vom Anwendungsbereich aus (Art. 3 Nr. 1 2. Spiegelstrich).[171] Das Informationsgebot wird jedoch dennoch aufrechterhalten (Anhang 2.1. 2. Spiegelstrich).[172]

90 **b) Stellungnahmen.** Das Gesetzgebungsvorhaben hat sowohl in der Literatur, als auch in den Gesetzesmaterialien zum UWG einen deutlichen Nachhall gefunden. In der Gesetzesbegründung zur UWG-Novelle 2004 heißt es, der vorgelegte Verordnungsentwurf werde von der Bundesregierung wie auch von den meisten anderen Mitgliedstaaten abgelehnt.[173]

91 Die Kritik bezieht sich weniger auf die intendierte Harmonisierung und weitere Liberalisierung des Komplexes der Wertreklame bzw. der Verkaufsförderungsmaßnahmen, als auf die als **zu weit reichend** empfundenen **Informationspflichten.** Zum Beispiel die Pflicht zur Angabe, dass es sich um einen **Verkauf unter Selbstkosten** handelt, wird mit dem Argument beanstandet, dass die Regelung auf eine Selbstbezichtigungspflicht des Unternehmers hinauslaufen würde und die Sogwirkung solcher Maßnahmen darüber hinaus durch eine Kenntlichmachung nur noch verstärkt würde. Ferner wird angeführt, in Zeiten stark schwankender Großhandelspreise könne die Angabepflicht gar selbst irreführend wirken.[174] Auch die Pflicht zur **Wertangabe für Zugaben** ist umstritten. *Eppe* gibt zu bedenken, dass einer so gekennzeichneten Zugabe ihr – dem Unternehmer offensichtlich grundsätzlich zugestandener – Wert entzogen werden würde. Entscheidend sei vielmehr, dass gewährleistet sei, dass der Verbraucher Zugang zu den **wertqualifizierenden Merk-**

---

[167] KOM (2002) 585 endg. Nr. 5; vgl. zu den sich hieraus ergebenden Problemen *Henning-Bodewig* GRUR Int. 2002, 389, 396; *Göhre* WRP 2002, 36.

[168] Zu vergleichbaren Forderungen auf nationaler Ebene *Schricker/Henning-Bodewig* WRP 2001, 1367, 1401 sowie *Köhler* BB 2001, 265.

[169] KOM (2001) 546 endg., 13 f.

[170] KOM (2001) 546 endg., 14, 40 f.

[171] Der Legislative Entscheidung des Europäischen Parlaments P5_TA-Prov (2002) 0400 Abänderung 28 entgegenkommend KOM (2002) 585 endg., 2; das Gesetzgebungsverfahren nachzeichnend *Gamerith* WRP 2003, 143, 150 ff; s. nur *Gamerith* WRP 2003, 143, 159.

[172] Anders noch die Legislative Entscheidung des Europäischen Parlaments P5_TA-Prov (2002) 0400 Abänderung 49; in dieser Beziehung zumindest missverständlich *Lehne/Haak* FS Tilmann S. 179, 184.

[173] BT-Drucks. 15/1487 S. 12.

[174] Stellungnahme des BR BR-Drucks. 831/01 (Beschluss) 4; *Gamerith* WRP 2003, 143, 160.

malen einer Zugabe habe.[175] Möglicherweise angesichts dieser Kritik ist das Vorhaben zwischenzeitlich zurückgezogen worden.[176]

III. Entwicklungstendenzen im deutschen Lauterkeitsrecht

Das dargestellte gemeinschaftsrechtliche Verständnis von einem harmonisierten Lauterkeitsrecht hat bereits frühzeitig – und nun zuletzt durch die Umsetzung der Lauterkeitsrichtlinie – maßgeblichen Einfluss auf die deutsche Rechtsentwicklung genommen. Ergebnis dieser Entwicklung ist ein grundlegend verändertes rechtspolitisches Leitbild, in das es den lauterkeitsrechtlichen Institutionsschutz einzuordnen gilt. 92

1. Wandel des Verbraucherleitbildes

Ausgehend von den Wertungen der Irreführungsrichtlinie näherte der **BGH** die anzulegenden Maßstäbe zunächst in seiner neueren Rechtsprechung zum Irreführungsrecht an das europäische Verbraucherleitbild weitestgehend an.[177] Diese veränderte Sichtweise hat darüber hinaus aber auch Auswirkungen auf das Recht der Wertreklame bzw. Verkaufsförderungen gehabt. So hat der BGH in der **Space Fidelity Peep-Show-Entscheidung** diesem Ansatz auch in der Fallgruppe des übertriebenen Anlockens Rechnung getragen.[178] In der **Rückgaberecht-Entscheidung** bescheinigt das Gericht dem neuen Verbraucherleitbild dann **grundsätzliche Bedeutung im Rahmen der wettbewerblichen Generalklausel.**[179] 93

Im Zuge der Novellierungen des UWG stellte auch der **Gesetzgeber** klar, dass das Verbraucherleitbild des EuGH auch dem UWG zu Grunde zu legen ist. Er geht von einem durchschnittlich informierten und verständigen Verbraucher aus, der das Werbeverhalten mit einer der Situation angemessenen Aufmerksamkeit verfolgt.[180] Dies findet nun auch in **§ 3 Abs. 2 S. 2** deutlichen Ausdruck. 94

Folge dieser Neuausrichtung ist die Aufwertung des Verbrauchers zum **vollwertigen Marktteilnehmer.** Gerade bei der Frage, ob eine Wettbewerbshandlung zu einer Gefährdung des Wettbewerbsbestands führen kann, ist deshalb zu berücksichtigen, dass der aufgeklärte Verbraucher gerade neuen Vertriebskonzepten offen, aber auch kritisch gegenüber tritt, auch die langfristigen Konsequenzen nicht außer Betracht lässt und ein Verbot deshalb nicht leichtfertig auf eine etwaige Verbrauchergewöhnung gestützt werden darf. 95

2. Liberalisierungen und Informationspflichten im UWG

Bereits die **Yves Rocher-Entscheidung** des EuGH,[181] mit der das Verbot der Preisgegenüberstellung des § 6e aF mit der Warenverkehrsfreiheit für unvereinbar erklärt wurde, führte zu einer ersten Auflockerung des deutschen Lauterkeitsrechts. Konsequenz war, dass der Gesetzgeber die im Übrigen auch auf nationaler Ebene häufig als unglücklich bezeichneten **§§ 6e und 6d aF aufhob.**[182] 96

---

[175] *Eppe* WRP 2004, 153, 157f mwN; den Kommissionsvorschlag befürwortend *Gamerith* WRP 2003, 143, 160; zu dieser Diskussion *Steinbeck* → § 4–1 Rn 163ff; sowie *Schricker/Henning-Bodewig* WRP 2001, 1367, 1401; *Köhler* GRUR 2001, 1067ff; *ders.* GRUR 2003, 729ff.

[176] ABl. EG 2006 Nr. C 64/3 vom 17. 3. 2006, S. 7.

[177] BGH GRUR 2000, 619 – Orient-Teppichmuster; BGH GRUR 2000, 1106, 1108 – Möbel-Umtauschrecht; BGH NJW 2001, 3262 – Mitwohnzentrale.de; BGH GRUR 2002, 182, 183 – Das Beste jeden Morgen; BGH GRUR 2002, 550, 552 – Elternbriefe; BGH WRP 2002, 977, 978 – Scanner-Werbung; BGH WRP 2003, 273f – Computerwerbung II; BGH WRP 379, 380 – Preis ohne Monitor; zuletzt BGH GRUR 2003, 361, 362 – Sparvorwahl; vgl. *Fezer* → § 2 Rn 31ff.

[178] BGH GRUR 2000, 820, 821 – Space Fidelity Peep-Show; ebenso BGH WRP 2002, 1256, 1257 – Kopplungsangebot I.

[179] BGH GRUR 2001, 358, 359f – Rückgaberecht.

[180] RefE, BT-Drucks. 16/10145; zur UWG Novelle 2004 RefE BT-Drucks. 15/1487 S. 19.

[181] EuGH GRUR 1993, 747 – Yves Rocher.

[182] *Schricker/Henning-Bodewig* WRP 2001, 1367, 1371.

97 Als Folge des in der in Bezug auf Rabatte und Zugaben liberalen **E-Commerce-Richtlinie** verankerten Herkunftslandprinzips sah sich der deutsche Gesetzgeber weiter gezwungen, das **RabattG und die ZugabeVO aufzuheben,** um eine etwaige Inländerdiskriminierung zu vermeiden. Dieser Liberalisierungsansatz zeigt Auswirkungen auf die Beurteilung von Maßnahmen der Wertreklame allgemein, denn die bis dato auch im Rahmen der Generalklausel des § 1 aF an die Wertreklame angelegten Maßstäbe waren rechtshistorisch maßgeblich an diesen Wertungen orientiert.[183] Jedenfalls ist der Annahme, der Nebenleistungswettbewerb sei keine Form eines wie auch immer zu definierenden Leistungswettbewerbs, nunmehr die Grundlage entzogen.[184] Auch dieser Tendenz muss bei der Beurteilung der Fallgruppe der allgemeinen Marktbehinderung, insbesondere wenn es um die Gratisverteilung von Waren geht, Rechnung getragen werden.[185]

98 Weitere Liberalisierungen hielt die UWG-Novelle 2004 bereit. Besonders durch die **Aufhebung des Sonderveranstaltungsrechts** der §§ 7 und 8 aF wurde der Spielraum der Wettbewerber weiter erhöht.

99 Flankiert wurde die Tendenz zur Liberalisierung allerdings durch die Einführung verschiedener **Informationspflichten.** So wollte der Gesetzgeber bereits mit **§ 4 Nr. 4 und 5** ein gewisses Informationsniveau des Verbrauchers im Bereich der Verkaufsförderungsmaßnahmen und Gewinnspiele sicherstellen.[186] In diesem Zusammenhang ist auch die Neufassung der Irreführungstatbestände durch die **UWG-Novelle 2008** zu beachten. Besondere Aufmerksamkeit muss dabei die Regelung des **§ 5 a** finden. Nach § 5 a Abs. 2 kann das Verschweigen eines Umstandes irreführend sein, wenn dieser für die geschäftliche Entscheidung wesentlich ist. In § 5 a Abs. 3 werden Umstände aufgelistet, deren Verschweigen gegenüber einem Verbraucher stets als wesentlich anzusehen sind. Damit werden für dieses Verhältnis also weitere Informationspflichten ausdrücklich geregelt. Damit geht eine tendenzielle **Erweiterung** des Irreführungstatbestandes einher.[187]

100 Wenn der Gesetzgeber aber insbesondere das Recht der Wertreklame kontinuierlich liberalisiert und dabei gleichzeitig auf explizite Informationspflichten verweist, stellt auch dies eine Wertung dar, die im Rahmen des lauterkeitsrechtlichen Institutionsschutzes nicht übergangen werden darf.

3. Verbot des Angebotes unter Einstandspreis durch § 20 Abs. 4 S. 2 bis 4 GWB

101 Bedeutung für die Reichweite des lauterkeitsrechtlichen Institutionsschutzes hat auch das seit der 6. GWB-Novelle (1998) spezialgesetzlich geregelte und durch das Gesetz zur Bekämpfung von Preismissbrauch im Bereich der Energieversorgung und des Lebensmittelhandels aus dem Jahr 2007 erneut verschärfte **Verbot des Angebotes unter Einstandspreis** (§ 20 Abs. 4 S. 2 bis S. 4 GWB). Allerdings steht dieses nicht in der Tradition der für das UWG aufgezeigten Liberalisierungstendenz, sondern stellt im Gegenteil eine deutliche **Einschränkung der unternehmerischen Handlungsfreiheit** im Vergleich zur Rechtslage vor der 6. GWB-Novelle dar. Bis zur Aufnahme dieses Tatbestandes herrschte in Fragen der Preiskontrolle noch weitgehende Wertungsstimmigkeit zwischen der Auslegung des kartellrechtlichen Behinderungsverbots (vgl. **Anzeigenpreis-Entscheidung** einerseits)[188] und dem lauterkeitsrechtlichen Institutionsschutz (vgl. **Anzeigenpreis II-**

---

183 So schon BGH GRUR 1969, 295, 296 – Goldener Oktober m. Anm. *Droste*; vgl. *Beater* § 16 Rn 50, § 26 Rn 4f, Rn 40ff; *Fezer* WRP 2001, 989, 1008; vgl. *Steinbeck* → § 4–1 Rn 87ff, 130ff, 141ff; 199ff.

184 *Fezer* WRP 2001, 989, 1008.

185 Diese Einschätzung teilt auch *Emmerich* WettbR § 19 II 2.

186 Vgl. hierzu ausführlich *Steinbeck* → § 4–4 Rn 4ff.

187 Vgl. *Keßler* WRP 2007, 714ff; bereits zu § 5 Abs. 2 S. 2 aF *Köhler* GRUR 2003, 729, 733; vgl. auch *Köhler/Lettl* WRP 2003, 1019, 1052; zu Informationspflichten im Lauterkeitsrecht allgemein *Fezer* WRP 2007, 1021ff.

188 BGH GRUR 1990, 685 – Anzeigenpreis.

Entscheidung andererseits).[189] Wie nunmehr auch durch die WalMart-Entscheidung des BGH[190] bestätigt, ist mit dem neuen Verbotstatbestand eine deutliche Absenkung der kartellrechtlichen Tatbestandsvoraussetzungen im Vergleich zu den in der Hitlisten-Platten-Entscheidung[191] aufgestellten Kriterien verbunden. Mit der speziellen Regelung für Untereinstandspreisverkäufe im Lebensmittelbereich in § 20 Abs. 4 S. 2 Nr. 1 und Sätzen 3 und 4 GWB geht eine erneute Einschränkung der unternehmerischen Handlungsfreiheit einher, da diese fortan auch nicht mehr nur gelegentlich erfolgen dürfen, sondern nur noch in besonderen Ausnahmefällen. Welche Auswirkungen diese spezialgesetzliche Regelung auf den lauterkeitsrechtlichen Institutionsschutz haben kann, wird an entsprechender Stelle eingehend diskutiert.[192]

IV. Fazit

Nach Darstellung des wettbewerbspolitischen Rahmens, in den sich der lauterkeitsrechtliche Institutionsschutz einzufügen hat, lassen sich folgende relevante Tendenzen festhalten. **102**

Zunächst ist festzustellen, dass institutionssichernde Maßnahmen mit Mitteln des Lauterkeitsrechts dem Gemeinschaftsrecht nicht entgegenstehen. Sie entsprechen vielmehr dessen Grundanliegen den Wettbewerb vor Verfälschungen zu schützen. Es ist weiter zu berücksichtigen, dass ausgehend von dem hohen Stellenwert, der auf Gemeinschaftsebene dem aufgeklärten Verbraucher eingeräumt wird, sich auf nationaler Ebene eine weitgehende **Entschlackung des Lauterkeitsrechts** von bevormundenden Regeln vollzog. Der damit einhergehende erweiterte Spielraum der Wettbewerber unter anderem bei der Entwicklung verkaufsfördernder Maßnahmen wird durch **gesteigerte Informationspflichten** kompensiert, der Schwerpunkt somit im weitesten Sinne auf das Irreführungsverbot verlegt. Damit wird der Verbraucher zum vollwertigen Marktteilnehmer aufgewertet, der Wettbewerbsprozess von unnötigen qualitativen Vorgaben befreit und die Möglichkeit eröffnet, im freien Spiel der Kräfte eine (vorübergehende) nachfrageadäquate Angebotsstruktur zu finden. **103**

Die Beurteilung der Allgemeininteressen am Bestand wettbewerblicher Prozesse kann sich nur innerhalb dieses Koordinatensystems abspielen. Eine Verschiebung einzelner Parameter **muss sich auf die Gesamtbeurteilung auswirken.** Würde eine Änderung an der „Stellschraube" des Verbraucherleitbildes oder den wettbewerbspolitischen Instrumenten der ZugabeVO, des RabattG oder des Sonderveranstaltungsrechts keine Auswirkung auf die Interessenabwägung im Rahmen des lauterkeitsrechtlichen Institutionsschutzes haben, bestünde die Gefahr, dass die Fallgruppe der allgemeinen Marktbehinderung als Instrument des Wettbewerberschutzes im Sinne eines Schutzes „vor" Wettbewerb missbraucht werden könnte. Bei der Beurteilung eines Wettbewerbsverhaltens unter dem Gesichtspunkt der allgemeinen Marktbehinderung kann es aber nicht darum gehen, den Wettbewerb in überkommenen Strukturen zu erhalten und wirtschaftlichen Entwicklungen allein deshalb entgegenzusteuern, weil sie bestehende Konzeptionen in Frage stellen. Der Wandel des Einsatzes von Aktionsparametern ist gerade die Eigenart des dynamischen Wettbewerbsprozesses. Angesichts der Unvorhersehbarkeit wettbewerblicher Entwicklungen ist in diesem Zusammenhang mit *Schünemann*[193] der im Wettbewerbsrecht zu geltende Grundsatz **„in dubio pro libertate"** besonders hervorzuheben. **104**

---

[189] BGH GRUR 1990, 687 – Anzeigenpreis II.
[190] BGH NJW 2003, 1736 – WalMart.
[191] BGH GRUR 1995, 690 – Hitlisten-Platten.
[192] → Rn 269 ff.
[193] Vgl. Großkomm/*Schünemann* UWG § 1 Rn C 220; Harte/Henning/*Schünemann* UWG § 1 Rn 28; s. auch *Beater* § 12 Rn 31 f, 37 ff.

E. Problemfelder des lauterkeitsrechtlichen Institutionsschutzes

I. Marktabgrenzung

105 Die Anwendung der Fallgruppe der allgemeinen Marktbehinderung setzt die Bestimmung voraus, welcher Markt überhaupt tangiert ist. Deshalb bedarf es zunächst einer Definition desselben in **sachlicher, räumlicher** und **zeitlicher** Hinsicht. Dabei kann auf die Maßstäbe zurückgegriffen werden, die im Kartellrecht herangezogen werden.[194]

1. Der sachlich relevante Markt

106 Für die Beurteilung des sachlich relevanten Marktes kommt es auf die funktionelle Austauschbarkeit der Produkte aus der Sicht des Abnehmers an. Demnach gehören die Erzeugnisse, die der verständige Verbraucher für einen bestimmten Verwendungszweck als gleichwertig und daher austauschbar ansieht, demselben Markt an (sog. **Bedarfsmarktkonzept**).[195] Neben dem reinen Verwendungszweck können sich aber auch durch differenzierte Marktstrategien Teilmärkte für an sich verwendungsgleiche Produkte ergeben. Dies kann einerseits für hochpreisige Luxus- und Prestigeartikel gelten, selbst wenn technisch funktional keine sachlichen Unterschiede zu anderen, funktionsgleichen Produkten bestehen mögen.[196] Ähnliches gilt für das Verhältnis von Markenartikeln zu Nicht-Markenartikeln.[197] Aber auch die Wahl der Absatzwege kann ein maßgebliches Kriterium darstellen. Differenzierungen sind hier insbesondere auf dem Pressemarkt geboten.[198] Hier ist in erster Linie zwischen Tageszeitungen, Wochenzeitungen, Sonntagszeitungen, Fachzeitschriften und Anzeigenblättern zu unterscheiden. In allen Bereichen muss weiter in Lesermärkte und Anzeigenmärkte unterteilt werden. Innerhalb der Lesermärkte sind regelmäßig wegen der unterschiedlichen Zielgruppen, Absatzwege, Aufmachungen und dergleichen zwischen sog. Abonnements-Zeitungen und Straßenverkaufszeitungen, kostenlose und gegen Entgelt zu erwerbende Zeitungen zu unterscheiden. Hierauf soll später noch genauer eingegangen werden.[199] Es soll an dieser Stelle nur unterstrichen werden, dass in vielen Märkten eine **differenzierte Betrachtung** bei der sachlichen Marktabgrenzung geboten ist.

2. Der räumlich relevante Markt

107 Auch die Feststellung des räumlich relevanten Marktes vollzieht sich nach dem Kriterium der **Austauschmöglichkeit** aus Sicht der Abnehmer. Er kann sich auf **einzelne regionale und lokale Teilmärkte** beschränken, wenn der Wettbewerb für den in Frage stehenden sachlichen Bereich auch örtlich begrenzt ist. Er kann aber auch den Geltungsbereich des UWG übersteigen, wenn der Bedarf an dem jeweiligen Produkt auch grenzüberschreitend gedeckt wird.[200] Dies wurde durch die 7. GWB Novelle (2005) nun ausdrücklich für das Kartellrecht in § 19 Abs. 2 S. 3 GWB klargestellt und muss auch für das Lauterkeitsrecht gelten. Wegen der fortschreitenden Durchdringung der Märkte in der Europäischen Gemeinschaft und der verstärkten Nutzung des Internets als Bezugskanal wird dieser Erwägung im Rahmen der Fallgruppe der allgemeinen Marktstörung stärker Rechnung zu tragen sein. Gerade in lauterkeitsrechtlichen Entscheidungen zum Tatbestand der allgemeinen Marktbe-

[194] Vgl. hierzu statt aller Immenga/Mestmäcker/*Möschel* GWB § 19 Rn 23 ff; auch *Beater* § 24 Rn 9 ff.
[195] ZB KG WuW/E OLG 995, 996 – Handpreisauszeichner; BGH WuW/E BGH 1435, 1449 – Vitamin B 12; BGH WuW/E BGH 3058, 3062 – Pay-TV-Durchleitung.
[196] KG WuW/E OLG – Hussel Mara für Kosmetika der oberen Preisklasse.
[197] BGH GRUR 1985, 876 – Tchibo/Rolex I; KG WuW/E OLG 4167, 4169 – Kampfmeyer-Plange.
[198] Vgl. aus kartellrechtlicher Sicht Immenga/Mestmäcker/*Möschel* GWB § 19 Rn 30 f.
[199] → Rn 217 ff.
[200] Vgl. Immenga/Mestmäcker/*Möschel* GWB § 19 Rn 35.

hinderung ist in der Vergangenheit der räumlich relevante Markt jedoch häufig sehr eng definiert worden.[201]

3. Der zeitlich relevante Markt

Eine Marktabgrenzung in zeitlicher Hinsicht ist dann erforderlich, wenn der Wettbewerb auf den festgestellten relevanten sachlichen und räumlichen Markt nur eine begrenzte Zeitspanne stattfindet. In Frage kommen beispielsweise Messen[202] oder Sportveranstaltungen. Gerade wegen des engen Zeitrahmens besteht besonders bei attraktiven Veranstaltungen Potential für wettbewerblich bedenkliches Verhalten. 108

II. Beurteilungsmaßstäbe für das Marktverhalten

Die Auswirkungen einer Wettbewerbsmaßnahme auf die Gegebenheiten am Markt alleine können nicht ausreichen, um das Unlauterkeitsmerkmal zu begründen. Denn es kann eben eine wettbewerbseigene Folge darstellen, dass Wettbewerber ausscheiden und sich die Marktstrukturen hierdurch möglicherweise verschlechtern.[203] Ziel muss es vielmehr sein, die wettbewerbsinkonformen Maßnahmen von den wettbewerbskonformen zu trennen und das Verhältnis von **Handlungsunwert** und **Erfolgsunwert** zu konkretisieren. Je eindeutiger der Handlungsunwert einer Maßnahme ist, desto geringere Anforderungen sind an die zusätzlichen, die Unlauterkeit begründenden Umstände zu stellen.[204] Wenn aber im Falle der allgemeinen Marktbehinderung mangels subjektiver Kriterien – feststellbar etwa im Falle der individuellen Marktbehinderung – allein objektive Kriterien den Handlungsunwert einer Maßnahme begründen sollen, bedarf es für die Feststellung der Unlauterkeit weiterer qualitativer Anforderungen. 109

In der Rechtssprechung hat sich hiefür folgende **Faustformel** herausgebildet: Eine allgemeine Marktbehinderung liegt danach vor, wenn ein zwar nicht von vorneherein unlauteres, aber doch wettbewerblich bedenkliches Verhalten nach den Gesamtumständen das Wettbewerbsverhalten eines Marktteilnehmers für sich allein oder in Verbindung mit zu erwartenden gleichartigen Maßnahmen die ernstliche Gefahr begründet, dass der Leistungswettbewerb in Bezug auf die betroffenen Waren oder Dienstleistungen in erheblichem Maße eingeschränkt wird.[205] Die einzelnen Elemente dieser Formel seien im Folgenden vor dem geschilderten wettbewerbstheoretischen und wettbewerbspolitischen Hintergrund untersucht, bevor unter (F) zur konkreten Reichweite des lauterkeitsrechtlichen Institutionsschutz Stellung bezogen wird. 110

1. Der Begriff des Leistungswettbewerbs

Nach verbreiteter Auffassung in Teilen des Schrifttums und der Rechtsprechung ist Schutzobjekt der Fallgruppe der allgemeinen Marktbehinderung der **Leistungswettbewerb** als Institution.[206] Typische Maßnahmen des Leistungswettbewerbs, d. h. des Strebens 111

[201] Vgl. BGH GRUR 1991, 371 – Preiskampf; BGH GRUR 1975, 26 – Colgate.

[202] ZB BGH WuW/E BGH 1027, 1030 – Sportartikelmesse; BGH GRUR 1992, 554, 555 – Kunstmesse Art Frankfurt II; auch TB 1972, 82 zu Plakatflächenvermietung während der Olympischen Spiele.

[203] Hefermehl/*Köhler*/Bornkamm UWG Einl Rn 1.21 ff; *Beater* § 2 Rn 15, § 17 Rn 25, § 21 Rn 56; sowie bereits RG 134, 342 f – Tankstellen; BGHZ 19, 392 f – Anzeigenblatt; BGH GRUR 1952, 582 f – Sprechstunden; auch BGH GRUR 2002, 548, 549 – Mietwagenkostenersatz; zuletzt BGH GRUR 2004, 602 – 20 Minuten Köln.

[204] Mestmäcker S. 73.

[205] ZB BGH GRUR 1965, 489 – Kleenex m. Anm. *Lehmpfuhl*; BGH NJW 1991, 2151, 2152 – Motorboot-Fachzeitschrift; BGH GRUR 2001, 80, 81 – ad-hoc-Meldung; BGH GRUR 2001, 752 – Eröffnungswerbung.

[206] *Baudenbacher* ZHR 144 (1980), 145, 155; *P. Ulmer* GRUR 1977, 565 ff; *ders.* FS Kummer S. 565, 575 ff; s. auch *Baumbach/Hefermehl* UWG 22. Aufl. Einl. Rn 96 ff; aus der Rechtsprechung BGH GRUR 1955, 346, 349 – Progressive Kundenwerbung; BGHZ 23, 365, 373 f – SUWA; BGH GRUR 1979, 321 –

nach einem Wettbewerbsvorsprung durch die bessere eigene Leistung, den dadurch ermöglichten günstigeren Preis oder die höhere Qualität, gelten dabei stets als wettbewerbseigen und deshalb lauterkeitsrechtlich unbedenklich.[207] Dem stehen Maßnahmen der gezielten Konkurrentenbehinderung gegenüber, die wegen ihres Handlungsunwertes einen typisch unlauteren Behinderungswettbewerb darstellen. Dazwischen steht der **Nichtleistungswettbewerb,** der sich durch fehlenden Leistungsbezug auszeichnet, bei dem der Wettbewerber sich also nicht durch leistungsbedingte Vorsprünge in Preis und Qualität, sondern durch andere Mittel einen Wettbewerbsvorsprung zu verschaffen sucht. Dazu gehören Handlungen, die den für die Ordnungsfunktion des Wettbewerbs wesentlichen **Leistungsvergleich,** die Schiedsrichterfunktion der Marktgegenseite, zu stören geeignet sind.[208] Besonders kritisch wurde in der Vergangenheit der Einsatz von Mitteln der Wertreklame aber auch der Einsatz gefühlsbetonter Werbung gesehen.

112 Dem stehen jedoch **grundsätzliche Bedenken** entgegen. Bedient man sich bei der Beurteilung einer nicht per se unlauteren Wettbewerbshandlung nämlich des Begriffspaars „leistungsgerechtes" und „leistungswidriges" Verhalten und versucht dies zu konkretisieren, so müsste vorgelagert eine Entscheidung darüber zu fällen sein, was eine **„Leistung"** eigentlich ist.[209] Der Versuch einer Definition wäre aus wettbewerbstheoretischer Sicht äußerst zweifelhaft, denn darüber, was die anerkennenswerte, die gute, die bessere oder die beste Leistung ist, entscheidet unter der Bedingung der Wettbewerbsfreiheit immer aufs neue und ausschließlich der Markt selbst.[210] Definitorische Versuche zur Festlegung erwünschter Leistungskriterien laufen auf eine **Vorabdefinition** der Ergebnisse wettbewerblicher Prozesse hinaus und sind mit einem dynamischen Wettbewerbsleitbild nicht vereinbar.[211] Für eine solche Sichtweise, jedenfalls in Bezug auf Maßnahmen der Wertreklame, spricht auch die **Aufhebung des RabattG und der ZugabeVO.** Wenn fortan der Grundsatz der Freiheit von Rabatten und Zugaben gilt, dann ist die akzessorische Gewährung eines unentgeltlichen oder entgeltlichen Vorteils als grundsätzlich wettbewerbskonform zu verstehen.[212] Eine Äquivalenzkontrolle hinsichtlich der Tauschwertrelation zwischen den Kontraktpartnern jedenfalls wäre mit einem marktwirtschaftlichen Ansatz jedenfalls nicht vereinbar. Gleiches gilt für eine Verbindung zwischen positivem Leistungswettbewerb und erwünschten Marktstrukturen.[213]

113 Diese Kritikpunkte erkennen auch **neuere Stimmen** im Schrifttum wie namentlich *Fezer, Steinbeck* und *Piper* an, die an der Lehre vom Leistungswettbewerb aber dennoch festhalten wollen.[214] Sie öffnen den engen Kanon von Preis und Qualität allerdings auch für andere Aktionsparameter und somit explizit auch für Nebenleistungen wie beispielsweise Zugaben. Denn es seien keine sachfremden Erwägungen zu verzeichnen, wenn sich ein Kunde für ein bestimmtes Produkt nur deshalb entscheide, weil er dadurch eine zusätzliche Leistung erhält, an der er ein besonderes Interesse hat.[215] Auch der gefühlsbetonten Wer-

---

Verkauf unter Einstandspreis I; BGH NJW-RR 1997, 1192 – Umweltfreundliche Reinigungsmittel; nach der Novelle 2004 insbesondere *Steinbeck* → § 4–1 Rn 219 ff; *Fezer* → § 3 Rn 77 ff; *ders.* WRP 989, 1007 f; *Piper*/Ohly UWG § Einf A Rn 47 ff.

[207] *P. Ulmer* GRUR 1977, 565 ff; BGH GRUR 1960, 382, 383 – Verbandsstoffe: „Sachlich sind nur Kauferwägungen, die die Ware selbst betreffen"; vgl. auch BGH GRUR 1958, 487, 489 – Antibiotica; BGH GRUR 1959, 138, 139 – Italienische Note; vgl. auch *Baumbach/Hefermehl* UWG 22. Aufl. Einl. Rn 96 ff.

[208] *Ulmer* FS Kummer S. 565, 595; *Hölzler/Satzky* Wettbewerbsverzerrungen S. 35; *Leibold* Behinderungswettbewerb S. 55 ff.

[209] *Beater* § 12 Rn 85; *Sosnitza* S. 76 ff, 84 f mwN („schillerndes Schlagwort, mit dem jedes Ergebnis erzielbar ist"); Harte/Henning/*Schünemann* UWG § 3 Rn 136 ff; vgl. auch *Ohly* AcP 201 (2001), 1, 10; *Ullmann* GRUR 2003, 817, 821, Fn 38.

[210] *Emmerich* WettbR § 5 II 3 c; ebenso bereits *Monopolkommission* Hauptgutachten III, 1980, Tz 456.

[211] Zum Leitbild der Wettbewerbsfreiheit → Rn 156 ff.

[212] *Köhler* GRUR 2003, 729, 731; *Fezer* GRUR 2001, 989, 1013; *Eppe* Zugaben und Rabatte S. 147; *Emmerich* WettbR § 19 II 2.

[213] *Schünemann* S. 70; *Beater* § 12 Rn 85.

[214] *Steinbeck* → § 4–1 Rn 77 ff; *Fezer* → § 3 Rn 219 ff; *ders.* WRP 2001, 8989, 1007; *Piper*/Ohly UWG § Einf A Rn 49 ff.

[215] *Steinbeck* → § 4–1 Rn 80; vgl. auch *Fezer* → § 3 Rn 219; *ders.* WRP 2001, 989 ff.

bung stehen sie deutlich liberaler gegenüber, da zum Beispiel der Umstand, dass ein bestimmtes Unternehmen einen bestimmten Betrag zur Unterstützung eines konkreten Hilfsprojekts aufbringt, ein gewichtiges Argument für die Kaufentscheidung sein kann.[216] Für „leistungswidrig" halten sie es aber, wenn die Entscheidungsfreiheit des Verbrauchers beeinträchtigt wird. Neben Fragen der Täuschung und des Zwanges, sei dies auch dann der Fall, wenn der Leistungsvergleich der Produkte erschwert werde. Im Schutze des Leistungswettbewerbes liege der Schutz der Leistungskontrolle durch die Marktgegenseite.[217]

Dem ist zwar prinzipiell zuzustimmen, in der Sache ist ein **Fortschritt** hierdurch jedoch **nicht zu verzeichnen.** Richtig ist zunächst, dass ein Bedürfnis nach möglichst hoher Transparenz des Leistungsbildes besteht. Der Verbraucher muss das Leistungsbild in seiner Gesamtheit erfassen und bewerten können. Dies folgt schon aus der Stellung der Verbraucher im Wettbewerbsprozess. Grundsätzlich besteht gerade bei der Beurteilung des Einsatzes neuer Wettbewerbsparameter die Gefahr, auf Grund bestimmter vordefinierter Vorstellung von einem optimalen Wettbewerbsprozess und den Funktionen der Beteiligten, wie sie dem traditionellen Leitbild vom Leistungswettbewerb zugrunde liegt, wegen ihres Einflusses auf die Marktverhältnisse vorschnell von Leistungswidrigkeit auszugehen und somit Maßnahmen des innovatorischen Wettbewerbs, die geeignet wären, erstarrte Wettbewerbsstrukturen aufzubrechen und den Wettbewerb erst in Gang zu bringen, zu unterbinden.[218] Wenn nun nach *Fezer* und *Steinbeck* „leistungswidrig" aber bloß ein Marktergebnis sein soll, bei dessen Zustandekommen eine hinreichende Entscheidungsfreiheit der Marktgegenseite im Sinne des systemtheoretischen Ansatzes nicht gegeben war, dann **leistet** der Begriff des Leistungswettbewerbs für die Konkretisierung des Unlauterkeitsvorwurfs **nichts über den Begriff der Wettbewerbsfreiheit hinaus.**[219] Vielmehr werden durch die Hereinnahme des nach wie vor qualitativen Elementes „Leistung" die interpretatorischen Probleme des Begriffes Wettbewerb weiterhin eher potenziert.[220] 114

Insofern ist es begrüßenswert, dass jedenfalls in der neueren Rechtssprechung dieser Begriff nur noch äußerst selten verwendet wird.[221] Denn es muss vielmehr im **konkreten Einzelfall** entschieden werden, welche Elemente der Leistung insgesamt Auswirkungen auf die Entschließungsfreiheit der Verbraucher haben und wie dies in der konkreten Situation die wettbewerblichen Prozesse mit Blick auf die Freiheit und Unverfälschtheit des Wettbewerbs und den Bestand der Institution Wettbewerb beeinflusst. 115

2. Die Preisgestaltung als Beurteilungskriterium

Eng mit den Anschauungen des Leitbilds vom Leistungswettbewerb hängt die Tendenz zusammen, die Preisgestaltung als wesentlichen wettbewerblichen Aktionsparameter einer strengen wettbewerbsrechtlichen Kontrolle zu unterziehen. Vor allem **Verkäufe unter Einstandspreis** werden in dieser Hinsicht seit jeher als kritisch – um in der Diktion der geschilderten Faustformel zu bleiben, als wettbewerblich bedenklich – eingestuft.[222] So wurde bereits seit den sechziger Jahren kontinuierlich der Versuch unternommen, diesbezüglich eine generelle Verbotsnorm einzuführen. Mit der 6. GWB-Novelle schließlich gab 116

[216] *Steinbeck* → § 4–1 Rn 80; *Fezer* → § 3 Rn 222; *ders.* WRP 2001, 989, 1007, wo die besondere Bedeutung von Umweltverträglichkeit, Ressourcenschonung, Nachhaltigkeit und Sozialverträglichkeit als Leistungsinhalte genannt werden; vgl. zu diesem Aspekt auch *Fezer* → Einl E Rn 277 ff.

[217] *Steinbeck* → § 4–1 Rn 81; *Fezer* → § 3 Rn 219; zustimmend *Erdmann* WRP 2005, 663, 667.

[218] *Beater* § 12 Rn 85; *Schünemann* S. 70; Hefermehl/*Köhler*/Bornkamm UWG § 1 Rn 39.

[219] Hefermehl/*Köhler*/Bornkamm UWG § 1 Rn 39; vgl. *Beater* § 12 Rn 82 ff; sowie bereits Großkomm/*Köhler* UWG § 1 D 33.

[220] Harte/Henning/*Schünemann* UWG § 3 Rn 143; Hefermehl/*Köhler*/Bornkamm UWG § 1 Rn 39; *Mestmäcker* S. 151 f mwN; vgl. zur Uneindeutigkeit des Begriffspaares bereits die entgegengesetzte Interpretation im Benrather-Tankstellen-Fall bei *Nipperdey* einerseits und durch das RG andererseits (RGZ 134, 342), dargestellt bei *Lehmler* Wettbewerbsrecht S. 17.

[221] Vgl. zB BGH GRUR 2002, 825 – Elektroarbeiten.

[222] Vor allem *Sack* BB-Beilage 3/1988, 1, 16; *ders.* WRP 1983, 63; *P. Ulmer* GRUR 1977, 565, 572; *Bunte* GRUR 1981, 397; zum Ganzen *Emmerich* WettbR § 6 IV; *Mestmäcker* S. 217 ff; ausführlich hierzu → Rn 267.

der Gesetzgeber diesem Druck nach und führte mit § 20 Abs. 4 S. 2 Nr. 2 GWB ein Verbot für marktstarke Unternehmen ein, Waren oder gewerbliche Leistungen unter Einstandspreis nicht nur gelegentlich anzubieten, es sei denn, dass dies sachlich gerechtfertigt ist. Dies wurde auch durch die **„Gemeinsame Erklärung von Organisationen der gewerblichen Wirtschaft zur Sicherung des Leistungswettbewerbs"** bestätigt.[223]

117 Gegen den Untereinstandspreisverkauf wird insbesondere eingewendet, dass die Mitbewerber keine reelle Chance mehr hätten, ihre Leistungsfähigkeit unter Beweis zu stellen. Aus Sicht des Kunden seien die unter Einstandspreis angebotenen Waren stets die besseren Angebote, da sie weniger als die Konkurrenzprodukte kosten. Für die Mitbewerber hingegen bestehe die Gefahr, dass sie aus dem Wettbewerb ausscheiden, obwohl sie bei normalen Wettbewerbsbedingungen durchaus leistungsfähig wären.[224]

118 Zu bedenken ist aber, dass das System des freien Wettbewerbs maßgeblich davon geprägt ist, dass die **Preisbildung frei** ist. Dem hat der Gesetzgeber dadurch Ausdruck verliehen, dass Preisabsprachen sowohl in horizontaler als auch in vertikaler Richtung nach § 1 GWB verboten sind.[225] Andererseits ist jedoch zu bedenken, dass mit der Einführung des § 20 Abs. 4 S. 2 Nr. 2 GWB eine Ausnahme von diesem Grundsatz vorgesehen ist, durch die allein marktstarken und marktbeherrschenden Unternehmen eine Behinderung ihrer Konkurrenten durch bestimmte Preisgestaltungen untersagt ist. Daraus ist der Schluss zu ziehen, dass jenseits dieser Grenze der Preiswettbewerb grundsätzlich frei sein soll. Dem muss auch die Anwendung des UWG Rechnung tragen.[226] Eine andere Frage jedoch ist, ob sich das Unlauterkeitsurteil durch Hinzukommen einer Vernichtungsabsicht[227] oder wegen der Gefahr einer völligen Aufhebung der wettbewerblichen Prozesse begründen lässt.[228]

3. Die Unentgeltlichkeit als Beurteilungskriterium

119 Gleichsam als stärkst mögliche Form der Preisunterbietung wird die **Unentgeltlichkeit** als Unlauterkeitsmerkmal thematisiert.[229] Bis ca. Anfang der dreißiger Jahre hatte das Reichsgericht zunächst nichts gegen das Verschenken von Waren einzuwenden. Einen grundlegenden Wandel brachte erst die 1932 erlassene ZugabeVO, aus der das Reichsgericht fortan ein negatives Urteil des Gesetzgebers gegenüber jeder Form der Wertreklame ableitete.[230]

120 Nachdem nun das Rabattgesetz und die Zugabeverordnung aufgehoben sind, lässt es sich jedoch nur noch schwer begründen, warum eine Maßnahme allein bereits auf Grund der Unentgeltlichkeit in die Nähe des Nichtleistungswettbewerbs zu stellen ist.[231] Der Gesetzgeber hat deutlich zum Ausdruck gebracht, dass er grundsätzlich gegen das Verschenken von Waren nichts einzuwenden hat, da die Verbraucher heute ohnehin wissen, dass Kaufleute nichts zu verschenken haben und sie auch für die geschenkten Waren auf die eine oder andere Art und Weise bezahlen müssen.[232] Für den Schutz der Verbraucher und Wett-

---

223 → Rn 361.

224 *Sack* BB-Beilage 3/1988, 1, 16; *ders.* WRP 1983, 63; vgl. *Bunte* GRUR 1981, 397, 401; *Ballmann* S. 110 mwN.

225 Vor der 7. GWB-Novelle war die in vertikaler Hinsicht das Verbot der Preisbindung der zweiten Hand in 14 GWB aF geregelt. Zwar sah der Regierungsentwurf zur 7. GWB-Novelle in § 4 noch eine vergleichbare Regelung vor (vgl. hierzu BT-Drucks. 15/3640 S. 28). Im Zuge des Gesetzgebungsverfahrens wurde diese aber aufgegeben. § 14 GWB aF ist also völlig in § 1 GWB aufgegangen, der nun für horizontale und vertikale Vereinbarungen gleichermaßen gilt (vgl. hierzu Beschlussempfehlung BT_WiA BT-Drucks. 15/5049).

226 *Emmerich* WettbR § 6 IV c; vgl. *Knöpfle* S. 120 ff; *Mestmäcker* S. 223 ff; die These Sacks ausdrücklich ablehnend BGH GRUR 1984, 204, 206 – Verkauf unter Einstandspreis.

227 Hierzu *Götting* → § 4–10 Rn 1 ff.

228 Ausführlich → Rn 280.

229 *Ballmann* S. 110; vgl. *Mestmäcker* S. 61 ff.

230 *Emmerich* WettbR § 12 IV 2 mit Verweis auf RGZ 160, 385, 388 ff – Lockenwickler; *ders.* aaO § 19, 2; vgl. auch *Schricker* AfP 2001, 101 f.

231 Vgl. *Köhler* GRUR 2003, 729, 731; *Fezer* GRUR 2001, 989, 1013; *Eppe* Zugaben und Rabatte S. 147; *Emmerich* WettbR § 19 II 2.

232 Begr. RegE BT-Drucks. 14/5594 S. 7.

bewerber hat er auf das Irreführungsverbot sowie auf die Missbrauchsvorschriften des Kartellrechts verwiesen.[233] Deshalb kann die Unentgeltlichkeit allenfalls ein erstes Indiz für die Unlauterkeit sein. Im Übrigen ist auf die Bedenken gegenüber dem mit dieser Sichtweise eng verwobenen Leitbild des Leistungswettbewerbs und den sich daraus ableitenden Ansichten bezüglich der Untereinstandspreisverkäufe zu verweisen.[234] Dem Regelungszusammenhang des § 20 Abs. 4 GWB ist vielmehr zu entnehmen, dass auch diese Problematik primär Gegenstand der Missbrauchstatbestände des GWB bzw. des EG sein muss.[235]

4. Die Marktstärke als Beurteilungskriterium

Es entspricht der herrschenden Meinung, dass bei der Bewertung eines Marktverhaltens 121
nach § 3 Abs. 1 auch die **Marktstärke** des betroffenen Unternehmens zu berücksichtigen ist.[236] Dies ist aber nicht so zu verstehen, dass das Unlauterkeitsurteil unabhängig vom Handlungsunwert allein anhand der Marktstärke begründet werden könnte oder, dass das UWG ein Instrument zur Herstellung materieller Chancengleichheit im Wettbewerb sei.[237] Je ambivalenter eine Wettbewerbshandlung allerdings ist, desto größeres Gewicht gewinnt jedoch die Berücksichtigung ihrer Markt- oder Wettbewerbswirkungen.[238] Mit der Berücksichtigung der Marktstärke wird somit in diesem Zusammenhang lediglich der Tatsache Rechnung getragen, dass die Vornahme bestimmter, den Wettbewerbsbestand gefährdender Maßnahmen **faktisch** nur durch Unternehmen mit einer bestimmten Marktmacht möglich ist.[239] Von besonderer Bedeutung ist es dabei allerdings, die **Wertungsstimmigkeit mit den Vorgaben des GWB** zu wahren. Für die Frage nach der Berücksichtigung der Marktstärke im Rahmen des lauterkeitsrechtlichen Institutionsschutzes muss man sich also das Verhältnis von GWB und UWG und die sich daraus ableitenden Fragen verdeutlichen.

a) Trennungsthese. Durch die sog. Trennungsthese wurden Lauterkeitsrecht und Kar- 122
tellrecht in einen scharfen Gegensatz gestellt. *Würdinger*[240] formulierte diesen Gegensatz wie folgt: „Während das Kartellrecht den Schutz des Wettbewerbs als Institution der bestehenden Marktwirtschaft bezweckt, bekämpft das Wettbewerbsrecht innerhalb der in der Marktwirtschaft bestehenden Wettbewerbsfreiheit die Anwendung unlauterer Wettbewerbsmethoden.“ Dem **Wettbewerbsrecht sei „die Vorstellung des Schutzes des Wettbewerbs fremd“.**[241] Konsequenz dieser Sichtweise ist, dass jede Idealkonkurrenz, jede Häufung beider Gesetze in ein und demselben Sachverhalt unbedingt ausgeschlossen ist.[242]

b) Konvergenzthese (Individualschutz vs. Institutionsschutz). Die oben darge- 123
stellte These *Würdingers* fand jedenfalls im GWB nie mehrheitliche Zustimmung. Man erkannte in diesem Gesetz vielmehr den Vollzug einer Garantie der wirtschaftlichen Handlungs- und Bewegungsfreiheit des Einzelnen, sodass das Schutzobjekt des GWB sowohl im Wettbewerb als Institution der Marktwirtschaft, wie auch in der wirtschaftlichen Betäti-

---

[233] Begr. RegE BT-Drucks. 14/5594 S. 8.

[234] → Rn 111 ff und 267 ff.

[235] Äußerst kritisch auch *Schricker* AfP 2001, 101, 106; *Emmerich* WettbR § 19 II; *Nordemann* NJW 2001, 2505, 2512; Piper/*Ohly* UWG § 4.10 Rn 97.

[236] BGH GRUR 1990, 685, 686 – Anzeigenpreis; Hefermehl/*Köhler*/Bornkamm UWG § 4 Rn 12.10; *Baudenbacher* ZHR 144 (1980), 145, 167 f; *Möschel* Pressekonzentration S. 148 ff; *P. Ulmer* GRUR 1977, 565, 577, 579; *Sambuc* GRUR 1981, 796; *Sack* BB-Beilage 3/1988, 1, 25 ff; *Ballmann* S. 45 ff mwN; *Koppensteiner* WRP 2007, 475, 477 f; aus der Kommentarliteratur vor der UWG-Novelle 2004: *Baumbach/Hefermehl* UWG 22. Aufl. Einl. Rn 119 und § 1 Rn 834, 840, 845; Großkomm/*Köhler* UWG § 1 D 8 ff, 26; sowie *Gloy/Greuner* Hdb. 2. Aufl. § 3 Rn 12; aA insbesondere Harte/Henning/*Schünemann* UWG § 3 Rn 147; *Kraft* FS Bartholomeyczyk S. 223, 231; *Knöpfle* S. 38, 114.

[237] Zu diesen Bedenken s. Harte/Henning/*Schünemann* UWG § 3 Rn 148 ff.

[238] Vgl. Hefermehl/*Köhler*/Bornkamm UWG § 4 Rn 12.10; *Mestmäcker* S. 74.

[239] *Beater* § 17 Rn 30 ff; vgl. auch Großkomm/*Köhler* UWG § 1 D 26.

[240] *Würdinger* WuW 1953, 721.

[241] *Würdinger* WuW 1953, 721, 731; vgl. auch BGH WuW 1954, 450, 452 f.

[242] *Kummer* Anwendungsbereich und Schutzgut der privatrechtlichen Rechtssätze gegen unlauteren und gegen freiheitsbeschränkenden Wettbewerb S. 89 f.

gungsfreiheit der Marktteilnehmer zu sehen war.[243] Diese institutionelle Betrachtungsweise begrenzte sich nicht nur auf das Kartellrecht. Es war namentlich *Raiser,*[244] der diesen Gedanken auch für das Privatrecht und somit für das UWG fortentwickelte. Nach dieser sog. **Institutionenlehre** gilt es auch in der Privatrechtsdogmatik, den Blick von der einseitigen Betrachtung der Freiheitssphäre des Einzelnen als System subjektiver Rechte auf das vielfältige Beziehungsnetz zu lenken, das aus dem Miteinander, Zueinander und dem Bezogensein aufeinander allen Handelns der einzelnen menschlichen Individuen erwächst.[245] Durch den Schutz von Institutionen als vom objektiven Recht geordnete typische Lebensverhältnisse sollen die Voraussetzungen erhalten werden, „unter denen die Ausübung subjektiver Rechte mit den gleichen Rechten Anderer und mit dem öffentlichen Interesse vereinbar bleibt".[246] Das individuelle Handeln sowie das subjektive Recht werden mit Hilfe der Institutionalisierung relativiert.[247] Für das UWG bedeutet dies, dass die **Wettbewerbsordnung selbst Gegenstand** des vom **Unlauterkeitsrecht** angestrebten Schutzes ist, wobei der Schutz des Rechtsinstituts den Schutz der Interessen der Marktbeteiligten einschließt.[248]

124 Mit der Aufnahme der **Schutzzweckbestimmung in § 1** durch die UWG-Novelle 2004 hat der Gesetzgeber nun eindeutig Stellung im Sinne der Konvergenzthese bezogen. Nach § 1 S. 1 sollen die Marktteilnehmer vor unlauterem geschäftlichen Handlungen geschützt werden. Nach § 1 S. 2 schützt das Gesetz zugleich das Interesse der Allgemeinheit an einem unverfälschten Wettbewerb. Damit wird zum Ausdruck gebracht, dass unlauter Wettbewerb nichts anderes als eine Verfälschung des Wettbewerbs darstellt.[249]

125 Durch dieses Verständnis ist der **Konflikt** zwischen UWG und GWB allerdings vorgezeichnet, welcher sich insbesondere in der Frage der wirtschaftspolitischen Neutralität des UWG und dem Streit um die Vorfeldthese niederschlägt.

126 **c) Wirtschaftspolitische Neutralität des UWG.** Die Erkenntnis, dass dem UWG und dem GWB ein und dasselbe Regelungsobjekt zu Grunde liegen, führte zu einer Auseinandersetzung über die Frage, inwieweit wettbewerbspolitische Auffassungen im UWG Geltung erlangen können.

127 Insbesondere *Sack* vertritt die Ansicht, dass das UWG die Funktion habe, den **leistungsfähigen Mittelstand** gegen Marktmacht bedingte Wettbewerbsverzerrungen zu schützen.[250] Unter Bezugnahme auf die wettbewerbstheoretischen workability-Konzepte wird darauf hingewiesen, dass der gemeinsame Schutzzweck von GWB und UWG die Erhaltung der Funktionsfähigkeit des Wettbewerbs sei. Die Existenz mittelständischer Unternehmen habe erhebliche Bedeutung für die **Marktstruktur** und damit für die Funktionsfähigkeit des Wettbewerbes. Darüber hinaus gebiete es das Leistungsprinzip, dass jeder Wettbewerber in der Lage sein sollte, seine Leistungsfähigkeit unter Beweis stellen zu können und kleine und mittlere Wettbewerber nicht unter Einsatz nicht leistungsgerechter Machtmittel vom Markt gedrängt werden dürften, zu deren Einsatz diese kleineren Wettbewerber nicht in der Lage seien. Unter Berufung auf die Wertungskonvergenz zwischen UWG und GWB wird auf die kartellrechtlichen mittelstandschützenden Normen hingewiesen und werden diese als richtungweisende Wertentscheidung des Gesetzgebers verstanden.[251]

---

[243] *Merz* S. 191 mit Verweis auf *Koenigs* GRUR 1958, 589 f; *ders.* NJW 1961, 1041 f; vgl. auch *Fikentscher* Wettbewerb und Gewerblicher Rechtsschutz S. 198 ff.

[244] *Raiser* in: Summum Ius Summa Iniuria S. 145, 157.

[245] *Merz* S. 204; *Raiser* in: Summum Ius Summa Iniuria S. 145, 146 f; *ders.* FS Fechner S. 57, 59 ff; vgl. auch *Mestmäcker* S. 78 ff; *ders.* AcP 168 (1968), 235, 238 ff.

[246] *Merz* S. 204 f mit Verweis auf *Mestmäcker* S. 79.

[247] *Mestmäcker* S. 79 und 83; vgl. *Raiser* in: Summum Ius Summa Iniuria S. 145, 163 f.

[248] Grundlegend *Raiser* in: Summum Ius Summa Iniuria S. 145, 156; vgl. *Fezer* → Einl E Rn 39 ff; Hefermehl/*Köhler*/Bornkamm UWG Einl Rn 6.11 ff; *ders* WRP 2005, 645; *Keßler* WRP 2005, 1203, 1207.

[249] Treffend *Köhler* WRP 2005, 645, 646; vgl. auch *Keßler* WRP 2005, 1203 ff.

[250] *Sack* WRP 1975, 65, 73; *ders.* WRP 1975, 261, 262 f; *ders.* WRP 1978, 489, 492 f; *ders.* WRP 1983, 63, 67 f; *ders.* BB-Beilage 3/1988, 1, 26 f; vgl. auch *Sambuc* GRUR 1981, 796, 797 ff.

[251] Zu dieser Ansicht ausführlich *Ballmann* S. 45 f mwN.

Diese Ansicht wird in der Literatur überwiegend abgelehnt. Das UWG könne nicht für strukturpolitische Zwecke instrumentalisiert werden.[252] Die nähere Begründung der Ablehnung weist allerdings deutliche Unterschiede auf. 128

Insbesondere *Kraft* ist der Ansicht, der Wertungsbereich des UWG wäre überstiegen, wenn die Marktmacht des Handelnden überhaupt Berücksichtigung finden würde.[253] Dies wird von *Schricker* unterstützt, der vertritt, dass das UWG für alle gleichermaßen zu gelten habe.[254] Aus den nach Marktmacht differenzierten Missbrauchstatbeständen des GWB ergebe sich schließlich eine Beschränkung des Anwendungsbereichs des UWG zu Bekämpfung von Marktmacht (Sperrwirkung).[255] 129

Die Rechtsprechung ist nicht einheitlich. In Abkehr von der **SUWA-Entscheidung** lehnt es der BGH in der **Kleenex-Entscheidung** ab, die Beurteilung von Werbepraktiken davon abhängig zu machen, ob diese wirtschaftlich auch kleinen oder mittleren Unternehmen möglich sind.[256] In der **Geld-Gewinnspiel-Entscheidung** klingen hingegen strukturpolitische Aspekte erneut an. Es wird darauf abgestellt, ob kleinere Mitbewerber einer auf besonderem Kapitaleinsatz beruhenden Werbung wirksam begegnen können.[257] Darauf ist auch in zwei neueren Entscheidungen zurückgegriffen worden.[258] 130

Richtig ist, dass die Wertungen gesetzlicher Vorschriften, die wirtschafts- oder industriepolitische Ziele verfolgen und den Prozess wettbewerbskonformer Selektion durch Protektion ausschalten wollen (Mittelstandsschutz im GWB), nicht über ihren unmittelbaren Anwendungsbereich hinaus verallgemeinert und in die Beurteilung einbezogen werden dürfen.[259] Eine solche Verallgemeinerung birgt die Gefahr einer richterlichen Wirtschaftspolitik, der in der Tat die demokratische Legitimation fehlen würde.[260] Insofern **verbietet sich eine rein strukturpolitisch motivierte Argumentation,** ohne gesetzgeberische Grundlage. Eine von Strukturaspekten unbelastete Berücksichtigung der Marktmacht verbietet sich hingegen nicht. Jedenfalls solange die angelegten Maßstäbe nicht weniger streng sind als die im GWB, stellt dies keinen Widerspruch sondern einen Wertungseinklang mit diesem dar. Im Übrigen kann eine **Interessenabwägung**, die der Einbeziehung aller relevanten Faktoren verpflichtet ist, auf diesen Aspekt auch nicht verzichten.[261] 131

d) Vorfeldthese. Die Anerkennung des umfassenden Wettbewerbsschutzes durch UWG und GWB im Sinne der Konvergenzthese impliziert eine Anerkennung einer Marktstrukturkontrolle durch das UWG über die Marktverhaltenskontrolle hinaus. Um dieser Aufgabe gerecht zu werden, sind, wie gezeigt, auch Marktmachtaspekte in die Betrachtung einzubeziehen. Die Marktstrukturkontrolle ist nun aber an sich Aufgabe des Kartellrechts, welches hierfür im Rahmen der Missbrauchsaufsicht (§§ 19, 20 GWB) besondere Tatbestände bereithält, die an das Vorliegen einer bestimmten Marktmacht der handelnden Unternehmen anknüpfen. Wenn man aber davon ausgeht, dass UWG und GWB im Zusammenspiel ein sich ergänzendes Regelungssystem zum Schutz des Wettbewerbs darstellen, so stellt sich doch die Frage, inwieweit ausdrückliche Wertungen des einen Regelungsbereiches **Ausstrahlungswirkungen** auf den anderen Regelungsbereich haben. 132

---

[252] *Mestmäcker* S. 75; *Bodewig* GRUR Int. 1979, 29, 33; *Kraft* ZRP 1979, 161, 165; *Schricker/Lehmann* WRP 1977, 289, 306.

[253] *Kraft* FS Kummer S. 389, 396; *ders.* FS Bartolomeyczyk S. 223, 231.

[254] *Schricker* AfP 2001, 101 mwN.

[255] *Kraft* FS Bartolomeyczyk S. 223, 231 ff; *Merz* S. 249, 252 f; Harte/Henning/*Schünemann* UWG § 3 Rn 126 ff und 147 ff; bereits Großkomm/*Schünemann* UWG Einl. D 103 ff; vgl. auch *Knöpfle* S. 19, 36 ff.

[256] BGHZ 43, 278, 283 – Kleenex, entspr. GRUR 1965, 489 m. Anm. *Lehmpfuhl*; anders noch BGHZ 23, 365, 372 – SUWA.

[257] BGH GRUR 1974, 156, 157 – Geld-Gewinnspiel.

[258] BGH GRUR 1998, 735, 736 – Rubbelaktion; BGH GRUR 2000, 820, 821 – Space Fidelity Peep-Show.

[259] *Beater* § 12 Rn 67.

[260] Harte/Henning/*Schünemann* UWG § 3 Rn 126 ff; *Raiser* GRUR Int. 1973, 443, 445; auch *Kraft* FS Bartholomeyczyk S. 223, 234 f; *Merz* S. 245; *Möschel* Pressekonzentration S. 147 f.

[261] *Köhler* WRP 2005, 645, 651; s. auch Großkomm/*Köhler* UWG § 1 D 26; ausführlich *Ballmann* S. 81.

133 Nach der im Wesentlichen auf *P. Ulmer* zurückgehenden sog. **Vorfeldthese** soll das UWG wegen seines institutionenschützenden Charakters bei Maßnahmen marktstarker Unternehmen, die zwar die Voraussetzungen des Missbrauchs- und Diskriminierungsverbots (noch) nicht erfüllen, denen aber gleichwohl eine Gefahr für die Wettbewerbsordnung innewohnt, im Vorfeld dieser Tatbestände eine lückenfüllende Schutzfunktion übernehmen.[262]

134 Nach anderer Ansicht entfalten die GWB-Wertungen eine **Sperrwirkung,** die eine weitergehende Anwendung des UWG verbieten.[263] Dieser Ansicht ist zu folgen. Das für die Auslegung des UWG maßgebliche übergeordnete Referenzsystem des freien Wettbewerbs hat seine positivrechtliche Ausprägung vornehmlich durch das GWB erfahren, so dass bei der Auslegung der Generalklausel des § 3 Abs. 1 vorrangig die in diesem Gesetz zum Ausdruck gelangten Wertungen zum Tragen zu bringen sind.[264] Danach trägt ein Unternehmen eine Marktstrukturverantwortung erst ab einer gewissen Marktmacht. Die Vertragsfreiheit, die ein Teil des angestrebten Freiheitsziels ist, kann keinen Schutz finden, wenn sie dazu benutzt wird, den Wettbewerb zu beschränken. Deshalb soll sich die unternehmerische Freiheit allgemein umgekehrt proportional zu der jeweiligen Marktmacht verhalten.[265] Dadurch wird der Tatsache Rechnung getragen, dass mit der Marktmacht auch die Gefahr der Aufhebung wettbewerblicher Mechanismen wächst.[266]

135 Im Rahmen der verschiedenen GWB-Novellen ist diese Schwelle immer weiter abgesenkt worden (vgl. §§ 20 Abs. 2 S. 1, 20 Abs. 4 S. 1 GWB). Mit § 20 Abs. 4 S. 2 bis 4 GWB hat der Untereinstandspreisverkauf eine ausdrückliche Regelung erhalten. Eine weitere Herabsetzung der Marktmachtschwelle, wie sie der Vorfeldthese vorschwebt, führte aber nach rechtsvergleichend und ökonomisch bestätigtem Urteil nicht zu einem verstärkten Schutz des Wettbewerbs, sondern gefährdet vielmehr seine Funktionsfähigkeit. Mit dieser Begründung hat es der Gesetzgeber trotz entsprechender wettbewerbspolitischer Forderungen abgelehnt, ein allgemeines Diskriminierungsverbot einzuführen.[267]

136 Deswegen darf auf dem Weg über die Generalklausel des § 3 Abs. 1 nicht in diesen **vom GWB mit Bedacht freigegebenen Wettbewerbsraum** eingegriffen werden. Der lauterkeitsrechtliche Institutionsschutz durch § 3 Abs. 1 darf kein Instrument zum beliebigen Unterlaufen dieser Wertungen sein.[268] Um den Einklang mit den Wertungen des GWB zu wahren, können im Rahmen des Unlauterkeitsverdikts in Fragen der allgemeinen Marktbehinderung unterhalb der Aufgreifschwelle des GWB Marktmacht und -strukturerwägungen nur mit **äußerster Vorsicht** zum Tragen kommen.

5. Marktfolgen als Beurteilungskriterium

137 Um eine interessengerechte wettbewerbsrechtliche Entscheidung zu gewährleisten, wird die Anwendung der Generalklausel, über die Frage etwaiger Marktmachtdifferenzierungen hinaus, auch davon abhängig gemacht, welche Folgen die maßgebliche Handlung auf den Wettbewerb haben würde.[269] In Anbetracht der Tatsache, dass sich Marktprozesse keinesfalls sicher vorhersagen lassen, sind Erwägungen darüber, welche Folgen ein Handeln oder dessen

---

262 Besonders *P. Ulmer* AfP 1975, 885 f; *ders.* GRUR 1977, 565, 577; zustimmend *Tilmann* GRUR 1979, 825, 830; *Baudenbacher* GRUR 1981, 19, 26 f; *Sambuc* GRUR 1981, 796; vgl. zu diesem Aspekt *Mestmäcker* S. 148 f mwN.

263 *Mestmäcker* S. 143 ff; Harte/Henning/*Brüning* Einl. F Rn 127; Gloy/Loschelder/*Holtorf* Hdb. § 3 Rn 2; *Emmerich* WettbR § 5 III 3; *Nordemann* Rn 30; *ders.* NJW 2001, 2505, 2512; *Schricker* AfP 2001, 101 f; Hefermehl/*Köhler*/Bornkamm UWG Einl Rn 6.17; *ders.* WRP 2005, 645, 647; bereits Großkomm/*Köhler* UWG § 1 D 14; zum Ganzen, *Merz* Die Vorfeldthese, passim.

264 *Emmerich* WettbR § 5 III 3.

265 *Eucken* S. 169 ff, 175 ff, 275; *Mestmäcker* S. 155 f; *I. Schmidt* S. 117.

266 Großkomm/*Köhler* UWG § 1 D 13.

267 *Mestmäcker* S. 144; BGH WuW/E 1787, 1792 – Garant.

268 *Emmerich* WettbR § 5 III 3; *Beater* § 24 Rn 4; vgl. Hefermehl/*Köhler*/Bornkamm UWG Einl Rn 6.17; Piper/*Ohly* UWG § 4.10 Rn 96 f; MünchKomm/*Heermann* UWG Anh. §§ 1–7 B Rn 5 ff; bereits Großkomm/*Köhler* UWG § 1 Rn D 13 f mwN; vgl. auch *Koppensteiner* WRP 2007, 475 ff.

269 Vgl. *Fezer* → § 3 Rn 232 ff; *Tilmann* GRUR 1991, 796 ff; *Beater* § 12 Rn 52; *Koppensteiner* WRP 2007, 475, 476 ff.

Verbot für den Wettbewerb haben würde, nur in seltenen Fällen tragfähig. Man muss deshalb sehr genau bedenken, was solche Folgenerwägungen leisten können und was nicht.[270]

a) Nachahmungsgefahr und Verbrauchergewöhnung. Eines dieser Marktfolgenkriterien, das als qualitatives Zusatzmerkmal für die Beurteilung von Verhaltensweisen mit nicht eindeutigem Handlungsunwert angeführt wird, ist die sog. **Nachahmungsgefahr.** Materiellrechtliche Bedeutung erlangte diese zuerst in der **Diamantine-Entscheidung** des Reichsgerichts. Das Verschenken von Originalware entspreche einer Wettbewerbsmaßnahme, die „den Boden sinngemäßer kaufmännischer Betätigung verlässt, die Erzeugnisse des Unternehmens einem Zweck dienstbar macht, der ihm nach der allgemeinen Wirtschaftsauffassung fremd ist. Nötigt dadurch der Mitbewerber seine Konkurrenten, ihm auf diesem Wege zu folgen, so muss dies zu einer dem Zweck und der Bedeutung geschäftlicher Werbung unangemessenen, übertriebenen Belastung der Wirtschaft führen, deren Nachteil nicht nur der Mitbewerber, sondern letzten Endes die Allgemeinheit zu tragen habe".[271] Auch im Falle von Preiskämpfen soll die Nachahmungsgefahr wegen des ihnen zukommenden „Aufmerksamkeits- und Werbewerts" gegeben und somit rechtserheblich sein.[272] Die Nachahmungsgefahr soll dann den Ausschlag für das Unwerturteil geben, wenn die Nachahmung die negativen Auswirkungen des Wettbewerbsverhaltens vervielfacht und diese von der Allgemeinheit nicht mehr hingenommen werden können.[273] 138

In der **Kleenex-Entscheidung** einer weiteren Entscheidung zur unentgeltlichen Verteilung von Originalwaren, stellt der BGH fest, der maßgebliche Handlungsunwert des Verschenkens von Originalwaren, der über den Zweck der Erprobung hinausgehe, sei die **Gewöhnung des Verbrauchers** an die verschenkten Waren.[274] Diese Ansicht wird von Teilen der Literatur geteilt.[275] *Schünemann* bezeichnet diese Ansicht zutreffend als **„lauterkeitsrechtliche" Vorfeldthese,** die ein im Handlungsunwert noch indifferentes Wettbewerbsverhalten, aber in der Grauzone der Unlauterkeit liegendes Verhalten erst aus Folgeerwägungen heraus für unlauter erklärt.[276] 139

Die **Praktikabilität** der Nachahmungsgefahr als Unlauterkeitsmerkmal wird aber zu Recht von vielen Seiten **bezweifelt.**[277] Zunächst muss bedacht werden, dass die Gefahr der Nachahmung nur äußerst selten endgültig nachgewiesen werden kann. Vielmehr verlangt dieses Merkmal von dem Richter eine Prognose über das zukünftige Marktverhalten von Unternehmen, was auf Grund der begrenzten Erkenntnismöglichkeiten in zivilrechtlichen Rechtsstreitigkeiten[278] – anders als im kartellrechtlichen Verfahren – leicht zu spekulativen Erwägungen führen kann **(Prognoseunsicherheit).** Komplizierte Marktmechanismen werden bei der Vorhersage wie selbstverständlich unterstellt ohne auf eine sorgfältige Analyse derartiger Abläufe unter Verwendung wirtschaftswissenschaftlicher Methoden zurückzugreifen.[279] Stattdessen wird auf die „allgemeine Lebenserfahrung" zurückgegriffen und mit subjektiven Kategorien wie der Gefahr der Verwilderung der Wettbewerbssitten argumentiert. *v. Harder* befürchtet deshalb zurecht, dass auf diese Weise unerwünschte Wettbewerbshandlungen, die als solche wettbewerbseigen sind, multipliziert werden, um so das nötige Gewicht für einen Wettbewerbsverstoß zu erhalten.[280] In systemtheoretischen 140

---

[270] Kritisch Hefermehl/*Köhler*/Bornkamm UWG § 4 Rn 12.11; *ders.* WRP 2005, 645, 652; *Beater* § 12 Rn 52; vgl. auch *Emmerich* WettbR § 5 II 3a mwN.

[271] RG MuW 1937, 34 – Diamantine.

[272] BGH GRUR 1990, 371, 372 – Preiskampf.

[273] BGH GRUR 1992, 622, 624 – verdeckte Laienwerbung.

[274] BGHZ 43, 278, 284 = GRUR 1965, 489 – Kleenex m. Anm. *Lehmpfuhl.*

[275] Insbesondere *Ulmer* GRUR 1977, 565, 577; *ders.* FS Kummer S. 565, 572, 577.

[276] Großkomm/*Schünemann* UWG Einl. D 109 mwN; vgl. nun Harte/Henning/*Schünemann* UWG § 3 Rn 209 ff.

[277] Hefermehl/*Köhler*/Bornkamm UWG § 4 Rn 12.11; MünchKomm/*Heermann* UWG Anh. §§ 1–7 B Rn 19 ff; *Koppensteiner* WRP 2007, 475, 476 ff.

[278] → Rn 147 ff.

[279] *Brammsen/Leible* BB Beilage Nr. 10/1997 S. 14 f.

[280] *v. Harder* GRUR 1962, 439; zustimmend *Lempfuhl* GRUR 1965, 493; vgl. auch *Köhler* WRP 2005, 645, 652; *Nordemann* Rn 1413.

Kategorien kommt dies einer Anmaßung von Wissen gleich, die mit dem Entdeckungs- und Problemlösungsverfahren Wettbewerb nicht vereinbar ist.[281]

141 Weiterhin erscheint es problematisch, dem Initiator einer innovativen Wettbewerbsmaßnahme das Risiko der Nachahmung durch andere Unternehmen aufzubürden. Die Begründung jedenfalls, dass sich der Unwertsgehalt einer Handlung erst dadurch ergibt, dass sich andere genauso verhalten, erscheint zweifelhaft.[282] Folglich sieht man sich auch einem **Zurechnungsproblem** gegenüber.[283]

142 Schließlich ist auch zu bedenken, dass eine mögliche Nachahmung nicht zwangsläufig zu einer Gefährdung des Wettbewerbes in seinem Bestand führen muss, sondern die wettbewerbsschädlichen Auswirkungen auch zu **neutralisieren** vermag. *Köhler* führt hier das überzeugende Beispiel an, dass das Verteilen von Originalware nur zu einer Gewöhnung der Verbraucher an das Produkt führt, wenn es nur von einem Unternehmen praktiziert wird. Verfahren andere Wettbewerber aber genauso, bewirkt dies, dass der Verbraucher mit mehreren Produkten in Kontakt kommt und die gemachten Erfahrungen bei der Kaufentscheidungen berücksichtigen wird.[284] Andere Maßnahmen vermögen nach einem ersten **„Praxisschock"** abzuebben, was die Gefahr einer Wettbewerbsverwilderung deutlich reduziert.[285] Im Übrigen ist auch zu bedenken, dass gerade eine Untersagung wegen Nachahmungsgefahr einem Wettbewerber in gewisser Weise einen Wettbewerbsvorsprung gewährt, da seine Mitbewerber nicht zu vergleichbaren (Gegen-)Maßnahmen greifen können.

143 Inwiefern Marketingmaßnahmen dem Verbraucher zugemutet werden sollen, ist gerade vor dem Hintergrund der Entwicklung des Verbraucherleitbildes **großzügiger** zu behandeln. Aus Wettbewerbersicht verlangen die von einer zunehmenden Liberalisierung gekennzeichneten Vorgaben des Gemeinschaftsgesetzgebers ebenfalls weniger strenge Anforderungen. Gerade wenn man bedenkt, dass Wettbewerb auf einem Prozess von Innovation und Nachahmung beruht, kann es letztlich auch hier in erster Linie nur darum gehen, ob es sich bei der Maßnahme um einen regelwidrigen Angriff auf den Bestand des Wettbewerbs handelt, was nach **wettbewerbseigenen Maßstäben** zu beurteilen ist.

144 Richtig ist, dass Wettbewerbshandlungen nicht immer per se, d.h. ohne Rücksicht auf die gesamten Umstände, in die sie hineingestellt sind, als wettbewerbsfremd oder wettbewerbseigen qualifiziert werden können und dass hierzu im Zweifel auch ihre zu erwartenden Auswirkungen auf das künftige Verhalten der Mitbewerber heranzuziehen sind.[286] Allerdings darf man dabei kein statisches, durch qualitative Anforderungen vorwegdefiniertes Wettbewerbsverständnis zu Grunde legen, sondern muss der Dynamik des Wettbewerbers ausreichend Raum zugestehen. Ansonsten besteht die Gefahr, dass genau diese Dynamik erstickt wird.

145 **b) Die Anforderungen an die Intensität der Marktfolgen.** Da es sich bei der allgemeinen Marktbehinderung um einen Gefährdungstatbestand handelt, kommt es darauf an, welche Anforderungen an die „Gefährdung des Wettbewerbsbestandes" zu stellen sind. Richtigerweise setzt die Rechtsprechung dort die Grenze, wo den Mitbewerbern „für eine geraume Zeit die Möglichkeit genommen wird, am Wettbewerb teilzunehmen".[287] Lediglich kurzfristige Verzerrungen genügen nicht, denn mit dieser Erwägung könnten Maßnahmen des innovatorischen Wettbewerbs unterbunden werden, die geeignet wären, erstarrte Wettbewerbsstrukturen aufzubrechen.

---

[281] *v. Hayek* Ordo 26 (1975), 12, 14ff; auch BGH GRUR 1992, 622, 625 – Verdeckte Laienwerbung; vgl. zu diesem Problemkreis auch *Brammsen/Leible* BB Beilage Nr. 10/1997, 14f.

[282] *Brammsen/Leible* BB Beilage Nr. 10/1997, 15; *Knöpfle* S. 59.

[283] Vgl. Großkomm/*Köhler* UWG § 1 D 31 mwN; *ders.* WRP 2005, 645.

[284] Bereits Großkomm/*Köhler* UWG § 1 D 30; vgl. nun auch Hefermehl/*Köhler*/Bornkamm UWG § 4 Rn 12.11; *ders.* WRP 2005, 645.

[285] *Brammsen/Leible* BB Beilage Nr. 10/1997, 15.

[286] Vgl. BGH GRUR 1965, 489, 491 – Kleenex m. Anm. *Lehmpfuhl.*

[287] BGH GRUR 1975, 26, 29 – Colgate im Anschluss an BGHZ 23, 365, 371 – SUWA; vgl auch OLG Köln GRUR-RR 2005, 168 – Glow by J. Lo.

Es muss sich um eine **konkrete, ernsthafte Gefahr** handeln und das endgültige Ausscheiden anderer Mitbewerber aus dem Markt und damit eine hochgradige Vermachtung des Marktes drohen.[288] Es müssen also greifbare Anhaltspunkte für eine Verschlechterung der Marktstruktur vorliegen. Je länger allerdings ein Marktverhalten praktiziert wird, ohne dass nennenswerte Veränderungen der Marktstruktur eingetreten sind, desto weniger ist eine Bestandsgefährdung anzunehmen.[289] 146

III. Problem der begrenzten Erkenntnisfähigkeit im Zivilverfahren

Die Darstellung hat gezeigt, dass im Fall der allgemeinen Marktbehinderung, die auf der Schnittstelle zwischen UWG und GWB liegt, eine Vielzahl von schwierigen Entscheidungen zu treffen sind, die es allesamt erfordern, die **konkreten Marktgegebenheiten** genau und **umfassend** zu **untersuchen.** Um den Wertungsgleichklang mit dem GWB zu gewährleisten, ist deshalb auch in einem lauterkeitsrechtlichen Zivilverfahren die gleiche Sorgfalt erforderlich, wie in einem Kartellverfahren. Damit ist die Frage aufgeworfen, ob die Zivilgerichtsbarkeit auf eine derartig umfassende Aufbereitung des Sachverhaltes überhaupt ausgelegt ist. 147

Richtig ist zunächst, dass die Kartellspruchkörper der Gerichte den geltend gemachten Anspruch nicht nur unter kartellrechtlichen, sondern auch unter lauterkeitsrechtlichen Gesichtspunkten beurteilen dürfen.[290] Problematischer ist die Frage, ob ein Verfahren nach § 3 Abs. 1 ohne Einschaltung des Kartellspruchkörpers durchgeführt werden kann, wenn es sich um einen Sachverhalt mit kartellrechtlichen Aspekten handelt. Diese Frage wird dahingehend gelöst, dass das Zivilgericht zwar nicht unter kartellrechtlichen Gesichtspunkten entscheiden darf; wenn die lauterkeitsrechtlichen Maßstäbe aber mindestens ebenso streng sind wie die kartellrechtlichen, brauche das Gericht die Sache nicht an den Kartellspruchkörper abgeben.[291] 148

Das grundlegende Problem ist damit aber noch nicht geklärt. Geht es nämlich um die Beurteilung des Marktgeschehens und der Marktverhältnisse, wie dies im Rahmen der allgemeinen Marktbehinderung regelmäßig der Fall ist, besteht die Schwierigkeit, dass das **Zivilgericht** wegen des in der ZPO geltenden **Beibringungsgrundsatzes** an das Parteivorbringen gebunden ist, die Erkenntnismöglichkeiten insofern beschränkt sind.[292] Es handelt sich also eher um ein **Problem in tatsächlicher** als in rechtlicher **Hinsicht.** Auch wenn die Gerichte bemüht sind, die Marktverhältnisse vollständig zu erhellen, können sie wohl kaum auf die gleichen objektiven Erkenntnisse zurückgreifen, wie sie in einem kartellrechtlichen Verfahren ermittelt werden können, weshalb wenigstens **die Gefahr einer subjektiven Einschätzung der Marktentwicklung** besteht.[293] Ferner besteht seit der 6. GWB-Novelle das Problem, dass seit der Einführung des § 20 Abs. 4 S. 2 Nr. 2 GWB und verschärft durch die Spezialregelung für den Lebensmittelbereich in § 20 Abs. 4 Nr. 1 und Sätze 3 und 4 GWB aus dem Jahr 2007 der bis dato bestehende Wertungseinklang zwischen UWG und GWB aus dem Gleichgewicht geraten ist und nunmehr die kartellrechtliche Regelung strengere Maßstäbe vorsieht als die lauterkeitsrechtliche. Folglich ist 149

---

[288] BGH GRUR 2004, 602, 604–20 Minuten Köln; BGH GRUR 2004, 877, 880 – Werbeblocker; BGH GRUR 2001, 80, 81 – ad-hoc-Meldungen; BGH GRUR 1991, 616 – Motorboot-Fachzeitschrift; Hefermehl/*Köhler*/Bornkamm UWG § 4 Rn 12.7f; MünchKomm/*Heermann* UWG Anh §§ 1–7 B Rn 14ff; Piper/*Ohly* UWG § 4.10 Rn 98.

[289] BGH GRUR 1985, 881, 882 – Bliestal-Spiegel.

[290] BGH GRUR 1986, 397, 400 – Abwehrblatt II; vgl. Großkomm/*Köhler* UWG § 1 D 15.

[291] BGH GRUR 1985, 883, 884 – Abwehrblatt I; BGH GRUR 1986, 397, 400 – Abwehrblatt II; BGH GRUR 1990, 685 – Anzeigenpreis I; BGH GRUR 1990, 687 – Anzeigenpreis II; vgl. Großkomm/*Köhler* UWG § 1 D 15.

[292] BGH GRUR 1992, 191, 194 – Amtsanzeiger; *Kraft* GRUR 1980, 966, 968; *Beater* § 24 Rn 14; *Keßler* WRP 2005, 1203, 1208.

[293] BGHZ 81, 291, 295 – Bäckerzeitschrift; BGH GRUR 1991, 616 – Motorboot-Fachzeitschrift m. Anm. *Rohnke* GRUR 1991, 767.

in Fällen, in denen eine allgemeinen Marktbehinderung in Frage kommt, verstärkt eine **Abgabe an** die zuständigen **Kartellkammern und Kartellsenate** in Betracht zu ziehen.[294]

F. Reichweite des lauterkeitsrechtlichen Institutionsschutzes

150 Der lauterkeitsrechtliche Institutionsschutz dient dem Allgemeininteresse am Bestand des Wettbewerbs an sich.[295] Zum **Wettbewerbsbestand** gehören die wettbewerblichen Gegebenheiten auf dem relevanten Markt, wie die Zahl und Größe der Mitbewerber, das Ausmaß ihrer wettbewerblichen Handlungsfreiheit sowie die Marktzutrittschancen für potentielle „Newcomer".[296] Jedenfalls im Grundsatz ist es richtig, dass im Falle der Aufhebung wettbewerblicher Prozesse auf einem Markt der freie Wettbewerb selbst in seinem Kern berührt wird.[297] Zu unterscheiden ist jedoch, ob es sich bei der (vorübergehenden) Aufhebung **wettbewerblicher Prozesse** um solche der **wettbewerbskonformen** oder der **wettbewerbsinkonformen** Art handelt.

151 In der vorstehenden Darstellung ist deutlich geworden, dass es hierbei einer umfassenden Beurteilung bedarf, im Zuge derer grundsätzliche Erwägungen zur Funktionsweise von Wettbewerb erforderlich sind. Bei der Bestimmung der Reichweite des lauterkeitsrechtlichen Institutionsschutzes ist deshalb darauf zu achten, die Interessen einzelner Wettbewerber oder Gruppen von den Interessen der Allgemeinheit am Bestand des Wettbewerbes abzugrenzen. Das einzig legitime Allgemeininteresse, das mit dem UWG verfolgt werden darf, besteht im Schutz des Wettbewerbs selbst, d.h. des Prozesses (der Institution) und nicht etwa im Schutz von Wettbewerbern *vor* Wettbewerb.[298]

I. Maßstab für die Beurteilung institutionsgefährdender Wettbewerbshandlungen

152 Nach dem sozialrechtlichen Verständnis vom Wettbewerbsrecht ist das Kennzeichen des unlauteren Wettbewerbs nicht die Verletzung eines subjektiven Rechts oder Rechtsgutes eines Mitbewerbers, sondern der Verstoß gegen eine **objektive Verhaltensnorm,**[299] die den Wettbewerbern im Interesse aller Marktbeteiligten und der Allgemeinheit auferlegt wird. Da in diesem Zusammenhang die gesamte Bandbreite der involvierten Interessen bei der Beurteilung lauterkeitsrechtlicher Sachverhalte zu berücksichtigen ist, kommt es gerade für den Institutionsschutz maßgeblich auf eine maßvolle **Abwägung aller betroffenen Interessen** an. Damit ist allerdings nur die Methode bezeichnet.[300] Um zu bestimmen, was der **Wertmaßstab** ist, an dem sich eine Interessenabwägung zu orientieren hat, bzw. was der **konkrete Inhalt** der objektiven Verhaltensnorm ist, bedarf es deshalb einer näheren Untersuchung dessen, was eigentlich das **Schutzobjekt** des Lauterkeitsrechts ist. Hier geht es um die Frage nach der Art und Rechtsnatur des Rechtsgutes, das **Gegenstand des Lauterkeitsrechts** ist. Diese Frage nach dem geschützten Rechtsgut betrifft im Grunde die Frage nach dem **Ziel und Zweck** der wettbewerbsgesetzlichen Ordnung.[301]

---

[294] In diese Richtung auch Piper/*Ohly* UWG § 4.10 Rn 97.

[295] Zur Schutzzweckdiskussion → Rn 33 ff.

[296] Vgl. Hefermehl/*Köhler*/Bornkamm UWG § 4 Rn 12.5; BGH GRUR 1982, 53, 56 – Bäckerfachzeitschrift.

[297] Vgl. BGHZ 23, 365, 372 – SUWA.

[298] So ausdrücklich *Emmerich* WettbR § 19 I; *ders.* FS BGH II S. 627, 629 f; vgl. auch *Bornkamm* Werbung und Werbeverbote S. 134, 135.

[299] *Fezer* → § 1 Rn 35; Harte/Henning/*Schünemann* UWG § 1 Rn 1 ff; grundlegend *E. Ulmer* GRUR 1937, 769 ff; *Hefermehl* FS Nipperdey S. 238 ff.

[300] Harte/Henning/*Schünemann* UWG § 3 Rn 176.

[301] *Emmerich* WettbR § 3 III; *Merz* S. 198; *E. Ulmer* GRUR 1937, 769, 772.

Im Kern geht es um die Frage, nach welchem Wertmaßstab **(Referenzsystem)** Wettbewerbshandlungen zu beurteilen sind, um eine lauterkeitsrechtliche Sanktion nach sich zu ziehen. Hier kommt der oben bereits angesprochene Gedanke *Raisers*[302] zum Tragen, dass die Privatrechtsordnung nicht nur aus einem System subjektiver Rechte besteht, sondern diese Teile eines Beziehungsgeflechtes sind, auf dessen **überspannenden Systemgedanken** als Maßstab zurückzugreifen sei.[303] Dies gilt umso mehr, als dass es im Falle der allgemeinen Marktbehinderung auch das **Verhältnis** zu den konkurrierenden Tatbeständen des **GWB** zu klären gilt. Zu der Frage nach dem Referenzsystem werden im Wesentlichen **drei Meinungen** vertreten.[304] 153

1. Die Anstandsformel

Jedenfalls in Bezug auf die alte Rechtslage arbeiteten die Rechtsprechung und ein Teil der Literatur bei der Beurteilung wettbewerblichen Verhaltens mit der sog. Anstandsformel. Die wirtschaftspolitische Neutralität lasse nicht zu, dass sich das UWG über den Einzelfall hinaus an den Wertungen des GWB ausrichtet. Der Wertmaßstab für die Bestimmung der Unlauterkeit sei vielmehr den Geboten der **Sittlichkeit** zu entnehmen.[305] Maßgeblich sei das „Anstandsgefühl aller billig und gerecht Denkenden" oder die „Auffassung des verständigen Durchschnittsgewerbetreibenden".[306] Zusätzlich wurden die Grundsätze des **Leistungswettbewerbs** als Wertungshilfe herangezogen. Danach ist es im Allgemeinen lauter, wenn der Wettbewerber nur mit Preis und Qualität für seine Ware wirbt, dagegen aber bedenklich bzw. unlauter, wenn der Wettbewerber zusätzlich andere Mittel einsetzt, um die Kunden zu beeinflussen oder die Mitbewerber zu behindern.[307] Außerdem ist zu berücksichtigen, ob von solchen Handlungen bei ihrer **Nachahmung** durch die Konkurrenten eine unerträgliche Belästigung der Allgemeinheit oder eine Gefahr für den Bestand des Wettbewerbs droht, selbst wenn die fragliche Handlung für sich alleine noch hingenommen werden könnte.[308] Im UWG geht es nicht darum, den Wettbewerb zu schützen, sondern lediglich um den Schutz der Allgemeinheit vor Wettbewerbsauswüchsen.[309] 154

2. Der wohlfahrtstheoretische Ansatz

Der wohlfahrtstheoretische Ansatz[310] geht von der Schutzzweckidentität zwischen GWB und UWG aus. Somit stellt für sie nicht ein wie auch immer definierter Sittlichkeitsbegriff den Bezugspunkt für die Bewertung einer Wettbewerbshandlung dar, sondern vielmehr der Wettbewerb und seine Funktionsvoraussetzungen.[311] In wettbewerbstheoretischer Hinsicht wird hierbei auf das workability-Konzept zurückgegriffen. Bei dieser sog. **wettbewerbsfunktionalen** Sichtweise werden sowohl die (zu erwartenden) **Folgen** der jeweiligen Maßnahme für den Wettbewerb, als auch die **Marktmacht** der beteiligten Unternehmen berücksichtigt. Die Einbeziehung dieser Kriterien ermögliche es insbesondere, wettbewerblich ambivalentes Marktverhalten im wettbewerblichen Kontext angemessen zu beur- 155

[302] *Raiser* in: Summum Ius Summa Iniuria S. 145.
[303] → Rn 123.
[304] In Anlehnung an die übersichtlich die Darstellung bei *Ballmann* S. 58ff.
[305] *v. Gamm* Kap. 3 Rn 9ff; *Knöpfle* S. 7ff.
[306] Früher RGZ 80, 219, 221 wo der Bezug auf § 826 BGB deutlich wird; heute ständige Rechtsprechung zB BGHZ 15, 356, 364 – Progressive Kundenwerbung; BGH GRUR 1982, 53, 55 – Bäckerfachzeitschrift; zuletzt BGH GRUR 95, 592 – Busengrapscher; vgl. *Emmerich* § 5 II; *Ballmann* Machtaspekte S. 58.
[307] *Ballmann* Machtaspekte mit Verweis auf BGHZ 15, 356, 365 – Progressive Kundenwerbung; BGH GRUR 1959, 138, 139 – Italienische Note; BGHZ 51, 236, 242 – Stuttgarter Wochenblatt I; BGH GRUR 1972, 40 – Feld und Wald I.
[308] BGHZ 23, 365, 371f – SUWA; BGHZ 43, 278, 281f – Kleenex, entspr. GRUR 1965, 489 m. Anm. *Lehmpfuhl*; BGH GRUR 73, 210 – Telexwerbung; BGH GRUR 95, 592 – Busengrapscher.
[309] *v. Gamm* NJW 1980, 2489, 2490.
[310] → Rn 61.
[311] *Baudenbacher* ZHR 144 (1980), 145, 155; *Sack* BB-Beilage 3/1988, 1, 15; *Sambuc* GRUR 1981, 796, 801; *Ulmer* GRUR 1977, 565, 566; vgl. *Scherer* WRP 1996, 174, 178.

teilen. Um jedoch nicht ausschließlich auf den **Erfolgsunwert** einer Wettbewerbshandlung abzustellen, sondern auch den **Handlungsunwert** zu berücksichtigen, zieht diese Lehre ergänzend die Grundsätze des **Leistungswettbewerbs** heran. Schutzobjekt des Lauterkeitsrechts ist demnach der **funktionsfähige Leistungswettbewerb.**[312] Die Tendenz zur Vorabdefinition der Frage, welche Ergebnisse vom Wettbewerb erwartet werden und was als „Leistung" anerkannt ist, zeigt die Nähe zu **wohlfahrtstheoretischen** Wettbewerbskonzeptionen.

3. Das Leitbild der Wettbewerbsfreiheit

156 Ebenfalls von der Annahme der Schutzzweckidentität von UWG und GWB ausgehend, stellt diese Ansicht auf das Leitbild des **freien Wettbewerbs**[313] ab. Entgegen dem wohlfahrtstheoretischen Ansatz, der eher den workability-Konzepten verhaftet ist, steht die Lehre vom „freien" Wettbewerb in der Tradition des **systemtheoretischen** Gedankenguts. Wegen der Unvorhersehbarkeit wettbewerblicher Ergebnisse steht sie der Einbeziehung von prognostizierten Marktfolgen in das Unlauterkeitsurteil skeptisch gegenüber. Gleiches gilt für das Kriterium des Leistungswettbewerbs. Was eine Leistung ist, lässt sich nicht von vorneherein definieren, sondern stellt sich erst im Laufe des Wettbewerbsprozesses heraus. Deshalb muss auch die Generalklausel des UWG im Lichte der Wettbewerbsfreiheit interpretiert werden. Nur so sei gewährleistet, dass innovative Vertriebsmethoden nicht dem Unlauterkeitsurteil zum Opfer fallen.[314]

4. Ansätze in der Gesetzgebung

157 In der lauterkeitsrechtlichen Gesetzgebung – sei es auf nationaler Ebene oder auf Gemeinschaftsebene – scheinen zuweilen Ansatzpunkte durch, die sich auf den ersten Blick im Sinne einer (neuen) Anstandsformel interpretieren ließen.[315] So wird in der Gesetzesbegründung zur UWG-Novelle 2004 zur Bestimmung der Unlauterkeit unter anderem auch auf die **anständigen Gepflogenheiten** im Handel, Gewerbe, Handwerk oder selbstständiger beruflicher Tätigkeit abgestellt.[316] In Art. 5 der Lauterkeitsrichtlinie, demzufolge „unlautere Geschäftspraktiken verboten sind, wird zur näheren Begriffsbestimmung neben weiteren kumulativ erforderlichen Merkmalen, darauf abgestellt, ob eine Handlung dem **Gebot der beruflichen Sorgfaltspflicht** widerspricht. Berufliche Sorgfalt wird dabei in Art. 2 lit. h der Richtlinie als „Standard an Fachkenntnissen und Sorgfalt" definiert, „bei denen billigerweise davon ausgegangen werden kann, dass der Gewerbetreibende sie gegenüber dem Verbraucher gemäß den anständigen Marktgepflogenheiten und/oder dem allgemeinen Grundsatz von Treu und Glauben in seinem Tätigkeitsbereich anwendet". Diese Formulierung hat ins neue UWG nach der Novelle 2008 in der Gestalt der „fachlichen Sorgfalt" Einzug ins Gesetz gehalten (§ 2 Nr. 7 und § 3 Abs. 2 S. 1).

5. Stellungnahme

158 Die Anstandsformel hat in der Literatur nie viel Gegenliebe gefunden.[317] Der Hauptvorwurf richtet sich gegen die Leerformelhaftigkeit der angegeben Kriterien sowie gegen die mangelnde Definierbarkeit des Personenkreises der Durchschnittsgewerbetreibenden,

[312] *Ballmann* Machtaspekte S. 60 ff mit Verweis auf *Baudenbacher* ZHR 144 (1980), 145, 152 ff; *Burmann* WRP 1968, 258, 261 ff; *Sack* BB-Beilage 3/1988, 1, 15; *Sambuc* GRUR 1981, 796, 798 ff; *Ulmer* GRUR 1977, 565, 580; *Scherer* WRP 1996, 174, 178.

[313] → Rn 49.

[314] *Mestmäcker* S. 88 ff; *Möschel* Pressekonzentration S. 134, 145, 151 f; *Merz* S. 198 ff mwN.

[315] So die treffende Bezeichnung bei Harte/Henning/*Schünemann* UWG § 3 Rn 68 ff.

[316] Begr. RegE BT-Drucks. 15/1487 S. 16.

[317] Vgl. *Emmerich* WettbR § 5 II 1 b mwN; sowie *Ohly* AcP 201 (2001), 1, 9 ff; *Mestmäcker* AcP 168 (1968), 235, 255 f; *Schluep* GRUR Int. 1973, 446, 447; aus der neueren Kommentarliteratur Hefermehl/*Köhler*/Bornkamm UWG § 3 Rn 36 ff; Harte/Hennnig/*Schünemann* UWG § 3 Rn 68 ff.

deren Sittlichkeitsgefühl normativen Rang haben soll. So hat es auch in der Praxis nur selten wissenschaftlich vertretbare Erhebungen über derartige Anschauungen gegeben.[318] Dies ist zutreffend. Von einem wettbewerblichen Unrecht kann nur die Rede sein, wenn die **Funktionen des Wettbewerbs** gefährdet und missachtet werden. Mit Blick auf die Idee *Raisers* von einem überspannenden Systemgedanken für den Bereich des Wettbewerbsrechts kann dies nur bedeuten, den Begriff der Lauterkeit am Sinn und Zweck des Ordnungsgefüges Wettbewerb zu orientieren.[319] Dies gilt besonders, wenn es, wie im Falle der allgemeinen Marktbehinderung, um den Schutz des Interesses der Allgemeinheit an einem unverfälschten Wettbewerbs geht.

Insofern ist es zu begrüßen, dass sich auch die Rechtsprechung zunehmend den wettbewerbsfunktionalen Ansatz anwendet.[320] Ebenso ist es zu begrüßen, dass sich bereits im Rahmen der Novelle 2004 auch der Gesetzgeber dazu durchgerungen hat, den Lauterkeitsbegriff zu **„entsittlichen“.** Damit hat der **wettbewerbsfunktionale Ansatz** nun endgültig **Eingang in das Gesetz gefunden.** Zwar stellt er zur Bestimmung der Unlauterkeit grundsätzlich auch auf die **anständigen Gepflogenheiten** im Handel, Gewerbe, Handwerk oder selbstständiger beruflicher Tätigkeit ab.[321] Auf den ersten Blick lässt dies auf einen erneuten Rückgriff auf Maßstäbe der Geschäftsmoral schließen. Dies ist aber unzutreffend. Die Bezugnahme auf die anständigen Gepflogenheiten geschieht nämlich ausschließlich zur Begründung der Wahl des Begriffs „Unlauter“, der sich an die Formulierung des Art. 10bis PVÜ anlehnt.[322] Im Übrigen gilt es zu beachten, dass es nach § 1 S. 2 ausgemachtes Ziel ist, das Allgemeininteresse an einem **unverfälschten Wettbewerb** zu schützen.[323] Damit ist der Wettbewerbsbezug deutlich im Gesetz verankert. Das Gesetz selbst erhebt den unverfälschten Wettbewerb damit zum **maßgeblichen Referenzsystem.** Das hat zur Folge, dass die Gepflogenheiten auf das normative Referenzsystem des Wettbewerbs zu beziehen sind.[324] 159

Dies entspricht auch den Grundprinzipien der **Lauterkeitsrichtlinie.** Zwar wird in Art. 5 Abs. 2 darauf abgestellt, ob eine Handlung dem Gebot der beruflichen Sorgfaltspflicht widerspricht. Ausweislich des **Art. 1** ist es aber Ziel der Richtlinie zu einem **reibungslosen Funktionieren des Binnenmarkts** beizutragen. Diese normative Zwecksetzung bildet nicht eine unverbindliche Deklamation oder Programmatik ohne rechtliche Bedeutung, sondern ist im Rahmen systematischer und teleologischer Auslegung von unmittelbarer normativer Relevanz für die Interpretation der Richtlinienvorschriften, insbesondere die Konkretisierung der Generalklausel des Art. 5.[325] Im Verweis auf ein reibungsloses Funktionieren des Binnenmarkts ist nicht nur eine Bezugnahme auf die Ermächtigungsgrundlage des Art. 94 EG zu sehen. Dies **bezieht** vielmehr neben den Grundfreiheiten, die im **Binnenmarktkonzept der Art. 3 lit. c, 14 EG** im Vordergrund stehen, insbesondere auch das in **Art. 3 lit. g EG normierte Referenzsystem des unverfälschten Wettbewerbs** ein. In Parallele zur deutschen Diskussion um eine wettbewerbsfunktionale Interpretation der lauterkeitsrechtlichen Regelungen ist daher auch die Generalklausel des Art. 5 der Richtlinie vor dem System der Grundfreiheiten und des Systems unverfälschten Wettbewerbs zu interpretieren.[326] Richtschnur kann hierbei nur die **Idee der Wettbewerbsfreiheit** sein, wie sie auch in **Art. 4 EG** zum Ausdruck kommt. 160

---

318 Vgl. *Emmerich* FS BGH II S. 627, 631 ff; *ders.* WettbR § 5 II 1 b mwN.

319 Grundlegend *Böhm* Wettbewerb und Monopolkampf S. 104, 124, 273 f; s. auch *Fezer* → § 3 Rn 64 ff; sowie Hefermehl/*Köhler*/Bornkamm UWG § 3 Rn 36 ff; Harte/Henning/*Schünemann* UWG § 3 Rn 68 ff; *Emmerich* WettbR § 5 II 4.

320 ZB BGH GRUR 2002, 825 – Elektroarbeiten.

321 Begr. RegE BT-Drucks. 15/1487 S. 16.

322 → Rn 66; *Glöckner/Henning-Bodewig* WRP 2005, 1311, 1318.

323 Einen deutlichen Wettbewerbsbezug wies auch die alte Generalklausel des § 3 aF auf, nach der eine Handlung stets dann unlauter war, wenn sie geeignet ist, den *Wettbewerb* zum Nachteil der Mitbewerber, der Verbraucher oder der sonstigen Marktteilnehmer nicht unerheblich zu beeinträchtigen. Diese Formulierung ist bedauerlicherweise aufgegeben worden.

324 Vgl. auch Harte/Henning/*Schünemann* UWG § 3 Rn 68 ff.

325 *Veelken* WRP 2004, 1, 4, 16 f; Harte/Henning/*Schünemann* UWG § 3 Rn 92 ff.

326 *Veelken* WRP 2004, 1, 4 f.

161 Schließlich können auch die Erwägungen des Gesetzgebers der **UWG-Novelle 2008** nicht als ein Rückfall in die Kategorien der Geschäftsmoral interpretiert werden. Es ist zwar bedauerlich, dass der Bezugspunkt der Unlauterkeit in § 3 Abs. 1 nicht mehr wie bisher eine nicht unerhebliche Wettbewerbsbeeinträchtigung ist, sondern eine spürbare Beeinträchtigung der Interessen der Marktakteure. Auch der Bezugspunkt der fachlichen Sorgfaltspflichten im Bereich B2C, für den nach der Definition die Marktgepflogenheiten eine Rolle spielen sollen, trägt sicher nicht zur Klarheit in dieser Hinsicht bei.[327] Allerdings macht die Begründung der Novelle 2008 deutlich, dass wenn beispielsweise in § 3 Abs. 2 S. 1 vom Schutz der geschäftlichen Entscheidung des Verbrauchers die Rede ist, damit das **wirtschaftliche Verhalten** des Verbrauchers im Sinne der Lauterkeitsrichtlinie gemeint ist. Auch aus diesem Blickwinkel können aber nur wettbewerbsfunktionale Erwägungen zum Tragen kommen und keine sittlich-moralisch begründeten. Außerdem bleibt mit § 1 S. 2 und der Zielsetzung des Schutzes des Allgemeininteresses an einem **unverfälschten Wettbewerbs** der Wettbewerbsbezug deutlich verankert.

162 Im Rahmen des wettbewerbsfunktionalen Ansatzes sollte sich die lauterkeitsrechtliche Regelbildung vornehmlich an den Funktionsbedingungen und Gesetzmäßigkeiten eines Systems **freien Wettbewerbs** orientieren, wie es vom GWB einerseits und dem EG andererseits konstituiert wird.[328] Ein zu stark an den Marktfolgen einer Maßnahme orientiertes Referenzsystem birgt die Gefahr einer Vorabdefinition von Wettbewerbsergebnissen – und zwar sowohl im Rahmen der Verhaltenskontrolle (Leistungswettbewerb) als auch in der Strukturkontrolle (Mittelstandsschutz) – und ist deshalb aus der Sicht eines dynamischen Wettbewerbsverständnisses als latent wettbewerbsfeindlich einzustufen.[329] Jede auf Grund der Generalklausel entwickelte Verhaltensnorm ist deshalb daraufhin zu überprüfen, ob sie ein durch freien Wettbewerb gesteuertes Wirtschaftssystem behindert oder fördert. Insbesondere muss verhindert werden, dass die Generalklausel als Vehikel zur Unterdrückung des bloß unerwünschten oder unbequemen Wettbewerbs missbraucht wird.[330]

163 Deshalb kann es auch bei der Beurteilung eines Wettbewerbsverhaltens unter dem Gesichtspunkt der allgemeinen Marktbehinderung nicht darum gehen, den Wettbewerb in seinen überkommenen Strukturen zu erhalten und wirtschaftlichen Entwicklungen allein deshalb entgegenzusteuern, weil sie bestehende Konzeptionen in Frage stellen. Denn der Wandel des Einsatzes von Aktionsparametern ist gerade die **Eigenart des dynamischen Wettbewerbsprozesses.**[331]

II. Fazit: Interessenabwägung

164 Um der Offenheit des Wettbewerbsprozesses Rechnung zu tragen, wird man bei der Frage des lauterkeitsrechtlichen Institutionsschutzes letztlich genau wie im Rahmen der sachlichen Rechtfertigung bei den kartellrechtlichen Behinderungstatbeständen eine **umfassende Abwägung der Interessen der Beteiligten und der Allgemeinheit unter Berücksichtigung der Erhaltung der Wettbewerbsfreiheit** vorzunehmen haben.[332] Insofern ist es in der Tat mit *Köhler* überlegenswert, ob man dem nicht dadurch Ausdruck verleiht, dass man den Tatbestand der allgemeinen Marktbehinderung in Zukunft wie folgt beschreibt: Eine allgemeine Marktbehinderung liegt vor, wenn ein sachlich nicht gerecht-

---

[327] Noch im Referentenenwurf zur Novelle 2008 wurde ausdrücklich von der Übernahme der „beruflichen Sorgfalt" in den Gesetzestext abgesehen, da „sich hieraus keine zusätzliche Klärung des Lauterkeitskonzeptes bewirken lässt".

[328] Hierfür lässt sich aus der Rechtsprechung zB BGH GRUR 2002, 825 – Elektroarbeiten ins Feld führen.

[329] *Hönn* FS Mühl S. 309, 318 ff; *Merz* S. 29.

[330] Vgl. *Emmerich* WettbR § 5 III 2 mwN.

[331] Hefermehl/*Köhler*/Bornkamm UWG § 4 Rn 12.5; auch BGH GRUR 1991, 616, 617 – Motorboot-Fachzeitschrift.

[332] *Fezer* → § 3 Rn 189; *Emmerich* WettbR § 19 I; vgl. Großkomm/*Köhler* UWG § 1 D 42; *ders.* WRP 2005, 645, 652.

fertigtes Marktverhalten sich zwar nicht gezielt gegen einzelne Mitbewerber richtet, aber doch die konkrete Gefahr begründet, Mitbewerber vom Markt zu verdrängen.[333]

Versteht man nämlich das Wettbewerbsgeschehen als dynamischen Prozess, der stets aufs neue die Kombination der wettbewerblichen Aktionsparameter hervorbringt, die jedenfalls gegenwärtig für die beste gehalten wird, lässt sich das Allgemeininteresse am Bestand dieses Prozesses nur aus dem **mehrdimensionalen Blickwinkel** aller involvierten Marktteilnehmer und **ohne Voreingenommenheit gegenüber bestimmten Aktionsparametern** beurteilen.[334] Dabei ist zu berücksichtigen, dass es sich bei der allgemeinen Marktbehinderung um einen kartellrechtsspezifischen Sachverhalt handelt und die **Identität der Wertungsmaßstäbe** gewährleistet bleiben muss, sodass eine Beurteilung nach §§ 19f GWB oder nach § 3 Abs. 1 nicht zu Wertungswidersprüchen führt.[335] 165

In Anbetracht der zunehmenden Europäisierung des Lauterkeitsrechts ist es darüber hinaus notwendig, bei der Anwendung der lauterkeitsrechtlichen Normen auch die europäische Rechtsentwicklung zu berücksichtigen. Hierzu gehören die Stellung des Verbrauchers im Wettbewerbsprozess, das europäische Verbraucherleitbild sowie die Liberalisierungsbemühungen, die zur Aufhebung von RabattG und ZugabeVO geführt haben. 166

Die Einordnung, ob eine Handlung wettbewerbswidrig ist oder nicht, läuft also auf eine Abwägung aller beteiligten Schutzinteressen hinaus. Dabei ist es zunächst erforderlich zu klären, aus welchen unternehmerischen Interessen sich ein Wettbewerbsverhalten erklärt, um daraufhin zu prüfen ob es mit legitimen Interessen von Verbrauchern oder Konkurrenten vereinbar ist oder nicht.[336] Festzuhalten ist deshalb zunächst, dass das Allgemeininteresse am Bestand des Wettbewerbes nicht weiter gehen kann, als es bereits in den **Interessen der Marktbeteiligten selbst angelegt** ist. Die Interessenlage des einen gilt es im Lichte der Interessenlage des anderen zu beurteilen. 167

Die wichtigste **Abwägungshilfe** ergibt sich aus der **Wettbewerbsidee selbst.**[337] Ausgangspunkt ist dabei die Überlegung, dass in einem Wettbewerbssystem der Unternehmer die Art und Weise seines geschäftlichen Handelns grundsätzlich autonom bestimmen können muss. Die positiven Wirkungen von Wettbewerb können sich nur dann einstellen, wenn es den Unternehmen möglich ist, die eigene Geschäftspolitik flexibel auszurichten.[338] Dies gilt für die Preis- wie für die Vertriebs- wie für die Werbegestaltung allgemein. Diese Grundidee bestimmt auch die Rechtsprechung.[339] 168

Auf eine Nachahmungsgefahr ist bei der Abwägung nach Möglichkeit nicht oder nur mit größter Zurückhaltung zurückzugreifen.[340] 169

Ist der Markt in der Lage, wirksam und in akzeptabler Weise selbst für Abhilfe zu sorgen, bedarf es eines rechtlichen Eingreifens nicht. Je gravierender in die Wettbewerbsfreiheit eingegriffen wird, umso höher sind jedoch die Anforderungen an eine etwaige Rechtfertigung.[341] 170

Es muss der Grundsatz **in dubio pro libertate** gelten.[342] 171

---

[333] *Köhler* WRP 2005, 645, 652f.

[334] *Beater* § 5 Rn 12, § 10 Rn 21, § 13 Rn 1ff; *ders.* ZEuP 2003, 11, 48.

[335] So auch *Nordemann* Rn 30; Hefermehl/*Köhler*/Bornkamm UWG Einl Rn 6.17; *ders.* WRP 2005, 645, 647; *Schricker* AfP 2001, 101f; bereits Großkomm/*Köhler* UWG § 1 D 34.

[336] *Beater* § 2 Rn 30; aus der Rechtsprechung BGH GRUR 82, 118 – Kippdeckeldose; BGH GRUR 2001, 1181, 1182 – Telefonwerbung für Blindenwaren; BGH GRUR 2001, 1061, 1062 – Mitwohnzentrale.de.

[337] *Beater* § 12 Rn 31.

[338] *Beater* § 12 Rn 37.

[339] Vgl. zur Preisbildungsfreiheit BGH GRUR 1979, 321, 322 – Verkauf unter Einstandspreis; zur Vertriebsfreiheit BGHZ 28, 54, 59 – Direktverkäufe; zur Werbefreiheit allgemein BVerfG GRUR 1996, 899, 902 – Werbeverbot für Apotheker.

[340] → Rn 138ff; MünchKomm/*Heermann* UWG Anh. §§ 1–7 B Rn 19ff; so auch noch Großkomm/*Köhler* UWG § 1 D 32; ablehnend nun Hefermehl/*Köhler*/Bornkamm UWG § 4 Rn 12.11; *ders.* WRP 2005, 645, 652.

[341] *Beater* § 12 Rn 32.

[342] Vgl. Großkomm/*Schünemann* UWG § 1 Rn C 220; Harte/Henning/*Schünemann* UWG § 1 Rn 28; s. auch *Beater* § 12 Rn 31f, 37ff.

G. Die einzelnen Fallgruppen

I. Die Methode der Fallgruppenbildung

172 Die offene Fassung des § 3 Abs. 1 steht in der Tradition des § 1 aF und entstand aus der zutreffenden Einschätzung des Gesetzgebers, dass sich der unlautere Wettbewerb nicht allein durch starre Normen wirksam bekämpfen lasse. Dafür sind die möglichen Formen des Wettbewerbs zu komplex, als dass sie in ihren denkbaren Erscheinungsformen voraussehbar wären.[343] Die Aufnahme der Generalklausel in das UWG stellte die Grundlage für die Entwicklung des heutigen Wettbewerbsrechts dar. Mit ihr wurde ein **Rechtsergänzungs- und Rechtsfortentwicklungsauftrag** konstituiert, genuin gesetzgeberische Regelungsbefugnisse mithin delegiert. Eine solche Aufteilung der Kompetenzen zwischen erster und dritter Staatsgewalt ist grundsätzlich unbedenklich und vorteilhaft.[344]

173 Vorteilhaft ist die Aufteilung insofern, da vorschnelle Gesetzesauffassungen vermieden werden. Der Gesetzgeber braucht nicht von vorneherein weit reichende Sonderregeln zu schaffen, sondern kann sich zunächst auf die Schaffung von Rahmenbedingungen beschränken. Nach einer Bewährungszeit in der Praxis besteht dann die Möglichkeit, die Entwicklung anhand der geschaffenen Fallgruppen zu analysieren und so zu ausgewogenen Spezialregelungen zu gelangen.[345]

174 Unbedenklich ist sie, solange sich die Gerichte dabei der verfassungsmäßigen Grenzen ihrer Tätigkeit bewusst bleiben.[346] Nach Art. 20 Abs. 3 GG sind die Gerichte an Gesetz und Recht gebunden. Deshalb können sie aus eigener Kompetenz beispielsweise keine wirtschaftspolitisch motivierten Akzente setzen.[347] Geglückte richterliche Rechtsfortbildung setzt vielmehr materielle Regelhaftigkeit voraus und muss sich inhaltlich in das gegebene Ganze der Rechtsordnung bruchlos einfügen lassen.[348] Die inhaltliche Bestimmung oder Neubildung von Fallgruppen hat also auf der Grundlage der die wirtschaftliche Freiheit aller Marktteilnehmer schützenden Wettbewerbsordnung als überspannendes Bezugssystem zu erfolgen.[349]

II. Unentgeltliche Abgabe von Waren und Dienstleistungen

175 Bei der unentgeltlichen Abgabe von Waren und Dienstleistung müssen fünf Konstellationen unterschieden werden: Waren und Dienstleistungen, die sonst nur gegen Entgelt abgegeben werden, d. h. **Originalwaren, Warenproben, Zugaben, Werbegeschenke** bzw. **sonstige unentgeltliche Leistungen** und Leistungssteigerungen ohne gleichzeitige Preiserhöhung. Die **Abgrenzung** richtet sich in erster Linie nach den mit der fraglichen Aktion verbundenen Zwecken, nach deren Umfang und Breite und nach der Auffassung der betroffenen Verkehrskreise.

---

[343] So auch Begr. RegE BT-Drucks. 15/1487 S. 16; BVerfGE 32, 311; vgl. zu dieser Regelungstechnik *Fezer* → § 3 Rn 136 ff.

[344] *Beater* § 12 Rn 3 mwN.

[345] *Beater* AcP 194 (1994), 82, 86; *ders.* § 12 Rn 4; *Ohly* AcP 201 (2001), 1, 8, erlauben es dem Recht in gewissem Ausmaß von der außerrechtlichen Wirklichkeit zu ‚lernen'.

[346] BVerfGE 32, 311, 317; *Ohly* AcP 201 (2001), 1, 33 ff; vgl. auch *Beater* § 12 Rn 1 ff; *ders.* AcP 194 (1994), 82, 85 ff mwN; beachte die kritischen Nachweise bei *Weber* AcP 192 (1992), 516, 540 ff.

[347] BGHZ 81, 291, 295 – Bäckerzeitschrift; vgl. *Beater* § 12 Rn 9; zur wirtschaftspolitischen Neutralität → Rn 126 ff.

[348] *Beater* § 12 Rn 10 mit Verweis auf *Steindorff* in: Summum Ius Summa Iniuria S. 58, 63 ff.

[349] *Mestmäcker* AcP 168 (1968), 235, 253 f; *Beater* § 12 Rn 10; kritisch *Weber* AcP 192 (1992), 516, 535 ff; vgl. *Fezer* → § 3 Rn 189 ff.

1. Verschenken von Originalwaren bzw. Dienstleistungen und Warenproben

Das Verschenken von Waren ist in der älteren Rechtsprechung zunächst allgemein nicht als Verstoß gegen § 3 Abs. 1 angesehen worden.[350] Nachdem durch die ZugabeVO für einen bestimmten Bereich die unentgeltliche Zuwendung wegen der damals beobachteten weit reichenden Missbräuche verboten war, ist das RG dazu übergegangen, auch an die Fälle des Verschenkens von Waren, die nicht durch die ZugabeVO erfasst wurden, strengere wettbewerbsrechtliche Maßstäbe anzulegen.[351] Diese Tendenz zeigte sich auch noch in frühen Entscheidungen des BGH.[352] 176

In der **Diamantine-Entscheidung** stellte das **RG**[353] zum Beispiel darauf ab, dass bei Nachahmung solcher Werbemethoden die Wirtschaft unangemessen und übertrieben belastet werde und die Kosten letztlich auf den Verbraucher abgewälzt würden und dass ferner das Verschenken von Ware betriebswirtschaftlich unvernünftig sei und zu einer volkswirtschaftlich schädlichen Bedarfsdeckung führe. Daran anschließend hob der **BGH** noch in der **SUWA-Entscheidung**[354] hervor, dass es auch darauf ankomme, ob kleine oder mittlere Wettbewerber wirtschaftlich in der Lage seien, sich derselben Werbemethoden zu bedienen. 177

Mit der **Kleenex-Entscheidung**[355] nahm der BGH hiervon Abschied. Ob das Verschenken von Waren als wettbewerbswidrig anzusehen sei, hänge vielmehr davon ab, ob dadurch mindestens für einen begrenzen Zeitraum der Bedarf der Beschenkten gedeckt werde **(Bedarfsdeckung)** und ob die unentgeltliche Verteilung nach Art der Ware, Umfang und Dauer der Bedarfsdeckung die Gefahr mit sich bringe, dass der Kunde sich an deren Gebrauch **gewöhne** und auch nach Beendigung der Verteilung davon absehe, die Angebote der Mitbewerber unbeeinflusst zu prüfen und es somit zu einer Gefährdung des Bestandes des Leistungswettbewerbs komme. Die Gefahr sei umso erheblicher, je größer die dem einzelnen Beschenkten zur Verfügung gestellte Menge oder Stückzahl sei.[356] Zu berücksichtigen sei ferner, ob gleichartige Maßnahmen anderer Mitbewerber zu erwarten seien **(Nachahmungsgefahr).** Diese Beeinträchtigungen werden nach der Auffassung des BGH wegen des **Probezwecks,** dem ein schutzwürdiges Interesse des Werbenden zu Grunde liegt, so lange hingenommen, als sie sich in bestimmten Grenzen halten.[357] 178

In der **Bäckerfachzeitschrift-Entscheidung**[358] wurde dieser Beurteilungsmaßstab zwar grundsätzlich bestätigt, an die Intensität der (zu erwartenden) Marktfolgen wurden aber höhere Anforderungen gestellt. Eine wettbewerbswidrige allgemeine Behinderung des Marktes kann danach vorliegen, wenn die Gewährung kostenloser Leistungen die **ernstliche** Gefahr begründet, dass der Leistungswettbewerb auf einem bestimmten Markt in nicht unerheblichem Maße eingeschränkt wird; für die Annahme einer solchen, die Allgemeinheit betreffende Bestandsgefährdung bedarf es jedoch einer **konkreten** und nicht bloß einer abstrakten **Gefahr.**[359] 179

---

[350] Vgl. *Ulmer/Reimer* Bd. III Deutschland S. 572 mwN.

[351] ZB RG GRUR 1936, 810, 812 – Diamantine; vgl. auch BGH GRUR 1969, 295, 296 – Goldener Oktober m. Anm. *Droste*; sowie Hefermehl/*Köhler*/Bornkamm UWG § 3 Rn 12.17ff; *Beater* § 16 Rn 50, § 26 Rn 4f Rn 40ff; *Fezer* WRP 2001, 989, 1008.

[352] Vgl. BGH GRUR 1957, 363 – Sunil; BGH GRUR 1057, 365 – SUWA.

[353] RG GRUR 1936, 810, 812 – Diamantine.

[354] BGH GRUR 1957, 365, 367 – SUWA.

[355] BGH GRUR 1965, 489, 491 – Kleenex m. Anm. *Lehmpfuhl.*

[356] BGH GRUR 1969, 295, 297 – Goldener Oktober m. Anm. *Droste.*

[357] BGH GRUR 1965, 489, 491 – Kleenex m. Anm. *Lehmpfuhl*; BGH GRUR 1969, 295, 297 – Goldener Oktober m. Anm. *Droste.*

[358] BGH NJW 1982, 335 – Bäckerfachzeitschrift.

[359] BGH NJW 1982, 335, 336 – Bäckerfachzeitschrift, zwar für den Bereich des Pressewesen, soweit aber verallgemeinerbar; ebenso BGH GRUR 1991, 616 – Motorboot-Fachzeitschrift; für die kostenlose Abgabe entgeltlicher Leistungen neuerdings BGH GRUR 2001, 80, 81 – ad-hoc-Meldungen und BGH GRUR 2004, 602 – 20 Minuten Köln, sowie KG Berlin GRUR-RR 2008, 171 – Mediaboxen.

180 **a) Abgabe zu Probezwecken.** Das (massenhafte) Verschenken von Waren und Dienstleistungen ist von der Rechtsprechung jedenfalls dann nicht beanstandet worden, wenn dies dem **Zwecke der Erprobung** diente, zu diesem Zweck geeignet war und von diesem Zweck auch hinsichtlich des Umfangs gedeckt war. In diesem Zusammenhang wird gemeinhin die Abgabe von Warenproben und die Abgabe von Originalwaren unterschieden. Bei **Warenproben** handelt es sich um eigens hierfür hergestellte oder abgepackte Einheiten, deren Größe so bemessen und gegenüber Original-Einheiten so beschränkt ist, dass sie lediglich dem Verbraucher eine Untersuchung der Ware auf ihre Eigenschaften ermöglichen.[360] Gegenüber Warenproben waren die Gerichte schon immer verhältnismäßig liberal eingestellt, auch in den von extrem restriktiver Rechtsprechung geprägten späten 30er Jahren des 20. Jahrhunderts.[361] Der BGH stellte hierzu fest, dass es bei Warenproben unerheblich sei, ob die Maßnahme breit und längerfristig angelegt sei und es vorübergehend zu einer Deckung des Verbraucherbedarfs komme.[362]

181 **Originalwaren** hingegen sind Waren in handelsüblicher Packung und Größe, die in dieser Gebindegröße grundsätzlich zum Verkauf bestimmt sind.[363] Hier wird tendenziell eher die Gefahr einer Bedarfsdeckung und damit eine (zumindest vorübergehende) Aufhebung des Wettbewerbs in seinem Bestand in Betracht gezogen. Jedoch kann auch die Verteilung von Originalware zulässig sein, wenn ausnahmsweise ein Probezweck zu bejahen ist.[364] So kann auch die Abgabe von Originalpackungen noch vom Probezweck gedeckt sein.[365]

182 Zu beachten ist dabei, dass zur Feststellung des Probezwecks stets eine **Gesamtbetrachtung** unter Berücksichtigung der Wirkung auf den Empfänger erforderlich ist.[366] Dies ist insbesondere bei neuartigen Waren der Fall, bei denen auch der Probe- oder Markteinführungszeitraum allgemein großzügiger zu bemessen ist.[367] Umgekehrt kann nach Ansicht des BGH auch im Falle der Abgabe eigens hergestellter Probepackungen die Gefahr der Bedarfsdeckung überwiegen, wenn die „Proben" so bemessen sind, dass das Schwergewicht mehr auf der unentgeltlichen Zuwendung als auf der Erprobung der Ware liegt. Dies ist regelmäßig der Fall, wenn die bereitgestellte Menge sich nicht in den für die Erprobung erforderlichen Grenzen hält.[368]

183 **b) Fehlen oder Überschreitung des Probezwecks.** Fehlt der Probezweck, oder überschreitet die Menge das für den Probezweck erforderliche Maß, kommt eine Untersagung auf Grund allgemeiner Marktbehinderung in Betracht. Dies ist nach der Rechtsprechung dann geboten, wenn durch die Aktion der Bestand des Leistungswettbewerbs auf dem Markt konkret und ernsthaft in Gefahr ist.[369] Dies ist ebenfalls im Wege einer Gesamtbetrachtung festzustellen.[370] Zu berücksichtigen ist dabei die Gefahr, dass der Verbraucher, dessen Bedarf über den Probezweck hinaus gedeckt wurde, nach Verbrauch der Ware davon absehen könnte, Angebote der Mitbewerber unbeeinflusst zu prüfen **(Gewöhnungsef-**

---

[360] BGH GRUR 1965, 489, 490 – Kleenex m. Anm. *Lehmpfuhl*; GRUR 1969, 295, 297 – Goldener Oktober m. Anm. *Droste;* BGH GRUR 1975 26, 28 – Colgate m. Anm. *Klaka*.

[361] RG GRUR 1938, 207, 210 – Persil; RG GRUR 1938, 849, 850 – Eierbrikett; RG GRUR 1939, 862, 864 – Lockenwickler.

[362] BGH GRUR 1969, 295, 297 – Goldener Oktober m. Anm. *Droste*; BGH GRUR 1975 26, 28 – Colgate m. Anm. *Klaka*.

[363] vgl. BGHZ 43, 278, 280 = BGH GRUR 1965, 489, 490 – Kleenex m. Anm. *Lehmpfuhl*.

[364] Vgl. BGH GRUR 1965, 489 – Kleenex; BGH GRUR 1969, 295 – Goldener Oktober.

[365] Hefermehl/*Köhler*/Bornkamm UWG § 4 Rn 12.18; *Emmerich* WettbR § 12 IV 1; BGH GRUR 1965, 489 – Kleenex; BGH GRUR 1969, 295 – Goldener Oktober; BGH GRUR 1986, 820 – Probejahrbuch; MünchKommUWG/*Heermann* § 4 Nr. 1 Rn 459.

[366] Vgl. Hefermehl/*Köhler*/Bornkamm UWG § 4 Rn 12.18.

[367] BGH GRUR 1965, 489, 491 f – Kleenex m. Anm. *Lehmpfuhl*; auch OLG München NJWE-WettbR 1999, 199.

[368] BGH GRUR 1975, 27, 28 – Colgate m. Anm. *Klaka*.

[369] BGH GRUR 1982, 53 – Bäckerfachzeitschrift; BGH GRUR 1985, 881 – Bliestal-Spiegel; BGH GRUR 1991, 616 – Motorboot-Fachzeitschrift; BGH GRUR 2001, 80, 81 – ad-hoc-Meldungen.

[370] BGH GRUR 1982, 53 – Bäckerfachzeitschrift.

fekt).[371] Ferner kommt es nach der Rechtsprechung darauf an, ob den Mitbewerbern oder Einzelhändlern durch die Aktion für eine geraume Zeit die Möglichkeit genommen wird, an dem grundsätzlich Allen offen stehenden Wettbewerb teilzunehmen, wobei es hier nicht auf den Gesamtmarkt des fraglichen Produktes, sondern auf den von der Aktion betroffenen Teil des Marktes ankommt **(Marktverstopfung).**[372] Zu berücksichtigen ist darüber hinaus, wie sich eine mögliche Nachahmung des beanstandeten Verhaltens auf den Bestand des Leistungswettbewerbs auswirkt **(Nachahmungsgefahr).**[373]

c) Entscheidungen. Nach diesen Kategorien wurden folgende Maßnahmen als **unzulässig** eingestuft: Verteilung von 10 000 Waschmittelgutscheinen (SUWA);[374] Gratisverteilung von Säuglingsnahrung für fünf bis sechs Tage, wobei hier die Unzulässigkeit auch damit begründet wurde, dass es bei Säuglingen aus medizinischer Sicht empfehlenswert sei, die einmal gewählte Milchnahrung während der ersten Monate beizubehalten;[375] Verteilung von Wareneinheiten, die zwar kleiner sind als die handelsüblichen Einheiten, aber über der Warenmenge liegen, die zur sachgerechte Erprobung erforderlich ist (Colgate);[376] einmonatige kostenlose Überlassung eines Fernsehers für 10,00 DM;[377] kostenlose Übernahme von Telefonbuchanzeigen aus einem „örtlichen" Telefonbuch in ein „Kreis"-Telefonbuch;[378] Kostenlose Veröffentlichung von Stellenanzeigen aus dem Printbereich im verlagseigenen Internetportal über die Einführungsphase hinaus;[379] kostenlose Übermittlung von ad-hoc-Meldungen.[380] Zuletzt wurde es als unzulässig eingestuft, wenn ein Anbieter eines Pay-TV-Senders seinen Abonnenten zwei Exemplare einer lediglich umbenannten und nur unwesentlich umformatierten 14-tägige Programmzeitschrift, die auch das freiempfangbare Fernsehangebot abdeckt und ansonsten entgeltlich vertrieben wird, zusendet, weil ein Erprobungszweck nicht bestehe.[381] 184

Als **zulässig** wurden hingegen erachtet: Verteilung von Gutscheinen für den kostenlosen Bezug einer Packung mit 1000 Papiertüchern in jedem zweiten Haushalt einer Stadt (Kleenex);[382] Verteilung von 4,5 Mio. Gutscheinen für den kostenlosen Bezug von $^1/_4$ Liter Probeflaschen Markenweins (Goldener Oktober);[383] Gratisverteilung von 15 000 Originalflaschen Limonade und 8300 Flaschen Mineralwassers im Rahmen einer achtwöchigen Werbeaktion in einer Großstadt mit 500 000 Einwohnern;[384] Verteilung von 3000 Gutscheinen für die kostenlose Reinigung eines Pullovers.[385] Einmonatige kostenlose Überlassung eines Mikrowellen-Herdes;[386] Kostenlose Registrierung einer „de"-Adresse;[387] einen Tag kostenlos mobil telefonieren.[388] Ferner wurde die kostenlose Anrufweiterleitung an eine Taxizentrale als zulässig angesehen.[389] 185

---

[371] BGH GRUR 1969, 295, 297 Goldener Oktober; BGH GRUR 1975, 26, 29 – Colgate; OLG Frankfurt WM 1990, 1591; OLG München NJW-RR 1996, 490 – Problesen.

[372] BGH GRUR 1975, 26, 29 – Colgate m. Anm. *Klaka.*

[373] BGH GRUR 1965, 489, 491 f – Kleenex m. Anm. *Lehmpfuhl*; BGH GRUR 1975, 26, 29 – Colgate m. Anm. *Klaka.*

[374] BGH GRUR 1957, 365 – SUWA.

[375] OLG München BB 1966, 513 m. Anm. *Kunze.*

[376] BGH GRUR 1975, 26 – Colgate m. Anm. *Klaka.*

[377] OLG München WRP 1979, 892.

[378] OLG Stuttgart NJWE-WettbR 1999, 200.

[379] OLG München NJWE-WettbR 1999, 199.

[380] BGH GRUR 2001, 80 – ad-hoc-Meldung.

[381] LG München ZUM 2004, 583, 586 – TV-Digital; auch unter Betonung, dass durch die Aktion die bestehenden Kundenadressen ausgenutzt werden, um ein besonders fernsehaffines Publikum zu erreichen.

[382] OLG Hamburg WRP 1966, 221 in Anschluss an BGH GRUR 1965, 489, 491 – Kleenex m. Anm. *Lehmpfuhl.*

[383] BGH GRUR 1969, 295, 297 – Goldener Oktober m. Anm. *Droste.*

[384] OLG Hamm WRP 1966, 107.

[385] OLG München WRP 1978, 401.

[386] OLG Frankfurt WRP 1981, 27.

[387] KG GRUR-RR 2001, 279.

[388] OLG Düsseldorf WRP 1999, 865.

[389] KG Berlin Urt. v. 21. 10. 2003, 5 U 77/03.

186 **d) Stellungnahme.** Die dargestellte Rechtsprechung ist im Schrifttum auf ein geteiltes Echo gestoßen.[390] In der Tat ist den Kritikern beizupflichten. Zunächst muss unterstrichen werden, dass mit der **Aufhebung der ZugabeVO** ein grundsätzlicher Wandel des bisherigen Verhältnisses von Wort- und Bildreklame zur Wertreklame eingetreten ist. Das Verschenken von Ware steht nunmehr nicht mehr unter einem zugaberechtlichen Verdikt, sondern ist als legitime Wettbewerbsmaßnahme grundsätzlich anerkannt.[391] Somit kann beim Verschenken von Waren **kein Handlungsunwert** (mehr) per se festgestellt werden.

187 Auch ein Abstellen allein auf den reinen **Erfolgsunwert** ist jedoch angesichts der folgenden Bedenken zweifelhaft:

188 Zunächst ist von einer erheblichen **Prognoseunsicherheit** hinsichtlich der Wirkung der zu beurteilenden Maßnahme auszugehen. Schon im Rahmen der Frage nach der Überschreitung des **Probezwecks** ist die Grenzziehung der Gerichte teils nur schwer nachvollziehbar. So befand man beispielsweise, eine sechsmonatige Probezeit sei bei Kreditkarten zu lang, drei Monate reichten völlig aus.[392] An anderer Stelle heißt es, vier Exemplare einer Wochenzeitschrift seien unzulässig, weil zur Erprobung drei genügten.[393]

189 Gleiches gilt für die Beurteilung einer **Marktverstopfung.** Jedenfalls die Tatsache allein, dass Mitbewerber für einen gewissen Zeitraum nicht mehr zum Zuge kommen, kann in dieser Allgemeinheit nicht ausschlaggebend sein. Zum einen ist zu beachten, in welcher Marktphase sich das jeweilige Produkt befindet. In der Einführungsphase gehen die Gerichte bereits zutreffenderweise von einem großzügigen Rahmen aus.[394] Aber auch in etablierten Märkten können solche (auch und gerade massiv betriebenen) Aktionen den in dieser Phase häufig erstarrten Wettbewerb erneut in Bewegung bringen.[395] Insofern ist es beispielsweise zweifelhaft, ob angesichts der Situation auf dem Markt der Programmzeitschriften, deren Inhalt durch die Programmgestaltung der Sender ja im Wesentlichen vorgegeben ist, dem Namen und Layout einer Zeitschrift nicht eine derartige Zugkraft zukommt, dass eine Umbenennung und möglicherweise auch nur unwesentliche Umgestaltung nicht eine kurzfristige Gratisverteilung rechtfertigt.[396] Weiter ist zu beachten, dass die massenhafte Verteilung von Originalwaren gerade, wenn es sich um eine Produktart handelt, die bisher nur einen geringen Marktanteil aufweist, zwar vorübergehend die Absatzchancen der in diesem Segment vertretenen Mitbewerber beeinträchtigen kann, aber auf lange Sicht für die gesamte Branche neue Käuferkreise erschließen kann.[397]

190 Entscheidend ist letztlich, welches **Verständnis von Wettbewerb** der Betrachtung einer eventuellen Bestandsgefährdung zu Grunde gelegt wird. Geht man bei der Betrachtung eher von einem statischen Verständnis von Wettbewerb aus, so scheint jede Veränderung der Wettbewerbssituation in der Tat auch tendenziell eine Verschlechterung der Wettbewerbsstrukturen zu beinhalten. Dieser Ansatz ist jedoch kurzsichtig und birgt die Gefahr, den Schutz der Institution des Wettbewerbs mit der Verfestigung der bestehenden Wettbewerbsverhältnisse zu verwechseln. Aus dem Blickwinkel eines dynamischen, sich auf Dauer selbstheilenden Wettbewerbsgeschehens hingegen erscheinen derartige Verkaufsförderungsaktionen vielmehr tendenziell eher wünschenswert als bedrohlich, da die Dynamik des Wettbewerbs durch sie erst in Gang kommen kann. Dies gilt jedenfalls, so lange auf dem

---

[390] Zustimmend vor allem *Droste* GRUR 1969, 298; *Klaka* GRUR 1975, 29; *Hefermehl* GRUR Int. 1983 507, 510 f; ablehnend *v. Harder* GRUR 1962, 439; *Koenigs* MJW 1961, 1041; *Mestmäcker* Der verwaltete Wettbewerb S. 63 ff; *Merz* S. 111 f; *Schricker* AfP 2001, 101.

[391] *Fezer* WRP 2001, 989, 1008; *Köhler* GRUR 2001, 1076, 1077; MünchKommUWG/*Heermann* § 4 Nr. 1 Rn 267.

[392] OLG Frankfurt WM 1990, 1591; kritisch *Emmerich* WettbR § 12 IV 1.

[393] OLG München NJW-RR 1996, 490 – Problesen; kritisch *Emmerich* WettbR § 12 IV. 1.

[394] ZB BGH GRUR 1965, 489, 491 f – Kleenex m. Anm. *Lehmpfuhl*; auch OLG München NJWE-WettbR 1999, 199.

[395] Hefermehl/*Köhler*/Bornkamm UWG § 4 Rn 12.19; *ders.* GRUR 2001, 1067, 1077; *Fezer* WRP 2001, 989, 1008.

[396] Anders aber LG München ZUM 2004, 583, 596 – TV-Digital.

[397] So zutreffend BGH GRUR 1969, 295, 298 – Goldener Oktober m. Anm. *Droste*.

jeweiligen Markt wettbewerbliche Strukturen bestehen. Ist dies der Fall, ist der Rahmen wesentlich weiter zu stecken als bisher. Ist dies nicht der Fall, hält das GWB die richtigen Instrumentarien bereit. Das UWG darf in solchen Fällen – wenn überhaupt – nur äußerst zurückhaltend und unter Wahrung der dort aufgestellten Kriterien herangezogen werden. Lauterkeitsrechtlich kann das massenhafte Verteilen von Originalware ferner dann relevant werden, wenn die Voraussetzungen der individuellen Marktbehinderung gegeben sind.

Eng verwoben mit dem Argument der Marktverstopfung ist die Befürchtung der **Verbrauchergewöhnung.** Auch hier tritt ein unzutreffendes Verständnis vom Wettbewerbsgeschehen zu Tage. Eine Verbrauchergewöhnung ist in den wenigsten Fällen, wenn überhaupt, empirisch nachzuweisen. Es ist nicht einmal gesagt, dass das Geschenk vollständig aufgebraucht wird, bevor über eine erneute Anschaffung nachgedacht wird.[398] Der Verbraucher ist vielmehr ein vollwertiger Marktteilnehmer, dessen Entscheidungen einen wesentlichen Teil der Dynamik der Wettbewerbsprozesse ausmachen und die nicht durch paternalistische Vorgaben verfälscht werden dürfen. Dem hat der Gesetzgeber mit der Festschreibung eines neuen, an den europäischen Vorgaben orientierten **Leitbildes** eines durchschnittlich informierten und verständigen Verbrauchers, der das Werbeverhalten mit einer der Situation angemessenen Aufmerksamkeit verfolgt, Rechnung getragen.[399] Im Rahmen der Irreführung haben die Gerichte dies bereits durch eine erhöhte Eingriffsschwelle Rechnung getragen.[400] Ähnliches gilt für einige Unterfallgruppen der Generalklausel, insbesondere das übertriebene Anlocken.[401] Auch für die allgemeine Marktbehinderung kann nichts anderes gelten. Nach richtigem Wettbewerbsverständnis wird man die Verbraucherentscheidung letztlich zu tolerieren haben. Dies gilt jedenfalls solange, wie die **Freiheit der Verbraucherentscheidung** gewährleistet ist. Diese kann ausnahmsweise, etwa im Falle des psychologischen Kaufzwangs durch Abgabe kostenloser Leistungen aufgehoben oder zumindest in hohem Maße gefährdet sein.[402] Ist dies nicht der Fall, hält insbesondere § 5 das richtige Instrumentarium bereit, um die Freiheit der Verbraucherentscheidung zu gewährleisten. 191

2. Zugaben und Kopplungen

Seit der Aufhebung der ZugabeVO wird von vielen Seiten zu bedenken gegeben, dass auch die Gewährung von Zugaben wettbewerbswidrig sein könne, wenn sie zur Gefährdung des Bestands des Wettbewerbs auf einem bestimmten Markt führe.[403] Die **Nachahmungsgefahr** ebenso wie die **Übersteigerungsgefahr** eines freien Zugabenwettbewerbs erlange wettbewerbsrechtliche Relevanz, wenn in ihrem Gefolge auf Dauer eine unzumutbare Belastung für die Beteiligten eintritt, und zwar vor allem für die Mitbewerber, aber auch für die Allgemeinheit.[404] 192

Köhler stellt zunächst zutreffend fest, dass mit Aufhebung der ZugabeVO auch der Begriff der „Zugabe" als Rechtsbegriff hinfällig geworden ist. Für die Begriffsbestimmung ist nunmehr allein die **Verkehrsauffassung** maßgebend.[405] Zugaben lassen sich von reinen Werbegeschenken dadurch unterscheiden, dass ihre Gewährung vom entgeltlichen Bezug einer Ware rechtlich oder tatsächlich abhängig gemacht wird. Im Unterschied zu einem 193

[398] Hefermehl/*Köhler*/Bornkamm UWG § 4 RN 12.19; bereits Großkomm/*Köhler* UWG § 1 Rn D 47.

[399] Begr. RegE BT-Drucks. 15/1487 S. 19.

[400] Grundlegend BGH GRUR 2000, 619 – Orient-Teppichmuster; zum Verbraucherleitbild → Rn 72.

[401] BGH GRUR 1999, 256 – 1000,– DM Umweltbonus.

[402] Vgl. die Situation BGH GRUR 1998, 471 – Erstcoloration; zum psychischen Kaufzwang ausführlich *Steinbeck* → § 4 Rn 104 ff und *Scherer* → § 4–2 Rn 115 ff.

[403] Vor allem *Lange/Spätgens* Rn 122 ff; grundsätzlich aber auch BGH GRUR 1999, 256, 258 – 1000,- DM Umweltbonus; *Köhler* GRUR 2003, 729, 738; *ders.* GRUR 2001, 1067, 1077; *Fezer* WRP 2001, 989, 1011; vgl. auch *Berneke* WRP 2001, 615; *Heermann* WRP 2001, 855; *Cordes* WRP 2001, 867; Zugaben und Kopplungen aus Sicht des § 4 Nr. 1 *Steinbeck* → § 4 Rn 142 ff; MünchKommUWG/*Jänich* § 4 Nr. 10 Rn 19.

[404] *Lange/Spätgens* Rn 136.

[405] *Köhler* GRUR 2001, 1067; aA *Lange/Spätgens* Rn 221.

Kopplungsangebot wird sie (völlig oder teilweise) unentgeltlich gewährt.[406] Bei einer Zugabe kann es sich weiterhin nur um eine von der Hauptware unterschiedliche Ware handeln, da sonst ein Naturalrabatt vorliegt. Sie scheidet aus, wenn sich die fragliche Leistungskomponente als bloßer unselbstständiger Teil der Hauptsache darstellt.[407] Solche Sachverhalte sind fortan als zulässige Leistungssteigerung zu betrachten.

194 Der Freigabe des Zugabenwettbewerbs steht insbesondere *Spägtens*[408] kritisch gegenüber. Bei Zugaben liege die Gefahr der sich epidemisch ausbreitenden Nachahmung besonders nahe, weil davon ausgegangen werden müsse, dass sich auf Grund der **Sogwirkung** der Zugaben, die sich womöglich wechselseitig in ihrem materiellen Wert steigern, die Konkurrenz gezwungen sehe, nachzuziehen und alsdann die unerwünschte Verlagerung vom Preis/Leistungswettbewerb zum **„Wettbewerb der Nebenleistungen"** stattfinde. Der Initiator derartiger Werbepraktiken, die die bestehende Situation auf dem betreffenden Markt auf diese Weise nachhaltig stören und zu beeinträchtigen drohen, handele – ohne dass eine spezielle Behinderungs- oder Vernichtungsabsicht erforderlich wäre – nicht mehr nach den Regeln eines lauteren Wettbewerbs. Dem Leitbild des Leistungswettbewerbs entspreche es weiterhin nicht, wenn durch Zugabenwettbewerb in die Branchen des leistungsfähigen Fachhandels eingebrochen werde. Ein solcher destruktiver **Brancheneinbruch** werde auch nach Aufhebung der ZugabeVO vom Lauterkeitsrecht nicht toleriert.[409]

195 Dem ist entgegenzuhalten, dass **Nebenleistungswettbewerb grundsätzlich ein legitimes Mittel des Leistungswettbewerbes** darstellt. Der Einsatz von Zugaben ist kein bedenkliches Wettbewerbsverhalten mehr.[410] Eine Differenzierung zwischen Wort- und Bildwerbung und Wertreklame hinsichtlich der grundsätzlichen Zulässigkeit erscheint nicht mehr gerechtfertigt.[411] Wettbewerb ist nicht allein auf Preis und Qualität beschränkt. Der Wettbewerb mit Zugaben liegt vielmehr im Interesse der Verbraucher. Insbesondere in Märkten, in denen Preisdifferenzierungsstrategien keine Wirkung mehr zeigen, bietet der Nebenleistungswettbewerb eine gute Möglichkeit, den Wettbewerb erneut zu beleben.[412] Insofern kann nicht von einer mit dem Leistungswettbewerb nicht zu vereinbarenden Verschiebung auf den Wettbewerb mit Nebenleistungen gesprochen werden, sondern nur von einer **Erweiterung** des Leistungswettbewerbs durch einen Wettbewerb um sekundäre Vorteile.[413]

196 Dies korreliert mit dem neuen **Verbraucherleitbild.**[414] Grenzen sind jedoch dort zu ziehen, wo durch ein übertriebenes Anlocken oder durch Irreführung und Preisverschleierung andere wettbewerbsrechtliche Tatbestände erfüllt werden.[415] Dies kann aber nicht so weit gehen, dass – wie zuweilen befürwortet – nach Aufhebung der ZugabeVO nunmehr eine Pflicht bestünde, den Wert der Zugabe anzugeben.[416] In den Entscheidungen **Kopplungsangebot I und II** hat der BGH[417] dem bereits eine Absage erteilt. Nach Ansicht des

---

[406] *Köhler* GRUR 2003, 729; *ders.* GRUR 2001, 1067.

[407] Vgl. nur *Köhler* GRUR 2003, 729, 730, der konsequenterweise bei Preis-, Umtausch, Rückgabe oder Qualitätsgarantien nicht mehr von einer Zugabe, sondern von einer (zulässigen) Leistungsteigerung ausgeht.

[408] *Lange/Spätgens* Rn 388 ff.

[409] *Lange/Spätgens* Rn 395 ff.

[410] *Köhler* GRUR 2003, 729, 731; *ders.* GRUR 2001, 1067, 1077; *Fezer* GRUR 2001, 989, 1008; vgl. auch *Berneke* WRP 2001, 617, 619; *Cordes* WRP 2001, 867, 869; MünchKommUWG/*Heermann* § 4 Nr. 1 Rn 357.

[411] *Fezer* GRUR 2001, 989, 1008.

[412] *Köhler* BB 2001, 265, 266; *ders.* GRUR 2002, 729, 731.

[413] Zutreffend *Fezer* GRUR 2001, 989, 1013.

[414] → Rn 84 f.

[415] Bereits Begr. RegE BT-Drucks 14/5594 S. 8; grundlegend nunmehr BGH WRP 2002, 1256, 1258 – Kopplungsangebot I; ebenso BGH 1259, 1262 – Kopplungsangebot II; vgl. *Cordes* WRP 2001, 867, 870 f; *Köhler* GRUR 2003, 729, 732; *Fezer* WRP 2001, 989, 1010; für die Behandlung von Kopplungen und Zugaben nach § 4 Nr. 1 ausführlich *Steinbeck* → § 4–1 Rn 142 ff.

[416] So aber *Köhler* GRUR 2001, 1067, 1070 ff; ähnlich *Cordes* WRP 2001, 867, 870; *Henning-Bodewig* WRP 2001, 771, 776 f; vgl. auch KOM (2001) 546 endg.

[417] BGH WRP 2002, 1256 – Kopplungsangebot I; BGH WRP 2002, 1259 – Kopplungsangebot II.

Gerichts obläge es dem Gesetzgeber, einen so weitgehenden Eingriff vorzunehmen.[418] Aber auch hiervon wäre abzuraten, da eine so gekennzeichnete Zugabe ihren Wert als Verkaufsförderungsmittel gänzlich verlieren würde.[419] Im Aufhebungsgesetz zur ZugabeVO wird ausdrücklich auf den „durchschnittlich informierten und verständigen Verbraucher", der „weiß, dass Kaufleute nichts zu verschenken haben und die Kosten für wertvolle Nebenleistungen durch den Preis der Hauptleistung abdecken" verwiesen.[420] Die Anforderungen des § 4 Nr. 4,[421] die Regelungen der PAngV sowie der Schutz vor Irreführung (§ 5) bieten ausreichenden Schutz, um dem aufgeklärten Verbraucher eine ausreichende Entscheidungsbasis zu gewährleisten.

Auch unter dem Gesichtspunkt der **Nachahmungsgefahr** ist die Annahme einer Un- 197
lauterkeit der Zugabe nicht per se gerechtfertigt: Erfahrungsgemäß wird sich ein Gewerbetreibender, will er keine wirtschaftlichen Einbußen erleiden, bei ausuferndem Zugabenwettbewerb nicht zwangsläufig gezwungen sehen, hierauf in der Form zu reagieren, dass er sein Hauptleistungsangebot ebenfalls durch Zugaben aufzuwerten versucht.[422] Er kann stattdessen auch durch Preissenkungen oder andere Parameter sein Angebot attraktiver gestalten.

Auch der Argumentation hinsichtlich des **Brancheneinbruchs** kann nicht gefolgt wer- 198
den. Ein schutzwürdiges Interesse, gerade mit dem Verkauf bestimmter Artikel, die anderweit als Zugabe gewährt werden, Geld zu verdienen, ist in einer wettbewerblich verfassten Marktwirtschaft grundsätzlich nicht anzuerkennen.[423]

Diesen Grundsätzen folgend hat nun auch das OLG Köln in der **Glow-by-J. Lo-Ent- 199
scheidung** festgestellt, dass jedenfalls die einmalige Verwendung eines Warengutscheins, welcher auf der Titelseite einer Frauenzeitschrift aufgeklebt ist, den Tatbestand der allgemeinen Marktbehinderung nicht erfüllt.[424]

Seine Grenzen findet der Zugabenwettbewerb aber in den §§ 19f GWB, wenn auf 200
Grund der Marktgegebenheiten wettbewerbliche Strukturen nicht mehr gewährleistet sind. Dies ist in der Regierungsbegründung zur Aufhebung der ZugabeVO deutlich zum Ausdruck gekommen.[425] Diese Wertung darf bei der Anwendung des UWG nicht übersehen werden.[426] Lauterkeitsrechtlich kann der massive Einsatz von Zugaben allerdings dann relevant werden, wenn die Voraussetzungen der gezielten individuellen Marktbehinderung im Sinne von § 4 Nr. 10[427] gegeben sind.

3. Werbegeschenke und Leistungssteigerungen

Von der Problematik der Verteilung von Originalwaren, Warenproben und Zugaben sind 201
Werbegeschenke und Leistungssteigerungen ohne gleichzeitige Preiserhöhung zu unterscheiden. Um reine **Werbegeschenke** im eigentlichen Sinne handelt es sich, wenn durch die unentgeltliche Zuwendung von Waren die angesprochenen Verkehrskreise zum Bezug einer **anderen** Ware oder Leistung, zum Besuch einer Werbeveranstaltung oder zum Betreten eines Geschäftslokals veranlasst werden sollen.[428] Dazu zählen aber nicht nur sächliche Zuwendungen, sondern auch unentgeltliche Dienstleistungen, wie eine kostenlose Kfz-

[418] BGH WRP 2002, 1256, 1258 – Kopplungsangebot I; ebenso BGH 1259, 1262 – Kopplungsangebot II; zustimmend *Eppe* WRP 2004, 153, 157.
[419] *Eppe* WRP 2004, 153, 157; ausführlich *Steinbeck* → § 4–1 Rn 163 ff.
[420] Begr. RegE BT-Drucks 14/5594 S. 7; vgl. *Nordemann* NJW 2001, 2505, 2506.
[421] ausführlich hierzu *Steinbeck* → § 4–4 Rn 1 ff.
[422] So aber *Lange/Spätgens* Rn 393; vgl. auch *Fezer* WRP 2001, 989, 1011.
[423] *Köhler* FS Hoppmann S. 283, 291; aA *Fezer* WRP 2001, 989, 1011.
[424] OLG Köln GRUR-RR 2005, 168 – Glow by J. Lo.
[425] Begr. RegE BT-Drucks 14/5594 S. 9.
[426] *Nordemann* NJW 2001, 2505, 2512; vgl auch den Ansatz bei Hefermehl/*Köhler*/Bornkamm UWG § 4 Rn 1.53 f; *ders.* GRUR 2003, 729, 731.
[427] Hierzu *Götting* → § 4–10 Rn 1 ff; vgl auch OLG Köln GRUR-RR 2005, 168, 169 – Glow by J. Lo.
[428] *Emmerich* WettbR § 12 IV 1; Großkomm/*Köhler* UWG § 1 D 35 spricht von „sog. Fremdwerbung".

Überprüfung,[429] kostenloses Haarefärben[430] oder eine kostenlose Kundenbeförderung.[431] Von einer Zugabe unterscheiden sich solche Zuwendungen dadurch, dass sie nicht vom Bezug einer anderen Waren oder Dienstleistung rechtlich oder tatsächlich abhängig sind.[432] Solche Leistungen waren bisher solange zulässig, wie nicht zusätzliche, die Unlauterkeit begründende Umstände hinzutraten. Diese konnten in einer unsachlichen Beeinflussung durch übertriebenes Anlocken oder der Ausübung psychischen Kaufzwanges liegen.[433] Es wird sich zeigen, wie sich die beschriebenen Liberalisierungen auf diese Praxis – hier im Besonderen auf die Fallgruppe des übertriebenen Anlockens – auswirken werden.[434] Aus den bereits dargelegten Gründen ist auch hier die von der Salespromotion Verordnung vorgeschlagene Pflicht zu Angabe des Wertes von Werbegeschenken abzulehnen.[435]

202 Ebenfalls nicht unlauter im Sinne der Fallgruppe der allgemeinen Marktbehinderung ist die **Leistungssteigerung** ohne gleichzeitige Preiserhöhungen. Hierunter fällt zum Beispiel der Fall der Beifügung einer weiteren Beilage zu einer Zeitung.[436] Aber auch Preis-, Umtausch- Rückgabe-, und Qualitätsgarantien werden in Zukunft als solche zu qualifizieren sein.[437] Auch hier wird das Korrektiv zu Gewährleistung wettbewerblicher Prozesse eher in den Irreführungstatbeständen als im Recht der Wertreklame oder gar der allgemeinen Marktbehinderung zu suchen sein.[438]

4. Bonusprogramme

203 Die Aufhebung des RabattG und der ZugabeVO hatte zur Folge, dass die Unternehmen verstärkt attraktive Rabatte oder Zugaben mit dem Ziel einsetzen, Kunden einmalig oder erstmalig zum Geschäftsabschluss zu bewegen. Daneben eröffnete die fortschreitende Liberalisierung des Wettbewerbsrechts aber auch die Möglichkeit, Programme aufzulegen, mit denen versucht wird, eine möglichst **langfristige Bindung des Kunden** an die Unternehmen zu erreichen. Für solche, auf Dauer angelegte Incentivierungen hat sich der Begriff **Bonusprogramm** durchgesetzt.[439] Bei diesen Programmen steht, im Gegensatz zur einmaligen Incentivierung durch Zugaben und Rabatte, die Vergünstigung erst am Ende einer auf gewisse Zeit angelegten Geschäftsbeziehung. Im Rahmen dieser Geschäftsbeziehung eröffnet das Programm dem Teilnehmer die Möglichkeit, auf verschiedenste Art und Weise ein Guthaben einer „virtuellen" Währung zu erwirtschaften, die er ab einer gewissen Realisierungsschwelle – je nach Programm unterschiedlich – in Bar- oder Buchgeld ausbezahlt bekommen kann, oder aber ausschließlich oder alternativ in Prämien der unterschiedlichsten Art eintauschen kann. Um diesen Vorgang abzuwickeln, werden Bonusprogramme in der Regel durch Ausgabe einer Kundenkarte organisiert. Zur Minimierung der Betriebskosten, aber auch um eine möglichst hohe Attraktivität für die Verbraucher zu gewährleisten, werden Bonusprogramme verstärkt von mehreren Unternehmen unter einer Dachmarke herausgegeben. Um möglichst alle Lebensbereiche abzudecken, beschränkt sich das Partnerportfolio in der Regel auf einen starken Anbieter aus einem Marktsektor.[440]

---

[429] BGH GRUR 1971, 162 – Diagnose-Zentrum.

[430] BGH GRUR 1998, 471 – Erstcoloration.

[431] BGH GRUR 1995, 163 – Fahrtkostenerstattung.

[432] *Köhler* GRUR 2003, 729; *ders.* GRUR 2001, 1067; MünchKommUWG/*Heermann* § 4 Nr. 1 Rn 458.

[433] Vgl. KG GRUR-RR 2001, 279, 280; BGH GRUR 1998, 1037 – Schmuck-Set; BGH GRUR 1989, 366 – Wirtschaftsmagazin; BGH WRP 1990, 266 – Annoncen-Avis; BGH GRUR 1993, 774 – Hotelgutschein; BGH GRUR 1995, 165 – Kosmetikset; BGH GRUR 1998, 471 – Erstcoloration; für die Behandlung von Werbegeschenken nach § 4 Nr. 1 ausführlich *Steinbeck* → § 4–1 Rn 269 ff.

[434] Vgl. *Emmerich* WettbR § 12 IV; ebenso *Eppe* WRP 2004, 153.

[435] Vgl. KOM (2001) 546 endg.

[436] BGH GRUR 1979, 409 – Lippische Rundschau; zum Ganzen *Emmerich* WettbR § 12 IV und § 19.

[437] Vgl. nur *Köhler* GRUR 2003, 729, 730.

[438] *Köhler* GRUR 2003, 729, 730.

[439] Zur näheren Begriffsbestimmung vgl. *Schönig* Bonusprogramme.

[440] Vgl. zu diesen Grundlagen, wie zu den kartell- und wettbewerbsrechtlichen Fragen *Schönig* Bonusprogramme.

Bonusprogramme stellen eine Kombination systematischer Preis- und Wertwerbung dar.[441] Die Vereinbarkeit dieser Programme mit dem UWG bereitet zuweilen Schwierigkeiten.[442]

a) Literatur. Auch nach der weitgehenden Liberalisierung des Wettbewerbsrechts durch die Aufhebung der ZugabeVO und des RabattG steht man Bonusprogrammen in der Literatur kritisch gegenüber.[443] 204

Köhler gibt zu bedenken, dass Bonusprogramme für die Unternehmen eine Möglichkeit darstellen, sich dem Wettbewerb zu entziehen. Die Teilnahme an einem solchen System könne den Kunden dazu verleiten, seine Einkäufe auf das jeweilige System zu konzentrieren, um die bereits erwirtschafteten Vorteile nicht zu verlieren. Er spricht insofern von einer **Sogwirkung** von Bonusprogrammen, die dazu führen könne, dass an die Stelle des Preis- und Qualitätswettbewerbs bei den einzelnen Waren oder Dienstleistungen ein **Wettbewerb der Kundenbindungssysteme** eintrete. Kleine und mittlere Wettbewerber könnten in diesem Wettbewerb kaum mithalten. Folge sei eine Erschwerung des Marktzutritts und eine Erstarrung des Wettbewerbs.[444] Besonders kritisch beurteilt *Köhler* die Situation, wenn die Vergünstigungen im Rahmen von Bonusprogrammen derart gestaffelt sind, dass sie in der Wirkung einem **Treuerabatt** gleichkommen.[445] 205

Auch *Lange/Spätgens* haben gegenüber Bonusprogrammen Bedenken. Sie könnten zu einer sehr starken Preisdifferenzierung, bis hin zu einer Preisindividualisierung führen, womit eine **Verschlechterung der Markttransparenz** und in der Folge eine Verringerung des Preisbewusstseins der Verbraucher einherginge. Auf diese Weise seien tendenziell höhere Preise durchsetzbar. Auf Grund der „virtuellen" Währung laste auf solchen Programmen die Gefahr der **Preisverschleierung.** Da eine nachhaltige Marktabschottung nicht auszuschließen sei, könne es im Einzelfall sogar zu einer **Marktstörung** kommen.[446] 206

Die mit einem Kundenbindungsprogramm verbundene Bündelung der Nachfrage (Sogwirkung) stellt nach *Fezer* eine wettbewerbseigene Folge eines Kundenbindungsprogramms dar und vermag die Wettbewerbswidrigkeit als solche nicht zu begründen. Kundenbindungsprogramme seien Teil des Leistungsangebots. Der Wettbewerb um leistungsgerechte Kundenbindungsprogramme liege im Interesse des Verbrauchers. Der Preis- und Qualitätswettbewerb werde nicht auf einen Prämienwettbewerb verlagert, sondern durch den Wettbewerb um sekundäre Vorteile erweitert.[447] Die Grenze der Zulässigkeit sieht *Fezer* bei **diskriminierenden** und **intransparenten** Systemen erreicht.[448] 207

Nordemann sieht neben dem Irreführungstatbestand überhaupt keinen Anwendungsbereich des UWG. Zwar erkennt er an, dass die Bindung an das System besonders groß ist, wenn Vergünstigungen erst ab einer bestimmten Umsatzschwelle gewährt werden und gleichzeitig der Verfall des Guthabens droht. Die Lösung dieses Problems obliege aber vornehmlich dem GWB, welches gegenüber dem Gesetz gegen den unlauteren Wettbewerb speziellere Regelungen für die Beurteilung von Beeinträchtigungen der Wettbewerbsfreiheit enthalte. Vor allem für die Beurteilung von einer wettbewerbsbeschränkenden Aus- 208

---

[441] So das Fazit von *Fezer* WRP 2001, 989, 1012; Bonusprogramme ansprechend auch *Köhler* BB 2001, 256, 268; *ders.* BB 2001, 1157 ff; *Berneke* WRP 2001, 615, 619; *Schricker/Henning-Bodewig* WRP 2001, 1367, 1400 f; *Cordes* WRP 2001, 867, 874 f; zur Rechtslage vor Aufhebung der ZugabeVO und des RabattG insbesondere *Fritzsche* BB 1999, 273.

[442] Vgl. auch *Steinbeck* → § 4–1 Rn 318 ff; *dies.* → § 4–4 Rn 35 ff.

[443] Zum Streitstand s. auch *Schönig* Bonusprogramme; für die Rechtslage vor Aufhebung des RabattG und der ZugabeVO ist auf *Fritzsche* BB 1999, 273 und die dortigen Fundstellen zu verweisen.

[444] *Köhler* BB 2001, 256, 268; *ders.* BB 2001, 1157 ff; ebenso *Schricker/Henning-Bodewig* WRP 2001, 1367, 1403; *Köhler/Piper* UWG § 1 Rn 288 (Ausnutzung der Sammelleidenschaft); vgl. *Lange/Spätgens* Rn 416.

[445] *Köhler* BB 2001, 1157, 1160.

[446] *Lange/Spätgens* Rn 156 ff, 388 ff, 416, 463 ff.

[447] *Fezer* WRP 2001, 989, 1013.

[448] *Fezer* WRP 2001, 989, 1014; vgl. *Schricker/Henning-Bodewig* WRP 2001, 1367, 1403.

übung von Marktmacht komme dem **GWB** deshalb ein **Wertungsvorrang** gegenüber dem UWG zu. Eine eigenständige Beurteilung von Bonusprogrammen im Rahmen der allgemeinen Marktbehinderung lehnt er ab.[449]

209 **b) Rechtsprechung.** Die Rechtsprechung zu Bonusprogrammen war bisher naturgemäß nur punktueller Natur und brachte keine grundsätzliche Auseinandersetzung mit dem Phänomen langfristiger Kundenbindung mit sich. Dabei ist zwischen Entscheidungen vor und solchen nach der Aufhebung der ZugabeVO und des RabattG zu unterscheiden.

210 In der **Bonusmeilen**-Entscheidung des BGH[450] ging es um ein Kreditkartenmodell, bei dessen Inanspruchnahme gegen Zahlung einer geringfügig erhöhten Jahresgebühr dem Kunden je 10 DM getätigten Umsatzes ein „Meile" auf einem Guthabenkonto gutgeschrieben wurde und die ab einer Schwelle von 750 Meilen bei den Partnern des Miles & More-Verbundes eingelöst werden konnte. Die „Umrechnung" der bei dem Kreditkarteneinsatz gewonnen Meilen sollte nach den Verrechungsraten der jeweiligen Partnern erfolgen. Das Gericht hielt die Gewährung von Meilen im konkreten Fall für eine **unzulässige und nicht handelsübliche Zugabe.** Es handele sich um eine vom Hauptgeschäft der Kreditgewährung verschiedene **Nebenleistung,** deren Inanspruchnahme von der Verwendung der Karte **abhängig** sei.[451]

211 Das **LG Mönchengladbach**[452] hatte den Fall zu beurteilen, in dem ein Anbieter eines Fax-Massenversand und -empfangservices seinen Kunden Meilen des Miles & More-Programms für die Inanspruchnahme seiner Dienstleistungen in Aussicht stellte. Auch hier ging das Gericht von einer **unzulässigen Zugabe** aus. Anders als der BGH stellte das Gericht nicht auf die mangelnde Handelsüblichkeit, sondern auf die mangelnde Geringwertigkeit ab. Es qualifizierte das Miles & More-Programm als Gutscheinsystem, bei dem es nicht auf den Wert des einzelnen Gutscheins (Meile), sondern auf den dahinter stehenden Wert der Zugabe (Freiflug/Übernachtung) ankomme.[453]

212 Nach Auffassung des **OLG Nürnberg**[454] ist es zulässig, wenn ein Finanzdienstleister für den Fall der Kontoeröffnung bei einer Mindesteinzahlung von 5000 DM 5000 Meilen des Miles & More-Systems zur Verfügung stellt. Zwar handele es sich um eine Nebenleistung, die Hauptleistung – die Kontoeröffnung – sei jedoch kostenfrei.

213 In dem vom **OLG Köln**[455] zu entscheidenden Fall gewährte ein Kreditkartenunternehmen für getätigte Kreditkartenumsätze Meilen, die im Miles & More-System eingetauscht werden können (1 Euro = 1 Meile). Die Jahresgebühr für eine solche Karte lag aber erheblich über der für Karten ohne Sammelfunktion (125–190 DM). Das Gericht hielt dieses Modell für zulässig.

214 Eine weitere Entscheidung zum Miles & More-Programm, allerdings nach Aufhebung der ZugabeVO und des RabattG, erging ebenfalls durch das **OLG Köln.**[456] Dabei ging es um eine Werbung der Programmbetreiber, in der die Prämien, die bei entsprechenden Guthaben erlangt werden könnten, dargestellt wurden. Das Gericht hielt dies für **zulässig.** Insbesondere sei kein übertriebenes Anlocken im Sinne des § 3 Abs. 1 festzustellen. Zwar sei auch nach Aufhebung der ZugabeVO und des RabattG nicht von einer grenzenlosen Zulässigkeit der Wertreklame auszugehen, gegen die konkrete Maßnahme sei indes nichts einzuwenden. Der angesprochene Personenkreis lasse sich nicht ohne weiteres von einem Angebot blenden, dass sich für ihn nicht rechne.

---

[449] *Nordemann* NJW 2001, 2505, 2512.
[450] BGH WRP 1999, 424 – Bonusmeilen.
[451] BGH WRP 1999, 424, 426 f – Bonusmeilen.
[452] LG Mönchengladbach BB 1999, 283.
[453] LG Mönchengladbach BB 1999, 283, 284 mit Verweis auf Hefermehl/*Hefermehl* UWG zu § 1 ZugabeVO Rn 27, 71.
[454] OLG Nürnberg WRP 2001, 302.
[455] OLG Köln WRP 2001, 721.
[456] OLG Köln GRUR-RR 2003, 115 (nicht rechtskräftig; Revision wird beim BGH unter Az. I ZR 5/02 geführt).

Zuletzt hatte der **BGH**[457] über ein **Treue-Punkte** System eines Einzelhandelsunternehmen zu entscheiden. Dieses händigte bei jedem Einkauf für einen Warenwert von 10 DM eine Marke aus. Ab einer gewissen Anzahl waren die Kunden berechtigt, zum größten Teil eigens für die Aktion hergestellte Waren zu einem „Treuepreis" zu erwerben. Das Gericht hielt dies für **zulässig.** Es sei wettbewerbsrechtlich grundsätzlich unbedenklich, wenn die Einräumung des Rechts, näher bestimmte Waren zu erwerben, daran geknüpft werde, dass zuvor andere Waren mit einem bestimmten Wert gekauft worden sind. Hier gelte nichts anderes wie für Gesamtpreisangebote.[458] Es sei Sache des Kunden, vor dem Kauf dieser Waren Preisvergleiche und Überlegungen zur Preiswürdigkeit anzustellen. § 3 Abs. 1 habe nicht den Zweck, über die geltenden Preisangabevorschriften hinaus unabhängig vom Schutz der Verbraucher vor unlauterer Beeinflussung die Gewerbetreibenden anzuhalten, in der Werbung Elemente ihrer Preisbemessung nachvollziehbar darzustellen, um Preisvergleiche zu erleichtern.[459] Die Besonderheit, dass der Vorrat der vergünstigten Ware vor Erreichen der nötigen Anzahl von Marken zu Ende gehen könnte, habe nicht zur Folge, dass sich ein verständiger Verbraucher unter Außerachtlassung der Rationalität der Nachfrageentscheidung zu verstärkten Einkäufen veranlasst sehe. Ein übertriebenes Anlocken scheide insofern aus.[460] 215

c) Stellungnahme. In der Tat können Bonusprogramme eine langfristige Bindung des Kunden an ein Unternehmen bewirken. *Fezer* hat zutreffend darauf hingewiesen, dass es sich bei dieser Bindung nicht per se um eine wettbewerbswidrige Behinderung handelt.[461] Der Gesetzgeber hat bei der Aufhebung des RabattG und der ZugabeVO eine Erweiterung der „Spielräume für die Entwicklung und Nutzung innovativer Formen der Anbahnung und Sicherung der Kundenbeziehung" im Auge gehabt.[462] Eine Grenze sollten solche Maßnamen aber grundsätzlich weiterhin in den allgemeinen lauterkeitsrechtlichen Grundsätzen finden.[463] Neben den Fragen des übertriebenen Anlockens – soweit nach dem neuen Verbraucherleitbild hierfür noch Raum bleibt – und Fragen der Irreführung wird in Zukunft ein besonderes Augenmerk auf die Preistransparenz von Bonusprogrammen zu legen sein. Die aufgezeigte Rechtsprechung weist hier erste Wege. Die Entscheidungen verdeutlichen aber auch, dass insbesondere bei der Frage der Wertschätzung der gewährten Vergünstigungen Unsicherheiten bestehen. Dies gilt vor allem, wenn man nicht einzelne Komponenten, wie in der Rechtsprechung geschehen, untersucht, sondern das Programm als Ganzes betrachtet. In der **Bonusmeilen**-Entscheidung stellt der BGH beispielsweise wegen des Umrechnungsvorbehalts darauf ab, der Kunde habe keinen Anhaltspunkt für den Wert der Meilen, insbesondere könne er diese nicht in das Verhältnis der vom ihm getätigten Umsätze stellen.[464] Das **OLG Nürnberg** hingegen geht davon aus, ein Vielflieger könne den Wert von 5000 Meilen für eine Kontoeröffnung mit 5000 DM Startguthaben zutreffend einschätzen.[465] Zwar unterscheiden sich die genannten Sachverhalte insbesondere wegen des Umrechnungsvorbehalts im ersten Fall; Schwierigkeiten bei der Wertschätzung eines Meilenguthabens, dass sich in der Regel aus einer Vielzahl solcher Geschäfte sowie aus einer Vielzahl von Flügen, die trotz gleichen Preises möglicherweise unterschiedlich incentiviert werden, bleiben dennoch bestehen. Insbesondere sind die oben zu Zugaben und Kopplungen getroffenen Wertungen, die grundsätzlich nur Einzelgeschäfte betreffen, und somit eine Einschätzung der Preiswürdigkeit des Angebotes ohne weiteres 216

---

[457] BGH GRUR 2004, 344 – Treue-Punkte.

[458] BGH GRUR 2004, 344, 345 – Treue-Punkte mit Verweis auf BGH GRUR 2003, 538, 539 – Gesamtpreisangebot.

[459] BGH GRUR 2004, 344, 345 – Treue-Punkte mit Verweis auf BGH GRUR 2003, 538, 539 – Gesamtpreisangebot.

[460] BGH GRUR 2004, 344, 345 – Treue-Punkte.

[461] *Fezer* WRP 2001, 989, 1013.

[462] Begr. RegE BT-Drucks. 14/5441 S. 7.

[463] Begr. RegE BT-Drucks. 14/5441 S. 8.

[464] BGH WRP 1999, 424, 428 – Bonusmeilen.

[465] OLG Nürnberg WRP 2001, 302, 303.

ermöglichen, nicht durchweg übertragbar. Diese Besonderheit gebietet es, an die Wahrung der Preistransparenz bei Bonusprogrammen besondere Anforderungen zu stellen, die es dem Kunden ermöglichen, abzuschätzen, in welchem Verhältnis die letztlich erlangte Prämie zu den zuvor getätigten Geschäften steht.[466] Allgemeine Aussagen hierüber sind jedoch nicht möglich und bedürfen einer genauen Untersuchung der Funktionsweise des einzelnen Programms.[467] In der **Treue-Punkte-Entscheidung** jedenfalls hat der BGH zurecht erkannt, dass dort das nötige Maß an Überschaubarkeit noch gewährleistet war.[468] Auch ist den Gerichten zuzugeben, dass allein in der Aufstellung von Schwellenwerten kein übertriebenes Anlocken zu sehen ist.[469] Sehen Bonusprogramme hingegen eine nicht-lineare Staffelung der Vergünstigungen vor, so dass eine Nähe zu der Konfliktlage bei Treuerabatten gegeben ist, bietet das Kartellrecht das richtige Instrumentarium zur Beurteilung an.[470]

III. Unentgeltliche Verteilung von Presseerzeugnissen

217 Einen Sonderfall der Gefährdung der Institution des Wettbewerbs stellt die unentgeltliche Verteilung von Presseerzeugnissen dar. Hier ist zunächst zwischen dem Verteilen von Tageszeitungen, Fachzeitschriften, Anzeigenblättern mit und ohne redaktionellem Teil sowie Gratiszeitungen zu unterscheiden. Bevor jedoch auf die einzelnen Varianten eingegangen wird, soll zunächst die Funktionsweise des Pressemarktes sowie Bedeutung der Pressefreiheit dargestellt werden.

1. Funktionsweise des Pressemarktes

218 Presseunternehmen stehen, wie andere Unternehmen auch, untereinander im wirtschaftlichen Wettbewerb. Die Besonderheit des Pressemarktes besteht aber darin, dass sich dieser Wettbewerb grundsätzlich auf zwei Märkten vollzieht. Der **Anzeigenmarkt** dient in erster Linie dazu, Erlöse zu erzielen, die zur Deckung der Herstellungs- und Vertriebskosten des Presseerzeugnisses beitragen sollen. Bei den meisten Zeitschriften dürfte dieser mittlerweile einen Anteil an den Gesamterlösen von zwei Drittel oder mehr betragen.[471] Die Höhe der Anzeigenpreise allerdings ist in der Regel von der Auflagenhöhe des Presseerzeugnisses und somit vom **Lesermarkt** abhängig. Um hier erfolgreich zu sein, muss das Presseerzeugnis entweder eine hohe redaktionelle Qualität, oder einen günstigen Preis aufweisen. Sinkt die Anzahl der Leser einer Zeitung, wird sich das negativ auf das Anzeigengeschäft auswirken. Sinken die Einnahmen aus dem Anzeigengeschäft, bedeutet dies bei aufgezeigter Kostenstruktur möglicherweise eine Einbuße in der Qualität oder aber eine Erhöhung im Preis, wodurch die Ausgangsposition beim Wettbewerb um die Akzeptanz bei den Lesern verschlechtert wird.[472] Aber nicht nur Preis und Qualität sind für den Leser ausschlaggebend, sondern auch das Anzeigenvolumen selber kann für eine hohe Nachfrage entscheidend sein – etwa im Falle der Stellen- Wohnungs- oder Autoinserate in Wochenendausgaben.[473]

219 Diese Zusammenhänge verdeutlichen, dass beide Märkte miteinander in einem engen **Reaktionsverbund** stehen.[474] Angesichts dieser Verbundenheit einerseits und der in der

[466] Dies betont *Schönig* Bonusprogramme.
[467] Vgl. die Darstellung bei *Schönig* Bonusprogramme.
[468] BGH GRUR 2004, 344 – Treue-Punkte.
[469] Vgl. OLG Köln GRUR-RR 2003, 115, 117.
[470] Vgl. *Köhler* BB 2001, 1157, 1160; *Schönig* Bonusprogramme.
[471] Vgl. die Marktdaten bei *Schmid* WRP 2000, 991, 993, Fn 25; auch *Emmerich* WettbR § 19 III; *Schricker* AfP 2001, 101, 103.
[472] Vgl. *Schünemann* S. 125 f; Hefermehl/*Köhler*/Bornkamm UWG § 4 Rn 12.20; Großkomm/*Köhler* UWG § 1 Rn D 50; *Emmerich* WettbR § 19 III; *Schricker* AfP 2001, 101, 103 mwN.
[473] *Schünemann* S. 126.
[474] BGH GRUR 1980, 734 – Anzeigenmarkt; BGH GRUR 1982, 53 – Bäckerfachzeitschrift; vgl. Hefermehl/*Köhler*/Bornkamm UWG § 4 Rn 12.20; MünchKomm/*Heermann* UWG Anh. §§ 1–7 B Rn 31 ff; Gloy/Loschelder/*Ahrens* Hdb § 74 Rn 3; *Sachon* WRP 1980, 659, 660 f.

Kostenstruktur ohnehin untergeordneten Verkaufserlöse andererseits, verzichten einige Verleger auf den Wettbewerb um Käufer und Abonnenten und geben ihre Presseerzeugnisse **kostenlos** ab. Die dadurch erhoffte hohe Auflage soll das Anzeigengeschäft beflügeln und somit die Kostendeckung gewährleisten.[475] Der Lesermarkt kann jedoch auch bei diesem Konzept nicht grundsätzlich vernachlässigt werden. Für den Anzeigenkunden wird es auch und gerade bei einem kostenlosen Werbemedium darauf ankommen, wer die Zeitung liest. Im Laufe der Zeit hat sich deshalb je nach Zielrichtung des Anzeigengeschäft eine breite Palette kostenloser Medien herausgebildet. Diese reicht von reinen Anzeigenblättern und solchen mit redaktionellem Teil über kostenlose Fachzeitschriften hin zu kostenlosen Tageszeitungen (Gratiszeitungen). Der Anteil dieser Vertriebskonzepte am Anzeigengeschäft ist allerdings bisher relativ gering geblieben.

2. Bedeutung der Pressefreiheit

Mit Blick auf Art. 5 Abs. 1 GG wird der Stellenwert einer freien Presse als Institution im demokratischen Meinungs- und Willensbildungsprozess zu Recht allgemein hoch veranschlagt.[476] Da die Pressefreiheit wesentliche Voraussetzung für die Bildung der öffentlichen Meinung ist, besteht ein besonderes Interesse an der Meinungsvielfalt auf dem Pressemarkt und an der Erhaltung wettbewerblicher Strukturen.[477] Wegen dieser Bedeutung zieht die Rechtsprechung die Pressefreiheit bei der lauterkeitsrechtlichen Beurteilung des Wettbewerbskampfes auf dem Pressemarkt jedenfalls dann heran, wenn es um die Frage des **Fortbestandes der Institution der freien Presse** geht.[478] Die Einbeziehung auch außerwettbewerblicher Allgemeininteressen in den Schutzbereich des § 3 Abs. 1 gebietet es, über die individuellen Interessen des einzelnen Verlegers an freier verlegerischer Entfaltung hinaus das Interesse am Fortbestand dieser Institution bei der Bewertung des Wettbewerbs von Presseorganen untereinander zu berücksichtigen.[479] Insoweit kommt Art. 5 GG eine wesentliche Bedeutung für die Auslegung der lauterkeitsrechtlichen Generalsklausel zu.[480] 220

3. Die unentgeltliche Abgabe an sich kostenpflichtiger Presseerzeugnisse

Vergleichbar mit der Interessenlage bei der unentgeltlichen Abgabe von Originalwaren sind die Situationen, in denen eigentlich kostenpflichtige Presseerzeugnisse unentgeltlich abgegeben werden. 221

So lag der Fall in der **Stumme-Verkäufer-Entscheidung** des BGH.[481] Dabei ging es um den Sachverhalt, dass ein Verlag seine Zeitung in großem Umfang über sog. „stumme Verkäufer" vertrieb, deren Bedienungsanleitung den Kunden zum Einwurf eines Entgelts aufforderte, bei deren Einsatz aber von vorneherein mit einer Schwundquote von ca. 60% zu rechnen war, da Sicherheitsvorkehrungen nicht vorhanden waren. Der BGH hielt diese Vertriebspraktik für **unzulässig** im Sinne des § 3 Abs. 1, da sie eine unzulässige **Anlockwirkung** ausübe, einen unsachlichen **Gewöhnungseffekt** erziele und die Gefahr der Nachahmung hervorrufe und damit das Risiko begründe, dass der Leistungswettbewerb ausgeschaltet werde.[482] Nach richtiger Deutung hat diese Entscheidung keine primäre Re- 222

---

[475] *Emmerich* WettbR § 19 III; *Schünemann* S. 126.

[476] Vgl. BVerfGE 10, 118; BVerfGE 20, 162; BVerfGE 50, 234.

[477] Hefermehl/*Köhler*/Bornkamm UWG § 4 Rn 12.20.

[478] Hefermehl/*Köhler*/Bornkamm UWG § 4 Rn 12.20; Gloy/Loschelder/*Ahrens* Hdb. § 74 Rn 1 ff; bereits Großkomm/*Köhler* UWG § 1 Rn D 51; s. auch *Emmerich* WettbR § 19 III; *Lahusen* GRUR 2005, 221; aus der Rechtsprechung vgl. BGH NJW 1992, 1817 – Stadtkurier; zuletzt aber BGH GRUR 2004, 602 – 20 Minuten Köln.

[479] Hefermehl/*Köhler*/Bornkamm UWG § 4 Rn 12.20; bereits *Baumbach/Hefermehl* 22. Aufl. UWG § 1 Rn 859; zustimmend *Schmid* WRP 2000, 991, 992; *Berst* AfP 1999, 425, 428; *Köhler* WRP 1998, 455, 458.

[480] *Schmid* WRP 2000, 991; *Köhler* WRP 1998, 455, 460.

[481] BGH GRUR 1996, 778 – Stumme Verkäufer.

[482] BGH GRUR 1996, 778 – Stumme Verkäufer; vgl. LG Berlin NJW-RR 1993, 47; *Brander* GRUR 1996, 531; *Gloy* GRUR 1996, 585, 586 ff.

levanz für die Frage nach dem Schutz der Presse als Institution, sondern betrifft eine allgemeine Frage der Wertreklame bzw. des bereits dargestellten kostenlosen Verteilens von Originalware.[483] In dem vergleichbaren Fall **Mediaboxen** hat das KG eine allgemeine Marktbehinderung neuerdings jedoch zutreffend verneint. Es betont die Notwendigkeit einer **konkreten Gefahr** für den Bestand des Wettbewerbs. Hierfür legte das Gericht das Volumen des gesamten lokalen Marktes zugrunde. Es stellte fest, dass selbst wenn 60% der über solche mechanische Verkaufshilfen 25 000 Exemplare entnommen werden, dies lediglich 3,33% der insgesamt im lokalen Markt verkauften Zeitungen ausmache. Eine Prognose über die Gefahr durch etwaige Nachahmer wollte das Gericht zu Recht nicht abgeben. Hierfür bedürfe es zunächst näherer Erkenntnisse über die tatsächlichen Auswirkungen dieser Praxis. Damit sei – auch der besonders sensible Pressemarkt – (derzeit) nicht ernsthaft gefährdet.[484] In Betracht kommt nach Auffassung des KG aber eine unzulässige Beeinflussung der Verbraucher nach § 4 Nr. 1, wenn diesen kein ausreichender Überwachungsdruck durch entsprechende Hinweise und Kontrollen suggeriert werde.[485]

223 Ebenfalls ohne Rückgriff auf das übergeordnete Allgemeininteresse am Bestand der Institution der freien Presse lässt sich die **vorübergehende** kostenlose Bereitstellung von Presseerzeugnissen beurteilen. **Zulässig,** und somit im Einklang mit Grundsätzen der unentgeltlichen Verteilung von Originalware, ist dies jedenfalls solange wie die Verteilung vom **Erprobungszweck** getragen wird. Deshalb ist gegen sog. **Probeabonnements** oder **Probenummern** aus lauterkeitsrechtlicher Sicht grundsätzlich nichts einzuwenden. Für Probeabonnements wird im Allgemeinen eine Frist von zwei Wochen für zulässig gehalten.[486] Allerdings sind auch hier Unsicherheiten zu verzeichnen. Für zulässig wurde es einerseits erachtet, ehemaligen Probeabonnenten unaufgefordert ein weiteres zweiwöchiges Probeabonnement zuzusenden.[487] **Unzulässig** soll andererseits die Bereitstellung eines vierwöchigen Probeabonnements sein.[488] Ebenfalls als unzulässig wurde es zuletzt eingestuft, wenn ein Anbieter eines Pay-TV-Senders seinen Abonnenten zwei Exemplare einer lediglich umbenannten und nur unwesentlich umformatierten 14-tägige Programmzeitschrift, die auch das freiempfangbare Fernsehangebot abdeckt und ansonsten entgeltlich vertrieben wird, zusendet, weil ein Erprobungszweck nicht bestehe.[489]

224 Wird einer Tageszeitung ein Lokalteil ohne Preiserhöhung hinzugefügt, handelt es sich um eine **zulässige Leistungssteigerung,** die aus wettbewerbsrechtlicher Sicht nicht zu beanstanden ist.[490]

4. Gefährdung des Bestandes der kostenpflichtigen Tagespresse durch unentgeltliche Vertriebskonzepte

225 Die kostenlose Verteilung von Presseerzeugnissen war immer dann von besonderer Brisanz, wenn eine Gefahr im Raume stand, dass die herkömmliche entgeltliche Tagespresse in ihrem Bestand gefährdet ist. Nach dem BGH sind **Tageszeitungen** dadurch gekennzeichnet, dass sie sich redaktionell vor allem mit allgemein interessierenden politischen, wirtschaftlichen und kulturellen Gegenständen befassen und dabei informierend und kom-

[483] *Schmid* WRP 2000, 991, 995; *Köhler* WRP 1998, 455, 458; MünchKommUWG/*Heermann* § 4 Nr. 1 Rn 472; zum Verschenken von Originalwaren → Rn 176ff.

[484] KG GRUR-RR 2008, 171, 172 – Mediaboxen (nicht rechtskräftig; Revision beim BGH anhängig unter Az: I ZR 180/07).

[485] KG GRUR-RR 2008, 171, 172f – Mediaboxen (nicht rechtskräftig; Revision beim BGH anhängig unter Az: I ZR 180/07).

[486] BGH GRUR 1957, 600 – Westfalenblatt I.

[487] KG GRUR-RR 2001, 189.

[488] OLG München NJW-RR 1996, 490; vgl. auch Hefermehl/*Köhler*/Bornkamm UWG § 4 Rn 12.29.

[489] LG München ZUM 2004, 583, 586 – TV-Digital; auch unter Betonung, dass durch die Aktion die bestehenden Kundenadressen ausgenutzt werden, um ein besonders fernseh-affines Publikum zu erreichen.

[490] BGH GRUR 1979, 409, 410 – Lippische Rundschau.

mentierend an der Bildung der öffentlichen Meinung mitwirken.[491] Gegenstand der gerichtlichen Auseinandersetzung war zunächst die kostenlose Verteilung von Anzeigenblättern mit oder ohne redaktionellem Teil. Später gingen die Verleger kostenloser Presseerzeugnisse dazu über, den redaktionellen Teil ihrer Blätter soweit zu verbessern, dass sie jedenfalls im tagesaktuellen Bereich mit einer Tageszeitung konkurrieren konnten (sog. Gratiszeitungen). Das besondere Gefährdungspotenzial der kostenlosen Vertriebsstrategie wurde dabei stets in der Beeinträchtigung des Anzeigengeschäfts, und damit dem ökonomischen Fundament der Tageszeitungen gesehen. Jedenfalls aus Sicht der Tagespresse ist mit diesen Konzepten über die bloße Unentgeltlichkeit hinaus eine **Gefahr für die Institution der freien Presse** überhaupt und damit ein auch im Rahmen des § 3 Abs. 1 zu berücksichtigendes außerwettbewerbliches Allgemeininteresse verbunden.

a) Bestandsgefährdung durch Anzeigenblätter. Mit Blick auf eine etwaige Gefährdung der entgeltlichen Tageszeitungen in ihrem Bestand ist bei Anzeigenblättern zwischen solchen mit und solchen ohne redaktionellen Teil zu unterscheiden. 226

aa) Reine Anzeigenblätter. Reine Anzeigenblätter enthalten im Wesentlichen nur geschäftliche Werbeanzeigen. Diese sog. Offertenblätter sind grundsätzlich **zulässig,** auch wenn sie **unentgeltlich** vertrieben werden.[492] Anerkanntermaßen passen die Grundsätze über das Verschenken von Originalware als Form der Wertreklame hierfür nicht. Trotz der unentgeltlichen Abgabe an den Leser wird nichts „verschenkt", denn nach diesem Konzept kommen die Inserenten über die Anzeigenpreise für alle Betriebskosten auf. Es handelt sich vielmehr um eine dem Zweck des Anzeigengeschäfts entsprechende Vertriebsform.[493] Grund für diese liberale Haltung ist die Tatsache, dass reine Anzeigenblätter auf dem Lesermarkt **nicht im Wettbewerb mit Tageszeitungen** stehen, diesem somit keine Leser entziehen können. Dass Tageszeitungen auf dem Anzeigenmarkt Kunden verlieren können, ist wettbewerbseigen. Der Sachverhalt ist nicht anders zu beurteilen als die Verteilung sonstigen Werbematerials.[494] Konsequenterweise hat der BGH deshalb in der **Annoncen-Avis-Entscheidung**[495] deshalb auch den kostenlosen Abdruck von privaten Kleinanzeigen in einem entgeltlich vertriebenen Anzeigenblatt für **zulässig** erklärt, solange das Konzept betriebswirtschaftlich vernünftig und auf Dauer angelegt ist.[496] 227

Unter die Fallgruppe der reinen Anzeigenblätter ohne jeden redaktionellen Teil werden auch die immer häufiger anzutreffenden, kostenlos zugeschickten **Coupon-Hefte** zu zählen sein. Auch sonstige Werbeblätter wie Kundenzeitschriften oder Programmzeitschriften sind grundsätzlich unbedenklich. 228

bb) Anzeigenblätter mit redaktionellem Teil. Größere Probleme hatte in der Vergangenheit die Beurteilung von Anzeigenblätter mit redaktionellen Teil bereitet. Als solche werden Presseerzeugnisse bezeichnet, die periodisch erscheinen und neben eher untergeordneten redaktionellen Beiträgen – meist von lokalem Interesse – hauptsächlich Werbeanzeigen enthalten und kostenlos und unbestellt zugesendet werden.[497] Gegen solche Anzeigenblätter mit redaktionellem Teil wird eingewendet, dass hier im Gegensatz zu den reinen Anzeigenblättern die Fallgruppe der allgemeinen Marktbehinderung Bedeutung erlangen kann, da in diesem Fall „journalistische Leistungen" verschenkt werden, 229

---

[491] BGH GRUR 1985, 881, 882 – Bliestal-Spiegel.

[492] BGH GRUR 1956, 223, 225 – Freiburger Wochenbericht; BGH GRUR 1969, 287 – Stuttgarter Wochenblatt I; Hefermehl/*Köhler*/Bornkamm UWG § 4 Rn 12.21; vgl. bereits Großkomm/*Köhler* UWG § 1 D 52; *Baumbach/Hefermehl* UWG 22. Aufl. § 1 Rn 864.

[493] *Baumbach/Hefermehl* UWG 22. Aufl. § 1 Rn 864.

[494] *Beater* § 25 Rn 20; BGH GRUR 1956, 223, 225 – Freiburger Wochenbericht.

[495] BGH GRUR 1990, 44 – Annoncen-Avis.

[496] BGH GRUR 1990, 44, 45 – Annoncen-Avis; dauerhaft nicht kostendeckende Konzepte beurteilen sich nach den Grundsätzen über den Verkauf unter Einstandspreis → Rn 269; und BGH GRUR 1985, 883 – Abwehrblatt.

[497] Vgl. BGH GRUR 1985, 881, 883 – Bliestal-Spiegel; Hefermehl/*Köhler*/Bornkamm UWG § 4 Rn 12.22; MünchKomm/*Heermann* UWG Anh. §§ 1–7 B Rn 38ff.

was unter Umständen mit der Interessenlage der etablierten Tageszeitungen konfligieren könne.[498]

230 Nach der Entscheidung **Freiburger Wochenbericht** kommt eine Unlauterkeit in Betracht, wenn ein Anzeigenblatt auf Grund des redaktionellen Teils von einem nicht unerheblichen Publikum als „Zeitung" gewertet wird und sich daraus eine Schädigung oder auch nur eine ernstliche Gefährdung des Bestandes der übrigen Tageszeitungen ergeben würde. Ihre hohe staatspolitische Aufgabe könne die Presse nur erfüllen, wenn sie auch den gebührenden Schutz erführe.[499] Im konkreten Fall sah das Gericht eine derartige Gefährdung nicht als gegeben an. Die Entscheidungsgründe implizieren aber, dass der redaktionelle Teil eines Anzeigenblattes nach Ansicht des Gerichts keinen oder jedenfalls nur einen untergeordneten Schutz nach Art. 5 GG genießen kann.[500]

231 Dieser Ansatz erfuhr in der Entscheidung **Stuttgarter Wochenblatt I** eine erste Korrektur. Übt der redaktionelle Teil gewollt oder ungewollt eine informierende und meinungsbildende Wirkung aus, fällt auch ihm der Schutz des Art. 5 GG zu. Überwiegende Schutzzuweisungen auf Grund qualitativer Erwägungen kämen einer inhaltlichen Zensur gleich und seien zu unterlassen.[501]

232 Eine Einschränkung fanden diese Grundsätze dann in der **Bliestal-Spiegel-Entscheidung.** Beschränke sich der redaktionelle Teil lediglich auf die Wiedergabe von bloßen Mitteilungen aus dem örtlichen Vereinsleben, kommunale Bekanntmachungen etc., könne sich das Blatt nicht auf den Schutz von Art. 5 GG berufen.[502] Diese Entscheidung hat in der **Literatur heftige Ablehnung** erfahren.[503] Es käme einer unzulässigen Inhaltskontrolle gleich, die Garantie der Pressefreiheit von einer (Mindest-)Qualität des Erzeugnisses abhängig zu machen.[504] Den Kritikern ist beizupflichten. Dies gilt umso mehr, als dass das **BVerfG** einer Werbeanzeige meinungsbildenden Charakter zugesprochen hat, auch wenn darin lediglich zum Kauf eines Produkt aufgefordert wird.[505] Die Tragweite der Entscheidung dürfte aber bereits durch die Tatsache beschränkt sein, dass es in dieser Entscheidung um eine Auseinandersetzung zweier Anzeigenblätter untereinander ging, insofern die Blätter auch nach „qualitativen" Gesichtspunkten ohnehin auf „gleicher Ebene" standen.

233 Nach den ersten Auseinandersetzungen beruhigte sich der Streit um die Wettbewerbsposition der Tagespresse vorübergehend. Dies lag insbesondere darin begründet, dass die renommierten Verlage dazu übergingen, entweder selbst Anzeigenblätter herauszugeben oder bereits bestehende zu übernehmen, um sich somit Teile des Anzeigengeschäftes erneut zu sichern.

234 Diese Verquickung führte zu der Entscheidung **WAZ-Anzeiger.**[506] In diesem Fall gab der Verlag einer Tageszeitung ein Anzeigenblatt mit einem in Aufmachung und Inhalt dem Mutterblatt nahe kommenden **anspruchsvollen redaktionellen Teil** heraus. Den Inserenten bot der Verlag günstige Kombinationstarife für beide Blätter und eine gemeinsame Anzeigenaufnahmestelle an. Der BGH hielt diese Praxis für **unzulässig.** Dabei stellte er auf das Zusammenwirken aller getroffenen Maßnahmen ab. Die redaktionelle Bearbeitung des Anzeigenblatts durch das Mutterblatt, die Gewährung eines besonderen Kombinationstarifs sowie die gemeinsame Annahmestelle führten zu einer Behinderung der konkurrierenden Tageszeitungen und damit zu einer Zurückdrängung des Leistungswettbewerbs.

---

[498] BGH GRUR 1969, 287, 289 – Stuttgarter Wochenblatt I.
[499] BGH GRUR 1956, 223, 225 – Freiburger Wochenbericht.
[500] Vgl. *Schricker* AfP 2001, 101, 104.
[501] BGH GRUR 1969, 287, 290 – Stuttgarter Wochenblatt m. Anm. *Hefermehl.*
[502] BGH GRUR 1985, 881, 882 – Bliestal-Spiegel.
[503] *Schmid* WRP 2000, 991, 993 mwN insbesondere zum älteren Schrifttum; *Köhler* WRP 1998, 455, 462; *Mann* WRP 1999, 740, 741 f; *Berst* AfP 1999, 425, 428; vgl. auch die Nachweise bei Hefermehl/*Köhler*/Bornkamm UWG § 4 Rn 12.22; aA *Teplitzky* GRUR 1999 108, 110; vgl. auch Gloy/Loschelder/*Ahrens* Hdb. § 74 Rn 14 ff mwN.
[504] Vgl. *Schmid* WRP 2000, 991, 993 mwN.
[505] BVerfGE 21, 271, 279; vgl. Großkomm/*Köhler* UWG § 1 D 55.
[506] BGH GRUR 1977, 668 – WAZ-Anzeiger m. Anm. *Gloy.*

Wegen des hohen Anreizes für Inserenten und Leser gehe das Konzept in seiner Wirkung erheblich über die Beeinträchtigungen hinaus, die von Tageszeitungen durch herkömmliche Anzeigenblätter hingenommen werden müssten.[507]

b) Bestandsgefährdung durch Gratiszeitungen. Eine neue Qualität erlangte der Streit, als sog. Gratiszeitungen in den Markt eintraten.[508] Gratiszeitungen verfolgen im Grunde das gleiche Konzept wie Anzeigenblätter mit redaktionellem Teil. Im Unterschied zu diesen zeichnen sie sich allerdings durch einen aufwändigen redaktionellen Teil aus, der jedenfalls im tagesaktuellen Bereich durchaus mit einer herkömmlichen Tageszeitung konkurrieren kann. Sie werden vornehmlich in Großstädten an Orten mit hoher Fußgängerfrequenz in der Regel zu den Stoßzeiten massenweise kostenlos verteilt. Wegen ihrer hohen Attraktivität für die Leserschaft und der daraus resultierenden Attraktivität für die Anzeigenkunden lassen sich die Herstellungs- und Vertriebskosten ausschließlich aus den Erlösen des Anzeigengeschäfts tragen. Gratiszeitung haben sich mittlerweile in fast allen europäischen Großstädten etabliert und sind bislang dort auch wettbewerbsrechtlich unbeanstandet geblieben. 235

In Deutschland ist die herkömmliche Tagespresse von Anfang an gegen dieses Medienkonzept mit Mitteln des Wettbewerbrechts vorgegangen. Grund für dieses entschlossene Vorgehen war die Befürchtung, massive Marktanteile sowohl auf dem Leser- als auch auf dem Anzeigenmarkt an diese Wettbewerber zu verlieren. Nachdem die Kläger jedenfalls vor den Oberlandesgerichten[509] durchgängig unterlagen, hat zu diesem Problemkreis nunmehr der BGH in den Parallelentscheidungen **20 Minuten Köln**[510] und **Zeitung zum Sonntag**[511] ausführlich Stellung bezogen. 236

Zunächst teilte er dem Vergleich zu der Fallgruppe des **Verschenkens von Originalware** eine Absage. Das Gericht gab zutreffenderweise zu bedenken, dass hier gar nichts verschenkt werde, sondern die Anzeigenkunden über die Anzeigenpreise für die Betriebskosten auch des „journalistischen Teils" aufzukommen haben. Eine Vergleichbarkeit mit dem Verschenken von Originalwaren komme deshalb nicht in Betracht. Es handelt sich nach Auffassung des BGH vielmehr um ein **neues, nicht zu beanstandendes Vertriebskonzept.**[512] Eine Unlauterkeit käme nur dann in Betracht, wenn es sich um ein Presseerzeugnis handelte, dessen Vertrieb eigentlich auf Entgeltlichkeit ausgelegt ist, aber dennoch – zum Beispiel über die Anlaufphase hinaus – nicht kostendeckend oder kostenlos abgegeben werde.[513] Hierin liege auch der Unterschied zu der Entscheidung **Stumme Verkäufer,**[514] an der das Gericht ausdrücklich festgehalten hat. Lassen sich die Betriebskosten eines Presseerzeugnisse – gleich welcher Qualität – ausschließlich durch Anzeigenerlöse decken, handele es sich um eine unabhängig von der Wettbewerbssituation sachgerechte Konzeption, gegen die aus lauterkeitsrechtlicher Sicht (mangels relevanten Handlungsunwertes) nichts einzuwenden sei.[515] 237

Zu dem in der Aufrechterhaltung der **Institution der freien Presse** liegenden außerwettbewerblichen Allgemeininteresse (Erfolgsunwert) hatte der BGH folgendes Argument 238

[507] BGH GRUR 1977, 668, 670 f – WAZ-Anzeiger m. Anm. *Gloy;* vgl. BGH GRUR 1992, 191 – Amtsanzeiger; BGH GRUR 1985, 881 – Bliestal-Spiegel; s. auch *Lahusen* GRUR 2005, 221, 223.

[508] Hierzu auch MünchKomm/*Heermann* UWG Anh. §§ 1–7 B Rn 40 f; Hefermehl/*Köhler*/Bornkamm UWG § 4 Rn 12.23.

[509] OLG Karlsruhe WRP 1998, 525; OLG Bremen WRP 1999, 1052; KG GRUR 2000, 624; OLG Köln MD 2000, 739.

[510] GRUR 2004, 602 – 20 Minuten Köln.

[511] BGH WRP 2004, 746 – Zeitung zum Sonntag.

[512] Bereits *Emmerich* WettbR § 19 III; *Köhler* WRP 1998, 455, 457 f; *Schmid* WRP 2000, 321; *Gounalakos/Rhode* AfP 2000, 321; jetzt bestätigt durch BGH GRUR 2004, 602, 603 ff – 20 Minuten Köln und BGH WRP 2004, 746, 747 ff – Zeitung zum Sonntag.

[513] Bereits KG GRUR 2000, 624; vgl. *Schricker* AfP 2001, 101, 102; *Schmid* WRP 2000, 991, 994 mwN; jetzt bestätigt durch BGH GRUR 2004, 602, 603 – 20 Minuten Köln und BGH WRP 2004, 746, 747 – Zeitung zum Sonntag; dauerhaft nicht kostendeckende Konzepte beurteilen sich nach den Grundsätzen über den Verkauf unter Einstandspreis → Rn 269 ff; BGH GRUR 1985, 883 – Abwehrblatt.

[514] BGH GRUR 1996, 778 – Stumme Verkäufer.

[515] So auch bereits die Vorinstanz OLG Karlsruhe WRP 1998, 525; vgl. *Köhler* WRP 1998, 455, 458.

zu entkräften: Es wurde angeführt, dass die **Abhängigkeit** von den Anzeigenkunden auf Dauer zu einer Verschlechterung des redaktionellen Teils und damit nach erfolgreicher Verdrängung der etablierten entgeltlichen Zeitungen zu einer Absenkung des allgemeinen Niveaus führe. Weiterhin bestehe durch die Ausrichtung an den kommerziellen Interessen der Anzeigenkunden die Gefahr der Reduzierung der Meinungsvielfalt.[516] Die Abhängigkeit des Verlegers von der Kaufentscheidung des Lesers gehöre zu den maßgeblichen Strukturprinzipien des Art. 5 Abs. 1 S. 2 GG.[517] Auch für den Bereich des Rundfunks hätte das BVerfG eine ausschließliche Werbefinanzierung für unvereinbar mit der Informations- und der Rundfunkfreiheit angesehen.[518]

239 Das Gericht trat dieser Argumentation nicht bei. Der Vorwurf des bedenklichen Einflusses der Inseratskunden auf den Inhalt des redaktionellen Teils bei rein werbefinanzierten Presseerzeugnissen greife nicht durch, denn auch angesichts der Kostenstruktur der herkömmlichen Tagespresse sei eine Abhängigkeit nicht von der Hand zu weisen. Eine Gewichtung dieser wirtschaftlichen Faktoren widerspräche der **verfassungsrechtlich gebotenen Neutralität** bei der Bewertung redaktioneller Leistungen und könne den Unlauterkeitsvorwurf deshalb nicht tragen.[519] Nur wenn eine Tageszeitung durch ein Konkurrenzprodukt gefährdet werde, dass nicht informierend und kommentierend an der Bildung der öffentlichen Meinung mitwirke, käme ein Rückgriff auf Art. 5 GG in Betracht.[520] Aber auch diese Beurteilung stünde unter dem generellen verfassungsrechtlichen Gebot, bei der Wertung redaktioneller Berichterstattung Neutralität zu wahren.[521] Auch den Vergleich mit der Problemlage beim Privatfernsehen sah das Gericht nicht als sachgerecht an. Hierzu hatte das BVerfG entschieden, dass um die zur öffentlichen Meinungsbildung erforderliche Programmvielfalt zu gewährleisten, die Programmgestaltung nicht allein den Kräften des Marktes anvertraut werden dürfe. Erst die duale Ordnung des Rundfunks rechtfertige die Zulässigkeit der Privaten.[522] Hierzu merkt das Gericht an, dass es gerade Ausdruck einer dual verfassten Ordnung sei, dass auch rein werbefinanzierte Wettbewerber auf dem Markt tätig seien und darüber hinaus auch dort kein Wettbewerber Anspruch darauf hätte, dass ihm kein Wettbewerb erwachse.[523]

240 Speziell für den Bereich der streitgegenständlichen Tages- bzw. Sonntagszeitungen gab das Gericht schließlich zu bedenken, dass ein kostenloses Vertriebskonzept angesichts der mit den vorherrschenden Marktstrukturen einhergehenden hohen Marktzutrittsschranken die **einzige Möglichkeit für einen erfolgreichen Markteintritt** überhaupt sei. Dies mit Hilfe des Lauterkeitsrechts zu verbieten bedeutete, „die Dinge auf den Kopf zu stellen".[524]

241 **c) Stellungnahme.** Der Entscheidung des BGH ist vollumfänglich **zuzustimmen.**[525] Auch wenn die Tagespresse als Institution geschützt wird, so legt sich das Grundgesetz

---

516 Vgl. BGH GRUR 2004, 602, 604 – 20 Minuten Köln und BGH WRP 2004, 746, 748 – Zeitung zum Sonntag; kritisch bereits *Ahrens* WRP 1999, 123, 125, 129; auch nach den Entscheidungen Gloy/Loschelder/*Ahrens* Hdb. § 74 Rn 14ff.

517 Vgl. BGH WRP 2004, 746, 747 – Zeitung zum Sonntag.

518 Vgl. BGH GRUR 2004, 602, 604 – 20 Minuten Köln und BGH WRP 2004, 746, 748 – Zeitung zum Sonntag; BVerfGE 73, 118, 155ff.

519 BGH GRUR 2004, 602, 604 – 20 Minuten Köln und BGH WRP 2004, 746, 748 – Zeitung zum Sonntag; so schon *Schricker* AfP 2001, 101, 103.

520 BGH GRUR 2004, 602, 604 – 20 Minuten Köln und BGH WRP 2004, 746, 748 – Zeitung zum Sonntag.

521 BGH GRUR 2004, 602, 604 – 20 Minuten Köln und BGH WRP 2004, 746, 748 – Zeitung zum Sonntag.

522 BVerfGE 73, 118, 155ff.

523 BGH GRUR 2004, 602, 604 – 20 Minuten Köln und BGH WRP 2004, 746, 748 – Zeitung zum Sonntag.

524 BGH GRUR 2004, 602, 604f – 20 Minuten Köln und BGH WRP 2004, 746, 749 – Zeitung zum Sonntag; vgl. *Berst* AfP 1999, 425, 429.

525 Übereinstimmend bereits im Vorfeld die Argumentation bei *Gounalakis/Rhode* AfP 2000, 321ff; *Köhler* WRP 1998, 455ff; *Mann* WRP 1999, 740ff; *Schmid* WRP 2000, 991 mwN zum Streitstand; vgl. jetzt Hefermehl/*Köhler*/Bornkamm UWG § 4 Rn 12.23; aA Gloy/Loschelder/*Ahrens* Hdb. § 74 Rn 14ff; *ders.* WRP 1999, 123ff; *Teplitzky* GRUR 1999, 108, 109; *Baumbach/Hefermehl* UWG 22. Aufl. § 1 Rn 860.

doch nicht auf eine bestimmte Vertriebsform fest.[526] Das Grundrecht der Pressefreiheit schützt vielmehr auch die Freiheit der Entscheidung des Verlegers, wie er seine Zeitung finanziert und wie er sie vertreibt.[527] Es kann nicht Sache der Gerichte sein, in den Suchprozess nach der angemessensten Vertriebsform auf Grund qualitativer oder struktureller Idealvorstellung einzugreifen. Dies gilt umso mehr, als in der Regel völlig ungeklärt ist, welche Auswirkungen ein neues Vertriebskonzept auf einen Markt haben wird. Besonders im Fall von Gratiszeitungen ist jedenfalls der Einwand nicht von der Hand zu weisen, dass diese wohl eher aliud-Charakter als Substitutionscharakter haben.[528] Zu bedenken ist auch, dass gerade im Bereich der entgeltlichen Tagespresse relativ hohe Marktzutrittschranken bestehen. Entsprechende Schwierigkeiten hatten neue Zeitungen, sich am Markt durchzusetzen. Die Herausgabe eine Gratiszeitung bietet hier eine Alternative. So betrachtet besteht durch Gratiszeitungen weniger eine Gefahr als eine Bereicherung der Presselandschaft. Die Erfahrungen im europäischen Ausland jedenfalls haben gezeigt, dass durch Gratiszeitungen keine tiefgreifenden Veränderungen der Presselandschaft hervorgerufen werden. Es hat eher den Anschein, als dass solche Medien in der Lage seien, neue Leserkreise für das Pressewesen allgemein zu erschließen.[529]

Konsequenterweise muss die Entscheidung des BGH auch im Sinne einer Abkehr von 242 der restriktiven Haltung gegenüber **Anzeigenblättern** mit anspruchsvollem **redaktionellen Teil** verstanden werden, wie sie in der WAZ-Anzeiger-Entscheidung[530] zum Ausdruck gekommen ist. Diese hat der BGH in der Entscheidungen 20 Minuten Köln und Zeitung zum Sonntag zwar nicht ausdrücklich aufgehoben. Doch bedeutete es auch in dieser Konstellation – wie *Lahusen* zutreffend erkennt – „die Dinge auf den Kopf" zu stellen, wenn mittels des Lauterkeitsrechts innovative Vertriebskonzepte verhindert werden würden.[531]

Eine **Ausnahme** von diesem Grundsatz kommt nur in Betracht, wenn das kostenlose 243 Presseerzeugnis durch einen finanzstarken Mutterkonzern **quersubventioniert** wird und nicht auf Dauer in der Lage ist, sich selber zu tragen.[532] Dies gilt für den redaktionellen Teil wie für den Anzeigenteil. Diese Aspekte wären richtigerweise aber eher im Rahmen der kartellrechtlichen Missbrauchstatbestände als im UWG zu behandeln.[533] Gleiches gilt für die Problematik von Anzeigenkombinationstarifen mit mitbewerberbehindernder Sogwirkung.[534]

5. Der Wettbewerb von Anzeigenblättern untereinander

In der bereits angesprochenen **Bliestal-Spiegel-Entscheidung** des BGH setzte sich ein 244 bereits am Markt etabliertes kostenpflichtiges Anzeigenblatt gegen einen aufkommenden Wettbewerber zur Wehr, der ebenfalls ein Anzeigenblatt, allerdings kostenlos an den Markt brachte. Einen Rückgriff auf Art. 5 GG hielt das Gericht angesichts der niedrigen Qualität des redaktionellen Teil nicht für gerechtfertigt. Der Fall beurteile sich vielmehr nach den allgemeinen Regeln des Wettbewerbsrechts. Gegen den kostenlosen Vertrieb sei nichts einzuwenden, solange bei sachgerechter Kalkulation alle Betriebskosten durch das Anzeigengeschäft gedeckt werden können.[535]

Auch die Aufnahme eines **Amtsanzeigers** in ein Anzeigenblatt ist weder nach § 20 245 Abs. 1 GWB eine unbillige Behinderung anderer Anzeigenblätter noch als unlauterer Wettbewerb nach § 3 Abs. 1 anzusehen.[536]

---

526 *Schricker* AfP 2001, 101, 104; vgl. auch *Lahusen* GRUR 2005, 221.
527 *Köhler* WRP 1998, 455, 463; *Schricker* AfP 2001, 101, 104.
528 Zutreffend zum Beispiel *Schmid* WRP 2000, 991, 998.
529 Vgl. zB die Erfahrungen mit der französischen „Metro", abzurufen unter <www.bdzv.de>.
530 BGH GRUR 1977, 668 – WAZ-Anzeiger; → Rn 234.
531 Zutreffend *Lahusen* GRUR 2005, 221, 223.
532 Hierauf weist *Köhler* WRP 1998, 455, 457 zutreffend hin.
533 Großkomm/*Köhler* UWG § 1 D 62.
534 Vgl. hierzu etwa KG WuW/E OLG 1767 – Kombinationstarif.
535 BGH GRUR 1985, 881, 882 – Bliestal-Spiegel m. Anm. *Hefermehl*.
536 BGH GRUR 1992, 191, 193 – Amtsanzeiger; vgl. Hefermehl/*Köhler*/Bornkamm UWG § 4 Rn 12.26.

246 In der **Abwehrblatt-Entscheidung** des BGH[537] ging es um ein kostenloses Anzeigenblatt, dass von einem Verleger einer ortsansässigen Tageszeitung herausgebracht wurde. Die erwirtschafteten Anzeigenerlöse konnten in der Einführungsphase die Betriebskosten allerdings nicht decken. Dagegen setzte sich ein bereits etabliertes Anzeigenblatt nach mehrfachen wechselseitigen Unterbieten der Anzeigenpreise zur Wehr. Das Gericht sah auch in dieser Konstellation keinen Anlass, Art. 5 GG zu bemühen. Auch handelte es sich nicht um einen der WAZ-Anzeiger-Entscheidung vergleichbaren Kopplungssachverhalt. Unter Anerkennung der grundsätzlichen Zulässigkeit der Herausgabe eines Anzeigenblattes auch durch den Verleger einer Tageszeitung wendete es lediglich die allgemeinen Grundsätze über den Verkauf unter Einstandspreis an. Im zu entscheidenden Fall erkannte es die Kalkulation wegen des ins Auge gefassten vertretbaren längerfristigen Umsatzziels an.[538]

6. Der Wettbewerb von Fachzeitschriften untereinander

247 Bei Fachzeitschriften besteht grundsätzlich kein Konflikt zum Lesermarkt der Tageszeitungen. Auch auf dem Anzeigenmarkt werden nur geringfügige Überschneidungen zu verzeichnen sein. Die Bestandsgefährdung war immer nur im Verhältnis zu anderen Fachzeitschriften zu beurteilen. Eine klare Parteinahme für kostenlose Vertriebsmethoden hat sich im Bereich der Fachzeitschriften jedoch (noch) nicht durchgesetzt.[539]

248 **a) Beispiele. Unbedenklich** ist es nach der **Ärztekammer-Entscheidung** des BGH, wenn ein Verband eine Fachzeitschrift unentgeltlich an seine Mitglieder abgibt, soweit die Abgeltung über die Mitgliederbeiträge erfolgt.[540] Ebenso unbedenklich ist es nach der **Feld und Wald I-Entscheidung,** wenn ein Verein seinen Mitgliedern eine entgeltliche Fachzeitschrift unberechnet zustellt, soweit die Lieferung im Rahmen des Vereinszwecks erfolgt.[541]

249 In der **Entscheidung Feld und Wald II**[542] hat das Gericht dann die Auffassung vertreten, dass das ständige Verschenken eines erheblichen Teils der Auflage (ca. 40%) **unzulässig** sei. Das Interesse des Verlegers, durch die teilweise Gratisverteilung seine Leistungsfähigkeit im Anzeigengeschäft zu steigern, wurde nicht anerkannt. Vielmehr überwog für das Gericht die Gefahr, dass sich nicht ganz unerhebliche Teile der Leserschaft von der kostenpflichtigen Konkurrenz abwendeten. An dieser Stelle tritt eine Wertungsparallele zu der später getroffenen **Stumme Verkäufer-Entscheidung**[543] zu Tage. Dass konkurrierende Fachzeitschriften in ihrer Existenz unmittelbar gefährdet sein müssen und eine Marktverstopfung eintritt, hielt das Gericht zu diesem Zeitpunkt aber noch nicht für erforderlich.

250 Dies wurde erst in der **Bäckerfachzeitschrift-Entscheidung**[544] korrigiert. Die kostenlose Abgabe sei nur dann unzulässig, wenn der Bestand des Wettbewerbs in der entsprechenden Branche gefährdet werde. Dafür genüge nicht schon die abstrakte Gefährdung, erforderlich sei vielmehr eine **konkrete ernste Gefahr für den Bestand des Wettbewerbs,** durch die die Interessen der Allgemeinheit in nicht unerheblichem Umfang beeinträchtigt werden. Das Gericht stellte dabei darauf ab, ob die beteiligten Kreise das System der Gratisverteilung als marktgerecht ansähen und von ihm keine Marktverwilderung oder ein Absinken der redaktionellen Leistung zu befürchten sei. Je weniger bedeutsam der redaktionelle Teil für den Leser sei, desto eher sei ein Gratisvertrieb erlaubt. Für eine grund-

---

537 BGH GRUR 1985, 883 – Abwehrblatt m. Anm. *Koitzsch.*

538 BGH GRUR 1985, 883, 885 – Abwehrblatt m. Anm. *Koitzsch.*

539 Dafür aber Hefermehl/*Köhler*/Bornkamm UWG § 4 Rn 12.25; bereits Großkomm/*Köhler* UWG § 1 D 61; *Knöpfle* Marktbezogene Unlauterkeit S. 73; aA *Assmann/Brinkmann* NJW 1982, 312.

540 BGH GRUR 1971, 168, 171 – Ärztekammer.

541 BGH GRUR 1972, 40 – Feld und Wald I; vgl. Hefermehl/*Köhler*/Bornkamm UWG § 4 Rn 12.25; bereits Großkomm/*Köhler* UWG § 1 D 59; *Baumbach/Hefermehl* UWG 22. Aufl. § 1 Rn 863.

542 BGH GRUR 1972, 40 – Feld und Wald I; BGH NJW 1971, 237 – Ärztekammer; BGH GRUR 1977, 608 – Feld und Wald II.

543 BGH GRUR 1996, 778 – Stumme Verkäufer.

544 BGH GRUR 1981, 291, 295 – Bäckerfachzeitschrift.

sätzliche Zulässigkeit des Gratisvertriebs von Fachzeitschriften hat sich das Gericht aber nicht ausgesprochen.

In der **Motorboot-Fachzeitschrift-Entscheidung**[545] untersagte der BGH, im geschäft- 251
lichen Verkehr private Kleinanzeigen kostenlos in einer Fachzeitschrift zu veröffentlichen sowie mit der Veröffentlichung dieser Anzeigen zu werben. Dies vermag angesichts der **Annoncen-Avis-Entscheidung**[546] auf den ersten Blick zu verblüffen. Die Besonderheit beim Fachzeitschriftenmarkt besteht aber darin, dass es sich in der Regel um einen **geschlossenen Markt** weniger Zeitschriften handelt. Aus dieser Begrenztheit folge, dass eine Beeinträchtigung der Anzeigenerlöse durch die Vergabe von kostenlosen Privatanzeigen auf die redaktionelle Leistungsfähigkeit nicht ohne Einfluss bleiben könne. Dass der Wettbewerber den Wettbewerbsvorsprung durch Steigerung seiner eigenen redaktionellen Leistungen ausgleichen könnte, erkannte das Gericht nicht an. Es bestehe vielmehr ein **Interesse der Allgemeinheit an einer vielfältig und objektiv informierten Fachpresse.** Diese Position wurde zuletzt durch das OLG Hamburg für den Bereich der **Fliegerzeitschriften** bestätigt.[547]

b) Stellungnahme. Die Darstellung hat gezeigt, dass im Bereich der Fachzeitschriften 252
zuweilen andere Maßstäbe angelegt werden, als bei sonstigen Presseerzeugnissen. Jedenfalls nach der Motorboot-Fachzeitschrift-Entscheidung sowie nach der dieser folgenden Fliegerzeitschrift-Entscheidung des OLG Hamburg liegt dies insbesondere in der Begrenztheit des Leser- und Anzeigenmarktes und der damit einhergehenden erhöhten Anfälligkeit für Einbußen in der redaktioneller Qualität begründet. Dennoch ist gerade vor dem Hintergrund der Entscheidungen 20 Minuten Köln und Zeitung zum Sonntag mit *Köhler* zu überlegen, ob nicht auch für diesen Bereich **großzügigere Maßstäbe** anzulegen sind. In der Tat sollte überdacht werden, ob es nicht einem unverhältnismäßigen Eingriff in die verlegerische Freiheit und einer Bevormundung des Lesers und der Anzeigenkunden und damit letztlich einer Beschränkung des Wettbewerbs gleichkommt, wenn kostenlose Vertriebskonzepte unter Berufung auf die aufgezeigten Marktbesonderheiten untersagt werden.[548] Jedenfalls sind die von den Gerichten getroffenen Prognosen über die Marktentwicklung von der gewohnten Prognoseunsicherheit geprägt und bereits deshalb zweifelhaft.

7. Werbeblocker

a) Problembeschreibung. Eine deutliche Parallele zu der Frage nach dem lauterkeits- 253
rechtlichen Schutz der freien Presse weist auch die Frage nach der Zulässigkeit sog. Werbeblocker auf. Allerdings steht hier nicht der Bestand der freien Presse, sondern der Bestand der ebenfalls durch Art. 5 GG geschützten **Rundfunkfreiheit** im Vordergrund.

Unter einem Werbeblocker versteht man ein Vorschaltgerät, dass zum Anschluss an den 254
Fernseher oder Videorecorder bestimmt ist und das vom Nutzer so programmiert werden kann, dass Werbeblöcke, auch Werbeinseln genannt, aus dem laufenden Programm automatisch ausgeblendet werden. Zu diesem Zweck werden vom Vertreiber dieser Geräte Befehlssignale ausgesendet, die von der Vorschaltvorrichtung empfangen werden und aufgrund derer für die Zeit, während der im gewählten Programm Werbung ausgestrahlt wird, auf ein werbefreies Programm selbsttätig umgeschaltet und nach dem Ende des Werbeblocks wieder zurückgeschaltet wird.

Den Vertrieb dieser Geräte versuchten vor allem private Fernsehanstalten mit rechtlichen 255
Mitteln zu unterbinden. Zum einen führten sie hiergegen urheberrechtliche Bedenken an, da diese Geräte in das als Datenbankwerk geschützte Fernsehprogramm durch Umgestaltung eingriffen. In lauterkeitsrechtlicher Hinsicht wurde eingewendet, dass ein solches

---

[545] BGH GRUR 1991, 616 – Motorboot-Fachzeitschrift.

[546] BGH GRUR 1990, 44, 45 – Annoncen-Avis.

[547] OLG Hamburg AfP 2007, 223.

[548] Hefermehl/*Köhler*/Bornkamm UWG § 4 Rn 12.25; bereits Großkomm/*Köhler* UWG § 1 D 61 mit Verweis auf *Knöpfle* S. 73.

Konzept unter den Gesichtspunkten der individuellen Behinderung, der Ausbeutung erbrachter Vorleistungen und der allgemeinen Marktbehinderung unzulässig sei. Insbesondere werde hierdurch ihre durch Art. 5 Abs. 1 S. 2 GG gewährleistete Rundfunkfreiheit gefährdet, da unzulässigerweise in deren in der Erzielung von Werbeeinnahmen bestehende wirtschaftliche Grundlage eingegriffen werde. Der **Bestand des Privatfernsehens** an sich sei hierdurch gefährdet.

256 Ein vergleichbares Phänomen existiert im **Internet**. Dort werden Programme angeboten, mit deren Hilfe insbesondere die dort weit verbreitete Bannerwerbung abgeblockt werden kann. Sie werden unter Bezeichnungen wie **Webwasher, Junk-buster** oder **Ad-Killer** angeboten. In diesen Fällen kann freilich nicht die Rundfunkfreiheit ins Feld geführt werden. Diese Form der Anzeigenunterdrückung kann ausschließlich unter dem Aspekt der **Werbefreiheit,** die durch Art. 12 GG bzw. durch Art 2 GG geschützt ist diskutiert werden.

257 **b) Die Werbeblocker-Entscheidung des BGH.** Die geschilderte Praxis im **TV-Bereich** hat der BGH nach mehrjährigem Rechtsstreit in der Werbeblocker – Entscheidung aus dem Jahre 2004 als vollumfänglich **zulässig** eingestuft.[549] Zunächst hat er den urheberrechtlichen Bedenken eine Absage erteilt. Diesbezüglich sei neben der Urteilsbegründung auf die Ausführungen *Ladeurs* verwiesen.[550] Aber auch in lauterkeitsrechtlicher Hinsicht sah das Gericht keinen Anlass zum Einschreiten.

258 In Bezug auf eine mögliche individuelle Behinderung stellte das Gericht klar, dass es sich hier jedenfalls nicht um eine unzulässige **unmittelbare Einwirkung** auf das Produkt der Kläger (Fernsehunterhaltung durchsetzt mit Werbeblöcken), wie etwa bei der Zerstörung, Beschädigung, Beseitigung oder Verdeckung fremder Werbung, handele, da dem Zuschauer nur die generelle Möglichkeit der Werbeunterdrückung an die Hand gegeben werde, der konkrete Gebrauch des Werbeblockers diesem schließlich aber jeweils selbst überlassen bliebe.[551] Aber auch eine dem Grundsatz nach zu missbilligende **mittelbare Einwirkung** auf fremde wettbewerbliche Leistungen, wie etwa beim Vertrieb von sog. Piratenkarten zum kostenlosen Empfang von Pay-TV-Sendern sei nicht gegeben, da hier nicht etwa eine Umgehung von Verschlüsselungsmechanismen zum kostenlosen Empfang an sich entgeltlicher Inhalte vorliege, sondern eine eigene wettbewerbliche Leistung gegeben sei, sich die Beklagte also genuin wettbewerbseigener Mittel bediene.[552]

259 Auch ein lauterkeitsrechtlich unzulässiges Verhalten im Sinne der hier besonders interessierenden **allgemeinen Marktbehinderung** sah das Gericht als nicht gegeben an. Zutreffend erfolgte diese Einschätzung auf Grund einer Gesamtwürdigung aller Umstände des jeweiligen Einzelfalls unter Abwägung der Interessen der Mitbewerber und der Allgemeinheit. Insbesondere wurde den in concreto kollidierenden Grundrechtspositionen Rechnung getragen. Die lediglich in Betracht zu ziehende Möglichkeit, dass Werbekunden bei einer erheblichen Verbreitung von Werbeblockern weniger Sendezeit buchten oder einen geringeren Preis pro Zeiteinheit zu zahlen bereit sein könnten, und dass es deshalb zu Einnahmeverlusten kommen könnte, reiche für die Annahme eines Wettbewerbsverstoßes unter dem Gesichtspunkt der allgemeinen Marktbehinderung nicht aus. Zum einen sei eine etwaige Existenzgefährdung nicht nachgewiesen worden. Insbesondere werde aber die Rundfunkfreiheit durch die beanstandete Werbemaßnahme nicht berührt. Die Rechtsordnung dürfe den privaten Rundfunk nicht Bedingungen unterwerfen, die die Ausübung der grundrechtlichen Freiheit wesentlich erschweren oder gar unmöglich machen würden. Aus der institutionellen Garantie des Staates für die Freiheit des Rundfunks lasse sich darüber hinaus aber **ein Anspruch der Fernsehsender auf ungestörte geschäftliche Betätigung nicht herleiten.** Einen Bestandsschutz dieses Gewerbezweiges gewährleiste das

549 BGH GRUR 2004, 877 – Werbeblocker; erstinstanzlich obsiegte noch die Klägerin, LG Berlin ZUM-RD 2000, 144; bereits die Berufung entschied zu Gunsten der Beklagten KG MMR 2002, 483.
550 BGH GRUR 2004, 877, 878 – Werbeblocker; *Ladeur* GRUR 2005, 559 f mwN.
551 BGH GRUR 2004, 877, 879 – Werbeblocker.
552 BGH GRUR 2004, 877, 879 – Werbeblocker.

Grundgesetz nicht. Vielmehr sei zu berücksichtigen, dass für die Beklagte die vor diesem Hintergrund gleichwertige Grundrechtsposition der Berufsfreiheit nach Art. 12 Abs. 1 GG streite, die auch den Vertrieb eines Werbeblockers umfasse. Insofern sei es geboten, dass sich auch Unternehmen des Medienbereiches solchen Herausforderungen des Marktes stellten, der von der Freiheit der wirtschaftlichen Betätigung und der **Kraft der Innovation** lebe.[553]

c) Nachhall bei den Instanzgerichten. Den geschilderten Wertungen ist das OLG Köln in der **Set-Top-Box-Entscheidung** gefolgt.[554] Das streitgegenständliche Gerät ermöglicht es dem Nutzer nach seinem Belieben die gleichzeitige Nutzung von Internet und Fernsehprogramm auf dem Fernsehbildschirm. Aktiviert der Nutzer die Internetfunktion, legt sich eine Benutzeroberfläche über das laufende Fernsehbild, wobei, das laufende Programm weiterhin im Hintergrund sichtbar bleibt. Auch hiergegen hat sich eine private Fernsehanstalt unter anderem mit dem Argument gewandt, dies könne zu einem Rückgang der Werbeeinnahmen führen. Im Wege des Erst-Recht-Schlusses hat das Gericht angesichts der Wertungen der Werbeblocker-Entscheidung den Vertrieb solcher Geräte aber für zulässig erachtet.[555] **260**

d) Stellungnahme. Die Entscheidungen sind zu begrüßen. Insbesondere die Werbeblocker-Entscheidung liegt auf der Linie der Entscheidung 20 Minuten Köln und entspricht einem modernen Verständnis der Fallgruppe der allgemeinen Marktbehinderung. Auch in der Literatur hat sie weitestgehend Zustimmung erfahren.[556] **261**

Zwar sind gelegentlich etwas apodiktische Anmerkungen, wie etwa die von *Ernst,* zu verzeichnen, der vorhersehen will, dass die Verbreitung von Werbeblockern oder ähnlichem dazu führen werde, dass im Zuge dieser Entscheidung die derzeit schon gelegentlich wahrzunehmende unschöne Werbung im Programm oder gar lauterkeitsrechtlich bedenkliches Produktplacement zunehmen werden, um den finanziellen Interessen der Privatsender gerecht zu werden.[557] Dennoch kann es schwerlich Aufgabe der Rechtsprechung sein, derartigen Befürchtungen durch Untersagung von Werbeblockern, quasi auf Verdacht, Einhalt zu gebieten, zumal eine diesbezügliche Fortentwicklung auch in einer Welt ohne Werbeblocker nicht gewährleistet ist. Nach modernem Wettbewerbsverständnis kann es eben gerade **nicht auf Fragen des guten Geschmacks** oder ähnliches ankommen. Jedenfalls der Judikative fehlt für eine derartige Beurteilung die Legitimation. Vielmehr obliegt es den **Kräften des Marktes** auszuloten, welche Art und welcher Grad der Werbung gegenwärtig angemessen ist. Illegales Produktplacement ist hiervon natürlich ausgenommen.[558] Der BGH wirft in der Werbeblocker-Entscheidung deshalb ganz zutreffend die Frage auf, ob es nicht vielmehr Sache der Privatsender selbst sei, den Zuschauer durch ein innovatives und unterhaltsames Werbeprogramm „zu wecken und wach zu halten" und so der Konkurrenz durch Werbeblocker entgegenzuwirken.[559] Die fortschreitende Liberalisierung des Werberechts eröffnet jedenfalls ausreichenden Spielraum auch für vielleicht nicht ganz so plumpe oder gar anspruchsvolle Werbebotschaften. **262**

Zuzustimmen ist ferner *Funk/Zeifang,* die darauf hinweisen, dass auch die Interessen der **Fernsehzuschauer als Verbraucher** bei der lauterkeitsrechtlichen Entscheidung nicht zu vernachlässigen seien. Diese haben nämlich das grundrechtlich geschützte Recht, sich dafür zu entscheiden, mit Werbung konfrontiert zu werden oder nicht.[560] Sie sind frei, jederzeit das Programm zu wechseln. Das ist Ausdruck ihrer **negativen Informationsfrei-** **263**

---

[553] BGH GRUR 2004, 877, 879 f – Werbeblocker.
[554] OLG Köln GRUR-RR 2005, 228 – Set-Top-Box.
[555] OLG Köln GRUR-RR 2005, 228, 229 – Set-Top-Box.
[556] *Funk/Zeifang* MMR 2004, 662 ff; *Fritzsche* LMK 2004, 192, 193 f; *Hoeren* EWiR 2004, 1193; kritisch aber *Apel* FS Hertin S. 337 ff und *Ladeur* GRUR 2005, 559, 561 f.
[557] *Ernst* ZUM 2004, 755, 756.
[558] Hierzu *Kreile* → § 4–S 5 Rn 23 ff.
[559] Dies erfährt auch durch *Funk/Zeifang* MMR 2004, 662, 666 ausdrückliche Zustimmung.
[560] So schon BGH GRUR 1989, 225 f – Handzettel-Wurfsendung.

heit. Der Werbeblocker ist hierfür lediglich ein technisches Hilfsmittel, welches den Vorgang des Umschaltens automatisiert. Das Umschalten selbst erhält hierdurch keine andere rechtliche Qualität.[561] Man würde ja auch kaum den Einsatz von Fernbedienungen, wegen der damit einhergehenden Erleichterung des Umschaltens lauterkeitsrechtlich untersagen wollen.

264 Auch in einer Set-Top-Box, wie sie der Entscheidung des OLG Köln zugrunde lag, ist nichts anderes als eine zu begrüßende Erweiterung des Leistungsspektrums und nicht eine allgemeine Marktbehinderung zu sehen.

265 Den Kritikern und hier insbesondere *Ladeur* ist aber zuzustimmen, dass eine **Unzulässigkeit jedenfalls dann** anzunehmen sein wird, wenn ein Vorschaltgerät, wie vor allem solche der Funktionsweise sog. Werbeblocker, nicht bloß dazu geeignet ist, einen Werbeblock wegzuschalten, sondern auch dazu, eigene Inhalte des Herstellers, wie möglicherweise individualisierte Werbung oÄ, einzuspielen. Hiermit würde sich der Gerätehersteller in der Tat die geldwerte Aufmerksamkeit des Benutzers von den werbetreibenden Unternehmen bezahlen lassen und sich damit eine Leistung des Programmveranstalters aneignen.[562] In diesem Sinne hat auch das LG Hamburg in der **Hotelverteileranlage-Entscheidung** entschieden.[563] Schließlich steht ein Konflikt mit rundfunkrechtlichen Regelungen im Raum, wenn nicht gewährleistet ist, dass Werbeblocker diskriminierungsfrei funktionieren, also bei allen Sendern gleichermaßen wegschalten, bzw. auf aller Sender gleichermaßen umschalten.[564]

266 Nichts anderes kann schließlich für den **Internetbereich** gelten.[565] Auch der Gebrauch sog. **Ad-Killer** ist allein vom Willen des Users abhängig und von dessen negativer Informationsfreiheit gedeckt.[566] Auch hier ist es vor dem Hintergrund der Werbefreiheit in Kauf zu nehmen, dass die Werbefinanzierung als Finanzierungsquelle für Internetinhalte möglicherweise gefährdet wird, da der Einsatz solcher Hilfsmittel eine legitime Reaktion der so umworbenen Marktgegenseite darstellt.[567]

IV. Preiskampf

267 Neben der Güte einer Ware oder Leistung ist der Preis das zentrale Lenkungsinstrument in der Marktwirtschaft. Da über ihn Angebot und Nachfrage zum Ausgleich gebracht werden sollen, bildet die **Freiheit der Preisgestaltung** eine essentielle Voraussetzung für einen funktionsfähigen Wettbewerb.[568] Nur so können die Unternehmen elastisch auf die sich ändernden Marktdaten reagieren.[569] Vorbehaltlich einer gesetzlichen oder zulässigen vertraglichen Preisbindung ist die Unterbietung von Preisen der Konkurrenz deshalb grundsätzlich erlaubt und wesentliches Element von „gesundem Wettbewerb".[570] Sie wird den Wettbewerb in der Regel nicht lähmen, sondern beleben. Eine Preisunterbietung ist jedenfalls nicht bereits deshalb unlauter, weil sie objektiv geeignet ist, die Mitbewerber zu

[561] *Funk/Zeifang* MMR 2004, 662, 666 gegen *Apel* FS Hertin S. 337, 349 ff, insbesondere S. 354 f.

[562] *Ladeur* GRUR 2005, 559, 560 f.

[563] LG Hamburg ZUM 2004, 232 – Hotelverteileranlage aus dem Blickwinkel des § 20 UrhG.

[564] Ausführlich hierzu *Ladeur* GRUR 2005, 559, 561 ff.

[565] Vgl. auch *Götting* → § 4–10 Rn 142 ff; *Mankowski* → § 4–S 12 Rn 76 f.

[566] *Ladeur* Rn 243; *Schmittmann* S. 122; *Mankowski* → § 4–S 12 Rn 76 f; MünchKommUWG/*Jänich* § 4 Nr. 10 Rn 75.

[567] *Mankowski* → § 4–S 12 Rn 76 f.

[568] Gloy/Loschelder/*Hasselblatt* Hdb. § 45 Rn 72; *Emmerich* WettbR § 6 IV 1 und 2; *Nordemann* Rn 1421 ff; *Speckmann* Rn 508 ff; *Lettl* JZ 2003, 622; vgl. bereits *Baumbach/Hefermehl* UWG 22. Aufl. § 1 Rn 870; Großkomm/*Köhler* UWG § 1 Rn D 72;.

[569] BGH GRUR 1990, 685, 686 – Anzeigenpreis I; *Emmerich* WettbR § 6 IV 1 und 2 a.

[570] Ständige Rechtsprechung, vgl. BGH GRUR 1979, 321, 322 – Verkauf unter Einstandspreis; BGH GRUR 1983, 120 – ADAC-Verkehrsrechtsschutz; BGH GRUR 1984, 204, 206 – Verkauf unter Einstandspreis II; BGH GRUR 1986, 397, 399 – Abwehrblatt II; BGH GRUR 1990, 371, 372 – Preiskampf; BGH GRUR 1990, 687, 688 – Anzeigenpreis II; vgl. Hefermehl/*Köhler*/Bornkamm UWG § 4 Rn 12.13 ff; *Lehmler* S. 66 ff.

verdrängen und den Bestand des Wettbewerbs auf einen bestimmten Markt zu gefährden oder aufzuheben.[571] Dies gilt jedenfalls, wenn der Preis im auf Leistungsvergleich gerichteten Parallelkampf und nicht gezielt als Vernichtungsmittel eingesetzt wird. Dies ist in der Regel der Fall, wenn es ein Unternehmen auf längere Sicht darauf anlegt, seine Leistungen zu nicht kostendeckenden Kampfpreisen anzubieten, mit dem Ziel, durch seine überlegene Finanzkraft bestimmte Mitbewerber durch einen für diese ruinösen Wettbewerb aus dem Markt zu drängen.[572] Eine gezielte Kampfpreisunterbietung wird lauterkeitsrechtlich im Rahmen der **individuellen Marktbehinderung** relevant (vgl. § 4 Nr. 10). Aber auch, wenn eine Vernichtungsabsicht nicht festgestellt werden kann, gehen die Rechtsprechung und weite Teile der Literatur im Fall des Unterschreitens der Selbstkosten bzw. des Einstandspreises davon aus, dass hierauf im Rahmen der lauterkeitsrechtlichen Generalklausel der Tatbestand der allgemeinen Marktbehinderung Anwendung finden kann, vorausgesetzt, dass die Preisunterbietung sachlich nicht gerechtfertigt ist und sie dazu führen kann, dass Mitbewerber vom Markt verdrängt werden und der Wettbewerb auf dem betreffenden Markt völlig oder nahezu aufgehoben wird oder wenn ernstlich damit zu rechnen wäre, dass Mitbewerber in einem solchen Ausmaß die Preisunterbietung nachahmen, dass es zu einer gemeinschaftsschädigenden Störung des Wettbewerbs käme.[573]

Im Verhältnis zu den kartellrechtlichen Regelungen bestand in dieser Hinsicht zunächst weitgehende Wertungskongruenz.[574] Mit der 6. GWB-Novelle (1998) hat der Gesetzgeber durch **§ 20 Abs. 4 S. 2 Nr. 2 GWB** jedoch einen Sondertatbestand geschaffen, der jedenfalls im Rahmen des Kartellrechts einen **Paradigmenwechsel** bewirkt hat, der im Zuge des **WalMart-Verfahrens**[575] nunmehr höchstrichterlich bestätigt wurde. Mit dem Gesetz zur Bekämpfung von Preismissbräuchen im Bereich der Energieversorgung und des Lebensmittelhandels aus dem Jahre 2007, durch welches in § 20 Abs. 4 S. 4, S. 2 Nr. 1 und Sätze 3 und 4 GWB eine weitere deutliche Einschränkung der Preisgestaltungsfreiheit eingeführt wurde, verstärkt sich diese Tendenz. 268

1. Preisunterbietung nach § 3 Abs. 1

Die bisherigere Rechtsprechung des BGH zur lauterkeitsrechtlichen Beurteilung von Preisunterbietungen – insbesondere die Entscheidungen **Verkauf unter Einstandspreis I und II**[576] sowie **Preiskampf**[577] – führte zu folgenden Grundsätzen: 269

a) Preisunterbietung. Die kritische Schwelle bei der Beurteilung der Preispolitik eines Unternehmens ist die der **Selbstkosten** bzw. des **Einstandspreises.** Solange die Selbstkosten bzw. der Einstandspreis nicht unterschritten werden, ist die Preisunterbietung stets zulässig, mag sie auch zur Aufhebung des Wettbewerbsbestandes führen.[578] Kritischer wird die Preisgestaltung betrachtet, wenn die Selbstkosten bzw. der Einstandspreis bei der Abgabe von Waren oder Dienstleistungen unterschritten werden. 270

---

[571] Hefermehl/*Köhler*/Bornkamm UWG § 4 Rn 12.14f.

[572] Vgl. RGZ 134, 342, 350 – Benrather Tankstelle; BGH GRUR 1979, 331, 332 – Verkauf unter Einstandspreis; BGH GRUR 1982, 53 – Abwehrblatt II; BGH GRUR 1990, 371, 372 – Preiskampf; BGH GRUR 1990, 685, 687 – Anzeigenpreis I; BGH GRUR 1990, 687, 688 – Anzeigenpreis II; BGH GRUR 1992, 191, 193 – Amtsanzeiger.

[573] BGH GRUR 1979, 321, 322f – Verkauf unter Einstandspreis; BGH GRUR 1990, 371, 372 – Preiskampf; vgl. BGH GRUR 1984, 204 – Verkauf unter Einstandspreis II; BGH GRUR 83, 120 – ADAC-Verkehrsrechtsschutzversicherung; Hefermehl/*Köhler*/Bornkamm UWG § 4 Rn 12.15; Großkomm/*Köhler* UWG § 1 Rn D 73; *Beater* § 25 Rn 29ff; *Nordemann* Rn 1421ff.

[574] Vgl. BGH NJW 1995, 2293 – Hitlisten-Platten einerseits; BGH GRUR 1990, 371 – Preiskampf andererseits.

[575] BGH NJW 2003, 1736 – WalMart; Vorinstanz OLG Düsseldorf OLG WuW/E DE-R 781; zum Ganzen → Rn 270ff.

[576] BGH GRUR 1979, 321, 322f – Verkauf unter Einstandspreis; BGH GRUR 1984, 204 – Verkauf unter Einstandspreis II.

[577] BGH GRUR 1990, 371 – Preiskampf.

[578] Hefermehl/*Köhler*/Bornkamm UWG § 4 Rn 12.15; vgl. auch *Baumbach/Hefermehl* UWG 22. Aufl. § 1 Rn 871; MünchKommUWG/*Jänich* § 4 Nr. 10 Rn 164.

271 Der Begriff Einstandspreis ist nicht deckungsgleich mit dem Begriff Selbstkosten. Der Verkauf unter Einstandspreis betrifft in erster Linie den Handel und ist dadurch gekennzeichnet, dass Waren oder gewerbliche Leistungen zu einem geringeren Preis verkauft werden als dem Einkaufspreis zuzüglich der Bezugskosten.[579] Beim Angebot von gewerblichen Leistungen liegt ein Angebot unter Einstandspreis begrifflich erst dann vor, wenn die Leistung eines anderen Unternehmens unverändert und unter den Bezugskosten vertrieben wird.[580] Die Selbstkosten hingegen können bei selbst erbrachten Dienstleistungen oder selbst hergestellten Waren unterschritten werden.[581]

272 **b) Sachliche Rechtfertigung.** Auch eine Unterschreitung der Selbstkosten bzw. des Einstandspreises – von den Fällen der Irreführung und des Rechtsbruchs abgesehen – ist nicht von vorneherein unzulässig.[582] Das Tatbestandsmerkmal der sachlichen Rechtfertigung soll es ermöglichen, den **Besonderheiten des Einzelfalls** gerecht zu werden. Gerade aus diesem Grund entzieht es sich einer abschließenden Definition.[583] Von einer Rechtfertigung ist jedenfalls dann auszugehen, wenn die Preisunterbietung nur zeitweilig oder gelegentlich geschieht.[584] Der abweichenden Meinung ist der BGH bisher nicht gefolgt.[585] Aber auch eine längere Unterschreitung des Einstandspreises ist dann nicht zu beanstanden, wenn sich der Anbieter „von einem vernünftigen und anzuerkennenden Eigeninteresse" leiten lässt.[586] Ob sich der Unternehmer dabei von verfehlten betriebswirtschaftlichen Vorstellungen leiten lässt, ist dabei unerheblich.[587] Auch eine Preisgestaltung in Form einer Preisgarantie, durch die lediglich die abstrakte Gefahr begründet wird, dass in einzelnen Fällen Waren unter Einstandspreis abgegeben werden, ist zulässig.[588] Sachlich nicht vertretbar ist der Verkauf unter Selbstkosten erst, wenn kein anderer nachvollziehbarer Grund als die Schädigung von Mitbewerbern unter Inkaufnahme eigener Verluste erkennbar ist. Es muss sich also so verhalten, dass die Kalkulation des Preisunterbieters auf Dauer nur aufgehen kann, wenn die Mitbewerber aus dem Markt ausscheiden oder ihr Marktverhalten ändern. Dazu bedarf es einer **Würdigung der Gesamtumstände,** insbesondere des Marktanteils und der Finanzkraft des Handelnden, der Dauer, Häufigkeit und Intensität seiner Maßnahme sowie der Zahl, Größe und Finanzkraft seiner Mitbewerber.[589] **Abgelehnt** wurde allerdings eine Einbeziehung von **struktur- oder wettbewerbspolitischen Gesichtspunkten.**[590] Im Zusammenhang mit der sachlichen Rechtfertigung werden jedenfalls im Lauterkeitsrecht insbesondere folgende Konstellationen diskutiert:

273 **aa) Mischkalkulation.** Von einem vernünftigen und anzuerkennenden Eigeninteresse gedeckt und damit wettbewerbsrechtlich **zulässig** ist es, einzelne Artikel unter Einstandspreis anzubieten, solange dies vom Gewinn des Gesamtsortiments gedeckt ist (sog. **Misch-**

---

579 Zum Begriff des Einstandspreises s. vor allem die überarbeiteten Auslegungsgrundsätze des BKartA Rn 271, die im Wesentlichen auch im Lauterkeitsrecht Anwendung finden dürften; vgl. auch *Gloy/Helm* Hdb. § 49 Rn 245; *Immenga/Mestmäcker/Makert* GWB § 20 Rn 298; *Köhler* BB 1999, 697, 698 f; *Lettl* JZ 2003, 663, 668; kritisch zur Bestimmbarkeit des Einstandspreises *Häntze* GRUR 1988, 881.

580 KG WuW/E DE-R 727, 728 – Dienstagspreise; *Bechthold* § 20 Rn 69.

581 *Immenga/Mestmäcker/Makert* GWB § 20 Rn 298; *Bechthold* § 20 Rn 69; vgl. RG GRUR 1936, 139, 141 – Maschinenputztuch-Wäscherei; BGH WuW 1995, 76, 78 – Händlerrabatt; BGH GRUR 1960, 331, 334 – Schleuderpreise.

582 Hefermehl/*Köhler*/Bornkamm UWG § 4 Rn 12.15; bereits Großkomm/*Köhler* UWG § 1 Rn D 74.

583 Vgl. *Lettl* JZ 2003, 663, 664.

584 BGH GRUR 1990, 371, 372 – Preiskampf; Hefermehl/*Köhler*/Bornkamm UWG § 4 Rn 12.15; bereits Großkomm/*Köhler* UWG § 1 Rn D 74; vgl. die Auslegungsgrundsätze des BKartA → Rn 306.

585 Vgl. *Becher* BB 1954, 297; *Bunte* GRUR 1981, 397; *Sack* WRP 1983, 63.

586 BGH GRUR 1979, 321, 322 f – Verkauf unter Einstandspreis I; BGH GRUR 1984, 204, 206 – Verkauf unter Einstandspreis II.

587 Hefermehl/*Köhler*/Bornkamm UWG § 4 Rn 12.15; bereits Großkomm/*Köhler* UWG § 1 Rn D 74.

588 BGH GRUR 2006, 596 – 10% billiger.

589 BGH GRUR 1979, 321, 323 – Verkauf unter Einstandspreis I; BGH GRUR 1984, 204, 206 – Verkauf unter Einstandspreis II; BGH GRUR 1990, 371 – Preiskampf; Hefermehl/*Köhler*/Bornkamm UWG § 4 Rn 12.15; zum Erfordernis der Gesamtbetrachtung bei Originalwaren → Rn 176; bei Presseerzeugnissen → Rn 217.

590 BGH GRUR 1984, 204, 207 – Verkauf unter Einstandspreis II.

kalkulation). Wenn ein Anbieter auf eine Umsatzsteigerung durch diese Art des Werbeeffektes setzt, kann dies nicht beanstandet werden, da es **Ausdruck einer besonderen Leistungsfähigkeit** ist und infolgedessen vom Leistungsprinzip gedeckt ist.[591] Es kommt nicht auf einen Stückgewinn, sondern darauf an, mit dem Absatz des gesamten Sortiments ein möglichst günstiges Betriebsergebnis zu erreichen.[592] Allerdings kann darin im Einzelfall ein unzulässiges Lockvogelangebot wegen der **Gefahr einer Irreführung** des Publikums über die Preisgestaltung liegen.[593]

bb) Einführungspreise. Zulässig ist es auch, während der **Einführungsphase** eines Produktes oder einer Dienstleistung diese mit nicht kostendeckenden Preisen anzubieten. Jede kaufmännische Kalkulation muss die Anlaufphase berücksichtigen; sie kann der Ermittlung marktgerechter Preise nur ein in überschaubarer Zeit erreichbares **realistisches Umsatzziel** zu Grunde legen; ginge sie stattdessen von den regelmäßig zu erzielenden geringeren Anfangsumsätzen aus, so würden sich häufig prohibitive, im Markt nicht durchsetzbare Preise ergeben.[594] Entscheidend ist, dass die Kalkulation im Hinblick auf das angestrebte Umsatzziel jedenfalls annähernd vertretbar erscheint. 274

cc) Privilegierung von Markenartikeln. Eine Privilegierung von Markenartikeln unter dem Gesichtspunkt der **Absatzschädigung** wird weitgehend **abgelehnt.**[595] Andernfalls würde eine allgemeine Preisuntergrenze bei Markenartikeln installiert werden, was mit der gesetzgeberischen Intention bei der Abschaffung der Preisbindung von Markenwaren mit der GWB-Novelle (1973) sowie der Abschaffung des Lockvogelverbotes außerhalb des Irreführungstatbestandes mit der UWG-Novelle (1969) unvereinbar wäre.[596] 275

Kritischer wird die mit einer Unterkostenstrategie einhergehende mögliche **Rufschädigung** von Markenartikeln gesehen.[597] Wettbewerbswidrig kann es danach sein, wenn die Strategie zur Folge hat, dass der Verbraucher den Eindruck gewinnt, die Qualität des Markenartikels habe sich verschlechtert oder es handle sich um ein technisch oder modisch überholtes Produkt.[598] Die Beurteilung wird jedoch stets eine Berücksichtigung der konkreten Umstände der Angebotsausgestaltung (Hinweis auf Sonderangebotscharakter etc.) sowie eine Abstimmung mit dem neuen Verbraucherleitbild erfordern. 276

dd) Eintritt in wettbewerbswidrige Mitbewerberpreise. Grundsätzlich ist der Eintritt in Mitbewerberpreise oder gar deren Unterschreitung ein typisch wettbewerbskonformes Mittel. Der Eintritt in die Preise eines Mitbewerbers ist aber dann **problematisch,** wenn sich diese bereits unter dem Einstandspreis befinden und das reagierende Unternehmen ebenfalls seinen Einstandspreis unterschreitet. Der BGH[599] hält dies nur für zulässig, wenn folgende Voraussetzungen gegeben sind: (1) dem wettbewerbswidrigen Angebot des Mitbewerbers kann nicht hinreichend durch die Inanspruchnahme **gerichtlicher Hilfe** begegnet werden und (2) durch den Eintritt in die wettbewerbswidrigen Preise darf nicht in Rechte oder **berechtigte Interessen am Streit unbeteiligter Dritter** eingegriffen 277

---

591 BGH NJW 1995, 2293 – Hitlisten-Platten; BGH GRUR 1984, 204, 206 – Verkauf unter Einstandspreis II; Hefermehl/*Köhler*/Bornkamm UWG § 4 Rn 12.15; *Emmerich* WettbR § 6 IV; *Nordemann* Rn 1422f; *Lettl* JZ 2003, 662, 668; bereits *Baumbach/Hefermehl* UWG 22. Aufl. § 1 Rn 872; Großkomm/*Köhler* UWG § 1 Rn D 74.

592 BGH GRUR 1984, 204, 206 – Verkauf unter Einstandspreis II; vgl. *Baumbach/Hefermehl* UWG 22. Aufl. § 1 Rn 872; *Scholz* WRP 1983, 373, 375.

593 *Nordemann* Rn 1423; BGH GRUR 70, 33 – Lockvogel.

594 So wörtlich BGH GRUR 1986, 397, 400 – Abwehrblatt II; vgl. BGH GRUR 1985, 883, 885 – Abwehrblatt.

595 BGH GRUR 1984, 204, 206f – Verkauf unter Einstandspreis II m. krit. Anm. *Klette*; Gloy/Loschelder/*Hasselblatt* Hdb. § 45 Rn 79; vgl. auch Großkomm/*Köhler* UWG § 1 Rn D 75.

596 BGH GRUR 1984, 204, 207 – Verkauf unter Einstandpreis II; vgl. auch Großkomm/*Köhler* UWG § 1 Rn D 75; *Köhler/Piper* UWG § 1 Rn 495 mwN.

597 Vgl. *Baumbach/Hefermehl* UWG 22. Aufl. § 1 Rn 875; *v. Gamm* Kap. 28 Rn 10; *Klette* GRUR 1984, 207ff.

598 So HK/*Plaß* UWG § 4 Rn 473318, vgl. auch *Wirtz* WRP 1984, 671.

599 BGH GRUR 1990 371 – Preiskampf.

werden.[600] In der **Preiskampf-Entscheidung** hat der BGH beide Voraussetzungen im Fall zweier Schallplattenhändler auch für den Fall verneint, dass der kleinere Wettbewerber sich gegen die Preisgestaltung eines größeren zu wehren versuchte.[601]

278 **ee) Erhöhung der Lieferantenpreise.** Zu einer Unterschreitung des Einstandspreises muss es nicht allein deshalb kommen, weil der Händler den Preis herabsetzt. Denkbar ist auch, dass sich die Lieferantenpreise erhöhen, der Händler seine Preise aber beibehält. Diese Situation ist Gegenstand der **WalMart-Entscheidung** des BGH gewesen.[602] In der Erhöhung der Lieferantenpreise sieht das Gericht grundsätzlich keine sachliche Rechfertigung.[603] Eine Ausnahme liege nur dann vor, wenn sich die Einstandspreise überfallartig, insbesondere auf Einwirken der Konkurrenten, ändern. Dann wird dem Unternehmen eine Beibehaltung der bisherigen Preise für eine Übergangszeit zugebilligt.[604] Obwohl es sich um eine Entscheidung zu § 20 Abs. 4 S. 2 Nr. 2 GWB handelt, ist diese Wertung grund sätzlich auf das Lauterkeitsrecht übertragbar.

279 **ff) Sonstige Gründe.** Weitere Gründe, die die Annahme eines anzuerkennenden Interesses begründen könnten, sind solche der Absatzförderung in Krisenzeiten, des Absatzes alter Warenbestände, oder der Lagerräumung bei drohendem Verderb, oder Geschäftsaufgabe.[605]

280 **c) Gefährdung des Wettbewerbsbestandes.** Um den Tatbestand der allgemeinen Marktbehinderung zu erfüllen, muss die sachlich nicht gerechtfertigte Preisunterbietung ferner eine Gefährdung des Wettbewerbsbestandes mit sich bringen. Dies ist der Fall, wenn Mitbewerber vom Markt verdrängt und dadurch der Wettbewerb auf dem betreffenden Markt **völlig** oder **nahezu** aufgehoben wird.[606]

281 In der **Verkauf unter Einstandspreis-Entscheidung**[607] hat der BGH das Vorliegen dieser Voraussetzungen **verneint,** weil die Preisaktion von einem Unternehmen ausging, dessen Möglichkeiten, den Wettbewerb nachhaltig zu beeinflussen, angesichts der Struktur des Marktes enge Grenzen gezogen waren.

282 In der bereits erwähnten **Preiskampf-Entscheidung**[608] wurde eine allgemeine Marktbehinderung bejaht, weil der „Preiskrieg" der beiden Kontrahenten in massiver Weise den gesamten Markt und damit insbesondere die Rechte unbeteiligter Dritter beeinträchtigt und diese in ihrem Wettbewerb behindert hat.

283 Bei der Frage nach der Bestandsgefährdung durch Niedrigpreise hat der BGH auch den Grad der Gefahr einer **Nachahmung** durch Mitbewerber und die daraus möglicherweise resultierende gemeinschaftsschädigende Störung des Wettbewerbs für rechtserheblich erachtet.[609]

2. Preisunterbietung nach § 20 Abs. 4 S. 2 bis 4 GWB

284 Mit der 6. GWB-Novelle (1998), hat der Gesetzgeber durch **§ 20 Abs. 4 S. 2 Nr. 2 GWB** einen Sondertatbestand geschaffen, der jedenfalls im Rahmen des Kartellrechts ei-

[600] BGH GRUR 1990, 371, 373 – Preiskampf; vgl. Hefermehl/*Köhler*/Bornkamm UWG § 4 Rn 12.15; *Lettl* JZ 2003, 662, 668.

[601] BGH GRUR 1990, 371, 373 – Preiskampf.

[602] BGH NJW 2003, 1736 – WalMart; → Rn 268.

[603] BGH NJW 2003, 1736, 1738 – WalMart.

[604] BGH NJW 2003, 1736, 1749 – WalMart; vgl. *Lettl* JZ 2003, 662, 665 mit weiteren Beispielen.

[605] Vgl. die Andeutungen bei BGH GRUR 1979, 321, 322 – Verkauf unter Einstandspreis; Hefermehl/*Köhler*/Bornkamm UWG § 4 Rn 12.15; bereits *Baumbach/Hefermehl* UWG 22. Aufl. § 1 Rn 872f; Großkomm/*Köhler* UWG § 1 Rn D 74; mit Bezug auf § 20 Abs. 4 S. 2 GWB *Lettl* JZ 2003, 662, 665 mwN.

[606] BGH GRUR 1979, 321, 322f – Verkauf unter Einstandspreis; BGH GRUR 1990, 371, 372 – Preiskampf; schon *Baumbach/Hefermehl* UWG 22. Aufl. § 1 Rn 871 f; Großkomm/*Köhler* UWG § 1 Rn D 76; jetzt Hefermehl/*Köhler*/Bornkamm UWG § 4 Rn 12.16; s. auch *Lettl* JZ 2003, 662, 668.

[607] BGH GRUR 1979, 321, 323 – Verkauf unter Einstandspreis.

[608] BGH GRUR 1990, 371, 373 – Preiskampf.

[609] BGH GRUR 1979, 321, 323 – Verkauf unter Einstandspreis; BGH GRUR 1990, 371, 372 – Preiskampf; zu den Marktfolgen als Beurteilungskriterium vgl. → Rn 137 ff.

nen **Paradigmenwechsel** im Vergleich zur vorherigen Rechtslage bewirkt hat. Im Verhältnis zu dieser Rechtslage bestand zuletzt weitgehende Wertungskongruenz zwischen GWB und UWG.[610] Um die Regelung des § 20 Abs. 4 S. 2 Nr. 2 GWB im vorliegenden Zusammenhang besser zu verstehen, wird nachfolgend die historische Entwicklung zusammengefasst. Sodann wird auf die Neuregelung aus dem Jahr 2007 für den Bereich des Lebensmittelhandels in **§ 20 Abs. 4 S. 2 Nr. 1 und S. 3 und 4 GWB** eingegangen.

a) Rechtslage vor der 6. GWB-Novelle. Umfassend Stellung genommen zu der Frage des Untereinstandspreise (damals noch auf Grund des allgemein gehaltenen § 26 Abs. 4 – heute § 20 Abs. 4 S. 1 GWB) hat der BGH in der **Hitlisten-Platten-Entscheidung**[611] von 1995. 285

Der BGH hat hierbei folgende Grundsätze entwickelt: Nach dem **Willen des Gesetzgebers** des § 26 Abs. 4 GWB sollten unbillige Behinderungen kleiner und mittlerer Wettbewerber durch Unternehmen mit (lediglich) überlegener Marktmacht nicht nur nach den Grundsätzen des Gesetzes gegen den unlauteren Wettbewerb beurteilt werden, sondern gerade auch nach kartellrechtlichen Maßstäben. Dabei sei eine Interessenabwägung unter Berücksichtigung der auf die Freiheit des Wettbewerbs gerichteten Zielsetzung des Gesetzes vorzunehmen.[612] Die notwendige Ausrichtung der Interessenabwägung auf diese Zielsetzung führe dazu, dass Wettbewerbsmaßnahmen von Unternehmen mit überlegener Marktmacht nicht schon deshalb als unbillige Behinderung kleiner und mittlerer Wettbewerber anzusehen seien, weil sie dazu beitragen können, die Lage von kleinen oder mittleren Unternehmen im Wettbewerb zu verändern oder einzelne Wettbewerber oder Gruppen von Wettbewerbern zu verdrängen.[613] Vielmehr sei bei der Abwägung das Primat der **Preisgestaltungsfreiheit** zu beachten. Insbesondere müsse der Kaufmann nicht auf einen Stückgewinn ausgehen. Es sei vielmehr zulässig, auf die Werbewirkung eines Unter-Einstandspreis-Angebotes zu setzen, um mit dem **Absatz des gesamten Angebotes** ein möglichst günstiges Betriebsergebnis zu erzielen.[614] 286

Der **BGH** wendete diese Wertungen in der Hitlisten-Platten-Entscheidung in der Art an, dass eine unbillige Behinderung dann bejaht wird, wenn Unternehmen überlegene Marktmacht in der **Absicht der Verdrängung** einsetzen, oder ihre überlegene Marktmacht so nutzen, dass die **Gefahr einer nachhaltigen Beeinträchtigung** der strukturellen Voraussetzungen für einen wirksamen Wettbewerb, einschließlich des Wettbewerbs durch kleine oder mittlere Unternehmen wächst. Die Gefahr solcher Marktwirkungen kann aber nicht schon dann angenommen werden, wenn Angebote unter Einstandspreis nicht nur gelegentlich, sondern **systematisch** im Wettbewerb eingesetzt werden, da hiermit noch nichts über den Umfang und die Marktbedeutung der Maßnahme ausgesagt ist.[615] 287

b) Die 6. GWB-Novelle. Im Zuge der 6. GWB-Novelle aus dem Jahre 1998 wurde der Tatbestand des Angebotes unter Einstandspreis auf massiven innenpolitischen Druck[616] hin spezialgesetzlich als Regelbeispiel des § 20 Abs. 4 GWB in Form des Satzes 2 ins Gesetz eingefügt: 288

§ 20 Abs. 4 GWB. [1] (...) [2] Eine unbillige Behinderung im Sinne des Satzes 1 liegt insbesondere vor, wenn ein Unternehmen Waren oder Dienstleistungen nicht nur gelegentlich unter Einstandspreis anbietet, es sei denn, dies ist sachlich gerechtfertigt.

---

610 Vgl. BGH NJW 1995, 2293 – Hitlisten-Platten einerseits, BGH GRUR 1990, 371 – Preiskampf andererseits; sowie BGH GRUR 1985, 883- Abwehrblatt einerseits, BGH GRUR 1986, 397 – Abwehrblatt II andererseits.

611 BGH NJW 1995, 2293 – Hitlisten-Platten.

612 BT-Drucks. 11/4610 S. 23.

613 BGH NJW 1995, 2293, 2294 f – Hitlisten-Platten.

614 BGH NJW 1995, 2293, 2295 – Hitlisten-Platten; dazu *Möschel* ZRP 1989, 371, 373 f.

615 BGH NJW 1995, 2293, 2294 f – Hitlisten-Platten; insbesondere das Erfordernis einer nachhaltigen Beeinträchtigung ging dabei auf die Regierungsbegründung zur 5. GWB-Novelle zurück, BT-Drucks. 11/4610 S. 23; vgl. speziell hierzu *Möschel* ZRP 1989, 371, 373; *Schmitz* WuW 1992, 209, 221 f.

616 Vgl. Bericht des Wirtschaftsausschusses BT-Drucks. 13/10633 S. 63.

289 Die **Unsicherheiten** bei der Anwendung des § 20 Abs. 4 S. 2 Nr. 2 GWB und insbesondere die Frage, ob ein Marktstrukturelement in das Regelbeispiel hineingelesen werden muss, resultieren aus der mitunter **verworrenen Geschichte** und der darüber hinaus nicht eindeutigen Begründung des Paragraphen § 20 Abs. 4 S. 2 Nr. 2 GWB.

290 Dieser geht auf den mit der **4. GWB-Novelle** eingeführten **§ 37a Abs. 3 GWB aF** zurück. Hiernach war ein unbilliges Verhalten marktstarker Unternehmen allgemein nur unter der Einschränkung verboten, dass es „geeignet ist, den Wettbewerb nachhaltig zu beeinträchtigen". Bei der Neufassung im Zuge der **5. GWB-Novelle** wurde dieser Passus abgeändert und der Tatbestand in die Form des **§ 26 Abs. 4 GWB aF** (heute wortgleich § 20 Abs. 4 S. 1 GWB) gegossen. Eine inhaltliche Änderung war damit allerdings nicht intendiert. Nach der Begründung des Regierungsentwurfs war das Tatbestandsmerkmal entbehrlich, weil sowohl die sachliche Intensität der Beeinträchtigung, als auch ihre zeitliche Dauer bei der **Interessenabwägung** hinreichend berücksichtigt werden könnte.[617]

291 Mit der **6. GWB-Novelle** wurde dann das Regelbeispiel des **§ 20 Abs. 4 S. 2 Nr. 2 GWB** eingefügt. In der **Begründung des Gesetzesentwurfs der Bundesregierung**[618] vom 29. 1. 1998 heißt es zu hierzu:[619]

292 Mit der Einfügung des in § 26 Abs. 4 (aF) geregelten Verbotstatbestandes im Zuge der 5. GWB-Novelle war die Absicht verbunden gewesen, einen Beitrag zur Verbesserung der Wirksamkeit des Behinderungsverbots gegen Praktiken marktstarker Unternehmen zu leisten, die zum Nachteil kleiner und mittlerer Unternehmen systematisch und ohne sachlich gerechtfertigten Grund Waren unter Einstandspreis anbieten.[620] Die Rechtsprechung hat § 26 Abs. 4 (aF) auch in der Folgezeit als rechtlichen Maßstab zur Beurteilung von Untereinstandspreisverkäufen herangezogen (vgl. Hitlisten-Platten).[621] Nach erneuter Prüfung und vor dem Hintergrund einer breit geführten Diskussion über unbillige Praktiken bei Untereinstandspreisverkäufen ist die Bundesregierung zu dem Ergebnis gelangt, dass eine angemessene gesetzliche Regelung der Thematik nicht in einer generalklauselartigen Vorschrift wie § 26 Abs. 4 (aF), sondern besser in einem speziellen, auf diesen Behinderungssachverhalt zugeschnittenen Tatbestand erfolgen sollte. Eine derartige Präzisierung durch den Gesetzgeber selbst entspricht auch in höherem Maße dem Gebot der **Normenklarheit** *(Hervorhebung durch den Verfasser),* dem gerade einer grundlegenden Überarbeitung des GWB, wie sie mit dieser Neufassung angestrebt wird, erhebliche Bedeutung zukommt. Durch den neuen S. 2 wird der Grundsatz der freien Preisbildung, der dem GWB und dem gesamten Wirtschaftsrecht zu Grunde liegt, ebenso wenig in Frage gestellt wie durch die bisherige Regelung in § 26 Abs. 4. § 20 Abs. 4 S. 2 Nr. 2 zieht die Grenzen zulässiger Preisgestaltung dort, wo vorsätzliche Verdrängungspraktiken oder systematische Untereinstandspreisverkäufe zu einer Gefährdung des funktionierenden Wettbewerbs auf den betroffenen Märkten führen. Durch das Merkmal ‚ohne sachlich gerechtfertigten Grund' **knüpft** die Bestimmung an die gesetzliche Terminologie der Verhaltenskontrollvorschriften in den §§ 22, 26 GWB (aF) und **an die dazu ergangene Rechtsprechung an** *(Hervorhebung durch den Verfasser).* Grundsätzlich ist deshalb auch bei § 20 Abs. 4 S. 2 Nr. 2 GWB eine Interessenabwägung vorzunehmen, die sich an der auf die Freiheit des Wettbewerbs gerichteten Zwecksetzung des GWB orientiert. Die Gründe, aus denen sich im Einzelfall eine sachliche Rechtfertigung ableiten lässt, die eine Anwendung des § 20 Abs. 4 S. 2 Nr. 2 GWB ausschließt, lassen sich von offenkundigen Fällen abgesehen (zB Notverkäufe bei verderblicher Ware) nicht abstrakt bestimmen. Bei der Normkonkretisierung werden kartellbehördliche Praxis und Judikatur wie stets im Bereich der kartellrechtlichen Verhaltenskontrolle eine wichtige Rolle spielen, wobei auch auf die von der Rechtsprechung erarbeiteten Grundsätze zu § 26 Abs. 4 GWB (aF) zurückgegriffen werden kann. Durch

[617] BT-Drucks. 11/4610 S. 23; auch *Möschel* ZRP 1989, 371, 373; *Schmitz* WuW 1992, 209, 221 f.
[618] BT-Drucks. 13/9720.
[619] BT-Drucks. 13/9270 S. 37 f.
[620] BT-Drucks. 11/4610 vom 30. 5. 1989 S. 23.
[621] BGH NJW 1995, 2293 – Hitlisten-Platten.

das Merkmal „nicht nur gelegentlich" wird gesetzlich klargestellt, dass bestimmte Verhaltensweisen, **von denen keine anhaltenden wettbewerblichen Auswirkungen ausgehen, von vornherein nicht vom Verbotstatbestand erfasst** *(Hervorhebung durch den Verfasser)* werden.

Hier ist der Wille, einen Paradigmenwechsel einzuleiten, noch nicht eindeutig zu Tage getreten. Die Formulierungen lassen jedenfalls auch den Schluss zu, dass das Regelbeispiel lediglich aus **Gründen der Normenklarheit** eingeführt wurde, ansonsten aber inhaltlich auf die Hitlisten-Platten Entscheidung Bezug genommen wird. **293**

Im weiteren Verlauf des Gesetzgebungsverfahrens wurde vom **Bundesrat** der Vorschlag eingebracht, den Tatbestand des § 20 Abs. 4 S. 2 Nr. 2 GWB um das Merkmal „und wenn dieses geeignet ist, den Wettbewerb nachhaltig zu beeinträchtigen", zu erweitern.[622] Der Bundestag hat dies mit der folgenden Begründung abgelehnt:[623] **294**

Zwar sei der Hinweis auf das Erfordernis einer Wettbewerbsbeeinträchtigung **grundsätzlich berechtigt** *(Hervorhebung durch den Verfasser)*. Dies ergebe sich nicht nur aus dem Zweck des Gesetzes gegen Wettbewerbsbeschränkungen und der Zusammenschau der Vorschriften über die Verhaltenskontrolle marktbeherrschender und marktstarker Unternehmen. Auch § 20 Abs. 4 S. 2 Nr. 2 GWB selbst ziele nach seinem Wortlaut „nicht nur gelegentlich" nur auf Verhaltensweisen, denen eine gewisse wettbewerbliche Erheblichkeit zukommt. Die vom Bundesrat vorgeschlagene Ergänzung könnte aber zu dem Missverständnis Anlass geben, mit der Regelung des § 20 Abs. 4 S. 2 Nr. 2 GWB sei die Absicht verbunden, das Verbot des Verkaufs unter Einstandspreis – gemessen am bisherigen § 26 Abs. 4 – einzuschränken. Dies gilt insbesondere für die Fälle, in denen marktstarke Unternehmen mit Verdrängungsabsicht handeln, die nach der Rechtsprechung des BGH bereits vom geltenden Recht erfasst werden.[624] Die von der Bundesregierung vorgeschlagene Fassung des § 20 Abs. 4 S. 2 Nr. 2 GWB vermeidet die Gefahr einer derartigen Fehlinterpretation. **295**

Auch hier spricht wenig für die Absicht des Gesetzgebers, von der Hitlisten-Platten-Entscheidung Abstand zu nehmen. Für die Berücksichtung der wettbewerblichen Erheblichkeit wird – allerdings ohne auf den erforderlichen Grad der Beeinträchtigung einzugehen – auf die sachliche Rechtfertigung verwiesen, wie dies auch bereits im Falle des § 26 Abs. 4 aF der Fall gewesen ist. Es sollte vielmehr die Gefahr vermieden werden, dass im Vergleich zur Hitlisten-Platten-Entscheidung schärfere Maßstäbe angelegt werden. **296**

Die **Wende** vollzog sich mit der **Beschlussempfehlung des Wirtschaftsausschusses**[625] vom 6. 5. 1998. Nachdem auch hier von Seiten der SPD die Aufnahme eines Marktstrukturelementes beantragt wurde, äußerte sich der Ausschuss wie folgt:[626] Der erneute Antrag, ein Marktstrukturelement in den Tatbestand mit aufzunehmen wurde mit folgender Begründung abgelehnt. § 20 Abs. 4 S. 2 Nr. 2 GWB des Gesetzentwurfs verbietet ausdrücklich Verkäufe unter Einstandspreis, sofern diese nicht sachlich gerechtfertigt sind und nicht nur gelegentlich erfolgen. Mit dieser neuen Regelung wird **klargestellt, dass Verdrängungsabsicht oder nachhaltige Beeinträchtigung des Wettbewerbs entgegen der bisherigen Rechtsprechung nicht mehr Voraussetzung für die Kartellrechtswidrigkeit des Untereinstandspreisverkaufs sein sollen** *(Hervorhebung durch den Verfasser)*. In dieser Fassung wurde das Gesetz beschlossen. **297**

c) Die WalMart-Entscheidung. Eine Konkretisierung hat dieses neue kartellrechtliche Verbot im Rahmen der Auseinandersetzung zwischen Wal-Mart und dem Bundeskartellamt erfahren. Dieses untersagte dem Unternehmen, bestimmte Gruppen von Grundnahrungsmitteln unter Einstandspreis zu verkaufen. **298**

Das **OLG Düsseldorf** hatte diese Verfügung zunächst **aufgehoben.** In der ersten Produktgruppe bot WalMart Waren auf Grund günstiger Einkaufskonditionen zu einem nied- **299**

---

622 BT-Drucks. 13/9720 S. 74 f.
623 BT-Drucks. 13/9720 S. 80.
624 BGH NJW 1995, 2293 = WuW/E BGH 2977, 2981 – Hitlisten-Platten.
625 BT-Drucks. 13/10 633.
626 BT-Drucks. 13/10 633 S. 72.

rigen Preis an. Seine Konkurrenten unterboten diesen daraufhin, unterschritten dabei aber gleichzeitig ihre Einstandspreise. Wenn nun WalMart seine Preise beibehielte, obwohl sich seine Einstandspreise über den Verkaufspreis verschlechtert haben, wäre dies dennoch **sachlich gerechtfertigt,** denn dies stelle lediglich eine Antwort auf die kartellrechtswidrigen Preise der Wettbewerber dar. Der Verweis auf die Inanspruchnahme kartellbehördlicher Hilfe wäre unzumutbar.[627] In der zweiten Produktgruppe könne nicht vom Verkauf unter Einstandspreis gesprochen werden, weil lediglich die Preise beibehalten, die **Lieferpreise** von den **Konkurrenten aber künstlich in die Höhe getrieben** worden seien.[628] In der letzten Produktgruppe bejahte das Gericht zwar die fehlende sachliche Rechtfertigung, stellte aber darauf ab, dass von der Preisunterschreitung **keine spürbaren Auswirkungen** auf die Wettbewerbsverhältnisse ausgegangen seien, was als **ungeschriebenes** Tatbestandsmerkmal in § 20 Abs. 4 S. 2 Nr. 2 GWB hineinzulesen sei. Dies sei regelmäßig dann der Fall, wenn die Gefahr bestehe, dass die von der Vorschrift ausdrücklich geschützten kleinen und mittleren Wettbewerber Marktanteile verlieren oder sich zu Gegenstrategien gezwungen sehen, die sie langfristig nicht durchhalten können.[629] Im zu entscheidenden Fall ging das Gericht davon aus, dass das Angebot unter Einstandspreis nicht geeignet sei, den Verbraucher zu veranlassen, ihren Bedarf an Lebensmitteln nunmehr ausschließlich bei dem marktmächtigen Anbieter zu decken.[630]

300 Dem trat der **BGH** in seiner **WalMart-Entscheidung**[631] aus dem Jahr 2003 in allen Punkten entschieden entgegen. Er interpretierte den Tatbestand so, dass das Verbot **weder** das Vorliegen einer **Verdrängungsabsicht** voraussetze, **noch** den Nachweis objektiver Marktfolgen im Sinne einer **nachhaltigen** oder auch nur **spürbaren Beeinträchtigung der Wettbewerbsverhältnisse** kleiner und mittlerer Wettbewerber verlange. In Betracht komme – **in engen Grenzen** – lediglich eine **sachliche Rechtfertigung.** Die **Beweislast** für die sachliche Rechtfertigung liege bei dem unter seinem Einstandspreis anbietenden Unternehmen. Solange der Beweis nicht erbracht sei, werde die Eignung zur Beeinträchtigung der Wettbewerbsverhältnisse unwiderleglich vermutet. Diese verschärften Kriterien seien nach der Keck-Rechtsprechung des EuGH auch insbesondere mit dem EG vereinbar.[632]

301 Inhaltlich stellte das Gericht zu den einzelnen Produktgruppen folgendes fest: Eine sachliche Rechtfertigung könne nicht darin bestehen, sich gegen wettbewerbswidrige Mitbewerberpreise zu wehren. Aus Sicht kleiner und mittlerer Unternehmen, deren Schutz § 20 Abs. 4 S. 2 Nr. 2 GWB dient, sei es unerheblich, weshalb es zu der Preisunterschreitung gekommen ist.[633] Eine sachliche Rechtfertigung komme allenfalls für eine Übergangszeit in Betracht, wenn sich die Einkaufskonditionen überfallartig, insbesondere auf Betreiben der Wettbewerber für das Unternehmen verschlechterten und es deshalb neue Geschäftsbeziehungen aufbauen müsse.[634] Vor allem komme es nicht darauf an, ob es zu einer spürbaren Beeinträchtigung des Wettbewerbs komme. Diese Sichtweise entspreche dem vom Gesetzgeber intendierten **Paradigmenwechsel** in der Frage der Untereinstandpreisverkaufs. Der eindeutige Wortlaut dürfe nicht dadurch ausgehöhlt werden, dass eine zwar nicht nachhaltige, wohl aber – als weniger hohe Eingriffsschwelle – eine spürbare Beeinträchtigung des Wettbewerbs gefordert werde.[635] Im Anschluss an diese Entscheidung hat das **Bundeskartellamt** seine **Auslegungsgrundsätze** zu § 20 Abs. 4 S. 2 Nr. 2 GWB erneut überarbeitet.[636]

---

[627] OLG WuW/E DE-R 781, 784.
[628] OLG WuW/E DE-R 781, 785.
[629] OLG WuW/E DE-R 781, 789.
[630] OLG WuW/E DE-R 781, 790.
[631] BGH NJW 2003, 1736 – WalMart.
[632] EuGH GRUR 1994, 296 – Keck; BGH NJW 2003, 1736, 1740 f – WalMart.
[633] BGH NJW 2003, 1736, 1737 f – WalMart.
[634] BGH NJW 2003, 1736, 1740 – WalMart.
[635] So aber *Krause/Oppholzer* WuW 2000, 17, 23; vgl. BGH NJW 2003, 1736, 1740 – WalMart; *Köhler* BB 1999, 697.
[636] Diese Grundsätze sind in → Rn 306 ff abgedruckt.

d) Die Regelung des § 20 Abs. 4 S. 2 Nr. 1 und S. 3 und 4 GWB. Mit dem Gesetz zur Bekämpfung von Preismissbräuchen im Bereich der Energieversorgung und des Lebensmittelhandels aus dem Jahr 2007 hat der Gesetzgeber die Preisgestaltungsfreiheit der Unternehmen weiter eingeschränkt. In § 20 Abs. 4 S. 2 Nr. 1 und S. 3 und 4 GWB ist es Unternehmen mit gegenüber kleinen und mittleren Wettbewerbern überlegener Marktmacht **auch der nur gelegentliche Verkauf** von Lebensmitteln unter Einstandspreis verboten. Einzig zulässig sind gewisse ausdrücklich vorgesehene Ausnahmen, wie der drohende Verderb oder die Unverkäuflichkeit der Waren. Zulässig ist auch die Abgabe an gemeinnützige Einrichtungen. Die Regelung ist, wie aus der Gesetzesbegründung ersichtlich, vornehmlich politisch durch die sog. Gammelfleisch-Skandal motiviert.[637] Wirtschaftspolitisch ist sie jedoch nach dem oben gesagten um so mehr verfehlt.[638] Die Regelung hat eine Geltungsdauer bis zum 31. 12. 2012. 302

3. Auswirkungen auf die lauterkeitsrechtliche Preiskontrolle

Der wichtigste Aktionsparameter eines Unternehmens in einer freien Wettbewerbsordnung ist der **Preis.** Eingriffe in die Preisbildungsfreiheit sind deshalb stets kritisch zu beurteilen. Sie betreffen im Grunde den Kern des Wettbewerbsprozesses.[639] Mit der Regelung des § 20 Abs. 4 S. 2 bis 4 GWB hat der Gesetzgeber einen engen Ausnahmebereich geschaffen, in dem diese Grundsätze nur noch eingeschränkt gelten. Die bislang bestehende Wertungskongruenz zwischen GWB und UWG ist somit teilweise aus dem Gleichgewicht geraten. Dies bringt die Frage mit sich, wie sich dies auf die zukünftige lauterkeitsrechtliche Preiskontrolle auswirken wird. Fest steht zunächst, dass dies nur einen Teilbereich der Preiskontrolle, nämlich den des Einstandspreises betrifft. Die bisherigen lauterkeitsrechtlichen Wertungen bezüglich selbst hergestellter Waren oder selbsterbrachter Dienstleistungen sind deshalb nicht betroffen. Änderungen sind diesbezüglich nicht zu erwarten.[640] 303

Problematischer ist die zukünftige Handhabe von Sachverhalten, die eigentlich dem § 20 Abs. 4 S. 2 bis 4 GWB unterfallen. Bislang war in lauterkeitsrechtlicher Hinsicht auch in solchen Fällen die Berufung auf eine Mischkalkulation möglich. Darüber hinaus wurden an die Marktfolgen sehr hohe Anforderungen gestellt. § 20 Abs. 4 S. 2 bis 4 GWB sieht einen deutlich niedrigeren Handlungsspielraum vor. Es fragt sich, wie sich dieser Paradigmenwechsel auf das Lauterkeitsrecht auswirkt. Dabei ist zunächst *Beater* Recht zu geben, wenn er meint, dass es auf den Schutz des Wettbewerbsbestandes im Rahmen der allgemeinen Marktbehinderung nur ankommen kann, wenn das fragliche Geschäftsverhalten nicht bereits aus anderen Gründen zu untersagen ist. Ein Wettbewerbsrecht, in dem die Sicherung des Wettbewerbsbestandes als Schutzzweck hohe praktische Bedeutung hat, wird also grundsätzlich kein verbotsfreudiges, sondern eher ein liberales Recht sein.[641] Einer Anwendung der Fallgruppe der allgemeinen Marktstörung wird also in Zukunft stets der § 20 Abs. 4 S. 2 bis 4 GWB zuvorkommen.[642] Eine Übertragung der neuen kartellrechtlichen Wertungen ins Lauterkeitsrecht ist nicht zu erwarten. Erstens würde damit dem eigentlichen Zweck des Bestandsschutzes durch die Fallgruppe der allgemeinen Marktbehinderung in unzulässigerweise vorgegriffen. Ein Wertungstransfer erscheint weiterhin deshalb bedenklich, weil § 20 Abs. 4 S. 2 bis 4 GWB deutliche struktur- und wettbewerbspolitische Züge trägt, die nach richtiger Ansicht im UWG keine Bedeutung spielen sollen. 304

Unterhalb der Aufgreifschwelle des § 20 Abs. 4 S. 2 bis 4 GWB sollten die bisherigen Wertungen unbeeinflusst aufrecht erhalten werden. Das Lauterkeitsrecht ist folglich nur fruchtbar zu machen, wenn die ernsthafte Gefahr einer Gefährdung des Wettbewerbsbestands in ausreichender Form dargelegt wurde, denn eine den Wettbewerbsbestand in 305

637 BT-Drucks 16/5847 S. 10.
638 So auch *Bechtold* GWB § 20 Rn 84a.
639 Vgl. *Emmerich* KartR § 18 12b.
640 KG WuW/E DE-R 727 – Dienstagspreise.
641 *Beater* § 24 Rn 2.
642 Vgl. auch MünchKomm/*Heermann* UWG Anh. §§ 1–7 B Rn 59; Piper/*Ohly* UWG § 4.10 Rn 104.

systeminkonformer Weise aufhebende Wettbewerbshandlung kann auch nach der Einführung des § 20 Abs. 4 S. 2 bis 4 GWB schwerlich lauter sein.[643]

4. Auslegungsgrundsätze des Bundeskartellamts

306 Das Bundeskartellamt hat im Anschluss an die WalMart-Entscheidung des BGH seine Auslegungsgrundsätze[644] nochmals überarbeitet. In Übereinstimmung mit dem Gericht stellt es nunmehr ausdrücklich fest, dass weder das Vorliegen einer Verdrängungsabsicht, noch der Nachweis objektiver Marktfolgen notwendig sind.[645] Weiterhin hält es zu den einzelnen Tatbestandsmerkmalen fest:

– **Überlegene Marktmacht:** Normadressaten sind nur Unternehmen, die gegenüber kleinen und mittleren Wettbewerbern, denen sie auf denselben sachlich und räumlich relevanten Märkten begegnen, eine überlegene Marktmacht besitzen. Die Marktmacht ist allein im Vergleich zu den kleinen und mittleren Wettbewerbern zu bestimmen. Dabei sind im Wesentlichen die Kriterien des § 19 Abs. 2 Nr. 2 GWB heranzuziehen, und zwar vornehmlich diejenigen Parameter, die für die Fähigkeit zu Angeboten unter dem Einstandspreis besonders relevant sind, wie insbesondere die Finanzkraft, die Sortimentsbreite oder der Zugang zu den Beschaffungsmärkten. So werden beispielsweise schon im Hinblick auf die unterschiedliche Finanzkraft selbstständige, mittelständische Lebensmitteleinzelhändler (mit Gesamtumsatz < 50 Mio. Euro) regelmäßig gegenüber den großen Einzelhandelskonzernen (mit Gesamtumsatz > 500 Mio. Euro) als klein und mittelgroß anzusehen sein. Für das Merkmal „überlegen" reicht es aus, wenn es im Verhältnis zu einem Teil der Wettbewerber, den kleinen und mittleren Unternehmen des Marktes, erfüllt ist. Dass daneben weitere große und auch größere Unternehmen auf dem Markt tätig sind, ist für das Tatbestandsmerkmal der überlegenen Marktmacht ohne Bedeutung. Jedenfalls ist das Merkmal regelmäßig erfüllt, wenn ein Unternehmen auf Märkten marktbeherrschend ist, auf denen auch kleinere und mittlere Wettbewerber tätig sind.
– **Nicht nur gelegentlich:** Unter das Verbot fallen nur auf Dauer angelegte Unter-Einstandspreis-Angebote. Einzelaktionen, die sich ihrem Wesen nach eher als kurzfristige Werbeaktionen darstellen wie Einführungspreise bei Geschäftseröffnung oder sporadische Sonder- oder Lockvogelangebote, werden nicht vom Verbotstatbestand erfasst. Angebote, die kontinuierlich oder diskontinuierlich – etwa als Sonderaktionen jeweils zum Wochenende – über mindestens drei Wochen andauern, sind nicht mehr als „nur gelegentliche" Werbeaktionen einzustufen. Dabei kommt es nicht darauf an, ob sich das fragliche Angebot immer auf dasselbe Produkt bezieht. Auch auf Dauer angelegte Unter-Einstandspreis-Angebote, die sich auf wechselnde Artikel beziehen, haben eine vergleichbare Wirkung und erfolgen daher nicht nur gelegentlich. Allerdings müssen sich die wiederkehrenden Angebote auf denselben (räumlichen) Markt beziehen, denn sonst wirken sie sich auf verschiedene (mittelständische) Wettbewerber aus und behindern jeden einzelnen von ihnen „nur gelegentlich". Etwas anderes kann gelten, wenn ein und derselbe kleine oder mittlere Anbieter selbst auf unterschiedlichen räumlich relevanten Märkten tätig ist. Die auf diesen unterschiedlichen Märkten geltenden Unter-Einstandspreise eines marktmächtigen Anbieters können auch als nicht nur gelegentlich eingestuft werden.[646] In 2007 hat das Bundeskartellamtes hier noch präzisiert, dass ein Verstoß gegen das „nicht nur gelegentliche" Anbieten zu Unter-Einstandspreisen immer

---

643 Richtig *Beater* § 24 Rn 2; vgl. *Nordemann* Rn 1426; *Köhler* WRP 2005, 645, 649 ff; auch *Emmerich* WettbR § 6 IV 3 c.

644 Bekanntmachung Nr. 124/2003, mit dem ausdrücklichen Verweis auf die Tatsache, dass diese Überlegungen auf den bisherigen Erfahrungen basieren und im Lichte neuer Erkenntnisse weiterzuentwickeln seien. Eine abschließende Feststellung des Vorliegens der Tatbestandsvoraussetzungen sei weiterhin nur unter Berücksichtigung der Umstände des Einzelfalls möglich. Hierbei seien auch spezifische Verhältnisse einzelner Wirtschaftsbereiche zu beachten, 9.

645 Bekanntmachung Nr. 124/2003, 1.

646 Bekanntmachung Nr. 124/2003, 3 f.

dann vorliegt, wenn ein solches Angebot in mehr als in drei Kalenderwochen innerhalb eines halben Jahres angeboten wird.[647]

- **Unter-Einstandspreise:** Bei der Feststellung des Einstandspreises einer Ware geht das Bundeskartellamt vom Listenpreis des Lieferanten (ohne Mehrwertsteuer) aus, von dem alle preiswirksamen Konditionen abgezogen werden, die ihren rechtlichen Grund in den zwischen dem Lieferanten und dem Abnehmer geschlossenen Beschaffungsverträgen haben. Entsprechend den tatsächlichen Einkaufsgepflogenheiten zählen hierzu die sog. Jahresvereinbarungen, die den allgemeinen (Konditionen-)Rahmen für die Beschaffung bzw. Belieferung darstellen, und die zusätzlichen im Laufe eines Jahres getroffenen Vereinbarungen, die im Zusammenhang mit einer konkreten Warenbestellung oder auch unabhängig davon erfolgen können. Grundsätzlich geht das Bundeskartellamt davon aus, dass alle zwischen dem Lieferanten und Abnehmer vereinbarten Konditionen dem Absatz der Waren des Herstellers/Lieferanten dienen und daher warenbezogen und preisrelevant sind, auch wenn sie nicht ausdrücklich auf die Förderung bestimmter Waren oder Sortimentsteile Bezug nehmen. Leistungen und Vergünstigungen von Lieferanten sind daher grundsätzlich auch unabhängig von ihrer Bezeichnung als preisrelevant einzubeziehen. Soweit im Einzelfall erkennbar Zahlungen ohne Warenbezug geleistet werden, bleiben diese ebenso unberücksichtigt, wie nachträglich bzw. rückwirkend vereinbarte oder geleistete Vergütungen. Der Einstandspreis ist mithin nicht identisch mit dem für eine konkrete Einzellieferung in Rechnung gestellten Preis (Rechnungspreis), der nur die soweit direkt zurechenbaren Abzüge (Skonto, Rabatt etc.) enthält. Alle weiteren Konditionen (wie Jahresboni, Werbekostenzuschüsse, Verkaufsförderungsentgelte, Umsatzvergütungen etc.) werden anteilig berücksichtigt. Dabei wird beispielsweise ein Jahresbonus als Rabatt auf den Jahresumsatz betrachtet und mit dem entsprechenden Prozentsatz vom Rechnungspreis der jeweiligen Waren abgezogen. Das gilt auch für den Fall, dass Vergütungen ausdrücklich nur für die Förderung eines einzelnen Produktes, für befristete Verkaufsaktionen oder für einzelne Vertriebsschienen vereinbart wurden, damit eine unangemessene Manipulation der Einkaufspreise ausgeschlossen werden kann. Allerdings können derartige Zuordnungen von Fördermaßnahmen im Rahmen der sachlichen Rechtfertigung Berücksichtigung finden. Voraussetzung für die Einbeziehung von Vergütungen, die dem Grunde nach pauschal vereinbart, der Höhe nach jedoch erst am Ende des Vertragszeitraums bzw. der Bezugsperiode geleistet werden, ist, dass sie mit hinreichender Wahrscheinlichkeit zum Zeitpunkt der Preisfestsetzung zu erwarten sind, der Kaufmann also sein Handeln nach dieser Erwartung ausrichten kann. Darüber hinaus sind ungewisse, etwa von der Steigerung des Jahresumsatzes abhängige Rabatte so lange unbeachtlich, bis deren Gewährung hinreichend wahrscheinlich ist. Im Ergebnis bedeutet das, dass alle Konditionen einbezogen werden, unabhängig davon, auf welche Weise (z.B. auf Grund von nicht missbräuchlich genutzter Nachfragemacht) sie zustande gekommen sind. Nicht abzusetzen sind allerdings solche (Vorzugs-)Konditionen, die rechtswidrig erlangt worden sind, wobei die Rechtswidrigkeit festgestellt oder evident sein muss. Darüber hinaus kann die Zulässigkeit von vereinbarten und tatsächlich gewährten Konditionen im Rahmen von Verfahren nach § 20 Abs. 4 S. 2 Nr. 2 nicht gesondert geprüft werden. Die Zahlungen von Lieferanten, die für den Abnehmer nur durchlaufende Posten darstellen und an diesen auch nicht teilweise zurückfließen, ihn also nicht bereichern, weil sie für konkrete Leistungen Dritter (Zeitungsanzeigen, Speditionsleistungen etc.) erfolgen, gehen nicht in den Einstandpreis ein. Auch anteilige Gemeinkosten der Beschaffung werden nicht in den Einstandspreis eingerechnet. Zum Einstandspreis zählen hingegen die der konkreten Warenlieferung unmittelbar zurechenbaren Nebenkosten der Beschaffung (Verpackung, Transport, Fracht, Versicherung uÄ), sofern der Abnehmer sie trägt. Liegt der so bestimmte Einstandspreis über dem Angebotspreis der entsprechenden Ware (nach Abzug der darin enthaltenen Mehrwertsteuer),

[647] BKartA Beschluss B9-77/09.

ist das Tatbestandsmerkmal des Angebots zu Unter-Einstandspreisen erfüllt. Dies gilt stets auch dann, wenn ein konstanter Angebotspreis von einem sich erhöhenden Einstandspreis überschritten wird. In diesem Fall wäre grundsätzlich der Angebotspreis so weit zu erhöhen, dass er den neuen Einstandspreis nicht mehr unterschreitet. Gleichwohl kann hier im Einzelfall bei überraschenden Preiserhöhungen das kurzzeitige Beibehalten des Angebotspreises sachlich gerechtfertigt sein, sofern es sich nur um die Überbrückung bis zur Erschließung einer neuen Bezugsquelle handelt.

– **Sachliche Rechtfertigung:** Das nicht nur gelegentliche Angebot unter Einstandspreis durch marktmächtige Unternehmen stellt grundsätzlich eine unbillige Behinderung dar, es sei denn, es ist (im Einzelfall) sachlich gerechtfertigt. Dabei obliegt dem Normadressaten die Darlegungs- und Beweislast, allerdings ist dadurch das Bundeskartellamt nicht von seiner Amtsermittlungspflicht entbunden. Für die Prüfung der sachlichen Rechtfertigung ist von einer umfassenden Abwägung der Interessen der betroffenen Unterneh men unter Berücksichtigung der auf die Freiheit des Wettbewerbs gerichteten Zielsetzung des GWB auszugehen. Abzuwägen ist das Schutzinteresse von mittelständischen Einzelhändlern gegen Behinderungen überlegener Wettbewerber und das Interesse dieser Unternehmen, durch geeignete Maßnahmen, etwa auch durch ihre Preisgestaltung, die eigenen Wettbewerbschancen zu verbessern. Für die Abwägung spielt auch die Zielrichtung (zB Verdrängungsabsicht) und das Ausmaß der Beeinträchtigung der Wettbewerbsbedingungen insofern eine Rolle, als eine sachliche Rechtfertigung bei Verdrängungsabsicht und einer nachhaltigen Gefährdung wettbewerblicher Marktstrukturen ausgeschlossen sein dürfte. Bei der Einbeziehung des Ausmaßes der Beeinträchtigung ist allein auf die Wirkungen gegenüber den kleinen und mittleren Wettbewerbern abzustellen, die als wichtiger Wettbewerbsfaktor vor Verdrängung geschützt werden sollen. Die Prüfung der sachlichen Rechtfertigung erfordert mithin eine Würdigung der Gesamtumstände des Einzelfalls, einschließlich von Zweifelsfragen, die im Zusammenhang mit der Feststellung der übrigen Tatbestandsvoraussetzungen bestehen. Einzelfaktoren, die in die Gesamtbetrachtung einfließen, werden für sich allein in der Regel keine sachliche Rechtfertigung begründen. Als sachliche Rechtfertigung kommen in erster Linie betriebswirtschaftliche Notlagen in Betracht. Hierzu zählen der physische, technische oder modebedingte „Verderb“ von Waren, aber auch das Angebot bei drohender Insolvenz oder im Zuge der Liquidation des Geschäfts (soweit diese Angebote überhaupt nicht nur gelegentlich erfolgen). In begrenztem Umfang kann auch für eine Einführungsphase der Neueintritt eines Unternehmens in einen Markt eine sachliche Rechtfertigung darstellen. Ein Neueintritt eines Unternehmens liegt jedoch bei bloßem Inhaberwechsel, etwa durch Unternehmensübernahme oder durch Unternehmenszusammenschluss, nicht vor. Ferner sind die gemeinsamen Interessen des Handelsunternehmens und seiner Lieferanten an einer Verkaufsförderung bestimmter Produkte durch produktbezogene Boni und Sondervergütungen im Rahmen der Interessenabwägung zu berücksichtigen. Werden entsprechende Maßnahmen vereinbart, ohne dass die damit gewährten Vergütungen in vollem Umfang in den Einstandspreis einfließen, kann die Unterschreitung des oben unter Ziffer 3 eng definierten Einstandspreises gerechtfertigt sein. Dies gilt auch für Anreizkonditionen wie Steigerungsboni u. Ä., die zum Zeitpunkt des Angebots nicht mit hinreichender Wahrscheinlichkeit feststanden und daher in die Berechnung des Einstandspreises nicht einzubeziehen waren. Der Eintritt in (niedrige) Wettbewerbspreise stellt für sich allein noch keine sachliche Rechtfertigung dar. Anzuerkennen ist zwar das grundsätzlich bestehende Recht, Abwehrmaßnahmen gegen aggressive Preispraktiken von Konkurrenten zu ergreifen. Jedoch ist bei der umfassenden Interessenabwägung vor allem auf die Wettbewerbssituation der von § 20 Abs. 4 S. 2 Nr. 2 GWB geschützten kleinen und mittleren Unternehmen abzustellen. Deswegen ist eine Rechtfertigung nahezu ausgeschlossen, wenn es sich bei den Wettbewerbspreisen um rechtswidrige Unter-Einstandspreise von anderen Normadressaten handelt. Denn in diesem Fall würde sich ansonsten die Behinderungswirkung zu Lasten der kleinen und mittleren Wettbewerber noch weiter verschärfen. Eine Rechtfertigung ist auch dann im Regelfall ausgeschlossen, wenn es sich bei den Wettbewerbspreisen um rechtmäßige Übereinstandspreis-Angebote von anderen Normadressaten mit besseren Einkaufskonditionen handelt. Denn auch in diesem Fall setzt der Normadressat entgegen der gesetzgeberischen Absicht seine Größenvorteile zu Lasten der kleinen und mittleren Wettbewerber ein (selbst wenn seine Maßnahme seiner Intention nach auf den anderen Normadressaten abzielt). Beim Einsteigen auf die Preise von anderen Normadressaten wird folglich eine sachliche Rechtfertigung nur in Ausnahmefällen denkbar sein, zB bei der Gefahr unzumutbar starker Umsatzeinbrüche. Im Einzelfall zu prüfen ist die sachliche Rechtfertigung in den – eher theoretischen – Fällen, in denen ein Normadressat von rechtmäßigen Unter-Einstandspreisen kleiner und mittlerer Wettbewerber unterboten wird. Auch dabei wird der Normadressat die Vorstöße einzelner hinzunehmen haben. Nur wenn diese ein gewisses Ausmaß erreichen, könnte ggf. ein Einsteigen im Hinblick auf die jeweils betroffenen Produkte zulässig sein. Schließlich kommt eine sachliche Rechtfertigung in Betracht, wenn sich der Einstandspreis überraschend erhöht und den bisherigen Angebotspreis überschreitet. Auch in diesem Falle ist das Angebot jedoch im Regelfall nur für einen kurzen Zeitraum bis zur Erschließung einer neuen Bezugsquelle gerechtfertigt. Bei der Bemessung dieses Zeitraums ist ferner zu berücksichtigen, ob die Erhöhung des Einstandspreises allein auf einer Entscheidung des Lieferanten beruht oder ob Dritte wettbewerbswidrig auf den Einstandpreis Einfluss genommen haben.[648]

V. Ausbeutung im Stufenwettbewerb

1. Grundlagen

Die Verwendung des Begriffes der **Ausbeutung** im Lauterkeitsrecht ist nicht eindeutig. 307
Unter ihm werden unterschiedliche Wettbewerbshandlungen erörtert, denen allen gemein ist, dass ein Marktbeteiligter **auf Kosten eines anderen** eine ungerechtfertigte Besserstellung im Wettbewerbsprozess erlangt. Bekannt sind in diesem Zusammenhang die Fallgruppen der **Ausbeutung fremden Rufs**[649] oder der **Ausbeutung fremder Leistungen.**[650] Beide haben allerdings einen deutlich individualschützenden Charakter und sind im Rahmen der allgemeinen Marktbehinderung, also im Rahmen des lauterkeitsrechtlichen Institutionsschutzes nicht zu erörtern. Im Rahmen dieser Darstellung soll vielmehr die **Ausbeutung auf Grund wirtschaftlicher Macht zwischen den verschiedenen Wirtschaftsstufen** untersucht werden.[651]

Durch die Definition der geschäftlichen Handlung in § 2 Abs. 1 Nr. 1 „(...) Förderung 308
des Absatzes oder des Bezuges von Waren (...)" und des Mitbewerbers in § 2 Abs. 1 Nr. 3 „als Anbieter oder Nachfrager (...) in einem konkreten Wettbewerbsverhältnis steht", ist klargestellt, dass das **UWG** auch auf Maßnahmen im **Vertikalverhältnis Anwendung** findet.

Auch der Problemkreis Ausbeutung im Stufenverhältnis weist zweifellos auch konkur- 309
rentenschützende Tendenzen[652] auf. Unter dem Aspekt der Irreführung sind ferner auch Verbraucherinteressen von ihr betroffen.[653] Daneben allerdings, und hier von besonderem Interesse, erlangen bei der Beurteilung wirtschaftlicher Macht vor allem auch **marktstrukturelle Erwägungen** eine Bedeutung, was ihre thematische Zuordnung zum lauterkeitsrechtlichen Institutionsschutz rechtfertigt.

---

648 Bekanntmachung Nr. 124/2003, 6 f.

649 Ausführlich hierzu *Koos* → § 6 Rn 92 ff und 212 ff.

650 Ausführlich hierzu *Götting* → § 4–9 Rn 1 ff.

651 Vgl. auch die Darstellungen bei Hefermehl/*Köhler*/Bornkamm UWG § 4 Rn 10.130 ff; MünchKomm/*Heermann* UWG Anh. §§ 1–7 B Rn 67 ff; MünchKomm/*Sosnitza* UWG Anh. §§ 1–7 C Rn 1 ff; Piper/*Ohly* UWG § 4–10 Rn 16.

652 Hierzu *Götting* → § 4–10 Rn 43 ff; *Köhler* WRP 2006, 139, 145.

653 Vgl. *Fezer* BB 1971, 806; allgemein *Peifer* → § 5 Rn 367 ff.

310 Besondere Bedeutung in diesem Zusammenhang haben verschiedene **Absatz- und Beschaffungsstrategien** in Industrie und Handel erlangt. Marktmächtige Nachfrager versuchen beispielsweise, ihre **Einkaufskonditionen** zu verbessern, auch indem sie ihren Lieferanten Zusatzpflichten aufbürden, die bisher ihnen oblagen. Genannt seien an dieser Stelle exemplarisch die Verpflichtung zur **Regalpflege** oder die Übernahme der **Preisauszeichnung** durch den Lieferanten. Marktmächtigen Anbietern hingegen steht die Möglichkeit offen, ihre Marktstellung dadurch auszubauen, dass sie durch großzügige **Verhaltensincentivierung** wie etwa **Schaufensterwettbewerbe, Verkaufsprämien** aber auch **Treuerabatte** den Absatz ihrer Waren zu erhöhen suchen.

311 Auch im Rahmen der Ausbeutung ist zunächst anerkannt, dass bei der Beurteilung der Grundsatz der **Freiheit der Preis- und Konditionengestaltung** sowie der **Freiheit der Gestaltung der Vertriebswege** gilt.[654]

312 Umstände, die im konkreten Fall die **Unlauterkeit** einer Wettbewerbshandlung begründen können, waren in der Vergangenheit in unterschiedlicher Intensität neben der reinen Macht- bzw. Druckausübung die Gefährdung des Leistungswettbewerbs, (handelsstufen-)unsachgerechte Einkommensverteilung, Störung der Handelsstufenfunktion und der unzulässige Einsatz von Nebenleistungen, vor allem dann, wenn die Maßnahme nachgeahmt zu werden droht.

313 In der Tradition dieser Bedenken hat das BMWA Ende 1974 einen Beispielskatalog von Praktiken zwischen Industrie und Handel veröffentlicht, die vor allem kleine und mittlere Wettbewerber schädigen sowie zu nicht leistungsgerechten Einkommensvorteilen einer Marktseite und zu machtbedingten Wettbewerbsverzerrungen führen (sog. **Sündenregister**).[655] Zu einer Sicherung gegen wettbewerbsfremde Praktiken speziell für den Bereich der Markenartikelindustrie hat auch der Markenverband **Wettbewerbsregeln** aufgestellt, die im Mai 1976 vom Bundeskartellamt registriert worden sind.[656] Auch 15 Spitzenorganisationen der gewerblichen Wirtschaft haben eine **„Gemeinsamen Erklärung"** zur Sicherung des Leistungswettbewerbs verfasst (Stand 1984).[657]

314 Diese Verlautbarungen sind unter 6. in dieser Kommentierung abgedruckt. Unmittelbare rechtliche Wirkung kommt ihnen nicht zu. Sie wurden aber teilweise in der Rechtsprechung bei der Konkretisierung der Sittenwidrigkeit als „Erkenntnishilfe" herangezogen.[658]

315 Bevor die problematischen Einzelfälle der Fallgruppe der Ausbeutung dargestellt werden, soll zunächst ein kurzer Einblick in die besondere Wettbewerbssituation im Groß- und Einzelhandel gegeben werden.

2. Situation im Handel

316 Die Interessenkonflikte, die es bei der Beurteilung von Wettbewerbshandlungen im Handel zu lösen gilt, sind häufig anders gelagert als die auf der Endverbraucherstufe.[659] Die Besonderheit besteht darin, dass Handelsunternehmen eine Doppelrolle einnehmen. Einerseits konkurrieren sie als **Anbieter** beim Vertrieb von Waren und Leistungen gegenüber ihren Abnehmern; andererseits treten sie als **Nachfrager** gegenüber ihren Lieferanten auf, wo sie sich ihrerseits gegen andere Nachfrager durchsetzen müssen. Beide Märkte hängen unmittelbar miteinander zusammen. Will sich ein Handelsunternehmen erfolgreich als Anbieter durchsetzen, ist es maßgeblich auf günstige Einkaufsbedingungen angewiesen; günstige Einkaufsbedingung wiederum lassen sich in der Regel nur von Unternehmen mit einem hohen Absatzvolumen erreichen.

---

[654] Deutlich bereits BGH GRUR 1958, 557 – Direktabsatz; auch BGH GRUR 1977, 619, 621 – Eintrittsgeld; BGH GRUR 1982, 737, 738 – Eröffnungsrabatt.
[655] Abgedruckt in WRP 1975, 24 ff; → Rn 354.
[656] Abgedruckt in WRP 1976, 567 ff; → Rn 358.
[657] Abgedruckt in WRP 1976, 9 ff; MA 1984, 398 ff; → Rn 357.
[658] Vgl. BGH GRUR 1977, 619 – Eintrittsgeld.
[659] Instruktiv *Baumbach/Hefermehl* UWG 22. Aufl. § 1 Rn 881 ff.

Diese Besonderheiten spiegeln sich auch in der Entwicklung der betroffen Märkte wieder. Während der Zeit des wirtschaftlichen Wachstums waren missbräuchliche Praktiken in Industrie und Handel eher selten. Dies änderte sich erst mit Abschluss dieser Periode gegen Ende der 60er Jahre. Wechselnde Konjunkturlagen und die fortschreitende Sättigung der Märkte führte zu einem sich verschärfenden Wettbewerb. Strukturelle Wandlungen sowie eine zunehmende Neigung zur Konzentration waren die Folge.[660] 317

Auf Seiten der Hersteller, also auf den Angebotsmärkten, war die Konzentration Ausdruck der Strategie, dem erhöhten Wettbewerbsdruck durch Massenproduktion und Produktdiversifizierung zu begegnen.[661] Spiegelbildlich dazu vollzog sich auf den Absatzmärkten ebenfalls eine Konzentrationsentwicklung. Zunächst entstanden **Einkaufsgenossenschaften,** dann sog. freiwillige Ketten. Insbesondere in der Konsumgüterindustrie sind die Märkte heute tendenziell von Überproduktion geprägt, weshalb schon allein deshalb eine erhöhte Verhandlungsmacht der Nachfrager zu verzeichnen ist. 318

Gegenwärtig ist der Einzelhandel vor allem von durchsetzungsstarken **Filialketten** geprägt. Dabei haben sich zahlreiche Vertriebsformvarianten herausgeschält. Allerdings ist zweifelhaft, ob damit die Entwicklung abgeschlossen ist. So gewinnt beispielsweise der **Absatzkanal Internet** immer mehr an Bedeutung. Viele **E-Commerce-Unternehmen** verkaufen Produkte online und treten damit in Wettbewerb zum stationären Einzelhandel. Das Internet macht den Weg für neue Wertschöpfungsketten und Allianzen frei, die am Einzelhandel vorbeilaufen können. 319

3. Problematische Fälle im Absatz- und Beschaffungsmarketing

Unter dem Begriff Ausbeutung werden hier Maßnahmen von Unternehmen mit großer **Marktmacht,** vornehmlich im Stufenwettbewerb, diskutiert. In Form der Nachfragemacht äußert sich dies in erster Linie in der Forderung nach immer neuen Preiszugeständnissen zB in Form von Rabatten, aber auch das sog. Anzapfen oder die sog. Funktionsverlagerung sind Ausdruck dieser Macht. Unter **Anzapfen** versteht man die Forderung nach sonstigen zusätzlichen Leistungen wie Eintrittsgeldern, Regal- und Schaufenstermieten, sowie Investitions-, Jubiläums- und Werbekostenzuschüsse, denen keine echte Gegenleistung gegenüber steht.[662] Bei der **Funktionsverlagerung** geht es hingegen um die Abwälzung sog. herkömmlicher Handelsfunktionen, wie zB der Preisauszeichnung oder der Regalpflege auf die Hersteller. Aber auch die Hersteller können ihre Marktmacht dazu einsetzen, mittels Verhaltensincentivierung, wie etwa Schaufensterwettbewerben, Verkaufsprämien aber auch Treuerabatten, den Absatz ihrer Waren zu erhöhen. Vor dem Hintergrund der Preis- und Konditionenfreiheit sowie der Freiheit der Gestaltung der Vertriebswege gilt es zu klären, welches die zusätzlichen Elemente sein können, die den Unlauterkeitsvorwurf begründen. 320

a) Schaufenster-, Regal- oder Platzmieten. Exemplarisch für den Problemkreis der Schaufenster-, Regal- oder Platzmieten sei hier die **Schaufensteraktion-Entscheidung** des BGH[663] genannt. Dabei ging es um folgendes: Ein Fernsehgerätehersteller vereinbarte mit Elektrofachhändlern, dass diese ein tragbares Fernsehgerät auf die Dauer von 5$^1/_2$ Monaten im Schaufenster aufzustellen hätten und dafür als Gegenleistung eine Prämie von 20 DM für jedes in diesem Zeitraum bezogene Gerät erhalten sollten. Der BGH hält solche Mietverträge für unzulässig. In erster Linie bestehe die Gefahr, dass der Kunde in seiner Erwartung **irregeführt** werde, der Händler empfehle die Ware aus sachlichen Gründen. 321

---

660 *Baumbach/Hefermehl* UWG 22. Aufl. § 1 Rn 881; vgl. auch *Batzer* Strukturveränderungen im Handel FIW 102, 1 ff.

661 *Batzer* Strukturveränderung und Wettbewerb im Handel FIW 102, 1.; vgl. auch Großkomm/*Schünemann* UWG Einl Rn C 18 sowie § 1 Rn C 18, jeweils mwN.

662 Hefermehl/*Köhler*/Bornkamm UWG § 4 Rn 10.130; *Piper/Ohly* UWG § 4.10 Rn 16.

663 BGH GRUR 1977, 257, 258 f – Schaufensteraktion m. Anm. *Droste*; ein Irreführungspotential wird auch bei vom Hersteller ausgelobten Verkaufsprämien, vgl. BGH GRUR 1971, 223 – clix-Mann sowie bereits BGH GRUR 1959, 138 – Italienische Note oder bei sog. Industrieverkäufern, so OLG Köln BB 1971, 1118, dazu *Fezer* BB 1971, 806, gesehen.

Im konkreten Fall sieht das Gericht aber darüber hinaus auch eine **allgemeine Marktbehinderung** als gegeben, die im Einzelfall unbedeutend sein mag, aber zur **Nachahmung** verleite und auf diese Wiese zur **Ausschaltung des Leistungswettbewerbs** in einem nicht unerheblichen Umfang führen könne. Der Schaufensterwerbung komme für das hier in Rede stehende Fachgebiet eine ganz erhebliche Bedeutung zu und Mitbewerber, die nicht bereit wären, eine entsprechende Vergütung für die Ausstellung zu zahlen, müssten befürchten, nicht genügend berücksichtigt zu werden. Der Wettbewerb kann sich dann auf ein gegenseitiges Überbieten der Hersteller in der Höhe des Entgelts für die Überlassung von Schaufensterraum verlagern. Dass hierin eine erhebliche Verfälschung des Leistungswettbewerbs liegen würde, lag für den BGH auf der Hand.[664]

322 **b) Eintritts- bzw. Verbleibgelder.** In der **Eintrittsgeld-Entscheidung** hatte der BGH[665] die Forderung eines Verbrauchermarktbetreibers gegenüber einem Teelieferanten zu beurteilen, der 1000,00 DM als Eintrittspreis dafür verlangte, dass er die Ware in das Sortiment aufnimmt. Das Gericht erachtete dies als unlauter. Obwohl der BGH anerkennt, dass der Händler in der Wahl seiner Lieferanten, sowie in der Preis- und Konditionengestaltung – jedenfalls bis zu den Aufgreifschwellen des GWB – grundsätzlich frei sei, findet die Freiheit der Betätigung nach Auffassung des Gerichts aber da eine Grenze, wo gegen die guten Sitten im Wettbewerb verstoßen wird.[666] Die Unzulässigkeit der Forderung eines Eintrittsgeldes bei Meidung der Ablehnung liegt nach Auffassung des BGH darin, dass der Einzelhändler mit einem solchen Verhalten seiner im Allgemeininteresse liegenden **Funktion** innerhalb der Wirtschaftsordnung in schwerwiegender Weise **zuwiderhandelt.** Die Funktion des Handels liegt vor allem darin, dass er aus dem Angebot der Hersteller jene Waren auswählt, von denen er annimmt, dass sie nach Art, Preis und Qualität vom Verbraucher bevorzugt würden. Die Wahrnehmung dieser Funktion entspricht dem Selbstverständnis des Handels.[667] Es bestünde weiterhin auf Grund der angestiegenen Konzentration im Handel in erheblichem Umfang die **Gefahr der Nachahmung,** was zu erheblichen Nachteilen für das allgemeine Interesse an einer optimalen Güterversorgung führen würde.[668]

323 **c) Unentgeltliche Übernahme der Preisauszeichnung.** Eine Abkehr vom Funktionskriterium wird in der **Preisauszeichnungs-Entscheidung** des BGH[669] erkannt.[670] Diese fiel in die Zeit nach der Einführung des § 20 Abs. 3 GWB im Zuge der 4. GWB-Novelle (1980). Dieser Entscheidung lag folgender Sachverhalt zu Grunde: ein in einer größeren Einkaufsgenossenschaft organisierter Verbrauchermarkt bezog über diese bei zahlreichen Lieferanten seine Ware. Vertragsbedingung war, dass die Ware „SB-ausgezeichnet" zu liefern war. Hiergegen sollte im Wege der Verbandsklage eingeschritten werden. Der BGH bestätigte die Klagabweisung durch das Berufungsgericht. Dies geschah aber nicht auf Grund materiellrechtlicher Erwägungen, sondern wurde damit begründet, dass die Klägerin nach Ansicht der Gerichte nicht nachweisen konnte, dass die Preisauszeichnung unentgeltlich übernommen wurde. Als zutreffend stuft der BGH jedoch die Rechtsauffassung des Berufungsgerichts ein, welches davon ausgegangen war, dass die Verlagerung der Preisauszeichnung vom Einzelhandel auf die Lieferanten wettbewerbsrechtlich nicht zu beanstanden sei, solange sie im **freien Aushandeln** und in der freien Bewertung der Gegenleistung ihren Niederschlag findet.[671] Entscheidend sei, ob die Preisauszeichnung **unentgeltlich** (oder jedenfalls nicht voll vergütet) vorgenommen wird, der Einzelhändler dies

---

[664] BGH GRUR 1977, 257, 259 f – Schaufensteraktion m. Anm. *Droste.*

[665] BGH GRUR 1977, 619 – Eintrittsgeld m. Anm. *Utescher*; vgl. auch OLG Frankfurt BB 1975, 715; OLG Düsseldorf 1974, 161.

[666] BGH GRUR 1977, 619, 621 – Eintrittsgeld m. Anm. *Utescher.*

[667] BGH GRUR 1977, 619, 621 – Eintrittsgeld m. Anm. *Utescher.*

[668] BGH GRUR 1977, 619, 621 – Eintrittsgeld m. Anm. *Utescher.*

[669] BGH GRUR 1982, 677 – Preisauszeichnung; Vorinstanz OLG Saarbrücken WRP 1977, 364.

[670] Hefermehl/*Köhler*/Bornkamm UWG § 4 Rn 10.134; bereits Großkomm/*Schünemann* UWG § 1 C 75 ff mwN; *Knöpfle* S. 96; *Meier* DB 1982, 2178.

[671] BGH GRUR 1982, 677, 678 – unentgeltliche Übernahme der Preisauszeichnung.

durch Einsatz seiner Nachfragemacht erreicht und dadurch weniger marktmächtige Mitbewerber des Einzelhändlers von den Lieferanten ungleich behandelt werden oder auch der Warenbezug des Einzelhändlers davon abhängig gemacht werde, dass eine solche unentgeltliche Preisauszeichnung vorgenommen werde.[672]

d) Eröffnungsrabatte und Werbekostenzuschüsse etc. Als ein weiteres Beispiel für einen Gesinnungswandel der Rechtsprechung wird die **Eröffnungsrabatt-Entscheidung** des BGH[673] angeführt. Dabei ging es um eine Verbrauchermarktkette, die anlässlich der Eröffnung zweier neuer Filialen an ihre Lieferanten ein Rundschreiben verschickte, in dem sie sie zur Zusage eines 10%igen Eröffnungsrabatts auf die Erstaufträge der Neueröffnung aufforderte. Auch diese Praktik sollte durch eine Verbandsklage unterbunden werden. Der BGH stimmte dem Ansinnen nicht zu und argumentierte dabei wie folgt: Es handele sich nicht um eine vom Warenbezug unabhängige Zuwendung, wie sie der Schaufensteraktion-Entscheidung oder der Eintrittsgeld-Entscheidung zu Grunde lagen. Die Rabattforderung sei vielmehr nur im Zusammenhang mit der Bestellung „Erstauftrag Neueröffnung" gestellt worden, weshalb es sich um einen **Bestandteil einer konkreten Preisverhandlung** und nicht um eine unabhängige Zuwendung handele.[674] Dass ein Kaufmann im Zuge geschäftlicher Verhandlungen möglicherweise vor die Situation gestellt wird, Nachteile, auch den Abbruch der Geschäftsverbindung, zu gewärtigen, wenn er auf die Vorstellungen der Gegenseite nicht eingeht, sei jedem freien Aushandeln der günstigsten Konditionen im Wettbewerb eigentümlich.[675] Insbesondere könne im Fall des Aushandelns günstiger Einkaufskonditionen nicht von einer Verletzung der **Einzelhandelsfunktion** gesprochen werden.[676] 324

e) Neuere Rechtsprechung. Das bedeutet aber nicht, dass nunmehr alle Formen der Rabattforderung zulässig wären. Das OLG Köln[677] war mit einer Fallkonstellation befasst, in der ein großes Kaufhausunternehmen seine Lieferanten aufforderte, seinen Häusern im Rahmen des Weihnachtsgeschäfts Zusatzrabatte zu gewähren, die es im Rahmen einer Personaleinkaufsaktion an seine Mitarbeiter weitergeben würde. Das Gericht hielt dies für **unzulässig.** Zunächst sah es in der Aufforderung die Ausübung eines wettbewerbswidrigen psychologischen Drucks, der vor allem dadurch rechtliche Relevanz erhielt, dass der Zusatzrabatt für das Personal der Beklagten erbeten wurde. Um eine positive Wahrnehmung des eigenen Unternehmens unter den Mitarbeitern der Kaufhauskette nicht zu gefährden, werde sich der Lieferant zu dieser „Großzügigkeit" genötigt sehen. Die möglicherweise zu erwartende Umsatzsteigerung stelle vor diesem Hintergrund **keine vollwertige Gegenleistung dar,** die das „Anzapfen" des Lieferanten als nicht wettbewerbsrechtlich anstößig erscheinen lassen könnte.[678] Alles in Allem handele es sich nicht um Verhandlungen über Preisbestandteile, sondern um das unzulässige Fordern **zusätzlicher Leistungen neben dem üblichen Warenverkehr, ohne vollwertige Gegenleistung.**[679] 325

Das **OLG Hamm**[680] hält ein **nachträgliches** einseitiges Auferlegen von Skonti im Rahmen laufender Verträge durch einen marktmächtigen Nachfrager für **unzulässig.** Im Rahmen laufender Verträge seien die Ausweichmöglichkeiten sehr gering, da sich die Lieferanten in der Regel auf diese Lieferproduktion langfristig eingestellt hätten.[681] 326

Zuletzt hat das **OLG Zweibrücken**[682] zum Problemkreis der Verhandlungspraktiken im Stufenwettbewerb Stellung bezogen. Das grundsätzlich zulässige freie Aushandeln von Preisen und Konditionen ist danach nur dann unzulässig, wenn besondere Umstände hinzu- 327

---

672 BGH GRUR 1982, 677, 678 – unentgeltliche Übernahme der Preisauszeichnung.
673 BGH GRUR 1982, 737 – Eröffnungsrabatt; Vorinstanz OLG Hamm BB 1980, 1341.
674 BGH GRUR 1982, 737, 738 – Eröffnungsrabatt.
675 BGH GRUR 1982, 737, 738 – Eröffnungsrabatt.
676 BGH GRUR 1982, 737, 738 – Eröffnungsrabatt.
677 OLG Köln WRP 1989, 192.
678 OLG Köln WRP 1989, 192, 193.
679 OLG Köln WRP 1989, 192, 194.
680 OLG Hamm WRP 2002, 747.
681 OLG Hamm WRP 2002, 747, 749 f.
682 OLG Zweibrücken GRUR-RR 2003, 17; vgl. OLG Hamm GRUR-RR 2003, 288.

kommen, wobei diese nicht schon in der Ausübung eines gewissen Drucks liegen, sondern in zusätzlichen Umständen, die wettbewerbsrechtlicher Natur seien. Eine Wettbewerbswidrigkeit wird insbesondere angenommen, wenn ein Händler **Zuwendungen fordert, die nicht im Zusammenhang** mit der Warenlieferung stehen und er in **unzulässiger** Weise **Druck** auf den Marktpartner ausübt oder in anderer schwerwiegender Weise die **Grundfunktion des Handels missachtet.**[683]

328 **f) Verhaltensincentivierung durch die Hersteller.** Einem Hersteller ist es grundsätzlich nicht verboten, zum Zweck der Absatzförderung seinen Handelskunden gegenüber gewisse Anreize anzubieten. Dies gilt jedenfalls, solange nicht schutzwürdige Belange der Allgemeinheit betroffen werden.[684]

329 **aa) Sondervorteile für Händler.** Als **wettbewerbswidrig** wurde allerdings die Gewährung von Sondervorteilen an Händler eingestuft, wenn der Leistungswettbewerb dadurch verfälscht wird, dass die Händler **unsachlich** oder gar **irreführend beraten,** damit sie die Ware, deren Vertrieb Sondervorteile bringt, anstelle eines Konkurrenzprodukts wählen, oder wenn die Gefahr einer Nachahmung solcher Praktiken besteht und hiervon eine Verwilderung der Wettbewerbssitten zu befürchten ist.[685]

330 So urteilte das KG[686] über ein **Bargeldgeschenk** über 10,00 DM an Einzelhändler im Rahmen einer Werbeaktion für eine Tageszeitung. Das Gericht war der Ansicht, dass Mitbewerber, um nicht ins Hintertreffen zu geraten, das Verhalten durch Steigerung der Sondervorteile **nachahmen** müssten. Im Kampf unter anderem der Parteien um die Marktanteile der von ihnen verlegten Tageszeitungen könnte sich der Wettbewerb auf ein gegenseitiges Überbieten der Verlage in der Höhe der Prämien verlagern, was zu einer erheblichen **Verfälschung des Leistungswettbewerbs** führen würde. Eine solche **Verwilderung der Wettbewerbssitten** sei insbesondere deshalb zu befürchten, weil die Zuwendungen **nicht leistungsbezogen,** sondern Geldbeträge unabhängig von der Zahl der verkauften Zeitungsexemplare allen Händlern gewährt seien.[687]

331 Veranstaltet ein Hersteller einen **Schaufensterwettbewerb** zur Werbung für seine Waren unter Einzelhändlern, so ist dies grundsätzlich eine zulässige Werbemaßnahme, da die Händler, die sich daran beteiligen, gegenüber dem Hersteller eine echte Leistung erbringen.[688] Anders liegt es nach der Rechtsprechung, wenn besondere Umstände hinzutreten. Solche können in der **missbräuchlichen Übersteigerung** dieses Mittels etwa durch Aussetzung übermäßig vieler oder übermäßig hoher Prämien sowie durch unangemessen lange Dauer liegen.[689]

332 Wettbewerbswidrig können auch sog. **Verkaufswettbewerbe** sein. Dies ist jedenfalls dann der Fall, wenn bei besonders lockenden Anreizen, zB hohen Geld- oder Sachprämien, die Gefahr besteht, dass der Händler den Kunden nicht mehr nach sachlichen Gesichtspunkten berät, sondern ihm die Ware aufzudrängen sucht, deren Verkauf ihm besondere Gewinnchancen verschafft. Dies gilt namentlich bei **Fachhändlern,** auf deren **objektive Beratung** der Kunde vertraut.[690] Zwar erwartet das Publikum auch im Fachgeschäft keine schrankenlose Objektivität. In seinen Erwartungen wird der Kunde aber jedenfalls im Falle von Verkaufsprämien durch die Hersteller enttäuscht. In der **clix-Mann**-Entscheidung untersagte der **BGH**[691] deshalb einem Hersteller von Skibindungen die Gewährung

---

683 OLG Zweibrücken GRUR-RR 2003, 17; s. auch OLG Düsseldorf GRUR 1974, 161 – Bettelbriefe; OLG Hamm BB 1977, 668 – Jubiläumswerbung.

684 BGHZ 28, 54, 59 – Direktabsatz; BGH GRUR 61, 588 – Einpfennig-Süßwaren; BGH GRUR 1967, 256, 257 – stern.

685 Vgl. *Baumbach/Hefermehl* UWG 22. Aufl. § 1 Rn 895; KG GRUR 87, 454.

686 KG NJWE-WettbR 2000, 5.

687 KG NJWE-WettbR 2000, 5, 6.

688 Vgl. *Baumbach/Hefermehl* UWG 22. Aufl. § 1 Rn 897; Großkomm/*Schünemann* UWG § 1 Rn C 164.

689 BGH GRUR 1959, 138, 141 f – Italienische Note.

690 BGH GRUR 1971, 223 – clix-Mann m. Anm. *Bauer,* BGH GRUR 1974, 394 – Verschlusskapsel-Prämien m. Anm. *Bauer,* zuletzt OLG Düsseldorf WRP 1999, 119.

691 BGH GRUR 1971, 223 – clix-Mann m. Anm. *Bauer.*

einer Sachprämie zu Gunsten des Personals der Einzelhändler für durch getarnte Käufer zu bewertende, besondere Fachkenntnis bei der Beratung. Dem stehe nicht entgegen, dass den Angestellten mitunter Prämien auch von den Geschäftsinhabern gewährt werden, denn eine solche Maßnahme liege noch im Bereich dessen, was das Publikum als gelegentlich geschäftlich notwendig in Rechnung stelle, während dies bei Herstellerprämien nicht der Fall sei.[692] Ebenfalls unzulässig nach Ansicht des BGH ist die Auslobung einer Prämie von 200 DM durch einen Spirituosenhersteller unter den Gastwirten für die zehn erfolgreichsten Sammler von Verschlusskapseln **(Verschlusskapsel-Prämien).**[693] Auf dieser Linie liegt auch die Entscheidung des **OLG Düsseldorf** aus dem Jahre 1999, nach der es unzulässig ist, wenn ein Touristikunternehmen Warengutscheine über 25,00 DM für die Vermittlung eines Flugreisenden verspricht.[694] Eine sachliche an Preis und Qualität orientierte Beratung sei in unzulässiger Weise gefährdet.[695] Ebenso entschied jüngst das OLG Hamburg im Falle eines Prämiensystems eines Autovermieters, mit dem Angestellten von Reisebüros für jede Buchung eines Mietwagens Punkte gutgeschrieben werden, die in Sachprämien und Bargeld eingetauscht werden können.[696]

Ähnlich gelagert ist das Sonderproblem der **Industrieverkäufer.** Dabei handelt es sich um vom Hersteller angestellte und bezahlte Verkaufskräfte.[697] Sind diese als solche nicht eindeutig gekennzeichnet, so ist nach Ansicht des **OLG Köln**[698] deren Einsatz nach § 5 (§ 3 aF) irreführend.[699] Aber auch Erwägungen zur allgemeinen und individuelle Marktbehinderung kommen zum Tragen. Diese gelten prinzipiell unabhängig von einer Irreführung. Agiert ein im Auftrag eines Herstellers entsendeter Verkäufer auf der bisher stets relativ neutralen Schnittstelle zum Verbraucher, besteht insbesondere beim massiven Einsatz dieser Verkaufskräfte weiterhin die Gefahr, dass die Wettbewerber ihre Leistungen auf dem Markt nicht mehr angemessen zur Geltung bringen können und somit der **Leistungswettbewerb außer Funktion gesetzt** wird.[700] Diese Gefahr wird insbesondere dann gesehen, wenn marktstarke Handelsunternehmen durch weitgespannte Vereinbarungen wesentliche Bereiche des Einzelhandels mit eigenem Personal abdecken.[701] 333

bb) Treuerabatte. Kritische Würdigung erfahren auch Treuerabatte bzw. -prämien. Dabei handelt es sich um Prämien, die nicht die Menge der bezogenen Ware belohnen, sondern die Dauer und die Exklusivität der Geschäftsbeziehung. Nach *Hefermehl* sind diese bedenklich, wenn ein marktstarker Hersteller seinen **Handelskunden** Treuerabatte gewährt, durch deren Höhe diese veranlasst werden, ihren Bezug bei konkurrierenden Herstellern einzuschränken oder gar einzustellen.[702] In der Tat weist ein solcher Sachverhalt eine deutliche Nähe zu einer Ausschließlichkeitsbindung auf, weshalb in Extremfällen eine Anwendung des § 3 in Betracht kommen kann.[703] 334

Für Treuerabatte, die an **Endabnehmer** gerichtet sind, hat der BGH entschieden, dass diese neben ihrer eventuellen übertriebenen Anlockwirkung auch unter dem Gesichtspunkt der Bestandsgefährdung kritisch zu beurteilen sind. Dies wäre insbesondere bei zeitlich befristeten Treueaktionen der Fall, wenn sie dazu führen, dass die Verbraucher mehr einkaufen, als sie ihrem Verbrauch entsprechend in diesem Zeitraum würden. In der 335

---

692 BGH GRUR 1971, 223, 224f – clix-Mann m. Anm. *Bauer*, vgl. bereits RG GRUR 1938, 619 – Herdweiß; RGSt 48, 291 – Korkengeld.

693 BGH GRUR 1974, 394 – Verschlusskapsel-Prämien m. Anm. *Bauer.*

694 OLG Düsseldorf WRP 1999, 1197.

695 OLG Düsseldorf WRP 1999, 1197, 1198.

696 OLG Hamburg GRUR-RR 2004, 117.

697 Vgl. *Fezer* BB 1971, 806.

698 OLG Köln WRP 1971, 384.

699 Vgl. zum Problemkreis der Irreführung *Fezer* BB 1971, 806; aA Großkomm/*Schünemann* UWG § 1 Rn C 207.

700 Gutachterausschuss für Wettbewerbsfragen 1/1971 WRP 1971, 388, 389.

701 *Fezer* BB 1971, 806, 808; s. auch *Martino* MA 1971, 97, 98.

702 *Baumbach/Hefermehl* UWG 22. Aufl. § 1 Rn 895.

703 Zum Kartellrecht KG WuW/E 2303 – Fertigfutter.

RAMA-Mädchen-Entscheidung wurde die Tauglichkeit der Aktion hierfür aber verneint.[704]

4. Bedeutung der kartellrechtlichen Regelungen

336 Das Problem der Ausbeutung im Stufenwettbewerb auf Grund wirtschaftlicher Macht ist Gegenstand der umfassenden Regelungen des § 20 GWB. Das spezielle Problem der Ausbeutung durch Nachfragemacht hat in § 20 Abs. 3 GWB eine spezielle Regelung erfahren.

337 § 20 Abs. 3 GWB behandelt das sog. **passive Diskriminierungsverbot.** Dieses soll in erster Linie die weniger marktstarken Konkurrenten des Nachfragers vor einer **mittelbaren** Behinderung schützen, da diese in der Regel die Lieferanten nicht zu vergleichbaren Geschäftsbedingungen bewegen können.[705] Es ist an marktbeherrschende (§ 20 Abs. 3 S. 1 GWB) und darüber hinaus an marktstarke Unternehmen (§ 20 Abs. 3 S. 2 GWB) adressiert.[706]

338 Die Norm hat durch die **7. GWB-Novelle** eine Umgestaltung erfahren.[707] **§ 20 Abs. 3 GWB aF** wendete sich gegen die grundlose Veranlassung zu Gewährung von **Vorzugsbedingungen.** Gemeint waren damit alle „nicht markt- oder leistungsgerechten" Vergünstigungen, d.h. Vergünstigungen, die ihren Grund weder in der Menge der abgenommenen Waren noch in anderen betriebswirtschaftlich kalkulierbaren Gegenleistungen des Nachfragers haben, sondern lediglich auf der Ausnutzung von Marktmacht beruhen und deshalb anderen gleichartigen Nachfragern, die nicht über eine vergleichbare Macht verfügen, verweigert werden.[708] Bereits hier war also eine qualitative Bewertung notwendig, die den Anwendungsbereich der Norm einschränkten.[709] Der Begriff Vorzugsbedingung ist nun durch den Begriff **Vorteil** ersetzt worden. Dieser ist weiter und soll deshalb zu einer erhöhten Bedeutung der Vorschrift führen.[710] Ferner wurde neben dem „Veranlassen" auch das **„Auffordern"** zur Gewährung von Vorteilen in den Tatbestand aufgenommen.[711]

339 Aber auch in Zukunft wird es weiterhin auf die Frage nach der Darlegung eines sachlich gerechtfertigten Grundes für die Vorteilsgewährung ankommen. Dazu hat – wie schon zu Zeiten der Geltung des § 20 Abs. 3 GWB aF – eine Abwägung der Interessen der Beteiligten unter Berücksichtigung der auf die Freiheit des Wettbewerbs gerichteten Zielsetzung des GWB zu erfolgen.[712] Im Wesentlichen werden folgende Fallgestaltungen diskutiert:[713]

340 **a) Rückwirkende Konditionenanpassung.** Diese Fallkonstellation hat noch zur alten Rechtslage in der **Konditionenanpassung-Entscheidung** des BGH[714] eine umfassende Würdigung erfahren: Das betroffene Unternehmen hat unter Hinweis auf die Übernahme eines Konkurrenten von den Lieferanten gefordert, fortan die jeweils günstigsten Liefer-

---

[704] BGH GRUR 1981, 202, 204 – RAMA-Mädchen m. Anm. *Jacobs*; zum gleichen Sachverhalt aber aus kartellrechtlicher Sicht KG WuW/E OLG 1983 – RAMA-Mädchen.

[705] Langen/Bunte/*Schultz* § 20 Rn 208; *1-ich* KartR § 20, 14; *Bechthold* GWB § 20 Rn 58 mwN; vgl. BGH NJW 2003, 205, 208 – Konditionenanpassung.

[706] Vgl. zu den Einzelheiten *Bechtold* § 20 Rn 66ff; sowie BGH NJW 2003, 205, 206ff – Konditionenanpassung; sowie BKartA BB 1999706, 707 – Metro; *Köhler* BB 1999, 1017; *ders.* LMK 2003, 30f.

[707] Vgl. Langen/Bunte/*Schultz* § 20 Rn 208ff; *Köhler* WRP 2006, 139ff.

[708] Begr. BT-Drucks. 8/2136 S. 25; BGH NJW 2003, 205, 208 – Konditionenanpassung; BKartA BB 1999, 706 – Metro; KG WuW/E DER 367, 368 – Berliner Schulbuchbeschaffung; s. auch *Bechtold* GWB § 20 Rn 58.

[709] Langen/Bunte/*Schultz* § 20 Rn 217ff.

[710] Langen/Bunte/*Schultz* § 20 Rn 217ff; *Köhler* WRP 2006, 139, 141ff.

[711] Langen/Bunte/*Schultz* § 20 Rn 215; *Köhler* WRP 2006, 139, 144.

[712] BGH NJW 2003, 205, 208f – Konditionenanpassung; BKartA BB 1999, 707, 708f – Metro spricht allerdings von der Zielsetzung der „Erhaltung des Wettbewerbs"; richtig *Köhler* BB 1999, 1017, 1018; *ders* WRP 2006, 139.

[713] Vgl aber die Darstellung bei Langen/Bunte/*Schultz* § 20 Rn 220.

[714] BGH NJW 2003, 205 – Konditionenanpassung; zuvor BKartA BB 1999, 706 – Metro; sowie KG WuW/E DE-R 699; vgl. die Besprechung bei *Köhler* BB 1999, 1017; *ders.* LMK 2003, 30f; s. auch *Emmerich* KartR § 20 14c.

konditionen nunmehr beiden Unternehmen zu gewähren („Konditionenabgleich"), und zwar nicht nur ex nunc sondern ex tunc vom Zeitpunkt des intern vollzogenen Zusammenschlusses an. Dementsprechend verlangte es für die Vergangenheit Ausgleichszahlungen in Höhe der Konditionendifferenz.

Das Unternehmen wurde nach § 20 Abs. 3 S. 2 iVm Abs. 2 S. 2 GWB als im Verhältnis zu den von ihm abhängigen Unternehmen als marktstarkes Unternehmen angesehen.[715] Das **Bundeskartellamt** war der Ansicht, mit der Forderung der rückwirkenden Anpassung der im Einzelfall ungünstigeren an die jeweils besseren Konditionen verlange das Unternehmen im Ergebnis eine nicht leistungsgerechte Besserstellung. Diese auf die Vergangenheit gerichtete Forderung habe ihren Grund weder in der Menge der abgenommen Waren noch in sonstigen Gegenleistungen. Insbesondere gehe es nicht um ein Entgelt für Vermarktungsaktivitäten oder Sortimentsveränderungen. Es liege eine Vorzugsbedingung im Sinne des § 20 Abs. 3 GWB aF vor.[716] Dies sei auch nicht sachlich gerechtfertigt. Im Rahmen der notwendigen Interessenabwägung überwögen die Interessen der Lieferanten, die durch diese Zahlungen im Ergebnis nicht unerheblich an den Übernahmekosten beteiligt werden würden.[717] Ferner liefe eine derartige Angleichung der Konditionen auf eine gegen § 14 GWB aF verstoßende Meistbegünstigung hinaus.[718] 341

Dem stimmte der **BGH** im Wesentlichen zu, verwies aber zur weiteren Aufklärung an die Vorinstanz zurück. Er betonte jedoch, dass die Forderung einer Konditionenanpassung sachlich durchaus gerechtfertigt sein könne. Die Ausgleichszahlungen könnten zum Beispiel im Hinblick auf die Zusammenrechnung der Absatzmengen der fusionierten Unternehmen einen Mengenrabatt darstellen. Weiter führt der BGH an, der Lieferant könne einen Vorteil daraus ziehen, dass er es künftig nur noch mit einem Abnehmer zu tun habe, mit dem Verhandlungen über Preise, Werbe- und Verkaufsaktionen zu führen seien und der möglicherweise eine bessere Bonität aufweise. Dies müsse in die Abwägung mit einbezogen werden.[719] Allerdings wird man sagen müssen, dass diese Erwägungen nicht für die Rechtfertigung einer Konditionenanpassung für die Vergangenheit herangezogen werden können und **unzulässig** sind.[720] 342

b) Konditionenanpassung für die Zukunft. Entsprechend der obigen Ausführungen ist nach der Konditionenanpassung-Entscheidung des BGH für eine **zukünftige** Konditionenanpassung (sog. **„Hochzeitsbonus"**) jedoch ein **weiterer Rechtfertigungsspielraum** zu verzeichnen. Jedenfalls kann man die Entscheidung des Bundeskartellamts nicht dahingehend interpretieren, dass die getroffene Wertung erst recht auch für Konditionenanpassungen für die Zukunft Gültigkeit haben müsse.[721] 343

5. Stellungnahme

Wenn man von einem dynamischen Wettbewerbsverständnis ausgeht,[722] werfen die aufgezeigten Beurteilungskriterien der Rechtsprechung einige Fragen auf. Eine wesentliche Schwierigkeit besteht insbesondere darin, bei der Betrachtung die kartellrechtlichen Wertungen nicht aus dem Auge zu verlieren. 344

a) Beurteilungsmaßstäbe. aa) Funktionswidrigkeit. Die Rechtsprechung stützt den Unlauterkeitsvorwurf von Maßnahmen im Stufenwettbewerb zuweilen auf die Verletzung ökonomischer Funktionen, die von der Rechtsprechung den Marktteilnehmern, insbesondere dem Handel zugewiesen wird. Diese sog. **Funktionsthese** hat in der Literatur über- 345

---

715 BGH NJW 2003, 205, 206 – Konditionenanpassung; BKartA BB 1998, 706 – Metro.
716 BKartA BB 1999, 706, 708 – Metro.
717 BKartA BB 1999, 706, 708 – Metro.
718 BKartA BB 1999, 706, 709 – Metro; vgl. WuW/E BKartA 1583; BGH WuW/E BGH 1787, 1788 – Garant.
719 BGH NJW 2003, 205, 208 f – Konditionenanpassung; vgl. auch *Köhler* WRP 2006, 139, 142 ff.
720 *Köhler* LMK 2003, 30, 31.
721 Vgl. *Köhler* BB 1999, 1017, 1020; *ders.* LMK 2003, 30, 31 ohne allerdings in der Sache zuzustimmen.
722 → Rn 58.

wiegend scharfe Ablehnung erfahren.[723] Dem ist zuzustimmen, denn der mit dem Funktionsargument intendierte Marktordnungseffekt weist deutlich die Nähe zu dem in vielerlei Hinsicht unscharfen und unsachgerechten Leitbild des Leistungswettbewerbs auf.[724] Dies wird umso deutlicher, wenn in den Entscheidungsgründen auf die Erheblichkeit verbandlicher Wettbewerbsregeln abgestellt wird, die sich ihrerseits dem Leistungswettbewerb verpflichtet erklären.[725] Eine „richtige" Funktionsaufteilung ist indes wegen der Unüberschaubarkeit der Marktfaktoren und derer stetiger Veränderung unmöglich. Eine normative Funktionszuweisung führt deshalb unweigerlich zu einer willkürlichen Fixierung eines zufälligen Zustandes.[726] Mit einem dynamischen Wettbewerbsverständnis ist diese Sichtweise schwerlich vereinbar. Dies hat der BGH in einer frühen Entscheidung zum **Direktabsatz** bereits ausdrücklich anerkannt: Zum Wesen der auf Vertragsfreiheit beruhenden freien Marktwirtschaft gehört nach Auffassung des BGH grundsätzlich die Freiheit des Wirtschaftenden, den Absatz selbst zu bestimmen, so dass davon, dass durch Direktverkäufe unter Umgehung von Handelsstufen die Grundlage unserer Wirtschaftsordnung angetastet würden, keine Rede sein kann. Die Marktwirtschaft kennt keine festgelegten Absatzwege. Die Handelsstufen sind betriebswirtschaftlich zweckmäßige und damit dem Anschauungswandel unterworfene Gestaltungsformen der Absatzorganisation und keine die Wirtschaftsteilnehmer generell verpflichtende wirtschaftliche Gegebenheit. Der Unternehmer ist bei der zweckmäßigen Gestaltung seines Absatzsystems grundsätzlich frei. Deshalb vermag auch der Unterstand, dass der Hersteller oder Großhändler sich nicht auf den üblichen Absatzweg an die nächstfolgende Handelsstufe beschränkt, mit anderem Worten dass er nicht funktionstreu ist, die Unlauterkeit nicht generell zu begründen.[727]

346 Diese grundsätzliche Wertung hat der BGH insbesondere in der **Eintrittsgeld-Entscheidung**[728] nicht hinreichend berücksichtigt. Die in ihrer Begründung anders gelagerten Entscheidungen **Eröffnungsrabatt**[729] und **unentgeltliche Preisauszeichnung**[730] wurden dann in der Literatur weitgehend als Abkehr von der Funktionsgerechtigkeit der Handelsstufen als normatives Element interpretiert.[731] Die Diskussion dieser Entscheidungen[732] hat jedoch verdeutlicht, dass die Funktionsthese durch diese Entscheidungen keineswegs grundsätzlich aufgegeben wurde. Es wurde lediglich keine Funktionsverlagerung diagnostiziert.[733] Richtig ist aber, dass sich die Betrachtung mit diesen Entscheidungen, insbesondere unter dem Eindruck der Einführung des Kartellrechtstatbestandes des § 20 Abs. 2 GWB, darauf verlagerte, ob die jeweilige Vereinbarung durch freies Aushandeln zustande kam oder nicht. Den entscheidenden Differenzierungsgrund sah das Gericht darin, dass einmal eine Nebenleistung ohne Vergütung gefordert wurde, es sich bei den zulässigen Fällen hingegen um eine verbesserte Hauptleistung (Preis) handelte. Aber auch diese Unterscheidung ist problematisch und fußt in letzter Konsequenz auch auf dem zweifelhaften Argument der Funktionstreue, wie es sogleich zu zeigen gilt.

---

[723] Vgl. Hefermehl/*Köhler*/Bornkamm UWG § 4 Rn 10.134; Großkomm/*Schünemann* UWG § 1 Rn C 16ff, 84ff; jetzt Harte/Henning/*Schünemann* UWG § 3 Rn 158ff; Piper/*Ohly* UWG §§ 4.10 Rn 16; Gloy/Loschelder/*Hasselblatt* Hdb. § 45 Rn 90; *Knöpfle* S. 85ff; *Mestmäcker* S. 282ff; *Merz* S. 146ff; *Möschel* Pressekonzentration S. 99; *Meier* DB 1980, 721, 723f; *Treis* GRUR 1985, 955, 957; *Schricker* GRUR 1990, 567; Monopolkommission 7. Sondergutachten Tz 78ff; *dies.* 14 Sondergutachten Tz 192; MünchKomm UWG/*Jänich* § 4 Nr. 10 Rn 136.

[724] Großkomm/*Schünemann* UWG § 1 Rn C 77; vgl. jetzt Harte/Henning/*Schünemann* UWG § 3 Rn 158ff.

[725] Großkomm/*Schünemann* UWG § 1 Rn C 77; vgl. jetzt Harte/Henning/*Schünemann* UWG § 3 Rn 158ff.

[726] Richtig *Treis* GRUR 1985, 955, 957; *Köhler/Piper* UWG § 1 Rn 446ff; Großkomm/*Schünemann* UWG § 1 Rn C 25ff, 90ff; s. auch *Emmerich* WettbR § 8 V mwN.

[727] BGH GRUR 1958, 557 – Direktabsatz; vgl. *Schricker* GRUR 1990, 567.

[728] BGH GRUR 1977, 619 – Eintrittsgeld.

[729] BGH GRUR 1982, 737 – Eröffnungsrabatt.

[730] BGH GRUR 1982, 677 – unentgeltliche Preisauszeichnung.

[731] *Emmerich* WettbR § 8 V; *Knöpfle* S. 96; *Meier* DB 1982, 2178.

[732] → Rn 321ff.

[733] Zu diesem Ergebnis kommt auch *Mestmäcker* S. 288; vgl. auch OLG München GRUR 1992, 712, 713; zuletzt OLG Zweibrücken GRUR-RR 2003, 17.

bb) Trennung von Haupt- und Nebenleistungswettbewerb. Die Unterscheidung zwischen einem **unzulässigen Aushandeln einer nicht gesondert zu vergütenden Nebenleistung** und dem **Aushandeln günstiger Konditionen** bezüglich des Hauptgeschäfts ist nicht unproblematisch. Nebenleistungswettbewerb ist zu einem gewissen Grad **Geheimwettbewerb.**[734] Dieses Wettbewerbsmittel ist für den „Leistenden", insbesondere in von Überproduktion geprägten Märkten nicht stets unvorteilhaft. Der Nachteil eines schlichten Preisnachlasses jedenfalls liegt in seiner weitgehenden Transparenz. Ein über ihn erlangter Wettbewerbsvorteil kann deshalb nur von kurzer Dauer sein; im Regelfall werden die Konkurrenten den selben Nachlass fordern. Dies geht zum Nachteil desjenigen, der die Nebenleistung gewährt, denn er wird sie auf breiter Front gewähren müssen.[735] Ein allgemeiner Preisverfall ist die Folge. Die Gewährung von Nebenleistungen bietet hier einen Ausweg. Deshalb spricht einiges dafür, es den Beteiligten zu überlassen, was Haupt- und was Nebenleistung ist. Eine Differenzierung birgt – worauf *Schünemann* zurecht hinweist – die Gefahr, den dem marktwirtschaftlichen Austauschprozess wesenseigenen individualistischen Bezugspunkt zu verkennen.[736] So müssen Eintrittsgelder, Investitionshilfen, Übernahme der Regalpflege und ähnliches nicht zwangsläufig als Nebenleistung zu qualifizieren sein, sondern können genauso gut ein „Entgelt" für eine vom Handel erbrachte Vertriebsdienstleistung darstellen, die dieser in Abkehr von traditionellen Finanzierungsmethoden sich nicht direkt über die Handelsspanne entlohnen lässt.[737] Insofern besteht kein grundsätzlicher Unterschied zwischen harten Preisverhandlungen und Verhandlungen über Nebenleistungen.[738] 347

Andere Auffassungen müssen jedenfalls den Verdacht entkräften, die Unlauterkeit einer „unentgeltlichen" Nebenleistung nicht letztlich doch aus einer als Norm vorausgesetzten Funktionsaufteilung abzuleiten, die es in Wahrheit nicht gibt.[739] 348

cc) Macht- bzw. Druckausübung. Die Schwerpunktlegung auf das freie Aushandeln erfolgte mit den Entscheidungen **Eröffnungsrabatt**[740] und **unentgeltliche Preisauszeichnung**[741] und ging mit der Einführung des § 20 Abs. 3 GWB aF im Zuge der 4. GWB-Novelle (1980) einher. Die Aufrechterhaltung der Entscheidungsfreiheit der Marktbeteiligten im Bereich des Stufenwettbewerbs ist sicher eines der zentralen Anliegen des UWG. Auch Machtaspekte sind bei einer wettbewerbsfunktionalen Auslegung der Generalklausel des UWG unzweifelhaft zu berücksichtigen.[742] In der Tendenz sind die genannten Entscheidungen deshalb zu begrüßen. Allerdings liegen derartige Erwägungen auch stets auf der Schnittstelle zwischen lauterkeitsrechtlichen und kartellrechtlichen Erwägungen. Das Gebot der Einheit der Rechtsordnung verlangt es, hier einen **einheitlichen Wertungsmaßstab** zu gewährleisten.[743] Unabdingbare Voraussetzung für die Anwendung des Tatbestandes der allgemeinen Marktbehinderung ist daher stets eine marktbeherrschende oder zumindest marktstarke Stellung (vgl. § 20 Abs. 3 GWB). Sonst besteht die Gefahr, die Wertungen des GWB zu unterlaufen und entgegen der Intention des Gesetzgebers ein auch aus wettbewerbstheoretischer Sicht nicht wünschenswertes allgemeines Diskriminierungsverbot einzuführen.[744] Unterhalb der Marktmachtschwelle müssen dann unzweifelhaft 349

---

[734] *Gratzer* „Anzapfen" S. 29; zur Schutzwürdigkeit des Geheimwettbewerbs Immenga/Mestmäcker/*Zimmer* GWB § 1 Rn 390 ff; *Mestmäcker* S. 283 ff.

[735] *Gillert* BB 1981, 702, 703 f; vgl. Monopolkommission 7. Sondergutachten S. 43.

[736] Großkomm/*Schünemann* UWG § 1 Rn C 91 mwN; s. auch *Koppensteiner* § 33 Rn 13; vgl. *Gratzer* „Anzapfen" S. 29 ff.

[737] So zutreffend Großkomm/*Schünemann* UWG § 1 Rn C 92 mwN; vgl. *Köhler* S. 26.

[738] *Gillert* JZ 1984, 923, 925 ff; vgl. Großkomm/*Schünemann* UWG § 1 Rn C 201.

[739] Vgl. *Mestmäcker* S. 69 ff; Monopolkommission 7. Sondergutachten Tz 75 ff.

[740] BGH GRUR 1982, 737 – Eröffnungsrabatt.

[741] BGH GRUR 1982, 677 – unentgeltliche Preisauszeichnung.

[742] → Rn 55.

[743] Ebenso Gloy/Loscheler/*Hasselblatt* Hdb. § 45 Rn 92 f; *Köhler* WRP 2006, 139, 145; zu § 20 Abs. 3 GWB → Rn 340 ff.

[744] Großkomm/*Schünemann* UWG Einl. Rn E 23; *Bechtold* GWB § 20 Rn 3 f; TB des BKartA 1977 (BT-Drucks. 8/1925, IV).

die Kriterien der zielgerichteten individuellen Behinderung vorliegen (§ 4 Nr. 10), um das Unlauterkeitsurteil zu rechtfertigen.[745] Gerade angesichts der Neufassung des § 20 Abs. 3 GWB im Zuge der 7. GWB Novelle wäre es wünschenswert, wenn in Zukunft entsprechende Sachverhalte verstärkt direkt nach dieser Norm, anstatt anhand des Lauterkeitsrechts beurteilt werden würden.

350 **dd) Beeinträchtigung der Entscheidungsgrundlage.** Im Zusammenhang mit Vermarktungspraktiken im Stufenwettbewerb wird neben den marktbezogenen Aspekten vor allem bei herstellerseitigen Incentivierungen häufig auch darauf abgestellt, dass sie die Freiheit der Entscheidung der jeweiligen Gegenseite beeinträchtigen können.[746] In Bezug auf die Beeinflussung von Händlern ist allerdings zu berücksichtigen, dass die Empfänglichkeit gegenüber irrationalen Einflussgrößen etwa auf die Einkaufsdisposition als gering einzustufen ist.[747] Der Unlauterkeitsvorwurf wird sich also nur im Fall von extremen Anreizen begründen lassen.

351 Aber auch bei einem Abstellen auf eine etwaige Enttäuschung der Verbrauchererwartung ist Zurückhaltung geboten. Richtig ist zunächst, dass der Kunde im Beratungsgespräch keine uneingeschränkte Objektivität seitens des Händlers erwartet.[748] Bevor in diesem Zusammenhang aber eine weitergehende Begründung erwogen wird, ist zu bedenken, dass diese den selben Bedenken wie die Funktionsthese an sich ausgesetzt ist.[749] Auch auf Grund des neuen Verbraucherleitbildes kann die Erwartungshaltung nicht pauschalisiert werden. In Zukunft wäre deshalb der Einzelfall genauer zu untersuchen und insbesondere eine empirische Absicherung wünschenswert.

352 **b) Zusammenfassung.** Die missbräuchliche Ausbeutung wirtschaftlicher Macht im Stufenwettbewerb ist in der Mehrzahl der Fälle nichts anderes als Ausdruck des fortschreitenden Strukturwandels im Handel. Eine „herkömmliche" Handelsfunktion mit normativem Rang gibt es nicht. Die Verteilung der Aufgaben zwischen den verschiedenen Handelstufen muss sich vielmehr in einem System freien und fairen Wettbewerbs immer wieder neu herausbilden, so dass es ebenso unsinnig wie zwecklos ist, in diesen Prozess zu Gunsten einer Handelsstufe mit der Generalklausel intervenieren zu wollen.[750] Die Prozesshaftigkeit der Problemlösung bedingt, dass Aussagen über eine ökonomisch „richtige" Funktionsaufteilung wegen der Unüberschaubarkeit der Marktfaktoren und deren stetiger Veränderung durch die Wettbewerbsprozesse selber unmöglich sind. Jede normative Funktionszuweisung trägt deshalb den Charakter einer „willkürlichen Fixierung eines zufälligen Zustandes", die die Chancen einer zukünftigen Ökonomisierung der Distributionsvorgänge im Sinne einer – permanent erforderlichen – handelsspezifischen Anpassungsleistung verbauen müsste.[751]

353 Entscheidend sollte sein, ob die Konditionen durch freies Aushandeln zustande gekommen sind oder nicht. Zu berücksichtigen ist dabei aber stets, dass ein dynamischer Wettbewerb auf aus Innovation und Imitation hervorgehenden vorübergehenden unterschiedlichen Unternehmensgrößen basiert. Machtungleichgewichte sind also wettbewerbsimmanent. Egalitäre Ansichten kämen einem Rückfall in das Leitbild der vollkommenen Konkurrenz gleich und bergen darüber hinaus die Gefahr der Einführung eines allgemeinen Diskriminierungsverbot, was aus wettbewerbstheoretischer Sicht abzulehnen ist und auch

---

[745] *Köhler* WRP 2006, 139, 145 ff; zur individuellen Behinderung *Götting* → § 4–10 Rn 42 ff.

[746] So zB BGH GRUR 1974, 394 – Verschlusskapsel-Prämie.

[747] BGH GRUR 1979, 779 – Wert-Coupons; BGH GRUR 1959, 318 – Italienische Note; vgl. Großkomm/*Schünemann* UWG § 1 Rn C 154 ff.

[748] So zutreffend BGH GRUR 1959, 138, 142 – Italienische Note; BGH GRUR 1971, 223 – clix-Mann.

[749] Großkomm/*Schünemann* UWG § 1 Rn C 83; vgl. auch *Merz* S. 147.

[750] So wörtlich *Emmerich* WettbR § 8 V mwN; zustimmend auch Hefermehl/*Köhler*/Bornkamm UWG § 4 Rn 10.134; Piper/*Ohly* UWG § 4.10 Rn 16; Großkomm/*Schünemann* UWG § 1 Rn C 25 f mwN; *Schricker* GRUR 1990, 567 mwN; vgl. Monopolkommission 7. Sondergutachten „Nachfragemacht" Tz 78 ff; bestätigt durch 14. Sondergutachten „Konzentration im Lebensmitteleinzelhandel" Tz 192.

[751] *Treis* GRUR 1985, 955, 957; hierauf beruft sich auch Großkomm/*Schünemann* UWG § 1 Rn C 27.

nicht dem Willen des Gesetzgebers entspricht.[752] Die Problematik der Ausbeutung durch wirtschaftliche Macht weist insofern deutlich kartellrechtliche Züge auf. Zu vermeiden jedenfalls ist es, die Wertungen des GWB durch den allgemeinen Rekurs auf unscharfe Beurteilungskriterien zu unterlaufen.[753]

6. Erklärungen der Verbände und „Sündenregister" des BMWA

a) Beispielskatalog des BMW vom 15. 11. 1974.[754] In dem Schreiben des Staatssekretärs *Dr. Schlecht* „Wettbewerbsverzerrungen – Beispielskatalog des Bundeswirtschaftsministerium" vom 17. 11. 1974 heißt es: 354

Diese Zusammenstellung enthält – unabhängig von einer rechtlichen Wertung – Beispiele für Praktiken, bei denen es zu Wettbewerbsverzerrungen kommen kann. Sie will in erster Linie solche Wettbewerbverzerrungen erfassen, die – ohne positive preispolitische Wirkungen – zu machtbedingten Einkommensverteilungen führen. Durch die Anwendung solcher Praktiken werden direkt kleine und mittlere Unternehmen auf der Marktgegenseite betroffen, indirekt aber auch kleine und mittlere Wettbewerber, die sich bei ihren Lieferanten oder Abnehmern entsprechende Vorteile nicht verschaffen können. Die erwähnten Praktiken sind keine Wesensmerkmale bestimmter Einkaufs- oder Vertriebssysteme, so dass ihre Vermeidung die erwünschte Vielfalt der Formen und Methoden des Einkaufs oder Verkaufs unberührt lässt. Einige Praktiken, insbesondere die verschiedenen Arten von Funktions- und Risikoverlagerungen, erscheinen nicht schlechthin problematisch, sondern nur insoweit, als diese Leistungen den Lieferanten oder Abnehmern einseitig abverlangt werden. 355

Tatbestände, bei denen es zu Wettbewerbsverzerrungen kommen kann 356

1. Eintrittsgelder für Erstaufträge
2. Regalmieten
3. Werbekostenzuschüsse
4. Sonderleistungen bei Neueröffnungen
5. Verlagerung der Regalpflege
6. Verlagerung der Preisauszeichnung
7. Inventurhilfe
8. Listungsgebühren
9. Deckungsbeiträge für Umsatzausfälle
10. Darlehn zu nichtmarktgerechten Bedingungen
11. Investitionszuschüsse
12. Beteiligung an Geschäftseinrichtungen
13. Buß- und Strafgelder
14. Fordern eines ‚Bündels' von Sonderleistungen mittels Fragebogen
15. Preisfallklausel
16. Jederzeitige Kontrolle des Abnehmers im Betrieb des Herstellers
17. Rabattkumulierung
18. Nachträgliche Erhöhung der vereinbarten Rückvergütungsumsätze für die Umsatzprämie
19. Besonders lange Zahlungsziele
20. Abwälzung von Kosten organisatorischer Betriebsumstellung auf Lieferanten
21. Lieferverpflichtungen in ungewisser Höhe

---

[752] Vgl die Nachweise bei *Bechthold* GWB § 20 Rn 3; *Köhler* Kontrolle der Nachfragemacht S. 16f, 22f; vgl. *Mestmäcker* S. 104ff, 123; TB des BKartA 1977 (BT-Drucks. 8/1925, IV): „Mit der auf Vertrags- und Wettbewerbsfreiheit beruhenden marktwirtschaftlichen Ordnung wäre es nicht vereinbar, wenn staatliche Behörden in die Vertragsbeziehungen von Marktpartnern eingreifen könnten, deren Stellung nicht durch ein deutliches Machtungleichgewicht gekennzeichnet ist.

[753] *Köhler* WRP 2005, 645, 648f; *Emmerich* WettbR § 8 V; Großkomm/*Schünemann* UWG § 1 C 82; MünchKommUWG/*Jänich* § 4 Nr. 10 Rn 132.

[754] Abgedruckt in WRP 1975, 24ff.

22. Ausschluss der Kreditsicherung durch Forderungsabtretung
23. Gespaltener Abonnementspreis
24. Gespaltener Anzeigenpreis
25. Kostenlose Werbeexemplare über längeren Zeitraum

357 **b) Gemeinsame Erklärung von Spitzenorganisationen der gewerblichen Wirtschaft vom November 1975 (Stand Juni 1984)[755] – Auszug –.** Die Spitzenorganisationen und weitere Verbände der gewerblichen Wirtschaft haben die Initiative des Bundeswirtschaftsministers aufgegriffen, Wettbewerbsverzerrungen in der Wirtschaft entgegenzutreten. Die folgende Zusammenstellung hat das Ziel, im Wege der Selbsthilfe der Wirtschaft Störungen des Leistungswettbewerbs zu vermeiden und zu verhindern. Dies soll – unabhängig von einer rechtlichen Wertung – durch Aufzählen wettbewerbsverzerrender Verhaltensweisen geschehen, die sich zurzeit besonders störend bemerkbar machen. Die Aufzählung erhebt keinen Anspruch auf Vollständigkeit und kann im Bedarfsfalle geändert, ergänzt und fortentwickelt werden. Leistungsbezogene Rabatte sind nicht Gegenstand dieser Erklärung. Das natürliche Spannungsverhältnis zwischen den verschiedenen Marktstufen wird dabei ebenso anerkannt wie die Vielfalt der Formen und Methoden des Einkaufs und Vertriebs. Zur Sicherung der marktwirtschaftlichen Ordnung müssen alle Beteiligten dazu beitragen, dass der Wettbewerb mit der Hauptleistung (zB Qualität, Preise und leistungsbezogene Rabatte) gegenüber einem übersteigerten Nebenleistungswettbewerb den ihm gebührenden Vorrang erhält und dass Wettbewerbsverzerrungen und Störungen des Leistungswettbewerbs sowie dadurch bewirkte nicht leistungsbedingte Strukturveränderungen vermieden werden. Die Unternehmen und die Organisationen der gewerblichen Wirtschaft werden aufgerufen, diese Grundsätze in der Praxis zu verwirklichen. Störungen des Leistungswettbewerbs treten nicht nur im Wettbewerb privater Unternehmen auf, sondern werden auch durch die öffentliche Hand als Auftraggeber und Abnehmer verursacht. Die Organisationen der gewerblichen Wirtschaft appellieren deshalb an die öffentliche Hand, auch im Bereich des öffentlichen Auftragswesens, insbesondere im Bauwesen, entsprechende Grundsätze zur Sicherung eines leistungsgerechten Wettbewerbs anzuwenden. Nach gemeinsamer Auffassung gefährden folgende Verhaltensweisen den Leistungswettbewerb:

1. Das Anbieten, Fordern oder Gewähren von Geldbeträgen oder sonstigen Sonderleistungen, wie zB Eintrittsgelder, Listengebühren, Automationskostenbeteiligungen, Investitions- oder Einrichtungszuschüssen anlässlich von Neueröffnungen, von Verwaltungskostenzuschüssen und von Darlehen zu nichtmarktgerechten Bedingungen für die Erteilung von Erstaufträgen oder die Aufnahme bzw. Aufrechterhaltung von Geschäftsbeziehungen, wenn und soweit diese Sonderleistungen nicht ausschließlich zur Abgeltung besonderer Mehraufwendungen dienen, die dem Abnehmer durch die Einführung oder Abnahme der jeweiligen Erzeugnisse entstehen. Wettbewerbswidrig ist es in jedem Fall, solche Sonderleistungen mit der Auflage zu verbinden, die Geschäftsbeziehungen mit anderen Lieferanten oder Abnehmern vergleichbarer Erzeugnisse nicht aufzunehmen oder abzubrechen.
2. Das Anbieten, Fordern oder Gewähren einer Zahlung von Regal-, Schaufenster- oder sonstigen Platzmieten an den Abnehmer. Nicht darunter fällt es, wenn der Abnehmer beim Vertrieb nur als Vertreter oder Kommissionär des Lieferanten tätig wird (zB Rackjobber-system)
3. …
4. Das Anbieten, Fordern oder die Übernahme der unentgeltlichen Auszeichnung jedes einzelnen Artikels mit dem Verkaufspreis des jeweiligen Abnehmers durch den Lieferanten oder für ihn tätige Dritte.

(…)

[755] Abgedruckt in WRP 1976, 9 ff; MA 1984, 398 ff.

c) Wettbewerbsregeln des Markenverbandes vom 10. 5. 1976[756] – Auszug –. Zur Förderung eines leistungsgerechten Wettbewerbs und seiner Sicherung gegen wettbewerbsfremde Praktiken hat der Markenverband für die Markenartikelindustrie die nachfolgenden Verhaltensgrundsätze aufgestellt. Sie sollen auch dazu beitragen, den Missbrauch von Marktmacht gegenüber Mitbewerbern und Marktbeteiligten anderer Wirtschaftsstufen zu verhindern. Als selbstverordnende Maßnahme dienen sie zugleich dem Schutz des Verbrauchers. 358

1. *Verhalten bei Anzapfversuchen*
   Hersteller verstoßen gegen die Grundsätze eines leistungsgerechten Wettbewerbs, wenn sie sich von ihren Abnehmern „anzapfen" lassen, d. h. der Forderung nach zusätzlichen Leistungen ohne Gegenleistung entsprechen, die nicht unmittelbar mit dem Warenverkauf verbunden sind und zu deren Durchsetzung in offener oder verdeckter Form Druck ausgeübt wird. Unter den Voraussetzungen des Satzes 1 lassen sich als Beispiele für Leistungen, die ungeachtet ihrer jeweiligen Bezeichnung wettbewerbsfremd sind, nennen: Eintrittsgelder zur Anbahnung und Zahlungen zur Erhaltung oder Erweiterung der Geschäftsbeziehung, Listungsgebühren, Investitionsbeiträge, Einrichtungszuschüsse, Automationskostenbeteiligungen, Zuwendungen zu Jubiläen u. a., Ausgleich für Schäden und Umsatzausfall in eigenem Risikobereich, übersteigerte Werbegeschenke, Barzahlungen statt handelsüblicher Werbepräsente.
2. *Freiwillige Sonderleistungen; Platzmiete*
   Ebenso ist es wettbewerbswidrig, wenn Hersteller zur Eröffnung oder Förderung einer Geschäftsbeziehung ihren Abnehmern aus freien Stücken Zuwendungen ohne Gegenleistung anbieten oder gewähren, die geeignet sind, geschäftliche Entscheidungen unsachlich zu beeinflussen. Insbesondere ist das Anbieten oder Gewähren von Schaufenster-, Regal- oder sonstiger Platzmiete wettbewerbswidrig.
3. *Sonderprämien*
   Hersteller verstoßen gegen die guten Sitten im Wettbewerb, wenn sie die Mitarbeiter ihrer Abnehmer oder diese selbst unsachlich beeinflussen, indem sie Preisausschreiben oder Reisen veranstalten, Gewinne ausspielen, Prämien oder sonstige geldwerte Vorteile gewähren, um Bestellungen oder eine besondere Behandlung ihrer Erzeugnisse herbeizuführen oder den Verkauf von Erzeugnissen anderer Lieferanten zu unterbinden oder zu beeinträchtigen.
4. *Arbeitskräfte der Industrie in Diensten des Handels*
   Die unentgeltliche Bereitstellung von Arbeitskräften des Lieferanten für die Mitwirkung im Geschäftsbetrieb des Abnehmers, insbesondere im Verkauf oder bei der Inventur, verstößt grundsätzlich gegen die Zugabeverordnung. Die gilt nicht für die Tätigkeit von im Geschäftsbetrieb des Abnehmers tätigen Propagandisten des Lieferanten, die als solche eindeutig gekennzeichnet sind und die ausschließlich Ware dieses Lieferanten anbieten oder verkaufen. (...)

H. Rechtsvergleichung

Schrifttum: *Baudenbacher,* Zur funktionalen Anwendung von § 1 des deutschen UWG und Art. 1 des schweizerischen UWG, ZHR 144 (1980), 145; *ders.,* Die Revision des schweizerischen UWG, GRUR Int. 1981, 162; *ders.,* Suggestivwerbung und Lauterkeitsrecht, 1978; *Gamerith,* Der Richtlinienvorschlag über unlautere Geschäftspraktiken – Möglichkeiten einer harmonischen Umsetzung, WRP 2005, 391; *Gratzer,* Das Anzapfen von Lieferanten, 2001; *Gumpoldsberger/Baumann,* UWG – Bundesgesetz gegen den unlauteren Wettbewerb, 2006; *Handig,* Harmonisierung des Lauterkeitsrechts in der EU, 2006; *ders.,* EG-Richtlinie gegen unlautere Geschäftspraktiken – Anlass für eine Reform des UWG, ÖBl. 2005, 196; *Koppensteiner,* Marktbezogene Unlauterkeit und Missbrauch von Marktmacht, WRP 2007, 574; *Schluep,* Über den Begriff der Wettbewerbsverfälschung, FS Kummer, S. 519; *Tremmel,* Die Kartellrechtsreform 2005, ÖBl. 2005, 159;

[756] Eingetragen durch BKartA WuW/E BKartA 1633 ff, abgedruckt in WRP 1976, 567 ff.

Wiltschek/Majchrzak ÖBl. 2008, 4; *dies.*, Wettbewerbs- und Markenrecht in Österreich, WRP 2006, 919; *Zäch*, Schweizerisches Kartellrecht, 1999.

I. Schweizerisches Recht

1. Überblick über die relevanten Normen

359 Um einen **umfassenden Schutz der Wettbewerbsordnung** zu gewährleisten, hält das schweizerische Recht, vergleichbar mit dem deutschen Recht, einerseits ein Kartellgesetz **(KG)** und andererseits ein Lauterkeitsrecht **(sUWG)** bereit. Beide Gesetze ergänzen sich gegenseitig und dienen der Erhaltung und dem Funktionieren des Wettbewerbs.[757]

360 Die für diese Untersuchung relevanten Rechtsnormen des sUWG lauten:

Art. 1

Dieses Gesetz bezweckt, den lauteren und unverfälschten Wettbewerb im Interesse aller Beteiligten zu gewährleisten.

Art. 2 Grundsatz

Unlauter und widerrechtlich ist jedes täuschende oder in anderer Weise gegen den Grundsatz von Treu und Glauben verstoßende Verhalten oder Geschäftsgebaren, welches das Verhältnis zwischen Mitbewerbern oder zwischen Anbietern und Abnehmern beeinflusst.

Art. 3

Unlautere Werbe- und Verkaufsmethoden und anderes widerrechtliches Verhalten. Unlauter handelt insbesondere, wer:

(...)

f) ausgewählte Waren, Werke oder Leistungen wiederholt unter Einstandspreisen anbietet, diese Angebote in der Werbung besonders hervorhebt und damit den Kunden über die eigene oder die Leistungsfähigkeit von Mitbewerbern täuscht; Täuschung wird vermutet, wenn der Verkaufspreis unter dem Einstandspreis vergleichbarer Bezüge gleichartiger Waren, Werke oder Leistungen liegt; weist der Beklagte den tatsächlichen Einstandspreis nach, so ist dieser für die Beurteilung maßgebend;

361 Für marktbeherrschende Unternehmen sieht das KG folgende Regelung vor:[758]

Art. 7 Unzulässige Verhaltensweisen marktbeherrschender Unternehmen

[1] Marktbeherrschende Unternehmen verhalten sich unzulässig, wenn sie durch den Missbrauch ihrer Stellung auf dem Markt andere Unternehmen in der Aufnahme oder Ausübung des Wettbewerbs behindern oder die Marktgegenseite benachteiligen.

[2] Als solche Verhaltensweisen fallen insbesondere in Betracht:

a) die Verweigerung von Geschäftsbeziehungen (zB die Liefer- oder Bezugssperre);
b) die Diskriminierung von Handelspartnern bei Preisen oder sonstigen Geschäftsbedingungen;
c) die Erzwingung unangemessener Preise oder sonstiger unangemessener Geschäftsbedingungen;
d) die gegen bestimmte Wettbewerber gerichtete Unterbietung von Preisen oder sonstigen Geschäftsbedingungen;
e) die Einschränkung der Erzeugung, des Absatzes oder der technischen Entwicklung;
f) die an den Abschluss von Verträgen gekoppelte Bedingung, dass die Vertragspartner zusätzliche Leistungen annehmen oder erbringen.

2. Stand der Diskussion zum lauterkeitsrechtlichen Institutionsschutz

362 **a) Schutzzweck des sUWG.** Das sUWG ist erst 1986 völlig neu konzipiert worden. Es hat das sUWG aus dem Jahre **1945** abgelöst, in dessen Mittelpunkt eine Generalklausel stand, die den unlauteren Wettbewerb als „Missbrauch des wirtschaftlichen Wettbewerbs durch täuschende oder andere Mittel, die gegen die Grundsätze von Treu und Glauben verstoßen" umschreibt. Diese Klausel wurde jedenfalls in der Literatur[759] stets überwiegend im Sinne einer objektiven Verhaltensnorm entsprechend der sozialrechtlichen Betrach-

---

[757] *David* Wettbewerbsrecht Rn 9; *Baudenbacher* ZHR 144 (1980), 145, 169 mwN; ebenso ausdrücklich BGE 107 II, 277 = GRUR Int. 1982, 467, 469.

[758] Diese Regelung blieb von der geplanten Revision des KG unberührt.

[759] Vgl. *Baudenbacher* Suggestivwerbung S. 134ff; *ders.* ZHR 144 (1980), 145ff; *ders.* GRUR Int. 1981, 162f; *Schluep* FS Kummer S. 519ff.

tungsweise verstanden – ein lauterkeitsrechtlicher Institutionsschutz insofern bereits damals proklamiert. Im Zuge der Novellierung aus dem Jahre **1986** wurde jedenfalls dem **sozialrechtlichen Ansatz** durch die Formulierung in Art. 1 sUWG „den lauteren und unverfälschten Wettbewerb im Interesse aller Beteiligten zu gewährleisten", deutlich Ausdruck verliehen.[760]

b) Verhältnis KG und sUWG. Aus Sicht der Rechtsprechung verhalten sich die beiden Gesetze nach der, so weit ersichtlich, bisher nicht revidierten **Denner-Preisaktion-Entscheidung** des BG[761] aus dem Jahre 1981 – also vor der Novelle – im Sinne der **Trennungsthese.** Die Lauterkeit oder Unlauterkeit einer Wettbewerbshandlung bewertet sich nach dem Grundsatz von Treu und Glauben, wie er im Wettbewerbsrecht verstanden wird, nicht danach, von wem die Handlung ausgeht. Die Auswirkungen von Marktmacht werden nicht über eine Verschärfung des Lauterkeitsschutzes nach UWG, sondern über Freiheitsschutz nach Kartellgesetz kontrolliert und begrenzt. 363

Namentlich *Baudenbacher*[762] plädiert für die Anerkennung der **Konvergenz** unter Zugrundelegung funktionaler Aspekte auch im sUWG und damit für zumindest eine Berücksichtung der Marktmacht bei der Beurteilung lauterkeitsrechtlicher Sachverhalte. Die sozialrechtliche Betrachtungsweise werde durch die Neufassung bestätigt. Daraus folge ein wettbewerbsfunktionaler Ansatz bei der Beurteilung wettbewerbsrechtlicher Verhaltensweisen. Dies impliziere zudem die Anerkennung von Folgeerwägungen und Marktmachtdifferenzierungen. Auch eine Anwendung des Lauterkeitsrechts im Vorfeld des Kartellrechts wird für möglich gehalten.[763] 364

c) Lauterkeitsrechtlicher Institutionsschutz. Entsprechend ihrer Auffassung vom Verhältnis zwischen sUWG und KG verneint die **Rechtsprechung** den Institutionen schützenden Charakter lauterkeitsrechtlicher Normen.[764] Allerdings hatte sie auch seit der gesetzlichen Festschreibung des wettbewerbsfunktionalen Ansatzes, soweit ersichtlich, noch nicht die Gelegenheit geboten, hierzu erneut Stellung zu nehmen. 365

Anderer Ansicht ist man in der **Literatur.** Ausweislich der Gesetzesbegründung ist das sUWG ausdrücklich mit **wettbewerbsfunktionalen Maßstäben** begründet worden.[765] Der Begriff „lauterer und unverfälschter Wettbewerb" bezieht sich deshalb laut *Baudenbacher* sowohl auf Angriffe auf den Wettbewerb in Bestand und/oder Funktionsfähigkeit als auch auf Verstöße gegen die Regeln der Geschäftsmoral.[766] Eine eigene Fallgruppe „Marktstörung" wird allerdings abgelehnt.[767] Die Zusammenfassung der Unlauterkeitsfälle mit überwiegendem Marktbezug in einer eigenen Fallreihe neben anderen sei gleichbedeutend mit einer Abwertung des gesamten UWG. Das Interesse der Allgemeinheit an der Erhaltung eines unverfälschten Wettbewerbs bestehe vielmehr in allen Fällen, auch in solchen mit überwiegendem Konsumenten- oder Konkurrentenbezug. Eine Ausgliederung in eine eigene Fallgruppe würde dies verwischen.[768] Trotz dieses konzeptionellen Unterschieds dürften die Ergebnisse dieser Ansicht mit denen des deutschen UWG weitgehend übereinstimmen. 366

d) Handhabung der Fallgruppen in der Schweiz. aa) Massenverteilung von Originalware. Der Einsatz von **Warenproben** ist auch nach schweizerischem Recht grundsätzlich **zulässig.** Sie sollen dem Abnehmer einen Vergleich ermöglichen und wirken sonach transparenz- und damit wettbewerbsfördernd.[769] 367

---

760 Vgl. Botschaft UWG 1986, 1037, 1042f, 1058ff.
761 BGE 107 II, 277 = GRUR Int. 1982, 467, 468 – Denner-Preisaktion.
762 *Baudenbacher* Art. 1 Rn 65ff; Art. 2 Rn 31; Rn 32ff mwN.
763 *Baudenbacher* Art. 1 Rn 69ff.
764 Vgl. BGE 107 II, 277 = GRUR Int. 1982, 467, 468 – Denner-Preisaktion.
765 Botschaft UWG 1986, 1037, 1042f, 1058ff.
766 Vgl. *Baudenbacher* Art. 1 Rn 16 mwN.
767 *Baudenbacher* Art. 2 Rn 39.
768 *Baudenbacher* Art. 2 Rn 39f.
769 *Baudenbacher* Art. 2 Rn 166.

368 Mit dem Problem der massenhaften Verteilung von **Originalwaren** musste sich die schweizerische Praxis bisher – soweit ersichtlich – noch nicht beschäftigen.[770] Jedenfalls in der Literatur wird diese aber kritisch beurteilt. Insbesondere *Baudenbacher* ist der Ansicht, die Gratis-Vergabe, die ein wirtschaftliches Bedürfnis längerfristig deckt, führe zu einer Ressourcenfehlallokation, weil der Preis als Knappheitsindikator versage und die Gefahr bestehe, dass Konkurrenten wegen des zeitweiligen Nachfrageausfalls vom Markt verdrängt werden.[771] Im Grundsatz geht er mit dem deutschen lauterkeitsrechtlichen Bestandsschutz in dieser Frage konform. Bezüglich der einzelnen Beurteilungskriterien ist er allerdings deutlich zurückhaltender. Bei örtlich begrenzten Aktionen sollten nicht nur die Wirkungen auf diesem regionalen Markt zu Grunde gelegt werden. Auf Grund des schweizerischen Konsumentenleitbildes hält er die Möglichkeit für eine Verbrauchergewöhnung nur in Extremfällen für denkbar.[772]

369 **bb) Umsonstlieferung von Presseerzeugnissen.** Die Grundsätze über das Verschenken von Originalwaren passen deshalb für Anzeigenblätter nicht, weil die kostenlose Verteilung der Anzeigenblätter bloß unselbstständiger Teil des eigentlichen Inseratsgeschäfts ist und es sich um eine dem Zweck des Anzeigengeschäfts entsprechende Vertriebsform handelt.[773] Deshalb sind Anzeigenblätter wie auch Gratiszeitungen in der Schweiz generell zulässig.

370 **cc) Preiskampfmethoden.** Im Bereich des Preiskampfes weist das schweizerische Recht interessante Aspekte auf. Bis zur UWG-Novelle aus dem Jahr 1986 war das schweizerische Recht äußerst liberal gegenüber Verkäufen unter Einstandspreis eingestellt. Unter Berufung auf den **Grundsatz der freien Preisbildung** war es dem Anbieter erlaubt, Waren oder Dienstleistungen (auch andauernd) billiger als seine Konkurrenten und letztlich sogar mit Verlust zu verkaufen.[774] Eine Ausnahme von diesem Grundsatz sah das KG für marktbeherrschende Marktteilnehmer vor, wenn diese ihre Preisstrategie gezielt gegen Dritte richteten, um sie im Wettbewerb zu behindern.[775]

371 Wichtige Grundsätze für die Kontrolle der Preisgestaltung nach **sUWG** stellte das BG in der **Gratiskleid-Entscheidung** aus dem Jahre 1959 auf Das Gericht stellte hierzu fest: „Dem Beklagten kann auch kein Vorwurf daraus gemacht werden, dass er sich mit einem Erlös begnügte, der im Ergebnis nur die Hälfte der vorher geforderten Ausverkaufspreise erreichte. Er durfte seine Preise grundsätzlich frei bestimmen. Die Kläger anerkennen, dass er es nicht zB darauf abgesehen hatte, durch Preisschleuderei sich der Mitbewerber zu entledigen, um nachher den Markt allein beherrschen zu können. Die tiefen Preise waren auch nicht darauf zurückzuführen, dass der Beklagte sich die Ware durch unerlaubte Mittel verschafft oder dass er die berufs- oder ortsüblichen oder die den Mitbewerbern durch Gesetz, Verordnung oder Vertrag auferlegten Arbeitsbedingungen verletzt hätte."[776]

372 Die Unlauterkeit ist also stets dann begründet, wenn die Preisunterbietung darauf angelegt ist, sich **gezielt der Mitbewerber zu entledigen,** um nachher den Markt allein beherrschen zu können. Ebenfalls unlauter ist die Preisunterbietung, wenn sie auf einem **Verstoß gegen** bestimmte **gesetzliche Vorschriften** beruht (vgl. insbesondere Art. 7 UWG).[777]

373 In der **Eschenmoser-Entscheidung** aus dem Jahre 1960 schlägt das Gericht im Fall eines unter dem Preis der Wettbewerber anbietenden Parallelimporteurs hingegen deutlich wirtschaftspolitisch motivierte Töne an: Die Preisunterbietung sei zulässig, andernfalls

---

[770] Vgl. *Baudenbacher* Art. 2 Rn 171; ebenso *David* Wettbewerbsrecht.

[771] *Baudenbacher* UWG Art. 2 Rn 166; vgl. auch *David* Wettbewerbsrecht Rn 124; im Ergebnis auch *Pedrazzini* S. 70.

[772] *Baudenbacher* Art. 2 Rn 167 f.

[773] Vgl. *Baudenbacher* UWG Art. 2 Rn 176.

[774] BGE 52 II, 381; BGE 57 II, 339; BGE 57 II, 490; BGE 71 II, 233; BGE 85 II, 450; BGE 107 II, 280 = GRUR Int. 1982, 467 – Denner-Preisaktion; vgl. *Baudenbacher* Art. 2 Rn 140; *Büren/David-Müller* S. 69; *David* Rn 120.

[775] Vgl. BGE 107 II, 277 = GRUR Int. 1982, 467, 470 – Denner-Preisaktion.

[776] BGE 85 II, 443, 450 – Gratiskleid.

[777] *Baudenbacher* Art. 2 Rn 141; *David* Wettbewerbsrecht Rn 121.

„würde die Tätigkeit von Außenseitern selbst dort ausgeschaltet, wo sie zur Bekämpfung von künstlich hochgehaltenen Preisen im Interesse des freien Wettbewerbes wie auch der Verbraucher gerechtfertigt wäre. Als unlauteres Mittel zur Unterbietung der durch Verbandsabrede festgesetzten Preise wäre die Ausnützung fremden Vertragsbruches allenfalls anzusehen, wenn die vorgeschriebenen Preise zur Erhaltung gesunder Verhältnisse im betreffenden Gewerbezweig und zur Sicherung der Existenz zahlreicher Detailgeschäfte unumgänglich nötig wären."[778]

Die soweit ersichtlich letzte umfassende höchstrichterliche Auseinandersetzung mit dem Problem der Preisunterbietung erfolgte in der Entscheidung **Denner-Preisaktion** aus dem Jahre 1981.[779] 374

Dies entspricht in etwa den Maßstäben der Hitlisten-Platten-Entscheidung des BGH.[780] Eine wie in Deutschland praktizierte Preissetzungskontrolle auch ohne Vernichtungsabsicht bei entsprechender Gefahr der Beeinträchtigung der Wettbewerbsstrukturen war dem schweizerischen Recht unbekannt. Auch eine dem § 20 Abs. 4 S. 2 Nr. 2 GWB, einschließlich der herabgesetzten Marktmachtschwelle, vergleichbare Regelung ist bis dato nicht vorgesehen. 375

Im Zuge der sUWG-Novelle aus dem Jahre 1986 wurde mit Art 3f sUWG der Tatbestand des sog. **Lockvogelangebotes** spezialgesetzlich geregelt. Dieser Tatbestand war bis zuletzt äußerst umstritten.[781] Auch in der jetzigen Fassung hat er große Kritik erfahren. Es wird bemängelt, dass die Vorschrift keine Rechtfertigungsmöglichkeit für den Verkauf verderblicher oder kurzlebiger Waren etc. vorsieht.[782] Da der Sachverhalt nach Art. 23 sUWG strafbewährt ist, verstoße die Norm darüber hinaus gegen die Unschuldsvermutung gemäß Art. 6 Ziff. 2 der Europäischen Menschenrechtskonvention.[783] 376

Ob es nunmehr eine über die in der Denner-Preisaktion-Entscheidung deutlich gewordenen Maßstäbe hinaus mit der deutschen Regelung vergleichbare **lauterkeitsrechtliche Preiskontrolle** gibt, ist bis jetzt unklar. *Baudenbacher* jedenfalls ist der Ansicht, dass aus der positiven Festschreibung des funktionalen Ansatzes durch das sUWG von 1986 zu folgern sei, dass auch die sog. allgemeine Behinderung durch Verkauf unter Einstandspreis von Art. 2 sUWG erfasst sei.[784] Dies sei auch durch die Gesetzesbegründung gestützt, nach der es heißt, im Falle des Verkaufs unter Einstandspreis sei ein Rückgriff auf die Generalklausel zulässig und geboten.[785] Im Einzelnen verweist *Baudenbacher* auf die vom deutschen BGH entwickelten Kriterien zur lauterkeitsrechtlichen Preiskontrolle.[786] Die Rechtsprechung hatte, soweit ersichtlich, jedenfalls seit der Neufassung des sUWG keine Gelegenheit, aus lauterkeitsrechtlicher Sicht hierzu Stellung zu nehmen. 377

Exemplarisch für die (kartellrechtliche) Handhabe der Preisgestaltung ist der Fall der Markteinführung des **Solothurner Tagblatt.**[787] Die preisrelevanten Maßnahmen betreffend die Markteinführung waren unter anderem die Verteilung von Gratisexemplaren im Umfang von 12000 Exemplaren über einen längeren Zeitraum sowie Jahresabonnemente zum Preis von 165,00 CHF statt 325,00 CHF. 378

Nach Ansicht der schweizerischen Wettbewerbskommission (Weko) ist die Abgabe von **Gratisexemplaren** bei einer Markteinführung branchenüblich. Sie erkennt weiterhin an, dass durch einen höheren Absatz auf dem Lesermarkt der Wert des auf den Werbemärkten angebotenen Gutes steigt. Bei Vorliegen von Komplementaritäten kann es für ein Unter- 379

---

778 BGE 86 II, 108, 113 – Eschenmoser.

779 BGE 107 II, 277 = GRUR Int. 1982, 467 – Denner-Preisaktion.

780 BGH GRUR 1995, 690 – Hitlisten-Platten.

781 Vgl. zum Gesetzgebungsverfahren die Zusammenfassungen in GRUR Int. 1980, 448f; GRUR Int. 1983, 679f; GRUR Int. 1984, 476f; GRUR Int. 1986, 479, 480.

782 *David* Wettbewerbsrecht Rn 272.

783 *David* Wettbewerbsrecht Rn 271; vgl. *Baudenbacher* GRUR Int. 1981, 162, 167.

784 *Baudenbacher* Art. 2 Rn 148.

785 *Baudenbacher* Art. 2 Rn 151 mit Verweis auf *Botschaft* 1067 (241.35).

786 *Baudenbacher* Art. 2 Rn 147f.

787 RPW 2003/1; allgemein zur kartellrechtlichen Preiskontrolle *Zäch* Kartellrecht Rn 384f.

nehmen gewinnmaximierend sein, ein Produkt zu einem tiefen Preis, gar zu einem Preis unter den Grenzkosten, anzubieten. Dieser Umstand sei auch im Zeitungswesen beachtlich und vermöge insbesondere die Existenz von Gratiszeitungen (zB 20 Minuten) zu erklären.[788]

380 Zu dem gewährten (50%) **Rabatt für Jahresabonnemente** bemerkt die Weko, dieser erscheine zwar außergewöhnlich hoch. Auch sei die Dauer dieser Einführungsaktion ungewöhnlich lang. Es sei jedoch festzuhalten, dass ein einmal gewonnener Abonnent den Bezug der entsprechenden Zeitung so schnell nicht wieder einstellen dürfte (verglichen etwa mit einem Käufer am Kiosk) und für eine Zeitung von entsprechend großem Interesse und Wert sein dürfte. Weiterhin sei es vergleichsweise schwierig, einen Abonnenten einer anderen Zeitung dazu zu bringen, sein bisheriges Abonnement zu kündigen. Auch sei auf die Komplementaritäten von Lesermarkt und Werbemärkten hinzuweisen. Eine hohe Auflagezahl wirke sich tendenziell positiv auf die Einnahmen in den Werbemärkten aus. Entscheidend sei in diesem Fall, ob die Anfangsinvestitionen bei einem erfolgreichen Marktzutritt betriebswirtschaftlich vertretbar seien. Dabei ist die Wahrscheinlichkeit des Gelingens für die kalkulatorische Verzinsung der Investitionen zu berücksichtigen. In diesem Zusammenhang sei aber daran zu erinnern, dass es nicht Zweck der KG-Bestimmungen sein kann, hohe Risikobereitschaft von Unternehmen zu sanktionieren und risikobehaftete Engagements per se zu untersagen. Vielmehr seien risikoreiche Innovationen – gerade im Interesse eines wirksamen Wettbewerbs, insbesondere des Wettbewerbs als Entdeckungsverfahren – grundsätzlich zuzulassen.[789] Im Ergebnis hatte die Weko keine Einwände gegen die (gesamte) Markteinführungsstrategie.[790]

381 **dd) Ausbeutung.** Soweit ersichtlich wurde in der Schweiz die Ausnutzung der Marktmacht durch Anbieter und Nachfrage **lauterkeitsrechtlich** bisher noch nicht relevant.[791] *Müller* verneint mit Blick auf die deutsche Rechtslage jedenfalls den Anknüpfungspunkt der Funktionswidrigkeit und schlägt eine lauterkeitsrechtliche Eingrenzung solcher Sachverhalte vom Ansatzpunkt der **Nötigung** vor.[792] Hinsichtlich der Darstellung der **kartellrechtlichen** Regelungen wird auch auf die Darstellung bei *Zäch* verwiesen.[793]

II. Österreichisches Recht

1. Überblick über die relevanten Normen

382 Das österreichische Wettbewerbsrecht wird im Wesentlichen durch das Kartellgesetz (KartG) und das Lauterkeitsrecht (öUWG) normiert. Mit Wirkung zum 12. 12. 2007 wurde auch in Österreich die Lauterkeitsrichtlinie umgesetzt.[794] Die bis dahin geltende Rechtslage in Österreich war der deutschen vor der UWG-Novelle 2004 sehr ähnlich, war doch der zentrale Bezugspunkt stets ein Verstoß gegen die guten Sitten.

383 Die lauterkeitsrechtliche Generalklausel des öUWG lautet nunmehr:

§ 1. (1) Wer im geschäftlichen Verkehr

1. eine unlautere Geschäftspraktik oder sonstige unlautere Handlungen anwendet, die geeignet ist, den Wettbewerb zum Nachteil von Unternehmen nicht nur unerheblich zu beeinflussen, oder
2. eine unlautere Geschäftspraktik anwendet, die den Erfordernissen der beruflichen Sorgfalt widerspricht und in Bezug auf das jeweilige Produkt geeignet ist, das wirtschaftliche Verhalten des Durchschnittsverbrauchers, den sie erreicht oder an den sie sich richtet, wesentlich zu beeinflussen,

kann auf Unterlassung und bei Verschulden auf Schadensersatz in Anspruch genommen werden.

---

[788] RPW 2003/1 67; ausführlicher RPW 2000/3, 438f, Ziff. 120f.
[789] RPW 2003/1 70f.
[790] Vgl. RPW 2003/1 74.
[791] So jedenfalls *Büren/David/Müller*; auch bei *Baudenbacher* Art. 2 Rn 152ff finden sich keine Nachweise.
[792] *Büren/David/Müller* Band V/I, 71.
[793] *Zäch* Kartellrecht Rn 396.
[794] Vgl. zur Umsetzung *Wiltschek/Majchrzak* ÖBl. 2008, 4ff; im Vorfeld *Gamerith* WRP 2005, 391ff; *Handig* Harmonisierung, S. 109ff; *ders.* ÖBl. 2005, 196.

Im Gegensatz zum Deutschen Recht beinhaltet das öUWG auch nach der Novelle in § 9a eine Beschränkung des Zugabenwettbewerbs. 384

§ 9a. (1) Wer im geschäftlichen Verkehr zu Zwecken des Wettbewerbs

30. in öffentlichen Bekanntmachungen oder anderen Mitteilungen, die für einen größeren Personenkreis bestimmt sind, ankündigt, dass er Verbrauchern neben Waren oder Leistungen unentgeltliche Zugaben (Prämien) gewährt, oder Verbrauchern neben periodischen Druckwerken unentgeltliche Zugaben (Prämien) anbietet, ankündigt oder gewährt oder
31. Unternehmern neben Waren oder Leistungen unentgeltliche Zugaben (Prämien) anbietet, ankündigt oder gewährt, kann auf Unterlassung und Schadenersatz in Anspruch genommen werden. Dies gilt auch dann, wenn die Unentgeltlichkeit der Zugabe durch Gesamtpreise für Waren oder Leistungen, durch Scheinpreise für eine Zugabe oder auf andere Art verschleiert wird.

(2) Abs. 1 ist nicht anzuwenden, wenn die Zugabe besteht

1. in handelsüblichem Zugehör zur Ware oder handelsüblichen Nebenleistungen,
2. in Warenproben,
3. in Reklamegegenständen,
4. in geringwertigen Zuwendungen (Prämien) oder geringwertigen Kleinigkeiten, sofern letztere nicht für Zusammenstellungen bestimmt sind, die einen die Summe der Werte der gewährten Einzelgegenstände übersteigenden Wert besitzen.

(...)

8. in der Einräumung einer Teilnahmemöglichkeit an einem Preisausschreiben (Gewinnspiel), bei dem der sich aus dem Gesamtwert der ausgespielten Preise im Verhältnis zur Zahl der ausgegebenen Teilnahmekarten (Lose) ergebende Wert der einzelnen Teilnahmekarte 0,36 € und der Gesamtwert der ausgespielten Preise 21 600 € nicht überschreitet; dies kann nur mittels eigener Teilnahmekarten erfolgen.

(...)

Z 8 gilt nicht für Zugaben zu periodischen Druckwerken.

Der öOGH leitet hieraus ab, dass Wertreklame nicht dem Leitbild des Leistungswettbewerbs entspreche und deshalb strenger zu beurteilen sei, als die übliche Werbung durch Wort und Bild.[795] 385

Eine weitere Besonderheit des österreichischen Rechts sind die Regelungen des Nahversorgungsgesetz (NVG) vom 29. 6. 1977 idF von 2005: 386

§ 1 (1) Verhaltensweisen von Unternehmern im geschäftlichen Verkehr untereinander können untersagt werden, soweit sie geeignet sind, den leistungsgerechten Wettbewerb zu gefährden.

(2) Solche Verhaltensweisen sind insbesondere das Anbieten oder Fordern, Gewähren oder Annehmen von Geld oder sonstigen Leistungen, auch Rabatten oder Sonderkonditionen, zwischen Lieferanten und Wiederverkäufern, die sachlich nicht gerechtfertigt sind, vor allem, wenn zusätzlichen Leistungen keine entsprechenden Gegenleistungen gegenüberstehen.

§ 2 (1) Wer als Lieferant gewerberechtlich befugten Wiederverkäufern bei Vorliegen gleicher Voraussetzungen ohne sachliche Rechtfertigung unterschiedliche Bedingungen gewährt oder anbietet, kann auf Unterlassung in Anspruch genommen werden.

(2) In gleicher Weise kann auch ein Wiederverkäufer in Anspruch genommen werden, der von Lieferanten sachlich nicht gerechtfertigte Bedingungen fordert oder annimmt.

§ 4 (1) Unternehmer sind, soweit in anderen Rechtsvorschriften nicht Gegenteiliges bestimmt ist, insbesondere bei der Auswahl der Letztverkäufer frei. Unternehmer, die üblicherweise an Letztverkäufer liefern, können zum Vertragsabschluss verpflichtet werden, wenn durch die Nichtbelieferung eines Letztverkäufers die Nahversorgung gefährdet oder die Wettbewerbsfähigkeit des Letztverkäufers bei derjenigen Warengattung, zu der die nicht gelieferte Ware gehört, wesentlich beeinträchtigt wird.

(2) Die Nahversorgung ist dann gefährdet, wenn es einer maßgeblichen Anzahl von Verbrauchern nicht möglich ist, die zur Befriedigung der notwendigen Bedürfnisse des täglichen Lebens dienenden Waren unter zumutbaren Zeit- und Kostenaufwand ohne Benützung eines Kraftfahrzeuges oder öffentlichen Verkehrsmittels zu kaufen.

(3) Die Lieferpflicht ist gegen Zahlung Zug um Zug und unter Bedachtnahme auf die Bedingungen, die vergleichbaren Letztverkäufern gewährt werden, sowie unter Berücksichtigung der Liefermöglichkeit des Lieferanten anzuordnen.

(4) Eine solche Lieferpflicht darf insbesondere in jenen Fällen nicht angeordnet werden, in denen

a) die Belieferung dem Lieferanten wirtschaftlich unzumutbar ist oder
b) gegen ein Gesetz oder gegen die guten Sitten verstoßen würde.

---

[795] öOGH ÖBl. 1996, 38 – Städteflugreisen; zur Kritik an 9a Gumpoldsberger/Baumann/*Duursma* § 9a Rn 2 sowie *Handig* Harmonisierung S. 112, jeweils mwN.

(5) Die Lieferpflicht ist auf Antrag zu widerrufen, wenn die für ihre Anordnung maßgebenden Gründe weggefallen sind. Wird die Existenz von Mitbewerbern durch die Lieferpflicht wesentlich beeinträchtigt, so ist diese auf Antrag einzuschränken oder zu widerrufen.

387 Zur Umsetzung der VO Nr. 1/2003 ist auch das österreichische Kartellrecht überarbeitet worden. Die Neufassung ist am 1. 1. 2006 in Kraft getreten.[796] Die im vorliegenden Zusammenhang relevante Regelung des KartG ist hiervon weitestgehend unberührt geblieben. Sie lautet:

§ 5. (1) Der Missbrauch einer marktbeherrschenden Stellung ist verboten. Dieser Missbrauch kann insbesondere in Folgendem bestehen:

1. der unmittelbaren oder mittelbaren Erzwingung unangemessener Einkaufs- oder Verkaufspreise oder sonstiger Geschäftsbedingungen, wie insbesondere unangemessener Zahlungsfristen und Verzugszinsen,
2. der Einschränkung der Erzeugung, des Absatzes oder der technischen Entwicklung zum Schaden der Verbraucher,
3. der Benachteiligung von Vertragspartnern im Wettbewerb durch Anwendung unterschiedlicher Bedingungen bei gleichwertigen Leistungen,
4. der an die Vertragsschließung geknüpften Bedingung, dass die Vertragspartner zusätzliche Leistungen annehmen, die weder sachlich noch nach Handelsbrauch in Beziehung zum Vertragsgegenstand stehen,
5. dem sachlich nicht gerechtfertigten Verkauf von Waren unter dem Einstandspreis.

2. Stand der Diskussion zum lauterkeitsrechtlichen Institutionsschutz

388 **a) Schutzzweck des öUWG.** Nach allgemeiner Ansicht sind der Schutzgegenstand des österreichischen Lauterkeitsrechts die **Interessen der Mitbewerber, der übrigen Marktteilnehmer einschließlich der Verbraucher sowie der Allgemeinheit.** Das österreichische Wettbewerbsrecht schützt – anders formuliert – den Wettbewerb als überindividuelle Institution gesellschaftlicher Ordnung und als Instrument zur Wahrung persönlicher Belange.[797] Es folgt somit der aus Deutschland bekannten **sozialrechtlichen Betrachtungsweise.** Im Zuge der Umsetzung in der Rechtsprechung herrscht der Begriff des **Leistungswettbewerbs** vor.[798] Um die verschiedenen involvierten Interessen im Einzelfall in angemessenen Ausgleich zu bringen, befürwortet *Koppensteiner* als wettbewerbstheoretischen **Bezugspunkt** das **Leitbild des freien Wettbewerbs.**[799]

389 **b) Verhältnis öUWG, NVG und KartG.** Vor dem Hintergrund der sozialrechtlichen Betrachtungsweise geht auch in Österreich die herrschende Meinung von der **Konvergenz** der Teilrechtsgebiete KartG und öUWG und ihrer **wechselseitigen Durchdringung** aus.[800] Das **NVG** nimmt dabei eine **Zwitterstellung** ein. Mit der Generalklausel seines § 1 und den folgenden Konkretisierungen knüpft dieses Gesetz an Regelungsgegenstände hauptsächlich des öUWG an, verfahrensrechtlich ist es am KG orientiert.[801] Das wesentliche Anliegen des NVG besteht darin, nachfragemachtbedingte Wettbewerbsverzerrungen möglichst auszuschalten und größtmögliche Chancengleichheit im Wettbewerb zwischen Handelsunternehmen verschiedener Größenordnung zu gewährleisten. Es handelt sich im Grunde um eine Ergänzung der kartellrechtlichen Vorschriften über marktbeherrschende Unternehmen, mit denen sich die Nachfragemacht nur unzureichend erfassen ließ.[802] Das NVG fordert – im Gegensatz zum öUWG – kein Wettbewerbsverhältnis. Deshalb wird dem angezapften Lieferanten – anders als dem Mitbewerber des Abnehmers – Rechtsschutz nur nach dem NVG gewährt.[803] Dies findet sei-

---

[796] öBGBl. I Nr. 61/2005; vgl. *Tremmel* ÖBl. 2005, 159 ff.

[797] Instruktiv *Koppensteiner* § 2 Rn 2, § 32 Rn 25 mwN; *ders.* WRP 2007, 475 ff; vgl. öOGH ÖBl. 2003, 171, 173 – Igel-Real; sowie auch Gumpoldsberger/Baumann/*Duursma* § 1 Rn 1.

[798] ZB öOGH ÖBl. 2003, 171 – Igel-Real.

[799] *Koppensteiner* § 32 Rn 26.

[800] *Koppensteiner* § 2 Rn 21; *ders.* WRP 2007, 475.

[801] *Koppensteiner* § 2 Rn 17.

[802] Bericht des Handelsausschusses, 565 der Beilagen des Nationalrats 14. Gesetzgebungsperiode, 1 f; abgedruckt bei *Franleitner-Straberger* NVG; vgl. öOGH GRUR Int. 1980, 372 – Werbekosten-Beitrag; *Koppensteiner* § 30 Rn 8.

[803] öOGH ÖBl. 1989, 167 – Familia.

nen Grund wohl darin, dass man sich der Möglichkeiten der Generalklausel nicht bewusst war.[804] In seiner Wirkung entspricht es einem **allgemeinem Diskriminierungsverbot.** Aus wettbewerbstheoretischer Sicht ist dies abzulehnen, weshalb zurecht gefordert wird, den weiten Wortlaut des Gesetzes mittels **teleologischer Reduktion** auf marktmächtige Unternehmen einzuschränken.[805] Soweit ersichtlich ist das NVG bislang nur vereinzelt zu einer direkten Anwendung gekommen. Grundgedanken der Regelung wurden aber zuweilen zur Begründung der Unlauterkeit im Rahmen des öUWG herangezogen.[806]

c) Lauterkeitsrechtlicher Institutionsschutz. Jedenfalls nach Ansicht des Obersten Gerichtshofs **(OGH)** existiert ein aus dem Allgemeininteresse am Bestand des Wettbewerbs resultierender lauterkeitsrechtlich begründeter Schutz der Institution des Wettbewerbs.[807] Argumentativ ist das Gericht aber dennoch häufig dem Konkurrentenschutz verhaftet. So heißt es zwar einerseits, die Gratisabgabe von Waren sei unter dem Aspekt der Bedarfsdeckung („Marktverstopfung“) zu untersagen, wenn das in Frage stehende Angebot quantitativ ausreiche, den freien Wettbewerb auszuschalten.[808] In der weiteren Prüfung wird dann aber andererseits maßgeblich darauf abgestellt, ob die beanstandete Wettbewerbsmaßnahme eine Behinderung der Mitbewerber mit sich bringe.[809] 390

Auch *Koppensteiner* erkennt eine eigenständige Schutzrichtung in Bezug auf den Wettbewerbsbestand nicht ausdrücklich an. In solchen Konstellationen stellt er auf eine unzulässige Konkurrentenbehinderung auf Grund Beschränkung des Marktzugangs ab.[810] 391

Vor diesem Hintergrund erscheint es konsequent, dass in der Neufassung des öUWG das Allgemeininteresse am Wettbewerbsbestand nicht ausdrücklich angesprochen wird, sondern in § 1 Abs. 1 öUWG nur von Unternehmen und in § 1 Abs. 2 öUWG von den Verbrauchern die Rede ist. *Beater* stellt hierzu jedoch zutreffend fest, dass bei einem Abstellen auf die Konkurrentenbehinderung die Gefahr bestehe, den Schutz bereits deutlich vor dem Stadium der Bestandsgefährdung eingreifen zu lassen.[811] Im Ergebnis liegen aber alle Entscheidungen wohl im Bereich dessen, was auch deutsche Gerichte entschieden hätten. Die Konzentration auf die Wettbewerbschancen der Mitbewerber macht es allerdings auch erklärlich, dass Überlegungen zu einer etwaigen Sonderbehandlung der meinungsbildenden Tagespresse im Sinne eines übergeordneten Allgemeininteresses in Österreich bislang nicht angestellt wurden. 392

Aus dem funktionalen Ansatz wird die Berechtigung von Machtdifferenzierungen und Folgenerwägungen hergeleitet.[812] **Marktmachtdifferenzierungen** mit der Folge, dass marktmächtige Unternehmen stärker zu binden sind, tragen der Tatsache Rechnung, dass Maßnahmen solcher Unternehmen faktisch ungleich geeigneter sind, negative Konsequenzen für den Wettbewerbsprozess auszulösen.[813] 393

Bei der **Folgenerwägung** findet in der Rechtsprechung auch der Aspekt der **Nachahmungsgefahr** sowie der Aspekt der **Verbrauchergewöhnung** Berücksichtigung.[814] *Kop-* 394

[804] *Koppensteiner* § 30 Rn 10.

[805] *Koppensteiner* § 30 Rn 11; vgl. *Gratzer* Anzapfen S. 55 ff.

[806] Vgl. *Koppensteiner* § 32 Rn 32.

[807] Ausdrücklich öOGH ÖBl. 1993, 216, 217 – Jahresbonifikation; öOGH ÖBl.2002, 127, 129 – Best Offer; vgl. auch öOGH ÖBl. 1996, 38, 43 – Städteflugreisen.

[808] öOGH GRUR Int. 2001, 262 – Selbstbedienungstaschen; öOGH ÖBl. 2001, 69 – Trend-Treue-Aktion; öOGH ÖBl. 1988, 69 – Zeitungs-Super-Angebot; öOGH ÖBl. 1970 – Verbrauchermarkt.

[809] Vgl. öOGH ÖBl. 2001, 69 – Trend-Treue-Aktion.

[810] Vgl. *Koppensteiner* § 33 Rn 24 Rn 36 ff; etwas anders wohl *ders.* WRP 2007, 475 ff; s. aber auch Gumpoldsberger/Baumann/*Duursma* § 1 Rn 100.

[811] *Beater* § 24 Rn 7.

[812] *Koppensteiner* § 32 Rn 52 ff; *ders.* WRP 2007, 475, 477 f; *Möschel* Pressekonzentration S. 44 ff.

[813] Vgl. öOGH ÖBl. 1977, 93 – Umsatzbonus; öOGH ÖBl. 1981, 47 – Brauerei-Rabattsystem; öOGH ÖBl. 1993, 216 – Jahresbonifikation; zuletzt öOGH ÖBl. 2002, 127 – Best Offer.

[814] Vgl. öOGH OBl. 1996, 38 – Städteflugreisen; öOGH ÖBl. 1995, 211 – Falschpark Strafzettel; öOGH ÖBl. 1994, 111 – Götz-Zitat; öOGH ÖBl. 1979, 12 – Versandhaus-Laienwerbung; öOGH ÖBl. 1977, 65 – Olympia-Buch.

pensteiner mahnt in dieser Hinsicht jedoch zurecht zur Zurückhaltung, da es sonst leicht zu **Scheinbegründungen** kommen könne.[815]

395 Bei der Beurteilung lauterkeitsrechtlicher Sachverhalte wird im österreichischen Recht die Figur des **Leistungswettbewerbs** herangezogen.[816] Bedeutsam ist dies zum Beispiel im Falle der Wertreklame, die nach Auffassung des öOGH ein „unsachliches" Mittel zur Kundengewinnung darstellt und somit generell nicht dem Leitbild des Leistungswettbewerbs entspricht.[817]

396 **Abgelehnt** werden allerdings auch im österreichischen Recht rein **wirtschaftspolitisch motivierte Beurteilungsmaßstäbe.** Das UWG dürfe nicht zu Zwecken des Mittelstandsschutzes instrumentalisiert werden.[818]

397 **d) Handhabung der Fallgruppen in Österreich.** Die oben vorgestellten Grundsätze lassen bereits erahnen, dass das Fallmaterial im österreichischen Recht deutlich umfangreicher ist als im schweizerischen Recht.

398 **aa) Gratisverteilung von Warenproben und Originalwaren.** Für akzessorische Zuwendungen, wie **Zugaben** gilt in Österreich nach wie vor das strenge Zugabenverbot des § 9a öUWG.[819] Davon zu unterscheiden sind **Warenproben** sowie **Originalwaren,** die unabhängig vom Kauf anderer Ware gewährt werden. Diese dürfen zu Werbezwecken verschenkt werden, soweit dies nach Art, Umfang und Dauer zum Zweck der **Erprobung** geschieht.[820] **Zulässig** war deshalb beispielsweise die Abgabe von 36 000 Exemplaren einer Tageszeitung an Vorarlberger Haushalte in Abständen von jeweils etwa einem Monat an bestimmten, im Voraus bekannt gegebenen Tagen.[821] Ebenso zulässig war die vierwöchige Gratisverteilung einer Tageszeitung[822], sowie die dreimonatige Gratisverteilung einer Wochenzeitung.[823] Zulässig war auch die Gratisvorführung von Filmen während weniger Wochen in den Sommermonaten.[824]

399 Sobald jedoch eine **Marktverstopfung** bewirkt wird, ist das Verteilen von Warenproben sowie das Verteilen von Originalwaren verboten. Nach der Rechtsprechung liegt eine Marktverstopfung vor, wenn durch das in Frage stehende Angebot eine **Bedarfsdeckung** eintritt, auf Grund derer Mitbewerber am Absatz ihrer eigenen Erzeugnisse behindert werden, die Maßnahme also geeignet ist, den freien Wettbewerb auszuschalten; die Unentgeltlichkeit einer gewöhnlich nur gegen Entgelt erbrachten Leistung reicht dafür nicht aus.[825] Weiteres Kriterium ist eine Abschottung der Mitbewerber auf Grund einer **Verbrauchergewöhnung** d. h. wenn sich die beschenkten Kunden an das Produkt gewöhnen und es deshalb später unter Vernachlässigung von Konkurrenzerzeugnissen wieder kaufen.[826] Eine Behinderung der Mitbewerber durch die Gefahr der Marktverstopfung oder eine Gewöhnung des Publikums durch das Gratisverteilen von Waren darf nur bei Vorliegen besonderer, **vom Kläger zu behauptender und zu beweisender Umstände** angenommen werden.[827]

---

[815] *Koppensteiner* § 32 Rn 58f mwN, s. auch § 33 Rn 39; *ders.* WRP 2007, 475ff.

[816] ZB öOGH ÖBl.2003, 171, 173 – Igel-Real; vgl. *Beater* § 12 Rn 83; *Wiltschek* § 1 UWG E. 524 mwN; *Koppensteiner* WRP 2007, 475, 478ff.

[817] ZB öOGH ÖBl. 1996, 38 – Städteflugreisen; vgl. *Gumpoldsberger/Baumann*/Duursma § 1 Rn 60ff.

[818] *Koppensteiner* § 32 Rn 55.

[819] Hierzu zuletzt öOGH MR 2005, 258 – Zeitungsgewinnspiel; vgl. auch *Wiltschek/Merckens* WRP 2006, 919, 933f; vgl. auch auch Gumpoldsberger/Baumann/*Duursma* § 9a Rn 1ff.

[820] öOGH ÖBl. 1970, 51 – Verbrauchermarkt; öOGH ÖBl. 1971, 9 – Weinbrand-Gratisprobe; öOGH ÖBl. 1984, 8 – NEUE Vorarlberger Tageszeitung; öOGH ÖBl. 1988, 69 – Zeitungs-Super-Angebot; zustimmend *Koppensteiner* § 33 Rn 38.

[821] öOGH ÖBl. 1984, 8 – NEUE Vorarlberger Tageszeitung.

[822] öOGH ÖBl. 1988, 69 – Zeitungs-Super-Angebot.

[823] öOGH ÖBl-LS 2003/4.

[824] öOGH vom 17. 12. 2002, 4 Ob 246/02h.

[825] öOGH ÖBl. 2001, 69 – Trend-Treue-Aktion; öOGH GRUR Int. 2001, 262 – Selbstbedienungstaschen; öOGH ecolex 1999, 838 – Kinderbrillen; öOGH ÖBl. 1988, 195 – Zeitungssuperangebot; *Koppensteiner* § 33 Rn 38; vgl. auch *Kucsko* S. 35.

[826] *Koppensteiner* § 33 Rn 38.

[827] So einvernehmlich öOGH ÖBl. 2001, 69 – Trend-Treue-Aktion; öOGH GRUR Int. 2001, 262 – Selbstbedienungstaschen; öOGH ecolex 1999, 838 – Kinderbrillen; öOGH ÖBl. 1988, 195 – Zeitungssuperangebot,

Bedarfsdeckung sowie Gewöhnungsgefahr seien **möglichst exakt** zu ermitteln, weil es sonst zu bloßen **Scheinbegründungen** komme.[828] Allgemein gilt, dass bei sehr großer **Marktmacht** schon ein geringer Unwertgehalt zur Begründung der Unlauterkeit genügt.[829]

Unzulässig war das Verschenken einer Flugreise an alle Abonnenten einer Zeitung.[830] 400
Besonders ist der Fall gelagert, in dem Waren verteilt werden, die nichts mit der Erprobung des Sortiments zu tun haben. Dies ist nur im Rahmen der Aufmerksamkeits- und Erinnerungswerbung zulässig.[831]

bb) Privilegierung des Pressewesens. Im österreichischen Recht wird – soweit er- 401
sichtlich – eine Privilegierung des Pressewesen **nicht thematisiert.** Entsprechend zeichnet sich die österreichische Medienlandschaft dadurch aus, dass auf dem Pressemarkt viele Gratiszeitungen und Anzeigenblätter mit redaktionellem Teil vertreten sind, die zum Teil in scharfem Wettbewerb untereinander stehen.

Eine in diesem Zusammenhang zu erwähnende Besonderheit des österreichischen 402
Rechts ist aber, dass **Preisausschreiben** in periodischen Druckschriften durch eine lauterkeitsrechtliche Sondervorschrift des § 9a Abs. 2 Nr. 8 öUWG **untersagt** sind. Grund dieser Reglung war eine aus österreichischer Sicht um sich greifende „Gewinnspiel-Inflation", die einen ruinösen Wettbewerb mit der Gefahr für die Medienvielfalt befürchten ließ.[832] Der Verbraucher könnte bei seiner Entscheidung über den Erwerb einer Zeitung stärker auf das Preisrätsel oder die Los-Gewinnchancen achten, als auf die Qualität des Druckwerks.[833] Der österreichische Verfassungsgerichtshof (VfGH) hat dieses Verbot für Printmedien wegen der spezifischen Bedeutung der Presse im Allgemeinen und ihrer Vielfalt im Besonderen als verfassungskonform beurteilt.[834]

In einem weiteren Streitfall hatte ein Herausgeber den Abonnenten eines Wirtschaftsma- 403
gazins angeboten, ihnen ohne Aufpreis zusätzlich auch das von demselben Unternehmen herausgegebene Nachrichtenmagazin zu liefern. Das Gericht geht in diesem Fall davon aus, dass nicht angenommen werden könne, dass dadurch der Markt für Nachrichtenmagazine verstopft werde, da als Käufer des konkurrierenden Nachrichtenmagazins insbesondere nicht allein Abonnenten des Wirtschaftsmagazins in Betracht kämen und im Übrigen der Kreis derjenigen, die ein politisches Magazin lesen, wesentlich größer sei als die Zahl der Bezieher von Wirtschaftsmagazinen.[835]

cc) Preiskampfmethoden. Auch nach österreichischem Recht gilt der Grundsatz, dass 404
jeder Mitbewerber, soweit keine gesetzliche oder vertragliche Preisbindung besteht, seine Ware so billig abgeben kann, wie er will **(Grundsatz der freien Preisbildung).** Das Unterbieten der Preise der Mitbewerber ist daher grundsätzlich ein erlaubtes Kampfmittel im wirtschaftlichen Wettbewerb und nur unter besonderen Umständen unlauter im Sinne des § 1 öUWG.[836] Dies impliziert auch die grundsätzliche Zulässigkeit der **Mischkalkulation.**[837] Welche **zusätzlichen Umstände** die Unlauterkeit begründen können, ist allerdings **umstritten.**

Nach Ansicht der **Rechtsprechung** ist zum einen der Fall bei **Vernichtungs- oder** 405
Kampfpreisunterbietungen, die dadurch gekennzeichnet sind, dass ein Marktteilnehmer

---

828 öOGH ÖBl. 1988, 69, 71 – Zeitungs-Super-Angebot; ebenso *Koppensteiner* § 33 Rn 39.

829 öOGH ÖBl. 1996, 38, 43 – Städteflugreisen.

830 öOGH ÖBl. 1996, 38, 43 – Städteflugreisen.

831 *Koppensteiner* § 33 Rn 39.

832 Vgl die Nachweise bei öOGH ÖBl. 1996, 38, 42f – Städteflugreisen; auch auch Gumpoldsberger/Baumann/*Duursma* § 9a Rn 65.

833 öOGH ÖBl. 1998, 250 – NEWS-Gewinnspiele; zuletzt öOGH MR 2005, 258 – Zeitungsgewinnspiel vgl. *Beater* § 25 Rn 25; sowie *Wiltschek/Merckens* WRP 2006, 919, 933.

834 VfGH ÖBl. 1994, 151.

835 öOGH ÖBl. 2001, 69 – Trend-Treue-Aktion; vgl. auch *Beater* § 25 Rn 24.

836 öOGH ÖBl.2002, 127 – Best Offer; öOGH ÖBl. 2000, 216, 217 – FORMAT-Schecks; OGH GRUR Int. 1987, 433 – Mobilheim-Preise; öOGH ÖBl. 1981, 157 – Marktregelungsvertrag Ski; öOGH ÖBl. 1978, 148 – Milch-Preisschleuderei.

837 Vgl. *Koppensteiner* § 33 Rn 53.

darauf abzielt, durch systematisches Unterbieten und ohne Rücksicht auf eigene Verluste seine Mitbewerber vom Markt zu verdrängen, um so freie Bahn für den eigenen Absatz zu gewinnen, um dann später Preishoheit zu besitzen.[838] **Im Zweifel** sei aber davon auszugehen, dass es dem Unterbieter nur darauf ankomme, den Mitbewerber zu überflügeln, womit die Folge seiner Verdrängung aus dem Markt verbunden sein kann, nicht aber dessen Vernichtung.[839] Preisunterbietungen werden insbesondere in der **Einführungsphase** eines Produktes anerkannt.[840]

406 Noch in der **FORMAT-Schecks-Entscheidung** betonte der OGH, die Herleitung der Unlauterkeit aus rein objektiven Umständen sei nicht möglich.[841] Dies wurde in der **Literatur** kritisiert. Insbesondere *Koppensteiner* hält die Unlauterkeit schon dann für gegeben, wenn ein Unternehmer mit überlegener Markt- oder Finanzmacht **systematisch,** also konstant über einen längeren Zeitraum hinweg zu Verlustpreisen verkauft und – wegen hoher Marktzutrittsschranken – dadurch den **Bestand des Wettbewerbs** auf dem betreffenden Markt **gefährdet.**[842] Innere Absichten wie eine Vernichtungsabsicht ließen sich in der Regel nicht ermitteln und im Übrigen nicht verbieten. So sei sie anerkanntermaßen jedenfalls dann belanglos, wenn das angewandte Mittel aus lauterkeitsrechtlicher Sicht unbedenklich ist. Letztlich sei das Abstellen auf die Vernichtungsabsicht deshalb scheinrational.[843]

407 In der **Best-Offer-Entscheidung** heißt es dann: unlautere „Umstände liegen vor, wenn ein Unternehmen bestimmte Mitbewerber (...) gezielt zu verdrängen sucht (...) oder sollte wenn – sollte sich eine solche Absicht nicht nachweisen lassen – durch das Verdrängen von Mitbewerbern der Wettbewerb in seinem Bestand gefährdet ist.[844] Bei der Beurteilung von Preiskampfmethoden nach § 1 ist (...) maßgebend, ob die damit verbundene Beeinträchtigung der Mitbewerber Folge eines echten Leistungsvergleichs ist oder ob die Preiskampfmethoden den Leistungsvergleich zum Nachteil der Mitbewerber verfälschen und dadurch zu einer Verdrängung der Mitbewerber und zur Aufhebung des Wettbewerbs auf einem bestimmten Markt führen. Verfälscht wird der Leistungsvergleich (zB) dann, wenn der Verkaufspreis einer bestimmten Ware ohne einen sachlich vertretbaren Grund ständig oder wiederholt unter dem Einstandspreis festgelegt wird.[845]

408 Als **zulässig** hat der öOGH bisher in der **Fotoartikel-Preisschleuderei-Entscheidung** das Anbieten von Foto- und Filmkameras unter Einstandspreis angesehen.[846] Ebenso entschied der öOGH in der **Marktregelungsvertrag-Ski-Entscheidung,** in der ein Wettbewerber Markenskier unter Einstandspreis anbot.[847] Zulässig war ferner gemäß der **Mobilheimpreis-Entscheidung** der Vertrieb von Mobilheimen zu einem Preis 20% unter den Preis des Alleinimporteurs.[848] In der **FORMAT-Scheck-Entscheidung** hat das Gericht den Vertrieb einer Zeitschrift zu bloß 5 S pro Heft unter dem Hinweis auf das Bemühen, die Zeitschrift am Markt zu etablieren, für zulässig gehalten.[849] In der **Best-Offer-Entscheidung** blieb eine zeitlich befristete Aktion, die Preise der Mitbewerber um 10% zu unterbieten, unbeanstandet.

409 Als **unzulässig** hat der öOGH hingegen in der **Milch-Preisschleuderei-Entscheidung** das Herabsetzen des Einzelhandelspreises von Milch auf etwa 10% des handelsüblichen Preises gewertet. Dabei betonte er die Gefahr einer Übersteigerung des Wettbewerbs in dem Sinne,

[838] ZB öOGH ÖBl. 2000, 216, 217 – FORMAT-Schecks; öOGH ÖBl. 1972, 62 – Fernsehgeräte.
[839] öOGH ÖBl. 2000, 216, 218 – FORMAT-Schecks.
[840] öOGH ÖBl. 2000, 216, 218 – FORMAT-Schecks.
[841] öOGH ÖBl. 2000, 216, 218 – FORMAT-Schecks.
[842] *Koppensteiner* § 33 Rn 57.
[843] *Koppensteiner* § 33 Rn 55.
[844] öOGH ÖBl.2002, 127, 129 – Best Offer.
[845] öOGH ÖBl.2002, 127, 129 – Best Offer.
[846] öOGH ÖBl. 1980, 67 – Fotoartikel-Preisschleuderei.
[847] öOGH ÖBl. 1981, 157 – Marktregelungsvertrag-Ski.
[848] öOGH GRUR Int. 1987, 433 – Mobilheimpreise.
[849] öOGH ÖBl. 2000, 216, 218 – FORMAT-Scheck.

dass schwächere Mitbewerber in wettbewerbswidriger Weise überhaupt vom Wettbewerb ausgeschlossen werden.[850] Erwähnt sei in diesem Zusammenhang auch, dass das Gericht jüngst in der **Betriebstankstellen-Entscheidung** eine Aktion der **öffentlichen Hand** untersagte. Mit der Abgabe von Diesel in den Betriebstankstellen der Straßenbauämter und Straßenmeistereien zum Einstandspreis oder zu betriebswirtschaftlich nicht gerechtfertigten niedrigen Verkaufspreisen missbraucht die öffentliche Hand die ihr aufgrund öffentlich-rechtlicher Sonderstellung zur Verfügung stehenden Mittel.[851]

Interessant in diesem Zusammenhang ist schließlich der Versuch des österreichischen Gesetzgebers, durch **§ 3 a NVG** ein (allgemeines) Verbot des Verkaufes unter Einstandspreis zu schaffen. Diese Regelung war nach Ansicht des österreichischen Verfassungsgerichtshofs (VfGH) allerdings **verfassungswidrig,** da es in das verfassungsgesetzlich gewährleistete Recht der Erwerbsfreiheit eingreife.[852] Die Bestimmung sei unverhältnismäßig, weil sie auch kleineren Unternehmen die Inkaufnahme eines Verlustes auch dann untersage, wenn dieser notwendig sei, um auf dem Markt zu überleben.[853] 410

Diesen Bedenken nachkommend wurde mit der KartG-Novelle 1999 mit **§ 35 Abs. 1 Nr. 5 KartG** eine Regelung über den Verkauf unter Einstandspreis für marktbeherrschende Unternehmen geschaffen. 411

dd) Ausbeutung. In Sachen Absatz- und Beschaffungsmarketing sind in Österreich auf **Händlerseite** vor allem Anzapfpraktiken, auf **Herstellerseite** Treueboni lauterkeitsrechtlich thematisiert worden. 412

Der öOGH versteht unter **Anzapfen** Verhaltensweisen von (nachfragestarken) **Händlern,** die zur Förderung ihres Absatzwettbewerbs eine Sonderleistung von Lieferanten verlangen, **ohne ihrerseits dafür eine Gegenleistung** zu verlangen.[854] Dies verstößt unter dem Gesichtspunkt der **Nötigung** dann gegen die guten Sitten, wenn der angesprochene Unternehmer nach den Umständen des Falles den Eindruck gewinnen kann, dass er bei Ablehnung der erbetenen Leistung wirtschaftliche Nachteile erleiden könnte.[855] Allerdings kommt nach der Entscheidung **20 Jahre dm** dafür **nicht schon jede Druckausübung** in Betracht. Die Ablehnung eines Geschäftsabschlusses bei Nichtannahme einer gestellten Bedingung ist kein unübliches Verhalten und daher – vom Missbrauch einer marktbeherrschenden Stellung nach § 35 KartG abgesehen – erlaubt. Ferner ist es nicht wettbewerbswidrig, wenn es einem – auch besonders starken oder marktbeherrschenden – Unternehmen gelingt, günstige Bedingungen auszuhandeln.[856] Die Unlauterkeit kommt aber regelmäßig in Betracht, wenn es sich um **nachträgliche Sonderkonzessionen** im Rahmen eines bestehenden Vertragsverhältnisses handelt.[857] 413

Die Unlauterkeit lässt sich aus österreichischer Sicht allerdings nach allgemeiner Ansicht nicht damit begründen, dass ein Nachfrager erreicht, dass ihm ein Lieferant unternehmerische Aufgaben und Risiken abnimmt, da die **Funktionen zwischen Anbieter und Nachfrager nicht zwingend festgelegt** sind und sich je nach Wettbewerbslage verändern können.[858] 414

Als **unzulässig** nach diesen Grundsätzen wurde im Fall **20 Jahre dm** die nachträgliche Forderung von Werbekostenzuschüssen anlässlich eines Betriebsjubiläums im Rahmen lau- 415

---

[850] öOGH ÖBl. 1978, 148 – Milch-Preisschleuderei; *Koppensteiner* § 33 Rn 60.
[851] öOGH wbl 2005, 335 – Betriebstankstellen.
[852] VfGH ÖBl. 1990, 222, 223 m. Anm. *Barfuß.*
[853] VfGH ÖBl. 1990, 222, 224 m. Anm. *Barfuß.*
[854] öOGH ÖBl. 1997, 161 – 20 Jahre dm; OGH ÖBl. 1984, 10 – Solidaritäts-Nachlass; öOGH ÖBl. 1983, 55 – Metro-Post II; öOGH GRUR Int. 1980, 372 – Werbekosten-Beitrag; zur Problematik des „Anzapfen" vgl die umfassende Untersuchung von *Gratzer* Das ‚Anzapfen' von Lieferanten 2001.
[855] öOGH ÖBl. 1997, 161 – 20 Jahre dm; öOGH ÖBl. 1984, 10 – Solidaritäts-Nachlass; öOGH ÖBl. 1983, 55 – Metro-Post II; öOGH GRUR Int. 1980, 372 – Werbekosten-Beitrag.
[856] öOGH ÖBl. 1997, 161 – 20 Jahre dm; öOGH GRUR Int. 1980, 372 f – Werbekosten-Beitrag.
[857] öOGH ÖBl. 1997, 161 – 20 Jahre dm; öOGH OBl. 1984, 10, 12 – Solidaritäts-Nachlass; zustimmend *Koppensteiner* § 33 Rn 13.
[858] öOGH ÖBl. 1997, 161 – 20 Jahre dm; öOGH ÖBl. 1983, 55, 57 – Metro Post II.

fender Jahresverträge erachtet.[859] Gleiches gilt für die im Fall **Solidaritäts-Nachlass** geforderten nachvertraglichen Preiskonzessionen.[860]

416 Als **zulässig** wurde im Fall **Metro-Post II** erachtet, dass ein Handelsunternehmen einen Werbekostenzuschuss forderte, dem nach Ansicht des Gerichts aber durch die besondere Hervorhebung der Produkte der „angezapften" Lieferanten eine adäquate Gegenleistung zur Verfügung stand.[861] In der **Werbekosten-Beitrag-Entscheidung** sah das Gericht auf Grund der zurückhaltenden Formulierung der Anfrage keine ausreichende Druckausübung gegeben.[862]

---

[859] öOGH ÖBl. 1997, 161 – 20 Jahre dm.
[860] öOGH OBl. 1984, 10 – Solidaritäts-Nachlass.
[861] öOGH ÖBl. 1983, 55, 57 – Metro Post II.
[862] öOGH GRUR Int. 1980, 372 – Werbekosten-Beitrag.

Umweltwerbung (§ 4–S2)

Übersicht

Rn

A. Einleitung ... **1**
I. Formen der Umweltwerbung ... 3
II. Systematischer Überblick ... 6
III. Europäisches Verbraucherleitbild ... 8
IV. Reformen ... 10

B. Produktbezogene Umweltwerbung ... **14**
I. §§ 5, 5 a ... 14
1. Entwicklung der Rechtsprechung ... 14
2. Angaben ... 16
3. Irreführung ... 18
a) Verbraucherleitbild ... 19
b) Absolute Umweltfreundlichkeit ... 25
c) Relative Umweltfreundlichkeit ... 27
d) Besondere Aufklärungspflichten ... 33
4. Erheblichkeitsschwelle ... 40
5. Interessenabwägung und Umweltschutz ... 42
a) Grundsätzliches zu Interessenabwägung und Verhältnismäßigkeitsprinzip ... 42
b) Funktionales Verständnis und der Ansatz von Keßler ... 44
c) Berücksichtigung von Allgemeininteressen ... 46
II. §§ 3, 4 Nr. 1, 2 ... 49

C. Umweltzeichen ... **51**
I. Allgemeine Anforderungen ... 51
II. Besondere inhaltliche Anforderungen ... 53
1. Besondere Qualitätsvorstellungen ... 53
2. Bezug auf Vergabekriterien ... 61
3. Aufklärungshinweise ... 64
III. Prämierung und Alleinstellung ... 66
IV. Unabhängigkeit und Interessenneutralität ... 69
1. „Blauer Engel“ ... 69
2. Private Umweltzeichen ... 72

D. Sonstige umweltbezogene Werbemaßnahmen ... **75**
I. Gefühlsbetonte Werbung (§ 4 Nr. 1, 2) ... 76
1. Grundsätze ... 76
2. „Sachzusammenhang“ und Unlauterkeitskriterien ... 77
3. Beurteilung produktunabhängiger Imagewerbung ... 88
4. Beurteilung umweltbezogener Nebenleistungen ... 90
II. §§ 5, 5 a ... 92
1. Allgemeine Grundsätze ... 92
2. Anwendung auf umweltbezogene Werbung ... 96

Schrifttum: *Ackermann,* Die deutsche Umweltrechtsprechung auf dem Weg zum Leitbild des verständigen Verbrauchers?, WRP 1996, 502; *Baudenbacher,* Zur funktionalen Anwendung von § 1 des deutschen und Art. 1 des schweizerischen UWG, ZHR 144 (1980), 145; *Bea/Göbel/Köninger,* Planungstechniken im betrieblichen Umweltschutzmanagement, in: Vogl/Heigl/Schäfer (Hrsg.), Handbuch des Umweltschutzes, Loseblatt, 1992, Zi. III–2.1.1; *Beater,* Europäisches Recht gegen unlauteren Wettbewerb – Ansatzpunkte, Grundlagen, Entwicklung, Erforerlichkeit, ZEuP 2003, 11; *Boddenschein,* „Regewald Projekt“ und der Kaufzwang bei akzessorischer Werbung, WRP 2002, 1107; *Borck,* Die Interessensabwägung bei irreführender Werbung, WRP 1985, 63; *ders.,* Freie Fahrt für die Fahrtkostenvergütung?, WRP 1993, 1, 2; *Brandner/Michael,* Wettbewerbsrechtliche Verfolgung von Umweltrechtsverstößen, NJW 1992, 278; *Brandner,* Beiträge des Wettbewerbsrechts zum Schutz der Umwelt, FS v. Gamm, 1990, S. 27; *Cordes,* Umweltwerbung. Wettbewerbliche Grenzen der Werbung mit Umweltschutzargumenten, 1994; *Diedrichsen,* Ein neues Umweltzeichen für Europa, RIW 1993, 224; *Diller,* Umweltschutz im Marketing, in: Vogl/Heigl/Schäfer (Hrsg.) Handbuch des Umweltschutzes, 1992, Zi. III–7.1, S. 4; *Ebert-Weidenfellner,* Fahrtkostenerstattungen: Verkehrspolitik im Unternehmensinteresse versus Wettbewerbsrecht?, GRUR 1992, 94; *Eicke,* Meinungsfreiheit in der Werbung?, WRP 1988, 645; *Ewert,* Wettbewerbsrechtliche Beurteilung von Umweltwerbung ohne Produktqualitätsbezug nach deutschen Recht und europäischem Gemeinschaftsrecht, 1999; *Falke,* Werbung und Umweltschutz. Ist der Umweltengel abgestürzt?, VuR 1989, 94; *Faylor,* Irreführung und Beweislast bei umweltbezogener Werbung, WRP 1990, 725; *Federhoff-Rink,* Social Sponsoring in der Werbung – zur rechtlichen Akzessorietät der Werbung mit Umweltsponsoring, GRUR 1992, 643; *dies.,* Anmerkung zum Urteil des OLG Stuttgart vom 12. 3. 93–2 U 250/92 – umweltbezogene Werbung für Erdgas, WRP 1993, 631; *dies.,* Umweltschutz und Wettbewerbsrecht, Heidelberg 1994; *Fezer,* Umweltwerbung mit unternehmerischen Investitionen in den Nahverkehr, JZ 1992, 443; *ders.,* Europäisierung des Wettbewerbsrechts, JZ 1994, 317; *ders.,* Das wettbewerbsrechtliche Irreführungsverbot als ein normatives Modell des verständigen Verbrauchers im Europäischen Unionsrecht – Zugleich eine Besprechung der Entscheidung „Mars" des EuGH vom 6. 7. 1995 – Rechtssache C 470/93, WRP 1995, 671; *ders.,* Imagewerbung mit gesellschaftskritischen Themen im Schutzbereich der Meinungs- und Pressefreiheit, NJW 2001, 580; *ders.,* Das Informationsgebot der Lauterkeitsrichtlinie als subjektives Verbraucherrecht, WRP 2007, 1021; *Friedrich,* Umweltschutz und Wettbewerbsrecht, WRP 1988, 641; *Gruber,* Die Erstattung von Fahrt- und Parkkosten im Lichte des Wettbewerbsrechts. Zugleich eine Anmerkung zum Urteil des BGH vom 18. 10. 1990, WRP 1992, 429; *Hartwig,* „H. I. V. POSITIVE II" – zugleich Abschied vom Verbot „gefühlsbetonter Werbung"?, WRP 2003, 582; *ders.,* Meinungsfreiheit und lauterer Wettbewerb, GRUR 2003, 924; *Heermann,* Die Erheblichkeitsschwelle i. S. des § 3-E., GRUR 2004, 94; *ders.,* Das deutsche Wettbewerbsrecht und die „Keck"-Rechtsprechung des EuGH – Mißverständnisse und Argumentationsdefizite rund um den Begriff der „Verkaufsmodalitäten", WRP 1999, 381; *Hefermehl,* Verbraucherschutz im Wettbewerb, FS Kastner, Wien 1972, S. 183; *Henning-Bodewig,* E-Commerce und irreführende Werbung, WRP 2001, 771; *dies.,* Neuorientierung von § 4 Nr. 1 und 2 UWG?, WRP 2006, 621; *Hollerbach/Kapp,* Fehlentwicklungen der wettbewerbsrechtlichen Rechtsprechung zum Social Sponsoring, DB 1998, 1501; *Janiszewski,* Das Umweltzeichen. Rechtliche Analyse und Neuorientierung, 1992; *Keßler,* Wettbewerbstheoretische Aspekte des Irreführungsverbots – eine ökonomische und dogmengeschichtliche Analyse, WRP 1990, 73; *ders.,* Die umweltbezogene Aussage in der Produktwerbung – dogmatische und wettbewerbstheoretische Aspekte des Irreführungsverbots, WRP 1988, 714 *ders.,* Wettbewerbsrechtliches Irreführungsverbot und Verbraucherinformation, WRP 1993, 571; *ders.,* Lauterkeitsschutz und Wettbewerbsordnung – Zur Umsetzung der Richtlinie 2005/29/EG über unlautere Geschäftspraktiken in Deutschland und Österreich, WRP 2007, 714; *Kiefer,* Das deutsche Umweltzeichen aus wettbewerbsrechtlicher Sicht – eine Untersuchung am Maßstab des § 3, 2000; *Kieninger,* Verbot des Multi-Level-Marketing in Deutschland – Verstoß gegen die Warenverkehrsfreiheit des EG-Vertrages?, EWS 1998, 277; *Kloepfer,* Umweltrecht, München 1989; *ders.,* Unlauterkeitsrecht und Umweltschutz, FS Lersner, 1990, S. 181; *Köhler,* Der gerupfte Umweltengel oder die wettbewerbsrechtlichen Grenzen der umweltbezogenen Produktwerbung, in: Bräuer/Kloepfer/Marburger/Schröder (Hrsg.), Jahrbuch des Umwelt- und Technikrechts (UTR), 1990, S. 343; *ders.,* EG-Recht, nationales Wettbewerbsrecht und Verbraucherschutz, JuS 1993, 447; *ders.,* Die UWG-Novelle 2009, WRP 2009, 109; *ders./Lettl,* Das geltende europäische Lauterkeitsrecht, der Vorschlag für eine EG-Richtlinie über unlautere Geschäftspraktiken und die UWG-Reform, WRP 2003, 1019; *Kügele,* Wettbewerbsrechtliche Beurteilung von Kopplungsangeboten, GRUR 2006, 105; *Graf Lambsdorff,* Werbung mit Umweltschutz, 1993; *ders./Jäger,* Die individuelle Verantwortlichkeit in der umweltbezogenen Werbung, BB 1992, 2297; *Lappe,* Die wettbewerbsrechtliche Beurteilung der Umweltwerbung, 1995; *ders.,* Lauterkeitsrechtliche Aspekte der Kennzeichnung von Produkten mit Hilfe des „Grünen Punktes", BB 1992, 1661; *ders.,* Zur ökologischen Instrumentalisierbarkeit des Wettbewerbsrechts, WRP 1995, 170; *Leisner,* Der mündige Verbraucher in der Rechtsprechung des EuGH, EuZW 1991, 498; *Lettl,* Der Schutz der Verbraucher nach der UWG-Reform, GRUR 2004, 449; *Lindacher,* Funktionsfähiger Wettbewerb als Final- und Beschränkungsgrund des lauterkeitsrechtlichen Irreführungsverbots, FS Nirk, 1992, S. 587; *ders.,* Kurzkommentar zum Urteil des OLG Köln vom 21. 2. 92–6 U 100/91 – JZ 1993, 101; *Lübbe-Wolff,* Rechtsprobleme der behördlichen Umweltberatung, NJW 1987, 2705; *Menke,* Die moderne informationsökonomische Theorie der Werbung und ihre Bedeutung für das Wettbewerbsrecht, dargestellt am Beispiel der vergleichenden Werbung, GRUR 1993, 718; *ders.,* Zur Fallgruppe „Gefühlsbetonte Werbung", GRUR 1995, 534; *Alfred Hagen Meyer,* Bemerkungen zur MARS-Entscheidung des EuGH, GRUR Int. 1996, 98; *ders.,* Das Verbraucherleitbild des Europäischen Gerichtshofs – Abkehr vom „flüchtigen Verbraucher", WRP 1993, 215; *Micklitz,* Umweltwerbung im Binnenmarkt, WRP 1995, 1014; *ders./Keßler,* Europäisches Lauterkeitsrecht – Dogmatische und Ökonomische Aspekte einer Harmonisierung des Wettbewerbsverhaltensrechts im europäischen Binnenmarkt, GRUR Int. 2002, 885; *E. Müller,* Umweltzeichen, in: Kimminich (Hrsg.), Handwörterbuch des Umweltrechts, 1988, S. 941; *Nacken,* Fahrpreiserstattung, WRP 1991, 212; *Neveling,* Produktinnovation durch Umweltzeichen, 2000; *Oelrichs,* Naturbezogene Werbung für Lebensmittel – gestern, heute und morgen, WRP 2004, 863; *Piper,* Fahrpreiserstattung und Kundenbeförderung als Werbemittel, GRUR 1993, 276; *Reichold,* Lauterkeitsrecht als Sonderdeliktsrecht. Zur Rolle zivilistischen Denkens bei der Anwendung von § 1 UWG, AcP 193 (1993), 204; *Rohnke,* Werbung mit Umweltschutz, GRUR 1988, 667; *Roller,* Der „Blaue Engel" und die „Europäische Blume", EuZW 1992, 499; *Sack,* Staatliche Werbebeschränkungen und die Art. 30 und 59 EG-Vertrag, WRP 1998, 103; *Scherer,* Ein europäisches Umweltzeichen steht ins Haus, RIW 1990, 908; *Schricker,* Deregulierung im Recht des unlauteren Wettbewerbs?, GRUR Int. 1994,

586; *ders.*, Möglichkeiten zur Verbesserung des Schutzes der Verbraucher und des funktionsfähigen Wettbewerbs im Recht des unlauteren Wettbewerbs, ZHR 139 (1975), 208; *Seichter*, Das Regenwaldprojekt – Zum Abschied von der Fallgruppe der gefühlsbetonten Werbung, WRP 2007, 230; *Sosnitza*, Der Gesetzentwurf zur Umsetzung der Richtlinie übe runlautere Geschäftspraktiken, WRP 2008, 1014; *Spätgens*, Umwelt und Wettbewerb – Stand der Dinge, FS Vieregge, 1995, S. 813; *Steinbeck*, Die Zukunft der aggressiven Geschäftspraktiken, WRP 2008, 865; *Steindorff*, Unlauterer Wettbewerb im System des EG-Rechts, WRP 1993, 139; *Strauch*, Zur wettbewerbsrechtlichen Zulässigkeit von sog. „Bio-Werbung" gem § 3, WRP 1992, 540; *Streinz*, Gibt es eine europäische Verkehrsauffassung, ZLR 1991, 242; *ders./Leible*, 10% mehr Eiskrem für alle! Anmerkungen zum Urteil des EuGH vom 6. Juli 1995, ZIP 1995, 1236; *Tilmann/Ohde*, Die Mindestirreführungsquote im Wettbewerbsrecht und im Gesundheitsrecht, GRUR 1989, 229; *Traub*, Probleme der Interessenabwägung bei Anwendung des § 3, FS Nirk, 1992, S. 1017; *Ulbrich*, Der BGH auf dem Weg zum normativen Verbraucherleitbild, WRP 2005, 940; *van den Bergh/Lehmann*, Informationsökonomie und Verbraucherschutz im Wettbewerbs- und Warenzeichenrecht, GRUR Int. 1992, 588; *Völker*, Irreführende Umweltwerbung, 2000; *Voss*, Vereinbarkeit von nationalen Umweltzeichen mit Art. 30 EWGV, EWS 1993, 202; *Wenzel*, Nochmals: Fahrpreiserstattung, WRP 1991, 545; *Wiebe*, Zur „ökologischen Relevanz" des Wettbewerbsrechts, GRUR 1993, 798; *ders.*, Umweltschutz durch Wettbewerb – Das betriebliche Umweltschutzsystem der EG, NJW 1994, 289; *ders.*, „Super-Spar-Fahrkarten" für Versicherungskunden im Dienste des Umweltschutzes aus wettbewerbsrechtlicher Sicht, WRP 1995, 445; *Wimmer*, Ein Blauer Engel mit rechtlichen Macken BB 1989, 565; *Wölwer*, Zur Zulässigkeit der Werbung mit Umweltslogans und Umweltzeichen im deutschen und amerikanischen Recht, 1999; *Wuttke*, Neues zur wettbewerbsrechtlichen Relevanz und Interessenabwägung bei der irreführenden Werbung, WRP 2003, 839; *Zabel*, Die wettbewerbsrechtliche Zulässigkeit produktunabhängiger Image-Werbung, 1998.

A. Einleitung

Die Umweltwerbung gehört zu den Bereichen, in denen die deutsche Rechtsprechung 1
lange **besonders strenge Anforderungen** gestellt hat. Das zunehmende Umweltbewusstsein in der Bevölkerung führte dazu, dass umweltbezogene Eigenschaften von Produkten auch in Werbung und Marketing eine immer wichtigere Rolle spielten, ohne dass jedoch erwiesen ist, dass sich dies auch in einem entsprechenden Konsumverhalten niederschlägt.[1] In der Folge dieser Entwicklung wurden auch Gerichte zunehmend mit Fragen der Zulässigkeit solcher Werbeformen befasst, so dass sich eine eigene Fallgruppe herausgebildet hat.[2] Zulässigkeit und Grenzen für umweltbezogene Werbung sollen im Folgenden dargestellt und überprüft werden. In diesem Bereich hat auch Rechtsprechung des EuGH zu Art. 28ff EG und zur Irreführungsrichtlinie großen Einfluss ausgeübt.[3]

Die Umweltwerbung ist auch im Kontext einer zunehmenden Nutzbarmachung von 2
Instrumenten **indirekter Steuerung** zu sehen, die sich wettbewerbsimmanent marktwirtschaftliche Mechanismen zunutze machen, um zu einem ökologisch verträglicheren Wirtschaften zu gelangen.[4] Dazu dient auch die Vermittlung verschiedener Arten umweltbezogener Information.[5] Hier war die EG-Umweltpolitik Vorreiter.[6] Bei der Umweltwerbung wird solche Information durch private Anbieter vermittelt, während der Staat durch das Lauterkeitsrecht regulierend eingreift.

---

[1] Vgl. *Wölwer* S. 11ff. Vgl. ferner *Graf Lambsdorff/Jäger* BB 1992, 2297ff; *Kloepfer* FS Lersner S. 181, 186f; *Ewert* S. 58ff.

[2] Vgl. Hefermehl/Köhler/*Bornkamm* UWG § 5 Rn 4.162ff; Großkomm/*Lindacher* UWG § 3 Rn 705ff. Einen Überblick zur Rechtsprechung gibt auch *Lappe* S. 26ff.

[3] Vgl. nur *Völker* Irreführende Umweltwerbung S. 177ff; vgl. ferner den Überblick zur Rechtsangleichung im Lauterkeitsrecht bei *Köhler/Lettl* WRP 2003, 1019ff; *Micklitz/Keßler* GRUR Int. 2002, 885.

[4] Vgl. *Kloepfer* Umweltrecht § 4 D. Zum Umweltzeichen als Steuerungsinstrument vgl. *Neveling* S. 39ff.

[5] Vgl. *Keßler* WRP 1988, 714, 717ff mwN; *Kloepfer* FS Lersner S. 181, 192; *Graf Lambsdorff/Jäger* BB 1992, 2297, 2298; *Ebert-Weidenfellner* GRUR 1992, 94, 100. Zur „Verhaltenssteuerung durch Information" im Umweltrecht vgl. *Lübbe-Wolff* NJW 1987, 2705ff.

[6] Vgl. etwa das Umweltzeichen der EG, Verordnung des Rates Nr. 880/92 vom 23. 3. 1992, ABl. EG Nr. L 99 vom 11. 4. 1992, S. 1, sowie das betriebliche Umweltschutzsystem der EG, Verordnung des Rates vom 29. 7. 1993, ABl. EG Nr. L 168 vom 10. 7. 1993, S. 93; dazu auch *Wiebe* NJW 1994, 289ff.

I. Formen der Umweltwerbung

3 Die **Erscheinungsformen,** die unter dem Begriff der Umweltwerbung zusammen gefasst werden, umfassen einen weiten Bereich von Werbeformen und sind durch ihren inhaltlichen Bezug auf Umweltfreundlichkeit gekennzeichnet. Mit Blick auf die rechtliche Bewertung lässt sich zunächst eine erste grobe Einteilung in produktbezogene Werbung einerseits und produktunabhängige bzw. eher unternehmensbezogene Werbung andererseits durchführen.[7]

4 Zur **produktbezogenen** Werbung sind zunächst die vielfältigen Formen von Umweltschlagworten zu rechnen, mit denen die Produktqualität in Bezug auf den gesamten Lebenszyklus des Produkts gekennzeichnet werden soll. Dazu gehören Bezeichnungen wie „umweltfreundlich", „umweltentlastend", „umweltverträglich", „biologisch", „frei von …", „Natur-", „bio-", „öko-", „Natur-". Meist mit Produktbezug verwendet werden Umweltzeichen, allerdings gibt es auch unternehmensbezogene Zeichen, wie das Öko-Audit.[8]

5 Zur **unternehmensbezogenen** Werbung kann man zunächst die Imagewerbung rechnen, bei der versucht wird, über konkrete Produkteigenschaften hinaus dem Unternehmen ein Image von Umweltfreundlichkeit bei der Marktgegenseite zu verschaffen. Dabei kann auch ein Produktbezug eingesetzt werden. Diese Art der unternehmensbezogenen Werbung hat durch die „Benetton"-Entscheidungen von BGH und BVerfG eine besondere Aufmerksamkeit und weitere Ausformung erhalten. Eine nach wie vor sehr aktuelle Form der Umweltwerbung ist das Umweltsponsoring, bei dem meist der Einsatz des Unternehmens für die Umwelt durch Unterstützung Dritter hervorgehoben wird.[9] Zu den in diese Gruppe fallenden Werbemaßnahmen gehört auch die Herstellung des Umweltbezugs durch die Gewährung besonderer Nebenleistungen, wie die Rückerstattung der Fahrtkosten für öffentliche Verkehrsmittel oder das Angebot einer umweltgerechten Entsorgung. Schließlich kann man als weitere Erscheinungsform die Werbung mit Umweltappellen unterscheiden, bei der der Umworbene durch seine Kaufentscheidung einen Beitrag zum Umweltschutz leisten soll. Dazu gehören auch in Abgrenzung zum Sponsoring die Fälle, in denen ein Teil des Erlöses direkt an den geförderten Zweck abgeführt wird.[10]

II. Systematischer Überblick

6 Die Vielfalt der Formen umweltbezogener Werbung legt bereits nahe, dass in der rechtlichen Bewertung unterschiedliche Problembereiche relevant sind und damit auch verschiedene Fallgruppen einschlägig sein können. Der Schwerpunkt der wettbewerbsrechtlichen Bewertung liegt auf dem Irreführungsverbot der §§ 5, 5a sowie dem Aspekt der unsachlichen Beeinflussung im Rahmen von §§ 3, 4. In Literatur und Rechtsprechung wird die Umweltwerbung überwiegend als Unterfall der gefühlsbetonten Werbung gesehen, und es wurden lange Zeit die strengen Grundsätze der Gesundheitswerbung angewandt.[11] Da es aber bei den heterogenen Formen der Umweltwerbung nicht nur um eine „Ablenkung" der Verbraucher von der „eigentlichen" Leistung geht, erscheint eine gegenstandsbezogene **eigenständige** wettbewerbsrechtliche **Einordnung** durchaus sinnvoll.[12] Innerhalb der Fallgruppe sind angesichts der Vielfältigkeit der Werbeformen – wie bereits aufgezeigt – für die rechtliche Bewertung weitere Kategorien zu bilden.

---

[7] Vgl. insoweit auch *Lappe* S. 6 ff; *Graf Lambsdorff* Werbung mit Umweltschutz S. 44 ff; *Federhoff-Rink* S. 92 ff; *Ewert* S. 33 ff; *Wölwer* S. 20 ff.

[8] *Graf Lambsdorff* Werbung mit Umweltschutz S. 22 ff listet bereits 1993 über 30 verschiedene Zeichen mit Hinweis auf einen Umweltvorteil auf.

[9] Vgl. *Ewert* S. 46 ff.

[10] Vgl. *Ewert* S. 57.

[11] Vgl. BGH WRP 1989, 160 – Umweltengel; BGH GRUR 1991, 546 – Altpapier; *Wölwer* S. 16 f mwN.

[12] Vgl. auch *Fezer* JZ 1992, 443, 447; *Federhoff-Rink* S. 194 f.

Die parallel zur Gesundheitswerbung erfolgende Anwendung strenger Maßstäbe ist vor allem unter dem Gesichtspunkt kritisiert worden, dass die Gesundheitswerbung unmittelbar auf den menschlichen Körper und seine Gesundheit ziele, während dies bei der Umweltwerbung nicht der Fall sei.[13] Stellt man aber auf die Wirkung der Kommunikation ab, so lässt sich wohl die Betroffenheit durch die – wenn auch mittelbarere – Gefährdung der Lebensgrundlagen auf dem Hintergrund eines gestiegenen Umweltbewusstseins nicht grundsätzlich als geringer ansehen, zumal ja auch durchaus direkte Gesundheitsgefährdungen von Umweltbeeinträchtigungen ausgehen. Allerdings ist die Frage der Strenge der **anzuwendenden Maßstäbe** nunmehr vor dem Hintergrund der Entwicklung des europäischen Rechts zu sehen und neu zu bewerten, von der beide bisherigen Generalklauseln betroffen sind. 7

III. Europäisches Verbraucherleitbild

Die europäische Rechtsentwicklung im Wettbewerbsrecht war gekennzeichnet durch eine Konkretisierung und Festigung des **Verbraucherleitbilds.** Davon war im deutschen Recht vor allem die Auslegung des § 3 aF betroffen, aber auch die Maßstäbe im Rahmen der verschiedenen Fallgruppen von § 1 aF. Der BGH geht seit einiger Zeit vom Leitbild eines durchschnittlich informierten und verständigen Verbrauchers aus, wobei situationsbedingt ein differenzierter Aufmerksamkeitsmaßstab angelegt wird.[14] Dieses ist durch die UGP-RL für den Bereich B2C auch sekundärrechtlich festgeschrieben. 8

Mit der UWG-Reform 2004 hat der Gesetzgeber das nationale Recht an den Standard der Richtlinie angepasst.[15] Als Divergenz wurde vor allem die Frage angesehen, ob ein **normativer** oder ein auf das **tatsächliche Verständnis** abstellender Maßstab anzulegen sei.[16] Diese Diskussion verschleiert aber eher die Divergenz bei der Frage der anzuwendenden Maßstäbe.[17] Natürlich wandte auch der BGH in seiner früheren Rechtsprechung normative Maßstäbe an, wie die Durchführung einer Interessenabwägung zeigt.[18] Bei der Feststellung der Verkehrsauffassung handelt es sich danach ansonsten um Erfahrungswissen, das im Rahmen von § 286 ZPO im Zweifel mittels eines Sachverständigen zu ermitteln ist, der sich das erforderliche Fachwissen wiederum durch eine Meinungsumfrage verschaffen könne.[19] Ebenso wenig bestimmt der EuGH die Irreführungseignung rein normativ.[20] Er überlässt deren konkrete Feststellung dem nationalen Gericht, zumindest wenn er nicht über die erforderlichen Informationen verfügt und eine Entscheidung nach Aktenlage nicht zwingend erscheint; in besonderen Fällen lässt er sogar eine Verbraucherbefragung oder die Einholung eines Sachverständigengutachtens zu.[21] Damit überlässt er es wohl auch 9

[13] Vgl. *Federhoff-Rink* S. 196 f.

[14] BGH GRUR 2000, 619, 621 – Orientteppichmuster; BGH GRUR 2000, 820, 821 – Space Fidelity Peep-Show; BGH GRUR 2001, 1061, 1063 – Mitwohnzentrale.de; BGH GRUR 2001, 1166, 1169 – Fernflugreise; BGH GRUR 2002, 160, 162 – Warsteiner III; BGH GRUR 2002, 182, 183 – Das beste jeden Morgen; BGH WRP 2002, 977, 978 – Scanner-Werbung; BGH WRP 2003, 273 – Computerwerbung II; BGH WRP 2003, 379, 380 – Preis ohne Monitor; BGH WRP 2003, 361, 362 – Sparvorwahl; BGH GRUR 2004, 162, 163 – Mindestverzinsung; BGH WRP 2004, 339, 341 – Marktführerschaft; BGH GRUR 2004, 249, 251 – Umgekehrte Versteigerung im Internet; BGH GRUR 2005, 877, 879 – Werbung mit Testergebnis. Zum Maßstab und zum Wandel der Rechtsprechung vgl. MünchKomm/*Reese* UWG § 5 Rn 153 ff; *Piper/Ohly* UWG § 5 Rn 119 ff; *Lettl* GRUR 2004, 449, 453 ff.

[15] Vgl. nunmehr *Piper*/Ohly UWG § 5 Rn 46.

[16] Vgl. *Köhler/Piper* UWG, 3. Aufl., § 3 Rn 50 ff mwN.

[17] Vgl. auch Hefermehl/Köhler/*Bornkamm* UWG § 5 Rn 2.106 a f.

[18] Vgl. auch *Völker* S. 193; *Drexl* S. 414 f. Auf dem Weg von einem normativen zu einem empirischen Ansatz sieht den BGH *Ulbrich* WRP 2005, 940 ff.

[19] BGH WRP 2004, 339, 341 f – Marktführerschaft.

[20] AA *Ulbrich* WRP 2005, 940, 942.

[21] EuGH WRP 1998, 848, 851 – Gut Springenheide. In der Nissan-Entscheidung wurde auf eine „erhebliche Anzahl" von Verbrauchern abgestellt, jedoch wird diese Entscheidung überwiegend als Sonderfall interpretiert, vgl. *Piper*/Ohly UWG § 5 Rn 48. In EuGH GRUR Int. 2000, 756, 758 – naturrein, hat der EuGH die Irreführungsgefahr auf der Grundlage eines Vorlagebeschlusses selbst verneint.

dem nationalen Gericht, eine Irreführungsquote bzw. Aufgriffsschwelle festzulegen.[22] Allerdings ist die Zugrundelegung bisher üblicher Irreführungsquoten von 10–15% mit dem Leitbild des EuGH nicht vereinbar.[23]

IV. Reformen

10 Die **UWG-Reform** 2004[24] hat das UWG neu strukturiert, und war bereits im Hinblick auf die kommenden UGP-RL konzipiert. Die EG-**Richtlinie über unlautere Geschäftspraktiken** hat zumindest in ihrem auf den Bereich B2C beschränkten Anwendungsbereich weitere Änderungen gebracht.[25] Auch weil es sich bei der Richtlinie um eine Vollharmonisierung handelt, war eine weitere Überarbeitung des UWG notwendig. Die Umsetzung erfolgte durch Gesetz vom 30. 12. 2008, das zum 1. 1. 2009 in Kraft getreten ist.[26] Materiell ergeben sich daraus im Hinblick auf die für die Umweltwerbung maßgebenden Fallgruppen kaum gravierende **Änderungen.**[27] Nach § 3 setzt die Wettbewerbswidrigkeit nunmehr generell die Eignung zu einer spürbaren Beeinträchtigung des Wettbewerbs voraus. Dies wird im neu eingefügten § 3 Abs. 2 für geschäftliche Handlungen gegenüber Verbrauchern dahingehend präzisiert, dass die Eignung zur Beeinflussung des durchschnittlichen Verbrauchers oder eine durchschnittlichen Mitglieds der angesprochenen bestimmten Gruppe von Verbrauchern maßgeblich ist. Für den B2C-Bereich führt § 3 Abs. 2 den Maßstab der „fachlichen Sorgfalt" zur Konkretisierung der Generalklausel ein.[28] Viele der bisher unter § 1 aF erfassten Fallgruppen sind als Regelbeispiele in § 4 enthalten. Hier sind insbesondere Nr. 1 und 2 relevant, die Art. 8, 9 der Richtlinie abdecken.[29] Die nunmehr in den Anhang aufgenommene Geschäftspraktikenliste enthält nach § 3 Abs. 3 Wettbewerbshandlungen, die gegenüber Verbrauchern stets unzulässig sind.

11 § 5 enthält das Verbot der **irreführenden Werbung.**[30] In § 5 Abs. 1 Nr. 1 bis 7 werden geschäfts- und leistungsbezogene „Angaben" als Bezugspunkte der Irreführung aufgezählt, die bei der Beurteilung der Irreführung zu berücksichtigen sind. Dazu gehören die Zusammensetzung, Verfahren der Herstellung, Verwendungsmöglichkeit, Beschaffenheit nach Nr. 1 sowie Aussagen oder Symbole, die in Zusammenhang mit direktem oder indirektem Sponsoring stehen, nach Nr. 4. Nach § 5 Abs. 1 Nr. 6 gilt dies auch für Verhaltenskodices, zu deren Einhaltung sich der Unternehmer verpflichtet hat. Von steigender Bedeutung für die Umweltwerbung kann in der Zukunft die Absicherung von Verhaltenskodices[31] in der Weise sein, dass der Gewerbetreibende nicht fälschlicherweise behaupten darf, er gehöre zu den Unterzeichnern oder der Kodex sei von einer öffentlichen oder anderen Stelle gebilligt. Gleiches gilt von der Verwendung von Gütezeichen oder ähnlichen Qualitätskenn-

---

[22] BGH GRUR 2004, 162 – Mindestverzinsung, hat an der Maßgeblichkeit einer Irreführungsquote festgehalten; vgl. Hefermehl/Köhler/*Bornkamm* UWG § 5 Rn 2.106 a. Vgl. auch MünchKomm/*Reese* UWG § 5 Rn 174.

[23] Vgl. *Piper*/Ohly UWG § 5 Rn 49; *Völker* S. 156.

[24] Gesetz gegen den unlauteren Wettbewerb, vom 3. 7. 2004, BGBl. I S. 1414.

[25] Richtlinie 2005/29/EG des Europäischen Parlaments und des Rates vom 11. 5. 2005 über unlautere Geschäftspraktiken im binnenmarktinternen Geschäftsverkehr zwischen Unternehmen und Verbrauchern und zur Änderung der Richtlinie 84/450/EWG, 97/7/EG, 98/27/EG, 2002/65/EG des Europäischen Parlaments und des Rates sowie der Verordnung (EG) Nr. 2006/2004 des Europäischen Parlaments und des Rates, ABl. EG Nr. L 149 vom 11. 6. 2005, S. 22. Eingehend zum Richtlinienvorschlag und zur möglichen Umsetzung *Köhler/Lettl* WRP 2003, 1019 ff.

[26] Erstes Gesetz zur Änderung des Gesetzes gegen unlauteren Wettbewerb, BGBl. 2008 I S. 2949 ff.

[27] Referentenentwurf eines Ersten zur Änderung des Gesetzes gegen den unlauteren Wettbewerb vom 27. 7. 2007. S. auch den Überblick von *Köhler* WRP 2009, 109 ff.

[28] Dazu *Sosnitza* WRP 2008, 1014, 1018.

[29] Begründung IV. Umsetzungsbedarf Art. 8 und 9.

[30] Nach der Begründung, BT-Drucks. 15/1487 S. 17, 19, müssen bei den §§ 4, 5 jeweils alle Voraussetzungen des § 3 erfüllt sein; dabei soll aber vor allem die Verfolgung von Bagatellfällen ausgeschlossen werden und keine hohe Schwelle anzusetzen sein.

[31] Zur Definition Art. 2 lit. g UGP-RL bzw. § 2 Abs. 1 Nr. 5.

zeichen ohne Genehmigung. Beides ist durch die per se-Verbot von Anhang Nr. 1 bis 3 noch einmal besonders abgesichert. Dies kann die wettbewerbsrechtliche Durchsetzung der Lauterkeit der Verwendung von **Umweltzeichen** erhöhen.

§ 5 a regelt die **Irreführung durch Unterlassen,** wobei der jeweilige Umstand zur Beeinflussung der geschäftlichen Entscheidung geeignet sein muss, wobei § 5 Abs. 2 gegenüber Verbrauchern auch die Wesentlichkeit der Information fordert. Dies entspricht der bisherigen Rechtsprechung.[32] Zu berücksichtigen sind die Beschränkungen des jeweiligen Kommunikationsmediums. Für das Bestehen einer Aufklärungspflicht kommt es damit auf die Wesentlichkeit der Information für die Kaufentscheidung an. Nach Art. 7 Abs. 2 UGP-RL gilt auch die unklare, unverständliche oder zweideutige Bereitstellung solcher Informationen als irreführend, was im Besonderen für die Umweltwerbung relevant ist. Bei einer Aufforderung zum Kauf normiert Art. 7 Abs. 4 RL nicht abschließend bestimmte Aufklärungspflichten. In dieser Hinsicht wird durch die Beschränkung auf Waren- und Dienstleistungsangebote gegenüber Verbrauchern allgemeine marken- oder produktbezogene Aufmerksamkeitswerbung ausgeklammert. § 5 a Abs. 4 übernimmt die nach Art. 7 Abs. 5 RL vorgesehene lauterkeitsrechtliche Relevanz der im sekundären Gemeinschaftsrecht enthaltenen Informationsanforderungen. 12

Die Bestimmung des Anwendungsbereichs der Richtlinie ist einerseits weiter als der Begriff der Werbung in Art. 2 Nr. 1 der Irreführungsrichtlinie, als sie auch Verhaltensweisen nach Abschluss eines Vertrags erfasst. Andererseits beschränkt Art. 2 lit. d UGP-RL den **Anwendungsbereich** der RL auf „unmittelbar" dem Absatz dienendes Verhalten. Der deutsche Gesetzgeber hat in § 2 den Begriff „geschäftliche Handlung" gewählt und lediglich einen „objektiven Zusammenhang" zwischen Handlung und Förderung des Absatzes, Bezug von Waren oder Dienstleistungen oder Abschluss und Durchführung eines Vertrags gefordert. Damit wird ein weiter Anwendungsbereich des UWG jedenfalls für den Bereich B2B gesichert. Aber auch für den Bereich B2C entspricht die Anwendung im vorvertraglichen Bereich bei richtlinienkonformer Auslegung im Ergebnis der Anwendung des bisherigen Merkmals der Wettbewerbshandlung.[33] Das Merkmal des objektiven Zusammenhangs ersetzt nach § 2 Abs. 1 Nr. 1 die bisherige subjektive Komponente der Wettbewerbshandlung. Die Begründung stellt nunmehr klar, dass auch Sponsoring und Imagewerbung weiterhin in den Anwendungsbereich des Gesetzes fallen, wenn sie zur Beeinflussung der Verbraucherentscheidung geeignet sind.[34] Dies ist auch für **Umweltimagewerbung** und **Umweltsponsoring** anzunehmen. 13

B. Produktbezogene Umweltwerbung

I. §§ 5, 5 a

1. Entwicklung der Rechtsprechung

Die Rechtsprechung hat die produktbezogene Werbung mit Umweltschlagworten vor allem unter § 3 aF analysiert und hier parallel zur sog. „Gesundheitswerbung" **strenge Maßstäbe** angelegt.[35] Diese beruhten auf der „Anerkennung der Umwelt als eines wertvollen und schutzbedürftigen Gutes",[36] mit der sich ein verstärktes Umweltbewusstsein entwickelt habe, das wiederum dazu führe, dass entsprechend bezeichnete Waren vom Ver- 14

---

[32] Vgl. Hefermehl/Köhler/*Bornkamm* UWG § 5 Rn 2.44 ff mwN.

[33] Vgl. *Köhler* WRP 2009, 109, 110.

[34] Begründung B. Besonderer Teil, zu § 2 Abs. 1 S. 40.

[35] Vgl. die Nachweise bei *Völker* S. 54 ff, 136 f; *Wölwer* S. 31 f.

[36] Vgl. BGH WRP 1989, 160, 162 – Umweltengel; BGH WRP 1989, 163, 164 – „... aus Altpapier"; BGH GRUR 1991, 550, 551 – Zaunlasur. Vgl. auch OLG Frankfurt WRP 1989, 252, 253; KG WRP 1991, 30, 31.

kehr bevorzugt würden.[37] Ein wichtiger Aspekt dabei sei es, dass umweltschutzbezogene Werbung besonders emotionale Bereiche im Menschen anspreche, von der Besorgnis über die eigene Gesundheit bis zum Verantwortungsgefühl für spätere Generationen. Demgegenüber seien die verwendeten Zeichen und Begriffe in ihrer Bedeutung im Einzelnen noch weitgehend unklar, und überdies seien die beworbenen Produkte meist nicht insgesamt, sondern nur in Teilbereichen weniger umweltschädlich als andere Produkte. Daraus ergebe sich ein gesteigertes Aufklärungsbedürfnis über die Bedeutung der verwendeten Begriffe und Zeichen, so dass bei der Werbung deutlich sichtbare aufklärende Hinweise zu verwenden seien, deren Umfang sich aus der Art der Produkte und dem Grad und Ausmaß von deren „Umweltfreundlichkeit" ergebe.[38]

15 Seit 1994 hat sich jedoch eine **Abkehr** von den zuvor angelegten strengen Maßstäben vollzogen. Bei der Bestimmung des zugrunde zu legenden Verständnisses der Verbraucher wird eine gewisse Aufgeklärtheit der Verbraucher über grundsätzlich umweltschädliche Wirkungen bestimmter Produkte voraus gesetzt.[39] Auch hob der BGH die Schwelle für die Annahme einer mehrdeutigen Angabe, die Aufklärungspflichten zur Folge habe, da § 3 aF grundsätzlich kein Informationsgebot begründe.[40] Die Suggestivkraft auf einzelne Eigenschaften bezogener Begriffe wurde gegenüber pauschalen Angaben wie „umweltfreundlich" oder „bio" differenziert beurteilt.[41] Mit dem Übergehen auf das **europäische Verbraucherleitbild** hat sich dieser Trend dann weiter verstärkt, so dass man auch für die Umweltwerbung von einem Einschnitt sprechen kann[42] Im folgenden ist die Zulässigkeit produktbezogener Umweltwerbung nach den veränderten Maßstäben sowie den Novellen zum UWG zu untersuchen.

2. Angaben

16 § 5 Abs. 2 geht von der Anknüpfung an irreführende geschäftliche Handlungen aus, stellt aber den Begriff der Angabe in den Mittelpunkt, so dass gegenüber dem früheren Recht kein sachlicher Unterschied besteht.[43] Bei den in der Umweltwerbung verwendeten Begriffen handelt es sich um Angaben über Merkmale, nämlich die **Beschaffenheit** der damit beworbenen Produkte und von der Verwendung zu erwartende Ergebnisse.[44] Da sich Eigenschaften und Wirkungen aber auch aus der stofflichen Zusammensetzung eines Produkts ergeben, lassen sich umweltbezogene Begriffe zumindest als Angaben über die Produktzusammensetzung verstehen.[45] Darüber hinaus sind von den in § 5 Abs. 1 Nr. 1 aufgeführten Merkmalen für die produktbezogene Umweltwerbung das Verfahren der Herstellung und die Verwendungsmöglichkeit von Bedeutung. Zu beachten bleibt das Relevanzerfordernis des § 3 Abs. 1, 2.

---

[37] Vgl. BGH WRP 1989, 160, 162 – Umweltengel; BGH WRP 1989, 163, 164 – „... aus Altpapier".

[38] Vgl. BGH WRP 1989, 160, 162 – Umweltengel; BGH WRP 1989, 163, 164 – „... aus Altpapier"; OLG Frankfurt WRP 1989, 252, 253; OLG Köln GRUR, 1988, 51, 52; OLG Köln GRUR 1988, 630, 631; KG WRP 1991, 30, 31 f; OLG Stuttgart WRP 1991, 194, 195.

[39] Vgl. BGH 1994, 828, 829 – Unipor-Ziegel; BGH GRUR 1997, 306 – Naturkind; BGH WRP 1997, 724, 726 – Ha-Ra.

[40] Vgl. BGH WRP 1996, 290 – Umweltfreundliches Bauen.

[41] Vgl. BGH GRUR 1996, 985, 986f – PVC-frei.

[42] Vgl. BGH GRUR 2002, 982, 984 – Die Steinzeit ist vorbei; EuGH GRUR Int. 2000, 756, 758 – naturrein. Weitere Nachweise → Rn 8.

[43] Hefermehl/Köhler/*Bornkamm* UWG § 5 Rn 2.24; *Piper*/Ohly UWG § 5 Rn 84.

[44] Vgl. BGH WRP 1989, 160, 161 – Umweltengel; OLG Düsseldorf GRUR 1988, 55, 58; LG Köln GRUR 1988, 55, jeweils für „umweltfreundlich"; BGH GRUR 1991, 550 – Zaunlasur, für die Aussage „Vorbei sind die Zeiten, da der Zaunanstrich ... mit umweltgefährdenden Inhaltsstoffen verbunden war"; OLG Düsseldorf GRUR 1988, 55, 56 für „Bio" und „BioFix".

[45] Vgl. *Wölwer* S. 23f. Diesen Zusammenhang hat das OLG Frankfurt WRP 1989, 252, 253 für die Angabe „biologisch düngen", herausgearbeitet, auf dem Hintergrund, dass sich eine unterschiedliche Beurteilung im Hinblick auf die Irreführungsgefahr ergeben kann. Vgl. auch OLG Nürnberg GRUR 1989, 128.

17 Mit dem Abstellen auf eine im Kern „als nachprüfbar hingestellte Tatsachenbehauptung“[46] bei der Abgrenzung zu Werturteilen und Meinungsäußerungen erhält das Irreführungsverbot einen weiten Anwendungsbereich.[47] Dass aber auch hier nach der neueren Rechtsprechung die **Grenzen** des Anwendungsbereichs überschritten sein können, zeigt eine neuere BGH-Entscheidung.[48] Dort hatte ein Hersteller von ökologischen Häusern in Holzbauweise geworben mit dem Slogan „Die Steinzeit ist vorbei!“. Zwar sah das Gericht darin zunächst eine Sachaussage, wobei das Wort „Steinzeit“ im Sinne eines Vergleichs zur Steinbauweise gebraucht werde. Doch werde der durchschnittlich informierte und verständige Verbraucher vor allem das Wortspiel und den Sprachwitz erkennen und den Satz nicht als Sachaussage dahingehend verstehen, dass die Steinbauweise antiquiert und überholt sei, da der Verbraucher wisse, dass diese Bauweise nach wie vor die herkömmliche sei.[49] Das europäische Verbraucherleitbild wirkt sich also bereits bei der Anfangsfrage aus, ob eine prüfungsrelevante Werbeaussage vorliegt. Dies sollte aber nicht dazu führen, dass auch allgemeine Umweltbegriffe wie „umweltfreundlich“ nur noch als Aufmerksamkeitswerbung ohne Sachangabe betrachtet werden.[50]

3. Irreführung

18 Die Prüfung, inwieweit die angeführten Angaben **unwahr** sind oder sonstige **Täuschungseignung** im Sinne von §§ 3, 5 Abs. 1 begründen,[51] gliedert sich in zwei Teile: zunächst ist zu ermitteln, welche Bedeutung eine Werbeaussage nach dem Verständnis eines durchschnittlich informierten und verständigen Verbrauchers hat, der zu den angesprochenen Verkehrskreisen gehört.[52] Diese ist dann den wirklichen Verhältnissen gegenüberzustellen, und eine Divergenz begründet eine Irreführungsgefahr. Dabei wird meist auf den Letztverbraucher abgestellt, auch dann, wenn der Hersteller selbst nur an Groß- und Einzelhändler oder Werkstätten liefert, wenn nicht ausgeschlossen werden kann, dass auch in diesen Fällen Endverbraucher die jeweiligen Produkte erwerben und diese letztendlich auch zu den Werbeadressaten gehören.[53] Die Irreführungsgefahr schließt auch das tatsächliche Vorkommen von Täuschungen mit ein. Beim ersten Schritt haben sich verschieden strenge Interpretationsarten herausgebildet.

19 **a) Verbraucherleitbild.** Nach der **früheren Rechtsprechung des BGH** kam es für die Feststellung der Irreführungsgefahr auf die Höhe desjenigen Anteils der angesprochenen Verkehrskreise an, der als beachtlich angesehen werden kann. Hier wurden, ähnlich wie bei der Gesundheitswerbung, wegen der besonderen Bedeutung für die Kaufentscheidung und des starken Ansprechens emotionaler Bereiche im Menschen sehr geringe Anteile für beachtlich angesehen.[54] In Parallele zur Gesundheitswerbung sollten bereits 5–6% ausreichen.[55] Die Rechtsprechung war mit der Festlegung konkreter Irreführungsquoten zurückhaltend. Das Landgericht Köln ging von einem Anteil von 10–12% als nicht mehr unerheblich aus.[56]

---

[46] Hefermehl/Köhler/*Bornkamm* UWG § 5 Rn 2.23 ff.

[47] Vgl. etwa *van den Berg/Lehmann* GRUR Int. 1992, 558, 596.

[48] BGH GRUR 2002, 982 – Die Steinzeit ist vorbei.

[49] BGH GRUR 2002, 982, 984 – Die Steinzeit ist vorbei.

[50] In diese Richtung aber wohl *Brandner* FS v. Gamm S. 31.

[51] Vgl. *Köhler/Lettl* WRP 2003, 1019, 1052. Auch unwahre Angaben sind nur dann irreführend, wenn sie Täuschungseignung aufweisen, vgl. *Sosnitza* WRP 2008, 1014, 1028.

[52] Vgl. *Piper*/Ohly UWG § 5 Rn 114 ff. Zum Verbraucherleitbild → Rn 9.

[53] Vgl. OLG Stuttgart NJW-RR 1989, 556; OLG Köln GRUR 1988, 630, 631. Vgl. ferner *Borck* WRP 1985, 63, 65.

[54] Vgl. *Hösl* S. 719 ff mwN; Hefermehl/Köhler/*Bornkamm* UWG § 5 Rn 2.104. Zur Gleichsetzung mit der Gesundheitswerbung vgl. KG WRP 1991, 30, 31; BGH WRP 1989, 161, 162 – Umweltwerbung. Allgemein zur Festlegung der Irreführungsquoten vgl. *Tilmann/Ohde* GRUR 1989, 229 ff, 301 ff.

[55] Vgl. *Köhler* UTR 1990, 343, 350; *Graf Lambsdorff/Jäger* BB 1992, 2297, 2302; *Hefermehl* FS GRUR II S. 897, 921.

[56] Vgl. LG Köln GRUR 1988, 55, 56. Demgegenüber soll es nach OLG Stuttgart WRP 1993, 629, 630, auf eine „uninformierte“ Minderheit nicht mehr ankommen.

20 Die Zugrundelegung solch **niedriger Quoten** ist aus einer wertenden Festlegung des Merkmals der Irreführung im Rahmen einer Bewertung der zu schützenden Interessen der Verbraucher und Mitbewerber zu erklären. In diese gingen nicht nur die zahlenmäßige Größe des irregeführten Verkehrsanteils, sondern auch das Gewicht der zu schützenden Interessen der Verbraucher und Mitbewerber und der Werbewirksamkeit der Angabe ein.[57] Die Rechtsprechung bezog bei der Gesundheitswerbung auch das Allgemeininteresse, etwa am vorbeugenden Gesundheitsschutz, mit ein.[58] Eine wichtige Rolle spielte dabei die Bedeutung der Information im Hinblick auf die Gefährdung wichtiger Güter wie Gesundheit und Umwelt. Geht es um Produkteigenschaften, die der Verbraucher auch bei mehrmaligem Kauf nicht verifizieren kann, ist er in besonderem Maße auf den Schutz seines Vertrauens in die Werbeangaben angewiesen.[59] Je größer danach das Interesse an der Täuschungsfreiheit der betreffenden Information ist, desto geringer soll der zugrunde zu legende Anteil der tatsächlich irregeführten Werbeadressaten sein.[60]

21 Bereits die allgemein niedrige Irreführungsquote war der **Kritik** ausgesetzt, dass sie angesichts der Bevölkerungsstruktur eine sachliche Information unmöglich mache und damit dem Zweck des Irreführungsverbots im Wettbewerb zuwider liefe.[61] Im Besonderen galt die Kritik aber auch den niedrigen Quoten bei der Umweltwerbung.[62] Mit der Entwicklung eines **europäischen Verbraucherleitbilds** durch den EuGH und dessen zunehmendem Einfluss auf das nationale Lauterkeitsrecht waren die geringen Irreführungsquoten nicht mehr haltbar.[63] Der EuGH hat Werbeverbote einer Kontrolle anhand Art. 28 ff EG unterzogen. Auch soweit Werberegelungen nach der „Keck"-Rechtsprechung als Verkaufsmodalität anzusehen sind, kann eine Benachteiligung ausländischer Anbieter in Betracht kommen.[64] Mit dem Umschwenken auf ein europäisches Verbraucherleitbild ist dieses nunmehr generell der Feststellung einer Irreführungsgefahr zugrunde zu legen.[65]

22 Danach ist abzustellen auf den durchschnittlich informierten, aufmerksamen und verständigen Durchschnittsverbraucher.[66] Dabei unterscheidet der BGH im Hinblick auf den

---

[57] Vgl. BGH GRUR 1966, 445, 449 f – Glutamal; *v. Gamm* Wettbewerbsrecht Kap. 36 Rn 46. Vertreten wird auch, die Interessenabwägung entweder innerhalb der Festlegung der Irreführungsgefahr oder als nachgeschaltete Abwägung durchzuführen, vgl. Großkomm/*Lindacher* UWG § 3 Rn 246 ff. Zu den vielfältigen methodischen Auffassungen auch *Hösl* S. 59 ff, der die Prüfung systematisch unterteilt in Feststellung des Quorums, Bewertung der geschützten Interessen und Abwägung unter Einbeziehung anderer beteiligter Interessen.

[58] Vgl. BGH GRUR 1966, 445, 449 – Gluatamal; *Keßler* WRP 1988, 714, 720 f.

[59] Aus ökonomischer Sicht besteht hier die Möglichkeit hoher Opportunismusprämien für den Werbenden durch Vortäuschen besserer Qualität, vgl. *Schäfer/Ott* S. 461 ff; *van den Bergh/Lehmann* GRUR Int. 1992, 588, 591 ff; *Menke* GRUR 1993, 718, 721.

[60] Vgl. *Borck* WRP 1985, 63, 65.

[61] Vgl. *Emmerich* S. 202 ff mwN. Vgl. ferner Großkomm/*Lindacher* UWG § 3 Rn 100 ff mwN; *Schünemann* S. 137 f; *Hösl* S. 125 f.

[62] Vgl. *Strauch* WRP 1992, 540, 541.

[63] Vgl. *Ackermann* WRP 1996, 502 ff; *Heermann* WRP 1999, 381; *Kieninger* EWS 1998, 277; *Sack* WRP 1998, 103; *Meyer* GRUR Int. 1996, 98; *Streinz/Leible* ZIP 1995, 1236; *Fezer* JZ 1994, 317; *Steindorff* WRP 1993, 139, 148 f; *Köhler* JuS 1993, 447, 449; *Leisner* EuZW 1991, 498, 500 ff; *Streinz* ZLR 1991, 242 ff; *Meyer* WRP 1993, 215, 221 ff mwN; EuGH Rs. C-238/89, Slg. 1990, I-4827, 4849 = WRP 1991, 562, 563 – Pall/Dallhausen; EuGH Rs. C-362/88, Slg. 1990, I-667, 688 = GRUR Int. 1990, 955, 965 – GB-Inno-BM; EuGH Rs. 126/91, Slg. 1993, I-2361 – Yves Rocher; EuGH Rs. C-373/90, WRP 1993, 233, 234 – Nissan; EuGH Rs. 315/92, Slg. 1994, I-317 – Clinique; EuGH Rs. 470/93, Slg. 1995, I-1923 – Mars; EuGH Rs. 292/92, Slg. 1993, I-6787 – Hünermund; EuGH Slg. 2000, I-117 – Lifting-Creme. Zur Rechtsprechung nach Art. 2 der IrreführungsRL vgl. *Beater* ZeuP 2003, 11; *Micklitz/Keßler* GRUR Int. 2002, 885; *Henning-Bodewig* WRP 2001, 771.

[64] Vgl. *Völker* S. 253 ff sowie EuGH Rs. 34–36/95, Slg. 1997, I-3875 – De Agostini. Zur Einordnung als Verkaufsmodalität EuGH Slg. 1997, I-3689 – Familiapress; EuGH Slg. 2001, I-1795 – Gourmet International. Im Hinblick auf Art. 49 EG EuGH Slg. 1995, I-1141 – Alpine Investments. Für Umweltwerbung vgl. *Micklitz* WRP 1995, 1014, 1018.

[65] Zur Diskussion um die Frage, ob es sich um ein „normatives" oder „empirisches" Leitbild handele, → Rn 9.

[66] EuGH Slg. 1998, I-4657 – Gut Springenheide; EuGH Rs. C-303/97, Slg. 1999, I-513 – Sektkellerei Kessler; EuGH Slg. 2000, I-117 – Lifting-Creme. Gleichlautend auch die Definition in Art. 2 lit. b RL über unlautere Geschäftspraktiken. Eingehend dazu *Lettl* GRUR 2004, 449, 453 ff.

jeweils anzulegenden Maßstab an Aufmerksamkeit situationsbezogen auch anhand des Werts der Kaufgegenstands.[67] Dies erscheint insoweit zulässig, als der EuGH die konkrete Feststellung der Irreführungsgefahr dem **nationalen Gericht** überlässt, zumindest wenn er nicht über die erforderlichen Informationen verfügt und eine Entscheidung nach Aktenlage nicht zwingend erscheint;. In besonderen Fällen lässt dieser sogar eine Verbraucherbefragung oder die Einholung eines Sachverständigengutachtens zu.[68] Dies schließt auch ein national abweichendes Verständnis bestimmter Begriffe aufgrund sozialer, kultureller oder sprachlicher Eigenheiten ein. Damit obliegt es wohl auch dem nationalen Gericht, eine Irreführungsquote bzw. Aufgriffsschwelle festzulegen.[69]

In der Entscheidung „naturrein" hat der EuGH die Irreführungsgefahr auf der Grundlage eines Vorlagebeschlusses selbst verneint.[70] Die Entscheidung gibt wichtige Anhaltspunkte für die Bestimmung des maßgebenden Verbraucherverständnisses bei **umweltbezogenen Angaben.** Dabei ging es um die Frage, ob die Bezeichnung einer Konfitüre als „naturrein" gegen das Irreführungsverbot in der Irreführungsrichtlinie verstößt, wenn die Konfitüre Rückstände von Blei, Cadmium und Pestiziden enthält. Das Gericht folgte nicht der Auffassung, dass diese Bezeichnung beinhalte, dass es sich um ein reines Naturerzeugnis handele, das keinerlei Verunreinigung oder Fremdstoffe aufweise. Es sei unstreitig, dass Blei und Cadmium infolge der Verschmutzung von Luft und Wasser in der natürlichen Umwelt vorhanden seien. Da Gartenfrüchte in der natürlichen Umwelt angebaut würden, seien sie auch zwangsläufig den dort vorhandenen Schadstoffen ausgesetzt. Die Anwendung von Pestiziden sei auch bei Privatleuten die gebräuchlichste Form der Schädlingsbekämpfung bei Obst und Gemüse. Damit beinhalte auch der natürliche Anbau von Gartenerdbeeren das Vorhandensein von Pestizidrückständen. Die gemessenen Rückstände lagen weit unter den Grenzwerten. Nur bei einem erhöhten Grad an Rückständen könne aber eine Irreführungsgefahr begründet werden. 23

Von Bedeutung ist auch die Feststellung des Gerichts, dass es nicht maßgebend ist, wenn „in Einzelfällen Verbraucher diese Tatsache nicht beachten und irregeführt werden sollten", da diese Gefahr unter den gegebenen Umständen gering sei und daher kein Hemmnis für den innergemeinschaftlichen Handel darstellen könne.[71] Danach scheint auch eine **Abkehr** von der Entscheidung anhand **von Irreführungsquoten** zulässig oder vielleicht sogar geboten, und ein Abstellen allein auf den Durchschnittsverbraucher, der so etwas wie die Mehrheit repräsentiert.[72] Minderheiten von Verbrauchern, die ein abweichendes irreführendes Verständnis haben, sind im Regelfall zu ignorieren. Nur unter besonderen Umständen kann dann eine Interessenabwägung zu einem anderen Ergebnis führen. 24

b) Absolute Umweltfreundlichkeit. Vor allem die frühe Rechtsprechung im Bereich der Umweltwerbung hat auf ein Verständnis im Sinne einer **„absoluten"** Umweltfreundlichkeit abgestellt. Auf der Basis des früheren Verbraucherleitbilds stellten die Gerichte fest, dass ein nicht unbeachtlicher Teil der angesprochenen Verkehrskreise die betreffenden Aussagen in diesem Sinne verstehe.[73] So entnahm der BGH der Aussage „Vorbei sind die Zeiten, da der Zaunanstrich mit diversen umweltgefährdenden Inhaltsstoffen verbunden war" im Zusammenhang mit der vorangegangenen Aussage, dass inzwischen auch mit umweltfreundlichen Produkten gestrichen werden könne, das Verständnis, die fragliche Zaunlasur 25

---

[67] Vgl. die Nachweise → Rn 8. *Kiefer* S. 119 sieht insoweit keinen Unterschied zur früheren Rechtsprechung des BGH.

[68] EuGH WRP 1998, 848, 851 – Gut Springenheide; EuGH Slg. 2000, I-117 – Lifting-Creme.

[69] Vgl. *Piper*/Ohly UWG § 5 Rn 140 ff.

[70] EuGH GRUR Int. 2000, 756, 758 – naturrein; dazu *Oelrichs* WRP 2004, 863 ff.

[71] EuGH GRUR Int. 2000, 756, 758 – naturrein. Auch der BGH hat festgestellt, dass eine abweichende Auffassung einer Minderheit zu vernachlässigen sei, vgl. BGH GRUR 2002, 550, 552 – Elternbriefe; BGH GRUR 2002, 619, 621 – Orient-Teppichmuster. Vgl. BGH GRUR 2004, 613, 614 f. – Schlauchbeutel, wobei der BGH dies im Rahmen einer Interessenabwägung berücksichtigte.

[72] Dies entspricht auch den überwiegend in den nationalen Rechtsordnungen in Europa angelegten Maßstäben vgl. *Ackermann* WRP 1996, 502, 508 ff.

[73] Vgl. die ausführliche Übersicht der Rechtsprechung bei *Völker* S. 83 ff.

enthalte nunmehr keinerlei umweltschädliche Stoffe mehr.[74] Für die Verwendung des „Blauen Engels" mit dem Hinweis „Das Zeichen für Umweltverträglichkeit" wurde ein Verständnis im Sinne „absoluter" Umweltverträglichkeit zugrunde gelegt.[75] Gleiches wurde für die Bezeichnung „umweltfreundlich" angenommen.[76] Für den Zusatz „Bio" im Zusammenhang mit einem WC-Reiniger wurde davon ausgegangen, dieser enthalte keine chemischen, sondern nur natürliche Stoffe und wirke deshalb biologisch.[77] Dafür konnte sich das Gericht auf mehrere Verkehrsbefragungen mit einem entsprechenden Anteil von 10% bzw. 12% stützen. Für die Angabe „biologisch abbaubar" wurde ein Verständnis von vollständiger Abbaubarkeit zugrunde gelegt,[78] und für die Angabe „biologisch düngen" eine Zusammensetzung frei von chemischen Bestandteilen.[79] Ein ähnliches absolutes Verständnis wurde für die Begriffe „Natur" und „natürlich" zugrunde gelegt.[80] Teilweise wurde auch argumentiert, ein steigendes Umweltbewusstsein habe auch steigende Erwartungen an die Freiheit von Umweltbelastung mit sich bringe.[81]

26 In diese Richtung ging auch eine Entscheidung des OLG Stuttgart, wonach die Werbung mit dem Begriff „umweltbewusst" von einem beachtlichen Teil der angesprochenen Verkehrskreise dahin verstanden werde, dass das Produkt in Zusammensetzung und Herstellung in einer Weise umweltverträglich sei, dass ein verbleibender Rest an Umweltschädlichkeit vernachlässigt werden könne.[82] Diesen Anforderungen wurde das Produkt im konkreten Fall trotz erheblich geringerer Umweltschädlichkeit nicht gerecht. Bemerkenswert sind auch die weiteren Anforderungen des Gerichts. Danach muss der Einsatz des Produkts selbst überhaupt erforderlich sein, was das Gericht für Reinigungsmittel für die Cockpit-Pflege im Kfz-Bereich für zweifelhaft ansah. Auch müsse der höchstmöglich umweltschonende Herstellungsprozess sowie Verpackung und Verwendungsart für das Produkt gewählt werden.[83] Danach verfolgt das Gericht über das Verständnis im Sinne „absoluter Umweltfreundlichkeit" hinaus im Ansatz eine **ganzheitliche Betrachtungsweise** des Produkts, wie sie auch dem Konzept einer „Öko-Bilanz" zugrunde liegt.[84]

27 **c) Relative Umweltfreundlichkeit.** Ein solches absolutes Verständnis mag auf der Basis einer Irreführungsquote von 10% noch diskussionswürdig erscheinen. Überwiegend gingen die Gerichte aber bereits früher von einem Verständnis umweltbezogener Aussagen im Sinne von **„relativer"** Umweltfreundlichkeit aus. Dabei wird zugrunde gelegt, dass es im allgemeinen Bewusstsein sei, dass von Menschen geschaffene Produkte die Natur beeinträchtigen können.[85] Danach bestehe für das Wort „umweltfreundlich" ein Verständnis,

---

[74] BGH GRUR 1991, 550, 551 – Zaunlasur.

[75] Vgl. LG Köln GRUR 1988, 53, 54; offen gelassen in OLG Köln GRUR 1988, 51, 52; abgelehnt in BGH WRP 1989, 161, 172 – Umweltengel. Vgl. auch LG Köln GRUR 1988, 59, 60; OLG Köln GRUR 1988, 630, 631.

[76] Vgl. LG Köln GRUR 1988, 53, 54 – Hakle 1000; LG Köln GRUR 1988, 59, 60 – Kaltreiniger. Zustimmend *Köhler* UTR 1990, 343, 353.

[77] Vgl. OLG Düsseldorf GRUR 1988, 55, 56 – bio-fix. Vgl. auch OLG München GRUR 1990, 290, 291 für „Bioclean", das auch darauf hinweist, dass die zunehmend erläuternde Werbung infolge der strengeren Rechtsprechung auch eine sich davon abhebenden schlagwortartige Werbung, die dadurch ein absolutes Verständnis suggeriert, immer mehr unmöglich macht.

[78] Vgl. OLG Düsseldorf GRUR 1988, 55, 58.

[79] Vgl. OLG Frankfurt WRP 1989, 252, 253.

[80] Vgl. OLG Koblenz ZLR 1989, 181; OLG Nürnberg GRUR 1989, 128; OLG München GRUR 1990, 290, 291. Vgl. ferner OLG Köln – Unipor-Ziegel, für die Werbung „Bausteine für eine gesunde Umwelt".

[81] Vgl. LG Berlin NJW-RR 1989, 1203; KG WRP 1994, 826, 830 – Naturkind; LG Köln GRUR 1988, 55, 56 – Holzschutzmittel.

[82] Vgl. OLG Stuttgart NJW-RR 1989, 556, 557 – Kfz-Pflegemittel. Die Entscheidung wird überwiegend allerdings noch dem Bereich relativer Umweltfreundlichkeit zugeordnet, vgl. *Völker* S. 79.

[83] Vgl. OLG Stuttgart NJW-RR 1989, 556, 557 – Kfz-Pflegemittel.

[84] Vgl. *Graf Lambsdorff/Jäger* BB 1992, 2297, 2304.

[85] Vgl. OLG Düsseldorf GRUR 1988, 55, 58 – bio-fix; KG WM 1996, 1701, 1702f – Umweltbezogene Werbung für Kapitalanlage. Vgl. auch BGH WRP 1989, 160, 162; BGH WRP 1994, 615, 616 – Unipor-Ziegel; BGH WRP 1996, 290, 292 – Umweltfreundliches Bauen; BGH WRP 1997, 724, 726 – Ha-Ra. Vgl. auch Hefermehl/Köhler/*Bornkamm* UWG § 5 Rn 4.166.

dass ein solches Erzeugnis für die Umwelt gegenüber vergleichbaren Produkten in Herstellung und Anwendung eine **entscheidende Verbesserung** bewirke, was aber bei nur geringen Fortschritten auch nicht der Fall sei.[86] Ein ähnliches Verständnis geringerer Schädlichkeit für die Umwelt könne danach auch durch die Bezeichnung „Bio-Fix" für einen WC-Reiniger suggeriert werden.[87] Dabei war bei einem WC-Reiniger Ameisensäure durch die leichter abbaubare Zitronensäure ersetzt worden, die weit stärker belastenden Tenside aber erhalten geblieben. Für bestimmte Produkte soll danach jeder Hinweis auf die Umweltfreundlichkeit irreführend sein.[88] Demgegenüber würden mit der Aussage „ein bisschen umweltfreundlicher" für Milchkartons mit beigefügter Begründung mit der Brennbarkeit im Hinblick auf die Müllverbrennung im Vergleich zu anderem Hausmüll keine falschen Vorstellungen beachtlicher Verkehrskreise geweckt.[89]

Eine Rolle für die Entwicklung zu einem „relativen" Verständnis spielte auch das Argument, dass durch ein Verbot der Werbung wertvolle Informationen im Dienste des Umweltschutzes verloren gingen.[90] Dieses **Informationsinteresse** ist auch bei der Bestimmung der Irreführungseignung zu berücksichtigen und fließt in das anzulegende Verbraucherleitbild ein.[91] Insoweit ist auch ein bestimmtes Maß an Grundkenntnissen zugrunde zu legen. Der durchschnittlich informierte und aufgeklärte Verbraucher weiß, dass bestimmte Arten von Produkten nicht völlig frei von schädlichen Umwelteinflüssen im Sinne absoluter Umweltfreundlichkeit sind. Entsprechend sind auch pauschale Bewerbungen wie „umweltfreundlich" im relativen Sinne aufzufassen. 28

Bei eindeutigen Aussagen wie „auf jeglichen Einsatz von chemischen Mitteln wird verzichtet" ist natürlich ein entsprechend absolutes Verständnis zugrunde zu legen.[92] Ansonsten ist auch für stark belastete Produkte keine Ausnahme von einem relativen Verständnis zu machen. Das Leitbild des Durchschnittsverbrauchers beinhaltet auch eine Vernachlässigung tatsächlich vorhandener Vorstellungen absoluter Rückstandsfreiheit. Dies wurde etwa bei der Bezeichnung „Naturkind" für Tee relevant, wo Rückstände nicht auf die Herstellung, sondern die allgemeine Umweltkontamination zurück zu führen waren.[93] Entsprechend geht der Verbraucher auch bei der Bezeichnung „naturrein" davon aus, dass diese die lediglich in der natürlichen Umwelt vorkommenden Rückstände weiterhin enthalten.[94] Auch der Einsatz von natürlichen Zusatzstoffen ist danach zulässig. Grundsätzlich ist von einem **relativen Verständnis** umweltbezogener Produktangaben auszugehen.[95] 29

In diesem Rahmen ist je nach Umständen und Kontext Raum für **Differenzierungen** beim Verständnis. So lassen sich spezifischere Bezeichnungen wie „umweltentlastend", „was die Umwelt schützt", eine engere und damit konkretere Bedeutung zuweisen als allgemei- 30

---

[86] Vgl. OLG Düsseldorf GRUR 1988, 55, 58 f – bio-fix; LG Köln GRUR 1988, 59, 60. Die Gleichsetzung eines graphischen Zeichens „weißer Baum vor grünem Hintergrund" mit dem Zusatz „Asbestfrei" mit Begriffen wie „umweltfreundlich" und damit verbundener, über die Asbestfreiheit hinausgehender Vorteile für die Umwelt ist aber wohl zu weitgehend, so aber OLG Köln WRP 1993, 191, 195 f – Asbestfrei/Innovativ; vgl. dazu auch die Anm. *Graf Lambsdorff* WRP 1993, 196 f.

[87] Vgl. OLG Düsseldorf GRUR 1988, 55, 57 – bio-fix. Die Irreführungsgefahr besteht auch dann, wenn eine entsprechende Werbung auf mehrere Produkte bezogen ist, von denen nur einige den gestellten Anforderungen genügen, vgl. OLG Saarbrücken WR 1992, 510, 512.

[88] Vgl. OLG Düsseldorf GRUR 1988, 55, 58. Vgl. auch Großkomm/*Lindacher* UWG § 3 Rn 709; *Brandner* FS v. Gamm S. 27, 31 f; *Graf Lambsdorff/Jäger* BB 1992, 2297, 2304; *Köhler* UTR 1990, 343, 354.

[89] Vgl. OLG Karlsruhe WRP 1993, 122, 123.

[90] Vgl. OLG Frankfurt NJW-RR 1994, 676, 677 – Die umweltfreundliche CD-Verpackung, bei einer Materialersparnis von 28% bzw. 55% gegenüber herkömmlichen Verpackungen.

[91] → Rn 49.

[92] Vgl. OLG Stuttgart VuR 1994, 298, 302 – Absoluter Umweltschutz.

[93] OLG Hamburg WRP 1994, 885, 889 – Naturkind; BGH GRUR 1997, 305; anders KG WRP 1994, 826, 830 – Naturkind. Zur Bewertung produktbezogener Umweltangaben nach dem LMBG aF vgl. *Völker* S. 121 ff; *Oelrichs* WRP 2004, 863 ff.

[94] EuGH GRUR Int. 2000, 756, 758 – naturrein; OLG Köln ZLR 2001, 168, 175 – naturrein; aA OLG Hamburg LMuR 2003, 53, 57 – Konfitüre naturrein.

[95] Vgl. auch BGH WRP 1997, 724, 726 – Ha-Ra.

neren und bereits „abgegriffenen“ Bezeichnungen wie „umweltfreundlich“ oder „bio“.[96] Allgemein sinkt mit zunehmendem Konkretisierungsgrad der Aussagen die Gefahr der Abweichung von den tatsächlichen Verhältnissen. Dabei kann auch die Anforderung einer nicht unerheblichen Beeinträchtigung des Wettbewerbs nach § 3 Abs. 1 ein gewisses Korrektiv darstellen. Allerdings darf dies nicht einfach im Sinne einer geringen Irreführungsgefahr verstanden werden, sondern auch die Auswirkungen auf den Wettbewerb bei einer Vielzahl Betroffener und die Nachahmungsgefahr sind zu berücksichtigen.[97] Insoweit muss schon ein relativ **kleiner Umweltfortschritt** ausreichend sein, um eine Irreführungsgefahr auszuschließen.[98] Als Bezugspunkt kommt dabei eher das durchschnittliche Konkurrenzprodukt in Betracht denn der erreichbare Stand der Technik.[99] Dies trägt auch der Tatsache Rechnung, dass eine Verbesserung der Umweltqualität von Produkten oft nur in kleinen Schritten möglich ist.[100]

31 Eine Besonderheit gilt nach Art. 2 der EG-Öko-VO für die Begriffe „ökologisch“ und „biologisch“ in der Verwendung für pflanzliche Lebensmittel.[101] Diese verweisen auf die Einhaltung der Vorgaben der **Öko-Verordnung** und dürfen nur verwendet werden, wenn deren Voraussetzungen eingehalten werden. Dies gilt aber nicht für die Begriffe „natürlich“ oder „naturrein“.[102] Andererseits begründet Art. 2 EG-Öko-VO auch ein Recht zur Verwendung dieser Bezeichnungen, ohne dass wettbewerbsrechtlich weitergehende Anforderungen gestellt werden dürfen.[103]

32 Das OLG Stuttgart hat für die Aussage „Umweltschonende Energie Erdgas“ trotz fehlender weiterer Aufklärung eine Irreführung verneint, weil der Verbraucher durch Medienkampagnen mit den entsprechenden Vorteilen von Erdgas gegenüber Ölheizungen vertraut sei.[104] Dies entspricht bereits dem Leitbild des durchschnittlich informierten Verbrauchers. Allerdings stellt sich die Frage, inwieweit der Verbraucher auch im Umweltbereich sich **eigeninitiativ Informationen aneignen** muss bzw. der Werbende zu weiterer Aufklärung verpflichtet ist. Dabei kann davon ausgegangen werden, dass der Wissensstand über naturwissenschaftliche Zusammenhänge beim Verbraucher eher gering ist.[105] Andererseits geht der EuGH davon aus, dass der Verbraucher auch das maßgebliche Zutatenverzeichnis einsieht und Werbeaussagen entsprechend einordnet.[106]

33 **d) Besondere Aufklärungspflichten.** Besondere Aufklärungspflichten wurden von der Rechtsprechung auch bei **allgemeinen Angaben zur Umweltfreundlichkeit** statuiert.[107] Einige Gerichte nahmen bei der Bestimmung der relevanten Verkehrsauffassung ein Verständnis an, wonach die verwendeten Begriffe überhaupt keine klar umrissenen Inhalte gewinnen. Danach sei etwa der Begriff „Umweltfreundlichkeit“ in seinen Grundlagen noch nicht geklärt und führe zu widersprüchlichen Erwartungen, Vorstellungen und Emotionen.[108] Unterschiedliche Verbrauchergruppen würden diesen Begriff auf verschiedene

---

[96] Vgl *Spätgens* FS Vieregge S. 820f. Zu verschiedenen Bedeutungen von „bio“ vgl. Hefermehl/Köhler/*Bornkamm* UWG § 5 Rn 4.65ff.

[97] Vgl. Begründung UWG-E, BT-Drucks. 15/1487 S. 17.

[98] Vgl. *Wölwer* S. 42.

[99] Dazu *Völker* S. 76.

[100] Vgl. *Völker* S. 81; *Rohnke* GRUR 1988, 667, 671; *Federhoff-Rink* S. 110.

[101] Verordnung (EWG) Nr. 2092/91 des Rates vom 24. 6. 1991 über den ökologischen Landbau und die entsprechende Kennzeichnung der landwirtschaftlichen Erzeugnisse und Lebensmittel, ABl. EG Nr. L 198 vom 22. 7. 1991, S. 1; seit 1. 1. 2009 abgelöst durch die Verordnung Nr. 834/2007 über die ökologische/biologische Produktion und die Kennzeichnung von ökologischen/biologischen Erzeugnissen und zur Aufhebung der Verordnung (EWG) Nr. 209/91.

[102] OLG Köln ZLR 2001, 168, 179 – naturrein, m. Anm. *Sosnitza; Oelrichs* WRP 2004, 863, 868.

[103] Hefermehl/Köhler/*Bornkamm* UWG § 5 Rn 4.77.

[104] Vgl. OLG Stuttgart WRP 1993, 628, 630 – Erdgas I; OLG Stuttgart WRP 1994, 339 – Erdgas II.

[105] So auch BGH WRP 1996, 290, 291 – Umweltfreundliches Bauen.

[106] EuGH GRUR Int. 2000, 756, 758 – naturrein.

[107] Zu Form und Inhalt der geforderten Aufklärung vgl. die Nachweise bei *Völker* S. 109ff; *Kiefer* S. 60f.

[108] Vgl. BGH WRP 1989, 161, 162 – „Umweltengel“, der zu den unklaren Begriffen auch „umweltverträglich“, „umweltschonend“ und „Bio“ zählt. Vgl. auch *Graf Lambsdorff/Jäger* BB 1992, 2297, 2301 mit Hinweisen auf entsprechende Umfrageergebnisse.

Produktmerkmale und unterschiedliche Grade an Umweltfreundlichkeit beziehen und dabei auch verschiedene subjektive Maßstäbe anlegen.[109] Ähnliches wird auch für die Begriffe „umweltbewusst“[110] sowie „biologisch“[111] bzw. „Bio“[112] angenommen. Für alle diese Angaben wurden deutliche, aufklärende Hinweise mit konkreten Angaben darüber, worin, in welchem Rahmen und bis zu welchem Grade die Umweltfreundlichkeit besteht, gefordert.[113]

Zwar wurde bei mehrdeutigen Angaben im Rahmen des § 3 aF grundsätzlich bereits 34
dann Irreführung angenommen, wenn ein objektiv unrichtiges Verständnis eines nicht unbeachtlichen Teils des Verkehrs festgestellt wurde.[114] Die Rechtsprechung leitete hier aber teilweise bereits aus der **Mehrdeutigkeit** der betreffenden Aussagen als solcher eine gesteigerte Aufklärungspflicht her.[115] Diese Entscheidungen sind aber vereinzelt geblieben.[116] Es kommt daher auf die Feststellung einer unzutreffenden Bedeutungszuschreibung an.[117]

Weiterhin werden allgemein Aufklärungspflichten im Wettbewerbsrecht an ein **Ver-** 35
schweigen wesentlicher Tatsachen geknüpft, soweit dies zu einem unzutreffenden Gesamteindruck führt.[118] Wegen der erheblichen Bedeutung von Umweltargumenten für die Kaufentscheidung wurden entsprechende Aufklärungspflichten auch für die Umweltwerbung abgeleitet.[119] Hier sind besonders die Fälle einschlägig, in denen mit **„Frei von ...“-**Angaben geworben wird und die den Eindruck einer über die konkret in Bezug genommene Eigenschaft hinaus gehenden Umweltfreundlichkeit suggerieren oder nahe legen sollen, dass der Ersatzstoff keine anderen Umweltnachteile mit sich bringt.[120] In diesen Kontext gehört auch die Bezugnahme auf einen ganzheitlichen Ansatz im Sinne einer **Öko-Bilanz.**[121] Schließlich wurde darüber hinaus auch diskutiert, inwieweit auch über negative Umwelteigenschaften aufzuklären ist.[122] In einigen Entscheidungen wurden aufklärende Hinweise, die die Vorteile konkretisierten oder auf negative Punkte hingewiesen wurde, als ausreichend angesehen.[123]

---

[109] Vgl. OLG Köln GRUR 1988, 51, 52; OLG Köln WRP 1993, 191, 194f. Zweifelhaft ist insoweit die Entscheidung des OLG Stuttgart WRP 1993, 628, 630, das die Bezeichnung „umweltschonend“ für Erdgas nicht als irreführend ansah, vgl. auch Anm. *Federhoff-Rink* WRP 1993, 631, 632.

[110] Vgl. OLG Stuttgart NJW-RR 1989, 556, 557.

[111] Vgl. OLG Frankfurt WRP 1989, 252, 253.

[112] Vgl. OLG Düsseldorf WRP 1992, 209, 210; OLG München GRUR, 1990, 290.

[113] Vgl. OLG Frankfurt WRP 1989, 252, 253; OLG Düsseldorf WRP 1992, 209f. Vgl. auch BGH WRP 1989, 161, 162 – Umweltengel; BGH WRP 1989, 163, 164f – „... aus Altpapier“; BGH GRUR 1991, 550, 551 – Zaunlasur; KG WRP 1991, 30, 31, für die Aussage „Schützt unsere Umwelt! Wie wir von K...“; OLG Nürnberg WRP 1989, 757, 758 – Ziegel baubiologisch. Zum Teil wird aus der Rechtsprechung ein Verbot der zumindest schlagwortartigen Verwendung allgemeiner Umweltbegriffe hergeleitet, vgl. *Cordes* S. 161f. Demgegenüber nahm das OLG München GRUR 1990, 290, 291 – Bioclean, an, dass die pauschale Bezeichnung für Reinigungsmittel zulässig sei, wenn das Mittel „in jeder Hinsicht hundertprozentig positiv für die Umwelt“ sei; für grundsätzliche Zulässigkeit der Bio-Werbung ohne Zusätze *Strauch* WRP 1002, 540ff.

[114] Vgl. Hefermehl/*Hefermehl* UWG, 22. Aufl., § 3 Rn 44.

[115] Vgl. BGH WRP 1989, 161, 162 – „Umweltengel“; OLG Frankfurt WRP 1989, 252, 253, wonach wegen der Unklarheit auch keine weitere Sachaufklärung über die relevante Verbrauchervorstellung erforderlich war. Vgl. aber OLG Düsseldorf WRP 1992, 209, 210; OLG Stuttgart NJW-RR 1989, 556, 557.

[116] Vgl. *Völker* S. 90. Vgl. auch BGH WRP 1997, 724, 726f – Ha-Ra.

[117] Vgl. *Völker* S. 288. Zur nur eingeschränkten verfassungsrechtlichen Überprüfung der Annahme von Mehrdeutigkeit im Rahmen von § 3 vgl. BVerfG NJW 2002 1486f – biobronch.

[118] Vgl. BGH GRUR 1988, 823, 824 – Entfernung von Kontrollnummern I; BGH WRP 1986, 654, 655 – Dachsteinwerbung. Vgl. auch BGH GRUR 2002, 976, 979; BGH GRUR 2002, 979, 982, wo der BGH nach Aufhebung des Zugabeverbots eine allgemeine Informationspflicht ablehnte und eine solche nur bei Gefahr der Täuschung über den tatsächlichen Wert des Angebots aus dem Transparenzgebot annahm.

[119] Vgl *Lappe* S. 46; *Faylor* WRP 1990, 725, 726ff; *Federhoff-Rink* S. 206ff; *Fezer* WRP 1995, 671, 676.

[120] Vgl. OLG Frankfurt GRUR 1994, 524, 525 – PVC-frei. Vgl. auch *Federhoff-Rink* S. 218f.

[121] → Rn 25; *Völker* S. 97ff mwN.

[122] Vgl. dazu *Völker* S. 113ff.

[123] Vgl. OLG Karlsruhe WRP 1993, 133 – ein bißchen umweltfreundlicher; KG NJW-RR 1993, 943 – umweltschonend; OLG Frankfurt NJW-RR 1994, 676, 677 – die umweltfreundlichee CD-Verpackung.

36 Der BGH hat in seiner jüngeren Rechtsprechung auch im Bereich der Umweltwerbung eine **Liberalisierung** verfolgt und bekräftigt, dass § 3 aF kein allgemeines Informationsgebot statuiere, und hat keine strengen Anforderungen an ausreichende aufklärende Hinweise gestellt.[124] Die Verallgemeinerung der „Frei von …"-Angaben wurde ebenso kritisch bewertet wie der ganzheitliche Ansatz, vielmehr erfolgt eine auf die jeweilige Eigenschaft beschränkte Betrachtung. Danach ist die Werbung „PVC-frei" nicht irreführend, wenn die Ersatzstoffe nicht die PVC-spezifischen Umweltrisiken aufweisen.[125] Eine der Gesundheitswerbung vergleichbare Irreführungsquote sei insoweit nicht gerechtfertigt.[126] Nach dem europäischen Verbraucherleitbild ist von einer gewissen Kenntnis des Verbrauchers über allgemein bekannte Gegebenheiten auszugehen, wozu auch umweltschädliche Wirkungen bestimmter Produkte gehören.[127] Außerdem sei die jeweilige Aussage im Kontext zu sehen und insoweit genauer zu betrachten, worauf sich die Aussage beziehe.[128] Die Bezeichnung „Eine umweltschonende Heizung" für eine Elektro-Speicherheizung ist nicht irreführend, wenn aus dem Zusammenhang ein klarer Vorteil, hier die Abgasfreiheit, hervorgeht, ohne dass explizit der Eindruck einer ganzheitlichen Umweltfreundlichkeit erweckt wird.[129]

37 Auch allgemeine Schlagworte bedürfen danach nicht immer eines aufklärenden Zusatzes. So war die Bezeichnung „umweltschonend" für Haarspray offensichtlich auf den Treibmittelgehalt zu beziehen, während die gleiche Bezeichnung für Waschmittel erklärungsbedürftig erscheint.[130] Wenn der **durchschnittlich informierte Verbraucher** eine pauschale Angabe wie „umweltfreundlich" auf bestimmte Eigenschaften bezieht, erscheint auch dann eine Aufklärung nicht erforderlich, wenn kleine Teile der Verbraucher andere Bedeutungen annehmen.[131] Bereits das OLG Stuttgart hat insoweit zutreffend hervorgehoben, dass allgemeine Schlagworte relativierend verstanden würden und eine schlagwortartige Aufklärung auch im Interesse der Verbraucherinformation liege.[132] Was Begriffe mit mehreren Bedeutungszuschreibungen angeht, so kommt nur dort, wo auch der durchschnittliche Verbraucher von einer nicht aufzulösenden Mehrdeutigkeit ausgeht, eine weitere Aufklärung in Betracht.

38 Der Trend zur Liberalisierung wird sich auch im Rahmen des neuen Tatbestands der **Irreführung durch Unterlassen** nach § 5a fortsetzen.[133] Danach kommt es darauf an, ob der verschwiegene Umstand für die geschäftliche Entscheidung wesentlich ist, wobei die räumlichen und zeitlichen Beschränkungen durch das Kommunikationsmittel zu berücksichtigen sind. Eine Irreführung scheidet dann aus, wenn die betreffenden Tatsachen sich bereits unmittelbar aus den Umständen ergeben.[134] Bereits nach der Begründung zur Novelle

---

124 BGH WRP 1996, 290 – Umweltfreundliches Bauen, wo für die Bezeichnung „umweltfreundliches Bauen" einzelne Hinweise ausreichten, wie etwa dass „umweltfreundliche Baumaterialien" Verwendung fänden. Vgl. zu den Anforderungen an die Umweltwerbung nach der neueren Rechtsprechung auch *Völker* S. 281 ff.

125 Vgl. BGH GRUR 1996, 985, 986 f – PVC-frei. Wegen der nicht weniger bedenklichen Ersatzstoffe wird die Entscheidung von *Kiefer* S. 58, als zu weitgehend kritisiert.

126 Vgl. BGH GRUR 1996, 985, 986 f – PVC-frei.

127 Vgl. BGH 1994, 828, 829 – Unipor-Ziegel; BGH GRUR 1997, 306 – Naturkind; BGH WRP 1997, 724, 726 – Ha-Ra.

128 Vgl. BGH WRP 1997, 724, 716 f – Ha-Ra. Instruktiv insoweit für die derzeit geltende Abgrenzung die beiden Entscheidungen BGH GRUR 2002, 976 – Koppelungsangebot I, sowie BGH GRUR 2002, 979 – Koppelungsangebot II; beide Fälle betrafen eine „Sternchenwerbung", bei der jedoch im einen Fall aufgrund der unklaren Gestaltung auch für den aufmerksamen Betrachter unklar war, welches die Konditionen für einen gekoppelten Stromlieferungsvertrag sein sollten.

129 KG NJW-RR 1993, 943.

130 Vgl. *Völker* S. 287.

131 Vgl. bereits OLG Köln GRUR 1993, 568 – Wasseraufbereitungsgerät, wo das Gericht ausführte, dass der Verkehr die behauptete Umweltfreundlichkeit allein auf die Funktion und Wirkungsweise des Geräts, nicht aber auf Herstellung und Entsorgung beziehe.

132 OLG Stuttgart WRP 1993, 628 – Umweltschonende Energie Erdgas.

133 Vgl. Begründung BT-Drucks. 15/1487 S. 19 f.

134 Begründung B. Besonderer Teil, zu § 5a Abs. 2.

2004 sollte mit der ausdrücklichen Regelung die bisherige Rechtsprechung zur Annahme von Aufklärungspflichten ins Gesetz aufgenommen werden.[135] Auch wurde im Gesetzgebungsverfahren die Aufnahme einer generellen Regelung zu Informationspflichten abgelehnt und diese in § 4 Nr. 4 und 5 auf Preisausschreiben und Gewinnspiele beschränkt.[136] Dies ist auch für die Umsetzung von Art. 7 der Richtlinie anzunehmen. Die jüngste Judikatur ist entsprechend auch sehr vorsichtig hinsichtlich der Begründung allgemeiner Informationspflichten.[137] Eine allgemeine Informationspflicht über die Umweltbedingungen von Herstellung und Vertrieb eines Produkts kann daher nicht gefordert werden.[138]

Nach dem dem § 5a zugrunde liegenden **Art. 7 Abs. 1 Richtlinie** gilt eine Geschäftspraxis als irreführend, wenn dem Verbraucher wesentliche Informationen für eine **informierte Entscheidung** vorenthalten werden und dies wettbewerbliche Relevanz hat. Auch dürfen nach Art. 7 Abs. 2 solche Umstände nicht auf unklare, unverständliche oder zweideutige Weise bereitgestellt werden. Die Zweideutigkeit lässt sich auf die bereits angesprochene Mehrdeutigkeit von Umweltangaben beziehen, soweit sie auch vom durchschnittlich informierten Verbraucher wahrgenommen wird. Eine unverständliche oder unklare Darstellung könnte etwa in pauschalen Umweltangaben gesehen werden. Jedoch basiert auch die Richtlinie auf dem Leitbild des durchschnittlichen Verbrauchers, was auch durch die doppelte Bezugnahme auf die Berücksichtigung der tatsächlichen Umstände betont wird. Insoweit ist der Kontext der Werbeaussage einzubeziehen. Danach muss wohl eine Werbung mit der Aussage „Für den Schutz der Umwelt" oder „gut für die Umwelt" dann nicht mehr als mehrdeutig für eine Kapitalanlage angesehen werden, wenn darauf hingewiesen wird, dass „in saubere Energieerzeugung" und „Elektrizitäts- und Umwelttechnik" investiert wird.[139] Inhaltlich dürfte sich, auch durch das Merkmal der „Wesentlichkeit" der Information, keine grundlegende Abweichung zu der neueren Rechtsprechung des BGH ergeben, wie sie auch zu § 5a zugrunde zu legen ist.[140] Insoweit ist auf die Bedeutung der umweltbezogenen Aufklärung für die Kaufentscheidung des durchschnittlichen Verbrauchers abzustellen. 39

4. Erheblichkeitsschwelle

Das Merkmal der wettbewerblichen Relevanz war bisher eingrenzendes Merkmal des Irreführungstatbestands und ist als Erheblichkeitsschwelle auch im novellierten UWG enthalten. Für den Tatbestand des bisherigen § 3 aF war es danach ausreichend, wenn die Angabe zur Irreführung geeignet ist, dh., die Kaufentscheidung irgendwie beeinflussen kann, wofür schon das bloße **Anlocken** von Kunden ausreicht, wenn diese der Beschäftigung mit dem Angebot geneigter gemacht werden.[141] In jüngerer Zeit hat der BGH jedoch für den Regelfall auf die Eignung zur Beeinflussung der Kaufentscheidung abgestellt.[142] Nach § 3 Abs. 1 kommt es nunmehr auf die Eignung zur wesentlichen Beeinflussung des wirtschaftlichen Verhaltens des Verbrauchers an. Dies könnte man im engeren Sinne als Beeinflussung der Kaufentscheidung verstehen. Auch die Begründung zur Umsetzung der UGP-RL 40

---

[135] Begründung BT-Drucks. 15/1487 S. 19.

[136] Begründung BT-Drucks. 15/1487 S. 20.

[137] BGH GRUR 2007, 247 – Regenwald-Projekt I; BGH GRUR 2006, 161 – Zeitschrift mit Sonnenbrille; BGHZ 154, 105, 108f – Gesamtpreisangebot. Eingehend → Rn 76ff. Vgl. auch *Fezer* WRP 2007, 1021ff.

[138] Vgl. *Köhler* WRP 2009, 109, 116.

[139] AA Hefermehl/Köhler/*Bornkamm* UWG § 5 Rn 4.167 unter Bezugnahme auf KG WRP 1996, 750.

[140] Vgl. auch *Köhler/Lettl* WRP 2003, 1019, 1053.

[141] Vgl. Hefermehl/Köhler/*Bornkamm* UWG § 5 Rn 2.192f; BGH GRUR 2000, 911, 914 – Computerwerbung; BGH WRP 2002, 1430 – Telefonische Vorratsanfrage.

[142] Vgl. BGH WRP 2003, 747, 750 – Klosterbrauerei; BGH WRP 1998, 598 – D-Netz-Handtelefon; BGH GRUR 2000, 2001, 78, 79 – Ehemalige Herstellerpreisempfehlung, BGH GRUR 2003, 446, 447 – Preisempfehlung für Sondermodelle. Vgl. auch *Wuttke* WRP 2003, 839, 840, wonach nur noch in Ausnahmefällen, wie etwa mangelnder Vorratshaltung, auf die Anlockwirkung abzustellen sei.

geht von der Möglichkeit aus, dass hier höhere Anforderungen zu stellen sind.[143] Letztlich ist aber auch die Anlockwirkung bereits geeignet, die geschäftliche Entscheidung zu beeinflussen, da ohne sie die Entscheidung möglicherweise anders ausgefallen wäre. Daher sollte auch nach § 3 Abs. 1 eine Anlockwirkung ausreichen.[144]

41 Eine Anlockwirkung wird für umweltbezogene Werbung regelmäßig zu bejahen sein und dabei auf das gestiegene **Umweltbewusstsein** und dessen Umsetzung als Kriterium der Kaufentscheidung hinsichtlich konkreter Produkte abzustellen sein, einschließlich der Bereitschaft zur Entrichtung höherer Preise.[145] Dabei ist auch von Bedeutung, dass aufgrund der Suggestivkraft umweltbezogener Werbung emotionale Bereiche des Menschen gezielt angesprochen werden.[146] Auch wenn man davon ausgehen kann, dass seit der „Hochzeit" des umweltbewussten Werbens Anfang der neunziger Jahre zum einen eine gewisses Nachlassen des Umweltbewusstseins wie auch eine gewisse Gewöhnung an umweltbezogene Werbung eingetreten sind, dürfte die besondere Ansprachewirkung umweltbezogener Werbung nach wie vor bestehen und angesichts der vor dem Hintergrund des zunehmenden Treibhauseffekts neu entfachten Diskussion fortdauernde Bedeutung haben. Insoweit wird nicht so sehr die Erheblichkeit, sondern die Anwendung des europäischen Verbraucherleitbilds eine entscheidende Hürde für die Annahme eines Wettbewerbsverstoßes bilden. Dafür spricht auch die Begründung zu § 3 in der Novelle 2004, woraus sich ergibt, dass die Schwelle nicht hoch anzusetzen ist.[147]

5. Interessenabwägung und Umweltschutz

42 **a) Grundsätzliches zu Interessenabwägung und Verhältnismäßigkeitsprinzip.** Dient das Irreführungsverbot der §§ 5, 5a dem Schutz der Mitbewerber ebenso wie dem der Verbraucher und der Allgemeinheit, so können diese vielschichtig und auch gegenläufig sein, so dass im Einzelfall eine Abwägung der beteiligten Interessen unter Einbeziehung der Gegen- und Allgemeininteressen erforderlich werden kann.[148] Diese Interessenabwägung ist letztlich Ausdruck des **Verhältnismäßigkeitsprinzips.**[149] Nach der Rechtsprechung zu § 3 aF können etwa die durch die Täuschung berührten Interessen dann ausnahmsweise zurückzustehen haben, wenn nur eine geringe Irreführungsgefahr besteht und für eine Bezeichnung ein wertvoller Besitzstand erworben worden ist oder es sich um eine in Fachkreisen übliche Bezeichnung handelt.[150] Die Verwendung einer gesetzlich vorgeschriebenen Bezeichnung wird auch bei Bestehen von Irreführungsgefahr als zulässig angesehen.[151] Ein irreführendes Verständnis einer objektiv zutreffenden Aussage kann hinzunehmen sein, wobei das Informationsinteresse der Verbraucher nach der früheren Rechtsprechung zu einer Anhebung der Irreführungsquote führte.[152] Die Schutzwürdigkeit der

---

[143] Begründung A IV., zu Art. 2 lit. e S. 19.

[144] Vgl. *Köhler/Lettl* WRP 2003, 1019, 1040 f. Ablehnend gegen die überwiegende Meinung *Peifer* → § 5 Rn 242.

[145] Vgl. BGH WRP 1989, 160, 162; BGH WRP 1989, 163, 164 f; OLG Düsseldorf GRUR 1988, 55, 57; OLG München GRUR 1990, 290, 291; KG WRP 1991, 30, 31; OLG Saarbrücken WRP 1992, 512, 513. Vgl. auch eingehend *Kiefer* S. 110 ff mwN, dort auch zur besonderen Anlockwirkung des Umweltzeichens als „Schlüsselinformation".

[146] Vgl. OLG Düsseldorf GRUR 1988, 55, 57; OLG Köln GRUR 1988, 52, 53; OLG Köln GRUR 1988, 630, 631; OLG Stuttgart NJW-RR 1989, 556, Vgl. ferner *Völker* S. 47 mwN.

[147] Vgl. Begründung BT-Drucks. 15/1487 S. 17, 19. Vgl. dazu ferner *Lettl* GRUR 2004, 449, 450; *Heermann* GRUR 2004, 94 ff.

[148] Vgl. BGH GRUR 2004, 613 – Schlauchbeutel; vgl. ferner Hefermehl/Köhler/*Bornkamm* UWG § 5 Rn 2.197 ff; Großkomm/*Lindacher* UWG § 3 Rn 245 ff, dort auch zu den verschiedenen methodischen Ansätzen Vgl. ferner *Borck* WRP 1985, 63 ff; *Hösl* S. 302 ff; zum Teil hat die Rechtsprechung dabei bereits bei der Bestimmung der Irreführungsquote eine Interessenabwägung durchgeführt, vgl. BGH GRUR 1994, 519, 521 – Grand Manier, sowie *Wuttke* WRP 2003, 839, 842 mwN.

[149] Vgl. BGH WRP 2003, 747, 751 – Klosterbrauerei. Dazu eingehend *Wuttke* WRP 2003, 839 ff.

[150] Vgl. Hefermehl/Köhler/*Bornkamm* UWG § 5 Rn 2.207.

[151] Vgl. Hefermehl/Köhler/*Bornkamm* UWG § 5 Rn 2.201.

[152] Vgl. BGH WRP 1996, 729 – Der meistverkaufte Europas; BGH GRUR 1996, 985 – PVC-frei.

insoweit maßgebenden irrigen Verbrauchervorstellungen wurde aber nur ausnahmsweise verneint, wenn die Irreführungsgefahr gering ist und eine Änderung der Angabe nicht möglich oder zumutbar ist.[153] Mit der Angleichung an das europäische Verbraucherleitbild sind viele Aspekte bereits bei der Bestimmung der Verkehrsauffassung zu berücksichtigen. Funktion der weiterhin durchzuführenden Interessenabwägung ist nunmehr vor allem die Berücksichtigung von Gegeninteressen.[154] Der BGH hat mit der Betonung des Verhältnismäßigkeitsprinzips eine Angleichung an die Rechtsprechung des EuGH vollzogen, der ebenfalls den Verhältnismäßigkeitsgrundsatz heranzieht und dabei auch die Beeinträchtigung des freien Warenverkehrs berücksichtigt.[155] Zur Verhältnismäßigkeitskontrolle des EuGH gehört dabei, dass Information grundsätzlichen Vorrang vor einem Verbot von Werbemaßnahmen haben soll.[156] Der EuGH verfolgt insoweit das Konzept des „Verbraucherschutzes durch Information".[157]

Zu berücksichtigen ist weiterhin, dass auch die Wirtschaftswerbung unter dem Schutz des Art. 5 I GG steht. Dies hat das BVerfG in besonderer Weise betont.[158] Auch die bloße Wiedergabe von Bildern ohne inhaltliche Auseinandersetzung steht unter dem **Schutz der Meinungsfreiheit,** etwa die Abbildung eines ölverschmierten Vogels.[159] Da auch Umweltschutz zu den wichtigen öffentlichen Belangen gehört, ist die Meinungsfreiheit des Werbenden im Einzelfall im Rahmen einer Interessenabwägung zu berücksichtigen und kann sich dabei auch auf Art. 153 EG stützen.[160] 43

b) Funktionales Verständnis und der Ansatz von *Keßler*. Angesichts der strengen Rechtsprechung zur Umweltwerbung wurde diskutiert, inwieweit sich das Wettbewerbsrecht als Instrument indirekter Verhaltenssteuerung mittelbar im Interesse des Umweltschutzes fruchtbar machen lässt, was vor allem *Keßler* theoretisch untermauert hat.[161] Er hebt die Bedeutung von Information und der dadurch gesteigerten Konsumentensouveränität für einen funktionierenden Wettbewerb hervor und sieht diesen Ansatz kongruent mit dem Ziel eines ökologisch ausgerichteten Wirtschaftsprozesses, ausgehend von einer Konsumentenpräferenz für ökologisch verträgliche Produkte. Bestätigt sieht er den „kommunikativen" Ansatz durch moderne Prinzipien staatlichen Umweltrechts, vor allem einer „Verhaltenssteuerung durch Information".[162] Ein entsprechendes funktionales Verständnis von § 3 aF lasse sich auch dogmatisch begründen.[163] Die **funktionale Bedeutung des Informationsaustausches** für die Wettbewerbsordnung müsse auch im Rahmen des Wettbewerbrechts berücksichtigt werden. Die Folge der früher praktizierten extensiven Interpretation von § 3 aF war danach das Vorenthalten von für den Wettbewerbsprozess und die Verbrauchersouveränität wesentlichen Informationen. Dies widerspräche dem funktionalen Verständnis von § 3 aF und gleichzeitig auch dem Ziel einer ökologischen Ausrichtung des Konsumtions- und Produktionsprozesses. Daher seien im Rahmen der Interessenabwägung die Interessen der weit überwiegenden, die Aussagen richtig verstehenden Mehrheit der Verbraucher vorrangig zu berücksichtigen.[164] 44

Keßler hat damit aufgezeigt, dass das Irreführungsverbot einem **funktionalen Verständnis** offen steht. Mit der Übernahme des „normativen" Verbraucherleitbilds entschärft sich 45

---

[153] Vgl. *Hösl* S. 64 ff; Vgl. auch BGH GRUR 1982, 118, 119 – „Kippdeckeldose".
[154] MünchKomm/*Reese* UWG § 5 Rn 234; Hefermehl/Köhler/*Bornkamm* UWG § 5 Rn 2.198.
[155] Vgl. EuGH GRUR Int. 2000, 756, 758 – naturrein.
[156] Vgl. *Völker* S. 230 f mwN.
[157] Vgl EuGH Rs. 362/88, Slg. 1990, I-667 – GB-InnoBM.
[158] Vgl. bereits BVerfGE 71, 162, 175; BVerfG NJW 1992, 1153, 1154; sowie die Benetton-Entscheidungen → Rn 79 ff.
[159] Nachweise → Rn 79 ff.
[160] Vgl. *Wölwer* S. 128.
[161] Vgl. *Keßler* WRP 1988, 714 ff; *Keßler* WRP 1990, 73 ff. Vgl. ferner *Lappe* WRP 1994, 170, 180; *Brandner/Michael* NJW 1992, 278; *Friedrich* WRP 1988, 641, 643 ff.
[162] Vgl. *Keßler* WRP 1988, 714, 717.
[163] Zur auf die Wettbewerbsordnung bezogenen funktionalen Anwendung von § 1 vgl. ferner *Schlüter* S. 65 ff; *Emmerich* S. 56 mwN.
[164] Vgl. *Keßler* WRP 1988, 714, 721.

diese Problematik und verlagert sich die Berücksichtigung eines funktionalen Verständnisses nunmehr in die Feststellung der Irreführungsgefahr bzw. **Täuschungseignung** nach § 5 sowie die damit verbundenen **Relevanzanforderungen** in § 3. *Keßler* sieht aber weitergehend vor allem in der Regelung zur Irreführung durch Unterlassen nach Art. 7 Abs. 2 der Richtlinie/§ 5a eine Begründung allgemeiner Informationspflichten, die erstmals unmittelbar der Markttransparenz und der funktionalen Informationsgewährleistung zugute kämen.[165] Es bleibt jedoch zu berücksichtigen, dass § 5a kein allgemeines Informationsgebot statuiert.[166]

46 **c) Berücksichtigung von Allgemeininteressen.** Im Rahmen einer ergänzenden Interessenabwägung ist vor allem die Frage nach dem Verhältnis von Wettbewerbsrecht und Umweltschutz aufzuwerfen und näher zu untersuchen, ob das außerwettbewerbliche Interesse am **Schutz der Umwelt als Allgemeininteresse** bei der Interessenabwägung Berücksichtigung finden kann. Die Rechtsprechung bezieht auch Allgemeininteressen, etwa das Interesse am technischen Fortschritt, ein.[167] Eine zeitweilig im Vordringen befindliche Meinung sah auch den **Umweltschutz** als zu berücksichtigendes Allgemeininteresse an.[168] Umweltschutz stellt zweifellos ein über Einzelinteressen hinausgehendes „überindividuelles" Interesse dar, das sich nicht gänzlich auf die Interessen einzelner Marktteilnehmer zurückführen lässt. Es ist sowohl gemeinschaftsrechtlich durch Art. 174 Abs. 1 EG als auch durch Art. 20a GG abgesichert. Dem Normzweck des UWG entspricht aber allein eine Orientierung an den Funktionsbedingungen des Wettbewerbs als Referenzkriterium zur Konkretisierung der Generalklauseln, und nur dieses kann einigermaßen rationale Maßstäbe zur Verfügung stellen.[169] Dies gilt auch für die Frage, ob der Umweltschutz als zwingendes Erfordernis zur Rechtfertigung handelsbeschränkender Maßnahmen dienen kann.[170] Der BGH hat allerdings in der Schlauchbeutel-Entscheidung im Rahmen der Interessenabwägung auch die Zielsetzung der dem Grünen Punkt zugrundeliegenden Regelungen zum Aufbau eines flächendeckenden System einbezogen und auch berücksichtigt, dass ein solches nicht sofort zu 100% funktionieren könne.[171]

47 Wie **unbestimmbar** und beliebig die gegenteilige Auffassung wird, zeigt ein Urteil des OLG Saarbrücken,[172] wo eine umweltbezogene Werbung bereits deshalb wegen Verstoßes gegen „überragende Gemeinschaftsinteressen" als sittenwidrig nach § 1 aF angesehen wurde, weil dadurch das Umweltschutzanliegen in der Öffentlichkeit „verwässert" würde. Insofern kann das Umweltinteresse allein nicht die Sittenwidrigkeit begründen. Im Kern enthalten diese Erwägungen aber die auch hier vertretene Überlegung, dass umweltbezogene Information dem Umweltschutz über die Steuerungsfunktion des Marktes zugute kommt und die Herstellung von Marktintransparenz, deren Verhinderung auch das Irreführungsverbot dient, dem Umweltschutzanliegen zuwiderläuft.

---

165 *Keßler* WRP 2007, 714, 720.

166 → Rn 38.

167 Vgl. BGH GRUR 1982, 118, 120 – Kippdeckeldose. Vgl. auch OLG Köln NJW-RR 1992, 874, 875, das die „politische Zielsetzung" des Umweltzeichens in die Interessenabwägung mit einbezieht.

168 Vgl. Großkomm/*Lindacher* UWG § 3 Rn 285ff; *Kloepfer* S. 192; *Lappe* WRP 1995, 170, 176. OLG Saarbrücken WRP 1992, 510, 512. Vgl. ferner BGH GRUR 1991, 542, 543 – Biowerbung mit Fahrpreiserstattung.

169 Hefermehl/*Köhler* UWG § 1 Rn 36. Vgl. bereits *Wiebe* WRP 1993, 798, 803. Ablehnend auch *Brandner* FS v. Gamm S. 27; *Cordes* S. 155; *Wölwer* S. 1231; *Köhler* UTR 1990, 343, 362; *Völker* S. 142. Vgl. zu § 1 *Schlüter* S. 66ff; *Emmerich* S. 20ff; *Pause* S. 190; *Koppensteiner* S. 239ff. Zu einer „streng funktionalen Methode" vgl. *Schlüter* S. 73ff; *Baudenbacher* ZHR 144 (1980), 145, 146ff. Vgl. ferner *Rebe* S. 144ff. Zu § 3 aF vgl. *Lindacher* FS Nirk S. 587; *Emmerich* S. 202.

170 Vgl. *Völker* S. 265ff.

171 BGH GRUR 2004, 613 – Schlauchbeutel, wobei auch durch die Quotenregelung des § 6 VerpackV zum Ausdruck kommt, dass eine vollständige Wiederverwertung von Verpackungsmaterial nicht möglich sei.

172 OLG Saarbrücken WRP 1992, 510, 512; anders BGH WRP 1997, 724, 727 – Ha-Ra. Zu den Interessen der Allgemeinheit als „Zauberformel" im Bereich von § 1 vgl. *Reichold* AcP 139 (1993), 204, 232. Vgl. auch *Pause* S. 4122.

48 Dies hat auch der **Gesetzgeber** bekräftigt. In § 1 S. 2 ist nur das Allgemeininteresse an einem unverfälschten Wettbewerb berücksichtigt worden. In der Richtlinie über unlautere Geschäftspraktiken ist ein Allgemeininteresse gar nicht angesprochen worden, wobei insoweit auch die Beschränkung auf den Verbraucherschutz durchschlägt.[173] Die Aktivitäten des Gesetzgebers sprechen also auch gegen die Berücksichtigung weitergehender Allgemeininteressen. Praktikabler Maßstab kann in diesem Rahmen also nur sein, ob die Handlungs- und Entschließungsfreiheit der Marktbeteiligten eingeschränkt wird.[174]

II. §§ 3, 4 Nr. 1, 2

49 Eine ergänzende Funktion bei der wettbewerbsrechtlichen Beurteilung umweltbezogener Werbung hat § 4 Nr. 1 im Hinblick auf den Gesichtspunkt der **gefühlsbetonten Werbung.**[175] Der Unlauterkeitsgehalt liegt in dieser Fallgruppe darin, dass der Verbraucher durch den Appell an das Gefühl aus sachfremden Erwägungen zum Kauf bewogen werden soll, die von wesentlichen Produktmerkmalen wie Preis und Güte ablenken und daher nicht dem Prinzip des Leistungswettbewerbs entsprechen. Hier kommt auch die Angstwerbung nach § 4 Nr. 2 in Betracht, bei der durch die Art der Werbung besondere Angstgefühle geweckt werden, wobei es dann auf den Wahrheitsgehalt nicht mehr ankommt.[176] Im Umweltbereich geht es um Aussagen, die in der „emotionalen Ansprache" über die bisher behandelten Fällte hinausgehen. So hat das OLG Saarbrücken hinsichtlich der Werbeaussage „HaRa: Damit Mensch und Natur eine Chance haben" angenommen, dass damit angesichts des weit verbreiteten Bewusstseins für die Zerstörung der natürlichen Lebensgrundlagen und der Notwendigkeit schneller Gegenmaßnahmen die Angst vor weiterer Umweltzerstörung für das eigene Produkt ausgenutzt wird, indem suggeriert wird, bei Verwendung des Produkts etwas gegen Umweltzerstörung zu tun bzw. bei Nichtverwendung mitverantwortlich für weitere Umweltzerstörung zu sein, und damit auch auf das schlechte Gewissen der Verbraucher abgestellt wird.[177]

50 Auch diese auf suggestive Beeinflussung des Verbrauchers abzielende Argumentation muss mit der Entwicklung zum **europäischen Verbraucherleitbild** in der neueren Rechtsprechung des BGH deutlich relativiert werden.[178] Der durchschnittlich informierte Verbraucher wird sich durch entsprechend allgemeine, das Umweltbewusstsein ansprechende Werbeaussagen nicht mehr ohne weiteres in Angstgefühle versetzen lassen und durch die Suggestionswirkung zum Kauf bewegen lassen. In der Folge der Rechtsprechung des BVerfG.[179] hat der BGH die Fallgruppe in einer Reihe von Entscheidungen praktisch aufgegeben.[180] Es bleibt der freien Entscheidung des Verbrauchers überlassen, ob er sich in seiner Kaufentscheidung beeinflussen lässt. Auch eine richtlinienkonforme Auslegung von § 4 Nr. 1 bestätigt dies. Nach Art. 2 lit. j UGP-RL bedarf es der Ausnutzung einer Machtposition gegenüber dem Verbraucher zur Druckausübung. Auch wenn man dies weit und im Sinne eines psychischen Drucks versteht,[181] wird eine solche aber durch die Nutzung umweltbezogener Argumente noch nicht begründet. Für die umweltbezogene Werbung bedeutet dies, dass allein die Verwendung umweltbezogener Argumente auch ohne Sach-

---

[173] Vgl. auch *Köhler/Lettl* WRP 2003, 1019, 1050.

[174] Vgl. *Schlüter* S. 185.

[175] Vgl. dazu allgemein *Piper*/Ohly UWG § 4 Rn 1/160 ff.

[176] Vgl. Hefermehl/*Köhler*/*Bornkamm* UWG § 4 Rn 2.12.

[177] Vgl. OLG Saarbrücken WRP 1992, 510, 511 f. Das OLG verweist dabei auch auf das im Bereich der Gesundheitswerbung in § 11 Nr. 7 HWG ausdrücklich festgelegte Verbot der Angstwerbung.

[178] Vgl. BGH 1994, 828, 829 – Unipor-Ziegel; BGH WRP 1996, 290 – Umweltfreundliches Bauen; BGH GRUR 1996, 985, 986 f – PVC-frei.

[179] → Rn 79 ff.

[180] BGH GRUR 2007, 247, 250 – Regenwald-Projekt I; BGH GRUR 2007, 251, 253 – Regenwald-Projekt II;WRP 2006, 69 – Zeitschrift mit Sonenbrille; BGH WRP 2006, 67 – Artenschutz. Zur Entwicklung eingehend *Seichter* WRP 2007, 230 ff.

[181] *Steinbeck* WRP 2008, 865, 867.

zusammenhang zum Produkt nicht mehr zur Unlauterkeit führen kann. Nur wenn der psychologische Druck ein solches Ausmaß erlangt, dass die Rationalität der Kaufentscheidung, die auch die Umweltaspekte einschließt, aufgehoben wird, kann nach § 4 Nr. 1 noch eine Unlauterkeit begründet werden. Gleiches muss auch für die Ausnutzung von Angst im Sinne von § 4 Nr. 2 gelten.

C. Umweltzeichen

I. Allgemeine Anforderungen

51 Prinzipiell den gleichen Anforderungen wie umweltbezogene Werbeaussagen unterliegen auch staatliche oder private Umweltzeichen und Öko-Label, von denen der „Blaue Engel" der bekannteste ist.[182] Daneben sind der Grüne Punkt, umweltbezogene Qualitäts- und Prüfzeichen, private Umweltzeichen sowie das Europäische Öko-Audit-Zeichen zu nennen.[183] Daneben gibt es ein europäisches Umweltzeichen, das sich auf die Einhaltung der Vergabekriterien nach Art. 3, 4 der VO 1980/2000 bezieht.[184] Diese sind im Rahmen moderner Umweltpolitik als Mittel indirekter Verhaltenssteuerung anzusehen, die bei Herstellern und Verbrauchern auf erhöhte Information der Verbraucher abzielen.[185] Die Werbung mit solchen Umweltzeichen ist vor allem nach dem **Irreführungsverbot** zu bewerten. Auch bildliche Darstellungen lassen sich als Angaben im Sinne des § 5 Abs. 1 ansehen, so dass Umweltzeichen in vollem Umfang der Prüfung nach dem Irreführungsverbot unterliegen. Nach § 5 Abs. 1 S. 2 Nr. 1 kommt ein Bezug auf wesentliche Merkmale der Ware oder Dienstleistung in Betracht.

52 Der europäische Gesetzgeber hat wegen der besonderen werblichen Bedeutung von Güteeichen und anderen **Verhaltenskodices** deren Irreführungsschutz noch einmal besonders gestärkt. § 5 Abs. 1 S. 2 Nr. 4 und Nr. 6 auf das unberechtigte Führen eines Umweltzeichens anwendbar sein. Nr. 4 ist vor allem bei einer Verwendung in Zusammenhang mit einem Sponsoring relevant. Weiterhin stellt die einem Umweltzeichen zugrunde liegende Vergabegrundlage einen Verhaltenskodex nach Nr. 6 dar, der bei verpflichtenden Umweltzeichen anzuwenden ist. Für die Bestimmung des Vorliegens einer Irreführungsgefahr ergeben sich Parallelen zur Bewertung von Gütezeichen, und zwar im Hinblick auf die konkrete Art der Verwendung in der Werbung, die Anforderungen an die Kriterien in den Vergabebedingungen und die institutionelle und verfahrensmäßige Unabhängigkeit und Interessenberücksichtigung.[186] Das unberechtigte Führen eines Umweltzeichens verstößt aber auch ohne weitere Voraussetzungen gegen Nr. 1 oder 2 der **Geschäftspraktikenliste** (Anhang zu § 3 Abs. 3).[187] Bei Verbandsmarken wie Gütezeichen kommt auch ein Verstoß gegen § 97 MarkenG in Betracht.[188] Zu prüfen ist, ob über diesen Grundfall hinaus weitergehende Anforderungen an die Vergabe und Verwendung von Umweltzeichen bestehen.

---

[182] Vgl. *Graf Lambsdorff/Jäger* BB 1992, 2297, 2299; *Roller* EuZW 1992, 499; *Scherer* RIW 1990, 908; *Diedrichsen* RIW 1993, 224; *Wimmer* BB 1989, 565; *Janiszewski* S. 21 ff; *Wölwer* S. 69 ff; *Kiefer* S. 24 ff.

[183] Vgl. die Übersicht bei *Wölwer* S. 84 ff sowie unter www.umweltzeichen.de. Zur Vergabe eines Umweltsiegels nach dem Entwurf eines geplanten Umweltgesetzbuches vgl. *Wölwer* S. 83 f; *Kiefer* S. 149 ff.

[184] VO (EG) Nr. 1980/2000 vom 17. 7. 2000 zur Revision des gemeinschaftlichen Systems zur Vergabe eines Umweltzeichens, ABl. EG Nr. L 237 S. 1.

[185] Vgl. *E. Müller* S. 941; *Diederichsen* RIW 1993, 224; *Roller* EuZW 1992, 499, 504; *Wimmer* BB 1989, 656; *Neveling* S. 39 ff.

[186] Vgl. insoweit für Gütezeichen *Wiebe* WRP 1993, 74, 79 ff; *Kiefer* S. 45 ff.

[187] Vgl. dazu *Sosnitza* WRP 2008, 1014, 1021.

[188] Vgl. *Fezer* MarkenG § 97 Rn 18 ff; *Ingerl/Rohnke* MarkenG § 97 Rn 6. Zum Verhältnis vom marken- und wettbewerbsrechtlichem Schutz vgl. *Fezer* MarkenG § 2 Rn 2 ff; *Ingerl/Rohnke* MarkenG § 2 Rn 2 ff.

II. Besondere inhaltliche Anforderungen

1. Besondere Qualitätsvorstellungen

Verbindet der Durchschnittsverbraucher mit der Bezeichnung **besondere Qualitätsmerkmale,** die über die Vergabekriterien hinausgehen, so muss auch die **Vergabegrundlage** daran gemessen werden. Die Rechtsprechung geht davon aus, dass den Verbrauchern weder das Vergabeverfahren noch die dabei angewandten Kriterien bekannt sind.[189] Man kann auch für den durchschnittlichen und informationsbereiten Verbraucher nicht annehmen, dass dieser sich die Kenntnis der Vergabekriterien vor dem Kauf verschafft. Dies gilt auch im Rahmen einer Differenzierung nach der jeweiligen Situation, wie sie der BGH nunmehr im Rahmen des europäischen Verbraucherleitbilds durchführt. Auch bei höherwertigen Gütern ist nicht ohne weiteres davon auszugehen, dass sich der Verbraucher im Einzelnen über die Vergabekriterien eines für das Produkt verliehenen Umweltzeichens informiert. 53

Ruft die Verwendung des Zeichens in der Werbung Erwartungen beim Verbraucher hervor, denen die Vergabegrundlage nicht gerecht wird, so kann eine Verwendung des Zeichens auch dann **untersagt** werden, wenn es den Anforderungen der **Vergabegrundlage entspricht.**[190] Darin kann eine zur Täuschung geeignete Angabe über wesentliche Merkmale nach § 5 Abs. 1 S. 2 Nr. 1 gesehen werden. Hier kommt in Betracht, dass die durch das Zeichen beim durchschnittlich informierten Verbraucher geweckten Vorstellungen hinsichtlich der Umweltfreundlichkeit über das hinausgehen, was die zugrunde liegenden Vergabekriterien fordern. Da letztlich alle Umweltzeichen blickfangmäßig herausgestellt und prägnant eine größere Umweltfreundlichkeit als vergleichbare Produkte ohne Kennzeichnung ausdrücken sollen, kommt eine ähnliche Bewertung wie bei pauschalen Umweltangaben wie „umweltfreundlich" in Betracht.[191] 54

Der **„Blaue Engel"** trug zunächst die Aufschrift „umweltfreundlich, weil ...". Daraus wurde von der Rechtsprechung für größere Teile der angesprochenen Verkehrskreise ein Verständnis als besonderes Kennzeichen für umweltfreundliche Produkte entnommen und die Aussage zudem im Sinne **absoluter Umweltfreundlichkeit** interpretiert.[192] Diese Beurteilung hat sich auch durch die Änderung der Umschrift von „umweltfreundlich, weil ..." in „Umweltzeichen, weil ..." nicht geändert.[193] Wegen der allgemeinen Begrifflichkeit wurden auch für das Umweltzeichen Aufklärungspflichten angenommen.[194] Einige Gerichte haben aber bereits früh ein Verständnis lediglich **relativer Umweltfreundlichkeit** zugrunde gelegt.[195] Danach erwarte ein relevanter Teil der Verbraucher auch ohne nähere Kenntnisse über die Vergabegrundsätze lediglich eine **entscheidende Verbesserung** im Vergleich zu Konkurrenzprodukten. Aber auch auf der Grundlage eines solchen Verständnisses soll die Vergabegrundlage den Anforderungen einer entscheidenden Verbesserung in dieser Hinsicht gegenüber vergleichbaren Produkten in Herstellung und Anwendung meist 55

---

[189] OLG Köln GRUR 1988, 51, 52 – Umweltengel; OLG Köln NJW-RR 1992, 874 – Auszeichnung eines Produkts mit Umweltengel.

[190] Vgl. etwa OLG Köln GRUR 1988, 630, 631; OLG Düsseldorf GRUR 1988, 55, 59 – bio-fix; LG Köln GRUR 1988, 53, 54. Vgl. ferner *Falke* VuR 1989, 95, 100; *Graf Lambsdorff/Jäger* BB 1992, 2297, 2302; zum „Grünen Punkt" *Lappe* BB 1992, 1661, 1663.

[191] Zur Voraussetzung einer „Angabe" bei § 3 aF, zur Abgrenzung zum Markenrecht sowie kartellrechtlichen Probleme bei den insoweit vergleichbaren Gütezeichen vgl. *Wiebe* WRP 1993, 74, 79 ff mwN.

[192] Vgl. die Nachw zu den unveröffentlichten Entscheidungen des LG Köln, OLG Köln und OLG Hamburg bei *Kiefer* S. 64 Fn 251 bis 254.

[193] Vgl. *Graf Lambsdorff/Jäger* BB 1992, 2297, 2302; *Wimmer* BB 1989, 565, 569; *Kloepfer* S. 191.

[194] Nachweise → Rn 33 bis 35. Vgl. ferner OLG Köln WRP 1992, 504, 505; OLG Köln NJW-RR 1992, 874, 875.

[195] Vgl. OLG Düsseldorf GRUR 1988, 55, 59; LG Hamburg MD 1992, 434, 439. Gegen die Annahme eines über die genannte Eigenschaft hinausgehenden Vorteils, jedoch für die Berücksichtigung von den Vorteil neutralisierende andere Umweltnachteile *Kiefer* S. 79 mwN. Dies dürfte jedoch nicht mehr im Einklang mit der neueren Rechtsprechung stehen, → Rn 30.

nicht gerecht werden, da bereits kleine Schritte in Richtung Umweltschutz für die Vergabe ausreichen.[196]

56 Nach dem europäischen Verbraucherleitbild muss allerdings wie für allgemeine Umweltschlagworte auch für entsprechend ausgestaltete Umweltzeichen zunächst bereits ein **kleiner Umweltfortschritt** ausreichen.[197] Allerdings tritt zu der durch die allgemeine Begrifflichkeit bewirkten Unklarheit beim „Blauen Engel" ein mehr oder weniger ausgeprägtes Verständnis eines offiziellen Charakters hinzu, der zu einer Steigerung der Erwartungen beiträgt. Der Grad des zusätzlich erweckten Vertrauens ist dabei abhängig von der Vorstellung an Neutralität und Fachkunde der verleihenden Stelle, die der Verkehr hat. Daher ist die **Eingriffsschwelle** bei Umweltzeichen **niedriger** anzusetzen als bei allgemeinen Umweltschlagworten.[198] Häufig kann sich für den durchschnittlichen Verbraucher bei Umweltzeichen eine ohne weitere aufklärende Hinweise nicht aufzulösende Mehrdeutigkeit ergeben.[199] Andererseits ist es auch hier nicht auszuschließen, dass die beim durchschnittlich informierten Verbraucher voraus zu setzenden allgemeinen Kenntnisse ein Verständnis der Umweltverbesserung in eine konkrete Richtung nahe legen, so dass auf weitere Hinweise verzichtet werden kann.

57 Eine differenzierte Betrachtungsweise ist auch bei der Beurteilung von **privaten Umweltzeichen** zugrunde zu legen. Dabei entsteht zunächst der Anschein eines offiziellen Charakters sowie der Eindruck von Unabhängigkeit und Interessenneutralität.[200] Dies wäre nach Anhang Nr. 3 relevant, wonach ein per se-Verbot für die unwahre Angabe besteht, ein Verhaltenskodex sein von einer öffentlichen Stelle gebilligt worden. Zeichen von **Verbänden und Organisationen,** die den Eindruck eines Umweltgütesiegels des RAL erwecken und damit wie ein Gütezeichen eingeordnet werden, suggerieren eine über dem Durchschnitt liegende umweltbezogene Qualität.[201] Dies lässt sich als täuschungsgeeignete Angabe nach § 5 Abs. 1 S. 2 Nr. 1 einordnen. Empirische Umfragen haben ergeben, dass zwar der RAL nicht bekannt ist, aber ein Großteil der Befragten mit einem Gütezeichen gute oder besondere Qualität verbinden und außerdem davon ausgehen, dass die Qualitätsstandards ständig geprüft und überwacht werden.[202] Zugleich wird damit ein über dem Durchschnitt liegender **Güte-Mindeststandard** verbunden.[203] Dies wird man zunächst auch für den durchschnittlich informierten Verbraucher annehmen können, der nicht im einzelnen Einblick in die jeweils zugrunde liegenden Vergabekriterien nehmen wird.

58 Mit der zunehmenden Verbreitung von Gütezeichen ist aber davon auszugehen, dass der Durchschnittsverbraucher Gütezeichen in stärkerem Masse von **sonstigen verbandsgetragenen Umweltzeichen** unterscheiden wird. Das impliziert, dass er auch in einer eher als „flüchtig" anzusehenden Werbe- oder Kaufsituation genauer hinschaut, ob es sich um ein Gütezeichen handelt oder nicht, zumal die Verwendung dieser Zeichen ja auch überwacht wird und dies auch bekannt ist. Nur wenn auch der durchschnittlich informierte Verbraucher nach der Ausgestaltung des Zeichens oder der Form der Werbung eine Zuge-

[196] Vgl. OLG Düsseldorf GRUR 1988, 55, 58f.

[197] → Rn 30. Anders zur früheren Rechtsprechung noch *Wiebe* WRP 1993, 798, 806. *Wölwer* S. 76f; *Kiefer* S. 78f, führt Umfragen aus dem Jahre 1991 an, wonach 52% für das Umweltzeichen von „erheblich weniger schädlichen Auswirkungen auf die Umwelt" als vergleichbare Produkte ausgehen; aus heutiger Sicht ist aber zu berücksichtigen, dass die Umfrage zur Hochzeit des Umweltbewußtseins gemacht wurde und auch von einer zunehmende Bekanntheit der tatsächlichen Standards auszugehen ist.

[198] Vgl. nach dem europäischen Verbraucherleitbild auch *Völker* S. 277.

[199] Vgl. OLG Köln GRUR 1988, 51, 52 – Umweltengel, wonach bei Fehlen weiterer Angaben die Vergabe sowohl auf Gebrauch und Verbrauch als auch Herstellung des Produkts bezögen. Nach OLG Köln WRP 1992, 504 – Umweltzeichen in Prospektwerbung, könne sich die Umweltfreundlichkeit von Schreibpapier aus der Herstellung aus Altpapier, aber auch aus einer Sauerstoffbleichung ergeben.

[200] → Rn 69ff.

[201] Zum Gütezeichen und deren Definition vgl. *Kiefer* S. 38ff; *Wiebe* WRP 1993, 74, 81f. Zahlreiche Beispiele von privaten Umweltzeichen von Verbänden und Firmen finden sich bei *Graf Lambsdorff* Werbung mit Umweltschutz S. 33ff.

[202] Vgl. *Gruber* S. 164ff; *Kiefer* S. 42f; *Wölwer* S. 110f.

[203] Vgl. die Nachweise bei *Kiefer* S. 43, 46.

hörigkeit oder Gleichwertigkeit mit einem Gütezeichen annimmt, kommt die Zugrundelegung eines gewissen Mindeststandards an Umweltqualität in Betracht, der über die tatsächlichen Kriterien hinaus gehen kann. Wenn im Zusammenhang mit Umweltzeichen oder in ähnlicher Form auf die Einhaltung oder Übererfüllung **gesetzlicher Vorschriften** oder sonstiger Richtlinien verwiesen wird, ist mangels weitergehender Umstände davon auszugehen, dass keine über die sich aus diesen Richtlinien ergebenden tatsächlichen Anforderungen hinaus gehende Vorstellungen geweckt werden.[204] Dies gilt etwa für das auf der EG-Öko-VO basierende Öko-Kennzeichen nach § 2 ÖkoKennzV iVm § 1 ÖkoKennzG.

Der **„Grüne Punkt"**[205] ist ein Beispiel dafür, wie sich die Erwartungen der Verbraucher durch öffentliche Auseinandersetzung mit dem Thema verringern können. Nach der Rechtsprechung ist diesem Zeichen keine über die Tatsache der Teilnahme am Dualen System hinaus gehende Qualitätsaussage zu entnehmen.[206] Dabei habe gerade die negative Berichterstattung in den Medien gegen besondere Gütevorstellungen gewirkt, etwa ein allumfassendes Recycling.[207] Nachdem die Ausgestaltung des Systems eine gewisse Bekanntheit erreicht hat, sind auch aufklärende Zusätze nicht erforderlich.[208] Zu beachten ist bei diesem System die wettbewerbsrechtliche Erheblichkeit, die dann entfällt, wenn mangels Alternativen am Markt ein Einfluss auf die Kaufentscheidung ausgeschlossen werden kann.[209] Im Ergebnis ebenso hat der BGH im Rahmen der wettbewerbsrechtlichen Interessenabwägung eine mögliche Fehlvorstellung, dass jede Verpackung wiederverwertet werde, wegen der geringen Irreführungsgefahr und der fehlenden wettbewerblichen Relevanz für unbeachtlich angesehen.[210] Der Verbraucher werde sich nicht vom Kauf abhalten lassen, weil derzeit eine vollständige Wiederverwertung nicht gewährleistet sei, oder alternativ, weil das System auf ständige Verbesserung angelegt sei. 59

Bei Umweltzeichen von **privaten Unternehmen**[211] ist jeweils im Einzelfall zu beurteilen, ob diese nach dem äußeren Eindruck der Art der Verwendung in der Werbung einem Gütezeichen vergleichbare Qualitätsvorstellungen wecken. Wie bei allgemeinen Umweltschlagworten ist nicht von einem ganzheitlichen Ansatz auszugehen und die Zeichenverwendung auf die ausdrücklich angesprochene oder aus dem Kontext hervorgehende Eigenschaft zu beschränken.[212] Darüber hinaus ist dem Durchschnittsverbraucher grundsätzlich ein Maß an Aufmerksamkeit zuzuschreiben, das Herstellerzeichen von Gütezeichen unterscheidet.[213] Mit vom Hersteller vergebenen Umweltzeichen wird der Verbraucher nicht das 60

---

[204] Vgl. etwa das Umweltzeichen „Umweltverträglich" der Firma Henkel, wo darauf hingewiesen wird, dass firmeninterne Richtlinien die Anforderungen des OECD-Tests übertreffen, vgl. *Graf Lambsdorff/Jäger* BB 1992, 2297, 2300 Fn. 31; *Wölwer* S. 107.

[205] Vgl. dazu *Wölwer* S. 84 ff.

[206] Vgl. KG WRP 1994, 625, 627 – Der Grüne Punkt; *Völker* S. 280; aA *Cordes* S. 138

[207] Vgl. KG WRP 1994, 625, 627 – Der Grüne Punkt.

[208] AA *Wölwer* S. 91. Der BGH GRUR 2004, 613, 614 – Schlauchbeutel, hat offen gelassen, ob der Verbraucher über die gesetzlichen Grundlagen hinausgehende Vorstellungen entwickele, jede mit dem Grünen Punkt versehene Verpackung werde der Wiederverwertung zugeführt. Zur Frage, ob überhaupt die gesetzlich vorgeschriebenen Recyclingquoten erreicht werden, vgl. *Wölwer* S. 89. Eine der VerpackVO widersprechende Teilnahme von Transportverpackungen am Dualen System hat das KG zwar grundsätzlich Irreführungseignung zugesprochen wenn nicht deutlich über das Rückgaberecht des Verbrauchers aufgeklärt werde; dieser Irreführung wurde jedoch die wettbewerbsrechtliche Relevanz abgesprochen, da der Verbraucher die Ware auch mit dem Hinweis kaufen würde, vgl. KG WRP 1994, 625, 629 – Der Grüne Punkt; *Wölwer* S. 90.

[209] Vgl. *Lappe* BB 1992, 1661, 1664; *Wölwer* S. 92.

[210] Vgl. BGH GRUR 2004, 613, 614 – Schlauchbeutel.

[211] Vgl. die Beispiele bei *Graf Lambsdorff* S. 42 ff. Dazu gehört auch der „Grüne Frosch" der Firma Werner & Merz.

[212] Vgl. OLG Köln WRP 1993, 191, 193 – Asbestfrei/innovativ, wonach der Verbraucher durch die Verwendung eines Baumsymbols über Art und Ausmaß der Umweltvorteile getäuscht werde; zu Recht hat *Wölwer* S. 106 f, dazu ausgeführt, dass der pauschale Hinweis auf Umweltverträglichkeit durch die erläuternde Angabe konkretisiert werde, aber keine darüber hinaus gehenden Erwartungen geweckt werden. Dies entspricht dem europäischen Verbraucherleitbild, → Rn 36 f.

[213] Dies kann man auch dann annehmen, wenn man mit *Kiefer* S. 44, die Gleichsetzung von Gütezeichen und Verbandszeichen ablehnt.

gleiche Maß an Unabhängigkeit, Neutralität und Mindestqualität verbinden wie mit von unabhängigen Dritten vergebenen Zeichen. Insoweit ist auch die Erwartungshaltung und damit die Irreführungseignung bei solchen Zeichen **deutlich niedriger** anzusetzen. Allerdings kann bei allgemeinen Schlagworten oder einem allgemein gefassten Zeichen das Problem der Mehrdeutigkeit bestehen bleiben, das die Notwendigkeit aufklärender Zusätze begründen kann.

2. Bezug auf Vergabekriterien

61 Ansonsten geht die Verbrauchervorstellung dahin, dass das Produkt den dem Zeichen zugrunde liegenden **Vergabekriterien** entspricht. Haben die angesprochenen Verkehrskreise keine gesicherten Vorstellungen über die geforderten Eigenschaften,[214] verlassen sie sich darauf, dass das Produkt den Anforderungen entspricht, die von amtlichen Stellen oder zuständigen Fachkreisen an das Produkt bei einer solchen Bezeichnung gestellt werden. So werden die zugrunde liegenden Vergabekriterien Teile einer „verweisenden Verbrauchervorstellung".[215] Abstellen kann man dabei auch auf § 5 Abs. 1 S. 2 Nr. 6.

62 Fraglich ist, wie die maßgeblichen Vergabekriterien zu konkretisieren sind. Nach den publizierten **Vergaberichtlinien zum Umweltzeichen**[216] sollen ausgezeichnete Produkte eine „besondere Umweltverträglichkeit" aufweisen.[217] Ausgegangen wird auch von einem **ganzheitlichen Ansatz,** der das Produkt während des gesamten Lebenszyklus vom Rohstoffverbrauch bis zur Entsorgung beurteilen soll.[218] Die Umsetzung dieses Ansatzes in die **Zeichenprogramme** scheitert jedoch in der Praxis, wo nur einige zentrale Umweltaussagen untersucht werden, während etwa Herstellungsprozess und Energieeinsatz oft nicht kontrollierbar bzw. feststellbar sind, vor allem in komplexen, besonders umweltintensiven Produktionsbereichen.[219] Neben dem überlegenen Fachwissen des Herstellers stößt man hier auch an die Grenze noch unzureichender wissenschaftlicher Erforschung mancher Zusammenhänge, abgesehen von dem Problem der Bewertung und Gewichtung verschiedener Vor- und Nachteile.[220] Hier kann auch eine fehlende Sachkunde im Vergabeverfahren von Bedeutung sein.[221]

63 Für die wettbewerbsrechtliche Beurteilung ist neben dem beim Durchschnittsverbraucher voraus zu setzenden Fachwissen auch der Kontext im Einzelfall zu betrachten. Dies wird in dem § 5 Abs. 1 S. 2 Nr. 6 zugrunde liegenden Art. 6 Abs. 2 der Richtlinie noch einmal durch die Notwendigkeit des Abstellens auf den konkreten Fall unter Berücksichtigung aller tatsächlichen Umstände betont. Primär wird zunächst der Kriterienkatalog für die einzelnen Zeichen für die Verbrauchervorstellung heranzuziehen sein. Wird darüber hinaus etwa ein ganzheitlicher Ansatz in der Werbung des Herstellers besonders hervorgehoben oder kann man diesen aufgrund der Publizität der Vergaberichtlinien zum allge-

---

[214] So für Umweltzeichen LG Köln GRUR 1988, 51, 52; OLG Köln NJW-RR 1992, 874, 875.

[215] Vgl. BGH GRUR 1967, 30, 32 – Rum-Verschnitt; BGH GRUR 1969, 280, 282 – Scotch Whisky; BGH MDR 1992, 144 – IEC-Publikation; OLG Düsseldorf BB 1985, 2191f; OLG Hamburg BB 1985, 2193; KG NJW-RR 1987 104; *Kiefer* S. 76f. Auch insoweit bekommt die zunehmend „umweltbewusste" Normierung wettbewerbsrechtliche Bedeutung, vgl. *Graf Lambsdorff/Jäger* BB 1992, 2297, 2299. Zum Verhältnis von Normierung und Wettbewerbsrecht vgl. auch BGH GRUR 1985, 973 – DIN 2093; OLG Koblenz GRUR 1993, 131; *Brandner* FS v. Gamm S. 27, 34f.

[216] „Grundsätze zur Vergabe von Umweltzeichen", von RAL veröffentlicht als „Umweltzeichen Richtlinien", vgl. *Roller* EuZW 1992, 499, 500, abgedr. bei *Janiszewski* S. 260ff.

[217] Vgl. *Roller* EuZW 1992, 499, 500; *Janiszewski* S. 203f. Eingehend zu Konzeption und praktischer Umsetzung des Umweltzeichens *Neveling* S. 65ff; *Wölwer* S. 69ff.

[218] Vgl. *Neveling* S. 106ff.

[219] Vgl. *Roller* EuZW 1992, 499, 501; *Diederichsen* RIW 1993, 224, 227; *Kiefer* S. 80f. *Falke* VuR 1989, 94, 97, weist darauf hin, dass bei einem Rasenmäher schon die Lärmarmut ausreiche.

[220] Vgl. *Diederichsen* RIW 1993, 224, 227. Zu möglichen Bewertungstechniken im betrieblichen Umweltschutz, etwa Öko-Checklisten, Stoff- und Energiebilanzen und Ökologische Buchhaltung, vgl. *Bea/Göbel/Köninger* Planungstechniken im betrieblichen Umweltschutzmanagement, in: *Vogl/Heigl/Schäfer* (Hrsg.) Handbuch des Umweltschutzes III–2.1.1. S. 14ff.

[221] Vgl. *Wimmer* BB 1989, 565, 570.

meinen Wissensstand rechnen, muss sich das Produkt auch an einem entsprechenden Maßstab orientieren. Ansonsten wird man für den durchschnittlich informierten Verbraucher den allgemeinen Bezug auf einen ganzheitlichen Ansatz in den Vergaberichtlinien gegenüber den **konkreten Vergabekriterien** nicht überbewerten dürfen. Es ist dann eine Frage des Einzelfalls, inwieweit anzunehmende Verbrauchervorstellungen eines ganzheitlichen Ansatzes durch die konkreten Vergaberichtlinien enttäuscht werden. Zu berücksichtigen ist dabei, dass es sich um eine komprimierte Übermittlung komplexer Produktinformationen handelt. Hinsichtlich der Erheblichkeit bleibt aber zu beachten, dass Umweltzeichen als kompakten Schlüsselinformationen auch im Lichte der empirischen Sozialforschung eine überdurchschnittliche Bedeutung für die Verbraucherentscheidung zukommt.[222]

3. Aufklärungshinweise

Soweit danach bei Umweltzeichen eine Irreführung begründet wird, sind **erläuternde Zusätze** erforderlich, die die Verbrauchervorstellung mit dem Maß der Anforderungen der Vergabegrundlage in Einklang bringen. Dies betrifft nicht nur den Hersteller, der oft bereits einer entsprechenden vertraglichen Verpflichtung, zB aus dem Vergabevertrag mit dem RAL, unterliegt, sondern auch den Händler.[223] Damit wird eine Konkretisierung der Verbrauchervorstellung in Richtung auf den relevanten Umweltfortschritt erreicht. Ausreichend ist die Verwendung des „Umweltzeichen, weil ..." mit entsprechender Angabe, etwa „abwasserentlastend".[224] Für den Durchschnittsverbraucher ergeben sich daraus ausreichende Hinweise, ohne dass es weiterer Aufklärung bedürfte, inwieweit die Verbesserung für die Umwelt hinsichtlich bestimmter Teilmerkmale des Produkts oder bestimmter Phasen des Produktzyklus besteht oder nach dem Grad der Umweltfreundlichkeit bzgl. der relevanten Eigenschaft zu fragen ist. 64

Was die **Darstellungsform** betrifft, sind die Erläuterungen zum Umweltzeichen „drucktechnisch deutlich sichtbar" herauszustellen.[225] Dies wird für den „Blauen Engel" zu bejahen sein. Auch neben dem Zeichen angebrachte Hinweise im Fliesstext können aber für den Durchschnittsverbraucher bereits ausreichen, soweit daraus der relevante Fortschritt zu entnehmen ist und der Bezug zum Umweltzeichen eindeutig ist.[226] Die Wirkung aufklärender Zusätze darf nicht durch die sonstige Aufmachung und den Kontext der konkreten Werbeanzeige oder wegen zu kleiner Schrift neutralisiert werden.[227] Auch müssen bei Werbung in anderem Kontext, etwa auf Regalböden oder in Werbeprospekten, die Vergabebedingungen eingehalten werden.[228] Entsprechend dem Leitbild des kritischen Verbrauchers dürfen aber keine zu strengen Anforderungen gestellt werden. Nach der früheren Rechtsprechung wurde eine Werbung mit dem Umweltengel für irreführend gehalten, bei der der Vergabegrund „weil lärmarm" zwar angebracht war, aber der Umweltengel in optischer Verbindung mit dem blickfangmäßigen Slogan „Der Flüster-Sauger ... der reinigt sogar Luft" abgebildet war.[229] Allerdings traf hier der Reinigungseffekt tatsächlich zu, jedoch war der Umweltengel nicht deswegen vergeben worden. In Bezug auf diesen Aspekt 65

---

[222] *Keßler* WRP 2007, 714, 721 mwN.

[223] Vgl *Völker* S. 61.

[224] Vgl. OLG Hamburg NJW-RR 1994, 555 – Deo-Pumpspray. Offen gelassen in BGH WRP 1989, 160, 162 – Umweltengel; verneint in OLG Köln GRUR 1988, 55; OLG Köln GRUR 1988, 630, 631, weil die Umweltfreundlichkeit nur bei zusätzlichen Maßnahmen und einem zusätzlichen Warnhinweis bestand; ähnlich OLG Hamburg MD 1993, 493, 497 – Umweltzeichen – weil luftentlastend, mit umfangreichen Anforderungen an die Substantiierung. Für weitergehende Aufklärung beim Umweltzeichen unter der früheren Rechtsprechung vgl die Nachweise bei *Kiefer* S. 72 f.

[225] BGH NJW 1989, 712, 713 – aus Altpapier.

[226] Vgl. bereits *Lindacher* JZ 1993, 101, 102. Zur Abgrenzung vgl. BGH GRUR 2002, 976 – Koppelungsangebot I, einerseits, und BGH GRUR 2002, 979 – Koppelungsangebot II, andererseits. AA noch OLG Köln WRP 1992, 504, 505 – Umweltzeichen in Prospektwerbung.

[227] Vgl. BGH GRUR 1991, 550, 551 – Zaunlasur; BGH WRP 1989, 163, 165 – aus Altpapier; LG Köln GRUR 1988, 55.

[228] BGHZ 105, 277, 282 – Umweltengel; OLG Köln GRUR 1988, 51.

[229] OLG Köln MD 1987, 1219, 1221 – Flüster-Sauger.

würde nach den nunmehr geltenden Grundsätzen eine Untersagung nicht mehr erfolgen, da die herausgestellte Eigenschaft zutraf und der Vergabegrund beim Umweltzeichen für den Verbraucher lesbar war, so dass man von diesem erwarten konnte, diesen auch wahrzunehmen.

III. Prämierung und Alleinstellung

66 In diesen Kontext gehört auch die Überlegung, eine Werbung mit dem Begriff „Auszeichnung“ im Zusammenhang mit Umweltzeichen sei insofern irreführend, als sie ein Verständnis nahe lege, das Produkt sei als bestes unter mehreren Konkurrenzprodukten prämiert worden und die Anforderungen seien nicht von jedem Hersteller zu erfüllen.[230] Dies werde verstärkt durch den scheinbar amtlichen Charakter, der auf eine strenge Kontrolle hindeute.[231] Nach dem europäischen Verbraucherleitbild ist dies aber nicht als **Alleinstellungsbehauptung** zu bewerten, sondern nur als Aussage, dass dem Produkt nach Prüfung der zugrunde liegenden Voraussetzungen von einem Gremium ein besonderes Zeichen verliehen worden ist, was aber den Tatsachen entspricht.[232] Ein entsprechendes Verständnis hat auch der BGH in der Revisionsentscheidung zugrunde gelegt.[233]

67 Eine ähnliche Verbrauchervorstellung kann sich dahingehend ergeben, dass ein mit dem Umweltzeichen versehenes Produkt in jedem Fall umweltfreundlicher sei als ein Produkt ohne Zeichen, wobei von den Zeichenträgern ausgehende öffentliche Aussagen eine Rolle spielen können.[234] Inhalt der Vorstellung wäre es, dass sich **alle Konkurrenten** gezwungenermaßen oder freiwillig um die Erlangung eines solchen Zeichens bemühen, was aber tatsächlich nicht zutrifft. Für einen im Privatauftrag ohne Bestehen zwingender Überwachungspflichten ausgeführten Prüfauftrag für Brillenfassungen und ein entsprechend erteiltes **„TÜV-Prüfzeichen“** hat der BGH eine Verkehrsauffassung angenommen, die so gekennzeichneten Brillen seien von besserer Qualität als ungeprüfte, was nicht zutraf.[235] Ein von der Kfz-Überprüfung her bekanntes TÜV-Zeichen suggeriere das Bestehen einer allgemein vorgeschriebenen Prüfung im Gegensatz zu den nicht gekennzeichneten Produkten. Dies lässt sich zu einem gewissen Grade auf vom TÜV entwickelte eigene Umweltzeichen übertragen.[236]

68 Auch für den „Blauen Engel“ ist vertreten worden, er vermittle den Eindruck staatlicher Verleihung.[237] Hier kann auch die Geschäftspraktikenliste Anhang Nr. 3 herangezogen werden, der ein per se-Verbot für die Erweckung des Eindrucks begründet, ein Verhaltenskodex sein von einer öffentlichen oder anderen Stelle gebilligt worden. In Produktbereichen mit besonderer Intensität der Verleihung[238] könne eine Vorstellung angenommen werden, dass eine entsprechende Prüfung entweder vorgeschrieben sei oder sich zumindest jeder Hersteller um die Erteilung eines derart werbewirksamen Zeichens bemühe. Beide Vorstellungen dürften jedoch für den **durchschnittlich informierten Verbraucher** heute nicht mehr zugrunde zu legen sein. Dies hängt auch mit der zunehmenden Verbreitung von Prüf- und Gütezeichen und dem insoweit verbesserten Kenntnisstand der Verbraucher

---

[230] Vgl. *Graf Lambsdorff/Jäger* BB 1992, 2297, 2302; OLG Köln NJW-RR 1992, 874, 875 – Ölbrennermodelle.

[231] Vgl. ÖLG Köln GRUR 1988, 51, 53 – Umweltengel; *Brandner* FS v. Gamm S. 27, 34; *Graf Lambsdorff/Jäger* BB 1992, 2297, 2303.

[232] Vgl. auch BGH GRUR 1991, 550, 551 f – Zaunlasur. Das OLG Hamburg NJW-RR 1994, 555, sah im Umweltzeichen mit der Angabe „weil treibmittelfreie Alternative“ nicht die Behauptung einer besonderen Spitzenstellung, sondern nur den Hinweis auf eine Wahlmöglichkeit; aA *Kiefer* S. 91 f.

[233] BGH WRP 1994, 531, 532 – Ölbrennermodelle.

[234] Vgl. *Jansizewski* S. 203 f, der Aussagen wie „umweltfreundlichste Produktvariante“ und „für die Umwelt bessere Alternative“ von Umweltbundesamt und Bundesregierung wiedergibt; *Graf Lambsdorff/Jäger* BB 1992, 2297, 2302; *Brandner* FS v. Gamm S. 27, 34.

[235] Vgl. BGH GRUR 1991, 552, 553 – TÜV-Prüfzeichen.

[236] „Umwelt-TÜV“, vgl. *Lambsdorff/Jäger* BB 1992, 2297, 2299.

[237] Vgl. *Brandner* FS v. Gamm S. 27, 34.

[238] Vgl. *Roller* EuZW 1992, 449 Fn. 5.

über das Vorhandensein nicht-amtlicher Zeichen zusammen. Dies gilt umso mehr für Bereiche, in denen mehrere, auch private Zeichen, miteinander konkurrieren. Auch lässt sich aus dem Führen eines Umweltzeichens **nicht** die Vorstellung entnehmen, alle nicht mit bestimmten Kennzeichen versehenen Produkte seien **schlechter** in ihrer Umweltwirkung, weil sie die Anforderungen nicht erfüllten oder sich gar nicht erst um eine Verleihung bemüht hätten.[239] Verbleibende Fehlvorstellungen in dieser Hinsicht sind zu vernachlässigen.[240]

IV. Unabhängigkeit und Interessenneutralität

1. „Blauer Engel"

69 Ein weiterer für die Irreführung nach § 5 Abs. 1 S. 2 Nr. 1 und 4 bedeutsamer Aspekt ist, inwieweit die Verkehrsvorstellung auch **Unabhängigkeit** und **Neutralität** der Zertifizierungsinstanz beinhaltet. Für Gütezeichen etwa besteht aufgrund jahrzehntelanger Praxis und entsprechender Werbeanstrengungen eine Verkehrsauffassung dahin, dass das Produkt durch eine neutrale und unabhängige Organisation wie den RAL überprüft wurde, die außerhalb gewerblichen Gewinnstrebens steht.[241] Hinzu kommt **Interessenneutralität,** also die öffentliche Festlegung von Satzung der Gütegemeinschaft und Gütebedingungen in Gemeinschaftsarbeit der interessierten Kreise, also unter Beteiligung der betroffenen Wirtschafts- und Verbraucherkreise und der zuständigen Behörden.[242] Danach sind Zeichen einzelner Unternehmen oder nur Herstellerinteressen einbeziehende Zeichen von Verbänden als Gütezeichen nicht zulässig.[243]

70 Diese für das Gütezeichenwesen herausgebildete Vorstellung wird man nicht uneingeschränkt auf die Umweltzeichen übertragen können. Der Umweltengel wird zwar vom RAL vergeben, bei ihm steht aber mehr der „offizielle" Charakter im Vordergrund, der seinerseits Vorstellungen von Unabhängigkeit und Neutralität vermittelt.[244] Daraus wird ein durchschnittlich informierter Verbraucher entnehmen, dass die Ausarbeitung der Kriterien nicht einseitig durch eine Interessengruppe erfolgte und die Prüfung der Produkte durch neutrale Stellen im Auftrag des Staates durchgeführt wird.[245] Dem **wird das Umweltzeichen gerecht.** Die Vergabegrundlage wird von einer weisungsfreien „Jury Umweltzeichen" auf der Grundlage von vom Bundesinnenministerium herausgegebenen „Grundsätzen zur Vergabe von Umweltzeichen" erarbeitet, die auf beim Umweltbundesamt eingereichte Vorschläge zur Aufnahme einer Produktgruppe tätig wird.[246] Die Mitglieder werden vom Bundesumweltminister ernannt und kommen aus verschiedenen Interessengruppen. Für die von der Jury ausgewählten Vorschläge wird das Umweltbundesamt mit der Ausarbeitung einer Vergabegrundlage beauftragt, und der Entwurf wird in einer von dem RAL organisierten Expertenanhörung erörtert, an der wiederum Industrie, Umweltverbände, Gewerkschaften und weitere RAL und Umweltbundesamt zu ernennende Experten beteiligt werden. Die Jury entscheidet dann über Annahme, Änderung oder Ablehnung der Vergabegrundlage. Die konkrete Vergabe einzelner Zeichen erfolgt durch den RAL im Auftrage des Umweltbundesamts nach entsprechender Prüfung, wobei das Amt ein Vetorecht hat.

71 Damit erweist sich aber, dass das Verfahren trotz bestehender Regelungsdefizite hinsichtlich der **Verfahrensgrundlagen** den **Verbrauchererwartungen** an eine in staatlicher Regie erfolgte Zertifizierung durchaus **gerecht** werden kann. Dies betrifft sowohl die Er-

---

239 Vgl. auch BGH WRP 1991, 550, 551 – Zaunlasur.
240 Vgl. auch *Schricker* GRUR Int. 1994, 586, 588.
241 Vgl. OLG Frankfurt GRUR 1994, 523; OLG Hamburg BB 1985, 2193; OLG Düsseldorf BB 1985, 2191 f; *Kiefer* S. 76.
242 Vgl. BGH GRUR 1991, 552, 554 – TÜV-Prüfzeichen; *Wölwer* S. 78 f.
243 Vgl. *Wiebe* WRP 1993, 74, 82.
244 Zur Aufgabe des RAL bei der Zeichenvergabe vgl. *Neveling* S. 86 ff.
245 Vgl. auch *Kiefer* S. 76.
246 Vgl. *Roller* EuZW 1992, 499, 500; *Wimmer* BB 1989, 565, 566; *Janiszewski* S. 29 ff.

arbeitung der Vergabegrundlage unter Berücksichtigung der beteiligten Interessen[247] als auch die Zertifizierung durch eine neutrale Institution wie den RAL. Dem „offiziellen" Charakter des Zeichens entspricht es, dass überwiegend die öffentliche Hand als Verfahrensträgerin angesehen wird und die Beurteilung vorherrscht, dass Entscheidungsfindung und Zeichenvergabe sich in öffentlich-rechtlichen Rechtsformen vollziehen.[248] Eine andere Frage ist, inwieweit unter rechtsstaatlichen Gesichtspunkten die Zusammensetzung der Jury und die Kriterien des Vergabeverfahrens durch RAL geregelt werden müssen bzw. das gesamte Vergabeverfahren einer gesetzlichen Grundlage bedarf.[249] Auch ist die Bundesregierung Trägerin des Umweltzeichens, das vom RAL im Namen von Bundesumweltministerium und Umweltbundesamt vergeben wird.[250] Insgesamt unterscheidet sich das System des Umweltengels damit von dem vom RAL getragenen Gütezeichenwesen.[251]

2. Private Umweltzeichen

72 Größere Probleme ergeben sich unter dem Gesichtspunkt von Interessenberücksichtigung und Neutralität im Hinblick auf private Umweltzeichen. Soweit diese als Zeichen von Verbänden den Eindruck eines **Umweltgütesiegels** hervorrufen, wird man ähnliche Anforderungen an Unabhängigkeit, Interessenberücksichtigung und Verfahrensmäßigkeit stellen müssen wie bei Gütezeichen des RAL.[252] Ein „amtlicher Charakter" kann auch bei „rundstempelartiger" Gestaltung in Betracht kommen.[253] Diesen Vorstellungen kann man auch wettbewerbliche Relevanz zusprechen. Darüber hinaus kann hier auch Anhang Nr. 3 der Geschäftspraktikenliste ohne weitere Anforderungen zur Unlauterkeit führen, wonach die unwahre Angabe, ein Verhaltenskodex sei von einer öffentlichen Stelle gebilligt worden, erfasst wird. Bei einem TÜV-Umweltsiegel wird man diese Anforderungen als erfüllt ansehen können.[254]

73 Bei weder dem Umweltengel noch einem Gütezeichen angenäherten, erkennbar privaten Umweltzeichen kommt es dann für eine Beurteilung nach § 5 darauf an, inwieweit ein durchschnittlicher Verbraucher damit Vorstellungen von Neutralität und Interessenberücksichtigung verbindet.[255] Hinsichtlich der **Anforderungen an die Vergabe** wird man voraussetzen können, als die maßgeblichen Kriterien und Testanforderungen zwar nicht unter Einbeziehung aller interessierten Kreise erarbeitet würden, aber sich zumindest nicht ledig-

---

[247] Den Anforderungen eines auf Interessenausgleich angelegten Vergabeverfahrens, das der Verbraucher durchaus bei einem solchen wirtschaftsbezogenen Handeln des Staates heute erwartet, wird aber in weit geringerem Umfang das europäische Umweltzeichen gerecht, vgl. Art. 6 der VO (EWG) Nr. 880/92, ABl. EG Nr. L 99 vom 11. 4. 1992, S. 1, 3. Vgl. auch *Roller* EuZW 1992, 499, 502, der von einer „weitgehenden Ausblendung der gesellschaftlichen Interessen spricht. Hier sind einer Beurteilung nach § 5 aber durch Art. 16 Abs. 1 der VO Grenzen gesetzt; *Diederichsen* RIW 1993, 224, 227 f; *Wölwer* S. 112 ff. Zur Reformdiskussion vgl. *Neveling* S. 262 ff. Zum europäischen Öko-Audit-Zeichen vgl. *Wölwer* S. 117 ff; *Wiebe* NJW 1994, 289 ff.

[248] Vgl. *Wimmer* BB 1989, 565, 567; *Janiszewski* S. 26 ff; *Roller* EuZW 1992, 499, 500. Anders das BMU, vgl. *Wimmer* aaO.

[249] Vgl. *Wimmer* BB 1989, 565, 569 ff; *Janiszewski* S. 40 ff. Vgl. ferner den Entwurf eines Umweltzeichengesetzes, Berichte des UBA 7/1990. Zur Stellung des RAL als Beliehener vgl. *Janiszewski* S. 30 ff; *Neveling* S. 196 ff. Zur Zulässigkeit der Umweltzeichenvergabe nach Art. 28 EG vgl. *Voss* EWS 1993, 202 ff.

[250] Vgl. *Wimmer* BB 1989, 565, 567; *Neveling* S. 69 ff.

[251] Vgl. *Wiebe* WRP 1993, 74 ff. Die im Gegensatz zum Gütezeichenwesen nur untergeordnete Stellung des RAL schließt mE auch einen Vertrauensverlust durch die Rechtsprechung zum Umweltzeichen aus, wie ihn *Rohnke* GRUR 1988, 667, 671 konstatiert.

[252] Vgl. LG Düsseldorf WRP 1987, 706.

[253] Vgl. *Wölwer* S. 106 ff.

[254] Vgl. *Wölwer* S. 101. Demgegenüber hat der BGH GRUR 1991, 552, 553 – TÜV-Prüfzeichen, die Neutralität des TÜV verneint.

[255] Hier können ergänzend §§ 3, 4 Nr. 3 unter dem Gesichtspunkt der Tarnung von Werbemaßnahmen eingreifen. Danach darf bei der Verwendung von Gutachten oder wissenschaftlichen Empfehlungen nicht wahrheitswidrig der Eindruck eines unabhängigen Urteils eines unbeteiligten Dritten hervorgerufen werden, sondern es muss auf bestehende Anhängigkeiten bzw. Auftragsverhältnisse hingewiesen werden, vgl. BGH GRUR 1961, 189, 191 – Rippenstreckmetall.

lich an firmeninternen Festlegungen, sondern an gesetzlichen Vorschriften und Richtlinien orientieren und insofern nicht völlig willkürlich und einseitig sind.[256] Diese Prüfung kann damit die Kontrolle der inhaltlichen Aussage ergänzen.

Hinsichtlich der konkreten Vergabe kann mit dem Zeichen ein objektives und herstellerunabhängiges **Testverfahren** und **laufende Überwachung** verbunden werden. Diese Vorstellungen können nach Anhang Nr. 3 der Geschäftspraktikenliste zur Unlauterkeit führen, wonach sie als unwahre Angabe der Billigung durch eine „andere Stelle" gelten können. Fraglich ist allerdings, ob ein solches Umweltzeichen als „Behauptung" im Sinne der Nr. 3 der Geschäftspraktikenliste in der Richtlinienfassung angesehen werden können. Man wird aber die Angleichung an die Terminologie von § 5 als richtlinienkonform anzusehen haben und entsprechend auch Umweltzeichen darunter fassen können.[257] Dies wird vor allem bei verbandsgetragenen Zeichen nach den Umständen in Betracht kommen, wenn scheinbar eine dritte, herstellerunabhängige Instanz eingeschaltet ist. Aber auch bei durch einzelne Hersteller selbst verliehenen Zeichen wird der durchschnittliche Verbraucher von der Durchführung interner Tests und Überwachung ausgehen.[258] Hier sind ausreichende aufklärende Zusätze erforderlich.[259] 74

D. Sonstige umweltbezogene Werbemaßnahmen

Umweltwerbung ohne Produktbezug lässt sich den **Erscheinungsformen** nach in **vier Gruppen** einteilen: Imagewerbung, Sponsoring, Werbung mit Nebenleistungen und Umweltappelle.[260] Neben dem Irreführungstatbestand ist bei diesen Werbemaßnahmen vor allem § 4 zu beachten. Der Schwerpunkt liegt dabei in der Fallgruppe des Kundenfangs.[261] 75

I. Gefühlsbetonte Werbung (§ 4 Nr. 1, 2)

1. Grundsätze

Für die wettbewerbsrechtliche Beurteilung produktunabhängiger Werbung ebenso wie für das Sponsoring sind vor allem die Grundsätze zur gefühlsbetonten Werbung im Rahmen von § § 4 Nr. 1 maßgebend.[262] Das Ansprechen von Gefühlen gehört zwar zum „Bild der modernen Werbung"[263] und ist deswegen grundsätzlich nicht wettbewerbswidrig. Es entspricht aber nicht dem Leitbild des Leistungswettbewerbs, wenn der Verbraucher nicht durch Qualität und Preiswürdigkeit der Ware, sondern vor allem planmäßig durch Ausnutzung seiner Gefühle, wie Mitgefühl, sozialer Hilfsbereitschaft oder sozialem Verantwortungsgefühl, zum Kauf einer Ware veranlasst werden soll und damit die Gefahr einer **unsachlichen Beeinflussung** besteht. Als Abgrenzungskriterium wurde in der früheren Judikatur zunächst auf das Merkmal des sachlichen Zusammenhangs des Werbeappells mit der beworbenen Ware oder Leistung abgestellt.[264] Ähnlich wie bei der Beurteilung im Rahmen des Irreführungstatbestands ist auch hier die mit dem gestiegenen Umweltbewusstsein verbundene erhöhte Eignung umweltbezogener Angaben zum Ansprechen von Gefühlen von 76

---

256 Vgl. auch *Lambsdorff/Jäger* BB 1989, 2297, 2300; *Wölwer* S. 107.

257 → Rn 51.

258 Etwa bei Hinweis auf die Einhaltung des OECD-Test bei Waschmitteln. Vgl. ferner die Richtlinien für Umweltwerbung der ICC GRUR Int. 1992, 853.

259 Zur Integration von Umweltzeichen in das Gütezeichenwesen vgl. *Wiebe* WRP 1993, 798 ff.

260 Vgl. *Ewert* S. 39 ff; *Lambsdorff* S. 44 ff.

261 Vgl. *Ewert* S. 131 ff; *Wölwer* S. 147 ff; *Lappe* S. 175 ff; *Federhoff-Rink* S. 202 ff.

262 Vgl. Hefermehl/*Köhler*/Bornkamm UWG § 4 Rn 1.138 ff.

263 OLG Köln WRP 1993, 346, 348.

264 Vgl. BGH GRUR 1976, 308, 311 – UNICEF-Grußkarten; BGH GRUR 1987, 534, 535 – Mc-Happy-Tag; vgl. Hefermehl/*Köhler*/Bornkamm UWG § 4 Rn 1.148 mwN.

Bedeutung, von der Sorge um die eigene Gesundheit bis zum sozialen Verantwortungsbewusstsein für nachfolgende Generationen.[265]

2. „Sachzusammenhang" und Unlauterkeitskriterien

77 In Anwendung der früheren BGH-Rechtsprechung zur gefühlsbetonten Werbung haben einige instanzgerichtliche Urteile Werbemaßnahmen für wettbewerbswidrig angesehen, wenn zwischen dem in der Werbung hergestellten Umweltbezug und dem beworbenen Produkt oder der beworbenen Leistung **kein Sachzusammenhang** bestand.[266] In diesen Fällen sollen die Verbraucher vor allem dadurch zum Kauf motiviert werden, dass sie damit selbst einen Beitrag zum Umweltschutz leisten bzw. ihr schlechtes Gewissen, als Verbraucher an der Umweltzerstörung beteiligt zu sein, erleichtern, ohne dass eine solche umweltfördernde Wirkung dem beworbenen Produkt oder der Leistung selbst anhaftet. Insoweit unterschieden sich diese Sachverhalte von den Fällen der Werbung mit umweltbezogenen Produkteigenschaften. In der Herstellung dieses die „Umweltgefühle" des Verbrauchers ansprechenden Zusammenhangs zwischen Produkt und Umweltschutz liege die unsachliche Beeinflussung. Das sollte etwa gelten für den auf einem Produkt angebrachten Hinweis, das Unternehmen unterstütze ein Umweltschutzprogramm, da hier für den Verbraucher ein Bezug zwischen dem Kauf des Produkts und dem Umweltschutz hergestellt werde, der zur Beeinflussung der Kaufentscheidung geeignet sei.[267] Der erforderliche Sachzusammenhang könne auch nicht durch einen allgemeinen Kompensationsgedanken hergestellt werden, wonach die umweltschädigenden Wirkungen eines Produkts durch Umweltmaßnahmen in anderen Bereichen ausgeglichen werden sollen.[268]

78 Diese Rechtsprechung ist in der Literatur überwiegend auf Widerspruch gestoßen. Danach soll es nur auf das Bestehen „rechtlicher" Akzessorietät ankommen, also die Verkopplung zwischen Umweltengagement und Verkauf des Produkts.[269] Die Fälle einer nur **„werblichen Akzessorietät"**, die nicht durch rechtliche Koppelung, sondern nur über die Vorstellung des Verbrauchers hergestellt werden, sollen dagegen nicht als unsachliche Beeinflussung anzusehen sein.[270]

79 Das BVerfG hat in den Benetton-Entscheidungen die Bedeutung des Schutzes der **Meinungsfreiheit** und der Berufsfreiheit hervorgehoben.[271] Einschränkungen bedürfen danach einer Rechtfertigung durch hinreichend wichtige Gemeinwohlbelange oder schutzwürdige

---

[265] Vgl. BGH GRUR 1991, 542, 543 – Biowerbung mit Fahrpreiserstattung.

[266] Vgl. LG Hamburg WRP 1986, 59, wo für jedes gekaufte Produkt 0,10 DM an die Stiftung „Wald in Not" abgeführt werden sollte; OLG Hamburg GRUR 1987, 386, wo bei einem Supermarkt für jeden gekauften Baum 0,20 DM an die „Dt. Umwelt-Aktion" abgeführt werden sollten; OLG Hamburg GRUR 1989, 614, wonach „Mit jeder Mark" des Käufers auch die Umwelt unterstützt werden sollte; LG Köln Urt. v. 5. 3. 1992, 31 O 617/91, wo auf der Verpackung eines Spülmaschinenreinigers ein Aufkleber mit dem Hinweis auf die Unterstützung des Bodensee-Schutz-Programms angebracht war.

[267] Vgl. LG Köln Urt. v. 5. 3. 1992, 31 O 617/91. In der Berufungsinstanz hat das OLG Köln WRP 1993, 346, 349, diesen Aspekt nicht behandelt, sondern auch zu § 1 nur auf die Irreführung abgestellt, die darin lag, die darin lag, dass die Förderung bereits abgeschlossen war. Auch das OLG ging aber davon aus, dass zumindest ein Teil der Verbraucher die Werbung so verstehe, dass Teile des Verkaufserlöses zugunsten des Umweltschutzes abgeführt würden, aaO S. 347.

[268] Vgl. LG Hamburg WRP 1986, 59f – Aktion Grüner Groschen, wonach die Umweltverträglichkeit dem Produkt selbst anhaften muss. Vgl. ferner *Graf Lambsdorff/Jäger* BB 1992, 2297, 2305. AA KG WRP 1984, 607f, wo für jedes gekaufte Auto ein Baum gestiftet werden sollte.

[269] Vgl. *Federhoff-Rink* GRUR 1992, 643, 651; *Lappe* S. 196; *Graf Lambsdorff* S. 55.

[270] Vgl. *Federhoff-Rink* GRUR 1992, 643, 650, 652. Ihre Berufung auf die Instanzgerichte, insbesondere LG Hamburg WRP 1986, 59, 60, das die Koppelung als Unlauterkeitselement besonders hervorgehoben hat, kann ihre Ansicht nicht tragen, da das Gericht hier wohl nur die besondere Beeinflussung des Verbrauchers durch die Herausstellung des genauen Betrags, den der Käufer bestimmter Waren damit selbst der Umwelt zukommen lässt, herausstellen will, vgl. auch OLG Hamburg GRUR 1989, 614. Im Übrigen stellen die hier angeführten Urteile primär auf die unsachliche Beeinflussung bei fehlendem Sachzusammenhang ab.

[271] BVerfG GRUR 2001, 170 – Benetton-Werbung I; BVerfG GRUR 2003, 442 – Benetton-Werbung II.

Rechte und Interessen Dritter. Dies gelte besonders für kritische Meinungsäußerungen zu gesellschaftlichen oder politischen Fragen. Dazu ist auch eine reine Imagewerbung zu rechnen. Für die Abbildung H. I. V.-Infizierter ist danach ein sozialkritischer Aussagegehalt anzunehmen, neben den der Zweck der Aufmerksamkeitserregung tritt. Fremd- und eigennütziger Zweck stehen nebeneinander. Gleiches gilt für die Abbildung einer ölverschmierten Ente. Auch die Werbung für „tierfreundliche Mode" in Bezug auf Pelze aus synthetischem Material in Verbindung mit weiteren erläuternden Angaben wurde als meinungsbildender Beitrag bewertet.[272]

Dies gilt in gleicher Weise für Aufmerksamkeitswerbung mit umweltbezogenen Aus- 80
sagen, die sich auch als Meinungsäußerung zu gesellschaftlichen Fragen darstellen können. Eine Einschränkung auf der Grundlage des UWG bedarf der Darlegung eines hinreichend wichtigen durch diese Norm geschützten Belangs. Als Schutzgut kommt der Leistungswettbewerb in Betracht, insbesondere die Entschließungsfreiheit der Kunden. Allerdings muss die Werbeaussage nach den Umständen des Einzelfalls so schwerwiegend sein, dass eine **Gefährdung des Leistungswettbewerbs** besteht. Dabei ist zu berücksichtigen, dass in der Imagewerbung und in der Produktwerbung üblicherweise versucht wird, durch gefühlsbetonte Motive Aufmerksamkeit zu erringen und Sympathie zu gewinnen.[273]

Diese Rechtsprechung hat weitreichende Konsequenzen für die Zulässigkeit umweltbe- 81
zogener produktunabhängiger Werbung. Danach kann **nicht** mehr von einer **grundsätzlichen Unzulässigkeit** umweltbezogener Werbung bei fehlendem Sachzusammenhang ausgegangen werden.[274] Auch ein Verbot der Aussage „Wir unterstützen die Aktionsgemeinschaft Artenschutz e. V." nach § 1 aF hat das BVerfG als unvereinbar mit dem Grundrecht auf wirtschaftliche Meinungsfreiheit angesehen.[275] Ein das Verbot rechtfertigender schwerwiegender Eingriff in den Leistungswettbewerb liegt danach noch nicht im Ansprechen sozialer Motive, wenn keine Irreführung vorliegt. Es sei die Freiheit des Bürgers, sich auch durch solche Motive zum Kauf motivieren zu lassen. Im Hinblick auf die Schutzzwecke des UWG sei ein strenger Maßstab, der bereits das Benutzen von Aktivitäten für den Umweltschutz in der Werbung als anstößig betrachte, nicht angebracht.

Der BGH hat diese Grundsätze in der Entscheidung zum Fall **„Regenwald-Projekt"** 82
angewandt. In diesem Fall wurde die Werbeaussage getroffen, dass während eines dreimonatigen Aktionszeitraums „mit jedem gekauften Kasten Krombacher 1 m^2 Regenwald in Dzanga Sangha nachhaltig geschützt" werden.[276] Der BGH stellte ausdrücklich fest, dass ein fehlender sachlicher Zusammenhang zwischen dem in der Werbung angesprochenen Engagement und dem Produkt allein noch nicht als unangemessene unsachliche Beeinflussung im Sinne des § 4 Nr. 1 anzusehen sei. Dadurch werde die freie Entscheidung des Verbrauchers noch nicht beeinträchtigt. Unlauterkeit sei erst gegeben, wenn die Beeinflussung ein solches Ausmaß erreiche, dass sie die freie Entscheidung des Verbrauchers zu beeinträchtigen geeignet sei.[277] Dies sei im vorliegenden Fall nicht gegeben. Der BGH bestätigte das OLG Hamm, das in der Berufungsinstanz von einer Einzelfallprüfung ausging, wobei die **Intensität der Werbung** und der **Grad der Ablenkung von Konkurrenzprodukten** zu beachten sei. Ein soziales Engagement gehöre zum Bild eines Unternehmens, das es auch in der Öffentlichkeit präsentieren können müsse. Dass die Höhe einer Spende an den wirtschaftlichen Erfolg geknüpft werde, könne ebenso wenig beanstandet werden wie die

[272] BVerfG GRUR 2002, 455, 456 – Tier- und Artenschutz.

[273] BVerfG GRUR 2001, 170, 174 – Benetton-Werbung I; BVerfG GRUR 2002, 455, 457 – Tier- und Artenschutz. Untersagt wurde die Werbung noch in BGH GRUR 2002, 360 – H. I. V. Positive II; BGH GRUR GRUR 1995, 600 – H. I. V. Positive I.

[274] Vgl. auch *Hartwig* WRP 2003, 582, 599; *Fezer* NJW 2001, 580, 582.

[275] BVerfG GRUR 2002, 455, 457 – Tier- und Artenschutz.

[276] BGH GRUR 2007, 247 f – Regenwald-Projekt I; BGH GRUR 2007, 251 – Regenwald-Projekt II; Vorinstanz OLG Hamm GRUR 2003, 975 – Regenwald-Projekt I.

[277] BGH GRUR 2007, 247, 250 – Regenwald-Projekt I; BGH GRUR 2007, 251, 253 – Regenwald-Projekt II; BGH GRUR 2006, 511 – Umsatzsteuererstattungsmodell; BGH GRUR 2006, 949 – Kunden werben Kunden.

Verknüpfung mit dem konkreten Produkt. Zwar sei die Gefahr der Beeinflussung des Leistungswettbewerbs bei einer Verknüpfung zwischen des konkreten Absatzes mit der Spendenhöhe noch am größten, aber auch dies sei nur relevant, wenn der Kunde „blind" gemacht werde für Konkurrenzprodukte. Im konkreten Fall lag zwischen der Fernsehwerbung und der Kaufentscheidung einige Zeit, während der die Konkurrenten sich „wieder dazwischen schieben können". Ansonsten sei aber auch eine emotional begründete Entscheidung Teil der Freiheit der Kaufentscheidung.[278]

83 Diese Bewertung entspricht dem Leitbild des durchschnittlich informierten Verbrauchers. Dieser wird sich – ebenso wie bei Koppelungsangeboten[279] – nicht vorschnell durch das Umweltargument zu einem Kauf entschließen. Dabei lässt sich durchaus die besondere emotionale Wirkung von Umweltargumenten berücksichtigen. Eine solche emotionale Beeinflussung ist aber als Teil des Leistungswettbewerbs anzusehen, wenn sie nicht aufgrund ihrer Intensität jegliche Befassung mit der Konkurrenz ausschließt und damit die **Rationalität** der Kaufentscheidung vollständig in den Hintergrund tritt.[280] Nach den nunmehr geltenden Grundsätzen ist auch die Aussage eines Unternehmens, es werde für jeden eingehenden Auftrag einen festen Betrag an UNICEF überweisen, nicht zu beanstanden.[281] Einer weiteren Aufklärung über die Höhe bedurfte es insoweit jedenfalls im Rahmen einer Pressemitteilung nicht.

84 Auch in den Gesetzesmaterialien zu **§ 4 Nr. 1** wird anerkannt, dass der Versuch einer unsachlichen Beeinflussung noch zum Wettbewerb gehört und nicht generell zur Unlauterkeit der Werbung führt.[282] Vielmehr muss diese „unangemessen" sein, wobei nach der Begründung auf ein **„Ausschalten" der Rationalität der Verbraucherentscheidung** Bezug genommen wird.[283] Im Einklang mit der neueren Rechtsprechung wird man also eine solche Intensität der Beeinflussung zu fordern haben, die eine Befassung mit Konkurrenzprodukten ausschließt. Daran ändert auch die Umsetzung der Richtlinie über unlautere Geschäftspraktiken nichts.[284] Insbesondere aus Art. 9 lit. c („Ausnutzung von konkreten Unglückssituationen oder Umständen von solcher Schwere, dass sie das Urteilsvermögen des Verbrauchers beeinträchtigen") sowie dem Vergleich zu den in Art. 9 lit. b der Richtlinie genannten Umständen lässt sich entnehmen, dass auch insoweit eine Intensität der Beeinflussung gegeben sein muss, die die Rationalität der Verbraucherentscheidung ernsthaft beeinträchtigt.[285] Allerdings wird auch unter Hinweis auf Anhang Nr. 30, der den Fall des Hinweises des Werbenden auf den Verlust seines Arbeitsplatzes mit einem per se-Verbot erfasst, eine geringere Intensität des psychischen Drucks für ausreichend gehalten.[286] Vorerst ist aber von der stark liberalisierten Rechtsprechung des BGH weiterhin auszugehen. Die Grenze ist dann erreicht, wenn Schüler als Kaufmotivatoren für den kostenlosen Erhalt von Sportgeräten in einer Schule als Gegenleistung eingesetzt werden, bei diesen ein erheblicher Gruppendruck erzeugt wird, der durch den Einsatz von Sportlehrern als schulischer

---

[278] OLG Hamm GRUR 2003, 975, 976 – Regenwald-Projekt: „Die Regeln des lauteren Wettbewerbs müssen nicht gewährleisten, dass jede Kaufentscheidung nur auf rationalen oder rein wirtschaftlichen Gesichtspunkten beruht."

[279] Vgl. BGH GRUR 2007, 247, 250 – Regenwald-Projekt I; BGH GRUR 2007, 251, 252 – Regenwald-Projekt II; BGH GRUR 2006, 161 – Zeitschrift mit Sonnenbrille; BGH GRUR 2002, 976, 979 – Koppelungsangebot I; BGH GRUR 2002, 979, 982 – Koppelungsangebot II. Vgl ferner BGH GRUR 2002, 455, 457 – Gewinnspiel im Radio.

[280] Auf das Ausschalten der Rationalität der Nachfrageentscheidung stellt BGH WRP 2006, 69 – Zeitschrift mit Sonnenbrille, ab.

[281] OLG Hamburg GRUR-RR 2002, 51, 52 – Bringt die Kinder durch den Winter.

[282] BT-Drucks. 15/1487 S. 17.

[283] AaO. Zu diesem Kriterium vgl. *Henning-Bodewig* WRP 2006, 621, 626f; *Seichter* WRP 2007, 230, 234.

[284] Zur Frage, ob die Richtlinie weitergehende Anforderungen stellt als das bisherige deutsche Recht, vgl. *Seichter* WRP 2007, 230, 237 mwN.

[285] Zur Anwendung der Richtlinie auf unternehmensbezogene Werbung → Rn 12. Gegen eine Anwendung von Art. 8 auf Social Sponsoring *Seichter* WRP 2007, 230, 236.

[286] Vgl. *Steinbeck* WRP 2008, 8656, 870; skeptisch demgegenüber *Sosnitza* WRP 2008, 1014, 1027.

Autorität noch verstärkt wird.[287] Auch vernünftige Eltern geraten damit in eine Situation, die Aktion unterstützen zu müssen, um sich nicht dem Eindruck mangelnder Hilfsbereitschaft und Solidarität mit der Schulgemeinschaft auszusetzen

Diese Grundsätze gelten nunmehr auch für das Bewerben und Ankündigungen von **Sponsoringmaßnahmen** zugunsten der Umwelt.[288] In der der früheren Rechtsprechung zur gefühlsausnutzenden Werbung[289] kritisch gegenüber stehenden Literatur war zumindest bei rechtlicher Akzessorietät wegen der für den Verbraucher entstehenden Zwangslage eine Wettbewerbswidrigkeit angenommen worden.[290] Bei Umweltappellen wird die Verbraucherentscheidung direkt mit dem Umweltvorteil verknüpft, der Kunde zumindest implizit zum Kauf aufgefordert und der Eindruck erweckt, durch den Kauf unterstütze der Verbraucher unmittelbar den Umweltschutz. Typische Formulierung ist „Der Umwelt zuliebe ...".[291] Nach der dargestellten neueren Rechtsprechung ist auch bei der Verknüpfung eines bestimmten Umweltvorteils mit einem konkreten Produkt und dessen Erwerb nur dann von einer Beeinträchtigung des Leistungswettbewerbs auszugehen, wenn der Verbraucher nahezu „blind" für Konkurrenzprodukte wird.[292] Dies wird man in der Regel nicht annehmen können, vielmehr ist die Berücksichtigung des Umweltsponsoring Teil einer rationalen Verbraucherentscheidung und entspricht daher dem Leistungswettbewerb. Auf eine Unterscheidung nach Akzessorietät oder Produktbezug der Sponsoringwerbung kommt des daher im Ergebnis nicht mehr an. Gleiches gilt für den Gedanken einer Kompensation von Umweltschäden durch Sponsoring.[293] 85

Aufgrund der direkten Ansprache und Verknüpfung der Kaufentscheidung mit dem Umweltvorteil ist es hier allerdings noch eher als bei der Imagewerbung denkbar, dass die Beeinflussung einen solchen Grad an Intensität erreicht, dass eine rationale Kaufentscheidung ausgeschlossen wird. In dieser Hinsicht kommt in extremen Fällen eine Anwendung des Merkmals der Ausnutzung von Angst in § 4 Nr. 2 in Betracht (vgl. ferner Art. 9 lit. c RL). Geht es etwa um den Slogan „Ha-Ra: Damit Mensch und Natur eine Chance haben!",[294] so fragt sich, ob dies für den durchschnittlich informierten Verbraucher ein solches Maß an Druck zu erzeugen vermag in dem Sinne, dass eine drohende Umweltzerstörung nur durch Produktkauf abwendbar erscheint.[295] Auch der genannte Slogan wird den durchschnittlichen Verbraucher aber nicht zwanghaft zum Kauf veranlassen, sondern nur bei einer vorhandenen Disposition des Verbrauchers für Umweltargumente diese stark zur Geltung bringen. Stellt man als Maßstab für die „Unangemessenheit" auf ein **Ausschalten der Rationalität** der Verbraucherentscheidung ab, wie es etwa in konkreten Unglückssituationen beim Verbraucher vorkommen wird, so wird man dies in der Regel bei Umweltappellen nicht annehmen können.[296] 86

---

[287] BGH WRP 2008, 214 – Tony Taler; allerdings geht der BGH weiterhin davon aus, dass eine Beeinträchtigung der Entscheidungsfreiheit „nur ausnahmsweise" in Betracht kommt.

[288] Zu den Erscheinungsformen vgl. *Wölwer* S. 148 f.

[289] Vgl. KG GRUR 1984, 605; OLG Hamburg GRUR 1987, 386 – Bäumchen Aktion; OLG Hamburg GRUR 1989, 614 – Umweltengagement; OLG Köln WRP 1993, 346 – Bodensee-Umweltschutzprogramm; OLG Stuttgart WRP 1996, 628; dazu auch *Ewert* S. 169 ff. Das OLG Stuttgart NJWE-WettbR 1998, 223 hielt die Aufforderung eines Verlags zur Erteilung einer Einzugsermächtigung zur Verminderung des Papiervrbrauchs im Sinne des Umweltschutzes aufgrund des bestehenden Sachzusammenhangs für zulässig.

[290] Vgl. *Federhoff-Rink* S. 243; *Lappe* S. 190 ff. *Cordes* S. 49 ff nimmt demgegenüber eine Unterteilung nach dem Produktbezug des Sponsoring vor und nimmt bei dessen Vorliegen immer eine unsachliche Beeinflussung an.

[291] Vgl. *Ewert* S. 189. Vgl. auch KG WRP 1991, 30 – Schützt unsere Umwelt! Wie wir von K.; LG Frankfurt/M WRP 1994, 554, 556 – Der Natur zuliebe; LG Frankfurt/M WRP 1991, 349 – Der Umwelt zuliebe.

[292] → Rn 83. Für Wettbewerbswidrigkeit bei einer entsprechenden Verknüpfung noch *Hollerbach/Kapp* DB 1998, 1501, 1504.

[293] Vgl. dazu *Ewert* S. 176 f; KG GRUR 1984, 605 f – Ein Baum für K.

[294] OLG SaarbrückenWRP 1992, 510.

[295] Vgl. *Ewert* S. 194; *Cordes* S. 56.

[296] → Rn 84.

87 Weitere wettbewerbsrechtliche Aspekte führen ebenfalls zu keinem anderen Ergebnis. Nach Aufhebung der ZugabeVO kommt die Annahme einer verbotenen **Zugabe** nicht mehr in Betracht,[297] zumal auch die Zulässigkeit einer **Koppelung** entsprechend liberalisiert wurde.[298] Auch die Anwendung der Grundsätze zur **Wertreklame** kommt nicht in Betracht, da hier ein Dritter in den Genuss der Vergünstigung kommt.[299] Relevant kann allerdings eine **Verschleierung** des Werbecharakters nach § 4 Nr. 3 sein, die aber keine umweltspezifischen Besonderheiten aufweist.

3. Beurteilung produktunabhängiger Imagewerbung

88 Bei der produktunabhängigen umweltbezogenen **Imagewerbung** fehlt der eindeutige und erkennbare Bezug auf das Produkt.[300] Hier ist die durch die Werbung hergestellte Verbindung zwischen Umweltengagement und Leistungsangebot und die damit verbundene Gefahr unsachlicher Beeinflussung der Kaufentscheidung geringer als bei einer rechtlichen oder werblichen Koppelung an die Produkte oder Leistungen des Unternehmens. Mit abnehmendem Produktbezug war diese Form der Umweltwerbung bereits nach früherer Rechtsprechung weniger problematisch.[301] Für die allgemeine Herausstellung des Umweltengagements eines Unternehmens kann man auch einen sachlichen Zusammenhang bejahen. Denn angesichts der Tendenz zur Entwicklung von eigenen Unternehmens-Images lässt sich die darauf bezogene Werbung durchaus von der nur auf konkrete Produkte bezogenen Werbung unterscheiden. Imagewerbung ist nicht nur eine übliche Werbeform geworden, sondern auch rechtlich als gleichwertige Werbeform anzuerkennen.

89 Nach den nunmehr zu § 4 geltenden Grundsätzen kommt eine **Wettbewerbswidrigkeit der Imagewerbung** in der Regel **nicht** in Betracht.[302] Eine unangemessene unsachliche Beeinflussung nach § 4 Nr. 1 setzt zunächst aufgrund des Verweises auf § 3 eine gewisse Relevanz voraus, die auch bei der umweltbezogenen Imagewerbung angenommen werden kann, da die Werbung dazu führen kann, dass sich die Verbraucher näher mit der Werbung, dem Unternehmen und damit mittelbar auch den Produkten und Leistungen befassen.[303] Jedoch wird die Umweltwerbung bei Anwendung der jüngsten Rechtsprechung von BVerfG und BGH im Hinblick auf einen Solidarisierungseffekt oder eine anlockende Wirkung in der Regel nicht ein Maß an unsachlicher Beeinflussung erlangen, das zu einer Ausschaltung der Rationalität der Verbraucherentscheidung führt.[304] Der Wunsch nach Teilhabe an dem durch die Werbung geschaffenen Image ist Teil der zu respektierenden Entscheidung des Verbrauchers. Dies gilt für eine allgemeine Aufmerksamkeitswerbung ebenso wie für umweltbezogene Hinweise auf Herstellungsweise oder Vertrieb des Produkts.[305]

4. Beurteilung umweltbezogener Nebenleistungen

90 Bei der Werbung mit umweltbezogenen Nebenleistungen wird mit einer zusätzlichen Leistung geworben, die dem Kunden unmittelbar zugute kommt. Insbesondere die Fahr-

---

[297] So KG GRUR 1984, 605 f – Ein Baum für K, für das Versprechen eines Autohändlers, für jeden verkauften Wagen eine Baum zu stiften.

[298] BGH GRUR 2002, 976 – Koppelungsangebot I, sowie BGH GRUR 2002, 979 – Koppelungsangebot II; BGH GRUR 2006, 161 – Zeitschrift mit Sonnenbrille. Vgl. auch *Kügele* GRUR 2006, 105 ff.

[299] Vgl. *Ewert* S. 165.

[300] Zur Abgrenzung bei einer Rabattwerbung für ein Heilmittel durch einen Apotheker im Rahmen von § 7 HWG OLG Düsseldorf WRP 2005, 135, 136.

[301] Vgl. auch LG Hamburg WRP 1986, 59, 60; OLG Hamburg GRUR 1989, 614. Vgl. ferner *Menke* GRUR 1995, 534, 537. Einen Überblick zur früheren umweltbezogenen Diskussion gibt *Ewert* S. 145 ff.

[302] Vgl. auch *Seichter* WRP 2007, 230, 234; *Zabel* Die wettbewerbsrechtliche Zulässigkeit produktunabhängiger Image-Werbung S. 187 f.

[303] Vgl. *Ewert* S. 151.

[304] AA noch *Ewert* S. 153 ff, der wohl ein geringeres Mass an Beeinflussung ausreichen lassen will.

[305] Vgl. bereits BGH WRP 1996, 290, 292 – Umweltfreundliches Bauen. Zum speziellen Fall der Werbung mit dem Öko-Audit-Zeichen vgl. *Wiebe* NJW 1994, 289 ff; *Ewert* S. 234 f.

preiserstattung für die Benutzung öffentlicher Verkehrsmittel war Gegenstand rechtlicher Bewertung nach ZugabeVO, RabattG und § 1 aF.[306] Zu diesem Problemkreis gehören aber auch die kostenlose Abgabe einer Stofftasche[307] sowie die Erstattung eines Geldbetrags bei umweltgerechter Entsorgung eines Altwagens bei Neuwagenkauf.[308] Nach Abschaffung von ZugabeVO und RabattG und den nunmehr zugrunde zu legenden Kriterien im Rahmen von § 4 Nr. 1 mit dem Abgehen vom Erfordernis des „Sachzusammenhangs" kommt in der Regel eine unangemessene unsachliche Beeinflussung **nicht in Betracht.**[309]

Nach der neueren Rechtsprechung zu Koppelungsangeboten führt unter dem Gesichtspunkt der Wertreklame auch eine wertvolle Zugabe noch nicht zu einer irrationalen Kaufentscheidung. Vielmehr muss von der Zugabe im Einzelfall „eine so starke Anlockwirkung ausgehen, dass die „Rationalität der Kaufentscheidung vollständig in den Hintergrund tritt".[310] Der **durchschnittliche Verbraucher** wird sich durch die meist relativ geringfügigen Nebenleistungen nicht völlig von einer Betrachtung von Konkurrenzangeboten abbringen lassen.[311] Dies gilt sowohl unter dem reinen Wertaspekt als auch unter Einbeziehung des von dem Umwelteffekt der Nebenleistung ausgehenden Anlockeffekts.[312] 91

II. §§ 5, 5 a

1. Allgemeine Grundsätze

Der **Schwerpunkt** der wettbewerbsrechtlichen Beurteilung für den Bereich der sonstigen Werbemaßnahmen wird nunmehr im Rahmen von §§ 5, 5 a zu sehen sein. Auch für die produktunabhängige Werbung sind die nunmehr geltenden Grundsätze zur relativen Bedeutung allgemeiner Umweltbegriffe, zum Kontextbezug beim Verständnis von Werbeaussagen und zur Entstehung von Aufklärungspflichten, etwa bei Mehrdeutigkeit, zu beachten.[313] 92

Bei der umweltbezogenen **Imagewerbung** ist zunächst fraglich, ob es sich um **Angaben** im Sinne des § 5 Abs. 2 handelt. Dies ist unproblematisch für Informationen über den **Einsatz umweltfreundlicher Herstellungs- und Vertriebsmethoden.** Allgemeine Suggestivbilder wie zwitschernde Vögel und fließendes Wasser sind nicht als Angaben anzusehen.[314] Einen Grenzfall, aber auch ohne nachprüfbaren Tatsachenkern, dürfte für folgende Aussage anzunehmen sein: „Verantwortung für die Umwelt...Gerade weil die Fa. X eng mit der Landwirtschaft zusammenarbeitet, weiß sie, wie wichtig die Gesunderhaltung von Boden, Luft und Wasser ist. Diese zu erhalten ist uns ein wichtiges Anliegen in allen 93

---

306 Vgl. *Ebert-Weidenfellner* GRUR 1992, 94 ff; *Fezer* JZ 1992, 443 ff; *Wenzel* WRP 1991, 545 ff; *Nacken* WRP 1991, 212 ff; *Gruber* WRP 1992, 429 ff; *Borck* WRP 1993, 1, 2 ff; *Piper* GRUR 1993, 276 ff; *Wiebe* WRP 1995, 445; jeweils mwN. Vgl. auch BGH WRP 1991, 649 – Rückfahrkarte; OLG Hamburg WRP 1991, 592; LG Hamburg WRP 1992, 665, 666 ff; OLG München WRP 1993, 49, 51 – Umweltaktion; OLG Hamm GRUR 1994, 912; BGH WRP 1995, 102; BGH WRP 1995, 485 – Super-Spar-Fahrkarten.

307 BGH GRUR 1994, 656.

308 OLG Karlsruhe WRP 1996, 582.

309 → Rn 77 ff. Bereits das LG Köln GRUR 1989, 521, 524 – Bio-Fahrtkostenerstattung, hat die Annahme einer unsachlichen Beeinflussung durch Fahrtkostenerstattung als lebensfremd bezeichnet. Vgl. auch OLG Hamburg WRP 1991, 592, 594 – Fahrtkostenerstattung. Anders BGH GRUR 1991, 542, 543 – Biowerbung mit Fahrtkostenerstattung.

310 BGH GRUR 2002, 976, 978 – Koppelungsangebot I; BGH GRUR 2002, 979, 981 – Koppelungsangebot II; BGH GRUR 2006, 161 – Zeitschrift mit Sonnenbrille.

311 Verneint bereits von OLG Hamburg WRP 1991, 592, 594 sowie LG Hamburg WRP 1992, 665, 668 für die Erstattung von 1,– DM ab 35,– DM Einkauf und OLG München WRP 1993, 49, 51 für die Erstattung von 1,50 DM ab 20,– DM an Einkäufen; offen gelassen von BGH GRUR 1991, 542, 643 – „Biowerbung mit Fahrpreiserstattung", für eine Erstattung von 1,50 DM ab 10,– DM an Einkäufen.

312 In der Entscheidung des BGH WRP 1995, sah das Gericht bei einer Ersparnis für die Kunden einer großen Versicherung um bis zu 50% des üblichen Preises für Tagesnetzkarten ein übertriebenes Anlocken; auch dies wird nach heutiger Rechtsprechung wohl nicht für ein Verbot ausreichen.

313 → Rn 27 ff.

314 Vgl. *Völker* S. 42.

Bereichen unseres Unternehmens: im Agrarbereich, im Handel mit Baustoffen, im Technikbereich ebenso wie in der Sparte Mineralöle/Brennstoffe".[315] Unter Berücksichtigung des europäischen Verbraucherleitbilds wird man auch hier im Zweifel nicht von einer „Angabe", etwa über Beschaffenheit oder Herstellungsverfahren der angebotenen Waren im Sinne des § 5 Abs. 2 Nr. 1 ausgehen Entsprechend wird man hier auch nicht von wesentlichen Merkmalen einer Ware nach § 5a Abs. 2 Nr. 1 ausgehen können. Auch bei allgemeiner Aufmerksamkeitswerbung ohne Bezug zu den in § 5 Abs. 2 genannten Merkmalen, wie etwa in den „Benetton"-Fällen, scheitert die Annahme des Irreführungsverbots bereits am Vorliegen einer „Angabe".[316] Demgegenüber fallen Aussagen im Zusammenhang mit einem Sponsoring unter § 5 Abs. 2 Nr. 4.

94 Die Annahme einer **Irreführung** im Bereich der **Imagewerbung** ist nunmehr ebenfalls restriktiv zu handhaben. Der BGH hat unter Berufung auf die Gesetzesmaterialien das Bestehen eines allgemeinen **Transparenzgebots** sowohl aus §§ 3, 4 Nr. 1 als auch aus §§ 3, 5 abgelehnt.[317] Der BGH knüpft dabei an die frühere Rechtsprechung zu § 1 aF zur unsachlichen Beeinflussung an und nimmt eine aus dem Irreführungsverbot des § 5 Abs. 2 (§ 5a) abzuleitende Aufklärungspflicht dann an, wenn andernfalls die Gefahr einer unlauteren Beeinflussung des Verbrauchers durch Täuschung über den tatsächlichen Wert des Angebots, insbesondere den Wert einer angebotenen Zusatzleistung, besteht.[318] Die Vorinstanz hatte demgegenüber noch eine Aufklärungspflicht bejaht, wobei sie darauf abstellte, dass durch die Anknüpfung der Werbung an den Grund und Boden eine besondere Intensität der Hilfeleistung suggeriert werde, der Kunde aber nicht genau informiert werde, in welcher Weise genau das Geld dem Schutz des Regenwalds zugute komme.[319] Der Kunde könne sich etwa ein Aufkaufen des Regenwaldes oder jedenfalls eine nachhaltige Einflussmöglichkeit ohne Abhängigkeit von Dritten vorstellen. Tatsächlich wurde das Geld zur allgemeinen finanziellen Unterstützung von Umweltschutzmaßnahmen verwandt, die mit den zuständigen Behörden des Landes besprochen waren. Die unmittelbare Anknüpfung an den Grund und Boden in der Werbung suggeriere aber eine zielgerichtete Verwendung und ein Mehr an Nachhaltigkeit, insbesondere eine Unabhängigkeit vom Wohlwollen der Behörden. Diese sehr strengen Anforderungen wurden vom BGH deutlich reduziert. Wenn der Werbende keine nach Art und Umfang näher bestimmte Leistung versprochen habe, werde der Verbraucher nur erwarten, dass das werbende Unternehmen zeitnah überhaupt eine Unterstützungsleistung erbringe und diese nicht so geringfügig sei, dass sie die werbliche Herausstellung nicht rechtfertige.[320] Ein nicht näher spezifiziertes Sponsoring ist also **grundsätzlich zulässig.** Auch das OLG Hamburg hat in einem ähnlichen Fall eine Irreführungseignung nur dann angenommen, wenn der Betrag gar nicht abgeführt werde oder derart gering sei, dass eine nennenswerte Unterstützung des sozialen Hilfszwecks nicht möglich sei.[321]

95 Besteht danach keine allgemeine Transparenzpflicht, kommt ein Verstoß gegen das Irreführungsverbot im Einzelfall in Betracht, wenn der Werbende in seiner Werbung mehr verspricht, als er tatsächlich halten kann und dadurch berechtigte Erwartungen enttäuscht. Dazu bedarf es einer Feststellung im Einzelfall, wie die Werbung zu verstehen ist, wobei auch der Kontext zu berücksichtigen sei.[322] Der BGH wies dabei auf die Möglichkeit einer

---

[315] *Lambsdorff* S. 46; *Wölwer* S. 160.

[316] Vgl. auch *Ewert* S. 135; *Wölwer* S. 160.

[317] BGH GRUR 2007, 247, 250 – Regenwald-Projekt I; BGH GRUR 2007, 251, 253 – Regenwald-Projekt II,

[318] BGH GRUR 2007, 247, 250 – Regenwald-Projekt I; BGH GRUR 2007, 251, 252 – Regenwald-Projekt II, BGH GRUR 2006, 161 – Zeitschrift mit Sonnenbrille; BGHZ 154, 105, 108f – Gesamtpreisangebot.

[319] OLG Hamm GRUR 2003, 975, 976 – Regenwald-Projekt.

[320] BGH GRUR 2007, 247, 250 – Regenwald-Projekt I; BGH GRUR 2007, 251, 253 – Regenwald-Projekt II.

[321] Vgl. OLG Hamburg GRUR-RR 2002, 51, 52 – Bringt die Kinder durch den Winter.

[322] BGH GRUR 2007, 247, 251 – Regenwald-Projekt I; BGH GRUR 2007, 251, 253f – Regenwald-Projekt II

Beweiserleichterung hin, da die relevanten Umstände in der Sphäre des Beklagten angesiedelt seien. Diesen könne daher nach § 242 BGB eine prozessuale Erklärungspflicht treffen.[323] Dies setze aber einen Beweis der für die Irreführung sprechenden Tatsachen durch die Kläger voraus. Selbst wenn danach eine Irreführung anzunehmen ist, kann ein Anspruch am Fehlen der **wettbewerblichen Relevanz** scheitern.[324] Diese könnte fehlen, wenn es dem Verbraucher nur auf die Förderung ankomme, nicht aber auf die genaue Art und Weise der Förderung. Aber auch zur Klärung der wettbewerblichen Relevanz wurde zurückverwiesen, wobei der BGH in der wettbewerblichen Relevanz offenbar eine Tatsachenfrage sieht.

2. Anwendung auf umweltbezogene Werbung

Stellt ein Unternehmen sein Umweltengagement heraus, so wird man daraus kein Verständnis eines darüber hinaus gehenden Engagements entnehmen können. Auch wird man von einem allgemeinen Umweltengagement nicht auf die Umweltfreundlichkeit der erzeugten Produkte schließen können. Kommt man bei Werbeangaben, die allgemein auf die Schaffung eines Umweltimages zielen, überhaupt zur Annahme nachprüfbarer Angaben, so wird man im Sinne „relativer Umweltfreundlichkeit" nur fordern können, dass im Vergleich zu Konkurrenten Fortschritte im Umweltbereich zu verzeichnen sind, nicht aber eine insgesamt positive Ökobilanz.[325] Unter Einbeziehung des Kontextes und des Wissensstands des durchschnittlichen Verbrauchers wird man mit der Annahme besonderer Aufklärungspflichten bei fehlenden konkreten Informationen in der Werbeaussage ebenfalls **restriktiv** verfahren müssen. Entsprechendes gilt für den Hinweis auf die Einhaltung gesetzlicher Vorschriften im Umweltbereich. Der durchschnittlich informierte Verbraucher wird dem meist keine zur Irreführung geeignete Aussage über besondere Umweltfreundlichkeit mehr entnehmen. 96

Bei der umweltbezogenen **Sponsoringwerbung** ergibt sich aus § 5 Abs. 1 S. 2 Nr. 4 die Anforderung, dass der Werbende tatsächlich die beworbenen Sponsoringmaßnahmen durchführt und diese nicht einen so geringen Umfang haben, dass der vermittelte Eindruck des Sponsoring nicht gerechtfertigt ist.[326] Dies ist auch nach der Umsetzung von Art. 7 der Richtlinie anzunehmen. Dabei wird die Irreführungsgefahr desto größer bewertet, mit der Notwendigkeit zusätzlicher aufklärender Hinweise, je konkreter die Angaben zum Sponsoring sind.[327] Bei einer allgemeinen Werbung mit einem nicht näher spezifizierten Sponsoring wird der Verbraucher nur erwarten, dass der Werbende überhaupt eine Unterstützungsleistung erbringt und diese nicht so gering ist, dass eine werbliche Herausstellung nicht gerechtfertigt ist. Demgegenüber wird man einen Rückschluss vom Sponsoring auf die Umweltfreundlichkeit des Produkts selbst für einen durchschnittlich informierten Verbraucher nicht mehr annehmen können. Auch eine allgemeine Aufklärungspflicht über Art und Form des Sponsoring besteht nicht[328] Etwas anderes gilt jedoch, wenn mit Verweis auf das Sponsoring ein höherer Preis gefordert wird, ohne jedoch klar zu stellen, welcher Anteil für das Sponsoring abgeführt wird.[329] Hier ist die Grundlage der Verbraucherentscheidung betroffen. Auch darf nicht mit aktuellem Umweltsponsoring für bestimmte Produkte geworben werden, wenn der Beitrag des Unternehmens bereits abschließend geleistet worden ist.[330] 97

---

323 Vgl. auch Hefermehl/Köhler/*Bornkamm* UWG § 5 Rn 4.178.

324 BGH GRUR 2007, 247, 251 – Regenwald-Projekt I; BGH GRUR 2007, 251, 253 f – Regenwald-Projekt II.

325 → Rn 27. Zur Ökobilanz vgl. *Federhoff-Rink* S. 224 ff.

326 Vgl. bereits OLG Hamburg GRUR-RR 2002, 51, 52 – Bringt die Kinder durch den Winter.

327 BGH GRUR 2007, 308, 311 – Regenwaldprojekt II.

328 BGH GRUR 2007, 247, 250 – Regenwald-Projekt I; BGH GRUR 2007, 251, 253 – Regenwald-Projekt II, → Rn 94. Vgl. auch noch KG WRP 1991, 30, 31 f für die Aussage „Schützt unsere Umwelt! Wie wir von K…".

329 Vgl. auch *Ewert* S. 161.

330 Vgl. OLG Köln WRP 1993, 346, 347 f – Bodensee-Umweltschutzprogramm.

98 Bei der **Werbung mit Umweltappellen** ist zunächst festzustellen, ob über den reinen Kaufappell hinaus auch die Aussage enthalten ist, mit dem Kauf einen Beitrag zur Umweltschonung zu leisten.[331] Es kann sich dabei um Angaben über das Produkt selbst oder auch die geschäftlichen Verhältnisse des Unternehmens handeln. Erstere sind den allgemeinen produktbezogenen Schlagworten vergleichbar zu behandeln, wenn sie keine erläuternden Zusätze enthalten oder diese auch für den durchschnittlich informierten Verbraucher nicht klar zuordenbar sind. In diesem Rahmen können auch Aufklärungspflichten entstehen, wenn die entsprechenden Vorteile dem Verbraucher weder aus Kontext noch Vorwissen klar sind.[332] Bei allgemeinen unternehmensbezogenen Appellen wird man vergleichbar der Image- oder Sponsoringwerbung grundsätzlich keine weitere Aufklärung fordern können. Irreführung kommt in Betracht, wenn das Unternehmen keinen oder keinen nennenswerten Beitrag zum Umweltschutz in der beworbenen Form leistet.

99 Für die **Werbung mit umweltbezogenen Nebenleistungen** gilt nach Wegfall der ZugabeVO das Transparenzgebot, wonach die Bedingungen für die Gewährung der Nebenleistung und deren Wert erkennbar sein müssen.[333] Dies wird in der Regel für umweltbezogene Nebenleistungen kein Problem darstellen.

---

331 Vgl. *Ewert* S. 191.

332 → Rn 36 ff. Der BGH WRP 1994, 615, 616 – Unipor-Ziegel, sah in dem Appell „Bausteine für eine gesunde Umwelt" nur einen Hinweis auf die umweltverträgliche Verwendbarkeit, nicht Herstellung der Ziegel, so dass eine weitere Aufklärung nicht erforderlich war.

333 BGH GRUR 2002, 976, 978 – Koppelungsangebot I; BGH GRUR 2002, 979, 981 – Koppelungsangebot II; BGH GRUR 2006, 161 – Zeitschrift mit Sonnenbrille.

Werbung der freien Berufe, Rechtsanwaltswerbung (§ 4–S3)

Übersicht

Rn

A. Einleitung ... **1**

I. Die Entwicklung vom Werbeverbot zur Werbefreiheit für die freien Berufe ... 1
1. Die Ursprünge des Werbeverbots für Rechtsanwälte ... 1
2. Die Beschlüsse des BVerfG vom 14. 7. 1987 ... 3
3. Die BRAO-Novelle von 1994 und die Berufsordnung für Rechtsanwälte ... 5

II. Die zur Regulierung des Werberechts der freien Berufe einschlägigen Rechtsnormen ... 6
1. Verfassungsrecht und EMRK ... 6
2. Berufsrechtliche Werberegelungen für Rechts- und Patentanwälte ... 7
3. Die berufsrechtlichen Werberegelungen für Steuerberater und Steuerbevollmächtigte ... 9
4. Die berufsrechtlichen Werberegelungen für Wirtschaftsprüfer und vereidigte Buchprüfer ... 10
5. Die berufsrechtlichen Werberegelungen für Notare ... 12
6. Die berufsrechtlichen Werberegelungen für Ärzte und Zahnärzte ... 13
7. Die berufsrechtlichen Werberegelungen für Apotheker ... 15
8. Die berufsrechtlichen Werberegelungen für Architekten ... 16

III. Verfassungsrechtliche Vorgaben ... 17
1. Verfassungsrechtlich (Art. 12 Abs. 1 GG) geschützte Werbefreiheit auch für Freiberufler und Anforderungen an Einschränkungen dieser Freiheit ... 17
2. Vereinbarkeit der berufsrechtlichen Werbebeschränkungen mit Art. 12 Abs. 1 S. 2 GG ... 20
a) Werbebeschränkungen rechtfertigende Gemeinwohlbelange ... 20
b) Der Rahmen verfassungsrechtlich zulässiger und unzulässiger Werbebeschränkungen ... 25
c) Die Vereinbarkeit der einschlägigen Vorschriften mit Art. 12 Abs. 1 S. 2 GG ... 26

IV. Der berufsrechtliche Werbebegriff ... 32
1. Allgemeine Definition ... 32
2. Tendenzen zur Eingrenzung des Werbebegriffes ... 33
a) Die Unterscheidung von Werbung und Marketing ... 34
b) Die Unterscheidung von Werbung und werbewirksamem Verhalten ... 36

B. Abgrenzung zwischen berufsrechtlichem Werberecht und allgemeinem Lauterkeitsrecht ... **38**

I. Geltung des UWG auch für die freien Berufe und Verhältnis zu den berufsrechtlichen Werberegelungen ... 38
1. Geltung des UWG auch für die freien Berufe und teilweise Verlagerung der Ahndung anwaltlicher Werberechtsverstöße auf das UWG ... 38
2. Die Nebeneinanderanwendbarkeit von UWG und den Werberegelungen des Berufsrechts für die freien Berufe ... 40
3. Verstöße gegen berufsrechtliche Werberegelungen als Verstöße gegen das UWG („Wettbewerbsverstoß durch Rechtsbruch" – § 4 Nr. 11) ... 41
a) Die Lage nach altem Recht ... 41
b) Die Lage nach neuem Recht ... 43
aa) Verstoß gegen wettbewerbsrelevante, das Marktverhalten im Interesse der Marktteilnehmer regelnde Normen ... 44
bb) Verstoß gegen wettbewerbsneutrale Normen ... 45

II. Die Ahndung von Verstößen gegen das UWG durch Mitbewerber, Verbände und Kammern ... 50
1. Ahndung durch Mitbewerber und Verbände ... 50
2. Ahndung von Wettbewerbsverstößen durch die Kammern ... 51
a) Berufsrechtliche Maßnahmen ... 51
b) Geltendmachung von Beseitigungs- und Unterlassungsansprüchen nach UWG ... 52

Rn

C. **Nach Berufsrecht zulässige und unzulässige Werbemaßnahmen im Einzelnen** **58**
I. Die Werbung nach dem Berufsrecht für Rechtsanwälte und Patentanwälte 59
1. Das Gebot sachlicher Werbung/Verbot unsachlicher Werbung (§§ 43 b BRAO, 6 Abs. 1 BORA, 39 b PAO) 60
a) Das Verbot der sich selbst anpreisenden und reklamehaften Werbung 61
aa) Keine Beschränkung der Werbung auf bestimmte Werbeträger bzw. -medien 63
bb) Keine Beschränkung der Werbung auf bestimmte Anlässe, Zeiten oder Orte 69
cc) Nach ihrem Inhalt selbstanpreisende und reklamehafte Werbung 70
b) Das Verbot der aufdringlichen und belästigenden Werbung 73
c) Das Verbot der irreführenden Werbung 74
d) Das Erfordernis der Berufsbezogenheit der Werbeaussage 84
e) Der erforderliche unterrichtende Inhalt der Werbeaussage 89
2. Das Verbot der Werbung um die Erteilung eines Mandats im Einzelfall (§§ 43 b BRAO, 39 b PAO) 92
3. Die Besonderheiten der anwaltlichen Werbung im Internet 98
a) Äußere Gestaltung der Homepage 99
b) Inhaltliche Gestaltung der Homepage 100
c) Die Internet-Adresse 103
4. Werbung Dritter für den Anwalt 108
5. Die Werberegelungen der BORA (§§ 6 bis 10) 112
a) Allgemeines zu den Werberegelungen der BORA und ihrer Handhabung 112
b) Einzelne Werberegelungen der BORA 116
aa) § 6 BORA – Werbung 116
bb) § 7 BORA – Benennung von Teilbereichen der Berufstätigkeit 120
cc) § 7 a BORA – Mediator 137
dd) § 8 BORA – Kundgabe beruflicher Zusammenarbeit 138
ee) § 9 BORA – Kurzbezeichnungen 139
ff) § 10 BORA – Briefbögen 143
II. Die Werbung nach dem Berufsrecht für Steuerberater und Steuerbevollmächtigte 146
III. Die Werbung nach dem ärztlichen Berufsrecht 149

Schrifttum: *Ahrens,* Anwaltssponsoring vor dem BVerfG, NJW 2000, 3188; *Axmann/Degen,* Anwaltsstrategien beim Kanzleimanagement, Bd. 2, Mandantenakquise, Werberecht und Spezialisierungen, 2006; *dies.,* Kanzlei-Homepages und elektronische Mandatsbearbeitung – Anwaltsstrategien zur Minimierung rechtlicher Risiken, NJW 2006, 1457; *Bahner,* Das neue Werberecht für Ärzte, 2. Aufl. 2003; *Balzer,* Arzt- und Klinikwerberecht, 2004; *Bardenz,* Anwaltliches Werberecht – Eine Übersicht möglicher Werbemittel, MDR 2001, 247; *Bieber,* Die Kontrolle des Berufsrechts der Freiberufler – insbesondere der Rechtsanwälte – mit Hilfe von § 4 Nr. 11 UWG, WRP 2008, 723; *Bomba,* Verfassungsmäßigkeit berufs- und standesrechtlicher Werbebeschränkungen für Angehörige freier Berufe, 2003; *ders.,* Werberegeln für Europäische Patentvertreter, GRUR 2006, 663; *Bornkamm,* Die Grenzen anwaltlicher Werbung, WRP 1993, 643; *Borstel,* Im Wandel – Die Werbung im steuerberatenden Beruf, DStR 2004, 1848; *Brangsch,* Spezialisierung und Werbung im Bereich des Anwaltsberufs, NJW 1980, 1817; *Büttner,* Anwaltswerbung zwischen Berufsrecht und Wettbewerbsrecht, FS Vieregge, 1995, S. 99; *Dahns/Krauter,* Anwaltliche Werbung im Internet, BRAK-Mitt. 2004, 2; *Decku,* Amt und Werbung im Bezirk der Notarkammer Koblenz, ZNotP 2000, 290; *ders.,* Die Werbung des Notars im Bezirk der Notarkammer Koblenz im Lichte der Berufsfreiheit, ZNotP 2001, 19; *Eylmann,* Reglementierung der Werbung in der Berufsordnung – sinnvoll, überflüssig oder unzulässig?, AnwBl. 1996, 481; *ders.,* Amt und Werbung – Überlegungen zu einem ungeklärten Verhältnis, ZNotP 2000, 170; *ders.,* Erneut: Die Werbung des Notars im Lichte der Berufsfreiheit, ZNotP 2001, 17; *Faßbender,* Von Fachanwälten und selbsternannten „Spezialisten", NJW 2006, 1463; *Feuerich/Weyland,* Bundesrechtsanwaltsordnung, 7. Aufl. 2008; *Grunewald,* Die Berufsgerichtsbarkeit der Freien Berufe, NJW 2002, 1369; *Grunewald/Henssler,* Werbung von Rechtsanwälten mit von „Privaten" erworbenen Titeln, NJW 2003, 1099; *Hagemeister,* Schweigepflicht und Anwaltswerbung, AnwBl. 2007, 748; *Härting,* Anwaltliche Werbung im Internet, AnwBl. 2000, 343; *Härting/Steinbrecher,* Kanzlei-Websites – Spiel ohne Grenzen?, AnwBl. 2005, 10; *Hartung,* Aktuelle Entwicklungen des anwaltlichen Berufsrechts, MDR 2001, 735; *ders.,* Das anwaltliche Berufsrecht in der Rechtsprechung des BVerfG seit 1987, NJW 2003, 261; *ders.,* Werbung um einen Auftrag im Einzelfall – Ein weiterhin ungelöstes Problem?, MDR 2003, 485; *ders.,* Mitt. der BRAK Düsseldorf 2005, 137; *Hartung/Römermann,* Berufs- und Fachanwaltsordnung, 4. Aufl. 2008; *Hellwig,* Unterschiede der nationalen Berufsrechte, BRAK-Mitteilungen 2002, 52; *Haupt/Schmidt,* Online-Auftritte von Rechtsanwälten, NJ 2004, 245; *Hempfing/Röhm,* Werbeverbot für Rechtsanwälte verstößt in den USA seit dem 27. Juni gegen Meinungsäußerungsfreiheit, JZ 1977, 710; *Henssler,* Zur Drittwerbung zu Gunsten von Freiberuflern, ZIP 1996, 485; *Henssler/Prütting,* Bundesrechtsanwaltsordnung, 2. Aufl. 2004; *Hirte,* Anwaltwerbung, ZZP 2003, 135; *Horn,* Anwaltliche Werbung mit dem Titel „Mediator", NJW 2007, 1413; *Hoß,* Berufs- und wettbewerbsrechtliche Grenzen der Anwaltswerbung im Internet, AnwBl. 2002, 377; *Huff,* Werbung und Marketing des Rechtsanwalts – Zulässigkeit, Sinn und Zweck –, MDR 1999, 464; *ders.,* Fachanwälte stärken – Tätigkeits- und Interessenschwerpunkte abschaffen, ZRP 2001, 508; *ders.,* Die zielgruppenorientierte Werbung von Rechtsanwälten – ein zulässiges Werbeinstrument, NJW 2003, 3525; *Isele,* Bundesrechtsanwaltsordnung, 1976; *Jaeger,* Die freien Berufe und die verfassungsrechtliche Berufsfreiheit, AnwBl. 2000, 475; *ders.,* Informationsanspruch des Patienten – Grenzen der Werbung im Gesundheitswesen, MedR 2003, 263; *Jarass,* Die freien Berufe zwischen Standesrecht und Kommunikationsfreiheit, NJW 1982, 1833; *Karl,* Werberecht freier Berufe und generische Domainnamen, BRAK-Mitt. 2004, 4; *Kazemi,* Der Arzt im Internet – Möglichkeiten und Grenzen der Präsentation im World Wide Web, MedR 2005, 17; *Kleine-Cosack,* Das Werberecht der rechts- und steuerberatenden Berufe, 2. Aufl. 2004; *ders.,* Werbeverbotslockerung für Rechtsanwälte, ZIP 1990, 1534; *ders.,* Vom Werbeverbot zum Werberecht, NJW 2002, 57; *ders.,* Vom Werbeverbot zum Werberecht des Arztes, NJW 2003, 868; *ders.,* Vom Universalnotar zum Spezialisten, NJW 2005, 1230; *ders.,* Zusammenbruch der Stufenleiter, Verabschiedung von Tätigkeits- und Interessenschwerpunkten, AnwBl. 2005, 275; *ders.,* Bundesrechtsanwaltsordnung mit BORA und FAO, 5. Aufl. 2008; *Köhler,* Das Werbeverbot für Rechtsanwälte und Steuerberater, 1988; *Koch,* Von „Anwaltswerbung I" zu „Anwaltswerbung II", FS Erdmann, 2002, S. 613; *Kornblum,* Zum Werbeverbot für die rechts- und wirtschaftsberatenden akademischen freien Berufe, BB 1985, 65; *Kort,* Wettbewerbsrechtliche Fragen der Werbung freier Berufe, GRUR 1997, 701; *Krämer,* Anwaltswerbung und UWG, FS Piper, 1996, S. 327; *Krämer/Berger,* Neue Anforderungen an das anwaltliche Marketing, AnwBl. 2000, 337; *Krämer/Mauer/Braun,* Erfolgreiche Anwaltswerbung, 1999; *Laufs,* Werbende Ärzte?, NJW 2001, 1768; *Lemke,* Sind Zweigstellen von Rechtsanwaltskanzleien in Briefbögen, E-Mails, Webseiten oder auf Kanzleischildern als solche zu kennzeichnen?, BRAK-Mitt. 2008, 146; *Lorenz,* Eine Analyse der Internetpräsentationen von Rechtsanwälten im Bereich der Rechtsanwaltskammern Saarbrücken und Schleswig vor dem Hintergrund ausgewählter Regelungen des Berufsrechts, Wettbewerbsrechts und Teledienstleistungsgesetzes, JurPC Web-Dok. 225/2004; *Lühmig,* Der unverkündete § 7 BORA tritt nun doch in Kraft, Neues Werberecht ab 1. März 2006, BRAK-Mitt. 2005, 752; *Mayen,* Die verfassungsrechtliche Stellung des Rechtsanwalts – Ausprägungen und Auswirkungen auf das anwaltliche Berufsrecht, NJW 1995, 2317; *Maaß,* Die Entwicklung des Vertragsarztrechts in den Jahren 2004 und 2005, NZS 2006, 63; *Möllers/Mederle,* Werbung von Rechtsanwälten, WRP 2008, 871; *Müller-Thiele/Schlegel,* Neue Wege für anwaltliche Werbung – Aktuelle Rechtsprechung im Überblick, MDR 2006, 65; *Naumann,* Präsentationen im Internet als Verstoß gegen §§ 1, 3 UWG, 2001; *Offermann/Burckart,* Der Spezialist – ein besserer Fachanwalt?, NJW 2004, 2616; *dies.,* Zu den Risiken und Nebenwirkungen des neuen § 7 BORA, BRAK-Mitt. 2006, 154; *Papier/Petz,* Rechtliche Grenzen des ärztlichen Werbeverbots, NJW 1994, 1553; *Pflüger,* Verwendung von Logos im Briefkopf des Rechtsanwalts, MDR 1999, 402; *Pohlmann,* Die Beschränkung anwaltlicher Werbung in Berufs- und Wettbewerbsrecht und deren Verhältnis zueinander, 2002; *Prinz,* Anwaltswerbung, 1986; *Ratzel/Lippert,* Das Werberecht der Ärzte nach den Beschlüssen des 105. Deutschen Ärztetages in Rostock, MedR 2002, 607; *Ratzel,* Der Arzt in der Informationsgesellschaft, ZMGR 2005, 251; *Rein,* Der Rechtsanwalt im Internet – Zulässigkeit eines Gästebuchs, NJW 1999, 1377; *Ring,* Anwaltliche Werbung von A–Z, 3. Aufl. 1998; *ders.,* Berufsrechtliches Werbeverbot der Ärzte und Europäische Menschenrechtskonvention (EMRK), ZMGR 2004, 110; *Römermann,* Anwaltliches Werberecht – Verfassungswidrigkeit des § 7 BerufsO –, MDR 1999, 1479; *ders.,* Streit um Werbung, Anwalt 2000, 6; *ders.,* Aggressives Werben, Anwalt 2001, 10; *ders.,* Die unendliche Geschichte des § 7 BORA, AnwBl. 2005, 490; *ders.,* Der unverkündete § 7 BORA n. F., AnwBl. 2005, 636; *ders.,* Das UWG – besser als das anwaltliche Werberecht, AnwBl. 2007, 744; *Römermann/Schulte,* Werberecht und Verbot der überörtlichen Gemeinschaftspraxis nach der neuen ärztlichen Musterberufsordnung, MedR 2001, 178; *Saenger/Riße,* Die anwaltliche Homepage – Berufs- und wettbewerbsrechtliche Grenzen bei der Wahl eines Domainnamens, MDR 2005, 1381; *dies.,* Die Gestaltung der Anwaltshomepage, WRP 2005, 1468; *Satzungsversammlung,* Begründung der Änderungen der §§ 7, 6 Abs. 2 und § 3 BORA, BRAK-Mitt. 2006, 212; *Scheuerl,* Anwaltswerbung im Internet, NJW 1997, 1291; *Schmittmann,* Werbung von Angehörigen der rechts- und steuerberatenden Berufe im Internet, MDR 1997, 601; *Schneider,* Standes- und wettbewerbsrechtliche Grenzen der Internet-Präsentation von Anwälten, MDR 2000, 133; *Schricker,* Gesetzesverletzung und Sittenverstoß, 1970; *Schulte/Schulte,* Unzulässige Werbung von Anwälten im Internet? – Wettbewerbsrechtliche Zulässigkeit und Werbeverbot nach § 43 b BRAO, MMR 2002, 585; *Schwerin,* Das ärztliche Werbeverbot – was bleibt?, NJW 2001, 1770; *Spickhoff,* Die Entwicklung des Arztrechts 2004/2005, NJW 2005, 1694; *Steinbeck,* Werbung von Rechtsanwälten im Internet, NJW 2003, 1481; *Steinkraus,* Anwaltliche Berufsordnung und Zivilrecht, 2004; *Tröber/Käufer,* Anwaltliche Werbung zwischen Chance und Risiko, AnwBl. 2000, 347; *Vollhardt,* Die Auslegung des § 29 BNotO durch das Bundesverfassungsgericht, MittBayNot 2006, 205; *Wedel,* Werbung des Anwalts mit dem Preis, JurBüro 2007, 623; *Zastrow,* Der anwaltliche Briefbogen, BRAK-Mitt. 2009, 55; *Zuck,* Die Bedeutung des Berufsbilds bei der Beurteilung anwaltlicher Berufsausübung, FS Geiß, 2000, S. 323; *ders.,* Anwaltliche Berufsausübung, Berufsrecht und Berufsmoral, AnwBl. 2002, 3.

A. Einleitung

I. Die Entwicklung vom Werbeverbot zur Werbefreiheit für die freien Berufe

1. Die Ursprünge des Werbeverbots für Rechtsanwälte

1 Noch bis vor wenigen Jahren ging man für den Kernbestand der freien Berufe[1] vom Bestehen eines grundsätzlichen Werbeverbots aus. Ein solches Verbot wurde namentlich für Rechtsanwälte, Ärzte, Steuerberater, Patentanwälte, Apotheker und Wirtschaftsprüfer sowohl von den Berufsangehörigen als auch der Allgemeinheit nicht nur weitestgehend akzeptiert. Es wurde auch weitgehend unangefochten hingenommen und befolgt und galt als unverzichtbarer Bestandteil des damaligen „Standesrechts". Die für das Werbeverbot angegebenen Begründungen schwankten; meist hieß es, zu werben widerspreche der Würde eines freien Berufsstandes. Die Werbung eines freiberuflich Tätigen liege in der Qualität seiner Leistung. Für die Rechtsanwaltschaft geht das Werbeverbot zurück auf die Rechtsprechung der anwaltlichen Ehrengerichte zur Reichsrechtsanwaltsordnung von 1879 und fand über das im Jahre 1929 vom Deutschen Anwaltsverein herausgegebene „Vademecum" und die darauf basierenden „Richtlinien für die Ausübung des Anwaltsberufs" der 1934 neu errichteten Reichsrechtsanwaltskammer von 1936 Eingang in die gemäß § 177 Abs. 2 Nr. 2 BRAO aF von der Bundesrechtsanwaltskammer als anwaltliches Standesrecht festzustellenden „Richtlinien des anwaltlichen Standesrechts".[2] Ebenso fühlte sich die Ärzteschaft seit jeher an ein – selbstauferlegtes – Werbeverbot gebunden.[3]

2 Während das StBerG (§ 22 Abs. 1) und die WPO von 1961 (§ 52 S. 2) das Werbeverbot von Anfang wenigstens ansprachen, erwähnte die BRAO von 1959 es wie ihre Vorgängerinnen zunächst mit keinem Wort. Sie beschränkte sich zur Statuierung anwaltlicher Berufspflichten anfangs vielmehr auf die heute noch gültige Generalklausel des § 43 BRAO. Gleichwohl meinte man, auch unter dem GG und der BRAO ungebrochen am hergebrachten Werbeverbot für Rechtsanwälte festhalten zu können. Die Generalklausel des § 43 BRAO wurde nämlich nach damaligem, zunächst auch vom BVerfG noch geteilten Verständnis durch die Richtlinien des anwaltlichen Standesrechts in rechtlich wirksamer Weise ausgefüllt. Zwar war man sich einig, dass die Richtlinien nicht die Qualität von Rechtsnormen hatten; insbesondere machte die Feststellung nach § 177 Abs. 2 Nr. 2 BRAO sie nicht zu autonomen Satzungen der Bundesrechtsanwaltskammer (anders insoweit bereits seit längerem die ärztlichen Berufsordnungen in den Bundesländern). Folglich konnten sie selbst keine ausreichende normative Grundlage für Eingriffe in die Berufsausübungsfreiheit (Art. 12 Abs. 1 S. 2 GG) abgeben.[4] Wohl aber zog man sie heran „als eine wesentliche Erkenntnisquelle dafür, was im Einzelfall nach der Auffassung angesehener und erfahrener Standesgenossen der Meinung aller anständig und gerecht denkenden Anwälte und der Würde des Standes entspricht". Sie galten als „Hilfsmittel, wenn die Generalklausel

[1] Zu den Merkmalen eines freien Berufs und den (im Sinne des PartGG) dazu zählenden Berufstätigkeiten § 1 Abs. 2 PartGG; weiterhin *Kornblum* BB 1985, 65, 67 f; *Kort* GRUR 1997, 701, 703 f; *Zuck* NJW 2001, 2055; *Jaeger* AnwBl. 2000, 475, 476 f; *Feuerich/Weyland* BRAO § 2 Rn 1 f; *Henssler/Prütting/Koch* BRAO § 2 Rn 8 f; *Bomba* S. 45 ff; *Pohlmann* S. 35 ff; nach BVerfGE 10, 354, 364; 11, 105, 117 f handelt es sich beim Begriff des freien Berufs allerdings um einen soziologischen und keinen zur Ableitung präziser normativer Wirkungen geeigneten Rechtsbegriff; ähnlich *Redeker* NJW 2004, 889, 893 („gesellschaftspolitisches Phänomen, dem nennenswerte normative Bedeutung nur begrenzt zukommt"); *ders.* NJW 2004, 2799 f.

[2] Zur Geschichte des anwaltlichen Werbeverbots ausführlich *Prinz* S. 84 ff; *Bomba* S. 124 ff; *Pohlmann* S. 69 ff; *Hartung/Römermann* Berufs- und Fachanwaltsordnung Vor § 6 BerufsO Rn 8 ff; *Römermann* AnwBl. 2007, 744; s. auch BGHSt 26, 131, 133 ff; zur jüngeren Entwicklung *Koch* FS Erdmann S. 613 ff.

[3] Dazu *Bahner* S. 1 und 37.

[4] BVerfGE 36, 212, 217; BVerfGE 57, 121, 132 f – Fachanwalt für Verwaltungsrecht – mwN; BVerfGE 66, 337, 338; BVerfGE 76, 170, 185 f.

des § 43 BRAO über die anwaltlichen Berufspflichten anzuwenden und durch Auslegung zu konkretisieren ist".[5] Als solche wurden sie von den Kammern und (Standes-)Gerichten letztlich doch wie Rechtsnormen gehandhabt. Die Richtlinien formulierten in § 2 Abs. 1 ein Werbeverbot („Der Rechtsanwalt handelt standeswidrig, wenn er um Praxis wirbt."), von dem das BVerfG allerdings schon damals einschränkend meinte, dem Rechtsanwalt sei nicht jede Werbung schlechthin verboten, wohl aber das reklamehafte Sich-Herausstellen vor Berufskollegen.[6, 7]

2. Die Beschlüsse des BVerfG vom 14. 7. 1987

Allenfalls aus damaliger Sicht überraschend rückte das BVerfG in seinen Aufsehen erregenden Beschlüssen vom 14. 7. 1987[8] von dieser Qualifizierung der Standesrichtlinien als Hilfsmittel zur Konkretisierung der Generalklausel des § 43 BRAO und taugliche Basis für die Begründung von Einschränkungen der Berufsfreiheit ab. Dem auch sonst für dergleichen Einschränkungen geltenden Standard entsprechend verlangte es fortan zur Regulierung anwaltlicher Werbung ebenfalls eine hinreichend bestimmt formulierte Grundlage **mit Rechtsnormqualität.** Dem konnte die Generalklausel § 43 BRAO schwerlich genügen. Auf diese Norm ließen sich, so das BVerfG, Beschränkungen anwaltlicher Werbung deshalb fortan allenfalls noch für eine Übergangszeit stützen und „soweit sie den materiellrechtlichen Anforderungen an Grundrechtseinschränkungen genügen und soweit dies zur Aufrechterhaltung einer funktionsfähigen Rechtspflege unerlässlich" war.[9] 3

Als zur Aufrechterhaltung der Funktionsfähigkeit der Rechtspflege unerlässlich sah das BVerfG in der Übergangszeit bis zum Inkrafttreten des § 43b BRAO heutiger Fassung über das bereits aus § 3 aF zu entnehmende Verbot der irreführenden Werbung hinaus nur das Verbot solcher Werbung an, die nach Form und Inhalt das gesetzlich normierte **Berufsbild des Rechtsanwalts verfälscht.**[10] Dazu zählte es insbesondere aufdringliche Werbemethoden, die Ausdruck eines rein geschäftsmäßigen, ausschließlich am Gewinn orientierten Verhaltens sind, wie das unaufgeforderte direkte Herantreten an potentielle Mandanten (sog. gezielte Werbung um Praxis) oder das sensationelle bzw. reklamehafte Sich-Herausstellen.[11] Demgegenüber müsse dem Rechtsanwalt im rechtlichen und geschäftlichen Verkehr Raum bleiben für interessengerechte und sachangemessene Information, die keinen Irrtum erregt.[12] Diesen Grundannahmen entsprechend erlaubte das BVerfG einem Rechtsanwalt, an einem Anwaltsuchdienst teilzunehmen[13] oder mit Angaben zu seinen selbstgewählten Tätigkeitsschwerpunkten hervorzutreten.[14] Der BGH[15] hielt es für unbedenklich, wenn ein Rechtsanwalt auf dem Briefkopf des Haus- und Grundeigentümervereins, dessen Vorsitzender er ist, mit seiner Berufsbezeichnung genannt wird. Auf diese Weise zeichnete die Übergangsrechtsprechung des BVerfG bereits wesentliche Leitlinien für die durch seine Beschlüsse vom 14. 7. 1987 unausweichlich gewordene Novellierung der BRAO vor. 4

[5] BVerfGE 36, 212, 217; BVerfGE 57, 121, 132f; BVerfGE 60, 215, 230; BVerfGE 66, 337, 356; s. außerdem die ausführliche Darstellung in BVerfGE 76, 170, 185ff.

[6] BVerfGE 57, 121, 133 – Fachanwalt für Verwaltungsrecht.

[7] Zur damaligen Bedeutung der Standesrichtlinien auch *Kornblum* BB 1985, 65f.

[8] BVerfGE 76, 170, 187f; BVerfGE 76, 196, 205.

[9] BVerfGE 76, 196, 205 unter Bezugnahme auf die insoweit ausführlicheren Darlegungen in der Parallelentscheidung BVerfGE 76, 171, 188ff; BVerfGE 82, 18, 26ff; BVerfG NJW 1992, 1613 – Anwaltssuchservice; BVerfG NJW 1994, 123, 124 – Mietrechtsspezialist.

[10] BVerfG NJW 1992, 1613 – Anwaltssuchservice; s. auch BVerfGE 82, 18, 28.

[11] BVerfG NJW 1994, 123, 124 – Mietrechtsspezialist; BVerfG NJW 1995, 712 und schon BVerfGE 76, 196, 205f; zur Werbung um Praxis auch BVerfGE 82, 18, 27; s. weiterhin BGH NJW 1990, 1739.

[12] BVerfG AnwBl. 1995, 96 – Strafverteidiger.

[13] BVerfG NJW 1992, 1613.

[14] BVerfG NJW 1995, 775; BVerfG AnwBl. 1995, 96 – Strafverteidiger (Tätigkeitsschwerpunkt Strafverteidigung erlaubt, eigene Bezeichnung als „Strafverteidiger" aber berufswidrig); BVerfG NJW 1995, 712.

[15] BGH NJW 1990, 1739.

3. Die BRAO-Novelle von 1994 und die Berufsordnung für Rechtsanwälte

5 Diese Novellierung erfolgte im Jahre 1994 durch das Gesetz zur Neuordnung des anwaltlichen Berufsrechts vom 2. 9. 1994 (BGBl. I S. 2278). Sie brachte mit § 43b eine Regelung zur anwaltlichen Werbung in die BRAO und räumte der Bundesrechtsanwaltskammer in § 59b Abs. 1, Abs. 2 Nr. 3 BRAO die Befugnis ein, in einer als autonome Satzung zu erlassenden Berufsordnung besondere Berufspflichten im Zusammenhang mit der Werbung und Angaben über selbst benannte Interessenschwerpunkte zu regeln. Im Übrigen lösten die klaren Worte, die das BVerfG in ständiger Rechtsprechung zu den von Verfassungs wegen an Beschränkungen der Freiheit der Berufsausübung zu stellenden Anforderungen gefunden und in seinen Beschlüssen vom 14. 7. 1987 aufgegriffen hat,[16] eine Welle der **Liberalisierung des anwaltlichen Berufsrechts** aus. Diese Welle erfasste zunächst vor allem das Werberecht der Rechtsanwälte, zog aber bald das Werberecht der freien Berufe insgesamt mit sich. Während sie für die rechts- und steuerberatenden Berufe abzuebben beginnt (allerdings nicht ohne dass sie zwischenzeitlich durch eine umfängliche Folgerechtsprechung des BVerfG gegen die zum Teil retardierende Praxis der Kammern, der Rechtsprechung der Instanz- und Berufsgerichte sowie anfangs auch des BGH immer wieder neu angetrieben werden musste und wurde), hat sie mittlerweile das Werberecht der Ärzte und Zahnärzte voll erfasst. Die Ärzteschaft hat sich erst auf dem 103. Deutschen Ärztetag 2000 in Köln und mit nochmaligen wesentliche Änderungen endgültig durchbrechend auf dem 105. Deutschen Ärztetag 2002 in Rostock dazu durchringen können, eine den verfassungsrechtlichen Vorgaben weitgehend entsprechende Mustersatzung zu beschließen. Die Entwicklung bei den Notaren hat erst begonnen. Jedenfalls kann sich durch das beharrliche Insistieren des BVerfG mittlerweile keine freiberufliche Berufsgruppe mehr mit Erfolg der Erkenntnis widersetzen, dass im Lichte des Art. 12 Abs. 1 GG auch für Freiberufler grundsätzlich **Werbefreiheit** besteht. Nicht die Werbung eines Freiberuflers bedarf der Rechtfertigung, sondern die Einschränkung seines Werberechts![17]

II. Die zur Regulierung des Werberechts der freien Berufe einschlägigen Rechtsnormen

1. Verfassungsrecht und EMRK

6 **Verfassungsrechtlich konstituierend** für das Werberecht der freien Berufe ist wie auch sonst in erster Linie **Art. 12 Abs. 1 GG. Art. 5 Abs. 1** (und eventuell Abs. 3 S. 1 1. Alt., Kunstfreiheit) GG wird in Deutschland insbesondere von der Rechtsprechung im Zusammenhang mit der Werbung nach wie vor nur in Ausnahmefällen herangezogen, nämlich dann, wenn ein werbliches Verhalten deutliche Elemente einer Meinungsäußerung enthält.[18] Gerade bei der Werbung von Freiberuflern erstaunt diese Zurückhaltung beim Rückgriff auf Art. 5 Abs. 1 GG, ist doch das einstmals selbst dort bestehende strikte Werbeverbot für Rechtsanwälte in den USA unter dem Gesichtspunkt der commercial speech gerade gestützt auf die Meinungsfreiheit im First Amendment der Verfassung im Jahre 1977 zunächst vom Supreme Court[19] gelockert worden und heute weitestgehend gefallen.[20]

---

[16] BVerfGE 76, 196, 207; → Rn 17 ff; → Rn 25.

[17] → Rn 17 f.

[18] → BVerfGE 71, 162, 175 f; BVerfGE 85, 248, 263 f; BVerfGE 95, 173, 182 – Tabakwerbung; BVerfGE 102, 347, 359 – Benetton-Werbung; *Kleine-Cosack* BRAO Vor § 43b Rn 8; *Feuerich/Weyland* BRAO § 43b Rn 6 f; *Kort* GRUR 1997, 701, 705; krit. zum Nicht-Rückgriff auf Art. 5 Abs. 1 GG im Zusammenhang mit der Werbung durch Freiberufler *Jarass* NJW 1982, 1833, 1834; *di Fabio* NJW 1997, 2861; *Ahrens* NJW 2000, 3188; *Hartung/Römermann* Berufs- und Fachanwaltsordnung Vor § 6 BerufsO Rn 74 ff; *Bomba* S. 189 ff; zur Vernachlässigung der Kommunikationsgrundrechte im Wettbewerbsrecht überhaupt *Fezer* NJW 2001, 580.

[19] Bate v. State Bar of Arizona 433 U.S. 350, 97 S.Ct. 2691 (1977) und dazu *Hempfing/Röhm* JZ 1977, 710 ff.

[20] Dazu *Hirte* ZZP 116 (2003), 135, 138; *Henssler/Prütting/Eylmann* BRAO § 43b Rn 7; ausführlich *Prinz* S. 64 ff.

Insoweit gibt die **Stambuk-Entscheidung des EGMR** vom 17. 10. 2002,[21] zu deren Beachtung das BVerfG die Berufsgerichte ausdrücklich angehalten hat,[22] Anlass zum Überdenken. Nachdem zuvor das BVerfG die in der Sache eingelegte Verfassungsbeschwerde nicht zur Entscheidung angenommen hatte, sah der EGMR in der Verurteilung eines Arztes wegen Verletzung des Werbeverbots durch ein deutsches Berufsgericht einen Verstoß gegen das von **Art. 10 EMRK geschützte Recht auf freie Meinungsäußerung.**[23]

2. Berufsrechtliche Werberegelungen für Rechts- und Patentanwälte

Berufsrechtlich ist die **anwaltliche Werbung** seit der BRAO-Novelle von 1994 auf formell-gesetzlicher Ebene in § 43b BRAO geregelt. Im Übrigen hat die Bundesrechtsanwaltskammer von der ihr in § 59b Abs. 1, Abs. 2 Nr. 3 BRAO eingeräumten Ermächtigung zur näheren Regelung der besonderen Berufspflichten im Zusammenhang mit der Werbung und Angaben über selbst benannte Interessenschwerpunkte in Gestalt der §§ 6 bis 10 der im Jahre 1997 in Kraft getretenen **Berufsordnung** Gebrauch gemacht. Sie lauten in der zuletzt durch die Satzungsversammlung am 14. 11. 2008 geänderten und seit 1. 9. 2009 gültigen Fassung der BORA wie folgt: 7

§ 6 Werbung

(1) Der Rechtsanwalt darf über seine Dienstleistung und seine Person informieren, soweit die Angaben sachlich unterrichten und berufsbezogen sind.

(2) Die Angabe von Erfolgs- und Umsatzzahlen ist unzulässig. Hinweise auf Mandate und Mandanten sind nur in Praxisbroschüren, Rundschreiben und anderen vergleichbaren Informationsmitteln oder auf Anfrage zulässig, soweit der Mandant ausdrücklich eingewilligt hat.

(3) Der Rechtsanwalt darf nicht daran mitwirken, dass Dritte für ihn Werbung betreiben, die ihm selbst verboten ist.

§ 7 Benennung von Teilbereichen der Berufstätigkeit

(1) Unabhängig von der Angabe von Fachanwaltsbezeichnungen darf Teilbereiche der Berufstätigkeit nur benennen, wer seinen Angaben entsprechende Kenntnisse nachweisen kann, die in der Ausbildung, durch Berufstätigkeit, Veröffentlichungen oder in sonstiger Weise erworben wurden. Wer qualifizierende Zusätze verwendet, muss zusätzlich über entsprechende theoretische Kenntnisse verfügen und auf dem genannten Gebiet in erheblichem Umfang tätig gewesen sein.

(2) Benennungen nach Absatz 1 sind unzulässig, soweit sie die Gefahr einer Verwechslung mit Fachanwaltschaften begründen oder sonst irreführend sind.

(3) Die vorstehenden Regelungen gelten für Berufsausübungsgemeinschaften nach § 9 entsprechend.

§ 7 a Mediator

Als Mediator darf sich bezeichnen, wer durch geeignete Ausbildung nachweisen kann, dass er die Grundsätze des Mediationsverfahrens beherrscht.

§ 8 Kundgabe beruflicher Zusammenarbeit

Auf eine berufliche Zusammenarbeit darf nur hingewiesen werden, wenn sie in einer Sozietät, in sonstiger Weise (Anstellungsverhältnis, freie Mitarbeit) mit sozietätsfähigen Personen im Sinne des § 59 a Bundesrechtsanwaltsordnung oder in einer auf Dauer angelegten und durch tatsächliche Ausübung verfestigten Kooperation erfolgt. Zulässig ist auch der Hinweis auf die Mitgliedschaft in einer Europäischen Wirtschaftlichen Interessenvereinigung.

§ 9 Kurzbezeichnungen

Bei gemeinschaftlicher Berufsausübung, soweit sie in einer Sozietät, Partnerschaftsgesellschaft oder in sonstiger Weise (Anstellungsverhältnis, freie Mitarbeit) mit sozietätsfähigen Personen im Sinne des § 59 a Bundesrechtsanwaltsordnung erfolgt, darf eine Kurzbezeichnung geführt werden. Diese muss bei der Unterhaltung mehrerer Kanzleien einheitlich geführt werden.

---

[21] EGMR NJW 2003, 497.

[22] BVerfG NJW 2003, 344, 345.

[23] Dazu, dass Werbeverbote in die Meinungsfreiheit gemäß Art. 10 Abs. 1 EMRK eingreifen können, bereits EGMR NJW 1985, 2885; s. außerdem EKMR NJW 1992, 963; EGMR BRAK-Mitt. 2008, 166; ÖVerfGH NJW-RR 2002, 565; EGMR vom 23. 7. 2007, 7969/04; *Hartung/Römermann* Berufs- und Fachanwaltsordnung Vor § 6 BerufsO Rn 116 ff; *Kleine-Cosack* BRAO Vor § 43 b Rn 8; *Ring* ZMGR 2004, 110.

§ 10 Briefbögen

(1) Auf Briefbögen müssen auch bei Verwendung einer Kurzbezeichnung die Namen sämtlicher Gesellschafter mit mindestens einem ausgeschriebenen Vornamen aufgeführt werden. Gleiches gilt für Namen anderer Personen, die in einer Kurzbezeichnung gemäß § 9 enthalten sind. Es muss mindestens eine der Kurzbezeichnung entsprechende Zahl von Gesellschaftern, Angestellten oder freien Mitarbeitern auf den Briefbögen namentlich aufgeführt werden.

(2) Bei beruflicher Zusammenarbeit mit Angehörigen anderer Berufe sind die jeweiligen Berufsbezeichnungen anzugeben.

(3) Werden mehrere Kanzleien unterhalten, so ist für jeden auf den Briefbögen Genannten seine Kanzleianschrift anzugeben.

(4) Ausgeschiedene Kanzleiinhaber, Gesellschafter, Angestellte oder freie Mitarbeiter können auf den Briefbögen nur weitergeführt werden, wenn ihr Ausscheiden kenntlich gemacht wird.

8 Die Werbung der **Patentanwälte** richtet sich berufsrechtlich nach der mit § 43b BRAO gleich lautenden Regelung des **§ 39b PAO.** In Ausübung der ihr durch § 52b Abs. 1, Abs. 2 Nr. 2 PAO eingeräumten Satzungsermächtigung hat die Patentanwaltskammer die am 5. 8. 1997 in Kraft getretene **Berufsordnung der Patentanwälte** erlassen.[24] Die die Werbung betreffenden Regelungen dieser Berufsordnung lauten:

§ 7 Werbung

(1) Der Patentanwalt darf für seine berufliche Tätigkeit werben, soweit die Angaben sachlich richtig, objektiv und nachprüfbar sind.

(2) Zulässig sind insbesondere Hinweise auf die eigene Berufstätigkeit betreffende

a) förmliche Qualifikationen,
b) besondere Erfahrungen,
c) Tätigkeitsschwerpunkte.

(3) Nicht zulässig sind insbesondere

a) eine Kundbarmachung nach Art der für die gewerbliche Wirtschaft typischen anpreisenden Werbung;
b) ein reklamehaftes Sich-Herausstellen;
c) Hinweise auf eine berufliche Zusammenarbeit, es sei denn, sie gründet auf einem Vertrag und ist auf Dauer angelegt;
d) gezielte Werbung um einzelne Aufträge, insbesondere ein auf die Erteilung einzelner Aufträge gerichtetes unaufgefordertes direktes Herantreten an potentielle Auftraggeber;
e) mit Kollegen vergleichende Werbung;
f) irreführende Werbung.

(4) Der Patentanwalt darf weder veranlassen noch dulden, dass Dritte für ihn Werbung betreiben, die ihm selbst untersagt ist.

3. Die berufsrechtlichen Werberegelungen für Steuerberater und Steuerbevollmächtigte

9 Die Werbung der **Steuerberater** bzw. für Dienste zur geschäftsmäßigen Hilfe in Steuersachen ist berufsrechtlich in den §§ 8,[25] 57 Abs. 1[26] StBerG und im durch das 6. Gesetz zur Änderung des StBerG von 1994 (BGBl. I S. 1387) eingefügten § 57a StBerG (nahezu wortgleich mit § 43b BRAO) geregelt. Auch die Bundessteuerberaterkammer hat von der ihr in § 86 Abs. 2 Nr. 2, Abs. 3 und Abs. 4 Nr. 3 StBerG eingeräumten Ermächtigung Gebrauch machend in den §§ 10 bis 21 ihrer Berufsordnung vom 2. 6. 1997, zuletzt geändert durch Beschluss der Satzungsversammlung vom 21. 12. 2004 insoweit Näheres bestimmt. Sie lauten:

§ 10 Grundsätze

(1) Steuerberater haben ihren Beruf unter Verzicht auf berufswidrige Werbung auszuüben.

---

[24] Zu den für Europäische Patentvertreter geltenden Werberegeln *Bomba* GRUR Int. 2006, 663.

[25] § 8 StBerG lautet: „(1) Auf eigene Dienste oder Dienste Dritter zur geschäftsmäßigen Hilfeleistung in Steuersachen darf hingewiesen werden, soweit über die Tätigkeit in Form und Inhalt sachlich unterrichtet wird. (2) Werbung, die auf die Erteilung eines Auftrages zur geschäftsmäßigen Hilfeleistung in Steuersachen im Einzelfall gerichtet ist, ist verboten … (3) … (4) …".

[26] § 57 Abs. 1 StBerG lautet: „Steuerberater und Steuerbevollmächtigte haben ihren Beruf unabhängig, eigenverantwortlich, gewissenhaft verschwiegen und *unter Verzicht auf berufswidrige Werbung* auszuüben."

(2) Steuerberater dürfen jedoch, vorbehaltlich nachstehender Regelungen, über ihre berufliche Tätigkeit informieren. Die Unterrichtung muss sachlich zutreffend und objektiv nachprüfbar sein. Die Darstellung darf nicht reklamehaft sein. Vergleichende, wertende oder irreführende Aussagen sind nicht zulässig.

(3) Werbung ist berufswidrig, soweit sie auf die Erteilung eines Auftrages im Einzelfall gerichtet ist. Dies ist insbesondere der Fall, wenn der Umworbene in einem konkreten Einzelfall der Beratung oder der Vertretung bedarf und der Werbende dies in Kenntnis der Umstände zum Anlass für seine Werbung nimmt.

§ 11 Tätigkeitsschwerpunkte

Steuerberater dürfen Teilgebiete ihrer beruflichen Tätigkeit als Tätigkeitsschwerpunkte bekannt geben.

§ 12 Zertifikate

Hinweise auf Zertifikate im Sinne des § 4 Abs. 3 sind nur zulässig, solange die Zertifikate gültig sind. Dabei ist anzugeben, dass nicht die fachliche Qualifikation, sondern die Organisation der Praxis Gegenstand der Zertifizierung war.

§ 13 Werbung durch Dritte

(1) Es ist unzulässig, berufswidrige Werbung durch Dritte zu veranlassen oder zu dulden.

(2) Steuerberater dürfen der Nennung ihres Namens und ihrer Berufsqualifikation in Veröffentlichungen von und für Mandanten nur zustimmen, wenn die Grundsätze nach § 10 beachtet werden und der Zweck der Veröffentlichung mit dem Ansehen des Berufes vereinbar ist.

§ 14 Anzeigen

(1) Steuerberater dürfen in Anzeigen über ihre berufliche Tätigkeit sachlich unterrichten. Anzeigen dürfen keine übertriebene, auffällige oder in sonstiger Weise reklamehafte Form haben. Bei der Beurteilung der Reklamehaftigkeit ist auch die Häufigkeit des Erscheinens zu berücksichtigen.

(2) Anzeigen für ungenannte Auftraggeber dürfen, soweit sie mit einer vereinbaren Tätigkeit gemäß § 57 Abs. 3 Nr. 2 StBerG im Zusammenhang stehen, unter Angabe des Namens und der Berufsbezeichnung veröffentlicht werden.

§ 15 Praxisbroschüren

Steuerberater dürfen über ihre berufliche Tätigkeit in Praxisbroschüren, Faltblättern oder vergleichbaren Informationsmitteln in Wort und Bild sachlich, nicht reklamehaft, unterrichten.

§ 16 Mandanteninformationen

Mandanteninformationen dürfen sowohl eigenen Auftraggebern als auch Dritten überlassen oder zugänglich gemacht werden.

§ 17 Aufnahme in Verzeichnisse

(1) Steuerberater dürfen sich in Verzeichnisse aller Art (zB Anschriftenverzeichnisse, Adress- und Fernsprechbücher, Branchenverzeichnisse) eintragen lassen, wenn die Verzeichnisse allen Berufsangehörigen offen stehen oder für eine Beschränkung sachliche Gründe vorliegen.

(2) Die Eintragung darf nicht reklamehaft sein.

(3) Steuerberater dürfen an einem Suchservice teilnehmen. Für die Teilnahme gelten die Absätze 1 und 2 entsprechend.

§ 18 Praxisschild

(1) Praxisschilder sollen zur Kenntlichmachung der Praxisräume des Steuerberaters angebracht werden. Sozietäten dürfen eine Kurzbezeichnung verwenden. Das Praxisschild darf nicht reklamehaft oder irreführend gestaltet sein. § 19 Abs. 3 gilt entsprechend.

(2) Auf dem Praxisschild einer weiteren Beratungsstelle im Sinne des § 34 StBerG ist der Name des Inhabers oder der Inhaberin der Praxis mit dem Zusatz „weitere Beratungsstelle" oder „Zweigniederlassung" zu führen. Der Leiter oder die Leiterin der weiteren Beratungsstelle oder der Zweigniederlassung muss genannt werden.

§ 19 Geschäftspapiere

(1) Geschäftspapiere (Briefbögen, Umschläge, Gebührenrechnungen, Besuchskarten u. ä.), Stempel, Klischees, Logos usw. dürfen nicht reklamehaft oder irreführend gestaltet sein.

(2) Es ist zulässig, auf Briefbögen die Privatanschrift und die weitere Beratungsstelle anzugeben. Auf Briefbögen von weiteren Beratungsstellen muss der Leiter oder die Leiterin der Beratungsstelle genannt werden. § 18 Abs. 2 S. 1 gilt entsprechend.

(3) Auf Briefbögen darf der Nachfolger eines Berufsangehörigen, der durch Tod oder Verzicht auf die Bestellung wegen Alters oder Berufsunfähigkeit aus dem Beruf ausgeschieden ist, dessen Namen und Berufsbezeichnung weiterführen, wenn das Ausscheiden kenntlich gemacht ist.

(4) Auf den Briefbögen einer Sozietät/Partnerschaft müssen die Sozien/Partner mit Namen und Berufsbezeichnungen aufgeführt werden. Dies gilt auch dann, wenn eine Kurzbezeichnung verwendet wird, zB

durch Nennung einzelner Namen von Steuerberatern mit Zusätzen, die gemäß § 43 StBerG zulässig sind. Ausgeschiedene Sozien/Partner dürfen auf den Briefbögen weitergeführt werden, wenn ihr Ausscheiden kenntlich gemacht wird.

(5) Bei überörtlichen Sozietäten/Partnerschaften muss auf den Briefbögen angegeben werden, welcher Partner welche Qualifikation besitzt und wo sich seine berufliche Niederlassung befindet. Auf die in der Sozietät/Partnerschaft vertretenen Berufe (Steuerberater, Steuerbevollmächtigte, Rechtsanwälte, Wirtschaftsprüfer, vereidigte Buchprüfer) darf auch dann hingewiesen werden, wenn nicht alle Berufsqualifikationen an allen Standorten vertreten sind.

(6) Auf den Geschäftspapieren von Steuerberatungsgesellschaften dürfen Vorstandsmitglieder, Geschäftsführer, vertretungsberechtigte persönlich haftende Gesellschafter und Vorsitzende des Aufsichtsrates oder Beirates nur mit den nach dieser Berufsordnung zulässigen Berufsbezeichnungen oder mit der Berufsbezeichnung eines sozietätsfähigen Berufes aufgeführt werden. Das Aufführen anderer Gesellschafter ist nicht zulässig. § 80 AktG und § 35 a GmbHG bleiben unberührt.

(7) Auf Briefbögen dürfen Angestellte im Sinne des § 58 StBerG und freie Mitarbeiter im Sinne des § 56 StBerG, die überwiegend beschäftigt werden, aufgeführt werden. Bei Steuerberatungsgesellschaften sind diese Angaben nur zulässig, wenn auf das Rechtsverhältnis ausdrücklich hingewiesen wird.

(8) Auf Briefbögen dürfen berufsrechtlich zulässige, auf Dauer angelegte Kooperationen genannt werden.

§ 20 Elektronische Medien, Netze und Netzdienste

Die Regelungen der §§ 10 bis 19 und 21 gelten sinngemäß auch bei der Nutzung elektronischer Medien, Netze und Netzdienste.

§ 21 Verhalten gegenüber Medien

(1) Steuerberater dürfen sich unter Angabe von Name und Berufsbezeichnung in den Medien äußern (zB Presseinterviews, Diskussionen im Fernsehen).

(2) Sie haben dafür Sorge zu tragen, dass dabei nicht berufswidrig für sie geworben wird. Berufswidrig ist insbesondere jede Darstellung, die der Steuerberater veranlasst oder für die er ein Entgelt entrichtet hat und bei der die Person oder die Leistung des Steuerberaters so herausgestellt wird, dass der Werbeeffekt das öffentliche Interesse an der Berichterstattung überwiegt.

4. Die berufsrechtlichen Werberegelungen für Wirtschaftsprüfer und vereidigte Buchprüfer

10 Für die Werbung der **Wirtschaftsprüfer** und **vereidigten Buchprüfer** bestimmt § 52 WPO in seiner Neufassung durch das „Gesetz zur Stärkung der Berufsaufsicht und zur Reform berufsrechtlicher Regelungen in der Wirtschaftsprüferordnung (Berufsaufsichtsreformgesetz – BARefG)" vom 3. 9. 2007 (BGBl. I S. 2178) nur mehr: „Werbung ist zulässig, es sei denn, sie ist unlauter." Damit unterliegt diese Gruppe von Freiberuflern in ihrer Werbung fortan als erste ausschließlich dem allgemeinen Wettbewerbsrecht. [27]

11 Dementsprechend wurden die sich mit der Werbung befassenden §§ 31 bis 36 der Berufssatzung für Wirtschaftsprüfer/vereidigte Buchprüfer aufgrund eines Beschlusses des Beirats der Wirtschaftsprüferkammer vom 22. 11. 2007 mit Wirkung vom 28. 2. 2008 außer Kraft gesetzt.

5. Die berufsrechtlichen Werberegelungen für Notare

12 Zwar genießen nach ständiger Rechtsprechung des BVerfG **Notare** ebenfalls grundsätzlich die durch Art. 12 Abs. 1 GG gewährleistete Freiheit der Berufsausübung, wozu auch die berufliche Außendarstellung einschließlich der Werbung für die Inanspruchnahme ihrer Dienste gehört.[28] Jedoch unterliegen sie durch § 29 BNotO immer noch einer **strengen Reglementierung ihrer Werbefreiheit,** was das BVerfG[29] „als flankierende Maßnahme zur Sicherung einer ordnungsgemäßen Berufsausübung der Notare" im Prinzip verfassungsrechtlich nach wie vor akzeptiert. Allein § 29 Abs. 3 S. 1 BNotO hielt der Kontrolle

[27] Was Manche de lege ferenda auch für andere Freiberufler wie etwa Rechtsanwälte anstreben, → Rn 40 aE.

[28] BVerfG NJW 1997, 2510; BVerfGE 112, 255, 262; BVerfG NJW 2006, 359; anders wohl nur *Decku* ZNotP 2001, 19, 20.

[29] BVerfG NJW 1997, 2510, 2511; BVerfGE 112, 255, 263; BVerfG NJW 2006, 359, 360; BVerfG AnwBl. 2008, 799, 800.

des BVerfG[30] nicht stand und ist wegen Verstoßes gegen Art. 12 Abs. 1 GG unwirksam. Indessen hat diese Entscheidung eine Debatte um die verfassungsrechtlich akzeptable Reichweite der Beschränkung der Werbefreiheit der Notare in Gang gebracht, die, so ist zu erwarten, ähnlich wie bei den anderen freien Berufen in eine erhebliche Lockerung dieser strengen Reglementierung einmünden wird.[31] Die Notarkammern sind allerdings einstweilen noch bemüht, mit Hilfe ihrer auf der Grundlage der Ermächtigung des § 67 Abs. 1, Abs. 2 Nr. 7 BNotO erlassenen Richtliniensatzungen hinsichtlich des nach § 29 BNotO zu beachtenden Verhaltens eine eher restriktive Linie vorzugeben. Dabei schicken sie sich offenbar an, unter Berufung auf die Besonderheiten des Notarberufs alle bereits im Zuge der Liberalisierung der anderen Berufsrechte vorgebrachten Argumente erneut zur Diskussion zu stellen.[32] Die regionalen Notarkammern pflegen die (für sie allerdings nicht bindenden) von der Bundesnotarkammer am 29. 1. 1999 herausgegebene Richtlinienempfehlung[33] weitestgehend zu übernehmen.[34] Die einschlägigen Regelungen dieser zuletzt durch Beschluss vom 28. 4. 2006[35] geänderten Richtlinienempfehlungen lauten:

VII. Auftreten des Notars in der Öffentlichkeit und Werbung

1.1. Der Notar darf über die Aufgaben, Befugnisse und Tätigkeitsbereiche der Notare öffentlichkeitswirksam unterrichten, auch durch Veröffentlichungen, Vorträge und Äußerungen in den Medien.

1.2. Werbung ist dem Notar insoweit verboten, als sie Zweifel an der Unabhängigkeit oder Unparteilichkeit des Notars zu wecken geeignet oder aus anderen Gründen mit seiner Stellung in der vorsorgenden Rechtspflege als Träger eines öffentlichen Amtes nicht vereinbar ist.

1.3. Mit dem öffentlichen Amt des Notars unvereinbar ist ein Verhalten insbesondere, wenn

a) es auf die Erteilung eines bestimmten Auftrags oder Gewinnung eines bestimmten Auftraggebers gerichtet ist,

b) es den Eindruck der Gewerblichkeit vermittelt, insbesondere den Notar oder seine Dienste reklamehaft herausstellt,

c) es eine wertende Selbstdarstellung des Notars oder seiner Dienste enthält,

d) der Notar ohne besonderen Anlass allgemein an Rechtsuchende herantritt,

e) es sich um irreführende Werbung handelt.

1.4. Der Notar darf eine dem öffentlichen Amt widersprechende Werbung durch Dritte nicht dulden.

2.1. Der Notar darf im Zusammenhang mit seiner Amtsbezeichnung akademische Grade, den Titel Justizrat und den Professortitel führen.

2.2. Hinweise auf weitere Tätigkeiten i. S. von § 8 Abs. 1, 3 und 4 BNotO sowie auf Ehrenämter sind im Zusammenhang mit der Amtsausübung unzulässig.

3. Der Notar darf sich nur in solche allgemein zugängliche Verzeichnisse aufnehmen lassen, die allen örtlichen Notaren offen stehen. Für elektronische Veröffentlichungen gilt dies entsprechend.

4. Anzeigen des Notars dürfen nicht durch Form, Inhalt, Häufigkeit oder auf sonstige Weise der amtswidrigen Werbung dienen.

---

[30] BVerfGE 112, 255.

[31] Für eine weitestgehende Liberalisierung *Eylmann* ZNotP 2000, 170 und 2001, 17; *Kleine-Cosack* NJW 2005, 1230; dagegen eher behutsam *Vollhardt* MittBayNot 2006, 205; aus der jüngsten Rechtsprechung BVerfG NJW 2006, 359 (das an einen Notar gerichtete und vom BGH NJW 2004, 2974 bestätigte Verbot einer Notarkammer aufhebend, seine Anschrift und Telefonnummer in einem nicht seinen Amtssitz einschließenden Telefonbuch zu veröffentlichen); BGH NJW 2005, 2693 und NJW-RR 2007, 408 (unzulässige Bezeichnung seines Amts als Notar*iat* [statt Notar, dazu § 2 S. 1 BNotO] durch einen Anwaltsnotar; OLG Celle GRUR 2007, 76 = NJW-RR 2006, 1650 (die Werbung eines Anwaltsnotars für „Anwaltliche Hilfe" in einem kirchlichen Gemeindebrief zulassend); KG NJW 2008, 2197 (Unzulässigkeit der Verwendung der Amtsbezeichnung „Notar" auf dem Geschäftsschild der Zweigstelle einer von einem Rechtsanwalt und Notar betriebenen Rechtsanwaltskanzlei, Verfassungsbeschwerde nicht zur Entscheidung angenommen, BVerfG AnwBl. 2008, 799).

[32] Dazu die Auseinandersetzung zwischen *Eylmann* ZNotP 2000, 170 ff und 2001, 17 ff einerseits und Kammerpräsident *Decku* ZNotP 2000, 290 ff und 2001, 19 ff andererseits.

[33] DNotZ 1999, 258.

[34] S. etwa Sächs. RL für die Berufsausübung der Notare vom 5. 2. 1999, Amtliches Mitteilungsblatt der Notarkammer Sachsen vom 16. 6. 1999, Nr. 1/1999, S. 2, idF vom 8. 6. 2001, Amtliches Mitteilungsblatt der Notarkammer Sachsen vom 19. 9. 2001, Nr. 2/2001, S. 1; RL für die Amtspflichten und sonstigen Pflichten der Mitglieder der Rheinischen Notarkammer vom 17. 2. 2000, Amtliche Mitteilungen der Rheinischen Notarkammer vom 10. 3. 2000, Nr. 1/2000, S. 1, idF vom 13. 5. 2000, Amtliche Mitteilungen der Rheinischen Notarkammer vom 27. 7. 2000, Nr. 2/2000, S. 1.

[35] DNotZ 2006, 561.

5. Der Notar darf sich an Informationsveranstaltungen der Medien, bei denen er in Kontakt mit dem rechtsuchenden Publikum tritt, beteiligen. Er hat dabei die Regelungen der Nrn. 1 und 2 zu beachten.

6. Der Notar darf Broschüren, Faltblätter und sonstige Informationsmittel über seine Tätigkeit und zu den Aufgaben und Befugnissen der Notare in der Geschäftsstelle bereithalten. Zulässig ist auch das Bereithalten dieser Informationen in Datennetzen und allgemein zugänglichen Verzeichnissen. Die Verteilung oder Versendung von Informationen ohne Aufforderung ist nur an bisherige Auftraggeber zulässig und bedarf eines sachlichen Grundes.

7. Der Notar darf in Internet-Domainnamen keine Begriffe verwenden, die eine gleichartige Beziehung zu anderen Notaren aufweisen und nicht mit individualisierenden Zusätzen versehen sind. Dies gilt insbesondere für Internet-Domainnamen, die notarbezogene Gattungsbegriffe ohne individualisierenden Zusatz enthalten oder mit Bezeichnungen von Gemeinden oder sonstigen geografischen oder politischen Einheiten kombinieren, es sei denn, die angegebene Gemeinde oder Einheit liegt im Amtsbereich keines anderen Notars.

6. Die berufsrechtlichen Werberegelungen für Ärzte und Zahnärzte

13 Die berufsrechtliche Werbung der **Ärzte** betreffend ermächtigen die Landesheilberufsgesetze die Ärztekammern der Länder zum Erlass einer Berufsordnung, die unter anderem auch Werbebeschränkungen und Werbeverbote enthalten darf (etwa § 32 Nr. 9 Heilberufsgesetz NRW; § 17 Abs. 1 Nr. 10 SächsHeilberufekammergesetz). Abgesehen von der Vorgabe einer zurückhaltenden Tendenz (Regelung des „nach den Besonderheiten des jeweiligen Heilberufs erforderlichen Ausmaßes des Verbots oder der Beschränkung der Werbung" – NRW; „dem Wesen des jeweiligen Heilberufs gebotene Zurückhaltung in der Werbung" – Sachsen) treffen diese Gesetze anders als die BRAO (§ 43b) und das StBerG (§ 57a) allerdings selbst noch keine Aussagen über Inhalt und Art der dem Arzt erlaubten Werbung. Die einzelnen Ärztekammern pflegen die vom Deutschen Ärztetag empfohlene Mustersatzung zumindest im Wesentlichen zu übernehmen. Insgesamt ähnlich verhält es sich mit der Werbung der **Zahnärzte.**[36] Mit der Werbung der Ärzte befassen sich die §§ 27ff der Musterberufsordnung. Sie lauten zurückgehend auf ihre umfassende Neufassung durch den 105 Deutschen Ärztetag 2002 in Rostock in ihrer aktuellen Fassung nach dem 107. Deutschen Ärztetag in Bremen:

§ 27 Erlaubte Information und berufswidrige Werbung

(1) Zweck der nachstehenden Vorschriften der Berufsordnung ist die Gewährleistung des Patientenschutzes durch sachgerechte und angemessene Information und die Vermeidung einer dem Selbstverständnis der Ärztin oder des Arztes zuwiderlaufenden Kommerzialisierung des Arztberufs.

(2) Auf dieser Grundlage sind Ärztinnen und Ärzten sachliche berufsbezogene Informationen gestattet.

(3) Berufswidrige Werbung ist Ärztinnen und Ärzten untersagt. Berufswidrig ist insbesondere eine anpreisende, irreführende oder vergleichende Werbung. Ärztinnen und Ärzte dürfen eine solche Werbung durch Andere weder veranlassen noch dulden. Werbeverbote auf Grund anderer gesetzlicher Bestimmungen bleiben unberührt.

(4) Ärztinnen und Ärzte können

1. nach der Weiterbildungsordnung erworbene Bezeichnungen,
2. nach sonstigen öffentlich-rechtlichen Vorschriften erworbene Qualifikationen,
3. Tätigkeitsschwerpunkte und
4. organisatorische Hinweise

ankündigen.

Die nach Nr. 1 erworbenen Bezeichnungen dürfen nur in der nach der Weiterbildungsordnung zulässigen Form geführt werden. Ein Hinweis auf die verleihende Ärztekammer ist zulässig.

Andere Qualifikationen und Tätigkeitsschwerpunkte dürfen nur angekündigt werden, wenn diese Angaben nicht mit solchen nach geregeltem Weiterbildungsrecht erworbenen Qualifikationen verwechselt werden können.

(5) Die Angaben nach Absatz 4 Nr. 1 bis 3 sind nur zulässig, wenn der Arzt die umfassten Tätigkeiten nicht nur gelegentlich ausübt.

(6) Ärztinnen und Ärzte haben der Ärztekammer auf deren Verlangen die zur Prüfung der Voraussetzungen der Ankündigung erforderlichen Unterlagen vorzulegen. Die Ärztekammer ist befugt, ergänzende Auskünfte zu verlangen.

---

[36] → dazu die neu gefassten §§ 20 bis 22 der von der Bundeszahnärztekammer vorgeschlagenen Musterberufsordnung für Zahnärzte und Zahnärztinnen mit Stand vom 16. 2. 2005. In Internet unter www.bzaek.de/za-inneu.asp, Rubrik „Gesetze und Verordnungen, verfügbar; dazu *Schulte* ZM 2005, 16.

§ 28 Verzeichnisse

Ärztinnen und Ärzte dürfen sich in Verzeichnisse eintragen lassen, wenn diese folgenden Anforderungen gerecht werden:

1. sie müssen allen Ärztinnen und Ärzten, die die Kriterien des Verzeichnisses erfüllen, zu denselben Bedingungen gleichermaßen mit einem kostenfreien Grundeintrag offen stehen,
2. die Eintragungen müssen sich auf die ankündigungsfähigen Informationen beschränken und
3. die Systematik muss zwischen den nach der Weiterbildungsordnung und nach sonstigen öffentlich-rechtlichen Vorschriften erworbenen Qualifikationen einerseits und Tätigkeitsschwerpunkten andererseits unterscheiden.

Zur Neufassung der §§ 27 ff ärztliche Berufsordnung haben die „Berufsordnungsgremien der Bundesärztekammer" am 10. 9. 2002, fortgeschrieben am 12. 8. 2003, sog. Auslegungsgrundsätze beschlossen und als „Hinweise und Erläuterungen zu den §§ 27 ff (Muster-)Berufsordnung" veröffentlicht. Damit will die Bundesärztekammer „dem Arzt die ihm zur Verfügung stehenden Möglichkeiten der Information" erläutern, „aber auch diejenigen, die darüber hinaus mit der Anwendung der Vorschriften befasst sind, bei ihrer Arbeit unterstützen." 14

7. Die berufsrechtlichen Werberegelungen für Apotheker

Das Werberecht der **Apotheker** ist wie das der Ärzte berufsrechtlich ebenfalls in der Weise geregelt, dass die jeweils einschlägigen Landesgesetze die Apothekerkammern zum Erlass von auch die Werbung mit umfassenden Berufsordnungen ermächtigen. Die darin enthaltenen Werberegelungen müssen dem Berufsbild des Apothekers entsprechend allerdings großzügiger sein als beim Arzt;[37] denn immerhin betreibt er ein Handelsgewerbe im Sinne des § 1 HGB. So soll es etwa nicht gegen § 4 Nr. 1, 4 und 11 verstoßen, wenn ein Apotheker damit wirbt, bei ihm könne der Kunde durch Einlösen von Rezepten oder durch Einkauf auf einer **„Bonuscard"** Boni ansammeln und diese bei Vollstand gegen die Erstattung der Praxisgebühr oder nicht rezeptpflichtige Waren eintauschen.[38] Im Übrigen hat der Apotheker die Werbebeschränkungen des Gesetzes über die Werbung auf dem Gebiete des Heilwesens vom 19. 10. 1994 (BGBl. I S. 3068) zu beachten. 15

8. Die berufsrechtlichen Werberegelungen für Architekten

Für **Architekten** regeln teilweise bereits die Architektengesetze der Länder selbst die berufsrechtliche Werbebeschränkungen (etwa § 3 Abs. 2 Nr. 3 SächsArchG: Verbot der irreführenden, herabsetzenden, verunglimpfenden, unsachlichen und aufdringlichen Werbung). Andere Länder beschränken sich von vornherein darauf, die Kammern zu die Werbung reglementierenden Berufsordnungen zu ermächtigen (etwa Art. 1 Abs. 6 Nr. 4 BayArchG).[39] 16

III. Verfassungsrechtliche Vorgaben

1. Verfassungsrechtlich (Art. 12 Abs. 1 GG) geschützte Werbefreiheit auch für Freiberufler und Anforderungen an Einschränkungen dieser Freiheit

Wie zu Rn 1 ff dargestellt, hat sich der für andere Berufe seit jeher geltende und allgemein anerkannte Grundsatz, dass Werbung zu betreiben von Art. 12 Abs. 1 GG geschützt 17

[37] Zur Vereinbarkeit einzelner in den Berufsordnungen der Landesapothekerkammer Baden-Württemberg, der Apothekerkammer Westfalen-Lippe und der Bayerischen Landesapothekerkammer enthaltener bzw. ehedem enthalten gewesener Werbeverbote und -beschränkungen mit der Berufsfreiheit der Apotheker gemäß Art. 12 Abs. 1 GG BVerfGE 94, 372 – Werbeverbot für Apotheker.

[38] OLG Rostock GRUR-RR 2005, 391 – Apotheken-Bonuscard; zur Geltung des § 4 Nr. 11 für die Werberegelungen in einer Apothekerberufsordnung (Sachsen) LG Dresden GRUR-RR 2005, 232, 233 – Mehr als eine Apotheke.

[39] Und dazu die Berufsordnung der Bayerischen Architektenkammer vom 4. 12. 1972, zuletzt geändert durch Bekanntmachung vom 12. 8. 2005, die ihre Werberegelungen unter 7.1. mit dem Satz eröffnet: „Der Architekt wirbt durch seine Leistung."

ist, d.h. unter der Geltung von Art. 12 Abs. 1 GG grundsätzlich **Werbefreiheit besteht** und Einschränkungen der Werbefreiheit sich strikt an den Erfordernissen des Art. 12 Abs. 1 S. 2 GG messen lassen müssen, für die freien Berufe erst in den letzten Jahren durchzusetzen vermocht. Im Ergebnis dieser Entwicklung gilt nunmehr auch für die freien Berufe: Für ihre berufliche Tätigkeit zu werben, ist ihnen **nicht grundsätzlich verboten** und **nur ausnahmsweise erlaubt,** sondern **grundsätzlich erlaubt** und **nur ausnahmsweise verboten.**[40] **Nicht die Gestattung der Werbung bedarf einer Rechtfertigung, sondern deren Verbot oder Einschränkung.**[41] Dazu bedurfte es allerdings zunächst eines Richtungswechsels in der Rechtsprechung des BVerfG,[42] einer gesetzlichen Neuregelung des Werberechts insbesondere für Anwälte und Steuerberater (§ 43b BRAO und § 57a StBerG) und über den gesamten Zeitraum der Entwicklung eines beharrlichen Bestehens des BVerfG gegenüber den Fachgerichten und den berufsständischen Vereinigungen auf der Umsetzung seines Richtungswechsels. Heute ist von folgender Lage auszugehen:

18 Zur Freiheit der Berufsausübung gehört auch bei einem freiberuflich Tätigen nicht nur die Ausübung der beruflichen Praxis, sondern jede Tätigkeit, die mit der Berufsausübung zusammenhängt und dieser dient. In diesen Bereich berufsbezogener Tätigkeiten fällt auch die auf die Förderung des beruflichen Erfolgs gerichtete **Außendarstellung einschließlich der Werbung.**[43] Staatliche Maßnahmen (wozu ohne weiteres auch Maßnahmen der Kammern zählen), die diese Tätigkeiten beschränken, greifen daher in die Berufsausübungsfreiheit ein.[44] Folglich bedürfen sie nach Art. 12 Abs. 1 S. 2 GG einer gesetzlichen Grundlage. Als solche kommen nicht nur **förmliche Gesetze,** sondern auch autonome **Satzungen** in Betracht, sofern sie sich ihrerseits auf eine ausreichende gesetzliche Ermächtigung stützen können.[45] Inhaltlich haben die die Berufsausübungsfreiheit beschränkenden Gesetze den Anforderungen zu entsprechen, die das BVerfG in ständiger Rechtsprechung an Einschränkungen der Berufsausübungsfreiheit stellt. Nach dieser Rechtsprechung sind solche Gesetze nur dann mit Art. 12 Abs. 1 S. 2 GG zu vereinbaren, wenn sie durch **ausreichende Gründe des Gemeinwohls** gerechtfertigt sind und dem Grundsatz der **verhältnismäßigkeit** entsprechen, also das gewählte Mittel zur Erreichung des verfolgten Zwecks geeignet und auch erforderlich ist, und wenn bei einer Gesamtabwägung zwischen der Schwere des Eingriffs und dem Gewicht der ihn rechtfertigenden Gründe die Grenze der **Zumutbarkeit** noch gewahrt ist.[46]

19 Darüber hinaus muss die Anwendung einer als solche verfassungsrechtlich zunächst unbedenklichen, die Berufsausübungsfreiheit einschränkenden Norm auch **im Einzelfall** zu einem dem von Art. 12 Abs. 1 S. 2 GG gesetzten Maßstab gerecht werdenden Ergebnis führen.[47] Letzteres zu gewährleisten, überlässt das BVerfG allerdings weitestgehend den

---

[40] So jetzt deutlich BGHZ 147, 71, 74 – Anwaltswerbung II; BGH NJW 2001, 2886f – Anwaltsrundschreiben; *Krämer* FS Piper S. 327, 337, 339; *Koch* FS Erdmann S. 613, 615; *Härting* AnwBl. 2000, 343; *Dahns/Krauter* BRAK Mitt. 2004, 2; *Steinbeck* NJW 2003, 1481; *Pohlmann* S. 79.

[41] So deutlich BGHZ 147, 71, 74; BGH NJW 2003, 346; BGH GRUR 2005, 520, 521 – Optimale Interessenvertretung; OLG Naumburg AnwBl. 2008, 142; *Koch* FS Erdmann S. 613, 615; *Steinbeck* NJW 2003, 1481, 1481; s. auch *Mayen* NJW 1995, 2317, 2318, 2320; *Krämer* FS Piper S. 327, 330f; *Feuerich/Weyland* BRAO § 43b Rn 8.

[42] Dazu die Beschlüsse vom 14. 7. 1987, BVerfGE 76, 170, 187f und BVerfGE 76, 196, 205.

[43] BVerfGE 85, 248, 256 – Julius Hackethal; BVerfG NJW 1993, 2988; BVerfGE 94, 372, 389 – Werbeverbot für Apotheker; BVerfG NJW 1997, 2510; BVerfG NJW 2000, 3195 – Anwaltsponsoring; BVerfG NJW 2002, 2163; BVerfGE 106, 181, 192; BVerfG NJW 2003, 2816, 2817; BVerfGE 111, 366, 373; BVerfG NJW 2008, 838, 839; BVerfG NJW 2008, 1298; s. auch BGH NJW 2001, 1573, 1574; BGH NJW 2005, 1711.

[44] BVerfG jeweils aaO.

[45] BVerfGE 33, 125, 156f; BVerfGE 71, 162, 172; BVerfGE 94, 372, 390 – Werbeverbot für Apotheker; BVerwG NJW 2001, 3445; BGH NJW 2001, 1138, 1139; *Jarass* NJW 1982, 1833, 1835.

[46] BVerfGE 76, 196, 207; BVerfGE 85, 248, 259f – Julius Hackethal; BVerfGE 94, 372, 390 – Werbeverbot für Apotheker; BVerfGE 103, 1, 10; BVerfG NJW 2002, 2163 und 3765; BVerfGE 106, 181, 191f; s. auch BVerwG NJW 2001, 3425; BGH NJW 2001, 1138, 1139; zur Vereinbarkeit der einzelnen die Werbefreiheit von freiberuflich Tätigen beschränkenden Normen mit dem GG näher → Rn 26ff.

[47] BVerfG NJW 1995, 712 und 775, 776; BVerfG NJW 1997, 2510, 2511; BVerfG NJW 2001, 1926, 2620 und 3324; BVerfG NJW 2003, 1307 und 2816.

Fachgerichten. Deren Entscheidungen überprüft es – abgesehen von Verstößen gegen das Willkürverbot – nur darauf, „ob sie Auslegungsfehler enthalten, die auf einer grundsätzlich unrichtigen Anschauung von der Bedeutung des betroffenen Grundrechts, insbesondere vom Umfang seines Schutzbereichs, beruhen. Das ist der Fall, wenn die von den Fachgerichten vorgenommene Auslegung der Norm die Tragweite des Grundrechts nicht hinreichend berücksichtigt oder im Ergebnis zu einer unverhältnismäßigen Beschränkung der grundrechtlichen Freiheit führt".[48] Unter Berufung darauf, die verfassungsrechtlichen Fragen der Werbung durch Freiberufler seien durch seine Rechtsprechung ausreichend geklärt, lehnt das BVerfG es mittlerweile durchweg ab, entsprechende Verfassungsbeschwerden nach § 93a Abs. 2 lit. a BVerfGG zur Entscheidung anzunehmen.[49] Aussicht auf Annahme haben Verfassungsbeschwerden überhaupt nur noch nach § 93a Abs. 2 lit. b BVerfGG. Selbst insoweit aber geht das BVerfG zunehmend dazu über, die Unvereinbarkeit der von den Kammern und Fachgerichten im Einzelfall praktizierten Anwendung der betreffenden Norm gewissermaßen „durchblicken" zu lassen, die Verfassungsbeschwerde sodann aber mit dem Hinweis nicht anzunehmen, den angegriffenen Entscheidungen sei keine grundsätzliche Verkennung der verfassungsrechtlich gewährleisteten Berufsfreiheit zu entnehmen, eine Wiederholung dergleicher Entscheidungen sei angesichts einer mittlerweile gewandelten fachgerichtlichen Rechtsprechung nicht mehr zu besorgen oder durch die Versagung einer Entscheidung des BVerfG entstehe dem Beschwerdeführer kein „besonders schwerer Nachteil" im Sinne des § 93a Abs. 3 lit. b BVerfGG.[50]

2. Vereinbarkeit der berufsrechtlichen Werbebeschränkungen mit Art. 12 Abs. 1 S. 2 GG

a) Werbebeschränkungen rechtfertigende Gemeinwohlbelange. Wie zu Rn 18 20
ausgeführt sind gesetzliche Werbebeschränkungen (auch) für freiberuflich Tätige gemessen an Art. 12 Abs. 1 S. 2 GG nur zulässig, wenn sie durch **ausreichende Gründe des Gemeinwohls** gerechtfertigt sind. Damit scheidet die in der Vergangenheit oft gegebene, im Kern standespolitisch geprägte Begründung, Werbung sei mit der **„Würde des freien Berufes nicht vereinbar",**[51] heute von vornherein als Rechtfertigung für Werbebeschränkungen aus.[52] Die Würde eines Berufsstandes als solche repräsentiert keinen Allgemeinwohlbelang (sondern nur seine Funktionsfähigkeit[53]). Ebenso wenig stellt es einen Gemeinwohlbelang dar, den Berufsstand als Ganzen oder den einzelnen Berufsgenossen vor der in jeder Werbung zum Ausdruck kommenden **Konkurrenz zu schützen.** Der Schutz vor Konkurrenz kann weder im Verhältnis der Berufsgenossen untereinander noch im Verhältnis zu Außenstehenden Werbebeschränkungen rechtfertigen.[54] Erst recht ist die

---

[48] BVerfGE 18, 85, 92f, 96; BVerfGE 33, 125, 168 – Facharztbezeichnung; BVerfGE 85, 248, 257f; BVerfG AnwBl. 1995, 96; BVerfG NJW 1995, 775, 776; BVerfG NJW 1997, 2510, 2511; BVerfG NJW 2000, 1635, 1636, 2734 und 3195; BVerfG NJW 2001, 1926, 1927, 2520, 2788 und 3324; BVerfG NJW 2002, 1864, 1865; BVerfG NJW 2003, 2816, 2818, 3470 und 3472f; *Jaeger* AnwBl. 2000, 475, 479.

[49] BVerfG AnwBl. 1995, 96; BVerfG NJW-RR 2000, 941; BVerfG NJW 2000, 1635 Nr. 3 und 4 sowie 2734; BVerfG NJW 2001, 2461 und 2001, 3324; BVerfG NJW 2002, 2163; BVerfG NJW 2003, 1307, 2816, 2818, 3470 und 3472; BVerfG NJW 2004, 2659.

[50] So etwa BVerfG AnwBl. 1995, 96; BVerfG NJW-RR 2000, 941; BVerfG NJW 2000, 1635 Nr. 3 und 4; BVerfG NJW 2003, 1307; BVerfG NJW 2004, 2659 (wo die Kammer zugleich die Erwartung äußerte, angesichts ihrer verfassungsrechtlichen Bedenklichkeit werde es zu keiner Vollstreckung der angegriffenen Maßnahme mehr kommen, S. 2660); zur „Warnfunktion" selbst solcher Nichtannahmebeschlüsse *Jaeger* AnwBl. 2000, 475, 479.

[51] So früher die Rspr. der Ehrengerichte (etwa EGHE I, 28, 32 vom 16. 11. 1883); dazu *Hartung/Römermann* Berufs- und Fachanwaltsordnung Vor § 6 BerufsO Rn 10f; *Bomba* S. 125; *Henssler/Prütting/Eylmann* BRAO § 43b Rn 2f; ausführlich *Isele* BRAO Anhang zu § 43 – Werbung.

[52] So unmissverständlich BVerfGE 87, 287, 319 – Zweitberufsentscheidung.

[53] → Rn 23.

[54] BVerfGE 82, 18, 28; BVerfGE 94, 372, 399 – Werbeverbot für Apotheker; BVerfGE 106, 181, 193; BVerfG NJW 2003, 3472, 3473; *Jarass* NJW 1982, 1833, 1837; *Hartung/Römermann* Berufs- und Fachanwaltsordnung Vor § 6 BerufsO Rn 72; *Bomba* S. 289ff.

Erleichterung der berufsrechtlichen Kontrolle ihrer Einhaltung kein Gemeinwohlbelang, der es legitimieren könnte, einer werberechtlichen Regelung eine engere und einschränkendere Fassung zu geben.[55] Schließlich vermag auch die historisch älteste Begründung für ein Werbeverbot für Advokaten, die **Verhinderung unnötiger Prozesse,**[56] obwohl nach wie vor ein legitimer Gemeinwohlbelang, heute keine Werbebeschränkungen mehr zu rechtfertigen.

21 Als Werbebeschränkungen rechtfertigender **Gemeinwohlbelang** kommt für alle freien Berufe und ihre Inhaber gleichermaßen zunächst folgender gemeinsamer Aspekt in Betracht: Sowohl die Allgemeinheit als auch der einzelne Mandant bzw. Patient müssen ihnen das **Vertrauen** entgegenbringen können, dass sie als Rechtsanwälte **nicht aus Gewinnstreben** zu Prozessen raten oder die Sachbehandlung an Gebühreninteressen ausrichten,[57] als Steuerberater ihre Dienste nicht rein gewerblich und gewinnorientiert anbieten und ihre Leistungen an den Interessen des Mandanten und nicht am eigenen wirtschaftlichen Vorteil ausrichten,[58] als Ärzte nicht aus Gewinnstreben eine bestimmte Untersuchung vornehmen, Behandlungen vorsehen oder Medikamente verordnen[59] und als Apotheker nicht aus Gewinnstreben die Aufgaben eines Apothekers bei der Arzneimittelversorgung der Bevölkerung nicht ordnungsgemäß erfüllen.[60] Geeignete Werbebeschränkungen sollen – und darin liegt einer der sie rechtfertigenden Gemeinwohlbelange – dieses Vertrauen stärken. Eng damit einhergeht das ebenfalls im Allgemeininteresse liegende Bestreben, einer unerwünschten **Kommerzialisierung** der freien Berufe vorzubeugen.[61] Beide Gesichtspunkte versagen es den freien Berufen insbesondere, wie Gewerbetreibende **reklamehaft** und **aufdringlich** zu werben und damit nach außen das Gewinninteresse in den Vordergrund zu rücken.[62] Dies nämlich könnte das Vertrauen in den betreffenden freien Beruf untergraben und langfristig negative Rückwirkungen auf die Versorgung der Bevölkerung mit den entsprechenden Dienstleistungen haben.[63]

22 Als weiterer allen freien Berufen gemeinsamer Werbebeschränkungen rechtfertigender Gemeinwohlbelang wird in der Rechtsprechung des BVerfG wiederholt der der Verhinderung einer **Verfälschung des Berufsbildes** des Rechtsanwalts,[64] Steuerberaters oder Arztes[65] genannt. Er stehe ebenfalls vor allem der Verwendung der in der gewerblichen Wirt-

---

[55] BVerfG NJW 1993, 2988, 2989 unter Berufung auf BVerfGE 65, 116, 129 (zur Residenzpflicht von Patentanwälten).

[56] S. den vielfach zitierten Brief *Friedrich Wilhelms I* an den Kammergerichtspräsidenten aus dem Jahre 1739: „Wenn … ein Advocat oder Procurator sich unterstehen wird, … Leute aufzuwiegeln, um bei ihm alte abgedroschene Sachen anzubringen, so wird der König solchen Advocaten oder Procurator ohne Gnade aufhängen und zu mehrerer Abscheu einen Hund neben ihn hängen lassen"; außerdem die Fuldische Advokatenordnung von 1775: „Keiner soll sich unterstehen, auf dem Lande herumzuziehen, Prozesse zu werben, die Bauern aufzutreiben und bei ihnen zu zechen …"; dazu *Hartung/Römermann* Berufs- und Fachanwaltsordnung Vor § 6 BerufsO Rn 9; *Henssler/Prütting/Eylmann* BRAO § 43b Rn 1; *Prinz* S. 84ff (mit weiteren Beispielen).

[57] BVerfGE 76, 196, 208; BVerfG NJW 2000, 3195 – Anwaltsponsoring; BVerfG NJW 2001, 1926, 1927; BVerfG NJW 2008, 1298, 1299; *Bomba* S. 233ff und (kritisch) 279ff.

[58] BVerfGE 111, 366, 379.

[59] BVerfGE 71, 162, 174; BVerfG NJW 2002, 1864 – Zahnarztsuchservice; BVerfGE 106, 181, 193; BVerfG NJW 2001, 2788, 2789; 2002, 1331, 1332; 2003, 3470, 3471; *Kleine-Cosack* NJW 2003, 868f; *Ring* ZMGR 2004, 110, 112.

[60] BVerfGE 94, 372, 391 – Werbeverbot für Apotheker; s. auch LG Dresden GRUR-RR 2005, 232, 233 – Mehr als eine Apotheke.

[61] BVerfG NJW 2001, 2788, 2789; BVerfG NJW 2003, 3470, 3471; BGH NJW 2004, 440, 442 – Arztwerbung im Internet; OLG Hamm GRUR-RR 2005, 396; *Kleine-Cosack* NJW 2003, 868, 869.

[62] BVerfG NJW 2004, 2656, 2657 – Spezialist für Verkehrsrecht.

[63] Zu diesem Aspekt bezogen auf die Arztwerbung BVerfG NJW 2002, 1864, 1865 mwN; BVerfGE 106, 181, 194.

[64] BVerfGE 33, 125, 170; BVerfGE 60, 215, 232; BVerfGE 76, 196, 207; BVerfGE 82, 18, 28; BVerfG NJW 1994, 123, 124; s. auch BGHZ 115, 105, 111 – Anwaltswerbung I; zu dem, was darunter gemeint sein könnte, lesenswert OLG Hamm NJW-RR 1990, 1133, 1134 als Vorinstanz zu BGHZ 115, 105.

[65] BVerfGE 71, 162, 173; BVerfGE 85, 248, 260; s. auch BGH NJW 2004, 440, 441 – Arztwerbung im Internet.

schaft üblichen Werbemethoden entgegen. Dieser Gesichtspunkt hat jedoch angesichts der Tatsache, dass sich vor allem der Anwaltsberuf in den vergangenen Jahren dramatisch verändert hat und die Einheitlichkeit des anwaltlichen Berufsbildes (sollte es sie je gegeben haben) verloren gegangen ist, zunehmend an Tragfähigkeit eingebüßt.[66] Für Rechtsanwälte nennt das BVerfG[67] neuerdings als Zweck der Beschränkung des Anwalts auf eine nach Form und Inhalt sachlich über seine Berufstätigkeit unterrichtende Werbung gemäß § 43b BRAO iVm § 6 Abs. 1 BORA die **Sicherung der Unabhängigkeit des Rechtsanwalts** als Organ der Rechtspflege (§ 1 BRAO). Mit dieser Stellung sei im Interesse des rechtssuchenden Bürgers unter anderem eine reklamehafte Werbung nicht zu vereinbaren. Da dem Anwalt diese Organstellung und seine Unabhängigkeit nicht zuletzt im Allgemeininteresse beigegeben sind, liegt darin ein weiterer, Werbebeschränkungen rechtfertigender Gemeinwohlbelang.[68]

Hinter den genannten Gemeinwohlbelangen steht letztlich die **Sicherung der Funktionsfähigkeit** der freien Berufe insgesamt, die wiederum ihrerseits für die Funktionsfähigkeit des Systems, in dem der jeweilige freie Beruf wirkt, unerlässlich ist: Eine funktionsfähige Rechtsanwaltschaft ist unabdingbare Voraussetzung für die Funktionsfähigkeit der Rechtspflege, an der der Rechtsanwalt als unabhängiges Organ derselben mitwirkt (§ 1 BRAO). Eine funktionsfähige Ärzteschaft ist unerlässliche Voraussetzung für das Funktionieren der medizinischen Versorgung der Bevölkerung. Eine funktionsfähige Apothekerschaft ist unabdingbar für das Funktionieren einer ausreichenden Versorgung der Bevölkerung mit Arzneimitteln einerseits und die Verhinderung von Medikamentenmissbrauch andererseits. Werbung kann dem freiberuflich Tätigen somit nur verboten werden, soweit sie als anwaltliche Werbung die Funktionsfähigkeit der Rechtspflege, als ärztliche Werbung die Funktionsfähigkeit der medizinischen Versorgung der Bevölkerung[69] und als Apothekerwerbung die Versorgung der Bevölkerung mit Arzneimitteln gefährdet.[70] 23

In jüngster Zeit ist neben den genannten allerdings ein Gemeinwohlbelang ins Blickfeld geraten, der eher für die vermehrte Zulassung einer gewissen Art von Werbung durch die freien Berufe spricht als für deren Beschränkung. Wie das BVerfG zu Recht betont, besteht auf Seiten der potentiellen Mandanten bzw. Patienten ein beachtliches **Informationsbedürfnis.** Sie möchten sich im Sinne ihrer möglichst guten ärztlichen Behandlung oder möglichst guter Beratung und Vertretung in Rechtsangelegenheiten ein Bild über die besonderen Fähigkeiten, Tätigkeitsschwerpunkte und praktizierten Behandlungsmethoden der einzelnen freiberuflich Tätigen verschaffen können.[71] Insofern besteht nicht nur ein Interesse der Freiberufler, **sachliche Informationswerbung** betreiben zu dürfen, sondern auch ein legitimes Interesse der potentiellen Mandanten bzw. Patienten, sich anhand solcher Werbung informieren zu können.[72] Nicht zuletzt dies hat letztlich zur bereitwilligen Zulassung von „Suchdiensten" durch das BVerfG geführt.[73] 24

---

[66] Krit. zum „diffusen Begriff des anwaltlichen Berufsbildes" *Hartung/Römermann* Berufs- und Fachanwaltsordnung Vor § 6 BerufsO Rn 73, 92ff; ähnlich *Kleine-Cosack* ZIP 1990, 1534, 1535; *ders.* BRAO 4. Aufl. 2003 § 43b Rn 10; ausführliche Kritik bei *Bomba* S. 254ff; zur Bedeutung des Berufsbildes bei der Beurteilung anwaltlicher Berufsausübung auch *Zuck* FS Geiß S. 323ff; zum Konzept des anwaltlichen Berufsbildes allgemein *Hellwig* AnwBl. 2008, 644 (zur Werbung S. 648).

[67] BVerfG NJW 2003, 2816, 2817.

[68] Zu dem, was die Stellung des Rechtsanwalts als Organ der Rechtspflege heute noch bedeuten kann, jüngst *Jaeger* NJW 2004, 1ff; *Hellwig* AnwBl. 2004, 213ff; *Redeker* NJW 2004, 889, 892f.

[69] Dazu BVerfGE 106, 181, 193.

[70] Zum Ganzen *Bomba* S. 227ff (zur Rechtsanwaltschaft), 238ff (zur Ärzteschaft) und 244ff (zur Apothekerschaft).

[71] BVerfG NJW 1992, 1613, 1614 – Anwaltssuchservice; BVerfG NJW 2002, 1864, 1866 – Zahnarztsuchservice; BVerfG NJW-RR 2002, 1685, 1686; BVerfGE 106, 181, 193; BVerfG NJW 2003, 2816, 2817f – Interessenschwerpunkt Sportrecht; BVerfG NJW 2003, 2818; BVerfG NJW 2003, 3470, 3471 – Gelbe Seiten; BVerfG NJW 2004, 2656, 2658 – Spezialist für Verkehrsrecht; auch schon BVerfGE 82, 18, 28.

[72] Zu diesem Gesichtspunkt auch *Hartung* MDR 2001, 735, 736f; *Kazemi* MedR 2005, 17, 19 und *Ratzel* ZMGR 2005, 251 (betreffend Arztwerbung).

[73] BVerfG NJW 1992, 1613 – Anwaltssuchservice; BVerfG NJW 2002, 1864 – Zahnarztsuchservice.

25 **b) Der Rahmen verfassungsrechtlich zulässiger und unzulässiger Werbebeschränkungen.** Unter Zugrundelegung der zu Rn 20ff erwähnten Gemeinwohlbelange ist es ohne weiteres zulässig, einem freiberuflich Tätigen (wie jedem anderen geschäftlich Werbenden auch) eine **irreführende** Werbung zu verbieten. Das Verbot irreführender Werbung wird in der Rechtsprechung des BVerfG gelegentlich sogar als der **Kern des Werbeverbots** bezeichnet und seit jeher zu den Pflichten der freien Berufe gerechnet.[74] Dementsprechend hat das BVerfG für Rechtsanwälte auch in der Übergangszeit bis zur Novellierung des anwaltlichen Berufsrechts an ihm festgehalten und es unmittelbar aus der Generalklausel des § 43 BRAO hergeleitet.[75] Gleiches gilt für das **Verbot der gezielten Werbung um Praxis.**[76] Als verfassungsrechtlich unbedenklich gilt des Weiteren, dem Freiberufler **reklamehafte Werbung** zu untersagen,[77] d.h. sich, so die vielfach zu lesende Formulierung, der in der gewerblichen Wirtschaft üblichen Werbemethoden zu bedienen.[78] Darunter wird insbesondere eine Werbung gerechnet, die **aufdringlich** ist[79] oder sich selbst oder die eigene Leistung **anpreist,**[80] **„sensationell herausstellt"** und gegebenenfalls im Gegenzug die Berufskollegen **herabsetzt.**[81] Von Verfassungs wegen muss den Angehörigen freier Berufe dagegen Raum bleiben für eine interessengerechte und sachangemessene Information, die keinen Irrtum erregt.[82] Hierzu zählt das BVerfG bereits seit geraumer Zeit das Recht, zulässigerweise mit dem wahrheitsgemäßen Hinweis auf rechtsförmlich erworbene fachliche Qualifikationen[83] oder auf selbstgewählte, tatsächlich ausgeübte Tätigkeitsschwerpunkte zu werben.[84]

26 **c) Die Vereinbarkeit der einschlägigen Vorschriften mit Art. 12 Abs. 1 S. 2 GG.** Das BVerfG sah mit Ausnahme des von ihm jüngst wegen Verstoßes gegen Art. 12 Abs. 1 GG für unwirksam erklärten § 29 Abs. 3 S. 1 BNotO[85] bislang in keinem Fall Veranlassung, eine der in den **formellen Gesetzen** des Bundes (vgl. für Rechtsanwälte, Steuerberater, Notare, Wirtschaftsprüfer und vereidigte Buchprüfer §§ 43b BRAO, 57 und 57a StBerG, 29 BNotO, 52 WPO) oder eines Landes[86] enthaltenen Werberegelungen für freie Berufe verfassungsrechtlich zu beanstanden. Dies beruht allerdings nicht zuletzt auf seiner Bereitschaft, selbst **strikte** und ohne Einschränkung gefasste **Werbeverbote,** wie sie etwa in § 22 Abs. 1 StBerG in seiner bis 1975 geltenden Fassung sowie in den vormaligen Richtlinien des anwaltlichen Standesrechts formuliert waren und bis in die jüngere Zeit in manchen ärztlichen Berufsordnungen[87] formuliert werden und wie es noch heute in § 29 Abs. 1

[74] BVerfGE 60, 215, 231f; BVerfGE 76, 196, 205; BVerfGE 82, 18, 27; zum Verbot irreführender Werbung des weiteren BVerfG NJW 1992, 1613; 1994, 123, 124; 1995, 712; 2000, 3195; 2001, 1926, 1927; 2001, 2461; 2001, 3324; 2003, 2816; 2004, 2656, 2657.

[75] BVerfGE 76, 196, 205; BVerfGE 82, 18, 27; BVerfG NJW 1992, 1613; BVerfG NJW 1994, 123, 124; BVerfG NJW 1995, 712.

[76] Zu ihm BVerfGE 76, 196, 205; BVerfGE 82, 18, 27; BVerfG NJW 1992, 1613; BVerfG NJW 1994, 123, 124; BVerfG NJW 1995, 712.

[77] BVerfGE 57, 121, 133; BVerfG NJW 1992, 1613; BVerfG NJW 2003, 2816, 2817; BVerfG NJW 2004, 2656f.

[78] BVerfGE 33, 125, 170; BVerfGE 60, 215, 232; BVerfGE 71, 162, 173f; BGH NJW 2004, 440, 441 – Arztwerbung im Internet.

[79] BVerfG NJW 1992, 1613; BVerfG NJW 1994, 123, 124; BVerfG NJW 2000, 3195.

[80] BVerfG NJW 2003, 2816, 2817.

[81] BVerfGE 57, 121, 133; BVerfGE 76, 196, 206; BVerfG NJW 1992, 1613; BVerfG NJW 1994, 123, 124.

[82] BVerfGE 82, 18, 28; BVerfG AnwBl. 1995, 96; BVerfG NJW 2001, 1926, 1927, 2461, 2620, 2788, 2789 und 3324; BVerfG NJW 2002, 1331, 1332; BVerfG NJW 2003, 2816, 2817, 3470 und 3472, 3473; BGH NJW 2004, 440, 441 – Arztwerbung im Internet; BVerwG NJW 2001, 3425, 3426.

[83] BVerfGE 33, 125, 170; BVerfGE 57, 121, 133; BVerfGE 82, 18, 28; BVerfG NJW 1995, 712; BVerfGE 106, 181, 195; BVerfG NJW 2003, 2816, 2817.

[84] BVerfG NJW 1992, 1613, 1614; BVerfG AnwBl. 1995, 96f; BVerfG NJW 1995, 775, 776; BVerfG NJW 2001, 2788, 2789f.

[85] BVerfGE 112, 255.

[86] Zu den für Ärzte, Apotheker und Architekten geltenden landesrechtlichen Vorschriften → Rn 13, 15, 16.

[87] S. etwa § 27 Abs. 1 Nr. 2 der Berufsordnung der Zahnärztekammer Schleswig-Holstein und § 20 Abs. 1 der Berufsordnung der Zahnärztekammer Nordrhein vom 19. 4. 1997 (MBlNW 1997, S. 790), der

BNotO ausgesprochen wird, dahingehend **verfassungskonform auszulegen,** sie untersagten nur die **berufswidrige Werbung.**[88] Auf diese Weise konnte zum einen den Angehörigen der freien Berufe selbst unter solch strikten Werbeverboten der ihnen nach der Rechtsprechung des BVerfG von Verfassungs wegen zustehende Raum für eine interessengerechte und sachangemessene Information, die keinen Irrtum erregt,[89] eröffnet werden. Zum anderen lässt es sich so vermeiden, die Werberegelung selbst als verfassungswidrig verwerfen zu müssen. Es genügt und ist denn auch gängige Praxis des BVerfG, im Einzelfall lediglich ihre nicht verfassungskonforme Anwendung durch die Kammern oder die Fachgerichte dem Verdikt der Verfassungswidrigkeit auszusetzen.

Dabei darf allerdings nicht übersehen werden, dass selbst die „modernen" gesetzlichen Regelungen, die wie § 43b BRAO oder § 57a StBerG bestimmen, „Werbung ist nur erlaubt, soweit sie ..." im Grunde nur unter **verfassungskonformer Auslegung** haltbar sind. Denn eine solche Formulierung entspricht in ihrer Grundtendenz nach wie vor nicht dem zu Rn 5 und 17ff dargestellten heutigen verfassungsrechtlichen Standard. Danach nämlich ist Werbung dem freiberuflich Tätigen gerade nicht grundsätzlich verboten und „nur" unter bestimmten Voraussetzungen erlaubt; sie ist ihm vielmehr grundsätzlich erlaubt und nur unter bestimmten Voraussetzungen verboten. Insofern sind Formulierungen wie in § 43b BRAO und § 57a StBerG missglückt[90] und letztlich nur noch als Reminiszenz an die vergangene Zeit der Werbeverbote zu verstehen. Verfassungskonform ausgelegt sind sie so zu lesen, als stünde dort: **„Werbung ist dem Rechtsanwalt bzw. dem Steuerberater untersagt, soweit sie in Form und Inhalt unsachlich oder auf die Erteilung eines Auftrages im Einzelfall gerichtet ist".**[91] 27

Verfassungsrechtlich nicht zu beanstanden sind auch die in den einschlägigen Berufsgesetzen enthaltenen **Ermächtigungen** an die Kammern zum Erlass werbebeschränkender Regelungen in ihren Berufssatzungen. Insoweit stellt das BVerfG an die Bestimmung von Inhalt, Zweck und Ausmaß der in der Satzung zu treffenden Regelungen durch die gesetzliche Satzungsermächtigung keine hohen Anforderungen. Das zulässige Maß eines Eingriffs in die Berufsausübungsfreiheit müsse in der Ermächtigung umso deutlicher bestimmt werden, je empfindlicher der Berufsangehörige in seiner freien Berufsausübung beeinträchtigt werde. Werberegelungen komme kein statusbildender Charakter zu.[92] Sie bewegten sich auf der untersten Eingriffsstufe des Art. 12 Abs. 1 GG, zumal wenn man bedenke, dass eine gewisse Werbung ohnehin von vornherein von Verfassungs wegen erlaubt bleiben müsse.[93] Außerdem seien gerade die herkömmlichen Beschränkungen der Werbefreiheit für eine eigenverantwortliche Ordnung durch Berufsverbände geeignet. Für diesen Bereich bedürfe es deshalb in den Ermächtigungen keiner zusätzlichen inhaltlichen Vorgaben.[94] 28

Jedoch mussten in **autonomen Satzungen** enthaltene Werbebeschränkungen von Gerichten gelegentlich aus **inhaltlichen Gründen** verfassungsrechtlich beanstandet und für unwirksam erklärt werden. Zwar praktiziert das BVerfG bei den Berufsordnungen zunächst ebenfalls eine großzügige verfassungskonforme Auslegung. So hat es die in manchen Berufsordnungen noch bis in die jüngste Zeit enthaltenen strikten Werbeverbote gleichfalls 29

---

dem Zahnarzt selbst in der Fassung der Satzung vom Mai 2003 noch „jede Werbung und Anpreisung untersagt", und dazu BVerfG NJW 2000, 2734 und NJW 2003, 3472; s. auch BVerfG NJW 2002, 1331; 2003, 3470.

[88] BVerfGE 71, 162, 174; BVerfGE 85, 248, 257; BVerfG NJW 1997, 2510, 2511; 2000, 2734; 2001, 2788, 2789; 2002, 1331; 2002, 1864, 1865; 2003, 2818; 2003, 3470; 2004, 2659, durchweg zu in ärztlichen Berufsordnungen enthaltenen Werbeverboten.

[89] → Rn 25.

[90] So auch *Steinbeck* NJW 2003, 1481f und *Römermann* AnwBl. 2007, 744; ähnlich *Koch* FS Erdmann S. 613, 615; kritisch zur Formulierung des § 43b BRAO auch *Pohlmann* S. 78f.

[91] So auch *Koch* FS Erdmann S. 613, 615; iE ebenso *Härting/Steinbrecher* AnwBl. 2005, 10, 11.

[92] BVerfGE 71, 162, 172f zum Bayerischen Kammergesetz von 1978; BVerfGE 94, 372, 390 – Werbeverbot für Apotheker – zu Werberegelungen in den Berufsordnungen verschiedener Länder für Apotheker.

[93] So BVerfGE 71, 162, 172f.

[94] So BVerfGE 94, 372, 390 – Werbeverbot für Apotheker; zum Ganzen auch BGH NJW 2001, 1138, 1139 zu § 59b Abs. 2 Nr. 3 BRAO.

dahingehend gedeutet, sie untersagten nur berufswidrige Werbung und stünden daher einer sachlichen, nicht irreführenden Information über die eigenen Tätigkeiten und erworbenen Qualifikationen nicht entgegen.[95] Dementsprechend verfielen und verfallen auch im Bereich der Berufsordnungen im Einzelfall eher die Kammern und Fachgerichte dem Vorwurf der nicht verfassungskonformen Anwendung der Satzungen und nicht die Satzungen selbst dem Verdikt ihrer Verfassungswidrigkeit und damit Unwirksamkeit. Nicht zu halten war jedoch ein Teil der Werberegelungen in den Berufsordnungen für Apotheker im Lande Baden-Württemberg.[96]

30 Hinsichtlich der Werberegelungen der **BORA** wurde zuletzt mehr und mehr in Zweifel gezogen, ob **§ 7 BORA** aF den verfassungsrechtlichen Anforderungen genügte.[97] Zwar gelang es der Rechtsprechung immer wieder, der Antwort auf diese Frage durch eine verfassungskonforme Auslegung und zurückhaltende Handhabung der Norm auszuweichen.[98] Selbst in seiner letzten, den entscheidenden Anstoß zur Neufassung des § 7 BORA gebenden Endscheidung hat das BVerfG[99] das von ihm für verfassungsrechtlich unhaltbar gehaltene Verbot an einen zweifelsfrei als solcher anerkannten Rechtsanwalt, mit der Bezeichnung „Spezialist für Verkehrsrecht" zu werben, nicht etwa dadurch abgewendet, dass es den eine solche Werbeaussage nicht vorsehenden § 7 BORA darin für verfassungswidrig erklärte.[100] Es hat diese Werbeaussage vielmehr außerhalb des § 7 BORA, gewissermaßen an ihm vorbei, zugelassen, ihm dadurch aber zugleich endgültig seinen ursprünglich bezweckten Regelungsgehalt genommen.[101] Allerdings hielt sich (auch) das BVerfG mit kritischen Äußerungen zu § 7 BORA nicht zurück.[102] In Reaktion darauf hat die Satzungsversammlung der BRAK eine am 1. 3. 2006 in Kraft getretene Neufassung des § 7 BORA[103] beschlossen.

31 Die Pflicht zur Aufführung sämtlicher Sozien auf anwaltlichen Briefbögen gemäß **§ 10 Abs. 1 BORA** hat das BVerfG dagegen unter Bestätigung der angegriffenen Entscheidung des BGH[104] noch als verfassungsgemäß angesehen.[105] § 10 Abs. 1 BORA sei von der Ermächtigungsgrundlage des § 59b Abs. 2 Nr. 1 lit. e, Nr. 3, 4, 5 lit. a und Nr. 8 BRAO gedeckt und von gewichtigen Belangen des Gemeinwohls getragen. Er diene in erster Linie dem Informationsinteresse der Rechtssuchenden. Für Mandanten sei der Briefbogen eine wichtige Informationsquelle über die Personen der Gesellschafter; insbesondere könne er so erkennen, ob die Gefahr der Vertretung widerstreitender Interessen bestehe.[106]

IV. Der berufsrechtliche Werbebegriff

1. Allgemeine Definition

32 Die herrschende berufsrechtliche Rechtsprechung und Literatur versteht im Zusammenhang mit dem Berufsrecht der freien Berufen unter der **Werbung** ein Verhalten, das planmäßig darauf angelegt ist, andere dafür zu gewinnen, die Leistung desjenigen, für den

---

[95] → Rn 26 mN.

[96] BVerfGE 94, 372 – Werbeverbot für Apotheker (während die in diesem Verfahren bedeutsamen Regelungen Bayerns und Nordrhein-Westfalens zwar als solche als verfassungsrechtlich nicht zu beanstanden, aber durch die Fachgerichte nicht verfassungskonform angewendet worden waren).

[97] *Hartung/Holl/Römermann* BerufsO, 2. Aufl. 2001, § 7 Rn 45 ff; *Römermann* MDR 1999, 1479; *Härting* AnwBl. 2000, 343, 346; *Kleine-Cosack* NJ 2002, 57, 59; *ders.* BRAO Anh. I 1 § 7 BORA Rn 2; *Grunewald/Henssler* NJW 2003, 1099, 1100; *Scheuerl* NJW 1997, 1291, 1292; *Huff* ZRP 2001, 508, 509; *Hartung* MDR 2001, 735, 737.

[98] Dazu näher die Vorauflage.

[99] NJW 2004, 2656 – Spezialist für Verkehrsrecht.

[100] Dies bedauernd *Kleine-Cosack* AnwBl. 2005, 275, 276.

[101] Zur fortschreitenden Auflösung der regulierenden Wirkung des § 7 BORA aF → Voraufl. Rn 119 ff.

[102] S. BVerfG NJW 2001, 2461; BVerfG NJW 2001, 3324; BVerfG NJW 2003, 344; BVerfG NJW 2004, 2656, 2657 f.

[103] Zu ihr → Rn 120 ff.

[104] BGH NJW 2002, 1419.

[105] BVerfG NJW 2002, 2163.

[106] → Rn 143.

geworben wird, in Anspruch zu nehmen.[107] Ob ein Verhalten dem entspricht, ist nach **objektiven Kriterien** und dabei in erster Linie nach der **Verkehrsauffassung** zu bemessen und nicht danach, wie der Handelnde sein Tun aufgefasst wissen möchte.[108] Nach der Verkehrssitte betreibt Werbung, wer sich mit positiven Bewertungen der eigenen Fähigkeiten und Leistungen an das Publikum wendet.[109]

2. Tendenzen zur Eingrenzung des Werbebegriffes

Diese Definition birgt allerdings die Tendenz in sich, nahezu jede Maßnahme der Au- 33
ßendarstellung eines Freiberuflers, die beim Publikum einen positiven Eindruck zu erwecken vermag, als Werbung ansehen zu können und zu müssen, von der Stellenanzeige,[110] dem wissenschaftlichen Vortrag oder der wissenschaftlichen Veröffentlichung,[111] über die Mitgliedschaft in Vereinen[112] oder Parteien, das Sponsoring,[113] beruflich veranlasste Esseneinladungen oder die Beköstigung der Teilnehmer eines von der Kanzlei veranstalteten Seminars oder Informationstages mit einem „Imbiss",[114] Kanzlei- oder Praxisfeste bis hin zur Veranstaltung von Vernissagen, Lesungen oder Hauskonzerten in den Praxis- oder Kanzleiräumen.[115] Denn all dies unternimmt der freiberuflich Tätige (wie jeder andere Unternehmer) nicht, jedenfalls nicht nur um der eigenen Erbauung willen, sondern auch, um sich dem Publikum als jemand darzustellen, dessen beruflichen Dienste man wegen seines Fach-, Kunst- oder Kulturverstandes, seiner Großzügigkeit oder seines gesellschaftlichen bzw. kulturellen Engagements, kurzum seines Ansehens, gerne in Anspruch nimmt.

a) Die Unterscheidung von Werbung und Marketing. In der Literatur wird dem 34
entgegengehalten, mit einem so weiten Verständnis von Werbung würde nicht hinreichend zwischen **Marketing** und **Werbung** unterschieden.[116] Dieser Einwand ist insoweit zutreffend, als eine weite Fassung des berufsrechtlichen Werbebegriffes zu einem entsprechend weiten Anwendungsbereich der berufsrechtlichen Werberegelungen und infolgedessen zu entsprechend weitgehenden Beschränkungen der Außendarstellungsmöglichkeiten führte. Denn bei strenger Anwendung der berufsrechtlichen Werberegelungen, die von ihrem Wortlaut her Werbung nach wie vor nicht grundsätzlich erlauben und nur ausnahmsweise verbieten, sondern grundsätzlich verbieten und nur unter gewissen Voraussetzungen gestatten,[117] könnten alle unter den Begriff der Werbung zu subsumierenden Verhaltensweisen nur erlaubt werden, wenn sie den Einschränkungen dieser Werberegelungen entsprechen. Dabei würden gerade im hier betrachteten Grenzbereich der „Imagepflege" durch ihre Einordnung als Werbung im berufsrechtlichen Sinne manche Verhaltensweisen berufsrecht-

[107] BVerfGE 71, 162, 167; 111, 366, 378; BVerfG NJW 2008, 1298, 1299; BGH NJW 1992, 45; BGH NJW 1997, 3236, 3237; BGH NJW 1999, 1739; BGHZ 147, 71, 73 – Anwaltswerbung II; BGH NJW 2001, 2886; BGH NJW 2001, 3193; BGH NJW 2003, 346; *Henssler/Prütting/Eylmann* BRAO § 43b Rn 14; *Feuerich/Weyland* BRAO § 43b Rn 2 und § 6 BORA Rn 8; *Henssler* ZIP 1996, 485, 486; *Krämer* FS Piper S. 327, 329; *Härting* AnwBl. 2000, 343, 344; *Tröber/Käufer* AnwBl. 2000, 347; *Hoß* AnwBl. 2002, 377, 378; *Grunewald/Henssler* NJW 2002, 1099; *Koch* FS Erdmann S. 613, 616; *Steinbeck* NJW 2003, 1481, 1482; *Bomba* S. 71 ff; *Pohlmann* S. 80 ff; grundsätzlich auch *Huff* MDR 1999, 464.

[108] BGH NJW 1990, 1739; BGH NJW 1992, 45; *Krämer* FS Piper S. 327, 329; *Huff* MDR 1999, 464; *Henssler/Prütting/Eylmann* BRAO § 43b Rn 14; *Feuerich/Weyland* BRAO § 43b Rn 2 und § 6 BORA Rn 8; *Tröber/Käufer* AnwBl. 2000, 347; *Koch* FS Erdmann S. 613, 616.

[109] BGH NJW 1992, 45.

[110] Dazu BGH NJW 2003, 1814.

[111] Dazu BGHZ 115, 105, 109 – Anwaltswerbung I; *Tröber/Käufer* AnwBl. 2000, 347.

[112] Dazu *Tröber/Käufer* AnwBl. 2000, 347.

[113] Dazu BVerfG NJW 2000, 3195; *Ahrens* NJW 2000, 3188; *Hartung/Römermann* Berufs- und Fachanwaltsordnung § 6 BerufsO Rn 53 f.

[114] Dazu BGHZ 147, 71 – Anwaltswerbung II unter Aufgabe von BGHZ 115, 105, 110 ff – Anwaltswerbung I.

[115] Zu Vernissagen bereits KG WRP 1973, 477; weiterhin OLG Hamm NJW-RR 1990, 1133 (Vorinstanz zu BGHZ 115, 105 – Anwaltswerbung I); *Henssler/Prütting/Eylmann* BRAO § 43b Rn 63.

[116] *Huff* MDR 1999, 464; *Hartung/Römermann* Berufs- und Fachanwaltsordnung § 6 BerufsO Rn 45 ff; *Römermann* MDR 1999, 835 (Anm. zu OLG Rostock MDR 1999, 834).

[117] → Rn 27.

lichen Anforderungen unterworfen, denen sie von vornherein schwerlich genügen können. Wie etwa sollen der zur Pflege des eigenen Ansehens in der Öffentlichkeit und bei der Mandant- bzw. Patientenschaft anlässlich einer Informationsveranstaltung gereichte Imbiss, das Praxisfest, die Vernissage oder das Sponsoring im Sinne der §§ 43b BRAO, 57a StBerG, 39b PAO in Form und Inhalt sachlich über die berufliche Tätigkeit unterrichten, scheint ihnen doch (außer der Demonstration von Großzügigkeit, Gemeinsinn, Kunstbeflissenheit, gesellschaftlichem oder kulturellem Engagement oder auch nur der Beherrschung der einfachsten Regeln der Höflichkeit und Gastfreundschaft[118]) ein feststellbarer berufsbezogener Informationsgehalt abzugehen?[119] Bei strenger, wortlautgemäßer Handhabung der Werbebeschränkungen müssten solche Maßnahmen der **Imagewerbung** deshalb mit der Begründung untersagt werden, sie erfüllten die vom Berufsrecht aufgestellten Voraussetzungen für die Zulässigkeit der Werbung nicht.

35 In der Tat sind die Instanzgerichte in der Vergangenheit gelegentlich in dieser restriktiven Weise mit dergleichen Maßnahmen der Außendarstellung umgegangen und haben sie für unzulässig gehalten. Sie sind damit aber zu Recht durch die höchstrichterliche Rechtsprechung aufgehoben worden.[120] Denn eine so engherzige Handhabung der berufsrechtlichen Werberegelungen widerspricht den verfassungsrechtlichen Vorgaben. Verfassungsrechtlich haltbar ist nur eine Auslegung der einschlägigen Normen, die auch Freiberuflern Werbung grundsätzlich erlaubt und nur ausnahmsweise aus beachtlichen Gründen des Gemeinwohls verbietet.[121] Da nicht ersichtlich ist, welche Gemeinwohlbelange tangiert sein sollten, wenn ein freiberuflich Tätiger sein Ansehen auf die erwähnte Art zu heben versucht, müssen ihm solche Maßnahmen der Außendarstellung unabhängig davon erlaubt sein, ob sie unter den Werbebegriff des Berufsrechts zu subsumieren sind oder nicht. Macht man deshalb mit der zwingend gebotenen verfassungskonformen Auslegung der berufsrechtlichen Werberegelungen ernst und hält den freiberuflich Tätigen für zur Außendarstellung berechtigt, sofern sie ihm nicht durch Gesetz oder auf Grund eines Gesetzes verboten ist, dann verliert die Frage, wie weit der Werbebegriff des Berufsrechts zu fassen ist, weitgehend an Bedeutung.

36 **b) Die Unterscheidung von Werbung und werbewirksamem Verhalten.** Um eine Beschränkung des Anwendungsbereichs der berufsrechtlichen Werberegulierungen geht es auch, wenn bei der Außendarstellung der freien Berufe gelegentlich zwischen der gezielten **Werbung im engeren Sinne** und einem bloß **werbewirksamen**[122] bzw. **tatsächlichen Verhalten**[123] als Werbung im **weiteren Sinne** unterschieden wird. In einem die Werbung durch Notare betreffenden Beschluss bezeichnete das BVerfG diese Differenzierung sogar einmal als verfassungsrechtlich geboten.[124] Unter den Begriff des werbewirksamen Verhaltens werden Maßnahmen subsumiert, die lediglich einen **gewissen Werbeeffekt** haben. Dazu werden vor allem die soeben bereits erwähnten Verhaltensweisen wie etwa eine Vortragstätigkeit oder wissenschaftliche Veröffentlichungen eines freiberuflich Tätigen,[125] seine

---

[118] Nämlich dass man jemanden, den man auf mehrere Stunden zu sich einlädt, nicht hungern und dursten lässt und ihm ansinnt, sich zwischendurch anderenorts etwas zu Essen und zu Trinken zu besorgen (oder von vornherein etwas mitzubringen), sondern ihm zumindest einen „Imbiss" und Getränke reicht – lesenswert insoweit BGHZ 147, 71, 77 ff – Anwaltswerbung II.

[119] S. auch *Härting* AnwBl. 2000, 343, 345.

[120] Zur Reichung eines Imbisses bei einer ganztägigen Informationsveranstaltung einer Anwaltskanzlei OLG Brandenburg AnwBl. 1998, 157, aufgehoben durch BGHZ 147, 71 – Anwaltswerbung II; zum Sponsoring durch eine Anwaltskanzlei OLG Rostock MDR 1999, 834, aufgehoben durch BVerfG NJW 2000, 3195.

[121] → Rn 27.

[122] BVerfGE 85, 248, 257 – Julius Hackethal; BVerfG NJW 1997, 2510, 2511 – Notarlogo; BVerfG NJW 2000, 3195 – Anwaltssponsoring; OVG Niedersachsen NdsVBl. 2006, 136, 138: *Koch* FS Erdmann S. 613, 616; *Henssler/Prütting/Eylmann* BRAO § 43b Rn 14ff; *Feuerich/Weyland* BRAO § 6 BORA Rn 10f; s. auch *Jarass* NJW 1982, 1833, 1836f; *Tröber/Käufer* AnwBl. 2000, 347.

[123] So *Hartung/Römermann* Berufs- und Fachanwaltsordnung § 6 BerufsO Rn 51ff.

[124] BVerfG NJW 1997, 2510, 2511 – Notarlogo.

[125] Dazu BVerfG NJW 1997, 2510, 2511; BGHZ 115, 105, 109 – Anwaltswerbung I; s. auch *Tröber/Käufer* AnwBl. 2000, 347.

Präsenz im politischen oder gesellschaftlichen Leben,[126] seine Mitgliedschaft und sein Engagement in einer politischen Partei oder in Vereinen, das von ihm nicht gezielt als Werbung initiierte Dargestelltwerden in den Medien[127] oder das anwaltliche Sponsoring[128] gezählt.

Für die Differenzierung zwischen Werbung im engeren Sinne und werbewirksamem Verhalten gilt letztlich ähnliches wie zu Rn 35 ausgeführt: Solange die Werbeverbote galten oder auch nur weiter praktiziert wurden, hatte diese Differenzierung die Funktion, Maßnahmen mit bloßem Werbeeffekt nicht unter die Werbung im engeren Sinne und damit das Werbeverbot fallen lassen zu müssen und sie erlauben zu können.[129] Seit durch den Fall der Werbeverbote selbst Werbung im engeren Sinne grundsätzlich erlaubt und nur ausnahmsweise verboten ist, gibt es keinen Anlass mehr zu dieser Differenzierung.[130] Allenfalls im Rahmen des einstweilen noch weitgehend beständigen Werbeverbots für Notare gemäß § 29 BNotO mag man noch auf sie zurückgreifen können. Aber selbst insoweit bedarf es ihrer nicht, um dem Notar nicht jegliches nach außen gerichtetes Verhalten untersagen zu müssen, das unter anderem seinem beruflichen Ansehen und Fortkommen nützlich sein könnte. Dasselbe Ergebnis lässt sich durch eine entsprechende Handhabung des Umstandes erreichen, dass dem Notar durch § 29 Abs. 1 BNotO verfassungskonform ausgelegt gerade nicht jede Werbung, sondern nur seinem „öffentlichen Amt widersprechende", also berufswidrige Werbung untersagt ist. 37

B. Abgrenzung zwischen berufsrechtlichem Werberecht und allgemeinem Lauterkeitsrecht

I. Geltung des UWG auch für die freien Berufe und Verhältnis zu den berufsrechtlichen Werberegelungen

1. Geltung des UWG auch für die freien Berufe und teilweise Verlagerung der Ahndung anwaltlicher Werberechtsverstöße auf das UWG

Die Angehörigen der freien Berufe unterfallen nicht nur den für sie jeweils geltenden berufsrechtlichen Werberegelungen. Vielmehr sind sie nach heute nicht mehr ernsthaft bestrittener Ansicht[131] zugleich **an die Regelungen des UWG gebunden.** Denn obwohl ihre Tätigkeit **kein Gewerbe** ist (§ 2 Abs. 2 BRAO, § 32 Abs. 2 S. 2 StBerG, § 2 Abs. 2 S. 2 WPO, § 1 Abs. 1 S. 2 MBO-Ärzte), sind sie in Ausübung ihrer **selbstständigen beruflichen Tätigkeit** doch **Unternehmer** im Sinne des § 2 Abs. 1 Nr. 6. Außerdem handeln sie, wenn sie für ihre Berufstätigkeit werben, mit dem Ziel, zu ihren Gunsten die Erbringung von Dienstleistungen zu fördern, nehmen also **„Wettbewerbshandlungen"** im Sinne des § 2 Abs. 1 Nr. 1 vor. Infolgedessen ist den Angehörigen der freien Berufe neben der berufsrechtswidrigen Werbung auch alle Werbung untersagt, die mit dem UWG 38

[126] Auch dazu BVerfG NJW 1997, 2510, 2511.

[127] Dazu BVerfGE 85, 248, 257 ff – Julius Hackethal.

[128] BVerfG NJW 2000, 3195; *Kleine-Cosack* NJ 2002, 57, 58.

[129] Dazu *Jarass* NJW 1982, 1833, 1836; *Büttner* FS Vieregge S. 99, 104; *Tröber/Käufer* AnwBl. 2000, 347; *Kleine-Cosack* NJ 2002, 57, 58; *Hirte* ZZP 116 (2003), 135, 137; zu dem, was bereits unter den ehemaligen Richtlinien des anwaltlichen Standesrechts an Werbung gestattet wurde, näher *Kornblum* BB 1985, 65, 66.

[130] *Büttner* FS Vieregge S. 99, 104 f; kritisch zu dieser Differenzierung auch *Härting* AnwBl. 2000, 343, 344; *Hoß* AnwBl. 2002, 377, 378; *Steinbeck* NJW 2003, 1481, 1482; *Lorenz* JurPC Web-Dok. 225/2004, Abs. 23; *Pohlmann* S. 89; *Kleine-Cosack* BRAO § 43 b Rn 17 ff sprach bis zur 4. Aufl. 2003 gar von einem „akademischen Streit".

[131] Schon RGZ 74, 169, 170 f vom 8. 6. 1910; RGZ 99, 189, 192 f vom 4. 6. 1920; BGHZ 115, 105, 108 f – Anwaltswerbung I (im Übrigen in der BGH-Rechtsprechung durchweg ohne weitere Ausführungen unterstellt); *Hartung/Römermann* Berufs- und Fachanwaltsordnung Vor § 6 BerufsO Rn 143; *Feuerich/Weyland* BRAO § 43 b Rn 10; *Henssler/Prütting/Eylmann* BRAO § 43 b Rn 81; *Kleine-Cosack* BRAO Vor § 43 b Rn 1, 16; *Emmerich* S. 320; *Büttner* FS Vieregge S. 99, 107; *Hoß* AnwBl. 2002, 377, 378; *Pohlmann* S. 135 (mwN), 169 ff; *Steinkraus* S. 214 f.

nicht im Einklang steht. Dabei besteht zwar kein Grund – und entsprechende Tendenzen sind in der Praxis auch nicht zu beobachten –, sie wegen ihrer Zugehörigkeit zu den freien Berufen etwa grundsätzlich strengeren Anforderungen zu unterwerfen als andere Berufsgruppen. Wohl aber geben die besondere Art der freiberuflichen Dienstleistung und deren weit reichende, zum Teil sogar lebensentscheidende Bedeutung für den Mandanten bzw. Patienten sowie das vom freiberuflich Tätigen für sich in Anspruch genommene besondere persönliche Vertrauen Anlass dazu, die anerkannten Merkmale unlauteren Verhaltens unter Beachtung dieser Besonderheiten auszulegen und anzuwenden.[132] Insofern ist es nicht ausgeschlossen, dass eine Werbung, die anderen nach Art und Form erlaubt wäre, freiberuflich Tätigen in dieser Art oder Form bereits nach Wettbewerbsrecht (und nicht erst nach Berufsrecht) versagt bleiben muss.

39 Die Bindung auch der Freiberufler an das allgemeine Wettbewerbsrecht hat in der Übergangszeit zwischen den Beschlüssen des BVerfG vom 14. 7. 1987[133] und der BRAO-Novelle von 1994 dazu geführt, dass die Rechtsanwaltskammern die eingetretene Rechtsunsicherheit auf dem Gebiet des Berufsrechts zu umgehen versuchten, indem sie in Ausübung ihrer Klagebefugnis nach § 8 Abs. 3 Nr. 2 (§ 13 Abs. 2 Nr. 2 aF)[134] nach Wettbewerbsrecht gegen nach ihrer Ansicht unzulässige Wettbewerbsmaßnahmen ihrer Mitglieder vorgingen. Da den Berufskollegen und Wettbewerbern von vornherein nur dieser Weg zu Gebote steht, kam es insgesamt zu einer **Verlagerung** der Behandlung der Frage nach den Grenzen der Zulässigkeit anwaltlicher Werbung **von den Anwaltsgerichten auf die ordentlichen (Wettbewerbs-)Gerichte.**[135] Diese Verlagerung ist nach wie vor nicht überwunden. Denn die Kammern halten auch nach der Einfügung des § 43b in die BRAO im Jahre 1994 und nach Inkrafttreten der BORA im Jahre 1997 vielfach an ihrer zuvor geübten Praxis fest. Sie sehen darin den Vorteil, Wettbewerbsverstöße im Wege einstweiliger Verfügungen nach §§ 935ff ZPO verfolgen zu können und nicht lediglich auf die Ahndung durch Rüge nach § 74 BRAO oder im anwaltsgerichtlichen Verfahren nach §§ 113ff BRAO angewiesen zu sein. Insbesondere ist ihnen nach der BRAO gerade verwehrt, was das einstweilige Verfügungsverfahren nach der ZPO ermöglicht: Weder können sie im Wege der Rüge nach § 74 BRAO selbst vollziehbare Verfügungen auf Unterlassung eines bestimmten Werbeverhaltens gegen ihr Mitglied erlassen[136] noch erlaubt ihnen der beschränkte Katalog anwaltsgerichtlicher Maßnahmen nach § 114 BRAO, entsprechende Unterlassungsentscheidungen des Anwaltsgerichts herbeizuführen.

2. Die Nebeneinanderanwendbarkeit von UWG und den Werberegelungen des Berufsrechts für die freien Berufe

40 In der Tat gibt es erhebliche **tatbestandliche Überschneidungen** zwischen den Werberegeln des Berufsrechts und denen des allgemeinen Lauterkeitsrechts,[137] womit eine Werbemaßnahme im Einzelfall leicht die Verbotsvoraussetzungen beider erfüllen kann. Das kann kaum verwundern, kehren doch in den werbebeschränkenden Regeln des Berufsrechts großenteils die Grundmuster der von der Rechtsprechung entwickelten und jetzt in §§ 3ff normierten allgemeinen Werbebeschränkungen wieder:[138] Das berufsrechtliche Verbot unsachlicher Werbung (§§ 43b BRAO, 57a StBerG, jeweils 1. Alt. sowie §§ 6 Abs. 1 BORA, 10 Abs. 2 S. 2, 14, 15 BOStB) korrespondiert zum einen Teil mit dem Verbot der

---

132 *Kort* GRUR 1997, 701, 705.

133 BVerfGE 76, 170; BVerfGE 76, 196.

134 → Rn 52ff.

135 *Hartung/Römermann* Berufs- und Fachanwaltsordnung Vor § 6 BerufsO Rn 137; *Bornkamm* WRP 1993, 643f; *Büttner* FS Vieregge S. 99, 100f; *Pohlmann* S. 16f.

136 BGH NJW 2002, 2039, 2040; BGH NJW 2003, 504; BGHZ 153, 61, 64 m. abl. Anm. *Hartung;* dahinstellend, ob Rechtsanwaltskammern Berufspflichtverletzungen mit Ge- oder Verboten begegnen können, BVerfG NJW 2003, 2520.

137 *Pohlmann* S. 191ff.

138 → Rn 44.

irreführenden Werbung (§§ 5, 5a),[139] ebenso wie eine ganze Reihe (weiterer) Werberegelungen der BORA (insbesondere § 7, aber auch §§ 8, 9 und 10[140]) und der BOStB (insbesondere §§ 10 Abs. 2 S. 4, 11, 12, 18, 19) nicht zuletzt der Verhinderung irreführender Werbung dient.[141] Unsachlich im Sinne des Berufsrechts wirbt zudem, wer sich selbst heraus- und den anderen **herabsetzt** oder gar **verunglimpft** (insoweit korrespondierend zu § 4 Nr. 7) oder sich sonst in unzulässiger Weise mit ihm vergleicht (dazu ausdrücklich § 10 Abs. 2 S. 4 BOStB – insoweit korrespondierend zu § 6[142]). Das berufsrechtliche Verbot, um einzelne Mandate zu werben (§§ 43b BRAO, 57a StBerG, jeweils 2. Alt., § 10 Abs. 3 BOStB), wird je nach Lage des Falles zunehmend als Spielart der **aufdringlichen** und **belästigenden** Werbung (§ 7) oder der Überrumpelung (§ 4 Nr. 1) begriffen.[143] Da das Berufsrecht und das allgemeine Lauterkeitsrecht zumindest zum Teil unterschiedliche Ziele verfolgen, besteht kein Grund für die Annahme, das eine werde bereits auf materiellrechtlicher Ebene durch das andere verdrängt.[144] Vielmehr sind **beide nebeneinander anwendbar** und kann eine Werbemaßnahme sowohl nach Berufsrecht als auch nach allgemeinem Lauterkeitsrecht verboten sein. Allerdings werden im **rechtspolitischen Raum** neuerdings Stimmen laut, wonach die durch die Beschlüsse des BVerfG vom 14. 7. 1987 eingeleitete Liberalisierung des anwaltlichen Werberechts[145] erst dann konsequent zu Ende geführt ist, wenn – wie seit 2007 die der Wirtschaftsprüfer[146] – auch die Werbung von Rechtsanwälten nur noch nach allgemeinem Lauterkeitsrecht zu beurteilen ist.[147]

3. Verstöße gegen berufsrechtliche Werberegelungen als Verstöße gegen das UWG („Wettbewerbsverstoß durch Rechtsbruch" – § 4 Nr. 11)

a) Die Lage nach altem Recht. Zunehmend ist problematisch geworden, inwieweit eine Werbemaßnahme, die **zunächst nur einen Verbotstatbestand des Berufsrechts** erfüllt, aber nach Wettbewerbsrecht unverdächtig ist, durch eben diese **Berufsrechtswidrigkeit zugleich zu einem Verstoß gegen das Wettbewerbsrecht** des UWG werden kann. Im alten Recht fungierte insoweit der Begriff der Sittenwidrigkeit im § 1 aF, speziell die von Rechtsprechung und Lehre hierzu entwickelte Fallgruppe des **„Wettbewerbsverstoß durch Rechtsbruch"** als „Einfallstor" *(Römermann)* unter anderem des Berufsrechts in das Wettbewerbsrecht.[148] Schon damals genügte jedoch noch nicht jeder durch eine Wettbewerbshandlung begangene Normverstoß, zugleich einen Wettbewerbsverstoß zu begründen. Vielmehr musste es sich um einen für den **Wettbewerb relevanten Normverstoß** handeln. Dabei wurde lange Zeit wie folgt unterschieden:[149] Bei sog. **werthaltigen** oder **wertbezogenen Normen**[150] (die zum Teil nochmals unterscheiden wurden nach wertbezogenen Normen im engeren Sinne, auch sittlich fundierte Normen genannt,[151] und wertbezogenen Normen im weiteren Sinne, das sind Normen, die allein auf Grund ihrer 41

[139] → Rn 74ff.

[140] → Rn 116ff.

[141] *Pohlmann* S. 193f.

[142] Zu einer nach § 6 Abs. 2 Nr. 5 unzulässigen Werbeaussage eines Rechtsanwalts OLG Jena NJW 2005, 2089.

[143] → Rn 75, 95f.

[144] Dazu ausführlich *Pohlmann* S. 200ff, 251f; *Steinkraus* S. 215ff.

[145] → Rn 3ff.

[146] → Rn 10f.

[147] Hauptgutachten der Monopolkommission 2004/2005 BT-Drucks. 16/2460 S. 408; *Römermann* AnwBl. 2007, 744.

[148] Zum Folgenden näher *Hartung/Holl/Römermann* BerufsO 2. Aufl. 2001 Vor § 6 Rn 140; *Emmerich* S. 309ff; *Kort* GRUR 1997, 701, 704; *Hoß* AnwBl. 2002, 377, 378f; ausführlich *Pohlmann* S. 146ff; *Steinkraus* 244ff.

[149] Zur geschichtlichen Entwicklung insgesamt näher auch → *Götting* § 4–11 Rn 1ff.

[150] Dazu BGHZ 140, 134, 138f – Hormonpräparate – mwN; BGH GRUR 2000, 237, 238 – Giftnotruf-Box; BGH GRUR 2001, 354, 356 – Verbandsklage gegen Vielfachabmahner; OLG München NJW-RR 2003, 781; LG Nürnberg-Fürth NJW 2004, 689; *Emmerich* S. 310f, 312, 313ff; *Koch* FS Erdmann S. 613, 625f.

[151] BGHZ 81, 130, 132; *Baumbach/Hefermehl* UWG § 1 Rn 613ff; *Emmerich* S. 313; *Henssler/Prütting/Eylmann* BRAO § 43b Rn 82; *Schricker* S. 29ff, 34ff.

Zielrichtung einem sittlichen Gebot entsprechen, etwa weil sie dem Schutz überragend wichtiger Gemeinschaftsgüter dienen[152]) genügte grundsätzlich bereits der Verstoß gegen sie als solcher, einen Wettbewerbsverstoß zu bejahen. Gleiches galt für die sog. **wettbewerbsregelnden Normen,** d. h. Normen, die unmittelbar die Regelung des Wettbewerbs zum Gegenstand haben.[153] Der Verstoß gegen sog. **wertneutrale Normen** schließlich führte erst bei Hinzutreten weiterer Momente zu einem Wettbewerbsverstoß. Dies war insbesondere dann der Fall, wenn sich der Werbende **bewusst** und **planmäßig** über die betreffende Vorschrift hinwegsetzte, um sich **einen sachlich nicht gerechtfertigten Wettbewerbsvorsprung** gegenüber seinen sich gesetzestreu verhaltenden Mitbewerbern zu verschaffen („Wettbewerbs**vorsprung** durch Rechtsbruch").[154]

42 In jüngster Zeit hat sich die **Rechtsprechung des BGH**[155] allerdings dahin entwickelt, in einem durch eine Wettbewerbshandlung begangenen Gesetzesverstoß nur noch dann auch einen Verstoß gegen § 1 aF zu sehen, wenn von ihm zugleich eine unlautere Störung des Wettbewerbs auf dem Markt ausgeht. Es genüge nicht, dass bei einer Wettbewerbshandlung ein Gesetzesverstoß lediglich mitverwirklicht werde. Der Gesetzesverstoß müsse die Handlung vielmehr in der Weise prägen, dass diese gerade auch als Wettbewerbshandlung sittenwidrig im Sinne des § 1 (aF) sei.[156] Unter einer am Schutzzweck des § 1 (aF) auszurichtenden Würdigung des Gesamtcharakters des Verhaltens sei zu prüfen, ob dieses das Gepräge eines wettbewerbsrechtlich unlauteren Verhaltens erhalte, wozu der Gesetzesverstoß alleine nicht genügen könne, wenn die verletzte Norm nicht zumindest auch eine wettbewerbsbezogene, das heißt auf die Lauterkeit des Wettbewerbs bezogene Schutzfunktion habe.[157] Eine solche **wettbewerbsbezogene Schutzfunktion** verlangte der BGH zuletzt ausdrücklich auch bei den **wertbezogenen Normen.** Bei wertbezogenen Normen, die wie zum Beispiel die Vorschriften des Arzneimittelgesetzes dem Schutz so wichtiger Gemeinschaftsgüter wie der Gesundheit der Bevölkerung dienen („wertbezogene Normen im weiteren Sinne"), indiziere deren Verletzung allerdings regelmäßig die wettbewerbsrechtliche Unlauterkeit. Denn auch dann, wenn die verletzte Norm keinen unmittelbar wettbewerbsbezogenen Zweck verfolge, liege es in der Zielsetzung des § 1 zu verhindern, dass Wettbewerb unter Missachtung gewichtiger Interessen der Allgemeinheit betrieben werde.[158]

43 **b) Die Lage nach neuem Recht.** Die vormalige Fallgruppe „Wettbewerbsverstoß durch Rechtsbruch" hat im neuen Recht in **§ 4 Nr. 11** nunmehr eine ausdrückliche Regelung gefunden. Da § 4 Nr. 11 letztlich nur die neuere Rechtsprechung des BGH aufgreifen soll,[159] wird man grundsätzlich an die von ihr getroffenen Differenzierungen anknüpfen können. Nach wie vor ist danach zu unterscheiden, ob die verletzte Norm

---

[152] BGH GRUR 1960, 193, 195; *Baumbach/Hefermehl* UWG § 1 Rn 614; *Emmerich* S. 313 ff.

[153] BGHZ 140, 134, 138 – Hormonpräparate – mwN; BGH GRUR 2001, 354, 356 – Verbandsklage gegen Vielfachabmahner; *Schricker* S. 37 ff, 39.

[154] So schon BGH GRUR 1957, 558, 559 – Bayernexpress – m. zust. Anm. *Hefermehl;* BGH GRUR 1960, 193 – Frachtrückvergütung; BGH GRUR 1965, 373, 375 – Blockeis II; BGH GRUR 1963, 578, 583 ff – Sammelbesteller; BGH GRUR 1966, 323 – Ratio; BGH GRUR 1973, 146, 147 – Flughafen-Zubringerdienst – m. Anm. *Klaka;* BGH GRUR 1979, 553, 554 – Luxus-Ferienhäuser – m. zust. Anm. *Gaedertz;* BGH GRUR 1981, 140, 142 – Flughafengebühr; BGH NJW 1998, 2533, 2534 f – Zweigstellenverbot; s. auch *Baumbach/Hefermehl* UWG § 1 Rn 630 ff; *Emmerich* S. 316 ff; *Schricker* S. 29 f, 34 ff, 40 ff.

[155] BGHZ 144, 255 – Abgasemissionen; BGH GRUR 2001, 354, 356 – Verbandsklage gegen Vielfachabmahner; BGHZ 150, 343, 347 – Elektroarbeiten; BGH NJW 2004, 1099, 1100 = GRUR 2004, 346 – „KPMG"-Rechtsanwaltsgesellschaft; in der Tendenz bereits BGHZ 140, 134, 138 f – Hormonpräparate und BGH GRUR 2000, 237, 238 – Giftnotruf-Box.

[156] BGHZ 150, 343, 347 – Elektroarbeiten.

[157] BGHZ 150, 343, 347 f – Elektroarbeiten; BGH NJW 2004, 1099, 1100 = GRUR 2004, 346 – „KPMG"-Rechtsanwaltsgesellschaft.

[158] BGHZ 140, 134, 138 f – Hormonpräparate; BGH GRUR 2000, 237, 238 – Giftnotruf-Box; BGHZ 144, 255, 266 – Abgasemissionen; BGH GRUR 2001, 354, 356 – Verbandsklage gegen Vielfachabmahner; BGHZ 150, 343 – Elektroarbeiten; *Kort* GRUR 1997, 701, 704.

[159] BT-Drucks. 15/1487 S. 19 verweist ausdrücklich auf die Entscheidung BGH GRUR 2002, 825, die die Neuausrichtung der Rspr. am deutlichsten vollzog; zur Entstehungsgeschichte des § 4 Nr. 11 weiterhin *Köhler* GRUR 2004, 381, 382 f und → *Götting* § 4–11 Rn 30 ff.

wettbewerbsrelevant oder **wettbewerbsneutral** ist bzw. – mit den Worten des neuen Rechts – im Interesse der Marktteilnehmer das **Marktverhalten regeln** soll oder nicht. Allerdings dürfte die früher mitunter schwer zu beantworten und umstritten gewesene Frage, ob eine Vorschrift zu denjenigen zählt, deren Verletzung ohne weiteres zu einem Wettbewerbsverstoß führt (also wertbezogen oder wettbewerbsregelnd im herkömmlichen Sinne ist), oder ob sie wertneutral ist und allenfalls bei Hinzutreten weiterer Umstände eine Wettbewerbswidrigkeit nach sich zieht,[160] unter der Geltung des § 4 Nr. 11 leichter zu beantworten sein. Nach § 4 Nr. 11 genügt es für ihre Wettbewerbsrelevanz, wenn eine Norm **auch** dazu bestimmt ist, im Interesse der Marktteilnehmer das Marktverhalten zu regeln. Für die **Werberegelungen des Berufsrechts** für Freiberufler bedeutet dies: Der Verstoß gegen das Berufsrecht stellt immer dann zugleich einen Verstoß gegen das Wettbewerbsrecht dar, wenn die verletzte Vorschrift zumindest auch dazu bestimmt ist, im Interesse der **Rechtssuchenden** oder der **Mitbewerber** als den hier relevanten Marktteilnehmern im Sinne des § 2 Abs. 1 Nr. 2 das Marktverhalten zu regeln. Zu den Mitbewerbern im Sinne des § 2 Abs. 1 Nr. 3 gehören auf dem Markt der Rechtsberatung und Rechtsbesorgung nicht nur Rechtsanwälte und Steuerberater, sondern alle, die **zulässigerweise Rechtsberatung und Rechtsbesorgung betreiben,** auf dem Markt der Heilfürsorge nicht nur Ärzte, sondern alle, die eine entsprechende Dienstleistung anbieten dürfen.

aa) Verstoß gegen wettbewerbsrelevante, das Marktverhalten im Interesse der Marktteilnehmer regelnde Normen. Wie aus der Definition des Begriffes der Werbung[161] mit Notwendigkeit folgt, regeln die Werberegelungen des Berufsrechts für Freiberufler zwar allesamt im Sinne des § 4 Nr. 11 deren **Marktverhalten.** Jedoch lässt sich nicht gleichermaßen pauschal und von vornherein sagen, sie seien auch alle dazu bestimmt, im Sinne des § 4 Nr. 11 dem **Interesse der Marktteilnehmer** zu dienen. Für eine solche pauschale Aussage sind die mit ihnen verfolgten Zwecke zu unterschiedlich.[162] So können etwa berufsrechtliche Werberegelungen, die der **Funktionsfähigkeit** des betreffenden Berufsstandes[163] oder anderen **Gemeinwohlbelangen** dienen, mit dieser Zielgebung allein noch nicht unter § 4 Nr. 11 fallen und jedenfalls nicht schon deshalb unlauter sein.[164] Soweit dagegen in Vorschriften des beruflichen Werberechts der freien Berufe die **Grundmuster der Unlauterkeit nach dem UWG wiederkehren,**[165] kann deren Einordnung unter § 4 Nr. 11 kaum zweifelhaft sein. Berufsrechtliche Vorschriften, die dem freiberuflich Tätigen (sei es ausdrücklich, sei es als Unterfall des Verbots unsachlicher Werbung – vgl. §§ 43b BRAO, 57a StBerG, § 6 Abs. 1, §§ 7, 8, 9, 10 BORA, § 10 Abs. 2 Sätze 2 und 4, §§ 11, 12, 18, 19 BOStB) **irreführende, herabsetzende** oder gar **verunglimpfende** Werbung untersagen oder ihm (wie das Verbot der Werbung um einzelne Mandate nach §§ 43b BRAO, 57a StBerG, § 10 Abs. 3 BOStB) **aufdringliche** oder gar **belästigende** Werbung verbieten, dienen jedenfalls auch dem Schutz des irregeführten oder aufdringlich oder belästigend umworbenen Mandanten bzw. Patienten oder des herabgesetzten oder verunglimpften Konkurrenten. Daneben mögen sie zugleich Gemeinwohlbelangen wie insbesondere der Sicherung der Funktionsfähigkeit der betreffenden Berufe und damit der Systeme, innerhalb derer sie wirken (also insbesondere 44

[160] Zur Abgrenzungsfrage bezogen auf das anwaltliche Werberecht ausführlich und zum Teil krit. *Pohlmann* S. 152ff; *Steinkraus* 248ff; s. auch *Emmerich* S. 312ff; *Büttner* FS Vieregge S. 99, 108ff; *Kort* GRUR 1997, 701, 704; *Hoß* AnwBl. 2002, 377, 379; schon zum alten Recht zu pauschal *Bornkamm* WRP 1993, 643, 645f, der in der Annahme, das anwaltliche Werbeverbot sei keine wertneutrale Norm und Verstöße seien deshalb ohne weiteres wettbewerbswidrig, einen Gleichklang zwischen Standesrecht und Wettbewerbsrecht konstatieren zu können glaubte; ähnlich *Koch* FS Erdmann S. 613, 626; im Ergebnis auch *Henssler/Prütting/Eylmann* BRAO § 43b Rn 82; in die entgegengesetzte Richtung zu eng (§§ 43b BRAO, 6 bis 10 BORA seien insgesamt wettbewerbsneutral) *Hartung/Holl/Römermann* BerufsO 2. Aufl. 2001 Vor § 6 Rn 141 (nicht mehr in den neueren Aufl.).

[161] → Rn 32.

[162] → Rn 20ff; insoweit einstweilen noch zu undifferenziert BGH GRUR 2005, 520, 521 – Optimale Rechtsberatung; OLG Stuttgart NJW 2008, 1326, 1327; wie hier *Bieber* WRP 2008, 723, 724ff.

[163] → Rn 23.

[164] *Bieber* WRP 2008, 723, 725ff.

[165] → Rn 40.

der Rechts- und der Gesundheitspflege),[166] dienen, weil solcherlei Werbung eben dieser Funktionsfähigkeit abträglich ist. Wer gegen eine solche Norm des Berufsrechts verstößt, wirbt wegen § 4 Nr. 11 zugleich ohne weiteres auch unlauter im Sinne des § 3. Im hier behandelten Sinne wettbewerbsrelevant ist dem BGH[167] zufolge auch die Vorschrift des **§ 59k BRAO** (Schutz der Öffentlichkeit vor Irreführung und Wahrung der Wettbewerbsgleichheit innerhalb des Berufsstandes). Gleiches gilt für sich auch nach der Neufassung des § 34 RVG zum 1. 7. 2006 aus §§ 49b Abs. 1, Abs. 3 S. 3 BRAO, 4 Abs. 1 RVG etwa doch noch ergebende **Mindestpreisregeln,** weshalb nach § 4 Nr. 11 ebenfalls unlauter wirbt, wer seine Leistung zu darunter liegenden Honoraren anbietet.[168, 169]

45 **bb) Verstoß gegen wettbewerbsneutrale Normen.** Zweifelhaft ist die Lage nach neuem Recht bei denjenigen Werbebeschränkungen des Berufsrechts, denen es an einer eindeutigen **Ausrichtung auf den Schutz der Interessen der Marktteilnehmer fehlt** und die allein dem Schutz von Gemeinwohlbelangen dienen. Der deutlich auf den **subjektiven** Schutz der Marktteilnehmer abstellende § 4 Nr. 11 passt auf solche Werberegelungen nicht mehr. Sowohl der einzelne Marktteilnehmer als auch die Marktteilnehmer in ihrer Gesamtheit werden durch solcherlei Werbebeschränkungen allenfalls mittelbar und im Reflex als Teil der Allgemeinheit geschützt. Daran ändert auch die Tatsache nichts, dass auf dem hier vor allem relevanten Markt der Rechtsberatung und der Rechtsbesorgung bzw. der Heilfürsorge potentiell jedermann einmal zumindest als Nachfrager auftreten kann. Im Sinne des neuen Rechts handelt es sich folglich um zunächst **wettbewerbsneutrale Normen.** Zu ihnen zählt vor allem das in den einzelnen Berufsrechten durchweg anzutreffende Verbot der **reklamehaften, anpreisenden** oder **marktschreierischen** Werbung. Dieses Verbot kann weder Mitbewerbern noch den Nachfragern dienen. Denn zum einen ist nicht ersichtlich, welche relevanten Nachteile ihnen durch solcherlei Werbung sollten zugefügt werden können. Zum anderen wäre anderenfalls nicht zu erklären, warum das Verbot nur für Angehörige der freien Berufe gelten soll und nicht für alle geschäftlich Werbenden schlechthin. Vielmehr dient es allein der Aufrechterhaltung und Pflege eines bestimmten Berufsbildes im Interesse der Allgemeinheit.[170]

46 Damit bleibt zum einen zu fragen, ob nach Art der früheren Fallgruppe „Wettbewerbs**vorsprung** durch Rechtsbruch"[171] auch unter dem neuen Recht der Verstoß gegen dergleichen zunächst **nicht wettbewerbsrelevante** Normen bei Hinzutreten weiterer Umstände doch noch zu einem Wettbewerbsverstoß führen kann. Mangels Eingreifens des § 4 Nr. 11 könnte ein solcher Verstoß nur unmittelbar auf **§ 3** gestützt werden. Zwar mag dessen Wortlaut dagegen sprechen; denn der verlangt ebenfalls ein Handeln zum **subjektiven Nachteil** der Mitbewerber, der Verbraucher oder sonstiger Marktteilnehmer und begnügt sich gerade nicht mit einer bloßen Beeinträchtigung von Gemeinwohlbelangen. Dieses Hindernis lässt sich indessen mit Blick auf den Grundgedanken des Wettbewerbsvorsprungs durch Rechtsbruch durchaus überwinden: Es geht darum, dass der Rechtsbruch **planmäßig** und **bewusst eingesetzt wird,** um sich einen Vorsprung gegenüber denjenigen Mitbewerbern zu verschaffen, die sich gesetzestreu verhalten. Insofern ist dieser Fallgruppe die **Nachteilszufügung** gegenüber den Mitbewerbern immanent. Im Übrigen ist es gerade nicht der Rechtsverstoß allein, der die Wettbewerbswidrigkeit begründet, sondern dessen planmäßiger und bewusster Einsatz, um sich selbst zum Nachteil der anderen einen Vorteil zu verschaffen. Unter dieser Prämisse und unter Beachtung der in Rn 41 aE wiedergege-

---

[166] → Rn 21, 23.

[167] NJW 2004, 1099, 1100 = GRUR 2004, 346 – „KPMG"-Rechtsanwaltsgesellschaft; s. auch *Götting* § 4–11 Rn 109.

[168] BGH GRUR 2005, 433, 435 = NJW 2005, 1266 – Telekanzlei; BGH BRAK-Mitt. 2008, 38; OLG Hamm NJW 2004, 3269 (Verfassungsbeschwerde nicht zur Entscheidung angenommen, BVerfG NJW 2004, 3768); OLG Köln NJW 2006, 923; OLG Stuttgart NJW 2007, 924; LG Ravensburg NJW 2006, 2930; LG Freiburg NJW 2007, 160; *Wedel* JurBüro 2007, 623.

[169] Zu irreführender Werbung mit geringen Pauschalgebühren für eine bloße Erstberatung → Rn 83.

[170] → Rn 21 ff und 61.

[171] → Rn 41 aE.

benen Voraussetzungen kann ein Verstoß gegen die zunächst wettbewerbsneutralen Regelungen des Werberechts der Freiberufler unabhängig von § 4 Nr. 11 nach wie vor unlauter im Sinne des § 3 und damit wettbewerbswidrig sein.

Da auch die zunächst wettbewerbsneutralen Werbebeschränkungen des Berufsrechts durchweg dem **Gemeinwohl dienen** (und dies auch müssen, um verfassungsrechtlich vor Art. 12 Abs. 1 S. 2 GG Bestand zu haben[172]), gehören sie nach der herkömmlichen Differenzierung allerdings nicht zu den wertneutralen, sondern zu den **wertbezogenen Normen** (im weiteren Sinne).[173] Insofern ist daran zu denken, an die frühere Behandlung dieser Normgruppe anzuknüpfen. Indessen führte der Verstoß gegen eine zu den wertbezogenen Normen gehörenden Vorschrift schon nach der jüngeren, in den letzten Jahren vor der UWG-Reform von 2004 ergangenen Rechtsprechung des BGH nicht mehr ohne weiteres zugleich zu einem Wettbewerbsverstoß, sondern nur dann, wenn die betreffende Norm eine **wettbewerbsbezogene Schutzfunktion** erfüllte. Die wettbewerbsrechtliche Unlauterkeit wurde jedoch beim Verstoß gegen Vorschriften, die dem Schutz wichtiger Gemeinschaftsgüter dienen, indiziert. Denn, so der BGH,[174] selbst dann, wenn die verletzte Norm keinen unmittelbar wettbewerbsbezogenen Zweck verfolge, liege es in der Zielsetzung des § 1 aF zu verhindern, dass Wettbewerb unter Missachtung gewichtiger Interessen der Allgemeinheit betrieben werde.[175] 47

An dieser Rechtsprechung wird man zwar unter dem neuen Recht ebenfalls grundsätzlich **festhalten können.** Denn auch das neue Recht wird kaum akzeptieren wollen, dass der Wettbewerb unter Missachtung gewichtiger Interessen der Allgemeinheit stattfindet, zumal § 1 S. 2 nunmehr ausdrücklich den Schutz der Interessen der Allgemeinheit mit unter den Zwecken des Gesetzes nennt.[176] Jedoch ist es gerade unter Berücksichtigung seiner neueren Rechtsprechung durchaus fraglich, ob der BGH die von den Werbebeschränkungen des Berufsrechts der freien Berufe geschützten Gemeinwohlbelange überhaupt zu den „gewichtigen Interessen der Allgemeinheit" zählen würde, deren Missachtung durch Verletzung der entsprechenden Norm die wettbewerbsrechtliche Unlauterkeit zu indizieren vermag. Immerhin hat der BGH[177] dies für den Fall eines Verstoßes gegen **§ 45 Abs. 1 Nr. 4 BRAO** (Versagung der Berufstätigkeit eines Rechtsanwaltes, wenn er in derselben Angelegenheit außerhalb seiner Anwaltstätigkeit bereits beruflich tätig war) verneint. Die Vorschrift des § 45 Abs. 1 Nr. 4 BRAO habe als solche keinen Bezug zum Wettbewerb. Ihr komme weder primär noch sekundär die Funktion zu, die Gegebenheiten eines bestimmten Marktes zu regeln. Soweit sie einen Rechtsanwalt im Einzelfall vom Tätigwerden ausschließe, sei dies nur ein Reflex ihrer beabsichtigten andersartigen Wirkung. Ein Tätigwerden unter Verletzung des § 45 Abs. 1 Nr. 4 BRAO strahle nicht in der Weise auf die Handlung aus, dass diese gerade auch als Wettbewerbsverhalten gegen die guten Sitten im Wettbewerb verstoße. Das Interesse der Allgemeinheit an der Einhaltung des § 45 Abs. 1 Nr. 4 BRAO **gelte nicht der Lauterkeit des Wettbewerbs,** sondern ausschließlich der **Wahrung einer geordneten Rechtspflege unter Aufrechterhaltung der Integrität der Anwaltschaft.**[178] Ebenso ließe sich zum Verbot der Wahrnehmung widerstreitender Interessen nach **§ 43a Abs. 4 BRAO** argumentieren.[179] 48

---

172 → Rn 20ff.

173 → Rn 41.

174 BGHZ 140, 134, 138f – Hormonpräparate; BGH GRUR 2000, 237, 238 – Giftnotruf-Box; BGHZ 144, 255, 266 – Abgasemissionen; BGH GRUR 2001, 354, 356 – Verbandsklage gegen Vielfachabmahner; BGHZ 150, 343, 348 – Elektroarbeiten.

175 → Rn 42.

176 Ebenso → *Götting* § 4-11 Rn 19.

177 BGH GRUR 2001, 354, 356 – Verbandsklage gegen Vielfachabmahner.

178 Die Entscheidung grundsätzlich begrüßend *Grunewald* NJW 2002, 1369, 1372; s. auch → *Götting* § 4-11 Rn 78; aA *Bieber* WRP 2008, 723, 728f.

179 Entgegen *Bieber* WRP 2008, 723, 728f hat BGHZ 152, 153, 164 – Anwalts-Hotline zu § 43a Abs. 4 BRAO nicht etwa anders als zu § 45 Abs. 1 Nr. 4 BRAO entschieden, sondern nur geprüft, ob die Beteiligung von Anwälten an einer telefonischen Beratung gegen § 43a Abs. 4 BRAO verstößt.

49 Nur um eben diese Wahrung einer geordneten Rechtspflege unter Aufrechterhaltung der Integrität der Anwaltschaft kann es aber auch bei denjenigen Beschränkungen der Werbemöglichkeiten für Rechtsanwälte gehen, die nicht dem Schutz der Marktteilnehmer dienen (denn andere Ziele von Werbebeschränkungen könnten schon verfassungsrechtlich keinen Bestand haben[180]). Insofern ist nicht auszuschließen, dass der BGH auch Verstößen gegen solcherlei Werbebeschränkungen nicht die Wirkung beimessen wird, einen Wettbewerbsverstoß zu indizieren. Andererseits regeln die Werberegelungen des Berufsrechts im Gegensatz zu § 45 Abs. 1 Nr. 4 BRAO **unmittelbar das Werbeverhalten,** weisen also einen **unmittelbaren wettbewerbsrechtlichen Bezug** auf, was nach dem unter dem alten Recht praktizierten Vorbild eines Verstoßes gegen **„wettbewerbsregelnde"** Normen[181] speziell für die werberechtlichen Vorschriften des Berufsrechts Anlass zu einem gegenteiligen Schluss geben könnte.[182]

II. Die Ahndung von Verstößen gegen das UWG durch Mitbewerber, Verbände und Kammern

1. Ahndung durch Mitbewerber und Verbände

50 Wer als Angehöriger eines freien Berufs unlautere Werbung betreibt, kann nach § 8 Abs. 1, Abs. 3 Nr. 1 zum einen von seinen **Mitbewerbern,** d.h. seinen **Berufskollegen** auf Beseitigung und gegebenenfalls auf Unterlassung in Anspruch genommen werden. Nach § 8 Abs. 1, Abs. 3 Nr. 2 stehen dieselben Rechte **Berufsverbänden** wie insbesondere den Anwaltsvereinen[183] zu, sofern die Geltendmachung dieser Ansprüche nicht im Einzelfall nach § 8 Abs. 4 rechtsmissbräuchlich ist.

2. Ahndung von Wettbewerbsverstößen durch die Kammern

51 **a) Berufsrechtliche Maßnahmen.** Fraglos steht den Kammern das Recht zu, Verstöße ihrer Mitglieder gegen das UWG, die sich **zugleich als Verstöße gegen berufsrechtliche Werbereglementierungen** darstellen, mit den Mitteln des **Berufsrechts** zu ahnden. Dazu stehen ihnen als eigene Maßnahmen die **Beratung** und **Belehrung** sowie die **Rüge** ihres Mitglieds (etwa nach §§ 73 Abs. 2 Nr. 1, 74 Abs. 1 BRAO, §§ 76 Abs. 2 Nr. 1, 81 Abs. 1 StBerG, §§ 69 Abs. 2 Nr. 1, 70 Abs. 1 PAO, §§ 57 Abs. 2 Nr. 1, 63 Abs. 1 WPO) zu Gebote. Außerdem können sie bei der zuständigen Staatsanwaltschaft anregen und gegebenenfalls auch erzwingen (vgl. §§ 122 BRAO, 115 StBerG, 107 PAO, 86 WPO), ein Verfahren vor den Berufsgerichten anzustrengen (vgl. §§ 113ff BRAO, 89ff StBerG, 95ff PAO, 67ff WPO), das in **gerichtliche Maßnahmen** von der Verwarnung bis hin zur Ausschließung aus dem Berufsstand einmünden kann (vgl. §§ 114 BRAO, 90 StBerG, 96 PAO, 68 WPO). Das Recht, Berufsrechtsverstößen ihrer Mitglieder mit durch **Verwaltungsakt** erlassenen **Unterlassungsverfügungen** zu begegnen, wird den meisten Berufskammern der freien Berufe, vor allem den Rechtsanwalts-[184] sowie den Steuerberaterkammern, von den einschlägigen Berufsgesetzen dagegen vorenthalten. Lediglich einzelne Bundesländer räumen in ihren Heilberufsgesetzen den Heilberufskammern eine solche Befugnis ein.[185]

---

[180] → Rn 20ff.

[181] → Rn 41.

[182] Für den Fall eines Verstoßes gegen § 6 Abs. 2 BORA trotz BGH GRUR 2001, 354 einen Wettbewerbsverstoß bejahend LG Nürnberg-Fürth NJW 2004, 689 (insoweit durch OLG Nürnberg NJW 2004, 2167 aufgehoben); ebenso in Abgrenzung zu BGH GRUR 2001, 354 noch unter Geltung des alten Rechts *Henssler/Prütting/Eylmann* BRAO § 43b Rn 82 Fn 174 (zu § 43b BRAO); OLG Stuttgart NJW 2002, 1433, 1434.

[183] So etwa BGH GRUR 1993, 834, 835 – Haftungsbeschränkung bei Anwälten; BGH NJW 2004, 1099.

[184] → Rn 39.

[185] Etwa § 6 Abs. 1 Nr. 6 Heilberufsgesetz NRW und dazu BGH GRUR 2006, 598, 599 – Zahnarztbriefbogen, mit Vorinstanz OLG Düsseldorf MedR 2004, 622, 625; § 3 Abs. 1 Nr. 3 Heilberufsgesetz

b) Geltendmachung von Beseitigungs- und Unterlassungsansprüchen nach UWG. Seit geraumer Zeit nehmen die Kammern für sich in Anspruch, Verstöße ihrer Mitglieder gegen werberechtliche Regeln nicht nur mit den Mitteln des Berufsrechts zu ahnden, sondern auch **Beseitigungs-** und **Unterlassungsansprüche nach dem UWG** gegen sie erheben zu können, was ihnen die zivilgerichtliche Rechtsprechung gestützt auf § 8 Abs. 3 Nr. 2 (§ 13 Abs. 2 Nr. 2 aF) auch durchweg gestattet,[186] und zwar sowohl da, wo der Wettbewerbsverstoß mit einem Verstoß gegen das Berufsrecht einhergeht, als auch da, wo erst der Verstoß gegen das Berufsrecht das entsprechende Verhalten zum Wettbewerbsverstoß macht.[187] Die Kammern suchen damit die ihnen in der Regel abgehende Möglichkeit zu kompensieren, ihre Mitglieder kraft Berufsrechts durch Verwaltungsakt auf Beseitigung und Unterlassung in Anspruch zu nehmen.[188] Durch diese Praxis kam es in der Übergangszeit zwischen den Entscheidungen des BVerfG vom 14. 7. 1987[189] und dem Inkrafttreten des neuen anwaltlichen Berufsrechts zu einer weitgehenden Verlagerung der Ahndung von Verstößen gegen das Werberecht der Rechtsanwälte auf die Wettbewerbsgerichte, die zum Teil nach wie vor andauert.[190] 52

In jüngerer Zeit wurde die Zulässigkeit der Ahndung von Werberechtsverstößen ihrer Mitglieder durch die Kammern mit wettbewerbsrechtlichen Mitteln jedoch in verschiedenerlei Hinsicht in Zweifel gezogen:[191] Teils wurde in Abrede gestellt, dass die Kammern **unter § 8 Abs. 3 Nr. 2** (§ 13 Abs. 2 Nr. 2 aF) fallen. Der ausdrücklichen Nennung der Industrie- und Handelskammern in § 8 Abs. 3 Nr. 4 hätte es nicht bedurft, wenn öffentlich-rechtliche Körperschaften mit Zwangsmitgliedschaft bereits unter § 8 Abs. 3 Nr. 2 zu subsumieren wären.[192] Außerdem sei es nicht Aufgabe der Kammern, die wirtschaftlichen Interessen ihrer Mitglieder im Allgemeinen und in jeder Beziehung zu fördern, sondern nur, wo diese Interessen die ausdrücklichen gesetzlichen Aufgaben der Kammern berührten.[193] Schließlich bedürften zumindest die Kammern, denen die einschlägigen Gesetze den Erlass hoheitlicher Unterlassungsverfügungen gegen ihre Mitglieder gestatteten, der wettbewerbsrechtlichen Vorgehensmöglichkeit nicht.[194] 53

Das erste Argument hat seine Überzeugungskraft dadurch verloren, dass der Gesetzgeber der UWG-Reform von 2004 in § 8 Abs. 3 Nr. 2 in Kenntnis der ständigen Rechtsprechung des BGH und des um die Klagebefugnis der Kammern entbrannten Streits nicht nur an der bisherigen Regelung des § 13 Abs. 2 Nr. 2 aF festgehalten, sondern hinter „gewerb- 54

Rheinland-Pfalz; § 8 Abs. 1 Nr. 2 Heilberufsgesetz Bremen; § 4 Abs. 1 Nr. 2, Abs. 2 S. 2 Heilberufsgesetz Thüringen.

186 BGH GRUR 1972, 607 – Steuerbevollmächtigter; BGH NJW 1994, 2284; BGH GRUR 1997, 914; BGH WRP 1998, 172, 173 f – Professorentitel in der Arztwerbung III; BGH NJW 1998, 2533 f – Zweigstellenverbot; BGH NJW 1999, 2444; BGH NJW 2002, 2039, 2040 – Vertretung der Anwalts-GmbH (m. ausf. wN); BGHZ 152, 153, 156 – Anwalts-Hotline; BGH NJW 2004, 440, 441 – Arztwerbung im Internet; BGH NJW 2004, 1099 = GRUR 2004, 346 – „KPMG"-Rechtsanwaltsgesellschaft; BGH NJW 2005, 1268, 1269 – Steuerberaterhotline; BGH GRUR 2006, 598, 599 – Zahnarztbriefbogen m. zust. Anm. *Ackermann* jurisPR-BGHZivilR 30/2006 Anm. 4 (unter Aufhebung von OLG Düsseldorf MedR 2004, 622, 625); OLG Nürnberg NJW 2003, 2245; LG Nürnberg-Fürth NJW 2004, 689, 690; ebenso *Kort* GRUR 1997, 701, 710.

187 → Rn 41 ff.

188 → Rn 39, 51.

189 BVerfGE 76, 170; BVerfGE 76, 196.

190 → Rn 39.

191 *Redeker* NJW 1980, 187; *Pietzker* NJW 1982, 1840, 1842 f; *Büttner* FS Vieregge S. 99, 117 f; *Krämer* FS Piper S. 327, 332 f; *Huff* MDR 1999, 464, 465 f; *Grunewald* NJW 2002, 1369 ff; *Feuerich/Weyland* BRAO § 73 Rn 8, 16 ff; *Henssler/Prütting/Eylmann* BRAO § 43 b Rn 83; *Hartung/Römermann* Berufs- und Fachanwaltsordnung Vor § 6 BerufsO Rn 139 f; *Hirte* ZZP 116 (2003), 135, 161 f; *Steinkraus* S. 217 f.

192 *Pietzker* NJW 1982, 1840, 1842 f; *Büttner* FS Vieregge S. 99, 117 f; *Grunewald* NJW 2002, 1369, 1370.

193 *Grunewald* NJW 2002, 1369, 1370 unter Berufung auf *Feuerich/Braun* BRAO 5. Aufl. 2000 § 73 Rn 8, jetzt *Feuerich/Weyland* BRAO § 73 Rn 8; ähnlich *Redeker* NJW 1980, 187; *Pietzker* NJW 1982, 1840, 1841 f; *Büttner* FS Vieregge S. 99, 121 ff; *Krämer* FS Piper S. 327, 333.

194 So OLG Düsseldorf MedR 2004, 622, 625 f (von BGH GRUR 2006, 598, 599 – Zahnarztbriefbogen aufgehoben).

licher“ gezielt die Worte „oder selbständiger beruflicher“ eingefügt hat. Zudem heißt es in den Materialien zu § 8 Abs. 3 Nr. 4 ausdrücklich, die besondere Erwähnung der Industrie- und Handelskammern bedeute nicht, dass sonstige öffentlich-rechtlich verfasste Berufskammern von der Klagebefugnis ausgeschlossen seien. Für diese gelte vielmehr Nr. 2.[195] Darin kann man nur eine Bestätigung der bisherigen BGH-Rechtsprechung erblicken.[196] Im Übrigen wollte schon der Gesetzgeber der UWG-Novelle von 1986 mit § 13 Abs. 2 Nr. 4 aF lediglich den Industrie- und Handwerkskammern eine Klagebefugnis ohne weitere Voraussetzungen einräumen, aber nicht die Klagebefugnis der übrigen Kammern, sofern sie die Voraussetzungen des § 13 Abs. 2 Nr. 2 aF erfüllen, ausschließen.[197] Das zweite Argument steht insofern auf schwachen Füßen, als die Wahrnehmung der wirtschaftlichen Interessen der Mitglieder oder gar die bloße Verfolgung standespolitischer Ziele zwar in der Tat nicht allgemein und in jeder Hinsicht zu den Aufgaben der Kammern gehört.[198] Hier geht es jedoch nicht um eine allgemeine Wahrnehmung wirtschaftlicher Interessen der Kammermitglieder oder die Verfolgung allgemeiner standespolitischer Interessen der Anwaltschaft, sondern darum, ein gegen die Regeln des Wettbewerbsrechts verstoßendes Kammermitglied zu rechtstreuem Verhalten anzuhalten. Ihre Kammermitglieder zur Einhaltung der für sie geltenden rechtlichen Regeln anzuhalten, aber gehört, wie etwa § 73 Abs. 2 Nr. 2 BRAO für die Rechtsanwaltskammern ausdrücklich anordnet, zu den zentralen Aufgaben der Kammern. Schließlich ist die Möglichkeit des wettbewerbsrechtlichen Vorgehens auch für die Kammern, denen der Erlass einer hoheitlichen Unterlassungsverfügung zu Gebote steht, durchaus von Interesse; denn wettbewerbsrechtliche Unterlassungsansprüche setzen kein Verschulden voraus und den Kammern wird durch ihre Zuerkennung in Gestalt des in der Praxis höchst effektiven zivilrechtlichen Wettbewerbsprozesses ein (gegenüber der Praxis des Verwaltungsrechtsweges) vergleichsweise einfacher und schneller Weg der Unterbindung berufswidrigen Verhaltens zur Verfügung gestellt.[199]

55 Weiterhin wurde den Kammern die Befugnis zur Erhebung wettbewerbsrechtlicher Klagen aus **verfassungsrechtlichen Gründen** abgesprochen. Als Träger öffentlicher Gewalt benötigten sie, um gegen ihre Mitglieder in dieser Weise vorzugehen, eine entsprechende **gesetzliche Ermächtigungsgrundlage.** An der fehle es jedoch.[200] Außerdem verstießen sie – als Hoheitsträger an diesen Grundsatz gebundenen – gegen den **Verhältnismäßigkeitsgrundsatz,** wenn sie eine zivilrechtliche Wettbewerbsklage gegen eines ihrer Kammermitglieder anstrengten, statt von den ihnen zu Gebote stehenden berufsrechtlichen Maßnahmen Gebrauch zu machen.

56 Die Frage, ob ein Vorgehen der Kammern gegen ihre Mitglieder mit wettbewerbsrechtlichen Mitteln mit dem GG vereinbar ist, hat im Rahmen einer Verfassungsbeschwerde gegen eine von einer Steuerberaterkammer beantragte und vom OLG Naumburg[201] erlassene einstweilige Unterlassungsverfügung auch das **BVerfG** aufgeworfen[202] und sie, vorherige anderslautende Kolportagen lügen strafend,[203] im Ergebnis bejaht.[204] Indem es die Kompetenz der Kammer zur Anstrengung von Wettbewerbsprozessen gegen ihre Mitglieder aus § 76 Abs. 2 Nr. 4 iVm § 57 StBerG sowie § 13 Abs. 2 Nr. 4 aF herleite, halte das OLG – und mit ihm, so darf angesichts der insoweit für alle Kammern ähnlichen Regelungen[205]

---

[195] BT-Drucks. 15/1487 S. 23.

[196] So auch BVerfGE 111, 366, 376; BGH GUR 2006, 598, 599 – Zahnarztbriefbogen.

[197] *Kort* GRUR 1997, 701, 710.

[198] Insofern vollauf zutreffend *Grunewald* NJW 2002, 1369, 1370f; s. auch BVerfGE 111, 366, 376.

[199] BGH GUR 2006, 598, 599 – Zahnarztbriefbogen.

[200] *Hartung/Römermann* Berufs- und Fachanwaltsordnung Vor § 6 BerufsO Rn 139.

[201] NJW-RR 2001, 232.

[202] Und zwar von sich aus, ohne dass dieser Punkt mit der Verfassungsbeschwerde gerügt worden war, *Koch* FS Erdmann S. 613, 627.

[203] *Koch* FS Erdmann S. 613, 627 Fn 72 und *Hartung* MDR 2001, 735f unter Berufung auf einen Hinweis der Berichterstatterin Bundesverfassungsrichterin *Jaeger* in der mündlichen Verhandlung vom 31. 7. 2000.

[204] BVerfGE 111, 366.

[205] S. nur die § 76 Abs. 2 Nr. 4 StBerG nahezu wortgleiche Regelung in § 73 Abs. 2 Nr. 4 BRAO.

geschlossen werden, die von ihm damit befolgte Rechtsprechung des BGH insgesamt – sich in dem ihm bei der Auslegung berufsbeschränkender Normen von Verfassungs wegen eröffneten Rahmen. Zwar erwähne § 76 Abs. 2 Nr. 4 StBerG den Wettbewerbsprozess als Mittel der Erfüllung der der Kammer obliegenden Aufgabe der Überwachung der Einhaltung der Berufspflichten durch die Kammermitglieder nicht. Dennoch sei die weite Deutung, die die Kammern bei der Erfüllung ihrer Aufgabe nicht auf die im StBerG ausdrücklich genannten berufsrechtlichen Mittel beschränke, verfassungsrechtlich nicht zu beanstanden. Immerhin werde die materielle Überwachungsbefugnis der Kammer dadurch nicht ausgeweitet, sondern nur das Mittel der Unterlassungsklage zur Durchsetzung von Berufspflichten eröffnet. Außerdem zähle § 76 Abs. 2 StBerG die Befugnisse der Kammer nur beispielhaft auf; Handlungsermächtigungen könnten sich deshalb auch aus anderen Bundesgesetzen ergeben. Insoweit bringt das BVerfG § 13 Abs. 2 Nr. 4 aF ins Spiel und verweist darauf, dass zwar noch nicht diese Regelung, wohl aber ihre heute gültige Nachfolgeregelung, § 8 Abs. 3 Nr. 2, mit „Verbänden zur Förderung selbständiger beruflicher Interessen" die Befugnis der Kammern zur Erhebung wettbewerbsrechtlicher Ansprüche ausdrücklich anerkennt.

Den unter dem Gesichtspunkt der **Verhältnismäßigkeit** geäußerten Bedenken kommt 57
das BVerfG[206] immerhin insofern entgegen, als es den Kammern kein freies Wahlrecht zwischen wettbewerbs- und berufsrechtlichem Vorgehen zugesteht. Vielmehr erlegt es den als Hoheitsträger zur Wahrung der Berufsfreiheit verpflichteten Kammern und Zivilgerichte auf, den Vorgaben des Art. 12 Abs. 1 S. 1 GG entsprechend jeweils unter Verhältnismäßigkeitsgesichtspunkten zu prüfen, ob im Einzelfall tatsächlich ein Vorgehen mit Mitteln des Wettbewerbsrechts erforderlich ist oder ein Vorgehen mit Mitteln des Berufsaufsichtsrechts genügt. Bei dieser Abwägung ist einerseits zu bedenken, dass die berufsrechtlichen Mittel aus der Sicht des Mitglieds gegenüber dem Wettbewerbsprozess die **milderen Maßnahmen** sind, weil sie erst bei Vorliegen von Verschulden angewandt werden dürfen, also an strengere Voraussetzungen gebunden sind.[207] Andererseits ist die **höhere Effizienz** der wettbewerbsrechtlichen Untersagungsverfügung zu berücksichtigen. Sie ist nicht nur verschuldensunabhängig. Vielmehr kommt hinzu, dass die Kammern mit den Mitteln des Berufsrechts nicht dasselbe erreichen können wie mit dem Wettbewerbsprozess, die berufsrechtliche Ahndung also nicht in der gleichen Weise wie die wettbewerbsrechtliche Klage geeignet ist, den Wettbewerbsverstoß wirksam zu unterbinden.[208] Wie BVerfG[209] und BGH betonen,[210] kann die Unterlassung oder Beseitigung auf Grund eines stattgebenden Urteils im Wettbewerbsprozess immerhin unmittelbar **vollstreckt werden.** Nach Berufsrecht dagegen können weder die Kammern Unterlassungs- oder Beseitigungsverfügungen erlassen noch die Berufsgerichte den im berufsgerichtlichen Verfahren Angeschuldigten dahingehend verurteilen (vgl. dazu etwa den beschränkten Katalog anwaltsgerichtlicher Maßnahmen in § 114 BRAO).[211]

C. Nach Berufsrecht zulässige und unzulässige Werbemaßnahmen im Einzelnen

Obwohl die Berufsrechte der einzelnen freien Berufe, vor allem die Berufsordnungen, 58
im Detail durchaus unterschiedliche Regelungen zur Zulässigkeit und Unzulässigkeit von

[206] BVerfGE 111, 366, 377 f.
[207] BVerfGE 111, 366, 377 f; darauf abstellend auch OLG Düsseldorf MedR 2004, 622, 624 ff in seiner von BGH GRUR 2006, 598 – Zahnarztbriefbogen aufgehobenen Entscheidung.
[208] *Koch* FS Erdmann S. 613, 627.
[209] BVerfGE 111, 366, 376.
[210] BGH NJW 2002, 2039, 2040 – Vertretung der Anwalts-GmbH.
[211] → Rn 39, 52.

Werbemaßnahmen treffen,[212] gibt es zumindest in der praktischen Handhabung doch erhebliche Parallelen zwischen einzelnen Berufsgruppen, so insbesondere im Verhältnis zwischen Rechtsanwälten und den steuerberatenden Berufen sowie im Verhältnis zwischen Ärzten und Zahnärzten. Dementsprechend gilt, wo nicht anders vermerkt, das hier für die anwaltliche Werbung Ausgeführte im Wesentlichen auch für die Werbung der steuerberatenden Berufe und umgekehrt; das für Ärzte Gesagte gilt grundsätzlich auch für Zahnärzte und umgekehrt.

I. Die Werbung nach dem Berufsrecht für Rechtsanwälte und Patentanwälte

59 Nachdem die Neuregelung der Werbevorschriften für Rechtsanwälte durch die BRAO-Novelle des Jahres 1994 und das Inkrafttreten der BORA im Jahre 1997 gesetzgeberseits zu einem gewissen Abschluss gekommen ist, sind Grundlage für die Bemessung der Zulässigkeit oder Unzulässigkeit anwaltlicher Werbemaßnahmen **§ 43 b BRAO** sowie die **§§ 6 bis 10** der im hier fraglichen Punkt der Werbung auf Grund der Satzungsermächtigung des § 59 Abs. 1, Abs. 2 Nr. 3 BRAO von der Bundesrechtsanwaltskammer erlassenen **BORA.**[213] Für Patentanwälte gelten der mit § 43b BRAO gleich lautende **§ 39b PAO** und die in Ausübung der Satzungsermächtigung des § 52b Abs. 2 Nr. 2 PAO von der Patentanwaltskammer erlassene und am 5. 8. 1997 in Kraft getretene **Berufsordnung der Patentanwälte.**[214]

1. Das Gebot sachlicher Werbung/Verbot unsachlicher Werbung (§§ 43 b BRAO, 6 Abs. 1 BORA, 39 b PAO)

60 Gemäß §§ 43b BRAO, 6 Abs. 1 BORA, 39b PAO unterliegen Rechts- und Patentanwälte dem **Gebot der nach Form und Inhalt sachlichen Werbung;** unsachliche Werbung ist ihnen somit untersagt. Das Verbot ist im Zusammenhang mit dem den Rechts- und Patentanwälten allgemein auferlegten Verbot unsachlichen Verhaltens zu sehen (§§ 43 a Abs. 3 S. 1 BRAO, 39 a Abs. 3 S. 1 PAO). Als unsachlich gelten, was nur die Berufsordnung der Patentanwälte im § 7 Abs. 3 lit. a und b, nicht aber die BORA ausdrücklich besagt, seit jeher zunächst insbesondere Kundbarmachungen nach Art der für die gewerbliche Wirtschaft typischen **anpreisenden Werbung** sowie das **reklamehafte Sich-Herausstellen.** Vor dem Hintergrund der Rechtsprechung des BVerfG[215] kann § 43b BRAO ebenfalls zum Teil in diesem Sinne gedeutet werden.[216] Jedoch beschränkt sich das Verbot der unsachlichen Werbung nicht auf diesen Gesichtspunkt, sondern geht darüber hinaus. Immerhin wurde das im von der Bundesregierung eingebrachten Entwurf eines Gesetzes zur Neuregelung des anwaltlichen Berufsrechts noch ausdrücklich enthaltene Verbot der reklamehaften Werbung auf Anregung des Rechtsausschusses gestrichen und durch die Einfügung der Worte „in Form und Inhalt" vor dem Wort sachlich ersetzt mit der Begründung, dadurch werde das Ziel, in Bezug auf die Methoden der Anwaltswerbung das Sachlichkeitsgebot zu verankern, besser erreicht.[217] Auf diese Weise verbergen sich hinter dem Verbot der unsachlichen Werbung letztlich **mehrere Verbote,** neben dem Verbot der reklamehaften, anpreisenden Werbung vor allem das Verbot der **irreführ-**

---

[212] Wiedergabe der berufsrechtlichen Satzungen → Rn 7 ff.
[213] → den Wortlaut der §§ 6 ff BORA in Rn 7.
[214] BOPA, → deren Wortlaut in Rn 8.
[215] → Rn 17 ff, 25.
[216] BGHZ 115, 105, 110 – Anwaltswerbung I; BGH NJW 1994, 2284, 2285; BGH NJW 1997, 2522, 2523; BGH NJW 1998, 1282.
[217] BT-Drucks. 12/7656 S. 7, 26, 48; dazu *Eylmann* AnwBl. 1996, 481, 483; OLG Frankfurt NJW 1996, 1065, 1066; OLG Koblenz MDR 1999, 1166.

renden sowie der **aufdringlichen** oder **belästigenden Werbung** (denn irreführende Werbung kann mangels Eignung zu irgendeiner brauchbaren Information niemals sachlich und immer nur unsachlich sein,[218] ebenso die aufdringliche oder belästigende Werbung).[219]

a) Das Verbot der sich selbst anpreisenden und reklamehaften Werbung. Zweck des im Verbot der unsachlichen Werbung mit enthaltenen Verbots der sich selbst anpreisenden und reklamehaft herausstellenden Werbung kann **weder** der Schutz der Interessen der **Mitbewerber** noch der Schutz der Interessen der **Rechtssuchenden** sein.[220] Zum einen ist nicht ersichtlich, welche wettbewerbsrelevanten Nachteile Mitbewerbern oder den Rechtssuchenden durch solcherlei Werbung sollten entstehen können. Im Übrigen wäre anderenfalls nur schwer zu erklären, warum das Verbot nur für Angehörige der freien Berufe gelten soll und nicht für alle geschäftlich Werbenden schlechthin. Statt dessen kann es dem Verbot sich selbst anpreisender und reklamehafter Werbung nur um den **Schutz des Gemeinwohls** gehen. Da nach der Rechtsprechung des BVerfG standespolitische Gründe wie die Würde des Berufsstandes[221] oder auch nur die Aufrechterhaltung eines bestimmten Berufsbildes im Interesse der Standesgenossen[222] im Lichte des Art. 12 Abs. 1 GG als Ziele die Berufsausübung beschränkender Regelungen heute auszuscheiden haben und auch der Schutz der Berufsgenossen vor Konkurrenz keinen verfassungsrechtlich legitimen Zweck darstellt,[223] kommt insoweit nur noch der **Schutz der Funktionsfähigkeit der Rechtspflege**[224] in Betracht. Sie kann gefährdet sein, wenn Anwälte in einer Art werben, die der **Kommerzialisierung der Anwaltschaft Vorschub leistet** und den Eindruck erweckt, der Anwalt lasse sich in erster Linie vom **Gewinnstreben leiten.** Dadurch nämlich kann das **Vertrauen in die Anwaltschaft** untergraben werden, was zumindest langfristig negative Rückwirkungen auf die Versorgung der Bevölkerung mit rechtsberatenden und rechtsbesorgenden Dienstleistungen haben kann.[225] 61

Gemessen an diesen Maßstäben kann eine Werbemaßnahme nur dann gegen das Verbot sich selbst anpreisender und reklamehaft hervorhebender Werbung verstoßen, wenn im **Einzelfall konkret aufgezeigt** werden kann, inwiefern sie die Funktionsfähigkeit der Rechtspflege zu beeinträchtigen vermag. Zu Recht stellt das BVerfG insoweit **strenge Anforderungen** auf und setzt sich damit zunehmend auch in der Rechtsprechung der Fachgerichte durch. Von dem in der Vergangenheit oft und selbst vom BVerfG propagierten pauschalen Verbot, sich der „in der gewerblichen Wirtschaft üblichen Werbemethoden zu bedienen“,[226] kann heute jedenfalls nicht mehr die Rede sein (zumal der Begriff der „in der gewerblichen Wirtschaft üblichen Werbemethoden“ als Abgrenzungskriterium ohnehin nur wenig geeignet ist).[227] Unter Berücksichtigung dieser sich aus dem Verfassungsrecht ergebenden erheblichen Einschränkungen wird man trotz verbreiteter und im Ansatz durch- 62

---

[218] So *Feuerich/Weyland* BRAO § 43b Rn 29; *Kleine-Cosack* Das Werberecht der rechts- und steuerberatenden Berufe Rn 183; *Koch* FS Erdmann S. 613, 621; wohl auch BGH NJ 2001, 3193, 3194; das Verbot irreführender Werbung auf § 43 BRAO stützend AGH Baden-Württemberg NJW-RR 1995, 1017.

[219] Zum Gebot der Sachlichkeit näher *Hartung/Römermann* Berufs- und Fachanwaltsordnung § 6 BerufsO Rn 70 ff; *Kleine-Cosack* NJ 2002, 57, 59 ff; *ders.* BRAO § 43b Rn 5 ff.

[220] → Rn 45.

[221] → Rn 20.

[222] Zum Verlust der Tragfähigkeit des Gesichtspunktes der „Verfälschung des Berufsbildes“ → Rn 22.

[223] → Rn 20.

[224] → Rn 23.

[225] → Rn 21.

[226] So noch BVerfGE 33, 125, 170 und 71, 162, 173 f (betreffend Werbung durch Ärzte); BVerfGE 60, 215, 232 (betreffend Werbung durch Steuerberater); BVerfGE 76, 196, 207 f; BGH NJW 1992, 45; BGHZ 115, 105, 109 – Anwaltswerbung I.

[227] *Feuerich/Weyland* BRAO § 43b Rn 20; *Henssler/Prütting/Eylmann* BRAO § 43b Rn 48 („wenig hilfreich“); *Hartung/Römermann* Berufs- und Fachanwaltsordnung Vor § 6 BerufsO Rn 41; *Kort* GRUR 1997, 701, 706.

aus berechtigter Kritik an ihm[228] nach wie vor am Gedanken des Verbots reklamehafter und sich selbst anpreisender Werbung festhalten können.

63 **aa) Keine Beschränkung der Werbung auf bestimmte Werbeträger bzw. -medien.** Zunächst ist mit dem Verbot der Form nach unsachlicher Werbung heute **kein grundsätzliches Verbot der Verwendung bestimmter Werbeträger, Werbemedien** und **Werbemethoden** mehr verbunden. Es ist nicht ersichtlich, inwiefern eine Werbemaßnahme schon durch die bloße Verwendung eines bestimmten Werbeträgers bzw. -mediums unter den zu Rn 61 erwähnten Gesichtspunkten die Funktionsfähigkeit der Rechtspflege sollte beeinträchtigen können.[229] Der Anwalt darf vielmehr, solange die Werbung im Übrigen, d. h. vor allem inhaltlich den Anforderungen des Berufsrechts genügt, grundsätzlich **alle auch sonst gebräuchlichen** Werbeträger, Werbemedien und Werbemethoden verwenden.[230]

64 Insbesondere dürfen Anwälte mit und in **Druckerzeugnissen** jeder Art wie vor allem **Praxisbroschüren** (in § 6 Abs. 2 BORA erwähnt), **Tages- und Wochenzeitungen**[231] (gleich ob ent- oder unentgeltlich verbreitet) und sogar durch **Postwurfsendungen**[232] und **Flugblätter** („Flyer“)[233] werben.[234] Werbung durch **Rundschreiben** ist ihnen erlaubt (ebenfalls in § 6 Abs. 2 BORA erwähnt),[235] soweit diese nicht auf die Erteilung eines Auftrages im Einzelfall gerichtet sind (§ 43b BRAO aE).[236] Werbung in **Rundfunk**[237] und **Fernsehen**[238] sowie im **Internet**[239] ist Anwälten ebenfalls nicht grundsätzlich verboten, sondern nur, wenn die Umstände des Einzelfalles eine andere Wertung erforderlich machen.[240] Selbst

---

[228] *Henssler/Prütting/Eylmann* BRAO § 43b Rn 47; *Hartung/Römermann* Berufs- und Fachanwaltsordnung § 6 BerufsO Rn 84ff; *Kleine-Cosack* NJW 1997, 1257, 1259; *Zuck* FS Geiß S. 323, S. 335ff; *Hirte* ZZP 116 (2003), 135, 150f.

[229] BVerfGE 94, 372, 392f – Werbeverbot für Apotheker (betreffend das Verbot der Versendung von Werbebriefen sowie die Verteilung von Flugblättern und Werbemitteln außerhalb der Apotheke nach § 10 Nr. 11 BO-BW für Apotheker von 1970): Es sei „nicht ersichtlich, dass bestimmte Werbeträger ... geeignet wären, das Vertrauen der Öffentlichkeit in die Integrität des Werbenden zu schmälern“ und es fehlten Gründe „warum bestimmte Werbemittel generell als unsachlich, übertrieben oder marktschreierisch zu gelten hätten“; weiterhin BVerfG NJW 2003, 3470; 2004, 2657, 2658.

[230] BGH NJW 1997, 2522, 2523; BGH NJW 2002, 2642, 2644; *Feuerich/Weyland* BRAO § 43b Rn 20, 24; *Henssler/Prütting/Eylmann* BRAO § 43b Rn 58; *Kort* GRUR 1997, 701, 706; *Härting* AnwBl. 2000, 343; *Kleine-Cosack* Das Werberecht der rechts- und steuerberatenden Berufe Rn 292; *ders.* BRAO § 43b Rn 7ff und NJ 2002, 57, 59f; *Koch* FS Erdmann S. 613, 617f; *Hirte* ZZP 116 (2003), 135, 146f; *Stürner/Bormann* NJW 2004, 1481, 1488.

[231] BGH NJW 1997, 2522; darin eingeschlossen sind in solche Zeitungen eingelegte Faltblätter – BGH NJW 1998, 1282; s. auch BVerfGE 85, 248, 257 – Julius Hackethal; BVerfG NJW 2000, 1635 – Prinz der Anwälte; *Remmertz* NJW 1997, 2785ff.

[232] BGH NJW 1998, 1282; s. auch *Kort* GRUR 1997, 701, 706.

[233] OLG Naumburg AnwBl. 2008,142, 143.

[234] Zur Aufnahme in gedruckte Verzeichnisse → Rn 65.

[235] BGH NJW 2001, 2886; OLG Stuttgart NJW 1997, 2529; OLG Dresden NJW 1999, 144; OLG München NJW 2000, 2824; *Hartung/Römermann* Berufs- und Fachanwaltsordnung § 6 BerufsO Rn 134ff; *Henssler/Prütting/Eylmann* BRAO § 43b Rn 68; *Huff* MDR 1999, 464, 466.

[236] → Rn 97ff.

[237] Zu einem solchen Fall OLG München NJW 1999, 1409; s. auch *Kort* GRUR 1997, 701, 706; *Bardenz* MDR 2001, 247, 250.

[238] Dazu OLG Dresden Stbg 1998, 125 (betreffend Werbung eines Lohnsteuerhilfevereins); *Bardenz* MDR 2001, 247, 250 (die allerdings beide nur die Werbung in lokalen Netzen, nicht aber in überregionalen Sendern zulassen wollen); *Kort* GRUR 1997, 701, 706.

[239] Dazu BVerfG NJW 2008, 838, 839; näher *Henssler/Prütting/Eylmann* BRAO § 43b 37ff; *Feuerich/Weyland* BRAO § 6 BORA Rn 27ff; *Scheuerl* NJW 1997, 1291; *Schmittmann* MDR 1997, 601; *Haupt/Schmidt* NJ 2004, 245; *Kort* GRUR 1997, 701, 706; *Lorenz* JurPC Web-Dok. 225/2004, Abs. 32; ausführlich *Harald Schneider* MDR 2000, 133ff; *Härting* AnwBl. 2000, 343ff; *Bardenz* MDR 2001, 247, 252f; *Hoß* AnwBl. 2002, 377ff; *Schulte/Schulte* MMR 2002, 585; *Steinbeck* NJW 2003, 1481ff; *Saenger/Riße* WRP 2005, 1468ff.

[240] *Koch* FS Erdmann S. 613, 619f; im Fall des OLG München NJW 1999, 1409 hatte der werbende Rechtsanwalt den Werbetext für seine Tätigkeit in Verkehrssachen mit Musik unterlegt und mit Crash-Geräuschen eingeleitet, was das OLG als unsachlich wertete; zustimmend OLG Saarbrücken NJW 2000, 1874 und NJW 2000, 2826; *Hoß* AnwBl. 2002, 377, 384; *Hirte* ZZP 116 (2003), 135, 151; ablehnend *Feuerich/*

Bandenwerbung,[241] die Werbung auf **Taxen,**[242] **Straßenbahnen**[243] und **Linienbussen**[244] sowie **Einkaufswagen** ist zumindest nicht mehr von vornherein unsachlich und damit verboten, sondern nur dann, wenn das **Erscheinungsbild der Werbemaßnahme als Ganzes** betrachtet ihr letztlich doch noch das Gepräge einer unsachlichen, unangemessen anpreisenden und reklamehaften Werbung verleiht.[245] Ähnliches gilt für die anwaltliche Werbung auf einer sich drehenden und beleuchtbaren **Werbesäule.** Die Werbung auf einer solchen Säule ist zwar nicht von vornherein unsachlich, kann es aber durch die weiteren Rahmenbedingungen ihrer Aufstellung werden.[246] **Plakatwerbung** durch Rechtsanwälte ist hierzulande zwar noch nicht praktisch bedeutsam geworden, wäre aber unter denselben Bedingungen zuzulassen.[247] In dafür geeigneten Medien wie insbesondere in Zeitungen, im Rundfunk, im Fernsehen und im Internet darf nicht nur mit Werbetexten, sondern auch durch die Präsentation eines vom Anwalt verfassten **redaktionellen Beitrages** geworben werden.[248]

Allgemein überwunden ist die Vorstellung, ein Anwalt handele reklamehaft und anpreisend, wenn er sich – unter Wahrung der inhaltlichen Vorgaben – in **Verzeichnisse** oder 65
Listen (wie Branchenverzeichnisse, „Gelbe Listen") aufnehmen lässt, gleich ob in gedruckter oder sonstiger Form.[249] Außerdem steht nach einer entsprechenden Entscheidung des BVerfG[250] nicht mehr in Frage, dass Anwälte an wie auch immer organisierten **„Anwalt-Suchdiensten"** teilnehmen dürfen[251] (Steuerberatern die Teilnahme an einem Suchservice ausdrücklich erlaubend § 17 Abs. 3 BOStB). Dabei spielt es keine Rolle, ob die Aufnahme in das Verzeichnis kostenlos ist oder nicht. Ob berufsrechtlich verlangt werden darf, dass das Verzeichnis allen Berufsgenossen, die bestimmte Kriterien erfüllen, offen stehen muss (so § 17 Abs. 1 BOStB und § 28 Mustersatzung für Ärzte), erscheint fraglich.[252]

Die Verwendung von **Logos, Emblemen, Signets, Initialen** oder **Familienwappen** 66
zur Erreichung eines **Wiedererkennungseffekts** und zur Schaffung einer **„Corporate-Identity"** ist heute gang und gäbe und zumindest im Grundsatz kaum mehr als unsachlich zu beanstanden.[253] Gerade hier sollte man eingedenk der verfassungsrechtlichen Vorgaben

---

Weyland BRAO § 43b Rn 24; *Hartung/Römermann* Berufs- und Fachanwaltsordnung § 6 BerufsO Rn 120; *Huff* MDR 1999, 464, 466.

[241] AnwG Hamm NJW-RR 2002, 1065 (Ls).

[242] Zu einem solchen Fall LG Nürnberg-Fürth NJW 1999, 1410.

[243] Zu einem solchen Fall OLG Naumburg NJW-RR 2001, 332 betreffend die Werbung einer Steuerberatungsgesellschaft.

[244] Zu einem solchen Fall AGH NRW AnwBl. 1999, 557 = MDR 1999, 1099 m. abl. Anm. von *Römermann.*

[245] Was LG Nürnberg-Fürth, OLG Naumburg und AGH NRW jeweils aaO nach Lage der dortigen Fälle bejahten, da die Werbung den Leser unvorbereitet, unfreiwillig und unausweichlich treffe; zustimmend OLG Saarbrücken NJW 2000, 1874 und 2826; *Bardenz* MDR 2002, 247, 249; *Hirte* ZZP 116 (2003), 135, 151; gegen OLG Naumburg wurde in der Sache erfolgreich Verfassungsbeschwerde eingelegt, vgl. BVerfGE 111, 366, 378ff; gegen LG Nürnberg-Fürth *Feuerich/Weyland* BRAO § 43b Rn 24; *Hartung/Römermann* Berufs- und Fachanwaltsordnung § 6 BerufsO Rn 114; *Huff* MDR 1999, 464, 466; *Kleine-Cosack* NJ 2002, 57, 60.

[246] Dies bejahend für den Fall der Platzierung zwischen der Werbung für einen ambulanten Pflegedienst und einen Friseur vor einer Tankstelle und einem Autohaus, in deren Werbung die Kanzleiwerbung farblich und optisch integriert wird, OLG Frankfurt NJW 1999, 2826; zustimmend OLG Saarbrücken NJW 2000, 1874 und NJW 2000, 2826; weniger zurückhaltend *Hartung/Römermann* Berufs- und Fachanwaltsordnung § 6 BerufsO Rn 107; *Kleine-Cosack* Das Werberecht der rechts- und steuerberatenden Berufe Rn 332, 833; *ders.* BRAO § 43b Rn 10; *Zuck* FS Geiß S. 323, 338.

[247] *Henssler/Prütting/Eylmann* BRAO § 43b Rn 56; s. auch *Eylmann* AnwBl. 1996, 481, 483.

[248] OLG Oldenburg NJW 2001, 2026.

[249] So schon BGH NJW 1987, 3270; außerdem BGH NJW 1994, 141. Für Steuerberater in deren Berufsordnung ausdrücklich geregelt (§ 17 BOStB), → Rn 9; ebenso § 28 der Mustersatzung für Ärzte, → Rn 13.

[250] BVerfG NJW 1992, 1613.

[251] *Bardenz* MDR 2001, 247, 251.

[252] Verneinend *Kleine-Cosack* Das Werberecht der rechts- und steuerberatenden Berufe, 1. Aufl. 1999, Rn 619.

[253] BVerfG NJW 2004, 2659 und OLG Hamm GRUR-RR 2005, 396 (Kussmund in der Werbung eines Zahnarztes); *Henssler/Prütting/Eylmann* BRAO § 43b Rn 52; *Feuerich/Weyland* BRAO § 43b Rn 46; *Hoß*

einen erheblichen Raum für Kreativität, Originalität und Ideenreichtum lassen. Zu engherzig ist es deshalb, einer Kanzlei, die im Bereich des Bank- und Kapitalmarktrechts rechtlich berät, die Verwendung eines einen **Stierkopf** darstellenden Logos zu verbieten, weil damit der Eindruck einer besonderen Leistungsfähigkeit, von Kraft, Stärke und Durchsetzungskraft, ja Aggressivität im Bezug auf einen „bull-market", d. h. eine Hausse-Situation an der Börse, suggeriert werde.[254] Weiterhin ist es dem Rechtsanwalt jedenfalls der Form nach gestattet, als Rufnummern sog. **Vanity-Nummern** zu verwenden.[255] Dabei handelt es sich um Telefonnummern, denen vermittels der heute jeweils zugleich mit drei oder vier Buchstaben belegten Zifferntasten des Telefons ein bestimmtes Schlagwort entspricht, durch dessen Eingabe eine Gesprächsverbindung zu dem dem Schlagwort zugeordneten Anschlussinhaber aufgebaut wird.

67 Weiterhin ist es einem Anwalt (oder Steuerberater) nicht untersagt, sich mit einem Informationsstand auf **Fachmessen** und **Ausstellungen** zu präsentieren.[256] Außerdem darf er **Vernissagen,**[257] oder andere **Kulturveranstaltungen** (Dichterlesungen, Hauskonzerte) ausrichten,[258] **Sponsoring** betreiben (und dies auf geeigneten Werbeträgern kundtun)[259] sowie den Besuchern einer von ihm durchgeführten Informations- oder Seminarveranstaltung zumindest einen **Imbiss** reichen.[260] Den letztgenannten Werbemethoden ist allerdings in der Vergangenheit gelegentlich entgegengehalten worden, ihnen fehle der nach § 43 b BRAO erforderliche Informationsgehalt.[261] Zudem kann das Ankündigen einer über die Reichung eines bloßen Imbisses hinausgehenden Verköstigung dann gegen das Sachlichkeitsgebot verstoßen, wenn sie sich als zusätzliche Leistung darstellt, die durch eine eigene **Anlockwirkung** geeignet ist, die Angesprochenen dazu zu bewegen, an der Veranstaltung nicht wegen der gebotenen Informationen, sondern vor allem wegen dieser weiteren Leistung teilzunehmen.[262] Das bloße Anpreisen einer **„Beratung bei Kaffee und Kuchen"** überschreitet das zulässige Maß jedenfalls nicht.[263]

68 Den verfassungsrechtlichen Vorgaben entsprechend darf bei den bei alledem anstehenden Wertungen nicht all zu engherzig vorgegangen werden. Um eine Werbemaßnahme als unzulässig ansehen zu können, muss im Einzelfall die **konkrete Möglichkeit einer Be-**

AnwBl. 2002, 377, 384 und *Dahns/Krauter* BRAK Mitt. 2004, 2, 3 (beide betreffend die Verwendung eines Logos auf einer Homepage); zum Logo einer Steuerberatungsgesellschaft OVG Niedersachen NdsVBl. 2006, 136, 139 f; die Verwendung eines Logos selbst durch einen Notar zulassend BVerfG NJW 1997, 2510 (gegen BGH NJW 1996, 2733). Zur Frage, inwieweit diese Darstellungsformen den grundsätzlich erforderlichen unterrichtenden Inhalt haben → Rn 89 f.

[254] So aber LG Düsseldorf AnwBl. 1999, 116 und OLG Düsseldorf BRAK-Mitt. 2000, 46; zustimmend *Henssler/Prütting/Eylmann* BRAO § 43 b Rn 52; *Huff* MDR 1999, 464 f; *Hirte* ZZP 116 (2003), 135, 152; wie hier *Kleine-Cosack* NJ 2002, 57, 61; *Dahns/Krauter* BRAK Mitt. 2004, 2, 3; *Härting/Steinbrecher* AnwBl. 2005, 10, 12; zweifelnd *Hoß* AnwBl. 2002, 377, 384; wohl auch *Feuerich/Weyland* BRAO § 43 b Rn 46; s. auch *Hartung/Römermann* Berufs- und Fachanwaltsordnung § 6 BerufsO Rn 113 und *Pflüger* MDR 1999, 402, 404 ff: nach zutreffendem Werbungsbegriff (→ Rn 32 ff) schon keine Werbung und deshalb zulässig.

[255] So (gegen die Vorinstanzen OLG Stuttgart NJW-RR 2000, 1515) BGH NJW 2002, 2642, 2644; *Feuerich/Weyland* BRAO § 43 b Rn 36.

[256] BVerfG NJW-RR 2000, 941; BGH NJW 1999, 2444 (betreffend Steuerberater); OLG Saarbrücken NJW 2000, 1874 und 2826; *Henssler/Prütting/Eylmann* BRAO § 43 b Rn 60; *Hartung/Römermann* Berufs- und Fachanwaltsordnung § 6 BerufsO Rn 116; *Zuck* FS Geiß S. 323, 335 ff; *Bardenz* MDR 2001, 247, 251.

[257] So schon KG WRP 1973, 477; OLG Hamm NJW-RR 1990, 1133 (Vorinstanz zu BGHZ 115, 105 – Anwaltswerbung I); *Henssler/Prütting/Eylmann* BRAO § 43 b Rn 63.

[258] *Henssler/Prütting/Eylmann* BRAO § 43 b Rn 63.

[259] BVerfG NJW 2000, 3195 (anders in dieser Sache OLG Rostock MDR 1999, 834 m. abl. Anm. *Römermann*); *Ahrens* NJW 2000, 3188; *Hartung/Römermann* Berufs- und Fachanwaltsordnung § 6 BerufsO Rn 53 f; *Henssler/Prütting/Eylmann* BRAO § 43 b Rn 15 und 20; *Bardenz* MDR 2001, 247, 251.

[260] BGHZ 147, 71 – Anwaltswerbung II unter Aufgabe von BGHZ 115, 105, 110 ff – Anwaltswerbung I und unter Aufhebung von OLG Brandenburg AnwBl. 1998, 157; *Henssler/Prütting/Eylmann* BRAO § 43 b Rn 62; *Hartung/Römermann* Berufs- und Fachanwaltsordnung § 6 BerufsO Rn 49; *Koch* FS Erdmann S. 613, 620.

[261] → Rn 89.

[262] BGHZ 147, 71 f – Anwaltswerbung II; *Koch* FS Erdmann S. 613, 620.

[263] OLG Naumburg AnwBl. 2008, 142, 144.

einträchtigung der Funktionsfähigkeit der Rechtspflege nachweisbar sein.[264] Wenn man im Übrigen die Verwendung eines bestimmten Werbeträgers oder Mediums schon zulässt, wird man anschließend kaum die für diesen Werbeträger bzw. dieses Medium typische, ihm adäquate Ausgestaltung der Werbung für unzulässig erklären können.[265] Dementsprechend ist angesichts der weiten Verbreitung solcher Listen im Internet die Einrichtung einer **offenen „Gästeliste"** oder eines **offenen „Gästebuchs"** auf der **Homepage** eines Rechtsanwalts jedenfalls im Lichte des Sachlichkeitsgebots nicht zu beanstanden.[266] Zwar mag der „Gast" dort regelmäßig vor allem Lob und Anerkennung niederlegen. Jedoch ist nicht ersichtlich, inwiefern dadurch die Funktionsfähigkeit der Rechtspflege beeinträchtigt werden sollte. Außerdem wird der Leser einer Eintragung regelmäßig damit umzugehen wissen und sich davon wenig beeindrucken lassen. Gleiches gilt für die bei der Verwendung dieses Mediums heute nicht mehr hinwegzudenkende Unterlegung eines Rundfunkwerbetextes mit Musik, während die Einleitung eines Rundfunkwerbespots zur Werbung um Rechtsberatung in Verkehrssachen durch ein Crash-Geräusch die Grenze zur Unsachlichkeit überschreiten dürfte.[267]

bb) Keine Beschränkung der Werbung auf bestimmte Anlässe, Zeiten oder Orte. Anders als nach den vormaligen Standesrichtlinien (§ 69: Aufnahme oder Wiederaufnahme der Anwaltstätigkeit, Antritt oder Beendigung des Urlaubs, Praxisumzug, Zusammenschluss mit anderen Anwälten, Eintritt eines neuen Kollegen in die Praxis) ist dem Anwalt heute Werbung auch **ohne besonderen Anlass** gestattet.[268] Ebenso wenig bestehen Vorgaben zur **Häufigkeit** von Werbemaßnahmen bzw. zu den zeitlichen Abständen zwischen ihnen. Wie häufig ein Anwalt wirbt, steht allein in seinem Belieben.[269] Gleiches gilt grundsätzlich für den **Ort,** an dem die Werbung **platziert** wird.[270] Es kann einem Anwalt schwerlich verboten sein, auf einer bestimmten Seite einer Zeitung (etwa der ersten Seite des Lokalteils) zu werben.[271] Grundsätzlich ist es ihm auch nicht verwehrt, auf einem Werbeträger oder in einem Medium zu werben, auf bzw. in dem oder in dessen Umfeld zugleich andere, selbst Gewerbetreibende, werben.[272] Anderes kann sich wiederum allenfalls aus der Gesamtbetrachtung der Werbemaßnahme ergeben, etwa wenn sie eingebettet ist in ein besonders reißerisch aufgemachtes Umfeld. 69

---

[264] → Rn 23, 61 f, 71, 85, 115.

[265] So BVerfGE 111, 366, 380 f betreffend die einem Steuerberater grundsätzlich nicht zu untersagende Werbung auf einer Straßenbahn; ebenso betreffend die Einleitung eines Rundfunkwerbetextes durch ein Crash-Geräusch und seine Unterlegung mit Musik gegen OLG München NJW 1999, 1409 *Feuerich/Weyland* BRAO § 43 b Rn 24 und *Hartung/Römermann* Berufs- und Fachanwaltsordnung § 6 BerufsO Rn 120; s. auch *Henssler/Prütting/Eylmann* BRAO § 43 b Rn 58.

[266] Wie hier *Hartung/Römermann* Berufs- und Fachanwaltsordnung Vor § 6 BerufsO Rn 235 ff; *ders.* MDR 1999, 771 (Anm. zu OLG Nürnberg); *Hoß* AnwBl. 2002, 377, 385; *Saenger/Riße* WRP 2005, 1468, 1474f; *Härting/Steinbrecher* AnwBl. 2005, 10, 14f; s. auch *Scheuerl* NJW 1997, 1291, 1293; anders LG Nürnberg-Fürth NJW 1999, 1409 und die Berufungsinstanz OLG Nürnberg NJW 1999, 2126 m. zust. Anm. *Rein* NJW 1999, 1377 und abl. Besprechung *Römermann* BRAK-Mitteilungen 1999, 769; für einen Zahnarzt bereits OLG Koblenz ZIP NJW 1999, 1933 – eMail doctor; *Schmittmann* MDR 1997, 601, 603; *Harald Schneider* MDR 2000, 133, 135 f; *Steinbeck* NJW 2003, 1481, 1485 (Verstoß gegen § 6 Abs. 3 BORA); *Dahns/Krauter* BRAK Mitt. 2004, 2f. Zu einem möglichen Verstoß gegen das Verbot der Werbung durch Dritte → Rn 108.

[267] Insoweit ist OLG München NJW 1999, 1409 zu folgen; ebenso *Henssler/Prütting/Eylmann* BRAO § 43 b Rn 58 („zurückhaltende akustische Untermalung" gestattet).

[268] BGH NJW 1997, 2522; OLG Dresden NJW-RR 1996, 36 und OLG Nürnberg NJW-RR 1996, 246 (beide betreffend Steuerberater); *Henssler/Prütting/Eylmann* BRAO § 43 b Rn 59; *Remmertz* NJW 1997, 2785 f; *Hartung/Römermann* Berufs- und Fachanwaltsordnung § 6 BerufsO Rn 80; *Kleine-Cosack* Das Werberecht der rechts- und steuerberatenden Berufe Rn 334 f; *ders.* NJ 2002, 57, 60; *Hirte* ZZP 116 (2003), 135, 147.

[269] *Henssler/Prütting/Eylmann* BRAO § 43 b Rn 59; *Kleine-Cosack* NJ 2002, 57, 60.

[270] *Kleine-Cosack* Das Werberecht der rechts- und steuerberatenden Berufe Rn 331; *ders.* NJ 2002, 57, 60; *ders.* BRAO § 43 b Rn 10.

[271] So aber OLG Frankfurt NJW 1996, 1065, 1067; wie hier *Kleine-Cosack* Das Werberecht der rechts- und steuerberatenden Berufe Rn 333; *Henssler/Prütting/Eylmann* BRAO § 43 b Rn 55; *Hartung/Römermann* Berufs- und Fachanwaltsordnung § 6 BerufsO Rn 88; *Remmertz* NJW 1997, 2785, 2786; offen lassend *Bardenz* MDR 2001, 247, 249.

[272] *Henssler/Prütting/Eylmann* BRAO § 43 b Rn 55.

70 **cc) Nach ihrem Inhalt selbstanpreisende und reklamehafte Werbung.** Weit eher als durch die Verwendung eines bestimmten Werbeträgers oder -mediums kann der Anwalt durch die **Inhalte** seiner Werbung gegen das Verbot selbstanpreisender und reklamehafter Werbung verstoßen. Bei diesbezüglichen Werbemaßnahmen stellt sich regelmäßig zugleich die Frage, ob ihnen nicht außerdem der Informationsgehalt abgeht und sie dadurch gegen das Gebot, **unterrichtend** zu sein,[273] verstoßen oder ob sie **irreführend** sind.[274] In diesem Sinne als inhaltlich problematisch angesehen werden in Werbetexten insbesondere Formulierungen, durch die der Werbende den Eindruck erweckt, über Kompetenzen zu verfügen, die andernorts in dieser Art üblicherweise nicht anzutreffen sind. So hat der BGH[275] in den Formulierungen „rechtliche und steuerliche Beratung **im Verbund**" und „erbrechtliche und erbschaftssteuerliche Beratung **aus einer Hand**" eine unzulässige reklamehafte Anpreisung erblickt. Das OLG Köln untersagte den Slogan **„Ihre Rechtsfragen sind unsere Aufgabe"**[276] und der AGH NRW[277] beanstandete die Werbung auf einem Linienbus mit den Worten **„Alles was Recht ist"** auch dem Inhalt nach, weil sie in übertriebener Weise eine besonders umfassende Beratungs- und Vertretungskompetenz suggeriere.[278] Eine Entscheidung des AnwGH München, das den Passus „Alles was Recht ist" ebenfalls für unzulässig gehalten hatte, wurde allerdings nach Ablehnung der Nichtzulassungsbeschwerde durch den BGH vom BVerfG[279] als dem Maßstab des Art. 12 Abs. 1 GG nicht gerecht werdend aufgehoben. Der Slogan „Es gibt Unternehmen, die uns kennen und überhaupt nicht mögen. Nur weil wir die Anwälte der Gegenseite sind" verstößt jedenfalls gegen das Sachlichkeitsgebot,[280] ebenso die Werbung einer Berliner Kanzlei auf ihrer Homepage „Doch ist es ein ungeschriebenes Gesetz dieser Kanzlei, Sie von Anfang an darauf hinzuweisen, wenn Sie für Ihr Anliegen hier nur den zweitbesten Anwalt vor Ort gefunden haben ... Fairness, Zuverlässigkeit und Spitzenqualität treffen Sie hier an."[281] Inakzeptabel ist auch das Passus: „Wir werden Anträge ... sorgfältig begründen. Dies unterscheidet uns von ... anderen ... Anwälten, bei denen der Sachvortrag häufig sehr dürftig ist und keine Vertretung in der mündlichen Verhandlung erfolgt", noch dazu in Verbindung mit dem Hinweis: „So geht zB der Anwalt S. aus S. nie zur mündlichen Verhandlung, so dass ihn Richter bereits als ´Phantom´ bezeichnet haben."[282] Gleiches gilt für die Selbstbehauptung: „Wir werden als adäquate Gesprächspartner auch von den Richtern geschätzt".[283]

71 Auf den Widerstand der fachgerichtlichen Rechtsprechung stoßen einstweilen noch bloße inhaltsleere und nicht überprüfbare **Qualitätsanpreisungen** wie **„ein guter Rechtsanwalt"**, „der **beste Strafverteidiger** am Ort", der Hinweis auf die eigene **„überdurchschnittliche Kompetenz"**,[284] das Angebot **„optimaler Rechtsberatung"**, **„optimaler**

---

[273] → Rn 89 ff.

[274] → Rn 74 ff.

[275] BGH NJW 1997, 2522, 2524; ebenso OLG Düsseldorf MDR 1999, 258, 259 m. krit. Anm. *Römermann;* krit. auch *Kleine-Cosack* NJ 2002, 57, 61.

[276] NJW 1999, 63; die dagegen eingelegte Verfassungsbeschwerde wurde zwar vom BVerfG NJW 2000, 1635 nach § 93 a Abs. 2 BVerfGG nicht zur Entscheidung angenommen; das BVerfG ließ aber unmissverständlich erkennen, es sei ihm schwer vorstellbar, dass durch die Aussage ein irreführender Eindruck bei den Rechtssuchenden entstehen könne; dazu auch *Jaeger* AnwBl. 2000, 475, 479.

[277] AnwBl. 1999, 557 m. abl. Anm. *Römermann.*

[278] Dem folgend OLG Stuttgart NJW-RR 2002, 1067; kritisch zu OLG Köln und AGH NRW *Hartung/Römermann* Berufs- und Fachanwaltsordnung Vor § 6 BerufsO Rn 160; *Feuerich/Weyland* BRAO § 43 b Rn 27; *Kleine-Cosack* NJ 2002, 57, 61; *Härting/Steinbrecher* AnwBl. 2005, 10, 13.

[279] NJW 2001, 3324.

[280] OLG Stuttgart NJW 2002, 1433, 1434; aA *Feuerich/Weyland* BRAO § 43 b Rn 27.

[281] LG Berlin AnwBl. 2000, 688; ebenso *Hartung/Römermann* Berufs- und Fachanwaltsordnung Vor § 6 BerufsO Rn 158; *Kleine-Cosack* NJ 2002, 57, 61.

[282] OLG Frankfurt NJW 2005, 1283.

[283] OLG Frankfurt NJW 2005, 1283.

[284] OLG Koblenz MDR 1999, 1166, 1167; s. auch OLG Dresden NJW 1999, 144, 147 f; *Koch* FS Erdmann S. 613, 631.

Interessenvertretung"[285] oder „**kreativer** und **flexibler Betreuung** in allen unternehmensrelevanten Rechtsgebieten",[286] der Satz „**Energie** und **Konzentration** haben uns zu dem gemacht, was wir heute sind",[287] die Anpreisung **„More powerfull legal solutions"**[288] oder sonstige **Superlative** („größte", „erste", „führende" Kanzlei; „Wir erbringen **Spitzenleistungen**" oder „**Spitzenleistungen** für Ihre Zukunft"; aus einer Praxisbroschüre die Begriffe: „erfahren", „kreativ", **„höchste Qualitätsansprüche", „außergewöhnliche Serviceleistung",** „vorbildlich", „qualifiziert und engagiert").[289] Indessen gebieten die verfassungssrechtlichen Vorgaben auch insoweit Zurückhaltung und verlangen im konkreten Fall den Nachweis einer Beeinträchtigung der Funktionsfähigkeit der Rechtspflege.[290] Insoweit könnte ein Beschluss des BVerfG vom 28. 2. 2003 eine **Trendwende** eingeleitet haben.[291] Danach verstößt es gegen Art. 12 GG, wenn die Gerichte einem Rechtsanwalt Werbeaussagen, die auch wertenden Charakter haben – im konkreten Fall ging es um das Angebot **„optimaler Interessenvertretung"** –, als nicht erlaubte Werturteile über die eigene Kompetenz untersagen.[292] So hat das OLG Naumburg[293] in dem Slogan **„anwalt sofort"** keine unangemessen unsachliche oder sonst ungesetzliche Werbung gesehen.[294] Allerdings können Selbstanpreisungen unter Umständen gegen das Verbot irreführender Werbung verstoßen, weil mit ihnen nicht selten ein beachtliches Maß an irreführender Übertreibung oder der Versuch einer Alleinstellung verbunden ist.[295]

Der neben seiner Anzeige platzierte **redaktionelle Beitrag** eines auf dem Gebiete des Steuerstrafrechts tätigen Rechtsanwalts (zum Vorgehen beim Erscheinen der Steuerfahndung) verstößt zwar dadurch, dass er auf die Wichtigkeit einer guten Beratung hinweist und sich der Anwalt mit der Verfassung des Beitrages für eine solche anbietet, noch nicht gegen das Verbot der Sachlichkeit. Wohl aber soll er es durch die Überschrift „Wenn der Steuerfahnder 3x klingelt" tun.[296] Nicht als sensationelles Sich-Herausstellen ist es anzusehen, wenn eine Rechtsanwältin mit dem Interessenschwerpunkt „Sportrecht" in ihrer Kanzleibroschüre auf ihre eigenen hervorragenden **sportlichen Erfolge** hinweist.[297] Die Verwendung von **Vanity-Telefonnummern**[298] mit Schlagworten wie „Rechtsanwalt", „Anwaltskanzlei" oder „Rechtsanwaltskanzlei" stellt entgegen OLG Stuttgart[299] auch inhaltlich keine unsachliche, den Inhaber der Nummer übertrieben und blickfangmäßig herausstellende Werbung dar.[300] Ebenso wenig ist hierdurch eine unlautere Behinderung der Konkurrenten durch Kanalisierung der Mandantenströme zu besorgen. Denn der infor- 72

[285] Noch für unzulässig gehalten von OLG Brandenburg als Ausgangsinstanz zu BVerfG NJW 2003, 1307; von BGH GRUR 2005, 520 – Optimale Interessenvertretung dagegen unter Bestätigung der Vorinstanz OLG Hamburg, NJW 2002, 3183 zugelassen.

[286] OLG Koblenz MDR 1999, 1166, 1167; *Koch* FS Erdmann S. 613, 631; ähnlich breit die Werbeaussage in BGH NJW 1998, 1282.

[287] LG München Stbg 2000, 433, 435.

[288] LG München Stbg 2000, 433, 435.

[289] So die Beispiele bei *Kleine-Cosack* NJ 2002, 57, 61 mN; OLG Bremen NJW 2007, 1539: Bezeichung als „Erster Fachanwalt für ... in ..." selbst dann unzulässig, wenn der Betreffende tatsächlich der *zeitlich* erste Fachanwalt seiner Ausrichtung am Platz.

[290] → Rn 23, 61 f, 68, 85, 115.

[291] BVerfG NJW 2003, 1307.

[292] Dem entsprechend darin nach Lage des Falles keinen Verstoß gegen das Sachlichkeitsgebot der §§ 43 b BRAO, 6 BORA mehr erblickend BGH GRUR 2005, 520 – Optimale Interessenvertretung m. Anm. *Henssler* BB 2005, 1246.

[293] AnwBl. 2008, 142, 143.

[294] Zum Ganzen auch *Hartung/Römermann* Berufs- und Fachanwaltsordnung Vor § 6 BerufsO Rn 158 f, *Kleine-Cosack* BRAO § 43 b Rn 11 ff, *Saenger/Riße* WRP 2005, 1468, 1472 f und *Härting/Steinbrecher* AnwBl. 2005, 10, 13.

[295] → Rn 79.

[296] OLG Oldenburg NJW 2001, 2026 – fraglich; dagegen etwa *Härting/Steinbrecher* AnwBl. 2005, 10, 13.

[297] BVerfG NJW 2003, 2816, 2817; *Grunewald* NJW 2004, 1146, 1148; dazu im Lichte von Art. 10 EMRK EGMR vom 23. 7. 2007, 7969/04.

[298] → Rn 66.

[299] NJW-RR 2000, 1515, 1517 als Vorinstanz zu BGH NJW 2002, 2642.

[300] BGH NJW 2002, 2642, 2644 f.

mierte und verständige Rechtssuchende kann ohne weiteres erkennen, dass es sich bei dem Nummerninhaber nicht um den alleinigen Anbieter anwaltlicher Dienstleistungen handelt.[301] Für die Behandlung der Schlagworte für solcherlei Telefonnummern gilt Ähnliches wie für Internet-Adressen.[302]

73 **b) Das Verbot der aufdringlichen und belästigenden Werbung.** Verstöße von Anwälten gegen das aus dem Sachlichkeitsgebot des § 43b BRAO folgende allgemeine berufsrechtliche Verbot der **aufdringlichen** und **belästigenden** Werbung[303] sind hierzulande bisher noch nicht relevant geworden. Die bislang aufgetretenen Fälle der Werbung auf öffentlich präsentierten Flächen wie Taxen, Linienbussen und Straßenbahnen sowie Werbesäulen reichen, auch wenn sie den Betrachter unerwartet, unfreiwillig und unausweichlich treffen, noch nicht an die Schwelle der Belästigung und Aufdringlichkeit heran und sind allenfalls „reklamehaft".[304] Aufdringliche Werbemethoden, wie sie aus anderen Ländern wie insbesondere den USA berichtet oder auch nur kolportiert werden,[305] sind in der Bundesrepublik Deutschland einstweilen noch nicht zu beklagen. Im Übrigen stellt das ähnlichen Zwecken wie das Verbot der aufdringlichen Werbung dienende Verbot der Werbung um die Erteilung eines Auftrags im Einzelfall gemäß § 43b BRAO für dergleichen Werbemethoden eine bei weitem höhere Hürde auf und lässt sie regelmäßig bereits daran scheitern.[306]

74 **c) Das Verbot der irreführenden Werbung.** Der im durch § 43b BRAO ausgesprochenen Sachlichkeitsgebot mit enthaltene Gedanke der Verhinderung **irreführender Werbung**[307] kehrt auch in den **Einzelregelungen der BORA** großenteils wieder.[308] Soweit die BORA bestimmte Werbeträger- und Medien ausdrücklich erwähnt und damit zulässt (vgl. zu Praxisbroschüren, Rundschreiben und vergleichbaren Informationsmitteln § 6 Abs. 2 BORA), haben sie ebenfalls inhaltlich das Verbot der irreführenden Werbung zu beachten. Unabhängig von den Einzelregelungen der BORA gilt für das berufsrechtliche Verbot der irreführenden Werbung allgemein Folgendes:

75 Die **praktische Handhabung** des in der Rechtsprechung des BVerfG gelegentlich sogar als der „Kern des Werbeverbots" bezeichneten und seit jeher zu den Pflichten der freien Berufe gerechneten[309] Verbots der irreführenden Werbung hat unter der Geltung des verfassungsrechtlich vorgegebenen Grundsatzes der Werbefreiheit[310] stets zu berücksichtigen, dass den Angehörigen freier Berufe von Verfassungs wegen Raum bleiben muss für eine interessengerechte und sachangemessene Information, die keinen Irrtum erregt.[311] Das Verbot der irreführenden Werbung dient nicht allein dem Schutz der Rechtssuchenden davor, durch falsche Werbeaussagen getäuscht zu werden. Vielmehr schützt es zugleich die **Funktionsfähigkeit der Rechtspflege** und damit einen wichtigen **Gemeinwohlbelang.**

---

301 So BGH NJW 2002, 2642, 2645.

302 Diese Parallele ziehend auch BGH NJW 2002, 2642, 2645; *Feuerich/Weyland* BRAO § 6 BORA Rn 29; → Rn 103ff.

303 → Rn 60.

304 → Rn 64.

305 Dazu, dass es in den USA mittlerweile Bestrebungen gibt, gewisse Arten anwaltlicher Werbung (wieder) zurückzudrängen, *Römermann* Anwalt 2001, 10, 12 sowie *Hirte* ZZP 116 (2003), 135, 156.

306 → Rn 92ff.

307 → Rn 60.

308 Zur nach § 6 Abs. 2 S. 1 BORA unzulässigen Angabe von Erfolgs- und Umsatzzahlen → Rn 118; zu Benennung von Teilbereichen der Berufstätigkeit mit und ohne qualifizierende Zusätze § 7 BORA → Rn 120ff; zur Bekanntgabe beruflicher Zusammenarbeit, zu Kurzbezeichnungen und zur Gestaltung von Briefbögen nach §§ 8 bis 10 BORA → Rn 139ff.

309 BVerfGE 60, 215, 231f; BVerfGE 76, 196, 205; BVerfGE 82, 18, 27; zum Verbot irreführender Werbung des weiteren BVerfG NJW 1992, 1613; BVerfG NJW 1994, 123, 124; BVerfG NJW 1995, 712; BVerfG NJW 2000, 3195; BVerfG NJW 2001, 1926, 1927; BVerfG NJW 2001, 2461; BVerfG NJW 2001, 3324; BVerfG NJW 2003, 2816.

310 → Rn 17.

311 BVerfGE 82, 18, 28; BVerfG AnwBl. 1995, 96; BVerfG NJW 2001, 1926, 1927, 2461, 2620, 2788, 2789 und 3324; BVerfG NJW 2003, 2816, 2817, 3470 und 3472, 3473; → Rn 25.

Denn die Funktionsfähigkeit der Rechtspflege ist auf eine Rechtsanwaltschaft angewiesen, die das in den Anwalt als Organ der Rechtspflege gesetzte **Vertrauen** rechtfertigt.[312] Dieses Vertrauen würde erschüttert, wenn Rechtsanwälten irreführende Werbung gestattet wäre. Ob eine Werbeaussage irreführend ist, ist wie allgemein im Wettbewerbsrecht[313] vom Standpunkt der angesprochenen Verkehrskreise, hier also eines durchschnittlich informierten und verständigen Rechtssuchenden aus zu beurteilen.[314]

Zur Werbefreiheit der freien Berufe zählen BVerfG und BGH bereits seit geraumer Zeit das Recht, zulässigerweise mit dem wahrheitsgemäßen Hinweis auf **rechtsförmlich erworbene fachliche Qualifikationen**[315] oder auf selbstgewählte, **tatsächlich ausgeübte Tätigkeitsschwerpunkte**[316, 317] zu werben. Umgekehrt darf mit Titeln und formalisierten Qualifikationen, die nicht rechtsförmlich erworben wurden, oder mit nicht ausgeübten Tätigkeitsschwerpunkten nicht geworben werden. Dementsprechend ist es nicht irreführend und deshalb (in Abkehr von § 78 Abs. 1 der vormaligen Standesrichtlinien) erlaubt, wenn ein Rechtsanwalt, der zugleich **Architekt** ist[318] oder auf Grund einer sich an ein Studium anschließenden Prüfung den akademischen Grad eines **Diplomkaufmanns** oder **-ingenieurs** erworben hat, im geschäftlichen Verkehr beide Titel führt. Mit von **privaten Einrichtungen** verliehenen Titeln und Zertifikaten darf geworben werden, wenn die dazu erforderlichen Kenntnisse nach objektiven Kriterien ordnungsgemäß **abgeprüft wurden** und die Zurückführung des Titels auf die vergebende private Einrichtung in geeigneter Weise **offen gelegt** wird.[319] Unter dieser Voraussetzung durften Rechtsanwälte sich schon vor der Einfügung des § 7a in die BRAO als **Mediator** bezeichnen.[320] Solchermaßen erworbene und geführte Titel und Zertifikate dürfen allerdings nicht den Eindruck eines auf Grund eines Studiums erworbenen akademischen Grades vermitteln,[321] es sei denn, die private Einrichtung ist, wie insbesondere private Universitäten und Hochschulen, hochschulrechtlich zur Verleihung akademischer Titel befugt. Wer an einer Hochschule einen der zunehmend vergebenen, gewisse juristische Anteile in der Ausbildung andeutenden Titel erworben hat (**„Diplom-Wirtschaftsjurist“** oder ähnlich), der darf mit diesem Titel nicht in einer Weise werben, die den Eindruck erweckt, dahinter verberge sich jemand, der mit den dazu erforderlichen Examina ausgestattet zulässigerweise anwaltliche Dienstleistungen und Rechtsberatung auf wirtschaftlichem Gebiet anbiete.[322] 76

Dass die Werbung mit Qualifikationen, **über die man (**noch**) nicht verfügt,** oder mit Fachanwaltsbezeichnungen, **die es** (noch) **nicht gibt,** irreführend ist, versteht sich von selbst.[323] In diesem Sinne ist es, wie das OLG Rostock[324] zu Recht entschieden hat, irre- 77

---

312 → Rn 21, 23, 61.

313 BGHZ 148, 1, 7 – Mitwohnzentrale.de mwN; näher → § 5 Rn 189 ff.

314 BVerfG NJW 2004, 2657, 2658; BGHZ 153, 61, 68 – presserecht.de; *Hoß* AnwBl. 2002, 377, 381 f; *Steinbeck* NJW 2003, 1481, 1486; *Saenger/Riße* MDR 2004, 1381 (letztere zur Werbung im Internet).

315 BVerfGE 33, 125, 170; BVerfGE 57, 121, 133; BVerfGE 82, 18, 28; BVerfG NJW 1995, 712; BVerfGE 106, 181, 195; BVerfG NJW 2003, 2816, 2817; BGHZ 111, 229, 231; BGHZ 115, 105, 114 – Anwaltswerbung I; BGH NJW 1992, 45; BGH NJW 2002, 2948, 2948.

316 BVerfG NJW 1992, 1613, 1614; BVerfG AnwBl. 1995, 96 f; BVerfG NJW 1995, 775, 776; BVerfG NJW 2001, 2788, 2789 f; BVerfG BGH NJW 1997, 2522, 2523; BVerfG NJW 1997, 2682, 2683 (Forderungseinzug); → Rn 25 aE.

317 Letzteres zeitweise in § 7 BORA zu regeln versucht, → Vorauflage Rn 118 ff; zur Werbung mit Tätigkeitsschwerpunkten nach § 7 BORA nF → Rn 125 und 127.

318 Dazu BVerfGE 82, 18, 27.

319 *Grunewald/Henssler* NJW 2003, 1099 f; *Huff* Anwalt 1–2/2003, 12, 13; s. a. LG Köln BRAK-Mitt. 2009, 91.

320 BGH NJW 2002, 2948; AGH NW AnwBl. 2000, 693 m. Anm. *Kilian;* AGH BW NJW 2001, 3199; *Feuerich/Weyland* BRAO § 43b Rn 15; *Henssler/Kilian* FuR 2001, 104, 107.

321 So aber der auf Grund der Teilnahme an einer von einer dafür ein „Diplom“ verleihenden „Steuer & Wirtschafts-Akademie GmbH“ durchgeführten Qualifizierungsmaßnahme für arbeitslose Juristen geführte Titel „Dipl.-Wirtschaftsjurist (SWA)“, AGH Rheinland-Pfalz NJW 2001, 1586.

322 OLG Hamm NJW 2007, 2191, 2192 f – Wirtschaftsjuristenkanzlei.

323 OLG Braunschweig NJW-RR 2003, 686.

324 BRAK-Mitt. 2006, 146 = NJW-RR 2006, 784. Es ging um die Wahrung der Firmenwahrheit nach §§ 2 PartGG, 18 Abs. 2 HGB. Die dagegen eingelegte Verfassungsbeschwerde wurde nicht zur Entschei-

führend, wenn eine nur aus Rechtsanwälten bestehende Partnerschaftsgesellschaft die Bezeichnung **„Rechtsanwälte und Steuerberatung"** führt. Zwar dürfen Rechtsanwälte den Begriff Steuerberatung zur Beschreibung ihrer Tätigkeit grundsätzlich durchaus verwenden (§ 43 Abs. 4 S. 3 StBerG), zumal ihnen als berufene Berater in allen Rechtsangelegenheiten (§ 3 Abs. 1 BRAO) auch die Steuerberatung ohne weiteres erlaubt ist (§ 3 Nr. 1 StBerG). Eine solche Benennung kann also für sich betrachtet kaum irreführend sein. Sie wird es jedoch in der **Kombination** der Personenbezeichnung Rechtsanwälte mit der Sachbezeichnung Steuerberatung. Die nämlich ist dazu angetan (und wohl auch darauf angelegt), dass die maßgeblichen Verkehrskreise den nur wenige Buchstaben betragenden Unterschied zwischen dem als solcher unverdächtigen Begriff Steuerberat*ung* und der in dieser Kombination im Grunde näher liegenden (aber für die hier fragliche Partnerschaft ohne weiteres irreführenden und außerdem nach § 43 Abs. 4 S. 1 StBerG unzulässigen) Bezeichnung Steuerberat*er* nicht wahrnehmen. So entsteht bei ihnen der irreführende Eindruck, es handele sich bei der Partnerschaft um einen Zusammenschluss von Rechtsanwälten und Steuerberatern. Nicht irreführend wäre es dagegen gewesen, wenn die Bezeichnung der Partnerschaft gelautet hätte „Rechtsberatung und Steuerberatung". Einen Verstoß gegen das Verbot irreführender Werbung stellt es auch dar, wenn ein Rechtsanwalt mit dem von ihm verwendeten Briefkopf den Eindruck erweckt, er stehe in einer nach § 59a BRAO unzulässigen Sozietät mit einer Unternehmensberaterin.[325]

78 Nicht irreführend im Sinne der §§ 5, 5a ist es auch, wenn eine überörtliche Anwaltssozietät in ihren überörtlichen Verlautbarungen (Briefbögen, Broschüren, Internetauftritt) sowie der von ihr verwendeten Kurzbezeichnung (§ 9 BORA)[326] neben dem Begriff „Rechtsanwälte" auch den Begriff **„Fachanwälte"** verwendet, auch wenn nur einige und nicht alle Sozien Fachanwälte sind. Um zulässigerweise die Pluralform zu verwenden, muss allerdings eine dies rechtfertigende Zahl von Sozietätsmitgliedern Fachanwälte sein. Nicht erforderlich ist, dass an jedem Standort der Sozietät, an dem sie (etwa auf dem Praxisschild) auf das Vorhandensein von Fachanwälten in ihren Reihen verweist, auch tatsächlich ein oder mehrere Fachanwälte tätig sind. Dort, wo die Sozietät ihre Mitglieder namentlich aufführt, müssen die Zusatzqualifikationen, auf die die Kurzbezeichnung lediglich allgemein hinweist, jedoch für jedes einzelne Sozietätsmitglied, das über die Zusatzqualifikation verfügt, einzeln und konkret aufgeführt werden, um keinen Zweifel an der jeweiligen Qualifikation der einzelnen benannten Sozietätsmitglieder aufkommen zu lassen.[327] Die in § 43c Abs. 3 S. 3 BRAO bestimmte Beschränkung auf die Befugnis zum Führen **höchstens zweier Fachanwaltsbezeichnungen** ist verfassungsrechtlich nicht zu beanstanden.[328] Ein unzulässiges Führen von mehr als zwei Fachanwaltsbezeichnungen liegt auch dann vor, wenn ein Anwalt zwei Fachanwaltschaftstitel förmlich führt und zu einer dritten (zutreffend) angibt, er verfüge zwar über die entsprechende Qualifizierung, führe die Bezeichnung aber derzeit aus berufsrechtlichen Gründen nicht.[329] Zwar führte das Festhalten eines Anwalts an der Angabe **„zugelassen am LG und OLG"** nach der vollständigen Aufhebung des Lokalisationsgrundsatzes im Jahre 2007 durch das Gesetz zur Stärkung der Selbstverwaltung der Anwaltschaft (BGBl. I, S. 358) insofern in die Irre, als dadurch der Eindruck erweckt werden könnte, es handele sich um einen Rechtsanwalt mit besonderer Gerichtszulassung und andere Kollegen seien bei diesen Gerichten nicht zugelassen.[330] Je-

dung angenommen, BVerfG NJW 2006, 1499 mit beide Entscheidungen abl. Anm. *Huff* BRAK-Mitt. 2006, 173.

325 AGH Baden-Württemberg NJW-RR 1995, 1017.

326 → Rn 139ff.

327 Zum Ganzen unter Aufhebung der weitreichenden Verurteilung der beklagten Sozietät durch OLG Bremen OLGR 2005, 44 (dies seinerseits die Gesamtabweisung der Unterlassungsklage durch LG Bremen NJW 2004, 2027 aufhebend) BGH GRUR 2007, 807 – Fachanwälte.

328 BGH NJW 2005, 1711 m. Anm. *Kleine-Cosack* JZ 2005, 898; Verfassungsbeschwerde nicht zur Entscheidung angenommen, BVerfG NJW 2005, 3558.

329 OLG Naumburg NJW 2007, 1537.

330 *Dahns* NJW 2007, 1553, 1554; s. a. LG Aschaffenburg BRAK-Mitt. 2009, 37.

doch hieße es, die einschlägigen Vorschriften überziehen, hierauf schon wenige Tage nach Inkrafttreten des Gesetzes eine wettbewerbsrechtliche Unterlassungsverfügung stützen zu wollen.[331] Rechtsanwaltskanzleien, die nach der Aufhebung des Zweigstellenverbots durch eben dieses Gesetz nunmehr **Zweigstellen** unterhalten, sind je nach Rechtsform schon firmenrechtlich verpflichtet, Hauptsitz und Zweigstellen in ihren Geschäftsbriefen als solche kenntlich zu machen (für Partnerschaftsgesellschaften § 7 Abs. 5 PartGG mit § 125 a HGB, für die Rechtsanwalts-GmbH § 35 a GmbHG und für die Rechtsanwalts-AG § 80 AktG). Darüber hinaus sollen in jedweder Rechtsform betriebene Kanzleien zur Vermeidung von Irreführungen gehalten sein, Haupt- und Zweigstelle im Geschäftsverkehr entsprechend zu kennzeichnen, allerdings nicht notwendig bereits auf dem Kanzleischild.[332]

Auf **bloßer Selbsteinschätzung** beruhende Qualifikationshinweise sind jedenfalls dann 79
irreführend, wenn damit beim Publikum der Eindruck erweckt wird, die betreffende Qualifikation sei durch eine **Zusatzausbildung** mit abschließender **Prüfung** erworben.[333] Aber auch wenn der Eindruck des Qualifikationserwerbs auf Grund einer Prüfung nicht erweckt wird oder wegen der Natur der betreffenden Qualifikation von vornherein nicht erweckt werden kann, können Selbsteinschätzungen leicht in die Irre führen. Häufig nämlich beruht eine Selbsteinschätzung „auf selbstgerechter, nicht überprüfbarer Wertung, die die Gefahr unrichtiger Erwartung gerade deshalb als nahe liegend erscheinen lässt, weil die anwaltliche Leistung von den Rechtssuchenden in der Regel nur schwer einschätzbar ist."[334] Die Grenzen zum reklamehaften Sich-Herausstellen[335] sind dabei fließend. Denn Selbsteinschätzungen enthalten nicht selten zugleich ein beachtliches Maß an **Übertreibung** und sind insoweit auch irreführend. Dies gilt sowohl für die zu Rn 70 erwähnten Fälle der Berühmung besonderer, andernorts angeblich so nicht anzutreffender **Kompetenzen** als auch die ebendort behandelte Werbung mit inhaltsleeren und nicht überprüfbaren **Qualitätsanpreisungen.** Sie werden deshalb in den einschlägigen Entscheidungen jeweils auch unter dem Gesichtspunkt der Irreführung gewürdigt.

Von Verfassungs wegen zuzulassen sind dagegen zutreffende, in sachlicher Form erfol- 80
gende, nicht irreführende Angaben über spezielle Qualifikationen des Anwalts, selbst wenn diese in den einschlägigen berufsrechtlichen Vorschriften (§§ 6 Abs. 2, 7 BORA) in dieser Art nicht vorgesehen sind.[336] Dem entsprechend darf sich ein **nachweislich** intensiv auf dem Gebiet des Verkehrsrechts tätiger Anwalt auf seinem Briefkopf als **„Spezialist für Verkehrsrecht“,**[337] ein ohne erhebliche zeitliche Unterbrechung als solcher tätiger als **„Insolvenzverwalter“** bezeichnen.[338] Spezialist soll sich dagegen nicht nennen dürfen, wer nach seinem Lebensalter noch nicht über die von einem solchen zu erwartenden herausragenden Kenntnisse und Erfahrungen verfügen kann.[339]

Ob bei hinreichender Beachtung der verfassungsrechtlichen Vorgaben in der Bezeich- 81
nung **„Bodenseekanzlei“** tatsächlich eine irreführende, nach §§ 3, 5 Abs. 1 Nr. 3 wett-

---

331 OLG Saarbrücken BRAK-Mitt. 2008, 39 (acht Tage).

332 *Lemke* BRAK-Mitt. 2008, 146, 147 ff.

333 BGHZ 115, 105, 113 f – Anwaltswerbung I; BGH NJW 1992, 45; BRAK-Mitt. 1996, 215, 217; *Grunewald/Henssler* NJW 2003, 1099.

334 So BGHZ 115, 105, 113 f – Anwaltswerbung I.

335 → Rn 70 ff.

336 BVerfG NJW 2004, 2656 m. krit. Anm. *Offermann/Burckart* NJW 2004, 2616.

337 BVerfG NJW 2004, 2656 m. krit. Anm. *Offermann/Burckart* NJW 2004, 2616.

338 AnwG Freiburg NZI 2006, 423.

339 LG Dortmund NJW-RR 2006, 345, das von einem Spezialisten – in den sachlichen Anforderungen durchaus in der Tendenz von BVerfG NJW 2004, 2656 liegend, im Abstellen auf das noch junge Lebensalter als Kontraindikator dagegen fraglich – Kenntnisse, Eignungen und Befähigungen verlangt, die „in jedem Falle höher sein müssen, als diejenigen eines Fachanwalts oder des Inhabers eines Interessen- oder Tätigkeitsschwerpunktes“ nach § 7 BORA aF; ähnlich streng OLG Nürnberg NJW 2007, 1984, 1985 = BRAK-Mitt. 2007, 128, 129; LG Kiel NJW 2006, 2496 = BRAK-Mitt. 2006, 238, 239; LG Offenburg BRAK-Mitt. 2007, 182, 183 f; zu den hoch anzusiedelnden Anforderungen an die Bezeichnung als „Experte“ oder „Spezialist“ auch *Dahns/Krauter* BRAK Mitt. 2004, 2, 3; *Härting/Steinbrecher* AnwBl. 2005, 10, 13; *Offermann/Burckart* BRAK-Mitt. 2006, 154, 156 sowie → Rn 122 (zu § 7 BORA nF).

werbswidrige **Spitzenstellungswerbung**[340] und damit zugleich ein Verstoß gegen das Sachlichkeitsgebot der §§ 43b BRAO, 6 Abs. 1 BORA zu erblicken ist, ist zu bezweifeln.[341] Denn der durchschnittlich informierte potentielle Mandant, auf den abzustellen ist, wird hinter dieser Bezeichnung kaum die beste und renommierteste, geschweige denn die einzige Anwaltskanzlei in der Bodenseeregion vermuten. In dieser Hinsicht grundsätzlich unbedenklich sein soll auch der zutreffende und sachlich formulierte werbliche Hinweis auf einen bei einem Ranking von Rechtsanwaltskanzleien erzielten **Ranking-Platz.**[342]

82 Der wahrheitsgemäße Hinweis einer Rechtsanwältin mit dem Interessenschwerpunkt „Sportrecht" auf ihre eigenen **sportlichen Erfolge** ist jedenfalls nicht irreführend,[343] ebenso wenig die zutreffende Erwähnung vom Werbenden **früher bekleideter öffentlicher Ämter** wie das eines Stadtdirektors,[344] Richters, Staatsanwalts oder Universitätsprofessors der Rechtswissenschaften.[345] Nicht irreführend und deshalb erlaubt ist des Weiteren, den Namen eines Sozius', der wegen der Bekleidung eines öffentlichen Amtes nach § 47 Abs. 2 BRAO zur Zeit an der **Ausübung des Anwaltsberufes gehindert** ist, mit einem entsprechenden Vermerk auf dem Briefbogen der von den Sozien fortgeführten Kanzlei sowie an anderen Stellen weiter zu führen.[346] Die nach § 10 Abs. 4 BORA grundsätzlich zulässige Weiterführung **ausgeschiedener** Kanzleiinhaber, Gesellschafter, Angestellter oder freier Mitarbeiter auf den Briefbögen[347] ist dann irreführend, wenn der Ausgeschiedene anderweitig nach wie vor als Anwalt tätig ist und dies nicht entsprechend kenntlich gemacht wird,[348] oder es sich gar nicht um den Fall eines Ausscheidens aus einer fortgeführten Kanzlei handelt, sondern die Kanzlei der als ausgeschieden Geführten zuvor wegen Verlustes der Anwaltszulassung abgewickelt wurde und es sich bei der sie als ausgeschieden führenden Kanzlei lediglich um eine Neugründung in den Räumen der abgewickelten Kanzlei handelt.[349] Ebenfalls irreführend ist es, wenn eine Anwaltssozietät jemanden im Rahmen einer Werbeveranstaltung als **neuen Kollegen** einführt, der nicht als Sozius oder anwaltschaftlicher Mitarbeiter in die Anwaltsgemeinschaft eingebunden ist, sondern lediglich als freier Mitarbeiter auf Anfrage für eine bestimmte Rechtsberatung zur Verfügung steht.[350] Nicht irreführend (und spätestens seit Aufhebung des § 9 Abs. 3 BORA auch im Lichte des § 9 BORA zulässig[351]) ist es dagegen, für den Zusammenschluss zur gemeinschaftlichen Berufsausübung in einer Kurzbezeichnung das englische Wort **„Associates"** zu verwenden und damit kenntlich zu machen, dass der Tätigkeitsschwerpunkt aller Kanzleimitglieder im internationalen Recht liegt bzw. eines der Kanzleimitglieder gleichzeitig auch im englischsprachigen Ausland zugelassen ist und dort eine Kanzlei unterhält.[352]

83 Auch die Verlautbarungen eines Rechtsanwalts über seine **Preisgestaltung** dürfen nicht in die Irre führen. So muss ein für seine telefonische Rechtsberatung werbender Anwalt auf für das Publikum nicht selbstverständliche Einschränkungen und Besonderheiten bei

---

340 So OLG Stuttgart NJW 2006, 2273 = BRAK-Mitt. 2006, 188.

341 Dagegen auch *Dahns* NJW-Spezial 2006, 335; *Möllers/Mederle* WRP 2008, 871, 879.

342 Dazu *Möllers/Mederle* WRP 2008, 871, 878ff; zur wettbewerbsrechtlichen Verantwortlichkeit des Veranstalters eines solchen Rankings → Rn 111.

343 BVerfG NJW 2003, 2816, 2817; *Grunewald* NJW 2004, 1146, 1148; dazu im Lichte von Art. 10 EMRK EGMR vom 23. 7. 2007, 7969/04.

344 Dazu AnwG Hamm NJW-RR 2000, 793.

345 Wie hier *Henssler/Prütting/Eylmann* BRAO § 43b Rn 21; *Feuerich/Weyland* BRAO § 43b Rn 15 und 40; *Hartung/Römermann* Berufs- und Fachanwaltsordnung § 6 BerufsO Rn 67; *Hirte* ZZP 116 (2003), 135, 150; dagegen *Ring* Stichwort „Amtsbezeichnung, Führen einer früheren": Ein solcher Hinweis sei irreführend, weil er vermuten lasse, der ehemalige Amtsträger verfüge auch nach seinem Ausscheiden aus dem Amt noch über Beziehungen, die er zum Nutzen seiner Mandanten einsetzen könne.

346 BGH NJW 1997, 3238 – Rechtsanwalt als Minister.

347 → Rn 145.

348 BGH NJW 1997, 3236 – Ausgeschiedene Sozien.

349 OLG Stuttgart NJW 2005, 3429.

350 BGHZ 115, 105, 114f – Anwaltswerbung I.

351 → Rn 142.

352 BGH NJW 2005, 1770; irreführend ist die Verwendung des Begriffes jedoch, wenn sich dahinter keine auf Dauer angelegte berufliche Zusammenarbeit verbirgt, BGH BRAK-Mitt. 2009, 80.

der grundsätzlich im Minutentakt erfolgenden Gebührenabrechnung hinweisen.[353] Nachdem § 34 RVG in seiner seit dem 1. 7. 2006 geltenden Fassung die Honorare für die außergerichtliche Beratung der freien Vereinbarung überlässt und das RVG insoweit grundsätzlich keine Mindestgebühren mehr vorschreibt, ist eine **Werbung mit niedrigen außergerichtlichen Gebühren** zwar nicht mehr unter dem Gesichtspunkt einer nach § 49b Abs. 1 BRAO verbotenen Gebührenunterschreitung unzulässig.[354] Da das RVG den Rechtsanwalt (selbstverständlich) nicht vom Verbot irreführender Werbung befreit, darf eine entsprechende Werbung jedoch nicht darüber täuschen, was der Mandant für diese niedrige Gebühr vom Rechtsanwalt zu erwarten hat. In diesem Sinne ist die Anpreisung einer gering pauschal vergüteten anwaltlichen Erstberatung (20 Euro), die in eine „klare Empfehlung" einmünden soll, „ob und was zu tun ist," irreführend. Denn der Rechtssuchende erwartet darauf hin eine unabhängig vom Gegenstand und Umfang seiner Sache vollständige und ordnungsgemäße Beratung, während die versprochene klare Empfehlung in den seltensten Fällen abschließend sein kann, sondern in der Regel auf weitere, zusätzliche Kosten auslösende Beratungsgespräche hinauslaufen wird.[355]

d) Das Erfordernis der Berufsbezogenheit der Werbeaussage. Nach §§ 43b BRAO, 6 Abs. 1 BORA, 39b PAO darf der Anwalt in seiner Werbeaussage nur über seine **berufliche Tätigkeit** informieren. Seine Werbeaussagen müssen also **berufsbezogen** sein. Ob diesem Merkmal überhaupt eine nennenswerte regulierende Wirkung beigemessen werden kann, wird zu Recht bezweifelt.[356] Mit ihm geht es offensichtlich darum, Werbeaussagen zu unterbinden, die keinen Bezug zur anwaltlichen Berufsausübung haben und für sie irrelevant sind. Gemessen an den (heute allein noch) legitimen Zwecken von Werbebeschränkungen[357] und dem heute zunehmend ins Blickfeld geratenen Informationsbedürfnis der Rechtssuchenden[358] kann es dabei **nicht** auf die **objektive Berufsbezogenheit** und **-relevanz** ankommen. Vielmehr ist die **subjektive Sicht des umworbenen Rechtssuchenden** maßgeblich: Welche Werbeaussagen sind für ihn von Bedeutung und Interesse, um auf der Grundlage einer vernünftigen und sachbezogenen Betrachtung die **für ihn** richtige Auswahl des zu seiner Beratung und Vertretung geeigneten Anwalts treffen zu können?[359] Berufsbezogen ist damit jede Information, die dem Rechtssuchenden bei dieser Auswahl in nachvollziehbarer Weise hilfreich sein kann! 84

Unter Zugrundelegung dessen sowie unter Beachtung der verfassungsrechtlichen Vorgaben (im Einzelfall konkret nachweisbare Beeinträchtigung der Funktionsfähigkeit der Rechtspflege[360]) ist bei der Frage nach der Berufsbezogenheit einer Werbeaussage zumindest ein **großzügiger Maßstab** anzulegen.[361] Aus der Sicht des Rechtssuchenden können nämlich für seine Auswahlentscheidung nicht nur Informationen über die berufliche Qualifikation des Anwalts, sondern auch über dessen **persönlichen Qualitäten** wie insbe- 85

---

[353] BGH GRUR 2005, 433, 435ff = NJW 2005, 1266 – Telekanzlei.

[354] BGH BRAK-Mitt. 2008, 38; anders bei gerichtlichen Gebühren, dazu BGH AnwBl. 2008, 880, 881 (Werbung mit unzulässigen Erfolgshonoraren und unangemessen niedrigen Pauschalgebühren für anwaltliche Inkassotätigkeit); zur Wettbewerbswidrigkeit der Werbung mit unterhalb etwa noch bestehender Mindestpreisregeln liegenden Gebühren → Rn 44.

[355] OLG Düsseldorf BRAK-Mitt. 2007, 274.

[356] *Kleine-Cosack* NJ 2002, 57, 58; gar für redundant und daher überflüssig hält dieses Merkmal *Hartung/Römermann* Berufs- und Fachanwaltsordnung § 6 BerufsO Rn 124; s. auch *Saenger/Riße* WRP 2005, 1468, 1469: könnte de facto gestrichen werden sowie *Härting/Steinbrecher* AnwBl. 2005, 10, 11f: neben dem Sachlichkeitsgebot kein eigenständig fassbarer Bedeutungsgehalt.

[357] Schutz der auf eine funktionsfähige Anwaltschaft angewiesenen Funktionsfähigkeit der Rechtspflege durch Bewahrung des Vertrauens der Rechtssuchenden in die Anwaltschaft, → Rn 23, 61.

[358] → Rn 24.

[359] BGHZ 115, 71, 76 – Anwaltswerbung II; *Henssler/Prütting/Eylmann* BRAO § 43b Rn 19; *Feuerich/Weyland* BRAO § 43b Rn 12; *Kleine-Cosack* BRAO § 43b Rn 4.

[360] → Rn 23, 61f, 68, 71, 115.

[361] S. auch *Lorenz* JurPC Web-Dok. 225/2004, Abs. 50ff; *Härting* AnwBl. 2000, 343, 344f will die Voraussetzung der Berufsbezogenheit im Wege „verfassungskonform-restriktiver Auslegung" sogar weitestgehend unterdrücken.

sondere seine **persönliche Integrität,** seine Bereitschaft zu **sozialem, kulturellem, wissenschaftlichem** und **politischem Engagement** sowie seine **Einsatzfreudigkeit** im Übrigen bedeutsam sein. Denn solcherlei persönliche Qualitäten erlauben zumindest aus der Sicht des Rechtssuchenden gewisse Rückschlüsse auf für die Mandatsbearbeitung relevante berufliche Grundeinstellungen des Anwalts. Zwar mögen dergleichen Rückschlüsse im Einzelfall recht vage und subjektiv sein. Den Rechtssuchenden können sie jedoch in seiner Entscheidung mit bestimmen und es ist nicht Aufgabe des Rechts, ihn darin zu bevormunden. Allein Informationen, denen aus der Sicht eines verständigen Rechtssuchenden jedwede Relevanz für seine Auswahlentscheidung fehlt, sind nicht mehr berufsbezogen. Mit alledem ist der **Image-** und **Sympathiewerbung** (soweit sie noch unterrichtenden Charakter hat[362]) auch im Bereich der Werbung durch Anwälte (und Freiberufler allgemein) ein nicht unerheblicher Spielraum eröffnet.

86 Dementsprechend ist der Hinweis einer auf dem Gebiet des „Sportrechts" tätigen Rechtsanwältin auf ihre eigenen **sportlichen Erfolge** als mehrfache Landesmeisterin und Teilnehmerin an internationalen Wettbewerben ohne weiteres berufsbezogen. Denn dadurch signalisiert sie einschlägigen Rechtssuchenden über ihr juristische Qualifikation hinaus ein für die Mandatsbearbeitung bedeutsames Verständnis für die Situation eines Sportlers und die Strukturen, innerhalb derer er sich bewegt, was ihr ein schnelleres Eindenken in den Sachverhalt ermöglicht.[363] Berufsbezogen ist auch der Hinweis auf gemäß §§ 7 Nr. 8, 14 Abs. 2 Nr. 8 BRAO zulässigerweise neben dem Anwaltsberuf ausgeübte **weitere Berufe** wie den eines Architekten,[364] Diplomkaufmanns oder Diplomingenieurs.[365] Entsprechende **akademische Grade** dürfen unabhängig davon, ob der dementsprechende Beruf neben dem Anwaltsberuf ausgeübt wird, auch unter dem Gesichtspunkt der Berufsbezogenheit geführt werden, wenn die damit verbundene Befähigung sich auf die anwaltliche Tätigkeit positiv auszuwirken vermag.[366] Die Erwähnung **früher ausgeübter Berufe** erfüllt das Merkmal der Berufsbezogenheit, wenn die dadurch erworbenen Kenntnisse und Erfahrungen für die Tätigkeit als Anwalt von Bedeutung sein können. Dies gilt gerade auch (aber nicht nur) für früher ausgeübte volljuristische Tätigkeiten bzw. bekleidete **öffentliche Ämter** wie das eines Richters, Staatsanwalts, Stadtdirektors[367] oder Professors der Rechtswissenschaften.[368]

87 Angaben über einmal ausgeübte oder noch bekleidete **Ehren-** oder **politische Ämter** sind auch unter dem Gesichtspunkt der Berufsbezogenheit nicht zu beanstanden,[369] ebenso die Bekanntgabe eines durch den Anwalt oder seine Kanzlei betriebenen **Sponsorings.**[370] Solche Informationen weisen auf ein die berufliche Einsatzbereitschaft mit einbeziehendes Engagement des Werbenden hin. Für einen Zahnarzt hat das BVerfG in bemerkenswerter (den vorbefassten Gerichten leider abgegangener) Einfühlsamkeit ausgesprochen, der Hinweis auf die **Beherrschung des örtlichen Dialekts** sei berufsbezogen, weil die ärztliche Tätigkeit auf eine gute Kommunikation zwischen Arzt und Patienten angewiesen sei.[371] Dasselbe hat um nichts weniger für einen Anwalt zu gelten. Im hier zu Grunde gelegten Sinne berufsbezogen ist auch der Hinweis auf eine in der Kanzlei herrschende **ruhige**

---

362 → Rn 89 ff.

363 BVerfG NJW 2003, 2816, 2817 f; *Feuerich/Weyland* BRAO § 43 b Rn 13; dazu im Lichte von Art. 10 EMRK EGMR vom 23. 7. 2007, 7969/04.

364 Dazu BVerfGE 82, 18, 27.

365 *Feuerich/Weyland* BRAO § 43 b Rn 15; *Henssler/Prütting/Eylmann* BRAO § 43 b Rn 21.

366 Dazu unter dem Gesichtspunkt der Irreführung → Rn 76.

367 Dazu AnwG Hamm NJW-RR 2000, 793.

368 *Henssler/Prütting/Eylmann* BRAO § 43 b Rn 21; *Feuerich/Weyland* BRAO § 43 b Rn 15; *Hartung/Römermann* Berufs- und Fachanwaltsordnung § 6 BerufsO Rn 67. Zur Vereinbarkeit der Erwähnung früher ausgeübter juristischer Berufe mit dem Verbot der irreführenden Werbung → Rn 82.

369 *Henssler/Prütting/Eylmann* BRAO § 43 b Rn 20.

370 BVerfG NJW 2000, 3195 (anders in dieser Sache OLG Rostock MDR 1999, 834 m. abl. Anm. *Römermann*); *Ahrens* NJW 2000, 3188; *Hartung/Römermann* Berufs- und Fachanwaltsordnung § 6 BORA Rn 53 f; *Henssler/Prütting/Eylmann* BRAO § 43 b Rn 15 und 20; *Bardenz* MDR 2001, 247, 251.

371 BVerfG NJW 2003, 3470, 3471.

Atmosphäre. Warum soll eine Anwaltskanzlei nicht damit werben dürfen, wenn sie sich im Interesse des sich oft in einer aufreibenden und schwierigen persönlichen Situation an sie wendenden Rechtssuchenden das Ziel gesetzt hat, es bei ihr nicht wie in einem Taubenschlag zugehen zu lassen?[372] Nicht an Berufsbezogenheit fehlt es auch dem Slogan „ALL YOU NEED IS L@W" für eine Anwaltskanzlei; denn immerhin lehnt sich die Zeichenfolge L@W an das Wort Law an.[373]

Selbst Informationen aus dem **rein privaten** Bereich sind zumindest nicht von vornherein beruflich irrelevant. So etwa kann das Wissen um den **Familienstand** und die **Zahl der Kinder** für die Frage des Rechtssuchenden, wem er seine Angelegenheit anvertraut, aus seiner (maßgeblichen) Sicht durchaus bedeutsam sein.[374] Ob dazu auch Angaben über **Hobbies** gehören, mag man bezweifeln. Sie sind jedenfalls dann relevant, wenn der Anwalt seine Mandanten insbesondere aus dem Kreis diesbezüglich Gleichgesinnter zu gewinnen sucht (Rechtsberatung von Bikern für Biker, Golfern für Golfer, Briefmarkensammlern für Briefmarkensammler usw.). Im Übrigen, so das BVerfG,[375] können auch Angaben zum Privatleben und zu Hobbies zu dem – auch emotional geprägten – Vertrauensverhältnis zwischen Arzt und Patienten beitragen. Gleiches mag man vom Verhältnis Anwalt-Mandant sagen können. In letzter Konsequenz wird es hier häufig um nicht vom Recht zu beantwortende **Stil-** und **Geschmacksfragen** gehen.[376] Wer sich als Anwalt selbst so einschätzt, dass seine Mandantschaft über den Ort seiner letzten Urlaubsreise informiert sein oder gar die Fotografien von dieser Urlaubsreise kennen sollte, der mag sich auf dieses Niveau begeben und entsprechende Informationen werbend herumreichen! 88

e) Der erforderliche unterrichtende Inhalt der Werbeaussage. Die Werbung eines Rechts- und Patentanwalts muss nach §§ 43b BRAO, 39b PAO über die berufliche Tätigkeit sachlich **unterrichten,** d.h. sie muss eine **Information enthalten** (so durch die Verwendung des Wortes „informieren" deutlicher als § 43b BRAO § 6 Abs. 1 BORA). Ein solcher Informationswert wird insbesondere manchen der heute gebräuchlichen und nach ihrer Form[377] sowie nach Sachlichkeit und Berufsbezogenheit[378] ihres Inhalts grundsätzlich zulässigen Methoden der **Sympathie-** und **Imagewerbung** wie etwa der Ausrichtung von Vernissagen oder anderen kulturellen Veranstaltungen, des Sponsorings, der Reichung eines Imbisses anlässlich einer von der Kanzlei durchgeführten mehrstündigen Informationsveranstaltung[379] oder der Verwendung von Logos[380] gelegentlich abgesprochen.[381] Ebenso mag es einem Slogan wie „ALL YOU NEED IS L@W" an Informationsgehalt fehlen.[382] Dem Schluss, solcherlei Werbung eines Rechts- oder Patentanwalts sei aus diesem Grunde unzulässig, ist jedoch auf verschiedenen Ebenen zu begegnen: 89

Zum ersten geht den genannten Werbemethoden keineswegs jeder Aussagegehalt ab. 90 Wer Sponsoring betreibt, gibt damit durchaus eine Information: Er stellt sich als jemanden dar, der sich sozial, kulturell, wissenschaftlich, sportlich oder auf sonstige Weise engagiert:[383] Wer Vernissagen oder andere Kulturveranstaltungen ausrichtet, bezeugt seine kulturelle Interessiertheit und kulturelles Engagement. Wer anlässlich einer länger dauernden

---

[372] So bezogen auf die Werbung eines Zahnarztes mit der „ruhigen Atmosphäre" in seiner Praxis BVerfG NJW 2003, 3472.

[373] AnwGH Hamburg NJW 2002, 3184, 3185; zum Erforderis eines unterrichtenden Inhalts → Rn 85 ff.

[374] Jedenfalls bei einem Fachanwalt für Familienrecht, *Henssler/Prütting/Eylmann* BRAO § 43b Rn 20.

[375] BVerfG NJW 2003, 3470, 3471 und dies aufgreifend BGH NJW 2004, 440, 443 – Arztwerbung im Internet.

[376] *Henssler/Prütting/Eylmann* BRAO § 43b Rn 20.

[377] → Rn 63 ff.

[378] → Rn 85 und 87.

[379] → Rn 67.

[380] → Rn 64.

[381] So zur Reichung eines Imbisses OLG Brandenburg AnwBl. 1998, 157 als Vorinstanz zu BGHZ 147, 71 – Anwaltswerbung II; zum Sponsoring (aufgehoben durch BVerfG NJW 2000, 3195) OLG Rostock MDR 1999, 834, 835.

[382] Dazu AnwGH Hamburg NJW 2002, 3184, 3186.

[383] BVerfG NJW 2000, 3195, 3196.

Informationsveranstaltung einen Imbiss reicht, zeigt die Beherrschung grundlegender Regeln der Höflichkeit und Gastfreundschaft.[384] Ebenso ist mit einem Logo regelmäßig eine gewisse Aussage verbunden, wie sich nicht zuletzt in den gegen die Verwendung des Stierkopf-Logos vorgebrachten Argumenten deutlich zeigt. Die Gegner dieser Art zu werben reiben sich vor allem an der von diesem Logo ausgehenden Suggerierung von Leistungsfähigkeit, von Kraft, Stärke und Durchsetzungskraft oder gar Aggressivität, also doch gerade an der mit ihm verbundenen Aussage.[385]

91 Zum zweiten und vor allem beruht dieser Schluss auf einem schon im Ansatz unrichtigen Verständnis der berufsrechtlichen Werberegelungen. Denn er geht davon aus, dass eine Werbung, die sich nicht in den vom Berufsrecht vorgegebenen Bahnen bewegt, bereits aus diesem Grunde unzulässig ist. Bei der gebotenen verfassungskonformen Auslegung der berufsrechtlichen Werbevorschriften ist jedoch umgekehrt vorzugehen. Auch im Bereich der freien Berufe bedarf nicht die Zulassung der Werbung, sondern ihre Beschränkung der Rechtfertigung,[386] d. h. Werbung, die das Berufsrecht nicht klar verbietet, ist erlaubt. Schließlich kann bei den genannten Werbemethoden der stets erforderliche Nachweis, ihre Zulassung beeinträchtige die Funktionsfähigkeit der Rechtspflege,[387] schwerlich gelingen. Es ist nicht ersichtlich, inwiefern das Sponsoring, die Reichung eines Imbisses, die Ausrichtung einer Vernissage oder einer anderweitigen kulturellen Veranstaltung oder die Verwendung eines Logos oder des Slogans „ALL YOU NEED IS L@W" durch einen Anwalt das Vertrauen in die Anwaltschaft und darüber die Funktionsfähigkeit der Rechtspflege gefährden sollte.[388]

2. Das Verbot der Werbung um die Erteilung eines Mandats im Einzelfall (§§ 43 b BRAO, 39 b PAO)

92 Das in §§ 43 b BRAO und 39 b PAO ausgesprochene Verbot der Werbung um die Erteilung eines Mandats im Einzelfall geht zwar auf das vormalige **Verbot der gezielten Werbung um Praxis** im Sinne eines Verbots, auf einzelne Personen zuzugehen, um sie als **Mandanten** zu gewinnen, zurück.[389] Entgegen verbreiteter Ansicht[390] hat es allerdings mit der Aufnahme der genannten Vorschriften ins Gesetz einen anderen Inhalt und eine andere Reichweite bekommen als das herkömmliche Verbot der Werbung um Praxis. Nach dem klaren Wortlaut der §§ 43 b BRAO, 39 b PAO ist es nicht mehr verboten, um **Mandanten** zu werben. Verboten ist lediglich die Werbung um **Aufträge,** d. h. **Mandate.**[391] Es dürfen also durchaus konkrete Personen umworben werden, um sie als Mandanten nicht nur zu erhalten, sondern auch neu zu gewinnen, d. h. **„Direktmarketing"** ist dem Anwalt erlaubt. Unerlaubt ist es allein, Personen – Mandanten wie Nichtmandanten – zu umwerben, um sie zur **Erteilung von Aufträgen im Einzelfall** zu bewegen.

93 Damit hat sich zunächst der frühere Streit um die Frage, ob Anwälte sich mit ihren Werbemaßnahmen auch an Personen wenden dürfen, die **bislang noch nicht zu ihren**

---

[384] → Rn 33 und 34.

[385] → Rn 66.

[386] → Rn 5, 17 mit entsprechenden Nachw.

[387] Dazu bereits mehrfach → Rn 23, 61 f, 68, 71, 85, außerdem 115.

[388] So zum Sponsoring BVerfG NJW 2000, 3195, 3196; zu Logos und zum Slogan „ALL YOU NEED IS L@W" *Härting/Steinbrecher* AnwBl. 2005, 10, 12, 13; zur Verwendung eines (Kuss)mundes in der Anzeige eines Zahnarztes BVerfG NJW 2004, 2659 und OLG Hamm GRUR-RR 2005, 396, 397.

[389] Noch dazu BVerfGE 76, 196, 205; BVerfGE 82, 18, 26 f; BGHZ 115, 105, 110 f – Anwaltswerbung I mit Vorinstanz OLG Hamm NJW-RR 1990, 1133.

[390] OLG Dresden NJW 1999, 144, 147 f, 148; LG Duisburg MDR 1998, 802, 803 (§ 43 b BRAO enthalte nichts grundlegend Neues!) m. abl. Anm. *Römermann.*

[391] So deutlich BGHZ 147, 71, 75 f, 79 – Anwaltswerbung II; BGH NJW 2001, 2886, 2887; BGH NJW 2002, 2642, 2644 – Vanity-Nummer; zuvor zu § 57 a StBerG schon BGH 1998, 1965, 1966; weiterhin BGH NJW 2001, 2886, 2887; OLG Stuttgart NJW 1997, 2529; OLG Hamburg NJW 2004, 1668, 1669; OLG Naumburg BRAK-Mitt. 2007, 282; *Hartung/Römermann* Berufs- und Fachanwaltsordnung § 43 b BRAO Rn 16; *Henssler/Prütting/Eylmann* BRAO § 43 b Rn 66; *Koch* FS Erdmann S. 613, 622; *Kleine-Cosack* NJ 2002, 57, 62; *ders.* BRAO § 43 b Rn 19 f; *Hirte* ZZP 116 (2003), 135, 155.

Mandanten zählen, erledigt. Auch um **Nichtmandanten darf geworben werden,**[392] soweit es nicht um die Erteilung eines Auftrages im Einzelfall geht. Vorbei sind also die Zeiten, in der man eine Einladung zu einer Informationsveranstaltung der Kanzlei mit eingeschlossenem Imbiss schon rügen und gegebenenfalls Unterlassung verlangen konnte, wenn unter den Eingeladenen auch jemand war, der bislang noch nicht Mandant der Kanzlei war.[393]

Mit dem Zusatz **„im Einzelfall"** ist vordergründig gemeint, der Anwalt dürfe nicht in eine konkrete Situation des Bedarfs des Umworbenen nach Rechtsberatung oder -vertretung hinein werben, also seinerseits die Initiative zur Anbahnung eines bestimmten Mandats ergreifen. Damit ist es ihm jedenfalls erlaubt, unter Einsatz der ihm zulässigerweise zu Gebote stehenden Werbeformen[394] – etwa durch Anwaltsrundschreiben[395] oder im Internet[396] – allgemein darum zu werben und sich dafür anzubieten, man möge sich an ihn wenden, wenn man auf einem bestimmten Gebiet rechtlichen Beratungs- und Vertretungsbedarf verspürt. Verbotene Werbung um ein Mandat im Einzelfall soll nach hM dagegen dann vorliegen, wenn der Anwalt um den konkret bestehenden Beratungs- oder Vertretungsbedarf einer bestimmten Person weiß und dies zum Anlass nimmt, sich von sich aus um die Übernahme ihrer Beratung oder Vertretung zu bewerben (so ausdrücklich § 10 Abs. 3 BOStB; s. auch § 7 lit. b Berufsordnung der Patentanwälte).[397] Dies hat allerdings die **unsinnige** Folge, dass ein Anwalt gerade bei denjenigen, auf deren Rechtsberatungs- und -vertretungsbedarf er sein Dienstleistungsangebot zugeschnitten hat, nur zurückhaltend werben darf, weil er bei ihnen am ehesten vom Bestehen eines konkreten Beratungsbedarfs ausgehen muss. Diejenigen, die seinem Dienstleistungsangebot eher fern stehen, dürfte er dagegen umwerben; denn bei ihnen trifft seine Werbung im Zweifel gerade nicht auf einen konkreten Bedarf. 94

Neuerdings wird das berufsrechtliche Verbot der Werbung um ein konkretes Mandat im Einzelfall zunehmend als Spielart des Verbots der **aufdringlichen, belästigenden** oder gar **überrumpelnden** Werbung begriffen.[398] Danach ist ein Verstoß gegen das Verbot nicht stets schon dann zu bejahen, wenn der Anwalt eine Person auf einen von ihm bei ihr erkannten oder vermuteten Bedarf hin zur Erteilung des entsprechenden Mandats umwirbt. Vielmehr müssen besondere **Momente der Aufdringlichkeit, Belästigung oder Überrumpelung hinzukommen,**[399] zB dass die Ansprache gegen den erkannten, erkennbaren oder zu vermutenden Willen des Umworbenen oder in einer Lage erfolgt, in der er in seiner Entscheidungsfreiheit geschwächt ist. 95

---

[392] Heute allgM, BVerfG NJW 2008, 1298, 1299; BGHZ 147, 71, 75 f, 79 – Anwaltswerbung II; BGH NJW 2002, 2642, 2644 – Vanity-Nummer; zuvor zu § 57 a StBerG schon BGH NJW 1998, 1965, 1966; weiterhin BGH NJW 2001, 2886, 2887; OLG Stuttgart NJW 1997, 2529; OLG Jena GRUR 2006, 606, 607 – Mandatswerbung; *Koch* FS Erdmann S. 613, 623; *Kleine-Cosack* NJ 2002, 57, 62; s. auch Materialien zum Gesetz zur Neuordnung des Berufsrechts für Rechtsanwälte und Patentanwälte, BT-Drucks. 12/4993 S. 28, wo von „potentiellen Mandanten" die Rede ist.

[393] Sondern etwa als Vorsitzender der Kreishandwerkerschaft lediglich aus Anlass von Verhandlungen über den Kauf eines Bürohauses in geschäftlichen Beziehungen zur Kanzlei stand – so in BGHZ 115, 105, 111 – Anwaltswerbung I.

[394] → Rn 63 ff.

[395] BGH NJW 2001, 2886; s. auch OLG Jena GRUR 2006, 606, 607.

[396] OLG Hamburg NJW 2004, 1668.

[397] BGHZ 141, 71, 80 – Anwaltswerbung II; BGH NJW 2001, 2886, 2887; KG NJW 2001, 3132; KG NJW 2003, 2176; OLG Düsseldorf NJW 2003, 362, 363; OLG Hamburg NJW 2004, 1668, 1669 f; OLG Hamburg NJW 2005, 2783, 2785 – Mandantenwerbung; OLG München NJW 2006, 517 m. Anm. *Feiter* DStrR 2006, 775; OLG Saarbrücken BRAK-Mitt. 2007, 278, 271; *Feuerich/Weyland* BRAO § 43 b Rn 31; *Koch* FS Erdmann S. 613, 623.

[398] OLG Naumburg NJW 2003, 3566, 3567 unter Aufgabe seiner strengeren Auffassung im einstweiligen Verfügungsverfahren NJW-RR 2003, 708; OLG Jena GRUR 2006, 606, 607 f – Mandatswerbung; OLG Naumburg BRAK-Mitt. 2007, 282; *Kleine-Cosack* NJ 2002, 57, 62 f; *ders.* BRAO § 43 b Rn 17; *Hirte* ZZP 116 (2003),135, 156 (eine Parallele zu § 312 Abs. 3 Nr. 1 BGB ziehend); *Hartung* MDR 2003, 485, 488; *Dahns* BRAK-Mitt. 2003, 199, 200; *ders.* NJW-Spezial 2004, 141; s. auch *Grunewald* NJW 2004, 1146, 1149.

[399] So jetzt auch OLG Jena GRUR 2006, 606, 607 f – Mandatswerbung; s. auch *Härting/Steinbrecher* AnwBl. 2005, 10, 11.

96 Letzteres kann sich insbesondere aus einer Situation heraus ergeben, in der man typischerweise nicht umworben zu werden wünscht, durch einstweilen Vordringlicheres als die Beauftragung eines Rechtsberaters oder -vertreters abgelenkt ist oder wegen deren Auswirkungen man zurzeit nicht zu einer hinreichend abgewogenen Entscheidung fähig ist. Hierzu zählen unter anderem die gleichsam zur Abschreckung immer wieder erwähnten Fälle des werbenden Herantretens an Personen in besonders konfliktträchtigen und schwierigen Lebenslagen wie etwa an einen Verletzten oder Geschockten im unmittelbaren Umfeld eines Unfalles oder einer von Menschen zu verantwortenden Katastrophe[400] oder (so vor Jahren in einer vielbeachteten Karikatur in einem Nachrichtenmagazin illustriert) an ein im vehementen Streit miteinander flagrant angetroffenes Ehepaar, um seine anwaltliche Hilfe bei der Geltendmachung von Schadensersatzansprüchen oder der Durchführung des Scheidungsverfahrens anzubieten. Auf dieser Grundlage wird man einem auf die Vertretung geschädigter Kapitalanleger spezialisierten Anwalt zwar gestatten können, im Internet auf die Erfolgsaussichten entsprechender Klagen hinzuweisen und die Möglichkeit seiner eigenen Bevollmächtigung bereitzuhalten[401] oder im Foyer des Konferenzraums am Rande der Gesellschafterversammlung einer einem Insolvenzantrag ausgesetzten Fondgesellschaft Werbeflyer über die eigene Beratungstätigkeit auf diesem Gebiet verteilen zu lassen.[402] Nicht mehr gestattet sein kann es dagegen, Betroffene in einem namentlich adressierten Schreiben zunächst durch eine dramatische Schilderung ihrer Lage und unter Hinweis auf die Gefahren sich weiter vergrößernder Schäden gewissermaßen in „Furcht und Schrecken" zu versetzen und unangebrachten Zeitdruck aufzubauen oder sonst gezielt zu verunsichern, um ihnen sodann sich selbst als den geeigneten Helfer anzupreisen.[403] Nicht ohne weiteres unzulässig ist es danach auch, wenn ein Anwalt Personen, die bereits die eidesstattliche Versicherung nach §§ 807, 899 ff ZPO abgegeben haben, anschreibt und ihnen seine Mitwirkung bei der Schuldenbereinigung nach § 305 InsO anbietet.[404]

97 Dieser restriktiven Ansicht ist zu folgen. Nur sie entspricht den **verfassungsrechtlichen Vorgaben.**[405] Denen zufolge können Anwälten nur solche Werbemaßnahmen untersagt werden, die die **Funktionsfähigkeit der Rechtspflege beeinträchtigen,** weil sie das Vertrauen in die Funktionsfähigkeit der Anwaltschaft untergraben.[406] Es ist jedoch nicht ersichtlich, wie schon allein dadurch, dass ein Anwalt an jemanden, dessen Beratungsbedarf ihm erkennbar wird, herantritt und ihm Befriedigung dieses Beratungsbedarfs anbietet, das Vertrauen in die Funktionsfähigkeit der Anwaltschaft gestört werden könnte. Nicht einmal das überkommene Berufsbildargument, es müsse einer unerwünschten Kommerzialisierung der freien Berufe vorgebeugt werden und es dürfe nicht der Eindruck erweckt werden, der Anwalt würde aus Gewinnstreben zu Prozessen raten oder die Sachbehandlung an Gebühreninteressen ausrichten,[407] verfängt hier. Ein Anwalt, der sich mit seinem Dienstleistungsangebot einem Publikum mit einschlägigem Beratungsbedarf präsentiert, erweckt damit zu allerletzt den Eindruck besonderen Gewinnstrebens. In erster Linie informiert er potentielle Interessenten über das, was er anzubieten hat, und dient so unter anderem dem Informationsbedürfnis der Umworbenen, die ihrerseits beim Finden eines geeigneten Beraters für ihr Anliegen dringend auf solche Informationen angewiesen sind.

---

[400] Dazu besonders eindringlich *Hartung/Römermann* Berufs- und Fachanwaltsordnung § 43 b BRAO Rn 7 ff.

[401] So OLG Hamburg NJW 2004, 1668, 1669.

[402] Anders OLG München NJW 2006, 517; OLG Saarbrücken BRAK-Mitt. 2007, 278, 281 und in Abgrenzung dazu OLG Naumburg AnwBl. 2008, 12, 143.

[403] OLG Hamburg NJW 2005, 2783, 2785; s. auch LG Berlin BRAK-Mitt. 2007, 92; AnwG München BRAK-Mitt. 2009, 225 m. zust. Anm. *Remmertz.*

[404] OLG Jena GRUR 2006, 606.

[405] Von der Notwendigkeit einer verfassungskonformen Auslegung des Verbots sprechen auch *Kleine-Cosack* NJ 2002, 57, 62 f; *ders.* BRAO § 43 b Rn 18 ff; *Huff* NJW 2003, 3525, 3527; *Dahns* BRAK-Mitt. 2003, 199, 200; *ders.* NJW-Spezial 2004, 141 f sowie *Hartung/Römermann* Berufs- und Fachanwaltsordnung § 43 b BRAO Rn 35 ff.

[406] → Rn 23, 61, 75 und öfter.

[407] → Rn 21 f.

3. Die Besonderheiten der anwaltlichen Werbung im Internet

Zu den Medien, durch die der Anwalt werben darf, gehört heute zweifellos auch das Einstellen einer **Homepage** ins **Internet.**[408] Die Homepage einer Anwaltskanzlei ist einer **Praxisbroschüre** ähnlich und gehört damit zu den **„vergleichbaren Informationsmitteln"** im Sinne des § 6 Abs. 2 S. 2 BORA.[409] Bei der Beurteilung der Zulässigkeit des „Internetauftritts" einer Anwaltskanzlei auf ihrer Homepage sind aber die **Besonderheiten dieses Mediums** gebührend zu beachten. Denn es geht nicht an, dem Anwalt zwar die Verwendung eines bestimmten Mediums nicht vorzuenthalten, ihm dann aber die für dieses Medium typische, ihm adäquate Ausgestaltung der Werbemaßnahme zu verwehren.[410] Insofern ist zu akzeptieren, dass es im Medium Internet der Form nach um ein gewisses Maß bewegter, farbiger und unkonventioneller zuzugehen pflegt als in anderen Medien, insbesondere den Druckmedien. Deshalb sind hier an die **Sachlichkeit der Form nach** weniger strenge Anforderungen zu stellen als dort. Keinesfalls angebracht ist es jedenfalls, eine Werbemaßnahme nur deshalb, weil sie im Internet erfolgt, sogar strenger zu behandeln als Werbung in anderen Medien.[411] Im Übrigen ist zu bedenken, dass es sich bei der Homepage um eine **passive Darstellungsplattform** handelt, die in der Regel von interessierten Personen auf der Suche nach bestimmten Informationen aktiv aufgerufen wird und sich ihnen daher im Gegensatz zu großflächigen Zeitungsanzeigen oder gar Plakaten nicht unvorbereitet und ungewollt aufdrängt.[412] Insofern ist es nicht aufdringlich und soll auch unter sonstigen Gesichtspunkten nicht unsachlich im Sinne des § 43 b BRAO, sondern durch Art. 12 GG gedeckt sein, anwaltliche Beratungsleistungen in einem Internetauktionshaus zu versteigern.[413] 98

a) Äußere Gestaltung der Homepage. Dementsprechend wird man hinsichtlich der **förmlichen Ausgestaltung** der Homepage die Einblendung von Bildern oder kürzeren beweglichen Bildsequenzen, die die anwaltlichen und nichtanwaltlichen Mitarbeiter, den Kanzleisitz oder die Kanzleiräume zeigen, ohne weiteres gestatten,[414] ebenso die (dezente) Untermalung des Auftritts der Homepage durch Hintergrundmusik.[415] Links zu anderen Homepages sind der Form nach zulässig, jedenfalls soweit sie zu berufsbezogenen Seiten führen.[416] Als Pendant zur der Form nach ohne weiteres zulässigen Abbildung des Anwaltes bei seiner Arbeit in Kanzleibroschüren wird man statt eines stehenden Bildes auf der Ho- 99

---

[408] → Rn 64.

[409] So bereits zu § 6 Abs. 2 S. 1 BORA aF *Hartung/Römermann* Berufs- und Fachanwaltsordnung Vor § 6 BerufsO Rn 220; *Henssler/Prütting/Eylmann* BRAO § 43b Rn 39 und § 6 BORA Rn 5; *Feuerich/Weyland* BRAO § 6 BORA Rn 24; *Harald Schneider* MDR 2000, 133; *Härting* AnwBl. 2000, 343, 346; *Bardenz* MDR 2001, 247, 252; *Hoß* AnwBl. 2002, 377, 383.

[410] *Hoß* AnwBl. 2002, 377, 383; erheblich zurückhaltender noch *Schmittmann* MDR 1997, 601, 602 ff; → Rn 68.

[411] BVerfG NJW 2004, 2656, 2658; BVerfG NJW 2008, 1298, 1299; so aber in der Tendenz die von der Bundeszahnärztekammer vorgeschlagene Musterberufsordnung für Zahnärzte in § 20, dazu BVerfG NJW 2003, 3470.

[412] BVerfG NJW 2003, 2818, 2819; BVerfG NJW 2004, 2660, 2661; BVerfG NJW 2008, 1298, 1299; BGH NJW 2004, 440, 441 – Arztwerbung im Internet.

[413] BVerfG NJW 2008, 1298.

[414] *Hartung/Römermann* Berufs- und Fachanwaltsordnung Vor § 6 BerufsO Rn 220, 233; *Scheuerl* NJW 1997, 1291, 1292; *Harald Schneider* MDR 2000, 133, 135; *Bardenz* MDR 2001, 247, 253; *Lorenz* JurPC Web-Dok. 225/2004, Abs. 46; *Saenger/Riße* WRP 2005, 1468, 1469 f.

[415] *Harald Schneider* MDR 2000, 133, 135; *Hoß* AnwBl. 2002, 377, 384; bei der äußeren Gestaltung der Homepage insgesamt weniger zurückhaltend und vor einer „Geschmacksjurisprudenz" warnend *Härting/Steinbrecher* AnwBl. 2005, 10, 12 f.

[416] *Scheuerl* NJW 1997, 1291, 1293; *Harald Schneider* MDR 2000, 133, 134; *Bardenz* MDR 2001, 247, 253; *Hoß* AnwBl. 2002, 377, 383; *Steinbeck* NJW 2003, 1481, 1284; *Dahns/Krauter* BRAK Mitt. 2004, 2, 4; *Lorenz* JurPC Web-Dok. 225/2004, Abs. 64; auf Grund „verfassungskonform-restriktiver Auslegung des § 43 b BRAO" auch fachfremde Links zulassend *Härting* AnwBl. 2000, 343, 345; iE ebenso *Hartung/Römermann* Berufs- und Fachanwaltsordnung Vor § 6 BerufsO Rn 234; *Saenger/Riße* WRP 2005, 1468, 1470; *Härting/Steinbrecher* AnwBl. 2005, 10, 14; → Rn 101.

mepage auch entsprechende kurze Videoclips nicht als der Form nach unsachlich beanstanden können.[417]

100 **b) Inhaltliche Gestaltung der Homepage.** Bei der Sachlichkeit dem Inhalt nach, insbesondere beim **Verbot der irreführenden Werbung** sowie bei der **Berufsbezogenheit** dagegen sind bei der Internetwerbung **keine medienspezifischen Abstriche** angebracht. Hier gilt vielmehr dasselbe wie bei der Verwendung der übrigen Werbemedien. Ein Lebenslauf mit Angaben vor allem zum beruflichen Werdegang darf ohne weiteres ins Netz gestellt werden, ebenso alle sonstigen Informationen, die für die Auswahlentscheidung potentieller Mandanten sinnvollerweise von Bedeutung sein können.[418] Die jedes andere Medium bei weitem übersteigende technische Einfachheit, mit der sich Dinge auf die Homepage bringen lassen, sollte nicht dazu verleiten, alles und jedes, insbesondere allzu geschwätzig **Privates** dort einzustellen. So mag die Nennung von Familienstand, Kinderzahl, ausgeübten Ehren- und politischen Ämtern, Vereinsmitgliedschaften und Hobbies als solche unter dem Gerichtspunkt der Schaffung eines das Mandantenvertrauen fördernden Images noch als sachlich und berufsbezogen angesehen werden können.[419] Die Einstellung von Bildern, die den Anwalt beim Spiel mit seinen Kindern oder der Ausübung seines Ehren- bzw. politischen Amtes oder Hobbies zeigen, verlassen ebenso den Rahmen der Berufsbezogenheit wie ein bebilderter Bericht über die letzte Urlaubsreise des Anwalts oder Links zu Vereinen oder der politischen Partei, denen er angehört.[420]

101 Im Übrigen sind **Links** nur zu Seiten mit **berufsbezogenen** Informationen zulässig, etwa auf für den Umworbenen interessante Entscheidungssammlungen oder andere juristische Informationen.[421] Links zu kommerziellen Seiten sind auf der Homepage eines Anwalts jedenfalls unzulässig.[422] Die Aufnahme von **Lageplänen, Anfahrtskizzen** (auch als Links, etwa unter der Einblendung des anzuklickenden Hinweises „Hier kommen Sie zu Ihrem Recht")[423] und Hinweisen auf **Parkmöglichkeiten** oder **Büroöffnungszeiten** auf die Homepage sind (selbstverständlich) unbedenklich.[424] **Bannerwerbung** anderer auf der eigenen Homepage des Rechtsanwalts[425] ist ebenso unzulässig wie von ihm veranlasste eigene Bannerwerbung eines Rechtsanwalts auf fremden Homepages.[426] Die Platzierung von (für den Betrachter äußerlich nicht sichtbaren) Schlagwortcodes **(„Meta Tags")** oder die die (entgeltliche) Anmeldung von **„Adwords"** beim Betreiber einer Suchmaschine zum bevorzugten Auffinden der Homepage durch Internet-Suchmaschinen ist dann unsachlich und nicht berufsbezogen, wenn die Homepage dadurch von den Suchmaschinen auch für solche Suchenden aufgefunden wird, die gar nicht auf der Suche nach anwaltlichen Dienstleistungen sind.[427] Im Übrigen wird gesagt, durch das Zusammenspiel der aufgenommenen Meta Tags dürften Rechtssuchende nicht so wahllos auf die Homepage gezogen werden, dass sich darin kein sinnvolles Kanzleiprofil mehr erkennen lasse. Es dürften nur solche

---

[417] *Harald Schneider* MDR 2000, 133, 135.

[418] → Rn 84 ff.

[419] *Steinbeck* NJW 2003, 1483 f; *Saenger/Riße* WRP 2005, 1468, 1472; iE auch *Härting* AnwBl. 2000, 343, 345; aA *Harald Schneider* MDR 2000, 133, 134; → Rn 81, 82.

[420] Zu letzterem *Steinbeck* NJW 2003, 1481, 1485.

[421] → Rn 99.

[422] *Hoß* AnwBl. 2002, 377, 383; *Steinbeck* NJW 2003, 1481, 1484; *Lorenz* JurPC Web-Dok. 225/2004, Abs. 65; s. auch *Dahns/Krauter* BRAK Mitt. 2004, 2, 4; aA *Härting/Steinbrecher* AnwBl. 2005, 10, 12, 14.

[423] BVerfG NJW 2001, 3324.

[424] *Bardenz* MDR 2001, 247, 253; *Lorenz* JurPC Web-Dok. 225/2004, Abs. 44.

[425] Dazu wie hier *Harald Schneider* MDR 2000, 133, 135; *Hoß* AnwBl. 2002, 377, 383; *Dahns/Krauter* BRAK Mitt. 2004, 2, 4; aA *Härting/Steinbrecher* AnwBl. 2005, 10, 15.

[426] Dazu wie hier *Harald Schneider* MDR 2000, 133, 135; aA *Hoß* AnwBl. 2002, 377, 383; *Dahns/Krauter* BRAK Mitt. 2004, 2, 4; *Saenger/Riße* WRP 2005, 1468, 1470 f; *Härting/Steinbrecher* AnwBl. 2005, 10, 15; insgesamt weniger zurückhaltend bei der Bannerwerbung auch *Steinbeck* NJW 2003, 1481, 1487. Zur Einrichtung von Gästelisten oder -büchern auf Anwaltshomepages → Rn 68 und 110.

[427] Zu Meta Tags auf Anwalthomepages *Harald Schneider* MDR 2000, 133, 136; *Hoß* AnwBl. 2002, 377, 385; *Steinbeck* NJW 2003, 1481, 1487; *Dahns/Krauter* BRAK Mitt. 2004, 2, 4; *Saenger/Riße* WRP 2005, 1468, 1471; zu Adwords LG München CR 2007, 467.

Meta Tags gesetzt werden, die auf der Homepage als durch die Kanzlei betreute Rechtsgebiete offen angegeben würden und angegeben werden dürften.[428]

Werbung durch das Einstellen einer Homepage ins Internet stellt schon allein deshalb keine nach §§ 43b BRAO, 39b PAO unzulässige Werbung um einen **Auftrag im Einzelfall** dar, weil diese Art der Werbung nicht auf Initiative des Anwalts, sondern durch eigenen, gezielten Aufruf der Seite auf ihren Adressaten zukommt.[429] 102

c) Die Internet-Adresse. Anlass zu verschiedentlichen Auseinandersetzungen gibt die Wahl der Internet-Adresse, unter der die Website des Anwalts aufzurufen ist, der sog. **Domain-Name.** Auch sie nämlich gehört zur werbenden Außendarstellung des Anwalts[430] und muss deshalb den diesbezüglichen Anforderungen des Berufsrechts entsprechen. Insbesondere darf sie also durch den Sinngehalt der verwandten Worte weder irreführend noch reklamehaft noch selbstanpreisend oder alleinstellend sein. Nicht erforderlich ist allerdings, bei der Verwendung von Kürzeln in der Domain die durch § 9 BORA für die Bildung solcher Kürzel aufgestellten Regelungen einzuhalten.[431] Denn die Domain ist keine Kurzbezeichnung, sondern von ihrer Funktion her eben eine Adresse zur Erreichung der Homepage. Allerdings bietet es sich an, ein nach § 9 BORA auch sonst zulässigerweise verwendetes Kürzel in der Internet-Domain wiederkehren zu lassen.[432] 103

Die von der Instanzrechtsprechung ehedem zum Teil gestellten strengen Anforderungen[433] berücksichtigten nicht immer die Besonderheiten des Internets, insbesondere die Funktion der Internet-Adresse sowie die unausweichlichen Gesetzmäßigkeiten ihrer Vergabe. Eine Entscheidung des BGH vom 25. 11. 2002[434] hat insoweit jedoch zu einer wesentlichen Lockerung geführt. Bis dahin hielten die Instanzgerichte **Gattungsbegriffe,** insbesondere die Nennung von **Rechtsgebieten,** als Domain-Namen häufig für unzulässig.[435] Gerade solche Gattungsbegriffe aber sind besonders beliebt, weil mit ihnen erste Informationen über den Anbieter verbunden sind und sie dem Suchverhalten vieler Nutzer entgegenkommen, es vor dem etwas aufwändigeren Einsatz einer Suchmaschine zunächst einmal mit der unmittelbaren Eingabe eines solchen Gattungsbegriffes in das Adressfeld des Browsers zu versuchen.[436] Demgegenüber hat der BGH jetzt die Adresse **„presserecht.de"** für eine auf diesem Gebiete tätige Anwaltskanzlei als zulässig erachtet.[437] Zwar erwarte, wer eine solche Adresse eingebe, möglicherweise in erster Linie Informationen zum Presserecht und nicht die Homepage einer presserechtlich tätigen Anwaltskanzlei. Solange, was im konkreten Fall gegeben war, die solchermaßen aufgefundene Homepage aber neben der Vorstellung der Kanzlei auch weiterführende Hinweise zum gesuchten Rechtsgebiet enthalte, werde der Suchende nicht ent- und getäuscht.[438] Wo es auf der Homepage des Anwalts an solchen Weiterführungen fehlt, ist die Verwendung eines bloßen Rechtsbegriffs als Domain-Name somit nach wie vor irreführend. In diesem Fall muss die Domain neben der Nennung des Rechtsgebiets grundsätzlich auch andeuten, dass sich dahinter eine Anwalts- 104

---

[428] *Steinbeck* NJW 2003, 1481, 1487; weniger streng *Saenger/Riße* WRP 2005, 1468, 1471; s. auch *Dahns/Krauter* BRAK Mitt. 2004, 2, 4.

[429] *Scheuerl* NJW 1997, 1291f; *Rein* NJW 1999, 1377, 1378; *Härting* AnwBl. 2000, 343, 346; *Bardenz* MDR 2001, 247, 252; *Steinbeck* NJW 2003, 1481, 1483; *Lorenz* JurPC Web-Dok. 225/2004, Abs. 32.

[430] Dazu *Saenger/Riße* MDR 2004, 1381f; *Karl* BRAK-Mitt. 2004, 5, 10.

[431] *Hoß* AnwBl. 2002, 377, 381; *Steinbeck* NJW 2003, 1481, 1485; *Lorenz* JurPC Web-Dok. 225/2004, Abs. 36.

[432] *Bardenz* MDR 2001, 247, 252.

[433] Überblick bei *Hartung/Römermann* Berufs- und Fachanwaltsordnung Vor § 6 BerufsO Rn 228ff und *Feuerich/Weyland* BRAO § 6 BORA Rn 29; weiterhin *Karl* BRAK Mitt. 2004, 5ff; *Saenger/Riße* MDR 2004, 1381ff.

[434] BGHZ 153, 61 – presserecht.de unter Aufhebung von AGH Berlin BRAK-Mitt. 2002, 187.

[435] *Harald Schneider* MDR 2000, 133, 137f mN.

[436] *Hoß* AnwBl. 2002, 377, 380; *Steinbeck* NJW 2003, 1481, 1485; *Saenger/Riße* MDR 2004, 1381, 1382.

[437] BGHZ 153, 61 gegen AGH Berlin BRAK-Mitt. 2002, 187; zust. *Grunewald* NJW 2004, 1146, 1148.

[438] S. auch *Hoß* AnwBl. 2002, 377, 382, *Karl* BRAK Mitt. 2004, 5, 8f und *Saenger/Riße* MDR 2004, 1381, 1384f.

kanzlei verbirgt.[439] Ein (Anwalts-)Notar ist nicht berechtigt, in seiner Internetadresse (oder auf seinem Briefbogen) die Bezeichnung **„Notariat“** zu führen.[440]

105 Aber auch Domains, die nicht verschweigen, dass sich hinter ihnen eine Anwaltskanzlei verbirgt, sind deshalb noch nicht ohne weiteres zulässig. Denn von einer Kanzlei, die sich als solche unter gleichzeitiger Nennung eines Rechtsgebiets aufrufen lässt **(„arbeitsrechtskanzlei.de“; „steuerrechtskanzlei.de“; „familienrechtskanzlei.de“ ...)** darf erwartet werden, dass sie auf diesem Gebiet tatsächlich kompetent ist und an ihr beteiligte Anwälte auf dem betreffenden Rechtsgebiet über nachweisbare Kenntnisse im Sinne des § 7 Abs. 1 S. 1 BORA verfügen, wenn nicht gar eine entsprechende Fachanwaltsbezeichnung führen dürfen. Anderenfalls ist die Verwendung der Domain irreführend.[441] Ein **Alleinstellungsanspruch** ist mit dergleichen Domains allerdings nicht verbunden. Der durchschnittlich informierte Internet-Benutzer (auf den abzustellen ist)[442] weiß von vornherein, dass er sich mit der Eingabe solcher Internet-Adressen und dem Aufschlagen der entsprechenden Homepage kaum ein vollständiges Bild aller auf diesem Gebiet tätigen Kanzleien erschließen kann[443] und es sich bei der so aufgefundenen Kanzlei auch keineswegs um eine fachlich besonders hervorragende handeln muss. Wird mit einer **ortsbezogenen** Internet-Adresse wie **„rechtsanwaelte-koeln.de“, ... „hannover.de“, ... „bonn. de“, ... „dachau.de“, ... „muehlheim.de“** gearbeitet, ist ebenfalls **keine Alleinstellungswirkung** zu besorgen.[444] Erneut weiß der Internetbenutzer ohne weiteres, dass sich dahinter kaum die einzige Rechtsanwaltskanzlei am entsprechenden Ort verbergen kann. Allenfalls mag man darin eine **Irreführung** sehen, weil der Nutzer hinter solchen Adressen in erster Linie ein **Verzeichnis** der am betreffenden Ort tätigen Rechtsanwälte und keine konkrete Rechtsanwaltskanzlei vermuten könnte.[445]

106 Indessen ist in vielen Fällen anfänglicher Irreführung durch eine bestimmte Internet-Adresse zu bedenken, dass der Irrtum des Nutzers schon durch das bloße Öffnen der Seite **umgehend wieder ausgeräumt wird.**[446] Eine nennenswerte Beeinträchtigung seiner Belange ist damit also nicht verbunden. Außerdem rechnet er bei einer Recherche unmittelbar über die Eingabe einer Internet-Adresse von vornherein mit solchen Fehlgriffen.[447] Deshalb sollte man die irreführende Wirkung entsprechender Adressen nicht überschätzen.

107 Übertrieben selbstanpreisende oder eine Spitzenstellung behauptende Domains wie **„topanwaelte.de“, „superkanzlei.de“, „erfolgsanwalt.de“, „spitzenberatung.de“** sind unsachlich und damit unzulässig.[448] Ob dies auch bei der Internet-Adresse **„gigarecht.de“** schon der Fall ist, erscheint zumindest fraglich.[449] Des Weiteren mag man bei Internet-

---

[439] *Harald Schneider* MDR 2000, 133, 137 f; *Steinbeck* NJW 2003, 1481, 1486.

[440] BGH NJW 2005, 2693; BGH BRAK-Mitt. 2007, 33 = WRP 2007, 180.

[441] *Hoß* AnwBl. 2002, 377, 381 f; *Steinbeck* NJW 2003, 1481, 1486; *Karl* BRAK-Mitt. 2004, 5, 7 ff.

[442] BGHZ 148, 1, 7 – Mitwohnzentrale.de; BGHZ 153, 61, 68 – presserecht.de; *Hoß* AnwBl. 2002, 377, 381 f; *Steinbeck* NJW 2003, 1481, 1486; *Saenger/Riße* MDR 2004, 1381.

[443] *Hoß* AnwBl. 2002, 377, 381 f; *Steinbeck* NJW 2003, 1481, 1486; *Karl* BRAK-Mitt. 2004, 5, 9; *Saenger/Riße* MDR 2004, 1381, 1383, 1365; s. auch BGHZ 148, 1, 6 f – Mitwohnzentrale.de; BGH NJW 2002, 2642, 2644 – Vanity-Nummer; aA für die Domain „rechtsanwaelte.de“ noch OLG München NJW 2001, 2100; zur Domain einer Arztpraxis *Kazemi* MedR 2005, 17, 21.

[444] LG Duisburg NJW 2002, 2114; *Hoß* AnwBl. 2002, 377, 381 f; *Steinbeck* NJW 2003, 1481, 1486; *Karl* BRAK-Mitt. 2004, 5, 9; *Saenger/Riße* MDR 2004, 1381, 1383; *Lorenz* JurPC Web-Dok. 225/2004, Abs. 38, jeweils mN zur teils abweichenden, jedoch durch BGHZ 151, 61 – presserecht.de überholten Instanzrechtsprechung.

[445] So OLG Celle NJW 2001, 2100; OLG München NJW 2002, 2113; *Harald Schneider* MDR 2000, 113, 137; *Hoß* AnwBl. 2002, 377, 382; *Steinbeck* NJW 2003, 1481, 1486; zu Recht insgesamt weniger restriktiv *Feuerich/Weyland* BRAO § 6 BORA Rn 29; *Saenger/Riße* MDR 2004, 1381, 1383; *Lorenz* JurPC Web-Dok. 225/2004, Abs. 39 f.

[446] BGHZ 148, 1, 7 – Mitwohnzentrale.de; BGHZ 153, 61, 68 – presserecht.de; *Steinbeck* NJW 2003, 1481, 1486; *Saenger/Riße* MDR 2004, 1381, 1383, 1385; *Lorenz* JurPC Web-Dok. 225/2004, Abs. 40.

[447] *Hoß* AnwBl. 2002, 377, 382.

[448] *Harald Schneider* MDR 2000, 113, 138; *Hoß* AnwBl. 2002, 377, 381; *Steinbeck* NJW 2003, 1481, 1486; *Karl* BRAK-Mitt. 2004, 5, 9; *Lorenz* JurPC Web-Dok. 225/2004, Abs. 42.

[449] Verneinend LG Berlin NJW-RR 2001, 1719; bejahend *Steinbeck* NJW 2003, 1481, 1486.

Adressen ohne jeden sachlichen Inhalt wie etwa dem vielbeachteten **„recht.freundlich.de“**[450] oder bei reinen **Phantasienamen** den vom Berufsrecht geforderten sachlichen **Informationsgehalt** vermissen. Den aber kann man Internet-Adressen schon ihrer Funktion nach ohnehin nicht abverlangen, ebenso wenig wie man ihn von einer Telefonnummer erwartet! Zudem ist bei den letztgenannten Adressen am allerwenigsten ersichtlich, wie sie Gemeinwohlbelange sollten berühren können. Sie sind deshalb zuzulassen.[451] Ein beschreibender Domainname kann eine wettbewerbswidrige Marktbehinderung nach § 4 Nr. 10 darstellen, wenn er sich an einen bereits verwendeten Domainnamen annähert.[452]

4. Werbung Dritter für den Anwalt

Veranlasst der Anwalt einen **Dritten,** für ihn, den Anwalt, in einer Weise zu werben, in der er selbst für sich nach Berufsrecht **nicht werben dürfte,** so handelt er damit ohne weiteres **berufsrechtswidrig.**[453] Denn bei einer solchen Veranlassung handelt es sich letztlich gar nicht um einen Fall der Dritt-, sondern der Eigenwerbung.[454] Aber auch, wer **aktiv** an einer solchen Werbemaßnahme eines Dritten **mitwirkt,** handelt berufsrechtswidrig. Dies mag man mit der Begründung, die aktive Teilnahme am Handeln des Dritten stelle ebenfalls zugleich eine eigene berufsrechtswidrige Werbemaßnahme dar, unmittelbar aus § 43b BRAO herleiten[455] oder auf § 6 Abs. 3 BORA als durch die Satzungsermächtigung des § 59b Abs. 1, Abs. 2 Nr. 3 BRAO gedeckte Konkretisierung des § 43b BRAO stützen.[456] 108

Fraglich kann nur sein, ob ein Rechtsanwalt auch dann berufswidrig handelt, wenn er eine gemessen an den Maßstäben des anwaltlichen Berufsrechts berufsrechtswidrige Werbung für ihn durch einen Dritten lediglich **duldet,** ohne aktiv an ihr mitzuwirken. Früher hielt man einen Rechtsanwalt, der von dergleichen Werbemaßnahmen durch einen Dritten erfuhr, für verpflichtet, alles in seiner (Rechts-)Macht Stehende zu tun und bestehendenfalls entsprechende Unterlassungsansprüche geltend machen, um das zu verhindern.[457] Anderenfalls verstoße er gegen Berufsrecht und könne entsprechend belangt werden. An dieser (schon immer fraglich und durch die Generalklausel des § 43 BRAO allein kaum je gedeckt gewesenen) Ansicht kann angesichts der Anforderungen, die heute von Verfassungs wegen an die Bestimmtheit die Berufsausübungsfreiheit einschränkender Gesetze zu stellen sind, selbst unter der Geltung des § 43b BRAO nicht mehr festgehalten werden.[458] § 43b BRAO gibt für eine solche Verpflichtung nichts her. Dementsprechend ist fraglich, ob Berufsordnungen, die den Berufsgenossen auch die Duldung von Werbung durch Dritte verbieten[459] von der jeweiligen Satzungsermächtigung gedeckt sind.[460] 109

Die **Mitwirkung** des Anwalts an der Maßnahme des Dritten muss einen **gewissen Einfluss** auf die Werbemaßnahme des Dritten für den Rechtsanwalt haben, um als eigener 110

---

[450] Dazu OLG Celle NJW 2001, 3133.

[451] Für Phantasienamen wie hier *Steinbeck* NJW 2003, 1481, 1486; *Lorenz* JurPC Web-Dok. 225/2004, Abs. 41f; aA *Bardenz* MDR 2001, 247, 253; wie hier auch OLG Celle NJW 2001, 3133.

[452] OLG Jena MMR 2005, 776 (deutsche-anwalthotline gegenüber deutsche-anwaltshotline).

[453] *Henssler/Prütting/Eylmann* BRAO § 43b Rn 74; *Hartung/Römermann* Berufs- und Fachanwaltsordnung § 6 BerufsO Rn 173. So ausdrücklich § 7 Abs. 4 Berufsordnung der Patentanwälte, → Rn 8.

[454] *Hartung/Römermann* Berufs- und Fachanwaltsordnung § 6 BerufsO Rn 173.

[455] Und in § 6 Abs. 4 BORA lediglich eine deklaratorische Bestätigung des bereits aus § 43b BRAO folgenden Mitwirkungsverbots sehen, so *Henssler/Prütting/Eylmann* BRAO § 43b Rn 74, § 6 BORA Rn 12.

[456] So *Hartung/Römermann* Berufs- und Fachanwaltsordnung § 6 BerufsO Rn 173f.

[457] Zuletzt *Henssler* ZIP 1996, 485, 486 (allerdings betreffend Steuerberater).

[458] *Hartung/Römermann* Berufs- und Fachanwaltsordnung § 6 BerufsO Rn 1166ff; *Henssler/Prütting/Eylmann* BRAO § 43b Rn 75; unter Aufgabe der gegenteiligen Ansicht in der Vorauflage auch *Ring* Anwaltliche Werbung Stichwort „Drittwerbung“; s. auch *Feuerich/Weyland* BRAO § 6 BORA Rn 38; *Kleine-Cosack* BRAO Anh. I 1 § 6 BORA Rn 7.

[459] So § 7 Abs. 4 Berufsordnung der Patentanwälte, → Rn 8; § 13 Abs. 1 BOStB, → Rn 9 – dazu auch → Rn 148; § 27 Abs. 3 S. 3 Musterberufsordnung für Ärzte, → Rn 13.

[460] Keine Bedenken hegen insoweit allerdings BVerfGE 71, 162, 175 – Frischzellentherapie; BVerfGE 85, 248, 259f – Julius Hackethal und BGH NJW 1999, 1784, 1785.

Verstoß gegen berufsrechtliche Werberegelungen gelten zu können. Die bloße Übergabe eines Bildes an jemanden, der es dann eigenmächtig mit werbenden Zusätzen versehen in Umlauf bringt oder in der Presse veröffentlicht, genügt dazu jedenfalls nicht.[461] Ebenso wenig kann ein auf Grund eines Interviews von einem Journalisten verfasster, die Grenzen des Berufsrechts nicht wahrender Zeitschriftenaufsatz dem Anwalt schon allein deshalb als berufsrechtswidrige Mitwirkung zugerechnet werden, weil er sich die Redigierung des Artikels nicht vorbehalten hat (zumal sich Journalisten auf solcherlei Kontrollen nicht ohne weiteres einlassen werden und einlassen müssen).[462] Die **bloße Einrichtung** eines **offenen Gästebuchs** auf der Homepage eines Rechtsanwalts verstößt ebenfalls noch nicht gegen das Verbot der Drittwerbung.[463] Dadurch nämlich eröffnet der Rechtsanwalt zunächst lediglich die Möglichkeit von Eintragungen. Er wirkt aber noch nicht daran mit, dass später eingehende Eintragungen eventuell tatsächlich einmal berufsrechtswidrig ausgestaltet sind. Immerhin können auch kritische, zur Werbung wenig geeignete Eintragungen erfolgen! Wohl aber verliert der sich Eintragende mit **erfolgter Eintragung** die Möglichkeit, auf seine Eintragung einzuwirken; diese Möglichkeit hat fortan allein der Rechtsanwalt als Unterhalter des Gästebuchs. Indem er als jetziger „Herr" über die Eintragung und Unterhalter des Gästebuchs eine **einmal erfolgte** (gemessen an den für ihn geltenden Maßstäben) **berufsrechtswidrige Eintragung im Einzelfall aufrechterhält** und in einer für jedermann einsehbaren Weise in der Öffentlichkeit präsentiert, macht er sich diese Eintragung zu Werbezwecken zu eigen und dadurch am Ende doch noch zu einem eigenen Berufsrechtsverstoß.[464]

111 Dass in den betreffenden Fällen der **Dritte** unter Umständen **selbst wettbewerbsrechtlich haften kann,** versteht sich von selbst. So wurde bei den vielbeachteten Ranglisten von Ärzten und Anwälten im Wochenmagazin „Focus" **(„Die 500 besten Ärzte",**[465] **„Die 500 besten Anwälte")**[466] jeweils der Verlag wettbewerbsrechtlich belangt, weil er durch die Artikelserien den Eindruck einer seriösen statistischen Erhebung erweckt hatte, in Wirklichkeit aber nur auf gefühlige Weise die Standeskollegen auf ihre Einschätzung hin befragt hat. Der Beitrag der einzelnen befragten Rechtsanwälte war jeweils zu gering, um berufsrechtlich überhaupt ins Gewicht zu fallen, zumal es einem Anwalt weder untersagt ist, selbst einen Kollegen zu empfehlen, noch sich von einem Kollegen empfehlen zu lassen. Durch die im „**JUVE-Handbuch** der Wirtschaftskanzleien" aufgestellten Rechtsanwalts-Ranglisten dagegen soll der betreffende Verlag nach höchstrichterlicher Rechtsprechung nicht gegen das Wettbewerbsrecht verstoßen.[467]

---

[461] BVerfG NJW 2000, 1635 – Prinz der Anwälte; *Henssler/Prütting/Eylmann* BRAO § 43b Rn 75; *Hartung/Römermann* Berufs- und Fachanwaltsordnung § 6 BerufsO Rn 176; *Kleine-Cosack* BRAO Anh. I.1 § 6 BORA Rn 7.

[462] BVerfG NJW 2000, 1635 – Prinz der Anwälte; s. auch schon BVerfGE 85, 248, 257 ff, 259 ff – Julius Hackethal; BVerfG NJW 1994, 123; *Henssler/Prütting/Eylmann* BRAO § 43b Rn 75; *Hartung/Römermann* Berufs- und Fachanwaltsordnung § 6 BerufsO Rn 176 f; *Kleine-Cosack* BRAO Anh. I.1 § 6 BORA Rn 8.

[463] Zur Vereinbarkeit mit dem Gebot der Sachlichkeit bereits Rn 68 mN. Insoweit wie hier *Hartung/Römermann* Berufs- und Fachanwaltsordnung Vor § 6 BerufsO Rn 235 ff; *ders.* MDR 1999, 771 (Anm. zu OLG Nürnberg); *Saenger/Riße* WRP 2005, 1468, 1474 f; *Härting/Steinbrecher* AnwBl. 2005, 10, 14 f; anders LG Nürnberg-Fürth NJW 1999, 1409 und die Berufungsinstanz OLG Nürnberg NJW 1999, 2126 m. zust. Anm. *Rein* NJW 1999, 1377, 1378 f (schon die Einrichtung des Gästebuchs schafft eine „Begehungsgefahr"); *Schneider* MDR 2000, 133, 135; *Steinbeck* NJW 2003, 1481, 1485; *Lorenz* JurPC Web-Dok. 225/2004, Abs. 60.

[464] Insoweit wie hier *Dahns/Krauter* BRAK Mitt. 2004, 2 f; *Saenger/Riße* WRP 2005, 1468, 1475; s. auch *Härting/Steinbrecher* AnwBl. 2005, 10, 15; anders *Hartung/Römermann* Berufs- und Fachanwaltsordnung Vor § 6 BerufsO Rn 235 ff, der Eintragungen im Gästebuch allein unter dem Gesichtspunkt der Drittwerbung sieht, aber immerhin im Einzelfall Verstöße gegen § 6 Abs. 3 BORA für vorstellbar hält.

[465] BGH GRUR 1997, 912 – Die Besten I.

[466] BGH GRUR 1997, 914 – Die Besten II mit Vorinstanz OLG München NJW 1996, 2237.

[467] Zunächst OLG München NJW 2001, 1950 (der Unterlassungsklage stattgebend) mit Nichtannahme der Revision durch den BGH, aber Aufhebung und Zurückverweisung an das OLG München durch das BVerfG NJW 2003, 277; die Klage nunmehr (unter Bestätigung der Vorinstanz OLG München NJW 2003, 1534) abweisend BGH GRUR 2006, 875 = NJW 2006, 2764 – Rechtsanwalts-Ranglisten.

5. Die Werberegelungen der BORA (§§ 6 bis 10)

a) Allgemeines zu den Werberegelungen der BORA und ihrer Handhabung. In Gestalt der §§ 6 bis 10 BORA konnte sich die Rechtsanwaltschaft in Ausübung der ihr durch § 59b Abs. 1, Abs. 2 Nr. 3 BRAO eingeräumten Satzungsermächtigung zwar ein eigenes Werberecht schaffen. Angesichts der äußeren Vorgaben, die weniger von einer Enge der Satzungsermächtigung und von § 43b BRAO als vom **Verfassungsrecht**[468] ausgehen, war und ist der ihr dabei eröffnete **Gestaltungsspielraum** allerdings bei weitem **geringer,** als zunächst vermutet oder erhofft. Durch die Rechtsprechung nicht zuletzt des BVerfG wird er fortlaufend weiter eingeengt. Indessen ging es den Verfassern der Werberegelungen der BORA ohnehin nicht um die Schaffung eines Satzungswerberechts mit selbstentwickelten und neuen Grundmustern erlaubter und verbotener Werbung. Sie erlagen auch nicht den Versuchungen der Verfasser der Berufsordnung der Steuerberater[469] und früher auch der Berufssatzung für Wirtschaftsprüfer/vereidigte Buchprüfer,[470] die Werbefreiheit der Berufsgenossen durch ihre Satzung weiter einzuschränken. Vielmehr beschränkte sich ihre Intention darauf, das durch § 43b BRAO Vorgegebene zu **konkretisieren.**[471] Die darin bereits angelegten (und durch die Rechtsprechung der Übergangszeit vorab schon vielfach konkretisierten) Werberegelungen, nämlich das Gebot der sachlichen berufsbezogenen Informationswerbung mit den daraus folgenden Verboten der unsachlichen,[472] der nicht berufsbezogenen und der nicht unterrichtenden Werbung sollte durch die Normen der Satzung mit Details untersetzt werden. Dementsprechend kehren die Grundmuster des § 43b BRAO in den Regelungen der BORA durchweg wieder. Das Verbot der Werbung um Aufträge im Einzelfall hat in § 43b BRAO eine ausreichende Regelung gefunden und brauchte deshalb von der BORA nicht aufgegriffen zu werden.[473] 112

Zwar bestand von vornherein **keine Handhabe,** in der BORA **eine abschließende Regelung** zur Zulässigkeit der Werbung durch Rechtsanwälte treffen zu können dergestalt, dass Rechtsanwälten überhaupt nur erlaubt ist, so wie in der BORA vorgesehen zu werben. Dem nämlich stehen schon die verfassungsrechtlichen Vorgaben entgegen, wonach Werbung grundsätzlich erlaubt ist und nur durch oder auf Grund eines Gesetzes zum Schutze von Gemeinwohlbelangen verboten werden kann.[474] Nachdem bereits die Tatbestandsstruktur des § 43b BRAO diesem Prinzip nicht ausreichend Rechnung trägt und er zur verfassungskonformen Handhabung schon in seiner tatbestandlichen Grundanlage gewissermaßen umgekehrt werden muss,[475] hätte gleiches erst recht mit Satzungsrecht zu geschehen, das versucht, Werbung nur in den von ihm vorgegebenen Bahnen zu erlauben und außerhalb dieser Bahnen zu verbieten. Von daher ließ sich eine Werbung „gewissermaßen an der BORA vorbei" schon im Ansatz nicht verhindern. 113

Jedoch sollte es, wenn schon eine abschließende Regelung der Zulässigkeit anwaltlicher Werbung in der BORA nicht möglich ist, doch das stetige Anliegen der Satzungsversammlung sein, in der BORA wenigstens annähernd ein zutreffendes Abbild dessen zu geben, was dem Rechtsanwalt an Werbung erlaubt ist. Aber selbst davon konnte – zumindest zwischenzeitlich – nicht mehr die Rede sein. Insbesondere § 7 BRAO spiegelte in seiner bis zum 28. 2. 2006 geltenden Fassung angesichts der vielen von der Rechtsprechung nicht zuletzt auf Druck des BVerfG hin zugelassenen Möglichkeiten eines Rechtsanwalts, außerhalb der allzu engen Vorgaben der Vorschrift werbende Aussagen über sich, seine Fähigkei- 114

[468] Ausführlich → Rn 17 ff.

[469] → Rn 9 und 147 f.

[470] → 1. Aufl. Rn 14.

[471] *Henssler/Prütting/Eylmann* BRAO Vor § 6 BORA Rn 5 f.

[472] D. h. reklamehaften, selbstanpreisenden, sich selbst herausstellenden sowie der irreführenden und aufdringlichen, belästigenden Werbung, → Rn 60.

[473] Anders insoweit trotz im Wesentlichen gleichlautender gesetzlicher Ausgangsregelungen § 10 Abs. 3 BOStB, → Rn 9.

[474] → Rn 17 ff.

[475] → Rn 27.

ten, Qualifikationen, Tätigkeits- und Interessengebiete sowie über den Zuschnitt und die Kapazitäten der von ihm betriebenen Kanzlei zu treffen,[476] kaum mehr zutreffend wider, was an Werbung Rechtsanwälten insoweit mittlerweile zu gestatten war und praktiziert wurde.

115 Die **allgemeine Grundregel für die Handhabung** der Werberegelungen der BORA lässt sich angesichts dieser Ausgangslage wie folgt formulieren: Werbemaßnahmen, die von den Tatbeständen der BORA nicht erfasst sind, sind deshalb noch längst nicht verboten. Immerhin aber müssen Werbemaßnahmen, die unter einen der Tatbestände der BORA fallen, so vonstatten gehen, wie die BORA es vorsieht. Im Übrigen gilt selbstverständlich auch für die Anwendung der BORA, dass jede sich dabei ergebende Werbebeschränkung nur haltbar ist, wenn sie im konkreten Einzelfall dem Schutz der Funktionsfähigkeit der Rechtsanwaltschaft als Teil einer funktionierenden Rechtspflege dient und zu diesem Schutz erforderlich ist.[477]

116 **b) Einzelne Werberegelungen der BORA. aa) § 6 BORA – Werbung. § 6 Abs. 1 BORA** nimmt unter Verzicht auf die Wiederholung des Verbots der Werbung um ein Mandat im Einzelfall[478] lediglich die Regelung des § 43b BRAO im Übrigen auf. Mit der Verwendung des Begriffes „Information" statt „Werbung" ist keine sachliche Abweichung von § 43b BRAO beabsichtigt. Der Kontext und die Überschrift des zweiten Abschnitts zeigen, dass es hier um Information zu Werbezwecken geht.[479] Letztlich unterstreicht die Verwendung des Wortes Information den Grundsatz, dass Rechtsanwaltswerbung Werbung durch Information, also **unterrichtend** zu sein hat.[480]

117 Seit der ersatzlosen Streichung des (verfassungsrechtlich fragwürdig gewesenen[481]) **§ 6 Abs. 2 BORA** aF zum 1. 3. 2006 lässt der nunmehr zu Abs. 2 aufgerückte ehemalige Abs. 3 in seinem 2. Satz zunächst erkennen, was ohnehin längst unbestritten ist, nämlich dass der Rechtsanwalt durch die dort genannten Medien werben darf. Für den Inhalt der Praxisbroschüren, Rundschreiben und anderen vergleichbaren Informationsmitteln gelten die allgemeinen Vorgaben: Sie müssen nach § 43b BRAO sachlich, unterrichtend und berufsbezogen im oben[482] dargestellten Sinne sein.

118 Das Verbot der Werbung mit **Erfolgs**- und **Umsatzzahlen** nach **§ 6 Abs. 2 S. 1 BORA** wird allgemein damit motiviert, wer so werbe, streiche sich selbst als besonders erfolgreich heraus und erwecke den irrigen Eindruck einer besonderen Qualifikation. Damit werde unsachlich im Sinne des § 43b BRAO geworben.[483] Neuerdings wird allerdings die Verfassungsmäßigkeit der Regelung in Zweifel gezogen.[484] Jedenfalls ist sie eng auszulegen und nur in Fällen anzuwenden, in denen durch die Erfolgsangabe tatsächlich eine Irreführung zu befürchten ist.[485] **§ 6 Abs. 2 S. 2 BORA** ist insoweit selbstverständlich, als die Werbung mit **Mandaten** und **Mandanten** nur mit Einwilligung des betreffenden Mandanten erfolgen darf (§ 43a Abs. 2 BRAO). Verfassungsrechtlich bedenklich und deshalb

[476] Dazu näher Voraufl. → Rn 112, 118ff.

[477] → Rn 23, 61f, 68, 71, 85. Alle werberechtlichen Regelungen der BORA mindestens für überflüssig, meist auch für verfassungswidrig und gelegentlich (so § 10 BORA) für berufspolitisch provinziell haltend *Kleine-Cosack* BRAO Anh. I 1, Kommentierung zu §§ 6 bis 10 BORA.

[478] → Rn 112 aE.

[479] *Hartung/Römermann* Berufs- und Fachanwaltsordnung § 6 BerufsO Rn 59.

[480] → Rn 89ff.

[481] BVerfG NJW 2004, 2656, 2657f.

[482] → Rn 60ff.

[483] BGH Urt. v. 9. 6. 2008, AnwSt (R) 5/05 Rn 31; *Hartung/Römermann* Berufs- und Fachanwaltsordnung § 6 BerufsO Rn 140ff; *Henssler/Prütting/Eylmann* § 6 BORA Rn 7f; *Feuerich/Weyland* § 6 BORA Rn 36; *Saenger/Riße* WRP 2005, 1468, 1473f; OLG Frankfurt NJW 2000, 1652.

[484] OLG Nürnberg NJW 2004, 2167ff m. zust. Anm. *Grunewald/Frenzel* EWiR § 6 BORA 2/04, 1079, 1080 (Verstoß gegen Art. 12 und 3 GG); s. auch *Kleine-Cosack* BRAO Anh. I.1 § 6 BORA Rn 2; *Dahns/Krauter* BRAK Mitt. 2004, 2, 4; *Härting/Steinbrecher* AnwBl. 2005, 10, 14; *Römermann* AnwBl. 2007, 744, 747; *Möllers/Mederle* WRP 2008, 871, 875ff.

[485] BGH Urt. v. 9. 6. 2008, AnwSt (R) 5/05 Rz. 31; *Hartung/Römermann* Berufs- und Fachanwaltsordnung § 6 BerufsO Rn 140; *Römermann* AnwBl. 2007, 744, 746f.

bei verfassungskonformer Auslegung unbeachtlich ist jedoch, dass diese Art der Werbung nur in den genannten Informationsmitteln oder auf Anfrage zulässig sein soll, nicht aber auf andere Weise wie etwa unaufgefordert in einem persönlichen Gespräch oder einem Vortrag.[486] Zweifelhaft ist auch, dass § 6 Abs. 2 S. 2 BORA eine ausdrückliche Einwilligung des Mandanten verlangt und anders als sonst bei der Befreiung von der Verschwiegenheitspflicht eine – hinreichend eindeutige konkludente nicht ausreichen soll.[487] Die Entscheidung des KG,[488] wonach die Werbung mit einer tabellarischen Auflistung von **Gegnern,** gegen die man mandatiert ist, unter Umständen als Eingriff in deren allgemeines Persönlichkeitsrecht nach § 823 Abs. 1 BGB, Art. 2 Abs. 1 GG unzulässig sein kann, ist nach Lage des Falles wegen Verstoßes gegen Art. 12 GG vom BVerfG[489] aufgehoben worden.

Je nachdem, ob man das Verbot der Mitwirkung an dem Anwalt selbst verbotener Werbung Dritter bereits unmittelbar aus § 43b BRAO herleitet oder nicht, bestätigt **§ 6 Abs. 3 BORA** lediglich das schon in § 43b BORA ausgesprochene Verbot oder stellt das Verbot durch die Satzungsermächtigung gedeckt selbst erst auf.[490] 119

bb) § 7 BORA – Benennung von Teilbereichen der Berufstätigkeit. In seiner bis zum 28. 2. 2006 geltenden Fassung war § 7 BORA mit dem Versuch, den Rechtsanwalt bei der Kundgabe seiner fachlichen Qualifikationen und Ausrichtung sowie der Teilbereiche der anwaltlichen Berufstätigkeit, mit denen er sich befasst, neben der Angabe in einem förmlichen Verfahren erworbener Fachanwaltsbezeichnungen auf die Nennung von **Interessen-** und **Tätigkeitsschwerpunkten** zu beschränken und diese auch noch numerisch auf insgesamt fünf (davon höchstens drei Tätigkeitsschwerpunkte) zu begrenzen, seinerzeit wohl die sowohl verfassungsrechtlich als auch rechtspolitisch **umstrittenste** Vorschrift der BORA.[491] Er wurde deshalb nach einem zu gewissen Irritationen Anlass gebenden Verfahren[492] durch Beschluss der Satzungsversammlung mit Wirkung vom 1. 3. 2006 neu gefasst. 120

§ 7 BORA zielt in erster Linie darauf ab, **irreführende Werbung** zu verhindern.[493] 121
Während jedoch die Altfassung immerhin noch als (der Versuch einer) Konkretisierung dieses berufsrechtlich bereits im Verbot der unsachlichen Werbung mit enthaltenen[494] Verbots verstanden werden konnte, enthält die Neufassung in den Absätzen 1 und 2 letztlich kaum mehr als sich ohne weiteres aus dem allgemeinen Verbot der Irreführung ergebende **Selbstverständlichkeiten:** Wer seinen eigenen Tätigkeitsbereich durch die Benennung von Teilbereichen der anwaltlichen Berufstätigkeit absteckt, signalisiert dem Publikum damit zugleich, dass er die fraglichen Tätigkeiten auch beherrscht, d. h. über entsprechende Kenntnisse verfügt. Diese muss er, da er sie nicht von Geburt an gehabt haben kann, notwendigerweise erworben haben, und zwar auf irgendeine, notfalls eben „sonstige" Weise (§ 7 Abs. 1 S. 1 BORA). Hat er sie nicht, führt er in die Irre. Wer sich besonderer Qualifikationen berühmt, der muss ebenfalls entsprechende Kenntnisse haben. Dass diese Kenntnisse bei einem Beruf wie dem des Anwalts nicht nur praktischer (und deshalb durch eine Tätigkeit erheblichen Umfanges auf dem fraglichen Gebiet einzuüben), sondern dem vom

---

486 *Hartung/Römermann* Berufs- und Fachanwaltsordnung § 6 BerufsO Rn 1451 ff; *Henssler/Prütting/Eylmann* BRAO § 6 BORA Rn 9; *Kleine-Cosack* Das Werberecht der rechts- und steuerberatenden Berufe Rn 788; *Hagemeister* AnwBl. 2007, 748, 749.

487 *Hagemeister* AnwBl. 2007, 748, 749.

488 KG NJW-RR 2005, 1709 (Revision von KG und BGH nicht zugelassen); dem KG zustimmend *Kleine-Cosack* NJ 2006, 83; gegen die Begründung des KG *Hagemeister* AnwBl. 2007, 748, 750 f.

489 NJW 2008, 838.

490 → Rn 108.

491 → Rn 30 mN.

492 Dazu *Hartung* Mitt. der BRAK Düsseldorf 2005, 137; *Römermann* AnwBl. 2005, 636; *Lühring* BRAK-Mitt. 2005, 752.

493 BGH NJW 2001, 1138, 1140; OLG Nürnberg NJW 2001, 2481, 2482, 2483; OLG Celle NJW 2003, 296; OLG München NJW-RR 2003, 781; AGH Niedersachsen NJW 2004, 1536, 1337; *Henssler/Prütting/Eylmann* BRAO § 7 BORA Rn 2; bereits zur Neufassung *Kleine-Cosack* AnwBl. 2005, 275; *Hartung/Römermann* Berufs- und Fachanwaltsordnung § 7 BerufsO Rn 43.

494 → Rn 60.

Anwalt bei seiner Berufsausübung anzuwendenden objektiven Recht gemäß auch theoretischer Natur sein müssen (§ 7 Abs. 1 S. 2 BORA), versteht sich im Grunde von selbst. Wer seine fachliche Ausrichtung oder Qualifikation so beschreibt, dass die Gefahr einer Verwechslung mit Fachanwaltschaften besteht, der führt, wie § 7 Abs. 2 2. Alt. BORA selbst im Weiteren richtig einordnet, ebenfalls in die Irre. Unter diesen Umständen wird § 7 BORA von manchen für überflüssig[495] und infolgedessen sogar für verfassungswidrig gehalten.[496] Jedenfalls hat er heute – ebenso wie zuletzt sein Vorgänger – keine nennenswerte, über die allgemeinen Regeln des Berufs- (§ 43b BRAO) und Wettbewerbsrechts (§§ 5, 5a) hinausgehende werbungsregulierende Wirkung mehr.

122 Die in der alten Fassung noch deutlich ausgeprägte **dreistufige „Qualifikationsleiter"** anwaltlicher Werbeaussagen[497] ist in der Neufassung zwar nicht gänzlich entfallen;[498] sie hat aber erheblich gewissermaßen an Steigung verloren:[499] Auf der ersten Stufe steht die Benennung von Teilbereichen der Berufstätigkeit **ohne qualifizierende Zusätze.** Auf der zweiten Stufe folgt die Benennung von Teilbereichen der Berufstätigkeit **mit qualifizierenden Zusätzen.** Auf der dritten Stufe rangiert die Benennung von **Fachanwaltschaften.**[500] Jenseits der drei sich aus § 7 BORA ergebenden Stufen schickt sich darüber hinaus allerdings zur Zeit noch eine **vierte Stufe** an, sich zu etablieren, nämlich die der **Experten, Spezialisten** oder mit ähnlichen, eine Spitzenstellung ausdrückenden Worten Bedachten. Denn gestützt auf entsprechende Andeutungen in der Spezialistenentscheidung des BVerfG[501] werden an jemanden, der sich als Spezialist, Experte oder ähnliches bezeichnet, sehr hohe Anforderungen gestellt,[502] die manche jedenfalls über denen an einen Fachanwalt angesiedelt sehen möchten.[503]

123 **Teilbereiche der Berufstätigkeit** lassen sich nicht nur durch die Angabe von Rechtsgebieten benennen, denen sich der Anwalt widmet. Indem § 7 BORA von Teilbereichen der Berufstätigkeit spricht, kann das vom Anwalt bestellte Feld auch durch die Benennung bestimmter anwaltlicher Tätigkeiten (Juristisches Vertrags- oder Baumanagement, Strafverteidigungen, Forderungseinziehung) sowie von Personen (Rechtsberatung für Ärzte, Patienten, Arbeitnehmer, Arbeitgeber usw.) oder Sachgebieten (Rechtsberatung in Familiensachen, Bausachen, Arzthaftungssachen usw.) als Objekte der eigenen Tätigkeit abgesteckt werden.[504] Wie **weit** oder **eng** der angegebene Tätigkeitsbereich ist und wie **allgemein** oder **konkret** die Benennung erfolgt (etwa allgemein „Zivilrecht" oder spezieller „privates Wirtschaftsrecht" oder noch spezieller „gewerblicher Rechtsschutz" oder ganz speziell „Markenrecht"), bleibt dem Betreffenden selbst überlassen.

124 **Qualifizierende Zusätze** verwendet, wer die von ihm benannten Teilbereiche der Berufstätigkeit mit wertenden Hinweisen auf seine persönliche Qualifikation versieht,[505] d. h. sich besonderer Qualitäten oder Qualifikationen auf dem betreffenden Gebiet berühmt.

---

[495] *Kleine-Cosack* AnwBl. 2005, 275, 276f; *Hartung/Römermann* Berufs- und Fachanwaltsordnung § 7 BerufsO Rn 43; *Römermann* AnwBl. 2007, 744, 747.

[496] *Hartung/Römermann* Berufs- und Fachanwaltsordnung § 7 BerufsO Rn 45.

[497] Interessenschwerpunkte, Tätigkeitsschwerpunkte, Fachanwaltsbezeichnung; näher → Voraufl. Rn 118.

[498] So aber *Hartung/Römermann* Berufs- und Fachanwaltsordnung § 7 BerufsO Rn 42.

[499] *Kleine-Cosack* AnwBl. 2005, 275, 278 spricht von einer „Miniatursprossenwand", die man zu konstruieren versuche.

[500] Zu diesen drei Stufen auch *Offermann-Burckart* BRAK-Mitt. 2006, 154, 155; *Axmann/Degen* Anwaltsstrategien beim Kanzleimanagement, 2006, Rn 88.

[501] NJW 2004, 2656, 2658: Fachanwälte seien nicht notwendig Spezialisten.

[502] OLG Stuttgart NJW 2008, 1326; *Dahns/Krauter* BRAK Mitt. 2004, 2, 3; *Härting/Steinbrecher* AnwBl. 2005, 10, 13; s. auch Nds. AGH BRAK-Mitt. 2007, 221.

[503] LG Dortmund NJW-RR 2006, 345; LG Kiel NJW 2006, 2496 = BRAK-Mitt. 2006, 238, 239; OLG Nürnberg NJW 2007, 1984, 1985 = BRAK-Mitt. 2007, 128, 129; s. auch *Offermann/Burckart* BRAK-Mitt. 2006, 154, 156; kritisch gegen die Einordnung des Spezialisten als „besseren Fachanwalt" dagegen *dies.* NJW 2004, 2617, 2619f (Besprechung von BVerfG NJW 2004, 2656); dahinstellend OLG Stuttgart NJW 2008, 1326, 1328. Der EGMR hat diese Tendenz in der deutschen Rechtsprechung im Lichte von Art. 10 EMRK nicht beanstandet, BRAK-Mitt. 2008, 166.

[504] Näher *Hartung/Römermann* Berufs- und Fachanwaltsordnung § 7 BerufsO Rn 49ff.

[505] Begründung der Satzungsversammlung BRAK-Mitt. 2006, 212.

Das kann die vieldiskutierte Bezeichnung als „Experte" oder „Spezialist" sein. Aber auch weniger vollmundige Selbsteinschätzungen wie „Kenner", „Fachmann" oder die Angabe „spezialisiert auf" bzw. „Spezialgebiet" gehören hierher[506] (und sind bei manchem sich bereits als Spezialisten dünkenden eher angemessen).

Ob die bloße Angabe eines **Tätigkeitsschwerpunktes** bereits als qualifizierender Zusatz im Sinne des § 7 Abs. 1 S. 2 BORA anzusehen ist,[507] wird zu Recht bezweifelt.[508] Zwar geht, wer einen bestimmten Teilbereich der Berufstätigkeit zu seinem Schwerpunkt erklärt, damit über die pure Benennung eines Teilbereichs im Sinne des § 7 Abs. 1 S. 1 BORA hinaus. Mit dem Zusatz berühmt er sich aber nicht einer besonderen Qualifikation, sondern macht nicht mehr als eine statistische Angabe, eben dass ein beachtlicher Teil seiner beruflichen Tätigkeit dem betreffenden Gebiet gilt. Diese Angabe kann wahr sein oder nicht und mag sogar den Schluss auf durch intensive Tätigkeit auf diesem Gebiet erworbene Qualifikationen zulassen. Sie behauptet diese Qualifikationen aber nicht unmittelbar und kann deshalb allenfalls unter § 7 Abs. 1 S. 1 BORA fallen. 125

Ob die Benennung von **Interessenschwerpunkten,** also Gebieten, auf denen man noch nicht in für die Benennung eines Tätigkeitsschwerpunktes ausreichendem Maße tätig ist, auf denen tätig zu werden man aber interessiert ist und danach strebt, von § 7 BORA überhaupt noch erfasst wird,[509] hängt von der Deutung der Worte „Teilbereiche der Berufstätigkeit" ab. Versteht man sie dahin, dass es um Teilbereiche der Berufstätigkeit eines Anwalts (= der *anwaltlichen* Berufstätigkeit) schlechthin geht, fällt sie darunter. Meint sie dagegen die Berufstätigkeit des konkreten Anwalts (= *seiner* Berufstätigkeit), unterfällt sie dem § 7 BORA nicht. Denn zur gegenwärtigen Tätigkeit des konkreten Anwalts gehört das betreffende Gebiet eben noch nicht; er hat lediglich Interesse daran, dass es so wird. Jedenfalls unterfällt die Benennung von Interessenschwerpunkten nicht dem § 7 Abs. 1 S. 2 BORA, da mit ihr ebenso wenig wie mit der Benennung eines Tätigkeitsschwerpunktes die Behauptung einer besonderen Qualifikation verbunden ist. Unabhängig davon ist die Benennung von Interessengebieten nach hM auch künftig noch **zulässig,**[510] allein schon deshalb, weil § 59b Abs. 1, Abs. 2 Nr. 3 BRAO als die Satzungsermächtigung für die Werberegelungen der BORA sie nach wie vor erwähnt und damit als zulässig voraussetzt. Immerhin wurde die Befugnis zur Benennung bloßer Interessenschwerpunkte vor allem deshalb in § 59b Abs. 2 Nr. 3 BORA eigens erwähnt, um auch dem Berufsanfänger bereits die Chance zu geben, sich werbend zu profilieren.[511] Der Satzungsgeber könnte daran nichts ändern, erst recht nicht durch bloßes Verschweigen in der Berufsordnung. Außerdem würde es den verfassungsrechtlichen Vorgaben nicht gerecht, dem tatsächlich Interessierten die wahrheitsgemäße, nicht irreführende Bekundung dieses Interesses zu verbieten.[512] 126

Welche **Kenntnisse** haben muss, wer einen Teilbereich der Berufstätigkeit benennt, hängt von dem benannten Gebiet ab. Nach beiden Sätzen des § 7 Abs. 1 BORA müssen seine Kenntnisse diesem Gebiet **entsprechen,** d.h. es zunächst in seiner **Breite abdecken.** Wer mit einem breiten Tätigkeitsspektrum wirbt, muss entsprechend **breit gefächerte Kenntnisse** nachweisen können.[513] Die erforderliche **Kenntnistiefe** richtet sich nach dem Spezialisierungsgrad des benannten Gebiets: je spezieller das Gebiet, desto spe- 127

---

[506] S. auch *Hartung/Römermann* Berufs- und Fachanwaltsordnung § 7 BerufsO Rn 72f; *Offermann-Burckart* BRAK-Mitt. 2006, 154, 155.

[507] Bejahend *Offermann-Burckart* BRAK-Mitt. 2006, 154, 155; nach *Hartung/Römermann* Berufs- und Fachanwaltsordnung § 7 BerufsO Rn 76 tendierte ausweislich ihres Protokolls vom 21. 2. 2005, S. 19 auch die Satzungsversammlung dahin.

[508] *Hartung/Römermann* Berufs- und Fachanwaltsordnung § 7 BerufsO Rn 76.

[509] Bejahend *Offermann-Burckart* BRAK-Mitt. 2006, 154, 155.

[510] *Hartung/Römermann* Berufs- und Fachanwaltsordnung § 7 BerufsO Rn 69; *Römermann* AnwBl. 2005, 490; in der Sache auch *Kleine-Cosack* AnwBl. 2005, 275, 276.

[511] *Hartung/Holl/Römermann* BerufsO 2. Aufl. 2001 § 7 Rn 80.

[512] *Kleine-Cosack* AnwBl. 2005, 275, 277.

[513] *Hartung/Römermann* Berufs- und Fachanwaltsordnung § 7 BerufsO Rn 69.

zieller und detaillierter müssen auch die vorhandenen Kenntnisse sein. Als nach hiesiger Ansicht allenfalls unter § 7 Abs. 1 S. 1 BORA fallend[514] genügt für die Benennung von **Tätigkeitsschwerpunkten** der einfache Kenntnisnachweis. Außerdem ist erforderlich, dass der betreffende Anwalt auf dem fraglichen Gebiet tatsächlich gegenwärtig einen Tätigkeitsschwerpunkt hat. Dass er in zurückliegender Zeit bereits in erheblichem Umfang auf dem benannten Gebiet tätig gewesen ist (§ 7 Abs. 1 S. 2 BORA), ist nicht notwendig. Anders als früher § 7 Abs. 2 S. 1 BORA aF verlangt die Benennung von **Interessengebieten** keine besonderen Kenntnisse auf dem betreffenden Gebiet mehr;[515] es genügt die Absicht, sich die noch fehlenden Kenntnisse, gegebenenfalls durch die Arbeit auf dem Gebiet, zu erwerben.[516] Für den, der die Benennung von Interessengebieten erst gar nicht unter § 7 BORA subsumiert,[517] ergibt sich dies von selbst. Aber auch, wer § 7 BORA hier grundsätzlich anwenden will, muss erkennen, dass es an der nach § 7 BORA zu vermeidenden Irreführungsgefahr fehlt. Jemand, der Interesse an einem Gebiet bekundet, dokumentiert damit ja gerade, dass er sich für das Gebiet lediglich interessiert, es aber noch nicht beherrscht.[518]

128 Für die Werbung mit **qualifizierenden Zusätzen** verlangt § 7 Abs. 1 S. 2 BORA, dass die Kenntnisse, die auch hier dem benannten Teilgebiet der Berufstätigkeit zu entsprechen haben, „theoretischer" Natur sind. Ob damit tatsächlich ein gegenüber S. 1 höherer Kenntnisstand gefordert wird, ist fraglich,[519] zumal es sich schon bei den von S. 1 geforderten durchaus um theoretische Kenntnisse handeln kann. Eine wirkliche Verschärfung ist jedoch damit verbunden, dass hier ein Tätiggewesensein auf dem fraglichen Gebiet in erheblichem Umfang hinzukommen muss. So vage diese Voraussetzung auch formuliert ist (zu Recht hat der Satzungsgeber davon abgesehen, die in § 7 Abs. 2 S. 2 BORA aF noch enthaltene Zeitangabe von zwei Jahren erheblicher Tätigkeit auf dem Gebiet zu übernehmen), schließt sie doch aus, dass jemand, der auf einem bestimmten Gebiet nur gelegentlich tätig war, daraus eigene Qualitätsberühmungen herleitet. Andererseits kommt es nicht auf die Zahl der behandelten Mandate an; schon wenige besonders umfangreiche Mandate können genügen.[520] In Anlehnung an die von einem Fachanwalt verlangten theoretischen Kenntnisse und praktischen Erfahrungen heißt es gelegentlich, bei § 7 Abs. 2 S. 1 BORA gehe es um Anforderungen wie an einen „kleinen Fachanwalt".[521] Im Übrigen richtet sich das Maß der erforderlichen Kenntnisse und praktischen Erfahrungen auf dem betreffenden Gebiet nicht zuletzt auch nach dem Niveau und der Intensität der aufgestellten Qualifikationsbehauptung.[522] Von einem sich als Spezialist Bezeichnenden muss mehr erwartet werden als von einem bloßen Fachmann.

129 Zwar beruht die Benennung von Teilbereichen der Berufstätigkeit sowie die Verwendung qualifizierender Zusätze auf einer **Selbsteinschätzung** des betreffenden Anwalts und ist im Gegensatz zur Berechtigung zur Führung einer Fachanwaltsbezeichnung nicht das Ergebnis eines formellen Prüfungsverfahrens. Jedoch hat die Kammer die Möglichkeit, gestützt auf § 7 Abs. 1 S. 1 BORA im Einzelfall den **Nachweis zu verlangen,** dass der Anwalt die entsprechenden Kenntnisse – einmal – **erworben hat.** Außerdem kann sie überprüfen, ob der Verwender eines qualifizierenden Zusatzes auf dem betreffenden Gebiet tatsächlich in erheblichem Umfang tätig gewesen ist. Für eine Überprüfung, ob der Anwalt die einmal erworbenen Kenntnisse später **fortlaufend aufrechterhalten** hat, bietet § 7 Abs. 1

---

514 → Rn 125.

515 *Hartung/Römermann* Berufs- und Fachanwaltsordnung § 7 BerufsO Rn 69.

516 Zu diesem Gesichtspunkt auch *Kleine-Cosack* AnwBl. 2005, 275, 276.

517 → Rn 126.

518 *Hartung/Römermann* Berufs- und Fachanwaltsordnung § 7 BerufsO Rn 69; zu einem solchermaßen „reduzierten" qualifizierenden Zusatz auch *Offermann-Burckart* BRAK-Mitt. 2006, 154, 155.

519 An der Bedeutung dieses Merkmals zweifelnd auch *Kleine-Cosack* AnwBl. 2005, 275, 277.

520 *Hartung/Römermann* Berufs- und Fachanwaltsordnung § 7 BerufsO Rn 80.

521 *Hartung/Römermann* Berufs- und Fachanwaltsordnung § 7 BerufsO Rn 78; *Römermann* AnwBl. 2005, 490f.

522 Vgl. Begründung der Satzungsversammlung BRAK-Mitt. 2006, 212.

BORA dagegen in seiner jetzigen Fassung keine Handhabe.[523] Auch wird es bis auf weiteres keine generelle Pflicht zu einer der Kammer auf Verlangen nachzuweisenden Fortbildung des Teilbereiche der Berufstätigkeit benennenden Anwalts auf dem benannten Gebiet geben, nachdem die Bundesjustizministerin den von der Satzungsversammlung ursprünglich beschlossenen, eine solche „harte" Fortbildungspflicht vorsehenden § 7 Abs. 3 BORA als von der Satzungsermächtigung nicht gedeckt aufgehoben[524] und die BRAK die Neufassung des § 7 BORA ohne diese Regelung veröffentlicht hat.[525]

Eine wirkliche **Kontroll- und Qualitätssicherungsfunktion** ist wegen der in vielerlei Hinsicht unbestimmten Fassung des § 7 BORA von der gegenwärtigen Satzungslage **nicht zu erwarten.** Dies gilt vor allem für den Nachweis des Kenntniserwerbs. Hier kann der Nachweispflichtige sich angesichts der Aufzählung möglicher Wege des Kenntniserwerbs in § 7 Abs. 1 S. 1 BORA statt eines Nachweises durch belegbare Vorgänge wie Ausbildung, Berufstätigkeit oder Veröffentlichung leicht auf einen Kenntniserwerb in sonstiger Weise, nämlich durch behauptetes Selbststudium zurückziehen. Deshalb wird § 7 BORA auch als „zahnloser Tiger" bezeichnet[526] und gesagt, die Durchsetzung seiner Vorgaben könne für die Kammern zu einem „unwürdigen Hase-und-Igel-Spiel werden."[527] 130

§ 7 Abs. 2 BORA erklärt Benennungen eines Teilbereichs der Berufstätigkeit für unzulässig, die die Gefahr einer **Verwechslung mit Fachanwaltschaften** begründen. Im Übrigen greift er lediglich das ohnehin bereits allgemein geltende Irreführungsverbot[528] auf und hat insoweit keinen eigenständigen Regelungsgehalt. Zwar bezieht § 7 Abs. 2 BORA sich auf den gesamten Abs. 1. Jedoch kann es zur Gefahr der Verwechslung mit einer Fachanwaltsbezeichnung ernsthaft nur im Verhältnis zu mit einem qualifizierenden Zusatz versehenen Benennungen gemäß § 7 Abs. 1 S. 2 BORA kommen. Da es sich bei der Bezeichnung als Fachanwalt zwingend um einen die Person qualifizierenden Zusatz nach § 7 Abs. 1 S. 2 BORA handelt, es an einem solchen bei einfachen Benennungen nach § 7 Abs. 1 S. 1 BRAO aber gerade fehlt, kann eine Gefahr der Verwechslung mit einer Fachanwaltschaft bei einfachen Benennungen schwerlich eintreten, und zwar selbst dann nicht, wenn der benannte Teilbereich bereits durch eine eingeführte Fachanwaltsbezeichnung belegt ist.[529] Dies hätte das BVerfG in seinem Beschluss vom 22. 3. 2006[530] verkannt, sollte es mit seiner (auf diese Variante allerdings nicht festgelegten) Anwendung des § 7 Abs. 2 BRAO auf die Benennung „Rechtsanwälte und *Steuerberatung*" tatsächlich § 7 Abs. 2 1. Alt. BORA im Blick gehabt haben. Denn bei dieser Benennung handelt es um eine einfache Teilbereichsbenennung gemäß § 7 Abs. 1 S. 1 BORA.[531] Dass bereits durch Fachanwaltschaften belegte Gebiete durch § 7 Abs. 2 BORA für Benennungen nach Abs. 1 überhaupt gesperrt sein sollen, auch für einfache nach Abs. 1 S. 1, kann nicht angenommen werden. Abgesehen von dagegen gemäß Art. 12 Abs. 1 GG bestehenden verfassungsrechtlichen Bedenken wird dies auch vom Wortlaut des § 7 Abs. 2 BORA nicht getragen. Denn dort heißt es gerade nicht strikt „Benennungen nach Abs. 1 sind unzulässig, soweit 131

---

523 *Römermann* AnwBl. 2005, 490, 491 unter Hinweis auf die in dessen Aufhebung einmündende Anhörung im Bundesjustizministerium zu der von der Satzungsversammlung beschlossenen Neufassung des § 7 Abs. 3 BORA; → nachfolgende Fn.

524 S. den entsprechend Bescheid vom 25. 5. 2005 in BRAK-Mitt. 2005, 184. Der beschlossene § 7 Abs. 3 BORA lautete: „Wer Teilbereiche der Berufstätigkeit benennt, ist verpflichtet, sich auf diesen Gebieten fortzubilden. Auf Verlangen der Rechtsanwaltskammer ist dies nachzuweisen."; zur Inkraftsetzung des § 7 BORA nF auch *Lührig* BRAK-Mitt. 2005, 752 f.

525 S. BRAK-Mitt. 2005, 273.

526 *Kleine-Cosack* AnwBl. 2005, 275, 276 f.

527 *Faßbender* NJW 2006, 1463, 1467.

528 → Rn 60, 74 ff.

529 *Axmann/Degen* NJW 2006, 1457, 1458; *Faßbender* NJW 2006, 1463, 1468; auch *Hartung/Römermann* Berufs- und Fachanwaltsordnung § 7 BerufsO Rn 82, 84 und 87 und *Römermann* AnwBl. 2005, 490, 491.

530 NJW 2006, 1499, 1500 = BRAK-Mitt. 2006, 172, eine Verfassungsbeschwerde gegen OLG Rostock NJW-RR 2006, 784 = BRAK-Mitt. 2006, 146 nicht zur Entscheidung annehmend.

531 So in seiner Anm. zu BVerfG auch *Huff* BRAK-Mitt. 2006, 173, 174; zum gleichwohl irreführenden Charakter dieser Benennung → Rn 77.

auf den benannten Gebieten Fachanwaltschaften bestehen ...". Vielmehr fordert Abs. 2 zu einer wertenden Betrachtung auf, eben der, ob Verwechslungsgefahr besteht.[532]

132 Um eine Verwechslungsgefahr nach § 7 Abs. 2 1. Alt. BORA auszulösen, muss zweierlei zusammentreffen: Zunächst muss in dem qualifizierenden Zusatz ein **Qualifikationsbegriff** verwendet werden, der mit dem von ihm gekennzeichneten Qualitätsniveau (aber nicht notwendig in seiner Wortzusammensetzung) mit dem **eines Fachanwalts verwechselt werden kann.** Das dürfte bei Begriffen wie „Spezialist", „Experte", „Fachmann" oder „ausgewiesener Kenner" ohne weiteres der Fall sein, erst recht beim Begriff „Fachrechtsanwalt", nicht indessen bei dem bloßen Hinweis „Spezialgebiet" oder „spezialisiert auf". Denn durch den bloßen Spezialisierungshinweis wird noch keine besonders ausgeprägte Qualifikation auf dem Gebiet der Spezialisierung behauptet, sondern ähnlich einem Tätigkeitsschwerpunkt nur, dass man sich mit diesem Gebiet vor allem befasst.

133 Des weiteren muss ein **Teilgebiet benannt werden,** das durch seine Annäherung an ein bereits durch **eine Fachanwaltsbezeichnung belegtes Rechtsgebiet** zur Verwechslung Anlass gibt. Insoweit scheidet eine Verwechslungsgefahr jedenfalls dann aus, wenn es für das fragliche Rechtsgebiet noch gar **keinen Fachanwalt gibt**[533] (was sich allerdings leicht durch den weiteren Ausbau der Fachanwaltschaften ändern kann). Andererseits wäre es falsch anzunehmen, bei jeder mit einem qualifizierenden Zusatz versehenen Benennung eines Teilbereichs, der sich mit einer bereits zugelassenen **Fachanwaltschaftsbezeichnung deckt,** sei ohne weiteres Verwechslungsgefahr gegeben. Vielmehr kommt es in diesen Fällen immer noch darauf an, dass auch der verwendete qualifizierende Zusatz mit der Fachanwaltsqualifikation verwechselt werden kann.[534] Infolgedessen verstößt es ohne weiteres gegen § 7 Abs. 2 BORA, sich, ohne Fachanwalt zu sein, als „Spezialist", „Experte", „Fachmann", „Kenner" oder gar „Fachrechtsanwalt" im Steuer-, Familien-, Verwaltungs-, Verkehrs-, Medizinrecht usw. zu bezeichnen,[535] während die Kombination dieser Rechtsgebietsbenennungen mit dem Zusatz „Spezialgebiet" oder „spezialisiert auf" zulässig sein kann. Ist der benannte Teilbereich dagegen **nicht deckungsgleich mit einer Fachanwaltsbezeichnung,** sondern stellt nur den Ausschnitt einer solchen dar,[536] überschneidet sich mit ihr lediglich oder kombiniert Ausschnitte mehrerer zugelassener Fachanwaltsbezeichnungen miteinander, so wird man kaum umhin kommen, eine Verwechslungsgefahr mit einer Fachanwaltschaft zu verneinen. Eine Fachanwaltschaft mit der selbst zusammengesetzten Teilbereichbenennung gibt es nun einmal nicht. Wohl aber kann eine solche qualifizierte Benennung gegen das allgemeine Irreführungsgebot verstoßen, wenn sie mehr an Qualität vorgibt, als beim solchermaßen Werbenden tatsächlich vorhanden ist.

134 Gegen eine zu großzügige Zulassung „durch niemanden effektiv nachvollziehbarer Selbstbezeichnungen" wird vorgebracht, sie seien in der Praxis der **Tod der Fachanwaltsbezeichnungen.** Denn in der Tat wird sich ein Rechtsanwalt fragen, warum er die Kosten und Mühen des Erwerbs eines Fachanwaltstitels auf sich nehmen soll, wenn er beim Publikum denselben oder gar noch größeren Erfolg durch die bloße Selbstbezeichnung als Experte erreichen kann.[537] Indessen ist zu bedenken, dass Bestand und weiterer Ausbau der Fachanwaltschaft als solche nicht zu den Gemeinwohlbelangen zählen, die im Lichte der grundrechtlichen Vorgaben geeignet sind, Einschränkungen der Werbefreiheit zu rechtfer-

[532] *Hartung/Römermann* Berufs- und Fachanwaltsordnung § 7 BerufsO Rn 84 und 87.

[533] *Axmann/Degen* NJW 2006, 1457, 1458 (nennt als Beispiel: „Spezialist für Sportrecht"); wohl auch *Faßbender* NJW 2006, 1463, 1468 und *Kleine-Cosack* AnwBl. 2005, 275, 277.

[534] Was auch dadurch gestützt wird, dass der Antrag von *Ebert,* an § 7 Abs. 1 BORA als S. 3 anzufügen „Qualifizierende Zusätze auf Gebieten, für die Fachanwaltschaften bestehen, sind unzulässig", in der Satzungsversammlung keine Mehrheit fand; dazu *Hartung/Römermann* Berufs- und Fachanwaltsordnung § 7 BerufsO Rn 35, 86 und *Römermann* AnwBl. 2005, 490, 491.

[535] *Axmann/Degen* NJW 2006, 1457, 1458; *Faßbender* NJW 2006, 1463, 1468; *Kleine-Cosack* AnwBl. 2005, 275, 277.

[536] Zu diesem Fall *Axmann/Degen* NJW 2006, 1457, 1458 mit dem Beispiel „Spezialist für Mietrecht" gegenüber der Fachanwaltsbezeichnung „Miet- und Wohnungseigentumsrecht".

[537] *Römermann* AnwBl. 2005, 490, 491; ähnlich *Faßbender* NJW 2006, 1463, 1468.

tigen.[538] Diese Eignung gewinnen sie erst mittelbar dadurch, dass sie anders als auf bloßer Selbsteinschätzung beruhende Qualitätsbezeugungen durch ihre Kontrolle seitens der Kammer bei Erwerb und Fortführung (§ 15 FAO) in besonderer Weise zur Sicherung der Qualität anwaltlicher Dienstleistungen beizutragen vermögen und damit dem Erhalt der Funktionsfähigkeit der Rechtsanwaltschaft und der Rechtspflege insgesamt dienen.[539]

§ 7 Abs. 3 BORA erstreckt den Anwendungsbereich des § 7 BRAO auf **Berufsausübungsgemeinschaften** nach § 9 BORA, greift damit aber im Grunde zu kurz. Denn § 9 BORA nennt nur einige Berufsausübungsgemeinschaften (Sozietät, d. h. BGB-Gesellschaft, Partnerschaftsgesellschaft, Anstellungsverhältnis und freie Mitarbeit) und lässt andere wie die Rechtsanwaltsgesellschaft (mbH) und die Rechtsanwaltsaktiengesellschaft unerwähnt. Wegen § 33 Abs. 1 BORA sind jedoch auch diese Formen gemeinschaftlicher Berufsausübung in den Anwendungsbereich des § 7 Abs. 3 BORA mit einzubeziehen.[540] Mit § 7 Abs. 3 BORA soll klargestellt werden, dass § 7 Abs. 1 und 2 BORA sich nicht nur an den einzelnen Rechtsanwalt richten, sondern auch bei den Werbeaussagen zu beachten sind, mit denen Berufsausübungsgemeinschaften als solche für sich werben. Die Satzungsversammlung hat bewusst davon abgesehen vorzugeben, wie viele Mitglieder der Berufsausübungsgemeinschaft über die entsprechenden Kenntnisse oder praktischen Erfahrungen verfügen müssen bzw. wie hoch etwa das Mandatsaufkommen der Gemeinschaft sein muss, um mit Angaben nach § 7 Abs. 1 BORA zu werben. Zur Orientierung heißt es unter Bezugnahme auf die Diskussion im Ausschuss der Satzungsversammlung, es genüge, wenn von einer aus zehn Partnern bestehenden Berufsausübungsgemeinschaft zwei die Voraussetzungen für die für die Gemeinschaft erfolgte Benennung erfüllten.[541] Diese müssen notfalls darlegen und nachweisen, dass sie über die entsprechenden Kenntnisse und praktischen Erfahrungen verfügen.[542] 135

Nicht von § 7 BORA erfasst werden allgemeine Qualitätsanpreisungen und Qualifikationsaussagen, die keine Benennungen eines Teilbereichs der Berufstätigkeit oder Zusätze zu solchen darstellen, sondern hiervon unabhängig getätigt werden. Ihre Zulässigkeit richtet sich nach allgemeinen Regeln und ist berufsrechtlich unmittelbar an § 43b BRAO zu messen.[543] 136

cc) § 7a BORA – Mediator. Die zum 1. 1. 2003 neu in die BORA aufgenommene Regelung des § 7a BORA sollte die insoweit bereits vorliegende Rechtsprechung[544] berufsrechtlich untermauern. Allerdings wird in der Kommentarliteratur bereits die Verfassungsmäßigkeit der Vorschrift in Abrede gestellt.[545] Unklar ist auch, welche Ausbildungsvoraussetzungen ein Rechtsanwalt erfüllen muss, um sich Mediator nennen zu dürfen.[546] 137

dd) § 8 BORA – Kundgabe beruflicher Zusammenarbeit. Nach § 8 BORA dürfen **ausschließlich** die dort genannten Arten der beruflichen Zusammenarbeit kundgegeben werden, wobei wegen § 33 Abs. 1 BORA auch alle anderen Rechtsformen der beruflichen Zusammenarbeit (Partnerschaftsgesellschaften, Rechtsanwaltsgesellschaften mbH, Rechtsanwaltsaktiengesellschaften) wie Sozietäten zu behandeln sind. Die Vorschrift dient ebenfalls der Verhinderung **irreführender** Werbung. Sie erlaubt einem Rechtsanwalt zunächst den Hinweis auf die Zusammenarbeit in Gestalt einer **Sozietät** sowie eines **Angestellten-** oder **freien Mitarbeiterverhältnisses** mit nach § 59a BORA **sozietätsfähigen Perso-** 138

---

[538] → Rn 20 ff.

[539] → Rn 23.

[540] *Hartung/Römermann* Berufs- und Fachanwaltsordnung § 7 BerufsO Rn 90 f und § 33 BerufsO Rn 19.

[541] *Hartung/Römermann* Berufs- und Fachanwaltsordnung § 7 BerufsO Rn 37, 92; zu streng *Kleine-Cosack* AnwBl. 2005, 275, 278, der zur Vermeidung von Irreführungen verlangt, dass bei Benennung eines Schwerpunktes für die Kanzlei „die meisten" Kollegen den betreffenden Bereich bedienen (können).

[542] Zum Ganzen Begründung der Satzungsversammlung BRAK-Mitt 2006, 212, 213.

[543] → Rn 71, 76 ff, 107.

[544] → Rn 76 mN.

[545] *Henssler/Prütting/Hartung* BRAO § 7a BORA Rn 2 ff; *Hartung/Römermann* Berufs- und Fachanwaltsordnung § 7a BerufsO Rn 12 f; für verfassungskonforme Auslegung *Horn* NJW 2007, 1413, 1414.

[546] Dazu näher *Horn* NJW 2007, 1413.

nen. Auf ein Angestellten- oder freies Mitarbeiterverhältnis oder gar eine (ohnehin unzulässige) Sozietät mit einer **nicht sozietätsfähigen** Person darf also nicht hingewiesen werden; nicht einmal der Anschein einer Sozietät mit einer solchen Person darf erweckt werden.[547] **Kooperationen** (sowie Bürogemeinschaften)[548] als eine lockerere Form der Zusammenarbeit dürfen nur kundgegeben werden, wenn sie auf Dauer angelegt sind **und** sich bereits durch tatsächliche Ausübung verfestigt haben. Auf eine bloße Kooperation darf allerdings auch dann hingewiesen werden, wenn sie – zulässigerweise – nicht sozietätsfähige Personen mit einschließt.[549] § 8 BORA schreibt die Ausweisung der **rechtlichen Form und Art** der beruflichen Zusammenarbeit zwar zumindest nicht ausdrücklich vor, schließt sie aber auch nicht aus. Die Pflicht dazu kann sich aber aus den für die konkrete Form der Zusammenarbeit geltenden (firmenrechtlichen) Vorschriften ergeben (§§ 59k BRAO, 2 PartGG, 4 AktG). Wird ein Hinweis auf die rechtliche Form der Zusammenarbeit gegeben, dann muss er allerdings (selbstverständlich) zutreffen und darf nicht irreführend sein.[550] Wird nur auf die bloße Tatsache der Zusammenarbeit hingewiesen, aber nicht auf ihre rechtliche Form (werden etwa die Beteiligten lediglich namentlich genannt), so wird damit der Eindruck einer **Sozietät,** also einer BGB-Gesellschaft erweckt. Soweit die konkrete Zusammenarbeit tatsächlich nicht in Gestalt einer Sozietät erfolgt, kommt es zu einer **Außen-** oder **Scheinsozietät,** bei der die Scheinsozien unabhängig vom zwischen ihnen bestehenden Innenverhältnis nach außen wie Sozien haften.[551] Eine Scheinsozietät auszuweisen, soll nach der durch § 8 BORA geschaffenen neuen Rechtslage nicht mehr berufswidrig und auch nicht sonst irreführend sein.[552] Insoweit lasse, so heißt es, § 8 Abs. 1 BORA ein solches Auftreten als Scheinsozietät nunmehr berufsrechtlich zu.[553]

139 **ee) § 9 BORA – Kurzbezeichnungen.** § 9 BORA soll die Verwendung von Kurzbezeichnungen für Berufsausübungsgemeinschaften in gewisse Bahnen lenken. Spätestens seit der Ersetzung der Worte „berufliche Zusammenarbeit" durch die Worte „gemeinsame Berufsausübung" mit Wirkung vom 1. 1. 2003 findet § 9 BORA seinem Wortlaut nach nur noch auf die in Gestalt einer Sozietät (beachte insoweit die Erstreckung auf alle anderen Rechtsformen der beruflichen Zusammenarbeit nach § 33 Abs. 1 BORA), einer Partnerschaftsgesellschaft, eines Anstellungsverhältnisses und einer freien Mitarbeiterschaft ausgeübten Formen der Zusammenarbeit Anwendung, nicht aber mehr auf die in § 8 BORA noch mit genannten Kooperationen und Europäischen Wirtschaftlichen Interessenvereinigungen.[554] Für Partnerschaftsgesellschaften, Rechtsanwaltsgesellschaften mbH[555] und Rechtsanwaltsaktiengesellschaften wird § 9 BORA jedoch durch die insoweit geltenden firmenrechtlichen Regelungen (§§ 2 PartGG, 59k BRAO) verdrängt oder zumindest überlagert. Durch die Aufhebung der früheren Absätze 2 und 3 mit Wirkung vom 1. 11. 2004[556] hat § 9 BORA weitgehend an Regelungsgehalt verloren.[557] Denn dass Berufsausübungsgemeinschaften überhaupt eine Kurzbezeichnung führen dürfen (§ 9 S. 1 BORA), ergibt

---

[547] Nds. AGH NJW-RR 2006, 927 = BRAK-Mitt. 2006, 175 betreffend einen Diplom-Ökonomen.

[548] *Hartung/Römermann* Berufs- und Fachanwaltsordnung § 8 BerufsO Rn 48.

[549] BGH NJW 2005, 2692; Nds. AGH. NJW-RR 2006, 927 = BRAK-Mitt. 2006, 175.

[550] *Henssler/Prütting/Eylmann* BRAO § 8 BORA Rn 3.

[551] BGHZ 70, 247; BGH NJW 1986, 1490; BGHSt 46, 154, 156 f; *Henssler/Prütting/Eylmann* BRAO § 8 BORA Rn 2; *Feuerich/Weyland* BRAO § 8 BORA Rn 3; *Kamps/Alvermann* NJW 2001, 2121, 2122.

[552] *Henssler/Prütting/Eylmann* BRAO § 8 BORA Rn 2; ausführlich zum durch § 8 BORA angeblich eingetretenen Wandel der Rechtslage *Hartung/Römermann* Berufs- und Fachanwaltsordnung § 8 BerufsO Rn 28 ff.

[553] *Henssler/Prütting/Eylmann* BRAO § 8 BORA Rn 2; *Feuerich/Weyland* BRAO § 8 BORA Rn 3; *Hartung/Römermann* Berufs- und Fachanwaltsordnung § 8 BerufsO Rn 22, 28 ff.

[554] *Hartung/Römermann* Berufs- und Fachanwaltsordnung § 9 BerufsO Rn 36 ff hält dies hinsichtlich der letztgenannten für ein Redaktionsversehen und außerdem für verfassungswidrig.

[555] Dazu BGH NJW 2004, 1099 – „KPMG"-Rechtsanwaltsgesellschaft.

[556] → Rn 141.

[557] S. auch *Hartung/Römermann* Berufs- und Fachanwaltsordnung § 9 BerufsO Rn 23: Der Kern der heutigen, aus vielen Änderungen übrig gebliebenen Regelung ist ebenso banal wie überflüssig, da dies auch ohne § 9 BORA gelten würde.

sich schon aus Art. 12 Abs. 1 GG und das Gebot der einheitlichen Führung bei Unterhaltung mehrerer Kanzleien (§ 9 S. 2 BORA) folgt bereits aus dem dem Sachlichkeitsgebot der §§ 43b BRAO, 6 Abs. 1 BORA immanenten[558] Verbot irreführender Werbung sowie aus §§ 5, 5a.[559]

Wie die Gestattung der Weiterführung der Namen früherer Kanzleiinhaber, Gesellschafter, Angestellter oder freier Mitarbeiter durch § 9 Abs. 2 BORA aF[560] und der Verweis auf § 9 in § 10 Abs. 1 S. 2 BORA zeigen, haben die Satzungsgeber mit § 9 BORA ursprünglich wohl allein aus den **Namen** einzelner oder aller Beteiligter zusammengesetzte Kurzbezeichnungen, also gewissermaßen nur reine „Personenfirmen" zulassen wollen.[561] In der Folgezeit erwies sich jedoch, dass sie dies in der Vorschrift nicht mit der erforderlichen Eindeutigkeit zum Ausdruck gebracht hatten und wohl auch verfassungsrechtlich nicht wirksam hätten anordnen können. Die Entwicklung in der **Praxis** ging nämlich schon bald **in eine andere Richtung:** Der BGH[562] gestattete es, einer im Übrigen durchaus aus den Namen beteiligter Rechtsanwälte bestehenden Kurzbezeichnung die Buchstaben **„CMS"** voranzustellen. Mit diesen Buchstaben sollte allerdings nicht etwa gemäß § 9 Abs. 3 BORA aF auf die die betreffenden Rechtsanwälte verbindende Berufsausübungsgemeinschaft hingewiesen werden, sondern auf die Mitgliedschaft der Berufsausübungsgemeinschaft in einer sich (unter Aufgreifen der Anfangsbuchstaben ihrer aktiven Seniorpartner) CMS nennenden EWIV. Das OLG Karlsruhe[563] erlaubte einer Rechtsanwalts-Partnerschaft, ihrer Kurzbezeichnung die Phantasiebezeichnung **„artax"** hinzuzufügen; aus § 9 BORA ergebe sich kein Gebot, die Kurzbezeichnung aus den Namen der Sozien und Partner zu bilden. Dagegen hielt das OLG Nürnberg[564] die Phantasiebezeichnung **„pro-Videntia"** für eine Rechtsanwaltssozietät für unzulässig und hielt daran auch für die von den betroffenen Rechtsanwälten statt dessen unter der Firma **„Pro-Videntia AG"** gegründete Rechtsanwaltsaktiengesellschaft fest.[565] Das letztgenannte Urteil ist jedoch durch Klagerücknahme in der Revisionsinstanz nach § 269 Abs. 3 S. 1 Halbs. 2 ZPO wirkungslos geworden. 140

Der im Jahre 2002 unternommene Versuch der Satzungsversammlung, sich aus der **Nennung von Namen** zusammensetzende Kurzbezeichnungen durch eine Neufassung von § 9 Abs. 2 BORA **ausdrücklich vorzuschreiben** und **Phantasiebezeichnungen zu unterbinden,**[566] scheiterte am Widerstand des Bundesjustizministeriums.[567] Es hob die Worte „Sach- oder" in S. 2 der beschlossenen Neufassung gemäß § 191e BRAO wegen Verstoßes gegen Art. 12 Abs. 1 GG auf. Daraufhin stellte die BRAK die Verkündung der gesamten § 9 BORA betreffenden Änderung zunächst zurück und legte Rechtsmittel ein. Später hob die Satzungsversammlung die Absätze 2 und 3 mit Wirkung vom 1. 11. 2004 auf.[568] 141

Mittlerweile hat der BGH einer Rechtsanwaltsgesellschaft mbH gemäß § 59k BRAO die Verwendung der Buchstaben **„KPMG"** in ihrer Firma gestattet[569] und auch die Revi- 142

558 → Rn 60 und 74.

559 S. auch *Hartung/Römermann* Berufs- und Fachanwaltsordnung § 9 BerufsO Rn 23.

560 Eine solche Weiterführung ist – Kontinuität der durch sie bezeichneten Gesellschaft vorausgesetzt – ungeachtet der Aufhebung des § 9 Abs. 2 BRAO nach wie vor zulässig, s. auch *Hartung/Römermann* Berufs- und Fachanwaltsordnung § 9 BerufsO Rn 53ff.

561 *Henssler/Prütting/Eylmann* BRAO § 9 BORA Rn 5; *Feuerich/Weyland* BRAO § 9 BORA Rn 6; OLG Nürnberg NJW 2000, 440, 441.

562 NJW 2002, 608.

563 NJW 2001, 1584, bestätigt von BGH NJW 2004, 1651.

564 NJW NJW-RR 2000, 440.

565 OLG Nürnberg NJW 2003, 2245 m. abl. Anm. *Pluskat* AnwBl. 2004, 22 und *Römermann* MDR 2003, 899.

566 Beschluss vom 7. 11. 2002: „(2) Die Kurzbezeichnung ist aus den Nachnamen früherer oder derzeitiger Mitglieder der Berufsausübungsgemeinschaft zu bilden. Zusätze sind nur erlaubt, soweit dadurch keine Sach- oder Fantasiebezeichnung entsteht. (3) wird aufgehoben."

567 BRAK-Mitt. 2003, 67, 68f.

568 BRAK-Mitt. 2004, 177.

569 NJW 2004, 1099, 1101 – „KPMG"-Rechtsanwaltsgesellschaft.

sion gegen OLG Karlsruhe[570] in Sachen „artax" abgewiesen.[571] Zwar habe § 9 BORA aF entnommen werden können, dass die Verwendung von Namen in der Kurzbezeichnung geboten sei, weshalb es nahe liege, dass nach dem Wortlaut der Vorschrift die Verwendung allein einer **Phantasiebezeichnung** als Kanzleibezeichnung nicht gestattet gewesen sei. Ein Verbot der Verwendung einer Phantasiebezeichnung **als Teil** der Kanzleibezeichnung, um die es im Fall ging, sei § 9 BORA aF aber nicht zu entnehmen gewesen. Ein Verstoß gegen das Sachlichkeitsgebot des § 43b BRAO scheide ebenfalls aus.[572] Nach AGH Hamburg[573] war eine Rechtsanwaltssozietät durch § 9 Abs. 3 BORA aF nicht gehindert, ihrer aus den Anfangsbuchstaben der Namen zweier ihr angehörender Anwälte bestehenden Kurzbezeichnung als Zeichen ihrer Mitgliedschaft in einer Kooperation selbstständiger Rechtsanwaltskanzleien diesen Namens den Zusatz **„Legitas"** hinzuzufügen. Spätestens seit Aufhebung des § 9 Abs. 3 BORA aF ist es auch zulässig, für den Zusammenschluss zur gemeinschaftlichen Berufsausübung in einer Kurzbezeichnung das englische Wort **„Associates"** zu verwenden[574] (und damit – ohne Irreführung[575] – auszudrücken, dass der Tätigkeitsschwerpunkt aller Kanzleimitglieder im internationalen Recht liegt bzw. eines der Kanzleimitglieder gleichzeitig auch im englischsprachigen Ausland zugelassen ist und dort eine Kanzlei unterhält). Im Ergebnis dieser Entwicklung sind Kurzbezeichnungen heute sowohl als reine **Personen-** als auch als reine **Sach-** als auch als **gemischte „Firmen"** zulässig,[576] stets vorausgesetzt, sie wahren das Verbot der Irreführung.

143 **ff) § 10 BORA – Briefbögen.** § 10 BORA verfolgt vor allem den Zweck, dem Rechtssuchenden die Informationen an die Hand zu geben, die er benötigt, um zu ermessen, **mit wem das Mandantschaftsverhältnis** zustande kommt (nämlich abgesehen vom strafrechtlichen Mandat grundsätzlich mit allen Gesellschaftern einer Sozietät) und inwiefern **Interessenkollisionen** im Sinne des § 43a Abs. 4 BRAO auftreten oder **Tätigkeitsverbote** nach §§ 45 und 46 Abs. 2 BORA eingreifen können.[577] Denn dazu müssen ihm zumindest alle Gesellschafter der Kanzlei, mit der er handelt, bekannt sein (§ 10 Abs. 1 S. 1 BORA). Zum Teil geht es aber auch um die Verhinderung von **Irreführungen:**[578] Die Notwendigkeit der Nennung von Vornamen soll Verwechselungen vorbeugen (Abs. 1 S. 1). Abs. 1 S. 3 soll Täuschungen über die wahre Größe der Kanzlei verhindern. Abs. 2 beugt Irreführungen über die in der Kanzlei vertretenen Berufe vor. Abs. 3 dient der Vermittlung eines zutreffenden Bildes über die Kanzleiorte und Abs. 4 soll Täuschungen über die in der Kanzlei tatsächlich aktiven Anwälte vermeiden.

144 Die Verpflichtung zur Nennung **aller Gesellschafter** gemäß **§ 10 Abs. 1 S. 1 BORA** ist, wie das BVerfG[579] durch Nichtannahme einer Verfassungsbeschwerde gegen einen Beschluss des BGH[580] bestätigt hat, **verfassungsrechtlich nicht zu beanstanden.** Die damit insbesondere für Großkanzleien verbundenen Probleme sind technisch beherrschbar und die dazu abverlangten Aufwendungen angesichts der gewichtigen Mandanteninteressen, die zu schützen sind, auch verhältnismäßig.[581] Andere Personen als Gesellschafter (also vor allem

---

[570] NJW 2001, 1584.
[571] NJW 2004, 1651.
[572] BGH NJW 2004, 1651, 1652.
[573] NJW 2004, 371.
[574] BGH NJW 2005, 1770.
[575] → Rn 82; vorausgesetzt, es verbirgt sich dahinter tatsächlich eine auf Dauer angelegte berufliche Zusammenarbeit, BGH BRAK-Mitt. 2009, 80.
[576] Näher *Hartung/Römermann* Berufs- und Fachanwaltsordnung § 9 BerufsO Rn 39 ff.
[577] *Henssler/Prütting/Eylmann* BRAO § 10 BORA Rn 1; *Feuerich/Weyland* BRAO § 10 BORA Rn 1; allgemein zum anwaltlichen Briefbogen *Zastrow* BRAK-Mitt. 2009, 55 ff.
[578] Dazu *Hartung/Römermann* Berufs- und Fachanwaltsordnung § 10 BerufsO Rn 20.
[579] NJW 2002, 2163.
[580] NJW 2002, 1419.
[581] Ebenso *Feuerich/Weyland* BRAO § 10 BORA Rn 1; s. auch *Grunewald* NJW 2004, 1146, 1148 f; für nicht überzeugend hält die Entscheidungen *Huff* BRAK-Mitt. 2002, 184; dagegen auch *Kleine-Cosack* BRAO Anh. I.1 § 10 BORA Rn 5 (sie sei „offensichtlich abwegig" und von nicht zu übersehender „Beschränktheit").

angestellte Anwälte und freie anwaltliche Mitarbeiter) müssen nach § 10 Abs. 1 **S. 2** BORA nur genannt werden, soweit ihre Namen Eingang in die nach § 9 Abs. 1 BORA gebildete Kurzbezeichnung gefunden haben. Nach § 10 Abs. 1 **S. 3** BORA darf die Zahl der auf dem Briefbogen geführten anwaltlichen Mitarbeiter der Kanzlei nicht kleiner sein als die Zahl der in die Kurzbezeichnung aufgenommenen Namen. Damit soll verhindert werden, dass die Zahl der im Briefbogen genannten aktiven anwaltlichen Mitarbeiter unter die Zahl der Personen absackt, die in der zulässigerweise (so früher ausdrücklich § 9 Abs. 2 BORA) auch ausgeschiedene Mitarbeiter weiter aufführenden Kurzbezeichnung genannt sind, und so eine der Wirklichkeit nicht entsprechende Kanzleigröße vorgespiegelt wird. Eine Identität der in der Kurzbezeichnung enthaltenen mit den in den Briefbögen aufgeführten Namen ist dabei nicht erforderlich. § 10 Abs. 1 S. 3 BORA hat zB zur Konsequenz, dass bei einer mit dem Zusatz „und Kollegen" versehenen Kurzbezeichnung über die Zahl der die Kurzbezeichnung bildenden Namen hinaus dem Zusatz Kollegen (= Plural) entsprechend mindestens zwei weitere anwaltliche Mitarbeiter auf den Briefköpfen namentlich aufgeführt werden müssen.[582]

Nach **§ 10 Abs. 2 BORA** müssen, wenn Rechtsanwälte auch mit Angehörigen anderer **145**
Berufe zusammenarbeiten und die betreffenden Personen mit in den Briefbogen aufgenommen werden sollen (sie müssen es nicht), zu diesen Personen die jeweiligen Berufsbezeichnungen angegeben werden. Dazu ist allerdings zunächst erforderlich, dass die betreffende berufliche Zusammenarbeit nach **§ 8 BORA** überhaupt kundgegeben werden darf. Es muss sich also um eine Sozietät oder ein Angestellten- bzw. freies Mitarbeiterverhältnis zu einer im Sinne des § 59a BRAO sozietätsfähigen Person handeln, während (auf Dauer angelegte und durch tatsächliche Ausübung verfestigte) Kooperationen auch erwähnt werden dürfen, soweit sie mit nicht Sozietätsfähigen bestehen.[583] Wird von einer Rechtsanwaltskanzlei in ihrem Briefbogen auf das Bestehen einer bloßen **Kooperation** hingewiesen, so muss der Eindruck vermieden werden, besondere Befähigungen, die nur die Kooperationspartner aufweisen, seien auch bei den Mitgliedern der Kanzlei gegeben[584] (während Berufsausübungsgemeinschaften im Rahmen des § 7 Abs. 3 BORA auch als solche auf bei ihnen anzutreffende besondere Qualifikationen hinweisen dürfen). **§ 10 Abs. 3 BORA** betrifft überörtliche Zusammenschlüsse von Kanzleien jeglicher Gesellschaftsform (Sozietäten, Partnerschaftsgesellschaften, Rechtsanwaltsgesellschaften), aber keine bloßen Kooperationen, Bürogemeinschaften oder EWIVen. **§ 10 Abs. 4 BORA** konkretisiert lediglich Konsequenzen, die sich bereits aus dem allgemeinen Verbot der irreführenden Werbung ergeben.[585] In der Kurzbezeichnung nach § 9 Abs. 2 BORA darf der Ausgeschiedene allerdings ohne entsprechenden Zusatz weitergeführt werden.

II. Die Werbung nach dem Berufsrecht für Steuerberater und Steuerbevollmächtigte

§ 8 StBerG regelt die Werbung für Dienste der geschäftsmäßigen Hilfeleistung in Steu- **146**
ersachen allgemein und unabhängig davon, ob der Dienstleistende der Berufsgruppe der Steuerberater oder -bevollmächtigten angehört oder nicht. Er ist also von allen zu beachten, die – berechtigterweise – geschäftsmäßige Hilfe in Steuersachen anbieten. Demgegenüber betrifft § 57a StBerG speziell die Werbung durch Steuerberater oder Steuerbevollmächtigte. Da § 57a StBerG mit den §§ 43b BRAO und 39b PAO nahezu wortgleich ist, gilt auf Grund dieser Vorschrift für die Werbung durch Steuerberater und Steuerbevollmächtig-

[582] BGH NJW 2007, 3349 = BRAK-Mitt. 2007, 268 unter Bestätigung von AGH Nordrhein-Westfalen NJW-RR 2006, 1143 = BRAK-Mitt. 2006, 176.
[583] *Feuerich/Weyland* BRAO § 10 BORA Rn 7.
[584] BGH NJW 2003, 346; *Feuerich/Weyland* BRAO § 10 BORA Rn 7; *Grunewald* NJW 2004, 1146, 1149; → Rn 135.
[585] → Rn 74ff, 78.

te gesetzlicherseits zunächst das Gleiche wie für Rechts- und Patentanwälte. Auch Steuerberater dürfen sich und ihre Dienstleistungsangebote auf **Fachmessen** präsentieren[586] und Werbezwecken dienende **Informationsveranstaltungen** durchführen, und zwar auch in Zusammenarbeit mit einer Bank.[587] Sie dürfen eine werbende **Homepage** ins Internet stellen (so jetzt § 20 BOStB), sofern sie das Gebot der Sachlichkeit wahrt und keinen sich selbst herausstellenden Inhalt hat,[588] und **Fernsehwerbung** betreiben.[589] Ebenso wenig wie Rechtsanwälte[590] bedürfen Steuerberater heute noch eines konkreten Anlasses zur Werbung.[591] Als **unsachlich** (nämlich reklamehaft) wurde in der Rechtsprechung der Werbespruch „Steuern sparen mit ihrem Steuerberater" angesehen,[592] ebenso die Werbung auf Straßenbahnwagen.[593]

147 Gewisse Unterschiede gegenüber der Lage bei den Rechtsanwälten können sich allerdings daraus ergeben, dass die **BOStB**[594] die ihr zu Grunde liegende Satzungsermächtigung bei weitem **engmaschiger** als die BORA ausfüllt und **Details** regelt, die die BORA (aus wohlerwogenen Gründen) offen gelassen hat. Insbesondere sah sich der Satzungsgeber der BOStB veranlasst, den überkommenen und bezogen auf die Werbung durch Rechtsanwälte zunehmend kritisierten[595] Begriff der **„Reklamehaftigkeit"** in mehreren Regelungen aufzugreifen (§§ 10 Abs. 2, 14 Abs. 1, 15, 17 Abs. 2, 18 Abs. 1, 19 Abs. 1) und dadurch zu einem der zentralen Begriffe des Werberechts für Steuerberater zu machen, obwohl der Gesetzgeber ihn bewusst aus dem Text des als Vorbild für § 57a StBerG dienenden § 43b BRAO herausgehalten und statt dessen die Worte „in Form und Inhalt sachlich" gewählt hat.[596] Überdies macht ihre Regelungsdichte die BOStB noch anfälliger gegen Zweifel daran, ob einzelne ihrer Regelungen von der Satzungsermächtigung des § 86 Abs. 2 Nr. 2, Abs. 3 und Abs. 4 Nr. 3 StBerG gedeckt und mit dem GG vereinbar sind, als die insoweit weniger enge BORA. In diesem Sinne hat etwa jüngst das Niedersächsische OVG[597] die Wirksamkeit des § 19 Abs. 6 S. 2 BOStB verneint und einer Steuerberatungsgesellschaft gestattet, auf ihren Briefköpfen ihren Alleingesellschafter zu nennen, obwohl es sich bei diesem um einen selbst nicht zur geschäftsmäßigen Hilfeleistung in Steuersachen befugten Verein handelte.

148 Infolge dieser Regelungsdichte ist wegen § 14 Abs. 1 BOStB das leidige Thema, wie groß eine Werbeanzeige sein und wie häufig sie geschaltet werden darf, für die Steuerberaterwerbung nicht ausgestanden. LG und OLG Frankfurt[598] haben entschieden, dass wöchentlich erscheinende Anzeigen nicht berufsrechtswidrig sind. Das OLG Dresden[599] und der BGH[600] hatten Gelegenheit auszusprechen, dass eine 13,4 × 18 cm große Zeitungsanzeige eines Steuerberaters nicht mehr als berufswidrig untersagt werden kann. Das OLG

---

586 BGH NJW 1999, 244; für Rechtsanwälte → Rn 67.

587 BGH NJW 1998, 1965; BGH NJW 2003, 1540: allein durch die Zusammenarbeit mit einer Bank wird die Informationsveranstaltung noch nicht zu einer gewerblichen Veranstaltung im Sinne des § 57 Abs. 4 S. 1 StBerG; s. auch LG Hannover DStRE 2000, 893: die Einladung auch an Nichtmandanten macht eine entsprechende Einladung nicht berufswidrig.

588 Wie die im Falle LG München II DStRE 2000, 1231.

589 Jedenfalls in einem regional eng begrenzten Kabelnetz, OLG Dresden Stbg 1998, 125 (betreffend einen Lohnsteuerhilfeverein).

590 → Rn 69.

591 BGH NJW 2000, 3000; OLG Dresden NJW-RR 1996, 36 und OLG Nürnberg NJW-RR 1996, 246.

592 OLG Karlsruhe DStRE 2000, 223 (betreffend Werbung eines Lohnsteuerhilfevereins).

593 OLG Naumburg NJW-RR 2001, 332; auf Verfassungsbeschwerde hin aufgehoben und zurückverwiesen von BVerfGE 111, 366.

594 Zum Text der werberechtlichen Vorschriften → Rn 9.

595 → Rn 61.

596 → Rn 60.

597 NJW 2006, 3799; Nichtzulassungsbeschwerde zurückgewiesen – BVerwG vom 18. 5. 2006, 6 B 14/06.

598 LG Frankfurt DStRE 2002, 984; OLG Frankfurt DStRE 2002, 1158.

599 WRP 1998, 317; 32,5 x 3,5 cm mit breitflächigem, grauem Querbalken hielt es dagegen für einen Lohnsteuerhilfeverein für unzulässig, OLG Dresden OLG-NL 1999, 283.

600 NJW 2000, 3000.

Thüringen[601] sah die frühere Regelung in der BOStB, wonach ein Steuerberater sachlich gehaltene Informationsbriefe nicht an Personen versenden durfte, die **nicht seine Mandanten** sind, als nicht von der Satzungsermächtigung gedeckt an.[602] Die Neufassung der BOStB kennt eine solche Beschränkung nicht mehr, sondern lässt es jetzt in § 16 ausdrücklich zu, Mandanteninformationen auch Dritten zu überlassen. Damit entspricht sie jetzt der Vorgabe des § 57a StBerG, wonach nur noch die auf die Erteilung eines **Mandates** im Einzelfall gerichtete Werbung verboten ist, die Werbung um Personen – Mandanten wie Nichtmandanten – aber erlaubt ist (vgl. bezogen auf § 43b BRAO).[603] Fraglich ist, ob das Verbot, Werbung durch Dritte auch nur zu dulden (§ 13 Abs. 1 BOStB) von der Satzungsermächtigung und § 57a StBerG gedeckt ist.[604] Der BGH[605] gestattete es Steuerberatern bereits unter der Geltung des zum 1. 7. 2008 aufgehobenen RBerG, für eine geschäftsmäßige **Testamentsvollstreckung** zu werben. Zwar fielen die Beschränkungen des RBerG unter § 4 Nr. 11;[606] die Tätigkeit eines Testamentsvollstreckers sei jedoch schon damals keine Besorgung fremder Rechtsangelegenheiten gewesen (vgl. jetzt § 5 Abs. 2 Nr. 1 RDG: Testamentsvollstreckung keine Rechtsdienstleistung). Wer Hilfeleistungen in Steuersachen nur im Rahmen des § 6 Nr. 3 und 4 StBerG erbringen darf, darf sowohl nach § 8 StBerG, als auch nach dem UWG (§§ 3, 5 Abs. 1 Nr. 3) nicht für Tätigkeiten werben, die ihm nicht erlaubt sind; eine weitergehende Werbung ist irreführend.[607]

III. Die Werbung nach dem ärztlichen Berufsrecht

Das berufsrechtliche Werberecht der **Ärzte** und **Zahnärzte** ist ausschließlich landes- 149
rechtlich geregelt. Die in den einschlägigen Landesgesetzen enthaltenen Satzungsermächtigungen ermächtigen zwar auch zum Erlass von Regelungen über die Werbung. Anders als §§ 43b BRAO oder 57a StBerG machen sie dem Satzungsgeber jedoch für den Inhalt dieser Regelungen keine konkreten Vorgaben.[608] Das ist indessen unschädlich. Denn das BVerfG stellt an die Bestimmung von Inhalt, Zweck und Ausmaß der in Berufssatzungen zu treffenden Werberegelungen durch die gesetzliche Satzungsermächtigung keine hohen Anforderungen. Den Werberegelungen komme kein statusbildender Charakter zu.[609] Sie bewegten sich deshalb auf der untersten Eingriffsstufe des Art. 12 Abs. 1 GG, zumal wenn man bedenke, dass eine gewisse Werbung ohnehin von vornherein von Verfassungs wegen erlaubt bleiben müsse.[610] Außerdem seien gerade die herkömmlichen Beschränkungen der Werbefreiheit für eine eigenverantwortliche Ordnung durch Berufsverbände geeignet. Für diesen Bereich bedürfe es deshalb in den Ermächtigungen keiner zusätzlichen inhaltlichen Vorgaben.[611]

Die Ärztekammern der Länder pflegen die vom Deutschen Ärztetag empfohlene Mus- 150
terberufsordnung (im Folgenden MBO) zumindest im Wesentlichen zu übernehmen. Aktuell gültig sind die in Rn 13 wiedergegebenen §§ 27 ff MBO in der Fassung durch den 105. Deutschen Ärztetag 2002 in Rostock. Sie haben nach wesentlichen Auflockerungen schon

[601] OLG-NL 1999, 284.
[602] Zur Zulässigkeit der Werbung um Nichtmandanten durch Rechtsanwälte → Rn 97f.
[603] → Rn 92f.
[604] → Rn 109 aE.
[605] NJW 2005, 968 – Testamentsvollstreckung durch Steuerberater; anders noch die Vorinstanz OLG Hamm NJW-RR 2002, 1286 sowie OLG Hamm NJW-RR 2005, 291.
[606] Zum Verhältnis von Wettbewerbsrecht und Berufsrecht → Rn 40ff.
[607] OLG Brandenburg OLGR 2004, 338; OLG Brandenburg NJW-RR 2005, 1657.
[608] → Rn 13.
[609] BVerfGE 71, 162, 172f zum Bayerischen Kammergesetz von 1978; BVerfGE 94, 372, 390 – Werbeverbot für Apotheker – zu Werberegelungen in den Berufsordnungen verschiedener Länder für Apotheker.
[610] So BVerfGE 71, 162, 172f.
[611] So BVerfGE 94, 372, 390 – Werbeverbot für Apotheker; zum Ganzen auch BGH NJW 2001, 1138, 1139 (zu § 59b Abs. 2 Nr. 3 BRAO) und → Rn 28.

durch den 103. Deutschen Ärztetag 2000 in Köln[612] den eigentlichen Durchbruch zu einer **wesentlichen Liberalisierung** jetzt auch des Werberechts der Ärzteschaft gebracht,[613] was die Bundesärztekammer sogleich veranlasste, den Berufskollegen sowie denjenigen, „die darüber hinaus mit der Anwendung der Vorschriften befasst sind" zum rechten Verständnis dieser Regelungen vorsorglich von den „Berufsordnungsgremien der Bundesärztekammer" am 10. 9. 2002 beschlossene und am 12. 8. 2003 fortgeschriebene „Hinweise und Erläuterungen zu den §§ 27 ff der (Muster-)Berufsordnung" an die Hand zu geben (im Internet bei der Bundesärztekammer verfügbar). Diese Hinweise sind bemüht, manches von dem, was die Musterberufsordnung an Lockerungen verheißt, **wieder zurückzunehmen.** Insbesondere wird versucht, den (in die Musterordnung aus wohlerwogenen Gründen nicht aufgenommenen) überkommenen Begriffen wie **„Reklamehaftigkeit", „Werbemethoden der gewerblichen Wirtschaft"** und **„anpreisende Werbung"** ihre Bedeutung als Regulative ärztlicher Werbung zu erhalten (vgl. Nr. 3.3 aE und 3.3.1 Abs. 1 der Hinweise).[614]

151 Die MBO stellt auf dieselben Grundmuster ab wie § 43b BRAO und die ausführende BORA oder § 57a StBerG. Im Mittelpunkt stehen § 27 Abs. 2 und 3 MBO. Danach ist dem Arzt **sachliche** und **berufsbezogene Information** erlaubt, während ihm **anpreisende, irreführende** und **vergleichende**[615] Werbung als berufswidrig verboten ist. Die MBO enthält keine Hinweise auf bestimmte Werbeträger- und Medien mehr. Deshalb stehen jetzt auch dem Arzt **alle gebräuchlichen Werbeformen** zu Gebote (vgl. die Hinweise der Bundesärztekammer unter Nr. 2; bezogen auf Rechts- und Patentanwälte),[616] also auch **Informationsbroschüren** und das **Internet.**[617] Auch dem Arzt muss bereits aus verfassungsrechtlichen Gründen[618] die Gelegenheit gegeben werden, über seine nicht nur gelegentlich ausgeübten **Tätigkeitsschwerpunkte** zu unterrichten (dazu § 27 Abs. 4 Nr. 3 mit Abs. 5 MBO). Außerdem hat er schon von Verfassungs wegen das Recht[619] über ihn auszeichnende besondere **Qualifikationen** in angemessener Weise zu informieren, soweit er sie in einem rechtsförmlichen Verfahren erworben hat (dazu § 27 Abs. 4 Nr. 1 und 2 MBO). Das Verbot, berufswidrige Werbung durch Dritte zu **veranlassen** (§ 27 Abs. 3 S. 3 MBO), ist aus den zu Rn 108 dargestellten Gründen nicht zu beanstanden. Indessen stößt das Verbot, berufswidrige Drittwerbung auch nur **zu dulden,** auf die zu Rn 109 f formulierten Bedenken.[620]

152 Aus der Rechtsprechung des **BVerfG** zum Werberecht der Ärzte verdienen folgende Entscheidungen besondere Erwähnung:[621] Auch wenn das in den ärztlichen Berufsordnungen (nach wie vor, vgl. § 27 Abs. 3 MBO) normierte Verbot berufswidriger Werbung in verfassungsrechtlich unbedenklicher Weise die Berufsausübung regelt, kann die Anwendung dieses Verbots den Arzt doch im Einzelfall unzumutbar belasten oder mit dem Grundrecht der Meinungsfreiheit unvereinbar sein.[622] Die Auslegung des Werbeverbots, die einem Arzt die Mitwirkung bei redaktionellen **Presseberichten** über seine berufliche Tätigkeit ausnahmslos verbietet, wenn er sich nicht deren Prüfung und Genehmigung vorbehalten hat, schränkt die Grundrechte aus Art. 12 Abs. 1 S. 1 und 5 Abs. 1 S. 1 GG unverhältnismäßig ein[623] (aus diesem Grunde bedenklich das Duldungsverbot des § 27 Abs. 3

[612] Dazu *Römermann/Schulte* MedR 2001, 178.

[613] Dazu *Ratzel/Lippert* MedR 2002, 607; *Ring* ZMGR 2004, 110, 112 ff.

[614] Zur Fragwürdigkeit dieser Begriffe → Rn 62; Beispiele bei *Ratzel* ZMGR 2005, 251, 253 ff.

[615] Also insgesamt unsachliche. Zur Reichweite des Verbots unsachlicher Werbung → Rn 60.

[616] → Rn 63 ff.

[617] BGH NJW 2004, 440 – Arztwerbung im Internet; näher *Kazemi* MedR 2005, 17 und *Ratzel* ZMGR 2005, 251, 260 ff.

[618] → Rn 4, 25 und 76.

[619] → Rn 25 und 76.

[620] Eingehend und mit umfassenden Details zum neuen ärztlichen Werberecht *Bahner.*

[621] Zu weiteren Verfassungsprobleme im Zusammenhang mit der Arztwerbung *Jaeger* MedR 2003, 263 ff.

[622] So BVerfGE 71, 162 betreffend eine auf das Werbeverbot gestützte Beanstandung einer Buchveröffentlichung eines diese Therapie in seinem privaten Sanatorium anwendenden Arztes über die Frischzellentherapie durch die Ärztekammer.

[623] BVerfGE 85, 248 – Julius Hackethal.

S. 3 MBO).[624] Einem Arzt, der sich seit Jahren auf bestimmte Operationen spezialisiert und mehrere tausend davon durchgeführt hat, muss es gestattet sein, sich insoweit als **„Spezialist"** zu bezeichnen.[625] Einem Zahnarzt kann es nicht verboten werden, auf Briefbögen und Praxisschildern als seinen (von ihm tatsächlich ausgeübten) **Tätigkeitsschwerpunkt „Implantologie"** anzugeben, nur weil dies die Berufsordnung für Zahnärzte nicht vorsieht (sondern nur die auf Grund einer Weiterbildungsordnung verliehene Gebietsbezeichnung Implantologie).[626] Ein Zahnarzt darf einen **Zahnarztsuchdienst** einrichten.[627] Auch ist es ihm nicht versagt, in einer 6 × 4 cm großen Zeitungsanzeige mit einem im linken oberen Rand abgebildeten halb geöffneten **Mund** zu werben; denn es ist nicht nachzuvollziehen, wie dadurch Gemeinwohlbelange sollten tangiert werden können.[628] Einem Arzt mit einer **doppelten Facharztqualifikation** kann nicht untersagt werden, beide Facharztbezeichnungen zu führen und sie nach außen kundzutun. Abweichende gesetzliche Bestimmungen sind mit dem Grundgesetz nicht vereinbar und nichtig.[629] Wirbt der (Zahn)arzt (was er selbstverständlich darf)[630] im **Internet,** dann ist es nicht gerechtfertigt, die Grenzen wegen der Verwendung dieses Mediums enger zu ziehen als sonst. Die Regelung des die Werbung in Computerkommunikationsnetzen betreffenden § 20 aF der Musterberufsordnung für Zahnärzte („Werbende Herausstellungen und anpreisende Darstellung ist unzulässig.") war deshalb verfassungsrechtlich nur zu halten, indem man dieses Werbeverbot entsprechend dem Wortlaut des für die Werbung des Zahnarztes im Übrigen geltenden und eine solche Einschränkung schon damals ausdrücklich vorsehenden § 18 Abs. 1 aF der Musterberufsordnung dahingehend auslegte, dass lediglich berufswidrige Werbung untersagt sein sollte.[631]

Der **BGH** hat in seiner Rechtsprechung klargestellt, dass die Verwendung eines **Professorentitels** irreführend ist, wenn dieser Titelführung nur die Ernennung zum außerordentlichen Professor an einer ausländischen Universität zu Grunde liegt und keines der herkömmlichen Merkmale für ein deutsches Professorenamt erfüllt ist.[632] 153

Die höchstrichterliche Rechtsprechung **unterscheidet** seit geraumer Zeit zwischen der Werbung **niedergelassener Ärzte** oder Ärztegemeinschaften und der Werbung **von Kliniken** und **Sanatorien,** also zwischen der Werbung für **ambulante** und **stationäre** ärztliche Dienstleistungen. Für letztere gälten die berufsrechtlichen Werbebeschränkungen nicht in gleicher Weise wie für niedergelassene Ärzte.[633] Denn Kliniken und Sanatorien einschließlich ihrer ärztlichen Inhaber betrieben ein gewerbliches Unternehmen; außerdem würden sie infolge des höheren sachlichen und personellen Aufwands und der laufenden Betriebskosten durch Werbebeschränkungen typischerweise stärker belastet als die Gruppe der niedergelassenen Ärzte.[634] Diese Ansicht führt zunehmend zu Abgrenzungsschwierigkeiten, da auch ambulant behandelnde niedergelassene Ärzte heute mitunter hohe Investitionen tätigen und hohe laufende Betriebsaufwendungen haben und ihre Praxen in Form 154

---

[624] Allgemeiner zum Verhältnis des Arztes zu den Medien *Ratzel* ZMGR 2005, 251, 255 ff.

[625] BVerfG NJW 2002, 1331.

[626] BVerfG NJW 2001, 2788; s. auch BVerfG NJW 2003, 3470, 3471. Demgegenüber ist die Bezeichnung als „Zahnarzt für Implantologie" irreführend und damit unzulässig, denn sie suggeriert eine dem Fachzahnarzt ähnliche, auf Grund förmlicher Weiterbildung erworbene besondere Qualifikation, die es so nicht gibt, dazu OVG NJW NWVBl. 2005, 472, 473.

[627] BVerfG NJW 2002, 1864.

[628] Auch dazu, wenn auch durch Nichtannahmebeschluss, BVerfG NJW 2004, 2659. Der Mund darf sogar ein Kussmund sein, OLG Hamm GRUR-RR 2005, 396

[629] BVerfGE 106, 181.

[630] → Rn 63 f, 151.

[631] BVerfG NJW 2003, 3470; ebenso BGH NJW 2004, 440, 441 – Arztwerbung im Internet.

[632] BGH GRUR 1987, 839 – Professorentitel in der Arzneimittelwerbung; BGH GRUR 1989, 445 – Professorentitel in der Arztwerbung I; BGH GRUR 1992, 525, 526 (insoweit nicht in BGHZ 118, 53) – Professorentitel in der Arztwerbung II; BGH WRP 1998, 172, 174 f – Professorentitel in der Arztwerbung III.

[633] BVerfGE 71, 183, 194 ff; BVerfG NJW 2000, 2734, 2735 (BGH NJW 1999, 1784 aufhebend); BVerfG NJW 2002, 1331, 1332; BVerfG NJW 2003, 1818; 2003, 3472 (BGH NJW-RR 2002, 1685 aufhebend); grundsätzlich auch BGH NJW 1999, 1784, 1785; BGH NJW 2002, 1685 f.

[634] BVerfGE 71, 183, 199; BVerfG NJW 2003, 2818; BGH NJW 2002, 1685, 1686.

von Kapitalgesellschaften betreiben und Klinken zunehmend auch ambulant behandeln.[635] Gleichwohl hält das BVerfG nach wie vor an dieser Unterscheidung fest. Der BGH lässt die sich aus dieser Rechtsprechung ergebenden Werbevergünstigungen **Belegärzten** nicht zugutekommen.[636] Ihre Tätigkeit sei standesrechtlich dem Berufsbild des niedergelassenen Arztes zuzurechnen, der sich lediglich dort, wo er an die Grenzen des ambulanten Dienstes stoße, der für eine stationäre Behandlung erforderlichen Leistungen eines Krankenhauses bediene. Der Versuch des BGH, die Kliniken und Sanatorien sowie ihre ärztlichen Inhaber über den Gedanken der wettbewerbsrechtlichen Störerhaftung mit in die Verantwortung für den Berufsrechtsverstoß der zugleich mit der Klinik werbenden Ärzte einzubeziehen,[637] ist bislang am BVerfG gescheitert.[638]

---

635 S. auch *Ratzel* ZMGR 2005, 251, 253.

636 BGH NJW 2000, 1789 – Klinik Sanssouci.

637 BGH NJW 1999, 1784, 1785; BGH NJW-RR 2002, 1685, 1686; allgemein zum Problem der „mittelbaren Werbung" *Ratzel* ZMGR 2005, 251, 258 ff.

638 BGH NJW 1999, 1784 wurde von BVerfG NJW 2000, 2734 und BGH NJW-RR 2002, 1685 von BVerfG NJW 2003, 3472 aufgehoben.

Lebensmittel- und Heilmittelwerbung (§ 4–S 4)

Übersicht

	Rn
A. Einleitung	**1**
I. Produktspezifische Werbung im Gesundheits- und Ernährungsbereich	1
II. Systematischer Überblick	3
B. Arzneimittel	**7**
I. Gemeinschaftskodex für Humanarzneimittel	7
1. RL 2001/83/EG	7
2. Abgrenzung Arzneimittel-Lebensmittel	10
II. Arzneimittelkategorien	11
1. Präsentationsarzneimittel	12
a) Zweckbestimmung	12
b) Subjektive Umstände	16
c) Äußere Form	19
d) Fallbeispiele	20
e) Wandel der Verkehrsauffassung	21
f) Verbotsumfang	22
2. Funktionsarzneimittel	24
a) Funktion	24
b) Pharmakologische Wirkung	26
c) Gesundheitsrisiken	30
C. Lebensmittel	**32**
I. Der „Lebensmittel"-Begriff	32
1. Harmonisiertes Recht	32
2. Begriffsbestimmung	33
3. Kategorien von Lebensmitteln	42
a) Nahrungsergänzungsmittel	42
aa) Legaldefinition	42
bb) Zuordnung und Abgrenzung	44
cc) Höchst- und Mindestmengen	47
dd) Wettbewerbsrechtliche Praxis	48
b) Diätetische Lebensmittel	50
aa) Allgemeines	50
bb) Bilanzierte Diäten	52
c) Neuartige Lebensmittel	58
4. Zulassungspflicht bei Lebensmitteln	61
a) Grundsatz	61
b) Ausnahmen	62
II. Abgrenzung Lebensmittel – Arzneimittel	63
1. RL 2001/83/EG	63
2. Einheitliche Auslegung	65
3. Regel-/Ausnahmeverhältnis	67
4. Zweckbestimmung	72
a) Zweckbestimmung	72
b) Objektiv-abstrakte Komponenten	74
c) Subjektiv-konkrete Komponenten	76
5. Zweifelsregel	84
6. Einzelne Stoffe	91
D. Kosmetische Mittel	**92**
I. Begriffsbestimmung	92
1. Definition nach Art. 1 Abs. 1 der Kosmetik-RL (76/768/EWG)	92
2. Definition nach § 2 Abs. 5 LFGB	95
a) Legaldefinition	95
b) Vollständige Umsetzung	96
c) Beeinflussung der Körperformen	97

Rn

II. Abgrenzung kosmetische Mittel – Arzneimittel ... 98
1. Allgemein ... 98
2. Zweifelsregel ... 100
3. Arzneilich wirksame Stoffe ... 102
4. Abgrenzungsbeispiele ... 104

E. Medizinprodukte ... 116

I. Begriffsbestimmung ... 116

II. Abgrenzungsbeispiele ... 119

F. Täuschungsschutz für Lebensmittel ... 123

I. Allgemeines ... 123
1. Vorrang des EG-Rechts ... 123
2. Allgemeines Wettbewerbsrecht ... 126
a) Verhältnis § 5 UWG zu § 11 LFGB ... 126
b) Unterlassungs-, Beseitigungs- und/oder Schadensersatzansprüche ... 127

II. EU-Recht ... 128
1. Art. 14 VO (EG) 178/2002 ... 128
a) Anwendungsbereich ... 128
b) Abstrakter Täuschungstatbestand ... 132
c) Nachträgliche Beseitigung ... 134
d) Beispiele ... 136
2. Art. 16 VO (EG) 178/2002 ... 137

III. LFGB ... 139
1. Allgemeines ... 139
a) Täuschungsschutz ... 139
b) Verkehrsauffassung ... 140
c) Feststellung der Verkehrsauffassung ... 141
aa) Normative Bestimmung ... 141
bb) Verbrauchererwartung ... 143
cc) Deutsches Lebensmittelbuch ... 147
dd) Handelsbräuche ... 152
ee) Leitsätze des ALS ... 153
ff) Kochbücher ... 154
gg) Beweisermittlung ... 155
hh) Beweislast ... 159
2. Generalklausel, § 11 Abs. 1 S. 1 LFGB ... 160
a) Allgemein ... 160
aa) Generalklausel ... 160
bb) Regelbeispiele ... 161
b) Irreführung ... 163
aa) Verbraucherleitbild ... 163
bb) BGH ... 165
cc) EuGH ... 168
c) Formen der Irreführung ... 170
d) Begriffe ... 174
3. Regelbeispiele des § 11 Abs. 1 S. 2 Nr. 1 LFGB ... 180
a) Beschaffenheit ... 180
aa) Qualitätsangaben ... 183
bb) Reinheitsangaben ... 187
b) Menge ... 190
c) Haltbarkeit ... 192
d) Herkunft ... 195
aa) Markengesetz ... 195
bb) Herkunftsangaben ... 196
cc) Wertvorstellungen ... 202
dd) Qualifizierte Herkunftsangaben ... 204
ee) Personengebundene Herkunftsangaben ... 209
ff) Entlokalisierende Zusätze ... 211
gg) Gattungsbezeichnungen ... 216
4. Wirkaussagen, § 11 Abs. 1 S. 2 Nr. 2 LFGB ... 223
a) Wissenschaftlich umstrittene Behauptungen ... 223
b) Beweislast ... 229
c) Beispiele ... 232
d) Überteibende Werbeaussagen, unspezifische Werbeanpreisungen ... 235

Rn
5. Werbung mit Selbstverständlichkeiten, § 11 Abs. 1 S. 2 Nr. 3 LFGB 237
6. Anschein eines Arzneimittels, § 11 Abs. 1 S. 2 Nr. 4 LFGB 239
7. Schlankheitsbezogene Werbung 243
a) Schlankheitsbezug 243
b) Diätetische Lebensmittel 248
8. Für den Verzehr ungeeignet, § 11 Abs. 2 Nr. 1 LFGB 249
a) Anwendungsbereich 249
b) Widerwillen, Ekel 252
c) Verkehrsauffassung 254
d) Nachträgliche Beseitigung 255
9. Nachgemachte, wertgeminderte und geschönte Lebensmittel 257
a) Anwendungsbereich 257
b) Nachgemachte Lebensmittel 258
c) Wertgeminderte Lebensmittel 263
d) Geschönte Lebensmittel 270
e) Ausreichende Kenntlichmachung 273

G. Gesundheits- und krankheitsbezogene Werbung für Lebensmittel 277
I. Allgemeines 277
1. EU-Recht vs. nationales Recht 277
2. RL über unlautere Geschäftspraktiken 279
3. Etikettierungs-RL 2000/13 280
a) Teleologische Reduktion 280
b) Art. 18 RL 2000/13 281
c) EuGH 282
II. Health ClaimV 1924/2006 283
1. Einleitung 283
a) Allgemeines 283
b) Krankheitsbezogene Werbung, § 12 LFGB 287
c) Bedenken 288
2. Anwendungsbereich 289
a) Sonderregelungen 289
aa) Allgemeines 289
bb) Diätetika 290
cc) Mineralwasser 292
dd) Nahrungsergänzungsmittel 293
ee) Health claims für Cholesterinsenker 294
b) Ausschluss 296
aa) Fallgruppen 296
bb) Reduzierung von Gesundheitsrisiken 297
c) Ausschlusskriterium Nährwertprofile 298
aa) Nährwertprofile 298
bb) Disclaimer 299
cc) Umsetzung 300
3. Nährwertbezogene Angaben 302
a) Anforderungen 302
b) Vergleichende Angaben 303
4. Gesundheitsbezogene Angaben 307
a) Begriffsdefinition 307
b) Fallgruppen 308
c) Wachstum, Entwicklung und Körperfunktionen 311
d) Psychische Funktionen, Verhaltensfunktionen 313
e) Gewichtskontrolle 314
f) Krankheitsrisiken 318
g) Kinderclaims 320
aa) Kinder 320
bb) Entwicklung und Gesundheit 321
cc) Kinderclaims 322
dd) Säuglingskost 323
h) Gesundheitsbezogenes Wohlbefinden 324
aa) Begriffsdefinition 324
bb) Allgemeines Wohlbefinden 326
i) Kennzeichnungsvorgaben 327
5. Marken 328
a) Marke 328

Rn
b) Koppelung ... 330
c) Traditionelle Angaben ... 331
d) Übergangsfristen ... 333
6. Verbote ... 335
7. Erlaubnisvorbehalt ... 337
a) Registrierungsverfahren ... 337
b) Zulassungsverfahren ... 338
aa) Art. 13 Abs. 5-Verfahren ... 338
bb) Art. 14-Fälle ... 339
8. Übergangsregelungen ... 341
a) Allgemeines ... 341
b) Mindesthaltbarkeitsdatum ... 343
c) Nährwertprofile ... 344
d) Marken ... 345
e) Nährwertbezogene Angaben ... 346
f) Gesundheitsbezogene Angaben, Art. 13 Abs. 1 a ... 348
g) Gesundheitsbezogene Angaben nach Art. 13 Abs. 1 b und c sowie Kinderclaims ... 349
III. Krankheitsbezogene Werbung, § 12 LFGB ... 354
1. Allgemeines ... 354
a) Gesetzeszweck ... 354
b) Health ClaimV 1924/2006 ... 355
c) Richtlinie über unlautere Geschäftspraktiken ... 356
d) Heilberufe ... 357
e) Diätetika ... 361
f) Gesundheitsbezogene Werbung ... 362
g) Restriktive Auslegung ... 363
2. Krankheitsbezogene Aussagen, § 12 Abs. 1 Nr. 1 LFGB ... 364
a) RL 2000/13 ... 364
aa) Vorrangprinzip ... 364
bb) Rechtsvergleich ... 365
b) Krankheit ... 366
c) Bestimmte Krankheit ... 370
d) Verhütung ... 373
e) Keine Irreführung ... 375
f) Fälle ... 376
aa) Liberalisierung des Rechts krankheitsbezogener Werbung ... 376
bb) Fälle in Stichworten (von A bis Z) ... 377
g) Weitere Fälle ... 378
aa) Blutdruck ... 378
bb) Blut ... 381
cc) Cholesterin ... 382
dd) Herz ... 383
ee) Immunsystem ... 384
ff) Weibliche Beschwerden ... 385
3. Hinweise auf ärztliche Empfehlungen und Gutachten, § 12 Abs. 1 Nr. 2 LFGB ... 386
a) EU-Recht ... 386
b) Empfehlungen/Gutachten ... 388
4. Krankengeschichten, § 12 Abs. 1 Nr. 3 LFGB ... 391
a) EU-Recht ... 391
b) Tatbestand ... 392
5. Krankheitsbezogene Äußerungen Dritter, § 12 Abs. 1 Nr. 4 LFGB ... 393
6. Bildliche Darstellungen, § 12 Abs. 1 Nr. 5 LFGB ... 397
a) EU-Recht ... 397
b) Tatbestand ... 398
7. Angstgefühle, § 12 Abs. 1 Nr. 6 LFGB ... 400
a) EU-Recht ... 400
b) Tatbestand ... 401
8. Anleitungsschriften, § 12 Abs. 1 Nr. 7 LFGB ... 404
a) EU-Recht ... 404
b) Tatbestand ... 405

H. Werbung für Heilmittel ... 407
I. Begriff „Heilmittel“ ... 407

Rn

II. Gesetzliche Regelung der Heilmittelwerbung ... 410
1. Gemeinschaftskodex für Humanarzneimittel ... 410
2. Gesetz über die Werbung auf dem Gebiet des Heilwesens ... 412
3. Allgemeines Wettbewerbsrecht ... 414
4. Spezialgesetzliche Regelungen ... 417
a) Arzneimittelgesetz ... 418
b) Lebensmittel- und Futtermittelgesetzbuch ... 419
c) Medizinproduktegesetz ... 420

III. Anwendungsbereich des HWG, § 1 HWG ... 421
1. Werbung im Sinne des HWG ... 422
a) Einheitliche, schutzzweckorientierte Definition ... 422
b) Produktbezug ... 424
c) Ausnahmen ... 425
2. Werbeobjekte/„Heilmittel" ... 428
a) Arzneimittel ... 429
b) Medizinprodukte ... 431
c) Andere Mitte, Verfahren, Behandlungen und Gegenstände ... 432
3. Werbeadressat ... 436
4. Mittelbare Werbung, § 1 Abs. 3 HWG ... 438
5. Ausnahmen ... 439
a) Gegenstände zur Verhütung von Unfallschäden, § 1 Abs. 4 HWG ... 439
b) Beantwortung von Anfragen, § 1 Abs. 5 HWG ... 440
c) Elektronischer Handel, § 1 Abs. 6 HWG ... 441

IV. Werbebeschränkungen und -verbote des HWG ... 442
1. Irreführungsverbot, § 3 HWG ... 443
a) Allgemeine Irreführungsprüfung ... 444
aa) Irreführungsbegriff ... 444
bb) Verkehrsauffassung ... 445
cc) Gesamteindruck ... 447
dd) Darlegungs- und Beweislast ... 450
b) Irreführung durch nicht vorhandene therapeutische Wirksamkeit oder Wirkungen, § 3 S. 2 Nr. 1 HWG ... 451
aa) Wissenschaftliche Absicherung ... 451
bb) Zulassungsbescheid ... 455
cc) Vorbeugende Wirkung ... 456
dd) Indikations- und wirkstoffbezogene Angaben ... 457
c) Irreführung durch fälschliche Erfolgsversprechen, § 3 S. 2 Nr. 2 lit. a HWG ... 459
d) Irreführung über schädliche Wirkungen, § 3 S. 2 Nr. 2 lit. b HWG ... 461
e) Tarnung von Wettbewerbshandlungen, § 3 S. 2 Nr. 2 lit. c HWG ... 465
f) Täuschung über die Zusammensetzung oder Beschaffenheit, § 3 S. 2 Nr. 3 lit. a HWG ... 467
g) Täuschung über die Person des Herstellers oder Erfinders, § 3 S. 2 Nr. 3 lit. b HWG ... 470
2. Werbung ohne oder außerhalb der Zulassung, § 3 a HWG ... 471
a) Werbung für nicht zugelassene Arzneimittel, § 3 a S. 1 HWG ... 471
b) Werbung für nicht zugelassene Anwendungsgebiete oder Darreichungsformen, § 3 a S. 2 HWG ... 472
3. Pflichtangaben, § 4 HWG ... 475
a) Pflichtangaben bei der Arzneimittelwerbung ... 476
b) Einschränkungen bei der Publikumswerbung, § 4 Abs. 3 HWG ... 480
c) Formale Ausgestaltung, § 4 Abs. 4 HWG ... 482
d) Besonderheiten bei audivisionellen Medien, § 4 Abs. 5 HWG ... 486
e) Erinnerungswerbung, § 4 Abs. 6 HWG ... 488
4. Werbung in der Packungsbeilage, § 4 a Abs. 1 HWG ... 492
5. Werbung für erstattungsfähige Arzneimittel, § 4 a Abs. 2 HWG ... 494
6. Homöopathische Arzneimittel, § 5 HWG ... 495
7. Gutachtenwerbung, § 6 HWG ... 496
8. Werbung mit Werbegaben, § 7 HWG ... 500
a) Richtlinienkonformität ... 500
b) Werbegabe ... 501
c) Adressaten ... 502
d) Mittelbare Gesundheitsgefährdung ... 503
e) Ausnahmenkatalog ... 504

Rn
f) Bar- und Naturalrabatte ... 505
aa) Produktbezug ... 506
bb) Rückausnahmen ... 508
cc) Barrabatte ... 509
dd) Naturalrabatte ... 511
g) Angehörige der Heilberufe ... 513
aa) Für die berufliche Praxis ... 513
bb) Muster ... 514
cc) Veranstaltungen ... 515
h) Blut-, Plasma oder Gewebespenden ... 516
9. Vertriebsbezogene Werbung, § 8 HWG ... 517
a) Versandhandel ... 517
b) Teleshopping ... 518
c) Einzeleinfuhr ... 519
10. Werbung für Fernbehandlung, § 9 HWG ... 520
11. Publikumswerbeverbote, § 10 HWG ... 522
a) Verschreibungspflichtige Arzneimittel, § 10 Abs. 1 HWG ... 523
aa) Eingeschränkte Fachkreise ... 523
bb) Verfassungskonforme Auslegung ... 524
cc) Aufrechterhaltung ... 528
b) Schlafmittel, § 10 Abs. 2 Alt. 1 HWG ... 529
aa) Auffangfunktion ... 529
bb) Richtlinienkonformität ... 530
cc) Beseitigung der Schlaflosigkeit ... 531
c) Psychopharmaka oder Arzneimittel zur Beeinflussung der Stimmungslage, § 10 Abs. 2 Alt. 2 und 3 HWG ... 532
12. Publikumswerbebeschränkungen, § 11 HWG ... 535
a) Gutachtenwerbung, Fachveröffentlichungen, § 11 Abs. 1 S. 1 Nr. 1 HWG ... 538
b) Fachliche Empfehlungen und Prüfungen, § 11 Abs. 1 S. 1 Nr. 2 HWG 542
c) Krankengeschichten, § 11 Abs. 1 S. 1 Nr. 3 HWG ... 546
d) Bildliche Darstellungen, § 11 Abs. 1 S. 1 Nr. 4, 5 HWG ... 549
e) Fremd- und fachsprachliche Bezeichnungen, § 11 Abs. 1 S. 1 Nr. 6 HWG ... 558
f) Angstgefühle, § 11 Abs. 1 S. 1 Nr. 7 HWG ... 562
g) Werbevorträge, § 11 Abs. 1 S. 1 Nr. 8 HWG ... 563
h) Getarnte Werbung, § 11 Abs. 1 S. 1 Nr. 9 HWG ... 565
i) Anleitungen zur Selbstmedikation, § 11 Abs. 1 S. 1 Nr. 10 HWG ... 566
j) Äußerungen Dritter, § 11 Abs. 1 S. 1 Nr. 11 HWG ... 568
k) Werbung gegenüber Kindern, § 11 Abs. 1 S. 1 Nr. 12 HWG ... 571
l) Preisausschreiben, Verlosungen, § 11 Abs. 1 S. 1 Nr. 13 HWG ... 572
m) Abgabe von Mustern und Proben, § 11 Abs. 1 S. 1 Nr. 14, 15 HWG 575
n) Vergleichende Werbung, § 11 Abs. 2 HWG ... 578
13. Publikumswerbung für bestimmte Krankheiten, § 12 HWG ... 579
a) Richtlinienkonformität ... 580
b) Werbung für Arzneimittel, § 12 Abs. 1 S. 1 HWG ... 582
c) Werbung für Medizinprodukte, § 12 Abs. 1 S. 2 HWG ... 584
d) Werbung für andere Mittel oder Gegenstände, § 12 Abs. 2 HWG ... 585
V. Werbung ausländischer Unternehmen, § 13 HWG ... 586

I. Werbung für kosmetische Mittel ... 587

I. Gesetzliche Regelung der Kosmetikwerbung ... 587
1. Kosmetik-RL 76/768/EWG ... 587
2. Lebensmittel- und Futtermilchgesetzbuch – LFGB ... 589
3. Kosmetik-Verordnung ... 592
II. Täuschungsschutz, § 27 Abs. 1 LFGB ... 594
1. Allgemeines Irreführungsverbot, § 27 Abs. 1 S. 1 LFGB ... 594
a) Allgemein ... 594
b) Beispiele ... 597
2. Einzeltatbestände, § 27 Abs. 1 S. 2 LFGB ... 601
a) § 27 Abs. 1 S. 2 Nr. 1 LFGB ... 601
aa) Richtlinienkonforme Auslegung ... 602
bb) Wirknachweis ... 604
cc) Verbrauchererwartung ... 605
b) § 27 Abs. 1 S. 2 Nr. 2 LFGB ... 606

Rn
c) § 27 Abs. 1 S. 2 Nr. 3 lit. a LFGB 608
d) § 27 Abs. 1 S. 2 Nr. 3 lit. b LFGB 609
e) § 27 Abs. 1 S. 2 Nr. 4 LFGB 615
III. Krankheitsbezogene Werbung 617

A. Einleitung

I. Produktspezifische Werbung im Gesundheits- und Ernährungsbereich

1 Wenn es um die Werbung im Bereich „Gesundheit und Ernährung" geht, erfordert die praktische Relevanz, der Umfang und die Übersichtlichkeit der nachfolgenden Kommentierung eine Fokussierung auf den Bereich der **Lebensmittel- und Heilmittelwerbung,** also die Werbung für Lebensmittel sowie Arzneimittel, Medizinprodukte und kosmetische Mittel.

2 Dem Heilmittelwerberecht unterliegen auch die Werbung für **Verfahren und Behandlungen,** soweit sich die Werbung auf die Erkennung, Beseitigung oder Linderung von Krankheiten, Leiden, Körperschäden oder krankhaften Beschwerden bezieht (§ 1 Abs. 1 Nr. 2 Alt. 1 HWG), sowie **operative plastisch-chirurgische Eingriffe,** soweit sich die Werbeaussage auf die Veränderung des menschlichen Körpers ohne medizinische Notwendigkeit bezieht (§ 1 Abs. 1 Nr. 2 Alt. 2 HWG). Diesen Bereichen kommt jedoch nur eine geringe Bedeutung für wettbewerbsrechtliche Streitigkeiten zu, so dass im Rahmen dieses Spezialthemas hierauf nicht eingegangen wird.

II. Systematischer Überblick

3 Die rechtliche Behandlung der Werbung für Arzneimittel, Medizinprodukte, Lebensmittel und kosmetische Mittel ist stark durch die **Abgrenzung** dieser Kategorien von einander und dabei wiederum vor allem durch die Abgrenzung zwischen Arzneimitteln und Lebensmitteln geprägt. Die Klärung der Rechtsnatur des beworbenen Produkts ist deshalb von zentraler Bedeutung und muss zu Beginn einer jeden Prüfung stehen, weil davon abhängig ist, welche Rechtsvorschriften und Beurteilungsmaßstäbe, insbesondere ob die des HWG oder LFGB, im Einzelfall Anwendung finden. Dabei gilt es aber zu beachten, dass zwischen der Beurteilung der Rechtsnatur des Erzeugnisses einerseits und der Zulässigkeit der konkreten Werbung andererseits differenziert werden muss. So darf beispielsweise die Prüfung der Zulässigkeit einer krankheitsbezogenen Werbeaussage nicht automatisch zur Folge haben, dass das beworbene Produkt als nicht verkehrsfähiges Arzneimittel eingeordnet wird.

4 Für den Bereich der **Lebensmittel** gibt es mit der VO (EG) 178/2002 eine europaweit geltende Basisregelung für das Lebensmittelrecht, die auf nationaler Ebene durch das Lebensmittel- und Futtermittelgesetzbuch (LFGB) ergänzt wird. Das LFGB enthält spezifische Regelungen zum Täuschungsschutz sowie das Verbot der krankheitsbezogenen Werbung und dient unter anderem der Umsetzung der Etikettierungs-RL 2000/13/EG.[1] Anfang 2007 ist die VO (EG) Nr. 1924/2006 über nährwert- und gesundheitsbezogene Angaben über Lebensmittel (sog. Health claims-Verordnung) in Kraft getreten,[2] die seit dem 1. 7. 2007 gilt, für die aber mehrere Übergangsregelungen greifen.[3]

[1] Es gibt einen Vorschlag für eine EG-Verordnung betreffend die Information der Verbraucher über Lebensmittel (Lebensmittelinformations-VO) vom 30. 1. 2008 (KOM (2008) 40 endg.), wonach zukünftig insbesondere auch der Täuschungsschutz unmittelbar durch Gemeinschaftsrecht geregelt wäre.

[2] VO (EG) Nr. 1924/2006 vom 20. 12. 2006, berichtigte Fassung im ABl. EU Nr. L 12 S. 3 vom 18. 1. 2007.

[3] → Rn 341 ff.

5 Die Werbung für **Arzneimittel** unterliegt – unter Beachtung der Vorgaben des Gemeinschaftskodexes für Humanarzneimittel (RL 2001/83/EG) – den strengen Beschränkungen des Heilmittelwerbegesetzes (HWG). Wie der Name des Gesetzes bereits zeigt, unterliegen dem Heilmittelwerberecht nicht nur Arzneimittel, sondern insbesondere auch Medizinprodukte und die „krankheitsbezogene" Werbung für kosmetische Mittel. Die für Arzneimittel geltenden restriktiven Werbebeschränkungen können aber nicht uneingeschränkt auf die anderen „Heilmittel" übertragen werden. Die Anwendbarkeit der einzelnen heilmittelwerberechtlichen Vorschrift hängt vielmehr von der Rechtsnatur des beworbenen Produkts und dem Aussagegehalt der konkreten Werbung ab, wobei dem Gefährdungspotential der jeweiligen Produktkategorie besondere Bedeutung zukommt. Unter Verweis auf das im Vergleich zu Arzneimitteln geringere Gefährdungspotential hat der Gesetzgeber die **Medizinprodukte** zwar ausdrücklich in den Anwendungsbereich des Heilmittelwerbegesetzes aufgenommen, diese jedoch von einer erheblichen Anzahl von Werbebeschränkungen ausgenommen.

6 Die Werbung für **kosmetische Mittel** unterliegt zwar auch dem Anwendungsbereich des Heilmittelwerbegesetzes, jedoch nur insoweit, als sich die Werbeaussage auf die Erkennung, Beseitigung oder Linderung von Krankheiten, Leiden, Körperschäden oder krankhaften Beschwerden bezieht (§ 1 Abs. 1 Nr. 2 HWG). Darüber hinaus und in der Praxis überwiegend ist die Werbung für Kosmetika – in Umsetzung der Kosmetik-RL (76/768/EWG) – anhand des Lebensmittel- und Futtermittelgesetzbuches (§ 27 LFGB) zu beurteilen.

B. Arzneimittel

Schrifttum: *Doepner,* Heilmittelwerbegesetz, Kommentar, 2. Aufl. 2000; *Doepner/Hüttebräuker,* Zur Rechtsnatur von Bodybuilding-Präparaten und den zugehörigen Abgrenzungskriterien, ZLR 2000, 393; *Doepner,* Im Spannungsfeld von nationalem und europäischem Arzneimittelbegriff, ZLR 2002, 788; *ders.,* Abgrenzung von Arznei- und Lebensmitteln, EUR 2007 Beiheft 2, 49; *Doepner/Hüttebräuker,* Abgrenzung Arzneimittel/Lebensmittel – die aktuelle gemeinschaftsrechtliche Statusbestimmung durch den EuGH, WRP 2005, 1195; *dies.,* Die Abgrenzungsproblematik Arzneimittel/Lebensmittel – nunmehr definitiv höchstrichterlich geklärt?, ZLR 2008, 1; *Gorny,* Grundlagen des europäischen Lebensmittelrechts, 2003; *Gröning,* Heilmittelwerberecht, Kommentar, Loseblattausgabe; *Groß,* Neues zur Abgrenzung zwischen Lebensmittel und Arzneimittel, EuZW 2006, 172; *Klaus,* Der gemeinschaftsrechtliche Lebensmittelbegriff Inhalt und Konsequenzen für die Praxis, Diss. 2004; *Kloesel/Cyran,* Arzneimittelrecht-Kommentar, Loseblattausgabe; *Köhler,* Die neuen europäischen Begriffe und Grundsätze des Lebensmittelrechts, GRUR 2002, 844; *Kraft/Röcke,* Auswirkungen der neuen Zweifelsregelung in Art. 2 Abs. 2 der ArzneimittelRL 2001/83/EG auf die Einstufung von „Grenzprodukten" als Lebens- oder Arzneimittel, ZLR 2006, 19; *Meisterernst,* Neue Wege für (Alt-)Arzneimittel – Umwidmung und Diversifizierung, Pharma Recht 2003, 202; *Meisterernst/Schneider,* Die pharmakologische Wirkung – ein ungeeignetes Merkmal zur Abgrenzung von Lebensmitteln und Arzneimitteln? Zur Einordnung von ambivalenten Stoffen am Beispiel L-Carnitin, DLR 2004, 302; *Meisterernst/Ballke,* Neues vom Funktionsarzneimittel, A&R 2006, 68; *Meyer/Streinz,* LFGB – BasisVO, Kommentar, 2007; *Müller,* Grundfragen zur Abgrenzung der Arzneimittel von den Lebensmitteln, NVwZ 2007, 543; *Rehmann,* AMG, Kommentar, 3. Aufl. 2008.

I. Gemeinschaftskodex für Humanarzneimittel

1. RL 2001/83/EG

7 Durch die RL 2001/83/EG vom 6. 11. 2001 zur Schaffung eines **Gemeinschaftskodexes für Humanarzneimittel** wurden die gemeinschaftlichen Rechtsvorschriften über Humanarzneimittel kodifiziert und zu einem einzigen Rechtsakt zusammengefasst. Der Gemeinschaftskodex löst die früheren Richtlinien (RL 65/65/EWG und RL 92/73/EWG) ab.[4]

---

[4] → Rn 71

Mit der **Änderungs-RL 2004/27/EG** vom 31. 3. 2004 (ABl. EG Nr. L 136 S. 34, 30. 4. 2004) wurden unter anderem die Begriffsbestimmungen für Arzneimittel neu gefasst, damit zum einen das Entstehen neuer Therapien und zum anderen die steigende Zahl von sog. „Grenzprodukten" zwischen dem Arzneimittelbereich und anderen Bereichen Berücksichtigung finden kann, um hierdurch zu vermeiden, dass Zweifel an den anzuwendenden Rechtsvorschriften auftreten, wenn ein Produkt, das vollständig von der Definition des Arzneimittels erfasst wird, möglicherweise auch unter die Definition anderer regulierter Produkte fällt (RL 2004/27/EG, Erwägungsgrund 7). 8

Aufgrund der Begriffsbestimmung für Arzneimittel gemäß dem Gemeinschaftskodex für Humanarzneimittel ist von einem gemeinschaftsrechtlich **einheitlichen Arzneimittelbegriff** auszugehen.[5] Der Gemeinschaftskodex bewirkt eine vollständige Harmonisierung der nationalen Verfahren der Genehmigung für das Inverkehrbringen oder der Registrierung von Humanarzneimitteln.[6] Die RL 2001/83/EG erfasst außerdem auch den Bereich der Werbung für Arzneimittel. Nach der Rechtsprechung des EuGH[7] setzen die Vorschriften der RL 2001/83/EG auch insoweit (Titel VIII – Werbung) einen **Höchststandard** für die Harmonisierung, so dass die Mitgliedstaaten keine weiter gehenden Verbote oder Beschränkungen erlassen können, als es die Richtlinie selbst erlaubt. Die Richtlinie ist somit dahin auszulegen, dass ein Mitgliedstaat in seinen innerstaatlichen Rechtsvorschriften kein uneingeschränktes und unbedingtes Verbot vorsehen darf, etwa in der Öffentlichkeitswerbung für Arzneimittel Äußerungen Dritter zu verwenden, während deren Verwendung nach der Richtlinie nur wegen ihres konkreten Inhalts oder der Eigenschaft ihres Urhebers eingeschränkt werden darf. 9

2. Abgrenzung Arzneimittel – Lebensmittel

Im Fokus wettbewerbsrechtlicher Streitigkeiten stehen weniger arzneimittelrechtliche Aspekte, sondern vor allem die Abgrenzung der Kategorien Arzneimittel und Lebensmittel. Die VO (EG) 178/2002 (sog. BasisVO) enthält einen gemeinschaftsweit geltenden Lebensmittel-Begriff. Die VO (EG) 178/2002 zeigt im Negativkatalog des Art. 2 Abs. 3, dass zu den Lebensmitteln nicht die Arzneimittel entsprechend der RL 65/65/EWG (jetzt: RL 2001/83/EG) gehören.[8] Durch diese Verweisung auf die Arzneimittel-RL kann dieselbe als Tatbestandsmerkmal **(„integrativer Bestandteil")** der VO (EG) 178/2002 angesehen werden.[9] Die Arzneimittel-Definitionen der RL 2001/83/EG sind dann, jedenfalls soweit es das Verhältnis zum Lebensmitteltatbestand angeht, unter Berücksichtigung der Zielsetzung der VO (EG) 178/2002 und des Regelungszusammenhangs zwischen VO (EG) 178/2002 und RL 2001/83/EG auszulegen.[10] Kein Unterschied im Ergebnis ergibt sich im Übrigen, wenn die Abgrenzungsprüfung nicht über die sog. Integrationslösung abgewickelt wird, sondern – gemäß der Rechtsprechung des BGH – anhand einer **richtlinienkon-** 10

[5] BGH BeckRS 2008, 14734 = WRP 2008, 1209 – HMB-Kapseln; BGH BeckRS 2008, 14541 = WRP 2008, 1213 – L-Carnitin II, m. Anm. *Reinhart* ZLR 2008, 640; BGH WRP 2006, 736 = ZLR 2006, 411 – Arzneimittelwerbung im Internet, m. Anm. *Reinhart* ZLR 2006, 422; OLG Köln ZLR 2008, 230, 236 – Ginkgo-Getränk; OLG Stuttgart BeckRS 2008, 6269 – Laktase-Kapseln; OLG Hamm LRE 55, 373 – Zimt gegen Zucker; OLG Düsseldorf MD 2006, 1166, 1169 – Carnitin-Drink; Meyer/Streinz/*Meyer* BasisVO Art. 2 Rn 37.

[6] EuGH EuZW 2007, 647 – Anthroposophische Arzneimittel: „abschließende Harmonisierung".

[7] EuGH GRUR 2008, 267 = WRP 2008, 205 – Gintec; Vorlage des BGH: ABl. EU Nr. C 315 S. 11; s. BGH WRP 2005, 1515 – Konsumentenbefragung I; BGH GRUR 2009, 179 – Konsumentenbefragung II. S. auch EuGH EuZW 2007, 647 – Anthroposophische Arzneimittel.

[8] Die in Bezug genommenen RL 65/65/EWG und 92/73/EWG sind durch Art. 128 S. 1 RL 2001/83/EG aufgehoben worden. S. 2 dieser Vorschritt bestimmt aber, dass Bezugnahmen auf die aufgehobenen Richtlinien als Bezugnahme auf die vorliegende Richtlinie (RL 2001/83/EG) gelten.

[9] BVerwG BeckRS 2007, 27865 = NVwZ 2008, 439 – OPC; BVerwG BeckRS 2007, 27866 = ZLR 2008, 80 – Vitamin E; BVerwG BeckRS 2007, 27867 = ZLR 2007, 772 – Lactobact omni FOS. S. auch *Doepner/Hüttebräuker* ZLR 2008, 1, 4: „Integrationstheorie"; *Müller* NVwZ 2007, 543; *Doepner* EUR Beiheft 2007, 49.

[10] → Rn 71 ff.

formen Auslegung (RL 2001/83/EG) des nationalen Arzneimittelbegriffs (§ 2 AMG) erfolgt.[11] Letztendlich kommt es auch hierbei auf den europarechtlichen Arzneimittelbegriff an.[12] Auf Grund dessen wird nachfolgend der Schwerpunkt auf die Kommentierung der RL 2001/83/EG gelegt.

II. Arzneimittelkategorien

11 Die RL 2001/83/EG enthält zwei Definitionen des Arzneimittels, eine „nach der Bezeichnung" und eine „nach der Funktion". Ein Erzeugnis ist dann ein Arzneimittel, wenn es entweder unter die eine oder unter die andere dieser Definitionen fällt.

1. Präsentationsarzneimittel

12 **a) Zweckbestimmung.** Nach Art. 1 Nr. 2 lit. a RL 2001/83/EG sind Arzneimittel „alle Stoffe oder Stoffzusammensetzungen, die als Mittel mit Eigenschaften zur Heilung oder zur Verhütung menschlicher Krankheiten bestimmt sind" (**Arzneimittel nach der Bezeichnung** = Präsentationsarzneimittel).

13 Nach der Begriffsbestimmung ist die jeweilige **Zweckbestimmung** maßgeblich für die Einordnung eines Produkts; die Zweckbestimmung ist wiederum vor allem von der Verkehrsauffassung über das Wirkpotential des charakteristischen Stoffs des Erzeugnisses geprägt. Am Begriff des Arzneimittels „nach der Bezeichnung" hat sich durch die gemäß Art. 1 Nr. 1 RL 2004/27/EG geänderte Fassung des Art. 1 RL 2001/83/EG, die nunmehr klarstellend auf Stoffe oder Stoffzusammensetzungen abstellt, die als Mittel „mit Eigenschaften" zur Heilung oder Verhütung menschlicher Krankheiten bestimmt sind, **inhaltlich nichts geändert.**[13]

14 Nach der Rechtsprechung des EuGH soll das Kriterium der „Bezeichnung" nicht nur die Arzneimittel erfassen, die tatsächlich therapeutische oder medizinische Wirkung haben, sondern auch die Erzeugnisse, die nicht ausreichend wirksam sind oder nicht die Wirkung haben, die der Verbraucher nach ihrer Bezeichnung von ihnen erwarten darf. Erfasst von dieser Teildefinition des gemeinschaftsrechtlichen Arzneimittelbegriffs sind sowohl „echte" Arzneimittel als auch solche Präparate, die keinen pharmazeutischen Wirkstoff enthalten und somit objektiv gesehen keine medizinische Wirkung entfalten können. Dadurch soll der Verbraucher nach der Rechtsprechung „nicht nur vor schädlichen oder giftigen Arzneimitteln als solchen geschützt werden, sondern auch vor Erzeugnissen, die anstelle der geeigneten Heilmittel verwendet werden."[14] Nach Auffassung des EuGH handelt es sich bei einem Produkt aber nur dann um ein Präsentationsarzneimittel, „wenn bei einem durchschnittlich informierten Verbraucher auch nur **schlüssig, aber mit Gewissheit** der Eindruck entsteht, dass dieses Erzeugnis" als Mittel zur Heilung oder zur Verhütung

[11] BGH BeckRS 2008, 14734 = WRP 2008, 1209 – HMB-Kapseln; BGH BeckRS 2008, 14541 = WRP 2008, 1213 – L-Carnitin II, m. Anm. *Reinhart* ZLR 2008, 640; BGH WRP 2006, 736 = ZLR 2006, 411 – Arzneimittelwerbung im Internet m. krit. Anm. *Reinhart;* BVerwG PharmR 2008, 254, 255 – Weihrauchextrakt; OLG Stuttgart BeckRS 2008, 6269 – Laktase-Kapseln; OLG Köln ZLR 2008, 230 – Ginkgo-Getränk m. Anm. *Hartwig:* „Koexistenzansatz"; *Doepner/Hüttebräuker* ZLR 2008, 1; *Müller* NVwZ 2007, 543; *Rehmann* AMG § 2 Rn 6.

[12] Wenig hilfreich ist der Vorschlag von *Kloesel/Cyran,* wonach „primär" das deutsche Arzneimittelrecht anwendbar und eine „zweigliedrige Prüfung im Sinne einer gemeinschaftsrechtlichen Kontrolle an Hand der RL 2001/83/EG nur dann erforderlich" sei, wenn konkret eine Differenz zur EuGH-Rechtsprechung gesehen werden könne (*Kloesel/Cyran* AMG § 2 Rn 8).

[13] BGH BeckRS 2008, 14734 = WRP 2008, 1209 – HMB-Kapseln; BGH BeckRS 2008, 14541 = WRP 2008, 1213 – L-Carnitin II; *Gröning* Bd. 2 RL 2001/83/EG Art. 1 Rn 21. S. auch BVerfG NJW-RR 2007, 1680, 1682 – Dr. R's Vitaminprogramm.

[14] Ständige Rechtsprechung des EuGH, zB EuGH EuZW 2008, 56 = GRUR 2008, 271 Rn 43 – Knoblauch-Extrakt-Pulver-Kapsel.

menschlicher oder tierischer Krankheiten dienen kann;[15] den Verbrauchern muss demzufolge auf Grund der konkreten Bestimmung mit therapeutischen Wirkaussagen oder ähnlicher Umstände der arzneiliche als einzig denkbarer Zweck des angegriffenen Mittels erscheinen.[16]

Hiervon ausgehend ist die bisherige Rechtsprechung des EuGH zur RL 65/65/EWG weiterhin anwendbar, wenn es um die Auslegung des Begriffs der Präsentationsarzneimittel nach der RL 2001/83/EG geht. 15

b) Subjektive Umstände. In bestimmten Fällen können subjektive Umstände für eine Zuordnung als Arzneimittel genügen, sofern diese Umstände **eindeutig** und **unmissverständlich** auf ein Arzneimittel hinweisen,[17] zB Frischzellenpräparate, die nicht nur massiv krankheitsbezogen beworben, sondern in weitem Umfang durch Angehörige der Heilberufe injiziert werden.[18] 16

Informationen über die Anwendung eines Produkts können ein Indiz für die Zuordnung als Arzneimittel sein. Dabei ist allerdings danach zu unterscheiden, ob die Informationen vom Hersteller mit dem Produkt selbst (zB durch Aufdruck auf der Verpackung, durch Beipackzettel oder auf der äußeren Aufmachung) gegeben werden und damit Bestandteil des Produkts sind oder ob sie getrennt vom Produkt, ggf. auch durch Dritte (wie Groß- oder Einzelhändler) gemacht werden (zB durch mündliche Aussagen, Verteilen von Prospekten, Aushang von Plakaten oder durch Informationen in der Presse). Nur bei der ersten Fallgruppe der Information als Produktbestandteil, wenn sie dem Hersteller (als Störer) zurechenbar sind, ist es gerechtfertigt, sie dem Tatbestand des Präsentationsarzneimittels zuzuordnen.[19] Gleiches gilt, wenn der Hersteller über Dritte Informationen über das Produkt an die Öffentlichkeit lanciert.[20] 17

Hinweise auf einen **Muskelaufbau** und eine Muskelvergrößerung deuten nicht ohne weiteres auf ein Arzneimittel hin.[21] Muskelaufbaumittel sind als Präsentationsarzneimittel anzusehen, wenn das Produkt nach den Werbeaussagen Kraft steigernde und Muskel aufbauende Wirkung haben sowie ein Energielieferant für eine kurzzeitige anaerobe Muskelleistung sein soll und dies nach den Verzehrangaben auf dem Produkt der Beklagten nahe liegend ist, es demzufolge nicht mehr um einen Ausgleich der durch Körperanstrengung verbrauchten Nährstoffe und Stoffwechselprodukte, sondern allein um eine mit Gesundheitsgefahren verbundene pharmakologische Manipulation des Stoffwechsels zur Leistungssteigerung geht.[22] Das OLG Hamburg nennt als Beispiel für ein Präsentationsarzneimittel „ein Mittel, das einen Astheniker in einen Muskel schwellenden Menschen verwandeln soll".[23] 18

c) Äußere Form. Zur Einordnung eines Produkts als Präsentationsarzneimittel kann das Zusammenwirken solcher **Anhaltspunkte** wie die äußere Form (zB Tabletten oder Kapseln) des Erzeugnisses, die Verzehrempfehlung und eine Verpackung in Blisterstreifen sowie der Vertriebsweg ausschließlich über Apotheken mitberücksichtigt werden;[24] sie dürfen aber nicht lediglich die einzigen Umstände zur Begründung eines Arzneimittels sein. Die äußere Form kann als Indiz nicht allein ausschlaggebend sein, da anderenfalls auch 19

---

[15] EuGH EuZW 2008, 56 = GRUR 2008, 271 Rn 46 – Knoblauch-Extrakt-Pulver-Kapsel; EuGH Slg. 1983, 3897 Rn 18 – van Bennekom; KG PharmR 2005, 196, 201 – Heilung akuter Krebserkrankungen (Dr. Rath).

[16] *Doepner/Hüttebräuker* ZLR 2000, 393, 400; *Doepner* HWG § 1 Rn 35; *Groß* EuZW 2006, 172, 174.

[17] OLG Hamburg LRE 40, 176 m. Anm. *Mahn* = ZLR 2001, 319 m. Anm. *Meyer* – Muskelaufbaumittel.

[18] VGH Mannheim ZLR 1996, 582 – Frischzellenpräparate.

[19] *Köhler* GRUR 2002, 844, 847.

[20] EuGH EuZW 1993, 736 – Ter Voort.

[21] BGH ZLR 2003, 487 – L-Glutamin.

[22] BGH GRUR 2002, 910 = ZLR 2002, 638 – Muskelaufbaupräparate; Werbung des streitgegenständlichen Erzeugnisses s. ZLR 2001, 578–581. S. auch BGH BeckRS 2008, 14734 = WRP 2008, 1209 – HMB-Kapseln: „sportspezifischer Bedarf".

[23] OLG Hamburg ZLR 2001, 315 m. Anm. *Meyer.*

[24] OVG Nordrhein-Westfalen DLR 2001, 474 – Vitamin E m. Vorbem. *Meyer.*

bestimmte Nahrungsmittel erfasst wären, die herkömmlicher Weise in ähnlicher Form wie pharmazeutische Erzeugnisse aufgemacht sind.[25] Dies gilt etwa für Nahrungsergänzungsmittel, die nach der Legaldefinition des § 1 Abs. 1 NemV „in dosierter Form, insbesondere in Form von Kapseln, Pastillen, Tabletten, ... Flüssigampullen ..." in Verkehr zubringen sind.[26] Die äußere Form kann aber zB dann ein Kriterium sein, wenn der Inverkehrbringer mit der konkreten Aufmachung (Marke, farbliche Gestaltung) eine Ähnlichkeit zu einem als Arzneimittel veräußerten Erzeugnis anstrebt; maßgeblich ist dabei das Verständnis eines durchschnittlich informierten, aufmerksamen und verständigen Verbrauchers, bei dem die einem Erzeugnis gegebene Form ein besonderes Vertrauen hervorrufen kann, wie dasjenige, das die Arzneispezialitäten auf Grund der Garantien, die mit ihrer Herstellung und ihrer Vermarktung verbunden sind, normalerweise hervorrufen.[27]

20 **d) Fallbeispiele.** In folgenden Fallkonstellationen ist ein Präsentationsarzneimittel im Einzelfall denkbar (ohne Anspruch auf Vollständigkeit):[28] (1) **Neue Stoffe,** die dem verständigen Verbraucher bislang noch nicht entgegengetreten sind und die vom Hersteller/Inverkehrbringer wie ein Arzneimittel beworben werden (Fallbeispiel: Maca-Erzeugnisse als Sexualtherapeutikum). (2) Ein (bislang überwiegend) als **Arzneidroge** dem verständigen Verbraucher bekannter Stoff wird krankheitsbezogen beworben[29] (Fallbeispiel: Knoblauch-Kapseln mit krankheitsbezogenen Angaben über die Wirkung bei Arteriosklerose; jedoch sind Knoblauch-Kapseln grundsätzlich keine Arzneimittel[30]). (3) **Ambivalente Stoffe,** denen nach Zusammensetzung und Eigenschaften sowohl ein arznei- als auch lebensmitteltypische Zweckbestimmung innewohnt; den Verbrauchern erscheint aber auf Grund der konkreten Präsentation mit prophylaktischen oder therapeutischen Wirkaussagen der arzneiliche als einzig denkbarer Zweck des angegriffenen Mittels[31] (Fallbeispiele: vor allem bei Tee denkbar – einerseits Genussmittel, andererseits mögliche therapeutische, beispielsweise nachgesagte Wirkung bei Blähungen; Vertrieb von Gelee Royale als Tonikum).

21 **e) Wandel der Verkehrsauffassung.** In der Fallgruppe des Präsentationsarzneimittels ist es nicht ohne weiteres möglich, sich aus den Fängen des Arzneimittelrechts dadurch zu befreien, dass ein Inverkehrbringer zukünftig unter anderem auf die bis dato verwendete krankheitsbezogene Werbung verzichtet, in der Hoffnung, dass hierdurch das konkrete Produkt als Lebensmittel eingestuft wird und damit frei verkehrsfähig wäre. Bei der Anwendung des Lebensmittelrechts ist zwar zwischen dem Produkt einerseits und der Produktpräsentation andererseits zu unterscheiden; krankheitsbezogene Werbung ist zwar unzulässig (§ 12 LFGB), der Produktstatus als Lebensmittel wird hierdurch aber nicht tangiert. Wird ein Erzeugnis aber wegen seiner **konkreten Präsentation** (Bewerbung und Produktaufmachung) zum Arzneimittel, kann die Verkehrsauffassung determiniert sein. Ein Wandel der Verkehrsauffassung ist zwar denkbar (zB Fencheltee), es bedarf dafür aber des Nachweises.[32]

22 **f) Verbotsumfang.** Infolge der offenen Begriffsbestimmung („bestimmt sind") unterfallen dem Präsentationsarzneimittel-Begriff sowohl wirksame Präparate (dann regelmäßig auch Funktionsarzneimittel) als auch solche **ohne Wirkung** bzw. nicht mit der Wirkung,

---

[25] EuGH EuZW 2008, 56 = GRUR 2008, 271 Rn 52 – Knoblauch-Extrakt-Pulver-Kapsel; EuGH Slg. 1983, 3897 Rn 19 – van Bennekom; Slg. 1991, I-1525, 1536 – Delattre.

[26] Nahrungsergänzungsmittelverordnung (NemV) vom 24. 5. 2004, die die Nahrungsergänzungsmittel-RL 2002/46/EG umsetzt.

[27] EuGH Slg. 1991, I-1547, 1561, 1567, Egr. 25 – Monteil und Samanni.

[28] Empfehlenswert die von *Preuß* entwickelte Checkliste in: DLR 2001, 49, 50; s. auch ALS-Stellungnahme „Lebensmittel oder Arzneimittel? Leitlinien für eine Abgrenzung (2007/39)", J. Verbr.Lebensm. 2 (2007), 241, 243.

[29] VG Sigmaringen BeckRS 2006, 20 327 – Mistelkrauttee.

[30] EuGH EuZW 2008, 56 = GRUR 2008, 271 – Knoblauch-Extrakt-Pulver-Kapsel: Verstoß gegen Art. 28 EG und 30 EG ist gegeben, wenn ein Knoblauchpräparat, das in Kapseln abgefüllt ist und nicht unter die Definition des Arzneimittels nach der Bezeichnung fällt, als Arzneimittel eingestuft wird.

[31] *Doepner/Hüttebräuker* ZLR 2000, 393, 400.

[32] Vertiefend *Meisterernst* PharmR 2003, 143–150, 209–216.

die der Verkehr aufgrund ihrer Präsentation erwartet (pathologische Fälle);[33] eine konkrete Auseinandersetzung mit den Umständen des Einzelfalls ist aber im Hinblick auf den weiten Lebensmittelbegriff[34] erforderlich.

23 (Präsentations-)Arzneimittel sind nach dem Arzneimittelrecht **zulassungspflichtig** und dürfen nicht in Verkehr gebracht werden, solange sie nicht als Arzneimittel zugelassen sind. Im Falle eines – zumindest nach der geweckten Verbrauchererwartung – wirkungslosen Produktes fehlt es an der Zulassungsfähigkeit, so dass grundsätzlich ein dauerhaftes Vertriebsverbot droht. Bei den Vorschriften, welche die Zulassungspflicht von Arzneimitteln begründen (insbesondere § 2, § 21 AMG) handelt es sich um Marktverhaltensregelungen im Sinne des § 4 Nr. 11 UWG.[35] Der auf § 4 Nr. 11, § 8 UWG gestützte Unterlassungsanspruch zielt damit regelmäßig auf ein Inverkehrbringensverbot ab, solange es an der erforderlichen Zulassung fehlt. Beim Vorwurf eines Präsentationsarzneimittels gibt es aber die Besonderheit, dass unter Berücksichtigung der **konkreten Verletzungsform** „nur" ein **beschränktes Werbe- und Vertriebsverbot** gerechtfertigt ist. Dies gilt jedenfalls dann, wenn die Verbraucher das Produkt ausschließlich aufgrund seiner aktuellen Präsentation als Arzneimittel einstufen.[36]

2. Funktionsarzneimittel

24 **a) Funktion.** Nach Art. 1 Nr. 2 lit. b RL 2001/83/EG sind Arzneimittel des Weiteren „alle Stoffe oder Stoffzusammensetzungen, die im oder am menschlichen Körper verwendet oder einem Menschen verabreicht werden können, um entweder die menschlichen physiologischen Funktionen durch eine pharmakologische, immunologische oder metabolische Wirkung wiederherzustellen, zu korrigieren oder zu beeinflussen oder eine medizinische Diagnose zu erstellen" (**Arzneimittel nach der Funktion** = Funktionsarzneimittel). Die durch die Änderungs-RL 2004/27/EG modifizierte Definition des Funktionsarzneimittels spezifiziert die Art der Wirkung, die das Arzneimittel auf die physiologischen Funktionen haben kann. Diese Begriffsmodifikation ist als **Eingrenzung** des (Funktions-) Arzneimittelbegriffs zu werten.[37] Die Aufzählung der Wirkungserfordernisse („pharmakologische, immunologische oder metabolische")[38] soll auch ermöglichen, Arzneimittel wie Gentherapie, Radiopharmaka sowie bestimmte Arzneimittel zur lokalen Verwendung abzudecken (RL 2004/27/EG, Erwägungsgrund 7).

25 Aufgrund der durch die RL 2004/27/EG in die Begriffsbestimmung aufgenommenen Wirkungserfordernisse sind nunmehr **objektive Produktmerkmale** in höherem Maße von Bedeutung als nach der früher maßgeblichen Definition.[39] Das Kriterium der pharmakologischen,[40] immunologischen oder metabolischen Wirkung findet sich bereits als **Abgrenzungskriterium** zwischen Arzneimitteln und Medizinprodukten (§ 3 Nr. 1 MPG); die Auslegungspraxis[41] hierzu kann auch für die Abgrenzung zwischen Arzneimitteln und anderen Erzeugnissen hilfreich sein.

26 **b) Pharmakologische Wirkung.** (1) Mit der Aufnahme des Begriffsmerkmals der „pharmakologischen" Wirkung rezipiert der europäischen Gesetzgeber zugleich Vorgaben

[33] OVG Nordrhein-Westfalen PharmR 2008, 291 – Schlankheitsmittel.

[34] → Rn 34 ff.

[35] BGH GRUR 2006, 82 Tz 28 – Betonstahl; BGH GRUR 2005, 778, 779 – Atemtest; BGH GRUR 2004, 1037, 1038 f – Johanniskraut,. § 4–11 Rn 13.

[36] OLG Hamburg ZLR 2005, 490 – HMB/L-Carnitin m. Anm. *Reinhart; Gröning* Bd. 2 RL 2001/83/EG Art. 1 Rn 27; *ders.* WRP 2005, 709, 716; Erdmann/Rojahn/Sosnitza/*Reinhart* Hdb. FA GR Kap. 6 Rn 1279.

[37] BGH BeckRS 2008, 14734 = WRP 2008, 1209 – HMB-Kapseln; BGH BeckRS 2008, 14541 = WRP 2008, 1213 – L-Carnitin II; *Gröning* Bd. 2 RL 2001/83/EG Art. 1 Rn 16.

[38] Meyer/Streinz/*Meyer* BasisVO Art. 2 Rn 60.

[39] BGH BeckRS 2008, 14734 = WRP 2008, 1209 – HMB-Kapseln; BGH BeckRS 2008, 14541 = WRP 2008, 1213 – L-Carnitin II.

[40] → Rn 26 ff.

[41] → Rn 117.

des **EuGH.** Zur Einordnung eines Produktes als Arzneimittel (nach seiner Funktion) oder Lebensmittel bzw. zur Abgrenzung dieser beiden Produktkategorien stellt der EuGH stets darauf ab, ob ein Erzeugnis pharmakologische Eigenschaften hat;[42] liegen diese nicht vor, ist ein Erzeugnis wiederum stets ein Lebensmittel.[43] Anders als der Begriff des Arzneimittels „nach der Bezeichnung", dessen weite Auslegung die Verbraucher vor Erzeugnissen schützen soll, die nicht die Wirksamkeit besitzen, welche sie erwarten dürfen, soll der Begriff des Arzneimittels „nach der Funktion" nämlich diejenigen Erzeugnisse erfassen, deren pharmakologische Eigenschaften **wissenschaftlich festgestellt** wurden und die tatsächlich dazu bestimmt sind, eine ärztliche Diagnose zu erstellen oder physiologische Funktionen wiederherzustellen, zu bessern oder zu beeinflussen.[44] Ein Erzeugnis kann demnach nur dann als Arzneimittel „nach der Funktion" angesehen werden, wenn es aufgrund seiner Dosierung bei bestimmungsgemäßem Gebrauch geeignet ist, die menschlichen physiologischen Funktionen durch eine pharmakologische, immunologische oder metabolische Wirkung nennenswert zu beeinflussen.[45]

27 Diese Rechtsprechung des EuGH findet sich nunmehr auch in der Entscheidungspraxis deutscher Gerichte und insbesondere des BGH wieder. Bereits in dem für die Abgrenzungsproblematik maßgeblichen Leitfall **„L-Carnitin I"** stellte der BGH folgerichtig fest, dass ein Produkt ohne pharmakologische Wirkungen als Lebensmittel einzuordnen sei, denn „ein verständiger Durchschnittsverbraucher wird im Allgemeinen nicht annehmen, dass ein als Nahrungsergänzungsmittel angebotenes Präparat tatsächlich ein Arzneimittel ist, wenn es in der empfohlenen Dosierung keine pharmakologischen Wirkungen hat".[46] Sind bei einem als Nahrungsergänzungsmittel bezeichneten Produkt die Inhaltsstoffe zutreffend und ohne wissenschaftlich nicht hinreichend gesicherte Zusätze deklariert und keine Gesundheitsgefährdungen zu befürchten, steht daher die Tatsache, dass die Inhaltsstoffe in anderer Dosierung pharmakologische Wirkung haben, der Verwendung der Bezeichnung Nahrungsergänzungsmittel nicht ohne weiteres entgegen.[47] Ein Erzeugnis ist solange kein (Funktions-)Arzneimittel, als wissenschaftliche Studien die pharmakologischen Wirkungen nicht nachgewiesen haben.[48] Die **Darlegungs- und Beweislast** für das Vorliegen eines (Funktions-)Arzneimittels als anspruchsbegründende Tatsache liegt beim Kläger.[49]

28 (2) Das Adjektiv **„pharmakologisch"** hat seinen Wortstamm in der Pharmakologie, als der Lehre von den Wechselwirkungen zwischen (Arznei-)Stoffen und dem Organismus. Unterschieden wird dabei zwischen pharmakodynamischen und pharmakokinetischen Wirkungen; weiterhin zählen zu den pharmakologischen Wirkungen auch Wechsel-/Nebenwirkungen und die therapeutische Wirksamkeit[50] Im Kontext der RL 2001/83/EG und der hierzu ergangenen Rechtsprechung insbesondere des EuGH ist die „pharmakologische" Wirkung einem **empirischen Beweis zugänglich** und beruht deshalb nicht allein auf einer rechtlichen Wertung. Die pharmakologischen Eigenschaften eines Produkts sind der Faktor, auf dessen Grundlage, ausgehend von den Wirkungsmöglichkeiten des Erzeugnisses, zu beurteilen ist, ob es im Sinne des Art. 1 Nr. 2 Unterabs. 2 RL 2001/83/EG im oder am menschlichen Körper zur Erstellung einer ärztlichen Diagnose oder zur

[42] EuGH Slg. 1983, 3897 – van Bennekom; EuGH Slg. 1991, I-1525 – Delattre.

[43] Ausführlich *Meisterernst* GRUR 2001, 111; *Meyer* ZLR 2000, 671.

[44] EuGH EuZW 2008, 56 = GRUR 2008, 271 Rn 61 – Knoblauch-Extrakt-Pulver-Kapsel; siehe auch EuGH Urt. v. 30. 4. 2009, Rs. C-27/08, BeckRS 2009, 70459 – BIOS Naturprodukte.

[45] Schlussanträge der Generalanwältin Trstenjak vom 19. 6. 2008, Rs. C-140/07, BeckRS 2008, 70670 – Hecht-Pharma; bestätigt durch EuGH GRUR 2009, 511 – Hecht-Pharma.

[46] BGH GRUR 2000, 528, 529 = DLR 2000, 226 m. Vorbem. *Meyer* = ZLR 2000, 375 m. Anm. *Doepner/Hüttebräuker* S. 393 – L-Carnitin I; s. auch *Meyer* LM 2000, 1304; *Meisterernst* GRUR 2001, 111; *Köhler* WRP 2001, 922.

[47] OVG Saarland LRE 48, 192.

[48] OLG Köln ZLR 2008, 230 – Ginkgo-Getränk; OVG Nordrhein-Westfalen PharmR 2008, 291 – Schlankheitsmittel.

[49] BGH BeckRS 2008, 14734 = WRP 2008, 1209 – HMB-Kapseln; BGH BeckRS 2008, 14541 = WRP 2008, 1213 – L-Carnitin II.

[50] *Forth/Henschler/Rummel* Allgemeine und spezielle Pharmakologie und Toxikologie, 1990, S. 2.

Wiederherstellung, Besserung oder Beeinflussung der menschlichen physiologischen Funktionen angewandt werden kann.[51] Dieses Kriterium darf aber nicht dazu führen, dass Stoffe als Arzneimittel „nach der Funktion" eingestuft werden, die zwar auf den menschlichen Körper einwirken, sich aber nicht **nennenswert** auf den Stoffwechsel auswirken und somit dessen Funktionsbedingungen nicht wirklich beeinflussen. Es ist nicht ausreichend, dass ein Erzeugnis Eigenschaften besitzt, die der Gesundheit im Allgemeinen förderlich sind, sondern muss es wirklich die **Funktion der Verhütung oder Heilung** besitzen.[52] Enthält beispielsweise ein Erzeugnis im Wesentlichen einen Stoff, der auch in einem Lebensmittel in dessen natürlichem Zustand vorhanden ist, so besitzt es keine nennenswerten Auswirkungen auf den Stoffwechsel, wenn seine Auswirkungen auf die physiologischen Funktionen nicht über die Wirkungen hinausgehen, die ein in angemessener Menge verzehrtes Lebensmittel auf diese Funktionen haben kann.[53] Eine pharmakologische Wirkung kommt nur in Betracht, wenn das betreffende Produkt mehr als ernährungsphysiologische Wirkungen erzielt, denn Lebensmittel beeinflussen den Stoffwechsel und erzielen daher ernährungsphysiologische Wirkungen. Es ist damit für eine pharmakologische Wirkung eines Produkts **kennzeichnend,** dass seine Wirkungen über dasjenige hinausgehen, was physiologisch eine Nahrungsaufnahme im menschlichen Körper auslösen würde, d. h. dass eine über die Zuführung von Nährstoffen hinausgehende, nennenswerte Manipulation des Stoffwechsels erfolgt.[54]

(3) Keine Lösung für die Dauerfrage, wann eine pharmakologische Wirkung gegeben ist, stellt der Versuch des OVG Münster dar, den etablierten und vom Gesetzgeber verwendeten Begriff der „pharmakologischen Wirkung" durch die Begrifflichkeit **„therapeutischer Zweck"** zu ersetzen.[55] Insoweit wird der Teufel mit dem Belzebub ausgetrieben, da ein unbestimmter Begriff durch einen anderen unbestimmten Begriff ausgetauscht wird.[56] Auch ein Heranziehen der Formulierung „therapeutischer Zweck" ändert nichts daran, dass eine Auseinandersetzung mit den Umständen bzw. Besonderheiten des Einzelfalles geboten ist.[57] Im Übrigen verwendet der EuGH diese Begrifflichkeit etwa in dem Zusammenhang, dass es „zahlreiche allgemein als Lebensmittel anerkannte Erzeugnisse, die objektiv für therapeutische Zwecke verwendet werden können", gibt. Dieser Umstand könne jedoch nicht genügen, um ihnen die Eigenschaft eines Arzneimittels im Sinne der RL 2001/83/EG zu verleihen.[58] 29

c) Gesundheitsrisiken. Es ist ein **Indiz** für die Einordnung eines Präparates als Arzneimittel, wenn ein Produkt eines anderen Herstellers mit demselben Wirkstoff jahrzehntelang als **verschreibungspflichtiges Arzneimittel** in den Verkehr gebracht worden ist und das Präparat selbst zwar als Nahrungsergänzungsmittel bezeichnet, seine Wirkung in der werblichen Darstellung aber mit arzneimitteltypischen Begriffen beschrieben wird.[59] 30

[51] EuGH WRP 2005, 863 Rn 52 – HLH Warenvertrieb; EuGH EuZW 2008, 56 Rn 59 – Knoblauch-Extrakt-Pulver-Kapsel; BGH BeckRS 2008, 14734 = WRP 2008, 1209 – HMB-Kapseln; BGH BeckRS 2008, 14541 = WRP 2008, 1213 – L-Carnitin II.

[52] EuGH EuZW 2008, 56 = GRUR 2008, 271 Rn 64 – Knoblauch-Extrakt-Pulver-Kapsel; EuGH GRUR 2009, 511, 513 Rn 42 – Hecht-Pharma. S. auch OVG Nordrhein-Westfalen PharmR 2008, 291 – Schlankheitsmittel: „belastbare wissenschaftliche Erkenntnisse, die eine erhebliche Beeinflussung der Funktionsbedingungen des menschlichen Körpers belegen".

[53] BGH BeckRS 2008, 14734 = WRP 2008, 1209 – HMB-Kapseln; BGH BeckRS 2008, 14541 = WRP 2008, 1213 – L-Carnitin II.

[54] BGH BeckRS 2008, 14541 – L-Carnitin II; BGH GRUR 2002, 910 – Muskelaufbaupräparate.

[55] OVG Nordrhein-Westfalen ZLR 2006, 302, 313 und 316 – Lactobact omni FOS II.

[56] Meyer/Streinz/*Meyer* BasisVO Art. 2 Rn 59.

[57] Der „therapeutische Zweck" spielt im Zulassungsverfahren für die Frage eine Rolle, ob das Arzneimittel für die angegebene therapeutische Wirksamkeit zugelassen werden kann (§ 4 Abs. 28, § 25 Abs. 2, § 28 Abs. 2 Nr. 3 AMG).

[58] EuGH EuZW 2008, 56 = GRUR 2008, 271 Rn 65 – Knoblauch-Extrakt-Pulver-Kapsel.

[59] OLG Köln ZLR 2004, 94 – Glucosaminsulfat I; s. aber OLG Köln ZLR 2005, 109 – Glucosaminsulfat II.

31 Ein potentielles Risiko bei der Einnahme des Erzeugnisses für die Gesundheit im Allgemeinen und für den Einzelnen kann zwar auch ein Prüfparameter sein,[60] eine **Gesundheitsgefahr** ist jedoch keine Voraussetzung für die Bejahung einer Arzneimitteleigenschaft,[61] denn es kann auch gesundheitsgefährdende Lebensmittel geben (Art. 14 VO (EG) 178/2002). Umgekehrt stellt der Umstand, dass bei bestimmungsgemäßer Dosierung eines Mittels keinerlei Gesundheitsgefahr zu besorgen sind, zumindest ein **gewichtiges bzw. starkes Indiz** dafür dar, dass das Mittel auch keine pharmakologischen Wirkungen besitz.[62] Nach der Rechtsprechung ist das Gesundheitsrisiko, auch wenn es bei der Einstufung eines Erzeugnisses als Arzneimittel nach der Funktion zu berücksichtigen ist, dennoch ein eigenständiger Faktor.[63]

C. Lebensmittel

Schrifttum: *Bergmann,* Zum Vorschlag der Kommission für eine Nahrungsergänzungsmittel-Richtlinie, ZLR 2000, 653; *Delewski,* Nahrungsergänzungsmittel im europäischen Wirtschafts- und Verwaltungsraum, 2003; *Doepner,* Heilmittelwerbegesetz, Kommentar, 2. Aufl. 2000; *Doepner/Hüttebräuker,* Zur Rechtsnatur von Bodybuilding-Präparaten und den zugehörigen Abgrenzungskriterien, ZLR 2000, 393; *dies.,* Der neue europäische Lebensmittelbegriff, ZLR 2001, 515; *Erbersdobler/Meyer,* Functional Food, Loseblattausgabe; *Forstmann,* Zur Verkehrsfähigkeit von L-Carnitin-Nahrungsergänzungsmitteln, ZLR 2000, 381; *Gerstberger,* Sekundäre Pflanzenstoffe in Nahrungsergänzungsmitteln, ZLR 2003, 295; *dies.,* Kein Lichtblick! Der Vorschlag der Europäischen Kommission, DLR 2008, 220; *Gerstberger/Greifeneder,* Die 14. AMG-Novelle – ein kritischer Überblick über die geplanten Änderungen durch den Regierungsnetwurf vom 13. April 2005, PharmR 2005, 297; *Gorny,* Grundlagen des europäischen Lebensmittelrechts, 2003; *ders.,* Lebensmittelrechtliche Grundbegriffe, ZLR 2001, 501; *ders.,* Zur Bedeutung des Abgrenzungskriteriums „pharmakologische Wirkung", ZLR 2002, 666; *Gröning,* Arzneimitteleigenschaft und Verkehrsauffassung, WRP 2001, 1051; *ders.,* Heilmittelwerberecht, Kommentar, Loseblattausgabe; *Großklaus,* Die Bewertung von Nahrungsergänzungsmitteln aus der Sicht des Lebensmittel- und Bedarfsgegenständegesetzes, Ernährungs-Umschau 2000, 132; *ders.,* Ergänzende bilanzierte Diäten in Abgrenzung zu Nahrungsergänzungsmitteln und Arzneimitteln, Lebensmittel & Recht, 2004; *Haber/Gert-Wolfhard/Lipinski,* Klarstellungen notwendig! Status, Erfahrungen und zukünftige Entwicklungen, DLR 2008, 212; *Hahn,* Ernährung, Nährstoff, Ernährungszweck aus ernährungsphysiologischer Sicht, ZLR 2002, 1; *Hahn/Hagenmeyer,* Pharmakologische Wirkung: Ein untaugliches Abgrenzungskriterium, ZLR 2003, 707; *Hahn,* Bilanzierte Diäten, ZLR 2002, 560; *Hagenmeyer,* Wege aus dem Abgrenzungsdilemma, DLR 2003, 19; *Hagenmeyer/Hahn,* Die Nahrungsergänzungsmittelverordnung, ZLR 2003, 417; *dies.,* Zurück zum Lebensmittel – oder: „Back to the roots", WRP 2008, 275; *Hagenmeyer/Oelrichs,* Münchner Kommentar zum Lauterkeitsrecht, Band 2, Anhang zu §§ 1–7 F, 2006; *Klaus,* Der gemeinschaftsrechtliche Lebensmittelbegriff Inhalt und Konsequenzen für die Praxis, Diss. 2004; *Kloesel/Cyran,* Arzneimittelrecht-Kommentar, Loseblattausgabe; *Köhler,* Zur Objektivierung der Abgrenzung von Arzneimitteln und Lebensmitteln nach der L-Carnitin-Entscheidung des Bundesgerichtshofs, WRP 2001, 363; *ders.,* Die neuen europäischen Begriffs und Grundsätze des Lebensmittelrechts, GRUR 2002, 844; *Kügel/Hahn/Delewski,* NemV – Nahrungsergänzungsverordnung, Kommentar, 2007; *Kügel/Klein,* Neues Rechts für Nahrungsergänzungsmittel, EuZW 2003, 549; *Mahn,* Veränderungen bei der Einordnung von Nahrungsergänzungsmitteln durch das Urteil des Europäischen Gerichtshofs vom 9. 6. 2005 und durch das LFGB, ZLR 2005, 529; *Meisterernst,* Zur Abgrenzung von Arzneimitteln und Lebensmitteln – Die „L-Carnitin"-Entscheidung des BGH und ihre Folgen, GRUR 2001, 111; *ders.,* Alles beim Alten bei der Abgrenzung Lebensmittel/Arzneimittel?, Pharma Recht 2002, 381; *ders.,* Die Nahrungsergänzungsmittel-Verordnung, Stoffrecht 2005, 54; *ders.,* Behördliche Beanstandungen von Pflanzenextrakten in Nahrungsergänzungsmitteln, ZLR 2007, 3; *Meisterernst/Loeck/Erbersdobler,* Praxishandbuch Nahrungsergänzungsmittel & ergänzende bilanzierte Diäten, Loseblatt-Ausgabe; *Meisterernst/Schneider,* Die pharmakologische Wirkung – ein ungeeignetes Merkmal zur Abgrenzung von Lebensmitteln und Arzneimitteln? Zur Einordnung von ambivalenten Stoffen am Beispiel L-Carnitin, DLR 2004; *A. H. Meyer,* Lebensmittelrecht – Leitfaden für Studium und Praxis, 1998; *ders.,* Neue Aussichten für angereicherte Lebensmittel, ZLR 2000, 671; *ders.,* Errare humanum est ... und es gibt sie doch: Bezeichnungs-/Präsentationsarzneimittel, ZLR 2001, 319; *ders.,* Irrungen und Wirrungen, oder: Der BGH-Fall „Muskelaufbaupräparate im Kontext der neuen europäischen Basis-Verordnung 178/2002, WRP 2002, 1205; *ders.,* Gen Food Novel Food – Recht neuartiger

[60] EuGH DLR 2004, 263 – dreifache Tagesdosis; OLG Stuttgart ZLR 2003, 497 – L-Carnitin; *Köhler* GRUR 2002, 844, 849; kritisch *Mühl* WRP 2003, 1088, 1094.

[61] KG LRE 45, 326 – Muskelaufbaustoff; *Doepner/Hüttebräcker* ZLR 2004, 429, 438.

[62] BGH BeckRS 2008, 14 541 – L-Carnitin II.

[63] EuGH EuZW 2008, 56 Rn 69 – Knoblauch-Extrakt-Pulver-Kapsel; EuGH WRP 2005, 863 Rn 53 – HLH Warenvertrieb; EuGH Urt. v. 5. 3. 2009, Rs. C-88/07 – Arzneipflanzen.

Lebensmittel, 2002; *ders.*, Das neue LFGB – Gegenentwurf für Zusatzstoffe und die Anreicherung von Lebensmitteln", ZLR 2004, 21; *ders.*, Das neue Lebensmittel- und Futtermittelgesetzbuch, NJW 2005, 3320; *ders.*, Friktionen des Binnenmarkts, gezeigt am Beispiel der Anreicherung von Lebensmitteln, FS Doepner 2008, S. 257; *Meyer/Preuß*, Die Europäisierung des Zusatzstoffrechts, oder: § 2 LMBG ist mausetot, WRP 2003, 675; *Meyer/Preuß/Streinz*, Verkehrsauffassung im Lebensmittelrecht, Loseblattausgabe; *Meyer/Reinhart*, Das neue Lebensmittel- und Futtermittelgesetzbuch – eine Mogelpackung, WRP 2005, 1437; *Meyer/Streinz*, LFGB – BasisVO, Kommentar, 2007; *Mühl*, Abgrenzungsfragen zwischen den Begriffen „Arzneimittel" und „Lebensmittel", 2002; *ders.*, Die Abgrenzung zwischen Lebensmittel und Arzneimittel im Lichte der europäischen Neuregelungen der Jahre 2001/2002, WRP 2003, 1088; *Natterer*, Lebensmittelrecht, 2008; *Oelrichs*, Zur Frage der Einstufung von Grünem Tee und Gelée Royale in Kapselform als Lebens- oder Arzneimittel, ZLR 2002, 508; *Preuß*, Der Zusatzstoff nach nationalem und Gemeinschaftsrecht, ZLR 2000, 962; *ders.*, Funktionelle Lebensmittel – Modeerscheinung oder Ernährung der Zukunft?, ZLR 2000, 151; *ders.*, Lebensmittel oder Arzneimittel?, DLR 2001, 49; *Rathke*, Ein Lichtblick für die Abgrenzung der Lebensmittel von den Arzneimitteln, ZLR 2000, 285; *Schmidt-Felzmann*, Rechtliche Regelungen für Sportlernahrung, ZLR 2000, 859; *ders.*, Zur Lebensmitteleigenschaft von Sportlernahrungen, ZLR 2002, 241; *Schroeder/Kraus*, Das neue Lebensmittelrecht – Europarechtliche Grundlagen und Konsequenzen für das deutsche Recht, EuZW 2005, 423; *Streit*, Lebensmittel oder Arzneimittel?, Internistische Praxis 2001, 449; *ders.*, § 2 LMBG mausetot?, DLR 2003, 418; *Viell*, Nahrungsergänzungsmittel aus Sicht des gesundheitlichen Verbraucherschutzes und Rechtssetzungsvorhaben, Lebensmittel & Recht 2002, 45; *Weidner*, Unterschiedliche Behandlung von Nahrungsergänzungsmitteln und Kosmetika hinsichtlich der Abgrenzung zu Arzneimitteln?, WRP 2001, 622; *Zipfel/Rathke*, Lebensmittelrecht, Kommentar, Loseblatt-Ausgabe.

I. Der „Lebensmittel"-Begriff

1. Harmonisiertes Recht

Was unter einem „Lebensmittel" zu verstehen ist, ist in der VO (EG) 178/2002 (sog. 32 BasisVO) geregelt. Der „Lebensmittel"-Begriff der VO (EG) 178/2002 gilt **einheitlich gemeinschaftsweit** und geht nationalem Recht vor.[64] Demgemäß findet sich im deutschen Recht, in Gestalt des § 2 Abs. 2 LFGB, nur (noch) der Verweis auf Art. 2 VO (EG) 178/2002.

2. Begriffsbestimmung

Lebensmittel sind nach Art. 2 VO (EG) 178/2002 alle Stoffe und Erzeugnisse, „die 33 dazu bestimmt sind oder von denen nach vernünftigem Ermessen erwartet werden kann, dass sie in verarbeiteten, teilweise verarbeiteten oder unverarbeiteten Zustand von Menschen aufgenommen werden". Der europäische Gesetzgeber orientierte sich dabei an der Legaldefinition für Lebensmittel des Codex Alimentarius.[65]

Erwägungsgrund 11 der VO (EG) 178/2002 ist zu entnehmen, dass „für ein hinreichend 34 umfassendes einheitliches Konzept der Lebensmittelsicherheit die Definition des Lebensmittelrechts so weit gefasst" worden war, „dass sie ein großes Spektrum an Bestimmungen abdecke, die sich mittelbar oder unmittelbar auf die Sicherheit von Lebensmitteln und Futtermitteln auswirken".

Folgerichtig ist nach der Begriffsbestimmung jeder Stoff, der „aufgenommen" wird, ein 35 Lebensmittel, unabhängig von seinem ernährungsphysiologischen Nutzen; auf einen eventuellen **„Ernährungs- und Genusszweck"** (wie vormals in § 1 LMBG) kommt es nicht an.

Mit der Verwendung des Unterbegriffs **„Stoff"** macht der Gesetzgeber deutlich, dass für 36 die Existenz eines Lebensmittels unerheblich ist, welche physikalischen Eigenschaften das Erzeugnis aufweist, ob fest (Kochsalz), flüssig (Wasser), gasförmig (Kohlensäure) oder ein Stoffgemisch.

Die Verordnung 178/2002 enthält keine Legaldefinition für das **„Aufnehmen"**. Dem 37 Ziel der Harmonisierung (Erwägungsgrund 3 der VO (EG) 178/2002) ist dies nicht dienlich, denn die Worterklärungen sind in den einzelnen Landessprachen der Europäischen

[64] *Meyer* WRP 2002, 1205; *Meisterernst* PharmR 2002, 381; *Streinz* ZLR 2002, 654.
[65] Codex Alimentarius Commission, Procedural Manual, 12. Aufl. FAO und WHO 2001, S. 41.

Union nicht dieselben. Für das deutsche Sprachverständnis gibt die Legaldefinition des „Verzehrens“ in § 3 Nr. 5 LFGB Anhaltspunkte über den Umfang der „Aufnahme“. Nach § 3 Nr. 5 LFGB ist das Verzehren „das Aufnehmen von Lebensmitteln durch den Mensch durch Essen, Kauen, Trinken sowie jede sonstige Zufuhr von Stoffen in den Magen“, also die Aufnahme durch den Magen-Darm-Trakt. Der „Verzehr“ ist allerdings lediglich ein Teilaspekt des weitergehenden Begriffs der „Aufnahme“. Ein ausuferndes Verständnis der „Aufnahme“ wird in Art. 2 VO (EG) 178/2002 aber eingeschränkt durch den Zweck derselben („dazu bestimmt oder von denen nach vernünftigem Ermessen erwartet werden kann“). Demzufolge ist der Begriff des „Aufnehmens“ nicht anders auszulegen ist als der „Verzehr“ im früheren § 7 LMBG.[66] Stoffe, die nicht durch Mund und Nase (wie Sondennahrung) aufgenommen oder durch Magenintubation verabreicht werden bzw. durch den **Magen-Darm-Trakt** gehen, sind damit keine Lebensmittel. Auf parenteralem Weg in den Blutkreislauf eingeführte Erzeugnisse sind daher vom Begriff des Lebensmittels nicht erfasst (zB Hirnfiltrate, die injiziert werden).[67] In Art. 2 wird erläuternd hervorgehoben, dass zu den Lebensmitteln auch Getränke, Kaugummi sowie alle Stoffe – einschließlich Wasser – zählen, die dem Lebensmittel bei seiner Herstellung oder Ver- oder Bearbeitung absichtlich zugesetzt werden.

38 Mangels Begriffsbestimmung der „Aufnahme“ wird zur Erläuterung der Legaldefinition der „Lebensmittel“ ausdrücklich **Kaugummi** genannt, weil diese gekaut, aber nicht aufgenommen werden.

39 In Bezug auf **Trinkwasser** wird darauf abgestellt, dass „Wasser unbeschadet der Anforderungen der RL 80/778/EWG und 98/83/EG ab der Stelle der Einhaltung im Sinne des Art. 6 der RL 98/83/EG“ über die Qualität von Wasser für den menschlichen Gebrauch[68] zu den Lebensmitteln zähle. Diese Klarstellung ist notwendig, weil Wasser zum Schutz der Naturressourcen primär umweltrechtlichen Aspekten untergeordnet wird. Wasser ist daher erst Trinkwasser und damit dem Lebensmittelrecht zugeordnet, wenn es aus Zapfstellen austritt, abgefüllt oder anderweitig für menschlichen Gebrauch entnommen wird.

40 Zu den Lebensmitteln zählen auch **Zusatzstoffe** und Verarbeitungshilfsstoffe (im Sinne der RL 89/107/EWG).

41 Der Lebensmittelbegriff umfasst keine **Kontaminanten** und Rückstände, wie Art. 2 Abs. 3h der VO (EG) 178/2002 klarstellt.

3. Kategorien von Lebensmitteln

42 **a) Nahrungsergänzungsmittel. aa) Legaldefinition.** Nahrungsergänzungsmittel sind nach der Legaldefinition des § 1 NahrungsergänzungsmittelV (NemV – in Umsetzung der Nahrungsergänzungsmittel-RL 2002/46/EG) Lebensmittel, die dazu bestimmt sind, die allgemeine Ernährung zu ergänzen und die aus Konzentraten von Nährstoffen oder sonstigen Stoffen mit ernährungsspezifischer oder physiologischer Wirkung bestehen und in dosierter Form in den Verkehr gebracht werden, d. h. in Form von zB Kapseln, Pastillen, Tabletten, Pillen und anderen ähnlichen Darreichungsformen, Pulverbeuteln, Flüssigampullen, Flaschen mit Tropfeinsätzen und ähnlichen Darreichungsformen von Flüssigkeiten und Pulvern zur Aufnahme in abgemessenen kleinen Mengen.[69]

43 Im Wesentlichen stellt die Legaldefinition lediglich auf folgende **Umstände** ab: Nahrungsergänzungsmittel sind (1) konzentrierte Stoffe (2) mit ernährungsspezifischer oder physiologischer Wirkung, (3) die in dosierter Form in den Verkehr gebracht werden. Damit sind Nahrungsergänzungsmittel aber nur sehr vage bestimmt. In der Praxis bereitet

---

[66] Ebenso MünchKomm/*Hagenmeyer/Oelrichs* Anhang §§ 1–7 UWG § 2 LFGB Rn 4.

[67] VGH Mannheim ZLR 1996, 582 – Frischzellenpräparate; s. auch *Natterer* LebensmittelR Rn 13.

[68] RL 98/83/EG vom 3. 11. 1998 über die Qualität von Wasser für den menschlichen Gebrauch, ABl. EG Nr. L 330 S. 32; Art. 6 wurde umgesetzt mit § 8 der Trinkwasserverordnung vom 21. 5. 2001, BGBl. I S. 959.

[69] Vertiefend *Hagenmeyer/Hahn* ZLR 2003, 416; *Kügel/Hahn/Delewski* NemV § 1 Rn 8 ff; *Kügel/Klein* EuZW 2003, 549; *Meisterernst* StoffR 2005, 54; *Meisterernst/Loeck/Erbersdobler* Praxishandbuch NEM & EBD I 4.1.

deshalb die Einordnung von Stoffen, die nicht zu den „Nährstoffen" (§ 1 Abs. 2 NemV: Vitamine und Mineralstoffe) zählen, erhebliche Schwierigkeiten. Ohne den **Beispielskatalog** des 6. Erwägungsgrundes der RL 2002/46 wären Nahrungsergänzungsmittel im Hinblick auf „sonstige Stoffe" weitgehend nur schwerlich bestimmbar. Die RL 2002/46/EG nennt in Erwägungsgrund 6 beispielhaft „eine breite Palette von Nährstoffen und anderen Zutaten, unter anderem, aber nicht ausschließlich, Vitamine, Mineralstoffe, Aminosäuren, essenzielle Fettsäuren, Ballaststoffe und verschiedene Pflanzen und Kräuterextrakte".[70]

bb) Zuordnung und Abgrenzung. Pflanzen und Kräuterextrakte werden in der RL 2002/46 nicht definiert.[71] Das Wissen der Botanik hilft nur bedingt weiter; die Abgrenzung zu den den Arzneimitteln zuzurechnenden Arzneidrogen fällt daher schwer, zumal Stoffe in ihrer Wirkung **ambivalent** sein können. 44

Sind Stoffe nicht eindeutig den Nahrungsergänzungsmitteln zurechenbar, können sie als (herkömmliche) **Lebensmittel** in Verkehr gebracht werden, sofern der Stoff die Anforderungen an ein Lebensmittel im Sinne des Art. 2 der VO (EG) 178/2002 erfüllt. Dies gilt namentlich (beispielsweise) für Aloe vera, Coenzym Q10 im Hinblick auf seine umstrittene ernährungsphysiologische Wirkung,[72] Gelatine, Kombucha, Pu-Erh-Tee, Sauerkrautsaft-Pulver oder Schwarzkümmelöl. 45

Die NemV bzw. die RL 2002/46/EG erstreckt sich hinsichtlich der **Kennzeichnung** (vgl. § 4 NemV bzw. Art. 6 RL) auf (alle) „Nahrungsergänzungsmittel" im Sinne der Legaldefinition, erfasst bezüglich der **Rezeptur** aber nur Vitamine und Mineralstoffe („Nährstoffe", nicht aber Ultraspurenelemente wie Vanadium und Silicium; § 1 Abs. 2 NemV).[73] Andere Stoffe mit „ernährungsspezifischer oder physiologischer Wirkung" wie Pflanzen und Kräuterextrakte bleiben hinsichtlich konkreter Anforderungen in Bezug auf Qualität und Quantität ausgespart. Die RL 2002/46/EG und damit auch die NemV ist daher keine umfassende Regelung der Nahrungsergänzungsmittel; sie ist vielmehr lückenhaft; bzgl. sicherheitsrelevanter Stoffe wird eine etwaige Lücke allerdings über Art. 8 Anreicherungsverordnung 1925/2006 geschlossen. 46

cc) Höchst- und Mindestmengen. Für Vitamine und Mineralstoffe sollen Mindest- und Höchstwerte festgelegt werden (Art. 5 der RL 2002/46/EG); hierum bemüht sich derzeit die Europäische Behörde für Lebensmittelsicherheit (englische Abkürzung: EFSA). Die Höchstmengen sollen sich an den wissenschaftlich anerkannten Verträglichkeitsgrenzen (upper safe levels = UL-Werte) orientieren, unter Berücksichtigung der unterschiedlichen Sensibilität einzelner Verbrauchergruppen und der Zufuhr von Stoffen aus unterschiedlichen Quellen.[74] Es ist gegenwärtig nicht absehbar, bis wann die verbindlichen Höchst- und Mindestmengen für Vitamine und Mineralstoffe vorliegen, weshalb es (auch) insoweit bis auf weiteres Unterschiede zwischen den EU-Mitgliedstaaten gibt. 47

dd) Wettbewerbsrechtliche Praxis. Streitgegenstand sind Nahrungsergänzungsmittel in der wettbewerbsrechtlichen Praxis vor allem in Bezug auf ihren Produktstatus[75] und ihre Werbung.[76] Im Hinblick auf die jüngste höchstrichterliche Rechtsprechung zur Abgrenzung der Lebensmittel von den Arzneimitteln[77] ist eine Vielzahl von früheren Gerichtsentscheidungen inzwischen überholt.[78] 48

---

[70] Meyer/Streinz/*Meyer* BasisVO Art. 2 Rn 10.

[71] Zu Arzneipflanzen in Nahrungsergänzungsmitteln *Przyrembel* Bundesgesundheitsblatt 2003, 1074; s. auch *Gründig/Hey* DLR 2002, 35.

[72] *Hötzel* Deutsche Apotheker Zeitung 1995, 2501.

[73] Europäische Kommission, 5. 12. 2008, Bericht über die Verwendung anderer Stoffe als Vitamine und Mineralstoffe; siehe auch *Meyer* FS Doepner S. 257.

[74] Meyer/Streinz/*Meyer* BasisVO Art. 2 Rn 14.

[75] Lebensmittel oder Arzneimittel, → Rn 71 ff.

[76] → Rn 125 ff.

[77] Statt vieler BGH ZLR 2000, 375 – L-Carnitin; BGH ZLR 2002, 660 – Sportlernahrung; EuGH WRP 2005, 863 – HLH Warenvertrieb.

[78] Wie OLG München NJWE-WettbR 1997, 51 – Vitaminpräparate, 4fache Tagesdosis.

49 Weiterhin aktuelle **leading cases** sind Entscheidungen über Fischölkapseln,[79] Grüner Tee,[80] Haifischknorpel,[81] pflanzliche Östrogene,[82] Pu-Ehr-Tee,[83] sowie Selen-Hefe-Kapseln.[84]

50 **b) Diätetische Lebensmittel. aa) Allgemeines.** Die **Diätverordnung** (DiätV) regelt das Herstellen und Inverkehrbringen von diätetischen Lebensmitteln. Diätetische Lebensmittel sind Lebensmittel, die für eine besondere Ernährung bestimmt sind.[85] Die DiätV dient der Umsetzung der (mehrfach geänderten und ergänzten) RL 89/398/EWG über Lebensmittel, die für eine besondere Ernährung bestimmt sind. Die DiätV umfasst im Wesentlichen eine Definition für diätetische Lebensmittel (§ 1 DiätV),[86] ein Anzeigeverfahren (vgl. § 4a DiätV), die Zulassung von Zusatzstoffen und Nährstoffen (vgl. §§ 5 bis 9 DiätV) sowie Rezepturanforderungen an bestimmte Diätetika wie Lebensmittel für Diabetiker (§ 12 DiätV), für Natriumempfindliche (§ 13 DiätV), für Säuglinge und Kleinkinder (§§ 14, 14c, 14d DiätV), für kalorienarme Ernährung zur Gewichtsverringerung (§ 14a DiätV) und bilanzierte Diäten (§ 14b DiätV).Außerdem sind in der DiätV allgemeine und besondere Kennzeichnungspflichten (§§ 15ff DiätV) sowie Vorschriften über Straftaten und Ordnungswidrigkeiten (§ 26 DiätV) geregelt.

51 Die DiätV enthält außerdem auch explizite **Werbebeschränkungen.** In § 14e DiätV finden sich Einschränkungen der Werbung für Säuglingsanfangnahrung oder Folgenahrung.[87] In § 3 Abs. 1 DiätV wird unter Verweis auf § 12 Abs. 2 S. 2 LFGB bestimmt, dass das Verbot krankheitsbezogener Werbung (§ 12 Abs. 1 LFGB) grundsätzlich auch für diätetische Lebensmittel gilt. Als Ausnahme zu diesem Verbot dürfen bei Diätetika aber in bestimmten Fällen Aussagen mit Krankheitsbezug gemacht werden (§ 3 Abs. 2, § 21 DiätV).[88]

52 **bb) Bilanzierte Diäten.** Im Fokus wettbewerbs-[89] und verwaltungsrechtlicher[90] Auseinandersetzungen stehen verstärkt diätetische Lebensmittel für besondere medizinische Zwecke, sog. bilanzierte Diäten.[91] Die Begriffsbestimmung der „(ergänzenden) bilanzierten Diäten" in § 1 Abs. 4a DiätV, wonach diese für „Patienten mit einem sonstigen, medizinisch bedingten Nährstoffbedarf" bestimmt sind, zeigt neue Möglichkeiten des Marketings auf; bislang für Lebensmittel weitgehend unzulässige krankheitsbezogene Angaben (Ausnahme § 3 DiätV) scheinen insoweit möglich, insbesondere weil gemäß § 21 Abs. 2 Nr. 1 DiätV der Hinweis „zur diätetischen Behandlung von ..." ergänzt durch die jeweilige Krankheit, Störung oder Beschwerde, für die das Lebensmittel bestimmt ist, erforderlich

---

[79] OVG Berlin ZLR 1995, 703.

[80] Hess. VGH ZLR 2002, 504 m. Anm. *Oelrichs* – Grüner Tee.

[81] BayVGH LRE 34, 450.

[82] OLG Hamburg ZLR 2002, 75.

[83] OLG Hamburg ZLR 2000, 922 m. Anm. *Kaase.*

[84] KG ZLR 1988, 635.

[85] OLG Celle LMuR 2007, 116 – Nobilin Gluco Zimt; s. auch BayVGH LRE 56, 1, 5 – Zimtkapseln; OLG Hamm LRE 55, 373 – Zimt gegen Zucker.

[86] Meyer/Streinz/*Meyer* BasisVO Art. 2 Rn 16; s. auch BayVGH LRE 56, 1, 5 – Zimtkapseln.

[87] LG München I MD 2008, 239 = DLR 2008, 351 m. Anm. *Mettke* – Werbung mit Kinderbildern für Säuglingsnahrung.

[88] OLG Hamburg LMRR 2006, 18 – DESA Vitalkost; einschränkend OLG München LMuR 2007, 131 – ergänzende bilanzierte Diät; OLG Hamm LRE 55, 373, 382 – Zimt gegen Zucker; LG Düsseldorf MD 2008, 825 – bilanzierte Diäten.

[89] BGH GRUR 2009, 75 – Priorin; BGH GRUR 2009, 413 – Erfokol-Kapseln; BGH GRUR 2008, 1118 – MobilPlus-Kapseln; OLG Düsseldorf Urt. v. 7. 6. 2000, 27 U 11/00, 18. 7. 2000 (nicht veröffentlicht) und 20 U 12/00 (nicht veröffentlicht) – O.-Kapseln; OLG Bamberg LRE 41, 126 – Weizenfeindestillat; OLG München ZLR 2003, 114 – A. MobilPlus-Kapseln; OLG Frankfurt ZLR 2006, 428 – Priorin Kapseln; OLG München GRUR-RR 2006, 139 – MobilPlus-Kapseln; OLG München LMRR 2006, 11 – pflanzliche Sterole.

[90] OVG Nordrhein-Westfalen LRE 36, 150 – T-Amino 800, Aminosäuren.

[91] Vertiefend *Großklaus* Aktuelle Ernährungsmedizin 2003, 275; *ders.* LMuR 2003, 151; *Hahn* ZLR 2002, 543; *Kügel* ZLR 2003, 265; *Meisterernst/Loeck/Erbersdobler* Praxishandbuch NEM & EBD I 5.1. *Meyer* Aktuelle Ernährungsmedizin 2003, 351; *Streinz/Fuchs* Ergänzende bilanzierte Diäten, Rechtsgutachten für Integritas, 2003.

ist, d.h. entgegen § 12 LFGB ist zumindest insoweit eine krankheitsbezogene Auslobung der Produkte zulässig, ja zur Begründung der Verkehrsfähigkeit sogar erforderlich.

Seit Erlass der **RL 1999/21/EG** über diätetische Lebensmittel für besondere medizinische Zwecke wird eine große und ständig wachsende Zahl neuer **ergänzender bilanzierter Diäten** angeboten. Als Zweckbestimmung genannt werden nicht nur die Behandlung von Krankheiten (wie zB Prostata- oder Brustkrebs) und Beschwerden (zB Menopause), sondern auch die Vorbeugung von Mangelerscheinungen zB bei Schwangerschaft oder Stress sowie die Behandlung von Vergiftungen durch Amalgamfüllungen. 53

In Fachkreisen werden die naturwissenschaftlichen und rechtlichen Anforderungen an solche Erzeugnisse kontrovers diskutiert. Dies liegt auch daran, dass in der DiätV der **ernährungsmedizinische Zweck** bilanzierter Diäten sowohl in der Legaldefinition in § 1 Abs. 4a DiätV als auch in den Anforderungen an diese Diätetika in § 14b DiätV nur unzureichend beschrieben wird („die Herstellung von bilanzierten Diäten hat auf vernünftigen medizinischen und diätetischen Grundsätzen zu beruhen"). Die Arbeitsgemeinschaft „Fragen der Ernährung" der Lebensmittelchemischen Gesellschaft entwickelte zu der Thematik **Leitlinien.**[92] 54

Anlage 6 der DiätV regelt die **Mindest- und Höchstmengen** an Mineralstoffen, Spurenelementen und Vitaminen bei bilanzierten Diäten. Dazu ist anzumerken, dass bei ergänzenden bilanzierten Diäten nicht grundsätzlich ein nennenswerter Energiegehalt erwartet werden darf, insbesondere wenn Nährstoffe ohne bzw. mit unbedeutendem Brennwert den diätetischen Zweck erfüllen können. Ergänzende bilanzierte Diäten können auch nur aus Mikronährstoffen bestehen. 55

Hinsichtlich der für (ergänzende) bilanzierte Diäten maßgeblichen ernährungsmedizinischen Zweckbestimmung kann im Einzelfall die Abgrenzung zu den **Arzneimitteln** erforderlich sein. Generell ist hierzu die Rechtsprechung des EuGH und BGH zu Präsentations- und Funktionsarzneimitteln und deren Kommentierung zu beachten.[93] Das Kriterium der **„pharmakologische" Wirkung** dürfte aber für die Abgrenzung der bilanzierten Diäten von den Arzneimitteln nur bedingt anwendbar sein, weil gerade der „medizinisch bedingte Nährstoffbedarf" eine gesetzliche Voraussetzung des rechtmäßigen Inverkehrbringens bilanzierter Diäten ist (§ 1 Abs. 4a S. 2 DiätV).[94] Demgemäß folgert das OLG Hamburg zu Recht, dass der Begriff der pharmakologischen Wirkung insoweit hier zur Abgrenzung ungeeignet ist; vielmehr kann nur maßgeblich sein, ob die Wirkung des Produkts mit Nährstoffen im Sinne des § 1 Abs. 2 Nr. 1 lit. b DiätV erzielt wird.[95] 56

Ein Begriffsmerkmal bilanzierter Diäten ist der Umstand, dass die Zweckbestimmung des Produkts nicht lediglich schon durch „eine Modifizierung der normalen Ernährung, andere Lebensmittel für eine besondere Ernährung oder eine Kombination aus beiden" erreicht werden kann (Subsidiaritätsklausel, § 1 Abs. 4a S. 2 DiätV). Zur „normalen Ernährung" im Sinne der DiätV zählen auch Nahrungsergänzungsmittel im Sinne der RL 2002/46. „Ausreichend" im Sinne des § 1 Abs. 4a S. 2 DiätV ist eine Bedarfsdeckung durch eine Modifikation nur dann, wenn sie nicht nur theoretisch möglich, sondern für die jeweiligen Patienten auch zumutbar und praktikabel ist.[96] Dabei muss die konkrete Umsetzung der diätetischen Behandlung durch den Patienten berücksichtigt werden. Ein Vertriebsverbot für eine bilanzierte Diät alleine mit dem Hinweis darauf, dass der Patient das gleiche Ziel auch durch komplexe und für ihn aus verschiedenen Gründen nicht akzeptierte oder nicht umsetzbare Modifikationen der normalen Ernährung bzw. andere Maßnahmen erreichen könnte, bedeutet die Verweigerung der vom Gesetzgeber gewollten effektiven diätetischen Therapie. Für eine Modifizierung der Ernährung ist des Weiteren ein etwaiger Mehrverzehr von Nahrungsergänzungsmitteln mit den diätetisch wirksamen Zutaten nicht 57

---

92 *LChG* Lebensmittelchemie 2003, 126; Meyer/Streinz/*Meyer* BasisVO Art. 2 Rn 23.
93 → Rn 63ff.
94 OLG Hamm LRE 55, 373, 381 – Zimt gegen Zucker.
95 OLG Hamburg ZLR 2005, 266 – EPAMAX.
96 BGH GRUR 2009, 413, 415 Rn 25 – Erfokol-Kapseln.

in Betracht zu ziehen.[97] Die Forderung, dabei die seitens des Herstellers empfohlene Tagesverzehrmenge zu überschreiten, kann nicht richtig sein, da bei einer entsprechenden Verzehrempfehlung des Herstellers die Qualifikation des betreffenden Erzeugnisses als Arzneimittel drohen könnte. Zudem fordert die RL für Nahrungsergänzungsmittel in Art. 6 sogar einen Warnhinweis, dass die empfohlene Tagesdosis nicht überschritten werden sollte. Wäre die Verzehrsempfehlung für ein Lebensmittel unbeachtlich, wäre außerdem eine rechtliche Unterscheidung zwischen Lebensmitteln (einschließlich Nahrungsergänzungsmitteln) und Arzneimitteln nicht mehr möglich.

58 **c) Neuartige Lebensmittel.** Die VO (EG) Nr. 258/97 **(Novel-Food-Verordnung)** gibt den rechtlichen Rahmen für die gemeinschaftsweite Prüfung und Zulassung von neuartigen Lebensmitteln und Lebensmittelzutaten vor.[98] Art. 1 Abs. 2 der Verordnung bestimmt den Anwendungsbereich und damit die Frage, wann ein Lebensmittel neuartig im Sinne der Verordnung ist. Es geht dabei um das Inverkehrbringen von Lebensmitteln in der EU, die in dieser bisher noch nicht in nennenswertem Umfang für den menschlichen Verzehr verwendet wurden und die unter nachstehende Gruppen von Erzeugnissen fallen:[99]

- Lebensmittel und Lebensmittelzutaten mit neuer oder gezielt modifizierter primärer Molekularstruktur (Art. 1 Abs. lit. c);
- Lebensmittel und Lebensmittelzutaten, die aus Mikroorganismen, Pilzen oder Algen bestehen oder aus diesen isoliert worden sind (Art. 1 Abs. lit. d);
- Lebensmittel und Lebensmittelzutaten, die aus Pflanzen bestehen oder aus Pflanzen isoliert worden sind, und aus Tieren isolierte Lebensmittelzutaten, außer Lebensmittel oder Lebensmittelzutaten, die mit herkömmlichen Vermehrungs- oder Zuchtmethoden gewonnen wurden und die erfahrungsgemäß als unbedenkliche Lebensmittel gelten können (Art. 1 Abs. lit. e);
- Lebensmittel und Lebensmittelzutaten, bei deren Herstellung ein nicht übliches Verfahren angewandt worden ist und bei denen dieses Verfahren eine bedeutende Veränderung ihrer Zusammensetzung oder der Struktur der Lebensmittel oder der Lebensmittelzutaten bewirkt hat, was sich auf ihren Nährwert, ihren Stoffwechsel oder auf die Menge unerwünschter Stoffe im Lebensmittel auswirkt (Art. 1 Abs. lit. f).

59 Ein Lebensmittel oder eine Lebensmittelzutat wurde in der Gemeinschaft dann noch nicht im Sinne des Art. 1 Abs. 2 der Novel-Food-Verordnung in nennenswertem Umfang verwendet, wenn unter Berücksichtigung aller Umstände des Einzelfalls feststeht, dass das Mittel oder die Zutat **vor dem 15. 5. 1997**[100] in keinem Mitgliedstaat in erheblicher Menge für den menschlichen Verzehr verwendet wurde. Wird der Vorwurf eines zulassungspflichtigen Novel Food erhoben, hat der Angreifer darzulegen und zu beweisen, dass es sich bei den beanstandeten Produkten um Lebensmittel oder Zutaten handelt, die vor dem 15. 5. 1997 in der Gemeinschaft nicht in nennenswertem Umfang für den menschlichen Verzehr verwendet worden sind.[101] Diese Verteilung der **Darlegungs- und Beweislast** trägt auch dem Umstand Rechnung, dass das Inverkehrbringen von Lebensmitteln und Lebensmittelzutaten grundsätzlich keiner vorherigen Genehmigung bedarf. Die Darlegungs- und Beweislast desjenigen, der das Fehlen einer solchen Verwendung behauptet, soll

---

[97] AA OLG München DLR 2003, 153 m. Vorbem. *Meyer/Meisterernst/Hahn* = ZLR 2003, 114 m. Anm. *v. Jagow* – A. MobilPlus-Kapseln.

[98] Ausführlich *Meyer* Gen Food-Novel Food S. 59 ff. Es gibt einen Vorschlag zur Änderung der VO (EG) Nr. 258/97: KOM (2007) 872 endg. vom 14. 1. 2008 (DLR 2008, 223); s. hierzu *Haber/Gert-Wolfhard/Lipinski* DLR 2008, 212; *Gerstberger* DLR 2008, 220, 223: „Der Revisionsvorschlag enthält zwar eine Vielzahl von Rechtsänderungen, die aber de facto das Recht für neuartige Lebensmittel (bisher) nicht wirklich ändern.".

[99] BayVGH ZLR 2007, 625 – Man-Koso II m. Anm. *Gerstberger.* S. a. EuGH DÖV 2009, 252 – M-K Europa.

[100] EuGH WRP 2005, 863 – HLH Warenvertrieb: „Bezugszeitpunkt für die Prüfung des Umfangs des menschlichen Verzehrs dieses Lebensmittels oder dieser Lebensmittelzutat ist der 15. 5. 1997.". Am 15. 5. 1997 ist die VO (EG) 258/97 in Kraft getreten; s. auch Meyer/Streinz/*Meyer* BasisVO Art. 2 Rn 28.

[101] *Meisterernst* ZLR 2007, 3, 10 ff.

aber dadurch gemildert werden, dass den Prozessgegner eine sekundäre Darlegungslast für das Vorliegen einer solchen Verwendung trifft.[102] Insoweit muss im Hinblick auf den mit der sekundären Darlegungspflicht Belasteten aber dessen Stellung in der Herstellungs- und Vertriebskette sowie Größe und Gegenstand seines Unternehmens gebührend berücksichtigt werden.

Der Vertrieb eines Erzeugnisses, das in den Anwendungsbereich der VO (EG) Nr. 258/97 über neuartige Lebensmittel und neuartige Lebensmittelzutaten (Novel-Food-Verordnung) fällt, ohne die nach dieser Verordnung **erforderliche Genehmigung** stellt ein gemäß § 4 Nr. 11 UWG unlauteres Wettbewerbsverhalten dar.[103] Aber auch das Inverkehrbringen eines zugelassenen Novel Food kann wettbewerbsrechtlich zu beanstanden sein, wenn über die mit der Zulassung (Entscheidung der Kommission) erlassenen „zusätzlichen Etikettierungsanforderungen“ hinaus Werbeangaben gemacht werden, die gegen ein gesetzliches Verbot wie zB das Verbot der krankheitsbezogenen Bewerbung verstoßen.[104] 60

4. Zulassungspflicht bei Lebensmitteln

a) Grundsatz. Lebensmittel sind – im Gegensatz zu Arzneimitteln[105] – grundsätzlich **nicht zulassungspflichtig,** d.h. Lebensmittel können an sich ohne vorherige behördliche Genehmigung in Verkehr gebracht werden. Es obliegt dem Lebensmittelunternehmer, sicherzustellen, dass die Lebensmittel sicher sind (Art. 17 VO (EG) 178/2002). 61

b) Ausnahmen. Nur in ausdrücklich bestimmten Ausnahmefällen bedarf es auch für Lebensmittel einer Zulassung bzw. vorherigen behördlichen Genehmigung. Dies gilt zum einen für neuartige Lebensmittel im Sinne der VO (EG) 258/97 **(Novel Food)**[106] und zum anderen für **Lebensmittel-Zusatzstoffe** im Sinne des § 2 Abs. 3 S. 1 LFGB[107] und für Stoffe, die den Lebensmittel-Zusatzstoffen nach § 2 Abs. 3 S. 2 LFGB gleichgestellt sind.[108] In der wettbewerbsrechtlichen Praxis ist insbesondere die Fallgruppe der **gleichgestellten Stoffe** im Sinne des § 2 Abs. 3 S. 2 LFGB von großer Bedeutung.[109] Die lebensmittelrechtlichen Vertriebsverbote stellen Marktverhaltensregeln im Sinne von § 4 Nr. 11 UWG dar, die dem Schutz der Marktteilnehmer, nämlich der Verbraucher, dienen.[110] 62

II. Abgrenzung Lebensmittel – Arzneimittel

1. RL 2001/83/EG

Die VO (EG) 178/2002 zeigt im Negativkatalog des Art. 2 Abs. 3, dass zu den Lebensmitteln nicht die Arzneimittel entsprechend der RL 65/65/EWG gehören (jetzt: RL 2001/83/EG,[111] gemäß deren Art. 128 Abs. 1 die RL 65/65/EWG aufgehoben worden ist). 63

Durch diese Verweisung auf den Gemeinschaftskodex kann derselbe als **Tatbestandsmerkmal** der VO (EG) 178/2002 angesehen werden.[112] Die Arzneimittel-Definitionen 64

[102] BGH GRUR 2008, 625 – Fruchtextrakt, m. krit. Anm. *Meisterernst* ZLR 2008, 471.

[103] BGH GRUR 2008, 625 – Fruchtextrakt; OLG Hamm LMRR 2007, 28 – Mangostane-Frucht; OLG Braunschweig LMRR 2006, 59 – alpha betic Alpha-Lipon-Säure; LG Saarbrücken LMuR 2007, 68 – Reishi-Pilz.

[104] OLG Hamburg NJOZ 2002, 2566, 2572 – becel pro-aktiv; → Rn 354.

[105] → Rn 11.

[106] → Rn 58.

[107] Meyer/Streinz/*Meyer* LFGB § 2 Rn 11 ff.

[108] Meyer/Streinz/*Meyer* LFGB § 2 Rn 25 ff.

[109] OLG Köln ZLR 2008, 230 – Ginkgo-Getränk; OVG Nordrhein-Westfalen LMRR 2008, 7 – Kieselerde; OLG Köln ZLR 2007, 231 – Aminosäuren; OLG Hamburg BeckRS 2007, 12446 – Glucosaminsulfat; BVerwG NVwZ 2008, 439 – OPC; OVG Nordrhein-Westfalen ZLR 2006, 339 – OPC.

[110] BGH WRP 2004, 1482 – Johanniskraut; OLG Hamm MD 2008, 924, 928.

[111] → Rn 7 ff.

[112] Sog. Integrationstheorie, → Rn 10; hierzu *Doepner/Hüttebräuker* ZLR 2008, 1; *Müller* NVwZ 2007, 543.

der RL 2001/83/EG sind dann, jedenfalls soweit es das Verhältnis zum Lebensmitteltatbestand angeht, weil integraler Bestandteil der VO (EG) 178/2002, unter Berücksichtigung der Zielsetzung der VO (EG) 178/2002 und des Regelungszusammenhangs zwischen VO (EG) 178/2002 und RL 2001/83/EG auszulegen.[113] Diese rechtsdogmatischen Überlegungen spielen für die Praxis aber keine Rolle, da kein anderes Ergebnis erzielt wird, wenn die Abgrenzungsprüfung – nicht über die sog. Integrationslösung – gemäß der Rechtsprechung des BGH anhand einer **richtlinienkonformen Auslegung** des nationalen Arzneimittelbegriffs (§ 2 AMG) erfolgt.[114] Allein entscheidend ist, dass im Rahmen der Abgrenzung Lebensmittel – Arzneimittel auf die gemeinschaftsrechtlichen Arzneimittelbegriffe abgestellt wird.[115]

2. Einheitliche Auslegung

65 Mit der Bezugnahme auf die Arzneimittel-Definitionen der RL 2001/83/EG in der VO (EG) 178/2002 wird zugleich sichergestellt, dass im Rahmen der Auslegung der VO (EG) 178/2002 die Abgrenzung von Lebensmittel und Arzneimittel innerhalb der Europäischen Union einheitlich zu erfolgen hat.[116] Gerade diese Vereinheitlichung dient dem Zweck der Verordnung, die bestehenden gravierenden Handelshemmnisse beim Export und Import von Lebensmitteln zu beseitigen (Art. 5 Abs. 2 der Verordnung).

66 Nach Auffassung des BGH ist mit der Bestimmung des Arzneimittel-Begriffs in Art. 1 Nr. 2 RL 2001/83/EG von einem einheitlichen europäischen Begriff des Arzneimittels und einer **Vollharmonisierung** in diesem Bereich auszugehen;[117] die Legaldefinition des § 2 AMG, die den nationalen Arzneimittelbegriff regelt, ist demzufolge **richtlinienkonform** im Sinne des gemeinschaftsrechtlichen Arzneimittelbegriffs auszulegen.[118]

3. Regel-/Ausnahmeverhältnis

67 Mit der Übernahme der Arzneimittel-Definitionen der RL 2001/83/EG zeigt der Gemeinschaftsgesetzgeber, dass die RL 2001/83/EG gegenüber der VO (EG) 178/2002 **lex specialis**[119] ist mit der (Rechts-)Folge, dass erst bei positivem Nachweis der Tatbestandsmerkmale der Arzneimittel-Definitionen der RL 2001/83/EG diese Anwendung findet;[120] umgekehrt aber infolge des normierten **Regel-/Ausnahmeverhältnisses** jedes Erzeugnis per se ein Lebensmittel ist (dies zeigt auch der Ausnahmekatalog des Lebensmittelbegriffs in Art 2 VO (EG) 178/2002, „nicht zu den Lebensmittel gehören").

68 Die **weite Begriffsbestimmung der „Lebensmittel"** in Art. 2 Abs. 1 VO (EG) 178/2002 kann Arzneimittel einschließen, weshalb in Art. 2 Abs. 3 lit. d VO (EG) 178/2002 ausdrücklich bestimmt ist, dass Arzneimittel im Sinne der RL 2001/83/EG nicht zu den „Lebensmitteln" gehören.[121] Ein Erzeugnis, das der Definition des Begriffs „Arzneimittel"

---

[113] *Köhler* GRUR 2002, 844, 845 unter Hinweis auf EuGH Slg. 1990, II-79, 80 – Schwedler.

[114] BGH BeckRS 2008, 14734 = WRP 2008, 1209 – HMB-Kapseln; BGH BeckRS 2008, 14541 = WRP 2008, 1213 – L-Carnitin II; BGH WRP 2006, 736 = ZLR 2006, 411 – Arzneimittelwerbung im Internet, m. krit. Anm. *Reinhart*; BVerwG PharmR 2008, 254, 255 – Weihrauchextrakt; OLG Stuttgart BeckRS 2008, 6269 – Laktase-Kapseln; OLG Köln ZLR 2008, 230 – Ginkgo-Getränk, m. Anm. *Hartwig*: „Koexistenzansatz".

[115] → Rn 10.

[116] *Köhler* GRUR 2002, 844, 845.

[117] BGH BeckRS 2008, 14734 = WRP 2008, 1209 – HMB-Kapseln; BGH BeckRS 2008, 14541 = WRP 2008, 1213 – L-Carnitin II; BGH ZLR 2006, 411 m. Anm. *Reinhart* – Arzneimittelwerbung im Internet; s. auch EuGH EuZW 2007, 647 – Anthroposophische Arzneimittel; OLG Stuttgart BeckRS 2008, 6269 – Laktase-Kapseln.

[118] Die richtlinienkonforme Auslegung des nationalen Arzneimittelbegriffs führt zu keinem anderen Ergebnis als die sog. Integrationslösung, → Rn 10.

[119] Schlussanträge der Generalanwältin Trstenjak vom 19. 6. 2008, Rs. C-140/07, BeckRS 2008, 70670 Rn 52 – Hecht-Pharma.

[120] S. im Hinblick auf die Anwendung der RL 65/65/EWG EuGH Slg. 1991, I-1487, 1537 Rn 26 ff, 43 – Delattre = *Meyer/Erbersdobler* 3.6.3 und 5.1.3.

[121] EuGH WRP 2005, 863 Rn 41 – HLH Warenvertrieb.

im Sinne der RL 2001/83/EG entspricht, ist damit auch dann als Arzneimittel anzusehen, wenn es in den Anwendungsbereich der weniger strengen Gemeinschaftsregelung für Lebensmittel fällt. Solange aber das Vorliegen eines Arzneimittels nicht positiv bewiesen ist, ist von einem Lebensmittel auszugehen, denn nach der Rechtsprechung ist zu verlangen, dass die nationalen Behörden die Vorschriften über Arzneimittel nur zur Anwendung bringen, wenn sie im Licht des jeweiligen Stands der Wissenschaft **positiv festgestellt** haben, dass es sich bei dem fraglichen Erzeugnis tatsächlich um ein Arzneimittel handelt.[122]

Dem Grundsatz des Regel-/Ausnahmeverhältnisses wird es nicht gerecht, wenn der Begriff „pharmakologische Wirkung" darauf verkürzt wird, dass diese dann vorliege, wenn die Wirkungen eines Produkts über dasjenige hinausgehen, was physiologisch auch mit der Nahrungsaufnahme im menschlichen Körper ausgelöst werde, so dass eine deutliche Überversorgung vorliege, die nicht „Auffüll-", sondern „Depotcharakter" habe.[123] Wenn die Wirkungen eines Erzeugnisses über dasjenige hinausgehen, was physiologisch auch mit der Nahrungsaufnahme im menschlichen Körper ausgelöst wird, ist dies lediglich ein **Indiz** für die Zuordnung als Arzneimittel, aber nicht das allein ausschlaggebende.[124] Maßgeblich ist vielmehr, ob das fragliche Produkt **zusätzliche** Wirkungen besitzt, die über die Wirkungen hinausgehen, die durch den Verzehr eines den entsprechenden Stoff enthaltenden Lebensmittels in angemessener Menge erzielt werden, und ob diese Wirkungen **wesentlich höher oder anders** zu beurteilen sind als die anderer pflanzlicher oder tierischer Erzeugnisse, die mit der täglichen Nahrung aufgenommen werden.[125] 69

Auf den Nachweis eines **Ernährungszwecks** eines Erzeugnisses kommt es nicht. Da Lebensmitteln ein Ernährungs- und/oder Genusszweck zwar typischer Weise eigen, aber für die Lebensmitteleigenschaft eines Erzeugnisses nicht begriffsnotwendig ist, sind Lebensmittel auch solche Stoffe, deren ernährungsphysiologischer Nutzen sich nicht unbedingt erschließt, denen aber keine pharmakologische Wirkung zukommt, etwa angereichertes Haifischknorpelpulver.[126] 70

Bei einem in seiner Wirkung **ambivalenten** Stoff entscheidet für die rechtliche Zuordnung des Erzeugnisses grundsätzlich seine jeweilige konkrete Wirkung im Einzelfall. So erfordert etwa die Bejahung der Arzneimitteleigenschaft bei Produkten, deren Inhaltsstoffe sämtlich auch in natürlichen Lebensmitteln vorkommen und die zudem von ihrer Dosis her in einem Bereich liegen, der mit der Nahrungsaufnahme erreicht werden kann, eine **besondere Begründung.**[127] Zielt ein Produkt ausschließlich darauf ab, den über die Nährstoffzufuhr beeinflussbaren Wechseljahrsbeschwerden entgegenzuwirken (zB Verzehr von Soja-Isoflavonen als pflanzliche Östrogene), ist das Präparat selbst dann als ein Nahrungsergänzungsmittel und nicht als ein (nicht zugelassenes) Arzneimittel einzustufen, wenn mit dieser Indikation auch Arzneimittel auf dem Markt sind. Der auf Grund anderer Verwendungszusammenhänge geprägten generellen Vorstellung des Verkehrs von der pharmakologischen Wirkung von Östrogen-Präparaten kann durch eine entsprechend eindeutige Gestaltung der Verpackung, Gebrauchsinformation und Werbung für das Nahrungsergänzungsmittel wirksam begegnet werden.[128] 71

---

[122] EuGH GRUR 2009, 511 = EuZW 2009, 219 – Hecht-Pharma; s. a. Schlussanträge der Generalanwältin Trstenjak vom 19. 6. 2008, Rs. C-140/07, BeckRS 2008, 70670 – Hecht-Pharma; OLG Köln GRUR 2008, 201 = ZLR 2008, 230 – Ginkgo-Getränk.

[123] BGH ZLR 2002, 638 – Muskelbaupräparate; KG ZLR 2001, 576 – Anti-Kataboler Muskelzellschutz; KG ZLR 2001, 593 – Testosteron Booster; KG ZLR 2003, 95 – L-Carnitin plus Vitamin C; KG ZLR 2003, 604 m. Anm. *Meisterernst* – Auffüllcharakter.

[124] Zu Vitaminen EuGH DLR 2004, 263 – dreifache Tagesdosis; BGH DLR 2001, 349 – Vitamine.

[125] EuGH EuZW 2008, 56 = GRUR 2008, 271 Rn 67 – Knoblauch-Extrakt-Pulver-Kapsel; BGH BeckRS 2008, 14734 = WRP 2008, 1209 – HMB-Kapseln.

[126] BayVGH ZLR 1997, 468 – Haifischknorpel; unzutreffend OVG Hamburg LRE 33, 244.

[127] BGH BeckRS 2008, 14541 = WRP 2008, 1213 – L-Carnitin II.

[128] OLG Hamburg LRE 41/5 m. Anm. *Mahn;* OLG Hamburg DLR 2001, 58 m. Anm. *Streit;* OLG Hamburg ZLR 2002, 75 m. Anm. *Gorny* – Pflanzliche Östrogene.

4. Zweckbestimmung

72 **a) Zweckbestimmung.** Bei der Beantwortung der Frage, ob ein Erzeugnis ein Lebensmittel oder Arzneimittel ist, orientiert sich die deutsche Rechtsprechung an der Formel der an **objektiven Merkmalen** anknüpfenden Zweckbestimmung des Produkts, die sich aus objektiven (Auffassungen der pharmazeutischen und ernährungsmedizinischen Wissenschaft) und subjektiven Komponenten zusammen setzt (Werbeprospekte, Publikationshinweise, Aufmachung).[129] Die maßgebliche Verkehrsauffassung ist demnach multifaktoriell geprägt.[130]

73 Dies deckt sicht mit den Vorgaben des **EuGH,** wonach bei der Prüfung, ob ein Erzeugnis als Lebensmittel oder als Arzneimittel einzustufen ist, die zuständige Behörde bzw. das angerufene Gericht alle Umstände des Einzelfalls zu berücksichtigen hat, neben den pharmakologischen Eigenschaften – so, wie sie sich beim jeweiligen Stand der Wissenschaft feststellen lassen -, insbesondere die Zusammensetzung eines Erzeugnisses, die Modalitäten seiner Anwendung, den Umfang seiner Verbreitung, seine Bekanntheit bei den Verbrauchern und die Risiken, die seine Verwendung mit sich bringen kann.[131]

74 **b) Objektiv-abstrakte Komponenten.** Mit der Entscheidung **„Franzbranntwein-Gel"** stellte der BGH klar, dass „die für die Einordnung maßgebliche Verkehrsanschauung regelmäßig – insbesondere wenn bereits vergleichbare Erzeugnisse auf dem Markt sind – nicht allein durch das konkret in Rede stehende Produkt, sondern in erster Linie durch die **gattungsgemäße** allgemeine Zweckbestimmung des Mittels geprägt" werde. Dabei könne ein als Arzneistoff bekannter (Haupt-)Inhaltsstoff des (jeweiligen) Erzeugnisses die „allgemeine Verkehrsanschauung durch die konkrete Ausstattung des Erzeugnisses verändern oder überlagern", sodass das Gesamterzeugnis als Arzneimittel qualifiziert werden könnte.[132]

75 Letzteres, die Einordnung eines Erzeugnisses wegen eines (Haupt-)Inhaltsstoffs, greift allerdings nur dann, wenn eine einzelne Zutat den **Gesamtcharakter** eines Produkts prägt.[133] Dies ist nicht lediglich deshalb der Fall, weil eine Zutat (als solche, nicht aber das Gesamterzeugnis) „überwiegend" arzneilich angewandt wird, denn dann würde übersehen, dass ausgehend von der offenen Begriffsbestimmung eines „Lebensmittels" ein Lebensmittel untergeordnet auch einem arzneilichen Zweck, insbesondere dem allgemeiner Krankheitsprophylaxe,[134] dienen kann.[135]

76 **c) Subjektiv-konkrete Komponenten.** Subjektive Komponenten[136] bei der Abgrenzung zwischen Arzneimitteln und Lebensmitteln können, vor allem in einer Bündelung, ein **Indiz,** grundsätzlich aber nicht allein ausschlaggebend für die Zuordnung eines Erzeugnisses sein:

- Bezeichnung bzw. Marke für ein Produkt (insbesondere in Anlehnung an eine Arzneimittelbezeichnung),
- Werbung,
- Indikationshinweise, Anlehnung an eine Arzneimittelbezeichnung,
- Gebrauchsanweisungen, Dosierungs- und Verzehrsempfehlungen,
- Produktaufmachung (Blisterstreifen, Tabletten),

---

129 BGH ZLR 1976, 174, 182 – Fencheltee; BGH GRUR 1995, 419 – Knoblauchkapseln; BGH GRUR 2000, 528, 529 – L-Carnitin I; BGHSt 46, 380, 387 – Vitamine.

130 *Doepner* HWG § 1 Rn 45 ff.

131 EuGH GRUR 2008, 271 – Knoblauch-Extrakt-Pulver-Kapsel; EuGH WRP 2005, 863 – HLH Warenvertrieb; s. auch Vorlagefrage des BVerwG PharmR 2008, 254, 256 – Weihrauchextrakt.

132 BGH GRUR 2001, 450, 451 – Franzbranntwein-Gel.

133 BGH GRUR 2001, 450, 451 – Franzbranntwein-Gel; BVerwG ZLR 2007, 368, 377 – Tibetische Kräutertabletten II m. Anm. *Meisterernst* ZLR 2008, 387.

134 *Preuß* ZLR 1998, 685.

135 OLG Hamburg DLR 2001, 58 – Pflanzliche Östrogene.

136 Umfangreiche Rechtsprechungsnachweise bei *Mühl* WRP 2003, 1088, 1095.

– Vertriebsweg über Apotheken oder Direktlieferung an Ärzte oder andere Angehörige der Heilberufe.

Die für ein Erzeugnis verwendete **Marke** kann arzneiliche Assoziationen dann wecken, wenn sich diese an eine Arzneimittelbezeichnung anlehnt, vor allem für ein Arzneimittel des Herstellers mit ähnlicher Rezeptur wie das streitgegenständliche Erzeugnis. **Kunstbezeichnungen** sind nicht arzneimitteltypisch, sondern wertneutral.[137] 77

Die Verwendung bestimmter, vor allem lediglich temporärer, **krankheitsbezogener Werbeangaben** und -darstellungen reicht grundsätzlich nicht aus, Erzeugnisse als Arzneimittel einzustufen, denn der Gesetzgeber hat mit der Etikettierungs-RL 2000/13/EG bzw. § 12 LFGB für eine krankheitsbezogene Lebensmittelwerbung spezifische Korrektur-Möglichkeiten vorgesehen;[138] die Regelung des § 12 LFGB zeigt ferner, dass ein Erzeugnis selbst dann als Lebensmittel anzusehen ist, wenn es wie ein Arzneimittel krankheitsbezogen, insbesondere mit Indikationen zur Behandlung bestimmter Krankheiten beworben wird, anderenfalls wäre § 12 LFGB obsolet.[139] 78

Auch der **Anschein eines Arzneimittels** (im Sinne des § 11 Abs. 1 Nr. 4 LFGB)[140] reicht deshalb allein nicht aus, ein Erzeugnis als Arzneimittel zu qualifizieren; auch hier gilt, dass weitere Umstände hinzukommen müssen, die eine gesicherte Aussage über die überwiegende Zweckbestimmung des Produkts zulassen.[141] 79

Dosierungsempfehlungen oder **Verzehrshinweise** sprechen grundsätzlich nicht für ein Arzneimittel,[142] da etwa nach § 4 Abs. 2 Nr. 2 NemV (Art. 6 Abs. 3 lit. b RL 2002/46/EG) im Rahmen der Kennzeichnung von Nahrungsergänzungsmitteln eine Verzehrsempfehlung zwingend anzugeben ist. Es empfiehlt sich jedoch, auf dem Etikett anstelle von „Einnahme" (weil arzneimitteltypisch) von „Verzehr" zu sprechen.[143] Hinweise wie „bei Langzeitverwendung ärztliche Beratung empfohlen" erweckt zumindest den Anschein eines Arzneimittels nach § 11 Abs. 1 Nr. 4 LFGB.[144] 80

Die **Darreichungsform** (Tabletten, Kapseln, Pillen, Ampullen, Pulver, Tropfen) und die **Verpackung** (zB Blisterstreifen in einer Faltschachtel) sind keine ausreichenden Hinweise (mehr) für ein Arzneimittel, weil es üblich geworden und nach der Legaldefinition vorgegeben ist, dass Nahrungsergänzungsmittel in Tabletten-, Kapsel- oder Pulverform in Verkehr gebracht werden.[145] 81

Auch der Vertriebsweg über **Apotheken** spricht nicht für die Arzneimitteleigenschaft eines Produkts;[146] anderenfalls würde übersehen, dass Apotheken im Nebensortiment gleichwohl bestimmte Lebensmittel anbieten können (§ 25 Nr. 2 ApoBetrO: Mittel, „die der Gesundheit von Menschen und Tieren mittelbar oder unmittelbar dienen oder diese fördern").[147] 82

Generell kein Abgrenzungskriterium ist ein hoher **Preis,** weil allein Angebot und Nachfrage über die Preisgestaltung entscheiden, es deshalb auf Grund Kostensenkungsmaßnahmen im Gesundheitssektor billige Arzneimittel und auf Grund entsprechender Qualität hochpreisige Nahrungsergänzungsmittel gibt.[148] 83

---

[137] Unzutreffend OLG Koblenz WRP 1996, 777, 780 – Figurafit mega.
[138] *Doepner* PharmR 1996, 206, 208.
[139] BGH DLR 1998, 164 – Gelenk-Nahrung; BGH DLR 1999, 472 – Vitalkost.
[140] → Rn 239.
[141] OLG Karlsruhe ZLR 2005, 120 – GELITA CH alpha; BayVGH ZLR 1997, 468 – Haifischknorpel.
[142] BayVGH ZLR 1997, 468 – Haifischknorpel.
[143] VG Berlin PharmR 1989, 28, 32.
[144] OVG Nordrhein-Westfalen PharmR 1996, 26.
[145] S. Legaldefinition der Nahrungsergänzungsmittel in Art. 2 Nahrungsergänzungsmittel-RL 2002/46/EG bzw. § 1 Abs. 1 Nr. 3 NemV (→ Rn 42 ff); s. auch EuGH EuZW 2008, 56, 58 – Knoblauch-Extrakt-Pulver-Kapsel.
[146] Unzutreffend OLG Koblenz ZLR 1995, 541, 543; OVG Nordrhein-Westfalen PharmR 1997, 312, 314.
[147] OVG Berlin PharmR 1995, 263, 270; OLG Stuttgart WRP 1996, 941, 943.
[148] *Köhler* ZLR 1999, 599, 607; überholt: OVG Nordrhein-Westfalen PharmR 1997, 312, 314.

5. Zweifelsregel

84 Bestehen bei einem Erzeugnis, das sowohl unter die Definition von Arzneimittel als auch unter die Definition eines durch andere gemeinschaftliche Rechtsvorschriften geregelten Erzeugnisses (zB Lebensmittel) fallen kann, unter Berücksichtigung aller Umstände, ausgehend vom Regel-/Ausnahmeverhältnis,[149] gleichwohl Zweifel bei der Einordnung des Erzeugnisses, ist dieses nach **Art. 2 Abs. 2 RL 2001/83/EG** („In Zweifelsfällen, in denen ein Erzeugnis unter Berücksichtigung aller seiner Eigenschaften sowohl unter die Definition von „Arzneimittel" als auch unter die Definition eines Erzeugnisses fallen kann, das durch andere gemeinschaftliche Rechtsvorschriften geregelt ist, gilt diese Richtlinie.") als Arzneimittel einzustufen.[150]

85 Der deutsche Gesetzgeber setzte die Zweifelsregel des Art. 2 Abs. 2 RL 2001/83/EG bislang weder lebensmittelrechtlich mit dem LFGB noch arzneimittelrechtlich, in nationales Recht um.[151] Dessen Anwendbarkeit kann aber entweder unmittelbar durch die Annahme einer sog. **dynamischen Verweisung,** durch die der Gemeinschaftskodex für Humanarzneimittel Tatbestandsmerkmal, der VO (EG) 178/2002 wird und als solches unmittelbar anwendbar ist,[152] oder mittelbar durch **richtlinienkonforme Auslegung** des AMG begründet werden.[153]

86 Der Zweifelsregel in Art. 2 RL 2001/83/EG kommt lediglich ein **deklaratorischer Charakter** zu.[154] In der Regelung des Art. 2 Abs. 2 RL 2001/83/EG ist keine substantielle Änderung, sondern eine Klarstellung des Ergebnisses der bisherigen Rechtsprechung und der BasisVO zu sehen.[155] In diesem Sinne hat auch der EuGH in der Entscheidung „HLH Warenvertrieb" argumentiert, denn nach Auffassung des Gerichtshofs war bereits vor Inkrafttreten der Zweifelsregelung klar, dass „nur die speziell für Arzneimittel geltenden gemeinschaftsrechtlichen Bestimmungen auf ein Erzeugnis anzuwenden" sind, „das sowohl die Voraussetzungen eines Lebensmittels, als auch diejenigen eines Arzneimittels erfüllt".[156] Art. 2 Abs. 2 RL 2001/83/EG ist dahin auszulegen, dass die RL 2001/83/EG nur auf ein Erzeugnis anzuwenden ist, dessen Arzneimitteleigenschaft im Licht des jeweiligen Stands der Wissenschaft positiv festgestellt worden ist.[157]

87 **Praktisch relevant** wird die Zweifelsregelung letztendlich nur in den Fällen, in denen strittig ist, ob einem Erzeugnis pharmakologische Wirkung zukommt und es daher als Arzneimittel nach der Funktion einzustufen ist. Es muss sich demnach um ein Produkt handeln, das wie ein Lebensmittel etikettiert und aufgemacht ist, nicht krankheitsbezogen beworben wird, nicht bekannte Arzneistoffe enthält, aber dennoch aufgrund einer objektiven pharmakologischen Wirkung als Arzneimittel nach der Funktion einzustufen ist.[158]

88 Die **Zweifelsregel** darf nicht dazu verleiten, dass das weiterhin geltende Regel-/Ausnahmeverhältnis[159] quasi auf den Kopf gestellt wird. Die Regel kann erst dann greifen, wenn eine umfassende Abwägung aller Umstände des Einzelfalls erfolgt ist und dabei positiv festgestellt wurde, dass das Erzeugnis sowohl unter die Arzneimittel-Definition als auch

---

[149] → Rn 67.

[150] Hierbei handelt es aber nicht um eine Vorrangregelung, insoweit verfehlt VG Köln BeckRS 2007, 22 442; *Kloesel/Cyran* AMG § 2 Rn 108.

[151] Umsetzung allerdings mit 15. AMG-Novelle vorgesehen, Referntenentwurf 22. 12. 2008.

[152] *Mahn* ZLR 2005, 529, 534; Meyer/Streinz/*Meyer* BasisVO Art. 2 Rn 98.

[153] → Rn 10.

[154] *Meisterernst* StoffR 2005, 126; *Rehmann* AMG § 2 Rn 6; *Reinhart* ZLR 2005, 508, 510; *Schroeder* ZLR 2005, 421; aA *Kraft/Röcke* ZLR 2006, 19.

[155] *Mahn* ZLR 2005, 151, 155; s. auch *Natterer* LebensmittelR Rn 172.

[156] EuGH WRP 2005, 863 Rn 43 – HLH Warenvertrieb

[157] Schlussanträge der Generalanwältin Trstenjak vom 19. 6. 2008, Rs. C-140/07, BeckRS 2008, 70 670 – Hecht-Pharma; bestätigt durch EuGH GRUR 2009, 511 – Hecht-Pharma.

[158] *Meisterernst* ZLR 2007, 387; *Gröning* Bd. 2 RL 2001/83/EG Art. 2 Rn 3.

[159] → Rn 67

unter die Definition des Lebensmittels (oder eines anderen Erzeugnisses) fällt.[160] Bei einer solchen Konstellation war aber schon vor der Zweifelsregel zur Gewährleistung eines effektiven Verbraucher- und Gesundheitsschutzes davon auszugehen, dass ein Arzneimittel gegeben ist.

Dem Erfordernis der Ausschöpfung sämtlicher Erkenntnisquellen genügt die Berücksichtigung allein äußerer Merkmale eines Erzeugnisses (Etikett)[161] ebenso wenig wie sich lediglich vordergründig aufdrängende naturwissenschaftliche Erkenntnisse des Wirkpotentials eines Stoffs. Der Umstand, dass ein Stoff in hoher Dosierung pharmakologische Wirkung haben kann, spricht nicht gegen die Einordnung als Nahrungsergänzungsmittel, vor allem wenn bei dem konkreten Produkt die Inhaltsstoffe zutreffend und ohne wissenschaftlich nicht hinreichend gesicherte Hinweise deklariert und keine Gesundheitsgefährdungen zu befürchten sind.[162] 89

Nach der Rechtsprechung des Bundesverwaltungsgerichts kann es insbesondere nicht angehen, zum Verzehr bestimmte Produkte **„auf Verdacht"** den Arzneimitteln zuzurechnen. Anderenfalls würde vielen Produkten endgültig die Verkehrsfähigkeit genommen, weil wegen fehlender Nachweisbarkeit der therapeutischen Wirksamkeit eine Zulassung als Arzneimittel nicht in Betracht komme. Erwägungen des Gesundheitsschutzes könnten eine solche Praxis nicht rechtfertigen; soweit tatsächlich gesundheitliche Risiken bestehen, biete das in Art. 7 VO (EG) 178/2002 festgelegte Vorsorgeprinzip eine geeignete Handhabe. Eine Einordnung als Arzneimittel komme insbesondere dann nicht in Betracht, wenn gleichartige Produkte in großem Umfang unbeanstandet als Lebensmittel auf dem Markt seien.[163] 90

6. Einzelne Stoffe

Eine umfassende Übersicht über die Einstufung einzelner für die Praxis relevanter Stoffe ist bei *Meyer/Streinz* zu finden.[164] 91

D. Kosmetische Mittel

Schrifttum: *Bruggmann,* Zur Abgrenzung von Kosmetika und Lebensmitteln, LMuR 2008, 9; *Bürglen,* Anmerkung zu OLG Karlsruhe – „Neurodermitis-Creme", ZLR 1999, 496; *ders.,* Anmerkung zu BGH – „Franzbranntwein-Gel", ZLR 2001, 425; *Gröning,* Arzneimitteleigenschaft und Verkehrsauffassung, WRP 2001, 1051; *Kratz/Keck-Wilhelm/Wackernah/Mildau,* Abgrenzung kosmetische Mittel/Arzneimittel, StoffR 2007, 90; *Meisterernst,* Europäische Gesetzgebung auf Abwegen – eine kritische Betrachtung der laufenden Vorhaben zu Health claims, Anreicherung, Herbals, ZLR 2004, 43; *Mestel,* Abgrenzung kosmetischer Mittel von Arzneimitteln, StoffR 2005, 230; *Meyer,* Lebensmittelrecht, 1998; *Meyer/Streinz,* LFGB – BasisVO, Kommentar, 2007; *F. Meyer,* Das Kosmetikum als Ausweg aus der Health-Claims Verordnung, LMuR 2008, 25; *Reinhart,* Kosmetikrecht, 2006; *ders.,* Beauty Food – Schönheit von innen, DLR 2008, 105; *Stumpf,* Anmerkung zu OVG NRW – „Zahnbleichmittel", ZLR 2004, 221; *Weidner,* Unterschiedliche Behandlung von Nahrungsergänzungsmitteln und Kosmetika hinsichtlich der Abgrenzung zu Arzneimitteln?, WRP 2001, 622.

[160] *Klaus* ZLR 2004, 569, 581; *Meisterernst* ZLR 2004, 43, 50; *Natterer* LebensmittelR Rn 189. S. auch Vorlagefrage des BVerwG: „Welches Maß an Wahrscheinlichkeit und demgemäß welches Maß an Sachaufklärung ist gegebenenfalls erforderlich, um die Anwendung der RL 20901/83/EG zu rechtfertigen?" (BVerwG ZLR 2007, 378 – Red Rice III m. Anm. *Meisterernst* ZLR 2007, 387).

[161] Hess. VGH Kassel ZLR 2002, 504 m. Anm. *Oelrichs* – Grüner Tee-Kapseln.

[162] EuGH Urt. v. 15. 1. 2009 Rs. C-140/07 – Hecht-Pharma; EuGH Urt. v. 5. 3. 2009 Rs. C-88/07 – Arzneipflanzen; OVG Saarland LRE 48, 192.

[163] EuGH Urt. v. 15. 1. 2009 Rs. C-140/07, Egr. 25/26 – Hecht-Pharma; BVerwG NVwZ 2008, 439 – OPC; BVerwG BeckRS 2007, 27866 – Vitamin E; BVerwG BeckRS 2007, 27867 – Lactobact omni FOS; s. auch *Hagenmeyer/Hahn* WRP 2008, 275, 277.

[164] Meyer/Streinz/*Meyer* BasisVO Art. 2 Rn 105 ff.

I. Begriffsbestimmung

1. Definition nach Art. 1 Abs. 1 der Kosmetik-RL (76/768/EWG)

92 In der Kosmetik-RL wird in Art. 1 Abs. 1 der Begriff „kosmetische Mittel" wie folgt definiert:

> „Kosmetische Mittel sind Stoffe oder Zubereitungen, die dazu bestimmt sind, äußerlich mit den verschiedenen Teilen des menschlichen Körpers (Haut, Behaarungssystem, Nägel, Lippen und intime Regionen) oder mit den Zähnen und den Schleimhäuten der Mundhöhle in Berührung zu kommen, und zwar zu dem **ausschließlichen oder überwiegenden** Zweck, diese zu reinigen, zu parfümieren, ihr Aussehen zu verändern und/oder den Körpergeruch zu beeinflussen und/oder um sie zu schützen oder in gutem Zustand zu halten."

93 Um diese abstrakte Begriffsdefinition für den Leser verständlicher zu machen, wird in Art. 1 Abs. 2 der RL 76/768/EWG auf die in **Anhang I** der RL beispielhaft aufgeführten und nach Gruppen geordneten Erzeugnisse verwiesen. Kosmetische Mittel im Sinne der obigen Definition sind damit insbesondere:

- Cremes, Emulsionen, Lotionen, Gelees und Öle für die Hautpflege
- Schönheitsmasken (ausgenommen Hautschälmittel)
- Schminkgrundlagen (Flüssigkeiten, Pasten, Puder)
- Gesichtspuder, Körperpuder, Fußpuder usw.
- Toilettenseifen, desodorierende Seifen usw.
- Parfums, Toilettenwässer und Kölnisch Wasser
- Bade- und Duschzusätze
- Haarentfernungsmittel
- Desodorantien und schweißhemmende Mittel
- Haarbehandlungsmittel
- Rasiermittel, Vor- und Nachbehandlungsmittel
- Schmink- und Abschminkmittel für Gesicht und Augen
- Lippenpflegemittel und -kosmetika
- Zahn- und Mundpflegemittel
- Nagelpflegemittel und -kosmetika
- Mittel für die äußerliche Intimpflege
- Sonnenschutzmittel
- Ohne Sonneneinwirkung bräunende Mittel
- Hautbleichmittel
- Antifaltenmittel

94 Die Begriffsdefinition der Kosmetik-RL entfaltet als sekundäres Gemeinschaftsrecht keine unmittelbare Wirkung, weshalb eine Umsetzung in nationales Recht erforderlich ist.

2. Definition nach § 2 Abs. 5 LFGB

95 **a) Legaldefinition.** Kosmetische Mittel gemäß der Legaldefinition des § 2 Abs. 5 LFGB sind „Stoffe oder Zubereitungen aus Stoffen, die **ausschließlich oder überwiegend** dazu bestimmt sind, äußerlich am Körper des Menschen oder in seiner Mundhöhle zur Reinigung, zum Schutz, zur Erhaltung eines guten Zustandes, zur Parfümierung, zur Veränderung des Aussehens oder dazu angewendet werden, den Körpergeruch zu beeinflussen. Als kosmetische Mittel gelten nicht Stoffe oder Zubereitungen aus Stoffen, die zur **Beeinflussung der Körperformen** bestimmt sind".[165] Die in der Praxis gebräuchliche Angabe „Pflege" findet sich in der Legaldefinition zwar nicht mehr ausdrücklich, jedoch wird die „Pflege" vom Tatbestand der „Erhaltung eines guten Zustandes" umfasst, worunter unter anderem „Wohlfühlprodukte"[166] fallen.

---

[165] *Reinhart* KosmetikR S. 6 ff.
[166] BVerwG BeckRS 2007, 25 698 – Pferdesalbe.

b) Vollständige Umsetzung. Die Definition der kosmetischen Mittel gemäß LFGB ist zwar der Definition des Art. 1 der Kosmetik-RL (76/768/EWG) „angepasst",[167] eine wortlautgleiche Übernahme der gemeinschaftsrechtlichen Begriffsbestimmung ist aber nicht gegeben. Der Wortlaut der neuen Begriffsbestimmung orientiert sich vielmehr an der Formulierung des früheren § 4 Abs. 1 LMBG, unterscheidet sich von diesem aber in wesentlichen Punkten. Im Gegensatz zur Regelung im früheren LMBG liegt nach § 2 Abs. 5 LFGB nur dann ein kosmetisches Mittel vor, wenn der Stoff **ausschließlich oder überwiegend** zu kosmetischen Zwecken bestimmt ist. Die Annahme eines Kosmetikums scheidet demnach bereits begrifflich aus, wenn die kosmetische Zweckbestimmung gleichgewichtig mit einer anderen ist und damit insbesondere wenn das Erzeugnis eine nicht nur untergeordnete vorbeugende – über den kosmetischen Schutz hinausgehende – Wirkung gegen Krankheiten entfaltet. Außerdem ist – im Gegensatz zum früheren LMBG – der **Schutzeffekt** als kosmetische Zweckbestimmung ausdrücklich genannt und damit eine weitere Umsetzungslücke bei der Schaffung des neuen LFGB geschlossen worden.[168] 96

c) Beeinflussung der Körperformen. Aufgegeben wurde die Regelung des früheren § 4 Abs. 2 LMBG, wonach den kosmetischen Mitteln Stoffe oder Zubereitungen aus Stoffen zur Reinigung oder Pflege von Zahnersatz gleichstanden. Derartige Produkte wurden bereits zu LMBG-Zeiten von den Herstellern als Medizinprodukte vermarktet, weshalb der Gesetzgeber die Gesetzeslage entsprechend anpasste.[169] Die Vorschrift des früheren § 4 Abs. 3 LMBG ist dagegen beibehalten worden und findet sich in **§ 2 Abs. 5 S. 2 LFGB** wieder. Als kosmetische Mittel gelten deshalb – auch weiterhin – nicht Stoffe oder Zubereitungen aus Stoffen, die zur Beeinflussung der Körperformen bestimmt sind. Mittel zur Beseitigung von Fältchen oder zur **Straffung der Haut** fallen nicht unter den Tatbestand des § 2 Abs. 5 S. 2 LFGB.[170] In Anhang I der Kosmetik-RL werden demgemäß auch **„Antifaltenmittel"** als Beispiel für kosmetische Mittel aufgeführt. 97

II. Abgrenzung kosmetische Mittel – Arzneimittel

1. Allgemein

Bei der Abgrenzung zwischen kosmetischem Mittel einerseits und Arzneimittel andererseits stellt sich regelmäßig die Frage, ob das konkrete Produkt noch ein Kosmetikum oder aber schon ein (nicht verkehrsfähiges) Arzneimittel ist. Ein und dasselbe Produkt kann dabei entweder kosmetisches Mittel oder Arzneimittel sein, da diese in einem **Ausschließlichkeitsverhältnis** zueinander stehen.[171] Nach § 2 Abs. 3 Nr. 3 AMG können kosmetische Mittel nicht zugleich Arzneimittel sein, und zwar auch dann nicht, wenn sie die Voraussetzungen des Arzneimittelbegriffs nach § 2 Abs. 1 AMG erfüllen.[172] Die sich daraus ergebende Einschränkung des (weiten) Arzneimittelbegriffs hat zur Folge, dass für die Klärung der Abgrenzungsfrage nicht auf den Arzneimittelbegriff gemäß § 2 Abs. 1 AMG, sondern auf die Begriffsbestimmung für kosmetische Mittel nach § 2 Abs. 5 LFGB abzustellen ist. Aus der richtlinienkonformen Legaldefinition des § 2 Abs. 5 LFGB ergibt sich wie- 98

[167] Vorl. amtl. Begr. des Entwurfs zum LFGB, Stand 22. 3. 2004, S. 3. Zukünftig wird die Umsetzung entfallen, wenn die Kosmetik-RL durch die neue EG-Kosmetik-Verordnung ersetzt wird (verabschiedet im März 2009, Übergangsfrist 42 Monate).

[168] *Reinhart* KosmetikR S. 5.

[169] Vorl. amtl. Begr. des Entwurfs zum LFGB, Stand 22. 3. 2004, S. 11.

[170] Meyer/Streinz/*Reinhart* LFGB § 2 Rn 119. S. auch OLG München MD 2006, 916, 922 – Weniger Cellulite; LG München I MD 2005, 1419, 1424 – Mildert hartnäckige Cellulite.

[171] Zur Abgrenzung gegenüber Medizinprodukten VGH Baden-Württemberg PharmR 2008, 285 – Zahnbleichmittel; s. auch OLG Frankfurt BeckRS 2008, 12 138 – Mundspülung.

[172] BGH GRUR 2001 450 – Franzbranntwein-Gel; BVerwG LRE 34, 411, 413; VGH Baden-Württemberg PharmR 2008, 132; *Bürglen* ZLR 2001, 425; *ders.* ZLR 1999, 496; *Gröning* HWG § 1 Rn 271 ff; *ders.* WRP 2001, 1051, 1054; *Weidner* WRP 2001, 622, 624. Zur Abgrenzung gegenüber Medizinprodukten *Stumpf* ZLR 2004, 221.

derum, dass bei Gleichwertigkeit von kosmetischer Zweckbestimmung und einer anderen – zB medizinischer – Zweckbestimmung kein kosmetisches Mittel gegeben ist.[173]

99 Nach der Legaldefinition scheidet bereits begrifflich die Annahme eines kosmetischen Mittels aus, wenn das Mittel zur **innerlichen Anwendung** (Einnahme, Injektion, Inhalation etc.) bestimmt ist.[174] Ein Kosmetikum liegt außerdem nur dann vor, wenn eine zumindest **überwiegende kosmetische Zweckbestimmung** gegeben ist.[175] Ein Arzneimittel liegt demnach vor, wenn ein Mittel, das auch kosmetischen Zwecken dient, eine zumindest gleichwertige vorbeugende – über den kosmetischen Schutz hinausgehende – Wirkung gegen Krankheiten entfaltet.[176] Dies bedeutet aber zugleich, dass kosmetische Mittel auch dazu bestimmt sein dürfen, Krankheiten, Leiden, Körperschäden oder krankhafte (nicht nur normale) Beschwerden zu heilen, zu lindern oder zu verhüten, solange dieser (arzneiliche) Zweck untergeordnet ist und zugleich die kosmetische Zweckbestimmung überwiegt. Dementsprechend ist in dem zwischen der Europäischen Kommission und den Mitgliedstaaten vereinbarten Leitfaden zur Abgrenzung zwischen der Kosmetik-RL und der Arzneimittel-RL bestimmt, dass kosmetische Mittel auch einen **medizinischen Nebenzweck** haben können.[177]

2. Zweifelsregel

100 An der bisherigen Abgrenzungspraxis ändert sich nichts durch die im Gemeinschaftskodex für Humanarzneimittel geregelte Zweifelsregel.[178] Das Arzneimittelrecht findet insbesondere auch in Zukunft keine Anwendung auf solche Produkte, die **eindeutig** unter die Definition anderer Produktgruppen, insbesondere von kosmetischen Mitteln fallen.[179] In dem zwischen der Kommission und den Mitgliedstaaten vereinbarten Leitfaden zur Abgrenzung zwischen der Kosmetik-RL und der Arzneimittel-RL wird in Rn 11 festgestellt, dass die Einführung der Zweifelsregel der **Kodifizierung der Rechtsprechung des EuGH**[180] diente.[181] Entsprechend beschreibt die Kommission die neue Rechtslage dahingehend, dass der gesetzgeberische Wille nicht die Ausweitung des Anwendungsbereichs des Gemeinschaftskodexes für Humanarzneimittel in andere Regelungsbereiche hinein gewesen sei. Es sollte vielmehr eine Klarstellung der Arzneimittel-Definition und eine rechtlich klare Regelung für Fälle von sog. „Grenzprodukten" getroffen werden.[182]

101 Nach Art. 2 Abs. 2 RL 2001/83/EG soll das Arzneimittelrecht **„in Zweifelsfällen"** gelten, in denen ein Erzeugnis unter Berücksichtigung aller seiner Eigenschaften sowohl unter die Arzneimittel-Definition als auch in den Geltungsbereich anderer gemeinschaftsrechtlicher Rechtsvorschriften fällt. Im Gegensatz zur ursprünglichen Fassung der Änderungs-RL (vgl. KOM (2001) 404 endg.) ist demnach kein (genereller) Vorrang des Arzneimittelrechts gegeben, sondern das Arzneimittelrecht soll lediglich in Zweifelsfällen und damit nur auf **„Grenzprodukte"** Anwendung finden, wobei auf das „Erzeugnis" in seiner

---

173 *Kloesel/Cyran* AMG § 2 Rn 138.

174 § 2 Abs. 5 S. 1 LFGB: „... äußerlich am Körper des Menschen oder in seiner Mundhöhle ..."; s. auch LG Düsseldorf MD 2007, 718 – Alepp Naturkosmetik; *Reinhart* KosmetikR S. 8.

175 § 2 Abs. 5 S. 1 LFGB: „... zur Reinigung, zum Schutz, zur Erhaltung eines guten Zustandes, zur Parfümierung, zur Veränderung des Aussehens oder ... den Körpergeruch zu beeinflussen"; s. auch OLG Frankfurt BeckRS 2008, 12138 – Mundspülung; *Reinhart* KosmetikR S. 8ff.

176 VG Karlsruhe LMRR 2007, 62 – Vitamin K.

177 Guidance Document on the demarcation between the Cosmetic products Directive 76/768 and the Medicinal products Directive 2001/83 as agreed between the Commission Services and the competent authorities of Member States, Rn 18; *Mestel* StoffR 2005, 230, 232.

178 → Rn 84.

179 S. Nr. 7 des Gemeinsamen Standpunkts (EG) Nr. 61/2003 vom 29. 9. 2003 im Hinblick auf den Erlass der RL zur Änderung der RL 2001/83/EG, ABl. EG Nr. C 297 E vom 9. 12. 2003, S. 41.

180 EuGH Slg. 1991, I-1703 – Upjohn.

181 Guidance Document on the demarcation between the Cosmetic products Directive 76/768 and the Medicinal products Directive 2001/83 as agreed between the Commission Services and the competent authorities of Member States. S. auch *Kratz/Keck-Wilhelm/Wackernah/Mildau* StoffR 2007, 90, 92.

182 *Mestel* StoffR 2005, 230, Fn 4; Anhörung vom 28. 10. 2004.

Gesamtheit abzustellen ist.[183] Dementsprechend erfolgt in Rn 46 des Leitfadens eine Klarstellung, dass die Formulierung „in Zweifelsfällen" kein selbständiges Tatbestandsmerkmal darstellt. Das soll vermeiden, dass jeder Fall von „Grenzprodukten" als Zweifelsfall im Sinne des Art. 2 Abs. 2 RL 2001/83/EG verstanden wird, mit der Folge, dass auf „Grenzprodukte" stets das Arzneimittelrecht anwendbar wäre.[184] Die Zweifelsregel in Art. 2 Abs. 2 RL 2001/83/EG kann demnach erst dann greifen, wenn eine **umfassende Abwägung aller Umstände des Einzelfalls** erfolgt ist.[185]

3. Arzneilich wirksame Stoffe

Ein kosmetisches Mittel kann auch dann gegeben sein, wenn arzneilich wirksame Stoffe verwendet werden. Es kann nicht allein aus dem Umstand, dass ein Mittel apothekenpflichtige oder gar verschreibungspflichtige Stoffe enthält, auf das Vorliegen eines Arzneimittels geschlossen werden. Sog. ambivalente Stoffe können sowohl kosmetischen als auch arzneilichen Zwecken dienen. 102

Die Verwendung eines antimykotischen (pilztötenden) Wirkstoffs in einem Anti-Schuppen-Shampoo für zulässig erachtet, obwohl dieses **unter der gleichnamigen Dachmarke und ähnlicher Aufmachung** wie das vom gleichen Hersteller als Fußpilzsalbe vertriebene Arzneimittel in den Verkehr gebracht wurde. Der arzneilich wirksame Stoff „Bifonazol" (ein Antimykotikum) war in **identischer Konzentration** sowohl in dem kosmetischen Mittel als auch in Arzneimitteln zur Behandlung von Pilzerkrankungen enthalten. Das Gericht erkannte insoweit zu Recht, dass bestimmte arzneiliche Wirkstoffe sowohl in Arzneimitteln als auch in kosmetischen Mitteln enthalten sein können und nur die für Kosmetika nach Anlage 1 der Kosmetik-Verordnung[186] aufgeführten Stoffe nicht zugelassen sind.[187] Aus der Verwendung eines arzneilichen Wirkstoffes für sich genommen kann demnach nicht auf ein Arzneimittel geschlossen werden. 103

4. Abgrenzungsbeispiele

Aknemittel sind regelmäßig Arzneimittel, da es sich hierbei um eine Krankheit handelt. Eine Einzelfallbetrachtung ist jedoch insbesondere bei Hautreinigungspräparaten geboten, die zur Reinigung und Pflege bei Akne bestimmt sind.[188] Entsprechendes gilt für eine Salbe, die gleichermaßen der therapeutischen Behandlung von Akne dient wie der Pflege des Aussehens durch Abdeckung der betroffenen Hautpartien.[189] 104

Badezusätze, die zur Vermittlung von Geruchseindrücken und zur Hautpflege bestimmt sind, unterfallen den kosmetischen Mitteln. Ein Badeszusatz für ein sog. Erkältungsbad kann dagegen im Einzelfall ein Arzneimittel darstellen, wenn die bezweckte Wirkung des Mittels durch Einatmen über die Atemwege und Resorption über die Haut erreicht werden soll.[190] 105

Büstenmittel sind als Arzneimittel im Sinne des § 2 Abs. 1 Nr. 5 AMG einzustufen, soweit sie der Vergrößerung oder Verkleinerung der Brüste dienen sollen, da sie dann zur Beeinflussung der Körperformen bestimmt sind und damit der Regelung des § 2 Abs. 5 S. 2 106

---

[183] *Meisterernst* ZLR 2004, 43, 50.

[184] *Mestel* StoffR 2005, 230, 232; s. auch OLG Frankfurt BeckRS 2008, 12 138 – Mundspülung.

[185] VG Karlsruhe BeckRS 2007, 22 436: „Die Zweifelsregelung ist hier deshalb nicht anwendbar, weil nach dem derzeitigen Erkenntnisstand noch nicht alle wissenschaftlichen Erkenntnismöglichkeiten für eine umfassende Beurteilung der Wirkungen von Vitamin K1-Produkten ausgeschöpft wurden.". S. auch VGH Baden-Württemberg PharmR 2008, 285, 289 – Zahnbleichmittel.

[186] In Anlage 1 der KosmetikV (= Anhang II der KosmetikRL) sind die für Kosmetika allgemein verbotenen Stoffe aufgeführt; *Reinhart* KosmetikR S. 26; Meyer/Streinz/*Reinhart* LFGB § 26 Rn 30.

[187] OLG Hamburg GRUR 2000, 626 – Canesten.

[188] *Reinhart* KosmetikR S. 14.

[189] *Doepner* HWG § 1 Rn 98.

[190] LG München I LMRR 1997, 37.

LFGB unterfallen.[191] Keine Beeinflussung der Körperformen liegt dagegen vor, wenn die Wirkung eines Büstenmittels nicht über die bloße Straffung und Beeinflussung der oberen Hautschichten hinausgeht. Ein kosmetisches Mittel ist deshalb gegeben, wenn die Wirkung des Produkts allein darauf gerichtet ist, auf die Haut und deren Beschaffenheit zu wirken.[192]

107 **Cellulite-Mittel** bzw. Anti-Cellulite-Mittel stellen grundsätzlichkosmetische Mittel dar, da Cellulite nicht als krankhafte Hauterscheinung angesehen wird. Äußerlich anzuwendende Mittel, die zum Verdecken der betreffenden Hautveränderungen einschließlich der Straffung der betroffenen Hautpartien bestimmt sind, sind deshalb Kosmetika.[193] Geht die Wirkung solcher Mittel aber über die Straffung der Haut hinaus, kann eine Beeinflussung der Körperformen im Sinne des § 2 Abs. 5 S. 2 LFGB bezweckt sein. Ein Erzeugnis, das die Ansammlungen von Fett und Wasser im (tiefer liegenden) Gewebe beseitigen soll, kann demnach ein Arzneimittel darstellen.[194] Bei zweifelhafter Produktpräsentation wird in der Praxis regelmäßig von einem Kosmetikum ausgegangen und die getroffenen Anpreisungen anhand des Irreführungsverbotes nach § 27 Abs. 1 Nr. 1 LFGB überprüft.[195]

108 **Erektionspflegecreme,** bei der der angepriesene durchblutungsfördernde Effekt im Vordergrund steht, kann nicht als kosmetisches Mittel angesehen werden, wenn die Creme allenfalls nebenbei zu kosmetischen Zwecken bestimmt ist. Bei einer „Penis-Steifungscreme" mit der Duftnote „Zimt" handelt es sich deshalb um ein zulassungspflichtiges Arzneimittel.[196]

109 **Franzbranntwein-Gel** wird in der Regel als Arzneimittel bewertet, da es im Verkehr allgemein als ein äußerlich anzuwendendes Hausmittel zur Linderung von Muskel- und Gelenkschmerzen bekannt und dieser Begriff mit einer überwiegend medizinischen Vorstellung besetzt ist.[197] Trotz dieser allgemeinen arzneilichen Zweckbestimmung kommt es aber bei Franzbranntwein-Gel als Mehrzweckmittel auf den Einzelfall und dabei insbesondere auf die jeweilige Aufmachung und Bewerbung des Produkts an.[198]

110 **Haarwuchsmittel,** die zur Anwendung bei anlagebedingtem Haarausfall bestimmt sind, sind kosmetische Mittel, weil der anlagebedingte Haarausfall nicht als Krankheit eingestuft wird und solche Produkte außerdem der Pflege und Veränderung des Aussehens dienen.[199] Sind Haarwuchsmittel dagegen dazu bestimmt, bei krankhaftem Haarausfall bzw. allgemein bei Haarausfall Anwendung zu finden, sind Arzneimittel gegeben.[200]

111 **Mundspüllösung,** die den Wirkstoff Chlorhexidin enthält, ist kein Funktionsarzneimittel, sondern ein kosmetisches Mittel.[201] Es fehlt an einer pharmakologischen Wirkung, denn es kann schon nicht angenommen werden, dass Chlorhexidin überhaupt in eine Wechselwirkung mit einem zellulösen Bestandteil des Anwenders tritt, weshalb es auf Fragen der Dosierungen oder Konzentrationen nicht ankommt. Dabei mag es durchaus vorkommen, dass bestimmte Stoffe, wenn man sie in einer höheren Konzentration zuführt, in eine pharmakologisch relevante Wechselwirkung mit zellulösen Bestandteilen treten. Dass dies bei dem Stoff Chlorhexidin der Fall ist, ist allerdings nicht ersichtlich.[202]

112 **Neurodermitis-Creme,** die mit Hinweisen auf medizinische Wirkungen beworben wird und dementsprechend in der Vorstellung der Verbraucher überwiegend der Heilung und Linderung von Neurodermitis dient, wird als Arzneimittel eingestuft.[203] Eine Haut-

[191] OLG Karlsruhe GRUR 1994, 452.
[192] OLG Köln MD 1995, 41.
[193] *Gröning* HWG § 1 Rn 297; Meyer/Streinz/*Reinhart* LFGB § 2 Rn 142.
[194] OLG Köln GRUR 2000, 154.
[195] LG Düsseldorf MD 2004, 946; praxisfern LG München I MD 2005, 1419, 1425.
[196] VG Berlin BeckRS 2007, 27 535 – Penis-Steifungscreme.
[197] BGH GRUR 2001, 450 – Franzbranntwein-Gel.
[198] OLG München MD 1998, 963; OLG Köln GRUR 1988, 852.
[199] OLG Hamburg MD 1999, 993.
[200] EuGH LRE 28, 19 – Upjohn.
[201] OLG Frankfurt BeckRS 2008, 12 138 – Mundspüllösung; aA LG Köln BeckRS 2006, 3445 – E Proaktiv; LG Köln PharmR 2006, 185 – meridol (bestätigt durch OLG Köln Urt. v. 28. 4. 2006, 6 U 178/05).
[202] OLG Frankfurt BeckRS 2008, 12 138 – Mundspüllösung.
[203] OLG Karlsruhe ZLR 1999, 488.

pflegecreme, die neben ihrer überwiegenden kosmetischen Zweckbestimmung untergeordnet dazu bestimmt ist, therapiebegleitend bei Neurodermitis Anwendung zu finden, stellt dagegen ein Kosmetikum dar.[204]

Propolis-Produkte in Gestalt von Cremes, Ölen oder äußerlich anzuwendenden Tinkturen sind im Einzelfall anhand der jeweiligen überwiegenden Zweckbestimmung zu beurteilen. Ist im Rahmen einer Gesamtbetrachtung festzustellen, dass die arzneiliche Zweckbestimmung überwiegt, wofür im Einzelfall insbesondere die Aufmachung des Produkts und dessen Bewerbung sprechen können, ist ein Arzneimittel gegeben.[205] 113

Schuppenshampoos sind grundsätzlich kosmetische Mittel. Kopfschuppen sind – auch bei lästigem Juckreiz – regelmäßig keine Krankheit und werden vom Verkehr auch nicht etwa generell als etwas Krankhaftes angesehen. Haarshampoos dienen der Reinigung und Pflege von Kopfhaar und Kopfhaut. Diese Mittel sind nach allgemeiner Verkehrsauffassung auch dann Kosmetika, wenn sie einem übermäßigen Schuppenbefall vorbeugen und diesen bekämpfen sollen, da die kosmetischen Zwecke überwiegen. Mittel zur Behandlung von Schuppenflechte oder von Seborrhoe sind dagegen Arzneimittel.[206] 114

Zahnpflegekaugummis, die überwiegend zur Zahn- oder Mundpflege bestimmt sind, sind auch dann kosmetische Mittel, wenn sie mit Genuss gekaut und sogar geschluckt werden; dieser Verzehr ist nur ein – möglicherweise sogar gewünschter – Nebenzweck.[207] Herkömmliche Kaugummis sind dagegen nach Art. 2 S. 2 VO (EG) 178/2002 Lebensmittel, auch wenn sie nebenbei beim Kauen zahnreinigend und -pflegend wirken. **Zahnpflegebonbons** können ebenfalls als Kosmetikum in Verkehr gebracht werden, wenn die kosmetische Zweckbestimmung eindeutig überwiegt.[208] Dass durch das Lutschen naturgemäß auch – durch den Speichelfluss – das Produkt in den menschlichen Körper Aufnahme findet, spricht nicht gegen die Einordnung als kosmetisches Mittel, da nicht die Aufnahme, sondern aufgrund der Aufmachung – für den Verkehr erkennbar – der zahnpflegende und frischefördernde Zweck im Vordergrund steht.[209] 115

E. Medizinprodukte

Schrifttum: *Anhalt/Dieners,* Handbuch des Medizinprodukterechts, 2003; *Anhalt/Lücker/Wimmer,* Abgrenzung Arzneimittel-Medizinprodukt: Pharmakologisch ist nicht biomedizinisch, PharmaRecht 2007, 45; *Baumann,* Anmerkung zu KG Berlin – „Jogun", ZLR 2000, 790; *v. Czettritz,* Abgrenzung Arzneimittel/Medizinprodukte, Pharma Recht 1997, 212; *Deutsch,* Das Gesetz über Medizinprodukte von 1994, NJW 1995, 752; *Erbs/Kohlhaas,* Strafrechtliche Nebengesetze, Loseblatt-Ausgabe; *Gruber,* Anmerkung zu OLG München – „Zur Behandlung des Übergewichts", ZLR 2001, 620; *Hagenmeyer/Oelrichs,* Münchner Kommentar zum Lauterkeitsrecht, Band 2, Anhang zu §§ 1–7 F, 2006; *Meyer,* Anmerkung zu KG Berlin – „Jogun", Pharma Recht 2000, 330; *Meyer-Lüerßen,* Anmerkung zu OLG Frankfurt – „Augespüllösung", ZLR 1997, 179; *Meyer/Streinz,* LFGB – BasisVO, Kommentar, 2007; *Rehmann/Wagner,* Medizinproduktegesetz, 2005; *Stumpf,* Anmerkung zu OVG NRW – „Zahnbleichmittel", ZLR 2004, 221.

I. Begriffsbestimmung

Medizinprodukte sind nach § 3 Nr. 1 lit. a MPG unter anderem „alle einzeln oder miteinander verbunden verwendeten Instrumente, Apparate, Vorrichtungen, Stoffe und Zube- 116

[204] *Gröning* HWG § 1 Rn 306.

[205] OVG Hamburg LRE 27, 387, 392; ähnlich *Meyer* S. 14.

[206] OLG Hamburg GRUR 2000, 626.

[207] VG Wiesbaden LRE 29, 400; s. auch *Reinhart* DLR 2008, 105.

[208] Im Anhang 1 der Schweizerischen Verordnung über kosmetische Mittel (VKos) sind „Zahn- und Mundpflegebonbons" als Untergruppe der Zahn- und Mundpflegemittel aufgeführt (Art. 2 Abs. 5, Art. 3 Abs. 4 VKos); Meyer/Streinz/*Reinhart* LFGB § 2 Rn 148.

[209] LG Köln LMuR 2007, 114 – Das Anti-Karies Bonbon; aA LG München I MD 2006, 1122. S. auch *Kratz/Keck-Wilhelm/Wackernah/Mildau* StoffR 2007, 90, 95; *Bruggmann* LMuR 2008, 9; *Meyer F.* LMuR 2008, 25.

reitungen aus Stoffen oder andere Gegenstände (...), die vom Hersteller zur Anwendung für Menschen mittels ihrer Funktionen zum Zwecke der Erkennung, Verhütung, Überwachung, Behandlung oder Linderung von Krankheiten zu dienen bestimmt sind und deren bestimmungsgemäße **Hauptwirkung** im oder am menschlichen Körper weder durch pharmakologisch oder immunologisch wirkende Mittel noch durch Metabolismus erreicht wird, deren Wirkungsweise aber durch solche Mittel **unterstützt** werden kann".[210] Medizinprodukte besitzen gemäß ihrer Begriffsbestimmung eine im Wesentlichen vergleichbare **Zweckbestimmung wie Arzneimittel.**[211] Im Gegensatz zu Lebensmitteln und kosmetischen Mitteln sind Medizinprodukte – wie deren Bezeichnung bereist zu erkennen gibt – dem medizinischen Bereich zuzuordnen.[212]

117 Von den Arzneimitteln unterscheiden sich die Medizinprodukte durch die **Art und Weise,** wie sie ihre Zweckbestimmung erreichen. Entscheidend für die Abgrenzung kann daher in diesem Zusammenhang nicht die Zweckbestimmung, sondern allein die Frage sein, welche Wirkungszusammenhänge im Körper – bei zweckentsprechender Verwendung – tatsächlich ausgelöst werden und ob diese Wirkungszusammenhänge unter den Begriff der pharmakologischen Wirkung im Sinne des Gesetzes zu subsumieren sind.[213] Anders als Arzneimittel erreichen Medizinprodukte ihre bestimmungsgemäße Hauptwirkung nicht durch pharmakologisch oder immunologisch wirkende Mittel oder durch Metabolismus. Diese wirken vielmehr **überwiegend mechanisch, physikalisch und/oder physikalisch-chemisch.**[214] Nach der Definition des § 3 Nr. 1 lit. a MPG ist unschädlich, wenn Medizinprodukte in ihrer Wirkungsweise durch pharmakologisch, immunologisch oder metabolisch wirkende Mittel **unterstützt** werden. Sobald diese Wirkmechanismen nicht mehr nur eine unterstützende Hilfsfunktion haben und die physikalische/mechanische Hauptwirkung nicht mehr überwiegt, ist ein Arzneimittel anzunehmen.[215] Die Kommission hat in der **Leitlinie MEDDEV 2.1/3** „Demarcation between Medical Devices Directives and Medicinal Products Directives" weitere Hilfestellungen und Beispiele zur Abgrenzung von Medizinprodukten zu Arzneimitteln aufgeführt.[216]

118 Auch wenn das als Medizinprodukt in Verkehr gebrachte Produkt mit der Zeit verstoffwechselt wird, kann – allein deshalb – kein Arzneimittel angenommen werden. Bewirkt die naturgemäß eintretende Verstoffwechselung nicht die bestimmungsgemäße, krankheitslindernde Wirkung, sondern soll die Hauptwirkung auf physikalischem Weg vor der etwaigen Verstoffwechselung erreicht werden, liegt ein Medizinprodukt vor. Allein die Tatsache, dass das Produkt selbst verstoffwechselt wird, bedeutet jedenfalls nicht, dass seine bestimmungsgemäße Hauptwirkung durch metabolische Wirkung erzeugt wird. [217]

---

[210] *Anhalt/Dieners* Hdb. § 3 Rn 3; *Schorn* MPG § 2 Rn 49.

[211] *Anhalt/Dieners* Hdb. § 3 Rn 5; *Deutsch* NJW 1995, 752; *Kloesel/Cyran* AMG § 2 Rn 155; *Meyer-Lüerßen* ZLR 1997, 179, 180.

[212] VGH Baden-Württemberg PharmR 2008, 285 – Zahnbleichmittel; OVG Nordrhein-Westfalen ZLR 2004, 208; OLG München MD 2002, 318; OLG Hamburg GRUR-RR 2002, 360; LG Berlin GRUR-RR 2003, 94; *Stumpf* ZLR 2004, 221.

[213] OLG Frankfurt MPR 2007, 133, 134 – Hyaluron-Natrium-Fertigspritzen; VG Saarlouis BeckRS 2009, 32 128 – Tränenersatzflüssigkeit; *Anhalt/Lücker/Wimmer* PharmR 2007, 45. S. auch OLG Frankfurt BeckRS 2008, 12 138 – Mundspülung: der Begriff der pharmakologischen Wirkung ist zu definieren als „Wechselwirkung zwischen den Molekülen der infrage stehenden Substanz und einem zellulären Bestandteil, gewöhnlich als Rezeptor bezeichnet, die entweder in einer direkten Reaktion resultiert oder die Reaktion eines anderen Agens blockiert".

[214] OVG Nordrhein-Westfalen BeckRS 2007, 24 419 – U. C. ® N. Pflaster; *Erbs/Kohlhaas* MPG § 1 Rn 3; *Rehmann/Wagner* Einf. Rn 13; *Baumann* ZLR 2000, 790; *Gruber* ZLR 2001, 620; *Meyer* PharmR 2000, 330.

[215] *Anhalt/Dieners* Hdb. § 3 Rn 9.

[216] Guidelines Relating to the Application of: the borderline between the Medical Devices Directive 93/42/EEC (MDD), the Active Implantable Medical Device Directive 90/385/EEC (AIMD) and the Medicinal Products Directive 65/65/EEC (MPD) including related directives, MEDDEV 2.1/3 rev 2. S. auch *Kloesel/Cyran* AMG § 2 Rn 158.

[217] OLG Frankfurt WRP 2007, 216 = MPR 2007, 133, 134 – Hyaluron-Natrium-Fertigspritzen.

II. Abgrenzungsbeispiele

Augenspüllösungen einschließlich solcher zur Anwendung am Auge, die eine mechanische Spülung bezwecken, werden als Medizinprodukte eingestuft.[218] Entsprechendes gilt auch für eine Spüllösung, die zur chemischen Neutralisierung von Säuren oder Laugen und Ausspülung der neutralisierten Stoffe bestimmt ist, um Verätzungen an der Augenoberfläche zu vermeiden, da rein physikalisch-chemische Reaktionen nicht von dem Begriff „metabolische Wirkung“ im Sinne des § 3 MPG umfasst sind.[219] Enthält eine Lösung arzneilich wirksame Substanzen, deren Hauptzweckbestimmung der lokale antimikrobielle Effekt ist, so ist ein Arzneimittel anzunehmen.[220] 119

Hyaluron-Natrium-Fertigspritzen, mit den dem menschliche Gelenk fehlende Hyaluronsäure – ein natürlicher Hauptbestandteil der menschlichen Gelenkflüssigkeit – durch Injektion von außen zugeführt wird, sind als Medizinprodukte einzustufen. Zum einen liegt keine metabolische Wirkung vor. Zwar wird die in das Kniegelenk gespritzte Hyaluronsäure jedenfalls mit der Zeit verstoffwechselt. Diese Verstoffwechselung bewirkt jedoch nicht die bestimmungsgemäße, krankheitslindernde Wirkung; vielmehr soll die Hyaluronsäure ihre gelenkschonende Funktion vor der etwaigen Verstoffwechselung erfüllen. Zum anderen liegt auch keine pharmakologische Wirkung vor, wobei insoweit entscheiden ist, welche Wirkungszusammenhänge im Körper ausgelöst werden. Einer Hyaluron-Natrium-Fertigspritze zur intraartikulären Anwendung bei Gelenkerkrankungen kann deshalb eine pharmakologische Wirkung nicht beigemessen werden. Denn die beabsichtigte heilende oder lindernde Funktion im Gelenk wird nicht über den Weg einer biochemischen Reaktion, also einer Wechselwirkung zwischen biologisch aktiven Substanzen und Organismen erzielt; vielmehr ersetzt die injizierte Lösung lediglich die im Gelenk nicht mehr ausreichend vorhandene Hyaluronsäure, ohne dass es – abgesehen von der für die bezweckte Wirkung unerheblichen Verstoffwechselung – zu einer biochemischen Reaktion kommt; insbesondere soll die Lösung den Körper nicht etwa dazu anregen, selbst die fehlende Hyaluronsäure zu produzieren.[221] 120

Sättigungskapseln, die im wesentlichen einen hochkomprimierten, sich im Magen entfaltenden Quellkörper enthalten und die zur Gewichtsreduzierung und -kontrolle bestimmt sind, werden seit dem Inkrafttreten des MPG als Medizinprodukte angesehen.[222] Die bestimmungsgemäße Hauptwirkung der aufquellenden Kapseln ist eine mechanische Wirkung, da der Magen gefüllt und die Magenwände gedehnt werden sollen. Die frühere Rechtsprechung, wonach solche Präparate als Arzneimittel angesehen wurden, wird nicht mehr aufrechterhalten. 121

Zahnbleichmittel sind entweder als Medizinprodukt oder als kosmetisches Mittel einzustufen.[223] Ein kosmetisches Mittel ist dabei zumindest in jenen Fällen anzunehmen, in denen ein Zahnbleichmittel zu dem ausschließlichen oder überwiegenden Zweck (äußerlich) auf **vitale** Zähne aufgetragen wird, ihr Aussehen zu verändern, ganz gleich, welche Wirkungen damit auf die inneren Schichten der Zähne verbunden sind. Ein Medizinprodukt ist dagegen anzunehmen, wenn das Zahnbleichmittel zur Aufhellung von **avitalen** Zähnen bestimmt ist und deshalb vom Zahnarzt in die Pulpahöhle eingespritzt werden muss. Aufgrund des Einspritzens in den Zahn ist eine innerliche Anwendung gegeben, so 122

[218] *Anhalt/Dieners* Hdb. § 3 Rn 38.

[219] OLG Frankfurt MD 1999, 384, 388; anders noch OVG Nordrhein-Westfalen LRE 31, 153: Arzneimittel angenommen.

[220] *Kloesel/Cyran* AMG § 2 Rn 159.

[221] OLG Frankfurt WRP 2007, 216, 217 = MPR 2007, 133, 135 – Hyaluron-Natrium-Fertigspritzen.

[222] OLG München MD 2001, 887 – zur Behandlung des Übergewichts; KG ZLR 2000, 785 – Jogun; *Meyer* PharmR 2000, 330; MünchKomm/*Hagenmeyer/Oelrichs* Anhang §§ 1–7 UWG § 2 LFGB Rn 17.

[223] VG Freiburg BeckRS 2006, 25 240; aA OVG Nordrhein-Westfalen ZLR 2004, 208.

dass ein Kosmetikum begrifflich ausscheidet.[224] Sind mehrere Anwendungsbereiche benannt und insbesondere die Linderung von Zahnerkrankungen, kommt es auf die Gesamtschau aller Merkmale des Produkts an.[225]

F. Täuschungsschutz für Lebensmittel

Schrifttum: *Bergmann,* Frisch vom Markt – Die Rechtsprechung zur „Frische"-Werbung aus marken- und lebensmittelrechtlicher Sicht, ZLR 2001, 667; *Bertling,* „Fische" bei Lebensmitteln, Der Lebensmittelbrief 2003, 34; *Bornemann,* Probiotische Lebensmittel zwischen Wunsch und Wirklichkeit, ZLR 1998, 478; *Fezer,* Europäisierung des Wettbewerbsrechts, JZ 1994, 317; *ders.,* Das wettbewerbsrechtliche Irreführungsverbot als ein normatives Modell des verständigen Verbrauchers im Europäischen Unionsrecht, WRP 1995, 671; *Großklaus,* Was ist wissenschaftlich hinreichend gesichert?, DLR 2001, 329; *Hagenmeyer,* Die Wissenschaft hat festgestellt ... – Zur Werbung mit wissenschaftlichen Erkenntnissen für Lebensmittel, DLR 2000, 431; *ders.,* Rechtlich hinreichend gesicherte Werbung, ZLR 2001, 811; *Hagenmeyer/Hahn,* Im SumV der NemV – Trittbretter zur Zusammensetzung, Kennzeichnung und Bewerbung von Nahrungsergänzungsmitteln, WRP 2004, 1445; Hagenmeyer/Oelrichs, Münchner Kommentar zum Lauterkeitsrecht, Band 2, Anhang zu §§ 1–7 F, 2006; *Hohmann,* Einwirkungen des Gemeinschaftrechts auf die Auslegung von § 3 UWG unter besonderer Berücksichtigung des „becel"-Urteils des BVerwG, WRP 1993, 225; *Köhler,* Die Bedeutung der Richtlinie 2005/29/EG über unlautere Geschäftspraktiken und ihre Auswirkungen für Lebensmittelrecht und Lebensmittelwirtschaft, ZLR 2006, 3; *Leible,* Abschied vom „flüchtigen Verbraucher"?, DZWir 1994, 177; *ders.,* Lebensmittelwerbung mit naturbezogenen Angaben, WRP 1997, 403; *ders.,* Wettbewerbswidriges Handeln mit Lebensmitteln, in: *Erbersdobler/Meyer,* Lebensmittelrechts-Handbuch, Kap. III F; *Leible/Sosnitza,* § 17 LMBG nach „Darbo" – Ein Plädoyer für die Streichung von § 17 Abs. 1 Nr. 4 LMBG, WRP 2000, 610; *Meisterernst/Haber,* Praxiskommentar Health & Nutrition Claims, 2007; *dies.,* Die VO (EG) 1924/2006 über nährwert- und gesundheitsbezogene Angaben, WRP 2007, 363; *Mettke,* Functional Food und diätetische Lebensmittel, ZLR 2000, 529; *Meyer,* Verbraucherleitbild des Europäischen Gerichtshofs, WRP 1993, 215; *ders.,* Verordnung (EWG) Nr. 2081/92 zum Schutz von geographischen Angaben und Ursprungsbezeichnungen, WRP 1995, 783; *ders.,* Bemerkungen zur ‚Mars'-Entscheidung des EuGH, GRUR Int. 1996, 98; *ders.,* Lebensmittelrecht – Leitfaden für Studium und Praxis, 1998; *ders.,* Deutsches Lebensmittelbuch – Teil 3: Trotz allem Für und Wider – ein Plädoyer für die Leitsätze, DLR 2003, 286; *ders.,* Das neue Lebensmittel- und Futtermittelgesetzbuch, NJW 2005, 3320; *ders.,* Health claim-Verordnung, AktuelErnaehrMed 2007, 85; *Meyer/Klaus,* Kommt Parmesan-Käse aus Parma und Umgebung?, GRUR 2003, 553; *dies.,* Budejovický Budvar gegen Rudolf Ammersin *oder* ist „Bud" eine gemeinschaftsrechtlich geschützte Herkunftsangabe?", WRP 2003, 131; *Meyer/Reinhart,* Das neue Lebensmittel- und Futtermittelgesetzbuch – eine Mogelpackung, WRP 2005, 1437; *Meyer/Streinz,* LFGB – BasisVO, Kommentar, 2007; *Oelrichs,* Naturbezogene Werbung für Lebensmittel, WRP 2004, 863; *Preuß,* Deutsches Lebensmittelbuch – Qua vadis Deutsches Lebensmittelbuch?, DLR 2002, 285; *Reese,* Das „6-Korn-Eier"-Urteil des EuGH – Leitentscheidung für ein Leitbild?, WRP 1998, 1035; *Reinhart,* Die wissenschaftliche Absicherung von Wirkungsbehauptungen, ZLR 2002, 520; *ders.,* Der Wandel einer geographischen Herkunftsangabe zur Gattungsbezeichnung und zurück am Beispiel der „Nürnberger Rost-/Bratwürste", WRP 2003, 1313; *ders.,* Anmerkung zu Hans. OLG Hamburg – „HMB/L-Carnitin", ZLR 2005, 508; *ders.,* Beauty Food – Schönheit von innen, DLR 2008, 105; *Sosnitza,* Gesundheitsbezogene Werbung für Lebensmittel – Paradigmenwechsel in Europa?, WRP 2003, 669; *ders.,* Der Einfluss des Gemeinschaftsrechts auf das nationale Recht zum Schutz geografischer Herkunftsangaben in Deutschland, GRUR 2007, 462; *Streinz,* Gibt es eine europäische Verkehrsauffassung?, ZLR 1991, 242; *ders.,* Werbung für Lebensmittel – Verhältnis Lebensmittel- und Wettbewerbsrecht, GRUR 1996, 16; *Streinz/Leible,* 10% mehr Eiskrem für alle! Anmerkungen zum Urteil des EuGH vom 6. Juli 1995, ZIP 1995, 1137 – Mars, ZIP 1995, 1236; *Wuttke,* Neues zur wettbewerbsrechtlichen Relevanz und Interessenabwägung bei der irreführenden Werbung, WRP 2003, 839; *ders.,* Die Konvergenz des nationalen und des europäischen Irreführungsbegriffs, WRP 2004, 820; *Zipfel/Rathke,* Lebensmittelrecht, Kommentar, Loseblatt-Ausgabe.

I. Allgemeines

1. Vorrang des EG-Rechts

123 Verbote zum Schutz vor Täuschung beziehen sich auf die stoffliche **Zusammensetzung** eines Lebensmittels und die **Darbietungsform** eines Lebensmittels. Diese Tathandlungen

[224] Im Ergebnis auch House of Lords Urt. v. 28. 6. 2001, (2001) UKHL 32; *Mahn* LRE 46, 327; s. auch *Reinhart* KosmetikR S. 19; Meyer/Streinz/*Reinhart* LFGB § 2 Rn 139.
[225] VGH Baden-Württemberg PharmR 2008, 285 – Zahnbleichmittel.

werden sowohl von Art. 14 und 16 VO (EG) 178/2002 als auch von § 11 des Lebensmittel- und Futtermittelgesetzbuchs (LFGB) erfasst.

Art. 14 VO (EG) 178/2002 ist, weil höherrangiges Recht,[226] gegenüber § 11 LFGB (relevant in Bezug auf § 11 Abs. 2 Nr. 1 LFGB) vorrangig anwendbar, soweit ein Sachverhalt unter Art. 14 VO (EG) 178/2002 fällt. 124

Art. 16 ist dagegen gegenüber dem spezielleren § 11 Abs. 1 LFGB nicht vorrangig anwendbar, da nach dessen ausdrücklichen Wortlaut speziellere Regelungen unberührt bleiben.[227] 125

2. Allgemeines Wettbewerbsrecht

a) Verhältnis § 5 UWG zu § 11 LFGB. Für ein Verbot aus § 5 UWG können keine weiterreichenden Rechtsfolgen als aus § 11 Abs. 1 LFGB hergeleitet werden, sofern es um die Beurteilung eines vom LFGB erfassten Sachverhalts geht. Zwischen beiden Normen besteht dann Gesetzeskonkurrenz, so dass § 11 Abs. 1 LFGB vorgeht, anderenfalls würde die spezialgesetzliche Regelung obsolet.[228] 126

b) Unterlassungs-, Beseitigungs- und/oder Schadensersatzansprüche. Das LFGB ist **öffentlichrechtlicher Natur,** weshalb sein eigentlicher Regelungsgegenstand nicht das Rechtsverhältnis der Werbungtreibenden untereinander oder der Schutz der Verbraucher vor unlauterem Wettbewerb ist. Es sind deshalb darin keine (privatrechtlichen) Unterlassungs-, Beseitigungs- und/oder Schadensersatzansprüche geregelt, sondern **Verbote und Gebote** bestimmt, die durch Bußgeld- und Strafandrohungen durchgesetzt werden sollen. In der Praxis werden Verstöße gegen das LFGB aber in erster Linie in wettbewerbsrechtlichen Verfahren auf der Basis des allgemeinen Wettbewerbsrechts geltend gemacht. Die dabei erhobenen Unterlassungs-, Beseitigungs- und/oder Schadensersatzansprüche können auf die allgemeinen Regelungen der §§ 3, 4 Nr. 11, 8 und 9 UWG gestützt werden, da die verletzten LFGB-Vorschriften insbesondere als Marktverhaltensregeln anerkannt sind.[229] Die Verletzung von LFGB-Vorschriften begründet daher regelmäßig einen Unterlassungsanspruch nach §§ 3, 8 UWG. 127

II. EU-Recht

1. Art. 14 VO (EG) 178/2002

a) Anwendungsbereich. Nach Art. 14 Abs. 2 lit. b VO (EG) 178/2002 ist es verboten, für den Verzehr durch den Menschen ungeeignete Lebensmittel in den Verkehr zu bringen. **„Zum Verzehr ungeeignet"** sind Lebensmittel, die bei ihrer Gewinnung, Herstellung oder späteren Behandlung durch natürliche oder willkürliche Einflüsse[230] derart nachteiligen Veränderungen ihrer äußeren oder inneren Beschaffenheit, ihres Aussehens, ihres Geruchs oder Geschmacks ausgesetzt sind, dass ihr Verzehr nach allgemeiner Verkehrsauffassung ausgeschlossen ist. 128

Der Anwendungsbereich des Art. 14 VO (EG) 178/2002 ist allerdings dahingehend eingeschränkt, dass er nur Fälle einer Änderung der **stofflichen Zusammensetzung** ei- 129

---

[226] EuGH Slg. 1963, 1 – Van Gend & Loos; EuGH Slg. 1964, 1251 – Costa/ENEL; EuGH Slg. 1970, 1125 – Internationale Handelsgesellschaft; EuGH Slg. 1978, 629 – Simmenthal; EuGH Slg. 1979, 2729 – Schaffleisch.

[227] Meyer/Streinz/*Meyer* BasisVO Art. 16.

[228] BGH GRUR 2003, 628, 629 – Klosterbrauerei; OLG Köln ZLR 2008, 351, 353 – Fruit2Day; Hefermehl/Köhler/*Bornkamm* UWG § 5 Rn 1.45; Meyer/Streinz/*Meyer* LFGB § 11 Rn 15; → § 5 Rn 39.

[229] OLG Karlsruhe GRUR-RR 2007, 112 – Fruchtriegel; OLG München GRUR-RR 2006, 139 – MobilPlus-Kapseln; Hefermehl/*Köhler*/Bornkamm UWG § 4 Rn 11.136; MünchKomm/*Hagenmeyer/Oelrichs* Anhang §§ 1–7 UWG § 1 LFGB Rn 9.

[230] BVerwGE 60, 69 – Inverkehrbringen aus Kaugummiautomaten.

nes Lebensmittels durch Kontamination, Fäulnis, Verderb oder Zersetzung erfasst (Art. 14 Abs. 5). Deshalb erstreckt sich Art. 14 VO (EG) 178/2002 nicht auf Fälle, in denen ein Lebensmittel ohne äußerlich erkennbare Veränderung Ekel oder **Widerwillen** bei einem normal empfindenden Verbraucher auslösen würde, wenn er von bestimmten Herstellungs- oder Behandlungsverfahren Kenntnis hätte; diese Fallgruppe wird von § 11 Abs. 2 Nr. 1 LFGB erfasst.[231]

130 Geht von dem Lebensmittel eine **Gesundheitsgefahr** aus, greift Art. 14 Abs. 2 lit. a VO (EG) 178/2002.

131 Art. 14 gilt seit 1. 1. 2005 unmittelbar (Art. 65 Abs. 2 VO (EG) 178/2002) und ist gegenüber § 11 Abs. 2 Nr. 1 LFGB vorrangig anwendbar,[232] was auch aus dem Wortlaut des § 11 Abs. 2 Nr. 1 LFGB hervorgeht.[233]

132 **b) Abstrakter Täuschungstatbestand.** Auf eine tatsächliche **Kenntnis** des Verbrauchers kommt es nicht an, denn er soll gerade davor geschützt werden, nichts ahnend beispielsweise verdorbene Lebensmittel zu erwerben **(abstrakte Täuschungsgefahr).**[234] Die Feststellung einer Täuschung in einem konkreten Einzelfall ist daher nicht erforderlich.

133 Die **Erkennbarkeit** der Verzehrsuntauglichkeit schließt die Anwendbarkeit des Art. 14 VO (EG) 178/2002 nicht aus, ebenso wie ein Hinweis auf den die Ungeeignetheit begründenden Umstand.[235]

134 **c) Nachträgliche Beseitigung.** Eine nachträgliche Beseitigung der Verzehrsuntauglichkeit ist nicht generell auszuschließen, wohl aber nur unter **besonderen Umständen** möglich. Soweit ein Lebensmittel zur Verzehrsfertigkeit noch einer bestimmten Bearbeitung oder Behandlung bedarf, kommt es für die Frage seiner Eignung zum Verzehr auf den bestimmungsgemäßen Endzustand an.[236]

135 Ist eine nachträgliche Beseitigung der Verzehrsuntauglichkeit möglich, liegt nur **Wertminderung** im Sinne des § 11 Abs. 2 Nr. 2 lit. b LFGB vor.[237]

136 **d) Beispiele.** Fälle von „für den Verzehr durch den Menschen ungeeignet" können beispielsweise sein: in einer Backstube hergestellte Backwaren, die über einen längeren Zeitraum außerordentlich stark verschmutzt ist und sich in einem verkommenen Zustand befindet;[238] rohe Bratwürste, die vier Tage nach ihrer Herstellung noch in einem Kühlhaus hängen;[239] Erbseneintopf mit Würstchen in einer Dose mit bis zu 4 mm langen Kornkäfer;[240] Hähnchen mit einem Belag von Fliegenlarven;[241] Kartoffeln, die vom Hochwasser mit einer erheblichen Fäkalienkonzentration überflutet gewesen waren;[242] unverpackt in Kaugummi-Automaten mit verschmutzten Abgabeschächten in Verkehr gebrachte Kaugummikugeln;[243] kratzende, beißende Sahne;[244] Schimmelbefall;[245] Schokolade, die von lebenden Käfern und Maden befallen ist;[246] natürlich verendetes Schwein, das lediglich zum Schein notgeschlach-

---

231 → Rn 249.
232 Hefermehl/Köhler/*Bornkamm* UWG § 5 Rn 1.43–1.44: Der dortige Hinweis auf Art. 8 VO (EG) 178/2002 übersieht, dass es sich hierbei nur um eine „Ziel"-Vorgabe handelt.
233 Meyer/Streinz/*Meyer* LFGB § 11 Rn 122.
234 OLG Karlsruhe ZLR 1977, 498, 499; BVerwG ZLR 1980, 367.
235 BGH ZLR 1980, 195; OLG Stuttgart ZLR 1994, 324; OLG Koblenz LRE 17, 120.
236 BayObLG LRE 12, 358.
237 → Rn 263.
238 OLG Koblenz LRE 14, 140.
239 OLG Koblenz LRE 18, 199.
240 OLG Koblenz LRE 15, 199.
241 LG Frankfurt LRE 6, 213.
242 BayObLG LRE 8, 110.
243 OLG Stuttgart LRE 11, 290.
244 OLG Hamm LRE 6, 123.
245 KG LRE 10, 375; OLG Karlsruhe LRE 13, 123.
246 OLG Düsseldorf ZLR 1976, 448.

tet wird;[247] stechend-ranziger **Geschmack** bei Speck;[248] Speiseeis mit mehr als 100 000 Keimen pro ml;[249] Spirituosen in Flaschen mit toten Fliegen und Schmutzpartikelchen.[250]

2. Art. 16 VO (EG) 178/2002

Eine **Generalklausel** für die irreführende Kennzeichnung, Werbung und Aufmachung von Lebensmitteln, allerdings nur in Bezug auf Form, Aussehen, Verpackung, Verpackungsmaterialien, Art ihrer Anordnung und den Rahmen ihrer Darbietung sowie die über sie verbreiteten Informationen, enthält auch Art. 16 VO (EG) 178/2002. 137

Art. 16 ist aber gegenüber dem spezielleren § 11 Abs. 1 LFGB nicht vorrangig anwendbar, da nach dem Wortlaut speziellere Regelungen ausdrücklich unberührt bleiben („unbeschadet spezifischer Bestimmungen des Lebensmittelrechts"). 138

III. LFGB

1. Allgemeines

a) Täuschungsschutz. Die Verbote zum Schutz vor Täuschung in § 11 LFGB beziehen sich sowohl auf die **Darbietungsform** eines Lebensmittels wie „Bezeichnungen, Angaben, Aufmachungen, Darstellungen und sonstige Aussagen" (§ 11 Abs. 1 LFGB), als auch auf die stoffliche **Zusammensetzung** eines Lebensmittels (§ 11 Abs. 2 LFGB). 139

b) Verkehrsauffassung. Maßstab für den Umfang des Täuschungsschutzes ist die Auffassung der angesprochenen Verkehrskreise (Hersteller, Händler, Verbraucher). Der Grad des Täuschungsschutzes hängt dabei entscheidend von der Erwartungshaltung der angesprochenen Verkehrskreise an die Rezeptur und Kennzeichnung eines Lebensmittels ab. 140

c) Feststellung der Verkehrsauffassung. aa) Normative Bestimmung. Normen wie **Gesetze und Verordnungen** können allgemeinverbindlich eine Verkehrsauffassung determinieren und sich ggf. auch über eine tatsächlich abweichende Verbrauchererwartung hinwegsetzen. Beweisanträge zur Feststellung solcher Erwartungen müssen vom Gericht daher abgelehnt werden,[251] denn infolge der Allgemeinverbindlichkeit einer Norm können abweichende tatsächliche Feststellungen nicht zugelassen werden. 141

Beispiel: die Bestimmung der Verkehrsbezeichnungen und der Beschaffenheit von Konsummilch gemäß Anhang VIII VO 1234/2007 über eine gemeinsame Organisation der Agrarmärkte. 142

bb) Verbrauchererwartung. Soweit gesetzliche Regelungen fehlen ist die **tatsächliche Verkehrsauffassung** zu ermitteln. Die Verkehrsauffassung ist die Auffassung der am Verkehr mit Lebensmitteln beteiligten Kreise, namentlich Hersteller, Händler sowie Verbraucher. Diese „Verkehrsauffassung" schließt demzufolge die (subjektiven) Vorstellungen über die Anforderungen an ein Lebensmittel, also die Verbrauchererwartung an die Beschaffenheit eines Erzeugnisses mit ein. 143

Geschützt werden soll indessen nicht die Verbrauchererwartung schlechthin, sondern die **„berechtigte Verbrauchererwartung"**, also diejenige, die auch die übrigen, die Verkehrsauffassung bestimmenden Faktoren wie redliche Handelsbräuche mit berücksichtigt. Dies gilt auch hinsichtlich der vom Verbraucher als solche inzwischen weitgehend akzeptierten **industriellen Fertigung** von Lebensmittelprodukten in Bezug auf die hiermit verbundenen zwingenden herstellungstechnischen Vorgaben; vor allem ist in den Fällen 144

---

[247] OLG Düsseldorf LRE 15, 188.
[248] OLG Koblenz ZLR 1976, 223.
[249] KG LRE 3, 287.
[250] KG LRE 11, 48.
[251] BGHSt 11, 365, 377; BGH LRE 5, 5.

eine differenzierende Betrachtungsweise angezeigt, in denen bereits eine unterschiedliche Verkehrsauffassung bezüglich der „am häuslichen Herd“ hergestellten Erzeugnisse auf der einen und den industriell gefertigten Produkten gleicher Bezeichnung auf der anderen Seite existiert, denn in derartigen Fällen ist die berechtigte Verbrauchererwartung eine „zweischichtige“ (zB „Mousse au chocolat“).[252]

145 Die Verbraucher haben aber in der Regel keine bzw. nur unzureichende **Kenntnisse** oder oftmals nur diffuse **Vorstellungen** von der Herstellung und damit von der konkreten Zusammensetzung von Lebensmitteln (die oftmals über Zusatzstoffe geäußerten Bedenken sprechen Bände). Verbraucher können sicherlich erwarten, dass ein Lebensmittel gesundheitlich unbedenklich und bekömmlich ist. Des Weiteren dürfen Verbraucher darauf vertrauen, dass ein Lebensmittel den gesetzlichen Anforderungen oder den allgemein üblichen und in Fachkreisen anerkannten Anschauungen entspricht, auch wenn sie diese nicht in ihren Einzelheiten kennen oder sich sogar dessen bewusst sind, keine gesicherten Kenntnisse von der Beschaffenheit eines Lebensmittels zu haben.

146 Deshalb wird die Verkehrsauffassung mit einer Vielzahl von **Auslegungshilfen** ermittelt. Die Verkehrsauffassung über die Beschaffenheit (zB im Sinne des § 11 Abs. 2 Nr. 2 lit. b LFGB) und damit über die Kennzeichnung eines Lebensmittels kann auf vielfältige Weise festgestellt werden; hierzu gehören: Leitsätze der Deutschen Lebensmittelbuch-Kommission, Handelsbräuche, anerkannte Leitsätze und Richtlinien sowie Lehrbücher, Rezept- und Kochbücher.

147 **cc) Deutsches Lebensmittelbuch.** Das Deutsche Lebensmittelbuch (DLB)[253] ist eine **Sammlung von Leitsätzen,** in denen Herstellung, Beschaffenheit oder sonstige Merkmale von Lebensmitteln, die für die Verkehrsfähigkeit der Lebensmittel von Bedeutung sind, beschrieben werden (§ 15 Abs. 1 LFGB). Nach der Amtlichen Begründung sollen Beurteilungsmerkmale aber nicht nur festgestellt werden, vielmehr können die Leitsätze des Lebensmittelbuches eine gestaltende Funktion haben und von der tatsächlichen Auffassung bestimmter Verkehrskreise auch abweichen.[254]

148 Die DLB-Leitsätze sind **keine allgemeinverbindlichen Rechtsnormen** und können daher weder Ge- und Verbote enthalten noch bestehende Rechtsvorschriften aufheben oder ändern. Es ist einhellige Auffassung der Gerichte,[255] wenn in Fällen, in denen spezielle gesetzliche Vorschriften fehlen, der Tatrichter davon ausgeht, dass die **Verbrauchererwartung** hinsichtlich bestimmter Lebensmittel in den Leitsätzen des Deutschen Lebensmittelbuches zum Ausdruck komme, denn die Leitsätze können „als das Mindestmaß dessen angesehen werden, was der Verbraucher von Lebensmitteln erwarten kann und auch erwartet“.[256] Es ist davon auszugehen, dass solange die Deutsche Lebensmittelkommission bestehende Leitsätze nicht ändert, diese die maßgebliche Verbrauchererwartung wiedergeben und diese auch noch nicht durch neue wissenschaftliche Erkenntnisse überholt sind.[257]

149 Die Leitsätze sind allerdings lediglich **antizipierte Sachverständigengutachten** der beteiligten Kreise.[258] Die Leitsätze sind daher einer richterlichen Nachprüfung zugänglich, so dass im Einzelfall überprüft werden kann (und sollte), ob die einzelnen Leitsätze die tatsächliche Verbrauchererwartung vor allem hinsichtlich Beschaffenheit und Verkehrsbezeichnung eines Lebensmittels zutreffend wiedergeben. Infolge des in § 16 Abs. 3 LFGB geregelten Mehrheitsprinzips bei der Abstimmung sind einzelne Leitsätze nicht selten Kompromisslösungen. Von Ihnen kann daher im Einzelfall abgewichen werden, insbeson-

---

252 VG Koblenz LMRR 1991, 51 – Mousse au chocolat.

253 Ausführlich *Meyer* DLR 2003, 286; Meyer/Streinz/*Meyer* LFGB § 15 Rn 4.

254 Amtl. Begr. zu § 33 LMBG, BT-Drucks. 7/255 S. 37.

255 OLG Düsseldorf ZLR 1982, 256, 261; BayVGH ZLR 1998, 660, 662.

256 OLG Hamm ZLR 1976, 292, 295.

257 OLG Hamm ZLR 1976, 292, 296; s. auch OLG Koblenz ZLR 1989, S. 166, 168 f. Die Probleme der „dynamischen“ und sicher daher wandelnden Verkehrsauffassung zeigt anschaulich *Martell* ZLR 1999, 648, 649.

258 BVerwG ZLR 1988, 556.

dere dann, wenn die im Leitsatz getroffenen Feststellungen nicht mit einer tatsächlich bestehenden Verkehrsauffassung übereinstimmen.[259]

150 Stimmen Erzeugnisse mit den Feststellungen in den Leitsätzen nicht überein, ist dies ein (widerlegbares) Indiz dafür, dass ein Etikett, das auf diesen Umstand nicht hinweist, zur **Täuschung** geeignet ist (im Sinne des § 11 Abs. 1 LFGB).[260]

151 Da die Leitsätze des Deutschen Lebensmittelbuches bloße **Auslegungshilfe**[261] sind, ist das jeweilige Lebensmittel bei ausreichender Kenntlichmachung der **Abweichung** (im Sinne des § 11 Abs. 2 Nr. 2 LFGB) deshalb auch dann verkehrsfähig, wenn die die Prüfung eines Lebensmittels eine Abweichung von der Beschreibung in den Leitsätzen ergeben sollte. Für eine **ausreichende Kenntlichmachung** genügen dabei grundsätzlich die Angaben im Zutatenverzeichnis,[262] etwa „Wiener Schnitzel vom Schwein" statt unter Verwendung von Kalb (Leitsätze für Fleisch und Fleischerzeugnisse 2508.1). Die Lebensmittelbuch-Kommission hielt dies in den „Hinweisen für die Anwendung der Leitsätze des Deutschen Lebensmittelbuches" fest.[263] Mit dem Ziel, der schematischen Anwendung der Leitsätze als Quasi-Normen eine Ende zu bereiten, wird in den „Hinweisen" hervorgehoben, dass die Leitsätze **nicht rechtsverbindlich** seien, ihnen auch „nicht der Charakter von Verwaltungsrichtlinien" zukäme. In Beurteilungen und Stellungnahmen seien die Leitsätze deshalb als Auslegungshilfe, nicht aber als Rechtsgrundlage zitierbar.

152 **dd) Handelsbräuche.** Handelsbräuche können eine Verbrauchererwartung determinieren, wenn sich die Verkehrsauffassung zu einem Lebensmittel beispielsweise nach den **Richtlinien eines Herstellerverbandes** richtet. Solche Richtlinien stellen aber nur ein Mindestmaß dessen dar, was die Verbraucher von einem Lebensmittel erwarten dürfen.[264] Eine von Herstellerrichtlinien[265] abweichende Verbrauchererwartung geht vor.[266] Richtlinien von Herstellerverbänden sind antizipierte gutachtliche Äußerungen, die – da nicht rechtsverbindlich – vom Tatrichter auf ihre Richtigkeit hin zu überprüfen sind.

153 **ee) Leitsätze des ALS.** Zu den anerkannten Leitsätzen und Richtlinien zählen auch die des **Arbeitskreises** der Sachverständigen der Länder und des BVL (ALS). Der ALS nimmt zu Fragen der Verkehrsauffassung zu einzelnen Lebensmitteln Stellung, die im BGesundheitsBl. und im J. Verbr.Lebensm. veröffentlicht werden. Diese Stellungnahmen sind nicht rechtsverbindlich und richterlich überprüfbar.

154 **ff) Kochbücher.** Lehrbücher, Rezept- und Kochbücher bieten oftmals Anhaltspunkte für die verkehrsübliche Beschaffenheit eines Lebensmittels. Allgemein gilt, dass Rezepturen in Lehrbüchern, Rezept- oder Kochbüchern dann verwertbar sind, wenn aus ihnen deutlich wird, wie der jeweilige Autor sich seine Meinung gebildet hat. Renommee und Bekanntheit des Verfassers (zB Dr. Oetker Kochbuch) können dabei eine wichtige Rolle spielen.

155 **gg) Beweisermittlung.** Verbrauchererwartung und Handelsbrauch können örtlich verschieden sein. Maßgeblich ist stets die Auffassung der angesprochenen Verkehrskreise am Absatzort.[267]

156 In einer sich wandelnden Gesellschaft unterliegen natürlich auch Verkehrsauffassungen einem **zeitlichen Wandel** (etwa die sich ändernden Auffassungen über den Fettgehalt von Lebensmitteln), weshalb stets geprüft werden sollte, ob Richtlinien und Leitsätze über die

---

259 Niedersächsisches OVG ZLR 1994, 49, 56 ff: bei den Leitsätzen für Fleisch und Fleischerzeugnisse blieben Besonderheiten des Herstellungsprozesses für Tiefkühlerzeugnisse unberücksichtigt; VG Minden LMRR 2006, 41 – Schinken in Aspik.

260 BVerwG ZLR 1988, 556, 562.

261 BayVGH DLR 1999, 33 – Delikatess-Schinkenbraten; Meyer/Streinz/*Meyer* LFGB § 15 Rn 8 ff.

262 EuGH ZLR 1995, 667 m. Anm. *Meyer* – Sauce Hollandaise; VG Freiburg BeckRS 2008, 34 832 – Meeresfrüchte-Mischung; *Preuß* DLR 2002, 285, 286.

263 <http://www.bmelv.de>: s. Verbraucherschutz > Lebensmittelsicherheit > Deutsches Lebensmittelbuch.

264 BayObLG LRE 4, 144.

265 Beispiele von RL der Wirtschaftsverbände zu finden bei *Zipfel/Rathke* C 102 § 11 Rn 297.

266 OLG Hamm LRE 4, 185; BayObLGSt LRE 5, 113.

267 BGHSt LRE 2, 10, 17; OLG Karlsruhe LRE 11, 202, 203.

Anforderungen einzelner Lebensmittel noch zeitgemäß sind, sprich der Verbrauchererwartung tatsächlich entsprechen.

157 Die Feststellung der Verkehrsauffassung ist grundsätzlich Sache des Tatrichters.[268] Zur Feststellung von Tatsachen (nicht aber zur Klärung von Rechtsfragen) über die Beschaffenheit eines Lebensmittels oder der Übereinstimmung der Beschaffenheit eines Lebensmittels mit der bestehenden Verkehrsauffassung kann sich ein Gericht der Fachkenntnis von **Sachverständigen** bedienen.[269] Als Sachverständige kommen vor allem amtliche und freie Lebensmittelchemiker sowie amtliche Veterinäre in Betracht. Bei erfahrenen Lebensmittelchemikern oder Veterinären eines Untersuchungsamtes kann grundsätzlich angenommen werden, dass sie über fundierte Kenntnisse zu Handelsbräuchen und anderen Verkehrsauffassungen verfügen und hierbei Auskunft erteilen können. Ihre Aussage ist aber nur dann gerichtlich verwertbar, wenn die Gutachter darlegen können, wie sie sich ihre Meinung gebildet haben. Es genügt daher nicht, nur die eigene Ansicht mitzuteilen, vielmehr muss der Gutachter darlegen, auf welcher Datenbasis die jeweilige Verbrauchererwartung ermittelt wurde, ob der jeweilige Handelsbrauch etwa bei dem Untersuchungsamt durch Reihenuntersuchungen statistisch erfasst und aktenmäßig festgehalten wird.[270] Werden Sachverständige zu dem Prüfergebnis ihres Berichts über die Untersuchung einer Lebensmittelprobe befragt, ist zu verifizieren, auf welcher Kenntnis und Erkenntnissen das Gutachten beruht. Die Schlussfolgerungen eines Sachverständigen darf ein Gericht nicht nur übernehmen, vielmehr muss es die Anknüpfungstatsachen im Urteil darlegen und entsprechend rechtlich würdigen. Dies gilt insbesondere für Amtsrichter in Bußgeldsachen, die den Ausführungen eines Sachverständigen oftmals unterstellen, dass dieser über besondere Erkenntnisquellen verfüge, jedoch obliegt die rechtliche Würdigung eines Sachverhalts ausschließlich dem Gericht (§ 261 StPO).

158 Betrifft der Sachverhalt ein dem Verbraucher bekanntes Sachgebiet, für dessen Verständnis kein über die allgemeine Lebenserfahrung oder ein natürliches Sachverständnis hinausreichendes Spezialwissen erforderlich ist, bedarf es keiner Zuziehung eines Sachverständigen und keiner näheren Darlegung der eigenen Sachkunde des Gerichts in den Urteilsgründen.[271] In einfach gelagerten Fällen kann ein Gericht die Verbrauchererwartung auf Grund **eigener Lebenserfahrung und Sachkunde** ohne Beweiserhebung feststellen,[272] vorausgesetzt, es liegen keine besonderen Umstände vor, die Zweifel an der Sachkunde des oder der Richter begründen.

159 **hh) Beweislast.** Es entspricht ständiger höchstrichterlicher Rechtsprechung, dass bei der Frage einer irreführenden Werbung grundsätzlich den Kläger die Darlegungs- und Beweislast für die Unrichtigkeit der Werbebehauptung trifft. Die Darlegungs- und Beweislast trifft aber dann den **Werbenden,** wenn er mit einer fachlich umstrittenen Meinung geworben hat, ohne die Gegenmeinung zu erwähnen; der Werbende übernimmt in einem derartigen Fall dadurch, dass er eine bestimmte Aussage trifft, die Verantwortung für ihre Richtigkeit, die er im Streitfall dann auch beweisen muss.[273]

2. Generalklausel, § 11 Abs. 1 S. 1 LFGB

160 **a) Allgemein. aa) Generalklausel.** § 11 Abs. 1 S. 1 LFGB enthält eine Generalklausel der **Irreführung.** Danach ist es verboten, Lebensmittel unter irreführender Bezeichnung, Angabe oder Aufmachung gewerbsmäßig in den Verkehr zu bringen oder für Lebensmittel allgemein oder im Einzelfall mit irreführenden Darstellungen oder sonstigen Aussagen zu werben.

161 **bb) Regelbeispiele.** Die Generalklausel des § 11 Abs. 1 LFGB wird mit dem **Beispielskatalog** des § 11 Abs. 1 S. 2 Nr. 1 bis 4 LFGB konkretisiert.

---

[268] BayObLG DLR 1994, 156, 157.
[269] Europarechtlich abgesegnet durch EuGH EuZW 1998, 526 m. Anm. *Leible* – Gutspringenheide.
[270] *Zipfel* ZLR 1991, 300, 310; Meyer/Streinz/*Meyer* LFGB § 11 Rn 33 ff.
[271] BayObLG DLR 1994, 156, 157.
[272] BayObLG DLR 1990, 357, 358.
[273] BGH GRUR 1991, 848 – Rheumalind II; § 5 Rn 478.

Mit den **Regelbeispielen** des S. 2 – mit Ausnahme der Nr. 4 – übernimmt der deutsche Gesetzgeber nahezu wortgleich Art. 2 Abs. 1 lit. a der **Etikettierungs-RL 2000/13/EG** über die Etikettierung und Aufmachung von Lebensmitteln sowie die Werbung hierfür; der dort noch verwandte Begriff der „Identität" in Art. 2 Abs. 1 lit. a) i) wird gemäß der Amtlichen Begründung von den anderen Regelbeispielen des § 11 Abs. 1 Nr. 1 LFGB abgedeckt.[274] § 11 LFGB ist, weil harmonisiertes Recht, im Lichte der Etikettierungs-RL auszulegen.[275] 162

b) Irreführung. aa) Verbraucherleitbild. Der Irreführungsprüfung nach § 11 Abs. 1 S. 1 LFGB liegt der **einheitliche Irreführungsbegriff** zu Grunde, der sich sowohl in anderen spezialgesetzlichen Irreführungsverboten (zB § 3 HWG) als auch im allgemeinen wettbewerbsrechtlichen Irreführungsverbot gemäß § 5 UWG wieder findet.[276] Eine Irreführung liegt vor bei einer Abweichung zwischen Ist und Soll. „Irreführend" (§ 11 Abs. 1 S. 1 LFGB) ist dabei gleichbedeutend mit dem Tatbestandsmerkmal „zur Täuschung geeignet" (§ 11 Abs. 1 S. 2 Nr. 1 LMBG). Zur Irreführung genügt demnach die bloße Eignung zur Täuschung; auf eine tatsächliche Täuschung oder gar eine Schädigung der Verbraucher kommt es nicht an. 163

Die Reichweite des Irreführungsverbots hängt in erster Linie von dem seiner Interpretation zu Grunde gelegten **Verbraucherleitbild** ab. Der Anwendungsbereich ist umso größer, je stärker die Schutzbedürftigkeit von Minderheiten gegen – auch entfernte – Irreführungsgefahren betont wird (flüchtiger Verbraucher); er ist umso geringer, je mehr auf den Verständnishorizont durchschnittlicher oder gar informierter Verkehrskreise (mündiger Verbraucher) abgestellt wird. Demgemäß ist in § 3 Abs. 2 S. 2 UWG bestimmt, dass auf den **durchschnittlichen Verbraucher** oder, wenn sich die geschäftliche Handlung an eine bestimmte Gruppe von Verbrauchern wendet, auf ein durchschnittliches Mitglied dieser Gruppe abzustellen ist. 164

bb) BGH. Zur Feststellung der Auffassung der angesprochenen Verkehrskreise stellt der BGH in Anlehnung an die Rechtsprechung des EuGH zu den einschlägigen gemeinschaftsrechtlichen Regelungen auf das Leitbild eines durchschnittlich informierten, aufmerksamen und verständigen **Durchschnittsverbrauchers** ab,[277] der das fragliche Werbeverhalten mit einer der Situation angemessenen Aufmerksamkeit verfolgt.[278] Auch der dergestalt mündige Verbraucher kann in manchen Situationen „flüchtig" reagieren.[279] 165

Auch in der **Verwaltungsgerichtsbarkeit** ist dies einhellige Auffassung.[280] 166

Die frühere Rechtsprechung, wonach bei der Prüfung des Aussagegehalts einer Werbung regelmäßig von der Auffassung eines **flüchtigen Verbrauchers** auszugehen sei, der eine Ankündigung weder genau, vollständig und kritisch würdige, noch grammatikalische oder philologische Überlegungen anstelle,[281] ist überholt. Der **verständige Verbraucher** wird etwa bei der Angabe „Kosmetik von innen" für eine Buttermilch nicht die Vorstellung haben, dass die betreffenden Buttermilchprodukte kosmetische Wirkung hätten und dass er durch ihren Verzehr etwas für die Erhaltung oder Verbesserung seines äußeren Erscheinungsbildes tun könne.[282] 167

---

[274] Meyer/Streinz/*Meyer* LFGB § 11 Rn 3.

[275] *Hohmann* WRP 1993, 225.

[276] Erdmann/Rojahn/Sosnitza/*Reinhart* Hdb. FA GR Kap. 6 Rn 1282.

[277] Das Leitbild des verständigen Verbrauchers fand erstmalig seinen Niederschlag in den Entscheidungen BGH WRP 1994, 615 – Unipor-Ziegel; BGH WRP 1996, 290 – umweltfreundliches Bauen; BGH WRP 1996, 729 – Der meistverkaufte Europas; BGH WRP 1996, 1156 – PVC-frei.

[278] Beispielhaft: BGH GRUR 2007, 805, 807 – Irreführender Kontoauszug; BGH GRUR 2005, 877, 879 – Werbung mit Testergebnis; BGH GRUR 2002, 160, 162 – Warsteiner III; → § 5 Rn 189 ff.

[279] OLG Hamburg LRE 40, 335; LG Düsseldorf LMRR 2005, 19 – tagesfrisch gepresst.

[280] BVerwG LMRR 2000, 135 – Schinkennudeln; BVerwG WRP 1993, 16 – becel; BayVGH ZLR 1996, 95, 100 – Bauernrotwurst.

[281] Statt vieler BGH GRUR 1992, 66, 68 – Königl. Bayer. Weiße.

[282] Überholt: VGH München ZLR 1995, 87 – Kosmetik von innen.

168 **cc) EuGH.** Die Prämisse des BGH deckt sich mit derjenigen des EuGH.[283] Verbraucherleitbild des EuGH ist ein Verbraucher, der nicht nur ein Recht auf Information hat,[284] sondern dem auch eine Informationsbeschaffungslast aufgebürdet wird.[285] In der Rechtssache „Mars" formulierte der EuGH dies wie folgt: „von verständigen Verbrauchern kann erwartet werden, dass sie wissen, dass zwischen der Größe von Werbeaufdrucken, die auf eine Erhöhung der Menge des Erzeugnisses hinweisen und dem Ausmaß dieser Erhöhung nicht notwendig ein Zusammenhang besteht."[286]

169 Im Fall der Werbung im Rahmen grenzüberschreitenden Verkehrs ist die Vorgabe des „verständigen Verbrauchers" des EuGH ein **normatives Korrektiv** bei der Abwägung der divergierenden Interessen,[287] bei dem Interessenausgleich zwischen (notwendigem) Verbraucherschutz einerseits und den Grundsätzen des freien Warenverkehrs nach Art. 28, 30 EG andererseits. Das nationale Wettbewerbsrecht wird insoweit vom supranationalen Recht überlagert und untersteht dem Korrektiv gemeinschaftsrechtskonformer Auslegung. Es handelt sich um einen am Einzelfall orientierten Kompromiss zwischen dem Herkunftsprinzip und dem Bestimmungslandprinzip.[288] Das Wettbewerbsrecht des Einfuhrstaates wird keinesfalls durch dasjenige des Ausfuhrstaates ersetzt. Wenn aber ein Erzeugnis mit einer bestimmten Etikettierung oder Aufmachung in einem anderen Mitgliedstaat in der EU rechtmäßig in Verkehr ist, müssen allerdings gewichtige Gründe angeführt werden, um die Einfuhr in die Bundesrepublik mit dieser Aufmachung zu verbieten oder einzuschränken.[289] Hier gilt der Grundsatz, dass das „einzelstaatliche Recht eines Mitgliedstaates nicht dazu dienen darf, die Verbrauchergewohnheiten zu zementieren".[290]

170 **c) Formen der Irreführung. Mehrdeutige Werbeaussagen,** die unter Heranziehung der Gesamtaufmachung verschiedenen Verständnismöglichkeiten der Verbraucher offen stehen, sind irreführend, wenn auch nur einer der in Betracht kommenden Begriffsinhalte von den angesprochenen Verkehrskreisen in einem unzutreffenden Sinne verstanden wird. Bei mehrdeutigen Aussagen kann damit eine Irreführung des Verkehrs in Betracht kommen, wenn die Aussage in einer der Verständnismöglichkeiten inhaltlich unzutreffend ist.[291] Der Werbende muss dabei – auch bei unbewusster Mehrdeutigkeit – auch eine für ihn ungünstige Auslegung gegen sich gelten lassen. „Der Kaffee, den die Welt trinkt" ist mehrdeutig als Hinweis, dass viele diesen Kaffee trinken und als Angabe, dass in nahezu allen Ländern der Erde dieser Kaffee in nicht völlig unbedeutendem Umfange getrunken wird.[292]

171 Bei der Prüfung der Irreführung einer konkreten Werbeaussage kann auch die **Fortwirkung** einer früheren Werbung desselben Unternehmens berücksichtigt werden; Beispiel: Irreführende Werbung für Margarine ohne wesentlichen Eigehalt mit der Angabe „Ei fein", fortgesetzt mit der Angabe „Ei wie fein".[293]

172 **Aufklärende Hinweise** im Werbetext können die durch den Blickfang oder sonstige Werbeaussagen einmal eingetretene Irreführung im Einzelfall beseitigen, da es maßgeblich auf die **Gesamtaufmachung** ankommt, wie sie beim Inverkehrbringen dem (mündigen)

---

[283] EuGH GRUR Int. 1998, 795, 797 – Gut Springenheide; EuGH GRUR Int. 1999, 345, 348 – Sektkellerei Kessler; EuGH GRUR Int. 2000, 354, 356 – Lifting-Creme; EuGH GRUR Int. 2000, 756, 757 – d'arbo naturrein; s. auch *Meyer* WRP 1993, 215, *Fezer* WRP 1995, 671 und *Streinz* ZLR 1991, S. 242; → § 5 Rn 213.

[284] EuGH Slg. 1990, I-667 – GB-INNO-BM.

[285] EuGH Slg. 1990, I-4828, 4849 – Pall/Dahlhausen.

[286] EuGH GRUR Int. 1995, 804 (dazu *Meyer* GRUR Int. 1996, 98; *Fezer* WRP 1995, 671; *Streinz/Leible* ZIP 1995, 1236) – Mars.

[287] *Fezer* WRP 1995, 671, 675.

[288] *Meyer* WRP 1993, 215, 220; *Steindorff* ZHR 150 (1989), 687, 691.

[289] EuGH WRP 1994, 380 – Clinique.

[290] EuGH Slg. 1980, 417, 434 Rn 14; EuGH Slg. 1987, 1227, 1270/71 Rn 32 – Bier.

[291] OLG Hamburg BeckRS 2006, 7865; LG Berlin MD 2008, 107, 109.

[292] OLG Hamburg LRE 11, 99, 106.

[293] BGH GRUR 1958, 86, 89; BGH GRUR 1964, 686 – Glockenpackung II; BGH GRUR 1982, 685, 686 – Ungarische Salami II.

Verbraucher gegenübertritt.[294] Entscheidend ist, ob durch eine Richtig- oder Klarstellung ein falscher Eindruck ausgeschlossen werden kann. Die Angabe „quarkig ohne Quark" stellt eigentlich schon mit dem Phantasiebegriff „quarkig" klar, dass kein Quark verwendet wird (wie „sahnig" nicht auf die Verwendung von Sahne verweist); mit dem aufklärenden Zusatz „ohne Quark" wird jedweder Zweifel aber beseitigt. Auch einer mehrdeutigen Bezeichnung kann durch unmissverständliche Zusätze entgegengewirkt werden. Die Bezeichnung „Virginia-Steak" mit dem Zusatz „Schweinekamm ohne Knochen" ist in sich widersprüchlich, da unter Steak ein fettarmes Fleisch verstanden wird, und daher zur Irreführung geeignet ist. Sie kann auch nicht als beschreibende Verkehrsbezeichnung im Sinne des § 4 S. 1 Nr. 2 LMKV angesehen werden, da ihr die erforderliche Unterscheidungskraft fehlt.[295] In aller Regel können nur solche Hinweise, die, wie nicht zu übersehende blickfangartige Hervorhebungen, den Verkehr vor Täuschung bewahren, der Anwendung des § 11 LFGB entgegenstehen.

Eine blickfangmäßig herausgestellte Angabe **(Blickfangwerbung)**[296] darf zwar unvollständig, für sich genommen aber nicht objektiv unrichtig sein. Ein durch den Blickfang vermittelter unrichtiger oder missverständlicher Eindruck kann durch nicht am Blickfang teilhabende, aufklärende Angaben in derselben Werbung, denen sich der gemeinte Sinngehalt der blickfangmäßig hervorgehobenen Angabe bei näherer Befassung entnehmen lässt, nicht mehr korrigiert werden[297], denn der Tatbestand der Irreführung ist schon dann vollendet, wenn das Publikum durch den – den falschen Anschein erweckenden – Blickfang veranlasst wird, sich mit dem Angebot näher zu beschäftigen.[298] Eine blickfangmäßig herausgestellte unrichtige Angabe kann demnach nur durch einen klaren und unmissverständlichen Hinweis aufgeklärt werden, wenn dieser am Blickfang teilhat und dadurch eine Zuordnung zu der herausgestellten Angabe gewahrt bleibt.[299] 173

d) Begriffe. Die **„Bezeichnung"** ist der Name einer Ware, der kurz – mit einem oder mehreren Stichworten – die Wert bestimmenden Faktoren des jeweiligen Erzeugnisses nennt; dies ist in erster Linie die Verkehrsbezeichnung (§ 4 LMKV). Hierunter fallen auch Hinweise auf die Gattung (zB Gattungsbezeichnung), Gruppe oder Sorte eines Lebensmittels. 174

Eine **„Angabe"** ist eine tatsächliche Erklärung jeder Art über Wert bestimmende Faktoren eines Lebensmittels wie Herkunft, Zeit der Herstellung, Menge, Gewicht oder Haltbarkeit. 175

Der Begriff **„Aufmachung"** umfasst alle Umstände, die die äußere Erscheinung der Ware im Verkehr ausmachen, zB Verpackungsart, Form der Gefäße, Farbkombinationen oder bildliche Darstellungen auf der Verpackung. „Eier aus Bodenhaltung mit Herkunftsgarantie" können durch ihre bildliche Aufmachung als „Eier aus Freilandhaltung" angesehen werden.[300] Die Verpackung von Hühnereiern darf nicht den Eindruck erwecken, die Eier (hier: aus Batteriehaltung) stammten aus einer artgerechteren Haltungsform der Hühner.[301] 176

„Darstellungen" sind insbesondere bildliche Darstellungen in allen denkbaren Medien, insbesondere Fernsehwerbung.[302] 177

„Aussage" ist der Oberbegriff für alle Arten von Werbung in Wort, Bild oder Ton. 178

Die einzelnen Begriffe des § 11 LFGB gehen ineinander über und ergänzen sich; sie bedürfen daher keiner begrifflichen Abgrenzung. 179

---

294 *Zipfel/Rathke* C 102 § 11 Rn 77.
295 KG LMRR 1978, 23 – Virginia Steak.
296 Hefermehl/Köhler/*Bornkamm* UWG § 5 Rn 2.93; → § 5 Rn 226.
297 BGH GRUR 2000, 911, 913f – Computerwerbung I.
298 OLG Hamburg LMRR 2006, 9 – ohne Fett.
299 BGH GRUR 2007, 981, 983 – 150% Zinsbonus.
300 OLG Brandenburg LRE 46, H. 1/2, S. 112 – Eier aus Bodenhaltung.
301 OLG Frankfurt GRUR-RR 2003, 192.
302 Meyer/Streinz/*Meyer* LFGB § 11 Rn 40.

3. Regelbeispiele des § 11 Abs. 1 S. 2 Nr. 1 LFGB

180 **a) Beschaffenheit.** Der Begriff Beschaffenheit ist weit zu fassen; er umfasst Eigenschaften der Ware, die mit ihrer stofflichen Zusammensetzung zusammenhängen sowie Umstände, die nach der Verkehrsauffassung für die Wertschätzung des Lebensmittels von Bedeutung sein können, wie die Herstellungsweise, Verwendung eines Erzeugnisses, sein Geschmack oder die Frische der Ware.

181 Beispiele für eine Irreführung:[303]

- „Buttergebäck" für ein mit Margarine hergestelltes Gebäck.
- „Vorderschinken ohne Speck und Schwarte" für einen Form- oder Pressschinken.[304]
- „Schinkenpizza", wenn die zutreffende Bezeichnung „Pizzabelag aus gepökeltem Schulterfleisch" ergänzt durch die Angabe des Fleischanteils und den Zusatz „brühwurstartig zerkleinert" ist.[305]
- als „Pizza de Luxe" bezeichnete Pizza mit Vorderschinken.[306]
- Nährstoffangaben für Zusatzstoffe wie Vitamin C für Ascorbinsäure und Vitamin B 2 für Lactoflavin, denn die Angaben können den ernährungsbewussten Verbraucher zu der Annahme verleiten, dass durch die betreffenden Zusatzstoffe der natürliche Vitamingehalt des Lebensmittels in wirksamer und erwähnenswerter Weise gesteigert wurde.[307]
- Leberkäse, der vier bis sechs Stunden gekocht und dann etwa eine Stunde überbacken wird, wird als „ofengebacken" angeboten.[308]
- „Steakletts Western Art" aus zerkleinertem Fleisch.[309]
- „Frutti di Mare ‚Royal' Meeresfrüchte-Mischung", wenn 20% meeresfrüchtefremde Zutaten („Surimi") sind und außerhalb des Zutatenverzeichnisses hierauf nicht gesondert hingewiesen wird.[310]
- bei einer „Smoothie"-Verpackung, die von der bildlichen Darstellung zweier Obstsorten und deren hervorgehobene Benennung dominiert wird, erwartet der Verkehr nicht, dass die Angaben lediglich die Geschmacksrichtung bezeichnen.[311]

182 Beispiele fehlender Irreführung:

- Der Begriff „Säfte", der in der Werbung für verschiedene Getränke einer bestimmten Marke verwendet wird, ist nicht mit dem Begriff „Fruchtsaft" im Sinne der Fruchtsaftverordnung gleichzusetzen. Die Bezeichnung „Säfte" versteht der durchschnittlich aufmerksame Verbraucher als Oberbegriff, der Produkte verschiedener Sorten zusammenfasst; generell ist der Ausdruck „Saft" ein gebräuchlicher Begriff der deutschen Sprache, der eine bestimmte Art von Getränken mit Obst- oder Gemüseanteilen bezeichnet und von anderen Getränken wie etwa Bier, Wein, Spirituosen, Tee, Kaffee, Limonade, Wasser usw. abgrenzt.[312]
- Die Ausstattung eines Pfirsich-Likörs, der „naturidentische Aromastoffe" enthält, ist nicht deshalb irreführend, weil sie **Fruchtabbildungen** und fruchtbezogene Angaben enthält.[313] Abbildung von Früchten in der Aufmachung von aromatisierten teeähnlichen Erzeugnissen, bei denen die Früchteabbildungen nur symbolisch stehen für die darin ent-

---

303 Weitere Beispiele bei *Zipfel/Rathke* C 102 § 11 Rn 94 ff.

304 OLG Koblenz LMRR 1985, 17.

305 Der Lebensmittelbrief 2008, 116.

306 OLG Koblenz LRE 25, 70 – Pizza de Luxe.

307 BayObLG LMRR 1990, 54.

308 BayObLG LRE 31, 45.

309 OLG Koblenz ZLR 1984, 401.

310 VG Freiburg BeckRS 2008, 34 832 – Meeresfrüchte-Mischung; s. auch OLG Koblenz GRUR-RR 2001, 32 – Scampi.

311 OLG Köln ZLR 2008, 351 – Fruit2Day; s. auch LG Hamburg MD 2008, 956 – Exotische Fruchtsaftgetränke.

312 OLG Nürnberg GRUR 2000, 1105 – Säfte. S. aber OLG Düsseldorf GRUR-RR 2008, 438 – Orangensaft; OLG Stuttgart MD 2009, 277 – Orangensaft.

313 OLG Hamburg GRUR 1990, 137 – Pfirsich-Likör.

haltenen Aromen, ist nicht irreführend.[314] In der Version der Leitsätze der Deutschen Lebensmittelbuchkommission für unter anderem Tee vom 20. 5. 1998 war noch verankert, dass bei aromatisierten teeähnlichen Erzeugnissen sowie bei aromatisierten Extrakten aus teeähnlichen Erzeugnissen die bildliche Darstellung der Verkehrsbezeichnung entspricht. In den aktuellen Leitsätzen findet sich der betreffende Satz nur mehr bei teeähnlichen Erzeugnissen und bei Extrakten hieraus. Hieraus lässt sich aber nicht der Schluss ziehen lässt, dass bildliche Darstellungen von Früchten bei lediglich der Verwendung von Aromen verboten sein sollte; die aktuellen Leitsätze für Tee enthalten zu dieser Rechtsfrage vielmehr lediglich keine Regelung. Die Rechtslage änderte sich jedoch hierdurch nicht.

- Die Werbung mit der Angabe „70% Fruchtanteil" für einen Fruchtaufstrich ist nicht irreführend, sofern 70% der Packungs-Füllmenge aus Früchten stammen, auch wenn es sich dabei um tiefgekühlte Früchte und/oder Fruchtmarkkonzentrat handelt.[315]
- Die Verwendung des Begriffs „Scampi" in Speisekarten ist nicht irreführend, auch wenn zur Herstellung der so bezeichneten Speisen keine Scampi, sondern Shrimps verwendet werden, wenn die Verkehrskreise, an die sich Speisekarten und Werbeaussagen von Pizzerien richten, bei der Angabe „Scampi" nicht unbedingt das Fleisch eines Kaisergranats oder Tiefseekrebses, sondern durchaus auch Garnelenfleisch erwarten.[316]

aa) Qualitätsangaben. Qualitätsauslobungen müssen wahrheitsgemäß und unmissverständlich sein.[317] Als Spitzenerzeugnis ausgezeichnete Produkte (Ia, prima, Delikatess, einmalig, edel, Auslese, feine, feinste, Meisterklasse, Super, Excellenz,[318] extra,[319] Elite, Best, Privileg, Star, Plus, Primus, Exquisit) müssen zur Spitzengruppe gehören. Bloßer Durchschnitt reicht nicht aus, vielmehr muss das Lebensmittel gegenüber konkurrierenden Waren vergleichbarer Art einen höheren Nähr- oder Genusswert aufweisen. Beispiele:[320] 183

- Unter der Bezeichnung „Wildschwein-Edelgulasch" wird ein besonders wertvolles Fleisch erwartet, dessen Fettanteil unter 10% liegt. Die Bezeichnung ist irreführend, wenn der Fettanteil erheblich höher ist.[321]
- „Auslese" in der Kaffeewerbung bedeutet gehobene, erlesene Qualität.[322]
- „Spitzenqualität" wird von nicht unerheblichen Kreisen des angesprochenen Verkehrs im Zusammenhang mit der Bezeichnung eines Lebensmittels auch bzw. insbesondere auf die Qualität der für die Herstellung verwendeten Zutaten bezogen. In den Fällen, in denen vergleichbare Produkte sowohl aus „natürlichen" als auch aus „synthetischen" Rohstoffen hergestellt werden, verstärkt der Hinweis auf eine „Spitzenqualität" die ohnehin durch die Falschbezeichnung „Vanillesoße" für eine „Soße mit Vanille-Geschmack" eingetretene Fehlvorstellung in nicht unerheblichem Maße.[323]

Nährwertbezogene Angaben im Sinne der NKV und der VO (EG) 1924/2006[324] (sog. Health claims-VO)[325] sind zB die Angaben **„leicht"** oder „light". Sie sind mehrdeutig und daher erläuterungsbedürftig. So muss etwa die Angabe, ein Produkt sei „leicht", sowie jegliche Angabe, die für den Verbraucher voraussichtlich dieselbe Bedeutung hat, 184

---

[314] Anders bei einem Ganzfruchtgetränk („Smoothie"), OLG Köln ZLR 2008, 351 – Fruit2Day.

[315] KG GRUR 1990, 538–70% Fruchtanteil.

[316] OLG Koblenz GRUR-RR 2001, 32 – Scampi; s. auch VG Freiburg BeckRS 2008, 34832 – Meeresfrüchte-Mischung.

[317] OLG Frankfurt WRP 2007, 1386 – Biosphärenwasser.

[318] BGH LRE 6, 21.

[319] OLG Frankfurt LRE 17, 180 – Extra.

[320] Weitere Beispiele bei *Zipfel/Rathke* C 102 § 11 Rn 101.

[321] OLG Koblenz LRE 17, 187.

[322] OLG Hamburg GRUR 1977, 113 – Mocca-Auslese.

[323] OLG Hamburg LMRR 2004, 13 – Naschkatze.

[324] VO (EG) Nr. 1924/2006 des Europäischen Parlaments und des Rates vom 20. 12. 2006 über nährwert- und gesundheitsbezogene Angaben über Lebensmittel. → Rn 283.

[325] In Art. 2 Abs. 2 Nr. 4 VO (EG) Nr. 1924/2006 wird der Begriff der nährwertbezogenen Angabe definiert als „jede Angabe, mit der erklärt, suggeriert oder auch nur mittelbar zum Ausdruck gebracht wird, dass ein Lebensmittel besondere positive Nährwerteigenschaften besitzt".

nach Art. 8 Abs. 1 VO (EG) 1924/2006 iVm dem Anhang dieselben Bedingungen erfüllen wie die ebenfalls im Anhang geregelte Angabe „reduziert"; die Angabe muss außerdem mit einem Hinweis auf die Eigenschaften einhergehen, die das Lebensmittel „leicht" machen.[326] Die Angabe **„reduziert"** ist gemäß dem Anhang der VO (EG) 1924/2006 nur zulässig, wenn die Reduzierung des Anteils mindestens 30% gegenüber einem vergleichbaren Produkt ausmacht (s. auch § 6 Abs. 2 Nr. 2 und 3 NKV); ausgenommen sind Mikronährstoffe, für die ein 10%iger Unterschied im Nährstoffbezugswert gemäß der RL 90/496/EWG akzeptabel ist, sowie Natrium oder der entsprechende Gehalt an Salz, für das ein 25%iger Unterschied akzeptabel ist.[327]

Übersicht zu dem Anhang „Nährwertbezogene Angaben und Bedingungen für ihre Verwendung":[328]

Nährwertbezogene Angabe	**Bedingungen**
energiearm	max. 40 kcal (170 kJ)/100 g (feste Lebensmittel) max. 20 kcal (80 kJ)/100 ml (flüssige Lebensmittel) max. 4 kcal (17 kJ)/Portion (Tafelsüßen)
energiereduziert	Brennwertreduktion mind. 30%
energiefrei	max. 4 kcal (17 kJ)/100 ml max. 0,4 kcal (1,7 kJ)/Portion (Tafelsüßen)
fettarm	weniger als 3 g Fett/100 g (feste Lebensmittel) weniger als 1,5 g Fett/100 ml (flüssige Lebensmittel) (1,8 g Fett/100 ml bei teilentrahmter Milch)
fettfrei/ohne Fett	max. 0,5 g Fett/100 g oder 100 ml
arm an gesättigten Fettsäuren	Summe gesättigte und trans-Fettsäuren max. 1,5 g/100 g (feste Lebensmittel) bzw. 0,75 g/100 ml (flüssige Lebensmittel) max. 10% des Brennwertes
frei von gesättigten Fettsäuren	Summe gesättigte und trans-Fettsäuren max. 0,1 g/100 g bzw. 100 ml
zuckerarm	max. 5 g Zucker/100 g (feste Lebensmittel) max. 2,5 g Zucker/100 ml (flüssige Lebensmittel)
zuckerfrei	max. 0,5 g Zucker/100 g bzw. 100 ml
ohne Zuckerzusatz	keine zugesetzten Mono- oder Disaccharide oder Lebensmittel mit süßender Wirkung
natriumarm/ kochsalzarm	max. 0,12 g Natrium oder 0,3 g Salz/100 g bzw. 100 ml Wässer (außer Mineralwasser im Sinne RL 80/777/EWG): max. 2 mg Natrium/100 ml
sehr natriumarm/ kochsalzarm	max. 0,04 g Natrium oder 0,1 g Salz/100 g bzw. 100 ml für Mineralwässer oder andere Wässer verboten.
natriumfrei/ kochsalzfrei	max. 0,005 g Natrium oder 0,013 g Salz/100 g bzw. 100 ml
Ballaststoffquelle	mind. 3 g Ballaststoffe/100 g oder mind. 1,5 g/100 kcal
hoher Ballaststoffgehalt	mind. 6 g Ballaststoffe/100 g oder mind. 3 g/100 kcal

[326] *Meisterernst/Haber* Art. 8 Rn 60.
[327] S. Angabe „Reduzierter [Name des Nährstoffs]-Anteil" im Anhang der VO (EG) 1924/2006.
[328] *Meisterernst/Haber* Art. 8 Rn 7.

Nährwertbezogene Angabe	Bedingungen
Proteinquelle	Proteinanteil mind. 12% des gesamten Brennwertes
hoher Proteingehalt	Proteinanteil mind. 20% des gesamten Brennwertes
Vitamin-/Mineralstoff-quelle	mind. 15% der empfohlenen Tagesdosis gemäß RL 90/496/EWG oder Menge, die den gemäß Art. 6 der VO (EG) Nr. 1925/2006 zugelassenen Abweichungen entspricht
hoher Vitamin-/ Mineralstoffgehalt	mind. doppelter Gehalt von Wert für „Vitamin-/Mineralstoffquelle"
enthält (Name des Nährstoffes oder der anderen Substanz)	muss den Bestimmungen der VO entsprechen (insbesondere Art. 5) Vitamine/Mineralstoffe: Bedingungen für „Quelle von" gelten
erhöhter (Name des Nährstoffs)-Anteil	Gehalt an einem oder mehreren Nährstoffen (außer Vitamine und Mineralstoffe) entspricht Bedingungen für „Quelle von" und Erhöhung des Anteils von mind. 30% gegenüber vergleichbarem Produkt
reduzierter (Name des Nährstoffs)-Anteil	Reduzierung des Anteils an einem oder mehreren Nährstoffen von mind. 30% gegenüber vergleichbarem Produkt Ausnahmen: Mikronährstoffe mind. 10%; Natrium (Salz) mind. 25%
leicht	Bedingungen wie bei „reduziert" Hinweis auf Eigenschaften, die das Lebensmittel „leicht" machen
von Natur aus/ natürlich	Bei Lebensmitteln, die von Natur aus die im Anhang aufgeführten Bedingungen für die Verwendung einer nährwertbezogenen Angabe erfüllen

Die Angabe **„mit Traubenzucker"** in der Werbung für ein Schokoladenprodukt, das 185 auch andere Zuckerarten enthält, ist nicht irreführend, weil der informierte, aufmerksame und verständige Verbraucher daraus nicht entnimmt, dass die Füllung nur oder zumindest überwiegend Traubenzucker als Zuckerbetandteil enthält.[329]

Bei Verwendung der Bezeichnung **„frisch"** oder Wortzusammensetzungen, die auf 186 „Frische" hinweisen, ist in jedem Einzelfall zu prüfen, ob das Produkt und/oder die das Erzeugnis prägenden Zutaten weitgehend die Qualitätsmerkmale und Güteeigenschaften aufweisen, die sie direkt nach der Herstellung/Gewinnung (ursprünglicher Zustand) besaßen. Nur wenn das Erzeugnis seine Qualitätsmerkmale und Güteeigenschaften nicht oder nur unwesentlich eingebüßt hat, ist ein Hinweis auf Frische zulässig. Eine Auslohung der „Frische" ist darüber hinaus mit einem Zeitfaktor verbunden.[330] Ein Erzeugnis, das als „frisch" angeboten wird, kann (auch bei Lagerung im Kühlschrank) stets nur begrenzt haltbar sein. Die Verwendung des Begriffs „frisch" für einen Joghurt erweckt bei den angesprochenen Verkehrskreisen keine Fehlvorstellung über Qualität und Zustand des so bezeichneten Erzeugnisses; insbesondere erwartet der Verkehr nicht, dass der als „frisch" bezeichnete Joghurt deutlich kürzer im Handel sei, als seine Haltbarkeit dies zulasse.[331] Bei längeren Haltbarkeiten ist in der Regel ein Hinweis auf „Frische" nicht gerechtfertigt. Wurde der Frischezustand (Qualitätsstandard, Ursprungszustand) durch Pasteurisieren, Ge-

[329] OLG Bremen ZLR 2005, 404 – Milchcreme-Füllung.

[330] LG Offenburg Az. 5 O 114/07 – MIR 2008, Dok. 166 – Frisch aus der Region: „Erwartung, es handele sich um ein Produkt der heimischen Landwirtschaft, das vor allem deshalb „frisch" ist, weil es etwa nur über kürzere Wege transportiert werden muss".

[331] OLG Köln ZLR 2001, 299 m. Anm. *Gorny* – Frischer Rahmjoghurt.

frieren oder Tiefgefrieren aufrechterhalten, so muss, für den Verbraucher leicht erkennbar, darauf hingewiesen werden („fruchtig-frisch – aus tiefgefrorenen Früchten").[332] Von wenigen Ausnahmen abgesehen führen andere Methoden der Frischhaltung zu Veränderungen der Produkte, sodass ein Hinweis auf „Frische" nicht mehr gerechtfertigt ist.[333] So versteht der Verbraucher zB unter „frischem Kaffee" ein Getränk aus dem klassischen Ausgangsstoff (geröstete und alsbald gemahlene Kaffeebohnen) und kein Getränk, das aus einem Zwischenprodukt stammt.[334]

187 **bb) Reinheitsangaben.** Die frühere Regelung des **§ 17 Abs. 1 Nr. 4 LMBG,** wonach es generell verboten war, Reinheitsangaben wie „natürlich", „naturrein" oder „frei von" zu verwenden, wenn die Lebensmittel Zusatzstoffe, Rückständen oder Schadstoffen enthielten oder einem Bestrahlungsverfahren unterzogen wurden, ist obsolet. Reinheitsangaben wie **„natürlich", „naturrein"** oder **„frei von"** können aber auch nach § 11 Abs. 1 LFGB irreführend sein; es kommt auf die Umstände des Einzelfalls an.[335]

188 Das Vorhandensein von **Rückständen** unter der Höchstgrenze der RückstandshöchstmengenVO schließt nicht aus, das kontaminierte Produkt als natürliches zu bewerben, sofern die Rückstände ubiquitär sind.[336] Obwohl mit Rückständen kontaminiert, kann ein Tee die Bezeichnung „Naturkind" führen. Die Annahme eines auf die Natur bezogenen, produktbeschreibenden Verständnisses schließt die Vorstellung einer völligen Rückstandsfreiheit nicht ein. Angesichts regelmäßiger Veröffentlichungen in den Medien zu Fragen der Belastung der Natur durch Schadstoffe, des Schutzes der Natur und der Einwirkung menschlichen Handelns auf die Umwelt ist es allgemeines Wissen, dass nahezu überall Schadstoffe anzutreffen sind, die auch zu Belastungen führen können. Dem Verkehr ist daher bekannt, dass trotz weitgehender Berücksichtigung von Umwelt- und Naturschutzgesichtspunkten Restbelastungen in der Umwelt verbleiben. Eine differenzierte Betrachtung der „Umwelt" und „Natur" im Zusammenhang mit Aussagen über Erzeugnisse ist daher üblich geworden.[337] Irreführend sind naturbezogene Angaben, wenn die Schadstoffbelastung ihre Ursache in der Sphäre des Inverkehrbringers hat, also produktbezogen anfällt.[338] Die Frage der Irreführung hängt maßgeblich von der Höhe der Rückstandswerte ab; kommt der in dem betreffenden Produkt vorhandene Wert dem gesetzlichen Höchstwert nahe, desto eher ist eine Irreführung anzunehmen.[339]

189 Trotz des Zusatzes von **Zusatzstoffen** bei der Herstellung eines Lebensmittels kann dieses als Naturprodukt ausgelobt werden, wenn der Zusatzstoff natürlichen Ursprungs und dem Verbraucher die Verwendung desselben hinlänglich bekannt ist (zB Verwendung von Pektin als Geliermittel[340]).[341]

190 **b) Menge.** Eine **Mogelpackung** ist eine Fertigpackung, die so gestaltet und befüllt ist, dass sie eine größere Füllmenge vortäuscht, als in ihr enthalten ist (§ 7 Abs. 2 EichG).[342]

191 Keine Mogelpackung liegt vor, wenn die Täuschung des Verbrauchers nur durch einen Vergleich der aktuellen Fertigpackung mit der für dasselbe Produkt früher verwendeten Fertigpackung mit größerer Nennfüllmenge ausgelöst wird. Zweck der Regelung des § 7

---

[332] AA OLG Hamburg ZLR 1999, 791 – fruchtig-frisch; OLG Hamburg ZLR 1999, 801 – Frischeria.

[333] *Bertling* Der Lebensmittelbrief 2003, 34 mit ausführlichem Rechtsprechungsnachweisen; *Bergmann* ZLR 2001, 667.

[334] OLG Düsseldorf GRUR-RR 2005, 55 – Frischer Kaffee.

[335] Meyer/Streinz/*Meyer* LFGB § 11 Rn 55; s. auch Amtl. Begr. zu § 11 LFGB, abgedr. bei *Zipfel/Rathke* C 102 LFGB § 11 Rn 13.

[336] *Leible/Sosnitza* WRP 2000, 610, 613.

[337] BGH WRP 1997, 302, 304, 305 m. Anm. *Leible* WRP 1997, 403 – Naturkind.

[338] *Oelrichs* WRP 2004, 863, 867.

[339] *Leible/Sosnitza* WRP 2000, 610, 614; *Sosnitza* ZLR 2001, 181, 183; *Streinz/Leible* Hdb. III F Rn 429 b; aA *Oelrichs* WRP 2004, 863, 867, 868.

[340] EuGH GRUR Int. 2000, 756 – d'arbo naturrein; anders OLG Hamburg LMuR 2003, 53, 57 – Konfitüre naturrein.

[341] *Streinz/Leible* Hdb. III F Rn 426 a; OLG Köln ZLR 2001, 168, 175 m. Anm. *Sosnitza* – naturrein.

[342] OLG Hamburg GRUR-RR 2004, 263 – Kaffeepads; → § 5 Rn 312.

Abs. 2 EichG ist nicht, auch die durch eine Füllmengenreduzierung verschleierte Preiserhöhung eines Produkts zu verhindern; durch die Regelung soll vielmehr verhindert werden, dass der Verbraucher durch die Gestaltung der Fertigpackung selbst in seinem Einschätzungsvermögen im Hinblick auf die Füllmenge getäuscht wird.[343]

c) Haltbarkeit. Unzutreffende Angaben über die Haltbarkeitsdauer können eine Zu- 192
widerhandlung gegen § 7 LMKV sein. Das **Mindesthaltbarkeitsdatum**[344] soll den Verbraucher darüber informieren, wie lange das gekennzeichnete Lebensmittel seine spezifischen Eigenschaften bei ordnungsgemäßer Lagerung des Lebensmittels behält und wie lang er das Lebensmittel somit gefahrlos verzehren kann. Es soll den Verbraucher weiter darauf hinweisen, dass das Lebensmittel nach Ablauf des Datums möglicherweise nicht mehr haltbar sein kann.[345] Die Angabe des Mindesthaltbarkeitsdatums ist dagegen keine Garantie, sondern nur eine Information des Herstellers.[346] Demnach stellen Einzelfälle, bei denen die spezifischen Eigenschaften eines Lebensmittels vor Ablauf des Haltbarkeitsdatums bereits beeinträchtigt sind, noch keine unrichtigen Angaben des Mindesthaltbarkeitsdatums dar. Die Wertminderung eines Erzeugnisses vor Ablauf des Mindesthaltbarkeitsdatums kann verschiedene Ursachen haben, etwa die unsachgemäße Behandlung des Lebensmittels außerhalb des Verantwortungsbereichs des Herstellers, indem ein Einzelhändler beispielsweise Fisch überhöhten Temperaturen aussetzte. Ein vor Ablauf des Mindesthaltbarkeitsdatums in seinem Wert gemindertes Lebensmittel begründet daher noch nicht die Vermutung für eine irreführende Angabe des Herstellers über das Mindesthaltbarkeitsdatums.[347] Häufen sich allerdings solche Fälle und bleiben sie kein Einzelfall, so ist der Kennzeichnungspflichtige im Rahmen seiner Sorgfaltspflichten angehalten, die von ihm angegebene Haltbarkeit sorgfältig zu verifizieren.

Setzt die Angabe der Haltbarkeit die Kühlung des Lebensmittels auf mindestens 7° C 193
voraus, so ist die Angabe der Mindesthaltbarkeit irreführend, wenn die Lagertemperatur nicht angegeben ist.[348]

Ware, bei denen das Mindesthaltbarkeitsdatum abgelaufen ist, kann weiter in Verkehr ge- 194
bracht werden, wenn sichergestellt ist, dass das Lebensmittel seine spezifischen Eigenschaften besitzt; darüber muss sich der Inverkehrbringer hinreichend kundig machen, insbesondere durch eine sensorische Prüfung bis hin zu mikrobiologischen Tests. Darüber hinaus muss der Inverkehrbringer den Umstand des abgelaufenen Mindesthaltbarkeitsdatums ausreichend kenntlich machen;[349] es ist kein Verstoß gegen die RL 2000/13/EG, wenn eine nationale Regelung dies vorschreibt.[350] Im Einzelfall ist es auch denkbar, dass einwandfreie Lebensmittel umgepackt oder **umetikettiert** werden, wenn es unter geeigneten Voraussetzungen und mit dem nötigen Sachverstand geschieht; dies gilt jedoch nicht für Erzeugnisse, die der Hackfleisch-Verordnung unterliegen, sie tragen ein Verbrauchsdatum.[351]

d) Herkunft. aa) Markengesetz. Die Schutzvoraussetzungen und der Schutzinhalt 195
geographischer Herkunftsangaben sind in den §§ 126, 127 MarkenG und die zivilrecht-

---

343 OVG BerlinLMRR 2003, 106 – AJONA-Stomaticum.

344 § 7 Abs. 1 LMKV: „Datum, bis zu dem [das] Lebensmittel unter angemessenen Aufbewahrungsbedingungen seine spezifische Eigenschaften behält".

345 *Hagenmeyer* LMKV § 7 Rn 2.

346 Amtl. Begr. zu § 7 LMKV, abgedruckt bei *Zipfel/Rathke* C 104 § 7 Rn 2.

347 Zu weitgehend OLG Karlsruhe LMRR 1993, 45 – Besondere Lagerungsbedingungen.

348 OLG Koblenz LRE 13, 366.

349 OLG Hamburg GRUR-RR 2002, 302 – Verändertes Verbraucherleitbild; kritisch *Streinz/Leible* Hdb. III F Rn 470.

350 EuGH GRUR Int. 2003, 748 – Mindesthaltbarkeit.

351 Mitteilung des BVL vom 1. 9. 2006, s. www.bvl.bund.de; s. auch Erklärung des Sprechers des Bayer. Staatsministeriums für Umwelt, Gesundheit und Verbraucherschutz, *Roland Eichhorn,* in der Ausgabe der Süddeutschen Zeitung vom 22. 9. 2006 auf S. 41 im Rahmen des Beitrags von *Bernd Kastner:* „Die Regel für die Mindesthaltbarkeit sind wesentlich lockerer: Überzeugt sich der Händler, dass die Ware auch nach Ablauf dieses Datums noch in Ordnung ist, kann er sie weiterverkaufen – und auch ein neues Datum anbringen. Dies sei auf Grund europäischen Rechts „nicht rechtswidrig", so *Eichhorn.* Nur wenn sich diese „verlängerte" Ware als verdorben erweise, macht sich der Händler womöglich strafbar.".

lichen Folgen ihrer Nichtbeachtung in § 128 MarkenG geregelt. Aus wettbewerbsrechtlicher Sicht sind diese Regelungen gegenüber den Schutznormen des UWG und LFGB **vorrangig** anwendbar. Die folgende Darstellung beschränkt sich im Wesentlichen auf die Regelungen des LFGB; bezüglich des MarkenG wird auf das **Spezialthema § 4-S 10** sowie auf die Standardliteratur hierzu verwiesen.[352]

196 **bb) Herkunftsangaben.** Herkunft ist sowohl die örtliche (Ort, Gebiet oder Land) als auch die betriebliche Ursprungsstätte eines Erzeugnisses, an dem es hergestellt, verarbeitet oder anderweitig gestaltet wurde.

197 **Geographische Herkunftsangaben** weisen auf die Herkunft eines Lebensmittels aus einem bestimmten Land, Gebiet[353] oder Ort hin. Bei **unmittelbaren geographischen Angaben** wird unter adjektivischer oder substantivischer Verwendung eines geographischen Begriffs direkt auf einen bestimmten Ort hingewiesen, etwa durch Angabe des Namens eines Landes oder einer Stadt, eines Flusses oder eines Sees („Kölsch-Bier" für Bier aus Köln).[354] **Mittelbare Angaben**[355] über die örtliche Herkunft eines Erzeugnisses geben dagegen nicht schon als solche Auskunft über deren Provenienz, können aber den Verkehr durch Wort, Bild oder in anderer Weise darauf schließen lassen, beispielsweise durch Verwendung von Landesfarben oder -flaggen[356] oder einer charakteristischen Warenaufmachung.[357] Entsprechendes gilt für den unspezifischen Begriff **„Region"**, der seine konkrete Bedeutung erst aus dem Kontext, in dem er verwendet wird, erhält. So liegt etwa bei der Werbung für ein landwirtschaftliches Erzeugnis mit dem Slogan „Frisch aus der Region" die Assoziation nahe, dass es sich um die Region handelt, in der der Käufer wohnt.[358]

198 Das Benutzungsrecht in Bezug auf eine geografische Herkunftsbezeichnung („Spreewälder Gurken") umfasst auch **Abwandlungen,** die für den Verkehr die gleiche Hinweisfunktion auf die geografische Herkunft des Produkts haben („Spreewaldhof").[359]

199 Herkunftsangaben können irreführend sein, wenn die angesprochenen Verkehrskreise mit ihnen irgendwelche, wenn auch nicht immer klare, vielleicht sogar objektiv unzutreffende Wertvorstellungen verbinden und das dergestalt gekennzeichnete Erzeugnis diese Erwartungen nicht erfüllt. Die Verwendung „Scotch Whisky" für ein in Schottland hergestelltes Erzeugnis ist irreführend, wenn der Whisky die vom Verkehr erwarteten Qualitätsanforderungen des Herstellungsortes (dreijährige Mindestlagerzeit) nicht erfüllt.[360] Eine Verlagerung der **Betriebsstätte** an einen anderen Ort steht grundsätzlich einer weiteren Verwendung der bisherigen Ortsbezeichnung entgegen.[361]

200 Werden Ortsbezeichnungen, die im Verkehr ihre geographische Bedeutung verloren haben, **relokalisierende Zusätze** wie „echt", „original", „Ur" oder „Alt-" beigefügt, sind sie als Herkunftsangaben anzusehen.[362] „Original Pilsener" oder „Pilsener Urquell" muss in Pilsen hergestellt worden sein. Eine Relokalisierung kann auch bei der Verwendung einer Landesflagge oder anderer mittelbarer Herkunftsangaben eintreten, wenn der Verkehr hiermit einen Herkunftshinweis verbindet.

201 Ausschließlich oder überwiegend **fremdsprachige Angaben** auf der Verpackung eines Lebensmittels können beim Verbraucher den Eindruck erwecken, dass es sich um ein aus-

---

[352] *Fezer* MarkenR; *Ingerl/Rohnke* MarkenG; *Ströbele/Hacker* MarkenG; s. auch *Sosnitza* GRUR 2007, 462 ff.

[353] OLG Koblenz LRE 28, 376 – Schwarzwälder Bergbauernbrot; OVG Rheinland-Pfalz LRE 24, 287 – Original Hunsrücker Bauernbrot.

[354] BGH GRUR 1970, 517, 518 f – Kölsch Bier.

[355] BGH GRUR Int. 1994, 526 – Mozzarella II.

[356] BGH GRUR 1982, 685, 686 – Ungarische Salami II.

[357] BGH GRUR 1971, 313 – Bocksbeutelflasche; BGH GRUR 1979, 415 – Cantil-Flasche; s. auch EuGH Slg. 1984, 1299 – Prantl.

[358] LG Offenburg Az. 5 O 114/07 – MIR 2008, Dok. 166 – Frisch aus der Region.

[359] OLG Hamburg GRUR-RR 2004, 36 – Spreewaldhof.

[360] BGH GRUR 1969, 280, 282 – Scotch Whisky.

[361] → aber Rn 214.

[362] BGH GRUR 1986, 316 – Urselters I.

ländisches Erzeugnis handelt; umgekehrt lässt eine deutsche Beschriftung allerdings nicht unbedingt auf eine deutsche Herkunft schließen.[363]

cc) Wertvorstellungen. Mit Herkunftsangaben verbinden sich oftmals bestimmte Wertvorstellungen der Verbraucher. Diese Wertvorstellungen können auf den besonderen klimatischen oder geographischen Einflüssen des Produktionsortes, auf die außergewöhnliche Erfahrung oder Geschicklichkeit des oder der Hersteller am Ort oder auf einer in jahrhundertealter Tradition gepflegten Herstellungsmethode beruhen. 202

Die Verwendung einer **„Kloster"**-Bezeichnung für ein Bier wird als eine Bezugnahme auf eine klösterliche Brautradition gesehen; diese Vorstellung kann wettbewerbsrechtlich relevant sein, auch wenn der Verbraucher heute seine Kaufentscheidung teilweise auf andere Gesichtpunkte stützt.[364] Die Irreführungsgefahr, die von der Verwendung dieser Begriffe in der Produkt- und Unternehmensbezeichnung einer Privatbrauerei ausgeht, die im 19. Jahrhundert ihren Sitz auf ein ehemaliges Klostergelände verlegt und an ihren bis zur vorliegenden Klage niemals beanstandeten Kennzeichen einen äußerst wertvollen Besitzstand erworben hat, ist jedoch ebenso wie die Relevanz derart gering, dass nach einer Interessenabwägung ein Anspruch wegen Verstoßes gegen die Irreführungsvorschriften ausscheiden kann.[365] Mit dem Grundsatz der Verhältnismäßigkeit ist es des Weiteren nicht zu vereinbaren, die Verwendung der Bezeichnung „Kloster Pilsner" als irreführend zu untersagen, wenn die Bezeichnung seit über 150 Jahren unbeanstandet benutzt wird und der Absatz des so bezeichneten Bieres auch heute im Wesentlichen auf das lokale und regionale Verbreitungsgebiet beschränkt ist, für das ein Besitzstand auf Grund unbeanstandeter Verwendung entstanden ist.[366] 203

dd) Qualifizierte Herkunftsangaben. Verbindet der Verkehr mit einer Herkunftsangabe besondere Gütevorstellungen handelt es sich um qualifizierte Herkunftsangaben (Ursprungsbezeichnungen); erschöpft sich dagegen die Bezeichnung in einem Hinweis auf einen Ort, handelt es sich um eine einfache Herkunftsangabe. Umstritten ist Zulässigkeit der Verwendung der Bezeichnung **„Bud"** für das aus den Vereinigten Staaten von Amerika stammende Bier mit der Marke „American Bud".[367] 204

Qualifizierte Herkunftsangaben genießen ausschließlich Schutz über die **VO (EG) Nr. 510/2006** (ehemals VO (EWG) 2081/92) zum Schutz von geografischen Angaben und Ursprungsbezeichnungen.[368] Die VO sieht die Eintragung von geografischen Angaben und Ursprungsbezeichnungen für Agrarerzeugnisse und Lebensmittel, allerdings nicht für Weinbauerzeugnisse und alkoholische Getränke (Art. 1 Abs. 1), für die gesonderte Gemeinschaftsvorschriften gelten, in einem Verzeichnis der geschützten Ursprungsbezeichnungen und der geschützten geografischen Angaben vor. 205

„Ursprungsbezeichnungen" und „geografischen Angaben" ist gemein, dass es sich hierbei jeweils um den Namen einer Gegend oder eines bestimmten Ortes handelt, der für Erzeugnisse verwendet wird, die aus dem so bezeichneten Gebiet stammen. Die Bezeichnungen unterscheiden sich durch die Intensität der Beziehung, die zwischen dem Erzeugnis und dem begrenzten geographischen Gebiet, dessen Name das Erzeugnis trägt, besteht. **„Ursprungsbezeichnungen"** zeichnen sich dadurch aus, dass sie ihre Güte oder Eigenschaft überwiegend oder ausschließlich den geographischen Verhältnissen einschließlich den natürlichen und menschlichen Einflüssen verdanken (Art. 2 Abs. 1 lit. a). Die Ursprungsbezeichnung dient demnach nicht nur der Identifizierung, sondern kennzeichnet auch eine 206

[363] OVG Nordrhein-Westfalen ZLR 1992, 545 – Friki frisch; unzutreffend OLG Köln GRUR 1989, 694 – Pingo.

[364] OLG München GRUR-RR 2004, 24 – Klosterbier; OLG Nürnberg ZLR 2000, 764 m. Anm. *Eggers* – Kloster-Dinkel; → § 5 Rn 315.

[365] OLG Frankfurt GRUR-RR 2001, 67 –Eschweger Klosterbräu.

[366] BGH ZLR 2003, 473 m. Anm. *Sosnitza* (Beitrag *Wuttke* WRP 2003, 839) – Klosterbrauerei.

[367] *Meyer/Klaus* WRP 2003, 131; s. auch ÖOGH GRUR Int. 2006, 1037 – Bud II.

[368] → § 4-S 10; vgl. EuGH Urt. v. 25. 3. 2009 Rs. T-191/07 – Budweiser; s. auch *Meyer* WRP 1995, 783; *Streinz/Leible* Hdb. II. F Rn 509–521; zur Anmeldung von Herkunftsangaben nach der VO (EWG) 2081/92 *Meyer* GRUR 1997, 91.

bestimmte Beschaffenheit, insbesondere die Güte der Ware. Bei einer **„geografischen Angabe"** reicht es dagegen aus, dass eine bestimmte Qualität, das Ansehen oder eine andere Eigenschaft sich auf den geographischen Ursprung zurückführen lässt und das Erzeugnis in dem entsprechenden Gebiet erzeugt, verarbeitet oder hergestellt wird (Art. 2 Abs. 1 lit. b). Die VO geht demnach von der notwendigen Ortsgebundenheit der bezeichneten Erzeugnisse aus, d. h., dass zwischen den Eigenschaften der Produkte und deren geographischen Herkunft ein Zusammenhang bestehen muss (sog. „qualifizierte Herkunftsangaben"). Erzeugung, Verarbeitung oder Herstellung an einem bestimmten Ort muss sich auf das jeweilige Erzeugnis insoweit qualitativ auswirken, als sie sich von anderen Erzeugnissen tatsächlich unterscheiden.[369]

207 Durch die Eintragung als geschützte Ursprungsbezeichnung (g. U.) oder geschützte geografische Angabe (g. g. A.) wird ein absoluter **Schutz** unter anderem gegen anlehnende Benutzung sowie gegen herkunftsbezogene irreführende Angaben und Praktiken begründet (Art. 13). So verletzt etwa die Wort-/Bildmarke „BAVARIA HOLLAND BEER" mit ihrem Bestandteil „BAVARIA BEER" die g. g. A. „Bayerisches Bier", jedenfalls soweit diese für Bier eingetragen ist. Es obliegt dabei der Kommission festzustellen, ob die tatsächlichen Voraussetzungen zur Aufnahme einer Bezeichnung in das von der EG-Kommission geführte Verzeichnis der geschützten Ursprungsbezeichnungen und der geschützten geographischen Angaben vorliegen; es kommt nicht auf Beweggründe einer nationalen Regierung bei Antragstellung an.[370]

208 **„Einfache Herkunftsangaben"**, bei denen sich die Angabe in der Aussage über die geographische Herkunft erschöpft, sind vom Schutzsystem der VO (EG) 510/2006 ausgeschlossen. Sie unterliegen auch nicht Art. 2 Abs. 1 lit. b, wonach es ausreicht, dass sich das „Ansehen" des Erzeugnisses aus dem geographischen Ursprung ergibt, denn auch diese geographischen Angaben müssen eine bestimmte Spezifikation erfüllen (Art. 4 Abs. 2 lit. f). Einfache Herkunftsangaben genießen Schutz über Art. 3 Abs. 1 Nr. 7 der Etikettierungs-RL 2000/13/EG bzw. § 11 Abs. 1 Nr. 1 LFGB und Art. 126 ff MarkenG sowie § 5 UWG. Die VO (EG) 510/2006 steht der Anwendung einer nationalen Regelung nicht entgegen, die die möglicherweise irreführende Verwendung einer geografischen Herkunftsangabe verbietet, bei der kein Zusammenhang zwischen den Eigenschaften des Produktes und seiner geografischen Herkunft besteht.[371]

209 **ee) Personengebundene Herkunftsangaben.** Personengebundene Herkunftsangaben verweisen nicht auf einen bestimmten Herstellungsort, sondern auf eine Gruppe von Herstellern, die im Einzelfall wegen ihrer Fertigkeit und der Güte ihrer Ware einen besonderen Ruf für sich in Anspruch nehmen können („Traditionsträger"). So können etwa die aus den früheren deutschen Ostgebieten vertriebenen Hersteller von Rügenwalder Teewurst (Ostpommern) nach ihrer Betriebsverlagerung in die Bundesrepublik weiterhin die alte Ortsbezeichnung verwenden und es Dritten, die dem Kreis der vertriebenen Hersteller nicht angehören, verwehren, die Bezeichnung zu verwenden.[372] Die Bezeichnung „Rügenwalder Teewurst" ist inzwischen nicht zur bloßen Beschaffenheitsangabe geworden, sondern nach wie vor als sog. personengebundene Herkunftsangabe anzusehen.[373]

210 Der Begriff der Herkunft erfasst nach allgemeinem Sprachgebrauch neben der geografischen Herkunft insbesondere auch den **Hersteller,** da der Verbraucher mit einem bestimmten Hersteller oft eine spezielle Wertschätzung verbindet, gleichgültig, ob die damit

[369] EuGH GRUR Int. 1997, 737 – Pistre.

[370] OLG München LMRR 2004, 105 – Bayerisches Bier; s. auch OLG Hamburg GRUR-RR 2004, 36 – Spreewälder Gurken; LG Berlin GRUR 2005, 958 – mit Spreewälder Gurken; LG Frankfurt/M GRUR-RR 2004, 79 – GorgonzolaCreme.

[371] EuGH Slg. 2000, I-9187 m. Anm. *Loschelder* ZLR 2001, 104 – Warsteiner; die Vorlagefrage des BGH ist dokumentiert in GRUR 1999, 251; s. zu dem Verfahren auch *Obergfell* GRUR 1999, 551.

[372] BGH GRUR 1956, 270 – Rügenwalder Teewurst I; BGH WRP 1995, 398 m. Anm. *Sosnitza* – Rügenwalder Teewurst II.

[373] OLG Hamburg LMRR 1992, 36 – Rügenwalder Teewurst; s. auch OLG Hamburg LSK 1999, 271 233 = ZLR 1999, 354 – Kollektivmarke für Traditionsträger.

verbundenen Wertvorstellungen, insbesondere im Hinblick auf die mit der Herkunft verbundene Qualität, richtig sind. Erforderlich ist lediglich, dass die Herkunftsangabe bei den vom Produkt angesprochenen Verkehrskreisen den Kaufentschluss oder den Verbrauch des Lebensmittels beeinflussen kann und nicht nur wertneutral der Identifizierung der Ware dient. Werden auf dem Etikett eines neutral bezeichneten Lebensmittels zusätzlich Name und Anschrift einer Firma angegeben und wird diese nicht weiter spezifizierte Angabe aufgrund besonderer Wertschätzung der Kunden den Tatsachen entsprechend als Herstellerangabe verstanden, so ist zur Vermeidung einer irreführenden Herkunftsangabe auf dem Etikett kenntlich zu machen, wenn die angegebene Firma nicht mehr Hersteller, sondern nur noch Verkäufer des Lebensmittels ist.[374]

ff) Entlokalisierende Zusätze. Ein entlokalisierender Zusatz wie „hergestellt in" oder „nach Art von …" kann eine vorherige Irreführung über die geographische Herkunft neutralisieren oder verhindern. Es gelten insoweit die gleichen Grundsätze wie beim Ausschluss einer Irreführung durch **klarstellende Zusätze.** 211

Unabhängig davon, ob der Verbraucher mit „Ciabatta" eine Herkunftsvorstellung verbindet oder diese Bezeichnung sich mittlerweile zu einer herkunftsneutralen Gattungsbezeichnung[375] umgewandelt hat, erfolgt durch den Zusatz „nach italienischer Art" in jedem Falle eine ausreichende Entlokalisierung.[376] Es stellt einen ausreichenden entlokalisierenden Zusatz dar, wenn ein Wurstprodukt nicht allein mit der geografischen Herkunftsangabe bezeichnet wird, sondern neben dem Zusatz „ nach … Art" auch deutlich auf den wahren Herkunftsort des Produkts hingewiesen wird.[377] 212

Dieser Zusatz muss aber inhaltlich und optisch so gestaltet sein, dass eine Irreführung auch tatsächlich vermieden wird. Die entlokalisierende Angabe muss in ähnlich exponierter Weise auf dem Etikett angebracht werden wie die ohne diesen Zusatz irreführende geographische Angabe. Maßgeblich sind insoweit die Besonderheiten des konkreten Einzelfalles und damit der sich daraus ergebende **Gesamteindruck.** Es reicht nicht aus, wenn der aufklärende Hinweis in kleiner, schwer lesbarer Schrift auf dem Vorder- oder gar Rückenetikett des Produkts angebracht ist.[378] 213

Bestehen ausnahmsweise gewichtige Interessen des Werbenden gegenüber dem auf eine unrichtige geographische Herkunftsangabe gestützten Kennzeichnungsverbot, so greift dieses nicht durch, wenn auf Grund entlokalisierender Zusätze einer Irreführung des Verkehrs in ausreichendem Maße entgegengewirkt wird und verbleibende Fehlvorstellungen des Verkehrs daneben nicht ins Gewicht fallen.[379] Bei einer Ausweitung dieses Ausnahmefalls besteht aber die Gefahr einer Entwertung eines für die ortsansässige Wirtschaft wichtigen Bezeichnungsschutzes.[380] 214

Besteht bei inländischen Lizenzprodukten ein für die Wertschätzung erheblicher ausländischer Einfluss, so ist ein entlokalisierender Zusatz nur dann ausreichend, wenn dadurch der irreführende Eindruck ausgeschlossen wird, es handele sich um eine im Ausland gefertigte und importierte Originalware.[381] 215

gg) Gattungsbezeichnungen. Die Gattungsbezeichnung ist die Warenbezeichnung, die das Produkt von anderen unterscheidet (zB Brot, Wurst). Bei der Verwendung von Gattungsbezeichnungen kann es zu Irreführungen, vor allem hinsichtlich der Beschaffenheit der Ware kommen.[382] 216

---

[374] OVG Bautzen BeckRS 2008, 34563 – irreführende Herkunftsangabe.
[375] → Rn 216.
[376] OLG Koblenz WRP 2001, 1113 – Ciabatta.
[377] OLG Jena GRUR-RR 2003, 77.
[378] OLG Hamburg WRP 1979, 45, 48 – Norderstedter Pilsener; OLG Naumburg ZLR 1996, 78, 84 – Original Oettinger; OLG Köln NJOZ 2005, 2189, 2190 – Sektetikett mit kyrillischem Schriftzug.
[379] BGH GRUR 2002, 160, 162 – Warsteiner III.
[380] *Loschelder* FS Tilmann, 2003.
[381] BGH GRUR 1971, 255, 258 – Plym-Gin.
[382] → Rn 180.

217 Gattungsbezeichnungen genießen keinen **Bezeichnungsschutz;** für Gattungsbezeichnungen kann auch kein Schutz nach der VO (EG) 510/2006 erworben werden (Art. 3 Abs. 1 VO). Ein Beispiel für eine Gattungsbezeichnung ist die Angabe „Oktoberfestbier", die das Bundesministerium für Justiz trotz entsprechenden Antrags nicht an die Kommission weiterleitete.

218 Zu den Gattungsbezeichnungen zählen auch Angaben, die ihre ursprüngliche geografische Bedeutung verloren und von den angesprochenen Verkehrskreisen nur als Gattungsbezeichnung oder Beschaffenheitsangabe angesehen werden wie Harzer Käse.

219 **Steinhäger** ist ein Gattungsbegriff für einen unter Verwendung von Wacholderlutter aus vergorener Wacholdermaische hergestellten Trinkbranntwein; in Steinhagen muss er nicht hergestellt werden.[383] Aus der Bezeichnung **„Mozzarella"** allein entnimmt der inländische Verkehr heute keinen Hinweis mehr auf eine Herstellung des Käses in Italien; bei gleichwohl durch die Aufmachung hervorgerufenen Zweifeln wird der interessierte Verbraucher die Herkunft durch eine nähere Inaugenscheinnahme der Herstellerangaben überprüfen.[384]

220 Heftig diskutiert wird, ob die Bezeichnung **„Parmesan"** (als generische Bezeichnung) lediglich eine nach Art. 3 Abs. 1 VO (EG) 510/2006 nicht registrierfähige Gattungsbezeichnung ist. Nach dem EuGH gilt der gemeinschaftsrechtliche Schutz nicht nur für die genaue Form der Eintragung einer geschützten Ursprungsbezeichnung. In Anbetracht der phonetischen und optischen Ähnlichkeit der fraglichen Bezeichnungen und des ähnlichen Aussehens der Erzeugnisse sei die Verwendung der Bezeichnung „Parmesan" als eine Anspielung auf die geschützte Ursprungsbezeichnung „Parmigiano Reggiano" anzusehen. Da Deutschland nicht den Beweis erbracht habe, dass die Bezeichnung Parmesan" zu einer Gattungsbezeichnung geworden sei, könne es sich auf diese Ausnahme von der Verordnung nicht berufen.[385]

221 Der **Umwandlungsprozess** zur Gattungsbezeichnung ist erst dann abgeschlossen, wenn nur noch ein ganz unbeachtlicher Teil der Verkehrskreise mit der Angabe einen Hinweis auf die Herkunft verbindet. Herkunftshinweise sind daher solange als geografische Herkunftsbezeichnungen anzusehen, als nicht zweifelsfrei ihre Bestimmung lediglich als Gattungsbezeichnung oder Beschaffenheitsangabe feststeht.[386]

222 Ein Wandel der Verkehrsauffassung kann zu einer Rückbildung einer Gattungsbezeichnung zur **Herkunftsbezeichnung** führen;[387] abgeschlossen ist der Bedeutungswandel, wenn eine solche Vorstellung bei dem überwiegenden Teil des Verkehrs besteht (mehr als 50%).

4. Wirkaussagen, § 11 Abs. 1 S. 2 Nr. 2 LFGB

223 **a) Wissenschaftlich umstrittene Behauptungen.** § 11 Abs. 1 Nr. 2 LFGB verbietet in zwei Alternativen generell objektiv falsche Behauptungen[388] und pseudowissenschaftliche[389] oder wissenschaftlich umstrittene Behauptungen.

224 Wirkaussagen müssen **„wissenschaftlich"**, insbesondere mit medizinischen oder ernährungsphysiologischen Erkenntnissen belegt werden können. Maßgebend ist stets die als herrschend anzusehende, gefestigte (insofern aber oftmals auch schwerlich bestimmbare) Auffassung der Fachwelt in dem jeweiligen Bereich. Erkenntnisse einzelner Wissenschaftler können ausreichen, wenn sie breite Anerkennung gefunden haben, anderenfalls

---

[383] BGH GRUR 1957, 128, 129 – Steinhäger.

[384] OLG Frankfurt WRP 2001, 558 – Deutscher Mozzarella; OLG München ZLR 1997, 453.

[385] EuGH BeckRS 2008, 70270 – Parmesan; LG Berlin DLR 2008, Heft 11/12, online; s. auch *Rieke* ZLR 2003, 45; *Meyer/Klaus* GRUR 2003, 553; *Capelli/Klaus* DLR 2008, 81; hierzu auch EuGH GRUR 2002, 1052 – Parmigiano Reggiano; EuG GRUR 2007, 974 – GRANA BIRAGHI/grana padano.

[386] BGH GRUR 1963, 482, 484 – Hollywood Duftschaumbad.

[387] BGH GRUR 1990, 461 – Dresdner Stollen; ausführlich *Reinhart* WRP 2003, 1313 am Beispiel Nürnberger Rostbratwurst.

[388] OLG Hamm MD 2007, 1206 – „Schmerzlindernde" Lebensmittel; OLG Hamm MD 2009, 63, 67.

[389] OLG Hamburg ZLR 1991, 214 m. Anm. *Coduro* – levitiertes Wasser

wären sie noch „nicht hinreichend wissenschaftlich gesichert" (im Sinne der zweiten Alternative).

„Hinreichend gesichert" heißt nicht unumstritten; eine solche Anforderung würde praktisch zu einem Werbeverbot führen. Es wird daher keine „absolute" wissenschaftliche Absicherung verlangt.[390] Für das Vorliegen einer hinreichenden Absicherung kann jedoch eine, wenn auch bedeutende, Mindermeinung nicht genügen. Da der Verbraucher gesundheitsbezogenen Angaben in der Regel eine gesteigerte Aufmerksamkeit und derartig gekennzeichneten Produkten eine erhöhte Wertschätzung entgegenbringt, sind strenge Anforderungen an die wissenschaftliche Absicherung zu stellen. Dies bedeutet, dass der Werbende zumindest die sog. herrschende Meinung hinter sich haben muss, insbesondere dann, wenn der Werbende nicht nur eine bestimmte Wirkung behauptet, sondern ausdrücklich damit wirbt, diese Wirkung sei nachgewiesen („mehrfach nachgewiesen", „wissenschaftliche Studien zeigen").[391] 225

„Nicht hinreichend gesichert" können fachlich umstrittene Meinungen sein; dies auch dann, wenn Meinung wie Gegenmeinung fundiert sind. Erkenntnisse, die von namhaften Wissenschaftlern auf Grund allgemein anerkannter und nachprüfbarer Methoden in Zweifel gezogen werden, sind im Allgemeinen nicht als wissenschaftlich hinreichend gesichert anzusehen.[392] 226

In einer Stellungnahme äußerte der Arbeitskreis Lebensmittelchem. Sachverständiger der Länder und des BVL **(ALS)** zu den Anforderungen an wissenschaftlich hinreichend gesicherte Auslobungen, dass „der Beweis in der Regel nur durch gezielte Interventionsstudien am Menschen erbracht werden könne, die doppelblind und randomisiert geführt werden".[393] Dieser Standard ist hoch und seine Beachtung dürfte deshalb ein großes Maß an rechtlicher Sicherheit für den Werbenden mit sich bringen. In einer gemeinsamen **Erklärung von ALS, BLL[394] und Diätverband** zu ergänzenden bilanzierten Diäten[395] haben diese (abweichend von der ALS-Stellungnahme) einen Konsens dahingehend erzielt, dass die ausgelobte Wirkung zwar wissenschaftlich hinreichend gesichert sein muss, eine hinreichende wissenschaftliche Sicherung könne aber **auch aufgrund anderer Daten** als Interventionsstudien am Menschen möglich sein. Besteht in der Wissenschaft, zB in anerkannten Fachgesellschaften, Konsens über eine Wirksamkeit, kann man von einer hinreichenden Sicherung ausgehen.[396] 227

Mit § 11 LFGB wollte der Gesetzgeber dem Verbraucher in erster Linie vor Wirkungsaussagen schützen, die unzutreffend und wissenschaftlich nicht abgesichert sind; wissenschaftlich belegte, aber umstrittene Wirkungsaussagen sind allerdings nicht ohne weiteres irreführend.[397] Übertrieben sind daher aber auch Forderungen, dass postulierte Zusammenhänge stets in klinischen Studien nachgewiesen werden müssten.[398] Der Gesetzgeber hat sich mit Erlass des § 11 Abs. 1 Nr. 2 LFGB bewusst dafür entschieden, bei Lebensmittel nicht dieselben Anforderungen zu stellen wie bei Arzneimitteln. 228

b) Beweislast. Das Tatbestandsmerkmal „wissenschaftlich nicht hinreichend gesichert" muss nachgewiesen werden; es liegt **grundsätzlich keine Umkehrung** der Beweislast vor.[399] Es gilt allerdings auch nicht die Vermutung, dass Behauptungen solange als wissenschaftlich gesichert gelten, solange sie sich nicht als falsch herausgestellt hätten. Vielmehr müssen dort, „wo die Gesundheit ins Spiel gebracht wird, besonders strenge Anforderun- 229

---

[390] Meyer/Streinz/*Meyer* LFGB § 11 Rn 99.
[391] OLG Karlsruhe ZLR 2006, 290 – Gelenkschutzformel.
[392] BGH GRUR 1965, 368.
[393] *Meyer/Preuß/Streinz* Bd. 1, IV A-4.
[394] Bund für Lebensmittelrecht und Lebensmittelkunde e. V., Bonn, www.bll.de.
[395] → Rn 52.
[396] Gemeinsame Erklärung von ALS, BLL und Diätverband zu ergänzenden bilanzierten Diäten vom 21. 11. 2006, J. Verbr. Lebensm. 2 (2007), 239, 241.
[397] *Hagenmeyer* DLR 2000, 431.
[398] *Großklaus* DLR 2001, 329.
[399] MünchKomm/*Hagenmeyer/Oelrichs* Anhang §§ 1–7 UWG § 11 LFGB Rn 16.

gen an die Richtigkeit, Eindeutigkeit und Klarheit der Aussagen gestellt werden".[400] Im Hinblick auf den hohen Rang der Gesundheit als Rechtsgut und der im Bereich der **Gesundheitswerbung** bestehenden besonderen Anfälligkeit des Durchschnittsverbrauchers für Täuschungen und Fehlvorstellungen sollen nach der Rechtsprechung insoweit strenge Maßstäbe hinsichtlich der Wahrheit, Eindeutigkeit und Klarheit der Werbung gelten (sog. Strengeprinzip).[401] Der Regierungsentwurf zum früheren LMBG[402] sah es deshalb als besonders wichtig an, dass „auch die Werbung mit wissenschaftlich ungesicherten Ergebnissen als irreführend anzusehen" sei; hierdurch würde „ein erheblicher Teil der unseriösen gesundheitsbezogenen Werbung für Lebensmittel erfasst". Durch die gesetzliche Einbeziehung einer wissenschaftlich ungesicherten Werbung soll dem Lebensmittelhersteller die Verantwortung für die Richtigkeit einer fachlich umstrittenen Werbebehauptung aufgebürdet werden. Letzteres bedeutet zwar nicht, dass dem Hersteller hierdurch eine besondere Beweisführungslast (prozessuale Beweislast oder -pflicht) auferlegt wird, was dem Untersuchungsgrundsatz widerspräche, wohl aber, dass der Hersteller den Nachteil der Beweislosigkeit tragen muss, wenn es trotz aller zumutbarer Bemühungen nicht gelingt, den Sachverhalt aufzuklären (Feststellungslast oder materielle Beweislast).[403]

230 Die Darlegungs- und Beweislast trifft den Werbenden insbesondere, wenn er mit einer **fachlich umstrittenen Meinung** geworben hat, ohne die Gegenmeinung zu erwähnen; der Werbende übernimmt in einem derartigen Fall dadurch, dass er eine bestimmte Aussage trifft, die Verantwortung für ihre Richtigkeit, die er im Streitfall dann auch beweisen muss.[404]

231 Dass die beworbenen Wirkungen nicht in einem **wissenschaftlichen Standardwerk** beschrieben werden, führt zwar nicht ohne weiteres zur Verneinung der wissenschaftlichen Absicherung. Das könnte nur dann anders gesehen werden, wenn aus einem solchen Standardwerk eine ausdrücklich Zurückweisung der in der Werbung enthaltenen Wirksamkeitsbehauptung und nicht ein bloßes „Schweigen" hervorgehen würde.[405]

232 **c) Beispiele.** Von der Vorschrift werden insbesondere Angaben über gesundheitsunbedenkliche (zB „magenfreundlich") oder bei bestimmten physiologischen Umständen besonders geeignete Lebensmittel erfasst. Fälle gesundheitsbezogener Werbung regelt seit 1. 7. 2007 die Health Claim-VO 1924/2006.[406]

233 Psycho-claims erfasst Art. 13 Abs. 1 lit. b,[407] schlankheitsbezogene Angaben Art. 13 lit. b VO 1924/2006.[408]

234 Zunehmende Bedeutung in der Praxis erlangt der Bereich **„Beauty Food"** bzw. **„Nutricosmetics"** (zB Nahrungsergänzungsmittel für Haut, Haare und Nägel), was Probleme im Hinblick auf den Wirknachweisen für entsprechende „Beauty"-Claims (zB „für schöne Haut, Haare und Nägel") mit sich bringt.[409] Es ist zwar nicht mehr vertretbar, dass Angaben wie „Kosmetik von innen" oder „Schönheit von innen" per se als irreführend beurteilt werden, da zwischenzeitlich anerkannt ist, dass auch Lebensmittel eine „kosmetische Wirkung" haben können.[410] Jedoch dürfte es im Rahmen der Lebensmittel-

---

[400] BGH ZLR 1980, 492.

[401] BGH GRUR 2002, 182, 185 – Das Beste jeden Morgen; BGH GRUR1980, 797, 799 – Topfit Boonekamp; BGH GRUR 1975, 664 – Idee-Kaffee III; OLG Köln GRUR-RR 2008, 199 – Donaprevent; OLG Köln MD 2007, 1215, 1216 – Parallelaufmachung; OLG Oldenburg GRUR-RR 2006, 243, 246 – IgG-Antikörpertest; OLG Düsseldorf GRUR-RR 2006, 235, 236 – ohne Fett.

[402] Amtl. Begr. zu § 17 Abs. 1 Nr. 5a LMBG, BT-Drucks. 7/255 S. 32; abgedruckt bei *Zipfel/Rathke* C 102 LFGB § 11 Rn 6.

[403] BVerwG ZLR 1984, 318 – Gesundheit, die schmeckt.

[404] BGH GRUR 1991, 848, 849 – Rheumalind II; OLG Celle MD 2009, 243 – Elektrostimulation; OLG Karlsruhe ZLR 2006, 290 – Gelenkschutzformel; OLG Frankfurt GRUR-RR 2005, 394 – Bluttest; → § 5 Rn 469ff.

[405] OLG Karlsruhe ZLR 2006, 290 – Gelenkschutzformel.

[406] → Rn 277ff.

[407] → Rn 313.

[408] → Rn 314–317.

[409] *Reinhart* DLR 2008, 105.

[410] Überholt: VGH München ZLR 1995, 87 – Kosmetik von innen.

werbung regelmäßig problematisch sein, den Nachweis für Beauty-Claims etwa durch Verbrauchereinschätzungen (Bsp. aus Kosmetik-Werbung: „*%-Satz der Zustimmung. Selbstbewertung von 80 Frauen über 4 Wochen") zu erbringen. Für Lebensmittel, die verzehrt werden, gelten in der Praxis grundsätzlich strengere Anforderungen als für kosmetische Mittel, die nur äußerlich und in der Mundhöhle angewendet werden, weshalb die Maßstäbe für die Kosmetik-Werbung nicht eins zu eins übernommen werden können. Darüber hinaus stellt sich bei „Beauty Food" auch die Frage, ob der jeweilige Claim eine gesundheitsbezogene Angabe im Sinne der VO (EG) 1924/2006[411] und damit zulassungspflichtig ist.

d) Übertreibende Werbeaussagen, unspezifische Werbeanpreisungen. Übertreibende Werbeaussagen wie „was das Leben wirklich besser macht" oder „das Geheimnis für ein besseres, ausgefüllteres und aktives Leben" fallen als allgemeine Anpreisungen, die **inhaltlich nichts sagend** sind, nicht unter das in § 11 Abs. 1 Nr. 2 LFGB statuierte Verbot zum Schutz vor Täuschung durch irreführende Aussagen bei der Werbung für Lebensmittel und mangels nachprüfbarer Angaben auch nicht unter § 5 UWG.[412] In diesem Sinne scheidet auch eine Irreführung durch die Bezeichnung „Anti-Aging Bier" aus, da ein verständiger Verbraucher jedenfalls durch die Bezeichnung „Anti-Aging" **nicht ernsthaft zu der abwegigen Annahme verleitet** wird, dass das Getränk erheblich den Alterungsprozess verzögern könne.[413] 235

Ebenso wenig erfasst § 11 Abs. 1 Nr. 2 LFGB lediglich **subjektiv gefärbte und unspezifische** allgemeine Werbeanpreisung, zB der Hinweis, auf die auf natürliche Weise erfolgende Aktivierung von in den Körperzellen versteckten Energiereserven und die durch die Energieergänzung verbesserte Lebensqualität durch Coenzym Q 10 vermittelt nicht den Eindruck, es bestehe eine (medizinische) Notwendigkeit zur zusätzlichen Einnahme des Mittels.[414] 236

5. Werbung mit Selbstverständlichkeiten, § 11 Abs. 1 S. 2 Nr. 3 LFGB

Das Regelbeispiel des § 11 Abs. 1 Nr. 3 LFGB ist **Art. 2 Abs. 1 lit. a) iii) Etikettierungs-RL 2000/13/EG** entnommen. Im LMBG war dieses Regelbeispiel einer Irreführung nicht enthalten, was im Ergebnis aber unerheblich war, weil die Generalklausel (§ 11 Abs. 1 S. 1 LFGB bzw. früher § 17 Abs. 1 Nr. 5 S. 1 LMBG) diese Fallgruppe mit umfasst. Auch als gesondert genormtes Regelbeispiel ist eine Werbung mit Selbstverständlichkeiten nur dann unzulässig, wenn sie irreführend ist.[415] 237

Irreführend kann das Hervorheben von Eigenschaften sein, trotz ihrer objektiven Richtigkeit, die dem Lebensmittel ohnehin eigen oder gesetzlich vorgeschrieben sind, wenn der Verkehr das Selbstverständliche der Eigenschaft nicht kennt bzw. erkennt und deshalb zu Unrecht von einem Vorzug des beworbenen Lebensmittels gegenüber vergleichbaren anderen Erzeugnissen ausgeht. Beispiele: 238

- Angabe „amtlich tierärztlich kontrolliert" auf der Verpackung einer Grillente.[416]
- Betonung der Nichtverwendung chemisch behandelter Mehle, wenn die Nichtverwendung selbstverständlich und kein Mitbewerber solche Mehle verwendet.[417]
- Werbung „nichts als Kaffee" für ein Kaffee-Extrakt-Erzeugnis betont eine Selbstverständlichkeit, da nach der KaffeeVO (§ 1 Anlage) jedes dieser Produkte aus gerösteten Kaffeebohnen gewonnen wird.

---

[411] → Rn 307.
[412] OLG München LRE 35, 324 – Reklamehafte Übertreibung ohne Wesensgehalt; → § 5 Rn 185 f.
[413] VG Frankfurt/O BeckRS 2008, 33 565 – Anti-Aging Bier: „Bei ‚Anti Aging' handelt es sich um eine Modebezeichnung innerhalb des allgemeinen Wellnesstrends, welcher auch bei anderen Produkten Verwendung findet".
[414] BGH GRUR 2004, 72 – Coenzym Q 10.
[415] *Zipfel/Rathke* C 102 LFGB § 11 Rn 215.
[416] BayObLG ZLR 1985, 145.
[417] BGH GRUR 1956, 550, 553 – Tiefenfurter Bauernbrot.

– Angabe „ohne Gentechnik" im Sinne des § 3a EGGenTDurchfG[418] kann eine unzulässige Werbung mit einer Selbstverständlichkeit darstellen, wenn den Verbrauchern nicht bekannt ist, dass es sich bei der besonders betonten Eigenschaft um einen gesetzlich vorgeschriebenen Umstand handelt. Denn wo eine Zulassung bestimmter gentechnisch veränderter Pflanzensorten fehlt, ist die Gentechnikfreiheit auf dem Markt befindlicher Früchte sozusagen eine gesetzlich vorgeschriebene Eigenschaft.[419]
– Die Angabe der **„frei von Zusatzstoffen"** ist eine unzulässige Werbung mit einer Selbstverständlichkeit, wenn der Zusatz von Zusatzstoffen bei dem jeweiligen Lebensmittel ohne Ausnahme nicht erlaubt ist. **„Ohne Konservierungsstoffe"** auf Ganzbroten täuscht dementsprechend eine besondere Eigenart des Brotes gegenüber Broten der Mitbewerber vor.[420] Der irreführende Eindruck kann aber durch einen aufklärenden Hinweis, wie zB **„laut Gesetz"** bzw. „lt. Gesetz", relativiert werden, weil der Verkehr dann das Selbstverständliche erkennen kann.

6. Anschein eines Arzneimittels, § 11 Abs. 1 S. 2 Nr. 4 LFGB

239 Lebensmittel dürfen nicht den Anschein eines Arzneimittels haben (§ 11 Abs. 1 S. 2 Nr. 4 LFGB). Der Anschein eines Arzneimittels muss sich aus der äußeren Darbietungsform ergeben. Er ist zu bejahen, wenn die Angaben oder die übrige Aufmachung des Produkts den Eindruck einer Vorbeugung, Behandlung oder Heilung menschlicher Krankheiten erwecken. Abzustellen ist dabei auf den Eindruck, den Angaben und Aufmachung des Produkts nach allgemeiner Verkehrsauffassung hervorrufen, wobei allerdings das Verständnis der Verbraucher, deren Schutz die Regelung bezweckt, vorrangig zu berücksichtigen ist.[421]

240 Im Rahmen des § 11 Abs. 1 Nr. 4 LFGB ist der von einem Mittel erweckte Eindruck anhand des **Gesamterscheinungsbildes** zu bestimmen, in dem dieses dem Verkehr entgegentritt.[422] Dementsprechend sind einzelne Werbeaussagen, auch wenn sie nur für sich allein angegriffen sind, insoweit im Zusammenhang mit den weiteren Werbeaussagen sowie mit der Aufmachung und gesamten Erscheinung des Mittels zu würdigen.[423]

241 Die Abgrenzung zu den **Präsentationsarzneimitteln**[424] ist – wie auch schon bei § 17 Abs. 1 Nr. 5c LMBG – unklar.[425] Die Amtliche Begründung[426] hierzu ist wenig aufhellend. Nach der Gesetzeshistorie war beabsichtigt, dass Lebensmittel nicht in der seinerzeit für Arzneimittel typischen Formen wie Kapseln und Tabletten veräußert werden sollten.[427] Dieser Zweck hat sich inzwischen überholt, weil Nahrungsergänzungsmittel[428] oder bilanzierte Diäten,[429] also Lebensmittel, gerade in solchen Aufmachungen/Darbietungsformen in Verkehr gebracht werden.[430] Es kann dahin stehen, ob § 11 Abs. 1 S. 2 Nr. 4 LFGB einschränkend im Hinblick auf die Arzneimittel-RL 2001/83/EG auszulegen ist.[431] Nr. 4

---

[418] Gesetz zur Durchführung der Verordnungen der Europäischen Gemeinschaft auf dem Gebiet der Gentechnik und über die Kennzeichnung ohne Anwendung gentechnischer Verfahren hergestellter Lebensmittel (EG-Gentechnik-Durchführungsgesetz).
[419] VG Koblenz LMRR 2001, 58 – ohne Gentechnik; unzutreffend OVG Koblenz ZLR 2003, 750 m. Anm. *Meyer/Rommelfanger* ZLR 2003, 755.
[420] OLG Hamburg WRP 1982, 424.
[421] VG Minden LMRR 2006, 48 – Cholesterinspiegel.
[422] OLG Köln MD 2007, 1215, 1216 – Parallelaufmachung.
[423] BGH GRUR 2003, 631 m. Vorbem. *Meyer* DLR 2003, 453; BGH ZLR 2003, 487 m. Anm. *Forstmann/Krüger* – L-Glutamin.
[424] → Rn 10.
[425] Sprachlich verwirrend OLG Köln GRUR-RR 2008, 199 = PharmR 2008, 297 – Donaprevent: „Anschein eines (Präsentations-)Arzneimittels".
[426] BT-Drucks 15/3657 vom 24. 8. 2004 S. 62.
[427] Meyer/Streinz/*Meyer* LFGB § 11 Rn 114.
[428] → Rn 42.
[429] → Rn 52.
[430] Legaldefinition für Nahrungsergänzungsmittel: Art. 2 lit. a RL 2002/46/EG bzw. § 1 Abs. 1 Nr. 3 NemV.
[431] *Rathke* ZLR 2004, 637, 638.

dürfte dann anwendbar sein, wenn die Voraussetzungen für ein Präsentationsarzneimittel nicht vorliegen, der „Anschein eines Arzneimittels“ in Bezug auf die Werbung gleichwohl.[432] Dies ergibt sich auch aus der Rechtsprechung, die einen Verstoß gegen das Verbot eher verneint als bejaht.

Die Ansicht, Hinweise auf einen **Muskelaufbau** und eine Muskelvergrößerung deuten auf Arzneimittel hin, entspricht nicht mehr uneingeschränkt der Auffassung der pharmazeutischen und medizinischen Wissenschaft, welche die Vorstellung der Verbraucher von der Zweckbestimmung eines Produkts mit beeinflussen kann.[433] Denn eine Muskel aufbauende und das Muskelzellvolumen erweiternde Wirkung eines Mittels weist nicht stets und zwangsläufig auf einen arzneilichen Anwendungszweck hin.[434] In Betracht kommt vielmehr auch, dass ein solches Mittel der Befriedigung besonderer physiologischer Bedürfnisse und sich daraus ergebender Ernährungserfordernisse einer speziellen Personengruppe – wie der Hochleistungs-, Kraft- oder Ausdauersporttreibenden – dient, somit ein diätetisches Lebensmittel im Sinne des § 1 Abs. 2 Nr. 1b DiätVO darstellt und auch beim Verbraucher den entsprechenden Eindruck erweckt. Dass dies im Grundsatz auch dem Standpunkt des Verordnungsgebers entspricht, belegt die Anlage 8 zu § 4a Abs. 1 DiätVO, die unter Nr. 7 (diätetische) „Lebensmittel für intensive Muskelanstrengungen, vor allem für Sportler“ anführt. In diesem Zusammenhang ist des Weiteren zu berücksichtigen, dass eine Steigerung der körperlichen Leistungsfähigkeit zunehmend als Zweck einer Ernährung anerkannt wird.[435] 242

7. Schlankheitsbezogene Werbung

a) Schlankheitsbezug. Hinweise auf schlankmachende, **schlankheitsfördernde** oder gewichtsverringernde Eigenschaften von Lebensmitteln wie „unterstützt ihren Körper beim Abnehmen“ waren früher nach § 6 Abs. 1 Nährwert-KennzeichnungsV (NKV) verboten. Es sollte insofern lediglich zulässig sein, allein einem Gesamtkostplan in der Werbung schlankmachende Wirkung zuzusprechen, wenn dies nicht gleichzeitig für ein einzelnes Lebensmittel geschieht.[436] 243

§ 6 Abs. 1 NKV ist obsolet. Abstrakte Gefährdungstatbestände sind im Hinblick auf das in Art. 2 Abs. 1a Etikettierungs-RL 2000/13/EG enthaltene konkrete Irreführungsverbot im Wege **teleologischer Reduktion** einzuschränken.[437] Ein Verbot einer schlankheitsbezogenen Angabe setzt demnach voraus, dass die konkrete Gefahr einer Irreführung besteht; eine Irreführung ist aber zu verneinen, wenn ein Erzeugnis tatsächlich und wissenschaftlich nachweisbar zum Schlankwerden beitragen kann.[438] 244

Ein Schlankheitsbezug im Sinne des § 6 Abs. 1 NKV hätte im Übrigen nur bei einer **unmittelbare Hervorhebung**[439] der schlankmachenden, schlankheitsfördernden oder gewichtsverringernden Eigenschaften der beworbenen Lebensmittel in Wort und Bild vorgelegen. Vom Verbot nicht erfasst waren Angaben über eine **Gewichtskontrolle**[440] bzw. schlank erhaltende Wirkungen wie „achten Sie auf Ihre Linie“, weil kein Erfolg ausgelobt wird.[441] 245

---

432 OLG Köln GRUR-RR 2008, 199 – Donaprevent.

433 BGH GRUR 2003, 631 – L-Glutamin; aA OLG Stuttgart LMRR 2000, 46 – Glutamin.

434 *Schmidt-Felzmann* ZLR 2002, 241, 248.

435 *Rathke* ZLR 2000, 285, 299; *Schmidt-Felzmann* ZLR 2000, 859, 867.

436 OLG Hamburg LRE 18, 350 – Zitronensaftkur; KG LRE 24, 66 – Schlankheitswerbung Minus-Kalorien-Rotationsdiät; LG Berlin LMRR 2004, 102 – Glyx-Diät.

437 BGH GRUR 2002, 1091 – Bodensee-Tafelwasser; s. auch MünchKomm/*Hagenmeyer/Oelrichs* Anhang §§ 1–7 UWG § 11 LFGB Rn 7.

438 EuGH ZLR 2004, 600 m. Anm. *Knopp/Grieb* – Douwe Egberts; KG LRE 51, 110 – G-Diät Formel; OLG Hamburg LMRR 2006, 18 – DESA Vitalkost; OLG Schleswig MD 2009, 344, 348.

439 OLG Hamburg GRUR 1988, 66 – Schlankheitstee; OLG Karlsruhe LRE 26, 363 – Weight-Watchers Genießerplan; OLG Hamm ZLR 2003, 108 m. Anm. *Oelrichs* – Fettabbau.

440 OLG Karlsruhe GRUR 1994, 458 – Herbalife.

441 S. auch AG Frankfurt LMRR 1999, 123 – Schlankheitskonzept.

246 Eine weitergehende Liberalisierung ergibt sich aus der sog. **Health claims-VO.** Die VO (EG) 1924/2006 sieht in **Art. 13 Abs. 1 lit. c VO** vor, dass Angaben zum Bereich der Gewichtsabnahme als zugelassene Claims in die Gemeinschaftsliste aufgenommen werden können, sofern sie sich auf allgemein anerkannte wissenschaftliche Nachweise stützen und vom durchschnittlichen Verbraucher richtig verstanden werden.[442] Unter die Regelung fallen:

- Schlankmachende Eigenschaften des Lebensmittels
- Gewichtskontrollierende Eigenschaften des Lebensmittels
- Verringerung des Hungergefühls durch den Verzehr des Lebensmittels
- Verstärktes Sättigungsgefühl durch den Verzehr des Lebensmittels
- Verringerte Energieaufnahme durch den Verzehr des Lebensmittels

247 Bei der Bewerbung von Lebensmitteln gemäß Art. 13 Abs. 1 lit. c VO ist besonders auf die Vorschrift des **Art. 12 lit. b VO** zu achten, der Angaben über **Dauer und Ausmaß** der Gewichtsabnahme ausdrücklich verbietet.[443] Die bloße Werbung mit der Abbildung eines Maßbandes ist dagegen erlaubt, es sei denn, es werden damit konkrete Angaben über das Ausmaß der Gewichtsabnahme gemacht.

248 **b) Diätetische Lebensmittel.** Eine weitere Ausnahme ist in § 6 Abs. 1 S. 2 NKV für den Fall gemacht, dass es sich um diätetische Lebensmittel gemäß **§ 14a DiätV** (Lebensmittel für kalorienarme Ernährung zur Gewichtsverringerung) handelt, die zur Verwendung als Tagesration bestimmt sind. Der Sinn dieser Bestimmung liegt darin, dass der Verordnungsgeber davon ausgegangen ist, dass eine Gewichtsreduzierung nur bei bestimmungsgemäßer Einnahme von Diätlebensmitteln gemäß § 14a DiätV als Tagesration gewährleistet ist, nicht aber wenn solche neben anderweitigen Lebensmitteln und demgemäß ohne Kontrolle der gesamten täglichen Energiezufuhr zu sich genommen werden. Die Kennzeichnung von Lebensmitteln für kalorienarme Ernährung zur Gewichtsverringerung ist spezielle in § 21a DiätV geregelt, wobei sich in **§ 21a Abs. 7 DiätV** ausdrückliche Werbeverbote finden,[444] die mit Art. 12 lit. b VO (EG) 1924/2006 korrespondieren.

8. Für den Verzehr ungeeignet, § 11 Abs. 2 Nr. 1 LFGB

249 **a) Anwendungsbereich.** Nach § 11 Abs. 2 Nr. 1 LFGB ist es verboten, für den Verzehr durch den Menschen ungeeignete Lebensmittel gewerbsmäßig in den Verkehr zu bringen, soweit nicht ein Fall des Art. 14 Abs. 2 lit. b VO (EG) 178/2002 gegeben ist.[445] **„Für den Verzehr durch den Menschen ungeeignet"** sind Lebensmittel, die bei ihrer Gewinnung, Herstellung oder späteren Behandlung durch natürliche oder willkürliche Einflüsse derart nachteiligen Veränderungen ihrer äußeren oder inneren Beschaffenheit, ihres Aussehens, ihres Geruchs oder Geschmacks ausgesetzt sind, dass ihr Verzehr nach allgemeiner Verkehrsauffassung ausgeschlossen ist.[446] Vom Anwendungsbereich des Art. 14 Abs. 2 lit. b VO (EG) 178/2002 sind allerdings die Fälle einer Änderung der stofflichen **Zusammensetzung** eines Lebensmittels durch Kontamination, Fäulnis, Verderb oder Zersetzung erfasst (Art. 14 Abs. 5 VO (EG) 178/2002).[447]

250 § 11 Abs. 2 Nr. 1 LFGB bezieht sich damit nicht auf solche Lebensmittel, die auf Grund stofflicher Veränderungen oder Beeinträchtigungen Genuss untauglich oder erkennbar von Ekel erregender Beschaffenheit sind, sondern nur auf Fälle des Täuschungsschutzes. Der Anwendungsbereich umfasst folglich Fälle, in denen ein Lebensmittel ohne äußerlich erkennbare Veränderung **Ekel** oder **Widerwillen** bei einem normal empfindlichen Verbrau-

---

[442] → Rn 314 ff.
[443] → Rn 335.
[444] OLG Celle LMRR 2006, 53 – Diätprogramm; LG Hamburg LMRR 2005, 82 – Traumfigur.
[445] → Rn 128.
[446] Meyer/Streinz/*Meyer* LFGB § 11 Rn 122.
[447] Beispiele → Rn 132.

cher auslösen würde, wenn er von bestimmten Herstellungs- oder Behandlungsverfahren oder der betrieblichen Hygiene Kenntnis hätte.[448]

Soweit Umstände betroffen sind, die in Zusammenhang mit der Herstellung oder Gewinnung des Lebensmittels stehen, könnte auch ein Fall nach **§ 11 Abs. 1 S. 2 Nr. 1 LFGB** gegeben sein. Danach liegt eine Irreführung insbesondere auch dann vor, wenn bei einem Lebensmittel zur Täuschung geeignete Angaben insbesondere über die Art der Herstellung oder Gewinnung verwendet werden.[449] 251

b) Widerwillen, Ekel. Von § 11 Abs. 2 Nr. 1 LFGB erfasst werden Fälle des Ekel und/oder Widerwillens.[450] Es muss dabei ein **objektiver Anknüpfungspunkt** für Ekelempfindungen vorhanden sein, etwa das Auftreten von Schädlingen wie Mäuse. Es kommt letztlich darauf an, ob nach allgemeiner **Verkehrsauffassung** bzw. nach dem Empfinden eines durchschnittlich veranlagten, nicht überempfindlichen Verbrauchers ein Verzehr nicht mehr zumutbar ist. Indes beurteilt sich die Frage der Verzehrseignung bei Lebensmitteln, die zur Verzehrsfertigkeit noch einer bestimmten Bearbeitung oder Behandlung unterzogen werden, stets nur nach ihrem **bestimmungsgemäßen Endzustand.**[451] Das gilt nicht nur für Abweichungen in der Beschaffenheit eines Lebensmittels, die mit der Herstellung und Behandlung von Lebensmitteln naturgemäß und normalerweise verbunden sind, sondern auch für Mängel, die sich während der Behandlung des Lebensmittels aus sonstigen Gründen einstellen. Hier kommt es darauf an, ob die im Verlauf der Behandlung des Lebensmittels eingetretene Genussuntauglichkeit oder Wertminderung in sachgerechter Weise wieder beseitigt werden kann und ob entsprechende Maßnahmen getroffen sind (nachträgliche Beseitigung).[452] 252

Das BayObLG sah ein Lebensmittel auch dann als Ekel erregend an, wenn zwar der Herstellungsvorgang selbst innerhalb eines geschlossenen Systems erfolgt, die in Behältnisse gefüllten Lebensmittel aber in unmittelbarer Nähe von durch Mäusekot verdreckten Fußböden zum Verkauf vorrätig gehalten werden.[453] Weitere **Beispiele:**[454] Schleimhautbestandteile in Zungenwurst,[455] Aufbewahren von Lebensmitteln in der Nähe von Fäkalien,[456] Schimmelbefall während der Reifezeit.[457] 253

c) Verkehrsauffassung. Maßstab zur Beurteilung der fehlenden Eignung zum Verzehr ist die allgemeine Verkehrsauffassung.[458] Leitbild ist hierbei ein **durchschnittlich empfindsamer,** eben nicht übermäßig empfindlicher, aber auch nicht ganz unempfindlicher oder nachlässiger Verbraucher. Subjektive Empfindungen Einzelner können ebenso wenig berücksichtigt werden wie plötzliche Aversionen; maßgebend sind allgemein gültige Vorstellungen, die sich historisch entwickelt haben, die sich allerdings auch ändern können.[459] 254

d) Nachträgliche Beseitigung. Eine nachträgliche Beseitigung der Verzehrsungeeignetheit ist nicht generell auszuschließen, wohl aber nur unter besonderen Umständen möglich. Ist im Einzelfall eine nachträgliche Beseitigung der Verzehrsuntauglichkeit möglich, kann eine **Wertminderung** im Sinne des § 11 Abs. 2 Nr. 2 lit. b LFGB bestehen bleiben.[460] 255

Ekelerregende Einflüsse können grundsätzlich nicht rückgängig gemacht werden; dies würde voraussetzen, dass der objektive Anknüpfungspunkt für den Widerwillen entfallen 256

[448] MünchKomm/*Hagenmeyer/Oelrichs* Anhang §§ 1–7 UWG § 11 LFGB Rn 20.
[449] *Zipfel/Rathke* C 102, § 11 Rn 310.
[450] BGHSt 29, 220; OLG Koblenz ZLR 1985, 393.
[451] VG Göttingen BeckRS 2007, 26 327 = LRE 56, 139, 146 – Außenhaut von Rohwürsten.
[452] BayObLG ZLR 1981, 152.
[453] BayObLG DLR 1994, 156, 157 – Speiseöle.
[454] Meyer/Streinz/*Meyer* LFGB § 11 Rn 123.
[455] OLG Düsseldorf ZLR 1982, 256.
[456] BayObLG LRE 3, 194; VG Stuttgart DLR 2005, 267.
[457] VG Göttingen BeckRS 2007, 26 327 – Außenhaut von Rohwürsten.
[458] → Rn 143 ff.
[459] VG Göttingen BeckRS 2007, 26 327 – Außenhaut von Rohwürsten.
[460] → Rn 263.

wäre. Es sind aber Fälle denkbar, in denen Einflüsse und Vorgänge rückgängig gemacht werden können, die das Ekelgefühl begründen; so ist es vorstellbar, dass ein möglicherweise oberflächlicher Milbenbefall, von dem nur die zum Verzehr nicht bestimmte Wursthülle betroffen ist, durch das weitere Behandlungsverfahren (zB Abwaschen mit Essiglösung) so beseitigt werden, dass die Würste zum Zeitpunkt des Verzehrs nicht mehr als genussuntauglich zu beurteilen sind.[461]

9. Nachgemachte, wertgeminderte und geschönte Lebensmittel

257 **a) Anwendungsbereich.** An der Regelung des § 11 Abs. 2 Nr. 2 LFGB (früher § 17 Abs. 1 Nr. 2 LMBG) hat der Gesetzgeber insbesondere vor dem Hintergrund der Notwendigkeit der Information des Verbrauchers in den Fällen, in denen ein Zutatenverzeichnis nicht vorgeschrieben ist, festgehalten.[462] Wie bei § 17 Abs. 1 Nr. 2 LMBG beschränkt sich aber der Anwendungsbereich des § 11 Abs. 2 Nr. 2 LFGB auf Fälle des Täuschungsschutzes, die bereits weitgehend von § 11 Abs. 1 LFGB erfasst sind; die Regelung § 11 Abs. 2 Nr. 2 LFGB kann daher als überflüssig angesehen werden.[463]

258 **b) Nachgemachte Lebensmittel.** Als **„Nachmachen"** im Sinne der Nr. 2 lit. a ist jedes Nachbilden eines Lebensmittels in der Weise, dass es nach seinem Gesamteindruck nur den äußeren Schein, nicht aber den inneren Gehalt des nachgebildeten Lebensmittels aufweist, weil es völlig oder weitgehend aus anderen Stoffen besteht. Eine völlige (äußere) Identität zwischen Nachbildung und Vorbild ist demnach nicht erforderlich. Das nachgemachte Erzeugnis muss dem Vorbild im Erscheinungsbild aber so ähnlich sein, dass es mit dem echten Lebensmittel verwechselt werden kann.[464] Die Verwechselbarkeit kann auf sensorischen Merkmalen wie Aussehen, Geruch, Geschmack und Konsistenz beruhen.

259 „Nachmachen" setzt eine Veränderung der Substanz voraus; eine bloße **Falschbezeichnung** oder irreführende Angaben über das Erzeugnis genügen demzufolge nicht. Eine Wertminderung des nachgemachten gegenüber dem Vorbild ist nicht vorausgesetzt.

260 Maßstab zur Beurteilung der fehlenden Eignung zum Verzehr ist die allgemeine **Verkehrsauffassung.**[465]

261 **Täuschungsabsicht** des Täters und eine tatsächlich eingetretene Täuschung beim Verbraucher sind keine Tatbestandsvoraussetzungen.

262 **Beispiele:**[466] Kakaoglasur, die anstelle von Kakaobutter andere Pflanzenfette enthält;[467] Verfälschung von schwarzem Pfeffer mit Samen der Papayafrucht;[468] „Schnitzel-Nuggets" aus Formfleisch.[469]

263 **c) Wertgeminderte Lebensmittel.** Der Tatbestand der Nr. 2 lit. b setzt voraus, dass ein Lebensmittel in seiner Beschaffenheit[470] von der Verkehrsauffassung[471] abweicht und dadurch in seinem Wert oder seiner Brauchbarkeit gemindert ist. Wesentlich für den Tatbestand ist ein Eingriff in die innere Beschaffenheit, mithin eine **stoffliche Veränderung** des Lebensmittels, was eine Wertminderung hinsichtlich seiner Beschaffenheit bedingt.

264 Eine lediglich **irreführende Bezeichnung** oder Aufmachung lässt die innere Beschaffenheit dagegen unberührt, wäre aber gegebenenfalls irreführend im Sinne des § 11 Abs. 1 Nr. 1 LFGB. Ein Fischerzeugnis, das aus vier Einzelstücken besteht, die aus tiefgefrorenen

---

461 BayObLG LRE 12, 358.
462 Amtl. Begr. zu § 11 LFGB; *Zipfel/Rathke* C 102, § 11 LFGB Rn 13.
463 *Zipfel/Rathke* C 102, § 11 LFGB Rn 19; MünchKomm/*Hagenmeyer/Oelrichs* Anhang §§ 1–7 UWG § 11 LFGB Rn 21; Meyer/Streinz/*Meyer* LFGB § 11 Rn 127.
464 KG LRE 10, 189.
465 → Rn 143 ff.
466 Weitere Beispiele bei *Streinz/Leible* Hdb. III F 4.2.
467 LG Köln GRUR 1989, 532 – Mohrenköpfe.
468 *Seidemann* DLR 1994, 150.
469 OLG Düsseldorf LMRR 2000, 142 – Schnitzel-Nuggets.
470 → Rn 180 ff.
471 → Rn 143 ff.

Blöcken herausgeschnitten sind, ist gegenüber dem Filet aus einem Fisch nicht erheblich wertgemindert; die Bezeichnung „Seelachs-Filet" für ein solches Erzeugnis ist aber irreführend.[472]

Die Wertminderung darf nicht lediglich **„unerheblich"** sein. Unerheblich ist eine Wertminderung, wenn sie dergestalt geringfügig ist, dass sie die Interessen der angesprochenen Verbraucher nach allgemeiner Verkehrsauffassung nicht berührt. Unter Verkehrsauffassung im Sinne dieser Vorschrift ist die allgemeine Auffassung der am Verkehr mit Lebensmitteln Beteiligten von der Beschaffenheit eines Lebensmittels zu verstehen, wobei nicht nur die Auffassung der Hersteller und Händler, sondern auch die berechtigte Erwartung eines Durchschnittspublikums zu berücksichtigen ist, wobei dessen Erwartungen entscheidend durch die Bezeichnung und die sonstige Erscheinungsform des Lebensmittels beeinflusst wird.[473] 265

Die **Minderung** soll sich unter anderem auf den Nähr- oder Genusswert oder die Brauchbarkeit beziehen; diese Aufzählung Wert bestimmender Faktoren ist lediglich beispielhaft („insbesondere").[474] 266

Der **Nährwert** eines Lebensmittels beruht auf dem Gehalt an Nährstoffen wie Vitaminen, Mineralstoffen einschließlich Spurenelementen, Fetten und essentiellen Fettsäuren, Kohlenhydraten und Eiweißstoffen. Gemindert ist der Nährwert bei dem Zusatz von Streckungsmitteln, dem Zusetzen von Wasser zu Milch oder Bier[475] oder einem zu geringen Eiweißgehalt, zu hohem Wassergehalt bei Wurstwaren[476] oder bei Suppenhühnern mit einem Fremdwassergehalt von mehr als 10%.[477] 267

Der Begriff **Genusswert** umfasst den Geruchs- und Geschmackswert eines Lebensmittels, im Wesentlichen beeinflusst durch Aussehen (Farbe und Form) und Beschaffenheit, Alkoholgehalt bei alkoholischen Getränken oder beispielsweise auch den Stammwürzegehalt eines Bieres.[478] Der Genusswert eines Lebensmittels ist gemindert, wenn ein Bestandteil eines Lebensmittels durch einen anderen, nicht üblichen ersetzt wird, der nach der Verkehrsauffassung weniger wertvoll ist oder als weniger wertvoll erscheint. Beispiele:[479] Verwendung von Pflanzen- oder Fischfett anstelle von Butterfett bei bestimmten Feinen Backwaren (Buttergebäck, Baumkuchen, Frankfurter Kranz), überlagerter Joghurt oder Backwaren, leicht ranzige Butter, angesäuerte Milch, angebrannte Suppe, schal gewordenes Bier oder in leichte Gärung übergegangene Konfitüre, Zusatz von geröstetem Johannisbrotschotenmehl bei kakaohaltiger Pflanzenfettglasur.[480] 268

Eine Minderung der **Brauchbarkeit** liegt in der Beeinträchtigung der üblichen Verwendungsmöglichkeiten. Beispiele: Ausschluss des Rohverzehrs bei unreifem Obst; vermadete Pilze oder Nüsse, die erst nach der Beseitigung der befallenen Teile verzehrfähig werden.[481] 269

d) Geschönte Lebensmittel. Die Nr. 2 lit. c erfasst Lebensmittel, die weder nachgemacht (im Sinne der Nr. 2 lit. a) noch in ihrem Wert (im Sinne der Nr. 2 lit. b) gemindert sind, aber den „Anschein einer besseren als der tatsächlichen Beschaffenheit", also eine Wertsteigerung auf Grund höherer Qualität durch Einwirkung auf die Substanz vorgeben. In erster Linie werden damit Fälle des Färbens und Bleichens von Lebensmitteln erfasst. 270

Beispiele: Vortäuschen der Verwendung von Eiern oder eines höheren Gehalts an Eiern bei Eierteigwaren durch Gelbfärbung, Färbung von Eierlikör mit Carotinoiden,[482] Färbung 271

---

[472] AG Trier LMRR 1985, 43 = LRE 19, 236.
[473] VG Trier LMRR 2001, 109 – Zwiebelmettwurst.
[474] Weitere Beispiele bei Meyer/Streinz/*Meyer* LFGB § 11 Rn 138.
[475] BGH LRE 1, 82.
[476] OLG Köln LRE 14, 309.
[477] OLG Koblenz ZLR 1980, 57.
[478] BayObLG ZLR 1978, 47.
[479] *Zipfel/Rathke* C 102 § 11 Rn 363.
[480] OLG Koblenz LRE 14, 222.
[481] Meyer/Streinz/*Meyer* LFGB § 11 Rn 137.
[482] OLG Köln ZLR 1991, 413.

von Wurst- und Fleischprodukten mit Rote-Beete-Saft,[483] der nicht ernährungsphysiologisch bedingte Zusatz von Beta-Carotin zu einem Multivitamin-Fruchtsaftgetränk, durch den eine intensive orange Färbung erreicht wird.[484]

272 Die Irreführung durch äußere Darbietungsformen bestimmt sich nach § 11 Abs. 1 Nr. 1 LFGB.

273 **e) Ausreichende Kenntlichmachung.** Lebensmittel, die nachgemacht (Nr. 2 lit. a), in ihrem Wert gemindert (Nr. 2 lit. b) oder den Anschein einer besseren Beschaffenheit erwecken (Nr. 2 lit. c), dürfen nach § 11 Abs. 2 Nr. 2 LFGB nur dann in Verkehr gebracht werden, wenn den angesprochenen Verkehrskreisen die Mängel des jeweiligen Lebensmittels so hinreichend deutlich gemacht werden, dass auch nur die Möglichkeit einer Täuschung ausgeschlossen ist. Maßgeblich sind insoweit die Umstände des Einzelfalles. Eine „ausreichende Kenntlichmachung" erfordert, dass ein deutlich lesbarer, an gut sichtbarer Stelle angebrachter, verständlicher und damit **eindeutiger Hinweis** gegeben ist (vgl. § 3 Abs. 3 S. 1 LMKV). Nicht ausreichend sind insbesondere mehrdeutige Angaben.

274 Ein Hinweis an gut sichtbarer Stelle **(„Blickfang")** kann auch die unterschiedslose Aufführung einer (wertgeminderten) Zutat im Rahmen der Zutatenliste sein.[485] Da § 11 LFGB zu den auf der Basis der Etikettierungs-RL 2000/13 harmonisierten Regelungen zählt, ist die Frage der richtigen Kennzeichnung allein nach gemeinschaftsrechtlichen Kriterien zu beurteilen ist.[486] Dem Informationsbedürfnis der Verbraucher über die Beschaffenheit eines Erzeugnisses wird grundsätzlich durch die Angabe im **Zutatenverzeichnis** ausreichend Rechnung getragen.[487] Ist ein Zutatenverzeichnis keine Pflicht, sind die Hinweise anderweitig auf dem Etikett, falls auch dies keine Pflicht, auf jedem anderen Medium (wie ein Schild bei der Ware) anzubringen.

275 Einer weiteren Deklarierung der von traditionellen, deutschen Erzeugnissen abweichenden Zutaten in Verbindung mit der Verkehrsbezeichnung bedarf es grundsätzlich nicht. Eines klarstellenden Hinweises bedarf es daher etwa nicht bei einem in Deutschland angebotenen ausländischen Eierlikör, der im Gegensatz zu den in Deutschland hergestellten Eierlikören unter Verwendung von Verdickungsmitteln zubereitet wird und weniger Eigelb enthält.[488]

276 **Beispiele:**[489] Keine ausreichende Kenntlichmachung – da nicht eindeutig – liegt vor bei Angaben wie „aufgefrischt", „2. Wahl" oder „Konsumware". Ein niedriger Preis in Verbindung mit einer unverändert beibehaltenen Bezeichnung ist ebenfalls unzureichend und ruft lediglich den falschen Anschein eines besonders günstigen Angebots hervor. Der Hinweis „aus zerkleinertem Schweinefleisch (Hähnchenfleisch, Putenfleisch) geformt, paniert und gebraten" enthält keine ausreichende Aufklärung über die Konsistenz des verwendeten Fleisches, sondern täuscht mit seiner „liebevollen Schilderung des Herstellungsprozesses" über diese Konsistenz aus Formfleisch gerade hinweg.[490]

G. Gesundheits- und krankheitsbezogene Werbung für Lebensmittel

Schrifttum: *Benedde,* Die rechtliche Beurteilung gesundheitsbezogener Produktwerbung für Lebens- und Genussmittel, 1999; *Coppens,* Health Claims in Europe, ZLR 1999, 743; *Delewski,* Health Claims Verordnung, LMuR 2009, 41; *Deutsche Vereinigung für gewerblichen Rechtsschutz und Urheberrecht e. V.,* Stellungnahme

---

483 BayObLG DLR 1995, 122.

484 LG Würzburg LRE 16, 315.

485 Meyer/Streinz/*Meyer* LFGB § 11 Rn 132.

486 *Streinz/Leible* Hdb. III F Rn 423.

487 EuGH ZLR 1995, 667 m. Anm. *Meyer* – Sauce Hollandaise; EuGH LMRR 1999, 20 – van der Laan; s. auch OVG Münster LMRR 1996, 46 – Frikadellen mit Geflügelfleisch.

488 Überholt: OLG Köln GRUR Int. 1992, 663 – Holländischer Advocaat; s. auch Meyer/Streinz/*Meyer* LFGB § 11 Rn 132.

489 *Zipfel/Rathke* C 102 § 11 Rn 241 ff; Meyer/Streinz/*Meyer* LFGB § 11 Rn 131.

490 OLG Düsseldorf LMRR 2000, 142 – Schnitzel-Nuggets.

zum Vorschlag für eine VO über nährwert-, wirkungs- und gesundheitsbezogene Angaben auf Lebensmitteln, GRUR 2003, 770; *Deutsche Vereinigung für gewerblichen Rechtsschutz und Urheberrecht e. V.,* Zweite Stellungnahme zur Verordnung des Europäischen Parlaments und des Rates über nährwert- und gesundheitsbezogene Angaben in Bezug auf Lebensmittel (Vorschlag für eine VO KOM [2003] 424 endg.) vom 16. 7. 2003, GRUR 2004, 306; *Epping/Greifeneder,* Die Health Claim-Verordnung auf der Zielgeraden, wrp 2006, 830; *Fezer,* Gesundheitsbezogene Lebensmittelbezeichnungen im Schnittfeld von Lebensmittelrecht und Wettbewerbsrecht, GRUR 1982, 532; *Grube,* Verbraucherschutz durch Lebensmittelkennzeichnung, 1997; *Hagenmeyer,* How to market functional food without contravening European Law, ZLR 2000, 545; *ders.* Health Claims meet Bureaucracy, EFFL 2006, 233; *ders.,* Das Survival der Claims, Stoffrecht 2007, 201; *ders.,* Kurze Beleuchtung der ersten Rechtsprechung zur VO 1924/2006, WRP 2009, 554; *Hauer,* The Regulation on Nutrition and Heath Claims, EFFL 2006, 355; *Hill/Knowlton,* Study on nutritional, health and ethical claims in the European Union, 2000; *Hegele,* Krankheitsbezogene Angaben bei bilanzierten Diäten, ZLR 2009, 31; *Holle,* Health Claims kompakt, Heymanns Verlag 2007; *Hüttebräuker,* Vorschlag für eine EU-Verordnung über nährwert- und gesundheitsbezogene Angaben in Bezug auf Lebensmittel, in: Erbersdobler/Meyer, Functional Food, II Recht, 4.4.4; *dies.,* Vorschlag für eine EU-Verordnung über nährwert- und gesundheitsbezogene Angaben in Bezug auf Lebensmittel, WRP 2004, 188; *Koßdorfff,* Die Health Claims-Verordnung, Ernährung/Nutrition, Vol. 31/Nr. 7/8 2007, 313; *Loosen,* „Großer Bruder" statt „schöne neue Welt", ZLR 2006, 521; *Meisterernst,* Vom Regen in die Traufe – Zum Entwurf für eine europäische Verordnung über nährwert-, wirkungs- und gesundheitsbezogene Angaben auf Lebensmitteln, ZLR 2002, 569; *ders.,* Europäische Gesetzgebung auf Abwegen – eine kritische Betrachtung der laufenden Vorhaben zu Health claims, Anreicherung, Herbals, ZLR 2004, 43; *Meisterernst/Haber,* Die VO (EG) 1924/2006 über nährwert- und gesundheitsbezogene Angaben, WRP 2007, 363; *Meisterernst/Haber* (Hrsg.), Health & Nutrition Claims – Kommentar (Loseblattwerk), 2007; *Mettke,* Functional Food und diätetische Lebensmittel, ZLR 2000, 529; *ders.,* Claims-Verordnung und Diätverordnung, ZLR 2007, 661; *Reinhart,* Gesundheitsbezogene Werbung – aktuelle Rechtsprechung im Überblick, LMuR 2002, 159; Rückl. Erstellung der Gemeinschaftsliste gem. Art. 13 VO 1924/2006, Stoffrecht 2009, 62; *Sosnitza,* Zur Begrenzung der verbotenen Krankheitswerbung durch die erlaubte Gesundheitswerbung, ZLR 2001, 881; *ders.,* Gesundheitsbezogene Werbung für Lebensmittel – Paradigmenwechsel in Europa?, WRP 2003, 669; *ders.,* Der Verordnungsvorschlag über nährwert- und gesundheitsbezogene Angaben für Lebensmittel, ZLR 2004, 1; *ders.,* Cholesterol-Related Adverstising Statements for Foods, EFFL 2006, 86; *Sosnitza,* in Meyer/Streinz, Kommentar, C. H. Beck 2007, § 12 LFGB; *ders.,* Das Verhältnis von § 12 LFGB zu den Regelungen der VO (EG) Nr. 1924/2006 – gesetzgeberischer Handlungsbedarf?, ZLR 2007, 423; *Streinz,* Rechtliche Vorgaben für gesundheits- und krankheitsbezogene Angaben bei funktionellen Lebensmitteln – Health Claims, Bundesgesundheitsblatt – Gesundheitsforschung – Gesundheitsschutz, 2001, 227; *Thron/Meyer,* Health Claims nach der VO 1924/2006 – Auswertung der Stellungnahmen der EFSA, DLR 2009, 167; *Vergho/Meyer,* „ohne Kristallzucker", ZLR 2007, 537; *Weidert,* Die Bewerbung von Lebensmitteln mit Krankheits- oder Gesundheitsbezug, GRUR 1999, 955; *ders.,* Das Verbot gesundheitsbezogener Werbung im Lebensmittelrecht unter Berücksichtigung der gemeinschaftsrechtlichen Vorgaben, Diss. Potsdam 1998.

I. Allgemeines

1. EU-Recht vs. nationales Recht

Regelungen über gesundheits- und krankheitsbezogene Werbung finden sich sowohl im deutschen (wie § 12 LFGB,[491] § 3 DiätVO[492]) als auch im europäischen Recht (wie die Etikettierungs-RL 2000/13[493] und die Health ClaimV 1924/2006[494]). 277

Hier gilt – wie auch sonst im Verhältnis nationalem zu supranationalem Recht –, dass EU-Recht vorrangig anwendbar (Health ClaimV 1924/2006 gegenüber § 12 LFGB)[495] bzw. nationales Recht im Konfliktfall stets im Lichte des EU-Rechts auszulegen ist.[496] Das europäische Gemeinschaftsrecht hat grundsätzlich Vorrang vor dem jeweiligen nationalen Recht.[497] Der Anwendungsvorrang führt zur partiellen Ungültigkeit kollidierender Vorschriften des nationalen Rechts. Das kollidierende nationale Recht ist zwar nicht nichtig, wird aber vom supranationalen Recht quasi überlagert und bleibt daher unanwendbar (sog. 278

[491] → Rn 354 ff.
[492] → Rn 290.
[493] → Rn 279–282.
[494] → Rn 283 ff.
[495] → Rn 287, 355.
[496] *Streinz* Europarecht Rn 190 ff.
[497] Bereits EuGH Slg. 1963, 1 – Van Gend & Loos; EuGH Slg. 1964, 1251 = NJW 1964, 2371 „Costa/ENEL".

Sperrwirkung). Nationales Recht bleibt im Kollisionsfall selbst dann unanwendbar, wenn es zeitlich nach dem Gemeinschaftsrecht erlassen wurde; die lex-posterior-Regel gilt insoweit nicht.[498] Das Vorrangprinzip erfasst sowohl das primäre wie das sekundäre Gemeinschaftsrecht. Auch dem europäischen Sekundärrecht wie Richtlinien (im Fall der krankheitsbezogenen Werbung die RL 2000/13)[499] kommt dieser Anwendungsvorrang zu, selbst wenn sie nur mittelbare Geltung entfalten und zu ihrer Durchsetzung der Umsetzung in das nationale Recht bedürfen (nachfolgend 2.).

2. RL über unlautere Geschäftspraktiken

279 Nach Anhang I Nr. 17 der RL 2005/29[500] bzw Nr. 18 Anhang zu § 3 Abs. 3 UWG gelten „unwahre Behauptungen, eine Ware oder Dienstleistungen könne Krankheiten, Funktionsstörungen oder Missbildungen heilen" als unlautere Geschäftspraktiken. Für ein Verbot aus der RL 2005/29 bzw. § 3 UWG können jedoch keine weiterreichenden Rechtsfolgen als aus dem Verbot krankheitsbezogener Werbung der RL 2000/13[501] bzw. der Umsetzungsnorm des § 12 Abs.1 Nr. 1 LFGB hergeleitet werden, sofern es um die Beurteilung eines vom LFGB erfassten Sachverhalts geht. Zwischen beiden Verbotsnormen besteht insofern Gesetzeskonkurrenz, so dass § 12 Abs. 1 LFGB vorgeht, anderenfalls würde die spezialgesetzliche Regelung obsolet (vgl. RL 2005/29, Egr. 10).

3. Etikettierungs-RL 2000/13

280 **a) Teleologische Reduktion.** § 12 LFGB ist teilsweise EU-rechtswidrig oder zumindest sein Anwendungsbereich im Wege telelogischer Reduktion auf den Regelungsgehalt des § 12 Abs. 1 Nr. 1 LFGB zu beschränken.[502] § 12 LFGB ist lediglich in Bezug auf § 12 Abs. 1 Nr. 1 deckungsgleich mit Art. 2 Etikettierungs-RL 2000/13 (vormals 79/112/EWG). Art. 2 Abs. 1 b RL 2000/13 verbietet, einem Lebensmittel Eigenschaften der Vorbeugung, Behandlung oder Heilung einer menschlichen Krankheit zuzuschreiben oder diesen Eindruck entstehen zu lassen. Die übrigen Fallgruppen des § 12 in Abs. 1 Nr. 2 bis Nr. 7 finden sich dagegen nicht in der RL 2000/13; die in § 12 Abs. 1 Nr. 2 bis Nr. 7 LFGB geregelten Fallgruppen sind daher teils EU-rechtswidrig oder ihr Regelungsgehalt auf den des Verbots krankheitsbezogener Werbung des § 12 Abs. 1 Nr. 1 LFGB zu reduzieren.

281 **b) Art. 18 RL 2000/13.** Das Vorrangprinzip (auch des sekundären) EU-Rechts spiegelt sich in Art. 18 RL 2000/13 wider. Den Mitgliedstaaten ist es nach Art. 18 Abs. 1 verwehrt, Maßnahmen zu treffen, die den Verkehr mit den Bestimmungen dieser RL entsprechenden Lebensmitteln verbieten; die RL 2000/13 gestattet den Mitgliedstaaten lediglich, nicht harmonisierte einzelstaatliche Vorschriften, die den Verkehr mit dieser RL entsprechenden Lebensmitteln verbieten, anzuwenden, sofern die nationale Vorschriften nach Art. 18 Abs. 2 RL 2000/13 gerechtfertigt sind. Art. 18 Etikettierungs-RL 2000/13 ist wiederum im Lichte der Vorschriften des EG-Vertrags über den freien Warenverkehr, insbesondere der Art. 28 EG (ex 30) und 30 (ex 36) EG auszulegen.[503] Zur Rechtfertigung eines Verbots bestimmter Angaben ist daher eine Güterrechtsabwägung zwischen Gesundheits- und Verbraucherschutz einerseits und den Informationsrechten des Werbenden notwendig; ein Verbot darf nicht über das hinausgehen, was zur Erreichung des Zieles, die Verbraucher vor Täuschungen zu schützen, erforderlich ist.

---

[498] EuGH Slg. 1978, 629 (17.) „Simmenthal"; *Streinz* Europarecht Rn 190 ff, 219.

[499] Rn 364 ff. Aktuell zum Verhältnis der RL 2005/29/EG über unlautere Geschäftspraktiken zum UWG (§§ 3, 4 Nr. 6) s. BGH I ZR 4/06, Vorlage an EuGH BeckRS 2008, 13 000.

[500] RL 2005/29/EG vom 11. 5. 2005 über unlautere Geschäftspraktiken im binnenmarktinternen Geschäftsverkehr zwischen Unternehmen und Verbrauchern (ABl. EG Nr. L 149 vom 11. 6. 2005, S. 22).

[501] Etikettierungs-RL 2000/13, ABl. EG Nr. L 109 vom 20. 3. 2000, S. 29.

[502] Meyer/Streinz/*Sosnitza* LFGB § 12 Rn 12; ausführlich → Rn 364 ff.

[503] EuGH Slg. 1990, I-4695 Rn 15 – SARPP.

c) EuGH. Zur Auslegung und damit zum Verständnis des Verbots krankheitsbezogener Werbung der RL 2000/13 gibt es bislang keine Entscheidung des EuGH; zu gesundheitsbezogener Werbung im weiteren Sinne gibt es allerdings Vorgaben. Nach dem Urteil „Douwe Egberts" des EuGH vom 15. 7. 2004, das sich explizit mit dem Verbot des Hinweises auf ärztliche Empfehlungen beschäftigte, ist § 12 Abs. 1 Nr. 2 LFGB EU-rechtswidrig; auch die anderen abstrakten Gefährdungstatbestände des § 12 Abs. 1 Nr. 3 (Krankengeschichten) bis 7 (Anleitungsschriften) LFGB stehen deshalb auf dem Prüfstand,[504] denn abstrakte Gefährdungstatbestände finden beim EuGH keine Rückendeckung[505] Mit dem „Douwe Egberts"-Urteil[506] bekräftigte der **EuGH** des Weiteren, dass das harmonisierte Gemeinschaftsrecht im Bereich des Täuschungsschutzes einen verbindlichen Schutzstandard vorgibt, der weder unterschritten noch überschritten werden darf; [507] diese Vorgaben des EuGH decken sich mit denen des BGH.[508] 282

II. Health ClaimV 1924/2006

1. Einleitung

a) Allgemeines. Nach langer und schwieriger Diskussion zwischen den einzelnen EU-Mitgliedstaaten und den europäischen Institutionen ist die Verordnung über nährwert- und gesundheitsbezogene Werbung (nachfolgend „Health ClaimV 1924/2006") am 30. 12. 2006 im Amtsblatt der EU zuerst in einer falschen (was schon viel über das handwerkliche Unvermögen aller am Gesetzgebungsverfahren Beteiligter zum Ausdruck bringt), dann am 18. 1. 2007 in der richtigen Fassung veröffentlicht worden.[509] Die Health ClaimV 1924/2006 gilt gemäß Art. 249 Abs. 2 EG als Verordnung unmittelbar europaweit in sämtlichen Mitgliedstaaten (s. auch Art. 22); anwendbar ist sie seit 1. 7. 2007 (Art. 29). 283

Die Health ClaimV 1924/2006 erfasst nährwert- (Art. 2 Abs. 2 Nr. 4) und gesundheitsbezogene (Art. 2 Abs. 2 Nr. 5 und 6) Angaben (Art. 2 Abs. 2 Nr. 1), die in kommerziellen Mitteilungen[510] bei der Kennzeichnung[511] und Aufmachung[512] von oder bei der Werbung[513] für Lebensmittel[514] gemacht werden, die als solche an den Endverbraucher[515] (und dem gleichgestellte Abnehmer) abgegeben werden sollen (Art. 1 Abs. 2). 284

Die Health ClaimV 1924/2006 erfasst auch Werbung gegenüber **Fachkreisen;** eine in dieser Hinsicht differenzierende Regelung wie sie § 12 Abs. 2 LFGB vorsieht, ist der VO fremd.[516] Für Empfehlungen nationaler Vereinigungen von Fachleuten der Bereiche Medizin, Ernährung oder Diätetik wie der Deutschen Gesellschaft für Ernährungsmedizin (DGEM) und der Deutschen Gesellschaft für Ernährung (DGE) ist dagegen die VO nicht anwendbar (Art. 11). 285

---

504 → Rn 364 ff.

505 EuGH in: *Erbersdobler/Meyer* Functional Food Bd. 2 II Recht 5.1.5.1; OLG Karlsruhe ZLR 2006, 290; *Girnau* ZLR 2003, 677/688.

506 EuGH 15. 7. 2004 in: *Erbersdobler/Meyer* Functional Food Bd. 2 II Recht 5.1.11 = DLR 2004, 459 – Douwe Egberts.

507 S. auch EuGH ZLR 2003, 63 – Linhart und Biffl, „dermatologisch getestet"; Urt. v. 23. 1. 2003, Rs. C-221/00 – Kommission gegen Österreich, Rn 35 bis 37.

508 BGH GRUR 2002, 1091 = GRUR Int. 2002, 1023 = ZLR 2002, 718 m. Anm. *Reese* – Bodensee-Tafelwasser; Vorinstanz OLG Karlsruhe ZLR 2000, 199 → Rn 244.

509 Berichtigung der VO (EG) Nr. 1924/2006 über nährwert- und gesundheitsbezogene Werbung über Lebensmittel (ABl. EG Nr. L 12 vom 18. 1. 2007, S. 3).

510 Zum Begriff der „kommerziellen Mitteilung" *Meisterernst/Haber* Kommentar Art. 1 Rn 5–8.

511 Art. 1 Abs. 3 Etikettierungs-RL 2000/13.

512 Art. 2 Abs. 3 lit. a Etikettierungs-RL 2000/13.

513 Art. 2 lit. a RL 2006/114/EG vom 12. 12. 2006 über irreführende und vergleichende Werbung, ABl. EG Nr. L 376 vom 27. 12. 2006, S. 21.

514 Legaldefinition s. Art. 2 BasisVO 178/2002.

515 Legaldefinition s. Art. 3 Nr. 18 BasisVO 178/2002.

516 Ausführliche Diskussion hierzu bei *Meisterernst/Haber* Kommentar Art. 1 Rn 67–70.

286 Nach Art. 3 (Allgemeine Grundsätze für alle Angaben) dürfen „nährwert- und gesundheitsbezogene Angaben bei der Kennzeichnung und Aufmachung von Lebensmitteln, die in der Gemeinschaft in Verkehr gebracht werden, bzw. bei der Werbung hierfür, nur verwendet werden, wenn sie den Bestimmungen der vorliegenden Verordnung entsprechen". Jegliche gesundheitsbezogenen Angaben[517] unterliegen demzufolge, was ein grundlegender Paradigmenwechsel ist, einem Verbot mit Erlaubnisvorbehalt und sind einem kosten- und zeitintensiven amtlichen Genehmigungsverfahren unterworfen (Art. 13, 15, 18). Für gesundheitsbezogene Angaben muss anhand allgemein anerkannter wissenschaftlicher Daten (Art. 5 Abs. 1 lit. a) der Nachweis erbracht werden, dass das Vorhandensein oder Fehlen bzw. der verringerte Gehalt der Substanz, auf die sich die Angabe bezieht, eine positive ernährungsphysiologische Wirkung hat.

287 **b) Krankheitsbezogene Werbung, § 12 LFGB.** Die Health ClaimV 1924/2006 eröffnet in Art. 14, in Abweichung von Art. 2 Abs.1 lit. b RL 2000/13 (deren Umsetzung in deutsches Recht § 12 LFGB dient) und insofern lex specialis gegenüber derselben, die Möglichkeit, sog. risk reduction claims[518] (wie „senkt den Cholesterinspiegel") zuzulassen. Soweit der Regelungsbereich der Health ClaimV eröffnet ist, findet Art. 2 RL 2000/13 bzw. § 12 LFGB[519] daher keine Anwendung bzw. ist sein Anwendungsbereich eingeschränkt; nicht zugelassene risk reduction claims sind nach der Health ClaimV 1924/2006 verboten und nicht nach § 12 Abs. 1 Nr. 1 LFGB zu verbieten.

288 **c) Bedenken.** Gegen die Health ClaimV 1924/2006 wurden erhebliche grundsätzliche Bedenken geäußert (Verstoß gegen Grundprinzipien des Europarechts in Bezug auf die Gesetzgebungskompetenz und gegen Grundrechte).[520] Die VO steht zudem in Widerspruch zur Klage der Kommission gegen Österreich und das hierzu ergangene Urteil des EuGH.[521]

2. Anwendungsbereich

289 **a) Sonderregelungen. aa) Allgemeines.** Gegenüber der Health ClaimV 1924/2006 sind gemäß Art. 1 Abs. 5 folgende lebensmittelrechtlichen Regelungen lex specialis, sofern dort in Bezug auf nährwert- und gesundheitsbezogene Angaben spezifisches geregelt ist („unbeschadet"):

- Diätetika: RL 89/398/EWG und Richtlinien, die über Lebensmittel erlassen werden, die für besondere Ernährungszwecke bestimmt sind[522] bzw. die diese europäischen Vorgaben umsetzende deutsche DiätV;[523]
- Mineralwasser: RL 80/777/EWG zur Angleichung der Rechtsvorschriften der Mitgliedstaaten über die Gewinnung von und den Handel mit natürlichen Mineralwässern (bzw. die diese europäischen Vorgaben umsetzende deutsche Mineral- und TafelwasserV);[524]
- Trinkwasser: RL 98/83/EG vom 3. 11. 1998 über die Qualität von Wasser für den menschlichen Gebrauch (bzw. die diese europäischen Vorgaben umsetzende deutsche TrinkwasserV 2001);[525]

---

517 → Rn 307 ff.

518 → Rn 318.

519 → Rn 354.

520 Ausführlich *Hüttebräuker* WRP 2004, 188; *Hüttebräuker* in: *Erbersdobler/Meyer* Functional Food Bd. 2 II Recht 4.4.4; *Kossdorff* Ernährung/Nutrtion, 2007, 313/330 ff; *Loosen* ZLR 2006, 521; *Meisterernst* ZLR 2002, 569; *Meisterernst/Haber* Kommentar Art. 4 RdNr. 1–5; *Sosnitza* WRP 2003, 669; *ders.* ZLR 2004, 1; *ders.* in: Meyer/Streinz LFGB § 12 RdNr. 83; *Deutsche Vereinigung für gewerblichen Rechtsschutz und Urheberrecht e. V.* GRUR 2003, 770 und 2004, 306.

521 EuGH *Erbersdobler/Meyer* Functional Food Bd. 2 II Recht 5.1.5.2 – Erlaubnisvorbehalt für gesundheitsbezogene Werbung.

522 Zuletzt RL 2006/141 vom 22. 12. 2006 über Säuglingsanfangsnahrung und Folgenahrung (ABl. EG Nr. L 401 vom 30. 12. 2006, S. 1) mit gesundheitsbezogenen Angaben über die Verringerung von Allergien auf Milchproteine → Rn 323; *Hegele* ZLR 2009, 31.

523 Textsammlung *Meyer* Lebensmittelrecht Nr. 2200.

524 Textsammlung *Meyer* Lebensmittelrecht Nr. 5850.

525 Textsammlung *Meyer* Lebensmittelrecht Nr. 5860.

– Nahrungsergänzungsmittel: RL 2002/46/EG bzw. NahrungsergänzungsmittelV (NemV).[526]

290 **bb) Diätetika.** Die Diät-Richtlinien bzw. deutsche Umsetzungsnormen[527] sind vorrangig anwendbar (Art. 1 Abs. 5 lit. a), soweit sie „spezielle Vorschriften" enthalten; in Bezug auf die DiätV sind dies: § 3 krankheitsbezogene Werbung, § 19 allgemeine Kennzeichnung von Diätetika, § 20 Diabetikerlebensmittel, § 20a süßstoffhaltige diätetische Lebensmittel, § 21 bilanzierte Diäten, § 21a Lebensmittel für kalorienarme Ernährung und Gewichtsverringerung, § 22 diätetische Lebensmitteln für Säuglinge oder Kleinkinder, § 22a Säuglingsanfangs- oder Folgenahrung, § 22b Beikost, § 23 Kochsalzersatz, § 24 Natriumempfindliche.

291 Der Ausschluss greift auch bei Hinweisen auf den **diätetischen Zweck** des jeweiligen Diätetikums nach § 1 Abs. 2 DiätV. Voraussetzung für die Verkehrsfähigkeit von Diätetika ist stets die Angabe eines spezifischen **„Ernährungszwecks".** Bei diesem Hinweis greift entweder der Ausschlusstatbestand des Art. 1 Abs. 5 Health ClaimV 1924/2006 oder es handelt sich um eine Pflichtangabe im Sinne des Art. 2 Abs. 2 Nr. 1 Health ClaimV 1924/2006 („obligatorisch").[528]

292 **cc) Mineralwasser.** Nährwert- und gesundheitsbezogene Angaben s. Art. 7 und 9 RL 80/777.

293 **dd) Nahrungsergänzungsmittel.**[529] Die Kennzeichnungsvorgaben gemäß § 4 NemV bzw. RL 2002/46 gehen der Nährwertkennzeichnung gemäß Art. 7 Health ClaimV 1924/2006 vor. Art. 6 Abs. 3 RL 2002/46 bzw. § 4 Abs. 3 NemV sind vorrangig gegenüber Art. 10 Abs. 2 Health ClaimV 1924/2006.

294 **ee) Health claims für Cholesterinsenker.** Die Verwendung eines health claims über die Senkung des Cholesterinspiegels genehmigte die EU-Kommission im Rahmen eines Novel Food-Verfahrens für eine Diät-Halbfettmargarine mit einem besonders hohen Anteil an Phytosterinen. **Phytosterine** gehören zur Gruppe der sekundären Pflanzenstoffe und sollen die Cholesterin-Resorption im Dünndarm reduzieren und dadurch den LDL-Cholesteringehalt im Blut senken. Ausweislich der Entscheidung 2000/500 der Kommission vom 24. 7. 2000 muss die Margarine mit dem Hinweis in Verkehr gebracht werden, dass „das Erzeugnis für Personen bestimmt ist, die ihren **Cholesterinspiegel** im Blut senken möchten" (Art. 2c der Entscheidung).[530]

295 Derselbe Hinweis wurde später generell mit der der **VO (EG) 608/2004** vom 31. 3. 2004[531] für Phytosterine und Phytostanole bzw. -esterhaltige Lebensmittel genehmigt. Die VO ist lex specialis gegenüber der Health ClaimV 1924/2006,[532] auch wenn in Art. 1 Abs. 5 fälschlicherweise nicht erwähnt.

296 **b) Ausschluss. aa) Fallgruppen.** Die Health ClaimV 1924/2006 gilt nicht für
– Pflichtangaben (Art. 2 Abs. 2 Nr. 1), zB (gesetzlich vorgeschriebene) Verkehrsbezeichnungen;
– bloße Sachinformationen (keine „besondere Eigenschaft" im Sinne des Art. 2 Abs. 2 Nr. 1), zB die Angabe der Broteinheiten (BE auf dem Etikett; § 20 Abs. 2 DiätV);
– nicht-„kommerzielle"[533] Mitteilungen, insbesondere von Fachgesellschaften der Bereiche Medizin, Ernährung oder Diätetik wie der Deutschen Gesellschaft für Ernährungsmedi-

---

526 Textsammlung *Meyer* Lebensmittelrecht Nr. 2500, 2550; → Rn 42.
527 Textsammlung *Meyer* Lebensmittelrecht Nr. 2200 ff.
528 Orientierungserlass öster. Bundesministerium für Gesundheit, Familie und Jugend, GZ BMGFJ-75 100/0018-IV/B7/2007, Nr. 2, Ernährung/Nutrition, 2007, 333.
529 Textsammlung *Meyer* Lebensmittlrecht Nr. 2500; → Rn 42.
530 Entscheidung vom 24. 7. 2000 (ABl. EG Nr. L 200 S. 59).
531 VO (EG) 68/2004, ABl. EG Nr. L 97 vom 1. 4. 2004, S. 44.
532 EU-Kommission, Guidance on the Implementation of Regulation (EC) No 1924/2006 on nutrition and health claims made on foods, in der dem Ständigen Ausschuss am 14. 12. 2007 vorgelegten Fassung; dort S. 5.
533 → Rn 284.

zin (DGEM) und der Deutschen Gesellschaft für Ernährung (DGE) (Art. 11); „national" im Sinne des Art. 11 fordert dabei eine gewisse Anerkennung, nicht aber unbedingt eine nationale Bedeutung;

– negative (Nährwert-)Angaben, wie „fettreich" oder die „Ampelkennzeichnung" in Großbritannien.[534]

297 **bb) Reduzierung von Gesundheitsrisiken.** Strittig ist die Einordnung von Angaben über die **Reduzierung eines Gesundheitsrisikos** in Bezug auf Allergien und Unverträglichkeiten wie „lactosefrei", „ohne Zusatz von Milcheiweiß" oder „glutenfrei". Ein Gesundheitsbezug im Sinne des Art. 2 Abs. 2 Nr. 5 Health ClaimV 1924/2006 lässt sich zwar nicht abstreiten (s. auch Erwägungsgrund 22 der VO), ein Benefit in Form einer ernährungsbezogenen oder physiologischen Wirkung durch Zusatz eines Stoffs (Anforderungsprofil nach Art. 2 Abs. 2 Nr. 2 und 3) ist damit aber nicht verbunden, im Gegenteil entfaltet das jeweilige Lebensmittel durch Entzug eines Stoffs keinen negativen Effekt. Mit der RL 2006/141 vom 22. 12. 2006 über Säuglingsanfangsnahrung und Folgenahrung[535] (lex specialis gegenüber der Health ClaimV 1924/2006) werden jedoch explizit (gesundheitsbezogene) Angaben über die Verringerung von Allergien auf Milchproteinen geregelt.[536]

298 **c) Ausschlusskriterium Nährwertprofile. aa) Nährwertprofile.** Nach Art. 4 der Health ClaimV 1924/2006 sollen spezifische Nährwertprofile[537] festgelegt werden, denen Lebensmittel oder bestimmte Lebensmittelkategorien entsprechen müssen, um nährwert- und gesundheitsbezogene Angaben tragen zu dürfen. Mit dieser Bestimmung sollen insbesondere Fette, gesättigte Fettsäuren, Zucker und Salz/Natrium stigmatisiert werden (Art. 4 Abs. 1 lit. a). Mit der Umsetzung dieses Vorhabens würden Lebensmittel in „gute" und „schlechte" unterteilt; Lebensmittel, die dem Anforderungsprofil nicht entsprechen, dürften grundsätzlich weder nährwert- noch gesundheitsbezogen beworben werden.

299 **bb) Disclaimer.** Ausnahmsweise wären (zukünftig) gesundheitsbezogene Angaben auch dann noch zulässig, wenn ein einziger Nährstoff das Nährstoffprofil übersteigt, sofern in unmittelbarer Nähe der Angabe auf derselben Seite und genauso deutlich sichtbar wie dieser ein Hinweis auf diesen Nährstoff angebracht wird (Disclaimer „hoher Gehalt an"; s. Art. 4 Abs. 2 lit. b).

300 **cc) Umsetzung.** Es bleibt abzuwarten, ob die Kommission tatsächlich in der Lage ist, für verschiedene Lebensmittel (-kategorien) geeignete Nährwertprofile zu erstellen. Die Europäische Behörde für Lebensmittelsicherheit (EFSA) erstellte lediglich ein Risk Assessment für die Festlegung der Nährwertprofile.

301 Besser wäre es, dass anstelle von Nährwertprofilen andere Hinweise auf Nährwerte europaweit eingeführt werden, sei es das in England praktizierte, aber zu Recht umstrittene System des **Signposting** (http://www.food. gov.uk/foodlabelling/signposting) oder die von der CIAA (Confederation of the Food and Drink Industries in the EU), dem BLL (Bund für Lebensmittelrecht & Lebensmittelkunde) und Multikonzernen propagierten, nicht stigmatisierenden Guideline Daily Amount **(GDA),** eine freiwillige, über die Vorgaben der NährwertkennzeichnungsRL 90/496 bzw der NKV hinausgehende Nährwertkennzeichnung von Brennwert, Fett, gesättigte Fettsäuren, Zucker und Salz mittels sog. Tönnchen, mit Angaben über den Nährwertgehalt des Lebensmittels in Menge und Prozent je Portion (bei Getränken 250 ml).

---

[534] → Rn 301.

[535] RL 2006/141 vom 22. 12. 2006 über Säuglingsanfangsnahrung und Folgenahrung (ABl. EG Nr. L 401 vom 30. 12. 2006, S. 1).

[536] S. auch *ALS* Stn 2006/34 über „Hinweise auf die Abwesenheit eines Allergens in Lebensmitteln", J. Verbr. Lebensm. 1 (2006), 374, *Meisterernst/Haber* Kommentar Art. 8 Rn 68–74.

[537] Internationale Beispiele bei *Meisterernst/Haber* Kommentar Art. 4 Rn 12; hierzu auch *Mettke* ZLR 2009, 1

3. Nährwertbezogene Angaben

a) Anforderungen. Nährwertbezogen sind Angaben, mit denen erklärt, suggeriert oder auch nur mittelbar zum Ausdruck gebracht wird, dass ein Lebensmittel besondere positive Nährwerteigenschaften besitzt, und zwar aufgrund der Energie (des Brennwerts), die sie liefern, in vermindertem oder erhöhtem Maße liefern oder nicht liefern, und/oder der Nährstoffe oder anderen Substanzen, die sie enthalten, in verminderter oder erhöhter Menge enthalten oder nicht enthalten (Art. 2 Abs. 2 Nr. 4); zB „enthält Lycopin". Nährwertbezogene Angaben dürfen nur gemacht werden, wenn sie im Anhang der VO aufgeführt sind (wie „energiearm")[538] und den dort genannten Bedingungen entsprechen (Art. 8 Abs. 1), die mit nationalen, gemeinschaftsrechtlichen (ua RL 90/496) und internationalen Regelungen wie den Guidelines on Nutrition and Health Claims des Codex Alimentarius[539] in Einklang stehen. 302

b) Vergleichende Angaben. Regelungen über vergleichende Angaben/Werbung enthält Art. 9 Health ClaimV 1924/2006, in Konkretisierung der Vorgaben des (darüber hinaus auch bezüglich nährwertbezogenen Angaben geltenden) Art. 4 RL 2006/114 über irreführende und vergleichende Werbung[540] (diese RL trat nach ihrem Art. 11 ab dem 12. 12. 2007 an die Stelle der RL 84/450/EWG; in Deutschland umgesetzt durch § 6 UWG). 303

Ein Vergleich ist nur zwischen Lebensmitteln derselben **Kategorie** und unter Berücksichtigung einer Reihe von Lebensmitteln dieser Kategorie zulässig (Art. 9 Abs. 1 S. 2). Zur Bestimmung der Lebensmittelkategorien, die verglichen werden können, ist vor allem auf die vergleichbare Nährstoffzusammensetzung, die Vergleichbarkeit der Verzehrsgelegenheit und des Verzehrswecks abzustellen;[541] damit sind auch Vergleiche zwischen stofflich nicht im Wesentlichen identischen Lebensmitteln zulässig.[542] Lebensmittelkategorien sind Milch, Joghurt und Käse; nicht dagegen Milcherzeugnisse, da dieser (Ober-)Begriff zu weitgehend ist. Vergleichbar, da austauschbar, sind Butter und Margarine; nicht dagegen Milch und Butter. 304

Vergleichende nährwertbezogene Angaben müssen die Zusammensetzung des betreffenden Lebensmittels auch mit derjenigen einer Reihe von Lebensmitteln derselben Kategorie vergleichen, deren Zusammensetzung die Verwendung einer Angabe gemäß Art. 4 nicht erlaubt, darunter auch Lebensmittel anderer Marken (Art. 9 Abs. 2); mangels Nährwertprofile[543] ist Art. 9 Abs. 2 (derzeit) nicht anwendbar. 305

Der Vergleich darf sich (was aus Art. 8 Abs. 1 folgt) nur auf die im Anhang der Health ClaimV 1924/2006 aufgeführten nährwertbezogenen Angaben (Art. 2 Abs. 2 Nr. 4) beziehen; Angaben wie „super light" sind (zumindest so lange) unzulässig, wie sie nicht in den Anhang aufgenommen sind. Anzugeben ist der Unterschied in der Menge eines Nährstoffs und/oder im Brennwert (Art. 9 Abs. 1 S. 2) wie „light – 50% weniger Zucker" oder „light – kein Zucker"; Angaben wie „enthält genauso viel wie" sind daher generell verboten, weil der Vergleich keine Differenz aufgezeigt wird. Der Vergleich muss sich des Weiteren auf dieselbe Menge des Lebensmittels beziehen (Art. 9 Abs. 1 S. 2). 306

4. Gesundheitsbezogene Angaben

a) Begriffsdefinitionen. Als **„gesundheitsbezogene Angabe"** wird jede Angabe (Art. 2 Abs. 2 Nr. 1) verstanden, mit der erklärt, suggeriert oder auch nur mittelbar zum 307

---

538 → Rn 184 f.

539 *Codex Alimentarius* Guidelines for Use of Nutrition and Health Claims (CAC/GL 23–1997, Rev. 1–2004).

540 RL 2006/114, ABl. EG Nr. L 376 vom 27. 12. 2006, S. 21–27; hierzu auch EU-Kommission, Guidance on the Implementation of Regulation (EC) No 1924/2006 on nutrition and health claims made on foods, in der dem Ständigen Ausschuss am 14. 12. 2007 vorgelegten Fassung.

541 S. auch *Holle* S. 87.

542 *Meisterernst/Haber* Kommentar Art. 9 Rn 25/26.

543 → Rn 298–301.

Ausdruck gebracht wird, dass ein Zusammenhang zwischen einer Lebensmittelkategorie, einem Lebensmittel oder einem seiner Bestandteile einerseits und der Gesundheit andererseits besteht (Art. 2 Abs. 2 Nr. 5).

308 **b) Fallgruppen.** Art. 13 Abs. 1 und Art. 14 listen die fünf Fallgruppen zulassungsfähiger gesundheitsbezogener Angaben abschließend auf; andere als die dort genannten können nicht zugelassen werden. Die Fallgruppe des Art. 13 Abs. 1 lit. a) ist dabei ein Auffangtatbestand; erfasst sind Angaben über

– die Bedeutung eines Nährstoffs (Art. 2 Abs. 2 Nr. 2) oder einer anderen Substanz (Art. 2 Abs. 2 Nr. 3) für Wachstum, Entwicklung und **Körperfunktionen** (lit. a).

309 Die beiden anderen Fallgruppen des Art. 13 benennen spezifische Fälle gesundheitsbezogener Angaben:

– Angaben über psychische Funktionen oder Verhaltensfunktionen (lit. b),
– Angaben über schlank machende der gewichtskontrollierende Eigenschaften eines Lebensmittels sowie die Verringerung des Hungergefühls, ein verstärktes Sättigungsgefühl oder eine verringerte Energieaufnahme durch den Verzehr eines Lebensmittels (lit. c).

310 Neben diesen „klassischen" gesundheitsbezogenen Angaben sieht die Health ClaimV 1924/2006 auch die Zulassung von

– Kinderclaims über die „Entwicklung und die Gesundheit" (Art. 14) sowie
– „Angaben über die Verringerung eines Krankheitsrisikos" vor (Art. 2 Abs. 2 Nr. 6, Art. 14).

311 **c) Wachstum, Entwicklung und Körperfunktionen.** Umfangreiche Beispiele solcher gesundheitsbezogener Angaben des Auffangtatbestands des Art. 13 Abs. 1 lit. a können den Wirtschaftslisten (des Sammelverfahrens nach Art. 13) der Confederation of the Food and Drink Industries in the EU (CIAA),[544] des deutschen Bundes für Lebensmittelrecht und Lebensmittelkunde (BLL) oder der österreichischen FIAA entnommen werden. Die Liste der CIAA umfasst 759 claims, von Vitaminen im Allgemeinen mit Angaben über die „Entwicklung, Wachstum, Vitalität, Gleichgewicht und Stoffwechsel des Körpers" (Nr. 1) bis zu Zingiber officinale mit Angaben über die „Herzgesundheit" (Nr. 759); die Liste des österreichischen Fachverbands der Nahrungs- und Genussmittelindustrie (FIAA) nennt 278 claims, von Vitaminen im Allgemeinen (Nr. 1) bis zu Lebensmitteln für eine kalorienarme Ernährung zur Gewichtsverringerung (Nr. 278). Die Europäische Kommission fasste die weit über 40 000 im Verfahren des Art. 13 gemeldeten claims in sog. Konsolidierten Listen zusammen, von den nur 4185 der EFSA zur Prüfung vorgelegt wurden (s. Webpage EFSA, NDA-Panel). Die vorgenannten Listen geben vorerst einen guten Anhaltspunkt über das nach der Health ClaimV 1924/2006 machbare.

312 Gesundheitsbezogene Angaben sind auch solche, deren Informationsgehalt sich nicht in der Benennung eines Stoffs erschöpft („enthält Lycopin"), sondern eine ernährungsbezogene oder physiologische Wirkung nennt oder nahelegt; zB „mit **Antioxidantien**", weil hier nicht nur die Stoffe als solche, sondern auch ihr Wirkpotential (antioxidativ) beschrieben wird; gleiches gilt für „enthält Prebiotika" oder „mit prebiotischen Ballaststoffen".[545]

313 **d) Psychische Funktionen, Verhaltensfunktionen.** Angaben, die sich auf psychische Funktionen oder Verhaltensfunktionen beziehen (Art. 13 Abs. 1 lit. b), wie „besseres Gedächtnis und Konzentration" oder „bessere Prüfungsergebnisse", wollte die Kommission in einem Entwurf der VO aus 2003 noch generell verbieten.[546] Fraglich ist, ob es je solche doch eher für Arzneimittel typischen Angaben geben wird; die Anforderungen an solche claims sind nahezu unüberwindbar.[547]

---

[544] Wirtschaftsliste der *CIAA* in: *Erbersdobler/Meyer* Functional Food II Recht 7.1.7.

[545] Umstr., EU-Kommission, Guidance on the Implementation of Regulation (EC) No 1924/2006 on nutrition and health claims made on foods, in der dem Ständigen Ausschuss am 14. 12. 2007 vorgelegten Fassung.

[546] *DG SANCO* zum VO-Entwurf 2003 KOM (2003) 224 endg., 16. 7. 2003, Begr. Rn 20; *Meisterernst* ZLR 2002, 569, 578.

[547] Process for the Assessment of Scientific Support for Claims on Foods (PASSCLAIM), organisiert vom International Life Science Institute – ILS I Europe, unterstützt von der Europäischen Kommission, Psychischer Zustand und Leistungsfähigkeit, European Journal of Nutrition, Vol. 43–2, Suppl. 2, June 2004.

e) Gewichtskontrolle. Angaben über die Dauer und das Ausmaß der Gewichtsabnahme sind generell verboten, unabhängig vom Wahrheitsgehalt der Angaben (Art. 12 lit. b); im Übrigen steht schlankheitsbezogene Werbung unter einem Erlaubnisvorbehalt. 314

Art. 13 Abs. 1 lit. c erfasst sowohl die unmittelbare Hervorhebung[548] der schlankmachenden, schlankheitsfördernden oder gewichtsverringernden Eigenschaften der beworbenen Lebensmittel, als auch lediglich mittelbare Bezugnahmen. Nach Art. 13 Abs. 1 lit. c zulassungspflichtige Angaben sind beispielsweise „macht schlank“, „führt zur Gewichtsabnahme“ und „Schlankheitsdiät“. Eine einschränkende Auslegung der Bestimmung – wie vormals bei § 6 NKV[549] – auf Fälle einer unmittelbaren Hervorhebung ist nicht möglich; Art. 13 erfasst daher auch den nur mittelbaren Hinweis auf gewichtsverringernde Eigenschaften, wie Angaben über eine **Gewichtskontrolle.** Nicht erfasst sind aber Appelle wie „achten Sie auf Ihre Linie“; es kommt aber auf die Umstände des Einzelfalls an. 315

Mit der Angabe „leicht verdaulich und sättigend“ wird noch kein „verstärktes **Sättigungsgefühl**“ im Sinne des Art. 13 Abs. lit. c zum Ausdruck gebracht. 316

Hinweise auf schlankmachende, **schlankheitsfördernde** oder gewichtsverringernde Eigenschaften von Lebensmitteln wie „unterstützt ihren Körper beim Abnehmen“ waren nach § 6 Nährwert-KennzeichnungsV (NKV) verboten. Spätestens nach Geltung der Health ClaimV 1924/2007 seit 1. 7. 2007 ist § 6 NKV[550] im Hinblick auf Art. 12 lit. c und Art. 13 Abs. 1 lit. c Health ClaimV 1924/2007 obsolet. Dies gilt auch für die Ausnahmeregelung in § 6 Abs. 1 S. 2 NKV für den Fall diätetischer Lebensmittel gemäß **§ 14 a DiätVO,** die zur Verwendung als Tagesration bestimmt sind; einer gesonderten Regelung für schlankheitsbezogene Werbung bedarf es nicht. Die Kennzeichnung der § 14a DiätVO-Produkte ist in § 21 a DiätVO geregelt; die Werbung findet ihre Legitimation in § 1 Abs. 2 Nr. 2 DiätVO, wonach Diätetika zu ihrer Verkehrsfähigkeit einer spezifischen Zweckbestimmung bedürfen. 317

f) Krankheitsrisiken. „Angaben über die Verringerung eines Krankheitsrisikos“ können individuell zugelassen werden (Art. 2 Abs. 2 Nr. 6, Art. 14). Nach Art. 2 Abs. 6 handelt es sich bei sog. risk reduction claims um solche, mit denen erklärt, suggeriert oder mittelbar zum Ausdruck gebracht werde, dass der Verzehr einer Lebensmittelkategorie, eines Lebensmittels oder eines Lebensmittelbestandteils einen Risikofaktor für die Entwicklung einer Krankheit beim Menschen deutlich senkt (Bsp.: „senkt den Coholesterinspiegel“, „xylitol chewing gums has been shown to reduce dental plaque“). Der Unterschied zwischen risk reduction claims und gesundheitsbezogene Angaben des Auffangtatbestands des Art. 13 Abs. 1 lit. a ist oftmals nur ein gradueller; allgemeine Angaben beispielsweise bezüglich des Cholesterinspiegels sind Fälle des Art. 13, Hinweise auf den Effekt der Cholesterinspiegelsenkung dagegen sind von Art. 14 erfasst.[551] 318

Bislang waren solche claims unzulässig gemäß § 12 Abs. 1 Nr. 1 LFGB, weil mit dem Begriff der Risikominderung die Auslobung der Verhütung von Krankheiten verbunden wurde;[552] der Anwendungsbereich des § 12 LFGB ist insofern eingeschränkt.[553] 319

g) Kinderclaims. aa) Kinder. Angaben über die „Entwicklung und die Gesundheit von Kindern“ müssen individuell zugelassen werden (Art. 14). Welche Art Kinderclaims Art. 14 erfasst, ist allerdings unklar. Der Begriff der „Kinder“ wird nicht erläutert;[554] Legaldefinitionen gibt es lediglich für Säuglinge (unter 12 Monaten) und Kleinkinder (zwischen 1 bis 3 Jahren)[555]. Ernährungsmedizinisch gesehen wäre die Gruppe der „Kinder“ die der 320

---

548 ZB OLG Hamburg GRUR 1988, 66 – Schlankheitstee.

549 *Meyer* LFGB § 11 Rn 61.

550 → Rn 243; s. EuGH-Entscheidung „Douwe Egberts“ in: *Erbersdobler/Meyer* Functional Food Bd. 2 II Recht 5. 1. 11 = DLR 2004, 459 = ZLR 2004, 600 m. Anm. *Knopp/Grieb.*

551 EU-Kommission, Guidance on the Implementation of Reg. 1924/2006, SANCO/2007/E4/ SCOFCAH 15. 10. 2007, 1. 10. 2007.

552 OLG München LMRR 1989, 10; → Rn 373.

553 → Rn 287.

554 *Mettke* ZLR 2007, 661, 670.

555 Art. 2 RL 2006/141 (ABl. EG Nr. L 401 vom 30. 12. 2006, S. 1).

1jährigen (also nicht Säuglinge)[556] bis hin zu Kindern am Ende der Wachstumsgrenze, geschlechtsspezifisch in der Regel zwischen 12 (Mädchen) bis 14 Jahren (Jungs).

321 **bb) Entwicklung und Gesundheit.** Warum Art. 14 nur auf die „Entwicklung" abstellt, Art. 13 dagegen auch das „Wachstum" und „Körperfunktionen" nennt, erschließt sich nicht. Die Kombination aus „Entwicklung und Gesundheit" scheint unnötig, zumal ein Kind, welches sich nicht entwickelt, nicht gesund ist. Aus Art. 14 ist nicht zu schließen, dass Angaben über die „Entwicklung" und/oder „Gesundheit" generell unzulässig wären; vielmehr folgt aus Art. 14, dass nur spezifische Angaben über die „Entwicklung und Gesundheit" erlaubnispflichtig sind. Angaben über die „Entwicklung und Gesundheit" ohne nähere Konkretisierung sind dagegen allenfalls unspezifisch im Sinne des Art. 10 Abs. 3 Health ClaimV 1924/2006.

322 **cc) Kinderclaims.** Art. 14 erfasst keine claims, die (lediglich) *auch* auf Kinder Bezug nehmen, sondern nur die *ausschließlich* auf Kinder gemünzte claims[557] (wie „Lecithin fördert die lern- und Konzentrationsfähigkeit Ihres Kindes", „Calcium ist gut für das Wachstum der Kinder"), bei denen Kinder ausdrücklich in der Kennzeichnung/Werbung genannt oder abgebildet werden.[558] Hinweise auf die Verwendung eines Lebensmittels für „Erwachsene und Kinder älter als 3 Jahre" oder „für Kinder und Schwangere" fallen dagegen unter den Anwendungsbereich von Art. 13. Zur Abgrenzung der allgemeinen gesundheitsbezogenen Angaben nach Art. 13 und den „Kinderclaims" nach Art. 14 soll auf die wissenschaftliche Substantiierung abgestellt werden: ein Beleg für einen Kinderclaim nach Art. 14 wäre der Fall, dass zum Wirknachweis Studien vorgelegt werden, die nur mit Kindern durchgeführt wurden (allerdings lässt sich umgekehrt nicht ableiten, dass bei Studien an Erwachsenen stets ein Fall des Art. 13 vorläge).[559]

323 **dd) Säuglingskost.** Angaben für Säuglingsanfangsnahrung oder Folgenahrung im Sinne der RL 2006/141/EG sowie Getreidebeikost oder andere Beikost im Sinne der RL 2006/125/EG sollen stets Angaben nach Art. 14 sein. Diese Auslegung ist der ausdrücklich in sog. Interpretationsleitlinien erklärte Wille der EU-Kommission.[560] Dies ist Ausdruck rechtsstaatlich bedenklichen Hineininterpretierens der Kommission von Inhalten in zuvor von Kommission und EU-Parlament erlassenen, aber unausgegorenen Regelungen; in Form von Leitlinien werden Verordnungen so zu Recht gebogen. Die Auslegung der Kommission ist keinesfalls zwingend. Voraussetzung der Verkehrsfähigkeit von Diätetika wie Säuglingsanfangsnahrung oder Folgenahrung sowie Beikost ist die Angabe ihres spezifischen „Ernährungszwecks" auf dem Etikett; diese Hinweise sind Pflichtangaben im Sinne des Art. 2 Abs. 2 Nr. 1 Health ClaimV 1924/2006 („obligatorisch"), so dass sie vom Anwendungsbereich der VO nicht erfasst wären,[561] abgesehen davon, dass auch der Ausschlusstatbestand des Art. 1 Abs. 5 Health ClaimV 1924/2006 greifen könnte. Rechtsstaatlich sehr kritisch ist der Umstand, dass die EU-Kommission diese Auslegung erstmalig im Dezember 2007 kundtat, fast 6 Monate nach Geltung der Health ClaimV 1924/2006 und kurz vor Ablauf der für Kinderclaims vorgesehenen Frist zur Anmeldung bis 19. 1. 2008.[562] Für alle diese von dieser Interpretation erfassten Lebensmittel mussten die betroffenen Unternehmen der Babykostbranche kurzfristig bis zum 19. 1. 2008 Zulassungsanträge stellen, was nur in Form einer koordinierten Aktion über die Verbände (Diätverband,

---

[556] Zu beachten ist, dass gesundheitsbezogene Angaben der für Säuglinge (unter zwölf Monaten) und Kleinkinder (zwischen ein bis drei Jahren) gedachten Lebensmittel in der gegenüber der Health ClaimV 1924/2006 spezielleren RL 2006/141 (ABl. EG Nr. L 401 vom 30. 12. 2006, S. 1) geregelt werden können.

[557] *Meisterernst/Haber* Kommentar Art. 14 Rn 13.

[558] BVL-Bekanntmachung BAnz. Nr. 235 vom 14. 1. 2006.

[559] *Kommission,* Guidance on the Implementation of Reg. 1924/2006, SANCO/2007/E4/SCOFCAH 15. 10. 2007, 1. 10. 2007.

[560] EU-Kommission, Guidance on the Implementation of Regulation (EC) No 1924/2006 on nutrition and health claims made on foods, in der dem Ständigen Ausschuss am 14. 12. 2007 vorgelegten Fassung; dort S. 4.

[561] *Mettke* ZLR 2007, 661, 670.

[562] → Rn 352.

IDACE[563]) möglich war; des verfassungswidrigen Umstands bewusst ließen es die Behörden wie das BVL dabei genügen, dass Begründungen bzw. Nachweise für die eingereichten claims bis März 2009 nachgereicht wurden.

h) Gesundheitsbezogenes Wohlbefinden. aa) Begriffsdefinition. Nach Art. 10 Abs. 3 Health ClaimV 1924/2006 sind „Verweise auf allgemeine, nichtspezifische Vorteile des Nährstoffs oder Lebensmittels für die Gesundheit im Allgemeinen oder das gesundheitsbezogene Wohlbefinden nur zulässig", wenn ihnen ein zugelassener health claim beigefügt ist **(Koppelungsgebot).**[564] Die VO erklärt allerdings nicht, was sie unter Angaben „gesundheitsbezogener Wohlbefindens" versteht (in Abgrenzung zu „gesundheitsbezogenen Angaben" im Sinne des Art. 2 Abs. 2 Nr. 5). Solange die Listen nach Art. 13 und 14 nicht vorliegen, kann Art. 10 Abs. 3 nicht vollzogen werden.[565] 324

Unspezifische Angaben über das **„gesundheitsbezogene Wohlbefinden"** sind beispielsweise „sehr gut für Ihren Organismus", „hilft Ihrem Körper, besser mit Stress fertig zu werden", „reinigt Ihren Organismus", „trägt zu einem ausgeglichenen Stoffwechsel bei" und „hilft, Ihr gutes Körpergefühl zu erhalten". Die Regelung wurde vor der 2. Lesung im Europäischen Parlament im Gemeinsamen Standpunkt des Rates und der Kommission neu aufgenommen;[566] in einem ersten Entwurf der VO vom 16. 7. 2003 wollte die Kommission die zuvor aufgeführten Werbehinweise als „allgemeine, nichtspezifische Vorteile eines Nährstoffs oder Lebensmittels in Bezug auf allgemeine Gesundheit und Wohlbefinden" noch generell verbieten (Art. 11 VO-Entwurf 2003).[567] 325

bb) Allgemeines Wohlbefinden. Nach dem die Health ClaimV 1924/2006 lediglich Angaben über das „*gesundheitsbezogene* Wohlbefinden" erfasst, nicht aber Angaben über das „*allgemeine* Wohlbefinden" (s. lit. aa), sind zukünftig Angaben wie „wirkt sich positiv auf Ihr Wohlbefinden aus" und „hält Sie jung" weiterhin zulässig, sofern im übrigen Werbekontext nicht irreführend. Als weitere Beispiele unspezifischer, nicht von der VO erfasste claims nannte die Kommission in einer (im Übrigen recht eigenwilligen) Presseerklärung vom 1. 10. 2003 die Angaben „Red Bull verleiht Flügel", „Haribo macht Kinder froh" und „so wertvoll wie ein kleines Steak".[568] 326

i) Kennzeichnungsvorgaben. Nach Art. 10 Abs. 2 dürfen gesundheitsbezogene Angaben nur im Zusammenhang mit obligatorischen Informationen gemacht werden, wie einem „Hinweis auf die Bedeutung einer abwechslungsreichen und ausgewogenen Ernährung und einer gesunden Lebensweise" (Art. 10 Abs. 2 lit. a). Diese Vorgaben stehen im Kontext der (zukünftigen) Listen zugelassener claims nach Art. 13 und 14; mangels solcher Listen ist Art. 10 Abs. 2 daher derzeit noch nicht anwendbar.[569] 327

5. Marken

a) Marke. Die Health ClaimV 1924/2006 gilt auch für (gesundheits- oder nährwertbezogene) Marken (Art. 1 Abs. 3 und Art. 28 Abs. 2). 328

Im Anwendungsbereich der Health ClaimV 1924/2006 muss man sich allerdings leider lösen von dem Begriff der „Marke" im Sinne des Markenrechts. Dem Gesetzgeber war offensichtlich bei Erlass der Health ClaimV 1924/2006 das Markenrecht unbekannt bzw. 329

---

563 *IDACE,* 07/399 rev 2, 13. 12. 2007, List of „new article 14 Claims" made currently on products for Infants and Young Children, Draft Commission Guidance Interpretation of 16. 11. 2007.

564 Zur Art und Weise Koppelung → Rn 330; *Meisterernst/Haber* Kommentar Art. 10 Rn. 23–29.

565 Orientierungserlass öster. Bundesministerium für Gesundheit, Familie und Jugend, GZ BMGFJ-75 100/0018-IV/B7/2007, Nr. 3, Ernährung/Nutrition, 2007, 333.

566 Gemeinsamer Standpunkt (EG) Nr. 3/2006, 8. 12. 2005, ABl. EG Nr. C 80 E vom 4. 4. 2006.

567 Dok. KOM (2003) 424 endg. vom 16. 7. 2003, Begr. zum VO-Entwurf Rn 19; s. auch Diskussionspapiere SANCO/1341/2001 und SANCO/1832/2002.

568 *Kommission* VO über nährwert- und gesundheitsbezogene Angaben: Mythen und Missverständnisse, MEMO/03/188, 1. 10. 2003, Ernährungs-Umschau 50 (2003), S. 2.

569 Unzulänglich LG Nürnberg/Fürth DLR 2008, 439 mit Vorbem. *Voß;* OLG Nürnberg ZLR 2008, 731; aA *Hagenmeyer* WRP 2009, 554.

ignorierte es; anders als in der ÖkoV 2092/91 nimmt die Health ClaimV 1924/2006 nicht auf die MarkenRL 89/104 Bezug. Der Gesetzgeber spricht daher auch unspezifisch von „Handelsmarken, Markennamen oder Phantasiebezeichnungen", ohne die Begriffe näher zu erläutern. „Markennamen" dürften dabei nicht nur registrierte und bekannte Marken sein; dies zumal der verwendete Begriff „Handelsmarke" darauf schließen lässt, dass eine Bezeichnung nur irgendwie zur Bezeichnung von Lebensmitteln verwendet wird, sogar unabhängig davon, ob die Angabe einen Tatsachengehalt hat („Phantasiebezeichnungen"). Erfasst sind auch traditionelle Bezeichnungen wie „Hustenbonbons" (Umkehrschluss aus Art. 1 Abs. 4 Health ClaimV 1924/2006).

330 **b) Koppelung.** Marken im Sinne der Health ClaimV 1924/2006 genießen gegenüber anderen gesundheits- oder nährwertbezogenen Angaben das **Privileg** nicht zulassungspflichtig zu sein, sofern „der betreffenden Kennzeichnung, Aufmachung oder Werbung eine nährwert- oder gesundheitsbezogene Angabe beigefügt ist, die dieser Verordnung entspricht" (Koppelung; Art. 1 Abs. 3); die zugelassene Angabe muss insofern allerdings in einem inneren Zusammenhang mit der Marke stehen (vgl. anderssprachige Fassungen der VO; engl.: „related ... claim", franz.: „allegation ... correspondente"); Koppelung bedeutet dabei nicht unbedingt räumliche Nähe. Es ist danach zu differenzieren, wie spezifisch die konkrete Marke ausgestaltet ist. Bei lediglich unspezifischer Marke (wie „Biovital") genügt eine beliebige (zugelassene) Angabe; bei spezifischen Marken ist dagegen ein engerer Zusammenhang erforderlich. Eine Marke „Osteofit" müsste eine gesundheitsbezogene Angabe zum (beispielweise) Knochenwachstum bzw. -gesundheit, der Marke „VitaLecithin" eine zugelassene Angabe zu Lecithin „beigefügt" sein.[570]

331 **c) Traditionelle Angaben.** Für allgemeine Bezeichnungen, die traditionell zur Angabe einer Eigenschaft einer Kategorie von Lebensmitteln verwendet werden, und auf die Auswirkungen auf die menschliche Gesundheit hindeuten könnten, kann auf Antrag eine Ausnahme von Abs. 3 vorgesehen werden (Art. 1 Abs. 4); mit anderen Worten: der EU-Kommission angezeigte traditionelle Angaben dürfen ohne Zulassungsverfahren nach Art. 13 bis 18 verwendet werden; ihre Verwendung unterliegt – anders als nach Abs. 3 – keinem Koppelungsgebot. Solche traditionellen Angaben sind gemäß Art. 1 Abs. 4 lediglich notifizierungs-, nicht aber zulassungspflichtig (via nationale Behörde wie BVL an die Kommission; wobei sich die österreichische Behörde mangels Verfahrensregeln – Art. 1 Abs. 4 S. 3 – weigert, dies zu tun bzw. davon ausgeht, dass bis zur Veröffentlichung der Verfahrensvorschriften traditionelle Bezeichnungen weiterhin verwendet werden dürfen).[571]

332 Erwägungsgrund 5 der VO nennt als (schwerlich nachvollziehbare) Bsp. für solche, von Abs. 3 erfassten, gesundheitsbezogenen claims „Digestif" und „Hustenbonbons". Unklar ist, was außer den in Erwägungsgrund 5 der VO genannten Bsp. solche traditionelle Angaben sein könnten; neben „Hustenbonbons" fallen – da vergleichbare Tradition – auch Hals- und Rachenbonbons hierunter.

333 **d) Übergangsfristen.** Genießen (gesundheits- oder nährwertbezogene) Marken nicht das Privileg des Art. 1 Abs. 3 sind sie zulassungspflichtig, soweit keine Übergangsfristen greifen. Lebensmittel mit bereits vor dem 1. 1. 2005 „bestehenden Handelsmarken oder Markennamen", die der Health ClaimV 1924/2006 nicht entsprechen, dürfen jedoch bis zum 19. 1. 2022 (also 15 Jahre nach Inkrafttreten) weiterhin in den Verkehr gebracht werden. In Art. 28 Abs. 2 sind – anders als in Art. 1 Abs. 3 – die „Phantasiebezeichnungen" nicht erwähnt; der Sinn der Nichtnennung erschließt sich nicht. Was der Verordnungsgeber mit „bestehenden" Marken meint, ist mangels Begriffsbestimmung nicht geklärt. Im Kontext insbesondere zu Art. 1 Abs. 3 sind wohl nicht nur registrierte, sondern auch ohne Eintragung verwendete Marken gemeint.[572]

---

[570] *Meisterernst/Haber* Kommentar Art. 1 Rn 74–79; *Koßdorff* Ernährung/Nutrition, 2007, 313, 316.

[571] Orientierungserlass öster. Bundesministerium für Gesundheit, Familie und Jugend, GZ BMGFJ-75 100/0018-IV/B7/2007, Ernährung/Nutrition, 2007, 333.

[572] → Rn 329.

Bei Lebensmitteln mit Marken, die erst nach dem 1. 1. 2005, aber vor Geltung (1. 7. 2007) „bestehen", greift Art. 28 Abs. 1 S. 1, wonach die Lebensmittel noch bis zu ihrem Mindesthaltbarkeitsdatum, jedoch nicht länger als bis zum 31. 7. 2009 weiter in Verkehr gebracht werden dürfen. 334

6. Verbote

Das Verbot mit Erlaubnisvorbehalt gesundheitsbezogener Werbung wird durch zahlreiche **Totalverbote** flankiert. Art. 12 Health ClaimV 1924/2006 enthält drei Fallgruppen von Verboten für Angaben, die per se unzulässig und nicht genehmigungsfähig sind: 335

- Angaben, die den Eindruck erwecken, durch Verzicht auf das Lebensmittel könnte die Gesundheit beeinträchtigt werden (Art. 12a);
- Angaben über Dauer und Ausmaß der **Gewichtsabnahme** wie „fünf Kilogramm in zwei Wochen" (Art. 12b); im Übrigen ist **schlankheitsbezogene** Werbung aber erlaubt (Art. 13 Abs. 1c),[573] § 6 Abs. 1 NKV insofern obsolet;[574]
- Angaben, die auf Empfehlungen[575] von einzelnen **Ärzten**[576] oder Vertretern medizinischer Berufe und von Vereinigungen, die nicht in Art. 11 genannt werden, verweisen (Art. 12c); § 12 Abs. 1 Nr. 2 LFGB ist insofern in seinem Anwendungsbereich beschränkt.[577]

„Vertreter medizinischer Berufe" sind (neben den ausdrücklich genannten Ärzten) Zahnärzte und Apotheker; da es bei Art. 12 nicht um Verantwortlichkeiten geht, zählen zu den „Vertretern" auch Krankenschwestern, Krankenpfleger, medizinisch-technische oder pharmazeutisch-technische Assistenten (MTA und PTA) und Physiotherapeuten, so dass der Begriff „Vertreter medizinischer Berufe" gleich bedeutend ist mit Angehörige der Heilberufe (im Sinne des § 12 LFGB). 336

7. Erlaubnisvorbehalt

a) Registrierungsverfahren. Gesundheitsbezogene Angaben, die die Bedeutung eines Nährstoffs oder einer anderen Substanz für Wachstum, Entwicklung und Körperfunktionen (Art. 13 Abs. 1 lit. a), die psychischen Funktionen oder Verhaltensfunktionen (lit. b) oder die schlank machenden oder gewichtskontrollierenden Eigenschaften des Lebensmittels oder die Verringerung des Hungergefühls oder ein verstärktes Sättigungsgefühl oder eine verringerte Energieaufnahme durch den Verzehr des Lebensmittels (lit. c) beschreiben oder darauf verweisen, dürfen nur gemacht werden, wenn sie in einer Gemeinschaftsliste (Art. 13 Abs. 3) aufgenommen werden. Die Mitgliedstaaten waren berufen, der Kommission bis 31. 1. 2008 Listen mit solchen „generischen Claims" zusammen mit den für sie geltenden Bedingungen und mit Hinweisen auf die entsprechende wissenschaftliche Absicherung zu übermitteln (Art. 13 Abs. 2); der Kommission wurden über 40 000 claims gemeldet. Die Kommission soll bis 31. 1. 2010 über die Aufnahme in die Gemeinschaftsliste entscheiden (Art. 13 Abs. 3). 337

b) Zulassungsverfahren. aa) Art. 13 Abs. 5-Verfahren. Neben diesem erleichterten Registrierungsverfahren des Art. 13 Abs. 3 besteht die Möglichkeit, ein förmliches Zulassungsverfahren einzuleiten (Art. 13 Abs. 5). Ein Lebensmittelunternehmer, der beabsichtigt, eine nicht in der betreffenden Gemeinschaftsliste aufgeführte gesundheitsbezogene Angabe zu verwenden, kann die Aufnahme der Angabe in die Liste beantragen (Art. 13 Abs. 5 und Art. 18).[578] Ein solcher Aufnahmeantrag muss dabei insbesondere eine umfas- 338

[573] → Rn 314ff; OLG Frankfurt Urt. v. 16. 4. 2009 – 6 U 238/08.
[574] → Rn 317.
[575] Zum Begriff „Empfehlung" → Rn 389.
[576] Zum Begriff „Ärzte" → Rn 388.
[577] → Rn 386.
[578] Näheres *Meisterernst/Haber* Kommentar Art. 13 RdNr. 38, 39 und Art. 18.

sende Begründung einschließlich Kopien der erstellten wissenschaftlichen Studien aufweisen. Solche Anträge können seit 1. 2. 2008 gestellt werden bzw. seitdem nimmt die EFSA diese an.

339 **bb) Art. 14-Fälle.** Eine Individualzulassung gemäß Art. 15 bis 17 und 19 Health ClaimV 1924/2006 ist erforderlich bei Angaben über die Verringerung eines Krankheitsrisikos[579] und gesundheitsbezogener Angaben über die „Entwicklung und die Gesundheit von Kindern"[580] (Art. 14). Die EFSA entwickelte einen Leitfaden für die Zulassung.[581]

340 Für die im Rahmen des Zulassungsverfahrens offengelegten Informationen gewährt Art. 21 für die Dauer von fünf Jahren **Datenschutz.**[582] Dieser dürfte sich allerdings in Grenzen halten, da die gemäß Art. 15 Abs. 3 lit. c geforderten, im Peer-Review-Verfahren erstellten Studien weitgehend in jedermann zugänglichen Fachjournalien veröffentlicht sein sollten.

8. Übergangsregelungen

341 **a) Allgemeines.** Die Health ClaimV 1924/2006 sieht Übergangsregelungen vor, um es den Lebensmittelunternehmen zu ermöglichen, die Umstellung auf die neuen gesetzlichen Rahmenbedingungen sachgerecht vornehmen und vorhandene „alte" Ware noch abverkaufen zu können.

342 Angaben außerhalb der Etikettierung, also insbesondere in der **Werbung,** sind von der Abverkaufsfrist nicht erfasst. Für Werbeangaben außerhalb der Etikettierung gilt damit der Grundsatz, dass diese verboten sind, wenn sie der Health ClaimV 1924/2006 nicht entsprechen (Art. 1 Abs. 2, Art. 3, Art. 5 und insbesondere Art. 10, spezielle Bedingungen).

343 **b) Mindesthaltbarkeitsdatum.** Lebensmittel, die vor dem 1. 7. 2007 (Art. 29) in Verkehr gebracht oder gekennzeichnet wurden und der Health ClaimV nicht entsprechen, können bis zu ihrem Mindesthaltbarkeitsdatum (Art. 9 RL 2000/13 bzw. § 7 LMKV), jedoch nicht länger als bis 31. 7. 2009 in Verkehr gebracht werden (Art. 28 Abs. 1 S. 1).

344 **c) Nährwertprofile.** Lebensmittel, die den Vorgaben der Nährwertprofile (Art. 4)[583] nicht entsprechen, dürfen noch bis 24 Monate nach Annahme der Nährwertprofile weiter in Verkehr gebracht werden (Art. 28 Abs. 1 S. 2).

345 **d) Marken.** → Rn 333–334.

346 **e) Nährwertbezogene Angaben.** Nährwertbezogene Angaben,[584] die in einem Mitgliedstaat vor dem 1. 1. 2006 gemäß den einschlägigen innerstaatlichen Vorschriften verwendet wurden und nicht im Anhang aufgeführt sind, wie Angaben über den Gehalt an ungesättigten Fettsäuren, Omega-3-Fettsäuren,[585] Cholesterin,[586] Stärke oder den Glykämischen Index,[587] dürfen bis zum 19. 1. 2010 unter der Beachtung der nationalen Vorschriften weiter verwendet werden (Art. 28 Abs. 3).

347 Nährwertbezogene Angaben in Form von Bildern, Grafiken oder Symbolen (wie die in England praktizierte „Ampelkennzeichnung"),[588] die den allgemeinen Grundsätzen dieser VO entsprechen, jedoch nicht im Anhang aufgeführt sind, und die entsprechend den durch

---

579 → Rn 318–319.

580 → Rn 320 ff.

581 *EFSA* Scientific and technical Guidance for the Preparation and Presentation of the Application for Authorisation of a Health Claim, Opinion of the Scientific Panel on Dietetic Products, Nutrition and Allergies, adopted on 6 July 2007 (Request N° EFSA-Q-2007-066) = *Meisterernst/Haber* Kommentar Art. 15 Anhang.

582 Näheres *Meisterernst/Haber* Kommentar Art. 21.

583 → Rn 298–301.

584 → Rn 302.

585 Wissenschaftliche Abhandlung über Omega-3-Fettsäuren findet sich bei *EFSA*, NDA Panel, opinion 6. 7. 2005.

586 Wobei umstr. ist, ob es sich hierbei um eine nährwert- oder gesundheitsbezogene Angabe handelt.

587 S. auch *Meisterernst/Haber* Kommentar Art. 8 Rn. 62–66.

588 → Rn 301.

einzelstaatliche Bestimmungen oder Vorschriften aufgestellten besonderen Bedingungen und Kriterien verwendet werden, mussten bis 31. 1. 2008 der Kommission übermittelt werden, damit dieselbe nach dem in Art. 25 Abs. 2 genannten Verfahren einen Beschluss über die Verwendung solcher Angaben fassen kann; nährwertbezogene Angaben, die nicht nach diesem Verfahren zugelassen wurden, können bis zu zwölf Monate nach Erlass des Beschlusses weiter verwendet werden.

f) Gesundheitsbezogene Angaben, Art. 13 Abs. 1 a. Gesundheitsbezogene Angaben 348 im Sinne des Art. 13 Abs. 1 lit. a[589] über die Bedeutung eines Nährstoffs oder einer anderen Substanz für Wachstum, Entwicklung und Körperfunktionen dürfen ab Inkrafttreten der VO (18. 1. 2007) bis zur Annahme der in Art. 13 Abs. 3 genannten Liste (Wunsch 31. 1. 2010, Datum aber offen) nach Maßgabe nationalen Rechts verwendet werden (insbesondere § 11[590] und § 12 LFGB[591]), sofern die Angaben der Health ClaimV 1924/2006 (wie Nährwertkennzeichnung nach Art. 7) entsprechen.

g) Gesundheitsbezogene Angaben nach Art. 13 Abs. 1 b und c sowie Kinderclaims. 349 Gesundheitsbezogene Angaben über psychische Funktionen (Art. 13 Abs. 1 lit. b[592]) und über schlank machende Eigenschaften (lit. c[593]) sowie – mit rückwirkender Geltung seit 1. 7. 2007 – Kinderclaims (Art. 14),[594] die in Deutschland bislang keiner Bewertung unterzogen und nicht zugelassen wurden, dürfen weiterhin verwendet werden, sofern vor dem 19. 1. 2008 ein „Antrag nach der Health ClaimV 1924/2006" gestellt wird.

Mit **Antrag** ist nicht nur ein solcher nach Art. 13, 14 ff oder Art. 18 gemeint; bezieht 350 sich ein Antrag auf einen claim, der sich bereits auf einer Wirtschaftsliste des Sammelverfahrens nach Art. 13 befindet (insbesondere der Confederation of the Food and Drink Industries in the EU – CIAA,[595] des deutschen BLL oder der österreichischen FIAA), so genügt ein zwar formell gestelltes Begehren auf Zulassung, allerdings mit bloßer Bezugnahme auf die Wirtschaftliste (wie der CIAA), um unnötige Dopplungen und Parallelanträge und -verfahren zu vermeiden. Für die Anträge waren keine umfänglichen Dossiers erforderlich, wie für Artikel 14-Angaben, wohl aber die Angaben zum Stoff, zum Wirkungszusammenhang, zu den Bedingungen und wissenschaftlichen Nachweisen, wie im Zusammenhang mit den Artikel 13-Listen geschehen.

Ein Antrag gemäß Art. 13 Abs. 5 und 18 mit Begründung bzw. spezifischem Nachweis 351 des Wirkpotentials müssen nur für solche Angaben gestellt werden, die auf neuen wissenschaftlichen Daten beruhen oder aus sonstigen Gründen bisher nicht im Rahmen des Artikel 13-Verfahrens beantragt worden waren.

In Bezug auf **Kinderclaims** (Art. 14)[596] wurde bei Erlass der VO übersehen, für die 352 Verwendung derselben Übergangsfristen in Art. 28 vorzusehen; diese wurden nachträglich erst eingefügt mit der ÄnderungsVO 109/2008 (ABl. EG Nr. L 39 S. 14 vom 13. 2. 2008), mit rückwirkender Geltung seit 1. 7. 2007. Die ÄnderungsVO kam jedoch zu spät; sie trat in Kraft, nachdem bereits die Meldefrist am 18. 1. 2008 (Art. 28 Abs. 6 lit. b) abgelaufen war. Eine rechtzeitige Verabschiedung scheiterte daran, dass zum Zeitpunkt der Abstimmung die rumänische und die bulgarische Sprachfassungen nicht vorlagen. Bezeichnend für das rechtsstaatliche Niveau war diesbezüglich die Empfehlung der Kommission und seitens des BMELV, Anträge (mit einem Kurzdossier) für die Zulassung von Angaben über die Entwicklung und die Gesundheit von Kindern gleichwohl zu stellen, obwohl die Änderungsverordnung nur als Entwurf vorlag.

---

589 → Rn 308.
590 → Rn 123.
591 → Rn 354 ff.
592 → Rn 309.
593 → Rn 309.
594 Eingefügt mit der 2. ÄnderungsV Nr. 109/2008 vom 15. 1. 2008, ABl. EG Nr. L 39 vom 13. 2. 2008, S. 14.
595 Wirtschafstliste der CIAA in: *Erbersdobler/Meyer* Functional Food II Recht 7.1.7.
596 → Rn 320 ff.

353 Die Zulässigkeit der Verwendung steht unter dem (allerdings in der Health ClaimV 1924/2006 nicht ausdrücklich erwähnten) Vorbehalt, dass der jeweilige claim nach bisherigem nationalen/europäischen Recht zulässig ist. Derselbe Vorbehalt gilt in Bezug auf eine Negativentscheidung der Kommission gemäß des zweiten Halbsatzes des Art. 28 Abs. 6 lit. b, wonach „gesundheitsbezogene Angaben, die nicht nach diesem Verfahren zugelassen wurden, bis zu sechs Monate nach einer Entscheidung weiter verwendet werden" dürfen. Die Einhaltung formaler Verfahren setzt materielles Recht nicht außer Kraft; aus Art. 28 Abs. 6 lit. b folgt demzufolge **keine Bindungswirkung** der Gerichte/Behörden, solange der jeweilige claim nicht explizit zugelassen ist.

III. Krankheitsbezogene Werbung, § 12 LFGB

1. Allgemeines

354 **a) Gesetzeszweck.** Nach § 12 LFGB sind die dort in Abs. 1 Nr. 1–7 erschöpfend aufgelisteten Fälle krankheitsbezogener Aussagen verboten; auf die objektive Richtigkeit der Aussagen kommt es nicht an. Zweck der Vorschrift ist die Verhütung einer **Selbstmedikation.**[597] Das Verbot soll des Weiteren verhindern, dass Lebensmittel werbemäßig für Zwecke eingesetzt werden, denen sie ihrer Bestimmung nach regelmäßig nicht dienen können, nämlich als Quasi-Arzneimittel.

355 **b) Health ClaimV 1924/2006.** Die Health ClaimV 1924/2006 eröffnet in Art. 14, in Abweichung von Art. 2 Abs. 1 lit. b RL 2000/13 (deren Umsetzung in deutsches Recht § 12 LFGB dient) und insofern lex specialis gegenüber derselben, die Möglichkeit, sog. risk reduction claims[598] zuzulassen. Soweit der Regelungsbereich der Health ClaimV eröffnet ist, findet Art. 2 Abs.1 lit. b RL 2000/13 bzw. § 12 LFGB[599] keine Anwendung bzw. ist sein Anwendungsbereich eingeschränkt; nicht zugelassene risk reduction claims sind nach der Health ClaimV 1924/2006 verboten und nicht nach § 12 Abs. 1 Nr. 1 LFGB zu verbieten.

356 **c) Richtlinie über unlautere Geschäftspraktiken.** → Rn 279.

357 **d) Heilberufe.** Das Verbot krankheitsbezogener Werbung gilt nicht für die Werbung gegenüber Angehörigen der Heilberufe, des Heilgewerbes oder der Heilhilfsberufe (§ 12 Abs. 2 LFGB). Angehörige der Heilberufe sind neben Ärzten, Zahnärzten und Apothekern auch Krankenschwestern, Krankenpfleger, medizinisch-technische oder pharmazeutisch-technische Assistenten (MTA und PTA) und Physiotherapeuten.

358 Es ist allerdings nicht zu empfehlen, in Publikationen (ausschließlich) für Ärzte Therapiemöglichkeiten mit einem Lebensmittel zu beschreiben. Die Erfahrung zeigt, dass von Überwachungsbehörden und Gerichten aus solchen Veröffentlichungen – oftmals allerdings verfehlt – der Schluss gezogen wird, dass es sich bei dem jeweiligen Erzeugnis nicht um ein Lebensmittel, sondern um ein Arzneimittel[600] handelt mit der Konsequenz des Verbots des Inverkehrbringens mangels Zulassung und des generellen Werbeverbots gemäß § 3 a HWG.[601]

359 Die **Health ClaimV** 1924/2006 eröffnet in Art. 14, die Möglichkeit sog. risk reduction claims[602] zuzulassen. Soweit der Anwendungsbereich der Health ClaimV eröffnet ist findet § 12 LFGB im Allgemeinen und Abs. 2 im Besonderen daher keine Anwendung, denn die Health ClaimV 1924/2006 kennt kein Privileg für Angehörige der Heilberufe (s. Art. 11 und 12).[603] Außerhalb des Anwendungsbereichs der Health ClaimV 1924/2006 (Fälle gesundheitsbezogener Werbung und sog. risk reduction claims; Art. 2 Abs. 2 Nr. 5 und 6)

[597] BGH WRP 1998, 505, 506 – Gelenknahrung.
[598] → Rn 318.
[599] → Rn 319.
[600] → Rn 7 ff.
[601] → Rn 471.
[602] → Rn 318.
[603] → Rn 285; *Sosnitza* ZLR 2007, 423, 428.

bleibt dagegen krankheitsbezogene Angaben gegenüber Angehörigen der Heilberufe daher (weiterhin) grundsätzlich erlaubt (vgl. § 12 Abs. 3 LFGB).

Als lex specialis gegenüber Health ClaimV 1924/2006 erlaubt (auch) Art. 6 Abs. 2 **RL 89/398/EWG** krankheitsbezogene Werbung für diätetische Lebensmittel gegenüber Fachkreisen, jedoch nur hinsichtlich „zweckdienlicher Angaben oder Empfehlungen", also – anders als § 12 Abs. 2 LFGB – nicht generell; diese Einschränkung wurde allerdings nicht in deutsches Recht umgesetzt, ist daher von den Rechtsunterworfenen nicht zu beachten, mögen auch die deutschen Regelungen für Diätetika insofern EU-rechtswidrig sein. 360

e) Diätetika. Das Verbot krankheitsbezogener Werbung gilt grundsätzlich auch für Diätetika (§ 12 Abs. 2 S. 2 LFGB); allerdings mit den in der DiätV vorgesehenen Ausnahmen von § 12 Abs. 1 Nr. 1 und 7 LFGB (insbesondere § 3 und – für bilanzierte Diäten – § 21 DiätV). Auch in der Werbung für ein diätetisches Lebensmittel darf daher nicht der Eindruck erweckt werden, es diene der Verhütung oder Linderung bestimmter Krankheiten. Auch ein unpräziser und mehr indirekter Hinweis auf eine ganze Gruppe von Erkrankungen (wie „Herz-Kreislauf-Krankheiten") wird von diesem Verbot erfasst, da auch er die Gefahr heraufbeschwören kann, dass durch die angedeuteten Krankheiten gefährdete Verbraucher zu dem Lebensmittel greifen, weil sie es für ein ausreichendes und Erfolg versprechendes Mittel zur Selbstbehandlung ihrer Krankheiten ansehen.[604] 361

f) Gesundheitsbezogene Werbung. Gesundheitsbezogene Werbung, wie sie bei probiotischen Joghurts anzutreffen ist („beeinflusst bei täglichem Verzehr die Darmflora"; „stimuliert die natürliche Aktivität körpereigener Zellen"), sind nicht von § 12 LFGB, aber von der Health ClaimV 1924/2006 erfasst;[605] sie können des Weiteren auch dem allgemeinen Irreführungsverbot des § 11 Abs. 1 LFGB unterliegen.[606] Lediglich gesundheitsbezogen sind Angaben wie über den Wirkmechanismus von **Nährstoffen** wie „Pro-Vitamin A, wichtig für Sehkraft und Haut, ein Glas deckt den Tagesbedarf"[607] oder „Folsäure ist für die Zellteilung und Zellneubildung notwendig"; krankheitsbezogen sind dagegen Hinweise auf die Prophylaxe mit Folsäure in Bezug auf Neuralrohrdefekte. 362

g) Restriktive Auslegung. Das Verbot krankheitsbezogener Werbung in § 12 LFGB ist ein **abstraktes Gefährdungsdelikt**; eine Irreführung im Einzelfall ist daher nicht erforderlich.[608] Im Rahmen des dem Gesetzgeber zustehenden Gestaltungsspielraums zur Regelung des Gesundheits- und Täuschungsschutzes ist dies nicht zu beanstanden; § 12 ist nicht verfassungswidrig. Angesichts des Umstandes, dass § 12 LFGB auch Wahres verbietet und eine Prüfung der Relativierung einer Irreführung durch besondere Umstände des Einzelfalls abgeschnitten ist, ist allerdings eine **restriktive Auslegung** der Vorschrift geboten. 363

2. Krankheitsbezogene Aussagen, § 12 Abs. 1 Nr. 1 LFGB

a) RL 2000/13. aa) Vorrangprinzip. § 12 Abs. 1 Nr. 1 LFGB setzt Art. 2 Etikettierungs-RL 2000/13[609] in deutsches Recht um und ist im Hinblick auf das das EU-Recht prägende Vorrangprinzip im Lichte höherrangigen EU-Rechts auszulegen.[610] Zur Auslegung und damit zum Verständnis der Vorgaben des Verbots krankheitsbezogener Werbung der RL 2000/13 gibt es bislang keine Entscheidung des EuGH. 364

bb) Rechtsvergleich. Ein Rechtsvergleich mit den Regelungen anderer Mitgliedstaaten der Europäischen Gemeinschaft – den auch der EuGH anstellen würde – zeigt ein, gegenüber der deutschen Rechtspraxis[611] liberaleres Verständnis in der Auslegung der Vor- 365

---

604 OLG Köln GRUR 1988, 475 – Lachsöl.
605 → Rn 307 ff.
606 → Rn 123 ff, insbes. 223 ff.
607 OLG Hamburg LRE 19, 297.
608 → Rn 375.
609 → Rn 280.
610 Ebenso MünchKomm/*Hagenmeyer/Oelrichs* Anhang §§ 1–7 UWG § 12 LFGB Rn 2.
611 → Rn 376 ff.

gaben der RL 2000/13. In den Niederlanden, Schweden und England hatten sich bereits vor Erlass der Health ClaimV 1924/2006 sog. **Code of Practice** für Health Claims etabliert.[612] In diesen Ländern ist die Verwendung von Angaben über die Reduzierung von Krankheitsrisiken erlaubt – bevor Art. 14 Health ClaimV 1924/2006 diese Fallgruppe seit 1. 7. 2007 erfasste;[613] diese claims werden in diesen Ländern, anders als nach bisherigem deutschem Recht,[614] nicht als Angaben gesehen, die sich auf die Vorbeugung einer Krankheit beziehen. In Schweden heißt es in den „The Food Industry's Rules": „a health claim is an assessment of the positive health effects of a foodstuff, i. E. a claim that the nutritional composition of the product can be connected with prophylactic effects or the reduced risk of a diet-related disease". In England ist beispielsweise eine Werbeaussage in Bezug auf die Senkung des Cholesterinspiegels, die in Deutschland bislang als unzulässig angesehen wurde,[615] ausdrücklich erlaubt: „food ‚x' helps to keep your cholesterol levels healthy which helps to maintain a healthy heart".[616]

366 **b) Krankheit.** Der Begriff „Krankheit" wird **weit ausgelegt;** hierunter fällt jede (auch nur geringfügige oder vorübergehende) Störung des gesundheitlichen Wohlbefindens und der normalen Funktion des Körpers.

367 Keine Störungen sind der Natur nach gewöhnliche Änderungen oder **Schwankungen** der Leistungsfähigkeit eines Menschen wie die bei Menstruation, einer Schwangerschaft[617] oder in den Wechseljahren.[618]

368 Unter dem Begriff Krankheit fallen auch **Mangelerscheinungen** wie Vitamin- oder Jodmangel, Funktionsanomalien wie die alimentäre Fettsucht oder Überempfindlichkeiten wie Allergien[619] gegen bestimmte Stoffe.

369 Das Werbeverbot des § 12 Abs. 1 Nr. 1 LFGB greift auch bei der Angabe bloßer **Symptome** wie Appetitlosigkeit, Heiserkeit und Husten,[620] wenn diese entweder für sich betrachtet einen eindeutigen Krankheitsbezug aufweisen oder wenn sie so deutlich sind, dass zumindest ein erheblicher Teil der Verbraucher sie ohne weiteres mit einer bestimmten Erkrankung verbindet;[621] zwischen Krankheiten und bloßen Symptomen kann schwerlich unterschieden werden, weil die Beseitigung oder Linderung von Krankheitssymptomen mit der Beseitigung gerade einer Krankheit einhergehen kann. Daher sind Aussagen wie bestimmte Pilze verfügen über eine entzündungshemmende, cholesterinsenkende, antiallergische und antivirale Wirkung krankheitsbezogen.[622]

370 **c) Bestimmte Krankheit.** Eine Aussage „bezieht" sich auf die Beseitigung, Linderung oder Verhütung von Krankheiten, wenn eine bestimmte Krankheit oder ein bestimmtes Krankheitsbild direkt, aber auch nur indirekt durch Hinweise auf Wirkungen des Lebensmittels angesprochen wird, die entsprechende Assoziationen mit bestimmten Krankheiten erwecken können. Das Werbeverbot greift daher auch bei eindeutigen Umschreibungen

---

[612] Niederlande: Code of Practice – Health Claims on Food und Drink Products; Schweden: Health Claims in the Labeling and Marketing of Food Products, The Food Industry's Rules – Self-Regulating Programme, 1997; England: Code of Practice on Health Claims on Foods; s. hierzu *Sehat/Thomas/Niedwetzki* ZLR 1999, 372.

[613] → Rn 318.

[614] → Rn 366 ff.

[615] → Rn 382.

[616] Shewsbury Magistrates' Court ZLR 2000, 628 – Shredded Wheat m. Anm. *Walker;* vertiefend *Hill/Knowlton* Study on nutritional, health and ethical claims in the European Union for the European Commission Directorate General for Health and Consumer Protection, April 2000.

[617] BGH NJW 1958, 916.

[618] OLG Hamburg LRE 41/5 m. Anm. *Mahn* = ZLR 2002, 75 m. Anm. *Gorny* = DLR 2002, 58 m. Anm. *Streit* – pflanzliche Östrogene.

[619] OLG München GRUR 1989, 361 – Blütenpollen-Erzeugnis; OLG Hamm 1. 4. 2003, 4 U 174/02 (nicht veröffentlicht) – Schwarzkümmel, wenn Allergien vorliegen.

[620] LG Hamburg LRE 11, 227 – Hustenbonbons.

[621] BGH WRP 1998, 505 (m. Beitrag *Forstmann* WRP 1999, 328; Anm. *Weidert* GRUR 1999, 955) – Gelenknahrung.

[622] OLG München WRP 2003, 1018 – Heilpilze.

einer Krankheit, weil das Verbot andernfalls unterlaufen werden könnte; auch in derartigen Fällen ist das Verbot nach dem Sinn und Zweck der Regelung gerechtfertigt, der Gefahr vorzubeugen, dass die von der Werbung angesprochenen, durch die angedeutete Krankheit gefährdeten Verbraucher zu einem Lebensmittel greifen, weil sie es für ein ausreichendes und Erfolg versprechendes Mittel zur Selbstbehandlung ihrer Krankheit ansehen.[623]

In Einzelfällen kann es unschädlich sein, dass die Krankheiten im Einzelnen **nicht individualisierbar** beschrieben werden. Die Bewerbung eines Nahrungsergänzungsmittels mit den Ankündigungen „Chlorophyll ist ein Sauerstoffträger, das beste Blutreinigungsmittel überhaupt. Aber Chlorophyll tötet auch im menschlichen Organismus Bakterien ab, die ohne Sauerstoff leben und für schwerwiegende Infektionserkrankungen verantwortlich sein können" verstößt § 12 LFGB.[624] 371

Ein Krankheitsbezug liegt nicht bereits deshalb vor, weil die Werbung für ein Lebensmittel die Wirkung auf bestimmte **Körperorgane** in den Vordergrund stellt.[625] Maßgeblich ist die Wirkung bei den angesprochenen Verbrauchern. 372

d) Verhütung. Der Begriff „Verhütung" umfasst alle Maßnahmen, die eine noch nicht bestehende Erkrankung verhindern, ihr also vorbeugen sollen, gleich ob der Angesprochene nach seiner körperlichen Beschaffenheit zu einer Krankheit neigt oder sonst gefährdet ist. Im Sprachgebrauch wird nicht zwischen Verhütung und Vorbeugung unterschieden; ebenso wenig kann nach dem Zweck des § 12 eine Unterscheidung getroffen werden.[626] Diese Auslegung des Begriffes Verhütung wird auch für das Heilmittelwerberecht vertreten;[627] das Wort Vorbeugungsmittel wird dort als weitgehend synonym mit dem Wort Verhütungsmittel gesehen. Danach dienen Verhütungsmittel der Prophylaxe; sie sollen verhüten, dass ein gesundes Lebewesen krank wird. 373

Mit dem Begriff der **Risikominderung** wird die Auslobung der Verhütung von Krankheiten verbunden;[628] solche Angaben können nun nach Art. 14 Health ClaimV 1924/2006 zugelassen werden.[629] 374

e) Keine Irreführung. Das Verbot krankheitsbezogener Werbung ist ein abstrakt-generelles; wie auch Art. 2 RL 2000/13 setzt § 12 Abs. 1 Nr. 1 LFGB keine konkrete Irreführung im Einzelfall voraus. Es wäre ein Missverständnis, der EuGH-Entscheidung „Douwe Egberts"[630] zu entnehmen, dass abstrakte Gefährdungstatbestände stets im Wege teleologischer Reduktion einzuschränken wären; die Vorgaben des EuGH greifen nur dann, soweit der EU-Gesetzgeber selbst für ein Werbeverbot eine Irreführung voraussetzt, wie in Art. 2 Abs. 1 a Etikettierungs-RL 2000/13 vorgesehen. Das abstrakt-generelle Verbot krankheitsbezogener Werbung in § 12 Abs. 1 Nr. 1 LFGB ist jedoch von Art. 2 Abs. 1 lit. b RL 2000/13 gedeckt. Unzutreffend daher OLG Karlsruhe, dass § 12 LFGB gemeinschaftsrechtlich dahin einschränkend auszulegen sei, dass er nicht eingreife, wenn die krankheitsbezogene Werbung nicht irreführe.[631] 375

f) Fälle. aa) Liberalisierung des Rechts krankheitsbezogener Werbung. Früher galten bereits Bezugnahmen auf Herz[632] („Honig ist Herznahrung"),[633] Nerven, Cholesterin („senkt den Cholesterinspiegel und schon damit das Herz"),[634] Bluthochdruck[635] („ge- 376

---

[623] BGH GRUR 1998, 493, 494 – Gelenknahrung.
[624] OLG Hamm 20. 2. 2003, 4 U 173/02MBG (unveröffentlicht).
[625] OLG Köln ZLR 2001, 872 m. Anm. *Sosnitza* – das Herz schützen.
[626] *Zipfel/Rathke* C 102 § 12 LFGB Rn 29.
[627] *Doepner* Heilmittelwerbegesetz § 12 HWG Rn 17.
[628] OLG München LMRR 1989, 10.
[629] → Rn 318.
[630] EuGH in: *Erbersdobler/Meyer* Functional Food Bd. 2 II Recht 5. 1. 11 = DLR 2004, 459 = ZLR 2004, 600 m. Anm. *Knopp/Grieb.*
[631] OLG Karlsruhe DLR 2007, 130 – Kollagen-Hydrolysat; aA *Hefermehl/Köhler* § 5 UWG Rn 4.182a.
[632] OLG Köln LRE 23, 73; OLG Hamburg LRE 33, 47 – Herz-Wächter.
[633] *Zipfel/Rathke* C 102 § 12 Rn 20.
[634] *Zipfel/Rathke* C 102 § 12 Rn 20; LG Oldenburg ZLR 1996, 694 – cholesterinbewusst ernähren.
[635] KG LMRR 1988, 76.

eignet bei Bluthochdruck")[636] oder Zuckerspiegel, sogar ohne weitere Umschreibung oder Konkretisierung der jeweiligen Beschwerde, als krankheitsbezogen im Sinne des § 18 LMBG aF. Die jüngere Rechtsprechung zeigt eine Liberalisierung des Rechts krankheitsbezogener Werbung; nicht jede Beschwerde wird nunmehr als Krankheit gesehen. Dies reflektiert einen grundlegenden Wandel des Wettbewerbsrechts zu mehr Werbefreiheit und einer Deregulierung, wie sie auch die Liberalisierung des UWG durch die Novelle von 2004 und die Anerkennung des Leitbildes eines durchschnittlich informierten, aufmerksamen und verständigen Verbrauchers durch die Rechtsprechung widerspiegeln.[637] Ältere Entscheidungen zum Verbot der krankheitsbedingten Werbung für Lebensmittel können daher zur Auslegung des Verbots des § 12 LFGB im konkreten Einzelfall nicht mehr ohne Weiteres herangezogen werden, da sie oftmals noch von der jetzt überwundenen Rigidität des früheren Rechts geprägt sind.[638]

377 **bb) Fälle in Stichworten (von A bis Z):**

- Altersbeschwerden (Vorbeugung von);[639] Abwehrkräfte, „Zur Stärkung der (...)"; nicht aber „zur Anregung der Abwehrkräfte";[640] Allergien, wie zB Heuschnupfen oder Blütenpollen-Allergie;[641] Arteriosklerose;[642] Arthrose[643]
- Blutarmut („mit Eisen angereichert zur Blutbildung");[644] Blutzucker senkende Wirkung[645]
- Cholesterinspiegel (str.)[646]
- Dickleibigkeit (Adipositas)[647]
- Entgiftung[648]
- Fettreduzierung[649]
- Gelenkverschleiß;[650] Grippe[651]
- Harnausscheidung;[652] Harn- und Blasenbereich;[653] Bekämpfung des Hefepilz im Magen (Candida albicans);[654] heilende Wirkung;[655] Herzkrankheiten;[656] Homocysteinspiegel, Senkung des[657] Husten(-reizes);[658] Hypercholesterinämie;[659] Hyperhomocysteinanämie[660]

---

636 *Zipfel/Rathke* C 102 § 12 Rn 22.
637 → Rn 163.
638 Meyer/Streinz/*Sosnitza* LFGB § 12 Rn 3.
639 KG LMRR 1992, 21; OLG Karlsruhe MD 2004, 1053.
640 OLG Hamburg ZLR 2001, 147, 152; OLG Köln MD 2000, 1120.
641 OLG München GRUR 1989, 361; OLG Hamm MD 2003, 1289, 1291; LG Essen MD 2002, 1329.
642 KG ZLR 1993, 594, 599; OLG München 1989, 10; OLG München MD 2005, 837.
643 OLG Karlsruhe ZLR 2006, 290/293 f.
644 BayObLG LRE 17, 14 – mit Eisen angereichert zur Blutbildung; BayObLG LMRR 1985, 18.
645 OLG Hamm MD 2007, 383; → Rn 378.
646 LG Hamburg LMRR 2001, 56; LG Hamburg MD 2001, 913; OLG Hamburg MD 2002, 266; OLG Hamburg MD 2002, 1141; OLG Hamburg MD 2002, 1149; OLG Hamburg MD 2002, 1257; LG Itzehoe MD 2004, 1066; OLG Hamburg MD 2005, 21, OLG Hamburg LMRR 2002, 94; OLG Hamburg LMRR 2004, 100; LG Itzehoe LMMR 2004, 40; LG Hamburg LMRR 2001, 72.
647 BGH LRE 13, 1.
648 LG Nürnberg MD 2007, 997.
649 LG Offenburg MD1999, 131; OLG Karlsruhe MD 2006, 612; OLG Hamburg LMRR 2006, 18.
650 OLG Karlsruhe LMRR 2006, 5; OLG Karlsruhe LMRR 2006, 10; BGH MD 1998, 349; LG Hamburg MD 2006, 780.
651 OLG Hamm LMRR 2005, 43; LG Essen MD 2005, 336; OLG Hamm MD 2005, 549.
652 BayObLG LRE 13, 253, 57; LG Heidelberg MD 2005, 1013, 1016.
653 LG Heidelberg MD 2005, 1013.
654 LG München MD 2006, 810.
655 LG Passau MD 2000, 1257; LG Bamberg MD 2003, 1178.
656 OLG Köln LMRR 2001, 33; OLG Thüringen MD 1999, 113; LG Meiningen MD 2001, 244; LG Meiningen MD 1998, 846; LG Essen MD 2002, 1330; OLG Hamm MD 2003, 1292; LG Frankenthal MD 2006, 641; OLG Köln LMRR 1987, 72.
657 LG München I MD 2005, 399; OLG München MD 2007, 500.
658 LG Hamburg LMRR 1978, 2.
659 OLG München LMRR 2006, 11; OLG Hamburg LMRR 2002, 94.
660 LG München MD 2005, 339.

– Infektanfälligkeit (erhöhte);[661] Immunsystem;[662] Infektionskrankheiten[663]
– Kariesschutz;[664] Knochen, brüchige;[665] Kopf- und Nervenschmerzen;[666] Kohlenhydrat- und Fettstoffwechselstörungen;[667] Krankheiten, Vorbeugung von;[668] Krebsrisiko[669]
– Makuladegeneration;[670] Mangelernährung (Verhütung ernährungsbedingter Krankheiten)[671]
– nervöse Störungen bzw. Schlafstörungen;[672] Neurodermitis und Psoriasis (Schuppenflechte)[673]
– Rheuma;[674] Rheumadiät[675]
– Schwermetallvergiftung und Chromosomenschädigung;[676] Stoffwechselerkrankung;[677] Stress[678]
– Tumor, Entstehung von[679]
– Übelkeit, zB bei Auto-, Eisenbahn-, See- oder Luftreisen;[680] Übergewicht (krankhaftes)[681]
– Verdauungsbeschwerden[682]
– Zellschädigung[683] (nicht aber Zellschutz); Zuckerkrank.[684]

Keine Krankheiten sind folgende:

– Durst,
– Ermüdungserscheinungen
– Freie Radikale[685]
– Greisenalter
– Hunger (Sättigungskapseln können aber Arzneimittel sein)[686]
– Kraftlosigkeit,
– Lustlosigkeit[687]
– Menstruation
– Oxydationsschutz für die Zelle[688]
– Schwangerschaft
– Übersäuerung[689]
– Wechseljahre;[690] Wetterfühligkeit.

---

661 LG München MD 2003, 506, 511.
662 OLG Hamburg MD 2001, 300; OLG Naumburg MD 2004, 102; OLG Hamburg LMRR 1994, 31.
663 OLG Hamm MD 2003, 563; OLG Hamm LRE 46, 291, 292.
664 LG München MD 2006, 1121.
665 OLG Hamm MD 1996, 754.
666 BGHZ 44, 208; 23, 183.
667 OLG Hamburg MD 2007, 363.
668 OLG Hamm MD 2002, 387.
669 AG Schwelm LMRR 1998, 23; OLG Köln MD 2001, 1143.
670 OLG Hamm MD 2005, 1375.
671 LG Essen MD 2002, 1334.
672 BVerwG LRE 8, 99, 102.
673 LG Berlin MD 2005, 857, 861; LG Berlin MD 2005, 857.
674 LG Nürnberg-Fürth MD 2007, 885; OLG München LMRR 2002, 81.
675 OLG München LMRR 2005, 46; OLG München MD 2002, 98.
676 LG Flensburg MD 2002, 1339.
677 OLG Hamburg MD 1997 1208.
678 OLG Hamm MD 2003, 478.
679 LG München I MD 2007, 87.
680 BGHZ 44, 208; anders BVerwGE 37, 209/216 = LRE 7, 115, 121.
681 OLG Hamburg LMRR 2006, 18; OLG Bamberg LMRR 2001, 44.
682 BVerwGE 37, 209, 216; LG Hamburg ZLR 1978, 230.
683 KG ZLR 1993, 483, 484 f.
684 OLG Koblenz LMRR 1983, 18.
685 OLG Hamm LMMR2002, 101; KG LMRR 1999, 92.
686 *Meyer/Streinz* BasisVO Art. 2 Rn 105 ff.
687 AA OLG Hamm MD 2003, 892; LG Dortmund MD 2003, 498/501.
688 Anders, unzutreffend KG LMRR 1992, 48.
689 AA LG Gießen 2000, 392.
690 OLG Hamburg ZLR 2002, 75; OLG Hamburg MD 2001, 1243.

378 **g) Weitere Fälle. aa) Blutdruck.** Angaben in Bezug auf den Blutdruck oder Bluthochdruck (wie „geeignet bei Bluthochdruck") sind nicht per se krankheitsbezogen.[691] Es kommt auf die Umstände des Einzelfalls an, wobei der Gesamteindruck maßgeblich ist. Blutdruck ist der in Blutgefäßen und Herzkammern herrschende Druck; von Bluthochdruck oder Hypertonie spricht man bei einer chronischen Erhöhung des arteriellen Blutdrucks auf Werte über 140 mmHg systolisch und 90 mmHg diastolisch. Hypertonie (Bluthochdruck) ist daher eine Krankheit;[692] der niedrige Blutdruck hat dagegen, soweit er eine konstitutionsbedingte Erscheinung ist, keinen Krankheitswert. Zulässig können Hinweise auf den Bluthochdruck sein, wenn die Werbung in ihrer Gesamtheit dafür spricht, dass das beworbene Lebensmittel lediglich zur Beeinflussung des konstitutionsbedingten Blutdruckes bestimmt ist,[693] soweit nicht aus dem Gesamtinhalt der Werbung der Eindruck erweckt wird, dass das beworbene Lebensmittel auch dazu geeignet sein kann, organische Erkrankungen des Herzens und der Gefäße zu behandeln. Die Einordnung einer Werbung als krankheitsbezogen hängt oftmals entscheidend von der Matrix ab; bei einem Lebensmittel mit auch für Arzneimittel typischer Aufmachung ist die selbe Werbung kritischer zu beäugen als bei einem konventionellen Lebensmittel wie einem Milcherzeugnis. Bei Lachsöl-Kapseln, die mit Aussagen beworben wurden, dass diese bei Blutdruck helfen sollen, kann ein Verstoß gegen § 12 Abs. 1 Nr. 1 LFGB vorliegen, obwohl mit diesen Aussagen keine konkrete Krankheit angesprochen wird; bei diesem, bei anderen Lebensmitteln an sich unverfänglichen Hinweis, können sich bestimmte Personengruppen, vor allem Bluthochdruckkranke und Übergewichtige, angesprochen fühlen und die Linderung der Risiken, gegenwärtiger oder künftiger Krankheiten erhoffen können.

379 In Schweden gehören nach den Food Industry's Rules – Self-Regulating-Programm Angaben über den Blutdruck zu den (dort) zugelassenen health claims; als sog. „approved health claim" gilt dabei die Angabe „in high quantities, ordinary salt may increase the risk of high blood pressure, X has a low salt content".

380 Die Empfehlung einer bestimmten Diät unter Verwendung eines Lebensmittels bei hohem Blutdruck ist grundsätzlich keine unzulässige Werbung mit der Angst gemäß § 12 Abs. 1 Nr. 6 LFGB.[694]

381 **bb) Blut.** Mit der Angabe „zur Neubildung von **Blutzellen**" werden noch keine krankhaften Blutbildungsdefizite angesprochen.[695] Blutzellen müssen fortlaufend erneuert werden, und zwar durch eine körpereigene Verwertung von Nahrung. Bestimmten, insbesondere eisenhaltigen Lebensmitteln wird von vielen Verbrauchern ein besonderer Einfluss auf die Blutbildung beigemessen.

382 **cc) Cholesterin.** Nicht jeder Hinweis auf eine **cholesterinsenkende** Wirkung eines Lebensmittels bedeutet einen Krankheitsbezug; maßgeblich kommt es auf die Formulierung einer Werbeaussage an. Der Hinweis auf eine „deutliche" Senkung des Cholesterinspiegels hat einen Krankheitsbezug, da ein – auch ernährungsbedingter – deutlich erhöhter Cholesterinwert einen eigenständigen Krankheitswert aufweist.[696] Zu beachten ist der Erlaubnisvorbehalt für solche risk reduction claims nach Art. 14 Health ClaimV 1924/2006.[697]

383 **dd) Herz.** Die Aussage „denn diese enthält die wichtigen Omega-3-Fettsäuren, die unter anderem das Herz schützen" ist nur gesundheitsbezogen, weil damit lediglich der in der „Erhaltung oder Kräftigung der Gesundheit" liegenden Wert eines Lebensmittels herausgestellt wird. Dem bloßen Hinweis auf die Eignung eines Lebensmittels zum Schutz bestimmter Körperbereiche, -funktionen oder -organe ist nicht bereits der Aussagewert des

---

691 Anders *Zipfel/Rathke* C 102 § 12 LMBG Rn 24.
692 *Doepner* Heilmittelwerbegesetz § 1 Rn 56 Spiegelstrich 2.
693 Zum Heilmittelwerberecht BGH GRUR 1999, 936 – Hypertonie-Tee.
694 BGH GRUR 1999, 1007 – Vitalkost.
695 KG Magazindienst 2002, 701, 708.
696 OLG Hamburg DLR 2002, 149 m. Anm. *Meyer* – Cholesteringehalt; OLG Hamburg ZLR 2002, 673.
697 → Rn 310.

Versprechens einer vorbeugenden Wirkung vor zumindest drohenden Krankheitszuständen beizumessen.[698]

ee) Immunsystem. Nicht krankheitsbezogen ist die Aussage „regt die Abwehrtruppe des Immunsystems an", weil nach dem Verständnis des Verbrauchers hiermit keinen Vorgang beschrieben wird, der über das normale Maß von Schwankungen der Körperfunktionen, denen jeder Körper ausgesetzt ist, hinausgeht. Eine Aussage, die eine gesunde Ernährung zulässigerweise mit einem Hinweis auf die Wirkungen jener Ernährung für das Immunsystem verknüpft, ist nicht per se deswegen unzulässig, weil dem Begriff des Immunsystems der Bezug zu etwaigen Krankheiten immanent ist. Anderenfalls wäre eine Aussage immer schon deshalb unzulässig, weil der Gedanke an die Gesundheit spiegelbildlich zugleich auch den an Krankheitszustände hervorrufen könnte.[699] Kritisch beurteilt wird dagegen die Angabe „Stärkung des Immunsystems", weil hieraus das Versprechen abgeleitet werden könne, das angepriesene Produkt erhöhe den Abwehrwall gegen (Infektions-) Krankheiten über das normale Maß hinaus;[700] diese Differenzierung stößt weitgehend auf Unverständnis, vor allem weil die Differenzierung nicht nachvollzogen werden kann.[701] 384

ff) Weibliche Beschwerden. Die mit natürlichen Umstellungsvorgängen des Körpers der Frau (wie **Menstruationsbeschwerden,** Schwangerschaft, androgener Haarausfall usw.) verbundenen Beschwerden bzw. Befindlichkeitsstörungen stellen sich nicht zwangsläufig als „Krankheit" dar, selbst wenn konkreten Beeinträchtigungen vielfach durchaus Krankheitswert zukommen kann;[702] krankheitsbezogen ist dagegen die Angabe „Wechseljahre ohne Hormonpille".[703] 385

3. Hinweise auf ärztliche Empfehlungen und Gutachten, § 12 Abs. 1 Nr. 2 LFGB

a) EU-Recht. Nach Art. 12 lit. c Health ClaimV 1924/2006 sind gesundheitsbezogene Angaben (Art. 2 Abs. 2 Nr. 5) verboten, die auf Empfehlungen von einzelnen Ärzten oder Vertretern medizinischer Berufe und von Vereinigungen, die nicht in Art. 11 Health ClaimV 1924/2006 genannt werden, verweisen. § 12 Abs. 1 Nr. 2 LFGB ist insofern in seinem Anwendungsbereich im Wege teleologischer Reduktion zu beschränken.[704] Dies gilt auch in Bezug auf die RL 2000/13,[705] nachdem der EuGH explizit mit der Entscheidung „Douwe Egberts"[706] festhielt, dass ärztliche Empfehlungen und Gutachten nicht per se krankheitsbezogen im Sinne des Art. 2 Abs. 3 RL 2000/13 wären. Mit anderen Worten: Hinweise auf ärztliche Empfehlungen und Gutachten, die sich auf gesundheitsbezogene Angaben oder die Reduzierung eines Krankheitsrisikos im Sinne des Art. 2 Abs. 2 Nr. 6 Health ClaimV 1924/2006 beziehen, sind nach der Health ClaimV 1924/2006 verboten, im Übrigen nach § 12 Abs. 1 Nr. 2 LFGB zu verbieten, allerdings nur, wenn die Hinweise zugleich krankheitsbezogen im Sinne des § 12 Abs. 1 Nr. 1 LFGB sind. 386

Die Werbung für Hohes C wie in den 50/60er Jahren mit den Angaben „Ärzte stellten fest, wie viel Vitamine wir heute brauchen" und „Ärzte raten: Vitamin C-Erfrischung für heiße Tage" (www.hohes-c.de/werbung) ist (weiterhin) unzulässig;[707] zwar ist diese Werbung nicht krankheitsbezogen im Sinne des § 12 Abs. 1 Nr. 1 LFGB, aber gesundheitsbezogen im Sinne des Art. 2 Abs. 2 Nr. 5 und Art. 12 lit. c Health ClaimV 1924/2006. 387

---

[698] OLG Köln ZLR 2001, 872 m. Anm. *Sosnitza* – das Herz schützen.

[699] OLG Hamburg ZLR 2001, 147 – Immunschutz II; s. hierzu auch OLG Hamburg ZLR 1995, 60 – Immunsystem I.

[700] OLG Hamburg ZLR 2001, 147, 152.

[701] *Schroeter* ZLR 2001, 154, 156.

[702] OLG Hamburg LRE 41/5 m. Anm. *Mahn* = ZLR 2002, 75 m. Anm. *Gorny* = DLR 2002, 58 m. Anm. *Streit* – pflanzliche Östrogene.

[703] LG München I 21. 1. 2004, 1 HK O 2574/03 (nicht veröffentlicht) – Wechseljahre auch beim Mann?

[704] → Rn 335.

[705] → Rn 280.

[706] EuGH 15. 7. 2004 in: *Erbersdobler/Meyer* Functional Food Bd. 2 II Recht 5.1.11 = DLR 2004, 459 – Douwe Egberts.

[707] Zu nährwertbezogenen Angaben → Rn 302.

388 **b) Empfehlungen/Gutachten.** § 12 Abs. 1 Nr. 2 LFGB verbietet Hinweise auf ärztliche Empfehlungen und ärztliche Gutachten. Ein solcher Hinweis ist zu sehen im Zitieren oder in der Bezugnahme auf ein ärztliches Gutachten. Der Name des **Arztes** muss nicht genannt worden sein, um den Tatbestand zu erfüllen; es genügt daher, wenn sich aus dem Hinweis ergibt, dass es sich um ein ärztliches Gutachten oder eine Empfehlung handelt. Auch allgemeine Hinweise wie „ärztlich empfohlen" sind demnach verboten. Angaben mit akademischen Graden „Dr." oder „Professor" können, müssen aber nicht auf einen Arzt schließen lassen; hier kommt es auf die Umstände des Einzelfalles an. Auch Hinweise auf Empfehlungen einer Person, die von rechtlich relevanten Teilen der Verbraucher als Arzt angesehen wird, fallen unter das Verbot der Nr. 2 („Mineralien-Vitamin-Fruchtnektar Köhnlechners nimm's täglich für Frauen" mit Handzeichen und Name des Heilpraktikers Manfred Köhnlechner).[708]

389 Der Hinweis muss eine **Empfehlung** enthalten. Dies setzt voraus, dass die angesprochenen Verkehrskreise einen irgendwie gearteten Eindruck vermittelt bekommen, dass der Verzehr des Lebensmittels – gleich aus welchen Gründen – nahe gelegt, sprich „empfohlen" wird. Eine solche Empfehlung ist in der Angabe „in Zusammenarbeit mit dem Fitnesspapst Dr. med. Ulrich Strunz" für eine Fruchtgummimischung zu sehen, weil die angesprochenen Verbraucher den Genannten auch als Ernährungsberater kennen. In Ausnahmefällen kann in dem Hinweis auf einen **„Ernährungskongress"** und auf die Empfehlung von „Experten" – wie im Zusammenhang mit einer phytosterinehaltigen Margarine, die eine cholesterinspiegelsenkende, also eine ernährungsmedizinische Wirkung hat – aus der Sicht medizinischer Laien eine krankheitsbezogene Werbung mit ärztlichen Gutachten/Empfehlungen gesehen werden;[709] der Fall darf aber nicht verallgemeinert werden. Die Werbeaussage **„medizinisch kontrolliert"** für ein Diätetikum für Übergewichtige ist kein Hinweis auf eine ärztliche Empfehlung, da sich der Aussageinhalt darin erschöpft, dass ein Mittel tatsächlich alle Nähr- und Aufbaustoffe enthält, die der menschliche Körper braucht, damit eine Schlankheitsdiät nicht zu Mangelerscheinungen führt.[710]

390 Andere **wissenschaftliche,** nicht ärztliche Gutachten sind von § 12 Abs. 1 Nr. 2 LFGB nicht erfasst; dies zeigt ein Vergleich des Tatbestandes des § 12 LFGB mit demjenigen des § 11 Nr. 2 HWG; wissenschaftliche Gutachten können aber unter die Tatbestände des § 12 Abs. 1 Nr. 1 LFGB sowie Art. 12 lit. c Health ClaimV 1924/2006 fallen. Der Stempelaufdruck „Dr. L., **Qualitätskontrolle** durch öffentlich bestellten und vereidigten Sachverständigengutachter" besagt nicht mehr aus als der Nachweis der Vereinbarkeit des Erzeugnisses bzw. seiner Zutaten mit den gesetzlichen Vorschriften.

4. Krankengeschichten, § 12 Abs. 1 Nr. 3 LFGB

391 **a) EU-Recht.** Krankengeschichten dürften grundsätzlich zugleich krankheitsbezogen im Sinne des § 12 Abs. 1 Nr. 1 LFGB sein, so dass die Fallgruppe des § 12 Abs. 1 Nr. 3 lediglich eine Konkretisierung des Gebots aus § 12 Abs. 1 Nr. 1 ist. Läge im konkreten Einzelfall dagegen keine krankheitsbezogene Werbung im Sinne des § 12 Abs. 1 Nr. 1 LFGB vor, ist die Nr. 3 in ihrem Anwendungsbereich im Wege teleologischer Reduktion zu beschränken;[711] mit andere Worten: Krankengeschichten sind nur dann verboten, wenn die Geschichten bzw. Hinweise hierauf zugleich krankheitsbezogen im Sinne des § 12 Abs. 1 Nr. 1 LFGB sind.

392 **b) Tatbestand.** Intention des Gesetzgebers mit Erlass des § 12 LFGB ist es, Verbraucher von einer (gefährlichen) Selbstbehandlung bei Krankheiten abzuhalten. In Konsequenz dessen werden Krankengeschichten, also die Aufzeichnung über den Verlauf einer Krankheit bei bestimmten Patienten unter Angabe der Behandlungsmaßnahmen, in der Werbung

[708] OLG München LRE 16, 296.
[709] OLG Hamburg LRE 43, 262 m. Anm. *Mahn.*
[710] KG ZLR 1992, 58, 60 m. Anm. *Zipfel.*
[711] → Rn 200.

gemäß § 12 Abs. 1 Nr. 3 LFGB untersagt, um Verbraucher vor dem Irrtum zu bewahren, das erwähnte Lebensmittel werde bei ihm zu einem Heilerfolg führen.

5. Krankheitsbezogene Äußerungen Dritter, § 12 Abs. 1 Nr. 4 LFGB

Krankheitsbezogene Äußerungen Dritter sind per se zugleich krankheitsbezogen im Sinne des § 12 Abs. 1 Nr. 1 LFGB sein, so dass die Fallgruppe des § 12 Abs. 1 Nr. 3 lediglich eine Konkretisierung des Gebots aus § 12 Abs. 1 Nr. 1 darstellt. 393

In § 12 Abs. 1 Nr. 4 LFGB wird die Wiedergabe, das Zitieren wie auch andere Hinweise auf Äußerungen dritter Personen wie insbesondere Ernährungsberater, Lebensmittelchemiker oder -technologen und auch Nichtfachleute, die sich auf die Beseitigung oder Linderung von Krankheiten beziehen, verboten. Erfasst sind Äußerungen wie „Dank-, Anerkennungs- und Empfehlungsschreiben"; diese (schriftlichen) Äußerungen sind hier nur beispielhaft aufgeführt („insbesondere"). 394

Unzulässig ist die Werbung für ein Streichfett mit cholesterinsenkender Wirkung mit der Wiedergabe von Äußerungen Dritter „Ich konnt's kaum glauben, aber mein **Cholesterin** ist deutlich runter gegangen."[712] 395

In Nr. 4 sind nur Hinweise auf die Beseitigung oder Linderung von Krankheiten genannt, nicht aber auf das **Verhüten** derselben; in solchen Hinweisen kann aber ein Verstoß gegen § 12 Abs. 1 Nr. 1 LFGB vorliegen. 396

6. Bildliche Darstellungen, § 12 Abs. 1 Nr. 5 LFGB

a) EU-Recht. § 12 Abs. 1 Nr. 5 LFGB ist EU-rechtswidrig bzw. zumindest in seinem Anwendungsbereich im Wege teleologischer Reduktion zu beschränken;[713] mit anderen Worten: Bildliche Darstellungen im Sinne des § 12 Abs. 1 Nr. 5 LFGB sind nur dann verboten, wenn die Hinweise zugleich krankheitsbezogen im Sinne des § 12 Abs. 1 Nr. 1 LFGB sind. Die Werbung für Hohes C mit einem Arzt (wie in den 50/60er Jahren; s. www.hohes-c.de/werbung) ist (heute wieder) grundsätzlich zulässig. 397

b) Tatbestand. § 12 Abs. 1 Nr. 5 LFGB verbietet bildliche Darstellungen von Angehörigen der Heilberufe in berufsspezifischer Kleidung oder bei Ausübung entsprechender Tätigkeiten in der Werbung für Lebensmittel. **„Bildliche Darstellungen"** umfassen unter anderem Zeichnungen, Karikaturen, Stilisierungen und Photographien in allen Medien. § 12 Abs. 1 Nr. 5 nimmt ausdrücklich Bezug auf die Darstellung der **„Berufskleidung"**; hierunter fallen weiße Kittel und Frauen mit Schwesternhaube. 398

Angehörige der Heilberufe sind neben Ärzten, Zahnärzten und Apothekern auch Krankenschwestern, Krankenpfleger, medizinisch-technische oder pharmazeutisch-technische Assistenten (MTA und PTA), Physiotherapeuten. 399

7. Angstgefühle, § 12 Abs. 1 Nr. 6 LFGB

a) EU-Recht. § 12 Abs. 1 Nr. 5 LFGB ist EU-rechtswidrig bzw. zumindest in seinem Anwendungsbereich im Wege teleologischer Reduktion zu beschränken;[714] mit anderen Worten: Aussagen im Sinne des § 12 Abs. 1 Nr. 6 LFGB, die Angstgefühle hervorrufen oder ausnutzen, können nur dann verboten werden, wenn sie zugleich krankheitsbezogen im Sinne des § 12 Abs. 1 Nr. 1 LFGB oder gemäß § 11 LFGB irreführend sind. § 12 Abs. 1 Nr. 6 LFGB kann nicht über das hinausgehen, was die RL 2000/13 zulässt. Mit dem „Douwe Egberts"-Urteil[715] bekräftigte der EuGH, dass das harmonisierte Gemeinschaftsrecht im Bereich des Täuschungsschutzes einen verbindlichen Schutzstandard vor- 400

---

[712] OLG Hamburg WRP 2001, 1353 – Cholesteringehalt.
[713] → Rn 280.
[714] → Rn 280.
[715] EuGH 15. 7. 2004 in: *Erbersdobler/Meyer* Functional Food Bd. 2 II Recht 5.1.11 = DLR 2004, 459 – Douwe Egberts.

gibt, der weder unterschritten noch überschritten werden darf.[716] Es kann daher auch nicht Aufgabe des Lebensmittelrechts sein, Werbung mit Angstgefühlen unterhalb der Schwelle der Täuschung gemäß §§ 11 und 12 Abs. 1 Nr. 1 LFGB zu verbieten, zumal sich auch aus § 1 LFGB, der Bestimmung des Zwecks des Gesetzes, keine Legitimation für § 12 Abs. 1 Nr. 6 ableiten lässt.

401 **b) Tatbestand.** Eine unzulässige Werbung mit der **Angst** nach § 12 Abs. 1 Nr. 6 LFGB setzt – ebenso wie im Rahmen der entsprechenden Vorschrift des § 11 Nr. 7 HWG – voraus, dass in der beanstandeten Werbeaussage nicht lediglich eine allgemeine Ängstlichkeit und Sorge um die Gesundheit angesprochen wird, sondern dass erhebliche Angstgefühle geweckt werden können, die insbesondere durch die Gefahr einer besorgniserregenden Krankheit,[717] erzeugt werden.[718] Es kommt hierbei auf das Durchschnittsempfinden der angesprochenen Verbraucher an und demzufolge nicht auf die Angstgefühle übersensibler Menschen.[719]

402 **Angstgefühle** können hervorgerufen werden durch Hinweise auf lebensgefährdende oder sonst besorgniserregende Krankheiten wie „Dicke Menschen sterben früher" oder „Krebs ist unheilbar, ernähre Dich natürlich!".[720]

403 In der Werbung für ein Lebensmittel, das sich für den Einsatz im Rahmen einer bestimmten **Diät** eignet, dürfen auch außerhalb der Fachkreise die Erkrankungen genannt werden, bei deren Vorliegen die in Rede stehende Diät zu beachten ist; in der Nennung dieser Krankheiten liegt für sich genommen keine unzulässige Werbung mit der Angst gemäß § 12 Abs. 1 Nr. 6 LFGB. Dabei ist zu beachten, dass § 12 Abs. 1 LFGB die Nennung von Krankheiten im Rahmen der Werbung für Lebensmittel nicht generell untersagt, vielmehr gezielte Verbote ausspricht; deshalb bleibt eine informative Werbung für ein diätetisches Lebensmittel möglich, dessen Einsatzbereich sich durch Erkrankungen definiert, bei deren Vorliegen eine bestimmte Diät einzuhalten ist (vgl. auch § 12 Abs. 2 S. 2 LFGB iVm § 1 und 3 DiätVO).[721]

8. Anleitungsschriften, § 12 Abs. 1 Nr. 7 LFGB

404 **a) EU-Recht.** Anleitungsschriften im Sinne des § 12 Abs. 1 Nr. 7 LFGB dürften grundsätzlich zugleich krankheitsbezogen im Sinne des § 12 Abs. 1 Nr. 1 LFGB sein, so dass die Fallgruppe des § 12 Abs. 1 Nr. 3 lediglich eine Konkretisierung des Gebots aus § 12 Abs. 1 Nr. 1 ist. Läge im konkreten Einzelfall dagegen keine krankheitsbezogene Werbung im Sinne des § 12 Abs. 1 Nr. 1 LFGB vor, ist die Nr. 7 in ihrem Anwendungsbereich im Wege teleologischer Reduktion zu beschränken;[722] mit andere Worten: Anleitungsschriften sind nur dann verboten, wenn die Schriften zugleich krankheitsbezogen im Sinne des § 12 Abs. 1 Nr. 1 LFGB sind.

405 **b) Tatbestand.** § 12 Abs. 1 Nr. 7 LFGB erfasst **Anleitungsschriften** oder „andere schriftliche Angaben" wie Gebrauchsanweisungen, die den fachunkundigen Verbraucher dazu veranlassen können, bei sich selbst oder auch bei anderen Krankheiten mit Lebensmitteln ohne Hinzuziehung eines Arztes zu behandeln. Gemeint sind hiermit allgemeine Ausführungen über Entstehung, Wesen und Behandlung von Krankheiten und die Schilderung des Behandlungssystems mit einem Lebensmittel.

406 Durch die ausdrückliche Beschränkung der Norm auf **Schriften** oder **schriftliche** Angaben sind audiovisuelle Medien wie Fernsehen, Film, CD, CD-ROM oder DVD nicht

[716] S. auch EuGH ZLR 2003, 63 – Linhart und Biffl, „dermatologisch getestet"; Urt. v. 23. 1. 2003, Rs. C-221/00 – Kommission gegen Österreich, Rn 35 bis 37.

[717] → Rn 366.

[718] *Zipfel/Rathke* C 102 § 12 LMBG Rn 48; zu § 1 UWG BGH GRUR 1986, 902 – Angstwerbung; zur Parallelvorschrift im HWG *Gröning* HWG § 11 Nr. 7 Rn 5.

[719] BGH GRUR 1986, 902 – Angstwerbung.

[720] *Zipfel/Rathke* C 102 § 12 Rn 48.

[721] BGH GRUR 1999, 1007 – Vitalkost.

[722] → Rn 280.

erfasst; hier fehlt es an einer gleichstellenden Vorschrift wie etwa § 11 Abs. 3 StGB oder § 1 Abs. 3 GjS. Eine analoge Anwendung scheidet im Hinblick auf die Bußgeldvorschrift des § 60 Abs. 2 Nr. 1 LFGB aus.[723]

H. Werbung für Heilmittel

Schrifttum: *Anhalt/Dieners,* Handbuch des Medizinprodukterechts, 2003; *Auerbach,* Preiswerbung für OTC-Arzneimittel und Kundenkartenrabatt, PZ 2004, 552; *Beuthien/Schmölz,* Verbotene Laienwerbung unter Bezugnahme auf die Katalogkrankheiten des § 12 HWG, Pharma Recht 1998, 118; *dies.,* Die Geltung des Heilmittelwerbegesetzes für arzneimittelrechtliche Informationen, GRUR 1999, 297; *Bülow,* Das Heilmittelwerbegesetz im Wettbewerbsprozess, WRP 1995, 897; *ders.,* Das Tatbestandsmerkmal der zumindest mittelbaren Gesundheitsgefährdung im Heilmittelwerberecht – verfassungskonforme und richtlinienkonforme Auslegung, GRUR 2005, 482; *v. Czettritz,* Pharma Online – Rechtliche Probleme der Pharmawerbung im Internet, PharmR 1997, 88; *Doepner,* Stellungnahme des Fachausschusses für Arznei- und Lebensmittelrecht zum Referentenentwurf eines Gesetzes zur vergleichenden Werbung und zur Änderung wettbewerbsrechtlicher Vorschriften, GRUR 2000, 216; *ders.,* Johanniskraut ein Psychopharmakon? – Auslegungsprobleme des § 10 Abs. 2 HWG, GRUR 2000, 490; *Doepner/Reese,* Auswirkungen von EG-Richtlinien auf die innerstaatliche Anwendung wettbewerbsregelnden Nebenstrafrechts – dargestellt am Beispiel des Heilmittelwerberechts, GRUR 1998, 761; *Fezer,* Das wettbewerbsrechtliche Irreführungsverbot als ein normatives Modell des verständigen Verbrauchers im Europäischen Unionsrecht, WRP 1995, 671; *Gassner,* Das Zweite Gesetz zur Änderung des Medizinproduktegesetzes, NJW 2002, 865; *Gerstberger/Greifeneder,* Die 14. AMG-Novelle – ein kritischer Überblick über die geplanten Änderungen durch den Regierungsnetwurf vom 13. April 2005, PharmR 2005, 297; *Gröning,* Neuordnung des Heilmittelwerberechts?, WRP 1995, 576; *ders.,* „Und sie bewegt sich doch" – Die neue Gesetzgebung und Rechtsprechung auf dem Gebiet der Heilmittelwerbung, PharmR 2001, 111; *ders.,* Die neueste Rechtsprechung zum Pflichtangabenrecht, WRP 2001, 899; *Grunert,* Arzneimittelpreisrecht/Heilmittelwerberecht: Barrabattgewährung nach dem AVWG, PharmR 2006, 264; *GRUR-Fachausschuss,* Stellungnahme des Fachausschusses für Arzneimittel- und Lebensmittelrecht zur Regelung von Zuwendungen im Gesundheitswesen nach § 7 HWG, GRUR 2008, 592; *Hiltl,* EuGH: Werbeverbot für Einzelimporte europarechtskonform, PharmR 1995, 116; *Hoeren,* Das neue UWG – der Regierungsentwurf im Überblick, BB 2008, 1182; *Kappes,* Gutschein- und Bonussysteme im Apothekenwesen, WRP 2009, 250; *Kieser,* Rabatte beim Kauf apothekenpflichtiger nicht preisgebundener Arzneimittel und Heilmittelwerbegesetz, PharmR 2004, 129; *Klados,* Verwendung in Deutschland nicht zugelassener Arzneimittel, WRP 2001, 1058; *Kleist,* Gesetzesgeschichte der Krankheitsliste des § 12 HWG, PharmR 1998, 2; *Kretschmer,* Bundesjustizministerium: Änderung von UWG und HWG beabsichtigt, GRUR 2000, 35; *Krüger,* Referentenentwurf 14. AMG-Novelle – Auswirkungen auf das Heilmittelwerberecht, PharmR 2005, 105; *Kügel/Hesshaus,* Die Reichweite des Werbeverbots nach § 3a S. 2 HWG, PharmR 2006, 70; *Mand,* Online-Werbung für Arzneimittel im Europäischen Binnenmarkt, WRP 2003, 192; *ders.,* Das Rabattverbot gemäß § 7 Abs. 1 Heilmittelwerbegesetz, A&R 2006, 54; *ders.,* Arzneimittelrabatte, DAZ 2006, 1520; *ders.,* Nationales Vertriebsrecht für Arzneimittel im grenzüberschreitenden Handel, EuR Beiheft 2007, 59; *Marwitz,* Heilmittel im Internet, MMR 1999, 83; *Meisterernst,* Zur Abgrenzung von Arzneimitteln und Lebensmitteln – Die „L-Carnitin"-Entscheidung des BGH und ihre Folgen, GRUR 2001, 111; *ders.,* Zum Begriff der Packungsbeilage im Sinne von § 4a HWG, PharmR 2002, 171; *Meyer,* Das Verbraucherleitbild des Europäischen Gerichtshofs – Abkehr vom „flüchtigen Verbraucher", WRP 1993, 215; *ders.,* Irrungen und Wirrungen oder: Der BGH-Fall Muskelaufbaupräparate im Kontext der neuen europäischen Basis-VO 178/2002, WRP 2002, 1205; *Meyer F.,* Das Verbot von Vorher-Nachher-Bildern bei Schönheitsoperationen, GRUR 2006, 1007; *Meyer H.J.,* Die Neuregelung produktbezogener Rabatte im Arzneimittelbereich, A&R 2006, 60; *Möller,* Neue Erscheinungsformen von Rabattwerbung und „Rabatte" zu Lasten Dritter – Die wundersame Entledigung unliebsamer Belastungen, GRUR 2006, 292; *ders.,* Die vorgesehenen Änderungen des Heilmittelwerberechts durch das Gesetz zur Verbesserung der Wirtschaftlichkeit in der Arzneimittelversorgung – Verschärfung oder Abschaffung eines Verbots?, WRP 2006, 428; *Nawroth/Sandrock,* Publikumswerbung für Arzneimittel nach der Gintec-Entscheidung des EuGH, FS Doepner, S. 279; *Peter,* Der Apothekengutschein – ein Wettbewerbsverstoß?, GRUR 2006, 910; *Reese,* Zur Auslegung des § 1 UWG bei HWG- und AMG-Verstößen – Neue Entwicklungstendenzen in der Rechtsprechung, PharmR 2003, 223; *ders.,* Jüngere Entwicklungen im Heilmittelwerbe- und Wettbewerbsrecht, PharmR 2004, 269; *Rehmann,* Arzneimittelgesetz, 3. Aufl. 2008; *Reinhart,* Anwendbarkeit des HWG auf Medizinprodukte, WRP 2001, 627; *ders.,* Klarstellungsauftrag für den Gesetzgeber bezüglich des Anwendungsbereichs des HWG – Abgrenzung zwischen „Mittel" und „Gegenstände", PharmR 2001, 290; *ders.,* Klarstellung des Anwendungsbereichs des Heilmittelwerbegesetzes auf Grund des 2. MPG-Änderungsgesetzes, PharmR 2002, 16; *ders.,* Die Neuregelung von Bar- und Naturalrabatt im Heilmittelwerberecht zum Wohle der Allgemeinheit, Der Deutsche Wirtschaftsanwalt (DWA) 2007, 91; *Rolfes,* Die Zulässigkeit des E-Commerce mit Arzneimitteln, MMR 2003, 571; *Sander,* Die Novellierung des Heilmit-

[723] Meyer/Streinz/*Sosnitza* LFGB § 12 Rn 74.

telwerbegesetzes 2005 – eine Liberalisierung?, PharmR 2006, 44; *Scheller,* Grenzen zulässiger Firmenimagewerbung, GRUR 1991, 111; *Schnorbus,* Erinnerungswerbung im Heilmittelwerberecht – Grenzen des Ausnahmetatbestands von dem Gebot der Pflichtangaben, GRUR 1995, 21; *Sieben,* Sind die besthenden Werbebeschränkungen im Heilmittelrecht verfassungsgemäß?, MedR 2005, 637; *Stebner,* § 12 Abs. 2 HWG: Das Trunksucht-Werbeverbot, PharmR 2001, 312; *ders.,* § 11 Abs. 1 Nr. 2 HWG: Juristische und rechtspolitische Betrachtungen, PharmR 2003, 382; *ders.,* Einschränkende Auslegung einzelner Normen des HWG am Beispiel des BGH-Urteils vom 1. März 2007 (I ZR 51/04) sowie anderer Urteile und rechtspolitische Überlegungen, PharmR 2008, 25; *Stoll,* Das Publikumswerbeverbot für verschreibungspflichtige Arzneimittel – erste Anzeichen einer Auflockerung, PharmR 2004, 100; *Weihe-Gröning,* Der heilmittelrechtliche Werbebegriff, WRP 1997, 409; *Weiler,* Die Harmonisierungsintensität des europäischen Arzneimittelwerberechts und richtlinienüberschreitende Regelungen des HWG, WRP 2006, 957; *Weimer,* Das HWG und das Internet – Der Internetauftritt eines Pharmaunternehmens, PharmR 2003, 231.

I. Begriff „Heilmittel"

407 Der viel zitierte Begriff „Heilmittel" wird oft mit unterschiedlicher Bedeutung gebraucht. Umgangssprachlich wird der Begriff „Heilmittel" regelmäßig als Synonym für Arzneimittel oder als diese umfassender Oberbegriff für Mittel zur Behandlung von Krankheiten verstanden. Beispielsweise im Sozialgesetzbuch – Fünftes Buch (V) werden Heilmittel (§ 32 SGB V) dagegen von Arzneimitteln (§ 31 SGB V) abgegrenzt und unter dem Begriff Leistungen zusammengefasst, die vor allem äußerlich angewendet werden (§ 124 SGB V).[724] Im Rahmen der nachfolgenden Kommentierung wird der Begriff „Heilmittel" stets **im Sinne des Anwendungsbereichs** des Gesetzes über die Werbung auf dem Gebiet des Heilwesens verstanden,[725] welches im Übrigen als Legalabkürzung die Bezeichnung **„Heilmittelwerbegesetz"** (HWG) trägt.

408 Zwar gibt es im Heilmittelwerberecht keine Legaldefinition für den Begriff „Heilmittel", jedoch lässt sich der Umfang dieses Begriffes im hier verstandenen Sinne aus der Vorschrift des § 1 Abs. 1 HWG ersehen. Als Heilmittel werden demnach zum einen **Arzneimittel** im Sinne des § 2 AMG[726] sowie **Medizinprodukte** im Sinne des § 3 MPG (§ 1 Abs. 1 Nr. 1, 1 a HWG) und zum anderen „andere Mittel, Verfahren, Behandlungen und Gegenstände", soweit sich deren Werbung auf die Erkennung, Beseitigung oder Linderung von Krankheiten, Leiden, Körperschäden oder krankhaften Beschwerden bezieht, sowie „operative plastisch-chirurgische Eingriffe", soweit sich die Werbeaussage auf die Veränderung des menschlichen Körpers ohne medizinische Notwendigkeit bezieht,[727] (§ 1 Abs. 1 Nr. 2 HWG) angesehen. Was unter **„andere Mittel"** und **„andere Gegenstände"** im Sinne des § 1 Abs. 1 Nr. 2 HWG zu verstehen ist, wird in § 1 Abs. 2 HWG näher geregelt. Danach zählen insbesondere kosmetische Mittel im Sinne des § 2 Abs. 5 LFGB[728] zu den Heilmitteln, soweit die Werbung einen Krankheitsbezug aufweist (§ 1 Abs. 1 Nr. 2 Alt. 1, Abs. 2 S. 1 HWG).

409 Aus dem **differenzierten** Begriff des „Heilmittels" ist damit zu folgern, dass der Bereich der Heilmittelwerbung nicht nur pauschal die Werbung für bestimmte Produktkategorien (Arzneimittel und Medizinprodukte), sondern unter Einbeziehung der Besonderheiten des Einzelfalles auch die Werbung für „andere Mittel" umfasst, **soweit** sich die jeweilige Werbeaussage auf die Erkennung, Beseitigung oder Linderung von Krankheiten bezieht.[729] Abhängig von der in der konkreten Werbeaussage getroffenen Zweckbestimmung kann

---

724 BSG BeckRS 2008, 52 406 – Lorenzos Öl.

725 Neugefasst durch Bekanntmachung vom 19. 10. 1994 (BGBl. I S. 3068), zuletzt geändert durch Art. 2 des Gesetzes vom 26. 4. 2006 (BGBl. I S. 984).

726 → Rn 7 ff.

727 → Rn 2. S. auch *Krüger* PharmR 2005, 105.

728 → Rn 92 ff.

729 Dem HWG unterliegen auch die Werbung für Verfahren und Behandlungen im Sinne des § 1 Abs. 1 Nr. 2 Alt. 1 HWG sowie für operative plastisch-chirurgische Eingriffe im Sinne des § 1 Abs. 1 Nr. 2 Alt. 2 HWG. Da diesen Bereichen jedoch nur eine geringe Bedeutung für wettbewerbsrechtliche Streitigkeiten zu kommt, wird im Rahmen dieses Spezialthemas hierauf nicht eingegangen; → Rn 2.

demnach ein und dasselbe Erzeugnis im Einzelfall ein Heilmittel im Sinne des § 1 Abs. 1 Nr. 2 Alt. 1 HWG sein oder auch nicht.[730]

II. Gesetzliche Regelung der Heilmittelwerbung

1. Gemeinschaftskodex für Humanarzneimittel

Auf Gemeinschaftsebene sind auf dem Gebiet der Heilmittelwerbung zwei Richtlinien ergangen, nämlich zum einen die **RL 92/28/EWG** über die Werbung für Humanarzneimittel[731] und zum anderen die **RL 92/27/EWG** über die Etikettierung und die Packungsbeilage von Humanarzneimitteln.[732] Beide Richtlinien beziehen sich – wie der Name schon sagt – ausschließlich auf Humanarzneimittel und sind inzwischen in die **RL 2001/83/EG** zur Schaffung eines Gemeinschaftskodexes für Humanarzneimittel **integriert** worden.[733] Erhebliche Änderungen erfuhr der Gemeinschaftskodex für Humanarzneimittel durch die Änderungs-RL 2004/27/EG,[734] wobei insbesondere als Titel VIII a der Bereich „Information und Werbung" und dabei der Art. 88 a eingefügt wurden.[735] Nach dem Wortlaut des neuen Art. 88 a RL 2001/83/EG soll die Kommission eine Informationsstrategie erarbeiten können, durch die eine „hochwertige, objektive, zuverlässige und **werbungsfreie** Information über Arzneimittel und andere Behandlungsmethoden" sichergestellt werden soll. Das beabsichtigte Streben nach einer „werbungsfreien Information über Arzneimittel" dürfte für die Weitererntwicklung des Heilmittelwerberecht von nicht unerheblicher Bedeutung sein. 410

Als zwischenzeitlich gefestigt kann die Auffassung angesehen werden, dass es sich bei den gemeinschaftsrechtlichen Regelungen über die Werbung für Humanarzneimittel um eine **Vollharmonisierung** und nicht nur um eine bloße Teilharmonisierung handelt. Bereits in der Vergangenheit haben Teile der Literatur und der Rechtsprechung die Ansicht vertreten, dass die einschlägigen Vorschriften (Art. 86 ff) des Gemeinschaftskodexes für Humanarzneimittel neben einer Reihe von optionellen Regelungen und einzelnen Mindestanforderungen prinzipiell einen abschließenden Regelungskomplex darstellen.[736] Die von mehreren Gerichten vertretene Annahme eines bloßen Mindeststandards.[737] ist aufgrund der aktuellen Rechtsprechung des BGH und des EuGH obsolet. Aus dem Gemeinschaftskodex für Humanarzneimittel geht nicht nur ein gemeinschaftsrechtlich einheitlicher Arzneimittelbegriff[738] und eine vollständige Harmonisierung der nationalen Verfahren der Genehmigung für das Inverkehrbringen und der Registrierung von Humanarzneimitteln[739] hervor, denn die RL 2001/83/EG setzt auch für den Bereich der Werbung für Arzneimittel (Titel VIII – Werbung) einen **Höchststandard** für die Harmonisierung, so dass die 411

[730] *Bülow/Ring* HWG § 1 Rn 109; Erdmann/Rojahn/Sosnitza/*Reinhart* Hdb. FA GR Kap. 6 Rn 1178.

[731] RL 92/28/EWG des Rates vom 31. 3. 1992 über die Werbung für Humanarzneimittel, ABl. EG Nr. L 113 vom 30. 4. 1992, S. 13.

[732] RL 92/27/EWG des Rates vom 31. 3. 1992 über die Etikettierung und die Packungsbeilage von Humanarzneimitteln, ABl. EG Nr. L 113 vom 30. 4. 1992, S. 8.

[733] RL 2001/83/EG des Europäischen Parlaments und des Rates vom 6. 11. 2001 zur Schaffung eines Gemeinschaftskodexes für Humanarzneimittel, ABl. EG Nr. L 311 vom 28. 11. 2001, S. 67; → Rn 7.

[734] RL 2004/27/EG des Europäischen Parlaments und des Rates vom 31. 3. 2004, ABl. EG Nr. L 136 vom 30. 4. 2004, S. 34.

[735] Art. 1 Nr. 63 der RL 2004/27/EG, ABl. EG Nr. L 136 vom 30. 4. 2004, S. 51.

[736] *Doepner* HWG Einl. Rn 25; *Gröning* Bd. 2 RL 2001/83/EG Einl. Rn 21; *Doepner/Reese* GRUR 1998, 761, 766 ff; OLG Schleswig PharmR 2003, 13; KG GRUR 1995, 684, 688.

[737] OLG Frankfurt MD 2004, 11; OLG Frankfurt MD 2003, 725, 726; OLG Frankfurt GRUR Int. 2002, 931, 932; OLG Hamburg GRUR 2002, 363, 364; OLG Düsseldorf WRP 1998, 806, 808.

[738] BGH BeckRS 2008, 14 734 = WRP 2008, 1209 – HMB-Kapseln; BGH BeckRS 2008, 14 541 = WRP 2008, 1213 – L-Carnitin II; BGH WRP 2006, 736 = ZLR 2006, 411 – Arzneimittelwerbung im Internet, m. Anm. *Reinhart* ZLR 2006, 422. S. auch OLG Köln ZLR 2008, 230, 236 – Ginkgo-Getränk; OLG Stuttgart BeckRS 2008, 6269 – Laktase-Kapseln; OLG Hamm LRE 55, 373 – Zimt gegen Zucker; OLG Düsseldorf MD 2006, 1166, 1169 – Carnitin-Drink.

[739] EuGH EuZW 2007, 647 – Anthroposophische Arzneimittel: „abschließende Harmonisierung".

Mitgliedstaaten keine weiter gehenden Verbote oder Beschränkungen erlassen können, als es die Richtlinie selbst erlaubt. Die Richtlinie ist somit dahin auszulegen, dass ein Mitgliedstaat in seinen innerstaatlichen Rechtsvorschriften kein uneingeschränktes und unbedingtes Verbot vorsehen darf, etwa in der Öffentlichkeitswerbung für Arzneimittel Äußerungen Dritter zu verwenden, während deren Verwendung nach der Richtlinie nur wegen ihres konkreten Inhalts oder der Eigenschaft ihres Urhebers eingeschränkt werden darf.[740]

2. Gesetz über die Werbung auf dem Gebiet des Heilwesens

412 Das Gesetz über die Werbung auf dem Gebiet des Heilwesens (Heilmittelwerbegesetz = HWG) setzt zum einen die Vorgaben der Richtlinie über die **Werbung für Humanarzneimittel** in nationales Recht um und regelt zum anderen auch die **Werbung für die sonstigen Heilmittel.** Die Werbung für Humanarzneimittel wird demnach auf nationaler Ebene nicht im Rahmen des deutschen Arzneimittelgesetzes, sondern als Teil der Heilmittelwerbung geregelt. Die Notwendigkeit für ein besonderes Gesetz über die Werbung für Heilmittel wird dabei seitens des deutschen Gesetzgebers damit begründet, dass Produkte, die nach der Bewerbung zur Erkennung, Beseitigung oder Linderung von Krankheiten, Leiden, Körperschäden oder krankhaften Beschwerden bestimmt sind, **Waren besonderer Art** sind und im Rahmen einer solchen Publikumswerbung der Werbeadressat einer spezifischen psychischen Notlage ausgesetzt sein kann.[741] Die Vorgaben des Gemeinschaftskodexes für Humanarzneimittel wurden deshalb in das HWG integriert.

413 Die Umsetzung des Gemeinschaftskodexes 2001/83/EG innerhalb des HWG – soweit es um Humanarzneimittel geht[742] – erfolgte aber **nicht konsequent.**[743] Das nationale Heilmittelwerberecht weicht an verschiedenen Stellen von dem seitens des Gemeinschaftsgesetzgebers vorgegebenen Umsetzungsprogramm ab.[744] In der Praxis hatte dieser Umstand aber nur geringe Bedeutung, da in der Rechtsprechung die Richtlinienkonformität des HWG regelmäßig bejaht bzw. der RL 2001/83/EG kein Höchststandard zugesprochen wurde.[745] Dieser unkritische Umgang mit den weitreichenden Verboten des HWG fand aber zum einen ein Ende durch die Rechtsprechung des BVerfG,[746] wonach aus **verfassungsrechtlichen Erwägungen** (Art. 12 Abs. 1 GG) eine einschränkende Auslegung der HWG-Vorschriften geboten ist. Im Anschluss an diese Rechtsprechung des BVerfG setzt der BGH für das Publikumswerbeverbot des § 11 Abs. 1 S. 1 Nr. 4 HWG voraus, dass die Werbung geeignet ist, das Laienpublikum unsachlich zu beeinflussen und dadurch zumindest eine **mittelbare Gesundheitsgefährdung** zu bewirken.[747] Zum anderen ist durch die RL 2001/83/EG eine vollständige Harmonisierung des Bereichs der Arzneimittelwerbung erfolgt, weshalb strengere nationale Vorschriften des HWG **richtlinienkonform auszulegen** sind.[748]

---

740 EuGH GRUR 2008, 267 = WRP 2008, 205 – Gintec; Vorlage durch BGH WRP 2005, 1515 – Konsumentenbefragung. S. auch EuGH EuZW 2007, 647 – Anthroposophische Arzneimittel; OLG Hamburg BeckRS 2008, 13270 – Lippenherpes-Creme.

741 *Doepner* HWG Einl. Rn 39.

742 *Gröning* HWG § 12 Rn 5.

743 *Doepner/Reese* GRUR 1998, 761, 762; *Gröning* WRP 1995, 576, 581; *Gröning* Bd. 2 RL 2001/83/EG Einl. Rn 29; *Weiler* WRP 2006, 957.

744 Übersicht zur Umsetzung der Werbe-RL 92/28/EWG findet sich bei: *Doepner* HWG Einl. Rn 38.

745 OLG Frankfurt MD 2004, 11; OLG Frankfurt MD 2003, 725, 726; OLG Frankfurt GRUR Int. 2002, 931, 932; OLG Hamburg GRUR 2002, 363, 364.

746 BVerfG GRUR 2004, 797 = NJW 2004, 2660 – Botex-Faltenbehandlung. S. auch *Sieben* MedR 2005, 637.

747 BGH GRUR 2007, 809 = WRP 2007, 1088 – Krankenhauswerbung. S. auch BGH GRUR 2004, 799 – Lebetrankapsel; OLG Hamburg BeckRS 2008, 13270 – Lippenherpes-Creme; OLG Frankfurt BeckRS 2008, 13981 – Engel-Taler.

748 OLG Hamburg BeckRS 2008, 13270 – Lippenherpes-Creme.

3. Allgemeines Wettbewerbsrecht

Das HWG ist eine Rechtsquelle **öffentlichrechtlicher Natur** und bezweckt den Schutz der Gesundheit des einzelnen Verbrauchers sowie der Gesundheitsinteressen der Allgemeinheit („Volksgesundheit").[749] Sein eigentlicher Regelungsgegenstand ist damit nicht das Rechtsverhältnis der Werbungtreibenden untereinander oder der Schutz der Verbraucher vor unlauterem Wettbewerb. Für das Gebiet der Heilmittelwerbung spricht das HWG deshalb keine (privatrechtlichen) Unterlassungs-, Beseitigungs- und/oder Schadensersatzansprüche, sondern **Verbote und Gebote** aus, die durch Bußgeld- und Strafandrohungen durchgesetzt werden sollen. In der Praxis werden Verstöße gegen das HWG aber nicht in erster Linie durch Ordnungswidrigkeiten- oder Strafverfahren sanktioniert, sondern diesen wird regelmäßig in wettbewerbsrechtlichen Verfahren auf der Basis des allgemeinen Wettbewerbsrechts entgegengetreten. 414

Die in zivilrechtlichen Verfahren geltend gemachten **Unterlassungs-, Beseitigungs- und/oder Schadensersatzansprüche** werden dabei nicht unmittelbar auf die verletzten Vorschriften des HWG gestützt, da es entsprechende Anspruchsgrundlagen im HWG nicht gibt, sondern auf die allgemeinen Regelungen der § 8 und § 9 UWG. Die vom HWG geschützte Gesundheit des Einzelnen und die Gesundheitsinteressen der Allgemeinheit gelten als schützenswerte Rechtsgüter von besonders hohem Rang, weshalb die Vorschriften des HWG als **wertbezogen** anzusehen sind.[750] Verstöße gegen die wertbezogenen Bestimmungen des HWG rechtfertigen deshalb nach ständiger Rechtsprechung des BGH **grundsätzlich** die Annahme unlauteren Marktverhaltens,[751] wenn im Einzelfall keine Umstände vorliegen, die **ausnahmsweise** zu einer besonderen Prüfung des Gesamtverhaltens des Wettbewerbers nach konkretem Anlass, Zweck und Mittel, seinen Begleitumständen und Auswirkungen Anlass geben.[752] Die Verletzung von HWG-Vorschriften begründet daher regelmäßig einen Unterlassungsanspruch nach §§ 3, 8 UWG. 415

Das Verhältnis zum allgemeinen Wettbewerbsrecht ist im Übrigen in § 17 HWG explizit geregelt. Dieser bestimmt, dass das **UWG unberührt bleibt.** Dies hat in der Praxis zur Folge, dass im Wettbewerbsprozess in Fällen irreführender Heilmittelwerbung neben einer Verletzung der einschlägigen HWG-Vorschriften auch ein Verstoß gegen das UWG wie etwa § 5 UWG und/oder § 3 Abs. 3 UWG iVm Nr. 18 des Anhangs[753] geltend gemacht werden kann. Insbesondere die Regelung des § 3 HWG stellt gegenüber § 5 UWG bzw. § 3 Abs. 3 UWG kein Spezialgesetz dar, das eine Anwendung des Irreführungsverbots gemäß UWG ausschließen würde.[754] Die Vorschriften des UWG werden demnach vom HWG nicht verdrängt. 416

4. Spezialgesetzliche Regelungen

Aus § 17 HWG ist außerdem zu entnehmen, dass die HWG-Bestimmungen hinsichtlich der in § 1 HWG genannten Werbeobjekte **keine abschließende gesetzliche Regelung** darstellen. Es können deshalb auch sonstige spezialgesetzliche Regelungen zur Anwendung kommen, die sich mit der Werbung für solche Objekte befassen.[755] 417

---

[749] *Bülow/Ring* HWG Einf. Rn 16; *Bülow* WRP 1995, 897; *Doepner* HWG Einl. Rn 40.

[750] Hefermehl/*Köhler*/Bornkamm UWG § 4 Rn 11.132; Erdmann/Rojahn/Sosnitza/*Reinhart* Hdb. FA GR Kap. 6 Rn 1175.

[751] BGH GRUR 2005, 1067 – Konsumentenbefragung; BGH GRUR 2002, 910, 915 – Muskelaufbaupräparate; BGH GRUR 2000, 528, 529 – L-Carnitin; BGH GRUR 1995, 419, 421 – Knoblauchkapseln.

[752] BGH GRUR 2000, 237, 238 – Giftnotruf-Box; BGH GRUR 1999, 1128, 1129 – Hormonpräparate; OLG Hamburg MD 2003, 457, 461. S. auch BGH GRUR 2002, 269 – Sportwetten-Genehmigung; *Gröning* PharmR 2001, 111, 114; *Reese* PharmR 2003, 223.

[753] In Umsetzung von Nr. 17 des Anhangs I der RL 2005/29/EG: „Falsche Behauptung, ein Produkt könne Krankheiten, Funktionsstörungen oder Missbildungen heilen". S. auch *Hoeren* BB 2008, 1182, 1189: „der Begriff des Heilens in Nr. 17 [ist] wohl enger als der des HWG".

[754] *Doepner* HWG § 3 Rn 14; *Gröning* HWG § 3 Rn 8.

[755] *Bülow/Ring* HWG § 17 Rn 1; *Doepner* HWG § 17 Rn 5; *Erbs/Kohlhaas* HWG § 17 Rn 2.

418 **a) Arzneimittelgesetz.** Nach **§ 8 Abs. 1 Nr. 2 AMG** ist es verboten, Arzneimittel herzustellen oder in den Verkehr zu bringen, die mit irreführender Bezeichnung, Angabe oder Aufmachung versehen sind.[756] Eine Irreführung liegt dabei insbesondere dann vor, wenn Arzneimitteln eine therapeutische Wirksamkeit oder Wirkung beigelegt wird, die sie nicht haben (§ 8 Abs. 1 Nr. 2 lit. a AMG), fälschlich der Eindruck erweckt wird, dass ein Erfolg mit Sicherheit erwartet werden kann oder dass nach bestimmungsgemäßem oder längerem Gebrauch keine schädlichen Wirkungen eintreten (§ 8 Abs. 1 Nr. 2 Lit. b AMG) oder zur Täuschung über die Qualität geeignete Bezeichnungen, Angaben oder Aufmachungen verwendet werden, die für die Bewertung des Arzneimittels mitbestimmend sind (§ 8 Abs. 1 Nr. 2 lit. c AMG). Diese arzneimittelrechtliche Vorschrift verbietet damit das Herstellen und Inverkehrbringen von Arzneimitteln mit irreführenden Bezeichnungen, Angaben oder Aufmachungen.[757] Da der Begriff **„Inverkehrbringen"** nach § 4 Abs. 17 AMG insbesondere das Feilhalten und Feilbieten und damit im Einzelfall auch Werbemaßnahmen umfasst, ergänzt § 8 Abs. 1 Nr. 2 AMG insofern nicht nur die Bestimmungen des HWG, sondern es kann bei speziellen Konstellationen auch zu **Überschneidungen** kommen, so dass dann sowohl ein Verstoß gegen das AMG als auch gegen das HWG anzunehmen ist.[758] Grundsätzlich gilt aber, dass einerseits die Werbung für Arzneimittel im HWG besonders geregelt ist und andererseits weder Angaben, die der Kennzeichnung im Sinne des § 10 AMG dienen, noch Packungsbeilagen gemäß § 11 AMG dem Werbebegriff des HWG unterfallen.[759]

419 **b) Lebensmittel- und Futtermittelgesetzbuch.** Die Werbung für **kosmetische Mittel** ist zum einen in § 27 LFGB und zum anderen im HWG geregelt. Nach **§ 27 Abs. 1 LFGB** ist es verboten, kosmetische Mittel unter irreführender Bezeichnung, Angabe oder Aufmachung gewerbsmäßig in den Verkehr zu bringen oder für kosmetische Mittel mit irreführenden Aussagen zu werben.[760] Daneben bestimmt **§ 27 Abs. 2 LFGB,** dass die Vorschriften des HWG unberührt bleiben. Das bedeutet, dass neben § 27 Abs. 1 LFGB auch das HWG anzuwenden ist, wenn sich eine Werbung für kosmetische Mittel auf die Erkennung, Beseitigung oder Linderung von Krankheiten, Leiden, Körperschäden oder krankhaften Beschwerden bezieht. Nicht dem HWG, sondern allein § 27 Abs. 1 LFGB unterliegen demnach Werbeaussagen, die auf die Verhütung von Krankheiten gerichtet sind.[761]

420 **c) Medizinproduktegesetz.** Das MPG beinhaltet an sich keine besonderen Regelungen zur Werbung für Medizinprodukte.[762] In Anlehnung an die arzneimittelrechtliche Regelung des § 8 Abs. 1 Nr. 2 AMG bestimmt **§ 4 Abs. 2 MPG** zwar ein Irreführungsverbot, wonach es verboten ist, Medizinprodukte in den Verkehr zu bringen, wenn sie mit irreführender Bezeichnung, Angabe oder Aufmachung versehen sind (§ 4 Abs. 2 S. 1 MPG). In S. 2 werden entsprechende Regelbeispiele für eine Irreführung im Sinne des § 4 Abs. 2 MPG genannt. Jedoch beschränkt sich dieses Irreführungsverbot auf das Inverkehrbringen von Medizinprodukten, worunter nach § 3 Nr. 11 MPG „jede entgeltliche oder unentgeltliche Abgabe von Medizinprodukten an andere" zu verstehen ist. Im Gegensatz zum Arzneimittelrecht ist damit nur die tatsächliche Abgabe an andere ein Inverkehrbringen, so dass es **keine Überschneidungen** mit Werbemaßnahmen geben kann.[763] Eine bloße Ergänzung der HWG-Vorschriften ist im Übrigen insoweit gegeben, als sich das

---

[756] OVG Nordrhein-Westfalen BeckRS 2008, 30 104 – Forte; OVG Berlin-Brandenburg PharmR 2007, 54, 57 – Rekonvaleszenz; OVG Nordrhein-Westfalen BeckRS 2007, 24 613 – Blutreinigungstee.

[757] VG Köln PharmR 2004, 225, 228.

[758] BGH GRUR 1983, 595 – Grippewerbung III; iE ablehndend OLG Köln GRUR-RR 2002, 175 – Corsodyl; *Doepner* HWG § 3 Rn 11; *Rehmann* AMG § 8 Rn 4; ähnlich *Bülow/Ring* HWG § 1 Rn 15.

[759] *Gröning* HWG § 1 Rn 62 a; → Rn 425 f.

[760] → Rn 594 ff.

[761] Meyer/Streinz/*Reinhart* LFGB § 27 Rn 68.

[762] Hdb. Medizinprodukterecht/*Besen/Räpple* § 21 Rn 2.

[763] *Bülow/Ring* HWG § 1 Rn 16; *Schorn* MPG § 3 Rn 37; *Anhalt/Dieners* Hdb. § 2 Rn 29; aA *Doepner* HWG § 3 Rn 12.

MPG an zwei Stellen auf die Medizinprodukte-Werbung bezieht. Zum einen bestimmt **§ 3 Nr. 10 MPG,** dass Aussagen in den Werbematerialien Bestandteil der Zweckbestimmung des Medizinprodukts sind. Zum anderen ist in **§ 12 Abs. 4 MPG** geregelt, dass die Ausstellung von Medizinprodukten, die nicht den Voraussetzungen für das Inverkehrbringen oder für die Inbetriebnahme entsprechen, nur dann zulässig ist, wenn ein sichtbares Schild deutlich darauf hinweist, dass sie nicht den Anforderungen entsprechen und erst erworben werden können, wenn die Übereinstimmung hergestellt ist.[764]

III. Anwendungsbereich des HWG, § 1 HWG

Das HWG findet nach § 1 Abs. 1 HWG Anwendung auf die Werbung für „Heilmittel"[765] und ist damit ein auf bestimmte Werbeobjekte beschränktes Werberecht.[766] 421

1. Werbung im Sinne des HWG

a) Einheitliche, schutzzweckorientierte Definition. Die in der Praxis bestehenden Schwierigkeiten bei der Abgrenzung des Anwendungsbereichs des HWG insbesondere von der reinen **Imagewerbung** oder von der **Packungskennzeichnung** sowie **Gebrauchsinformation** zeigen, dass insoweit erheblicher Klärungsbedarf besteht.[767] Mit Ausnahme der Bestimmung in § 1 Abs. 3 HWG, die sich mit der mittelbaren Werbung beschäftigt,[768] enthält zwar das HWG keine Legaldefinition für den Begriff der Werbung, jedoch enthält der Gemeinschaftskodex für Humanarzneimittel (RL 2001/83/EG) eine Begriffsbestimmung für die Werbung für Arzneimittel.[769] Darunter sind „alle Maßnahmen zur Information, zur Marktuntersuchung und zur Schaffung von Anreizen mit dem Ziel, die Verschreibung, die Abgabe, den Verkauf oder den Verbrauch von Arzneimitteln zu fördern", zu verstehen.[770] Hieraus folgt, dass für die Werbung für Humanarzneimittel zwar an sich ein weiter Werbebegriff gilt, der jedoch durch die subjektive Komponente der **Absatzförderung** eingeschränkt wird.[771] Nach richtlinienkonformer Auslegung wird der weite Begriff „Werbung" damit auf „Wirtschaftswerbung" bzw. auf solche Werbehandlungen eingeschränkt, die mit der subjektiven Absicht zur Förderung des Absatzes getätigt werden. 422

Nach traditionellem, durch den **Schutzzweck des HWG** geprägtem Verständnis soll aber nicht jede Art von Wirtschaftswerbung erfasst sein, sondern nur Werbung für **konkretisierbare Arzneimittel.** Bei einer Werbung, die die Aufmerksamkeit des Publikums nicht auf bestimmte Arzneimittel, sondern generell auf Qualität und Preiswürdigkeit aller pauschal beworbener Produkte lenkt, bestehe nämlich nicht die Gefahr, der das Heilmittelwerbegesetz – nach traditionellen Verständnis – entgegenwirken will, dass ein bestimmtes, in seinen Wirkungen und Nebenwirkungen vom Publikum nicht überschaubares Mittel ohne ärztliche Aufsicht oder missbräuchlich angewandt werden könnte oder dass es den Werbeadressaten ermöglicht würde, bei Arztbesuchen auf die Verschreibung eines bestimmten Arzneimittels zu drängen.[772] Dieser überkommene Schutzzweck gilt für die aktuelle Fassung des HWG aber nicht mehr einheitlich,[773] da mit der Neuregelung des Rabattverbots nach **§ 7 Abs. 1 Nr. 2 HWG** die Gestaltung der Arzneimittelpreise insoweit als 423

---

[764] *Anhalt/Dieners/Besen/Räpple* Hdb. § 21 Rn 2.
[765] → Rn 428.
[766] *Doepner* HWG § 1 Rn 8.
[767] *Doepner/Reese* GRUR 1998, 761, 762; *Gröning* HWG § 1 Rn 2; *Weimer* PharmR 2003, 231, 233.
[768] → Rn 438.
[769] BGH GRUR 2008, 1014, 1015 = WRP 2008, 1335, 1336 – Amlodipin.
[770] S. Art. 86 Abs. 1 RL 2001/83/EG, der in Halbs. 2 einen Beispielskatalog enthält.
[771] *Gröning* HWG § 1 Rn 19; *Mand* WRP 2003, 192, 195; *Weihe-Gröning* WRP 1997, 409, 413.
[772] BGH GRUR 1992, 873 – Pharma-Werbespot. S. auch *Gröning* HWG § 1 Rn 21; *Mand* A&R 2006, 54, 56.
[773] *Mand* DAZ 2006, 1520f; *ders.* A&R 2006, 54, 57; *Reinhart* DWA 2007, 91.

neuer Schutzzweck vorgegeben ist. Die Frage des Anwendungsbereichs des § 7 HWG wird deshalb gegenwärtig kontrovers diskutiert.[774]

424 **b) Produktbezug.** Nach gefestigter Rechtsprechung unterfällt den Bestimmungen des HWG damit nicht schlechthin jede Pharma-Werbung.[775] Eine heilmittelwerberechtlich relevante Werbung sind vielmehr alle informationsvermittelnden und meinungsbildenden Aussagen, die darauf abzielen, die Aufmerksamkeit der Adressaten zu erwecken und deren Entschlüsse mit dem Ziel der Förderung des Absatzes von Heilmitteln zu beeinflussen.[776] Einbezogen in den Geltungsbereich des HWG ist damit – zumindest im Grundsatz – die **produktbezogene Absatzwerbung,** nicht aber die allgemeine Firmenwerbung (Unternehmens-, Imagewerbung), die ohne Bezugnahme auf bestimmte Präparate für Ansehen und Leistungsfähigkeit des Unternehmens allgemein wirbt. Kriterium für die Abgrenzung der produktbezogenen Absatzwerbung von der Unternehmenswerbung ist nach der Rechtsprechung des BGH, ob nach dem Gesamterscheinungsbild der Werbung die Darstellung des Unternehmens im Vordergrund steht (Firmenwerbung) oder die Anpreisung bestimmter oder zumindest individualisierbarer Heilmittel (Absatzwerbung).[777] Dabei ist die Auffassung, dass Werbung im Sinne des HWG schon dann vorliege, wenn ein Heilmittel so eindeutig beschrieben und angepriesen wird, dass der Verkehr dadurch zur Entscheidung für eine Behandlung mit einem Mittel dieser Art verleitet werden kann, verfassungsrechtlich nicht zu beanstanden.[778]

425 **c) Ausnahmen.** Keine Werbung im Sinne des HWG stellen demnach die in der **Packungsbeilage** gemäß § 11 AMG vorgeschriebenen Angaben dar. Demgemäß ist in **Art. 86 Abs. 2 1. Spiegelstrich RL 2001/83/EG** bestimmt, dass der Titel VIII („Werbung") und VIII a („Information und Werbung") nicht die Packungsbeilage, die den Bestimmungen des Titels V („Etikettierung und Packungsbeilage") unterliegt, betrifft.[779] Packungsbeilagen, die von dem pharmazeutischen Unternehmer entsprechend § 11 Abs. 1 AMG zur Produkt- und Gebrauchsinformation verwendet werden und nur die gesetzlich vorgeschriebenen Pflichtangaben enthalten, unterliegen damit insoweit nicht den heilmittelrechtlichen Werbebeschränkungen.[780] Entsprechendes gilt grundsätzlich auch für die sonstigen in der Packungsbeilage zulässigen Angaben, nämlich die „erläuternden Angaben" nach § 11 Abs. 1 S. 2 AMG und die „weiteren Angaben" nach § 11 Abs. 1 S. 5 AMG, soweit diese den in § 11 AMG gesetzten Rahmen nicht überschreiten.[781] Weist die Packungsbeilage aber einen unzulässigen **werblichen Überhang** auf oder wird diese zu Werbezwecken verwendet, ist eine Absatzförderungsabsicht und damit im Ergebnis eine Werbung im Sinne des HWG zu bejahen. Enthält die Packungsbeilage neben den nach § 11 AMG vorgeschriebenen oder zulässigen Angaben Werbung („Informationslyrik"), gelten für sie die Anforderungen des HWG.[782]

---

[774] → Rn 506f; s. auch OLG Saarbrücken GRUR-RR 2008, 84, 86 – Ärztebroschüre.

[775] BGH GRUR 2002, 1088 – Zugabenbündel; BGH GRUR 1997, 761 – Politikerschelte; BGH GRUR 1995, 223 – Pharma-Hörfunkwerbung; BGH GRUR 1992, 873 – Pharma-Werbespot.

[776] *Doepner* HWG § 1 Rn 8; ähnlich BGH GRUR 1991, 860 – Katovit; BGH GRUR 1995, 612 – Sauerstoff-Mehrschritt-Therapie.

[777] BGH GRUR 1995, 223 – Pharma-Hörfunkwerbung; BGH GRUR 1992, 873 – Pharma-Werbespot; OLG Karlsruhe PharmR 2007, 383, 385; LG Berlin MD 2007, 870, 875. S. auch *Kieser* PharmR 2004, 129, 132; *Scheller* GRUR 1991, 111, 112; *Weihe-Gröning* WRP 1997, 409, 414; *Weimer* PharmR 2003, 231, 233.

[778] BVerfG NJW-RR 2007, 1680, 1681 – Dr. R's Vitaminprogramm.

[779] *Gröning* Bd. 2 RL 2001/83/EG Art. 86 Rn 3.

[780] BGH GRUR 2001, 176, 177 – Myalgien; BGH GRUR 1998, 959 – Neurotrat forte; OLG Köln PharmR 2006, 198; OLG Nürnberg MD 2003, 372, 374; OLG München NJWE-WettbR 1997, 53, 54. Hierzu a. *Gröning* PharmR 2001, 111, 114; *Kloesel/Cyran* AMG § 11 Rn 20; *Rehmann* AMG § 11 Rn 3.

[781] *Beuthien/Schmölz* GRUR 1999, 297, 299; *Doepner* HWG § 1 Rn 19. S. auch Art. 62 RL 2001/83/EG: „nicht zulässig sind Angaben, die Werbecharakter haben können".

[782] BGH GRUR 2001, 176 – Myalgien; BGH GRUR 1991, 860, 862 – Katovit; OLG Hamburg MD 2007, 1200, 1204; OLG Köln PharmR 2006, 198; OLG Hamburg MD 2004, 12, 14; *Beuthien/Schmölz* GRUR 1999, 297, 299; *Bülow/Ring* HWG § 1 Rn 2; *Gröning* HWG § 1 Rn 64.

Für die **arzneimittelrechtlichen Pflichtangaben** auf dem Behältnis oder der äußeren Umhüllung des Arzneimittels gilt das Gleiche wie für die Packungsbeilage.[783] In **Art. 86 Abs. 2 1. Spiegelstrich RL 2001/83/EG** ist dementsprechend bestimmt, dass der Titel VIII und VIIIa auch nicht die Etikettierung, die den Bestimmungen des Titels V („Etikettierung und Packungsbeilage") unterliegt, betrifft. Angaben, die der Kennzeichnung gemäß § 10 AMG dienen, sind deshalb ebenfalls keine Werbung im Sinne des HWG, wenn bzw. soweit sie keinen **werblichen Überhang** aufweisen.[784] Befindet sich zB auf der Internetseite eines Arzneimittelherstellers die Abbildung einer gesetzlich vorgeschriebenen Medikamentenverpackung nebst Gebrauchsinformation ohne jeden weiteren Zusatz, so stellt dies keine Werbung im Sinne des HWG dar.[785] Dagegen können dem Anwendungsbereich des HWG solche Angaben insbesondere dann unterfallen, wenn diese außerhalb der Packungsbeilage und nicht im Rahmen der Produktkennzeichnung gemacht werden. Die Bezeichnung des Arzneimittels ist beispielsweise eine arzneimittelrechtliche Pflichtangabe (§ 10 Abs. 1 Nr. 2 AMG) und stellt deshalb auf dem Behältnis des Arzneimittels oder ihrer äußeren Umhüllung grundsätzlich keine Werbung dar. Dies ist jedoch anders zu beurteilen, wenn die Bezeichnung des Arzneimittels Gegenstand einer Publikumswerbung ist. Eine werbende Angabe kann auch in der Arzneimittelbezeichnung selbst enthalten sein.[786] Dies nahm der BGH bei der Bezeichnung „HerzASS" an, weil ein nicht unerheblicher Teil der angesprochenen Laien der Bezeichnung „HerzASS" entnehme, dass das Mittel auch zur Vorbeugung und Behandlung von organischen Herzkrankheiten empfohlen werde.[787] 426

Als integraler Bestandteil der Werbung werden die **heilmittelwerberechtlichen Pflichtangaben** (§ 4 HWG) angesehen, weshalb diese den Werbebeschränkungen des HWG unterfallen.[788] Begründet wird dies insbesondere mit der Bestimmung in § 4 Abs. 4 HWG, wonach die nach § 4 Abs. 1 HWG vorgeschriebenen Pflichtangaben von den **„übrigen Werbeaussagen"** abzugrenzen sind.[789] Dies hat zur Folge, dass insbesondere die nach § 4 Abs. 1 Nr. 4 HWG anzugebenden Anwendungsgebiete den Anforderungen des HWG genügen müssen, was im Einzelfall zu dem paradoxen Ergebnis führen kann, dass eine Publikumswerbung nicht möglich ist, da die Anwendungsgebiete (zB wegen § 11 Abs. 1 Nr. 6 HWG) im Rahmen der Pflichtangaben gemäß § 4 Abs. 1 HWG nicht angegeben werden dürfen. In solchen Fällen ist es aber denkbar, beispielsweise bei Mehrzweckpräparaten, einzelne (mit § 11 Abs. 1 Nr. 6 HWG unvereinbare) Indikationen nicht in die werberechtlichen Pflichtangaben zu übernehmen oder unverständliche Fachbegriffe in allgemein verständlicher Form zu erläutern.[790] 427

2. Werbeobjekte/„Heilmittel"

Der sachliche Anwendungsbereich des HWG und damit die Frage, wann eine Werbung für Heilmittel[791] gegeben ist, ist abschließend in § 1 Abs. 1 HWG geregelt. Das **Anwendungsspektrum** des HWG ist allerdings bei einzelnen Vorschriften **eingeschränkt,** da bestimmte Gebots- und Verbotsbestimmungen nicht für alle Heilmittel gelten.[792] Allge- 428

[783] OLG Hamburg NJOZ 2007, 1595, 1601 – Neuheitswerbung für Arzneimittel; *Beuthien/Schmölz* GRUR 1999, 297, 300; *Gröning* HWG § 1 Rn 62.

[784] OLG Hamburg MD 2007, 1164, 1170 – Zur Behandlung von Bluthochdruck; *Doepner* HWG § 1 Rn 19; *Weihe-Gröning* WRP 1997, 409, 415.

[785] LG München I GRUR-RR 2005, 175 = NJOZ 2005, 121 – Lorzaar; bestätigt durch OLG München vom 6. 5. 2004 – 6 U 5565/03; *Stoll* PharmR 2004, 100, 102.

[786] BGH GRUR 1983, 595, 596 – Grippewerbung III: zu einem Markennamen.

[787] BGH GRUR 1996, 806, 807 – HerzASS. Hierzu auch *Gröning* HWG § 1 Rn 25.

[788] BGH GRUR 1991, 860, 861 – Katovit; BGH WRP 1983, 337 – Grippewerbung II. S. auch *Erbs/Kohlhaas* HWG § 11 Rn 20; *Gröning* WRP 1994, 355, 357.

[789] *Gröning* HWG § 1 Rn 48; *ders.* PharmR 2001, 111, 113.

[790] *Beuthien/Schmölz* GRUR 1999, 297, 303; *Bülow/Ring* HWG § 4 Rn 13; → Rn 558 ff.

[791] → Rn 422.

[792] *Doepner* HWG § 1 Rn 15.

mein kann insoweit festgestellt werden, dass für die Arzneimittelwerbung – im Gegensatz zu den anderen Heilmitteln – die strengsten Bestimmungen gelten.

429 **a) Arzneimittel.** Arzneimittel im Sinne des **§ 2 AMG**[793] sind der Hauptanwendungsbereich des HWG.[794] In § 1 Abs. 1 Nr. 1 HWG ist bestimmt, dass die Werbung für Arzneimittel im Sinne des § 2 AMG dem HWG unterfällt und damit dessen Werbeverboten und -beschränkungen entsprechen muss. Auch aus diesem Grunde wird in der Praxis regelmäßig versucht, das beworbene Produkt nicht als Arzneimittel, sondern beispielsweise als Lebensmittel in den Verkehr zu bringen. Insbesondere der **Abgrenzung** zwischen Arzneimittel und Lebensmittel[795] kommt deshalb für die Anwendbarkeit des HWG eine entscheidende Bedeutung zu. Ist das beworbene Erzeugnis nicht als Arzneimittel, sondern als Lebensmittel bzw. Nahrungsergänzungsmittel[796] einzustufen, kommen die strengen Vorschriften des HWG nicht zur Anwendung.

430 Der nationale Arzneimittel-Begriff nach § 2 AMG ist **richtlinienkonform** im Sinne des Art. 1 Nr. 2 RL 2001/83/EG auszulegen, was auch der BGH bestätigt hat.[797] Der BGH geht von einem einheitlichen europäischen Begriff des Funktionsarzneimittels nach Art. 1 Nr. 2 lit. b RL 2001/83/EG und einer **Vollharmonisierung** in diesem Bereich aus.[798] Entsprechendes gilt gemäß der Rechtsprechung des EuGH[799] auch für den europäischen Begriff des Präsentationsarzneimittels nach Art. 1 Nr. 2 lit. a RL 2001/83/EG.[800]

431 **b) Medizinprodukte.** Dass das HWG auf die Werbung für Medizinprodukte im Sinne des **§ 3 MPG**[801] Anwendung findet, ist in § 1 Abs. 1 Nr. 1 a HWG ausdrücklich geregelt.[802] Die in der Vergangenheit erfolgte Unterscheidung zwischen „Gegenständen" im Sinne des § 1 Abs. 1 Nr. 2 HWG und Mitteln hat sich damit erledigt. Für die Anwendbarkeit des HWG kommt es nicht mehr darauf an, dass es sich bei dem beworbenen Medizinprodukt um einen Gegenstand handelt.[803] Aber auch wenn nunmehr alle Medizinprodukte im Sinne des § 3 MPG dem Anwendungsbereich des HWG angehören, bedeutet dies nicht, dass sämtliche – für Arzneimittel geltende – Werbebeschränkungen auch für Medizinprodukte gelten. Der Gesetzgeber hat im Rahmen des 2. MPG-Änderungsgesetzes nicht nur die Nr. 1 a in § 1 Abs. 1 HWG eingefügt, sondern darüber hinaus eine **differenzierte Ausdehnung** der Vorschriften des HWG auf Medizinprodukte bestimmt. Diese unterschiedliche Behandlung von Medizinprodukten im Vergleich zu Arzneimitteln wird damit begründet, dass Medizinprodukte im Hinblick auf ihr **Gefährdungspotential** (vor allem in Laienhand) nicht generell mit Arzneimitteln gleichgestellt werden könnten. Deshalb erfolgte insbesondere unter dem Gesichtspunkt der Patienteninformation über die Wirkungsweise eine differenzierte Ergänzung des HWG.[804] Die die Publikumswerbung betreffenden Werbebeschränkungen nach §§ 10, 11 und 12 HWG gelten deshalb für Medizinprodukte nicht bzw. nur in eingeschränktem Umfang. Ebenso wurde auf eine Ausdehnung des Anwendungsbereichs von § 4 und § 8 HWG auf Medizinprodukte verzichtet.

---

[793] → Rn 7 f.

[794] *Gröning* HWG § 1 Rn 77.

[795] → Rn 10.

[796] → Rn 42.

[797] → Rn 10.

[798] BGH GRUR 2006, 513 = ZLR 2006, 411 – Arzneimittelwerbung im Internet, m. Anm. *Reinhart* ZLR 2006, 422; s. auch *Meyer/Streinz/Meyer* BasisVO Art. 2 Rn 37.

[799] EuGH Slg. 1983, 3897 – van Bennekom; WRP 2005, 863 – HLH Warenvertrieb; s. auch EuGH EuZW 2008, 56 = GRUR 2008, 271 – Knoblauch-Extrakt-Pulver-Kapsel.

[800] BVerfG NJW-RR 2007, 1680, 1682 – Dr. R's Vitaminprogramm.

[801] → Rn 116.

[802] BGH GRUR 2006, 949, 952 – Kunden werben Kunden; OLG Frankfurt MD 2008, 638 – Ohrkerzen; OLG Saarbrücken BeckRS 2006, 6572 – Schwingungstherapeut; OLG Stuttgart WRP 2005, 136 – Augenoptiker.

[803] OLG Saarbrücken BeckRS 2006, 6572 – Schwingungstherapeut; *Reinhart* PharmR 2001, 290; *ders.* WRP 2001, 627.

[804] *Gassner* NJW 2002, 863, 865; *Reinhart* PharmR 2002, 16, 17; *ders.* WRP 2001, 627, 628.

Diese partielle Freistellung kann nicht dadurch umgangen werden, dass das beworbene Medizinprodukt zugleich als „Gegenstand" im Sinne des § 1 Abs. 1 Nr. 2 HWG eingestuft werden könnte.[805]

c) Andere Mittel, Verfahren, Behandlungen und Gegenstände. In **§ 1 Abs. 1 Nr. 2 Alt. 1 HWG** ist bestimmt, dass das HWG auf die Werbung für „andere Mittel, Verfahren, Behandlungen und Gegenstände" Anwendung findet, soweit sich die Werbeaussage auf die Erkennung, Beseitigung oder Linderung von Krankheiten, Leiden, Körperschäden oder krankhaften Beschwerden bezieht.[806] Was in diesem Zusammenhang unter „Verfahren" und „Behandlungen" zu verstehen ist, ist nicht Gegenstand dieser Kommentierung und wird deshalb nicht näher behandelt.[807] Was unter „andere Mittel" und „Gegenstände" zu verstehen ist, ist in § 1 Abs. 2 HWG näher geregelt. Der Begriff **„andere Mittel"** wird dabei in § 1 Abs. 2 S. 1 HWG abschließend bestimmt, so dass hiervon ausschließlich kosmetische Mittel im Sinne des § 2 Abs. 5 LFGB[808] erfasst sind. Demnach stellen insbesondere Lebensmittel und Futtermittel keine „anderen Mittel" dar und gehören deshalb nicht dem Anwendungsbereich des HWG an. Der Begriff **„Gegenstände"** ist dagegen weit gefasst, da in § 1 Abs. 2 S. 2 HWG lediglich bestimmt ist, dass Gegenstände im Sinne des § 1 Abs. 1 Nr. 2 HWG „auch" Gegenstände zur Körperpflege im Sinne des § 2 Abs. 6 Nr. 4 LFGB sind. Im Gegensatz zu Mitteln, die allgemein zum Verbrauch bestimmt sind, können Gegenstände regelmäßig mehrmals genutzt werden und sind zum wiederholten Gebrauch bestimmt.[809] Soweit Gebrauchsgüter beworben werden, die gemäß § 3 MPG als Medizinprodukte anzusehen sind, liegt kein Fall von § 1 Abs. 1 Nr. 2 HWG, sondern ein Fall von § 1 Abs. 1 Nr. 1 a HWG vor und zwar selbst dann, wenn das Medizinprodukt zum wiederholten Gebrauch bestimmt ist.[810] 432

Die Werbung für „andere Mittel" und Gegenstände im Sinne des § 1 Abs. 1 Nr. 2 HWG erfasst das HWG aber **nur insoweit, als** sich die Werbeaussage auf die Erkennung, Beseitigung oder Linderung von Krankheiten, Leiden, Körperschäden oder krankhaften Beschwerden bezieht.[811] Ist die Werbeaussage nicht in diesem Sinne krankheitsbezogen oder bezieht sie sich ausschließlich auf die Verhütung von Krankheiten, ist der Anwendungsbereich des HWG nicht eröffnet.[812] Erst die Werbeaussage macht ein Mittel oder einen Gegenstand im Sinne des § 1 Abs. 1 Nr. 2 HWG zu einem Heilmittel.[813] 433

Im Rahmen der Prüfung des Krankheitsbezugs der Werbeaussage ist auf den einheitlichen Krankheitsbegriff abzustellen, wonach unter **Krankheit** „jede auch nur unerhebliche Störung der normalen Beschaffenheit oder der normalen Tätigkeit des Körpers, die geheilt werden kann", verstanden wird.[814] Normal verlaufende Erscheinungen oder Schwankungen der Körperfunktionen, denen jeder Körper ausgesetzt ist, die seiner Natur oder dem natürlichen Auf und Ab seiner Leistungsfähigkeit entsprechen, stellen dagegen keine Krankheit im obigen Sinne dar. Natürliche Vorgänge wie Schwangerschaft, Menstruation oder Alterungserscheinungen unterfallen deshalb nicht dem an sich weiten Krankheitsbe- 434

---

[805] *Gassner* NJW 2002, 863, 865; *Gröning* HWG § 1 Rn 323 f; *Reinhart* PharmR 2002, 16, 18; *ders.* WRP 2001, 627, 629.

[806] BVerfG GRUR 2007, 720 – Geistheiler.

[807] Entsprechendes gilt für die 2. Alternative „operative plastisch-chirurgische Eingriffe". Näheres hierzu bei *Gröning* HWG § 1 Rn 330 ff.

[808] → Rn 92 ff.

[809] *Bülow/Ring* HWG § 1 Rn 116; *Erbs/Kohlhaas* HWG § 1 Rn 15.

[810] → Rn 431.

[811] OLG Hamm PharmR 2005, 471 – Magnettherapie; LG Düsseldorf MD 2008, 229 – Entgiftungsbad; LG Düsseldorf BeckRS 2007, 13 155 = MD 2007, 718 – Alepp Naturkosmetik. S. auch *Meyer F.* GRUR 2006, 1007.

[812] *Bülow/Ring* HWG § 1 Rn 109; *Erbs/Kohlhaas* HWG § 1 Rn 16. Insoweit oberflächlich in der Begr. OLG Köln GRUR 2000, 154, 155.

[813] → Rn 428.

[814] BGH GRUR 2003, 255, 256 – Anlagebedingter Haarausfall; BGH GRUR 1998, 961, 962 – Lebertran I; KG GRUR-RR 2003, 324; *Gröning* HWG § 1 Rn 95; *Kloesel/Cyran* AMG § 2 Rn 43; *Rehmann* AMG § 2 Rn 12, → Rn 366.

griff.[815] Der Krankheitsbegriff als Oberbegriff umfasst krankhafte Beschwerden, während Leiden und Körperschäden insoweit weitergehender sind, als sie auch unheilbare Störungen bzw. irreparable Körperschäden umfassen.[816]

435 Nur das Erkennen, Beseitigen (Heilen) und Lindern von Krankheiten ist Gegenstand von § 1 Abs. 1 Nr. 2 HWG, weshalb Werbeaussagen, die sich auf die **Verhütung** bzw. Vorbeugung beziehen, insoweit nicht dem HWG unterfallen (vgl. auch § 1 Abs. 4 HWG). Wird beispielsweise ein **kosmetisches Mittel** in Gestalt einer Hautcreme damit beworben, dass sie vor dem Wundwerden schützt, so ist das HWG nicht einschlägig, obwohl das Wundsein an sich eine krankhafte Beschwerde ist.[817] Entsprechendes gilt für ein Sonnenschutzmittel, das mit einer Schutzwirkung vor Sonnenallergie beworben wird, da allein dem Vorhandensein der körperlichen Disposition zur allergischen Hautreaktion unter Sonneneinstrahlung noch kein Krankheitswert beizulegen ist.[818] Diese Einschränkung gilt aber nur für die Fälle des § 1 Abs. 1 Nr. 2 HWG, so dass bei **Arzneimitteln** oder **Medizinprodukten** der Anwendungsbereich des HWG auch dann eröffnet ist, wenn sich die Werbeaussage auf die Verhütung von Krankheiten bezieht.

3. Werbeadressat

436 Der Anwendungsbereich des HWG stellt im Grundsatz nicht auf bestimmte Werbeadressaten ab und umfasst sowohl **Publikumswerbung** als auch **auf Fachkreise beschränkte Werbung.** Bei einzelnen Regelungen (§§ 10, 11, 12 HWG) wird aber darauf abgestellt, ob eine Fachwerbung oder eine Werbung außerhalb der Fachkreise im Sinne des § 2 HWG vorliegt.[819] auf Grund der **unterschiedlichen Sachkunde** des Adressatenkreises (Laien einerseits und Fachkreise andererseits) werden angesichts des hohen Schutzzwecks des Gesetzes, nämlich dem Schutz der Volksgesundheit, unterschiedlich strenge Anforderungen an die Werbung gestellt.[820] Der Frage, ob eine Publikums- oder eine Fachwerbung vorliegt, kommt deshalb im Hinblick auf die Anwendbarkeit einzelner Vorschriften erhebliche Bedeutung zu.

437 In **§ 2 HWG** ist definiert, was unter „Fachkreise" zu verstehen ist. Danach zählen zu den Fachkreisen die **Angehörigen der Heilberufe** oder des Heilgewerbes, Einrichtungen, die der Gesundheit von Mensch oder Tier dienen (zB Krankenhäuser),[821] oder sonstige Personen, soweit sie mit Arzneimitteln, Medizinprodukten, Verfahren, Behandlungen, Gegenständen oder anderen Mitteln erlaubterweise Handel treiben (zB Apotheker) oder sie in Ausübung ihres Berufes anwenden (zB Kosmetiker, aber auch **berufliche Tierhalter**).[822] Der Begriff „Heilberufe" wird dabei in einem weiten Sinne verstanden, so dass neben Ärzten, Zahnärzten, Tierärzten und Heilpraktikern auch Angehörige der **Heilhilfsberufe** (zB Krankenschwestern, Krankengymnasten) als Fachkreise im Sinne des HWG angesehen werden. Dieser weite Begriff der Fachwerbung entspricht wohl der im Gemeinschaftskodex für Humanarzneimittel getroffenen Differenzierung zwischen „Öffentlichkeitswerbung" einerseits und Werbung bei „Personen, die zur Verschreibung oder zur Abgabe von Arzneimitteln befugt sind", andererseits.[823] In Art. 91 RL 2001/83/EG ist von „den zu seiner Verschreibung oder Abgabe berechtigten Personen" die Rede. Eine Einschränkung erfährt der Begriff der „Fachkreise" in der Regelung des § 10 Abs. 1 HWG.[824] Die Werbung für **verschreibungspflichtige Arzneimittel** ist danach nur bei Ärzten,

[815] *Erbs/Kohlhaas* HWG § 1 Rn 19; *Gröning* HWG § 1 Rn 97.
[816] *Bülow/Ring* HWG § 1 Rn 33; *Gröning* HWG § 1 Rn 100f.
[817] *Bülow/Ring* HWG § 1 Rn 38; *Doepner* HWG § 1 Rn 112.
[818] KG GRUR 1990, 544, 545.
[819] → Rn 523, 537, 579.
[820] *Bülow/Ring* HWG § 2 Rn 1.
[821] *Doepner* HWG § 2 Rn 8; *Gröning* HWG § 2 Rn 13.
[822] *Doepner* HWG § 2 Rn 12; *Gröning* HWG § 2 Rn 15.
[823] Art. 86 Abs. 1 1. und 2. Spiegelstrich RL 2001/83/EG.
[824] Art. 88 Abs. 1 lit. a iVm Art. 86 Abs. 1 2. Spiegelstrich RL 2001/83/EG.

Zahnärzten, Tierärzten, Apothekern und Personen, die mit diesen Arzneimitteln erlaubterweise Handel treiben, erlaubt.[825]

4. Mittelbare Werbung, § 1 Abs. 3 HWG

Der Anwendungsbereich des HWG erstreckt sich gemäß § 1 Abs. 3 HWG auf werbende Ankündigungen und damit auch auf mittelbare Heilmittelwerbung. Hierzu zählt zB die Versendung von **Einladungskarten zu einem Werbevortrag,** das Versenden von **Gutscheinen für Werbeprospekte** oder sonstige Hinweise auf weitere Werbung.[826] Die Vorschriften des HWG greifen beispielsweise bereits bei der Aufforderung, sich bestimmte Prospekte zusenden zu lassen, und nicht erst bezüglich der auf Anforderung übersandten Werbeunterlagen. Dem störenden Verhalten wird danach schon im Vorfeld begegnet, also bereits bei der Verbreitung einer inhaltlich für sich betrachtet nicht zu beanstandenden „Ausgangs"-Werbung. Deren weitere Verbreitung kann untersagt werden, wenn die auf Anforderung versandten Werbeunterlagen gegen Bestimmungen des HWG verstoßen.[827] 438

5. Ausnahmen

a) Gegenstände zur Verhütung von Unfallschäden, § 1 Abs. 4 HWG. In § 1 Abs. 4 HWG wird ausdrücklich festgestellt, dass die Werbung für Gegenstände zur Verhütung von Unfallschäden (zB Airbags, Kindersitze, Sicherheitsgurte, Sturzhelme) nicht dem Anwendungsbereich des HWG unterfällt. Hierbei handelt es sich um eine **rein deklaratorische** Bestimmung, da bereits durch § 1 Abs. 1 Nr. 2 HWG geregelt ist, dass Gegenstände zur Verhütung von Krankheiten usw. nicht dem HWG unterfallen.[828] 439

b) Beantwortung von Anfragen, § 1 Abs. 5 HWG. Nach § 1 Abs. 5 findet das HWG keine Anwendung auf den Schriftwechsel und die Unterlagen, die nicht Werbezwecken dienen und die zur **Beantwortung konkreter Verbraucheranfragen** erforderlich sind. Diese Regelung dient der Anpassung an Art. 86 Abs. 2 2. Spiegelstrich RL 2001/83/EG zur Schaffung eines Gemeinschaftskodex für Humanarzneimittel. Damit wird klargestellt, dass Hersteller oder Unternehmer konkrete Anfragen von Verbrauchern zu bestimmten Arzneimitteln beantworten dürfen und Verbraucher auch einen besseren Zugang zu Informationen über Arzneimittel, wie zB die amtlich genehmigte **Packungsbeilage** und die Fachinformation, erhalten. Dies ermöglicht auch die Versendung dieser Informationen mittels elektronischer Medien. Voraussetzung ist, dass der Übersendung eine konkrete Anfrage vorausgeht und dass die übermittelten Unterlagen nicht Werbezwecken dienen.[829] 440

c) Elektronischer Handel, § 1 Abs. 6 HWG. Die Vorschrift des § 1 Abs. 6 HWG bestimmt, dass beim elektronischen Handel mit Arzneimitteln das Bestellformular und die dort aufgeführten Angaben vom Anwendungsbereich des HWG ausgenommen sind, soweit diese für die ordnungsgemäße Bestellung **notwendig** sind.[830] Diese Ausnahme ist eine Folgeänderung im Zusammenhang mit der Ermöglichung des elektronischen Handels mit Arzneimitteln und stellt sicher, dass die Angaben des Bestellformulars von den Vorschriften dieses Gesetzes unberührt bleiben, soweit diese unbedingt für eine ordnungsgemäße Bestellung auch im Sinne des Verbraucherinteresses und -schutzes notwendig sind. Darüber hinausgehende – nicht notwendige – Angaben unterliegen den Bestimmungen des HWG.[831] In diesem Sinne entfällt die Privilegierung des § 1 Abs. 6 HWG, wenn ein Online-Bestell- 441

---

825 → Rn 523.

826 *Bülow/Ring* HWG § 1 Rn 4; *Erbs/Kohlhaas* HWG § 1 Rn 20.

827 *Gröning* HWG § 1 Rn 334.

828 *Bülow/Ring* HWG § 1 Rn 118; *Gröning* HWG § 1 Rn 336.

829 So Begr. RegE BT-Drucks. 15/1525 S. 164 (GKV-ModernisierungsG vom 14. 11. 2003). S. auch *Sander* PharmR 2006, 44, 45.

830 BGH GRUR 2008, 275, 277 Rn 32 – Versandhandel mit Arzneimitteln.

831 So Begr. RegE BT-Drucks. 15/1525 S. 164 (GKV-ModernisierungsG vom 14. 11. 2003).

formular für Arzneimittel Werbeaussagen enthält, die für eine ordnungsgemäße Bestellung nicht notwendig sind.[832]

IV. Werbebeschränkungen und -verbote des HWG

442 Die für Heilmittel geltenden Werbebeschränkungen und -verbote sind in **§ 3 bis § 12 HWG** geregelt. Bei den einzelnen Vorschriften muss darauf geachtet werden, ob bzw. inwieweit diese auf die verschiedenen Heilmittel Anwendung findet. Auf die **Publikumswerbung** beschränkte Bestimmungen sind in § 10 bis § 12 HWG normiert.

1. Irreführungsverbot, § 3 HWG

443 Das in § 3 HWG verankerte Irreführungsverbot gilt für **alle Heilmittel** und zwar sowohl innerhalb der Fachwerbung als auch der Publikumswerbung. Eine entsprechende Regelung findet sich in Art. 87 Abs. 2 und 3 RL 2001/83/EG, so dass Arzneimittelwerbung auch nach dem Gemeinschaftsrecht nicht irreführend sein darf. Entsprechend der Bestimmung in Art. 87 Abs. 3 2. Spiegelstrich RL 2001/83/EG erklärt § 3 S. 1 HWG, dass eine irreführende Werbung für Heilmittel unzulässig ist. Diese für allgemeine Irreführungsverbote typische Generalklausel wird durch die in § 3 S. 2 HWG geregelten Einzeltatbestände ergänzt und konkretisiert, um einen Maßstab für die Auslegung bzw. Irreführungsprüfung zu setzen. Die Aufzählung der Beispielstatbestände in S. 2 ist nicht abschließend und diese stellen insbesondere keine abstrakten Gefährdungsdelikte dar.[833]

444 **a) Allgemeine Irreführungsprüfung. aa) Irreführungsbegriff.** Weder im HWG noch im Gemeinschaftskodex für Humanarzneimittel 2001/83/EG gibt es eine (spezielle) Definition für den Begriff „Irreführung". Der Irreführungsprüfung nach § 3 S. 1 HWG liegt vielmehr ein **einheitlicher Irreführungsbegriff** zu Grunde, der sich sowohl in anderen spezialgesetzlichen Irreführungsverboten (zB § 11 Abs. 1 LFGB) als auch im Allgemeinen wettbewerbsrechtlichen Irreführungsverbot gemäß § 5 UWG wieder findet.[834] In Art. 2 lit. b der RL über irreführende und vergleichende Werbung 2006/114/EG wird irreführende Werbung als „jede Werbung, die in irgendeiner Weise – einschließlich ihrer Aufmachung – die Personen, an die sie sich richtet oder die von ihr erreicht werden, täuscht oder zu täuschen geeignet ist und die in Folge der ihr innewohnenden Täuschung ihr wirtschaftliches Verhalten beeinflussen kann oder aus diesen Gründen einen Mitbewerber schädigt oder zu schädigen geeignet ist", bestimmt.[835] Diese Begriffsbestimmung deckt sich mit dem in Deutschland herrschenden und in erster Linie durch die Rechtsprechung geprägten Verständnis über die Irreführung.[836] Eine Angabe ist demnach irreführend, wenn sie eine Divergenz zwischen der Vorstellung des Werbeadressaten und der Wirklichkeit zur Folge hat.[837]

445 **bb) Verkehrsauffassung.** Für die Frage, ob ein Fall der Irreführung nach § 3 HWG vorliegt, ist es von maßgeblicher Bedeutung, auf welche Verkehrsauffassung abzustellen ist. Das Ergebnis der Irreführungsprüfung kann demgemäß unterschiedlich ausfallen, abhängig davon, ob sich die betreffende Werbung an Verbraucher oder an Fachkreise (§ 2 HWG) richtet.[838] Besondere Bedeutung kommt deshalb in der Praxis insbesondere dem sog. **Ver-**

---

832 OLG Naumburg MMR 2006, 467 – Pflichtangaben auf Bestellformular einer Internetapotheke.

833 *Doepner* HWG § 3 Rn 8; *Gröning* HWG Vor § 3 Rn 9; aA *Bülow/Ring* HWG § 3 Rn 2 und 25.

834 *Bülow/Ring* HWG § 3 Rn 4; *Doepner* HWG § 3 Rn 19; → § 5 Rn 203 ff.

835 Art. 2 lit. b der RL über irreführende und vergleichende Werbung 2006/114/EG vom 12. 12. 2006, ABl. EU Nr. L 376 vom 27. 12. 2006, S. 21.

836 BGH GRUR 2002, 273 – Eusovit; OLG Hamburg MD 2003, 884; OLG Hamburg MD 2003, 457; OLG Hamburg MD 2002, 170; OLG Hamburg GRUR-RR 2002, 365; *Gröning* HWG Vor § 3 Rn 5 ff.

837 Hierzu ausführlicher *Bülow/Ring* HWG § 3 Rn 5 ff; *Doepner* HWG § 3 Rn 50.

838 OLG Hamburg NJOZ 2007, 5153, 5157 – Werbung mit Zulassungsstudien: „Erkenntnishorizont eines durchschnittlich informierten und durchschnittlich verständigen Herztransplantations-Spezialisten". S. auch OLG Oldenburg GRUR-RR 2006, 243, 244 – IgG-Antikörpertest.

braucherleitbild zu. Nach ständiger Rechtsprechung des EuGH und auch des BGH ist bei der Irreführungsprüfung auf die mutmaßliche Erwartung eines durchschnittlich informierten, aufmerksamen und verständigen Durchschnittsverbrauchers abzustellen.[839] Der BGH geht dabei von dem Leitbild des durchschnittlich informierten und verständigen Verbrauchers aus, der das fragliche Werbeverhalten mit einer der Situation angemessenen Aufmerksamkeit verfolgt.[840] Demgemäß ist in § 3 Abs. 2 S. 2 UWG bestimmt, dass auf den **durchschnittlichen Verbraucher** oder, wenn sich die geschäftliche Handlung an eine bestimmte Gruppe von Verbrauchern wendet, auf ein durchschnittliches Mitglied dieser Gruppe abzustellen ist („der aus Fachkreisen gebildete Durchschnittsverbraucher“[841]).

Dieses Leitbild von einem mündigen Verbraucher gilt grundsätzlich auch für den Bereich der Heilmittelwerbung.[842] Eine pauschale Herabsetzung dieses Beurteilungsmaßstabs und eine Abstellung auf den flüchtigen Verbraucher im Heilmittelwerberecht ist nicht gerechtfertigt. Der im Zusammenhang mit der Werbung für Heilmittel bestehende Gesundheits- bzw. Krankheitsbezug kann im Einzelfall zwar dazu führen, dass – im Vergleich zum allgemeinen Wettbewerbsrecht – ein **strengerer Prüfungsmaßstab** anzuwenden ist (sog. Strengeprinzip).[843] Jedoch ist die Ansicht abzulehnen, dass Werbeaussagen, die die Heilung oder Linderung von Krankheiten versprechen, von den Werbeadressaten unreflektiert geglaubt werden wollen, so dass im Heilmittelwerbebereich der Grad des Urteilsvermögens (generell) als gering einzustufen sei (→ § 5 Rn 320).[844] Eine solche Auffassung ist nicht nur mit dem europäischen Verbraucherleitbild unvereinbar, sondern unterschätzt auch die Informationsmöglichkeiten und den Kenntnisstand der Durchschnittsverbraucher im Hinblick auf Gesundheitsthemen.[845] Im Übrigen ist ein gesondertes Verbraucherleitbild für das Heilmittelwerberecht zur Wahrung des Schutzzwecks des HWG nicht erforderlich, da sowohl der flüchtige als auch der mündige Verbraucher insbesondere durch die Vorschrift des § 3 S. 2 Nr. 1 HWG hinreichend vor falschen Versprechungen geschützt wird. 446

cc) Gesamteindruck. Maßgeblich für die Irreführungsprüfung ist der Gesamteindruck, den eine Werbung auf die angesprochenen Verkehrskreise macht.[846] So bleibt es zB jedem Menschen frei, „an irgendwelche Heilungsmechanismen zu glauben“. Es kann durchaus ein anzuerkennendes Bedürfnis bestehen, auch solche Produkte, deren Wirksamkeit (noch) nicht hinreichend gesichert ist und die sich in der Medizin (noch) nicht allgemein durchgesetzt haben, auf dem maßgebenden Markt bekannt zu machen. Im Einzelfall kann es deshalb an einer Irreführung fehlen, wenn aus der Werbemaßnahme insgesamt hinreichend deutlich hervorgeht, dass es um einen Fall der „alternativen Medizin“ geht, oder wenn ein „Warnhinweis auf prähistorische Methoden“ gegeben ist.[847] Es muss aber jedenfalls für den Werbeadressaten **hinreichend erkennbar** sein, dass das angebotene und beworbene Produkt nicht zum in der Medizin allgemein anerkannten Standard gehört und in seiner 447

---

[839] EuGH GRUR Int. 1998, 795, 797 – Gut Springenheide; EuGH GRUR Int. 1999, 345, 348 – Sektkellerei Kessler; EuGH GRUR Int. 2000, 354, 356 – Lifting-Creme; EuGH GRUR Int. 2000, 756, 757 – d'arbo naturrein; BGH GRUR 2000, 619, 621 – Orientteppichmuster. S. auch *Fezer* WRP 1995, 671; *Meyer* WRP 1993, 215; → § 2 I Rn 31 ff.

[840] Beispielhaft BGH GRUR 2002, 160, 162 – Warsteiner III; BGH GRUR 2000, 619, 621 – Orientteppichmuster: „situationsadäquate Aufmerksamkeit“; → Rn 165.

[841] OLG Hamburg MD 2007, 1092, 1095 – Neue Arzneimittel.

[842] BGH LRE 52, 302, 304 = WRP 2005, 1519 – Ginseng-Präparat; OLG Hamburg NJOZ 2007, 5153, 5157 – Werbung mit Zulassungsstudien; OLG Hamburg MD 2003, 884, 886.

[843] BGH GRUR 2006, 949, 951 – Kunden werben Kunden; OLG Hamburg BeckRS 2007, 5376 – Monatstablette; OLG Oldenburg GRUR-RR 2006, 243, 245 – IgG-Antikörpertest; OLG München PharmR 2005, 181, 185 – Gelomyrtol.

[844] So aber *Köhler/Piper* UWG aF § 3 Rn 129. Ähnlich *Doepner* HWG § 3 Rn 22.

[845] AA *Doepner* HWG § 3 Rn 22 und 27. S. zum Markenrecht BGH GRUR 1995, 50, 53 – Indorektal/Indohexal: „gesteigerte Aufmerksamkeit“; BPatG GRUR 2001, 61; *Fezer* MarkenG § 14 Rn 155; *Ströbele/Hacker* MarkenG § 9 Rn 168.

[846] OLG Hamburg NJOZ 2007, 5162 – Schnupfenmittel.

[847] In diesem Sinne LG Würzburg MD 2006, 1327, 1329 – Colon-Hydro-Therapie: „einer vom Ebers Papyrus aus Ägypten im 14. Jahrhundert vor Christus empfohlenen Behandlungsmethode“.

Wirksamkeit noch nicht hinreichend gesichert und anerkannt ist. Dies ist erforderlich, um bei dem Adressaten keine Fehlvorstellungen über Wirkungen und Wirksamkeit des Produkts hervorzurufen.[848] Es genügt aber nicht, etwa zu behaupten, die Werbung weise lediglich auf den unberechtigten (Aber-)Glauben eines fremden Volkes über die Wirkung des Präparates hin, wenn dieses Verständnis dem verständigen Verbraucher fern liegt.[849]

448 Aber auch wenn – aufgrund einzelner Angaben – eine Irreführungsgefahr an sich gegeben ist, kann diese im Einzelfall durch **klarstellende Zusätze** bzw. **aufklärende Hinweise** behoben werden. Jedoch gilt hier entsprechend, dass eine Irreführung zB aufgrund einer plakativ gehaltenen Schlagzeile, die vom Durchschnittsverbraucher nach der Lebenserfahrung generalisierend und als wissenschaftlich gesichert verstanden wird, nicht durch einen Sternchen-Hinweis korrigiert werden kann, wenn die Sternchen-Auflösung nicht hinreichend deutlich ist.[850]

449 Die Grenzen der Irreführung können in **marktschreierischen Übertreibungen** gesehen werden, wenn diese vom Publikum als solche erkannt und dementsprechend nicht ernst genommen werden. Im Vergleich zum allgemeinen Wettbewerbsrecht sind zwar im Heilmittelwerberecht strengere Maßstäbe bei der Bewertung solcher Übertreibungen anzusetzen. Jedoch scheidet auch bei einer Werbung für Heilmittel die Annahme einer Irreführung aus, wenn es sich um offensichtlich marktschreierische Übertreibungen handelt, die allenfalls von ungewöhnlich leichtgläubigen oder einfältigen Personen nicht als solche erkannt werden.[851]

450 **dd) Darlegungs- und Beweislast.** Der im Schutz der Gesundheit des einzelnen Verbrauchers und der Gesundheitsinteressen der Allgemeinheit liegende Zweck des HWG hat **keine allgemeine Umkehr** der Darlegungs- und Beweislast zu Lasten des Werbenden zur Folge. Es gilt deshalb auch im Heilmittelwerberecht der Grundsatz, dass den Kläger die Darlegungs- und Beweislast für die Unrichtigkeit der von ihm angegriffenen Werbeaussage trifft.[852] Die Rechtsprechung bedient sich aber den Grundsätzen der **abgestuften** Darlegungs- und Beweislast im Heilmittelwerberecht.[853] Im Wettbewerbsprozess im Bereich der Heilmittelwerbung greift demnach eine Beweiserleichterung bzw. eine (nachgelagerte) Umkehr der Beweislast für den Fall, dass der Werbende sich ungeprüfter oder ungesicherter, insbesondere fachlich umstrittener Werbebehauptungen unter Nichterwähnung der Gegenmeinung bedient.[854] Trägt der Kläger, dem zunächst die Beweislast obliegt, das Fehlen einer wissenschaftlichen Grundlage einer gesundheitsbezogenen Werbeaussage **substantiiert** vor, so ist es die Aufgabe des Beklagten, die wissenschaftliche Absicherung seiner Werbeangabe zu beweisen. Aber nur wenn der Kläger seiner Pflicht zur Substantiierung und des Nachweises wissenschaftlicher Zweifel an der angegriffenen Werbebehauptung nachgekommen ist, kann dieser sich auf die Beweiserleichterung berufen. Zur Substantiierung des klägerischen Vorbringens genügt beispielsweise die Vorlage einer substanzbezogenen Monographie im Sinne des § 25 Abs. 7 AMG, wenn diese die umstrittenen Wirkungen nicht abdeckt.[855] Bei Kombinationspräparaten muss insoweit beachtet werden, dass die Beweiserleichterung nicht schon dann eintreten kann, wenn beispielsweise vom Kläger

---

[848] OLG Oldenburg GRUR-RR 2006, 243, 245 – IgG-Antikörpertest.

[849] BGH LRE 52, 302, 304 = WRP 2005, 1519, 1520 – Ginseng-Präparat.

[850] OLG Hamburg MD 2007, 1189, 1194 – Überlebensvorteil in der Adjuvans s. S. a. BGH MD 2009, 231, 235 – Fußpilz. Zur „Blickfangwerbung" in der Lebensmittelwerbung auch → Rn 173.

[851] *Erbs/Kohlhass* HWG § 3 Rn 6; *Gröning* HWG Vor § 3 Rn 6. Zurückhaltender *Doepner* HWG § 3 Rn 57 f.

[852] *Bülow/Ring* HWG § 3 Rn 38; *Doepner* HWG § 3 Rn 34; → § 2 Rn 204 ff.

[853] OLG Hamburg MD 2008, 792, 798 – aktueller Standard; OLG Frankfurt MD 2006, 1179 – MBST-KernspinResonanzTherapie.

[854] BGH GRUR 1991, 848, 849 – Rheumalind II; BGH GRUR 1971, 153, 155 – Tampax; OLG Hamburg GRUR-RR 2004, 88, 89 – Chitosan; OLG Hamburg NJOZ 2003, 2783, 2784 – Gleiche Verträglichkeit; OLG Frankfurt GRUR-RR 2003, 295, 296 – Roter Ginseng; OLG Hamburg GRUR-RR 2002, 173, 175 – pur; OLG Köln GRUR 2000, 154, 156.

[855] OLG Frankfurt GRUR-RR 2003, 295, 296 – Roter Ginseng; OLG Hamburg LRE 43, 272, 276; *Gröning* HWG § 3 Rn 19.

eine Monographie vorgelegt wird, die sich nur auf einen der enthaltenen Stoffe bezieht.[856] Im Heilmittelwerberecht gibt es demnach zwar Besonderheiten im Hinblick auf die Irreführung, die vollständige Umkehr der Beweislast gehört aber nicht dazu.[857]

b) Irreführung durch nicht vorhandene therapeutische Wirksamkeit oder Wirkungen, § 3 S. 2 Nr. 1 HWG. aa) Wissenschaftliche Absicherung. Die meisten wettbewerbsrechtlich von der Rechtsprechung unter Rückgriff auf eine Beweislastumkehr oder Beweiserleichterung zu Lasten des Werbenden entschiedenen Fälle können rein materiellrechtlich ohne Rückgriff auf Beweislastregeln nach § 3 S. 2 Nr. 1 HWG entschieden werden. Ein Werbender, der sich einer **fachlich umstrittenen** Wirksamkeits- bzw. Wirkungsbehauptung bedient, sich also eine der in der Fachwelt vertretenen Meinungen zu eigen macht, ohne einen ernst zu nehmenden Meinungsstreit in der Werbung zu erwähnen, führt das Publikum über die fehlende wissenschaftliche Absicherung in die Irre.[858] Schon aufgrund der Tatsache, dass die wechselseitig angeführten Veröffentlichungen offenbar zu unterschiedlichen Ergebnissen kommen, kann keine wissenschaftlich gesicherte Wirksamkeit angenommen werden.[859] Eine Werbung ist nach § 3 S. 2 Nr. 1 HWG unzulässig, wenn dem beworbenen Heilmittel eine therapeutische Wirksamkeit oder Wirkung beigelegt wird, die es nicht hat.[860] Es darf deshalb nur mit solchen Wirkungen im weiteren Sinne geworben werden, die entweder durch **Erkenntnisse der Wissenschaft** oder durch **praktische Erfahrungen** gerechtfertigt sind.[861] 451

Als **wissenschaftliche Erkenntnisse** werden dabei nicht nur solche der Schulmedizin angesehen, sondern es kommen Erkenntnisse aller wissenschaftlichen Fachrichtungen in Betracht, sofern sich aus ihnen für die Bedeutung der Werbebehauptung relevante Folgerungen ziehen lassen. Eine absolute wissenschaftliche Gewissheit, die es ohnehin regelmäßig nicht geben kann, ist zwar nicht erforderlich, jedoch ist es andererseits in der Regel nicht ausreichend, wenn die Werbeaussage mit einer umstrittenen Einzelmeinung, insbesondere eines Außenseiters, begründet wird. Eine Werbebehauptung kann dann dem Stand gesicherter wissenschaftlicher Erkenntnis nicht entsprechen, wenn diese durch die in der entsprechenden Fachrichtung tätigen Wissenschaftler nicht entsprechend beurteilt wird oder wenn die überwiegende Mehrheit der Wissenschaftler die Erfolgsaussichten als ausgeschlossen oder jedenfalls als gering ansieht.[862] Jedenfalls darf der Werbende eine Außenseitermeinung nicht so darstellen, dass sie vom Publikum als allgemein anerkannte Auffassung wahrgenommen werden kann.[863] 452

Im Heilmittelwerberecht kann – im Gegensatz zu den Irreführungsverboten für Lebensmittel nach § 11 Abs. 1 Nr. 2 LFGB und für kosmetische Mittel nach § 27 Abs. 1 Nr. 1 LFGB – eine Wirkungsbehauptung auch durch **praktische Erfahrungen** belegt werden. In welchem Umfang praktische Erfahrungen vorliegen müssen, damit eine Wirkaussage als hinreichend erhärtet angesehen werden kann, lässt sich schwer abstrakt bestimmen. Es müssen jedenfalls Erfahrungen vorliegen, wonach die beworbene Wirkung bei einem größeren Personenkreis und über einen gewissen Zeitraum eingetreten ist. Dies bedeutet, dass es sich vor allem um statistisch aufbereitetes Erfahrungsmaterial oder um klini- 453

---

[856] *Doepner* HWG § 3 Rn 34.

[857] OLG Hamburg NJOZ 2003, 2783, 2784– Gleiche Verträglichkeit.

[858] BGH GRUR 2002, 273, 274 – Eusovit; OLG Hamm GRUR-RR 2009, 186 – Heilstollen; OLG Celle PharmR 2009, 32, 34; OLG Frankfurt MD 2006, 1179 – MBST-KernspinResonanz Therapie; OLG Frankfurt MD 2004, 758; OLG Naumburg MD 2004, 807, 812; OLG Koblenz MD 2004, 332, 335; OLG Frankfurt GRUR-RR 2003, 295; OLG Hamburg MD 2002, 164, 166; OLG Köln GRUR-RR 2002, 175; OLG Köln GRUR 2000, 154, 155; LG Düsseldorf MD 2006, 1242, 1244; LG Darmstadt MD 2003, 908, 911.

[859] LG Frankfurt/M MD 2006, 1312, 1314.

[860] BGH LRE 52, 302, 304 = WRP 2005, 1519, 1520 – Ginseng-Präparat; OLG Hamburg MD 2008, 66 – Lippenherpescreme.

[861] *Bülow/Ring* HWG § 3 Rn 36f; *Gröning* HWG § 3 Rn 12.

[862] OLG Saarbrücken BeckRS 2006, 6572 – Schwingungstherapeut.

[863] *Doepner* HWG § 3 Rn 72; *Erbs/Kohlhaas* HWG § 3 Rn 12.

sche Erprobung als qualifizierte Form der praktischen Erfahrung handeln muss, da nur nach wissenschaftlichen Methoden aufbereitetes Erfahrungsmaterial geeignet ist.[864] Einzelne Erfahrungen können deshalb auch bei offenbarem Erfolg nicht genügen. Außerdem dürfen die praktischen Erfahrungen nicht im Widerspruch zu gesicherten wissenschaftlichen Erkenntnissen stehen, da Letzteren ein Vorrang zukommt.[865] Die Möglichkeit des Nachweises durch praktischen Erfahrungen scheidet schließlich von vornherein aus, wenn aufgrund der Absolutheit der angegriffenen Werbung, der Leser nur annehmen kann, dass der Werbende für sein Produkt in Anspruch nimmt, dessen Wirksamkeit sei wissenschaftlich nachgewiesen, nicht nur durch Erfahrungsberichte nahe gelegt.[866]

454 Die Annahme einer irreführenden Werbung kann auch darauf beruhen, dass diese auf **Studien** gestützt wird, **die sie nicht tragen.** Dann liegt die Irreführung nicht darin, dass die Aussage falsch ist, sondern dass sie jeder Grundlage entbehrt, während der Verkehr annimmt, niemand werde ohne qualifizierte Grundlage eine derartige Behauptung aufstellen. Das gilt, wenn die in Bezug genommenen Studien als Erkenntnisquellen nicht in Betracht kommen, weil die aus ihr gezogenen Schlüsse unvertretbar sind. Allerdings genügen bloße Zweifel, die der jeweilige Kläger selbst an der Richtigkeit der aus den Studien gezogenen Schlüsse äußert, noch nicht, um der klägerischen Pflicht zur Substantiierung nachzukommen[867] und damit die Werbeaussage als irreführend zu bewerten.[868]

455 **bb) Zulassungsbescheid.** Im Hinblick auf **zulassungspflichtige Arzneimittel** wird der Wirknachweis regelmäßig durch die Arzneimittelzulassung geführt werden können, jedoch nur insoweit wie der Zulassungsbescheid reicht, da anderenfalls ein Fall von § 3a HWG gegeben sein kann.[869] Etwas anderes gilt für **Medizinprodukte,** da es insoweit an einem mit dem für Arzneimittel geltenden Zulassungsverfahren vergleichbaren Kontrollverfahren fehlt. Das für Medizinprodukte geltende Konformitätsbewertungsverfahren nach dem MPG beschränkt sich regelmäßig – in Abhängigkeit von der jeweiligen Klassifizierung des Medizinprodukts – auf eine bloße Sicherheitsbewertung bzw. Überprüfung der Anforderungen des Qualitätssicherungssystems, ohne dass eine konkrete Wirksamkeitsprüfung erfolgt.[870] Das Konformitätsbewertungsverfahren ist demnach in der Regel nicht als Wirknachweis geeignet.

456 **cc) Vorbeugende Wirkung.** Soweit sich die Werbung auf eine vorbeugende Wirkung des Heilmittels beschränkt, kommt eine irreführende Werbung nach § 3 S. 2 Nr. 1 HWG nur insoweit in Betracht, als es sich um ein **Arzneimittel** oder ein **Medizinprodukt** handelt.[871] Nach § 1 Abs. 1 Nr. 2 und Abs. 2 HWG sind insbesondere kosmetische Mittel nicht von § 3 S. 2 Nr. 1 HWG erfasst, soweit sich die Werbeaussage auf die Verhütung bzw. Vorbeugung bezieht,[872] jedoch muss in einem solchen Fall § 27 Abs. 1 S. 2 Nr. 1 LFGB berücksichtigt werden.[873]

457 **dd) Indikations- und wirkstoffbezogene Angaben.** Im Bereich der indikationsbezogenen Angaben sind als Beispiele für irreführende Werbung im Sinne des § 3 S. 2 Nr. 1 HWG zum einen **pauschale Wirkungsangaben** (sog. Globalindikationen) und zum anderen die Präsentation als **Allheilmittel** bzw. Wundermittel anzuführen, wobei Letzteres auch als Fall von § 3 S. 2 Nr. 2 lit. a HWG angesehen wird.[874] Die Anpreisung eines Heilmittels als Allheilmittel oder die Bewerbung mit der Behauptung, dass ein Erfolg bei zahlreichen

---

864 LG Düsseldorf BeckRS 2007, 13155 – Alepp Naturkosmetik.
865 *Erbs/Kohlhaas* HWG § 3 Rn 11; *Gröning* HWG § 3 Rn 16.
866 OLG Frankfurt MD 2008, 638, 639 – Ohrkerzen.
867 → Rn 229.
868 OLG Hamburg GRUR-RR 2004, 88, 89; OLG Hamburg NJOZ 2003, 2783, 2784.
869 → Rn 471 ff.
870 OLG Frankfurt LMRR 2004, 45 – Lipidbinder; OLG München MD 2001, 887 – zur Behandlung des Übergewichts; LG Frankfurt/M MD 2007, 413, 416 – Ohrkerzen.
871 *Bülow/Ring* HWG § 3 Rn 42; *Doepner* HWG § 3 Rn 66.
872 → Rn 435.
873 → Rn 601. S. a. LG Berlin MD 2009, 285, 289.
874 *Bülow/Ring* HWG § 3 Rn 45; *Gröning* HWG § 3 Rn 23f.

verschiedenartigen Krankheiten erreicht werden könne, kann regelmäßig als irreführend beurteilt werden, ohne dass es einer Prüfung des Wahrheitsgehalts der Wirkbehauptung bezüglich jeder einzelnen Krankheit bedarf.[875] Demgemäß kann auch die werbliche Verwendung von Globalindikationen, Oberbegriffen und sonstigen pauschalen Indikationsangaben als irreführend angesehen werden, wenn dadurch beim Publikum der fälschliche Eindruck entsteht, dass das beworbene Heilmittel indikationsbezogen umfassender wirke als tatsächlich faktenmäßig hinreichend abgesichert.[876] Die Annahme einer Irreführung scheidet aber insbesondere dann aus, wenn die Grenze zur offensichtlich reklamehaften Übertreibung überschritten wurde.[877]

Auch wirkstoffbezogene Angaben können § 3 S. 2 Nr. 1 HWG verletzen, da eine **Vielzahl von Wirkstoffen** die Wirksamkeit des Heilmittels nicht (immer) verbessert. Bei der werblichen Hervorhebung der Zahl von Wirkstoffen ist deshalb zu beachten, dass es sich bei diesen Substanzen um indikationsbezogene handeln muss, d. h. die jeweilige Substanz muss in Bezug auf die beworbenen Anwendungsgebiete eine eigene Wirkung entfalten.[878] Schließlich können auch **Angaben über die Wirkungsweise** zu den Anwendungsfällen des § 3 S. 2 Nr. 1 HWG zählen. Dabei ist eine Irreführung über die Art der Wirkung, deren Umfang und Stärke sowie über die Schnelligkeit und Dauer der Wirkung denkbar.[879] Es kann aber nicht davon ausgegangen werden, dass die angesprochenen Verkehrskreise im Hinblick auf die Bezeichnung eines Arzneimittels auf Grund der Verwendung des Zusatzes „forte" davon ausgehen, dass dem Präparat eine stärkere Wirksamkeit zukomme.[880] 458

c) Irreführung durch fälschliche Erfolgsversprechen, § 3 S. 2 Nr. 2 lit. a HWG. 459
Im Gegensatz zur Werbung mit Wirkangaben im Sinne des § 3 S. 2 Nr. 1 HWG, die über die Reichweite der Anwendungsmöglichkeiten täuscht, drängt die Werbung mit Erfolgsversprechen im Sinne des § 3 S. 2 Nr. 2 lit. a HWG dem Werbeadressaten die Annahme auf, er könne die angegebenen **Erfolge mit Sicherheit erwarten.**[881] Eine irreführende Werbung liegt demnach vor, wenn fälschlich der Eindruck erweckt wird, dass ein Erfolg mit Sicherheit erwartet werden kann, wobei aber die Worte „mit Sicherheit" in der Werbeaussage nicht enthalten zu sein brauchen.[882] Es ist auch keine Irreführungsabsicht des Werbenden erforderlich, da es auf die subjektive Wirkung der Werbeangabe auf die mit der Werbung angesprochenen Verkehrskreise ankommt. Deshalb ist auch hier von Bedeutung, wie die Werbung **als Ganzes** wirkt.[883]

In den Anwendungsbereich des § 3 S. 2 Nr. 2 lit. a HWG fallen insbesondere **Garantieversprechen** (auch mittelbare, wie zB „Geld-zurück-Garantie") und regelmäßig auch die Bezeichnung als **Allheilmittel,**[884] wobei in letzterem Fall die Annahme eines Erfolgsversprechens damit begründet wird, dass die Werbung die Adressaten in Sicherheit wiegen soll.[885] Die von der Rechtsprechung bei der Prüfung eines Erfolgversprechens angesetzten Maßstäbe müssen aber regelmäßig **kritisch** beurteilt werden. Insbesondere für bereits mehrere Jahre zurückliegende Gerichtsentscheidungen gilt oftmals, dass diese bei aktueller Beurteilung und insbesondere bei Heranziehung des Leitbildes des mündigen Verbrauchers 460

---

875 BGH GRUR 1998, 498, 500 – Fachliche Empfehlung III; *Doepner* HWG § 3 Rn 75 mwN.
876 *Doepner* HWG § 3 Rn 76 mwN; *Gröning* HWG § 3 Rn 23.
877 OLG München NJWE-WettbR 1999, 254 zu § 17 Abs. 1 Nr. 5 LMBG: „Das Geheimnis für ein besseres, ausgefüllteres und aktives Leben". S. auch mwN *Bülow/Ring* HWG § 3 Rn 45.
878 *Bülow/Ring* HWG § 3 Rn 46; *Doepner* HWG § 3 Rn 77.
879 *Bülow/Ring* HWG § 3 Rn 47 f; *Doepner* HWG § 3 Rn 78 ff mwN.
880 OLG Hamburg GRUR-RR 2008, 100, 101 – Allerslit forte.
881 *Gröning* HWG § 3 Rn 27; *Zipfel/Rathke* HWG § 3 Rn 18.
882 BGH GRUR 2001, 181, 183 – dentalästhetica I; BGH GRUR 1984, 292, 293 – THX-Injektionen; OLG Köln GRUR-RR 2009, 189 – Tote Kopfläuse; OLG Köln GRUR 2000, 156, 157; OLG Hamburg GRUR 1999, 97; OLG Hamburg GRUR 1999, 83; OLG München MD 1996, 327, 329; LG Hamburg MD 2003, 105, 107.
883 OLG Hamburg MD 2002, 164, 166; *Bülow/Ring* HWG § 3 Rn 51; *Erbs/Kohlhaas* HWG § 3 Rn 18.
884 → Rn 457.
885 *Doepner* HWG § 3 Rn 87; *Gröning* HWG § 3 Rn 31.

nicht mehr begründet erscheinen.[886] Die bloße Werbung mit Indikationsangaben oder mit Wirkumschreibungen genügt in der Regel nicht, um ein Erfolgsversprechen annehmen zu können. Entsprechendes gilt für Werbeangaben, die einen allgemeinen, relativ unverbindlichen Aussagegehalt haben. Die Neigung der Instanzgerichte zur verbotsorientierten **Überinterpretation** von Werbeaussagen ist deshalb abzulehnen.[887] So ist es etwa anerkannt, dass in der Arzneimittelwerbung Ausdrücke wie „stoppt", „befreit schnell" oder „wirkt sofort" dann zulässig sind, wenn bei normaler Anwendung bzw. im Normalfall (zB leichte und mittlere Schmerzen) die angekündigte Wirkung tatsächlich schnell, sofort oder eindeutig eintritt. In diesem Sinne ist bei einer Werbung für ein Kopfschmerzmittel die Angabe „schaltet den Schmerz ab" nicht irreführend, da der Verkehr diese Aussage nicht auf jeden Schmerz bezieht.[888]

461 **d) Irreführung über schädliche Wirkungen, § 3 S. 2 Nr. 2 lit. b HWG.** Nach § 3 S. 2 Nr. 2 lit. b HWG ist eine Irreführung anzunehmen, wenn fälschlich der Eindruck erweckt wird, dass bei bestimmungsgemäßem oder längerem Gebrauch keine schädlichen Wirkungen eintreten (vgl. Art. 90 lit. b RL 2001/83/EG[889]). Zu den „schädlichen Wirkungen" zählen dabei insbesondere die **Nebenwirkungen** im Sinne des § 4 Abs. 13 AMG sowie Folgen von **Gegenanzeigen** (Kontraindikationen).[890] Verboten ist das Erwecken des Anscheins, tatsächlich auftretende schädliche Wirkungen seien nicht vorhanden. Eine solche Irreführung kann durch einen ausdrücklichen oder konkludenten Hinweis auf das angebliche Fehlen schädlicher Wirkungen erfolgen. Denkbar ist auch eine Irreführung durch **Unterlassen,** wenn beispielsweise das Vorhandensein von Nebenwirkungen verschwiegen wird, wobei aber die Besonderheiten des Einzelfalles zu berücksichtigen sind.[891]

462 Die Gefahr von Überinterpretationen durch die Rechtsprechung ist auch bei dieser Fallgruppe des § 3 HWG gegeben. Bei Zugrundelegung **wirklichkeitsgerechter Beurteilungskategorien** kann beispielsweise die Werbung „gut verträglich" für ein Kopfschmerzmittel, bei dessen Einnahme von 2000 bis 5000 Tabletten Nierenschäden die Folge sein können, nicht als Irreführung über schädliche Wirkungen im Sinne des § 3 S. 2 Nr. 2 lit. b HWG angesehen werden.[892] Als irreführend kann dagegen zum Beispiel die Werbeaussage „schont den Magen" für ein ASS-Schmerzmittel beurteilt werden, da Magenschmerzen erfahrungsgemäß zu den häufigsten Nebenwirkungen solcher Schmerzmittel zählen.[893] Nicht irreführend ist die Angaben „wirkt sehr schonend", da nicht davon ausgegangen werden kann, dass der Verkehr mit dieser Angabe eine ganz bestimmte Vorstellung verbindet. Der Durchschnittverbraucher stellt auch bei einem Arzneimittel, das „sehr schonend wirkt" in Rechnung, dass es unter bestimmten Voraussetzungen zu Nebenwirkungen kommen kann, insbesondere wenn das Arzneimittel länger oder gar dauernd gebraucht wird.[894]

463 Keinen Verstoß gegen § 3 S. 2 Nr. 2 lit. b HWG stellen Relativierungen oder Verharmlosungen von schädlichen Wirkungen dar, da insoweit nicht über das Vorhandensein bzw. Nichtvorhandensein schädlicher Wirkungen getäuscht wird. Im Falle einer irreführenden

---

[886] So zB OLG Braunschweig MD 1997, 848; s. auch *Gröning* HWG § 3 Rn 31 ff. Unkritisch dagegen *Erbs/Kohlhaas* HWG § 3 Rn 18.

[887] Eingehend hierzu *Gröning* HWG Vor § 3 Rn 12.

[888] OLG Stuttgart WRP 1990, 779, 780 – Kopfschmerzmittel. Hierzu auch OLG Bamberg MD 2007, 522 – Bauchkurs.

[889] Art. 90 lit. b RL 2001/83/EG: „Die Öffentlichkeitswerbung für ein Arzneimittel darf keine Elemente enthalten, die nahe legen, dass die Wirkung des Arzneimittels ohne Nebenwirkungen garantiert wird ...".

[890] *Doepner* HWG § 3 Rn 96: auch Wechselwirkungen; *Gröning* HWG § 3 Rn 37: keine Wechselwirkungen.

[891] *Bülow/Ring* HWG § 3 Rn 58; *Gröning* HWG § 3 Rn 41.

[892] So KG PharmR 1992, 143 in Bezug auf blickfangmäßig herausgestellte Werbung; aA KG GRUR 1989, 772. Hierzu auch *Bülow/Ring* HWG § 3 Rn 60; *Gröning* HWG § 3 Rn 40.

[893] OLG Stuttgart ES-HWG § 3/Nr. 105. S. auch *Doepner* HWG § 3 Rn 97; *Gröning* HWG § 3 Rn 40.

[894] OLG Hamburg GRUR-RR 2008, 102 = NJOZ 2007, 5162, 5167 – Schnupfenmittel: „entsprechendes gilt für das Auskommen „mit wenig Wirkstoff" und/oder für die „gute" Verträglichkeit".

Relativierung oder Verharmlosung kann allerdings ergänzend die Generalklausel des § 3 S. 1 HWG eingreifen.[895]

Eine Heilmittelwerbung mit Aussagen wie **„keine Nebenwirkungen"** oder **„keine Gegenanzeigen"** stellt nicht per se einen Verstoß gegen § 3 HWG dar, wenn gegenwärtig keine solchen Umstände bekannt sind.[896] Auf der sichereren Seite befindet sich der Werbende aber regelmäßig dann, wenn er auf seinen Kenntnisstand etwa mit einer Formulierung wie „Schädliche Wirkungen sind gegenwärtig nicht bekannt" hinweist. Insoweit muss berücksichtigt werden, dass es sich praktisch nicht mit Sicherheit ausschließen lässt, dass bei der Anwendung wirksamer Arzneimittel auch unerwünschte schädliche Wirkungen auftreten können.[897] 464

e) Tarnung von Wettbewerbshandlungen, § 3 S. 2 Nr. 2 lit. c HWG. Eine irreführende Werbung liegt nach § 3 S. 2 Nr. 2 lit. c HWG vor, wenn fälschlich der Eindruck erweckt wird, dass die Werbung nicht zu Zwecken des Wettbewerbs veranstaltet wird.[898] Nicht zum Zwecke des Wettbewerbs erfolgt eine Werbung, wenn sie aus ideellen oder uneigennützigen Beweggründen erfolgt, zB wenn Personen oder Vereinigungen aufklärend im Sinne der Volksgesundheit wirken.[899] Typische Fälle sind **redaktionell gestaltete Werbeanzeigen** oder **wissenschaftlich getarnte Werbevorträge.**[900] Maßgeblich ist dabei auch insoweit der Gesamteindruck, den das jeweilige Werbematerial bei den Adressaten erweckt. Die Einladung zu einer „Informationsveranstaltung" kann deshalb als nicht irreführend beurteilt werden, wenn sich aus dem **Gesamtzusammenhang** der Einladung eindeutig ergibt, dass es sich um eine Werbeveranstaltung handelt.[901] 465

Bei einer getarnten Werbung außerhalb der Fachkreise, die in Form einer „Veröffentlichung" erfolgt, besteht eine partielle Normkonkurrenz mit der Vorschrift des **§ 11 Abs. 1 Nr. 9 HWG,** wonach Werbung mit Veröffentlichungen verboten ist, deren Werbezweck missverständlich oder nicht deutlich erkennbar ist. Die beiden Verbote stehen in Tateinheit zueinander.[902] 466

f) Täuschung über die Zusammensetzung oder Beschaffenheit, § 3 S. 2 Nr. 3 lit. a HWG. Nach § 3 S. 2 Nr. 3 lit. a HWG ist es untersagt, unwahre oder zur Täuschung geeignete Angaben über die Zusammensetzung oder Beschaffenheit von Heilmitteln zu machen.[903] Eine Irreführung kann somit nicht nur auf falschen, sondern auch auf objektiv richtigen Angaben beruhen, wenn diese geeignet sind, bei den angesprochenen Verkehrskreisen unrichtige Vorstellungen hervorzurufen (s. auch Art. 89 Abs. 1 lit. a Alt. 2, Art. 90 lit. g RL 2001/83/EG). Im Ergebnis ist damit bei der Prüfung auf die **Eignung zur Irreführung** abzustellen.[904] Diese muss sich auf die „Zusammensetzung" oder „Beschaffenheit" des Heilmittels beziehen, wobei das Tatbestandsmerkmal „Beschaffenheit" als der weitere Oberbegriff aufzufassen ist, der die „Zusammensetzung" mitumfasst. Eine Täuschung gemäß § 3 S. 2 Nr. 3 lit. a HWG kann im Einzelfall auch durch Verschweigen angabebedürftiger Umstände erfolgen, insbesondere wenn damit eine Verunsicherung oder Desinformation des Publikums verbunden ist.[905] Andererseits weiß der Referenzverbraucher, dass jede Werbung es bezweckt, die Vorzüge des eigenen Produkts herauszustellen, um deren Absatz zu fördern. Allein aus der eigenen Anpreisung wird aber der Ver- 467

---

[895] *Doepner* HWG § 3 Rn 97.
[896] *Gröning* HWG § 3 Rn 42; kritisch *Doepner* HWG § 3 Rn 97; aA *Bülow/Ring* HWG § 3 Rn 57.
[897] *Doepner* HWG § 3 Rn 93.
[898] → § 4–3 Rn 2; s. auch Art. 89 Abs. 1 lit. a Alt. 1 RL 2001/83/EG.
[899] *Erbs/Kohlhaas* HWG § 3 Rn 24.
[900] BGH GRUR 1994, 441 – Kosmetikstudio; BGH GRUR 1994, 445 – Beipackzettel.
[901] *Doepner* HWG § 3 Rn 101.
[902] *Doepner* HWG § 3 Rn 100; *Gröning* HWG § 3 Rn 45.
[903] OLG Hamburg PharmR 2006, 276, 280 – Mann mit Kind; OLG Hamburg GRUR-RR 2002, 173 – pur.
[904] OLG Hamburg MD 2007, 336, 338 – Arzneimittelstudie; OLG Frankfurt OLGR 2005, 953 – med. Fußpflege.
[905] *Bülow/Ring* HWG § 3 Rn 70; *Doepner* HWG § 3 Rn 107.

braucher nicht schlussfolgern, diese Eigenschaften fehlten bei anderen Konkurrenzprodukten.[906]

468 Typische Anwendungsfälle dieses Irreführungstatbestandes können Heilmittelwerbungen mit der **„Natur"** sein.[907] Bei sog. Naturwerbungen kann aber angenommen werden, dass der Verkehr auch bei „natürlichen" Arzneimitteln davon ausgeht, dass diese einen pharmazeutisch-industriellen Herstellungsprozess durchlaufen haben. Es ist deshalb in solchen Fällen regelmäßig unschädlich, wenn synthetisch hergestellte **Hilfsstoffe** im Präparat enthalten sind.[908] Aus diesem Grund ist bei einer Naturwerbung pflanzlicher Arzneimittel, die aus einer Alkohollösung bestehen, grundsätzlich keine Irreführung gegeben.[909] Etwas anderes gilt selbstverständlich für den Fall, dass in der Werbung ausdrücklich hervorgehoben wird, dass sämtliche Inhaltsstoffe und damit auch die Träger- und Hilfsstoffe natürlichen Ursprungs sind. Eine Irreführung liegt außerdem dann vor, wenn mit Hinweisen auf die Natürlichkeit geworben wird, aber die **arzneilich wirksamen Bestandteile** nicht natürlich sind.[910]

469 Weitere Fälle des § 3 S. 2 Nr. 3 lit. a HWG können sog. **Neuheitenwerbungen**[911] oder Angaben über die Wirkstoffstärke (zB „extra-stark")[912] sein. Im Bereich der Bezeichnung von Arzneimitteln ist zwar davon auszugehen, dass es sich häufig so verhält, dass der Zusatz **„forte"** für ein Arzneimittel eingesetzt wird, um es von einem gleichnamigen, aber schwächer dosierten Präparat gleichen Namens abzugrenzen. Da es sich jedoch nicht ausnahmslos so verhält, kann nicht davon ausgegangen werden, dass der Verkehr aus der Bezeichnung „forte" regelmäßig auf das Vorhandensein eines schwächeren Basispräparats desselben Anbieters oder auf eine stärkere Wirksamkeit schließt.[913]

470 **g) Täuschung über die Person des Herstellers oder Erfinders, § 3 S. 2 Nr. 3 lit. b HWG.** Unwahre oder zur Täuschung geeignete Angaben über die Person, Vorbildung, Befähigung oder Erfolge des Herstellers, Erfinders oder der für sie tätigen oder tätig gewesenen Personen stellen eine irreführende Werbung im Sinne des § 3 S. 2 Nr. 3 lit. b HWG dar.[914] Solche personenbezogenen Aussagen können über die Wertschätzung des Heilmittels irreführen, da das Publikum insbesondere Werbeangaben über **Berufsbezeichnungen, Titel, akademische Grade** usw. traditionell ein besonderes Interesse entgegenbringt.[915] Die Verwendung des Professorentitels ohne aufklärenden Zusatz in der Werbung für ein Arzneimittel kann irreführend sein, wenn diesem Titel nur die Ernennung zum außerordentlichen Professor an einer ausländischen Universität zu Grunde liegt und keines der herkömmlichen Merkmale für ein deutsches Professorenamt erfüllt ist.[916] Dagegen verstößt es nicht gegen § 3 S. 2 Nr. 3 lit. b HWG, wenn mit dem Namen und dem Professorentitel einer Person, die nicht Mediziner ist, für eine von ihm entwickelte Heilbehandlung geworben wird, ohne das Gebiet seiner wissenschaftlichen Qualifikation klarzustellen.[917] Die Arzneimittelwerbung mit dem Namen des Erfinders ist auch dann nicht ohne weiteres wettbewerbswidrig, wenn dieser ein berühmter Heilpraktiker ist und das Publikum daraus auf ein besonders wirksames Präparat schließt, das Mittel in Wahrheit aber nur ein Durchschnittserzeugnis ist.[918]

---

[906] OLG Hamburg GRUR-RR 2008, 102 = NJOZ 2007, 5162, 5165 – Schnupfenmittel.
[907] *Bülow/Ring* HWG § 3 Rn 72; *Doepner* HWG § 3 Rn 105.
[908] *Gröning* HWG § 3 Rn 51; aA OLG Hamburg PharmR 1991, 281, 284.
[909] KG WRP 1989, 311; KG WRP 1989, 593; s. auch *Gröning* HWG § 3 Rn 51.
[910] OLG München MD 1998, 221.
[911] OLG Hamburg MD 2007, 1092, 1095 – Neue Arzneimittel.
[912] OLG Karlsruhe GRUR-RR 2006, 241 – Extra-Stark.
[913] OLG Hamburg GRUR-RR 2008, 100, 101 – Allerslit forte.
[914] § 27 Abs. 1 Nr. 3 lit. a LFGB, → Rn 608.
[915] *Bülow/Ring* HWG § 3 Rn 77 ff; *Gröning* HWG § 3 Rn 61 ff.
[916] BGH GRUR 1987, 839 – Professorentitel in der Arzneimittelwerbung.
[917] BGH GRUR 1995, 612, 614 – Sauerstoff-Mehrschritt-Therapie; OLG Naumburg OLGR 2004, 337 – medizinsche Fußpflege; OLG Düsseldorf GRUR 1989, 137, 138.
[918] KG GRUR 1990, 641.

2. Werbung ohne oder außerhalb der Zulassung, § 3a HWG

a) Werbung für nicht zugelassene Arzneimittel, § 3a S. 1 HWG. Eine Werbung für Arzneimittel, die der Pflicht zur Zulassung unterliegen und die nicht nach den arzneimittelrechtlichen Vorschriften zugelassen sind, ist unzulässig.[919] Dieses Werbeverbot gilt sowohl für die Publikums- als auch für die Fachwerbung und entspricht der Regelung in Art. 87 Abs. 1 RL 2001/83/EG. Es ist auf zulassungspflichtige Arzneimittel beschränkt und hat deshalb einen unmittelbaren Bezug zu den Vorschriften § 2, § 21 AMG. Hauptanwendungsbereich in der Praxis sind dementsprechend die **Abgrenzungsfälle** zwischen Arzneimittel einerseits und Lebensmittel bzw. Nahrungsergänzungsmittel[920] oder kosmetischem Mittel[921] andererseits.[922] Wird ein Produkt als Lebensmittel in Verkehr gebracht und beworben, das nach deutschem Recht als zulassungspflichtiges Arzneimittel angesehen wird, so ist neben einem Verstoß gegen § 2, § 21 AMG automatisch auch ein Fall von § 3a S. 1 HWG gegeben. Da es sich bei § 3a HWG um ein **abstraktes Gefährdungsdelikt** handelt,[923] bedarf es im Einzelfall nicht der Feststellung einer Gefährlichkeit und ein Verstoß liegt insbesondere auch dann vor, wenn im Rahmen der Werbung auf die fehlende arzneimittelrechtliche Zulassung hingewiesen wird.[924] 471

b) Werbung für nicht zugelassene Anwendungsgebiete oder Darreichungsformen, § 3a S. 2 HWG. In S. 2 des § 3a HWG ist nunmehr ausdrücklich bestimmt, was bisher schon nach der Rechtsprechung galt, nämlich dass auch die Werbung für ein zugelassenes Arzneimittel bezüglich weitergehender, vom arzneimittelrechtlichen Zulassungsstatus **nicht abgedeckter Indikationen** einen Anwendungsfall des § 3a HWG darstellt.[925] Begründet wurde diese Rechtsprechung damit, dass es im Bereich nicht zugelassener Indikationen – wie bei einem insgesamt nicht zugelassenen Arzneimittel – an der medizinisch-pharmakologischen Überprüfung durch die Zulassungsbehörde fehlt. Der Wortlaut der in der Zulassung wiedergegebenen Anwendungsgebiete (§ 22 Abs. 1 Nr. 6 AMG) bestimmt insoweit den rechtlichen Rahmen der Verkehrsfähigkeit des Arzneimittels, für nicht zugelassene Indikationen darf deshalb nicht geworben werden.[926] Demnach ist es beispielsweise unzulässig, ein Arzneimittel, das für die Anwendungsgebiete „Unterstützende Behandlung von Osteoporose, nachgewiesener Calcium- und Vitamin D3-Mangel" zugelassen ist, mit der Angabe „zur Basistherapie bei Osteoporose" zu bewerben.[927] Unter den Wortlaut von § 3a S. 2 HWG fällt auch die Frage, ob ein Arzneimittel allein oder nur in Kombination mit anderen Mitteln eingesetzt werden darf.[928] 472

Nach § 3a S. 2 HWG liegt ein Verstoß vor, wenn sich die Werbung auf nicht zugelassene Anwendungsgebiete „bezieht".[929] Dies setzt voraus, dass die Werbung als eine solche für 473

---

[919] OLG Hamburg MD 2008, 650, 659 – GT; OLG Düsseldorf MD 2006, 1166, 1168 – Carnitin-Drink; OLG Köln LRE 44, 440, 444 – Lavanid; OLG Hamburg NJOZ 2002, 1123; *Klados* WRP 2001, 1058, 1063; *Mand* WRP 2003, 192.

[920] → Rn 42.

[921] → Rn 92ff.

[922] Beispielhaft BGH BeckRS 2008, 14734 = WRP 2008, 1209 – HMB-Kapseln; BGH BeckRS 2008, 14541 = WRP 2008, 1213 – L-Carnitin II; BGH GRUR 2003, 631 – L-Glutamin; BGH GRUR 2002, 910 – Muskelaufbaupräparate; BGH GRUR 2000, 528 – L-Carnitin I. S. hierzu *Meyer* WRP 2002, 1205; *Meisterernst* GRUR 2001, 111.

[923] *Bülow/Ring* § 3a Rn 1; *Bülow* GRUR 2005, 482, 484; *Doepner* HWG § 3a Rn 8.

[924] OLG Hamburg MD 2008, 792, 800 – Aktueller Standard; s. auch *Kügel/Hesshaus* PharmR 2006, 70, 71.

[925] BGH GRUR 2008, 1014, 1016 = WRP 2008, 1335, 1337 – Amlodipin; OLG Celle PharmR 2009, 32, 34; OLG Stuttgart MD 2009, 88, 92 – Geistig fit.

[926] OLG Hamburg MD 2007, 1173, 1175 – Änderungsanzeige I; OLG Hamburg MD 2007, 1180, 1183 – Änderungsanzeige II; OLG Köln PharmR 2006, 198, 200; OLG Hamburg PharmR 2005, 506, 509; OLG Hamburg MD 2004, 505, 509ff; OLG Hamburg MD 2003, 468, 469; OLG Hamburg MD 2002, 199, 200; OLG Stuttgart PharmR 1998, 290, 292; OLG Köln NJWE-WettbR 1998, 83, 84.

[927] OLG Hamburg MD 2003, 1013, 1014.

[928] OLG Hamburg MD 2008, 792, 799 – Aktueller Standard.

[929] *Kügel/Hesshaus* PharmR 2006, 70.

ein Anwendungsgebiet verstanden wird und nicht bloß zusätzliche Wirkungen des Mittels beschrieben werden. D. h., der Referenzverbraucher muss der Werbung einen Hinweis auf die Anwendung des Mittels **(Anwendungsbezug)** und nicht nur auf dessen Wirkungen entnehmen können. Nach der Rechtsprechung beurteilt sich die Frage, inwieweit sich die Werbung auf ein Anwendungsgebiet außerhalb der Zulassung bezieht, nach den besonderen Umständen des Einzelfalles.[930] Ein werblicher Anwendungsbezug ist zB gegeben, wenn das Ergebnis einer Studie versprachlicht so dargestellt wird, dass die angesprochenen Durchschnitts-Ärzte darin eine hinreichend deutliche Empfehlung zur Anwendung entnehmen. Dagegen fehlt es am Anwendungsbezug, wenn eindeutig nur über das betreffende Studienziel referiert wird.[931]

474 Neben den Anwendungsgebieten werden in § 3a S. 2 HWG auch noch die **Darreichungsformen** ausdrücklich genannt. Auch die Darreichungsform ist nach § 22 Abs. 1 Nr. 4 AMG Teil des Zulassungsantrags, weshalb auch hierdurch der rechtliche Rahmen der Verkehrsfähigkeit des Arzneimittels bestimmt wird. Die gleichen Grundsätze müssten an sich gelten, mit der Folge, dass ein Verstoß gegen § 3a HWG anzunehmen ist, wenn ein zulassungspflichtiges Arzneimittel etwa mit einer nicht der Zulassung entsprechenden **Dosierung** beworben wird. Zu den in § 22 Abs. 1 AMG aufgeführten, dem Zulassungsantrag beizufügenden Angaben gehört nach § 22 Abs. 1 Nr. 10 AMG auch die Dosierung. Demgemäß wurde nach früherer Rechtsprechung eine über den Zulassungsstatus (zB eine Tablette) hinaus gehende Werbung, die gegen § 3a HWG verstößt, bejaht, wenn ein Arzneimittel mit einer der Zulassung nicht entsprechenden Dosierung (zB halbe Tablette, Tablettenform mit Bruchrille) beworben wird.[932] Diese Rechtsprechung ist aber im Hinblick auf den klaren Wortlaut des S. 2 des § 3a HWG nicht mehr haltbar. Entsprechend wurde in der Amtlichen Begründung zur Einführung von S. 2 erklärt, „dass das Verbot der Werbung für nicht zugelassene Arzneimittel in dem in den Sätzen 1 und 2 beschriebenen Umfang gilt".[933]

3. Pflichtangaben, § 4 HWG

475 Das HWG enthält nicht nur Werbebeschränkungen bzw. -verbote, sondern schreibt in § 4 HWG auch bestimmte Angaben vor, die in der Werbung gemacht werden müssen. Im Gemeinschaftsrecht finden sich diese Gebote für die Öffentlichkeitswerbung in Art. 89 RL 2001/83/EG und für die Werbung bei den im Gesundheitswesen tätigen Personen in Art. 91 RL 2001/83/EG zumindest im Ansatz wieder. Die Regelungen in § 4 HWG decken sich aber nicht in vollem Umfang mit dem gemeinschaftsrechtlichen Pflichtangabenkonzept, was in Widerspruch zu der durch den Gemeinschaftskodex für Humanarzneimittel bedingten Vollharmonisierung steht.[934] Als Ausweg wird insoweit die Auffassung vertreten, wonach die Vorschrift des Art. 89 Abs. 1 lit. b RL 2001/83/EG im Bereich der Publikumswerbung ausdrücklich („mindestens folgende Angaben enthalten") nur einen Mindeststandard bestimme,[935] dem wird entgegen gehalten, dass sich diese Mindestanforderung an den Werbenden richtet.[936] Die Bewertung der über die Vorgaben der RL 2001/83/EG hinaus gehenden Regelungen des § 4 HWG wird sich am konkreten Einzelfall zu orientieren haben, da in Art. 89 Abs. 1 lit. b RL 2001/83/EG sehr abstrakt vorgegeben ist, dass die Öffentlichkeitswerbung „die für eine sinnvolle Verwendung des Arzneimittels un-

---

[930] OLG Hamburg GRUR-RR 2008, 97 – Schutz für MS-Patienten von Anfang an; OLG Hamburg MD 2008, 55 – Arzneimittelstudie; OLG Karlsruhe MD 2007, 1213 – (Neben-)Wirkungsangabe; OLG Hamburg PharmR 2007, 127 – Therapie der postmenopausalen Osteporose; OLG Hamburg PharmR 2005, 506.

[931] OLG Hamburg MD 2008, 55 – Arzneimittelstudie.

[932] OLG Hamburg MD 2003, 781, 785; OLG Hamburg MD 2003, 1144, 1145; OLG Hamburg MD 2003, 468, 469.

[933] BT-Drucks. 15/5728 S. 84.

[934] → Rn 411.

[935] So aber *Doepner* HWG § 4 Rn 77; *Zipfel/Rathke* HWG § 4 Rn 8b; OLG Frankfurt GRUR-RR 2004, 273, 274.

[936] OLG Karlsruhe MD 2008, 98, 101. S. auch *Gröning* Bd. 2 RL 92/28/EWG Art. 4 Rn 5.

erlässlichen Informationen“ enthalten muss. Nach der Rechtsprechung des BGH führt aber Art. 89 Abs. 1 lit. b RL 2001/83/EG nicht abschließend auf, welche Angaben die Öffentlichkeitswerbung für ein Arzneimittel enthalten muss, so dass den Mitgliedstaaten insoweit ein Spielraum zusteht.[937]

a) Pflichtangaben bei der Arzneimittelwerbung. Die Vorschrift des § 4 Abs. 1 HWG stellt einen Katalog von Angaben auf, die jede Werbung für **Arzneimittel im Sinne des § 2 Abs. 1 und Abs. 2 Nr. 1 AMG** enthalten muss. Die aufgeführten Pflichtangaben sind demnach grundsätzlich sowohl bei Fach- als auch bei Publikumswerbung anzugeben, aber nicht bei jeder Heilmittelwerbung, sondern nur wenn eine produktbezogene Absatzwerbung für die in § 4 Abs. 1 HWG bestimmten Arzneimittel gegeben ist.[938] Die Pflichtangaben müssen nach § 4 Abs. 2 S. 1 HWG mit denjenigen Angaben übereinstimmen, die nach § 11 oder § 12 AMG für die Packungsbeilage vorgeschrieben sind. Es ist insoweit keine wörtliche, sondern nur eine **sinngemäße Übereinstimmung** erforderlich.[939] Weder der Wortlaut noch der Zweck des § 4 Abs. 2 S. 1 HWG fordern eine wortgleiche Übernahme des Textes der Packungsbeilage. Die wörtliche Übereinstimmung der Texte kann zwar zweckmäßig sein (Standardisierung), jedoch kann nicht selten das Ziel, das Publikum aufzuklären, in der Werbung sogar eher mit Angaben erreicht werden, die mit denen der Packungsbeilage nur sinngemäß übereinstimmen.[940] 476

Der Auslegung des Begriffs „übereinstimmen“ im Sinne des § 4 Abs. 2 S. 1 HWG kommt eine besondere Bedeutung für jene Fälle zu, in denen die für die Publikumswerbung geltenden Werbeverbote in Widerspruch zu den – an der Packungsbeilage orientierten – Pflichtangaben stehen. Da die heilmittelwerberechtlichen Pflichtangaben als **Werbung im Sinne des HWG** angesehen werden,[941] sind diese an den sonstigen Vorschriften des HWG und dabei insbesondere an den Werbeverboten gemäß § 11 Abs. 1 Nr. 6 HWG zu messen.[942] Bei Zugrundelegung einer nur sinngemäßen Übereinstimmung können etwaige Kollisionen dadurch vermieden werden, dass beispielsweise im Fall eines Verstoßes gegen § 11 Abs. 1 Nr. 6 HWG die betreffenden Pflichtangaben abweichend von dem Wortlaut der Packungsbeilage in allgemeinverständlicher Weise erläutert werden. Dementsprechend müssen bei der Publikumswerbung im Rahmen der Pflichtangaben nicht alle Anwendungsgebiete angegeben werden, so dass einzelne Anwendungsgebiete weggelassen werden können, soweit ein Verstoß gegen das HWG gegeben ist.[943] 477

Welche Informationen grundsätzlich als Pflichtangaben anzugeben sind, ergibt sich aus der in § 4 Abs. 1 S. 1 HWG enthaltenen **Aufzählung (Nr. 1 bis Nr. 8).**[944] Ergänzend zu diesem Katalog muss gemäß § 4 Abs. 1a HWG bei **Monopräparaten** nach der Bezeichnung des Arzneimittels (§ 4 Abs. 1 Nr. 2 HWG) der arzneilich wirksame Bestandteil angegeben und mit dem Hinweis „Wirkstoff:“ erläutert werden. Diese Ergänzung ist dann nicht erforderlich, wenn in der Bezeichnung des Arzneimittels im Sinne des § 4 Abs. 1 Nr. 2 HWG die Bezeichnung des Wirkstoffs enthalten ist (§ 4 Abs. 1a Halbs. 2 HWG). Eine Besonderheit ist für die Werbung für **traditionelle pflanzliche Arzneimittel,** die nach dem Arzneimittelgesetz registriert sind, in § 4 Abs. 1 S. 2 HWG bestimmt, wonach der Hinweis „Traditionelles pflanzliches Arzneimittel zur Anwendung bei ... (spezifiziertes Anwendungsgebiet/spezifizierte Anwendungsgebiete) ausschließlich auf Grund langjähriger Anwendung“ enthalten sein muss. Im Rahmen der Pflichtangaben sind weitere (freiwillige) Angaben, die nicht Gegenstand des in § 4 Abs. 1 und 1a HWG bestimmten Katalogs sind, 478

---

[937] BGH GRUR 2009, 509 = WRP 2009, 625 Rn 13 Schoenenberger Artischockensaft.

[938] *Bülow/Ring* HWG § 4 Rn 2; *Gröning* HWG § 4 Rn 9.

[939] BGH GRUR 1991, 860, 862 – Katovit; BGH GRUR 1994, 839, 840 – Kontraindikationen.

[940] *Bülow/Ring* HWG § 4 Rn 30; *Erbs/Kohlhaas* HWG § 4 Rn 11; *Gröning* HWG § 4 Rn 83 ff.

[941] → Rn 427.

[942] *Bülow/Ring* HWG § 4 Rn 11 ff; *Doepner* HWG § 4 Rn 21.

[943] BGH GRUR 2001, 176 – Myalgien; BGH GRUR 1991, 860 – Katovit; KG GRUR 1995, 684; *Gröning* HWG § 4 Rn 24 ff; → Rn 481.

[944] Zu den einzelnen Pflichtangaben *Bülow/Ring* HWG § 4 Rn 35 ff; *Gröning* HWG § 4 Rn 37 ff. S. auch BGH GRUR 1994, 839 – Kontraindikationen; LG Bad Kreuznach MD 2008, 818.

zwar grundsätzlich verboten, jedoch bleibt es dem Werbenden unter Berücksichtigung von § 4 Abs. 2 S. 1 HWG unbenommen, den heilmittelwerberechtlichen Pflichttext durch sonstige Angaben aus der arzneimittelrechtlichen Packungsbeilage anzureichern, soweit diese dort vorgeschrieben oder zulässig sind.[945]

479 Nach § 4 Abs. 2 S. 2 HWG können die in § 11 Abs. 1 S. 1 Nr. 3 lit. a u. c und Nr. 5 AMG vorgeschriebenen Angaben und damit die nach § 4 Abs. 1 Nr. 5 und 6 HWG vorgeschriebenen Pflichtangaben **(Gegenanzeigen** und **Nebenwirkungen)** entfallen bzw. weggelassen werden, wenn diese nicht gemacht werden können. Diese Erleichterung greift demnach nur dann, wenn Gegenanzeigen und Nebenwirkungen **nicht bestehen** oder dem Werbenden **nicht bekannt** sind und ihm auch bei Beachtung der ihm obliegenden Sorgfaltspflichten nicht hätten bekannt sein können (§ 11 Abs. 5 S. 1 AMG).[946] Angaben wie „keine Gegenanzeigen" oder „nebenwirkungsfrei" dürfen bei einer solchen Konstellation jedoch nicht gemacht werden, da sich die Erleichterung darauf beschränkt, die betreffenden Rubriken ganz wegzulassen. Alternativ ist es nur denkbar, den Hinweis „keine bekannt" (§ 11 Abs. 5 S. 1 AMG) anzugeben.[947]

480 **b) Einschränkungen bei der Publikumswerbung, § 4 Abs. 3 HWG.** Der Umfang der Pflichtangaben hängt vom jeweiligen Adressatenkreis ab. Während im Bereich der Fachwerbung die Pflichtangaben nach § 4 Abs. 1 und 1a HWG grundsätzlich vollständig angeführt werden müssen, können gemäß § 4 Abs. 3 S. 3 HWG im Bereich der **Publikumswerbung** die Angaben nach § 4 Abs. 1 **Nr. 1** HWG (pharmazeutischer Unternehmer), nach § 4 Abs. 1 **Nr. 3** HWG (Zusammensetzung des Arzneimittels), nach § 4 Abs. 1 **Nr. 5** HWG (Gegenanzeigen) und nach § 4 Abs. 1 **Nr. 6** HWG (Nebenwirkungen) entfallen. Entsprechendes gilt für die Angabe der Verschreibungspflichtigkeit (§ 4 Abs. 1 **Nr. 7a** HWG) des beworbenen Arzneimittels, da diese Pflichtangabe im Hinblick auf das Werbeverbot des § 10 Abs. 1 HWG nur in einer Werbung gegenüber den eingeschränkten Fachkreisen[948] erscheinen kann.[949] Im Gegensatz zur Angabe der Verschreibungspflichtigkeit (Nr. 7a) können die nach § 4 Abs. 3 S. 3 HWG entbehrlichen Pflichtangaben (Nr. 1, 3, 5 und 6) im Rahmen einer Publikumswerbung aber (freiwillig) zusätzlich angeführt werden („können entfallen"). Wird eine solche freiwillige Kennzeichnung gemacht, müssen die betreffenden Pflichtangaben richtig und vollständig sein.[950]

481 Bei einer Publikumswerbung für Arzneimittel im Sinne des § 2 Abs. 1 oder Abs. 2 Nr. 1 AMG in Printmedien (§ 4 Abs. 5 HWG: audiovisuelle Medien)[951] müssen demnach als Pflichtangaben die Bezeichnung des Arzneimittels (§ 4 Abs. 1 **Nr. 2,** Abs. 1a HWG), die Anwendungsgebiete (§ 4 Abs. 1 **Nr. 4** HWG), ggf. Warnhinweise (§ 4 Abs. 1 **Nr. 7** HWG) und nach § 4 Abs. 3 S. 1 HWG der **Pflichthinweis** „Zu Risiken und Nebenwirkungen lesen Sie die Packungsbeilage und fragen Sie Ihren Arzt oder Apotheker" angegeben werden. Dieser Text des Pflichthinweises ist **zwingend** vorgeschrieben, weshalb hiervon ungeachtet aller Gleichsinnigkeit und Allgemeinverständlichkeit nicht abgewichen werden darf. Dies ergibt sich im Umkehrschluss auch aus § 4 Abs. 3 S. 2 HWG, der sachlich-logisch gebotene Anpassungen des Pflichthinweistextes an die Werbung für Heilwässer und Tierarzneimittel enthält. Der Pflichthinweis gemäß § 4 Abs. 3 S. 1 HWG gilt stets bei verschreibungspflichtigen und apothekenpflichtigen Arzneimitteln, während er bei **freiverkäuflichen** nur dann vorgeschrieben ist, wenn in der Packungsbeilage oder auf dem Behältnis Nebenwirkungen oder sonstige Risiken angegeben sind (§ 4 Abs. 3 S. 4 HWG).[952]

---

945 *Doepner* HWG § 4 Rn 57: „Mindeststandard".
946 *Rehmann* AMG § 11 Rn 23.
947 *Bülow/Ring* HWG § 4 Rn 106; *Gröning* HWG § 4 Rn 92.
948 → Rn 523.
949 *Doepner* HWG § 4 Rn 17; *Gröning* HWG § 4 Rn 16.
950 OLG Schleswig MD 2008, 816 – Basisinformation.
951 → Rn 486f.
952 *Erbs/Kohlhaas* HWG § 4 Rn 13; *Gröning* HWG § 4 Rn 95; BGH GRUR 2009, 509 = WRP 2009, 625 – Schoenenberger Artischokensaft; OLG Frankfurt GRUR-RR 2004, 273.

Werden die entbehrlichen Pflichtangaben (Nr. 1, 3, 5 und 6) freiwillig angeführt, muss der Aufklärungshinweis „Zu Risiken und Nebenwirkungen …" gleichwohl angegeben werden, auch wenn dies angesichts der inhaltlichen Abhandlung von Risiken und Nebenwirkungen formalistisch überzogen wirken mag.[953]

c) Formale Ausgestaltung, § 4 Abs. 4 HWG. Die nach § 4 Abs. 1 HWG vorgeschriebenen Angaben müssen von den übrigen Werbeaussagen **deutlich abgesetzt, abgegrenzt** und **gut lesbar** sein (§ 4 Abs. 4 HWG). Eine entsprechende Regelung findet sich für den Pflichthinweis „Zu Risiken und Nebenwirkungen lesen Sie …" in § 4 Abs. 3 S. 1 HWG. Dem Schutzzweck des § 4 Abs. 4 HWG entspräche es nicht, wenn der Verkehr sich die erforderlichen Informationen nur unter besonderer Konzentration und mit Anstrengungen verschaffen könnte.[954] Es ist dem Leser vielmehr zu ermöglichen, den Pflichttext auf einen Blick zu finden und zur Kenntnis zu nehmen. 482

In der Werbung muss somit zwischen den Pflichtangaben und den sonstigen Werbeaussagen eine optisch wahrnehmbare Grenzlinie – eine **Zäsur** – bestehen.[955] Ein Trennstrich oder eine Einrahmung sind nicht zwingend notwendig. Es genügt, wenn der Eindruck der Absetzung bzw. Abgrenzung durch andere Gestaltungselemente (zB andere Schriftart) deutlich gemacht wird. Es ist insbesondere nicht erforderlich, dass die Angaben in einem einzigen Block zusammengefasst werden. Nach der hM können die Pflichtangaben in Teile aufgespalten werden, wobei diese aber als deutlich abgesetzte und abgegrenzte **„Einheit(en)"** wahrgenommen werden müssen.[956] 483

Das Erfordernis „gut lesbar" steht in einer **Wechselbeziehung** zu der Voraussetzung „deutlich abgesetzt und abgegrenzt", da eine weniger deutliche Absetzung und Abgrenzung zu einer Beeinträchtigung des Lesbarkeit führen kann. So kann beispielsweise eine grau bzw. cremefarben-weiß unterlegte, mehrspaltige Werbeanzeige für Fertigarzneimittel mit klein gewählter und eng gesetzter Schrift sowie fehlender Untergliederung der einzelnen Spalten, deren Angaben darüber hinaus zT in einer jeweils anderen Spalte beworbene Arzneimittel betreffen, nicht den Anforderungen an die Lesbarkeit von Pflichtangaben genügen.[957] Andererseits kann sich im Einzelfall auch ergeben, dass nach dem **Gesamteindruck** auch bei kleinerer Schrift die leichte Lesbarkeit gewährleistet ist.[958] Grundsätzlich gilt, dass die Pflichtangaben so gestaltet sein müssen, dass sie für einen durchschnittlich normalsichtigen Leser bei normalen Sichtverhältnissen ohne weiteres, also ohne besondere Konzentration lesbar sind. Dies soll nach der Rechtsprechung regelmäßig nur bei Verwendung einer **6-Punkt-Schrift** als Mindestgröße der Fall sein.[959] Den gesetzlichen Vorgaben wird zB nicht genügt, wenn die Pflichtangaben in kleinen Buchstaben senkrecht am rechten Rand der Anzeige und damit entgegen der Leserichtung angebracht sind.[960] 484

Die Vorschrift des § 4 Abs. 4 HWG setzt sozusagen als ungeschriebenes Tatbestandsmerkmal außerdem voraus, dass **eindeutige Zuordnung** des Pflichttextes zu der Werbung für das betreffende Arzneimittel gegeben ist. An einer der Werbung zugeordneten Angabe des Pflichthinweistextes fehlt es beispielsweise dann, wenn die zwischen den Seiten 16 und 136 einer Broschüre abgedruckten Werbeangaben für die einzelnen Arzneimittel keine Pflichthinweise im Sinne des § 4 Abs. 3 S. 1 HWG enthalten und sich stattdessen der Pflichthinweis für sämtliche Präparate auf den Seiten 151–161 unter der Überschrift „Basis- 485

---

953 *Doepner* HWG § 4 Rn 59.

954 BGH NJWE-WettbR 1996, 265 – Lesbarkeit V; BGH GRUR 1993, 53 – Lesbarkeit IV; BGH GRUR 1988, 71 – Lesbarkeit III; BGH GRUR 1988, 70 – Lesbarkeit II; BGH GRUR 1987, 301 – 6-Punkt-Schrift; OLG Schleswig MD 2008, 816 – Basisinformation.

955 *Bülow/Ring* HWG § 4 Rn 120; *Erbs/Kohlhaas* HWG § 4 Rn 14;.

956 OLG Frankfurt 1997, 850, 851; *Bülow/Ring* HWG § 4 Rn 118; *Gröning* HWG § 4 Rn 96.

957 BGH NJWE-WettbR 1996, 265 – Lesbarkeit V; OLG Frankfurt WRP 2007, 111 – Anzeigenkennzeichnung.

958 *Bülow/Ring* HWG § 4 Rn 121.

959 BGH GRUR 1993, 53 – Lesbarkeit IV; BGH GRUR 1987, 301 – 6-Punkt-Schrift; OLG Frankfurt WRP 2007, 111 – Anzeigenkennzeichnung.

960 OLG Karlsruhe PharmR 2007, 383, 389.

information" findet.[961] Dies bedeutet, dass es bei einer Werbung mit **mehreren Anzeigen** für verschiedene Arzneimittel erforderlich ist, unmittelbar bei jeder einzelnen Anzeige die Pflichtangaben anzubringen. Entsprechende Grundsätze gelten auch für eine **Prospektwerbung** für mehrere Arzneimittel, da ein Prospekt nicht als eine einzige Werbemaßnahme qualifiziert werden kann.[962] An einem unmittelbaren und engen Zusammenhang zwischen dem Pflichttext und den Werbeaussagen mangelt es bei einer **Internetwerbung** für Arzneimittel jedenfalls dann, wenn die Pflichtangaben für den Adressaten nur durch einen Link erreichbar und hierfür mehrere Zwischenschritte (Anklicken) erforderlich sind.[963]

486 **d) Besonderheiten bei audiovisuellen Medien, § 4 Abs. 5 HWG.** Da bei audiovisuellen Medien die Hörer bzw. Betrachter regelmäßig nicht in der Lage sind, eine größere Anzahl von komplexen Informationen, wie es die Pflichtangaben sind, geistig zu verarbeiten, hat sich der Gesetzgeber zu einer Durchbrechung des auf eine umfangreiche Informationsvermittlung angelegten Konzepts entschieden und die Sonderregelung des § 4 Abs. 5 HWG eingeführt.[964] Bei einer Arzneimittelwerbung in audiovisuellen Medien können nach § 4 Abs. 5 S. 2 HWG **sämtliche Angaben nach § 4 Abs. 1 HWG** (also nicht nur die Angaben nach § 4 Abs. 1 Nr. 1, 3, 5 und 6 HWG) entfallen, wenn stattdessen nach der Werbung der **Pflichthinweis** „Zu Risiken und Nebenwirkungen lesen Sie die Packungsbeilage und fragen Sie Ihren Arzt oder Apotheker" eingeblendet wird. Zu den audiovisuellen Medien zählen Werbemedien, die Werbung sowohl akustisch als auch optisch übermitteln. Der Sonderregelung des § 4 Abs. 5 HWG unterfallen demnach insbesondere Fernsehwerbung, Kinowerbung und Hörfunkwerbung. Eine Arzneimittelwerbung im **Internet** kann nur dann dem Bereich der audiovisuellen Medien zugeordnet werden, wenn die Internetwerbung aus beweglichen Werbespots besteht, die einem Fernsehwerbespot oder einem Videoclip ähneln.[965]

487 Der Pflichthinweis orientiert sich zumindest inhaltlich an den Vorgaben des § 4 Abs. 3 S. 1 und 2 HWG, auf den § 4 Abs. 5 S. 1 HWG ausdrücklich verweist. Außerdem kann der Pflichthinweis gemäß § 4 Abs. 3 S. 4 HWG entfallen, wenn ein freiverkäufliches Arzneimittel beworben wird, das weder Nebenwirkungen noch sonstige Risiken hat. Hieraus kann für die Ausgestaltung des Pflichthinweises gefolgert werden, dass dieser „gut lesbar" (bzw. gut hörbar) und von den übrigen Werbeaussagen deutlich abgesetzt und abgegrenzt sein muss. Dass insoweit auch bei audiovisuellen Medien eine **Zäsur**[966] notwendig ist, ergibt sich außerdem aus dem Umstand, dass der Pflichthinweis „nach einer Werbung" einzublenden ist.[967] Hieraus folgt zugleich, dass der werbende Teil in zeitlicher Hinsicht abgeschlossen sein muss, bevor die Pflichtinformation eingeblendet wird.[968] Für die **Fernsehwerbung** ist ausdrücklich bestimmt, dass der Pflichthinweis „Zu Risiken und Nebenwirkungen lesen Sie ..." vor neutralem Hintergrund gut lesbar einzublenden und gleichzeitig zu sprechen ist.[969] Ein Verstoß gegen § 4 Abs. 5 HWG ist demnach gegeben, wenn beispielsweise im Rahmen einer Fernsehwerbung für Arzneimittel gleichzeitig mit dem Pflichthinweis eine Abbildung des Arzneimittels nebst Verpackung sowie ein Hinweis auf die Internetdomain des Herstellers eingeblendet wird.[970]

---

961 OLG Schleswig MD 2008, 816, 917 – Basisinformation; OLG Frankfurt MD 2003, 725, 729; OLG Frankfurt WRP 2001, 1111, 1113; – Ratgeber Selbstmedikation; ähnlich BGH NJWE-WettbR 1996, 265 – Lesbarkeit V; ebenso BGH GRUR 1991, 859 – Leserichtung bei Pflichtangaben.

962 *Doepner* HWG § 4 Rn 61; *Gröning* HWG § 4 Rn 96.

963 OLG Hamburg GRUR-RR 2003, 121, 122; OLG München GRUR-RR 2002, 206, 207.

964 *Doepner* HWG § 4 Rn 64.

965 OLG Naumburg MMR 2006, 467, 469 – Pflichtangaben auf Bestellformular einer Internetapotheke. S. auch *Doepner* HWG § 4 Rn 69; *Gröning* HWG § 4 Rn 103.

966 → Rn 483.

967 *Gröning* HWG § 4 Rn 99; *Zipfel/Rathke* HWG § 4 Rn 35.

968 LG Hanau MD 2003, 1065, 1066.

969 Hierzu ausführlich *Bülow/Ring* HWG § 4 Rn 127 ff; *Doepner* HWG § 4 Rn 65.

970 LG Hanau MD 2003, 1065, 1068; OLG Frankfurt WRP 1993, 490, 491.

e) Erinnerungswerbung, § 4 Abs. 6 HWG. Einen **vollständigen Verzicht** auf die Anführung gewisser Pflichtangaben enthält die Regelung des § 4 Abs. 6 HWG, da danach die in § 4 Abs. 1, 1a, 3 und 5 HWG geregelten Bestimmungen nicht für eine Erinnerungswerbung gelten. Die Möglichkeit des Verzichts auf Pflichtangaben sieht auch der Gemeinschaftskodex für Humanarzneimittel vor, der in Art. 89 Abs. 2 RL 2001/83/EG für die Öffentlichkeitswerbung und in Art. 91 Abs. 2 RL 2001/83/EG für den Bereich der Arzneimittelwerbung bei Personen, die zur Verschreibung oder zur Abgabe von Arzneimitteln befugt sind, den Mitgliedstaaten eine entsprechende Option einräumt. Was unter einer **Erinnerungswerbung** zu verstehen ist, ist in § 4 Abs. 6 S. 2 HWG bestimmt. Eine Erinnerungswerbung liegt demnach vor, wenn ausschließlich mit der **Bezeichnung eines Arzneimittels** oder zusätzlich mit dem Namen, der Firma, der Marke des pharmazeutischen Unternehmens oder dem Hinweis „Wirkstoff:" geworben wird.[971] Die Pflichtangaben sind demnach entbehrlich, wenn es sich um eine, von jeglichen Hinweisen auf die medizinisch-gesundheitliche Bedeutung des Arzneimittels freie Werbung handelt, die allein oder weit überwiegend nur die Erinnerung und damit diejenigen Verbraucher anspricht, denen das beworbene Präparat bereits bekannt ist und deren Unterrichtung durch die Pflichtangaben daher entbehrlich erscheint.[972] Dabei ist es unschädlich, wenn die Bezeichnung des Arzneimittels auf Anwendungsgebiete hindeutet oder diese sogar direkt ausdrückt.[973] Erinnerungswerbung ist außerdem nicht nur für am Markt eingeführte Arzneimittel zulässig, sondern auch für **neue** Arzneimittel oder bisher nicht im Markt bekannte Mittel.[974] 488

Aus der Legaldefinition des § 4 Abs. 6 S. 2 HWG, die eine Aufzählung von zulässigen Angaben (Name, Firma, Marke des pharmazeutischen Unternehmens oder der Hinweis „Wirkstoff:") enthält, folgert die hM nicht, dass es sich hierbei um einen engen Ausnahmetatbestand handelt, der einer analogen Erweiterung nicht zugänglich wäre.[975] Vielmehr legt insbesondere die Rechtsprechung die Ausnahmeregelung **über den Wortlaut hinaus** erweiternd aus.[976] Das in der Legaldefinition enthaltene Wort „ausschließlich" ist dahingehend zu verstehen, dass alle werblichen Hinweise auf die gesundheitliche Bedeutung des beworbenen Arzneimittels und insbesondere auf die medizinisch-pharmakologischen Eigenschaften die Annahme einer Erinnerungswerbung ausschließen.[977] Werbeaussagen **ohne medizinisch-gesundheitlichen Gehalt,** insbesondere Angaben über Packungsgrößen, Mengen und Preise sind dagegen im Rahmen einer Erinnerungswerbung zulässig.[978] So wurde beispielsweise eine Werbung als Erinnerungswerbung gebilligt, in der mehrere Arzneimittel aufgezählt und allen „B.-Qualität" zugemessen worden war.[979] Zur Erinnerungswerbung zählt es auch noch, wenn neben der Bezeichnung des Arzneimittels die Umverpackung in stark verkleinerter Form abgebildet wird und auf ihr in gerade noch lesbarer Form der Wirkungsbereich erkennbar ist.[980] Dagegen wird der Bereich der Erinnerungswerbung verlassen, wenn eine Umverpackung abgebildet wird, die über die vollständige 489

---

[971] Zu Monopräparaten BGH GRUR 1998, 591 – Monopräparate; OLG Hamburg MD 2007, 1058, 1060; *Gröning* HWG § 4 Rn 108.

[972] BGH GRUR 1999, 1128, 1130 – Hormonpräparate; BGH GRUR 1998, 591 – Monopräparate; BGH GRUR 1996, 806, 807 – HerzASS; OLG Hamburg MD 2008, 758, 760; OLG Karlsruhe MD 2008, 98, 100; OLG Köln GRUR 1990, 217.

[973] *Erbs/Kohlhaas* HWG § 4 Rn 4; *Gröning* HWG § 4 Rn 105.

[974] *Doepner* HWG § 4 Rn 70; *Gröning* HWG § 4 Rn 104.

[975] *Doepner* HWG § 4 Rn 71; *Erbs/Kohlhaas* HWG § 4 Rn 18; *Gröning* HWG § 4 Rn 106; *Schnorbus* GRUR 1995, 21, 25; *Zipfel/Rathke* HWG § 4 Rn 39.

[976] BGH GRUR 1983, 599 – Ginseng-Präparate; BGH GRUR 1983, 597 – Kneipp Pflanzensaft; BGH GRUR 1983, 393 – Novodigal/temagin; BGH GRUR 1982, 684 – Arzneimittel-Preisangaben.

[977] *Doepner* HWG § 4 Rn 71.

[978] BGH GRUR 1982, 684 – Arzneimittel-Preisangaben; OLG München MD 2008, 224, 226.

[979] BGH GRUR 1983, 393 – Novodigal/temagin.

[980] OLG Oldenburg GRUR-RR 2008, 201 – Antiallergikum: „Anders könnte die Beurteilung ausfallen, wenn die Verpackung so groß abgebildet wird, dass der Hinweis auf den Anwendungsbereich augenfällig dargestellt ist".

Bezeichnung des Mittels hinaus augenfällig in Text und Bild auf die Anwendungsgebiete hinweist, die der Bezeichnung so detailliert nicht zu entnehmen sind.[981] Entsprechend wurde die Bewerbung eines unter der Bezeichnung „A. gegen Schmerzen" zugelassenen Mittels mit dem Hinweis „erstklassig" nicht mehr als Erinnerungswerbung angesehen.[982] Eine von den Pflichtangaben befreiende Erinnerungswerbung wird außerdem dann verneint, wenn ein neues Generikum einem bekannten Originalmedikament bildlich gegenübergestellt wird und der Begleittext suggeriert, dass das Generikum eine gleich gute Wirksamkeit aufweise wie das altbekannte Mittel.[983]

490 Erinnerungswerbung kann grundsätzlich auch mit graphischen, bildlichen oder sonstigen Elementen ausgestaltet werden, jedoch wird die Grenze des Zulässigen überschritten, wenn **bildliche Indikationshinweise** verwendet werden.[984] Eine Arzneimittelwerbung, die mittels Abbildung einer Comic-Figur einen Hinweis auf das Anwendungsgebiet des Arzneimittels gibt, ist kein Fall des § 4 Abs. 6 HWG, auch wenn der bildliche Indikationshinweis mehrdeutig ist.[985] Entsprechendes kann für eine Werbeanzeige mit politischer Satire gelten, wenn eine Anspielung auf die Verwendungsmöglichkeiten des Arzneimittels gegeben ist.[986]

491 Für eine Erinnerungswerbung gelten zwar die Bestimmungen nach § 4 Abs. 1, 1a, 3 und 5 HWG nicht, jedoch stellt § 4 Abs. 6 HWG **keinen allgemeinen Erlaubnistatbestand** dar. Die heilmittelwerberechtlichen Werbeverbote gelten deshalb grundsätzlich auch für Fälle der Erinnerungswerbung.[987] So greift beispielsweise das Werbeverbot des § 12 HWG auch dann ein, wenn eine Werbeanzeige die Voraussetzungen einer Erinnerungswerbung erfüllt, weil beide Vorschriften verschiedene Zweckbestimmungen haben.[988]

4. Werbung in der Packungsbeilage, § 4a Abs. 1 HWG

492 Nach § 4a Abs. 1 HWG ist es unzulässig, in der Packungsbeilage eines Arzneimittels für andere Arzneimittel oder andere Mittel zu werben. Dieses Verbot korrespondiert mit der arzneimittelrechtlichen Regelung des **§ 11 Abs. 1 S. 5 AMG,** wonach weitere Angaben in der Packungsbeilage nur zulässig sind, soweit sie mit der Verwendung des Arzneimittels in Zusammenhang stehen, für die gesundheitliche Aufklärung wichtig sind und den Angaben nach § 11a AMG (Fachinformation) nicht widersprechen. Das Verbot des § 4a HWG stellt damit gemeinsam mit der Bestimmung des § 11 Abs. 1 S. 5 AMG die Umsetzung der gemeinschaftsrechtlichen Regelung in Art. 62 der RL 2001/83/EG (Titel V – Etikettierung und Packungsbeilage) dar.[989] Dies hat zur Folge, dass die Vorschrift des § 4a Abs. 1 HWG über den engen Wortlaut hinaus **richtlinienkonform auszulegen** ist.[990]

493 Die richtlinienkonforme Auslegung hat insbesondere zur Folge, dass dem Werbeverbot nicht nur Angaben in der Packungsbeilage selbst unterfallen, sondern auch die einer Arzneimittelpackung getrennt von der Packungsbeilage **beigelegte Werbebroschüre,** in der auch für andere Arzneimittel geworben wird. Es ist insoweit von einem weiten Begriff der Packungsbeilage auszugehen.[991] Dementsprechend kann nicht davon ausgegangen werden, dass § 4a Abs. 1 HWG lediglich verbietet, für „andere Arzneimittel oder „andere Mittel" im Sinne des § 1 Abs. 2 S. 1 HWG zu werben. Unter Berücksichtigung des Gemeinschaftsrechts und insbesondere der Regelung des § 11 Abs. 1 S. 5 AMG ist vielmehr anzu-

981 OLG Köln GRUR-RR 2008, 445 = WRP 2009, 98 – Flyer-Werbung.
982 KG MD 1994, 530; OLG Stuttgart MD 1994, 683; kritisch hierzu *Gröning* HWG § 4 Rn 106.
983 OLG Köln GRUR-RR 2007, 116 – Fentanyl-Matrixpflaster.
984 *Gröning* HWG § 4 Rn 107.
985 OLG Frankfurt NJWE-WettbR 1997, 198, 199.
986 BGH GRUR 1997, 761, 765 – Politikerschelte. S. auch *Schnorbus* GRUR 1995, 21, 28.
987 *Doepner* HWG § 4 Rn 75; *Gröning* HWG § 4 Rn 109.
988 BGH GRUR 1996, 806, 807 – HerzASS; ähnlich BGH GRUR 1983, 393 – Novodigal/temagin.
989 *Erbs/Kohlhaas* HWG § 4a Rn 1; *Gröning* HWG § 4a Rn 1.
990 *Gröning* HWG § 4 Rn 2; *Meisterernst* PharmR 2002, 171, 174.
991 BGH WRP 2001, 1360, 1361; OLG Schleswig WRP 2001, 1359, 1360; OLG Celle WRP 2000, 1197; *Gröning* WRP 2001, 899, 903; *Meisterernst* PharmR 2002, 171, 172f; aA OLG Hamburg PharmR 2000, 323.

nehmen, dass **jegliche werbliche Angaben** in der Packungsbeilage verboten sind, auch wenn sie beispielsweise Medizinprodukte betreffen.[992]

5. Werbung für erstattungsfähige Arzneimittel, § 4a Abs. 2 HWG

Mit der Regelung des § 4a Abs. 2 HWG hat der deutsche Gesetzgeber von der Mög- 494
lichkeit nach Art. 88 Abs. 3 RL 2001/83/EG Gebrauch gemacht, wonach die Öffentlichkeitswerbung für erstattungsfähige Arzneimittel untersagt werden kann. Außerhalb der Fachkreise darf deshalb für die im Rahmen der vertragsärztlichen Versorgung bestehende Verordnungsfähigkeit eines Arzneimittels nicht geworben werden. Begründet wird dieses Verbot damit, dass das Arzt-Patienten-Verhältnis nicht durch eine Bewerbung der Verordnungsfähigkeit eines Arzneimittels belastet werden soll.[993]

6. Homöopathische Arzneimittel, § 5 HWG

Für homöopathische Arzneimittel, die nach dem Arzneimittelgesetz registriert (§ 38 495
AMG) oder von der Registrierung freigestellt sind (§ 39 Abs. 3 AMG), darf gemäß § 5 HWG mit der Angabe von **Anwendungsgebieten** nicht geworben werden.[994] Dieses Werbeverbot entspricht der gemeinschaftsrechtlichen Regelung in Art. 100 iVm Art. 69 Abs. 1 RL 2001/83/EG, wonach die Werbung für entsprechende homöopathische Arzneimittel den Bestimmungen der Art. 86ff RL 2001/83/EG unterfällt, mit Ausnahme des Werbeverbots für Arzneimittel, für die keine förmliche Zulassung existiert (Art. 87 Abs. 1 RL 2001/83/EG).[995] Durch das Werbeverbot soll insbesondere der Verbraucher vor einer fehlerhaften Selbstmedikation geschützt werden, da es für registrierte oder von der Registrierung freigestellte homöopathische Arzneimittel keinen Nachweis über die Wirkungen und Anwendungsgebiete gibt (vgl. auch § 10 Abs. 4 und § 11 Abs. 3 AMG).[996] Für **zugelassene** homöopathische Arzneimittel gilt das Werbeverbot des § 5 HWG nicht, deshalb sind im Rahmen der Pflichtangaben insbesondere die Anwendungsgebiete gemäß § 4 Abs. 1 Nr. 4 HWG anzugeben.[997] Im Anwendungsbereich des § 5 HWG greift dagegen das Werbeverbot auch im Hinblick auf die heilmittelwerberechtlichen Pflichtangaben, da es sich insoweit um Werbung im Sinne des HWG handelt.[998]

7. Gutachtenwerbung, § 6 HWG

Das Werbeverbot des § 6 HWG bezieht sich auf die produktbezogene Absatzwerbung 496
für **alle Heilmittel.**[999] Nach dem Wortlaut gilt die Vorschrift an sich für die Publikums- und Fachkreiswerbung, jedoch kommt § 6 HWG praktisch nur für die **Fachkreiswerbung** Bedeutung zu, da außerhalb der Fachkreise für Arzneimittel, Gegenstände und andere Mittel nicht mit Gutachten, Zeugnissen, wissenschaftlichen oder fachlichen Veröffentlichungen sowie mit Hinweisen darauf geworben werden darf (§ 11 Abs. 1 S. 1 Nr. 1 HWG)[1000] Weitere Publikumswerbeverbote ergeben sich in diesem Zusammenhang außerdem aus § 11 Abs. 1 S. 1 Nr. 2 und 11 HWG,[1001] die jeweils als lex specialis vorgehen.[1002] Diese praktische Ausrichtung auf die Fachkreise entspricht auch der Vorschrift des Art. 92

---

[992] *Gröning* HWG § 4 Rn 2; *Meisterernst* PharmR 2002, 171, 174.
[993] *Gerstberger/Greifeneder* PharmR 2005, 297, 308; *Krüger* PharmR 2005, 105, 106.
[994] OLG Hamm MD 2008, 285, 288.
[995] *Doepner* HWG § 5 Rn 11; *Gröning* HWG § 5 Rn 8.
[996] *Erbs/Kohlhaas* HWG § 5 Rn 1; *Gröning* HWG § 5 Rn 5.
[997] *Bülow/Ring* HWG § 5 Rn 8; *Gröning* HWG § 5 Rn 6; *Zipfel/Rathke* HWG § 5 Rn 7.
[998] → Rn 427.
[999] *Gröning* HWG § 6 Rn 6; *Anhalt/Dieners/Besen/Räpple* Hdb. § 21 Rn 47: § 6 Nr. 2 HWG gilt nicht für Medizinprodukte.
[1000] → Rn 540.
[1001] → Rn 542ff, 568ff.
[1002] *Bülow/Ring* HWG § 6 Rn 1; *Erbs/Kohlhaas* HWG § 6 Rn 1; *Gröning* WRP 1995, 576, 580; *Zipfel/Rathke* HWG § 6 Rn 1.

RL 2001/83/EG, die dem Regelungsgehalt des § 6 HWG auf gemeinschaftsrechtlicher Ebene entspricht und nur für Werbemaßnahmen gilt, die sich an die zur Verschreibung oder Abgabe berechtigten Personen richten. Dem Werbeverbot des § 6 HWG kann aber auch außerhalb der Fachkreise Bedeutung zukommen, wenn es sich um **„sonstige Veröffentlichungen"** im Sinne des § 6 Nr. 2 HWG handelt, die nicht in § 11 Abs. 1 S. 1 HWG genannt sind.[1003] Da § 11 Abs. 1 S. 2 HWG die Publikumswerbung für **Medizinprodukte** mit Gutachten usw. erlaubt, ist § 6 HWG außerdem auch insoweit auf Werbemaßnahmen außerhalb der Fachkreise anwendbar.[1004] Der Anwendbarkeit des § 6 HWG auch auf Werbung außerhalb der Fachkreise ist mit dem Gemeinschaftsrecht vereinbar, da nach dem systematischen Zusammenhang davon auszugehen ist, dass die in Art. 92 RL 2001/83/EG enthaltenen Werbebeschränkungen – bzgl. Werbung bei den im Gesundheitswesen tätigen Personen – erst recht im Bereich der allgemeinen Publikumswerbung gelten müssen.[1005]

497 Das Werbeverbot des § 6 **Nr. 1** HWG hat die Veröffentlichung und Erwähnung von Gutachten oder Zeugnissen zum Gegenstand, die nicht von wissenschaftlich oder fachlich hierzu berufenen Personen erstattet worden sind „und" die nicht die Angabe des Namens, Berufes und Wohnortes des Gutachters oder Ausstellers des Zeugnisses sowie den Zeitpunkt der Ausstellung des Gutachtens oder Zeugnisses enthalten. Welche Personen wissenschaftlich oder fachlich zur Erstattung von Gutachten oder Ausstellung von Zeugnissen berufen sind, lässt sich nur für den jeweiligen **Einzelfall** bestimmen und richtet sich dabei in erster Linie nach der Themenstellung des Gutachtens bzw. Zeugnisses.[1006] § 6 Nr. 1 HWG zielt darauf ab, dass nur mit solchen Gutachten oder Zeugnissen geworben wird, bei denen ein bestimmter **qualitativer Mindeststandard** erwartet werden kann, was aber nicht notwendigerweise eine akademische Ausbildung der betreffenden Person erfordert.[1007] Durch die neben dem Erfordernis der wissenschaftlichen oder fachlichen Eignung in § 6 Nr. 1 HWG bestimmten **Mindestangaben** (Name, Beruf, Wohnort und Ausstellungszeitpunkt) soll dem Fachpublikum die Möglichkeit eingeräumt werden, die Herkunft des Gutachtens bzw. Zeugnisses und die Qualifizierung des Gutachters bzw. Ausstellers zu überprüfen. Die beiden Tatbestandsmerkmale müssen aber entgegen dem Wortlaut („und") **nicht kumulativ** nebeneinander gegeben sein, um eine unzulässige Werbung annehmen zu können. Eine Gutachtenwerbung verstößt demnach nur dann nicht gegen § 6 Nr. 1 HWG, wenn sowohl ein wissenschaftlich oder fachlich berufener Gutachter als auch die Mindestangaben gegeben sind.[1008] In den Anwendungsbereich des § 6 Nr. 1 HWG fällt im Übrigen auch die Erwähnung von **klinischen Studien,** Feldstudien oder Compliance-Studien, da diese als systematisch und statistisch ausgewertete Sammlungen von Behandlungsergebnissen zumindest unter den Begriff „Zeugnisse" fallen.[1009] Der Hinweis auf eine „hohe Anzahl klinischer Studien" im Rahmen einer Fachwerbung für Arzneimittel oder die Werbung mit dem Hinweis „Der Goldstandard: Als Positivkontrolle in klinischen Studien eingesetzt" verpflichtet deshalb zur Benennung der Mindestangaben des § 6 Nr. 1 HWG.[1010]

498 Eine unzulässige Werbung ist gemäß § 6 **Nr. 2** HWG anzunehmen, wenn auf wissenschaftliche, fachliche oder sonstige Veröffentlichungen Bezug genommen wird, ohne dass aus der Werbung hervorgeht, ob die (schriftliche) Veröffentlichung das beworbene Heilmittel **selbst** betrifft, „und" ohne dass der Name des Verfassers, der Zeitpunkt der Veröffent-

---

1003 *Gröning* HWG § 6 Rn 4; *Anhalt/Dieners/Besen/Räpple* Hdb. § 21 Rn 46; aA *Bülow/Ring* HWG § 6 Rn 13.

1004 *Gassner* NJW 2002, 863, 865; *Anhalt/Dieners/Besen/Räpple* Hdb. § 21 Rn 32; *Reinhart* PharmR 2002, 16, 18; → Rn 537.

1005 *Doepner* HWG § 6 Rn 44; *Gröning* HWG § 6 Rn 17.

1006 *Doepner* HWG § 6 Rn 28.

1007 *Gröning* HWG § 6 Rn 15; *Zipfel/Rathke* HWG § 6 Rn 9.

1008 *Doepner* HWG § 6 Rn 30; *Erbs/Kohlhaas* HWG § 6 Rn 5.

1009 OLG Hamburg GRUR-RR 2002, 365 – Quellenangaben; LG Baden-Baden MD 2007, 601.

1010 LG Baden-Baden MD 2007, 601; LG Baden-Baden MD 2004, 433, 435.

lichung und die Fundstelle genannt werden. Durch dieses Werbeverbot soll gewährleistet werden, dass der Werbeadressat über die **Beziehung** zwischen der Veröffentlichung und dem beworbenen Heilmittel aufgeklärt wird. Es muss deshalb aus der Werbung hervorgehen, ob sich die Veröffentlichung nur auf die betreffende Frage im Allgemeinen oder auf das konkrete Heilmittel im Besonderen oder nur auf ein ähnliches Mittel bezieht.[1011] Außerdem müssen die in § 6 Nr. 2 HWG angeführten weiteren **Mindestangaben** (Name, Veröffentlichungszeitpunkt und Fundstelle) in der Werbung enthalten sein. Nur wenn **sämtliche** in § 6 Nr. 2 HWG enthaltenen Formalitäten erfüllt sind, ist eine zulässige Werbung unter Bezugnahme auf wissenschaftliche, fachliche oder sonstige Veröffentlichungen gegeben.[1012] Bezieht sich die Werbung auf ein **veröffentlichtes Gutachten** oder Zeugnis, sind die Formalitäten nach § 6 Nr. 2 HWG zu beachten. Die Vorschrift des § 6 Nr. 2 HWG geht insoweit der Regelung des § 6 Nr. 1 HWG als lex specialis vor.[1013] Wird in der Werbung auf **klassische Äußerungen** zu medizinischen Aspekten, wie zum Beispiel Zitate von Paracelsus, Bezug genommen, kann darin zwar nicht mehr eine wissenschaftliche oder fachliche Veröffentlichung gesehen werden, jedoch werden solche historischen Zitate als „sonstige Veröffentlichungen" bewertet,[1014] so dass insoweit das Werbeverbot des § 6 Nr. 2 HWG auch für Publikumswerbung gilt.[1015]

Werden aus der Fachliteratur entnommene Zitate, Tabellen oder sonstige Darstellungen nicht wortgetreu übernommen, ist nach § 6 **Nr. 3** HWG eine unzulässige Werbung gegeben (vgl. auch Art. 92 Abs. 3 RL 2001/83/EG). Das Erfordernis der **wortgetreuen Übernahme** soll das Vertrauen der Werbeadressaten darauf, dass die wiedergegebenen Zitate, Tabellen oder sonstige Darstellungen mit den jeweiligen Originalstellen übereinstimmen, schützen und verbietet deshalb inhaltliche Veränderungen, wie Ergänzungen oder (nicht eindeutig gekennzeichnete) Auslassungen. Eine inhaltliche Änderung liegt allerdings dann nicht vor, wenn ein fremdsprachiger Text originalgetreu in deutscher **Übersetzung** in der Werbung verwendet wird. Bei Tabellen oder sonstigen Darstellungen ist das Gebot zur wortgetreuen Übernahme sinngemäß zu beachten; sie sind vollständig, maßstabsgerecht und inhaltlich mit dem Original übereinstimmend zu verwenden.[1016] Das Gebot wortgetreuer Übernahme schließt zwar anderweitige Hinweise auf Fachliteratur nicht aus, jedoch muss dabei klargestellt werden, dass etwa eine wissenschaftliche Veröffentlichung nur als **Datenquelle** genutzt wird. Derartig aufbereitete Darstellungen verstoßen nur dann nicht gegen § 6 Nr. 3 HWG, wenn deutlich herausgestellt wird, dass sie nicht aus dem Original stammen (zB „modifiziert nach").[1017] 499

8. Werbung mit Werbegaben, § 7 HWG

a) Richtlinienkonformität. Nach § 7 Abs. 1 S. 1 Halbs. 1 HWG ist es bei der Werbung für Heilmittel grundsätzlich unzulässig, Zuwendungen und sonstige Werbegaben (Waren oder Leistungen) anzubieten, anzukündigen oder zu gewähren oder als Angehöriger der Fachkreise anzunehmen. Dieses Werbeverbot bezieht sich auf die Werbung für alle Heilmittel und zwar unabhängig davon, ob eine **Publikums-** oder **Fachwerbung** gegeben ist. Die Erstreckung des Werbeverbots auch auf den Bereich der Publikumswerbung deckt sich aber nicht mit den gemeinschaftsrechtlichen Vorgaben für die Humanarzneimittelwerbung, da sich die entsprechenden Bestimmungen in Art. 94 bis 96 RL 2001/83/EG nur auf die Werbung bei den im Gesundheitswesen tätigen Personen („zur Verschreibung oder Abgabe berechtigte Personen") beziehen. Die insoweit fehlende – oder zumindest fragliche – Richtlinienkonformität wurde bisher damit abgetan, dass der Gemeinschafts- 500

[1011] *Gröning* HWG § 6 Rn 19; *Zipfel/Rathke* HWG § 6 Rn 11 b.
[1012] *Bülow/Ring* HWG § 6 Rn 18; *Gröning* HWG § 6 Rn 25.
[1013] *Doepner* HWG § 6 Rn 36; *Erbs/Kohlhaas* HWG § 6 Rn 4; aA *Zipfel/Rathke* HWG § 6 Rn 11.
[1014] *Doepner* HWG § 6 Rn 35; *Gröning* HWG § 6 Rn 20.
[1015] → Rn 496.
[1016] OLG Hamburg GRUR-RR 2001, 115, 116; *Gröning* HWG § 6 Rn 30.
[1017] LG Hamburg PharmR 1995, 412; *Erbs/Kohlhaas* HWG § 6 Rn 9; *Zipfel/Rathke* HWG § 6 Rn 14.

kodex für Humanarzneimittel diesbezüglich nur Mindestanforderungen bestimme.[1018] Angesichts der nunmehr unstreitigen Vollharmonisierung der Werbung für Humanarzneimittel durch die RL 2001/83/EG ist aber – zumindest – diese Argumentation nicht mehr haltbar. Bei einem Verstoß gegen § 7 Abs. 1 HWG durch eine Öffentlichkeitswerbung für ein Arzneimittel muss demnach die fehlende bzw. unzureichende Richtlinienkonformität in die Unlauterkeitsbewertung einfließen.[1019] Dabei ist aber auch zu beachten, dass eine Gesamtschau der RL 2001/83/EG erkennen lässt, dass diese die Wertreklame gegenüber Verbrauchern wohl nicht uneingeschränkt zulassen will. So muss die Arzneimittelwerbung gemäß Art. 87 Abs. 3 1. Spiegelstrich RL 2001/83/EG einen „zweckmäßigen Einsatz des Arzneimittels fördern" und in Erwägungsgrund 45 ist bestimmt, dass die Öffentlichkeitswerbung nicht „übertrieben und unvernünftig" sein darf.[1020]

501 **b) Werbegabe.** Der allgemeine Zweck des § 7 Abs. 1 HWG, durch eine weitgehende Eindämmung der Wertreklame im Heilmittelbereich, der abstrakten Gefahr einer unsachlichen Beeinflussung zu begegnen, die von einer Wertwerbung ausgehen kann, erfordert es, den Begriff der Werbegabe nicht eng zu verstehen.[1021] Der Begriff der Zuwendung bzw. Werbegabe in § 7 Abs. 1 HWG ist deshalb **weit auszulegen.** Eine Werbegabe kann aber entsprechend dem Wortsinn nur angenommen werden, wenn die Vergünstigung unentgeltlich gewährt wird.[1022] Auch ein **Preisausschreiben** gegenüber Fachkreisen kann eine Werbegabe im Sinne des § 7 HWG sein, es sei denn, die Teilnahme setzt voraus, dass der Teilnehmende eine adäquate wirtschaftliche Gegenleistung im Interesse des Werbenden zu erbringen hat und damit das Merkmal der Unentgeltlichkeit der Werbegabe entfällt.[1023] Die Werbung für den Vertrieb von Heilmitteln mit einem Preisausschreiben kann somit gegen das Werbeverbot des § 7 Abs. 1 HWG verstoßen, weil sich aus § 11 Abs. 1 S. 1 Nr. 13 HWG nicht im Umkehrschluss ergibt, dass zwar die Werbung mit Preisausschreiben außerhalb von Fachkreisen unzulässig, dass sie aber innerhalb der Fachkreise unbegrenzt zulässig sei. Die Zulässigkeit solcher Preisausschreiben innerhalb der Fachkreise kann im Rahmen der Regelungen des HWG nur möglich sein, wenn die ausgelobten Gewinne die engen Grenzen von § 7 Abs. 1 HWG beachten. Dabei ist für die Beurteilung des Werts nicht die Gewinnchance, sondern der tatsächliche Wert des ausgelobten Gewinns maßgeblich.[1024]

502 **c) Adressaten.** Das Verbot des § 7 HWG gilt sowohl in der Publikums- als auch in der Fachkreiswerbung. Dabei richtet sich das Verbot zunächst gegen den Werbetreibenden und zwar auf allen Ebenen (Hersteller – Großhändler – Apotheker). Eine Erweiterung erfuhr der Anwendungsbereich des Werbeverbots durch die Aufnahme der weiteren Tatbestandshandlung **„als Angehöriger der Fachkreise anzunehmen".**[1025] Diese Erweiterung verfolgt das Ziel einer effektiveren Bekämpfung unerwünschter Verhaltensweisen im Bereich der Heilmittelwerbung. Entsprechend den Vorschriften der §§ 331 und 332 StGB zur strafbaren Vorteilsannahme und Bestechlichkeit ist nunmehr im Bereich des Heilmittelwerbegesetzes geregelt, dass Empfänger einer verbotswidrigen Zuwendung, sofern es sich um Angehörige der Fachkreise im Sinne des § 2 HWG handelt, gegen das Verbot des § 7 Abs. 1 HWG verstoßen.[1026]

503 **d) Mittelbare Gesundheitsgefährdung.** Nach der Rechtsprechung setzt § 7 Abs. 1 HWG voraus, dass die Werbung aufgrund ihrer Eignung, die Kunden unsachlich zu beein-

---

[1018] *Bülow/Ring* HWG § 7 Rn 10a; *Doepner* HWG § 7 Rn 75; *Gröning* HWG § 7 Rn 5: „Richtlinienprogramm".

[1019] *Bülow* GRUR 2006, 952, 953.

[1020] *Gröning* Bd. 2 RL 92/28/EWG Art. 9 und 10 Rn 2.

[1021] BGH GRUR 2003, 624 – Kleidersack. Die Werbegabe ist von einer bloßen Verkaufshilfe abzugrenzen (OLG Düsseldorf BeckRS 2009, 03074).

[1022] BGH GRUR 2003, 624, 625 – Kleidersack; LG München I PharmR 2008, 330, 335.

[1023] LG Baden-Baden MD 2004, 433, 436; *Doepner* HWG § 7 Rn 27.

[1024] LG München I MD 2004, 449, 451; LG Berlin MD 2008, 404, 407 – WM-Gewinnspiel.

[1025] *Kieser* PharmR 2004, 129, 130.

[1026] So Begr. RegE BT-Drucks. 15/1525 S. 164. S. auch LG München I PharmR 2008, 330, 334.

flussen,[1027] zumindest eine mittelbare Gesundheitsgefährdung bewirkt. Hiervon sei nach der Entscheidung „Krankenhauswerbung" des BGH[1028] auszugehen, wenngleich sich die Entscheidung auf den Tatbestand des § 11 HWG bezieht. Denn die Begründung, dass diese Vorschrift die Berufsausübungsfreiheit einschränkt und daher mit Rücksicht auf Art. 12 GG einschränkend im Sinne eines konkreten Gefährdungstatbestandes ausgelegt werden muss, gelte gleichermaßen für § 7 HWG. Das heißt, auch diese Vorschrift setze voraus, dass die Werbung geeignet ist, den Abnehmer in der Weise unsachlich zu beeinflussen, dass dadurch zumindest eine mittelbare Gesundheitsgefährdung bewirkt wird.[1029]

e) Ausnahmenkatalog. Kein Verstoß gegen § 7 Abs. 1 HWG stellen Zuwendungen 504
oder Werbegaben dar, die sich unter den **Katalog** der § 7 Abs. 1 S. 1 **Nr. 1 bis 5** HWG subsumieren lassen. Zulässige Zuwendungen oder Werbegaben liegen demnach insbesondere dann vor, wenn es sich um **Gegenstände von geringem Wert,** die durch eine dauerhafte und deutlich sichtbare Bezeichnung des Werbenden und/oder des beworbenen Produktes gekennzeichnet sind, oder um **geringwertige Kleinigkeiten** handelt (Nr. 1).[1030] Hinsichtlich der Geringwertigkeit schreibt das HWG keine absoluten Grenzen vor. Gemäß der Rechtsprechung ist hierbei nach dem jeweiligen Werbeadressaten zu differenzieren, so dass bei Werbegaben an Fachkreise eine etwas großzügigere Wertgrenze gilt.[1031] Auszugehen ist dabei nicht von den Beschaffungskosten, die der Verkäufer für die Leistung aufgewendet hat, sondern vom objektiven Verkehrswert, den die Werbegabe für den Durchschnittskunden hat.[1032] Ein weiteres Beispiel für zulässige Werbegaben und damit eine Ausnahme von dem grundsätzlichen Werbeverbot sind **Kundenzeitschriften** (Nr. 5).

f) Bar- und Naturalrabatte. Eine Neuregelung erfuhr der Bereich der Bar- und Na- 505
turalrabatte, der in § 7 Abs. 1 S. 1 **Nr. 2** HWG geregelt ist. Diese Änderung beruht auf einem im HWG völlig neuen Regelungsziel, da durch § 7 Abs. 1 S. 1 Nr. 2 HWG sichergestellt werden soll, „dass die Vorschriften der Arzneimittelpreisverordnung eingehalten werden und die Apotheken diejenigen Handelszuschläge erhalten, die ihnen aufgrund der in dieser Verordnung festgesetzten Handelszuschläge zustehen".[1033] Der Gesetzgeber hat demnach das Werberecht mit der Preisregulierung verwoben, um einen Beitrag zur Konsolidierung des Gesundheitswesens zu leisten.[1034] Es wird insoweit eine **„rein fiskalische und sozialpolitisch motivierte Zwecksetzung"** verfolgt uns somit ein systemfremder Schutzzweck eingeführt.[1035]

aa) Produktbezug. Generell scheidet die Anwendbarkeit des HWG und damit an sich 506
auch des Werbeverbots nach § 7 HWG aus, wenn eine bloße **Firmen-** oder **Vertrauenswerbung** vorliegt.[1036] Ein Verstoß gegen § 7 HWG ist deshalb – zumindest nach bisherigem Verständnis – nicht gegeben, wenn beispielsweise eine allgemeine Wertreklame als Teil einer Apothekenwerbung durchgeführt wird.[1037] Aufgrund des neuartigen Regelungszwecks von § 7 Abs. 1 S. 1 Nr. 2 HWG wird aber die Einschränkung des Anwendungsbereichs des HWG auf produktbezogene Absatzwerbung in der Rechtsprechungspraxis zunehmend auf-

---

1027 BGH GRUR 2006, 949, 952 – Kunden werben Kunden.

1028 BGH GRUR 2007, 809, 810 = WRP 2007, 1088 – Krankenhauswerbung.

1029 OLG Frankfurt BeckRS 2008, 13981 – Engel-Taler; OLG Frankfurt WRP 2008, 969, 971 – Bonussystem ausländischer Versandapotheken.

1030 BGH GRUR 1994, 656 – Stofftragetasche; OLG München GRUR-RR 2007, 297, 299 – Geld verdienen auf Rezept; OLG Oldenburg WRP 2006, 913, 914 – Einkaufsgutschein; OLG Hamburg GRUR-RR 2004, 219; LG München I PharmR 2008, 330, 336; LG Ulm PharmR 2007, 119, 123 – World in Balance.

1031 *Anhalt/Dieners/Besen/Räpple* Hdb. § 21 Rn 48; *Doepner* HWG § 7 Rn 37.

1032 LG Konstanz WRP 2004, 917, 918; *Doepner* HWG § 7 Rn 35.

1033 Amtl. Begr. BT-Drucks. 16/194 S. 11.

1034 *Mand* EuR Beiheft 2007, 59, 62; *Reinhart* DWA 2007, 91.

1035 GRUR-Fachausschuss GRUR 2008, 592, 594.

1036 → Rn 424.

1037 BGH GRUR 2002, 1088, 1091 – Zugabenbündel; *Auerbach* PZ 2004, 552, 554; *Kieser* PharmR 2004, 129, 133. Im Gesundheitsbereich ist außerdem darauf zu achten, was das einschlägige Berufsrecht bestimmt; → § 4–S 3 Rn 15.

geweicht. Angeführt wird von den Vertretern eines weiten Anwendungsbereichs, dass nach dem Willen des Gesetzgebers von dem Verbot gerade Werbemaßnahme erfasst sein sollen, die sich auf das **Gesamtsortiment** und nicht nur auf einzelne, konkretisierbare Arzneimittel beziehen, um die arzneimittelrechtlichen Preisvorschriften möglichst umfassend durchzusetzen. Es stellt sich deshalb die Frage, ob zumindest im Hinblick auf § 7 Abs. 1 S. 1 Nr. 2 HWG der Produktbezug aufgegeben wird.[1038]

507 Die Rechtsprechung hat auf diese Frage aber zumindest bisher keine einheitliche Antwort geliefert. Zum einen wird an einem engen Anwendungsbereich festgehalten, wonach ein konkreter Produktbezug erforderlich ist, weshalb zB bei einer reinen Apothekenimagewerbung oder bei einer Entschädigung für bestimmte Unannehmlichkeiten kein Fall von § 7 Abs. 1 HWG gegeben sei.[1039] Zum anderen wird ein weiter Anwendungsbereich vertreten, so dass auch Rabatte auf das Gesamtsortiment anhand von § 7 Abs. 1 HWG überprüft werden. Begründet wird dies damit, dass es keinen überzeugenden Grund gebe, den vom Gesetzgeber im Bereich der Heilmittelwerbung als grundsätzlich unerwünscht angesehenen Anreiz einer Wertreklame gerade dann hinzunehmen, wenn diese Wertreklame besonders großflächig ausgeübt wird.[1040] Neuerdings wird von Teilen der Rechtsprechung auch eine Art Mittelweg beschritten, wobei dem neuartigen Schutzzweck des § 7 Abs. 1 S. 1 Nr. 2 HWG Bedeutung beigemessen wird. Im Ergebnis wird unter Berufung auf den BGH[1041] festgestellt, dass im Zusammenhang mit **Händlerwerbung** nur geringe Anforderungen an die Verknüpfung der Werbemaßnahme mit einem bestimmten Produkt zu stellen sind.[1042] Während bei einer Werbung eines Herstellerunternehmens weiterhin als Abgrenzungskriterium die Anpreisung bestimmter bzw. zumindest konkretisierbarer Arzneimittel dienen soll, wird im Rahmen von Händlerwerbung ein bloßer **Gattungsbezug** als ausreichend angesehen. Ein Gattungsbezug soll zB bei einer Bezugnahme auf sämtliche verschreibungspflichtige Arzneimittel gegeben sein.[1043]

508 **bb) Rückausnahmen.** Die Nr. 2 mit den Buchstaben a) und b) stellt zunächst eine Ausnahme („es sei denn“) zu dem Verbot der Wertreklame dar. In Halbs. 2 der Nr. 2 findet sich aber sodann sowohl zu lit. a (Barrabatte) als auch zu lit. b (Naturalrabatte) jeweils eine Einschränkung, eine sog. Rückausnahme. Die Reichweite der Rückausnahmen zu den lit. a und b ist unterschiedlich.

509 **cc) Barrabatte.** Nach § 7 Abs. 1 Nr. 2 lit. a HWG sind Barrabatte für Arzneimittel unzulässig, soweit sie entgegen den Preisvorschriften gewährt werden, die aufgrund des Arzneimittelgesetzes gelten. Im Umkehrschluss bedeutet dies, dass Barrabatte in bestimmten Fällen zulässig sind.[1044] Barrabatte für Arzneimittel, deren Abgabe vom Anwendungsbereich der **Arzneimittelpreisverordnung** (AMPreisV) ausgenommen ist, sind damit zulässig. Der AMPreisV unterfallen insbesondere nicht die **nicht verschreibungspflichtigen** Arzneimittel (§ 1 Abs. 4 AMPreisV) sowie die von Krankenhausapotheken abgegebenen Arz-

---

[1038] *Mand* A&R 2006, 54, 56f; *ders.* DAZ 2006, 1520, 1521; *Reinhart* DWA 2007, 91, 92. S. auch *Möller* GRUR 2006, 292, 296; *Peter* GRUR 2006, 910, 911.

[1039] OLG Hamburg GRUR-RR 2007, 403, 404 = WRP 2007, 1377 – Saartaler; OLG Naumburg GRUR-RR 2007, 159 – Kaffeezuckertütchen; OLG Naumburg GRUR-RR 2006, 336, 337 – Einkauf-Gutschein; OLG Düsseldorf WRP 2005, 135, 136 – Joker-Coupons. S. auch *Peter* GRUR 2006, 910, 911.

[1040] OLG Frankfurt GRUR-RR 2005, 393 – Barrabatt für Hörgeräte; OLG Frankfurt WRP 2008, 969, 971 – Bonussystem ausländischer Versandapotheken. In diesem Sinne auch OLG Oldenburg WRP 2006, 913, 914 – Einkaufsgutschein.

[1041] BGH GRUR 2006, 949, 952 – Kunden werben Kunden.

[1042] OLG Saarbrücken GRUR-RR 2008, 84, 87 – Ärztebroschüre; OLG Nürnberg WRP 2009, 106 – Scheinentgelte für Zugaben; OLG München GRUR-RR 2007, 297, 299 – Geld verdienen auf Rezept.

[1043] OLG Saarbrücken GRUR-RR 2008, 84, 87 – Ärztebroschüre; OLG Hamburg A&R 2009, 87; s. auch KG MD 2008, 754, 758 – Bonuspunkte.

[1044] *Mand* A&R 2006, 54, 57; *ders.* DAZ 2006, 1520, 1521; *H.J. Meyer* A&R 2006, 60, 62; *Reinhart* DWA 2007, 91, 92. S. a. LG Hamburg MD 2009, 204: „Mit Preisnachlässen für vom Verfall bedrohte Restposten, die lediglich in zahlenmäßig unbedeutsamen Einzelfällen erfolgten, wird das gesetzliche Verbot nicht verletzt

neimittel (§ 1 Abs. 3 Nr. 1 AMPreisV). Dagegen sind Barrabatte für von der AMPreisV erfasste und damit für **verschreibungspflichtige** Arzneimittel verboten, soweit sie über die AMPreisV hinausgehen.[1045] Dieses Barrabattverbot gilt für alle Vertriebsstufen und damit insbesondere auch für den Arzneimittelhersteller, denn nach § 78 Abs. 3 AMG haben die pharmazeutischen Unternehmer einen einheitlichen Abgabepreis sicherzustellen.[1046] Unklar ist dagegen die Situation für rezeptfreie Arzneimittel (sog. OTC-Arzneimittel), die ausnahmsweise in der GKV erstattungsfähig sind, da es insoweit zum einen um eine Preisregelung geht, die zumindest primär aufgrund sozialrechtlicher Vorschriften (§ 34 Abs. 1 S. 2 SGB V) und nicht „aufgrund des Arzneimittelgesetzes" gilt, und zum anderen die Voraussetzung der Erstattung in der GKV vom konkreten Einzelfall abhängig ist.[1047]

In der Rechtsprechung umstritten ist die Frage, wie das **Verhältnis** von § 7 Abs. 1 Nr. 2 **510**
HWG **zu § 78 AMG iVm AMPreisV** zu beurteilen ist. Zum einen wird eine ausschließliche Anwendbarkeit des § 7 Abs. 1 HWG damit begründet, dass die AMPreisV und die Vorschrift zur Preisfestsetzungsermächtigung in § 78 Abs. 1 Nr. 1 AMG jeweils keine eigenständige Verbotsnorm bezüglich der Gewährung von Rabatten enthalten.[1048] Zum anderen wird unter Verweis auf den unterschiedlichen Schutzweck argumentiert, dass § 7 HWG und § 78 AMG nebeneinander anwendbar sind. Während § 7 HWG die Fälle unzulässiger, weil den Abnehmer unsachlich beeinflussender und eine mittelbare Gesundheitsgefährdung auslösender Wertreklame regele, ziele § 78 AMG darauf, bei der Abgabe verschreibungspflichtiger Arzneimittel auf der letzten Handelsstufe einen Preiswettbewerb auszuschließen.[1049] Die letztere Meinung hat für das angerufene Gericht den pragmatischen Vorteil, dass eine Auseinandersetzung mit dem Anwendungsbereich des HWG entbehrlich ist.

dd) Naturalrabatte. Nach § 7 Abs. 1 Nr. 2 lit. b HWG sind Naturalrabatte für alle **511**
(verschreibungspflichtigen und nicht verschreibungspflichtigen) **apothekenpflichtigen** Arzneimittel verboten.[1050] Der Ausschluss von Naturalrabatten gilt insoweit zwischen allen Handelspartnern und gegenüber den Verbrauchern. Insbesondere gilt das Verbot auch für den Krankenhausbereich.[1051] So hat etwa das Bundesgesundheitsministerium am 9. 5. 2006 gegenüber dem Bundesverband Deutscher Krankenhausapotheker klargestellt, dass Vereinbarungen über „Nullware" gegen § 7 HWG verstoßen.[1052] Ausgenommen ist die Gewährung von Naturalrabatten bei **freiverkäuflichen** Arzneimitteln, so dass dies insbesondere auch an den Endverbraucher zulässig ist.[1053]

Obwohl die Regelung des § 7 Abs. 1 Nr. 2 lit. b HWG (ausnahmsweise) eindeutig und **512**
klar verständlich ist, wird diese in der Literatur scharf kritisiert. Es wird insoweit angeführt, dass eine **Abgrenzung zwischen Bar- und Naturalrabatt** nicht möglich ist, weil sich der Naturalrabatt letztlich auch als Preisrabatt darstellen lässt, weshalb die Sinnhaftigkeit

[1045] OLG Köln WRP 2007, 471, 473 – Arzneimittelrabatte; OLG Hamburg GRUR-RR 2007, 403 = WRP 2007, 1377 – Saartaler. S. auch BT-Drucks. 16/691 S. 18 und BT-Drucks. 16/194 S. 11: „Barrabatte an die Apotheken, insbesondere Skonti, bleiben in dem von der Arzneimittelpreisverordnung gesetzten Rahmen zulässig, da der Großhandelszuschlag aufgrund der Bestimmungen der Arzneimittelpreisverordnung ein Höchstzuschlag ist, auf dessen Geltendmachung gegenüber der Apotheke der Großhandel, bzw. im Falle des Direktbezugs, das pharmazeutische Unternehmen ganz oder teilweise verzichten kann.".

[1046] OLG Köln WRP 2007, 471 – Arzneimittelrabatte m. Anm. Wettbewerszentrale. S. auch *Mand* EuR Beiheft 2007, 59, 75; *H.J. Meyer* A&R 2006, 60, 63; GRUR-Fachausschuss GRUR 2008, 592, 593; aA noch *Grunert* PharmR 2006, 264, 269.

[1047] *GRUR-Fachausschuss* GRUR 2008, 592, 594. Gegen ein Unterfallen unter das Verbot *Mand* A&R 2006, 54, 58; *ders.* DAZ 2006, 1520, 1521.

[1048] OLG Hamburg GRUR-RR 2007, 403, 404 = WRP 2007, 1377 – Saartaler.

[1049] OLG Frankfurt BeckRS 2008, 13 981 – Engel-Taler; OLG Karlsruhe GRUR-RR 2009, 176 – Douglastaler; OLG Frankfurt WRP 2008, 969, 971 – Bonussystem ausländischer Versandapotheken; KG MD 2008, 754, 758 – Bonuspunkte; OLG Frankfurt WRP 2006, 613 – Family-Taler; LG München I DAZ 2008, 3031. S. auch *Rehmann* AMG § 78 Rn 5.

[1050] BT-Drucks. 16/691 S. 18.

[1051] LG München I WRP 2008, 681, 684 – Preisnachlässe für Krankenhausapotheken.

[1052] Bericht aus AZ vom 29. 5. 2006; „Nullware": Lieferung von Ware ohne Berechnung.

[1053] *Mand* A&R 2006, 54, 59; *H.J. Meyer* A&R 2006, 60, 66; *Reinhart* DWA 2007, 91, 92.

dieser Differenzierung sehr zweifelhaft sei.[1054] Aus wirtschaftlicher und wettbewerbsrechtlicher Sicht spiele es keine Rolle, ob die Honorierung durch eine Reduktion des verlangten Geldbetrages (Barrabatt) oder aber in Form der „Drein-" oder „Draufgabe" einer Menge gleicher Ware (Naturalrabatt) erfolgt.[1055] Begründen lässt sich die fragwürdige Differenzierung zwischen den unterschiedlichen Formen der Rabattgewährung wohl nur mit dem systemfremden Schutzzweck des § 7 Abs. 1 Nr. 2 HWG. Nur unter Transparenzgesichtspunkten kann es von Bedeutung sein, ob ein Bar- oder ein Naturalrabatt gewährt wird.[1056] Es erscheint aber fragwürdig, ob die Förderung der Preistranparenz geeignet bzw. ausreichend ist, um ein solches Werbeverbot zu rechtfertigen; dies insbesondere auch deshalb, weil hiervon nur Arzneimittel, nicht aber die anderen Heilmittel wie zB Medizinprodukte betroffen sind.[1057]

513 **g) Angehörige der Heilberufe. aa) Für die berufliche Praxis.** Werbegaben für Angehörige der Heilberufe (zB Ärzte oder Apotheker, aber auch Heilhilfsberufe) unterliegen der weiteren Einschränkung, dass sie gemäß § 7 Abs. 1 S. 2 HWG für die „ärztliche, tierärztliche oder pharmazeutische Praxis" bestimmt sein müssen. Diese Regelung in S. 2 des § 7 Abs. 1 HWG stellt für den Bereich der Fachkreiswerbung eine Ergänzung der in S. 1 getroffenen Bestimmungen dar, weshalb zusätzlich ein Fall des Ausnahmenkatalogs (Nr. 1 – Nr. 5) gegeben sein muss. Die in der Publikumswerbung erlaubten Werbegaben sind demnach bei Gewährung an Angehörige der Heilberufe nur dann zulässig, wenn die Zuwendung darüber hinaus für die berufliche Praxis bestimmt ist.[1058] Die Werbegaben müssen gemäß ihrer Gebrauchs- und Verbrauchseigenschaften objektiv zur Verwendung in der beruflichen Praxis der Angehörigen der Heilberufe geeignet sein (zB Kugelschreiber, Kalender oder Notizblöcke), wobei eine Abzweigung für den privaten Gebrauch in einem gewissen Toleranzrahmen unschädlich ist.[1059]

514 **bb) Muster.** Eine weitere Sonderregelung enthält § 7 Abs. 1 S. 3 HWG für die Werbung mit **Arzneimittelmustern.**[1060] Danach bleibt § 47 Abs. 3 AMG, der – gemeinsam mit § 47 Abs. 4 AMG – die Abgabe von Arzneimittelmustern regelt, unberührt. Es handelt sich hierbei um eine weitere Ausnahme vom grundsätzlichen Verbot der Werbung mit Werbegaben, das auch Arzneimittelmuster erfasst, da es pharmazeutischen Unternehmen erlaubt bleibt, Arzneimittelmuster in dem von § 47 Abs. 3, 4 AMG abgesteckten Rahmen abzugeben.[1061] Auch wenn § 7 Abs. 1 S. 3 HWG ausdrücklich nur § 47 Abs. 3 AMG erwähnt, ist aus dem systematischen Zusammenhang zu folgern, dass die Freistellung vom Werbeverbot des § 7 Abs. 1 HWG nur insoweit erfolgen soll, wie die Musterabgabe arzneimittelrechtlich nach § 47 Abs. 3 und 4 AMG insgesamt zulässig ist.[1062] Für den Bereich der Publikumswerbung ist außerdem die Vorschrift des § 11 Abs. 1 S. 1 Nr. 14 HWG zu beachten.[1063]

515 **cc) Veranstaltungen.** § 7 Abs. 2 HWG erlaubt schließlich Zuwendungen im Rahmen **ausschließlich berufsbezogener wissenschaftlicher** Veranstaltungen, sofern die Zuwendungen einen vertretbaren Rahmen nicht überschreiten, insbesondere in Bezug auf den wissenschaftlichen Zweck der Veranstaltung von untergeordneter Bedeutung sind und sich nicht auf andere als im Gesundheitswesen tätige Personen erstrecken. Das Werbeverbot des § 7 Abs. 1 HWG findet auf solche Veranstaltungen (zB Ärztekongress oder Fortbil-

[1054] *Mand* DAZ 2006, 1520, 1522; *Möller* WRP 2006, 428, 430.
[1055] GRUR-Fachausschuss GRUR 2008, 592, 593.
[1056] *Möller* WRP 2006, 428, 431; *Reinhart* DWA 2007, 91, 93.
[1057] GRUR-Fachausschuss GRUR 2008, 592, 593.
[1058] *Bülow/Ring* HWG § 7 Rn 51f; *Zipfel/Rathke* HWG § 7 Rn 27.
[1059] *Doepner* HWG § 7 Rn 58. S. auch OLG Hamburg MD 2007, 1044, 1046 – Probeflug.
[1060] Nach dem Wortlaut sind Medizinproduktemuster nicht erfasst; s. GRUR-Fachausschuss GRUR 2008, 592, 594.
[1061] *Kloesel/Cyran* AMG § 47 Rn 41ff; *Rehmann* AMG § 47 Rn 16f.
[1062] *Doepner* HWG § 7 Rn 59; *Zipfel/Rathke* HWG § 7 Rn 28.
[1063] → Rn 575.

dungsseminar) bzw. auf die durch solche Veranstaltungen gewährten Zuwendungen (zB An- und Abreise, Übernachtung und Verpflegung) keine Anwendung. Grundvoraussetzung für die Anwendbarkeit der Regelungen in § 7 Abs. 1 und 2 HWG ist aber, dass überhaupt von einer produktbezogenen Absatzwerbung ausgegangen werden kann.[1064] Dies dürfte zumindest bei solchen wissenschaftlichen Veranstaltungen nicht der Fall sein, die keinen konkreten Bezug zu dem Vertriebsprogramm des fördernden Pharmaunternehmens aufweisen.[1065] Soweit ein Produktbezug angenommen werden kann, darf sich die Zuwendung nur an **im Gesundheitswesen tätige Personen** (Heilberufe, Heilhilfsberufe und Heilgewerbe) richten und damit beispielsweise nicht an Ehepartner oder andere „Begleitpersonen", sofern diese nicht selbst im Gesundheitswesen tätig sind.[1066] In sachlicher Hinsicht darf die Zuwendung einen **vertretbaren Rahmen** nicht überschreiten und insbesondere für den Veranstaltungsteilnehmer nicht der eigentliche Grund des Besuchs sein. Der im Gesetz hierzu enthaltene Hinweis „vertretbaren Rahmen" ist sehr vage und im Hinblick auf das Bestimmtheitsgebot des Art. 103 Abs. 2 GG bedenklich.[1067] Kein geeignetes Beurteilungskriterium ist insoweit die „Geringwertigkeit" im Sinne des § 7 Abs. 1 S. 1 Nr. 1 HWG, weshalb in der Praxis als Maßstab lediglich herangezogen werden kann, was die im Gesundheitswesen tätigen Personen – insbesondere auch im Hinblick auf die berufsrechtlichen Vorgaben – als üblich bzw. vertretbar ansehen.[1068]

h) Blut-, Plasma oder Gewebespenden. Es ist nach § 7 Abs. 3 HWG unzulässig, für die Entnahme oder sonstige Beschaffung von Blut-, Plasma oder Gewebespenden zur Herstellung von Blut- und Gewebeprodukten und anderen Produkten zur Anwendung bei Menschen mit der Zahlung einer **finanziellen Zuwendung oder Aufwandsentschädigung** zu werben. Dieses Verbot kann aber nicht einschränkungslos gelten, sondern muss sich auf die „**reklamehafte, anpreisende, die Aufwandsentschädigung als Anlockmittel in den Vordergrund stellende oder gar reißerische** Werbung" beschränken. Die bloße sachliche Information dagegen darüber, dass eine bestimmte Aufwandsentschädigung gezahlt wird, kann nicht verboten sein, mag sie auch in einen werblichen Zusammenhang eingebettet sein.[1069] 516

9. Vertriebsbezogene Werbung, § 8 HWG

a) Versandhandel. Durch das GKV-Modernisierungsgesetz wurde die Vorschrift des § 8 HWG neugefasst und der frühere Abs. 1 wurde aufgehoben, da sich dessen Verbot auf den Versandhandel bezogen hatte, der nunmehr grundsätzlich möglich ist.[1070] Eine Werbung, die darauf hinwirkt, apothekenpflichtige Arzneimittel im Wege des (zugelassenen) Versandes zu beziehen, ist damit grundsätzlich zulässig. Nach der Rechtsprechung des EuGH ist zwar an sich nur eine Differenzierung zwischen verschreibungspflichtigen und nicht verschreibungspflichtigen Arzneimitteln geboten, da Art. 88 Abs. 1 RL 2001/83/EG dem Werbeverbot des § 8 Abs. 1 HWG aF nur insoweit entgegenstand.[1071] Der deutsche Gesetzgeber hat sich aber für eine umfassende Liberalisierung des Versandhandels mit Arzneimitteln entschieden. 517

b) Teleshopping. Entsprechend der früheren Regelung in § 8 Abs. 2 HWG aF ist nunmehr nach § 8 HWG „nur" noch die Werbung unzulässig, Arzneimittel im Wege des Teleshopping oder bestimmte Arzneimittel im Wege der Einzeleinfuhr nach § 73 Abs. 2 518

[1064] → Rn 506.
[1065] *Doepner* HWG § 7 Rn 69; *Gröning* HWG § 7 Rn 21.
[1066] *Bülow/Ring* HWG § 7 Rn 61; *Gröning* HWG § 7 Rn 23.
[1067] *Doepner* HWG § 7 Rn 72; ähnlich *Bülow/Ring* HWG § 7 Rn 62, aber mit Hinweis auf § 15 Abs. 1 Nr. 3 und 3 a HWG.
[1068] *Bülow/Ring* HWG § 7 Rn 62; *Doepner* HWG § 7 Rn 72.
[1069] OLG Düsseldorf GRUR-RR 2007, 117 – Blutspendereklame.
[1070] So Begr. RegE BT-Drucks. 15/1525 S. 164 (GKV-Modernisierungsgesetz vom 14. 11. 2003). S. auch BVerfG WRP 2003, 491 – Impfstoffversand.
[1071] EuGH GRUR 2004, 174, 182 – DocMorris.

Nr. 6a oder § 73 Abs. 3 AMG zu beziehen.[1072] Die Einführung des Werbeverbots bzgl. des Teleshopping **(Fernseheinkauf)** erfolgte in Umsetzung der Änderungsrichtlinie 97/36/EG.[1073] In Art. 1 lit. f der RL 97/36/EG wird Teleshopping als „Sendungen direkter Angebote an die Öffentlichkeit für den Absatz von Waren oder die Erbringung von Dienstleistungen, einschließlich unbeweglicher Sachen, Rechte und Verpflichtungen, gegen Entgelt" definiert.[1074] Das Verbot, für den Bezug von Arzneimitteln im Wege des Teleshopping zu werben, erstreckt sich auf sämtliche und damit insbesondere auch auf freiverkäufliche Arzneimittel.[1075]

519 **c) Einzeleinfuhr.** Die zweite Alternative des § 8 HWG bezieht sich auf Ausnahmen von dem Verbringungsverbot des § 73 AMG, nämlich auf die Fälle der Einzeleinfuhr gemäß § 73 Abs. 2 Nr. 6a AMG **(Bezug für den üblichen persönlichen Bedarf)** und § 73 Abs. 3 AMG **(Apothekenbestellung).**[1076] Nach dem Sinn und Zweck des § 8 Alt. 2 HWG soll verhindert werden, dass die in eng begrenzten Ausnahmefällen zulässigen Einzeleinfuhren von im Inland nicht zugelassenen Arzneimitteln durch werbliche Aktivitäten derart ausgeweitet werden, dass das nationale Zulassungsrecht unterlaufen wird.[1077] Nach der Rechtsprechung des EuGH bestehen keine Bedenken gegen die grundsätzliche Vereinbarkeit dieses Werbeverbots mit dem Gemeinschaftsrecht, da durch das Werbeverbot des § 8 HWG der Ausnahmecharakter der Einzeleinfuhr von nicht zugelassenen Arzneimitteln gewahrt und dadurch dem Schutz der Gesundheit und des Lebens von Menschen gedient wird.[1078] Außerdem trägt die Stärkung des Ausnahmecharakters einer Ausnahmegenehmigung für das Inverkehrbringen auch dazu bei, die praktische Wirksamkeit des Verfahrens der Genehmigung für das Inverkehrbringen zu wahren.[1079] Andererseits sind diese Formen der Einzeleinfuhr vom Gesetzgeber – zu den im AMG bestimmten Bedingungen – ausdrücklich erlaubt, weshalb der an sich weite **Werbebegriff einschränkend** dahingehend **ausgelegt** werden muss, dass nicht bereits jede produktbezogene kommunikative Äußerung unter das Werbeverbot fällt, die einen Kunden zu einem Kaufentschluss veranlassen könnte. Produktspezifische Informationen, die lediglich reaktiv auf konkrete Anfragen weitergegeben werden, sind deshalb nicht als verbotene Absatzwerbung im Sinne des § 8 HWG anzusehen.[1080] Es ist deshalb zB kein Fall von § 8 HWG gegeben, soweit es um die Übersendung von Listen nicht zugelassener Arzneimittel an Apotheker geht, deren Einfuhr aus einem anderen Mitgliedstaat oder aus einem dritten Vertragsstaat des EWR-Abkommens nur ausnahmsweise zulässig ist und „die keine anderen Informationen als die über den **Handelsnamen,** die **Verpackungsgrößen,** die **Wirkstärke** und den **Preis** dieser Arzneimittel enthalten".[1081] Dies entspricht auch den Regelungen der neu eingefügten **Absätze 5 und 6 des § 1 HWG,** durch die der Anwendungsbereich des HWG eingeschränkt wird.[1082] Der Übergang vom zulässigen reaktiven Informationsaustausch im Sinne des § 1 Abs. 5 HWG zum unzulässigen aktiven Werbeverhalten ist aber fließend und mit entsprechenden Risiken verbunden.[1083]

1072 BGH GRUR 2008, 275 – Versandhandel mit Arzneimitteln.

1073 RL 97/36/EG des Europäischen Parlaments und des Rates vom 30. 6. 1997 zur Änderung der RL 89/552/EWG, ABl. EG Nr. L 202 vom 30. 7. 1997, S. 70. Die Änderung betrifft die sog. Fernsehrichtlinie.

1074 *Bülow/Ring* HWG § 8 Rn 29; *Gröning* HWG § 8 Rn 33.

1075 *Bülow/Ring* HWG § 8 Rn 28.

1076 *Gröning* HWG § 8 Rn 28ff; *Kloesel/Cyran* AMG § 73 Rn 6a, 16f; *Remann* AMG § 73 Rn 10, 15.

1077 OLG München MD 1999, 710, 714; *Gröning* HWG § 8 Rn 31; *Klados* WRP 2001, 1058, 1063.

1078 EuGH EuZW 1995, 86 – Lucien Ortscheit/Eurim-Pharm; *Hiltl* PharmR 1995, 116ff. S. hierzu auch EuGH GRUR 2004, 174, 182 – DocMorris; *Rolfes* MMR 2003, 571, 573.

1079 EuGH GRUR 2008, 264, 266 = WRP 2008, 201, 204 – Ludwigs-Apotheke/Juers Pharma; s. auch Vorlagebeschluss LG Hamburg PharmR 2006, 337. AA noch OLG Hamburg PharmR 2005, 365, 367.

1080 OLG Hamburg NJOZ 2002, 1123, 1126; *Doepner* HWG § 8 Rn 50; *Mand* WRP 2003, 192, 195.

1081 EuGH GRUR 2008, 264, 267 = WRP 2008, 201, 205 – Ludwigs-Apotheke/Juers Pharma. S. auch *Stebner* PharmR 2008, 25, 26.

1082 → Rn 440f.

1083 OLG Schleswig PharmR 1996, 332: Angebot an Krankenhausapotheke; OLG Frankfurt PharmR 1995, 106: Übergabe einer Preisvergleichsliste; *Klados* WRP 2001, 1058, 1063; *Mand* WRP 2003, 192, 195.

10. Werbung für Fernbehandlung, § 9 HWG

520 Nach § 9 HWG ist eine Werbung für die Erkennung oder Behandlung von Krankheiten, Leiden, Körperschäden oder krankhafte Beschwerden, die nicht auf eigener Wahrnehmung an dem zu behandelnden Menschen oder Tier beruht (Fernbehandlung), unzulässig. Da sich diese Kommentierung nicht auf „Verfahren" und „Behandlungen" im Sinne des § 1 Abs. 1 Nr. 2 HWG bezieht,[1084] wird das Werbeverbot des § 9 HWG nur insoweit besprochen, als es um Fälle mit konkretem **Produktbezug** („Herstellerwerbung") geht. Dementsprechend bestimmt Art. 90 lit. a RL 2001/83/EG, dass die Öffentlichkeitswerbung für ein Arzneimittel keine Elemente enthalten darf, die „eine ärztliche Untersuchung oder einen chirurgischen Eingriff als überflüssig erscheinen lassen, insbesondere dadurch, dass sie eine Diagnose anbieten oder eine Behandlung auf dem Korrespondenzwege empfehlen". Dass sich das Gemeinschaftsrecht insoweit auf den Bereich der Öffentlichkeitswerbung beschränkt, ist unbeachtlich, da dem Begriff der Fernbehandlung im Sinne des § 9 HWG die Ansprache des Laienpublikums immanent ist.[1085] Gemäß dem Wortlaut von § 9 HWG unterfallen der Fernbehandlung nur die **Erkennung** (Diagnose) und **Behandlung** (Therapie) von Krankheiten, so dass das Werbeverbot nicht den Bereich der reinen Vorbeugung und Verhütung erfasst.[1086]

521 Eine produktbezogene Werbung kann im Einzelfall einen Verstoß gegen § 9 HWG begründen, wenn beispielsweise ein Pharmaunternehmen einem anfragenden Kunden, der die Symptome seiner Krankheit schildert, hierfür ein bestimmtes Heilmittel nebst einschlägiger Informationen empfiehlt und sich dabei als „Behandelnder" geriert. Die Empfehlung eines bestimmten Heilmittels für eine **abstrakt benannte Krankheit** ist dagegen keine Fernbehandlung. Die allgemeine, bei produktbezogener Werbung regelmäßig implizierte Aufforderung, bei bestimmten Krankheitssymptomen ein bestimmtes Heilmittel anzuwenden, stellt deshalb keine Werbung für eine Fernbehandlung dar.[1087]

11. Publikumswerbeverbote, § 10 HWG

522 Die in § 10 HWG geregelten Werbeverbote können unter den Oberbegriff „Publikumswerbeverbote" gefasst werden, auch wenn die Regelung des § 10 Abs. 1 HWG darüber hinaus geht und auf eingeschränkte Fachkreise abstellt. Die Werbeverbote beziehen sich auf bestimmte Heilmittel, nämlich in Abs. 1 auf verschreibungspflichtige Arzneimittel und in Abs. 2 auf Schlafmittel, Psychopharmaka und Arzneimittel zur Beeinflussung der Stimmungslage. § 10 HWG verfolgt hinsichtlich dieser Heilmittel den präventiven Zweck, den Gefahren einer Selbstmedikation und damit dem **Arzneimittelfehlgebrauch sowie -missbrauch** zu begegnen.[1088]

523 **a) Verschreibungspflichtige Arzneimittel, § 10 Abs. 1 HWG. aa) Eingeschränkte Fachkreise.** Nach § 10 Abs. 1 HWG darf für verschreibungspflichtige Arzneimittel (§ 48, § 49 AMG) nur bei Ärzten, Zahnärzten, Tierärzten, Apothekern und Personen, die mit diesen Arzneimitteln erlaubterweise Handel treiben (pharmazeutische Unternehmen und Großhändler), geworben werden. Demnach ist nicht nur die Publikumswerbung, sondern außerdem die Werbung für verschreibungspflichtige Arzneimittel bei **Heilpraktikern,** den sog. Heilhilfsberufen, beruflichen **Tierhaltern** und den sonstigen Personen verboten, die zwar zu den Fachkreisen im Sinne des § 2 HWG, aber nicht zu den eingeschränkten Fachkreisen im Sinne des § 10 Abs. 1 HWG zählen.[1089] Diese Differenzierung

---

[1084] → Rn 432.

[1085] *Doepner* HWG § 9 Rn 19; kritisch *Gröning* HWG § 9 Rn 2.

[1086] *Anhalt/Dieners/Besen/Räpple* Hdb. § 21 Rn 51; *Bülow/Ring* HWG § 9 Rn 4; OLG Karlsruhe MD 2009, 264 – Fernbehandlung.

[1087] *Bülow/Ring* HWG § 9 Rn 9; *Erbs/Kohlhaas* HWG § 9 Rn 2.

[1088] *Bülow/Ring* HWG § 10 Rn 1; *Mand* WRP 2003, 192, 197; ähnlich *Stoll* PharmR 2004, 100, 101; ebenso KG WRP 1994, 111, 113.

[1089] LG Berlin MD 2007, 870, 877; *Gröning* HWG § 10 Rn 17 f.

deckt sich mit der entsprechenden gemeinschaftsrechtlichen Regelung des Art. 88 Abs. 1 lit. a RL 2001/83/EG, wonach im Hinblick auf verschreibungspflichtige Arzneimittel die Öffentlichkeitswerbung verboten und somit im Umkehrschluss die „Arzneimittelwerbung bei Personen, die zur Verschreibung oder zur Abgabe von Arzneimitteln befugt sind" zulässig ist.[1090]

524 **bb) Verfassungskonforme Auslegung.** Auch wenn die Richtlinienkonformität von § 10 Abs. 1 HWG außer Frage steht, wird dessen Vereinbarkeit insbesondere mit Art. 12 Abs. 1 GG und Art. 5 Abs. 1 GG diskutiert.[1091] Aus Sicht des BVerfG steht die Vorschrift des § 10 Abs. 1 HWG mit **Art. 12 Abs. 1 GG** in Einklang, solange dem HWG im Bereich der **Selbstdarstellung der Ärzte** keine eigenständige Bedeutung beigemessen wird. Aus diesem Grund stellt die Erwähnung eines speziellen Wirkstoffes auf der Homepage einer Arztpraxis keine unzulässige Werbung für das genannte Arzneimittel dar, auch wenn dieser Wirkstoff die einzige in einem verschreibungspflichtigen Arzneimittel enthaltene Substanz ist und deshalb für die angesprochenen Verbraucher deutlich erkennbar auf dieses Arzneimittel hindeutet. Wird eine ärztliche Behandlung (hier: „biologisches Facelifting") entscheidend durch die Wahl des Wirkstoffs (hier: Botulinum-Toxin) und nicht durch Besonderheiten einer Behandlungsmethode geprägt, so darf der Arzt, der auf die Vornahme solcher Behandlungen hinweisen will, grundsätzlich den Wirkstoff erwähnen.[1092] In Abgrenzung zu dieser BVerfG-Rechtsprechung hat aber das OLG Frankfurt entschieden, dass das Recht des beklagten Arztes zur Selbstdarstellung dadurch, dass die beanstandete Zeitungsanzeige als gegen § 10 Abs. 1 HWG verstoßend eingeordnet wird, nicht in einer mit Art. 12 GG unvereinbaren Weise beeinträchtigt werde, denn der Arzt hat sich in dieser Anzeige darauf beschränkt, **plakativ** einige Behandlungsmethoden mit unterschiedlicher Zielsetzung zu bewerben.[1093] Dagegen soll eine elektronische Datenbank mit über 7000 namentlich gelisteten, zum Teil verschreibungspflichtigen Arzneimitteln, die ohne Zugangsbeschränkung nach Namen und Wirkstoffen durchsucht werden kann, keine heilmittelrechtlich unzulässige Publikumswerbung darstellen, solange nicht einzelne Arzneimittel **werbetypisch herausgehoben** sind. Eine andere, zum Verbot dieser Informationsmittel führende Auslegung von § 10 Abs. 1 HWG würde nach der Rechtsprechung des BVerfG das durch Art. 12 Abs. 1 GG geschützte Interesse des Datenbankbetreibers, über Arzneimittel **„sachangemessene Informationen"** zu verbreiten, in verfassungsrechtlich bedenklicher Weise beeinträchtigen.[1094]

525 Bei der Entscheidung, ob im Einzelfall das Recht des Arztes auf Selbstdarstellung gegenüber dem Gesetzeszweck des § 10 Abs. 1 HWG überwiegt, ist zu Gunsten des Arztes zu berücksichtigen, wenn die Selbstdarstellung im **Internet** stattfindet und es sich um ein Präparat handelt, bei dem die Gefahr der Selbstmedikation (weil es zB im Gesicht gespritzt wird) als gering einzustufen ist.[1095] Das Internet ist ein Medium, welches als **passive Darstellungsplattform** in der Regel von interessierten Personen auf der Suche nach ganz bestimmten Informationen aufgesucht wird und sich daher der breiten Öffentlichkeit nicht unvorbereitet aufdrängt.[1096]

526 Das Verbot des § 10 Abs. 1 HWG ist auch an dem **Art. 5 Abs. 1 GG** zu messen. So genießt etwa eine Anzeige, mit der die Öffentlichkeit aufgerüttelt und auf aus Sicht des Werbenden gegebene Missverhältnisse im Gesundheitssystem bzw. gesundheitliche Fehl-

[1090] S. Art. 86 Abs. 1 2. Spiegelstrich RL 2001/83/EG.

[1091] Ausführlich *Wiemers* WRP 2007, 145 ff. Unkritisch OLG Hamburg MD 2007, 1200, 1205.

[1092] BVerfG GRUR 2004, 797, 798 – Botox-Faltenbehandlung. Vorinstanzen: OLG München WRP 2003, 1468, 1469; LG München I WRP 2003, 1466, 1467. S. auch *Bülow* GRUR 2005, 482, 486: sachangemesene Selbstdarstellung; *Stebner* PharmR 2008, 25, 26.

[1093] OLG Frankfurt GRUR 2007, 118, 119 –Faltenbehandlung mit Botox. S. auch LG Berlin WRP 2003, 125 – Botox; LG Oldenburg WRP 2003, 784 – Botox.

[1094] OLG Frankfurt GRUR-RR 2005, 95 – Arzneimitteldatenbank; aA OVG Lüneburg BeckRS 2006, 26 344 – Veterinär-Infothek.

[1095] BVerfG GRUR 2004, 797 – Botox-Faltenbehandlung.

[1096] BGH GRUR 2004, 164 = WRP 2004, 221 – Arztwerbung im Internet.

entscheidungen hingewiesen werden soll, den Schutz der Meinungsfreiheit. Eine in dieser an die Öffentlichkeit gerichteten Anzeige enthaltene Werbung für ein verschreibungspflichtiges Arzneimittel verstößt dann ausnahmsweise nicht gegen § 10 Abs.1 HWG.[1097] Unter Berufung auf die Informationsfreiheit (Art. 5 Abs. 1 GG) ist der Begriff der Werbung im Sinne des § 10 HWG nach der Rechtsprechung des OLG München dahingehend auszulegen, dass gesetzlich vorgeschriebene Gebrauchsinformationen nicht gleichzeitig verbotene Werbung sein können, wenn sie nur durch Eingabe des konkreten Medikamentennamens im Internet abgerufen werden können. Ein solcher Wertungswiderspruch zwischen Arzneimittelgesetz und Heilmittelwerbegesetz, dessen § 10 Abs. 1 HWG schon vor Zeiten des Internets bestanden hat, sei dahingehend aufzulösen, dass die **gesetzlich vorgeschriebene Aufklärung** unabhängig von ihrer Form keine Werbung darstellt, so lange sie sich nicht an den zufälligen Kunden, wie zB dem Betrachter eines Schaufensters richtet.[1098]

Das Vorliegen eines Falles von § 10 Abs. 1 HWG wurde vom BGH im Hinblick auf ein 527
Informationsblatt eines Pharmaunternehmens verneint, das sich auf eine **reine Verteidigung gegenüber massiven Angriffen** einer Tierschutzorganisation beschränkte und mit dem einer Verunsicherung der Patienten entgegengewirkt und Umsatzeinbußen verhindert werden sollte. Dieses Informationsblatt wurde auch nicht direkt an die Patienten verschickt, sondern jeweils durch Ärzte im Rahmen des Beratungsgesprächs übergeben. Dadurch war gewährleistet, dass nur die Patienten Kenntnis vom Inhalt des Merkblattes erhielten, denen das verschreibungspflichtige Arzneimittel bereits in der Vergangenheit verschrieben worden war oder denen es erstmals verschrieben worden ist. Der beratende Arzt hatte sich bereits für das Mittel entschieden und es ging allein darum, ob der Patient das Arzneimittel trotz der Kampagne der Tierschutzorganisation verwenden wollte.[1099] Ausschlaggebend für diese Rechtsprechung war der Umstand, dass der Nennung des verschreibungspflichtigen Arzneimittels in dem betreffenden Patienten-Informationsblatt keine besondere werbende Bedeutung zukam und die **sachlich richtig stellenden Informationen** bzgl. der Kampagne der Tierschutzorganisation eindeutig im Vordergrund standen. Grundsätzlich ist anzunehmen, dass die Zurverfügungstellung von „normalen“ Informationsblättern für verschreibungspflichtige Arzneimittel an Ärzte oder Apotheker zwecks Weiterleitung an Laien dem Werbeverbot des § 10 Abs. 1 HWG unterfällt.[1100]

cc) Aufrechterhaltung. Trotz der teilweisen Notwendigkeit einer verfassungskonfor- 528
men Auslegung steht das Verbot der Werbung für verschreibungspflichtige Arzneimittel außerhalb der eingeschränkten Fachkreise als solches nicht zur Disposition. Vielmehr hat die EU-Kommission in der Mitteilung (Art. 88a RL 2001/83/EG) vom 20. 12. 2007 an das Europäische Parlament und den Rat als Fazit der öffentlichen Konsultation unter anderem erklärt, dass das Verbot der direkten Verbraucherwerbung für verschreibungspflichtige Arzneimittel aufrechterhalten bleiben soll. Gleichzeitig hat die Kommission aber auch darauf verwiesen, dass eine **„klare Unterscheidung zwischen Werbung und nicht werbenden Informationen“** zu gewährleisten ist.

b) Schlafmittel, § 10 Abs. 2 Alt. 1 HWG. aa) Auffangfunktion. Das Werbeverbot 529
nach § 10 Abs. 2 Alt. 1 HWG ist ein reines Publikumswerbeverbot und lässt damit die Werbung für Arzneimittel, die dazu bestimmt sind, bei Menschen die Schlaflosigkeit zu beseitigen, innerhalb der Fachkreise im Sinne des § 2 HWG an sich zu. Da aber Schlafmittel regelmäßig **verschreibungspflichtig** sind und deshalb dem Werbeverbot des § 10 Abs. 1 HWG unterliegen, beschränkt sich die Bedeutung des Werbeverbots des § 10 Abs. 2

[1097] OLG Karlsruhe PharmR 2007, 383.

[1098] LG München I GRUR-RR 2005, 175 = NJOZ 2005, 121 – Lorzaar; bestätigt durch OLG München 6. 5. 2004, 6 U 5565/03; aA OLG Hamburg MD 2007, 1200, 1206; OLG Hamburg MD 2007, 1164, 1169. S. auch *Stoll* PharmR 2004, 100, 102; *Bülow/Ring* HWG § 10 Rn 2a.

[1099] BGH GRUR 1999, 1128, 1130 – Hormonpräparate.

[1100] *Bülow/Ring* HWG § 10 Rn 3; *Gröning* HWG § 10 Rn 15.

Alt. 1 HWG in der Praxis auf **nicht-verschreibungspflichtige** Arzneimittel, die dazu bestimmt sind, bei Menschen die Schlaflosigkeit zu beseitigen.[1101]

530 **bb) Richtlinienkonformität.** Demgemäß stellt sich die Frage der Richtlinienkonformität insoweit nur für die nicht-verschreibungspflichtigen Schlafmittel, da das Werbeverbot für verschreibungspflichtige Arzneimittel und damit auch für entsprechende Schlafmittel unstreitig durch Art. 88 Abs. 1 lit. a RL 2001/83/EG abgedeckt ist. In der Vergangenheit wurde hinsichtlich der Regelung des § 10 Abs. 2 Alt. 1 HWG auf die Vorschrift des Art. 88 Abs. 2 Unterabs. 2 RL 2001/83/EG aF und der dort genannten Krankheit „chronische Schlaflosigkeit" verwiesen und daneben angeführt, dass der Gemeinschaftskodex insoweit nur Mindestanforderungen enthält.[1102] Durch die Änderungsrichtlinie 2004/27/EG wurde der **Krankheitenkatalog** in Unterabsatz 2 des Art. 88 Abs. 2 der RL 2001/83/EG **ersatzlos gestrichen,** so dass ein Verweis hierauf nicht mehr möglich ist.[1103] Allein aus diesem Umstand kann aber – wie bereits in der Vergangenheit – keine Unvereinbarkeit des § 10 Abs. 2 Alt. 1 HWG mit dem Gemeinschaftsrecht abgeleitet werden. Aus dem **Gesamtregelungsgehalt** der Art. 86ff RL 2001/83/EG und insbesondere aus den Bestimmungen in Art. 87 Abs. 2 und 3 sowie Art. 88 Abs. 2 RL 2001/83/EG[1104] kann abgeleitet werden, dass ein entsprechendes Werbeverbot zum Schutz der Gesundheit und des Lebens von Menschen gerechtfertigt erscheint.[1105]

531 **cc) Beseitigung der Schlaflosigkeit.** Dem Anwendungsbereich des § 10 Abs. 2 Alt. 1 HWG unterfallen nur solche Arzneimittel, die dazu bestimmt sind, bei Menschen die Schlaflosigkeit zu „beseitigen". Hierzu gehören unstreitig die traditionellen **Schlafmittel im pharmakologischen Sinne,** also Arzneimittel, mit denen es auf Grund ihrer medizinisch-pharmakologischen Eigenschaften gelingen kann, den Schlaf für kürzere oder längere Zeit zu erzwingen (zB Hypnotika oder Benzodiazepine). Keine schlaferzwingenden Präparate und damit keine Schlafmittel im Sinne des § 10 Abs. 2 Alt. 1 HWG sind dagegen – auf Grund ihrer objektiven Zweckbestimmung – die sog. **Sedativa** (Beruhigungsmittel, zB aus Baldrian, Hopfen oder Melisse), die lediglich beruhigend, schlafanstoßend und damit nur schlaffördernd wirken.[1106] Sedativa können aber auf Grund ihrer **subjektiven Zweckbestimmung** dem Werbeverbot des § 10 Abs. 2 Alt. 1 HWG unterfallen, wenn diese nach den Angaben des Inverkehrbringers eindeutig als Mittel zur Beseitigung der Schlaflosigkeit bezeichnet werden oder wenn diesen in der Werbung eine die Schlaflosigkeit beseitigende Wirkung beigelegt wird.[1107] Denn § 10 Abs. 2 Alt. 1 HWG setzt lediglich voraus, dass das Arzneimittel dazu „bestimmt" ist, die Schlaflosigkeit zu beseitigen.[1108] Vom Werbeverbot des § 10 Abs. 2 Alt. 1 HWG werden demnach alle jene Werbeaussagen in der Publikumswerbung für Sedativa erfasst, denen die angesprochenen Verkehrskreise entnehmen, dass das beworbene Präparat der Beseitigung der Schlaflosigkeit durch einen schlaferzwingenden Effekt dienen soll. Die Anwendung des Publikumwerbeverbots hängt dabei nicht davon ab, ob in der Werbung der **Begriff „Schlaflosigkeit"** verwendet wird. Einzelne Formulierungen und die Wahl bestimmter Begriffe können keinen abschließenden, eindeutigen Hinweis auf die Bewerbung als Schlafmittel im pharmakologischen Sinne geben. Es kommt vielmehr darauf an, dass die angesprochenen Verkehrskreise **unter Berücksichtigung der**

[1101] *Doepner* HWG § 10 Rn 10; *Erbs/Kohlhaas* HWG § 10 Rn 5.

[1102] *Zipfel/Rathke* HWG § 10 Rn 4a. Krit. *Bülow/Ring* HWG § 10 Rn 2a; ähnlich *Gröning* HWG § 10 Rn 36ff; → Rn 411.

[1103] Art. 1 Nr. 62 der RL 2004/27/EG des Europäischen Parlaments und des Rates vom 31. 3. 2004, ABl. EG Nr. L 136 vom 30. 4. 2004, S. 34.

[1104] → Rn 410f.

[1105] Ähnlich *Beuthien/Schmölz* GRUR 1999, 297, 301; *Doepner* HWG § 10 Rn 53. AA *Weiler* WRP 2006, 957, 960.

[1106] BGH GRUR 1979, 646 – Klosterfrau Melissengeist; OLG Schleswig MD 1996, 915; OLG Karlsruhe MD 1995, 993; *Bülow/Ring* HWG § 10 Rn 12; *Gröning* HWG § 10 Rn 28.

[1107] *Bülow/Ring* HWG § 10 Rn 12; *Gröning* HWG § 10 Rn 31f; *Zipfel/Rathke* HWG § 10 Rn 9.

[1108] BGH GRUR 1979, 646, 647 – Klosterfrau Melissengeist; OLG Hamm MD 1996, 1183, 1184; OLG Schleswig MD 1996, 915, 918; OLG Karlsruhe MD 1995, 993, 994.

Gesamtumstände dem beworbenen Mittel Eigenschaften beilegen, wie sie nur einem Schlafmittel im pharmakologischen Sinne zu eigen sind.[1109] Im Übrigen ist neben einem Verstoß gegen § 10 Abs. 2 Alt. 1 HWG (Werbung außerhalb der Fachkreise) auch ein solcher gegen das Irreführungsverbot (§ 3 HWG und § 5 UWG) anzunehmen, wenn das als Schlafmittel im pharmakologischen Sinne beworbene Präparat keine schlaferzwingende Wirkung entfaltet.

c) Psychopharmaka oder Arzneimittel zur Beeinflussung der Stimmungslage, § 10 Abs. 2 Alt. 2 und 3 HWG. Das in § 10 Abs. 2 Alt. 2 HWG geregelte Publikumswerbeverbot für Psychopharmaka und das in § 10 Abs. 2 Alt. 3 HWG bestimmte Publikumswerbeverbot für Arzneimittel zur Beeinflussung der Stimmungslage sind an sich zwei **gleichwertige Tatbestandsalternativen,** jedoch decken sich die Tatbestandmerkmale „psychische Störungen" und „Stimmungslage" in ihrem Indikationsfeld, als beide Alternativen Bereiche der menschlichen Psyche als Regelungsgegenstand erfassen,[1110] weshalb eine gemeinschaftliche Abhandlung der beiden Tatbestandsalternativen zweckdienlich ist. Der 3. Alternative („Stimmungslage") kommt dabei als weitere Begrifflichkeit eine Auffangfunktion gegenüber der 2. Alternative („psychische Störungen") zu. Für beide Tatbestandsalternativen gilt, dass diesen keine praktische Bedeutung zukommt, soweit es sich um verschreibungspflichtige Arzneimittel handelt und damit das weitergehende Werbeverbot des § 10 Abs. 1 HWG zur Anwendung kommt.[1111] 532

Die **Richtlinienkonformität** des § 10 Abs. 2 Alt. 2 und 3 HWG ergibt sich zum einen aus Art. 88 Abs. 1 lit. b und zum anderen aus Art. 88 Abs. 2 RL 2001/83/EG. In Art. 88 Abs. 1 lit. b RL 2001/83/EG ist bestimmt, dass die Öffentlichkeitswerbung für Arzneimittel verboten ist, die „psychotrope Substanzen oder Suchtstoffe im Sinne internationaler Übereinkommen, wie die Übereinkommen der Vereinten Nationen von 1961 und 1971, enthalten". Solche psychotropen Substanzen oder Suchtstoffe stellen aber nur den „harten Kern" der von § 10 Abs. 2 Alt. 2 und 3 HWG erfassten Psychopharmaka iwS dar.[1112] Der über „psychotrope Substanzen oder Suchtstoffe im Sinne internationaler Übereinkommen" hinausgehende Regelungsgehalt des § 10 Abs. 2 Alt. 2 und 3 HWG kann auf Art. 88 Abs. 2 RL 2001/83/EG gestützt werden. Diese nicht als Werbeverbot, sondern vielmehr als Erlaubnistatbestand formulierte Gemeinschaftsvorschrift hat durch die Änderungsrichtlinie 2004/27/EG eine neue Fassung erhalten, da insbesondere der frühere Unterabsatz 2 (bzw. S. 2) und damit der umstrittene **Krankheitenkatalog gestrichen** wurden.[1113] Angesichts der in Art. 88 RL 2001/83/EG getroffenen Wertung, die Öffentlichkeitswerbung in bestimmten Fällen zu verbieten, ist die Vorschrift des Art. 88 Abs. 2 RL 2001/83/EG dahingehend zu verstehen, dass die Öffentlichkeitswerbung für Arzneimittel verboten ist, die nach ihrer Zusammensetzung und Zweckbestimmung so beschaffen und konzipiert sind, dass sie **nicht ohne Einschaltung eines Arztes** für die Diagnose, Verschreibung oder Überwachung der Behandlung, erforderlichenfalls nach Beratung durch den Apotheker, verwendet werden können.[1114] Aus Art. 88 Abs. 2 RL 2001/83/EG kann damit ein **Öffentlichkeitswerbeverbot für nicht zur Selbstmedikation geeignete Arzneimittel** abgeleitet werden.[1115] Im Übrigen ist für verschreibungspflichtige Arzneimittel auf Art. 88 Abs. 1 lit. a der RL 2001/83/EG zu verweisen. 533

Das Publikumswerbeverbot nach § 10 Abs. 2 **Alt. 2** HWG erfasst **Psychopharmaka ieS,** also solche Arzneimittel, die – nach ihrer objektiven Zweckbestimmung – zur „Besei- 534

[1109] OLG Karlsruhe MD 1995, 993, 994; *Bülow/Ring* HWG § 10 Rn 13; *Gröning* HWG § 10 Rn 32; aA *Doepner* HWG § 10 Rn 32.
[1110] *Weihe-Gröning* WRP 1997, 667, 675.
[1111] *Doepner* HWG § 10 Rn 10; *Gröning* HWG § 10 Rn 44.
[1112] *Doepner* HWG § 10 Rn 53; *Weihe-Gröning* WRP 1997, 667, 672. Zu kurzsichtig BGH GRUR 2000, 546, 549 – Johanniskraut-Präparat.
[1113] Art. 1 Nr. 62 der RL 2004/27/EG vom 31. 3. 2004, ABl. EG Nr. L 136 vom 30. 4. 2004, S. 34.
[1114] *Gröning* Bd. 2 RL 2001/83/EG Art. 88 Rn 7.
[1115] *Doepner* GRUR 2000, 490, 493; ähnlich *Gröning* HWG § 10 Rn 46; *ders.* WRP 1994, 355, 362.

tigung“ **krankhafter** psychischer Störungen geeignet sind (sog. Neuroleptika, Antidepressiva und Tranquilizer).[1116] Der Auffangtatbestand des § 10 Abs. 2 **Alt. 3** HWG umfasst demnach keine Arzneimittel zur Beeinflussung einer Stimmungslage, durch die sich eine krankhafte psychische Störung darstellt, sondern vielmehr solche Arzneimittel, die dazu bestimmt sind, die Stimmungslage eines (gesunden) Menschen zu beeinflussen, ohne dass der Zustand derart erheblich von der Norm abweicht, dass er als krankhafte Störung im Sinne des § 10 Abs. 2 Alt. 2 HWG zu bezeichnen wäre (sog. Psychotonika und Psychotomimetika).[1117] Die beiden Tatbestandsalternativen umfassen solche Arzneimittel zur Beseitigung psychischer Störungen und zur Beeinflussung der Stimmungslage, die einen gewissen **toxikologischen bzw. pharmakologischen Wirkungsgrad** aufweisen (Psychopharmaka im pharmakologischen Sinne). Vom Werbeverbot nicht erfasst werden dagegen rein pflanzliche Mittel, die keine Abhängigkeit erzeugen und lediglich dazu bestimmt sind, vorübergehende oder situationsbedingte Spannungszustände, Unruhe und Nervosität zu lindern, ohne nachhaltig in das zentrale Nervensystem einzugreifen. Fallen **Sedativa** nach ihrer objektiven Zweckbestimmung nicht unter die erste Tatbestandsalternative,[1118] so können diese Mittel auf Grund ihrer beruhigenden Wirkung auch nicht unter Hinweis auf eine „gleiche Gefahrenlage“ als Mittel zur Beeinflussung der Stimmungslage angesehen werden.[1119] Entsprechend der Rechtslage bei § 10 Abs. 2 Alt. 1 HWG[1120] können Beruhigungsmittel (Sedativa) aber dann dem Publikumswerbeverbot nach § 10 Abs. 2 Alt. 2 und 3 HWG unterfallen, wenn ein solches Mittel **in der Werbung** als ein zur Beeinflussung der Stimmungslage bestimmtes Arzneimittel angepriesen wird (subjektive Zweckbestimmung). Demgemäß stellt eine Publikumswerbung für ein pflanzliches Mittel zur Beseitigung psychovegetativer Störungen, bei der mit Aussagen wie „Gegen die seelische Krise …“ oder „… bringt die Seele ins Gleichgewicht“ geworben wird, keinen Verstoß gegen § 10 Abs. 2 Alt. 3 HWG dar, da dem Mittel keine Wirkung eines Psychopharmakons im pharmakologischen Sinne beigelegt wird.[1121]

12. Publikumswerbebeschränkungen, § 11 HWG

535 § 11 HWG enthält in Abs. 1 einen umfangreichen **Verbotskatalog,** der die Ausgestaltung der Publikumswerbung für Heilmittel erheblich beschränkt. Sinn und Zweck des § 11 HWG sind die Unterbindung bestimmter, unsachlicher, nicht auf Informationen allein beschränkter Werbeaussagen gegenüber dem Laienpublikum, von denen die Gefahr einer unsachlichen Beeinflussung oder Irreführung des Verkehrs ausgehen kann.[1122] Die Verbote des § 11 Abs. 1 HWG sind als **abstrakte Gefährdungstatbestände** konzipiert. Als solche tangieren sie insbesondere die durch Art. 12 Abs. 1 GG geschützte Berufsausübungsfreiheit, weshalb eine **verfassungskonforme Auslegung** geboten ist. Danach ist im Rahmen der Gesamtabwägung als Tatbestandsmerkmal auf eine zumindest **mittelbare Gesundheitsgefährdung** abzustellen. Ist eine Wettbewerbshandlung unter einen heilmittelwerberechtlichen Verbotstatbestand subsumierbar, fehlt es aber an einer zumindest mittelbaren Gesundheitsgefährdung, ist die Werbung weder ordnungswidrig noch unlauter.[1123] Eine mittelbare Gesundheitsgefährdung ist gegeben, wenn die Werbung die nicht nur als

---

1116 *Bülow/Ring* HWG § 10 Rn 14 ff; *Doepner* HWG § 10 Rn 39 f; *Gröning* HWG § 10 Rn 51 ff.

1117 OLG Hamburg MD 1997, 990, 994; LG Berlin PharmR 1995, 28, 29; *Doepner* HWG § 10 Rn 42 ff; *Gröning* HWG § 10 Rn 56 ff; *Weihe-Gröning* WRP 1997, 667, 674 f; aA *Bülow/Ring* HWG § 10 Rn 24.

1118 → Rn 531.

1119 BGH GRUR 2000, 546, 548 – Johanniskraut-Präparat.

1120 → Rn 529.

1121 BGH GRUR 2000, 546, 549 – Johanniskraut-Präparat; BGH GRUR 1979, 646, 647 – Klosterfrau Melissengeist; *Bülow/Ring* HWG § 10 Rn 25; *Gröning* HWG § 10 Rn 54, 66.

1122 BGH GRUR 1998, 495 – Lebertran II; BGH GRUR 1997, 936 – Naturheilmittel; BGH WRP 1998, 181 – Warentest; BGH GRUR 1998, 498 – Fachliche Empfehlung III; BGH GRUR 1995, 612 – Sauerstoff-Mehrschritt-Therapie; BGH GRUR 1991, 929 – Fachliche Empfehlung II; BGH GRUR 1991, 701 – Fachliche Empfehlung I.

1123 *Bülow/Ring* HWG § 11 Rn 2; *Bülow* GRUR 2005, 482, 486; *Stebner* PharmR 2008, 25, 26.

geringfügig einzustufende Gefahr begründet, dass ihre Adressaten von einem Arztbesuch absehen, den sie ohne die Werbung gemacht hätten. Die Werbung muss geeignet sein, das generell bestehende Risiko zu erhöhen, von einem erforderlichen ärztlichen Rat abzusehen.[1124] Im Ergebnis kann die verfassungskonforme Auslegung eines Katalogverbots im Einzelfall dazu führen, dass die Vorschrift nur als konkretes Gefährdungsdelikt anzuwenden ist.[1125]

Ein Verstoß muss immer eine Katalogtat zum Inhalt haben und kann nicht losgelöst davon begangen werden.[1126] Dieser **abschließende** Katalog an Werbebeschränkungen findet seine Entsprechung in den Bestimmungen der Art. 89 Abs. 1 lit. a und Art. 90 lit. a–k RL 2001/83/EG. Die einzelnen Regelungen stimmen dabei nicht immer wörtlich überein und auch der systematische Aufbau der Verbotskataloge ist unterschiedlich, so dass sich im Einzelfall die Frage der **richtlinienkonformen** Auslegung stellt. Die Prüfung der Richtlinienkonformität ist von grundlegender Bedeutung, da das europäische Werberecht für Arzneimittel nunmehr als **Höchststandard** anerkannt ist.[1127] Die Mitgliedstaaten können deshalb keine weiter gehenden Verbote oder Beschränkungen erlassen, als es die Richtlinie selbst erlaubt. Der Gemeinschaftskodex für Humanarzneimittel ist somit dahin auszulegen, dass ein Mitgliedstaat in seinen innerstaatlichen Rechtsvorschriften kein uneingeschränktes und unbedingtes Verbot vorsehen darf, während deren Verwendung nach der Richtlinie zB nur wegen ihres konkreten Inhalts oder der Eigenschaft ihres Urhebers eingeschränkt werden darf.[1128] Soweit angenommen wird, dass der Gemeinschaftskodex weiter geht (Art. 90 lit. c, d und h), könnte ein Umsetzungsdefizit angenommen werden, was den Rechtsunterworfenen aber nicht belasten würde.[1129] Die insoweit auch diskutierte Regelung des Art. 90 lit. l der RL 2001/83/EG aF wurde im Übrigen durch die Änderungsrichtlinie 2004/27/EG ersatzlos gestrichen.[1130] 536

Die in § 11 Abs. 1 HWG enthaltenen Werbebeschränkungen betreffen ausschließlich den Bereich der **Publikumswerbung** und können deshalb in einem Zusammenhang mit den § 10 und § 12 HWG gesehen werden.[1131] Nach S. 1 finden alle Verbotstatbestände (Nr. 1–15) auf die produktbezogene Absatzwerbung für Arzneimittel und Heilmittel im Sinne des § 1 Abs. 1 Nr. 2 HWG („andere Mittel" und „Gegenstände")[1132] Anwendung.[1133] Etwas anderes gilt nach S. 2 für **Medizinprodukte,** da für diese nur § 11 Abs. 1 S. 1 **Nr. 6–9, 11 und 12** HWG entsprechend gilt. Der Gesetzgeber hat damit zum Ausdruck gebracht, dass die Verbote der Nr. 1–5, 10 und 13–15 nicht für Medizinprodukte gelten sollen.[1134] 537

a) Gutachtenwerbung, Fachveröffentlichungen, § 11 Abs. 1 S. 1 Nr. 1 HWG. Im Rahmen der allgemeinen Zielsetzung des § 11 Abs. 1 HWG kommt dem Verbotstatbestand der Nr. 1 die Aufgabe zu, der **besonders intensiven Werbewirkung** von Gutachten, Zeugnissen sowie wissenschaftlichen oder fachlichen Veröffentlichungen im Rahmen einer Publikumswerbung entgegenzuwirken. Mit diesem Werbeverbot soll den Gefahren vorgebeugt werden, die dadurch entstehen, dass fachunkundige Verbraucher wegen ihres **Glaubens an ärztliche und wissenschaftliche Autorität und Sachkunde** Werbean- 538

1124 BGH GRUR 2004, 799 = WRP 2004, 1163 – Lebertrankapseln.

1125 *Bülow/Ring* HWG § 11 Rn 2; *Reese* PharmR 2004, 269, 272.

1126 *Erbs/Kohlhaas* HWG § 11 Rn 1.

1127 *Nawroth/Sandrock* FS Doepner S. 279.

1128 EuGH GRUR 2008, 267 = WRP 2008, 205 – Gintec; Vorlage durch BGH WRP 2005, 1515 – Konsumentenbefragung. S. auch EuGH EuZW 2007, 647 – Anthroposophische Arzneimittel; OLG Hamburg BeckRS 2008, 13270 – Lippenherpes-Creme; → Rn 411.

1129 Vergleichsübersichten bei *Doepner* HWG Einl. Rn 38; *Gröning* HWG § 11 Rn 4.

1130 Art. 1 Nr. 65 der RL 2004/27/EG vom 31. 3. 2004, ABl. EG Nr. L 136 vom 30. 4. 2004, S. 34.

1131 OLG Hamburg LMRR 2006, 17 – Zahnpastawerbung mit niederländischem Zahnarzt.

1132 → Rn 432.

1133 KG GRUR 1990, 544, 545.

1134 *Gassner* NJW 2002, 863, 865; *Anhalt/Dieners/Besen/Räpple* Hdb. § 21 Rn 29 ff; *Reinhart* PharmR 2002, 16, 18; *Weimer* PharmR 2003, 231, 234; → Rn 431.

gaben mit Hinweisen auf für sie nicht nachprüfbare Ergebnisse fachlicher Prüfung kritiklos vertrauen und hierdurch im Hinblick auf ihre Auswahlentscheidung unsachlich beeinflusst werden. Solche Gefahren bestehen nicht nur, wenn mit Gutachten, Zeugnissen sowie wissenschaftlichen oder fachlichen Veröffentlichungen geworben wird, sondern auch mit **„Hinweisen darauf"**, wobei grundsätzlich ein Bezug zu konkreten Äußerungen erforderlich ist, der allerdings auch in versteckter Form erfolgen kann.[1135] Die in der Werbung für ein Arzneimittel außerhalb der Fachkreise verwendete Aussage, dass sich die Wissenschaft mit diesem beschäftigte, enthält aber noch keinen Hinweis auf Gutachten, Zeugnisse etc. in diesem Sinne.[1136] Keinen Verstoß gegen § 11 Abs. 1 S. 1 Nr. 1 HWG stellt zum Beispiel der Hinweis dar, dass eine ganzheitliche Betrachtung des Menschen wie durch Kneipp „längst durch wissenschaftliche Erkenntnisse der modernen Verhaltensmedizin bestätigt" sei. Eine solche Aussage ist zu allgemein gehalten, um den erforderlichen Vertrauenstatbestand in eine wissenschaftliche Autorität zu erzeugen und damit die Gefahr unsachlicher Beeinflussung hervorzurufen.[1137]

539 Das Verbot des § 11 Abs. 1 Nr. 1 HWG ist an der Regelung des Art. 90 lit. f RL 2001/83/EG zu messen. Danach kann wohl weitestgehend von einer **Richtlinienkonformität** ausgegangen werden, auch wenn in der RL 2001/83/EG von „Empfehlung" und damit einschränkend von einer positiven Begutachtung die Rede ist. Soweit in Art. 90 lit. f RL 2001/83/EG auf Personen abgestellt wird, „die aber aufgrund ihrer Bekanntheit zum Arzneimittelverbrauch anregen können", ist auf die Vorschrift des § 11 Abs. 1 Nr. 11 HWG zu verweisen, wonach Testimonial-Werbung von Prominenten verboten ist.[1138]

540 Soweit § 11 Abs. 1 S. 1 Nr. 1 HWG Anwendung findet, geht er als lex specialis der Vorschrift des **§ 6 HWG** vor.[1139] Dies hat zur Folge, dass etwa für Medizinprodukte allgemein oder für Arzneimittel innerhalb der Fachkreise zwar grundsätzlich mit Gutachten, Zeugnissen sowie wissenschaftlichen oder fachlichen Veröffentlichungen geworben werden darf, da § 11 Abs. 1 S. 1 Nr. 1 HWG insoweit nicht gilt, jedoch hierbei die Vorgaben des § 6 HWG zu beachten sind.[1140]

541 Bei **verfassungsgemäßer Auslegung** im Lichte der aus Art. 12 GG abgeleiteten Rechte des Werbenden folgt aus dem in § 11 Abs. 1 Nr. 1 HWG normierten Verbot, nicht die Verpflichtung des Werbenden, seine diesbezüglichen Inhalte im Internet durch eine kontrollierte Passwortvergabe vor dem Zugriff des interessierten Publikums zu schützen.[1141] Außerdem ist ein Verstoß gegen § 11 Abs. 1 Nr. 1 HWG bei gebotener teleologischer Reduktion zu verneinen, wenn es lediglich um einen Rückgriff auf selbst dem Laien geläufige allgemeine Erkenntnisse geht.[1142]

542 **b) Fachliche Empfehlungen und Prüfungen, § 11 Abs. 1 S. 1 Nr. 2 HWG.** Nach § 11 Abs. 1 S. 1 Nr. 2 HWG darf außerhalb der Fachkreise für Arzneimittel und Heilmittel im Sinne des § 1 Abs. 1 Nr. 2 HWG nicht mit der Angabe geworben werden, dass das betreffende Heilmittel ärztlich oder anderweitig fachlich empfohlen oder geprüft ist oder angewendet wird. Damit soll **Suggestivwirkungen,** die für den Laien von fachlicher Autorität ausgehen können, und der **besonderen Irreführungsgefahr** begegnet werden, unabhängig davon, ob sie im Einzelfall wirklich eintreten.[1143] Im Hinblick auf

---

1135 BGH GRUR 1998, 495 – Lebertran II; *Bülow/Ring* HWG § 11 Abs. 1 Nr. 1 Rn 2; *Doepner* HWG § 11 Nr. 1 Rn 4; *Gröning* HWG § 11 Nr. 1 Rn 5ff.

1136 BGH GRUR 1998, 495, 497 – Lebertran II; *Gröning* PharmR 2001, 111, 118. S. auch *Bülow/Ring* HWG § 11 Abs. 1 Nr. 1 Rn 29b; *Doepner* HWG § 11 Nr. 1 Rn 23.

1137 OLG Hamm NJWE-WettbR 1999, 77, 78.

1138 *Nawroth/Sandrock* FS Doepner S. 281.

1139 → Rn 496.

1140 *Anhalt/Dieners/Besen/Räpple* Hdb. § 21 Rn 32; *Bülow/Ring* HWG § 11 Abs. 1 Nr. 1 Rn 20; *Doepner* HWG § 11 Nr. 1 Rn 7; *Reinhart* PharmR 2002, 16, 18.

1141 OLG München GRUR 2005, 695 = PharmR 2005, 245 – Gutachten.

1142 OLG Oldenburg GRUR-RR 2006, 243 – IgG-Antikörpertest.

1143 BGH GRUR 1998, 495 – Lebertran II; BGH GRUR 1997, 936 – Naturheilmittel; BGH WRP 1998, 181 – Warentest; BGH GRUR 1998, 498 – Fachliche Empfehlung III; BGH GRUR 1995, 612 –

Art. 90 lit. f RL 2001/83/EG („Empfehlung") kann es im Einzelfall darauf ankommen, im Rahmen einer **richtlinienkonformen Auslegung** auch bei den Tatbestandsmerkmalen „geprüft" und „angewendet" eine zumindest indirekte Empfehlung als erforderlich anzusehen.[1144]

Entscheidend für die Anwendbarkeit des in § 11 Abs. 1 S. 1 Nr. 2 HWG enthaltenen Verbots ist, dass der Werbende in der Werbeaussage nach dem Verständnis der angesprochenen Verkehrskreise eine **fachliche Autorität** in Anspruch nimmt, auf Grund deren er die Anwendung des Mittels empfiehlt.[1145] Insoweit kommen nicht nur Empfehlungen oder Prüfungen von Ärzten, Zahnärzten oder Tierärzten in Frage, sondern – wie im Gesetzestext das Wort **„anderweitig"** erkennen lässt – in gleicher Weise auch andere Personen, denen der Verkehr eine besondere Fachkenntnis und entsprechende Autorität beimisst. Wenn auch vorwiegend Wissenschaftler wie Pharmakologen oder Biologen als „anderweitige" fachliche Empfehlende in Betracht kommen, kann etwa in dem Hinweis auf das Ergebnis des Tests eines Arzneimittels durch die **Stiftung Warentest** ebenfalls eine Werbung im Sinne des § 11 Abs. 1 S. 1 Nr. 2 HWG gesehen werden. Nach der Rechtsprechung des BGH erwartet der Verkehr bei einem Arzneimitteltest durch eine – im Bewusstsein des Verkehrs – angesehene Stiftung, dass hinter dem beworbenen Testergebnis eine gewisse fachliche Kompetenz steht.[1146] Unter das Werbeverbot fällt außerdem auch die Werbung mit solchen fachlichen Empfehlungen, die – für den Verkehr erkennbar – Wissenschaftlern aus dem **Einflussbereich des Arzneimittelherstellers** selbst zugeschrieben werden.[1147] 543

Grundvoraussetzung für die Anwendbarkeit des HWG ist, dass eine produktbezogene Absatzwerbung gegeben sein muss, weshalb sich eine fachliche Äußerung zwangsnotwendig auf ein konkretes Heilmittel – und nicht nur auf eine bestimmte Substanz – beziehen muss, damit der Anwendungsbereich des § 11 Abs. 1 S. 1 Nr. 2 HWG eröffnet ist. Wird aber ein bestimmter **Wirkstoff** in der Werbung in einer Weise herausgestellt, dass der Verkehr annehmen muss, dass es sich hierbei um den einzigen oder jedenfalls den wesentlichen Bestandteil des beworbenen Heilmittels handelt und dieses deshalb mit dem Wirkstoff gleichzusetzen ist, ist eine produktbezogene Werbung und bei entsprechender fachlicher Empfehlung ein Verstoß gegen das Werbeverbot gegeben. Voraussetzung hierfür ist, dass die Werbung die **Identität** zwischen Wirkstoff und dem Heilmittel in irgendeiner Weise betonen muss, was anhand der Umstände des jeweiligen Einzelfalles zu beurteilen ist.[1148] 544

Der Hinweis auf eine fachliche Empfehlung, Prüfung oder Anwendung muss in der Werbung nicht ausdrücklich erfolgen, vielmehr ist es für § 11 Abs. 1 S. 1 Nr. 2 HWG ausreichend, wenn sich der Werbende mittelbar bzw. **in verdeckter Form** auf eine fachliche Kompetenz beruft.[1149] So kann beispielsweise die hervorgehobene Erwähnung vorgenommener „Untersuchungen" vom Verkehr als Hinweis auf pharmazeutisch-fachliche Untersuchungen mit entsprechenden fachlichen Auswertungen verstanden werden, wenn die „Untersuchungen" in einen Sinnzusammenhang mit Wirkungen des beworbenen Mittels gebracht werden.[1150] Entsprechendes kann im Hinblick auf die Werbeaussage, das beworbene Mittel werde „seit langem mit großem Erfolg angewendet", angenommen werden, wenn diese im Zusammenhang mit einer schweren Krankheit gemacht wird und die Wer- 545

Sauerstoff-Mehrschritt-Therapie; BGH GRUR 1991, 929 – Fachliche Empfehlung II; BGH GRUR 1991, 701 – Fachliche Empfehlung I; *Stebner* PharmR 2003, 382, 383; → § 5 Rn 256.

1144 *Nawroth/Sandrock* FS Doepner S. 281.

1145 BGH GRUR 1998, 498, 500 – Fachliche Empfehlung III; OLG Oldenburg GRUR-RR 2006, 243, 247 – IgG-Antikörpertest.

1146 BGH WRP 1998, 181, 183 – Warentest.

1147 BGH GRUR 1991, 701 – Fachliche Empfehlung I; KG GRUR 1988, 791; KG WRP 1988, 242, 243; *Gröning* HWG § 11 Nr. 2 Rn 5.

1148 BGH GRUR 1993, 403 – Bronchocedin; BGH GRUR 1991, 701 – Fachliche Empfehlung I; KG WRP 1995, 201, 203; KG GRUR 1990, 641; *Gröning* HWG § 11 Nr. 2 Rn 6.

1149 BGH GRUR 1997, 936 – Naturheilmittel; BGH GRUR 1998, 498 – Fachliche Empfehlung III; OLG Köln GRUR 1993, 586; *Doepner* HWG § 11 Nr. 2 Rn 15; *Gröning* HWG § 11 Nr. 2 Rn 9.

1150 BGH GRUR 1991, 929 – Fachliche Empfehlung II.

beadressaten auf Grund der Schwere der genannten Erkrankung dazu veranlasst werden, an Ärzte als fachliche Autorität zu denken.[1151] Es kommt hierbei aber stets auf die **Besonderheiten des Einzelfalles** an. Kein Fall des § 11 Abs. 1 S. 1 Nr. 2 HWG ist etwa der Hinweis, das Naturheilmittel sei seit Jahrhunderten zur Behandlung von Menstruationsbeschwerden bekannt und bewährt, da es sich zum einen bei Menstruationsbeschwerden nicht um eine Krankheit, sondern um eine natürliche Beeinträchtigung der Befindlichkeit handelt. Zum anderen wird durch den Hinweis auf die jahrhundertelange Bekanntheit und Bewährtheit klargestellt, dass es sich hierbei nicht um eine fachliche bzw. wissenschaftliche, sondern vielmehr um eine **traditionelle, überlieferte** Anwendung handelt.[1152] Ebenfalls zulässig ist ein werblicher Hinweis darauf, dass ein allgemeines Interesse der Wissenschaft an dem Arzneimittel besteht, ohne dass deutlich wird, wie sich das Interesse äußert und ob dabei schon Ergebnisse zutage gefördert worden sind. Solchen allgemein gehaltenen, ohne nähere Konkretisierung ausgestatteten Aussagen fehlt die für die Annahme einer Irreführungsgefahr erforderliche Suggestivwirkung.[1153]

546 **c) Krankengeschichten, § 11 Abs. 1 S. 1 Nr. 3 HWG.** Die Werbung mit der Wiedergabe von Krankengeschichten sowie mit Hinweisen darauf ist außerhalb der Fachkreise unzulässig und zwar unabhängig davon, ob die Krankengeschichten wahr oder erfunden sind.[1154] Mit diesem Werbeverbot soll in erster Linie dem **besonderen Werbeeffekt** begegnet werden, der von in einer Heilmittelwerbung wiedergegeben Krankengeschichte auf das Laienpublikum ausgeht.[1155] Auch nicht fachmedizinisch, sondern **journalistisch** aufgemachte Krankengeschichten sind regelmäßig geeignet, die mit jener Vorschrift missbilligten Wirkungen zu erzielen.[1156] Unter „Krankengeschichten" sind nicht nur patientenbezogene Aufzeichnungen des behandelnden Arztes zu verstehen. Vielmehr kann die Krankengeschichte in Form einer **redaktionell aufgemachten Anzeige** in eine „Story" eingebettet werden, etwa so, dass der Kranke in die Rolle eines die Dinge jetzt überblickenden Erzählers schlüpft.[1157] Es können deshalb auch Laienschilderungen dem Werbeverbot unterfallen.[1158]

547 Eine Krankengeschichte liegt nur dann vor, wenn eine **Personenbezogenheit** gegeben ist. Die Darstellung muss sich auf die Person eines oder mehrerer Kranker beziehen, wobei die persönliche Identifizierung anhand bestimmter Daten (zB Name) nicht notwendig ist. Die rein abstrakte Schilderung eines Krankheitsverlaufs genügt dagegen für die Annahme einer Krankengeschichte im Sinne des § 11 Abs. 1 S. 1 Nr. 3 HWG nicht.[1159]

548 Eine **richtlinienkonforme Auslegung** dieses Werbeverbots stützt sich primär auf die Regelung des Art. 90 lit. j RL 2001/83/EG, wonach sich Öffentlichkeitswerbung für Arzneimittel nicht „in missbräuchlicher, abstoßender oder irreführender Weise auf Genesungsbescheinigungen beziehen" darf. Als **„Genesungsbescheinigung"** sind alle Maßnahmen zur Information, unabhängig von ihrer Darstellung und ihrem Urheber, zu verstehen, in denen angegeben wird, dass die Verwendung des Arzneimittels zu einer Genesung führt, dh. zur Wiederherstellung der Gesundheit eines an einer bestimmten Krankheit oder an bestimmten Gesundheitsstörungen Leidenden. Eine positive Gesamtbewertung des Arzneimittels, die lediglich auf die allgemeine Unterstützung des Wohlbefindens einer Person hinweist, entspricht diesen Voraussetzungen grundsätzlich nicht, sofern nicht die therapeutische Wirksamkeit des Arzneimittels in Bezug auf die Beseitigung einer bestimmten

[1151] BGH GRUR 1998, 498 – Fachliche Empfehlung III.
[1152] BGH GRUR 1997, 936 – Naturheilmittel; OLG Hamm NJWE-WettbR 1999, 77, 78.
[1153] BGH GRUR 1998, 495 – Lebertran II; OLG Hamm NJWE-WettbR 1999, 77, 78.
[1154] OLG München NJWE-WettbR 2000, 110, 111.
[1155] *Doepner* HWG § 11 Nr. 3 Rn 3; *Gröning* HWG § 11 Nr. 3 Rn 1.
[1156] BGH GRUR 1981, 435–56 Pfund abgenommen; *Doepner* HWG § 11 Nr. 3 Rn 12; *Gröning* HWG § 11 Nr. 3 Rn 3.
[1157] OLG Bamberg MD 2007, 522 = BeckRS 2007, 10082 – Bauchkurs.
[1158] KG PharmR 2005, 196, 202.
[1159] *Doepner* HWG § 11 Nr. 3 Rn 14; *Gröning* HWG § 11 Nr. 3 Rn 6; *Zipfel/Rathke* HWG § 11 Rn 12.

Krankheit erwähnt wird.[1160] In der Praxis dürfte in den Fällen des § 11 Abs. 1 Nr. 3 HWG zwar regelmäßig eine „Genesungsbescheinigung“ gegeben sind, jedoch wird eine einschränkende Auslegung dahingehend zu prüfen sein, dass eine Darstellung „in missbräuchlicher, abstoßender oder irreführender Weise“ erforderlich ist.[1161]

d) Bildliche Darstellungen, § 11 Abs. 1 S. 1 Nr. 4, 5 HWG. In den Nr. 4, 5 lit. a–c des § 11 Abs. 1 S. 1 HWG sind Werbeverbote geregelt, die sich auf Werbung mit bildlichen Darstellungen außerhalb der Fachkreise beziehen. Die verschiedenen Verbotstatbestände unterscheiden sich bzgl. des Darstellungsobjekts. Gemeinsam ist diesen aber, dass die bildliche Darstellung Bestandteil einer **produktbezogenen Absatzwerbung** sein muss, weshalb allgemeine Anpreisungen über ein Unternehmen ohne Produktbezug oder redaktionelle Berichterstattungen mit einer primär sachlich-informativen Ausrichtung regelmäßig nicht unter das Werbeverbot für bildliche Darstellungen fallen.[1162] Der Begriff „bildliche Darstellungen“ umfasst **alle Medienformen** und dabei insbesondere Fotografien und audiovisuelle Medien.[1163] 549

§ 11 Abs. 1 S. 1 Nr. 4 HWG verbietet die Publikumswerbung mit der bildlichen Darstellung von Personen in der **Berufskleidung** (zB weißer Kittel oder grüner Operationskittel) oder bei der **Ausübung der Tätigkeit** von Angehörigen der Heilberufe, des Heilgewerbes oder des Arzneimittelhandels (zB in der Apotheke). Das Verbot der Nr. 4 soll insbesondere verhindern, dass durch Abbildungen der Eindruck entsteht, das fragliche Heilmittel würde fachlich empfohlen oder angewendet, und dass die Autorität der Heilberufe ausgenutzt wird, direkt oder indirekt die Vorstellung besonderer Wirksamkeit zu wecken.[1164] § 11 Abs. 1 S. 1 Nr. 4 HWG stellt demnach eine **„illustrierte Ergänzung“** zu § 11 Abs. 1 S. 1 **Nr. 2** HWG dar.[1165] auf Grund des Schutzzwecks greift das Werbeverbot nicht nur dann ein, wenn es sich bei der abgebildeten Person tatsächlich um einen Angehörigen der Heilberufe etc. handelt, sondern auch dann, wenn etwa ein **Schauspieler** in einem Arztkittel fälschlicherweise den Eindruck fachlicher Autorität erweckt. Maßgeblich ist insoweit, dass der Werbeadressat auf Grund des **Gesamteindrucks** erwartet, es läge eine fachliche Empfehlung oder Anwendung vor.[1166] 550

Die Vorschrift ist vom historischen Gesetzgeber als abstrakter Gefährdungstatbestand verstanden und vom BGH bisher auch so ausgelegt worden.[1167] Aus Sicht des BGH kann an dieser Auslegung jedoch mit Rücksicht auf die Tragweite der durch Art. 12 Abs. 1 GG gewährleisteten Berufsausübungsfreiheit, die durch § 11 Abs. 1 S. 1 Nr. 4 HWG eingeschränkt wird, nicht festgehalten werden. Im Anschluss an die neuere Rechtsprechung des BVerfG zum Heilmittelwerberecht (insbesondere zu § 10 Abs. 1 HWG)[1168] ist nach Auffassung des BGH vielmehr eine **einschränkende Auslegung** der Vorschrift geboten. Der Tatbestand des § 11 Abs. 1 S. 1 Nr. 4 HWG setzt danach voraus, dass die Werbung geeignet ist, das Laienpublikum unsachlich zu beeinflussen und dadurch zumindest eine **mittelbare Gesundheitsgefährdung** zu bewirken.[1169] 551

Keine weitere Einschränkung des Verbots nach § 11 Abs. 1 S. 1 Nr. 4 HWG dürfte sich in der Praxis daraus ergeben, dass es den Vorgaben des Art. 90 lit. f RL 2001/83/EG nicht vollständig entspricht (richtlinienkonforme Auslegung). Zwar setzt Art. 90 lit. f RL 552

[1160] EuGH GRUR 2008, 267 = WRP 2008, 205 – Gintec.

[1161] *Nawroth/Sandrock* FS Doepner S. 282.

[1162] *Doepner* HWG § 11 Nr. 4 Rn 4; *ders.* HWG § 11 Nr. 5 b Rn 4; *Gröning* HWG § 11 Nr. 4 Rn 4. Krit. OLG Schleswig NJWE-WettbR 2000, 112; OLG München MD 1997, 773, 776.

[1163] *Doepner* HWG § 11 Nr. 4 Rn 3; *Zipfel/Rathke* HWG § 11 Rn 13.

[1164] BGH GRUR 2001, 453 – TCM-Zentrum; BGH GRUR 1985, 936 – Sanatorium II; OLG Schleswig NJWE-WettbR 2000, 112.

[1165] *Doepner* HWG § 11 Nr. 4 Rn 1.

[1166] *Doepner* HWG § 11 Nr. 4 Rn 6; *Zipfel/Rathke* HWG § 11 Rn 13 a.

[1167] BGH GRUR 1985, 936, 937 – Sanatorium II; BGH GRUR 2001, 453, 455 = NJW-RR 2001, 684 – TCM-Zentrum.

[1168] BVerfG GRUR 2004, 797 = NJW 2004, 2660 – Botox-Faltenbehandlung.

[1169] BGH GRUR 2007, 809, 810 – Krankenhauswerbung. S. auch *Stebner* PharmR 2008, 25, 26.

2001/83/EG voraus, dass eine fachliche oder wissenschaftliche „Empfehlung" gegeben ist, jedoch dürfte eine solche den Darstellung im Sinne des § 11 Abs. 1 S. 1 Nr. 4 HWG regelmäßig immanent sein.[1170]

553 **§ 11 Abs. 1 S. 1 Nr. 5 lit. a HWG** verbietet die Publikumswerbung mit der bildlichen Darstellung von Veränderungen des menschlichen Körpers oder seiner Teile durch Krankheiten, Leiden oder Körperschäden. Durch dieses Werbeverbot soll verhindert werden, dass der Werbeadressat Wahrnehmungen am eigenen Körper mit den abgebildeten Veränderungen vergleicht und hieraus den Rückschluss zieht, das beworbene Heilmittel würde gleichermaßen auch bei den eigenen Krankheiten wirken. § 11 Abs. 1 S. 1 Nr. 5 HWG stellt dementsprechend eine „illustrierte Ergänzung" zu § 11 Abs. 1 S. 1 **Nr. 3** HWG dar.[1171] Aus dem Sinn und Zweck der Bestimmung ist außerdem zu folgern, dass nur **äußerlich** wahrnehmbare Veränderungen relevant sein können, so dass Abbildungen von Veränderungen des Körperinneren (ggf. Angstwerbung im Sinne des § 11 Abs. 1 S. 1 Nr. 7 HWG) oder von gesund aussehenden Körpern bzw. Körperteilen nicht unter die Nr. 5a fallen. Gesunde bzw. gesund aussehende Menschen und natürliche Vorgänge wie Schwangerschaft oder ein Alterungsprozess dürfen deshalb abgebildet werden.[1172] Dem Wortlaut ist schließlich zu entnehmen, dass bildliche Darstellungen von körperlichen Veränderungen durch **krankhafte Beschwerden** nicht erfasst sind. Hierbei handelt es sich nicht um ein Redaktionsversehen, sondern um eine bewusste Entscheidung des Gesetzgebers. Die Publikumswerbung mit bildlichen Darstellungen von krankhaften Beschwerden wie etwa Hühneraugen, Warzen oder Sonnebrand soll deshalb nach hM erlaubt sein.[1173] In praktischer Hinsicht ist diese „Freiheit" aber kritisch zu betrachten, da der einheitliche Krankheitsbegriff als Oberbegriff krankhafte Beschwerden umfasst.[1174] Die Abbildung frierender oder hustender Personen fällt dagegen unstreitig nicht unter das Publikumswerbeverbot der Nr. 5a, da es insoweit an einer Veränderung des menschlichen Körpers fehlt.

554 Ein Vergleich des abstrakten Gefährdungstatbestandes nach Nr. 5 lit. a mit der einschlägigen Vorschrift der RL 2001/83/EG ergibt, dass nach Art. 90 lit. k 1. Alt. RL 2001/83/EG in der Publikums-Arzneimittelwerbung nur **missbräuchliche, abstoßende oder irreführende** Bilddarstellungen von Krankheiten untersagt sind. Nach der Rechtsprechung des OLG Hamburg ist deshalb eine Publikumswerbung, in der für eine Lippenherpes-Creme diese Erkrankung am Mund nur dezent abgebildet wird, nicht unlauter im Sinne der § 3, § 4 Nr. 11 UWG, „obwohl sie (formal) gegen § 11 Abs. 1 Nr. 5 lit. a HWG und damit gegen § 4 Nr. 11 UWG verstößt". Der Vorwurf der Unlauterkeit könne nicht bestehen, weil die Werbung die Grenzen des Art. 90 lit. k RL 2001/83/EG beachtet.[1175] Im Ergebnis ist damit eine entsprechende **richtlinienkonforme Auslegung** geboten,[1176] auch wenn das OLG Hamburg den Weg über die einschränkende Auslegung offen gelassen hat.

555 **§ 11 Abs. 1 S. 1 Nr. 5 lit. b HWG** verbietet die Publikumswerbung mit der bildlichen Darstellung der Wirkung eines Heilmittels im Sinne des § 11 Abs. 1 S. 1 HWG durch vergleichende Darstellung des Körperzustandes oder des Aussehens vor und nach der Anwendung. Das Verbot einer sog. Vorher-Nachher-Werbung außerhalb der Fachkreise ist wieder mit dem Schutz vor suggestiver Beeinflussung zu begründen.[1177] Daneben kann auch insoweit eine „illustrierte Ergänzung" zu § 11 Abs. 1 S. 1 **Nr. 3** HWG angenommen

---

[1170] *Nawroth/Sandrock* FS Doepner S. 283.

[1171] *Doepner* HWG § 11 Nr. 5a Rn 4.

[1172] *Doepner* HWG § 11 Nr. 5a Rn 8; *Gröning* HWG § 11 Nr. 5a Rn 4f; aA *Zipfel/Rathke* HWG § 11 Rn 14.

[1173] *Bülow/Ring* HWG § 11 Nr. 5a Rn 4; *Gröning* HWG § 11 Nr. 5a Rn 6; kritisch *Zipfel/Rathke* HWG § 11 Rn 14.

[1174] *Doepner* HWG § 11 Nr. 5a Rn 9; → Rn 366ff.

[1175] OLG Hamburg MD 2008, 766 = BeckRS 2008, 13270 – Lippenherpes-Creme.

[1176] S. auch *Weiler* WRP 2006, 957, 958.

[1177] BGH GRUR 2003, 255 – Anlagenbedingter Haarausfall; OLG Düsseldorf MD 1998, 1028, 1034. S. auch *F. Meyer* GRUR 2006, 1007, 1008.

werden kann.[1178] Voraussetzung für die Anwendbarkeit der Nr. 5 lit. b ist, dass die Wirkung des Mittels bildlich darstellbar ist. Der Vergleich kann sich auch auf das **Körperinnere** beziehen, da der Körperzustand neben dem Aussehen gesondert aufgeführt ist, jedoch muss das Ergebnis der Anwendung des Heilmittels für den Betrachter erkennbar sein. Ein Vorher-Nachher-Vergleich verstößt aber nur dann gegen § 11 Abs. 1 S. 1 Nr. 5 lit. b HWG, wenn ein **Krankheitsbezug** im Sinne des § 1 Abs. 1 Nr. 2 HWG besteht. Die Werbung für eine Eigenhaartransplantation mit der Vorher-Nachher-Abbildung ist deshalb zulässig, da der anlagebedingte Haarausfall weder eine Krankheit noch ein Körperschaden ist.[1179]

Aber auch die Nr. 5 lit. b ist an den Vorgaben des Gemeinschaftskodexes für Humanarzneimittel zu messen. Sowohl nach Art. 90 lit. k 2. Alt. RL 2001/83/EG als auch nach Art. 90 lit. j RL 2001/83/EG setzt ein Verbot der Werbung voraus, dass diese **„in missbräuchlicher, abstoßender oder irreführender Weise"** geschieht.[1180] Dementsprechend ist nach der Rechtsprechung des OLG Hamburg auch die bildliche Vorher-Nachher-Darstellung der Wirkung eines Arzneimittels nicht unlauter im Sinne des UWG, wenn diese nicht missbräuchlich, abstoßend oder irreführend ist, da dann die Grenzen des Art. 90 RL 2001/83/EG beachtet sind.[1181] 556

§ 11 Abs. 1 S. 1 Nr. 5 lit. c HWG verbietet die Publikumswerbung mit der bildlichen Darstellung des Wirkungsvorganges eines Heilmittels im Sinne des § 11 Abs. 1 S. 1 HWG am menschlichen Körper oder an seinen Teilen. Der Werbeadressat soll nicht – wie bei der Nr. 5 lit. b – vor der Faszination des durch den Vergleich äußerlich sichtbar gemachten Ergebnisses der Heilmittelanwendung geschützt werden, sondern vor dem durch die – regelmäßig vereinfachende – Darstellung des Wirkungsvorgangs bedingten Werbeeffekt und der damit einhergehenden Gefahr der Irreführung.[1182] Der Ursachenzusammenhang zwischen Mittel und Wirkung muss sich aus der Darstellung ergeben.[1183] Dass eine Abbildung als bildliche Darstellung des Wirkungsvorganges eines Mittels anzusehen ist, ist dabei bereits dann zu bejahen, wenn die Abbildung jedenfalls von einem nicht unerheblichen Teil der von ihr angesprochenen Verkehrskreise in diesem Sinne verstanden wird; ob der Werbende mit der Abbildung etwas anderes darstellen wollte, ist demgegenüber unerheblich.[1184] Bei **richtlinienkonformer Auslegung** gilt in Konsequenz auch für die Nr. 5 lit. c, dass ein Verbot nur bildliche Darstellungen erfassen kann, die missbräuchlich, abstoßend oder irreführend sind. 557

e) Fremd- und fachsprachliche Bezeichnungen, § 11 Abs. 1 S. 1 Nr. 6 HWG. 558
Außerhalb der Fachkreise darf für Heilmittel nicht mit fremd- oder fachsprachlichen Bezeichnungen geworben werden, soweit sie nicht in den allgemeinen deutschen Sprachgebrauch eingegangen sind. Dieses Werbeverbot gilt nach § 11 Abs. 1 S. 2 HWG insbesondere auch für **Medizinprodukte.**[1185] Gestützt wird das Verbot des § 11 Abs. 1 S. 1 Nr. 6 HWG in erster Linie auf die Annahme, dass bei der Verwendung fremd- oder fachsprachlicher Bezeichnungen die Gefahr einer Suggestivwirkung und der Verwirrung bzw. Irreführung des Laienpublikums besteht.[1186] Eine Begründung, die angesichts des Leitbildes des **durchschnittlich informierten, aufmerksamen und verständigen Durchschnittsverbrauchers** nicht mehr überzeugend erscheint. Auch die Ausnahmeregelung, wonach in den allgemeinen deutschen Sprachgebrauch eingegangene fremd- oder fachsprachliche Bezeichnungen in der Publikumswerbung verwendet werden dürfen, trägt nicht zur Recht-

---

[1178] *Doepner* HWG § 11 Nr. 5b Rn 1.
[1179] BGH GRUR 2003, 255 – Anlagenbedingter Haarausfall. S. auch LG Lübeck BeckRS 2008, 1942.
[1180] *Weiler* WRP 2006, 957, 959.
[1181] OLG Hamburg MD 2008, 766 = PharmR 2009, 40 – Lippenherpes-Creme.
[1182] *Doepner* HWG § 11 Nr. 5c Rn 2.
[1183] *Erbs/Kohlhaas* HWG § 11 Rn 15; *Zipfel/Rathke* HWG § 11 Rn 16; ähnlich *Gröning* HWG § 11 Nr. 5c Rn 4.
[1184] OLG Düsseldorf GRUR 1989, 137, 138.
[1185] → Rn 420.
[1186] BGH GRUR 1995, 612 – Sauerstoff-Mehrschritt-Therapie; BGH WRP 1991, 715 – Chelat-Infusionstherapie; KG GRUR 1995, 684.

fertigung des Werbeverbots bei. Wenn eine fremd- oder fachsprachliche Bezeichnung in den allgemeinen deutschen Sprachgebrauch Eingang gefunden hat, bedeutet dies nicht, dass diese Bezeichnung auch Bestandteil der täglichen Umgangssprache ist.[1187] Das Werbeverbot ist deshalb insgesamt in Frage zu stellen.

559 Dies gilt nunmehr umso mehr, als die Werberegeln des Gemeinschaftskodexes für Humanarzneimittel als Höchststandard anerkannt sind. Eine zu § 11 Abs. 1 S. 1 Nr. 6 HWG korrespondierende Regelung findet sich in der RL 2001/83/EG nicht. Es ist hier deshalb unter Heranziehung der allgemeinen Vorschrift des Art. 87 Abs. 3 RL 2001/83/EG zumindest eine **richtlinienkonforme Auslegung** geboten, wonach das Verbot der Nr. 6 dahingehend einzuschränken ist, dass durch die Werbung der zweckmäßige Einsatz des Arzneimittels in Frage gestellt würde oder eine Irreführungsgefahr zu besorgen wäre.[1188]

560 Die Fragwürdigkeit der Nr. 6 zeigt sich anschaulich an dessen Hauptanwendungsfall, der Verwendung von fremd- oder fachsprachlichen Bezeichnungen in den **Pflichtangaben.** Während ein Verstoß gegen das Werbeverbot bei **arzneimittelrechtlichen** Pflichtangaben wegen fehlender Werbeeigenschaft verneint wird, greift das Verbot des § 11 Abs. 1 S. 1 Nr. 6 HWG bei **heilmittelwerberechtlichen** Pflichtangaben, da diese als Werbung im Sinne des HWG angesehen werden.[1189] Dem Werbeadressaten wird zwar zugetraut, fremd- oder fachsprachliche Bezeichnungen in der Packungsbeilage zu „verstehen", jedoch kann diesem nicht zugemutet werden, mit den gleichen Bezeichnungen im Rahmen einer Werbeanzeige konfrontiert zu werden. Die Rechtsprechung behilft sich in dieser Situation mit einer Kompromisslösung. Die Verwendung auch unverständlicher fremd- oder fachsprachlicher Begriffe in der Werbung ist demnach nicht schlechthin untersagt, sondern unter Umständen dann zulässig, wenn der Begriff entweder in der Werbung selbst **in verständlicher Weise erläutert** wird oder sich jedenfalls hinreichend aus dem **Gesamtzusammenhang** der Werbung erschließen lässt. Eine gesonderte Erläuterung der Bezeichnung in allgemeinverständlicher Form ist damit nicht zwingend notwendig, sondern es ist ausreichend, wenn sich die Bedeutung aus dem Zusammenhang ergibt. Besteht jedoch für eine fremd- oder fachsprachliche Bezeichnung keine Möglichkeit einer Umschreibung oder ausreichenden Erläuterung, darf sie bei einer Publikumswerbung nicht verwendet werden.[1190]

561 Die Anwendbarkeit des § 11 Abs. 1 S. 1 Nr. 6 HWG ist zu verneinen, wenn die angesprochenen Verkehrskreise die in der Werbung verwendeten fremd- oder fachsprachlichen Bezeichnungen verstehen, d. h., wenn diese in den allgemeinen deutschen Sprachgebrauch eingegangen sind. Der „allgemeine deutsche Sprachgebrauch" ist nicht mit der Gemeinsprache identisch und stellt auf den – gegenüber dem aktiven weit größeren – passiven Wortschatz ab.[1191] An das „Verstehen" der fremd- oder fachsprachlichen Bezeichnung sind nicht allzu hohe Anforderungen zu stellen. Es genügt eine **Parallelwertung in der Laiensphäre** und damit ein Erfassen ihrer Bedeutung auch nur ungefähr.[1192] Dies ist in der Praxis aber regelmäßig nicht eindeutig zu bestimmen.[1193]

562 **f) Angstgefühle, § 11 Abs. 1 S. 1 Nr. 7 HWG.** Die Publikumswerbung mit einer Aussage, die geeignet ist, Angstgefühle hervorzurufen oder auszunutzen, ist verboten.[1194] Der Normzweck dieses Verbots ist darin zu sehen, dass bei kranken Menschen das Be-

---

[1187] Ähnlich *Erbs/Kohlhaas* HWG § 11 Rn 16.

[1188] *Nawroth/Sandrock* FS Doepner S. 285.

[1189] BGH GRUR 2001, 176 – Myalgien; BGH GRUR 1998, 959 – Neurotrat forte; BGH GRUR 1991, 860, 861 – Katovit; OLG München NJWE-WettbR 1997, 53; → Rn 427.

[1190] BGH GRUR 2001, 176 – Myalgien; BGH GRUR 1995, 612 – Sauerstoff-Mehrschritt-Therapie; BGH WRP 1991, 715 – Chelat-Infusionstherapie; OLG Hamburg GRUR 1989, 929; OLG Hamburg GRUR 1987, 561; *Bülow/Ring* HWG § 11 Abs. 1 Nr. 6 HWG Rn 10f; *Doepner* HWG § 11 Nr. 6 Rn 34.

[1191] OLG Hamburg MD 2003, 462, 465; OLG Schleswig MD 1998, 338, 342; LG Düsseldorf BeckRS 2006, 8858; aA *Bülow/Ring* HWG § 11 Abs. 1 Nr. 6 Rn 8: Gemeinsprache = allgemeiner Sprachgebrauch.

[1192] BGH GRUR 1995, 612 – Sauerstoff-Mehrschritt-Therapie; BGH GRUR 1989, 624 – Kuranstalt; OLG Hamburg MD 2003, 462, 465; *Doepner* HWG § 11 Nr. 6 Rn 22.

[1193] *Erbs/Kohlhaas* HWG § 11 Rn 16; ähnlich *Zipfel/Rathke* HWG § 11 Rn 17a.

[1194] LG Düsseldorf MD 2008, 229 – Entgiftsungsbad.

wusstsein der Gesundheits- oder Lebensgefährdung Angstgefühle auslöst, die dann, wenn sie zusätzlich durch die Werbung verstärkt oder ausgenutzt werden, zu einem irrationalen Arzneimittelkonsum verleiten können.[1195] Bei der Prüfung der Geeignetheit einer Werbeaussage zur Hervorrufung oder Ausnutzung von Angstgefühlen ist als Maßstab weder der Überängstliche oder Überempfindliche noch der „Dickfellige" heranzuziehen, sondern es ist auf das **Durchschnittsempfinden** der angesprochenen Verkehrskreise abzustellen.[1196] Bei der anzustellenden **Gesamtschau** ist zu berücksichtigen, dass mit Heilmitteln die Sorge um die Gesundheit geradezu bestimmungsgemäß verknüpft ist.[1197] Es ist deshalb keine unzulässige Werbung mit der Angst, wenn etwa mit der Angabe „Erkältung und grippale Infekte überrollen Berlin; sofort besorgen" für eine – weithin einem alten Hausmittel ähnlich erachtete – Kräuteressenz wie „Klosterfrau Melissengeist" geworben wird. Unter „Angst" im Sinne des § 11 Abs. 1 S. 1 Nr. 7 HWG können nicht die kleinen Ängstlichkeiten und Besorgnisse des täglichen Lebens, sondern nur **erhebliche** Angstgefühle verstanden werden, die durch drohende besondere Gefahren, namentlich durch die Gefahr tiefgreifender Lebensbeeinträchtigungen, erzeugt werden.[1198] Die richtlinienkonforme Auslegung der Vorschrift kann auf Art. 90 lit. c und lit. d RL 2001/83/EG gestützt werden.

g) Werbevorträge, § 11 Abs. 1 S. 1 Nr. 8 HWG. Nach § 11 Abs. 1 S. 1 Nr. 8 HWG 563 darf außerhalb der Fachkreise für Heilmittel nicht durch Werbevorträge geworben werden, mit denen ein Feilbieten oder eine Entgegennahme von Anschriften verbunden ist. Es besteht **kein generelles Verbot** von Werbevorträgen vor Laienpublikum, da das Gesetz Werbevorträge nur unter den weiteren Voraussetzungen des gleichzeitigen Feilbietens von Heilmitteln bzw. der Entgegennahme von Anschriften verbietet.[1199] „Reine" Werbevorträge – ohne Feilbieten und ohne Entgegennahme von Anschriften – sind zulässig, wenn der Werbecharakter des Vortrags für den Verbraucher erkennbar ist. Ein getarnter bzw. verschleierter Werbevortrag würde zwar nicht gegen § 11 Abs. 1 S. 1 Nr. 9 HWG verstoßen, da ein Vortrag keine „Veröffentlichung" im Sinne der Nr. 9 ist, jedoch greift insoweit zumindest das allgemeine Wettbewerbsrecht.[1200]

Werbevorträge sind alle Vorträge, die – wenn auch nur im **Nebenzweck** – der Absatzför- 564 derung dienen. Bloße **Verkaufsgespräche** am Ladentisch sind nicht erfasst, da es sich hierbei nicht um Vorträge handelt. Ein Werbevortrag im Sinne der Nr. 8 bedarf indes nicht der persönlichen Anwesenheit des Vortragenden, vielmehr genügt auch ein Vortrag mittels eines Werbefilms.[1201] Typisches Beispiel für die Tatbestandsalternative des Feilbietens sind Werbevorträge bei sog. Kaffeefahrten. Hinsichtlich der Entgegennahme von Anschriften wird ein Zusammenhang zum Werbevortrag auch noch dann angenommen, wenn die Anschrift auf Anforderung zugeschickt wird. Es besteht insoweit kein allzu enger zeitlicher Rahmen.[1202]

h) Getarnte Werbung, § 11 Abs. 1 S. 1 Nr. 9 HWG. Das Verbot getarnter Publi- 565 kumswerbung nach § 11 Abs. 1 S. 1 Nr. 9 HWG, das seine Entsprechung in Art. 89 Abs. 1 lit. a RL 2001/83/EG findet, beschränkt sich ausdrücklich auf **„Veröffentlichungen"** und damit auf Werbung in Printmedien.[1203] Fälle sonstiger Schleichwerbung sind anhand der Irreführungsverbote in § 3 HWG, § 5 UWG und der Vorschrift des § 3, § 4 Nr. 3 UWG zu beurteilen.[1204] Da diese allgemeinen Verbotstatbestände nicht auf die Publikums-

---

[1195] OLG Karlsruhe WRP 1991, 331, 332.

[1196] *Doepner* HWG § 11 Nr. 7 Rn 5; *Erbs/Kohlhaas* HWG § 11 Rn 22.

[1197] *Gröning* HWG § 11 Nr. 7 Rn 5.

[1198] BGH GRUR 1986, 902 – Angstwerbung; OLG Karlsruhe WRP 1991, 331, 332.

[1199] *Erbs/Kohlhaas* HWG § 11 Rn 25; *Gröning* HWG § 11 Nr. 8 Rn 1.

[1200] *Gröning* HWG § 11 Nr. 8 Rn 2; → Rn 416.

[1201] *Doepner* HWG § 11 Nr. 8 Rn 5; *Erbs/Kohlhaas* HWG § 11 Rn 25 f: unmittelbarer Publikumskontakt; ähnlich *Gröning* HWG § 11 Nr. 8 Rn 4: ablehnend gegenüber Rundfunk- und Fernsehansprachen.

[1202] *Doepner* HWG § 11 Nr. 8 Rn 7; *Zipfel/Rathke* HWG § 11 Rn 22.

[1203] *Bülow/Ring* HWG § 11 Abs. 1 Nr. 9 Rn 4; *Doepner* HWG § 11 Nr. 9 Rn 8; *Gröning* HWG § 11 Nr. 9 Rn 3; aA *Zipfel/Rathke* HWG § 11 Rn 24.

[1204] BGH GRUR 1998, 481 – Auto '94; BGH GRUR 1996, 791 – Editorial II; BGH GRUR 1994, 441 – Kosmetikstudio; BGH GRUR 1993, 561 – Produktinformation.

werbung beschränkt, sondern auch auf die Fachkreiswerbung anwendbar sind, ist die praktische Relevanz des Publikumswerbeverbots der Nr. 9 eher gering.[1205] Hauptanwendungsfälle der Nr. 9 sind **redaktionelle Werbebeiträge,** die für den Betrachter als Werbung nicht deutlich erkennbar sind. Dagegen stellt ein in einer Zeitschrift (zB Apotheker-Kundenzeitschrift) deutlich und unübersehbar mit dem Wort „Anzeige" oder mit dem Hinweis „Eine Werbe-Information aus Ihrer Apotheke" gekennzeichnete Veröffentlichung für den Verkehr klar, dass es sich um Werbung und nicht um einen redaktionell gestalteten Beitrag handelt.[1206] Die Bewerbung mit einem in einem neutralen Umschlag versendeten Werbeblatt, auf dem ein gelber sog. **„Post-it"-Zettel** mit der handschriftlichen Aufschrift „Probiert das mal. Das funktioniert wirklich." aufgebracht ist, stellt eine unzulässige getarnte Werbung dar. Aus den Gesamtumständen eines solchen Schreibens muss der Empfänger – zumindest zunächst – den Schluss ziehen, ein Bekannter habe ihm eine persönliche Empfehlung zukommen lassen.[1207]

566 **i) Anleitungen zur Selbstmedikation, § 11 Abs. 1 S. 1 Nr. 10 HWG.** Außerhalb der Fachkreise darf für Heilmittel im Sinne des § 11 Abs. 1 S. 1 HWG nicht mit **Veröffentlichungen,** die dazu anleiten, bestimmte Krankheiten, Leiden etc. selbst zu erkennen und mit den in der Werbung bezeichneten Heilmitteln zu behandeln, sowie mit entsprechenden Anleitungen in **audiovisuellen Medien** geworben werden. Eine Anleitung zur Selbstdiagnose in diesem Sinne liegt vor, wenn der Werbeadressat in die Lage versetzt wird, von bestimmten in der Werbung genannten Symptomen auf die zu Grunde liegende, behandlungsbedürftige Krankheit zu schließen. Das Werbeverbot der Nr. 10 soll verhindern, dass der Patient durch die Heilmittelwerbung davon abgehalten wird, sich zur Erstellung der richtigen Diagnose in ärztliche Behandlung zu begeben, wodurch die Gefahr der Fehldiagnose und Fehlbehandlung entstehen kann.[1208] Ein Verstoß gegen § 11 Abs. 1 Nr. 10 HWG liegt nur dann vor, wenn die Werbung zumindest zu einer **mittelbaren Gesundheitsgefährdung** führen kann.[1209]

567 Es ist mit § 11 Abs. 1 S. 1 Nr. 10 HWG vereinbar, wenn Symptome bestimmter Krankheiten geschildert und im Anschluss daran zur Behandlung geeignete Heilmittel beworben werden, soweit Symptome von Krankheiten geschildert werden, die (wie etwa bei Schnupfen oder Kopfschmerzen) **dem Verbraucher ohne weiteres geläufig** sind. Bei einer solchen Konstellation leitet die Angabe der Symptome nicht zur Selbsterkennung der Krankheit an. Von einer (echten) Diagnoseanleitung im Sinne der Nr. 10 kann erst dann die Rede sein, wenn beim Werbeadressat zumindest eine Unsicherheit darüber besteht, worin sich die mit dem beworbenen Heilmittel zu behandelnde Krankheit äußert, und er hierzu zusätzliche Hinweise in der Werbung erhält.[1210] Eine **richtlinienkonforme Auslegung** des Werbeverbots gemäß der Bestimmung des Art. 90 lit. i RL 2001/83/EG führt zu einer Beschränkung auf Fälle der Öffentlichkeitswerbung, die durch eine „ausführliche" Beschreibungen oder Darstellungen der Anamnese zu einer „falschen" Selbstdiagnose verleiten können.[1211] Allgemeine Ausführungen über bestimmte Krankheiten und deren Behandlung sind erlaubt, solange sie nicht auf bestimmte, namentlich genannte Erzeugnisse zum Zwecke der Absatzförderung hinweisen.[1212]

568 **j) Äußerungen Dritter, § 11 Abs. 1 S. 1 Nr. 11 HWG.** Mit Äußerungen Dritter, insbesondere mit Dank-, Anerkennungs- oder Empfehlungsschreiben, oder mit Hinwei-

---

[1205] Ähnlich *Doepner* HWG § 11 Nr. 9 Rn 7.

[1206] BGH GRUR 1996, 791 – Editorial II; OLG Frankfurt WRP 2001, 1111, 1112 – Ratgeber Selbstmedikation; OLG München PharmR 1995, 341, 345; *Gröning* HWG § 11 Nr. 9 Rn 5.

[1207] LG Hannover WRP 2001, 839.

[1208] BGH GRUR 2004, 799 – Lebertrankapseln; OLG Frankfurt MD 2003, 725, 726; OLG Düsseldorf WRP 1998, 806, 807; *Doepner* HWG § 11 Nr. 10 Rn 2.

[1209] BGH GRUR 2004, 799 = WRP 2004, 1163 – Lebertrankapseln.

[1210] OLG Frankfurt MD 2003, 725, 726.

[1211] OLG Schleswig 25. 9. 2001, 6 U 42/2001; *Gröning* HWG § 11 Nr. 10 Rn 4; aA OLG Frankfurt MD 2003, 725, 726; *Doepner* HWG § 11 Nr. 10 Rn 12.

[1212] OLG München MD 1996, 998, 1001; *Doepner* HWG § 11 Nr. 10 Rn 11.

sen auf solche Äußerungen darf außerhalb der Fachkreise für Heilmittel nicht geworben werden. Das Werbeverbot gilt nach § 11 Abs. 1 S. 2 HWG insbesondere auch für **Medizinprodukte.** Grundvoraussetzung ist auch für diesen Verbotstatbestand, dass eine produktbezogene Absatzwerbung vorliegt.[1213] Die Nr. 11 soll der Gefahr der unsachlichen Beeinflussung entgegenwirken, die sich aus dem besonderen Interesse Kranker und um Kranke besorgter Menschen an der Wiederherstellung der Gesundheit ergibt. Eine Werbung mit Äußerungen Dritter zeichnet sich durch eine **besondere Überzeugungskraft** aus, die auf der unzutreffenden Annahme beruht, die dritten Personen könnten die beworbenen Heilmittel neutral und objektiv kraft besonderer Sachkunde oder aus eigener Erfahrung bewerten.[1214] Liegt eine **fachliche** Äußerung Dritter vor, kann neben einem Verstoß gegen § 11 Abs. 1 S. 1 Nr. 11 HWG auch ein solcher gegen **Nr. 1** („Gutachtenwerbung") oder **Nr. 2** („fachliche Empfehlung") gegeben sein, wobei § 11 Abs. 1 S. 1 Nr. 1 und 2 HWG als Spezialvorschriften vorgehen.[1215]

Die Regelung des § 11 Abs. 1 S. 1 Nr. 11 HWG bedarf einer richtlinienkonformen 569
Auslegung.[1216] Mit der RL 2001/83/EG ist eine **vollständige Harmonisierung** des Bereichs der Arzneimittelwerbung erfolgt, wobei die Fälle, in denen die Mitgliedstaaten befugt sind, Bestimmungen zu erlassen, die von der in dieser Richtlinie getroffenen Regelung abweichen, ausdrücklich aufgeführt sind. Die RL 2001/83/EG ist somit dahin auszulegen, dass ein Mitgliedstaat in seinen innerstaatlichen Rechtsvorschriften **kein uneingeschränktes und unbedingtes** Verbot vorsehen darf, in der Öffentlichkeitswerbung für Arzneimittel Äußerungen Dritter zu verwenden, während deren Verwendung nach der Richtlinie nur wegen ihres konkreten Inhalts oder der Eigenschaft ihres Urhebers eingeschränkt werden darf. Die RL 2001/83/EG verpflichtet die Mitgliedstaaten, in ihren nationalen Rechtsvorschriften ein Verbot vorzusehen, in der Öffentlichkeitswerbung für Arzneimittel Äußerungen Dritter zu verwenden, wenn diese sich **„in willkürlicher, abstoßender oder irreführender Weise"** auf Genesungsbescheinigungen im Sinne des Art. 90 lit. j RL 2001/83/EG beziehen, wobei der Begriff **„Genesungsbescheinigungen"** dahin auszulegen ist, dass er Hinweise auf die Unterstützung des Wohlbefindens der Person nicht erfasst, sofern nicht die therapeutische Wirksamkeit des Arzneimittels in Bezug auf die Beseitigung einer bestimmten Krankheit erwähnt wird. Eine positive Gesamtbewertung des Arzneimittels, die lediglich auf die allgemeine Unterstützung des Wohlbefindens einer Person hinweist, entspricht diesen Voraussetzungen grundsätzlich nicht. Art. 90 lit. c RL 2001/83/EG verpflichtet die Mitgliedstaaten ferner, in ihren nationalen Rechtsvorschriften ein Verbot vorzusehen, in der Öffentlichkeitswerbung für Arzneimittel Äußerungen Dritter zu verwenden, wenn diese zu verstehen geben, dass die Verwendung des Arzneimittels zur **Unterstützung des allgemeinen Wohlbefindens** beiträgt.[1217] Damit soll verhindert werden, dass die Verbraucher dazu ermutigt werden, sich ein Arzneimittel zu verschaffen, dessen Verwendung objektiv nicht erforderlich ist, weil keine konkrete Gesundheitsstörung vorliegt.[1218] Das Verbot der Nr. 11 ist im Sinne des Gemeinschaftsrechts einschränkend auszulegen.

§ 11 Abs. 1 S. 1 Nr. 11 HWG setzt nicht voraus, dass die Äußerungen Dritter von tat- 570
sächlich lebenden individualisierten Personen herrühren. Allein maßgeblich ist, ob die Äußerung, wie sie in ihrer **konkreten** Einbindung in die Werbung dem Werbeadressaten entgegentritt, geeignet ist, bei einem nicht unerheblichen Teil der angesprochenen Ver-

---

1213 OLG Koblenz PharmR 2003, 172, 173.

1214 BGH GRUR 1992, 874 – Hyanit; KG PharmR 1988, 276, 278.

1215 *Bülow/Ring* HWG § 11 Abs. 1 Nr. 11 Rn 6; *Doepner* HWG § 11 Nr. 11 Rn 7.

1216 BGH GRUR 2009, 179 – Konsumentenbefragung II (im Anschluss an EuGH GRUR 2008, 267 = WRP 2008, 205 – Gintec).

1217 BGH GRUR 2009, 179, 181 – Konsumentenbefragung II: „Die nicht umgesetzte Bestimmung des Art. 90 lit. c der RL 2001/83/EG ... entfaltet ... keine unmittelbare (horizontale) Wirkung zwischen den Parteien".

1218 EuGH GRUR 2008, 267 = WRP 2008, 205 – Gintec; BGH GRUR 2009, 179 – Konsumentenbefragung II; BGH WRP 2005, 1515 – Konsumentenbefragung I. S. auch BGH WRP 2008, 1175, 1177 – Millionen-Chance.

kehrskreise den Eindruck zu erwecken, ein Dritter habe sich entsprechend geäußert, so dass die Annahme, es handele sich um eine Angabe des Werbenden selbst, nicht in Betracht kommt.[1219] „Dritte“ im Sinne der Nr. 11 sind demnach nicht solche Personen, die in der Werbung erkennbar lediglich als **Sprachrohr des Werbenden** erscheinen. Solche Personen geben keine eigene Stellungnahme zu dem empfohlenen Heilmittel ab, sondern teilen lediglich die Ansicht des hinter ihnen stehenden Werbenden mit, so dass hierbei nicht der Eindruck einer Neutralität des sich positiv äußernden Dritten entsteht.[1220] Als Sprachrohr des Werbenden kann im Einzelfall etwa die Äußerung eines **bekannten Schauspielers** in einem Werbefilm angesehen werden. Wenn der fiktive Charakter, die Spielfilmhaftigkeit der in einem Werbespot vorgeführten Szene stark in den Vordergrund tritt, ist nicht davon auszugehen, dass eine relevante Zahl von Verbrauchern darin eine persönliche Meinungsäußerung des Darstellers sieht, auch wenn es sich um einen bekannten Schauspieler handelt.[1221] Sinn und Zweck der Vorschrift erfordern es nicht, solche Äußerungen, die erkennbar nicht von dem sich äußernden Dritten, sondern vom Werbenden stammen, dem Werbeverbot zu unterwerfen.

571 **k) Werbung gegenüber Kindern, § 11 Abs. 1 S. 1 Nr. 12 HWG.** Für Heilmittel darf außerhalb der Fachkreise mit Werbemaßnahmen, die sich ausschließlich oder überwiegend an Kinder unter 14 Jahren richten, nicht geworben werden (vgl. Art. 90 lit. e RL 2001/83/EG).[1222] Dieses Verbot gilt nach § 11 Abs. 1 S. 2 HWG auch für **Medizinprodukte** und somit für sämtliche Heilmittel. Eine Werbung richtet sich ausschließlich oder überwiegend an Kinder, wenn sie unmittelbar in diesem Personenkreis durchgeführt wird, etwa am Schulhof oder Kinderspielplatz, oder in kindertypischen Werbemedien (zB Comics oder Jugendmagazinen) erscheint. Auch durch eine besondere Ausgestaltung von Text und Aufmachung kann sich der **Gesamteindruck** ergeben, dass die Werbung auf Kinder ausgerichtet ist.[1223]

572 **l) Preisausschreiben, Verlosungen, § 11 Abs. 1 S. 1 Nr. 13 HWG.** Nach § 11 Abs. 1 S. 1 Nr. 13 HWG darf außerhalb der Fachkreise für Arzneimittel und Heilmittel im Sinne des § 1 Abs. 1 Nr. 2 HWG mit Preisausschreiben, Verlosungen oder anderen Verfahren nicht geworben werden, deren Ergebnis vom Zufall abhängt. Beispiele für „andere Verfahren“ sind Versprechen eines Preises für die ersten 100 Einsender eines Bestellcoupons oder die Ankündigung, dass in jeder 100. Packung ein Geschenk enthalten ist.[1224] Das Verbot der Nr. 13 gilt nicht für die Werbung für **Medizinprodukte** (§ 11 Abs. 1 S. 2 HWG) und nicht für die Werbung innerhalb der Fachkreise; bei Letzterer kann im Einzelfall aber ein Verstoß gegen **§ 7 HWG** gegeben sein.[1225] Bei der mit Preisausschreiben etc. betriebenen Werbung muss es sich um **produktbezogene Absatzwerbung** handeln. Eine Werbung allein für das Pharmaunternehmen (Vertrauenswerbung) ist keine Werbung im Sinne des HWG und damit kein Fall der Nr. 13.[1226]

573 Der EuGH ist in seiner Gintec-Entscheidung zu der Einschätzung gelangt, dass die Regelung des § 11 Abs. 1 S. 1 Nr. 13 HWG einer richtlinienkonformen Auslegung bedarf. Mit der RL 2001/83/EG ist eine **vollständige Harmonisierung** des Bereichs der Arzneimittelwerbung erfolgt, wobei die Fälle, in denen die Mitgliedstaaten befugt sind, Bestimmungen zu erlassen, die von der in dieser Richtlinie getroffenen Regelung abweichen, ausdrücklich aufgeführt sind. Die RL 2001/83/EG ist somit dahin auszulegen, dass ein

---

[1219] BGH GRUR 1992, 874 – Hyanit; OLG Stuttgart LRE 33, 352, 359; KG PharmR 1989, 276, 278.
[1220] OLG Köln GRUR 1993, 586, 587; *Bülow/Ring* HWG § 11 Abs. 1 Nr. 11 Rn 9.
[1221] OLG München ZUM-RD 1999, 324; aA *Doepner* HWG § 11 Nr. 11 Rn 13.
[1222] *Bülow* GRUR 2005, 482, 487.
[1223] *Anhalt/Dieners/Besen/Räpple* Hdb. § 21 Rn 42; *Bülow/Ring* HWG § 11 Abs. 1 Nr. 12 Rn 13; *Erbs/Kohlhaas* HWG § 11 Rn 40; *Gröning* HWG § 11 Nr. 12 Rn 5.
[1224] *Doepner* HWG § 11 Nr. 13 Rn 15 f.
[1225] → Rn 501.
[1226] *Doepner* HWG § 11 Nr. 13 Rn 11; *Erbs/Kohlhaas* HWG § 11 Rn 44; *Zipfel/Rathke* HWG § 11 Rn 41.

Mitgliedstaat in seinen innerstaatlichen Rechtsvorschriften **kein uneingeschränktes und unbedingtes** Verbot in der Öffentlichkeitswerbung für Arzneimittel vorsehen darf, während die Werbung nach der Richtlinie nur unter bestimmten Voraussetzungen eingeschränkt werden darf.[1227]

Die RL 2001/83/EG enthält zwar keine besonderen Vorschriften über Arzneimittelwerbung in Form von Auslosungen, eine solche Werbung ist jedoch angesichts der im 45. Erwägungsgrund dieser Richtlinie angeführten Notwendigkeit, **übertriebene und unvernünftige** Werbung, die sich auf die öffentliche Gesundheit auswirken könnte, zu verhindern, kaum hinnehmbar. Art. 87 Abs. 3 RL 2001/83/EG wiederholt diese Notwendigkeit, wenn er fordert, dass die Werbung für Arzneimittel deren zweckmäßigen Einsatz fördert. Bei der Werbung für ein Arzneimittel in Form von Verlosungen wird der **unzweckmäßigen und übermäßigen** Verwendung dieses Arzneimittels Vorschub geleistet, indem es als Preis oder Geschenk dargestellt wird und der Verbraucher so von einer sachlichen Prüfung der Frage, ob die Einnahme des Arzneimittels erforderlich ist, abgelenkt wird. Darüber hinaus kann die Möglichkeit, bei einer Auslosung ein Arzneimittel zu gewinnen, einer kostenlosen Abgabe gleichgestellt werden. Insoweit ist daran zu erinnern, dass Art. 88 Abs. 6 RL 2001/83/EG die **direkte Abgabe** von Arzneimitteln an die Öffentlichkeit **durch die pharmazeutische Industrie** zum Zwecke der Verkaufsförderung untersagt. Ferner dürfen nach Art. 96 Abs. 1 RL 2001/83/EG **Gratismuster** nur ausnahmsweise unter den in dieser Bestimmung aufgeführten Voraussetzungen an die zur Verschreibung von Arzneimitteln berechtigten Personen abgegeben werden. Nach alledem ist nach der Rechtsprechung des EuGH festzustellen, dass die Art. 87 Abs. 3, Art. 88 Abs. 6 und Art. 96 Abs. 1 RL 2001/83/EG die Werbung für ein Arzneimittel in Form einer im Internet angekündigten Auslosung verbieten, weil sie die unzweckmäßige Verwendung dieses Arzneimittels fördert und zu seiner direkten Abgabe an die Öffentlichkeit sowie zur Abgabe von Gratismustern führt.[1228] 574

m) Abgabe von Mustern und Proben, § 11 Abs. 1 S. 1 Nr. 14, 15 HWG. § 11 Abs. 1 S. 1 Nr. 14 HWG bestimmt, dass außerhalb der Fachkreise Werbung durch Abgabe von Mustern oder Proben von **Arzneimitteln** oder durch Gutscheine dafür unzulässig ist (Art. 88 Abs. 6 RL 2001/83/EG). Die Abgabe von Mustern oder Proben von Arzneimitteln außerhalb der Fachkreise ist **generell** verboten, so dass das Verbot insbesondere auch freiverkäufliche Arzneimittel erfasst.[1229] Innerhalb der Fachkreise gilt zwar das Verbot der Nr. 14 nicht, jedoch stellen Arzneimittel-Muster und -Proben sowie Gutscheine dafür Werbegaben im Sinne des **§ 7 HWG** dar.[1230] Nach § 7 Abs. 1 S. 3 HWG bleibt es pharmazeutischen Unternehmen erlaubt, Arzneimittelmuster in dem von § 47 Abs. 3, 4 AMG abgesteckten Rahmen abzugeben.[1231] 575

§ 11 Abs. 1 S. 1 Nr. 15 HWG bestimmt, dass außerhalb der Fachkreise Werbung durch die „nicht verlangte" Abgabe von Mustern oder Proben von **Heilmitteln im Sinne des § 1 Abs. 1 Nr. 2 HWG** oder durch Gutscheine dafür verboten ist. **Nicht verlangt** ist eine Abgabe, wenn sie ohne eine ausdrückliche oder konkludente Aufforderung seitens des Empfängers erfolgt. Es soll nur die aufgedrängte Produkterprobung ausgeschlossen sein. Wünscht der Kunde die Überlassung von Mustern oder Proben, so greift das Verbot der Nr. 15 selbst dann nicht, wenn dieser zu der Anforderung zuvor durch eine Werbung aufgefordert wurde.[1232] Soweit „verlangte" Muster oder Proben von Heilmitteln im Sinne des 576

[1227] EuGH GRUR 2008, 267 = WRP 2008, 205 – Gintec; S. auch Vorlage: BGH WRP 2005, 1515 – Konsumentenbefragung.

[1228] EuGH GRUR 2008, 267, 270 = WRP 2008, 205, 211 – Gintec.

[1229] Hierzu auch die berufsrechtlichen Regelungen für Apotheker, *Doepner* HWG § 11 Nr. 14 Rn 9; *Erbs/Kohlhaas* HWG § 11 Rn 45.

[1230] *Doepner* HWG § 11 Nr. 14 Rn 8; *Zipfel/Rathke* HWG § 11 Rn 43.

[1231] *Kloesel/Cyran* AMG § 47 Rn 41 ff; *Rehmann* AMG § 47 Rn 16 f; → Rn 514.

[1232] *Doepner* HWG § 11 Nr. 15 Rn 5; *Erbs/Kohlhaas* HWG § 11 Rn 49; *Zipfel/Rathke* HWG § 11 Rn 46.

§ 1 Abs. 1 Nr. 2 HWG vorliegen oder Werbung durch die Abgabe solcher Muster oder Proben innerhalb der Fachkreise erfolgt, sind die Bestimmungen des § 7 HWG und auch etwaige berufsrechtliche Beschränkungen zu beachten.

577 Nach § 11 Abs. 1 S. 2 HWG gilt weder das Verbot der Nr. 14 noch das der Nr. 15 für **Medizinprodukte.** Die Abgabe von Mustern oder Proben von Medizinprodukten unterfällt demnach nicht einem Publikumswerbeverbot. Aber auch insoweit gilt, dass § 7 HWG und etwaige berufsrechtliche Werberegeln zu berücksichtigen sind.

578 **n) Vergleichende Werbung, § 11 Abs. 2 HWG.** Für **Humanarzneimittel** darf außerhalb der Fachkreise nicht mit Angaben geworben werden, die nahe legen, dass die Wirkung des Arzneimittels einem anderen Arzneimittel oder einer anderen Behandlung **entspricht** oder **überlegen** ist (Art. 90 lit. b RL 2001/83/EG).[1233] Die Vorschrift des § 11 Abs. 2 HWG wurde durch das Gesetz zur vergleichenden Werbung eingefügt und verbietet außerhalb der Fachkreise vergleichende Werbeaussagen über andere Arzneimittel oder andere Behandlungen. Das Verbot greift schon dann ein, wenn die Aussage dem beworbenen Arzneimittel **unterschwellig** gleiche Wirkung beimisst, nicht erst bei Behauptung der Überlegenheit.[1234]

13. Publikumswerbung für bestimmte Krankheiten, § 12 HWG

579 Außerhalb der Fachkreise darf sich die Werbung für Arzneimittel nach § 12 Abs. 1 S. 1 HWG nicht auf die Erkennung, Verhütung, Beseitigung oder Linderung der **in Abschnitt A** (Nr. 1 bis Nr. 4) der Anlage zu diesem Gesetz **aufgeführten Krankheiten** oder Leiden bei Menschen beziehen. Der Krankheitenkatalog nach Abschnitt A der Anlage umfasst nach dem Infektionsschutzgesetz meldepflichtige Krankheiten oder durch meldepflichtige Krankheitserreger verursachte Infektionen (Nr. 1), bösartige Neubildungen (Nr. 2), Suchtkrankheiten, ausgenommen Nikotinabhängigkeit (Nr. 3) und krankhafte Komplikationen der Schwangerschaft, der Entbindung und des Wochenbetts (Nr. 4).

580 **a) Richtlinienkonformität.** Die Frage der Richtlinienkonformität der Regelung des § 12 HWG und insbesondere des in der Anlage aufgeführten Krankheitenkatalogs war in der Vergangenheit Gegenstand heftiger Diskussionen.[1235] Die Debatte hat sich mittlerweile aber weitestgehend erledigt, da nunmehr unstreitig ist, dass mit der RL 2001/83/EG eine **vollständige Harmonisierung** des Bereichs der Arzneimittelwerbung erfolgt ist.[1236] Außerdem wurde die Krankheitsliste des **Abschnitt A der Anlage erheblich reduziert.** Nach der Amtlichen Begründung ist Maßstab für die Änderung des Anhangs zu § 12 HWG der Schutz gesundheitlicher Individualinteressen und auch solcher der Allgemeinheit, denn eine durch Werbung beeinflusste unsachgemäße Selbstbehandlung kann nicht nur den Kranken selbst, sondern bei einigen Krankheiten auch Dritte gefährden. Deshalb soll die Publikumswerbung für Arzneimittel bezüglich **gravierender Krankheiten** und Leiden weiterhin werblichen Restriktionen unterworfen bleiben. Dies gilt insbesondere für nach dem Infektionsschutzgesetz meldepflichtige, durch Krankheitserreger verursachte Krankheiten. Hier birgt eine durch Werbung beeinflusste Selbstbehandlung erhebliche Gefahren für die erkrankte Person aber auch und vor allem für die Bevölkerung. Auch die Werbung mit nicht verschreibungspflichtigen Arzneimitteln mit der Indikation bösartige Neubildungen (Krebs) soll weiterhin werblichen Restriktionen unterworfen bleiben. Die Aufnahme der Suchtkrankheiten in den Katalog ist gerechtfertigt, um staatliche Aufklärungskampagnen zu Suchtkrankheiten, insbesondere Alkoholabhängigkeit, nicht zu entwerten. Dieser Gesichtspunkt gilt nur eingeschränkt für die Nikotinabhängigkeit, bei der

---

[1233] *Doepner* GRUR 2000, 216; *Kretschmer* GRUR 2000, 35; OLG Hamburg PharmR 2009, 40 = BeckRS 2008, 13 270 – Lippenherpes-Creme.

[1234] *Erbs/Kohlhaas* HWG § 11 Rn 51.

[1235] *Kleist* PharmR 1998, 2 ff.

[1236] EuGH GRUR 2008, 267 = WRP 2008, 205 – Gintec; EuGH EuZW 2007, 647 – Anthroposophische Arzneimittel; OLG Hamburg BeckRS 2008, 13 270 – Lippenherpes-Creme.

staatliche Aufklärungskampagnen gerade auch darauf gerichtet sind, Wege aus der Nikotinabhängigkeit – auch durch nicht verschreibungspflichtige Arzneimittel – aufzuzeigen. Krankhafte Komplikationen der Schwangerschaft, der Entbindung und des Wochenbetts sind ebenfalls mit **Angstgefühlen** verbunden, die eine auf Steigerung des Arzneimittelkonsums gerichtete Werbung vor allem im Hinblick auf den Schutz des ungeborenen Lebens nicht angezeigt erscheinen lassen.[1237]

Die reduzierte Liste mit nur noch gravierenden Krankheiten bzw. Leiden entspricht dem Regelungsgehalt des **Art. 88 Abs. 2 RL 2001/83/EG** gestützt werden.[1238] Angesichts der in Art. 88 RL 2001/83/EG getroffenen Wertung, die Öffentlichkeitswerbung in bestimmten Fällen zu verbieten, ist die Vorschrift des Art. 88 Abs. 2 RL 2001/83/EG dahingehend zu verstehen, dass die Öffentlichkeitswerbung für Arzneimittel verboten ist, die nach ihrer Zusammensetzung und Zweckbestimmung so beschaffen und konzipiert sind, dass sie **nicht ohne Einschaltung eines Arztes** für die Diagnose, Verschreibung oder Überwachung der Behandlung, erforderlichenfalls nach Beratung durch den Apotheker, verwendet werden können. Aus Art. 88 Abs. 2 RL 2001/83/EG kann damit ein Öffentlichkeitswerbeverbot für **nicht zur Selbstmedikation geeignete Arzneimittel** abgeleitet werden.[1239] Im Hinblick auf den alten Krankheitskatalog sind die Voraussetzungen des Art. 88 Abs. 2 RL 2001/83/EG nach Auffassung des BGH zumindest bei einem Arzneimittel nicht gegeben, das bei organischen Herzkrankheiten zur Vorbeugung und Behandlung verwendet werden soll (Anlage A Nr. 5c aF).[1240] Für die neue Krankheitsliste gilt, dass die in Art. 88 Abs. 2 RL 2001/83/EG genannten Voraussetzungen regelmäßig nicht gegeben sein werden. 581

b) Werbung für Arzneimittel, § 12 Abs. 1 S. 1 HWG. Nach § 12 Abs. 1 S. 1 HWG darf sich die Werbung für Arzneimittel außerhalb der Fachkreise nicht auf die Erkennung, Verhütung, Beseitigung oder Linderung der in der Anlage zu § 12 HWG aufgeführten Krankheiten oder Leiden beziehen.[1241] Das Gesetz will den Laien vor nicht überschaubaren Gefahren, die von einem Arzneimittel ausgehen können, schützen, aber auch den Kranken von einer nutzlosen **Selbstbehandlung** abhalten und verhindern, dass er im Vertrauen auf die Wirksamkeit eines harmlosen Präparats das bei **schweren und komplizierten Krankheiten** und Leiden gebotene unverzügliche Aufsuchen eines Arztes unterlässt.[1242] Das Werbeverbot des § 12 Abs. 1 HWG greift nicht nur dann ein, wenn eine bestimmte Krankheit konkret benannt wird. Es kann vielmehr ausreichend sein, wenn eine in der Anlage zu § 12 HWG genannte Krankheit in anderer Weise als Anwendungsgebiet benannt wird, da das Verbot anderenfalls unterlaufen werden könnte. Wird in der Werbung ein **Symptom** genannt, das auch Anzeichen für eine Krankheit im Sinne der Anlage zu § 12 HWG sein kann, begründet dies unter Umständen die Erwartung, dass das Mittel auch gegen diese Krankheit hilft. Gewinnen die angesprochenen Verkehrskreise aus dem **Gesamtinhalt der Werbung** dagegen den Eindruck, dass sich das Mittel auf Symptome oder Beschwerden bezieht, die ohne Krankheitswert konstitutionsbedingt häufig vorkommen, scheidet ein Fall von § 12 Abs. 1 HWG aus.[1243] 582

Für den Tatbestand des § 12 Abs. 1 S. 1 HWG ist es nicht erforderlich, dass für ein ganz konkret, d.h., durch Nennung auch des **Produkt- und/oder Herstellernamens,** bezeichnetes Arzneimittel geworben wird. Eine produktbezogene Absatzwerbung ist zwar Grundvoraussetzung, jedoch genügt es, dass das Arzneimittel seiner **spezifischen Art** 583

[1237] BR-Drucks. 237/05 S. 109. S. auch *Gerstberger/Greifeneder* PharmR 2005, 297, 308; *Krüger* PharmR 2005, 105, 106.

[1238] *Sander* PharmR 2006, 44, 47.

[1239] *Beuthien/Schmölz* GRUR 1999, 297, 301; ähnlich *Gröning* WRP 1994, 355, 362; *ders.* WRP 1995, 576, 584. Zu § 10 Abs. 2 HWG *Doepner* GRUR 2000, 490, 493; *ders.* HWG § 10 Rn 53; → Rn 530, 533.

[1240] BGH GRUR 1996, 806, 808 – HerzASS; OLG Karlsruhe MD 1997, 220.

[1241] KG PharmR 2005, 196, 203. S. auch BGH WRP 2005, 1519 – Ginseng-Präparate.

[1242] BGH GRUR 1999, 936 – Hypertonietee; BGH GRUR 1996, 806 – HerzASS; BGH GRUR 1995, 612 – Sauerstoff-Mehrschritt-Therapie; OLG Karlsruhe GRUR 1992, 876, 877.

[1243] BGH GRUR 1999, 936 – Hypertonietee; OLG Stuttgart GRUR 1983, 785, 786; *Gröning* PharmR 2001, 111, 118.

nach so **eindeutig** bezeichnet wird, dass der Verkehr dadurch zur Entscheidung für dieses Mittel verleitet werden kann.[1244] Die Anwendbarkeit des § 12 HWG ist nach der Rechtsprechung auch im Hinblick auf **Pflichtangabentexte** im Sinne des § 4 HWG gegeben.[1245]

584 **c) Werbung für Medizinprodukte, § 12 Abs. 1 S. 2 HWG.** Nach § 12 Abs. 1 S. 1 HWG unterliegen Medizinprodukte zwar grundsätzlich dem gleichen Werbeverbot wie Arzneimittel, jedoch findet nach § 12 Abs. 1 S. 2 HWG **Abschnitt A Nr. 2** der Anlage zu § 12 HWG keine Anwendung auf die Werbung für Medizinprodukte, so dass das Werbeverbot für Medizinprodukte kaum noch praktische Bedeutung hat.

585 **d) Werbung für andere Mittel oder Gegenstände, § 12 Abs. 2 HWG.** Die Werbung für andere Mittel oder Gegenstände außerhalb der Fachkreise darf sich nicht auf die Erkennung, Beseitigung oder Linderung der in der Anlage zu § 12 HWG aufgeführten Krankheiten oder Leiden beziehen. Das Werbeverbot des § 12 Abs. 2 S. 1 HWG erfasst **Heilmittel im Sinne des § 1 Abs. 1 Nr. 2 HWG.** Vom Verbot ausgenommen sind – im Gegensatz zu Abs. 1 – alle Werbeaussagen, die sich auf die **Verhütung** von Krankheiten und Leiden beziehen. Hierbei handelt es sich um eine im Hinblick auf die Regelung des § 1 Abs. 1 Nr. 2 HWG konsequente Einschränkung.[1246] Die Ausnahme nach § 12 Abs. 2 S. 2 HWG betrifft „Verfahren oder Behandlungen" und hat keine Bedeutung für Heilmittel.

V. Werbung ausländischer Unternehmen, § 13 HWG

586 § 13 HWG untersagt die Werbung **nicht im Inland ansässiger** Unternehmen, wenn diese nicht ein Unternehmen mit Sitz oder eine verantwortliche Person mit gewöhnlichen Aufenthalt in Deutschland, innerhalb der EU oder innerhalb des EWR ausdrücklich damit betraut haben, die sich aus dem HWG ergebenden Pflichten zu übernehmen. Diese Regelung erscheint für Unternehmen mit Sitz in der EG oder dem EWR überflüssig, da es ausreicht, wenn der Verantwortliche genau in diesem Gebiet seinen Sitz hat.[1247] Die Vorschrift will die **Rechtsverfolgung** von Verstößen gegen das HWG **erleichtern,** die vom Ausland ausgehen, aber sich im Inland auswirken.[1248] Es ergibt sich aus § 13 HWG keine Verpflichtung, den Verantwortlichen in der Werbung zu benennen, was aber hinsichtlich der Werbung für Arzneimittel durch § 4 Abs. 1 Nr. 1 HWG iVm § 9 Abs. 2 AMG ausgeglichen wird.[1249]

I. Werbung für kosmetische Mittel

Schrifttum: *Doepner,* Anmerkung zu OLG Zweibrücken – Urteil vom 30. 5. 1997, ZLR 1997, 597; *IKW,* Leitlinien für die Bewertung der Wirksamkeit von kosmetischen Mitteln, 2001; *Leible,* Anmerkung zu EuGH – „dermatologisch getestet", ZLR 2003, 71; *Meyer/Reinhart,* Das neue Lebensmittel- und Futtermittelgesetzbuch – eine Modelpackung, WRP 2005, 1437; *Meyer/Streinz,* LFGB – BasisVO, Kommentar, 2007; *Reinhart,* Kosmetikrecht, 2006; *ders.,* Anmerkung zu OLG Düsseldorf – „Energie-Kapsel", ZLR 2002, 520; *ders.,* Harmonisierung und weitere Reglementierung bei kosmetischen Mitteln, Pharma Recht 2003, 227; *ders.,* Stärkung des vorbeugenden Gesundheitsschutzes und Verbesserung der Verbraucherinformation bei Kosmetika, StoffR 2004, 84; *Streinz,* Lebensmittelrechts-Handbuch, Loseblattausgabe, 2004.

[1244] BGH GRUR 1985, 305 – THX-Krebsvorsorge; *Zipfel/Rathke* HWG § 12 Rn 20.

[1245] BGH GRUR 1996, 806 – HerzASS; BGH GRUR 1991, 860, 861 – Katovit; BGH WRP 1983, 337 – Grippewerbung II; OLG Karlsruhe GRUR 1992, 876, 877.

[1246] *Bülow/Ring* HWG § 12 Rn 102; *Doepner* HWG § 12 Rn 23; *Gröning* HWG § 12 Rn 13.

[1247] *Gröning* HWG § 13 Rn 6 ff: teleologische Reduktion; *Zipfel/Rathke* HWG § 13 Rn 3.

[1248] *Bülow/Ring* HWG § 13 Rn 1; *Gröning* HWG § 13 Rn 4.

[1249] *Doepner* HWG § 13 Rn 3 f; *Gröning* HWG § 13 Rn 9 f; *Zipfel/Rathke* HWG § 13 Rn 3.

I. Gesetzliche Regelung der Kosmetikwerbung

1. Kosmetik-RL 76/768/EWG

Die RL 76/768/EWG zur Angleichung der Rechtsvorschriften der Mitgliedstaaten über kosmetische Mittel führt eine abschließende Harmonisierung der nationalen Bestimmungen über die Verpackung und Etikettierung kosmetischer Mittel herbei und regelt auch die Werbung für Kosmetika.[1250] In **Art. 6 Abs. 3 Unterabs. 1 RL 76/768/EWG** ist bestimmt, dass die Mitgliedstaaten die erforderlichen Maßnahmen zu treffen haben, „um sicherzustellen, dass bei der Etikettierung, der Aufmachung für den Verkauf und der Werbung für kosmetische Mittel nicht Texte, Bezeichnungen, Warenzeichen, Abbildungen und andere bildhafte oder nicht bildhafte Zeichen verwendet werden, die Merkmale vortäuschen, die die betreffenden Erzeugnisse nicht besitzen".[1251] Nach hM bestimmt die Kosmetik-RL damit ein **Verbot der Irreführung** durch die Werbung für kosmetische Mittel. 587

Art. 6 Abs. 3 Unterabs. 2 RL 76/768/EWG erlaubt darüber hinaus dem Inverkehrbringer, auf der Verpackung des Erzeugnisses und auf jedem dem Erzeugnis beigefügten oder sich darauf beziehenden Schriftstück oder Etikett darauf hinzuweisen, dass keine **Tierversuche** durchgeführt wurden. Voraussetzung hierfür ist, dass der Hersteller und seine Zulieferer keine Tierversuche für das Fertigerzeugnis oder dessen Prototyp oder Bestandteile davon durchgeführt oder in Auftrag gegeben haben, noch Bestandteile verwendet haben, die in Tierversuchen zum Zwecke der Entwicklung neuer kosmetischer Mittel durch Dritte geprüft wurden. Es ist damit möglich, auf einem kosmetischen Mittel darauf hinzuweisen, dass bei seiner Entwicklung keine Tierversuche durchgeführt wurden. Hierzu werden von der Kommission in Zusammenarbeit mit den Mitgliedstaaten Leitlinien erarbeitet, um sicherzustellen, dass solche Angaben den Verbraucher nicht in die Irre führen.[1252] 588

2. Lebensmittel- und Futtermittelgesetzbuch – LFGB

§ 27 LFGB ist die **zentrale Norm** für den Täuschungsschutz bei kosmetischen Mitteln. Während § 27 Abs. 2 LFGB eine bloße Verweisungsvorschrift auf das Heilmittelwerbegesetz (HWG) ist, beinhaltet Abs. 1 eine umfassende Regelung zum Täuschungsschutz. 589

Die Vorschrift des § 27 Abs. 1 LFGB ist bis auf den Wortlaut des § 27 Abs. 1 S. 2 **Nr. 4 lit. b** LFGB und der neuen Bestimmung des § 27 Abs. 1 S. 2 **Nr. 2** LFGB im Grunde identisch mit dem früheren § 27 Abs. 1 LMBG. Die Vorschrift des § 27 Abs. 2 LFGB ist wortgleich mit früheren § 27 Abs. 2 LMBG.[1253] 590

Der Gesetzentwurf sah als weiteres Regelbeispiel für § 27 Abs. 1 LFGB den Fall vor, dass einem kosmetischen Mittel der **Anschein eines Arzneimittels** gegeben wird. Dies erschien notwendig, da sich gezeigt habe, dass zunehmend Produkte als kosmetische Mittel in den Verkehr gebracht werden, bei denen als Arzneimittel zur externen Anwendung kein ausreichender Wirkungsnachweis erbracht worden ist.[1254] Das ausdrückliche Verbot, einem kosmetischen Mittel den Anschein eines Arzneimittels zu geben, hätte aber keine Erweiterung des Täuschungsschutzes dargestellt, da insoweit das allgemeine Irreführungsverbot greift, weshalb insoweit keine Regelungslücke bestand und besteht. Außerdem spricht gegen dieses Verbot der Umstand, dass im Gegensatz zum Lebensmittelrecht, das einen entspre- 591

[1250] EuGH GRUR Int. 2000, 354 – Estée Lauder ./. Lancaster; EuGH GRUR Int. 1999, 349 – Unilever ./. Smithkline Beecham; EuGH GRUR Int. 1994, 231 – Clinique.

[1251] RL 76/768/EWG des Rates vom 27. 7. 1976 zur Angleichung der Rechtsvorschriften der Mitgliedstaaten über kosmetische Mittel, ABl. EG Nr. L 262 vom 27. 9. 1976, S. 169; zuletzt geändert durch RL 2003/15/EG vom 27. 2. 2003, ABl. EG Nr. L 66 vom 11. 3. 2003, S. 26.

[1252] Erwägungsgrund 11 der Änderungs-RL 2003/15/EG. S. auch *Reinhart* PharmR 2003, 227, 229; *ders.* StoffR 2004, 84, 87.

[1253] Meyer/Streinz/*Reinhart* LFGB § 27 Rn 1; *Reinhart* KosmetikR S. 74.

[1254] RegE BT-Drucks. 15/3657 S. 64.

chenden Einzeltatbestand („einem Lebensmittel der Anschein eines Arzneimittels gegeben wird“) in § 11 Abs. 1 S. 2 Nr. 4 LFGB fortführt, im Kosmetikrecht ein **medizinischer Nebenzweck** nach § 2 Abs. 5 LFGB zulässig ist. Die Frage nach dem Anschein eines Arzneimittels stellt sich deshalb bei kosmetischen Mitteln nicht. Es geht insoweit vielmehr neben der Irreführungsprüfung um die Abgrenzung zu Arzneimitteln.[1255]

3. Kosmetik-Verordnung

592 Die Kosmetik-Verordnung (KosmetikV) ergänzt die Vorschriften im LFGB für kosmetische Mittel und regelt insbesondere die **Kennzeichnung kosmetischer Mittel** (§§ 4 und 5 KosmetikV).[1256] Fehlt es an einer ordnungsgemäßen Kennzeichnung, etwa der Angabe der Chargennummer, so verhält sich der Inverkehrbringer **wettbewerbswidrig,** ohne dass es des Hinzutretens weiterer Umstände bedarf.[1257]

593 Die Vorschriften der KosmetikV entsprechen inhaltlich im Wesentlichen der Kosmetik-RL 76/768/EWG und stellen damit grundsätzlich harmonisiertes Recht dar. In **§ 5 Abs. 4 KosmetikV** ist – in Umsetzung des Art. 6 Abs. 3 Unterabs. 2 Kosmetik-RL – bestimmt, dass sich Angaben, die Prüfungen im **Tierversuch** betreffen, **unmissverständlich** darauf beziehen müssen, ob das Erzeugnis oder seine Bestandteile überprüft worden sind. Mit diesem Gebot soll eine Irreführung verhindert werden. Ein Verstoß gegen § 5 Abs. 4 KosmetikV wird zwar als solcher nicht geahndet, jedoch liegt bei einem solchen Verstoß regelmäßig eine Irreführung im Sinne des § 27 Abs. 1 S. 1 LFGB vor.[1258]

II. Täuschungsschutz, § 27 Abs. 1 LFGB

1. Allgemeines Irreführungsverbot, § 27 Abs. 1 S. 1 LFGB

594 **a) Allgemein.** § 27 Abs. 1 S. 1 LFGB enthält das allgemeine Verbot, kosmetische Mittel unter irreführender Bezeichnung, Angabe oder Aufmachung gewerbsmäßig in den Verkehr zu bringen oder für kosmetische Mittel allgemein oder im Einzelfall mit irreführenden Darstellungen oder sonstigen Aussagen zu werben. Die Vorschrift besitzt **zwei Tatbestandsalternativen,** die jedoch nicht scharf voneinander abgegrenzt werden können. Der zweiten Tatbestandsalternative kann eine eigenständige Bedeutung zugesprochen werden, soweit es um allgemeine Werbung geht. Während die Werbung für ein bestimmtes Produkt auch von den Tatbestandsmerkmalen „Bezeichnung, Angabe oder Aufmachung“ und somit von der ersten Alternative erfasst ist, greift bei einer Werbung ohne bestimmten Produktbezug nur die zweite Tatbestandalternative ein.

595 Der Irreführungsprüfung nach § 27 Abs. 1 S. 1 LFGB liegt ein **einheitlicher Irreführungsbegriff** zu Grunde, der sich sowohl in anderen spezialgesetzlichen Irreführungsverboten (zB § 11 Abs. 1 S. 1 LFGB oder § 3 S. 1 HWG) als auch im Allgemeinen wettbewerbsrechtlichen Irreführungsverbot gemäß § 5 UWG wieder findet.[1259] Ebenso wie im Rahmen des § 11 Abs. 1 S. 1 LFGB wird auch der Begriff „irreführend“ im Sinne des § 27 Abs. 1 S. 1 LFGB durch die **europäische Rechtsetzung und Rechtsprechung** maßgebend bestimmt. Art. 6 Abs. 3 RL 76/768/EWG steht etwa der Anwendung einer nationalen Regelung entgegen, wonach für ein bestimmungsgemäß mit Schleimhäuten in Berührung kommendes kosmetisches Mittel dann nicht damit geworben werden darf, dass es die Bildung von Zahnstein und das Entstehen von Parodontose verhindere, wenn in seiner Zusammensetzung keiner der in der nationalen Regelung als zur Erreichung dieses Ergeb-

[1255] Meyer/Streinz/*Reinhart* LFGB § 27 Rn 3; *Meyer/Reinhart* WRP 2005, 1437, 1458.
[1256] OLG München LMRR 2004, 108 – Kennzeichnung der Firma.
[1257] BGH GRUR 2002, 709 – Entfernung der Herstellungsnummer III; BGH GRUR 2001, 448 – Kontrollnummernbeseitigung II; BGH GRUR 1994, 642, 643 – Chargennummer; OLG Stuttgart LRE 34, 247, 258; → § 4–11 Rn 140.
[1258] Meyer/Streinz/*Reinhart* LFGB § 27 Rn 8.
[1259] → Rn 163 ff.

nisses geeignet aufgezählten Wirkstoffe enthalten ist und der Betreffende keine Genehmigung zur Verwendung anderer Stoffe erhalten hat. Da in der Anlage der nationalen Regelung nicht alle insoweit wirksamen Wirkstoffe abschließend aufgezählt sind, kann aus Sicht des EuGH nicht ausgeschlossen werden, dass die Werbung für bestimmte Zahncremes verboten wird, auch ohne dass sie für die Verbraucher irreführend wäre.[1260] Das Verbot einer Werbung, die im konkreten Einzelfall nicht irreführend ist, ist mit Art. 6 Abs. 3 RL 76/768/EWG nicht vereinbar. Das Gemeinschaftsrecht gibt im Bereich des Täuschungsschutzes einen verbindlichen Schutzstandard vor, der weder unterschritten noch überschritten werden darf.[1261] Für die Annahme eines Verstoßes gegen § 27 Abs. 1 S. 1 LFGB bedarf es damit einer **konkreten Irreführung.**

Entsprechend dem für Lebensmittel geltenden Irreführungsverbot (§ 11 Abs. 1 S. 1 LFGB) ist auch bei der Prüfung nach § 27 Abs. 1 LFGB auf das Verbraucherleitbild des **durchschnittlich informierten, aufmerksamen und verständigen Durchschnittsverbraucher** abzustellen.[1262] Die Auffassung eines flüchtigen Verbrauchers ist damit unerheblich, weshalb beispielsweise die Bezeichnung **„bodyrepair"** für ein Körper- und Hautpflegemittel nicht als irreführend angesehen werden kann, denn der angesprochene Verbraucher nimmt aufgrund der Angabe nicht an, dass das so bezeichnete Produkt eine nachhaltige Zustandsverbesserung seiner Haut oder gar eine vollständige Wiederherstellung eines defekten, möglicherweise krankhaften Hautbildes bewirken kann.[1263] 596

b) Beispiele. Als nicht irreführend hat der EuGH die Bezeichnung **„Clinique"** eingestuft, die für ein eindeutig als kosmetisches Mittel aufgemachtes Erzeugnis verwendet wurde. Die klinische oder medizinische Konnotation des Begriffs „Clinique" reiche nicht aus, um dieser Bezeichnung eine irreführende Wirkung zuzusprechen, die ihr Verbot für unter den genannten Bedingungen vertriebene Erzeugnisse rechtfertigen könnte.[1264] Zu einer anderen Einschätzung gelangte das OLG Zweibrücken hinsichtlich der Verwendung der Bezeichnung **„medizinisch"** für ein Badesalz, da hierdurch eine Gedankenverbindung zu den Gebieten der Heilkunde und der Gesundheit ausgelöst werde.[1265] Angesichts der Rechtsprechung des EuGH und insbesondere des Leitbildes des mündigen Verbrauchers ist die Entscheidung des OLG Zweibrücken abzulehnen und sind Begriffe wie „medizinisch" oder „med" als nicht irreführend zu beurteilen, wenn im Einzelfall keine weiteren Umstände hinzutreten, die eine Irreführung rechtfertigen könnten. Es kann grundsätzlich auch eine „medizinische Kosmetik" geben.[1266] 597

Entgegen der Rechtsprechung des EuGH wird die Auffassung vertreten, dass Angaben wie **„dermatologisch getestet"** verwirrend und potenziell irreführend seien. Ein solcher Hinweis könne auf einem Produkt etwas völlig anderes bedeuten als auf einem anderen.[1267] Der EuGH vertritt dagegen zutreffenderweise die Ansicht, dass die Angabe „dermatologisch getestet" auf der Verpackung kosmetischer Mittel bei einem durchschnittlich informierten, aufmerksamen und verständigen Durchschnittsverbraucher nur die Vorstellung wecken kann, dass das Mittel einem Test zur Ermittlung seiner Auswirkungen auf die Haut unterzogen wurde und dass dabei festgestellt wurde, dass es für die Haut gut verträglich oder zumindest unschädlich ist.[1268] 598

Aus ähnlichen Erwägungen wurde im Hinblick auf eine Badetablette, deren Zusammensetzung der eines natürlichen Thermalquellwassers entspricht, die Bezeichnung **„Thermal Bad"** als nicht irreführend bewertet. Die behauptete Irreführung, der Verbraucher nehme 599

1260 EuGH GRUR Int. 1999, 349 – Unilever ./. Smithkline Beecham.
1261 EuGH ZLR 2003, 63 – dermatologisch getestet.
1262 → Rn 164 ff.
1263 LG Hamburg MD 2006, 540 – bodyrepair; s. a. OLG Schleswig BeckRS 2008, 10 222 – Natural Skin Repair.
1264 EuGH GRUR Int. 1994, 231 – Clinique.
1265 OLG Zweibrücken ZLR 1997, 589, 595; OLG Köln WRP 1988, 274: „Medical".
1266 *Reinhart* KosmetikR S. 80.
1267 *Bertling* Der Lebensmittelbrief 3/4 2004, 80.
1268 EuGH LRE 44, 186 – dermatologisch getestet; *Leible* ZLR 2003, 71, 75.

bei einer entsprechend bezeichneten Badetablette an, die darin enthaltenen Mineralien seien einer natürlichen Thermalquelle entzogen, verneinte der BGH zu Recht. Das Gericht stellte darauf ab, dass der Verkehr das in Tablettenform angebotene „Thermal Bad" dahin verstehe, dass das Produkt in der häuslichen Badewanne die Wirkungen herbeiführt, die einer natürlichen Thermalquelle entsprechen.[1269]

600 § 27 Abs. 1 S. 1 LFGB erfasst jede Werbung mit irreführender Darstellung oder Aufmachung, also nicht nur unzutreffende Angaben zur Beschaffenheit oder Wirkung. Ein Verstoß gegen das Irreführungsverbot ist deshalb gegeben, wenn mit der Angabe **„ohne Tierversuch"** geworben wird, sofern das beworbene Kosmetikum etwa Konservierungsstoffe enthält, die in Tierversuchen getestet worden sind.[1270] Eine Werbung für ein Kosmetikum mit dem Hinweis „unter Verzicht auf Tierversuche hergestellt" verstößt nicht gegen § 5 Abs. 4 KosmetikV oder das Irreführungsverbot, wenn es sich bei dem beworbenen Produkt um ein reines Naturprodukt handelt, das seit Jahrzehnten als Hauptpflegemittel Verwendung findet und für welches nachgewiesenermaßen keine Tierversuche durchgeführt wurden.[1271]

2. Einzeltatbestände, § 27 Abs. 1 S. 2 LFGB

601 **a) § 27 Abs. 1 S. 2 Nr. 1 LFGB.** Werden kosmetischen Mitteln Wirkungen beigelegt, die ihnen nach den Erkenntnissen der Wissenschaft nicht zukommen oder die **wissenschaftlich nicht hinreichend gesichert** sind, ist das Regelbeispiel Nr. 1 gegeben und ein Fall der Irreführung liegt vor.[1272] Entsprechend der für Lebensmittel geltenden Regelung des § 11 Abs. 1 S. 2 Nr.. 2 LFGB kommt es für die Irreführungsprüfung darauf an, ob die Wirkaussage wissenschaftlich hinreichend gesichert ist.[1273] Welche Anforderungen an wissenschaftlich hinreichend gesicherte Auslobungen und Werbebehauptungen zu stellen sind, kann nicht allgemein bestimmt werden,[1274] sondern muss vielmehr **anhand des Einzelfalls** unter Berücksichtigung der Bedeutung der behaupteten Wirkung geklärt werden.

602 **aa) Richtlinienkonforme Auslegung.** Dabei verbietet Art. 6 Abs. 3 RL 76/768/EWG lediglich, Merkmale vorzutäuschen, „die die betreffenden Erzeugnisse nicht besitzen". Das Irreführungsverbot des § 27 Abs. 1 S. 2 Nr. 1 LFGB muss daher richtlinienkonform dahingehend ausgelegt werden, dass es primär darauf ankommt, ob das konkrete Produkt die ausgelobten Wirkungen tatsächlich besitzt oder nicht besitzt. In der Praxis wird eine Irreführung zwar bereits dann anzunehmen sein, wenn die vorgelegten Wirknachweise unzureichend bzw. widersprüchlich sind oder wenn nicht erkennbar gemacht wurde, dass die zugrunde gelegte Annahme wissenschaftlich umstritten ist. Es fehlt jedoch jedenfalls dann an einer Irreführung, wenn im Einzelfall die Werbeaussage durch Untersuchungsergebnisse belegt ist, die lege artis durchgeführt wurden und als solche nicht zu beanstanden sind. Insbesondere bei Neuentwicklungen bzw. Produktinnovationen kann es deshalb sein, dass auch eine Einzelarbeit, die auf überzeugenden Methoden und Feststellungen beruht, eine hinreichende Absicherung geben kann.

603 Mit Art. 6 Abs. 3 RL 76/768/EWG unvereinbar ist insbesondere die in der Rechtsprechung kursierende Vorstellung, wonach eine Veröffentlichung als wissenschaftlicher Beitrag zwingend sein soll. **Abzulehnen** ist deshalb die Auffassung des OLG Hamburg, dass ge-

[1269] BGH WRP 2003, 275 – Thermal Bad.
[1270] LG Dortmund MD 2001, 627, 628; OLG Stuttgart MD 1999, 1041, 1044; KG MD 1999, 157, 159; KG MD 1998, 1243; LG München I MD 1996, 655, 659.
[1271] LG Hamburg MD 2003, 1311, 1313.
[1272] OLG Schleswig BeckRS 2008, 10 222; OLG München MD 2006, 916, 923 – Weniger Cellulite; OLG Hamburg MD 1999, 993, 998; OLG Schleswig MD 1999, 471, 481; LG Frankfurt MD 2007, 1225, 1230; LG Hamburg MD 2006, 540, 542; LG Hamburg MD 2001, 368, 373; LG Baden-Baden MD 2000, 910, 913; LG Düsseldorf MD 1999, 1423, 1425; LG München I MD 1999, 605, 609. S. auch *Reinhart* ZLR 2002, 520: zu § 17 Abs. 1 Nr. 5 lit. a LMBG.
[1273] → Rn 223 ff.
[1274] Der „Arbeitskreis Lebensmittelchemischer Sachverständiger der Länder und des BgVV (ALS)" unternahm einen solchen Versuch, der aber zumindest nicht auf kosmetische Mittel anwendbar ist, DLR 2000, 339.

genüber der fehlenden wissenschaftlichen Gesichertheit der Werbeaussage ein Gegenbeweisantritt zur Richtigkeit der Werbeaussage das untaugliche Mittel sei. Danach soll es gerade darum gehen, dass die Aussage nicht wissenschaftlich hinreichend gesichert ist und „nicht darum, dass sie nicht zutrifft".[1275] Ebenfalls **abzulehnen** ist die sich am OLG Hamburg orientierende Meinung des OLG Hamm, wonach sich der Irreführungstatbestand darauf beziehe, dass die Aussage nicht wissenschaftlich hinreichend gesichert ist und „nicht darum, dass sie nicht zutrifft". Für die entscheidende Frage, ob die Werbeaussage bislang nicht hinreichend wissenschaftlich gesichert ist und allein deshalb die angesprochenen Verbraucher täuscht, komme es „weder darauf an, ob die durchgeführten Untersuchungen fachgerecht erfolgten, noch darauf, ob ihre Ergebnisse richtig sind oder nicht". Weiter komme es im Rahmen dieses Vorwurfs nicht darauf an, ob die neuen Untersuchungsergebnisse zutreffend und die daraus gezogenen Schlussfolgerungen richtig sind. Entscheidend sei aus Sicht des OLG Hamm vielmehr, „dass etwaige neue Erkenntnisse immer noch nicht gesicherter Stand der Wissenschaft sind und allein deshalb nicht zur Grundlage einer uneingeschränkten Werbung mit den entsprechenden Aussagen gemacht werden dürfen".[1276] Diese zu kurz gedachte und insbesondere die verbindlichen Vorgaben der Kosmetik-RL ignorierende Rechtsprechung setzt völlig überzogene Maßstäbe an. Es kann nicht sein, dass eine wissenschaftlich nachgewiesene Wirkung deshalb als irreführend bewertet wird, weil sie auf neuen Erkenntnissen beruht und/oder weil noch keine Veröffentlichung als wissenschaftlicher Beitrag erfolgt ist.

bb) Wirknachweis. Der erforderliche Wirknachweis kann anhand allgemein anerkann- 604
ter wissenschaftlicher Daten, durch wissenschaftliche bzw. klinische Studien oder durch Verbrauchertests erfolgen.[1277] Als Anhaltspunkt kann hier dienen, dass nach der Anlage I der Entscheidung der Kommission vom 21. 6. 2007 zur Festlegung der Umweltkriterien für die Vergabe des EG-Umweltzeichens („Leitlinien für Wirksamkeitsprüfungen")[1278] die Wirksamkeit des Produkts entweder durch eine Laboruntersuchung oder durch einen Verbrauchertest nachgewiesen werden kann. Für die **Laboruntersuchung** ist ein eigener Test des Herstellers ausreichend. Der Antragsteller muss jedoch nachweisen, dass sich die Wirksamkeit des Produkts mit dem Test tatsächlich messen lässt. Bei **Verbrauchertests** sind bestimmte Leitlinien – nach der Anlage I – zu beachten, insbesondere müssen an den Verbrauchertests mindestens zehn Personen teilnehmen.[1279] Ein Verbrauchertest kann auf Selbsteinschätzungen bzw. Anwendungsbeobachtungen beruhen.

cc) Verbrauchererwartung. In mehreren Verfahren wurde der Begriff **„Lifting"** als 605
Bezeichnung für Hautcremes angegriffen, da den damit bezeichneten Produkten eine Wirkung beigelegt werde, die wissenschaftlich nicht hinreichend gesichert ist. In diesen Fällen ging es nicht um die Frage, ob die Anforderungen an eine wissenschaftlich hinreichend gesicherte Werbebehauptung gegeben sind, sondern vielmehr darum, **welche Wirkung der Verkehr mit diesem Begriff verbindet.**[1280] Die den Begriff „Lifting" enthaltenen Bezeichnungen (zB „Lifting-Creme" oder „Lifting Serum") wurden als irreführend eingestuft, da diese bei nicht unerheblichen Teilen des Verkehrs Assoziationen an das operative Liften erzeugen würden. Zwar möge anzunehmen sein, dass der Verkehr von einer „Lifting-

---

[1275] OLG Hamburg BeckRS 2006, 7527 = WRP 2006, 909 – Sichtbare Glättung. Ähnlich LG Bielefeld BeckRS 2006, 14 270 = MD 2006, 948 – Coffein-Shampoo.

[1276] OLG Hamm BeckRS 2007, 9440 = MD 2007, 376 – Glatze?; LG Bielefeld MD 2006, 1107 – Glatze?.

[1277] *IKW* Leitlinien für die Bewertung der Wirksamkeit S. 10. S. auch LG Frankfurt/M MD 2007, 1225, 1230: „hinreichende praktische Erfahrungen, zB durch kontrollierte klinische Versuche".

[1278] Anlage I der Entscheidung der Kommission vom 21. 6. 2007 zur Festlegung der Umweltkriterien für die Vergabe des EG-Umweltzeichens für Seifen, Shampoos und Haarspülungen, -kuren, ABl. EU Nr. L 186 S. 44.

[1279] Anlage I der Entscheidung der Kommission vom 21. 6. 2007 zur Festlegung der Umweltkriterien für die Vergabe des EG-Umweltzeichens, ABl. EU Nr. L 186 S. 44.

[1280] BGH GRUR 1997, 537 – Lifting-Creme; OLG Hamburg LMuR 2006, 165; OLG Karlsruhe MD 1998, 805, 807; LG Hamburg MD 2003, 1057, 1058; LG Essen MD 2002, 335, 336.

Creme" nicht die gleichen Ergebnisse erwarte wie von einem chirurgischen Eingriff zum Zwecke der Hautstraffung und Faltenbeseitigung. Es müsse jedoch davon ausgegangen werden, dass der Verkehr eine gewisse Annäherung an die durch operative Eingriffe erzielten Resultate und insbesondere – im Gegensatz zur kosmetischen Behandlung – eine gewisse Dauerhaftigkeit des Erfolgs erwarte.[1281] Ob diese nunmehr bereits einige Jahre zurückliegende Annahme auch noch heute als berechtigt erscheint, ist aber wohl eher – stets unter Berücksichtigung der Besonderheiten des Einzelfalles – zu bezweifeln. So wird jedenfalls bei der Angabe „hautstraffend" nicht zwingend erwartet, die Steigerung der Hautelastizität bleibe über einen bestimmten Zeitraum erhalten und erreiche ein bestimmtes Ausmaß.[1282]

606 **b) § 27 Abs. 1 S. 2 Nr. 2 LFGB.** Nach § 27 Abs. 1 S. 2 Nr. 2 LFGB ist eine Irreführung insbesondere dann anzunehmen, wenn durch die Bezeichnung, Angabe, Aufmachung, Darstellung oder sonstige Aussage fälschlich der Eindruck erweckt wird, dass ein **Erfolg mit Sicherheit erwartet** werden kann. Dieses Regelbeispiel setzt voraus, dass die in Bezeichnung, Angabe oder Aufmachung enthaltene Aussage über eine bloße Mitteilung der zu erwartenden Wirkung hinausgeht. Der Käufer muss den Eindruck gewinnen, dass mit der Wirkaussage eine gewisse **Garantie** verbunden ist.[1283] Es ist dabei ausreichend, wenn der Verbraucher aus der Gesamtheit der Angaben einen derartigen Eindruck gewinnen kann; der Angabe des Wortes „Garantie" oder einer gleichsinnigen Angabe bedarf es nicht.[1284]

607 Unter Bezugnahme auf Art. 6 Abs. 3 RL 76/768/EWG hat die Kommission eine **Empfehlung** über die Wirksamkeit von Sonnenschutzmitteln und diesbezügliche Herstellerangaben erarbeitet, in der sie insbesondere Beispiele für Herstellerangaben gibt, die nicht gemacht werden sollten.[1285] Es sollten demnach keine Herstellerangaben in Bezug auf Sonnenschutzmittel gemacht werden, die vermuten lassen, dass ein 100%iger Schutz vor UV-Strahlung (wie zB „Sunblock", **„Sunblocker"** oder „völliger Schutz") gegeben ist oder dass das Produkt unter keinen Umständen nochmals aufgetragen werden müsse (wie zB „Schutz für den ganzen Tag"). Aus Sicht der Kommission besteht insoweit eine Irreführungsgefahr, da es einen absoluten Schutz nicht gibt.[1286]

608 **c) § 27 Abs. 1 S. 2 Nr. 3 lit. a LFGB.** Gemäß § 27 Abs. 1 S. 2 Nr. 3 lit. a LFGB liegt eine Irreführung insbesondere dann vor, wenn zur Täuschung geeignete Bezeichnungen, Angaben, Aufmachungen, Darstellungen oder sonstige Aussagen über die Person, Vorbildung, Befähigung oder Erfolge des Herstellers, Erfinders oder der für sie tätigen Personen verwendet werden. Die Vorschrift ist dem § 3 Nr. 3 lit. b HWG nachempfunden und hat eine **Täuschung über die Person des Herstellers** oder Erfinders zum Gegenstand.[1287] Unter das Regelbeispiel fallen insbesondere zur Täuschung geeignete Aussagen über **akademische Grade und Titel.** So kann im Einzelfall die bloße Angabe des Doktortitels ohne Fachgebietsangabe irreführend sein, weil mit ihm die Vorstellung verbunden werden kann, dass der Werbende den Doktortitel einer bestimmten Fakultät (zB „Dr. med.") hat und damit über besondere wissenschaftliche Kenntnisse verfügt.[1288]

609 **d) § 27 Abs. 1 S. 2 Nr. 3 lit. b LFGB.** Entsprechend der für Lebensmittel geltenden Vorschrift des § 11 Abs. 1 Nr. 1 LFGB[1289] kann nach § 27 Abs. 1 S. 2 Nr. 3 lit. b LFGB

[1281] BGH GRUR 1997, 537, 538 – Lifting-Creme. S. auch EuGH GRUR Int. 2000, 354 – Estée Lauder ./. Lancaster.

[1282] In diesem Sinne OLG Hamburg MD 2007, 264 – Hautstraffend; OLG Hamburg MD 2007, 267 – Die reichhaltige Feuchtigkeitsformel.

[1283] OLG Koblenz LRE 23, 63.

[1284] Meyer/Streinz/*Reinhart* LFGB § 27 Rn 47; *Reinhart* KosmetikR S. 87.

[1285] Empfehlung der Kommission vom 22. 9. 2006 über die Wirksamkeit von Sonnenschutzmitteln und diesbezügliche Herstellerangaben, ABl. EU Nr. L 265 S. 39. S. auch COLIPA-Empfehlung Nr. 21.

[1286] Abschnitt 2 Nr. 5 der Empfehlung der Kommission. S. auch LG Hamburg MD 2006, 137–1 Day Long.

[1287] → Rn 470.

[1288] Meyer/Streinz/*Reinhart* LFGB § 27 Rn 49; *Reinhart* KosmetikR S. 87.

[1289] → Rn 180 ff.

eine Irreführung insbesondere dann angenommen werden, wenn zur Täuschung geeignete Bezeichnungen, Angaben, Aufmachungen, Darstellungen oder sonstige Aussagen über Art, Beschaffenheit, Zusammensetzung, Menge, Haltbarkeit, Herkunft oder Art der Herstellung verwendet werden. Zur Konkretisierung des allgemeinen Irreführungstatbestandes werden demnach **wertbestimmende Angaben** angeführt, auf die sich eine Irreführung beziehen kann.[1290]

Hinsichtlich Aussagen über die Herkunft kosmetischer Mittel kann eine Irreführungsge- 610
fahr insbesondere bei **fremdsprachigen** Bezeichnungen gegeben sein. Eine Irreführung kann aber jedenfalls dann nicht angenommen werden, wenn sich die ursprünglich geographische Herkunftsangabe im Laufe der Zeit zur Gattungsbezeichnung entwickelt hat (zB „Kölnisch Wasser").[1291]

Nach § 7 Abs. 2 EichG müssen Fertigpackungen so gestaltet und befüllt sein, dass sie 611
keine größere Füllmenge vortäuschen, als in ihnen enthalten ist. Der Verbraucher soll durch dieses Verbot davor geschützt werden, dass in ihm auf Grund des äußeren Erscheinungsbildes der Verpackung der Eindruck entsteht, er erwerbe dieses Produkt in einer Menge, die dem äußeren Volumen der Verpackung in etwa entspricht, wohingegen er tatsächlich weniger erhält (sog. **Mogelpackung**).[1292] Wird beispielsweise bei einer Zerstäuberflasche eines Deodorants nach langjähriger Benutzung einerseits das äußere Erscheinungsbild (leicht) vergrößert und andererseits die Füllmenge von 100 ml auf 75 ml reduziert, kann allein daraus kein Verstoß gegen § 7 Abs. 2 EichG hergeleitet werden, wenn die geänderte Glasflasche selbst keine täuschenden Gestaltungsmerkmale aufweist.[1293] In einer solchen Konstellation könnte allenfalls für jenen Teil der Verbraucher eine Täuschung angenommen werden, der die alte Verpackung (mit 100 ml) gekannt hat. Derartige Fälle der **„Füllmengentäuschung in Nachfolgepackungen"** unterfallen nach Sinn und Zweck der eichrechtlichen Vorschriften nicht dem Anwendungsbereich des § 7 Abs. 2 EichG, sondern müssen anhand des Irreführungsverbots des § 27 Abs. 1 Nr. 3 lit. b LFGB beurteilt werden.[1294]

Zu den wertbestimmenden Angaben im Sinne des § 27 Abs. 1 S. 2 Nr. 3 lit. b LMBG 612
zählen darüber hinaus Beschaffenheits- und Qualitätsbezeichnungen. So wurde zum Beispiel die Bezeichnung **„Duschöl"** für ein Produkt mit einem Ölanteil von weniger als 20% der Gesamtsubstanz als irreführend beurteilt, da maßgebliche Teile des Verkehrs bei dieser Bezeichnung ein Erzeugnis erwarten, dessen inhaltliche Zusammensetzung durch einen hohen Ölanteil maßgeblich geprägt ist.[1295] Ähnliches gilt für die Angabe „mit Feuchtigkeits-Creme" auf einer Duschcreme, da der Verkehr insoweit annimmt, dass das beworbene Produkt nicht nur eine herkömmliche Duschcreme, sondern zusätzlich eine „Feuchtigkeits-Creme" enthält.[1296]

Mit einer ähnlichen, im Ergebnis aber kritisch zu beurteilenden Argumentation werden 613
Fälle der sog. **„Naturkosmetik"** beurteilt. Die Bewerbung von kosmetischen Mitteln mit Bezeichnungen wie „Natur" oder „natürlich" wird von den Gerichten regelmäßig als irreführend gemäß § 27 Abs. 1 S. 2 Nr. 3 lit. b LMBG angesehen, wenn das entsprechend beworbene Produkt zu einem nicht unerheblichen Teil naturidentische (chemisch-industriell erzeugte) Bestandteile enthält. Der Durchschnittsverbraucher gehe davon aus, dass es sich bei „Naturkosmetik" um solche Mittel handelt, die ausschließlich oder zumindest ganz überwiegend aus natürlichen Bestandteilen bestehen.[1297] Hierbei ist zu beachten, dass dem durchschnittlich informierten, aufmerksamen und verständigen Durchschnittsverbraucher

---

[1290] *Zipfel/Rathke* C 102 § 27 Rn 55.
[1291] *Zipfel/Rathke* C 102 § 27 Rn 63ff.
[1292] VG München LRE 37, 219, 224; → § 5 Rn 293.
[1293] KG LRE 30, 236.
[1294] KG LRE 30, 236; Hdb. LebensmittelR/*Rützler* II. B Rn 66.
[1295] OLG Hamburg MD 1999, 988.
[1296] OLG Hamburg BeckRS 2007, 801 = MD 2007, 277 – mit Feuchtigkeits-Creme.
[1297] LG Ulm MD 2001, 103, 105; LG Berlin MD 2000, 915, 917.

bekannt ist, dass auch bei „natürlichen" kosmetischen Mittel der Zusatz von Konservierungsstoffen notwendig sein kann, um eine angemessene Haltbarkeit gewährleisten zu können. Demgemäß wurde in den Jahren 1992/1993 unter Federführung des Bundesministeriums für Gesundheit eine Definition des Begriffs „Naturkosmetik" erarbeitet, wonach bestimmte naturidentische Stoffe zur Konservierung von Naturkosmetika zugelassen sind. Der **Definitionsvorschlag** sieht weiter vor, dass bei Naturkosmetika, die einen der aufgeführten Konservierungsstoffe enthalten, in unmittelbarer Nähe der Angabe „Naturkosmetik" deutlich der Hinweis „Konserviert mit ..." unter Benennung des Konservierungsstoffes erfolgen muss.[1298] Dieser Definitionsvorschlag ist zwar (noch) nicht verbindlich, jedoch kann hieraus gefolgert werden, dass eine „Naturkosmetik" unter bestimmten Voraussetzungen Konservierungsstoffe enthalten darf.[1299]

614 Ein Fall der Nr. 3 lit. b kann auch die Angabe **„hypoallergen"** sein, wonach ein entsprechend ausgelobtes kosmetisches Mittel **keine oder wenige allergieauslösende Bestandteile** enthält. Der Begriff „hypoallergen", für den es keine festgelegten Kriterien gibt, ist zwar bei kosmetischen Mitteln durchaus verbreitet, jedoch ist eine kritische Beurteilung dieser Begrifflichkeit geboten. Es wird insoweit – zB durch den Arbeitskreis Lebensmittelchemischer Sachverständiger der Länder und des BVL (ALS) – der Vorwurf erhoben, dass Auslobungen wie **„hypoallergen"**, **„allergenarm"** oder **„mit reduziertem Allergengehalt"** geeignet seien, bei einem nicht unerheblichen Teil der Verbraucher eine besonders gute Verträglichkeit und Sicherheit vor Sensibilisierung zu suggerieren. Grundsätzlich könne aber jeder Stoff allergische Reaktionen auslösen.[1300] Dementsprechend hat etwa das frühere Bundesministerium für Verbraucherschutz, Ernährung und Landwirtschaft (BMVEL) ausdrücklich darauf hingewiesen, dass die Angabe „hypoallergen" bei kosmetischen Mitteln als nicht gerechtfertigt und **zur Täuschung der Verbraucher geeignet** angesehen werden kann. Dies ist jedenfalls die Einschätzung des wissenschaftlichen Kosmetik-Ausschusses der EU-Kommission (SCCP; früher SCCNFP, Stellungnahme vom 20. 5. 1998), der sich auf deutschen Vorschlag mit der Frage der Zulässigkeit der Angabe „hypoallergen" befasst hat. Die Verwendung des Begriffs „hypoallergen" ist demnach zwar nicht durch Gesetz verboten, jedoch ist bei dessen Benutzung zu bedenken, dass eine Irreführung gegeben sein könnte.[1301]

615 **e) § 27 Abs. 1 S. 2 Nr. 4 LFGB.** Nach dem Regelbeispiel Nr. 4 liegt ein Fall der Irreführung insbesondere dann vor, wenn ein kosmetisches Mittel für die vorgesehene Verwendung nicht geeignet ist. Dieses Regelbeispiel wurde „im Interesse eines umfassenden Verbraucherschutzes" durch das LFGB eingeführt.[1302] Die Vorschrift des § 27 Abs. 1 LFGB bezieht sich damit nicht nur auf die äußere Darbietungsform (Bezeichnungsehrlichkeit), sondern damit auch auf die **innere Beschaffenheit** des kosmetischen Mittels **(Warenehrlichkeit).** In gesetzestechnischer Hinsicht ist insoweit zu bemängeln, dass das neue Regelbeispiel einfach dem weitestgehend beibehaltenen Wortlaut des früheren § 27 Abs. 1 LMBG angefügt wurde, obwohl sich dieser gerade auf die äußere Darbietungsform beschränkt.[1303] Nach *Zipfel/Rathke* gilt es insoweit aber zu beachten, dass zunächst festgestellt werden muss, wie die Beschaffenheit des Kosmetikums nach den Vorstellungen der angesprochenen Verkehrskreise sein soll, weshalb es sich um einen Spezialtatbestand des Irreführungsverbots handele.[1304]

616 Begründet wird der Verbotstatbestand der Nr. 4 damit, dass in der Praxis der amtlichen Überwachung immer wieder Fälle vorkommen, in denen ein kosmetisches Mittel für die vorgesehene Verwendung nicht geeignet, aber **noch nicht gesundheitsschädlich** ist.

1298 IKW-Infoblatt „Naturkosmetik", www.ikw.org.

1299 Meyer/Streinz/*Reinhart* LFGB § 27 Rn 57 ff.

1300 ALS-Stellungnahme (2006/04) JVL 2006, 167, 170.

1301 ALS-Stellungnahme (2006/04) JVL 2006, 167, 170; Meyer/Streinz/*Reinhart* LFGB § 27 Rn 63.

1302 Amtl. Begr. BT-Drucks. 15/3657 Anlage 2 „Stellungnahme des Bundesrates" S. 78.

1303 *Meyer/Reinhart* WRP 2005, 1437, 1458.

1304 *Zipfel/Rathke* C 102 § 27 Rn 69.

Solche kosmetischen Mittel seien **in ihrer Brauchbarkeit erheblich gemindert** und konnten bisher – nach dem LMBG – nicht verboten werden.[1305] Beispiele für die Nichteignung zur Verwendung können sein verschimmelte Handcreme, eingetrocknete Wimperntusche, Emulsionstrennung bei einer Creme oder Milch sowie hohe Keimbelastung ohne pathogene, aber mit Indikatorkeimen.[1306] Außerdem wird als Fall der Nr. 4 zB eine Creme für sensible Haut, die aber zu fettig ist, angesehen.

III. Krankheitsbezogene Werbung

Nach § 27 Abs. 2 LFGB bleiben die Vorschriften des Heilmittelwerbegesetzes (HWG) **617** unberührt. Das bedeutet, dass neben § 27 Abs. 1 LFGB auch die Werbeverbote des HWG zu beachten sind, soweit dieses auf kosmetische Mittel anwendbar ist. Nach § 1 Abs. 1 Nr. 2, Abs. 2 S. 1 HWG findet das HWG auf die Werbung für kosmetische Mittel Anwendung, **soweit** sich die Werbeaussage auf die **Erkennung, Beseitigung oder Linderung von Krankheiten,** Leiden, Körperschäden oder krankhafte Beschwerden bezieht.[1307] Nur das Erkennen, Beseitigen (Heilen) und Lindern ist Gegenstand von § 1 Abs. 1 Nr. 2 HWG, weshalb Werbeaussagen, die sich auf die **Verhütung** bzw. Vorbeugung von Krankheiten beziehen, insoweit nicht dem HWG unterfallen. Wird beispielsweise eine Hautcreme damit beworben, dass sie vor dem Wundwerden schützt, so ist das HWG nicht einschlägig, obwohl das Wundsein an sich eine krankhafte Beschwerde ist.[1308] Bei derartigen Angaben ist aber § 27 Abs. 1 LFGB zu beachten.[1309]

1305 Amtl. Begr. BT-Drucks. 15/3657 Anlage 2 „Stellungnahme des Bundesrates" S. 78.
1306 *Reinhart* KosmetikR S. 91.
1307 → Rn 432 ff.
1308 *Bülow/Ring* HWG § 1 Rn 38; *Doepner* HWG § 1 Rn 112; → Rn 370.
1309 *Doepner* HWG § 3 Rn 12; *Zipfel/Rathke* LMBG § 27 Rn 45.

Werbung in Film und Fernsehen (§ 4–S5)

Übersicht

Rn

A. Einleitung 1
I. Begriff der Werbung 11
II. Klassische Werbeformen in Film und Fernsehen 18
1. Spotwerbung (Unterbrecherwerbung) 18
2. Werbliche Benutzung des Nachspanns, insbesondere Ausstatterhinweise ... 19
III. Besondere Werbeformen 21
1. Product Placement/Schleichwerbung 23
2. Split-Screen-Werbung 29
3. Virtuelle Werbung 30
4. Neue Werbeformen im Internet 31
a) Bannerwerbung 32
b) Interstitials 33
c) E-Mercials 34
5. Werbung im digitalen Fernsehen 35
IV. Sponsoring 37

B. Wettbewerbsrechtliche Aspekte der Werbung in Film und Fernsehen 41
I. Anwendbarkeit des UWG 43
1. Anwendbarkeit des UWG auf öffentlich-rechtliche Rundfunkanstalten, private Sender und Kinowirtschaft 43
2. Vorliegen einer Wettbewerbshandlung, § 2 Abs. 1 Nr. 1 45
3. Handeln im geschäftlichen Verkehr 46
4. Handeln zu Zwecken des Wettbewerbs 47
a) Objektive Förderungswirkung 48
b) Bestehen eines Wettbewerbsverhältnisses 49
c) Wettbewerbsförderungsabsicht 51
5. Grenzen des Trennungsgebots 57

C. Lauterkeitsrecht und Werbung im Kinospielfilm 59
I. Vorführung im Kino 59
II. Ausstrahlung von Product-geplacten Kinofilmen im Fernsehen 61

D. Werbung in für das Fernsehen hergestellten Produktionen als unlautere Wettbewerbshandlung 62
I. Anwendbarkeit des UWG 62
II. Vergleichende Werbung im Rundfunk 64
III. Gewinnspiele 66
IV. Verstoß gegen das Gebot der Trennung von Werbung und Programm 67
1. Unlauterkeit wegen Verletzung wettbewerbsbezogener Normen, § 3 iVm § 4 Nr. 11 68
a) Rundfunkrechtliche Normen als Maßstab 68
b) Adressaten des Rundfunkrechts 72
2. Trennungsgrundsatz 73
a) Trennungs- und Kennzeichnungsgebot 75
b) Beeinflussungsverbot 79
c) Verbot des Einsatzes unterschwelliger Werbetechniken (subliminale Werbung) 80
3. Dauerwerbesendungen 82
4. Einfügung und Umfang der Fernsehwerbung 83
a) Blockwerbung 83
b) Unterbrecherwerbung 84
c) Zeitliche Beschränkungen 90
5. Sonstige Regelungen 93
a) Nachrichtensprecher 93

Rn
b) Fernsehwerbung und Minderjährige ... 94
c) Verbraucherschutz ... 100
6. Selbstregulierung durch die Werbewirtschaft ... 106
V. Unlauterkeit wegen Verschleierung des Werbecharakters von Wettbewerbshandlungen, § 3 iVm § 4 Nr. 3 ... 108
1. Trennungsgebot ... 108
2. Verschleierung von Werbemaßnahmen ... 109
3. Product Placement ... 110
4. Redaktionell aufgemachte Werbung ... 112
VI. Abgrenzung der Schleichwerbung von programmlich-dramaturgisch gerechtfertigten Einbindungen von Produkten in Fernsehsendungen – Fallgruppen ... 114
1. Eigenproduktionen ... 115
2. Auftragsproduktionen/Kaufproduktionen ... 116
3. Werbung in vom Ausland übernommenen Sendungen ... 123
4. Sportübertragungen und aufgedrängtes Placement ... 124
5. Split-Screen ... 127
6. Quizsendungen, Talk-Shows und Informationsangebote ... 128
7. Titelsponsoring ... 135
8. Verlags-TV ... 136
9. Akustische Platzierungen ... 137
VII. Unlauterkeit der Filmwerbung wegen unzumutbarer Belästigungen von Marktteilnehmern, § 3 iVm § 7 Abs. 1 ... 139
VIII. Unlauterkeit der Filmwerbung wegen Irreführung, § 3 iVm § 5 Abs. 1 ... 143

E. Online-Werbung in Film und Fernsehen als unlautere Wettbewerbshandlung ... 144
I. Grundsatz ... 144
II. Telemedien ... 149
III. Inhaltliche Anforderungen ... 153

Schrifttum: *Ahrens,* Redaktionelle Werbung – Korruption im Journalismus, GRUR 1995, 307; *Asche,* Das Product Placement im Kinospielfilm, 1996; *Baudenbacher,* Suggestivwerbung und Lauterkeitsrecht, 1978; *Bodewig,* Vorrang wirtschaftlicher Interessen im Medienrecht? Zur Auslegung der Fernsehrichtlinie durch den EuGH, JZ 2000, 659; *Böhme-Neßler,* Rechtsprobleme der Internet-Werbung, ZUM 2001, 547; *Bork,* Werbung im Programm, Zur wettbewerbsrechtlichen Haftung der Fernsehanbieter für unzulässige Fernsehwerbung im Fernsehprogramm, 1988; *Bork,* Product Placement und Wettbewerbsrecht – Zu den Grenzen „medialer" Fernsehwerbung, GRUR 1988, 264; *Bruhn,* Sponsoring – Unternehmen als Mäzene und Sponsoren, 1987; *ders.,* Die Entwicklung neuer Kommunikationsformen: Möglichkeiten zur Erweiterung des Werbevolumens durch Sponsoring und Product Placement?, Markenartikel 5/1988, 224; *Bülow,* Product Placement und die Freiheit der Kunst, WRP 1991, 9; *ders.,* Themen-Sponsoring im Fernsehen, Zulässigkeit einer innovativen Werbeform neben Spotwerbung und Product Placement, CR 1999, 105; *Busch,* Restriktionen des rundfunkrechtlichen Trennungsgrundsatzes im Unterhaltungsbereich?, MMR 2003, 714; *Cole/Haus,* Dienstleistungsfreiheit brutto oder netto? Probleme der europäischen Sprachenvielfalt am Beispiel der EG-Fernsehrichtlinie – EuGH, Slg. 1999, I-7599, JuS 2001, 435; *Deutsch,* Virtuelle Werbung im U.S.-amerikanischen Recht, GRUR Int. 2001, 400; *Dörfler,* Product Placement im Fernsehen – unlautere Werbung oder denkbare Finanzierungsquelle im dualen Rundfunksystem?, 1993; *Dörr/Zorn,* Die Entwicklung des Medienrechts, NJW 2001, 2837; *Engel,* Reihen aus Kinofilmen, Die Regeln des Rundfunkstaatsvertrages über die Unterbrechung zur Ausstrahlung von Werbung, ZUM 2003, 85; *Engel-Flechsig* (Hrsg.), Beck'scher IuKDG-Kommentar, 2001; *Engels/Giebel,* Das neue Fernsehwerberecht, ZUM 2000, 265; *Franz,* Digitales Fernsehen: Herausforderungen für TV-Forschung und TV-Werbung, Media Perspektiven 2003, 463; *Grünwald,* Analoger Switch-Off – Auf dem Weg zur Digitalisierung des terrestrischen Fernsehens, MMR 2001, 89; *Haarbrücker/Wiedemann,* Product Placement, 2000; *Hahn/Vesting* (Hrsg.), Beck'scher Kommentar zum Rundfunkrecht, 2003; *Hartstein/Ring/Kreile/Dörr/Stettner,* Rundfunkstaatsvertrag, Kommentar, Loseblatt, Stand: Mai 2007; *Hartel,* Werbung im Kinofilm, ZUM 1996, 129; *Hartel,* Product Placement, ZUM Sonderheft 1996, 1033; *Hauschka,* Product Placement und Wettbewerbsrecht – Ein Lösungsversuch, DB 1988, 165; *Henning-Bodewig,* Product Placement und andere Arten der „absatzfördernden Kommunikation": Die neuen Formen der Schleichwerbung?, BB Beilage 18/1986 zu Heft 33/1986; *dies.,* Product Placement und Sponsoring, GRUR 1988, 867; *dies.,* Sponsoring, AfP 1991, 487; *dies.,* Die Trennung von Werbung und Programm im deutschen und europäischen Rundfunk- und Wettbewerbsrecht, GRUR Int. 1987, 538; *dies.,* Die Tarnung von Werbung, GRUR Int. 1991, 858; *dies.,* Product Placement im Kino, ZUM 1988, 263; *dies.,* Werbung im Kinospielfilm – Die Situation nach „Feuer, Eis & Dynamit", GRUR 1996, 321; *dies.,* Neuere Entwicklungen im Sponsoring, ZUM 1997, 633; *dies.,* Die wettbewerbsrechtliche Haftung von Werbeagenturen, GRUR 1981, 164; *dies.*, Richtlinienvorschlag über unlautere Geschäftspraktiken und UWG-Reform, GRUR Int. 2004, 183; *Heyms/Prieß*, Werbung online, 2002; *Hoeren/Sieber* (Hrsg.), Handbuch Multimediarecht, 2000; *Jarass*, Fernsehwerbung im deutschen und europäischen Recht, ZUM 1997, 769; *Johansson*, Product Placement in Film und Fernsehen, 2001; *Köhler*, UWG-Reform und Verbraucherschutz, GRUR 2003, 265; *Kreile*, Die Neuregelung der Werbung im 4. Rundfunkänderungsstaatsvertrag, ZUM 2000, 199; *Kröger/Gimmy* (Hrsg.), Handbuch zum Internetrecht, 2000; *Kröner*, Titelmerchandising durch öffentlich-rechtliche Rundfunkanstalten, 1995; *Ladeur*, Verantwortung für Verstöße gegen das Rundfunkwerberecht, Die Haftung des Veranstalters und Dritter für Ordnungswidrigkeiten, ZUM 2001, 643; *ders.*, Neue Werbeformen und der Grundsatz der Trennung von Werbung und Programm, ZUM 1999, 672; *Ladeur/Gostomzyk*, Rundfunkfreiheit und Rechtsdogmatik – Zum Doppelcharakter des Art. 5 I 2 GG in der Rechtsprechung des BVerfG, JuS 2002, 1145; *Lehmann* (Hrsg.), Internet- und Multimediarecht (Cyberlaw), 1997; *Lesch*, Besprechung des Beschlusses des OLG Celle, 222 Ss 34/02 (OWi) vom 23. Mai 2002 – „Schleichwerbung Big Brother", ZUM 2003, 44; *Löwenheim*, Suggestivwerbung, unlauterer Wettbewerb, Wettbewerbsfreiheit und Verbraucherschutz, GRUR 1975, 99; *Loitz/Arnold/Schmitz/Isenbart*, Handbuch des Rundfunkwerberechts, 2004; *Micklitz/Kessler*, Funktionswandel des UWG, WRP 2003, 919; *Pießkalla/Leitgeb*, Product Placement im Fernsehen – Schleichwerbung ohne Grenzen, K&R 2005, 433; *Petersen*, Virtuelle Werbung und Split-Screening, Medien- und wettbewerbsrechtliche Probleme neuer Werbeformen im Fernsehen, 2002; *Platho*, Werbung, nichts als Werbung – und wo bleibt der Trennungsgrundsatz?, ZUM 2000, 46; *Pößhacker*, Suggestivwerbung und unlauterer Wettbewerb, 1990; *Ricker*, Werbung im Programm, Zur wettbewerbsrechtlichen Haftung der Fernsehanbieter für unzulässige Fernsehwerbung, 1988; *Roßnagel*, Recht der Multimediadienste 1998, NVwZ 2000, 622; *Rüggeberg*, Product Placement und Sponsorship – Neue Formen der Werbung im Rundfunk?, GRUR 1988, 873; *Sack*, Zur wettbewerbsrechtlichen Problematik des Product Placement im Fernsehen, ZUM Sonderheft 1987, 103; *ders.*, Neue Werbeformen im Fernsehen – rundfunk- und wettbewerbsrechtliche Grenzen, AfP 1991, 704; *ders.*, Marketing, ZFP 1987, 196; *Schaar*, Programmintegrierte Fernsehwerbung in Europa, 2001; *Scherer*, „Product Placement" im Fernsehprogramm – Die werbewirksame Einblendung von Markenartikeln als wettbewerbswidriges Handeln der Rundfunkanstalten, 1990; *Schultze*, Product Placement im Spielfilm, Grenzen zulässiger Produktabbildungen im Rundfunkprogramm, 2001; *Schwarz*, Entgeltliches Product Placement in Kinofilmen: Umfang der Hinweispflicht für Produzenten, Verleiher und Kinotheaterbesitzer, AfP 1996, 31; *Schwarz/Eichler*, Der Werbegriff im RStV, AfP 1996, 228; *Stock*, Rundfunkrecht und Wettbewerbsrecht im dualen Rundfunksystem, in: Hoffmann-Riem (Hrsg.), Rundfunk im Wettbewerbsrecht, 1988, 35; *Vogt*, Die Entwicklung des Wettbewerbsrechts in den Jahren 1997 bis 1999, NJW 1999, 3601; *Völkel*, Product Placement aus der Sicht der Werbebranche und seine rechtliche Einordnung, ZUM 1992, 55; *Volpers/Herkströter/Schnier*, Die Trennung von Werbung und Programm im Fernsehen, Programmliche und werbliche Entwicklungen im digitalen Zeitalter und ihre Rechtsfolgen, 1998; *Weiand*, Rechtliche Aspekte des Sponsoring, NJW 1994, 227; *ders.*, Wirtschaftliche und rechtliche Grundlagen des Kommunikationsinstruments Sponsoring, DStR 1996, 1897; *Wieben*, Die Trennung von Werbung und redaktionellem Programm, 2000.

A. Einleitung

1 Filmwerke spielen für die werbungtreibende Industrie eine äußerst bedeutsame Rolle. Sie stellen ein wesentliches Finanzierungsinstrument der Medienindustrie dar, bereits bei der Herstellung der Filmwerke wie auch später bei deren Verwertung. Durch ihre Ausstrahlung im Kino, im analogen oder digitalen Fernsehen oder ihre Online-Übertragung sowie durch die Möglichkeit ihrer Verbreitung mittels Datenträgern (wie VHS oder DVD) oder per Internet wird die Werbebotschaft einem großen Zuschauerkreis zugänglich. Zudem kann die Werbung verschiedentlich vermittelt werden: sie kann vor oder nach dem Film, aber auch im Film selbst platziert werden. Das Ziel von Werbung besteht vornehmlich darin, die Einstellungen und Verhaltensweisen der Zuschauer durch Einsatz spezifischer Werbemittel zu beeinflussen. Dazu muss Werbung auffallen, gefallen, verstanden werden und überzeugen.

2 Andererseits soll „mediale", dh. vom redaktionellen Programm ausgehende Werbung über den freilich unvermeidbaren mittelbaren Einfluss keine unmittelbare Einwirkung auf das Programm, dh. den Spielfilm oder den Fernsehfilm selbst zeitigen. Insbesondere soll der Betrachter vor Täuschungen über den werbenden Charakter von Programmteilen geschützt werden. Dieser Schutz ist gesetzlich nicht nur im Medienrecht, sondern auch im Wettbewerbsrecht verankert. So ist etwa das Verbot der Verquickung von Werbung und Programm (Trennungsgebot) für den Bereich des Fernsehens in § 7 Abs. 3 des Rundfunkstaatsvertra-

ges[1] (im Folgenden: RStV) und für den Bereich der „Neuen Medien" – der sog. Telemedien – in § 58 Abs. 1 RStV und § 6 Abs. 1 Nr. 1 Telemediengesetz (im Folgenden: TMG)[2] ausdrücklich normiert, aber auch Bestandteil des Wettbewerbsrechts.

§ 7 Abs. 3 RStV lautet: „Werbung und Teleshopping müssen als solche klar erkennbar sein. Sie müssen im Fernsehen durch optische Mittel, im Hörfunk durch akustische Mittel eindeutig von anderen Programmteilen getrennt sein. In der Werbung und im Teleshopping dürfen keine unterschwelligen Techniken eingesetzt werden." 3

Die parallele Vorschrift für Telemedien in **§ 58 Abs. 1 RStV** lautet: „Werbung muss als solche klar erkennbar und vom übrigen Inhalt der Angebote eindeutig getrennt sein. In der Werbung dürfen keine unterschwelligen Techniken eingesetzt werden." 4

Auch das Telemediengesetz (TMG) regelt das Trennungsgebot unter besonderer Betonung des Transparenzgebots in **§ 6 Abs. 1 Nr. 1 TMG** wie folgt: „Kommerzielle Kommunikationen müssen klar als solche zu erkennen sein." 5

Das TMG weist in § 6 Abs. 3 überdies darauf hin, dass die Vorschriften des Gesetzes gegen den unlauteren Wettbewerb unberührt bleiben. 6

Ergänzt werden die Vorschriften in der audiovisuellen Kommunikation durch weitere Regelungen des Rundfunkstaatsvertrages, so insbesondere das in § 7 Abs. 6 S. 1 enthaltene Verbot des Product Placement, indem § 7 Abs. 6 S. 1 wie folgt formuliert: „Schleichwerbung und entsprechende Praktiken sind unzulässig." 7

Ergänzt wird diese Bestimmung durch das Gebot in § 7 Abs. 2, wonach Werbung oder Werbetreibende das übrige Programm inhaltlich und redaktionell nicht beeinflussen dürfen. Die im Dezember 2007 novellierte EU-Fernsehrichtlinie (AVMD-Richtlinie)[3] erlaubt den Mitgliedstaaten, unter bestimmten Voraussetzungen Product Placement zuzulassen; die Bundesrepublik Deutschland hat hiervon bisher noch keinen Gebrauch gemacht. 8

Unter wettbewerbsrechtlichen Gesichtspunkten war in der Vergangenheit oft streitig, inwieweit rundfunkrechtliche und filmrechtliche Bestimmungen Schutzfunktionen zugunsten des Wettbewerbs haben, ob also ein Verstoß gegen medienrechtliche Werbevorschriften zugleich auch ein Verstoß gegen § 1 aF ist. Grundnorm des neuen Wettbewerbsrechts ist die Generalklausel in § 3, die durch den Beispielstatbestand des § 4 Nr. 11 konkretisiert wird. Nach der amtlichen Begründung[4] kann es zwar nicht Aufgabe des Wettbewerbsrechts sein, alle nur denkbaren Gesetzesverstöße im Zusammenhang mit Wettbewerbshandlungen auch wettbewerbsrechtlich zu sanktionieren, vielmehr liege „der eigentliche Zweck des UWG darin, das Marktverhalten der Unternehmen im Interesse der Marktteilnehmer, insbesondere der Mitbewerber und der Verbraucher, und damit zugleich das Interesse der Allgemeinheit an einem unverfälschten Wettbewerb zu regeln",[5] jedoch übt das Wettbewerbsrecht neben medienspezifischen Regelungen des öffentlichen Rechts auch Kontrollfunktion für einen geordneten Medienmarkt aus. 9

Unter dem Gesichtspunkt, dass Anbieter im Bereich Film und Fernsehen bei Verstößen gegen Rundfunk- und sonstige medienspezifische Regelungsinhalte zugleich wettbewerbswidrig handeln können, befasst sich der Beitrag im Folgenden daher mit der Frage, unter welchen Voraussetzungen die unterschiedlichen Werbeformen im Kinospiel- und 10

---

[1] Rundfunkstaatsvertrag vom 31. 8. 1991 in der Fassung des 10. Staatsvertrages zur Änderung rundfunkrechtlicher Staatsverträge (Neunter Rundfunkänderungsstaatsvertrag), in Kraft seit 1. 9. 2008, abgedruckt bei *Ring* Medienrecht.

[2] Mit Inkrafttreten des 9. Rundfunkänderungsstaatsvertrages und des Telemediengesetzes (TMG) zum 1. 3. 2007 wurden Medien- und Teledienste unter dem einheitlichen Begriff der Telemedien zusammengefasst (§ 2 Abs. 1 S. 3, 4 RStV und § 1 Abs. 1 TMG) und die an Inhalte von Telemedien zu richtenden besonderen Anforderungen – unter Aufhebung des Mediendienste-Staatsvertrages und des Teledienstegesetzes – in den Rundunkstaatsvertrag integriert (§ 1 Abs. 4 TMG iVm §§ 54 ff RStV).

[3] Richtlinie des Europäischen Parlaments und des Rates von 2007 zur Änderung der Richtlinie 89/552/EWG, abgedruckt bei *Ring* Medienrecht Bd. IV.

[4] Begr. RegE UWG BT-Drucks. 15/1487 S. 19.

[5] Begr. RegE UWG BT-Drucks. 15/1487 S. 15 f.

Fernsehfilm bzw. in sonstigen Fernsehproduktionen nach dem Maßstab des UWG zulässig bzw. wettbewerbswidrig sind.

I. Begriff der Werbung

11 Von grundlegender Bedeutung ist zunächst die Frage, welche Kommunikationsinhalte von Kino- und Fernsehfilmen unter den Begriff der Werbung zu subsumieren sind. Verkompliziert wird die Beantwortung dieser Frage dadurch, dass es unterschiedlichste Erscheinungsformen der Werbung gibt.[6] In § 2 Abs. 2 Nr. 5 RStV findet sich eine Legaldefinition des Begriffs der Werbung (s. auch § 3 S. 1 Nr. 5 TDG und § 3 Nr. 5 MDStV). Danach ist – in Übereinstimmung mit der ursprünglichen Definition in der EG-Fernsehrichtlinie[7] – Werbung „jede Äußerung bei der Ausübung eines Handels, Gewerbes, Handwerks oder freien Berufs, die im Rundfunk von einem öffentlich-rechtlichen oder privaten Veranstalter entweder gegen Entgelt oder eine ähnliche Gegenleistung oder als Eigenwerbung gesendet wird mit dem Ziel, den Absatz von Waren oder die Erbringung von Dienstleistungen, einschließlich unbeweglicher Sachen, Rechte und Verpflichtungen, gegen Entgelt, zu fördern".

12 Der rundfunkrechtliche Werbebegriff ist auf den Bereich **Wirtschaftswerbung** beschränkt.[8] Für diese Auslegung spricht zum einen die von § 2 Abs. 2 Nr. 5 RStV vorausgesetzte Förderungsabsicht. Zum andern ergibt sich aus dem systematischen Zusammenhang mit § 7 Abs. 8 RStV, der Werbung politischer, weltanschaulicher und religiöser Art (sog. „ideelle Werbung") verbietet, dass nur Wirtschaftswerbung den Werbebeschränkungen des RStV unterliegen soll. Damit knüpft der rundfunkrechtliche Werbebegriff an das wettbewerbsrechtliche Verständnis an,[9] wonach Ziel der Werbung die Förderung des Absatzes und der Leistungsverwertung durch Abschluss von Geschäften mit Kunden ist.[10] Die früher vertretene Auffassung, dass Werbung auch bei anderen Zielsetzungen vorliege,[11] ist nunmehr de lege lata ausgeschlossen.[12]

13 Dieses Begriffsverständnis ist demgemäß von solchen Formen der Werbung abzugrenzen, die keine Wirtschaftswerbung darstellen. Sonst wäre es möglich, durch Ankauf von Werbezeiten außerhalb der jeweils geltenden Regelungen sich meinungsbildend zu betätigen. Im Ergebnis würde damit auch anderen Gruppen als den Kirchen und politischen Parteien über den Umweg der Werbezeiten die Möglichkeit einer eigenen rundfunkmäßigen Betätigung eröffnet, ohne dass diese den strengen Zulassungsregeln für Rundfunkveranstalter unterlägen.[13]

14 Die Trennung der zur Meinungsbildung und Unterhaltung dienenden redaktionellen Programmteile bzw. publizistischen Veröffentlichungen von der Werbung ist vor allem wegen der publizistischen Aufgabe der Medien und damit für die Funktionsfähigkeit der Demokratie unerlässlich.[14] Hinter dem Gebot, Werbung und Programm strikt zu trennen und die Werbung als solche zu kennzeichnen, steht demnach die durch die Verfassung in Art. 5

---

[6] → Rn 3ff.

[7] Art. 1 lit. c der Richtlinie 97/36/EG des Europäischen Parlaments und des Rates vom 19. 6. 1997 zur Änderung der Richtlinie 89/552/EWG des Rates zur Koordinierung bestimmter Rechts- und Verwaltungsvorschriften der Mitgliedstaaten über die Ausübung der Fernsehtätigkeit, ABl. EG Nr. L 202 vom 30. 7. 1997; in der novellierten Fassung der EG-Fernesehrichtlinie (Richtlinie des Europäischen Parlaments und des Rates von 2007 zur Änderung der Richtlinie 89/552/EWG) findet sich die Definition der Fernsehwerbung in Art. 1 lit. g, darüber hinaus enthält Art. 1 lit. f eine Definition der sog audiovisuellen kommerziellen Kommunikation.

[8] *Hartstein/Ring/Kreile/Dörr/Stettner* § 7 Rn 3, 5; *Engels/Giebel* ZUM 2000, 265, 268; *Fuhr* ZDF-Staatsvertrag § 22 III 1 für die vergleichbare Bestimmung des § 22 Abs. 3 ZDF-Staatsvertrag.

[9] *Volpers/Herkströter/Schnier* S. 54.

[10] *Baumbach/Hefermehl* UWG Vor §§ 3–8 Rn 1; *Hartstein/Ring/Kreile/Dörr/Stettner* § 7 Rn 5.

[11] S. etwa *Schwarz/Eichler* AfP 1996, 228, 232.

[12] *Schulz* in: Hahn/Vesting § 2 Rn 79.

[13] *Hartstein/Ring/Kreile/Dörr/Stettner* § 7 Rn 6.

[14] Dazu etwa LG München ZUM 1985, 517.

Abs. 1 S. 2 GG geschützte Rundfunkfreiheit, die nach ständiger Rechtsprechung des Bundesverfassungsgerichts ein besonders wichtiges Gemeinschaftsgut darstellt.[15]

In subjektiver Hinsicht gewährleistet die Rundfunkfreiheit für die Programmveranstalter, 15
dass Auswahl, Inhalt und Gestaltung des Programms Sache des Rundfunks bleiben und sich an publizistischen Kriterien ausrichten können muss. In objektiver Hinsicht muss der Gesetzgeber im Rahmen seiner Aufgabengestaltung verhindern, dass der Rundfunk für außerpublizistische Zwecke in Anspruch genommen werden kann. Dies gilt nicht etwa nur für unmittelbare Einflussnahmen Dritter auf das Programm, sondern auch auf Einflüsse, welche die Programmfreiheit unmittelbar beeinträchtigen können. Deswegen ist es wichtig, dass der Gesetzgeber Spielregeln für die Wirtschaftswerbung aufstellt. Hierzu zählt zB das Gebot, die Werbung eindeutig zu kennzeichnen und das Verbot, Werbung und Programm miteinander zu vermischen. Es wird damit die Funktion des Rundfunks ausgestaltet, wonach dieser der freien, individuellen und öffentlichen Meinungsbildung zu dienen hat.[16]

Die Eigenwerbung des Veranstalters (Station Promotion) fällt nur dann nach dem Wortlaut 16
des § 2 Abs. 2 Nr. 5 RStV unter den Begriff der (Wirtschafts-)Werbung, wenn sie mit dem Ziel gesendet wird, den Absatz von Waren oder die Erbringung von Dienstleistungen gegen Entgelt zu fördern. Hiervon werden jedoch **Programmhinweise und Trailer** ebenso wie **Hinweise auf Begleitmaterialen** zur jeweiligen Sendung, die sich an die Rezipienten richten, nicht erfasst, da diese (beim Free-TV) für das Programm kein Entgelt zahlen.[17]

Auch das **Social Advertising** (= soziale Appelle), dh. unentgeltliche Beiträge im 17
Dienste der Öffentlichkeit einschließlich Spendenaufrufe zu Wohlfahrtszwecken (zB Spendenaufrufe für Erdbebenopfer, Unicef-Galas u. Ä.), fällt gemäß § 7 Abs. 8 S. 3 RStV nicht unter den Begriff der Wirtschaftswerbung. Mithin wird der gesamte Bereich des Social Advertising von den Werbebeschränkungen freigestellt.

II. Klassische Werbeformen in Film und Fernsehen

1. Spotwerbung (Unterbrecherwerbung)

Die klassische Form der (Wirtschafts-)Werbung im Kino und Fernsehen seit Beginn der 18
Ausstrahlungen von Werbung stellt die vom jeweiligen Programmumfeld formal und inhaltlich getrennte Spotwerbung dar.[18] Darunter versteht man die entgeltliche Überlassung von Sendezeit an werbetreibende Unternehmen, Verbände oder Organisationen zur Ausstrahlung kurzer Werbesequenzen, wobei diese in Blöcken vor dem eigentlichen Kinofilm in Lichtspieltheatern bzw. im Fernsehen zwischen den einzelnen Sendungen ausgestrahlt oder aber als Werbeinseln in eine Fernsehsendung eingefügt werden (sog. Unterbrecherwerbung).[19]

2. Werbliche Benutzung des Nachspanns, insbesondere Ausstatterhinweise

Kommerzielle Informationen sind von jeher aber auch in Vor- und insbesondere Nach- 19
spann eines Filmes zu finden.[20] Bereits bei den Angaben über die Schauspieler, Filmmusiker und sonstigen beteiligten Personen werden Firmen, Marken und Embleme von Dritter genannt, die den Film in irgendeiner Weise gefördert haben. Insbesondere finden sich im Nachspann oftmals Ausstatterhinweise. Dies können Fluggesellschaften oder Hotels, aber auch Touristenverbände sein, die bei Transport oder Beherbergung des Teams behilflich waren, oder Mode-, Getränke- bzw. Automobilfirmen, deren Produkte Darsteller im Film

---

[15] BVerfGE 31, 314, 325; BVerfGE 59, 213, 258; BVerfGE 73, 118; 83, 238.

[16] Zum Funktionsauftrag des öffentlich-rechtlichen Rundfunks ausführlich *Hartstein/Ring/Kreile/Dörr/Stettner* § 11 Rn 5 ff.

[17] *Engels/Giebel* ZUM 2000, 265, 279; *Schulz* in: Hahn/Vesting § 2 Rn 85.

[18] *Dörfler* S. 14; *Scherer* S. 13.

[19] *Petersen* S. 26.

[20] *Rüggeberg* GRUR 1988, 873, 874.

genutzt haben. Freilich ist hier die Grenze zum Produkt Placement[21] fließend, insbesondere wenn die Marken vorher schon im Film gezeigt wurden (so zB wenn Sophia Loren im Kleid von Dior zu sehen war). Eine eigene Werbeform liegt weiter nur dann vor, wenn die Ausstatterhinweise über Sponsorhinweise in ihrer Gestaltung hinausgehen.[22] Festzuhalten ist aber, dass die Werbewirksamkeit der werblichen Benutzung des Nachspanns, der nur von den wenigsten Zuschauern wahrgenommen wird, vergleichsweise gering ist.

20 Gemäß Ziff. 19 der Gemeinsamen Richtlinien der Landesmedienanstalten für die Werbung, zur Durchführung der Trennung von Werbung und für das Programm im Fernsehen (Werberichtlinie)[23] sind **Ausstatterhinweise** am Ende von Sendungen zulässig und werden nicht als Werbung oder Sponsoring behandelt. Dabei stellt die kostenlose oder kostengünstige Ausstattung eines Filmwerkes oder einer Sendung solange weder Sponsoring noch Schleichwerbung dar, solange keine übertriebene Präsentation durch besondere optische oder akustische Hervorhebung des Produkts erfolgt.[24] Zur Werbung werden sie erst dann, wenn neben oder anstelle der Nennung und Einblendung des Ausstatters, der Nennung des Firmenemblems oder der Marke noch eine zusätzliche, werbliche Aussage zu dem Ausstatterhinweis hinzu tritt, beispielsweise wenn die besondere Haltbarkeit oder eine technische Besonderheit des Ausstattungsprodukts im Hinweis betont wird.

III. Besondere Werbeformen

21 Unter dem Druck steigender Programmkosten und den rechtlichen Grenzen herkömmlicher Werbeformen sind insbesondere die privaten Fernsehveranstalter heute stärker denn je gezwungen, neue Werbeformen zu entwickeln. Darüber hinaus ist Werbung zu einem Dauerereignis der Alltagskultur geworden, die das Leben der Individuen begleitet und bestimmt.[25] Schließlich eröffnet der Einzug des digitalen Kinos, des digitalen Fernsehens (Digital Video Broadcasting, kurz: „DVB"), des Mobil-TV und des Internet-TV völlig neue Möglichkeiten der Platzierung und Gestaltung von Werbung.

22 Neuen Sonderwerbeformen im Kino- und Fernsehfilm ist gemeinsam, dass die Werbeaussage entweder in ihrer Gestaltung dem redaktionellen Programm angenähert oder unmittelbar in das Programm integriert wird.[26] Für den Zuschauer sind die so platzierten Werbeaussagen im Gegensatz zur Unterbrecherwerbung (Spotwerbung) oft nur schwer als gezielte Werbung zu erkennen. Dieses Vorgehen hat insbesondere aus Sicht der Werbetreibenden den Vorteil, dass eine ablehnende Reaktion der Zuschauer auf Werbung (sog. „Reaktanz"), die sich oftmals im Hin- und Herschalten zwischen den Programmen (sog. „Zapping") äußert, sowie eine Informationsüberflutung der Zuschauer durch die Fülle an programmfremdem Material (sog. „Clutter") weitestgehend vermieden werden kann. Ferner kann die Werbung unabhängig von Werbezeitregelungen (wie sie etwa in §§ 15, 44 und 45 RStV enthalten sind) untergebracht werden. Daneben können die Produktionskosten durch Product Placement[27] erheblich reduziert werden.

1. Product Placement/Schleichwerbung

23 Die vielleicht bekannteste und gleichzeitig umstrittenste Sonderwerbeform in Film und Fernsehen ist das Product Placement. Es wird definiert als die werbewirksame und gezielte Platzierung von Markenprodukten als reale Requisite in der Handlung eines Filmwerkes gegen Entgelt.[28] Bekannt geworden ist das Product Placement durch den 1967 in den USA

[21] → Rn 12 ff.
[22] Zum Sponsoring als eigenständiger Finanzierungsform neben der Werbung → Rn 22 ff.
[23] Abgedruckt bei *Hartstein/Ring/Kreile/Dörr/Stettner* § 7 Rn 102.
[24] *Loitz* in: Handbuch des Rundfunkwerberecht S. 150.
[25] *Vesting* in: Hahn/Vesting Einf. Rn 37.
[26] *Kröner* S. 9.
[27] Zu den wirtschaftlichen Auswirkungen des Product Placement beim ZDF *Lilienthal* epd 2004, Heft 12.
[28] *Hartstein/Ring/Kreile/Dörr/Stettner* § 7 Rn 47; *Sack* ZFP 1987, 196.

gedrehten Film „Reifeprüfung" mit Dustin Hoffman, in dem dieser den roten Alfa Romeo Spider nur gegen ein entsprechendes Entgelt werbewirksam in Szene setzte. Weitere Beispiele sind der Film „The World is not enough", in dem James Bond (mit dem zum Zeitpunkt des Filmstarts noch nicht auf dem Markt befindlichen) BMW Z8 fährt, und der Film „Waterworld", in dem die Darsteller in größeren Mengen Whiskey der Marke „Jack Daniels" trinken. In den USA ist der finanzielle Aufwand bei einigen Filmproduktionen mittlerweile so groß, dass diese ohne Product Placement nicht mehr gedreht werden können. Dort wird bereits entsprechende Software angewendet, um den Bedarf an Requisiten verwalten und vermarkten zu können. Diese Software zeigt den entsprechenden Agenturen an, welche Filme sich in Planung befinden, wann sie voraussichtlich erscheinen werden und welche Produkte laut Drehbuch beworben werden können.

Product Placement kommt in den unterschiedlichsten Arten vor.[29] Zunächst ist Product 24
Placement vom **Generic Placement,** dh. der Platzierung einer ganzen Warengruppe (wie Automobile, Milchprodukte u. Ä.)[30] und dem **Image Placement** abzugrenzen. Unter Image Placement wird verstanden, dass die Thematik eines ganzen Films auf eine Firma oder ein Produkt zugeschnitten ist.[31] Als Beispiel sei hierfür die Jubiläumssendung für das deutsche Automobil zum 100-jährigen Bestehen genannt, die sich nur mit Autos und dabei hauptsächlich mit Daimler Benz beschäftigte und von der Daimler Benz AG (jetzt Daimler Chrysler) mit 6 Mio. DM unterstützt wurde.[32]

Die häufigste Form des Product Placement ist die visuelle Präsentation eines Produkts. 25
In Filmwerken wird Product Placement dadurch verwirklicht, dass bekannte Markenartikel als Requisiten in eine Spielhandlung eingebaut werden oder den Hintergrund einer Szene bilden. Hierbei handelt es sich im Regelfall um gängige Markenartikel. Die Werbung durch Product Placement erfolgt zum Teil offen erkennbar, zum Teil jedoch auch getarnt, wobei die Übergänge fließend sind und die Entwicklung des Product Placement sich immer weiter verfeinert.[33]

Eine weitere, auch wirtschaftlich relevante Form des Product Placement ist das redaktio- 26
nelle Placement von inhaltlichen Beiträgen in Sendungen, sog. redaktionell aufgemachte Werbung.[34] Das OLG München[35] hat in der Erstellung eines redaktionellen Beitrags durch eine Werbeagentur und anschließender Ausstrahlung durch einen Fernsehsender einen Wettbewerbsverstoß gesehen. Bei einem Bericht im Fernsehen über eine Messe außerhalb des Werbeblocks erwarte der Zuschauer, so das Gericht, dass dieser von der Redaktion verfasst und von den ihm genannten Firmen nicht beeinflusst ist. Die Konsequenz des Verstoßes gegen das Gebot der Trennung von Werbung und Programm führt zur Nichtigkeit zivilrechtlicher Verträge gemäß § 138 BGB, die darauf gerichtet sind, Platzierungen im Fernsehen unter Verstoß gegen das Trennungsgebot zu verlangen.

Allerdings haben die Mitgliedstaaten der EU – und so auch der deutsche Gesetzgeber – seit 27
der Novellierung der EU-Fernsehrichtlinie im Jahr 2007 die Möglichkeit, in fiktionalen Sendungen – insbesondere in Filmen und Fernsehserien – und im Rahmen von Sportübertragungen Product Placement unter bestimmten Maßgaben der Kenntlichmachung zuzulassen.[36] Die redaktionelle Unabhängigkeit des Rundfunkveranstalters oder Telemedienanbieters muss jedoch auch in diesen Fällen gewahrt bleiben.[37] Da diese Bestimmung zunächst einer Umsetzung in das nationale Recht bedarf, die im Ermessen der nationalen

---

29 Ausführlich *Völkel* ZUM 1992, 55.

30 *Volpers/Herkströter/Schnier* S. 72.

31 *Volpers/Herkströter/Schnier* S. 72.

32 Beispiel nach *Bruhn* S. 71.

33 *Hartstein/Ring/Kreile/Dörr/Stettner* § 7 Rn 48.

34 → auch Rn 47.

35 OLG München NJW-RR 1992, 1460.

36 → Art. 3f Ziff. 2 der Richtlinie 2007/65 EG des Europäischen Parlaments und des Rates vom 11. 12. 2007 zur Änderung der EG-Fernsehrichtlinie 89/552/EWG.

37 → Art. 3f Ziff. 2a der Richtlinie 2007/65 EG des Europäischen Parlaments und des Rates vom 11. 12. 2007 zur Änderung der EG-Fernsehrichtlinie 89/552/EWG.

Gesetzgeber steht, bleibt abzuwarten, wie sich der deutsche Gesetzgeber in dieser Frage verhalten wird. Die Beratungen hierzu erfolgen im Rahmen des 13. Rundfunkänderungsstaatsvertrages.

28 Der Unterschied zwischen Product Placement und redaktionell aufgemachter Werbung liegt in der tatsächlichen Verschiedenheit der Werbemittel, nicht im Rechtlichen.[38] Während der Verkehr bei der redaktionellen Werbung die Darstellung für eine objektiv-neutrale Äußerung des Medienunternehmens hält, geht es bei der Produktplatzierung um die Verwertung insbesondere von Produktnamen und Marken, die in Fernsehsendungen und Fernsehfilmen scheinbar zufällig, in Wirklichkeit aber gezielt und planmäßig visuell sichtbar sind, ohne aber einen inhaltlichen oder programmlichen Anlass zu haben. In beiden Fällen, also sowohl dem Product Placement als auch der redaktionell aufgemachten Werbung, liegt eine Täuschung über den Werbezweck und den Werbecharakter der jeweiligen Maßnahme vor, die insoweit wettbewerbswidrig ist.[39]

2. Split-Screen-Werbung

29 Unter dem Begriff der Split-Screen-Werbung (auch bezeichnet als Split-Screening oder Screen-Splitting) versteht man die werbliche Teilnutzung des Bildschirms in Form einer parallelen Ausstrahlung von redaktionellen und werblichen Inhalten.[40] Ein Unterfall der Bildschirmteilung sind dabei die sog. **Werbe-Crawls.** Dabei handelt es sich um Text-Laufzeilen, in denen am Bildschirmrand zusätzliche Informationen mit werbendem Inhalt angeboten werden.[41] Hiervon wiederum zu unterscheiden ist das sog. Grafik-Sponsoring,[42] bei dem redaktionelle Zusatzinformationen wie Zeitmessungen oder Ergebnisdienste insb. bei Sportübertragungen mit dem Logo der Namen eines Unternehmens oder Produkts versehen werden.[43]

3. Virtuelle Werbung

30 Bei der virtuellen Werbung handelt es sich um eine Digitaltechnik, mit der nachträglich entweder ganze Werbebotschaften (Firmenbezeichnungen, Marken, Logos, oder sogar animierte Bilder) in zuvor aufgezeichnete Fernsehbilder computergesteuert in Echtzeit eingefügt werden oder bestehende Werbung verändert wird.[44] Auf diese Weise entsteht der Anschein, dass es sich um das Originalbild handle. Der Vorteil der virtuellen Werbung, die derzeit vornehmlich bei Sportübertragungen eingesetzt wird, besteht insbesondere darin, dass sie Veranstaltern und Vermarktern ermöglicht, zielgruppengenau die Werbung dem Zuschauerkreis anzupassen.

4. Neue Werbeformen im Internet

31 Durch die Möglichkeit, Spielfilme gleichzeitig – „simulcast" – über das Internet digital und in Echtzeit (Streaming, Webcasting oder Internet-TV) zu übertragen, werden den Marketingfachleuten völlig neue Instrumente an die Hand gegeben, um die kommerzielle Kommunikation zu beleben. So ist es im Internet durch gezielte Werbung („Targeted Advertising") möglich, individuelle Nutzer- bzw. Nutzergruppen anzusprechen und mit speziell auf diese zugeschnittenen Informationsangeboten zu versorgen. Auf diese Weise lassen sich Streuverluste vermeiden, die etwa im klassischen Fernsehbereich auftreten, wo eine solche zielgruppenorientierte Werbung nur in begrenztem Umfang möglich ist (etwa bei

[38] Hierzu auch *Köhler/Piper* UWG, 3. Aufl. 2002, § 1 Rn 68.
[39] So BGHZ 110, 278, 286 = GRUR 1990, 611, 614 – Werbung im Programm – wer erschoss Boro?.
[40] *Hartstein/Ring/Kreile/Dörr/Stettner* § 7 Rn 32.
[41] *Kreile* ZUM 2000, 194, 196.
[42] Zum Sponsoring → Rn 22 ff.
[43] *Kreile* ZUM 2000, 194, 196.
[44] *Deutsch* GRUR Int. 2001, 400; *Kreile* ZUM 2000, 194, 200.

Split-Screen-Werbung und virtueller Werbung).[45] „Neue Werbeformen" zeichnen sich also insbesondere durch die Zusendung direkter Werbebotschaften aus, die durch Animation, Top-of-Page-Positionierung und hohem Produktinvolvement starke emotionale Reaktionen und damit Aufmerksamkeit hervorrufen können.

a) Bannerwerbung. Mit dem Begriff der Bannerwerbung bezeichnet man das Einfügen einer Grafik in eine Website eines anderen Anbieters. Die Grafik wird dabei mit einem Hyperlink versehen, der beim Anklicken auf die vom Werbekunden gewünschte Website, in der Regel dessen Dienstleistungs- und/oder Produktangebot, führt.[46] Das Einfügen von Werbebannern ist nach wie vor die meist verwandte Onlinewerbeform, da sie einfach zu handhaben ist und auf den Websites zahlreiche Werbeplätze zur Verfügung stehen.[47] Bannerwerbung erfährt zudem eine ständige Weiterentwicklung: So werden nunmehr Fenster mit Werbepräsentationen und Multimediaerweiterungen (zB Audio- und Videodateien) in die Werbebanner integriert (sog. „pop up windows" oder „rich media banner"). 32

b) Interstitials. Ebenfalls eine Fortentwicklung der Internet-Bannerwerbung stellt die Verwendung von sog. „Interstitials" (= Zwischeneinblendungen) dar: Der Nutzer ruft einen bestimmten Content (= Inhalt) ab, und in einem geöffneten Browserfenster erscheint zunächst (animierte oder nicht animierte) Werbung. Nach einem Mausklick auf das „Interstitial" oder automatisch – nach Ablauf einer bestimmten Zeit – verschwindet die Werbung und der ursprüngliche abgerufene Content wird angezeigt.[48] 33

c) E-Mercials. Schließlich können animierte Werbespots als sog. „E-Mercials" auf dem Vollbildschirm („Fullscreen") ablaufen, deren Bildqualität dem herkömmlichen (Verteil-) TV nahe kommt. Dabei kann der Ablauf eines solchen „E-Mercials" weder durch Mausklick oder Tastendruck noch in anderer Weise unterbrochen werden. Vielmehr läuft der einmal gestartete Werbespot bis zum Ende auf dem Bildschirm ab. Will der Nutzer den Werbespot unterbrechen, bleibt ihm also nichts anderes übrig, als den Computer auszuschalten oder den Stecker zu ziehen.[49] 34

5. Werbung im digitalen Fernsehen

Interaktive Werbung im digitalen Fernsehen, das ganz im Zeichen kommunikationstechnologischer Konvergenz steht,[50] ermöglicht, dass in einem interaktiven Werbespot ein roter Knopf integriert wird, der mit der Fernbedienung aktiviert werden kann. Nach Betätigung dieses Knopfes wird der Zuschauer auf eine sog. DAL („Dedicated Advertising Location") weitergeleitet (vergleichbar mit einer Website des Werbetreibenden oder der Marke, für die im interaktiven Spot geworben wurde). Dort kann er sich informieren, Infomaterial bestellen oder das Produkt kaufen. Das Problem in der Anwendung dabei ist, dass der Zuschauer durch diese Werbeform eine Zeit lang das laufende Programm nicht mitverfolgen kann, dh. je erfolgreicher ein interaktiver Werbespot ist, desto mehr leidet das nachfolgende Programm oder die nachfolgende Werbung.[51] 35

Die rundfunkrechtlich korrekte Ausgestaltung dieser Form der interaktiven Werbung erfordere, wie die EU-Kommission in ihrer interpretativen Mitteilung zur EG-Fernsehrichtlinie vom April 2004 mitteilt, dass der Verbindungspunkt (button), auf den der Zuschauer klicke, in einem vom redaktionellen Programm deutlich getrennten Werberahmen eingebettet sein müsse.[52] Der Zuschauer müsse durch geeignete optische oder akustische Mittel darauf hingewiesen werden, dass er beim Klick auf den „button" vom Fernsehprogramm in eine neue interaktive Umgebung wechselt. 36

---

[45] → Rn 15f.
[46] *Schumacher* in: Loitz/Arnold/Schmitz/Isenbart S. 19, 21.
[47] *Schumacher* in: Loitz/Arnold/Schmitz/Isenbart S. 19, 21.
[48] *Schumacher* in: Loitz/Arnold/Schmitz/Isenbart S. 19, 33.
[49] *Schumacher* in: Loitz/Arnold/Schmitz/Isenbart S. 19, 34.
[50] *Grünwald* MMR 2001, 89.
[51] *Franz* Media Perspektiven 2003, 463, 469.
[52] epd Nr. 40/2004, 18.

IV. Sponsoring

37 Sponsoring[53] ist die direkte oder indirekte Finanzierung einer Sendung zugunsten des Senders[54] (§ 2 Abs. 2 Nr. 7 RStV). Zielsetzung ist regelmäßig die Förderung des Namens, der Marke und des Erscheinungsbildes der Person oder des Unternehmens, ihrer Tätigkeiten oder Leistungen. Voraussetzung ist, dass der Sponsor an der Produktion audiovisueller Werke nicht selbst beteiligt ist, weil er andernfalls nicht Sponsor, sondern als Produzent, Rundfunkveranstalter oder Hersteller in sonstiger Weise an der Produktion selbst beteiligt ist.[55] Im Folgenden wird die wettbewerbsrechtliche Betrachtung des Sponsoring unter dem Gesichtspunkt der Filmwerbung außer Acht gelassen, da es neben der Werbung eine eigenständige Finanzierungsform darstellt, die einer eigenständigen rundfunk- und wettbewerbsrechtlichen Bewertung unterliegt (vgl. § 8 RStV). Sponsoring ist rundfunkrechtlich nicht als Werbung anzusehen.[56] Damit darf es auch wettbewerbsrechtlich nicht wie Werbung, sondern muss eigenständig behandelt werden.

38 Gleichwohl hat der Sponsorbeitrag auch programmliche Aspekte. Die Problematik erschließt sich vor allem, wenn zunächst die Interessenlage des Sponsors ins Blickfeld genommen wird. Für den Sponsor selbst handelt es sich um eine Form der Unternehmensförderung, die nach dem Prinzip von Leistung und Gegenleistung funktioniert und für ihn kommunikative Funktion im Markt erfüllt. Der Sponsor will sich durch die Zahlung eines Beitrags mit dem Filmwerk als Unterstützer in Verbindung bringen, um damit, wie das Gesetz definiert, seinen Namen, seine Marke, das Erscheinungsbild seiner Person, der Tätigkeit oder der Leistung zu fördern. Da damit das Gesetz selbst von einer fördernden Wirkung der Sendung für den Sponsor ausgeht, unterstellt die Bestimmung für sich bereits eine unvermeidbare Veränderung bzw. Prägung des programmlichen Umfelds im Sinne des Sponsors, die zumindest mit dem Hinweis auf den Sponsor erfolgt. Eine über den Hinweis auf den Sponsor hinausgehende Prägung bzw. Beeinflussung der Sendung im Sinne des Sponsors will das Gesetz zwar vermeiden, wird damit aber der Dynamik des Spannungsverhältnisses zwischen wirtschaftsrechtlicher und programmlicher Interessenlage nicht ohne weiteres gerecht. Die wirtschaftlichen Interessen des Sponsors, aber auch der mit dem Sponsor zusammenarbeitende Rundfunkveranstalter könnten Gefahren für die Programminhalte im Sinne einer Beeinflussung des Programms durch den Sponsor hervorrufen. Ziel der Bestimmung ist es daher, die Einflüsse des Sponsors auf das Programm zu begrenzen, Offenlegungen von Sponsoren im Interesse der Zuschauer zu veranlassen und Grenzen zu verbotenen Werbeformen wie Product Placement zu setzen.

39 Verstöße gegen die Sponsorregelung des § 8 RStV können zugleich einen Wettbewerbsverstoß darstellen. Ein solcher kann vorliegen, wenn

- gegen die Klarstellungs- und Offenlegungsfunktion des § 8 Abs. 1 RStV verstoßen wird, wonach zu Beginn oder am Ende der jeweiligen gesponserten Sendung auf die Finanzierung durch den Sponsor deutlich hingewiesen werden muss;
- die Zielsetzung in § 8 Abs. 2 bis 6 RStV nicht eingehalten wird, wonach Grenzen in programmlich problematischen Bereichen nicht überschritten werden dürfen. Für den Fall, dass insbesondere Großsponsoren Inhalte und Details der von ihnen geförderten Sendungen vor der Entscheidung über die Zurverfügungstellung finanzieller Mittel überprüfen und umgekehrt die Veranstalter vor allem bei hohen Finanzsummen Wünsche von Sponsoren berücksichtigen, kann ein derartiges Verhalten zu einem Verstoß gegen § 8 Abs. 2 RStV führen, der festlegt, dass die Verantwortung und redaktionelle

---

[53] Gemeint ist hier nicht das sog. Ereignissponsoring. Darunter wird die (finanzielle) Förderung eines bestimmten kulturellen oder sportlichen Ereignisses verstanden, wobei die Einnahmen nicht einem Sender, sondern dem jeweiligen Veranstalter des Ereignisses zufließen, *Henning-Bodewig* ZUM 1997, 633; *Hartstein/Ring/Kreile/Dörr/Stettner* § 8 Rn 16.

[54] *Volpers/Herkströter/Schnier* S. 62.

[55] *Hartstein/Ring/Kreile/Dörr/Stettner* § 8 Rn 15.

[56] Sponsorhinweise werden daher zB nicht auf die gültige Höchstdauer der Werbung angerechnet.

Unabhängigkeit des Rundfunkveranstalters durch den Sponsorbeitrag nicht beeinträchtigt werden darf. § 8 Abs. 6 RStV bestimmt zur Vermeidung von Einflüssen, dass Nachrichtensendungen und Sendungen zum politischen Zeitgeschehen überhaupt nicht gesponsort werden dürfen, weil anderenfalls gewisse Beeinflussungen dieser besonders sensiblen Sendungen offenbar als unvermeidbar angesehen werden.

Der Abgrenzung zu verbotenen Formen der Werbung, vor allem zu Product Placement 40
dient § 8 Abs. 3 RStV, wonach gesponserte Sendungen nicht zum Verkauf von Erzeugnissen oder Dienstleistungen des Sponsors anregen dürfen. § 8 RStV regelt allerdings nur das **Sendungssponsoring,** nicht jedoch die Problematik, die sich im Zusammenhang mit dem Sponsoring von Ereignissen, Veranstaltungen und Produktionen ergibt. Bei letzteren, insbesondere bei Koproduktionen bzw. bei der Kofinanzierung von Produktionen ist die Gefahr, die redaktionelle Unabhängigkeit zu beeinflussen – mit der Folge, dass die Grenze zu Product Placement und sonstigen Werbeformen fließend wird[57] – deutlich größer als bei dem in § 8 RStV erfassten gewöhnlichen Sendungssponsoring. Sponsoring von Filmwerken außerhalb des Sendungssponsorings entfällt nicht dem Regelungsregime des § 8 RStV, sondern ist unter den wettbewerbsrechtlichen Gesichtspunkten des Gebots der Trennung von Werbung und Programm[58] zu prüfen.

B. Wettbewerbsrechtliche Aspekte der Werbung in Film und Fernsehen

Ob eine Werbemaßnahme im Einzelfall unlauter, dh. wettbewerbswidrig ist, hängt 41
grundsätzlich von ihrem Inhalt und nicht von dem Kommunikationsmittel ab.[59] Doch unterliegt die Werbung im Fernsehen besonderen Zulässigkeitsanforderungen jenseits des Lauterkeitsrechts, die sich insbesondere im RStV, daneben aber auch im TMG finden. Verstöße gegen die medienrechtlichen Werberegelungen bedeuten in der Regel auch einen Verstoß gegen das Verbot unlauteren Wettbewerbs im Sinne der Generalklausel des § 3.[60] Der rundfunkrechtliche Werbebegriff[61] knüpft insoweit an die Definition des Wettbewerbsrechts an. Umgekehrt stellen aber die wettbewerbsrechtlichen Bestimmungen zusätzliche Anforderungen für die Sendungen und die Programmbeteiligten auf, die über die Werbebestimmungen etwa des RStV hinaus Anwendung finden können und bei der Akquisition, der Produktion und der Ausstrahlung von Filmwerken zu beachten sind.[62] Beispielsweise werden auch sonstige, nicht der Sphäre des Rundfunks zuzurechnende Personen – insbesondere das beim Product Placement begünstigte Unternehmen, die eventuell eingeschaltete Werbeagentur, der im Film auftretende Prominente etc. –, dem Anwendungsbereich des UWG unterliegen, sofern diese zu Wettbewerbszwecken handeln. Eine Verletzung medienrechtlicher Vorschriften kann ihnen hingegen nicht zur Last gelegt werden, da diese sich ausschließlich an den Rundfunkveranstalter richten.[63]

Zuvörderst ist das **Verbot der verdeckten (getarnten) Werbung** zu nennen, das aus § 3 42
iVm § 4 Nr. 3 folgt. Durch diese Regelung wird das auch im Medienrecht verankerte Verbot der getarnten Werbung bzw. der Schleichwerbung (vgl. § 7 Abs. 6 und § 58 Abs. 1 RStV sowie § 6 Abs. 1 Nr. 1 TMG) ausdrücklich auf alle Formen der Werbung ausgedehnt.[64] Für

---

57 → Rn 6.

58 → Rn 29 ff.

59 *Baumbach/Hefermehl* UWG Vor §§ 3–8 Rn 2.

60 *Hartstein/Ring/Kreile/Dörr/Stettner* § 8 Rn 80. Auch nach der UWG-Reform wird an dem bewährten Prinzip festgehalten, unlauteres Handeln im Wettbewerb durch eine Generalklausel zu untersagen, Begründung zum Referentenentwurf, A. IV. 3., abgedruckt in GRUR 2003, 298, 303.

61 → Rn 2.

62 *Hartstein/Ring/Kreile/Dörr/Stettner* § 7 Rn 80.

63 *Henning-Bodewig* BB Beilage 18/1986, 10; *Sack* ZUM 1987, 101, 120.

64 Begründung der Bundesregierung zum Entwurf eines Gesetzes gegen den unlauteren Wettbewerb, BT-Drucks. 15/1487 S. 17.

die Medien folgt aus diesem Verbot zugleich das Verbot der Verquickung von redaktionellem Teil und Werbung. Dieses allgemeine wettbewerbsrechtliche **Trennungsgebot** ist ebenfalls unabhängig von den medienspezifischen Regelungen.[65]

I. Anwendbarkeit des UWG

1. Anwendbarkeit des UWG auf öffentlich-rechtliche Rundfunkanstalten, private Sender und Kinowirtschaft

43 Da das Wettbewerbsrecht dem Privatrecht zuzuordnen ist, wird vielfach die Frage diskutiert, ob die öffentlich-rechtlichen Rundfunkanstalten dem Wettbewerbsrecht und insb. dem Lauterkeitsrecht unterworfen sind. Auf private Rundfunkveranstalter – ebenso wie auf Filmtheaterbesitzer, -produzenten und -verleiher – als Teilnehmer am Wirtschaftsleben ist das Wettbewerbsrecht ohne weiteres anwendbar.[66] Die Prüfung der Anwendbarkeit des Wettbewerbsrechts auf die öffentlich-rechtlichen Rundfunkanstalten ist letztlich gleichbedeutend mit der Frage nach dem Rechtsweg für wettbewerbsrechtliche Streitigkeiten der öffentlich-rechtlichen Rundfunkanstalten.[67] Die Zivilgerichte haben wettbewerbsrechtliche Klagen mit Beteiligung der öffentlich-rechtlichen Rundfunkanstalten stets als bürgerliche Streitigkeiten und damit den Zivilrechtsweg als eröffnet angesehen.[68] Auch nach der hL unterliegen die öffentlich-rechtlichen Rundfunkanstalten dem Lauterkeitsrecht, da sie zumindest im Hinblick auf ihre Werbetätigkeit am allgemeinen Wirtschaftsleben teilnehmen.[69] Schließlich kann nach einer neueren Entscheidung des OLG Koblenz[70] zum einen die Frage, ob die Anstalten des öffentlichen Rechts sich überhaupt in den privatwirtschaftlichen Wettbewerb begeben dürfen, wettbewerbsrechtlich relevant sein, zum anderen unterliegt aber auch die Art und Weise, wie sie dies unternehmen, der wettbewerbsrechtlichen Kontrolle.

44 Die öffentlich-rechtlichen Rundfunkanstalten handeln im Bereich der Programmausstrahlung auch im Wettbewerb, so dass Mitbewerber im Sinne des § 2 Abs. 1 Nr. 3 alle Anbieter von Programmen, dh. von Film- und Fernsehwerken sind. Wie der BGH[71] wiederholt entschieden hat, unterliegt die öffentliche Hand in den Fällen einer wirtschaftlichen Betätigung der Inanspruchnahme nach den Bestimmungen des UWG auch dann, wenn ihr allgemeiner Aufgabenbereich dem öffentlichen Recht unterfällt und die Beziehung zu den Fernsehzuschauern öffentlich-rechtlich ausgestaltet ist. In solchen Fällen kommt es allein auf die im Rahmen des konkreten Einzelfalls zu beurteilenden Auswirkungen des Handelns der öffentlichen Hand im Wettbewerb an. Der Umstand, dass öffentlich-rechtliche Sender ihren Programmauftrag Kraft öffentlichen Rechts erfüllen, steht daher nicht der Annahme entgegen, dass sie, soweit sie private geschäftliche Interessen begünstigen, den Normen des UWG unterfallen.[72] Sowohl die ARD-Landesrundfunkanstalten einzeln, als auch für das Erste Programm die ARD selbst können wegen Wettbewerbsverstößen in Anspruch genommen werden.

2. Vorliegen einer Wettbewerbshandlung, § 2 Abs. 1 Nr. 1

45 Der Beurteilung der Frage, ob eine Werbemaßnahme bei Herstellung oder Verbreitung von Filmen sich als lauter oder unlauter darstellt, ist stets die Frage logisch vorgelagert, ob

[65] *Baumbach/Hefermehl* UWG § 1 Rn 30; *Henning-Bodewig* BB Beilage 18/1986, 6.
[66] *Scherer* S. 36.
[67] *Bork* S. 40; *Sack* ZUM 1987, 103, 115.
[68] S. nur BGH ZUM 1990, 291 – Werbung im Programm – wer erschoss Boro?; OLG Frankfurt ZUM 1993, 92.
[69] *Scherer* S. 38; *Bork* S. 40; *Dörfler* S. 75.
[70] OLG Koblenz ZUM 2001, 800 – ZDF-Medienpark.
[71] BGHZ 66, 229, 237 – Studentenversicherung; BGHZ 82, 375, 382 – Brillenselbstabgabestellen.
[72] BGHZ 68, 132, 136 – Der 7. Sinn.

überhaupt ein wettbewerblicher Tatbestand gegeben ist. Der Begriff der Wettbewerbshandlung entspricht in der Sache dem Begriff des „Handelns im geschäftlichen Verkehr zu Zwecken des Wettbewerbs“, wie er in den beiden Generalklauseln der §§ 1, 3 aF enthalten war.[73] Er umfasst nicht nur die eigene Absatzförderung, sondern auch das Handeln von Personen, die den Wettbewerb eines fremden Unternehmens fördern wollen, sowie Handlungen im Nachfragewettbewerb.[74] Rein private oder rein amtliche Betätigungen sowie die Tätigkeit von politischen, sozialen oder sportlichen Vereinigungen ohne Erwerbszweck unterfallen nicht dem Anwendungsbereich des UWG.[75] Die Einbringung von Drittsendungen im Rundfunk wird in § 42 RStV geregelt; sie stellt keine Werbung dar.

3. Handeln im geschäftlichen Verkehr

Die Rundfunkveranstalter und Filmtheaterbesitzer treten im Hinblick auf die Vermarktung von Werbezeiten, die der Erzielung von Einnahmen dient, als Anbieter und Nachfrager am Werbemarkt auf.[76] Die Ausstrahlung von Werbung im Kino und Fernsehen spricht darüber hinaus die Zuschauer als potentielle Kunden an und hat daher ebenfalls wettbewerbsrechtliche Relevanz.[77] Somit sind sowohl die Vermarktung von Werbezeiten als auch die Ausstrahlung von Werbung dem geschäftlichen Verkehr zuzurechnen.[78] 46

4. Handeln zu Zwecken des Wettbewerbs

Erforderlich ist ferner ein Marktverhalten, das objektiv geeignet ist, die Wettbewerbsstellung einer bestimmten Person zu verbessern und subjektiv in eben dieser Absicht vorgenommen wird.[79] 47

a) Objektive Förderungswirkung. Nach überwiegender Auffassung wird der Wettbewerb durch jedes Verhalten gefördert, das äußerlich geeignet ist, den Absatz oder den Bezug einer Person zum Nachteil einer anderen zu beeinflussen.[80] Dabei ist unerheblich, ob es um die Förderung eigener oder fremder wirtschaftlicher Interessen geht.[81] Werbung in Film und Fernsehen ist generell objektiv geeignet, den Wettbewerb der Hersteller und somit fremden Wettbewerb zu fördern.[82] Gleichzeitig fördern bestimmte Werbemaßnahmen den Wettbewerb der Rundfunkveranstalter und Filmtheaterbesitzer auf dem Werbemarkt und damit den eigenen Wettbewerb.[83] Sämtliche Werbeformen zielen schließlich darauf ab, die Zuschauer zum Hinsehen zu bewegen, aber auch ihr Misstrauen gegenüber Werbung abzubauen,[84] wobei dies am eindrucksvollsten gelingt, wenn der Werbecharakter noch nicht einmal erkennbar ist, wie dies insb. beim Product Placement der Fall ist. 48

b) Bestehen eines Wettbewerbsverhältnisses. Das Lauterkeitsrecht schützt vor stilwidrigem oder irreführendem Verhalten eines Konkurrenten. Die beanstandete Handlung muss wettbewerbsbezogen sein.[85] Voraussetzung hierfür ist, dass zwischen dem geförderten und dem benachteiligten Unternehmen ein konkretes Wettbewerbsverhältnis besteht.[86] Maßgeblich für die Annahme eines Wettbewerbsverhältnisses ist, ob sich Waren oder Dienstleis- 49

---

[73] Begründung zum Referentenentwurf (Stand 23. 1. 2003), zu § 2 Nr. 1, abgedruckt in GRUR 2003, 298, 304.

[74] Begründung zum Referentenentwurf (Stand 23. 1. 2003), zu § 2 Nr. 1, abgedruckt in GRUR 2003, 298, 304.

[75] *Baumbach/Hefermehl* UWG Einl Rn 208; *Scherer* Product Placement S. 46.

[76] *Petersen* S. 163 mwN.

[77] *Bork* S. 43.

[78] *Dörfler* S. 76; *Bork* S. 43; *Petersen* S. 163.

[79] *Henning-Bodewig* BB Beilage 18/1986, 3.

[80] *Baumbach/Hefermehl* UWG Einl Rn 208 ff.

[81] *Baumbach/Hefermehl* UWG Einl Rn 215.

[82] *Bork* S. 45; *Petersen* S. 163.

[83] *Bork* S. 47; *Petersen* S. 163.

[84] *Henning-Bodewig* BB Beilage 18/1986, 3.

[85] *Petersen* S. 163 mwN.

[86] *Baumbach/Hefermehl* UWG Einl Rn 216.

tungen gegenüber stehen, die einander nach der Verkehrsauffassung im Absatz behindern können.[87] Dabei reicht ein mittelbares Wettbewerbsverhältnis zwischen Gewerbetreibenden verschiedener Wirtschaftsstufen aus.[88]

50 Die Rundfunkveranstalter und Filmtheaterbesitzer konkurrieren auf dem Zuschauer- und Werbemarkt und stehen daher in einem solchen konkreten Wettbewerbsverhältnis zueinander.[89] Auch zwischen diesen genannten Gruppen und anderen Medien kann ein Wettbewerbsverhältnis angenommen werden. Die Rechsprechung nimmt zB zwischen Rundfunk und Presse als Nachrichtenübermittler und als Träger von Werbemitteln ein Wettbewerbsverhältnis an, ebenso zwischen Film und Fernsehen in Bezug auf Unterhaltung und Information der Zuschauer oder zwischen einem gewerblichen Veranstalter von künstlerischen Leistungen und einer Rundfunkanstalt.[90] Zwischen den Fernsehveranstaltern und Filmtheaterbesitzern und den werbetreibenden Unternehmen besteht im Hinblick auf die Ausstrahlung von Werbung ein mittelbares Wettbewerbsverhältnis.[91]

51 **c) Wettbewerbsförderungsabsicht.** Weitere Vorraussetzung der wettbewerbsrechtlichen Inanspruchnahme eines Fernsehveranstalters, eines Filmproduzenten, -verleihers oder -theaterbesitzers ist das Vorliegen einer Wettbewerbsförderungsabsicht. Diese Absicht muss zwar nicht alleiniges Handlungsmotiv sein, sie darf aber nicht völlig hinter andere Beweggründe zurücktreten.[92] Bei einer objektiv wettbewerbsfördernden Handlung wird nach der hiesigen Meinung das Vorliegen einer Wettbewerbsförderungsabsicht grundsätzlich vermutet.[93] Bei Werbespots im Kino und Fernsehen, aber auch bei der werblichen Benutzung des Nachspanns, Split-Screen-Werbung, virtuellen Werbung, neuen Werbeformen im Internet bzw. im digitalen Fernsehen, liegt diese Wettbewerbsförderungsabsicht auch auf der Hand. Schwieriger ist die Feststellung der Wettbewerbsförderungsabsicht jedoch bei Werbeformen, die mit dem Programm eng verknüpft sind, mithin beim Product Placement. Denn bestimmte (objektiv) werbewirksame Darstellungen können aus redaktionellen oder dramaturgischen Gründen notwendig sein (beispielsweise ein Bericht über ein Unternehmen mit einer innovativen Idee oder die Einbindung bestimmter Markenprodukte in Spielfilme).[94] Hinzu kommt, dass aufgrund der den Rundfunkveranstaltern zustehenden verfassungsrechtlichen Programmgestaltungsfreiheit nicht ohne weiteres von einer objektiven Werbewirkung auf das Vorliegen einer Werbeabsicht geschlossen werden darf.[95] Auch die Kunstfreiheit des Art. 5 Abs. 3 GG (insbesondere der Filmproduzenten) ist zu berücksichtigen, mit anderen Worten die Freiheit, aus dramaturgischen Gründen eine Situation oder eine Person mit Hilfe „realer Requisite" charakterisieren zu dürfen.[96] Wenn also zB ein Serienheld einen bestimmten Wagen bevorzugt, dass muss noch lange kein Handeln zu Wettbewerbszwecken vorliegen. Die Werbeabsicht muss demnach in jedem Einzelfall nachgewiesen werden, dies hat auch das OVG Berlin[97] jüngst in einem Beschluss ausdrücklich bestätigt.

52 Product Placement in Form der unzulässigen **Schleichwerbung,** die nach § 7 Abs. 6 S. 1 RStV unzulässig ist, da sie insoweit einen Verstoß gegen das Trennungsgebot zwischen Werbung und übrigem Programm darstellt, liegt nämlich nur dann vor, wenn die Erwähnung oder Darstellung von Waren vom Veranstalter absichtlich[98] zu Werbezwecken vorge-

[87] *Petersen* S. 164 mwN.
[88] *Scherer* S. 46.
[89] *Dörfler* S. 80; *Bork* S. 45; *Petersen* S. 164.
[90] Nachweise bei *Baumbach/Hefermehl* UWG Einl Rn 222.
[91] *Petersen* GRUR 1996, 321 164 mwN.
[92] *Scherer* GRUR 1996, 32 150; *Henning-Bodewig* BB Beilage 18/1986, 5.
[93] *Baumbach/Hefermehl* UWG Einl Rn 232.
[94] *Petersen* S. 164.
[95] *Bork* S. 50.
[96] *Henning-Bodewig* BB Beilage 18/1986, 4.
[97] OVG Berlin AfP 2007, 504.
[98] Mit dem 4. Rundfunkänderungsstaatsvertrag wurde als Übernahme aus der Definition der EG-Fernsehrichtlinie das Wort „absichtlich" in die Definition der Schleichwerbung als weiteres Tatbestandsmerkmal eingefügt

sehen ist. Schleichwerbung bzw. verbotenes Product Placement verlangt also ein finales, zielgerichtetes Handeln des Veranstalters.

53 Im Bereich des Rundfunks gehören zur verbotenen Schleichwerbung vor allem die redaktionell getarnte Werbung und das Product Placement mit im Einzelfall nachgewiesener Werbeabsicht. Somit müssen die Tatbestandsmerkmale
– absichtliche Erwähnung zu Werbezwecken,
– Irreführung des Zuschauers,
– keine Rechtfertigung durch den verfassungsrechtlich geschützten Programmauftrag[99]
gegeben sein.

54 Fraglich ist, was das Kriterium „vom Veranstalter absichtlich zu Werbezwecken vorgesehen" bedeutet. Wenn das Product Placement von einem Dritten stammt, also insbesondere Kaufproduktionen, muss nach dem Wortlaut der Regelung der Veranstalter sich absichtlich die Werbezwecke zu Eigen machen. Dies ist jedenfalls dann der Fall, wenn er eigene wirtschaftliche Interessen damit verfolgt.

55 Dieser Nachweis gestaltet sich als sehr schwierig, da es sich bei der Absicht um eine innere Tatsache handelt. Für den Nachweis ist es daher nicht nur gerechtfertigt, sondern sogar dringend geboten, auf objektive Kriterien in Form von für das Vorliegen der Absicht sprechenden Indizien abzustellen.[100] Als solche kommt ein Entgelt oder eine sonstige Gegenleistung, aber auch die Intensität der Werbewirkung oder eine fehlende redaktionelle oder dramaturgische Begründetheit der Werbewirkung in Betracht.[101] Allerdings müssen die Indizien im Einzelfall derart eindeutig sein, dass sie dem Betrachter – und ebenso einem urteilenden Gericht – die Überzeugung verschaffen, dass das gesetzliche Tatbestandsmerkmal erfüllt ist: die einschlägigen Indizien müssen einen zwingenden Rückschluss auf die Werbeabsicht erlauben.[102] Denn die Würdigung der für und gegen eine Werbeabsicht sprechenden Indizien darf – so auch das OVG Berlin – nicht zu einer unzulässigen Einengung des durch die Rundfunkfreiheit geschützten redaktionellen Gestaltungsspielraums des Programmveranstalters führen. Gerade für die Beurteilung der fehlenden redaktionellen oder dramaturgischen Rechtfertigung einer Werbewirkung ist daher nicht entscheidend, ob ein alternatives Konzept für eine Sendung denkbar wäre, von dem eine geringere werbliche Wirkung ausgehen würde, sondern nur, ob das von einem Programmveranstalter gewählte redaktionelle Konzept die Art und Weise der Darstellung rechtfertigen kann.

56 Bezüglich der Indizwirkung der Intensität der Werbewirkung hat das VG Berlin[103] in einem Urteil ausdrücklich festgehalten, dass die kurze Einblendung eines Firmennamens – im konkreten Fall handelte es sich um die jeweils fünf Sekunden dauernde, mehrfache Einblendung eines Firmennamens als Bezugsquelle des präsentierten Produkts – noch keine Intensität erreicht, die eine Werbeabsicht indizieren könnte. Denn, so das VG Berlin, nur der wirklich aufmerksame Zuschauer könne die mithin jeweils sehr kurze Einblendung überhaupt bemerken. Den jeweils fünfsekündigen Einblendungen wird von dem VG Berlin ausdrücklich eine nur geringfügige Intensität bescheinigt.

5. Grenzen des Trennungsgebots

57 Das Gebot der Trennung von Werbung und übrigem Programm unterliegt einer Einschränkung dahingehend, dass die Verbindung von Produkten mit redaktionellem Inhalt dann zulässig ist, wenn sie zur Darstellung der realen Umwelt erfolgt.[104] So ist in den Rundfunkgesetzen verankert, dass die Sendeanstalten die Aufgabe haben, von der realen Umwelt ein umfassendes Bild zu vermitteln (so zB § 2 ZDF-Staatsvertrag). Bei der Vermitt-

---

[99] BGH ZUM 1990, 291 – Werbung im Programm – wer erschoss Boro?; *Sack* AfP 1991, 704, 706.

[100] *Henning-Bodewig* BB Beilage 18/1986, 5; *dies.* ZUM 1988, 263; *dies.* GRUR 1996, 321, 323; *Bork* GRUR 1988, 264, 267.

[101] *Bork* S. 54 f; *Petersen* S. 164 f; *Henning-Bodewig* BB Beilage 18/1986, 5.

[102] OVG Berlin NVwZ-RR 2007, 681.

[103] VG Berlin ZUM-RD 2007, 446.

[104] *Sack* ZUM 1987, 103, 115.

lung eines umfassenden Bildes der **realen Umwelt** ist es unvermeidlich, dass auch Produkte, Marken und Unternehmenskennzeichen gezeigt werden. Dies gilt nicht nur für Marktberichte und Warentests, sondern auch für Interviews mit Autoren und Künstlern oder für Sendungen, in denen Neuerscheinungen auf dem Buch und Tonträgermarkt vorgestellt werden. Auch die Übertragung von Sportereignissen, kulturellen Ereignissen oder die Gestaltung von Filmen sind ohne Abbildung der realen Umwelt nicht möglich. Es besteht also zwischen dem Gebot der Trennung von Werbung und Programm einerseits und dem umfassenden Programmauftrag andererseits ein Spannungsverhältnis.

58 Zur Erfüllung des umfassenden Programmauftrags der Sendeunternehmen sind Abweichungen vom Trennungsgebot dann zulässig, wenn diese aus „überwiegenden journalistischen oder künstlerischen Gründen erforderlich" sind.[105] Kein Verstoß gegen das Trennungsgebot liegt also vor, wenn eine sachgerechte Unterrichtung der Rundfunkteilnehmer durch Informationssendungen oder eine künstlerisch gleichwertige Gestaltung von Unterhaltungssendungen auch ohne Hinweis auf Warenzeichen, Unternehmenskennzeichen oder Produkte möglich ist.[106]

C. Lauterkeitsrecht und Werbung im Kinospielfilm

I. Vorführung im Kino

59 Mit der Werbeform des Product Placement im Kinospielfilm hatte sich der BGH in seinen beiden richtungsweisenden Urteilen zum Kinofilm „Feuer, Eis & Dynamit" zu beschäftigen.[107] Dieser Film handelt von einem exzentrischen Millionär, der beabsichtigt, sein angeschlagenes Firmenimperium durch einen fingierten Selbstmord zu sanieren. Sein Alleinerbe soll der Gewinner eines mehrtägigen Wettkampfes in verschiedenen Sportarten sein, an dem auch die Gläubiger des Millionärs – bekannte Markenartikelhersteller – teilnehmen. Die Firmenteams sind ihrem Unternehmen entsprechend ausgerüstet und als solche an der Ausstattung mit ihren Produkten und Werbesymbolen eindeutig erkennbar. So nehmen an dem Wettkampf beispielsweise die Milka-Kuh, ein Chiquita-Bananen-Boot und ein Paulaner-Bierfass teil. Daneben werden in der Rahmenhandlung Markenartikel deutlich als solche erkennbar benutzt bzw. verbraucht.

60 In seinen Entscheidungen hat der BGH klargestellt, dass der wettbewerbsrechtliche Grundsatz des Verbotes getarnter (Wirtschafts-)Werbung – vgl. jetzt § 3 iVm § 4 Nr. 3 – über den Bereich der Print- und elektronischen Medien hinaus auch für Kinospielfilme gelte. Mithin sei Werbung in allen medialen Bereichen als solche kenntlich zu machen. Jedoch könne für die wettbewerbsrechtliche Werbung je nach Art des Mediums – zum Beispiel bei Kinospielfilmen gegenüber Printmedien – eine unterschiedliche Beurteilung mit Blick auf die Beachtung und Bedeutung, die der Verkehr werbenden Aussagen Dritter beilegt, geboten sein. So habe das Publikum gegenüber Spielfilmen im Kino wegen ihres meist kommerziellen Charakters eine andere Erwartungshaltung als gegenüber dem Fernsehen, das primär auf Information und Meinungsbildung ausgerichtet sei. Bei Kinospielfilmen werde Product Placement regelmäßig nicht schon als **Täuschung oder Beeinflussung** des Publikums angesehen, wenn es ihm in nicht besonders herausgestellter Form durch Requisiten begegnet, die dem Hersteller von einem Unternehmen für eine sinnvolle Integration in die Spielhandlung zur Verfügung gestellt wurden. Daher könne Werbung in Kinospielfilmen grundsätzlich in einem größeren Ausmaß toleriert werden als bei einem entsprechenden Fernsehfilm. Jedoch stoße eine solche Toleranz auch bei Spielfilmen dort an ihre Grenze,

---

105 So *Sack* ZUM 1987, 103, 115.

106 Zu den einzelnen Kategorien → Rn 35 ff.

107 BGH GRUR 1995, 744 – Feuer, Eis & Dynamit I; BGH GRUR 1995, 750 – Feuer, Eis & Dynamit II. Ausführliche Beschreibung von dem Einsatz verbotenen Product Placement bei LG München AfP 91, 759 – Feuer, Eis & Dynamit; zu diesem Film von Willi Bogner auch OLG Hamburg WRP 1994, 125.

wo über – nicht unerwartete und erträgliche – Verquickungen von Herstellern und Werbeinteressen hinaus Zahlungen oder andere geldwerte Leistungen von einigem Gewicht von Unternehmen dafür erbracht werden, dass diese selbst oder ihre Erzeugnisse in irgendeiner Weise im Film in Erscheinung treten. Der BGH hat zwar für Produzenten von Kinospielfilmen und Filmtheaterbesitzer eine Klarstellung insofern herbeigeführt, als Product Placement und damit Werbung im Film zulässig ist, jedoch entsprechende Hinweise auf die Entgegennahme von Werbegeldern vor Beginn der Vorführung erfolgen müssen, wenn mehr als 20% der Finanzierung eines Kinospielfilms aus Werbegeldern stammten und damit eine entsprechende Produktpenetranz anzunehmen ist. Dies gebiete – so der BGH – das Aufklärungsbedürfnis der Zuschauer.

II. Ausstrahlung von Product-geplacten Kinofilmen im Fernsehen

Für die Ausstrahlung von Kinospielfilmen im Fernsehen ist dagegen mit Blick auf die Re- 61
gelungen des RStV grundsätzlich ein strengerer Maßstab als bei der Kinovorführung vorgegeben. Mit der Frage, welche Maßstabe bei einem Kinofilm anzulegen ist, der die übliche Verwertungskette durchläuft, mithin auch im Fernsehen ausgestrahlt wird, hatte sich das VG Berlin – ebenfalls in Bezug auf den Film „Feuer, Eis & Dynamit" – zu beschäftigen.[108] Nach dieser Entscheidung durfte der Film im Fernsehen ausgestrahlt werden. Trotz der Verquickung von werblichen Elementen und redaktionellen Elementen könne nicht von einer Schleichwerbung ausgegangen werden, da der Zurschaustellung von Waren und Marken, die den Film durchzögen, das entscheidende Element der Irreführung fehlen würde. Die Zurschaustellung sei dermaßen deutlich, dass der Zuschauer nicht über den eigentlichen Sinn, also die Werbeabsicht der Zurschaustellung, getäuscht werden könne. Freilich kann dies nicht dazu führen, dass bei einer Übertreibung des Verstoßes gegen das Schleichwerbungsverbot ein Wettbewerbsverstoß generell ausscheidet. Die vom VG Berlin getroffene Unterscheidung, dass bei „Feuer, Eis & Dynamit" die Darstellung von Waren künstlerisch und persiflierend, während die Darstellung des BMW in einem James-Bond-Film „unterschwellig" sei, überzeugt nicht. Denn auch bei James Bond Filmen kann man inzwischen davon ausgehen, dass die Zuschauer gerade darauf warten, den neuesten BMW oder Aston Martin präsentiert zu bekommen. Im Übrigen sind James Bond Filme regelmäßig und insbesondere im öffentlich-rechtlichen Rundfunk zu sehen. Das VG Berlin hält es schließlich für ausreichend, vor Ausstrahlung des Films – und nicht im Film selbst – einen entsprechenden Hinweis aufzunehmen, der den Zuschauer darüber informiert, dass der Film bezahlte Markeneinbindungen enthält. Ein solcher „Werbehinweis" ist allerdings im RStV gar nicht vorgesehen, noch wird er in der Praxis angewandt. Darüber hinaus dürfte er auch den Interessen von Produzenten und Fernsehveranstaltern zuwiderlaufen, denn für Fernsehproduktionen bedeutet dies, dass das Verbot von getarnter Werbung (Schleichwerbung) peinlich genau zu berücksichtigen ist und bei einer Produktion unter Verwendung von Product Placement darauf geachtet werden muss, dass das viel zitierte „dramaturgisch notwendige Maß" bei der Inszenierung und der szenischen Darstellung nicht überschritten wird.[109]

D. Werbung in für das Fernsehen hergestellten Produktionen als unlautere Wettbewerbshandlung

I. Anwendbarkeit des UWG

Nach der Generalklausel des § 3 sind unlautere Wettbewerbshandlungen, die geeignet 62
sind, den Wettbewerb zum Nachteil der Mitbewerber, der Verbraucher oder der sonstigen

[108] VG Berlin ZUM 1998, 1049 – Feuer, Eis & Dynamit.
[109] → Rn 23.

Marktteilnehmer nicht unerheblich zu verfälschen, unzulässig. Dies gilt auch bei der Herstellung und Ausstrahlung von Programmangeboten, die primär oder ausschließlich zur Ausstrahlung im Rundfunk hergestellt werden. Der Zuwiderhandelnde kann nach § 8 Abs. 1 auf Beseitigung und bei Wiederholungsgefahr auf Unterlassung sowie nach § 9 bei Vorsatz oder Fahrlässigkeit auf Schadensersatz in Anspruch genommen werden. und schließlich unter den Voraussetzungen des § 10 einem **Gewinnabschöpfungsanspruch** ausgesetzt sein.[110]

63 Bei der wettbewerbsrechtlichen Beurteilung der unterschiedlichen Werbeformen ist zwischen dem **Inhalt** der Werbung und der **Art ihrer Einfügung** in das übrige Programm zu unterscheiden. Die Zulässigkeit des Inhalts der Werbeaussagen richtet sich – wie bei anderen Werbeformen auch – nach den allgemeinen wettbewerbsrechtlichen Grenzen.[111]

II. Vergleichende Werbung im Rundfunk

64 Das Problem der vergleichenden Werbung ist in den Rundfunkgesetzen nicht geregelt. Zur Frage der vergleichenden Werbung ist daher allein auf § 6 abzustellen. Relevant wird das Problem der vergleichenden Werbung bei der Ausstrahlung von Werbespots im Fernsehen. Da die Rundfunkveranstalter das Rundfunkangebot insgesamt verantworten, dh. auch die rundfunkrechtliche Verantwortung für die Ausstrahlung von Werbespots übernehmen müssen, haben sie unter rundfunkrechtlichen Gesichtspunkten darauf zu achten, dass die von ihnen verbreiteten Werbespots nicht gegen wettbewerbsrechtliche Anforderungen verstoßen. In den allgemeinen Geschäftsbedingungen der Sender für die Entgegennahme der Werbung ist zwar insoweit eine Verpflichtung der anbietenden werbetreibenden Industrie verankert, wonach die Werbespots nicht gegen allgemeine Gesetze, darunter auch das Wettbewerbsgesetz, verstoßen dürfen. Insoweit ist im Falle von Unterlassungs- oder Gewinnabschöpfungsansprüchen gemäß § 10 der Regress gegen den Werbetreibenden eröffnet.

65 Nach § 6 Abs. 1 ist dabei unter vergleichender Werbung jede Werbung zu verstehen, die unmittelbar oder mittelbar einen Mitbewerber oder die von einem Mitbewerber angebotenen Waren oder Dienstleistungen erkennbar macht. Während die deutsche Rechtsprechung früher einen sehr strengen Standpunkt vertreten hat, wonach grundsätzlich jede vergleichende Werbung als unlauter angesehen wurde, stellen die jüngere Rechtsprechung und das UWG nunmehr auf den Einzelfall ab. Im Hinblick auf das Wesen des Wettbewerbs und das berechtigte Interesse der Allgemeinheit an sachgemäßer Aufklärung ist nunmehr eine kritisierende vergleichende Werbung dann erlaubt, wenn im Einzelfall ein hinreichender Anlass besteht, vorausgesetzt, dass die vergleichenden Angaben wahr sind und sich nach Art und Maß in den Grenzen des Erforderlichen halten.[112] Zu berücksichtigen bei der Ausstrahlung von Werbespots ist weiter, dass nicht jede **geschmack- oder taktlose Werbung** unter dem Aspekt des Anreißens wettbewerbswidrig ist. § 3 ermöglicht keine Geschmackszensur.[113] Wer mit besonders plumpen und arroganten Hervorhebungen wirbt, begeht deshalb nicht bereits wegen solcher Geschmacklosigkeiten einen Wettbewerbsverstoß. Für die moderne Werbung sind vielmehr drastische Schlagworte, frivole Texte und sexbetonte Bilder, um die Aufmerksamkeit des Publikums zu erwecken, kennzeichnend.[114] Das Publikum ist heute daran gewöhnt und empfindet ein solches Werben nicht (mehr) als grobe Belästigung.

---

[110] Zur Anwendbarkeit des UWG auf öffentlich-rechtliche und private Rundfunkanstalten → Rn 16.
[111] *Hartstein/Ring/Kreile/Dörr/Stettner* § 7 Rn 80; *Petersen* S. 165.
[112] *Baumbach/Hefermehl* UWG § 1 Rn 300 mit Nachweisen der Rechtsprechung und Literatur.
[113] BGH GRUR 1970, 557.
[114] *Baumbach/Hefermehl* UWG § 1 Rn 69.

III. Gewinnspiele

Im Fernsehen veranstaltete Gewinnspiele, insbesondere auch Shows und Unterhaltungssendungen mit Gewinnspieleinblendungen, unterliegen ebenfalls den wettbewerbsrechtlichen Bestimmungen. Darüber hinaus gilt für Gewinnspiele im Fernsehen § 8a RStV und die hierzu erlassene Gewinnspielsatzung der Landesmedienanstalten.[115] Aus den Regelungen des § 4 Nr. 5 und 6 geht jedoch hervor, dass Preisausschreiben, Preisrätsel und Gratisverlosungen sowie Gewinnspiele im weitesten Sinne nicht nach § 3 schlechthin unzulässig sind. Durch den Tatbestand des § 4 Nr. 5 wird das Transparenzgebot bei Preisausschreiben und Gewinnspielen mit Werbecharakter entsprechend den Verkaufsförderungsmaßnahmen in § 4 Nr. 4 geregelt, da insoweit ein vergleichbares Missbrauchspotential besteht.[116] Die Regelung entspricht damit der für den Bereich der elektronischen Medien geltenden Bestimmung des § 6 Abs. 1 Nr. 4 Telemediengesetz (TMG). Nicht vom Transparenzgebot erfasst sind dagegen die tatsächlichen Gewinnchancen, da die Ungewissheit hierüber zum Charakter eines Preisausschreibens bzw. eines Gewinnspiels gehören kann. Zudem ist es einem Unternehmen häufig nicht möglich, die Gewinnchancen anzugeben, da diese in der Regel von der im Vorfeld ungewissen Anzahl der Mitspieler abhängen werden.[117] Überdies unterstellt die neue Rechtsprechung dem Durchschnittspublikum, dass diesem die ungewissen Gewinnchancen bekannt sind, so dass zusätzliche Unlauterkeitsmomente hinzukommen müssen.[118] Nach § 4 Nr. 6 ist es in Übereinstimmung mit der neueren Rechtsprechung zu § 1 aF[119] wettbewerbswidrig, wenn die Teilnahme an einem Preisausschreiben oder Gewinnspiel in irgendeiner Form mit dem Warenabsatz oder der Inanspruchnahme einer Dienstleistung verkoppelt wird. 66

IV. Verstoß gegen das Gebot der Trennung von Werbung und Programm

Die besondere Problematik bei Product Placement, Split-Screen-Werbung und virtueller Werbung liegt in der Vermischung von Werbung und Programm, so dass es darum geht, ob das Wettbewerbsrecht diesen Werbeformen im Hinblick auf die **Art der Einfügung** Grenzen setzt. Hierbei kommt vor allem das wettbewerbsrechtliche Verbot der Tarnung von Werbemaßnahmen (§ 3 iVm § 4 Nr. 3), das Verbot der unzumutbaren Belästigung (§ 3 iVm § 7 Abs. 1) sowie die Verletzung wettbewerbsbezogener Normen in Betracht (§ 3 iVm § 4 Nr. 11). Die Tarnung von Werbemaßnahmen sowie die unzumutbare Belästigung lassen sich in die (frühere) Fallgruppe des „Kundenfangs" einordnen. Die Verletzung wettbewerbsbezogener Normen wird oftmals mit dem Schlagwort „Vorsprung durch Rechtsbruch" umschrieben. 67

1. Unlauterkeit wegen Verletzung wettbewerbsbezogener Normen, § 3 iVm § 4 Nr. 11

a) Rundfunkrechtliche Normen als Maßstab. Wettbewerbshandlungen, die durch eine Gesetzesverletzung einen ungerechtfertigten Wettbewerbsvorsprung bewirken, sind unlauter im Sinne des § 3 iVm § 4 Nr. 11.[120] Mit Blick auf den Schutzzweck ist es nicht Aufgabe des Wettbewerbsrechts, Gesetzesverstöße generell zu sanktionieren. Daher findet sich in § 4 Nr. 11 eine Beschränkung dahingehend, dass der verletzenden bzw. verletzten Norm zumindest eine sekundäre Schutzfunktion zu Gunsten des Wettbewerbs zukommen 68

[115] Abgedruckt in Hartstein/Ring/Kreile/Dörr/Stettner RStV-Kommentar § 8a Rn 14.
[116] Begr. RegE UWG BT-Drucks. 15/1487 S. 18.
[117] Begr. RegE UWG BT-Drucks. 15/1487 S. 18.
[118] *Baumbach/Hefermehl* UWG § 1 Rn 131.
[119] Vgl. BGH GRUR 2002, 976.
[120] *Baumbach/Hefermehl* UWG § 1 Rn 608; *Henning-Bodewig* GRUR Int. 1987, 538, 545; *Sack* ZUM 1987, 103, 113.

muss. Dies entspricht auch der neueren Rechtsprechung zu § 1 aF.[121] Insbesondere die Verletzung öffentlich-rechtlicher Normen, die auf die Sicherung und Erhaltung von auch durch die Verfassung geschützten Gemeinschaftsgütern mit grundlegender Bedeutung für das Gemeinwesen zielen, stellen nach der herrschenden Meinung in Literatur und Rechtsprechung per se einen Wettbewerbsverstoß dar.[122]

69 Um ein solch besonders wichtiges Gemeinschaftsgut handelt es sich bei der durch die Verfassung in Art. 5 Abs. 1 S. 2 GG geschützten **Rundfunkfreiheit.**[123] Mithin ist jeder Verstoß gegen rundfunkrechtliche Werberegelungen zugleich wettbewerbswidrig, da diese Vorschriften zum einen das „überragend wichtige Gemeinschaftsgut" der Rundfunkfreiheit schützen, zum andern der Gleichheit der Wettbewerbsbedingungen dienen und damit unmittelbar wettbewerbsregelnd sind.[124] Schließlich ist zu berücksichtigen, dass das Verbot der Werbung im Programm auch den Schutz des Fernsehzuschauers und damit der Allgemeinheit vor einer Täuschung über den werbenden Charakter des fraglichen Programmteils bezweckt.[125] Obwohl es in der Literatur Stimmen gibt, welche die Kriterien der herrschenden Meinung zur Abgrenzung der wettbewerbsrechtlich relevanten Gesetzesverstöße ablehnen, besteht jedenfalls Einigkeit darüber, dass die Verletzung rundfunkrechtlicher Normen zugleich eine Unlauterkeit begründet.[126] Aus den rundfunkrechtlichen Regelungen folgt, dass für das redaktionelle Programm eines Fernsehsenders grundsätzlich ein Verbot jeglicher Wirtschaftswerbung besteht und dass – über die Verweisung der kommerziellen („instrumentalen") Werbung in das Werbefernsehen hinaus, dieses Verbot auch für die „mediale", vom redaktionellen Fernsehprogramm ausgehende Werbung gilt.[127]

70 Unlauter im Sinne des § 3 iVm § 4 Nr. 11 handelt derjenige, der sich durch eigenen oder durch bewusste Ausnutzung fremden Rechtsbruchs einen Wettbewerbsvorsprung zu verschaffen versucht.[128] Unerheblich ist, ob und in welcher Qualität sich die Mitbewerber ihrerseits rechtstreu verhalten.[129] Maßstab ist allein der rechtstreue Mitbewerber, auch wenn er im konkreten Einzelfall nicht (mehr) existiert, weil sich rechtswidrige Unsitten – nicht zuletzt auch wegen des wirtschaftlichen Zwangs, erfolgreiche Werbemethoden nachzuahmen – durchgesetzt haben.[130]

71 Wettbewerbsmaßstab sind in erster Linie § 7 RStV[131] (Trennungsgebot, Kennzeichnungsgebot und Beeinflussungsverbot) und §§ 15, 16, 44, 45 RStV (zeitliche Werbebeschränkungen) sowie für Gewinnspiele im Fernsehen § 8a RStV. Das Gebot der **Kennzeichnung** von Werbung und der Trennung von Werbung und Programm entspricht einer allgemeinen Rechtsüberzeugung, die in verschiedenen Gesetzen, Richtlinien (unter anderem ARD- und ZDF-Richtlinien, Werberichtlinien[132] sowie Standesrichtlinien) und den Regelungsüberlegungen auf europäischer Ebene (EG-Fernsehrichtlinie[133] und Europäisches

---

[121] S. nur BGH GRUR 2002, 825 – Elektroarbeiten.

[122] OLG Koblenz ZUM 2001, 800 – Zulässigkeit des ZDF-Medienparks; *Bork* S. 79; *Henning-Bodewig* BB Beilage 18/1986, 6; *Sack* ZFP 1987, 196, 199.

[123] Vgl BVerfGE 31, 314, 325; BVerfGE 73, 118.

[124] BGH ZUM 1990, 291, 293 – Werbung im Programm – wer erschoss Boro?; BGH ZUM 1993, 92 – Ereignissponsoring; *Baumbach/Hefermehl* UWG § 1 Rn 40.

[125] BGH ZUM 1990, 291, 293 – Werbung im Programm – wer erschoss Boro?.

[126] *Bork* S. 80; *Sack* AfP 1991, 704, 712.

[127] BGHZ 110, 278; *Bork* Werbung im Programm S. 823.

[128] *Henning-Bodewig* ZUM 1988, 263, 266; *Sack* ZUM 1987, 103, 113.

[129] *Sack* ZUM 1987, 103, 113.

[130] *Sack* ZUM 1987, 103, 113; *ders.* AfP 1991, 704, 712.

[131] In der Fassung des Neunten Rundfunkänderungsstaatsvertrags, in Kraft seit 1. 3. 2007, abgedruckt bei *Ring* Medienrecht.

[132] ARD-Richtlinien für Werbung, zur Durchführung der Trennung von Werbung und Programm und für das Sponsoring vom 24. 6. 1992, ZDF-Richtlinien für Werbung und Sponsoring vom 19. 5. 1993 und Gemeinsame Richtlinien der Landesmedienanstalten für die Werbung, zur Durchführung der Trennung von Werbung und Programm und für das Sponsoring im Fernsehen (Werberichtlinien), abgedruckt in *Hartstein/Ring/Kreile/Dörr/Stettner* § 7 Rn 102.

[133] Richtlinie des Europäischen Parlaments und des Rates zur Änderung der Richtlinie 89/552/EWG des Rates zur Koordinierung bestimmter Rechts- und Verwaltungsvorschriften der Mitgliedstaaten über die

Übereinkommen über das grenzüberschreitende Fernsehen[134]) Ausdruck gefunden hat. Sie dienen der Erhaltung der Objektivität und Neutralität des Rundfunks gegenüber dem Wettbewerb im Markt.[135] Fernsehsendungen, die den Anspruch auf Objektivität und Neutralität erheben, missbrauchen das Vertrauen der Zuschauer, wenn sie diese nicht sachgerecht informieren, sondern in Wahrheit den Wettbewerb bestimmter Unternehmen gegen Bezahlung fördern.

b) Adressaten des Rundfunkrechts. Adressaten des Rundfunkrechts und damit der Fernsehwerberegelungen sind in erster Linie die lizenzierten Veranstalter.[136] Die Werbetreibenden sind in dieses Regelungskonzept nicht eingebunden und können bei Verstößen damit weder rundfunk- noch wettbewerbsrechtlich (zumindest nicht via § 3 iVm § 4 Nr. 11) zur Verantwortung gezogen werden, solange sie einen Verstoß auf Seiten der Rundfunkveranstalter nicht bewusst ausnutzen.[137] Doch stellt die Normierung des Verbots der Verschleierung des Werbecharakters von Wettbewerbshandlungen in § 4 Nr. 3 klar, dass auch sonstige, nicht der Sphäre des Rundfunks zuzurechnende Personen wie das insbesondere beim Product Placement begünstigte Unternehmen, die eventuell eingeschaltete Werbeagentur, der im Film auftretende Prominente etc. auch wettbewerbsrechtlich belangt werden können, sobald diese selbst gegen das Verbot der getarnten Werbung und damit gegen das Trennungsgebot verstoßen. 72

2. Trennungsgrundsatz

Der Verwirklichung des Trennungsgrundsatzes ist der Gesetzgeber im Rundfunkrecht in mehrfacher Weise nachgekommen. Dafür sind Trennungs- und Kennzeichnungsregelungen im RStV eng miteinander verzahnt worden. Das allgemeine rundfunkrechtliche Trennungs- und Kennzeichnungsgebot findet sich mitsamt einer spezifischen Kennzeichnungsvorgabe in § 7 Abs. 3 S. 1 und 2 RStV sowie im Verbot der Schleichwerbung in § 7 Abs. 6 S. 1 RStV. Im weiteren Sinne dazu zählen kann man noch das Beeinflussungsverbot in § 7 Abs. 2 S. 1 RStV sowie das Verbot des Einsatzes unterschwelliger Werbetechniken in § 7 Abs. 3 S. 3 RStV. 73

Die genannten staatsvertraglichen **Verbote** bezwecken insbesondere 74
- den Schutz der Rundfunkfreiheit und der Redaktionen von Hörfunk und Fernsehen vor Eingriffen der werbetreibenden Wirtschaft in das Programm;
- die Erhaltung der Objektivität und Neutralität des Rundfunks gegenüber dem Wettbewerb im Markt. Das Gebot der Trennung von Werbung und Programm dient auch den Interessen des Marktes und der betroffenen Wettbewerber an der Gleichheit der wettbewerbsrechtlichen Ausgangsbedingungen und schützen somit den Wettbewerb als solches vor Eingriffen einzelner mittels Verstößen gegen das Verbot der Trennung von Werbung und Programm im Rundfunk;
- den Schutz des Fernsehzuschauers und damit der Allgemeinheit vor einer Täuschung über den werbenden Charakter einer Film- bzw. Fernsehproduktion.

a) Trennungs- und Kennzeichnungsgebot. Die Erfüllung des Trennungsgebots erfordert insbesondere eine eindeutige Kennzeichnung der Werbung. Im Fernsehen erfolgt 75

Ausübung der Fernsehtätigkeit (EG-Fernsehrichtlinie), KOM (2007) 170 endg., abgedruckt in Textsammlung Europäisches und Internationales Medienrecht – Zusatztexte Nr. A 66.

[134] Europäisches Übereinkommen über das grenzüberschreitende Fernsehen vom 15. 5. 1989, BGBl. II 1992, 1251.

[135] BGH ZUM 1990, 291 – Werbung im Programm – wer erschoss Boro?; s. auch LG Stuttgart GRUR 1987, 739, 741. Neuerdings wird der rundfunkrechtliche Trennungsgrundsatz unter Hinweis auf die veränderte Wahrnehmung und Bedeutung von Marken und Images, den umfassenden Programmauftrages, die Sicherung der Finanzierung des privaten Free-TV und schließlich den Schutz von Art. 5 Abs. 3 GG für die neu entstandene Kunstform der „image-orientierten Darstellung" in Frage gestellt, *Busch* MMR 2003, 714; s. auch *Ladeur* ZUM 1999, 672 und hierauf erwidernd *Platho* ZUM 2000, 46.

[136] *Engels/Giebel* ZUM 2000, 265, 267.

[137] *Henning-Bodewig* GRUR Int. 1987, 538, 545.

diese durch optische und bei der **Spotwerbung** bisweilen auch durch auch akustische Mittel. Grundsätzlich ist im Werbelogo der Schriftzug „Werbung" – jedenfalls zu Beginn des Werbeblocks – erforderlich, es sei denn, das Werbelogo wird wegen seiner Unverwechselbarkeit und der Dauer seiner Benutzung im Verkehr als solches erkannt.[138]

76 Für die Werbeform der **Split-Screen-Werbung** ist nach § 7 Abs. 4 RStV und entsprechend der Kennzeichnung der üblichen Spotwerbung eine eindeutige optische Trennung und Kennzeichnung erforderlich. Soweit die Werbung als Laufbandwerbung bzw. Laufbandtextwerbung eingeblendet wird, die ebenfalls dem rundfunkrechtlichen Regelungsregime unterliegt,[139] sind auch hierfür angemessene Kennzeichnungsanforderungen zu gewährleisten.

77 Für die Werbeform der **virtuellen Werbung** verlangt § 7 Abs. 6 S. 2 RStV, dass am Anfang und am Ende der betreffenden Sendung auf diese Werbeform hingewiesen wird und durch sie eine am Ort der Übertragung ohnehin bestehende Werbung ersetzt wird. Die virtuelle Werbung darf insoweit nur bereits bestehende Werbung (insbesondere Werbeplakate und Werbebanden) ersetzen, nicht jedoch andere Ausschnitte der aufgezeichneten Realität durch Werbung verdecken. Mit dieser Regelung soll im Interesse der Zuschauer und der Glaubwürdigkeit der gezeigten Bilder eine elektronische Manipulation der aufgezeichneten Realität durch Einblendung werblicher Botschaften ausgeschlossen werden.[140] Es soll insoweit vermieden werden, dass bei der Übertragung des Ereignisses virtuelle Werbung an Stellen geschaltet wird, an denen keine reale Werbung vorhanden ist. Auch das Einblenden eines Werbelogos auf dem Spielfeld bleibt damit unzulässig. Soweit sich ein Rundfunkveranstalter also in den vorgegebenen Grenzen bewegt, stellt der Einsatz von virtueller Werbung und Split-Screen-Werbung per se seit dem vierten Rundfunkänderungsstaatsvertrag, der am 1. 4. 2000 in Kraft getreten ist, keinen Gesetzesverstoß mehr dar.

78 Zur Frage, ob Werbung im Programm, insbesondere **Product Placement,** gegen den Trennungsgrundsatz verstößt, ergibt sich aus dem RStV keine rundfunkspezifische Besonderheit gegenüber der Regelung des § 3 iVm § 4 Nr. 3, wonach sich die Verschleierung des Werbecharakters von Wettbewerbshandlungen, dh die Tarnung von Werbung als unlauter darstellt.[141]

79 **b) Beeinflussungsverbot.** Nach § 7 Abs. 2 S. 1 RStV dürfen Werbung oder Werbetreibende das übrige Programm inhaltlich und redaktionell nicht beeinflussen. Auch diese Vorschrift hat – ebenso wie das Trennungsgebot des § 7 Abs. 3 S. 1 und 2 RStV – den Zweck, die Redaktionen vor Einflussnahmen der werbetreibenden Wirtschaft und die Zuschauer vor Täuschungen zu schützen.[142] Die Kontrolle und Durchsetzung dieser Norm gestaltet sich bisweilen aber als äußerst schwierig, lässt sich der rechtliche Gehalt der Norm doch nur schwer fassen. Wenn man einmal von den vielfältigen Erscheinungsformen der Schleichwerbung und entsprechenden Praktiken absieht,[143] die von § 7 Abs. 6 S. 1 RStV und § 3 iVm § 4 Nr. 3 erfasst werden, wird die Einflussnahme auf das Programm in der Regel eher strukturell schleichend sein, zB, wenn die Veranstalter ihr Programm werbezielgruppengerecht ausrichten oder Qualität und Inhalt des Programms den Werbespots anpassen (beispielsweise in den Daily Soaps). Derartige strukturelle Veränderungen kann die Norm jedoch nicht erfassen, da die Werbefinanzierung und damit die Ausrichtung des Programms auf die Vermittlung von Fernsehzuschauern an Werbetreibende rundfunkrechtlich akzeptiert ist.[144] Ferner werden unmittelbare Einflussnahmen auf das Programm (zB die Drohung mit Abzug von Werbeschaltungen) bei unliebsamen Beiträgen meistens nicht

---

[138] *Engels/Giebel* ZUM 2000, 265, 270.

[139] OVG Berlin ZUM 1999, 500f; VG Berlin ZUM 1999, 165, wonach es sich bei Split-Screen-Laufbandwerbung nicht um eigenständige Mediendienste handelt.

[140] *Engels/Giebel* ZUM 2000, 265, 273.

[141] → Rn 47.

[142] *Bork* GRUR 1988, 264, 270; *Henning-Bodewig* GRUR Int. 1987, 538, 543.

[143] → Rn 50ff.

[144] *Engels/Giebel* ZUM 2000, 265, 271.

nachweisbar sein. Weder Rundfunkveranstalter noch Werbetreibender dürften ein Interesse daran haben, dass derartige Praktiken öffentlich werden. Das Aufkommen insbesondere neuer digitaler TV-Spartenprogramme mit inhaltlichen Schwerpunkten im Bereich Reisen, Freizeit, Lifestyle, Wellness, Mode sowie Auto wird, ähnlich wie schon im Printbereich zu beobachten, die Einflussnahme der jeweiligen Branchen auf diese spezifischen Programme weiter vorantreiben.

c) Verbot des Einsatzes unterschwelliger Werbetechniken (subliminale Werbung). § 7 Abs. 3 S. 3 RStV verbietet den Einsatz unterschwelliger Werbetechniken.[145] Dabei werden Werbebotschaften kurz, nur Bruchteile von Sekunden eingeblendet, so dass der Zuschauer diese zwar optisch perzipiert, nicht aber bewusst wahrnimmt („subliminale Werbung“).[146] Die subliminale Werbung wurde bekannt durch die Verwendung von Speiseeis, Coca Cola und Popcorn in Kinofilmen durch kurze, nicht bewusst wahrnehmbare Einblendungen, als in den anschließenden Filmpausen festgestellt wurde, dass der Umsatz für die jeweils angepriesenen Produkte signifikant gestiegen ist.[147] Ob diese Einblendungen überhaupt den gewünschten Erfolg haben, mag zweifelhaft sein, dennoch ist das Verbot allein wegen der verwerflichen Absicht, mit derartigen Techniken ohne das Wissen, dh. durch persönlichkeitsverletzende Manipulation des Beworbenen Werbeerfolge zu erzielen, gerechtfertigt. Von den subliminalen Techniken zu unterscheiden sind die suggestiven Werbeformen, bei denen die Werbebotschaft zwar bewusst wahrgenommen wird, jedoch ihre Verarbeitung durch den Werbeadressaten unterschwellig erfolgt.[148] 80

Gemäß Rundfunkstaatsvertrag fällt die **suggestive Werbung** nicht unter den Begriff der subliminalen Werbung.[149] Die Zulässigkeit der Suggestivwerbung ist jedoch an den übrigen Werbebestimmungen, insbesondere dem Verbot des Product Placement zu messen. Insbesondere der Einsatz suggestiver Werbung gegenüber Kindern kann einen Verstoß gegen § 7 Abs. 1 RStV bedeuten und stellt gleichzeitig einen Wettbewerbsverstoß gemäß dar. 81

3. Dauerwerbesendungen

Die Dauerwerbesendung stellt eine Sonderwerbeform dar, für die der Gesetzgeber von den bisher genannten Regelungen teilweise abweichende Vorschriften geschaffen hat. Die Besonderheit der Dauerwerbung besteht darin, dass die werblichen Inhalte regelmäßig mit redaktionell gestalteten Teilen verbunden sind und daher für den Zuschauer unter Umständen wie ein redaktionelles Programm erscheinen können.[150] Um eine klare Trennung von Programm und Werbung auch hier gewährleisten zu können, sind Dauerwerbesendungen nach § 7 Abs. 5 S. 1 RStV nur zulässig, wenn der Werbecharakter erkennbar im Vordergrund steht und die Werbung einen wesentlichen Bestandteil der Sendung darstellt. Wegen der problematischen Verbindung von werbenden und redaktionellen Elementen müssen Dauerwerbesendungen zudem vom Sender zu Beginn und während ihres gesamten Verlaufs gemäß § 7 Abs. 5 S. 2 RStV als solche gekennzeichnet werden. Hier findet das Trennungs- und Kennzeichnungsgebot also eine spezielle Ausgestaltung. 82

4. Einfügung und Umfang der Fernsehwerbung

a) Blockwerbung. Fernsehwerbung in Spotform (Spotwerbung) darf gemäß § 15 Abs. 2 RStV im öffentlich-rechtlichen Rundfunk und gemäß § 44 Abs. 2 RStV im privaten Rundfunk grundsätzlich nur zwischen den Sendungen, dh. in Blöcken ausgestrahlt werden („Blockwerbegebot“). Dabei müssen einzeln gesendete Werbespots nach §§ 15 83

[145] Die Regelung lehnt sich an Art. 10 Abs. 3 aF, jetzt Art. 3 d Nr. 1 lit. a, der EG-Fernsehrichtlinie an.
[146] *Sack* ZUM 1987, 103, 124; *ders.* ZFP 1987, 196, 199; *ders.* AfP 1991, 704, 714.
[147] *Brand* Die Legende von den geheimen Verführern, 1978.
[148] Ausführlich zur Suggestivwerbung vor allem *Baudenbacher* Suggestivwerbung und Lauterkeitsrecht, 1978; *Pößhacker* Suggestivwerbung und unlauterer Wettbewerb, 1990.
[149] *Hartstein/Ring/Kreile/Dörr/Stettner* Rundfunkstaatsvertrag § 7 Rn 31.
[150] *Engels/Giebel* ZUM 2000, 265, 271.

Abs. 2 S. 2, 44 Abs. 2 S. 2 RStV die Ausnahme bilden. Zu rechtfertigen sind sie aus wirtschaftlichen Gründen etwa bei kleinen Lokalsendern, wenn für eine Spotwerbung (zB zur Nachtzeit) nur ein einziger Spot gebucht wird.[151]

84 **b) Unterbrecherwerbung.** Sofern Fernsehsendungen aus eigenständigen Teilen bestehen (zB Sportsendungen oder Sportübertragungen) oder natürliche Pausen enthalten, darf Werbung nur zwischen den eigenständigen Teilen oder in den Pausen eingefügt werden (§§ 15 Abs. 3 S. 2, 44 Abs. 3 S. 1 RStV). Während beim öffentlich-rechtlichen Rundfunk Fernsehsendungen von mehr als 45 Minuten Dauer nach § 15 Abs. 3 S. 1 RStV nur einmal Werbeeinschaltungen enthalten dürfen, wobei der gesamte Zusammenhang und der Charakter der Sendung nicht beeinträchtigt werden darf (§ 15 Abs. 2 S. 3 RStV), soll im privaten Rundfunk bei allen anderen Sendungen der Abstand zwischen zwei aufeinander folgenden Werbeunterbrechungen innerhalb der Sendung grundsätzlich mindestens 20 Minuten betragen (§ 44 Abs. 3 S. 2 RStV).

85 Modifiziert wird dieser Grundsatz für Kinospielfilme, also Filme, die primär für das Kino produziert werden, auch wenn sie bisweilen dort nie gezeigt werden,[152] und klassische Fernsehfilme, die vergleichbar einem Kinofilm über eine abgeschlossene Handlung verfügen. Bei ihnen ist nach § 44 Abs. 4 RStV die erste und die zweite Werbeunterbrechung nur jeweils innerhalb eines vollständigen 45-Minutenzeitraums zulässig. Eine weitere Unterbrechung ist dann zulässig, wenn diese Sendungen mindestens 20 Minuten länger dauern als zwei oder mehr vollständige 45-Minuten-Zeiträume, also 110 Minuten. Die Unterbrecherwerbung bei Filmen bietet sich insbesondere beim Wechsel von Handlungsorten oder bei anderen Einschnitten in der Handlung des Films an.[153] § 44 Abs. 4 RStV soll dabei den Schutz der Integrität des Films als Kunstwerk bezwecken.[154]

86 Nicht unter diese Regelung des § 44 Abs. 4 RStV fallen **Serien, Reihen, leichte Unterhaltungssendungen und Dokumentarsendungen.** Bei einer **Serie** handelt es sich um ein Geschehen, das in mehreren Teilen erzählt wird, so dass die Handlung episodenhaft weiter gestaltet wird (zB „Gute Zeiten, Schlechte Zeiten", „Die Schwarzwaldklinik", „Marienhof").[155] Freilich ist die Abgrenzung zum Fernsehfilm dann problematisch, wenn es sich um sog. Zwei- oder Mehrteiler handelt.[156] Von einer Serie unterscheidet sich eine **Reihe** dadurch, dass jeder Teil einen in sich abgeschlossenen Film darstellt, mithin die einzelnen Filme lediglich aufgrund einer bestimmten inhaltlichen Thematik miteinander zusammenhängen. Typische Beispiele hierfür sind „Tatort", „Der Alte" und „Derrick" oder „Alarm für Cobra 11". Bisweilen versuchen die Rundfunkveranstalter in den Genuss der günstigeren Regelung zur Unterbrecherwerbung in § 44 Abs. 3 S. 2 RStV zu kommen, indem sie mehrere Kinofilme mit dem gleichen Darsteller oder dem gleichen Regisseur als „Reihe" ausstrahlen. Nach der Rechtsprechung[157] und den Werberichtlinien[158] reichen jedoch formale Gesichtspunkte für die Annahme einer Reihe nicht aus, vielmehr müssen die Ausstrahlungen durch ein inhaltliches Konzept miteinander verbunden sein; hierfür eigneten sich allein der Aufbau einer eigenen Redaktion, Sendeplatz und Sendezeit ebenso wenig wie das jeweilige Filmgenre, die Identität von Produzenten, Drehbuchautor oder Regisseur sowie Produktionszeit oder Premierencharakter der jeweiligen Ausstrahlung. Demgemäß stellen in sich abgeschlossenen Spielfilmreihen, die nur einen gemeinsamen Obertitel (zB „Gefährliche Leidenschaften" oder „Der große TV-Roman") aufweisen,

---

[151] LG Hamburg AfP 1993, 664.

[152] *Hartstein/Ring/Kreile/Dörr/Stettner* § 44 Rn 20; *Ladeur* in Hahn/Vesting § 44 Rn 13.

[153] *Ladeur* in Hahn/Vesting § 14 Rn 11.

[154] So OLG Celle ZUM 1997, 834, 837; s. auch *Ladeur* in Hahn/Vesting § 44 Rn 16; kritisch zur Regelung des § 44 Abs. 4 RStV dagegen *Hartstein/Ring/Kreile/Dörr/Stettner* § 44 Rn 20.

[155] VG Hannover AfP 1994, 84; *Hartstein/Ring/Kreile/Dörr/Stettner* § 44 Rn 21.

[156] *Hartstein/Ring/Kreile/Dörr/Stettner* § 44 Rn 20.

[157] VG Hannover ZUM-RD 1998, 186; OVG Lüneburg ZUM 1994, 661; OLG Celle ZUM 1997, 834.

[158] Gemeinsame Richtlinien der Landesmedienanstalten für die Werbung, zur Durchführung der Trennung von Werbung und Programm und für das Sponsoring im Fernsehen (Werberichtlinien), abgedruckt in *Hartstein/Ring/Kreile/Dörr/Stettner* § 7 Rn 102.

keine Reihe im Sinne von § 44 Abs. 4 S. 1 RStV dar. Umgekehrt bedeutet dies, dass solche Produktionen wie „Police Academy Teil 1 bis 6" oder „Eis am Stiel Teil 1 bis 6" als Reihe zu betrachten sind, da die abgeschlossenen Handlungen durch ihre gemeinsame Wesensart miteinander verknüpft sind.[159] Unter **leichten Unterhaltungssendungen** sind nicht nur die großen Samstag-Abend-Shows, sondern auch Game-Shows, Musikunterhaltungssendungen oder ähnliche Programme zu verstehen. Alle diesen Fernsehformate fallen unter die 20-Minuten-Abstandsregelung des § 44 Abs. 3 S. 2 RStV.[160] Bei **Dokumentarsendungen** steht schließlich der dokumentarische Charakter im Vordergrund. Hierbei ist zu beachten, dass auch Kinofilme mit Dokumentarfilmcharakter unter die erleichterte 20-Minuten-Regelung des § 44 Abs. 3 S. 2 RStV fallen, vorausgesetzt, dass sie – ebenso wie Nachrichtensendungen, Sendungen zum politischen Zeitgeschehen und Sendungen mit religiösem Inhalt – länger als 30 Minuten dauern (vgl. § 44 Abs. 5 RStV).[161]

Der langjährige Streit, ob die Werbeblöcke bei der Bestimmung der Filmlänge mitge- 87
rechnet werden dürfen (sog. **„Brutto-Prinzip"**) oder nicht (sog. **„Netto-Prinzip"**), ist durch die Regelung in §§ 15 Abs. 3 S. 3, 44 Abs. 4 RStV zugunsten des Bruttoprinzips („programmierte Sendezeit") entschieden worden.[162] In den meisten europäischen Ländern, insbesondere auch in der Schweiz[163] und in Österreich[164] wird ebenfalls nach dem Brutto-Prinzip gezählt, also Werbung in die Berechnung der Filmlänge miteinbezogen.

Schließlich ist zu beachten, dass Übertragungen von Gottesdiensten nach §§ 15 Abs. 1, 88
44 Abs. 1 RStV – in Übereinstimmung mit der EG-Fernsehrichtlinie[165] und dem Europäischen Übereinkommen über das grenzüberschreitende Fernsehen[166] – überhaupt nicht durch Werbung unterbrochen werden dürfen.[167]

Mit dem 13. Rundfunkänderungsstaatsvertrag, der voraussichtlich im Jahr 2010 in Kraft 89
treten wird, werden die vorstehenden Regelungen zu Dauer und Platzierung der Werbung den europäischen Vorgaben der audiovisuellen Medienrichtlinie (AVMD-Richtlinie) angepasst werden.

c) Zeitliche Beschränkungen. Die zeitlichen Werbebeschränkungen gelten nicht nur 90
für die klassische Werbeform der Spotwerbung, sondern für alle Werbeformen.[168]

Für den **öffentlich-rechtlichen Rundfunk** finden sich die speziellen Regelungen für 91
die Dauer der Werbung in § 16 RStV. Im Jahresdurchschnitt dürfen danach die Fernsehprogramme von ARD – nicht aber die Dritten Fernsehprogramme (§ 16 Abs. 2 RStV) – und ZDF jeweils höchstens 20 Minuten Werbung werktäglich enthalten (§ 16 Abs. 1 S. 1 RStV). Nach 20.00 Uhr sowie sonn- und feiertags ist Spotwerbung nach § 16 Abs. 1 S. 3 RStV sogar völlig ausgeschlossen. Innerhalb eines Zeitraums von einer Stunde darf die Spotwerbung 20%, dh. 12 Minuten, nicht überschreiten (§ 16 Abs. 3 RStV).

Ähnliche Regelungen existieren für die **privaten Fernsehveranstalter** in § 45 RStV. 92
Insbesondere ist auch dort die Werbemenge pro Stunde gemäß § 45 Abs. 2 RStV auf 12 Minuten beschränkt. Festzuhalten ist aber, dass der private Rundfunk im Vergleich zum öffentlich-rechtlichen Rundfunk erheblich mehr Werbung zeigen darf. Die zulässige Dauer

---

[159] So *Hartstein/Ring/Kreile/Dörr/Stettner* § 44 Rn 21; aA *Ladeur* in: Hahn/Vesting § 44 Rn 15.

[160] *Hartstein/Ring/Kreile/Dörr/Stettner* § 44 Rn 22.

[161] *Hartstein/Ring/Kreile/Dörr/Stettner* § 44 Rn 23.

[162] Hierzu EuGH WRP 1999, 1260, wonach der deutsche Rundfunkgesetzgeber auch die Möglichkeit habe, das strengere Nettoprinzip zu implementieren.

[163] Hierzu das seit dem 1. 4. 1992 geltende Radio- und Fernsehgesetz (RTVG), das die Grundsätze für die Werbung festlegt.

[164] Hierzu das österreichische Rundfunkgesetz, das 1993 novelliert wurde.

[165] Art. 11 Ziff. 2 der Richtlinie des Europäischen Parlaments und des Rates zur Änderung der Richtlinie 89/552/EWG des Rates zur Koordinierung bestimmter Rechts- und Verwaltungsvorschriften der Mitgliedstaaten über die Ausübung der Fernsehtätigkeit (EG-Fernsehrichtlinie), abgedruckt in Textsammlung Europäisches und Internationales Medienrecht – Zusatztexte Nr. A 66.

[166] Art. 14 Abs. 5 des Europäischen Übereinkommens über das grenzüberschreitende Fernsehen vom 15. 5. 1989, BGBl. 1992 II S. 1251.

[167] Ausführlich dazu *Hartstein/Ring/Kreile/Dörr/Stettner* § 14 Rn 3.

[168] *Engels/Giebel* ZUM 2000, 265, 276.

liegt gemäß § 45 Abs. 1 RStV bei 20% der täglichen Sendezeit, wobei davon jedoch nur 15% mit Spotwerbung bestritten werden darf. Dabei ist auch zu beachten, dass die Split-Screen-Werbung nach § 7 Abs. 4 S. 2 RStV auf die Spotwerbung sowohl im öffentlich-rechtlichen als auch im privaten Rundfunk angerechnet wird.

5. Sonstige Regelungen

93 **a) Nachrichtensprecher.** Nach § 7 Abs. 7 RStV dürfen in der Fernsehwerbung keine Personen auftreten, die regelmäßig Nachrichtensendungen („Heute Journal", „Tagesthemen" o.Ä.) oder Sendungen zum politischen Zeitgeschehen („Monitor", „Spiegel TV") vorstellen. Mit dieser Regelung soll zum einen die Glaubwürdigkeit dieser Sendungen geschützt werden und zum andern soll verhindert werden, dass die Autorität dieser Personen unzulässigerweise zu Zwecken der Werbung ausgenutzt wird.[169]

94 **b) Fernsehwerbung und Minderjährige.** Nach §§ 15 Abs. 1 und 44 Abs. 1 RStV, die über die entsprechende Regelung im Europäischen Übereinkommen über das grenzüberschreitende Fernsehen hinausgehen,[170] dürfen Kindersendungen bzw. Kinderfilme nicht durch Werbung unterbrochen werden. Der Begriff der Kindersendung wird einzig in Ziff. 13 Abs. 1 der Werberichtlinien[171] definiert. Danach sind Sendungen für Kinder solche, die sich nach Inhalt, Form oder Sendezeit überwiegend an unter 14jährige wenden. Diese Voraussetzungen sind insbesondere dann erfüllt, wenn:
- ein Film durch gestalterische und dramaturgische Mittel besonders auf die kindliche Wahrnehmung zugeschnitten ist,
- ein Film an Erfahrungshorizont und Sprachwelt eines Kindes orientiert ist, oder
- im Film wiedererkennbare Präsentationsfiguren (wie zB Spielpuppen) verwendet werden.[172]

95 Einzelne Sendungen, die durch verbindende Elemente so gestaltet sind, dass sie wie eine einheitliche Kindersendung erscheinen, gelten ebenfalls als **Kindersendung.** §§ 15 Abs. 1 und 44 Abs. 1 RStV bezwecken, Kinder vor einem Kaufanreiz zu schützen, der daraus resultiert, dass sie die Werbung für ein bestimmtes Produkt im Zusammenhang mit einer besonders interessanten Sendung oder einem besonders interessanten Film gesehen haben.[173] Mithin kommt dem Trennungsgebot bei Kindersendungen eine besondere Bedeutung zu, auch im Hinblick darauf, dass Kinder unter einem bestimmtem Alter nicht lesen können und somit jeglicher Werbehinweis zu Beginn der Werbeunterbrechung funktionslos wäre.[174] Ferner sind Werbungen für Kinder häufig derart ausgestaltet, dass Kinder sie als interessante und einheitliche Sendung erleben und nicht als Werbung wahrnehmen.

96 Ferner verweist § 4 RStV auf die Bestimmungen des Jugendmedienschutz-Staatsvertrages (im Folgenden: JMStV).[175] Vordringliches Ziel des JMStV ist es, das Nebeneinander von Rundfunk und Telemedien im Bereich des Jugendschutzes zu beseitigen[176] und damit einen einheitlichen Schutz von Kindern und Jugendlichen vor Angeboten in elektronischen Informations- und Kommunikationsmedien, die deren Entwicklung beeinträchtigen oder

[169] *Engels/Giebel* ZUM 2000, 265, 276.

[170] Art. 14 Abs. 5 S. 2 des Europäischen Übereinkommens über das grenzüberschreitende Fernsehen vom 15. 5. 1989, BGBl. 1992 II S. 1251, wonach Kindersendungen nur dann nicht durch Werbung unterbrochen werden dürfen, wenn sie kürzer als 30 Minuten sind.

[171] Gemeinsame Richtlinien der Landesmedienanstalten für die Werbung, zur Durchführung der Trennung von Werbung und Programm und für das Sponsoring im Fernsehen (Werberichtlinien), abgedruckt in *Hartstein/Ring/Kreile/Dörr/Stettner* § 7 Rn 102.

[172] *Hartstein/Ring/Kreile/Dörr/Stettner* § 14 Rn 6.

[173] *Hartstein/Ring/Kreile/Dörr/Stettner* § 15 Rn 5; *Ladeur* in: Hahn/Vesting § 14 Rn 7.

[174] *Ladeur* in: Hahn/Vesting § 14 Rn 6f.

[175] Staatsvertrag der Länder über den Schutz der Menschenwürde und den Jugendschutz in Rundfunk und Telemedien, abgedruckt bei *Hartstein/Ring/Kreile/Dörr/Stettner* Kommentar Bd. III Jugendmedienschutz-Staatsvertrag.

[176] Der JMStV gilt nach § 2 Abs. 1 sowohl für Rundfunk als auch für Telemedien.

gefährden können, zu erreichen (vgl. § 1 JMStV). Für den hier interessierenden Bereich der Werbung in Film und Fernsehen ist neben den allgemeinen Beschränkungen der §§ 4 und 5 JMStV, die für alle Angebote und damit auch für die Werbung gelten, insbesondere § 6 Abs. 2 bis 5 JMStV von Bedeutung. Nach § 6 Abs. 2 JMStV, der Art. 16 Abs. 1 der EG-Fernsehrichtlinie[177] entspricht, darf Werbung Kindern und Jugendlichen weder körperlichen noch seelischen Schaden zufügen. Darüber hinaus darf sie nicht:

– direkte Kaufappelle an Kinder oder Jugendliche enthalten, die deren Unerfahrenheit und Leichtgläubigkeit ausnutzen (§ 6 Abs. 2 Nr. 1 JMStV), noch
– Kinder und Jugendliche unmittelbar auffordern, ihre Eltern oder Dritte zum Kauf der beworbenen Waren oder Dienstleistungen zu bewegen (§ 6 Abs. 2 Nr. 2 JMStV), oder
– das besondere Vertrauen ausnutzen, das Kinder oder Jugendliche zu Eltern, Lehrern und anderen Vertrauenspersonen haben (§ 6 Abs. 2 Nr. 3 JMStV), oder
– Kinder oder Minderjährige ohne berechtigten Grund in gefährlichen Situationen zeigen (§ 6 Abs. 2 Nr. 4 JMStV).

Ferner muss Werbung, deren Inhalt geeignet ist, die Entwicklung von Kindern oder Jugendlichen zu einer eigenverantwortlichen und gemeinschaftsfähigen Persönlichkeit zu beeinträchtigen, nach § 6 Abs. 3 JMStV getrennt von Angeboten erfolgen, die sich an Kinder oder Jugendliche richten. Auch diese Regelung stellt – ebenso wie § 15 Abs. 1 und § 44 Abs. 1 RStV – eine spezifische Ausprägung des Trennungsgebots dar, indem der Anbieter sicherstellen muss, dass im Umfeld seines ansonsten für Kinder oder Jugendliche ausgerichteten Programms keine entwicklungsbeeinträchtigende Werbung verbreitet wird. 97

Darüber hinaus darf Werbung, die auch an Kinder und Jugendliche gerichtet ist oder bei der Kinder oder Jugendliche als Darsteller eingesetzt werden, nach § 6 Abs. 4 JMStV, der der Regelung des § 7 Abs. 1 S. 2 RStV aF entspricht,[178] nicht ihren Interessen schaden oder ihre Unerfahrenheit ausnutzen. Durch diese Generalklausel soll sichergestellt werden, dass über § 6 Abs. 1 und 2 JMStV hinaus auch sonstige Beeinträchtigungen im Rundfunk und bei Telemedien nicht erfolgen dürfen. 98

Schließlich beinhaltet § 6 Abs. 5 JMStV, der Art. 13 und 15 der EG-Fernsehrichtlinie[179] umsetzt, besondere Anforderungen an Werbung für **alkoholische Getränke** oder für **Tabak.** Danach darf sich Werbung für alkoholische Getränke bzw. für Tabak weder an Kinder oder Jugendliche noch durch die Art der Darstellung Kinder und Jugendliche besonders ansprechen oder diese beim Alkohol- bzw. Tabakgenuss darstellen. 99

c) Verbraucherschutz. § 7 Abs. 1 Satz RStV postuliert, dass Werbung nicht Verhaltensweisen fördern darf, die die Gesundheit oder Sicherheit der Verbraucher gefährden. Zur Konkretisierung dieses allgemein gehaltenen Appells verweisen die Werberichtlinien[180] auf die einfach-gesetzlichen Regelungen, die als allgemeine Gesetze unabhängig von den rundfunkrechtlichen Anforderungen an Fernsehwerbung einzuhalten sind. Sie knüpfen regelmäßig am Produkt an, dessen Ge- oder Verbrauch dem Gesetzgeber schädlich oder zumindest bedenklich erscheint. Allerdings dürfte trotz des Verweises in den Werberichtlinien angesichts der eingeschränkten Prüfungsmöglichkeiten für die Rundfunkveranstalter nur dann eine rundfunk- bzw. wettbewerbsrechtliche Haftung in Frage kommen, wenn es sich um grobe und offensichtliche Verstöße gegen die nachstehend genannten Regelun- 100

---

[177] Richtlinie 89/552/EWG des Rates zur Koordinierung bestimmter Rechts- und Verwaltungsvorschriften der Mitgliedstaaten über die Ausübung der Fernsehtätigkeit (EG-Fernsehrichtlinie) in der Fassung der Änderungsrichtlinie 97/36/EG vom 19. 6. 1997 in der 2007 novellierten Fassung.

[178] Dazu *Engels/Giebel* ZUM 2000, 265, 276.

[179] Richtlinie 89/552/EWG des Rates zur Koordinierung bestimmter Rechts- und Verwaltungsvorschriften der Mitgliedstaaten über die Ausübung der Fernsehtätigkeit (EG-Fernsehrichtlinie) in der Fassung der Änderungsrichtlinie 97/36/EG vom 19. 6. 1997 in der 2007 novellierten Fassung.

[180] Nr. 3 Abs. 2 der Gemeinsame Richtlinien der Landesmedienanstalten für die Werbung, zur Durchführung der Trennung von Werbung und Programm und für das Sponsoring im Fernsehen (Werberichtlinien), abgedruckt in *Hartstein/Ring/Kreile/Dörr/Stettner* § 7 Rn 102.

gen[181] handelt, da grundsätzlich die Werbetreibenden für deren Einhaltung verantwortlich sind.[182] Bei letzteren ist der Verstoß gegen produktspezifische Werbebeschränkungen freilich per se wettbewerbswidrig im Sinne der § 3 iVm § 4 Nr. 11.[183]

101 Nach § 3 des vorläufigen Tabakgesetzes[184] ist es verboten, für **Tabakerzeugnisse**[185] im Fernsehen zu werben.[186] Begründet wird dieses Verbot, das über die Regelung des § 6 Abs. 5 JMStV hinausgeht, mit der gesundheitsgefährdenden Wirkung des Rauchens.[187] Ferner finden sich in §§ 17 Abs. 1 Nr. 4 und 5, 18 LMBG inhaltsspezifische Werbebeschränkungen. Danach sind spezielle Täuschungsverbote für Werbeaussagen einerseits sowie Verbote für bestimmte gesundheitsbezogene Werbungen andererseits zu beachten.[188]

102 Auch im **Arzneimittelrecht** (Heilwesen-Werbegesetz – HWG)[189] finden sich spezielle Grenzen für Fernsehwerbung. Besondere Bedeutung kommt dabei der Beachtung des § 4 HWG zu. Nach § 4 Abs. 1 und 3 HWG muss jede Werbung außerhalb der Fachkreise für Arzneimittel im Sinne des § 2 Abs. 1 oder Abs. 2 Nr. 1 des Arzneimittelgesetzes (AMG)[190] folgende Angaben – sog. Pflichtangaben – enthalten:
- den Namen oder die Firma und den Sitz des Pharmazeutischen Unternehmers,
- die Bezeichnung des Arzneimittels,
- die Zusammensetzung des Arzneimittels,
- die Anwendungsgebiete,
- die Gegenanzeigen,
- die Nebenwirkungen,
- Warnhinweise, soweit sie für die Kennzeichnung der Behältnisse und äußeren Umhüllungen vorgeschrieben sind,
- bei Arzneimitteln, die nur auf ärztliche, zahnärztliche oder tierärztliche Verschreibung abgegeben werden dürfen, den Hinweis „Verschreibungspflichtig"
- die Wartezeit bei Arzneimitteln, die zur Anwendung bei Tieren bestimmt sind, die der Gewinnung von Lebensmitteln dienen.

103 Diese sehr umfangreichen Angaben können in der Fernsehwerbung wegen der Schwierigkeit ihrer Darstellung entfallen (§ 4 Abs. 5 S. 2 HWG). Daher ist es ausreichend, den nach § 4 Abs. 1 S. 1 HWG vorgeschriebenen Text „Zu Risiken und Nebenwirkungen lesen Sie die Packungsbeilage und fragen Sie Ihren Arzt oder Apotheker" einzublenden, der im Fernsehen vor neutralem Hintergrund gut lesbar wiederzugeben und gleichzeitig zu sprechen ist (§ 4 Abs. 5 S. 1 HWG). Das Wort „gut lesbar" ist durch die zum 1. 2. 1987 in Kraft getretene Gesetzesänderung eingefügt worden. Bis dato musste die Werbung „erkennbar" sein. Begründet hat der Gesetzgeber die Änderung mit Hinweis auf die Fernsehwerbung. Der BGH sieht in dieser Gesetzesänderung allerdings keine speziell auf die Fernsehwerbung abzielende Änderung, sondern geht in den jüngsten Entscheidungen davon aus, dass insgesamt höhere Anforderungen an die Lesbarkeit der sog. Pflichtangaben in der Heilmittelwerbung gestellt werden.[191] Nach einem Urteil des LG Berlin ist es auch

---

[181] Auf Werbebeschränkungen bzw. -verbote für sexuelle, gewaltverherrlichende, rassistische oder entwicklungsbeeinträchtigende Inhalte (§ 184 StGB, §§ 4, 5 JMStV) wird hier nicht eingegangen.

[182] *Engels/Giebel* ZUM 2000, 265, 282.

[183] *Henning-Bodewig* GRUR Int. 1987. 538, 545.

[184] Vorläufiges Tabakgesetz vom 9. 9. 1997, in der Fassung vom 21. 12. 2006.

[185] Nach § 3 Abs. 1 LMBG sind Tabakerzeugnisse aus Rohtabak oder unter Verwendung von Rohtabak hergestellte Erzeugnisse, die zum Rauchen, anderweitigen oralen Gebrauch oder zum Schnupfen bestimmt sind.

[186] S. auch Art. 3d Ziff. 1 lit. d der EG-Fernsehrichtlinie und Art. 15 des Europäischen Übereinkommen über das grenzüberschreitende Fernsehen.

[187] *Engels/Giebel* ZUM 2000, 265, 282.

[188] *Baumbach/Hefermehl* UWG § 3 UWG 1.III.

[189] Gesetz über die Werbung auf dem Gebiete des Heilwesens in der Fassung der Bekanntmachung vom 19. 10. 1994, BGBl. I D. 3068, abgedruckt in *Hartstein/Ring/Kreile/Dörr/Stettner* § 7 Rn 104.

[190] Gesetz über den Verkehr mit Arzneimitteln in der Fassung der Bekanntmachung vom 11. 12. 1998, BGBl. I S. 3586.

[191] BGH NJW 1988, 767.

zulässig, die Filmhandlung des Werbespots parallel zu dem eingeblendeten Standardpflichttext weiterlaufen zu lassen.[192] Der Betrachter müsse zwar die Möglichkeit haben, den Text der Pflichtangabe in wesentlichen Teilen aufzunehmen, eine umfassende Aufnahme im Sinne einer geistigen Verarbeitung der gesamten Information könne jedoch nicht verlangt werden, da sonst die Dauer der Werbung überzogen werde. Die Anforderungen an die gute Lesbarkeit dürften somit nach dieser Rechtsprechung bereits dann als erfüllt angesehen werden, wenn der Durchschnittsbetrachter die bloße Möglichkeit hat, den Text zu lesen.[193] Allerdings steht diese Auffassung mit der Neufassung des § 4 Abs. 5 S. 1 HWG im Jahre 1998 und dem Erfordernis des neutralen Hintergrundes nicht mehr im Einklang.

Bei auch außerhalb von Apotheken verkäuflichen Arzneimitteln darf die Pflichtangabe **104** entfallen (§ 4 Abs. 5 S. 3, letzter Halbsatz HWG). Schließlich finden sich neben dem Verbot der irreführenden Werbung, das durch Regelbeispiele in § 3 S. 2 HWG konkretisiert wird eine ganze Reihe absoluter Werbeverbote (§§ 5 bis 12 HWG).[194] So ist es unter anderem nach § 8 HWG unzulässig, für den Bezug von Arzneimitteln im Wege des Teleshopping zu werben.[195]

Die Pflichtangaben gelten seit 1. 4. 2004 gemäß § 16 Abs. 4 RStV für den öffentlich- **105** rechtlichen Rundfunk und gemäß § 45 Abs. 3 RStV im privaten Rundfunk nicht mehr als Werbung. Die Ausstrahlung des Textes wird daher auch nicht auf die zulässige Höchstdauer der Werbung angerechnet.

6. Selbstregulierung durch die Werbewirtschaft

Neben der Regulierung der Werbung im Rundfunkbereich ist auch die Selbstregulie- **106** rung durch die Werbewirtschaft wettbewerbsrechtlich relevant.. Die wohl wichtigste Institution der Selbstorganisation im Bereich der Werbung ist der Deutsche Werberat, der durch den Zentralausschuss der deutschen Werbewirtschaft e. V. (ZAW) im Jahre 1972 nach dem Vorbild des U. S.-amerikanischen Advertising Review Board (ARB) und der britischen Advertising Standards Authority (ASA) gegründet wurde.

Aufgabe des **Werberates** ist zum einen Untersuchung und Kontrolle von Werbemaß- **107** nahmen, wobei er entweder aus Eigeninitiative oder auf Grund von Beschwerden der Konsumenten tätig wird, und zum andern die Erarbeitung von Verhaltensregeln und Richtlinien zur inhaltlichen Gestaltung von Werbung, um Fehlentwicklungen zu verhindern und eine verbrauchergerechte Werbung zu fördern. Für die Praxis sind insbesondere die Verhaltensmaßregeln des Deutschen Werberates über die Werbung für alkoholische Getränke („Verhaltensregeln für Alkoholwerbung")[196] und die Verhaltensregeln des Deutschen Werberates für die Werbung mit und vor Kindern in Werbefunk und Werbefernsehen („Verhaltensregeln für Kinderwerbung")[197] Erst wenn eine einvernehmliche Lösung zwischen Werberat und den Betroffenen nicht möglich ist, schaltet sich die Zentrale zur Bekämpfung unlauteren Wettbewerbs ein. Letztlich kann auch ein Verstoß gegen die Selbstorganisationsregeln nach § 3 iVm § 4 Nr. 11 unlauter sein,[198] so dass die Bedeutung der verschiedenen Verhaltensregeln des Deutschen Werberates für den Bereich der Werbung in Film und Fernsehen nicht zu unterschätzen ist.

---

[192] LG Berlin Urt. v. 7. 8. 1987, 15 O 395/87.

[193] *Hartstein/Ring/Kreile/Dörr/Stettner* § 7 Rn 76.

[194] *Baumbach/Hefermehl* UWG § 3 1. I.

[195] § 8 HWG wurde mit Wirkung vom 1. 1. 2004 durch Gesetz vom 14. 11. 2003 (BGBl. I S. 2190) neu gefasst.

[196] Verhaltensregeln des Deutschen Werberats über die Werbung und das Teleshopping für Alkoholische Getränke, abrufbar unter http://www.interverband.com:8080/u-img/69 392.

[197] Verhaltensregeln des Deutschen Werberats für Werbung mit und vor Kindern in Hörfunk und Fernsehen, abrufbar unter http://www.interverband.com:8080/u-img/69 392.

[198] KG AfP 1992, 298, 299; s. auch *Henning-Bodewig* ZUM 1988, 263, 264.

V. Unlauterkeit wegen Verschleierung des Werbecharakters von Wettbewerbshandlungen, § 3 iVm § 4 Nr. 3

1. Trennungsgebot

108 Obwohl das UWG nicht vorrangig ein Verbraucherschutzgesetz ist, so wird in § 1 der Verbraucher erstmals als Schutzobjekt ausdrücklich erwähnt und damit die Rechtsprechung zum aF aufgenommen.[199] Nach § 3 iVm § 4 Nr. 3 handelt unlauter, wer den Werbecharakter von Wettbewerbshandlungen verschleiert. Der Tatbestand des § 4 Nr. 3 enthält somit das Verbot, eine Werbemaßnahme so zu tarnen, dass sie als solche vom Umworbenen nicht erkennbar ist.[200] Sowohl rundfunkrechtlich (§ 7 Abs. 3 und Abs. 6 S. 1 RStV) als auch wettbewerbsrechtlich gilt der Grundsatz der Trennung von Werbung und Programm. Mithin ist unterschwellige Werbung unzulässig, die nicht mit „offenem Visier" antreten, dem Verbraucher als solche nicht erkennbar sind und denen er deswegen nicht mit der sonst gegenüber Werbung als einseitiger Selbstanpreisung eingenommenen kritischen Haltung begegnet.[201] Durch diese Regelung wird das medienrechtliche Schleichwerbungsverbot (Product Placement) ausdrücklich auf alle Formen der Werbung ausgedehnt.[202] Für den Bereich des Rundfunks ist Schleichwerbung nach § 7 Abs. 6 RStV verboten, für den Bereich der Telemedien nach § 6 Abs. 1 Nr. 1 TMG und § 58 Abs. 1 RStV.

2. Verschleierung von Werbemaßnahmen

109 Der Verschleierungstatbestand ist immer dann erfüllt, wenn ein nicht unbeträchtlicher Teil der Filmzuschauer den Werbecharakter einer Werbemaßnahme nicht durchschaut.[203] Nach der neueren Rechtsprechung des BGH kommt es dabei auf den durchschnittlich informierten und „verständigen" Durchschnittsrezipienten an.[204] Ein typischer Fall der **Verschleierung** einer Werbemaßnahme war Gegenstand der BGH-Entscheidung „Werbung im Programm – Wer erschoss Boro?".[205] Im Anschluss an ein Kriminal-Fernsehspiel mit dem Titel „Wer erschoss Boro?" im ZDF erfolgte ein werblicher Hinweis auf ein Begleitbuch. Die Lektüre dieses Buches sollte den Leser an die Lösung des Falles heranführen. Im ZDF wurde weiterhin angekündigt, dass unter den Einsendern einer richtigen Lösung Geldpreise verlost würden. Der Buchverlag hatte die Produktion dieses Fernsehspiels finanziell im Rahmen einer Kooperationsvereinbarung („Medienverbund") mit dem ZDF unterstützt, ohne dass dies dem Zuschauer mitgeteilt wurde. Der BGH fand den Werbecharakter des Hinweises zwar deutlich, den Zuschauern sei jedoch nicht erkennbar gewesen, dass das ZDF in Wettbewerbsförderungsabsicht zugunsten eines anderen Unternehmens gehandelt habe. Darin sah der BGH eine wettbewerbsrechtlich unzulässige Verbrauchertäuschung. Selbst wenn der Werbecharakter einer Produktpräsentation offensichtlich ist, kann damit nach dem BGH eine verbotene Tarnung im Sinne des § 4 Nr. 3 vorliegen, wenn die Wettbewerbsförderungsabsicht des Rundfunkveranstalters für eigene oder auch fremde Zwecke nicht ersichtlich wird.

3. Product Placement

110 In Fällen des Product Placement ist in jedem Einzelfall zu prüfen, ob es unzulässige Schleichwerbung darstellt oder als zulässig zu betrachten ist, insbesondere wenn es sich nur um die Darstellung der realen Wirklichkeit handelt.[206] Product Placement liegt nur dann

---

[199] Begr. RegE UWG BT-Drucks. 15/1487 S. 12f.
[200] *Baumbach/Hefermehl* UWG § 1 Rn 26.
[201] *Petersen* S. 166.
[202] Begr. RegE UWG BT-Drucks. 15/1487 S. 17.
[203] *Bork* S. 65.
[204] BGH WRP 2000, 517, 520 – Orient-Teppichmuster.
[205] BGH ZUM 1990, 291 – Werbung im Programm – wer erschoss Boro?.
[206] Zu den Grenzen → Rn 23.

vor, wenn außerhalb der regulären Werbezeiten im allgemeinen Programm in werbewirksamer Weise die Produkte dargestellt und entsprechende Zahlungen für diese Präsentationen geleistet werden, wobei dies an die verschiedensten Personen erfolgen kann: an Angestellte oder freie Mitarbeiter der Rundfunkveranstalter, an Regisseure oder Kameraleute, an Sportler oder Stars, an Werbeagenturen, die sich auf das Vermitteln von Product Placement spezialisiert haben. Verbotenes Product Placement verlangt darüber hinaus ein zielgerichtetes Handeln, die Werbewirkung muss absichtlich erfolgen. Soweit es jedoch der Darstellung der realen Umwelt dient, liegt kein Verstoß gegen § 3 iVm § 4 Nr. 3 vor, auch wenn der Einsatz des Produktes dazu führt, dass der Produktname in das Gedächtnis der Zuschauer zurückgerufen bzw. dafür gesorgt wird, dass sich diese Marke einprägt.[207] Zwingende Indizien für einen Verstoß gegen das Verbot der Schleichwerbung liegen vor,

- wenn eine vertragliche oder sonstige Verpflichtung für die Einblendung der Werbeembleme oder Produkte besteht;
- wenn bereits in der Entstehungsphase eines Werkes dieses bewusst auf die Einbringung von Marken und Produkten hin geschrieben wird;
- wenn für die Einblendung der Produkte oder Marken Entgelte geleistet werden;
- wenn die Übertragungsrechte von Veranstaltungen erkennbar verbilligt werden, wenn Product Placement vorgenommen wird.

Die Werbung durch Product Placement erfolgt zum Teil offen erkennbar (so etwa in 111 dem Film „Feuer, Eis & Dynamit"),[208] zum Teil jedoch auch getarnt, wobei die Übergänge oftmals fließend sind und sich die Entwicklung des Product Placement immer weiter verfeinert.

4. Redaktionell aufgemachte Werbung

Das Gegenstück zum Product Placement ist die redaktionell aufgemachte Werbung. In 112 diesem Fall wird einer Werbesendung die Gestalt eines regulären Programms gegeben und nicht wie sonst beim Product Placement die Werbung in dem Film bzw. dem Fernsehprogramm platziert. Die Übergänge zwischen Product Placement und redaktionell aufgemachter Werbung sind trotz dieses theoretischen Unterschieds fließend. Wettbewerbswidrig als redaktionell „getarnte" Werbung sind redaktionelle Beiträge, die über das durch eine sachliche Information des Publikums gebotene Maß hinaus Leistungsangebote werbend darstellen, indem zB trotz Vorhandenseins einer Vielzahl vergleichbarer Angebote nur über ein einzelnes berichtet, dieses einseitig gelobt oder auch herabgesetzt wird, bewusst unwahre Behauptungen aufgestellt oder Herstellerangaben mit übermäßig werbendem Gehalt unkritisch übernommen werden.[209]

Zulässig ist dagegen, in einem redaktionellen Beitrag ein bestimmtes Unternehmen vor- 113 zustellen und sachlich über dessen Angebote zu informieren.[210] Der Bereich des Zulässigen wird dann verlassen, wenn lediglich anpreisende Informationen ohne genügende kritische Distanz in den redaktionellen Beitrag übernommen werden.[211]

VI. Abgrenzung der Schleichwerbung von programmlich-dramaturgisch gerechtfertigten Einbindungen von Produkten in Fernsehsendungen – Fallgruppen

Im Wesentlichen gilt für das Product Placement in Spielfilmen, Fernsehfilmen und Se- 114 rien unter Berücksichtigung der verschiedenen Produktionsformen Folgendes:

---

207 *Hartstein/Ring/Kreile/Dörr/Stettner* § 7 Rn 47.
208 → Rn 36 ff.
209 OLG Köln AfP 2004, 136.
210 VG Berlin ZUM-RD 2007, 446.
211 BGH GRUR 1997, 912 – Die Besten I; BGH GRUR 1997, 914 – Die Besten II.

1. Eigenproduktionen

115 Bei Eigenproduktionen der Rundfunkanstalten können diese Fälle meist problemlos als verbotenes Product Placement, dh. als Verstoß gegen § 3 iVm § 4 Nr. 3 (und § 7 Abs. 3 sowie Abs. 6 S. 1 RStV) eingestuft werden. Zwar ist es den Rundfunkanstalten grundsätzlich erlaubt, auch in Spielfilmen die Umwelt realitätsnah, dh. auch mit der normalerweise wahrnehmbaren Werbung darzustellen. Allein die Tatsache, dass zB ein Kakaohersteller erhebliche Geldsummen dafür bezahlt, dass sein Produkt auf dem Frühstückstisch einer Fernsehserie steht, begründet jedoch ein kaum zu widerlegendes Indiz dafür, dass es hier nicht mehr um die bloße Darstellung der Lebenswirklichkeit geht, sondern um die Erlangung eines wirtschaftlichen Vorteils gegenüber den Mitbewerbern. Denn die Rundfunkanstalt wäre zweifellos in der Lage, eine benötigte Kakaodose aus eigenen Mitteln zu erwerben. Daraus lässt sich der Grundsatz ableiten, dass ein Verstoß gegen das Verbot der getarnten Werbung und gegen das Trennungsgebot[212] (vgl. auch § 7 Abs. 3 und 6 S. 1 RStV) stets dann vorliegt, wenn die Einblendung eines Firmen-Emblems oder eines Produkts aufgrund einer Zahlung des jeweiligen Unternehmens erfolgt. Wird lediglich ein aus dramaturgischen Gründen ohnehin erforderliches Produktionsmittel verwendet, zB Polizeifahrzeuge bestimmter Marken, so ist die kostenlose Zurverfügungstellung des Fahrzeugs durch die Automobilfirma dann nicht zu beanstanden, wenn die Automobilfirma erkennbar ist und diese Darstellung das dramaturgisch unbedingt notwendige Maß nicht überschreitet. Diese Darstellung der sozialen Wirklichkeit in Fernsehsendungen stellt für sich gesehen kein verbotenes Product Placement dar.

2. Auftragsproduktionen/Kaufproduktionen

116 In der Praxis schwieriger als bei Eigenproduktionen ist die Lage bei Auftrags-, Co- und Kaufproduktionen zu beurteilen. Grundsätzlich gelten die für die Eigenproduktionen der Rundfunkanstalten anzuwendenden Grundsätze auch bei diesen Produktionsformen. So ist die Rundfunkanstalt verpflichtet, bei der Vergabe von Auftragsproduktionen die Beachtung der gesetzlichen Bestimmungen durch eine Vertragsbestimmung sicherzustellen. Bestünde keine solche Verpflichtung, ließe sich das Trennungsgebot in erheblichem Maße durch Auftragsproduktionen aushöhlen.[213] Während es den Sendeanstalten bei Eigen-, Co- und Auftragsproduktionen möglich ist, auf diese Weise werbewirksame Darstellungen auf das journalistisch und künstlerisch Notwendige zu beschränken, wird dies bei der Sendung von Fremdproduktionen (ebenso wie bei der Übertragung fremder Veranstaltungen wie Sportveranstaltungen) häufig nicht möglich sein. In diesen Fällen würde es dem umfassenden Programmauftrag der Sendeanstalten, wie ihn die Fernsehteilnehmer verstehen, häufig widersprechen, wenn auf die Sendung aller Fremdproduktionen verzichtet werden müsste, bei denen sich die Werbung und werbewirksame Darstellung nicht auf das künstlerisch oder journalistisch Notwendige beschränkt. Bei der Sendung dieser Fremdproduktionen ist daher in jedem Fall eine Abwägung geboten, ob dem umfassenden Programmauftrag oder dem Trennungsgebot der Vorrang zu geben ist. Dabei sind insbesondere das Publikumsinteresse und die Quantität der Werbung zu berücksichtigen.[214] In die Abwägung muss aber auch einfließen, ob es der Rundfunkanstalt möglich ist, werbewirksame Darstellung in der Kaufproduktion herauszuschneiden. So ist es durchaus denkbar, dass in einem Spielfilm die Bekleidung einer Hauptdarstellerin werbewirksam dargestellt wird, die Rundfunkanstalt jedoch die Nennung des Bekleidungsherstellers im Nachspann[215] herausschneidet. Auf diese Weise wird das Werk als solches nicht verändert, jedoch sichergestellt, dass die Werbung nicht in einem größeren Ausmaß als unbedingt zur Abstrahlung des Films erforderlich ausgestrahlt

---

[212] Zum rundfunkrechtlichen Trennungsgebot → Rn 24.
[213] *Sack* ZUM 1987, 103, 116.
[214] *Sack* ZUM 1987, 103, 116 mwN.
[215] Sog. Ausstatterhinweise, → Rn 9.

wird. Es ist aber nach § 7 Abs. 6 S. 1 RStV, an den sich die Neufassung des § 4 Nr. 3 anlehnt und wonach die Schleichwerbung absichtlich zu Werbezwecken erfolgen muss, im Regelfall kaum anzunehmen, dass dieser Nachweis bei Kaufproduktionen gelingt.[216]

In der Vergangenheit hat sich die Rechtsprechung mit einigen Abgrenzungsfragen befasst. 117
Dabei hat der BGH[217] deutlich gemacht, dass die Anforderungen im Bereich Schleichwerbung nicht überspannt werden dürfen, die Grundsätze der Einhaltung des journalistischen Programmauftrages jedoch zu erfüllen sind. Die Praxis der Sender, bei der Zusammenarbeit mit Dritten Kooperationszahlungen nicht als Abgeltung des Product Placement zu bezeichnen, sondern als Einräumung nichtgewerblicher Zweitverwertungsrechte, kann jedoch als kritisch[218] gelten. Neben dem BGH in Bezug auf „Feuer, Eis & Dynamit"[219] hatte sich das OLG Frankfurt[220] mit folgendem Fall zu befassen. Der WDR produzierte die Fernsehreihe „Hobbythek", die in den Dritten Programm der ARD ausgestrahlt wurde. Ziel dieser Sendereihe war es, Verbraucher unter anderem im Lebensmittelbereich über Alternativen zu herkömmlichen Erzeugnissen zu informieren. Hierzu wurden in den Sendungen bestimmte Produkte unter Nennung der Bezugsquellen empfohlen. Im Vorfeld einer Sendung, die sich mit Früchten und Getränken befasste, hatte der WRD bzw der Moderator und Redakteur der Fernsehreihe „Hobbythek" an mehrere Hersteller und Einzelhändler, die sich in der Interessengemeinschaft „Hobbythek-Anbieter e. V." zusammengeschlossen hatten, ein Schreiben gerichtet, das unter anderem folgende Passagen enthielt: „Auch hier ist es sinnvoll, wenn sich mehrere Einzelhändler zum Einkauf zusammenschließen. Die ihnen von der Firma P. genannten Preise können durch unsere Verhandlungen wahrscheinlich gesenkt werden. Sie können die Fruchtsirupkonzentrate aber auch bei anderen Firmen mischen und abfüllen lassen. Auf Anfrage senden wir ihnen die Rezepte. Sie müssen dann allerdings in besonderem Maße die Qualitätskontrolle dieser Produkte übernehmen. Wie Sie wissen, gab es seinerzeit erhebliche Schwierigkeiten damit."

Das OLG Frankfurt hat damit die Grenze zur zulässigen Erfüllung des journalistischen 118
Programmauftrags als überschritten angesehen. Das Gericht sieht in dem Aufforderungsschreiben an die Hersteller und Einzelhändler ein sich unmittelbares Einschreiten des Redakteurs des WDR in den Wettbewerb. Er entfaltete Bemühungen, beim Warenabsatz behilflich zu sein und überschritt damit das Gebot der journalistischen Neutralität. Die Aufforderung, Einkaufsgemeinschaften zu bilden und zusätzlich darauf zu verweisen, dass sie selbst durch eigene Intervention noch weiter auf niedrigere Preise hinwirken wollten, stellt einen direkten Eingriff in den Wettbewerb zwischen den verschiedenen an dem Vertrieb der vorgenannten Produkte Beteiligten dar, auch wenn er sich letztlich zugunsten des Endverbrauchers auswirken mag. Die Grundsätze der Trennung von redaktionellem Programm und Werbung gelten also auch dort, wo sich für den Endverbraucher möglicherweise günstigere Bedingungen ergäben. Soweit die journalistische Aufbereitung dazu führt, dass über den reinen journalistischen Gehalt hinaus in starkem Maße werbende Elemente einfließen, die sich dahingehend auswirken, dass das sich aufdrängende Wettbewerbsverhältnis zu den Herstellern „normaler" Produkte in den Vordergrund der Sendung rückt, ist nach Auffassung des OLG Frankfurt der Verstoß gegen das Trennungsgebot gegeben.

Nach einer Entscheidung des VG Berlin[221] erreicht aber zB die kurze Einblendung eines 119
Firmennamens – im konkreten Fall handelte es sich um die jeweils fünf Sekunden dauernde, mehrfache Einblendung eines Firmennamens als Bezugsquelle des präsentierten Produkts – in einem Ratgebermagazin, in dem verschiedene Produkte vorgestellt werden, noch keine problematische Intensität. Insbesondere wird dadurch auch nicht eine Werbeabsicht des ausstrahlenden Senders indiziert. Denn nur der wirklich aufmerksame Zuschauer könne die

[216] Zum Nachweis der Schleichwerbeabsicht OVG Berlin NVwZ-RR 2007, 681.
[217] BGH GRUR 1996, 71 – Produktinformationen III.
[218] *Lilienthal* epd 2004, Heft 12 sowie *Loitz* S. 276.
[219] → Rn 25 f.
[220] OLG Frankfurt Az. 6 U 65/95.
[221] VG Berlin ZUM-RD 2007, 446.

– nach Auffassung des VG Berlin mit fünf Sekunden jeweils sehr kurzen Einblendungen überhaupt bemerken.

120 Der dargestellte Fall des OLG Frankfurt[222] („Hobbythek") hat hingegen insofern eine Besonderheit, als er neben dem üblichen Product Placement die Auswirkungen von redaktionellen Darlegungen auf das Markt- und Einkaufsverhalten zum Gegenstand hat. Soweit durch Rundfunksendungen direkt in den Wettbewerb eingegriffen wird, begehen Rundfunkanstalten einen Verstoß gegen § 3 iVm § 4 Nr. 3, selbst dann, wenn finanzielle Gegenleistungen nicht geflossen bzw nicht nachweisbar sind. Für die journalistische Berichterstattung im Rundfunk (Hörfunk und Fernsehen) bedeutet dies, dass in jedem Einzelfall auf die objektive Sachverhaltsdarstellung geachtet werden muss und Empfehlungen, die als Eingriffe in den Wettbewerb gewertet werden können, nur dann zulässig sind, wenn sie nicht zugunsten einer einzelnen, den Gegenstand des Berichts bildenden Gruppe zu zählen sind.

121 Ebenfalls einen Fall der unzulässigen Schleichwerbung nach § 3 iVm § 4 Nr. 3 hatte das Niedersächsische Oberverwaltungsgericht[223] bei einer Berichterstattung über die Hilfsdienste des ADAC angenommen. In einer Sendung wurden durch einen Moderator in einzelnen Filmbeiträgen die Hilfsdienste des ADAC vorgestellt, wobei der Moderator vor Einsatzfahrzeugen oder in der Hilfszentrale des ADAC gezeigt wurde und wiederholt der für den Automobilclub charakteristische schwarze Schriftzug der Buchstaben auf gelbem Untergrund zu sehen war. Das Gericht sah die Tatbestandsmerkmale der Irreführung sowie den Wettbewerbszweck als gegeben an und sah auch keinen Anlass für eine gerechtfertigte Form der Berichterstattung.

122 Ein Verstoß gegen das Schleichwerbeverbot nach § 3 iVm § 4 Nr. 3 liegt weiterhin dann vor, wenn bestimmte Produktgattungen bzw. Produkte mit einer Intensität in der Sendung dargestellt werden, dass auch aufgrund der Dramaturgie der Sendung vom Vorliegen einer Werbeabsicht ausgegangen werden muss. So hat das Niedersächsische Oberverwaltungsgericht[224] eine verbotene Schleichwerbung im Fall einer Sendung, die über den 100. Geburtstag der Barbie-Puppe berichtet hat, dann angenommen, wenn das häufige und anpreisende Zeigen und Benennen der Barbie-Puppe, ihrer Kleidung sowie ihres Zubehörs die Grenze zur notwendigen und ausnahmsweise für zulässig erachteten medialen Produktdarstellung im Fernsehen überschreitet.[225]

3. Werbung in vom Ausland übernommenen Sendungen

123 Bei aus dem Ausland übernommenen Sendungen, zB der Übernahme von Sportveranstaltungen oder Musiksendungen von ausländischen Rundfunkveranstaltern, muss deutsches Werberecht eingehalten werden. Die Bestimmungen des Rundfunkstaatsvertrages sind grundsätzlich auch auf die Übernahme von Sendungen von ausländischen Rundfunkanstalten anwendbar. Auch in diesen Fällen gilt das Trennungs- und Kennzeichnungsgebot sowie das Verbot der Schleichwerbung. Gleichwohl ist hier in weit größerem Umfang das besondere redaktionelle Interesse der Rundfunkveranstalter zu beachten, da zwischen redaktionellem Interesse an der Information und Verstoß gegen werberechtliche Vorschriften genau abzuwägen ist. Dort, wo der Rundfunkveranstalter keinerlei Einfluss auf die werblichen Verstöße, die ggf. sogar im Ausland als zulässige Werbeform erscheinen können, hat, ist in jedem Einzelfall zu prüfen, ob und inwieweit die redaktionellen Interessen überwiegen. Insbesondere beim aufgedrängten Placement, so zB bei der Bandenwerbung bei Sport- oder Konzertveranstaltungen, wird man regelmäßig das Informationsinteresse des Zuschauers höher bewerten als den Verstoß gegen das Trennungsgebot.

---

[222] OLG Frankfurt Az. 6 U 65/95.
[223] OVG Hannover ZUM 1999, 406.
[224] OVG Hannover AfP 1999, 300.
[225] OVG Hannover AfP 1999, 300, 302.

4. Sportübertragungen und aufgedrängtes Placement

Abgrenzungsfragen ergeben sich auch bei der Übertragung von Sportveranstaltungen. 124
Die Trikot- und Bandenwerbung beim Fußball hat sich zwischenzeitlich am Markt etabliert,[226] wobei letztere mittels Digitaltechnik durch andere Werbung ersetzt werden kann. In diesem Fall spricht man von **virtueller Werbung,**[227] einem Sonderfall der ansonsten gebotenen Trennung von Werbung und Programm. Bei dieser Werbeform handelt der Rundfunkveranstalter ebenfalls mit Wettbewerbsabsicht, da er mit der Werbung zumindest den Wettbewerb des werbetreibenden Unternehmens fördern will.[228] Bei der virtuellen Werbung, die gemäß § 7 Abs. 6 S. 2 RStV als zulässig erachtet wird, handelt es sich um die technische Möglichkeit, ein Bild nachträglich dahingehend zu verändern, dass entweder ganze Werbebotschaften in das Bild eingegeben werden oder bestehende Werbung verändert wird. So ist es technisch möglich, bei der Übertragung eines Fußballspiels aus dem Ausland Bandenwerbung für ausländische Produkte, die im Inland nicht käuflich sind, durch Werbung für solche Produkte zu ersetzen, die im Inland käuflich sind.[229]

Aufgrund der rundfunkrechtlichen Regelung in § 7 Abs. 6 S. 2 wird klargestellt, dass 125
virtuelle Werbung nicht als unzulässige Schleichwerbung anzusehen ist. Diese gesetzliche Fiktion begründet der Gesetzgeber mit aktuellen Entwicklungen der Werbung in Europa. Die engen Voraussetzungen, die für das Einfügen von virtueller Werbung gelten, sind folgende:

- Am Anfang und am Ende der Sendung muss darauf hingewiesen werden, dass virtuelle Technik eingesetzt wird. Dies kann zB durch Einblendung einer Tafel geschehen „Die Sendung enthält virtuelle Werbung", kann jedoch auch durch einen entsprechenden Hinweis des Moderators erfolgen, dass die nachfolgende bzw. die vorangehende Sendung virtuelle Werbung enthält bzw. enthielt.
- Die virtuelle Werbung darf lediglich eine am Ort der Übertragung ohnehin bereits bestehende Werbung ersetzen. Dies setzt voraus, dass entsprechende Werbebanner im Stadion bereits vorhanden bzw. Werbeflächen mit Werbung gekennzeichnet sind. Wenn und soweit im Originalsignal keine Werbebotschaft enthalten ist, darf Werbung nicht nachträglich virtuell eingefügt werden. Damit wird vermieden, dass bei der Übertragung des Ereignisses nicht vorhandene Werbeflächen virtuell geschaffen werden.[230]

Den Werbezweck kann der Zuschauer freilich sowohl bei der Trikot- und Bandenwer- 126
bung als auch bei der virtuellen Werbung ohne weiteres erkennen. Wenn der Zuschauer allerdings nicht über die Besonderheiten der virtuellen Werbung informiert ist, wird er davon ausgehen, dass der Rundfunkveranstalter an dieser Form der Werbung nicht beteiligt ist und daher kein Interesse an der Übertragung der entsprechenden Werbebotschaften hat.[231] Der Zuschauer täuscht sich in diesem Fall zwar nicht über den Charakter, wohl aber über die Wettbewerbsabsicht des Rundfunkveranstalters.[232] Das genügt nach der Rechtsprechung des BGH für die Annahme einer getarnten Werbung. Virtuelle Werbung stellt jedoch dann keine unlautere Wettbewerbshandlung im Sinne des § 4 Nr. 3 dar, wenn am Anfang und am Ende der betreffenden Sendung auf diese Werbeform hingewiesen wird und durch sie eine am Ort der Übertragung ohnehin bestehende Werbung ersetzt wird. Dies wird durch die Regelung des § 7 Abs. 6 S. 2 RStV klargestellt.[233]

---

[226] *Völker* ZUM 1992, 55 f.
[227] → Rn 8.
[228] *Petersen* S. 167.
[229] Zum Einsatz virtueller Werbung bei Sportveranstaltungen auch die Empfehlung des Standing Committee des Europarats vom 20./21. 3. 1997, abgedruckt bei *Hartstein/Ring/Kreile/Dörr/Stettner* § 7 Rn 60.
[230] Hierzu *Ladeur* ZUM 1999, 672 sowie *Petersen* S. 83 ff.
[231] *Petersen* S. 167.
[232] *Bork* S. 68.
[233] *Hartstein/Ring/Kreile/Dörr/Stettner* § 7 Rn 60.

5. Split-Screen

127 Bei der Split-Screen-Werbung, dh. der Teilbelegung des ausgestrahlten Bildes mit Werbung, hängt es vom Einzelfall ab, ob der Zuschauer einem Irrtum zu unterliegen droht. Im Regelfall, dh. beim Split-Screening im Werbeblock (wie dies etwa von RTL in den Formel1-Übertragungen praktiziert wird), dürfte kein Irrtum über den Werbecharakter oder die Werbeabsicht des Rundfunkveranstalters eintreten. Dasselbe gilt für die Werbe-Crawls (Laufbandwerbung),[234] denn soweit die werbliche Information als solche gekennzeichnet wird, ist keine Irreführung gegeben. Da die Regelung des § 7 Abs. 4 S. 1 RStV ausdrücklich eine Kennzeichnung sowie eine optische Trennung vorschreibt, stellt damit Split-Screen-Werbung unter den Voraussetzungen des § 7 Abs. 4 RStV keinen Verstoß gegen das Verbot der getarnten Werbung dar.

6. Quizsendungen, Talk-Shows und Informationsangebote

128 Ferner ist bei Sport- und Quizsendungen, Talk-Shows, Interviews u.Ä. das Schleichwerbungsverbot und Trennungsgebot zu beachten. Mithin dürfen im Bereich der ausgelobten Preise, insbesondere bei Quiz-Sendungen, die Produkte nur dann genannt werden, wenn dies für den Ablauf der Sendung erforderlich ist. Die Richtlinien der Landesmedienanstalten, welche die Regelungen des RStV konkretisieren und ergänzen, sehen daher auch vor, dass bei der Auslobung von Geld- und Sachpreisen in Verbindung mit Gewinnspielen und Quizveranstaltungen, die redaktionell gestaltet sind, eine zweimalige Nennung der Firma bzw. zur Verdeutlichung des Produkts auch eine zweimalige kurze optische Darstellung des Preises zulässig ist. Weitere werbliche Hinweise auf die Eigenschaft bzw. Qualität des Produkts stellen hingegen unlautere Werbung dar. Wer auffallend deutlich und einseitig die Produkte-, Marken- und Unternehmenskennzeichen eines bestimmten Unternehmens in solchen Sendungen in den Vordergrund rückt oder pauschal lobt, ohne dass dies künstlerisch oder durch entsprechendes Informationsbedürfnis der Allgemeinheit oder wegen des Ablaufs des Spiels oder der Quizsendung erforderlich ist, begründet die Vermutung eines Handelns zu Zwecken des Wettbewerbs und verstößt gegen das Trennungsgebot.[235]

129 Soweit Produkte im Rahmen von Sport- oder Quizsendungen sowie Talk-Shows präsentiert werden, zB indem ein Spitzensportler durch seine Kleidung Werbung für ein bestimmtes Produkt machen oder Stars sich mit berühmten Marken schmücken, liegt ein Verstoß gegen § 3 iVm § 4 Nr. 3 dann vor, wenn dadurch die Allgemeinheit irregeführt wird, dh. die Darstellung oder Erwähnung der Erzeugnisse nicht der im redaktionellen Programm gebotenen Objektivität und Neutralität genügt, mithin die Produktpräsentation das für die Erstellung der Sendung notwendige Maß überschreitet.

130 Differenzierter zu behandeln ist der Fall des Sportlers, der nur als Werbeträger bereit ist, in einer Sendung als Interviewpartner aufzutreten. Hier kommt es auf die Zumutbarkeitsgrenze an: Ist der Rundfunkanstalt zuzumuten, auf das Interview mit dem Sportler zu verzichten, um unterschwellige Werbung zu vermeiden, so verstößt die Präsentation gegen das Trennungsgebot. Handelt es sich allerdings um ein derart herausragendes Sportereignis und würde die Berichterstattung wesentlich darunter leiden, wenn der Sportler nicht präsentiert bzw interviewt werden könnte, so wird die Rundfunkanstalt lediglich bei der Kameraführung darauf zu achten haben, dass die Werbeembleme möglichst wenig, dh. nur in unvermeidbarem Maße eingeblendet werden. Für die Beurteilung ist dabei nicht maßgeblich, ob ein anderes und weniger werbewirksames Konzept der Darstellung denkbar gewesen wäre, sondern es kommt nur darauf an, ob das konkret gewählte redaktionelle Konzept eine Darstellungsweise zu rechtfertigen vermag.[236]

---

[234] → Rn 15.
[235] *Sack* ZUM 1987, 103, 111.
[236] OVG Berlin NVwZ-RR 2007, 681.

Soweit Produkte in **informativen Sendungen** wie Gesundheits-, Warentest- oder Ratgebersendungen eingesetzt werden, ist stets darauf zu achten, ob ein werblicher Aspekt oder ein informatorischer Aspekt im Vordergrund steht. Zwar können auch Informationssendungen Werbeinformationen enthalten, jedoch ist hier die Abgrenzung zwischen Information für den Zuschauer einerseits und Werbung für das Produkt andererseits schwierig. Um dem Informationsauftrag nachzukommen, müssen die Rundfunkanstalten und Rundfunkveranstalter berücksichtigen, dass sie sich nicht als Werbeträger für die von ihnen informatorisch vorgestellten Produkte hergeben dürfen. So ist es durchaus zulässig, in Literatursendungen ausführlich ein neues Buch zu besprechen, jedoch sind Hinweise, die den journalistischen Bereich verlassen und eindeutig Produktwerbung darstellen, unzulässig. 131

In Warentestsendungen dürfen Produkte sachlich und informativ getestet werden. Stellt sich die besonders gute Qualität eines Produktes im Rahmen des Tests heraus, so ist die Feststellung, dass es sich dabei um ein sehr gutes Produkt handelt, durchaus zulässig. Zu verbotenem Product Placement würde es allerdings werden, wenn entweder die Rundfunkanstalt für die Tatsache, dass gerade dieses Produkt getestet wird, Geld erhält oder aber auch Gelder dafür gezahlt werden, dass Tests eindeutig zum Nutzen eines Mitbewerbers durchgeführt werden. Unzulässig ist es auch, wenn ein Moderator einer Informationssendung über Fernreisen gegen Entgelt einen Reiseveranstalter namentlich nennt.[237] Dies stellt einen Verstoß gegen § 3 iVm § 4 Nr. 3 dar, wenn diese Leistung in die Sendung durch einen sog. „kooperierenden Partner" eingebracht wird.[238] 132

Im Bereich von Informations- oder **Warentestsendungen,** Marktberichten u. Ä. ist zusammengefasst in besonderem Maße auf die Neutralität der Rundfunkanstalt zu achten, indem einseitige Bevorzugungen bestimmter Produkte gegenüber Konkurrenzprodukten zu vermeiden sind. Die Zahlung von Entgelten dafür, dass ein bestimmtes Produkt getestet oder darüber berichtet wird, ist ein kaum widerlegbares Indiz für unlauteres Product Placement. 133

Soweit es sich um die Berichterstattung über Unternehmen und deren Erzeugnisse handelt, wird das Schleichwerbungsverbot und Trennungsgebot dann nicht verletzt, wenn die Veröffentlichung unentgeltlich erfolgt, die sachliche Information im Vordergrund steht und die Werbewirkung dabei nur als unvermeidliche Nebenfolge erscheint. Unlauter und damit ein Verstoß gegen § 3 iVm § 4 Nr. 3 ist aber die werbliche Darstellung in der Berichterstattung ohne einen von der publizistischen Informationsaufgabe getragenen Anlass unter Berücksichtigung aller Umstände des Einzelfalls.[239] 134

7. Titelsponsoring

Einen weiteren Unterfall eines verbotenen Product Placement kann das Titelsponsoring darstellen, weil auch dieses unter dem Gesichtspunkt des Trennungsgebots zu beurteilen ist. Unter Titelsponsoring versteht man die Verwendung bzw. Koppelung eines Unternehmensnamens mit dem Titel einer Fernsehsendung. Sofern man davon ausgeht, dass Titelsponsoring aufgrund seiner Werbewirksamkeit nicht unter das Sponsoring fällt (vgl. § 8 RStV, Rn 14), muss es sich am Verbot der Schleichwerbung nach § 3 iVm § 4 Nr. 3 (und entsprechend nach § 7 Abs. 6 S. 1 RStV) messen lassen. Wäre nämlich Titelsponsoring Werbung, drängt sich die Frage auf, ob dadurch gegen das Trennungsgebot verstoßen wird. Die Tatsache, dass Titelsponsoring – auch – einen Werbeeffekt aufweist, bedeutet jedoch nicht, dass Titelsponsoring stets auch Schleichwerbung ist. Zwar wird durch das Titelsponsoring von Sendungen der Name oder die Marke eines Herstellers erwähnt, jedoch lässt sich fragen, ob diese Darstellung offenkundig zu Werbezwecken erfolgt und ob eine Gefahr der Irreführung besteht. Wenn und soweit im Rahmen einer allgemeinen Informationssendung auch über Produkte und Dienstleistungen desjenigen Unternehmens berichtet wird, 135

---

[237] LG München 24. 2. 1986, 21 O 3295/86.
[238] *Sack* ZUM 1987, 103, 107; *Hauschka* DB 1988, 165.
[239] OLG Hamburg ZUM 1996, 416.

dessen Name Bestandteil oder Marke eines Titels der Fernsehsendung ist, dann kann bei entsprechender Ausgestaltung der werblichen Aussagen von einer Schleichwerbung ausgegangen werden. Wenn sich allerdings die Sendung weder von ihrer inhaltlichen Ausgestaltung her auf den Titelsponsor bezieht, noch in der Sendung selbst irgendwelche Produkte des Titelsponsors vorgestellt werden, so liegt keine Darstellung zu Werbezwecken im Sinne des Schleichwerbungsverbotes des § 4 Nr. 3 vor.

8. Verlags-TV

136 Schließlich kann auch das sog. Verlags-TV nach § 3 iVm § 4 Nr. 3 unlauter sein. Dabei handelt es sich um eine Sendung, die in dem Sendetitel den Namen einer Zeitschrift dient und die in der Regel ein zugeliefertes TV-Magazin und nicht durch den Rundfunkveranstalter selbst hergestelltes Magazin ist.[240] So lassen sich als Beispiele Spiegel TV, Focus TV oder Stern TV nennen. Hier kommt ein Verstoß gegen das Trennungsgebot, dh. eine unzulässige Verschleierung des Werbecharakters von Wettbewerbshandlungen dann in Betracht, wenn in den Sendungen auf das jeweilige Printprodukt hingewiesen wird, ohne dass es einen thematischen Bezug des Printprodukts mit dem Thema in der Verlags-TV-Sendung gibt.

9. Akustische Platzierungen

137 Product Placement ist auch möglich in Form der akustischen Platzierung, dh. der mündlichen Erwähnung eines Markenartikels in einem Filmdialog oder in einer Fernsehsendung. Bekannt geworden ist ein derartiges mündliches Placement der Marke „Whiskas“ in dem James Bond Film „Im Angesicht des Todes“ und im Robinson Club in der ARD-Serie „Schöne Ferien“.[241] Auch der Reiseveranstalter „L'Tur“ war in der Vorabendserie „Marienhof“ im Programm der ARD im Sommer 2003 nicht nur durch optische, sondern insbesondere auch verbale, dialogintegrierte Placements präsent.

138 Soweit die Erwähnung der entsprechenden Markenartikel nicht redaktionell geboten ist[242] liegt ein Verstoß gegen das Schleichwerbeverbot des Rundfunkstaatsvertrages und damit gegen wettbewerbsrechtliche Vorschriften vor. Wenn mit Künstlern über ihre neue CD oder mit Autoren über ihr neues Buch gesprochen wird, auch wenn die Produkte nicht gezeigt werden, sie aber laufend mündlich erwähnt werden, liegt dann kein Product Placement vor, wenn das Informationsinteresse der Zuschauer das Reden über dieses Produkt rechtfertigt.

VII. Unlauterkeit der Filmwerbung wegen unzumutbarer Belästigung von Marktteilnehmern, § 3 iVm § 7 Abs. 1

139 Nach § 3 iVm § 7 Abs. 1 handelt unlauter, wer einen Marktteilnehmer durch Werbung unzumutbar belästigt. Hierunter fällt solche Werbung, die bereits wegen ihrer Art und Weise der Darstellung unabhängig von ihrem Inhalt als Belästigung empfunden werden.[243] Die Belästigung besteht darin, dass die Werbung den Empfängern aufgedrängt wird.[244] Mit dem Tatbestandsmerkmal der Unzumutbarkeit soll dem Umstand Rechnung getragen werden, dass nicht jede geringfügige Belästigung ausreichen kann,[245] mithin eine von der Werbung ausgehende Belästigung bis zu einem gewissen Grade unvermeidbar ist und daher hinzunehmen ist.[246] Die in § 7 Abs. 1 generalklauselartig umschriebene Belästigung wird durch

[240] *Hartstein/Ring/Kreile/Dörr/Stettner* § 7 Rn 55 b.
[241] Zum sog. akustischen Product Placement auch *Haarbrücker/Wiedemann* S. 14.
[242] → Rn 23.
[243] Vgl Begr. RegE UWG BT-Drucks. 15/1487 S. 20.
[244] Vgl Begr. RegE UWG BT-Drucks. 15/1487 S. 20.
[245] Vgl Begr. RegE UWG BT-Drucks. 15/1487 20.
[246] *Baumbach/Hefermehl* UWG § 1 Rn 57; *Dörfler* S. 116; *Petersen* S. 169.

die in § 7 Abs. 2 genannten Fallgruppen für den Bereich der Werbung nicht abschließend konkretisiert.

Der Schutz vor unerwünschter Werbung bezieht sich danach auf Fälle, in denen die unerbetene Werbung in die Privatsphäre eindringt oder die Nutzungsmöglichkeiten eines Kommunikationsmittels beeinträchtigt wird. Sanktioniert wird das Ausnutzen einer Situation, in der die Abwehrbereitschaft des Verbrauchers herabgesetzt ist und damit die freie Entschließung des Umworbenen ausgeschlossen oder erschwert ist.[247] Doch handelt es sich beim Fernsehen im Gegensatz zum Telefon, Fax oder E-Mail nicht um ein Individualkommunikationsmittel. Das Fernsehen ist vielmehr ein allgemein zugängliches Medium, das sich unter anderem durch die Möglichkeit der Programmauswahl auszeichnet. Auch hat der Zuschauer die Möglichkeit, die Werbung (vor allem Spotwerbung) durch Umschalten (Zapping) oder Ausschalten zu umgehen, solange die Werbung nicht im Programm stattfindet (Product Placement, virtuelle Werbung, Split-Screen-Werbung). 140

Werbung im Programm kann nach nicht unbestrittener Auffassung unlauter sein, wenn ihre Intensität das Maß des Zumutbaren überschreitet und der Zuschauer dieser Art der Werbung nicht ausweichen kann, wenn er sich durch das Fernsehprogramm informieren oder unterhalten lassen will.[248] Nach richtiger Ansicht ist die Belästigung durch Product Placement wegen des kurzen zeitlichen Produkteinsatzes geringfügig und im übrigen erwartet der Zuschauer gar kein werbefreies Programm,[249] so dass Product Placement jedenfalls keinen Verstoß gegen die Bestimmung des § 7 Abs. 1 darstellt. Unberührt bleibt der Verstoß gegen das Trennungsgebot.[250] 141

Die Dauer oder das Ausmaß einer Werbeeinblendung kann bei der Frage der Unlauterkeit jedoch nicht ausschlaggebend sein. Denn primär ist entscheidend, ob der Zuschauer durch die Werbung im Programm dadurch einer unlauteren Beeinflussung ausgesetzt wird, dass er in eine Situation des Kaufzwanges gebracht wird. Schließlich sollen mit dem Kriterium der belästigenden Werbung diejenigen Werbemethoden unterbunden werden, welche die fehlende Abwehrbereitschaft des Empfängers ausnutzen und eine freie Entschließung des Umworbenen ausschließen oder jedenfalls erschweren.[251] Während beim Product Placement durchaus denkbar ist, dass der Zuschauer als potentieller Kunde angesprochen wird, ohne dass er sich dessen bewusst ist, ist virtuelle Werbung sowie Split-Screen-Werbung als solche stets erkennbar und darüber hinaus kennzeichnungspflichtig bzw. anzukündigen (§ 7 Abs. 4 und Abs. 6 RStV). Ferner werden auch Werbeblöcke als lästig empfunden und dem Zuschauer gleichsam aufgedrängt. Dennoch stellen sie nach allgemeiner Auffassung keine unlautere Beeinträchtigung der **Entschließungsfreiheit** und damit keine belästigende Werbung im Sinne des § 3 iVm § 7 dar. Allein die Tatsache, dass der Zuschauer die virtuelle Werbung und die Split-Screen-Werbung gezwungenermaßen wahrnehmen muss, da er im Gegensatz zur Spotwerbung nicht einfach umschalten („zappen") kann, stellt noch keinen Eingriff in seine Privatsphäre dar und löst noch keinen Kaufzwang aus.[252] 142

VIII. Unlauterkeit der Filmwerbung wegen Irreführung, § 3 iVm § 5 Abs. 1

Die Vorschrift des § 5 regelt das Verbot der irreführenden Werbung. Aus diesem Verbot folgt, dass in der Werbung stets die Wahrheit gesprochen, gedruckt und gezeigt werden muss. Unzulässig sind daher alle Angaben geschäftlicher Art, die zu Wettbewerbszwecken im geschäftlichen Verkehr gemacht werden und geeignet sind, einen nicht unerheblichen Teil der betroffenen Verkehrskreise über das Angebot irrezuführen und Fehlvorstellungen 143

---

[247] *Petersen* S. 169.
[248] *Bork* S. 97 f.
[249] *Dörfler* S. 117 f.
[250] → Rn 29.
[251] So auch *Petersen* S. 174.
[252] So auch *Petersen* S. 175.

von maßgeblicher Bedeutung für den Kaufentschluss hervorzurufen.[253] Bedeutung kann dieser Vorschrift zwar auch im Bereich der Werbung in Film und Fernsehen zukommen, bei der klassischen Werbeform der Spotwerbung und den Sonderwerbeformen des Product Placement, der Split-Screen-Werbung und der virtuellen Werbung geht es aber vornehmlich um die derartigen Angaben vorgeschaltete Frage, ob Werbemaßnahmen klar als solche erkennbar sind.[254] Wird den Zuschauern etwa der Werbecharakter einer Wettbewerbshandlung verschleiert, indem vorgetäuscht wird, dass eine bestimmte Einbindung eines Produkts in eine Fernsehsendung programmlich-dramaturgisch gerechtfertigt sei, so liegt der Schwerpunkt der Vorwerfbarkeit in dem Unterlaufen einer gewissen Abwehrhaltung, die Zuschauer normalerweise gegen Werbung haben. Anknüpfungspunkt ist daher die Unsachlichkeit der Beeinflussung, die durch die Täuschung über den werblichen Charakter erzielt wird.[255] Mithin ergibt sich die Unlauterkeit einer Werbung in Film und Fernsehen in den meisten Fällen nicht aus § 3 iVm § 5 Abs. 1, sondern aus dem Verstoß gegen eine wettbewerbsbezogene Norm (§ 3 iVm § 4 Nr. 11) oder aus der Verschleierung des Werbecharakters von Wettbewerbshandlungen (§ 3 iVm § 4 Nr. 3).

E. Online-Werbung in Film und Fernsehen als unlautere Wettbewerbshandlung

I. Grundsatz

144 Wird Werbung vor, während oder nach einem Film platziert, der über das Internet digital und in Echtzeit übertragen wird oder on-demand abgerufen werden kann (Streaming, Webcasting oder Internet-TV), unterliegt sie ebenfalls dem Lauterkeitsrecht. Mithin ergeben sich im Wesentlichen keine Unterschiede zur wettbewerbsrechtlichen Beurteilung der herkömmlichen Film- und Fernsehwerbung. Dies gilt auch in Bezug auf die Beachtung des Jugendschutzrechts (JMStV) und produktspezifischen Normen des vorläufigen Tabakgesetzes und des HWG. Es stellt sich einzig und allein die Frage, ob die Online-Werbeformen der Bannerwerbung, Interstitials und E-Mercials zur Feststellung eines Verstoßes gegen § 3 iVm § 4 Nr. 11 an den rundfunkrechtlichen- Regelungen des RStV oder an den medienrechtlichen Regelungen des Telemediengesetzes (TMG) und des RStV (§§ 54ff RStV) zu messen sind.

145 Diese Aufteilung ist freilich nur verständlich, wenn man einen Blick auf die historische Entwicklung im Bereich der Telemedien wirft. Durch den Erlass des IuKDG und MDStV im Jahre 1997 wurden Sonderregelungen für die Multimediadienste eingeführt, die ihrerseits als Zwischenform zwischen Telekommunikation und Rundfunk in zwei Regelungswerke, nämlich Tele- und Mediendienste unterteilt wurden.[256] Zu den Telediensten, die im TDG geregelt wurden, gehörten nach dessen § 2 alle Dienste der Individualkommunikation, während Mediendienste nach § 2 Abs. 1 MDStV an die Allgemeinheit gerichtete Informations- und Kommunikationsdienste, mithin Dienste der Massenkommunikation waren.[257] Mit Inkrafttreten des Neunten Rundfunkänderungsstaatvertrages und des Telemediengesetzes (TMG) zum 1. 3. 2007 wurden Medien- und Teledienste unter dem einheitlichen Begriff der Telemedien zusammengefasst (vgl. § 2 Abs. 1 S. 3, 4 RStV und § 1 Abs. 1 TMG) und die an Inhalte von Telemedien zu richtenden besonderen Anforderungen – unter Aufhebung des MDStV und des TDG – in den Rundunkstaatsvertrag integriert (vgl. § 1

[253] Begr. RegE UWG BT-Drucks. 15/1487 S. 19.
[254] Anders *Sack* ZUM 1987, 103, 120 und AfP 1991, 704, 713, der bei Nichterkennbarkeit des Werbecharakters zumindest bei Informationssendungen (wie Forschungsberichten, Markt- und Warentestsendungen etc.) eine Irreführung im Sinne des § 5 bejaht.
[255] *Henning-Bodewig* GRUR Int. 1987, 538, 545.
[256] *Roßnagel* NVwZ 2000, 622, 625.
[257] Entwurfsbegründung zum IuKDG, BR-Drucks. 966/96 S. 18.

Abs. 4 TMG iVm §§ 54 ff RStV). Darüber hinaus finden die Bestimmungen des TMG Anwendung.

146 Während somit früher im Einzelfall eine Differenzierung nach dem Schwerpunkt des jeweiligen Dienstes zu erfolgen hatte, ist heute nur noch eine Differenzierung zwischen Rundfunk und Telemedien erforderlich. Via Internet übermittelte Video-on-Demand-Angebote lassen sich damit als Telemedien qualifizieren.[258]

147 Nach § 58 Abs. 1 RStV muss Werbung als solche klar erkennbar und vom übrigen Inhalt der Angebote eindeutig getrennt sein. Sinn und Zweck auch dieser Vorschrift ist, Schleichwerbung und sonstigen nicht an den Grundsätzen der Lauterkeit, Wahrheit und Klarheit der Werbung orientierten Vermischungen von Werbung und Angebot vorzubeugen. Sie entspricht dem rundfunkrechtlichen Trennungsgebot. Darüber hinaus enthält auch § 6 Abs. 1 Nr. 1 TMG die Verpflichtung, kommerzielle Kommunikationen – und damit auch die Werbeformen der Bannerwerbung, Interstitials und E-Mercials – deutlich von anderen Inhalten abzuheben.

148 Bei der Gestaltung der Werbeformen im Internet kommt ein Verstoß gegen den Trennungsgrundsatz immer dann in Betracht, wenn der Nutzer mit der Werbung überrascht wird und damit eine gewisse Abwehrhaltung unterlaufen wird, die Zuschauer normalerweise gegen Werbung haben. Dies ist insbesondere dann der Fall, wenn bei der Betrachtung des Films selbst Werbung erscheint. Wird nach Abruf eines bestimmten Contents in einem geöffneten Browserfenster zunächst Werbung als „Interstitial" eingeblendet, so stellt dies einen Verstoß gegen den Trennungsgrundsatz dar. Das Gleiche gilt, wenn Werbespots als sog. „E-Mercials" während der Ausstrahlung des Films auf dem Vollbildschirm ablaufen, ohne dass deren Ablauf durch Mausklick oder Tastendruck noch in anderer Weise unterbrochen werden kann.

II. Telemedien

149 Werden Werbebanner so gestaltet, dass sie Systemfehler oder andere Systemmeldungen vortäuschen, um beim Nutzer gesteigerte Aufmerksamkeit zu erregen, handelt es sich um einen Verstoß gegen das Verbot der Verschleierung von Werbemaßnahmen nach § 3 iVm § 4 Nr. 3, wenn ein nicht unbeträchtlicher Teil der Zuschauer den Werbecharakter der Werbemaßnahme nicht durchschaut.

150 Nach § 1 Abs. 4 TMG ergeben sich die an die Inhalte von Telemedien zu richtenden besonderen Anforderungen aus den Regelungen des RStV. Nach § 58 Abs. 2 RStV können Teleshoppingkanäle danach zugleich den **rundfunkrechtlichen Regelungen,** also insbesondere dem Trennungsgebot, Kennzeichnungsgebot und Beeinflussungsverbot des § 7 RStV sowie den Werbebeschränkungen der §§ 44, 45 und 45 a RStV unterliegen.

151 Telemedien unterscheiden sich vom klassischen Rundfunk als Medium und Faktor öffentlicher Meinungsbildung[259] durch ihre enge inhaltliche Begrenzung auf Angebote, die nur in geringem Maße oder überhaupt nicht der öffentlichen Meinungsbildung dienen.[260] Die Landesmedienanstalten hatten noch vor Inkrafttreten des Neunten Rundfunkänderungsstaatsvertrages und des TMG im sog. 3. Strukturpapier zur Unterscheidung von Rundfunk und Mediendiensten Regelbeispiele für die Abgrenzung aufgestellt. Je stärker das Element der Meinungsbildung bei einem Angebot ausgestaltet ist, desto eher bzw. mehr ist es dem Rundfunk zuzuordnen. Die besondere Einflussnahme des Rundfunks auf die individuelle und öffentliche Meinungsbildung basiert nicht zuletzt auch auf der Darbietung im Rahmen eines ausgewählten, zusammengestellten und für den Nutzer in der Zu-

---

258 Zur alten Rechtslage *Holznagel* in: Hoeren/Sieber Kap. 3.2. Rn 35; *Tettenborn* in: Beck'scher IuKDG-Kommentar § 2 MDStV Rn 62.

259 Zu diesem Merkmal des Rundfunks BVerfGE 74, 297, 351 f; BVerfGE 83, 238, 302 f.

260 Für den Bereich der früheren Mediendienste die amtliche Begründung zu § 2 MDStV, abrufbar unter http://www.artikel5.de.

sammenstellung nicht beeinflussbaren Programms. Vor diesem Hintergrund sind unter den Begriff des Rundfunks über das Internet im Rahmen von Programmen verbreitete Bewegtbildangebote zu subsumieren, so dass Internet-Radio und das hier interessierende Internet-TV – sei es als Komplementärangebot zu bestehenden Fernsehsendern oder als ausschließlich im Internet ausgestrahltes Programm – als Rundfunk in diesem Sinne zu sehen ist.[261] Eine solche Auslegung ist auch geboten, da sich ein Fernsehsender nicht allein dadurch, dass er über das Internet sendet, den strengen Anforderungen des Rundfunkrechts entziehen kann. Dies würde auch zu einer Schlechterstellung der herkömmlichen Fernsehsender führen.

152 Dem gemäß unterliegt das Internet-TV allein den rundfunkrechtlichen Bestimmungen des RStV, so dass insbesondere die Bestimmungen des § 7 RStV (Trennungsgebot, Kennzeichnungsgebot und Beeinflussungsverbot) und der §§ 15, 16, 44, 45 (zeitliche Werbebeschränkungen) bei der Fernsehwerbung zu beachten sind. Insoweit kann auf die Ausführungen unter Rn 29ff verwiesen werden.

III. Inhaltliche Anforderungen

153 Ferner müssen die Werbeformen im Internet ebenfalls den Anforderungen des § 6 JMStV[262] genügen, der nicht nur den Bereich des Rundfunks, sondern auch den Bereich der Telemedien erfasst (§ 2 Abs. 1 JMStV).

154 Schließlich sind die von der **Internationalen Handelskammer (ICC)** aufgestellten Richtlinien zur interaktiven Marketing-Kommunikation im Internet[263] zu nennen, mit der die Werbewirtschaft zu einem verantwortungsvollen Umgang mit Werbemaßnahmen angehalten, das Vertrauen der Öffentlichkeit in Online-Werbung gestärkt und die Notwendigkeit (zwischen-)staatlicher Regelungen minimiert werden soll. Nach Art. 1 soll Werbung gesetzlich zulässig, mit den guten Sitten vereinbar, redlich und wahr sein. „Gesetzlich" bedeutet in diesem Kontext, dass die Werbebotschaft in ihrem Ursprungsland „zulässig" sein soll. Damit wird das Ursprungsland zum entscheidenden Kriterium, mit dem die einschlägige Rechtsordnung bestimmt werden soll.[264] Auch ein Verstoß gegen diese Selbstorganisationsregel kann nach § 3 iVm § 4 Nr. 11 unlauter sein.[265]

---

[261] Diese Zuordnung des Internet-Radios oder Internet-TVs zum Rundfunk ist freilich umstritten; im Sinne der hier vertretenen Ansicht *Holznagel* in Hoeren/Sieber Kap. 3.2. Rn 40; *Moos* in: Kröger/Gimmy 54; aA *Tettenborn* in: Beck'scher IuKDG-Kommentar § 2 MDStV Rn 65.

[262] Staatsvertrag der Länder über den Schutz der Menschenwürde und den Jugendschutz in Rundfunk und Telemedien, abgedruckt bei *Hartstein/Ring/Kreile/Dörr/Stettner* Jugendmedienschutzstaatsvertrag.

[263] Die deutsche Fassung ist abrufbar unter http://www.icc-deutschland.de; der englische Text der ICC Guidelines on Advertising and Marketing on the Internet ist zu finden unter http://www.icc.com.

[264] *Böhme-Neßler* ZUM 2001, 547, 548; *Hoeren* in: Lehmann S. 111, 113; *Marwitz* in: Hoeren/Sieber Kap. 11.2 Rn 38.

[265] Zu den Verhaltensregeln des Deutschen Werberats KG AfP 1992, 298, 299; s. auch *Henning-Bodewig* ZUM 1988, 263, 264.

Formatschutz (§ 4–S6)

Übersicht

Rn

A. Historische Entwicklung, Formatbegriff ... 1

I. Die historische Entwicklung der Programmformatierung ... 1

II. Formate als Elemente der Programmstruktur ... 5

1. Unterschiedliche Ebenen der Programmstrukturierung ... 6
   a) Vertikale und horizontale Strukturierungen ... 6
   b) Interne Strukturierung ... 8
2. Negative Abgrenzung des Formatbegriffs ... 9
3. Formattaugliche Programme ... 11
4. Formatbestimmende Elemente beim Sendeformat ... 12
5. Verbindlichkeit des Formatrahmens ... 13
6. Trend zu Formatadaptionen ... 14
7. Format als Handelsware (Formathandel) ... 16

B. Formatschutz und Urheberrecht ... 17

I. Allgemeine Grundsätze ... 17

II. Urheberschutz gegen die Adaption von Serien- und Fernsehfilmformaten (fiktionale Formate) ... 24

1. Das erfundene Handlungsgerüst als schutzfähiges Werk ... 24
2. Abhängige Benutzung, freie Benutzung ... 25
3. Formatkonzepte für fiktionale Fernsehserien ... 26
4. Zum urheberrechtlichen Schutz bei der Übernahme fiktiver Figuren ... 27
5. Die Entscheidung „Forsthaus Falkenau" als Musterbeispiel für die Kollision fiktionaler Serienkonzepte ... 28
6. Die „Anna Marx"-Entscheidung des KG ... 29
7. Ergebnis ... 30

III. Urheberschutz gegen die Adaption nicht fiktionaler Sendeformate ... 31

1. Überblick ... 31
2. Formatprägende Faktoren ... 33
   a) Fernsehshow-Formate ... 33
   b) Talk-Show-Formate ... 36
   c) Formate für Sportsendungen ... 37
   d) Die „Sendeformat"-Entscheidung des BGH ... 38
   e) Urheberrechtliche Rechtsprechung im anglo-amerikanischen Rechtskreis ... 40

C. Formatschutz und unlauterer Wettbewerb ... 41

I. Die für den Formatschutz in Betracht kommenden gesetzlichen Bestimmungen ... 41

II. Nachahmungstatbestand bei Formaten ... 43

III. Schutz gegen Herkunftsverwechslungen, § 4 Nr. 9 lit. a und Irreführung über die kommerzielle Herkunft/Identität des Werbenden, Anhang Ziff. 13 zu § 3 Abs. 3 ... 46

1. Grundsatz ... 46
2. Die formatrelevanten Tatbestandsmerkmale gemäß § 4 Nr. 9 lit. a ... 47
   a) Wettbewerbliche Eigenart bei Formaten ... 47
   b) Die maßgeblichen Verkehrskreise ... 51
   c) Wechselwirkungsgrundsatz ... 55
   d) Verwechslungsgefahr im weiteren Sinne reicht aus ... 57
   e) Vermeidbarkeit der Herkunftstäuschung ... 58
   f) Besonderheit: Formatprägung durch den Protagonisten ... 61
3. Irreführung über die kommerzielle Herkunft und die Identität des Werbenden (Anhang Ziff. 13 zu § 3 Abs. 3 – „Schwarze Liste") ... 65

IV. Unangemessenes Ausnutzen oder Beeinträchtigen der Wertschätzung der nachgeahmten Dienstleistung, § 4 Nr. 9 lit. b ... 69

1. Grundsätze ... 69

Rn
2. Negative Abgrenzung 70
3. Branchentypische Formatadaptionen 71
4. Verbleibender Anwendungsspielraum 73
V. Nachahmungsschutz nach Maßgabe weitergehender Kriterien gemäß §§ 3, 4 Nr. 10 78
1. Internationaler Formathandel und Zuvorkommen durch Inlandsverwertung 79
2. Analoge Anwendung der „Modeneuheiten"-Rechtsprechung auf den Formatschutz? 81
3. Formatadaptionen als gezielte Behinderung von Mitbewerbern oder als unmittelbare Leistungsübernahme 82
VI. Nachahmung auf Grund unredlicher Kenntniserlangung, § 4 Nr. 9 lit. c 88
VII. Zur Aktivlegitimation bei wettbewerbsrechtlichen Ansprüchen wegen Formatadaption 98

A. Historische Entwicklung, Formatbegriff

Schrifttum: *Bleicher,* Chronik zur Programmgeschichte des deutschen Fernsehens, 1993; *ders.,* Programmprofile kommerzieller Anbieter seit 1984, in: Programmprofile kommerzieller Anbieter. Analysen zur Entwicklung von Fernsehsendern seit 1984, 1997, S. 9; *Brunst,* RuckZuck ist alles vorbei – Über den Verschleiß von Unterhaltungsformaten in Fernsehen, tendenz 2/2001 S. 4; *Degmair,* Die Schutzfähigkeit von Fernsehshow-Formaten nach dem spanischen Urheberrecht, GRUR Int. 2003, 204; *Eschenbach,* Faire Spielregeln statt Formate-Klau, tendenz 2/2001, S. 14; *Gangloff,* Vom Ratgeber bis zum Formatfernsehen aus dem Windkanal – TV-Unterhaltung im Wandel der Zeit, tendenz 2/2001 S. 10; *v. Hartlieb/Schwarz/U. Reber,* Handbuch des Film-, Fernseh- und Videorechts, 4. Aufl. 2004, 39. Kap.: Formatschutz; *Heinkelein/Fey,* Der Schutz von Fernsehformaten im deutschen Urheberrecht, GRUR Int. 2004, 378; *Hickethier,* Formatierung der Programme – Trends der Programmentwicklung im öffentlichen und privaten Fernsehen, in: Entwicklung und Perspektiven der Programmindustrie, 1999; *Hickethier/Bleicher* (Hrsg.), Trailer, Teaser, Appetizer. Zu Ästhetik und Design der Programmverbindungen des Fernsehens, 1997; *Hickethier,* Geschichte des deutschen Fernsehens, 1998; *Meckel,* Die neue Übersichtlichkeit. Zur Entwicklung des Format-Fernsehens in Deutschland, Rundfunk und Fernsehen, 45. Jahrgang 1997/4 S. 475; *Pethig/Blind,* Programmformenentwicklung im Wettbewerbsprozess: Innovations- und Imitationszyklen, in: Neue Sendeformen im Fernsehen, 1995, S. 57; *Radler,* Formatentwicklung – Wege der Erarbeitung neuer Programmformen bei privaten Fernsehsendern, in: Neue Sendeformen im Fernsehen, 1995, S. 31; *Sambuc,* UWG-Nachahmungsschutz, 1996; *Wolf,* Alles Doku – oder was?, in: LfM-Dokumentation Band 25, S. 52.

I. Die historische Entwicklung der Programmformatierung

1 In den Anfängen des deutschen Fernsehens, beginnend am 1. 1. 1953, strahlte das NWDR-Gemeinschaftsprogramm ein zweistündiges Abendprogramm aus, das täglich mit der Tagesschau um 20.00 Uhr begann und anschließend durch unterschiedliche Programmformen und -gattungen ergänzt wurde. Der Zuschauer rezipierte das Programm als **einheitliches Gesamtangebot.** Erst im Zuge der Ausweitung der Sendezeit entwickelten sich verschiedenartige neue Programmformen in einer größeren Vielfalt und machten es erforderlich, das sich stark erweiternde Gesamtangebot für den Zuschauer durch programmstrukturierende Maßnahmen übersichtlicher zu machen.

2 Mit der Beteiligung weiterer Rundfunkanstalten an der Gestaltung des Gemeinschaftsprogramms und dem Auftritt des Zweiten Deutschen Fernsehens (ZDF) am 1. 4. 1963 ging eine weitere **Ausdifferenzierung** des deutschen Fernsehangebotes einher. Im Verlaufe dieser Entwicklung gingen ARD und ZDF nach und nach dazu über, ihre „schweren" Programme (Dokumentation, Kultur, Bildung, Wissenschaft) in die Dritten Programme zu verlagern, ihre Hauptsendezeit (Prime Time) auf die Akzeptanz durch das breitere Publikum auszurichten und etwa politische Magazine in den späteren Abend zu terminieren. In dieser Phase begann man damit, größere Programmkomplexe und längere Sendestrecken in kleinere Teile zu zerlegen und in wiedererkennbaren Einheiten regelmäßig dem Zuschauer in übersichtlicher Folge zu präsentieren (sog. **„Magazinierung"** der Programme).

Dieser Entwicklung lag freilich bis dahin noch **kein Wirtschaftswettbewerb** zwischen den einzelnen (öffentlich-rechtlichen) Sendeanstalten zugrunde. Sie waren durch das staatliche Rundfunkmonopol vor privater Konkurrenz abgeschirmt. Zwischen den ARD-Anstalten und dem ZDF begründete § 22 Abs. 4 des ZDF-Staatsvertrages vom 6. 6. 1961 eine Koordinierungspflicht, auf dessen Grundlage ein gemeinsam geplantes **Programmschema** für das Abendprogramm entwickelt wurde. Dieses stimmte unter anderem die Anfangszeiten von einzelnen Sendungen (zB die Hauptnachrichtensendungen) aufeinander ab und strebte inhaltlich eine **Programmkontrastierung** an, dies alles mit dem Ziel, eine direkte Konkurrenz zu vermeiden und dem Zuschauer ein Umsteigen von einem Kanal auf den anderen zu erleichtern. Zur gemeinschaftlichen Beschaffung von Programmmaterial gründeten ARD und ZDF die Handelsgesellschaft DEGETO. 3

Mit der Einführung des **dualen Rundfunksystems** trat ein grundlegender Strukturwandel ein. Initialzündung hierfür war das „FRAG"-Urteil des BVerfG vom 16. 7. 1981,[1] das sich erstmals zustimmend zur verfassungsrechtlichen Zulässigkeit privat-rechtlichen Rundfunks aussprach und die Etablierung von Landesmediengesetzen in der Mehrzahl der Bundesländer zur Folge hatte, bis das duale System im Staatsvertrag zur Neuordnung des Rundfunkwesens vom 3. 4. 1987 verankert wurde.[2] Die faktische Etablierung des dualen Rundfunksystems (im Jahre 1984) und das Hinzutreten potenter Sendeunternehmen wie RTL, SAT 1, ProSieben usw. setzte sämtliche Geschäftsbereiche den Regeln der freien Marktwirtschaft aus. Die nunmehr eröffnete Konkurrenzsituation aller Programmveranstalter untereinander führte unter dem Aspekt der Programmstrukturierung zwangsläufig zu dem Bestreben, eine möglichst große Zielgruppe langfristig an den Sender und sein Programm zu binden. Daraus hat sich eine Tendenz zur Formatierung von Hörfunk- und Fernsehprogrammen entwickelt. Der Begriff des Programmgenres wurde durch den marktorientierten Begriff des Formats abgelöst. 4

II. Formate als Elemente der Programmstruktur

Durch die Wahl oder Entwicklung eines bestimmten **Sendeformats** richtet sich der Veranstalter mit einem durchgängigen und nach Aspekten der **Wiedererkennbarkeit** konzipierten Erscheinungsbild einer einzelnen Sendung oder eines Gesamtprogramms an eine klar definierte **Zielgruppe,** um diese konsequent und langfristig an das Programm zu binden und damit möglichst hohe Einschaltquoten zu erzielen.[3] 5

1. Unterschiedliche Ebenen der Programmstrukturierung[4]

a) Vertikale und horizontale Strukturierungen. Die Sendeunternehmen strukturieren ihr Programm im Wesentlichen auf drei unterscheidbaren Ebenen. Als **vertikale** Strukturierung versteht sich die Gliederung des Gesamtprogramms. Dieses wird in seinem Tagesverlauf nach Programmfunktionen (Information/Unterhaltung), Programmgattungen (Fiction/Nonfiction, Mischformen), Angebotsformen (zB Erstangebot/Wiederholung) strukturiert, dh. eine Abfolge möglichst ähnlicher oder verwandter Programme wird im Block hintereinander angesetzt, um ein Abwandern des Fernsehzuschauers zu einem anderen Programmanbieter zu verhindern („blocking"). Beispielsweise bietet RTL im Zeitkorridor zwischen 18.00 und 19.40 Uhr durchgehend Information und Infotainment an, der durch das Aneinanderreihen verschiedener, aber insoweit miteinander verwandter Programmplätze wie „Guten Abend RTL", „Exclusiv", „RTL aktuell" und „Explosiv" ausgefüllt wird. Oder es werden bestimmte Wochentage mit einem spezifischen Programmprofil 6

---

[1] BVerfGE 57, 295, sog. 3. Rundfunkurteil.

[2] Nach der Wiedervereinigung ersetzt durch den Staatsvertrag über den Rundfunk im vereinten Deutschland vom 31. 8. 1991.

[3] *Meckel* S. 475, 478; *Degmair* GRUR Int. 2003, 204, 205; *Heinkelein/Fey* GRUR Int. 2004, 378, 379.

[4] *Meckel* S. 475, 478 ff.

belegt, indem zB RTL jeweils mittwochs mit „Die Supernanny" und „Raus aus den Schulden" zwei thematisch ähnliche „Coaching-Formate" ansetzt, um dann um 22.15 Uhr mit „Stern-TV" ein Verbrauchermagazin anzubieten, in dem Günther Jauch die in den vorangegangenen Sendungen angerissenen Themen vertieft. Ähnlich verfährt das WDR-Fernsehen, indem dort zwischen 18.00 und 20.00 Uhr eine längere Sendestrecke für regionale Information, Service und Infotainment eingerichtet ist.

7 Auf der **horizontalen** Ebene geht es darum, wiederkehrende Angebote über die Woche (oder den Monat) hinweg stets (zB täglich) den gleichen Sendeplatz zuzuweisen, damit der Rezipient auf erleichterte Weise „sein" bevorzugtes Programm einschalten kann, ohne sich der Mühe der täglichen Programmauswahl unterziehen zu müssen („stripping"). Bevorzugt wird das wiederkehrende Angebot mit einem gleich bleibenden Sendetitel belegt, auch wenn im Einzelfall die unter dem betreffenden Sendetitel gezeigten Inhalte mehr oder weniger differenzieren mögen.

8 **b) Interne Strukturierung.** Mittels interner Strukturierung wird der Rezipient im Interesse des „audience flow" im Verlaufe des Programms auf nachfolgende Sendungen aufmerksam gemacht. Eine direkte Sendereigenwerbung findet mit Hilfe sog. Trailer statt, daneben werden auch immer wiederkehrende Verweise (thematische „Appetizer" oder „Teaser") in das Programm eingestreut.[5] Des Weiteren praktiziert man eine quasi-journalistische Verzahnung einzelner Sendungen innerhalb thematischer Sendestrecken, zB wird in den 30minütigen Infotainment-Magazinen bei RTL „live" zu den Moderatoren der nachfolgenden Sendungen geschaltet, die ihre wichtigsten Themen kurz ankündigen und für Weiteres auf ihre später ausgestrahlte Sendung verweisen.

2. Negative Abgrenzung des Formatbegriffs

9 Während sich die Strukturierungsbemühungen sowohl auf das Gesamtprogramm eines Sendeveranstalters als auch auf die einzelne unterscheidbare Sendeeinheit dieses Gesamtprogramms beziehen, wird der Formatbegriff vorrangig auf die Sendung bezogen (**Serien-** und/oder **Sendeformat**). Vom **Programmformat** lässt sich allenfalls dann und insoweit sprechen, als der Sendeveranstalter sein Gesamtprogramm auf eine krasse und strikte Wiedererkennbarkeit (auch im Detail) ausgerichtet hat. Durchgesetzt haben sich Programmformate bisher bevorzugt im Hörfunk, wo sich bestimmte Präsentationsstile und Musikfarben (Beautiful Music, Contemporary Hitradio, Classic-Radio, Jazz-Radio, Talkradio) konsequenter durchhalten lassen als im Fernsehbereich. Soweit bei Fernsehanbietern eine themenspezialisierte Strukturierung praktiziert wird, wie zB bei den Musiksendern MTV und VIVA oder bei nachrichtenlastigen (CNN, n-tv) oder sonstigen Spezialsendern wie Eurosport, DFS, Kinderkanal (KiKa) usw. wird der Bezeichnung „Spartensender" der Vorzug gegeben. Zur Kennzeichnung von Vollprogrammen wird der Formatbegriff so gut wie nicht angewandt, auch wenn durch konsequenten Einsatz des Fernsehdesigns an den Übergangsstellen zwischen den Sendungen eine Wiedererkennbarkeit (Corporate Identity) angestrebt wird.[6]

10 Der Begriff des Formats wird inzwischen nicht nur bei Hörfunk und Fernsehen, sondern auch in **anderen Medienbereichen** wie etwa bei **Printmedien** verwendet. Geht es etwa darum, eine Zeitschrift inhaltlich und vom Erscheinungsbild her auf eine bestimmte, nicht zuletzt auch von der im Blatt zu akquirierenden Werbewirtschaft bevorzugte Zielgruppe anzusprechen, spricht man vom Blattformat. Die Frage des rechtlichen Formatschutzes wird freilich bisher bevorzugt im TV-Bereich erörtert und nur gelegentlich auch bei Printmedien.[7] Inwieweit die dort dargestellten Grundsätze und Ergebnisse auf andere Format-Sachverhalte übertragen werden können, ist eine Frage des Einzelfalls. Die hier

---

[5] *Hickethier* Entwicklung und Perspektiven der Programmindustrie S. 89, 92.

[6] *Hickethier* Entwicklung und Perspektiven der Programmindustrie S. 89, 92.

[7] LG Hamburg AfP 1993, 670 – TV-Spielfilm vs. TV-Movie – zu einer Spielfilmzeitschrift; bestätigt durch OLG Hamburg GRUR 1993, 135 – TV-Movie.

angebotene Kommentierung zum Formatschutz konzentriert sich auf Serien- und Sendeformate, wie sie sich in der **Fernsehwirtschaft** herausgebildet haben.

3. Formattaugliche Programme

Formattauglich sind grundsätzlich alle Programme, die zur Aufnahme in eine serielle Folge 11 in Betracht kommen. Prinzipiell gibt es **vom Genre her** insoweit **keine Einschränkungen.** Fiktionale Programme sind formattypisch, wenn sie auf Fortsetzung angelegt sind oder sonst wie einem wiedererkennbaren Muster folgen. Auch abendfüllende Kinofilme sind grundsätzlich einer Formatierung zugänglich, wie das langlebige (seit 1962) und höchst erfolgreiche Konzept der James-Bond-Filme zeigt. Nicht-fiktionale Programme wie Nachrichten, Börsen- und Wetterberichte sowie vor allem Show-Sendungen einschließlich Spiel-Shows sind geradezu prädestiniert für eine Formatierung und werden ganz überwiegend einem Formatkonzept unterworfen. Für dokumentarische Formate sind die zeitgeschichtlichen Reihen des ZDF aus der Redaktion von Guido Knopp exemplarisch.[8] Daneben werden auch Mischformen entwickelt, wie zB das abendfüllende, auf emotionale Dokumentation setzende Filmformat des Michael Moore („Bowling for Columbine", „Fahrenheit 9/11").

4. Formatbestimmende Elemente beim Sendeformat

Formatbestimmend können grundsätzlich **alle Elemente des Erscheinungsbildes** einer 12 Sendefolge sein, vorausgesetzt, sie dienen ihrer durchgängigen Wiedererkennbarkeit oder Etikettierung. Typischerweise wird für die jeweilige Folge ein gleich bleibender **Reihentitel** verwandt; die Einzelfolge kann, muss aber nicht mit einem wechselnden **Spezialtitel** ausgestattet sein. Die Nachrichtensendungen der „Tagesschau" (ARD) werden stets ausschließlich unter diesem einheitlichen Reihentitel angekündigt, während die „Tatort"-Reihe (ARD) sich dieses einheitlichen Reihentitels bedient und die einzelnen Folgen mit einem Spezialtitel belegt. Der Titel wird üblicherweise im Rahmen eines jeder Folge identisch beibehaltenen Titel-Trailers präsentiert, wobei die Bild- und Tonelemente des Trailers Signetcharakter aufweisen. Im Übrigen sind die formatbestimmenden Elemente heterogen. Wie der BGH in seiner Entscheidung „Sendeformat"[9] mit Blick auf **Fernseh-Shows** zutreffend ausführt, können neben dem Titel und dem Logo einer Sendung etwa ein den Gesamtablauf bestimmender Grundgedanke, bestimmte Mitwirkende, die Art und Weise einer Moderation, die Benutzung bestimmter auffallender Sprachwendungen oder Sätze, bestimmte Sendeabläufe, der Einsatz von Erkennungsmelodien oder Signalfarben, die Bühnendekoration oder sonstige Ausstattung, die Dauer von Sendung und Beiträgen sowie ein bestimmter Stil der Kameraführung, der Beleuchtung und des Schnitts zu den formatbestimmenden Gestaltungselementen gehören. **Fiktionale Formate** können darüber hinaus auf einer mehr oder weniger geschlossenen oder offenen Vorgabe der Handlungsidee, des Handlungsverlaufs oder der Grundstruktur der Handlung, ihrer Dramaturgie, der Zusammensetzung und Charakterisierung der mitwirkenden fiktiven Personen, bestimmter sprachlicher Typisierungen usw. unterworfen sein. Bei internationalen Formaten wie etwa „Who Wants to Be a Millionaire?" und „Deal or no Deal" werden die formatprägenden Elemente wie Sendeablauf, Erkennungsmelodie, Kameraführung, Lichtdramaturgie und Set-Design in „Format-Bibeln" festgelegt. Die jeweiligen Litenznehmer verpflichten sich in der Regel vertraglich, sich an die Vorgaben der „Format-Bibel" zu halten. Der Lizenzgeber kann auf diese Weise eine internationale „Format-Marke" aufbauen, die einen weltweiten Wiedererkennungswert inne hat; der Lizenznehmer spart Entwicklungskosten.

5. Verbindlichkeit des Formatrahmens

Der Begriff des Formats hat sich in der Praxis des Medienmarketings herausgebildet. Er 13 unterliegt **keinen gesetzlichen oder sonstigen normativen Definitionserfordernis-**

---

[8] *F. Wolf* LfM-Dokumentation Band 25 S. 52.
[9] GRUR 2003, 876, 877 – Sendeformat.

sen.[10] In Ermangelung verbindlicher Vorgaben wird der Begriff des Formats nicht immer einheitlich verwendet, dies vor allem im Hinblick auf die Stringenz oder Verbindlichkeit, mit der die Einhaltung von Konzeptionsvorgaben bei der Realisierung von Formatfolgen gefordert wird. Von **„weichen" Formaten** wird gesprochen, wenn dem Autor der Einzelsendung ein größerer Spielraum zur Eigengestaltung verbleibt. Hierzu sei als Beispielsfall die „Tatort"-Reihe der ARD angeführt, unter deren Etikett im Laufe der Jahrzehnte eine unübersehbare Vielzahl höchst heterogen gestalteter Fernsehkriminalfilme ausgestrahlt worden ist. Bei **„harten" Formaten** wird eine wesentlich weitergehende Determinierung praktiziert.[11] So gesehen wäre die „Derrick"-Serie als deutlich härteres Format im Vergleich zu „Tatort" einzustufen. Für andere Genres wie Fernseh-Shows, dokumentarische Programme, Nachrichten- und Sportsendungen usw. gilt dasselbe entsprechend. Von Formaten ist sowohl bei strikter detaillierter Regelvorgabe die Rede als auch dann, wenn lediglich die Rahmenbedingungen vorgegeben werden, vorausgesetzt freilich, dass es funktional darum geht, einen auf wiederholbare Belegung ausgerichteten speziellen Sendeplatz zu schaffen, der mit Programmen geeigneter Machart derart gefüllt wird, dass der Zuschauer die betreffende Folge der Sendereihe zuordnet.

6. Trend zu Formatadaptionen

14 Die Öffnung des Hörfunk- und Fernsehmarktes für privatwirtschaftliche Unternehmen hat den Bedarf nach verwertbaren Programmen um ein Vielfaches gesteigert. Diese Entwicklung war nicht auf Deutschland beschränkt, sondern spielte sich entsprechend auch in den meisten anderen europäischen Fernsehmärkten ab. Infolge dessen bot und bietet es sich nach wie vor an, einen großen Teil der benötigten Programme auf dem internationalen Markt einzukaufen, der in der fraglichen Zeit (ab Mitte der 80er Jahre) weitgehend durch US-amerikanische Programmware bestimmt wurde und mehr oder weniger nach wie vor bestimmt oder mitbestimmt wird. Vor dem Hintergrund dieser **Marktsituation** hat sich neben dem Erwerb von Filmlizenzrechten an ausländischen Spielfilmen der Trend herausgebildet, serielle Programme nach bestimmten kommerziell Erfolg versprechenden Mustern zu gestalten.[12] Im Wesentlichen können dabei folgende Varianten unterschieden werden. Soweit Serienprogramme lediglich durch Synchronisation für den nationalen Markt übernommen werden, geschieht dies rechtsgeschäftlich über den Erwerb von Ausstrahlungslizenzen („Dallas", „Sex and the City" usw.). Um eine **Formatadaption** handelt es sich, wenn das Konzept eines zB im Ausland gezeigten Programms übernommen und im Ausstrahlungsland – etwa in Anpassung an die einheimische Fernsehkultur – neu produziert wird. Praktiziert werden solche Formatadaptionen vor allem bei Fernseh-Shows. Als Musterbeispiel gilt die US-Spiel-Show „Wheel of Fortune", die in mehreren Ländern adaptiert wurde, in Deutschland bekanntlich unter dem Serientitel „Glücksrad". Die von ENDEMOL für RTL in Deutschland produzierte Show-Serie „Wer wird Millionär" geht auf die englische Produktion „Who Wants to Be a Millionaire?" zurück.[13] Auch im Genre der Daily-Soaps (zB „Unter Uns", „Gute Zeiten, Schlechte Zeiten") werden vergleichbare Formatübertragungen praktiziert. Es gibt aber auch Beispielsfälle für einen erfolgreichen Formatexport. So wird das in Deutschland unter dem Titel „Schlag den Raab" entwickelte Format international vermarktet („Beat Your Host").

---

[10] Im Zusammenhang damit, dass die EU-Fernsehrichtlinie in Art. 11 Abs. 3 für „Reihen" großzügigere Möglichkeiten zur Unterbrechung durch Werbespots vorsieht, begrenzt EuGH AfP 2003, 532, 535 den Begriff der Reihe dahingehend, dass die Zugehörigkeit von Filmen zu einer Reihe sich aus dem Inhalt der betreffenden Filme ergeben müsse, wie zB der Fortentwicklung einer Handlung von einer Sendung zur anderen oder dem Wiederkehren einer oder mehrerer Personen in den einzelnen Sendungen.

[11] *F. Wolf* LfM-Dokumentation Band 25 S. 52, 63.

[12] *Meckel* S. 475, 479 f; *Heinkelein/Fey* GRUR Int. 2004, 378, 380 f.

[13] In beiden Beispielsfällen wurden Formatlizenzverträge abgeschlossen, *Heinkelein/Fey* GRUR Int. 2004, 378, 379 mzwB.

Daneben begegnet man Programmen, die sich eher **indirekt** an Formatvorgaben bereits praktizierter Programme **anlehnen,** indem sie hinsichtlich der inhaltlichen Gestaltung und strukturellen Einkleidung sich mehr am kulturspezifischen Umfeld des Produktions- oder Ausstrahlungslandes orientieren. Als Beispiel hierfür mag die erfolgreiche deutsche Serienproduktion „Schwarzwaldklinik" angeführt werden, die sich an international gängige Fiction-Formate anlehnte, jedoch hinsichtlich ihrer Erzähl- und Themenstruktur genrespezifischen Kriterien des deutschen Heimatfilms folgte.[14] Ein weiteres prominentes Beispiel ist die „Harald-Schmidt-Show" (SAT 1), die die Late-Night-Show des US-Amerikaners David Letterman zum Vorbild nahm, jedoch im Laufe ihrer Fortentwicklung durch die Kreativität ihres Protagonisten Harald Schmidt mehr und mehr geprägt wurde. 15

7. Format als Handelsware (Formathandel)

Auf dem Internationalen Fernsehmarkt hat sich ein lebhafter **Handel mit Formatlizenzen** entwickelt.[15] Auf der Anbieterseite stehen Fernsehveranstalter, die in ihrem unmittelbaren Sendebereich ein bestimmtes Serienprogramm erfolgreich ausgestrahlt haben und daran interessiert sind, in einem zweiten Schritt dieses Format in möglichst viele weitere Fernsehmärkte zu exportieren. Als **Anbieter** betätigen sich auch Zwischenhändler oder solche Unternehmen, die, ohne selbst über einen Fernsehsender zu verfügen, ein bestimmtes Format entwickelt oder weiterentwickelt haben. Auf der **Nachfrageseite** treffen sie auf Fernsehsender, die sich von der Reproduktion eines anderswo bereits erfolgreichen oder jedenfalls erfolgverheißenden Formats ein kostengünstig zu realisierendes Programm zur Erzielung hoher Einschaltquoten und entsprechender Werbeeinschaltungen versprechen. Gegenstand des Handels sind das Formatkonzept **(„paper format"),** das **„programme format"** oder das **„format package".** Im „paper format" (Formatskript, „Production Bible")[16] werden alle Formatelemente im Sinne eines gestalterischen Konzepts detailliert beschrieben. Es handelt sich um ein Konzeptpapier, vergleichbar mit Konzeptausarbeitungen von Werbeagenturen, in denen eine Werbekonzeption dargestellt und ggf. anhand von Marketingerwägungen gestützt wird. Verfügt der Anbieter über ein bereits in eine Fernsehproduktion umgesetztes Programm, zumindest über eine Pilotproduktion, in die das Konzeptpapier umgesetzt worden ist, vermag er ein „programme format" zu offerieren. Ggf. besitzt er auch eine Dokumentation der Entstehungsgeschichte seines Formats, welches die einzelnen Schritte der Entwicklung bei der Vornahme bestimmter Änderungen und Anpassungen in Verbindung mit der Entwicklung der Einschaltquoten nachzeichnet und dem Nachfrager Aufschluss darüber geben kann, wie man das Konzept erfolgreich weiter entwickeln könnte. Anbieter und Nachfrager können ferner einen Beratungsaustausch für die Phase der Formatumsetzung beim Nachfrager vereinbaren. Sofern der Lizenzvertrag auch solche Zusatzvereinbarungen mitumfasst, wird der Lizenzgegenstand als „format package" bezeichnet.[17] Der Formathandel präsentiert sich auf internationalen Messen wie etwa der Natpe in Las Vegas und den in Cannes stattfindenden Veranstaltungen MIP-TV und MIP-Com.[18] Die Branche ist sich durchaus darüber im Klaren, dass die Zuerkennung absoluter Schutzrechte an Formaten in den einzelnen Schutzländern nicht gewährleistet, zumindest aber umstritten ist, und hat vor diesem Hintergrund die internationale Vereinigung FRAPA („The Format Recognition and Production Association") gegründet. Diese hat sich zum Ziel gesetzt, zur Vermeidung von Prozessen ein außergerichtliches Streitschlichtungsverfahren bereitzustellen und für den rechtlichen Schutz von Formaten einzutreten. Im Februar 2001 wurde bei der FRAPA ein Register zur Hinterlegung von paper formats etabliert.[19] 16

[14] *Meckel* S. 473, 480.
[15] *Degmair* GRUR Int. 2003, 204, 205; *Heinkelein/Fey* GRUR Int. 2004, 378 ff; *Brunst* S. 5, 9.
[16] *v. Hartlieb/Schwarz/U. Reber* 39. Kap. Rn 3.
[17] *Heinkelein/Fey* GRUR Int. 2004, 378, 380; *Degmair* GRUR Int. 2003, 204, 206.
[18] *Heinkelein/Fey* GRUR Int. 2004, 378, 379 Fn 5.
[19] *Eschenbach* S. 14, 15.

B. Formatschutz und Urheberrecht

Schrifttum: *Berking,* Kein Urheberrechtsschutz für Fernsehshowformate?, GRUR 2004, 19; *Degmair,* Die Schutzfähigkeit von Fernsehshow-Formaten nach dem spanischen Urheberrecht, GRUR Int. 2003, 204; *Eickmeier/Fischer-Zernin,* Ist der Formatschutz am Ende? – Der Gesetzliche Schutz des Fernsehshowformats nach der „Sendeformat"-Entscheidung des BGH, GRUR 2008, 755; *Flechsig,* Formatschutz und Anforderungen an urheberrechtlich geschütztes Werkschaffen, ZUM 2003, 767; *v. Gamm,* Schutz der Werbeidee und ihrer Ausdruckformen, WRP 1970, 125; *v. Have/Eickmeier,* Der Gesetzliche Rechtsschutz von Fernseh-Show-Formaten, ZUM 1994, 269; *Heinkelein,* Der Schutz der Urheber von Fernsehshows und Fernsehformaten, 2004; *Heinkelein/Fey,* Der Schutz von Fernsehformaten im deutschen Urheberrecht, GRUR Int. 2004, 378; *Henkenborg,* Der Schutz von Spielen, 1995; *Hertin,* Zur urheberrechtlichen Schutzfähigkeit von Werbeleistungen unter besonderer Berücksichtigung von Werbekonzeptionen und Werbeideen, GRUR 1997, 799; *Holzporz,* Der rechtliche Schutz des Fernsehshowkonzepts, 2002; *Jacobs,* Die Urheberrechtsfähigkeit von Sendeformaten, in: Festschrift für Peter Raue, 2006, S. 499; *Lausen,* Der Rechtsschutz von Sendeformaten, 1998; *ders.,* Der Schutz des Show-Formats, in: *Becker/ Schwarz* (Hrsg.), Aktuelle Rechtsprobleme der Filmproduktion und Filmlizenz, 1999, S. 169; *Litten,* Der Schutz von Fernsehshow- und Fernsehserienformaten, 1997; *Loewenheim,* Urheberrechtlicher Schutz von Videospielen, in: *Forkel/Kraft* (Hrsg.), Beiträge zum Schutz der Persönlichkeit und ihrer schöpferischen Leistungen, FS Heinrich Hubmann, 1985; *Rehbinder,* Zum Urheberschutz für fiktive Figuren, in: *Rehbinder* (Hrsg.), Beiträge zum Film- und Medienrecht, 1988, FS Wolf Schwarz, S. 163; *M. Schwarz,* Schutzmöglichkeiten audiovisueller Werke von der Idee bis zum fertigen Werk – aus der Sicht anwaltlicher Beratung, ZUM 1990, 317; *W. Schwarz,* Schutz und Lizenzierung von Fernsehshowformaten, in: *Scheuermann/Strittmatter* (Hrsg.), Urheberrechtliche Probleme der Gegenwart, FS Ernst Reichardt, 1990, S. 203; *Ulmer,* Anm. zu BGH „Gasparone" GRUR 1959, 384; *Willi,* Merchandising mit fiktiven Figuren, WRP 1996, 652.

I. Allgemeine Grundsätze

17 Die Voraussetzungen für urheberrechtlichen Schutz ergeben sich aus §§ 1 und 2 UrhG. Danach werden Werke der Literatur, Wissenschaft und Kunst geschützt, die persönliche geistige Schöpfungen im Sinne des § 2 Abs. 2 UrhG darstellen. Durch die Beschränkung des Urheberrechtsschutzes auf Werke der Literatur, Wissenschaft und Kunst werden vor allem technische Erfindungen, geschäftliche Methoden oder Systeme vom Urheberrechtsschutz ausgeschlossen.[20] Im Übrigen ist der **Werkbegriff zweckneutral.** Auch der kommerzielle Zwecks eines Werks steht seiner Schutzfähigkeit grundsätzlich nicht entgegen.

18 Die in § 2 Abs. 1 Nr. 1 bis 7 UrhG angeführten Werkarten bilden keine abschließende Kategorisierung („insbesondere"), sodass es für die Subsumtion des Formats unter den Werkbegriff nicht hinderlich ist, dass das „Format" unter den Werkarten nicht wörtlich oder sinngemäß erwähnt wird.[21] Der **Werkbegriff** des deutschen Urheberrechts ist grundsätzlich **offen für neue und sich neu entwickelnde Werkformen.**

19 In seiner „Quizmaster"-Entscheidung hat der BGH ausgeführt, die Werkeigenschaft komme zB im Hinblick auf die Quizserie „Dalli-Dalli" (Hans Rosenthal) nicht für die gesamte Sendeserie in Betracht, sondern nur für ihre Folgen. Bei einer Zusammenfügung von Musik- und Gesangsdarbietungen, Bühnenszenen, Reportagen, Interviews, Ansage- und Spielleitertätigkeit in einer Unterhaltungssendung fehle es regelmäßig an einer „formgebundenen Einheit".[22] Es darf bezweifelt werden, dass diese **Lehre zur formgebundenen Einheit** noch der aktuellen BGH-Rechtsprechung entspricht.[23] Denn im Allgemeinen geht die Rechtsprechung davon aus, dass sich die Schutzfähigkeit zusammengesetzter Werke gerade erst aus ihrer Gesamtkonzeption ergeben kann, wie sich dies bei Bühnenbildern, Inneneinrichtungen, Landschaftskunstwerken, Choreografien und Happenings zeigt.[24] Der

[20] *Schricker/Loewenheim* UrhG § 2 Rn 2; *Dreier/Schulze* UrhG § 1 Rn 4–6; *Möhring/Nicolini-Ahlberg* UrhG § 1 Rn 1; *v. Gamm* UrhG § 2 Rn 1; *ders.* § 2 Rn 7 a.

[21] BGH GRUR 2003, 876, 877 – Sendeformat.

[22] BGH GRUR 1981, 419, 420 – Quizmaster.

[23] Zur Kritik in der Literatur *M. Schaefer* S. 122 ff; *Fromm/Nordemann-Vinck* UrhG § 2 Rn 58; *Litten* S. 24.

[24] BGH GRUR 1986, 458, 459 – Oberammergauer Passionsspiele; OLG Frankfurt GRUR 1990, 121 – USM-Haller; BGH GRUR 1982, 107, 109 – Kirchen-Innenraumgestaltung; BGH ZUM 1999, 146, 148 –

Aspekt der mangelnden formgebundenen Einheit wird bezeichnenderweise in der Entscheidung „Sendeformat" des BGH nicht mehr aufgegriffen.[25]

Das beim urheberrechtlichen Formatschutz zu überwindende Handykap liegt auf einer anderen Ebene: **Einen Ideenschutz kennt das Urheberrecht nicht.** Die bloße Idee, bestimmte Werke zu schaffen, ist urheberrechtlich nicht schutzfähig. Solange abstrakte Vorstellungen von einem Werk noch keine konkrete Form gefunden haben, versagt das Urheberrecht als Schutzinstrument von vornherein.[26] Die mangelnde Kompetenz des Urheberrechts zum Schutz von Ideen entspricht einem internationalen Konsens, der inzwischen in Art. 9 Abs. 2 TRIPS seinen Ausdruck gefunden hat. Danach erstreckt sich der urheberrechtliche Schutz „auf Ausdrucksformen und nicht auf Ideen, Verfahren, Arbeitsweisen oder mathematische Konzepte als solche". Dem liegt die rechtspolitische Entscheidung zugrunde, die Ideenwelt und mit ihr einzelne Kunstgattungen, Kunstgenres und Stoffideen im Interesse der künstlerischen Vielfalt für die Allgemeinheit offen zu halten. Dieser Grundgedanke ist gerade auch für den Formatbereich zu akzeptieren, denn es wäre fatal, früher unbekannte Sendeformen wie Talkshows, Reality-TV, Daily-Soaps oder Doku-Soaps zugunsten desjenigen zu monopolisieren, der als erster mit der Idee zu solchen Sendeformaten hervorgetreten ist. 20

In der Rechtsprechung des BGH und auch der Instanzgerichte wird durchweg die Zuerkennung des Urheberrechtsschutzes für das von der Formgebung losgelöste Formgestaltungskonzept verweigert. **Grundlegend** ist nach wie vor die **„Werbeidee"-Entscheidung** des BGH.[27] Zu entscheiden war über eine vom Kläger entwickelte Werbegestaltung. Diese bestand darin, dass ein beliebiges Sammelwerk, welches aus kürzeren, in sich geschlossenen und in bestimmter Ordnung gehaltenen Beiträgen besteht, in Tageszeitung oder Zeitschriften derart abgedruckt wird, dass die jeweils auf der Vorder- und Rückseite eines Blattes abgedruckten Fortsetzungen gleich bleibend in der gebräuchlichen Größe von Buchseiten gehalten sowie dass die Seiten fortlaufend durchnummeriert und mit einem besonderen Heftrand versehen sind. Die beklagte Partei hatte in ihrer Zeitung nach demselben Prinzip ein (inhaltlich völlig anderes) Nachschlagewerk abgedruckt. In den Entscheidungsgründen wird festgestellt, dass der Schutz „für eine bloße äußere Formgestaltung" begehrt werde, „die vom Gedankeninhalt des veröffentlichten Sammelwerks unabhängig ist. Die vom Inhalt losgelöste äußere Formgestaltung eines Schriftwerkes ist aber nicht Gegenstand des Urheberschutzes. Der urheberrechtliche Schriftwerkschutz setzt vielmehr einen durch das Mittel der Sprache ausgedrückten Gedankeninhalt voraus." 21

Die Versagung des Urheberrechtschutzes für das von der Formgebung gelöste Formgestaltungskonzept führt zu der allgemeinen Feststellung, dass die **Methode des Schaffens, der Stil, die Manier und die Technik der Darstellung nicht schutzfähig** sind.[28] Auch die von der Motivgestaltung ablösbare Wahl des Motivs als solchem kann den Urheberschutz nicht begründen. Im Falle **„Deutschlanddecke"** hatte der BGH über eine mit einer Karte von Deutschland bedruckte Decke zu entscheiden.[29] Darauf waren die wesentlichen deutschen Städte mit einem bestimmten Wahrzeichen eingezeichnet. Die eigentliche Karte war umrahmt von Städtewappen. Gegenüber einer Nachbildung, die gleichfalls mit Deutschland-Symbolen belegt war, wurde der Urheberschutz mit der Begründung abgelehnt, diese erstrecke sich nur auf die individuelle Schöpfung in ihrer konkreten Ausführung, nicht dagegen auf den dargestellten Gegenstand als solchen, bestimmte For- 22

Treppenhausgestaltung; OLG München ZUM 2001, 339, 344 – Kirchenschiff; LG München I ZUM 2002, 71, 72 für die Filmkulisse zu dem Film „Der Zauberberg"; insoweit auch OLG München ZUM 2002, 922, 926 – Der Zauberberg; BGH GRUR 1985, 529 – Happening; LG Essen UFITA 18/1954, 243 – Der grüne Tisch.

[25] BGH GRUR 2003, 876 – Sendeformat; das betont auch *Berking* GRUR 2004, 109, 110.

[26] Allgemeine Meinung, statt aller *Schricker-Loewenheim* UrhG § 2 Rn 50 mwN.

[27] BGH GRUR 1955, 598, 599 – Werbeideen.

[28] *Schricker/Loewenheim* UrhG § 2 Rn 25, 26.

[29] BGH GRUR 1958, 351 – Deutschlanddecke.

mungsideen oder einzelne abstrakte Motive. Auf dieser gedanklichen Linie basiert auch die **Sendeformat-Entscheidung** des BGH.[30] Zwar wird anerkannt, dass die dem Format „L'école des fans" zugrunde liegende Idee bereits zu einer Konzeption weiterentwickelt ist und mit seinen einzelnen Elementen eine „Einheit" bildet, „die mehr als die Summe seiner Bestandteile darstellt. Ein Werk im Sinne des § 2 UrhG und damit Gegenstand des Urheberrechtsschutzes kann aber nur sein das Ergebnis der schöpferischen Formung eines bestimmten Stoffs. Daran fehlt es bei einer vom Inhalt losgelösten bloßen Anleitung zur Formgestaltung gleichartiger anderer Stoffe, mag diese auch ein individuell erarbeitetes, ins Einzelne gehendes und eigenartiges Leistungsergebnis sein." Der Urheberschutz scheitere aber daran, dass das Forma „nicht einmal etwas vom Kern der nach seinen Anleitungen geschaffenen einzelnen Sendungen als Teil der Sendereihe" enthalte.[31]

23 Der Urheberschutz setzt erst ein **bei der konkreten Ausgestaltung** der Schöpfungsidee, und zwar dort, wo die Ausformung eine hinreichende Individualität erkennen lässt. Bei Vorgaben für serielle Fernsehsendungen kann sich die schöpferische Individualität zum einen aus der vorgegebenen Erzählstruktur, etwa einem Grundmuster der immer wieder zu variierenden Fabel ergeben,[32] zum anderen aber auch aus der Auswahl, Anordnung und Kombination einzelner Gestaltungsmerkmale.[33] Das ist jedenfalls die theoretische Ausgangssituation unter urheberrechtlichen Vorzeichen. Da sich bei der Formatentwicklung (schutzlose) Ideen und (schutzwürdige) Vorgaben für die konkrete Ausgestaltung miteinander vermischen, tauchen erhebliche Zuordnungs- und Abgrenzungsprobleme auf. So setzt die Kritik von *Jacobs*[34] an der Sendeformat-Entscheidung des BGH bei der Feststellung an, dass auch das konkret fixierte Konzept einer Serie, die selbst keiner narrativen Struktur, aber einem individuell vorgegebenen Rahmen und Plan folgt, eine schöpferische Leistung sein kann, die sich in einer konkreten Formgestaltung Ausdruck verschafft, zumal dann, wenn sie in einem Konzeptpapier schriftlich niedergelegt ist, sodass sich die Parallele zu anderen anerkannten konzeptualen Werkformen wie Filmmanuskripten (Exposé, Treatment, Drehbuch), Tanzchoreografien, Architektenplänen usw. aufdrängt. Auch die sog. „Fortsetzungsrechtsprechung",[35] die auf einem vorgegebenen Rahmen – ähnlich einem Konzept – basiert und im fortgesetzten Werk erst ausgefüllt werden muss, wird mit einiger Berechtigung gegen die „Sendeformat"-Doktrin ins Feld geführt.[36]

II. Urheberschutz gegen die Adaption von Serien- und Fernsehfilmformaten (fiktionale Formate)

1. Das erfundene Handlungsgerüst als schutzfähiges Werk

24 Spielfilme und Einzelfolgen von Filmserien sind von der freien Erfindung ihrer Spielhandlungen und Handlungselemente geprägt, sie genießen als separate Filmwerke zweifelsfrei den Schutz nach § 2 Abs. 1 Nr. 6 UrhG. Ob allerdings das einer Filmserie zugrunde liegende **Formatkonzept** für sich genommen schutzfähig ist, kann nicht verallgemeinernd festgestellt werden. Ausgangspunkt ist erneut die Feststellung, dass die einem Film oder einer Serie zugrunde liegende Grundidee, zB eine Episode oder Episodenfolge um den Chefarzt einer Privatklinik zu thematisieren, als allgemeine Anregung nicht schutzfähig ist. Erst die Einfügung eines bestimmten Einfalls in einen Handlungsablauf kann – unabhängig von der Wortgestaltung im Einzelnen – Urheberschutz begründen, ebenso wie der Gang

[30] BGH GRUR 2003, 876 – Sendeformat.
[31] BGH GRUR 2003, 876, 878 – Sendeformat.
[32] BGH GRUR 1999, 984, 987 – Laras Tochter.
[33] BGH GRUR 1987, 704, 705 – Warenzeichenlexika; BGH GRUR 1986, 739, 740 – Anwaltsschriftsatz; BGH GRUR 1981, 520, 522 – Fragensammlung.
[34] FS Raue S. 499, 509 ff; auf dieser Linie auch die Kritik von *Wandtke/Bullinger/Manegold* UrhG § 88 Rn 34.
[35] BGH GRUR 1999, 984 – Laras Tochter; → Rn 26 mwN.
[36] *Eickmeier/Fischer-Zernin* GRUR 2008, 755, 760.

der Handlung mit seinen dramatischen Konflikten und Höhepunkten, die Szenenführung, also die Gliederung und Anordnung des Stoffes sowie die Rollenverteilung und Charakteristik der handelnden Personen.[37] Es bedarf somit der Feststellung, ob bereits das Formatkonzept den Gang der Handlung, die Anordnung des Stoffes, die Zusammenfügung individualisierter Personen, ihrer Charaktere, Motive, des Milieus, der Zeitumstände unter anderem als „Kompositionselemente" vorgibt.[38] In einzelnen Folgen vorkommende einmalige, dh sich nicht durchgehend wiederholende Geschehnisse bleiben bei der urheberrechtlichen Bewertung des Formatkonzepts unberücksichtigt.[39] Soweit bereits das Serienkonzept den Handlungskern der einzelnen Folgen enthält, liegt insoweit ein selbstständig schutzfähiger Werkteil vor.[40] Häufig wird das Formatkonzept nicht bereits, über die Filmidee hinausgehend, ein individualisierbares Grundmuster für den Gang der Handlung bzw. für die Fabel vorgeben. Es kommt dann darauf an, ob und in welchem Ausmaß das Milieu der Handlung, die Personen mit den sie charakterisierenden Zügen oder Handlungsteile seriell vorgegeben und damit formatiert worden sind. In diesem Sinne ist es durchaus denkbar, dass bereits das Formatkonzept sowohl die Grundstrukturen für die Entwicklung der einzelnen Episoden als auch inhaltliche Elemente enthält, die dann in den Einzelfolgen unverändert wiederkehren und damit das Gesamtbild der Serie prägen.[41]

2. Abhängige Benutzung, freie Benutzung

Selbst wenn unter Berücksichtigung dieser Kriterien einem Formatkonzept die urheberrechtliche Schutzfähigkeit gemäß § 2 UrhG zuzusprechen wäre, indiziert nicht jede Form seiner Adaption den Tatbestand der Urheberrechtsverletzung. § 24 Abs. 1 UrhG lässt die sog. **freie Benutzung** zu, während nur die **abhängige** (unfreie) **Benutzung** gemäß § 23 UrhG **einwilligungsbedürftig** ist. Eine freie Benutzung liegt dann vor, wenn angesichts der Eigenart des neuen Werkes die entlehnten eigenpersönlichen Züge des geschützten älteren Werkes vernachlässigenswert zurücktreten.[42] Die Abgrenzung zwischen freier und unfreier Benutzung wird unter maßgeblicher Bewertung des Grades der Eigenart des benutzten und des neuen Werks vorgenommen. Von einer freien Benutzung ist dort eher auszugehen, wo sich die Eigenart des neuen Werks gegenüber dem älteren Werk in besonderem Maße abhebt. Lehnt sich das jüngere Werk dagegen an ein Werk von besonderer Schöpfungshöhe an, ohne seinerseits eine herausragende Eigenart zu entwickeln, wird im Zweifelsfall eine abhängige Bearbeitung vorliegen.[43] 25

3. Formatkonzepte für fiktionale Fernsehserien

Formatkonzepte für fiktionale Fernsehserien sind dadurch gekennzeichnet, dass sie nicht bereits die in den einzelnen Folgen der Serie darzustellenden Handlungsvorgänge nebst Dialogen und Szenenanweisungen enthalten, sondern (nur) **den Rahmen vorgeben,** an dem sich die Drehbücher der Einzelfolgen und deren filmische Umsetzung orientieren soll. Insofern ist es bedeutsam, dass der BGH in seiner Entscheidung „Laras Tochter"[44] in Bezug 26

[37] BGH GRUR 1959, 379, 381 – Gasparone; → ferner OLG München GRUR 1956, 432 – Solange Du da bist; KG UFITA 17, 62 – Wer küsst Madelaine?.

[38] *Lausen* S. 46.

[39] *v. Have/Eickmeier* ZUM 1994, 268, 270.

[40] OLG München ZUM 1999, 149, 151 – Das doppelte Lottchen; schutzfähig sind auch individuell gestaltete Handlungsabläufe und besonders ausgestattete Figuren eines ansonsten historisch vorgegebenen Geschehens, LG Hamburg ZUM 2003, 403, 406, 411 – Die Päpstin; LG Hamburg ZUM 2009, 581 – Pippi Langstrumpf.

[41] *Litten* S. 19.

[42] BGH GRUR 1994, 191, 193 – Asterix-Persiflagen mwN.

[43] BGH GRUR 1981, 267, 269 – Dirlada; BGH GRUR 1982, 37, 39 – WK-Dokumentation.

[44] BGH GRUR 1999, 984, 987 – Laras Tochter, unter Hinweis auf BGH GRUR 1959, 379, 381 – Gasparone; KG GRUR 1926, 441, 442 – Alt-Heidelberg/Jung-Heidelberg; öOGH ÖBl. 1983, 173, 174f – Die rote Brieftasche sowie speziell zum Urheberschutz von Figuren, Handlungsabläufen usw. bei einer Comicserie BGH GRUR 1994, 191 – Asterix-Persiflagen.

auf einen Roman als Werk der Literatur entschieden hat, dass nicht nur die konkrete Textfassung oder die unmittelbare Formgebung eines Gedankens urheberrechtlich schutzfähig ist. Schutzfähig sind vielmehr auch eigenpersönlich geprägte Bestandteile und formbildende Elemente des Werkes, die im **Gang der Handlung,** in der **Charakteristik und Rollenverteilung der handelnden Personen,** der **Ausgestaltung von Szenen** und in der **„Szenerie"** des Romans liegen. Im Zusammenhang mit der dort ebenfalls erörterten Abgrenzung zwischen freier und abhängiger Benutzung geht der BGH davon aus, dass allenfalls unter ganz besonderen Umständen eine freie Benutzung anzunehmen sein wird, wenn die in einem Roman erzählte Geschichte unter Übernahme wesentlicher, charakteristischer Gestalten daraus (linear) fortgeschrieben wird. Zugunsten einer abhängigen Entlehnung fällt ins Gewicht, wenn bei der Fortsetzung Teile der Fabel (mit den Personen, Ereignissen, Handlungen und Schicksalen) und der Disposition (im Sinne der Ausgangssituation und des Hintergrunds) übernommen und daran angeknüpft wird, zB indem aus dem Originalroman bekannte Geschehnisse erneut, nun aber aus der Sicht anderer Beteiligter geschildert werden. Die Abhängigkeit wird nicht dadurch aufgehoben, dass sich das **Fortsetzungswerk** im weiteren Verlauf immer mehr vom Originalwerk löst, etwa indem das Fortsetzungswerk Personen der nächsten Generation in den Vordergrund treten lässt oder indem das Fortsetzungswerk tragende Personen aus dem Originalwerk im Fortgang der Erzählhandlung näher oder auch etwas anders beleuchtet werden als im Originalwerk. Darin liegt lediglich eine benutzende Arbeit mit dem Stoff der Vorlage, die zwar ebenfalls eine urheberrechtlich schutzfähige Bearbeitung (§ 3 UrhG) mit eigener Erzählung, neuen Themen und eigener Atmosphäre hervorgebracht hat, nicht aber eine künstlerisch eigenständige Verarbeitung und Anverwandlung des Übernommenen, wie sie für die Entstehung eines selbstständigen unabhängigen Werkes notwendig ist.[45]

4. Zum urheberrechtlichen Schutz bei der Übernahme fiktiver Figuren

27 Bei der Übernahme **fiktiver Figuren** aus vorbestehenden Werken kommt eine Urheberrechtsverletzung in Betracht, wenn sich die Ausstattung mit persönlichen Merkmalen als persönliche geistige Schöpfung darstellt. In **Serienkonzepten** kommt es vor, dass **die Protagonisten als literarische Figuren vorgezeichnet** werden. Die Individualisierung erfolgt durch Schilderung der charakterlichen Eigenheiten, für die Figur typischer Handlungsmuster. Letztlich geht es um die Skizzierung dessen, was die fiktive Person als charakteristisch erscheinen lässt. Dazu kann auch die Vorgabe einer bestimmten Mimik und Gestik gehören, weiter eine gewisse Art des Sprechens, des Argumentierens, des Kontaktnehmens mit anderen Mitwirkenden.[46] Unter diesen Voraussetzungen kann die verbale Charakteristik einer filmisch umzusetzenden Figur, vor allem aber auch das Zusammenspiel mehrerer Mitwirkender in einer Fernsehserie, Werkcharakter aufweisen. Irrelevant ist dabei freilich die Charakteristik und körperliche Erscheinung des Schauspielers, der bei der filmischen Umsetzung die betreffende Rolle verkörpert. Die urheberrechtliche Schutzfähigkeit einer fiktiven Figur muss losgelöst von der Person ihres Darstellers individuelle Züge aufweisen. Die Umschreibung einer fiktiven Person zB als „schöne, herrschsüchtige und intrigante Unternehmerin" wäre zu allgemein, um den Urheberschutz zu begründen.[47] Im Falle der BGH-Entscheidung „Sherlock Holmes" ging es um den Spielfilm „Der Mann, der Sherlock Holmes" und das dort gezeigte Auftreten von Privatdetektiven mit den Namen „Sherlock Holmes" und „Dr. Watson". Da weder Handlungselementen aus den Kriminalromanen von Conan Doyle noch Wesenselemente der Romanfiguren im Film aufgegriffen wurden, verneint der BGH eine Urheberrechtsverletzung unter dem Aspekt der freien Benutzung.[48]

---

[45] BGH GRUR 1999, 984, 988 – Laras Tochter.
[46] *Rehbinder* S. 163, 170 unter Hinweis auf die Entscheidung OG ZH SJZ 1949, 104 – Professor Cekadete.
[47] Beispiel nach *Rehbinder* S. 173; KG ZUM 2003, 867, 869 f – Anna Marx; → Rn 29.
[48] BGHZ 26, 52, 56 – Sherlock Holmes.

5. Die Entscheidung „Forsthaus Falkenau" als Musterbeispiel für die Kollision fiktionaler Serienkonzepte

Die Anwendung der zuvor referierten urheberrechtlichen Kriterien auf einen in der Medienpraxis so oder ähnlich häufiger vorkommenden Sachverhalt im Bereich des fiktionalen Filmschaffens lässt sich anhand der Entscheidung des **OLG München „Forsthaus Falkenau"** anschaulich exemplifizieren.[49] Die klagenden Autoren hatten verschiedenen Redaktionen des ZDF ein Konzept für eine Fernsehserie mit dem Titel „Forstrevier Alpsee" angeboten. Das ZDF sowie deren Auftragsproduzentin N verneinten eine Verwendungsmöglichkeit für das Exposé. Zwei Jahre danach strahlte das ZDF eine in ihrem Auftrag von N. produzierte 14-teilige Fernsehserie mit dem Titel „Forsthaus Falkenau" aus. Die Kläger definierten ihr **Formatkonzept** wie folgt: Im Mittelpunkt ihres Konzepts stehe ein verwitweter Förster mit zwei erwachsenen Kindern; in der Spielhandlung der Serie sollen neben den schönen Seiten auch die Probleme und Nöte eines Försters zur Sprache kommen, etwa der Konflikt Rentabilität-Ökologie. Ferner sollen Kontrafiguren eingeführt werden, nämlich ein staatlicher Förster und ein hoch engagierter Naturschützer. Ferner sollen die Waldprobleme eindringlich geschildert und auch das Problem der Überhege und die Belange der privaten Jagdpächter nicht ausgeklammert werden. Wesentliche Elemente ihres Konzepts seien das eine tragende Rolle spielende Adelshaus sowie die Drehorte, die einen Forstmann vor dem Hintergrund einer überwältigenden bayerischen Alpenlandschaft agieren lassen. Die **Übereinstimmungen** oder **Ähnlichkeiten** gegenüber dem **Serienkonzept** der Beklagten wurden wie folgt zusammengefasst: Auch in ihrem Mittelpunkt stehe ein verwitweter Förster mit drei Kindern im Alter von 8, 17 und 19 Jahren; auch er habe mit Umweltfrage, dem Waldsterben und ökologischen Problemen zu tun. Weitere Parallelen ergäben sich insbesondere daraus, dass auch in der Serie der Beklagten ein Adelshaus eine tragende Rolle spiele und dass auch hier eine überwältigende bayerische Landschaft als Hintergrund diene. Das Berufungsgericht befürwortet den Urheberschutz für das Exposé (und damit zugleich für das Formatkonzept) „Forsthaus Alpsee", dies nicht bereits zugunsten der Idee einer Försterspielfilmserie als solcher, sondern zugunsten des konkreten Konzepts. Dessen Individualitätsgrad wird allerdings derart niedrig eingestuft, dass sich das OLG zu einer speziellen Rechtfertigung aufgerufen sieht: Da auch für Gestaltungen ohne künstlerischen Wert ein legitimes Schutzbedürfnis bestehe, die bei einem Minimum an Gestaltungshöhe gerade noch urheberschutzfähig sind, könne dem Exposé der Klägerin das für die Schutzfähigkeit erforderliche Mindestmaß an Schöpfungshöhe nicht abgesprochen werden. Das OLG lässt die Klage dennoch an der Feststellung scheitern, das klägerische Konzept sei **lediglich frei benutzt** worden (§ 24 Abs. 1 UrhG). Die Idee, einen verwitweten Förster mit seinen Kindern und einen adeligen Landbesitzer vor dem Hintergrund einer überwältigenden bayerischen Landschaft agieren zu lassen, und die Vorgabe, dass es in den einzelnen Folgen auch um Konflikte wie zB Naturschutz- und Waldschadensproblematik gehen solle, erschöpften sich in gängigen Grundmustern für Filme des hier gegebenen Genres. Solche aus dem Exposé der Klägerin übernommenen Elemente verblassten „zwangsläufig" gegenüber der Eigenart des neu geschaffenen Werkes der Beklagten. Zu einem abweichenden Ergebnis hätte es einer stärkeren Ausformung konkreter Elemente der Spielhandlung im Exposé bei entsprechender Übernahme durch die Adaption bedurft. 28

6. Die „Anna Marx"-Entscheidung des KG[50]

Der Entscheidung lag folgender Sachverhalt zugrunde. Die Klägerin hatte eine **Romanserie** verfasst, in deren Mittelpunkt die **Journalistin „Anna Marx"** steht. Sie hatte mit der beklagten Auftragsproduzentin einer öffentlich-rechtlichen Rundfunkanstalt einen Autoren-Film-Drehbuch-Vertrag über die Produktion von 13 Folgen einer Krimi-Serie ge- 29

[49] OLG München GRUR 1990, 674 – Forsthaus Falkenau.
[50] KG ZUM 2003, 867 – Anna Marx.

schlossen, die auf der Vorlage eines der Anna-Marx-Romane entwickelt werden sollte. Vertragsgemäß wurden in der Folgezeit 13 Episoden der Serie produziert und in der ARD ausgestrahlt. Über die Herstellung weiterer 13 Episoden schlossen die Parteien einige Jahre später einen Vertrag, durch den der Produzentin gestattet wurde, unter Benutzung der von der Klägerin entwickelten Figuren, insbesondere der Figur „Anna Marx" weitere 13 Folgen zu produzieren und auswerten zu lassen. Eine dritte Staffel mit erneut 13 Folgen stellte die Produzentin dann ohne weitere Lizenzierung durch die Klägerin her und begründete dies damit, die Weiterentwicklung der Serie hätte sich inzwischen so weit vom Romanschaffen der Klägerin entfernt, dass keine abhängige Benutzung mehr vorliege. Das KG gab der Beklagten im Ergebnis Recht: Der urheberrechtliche Schutz einer frei erfundenen (fiktiven) Gestalt setze eine unverwechselbare Kombination äußerer Merkmale sowie von Eigenschaften, Fähigkeiten und typischen Verhaltensweisen voraus, aus denen besonders ausgeprägte Persönlichkeiten geformt sind, die jeweils in charakteristischer Weise auftreten. Im konkreten Fall seien die Charaktereigenschaften, die die Klägerin ihrer Romanfigur beigelegt hat, und die Struktur des Plots jeweils für sich nicht schutzfähig. Dies betreffe den Umstand, dass „Anna Marx" in die Fälle hineinstolpert und sie auch unter Zuhilfenahme höher gestellter Personen (Staatssekretäre) zu einem Happy-End führt. Nichts anderes gelte für ihre Lebensumstände, wie das Single-Dasein, Wechseln der Liebhaber, den Beruf, in dem sie nicht aufgeht, jeweils für sich betrachtet seien auch die Charaktereigenschaften der Anna Marx, die Ecken und Kanten hat, kritikfreudig, flapsig, hilfsbereit, sozial engagiert, flirtfreudig in einem intakten sozialen Umfeld als Einzelkämpferin und „Lebefrau" geschildert wird, die an die Gerechtigkeit glaubt, nicht schutzfähig. Denn diese Eigenschaften und Umstände seien aus zahlreichen Schriftwerken und Filmen vorbekannt und sie zeigten auch keine individuelle Schöpfung. Jedenfalls seien derartige Elemente nicht in abhängiger Weise benutzt worden. Soweit die Figur der „Anna Marx" mit mehreren Charaktereigenschaften als Protagonistin und auch bestimmte Strukturmerkmale der „Anna-Marx"-Romane der Klägerin in den Filmepisoden übernommen seien, so wiesen diese **in einer Gesamtschau keine hinreichende eigenschöpferische Prägung** auf. In Ihrer Gesamtheit ergäben sie das – gut gezeichnete – Bild einer modernen, unabhängigen, durchsetzungsfähigen Journalistin, die am Regierungssitz investigativ tätig wird. Damit seien gerade die Charakterzüge übernommen, die „im Trend" liegen und nicht als hinreichend schöpferisch anzusehen seien. Die Adaptionselemente verblassten hinter den unabhängig von der Klägerin geschriebenen Geschichten der Fernsehepisoden, deren Handlung und deren Szenerie. Die **Schaffung eines Formats wie „Anna Marx"** könne nicht in der Weise monopolisiert werden, dass zugunsten der Klägerin der von Anna Marx verkörperte Journalistinnentyp mit den dargestellten Charakterzügen, soweit sie übernommen sind, geschützt wird. Dies würde zu einer **unangemessenen Einschränkung der künstlerischen Leistungsmöglichkeiten aller übrigen Urheber** führen. Die Erwägungen des KG stehen damit im Einklang mit den Grundsätzen zum Urheberschutz an fiktiven Personen.[51]

7. Ergebnis

30 **Zusammenfassend** lässt sich feststellen, dass gegenüber der Entlehnung aus Formatkonzepten für fiktionale Filmserien durchaus auf urheberrechtlicher Grundlage vorgegangen werden kann. Die Reichweite des Urheberschutzes ist allerdings dadurch erheblich eingeschränkt, dass bloße Stoff- oder Handlungsideen vom Schutz ebenso ausgeschlossen sind wie allgemein geläufige Handlungs- und Charakterisierungsmuster, vor allem wenn bei der Adaption die individuellen Züge der Vorlage hinter der Originalität des adaptierten Werkes signifikant zurücktreten.

---

[51] → Rn 27.

III. Urheberschutz gegen die Adaption nicht fiktionaler Sendeformate

1. Überblick

Mit dem Oberbegriff der **nicht fiktionalen Sendefolgen** sollen diejenigen Genres erfasst werden, die nicht auf einer erfundenen (fiktionalen) Spielhandlung basieren, sondern anderen strukturellen Vorgaben folgen. Die Begründung von Urheberschutz ist für Formate im nicht fiktionalen Bereich **noch weitgehender eingeschränkt,** weil die Handlungserfindung als Individualisierungsfaktor dort nicht verfügbar ist. Die zur Individualisierung verbleibenden Aspekte können sich allenfalls aus der besonders geistvollen Form und Art der Sammlung, Einteilung und Anordnung der die Sendung prägenden gleich bleibenden Gestaltungselemente ergeben, wiederum vorausgesetzt, dass bereits die Formatvorgabe diese Elemente enthält. Der insgesamt verfügbare individuelle Spielraum ist unter urheberrechtlichen Gesichtspunkten, wie sich nachfolgend ergibt, denkbar gering. 31

Das für den Formathandel[52] bedeutsamste Genre ist die **Fernseh-Show** und das ihr zugrunde liegende Show-Format. Die verbleibenden Formate liegen in den Bereichen Information, Sport und Dokumentation oder bilden Mischformen („Infotainment") wie zB Talk-Shows. 32

2. Formatprägende Faktoren

a) Fernsehshow-Formate. Welche Faktoren den Show-Formaten ihren wiedererkennbaren Stempel aufdrücken, entzieht sich einer generalisierenden Feststellung[53] und mag anhand einiger Beispiele illustriert werden. **Doku-Soaps** sind Dokumentationsserien, die sich durch einen hohen Inszenierungsgrad auszeichnen und unter Verwendung von Elementen der Soap-Opera versuchen, ein breites Publikum anzusprechen (zB „Raus aus den Schulden"/RTL, „Sarah & Marc in Love"/Pro7, „Abenteuer 1900 – Leben im Gutshaus"/ ARD). Da es sich um eine Mischform von Dokumentation und Inszenierung handelt, verbleibt hinreichender Spielraum für urheberschutzbegründende Gestaltungselemente nach den Kriterien, die für fiktionale Formate gelten.[54] **Quiz- und Wett-Shows** halten sich zumeist an ein festes Spielregularium.[55] Auch **Show-Veranstaltungen,** bei denen die Geschicklichkeit und/oder die sportliche Tüchtigkeit der Teilnehmer gefragt ist, werden von den in der Show praktizierten Regeln dominiert.[56] 33

Bei der Anwendung des Urheberschutzes auf **Spielkonzepte** und **Spiele** ist erneut die Abgrenzung zwischen der urheberrechtlich schutzfähigen Idee und der dem Schutz zugänglichen gestalterischen Umsetzung maßgeblich. In der **„Zahlenlotto"-Entscheidung** hatte der BGH über eine damals neue Methode zu befinden, nach der auf Grund mathematischer Prinzipien ein für den Veranstalter risikoloses System der Gewinnausschüttung ermittelt werden sollte.[57] Für solche Spielregeln, die technisch-mathematisches Gedankengut darstellen, wurde der Urheberschutz zu recht abgelehnt, weil wissenschaftliche und technische Lehren im Interesse der freien geistigen Auseinandersetzung und der ungehinderten technischen wissenschaftlichen Entwicklung freizuhalten sind. Freilich würde es zu weit gehen, aus dieser Entscheidung abzuleiten, dass Spiele generell dem Urheberrechtsschutz 34

---

[52] → Rn 16.

[53] → Rn 12.

[54] Im Ergebnis so auch *Eickmeier/Fischer-Zernin* GRUR 2008, 755, 759, die sich generell gegen die Ziehung einer „Trennlinie" zwischen fiktionalen und nicht fiktionalen Werken aussprechen.

[55] Beispiele: „Wer wird Millionär!"; „Wetten, dass ...?"; „Dalli-Dalli" (BGH GRUR 1981, 419 – Quizmaster und das vorangegangene Berufungsurteil KG FuR 1979, 150).

[56] ZB „Spiel ohne Grenzen" oder die in den 60er Jahren ausgestrahlte Show-Serie „Der goldene Schuss", in der die Kandidaten Gelegenheit hatten, aus der Kameraperspektive über Kimme und Korn einer Armbrust blickend durch mündlich erteilte Kommandos ein Ziel anzuvisieren, → *W. Schwarz* FS Reichardt S. 203, 205.

[57] BGH GRUR 1962, 51 – Zahlenlotto; öOGH GRUR Int. 1983, 13 – Glücksreiter, für die Durchführung eines Pferdespiels in einer Fernsehsendung.

verschlossen wären. Betrachtet man das fertige Spiel in seiner multimedialen Erscheinungsform mit allen Elementen, haben wir es mit einer werkeinheitlichen und sinnlich wahrnehmbare Formgebung zu tun, die grundsätzlich durchaus für den Urheberrechtsschutz in Betracht zu ziehen ist.[58] Das OLG München hat der konkreten Verwirklichung der Idee eines Fernseh-Ratespiels auf der Grundlage von Werbespots durch detaillierte Ausarbeitung der Spielgestaltung mit den einzelnen Spielabläufen und den verbindenden Elementen grundsätzlich den Urheberschutz gemäß § 2 Abs. 2 UrhG zuerkannt,[59] freilich mit der Maßgabe, dass den einzelnen Spielvarianten weder für sich noch in der vom dortigen Kläger gewählten Zusammenstellung geschützte Werkbestandteile gesehen werden könnten, weil diese Spielvarianten zu den vorbekannten gängigen Grundmustern für Ratespiele im Fernsehen gehörten. Die Aufgabenstellung etwa, Werbespots möglichst schnell zu erkennen, sei eine „banale Spielidee". Der „Songfrage" als einem wenig charakteristischen Element des Show-Konzepts fehle es an eigenpersönlichen Zügen, die der Adaption urheberrechtliche Relevanz geben könnten.[60]

35 Allgemein lässt sich für den Urheberschutz von Spielen und Spielkonzepten festhalten, dass in der Praxis der Urheberschutz im Allgemeinen daran scheitert, dass es sich bei näherer Betrachtung stets um mehr oder weniger gelungene Variationen von Vorgängen handelt, die zum **Gemeingut** zählen, nämlich Angriff und Verteidigung, Verfolgung und Entkommen, Platzieren von Gegenständen an bestimmte Stellen usw. Bei anderen Show-Formaten dominieren bestimmte **dramaturgische Vorgaben** das Geschehen. Im Rahmen der Formate „Verstehen Sie Spaß?" sowie „Versteckte Kamera" werden prominente Personen in wechselnde Situationen verstrickt, in denen sie ohne ihr Wissen mit verborgener Kamera aufgenommen werden. Am Ende gibt sich der zunächst getarnte Moderator zu erkennen. Schließlich wird das prominente „Opfer" im Rahmen einer öffentlichen Veranstaltung interviewt.[61] Auf einer davon abweichenden Dramaturgievorgabe, bei der ebenfalls die Arbeit mit einer versteckten Kamera eine Rolle spielt, basiert das Format „Masqué":[62] Im Mittelpunkt steht eine nicht prominente Person, die sich durch soziales Engagement ausgezeichnet hat. Dieser zuvor nicht eingeweihte „Kandidat" wird mit einem Überraschungsfest in seiner privaten Umgebung geehrt. Er sieht unvorbereitet alte Freunde und Verwandte wieder, die zunächst hinter einer Maske verborgen im Publikum sitzen. Seine Lieblingsprominenten treten auf. Mit versteckter Kamera über den Kandidaten gedrehte Filmaufnahmen werden eingespielt. Zum Schluss erhält der Kandidat ein Geschenk oder eine Spende für sein soziales Projekt. Die Idee des Einsatzes einer „versteckten Kamera" ist im Urheberschutz naturgemäß nicht zugänglich.

36 **b) Talk-Show-Formate.** Bei Talk-Show-Formaten mag die Person des Moderators, die Art und/oder das Konzept seiner Gesprächsführung und/oder die spezifische Auswahl der Gäste prägend sein, womöglich auch zusätzlich die auf Wiedererkennbarkeit ausgerichtete Studioeinrichtung oder die Besonderheit der gewählten Location. Der Gedanke, den Talk zwischen Moderator und seinem Gast jeweils bei einer Taxi-Fahrt stattfinden zu lassen,[63] wäre als von der konkreten Gestaltung gelöste Formungsidee nicht urheberschutzfähig.[64]

37 **c) Formate für Sportsendungen.** Altbekannte und jahrzehntelang erfolgreiche Sendeformate wie „Sportschau" (ARD), „ran" (SAT 1) und „Das aktuelle Sportstudio" (ZDF) kombinieren unter der Moderation eines Sportjournalisten Ausschnitte von Aufzeichnungen aus dem Sportgeschehen mit weiteren Elementen. Zu diesen gehören vorzugsweise Inter-

---

[58] Eingehend *Henkenborg* S. 137 ff; *Loewenheim* FS Hubmann S. 307, 311.

[59] OLG München ZUM 1999, 244 – Augenblix.

[60] OLG München ZUM 1999, 244, 246 – Augenblix.

[61] Sachverhaltswiedergabe von LG Mainz Urt. v. 11. 7. 1995 – 12 HO 64/05 – Voll erwischt/Verstehen Sie Spass?, wiedergegeben bei *Lausen* Anh. 2, S. 122.

[62] Sachverhalt von LG Köln Urt. v. 18. 10. 1995 – 28 O 440/95, abgedruckt bei *Lausen* Anh. 1 S. 119.

[63] Sachverhalt von OLG Düsseldorf WRP 1995, 1032 – Taxi-TV, dort wurden allerdings ausschließlich wettbewerbsrechtliche Ansprüche geltend gemacht.

[64] BGH GRUR 1958, 351, 352 – Deutschlanddecke; *v. Gamm* WRP 1970, 125, 126.

views, die teils „vor Ort“ (etwa im Stadion oder in der Schwimmhalle), teils im Studio (oder per Bildschirm) geführt werden. Teilweise finden auch Talk-Runden statt. Inzwischen ist man durchgehend dazu übergegangen, die Moderation vor Studiogästen stattfinden zu lassen und Gewinnspiele auszuloben. Im ZDF-„Sportstudio“ werden Studiogäste regelmäßig gebeten, auf die Torwand zu schießen, und es werden gelegentlich auch im Studio live vorgeführte Darbietungen gezeigt. Um Fernsehformate, die sich mit Extrem- und Fun-Sportarten befassen, ging es im Falle des LG München „High 5“/„Stoke“.[65] Die klagenden Autoren hatten ein Formatexposé nebst Trailer einem privaten Sportfernsehkanal angeboten („High 5“). Nachdem der Sender das Formatangebot kennen gelernt hatte, produzierte er kurz darauf ohne Abschluss einer vertraglichen Vereinbarung mit den Anbietern ein damit verwandtes Format („Stoke“). Im Exposé war vorgesehen, dass die Form von „High 5“ als klassisches Magazin mit trendigem visuellen Auftritt realisiert werden sollte: „Ein oder zwei Moderatoren, jeweils aufgezeichnet an wechselnden Locations der Fun- und Trendsportgemeinde führen durch das Programm mit Reportagen, Interviews, News, Rubriken und Aktionen zum Mitmachen und Gewinnen“. Der Trailer war gekennzeichnet vor allem durch die Zusammensetzung und Auswahl an sich bekannter visueller Effekte wie clipartiger Aufmachung der Reportagen, der Einsatz von Schwarz/Weiß-Effekten und Slowmotions sowie der Kombination der Post-Produktionseffekte. Das LG äußert Bedenken gegen die Schöpfungshöhe des klägerischen Formatkonzepts mit dem Hinweis, die das Format „High 5“ prägenden Elemente seien ausnahmslos vorbekannt. So sei es zB nicht unüblich, dass Fernsehmoderatoren durch ein Magazin führen und sich in diesem Rahmen auch an den Ort des Geschehens, das Gegenstand der Berichterstattung ist, begeben. Auch in herkömmlichen Sportsendungen würden regelmäßig Interviews ausgestrahlt, die in unmittelbarem zeitlichen und örtlichen Zusammenhang mit dem Sportereignis aufgezeichnet wurden. Eine Strukturierung der zu vermittelnden Information nach sachlichen Gesichtspunkten in Rubriken sei in jeder Nachrichtensendung üblich. Bekannt sei auch die Herstellung einer optischen und akustischen Zäsur zwischen einzelnen Themenblöcken in Form clipartiger Spots. Was die für das Format „High 5“ gewünschten visuellen Effekte wie Körnung, Nahaufnahmen, Einsatz von Zeitlupe usw. angehe, handele es sich um bloße Stilmittel, die dem urheberrechtlichen Schutz nicht zugänglich sind.[66] Selbst wenn das klägerische Format eine für den Urheberschutz hinreichende prägende Gestaltung aufweise, sei zwar anzuerkennen, dass Gemeinsamkeiten zwischen den beiden Formaten nicht nur hinsichtlich der Themenstellung oder des Aufbaus, sondern auch in der Wahl der gestalterischen Mittel nicht zu verkennen seien. Sie beschränkten sich jedoch entweder auf vorbekannte oder ohnehin gemeinfreie Elemente. Außerdem vermittle das Format „Stoke“ insofern einen unterschiedlichen Eindruck, als entgegen der „hektisch-bewegten“ Darstellungsweise bei „High 5“ im Falle von „Stoke“-Sequenzen gezeigt würden, in denen statisch ein Bild aus einer konstanten Kameraperspektive statisch dargeboten und entsprechend musikalisch unterlegt würde.

d) Die „Sendeformat“-Entscheidung des BGH. Sämtlichen dieser Formatkonzepte 38
ist gemeinsam, dass es sich um nicht mehr und nicht weniger als Rezepturen handelt, jedoch nicht um das zubereitete Gericht. Der BGH hat in seiner Grundsatzentscheidung **BGH GRUR 2003, 876 – Sendeformat**[67] die Urheberschutzfähigkeit für Fernsehshowkonzepte verneint. Konkret ging es um die Adaption des französischen Fernsehshow-Formats „L école des Fans“. Nach dessen Grundmuster stehen jeweils vier Kinder im Alter von vier bis sechs Jahren im Mittelpunkt der Show. Der Moderator stellt die Kinder und als Gast einen bekannten Gesangskünstler vor. Die Kinder tragen nach einer kurzen kindgerechten Anmoderation ein vom eingeladenen Künstler ausgewähltes Lied in einfacher instrumentaler Begleitung vor. Der Beitrag wird benotet. In einem Show-Block hat der bekannte Gast seinen Gesangsauftritt. Zum Schluss verteilt der bekannte Gast an die Kinder

---

[65] LG München ZUM-RD 2002, 17.
[66] → Rn 22.
[67] Die Entscheidung wird kommentiert von *Berking* GRUR 2004, 109 ff und *Flechsig* ZUM 2003, 767 ff.

Geschenke. Die klagende Fernsehproduktionsgesellschaft hatte dieses Sendeformat der Rechtsvorgängerin der adaptierenden ARD-Senderanstalt drei Jahre vor deren Erstaustrahlung vergeblich angeboten. Nach der Auffassung des BGH kann nur das Ergebnis der schöpferischen Formung eines bestimmten Stoffes als Werk im Sinne des § 2 UrhG akzeptiert werden. Daran fehlt es bei einer vom Inhalt losgelösten bloßen Anleitung zur Formgestaltung gleichartiger anderer Stoffe, mag diese auch ein individuell erarbeitetes, ins einzelne gehendes und eigenartiges Leistungsergebnis sein. Auf der Grundlage dieser Rechtsprechung scheidet das Urheberrecht als Schutzinstrument für Formate im nicht fiktionalen Bereich weitestgehend aus. Gerade weil solche Sendeformate sich im Allgemeinen darin erschöpfen, einen Rahmen zur Gestaltung gleichartiger Sendungen vorzugeben, wird ihnen die Werkqualität abgesprochen. Das gilt in dieser Allgemeinheit jedenfalls dann, wenn das Format „nicht einmal etwas vom Kern der nach seinen Anleitungen geschaffenen einzelnen Sendungen" enthält.[68] Die Entscheidung ist in der Literatur nicht ohne Kritik geblieben.[69]

39 **Im praktischen Ergebnis** kommt gegenüber der Formatadaption im Bereich nicht fiktionaler Sendefolgen das Urheberrecht als Schutzinstrument so gut wie nicht zum Zuge. Ein denkbarer Anwendungsspielraum würde sich allenfalls dann ergeben, wenn konkret ausgestaltete und individuell geprägte Formatelemente bei der Adaption mehr oder weniger unverändert übernommen werden.

40 **e) Urheberrechtliche Rechtsprechung im anglo-amerikanischen Rechtskreis.** Auch im anglo-amerikanischen Rechtskreis genießen Show-Formate keinen urheberrechtlichen Schutz. Aus der englischen Rechtsprechung ist auf die „Hughie-Green"-Entscheidung zu verweisen, benannt nach dem Moderator, der in den 50er Jahren eine Talent-Show für Unterhaltungskünstler in wöchentlicher Folge im englischen Fernsehen präsentiert hatte.[70] Zu den Besonderheiten dieser Show gehörte es, dass jeder Künstler durch einen Sponsor vorgestellt, der Applaus des Studiopublikums durch ein „Clapometer" gemessen wurde und der Showmaster sich bestimmter wiederkehrender Schlagworte bediente. Seine Klage gegen eine das Format adaptierende neuseeländische Rundfunkgesellschaft blieb erfolglos. Auch in den USA haben die Gerichte bislang einen urheberrechtlichen Formatschutz an der mangelnden Schutzfähigkeit von Ideen scheitern lassen.[71]

C. Formatschutz und unlauterer Wettbewerb

Schrifttum: *Albin,* Formatschutz, in: *Klages* (Hrsg.), Grundzüge des Filmrechts, 2004, S. 70; *Eickmeier/Fischer-Zernin,* Ist der Formatschutz am Ende? – Der Gesetzliche Schutz des Fernsehshowformats nach der „Sendeformat"-Entscheidung des BGH, GRUR 2008, 755; *Fezer,* Leistungsschutz im Wettbewerb, WRP 1993, 65, *ders.,* Der wettbewerbsrechtliche Schutz der unternehmerischen Leistung, FS Gewerblicher Rechtschutz und Urheberrecht in Deutschland, 1991, S. 939; *v. Gamm,* Schutz der Werbeidee und ihrer Ausdrucksformen, WRP 1970, 125; *v. Hartlieb/Schwarz/U. Reber,* Handbuch des Film-, Fernseh- und Videorechts, 4. Aufl. 2004, 39. Kap.: Formatschutz; *v. Have/Eickmeier,* Der Gesetzliche Rechtsschutz von Fernseh-Show-Formaten, ZUM 1994, 269; *Heinkelein/Fey,* Der Schutz von Fernsehformaten im deutschen Urheberrecht, GRUR Int. 2004, 378; *Henkenborg,* Der Schutz von Spielen, 1995; *Hennig-Bodewig,* Relevanz der Irreführung, UWG-Nachahmungsschutz und die Abgrenzung Lauterkeitsrecht/IP-Rechte, GRUR Int. 2007, 986; *Hertin,* Zur urheberrechtlichen Schutzfähigkeit von Werbeleistungen unter besonderer Berücksichtigung von Werbekonzeptionen und Werbeideen, GRUR 1997, 799; *Holzporz,* Der rechtliche Schutz des Fernsehshowkonzepts, 2002; *Köhler,* Vom deutschen zum europäischen Lauterkeitsrecht – Folgen der Richtlinie über unlautere Geschäftspraktiken für die Praxis, NJW 2008, 3032; *Lausen,* Der Rechtsschutz von Sendeformaten, 1998; *ders.,* Der Schutz des Show-Formats, in: *Becker/Schwarz* (Hrsg.), Aktuelle Rechtsprobleme der Filmproduktion und Filmlizenz, 1999, S. 169; *Litten,* Der Schutz von Fernsehshow- und Fernsehserienformaten, 1997; *Quiring,* Zum wettbewerbsrechtlichen Schutz von kurzlebigen Produkten gegen Nachahmung, WRP 1985, 684; *Rehbinder,* Zum Urheberschutz für fiktive Figuren, in: *Rehbinder* (Hrsg.), Beiträge

---

[68] BGH GRUR 2003, 876, 878.

[69] *Jacobs* FS Raue S. 499, 507 ff; *Wandtke/Bullinger*/Manegold UrhG § 88 Rn 34; *Eickmeier/Fischer-Zernin* GRUR 2008, 755, 758 ff; → auch Rn 23.

[70] Green v. BCNZ (1989) 2 AllER 1056, *Litten* S. 121.

[71] Nachweise bei *Litten* S. 133 Fn 717 und 719 sowie bei *W. Schwarz* S. 203, 204.

zum Film- und Medienrecht, FS Wolf Schwarz, 1988, S. 163; *Sambuc,* Der UWG-Nachahmungsschutz, 1996; *M. Schwarz,* Schutzmöglichkeiten audiovisueller Werke von der Idee bis zum fertigen Werk – aus der Sicht anwaltlicher Beratung, ZUM 1990, 317; *W. Schwarz,* Schutz und Lizenzierung von Fernsehshowformaten, in: *Scheuermann/Strittmatter* (Hrsg.), Urheberrechtliche Probleme der Gegenwart, FS Ernst Reichardt, 1990, S. 203; *Willi,* Merchandising mit fiktiven Figuren, WRP 1996, 652.

I. Die für den Formatschutz in Betracht kommenden gesetzlichen Bestimmungen

41 Da Formate sich weitgehend dem Schutz durch das Urheberrechtsgesetz entziehen, richtet sich der Blick auf den **wettbewerbsrechtlichen Leistungsschutz** sowie den **Irreführungsschutz nach Anhang Ziff. 13 zu § 3 Abs. 3** und lässt die Frage aufkommen, ob und inwieweit das Lauterkeitsrecht unter diesem Aspekt eine Auffangfunktion übernehmen kann. Angesichts des „Sendeformat"-Urteils des BGH[72] werden sich solchen Überlegungen auch die Befürworter des Urheberschutzes für Formate nicht entziehen wollen, selbst wenn von dieser Seite zB eingewandt wird, das Wettbewerbsrecht könne „als besonderes Deliktsrecht keine Grundlage für vertragsrechtliche Beziehungen" sein.[73] Immerhin steht mit § 4 Nr. 9 eine kodifizierte Umschreibung der Fallgruppe des gesetzlichen Leistungsschutzes zur Verfügung, die durch den Irreführungsschutz gemäß Anhang zu § 3 Abs. 3, dort Nr. 13 sowie durch den Behinderungsschutz und den verbleibenden Anwendungsspielraum der Generalklausel des § 3[74] komplettiert wird.

42 Der Gesetzgeber hat in der Begründung zum Regierungsentwurf freilich klargestellt, dass durch die Regelung des gesetzlichen Leistungsschutzes die grundsätzliche **Nachahmungsfreiheit** nicht in Frage gestellt werden soll.[75] Die wirtschaftliche Betätigung des Einzelnen soll außerhalb der zB durch das Urheberrecht geschützten Sonderbereiche frei sein mit der Maßgabe, dass die Nachahmung einer fremden Leistung eines nicht unter Sonderrechtsschutz stehenden Arbeitsergebnisses unter der Geltung des neuen UWG nicht unlauter sein soll. Das muss grundsätzlich auch für Formate und Formatkonzepte gelten. Insofern ist es zu respektieren, dass, soweit das imitierte Format die Kriterien des Urheberrechts nicht erfüllt, ein Schutz der schöpferischen Leistung durch das Lauterkeitsrecht nicht ohne Hinzutreten weiterer besonderer Umstände substituiert werden kann.[76] Formatadaptionen sind demnach nur unter besonderen die Wettbewerbswidrigkeit begründenden Umständen zu beanstanden. Solche Umstände sind vor allem, aber nicht abschließend bei tatbestandsmäßiger Erfüllung der in § 4 Nr. 9 lit. a bis c normierten Fallgruppen anzunehmen, mithin **in Fällen vermeidbarer Herkunftstäuschung** (lit. a), **bei irreführender Täuschung** über die betriebliche Herkunft der beworbenen Ware oder Dienstleistung (Nr. 13 der „Schwarzen Liste"),[77] **bei Rufausbeutung und -beeinträchtigung** (lit. b) und **bei unredlicher Kenntniserlangung** (lit. c). In ihrer Relevanz für den Formatschutz werden diese Fallgruppen im Folgenden nacheinander abgehandelt. Soweit daneben für eine Anwendung des **§ 4 Nr. 10 (gezielte Behinderung von Mitwerbern)** und der **Generalklausel des § 3** noch Spielraum verbleibt, wird dies nachstehend unter V. erörtert.

II. Nachahmungstatbestand bei Formaten

43 Die in § 4 Nr. 9 unter lit. a bis c angeführten Fallgruppen setzen, sozusagen vor die Klammer gezogen, einen sich auf Waren oder Dienstleistungen eines Mitbewerbers bezo-

[72] → Rn 38.
[73] *Degmair* GRUR Int. 2003, 204.
[74] → Rn 78 ff.
[75] BT-Drucks. 15/1487 vom 22. 8. 2003 S. 17; → § 4–9 Rn 21.
[76] *Köhler/Piper* UWG § 1 Rn 592; speziell zum Formatschutz *v. Hartlieb/Schwarz/U. Reber* 39. Kap. Rn 6; bestimmte Inkonsequenzen in der Rechtsprechungspraxis werden bei *Sambuc* Rn 35 ff aufgezeigt; → § 4–9 Rn 48.
[77] → Rn 69 ff.

genen **Nachahmungstatbestand** voraus. Eine Nachahmung kann nur vorliegen, wenn dem Hersteller im Zeitpunkt der Schaffung des beanstandeten Produkts das Vorbild bekannt war.[78] Bei fehlender Kenntnis würde es sich bei der angegriffenen Ausführung um eine selbständige Zweitentwicklung (Format-Doppelschöpfung) handeln.[79] In einem zweiten Schritt ist zu prüfen, ob die im ersten Schritt festgestellte Nachahmungshandlung alternativ die Kriterien der Fallgruppen aus lit. a bis c erfüllt.

44 In der Rechtspraxis geht es zwar bei Nachahmungstatbeständen meistens um Produktimitate, jedoch werden, wie dies in § 4 Nr. 9 nunmehr ausdrücklich gesagt wird, **auch Dienstleistungen** unter wettbewerbsrechtlichen Schutz gestellt.[80] **Formate** und **Formatkonzepte** lassen sich zwanglos als Dienstleistungen verstehen und sind daher grundsätzlich **nachahmungsfähig.** In den Erscheinungsformen des „programme format" und des „format package"[81] verkörpert sich eine eindrucksvolle und anschauliche Zusammenfügung verschiedenartiger Dienstleistungselemente. Aber auch in einem „paper format" können sich, ebenso wie in sonstigen Manuskriptvorlagen für Sendungen Dienstleistungselemente niederschlagen, die dem Nachahmungsschutz nicht von vornherein zu entziehen sind.[82] Soweit sich ein Format freilich in einer bloßen Initialidee erschöpft, wird bereits das Tatbestandelement einer nachahmungsfähigen Dienstleistung[83] nicht erfüllt. Nicht anders als im Urheberrecht findet auch der Wettbewerbsschutz seine Grenze dort, wo die Freiheit der Verwertung abstrakter Ideen gefährdet ist. Verkaufs- oder Werbeideen an sich genießen keinen wettbewerbsrechtlichen Schutz; sie sind gemeinfrei.[84] Der bloßen Idee fehlt es schon an einem visuellen oder sonst wie sinnlich wahrnehmbaren Wiedererkennungsmoment. Wird das Format aber in einem Konzept mit seinen prägenden Merkmalen geschildert oder lässt es sich sogar als produzierter Pilot oder umgesetzte Serienproduktion nachvollziehen, wirft der Aspekt der Wiedererkennbarkeit keine Probleme auf.[85]

45 Formatadaptionen kommen in **verschiedenartiger Anlehnungsintensität** vor. Soweit sich Sendeprogramme nur indirekt an Formatvorgaben Dritter anlehnen,[86] sollte das Vorliegen des **Nachahmungstatbestandes** nur dann verneint werden, wenn sich die Anlehnung in der bloßen Ideenübernahme erschöpft.[87] Die weitere tatbestandsmäßige Relevanz der Entfernung der Adaption von seiner Vorlage ist dann bei den verbleibenden Tatbestandsmerkmalen der Fallgruppen nach lit. a bis c zu berücksichtigen, zB bei lit. a im Rahmen des Tatbestandsmerkmals der Herkunftstäuschung.

III. Schutz gegen Herkunftsverwechslungen, § 4 Nr. 9 lit. a und Irreführung über die kommerzielle Herkunft/Identität des Werbenden, Anhang Ziff. 13 zu § 3 Abs. 3

1. Grundsatz

46 Wenn ein bestimmtes Produkt oder, wie im Falle des Formats, eine bestimmte Dienstleistung auf Grund ihrer Prägung oder Bekanntheit einem bestimmten Anbieter zugeord-

[78] BGH GRUR 2002, 629, 633 – Blendsegel.

[79] → BGH WRP 2008, 1510, 1512 – ICON.

[80] Bereits BGH GRUR 1960, 619 – Künstlerlizenz Schallplatten; BGH GRUR 1960, 614 – Figaros Hochzeit; BGHZ 33, 38 – Künstlerlizenz Rundfunk zum wettbewerbsrechtlichen Leistungsschutz von Aufführungen, Sendungen und Tonträgeraufnahmen künstlerischer Darbietungen; → § 4–9 Rn 41.

[81] → Rn 16.

[82] Im Ergebnis übereinstimmend *v. Have/Eickmeier* ZUM 1994, 269, 274; *Litten* S. 77; aA *Lausen* S. 82.

[83] So im Ergebnis BGH GRUR 1979, 705 – Notizklötze; BGH GRUR 1977, 547 – Kettenkerze; speziell zum Formatschutz mit gleichem Ergebnis OLG München NJW-RR 1993, 619 – Dall-As/Jux und Dallerei; OLG Hamburg ZUM 1996, 245, 246 – Labyrinth/Goldmillion; OLG Düsseldorf WRP 1995, 1032, 1035 – Taxi-TV/Taxi-Talk.

[84] *Fezer* FS Gewerblicher Rechtschutz S. 939, 950; → § 4–9 Rn 27.

[85] ZB den Sachverhalt LG München ZUM-RD 2002, 17 – High 5/Stoke; → Rn 37.

[86] → Rn 15.

[87] In diesem Sinne wohl auch OLG Düsseldorf WRP 1995, 1032, 1035 f – Taxi-TV/Taxi-Talk.

net wird, so kann auf Grund der Übernahme der prägenden Merkmale durch einen Nachahmer eine **Herkunftstäuschung** hervorgerufen werden. Diese wird durch § 4 Nr. 9 lit. a missbilligt, wenn sie **vermeidbar** gewesen wäre. Der Schutz gegen Herkunftsverwechslungen nach § 4 Nr. 9 lit. a wird flankiert durch einen erweiterten **Irreführungsschutz.** Im **Anhang zu § 3 Abs. 3** wird unter **Nr. 13** ein per-se-Verbot („Black-List", Schwarze Liste) ausgesprochen für eine „Werbung für eine Ware oder Dienstleistung, die der Ware oder Dienstleistung eines Mitbewerbers ähnlich ist, wenn dies in der Absicht geschieht, über die betriebliche Herkunft der beworbenen Ware oder Dienstleistung zu täuschen". Der Gesetzgeber folgt damit der Vorgabe aus Art. 6 Abs. 2 der Richtlinie über unlautere Geschäftspraktiken. Als irreführend gilt nach Art. 5 Abs. 2 lit. a „jegliche Art der Vermarktung eines Produkts, einschließlich vergleichender Werbung, die eine Verwechslungsgefahr mit einem anderen Produkt, Warenzeichen, Warennamen oder anderen Kennzeichen eines Mitbewerbers begründet". Das deutsche Irreführungsrecht ist in Bezug auf täuschende Angaben über die kommerzielle Herkunft des Produkts oder Dienstleistung oder über die Identität des Werbenden nicht länger auf sog. „qualifizierte betriebliche Herkunftsangaben" beschränkt.[88] Damit wird zur Bekämpfung der Herkunftstäuschung auch der Mitbewerberschaft sowie den Verbänden einschließlich der Verbraucherverbände die Aktivlegitimation eröffnet. Auf dieser Grundlage kann zB ein Verbraucherverband gegen die Vermarktung der Nachahmung vorgehen, ohne sich dazu der Zustimmung des Rechtsinhabers des Originalprodukts zu versichern.[89] Materiellrechtlich geht der auf Nr. 13 der „Schwarzen Liste" gestützte Anspruch sogar weiter als derjenige des § 4 Nr. 9 lit. a, der nur durch das Angebot von Nachahmungen ausgelöst werden kann. Dagegen erfasst der Irrführungsschutz durch den weit gefassten Begriff der „geschäftlichen Handlung" (§ 2 Abs. 1 Nr. 1) auch das Hervorrufen einer Verwechslungsgefahr „auf andere Weise".[90] Zudem sind positive Feststellungen zur wettbewerbsrechtlichen Relevanz weder notwendig noch zulässig.[91] Lediglich auf der subjektiven Ebene sind die Voraussetzungen des Irreführungsschutzes nach Nr. 13 der „Schwarzen Liste" durch das Tatbestandsmerkmal der Täuschungsabsicht etwas enger, während der Nachahmungsschutz nach § 4 Nr. 9 lit. a sich auf der Verletzerseite mit der Kenntnis der die Unlauterkeit begründenden Umstände begnügt.[92]

2. Die formatrelevanten Tatbestandsmerkmale gemäß § 4 Nr. 9 lit. a

a) Wettbewerbliche Eigenart bei Formaten. Durch Nachahmung einer Dienstleis- 47
tung kann nur dann eine Herkunftstäuschung hervorgerufen werden, wenn das Originalformat seine Herkunft erkennen lässt. Es muss also eine **wettbewerbliche Eigenart** aufweisen im Sinne der Eignung, beim durchschnittlich informierten und aufmerksamen Verbraucher **Herkunftsvorstellungen auszulösen.** Die Eigenart des Sendeformats lässt sich anhand der Faktoren seiner Originalität und seiner Bekanntheit ermitteln.

Die wettbewerbliche Eigenart wird nicht bereits geprägt durch die ihr zugrundeliegende 48
Gestaltungsidee als solche, sondern erst durch deren **gestalterische Konkretisierung.** So ist nicht schon die Idee, Papierwürfel als Werbeträger zu verwenden[93] oder die aus den Romanen von Alexandre Dumas (Père) und zahlreichen Verfilmungen seiner Romane bekannten Figuren der „Drei Musketiere" bei der Produktwerbung einzusetzen,[94] sondern erst die Umsetzung solcher Einfälle maßgeblich für die mittels der wettbewerblichen Eigenart geschaffene Eignung, auf die betriebliche Herkunft oder Besonderheiten des gewerblichen Arbeitsergebnisses hinzuweisen. Insoweit übereinstimmend mit den urheberrechtlichen Grundsätzen **scheidet** auch unter **wettbewerbsrechtlichen** Vorzeichen ein **Schutz**

---

[88] Zum früheren Recht *Baumbach/Hefermehl* UWG 22. Aufl. Rn 261 ff.
[89] *Köhler* NJW 2008, 3032, 3036.
[90] *Köhler* NJW 2008, 3032, 3036.
[91] *Henning-Bodewig* GRUR Int. 2007, 986, 989.
[92] → Rn 68.
[93] BGH GRUR 1979, 705, 706 – Notizklötze.
[94] OLG Düsseldorf GRUR 1993, 128, 129 – Drei Musketiere.

für bloße Formatideen aus.[95] Freilich kann die Erstmaligkeit oder Neuheit entsprechende Ideenumsetzungen zur rascheren Bekanntheit des präsentierten Arbeitsergebnisses und damit zu einer erleichterten wettbewerbsrechtlichen Relevanz beitragen.

49 Das Hervorrufen einer Herkunftstäuschung durch Übernahme eines fremden Formats sollte nicht bereits mit dem Argument ausgeschlossen werden, der Zuschauer wisse in der Regel nicht, welches Format von welchem Einzelschöpfer/Produktionsgesellschaft/Sendeunternehmen entwickelt worden ist.[96] Denn die Herkunftsvorstellung im Sinne des § 4 Nr. 9 lit. a muss sich keineswegs auf ein bestimmtes oder den Verbraucher gar mit Firmennamen bekanntes Unternehmen erstrecken. **Ausreichend** ist bereits die **Vorstellung,** die betreffende Dienstleistung könne auf Grund ihrer Eigenart **nur von einem Marktteilnehmer herrühren.**[97]

50 Der Umstand, dass sich bei Formaten die Eigenart auf die Zugehörigkeit zu einer Programm**folge** (und nicht auf die Einzelsendung) bezieht, steht der Eignung zum Hervorrufen einer Herkunftstäuschung bei Formatadaptionen nicht entgegen. **Auch Produktprogrammen** wird eine wettbewerbliche Eigenart zugesprochen.[98] In der Zweckbestimmung und Formgestaltung aufeinander abgestimmte Erzeugnisse wie Möbel und Beschlagprogramme können ihre wettbewerbliche Eigenart aus ihrem **„Programmcharakter"** herleiten,[99] auch wenn die Einzelbestandteile zur Begründung der Eigenart allein nicht ausreichen.[100] Mithin kann sich die wettbewerbliche Eigenart einer Leistungsgesamtheit aus den wiederkehrenden charakteristischen Merkmalen der Einzelleistungen derart ergeben, dass sich die Serie von konkurrierenden Leistungsergebnissen abhebt und ein eigenes wettbewerbsrechtlich schutzfähiges Profil gewinnt. So hat das OLG Hamburg[101] die wettbewerbliche Eigenart bejaht für das Show-Format „Labyrinth" der klagenden Firma, und zwar für das **in den Einzelsendungen wiederkehrende Erscheinungsbild,** bestehend im gleich bleibenden Ablauf der Moderation, dem Quiz, dem virtuellen Labyrinth und dem konkreten Spielverlauf in seiner konkreten Anmutung.

51 **b) Die maßgeblichen Verkehrskreise.** Zur Feststellung der Gefahr der Herkunftstäuschung ist auf diejenigen **Verkehrskreise** abzustellen, die das betreffende Produkt oder die betreffende Dienstleistung typischerweise nachfragen bzw. in ihren wirtschaftlichen Entschließungen angesprochen werden.[102] Während sich der Handel mit Sendeformaten auf der Ebene zwischen Formatentwicklungsgesellschaften oder (bevorzugt ausländischen) Sendeunternehmen auf der Anbieterseite und (bevorzugt deutschen) Sendeunternehmen auf der Nachfrageseite abspielt,[103] werden Formatadaptionen im Geltungsbereich des UWG dem Fernsehpublikum in Deutschland angeboten und somit von diesem nachgefragt. Abzustellen ist bei der Beurteilung der vermeidbaren Herkunftstäuschung somit nicht auf die Fachkreise, sondern auf das **durchschnittlich informierte und aufmerksame Fernsehpublikum in Deutschland** oder bei regionalem Programmwettbewerb in der betreffenden **Region.**

52 Auch wenn ein Sendeformat auf Grund seiner Neuheit und Originalität von vornherein über die erforderliche wettbewerbliche Eigenart verfügt, kann über seine Herkunft nicht getäuscht werden, **solange es beim Publikum nicht in Erscheinung getreten ist.** Nach der vom BGH[104] verwendeten Formel muss es „bei unerheblichen Teilen der angesprochenen Verkehrskreise eine solche Bekanntheit erreicht haben, dass sich in relevantem Umfang die Gefahr der Herkunftstäuschung ergeben kann, wenn Nachahmungen vertrieben werden".

[95] → Rn 44; → § 4–9 Rn 27 f.
[96] So aber *Lausen* S. 86.
[97] *Gloy/Schmidt-Diemitz/Eck* Hdb. § 43 Rn 43 mwN; → § 4–9 Rn 57.
[98] → § 4–9 Rn 28.
[99] BGH GRUR 1982, 305 – Büromöbelprogramm.
[100] BGH GRUR 1986, 673 – Beschlagprogramm.
[101] ZUM 1996, 245, 246 – Labyrinth/Goldmillion.
[102] → § 4–9 Rn 61.
[103] → Rn 14–16.
[104] GRUR 2002, 275, 277 – Noppenbahnen.

Besonders auffälligen und originellen Formaten wird es im Allgemeinen leicht fallen, diese Publikumsbekanntheit rasch zu erzielen. Mit **Einschaltquoten** lässt sich die Bekanntheit naturgemäß belegen, sofern sie hoch ausfallen. Es kann aber – vor allem bei neuartigen und auffälligen – Formaten durchaus sein, dass sie bescheidenere Einschaltquoten erzielen, gleichwohl aber auch solchen Publikumskreisen bekannt werden, die die betreffenden Serien nicht oder nicht regelmäßig konsumieren (zB „Big Brother" oder „Literarisches Quartett"). Die Verkehrsbekanntheit wird dann im Streitfall nach den allgemeinen prozessualen Regeln zu ermitteln sein.

Eine empfindliche Einschränkung für die Anwendung der Fallgruppe der vermeidbaren Herkunftstäuschung ergibt sich für den Formatbereich daraus, dass sie ein Wiedererkennen durch den Konsumenten voraussetzt.[105] Denkbar ist solches **nur bei bereits praktizierten Sendeformaten. Noch nicht veröffentlichte Sendeformate** können im Falle ihrer nicht lizenzierten Adaption nicht vom Verbraucher durch Wiedererkennen fälschlich einem anderen zugerechnet werden; sie **scheiden** mithin **aus der nach § 4 Nr. 9 lit. a zu behandelnden Fallgruppe aus.** Das OLG München hat in seiner Entscheidung „Forsthaus Falkenau"[106] im Ergebnis zutreffend die Anwendung des § 1 aF (auch) unter dem Aspekt der vermeidbaren Herkunftstäuschung verneint, weil das klägerische Serienkonzept „Forstrevier Alpsee" nur als Manuskript vorgelegen hatte, jedoch noch nicht durch eine Pilot- oder Serienausstrahlung beim Publikum bekannt gemacht worden war. 53

Eine weitere nachhaltige Einengung des Anwendungsbereichs des § 4 Nr. 9 lit. a auf nicht lizenzierte Formatadaptionen ergibt sich daraus, dass nach der Rechtsprechung des BGH[107] die wettbewerbliche Eigenart ausschließlich nach den Vorstellungen der **inländischen Verkehrskreise** zu ermitteln ist. Eine im Ausland erworbene Bekanntheit oder Popularität von Sendeformen ist insoweit irrelevant. Daran ändert der gemäß Art. 1 Abs. 2, 2 Abs. 1 PVÜ vorgeschriebene Gleichbehandlungsgrundsatz für ausländische Wettbewerber nichts. Denn es geht hier um die Erfüllung eines gesetzlichen Tatbestandsmerkmals, wonach die Herkunftstäuschung falsche Vorstellungen des inländischen Verbrauchers bedingt. Dieses Tatbestandsmerkmal gilt für deutsche und ausländische Wettbewerber, die sich im Geltungsbereich des UWG betätigen, gleichermaßen.[108] Wenn es darum geht, der inländischen Adaption im Ausland erfolgreicher Sendeformate zu begegnen, helfen ggf. die unter Rn 75 ff referierten Rechtsprechungsgrundsätze zur gezielten Behinderung und unmittelbaren Leistungsübernahme weiter. 54

c) Wechselwirkungsgrundsatz. Die Rechtsprechungspraxis verfährt nach Maßgabe einer Gesamtbetrachtung des einheitlichen Lebenssachverhaltes und nimmt eine Abwägung der von ihr für berücksichtigenswert eingeschätzten Interessen vor. Dies führt zu einer **Wechselwirkung** der einzelnen Tatbestandselemente (wettbewerbliche Eigenart, Nachbildung, besondere wettbewerbliche Umstände). Die Anforderungen, die an eines dieser Merkmale im Einzelfall gestellt werden, hängt mit davon ab, in welchem Maße und mit welcher Intensität die beiden anderen Merkmale verwirklicht werden.[109] Originalität und Bekanntheit eines Sendeformats indizieren dessen wettbewerbliche Eigenart. Fällt das Sendeformat dem Publikum im Vergleich zum sonstigen Programmgeschehen besonders auf, weil es **ungewöhnlich** oder **völlig neuartig** angelegt oder gestaltet ist oder dem Publikum **ein bis dahin unbekanntes überraschendes Gepräge** vermittelt, haftet ihm von vornherein die erforderliche wettbewerbliche Eigenart an. Ebenso gut kann ein Sendeformat seine wettbewerbliche Eigenart nach und nach dadurch gewinnen und graduell stärken, dass es beim Publikum **einen gewissen Bekanntheitsgrad erreicht.** Die prägenden Elemente des Sendeformates brauchen also **keineswegs neu** zu sein. Der Einwand, ein bestimmtes Show-Format setze sich aus altbekannten Mustern und Spielformen zusammen 55

---

[105] BGH GRUR 1963, 152, 156 – Rotaprint; → § 4–9 Rn 32, 33.
[106] GRUR 1990, 674, 676 – Forsthaus Falkenau, ohne Detailbegründung zu diesem Aspekt.
[107] BGH WRP 1976, 370, 372 – Ovalpuderdose; BGH WRP 1963, 152, 156 – Rotaprint.
[108] BGH 1963, 152, 156 – Rotaprint.
[109] *Köhler/Piper* UWG § 1 Rn 645, 646 mwN; → § 4–9 Rn 65 f.

und könne deshalb keine wettbewerbliche Eigenart begründet, verfängt jedenfalls dann nicht, sobald das Show-Format beim Publikum einen gewissen Bekanntheitsgrad erreicht hat.

56 Die in der Rechtsprechungspraxis bisher abgehandelten Sachverhalte führten auch dann, wenn dem Originalformat eine wettbewerbliche Eigenart nicht abzusprechen war, nicht zur Zuerkennung wettbewerbsrechtlicher Ansprüche, weil die Nachbildung sich in den dort zu behandelnden Fällen zu **weit von der Vorlage entfernt** hatte.[110] Umgekehrt wären bei identischer Nachahmung entsprechend herabgesetzte Anforderungen an die wettbewerbliche Eigenart des adaptierten Formats zu stellen.

57 **d) Verwechslungsgefahr im weiteren Sinne reicht aus.** Gegenüber der Annahme, durch Formatadaptionen könne über die Herkunft des Formats getäuscht werden, wird eingewandt, es sei heute üblich, das Senderlogo über die gesamte Sendedauer einzuschalten.[111] Entgegengewirkt wird dadurch freilich allenfalls einer Herkunftsverwechslung im engeren Sinne, indem der Zuschauer wahrnimmt, welcher Sender die formatierte Sendung ausstrahlt. Dagegen wird die denkbare Annahme des Fernsehzuschauers nicht ausgeräumt, es handele sich auf Grund der Übereinstimmungen eigenartiger Merkmale um eine **Abwandlung des ihm von anderer Seite bekannten Formats,** oder aber es bestünden organisatorische, wirtschaftlich und/oder rechtliche **Beziehungen zwischen den beteiligten Sendern** und/oder ihren **Programmbeschaffern.**[112] Verwechslungsvorstellungen in dieser Richtung liegen umso näher, als bestimmte Sendeunternehmen mit verschiedenen Anbieterbezeichnungen auf mehreren Kanälen präsent sind (was dem Zuschauer prinzipiell bekannt ist), während der Zuschauer häufig nicht weiß, welcher Kanal im Einzelnen zu welcher Senderfamilie gehört.[113]

58 **e) Vermeidbarkeit der Herkunftstäuschung.** Bei Sendeformaten handelt es sich um Leistungsergebnisse mit Schwerpunkt **im gestalterischen Bereich.** Sie unterliegen weitestgehend keinen technischen Vorgaben, die ihre Erscheinungsform, speziell das, was ihre prägende Eigenart ausmacht, determinieren könnten. Für eine detailgetreue Nachahmung von Fernsehformaten gibt es in der Regel keinen sachlich gerechtfertigten Grund. Der Anbieter eines Formatimitates ist deshalb zur Vermeidung einer Herkunftstäuschung gehalten, einer dadurch objektiv begründeten Gefahr von Verwechslungen durch zumutbare Maßnahmen entgegenzuwirken.[114]

59 Zu den zumutbaren Abgrenzungsinstrumentarien zählen zunächst einmal die vom Formatgehalt abtrennbaren Elemente mit **Hinweisfunktion:** Titel der Serie, Titel der einzelnen zur Serie gehörenden Sendungen sowie Logos, Embleme, die Schrift- und Bildgestaltung, die Erkennungsmelodie oder sonstige akustische Einschübe mit Signetcharakter sowie Gestaltungsmittel mit vergleichbaren Funktionen. Soweit der Anspruchsberechtigte über **Ausschließlichkeitsbefugnisse am Werktitel, Markenrechten** an Wortkennzeichen, Bild- oder Tonsignets oder **Geschmacksmusterschutz** zugunsten von Ausstattungselementen verfügt, sind diese Rechte **vorrangig.**[115] Auch ohne Vorliegen von Sonderschutzpositionen aus dem Markengesetz und Geschmacksmustergesetz würde es zum Nachteil des Nachahmers ins Gewicht fallen, wenn er sich durch eine Übernahme solcher Hinweiselemente oder durch eine Annäherung an die diesbezügliche Einkleidung des imitierten Formats einer für ihn ohne weiteres zumutbaren Abgrenzung entzieht.

---

[110] ZB in den Fällen OLG München ZUM 1999, 244, 247 – Augenblix/Spot-On; OLG Hamburg ZUM 1996, 245, 246 – Labyrinth/Goldmillion; LG Köln Urteil v. 18. 10. 1995 – 28 O 440/95 – TV-Masqué/Warmumsherz, abgedruckt bei *Lausen* Anh. 1 S. 119, 121; LG München ZUM-RD 2002, 17, 21 High 5/Stoke.

[111] *Lausen* S. 87.

[112] BGH GRUR 2001, 443, 445 – Vienetta; → § 4–9 Rn 57.

[113] Eine Verwechslungsgefahr im weiteren Sinne hält auch *Litten* S. 79 bei dieser Konstellation für möglich.

[114] Zur großzügigeren Beurteilung technisch bedingter Übereinstimmungen und einer strengeren Sichtweise bei solchen auf geistig-ästhetischem Gebiet → § 4–9 Rn 43–45.

[115] → § 4–10 Rn 92–94.

Inwieweit dem Nachahmer unter dem Aspekt der Vermeidbarkeit der Herkunftstäuschung ein weitergehender Verzicht auf prägende integrierende Formatelemente zuzumuten wäre, beurteilt sich im Rahmen einer **Gesamtbetrachtung,** bei der vor allem auch der Aspekt des **Schutzumfangs** des adaptierten Formats einzubeziehen ist.[116] Die verschiedenen Unlauterkeitsfaktoren stehen in einer Wechselwirkung zueinander. Sendeformate, denen eine besonders ausgeprägte wettbewerbliche Eigenart zuzusprechen ist und die zugleich über einen hohen Bekanntheitsgrad verfügen (zB das Show-Format „Wetten, dass ...?"), zwingen denjenigen, der nach diesem Vorbild ein neues Show-Format zu etablieren gedenkt, zu einem entsprechend weitgehenden Verzicht auf das identische Übernehmen von Elementen aus dieser Show. Umgekehrt sind an das Vorliegen besonderer Unlauterkeitskriterien bei identischem Nachahmen geringere Anforderungen zu stellen, als bei Nachahmungen mit einem größeren Abstand. Wenn das OLG Hamburg dem Show-Format „Labyrinth" eine wettbewerbliche Eigenart grundsätzlich zuspricht, so wird der Grad der Eigentümlichkeit offensichtlich niedrig angesetzt:[117] Weder die Spielidee „Labyrinth" noch das Steuern einer Person durch eine andere könne monopolisiert werden. Beide Spielelemente seien seit langem bekannt gewesen und als solche ohne wettbewerbliche Eigenart. Gleichwohl seien diese Elemente für den maßgeblichen Gesamteindruck mitbestimmend. In der dann folgenden vergleichenden Betrachtung durch das Gericht wird der Formatadaption „Goldmillion" zugute gehalten, es handele sich um eine „ganz andere Umsetzung" der (gemeinsamen) Spielidee, sodass die Übereinstimmungen im Gesamteindruck völlig zurückträten. In den sich daran anschließenden Ausführungen der Urteilsbegründung werden die beiderseitigen Anmutungen miteinander verglichen und die sich zeigenden Abweichungen als markant herausgestellt. 60

f) Besonderheit: Formatprägung durch den Protagonisten. Bestimmte Formate werden vorrangig von der **Persönlichkeit ihres Protagonisten** geprägt. Besonders augenscheinlich gilt dies zB für Talk-Formate (man denke an divergierende Moderatorentemperamente wie Alfred Biolek einerseits und Michel Friedmann andererseits), aber auch für Quizformate („Dalli Dalli"/Hans Rosenthal[118] einerseits und „Wer wird Millionär?"/ Günther Jauch andererseits). Aus dem Genre der fiktionalen Serienformate mag die Krimi-Reihe „Derrick" mit ihrer Ausrichtung auf Heinz Tappert erwähnt sein, der die Rolle des Kommissars solange ausfüllen konnte, dass nach seinem altersbedingten Ausscheiden an eine Fortsetzung dieser Reihe mit einem anderen Derrick-Darsteller nicht zu denken war, weil das Publikum die fiktive Figur mit dem langjährig gezeigten Schauspieler unaustauschbar identifizierte. Ähnlich eng mag die Verkörperung der Rolle des Kommissars „Schimanski" inzwischen nicht mehr von dem Schauspieler Götz George zu trennen sein. Ob sich im Einzelfall eine Formatfortsetzung mit wechselnden Protagonisten realisieren lässt, hängt von der Einschätzung des Publikums oder, genauer gesagt davon ab, wie der Fernsehveranstalter die Einschätzung des Publikums seinerseits voraussieht oder ob sich eine ggf. die Fortsetzung befürwortende Voraussage bewahrheitet. Bemerkenswerterweise ist das im Jahre 1955 in der ARD ersterschienene und mehrere Jahrzehnte regelmäßig ausgestrahlte Quizformat „Was bin ich?" auch nach dem Ausscheiden des viele Jahre dieses Format mitprägenden Rateteams um Robert Lemke vorübergehend wiederbelebt worden (die Sendereihe wurde Anfang 2005 von Kabel 1 abgesetzt). Die zwischen 1993 und 2000 mit der Moderatorin Ulla Kock am Brink präsentierte „Die 100 000 Mark Show" erlebte mehrere Jahre später mit einer neuen Moderatorin (Inka Bause) und leicht verändertem Titel (Die 100 000 Euro Show") ihre Wiederauferstehung. 61

Wenn nun der **Protagonist** einen **Senderwechsel** anstrebt und „sein Format" an anderer Stelle fortführen möchte, stellt sich, vorbehaltlich vertraglicher Sonderabsprachen zwi- 62

---

[116] Zur Wechselwirkung → Rn 55.

[117] OLG Hamburg ZUM 1996, 245 – Labyrinth/Goldmillion.

[118] Zum Sachverhalt → BGH GRUR 481, 419 – Quizmaster und das vorangegangene Berufungsurteil KG FuR 1979, 150.

schen Protagonist und dem bisher für ihn zuständigen Sender, die Frage, ob er oder das formatadaptierende Sendeunternehmen wettbewerbsrechtlich daran gehindert werden kann. Das OLG München hat im Fall „Dall-As“ dahingehende Ansprüche verneint.[119] Es ging um folgenden instruktiven Sachverhalt: RTL hatte bis Ende 1991 zahlreiche Folgen der Comedy-Talk-Show „Dall-As“ mit Karl Dall als Talk-Master gesendet. Im Sommer 1991 entschied sich Karl Dall, die Zusammenarbeit mit RTL aufzugeben und zukünftig das gleiche Show-Format nunmehr unter dem Titel „Jux und Dallerei“ für SAT 1 zu produzieren. RTL nahm SAT 1 auf Unterlassung in Anspruch. Das OLG München wies das auf Wettbewerbsrecht gestützte Begehren im Wesentlichen mit folgender Begründung zurück: Die schutzfähige Leistung, die das Format „Dall-As“ von alltäglichen Talk-Shows abhebt, beruhe auf der besonders originellen, eigenständigen und nie gleichen Durchführungsform der Gesprächsführung des Talk-Masters Karl Dall und dessen Schlagfertigkeit. Deshalb sei Karl Dall und nicht RTL derjenige, der die maßgebliche Leistung erbringe. Infolge dessen habe SAT 1 keine wettbewerbsrechtlich schutzwürdige Leistung von RTL, sondern vielmehr eine solche des Talk-Masters Karl Dall übernommen. RTL könne sich nicht erfolgreich darauf berufen, die Idee gehabt zu haben, eine Sendung mit einem Show-Gäste imitierenden und provozierenden Show-Master zu zeigen.

63 Dem OLG München ist darin zuzustimmen, dass die zu beurteilende **Formatidee,** einen Talk-Master nach dem Zuschnitt von Karl Dall auftreten zu lassen, für die Zuerkennung wettbewerbsrechtlicher Schutzansprüche **nicht ausreicht.** Allerdings setzte sich das Gericht über das Begehren hinweg, dem Format adaptierenden Sender solle untersagt werden, die Sendung „Jux und Dallerei“ zu verbreiten, soweit diese bestimmte im Antrag angeführte **gestalterische Einzelelemente** aufweist, nämlich (1) die Einspielung eines aus der Titelmelodie der Sendung „Dall-As“ entlehnten Teilmusikthemas, (2) das Auftreten einer Mitwirkenden, die mit einem „Playboy-Bunny-Kostüm“ bekleidet ist, (3) die Ausstattung des Aufnahmeraums mit einer blau/violett-silbrig gehaltenen Dekoration, (4) die Verwendung weiterer Ausstattungsgegenstände, die den optischen Eindruck der Sendung „Dall-As“ hervorrufen und (5) die Befragung oder „Be-Talkung“ der Gäste (durch Karl Dall) mit der „Dall-As“-konzeptspezifischen ironisch-provokanten Hervorhebung oder Kommentierung vermeintlich persönlichkeitsspezifischer Merkmale oder Eigenschaften der Gäste und dem Aufgreifen von Äußerungen der Gäste unter gezielter sprachlicher Verfälschung in herabsetzender oder sonst verzerrender Weise und der ständigen Irritation/Provokation der Gäste durch die Wahl unsinniger oder im Gesprächskontext zusammenhangloser Gesprächsthemen. Entgegen der Auffassung des OLG München dürfte es RTL mit diesem Vorbringen gelungen sein, einen nach § 4 Nr. 9 lit. a zu untersagenden Sachverhalt schlüssig vorgetragen zu haben. Die **Gesamtbetrachtung** der vorstehend unter Ziff. 1 bis 5 angeführten Elemente ergibt ein **Show-Format von hinreichender Eigenart,** welches infolge der langjährigen Präsentation durch den Sender RTL zugleich eine beachtliche **Bekanntheit** erzielt haben dürfte. Es erscheint ferner nahe liegend, auf Grund der (abgesehen vom Titel) verbleibenden Übereinstimmungen vor allem der unter Ziff. 1 bis 4 angeführten Elemente in Verbindung mit der unveränderten Moderationsweise nach dem Muster von Karl Dall handele es sich um eine Abwandlung der von anderer Seite bekannt gewordenen Serie (im Sinne einer mittelbaren Herkunftsverwechslung), oder aber es bestünden organisatorische, wirtschaftliche oder rechtliche Beziehungen zwischen den beteiligten Sendern (Herkunftsverwechslung im weiteren Sinne).[120] Unvermeidbar ist die Verwechslungsgefahr insofern, als es dem Unterhaltungskünstler Karl Dall nicht verwehrt werden kann, seine Vertragspartner zu wechseln und demgemäß seine Moderatorenleistung nunmehr bei SAT 1 zu präsentieren. Dann würde es dem adaptierenden Sendeunternehmen allerdings obliegen, durch zumutbare Maßnahmen der dadurch begründeten Verwechslungsgefahr entgegenzuwirken, insbesondere die Hinweis- und Erkennungsmerkmale des bei SAT 1 präsentierten Formats

---

119 OLG München NJW-RR 1993, 619 – Dall-As/Jux und Dallerei.
120 → Rn 57.

neu und abgrenzbar aufzumachen. Deshalb hätte dem Begehren von RTL mit der Maßgabe entsprochen werden sollen mit der Einschränkung, dass das Auftreten von Karl Dall selbst vom Unterlassungsgebot ausgenommen wird.

Im Ansatz fehlerhaft sind die Schlussfolgerungen, die das OLG München seiner „Dall-As"-Entscheidung in der referierten Allgemeinheit im Hinblick auf die **Rechtsinhaberschaft** wettbewerbsrechtliche Ansprüche ziehen möchte. Jedenfalls für die Fallgruppe der vermeidbaren Herkunftstäuschung sind solche Ansprüche nicht demjenigen zuzuerkennen, auf dessen Leistungsbeiträge die prägenden Elemente des Formats zurückgehen, sondern demjenigen, der für das Leistungsergebnis unternehmerisch verantwortlich ist. Das ist beim Sendeformat in erster Linie das für die Ausstrahlung verantwortliche Sendeunternehmen. Erst durch die Sendeveranstaltungen wird das Sendeformat bekannt gemacht. Die durch § 4 Nr. 9 lit. a geschützten Herkunftsvorstellungen des Publikums knüpfen an die Sendetätigkeit an und nicht an die schöpferischen, künstlerischen oder organisatorischen Leistungen Dritter, die das Sendeunternehmen zur Programmbeschaffung herangezogen hat.[121] 64

3. Irreführung über die kommerzielle Herkunft und die Identität des Werbenden (Anhang Ziff. 13 zu § 3 Abs. 3 – „Schwarze Liste")

Die Tatbestandsmerkmale, die auf der Grundlage des § 4 Nr. 9 lit. a zur vermeidbaren Herkunftstäuschung bei Formatadaptionen entwickelt worden sind, lassen sich weitgehend auf den Irreführungsschutz übertragen. Das gilt zunächst einmal für den Aspekt der **wettbewerblichen Eigenart** im Sinne der Eignung, beim durchschnittlich informierten und aufmerksamen Verbraucher Herkunftsvorstellungen auszulösen. Insofern kann auf die Darstellung in Rn 47 bis 57 verwiesen werden. 65

Die Kriterien zur Bestimmung der **maßgeblichen Verkehrskreise** gemäß Nr. 51 bis 53 sind auch auf den Irreführungsschutz transferierbar. Grundsätzlich ist in Anknüpfung an Rn 54 auch auf die Ermittlung der Vorstellungen der **inländischen Verkehrskreise** abzustellen, freilich ist im Hinblick auf das sich wandelnde Konsumverhalten bei der Rezeption von Unterhaltungsprogrammen via Internet nicht auszuschließen, dass auch im Ausland erfolgreiche Sendeformen im Inland verstärkt zur Kenntnis genommen werden. Deshalb kann bei der inländischen Adaption im Ausland erfolgreicher Sendeformate nicht generell eine Täuschung des Verbraucherpublikums über die betriebliche Herkunft des Formats oder ggf. auch einer Identität des das inländische Format nutzenden Unternehmens ausgeschlossen werden. Insofern geht der auf Nr. 13 der „Schwarzen Liste" gestützte Formatschutz über denjenigen aus § 4 Nr. 9 lit. a hinaus. 66

Entsprechend heranzuziehen ist der **Wechselwirkungsgrundsatz** entsprechend oben Rn 55, 56. Auch unter Irreführungsgesichtspunkten reicht die Begründung einer Verwechslungsgefahr im weiteren Sinn aus.[122] Übertragbar auf den Irreführungsschutz sind des Weiteren die zur Vermeidbarkeit der Herkunftstäuschung entwickelten Grundsätze, wie unter Rn 58 bis 60 dargestellt, freilich **mit folgender Maßgabe.** Sofern Mitbewerber oder Verbände, speziell Verbraucherschutzverbände bestimmte Formatadaptionen wegen Irreführung von Verbraucherkreisen über die kommerzielle Herkunft und/oder die Identität des Formatanbieters geltend machen, kann ihnen nicht mit Erfolg entgegengehalten werden, dem Anbieter eines adaptierten Formates stünden vorrangige Verbotsrechte aus Marken-, Werktitel- und/oder Geschmacksmusterschutzrechten zu. Ggf. wird der Irreführungsschutz nach Nr. 13 sogar deshalb besonders dringlich sein, weil die Herkunftstäuschung durch eine Anlehnung an Marken oder Werktitel des Betreibers des Originalformats verstärkt wird. Nur wenn dem Täuschungsvorwurf mit dem Nachweis einer validen Lizenz zur Benutzung entsprechender Kennzeichen begegnet werden könnte, wäre dem Unterlassungsanspruch insoweit erfolgreich zu begegnen. Der Einwand des Verletzers, er stehe gerade in Lizenzverhandlungen mit 67

---

[121] So im Ergebnis auch *Litten* S. 101; *v. Have/Eickmeier* ZUM 1994, 269, 277; zur Aktivlegitimation → Rn 99 ff.

[122] Entsprechend → Rn 57.

dem Rechteinhaber an dem adaptierten Format, wäre nicht ausreichend.[123] Wegen des sich aus Ziff. 13 der „Schwarzen Liste" ergebenden per-se-Verbots wäre der weitere Einwand erfolglos, das Lauterkeitsrecht schütze falsche Vorstellungen der Fernsehteilnehmer bezüglich der Herkunft von Formaten nicht, weil ihnen daraus kein wirtschaftlicher Nachteil drohe. Auf der Grundlage der Richtlinie 2005/29/EG soll der Verbraucher bereits vor Entscheidungen aufgrund fehlerhafter oder unzureichender Informationen geschützt werden. D.h. hätte der Fernsehzuschauer gewusst, dass ihm nicht eine Sendung im Originalformat angeboten wird, so hätte er das Programm nicht konsumiert.

68 Der auf § 4 Nr. 9 lit. a gestützte Unterlassungsschutz gegen Herkunftstäuschung setzt das Vorliegen eines **subjektiven Unlauterkeitstatbestandes nicht** voraus.[124] Erforderlich ist weder ein Verschulden noch das Bewusstsein der Wettbewerbswidrigkeit. Freilich steht der positiven Kenntnis ein bewusstes Verschließen vor der Kenntnisnahme von den für die Unlauterkeit maßgeblichen Umständen gleich.[125] Demgegenüber setzt der **Irreführungsschutz nach Nr. 13** der „Schwarzen Liste" die Feststellung einer **Täuschungsabsicht auf der Seite des Verletzers** voraus. Im Regelfall wird der Verletzer eine Täuschungsabsicht leugnen, sodass der Anspruchsteller darauf verwiesen ist, aus den objektiv feststellbaren Fakten Rückschlüsse auf ein bewusstes Verschließen vor der Kenntnis von den die Herkunftstäuschung begründenden Umständen zu ziehen. Damit wäre freilich noch nicht zwingend festgestellt, dass es dem Verletzer – zumindest auch – darauf ankam, die maßgeblichen Verbraucherkreise über die betriebliche Herkunft des Formats und/oder die Identität des Formatverwerters zu täuschen. Ggf. ging es dem Formatnachahmer nur darum, sich das Aufwenden eigener Investitionen in eine neue Formatentwicklung zu ersparen; hierauf könnten sichtbar gewordene Bemühungen des Verletzers indiziell hinweisen, die auf eine Vertuschung oder Verschleierung der Formatadaption abzielen. Rückschlüsse auf das Vorliegen von Täuschungsabsicht sind dagegen zB dann angebracht, wenn aus den Umständen das Bestreben abgeleitet werden kann, die bei der Verwertung des Originalformats begründete Wertschätzung auf das adaptierte Format zu transferieren.[126]

IV. Unangemessenes Ausnutzen oder Beeinträchtigen der Wertschätzung der nachgeahmten Dienstleistung, § 4 Nr. 9 lit. b

1. Grundsätze

69 Die durch § 4 Nr. 9 lit. b umschriebene Tatbestandskategorie betrifft Fälle der Rufausbeutung und der Rufbeeinträchtigung und soll insbesondere dann Platz greifen, wenn der Verkehr zB mit einer (Ware oder) Dienstleistung bestimmte Herkunfts- und Gütevorstellungen verbindet und so durch die Nachahmung der gute Ruf der fremden (Ware oder) Dienstleistung ausgenutzt wird.[127] Gegenüber der in der Fallgruppe des § 4 Nr. 9 lit. a erfassten vermeidbaren Herkunftstäuschung geht es hier gerade nicht um Täuschungs- oder Verwechslungseffekte, sondern – umgekehrt – darum, dass durch die Anlehnung an den guten Ruf des Vorbildes ein **Transfereffekt** zugunsten des nachgeahmten Konkurrenzangebotes erreicht wird, mithin einer Übertragung von Güte- oder auch Sympathievorstellungen vom „Original" auf das „Imitat" **(offene Anlehnung).**

2. Negative Abgrenzung

70 Negativ abzugrenzen ist die von § 4 Nr. 9 lit. b adressierte Fallgruppe von Sachverhalten, bei denen **fremde Kennzeichen** von der Nachahmungshandlung betroffen sind. Zur

---

[123] *Köhler* NJW 2008, 3032, 3036.

[124] BGHZ 163, 265, 270 – Atemtest; BGHZ 171, 73 Tz. 21 – Außendienstmitarbeiter; BGH WRP 2008, 1510, 1512 – ICON.

[125] → § 4–9 Rn 67 mwN.

[126] → Rn 71, 72.

[127] Begründung RegE BT-Drucks. 15/1487 vom 22. 8. 2003 S. 18; → § 4–9 Rn 62.

Erfassung solcher Fallgestaltungen ist vorrangig das **Markengesetz** heranzuziehen. Die Übernahme eines Formattitels oder die verwechslungsfähige Anlehnung an einen Formattitel ist gemäß §§ 5, 15 MarkenG zu beurteilen. Gemäß §§ 14 Abs. 2 Nr. 3, 15 Abs. 3 MarkenG ist die Ausnutzung fremder Kennzeichen untersagt, wenn das Kennzeichen bekannt ist, Wertschätzung genießt und diese ohne rechtfertigenden Grund sowie in unlauterer Weise ausgenutzt wird.

3. Branchentypische Formatadaptionen

Bei der Realisierung von **Formatadaptionen** geht es im **Regelfall nicht** um die **offene** 71
Anlehnung an den guten Ruf des Modellformats zum Zwecke dessen Ausbeutung. Das adaptierende Sendeunternehmen wird in erster Linie bestrebt sein, mit seiner Programmpräsentation die Besonderheiten und Vorzüge des **eigenen Angebotes** hervorzuheben. Fallgestaltungen, bei denen ein Sender das von ihm ausgestrahlte Format mit einem erfolgreichen Format eines Konkurrenzsenders vergleicht, sind, soweit ersichtlich, bisher nicht bekannt geworden.[128]

Das beinahe schon **branchentypische Nachahmerverhalten** geschieht vor folgendem 72
Hintergrund. Dem Erfolg von Serienformaten beim Publikum ist häufig eine aufwändige Formatentwicklung vorangegangen. Formatentwickler haben ggf. an der Ausformung neuer oder altbekannter Formatideen mit langjährigen Pre-Tests gefeilt sowie deren akustische und visuelle Einkleidung in eine Form gebracht, die dem aktuellen breiten Geschmack des Fernsehpublikums punktgenau entspricht. Wenn es einem Formatentwickler auf diese Weise etwa gelingt, aus dem vom Publikum zwischenzeitlich völlig verschmähten klassischen Rate-Quiz ein Format wie „Wer wird Millionär?“ in der Prime-Time des erfolgreichsten Privatsenders (RTL) mit dem entsprechenden überragenden Publikumserfolg zu etablieren, so liegt diese Leistung auf der Marketingebene und ist vergleichbar mit einem erfolgreichen, dem aktuellen Zeitgeist angepassten Werbekonzept, wie es etwa für Markenprodukte entwickelt zu werden pflegt.[129] Die sich daran anschließende Nachahmungswelle durch die Konkurrenz, sobald sie das Werbekonzept des Vorreiters als erfolgreich erkannt hat, ist eine geradezu zwangsläufige Konsequenz der freien Marktwirtschaft.

4. Verbleibender Anwendungsspielraum

Anwendungsspielraum für § 4 Nr. 9 lit. b verbleibt letztlich nur für solche eher seltenen 73
Fallgestaltungen, in denen die gestalterische Umsetzung von Sendeformaten im Wege offener Anlehnung nachgeahmt und das nachgeahmte Format vorrangig zur Beeinträchtigung des Rufs des Erstanbieters ausgebeutet wird. Nach den vom BGH in der „Les-Paul-Guitarren“-Entscheidung[130] entwickelten Kriterien ist es unlauter, wenn sich ein Nachahmer den guten Ruf der Originalerzeugnisse durch Anlehndung an die Produktgestaltung zu nutze macht und dem Verbraucher den **Erwerb eines Quasi-Originals** eröffnet, sodass der Originalhersteller in seinem Bemühen daran gehindert wird, den Ruf seiner Ware sicherzustellen. Die Sachverhalte, über die in den bisher bekannt gewordenen Gerichtsentscheidungen zum Formatschutz zu befinden waren, bieten keine Beispielsfälle zur glatten Anwendung des § 4 Nr. 9 lit. b an. Allenfalls bei entsprechenden Abwandlungen lassen sich einige Fallgestaltungen zur Veranschaulichung konstruieren.

Die Antragstellerin des **„Goldmillion“-Verfahrens**[131] stützte ihre Ansprüche auf ihr 74
Show-Format „Labyrinth“, das die Spielidee umsetzte, durch ein computeranimiertes Labyrinth zu gehen. Zwei konkurrierende Spielerteams haben zunächst die Aufgabe, mit ihren Spielfiguren in einem Labyrinth bis zu dessen Mitte vorzudringen, wobei ihre Spielfiguren nur vorankommen, wenn sie die Fragen des Moderators richtig beantworten. In der

---

128 So auch *Lausen* S. 93.
129 *Hertin* GRUR 1997, 709, 801 ff.
130 BGH GRUR 1998, 830, 333 – Les-Paul-Guitarren.
131 OLG Hamburg ZUM 1996, 145 – Labyrinth/Goldmillion.

zweiten Runde („Endrunde") muss ein Spieler seinen orientierungslosen Mitspieler durch das Labyrinth leiten. Durch Zurufe wie „links-rechts-geradeaus" dirigiert der Spieler seinen Teamgefährten durch das virtuelle Labyrinth derart, dass der Geher die (für ihn unsichtbaren) virtuellen Markierungen nicht betreten darf. Für das Publikum ist das virtuell-markierte Labyrinth mit dem darin befindlichen Geher sichtbar. Auch der führende Spieler wird während seiner Anweisungen per split screen sichtbar gemacht. Dem konkreten Erscheinungsbild dieses Show-Formats wurde mit Recht die wettbewerbliche Eigenart zugesprochen. Die Zuerkennung eines auf Ruf beeinträchtigende Anlehnung gestützten Anspruchs scheiterte im konkreten Fall daran, dass der adaptierende Sender lediglich die Idee übernommen hatte, dass eine Person von einem Mitspieler durch ein Labyrinth geführt wird. Wäre die Spielgestaltung der „Endrunde", wie oben geschildert, identisch übernommen worden, bestünden gegen die Anwendungen des § 4 Nr. 9 lit. b keine Bedenken.

75 Beim Senderwechsel von Protagonisten wie in der **Konstellation „Dall-As"/„Jux und Dallerei"**[132] kann sich der Nachahmungstatbestand durchaus auf die gestalterische Umsetzung erstrecken, jedoch wird der „Original"-Sender nicht durch die Formatadaption, sondern durch den Weggang seines bisherigen Protagonisten und die sich daraus ergebende Formataufgabe daran gehindert, den Ruf seines Formates für die Zukunft sicherzustellen. Allenfalls dann, wenn der Sender des „Original"-Formats seine Serie mit einem „formatadäquaten" Protagonisten fortführt, könnte § 4 Nr. 9 lit. b einschlägig werden, vorausgesetzt, dass bei der Formatadaption eine Rufausbeutung durch offene Anlehnung erfolgt, die über die Übernahme des Protagonisten hinausgeht.

76 Die von dem Moderator Kurt Felix seit Ende der 70er Jahre bis 1990 geleiteten Sendereihen „Teleboy" (im Schweizer Fernsehen SRG) und „Verstehen Sie Spaß?" (ARD), inzwischen von Frank Elsner fortgeführt, betreffen jeweils eine Unterhaltungsshow nach dem **Prinzip der Versteckten Kamera.**[133] Das Format war durch folgende Elemente geprägt: „Opfer" und „Lockvogel" sind prominente Personen aus dem öffentlichen Leben. Die Filme sind teilweise mit Musik unterlegt. Mit dem „Opfer" und dem „Lockvogel" erfolgt nach den Filmaufnahmen in einer öffentlichen Veranstaltung ein Interview über die Thematik des Sketches und die Wahrnehmung und Gefühle in der gefilmten Situation. In den einzelnen Folgen einer solchen Fernsehunterhaltungsserie werden jeweils drei bis vier Sketchfilme gezeigt. Das ZDF präsentierte ab 1994 zunächst unter dem Titel „Voll erwischt", ab 1995 unter dem neuen Titel „Versteckte Kamera" eine Unterhaltungsshow, die ebenfalls diese Elemente enthielt. Wandelt man nun den Sachverhalt des Verfahrens LG Mainz ab und nimmt an, die ARD oder ihr Lizenzgeber Kurt Felix hätten es bei dem Nachahmer mit einem privaten Fernsehunternehmen (bei ansonsten gleichem Sachverhalt) zu tun und würden dieses wegen wettbewerbsrechtlicher Leistungsübernahme in Anspruch nehmen, könnte die Anwendung des § 4 Nr. 9 lit. b ernsthaft diskutiert werden. Auch wenn nicht alle Formatelemente aus der Sendereihe „Verstehen Sie Spaß?" deckungsgleich in die Reihe „Versteckte Kamera" übernommen wurden, sind die prägenden dramaturgischen Gestaltungsfaktoren eines besonders auffälligen Formats derart aufgegriffen worden, dass eine Beeinträchtigung der assoziativen Wertschätzung, die das Fernsehpublikum bis dahin der ARD wegen der beliebten Fernsehreihe „Verstehen Sie Spaß?" entgegenbrachte, durch das Angebot einer Art „Verstehen Sie Spaß? II" nicht fern liegend erschiene.

77 Da andererseits die Formatidee unter dem Aspekt der Nachahmungsfreiheit nicht monopolisierungsfähig wäre,[134] ist der Schutzumfang zu begrenzen. In dem in Rn 34 angeführten Beispielsfall könnte die Idee, mit versteckter Kamera aufgenommene Szenen aus der unbeeinflussten Realität oder ohne Wissen des „Opfers" (teil-)inszenierten Realität zum Gegenstand einer Unterhaltungsshow zu machen, nicht bereits schutzbegründend sein. So könnte auf der Grundlage des Formats „Verstehen Sie Spaß?" zB nicht mit Erfolg

---

[132] → Rn 62.
[133] Zum Sachverhalt LG Mainz Urt. v. 11. 7. 1995 – 12 HO 64/95, abgeduckt bei *Lausen* Anh. 2 S. 122 ff.
[134] → Rn 44.

das Format „TV-Masqué" wegen ausbeuterischer Nachahmung beanstandet werden, weil auch dort mit versteckter Kamera gedrehte Filmaufnahmen mit dem „Kandidaten" in die Show eingespielt werden.[135] Denn TV-Masqué hat eine gänzlich andere Ausrichtung. Im Mittelpunkt steht jeweils eine nicht prominente Person, die auf Grund ihres sozialen Engagement der Sendung gewürdigt werden soll. Die Sendung zeigt, wie der betreffende Kandidat mit einem Überraschungsfest geehrt wird. Er sieht überraschend alte Freunde und Verwandte wieder, die zunächst hinter einer Maske verborgen im Publikum setzen. Mit versteckter Kamera gedrehte Filmaufnahmen über den „Kandidaten" werden eingespielt. Zum Schluss erhält er ein Geschenk oder eine Spende für sein soziales Projekt.

V. Nachahmungsschutz nach Maßgabe weitergehender Kriterien gemäß §§ 3, 4 Nr. 10

Soweit weder die Fallgruppe zur Verwechslungsgefahr (§ 4 Nr. 9 lit. a) noch zur Ruf- 78
ausbeutung (§ 4 Nr. 9 lit. b) einen hinreichenden Schutz im Formatbereich anbieten, ist daran zu denken, die Rechtsprechung zum **Behinderungswettbewerb** dafür nutzbar zu machen, bevor die Sonderproblematik, die einen Vertrauensbruch voraussetzt (§ 4 Nr. 9 lit. b), abgehandelt wird. Gesetzestechnisch geht es um Aspekte, die nunmehr § 4 Nr. 10 (gezielte Behinderung von Mitbewerbern) sowie der Generalklausel des § 3 zuzuordnen sind.

1. Internationaler Formathandel und Zuvorkommen durch Inlandsverwertung

Adaptiert ein inländisches Sendeunternehmen ein Format, das bisher nur im Ausland ge- 79
sendet worden ist, kommt zwar eine Herkunftstäuschung dann nicht in Betracht, wenn, wie dies regelmäßig der Fall sein dürfte, das inländische Fernsehpublikum die „Original"-Serie nicht kennt und folglich einer Verwechslung der Fernsehserie nicht unterliegen kann.[136] Es stellt sich daher die Frage, ob und inwieweit bei solchen Fallgestaltungen mit dem Schutzinstrument der **wettbewerbswidrigen Behinderung (§ 3)** vorgegangen werden kann. Im Falle Ovalpuderdose[137] hatte die Klägerin das Originalprodukt bereits in verschiedenen Ländern der EU vermarktet, als die beklagte Firma eine identische Produktnachbildung in Deutschland herausbrachte. Im Hinblick auf die wettbewerbliche Eigenart des Originalprodukts, seiner identischen Nachahmung und dem den Markteintritt in Deutschland verhindernden Dazwischentreten des Nachahmers beanstandet der BGH das Vorgehen des Imitators als wettbewerbswidrige Behinderung.

Die in der BGH-Entscheidung „Ovalpuderdose" entwickelten Kriterien lassen sich auf 80
die **nicht lizenzierte Übernahme ausländischer Sendeformate in Deutschland** mit der gebotenen Rücksichtnahme auf die Besonderheiten bei Formatadaptionen durchaus übertragen. Wegen der Voraussetzungen zur wettbewerblichen Eigenart eines Sendeformats gelten die dazu genannten Kriterien.[138] Bei identischer Nachahmung eines zB in den USA oder in Frankreich erfolgreichen Show-Formates durch ein deutsches Sendeunternehmen wird vor allem dann, wenn das Originalformat bereits erfolgreich in ein anderes Land „exportiert" werden konnte, mit Erfolg geltend zu machen sein, dass das Originalformat kurz vor oder in der Phase seiner Einführung im Inland stand und infolge der Nachahmungshandlung der **Marktzutritt nach Deutschland verhindert** worden ist. Freilich ist vorauszusetzen, dass die Elemente, die die wettbewerbliche Eigenart ausmachen, identisch oder jedenfalls fast identisch übernommen werden. Daran wird es häufig fehlen, da die

[135] Sachverhalt gemäß LG Köln Urt. v. 18. 10. 1995 – 28 O 440/95, abgedruckt bei *Lausen* Anh. 1 S. 119 ff.

[136] → Rn 41.

[137] BGH WRP 1976, 370, 371 – Ovalpuderdose; bestätigt durch BGH GRUR 1992, 523 – Betonsteinelemente.

[138] → Rn 47.

unterschiedlichen kulturellen Wahrnehmungs- und Erlebnismuster ganz überwiegend Anpassungen an das inländische Fernsehpublikum erforderlich machen.[139] Die Nachahmungshandlung wird sich dann möglicherweise auf die Übernahme bestimmter Grundmuster beschränken, während die Ausdifferenzierung des Sendeablaufs, die Festlegung der Wiedererkennungseffekte, die Gestaltungselemente (Intro-Trailer, eingespielte Musik, Bühnedekoration usw.) und die Auswahl des oder der Protagonisten zur Ermöglichung eines inländischen Publikumserfolgs speziell zu entwickeln sein wird.

2. Analoge Anwendung der „Modeneuheiten"-Rechtsprechung auf den Formatschutz?

81 Bei der Formatentwicklung geht es unter anderem darum, altbekannte oder auch neue Kommunikationsformen und -muster wie Spiele, Präsentationsformen usw. auf den modisch-aktuellen Zeitgeschmack abzustimmen. Die sich daraus ergebende Nähe zur Modebranche hat zu der Erwägung geführt, ob es gerechtfertigt wäre, die wettbewerbsrechtliche Sonderrechtsprechung zugunsten von **Modeneuheiten** auch dem Formatschutz zugute kommen zu lassen. Nach der Rechtsprechung des BGH genießen modische Bekleidungsstücke einen saisonalen Innovationsschutz gemäß § 3. Ohne dass objektive Neuheit vorausgesetzt wird, darf auf Vorbekanntes zurückgegriffen werden, falls dies in der fraglichen Modesaison erstmalig geschieht und dieser Rückgriff in dieser Saison als eine „eigenartige Modeneuheit empfunden wird".[140] Ein Teil der Literatur hat sich dafür ausgesprochen, die Grundsätze dieser Rechtsprechung auch auf andere Produktbereiche, zB Schuhe, Handtaschen, Sportartikel und Spiele, auszudehnen, da nicht einzusehen sei, dass nicht auch den Herstellern und Schöpfern solcher Erzeugnisse die Früchte ihrer Arbeit in der betreffenden Saison auf gleiche Weise sicherzustellen sei.[141] Um den Formatlizenzhandel an seiner Wurzel durch einen gesetzlichen Leistungsschutz abzusichern, müsste nun noch ein weiterer Schritt getan und die Analogie zu Modeneuheiten auf das körperlose Formatkonzept ausgedehnt werden. Damit wäre der Bogen ersichtlich überspannt. Der Unterschied zwischen Formatkonzepten und modischen Bekleidungsstücken ist ein weiteres Mal darin zu sehen, dass Modeneuheiten in den realisierten Entwürfen eine sinnlich-konkrete Ausformung erfahren haben, während das Format sich in der konzeptuellen Anweisung zur Gestaltung von Serien erschöpft. Auch unter dem Aspekt der Rufausbeutung durch Leistungsübernahme sollte es bei dem Grundsatz bleiben, dass das fertige Menü, nicht aber bereits dessen Rezeptur zum Schutzgegenstand erhoben werden kann. *Litten*[142] lehnt die entsprechende Anwendung der Modeneuheiten-Rechtsprechung auf den Formatschutz mit der zutreffenden Begründung ab, dass anderenfalls der Grundsatz der Nachahmungsfreiheit übermäßig eingeschränkt würde. Die feine Balance zwischen den Interessen des Leistungserbringers, des freien Wettbewerbs und der Allgemeinheit wäre zugunsten des Leistungserbringers verschoben. Mit Recht verweist er ferner auf die mangelnde Möglichkeit, die Dauer des Nachahmungsschutzes, etwa unter dem Aspekt der Amortisierung der Entwicklungskosten, zu bestimmen.

3. Formatadaption als gezielte Behinderung von Mitbewerbern oder als unmittelbare Leistungsübernahme

82 Die zu § 1 aF entwickelte Rechtsprechung kennt eine weitere Nachahmungsvariante, die den Behinderungsaspekt zu steuern sucht. Sie erfasst die Fälle leistungsfremder Schädigung oder sonstiger Beeinträchtigung konkurrierender Unternehmen durch Umstände, die über die Unlauterkeitskriterien der betrieblichen Herkunftstäuschung und der Warenver-

[139] → Rn 14, 15.

[140] BGH GRUR 1973, 478, 480 – Modeneuheit; → § 4–9 Rn 72f.

[141] *Fezer* WRP 1993, 65, 66; *ders.* FS Gewerblicher Rechtschutz und Urheberrecht in Deutschland S. 939, 950f; *Quiring* WRP 1985, 684, 686ff.

[142] S. 92f.

wechslung hinaus einen eigenen Unlauterkeitsgehalt aufweisen, der wiederum im Rahmen einer umfassenden Gesamtwürdigung nach Maßgabe des Wechselwirkungsprinzips zu ermitteln ist.[143] In diesem Zusammenhang gilt die systematische Nachahmung einer Vielzahl eigenartiger überdurchschnittlicher Erzeugnisse eines Mitbewerbers als unlauter.[144] Ohne dass das gesamte Sortiment übernommen oder der Mitbewerber zielbewusst aus dem Wettbewerb ausgeschaltet werden müsste, genügt ein **planmäßiges und zielgerichtetes Anhängen an die fremde Leistung,** vor allem dann, wenn dadurch eine kostspielige eigene Entwicklungsarbeit erspart und eine Preisunterbietung des Konkurrenten mit entsprechenden Wettbewerbsvorteilen ermöglicht wird.[145] Auch die fortgesetzte Nachahmung fremder Werbung gehört zu dieser Fallgruppe der wettbewerbsrechtlichen Behinderung.[146]

Ob es nach dem heutigen Stand der Rechtsprechung die Existenz einer weiteren eigenen Unterfallgruppe „unmittelbare Übernahme" noch gibt oder geben kann, ist in der Literatur bestritten worden.[147] Gemeint sind damit diejenigen Fälle, bei denen die spezielle Form der Nachahmung deren Unlauterkeit indizieren soll, bevorzugt bei der unmittelbaren Übernahme einer fremden Leistung (zB durch technische Vervielfältigung)[148] oder der „fast identischen Nachbildung".[149] Da **Formatadaptionen** typischerweise **nicht auf solche 1:1-Kopien hinauslaufen,** kann der Aspekt der durch die Generalklausel des § 3 geschützten unmittelbaren Leistungsübernahme in diesem Zusammenhang eher vernachlässigt werden. Sollte es darum gehen, dass Filmsequenzen aus anderweitig produzierten Serien als Einspielteile in Formatadaptionen übernommen werden, stehen die Rechte des Film- und Laufbildherstellers aus §§ 94, 95 UrhG zur Vermeidung solcher Missbräuche vorrangig zur Verfügung. Mit Blick auf den Formatschutz **nahe liegender** erscheint es, **die in § 4 Nr. 10 kodifizierte Fallgruppe** der gezielten Behinderung von Mitbewerbern insoweit näher zu beleuchten. 83

Die Fallgruppe der gezielten Behinderung macht das wettbewerbsrechtliche Unwerturteil nicht an der Nachahmungshandlung als solcher, sondern am **systematischen Anhängen an eine fremde Leistung** fest. Damit wird ihre Heranziehung auf den Formatbereich in gewisser Weise erleichtert. Bei der Formatentwicklung geht es darum, Rezepturen für serielle Fernsehprogramme zu schaffen, die einen maximalen Publikumserfolg sicherstellen sollen. Der wirtschaftliche Wert solcher Arbeitsergebnisse von TV-Produzenten und Fernsehveranstaltern liegt auf der Ebene des Know-hows und des Marketings und setzt in der Regel kostenträchtige Vorarbeiten **einschließlich der Durchführung von Probeläufe durch Testsendungen** voraus.[150] So gesehen sollte die Qualifikation als „eigenartiges überdurchschnittliches Erzeugnis" bereits in einem außerordentlichen Publikumserfolg, zB eines Show-Formates erkannt werden können. 84

Das Tatbestandsmerkmal des Anhängens setzt eine **Anlehnung** an die **äußeren Merkmale des Originalformats** voraus. Auch im Rahmen dieser Fallgruppe reicht das Aufgreifen abstrakter Formatideen nicht aus. Es muss in jedem Falle ein „Mehr" hinzutreten.[151] 85

Gegenüber der Heranziehung der Fallgruppe der **systematisch-gezielten Behinderung** ist eingewandt worden, sie setze die Imitation massenhafter Formate voraus. Vereinzel- 86

---

143 → Rn 55.

144 *Köhler/Piper* UWG § 1 Rn 639f mwN.

145 BGH GRUR 1960, 244, 246 – Simili-Schmuck; BGH GRUR 1969, 618, 619 – Kunststoffzähne; BGHZ 141, 329, 343 – Tele-Info-CD.

146 *Köhler/Piper* UWG § 1 Rn 641 unter Hinweis auf BGH GRUR 1961, 244, 246 – Natürlich in Revue; BGH GRUR 1968, 581, 585 – Blunazit.

147 *Sambuc* Rn 369; → § 4–9 Rn 39.

148 BGH GRUR 1966, 503, 507 – Apfel-Madonna; BGH GRUR 1966, 617, 620 – Saxophon; BGH GRUR 1969, 618, 620 – Kunststoffzähne.

149 BGH GRUR 1992, 523, 524 – Betonsteinelemente; BGH GRUR 1999, 1106, 1108f – Rollstuhlnachbau.

150 → Rn 14, 16.

151 S. die Adaptionsfälle OLG München AfP 1992, 381 – Dall-As/Jux und Dallerei; OLG Hamburg ZUM 1996, 245 – Labyrinth/Goldmillion sowie LG München ZUM-RD 2002, 17 – High 5/Stoke.

tes Nachahmen einiger Formate stelle noch kein planmäßiges zielstrebiges Handeln dar.[152] Der Nachahmer werde sich allenfalls einzelne erfolgreiche Programmformate eines Konkurrenten herausziehen, was für die Annahme sittenwidrigen Verhaltens nicht ausreiche.[153] Hiergegen sind Bedenken anzumelden. Die Formatimitation erschöpft sich keineswegs in einem einmaligen Programmangebot, sondern wiederholt sich mit jeder Programmausstrahlung der formatierten Sendefolge. Schon dann, wenn ein zweites Sendeformat desselben Genres kopiert wird, kann damit eine empfindliche Beeinträchtigung des Programmimages des (erneut) betroffenen Senders verbunden sein.

87 Maßgebend ist letzten Endes auch insoweit eine **Gesamtbetrachtung,** die alle Umstände des zugrunde liegenden Lebenssachverhaltes berücksichtigt wie zB die Bedeutung, die die adaptierten Formate insgesamt für den imitierten Sender haben, die weitere Entwicklung der Einschaltquoten des imitierten Formates, der Grad der in Rede stehenden Annäherung, der materielle Aufwand, der die Etablierung des erfolgreichen und imitierten Formates ermöglicht hat und vom Imitator erspart wurde usw.

VI. Nachahmung auf Grund unredlicher Kenntniserlangung, § 4 Nr. 9 lit. c

88 Gemäß § 4 Nr. 9 lit. c sind Nachahmungshandlungen dann unlauter, wenn der Nachahmer die für die Nachahmung erforderlichen Kenntnisse und Unterlagen unredlich erlangt hat. Darunter fällt zweifelsfrei das **Erschleichen** von Vorlagen. Solches kann in der Medienbranche zwar vorkommen, branchentypisch ist das sogleich von Missbrauchsabsicht getragene Beschaffen von Formatvorlagen jedoch nicht.

89 Wesentlich häufiger, wenn nicht geradezu signifikant sind Fallgestaltungen, bei denen das Formatkonzept vom Programmmacher **in Verhandlungsabsicht entgegengenommen** wird, dann aber eine vertragliche Kooperation nicht zustande kommt und der ehemalige Formatnachfrager sich vom Angebotsinhalt in mehr oder weniger enger Anlehnung zur Programmrealisierung unter Ausschluss des Anbieters anregen lässt.[154] Im Falle OLG Hamburg „Labyrinth“/„Goldmillion“[155] hatten die Parteien eine **Vereinbarung** über Nutzungsrechte an dem Spielkonzept „Labyrinth“ für die Zeit der Internationalen Funkausstellung (IFA) 1989 getroffen, die Lizenznehmerin hatte dann fünf Jahre später Elemente der Spielidee aus „Labyrinth“ in ihr Show-Format „Goldmillion“ einfließen lassen. Zu beleuchten sind ferner die Fälle, bei denen eine **zunächst auf vertragliche Grundlage gestellte Kooperation ausläuft** und alsdann der Lizenznehmer das Format in mehr oder weniger enger Anlehnung an die Vorlage fortsetzt.[156] Diesen Sachverhalten ist gemeinsam, dass zum Zeitpunkt der Vertrauensgewährung auch die Lizenznehmerseite gutgläubig war und sich erst nach Abbruch der Verhandlungen oder nach Vertragsbeendigung die Frage stellt, ob in der Umsetzung des angetragenen oder auf vertraglicher Basis zunächst kooperativ realisierten Formatkonzepts ein wettbewerbswidriger Vertrauensbruch liegen könnte, sofern nicht bereits **vertragliche Ansprüche** vorgreiflich sind[157] oder die sich aus **§ 311 Abs. 2 BGB** ergebende Verpflichtung zur Rücksichtnahme auf **vorvertragliche Bindungen** weiterhilft.

90 Der Gesetzeswortlaut des § 4 Nr. 9 lit. c erwähnt nur die unredliche Kenntnis**erlangung.** Die Begründung des Regierungsentwurfs versteht darunter auch die Verschaffung

[152] *Lausen* S. 89.

[153] *Litten* S. 81.

[154] So in den Fällen BGH GRUR 2003, 876 – Sendeformat; OLG München GRUR 1990, 674 – Forsthaus Falkenau; LG Köln Urt. v. 18. 10. 1995 – 28 O 440/95 – Warmumsherz, abgedruckt bei *Lausen* Anh. 1 S. 119; LG München ZUM-RD 2002, 17 – High 5/Stoke.

[155] ZUM 1996, 245 – Labyrinth/Goldmillion.

[156] S. den Sachverhalt im Fall LG Mainz Urt. v. 11. 7. 1995 – 12 HO 64/95 – Voll erwischt, abgedruckt bei *Lausen* Anh. 2 S. 122 ff; KG ZUM 2003, 867 – Anna Marx; → Rn 29.

[157] OLG Hamburg ZUM 1996, 245, 246 – Labyrinth/Goldmillion.

durch **Vertrauensbruch.**[158] Die Rechtsprechung zu § 1 aF verstand unter Vertrauensbruch auch eine unredliche Ausnutzung fremder Kenntnisse oder Unterlagen,[159] ohne dass die Qualifikation eines Betriebsgeheimnisses vorausgesetzt wurde.[160] Da die Neufassung des UWG erklärtermaßen[161] die Reichweite des § 1 aF nicht einschränken und die Kodifizierung der Fallgruppen in § 4 lediglich beispielhaft verstanden wissen will, ist davon auszugehen, dass das unredliche Ausnutzen fremder Kenntnisse und Unterlagen entweder unter direkter Anwendung des § 4 Nr. 9 lit. c oder hilfsweise auf der Grundlage der Generalklausel (§ 3) wettbewerbswidrig ist. Darüber hinaus kann der Plan für ein konkretes Filmprojekt oder die Idee für eine Fernsehserie oder Formatentwicklung ein **Geschäftsgeheimnis** im Sinne des § 17 Abs. 1 darstellen, dessen Verrat strafbar ist und gegen den Nutzer des hierdurch erlangten Geheimnisses Ansprüche aus §§ 3, 4 Nr. 11 begründen kann.[162]

Auf die unbefugte Verwertung oder unbefugte Weitergabe an Dritte hebt auch **§ 18** ab, 91
und zwar bezogen auf Vorlagen oder Vorschriften technischer Art, die dem Normadressaten im geschäftlichen Verkehr anvertraut werden. Die Heranziehung dieser Vorschrift auf den Formatbereich hängt davon ab, ob die etwa bei Vorverhandlungen überlassenen Materialien, die ja in der Regel weniger technischer als gestalterischer Art sind, den Begriff der Vorlage erfüllen.

Es fällt auf, dass die Gerichte in keinem der in Rn 90 erwähnten Beispielsfälle die Nach- 92
ahmungshandlung unter Hinweis auf die Fallgruppe der Nachahmung durch unlauteren Vertrauensbruch beanstandet hat. Das OLG Hamburg[163] hält es für zweifelhaft, ob die getroffene Vereinbarung, die nicht zu einer Inanspruchnahme der Spiel-Show seitens des Senders geführt hatte, noch eine nachvertragliche Bindungswirkung hätte entfalten können. Jedenfalls würde der Treu-und-Glauben-Grundsatz nicht dazu führen können, dem Sender sein „ganz anderes" Labyrinth-Spiel zu verwehren. Denn das würde letztlich auf den – abzulehnenden – Schutz einer abstrakten Spielidee hinauslaufen. Das LG Mainz[164] beschränkt sich zu diesem Thema auf den Hinweis, die Verträge zwischen den Parteien enthielten keine Regelung, die der Beklagten für die Zeit nach deren Ablauf irgendwelche Beschränkungen nach dem Prinzip „Versteckte Kamera" auferlegen. Das OLG München[165] meint nur lapidar, Umstände des Erschleichens und des Vertrauensbruchs kämen im Streitfall nicht in Betracht, auch eine Vorlagenfreibeuterei (§ 18 aF) scheide aus, da die Beklagte bei der Herstellung ihrer Filmserie keine ihr von dem klagenden Autoren anvertrauten Vorlagen unbefugt verwertet habe; „vage Einfälle ohne jede konkrete Ausformulierung" seien nicht als Vorlage anzusehen. Obwohl im Falle des LG München[166] unstreitig der Sender seine Kenntnisse aus den Vorverhandlungen mit den klagenden Autoren des Sendekonzeptes genutzt hatte, um ein ähnliches Sendeformat zu entwickeln, wird die Verletzung eines Vertrauenstatbestandes nicht aufgegriffen, sondern lediglich in den Urteilsgründen angemerkt, es könne dem Sender nicht verwehrt werden, dass er die zugrunde liegende

---

158 BT-Drucks. 15/1487 vom 22. 8. 2003 S. 18.

159 *Köhler/Piper* UWG Rn 643 unter Hinweis auf RG GRUR 1942, 352, 354 – Quarzlampe: Ausnutzung von technischer Neuerung, deren Kenntnis anlässlich später gescheiterter Vertragsverhandlungen erlangt wurde; BGH GRUR 1956, 284, 286 – Rheinmetall Borsig II: Weiterverwendung von im Rahmen einer nichtigen Betriebsveräußerung überlassenen Unterlagen entgegenbestehender Rückgabepflicht; GRUR 1983, 377, 379 – Brombeermuster: Ausnutzung von im Rahmen von Vertragsverhandlungen anvertrauter Stoffmuster.

160 BGH GRUR 1964, 31, 32f – Petromax II: Ausnutzung technischer Zeichnungen, die im Rahmen eines vertraglichen Vertrauensverhältnisses überlassen wurden, vorausgesetzt, dass sich die anstößig erlangte ausgenutzte Kenntnis auf nicht offenkundige, d. h. nicht ohne weiteres zugängliche Umstände von wirtschaftlichem Wert bezieht.

161 Begründung RegE BT-Drucks. 15/1487 vom 22. 8. 2003 S. 17.

162 *M. Schwarz* ZUM 1990, 317, 321.

163 ZUM 1996, 245, 247 – Labyrinth/Goldmillion.

164 Urt. v. 11. 7. 1995 – 12 HO 64/95 – Voll erwischt/Versteckte Kamera, abgedruckt bei *Lausen* Anh. 2 S 122, 132.

165 GRUR 1990, 674, 676 – Forsthaus Falkenau.

166 ZUM-RD 2002, 17, 21 – High 5/Stoke.

Idee als Anregung für sein eigenes Programm aufgegriffen habe. Die Urteile des LG Köln[167] und des BGH zum Stichwort „Sendeformat"[168] äußern sich zur Verletzung vorvertraglicher Vertraulichkeitsbindungen und/oder zum Aspekt der Nachahmung durch unredlichen Vertrauensbruch nicht weiter.

93 Die **Zurückhaltung** in den angeführten Entscheidungen gegenüber einer Heranziehung der Fallgruppe der Nachahmung durch unredlichen Vertrauensbruch dürfte ihre **wesentliche Ursache** jedenfalls überwiegend darin haben, dass die Gerichte bei der vergleichenden Betrachtung zu dem Ergebnis gelangten, es seien **bloße abstrakte Handlungs- oder Spielideen** adaptiert wurden. Allerdings ist die Frage umstritten, ob beim Vertrauensbruch eine wettbewerbliche Eigenart vorauszusetzen ist[169] oder ob es nicht vielmehr ausreicht, wenn das durch Vertrauensbruch unredlich erlangte Arbeitsergebnis einen wirtschaftlichen Wert verkörpert.[170] Die abstrakte Formatidee erstarkt jedenfalls dann zu einem Wirtschaftsgut, wenn sie in ein gestalterisches Konzept weiter entwickelt und mindestens in einem schriftlichen Konzeptpapier fixiert worden ist, erst recht, wenn auf dieser Grundlage ein Pilotfilm produziert wurde, der durch einen belegten erfolgreichen Testlauf seine Programmtauglichkeit erwiesen hat. Je mehr an belegter empirischer Vorarbeit im Bereich des Marketings mit Erfolg versprechenden Daten bereits dokumentiert worden ist, desto höher ist die Wertverkörperung zu bemessen.

94 Bei Heranziehung dieser Fallgruppe in der Rechtspraxis sollte im Rahmen der **Gesamtbetrachtung** die verhandlungstypische Ausgangssituation berücksichtigt werden. Die Urheber von Formatkonzepten benötigen für die produktionstechnische Umsetzung in der Regel die Unterstützung durch eine Produktionsfirma. Die Produktionsfirmen lassen sich erfahrungsgemäß vor der Einsichtnahme in das Konzeptpapier wegen der Ungewissheit darüber, welche „Katze sich im Sack" befindet, auf schriftliche Vorvereinbarungen nicht ein. Faktisch eröffnet sich ihnen aber bereits mit der Kenntnis des Konzeptpapiers die Möglichkeit, von den darin verkörperten Inhalten in identischer oder abgewandelter Form Gebrauch zu machen. Im Verhältnis zwischen den Entwicklern noch nicht in der Öffentlichkeit gezeigter Formate auf der einen Seite und Sendeunternehmen auf der anderen Seite ergibt sich eine analoge Ausgangsposition, auch wenn auf dieser Ebene die Bereitschaft zu (vor-)vertraglichen Vereinbarungen grundsätzlich wächst. Der jeweilige Anbieter begibt sich jedenfalls in die Gefahrenlage, dass aufwändige Arbeitsergebnisse am Ende vergütungsfrei mit dem Argument nachgeahmt werden, man habe lediglich eine abstrakte Idee oder ein längst bekanntes Modell aufgegriffen. Nicht schon dann, wenn Formatangebote unaufgefordert an Sendeunternehmen herumgeschickt werden,[171] wohl aber dann, wenn die Weitergabe des Formatangebotes **auf Anforderung des Sendeunternehmens oder mit dessen Einverständnis** erfolgt, wird ein **besonderes Vertrauensverhältnis** begründet.

95 Vor diesem Hintergrund sollte dann, wenn die Nachfrageseite sich **auf Verhandlungen** mit einem Formatanbieter **einlässt,** grundsätzlich von einem **Vertraulichkeitsgebot** ausgegangen werden, welches die Verpflichtung umfasst, wirtschaftlich verwertbare Arbeitsergebnisse im Bereich der Formatentwicklung nicht ohne Nutzungsvereinbarung mit dem Anbieter zu verwerten oder an Dritte zur Verwertung weiterzugeben.[172] Im Rahmen dieser Verpflichtung muss die Abgrenzung zwischen freibleibender Idee und der unter die Vertraulichkeitsverpflichtung fallenden Konkretisierung strenger zu Lasten des Nachahmers vorgenommen werden als bei der Fallgruppe der wettbewerbsrechtlichen Leistungsübernahme. Was über die reine „Produkt-Idee" hinausgeht, jedoch auf belegbaren empirischen

[167] Urt. v. 18. 10. 1995 – 28 O 440/95 – Warmumsherz, abgedruckt bei *Lausen* Anh. 1 S. 119 ff.
[168] BGH GRUR 2003, 876 – Sendeformat.
[169] Dafür *Gloy/Schmidt-Diemitz/Eck* Hdb. § 43 Rn 94 a.
[170] *Baumbach/Hefermehl* UWG § 1 Rn 477; *v. Gamm* Kap. 21 Rn 42.
[171] *M. Schwarz* ZUM 1990, 317, 321.
[172] Unter diesem Gesichtspunkt hätte dem Klagebegehren im Fall LG München ZUM-RD 2002, 17 – High 5/Stoke entsprochen werden können.

Vorarbeiten basiert, verdient, solange es nicht bereits in der (Fach-)Öffentlichkeit bekannt ist, den Vertraulichkeitsschutz,[173] mag diesem nun rechtdogmatisch eine (vor-)vertragliche oder auf § 4 Nr. 9 lit. c gestützte wettbewerbsrechtliche Einkleidung zuerkannt werden. Bei der Feststellung dessen, was in diesem Sinne in der Branche bereits bekannt oder noch neu ist, kann das von der FRAPA institutionalisierte Register möglicherweise hilfreich sein.[174]

Dem Transfer **internationaler Formate,** die **nach ihrem Ersterfolg im Ausland** deutschen Sendern angeboten werden, ist damit freilich nicht wesentlich weitergeholfen, weil das Mediengeschehen in anderen Ländern auch hierzulande vor allem auch den maßgeblichen Fachkreisen **jederzeit zugänglich** ist, sodass es am Vertraulichkeitsbedürfnis fehlt. Der Verhandlungspartner eines Formatanbieters darf nicht schlechter gestellt werden als ein anderer Teilnehmer am Medienmarkt, der sich von bekannten Ideen und ausländischen Fernsehserien nach Belieben anregen lassen kann. In eine gänzlich andere Kenntnissituation wird derjenige versetzt, dem ein ausgearbeitetes Formatkonzept oder eine mittels Pre-Tests bereits fortentwickelte bisher unbekannte Formatgestaltung vorgeführt wird, die er unter weitgehender Einsparung entsprechender eigener Vorarbeiten so oder ähnlich nur noch umzusetzen braucht. Bei vorangegangenen vertraulichkeitsbegründenden Kontakten sollte demjenigen, der das Formatangebot verwirft und zeitnah mit einer Adaption der ihm zur Kenntnis gebrachten Formatneuheit herauskommt, der Einwand erschwert werden, er habe das Format „ganz anders" umgesetzt. Maßgebend sollte dann letztlich sein, ob und inwieweit die innovative Vorarbeit des Anbieters unter Verletzung der Vertraulichkeitsverpflichtung ausgenutzt wurde. 96

Wenn eine für eine begrenzte Zeitdauer eingegangene **Kooperation** zwischen Formatgeber und Formatnehmer **abgelaufen** ist, ist die Vertraulichkeitsbindung in der Zukunft obsolet geworden. Den Vertragsparteien hätte es frei gestanden, für die nachvertragliche Zeit eine explizierte Enthaltungsverpflichtung zu treffen. Der ehemalige Lizenznehmer unterliegt in der postvertraglichen Zeit keinen anderen, insbesondere keinen engeren Regeln als ein Dritter, der an der Kooperation nicht beteiligt war. Seine Position ist vergleichbar mit demjenigen, der nach seinem Ausscheiden aus einem Betrieb eine redlich erlangte Kenntnis ohne Vertrauensbruch im eigenen oder fremden Betrieb im Rahmen ordnungsgemäßer Berufsausübung ausnutzt.[175] 97

VII. Zur Aktivlegitimation bei lauterkeitsrechtlichen Ansprüchen wegen Formatadaption

Der ergänzende lauterkeitsrechtliche Leistungsschutz steht, soweit er auf § 4 Nr. 9 gestützt wird, demjenigen zu, der die schutzwürdige Leistung erbracht hat. Für den Produktbereich gilt nicht der Händler, sondern der **Hersteller** als der „Urheber" der Leistung als **aktivlegitimiert.**[176] Der in diesem Kontext verwendete Begriff der Urheberschaft sollte richtigerweise nicht im Sinne des Urheberrechts verstanden werden. Vielmehr geht es um die Feststellung, welchem Wettbewerber die verletzte Leistung originär zuzurechnen ist. Das ist bei der Entwicklung von Kreativleistungen im Regelfall der Unternehmer, der die Leistungsbeiträge seiner (fest angestellten oder frei mitarbeitenden) Mitarbeiter in seiner organisatorischen und unternehmerischen Leitung und Verantwortung in dem maßgeblichen gewerblichen Produkt zusammenführt. Besteht die schutzwürdige Leistung zB in der Auswahl und Zusammenstellung einer Kollektion, ist zur Geltendmachung von wettbe- 98

---

[173] Nach den Vertragspraktiken in den USA wird nicht selten die Bekanntgabe einer Stoff- oder Formatidee mit einer finders fee vergütet, *M. Schwarz* ZUM 1990, 317, 322.

[174] → Rn 16.

[175] *Köhler/Piper* UWG § 1 Rn 644.

[176] BGH GRUR 1993, 34, 37 – Bedienungsanweisung; BGH GRUR 1998, 223, 224f – Finnischer Schmuck.

werbsrechtlichen Ansprüchen gegen deren identische oder fast identische Übernahme derjenige berechtigt, der die Zusammenstellung zu verantworten hat.[177]

99 Bei Sendeformaten können folgende beteiligten Gruppen in Erscheinung treten. Der **einzelne Autor** oder ein **Autorenteam** X entwickelt ein paper format für eine nicht fiktionale Programmserie oder ein Exposée für eine fiktionale Filmserie. Die **Produktionsfirma** Y stellt ihrerseits ein „paper format" und/oder ein „programme format" her und/oder entwickelt daraus ein „format package". Das **Sendeunternehmen** Z strahlt die Programmfolge aus. Die Frage der wettbewerbsrechtlichen Aktivlegitimation bei Fällen der Formatadaption hat sich danach auszurichten, wem die spezifische Leistung zuzurechnen ist, auf deren Verletzung der wettbewerbsrechtliche Anspruch gestützt werden kann. Bei der Übernahme einer nach § 4 Nr. 9 lit. b geschützten Leistung, die bereits zur Ausstrahlung gelangt ist, sollte die Aktivlegitimation zugunsten des ausstrahlenden Sendeunternehmens Z nicht zweifelhaft sein, weil das Fernsehpublikum diesem den durch das Wettbewerbsrecht geschützten guten Ruf zuordnet. Hat das Sendeunternehmen ein von Y lizenziertes Format ausgestrahlt, wird zugleich auch die Formatentwicklungsleistung von Y verletzt. Ob auch die Autorenseite X in ihren Rechten verletzt ist, hängt davon ab, ob bereits das in ihrem paper format verkörperte Leistungsergebnis die wettbewerbliche Eigenart aufweist, um deren Rechtsverletzung es im konkreten Fall geht. Wer weder an der Erarbeitung des Sendeformats mitgewirkt hat noch an der Ausstrahlung der Sendereihe beteiligt war, ist gemäß § 4 Nr. 9 lit. b nicht aktivlegitimiert. Insbesondere reicht der Erwerb von Nutzungsrechten am Format nicht aus.[178] Wird ein noch nicht ausgestrahltes Format adaptiert, können nur Y und bei entsprechender Sachverhaltslage auch X nach § 4 Nr. 9 lit. b aktivlegitimiert sein.

100 Die Fallgruppe der vermeidbaren Herkunftstäuschung schützt lediglich die Herkunftsverwechslung gesendeter Formate. Folglich steht dort die Aktivlegitimation ausschließlich dem **Sendeunternehmen Z** zu.

101 Das gilt auch für solche Verwechslungsfälle, die im Zuge des Senderwechsels von Protagonisten vorkommen können. Soweit das OLG München in seiner Entscheidung „Dall-As"/„Jux und Dallerei"[179] die Fallgruppe der vermeidbaren Herkunftstäuschung prüfte, hätte die Antragszurückweisung nicht bereits auf fehlende Aktivlegitimation gestützt werden dürfen. Die durch § 4 Nr. 9 lit. a geschützten **Herkunftsvorstellungen des Publikums** knüpfen an die **Sendetätigkeit** an und nicht an die künstlerische Leistung des Moderators oder die sonstigen schöpferischen oder organisatorischen Leistungen Dritter, die das Sendeunternehmen zur Programmbeschaffung herangezogen hat. Deshalb kommt bei dieser Fallgruppe eine Aktivlegitimation für Autoren, Moderatoren oder Programmentwicklung nicht in Betracht.[180]

102 Zur Geltendmachung von Ansprüchen wegen einer auf unredliche Kenntniserlangung und/oder deren Ausnutzung beruhenden Nachahmungshandlung ist derjenige aktivlegitimiert, dessen Leistung auf diese Weise missbraucht wird. Betroffene sind insbesondere **Anbieter** von Exposés, Formatmanuskripten, „programme formats" und „format packages".[181]

103 Dagegen ist die Geltendmachung von Ansprüchen, die auf Nr. 13 des Anhang zu § 3 Nr. 3 („Schwarze Liste") gestützt werden, **allen Wettbewerbern** und **klagebefugten Verbänden,** insbesondere auch **Verbraucherschutzverbänden** eröffnet.[182]

---

[177] BGH GRUR 1998, 223, 224f – Finnischer Schmuck.
[178] BGH GRUR 2003, 876, 878 – Sendeformat.
[179] NJW-RR 1993, 619.
[180] → Rn 64.
[181] Wie die in Rn 100 erwähnten beteiligten X und Y.
[182] *Köhler* NJW 2008, 3032, 3036; → Rn 46.

Presse im Wettbewerbsrecht (§ 4–S7)

Übersicht

	Rn
A. Einleitung	**1**
B. Pressefreiheit und Wettbewerbsrecht	**4**
I. Wettbewerbshandlung	6
1. Eignung zur Wettbewerbsförderung	7
2. Objektiver Zusammenhang	10
II. Haftung der Medien für redaktionelle Beiträge	13
1. Grundsatz	14
2. Redaktionelle Werbung	17
a) Trennungsgrundsatz	18
b) Abgrenzung zwischen sachlicher Information und redaktioneller Werbung	23
c) Koppelungsbeiträge	26
d) Preisausschreiben und Gewinnspiele	27
e) Elektronische Medien	28
f) Konsequenz	32
3. Redaktionelle Beiträge über konkurrierende Medienunternehmen (sog. Pressefehde)	33
III. Haftung der Medien für eigenwettbewerbliches Verhalten	34
1. Haftung der Medien für Anzeigen-/Werbeinhalte	35
a) Umfang der Verantwortlichkeit	36
b) Eingeschränkte Haftung nach § 9 S. 2	41
2. Haftung der Medien für anderes eigenwettbewerbliches Verhalten	42
IV. Informantenhaftung	44
V. Anspruchsberechtigter/Anspruchsverpflichteter	45
C. Der medienrechtliche Schutz – die Wortberichterstattung	**48**
I. Die Äußerung	49
1. Tatsachenbehauptung	50
2. Meinungsäußerung	51
3. Abgrenzung	52
4. Privilegierte Äußerungen	57
5. Behaupten und Verbreiten	58
II. Die deliktischen Tatbestände	61
1. § 823 Abs. 1 BGB	62
a) Das allgemeine Persönlichkeitsrecht natürlicher Personen	63
aa) Die Privat-, Geheim- und Intimsphäre	66
bb) Die persönliche Ehre	73
cc) Das Verfügungsrecht über die Darstellung der eigenen Person	77
dd) Das Recht am eigenen Bild und am gesprochenen Wort	83
ee) Das Recht, von der Unterschiebung nicht getaner Äußerungen verschont zu bleiben	85
ff) Schutz vor Unwahrheiten	86
b) Das Unternehmenspersönlichkeitsrecht	87
aa) Persönlichkeitsschutz versus Funktionsschutz	88
bb) Träger des Unternehmenspersönlichkeitsrechts	92
cc) Schutzgüter des Unternehmenspersönlichkeitsrechts	93
dd) Abgrenzung zum Recht am Unternehmen	105
c) Das Recht am Unternehmen	108
aa) Voraussetzungen	109
bb) Schutzgüter des Rechts am Unternehmen	113
2. § 823 Abs. 2 BGB	123
a) § 185 StGB – Beleidigung	124
b) § 186 StGB – Üble Nachrede	125
c) Andere Vorschriften	128
3. § 824 BGB	129
4. § 826 BGB	133

Rn

III. Rechtswidrigkeit 134
1. Wahrnehmung berechtigter Interessen 135
a) Voraussetzungen 136
b) Bedeutung für die medienrechtlichen Ansprüche 139
2. Einwilligung 140
IV. Verschulden und publizistische Sorgfalt 144
1. Maßstab der publizistischen Sorgfalt 145
2. Inhalt der publizistischen Sorgfalt 146
3. Bedeutung für die medienrechtlichen Ansprüche 150

D. Der medienrechtliche Schutz – die Bildberichterstattung 151

I. Das Recht am eigenen Bild 152
II. Bildnisse und Bilder nach dem KUG 153
III. Tathandlungen im Bereich des Bildnisschutzes 156
1. Verbreiten und öffentliches Zurschaustellen 157
2. Anfertigen 158
IV. Grenzen des Bildnisschutzes nach §§ 22 ff KUG 160
1. Einwilligung 162
2. Ausnahmen vom Veröffentlichungsverbot (§ 23 Abs. 1 KUG) 163
a) Bildnisse aus dem Bereich der Zeitgeschichte (§ 23 Abs. 1 Nr. 1 KUG) 164
aa) Die bisherige Rechtsprechung 165
bb) Kritik an dieser Rechtsprechung 170
cc) Die Entscheidung des EGMR 171
dd) Praktische Auswirkungen des EGMR-Urteils 172
b) Bilder mit Personen als Beiwerk (§ 23 Abs. 1 Nr. 2 KUG) 175
c) Bilder von Versammlungen (§ 23 Abs. 1 Nr. 3 KUG) 176
d) Bildnisse im höheren Interesse der Kunst (§ 23 Abs. 1 Nr. 4 KUG) 177
3. Verletzung berechtigter Interessen (§ 23 Abs. 2 KUG) 178
4. Bildnisse im Interesse der Rechtspflege und der öffentlichen Sicherheit (§ 24 KUG) 182
V. Gegenstandsbilder 183
VI. Strafrechtlicher Schutz 184

E. Die Ansprüche 185

I. Unterlassung 186
1. Materielle Voraussetzungen 187
2. Anspruchsberechtigter/Anspruchsverpflichteter 191
3. Durchsetzung des Unterlassungsanspruchs 195
a) Abmahnung 196
b) Unterlassungsverpflichtungserklärung 197
c) Verfahren 199
d) Einstweiliges Verfügungsverfahren 200
e) Hauptsacheverfahren 201
f) Umfang des Unterlassungsgebots 202
II. Gegendarstellung 204
1. Materielle Voraussetzungen 205
2. Anspruchsberechtigter/Anspruchsverpflichteter 211
3. Formelle Voraussetzungen 213
4. Inhaltliche Voraussetzungen 219
5. Durchsetzung des Gegendarstellungsanspruchs 223
a) Zuleitung und Abdruckverlangen 224
b) Verfahren 227
c) Änderung der Gegendarstellung 228
d) Abdruck/Ausstrahlung der Gegendarstellung 229
III. Berichtigung 232
1. Materielle Voraussetzungen 233
2. Anspruchsberechtigter/Anspruchsverpflichteter 239
3. Inhalt und Umfang des Berichtigungsanspruchs 241
4. Durchsetzung des Berichtigungsanspruchs 246
a) Verfahren 247
b) Abdruck/Ausstrahlung der Berichtigung 248
IV. Zahlungsansprüche 249
1. Schadensersatz 250

Rn
a) Materielle Voraussetzungen ... 251
b) Anspruchsberechtigter/Anspruchsverpflichteter ... 257
2. Geldentschädigung ... 259
a) Materielle Voraussetzungen ... 260
aa) Schwere Persönlichkeitsverletzung ... 261
bb) Kein anderweitiger befriedigender Ausgleich ... 268
b) Anspruchsberechtigter/Anspruchsverpflichteter ... 269
c) Höhe der Geldentschädigung ... 273
3. Ungerechtfertigte Bereicherung ... 278
a) Materielle Voraussetzungen ... 279
b) Höhe der Bereicherungsforderung ... 280
4. Durchsetzung der Zahlungsansprüche ... 281
V. Hilfsansprüche ... 282

Schrifttum: *Abeltshauser,* Redaktionelle Presseäußerungen im Lichte von § 1, WRP 1997, 1143; *Ahrens,* Die Verwertung persönlichkeitsrechtlicher Positionen, Ansatz einer Systembildung, 2002; *ders.,* Beteiligung der Presse an Wettbewerbsverstößen von Anzeigenkunden, FS Traub, 1994, S. 11; *Amelung/Tyrell,* Zur Behandlung des Rechts am eigenen Bild in der neueren strafrechtlichen Rechtsprechung, NJW 1980, 1560; *Balthasar,* Eingriffskondiktion und Lizenzbereitschaft bei der unerlaubten Nutzung von Persönlichkeitsmerkmalen in Werbung und Berichterstattung, ZUM 2005, 874; *v. Becker,* Neues zum „Schlüsselfilm", AfP 2006, 124; *ders.,* Können Bilder lügen?, AfP 2005, 247; *ders.,* Rechtsfragen der Satire, GRUR 2004, 908; *ders.,* „Schmerzen, wie du sie noch nie erlebt hast", NJW 2007, 662; *Berst,* Anzeigenblätter und Lesezeitungen zwischen Wettbewerbsrecht und Pressefreiheit, AfP 1999, 425; *Beuthien,* Was ist vermögenswert, die Persönlichkeit oder ihr Image? Begriffliche Unstimmigkeiten in den Marlene-Dietrich-Urteilen, NJW 2003, 1220; *Bodendorf/Nill,* Das Prinzip der Preislistentreue, AfP 2005, 251; *Bofinger,* Der vergleichende Warentest als Meinungsäußerung im Sinne des Art. 5 GG, NJW 1965, 1834; *Born,* Gen-Milch und Goodwill – Äußerungsrechtlicher Schutz durch das Unternehmenspersönlichkeitsrecht, AfP 2005, 110; *Brauer,* Das Persönlichkeitsrecht der juristischen Person, 1962; *Brauneck,* Kritische Anmerkungen zur konventionellen gerichtlichen Prüfungsmethodik bei satirischen Darstellungen, ZUM 2004, 887; *Bruns,* Zur Frage der Aktualitätsgrenze im Gegendarstellungsrecht, AfP 1996, 246; *Cole,* Lebach II: Resozialisierung versus Rundfunkfreiheit – Sieg für das Fernsehen in Runde zwei, NJW 2001, 795; *Cremer,* Zur Bindungswirkung von EGMR-Urteilen, EuGRZ 2004, 683; *Damm/Rehbock,* Widerruf, Unterlassung und Schadensersatz in Presse und Rundfunk, 2008; *Dreier/Schulze,* UrhG, 2006; *Dreßler/Voigt,* Lauterkeitsrechtliche Offenlegungspflicht bei redaktioneller Berichterstattung über verbundene Unternehmen?, AfP 2005, 154; *Dünnwald,* Der Geldentschädigungsanspruch: Ein wirksames Mittel gegen Persönlichkeitsverletzungen durch die Medien?, ZUM 2000, 949; *Ehmann,* Die Nutzung des kommerziellen Wertes von Politikern zu Werbezwecken, AfP 2005, 237; *Erdsiek,* Unvollkommenheiten des zivilrechtlichen Ehrenschutzes, NJW 1966, 1385; *Ernst,* Gleichklang des Persönlichkeitsschutzes im Bild- und Tonbereich, NJW 2004, 1277; *Fechner,* Medienrecht. Lehrbuch des gesamten Medienrechts unter besonderer Berücksichtigung von Presse, Rundfunk und Multimedia, 2008; *Fezer,* Plädoyer für eine offensive Umsetzung der Richtlinie über unlautere Geschäftspraktiken in das deutsche UWG, WRP 2006, 781; *Flechsig,* Schutz gegen Verletzungen des höchstpersönlichen Lebensbereichs durch Bildaufnahmen, ZUM 2004, 605; *Forkel,* Das „Caroline-Urteil" aus Straßburg – richtungweisend für den Schutz auch der seelischen Unversehrtheit, ZUM 2005, 192; *Freytag/Gerlinger,* Kombinationsangebote im Pressemarkt, WRP 2004, 537; *Fricke,* Personenbildnisse in der Werbung für Medienprodukte, GRUR 2003, 406; *Gabel,* Die Haftung für Hyperlinks im Lichte des neuen UWG, WRP 2005, 1102; *v. Gamm,* Persönlichkeits- und Ehrverletzungen durch Massenmedien, 1969; *Gersdorf,* Caroline-Urteil des EGMR: Bedrohung der nationalen Medienordnung, AfP 2005, 221; *Gesellensetter,* Rechtliche Probleme der unentgeltlichen Verteilung meinungsbildender Tagespresse, GRUR 2001, 707; *Gierke,* Das Wesen der menschlichen Verbände, 1902; *Gloy,* Neuere Rechtsprechung zu unlauteren Vertriebsmethoden auf dem Pressemarkt, GRUR 1996, 585; *Gounalakis,* Persönlichkeitsschutz und Geldersatz, AfP 1998, 10; *Greiff,* Zur Berichtigungspflicht der Presse, NJW 1950, 241; *Groß,* Die Gegendarstellung im Spiegel von Literatur und Rechtsprechung, AfP 2003, 497; *ders.,* Zu den Voraussetzungen des Rechts auf Gegendarstellung und dessen Durchsetzung, AfP 1994, 264; *Hartel,* Werbung im Fernsehfilm – Anmerkung zum Urteil des VG Berlin vom 15. 4. 1999, ZUM 1999, 750; *Heldrich,* Persönlichkeitsschutz und Pressefreiheit nach der Europäischen Menschenrechtskonvention, NJW 2004, 2634; *Helle,* Besondere Persönlichkeitsrechte im Privatrecht, 1991; *ders.,* Die Einwilligung beim Recht am eigenen Bild, AfP 1985, 93; *Henning-Bodewig,* Die wettbewerbsrechtliche Haftung von Massenmedien, GRUR 1981, 867; *Herrmann,* Rundfunkrecht, Fernsehen und Hörfunk mit neuen Medien, 1994; *Hochhuth,* Kein Grundrecht auf üble Nachrede – Der Stolpe-Beschluss des BVerfG schützt das Personal der Demokratie, NJW 2006, 189; *Hochrathner,* Die gerichtliche Durchsetzung von Gegendarstellungsansprüchen, ZUM 2000, 916; *Holznagel/Stenner,* Die Zulässigkeit neuer Werbeformen, Von der Splitscreentechnik zu den neuen interaktiven Werbestrategien im Fernsehen, ZUM 2004, 617, 620; *Hoppe,* Bildaufnahmen aus dem höchstpersönlichen Lebensbereich – der neue § 201 a StGB, GRUR 2004, 990; *Hubmann,* Das Persönlichkeitsrecht, 1967; *Jarass/Pieroth,* Grundgesetz für die Bundesrepublik Deutschland, 2004; *Kaboth,* Der EGMR und Caroline von Hannover: Mehr Schutz vor der Veröffentlichung von Fotoaufnahmen aus dem Privatleben Prominenter?, ZUM 2004, 818; *Kau,* Vom Persönlichkeitsschutz zum Funktionsschutz: Persönlichkeitsschutz juristischer Personen des Privatrechts in verfassungsrechtlicher Sicht, 1989; *Klippel,* Der zivilrechtliche Persönlichkeitsschutz von Verbänden, JZ 1988, 625; *Knobloch,* Pressefreiheit und Gefahrenabwehr, AfP 2006, 301; *Koppe/Zagouras,* Haftung für Produktkritik, GRUR 2005, 1011; *Körner,* Zur Aufgabe des Haftungsrechts – Bedeutungsgewinn präventiver und punitiver Elemente, NJW 2000, 241; *Kraft,* Gedanken zum allgemeinen Persönlichkeitsrecht juristischer Personen, FS Hubmann, Beiträge zum Schutz der Persönlichkeit und ihrer schöpferischen Leistungen, S. 201, 1985; *Krüger,* „IM Sekretär" ist zu weit gegangen, ZUM 2003, 347; *Kübler,* Ehrenschutz, Selbstbestimmung und Demokratie, NJW 1999, 1281; *Ladeur,* Die Anpassung des privaten Medienrechts an die „Unterhaltungsöffentlichkeit", NJW 2004, 393; *ders.,* Zur Durchsetzung von Gegendarstellungsansprüchen in der ARD, AfP 2000, 217; *Lahusen,* Die wettbewerbs- und verfassungsrechtliche Beurteilung des Gratisvertriebs meinungsbildender Tagespresse, GRUR 2005, 221; *Lammek/Ellenberg,* Zur Rechtmäßigkeit der Herstellung und Veröffentlichung von Sachaufnahmen, ZUM 2004, 715; *Leisner,* Verfassungsrechtlicher Eigentumsschutz der Anwaltspraxis, NJW 1974, 478; *Leßmann,* Werbung und Verfassung, 1967; *Leßmann,* Persönlichkeitsschutz juristischer Personen, AcP 170 (1970), 266; *Lettl,* Allgemeines Persönlichkeitsrecht und Medienberichterstattung, WRP 2005, 1045; *Leutheusser-Schnarrenberger,* Die Zukunft des allgemeinen Persönlichkeitsrechts: Der „Herrenreiter" auf dem Weg ins dritte Jahrtausend, FS Engelschall, S. 13; *Lindacher,* Zur wettbewerbsrechtlichen Unterlassungshaftung der Presse im Anzeigengeschäft, WRP 1987, 585; *Löffler,* Presserecht, Kommentar zu den deutschen Landespressegesetzen mit pressebezogenem Standesrecht, Anzeigenrecht, Werbe- und Wettbewerbsrecht, Vertriebsrecht, Urheber- und Verlagsrecht, Arbeitsrecht, Titelschutz, Jugendmedienschutz, Steuerrecht, 2006; *Löffler/Ricker,* Handbuch des Presserechts, 2005; *Löhr,* Zur Haftung der Presse für irreführende Werbung, WRP 1974, 524; *Messer,* Wettbewerbsrechtliche Beurteilung von Presseäußerungen, FS v. Gamm, 1990, S. 95; *Meyer-Ladewig/Petzold,* Die Bindung deutscher Gerichte an Urteile des EGMR, NJW 2005, 15; *Neumann-Duesberg,* Das „Recht auf Anonymität" in seiner Erscheinungsform als Recht am eigenen Bild, Juristen-Jahrbuch 7 (1966/67), 138; *ders.,* Bildberichterstattung über absolute und relative Personen der Zeitgeschichte, JZ 1960, 114; *Omsels,* Zur Unlauterkeit der gezielten Behinderung von Mitbewerbern (§ 4 Nr. 10 UWG), WRP 2004, 136; *Peifer,* Individualität im Zivilrecht, Der Schutz persönlicher, gegenständlicher und wettbewerblicher Individualität im Persönlichkeitsrecht, Immaterialgüterrecht und Recht der Unternehmen, 2001; *Peters,* Die publizistische Sorgfalt, NJW 1997, 1334; *Pietzko,* Zur Zulässigkeit der Änderung einer Gegendarstellung nach Rechtshängigkeit, AfP 1985, 22; *Platho,* Werbung, nichts als Werbung – und wo bleibt der Trennungsgrundsatz?, ZUM 2000, 46; *Prinz,* Persönlichkeitsschutz und Neue Medien, in: Recht schafft Zukunft, S. 192; *ders.,* Persönlichkeitsschutz und Presserecht als Themen des Medienjournalismus, in: *Ruß-Mohl/Fengler* (Hrsg.), Medien auf der Bühne der Medien, 2000, S. 212; *ders.,* Anwaltswerbung, 1986; *ders.,* Der Schutz vor Verletzungen der Privatsphäre durch Medien auf europäischer Ebene, ZRP 2000, 138; *ders.,* Geldentschädigungen bei Persönlichkeitsrechtsverletzungen durch Medien, NJW 1996, 953; *ders.,* Der Schutz der Persönlichkeitsrechte vor Verletzung durch die Medien, NJW 1995, 817; *ders.,* Nochmals: „Gegendarstellung auf dem Titelblatt einer Zeitschrift", NJW 1993, 3039; *Prinz/Peters,* Medienrecht, Die zivilrechtlichen Ansprüche, 1999; *Quante,* Das allgemeine Persönlichkeitsrecht juristischer Personen: Eine zivilrechtliche Studie, 1999; *Rebmann,* Aktuelle Probleme des Zeugnisverweigerungsrechts von Presse und Rundfunk und des Verhältnisses von Presse und Polizei bei Demonstrationen, AfP 1982, 189; *Rinck,* Organisation und Auswertung von Warentests, BB 1963, 1027; *Schmidt,* Wahrnehmung berechtigter Interessen ein Rechtfertigungsgrund?, JZ 1970, 8; *Schneider,* Der Anspruch auf Widerruf im Verfügungsverfahren, AfP 1984, 127; *Schwerdtner,* Persönlichkeitsschutz im Zivilrecht, Karlsruher Forum 1996, Schutz der Persönlichkeit, 1997; *ders.,* Das Persönlichkeitsrecht in der deutschen Zivilrechtsordnung, Offene Probleme einer juristischen Entdeckung, 1977; *Seifert,* Postmortaler Schutz des Persönlichkeitsrechts und Schadensersatz – Zugleich ein Streifzug durch die Geschichte des allgemeinen Persönlichkeitsrechts, NJW 1999, 1889; *Seitz,* Richterliches Plädoyer für mündliche Verhandlung in Gegendarstellungssachen, AfP 1991, 581; *Seitz/Schmidt/Schoener,* Der Gegendarstellungsanspruch, Presse, Film, Funk und Fernsehen, 1998; *Senfft,* Begehungsgefahr bei Recherchen der Presse, NJW 1980, 367; *Soehring,* Zur Haftung des Verantwortlichen Redakteurs für Persönlichkeitsverletzungen durch Presseartikel, AfP 1977, 330; *ders.,* Presserecht, Recherche, Darstellung und Haftung im Recht der Presse, des Rundfunks und der neuen Medien, 2000; *Soehring/Seelmann-Eggebert,* Die Entwicklung des Presse- und Äußerungsrechts 1997 bis 1999, NJW 2000, 2466; *Steffen,* Schmerzensgeld bei Persönlichkeitsverletzung durch Medien, NJW 1997, 10; *Teichmann,* Abschied von der absoluten Person der Zeitgeschichte, NJW 2007, 1917; *Teplitzky,* Zur Frage der wettbewerbsrechtlichen Zulässigkeit des (ständigen) Gratisvertriebs einer ausschließlich durch Anzeigen finanzierten Zeitung, GRUR 1999, 108; *ders.,* Die wettbewerbsrechtliche Unterwerfung heute, GRUR 1996, 696; *Weyhenmeyer,* Rechtswidrige Preisvergleiche, wettbewerbsrechtliche und wettbewerbspolitische Grenzen, WRP 1979, 766; *Wenzel,* Das Recht der Wort- und Bildberichterstattung, Handbuch des Äußerungsrechts, 2003; *Wieben,* die Trennung von Werbung und redaktionellem Programm, 2001; *Wronka,* Das Persönlichkeitsrecht juristischer Personen, 1972; *Zuck,* Focus-Hokuspokus: die 500 besten Anwälte, NJW 1994, 297.

A. Einleitung

1 Die Medien kommen mit dem Wettbewerb in Berührung, wenn positive oder negative Medienveröffentlichungen den Wettbewerb eines Unternehmens fördern oder beeinträchtigen. Verschiedene Konstellationen sind dabei denkbar.

2 Soweit die Medien im Rahmen ihrer Berichterstattung als Medium für die Verbreitung von Informationen und Meinungen in Erscheinung treten, kommt eine Haftung aus den **wettbewerbsrechtlichen Vorschriften** nur in Ausnahmefällen in Betracht. Ein solcher Ausnahmefall kann vorliegen, wenn ein Medienorgan negativ über ein Konkurrenzunternehmen berichtet und damit seinen eigenen Wettbewerb fördert. Daneben kann ein Medienunternehmen in den Markt anderer Unternehmen eingreifen, also fremden Wettbewerb fördern, etwa indem es in einem Artikel über eine bestimmte Produktsorte nur ein Herstellerunternehmen namentlich erwähnt und besonders positiv darstellt. Dabei kann es sich um zulässige sachliche Information oder rechtswidrige redaktionelle Werbung handeln. Wenn die Medien als Werbeträger fungieren, können sie durch die Veröffentlichung von wettbewerbswidrigen Anzeigen oder Werbespots neben dem werbenden Unternehmen nach dem UWG verantwortlich sein.

3 Ansprüche gegen die Medien können sich insbesondere aus dem **spezifischen Medienrecht** ergeben. Dies ist für betroffene Unternehmen immer dann interessant, wenn die Voraussetzungen des UWG nicht vorliegen, weil etwa der objektive Zusammenhang zu einer Absatzförderung fehlt, also keine Wettbewerbshandlung des Medienunternehmens festgestellt werden kann. Darüber hinaus sehen die medienrechtlichen Vorschriften Ansprüche vor – wie beispielsweise die Ansprüche auf Gegendarstellung und auf Berichtigung –, die das UWG nicht kennt. Diese medienrechtlichen Ansprüche können auch neben den wettbewerbsrechtlichen Ansprüchen geltend gemacht werden. Schließlich ist das Medienrecht von Relevanz, wenn von einer Veröffentlichung nicht nur das Unternehmen in seiner wirtschaftlichen Betätigungsfreiheit betroffen ist, sondern auch dessen Organe oder Mitarbeiter Beeinträchtigungen ihres allgemeinen Persönlichkeitsrechts geltend machen wollen.

B. Pressefreiheit und Wettbewerbsrecht

4 Die **Kommunikationsgrundrechte** der Meinungs-, Informations- und Pressefreiheit aus Art. 5 Abs. 1 GG sind von entscheidender Bedeutung, wenn **wettbewerbsrelevante Äußerungen** in den Medien erfolgen und deswegen an den Vorschriften des Wettbewerbsrecht zu messen sind. Der Schutzbereich der **Meinungs- und Informationsfreiheit** des Art. 5 Abs. 1 S. 1 GG umfasst das Recht des Einzelnen, seine Meinung in Wort, Schrift und Bild frei zu äußern und sich aus allgemein zugänglichen Quellen ungehindert zu unterrichten. Die Meinungsfreiheit schützt in erster Linie die freie Äußerung von Meinungen; Meinungen sind Auffassungen, Überzeugungen, Einschätzungen, Ansichten, Wertungen und Urteile zu jedem Thema. Meinungen sind durch das Element der Stellungnahme, des Dafürhaltens oder Meinens geprägt.[1] Meinungen können auch in einem Bild zum Ausdruck gebracht werden.[2] Tatsachenbehauptungen fallen nur dann unter den Schutzbereich des Art. 5 Abs. 1 S. 1 GG, wenn die Tatsachen Voraussetzung für die Bildung von Meinungen sind.[3] Der Schutz des Art. 5 Abs. 1 S. 1 GG erstreckt sich auch auf kom-

[1] BVerfG NJW 2001, 3402, 3403 – Therapeutische Äquivalenz.

[2] BVerfGE 102, 347, 359 – Benetton; BVerfGE 71, 162, 180 – Arztwerbung.

[3] BVerfG NJW 1999, 3326 – Gehaltsliste des MfS; BVerfGE 71, 162, 179 – Arztwerbung; BGHZ 139, 95, 101 – Ehrenschutz und Meinungsfreiheit. Zur Abgrenzung zwischen Tatsachenbehauptung und Meinungsäußerung → Rn 52 ff.

merzielle Meinungsäußerungen sowie Wirtschaftswerbung, wenn diese einen wertenden, meinungsbildenden Charakter hat.[4] Wettbewerbsrelevante Äußerungen unterfallen damit grundsätzlich der Meinungsäußerungsfreiheit.[5] Die **Freiheit der Presse** ist nach Art. 5 Abs. 1 S. 2 GG wegen ihrer hohen Bedeutung für die Bildung der öffentlichen Meinung als eigenständige Institution gewährleistet und reicht von der Beschaffung der Information bis zur Verbreitung der Nachricht und der Meinung.[6] Der Schutzbereich umfasst den gesamten Inhalt eines Presseorgans, also den redaktionellen Teil einschließlich der Werbeanzeigen.[7] Werden in einem Presseorgan Meinungsäußerungen Dritter veröffentlicht, die den Schutz des Art. 5 Abs. 1 S. 1 GG genießen, unterfallen auch diese dem Schutz der Pressefreiheit.[8] Auch die **Freiheit der Berichterstattung durch Rundfunk und Film** ist in Art. 5 Abs. 1 S. 2 GG besonders festgeschrieben. Unter Rundfunk sind Hörfunk und Fernsehen gleichermaßen zu fassen.[9] Die Rundfunkfreiheit gewährleistet als Programmfreiheit, dass Auswahl, Inhalt und Gestaltung des Programms sowie die Ausrichtung an publizistischen Kriterien Sache des Rundfunks ist.[10] Als verfassungsrechtliche Institution garantiert die Rundfunkfreiheit – wie auch die Pressefreiheit – die Erhaltung der Meinungsäußerung und Meinungsbildung.[11] Von Art. 5 Abs. 1 S. 2 GG sind auch neue Techniken und rundfunkähnliche Kommunikationswege – wie etwa Online-Dienste – umfasst.[12] Voraussetzung ist allerdings, dass sich das Angebot an einen unbestimmten Personenkreis richtet.[13]

5 Die Kommunikationsgrundrechte sind **nicht vorbehaltlos** gewährleistet. Ihnen werden Schranken unter anderem durch die „allgemeinen Gesetze" (Art. 5 Abs. 2 GG) gesetzt, wozu neben den zivilrechtlichen Vorschriften (insbesondere §§ 823ff BGB)[14] auch §§ 3ff gehören. Bei Auslegung und Anwendung dieser Vorschriften ist die Ausstrahlungswirkung der Grundrechte zu berücksichtigen, welche die Wirkung der Vorschriften selbst wieder einschränkt (sog. Wechselwirkung).[15] Die konstitutiven Kommunikationsgrundrechte dürfen danach nur dann zurücktreten, wenn die Funktionsfähigkeit des Wettbewerbs tatsächlich gefährdet ist.[16] Dies erfordert im Einzelfall eine Güter- und Interessenabwägung,[17] wofür die Generalklauseln des UWG weitreichend Raum bieten.

I. Wettbewerbshandlung

6 Eine Haftung nach dem UWG setzt immer eine **Wettbewerbshandlung** voraus. Eine Wettbewerbshandlung ist nach der Definition des § 2 Abs. 1 Nr. 1 jedes Verhalten einer Person zugunsten des eigenen oder eines fremden Unternehmens, das objektiv mit der Förderung des Absatzes oder der Lieferung von Waren oder der Erbringung von Dienstleistungen, einschließlich unbeweglicher Sachen, Rechte und Verpflichtungen, oder objektiv mit der Förderung des Bezugs von Waren oder der Inanspruchnahme von Dienstleistungen zusammenhängt.

[4] BVerfG NJW 2001, 3402 – Therapeutische Äquivalenz; BVerfGE 102, 347, 359 – Benetton; BGH WRP 2002, 447, 448.
[5] BVerfG NJW 1992, 1153 – Chefredakteur; BGHZ 136, 111, 121 ff – Kaffeebohne; *Wenzel* 5. Kap. Rn 328.
[6] BVerfGE 62, 230, 243 – Denkzettelaktion; BVerfGE 10, 118, 121.
[7] BVerfGE 102, 347, 359 – Benetton; BVerfGE 64, 108, 114ff.
[8] BVerfGE 102, 347, 359 – Benetton.
[9] BVerfGE 12, 205, 226.
[10] BVerfGE 90, 60, 87; BVerfGE 87, 181, 201.
[11] BVerfGE 73, 118, 155f.
[12] BVerfGE 74, 297, 345, 350f; *Herrmann* § 5 Rn 34.
[13] *Jarass/Pieroth* GG Art. 5 Rn 36.
[14] → Rn 62ff.
[15] BVerfG NJW 1992, 1153 – Chefredakteur; BVerfGE 74, 297, 337; BVerfGE 71, 206, 210; BVerfGE 60, 234, 240 – Kredithaie; BVerfGE 7, 198, 208 – Lüth.
[16] BVerfG NJW 2001, 3402, 3403 – Therapeutische Äquivalenz.
[17] BVerfGE 68, 226, 231 – Schwarzer Sheriff; BVerfGE 61, 1, 10 – NPD von Europa; BVerfGE 7, 198, 208 – Lüth; *Hefermehl/Köhler/Bornkamm* UWG § 3 Rn 29.

1. Eignung zur Wettbewerbsförderung

Eine Wettbewerbshandlung setzt eine Handlung voraus, die **objektiv geeignet** ist, **den Wettbewerb** – also den Absatz oder den Bezug von Waren oder die Erbringung oder den Bezug von Dienstleistungen – **zu fördern.**[18] Es kann sich dabei um die Förderung des eigenen Wettbewerbs, aber auch eines fremden Wettbewerbs handeln. 7

Bei Medienveröffentlichungen liegt eine Förderung des Wettbewerbs **zugunsten des eigenen Unternehmens** vor, wenn ein Medienunternehmen durch eine negative Berichterstattung über ein anderes Medienunternehmen seine eigene Marktsituation fördert. Die objektive Förderung des eigenen Wettbewerbs ist zum Beispiel zu bejahen, wenn der Geschäftsführer eines privaten Fernsehsenders über einen Konkurrenten sagt, „die Geschäftsführung eines Schmuddelsenders bedient sich für ihre Schmuddelkampagne eines Schmuddelblattes".[19] 8

Die Förderung des Wettbewerbs **zugunsten eines fremden Unternehmens** spielt bei Medienveröffentlichungen aber eine erheblich größere Rolle. So liegt auch dann eine Wettbewerbsförderung vor, wenn ein Medienunternehmen mit einer Veröffentlichung auf den Wettbewerb zwischen anderen Unternehmen einwirkt.[20] Dies kann durch eine besonders (un-)günstige Darstellung eines Unternehmens in einem redaktionellen Beitrag bzw. einer Sendung erfolgen, aber auch durch den Abdruck einer den Wettbewerb beeinflussenden Werbeanzeige. Die objektive Förderung fremden Wettbewerbs ist beispielsweise zu bejahen, wenn in einer redaktionellen Berichterstattung eines Nachrichtenmagazins einzeln namentlich genannte Ärzte mit der Bezeichnung „Die besten Ärzte Deutschlands" aufgeführt werden, da nach der Lebenserfahrung die so bezeichneten Ärzte den nicht genannten vorgezogen werden.[21] Aber auch bloße Berichte über Jubiläen, Ehrungen von Kaufleuten, Praxis- und Geschäftseröffnungen oder Insolvenzen beeinflussen den Markterfolg der betroffenen Unternehmen zum Nutzen oder Schaden ihrer Konkurrenten. 9

2. Objektiver Zusammenhang

Die Handlung muss gemäß § 2 Abs. 1 Nr. 1 in objektivem Zusammenhang mit der Förderung des Absatzes oder des Bezugs von Waren oder mit der Erbringung oder der Inanspruchnahme von Dienstleistungen erfolgen. In Folge der UWG-Reform 2008[22] wird die nach alter Rechtslage[23] zu prüfende subjektive Wettbewerbsförderungsabsicht[24] durch das ausschließlich an objektiven Kriterien zu messende Erfordernis eines objektiven Zusam- 10

[18] Rechtsprechung zum UWG aF: BGH GRUR 1981, 658, 659f – Preisvergleich; BGH GRUR 1978, 364, 365ff – Golfrasenmäher; BGH GRUR 1960, 384, 386 – Mampe Halb und Halb; BGHZ 19, 299, 303 – Kurverwaltung; BGHZ 19, 392, 393 – Anzeigenblatt; BGHZ 14, 163, 171 – Constanze II; BGHZ 3, 270, 277 – Constanze I; BGH GRUR 1997, 473, 474f – Versierter Ansprechpartner; *Hefermehl/Köhler/Bornkamm* UWG § 2 Rn 23.

[19] OLG Hamburg NJW 1996, 1002, 1003 – Schmuddelsender.

[20] BGH GRUR 1997, 907, 908 – Emil-Grünbär-Klub; BGH GRUR 1997, 912 – Die Besten I; BGH GRUR 1997, 914 – Die Besten II; BGH GRUR 1996, 798, 799 – Lohnentwesungen; BGH GRUR 1984, 214 – Copy-Charge; BGH GRUR 1980, 242, 243 – Denkzettelaktion; *Hefermehl/Köhler/Bornkamm* UWG § 2 Rn 37ff; *Piper/Ohly* UWG § 2 Rn 32.

[21] BGH GRUR 1997, 912 – Die Besten I.

[22] In Anlehnung an die Richtlinie 2005/29/EG des Europäischen Parlaments und des Rates vom 11. 5. 2005 über unlautere Geschäftspraktiken im binnenmarktinternen Geschäftsverkehr zwischen Unternehmen und Verbrauchern, ABl. EG 2005 Nr. L 149 S. 22.

[23] Zur Rechtslage vor der UWG-Reform 2004 BGH WRP 2004, 899, 900f – Schöner Wetten; BGH GRUR 1989, 430 – Krankentransportbestellung; BGH GRUR 1986, 898, 899 – Frank der Tat; BGH GRUR 1986, 812, 813f – Gastrokritiker; BGH GRUR 1981, 658, 659f – Preisvergleich; BGH GRUR 1983, 379, 380 – Geldmafiosi; BGH GRUR 1960, 384, 386 – Mampe Halb und Halb; BGHZ 19, 392, 393 – Anzeigenblatt; BGHZ 3, 270, 277 – Constanze I.

[24] OLG Hamburg AfP 2005, 474, 476; *Hefermehl/Köhler/Bornkamm* UWG § 2 Rn 24ff; *Gloy/Loschelder* § 11 Rn 7ff; *Löffler/Ricker* 73. Kap. Rn 8ff; *Gabel* WRP 2005, 1102, 1105. AA *Piper/Ohly* UWG § 2 Rn 22.

menhangs mit der Förderung des Wettbewerbs ersetzt.[25] Durch den Begriff des objektiven Zusammenhangs wird nun zum einen sichergestellt, dass alle am Verhältnis von Unternehmen zu Verbrauchern anknüpfenden lauterkeitsrechtlichen Fallgruppen unter Beachtung der neuen europarechtlichen Vorgaben vom UWG erfasst werden. Zum anderen ist aber auch gewährleistet, dass der Begriff der geschäftlichen Handlung – wie der bisherige Begriff der Wettbewerbshandlung – alle lauterkeitsrechtlichen Fallgruppen erfasst, die das Verhältnis von Unternehmen zu Unternehmen betreffen. Das UWG wird, insoweit über die Art. 1 und 3 Abs. 1 der Richtlinie hinausgehend, wie bisher alle geschäftlichen Handlungen erfassen, die die Interessen von Mitbewerbern und sonstigen Marktteilnehmern beeinträchtigen. Weltanschauliche, wissenschaftliche, redaktionelle oder verbraucherpolitische Äußerungen von Unternehmen oder anderen Personen unterfallen weiterhin nicht dem UWG, soweit sie in keinem objektiven Zusammenhang mit dem Absatz von Waren und den anderen oben genannten Unternehmensaktivitäten stehen. Das gilt etwa für redaktionelle Äußerungen oder eine Reichweitenforschung (Forschung über Medienkontakte). Dienen sie nur der Information der Leserschaft oder der die Anonymität der befragten Personen wahrenden Markt- und Meinungsforschung, fehlt es an einem objektiven Zusammenhang zum Warenabsatz, so dass eine geschäftliche Handlung nicht vorliegt. Sponsoring und Image-Werbung können nach wie vor in den Anwendungsbereich des UWG fallen. Zu keinem anderen Ergebnis gelangte man mit der bisherigen subjektiven Komponente. Es ist daher davon auszugehen, dass die Modifizierung des Begriffs der Wettbewerbshandlung durch die neue UWG-Reform im Ergebnis keine praktischen Auswirkungen auf den Bereich des Presserechts haben wird. Deshalb kann bis auf weiteres auf die bisherige Literatur sowie Rechtsprechung verwiesen werden.[26] Konnte folglich nach der bisherigen Rechtslage eine Wettbewerbsförderungsabsicht bejaht werden, so wird auch der Tatbestand des objektiven Zusammenhangs gegeben sein. Demnach können auch nach wie vor die Grundsätze zur Absichtsvermutung als Indizien für das Vorliegen eines objektiven Zusammenhangs herangezogen werden. Bisher bestand bei der Wettbewerbsförderung eines Unternehmens durch eine Äußerung in der Regel eine **Vermutung** dafür, dass das Unternehmen auch mit der entsprechenden Absicht gehandelt hat. Dies wurde damit begründet, dass nach der Lebenserfahrung Wettbewerbsabsicht vorliegt, wenn Unternehmen wettbewerbsrelevante Äußerungen tätigen.[27] Dies galt auch bei abfälligen Bemerkungen über Mitbewerber, pauschalen Herabsetzungen und überzogenen Abwertungen.[28] In all diesen Fällen wird man ohne weiteres auch einen objektiven Zusammenhang bejahen können.

11 Nach der Rechtsprechung des BGH galt bei **Medienveröffentlichungen** diese Vermutung jedoch nicht unbedingt.[29] Bei der Prüfung der subjektiven Wettbewerbsförderungsabsicht waren die verschiedenen Tätigkeitsbereiche von Medienunternehmen genauer zu betrachten. Ein Tätigkeitsfeld ist dabei die redaktionelle Arbeit der Medien, mit der sie ihrer aus **Art. 5 Abs. 1 GG** fließenden **besonderen Aufgabe** nachkommen, die Öffentlichkeit über Vorgänge von allgemeiner Bedeutung zu unterrichten und zur öffentlichen Meinungsbildung beizutragen. Hielt sich das Vorgehen der Medien im Rahmen dieser Aufgabe, war unter Berücksichtigung der Pressefreiheit mit der Annahme Zurückhaltung

---

[25] Hierzu *Fezer* WRP 2006, 781, 785 f; Gesetzentwurf der Bundesregierung, Erstes Gesetz zur Änderung des Gesetzes gegen den unlauteren Wettbewerb vom 21. 5. 2008, S. 40.

[26] Bisherige Rechtslage zur Wettbewerbsförderungsabsicht: BGH GRUR 1997, 761 – Politikerschelte; BGH GRUR 1992, 450, 452 – Beitragsrechnung; BGH GRUR 1990, 373, 374 – Schönheitschirurgie; BGHZ 45, 296, 301 ff – Höllenfeuer; BGH GRUR 1962, 34, 35 – Torsana; BGH GRUR 1960, 384, 386 – Mampe Halb und Halb; BGHZ 3, 270, 277 – Constanze I; OLG Frankfurt GRUR 2000, 623 – Warnung vor Geldanlage; OLG Hamburg AfP 1998, 76; *Wenzel* 5. Kap. Rn 306.

[27] BGHZ 45, 296, 301 ff – Höllenfeuer; BGH GRUR 1962, 34, 35 – Torsana; BGH GRUR 1960, 384, 386 – Mampe Halb und Halb; BGHZ 3, 270, 277 – Constanze I.

[28] OLG Frankfurt GRUR 2000, 623 – Warnung vor Geldanlage; OLG Hamburg AfP 1998, 76; *Wenzel* 5. Kap. Rn 306.

[29] Zur Entwicklung der Rechtsprechung zur Wettbewerbsförderungsabsicht bei Presseveröffentlichungen s. die krit. Auseinandersetzung bei *Abeltshauser* WRP 1997, 1143, 1145 ff.

geboten, die Medien handelten in der Absicht, den Wettbewerb zu fördern.[30] Daher wurde die Wettbewerbsförderungsabsicht nicht vermutet, soweit die Medien im Rahmen ihrer redaktionellen Tätigkeit über die Öffentlichkeit interessierende politische, wirtschaftliche, soziale oder kulturelle Belange der Allgemeinheit berichteten.[31] Es galt jedoch, einige Besonderheiten und Ausnahmen zu berücksichtigen.[32] Soweit die Medien wie jedes andere Unternehmen in **typisch wettbewerbsfördernden Tätigkeiten** betroffen waren, griff die Vermutung der Wettbewerbsförderungsabsicht auch bei ihnen ein.[33] Dies galt insbesondere für das Anzeigengeschäft, mit dem sowohl der Wettbewerb des Anzeigenkunden als auch der eigene Wettbewerb des Medienorgans gefördert werden soll.[34]

Dass Rechtsprechung und herrschende Lehre im Gefolge der UWG-Reform auch für die Bestimmung des objektiven Zusammenhangs einer Wettbewerbshandlung an diesen Grundsätzen festhalten werden, liegt zwar nahe, bleibt aber im Einzelnen abzuwarten. 12

II. Haftung der Medien für redaktionelle Beiträge

Die Medien haften für redaktionelle Beiträge in der Regel nicht aus den wettbewerbsrechtlichen Vorschriften, da eine Wettbewerbshandlung üblicherweise nicht vorliegt. Dieser Grundsatz gilt jedoch nicht für den Bereich der redaktionellen Werbung. Besonderheiten sind weiter bei redaktionellen Beiträgen über konkurrierende Medienorgane zu berücksichtigen. 13

1. Grundsatz

Bei redaktioneller Arbeit der Medien besteht grundsätzlich **kein Anhaltspunkt für einen objektiven Zusammenhang mit der Förderung des Absatzes oder des Bezuges von Waren oder mit der Erbringung oder der Inanspruchnahme von Dienstleistungen.** Vielmehr ist bei einem Tätigwerden von Rundfunk und Presse im Rahmen ihres medialen Funktionsbereichs zu vermuten, dass sie gerade in Wahrnehmung von Informationsinteressen agieren.[35] Dies gilt ohne Frage bei Veröffentlichungen über politische, soziale und kulturelle Belange, muss aber auch die Besprechung wirtschaftlicher Fragen einschließen.[36] Dabei muss außer Betracht bleiben, dass eine Berichterstattung über Unternehmen und wirtschaftliche Zusammenhänge **objektiv regelmäßig geeignet ist, den Wettbewerb zu beeinflussen.**[37] Dies gilt sowohl für lobende, positive Darstellungen als auch für versteckte oder offene Kritik. Nähme man in derartigen Fällen vorschnell eine Wettbewerbshandlung an, wären die Medien in der Erfüllung ihrer öffentlichen Aufgabe erheblich eingeschränkt; denn auch an der Berichterstattung über wirtschaftliche und ge- 14

---

[30] BGH GRUR 2000, 703, 706 – Mattscheibe; BGH GRUR 1998, 947, 948 – AZUBI ´94; BGH GRUR 1997, 473, 474f – Versierter Ansprechpartner; BGH GRUR 1995, 270 – Dubioses Geschäftsgebaren.

[31] BGH GRUR 1983, 379, 380 – Geldmafiosi; LG Düsseldorf AfP 1999, 518; *Wenzel* 5. Kap. Rn 313; *Hefermehl/Köhler/Bornkamm* UWG § 2 Rn 33, 37ff.

[32] → Rn 13ff.

[33] BGH GRUR 1995, 595, 596 – Kinderarbeit; BGH GRUR 1994, 841, 842f – Suchwort; BGH GRUR 1993, 53, 54 – Ausländischer Inserent; BGH GRUR 1990, 1012, 1013 – Pressehaftung I; BGH GRUR 1973, 203, 204 – Badische Rundschau; *Hefermehl/Köhler/Bornkamm* UWG § 2 Rn 34, 40; *Wenzel* 5. Kap. Rn 307.

[34] → Rn 34ff.

[35] Zur bisherigen Rechtslage BGH WRP 2004, 899, 901 – Schöner Wetten; BGH GRUR 2002, 987, 993 – Wir Schuldenmacher; BGH GRUR 1998, 947, 948 – AZUBI '94; BGH GRUR 1997, 473, 474f – Versierter Ansprechpartner; BGH GRUR 1995, 270 – Dubioses Geschäftsgebaren; BGH GRUR 1986, 812 – Gastrokritiker; BGH GRUR 1986, 898 – Frank der Tat; BGH GRUR 1983, 379 – Geldmafiosi; BGH GRUR 1982, 234, 235 – Großbanken-Restquoten; OLG Hamburg AfP 2005, 474, 476; *Wenzel* 5. Kap. Rn 313.

[36] Zur bisherigen Rechtslage OLG Hamburg AfP 2005, 474, 476.

[37] BGH GRUR 1998, 489 – Unbestimmter Unterlassungsantrag III; BGH GRUR 1994, 441, 442 – Kosmetikstudio; BGH GRUR 1990, 373, 374 – Schönheitschirurgie; OLG Hamburg AfP 2005, 474, 476; OLG Hamm AfP 1992, 379; OLG Köln AfP 1985, 127.

werbliche Zustände besteht ein öffentliches Informationsinteresse. Dabei ist unschädlich, wenn die Medien neben der Information der Öffentlichkeit, **auch in wettbewerblicher Weise handeln,** solange dies nicht das prägende Element der Veröffentlichung darstellt.[38] Gleiches gilt für **eigenwettbewerbliches Handeln;** denn zweifelsohne ist jedes Medienunternehmen bei seinen Veröffentlichungen zugleich in wettbewerbsrelevanter Weise tätig, indem es seine eigene Marktsituation gegenüber den Konkurrenten zu verbessern versucht, indem es ein möglichst breites Publikum anspricht. Dies ist jedoch notwendige Begleiterscheinung jeder Berichterstattung und kann allein nicht zur Annahme einer Wettbewerbshandlung führen.[39] Die Vermutung für reine Informationstätigkeit entfällt auch dann nicht, wenn die Berichterstattung mit ungewöhnlich **polemischer Schärfe** und überzogener Spitzfindigkeit erfolgt[40] oder von persönlicher Abneigung gegen den Betroffenen geprägt ist.[41] Gleiches gilt bei einer **lobenden Wortwahl,** da die Medien auch in positiver Hinsicht Stellung beziehen und empfehlen dürfen, solange die publizistische Natur des Beitrags erhalten bleibt.[42]

15 Im Ergebnis ist daher bei Äußerungen in den Medien ein objektiver Zusammenhang und damit eine Wettbewerbshandlung **nur in Ausnahmefällen** anzunehmen und zwar dann, wenn sich aus besonderen Umständen ergibt, dass eine Veröffentlichung nicht in erster Linie der Meinungsbildung und öffentlichen Information dient, sondern unmittelbar in den Wettbewerb eingreift. Ein etwaiger objektiver Zusammenhang muss daher immer unter Berücksichtigung aller relevanten Umstände des Einzelfalls positiv festgestellt werden.[43]

16 Nach der bisherigen Rechtslage wurde eine Wettbewerbshandlung beispielsweise **verneint** bei einem abwertenden Testbericht über ein Restaurant, obwohl der Kritiker gleichzeitig den eigenen Absatz seiner Weine fördern wollte,[44] bei einer redaktionellen Berichterstattung über ein chirurgisches Verfahren,[45] über einen Rechtsanwalt[46] und einen Fortbildungsveranstalter,[47] bei der Übernahme der Einträge aus den amtlichen Telefonbüchern in ein Branchenbuch, wobei durch Suchwörter auf die Tätigkeit der Anschlussinhaber hingewiesen und dadurch eine Werbewirkung erzielt wurde,[48] sowie bei der Veröffentlichung der Rangliste der größten deutschen Wirtschaftskanzleien, wobei die Kriterien für die Auswahl erläutert wurden.[49] Ebenso wird bisher eine Wettbewerbshandlung abgelehnt, wenn ein Film kritisch besprochen wird,[50] wenn Testergebnisse veröffentlicht werden[51] oder wenn der Manager eines Verlages in einem Fachartikel die eigenen Publikationen gegenüber Konkurrenztiteln vorteilhaft darstellt.[52]

---

[38] Zur bisherigen Rechtslage BGH GRUR 2002, 987, 993 – Wir Schuldenmacher; BGH GRUR 1998, 947, 948 – AZUBI '94; BGHZ 136, 111, 121 ff – Kaffeebohne.

[39] Zur bisherigen Rechtslage BGH GRUR 1997, 907, 908 – Emil-Grünbär-Klub.

[40] Zur bisherigen Rechtslage BGH GRUR 2000, 703 – Mattscheibe; BGH GRUR 1997, 912 – Die Besten I; BGH GRUR 1995, 270 – Dubioses Geschäftsgebaren; OLG Düsseldorf WRP 1998, 421, 425 ff – FDP-Zahlen; OLG Köln GRUR 1999, 93; OLG Köln NJW-RR 1997, 786 – Blut und Sperma.

[41] Zur bisherigen Rechtslage BGH GRUR 1995, 270 – Dubioses Geschäftsgebaren; BGH GRUR 1986, 898 – Frank der Tat.

[42] Zur bisherigen Rechtslage OLG Hamburg WRP 2000, 647 – Beißhemmungen; *Wenzel* 5. Kap. Rn 320.

[43] Zur bisherigen Rechtslage BGH GRUR 1998, 947, 948 – AZUBI '94; BGH GRUR 1997, 473, 474 f – Versierter Ansprechpartner; BGH GRUR 1995, 270 – Dubioses Geschäftsgebaren; OLG Hamburg AfP 2005, 474, 476; *Messer* FS v. Gamm S. 95, 106; *Hefermehl/Köhler/Bornkamm* UWG § 2 Rn 33, 38.

[44] BGH GRUR 1986, 812 – Gastrokritiker; s. auch BGH NJW-RR 1998, 250, 251 f – Restaurantführer.

[45] BGH GRUR 1990, 373 – Schönheitschirurgie.

[46] BGH GRUR 1986, 898 – Frank der Tat.

[47] BGH GRUR 1995, 270 – Dubioses Geschäftsgebaren.

[48] BGH GRUR 1997, 909, 910 f – Branchenbuch.

[49] LG München AfP 1997, 945; s. aber auch OLG München NJW 2001, 1950 – Juve-Handbuch.

[50] BGH GRUR 1968, 314 – Fix und clever.

[51] BGHZ 65, 325 – Warentest II; BGH GRUR 1967, 113 – Warentest I; → auch Rn 115 ff.

[52] LG München AfP 1998, 95.

2. Redaktionelle Werbung

Die Haftung der Medien für redaktionelle Beiträge ist anders zu beurteilen, wenn der fragliche Artikel oder die fragliche Sendung nicht der objektiven Information, sondern als redaktionelle Tarnkappe der Betreibung von Wirtschaftswerbung dient.[53] 17

a) Trennungsgrundsatz. Für Medienveröffentlichungen gilt der **Trennungsgrundsatz.** Danach müssen Werbung und redaktionelle Berichterstattung voneinander getrennt sein.[54] Der Trennungsgrundsatz fußt auf einer gefestigten Berufsauffassung der Zeitungsverleger, Journalisten sowie Werbungtreibenden und hat Eingang gefunden in die Richtlinien des Zentralverbandes der deutschen Werbewirtschaft („ZAW").[55] Folge des Trennungsgrundsatzes ist zunächst, dass **Werbung** immer **als solche erkennbar** sein muss.[56] Dies regelt **§ 4 Nr. 3,** nach dem es als unlauter im Sinne des § 3 Abs. 1 anzusehen ist, wenn der Werbecharakter einer Wettbewerbshandlung verschleiert wird. 18

Durch die UWG-Reform 2008 findet der Trennungsgrundsatz für den Bereich der **redaktionellen Werbung** eine Konkretisierung im Anhang zur Novelle. Gemäß § 3 Abs. 3 beinhaltet der Anhang eine Liste von Wettbewerbshandlungen, die ohne Rücksicht auf die lauterkeitsrechtliche Erheblichkeitsschwelle des § 3 Abs. 1 stets unzulässig sind (Verbote ohne Wertungsvorbehalt), wenn sie Verbrauchern gegenüber vorgenommen werden. Danach liegt gemäß Nr. 11 des Anhangs eine unzulässige Wettbewerbshandlung vor, wenn „der vom Unternehmer finanzierte Einsatz redaktioneller Inhalte zu Zwecken der Verkaufsförderung, ohne dass sich dieser Zusammenhang aus dem Inhalt oder aus der Art der optischen oder akustischen Darstellung eindeutig ergibt (als Information getarnte Werbung)", erfolgt. Nach Nr. 11 des Anhangs ist eine Verbraucherwerbung also stets unzulässig, wenn es sich um eine als redaktionelle Information getarnte Verkaufsförderungsmaßnahme handelt. Die Regelung entspricht dem presserechtlichen Trennungsgebot und gilt für alle Medien (Presse, Film, Rundfunk, Fernsehen, Tele- und Mediendienste sowie redaktionelle Beiträge im Internet).[57] 19

Grund für die Unzulässigkeit der redaktionellen Werbung ist der Schutz des Verkehrs. Dieser erwartet bei einem redaktionellen Beitrag, dass der Inhalt nach publizistischen Grundsätzen gestaltet ist, dass die Beiträge also Informationszwecken dienen und sachliche Informationen enthalten. Der redaktionellen Äußerung eines unbeteiligten Dritten tritt der Leser unkritischer gegenüber und schenkt ihr regelmäßig größere Bedeutung und Beachtung als werbenden Angaben des Werbungstreibenden selbst.[58] Bei der als redaktionellem Beitrag aufgemachten Werbung wird der Leser also irregeführt. Nach Auffassung des **BVerfG** ist es auch verfassungsrechtlich nicht zu beanstanden, wenn dem Grundsatz der Lauterkeit des Wettbewerbs das Gebot entnommen wird, Werbung und redaktionellen Text zu trennen. Dem Grundrechtsschutz aus Art. 5 Abs. 1 GG widerspricht dies nicht, solange es der Presse möglich bleibt, in ihrem redaktionellen Teil über bestimmte Unternehmen, Produkte und Erzeugnisse zu berichten.[59] 20

Um dem Trennungsgrundsatz gerecht zu werden, muss sich aus Anordnung, Gestaltung oder Formulierung der werbenden Veröffentlichung also hinreichend deutlich ergeben, 21

---

[53] BGH GRUR 1997, 912 – Die Besten I.

[54] BGH GRUR 1998, 489 – Unbestimmter Unterlassungsantrag III; BGH GRUR 1998, 481 – Auto '94; BGH GRUR 1994, 821, 822 – Preisrätselgewinnauslobung I; BGH GRUR 1994, 819, 820 – Produktinformation II; BGH GRUR 1993, 561 – Produktinformation I; BGHZ 81, 247, 250f – Getarnte Werbung I; OLG Hamburg AfP 2005, 282, 284; s. auch *Platho* ZUM 2000, 46, 47.

[55] Abgedruckt bei *Prinz/Peters* Rn 994ff sowie bei *Hefermehl/Köhler/Bornkamm* Anhang 20.

[56] BGH GRUR 1996, 791, 792f – Editorial II; BGH GRUR 1994, 441, 442 – Kosmetikstudio; BGHZ 81, 247, 250f – Getarnte Werbung I; OLG München ZUM 2006, 425; zur Erkennbarkeit einer Werbeseite, auf die ein Link aus einem redaktionellen Zusammenhang führt, KG GRUR 2007, 254.

[57] Zu elektronischen Medien → Rn 28f.

[58] BGH GRUR 1998, 471, 472ff – Modenschau im Salvatorkeller; BGHZ 81, 247 – Getarnte Werbung I; BGH GRUR 1968, 382, 384ff – Favorit II; OLG Hamburg AfP 2005, 282, 284; *Wieben* S. 49.

[59] BVerfG AfP 2006, 39, 40.

dass es sich um Werbung handelt. Andernfalls ist eine deutliche Kennzeichnung erforderlich. Dies ist für die Printmedien ausdrücklich in Ziffer 3 der Richtlinien des ZAW geregelt, wonach eine werbende Veröffentlichung deutlich mit dem Wort „Anzeige“ zu kennzeichnen ist.[60] Andere Begriffe – wie etwa „Wirtschaftsanzeigen – Public Relations“[61] oder „Promotion“[62] – sind nicht ausreichend, es sei denn, mit einer Kennzeichnung wird effektiv der Eindruck vermieden, es handele sich um einen redaktionellen Beitrag.[63] Auch eine versteckte, leicht übersehbare Bezeichnung als „Anzeige“ genügt den Anforderungen nicht.[64] Die Kennzeichnungspflicht gilt auch für Anzeigenblätter.[65]

22 Von § 3 Abs. 3 iVm Nr. 11 des Anhangs erfasst wird auch das sog. Product Placement, bei dem für die Einbeziehung der Ware oder Dienstleistung in einen redaktionellen Kontext ein Entgelt gefordert wird. Eine solchermaßen getarnte Werbung trägt im besonderen Maße dazu bei, Verbraucher zu veranlassen, ihre an sich kritische Haltung gegenüber Werbebotschaften abzulegen. Hiermit wird ihnen die Möglichkeit genommen, sich auf den kommerziellen Charakter der Mitteilung einzustellen und entsprechend hierauf zu reagieren. Die Regelung entspricht den Grundsätzen, welche die Rechtsprechung zu getarnter Werbung und Product Placement entwickelt hat.[66]

23 **b) Abgrenzung zwischen sachlicher Information und redaktioneller Werbung.** In der Praxis ist die Abgrenzung zwischen sachlicher Information und redaktioneller Werbung häufig schwierig. Denn die Aufgabe der Medien, über Themen von öffentlichem Interesse zu informieren, schließt die Wirtschaftsberichterstattung mit ein, so dass eine sachliche Unterrichtung über Unternehmen, ihre Produkte und Leistungen grundsätzlich nicht zu beanstanden ist.[67] Dies gilt jedenfalls, solange werbliche Auswirkungen lediglich zwangsläufige und insoweit lediglich mittelbare Folge der Berichterstattung sind. Dabei darf die Presse Einzelheiten über Leistung, Bezugsquelle und Preis wiedergeben, da diese Informationen für den Verbraucher regelmäßig unverzichtbar sind.[68] Die Grenze der sachlichen Unterrichtung ist aber überschritten, wenn ein Unternehmen über das für die Information gebotene Maß **übermäßig herausgestellt** wird, wenn der Bericht nach seinem Gesamtbild einen „werblichen Überschuss“[69] aufweist.[70] Dies ist für jeden Einzelfall gesondert zu entscheiden. Zu berücksichtigen sind dabei insbesondere der publizistische Anlass für die Berichterstattung, Inhalt und Aufmachung der Veröffentlichung, die Wortwahl, Art und Maß der Herausstellung von Unternehmen oder Produkten, das Vorliegen von Gründen für ihre namentliche Erwähnung und Bestehen eines sachlichen Informationsbedürfnisses des Publikums.[71]

24 So steht **beispielsweise** die namentliche Erwähnung eines bestimmten Unternehmens einer sachlichen Unterrichtung der Leser nicht grundsätzlich entgegen, kann jedoch dann als redaktionelle Werbung einzustufen sein, wenn andere konkurrierende Unternehmen

[60] So zB auch § 10 Hamburger Pressegesetz.

[61] BGH NJW 1974, 1141.

[62] OLG München NJW-RR 1996, 1132.

[63] BGH GRUR 1996, 791 – Editorial II.

[64] OLG Hamburg GRUR-RR 2004, 46, 47 – Rexona; s. dazu auch OLG Hamburg ZUM-RD 1999, 276, 278.

[65] OLG Hamburg ZUM-RD 2000, 168, 170 ff; OLG Köln AfP 1971, 74.

[66] → Rn 25.

[67] BVerfG AfP 2006, 39, 40.

[68] OLG Hamburg AfP 2005, 282, 284; *Piper/Ohly* UWG § 4.3 Rn 18.

[69] So OLG Hamburg AfP 2005, 282, 284.

[70] BVerfG 2006, 39, 40; BGH GRUR 1996, 292, 293 – Aknemittel; BGH GRUR 1994, 821, 822 – Preisrätselgewinnauslobung I; BGH GRUR 1993, 561, 562 – Produktinformation I; BGH GRUR 1993, 565, 566 – Faltenglätter; OLG Köln AfP 2004, 136, 137; *Hefermehl/Köhler/Bornkamm* UWG § 2 Rn 38 f; *Dreßler/Voigt* AfP 2005, 154, 155.

[71] BVerfG 2006, 39, 40; BGH GRUR 1997, 139, 140 – Orangenhaut; BGH GRUR 1993, 565, 566 – Faltenglätter; BGH GRUR 1990, 1012, 1014 – Pressehaftung I; OLG Hamburg AfP 2005, 282, 284 f; OLG Nürnberg WRP 2002, 585; OLG Köln MDR 1994, 49 f; OLG Düsseldorf NJW-RR 1992, 677; OLG Hamburg ZUM 1991, 142; KG AfP 1987, 697; *Piper/Ohly* UWG § 4.3 Rn 19, 41; *Wenzel* 5. Kap. Rn 359.

mit entsprechenden Produkten grundlos unerwähnt bleiben[72] oder wenn das Unternehmen durch Mehrfachnennung, Herausstellung in der Überschrift, werbende Sprache oder besondere Schriftart besonders hervorgehoben wird.[73] Redaktionelle Werbung liegt auch dann vor, wenn ein Produkt einseitig gelobt und angepriesen und zum Erwerb empfohlen wird[74] oder wenn bewusst unwahre Behauptungen über ein Unternehmen aufgestellt werden.[75] Die Wiedergabe einer vom Hersteller überlassenen Produktinformation in einem redaktionellen Beitrag lässt nicht unweigerlich auf eine Überschreitung des medialen Funktionsbereichs schließen, es sei denn, Herstellerangaben mit übermäßig werbendem Gehalt werden unkritisch wörtlich übernommen.[76] Dies gilt gleichermaßen für die ungeprüfte und unkritische Übernahme von anpreisenden Informationen und Äußerungen Dritter.[77] Ein Verstoß gegen § 3 Abs. 3 iVm Anhang Nr. 11 bzw. §§ 3 Abs. 1, 4 Nr. 3 und/oder §§ 3 Abs. 1, 5 Abs. 1, Abs. 2 S. 2 bzw. § 3 Abs. 3 iVm Anhang Nr. 11 soll auch dann vorliegen können, wenn in der Presse über mit dem eigenen Verlagshaus verbundene Unternehmen berichtet wird, ohne die unternehmerischen Verflechtungen offen zu legen.[78]

Ein starkes **Indiz** für redaktionelle Werbung ist die Zahlung eines Entgelts durch das Unternehmen an das Presseorgan, die Inaussichtstellung von Anzeigenaufträgen oder sonstigen wirtschaftlichen Vorteilen oder auch bestehende Kooperationsvereinbarungen zwischen Presse und Unternehmen.[79] Andererseits stellt es nach Auffassung des OLG Hamburg trotz bestehender Kooperationsvereinbarung keine wettbewerbswidrige redaktionelle Werbung dar, wenn die Fernsehzeitschrift „TV Digital“ ihren redaktionellen Schwerpunkt auf das Programm des TV-Senders „Premiere“ legt.[80] 25

c) Koppelungsbeiträge. Auch sog. Koppelungsbeiträge sind am Trennungsgrundsatz sowie an § 3 Abs. 3 iVm Anhang Nr. 11 bzw. § 4 Nr. 3 zu messen. Bei den Koppelungsbeiträgen weist die Presse in einem redaktionellen Beitrag auf ein Unternehmen positiv hin, welches in demselben Presseorgan eine (bezahlte) Anzeige geschaltet hat. Es ist eine Frage des Einzelfalls und auf Grund einer Gesamtwürdigung der Umstände festzustellen, ob eine unzulässige redaktionelle bzw. verschleierte Werbung zugunsten dieses Unternehmens vorliegt.[81] Dies ist im Zweifel nicht anzunehmen, wenn sich der redaktionelle Hinweis auf die Wiedergabe sachlicher Informationen beschränkt und die Werbewirkung bloße Nebenfolge ist,[82] wenn für den redaktionellen Beitrag ein publizistischer Anlass gegeben ist[83] oder wenn der Beitrag allgemein gehalten ist und sich nicht auf ein einzelnes Produkt, sondern auf eine Produktgruppe bezieht.[84] In diesem Zusammenhang ist immer zu berücksichtigen, dass die Presse regelmäßig auf Einnahmen aus dem Anzeigengeschäft angewiesen ist und daher zur Schaltung von Anzeigen motivieren muss.[85] Werden in dem Beitrag jedoch der Name des inserierenden Unternehmens, seine Produkte und Preise genannt 26

---

[72] BGH GRUR 1997, 541 – Produktinterview; *Piper/Ohly* UWG § 4.3 Rn 19f.

[73] BVerfG 2006, 39, 40; BGH GRUR 1997, 541 – Produktinterview.

[74] BGH GRUR 1997, 541, 542 – Produktinterview; BGH WRP 1994, 862, 864 – Bio-Tabletten; BGH GRUR 1994, 445, 446 – Beipackzettel; BGH GRUR 1994, 819, 820 – Produktinformation II.

[75] BGH WRP 1994, 862, 864 – Bio-Tabletten.

[76] BGH GRUR 1997, 139, 140 – Orangenhaut; BGH GRUR 1994, 441, 442 – Kosmetikstudio; BGH GRUR 1994, 445, 446 – Beipackzettel; BGH GRUR 1994, 819, 820 – Produktinformation II; BGH GRUR 1994, 821, 823 – Preisrätselgewinnauslobung I; BGH GRUR 1993, 561, 562 – Produktinformation I; BGH GRUR 1993, 565, 566 – Faltenglätter.

[77] BGH GRUR 1997, 914 – Die Besten II; BGH GRUR 1997, 912 – Die Besten I.

[78] In diesem Sinne *Dreßler/Voigt* AfP 2005, 154ff.

[79] *Piper/Ohly* UWG § 4.3 Rn 42; *Hefermehl/Köhler/Bornkamm* UWG § 4 Rn 3.23; *Henning-Bodewig* GRUR 1981, 867, 869.

[80] OLG Hamburg AfP 2005, 282.

[81] OLG Düsseldorf NJW-RR 1992, 677; OLG Hamburg ZUM 1991, 142; KG AfP 1987, 697.

[82] OLG München ZUM-RD 1999, 110, 112; OLG Hamburg AfP 1997, 813; OLG Hamburg AfP 1997, 806.

[83] OLG Köln WRP 1996, 459; *Wenzel* 5. Kap. Rn 362; *Löffler/Ricker* 75. Kap. Rn 27.

[84] BGH GRUR 1992, 463, 464f – Anzeigenplatzierung.

[85] *Wenzel* 5. Kap. Rn 362.

sowie gewerbliche Leistungen pauschal lobend ohne ausreichenden Anlass hervorgehoben, ist der Koppelungsbeitrag nach § 3 Abs. 3 iVm Anhang Nr. 11 bzw. §§ 3 Abs. 1, 4 Nr. 3 unzulässig.[86]

27 **d) Preisausschreiben und Gewinnspiele.** Da die Ausrichtung von Preisausschreiben und Gewinnspielen im weiteren Sinne zum redaktionellen Teil einer Zeitung gehört, bemisst sich die Auslobung von Preisrätselgewinnen grundsätzlich auch nach den Grundsätzen der redaktionellen Werbung.[87] Anwendbar sind damit ebenfalls § 3 Abs. 3 iVm Anhang Nr. 11 bzw. § 4 Nr. 3. Es werden jedoch **weniger strenge Anforderungen** als bei sonstiger redaktioneller Arbeit gestellt, da dem Publikum üblicherweise bewusst ist, dass die positive Darstellung der Preise zur Beteiligung an dem Rätsel ermuntern soll, umso den Absatz der Zeitung, nicht aber den Absatz des ausgeschriebenen Produktes zugunsten des herstellenden Unternehmens zu fördern.[88] § 4 Nr. 6, nach dem es unlauter im Sinne des § 3 Abs. 1 ist, die Teilnahme von Verbrauchern an einem Preisausschreiben oder Gewinnspiel von dem Erwerb einer Ware oder der Inanspruchnahme einer Dienstleistung abhängig zu machen, ist in der Regel nicht anwendbar; denn bei der Ausrichtung von Preisausschreiben und Gewinnspielen in Printmedien setzt die Veranstaltung dieser Rätsel naturgemäß den Kauf der Ware, also der Zeitung oder Zeitschrift, voraus.[89]

28 **e) Elektronische Medien.** Die Ausführungen zum **Trennungsgrundsatz** und zur redaktionellen bzw. verschleierten Werbung gelten nicht nur für die Printmedien, sondern auch für alle anderen medialen Bereiche. Der für die Printmedien geltende strenge Maßstab kann jedoch nicht unmittelbar auf die elektronischen Medien übertragen werden; vielmehr gebieten Beachtung und Bedeutung, die der Verkehr werbenden Angaben Dritter beilegt, eine unterschiedliche, weniger strenge Beurteilung.[90] Grundsätzlich gilt das Trennungsgebot also auch für **Hörfunk und Fernsehen.**[91] Nach dem Staatsvertrag für Rundfunk und Telemedien (Rundfunkstaatsvertrag)[92] ist Wirtschaftswerbung vom übrigen Programm deutlich zu trennen und als solche zu kennzeichnen. Mit dem Verbot der Wirtschaftswerbung im redaktionellen Programmteil soll die Unabhängigkeit der Programmgestaltung und die Neutralität der Rundfunkanstalten gegenüber dem Wettbewerb am Markt gesichert werden.[93] Das Verbot gilt grundsätzlich sowohl für direkte als auch für indirekte Werbeaussagen wie etwa das Sponsoring und das Product Placement (Schleichwerbung).[94] Der Trennungsgrundsatz ist auch für neuere Formen der TV-Werbung zu beachten. Insbesondere ist eine Teilbelegung des Bildschirms mit Werbung (Splitscreenwerbung) nach § 7 Abs. 4 Rundfunkstaatsvertrag nur zulässig, wenn die Werbung vom übrigen Programm eindeutig optisch getrennt und als solche gekennzeichnet ist.[95]

---

[86] BGH GRUR 1998, 489 – Unbestimmter Unterlassungsantrag III; BGH GRUR 1998, 947, 948 – AZUBI ´94; BGH GRUR 1998, 471, 472 ff – Modenschau im Salvatorkeller; BGH GRUR 1994, 441, 442 – Kosmetikstudio; OLG Köln AfP 2004, 136, 137; OLG Hamm WRP 1981, 109, 110; OLG Hamm AfP 1985, 43, 44; *Löffler/Ricker* 75. Kap. Rn 27.

[87] Zur Abgrenzung Fernsehwerbung – Teleshopping EuGH ZUM 2008, 54.

[88] BGH GRUR 1997, 145, 147 – Preisrätselgewinnauslobung IV; BGH GRUR 1994, 823, 824 – Preisrätselgewinnauslobung II; BGH GRUR 1994, 821, 822 f – Preisrätselgewinnauslobung I.

[89] Begründung RegE zu § 2 UWG-E, BT-Drucks. 15/1487 S. 18. Hingegen sind an § 4 Nr. 6 etwa die in Mode gekommenen Telefon-Gewinnspiele im *Rundfunk* unter Einsatz von Mehrwertdienste-Rufnummern zu messen, *Hecker/Ruttig* GRUR 2005, 393 ff.

[90] BGHZ 130, 205, 214 – Feuer, Eis & Dynamit I.

[91] BGHZ 110, 278, 291 – Werbung im Programm; KG ZUM 2005, 746, 747; KG ZUM-RD 1998, 140, 141; OLG München ZUM 1988, 253, 256; *Hefermehl/Köhler/Bornkamm* UWG § 4 Rn 3.38 ff.

[92] § 7 Abs. 3, Abs. 6 des Rundfunkstaatsvertrages.

[93] *Piper/Ohly* UWG § 4.3 Rn 30; *Prinz/Peters* Rn 235.

[94] Zum Sponsoring → § 4–3 Rn 132 sowie *Piper/Ohly* UWG § 4.3 Rn 31. Zum Product Placement → § 4–3 Rn 136 sowie *Hefermehl/Köhler/Bornkamm* UWG § 4 Rn 3.43 ff; *Piper/Ohly* UWG § 4.3 Rn 32 ff. Zur rechtlichen Bewertung des sog. Themen Placement, bei dem nicht eine Marke eines bestimmten Anbieters in das Programm integriert wird, sondern ein Thema bzw. eine Aussage, die dem dafür bezahlenden Werbepartner zugute kommt, *Castendyk* ZUM 2005, 857 ff.

[95] *Holznagel/Stenner* ZUM 2004, 617, 620.

29 Die neue EU-Richtlinie für Audiovisuelle Mediendienste (RLAvMd)[96] sieht eine bedeutende Liberalisierung, insbesondere für das Product Placement, vor.[97] Zwar untersagt Art. 3g Abs. 1 RLAvMd grundsätzlich das Product Placement. Soweit aber die einzelnen Mitgliedstaaten nichts anderes beschließen, soll Product Placement unter engen Voraussetzungen gestattet sein (Art. 3g Abs. 2 RLAvMd). So soll Product Placement insbesondere in Kinofilmen, Filmen und Serien für audiovisuelle Mediendienste, Sportsendungen und Sendungen der leichten Unterhaltung mit Ausnahme von Kindersendungen, Nachrichtensendungen und Informationsprogrammen möglich sein. Auch wenn kein Entgelt geleistet wird, sondern lediglich bestimmte Waren oder Dienstleistungen wie Produktionshilfen und Preise im Hinblick auf ihre Einbeziehung in eine Sendungen kostenlos bereitgestellt werden, kann Product Placement gestattet werden. Inhalt und Programmplatz dürfen aber keinesfalls so beeinflusst werden, dass die redaktionelle Verantwortung und Unabhängigkeit des Mediendiensteanbieters beeinträchtigt wird. Auch darf nicht unmittelbar zu Kauf, Miete bzw. Pacht von Waren oder Dienstleistungen aufgefordert oder das betreffende Produkt zu stark herausgestellt werden. Die Zuschauer müssen zudem eindeutig auf das Bestehen einer Produktplatzierung hingewiesen werden. Solange allerdings die deutsche Gesetzgebung, insbesondere der Rundfunkstaatsvertrag, ein Product Placement untersagen, besteht dieses Verbot trotz der durch die RLAvMd geschaffenen Liberalisierungsmöglichkeit fort. Produktplatzierungen zugunsten von Zigaretten oder Tabakerzeugnissen und verschreibungspflichtigen Medikamenten sollen generell nicht möglich sein. Im Zuge der Richtlinie ist trotz einer gewissen Liberalisierung die Unterbrechungshäufigkeit und Werbedauer bei Fernseh-, Spielfilmen und Nachrichtensendungen weiterhin begrenzt (Art. 11 Abs. 2 RLAvMd), wohingegen die tägliche Maximaldauer für Werbung fallen gelassen wird. Bei der Übertragung von Sportveranstaltungen ermöglicht Art. 10 Abs. 2 RLAvMd ausdrücklich einzeln gesendete Werbe- und Teleshoppingspots.

30 Auch in **Kinofilmen** kommt der Trennungsgrundsatz zur Anwendung, obgleich es insoweit an einer spezialgesetzlichen Regelung fehlt.[98] Hier ist zwar einschränkend zu berücksichtigen, dass der Verkehr bei privaten Spielfilmen nicht das gleiche Maß an Objektivität wie bei Presse, Hörfunk und Fernsehen erwartet.[99] Dennoch ist es nach der Rechtsprechung unzulässig, dass ein Kinofilm seiner Tendenz nach auf Werbung ausgerichtet ist oder Product Placement (Schleichwerbung) im Übermaß enthält.[100] Letztlich wird man daher auf die Grundsätze der RLAvM zurückgreifen können, insoweit dort die Grenzen zulässiger Werbung bei der Sendung von Kinofilmen im Fernsehen festlegt sind.

31 Für das **Internet** ist das Trennungsgebot für nicht redaktionell gestaltete Inhalte in § 6 Nr. 1 Telemediengesetz festgeschrieben. Für redaktionelle Inhalte kommt § 58 Abs. 1 RStV zur Anwendung. Diese Vorschriften stehen selbständig neben § 3 Abs. 3 iVm Anhang Nr. 11 und § 4 Nr. 3. Wird gegen sie verstoßen, liegt zugleich ein Rechtsbruch iSv § 4 Nr. 11 vor.[101]

32 **f) Konsequenz.** Wird das Trennungsgebot missachtet, indem entweder Werbung für ein Unternehmen nicht als solche erkennbar gemacht oder unter redaktioneller Tarnkappe Werbung betrieben wird, liegt eine Wettbewerbshandlung im Sinne des § 2 Abs. 1 Nr. 1 vor, da ein objektiver Zusammenhang mit der Förderung des Absatzes oder des Bezugs von Waren oder mit der Erbringung oder der Inanspruchnahme von Dienstleistungen besteht.

---

[96] ABl. EG Nr. L 332 vom 18. 12. 2007, S. 27.

[97] Hierzu Gesamtüberblick bei *Schmittmann/Kempermann* AfP 2007, 195f.

[98] *Hefermehl/Köhler/Bornkamm* UWG § 4 Rn 3.42.

[99] BGHZ 130, 205, 213ff – Feuer, Eis & Dynamit I; *Hefermehl/Köhler/Bornkamm* UWG § 4 Rn 3.42; *Piper/Ohly* UWG § 4.3 Rn 38; *Hartel* ZUM 1999, 750, 751.

[100] BGH GRUR 1962, 461 – Werbeveranstaltung mit Filmvorführung; BGHZ 130, 205 – Feuer, Eis & Dynamit I; zur Nichtigkeit eines Product Placement-Vertrags für eine rechtswidrig getarnte Werbung OLG München AfP 2006, 183, 184; *Hefermehl/Köhler/Bornkamm* UWG § 4 Rn 3.42ff. Zum Product Placement auch → § 4–3 Rn 136.

[101] *Hefermehl/Köhler/Bornkamm* UWG § 4 Rn 3.41.

Ein solches Vorgehen stellt eine Verschleierung des Werbecharakters einer Wettbewerbshandlung dar und ist nach §§ 3, 4 Nr. 3 unlauter.[102]

3. Redaktionelle Beiträge über konkurrierende Medienunternehmen (sog. Pressefehde)

33 Grundsätzlich besteht ein objektiver Zusammenhang zu einer Wettbewerbsförderung, wenn sich ein Unternehmen über einen Mitbewerber in wettbewerbsrelevanter Weise äußert. Nach diesem Grundsatz müsste eigentlich auch bei einem Medienunternehmen, das in einem redaktionellen Beitrag negativ über ein konkurrierendes Medienunternehmen berichtet, eine Wettbewerbshandlung bejaht werden. Tatsächlich wird jedoch angenommen, dass die Medien **auch bei Äußerungen über Wettbewerber** ihrer verfassungsrechtlich verankerten Aufgabe (Art. 5 Abs. 1 GG) nachkommen, die Öffentlichkeit über Vorgänge von allgemeiner Bedeutung zu unterrichten und zur Meinungsbildung beizutragen;[103] denn auch wenn ein Mitbewerber – und damit die eigene Wettbewerbssituation – betroffen ist, **darf den Medien eine öffentliche Berichterstattung nicht verwehrt werden.**[104] Ein objektiver Zusammenhang zur Wettbewerbsförderung muss daher im Einzelfall positiv festgestellt werden.[105] Dieser objektive Zusammenhang wird vorliegen, wenn das konkurrierende Blatt oder der konkurrierende Sender pauschal abgewertet oder auf diskriminierende Weise herabgesetzt wird, da in solchen Fällen nicht der öffentliche Meinungskampf, sondern die Herausstellung der Vorzüge der eigenen publizistischen Leistung im Vordergrund steht.[106] Ein objektiver Zusammenhang und damit eine Wettbewerbshandlung liegt jedoch nicht vor, wenn der Artikel bzw. die Sendung sachliche Gründe für die Kritik anführt und sich nicht auf Polemik beschränkt.[107] Gleiches gilt, wenn statt wettbewerblicher Motive politische oder gesellschaftlich-politische Gründe für die Auseinandersetzung mit dem Konkurrenten gegeben sind.[108]

III. Haftung der Medien für eigenwettbewerbliches Verhalten

34 Soweit die Medien wie alle anderen Unternehmen auf dem Markt agieren und mit ihrem Verhalten den Wettbewerb objektiv beeinflussen, besteht grundsätzlich ein objektiver Zusammenhang zu einer Wettbewerbsförderung.[109] Eine typische eigenwettbewerbliche Tätigkeit der Medien ist das **Anzeigen-/Werbegeschäft,** welches – neben der Förderung

---

[102] BGH GRUR 1994, 823, 824 – Preisrätselgewinnauslobung II; BGH GRUR 1994, 819, 820 – Produktinformation II; BGHZ 110, 278, 291 – Werbung im Programm; BGHZ 81, 247, 250f – Getarnte Werbung I; BGHZ 50, 1, 3 – Pelzversand; BGH GRUR 1968, 382, 384 – Favorit II; BGH GRUR 1962, 461, 464f – Werbeveranstaltung mit Filmvorführung; *Hefermehl/Köhler/Bornkamm* UWG § 4 Rn 3.20ff.

[103] BGH WRP 1994, 862, 864 – Bio-Tabletten; BGH GRUR 1990, 373, 374 – Schönheitschirurgie; BGH GRUR 1986, 812, 813 – Gastrokritiker; OLG Hamburg WRP 2000, 647, 648 – Beißhemmungen.

[104] BGH GRUR 1997, 473, 474f – Versierter Ansprechpartner; BGH GRUR 1995, 270, 272 – Dubioses Geschäftsgebaren; BGH GRUR 1982, 234, 235 – Großbanken-Restquoten; *Hefermehl/Köhler/Bornkamm* UWG § 2 Rn 33; *Prinz/Peters* Rn 237; *Soehring* Rn 22.33; *Löffler/Ricker* 73. Kap. Rn 10.

[105] Zur bisherigen Rechtslage BGH GRUR 2000, 703, 706 – Mattscheibe; *Hefermehl/Köhler/Bornkamm* UWG § 2 Rn 33.

[106] Zur bisherigen Rechtslage BGH GRUR 1982, 234, 235 – Großbanken-Restquoten; OLG Hamburg AfP 2004, 269, 271f; OLG Hamburg NJW 1996, 1002, 1003 – Schmuddelsender; OLG Frankfurt GRUR 1992, 711, 712 – Diamant-Bericht; OLG Hamm GRUR 1991, 56 – Ruhrgebietszeitung; OLG München ZUM 1990, 309, 310; OLG Köln WRP 1986, 169.

[107] Zur bisherigen Rechtslage BGH GRUR 1995, 270, 272 – Dubioses Geschäftsgebaren; krit. dazu *Wenzel* 5. Kap. Rn 324; *Soehring* Rn 22.36.

[108] Zur bisherigen Rechtslage BGH GRUR 1965, 551 – Glanzlose Existenz; BGH GRUR 1964, 77, 79 – Blinkfüer; OLG Düsseldorf WRP 1998, 421, 425ff – FDP-Zahlen.

[109] Zur bisherigen Rechtslage BGH GRUR 1995, 595, 596ff – Kinderarbeit; BGH GRUR 1994, 841, 842f – Suchwort; BGH GRUR 1993, 53, 54 – Ausländischer Inserent; BGH GRUR 1990, 1012, 1013 – Pressehaftung I; BGH GRUR 1973, 203, 204 – Badische Rundschau; *Hefermehl/Köhler/Bornkamm* UWG § 2 Rn 40; *Wenzel* 5. Kap. Rn 307.

des eigenen Wettbewerbs – stets auch dem Zweck dient, den Wettbewerb des Werbenden zu unterstützen.[110] Zwar stehen die Medien dem Werbungstreibenden und seinen Produkten oder Dienstleistungen in aller Regel indifferent gegenüber; da die Veröffentlichung jedoch gegen Entgelt erfolgt, ist ein objektiver Zusammenhang und damit die Annahme einer Wettbewerbshandlung naheliegend. Daneben existieren noch zahlreiche weitere Möglichkeiten für **eigenwettbewerbliches Verhalten der Medien.**

1. Haftung der Medien für Anzeigen-/Werbeinhalte

Verstößt Werbung gegen das Wettbewerbsrecht oder greift sie in Rechte Dritter ein, ist dafür in erster Linie das werbungtreibende Unternehmen selbst als „Urheber" und Veranlasser der werbenden Veröffentlichung verantwortlich. Daneben können jedoch auch die **Medien als Verbreiter einer gesetzwidrigen Werbung** haften; so ist die Presse grundsätzlich für den gesamten Inhalt einer Druckschrift und damit auch für den Anzeigenteil verantwortlich,[111] genauso wie der Sender für eine ausgestrahlte Sendung einschließlich der gezeigten Werbespots haftet. Medienunternehmen sind daher verpflichtet, Anzeigen bzw. Werbespots auf ihre Gesetzmäßigkeit hin zu überprüfen und gesetzwidrige Werbung abzulehnen. 35

a) Umfang der Verantwortlichkeit. Die **Pflicht zur inhaltlichen Prüfung** aller Werbeveröffentlichungen ist eine Sorgfaltspflicht der Medien. An diese Sorgfaltspflicht werden jedoch nicht dieselben Anforderungen wie bei Veröffentlichungen im redaktionellen Teil gestellt.[112] Die Verantwortlichen müssen innerhalb kürzester Zeit eine immens große Zahl von Werbeanzeigen bzw. -spots mit unterschiedlichstem Inhalt auf ihre Zulässigkeit hin überprüfen, wobei sich die Prüfungspflicht sowohl auf wettbewerbsrechtliche als auch auf allgemeinrechtliche Aspekte erstreckt.[113] Müssten die Medien dabei alle Werbeveröffentlichungen genau und nach strengem Maßstab überprüfen, wären sie unzumutbar überfordert und das Anzeigen-/Werbegeschäft unlukrativ.[114] Werbung ist für die Medien jedoch von großer wirtschaftlicher Bedeutung. Eine zu umfassende Prüfungspflicht für Anzeigen- und Werbespots könnte daher die Funktionsfähigkeit der Medien im Kern gefährden und letztlich die institutionelle Garantie aus Art. 5 Abs. 1 GG in Frage stellen.[115] Die Rechtsprechung beschränkt daher die Prüfungspflicht der Medien auf **grobe und offensichtliche Verstöße.**[116] Dies gilt sowohl für hier relevante Wettbewerbsverstöße als auch für Verletzungen des allgemeinen Persönlichkeitsrechts oder von geistigen Eigentumsrechten.[117] Grob und offensichtlich sind nur solche Verstöße, bei denen sich schon auf Grund flüchtiger Lektüre die Gesetzwidrigkeit geradezu aufdrängt.[118] Der BGH hat klargestellt, dass die Pressehaftung nicht schon dann einsetzt, wenn man einem Anzeigentext die Rechtswidrigkeit „bei einigermaßen sorgfältigem Durchlesen entnehmen" kann.[119] Die 36

---

[110] BGH GRUR 1995, 595, 596 – Kinderarbeit; BGH GRUR 1994, 841, 842f – Suchwort; BGH GRUR 1993, 53, 54 – Ausländischer Inserent; BGH GRUR 1990, 1012, 1013 – Pressehaftung I; OLG Hamm AfP 1986, 52, 53.

[111] BGH GRUR 1973, 203, 204 – Badische Rundschau; BGHZ 59, 76 – Geschäftsaufgabe; OLG Saarbrücken NJW 1978, 2395 – Verlobungsanzeige.

[112] BGHZ 59, 76 – Geschäftsaufgabe.

[113] Zur publizistischen Sorgfaltspflicht → Rn 138ff.

[114] *Wenzel* 10. Kap. Rn 214.

[115] BGH GRUR 1992, 618 – Pressehaftung II; *Henning-Bodewig* GRUR 1981, 867, 868.

[116] BGH AfP 2006, 242, 243 – Schlank-Kapseln; BGH GRUR 1995, 600, 601 – HIV-Positive; BGH GRUR 1995, 595, 596 – Kinderarbeit; BGH WRP 1995, 302, 303 – Schlussverkaufswerbung II; BGH GRUR 1994, 841, 843 – Suchwort; BGH GRUR 1994, 454, 455 – Schlankheitswerbung; BGH GRUR 1993, 53, 54 – Ausländischer Inserent; BGH GRUR 1992, 618 – Pressehaftung II; BGH GRUR 1990, 1012, 1013 – Pressehaftung I; BGH GRUR 1973, 203, 204 – Badische Rundschau; OLG Frankfurt AfP 2006, 177, 178; OLG Bamberg ZUM-RD 2002, 470; OLG München ZUM 2001, 529, 533; OLG Hamburg AfP 1990, 318, 319; OLG Frankfurt AfP 1987, 424, 425; *Rath-Glawatz* AfP 2006, 223f.

[117] → Rn 149; BGH GRUR 1999, 418, 419f – Möbelklassiker; KG AfP 2005, 186, 187.

[118] OLG Koblenz GRUR 1988, 552, 553 – Zeitungswerbung.

[119] BGH AfP 2006, 242, 243f – Schlank-Kapseln; hierzu *Rath-Glawatz* AfP 2006, 223f.

Wettbewerbswidrigkeit muss sich dabei aus der Werbeveröffentlichung selbst ergeben. Zu eigenen Nachforschungen hinsichtlich der Identität des werbenden Unternehmens oder des Wahrheitsgehalts der Werbeaussagen sind die Medien grundsätzlich nicht verpflichtet, zumal die Anzeigenprüfung unter dem Gebot einer raschen Entscheidung steht.[120] Auch werden detaillierte wettbewerbs- oder immaterialgüterrechtliche Kenntnisse weder vom Verleger bzw. der Rundfunkanstalt noch von den Mitarbeitern der zuständigen Abteilung erwartet.[121] Wurde ein Anwalt über die Zulässigkeit einer Werbung befragt, dürfen sich die Medien in der Regel auf seinen Rat verlassen.[122]

37 **Keine Verletzung** der Prüfungspflicht nimmt die Rechtsprechung regelmäßig an bei Verstößen gegen wettbewerbsrechtliche Vorschriften, von denen die Medien selbst als Wettbewerber üblicherweise nicht betroffen sind und deren Kenntnis daher nicht ohne Weiteres vorausgesetzt wird.[123] Von einem „groben, unschwer erkennbaren Verstoß" kann ferner in einer Situation, in der zu einer Rechtsfrage mehrere fundiert begründete, voneinander abweichende Entscheidungen von Fachsenaten verschiedener Oberlandesgerichte vorliegen, nicht mehr die Rede sein.[124]

38 Einen **Verstoß** gegen die Prüfungspflicht sah die Rechtsprechung jedoch in der Veröffentlichung einer offensichtlich geschäftsschädigenden Anzeige, die zudem noch durch einen ungewöhnlichen Inhalt und eine auffällige Aufmachung gekennzeichnet war.[125] Auch die Kenntnis von der Wettbewerbswidrigkeit redaktioneller Werbung sowie dem Trennungsgrundsatz wird bei Medienunternehmen vorausgesetzt.[126]

39 **Erhöhte Prüfungspflichten** können bei Vorliegen besonderer Umstände bestehen, wenn etwa Inhalt oder Gestaltung der Werbung besonderen Anlass zu Zweifeln geben. Dies gilt beispielsweise, wenn eine Anzeige erkennbar in Rechte Dritter eingreift, für den Betroffenen besonders einschneidende Umstände offenbart oder für den Zuschnitt eines Presseerzeugnisses höchst ungewöhnlich ist.[127] Auch ein Hinweis von dritter Seite auf die Unzulässigkeit einer Werbeveröffentlichung erhöht die Prüfungspflicht.[128] Eine Abmahnung durch den Verletzten löst die Störerhaftung indes nur aus, wenn die Rechtsverletzung nunmehr unschwer zu erkennen ist; dazu muss sie wiederum regelmäßig aus sich heraus ersichtlich sein, d. h. aus dem Anzeigeninhalt und – allenfalls – unter Berücksichtigung der vom Verletzten gegebenen Informationen und vorgelegten Belege.[129] Allein die Tatsache, dass der Werbungstreibende ein ausländisches Unternehmen ist, begründet jedoch keine verschärfte Prüfungspflicht.[130] Entsprechendes gilt für die Heil- und Gesundheitswerbung, auch wenn es sich um einen für den Verbraucher sensiblen Bereich handelt.[131]

40 **Keine Beschränkung der Prüfungspflicht** greift, wenn Medienunternehmen Eigenwerbung betreiben und damit wie jeder andere Wettbewerber auf dem Markt agieren.

---

120 BGH AfP 2006, 242, 244 – Schlank-Kapseln; KG AfP 2005, 186, 187.

121 BGH GRUR 1993, 53, 54 – Ausländischer Inserent; BGH GRUR 1992, 618 f – Pressehaftung II; OLG Frankfurt AfP 2006, 177, 178; *Löhr* WRP 1974, 524, 525.

122 BGH GRUR 1994, 454, 455 – Schlankheitswerbung.

123 BGH GRUR 1993, 53, 54 – Ausländischer Inserent; BGH GRUR 1992, 618 – Pressehaftung II; BGH WRP 1995, 302, 304 – Schlussverkaufswerbung II; s. aber auch OLG Hamburg ZUM-RD 2002, 602, 603.

124 OLG Frankfurt AfP 2006, 177, 178.

125 BGH GRUR 1990, 1012, 1013 – Pressehaftung I; OLG Hamm AfP 1986, 52, 54.

126 OLG Karlsruhe WRP 1988, 757; OLG Frankfurt WRP 1985, 37, 38.

127 BGHZ 59, 76 – Geschäftsaufgabe; OLG Frankfurt AfP 1987, 424, 425; OLG Saarbrücken NJW 1978, 2395 – Verlobungsanzeige; LG Trier BB 1964, 193; AG Bremerhaven ArchPR 1974, 141; *Lindacher* WRP 1987, 585, 586; s. auch *Wenzel* 10. Kap. Rn 215 f.

128 OLG Brandenburg AfP 1999, 360; OLG Koblenz GRUR 1988, 552, 553 – Zeitungswerbung; *Lindacher* WRP 1987, 585, 586; *Ahrens* FS Traub S. 11, 18; *Piper/Ohly* UWG § 4.3 Rn 65.

129 KG AfP 2005, 186, 187 f; OLG Dresden AfP 2004, 452, 453.

130 BGH GRUR 1993, 53, 54 – Ausländischer Inserent; *Piper/Ohly* UWG § 4.3 Rn 63; *Löffler/Löffler* BT Anz Rn 112; aA KG NJW-RR 1988, 489, 490.

131 BGH GRUR 1994, 454, 455 – Schlankheitswerbung; *Piper/Ohly* UWG § 4.3 Rn 63; *Wenzel* 10. Kap. Rn 216; *Löffler/Löffler* BT Anz Rn 117; aA OLG Düsseldorf GRUR 1982, 622, 626 – Lotos; KG NJW-RR 1988, 489, 490

Die Medien unterliegen hier denselben Beschränkungen wie jedes andere Unternehmen auch.[132]

b) Eingeschränkte Haftung nach § 9 S. 2. Für die Presse sieht **§ 9 S. 2** eine Sonderregelung für den Schadensersatzanspruch vor. Nach dieser Vorschrift haften verantwortliche Personen von periodischen Druckschriften nur bei vorsätzlicher Zuwiderhandlung gegen § 3, während grundsätzlich eine Schadensersatzhaftung bei Vorsatz und Fahrlässigkeit besteht (§ 9 S. 1). Hintergrund dieses **Presseprivilegs** ist die bereits dargelegte besondere Situation des Anzeigengeschäfts. Die Presse soll nur bei Vorsatz für die Veröffentlichung von wettbewerbswidrigen, fremdverfassten Anzeigen haften; denn eine Haftung auch bei fahrlässigem Handeln würde eine zeitlich und personell unzumutbare Belastung für die Abwicklung des regelmäßig existenznotwendigen Anzeigengeschäfts bedeuten. Das Presseprivileg gilt ausschließlich für **periodische Druckschriften,** also für Zeitungen, Zeitschriften und andere in ständiger, wenn auch unregelmäßiger Folge und im Abstand von nicht mehr als sechs Monaten erscheinende Druckwerke, nicht dagegen für einmalig erscheinende Publikationen. Es findet keine Anwendung, wenn jemand selbst aktiv den Inhalt einer Anzeige (mit-)gestaltet, was insbesondere in Fällen der Eigenwerbung anzunehmen ist.[133] Auch ein Verstoß gegen das Verbot der redaktionellen Werbung und die Erkennbarkeit bzw. Kennzeichnung von Werbung fällt nicht in den Anwendungsbereich der Vorschrift.[134] Auf das Presseprivileg berufen können sich die **verantwortlichen Personen** von periodischen Druckschriften. Die alte Regelung des § 13 Abs. 6 Nr. 1 S. 2 aF nannte explizit als Adressatenkreis des Privilegs die Redakteure, Verleger, Drucker und Verbreiter. Trotz der allgemeinen Formulierung in § 9 S. 2 ist jedoch davon auszugehen, dass weiterhin neben dem Redakteur und dem Verleger auch die übrigen Personen das Presseprivileg für sich in Anspruch nehmen können. § 9 S. 2 greift bei allen Schadensersatzansprüchen, die auf eine Zuwiderhandlung des § 3 zurückgehen. Nach der Systematik des UWG sind damit **jegliche Zuwiderhandlungen gegen das Wettbewerbsrecht** umfasst, da alle Sondertatbestände der §§ 4 bis 7 auf die Generalklausel des § 3 Abs. 1 verweisen. Eine Übertragung des Presseprivilegs auf konkurrierende Ansprüche aus §§ 823, 824 BGB ist möglich.[135] 41

2. Haftung der Medien für anderes eigenwettbewerbliches Verhalten

Neben dem Anzeigen- und Werbegeschäft treten Medienunternehmen auf vielfältige andere Arten in Wettbewerb mit ihren Konkurrenten. Beim Eigenwettbewerb der Medien geht es um Werbung für das eigene Produkt im weitesten Sinne, um Leser- und Abonnentenakquisition und -pflege sowie Inserentenakquisition. Zu den zahlreichen Möglichkeiten für eigenwettbewerbliches Verhalten der Medien zählt etwa die **unentgeltliche Leserbelieferung,** also die Gratisverteilung von Presseerzeugnissen,[136] wozu sowohl die kostenfreie Weitergabe eines gesamten Presseprodukts als auch die kostenlose Zugabe lediglich einer Beilage oÄ gehört.[137] Vergleichbar dazu sind **unentgeltliche Leistungen gegenüber Anzeigenkunden,** also der kostenlose Abdruck von (zumeist privaten) Anzeigen in einer Zeitung oder einem Anzeigenblatt.[138] Auch der **Preiswettbewerb** spielt bei Medienunternehmen eine große Rolle. So ist die Unterbietung sowohl der Anzeigenpreise als auch der 42

[132] *Piper/Ohly* UWG § 4.3 Rn 64.

[133] Begründung RegE zu § 2 UWG-E, BT-Drucks. 15/1487 S. 23; *Piper/Ohly* UWG § 9 Rn 36.

[134] *Hefermehl/Köhler/Bornkamm* UWG § 9 Rn 2.15; *Piper/Ohly* UWG § 9 Rn 37.

[135] *Hefermehl/Köhler/Bornkamm* UWG § 9 Rn 2.16; *Wenzel* 10. Kap. Rn 219.

[136] BGH AfP 2004, 258 – 20 Minuten Köln; BGH AfP 2004, 255 – Zeitung zum Sonntag; OLG Köln ZUM-RD 2001, 393, 395f; OLG Köln ZUM-RD 2000, 377; OLG Karlsruhe ZUM-RD 2000, 430, 436ff; LG München I ZUM 2004, 583; *Lahusen* GRUR 2005, 221ff; *Gesellensetter* GRUR 2001, 707ff; *Teplitzky* GRUR 1999, 108ff; *Berst* AfP 1999, 425ff.

[137] *Hefermehl/Köhler/Bornkamm* UWG § 4 Rn 12.20ff; *Piper/Ohly* UWG § 4.1 Rn 70; *Gloy* GRUR 1996, 585, 586ff.

[138] BGH GRUR 1990, 44f – Annoncen-Avis; OLG Dresden WRP 1993, 814; OLG Düsseldorf WRP 1987, 176, 177; *Piper/Ohly* UWG § 4.10 Rn 101; *Gloy/Loschelder* § 74 Rn 22ff.

Entgelte für Presseprodukte an den wettbewerbsrechtlichen Vorschriften zu messen.[139] Besonderen Voraussetzungen unterliegt eine Kostenunterschreitung in der Anlaufphase eines Presseerzeugnisses.[140] Daneben betreiben die Medien Eigenwettbewerb insbesondere durch wettbewerbsrelevante **Werbeaussagen.** Eigene Werbeaussagen der Medien unterliegen immer den strengen Regeln des Wettbewerbsrechts. Es kann sich dabei um bezugnehmende, irreführende oder vergleichende Werbung handeln, um Auflagen- und Verbreitungsvergleiche, Vergleiche von Einschaltquoten, Angaben über die betriebliche Herkunft, Leseranalysen, Leserstrukturanalysen, Werbeträgeranalysen oder andere vergleichsfähige Umstände.[141] Auch die **Nachahmung** von Aufmachung und Design konkurrierender Zeitungen und Zeitschriften bzw. Programmen fällt in den Bereich des Eigenwettbewerbs der Medien (§ 4 Nr. 9).[142] Zum Eigenwettbewerb gehört ferner die **unlautere Leserwerbung.** Unter diesen Begriff sind zahlreiche Einzelaspekte zu fassen, wie etwa die Lieferung unentgeltlicher oder reduzierter Probeexemplare, die telefonische Nachbearbeitung gekündigter Abonnenten, der Einwurf von Anzeigenblättern gegen den erklärten Willen des Bewohners, die Veranstaltung von Gewinnspielen, mit dem Verkauf eines Presseprodukts gekoppelte Waren (Koppelungsangebote), das Abwerben von Abonnenten etc.[143] Daneben spielt die **unlautere Händlerwerbung** eine Rolle.[144] Die Unlauterkeit kann sich auch aus einem **Verstoß gegen das Rechtsdienstleistungsgesetz** (früher Rechtsberatungsgesetz) nach Maßgabe der §§ 3 Abs. 1, 4 Nr. 11 iVm RDG ergeben, sofern in den Medien die unbefugte Besorgung fremder Rechtsangelegenheiten angeboten wird.[145]

43 Das eigenwettbewerbliche Verhalten der Medien ist wie jedes andere wettbewerbliche Verhalten von Unternehmen auf dem Markt an den wettbewerbsrechtlichen Vorschriften zu messen (§§ 3 ff). An dem Vorliegen eines objektiven Zusammenhangs zur Wettbewerbsförderung können keine Zweifel bestehen. Besonderheiten, die sich aus dem Sonderstatus der Medien aus Art. 5 Abs. 1 GG ergeben, existieren nicht.

IV. Informantenhaftung

44 **Informant** ist derjenige, der die Medien über Unternehmen und ihre Produkte informiert. In der Regel geschieht dies durch die Unternehmen selbst, indem sie ihre Produktinformationen oder Pressemitteilungen an die Medien weitergeben in der Hoffnung, dadurch eine (positive) Berichterstattung zu bewirken. Dabei handeln die Unternehmen zweifelsohne mit dem Ziel, den eigenen Wettbewerb gegenüber den Mitbewerbern zu fördern. Die Haftung des Informanten ist sorgsam von der Haftung der Medien abzugrenzen. Grundsätzlich dürfen Unternehmen die Medien über sich und ihre Produkte informieren. Die gezielte Verbreitung solcher Informationen ist insoweit durch die Meinungsäußerungsfreiheit des Art. **5 Abs. 1 GG** gedeckt.[146] Dies gilt jedenfalls, solange eine **Pressemitteilung** von ihrem Inhalt her **wettbewerbsrechtlich nicht zu beanstanden** ist, also ausschließlich sachliche und zutreffende Informationen enthält, die Rechte der Mitbewerber

---

139 Dazu *Gloy/Loschelder* § 74 Rn 99 ff; *Gloy* GRUR 1996, 585, 588 ff. Speziell zum Prinzip der Preislistentreue *Bodendorf/Nill* AfP 2005, 251 ff.

140 OLG München GRUR 1999, 1019, 1020 – Online Stellenanzeigen.

141 S. nur aus jüngerer Zeit BGHZ 156, 250 – Marktführerschaft; OLG Frankfurt AfP 2006, 166; OLG Hamburg AfP 2006, 174; OLG Hamburg AfP 2004, 549; OLG Köln ZUM 2005, 662. Zum Ganzen auch *Gloy/Loschelder* § 74 Rn 119 ff, 162 ff.

142 *Gloy/Loschelder* § 74 Rn 139.

143 Aus der Rechtsprechung etwa BGH AfP 2005, 555 – Zeitschrift mit Sonnenbrille; OLG Düsseldorf NJW 2004, 2100; OLG Hamburg WRP 2005, 635 (Ls); OLG Hamburg AfP 2005, 180; LG Hamburg AfP 2005, 194; LG Stuttgart AfP 2004, 580. Für Einzelheiten *Gloy/Loschelder* § 74 Rn 141 ff; speziell zu Kombinations- und Koppelungsangeboten im Pressemarkt *Freytag/Gerlinger* WRP 2004, 537 ff.

144 KG AfP 1999, 368; *Gloy* GRUR 1996, 585, 590 ff.

145 BVerfG ZUM 2004, 556; BGH GRUR 2002, 987, 992 f – Wir Schuldenmacher; BGH GRUR 2002, 985, 987 – WISO; *Hefermehl/Köhler/Bornkamm* UWG § 4 Rn 11.67.

146 BGH GRUR 1995, 595 – Kinderarbeit.

nicht verletzt und dem medienrechtlich Verantwortlichen die freie und unbeeinflusste Entscheidung über die Verwertung der Informationen belässt. Eine Haftung des Informanten scheidet in solchen Fällen aus. Der Informant ist dann auch nicht dafür verantwortlich, dass ein Medienunternehmen eine solche Pressemitteilung derart in seiner Berichterstattung verwertet, dass das Gebot der sachlichen Berichterstattung verletzt wird; denn die Gestaltung der redaktionellen Beiträge liegt allein im Verantwortungsbereich der Medien, die nach den oben dargelegten Grundsätzen für unzulässige Berichterstattung haften.[147] Das Unternehmen muss sich grundsätzlich auch kein Recht zur nachträglichen Überprüfung der Berichterstattung vorbehalten.[148] Ein solcher **Prüfungsvorbehalt** ist nur erforderlich, wenn konkrete Umstände vorliegen, die es nahe liegend erscheinen lassen, dass über das Produkt in unzulässiger Weise berichtet wird.[149] Solche Umstände liegen etwa vor, wenn die Pressemitteilung unsachliche oder unzureichende Informationen, unrichtige Tatsachenbehauptungen, pauschale Abwertungen von Konkurrenten oder Verstöße gegen berufliche Werbeverbote enthält, oder wenn die Informationen zwar zutreffend sind, den Medien aber in einer Weise übermittelt werden, die die Annahme nahe legt, dass über das Produkt in wettbewerbsrechtlich unzulässiger Weise berichtet wird.[150] Eine Haftung des informierenden Unternehmens kommt ebenfalls dann in Betracht, wenn es auf einen Verstoß gegen das Trennungsgebot hinwirkt[151] oder veranlasst, dass ein vom ihm verfasster Artikel als redaktioneller Beitrag veröffentlicht wird.[152]

V. Anspruchsberechtigter/Anspruchsverpflichteter

Die **Anspruchsberechtigung** für die Ansprüche auf Unterlassung und Beseitigung ergibt sich aus § 8. Danach sind anspruchsberechtigt auf der einen Seite **Verbände** zur Förderung gewerblicher oder selbstständiger beruflicher Interessen, Verbraucherschutzverbände und Kammern (§ 8 Abs. 3 Nr. 2 bis 4). Auf der anderen Seite ist auch jeder **Mitbewerber** anspruchsberechtigt (§ 8 Abs. 3 Nr. 1). Ein Mitbewerber ist nach der Definition des § 2 Abs. 1 Nr. 3 jeder Unternehmer, der mit einem oder mehreren Unternehmern als Anbieter oder Nachfrager von Waren oder Dienstleistungen in einem **konkreten Wettbewerbsverhältnis** steht. Das Unternehmen, das den Wettbewerbsverstoß geltend machen möchte, muss also in einem konkreten Wettbewerbsverhältnis zu dem Unternehmen stehen, das den Wettbewerbsverstoß begangen hat oder demjenigen Unternehmen, das vom Wettbewerbsverstoß begünstigt wurde. Ein konkretes Wettbewerbsverhältnis liegt vor, wenn zwischen den Vorteilen, die jemand durch eine Maßnahme für sein Unternehmen oder das eines Dritten zu erreichen sucht, und den Nachteilen, die ein anderer dadurch erleidet, eine Wechselbeziehung in dem Sinne besteht, dass der eigene Wettbewerb gefördert und der fremde Wettbewerb beeinträchtigt werden kann.[153] Soweit es bei **Medienäußerungen** um die Förderung eigenen Wettbewerbs geht, kommt es dabei in erster Linie darauf an, ob sich die konkurrierenden Medienunternehmen um denselben Kundenkreis bemühen.[154] Dies 45

[147] BGH NJW-RR 1997, 235 – Orangenhaut; *Gloy/Loschelder* § 74 Rn 60.

[148] BGH NJW-RR 1997, 235 – Orangenhaut; BGH GRUR 1996, 71, 72 – Produktinformation III; BGH GRUR 1994, 819, 820 – Produktinformation II; BGH GRUR 1993, 561, 562 – Produktinformation I; OLG Stuttgart NJW-RR 1991, 1515; *Hefermehl/Köhler/Bornkamm* UWG § 4 Rn 3.35; *Prinz/Peters* Rn 236; aA OLG Köln AfP 1986, 143.

[149] BGH GRUR 1997, 541, 542 – Produktinterview. S. aber die frühere Rechtsprechung: BGH GRUR 1987, 241, 242 – Arztinterview; BGHZ 50, 1 – Pelzversand; BGHZ 46, 305 – Spezialsalz; BGH NJW 1964, 1181 – Weizenkeimöl. Gegen jeglichen Prüfungsvorbehalt *Gloy/Loschelder* § 74 Rn 61; *Wenzel* 5. Kap. Rn 386; *Soehring/Seelmann-Eggebert* NJW 2000, 2466, 2475.

[150] BGH NJW-RR 1997, 235 – Orangenhaut; BGH GRUR 1997, 541, 542 – Produktinterview.

[151] BGH GRUR 1996, 71, 72 – Produktinformation III; BGH GRUR 1993, 561, 562 – Produktinformation I.

[152] BGH GRUR 1994, 441, 442 – Kosmetikstudio.

[153] Begründung RegE zu § 2 UWG-E, BT-Drucks. 15/1487 S. 16.

[154] BGH GRUR 1982, 234, 235 – Großbanken-Restquoten; OLG Koblenz AfP 1987, 520, 521.

bezieht sich sowohl auf Leser/Zuhörer/Zuschauer und Abonnenten als auch auf Inserenten. So besteht beispielsweise ein Wettbewerbsverhältnis zwischen einem Anzeigenblatt mit redaktionellem Teil und einer Tageszeitung, wenn sich beide um dieselben Leser und Inserenten bemühen.[155] Auch Presse und Rundfunk in ihrer Funktion als Nachrichtenübermittler und Werbeträger stehen in einem Wettbewerbsverhältnis.[156] Dies gilt ebenso für Film und Fernsehen, da beide Information und Unterhaltung bieten.[157] Der Annahme eines Wettbewerbsverhältnisses steht nicht entgegen, dass eine Zeitschrift nur im Abonnement, eine andere Zeitschrift nur im Handel erhältlich ist.[158] Auch spielt keine Rolle, wie die konkurrierenden Medienerzeugnisse finanziert werden.[159] Soweit die Medien den Wettbewerb zwischen zwei anderen Unternehmen beeinflussen, ist in der Regel darauf abzustellen, ob diese Unternehmen den gleichen Abnehmerkreis bzw. Lieferantenkreis haben.[160]

46 **Anspruchsverpflichtet** ist derjenige, der den Wettbewerbsverstoß begangen oder durch sein Handeln willentlich und adäquat kausal an der Schaffung des wettbewerbswidrigen Zustandes mitgewirkt hat.[161] Es wird also unterschieden zwischen dem selbst handelnden **Schädiger/Verletzer** und dem **Störer,** der den Verstoß nur irgendwie unterstützt oder ausgenutzt hat.[162] Bei Presseveröffentlichungen im redaktionellen Teil haften in der Regel der Verleger der Publikation, der sachlich zuständige Redakteur und der Autor des konkreten Beitrags als Schädiger.[163] Für den Rundfunk haftet der ausstrahlende Sender. Für die Haftung als Störer ist erforderlich, dass der Verantwortliche eine ihm obliegende Prüfungspflicht verletzt.[164] Das ist insbesondere bei der Veröffentlichung grob wettbewerbswidriger Werbung der Fall. Auch ein Unternehmen, das extern mit dem Anzeigengeschäft einer Zeitung beauftragt ist, kann als Störer in Anspruch genommen werden.[165]

47 Für den Anspruch auf **Schadensersatz** ist die Sonderregelung des § 9 S. 2 zu beachten, welche die Haftung der verantwortlichen Personen von periodischen Druckschriften auf Vorsatz beschränkt.[166]

C. Der medienrechtliche Schutz – die Wortberichterstattung

48 Soweit eine wettbewerbsrechtliche Haftung eines Medienunternehmens für eine veröffentlichte Äußerung ausscheidet, etwa weil die Äußerung nicht in Wettbewerbsförderungsabsicht erfolgte, kommt eine Haftung nach den allgemeinen Vorschriften in Betracht.

I. Die Äußerung

49 Bei der Frage, ob eine Wortberichterstattung zulässig ist, kommt es entscheidend darauf an, ob es sich bei den in der Berichterstattung enthaltenen Äußerungen um Meinungsäußerungen oder Tatsachenbehauptungen handelt. Meinungsäußerungen werden durch Art. 5 Abs. 1 GG besonders geschützt, während die Verbreitung bewusst unrichtiger Tatsachenbe-

[155] BGHZ 19, 392, 394 – Anzeigenblatt.
[156] OLG München NJW 1958, 1298.
[157] BGHZ 37, 1, 13 – Aki.
[158] OLG Köln GRUR 1993, 686 – Offener Kunstpreis.
[159] BGH GRUR 1982, 234, 235 – Großbanken-Restquoten; OLG Koblenz AfP 1987, 520, 521.
[160] Begründung RegE zu § 2 UWG-E, BT-Drucks. 15/1487 S. 16.
[161] *Piper/Ohly* UWG § 8 Rn 145ff.
[162] *Piper/Ohly* UWG § 8 Rn 145ff.
[163] OLG München NJW-RR 2001, 1549f; *Prinz/Peters* Rn 224.
[164] BGH WRP 2004, 899, 901 – Schöner Wetten; BGH GRUR 1997, 909, 910f – Branchenbuch; *Löffler/Ricker* 78. Kap. Rn 4.
[165] BGH GRUR 1994, 441, 442 – Kosmetikstudio.
[166] → Rn 41.

hauptungen vom Grundrechtsschutz nicht erfasst ist.[167] Damit genießt der Betroffene einen größeren Schutz bei der Veröffentlichung von Tatsachenbehauptungen. Bei unwahren Tatsachenbehauptungen kommt eine Vielzahl von äußerungsrechtlichen Ansprüchen in Betracht (Unterlassung, Gegendarstellung, Berichtigung und Zahlung). Dagegen sind Ansprüche gegen die Veröffentlichung von Meinungsäußerungen nur in seltenen Ausnahmefällen, zB bei rechtswidriger Schmähkritik, möglich. Die unrichtige Einstufung einer Äußerung als Meinungsäußerung oder Tatsachenbehauptung schneidet daher Rechtsschutzmöglichkeiten ab und unterliegt der Revision.[168]

1. Tatsachenbehauptung

Bei einer Äußerung handelt es sich um eine Tatsachenbehauptung, wenn „die Aussage entsprechend dem Verständnis des Durchschnittsempfängers **einer objektiven Überprüfung auf ihre Richtigkeit zugänglich** ist und grundsätzlich **dem Beweis offen** steht".[169] Eine Äußerung wird danach als Tatsachenbehauptung angesehen, wenn sie konkrete, nach Raum und Zeit bestimmte, der Vergangenheit oder Gegenwart angehörige Geschehnisse oder Zustände der Außenwelt oder des menschlichen Seelenlebens betrifft.[170] Eine Tatsachenbehauptung kann sich dabei nicht nur auf äußere sondern auch auf **innere Tatsachen** beziehen;[171] denn innere Umstände oder Vorgänge sind gleichfalls Gegebenheiten tatsächlicher Art. Um innere Tatsachen handelt es sich, wenn in einer Aussage etwa von Gefühlen, Hoffnungen, Absichten oder Einstellungen die Rede ist.[172] So beinhaltet beispielsweise die Äußerung, dass „im September die Hochzeit stattfinden werde", eine innere Tatsache, da in dieser Aussage über ein künftiges Verhalten die Behauptung einer gegenwärtigen Absicht liegt.[173] Die Frage nach der **Beweisbarkeit** erfordert nicht, dass im konkreten Fall tatsächlich eine Beweisaufnahme möglich ist, beispielsweise ein Zeuge zur Verfügung steht. Entscheidend ist vielmehr, ob der Äußerung ein Sachverhalt entnommen werden kann, der theoretisch dem Beweis zugänglich ist.[174] 50

2. Meinungsäußerung

Im Gegensatz zur Tatsachenbehauptung ist die Meinungsäußerung vom **Element der Stellungnahme und des Dafürhaltens** gekennzeichnet.[175] Meinungen sind geprägt durch die subjektive Beziehung des Einzelnen zum Inhalt der Aussage und beinhalten Beurteilungen, Wertungen, Einschätzungen, Ansichten oder Anschauungen. Man verwendet daher als Synonym für den Begriff der Meinungsäußerung auch den des Werturteils.[176] Um eine Meinungsäußerung handelt es sich beispielsweise bei der Aussage, „die Nachrichtensprecherin A ist schlimmer als irgend eine andere Sprecherin in der Vergangenheit", da Bewertungen wie gut, schlecht, schlimm oder schön nicht dem Beweis zugänglich sind. Auch bei der Bezeichnung als „Busenmacher-Witwe" überwiegt der wertende Charakter der Äußerung.[177] 51

---

[167] BVerfGE 42, 163, 170ff – Echternach; BVerfGE 93, 266 – Soldaten sind Mörder II.

[168] BVerfG NJW 1999, 483; BVerfG NJW 1991, 3023, 3024 – Leserbrief.

[169] BGH ZUM 1998, 834, 836 – IM Sekretär; BGH NJW 1997, 1148, 1149 – Stern-TV; BGHZ 132, 13, 21 – Der Lohnkiller; BGH GRUR 1993, 412, 413 – Ketten-Mafia; LG München ZUM 2007, 330 – Unzutreffende Anknüpfungstatsachen für wertende Meinungsäußerung.

[170] *Wenzel* 4. Kap. Rn 43.

[171] BayVerfGH NJW 1994, 2944, 2945; *Prinz/Peters* Rn 12; *Wenzel* 4. Kap. Rn 54; *Soehring* Rn 14.5.

[172] OLG Hamburg AfP 1983, 289, 290; OLG Frankfurt AfP 1983, 279, 281; LG Hamburg AfP 1990, 332; *Prinz/Peters* Rn 12; *Wenzel* 4. Kap. Rn 54; *Soehring* Rn 14.5.

[173] BGHZ 128, 1 – Caroline von Monaco I.

[174] *Prinz/Peters* Rn 3; *Seitz/Schmidt/Schoener* Rn 336.

[175] BVerfGE 90, 241, 247 – Judenverfolgung; BVerfGE 61, 1, 8 – NPD von Europa; BVerfGE 7, 198, 210 – Lüth; BVerfG NJW 2003, 277 – Juve-Handbuch.

[176] *Soehring* Rn 14.8.

[177] OLG München AfP 2005, 560.

3. Abgrenzung

52 Die **Abgrenzung zwischen Tatsachenbehauptung und Meinungsäußerung** erfolgt aus der Sicht des unbefangenen Lesers, Zuhörers oder Zuschauers.[178] Das Verständnis eines konkreten Adressaten(-kreises) ist dann der Maßstab, wenn sich der Autor an diesen gewandt hat und damit besondere Kenntnisse voraussetzen konnte,[179] wie beispielsweise bei der Veröffentlichung in einer Fachzeitschrift.[180] Vom Standpunkt des so maßgeblichen Adressaten aus ist zu fragen, wie dieser die Äußerung verstehen musste, oder wie er sie verstehen konnte oder durfte.[181] Unerheblich ist hingegen, wie der Erklärende seine Äußerung selbst verstanden hat oder verstanden wissen wollte.[182] Enthalten Äußerungen sowohl wertende Elemente als auch Tatsachenaussagen bestehen keine verfassungsrechtlichen Bedenken, die Einordnung offen zu lassen, wenn die Zuordnung nicht eindeutig erfolgen kann. Die rechtliche Beurteilung muss dann jedoch in beiden Fallkonstellationen gleich ausfallen.[183]

53 Soweit mehrere sich nicht gegenseitig ausschließende Deutungen des Inhalts einer Äußerung möglich sind, ist der rechtlichen Beurteilung diejenige zugrunde zu legen, die dem in Anspruch Genommenen günstiger ist und den Betroffenen weniger beeinträchtigt.[184] Dieser Grundsatz gilt allerdings nur für straf- und zivilrechtliche Sanktionen wegen in der Vergangenheit erfolgter mehrdeutiger Meinungsäußerungen und nicht bei in die Zukunft gerichteten Unterlassungsansprüchen. Der Äußernde habe schließlich die Möglichkeit, sich in Zukunft eindeutig auszudrücken.[185]

54 In der Praxis ist die Abgrenzung **im Einzelfall schwierig,** nicht zuletzt weil einem Werturteil häufig ein Tatsachenkern zugrunde liegt, von dem es nicht zu lösen ist.[186] Tatsachenbehauptungen und Werturteile können miteinander verbunden sein bzw. ineinander übergehen.[187] So beinhaltet etwa das Werturteil, ein Dirigent habe die 9. Sinfonie von Franz Schubert wie einen „zäh dahin tröpfelnden Wälzer teuflischer Langeweile" dirigiert, die Tatsachenbehauptung, dass der Dirigent diese Sinfonie überhaupt dirigiert habe.[188] Hat er ein ganz anderes Stück dirigiert, stehen ihm wegen dieser unwahren Behauptung äußerungsrechtliche Ansprüche zu. Wirken Tatsachenbehauptung und Meinungsäußerung untrennbar zusammen, wird die Äußerung grundsätzlich in ihrer Gesamtheit von der Schutzwirkung des Art. 5 Abs. 1 GG erfasst; dies gilt insbesondere dann, wenn der tatsächliche Gehalt der Äußerung so substanzarm ist, dass er gegenüber der Wertung in den Hintergrund tritt.[189]

55 Bei der Abgrenzung sind **verschiedene Gesichtspunkte** von Bedeutung, die je nach Einzelfall für die Feststellung des Inhalts einer Äußerung heranzuziehen sind: Relevant ist

---

[178] BGH NJW 1997, 1148, 1149 – Stern-TV; BGH GRUR 1994, 915, 916ff – Börsenjournalist; *Prinz/Peters* Rn 6; *Soehring* Rn 14.4.

[179] BGH NJW-RR 1994, 1242, 1243 – Versteckte Behauptungen I; *Prinz/Peters* Rn 6; *Soehring* Rn 14.4; *Seitz/Schmidt/Schoener* Rn 327.

[180] *Prinz/Peters* Rn 6; *Wenzel* 4. Kap. Rn 6.

[181] BGH GRUR 1982, 318 – Schwarzer Filz; BGH GRUR 1984, 231, 232f – Wahlkampfrede; KG AfP 2007, 369.

[182] BGH ZUM 1998, 834, 836 – IM Sekretär; BGH NJW 1961, 1913, 1914; BGH NJW 1966, 1213, 1214 – Luxemburger Wort; *Wenzel* 4. Kap. Rn 4.

[183] BVerfG AfP 2006, 550.

[184] BVerfGE 85, 23, 32ff – Fragen; BGH ZUM 2004, 212, 214; BGHZ 139, 95, 103f; BGH ZUM 1998, 834, 836 – IM Sekretär m. krit. Anm. *Krüger* ZUM 2003, 347ff; *Lettl* WRP 2005, 1045, 1068.

[185] BVerfG WRP 2006, 61, 63ff; zustimmend *Hochhuth* NJW 2006, 189ff; kritisch *Helle* AfP 2006, 110ff und *Teubel* AfP 2006, 20ff; s. auch OLG Köln AfP 2006, 367.

[186] BVerfG NJW 2004, 277, 278; BGH GRUR 1972, 435, 439 – Grundstücksgesellschaft; BGHSt 12, 287, 292; *Prinz/Peters* Rn 11; *Wenzel* 4. Kap. Rn 50.

[187] BVerfGE 61, 1, 7ff – NPD von Europa; BGHZ 45, 296 – Höllenfeuer; BGH GRUR 1975, 89, 91f – Brüning-Memoiren I; LG Berlin ZUM 2004, 139, 141; *Wenzel* 4. Kap. Rn 50.

[188] OLG Dresden NJW 1997, 1379 – Justus Frantz.

[189] BGHZ 45, 296, 304 – Höllenfeuer.

zunächst der **Sinnzusammenhang.**[190] Eine Äußerung darf nicht isoliert betrachtet werden. So wird es sich bei der Qualifizierung einer Person als „Nazi" oder „Kommunist" um eine Tatsachenbehauptung handeln, wenn sich aus dem Sinnzusammenhang ergibt, dass mit dem Begriff eine gegenwärtige oder frühere Parteizugehörigkeit zum Ausdruck gebracht werden soll.[191] In der Regel sind diese Bezeichnungen hingegen als Meinungsäußerungen einzustufen, wenn sich gerade kein Anhaltspunkt für eine konkrete Zuordnung ergibt. Bei **Fragen** ist zwischen echten Fragen und rhetorischen Fragen zu unterscheiden. Da rhetorische Fragen nicht auf eine Antwort abzielen, werden sie wie normale Aussagen behandelt und beinhalten damit entweder eine Tatsachenbehauptung oder eine Meinungsäußerung.[192] Echte Fragen hingegen treffen zumeist keine Aussage, sondern wollen eine Aussage herbeiführen und fallen grundsätzlich unter den Schutz der Meinungsfreiheit des Art. 5 Abs. 1 GG.[193] Eine echte Frage ist eine sog. Alternativfrage, die mit „ja", „nein" oder „vielleicht" beantwortet werden kann. Für die Auslegung, ob im konkreten Fall eine echte oder eine rhetorische Frage vorliegt, sind auch im Gesamtzusammenhang getätigte Äußerungen zu berücksichtigen. So handelt es sich bei der Frage „Udo Jürgens – Im Bett mit Caroline?" nicht um eine echte Frage, sondern um eine Tatsachenbehauptung, wenn sich aus dem Folgesatz „In einem Playboy-Interview antwortet er eindeutig zweideutig" ergibt, dass die aufgeworfene Frage affirmativ zu beantworten ist.[194] Auch bei **Zitaten** sind zwei Aspekte zu unterscheiden, und zwar zum einen die Aussage, dass sich der Zitierte wie zitiert geäußert hat – dabei handelt es sich um eine Tatsachenbehauptung, die inzident in der Zitatwiedergabe steckt[195] –, und zum anderen der Inhalt des Zitats selbst. Das Zitat selbst ist nach den dargestellten Grundsätzen daraufhin zu untersuchen, ob es sich um eine Tatsachenbehauptung oder eine Meinungsäußerung handelt.[196] Die Wiedergabe des Zitats eines Dritten im Rahmen einer komplexen Äußerung kann dabei in den Schutzbereich des Art. 5 Abs. 1 S. 1 GG fallen, wenn es mit einer eigenen Auffassung des Äußernden verknüpft ist und sich die Aussage in ihrer Gesamtheit als Meinungsäußerung darstellt.[197]

Tatsachenbehauptung oder Meinungsäußerung kann auch die **Schlussfolgerung** sein.[198] 56
So ist die Schlussfolgerung in dem Satz „Weil der Arzt die Mutter mit Morphium behandelt hat, ist das Kind vergiftet worden" dem Beweis zugänglich, also eine Tatsachenbehauptung, nicht jedoch in dem Satz „Durch den Schuss auf den österreichischen Thronfolger hat der Attentäter den ersten Weltkrieg ausgelöst". Zu berücksichtigen sind weiterhin **versteckte Behauptungen.** Dies sind Aussagen, die der Autor nicht explizit gesagt hat, die jedoch in die Gesamtaussage hineininterpretiert werden können und beim Publikum einen falschen **Eindruck** vom Sachverhalt entstehen lassen.[199] Im Hinblick auf die Äußerungsfreiheit ist mit der Annahme versteckter Behauptungen Zurückhaltung geboten.[200] Keine versteckte Behauptung liegt vor, wenn der Leser eigene Schlüsse aus offen mitgeteil-

---

[190] BVerfGE 43, 130, 138f – CDU-Baron; BVerfGE 93, 266 – Soldaten sind Mörder II; BGH NJW 1997, 2513, 2514 – Komplexe Gesamtäußerung; BGHZ 132, 13, 21f – Der Lohnkiller; BGH GRUR 1994, 915, 916ff – Börsenjournalist; BGH NJW 1992, 1314, 1315 – Kassenarztrundschreiben; BGH GRUR 1989, 781, 782ff – Wünschelrute; BGH GRUR 1986, 188, 189 – Türkol I; BGH GRUR 1978, 551, 552 – Böll/Walden I; *Seitz/Schmidt/Schoener* Rn 329; *Löffler/Ricker* 42. Kap. Rn 23.

[191] OLG Düsseldorf NJW 1970, 905; *Prinz/Peters* Rn 18; *Soehring* Rn 14.16.

[192] BVerfGE 85, 23 – Fragen; LG Offenburg NJW-RR 2001, 1052, 1053; *Seitz/Schmidt/Schoener* Rn 374.

[193] BVerfGE 85, 23 – Fragen; LG Frankenthal NJW 2006, 623; *Prinz/Peters* Rn 15; *Löffler/Ricker* 42. Kap. Rn 23.

[194] BGH NJW 2004, 1034, 1035 – Caroline von Monaco IV.

[195] BGHZ 128, 1, 6ff – Caroline von Monaco I; *Prinz/Peters* Rn 17; *Wenzel* 4. Kap. Rn 32.

[196] S. etwa OLG Naumburg AfP 2006, 70, 71; *Prinz/Peters* Rn 17.

[197] BGH AfP 2005, 70, 73 – Anwaltsbrief; *Lettl* WRP 2005, 1045, 1070f.

[198] OLG Stuttgart ZUM-RD 2001, 84; *Prinz/Peters* Rn 21; *Seitz/Schmidt/Schoener* Rn 403.

[199] BGH GRUR 2000, 247, 248; BGH NJW-RR 1994, 1242, 1244 – Versteckte Behauptungen I; BGH NJW-RR 1994, 1246, 1247 – Versteckte Behauptungen II; BGH NJW 1987, 1398, 1399 – Kampfanzug unter der Robe; BGHZ 78, 9, 14 – Medizin-Syndikat III; OLG München AfP 2001, 63, 64; *Prinz/Peters* Rn 9; *Wenzel* 4. Kap. Rn 15.

[200] S. nur BVerfG ZUM 2004, 560, 561.

ten Fakten zieht.[201] Liegt es allerdings nahe, aus mehreren unstreitigen Tatsachen eine bestimmte (ehrverletzende) Schlussfolgerung zu ziehen, so ist eine **bewusst unvollständige Berichterstattung** rechtlich wie eine – unwahre – Tatsachenbehauptung zu behandeln.[202] Dies gilt jedenfalls dann, wenn die Schlussfolgerung bei Mitteilung der verschwiegenen Tatsache weniger nahe liegend erscheint und deshalb durch das Verschweigen dieser Tatsache beim unbefangenen Durchschnittsleser ein falscher Eindruck entstehen kann.[203] Die konkrete **Formulierung** der Äußerung ist für die Abgrenzung irrelevant.[204] Damit sind Einschübe wie „mit an Sicherheit grenzender Wahrscheinlichkeit", „soweit bekannt" oder „angeblich" genauso unerheblich wie die Aussage, bei der Mitteilung handele es sich um ein **Gerücht.**[205] Das Äußern einer Vermutung oder eines Verdachts kann die Behauptung enthalten, dass etwas tatsächlich so ist oder so sein könnte.[206] Damit kann die **Verdachtsäußerung** eine Tatsachenbehauptung sein.[207] Besondere Berücksichtigung verdient die **Schlagzeile** in einem Printmedium. Enthält die Schlagzeile eine selbstständige Aussage, ist sie rechtlich angreifbar.[208] Bei der Titelseite gilt dies ohne Rücksicht auf den Inhalt des Artikels. Richtigerweise muss dies jedoch auch bei sonstigen Schlagzeilen gelten, da häufig beim Leser (dem sog. Kiosk- und Gegenübersitzerleser) nur die Schlagzeile Beachtung findet.[209] Die Veröffentlichung einer **bildlichen Darstellung** kann eine unzutreffende Tatsachenbehauptung beinhalten, wenn das Bild auf irgendeine Art und Weise verändert wurde.[210] Auch die Kombination aus der bildlichen Darstellung mit dem dazugehörigen Untertext kann eine unwahre Tatsachenbehauptung vermitteln, so etwa wenn Text und Bild in keinem Zusammenhang stehen. Bei **Karikaturen** und **Satire** wird es sich regelmäßig um Werturteile handeln.[211] Da in diesem Bereich notwendigerweise eine überspitzte und übertriebene Darstellungsweise gewählt wird, geht der Leser von vorne herein eher von einer subjektiven Schilderung aus. Allerdings macht allein die Benutzung wertender, ironischer Formulierungen aus unwahren Tatsachenbehauptungen noch keine zulässigen Werturteile.[212] Um Werturteile handelt es sich in der Regel aber bei **Prognosen** und **Hypothesen,** da beide Äußerungsarten nicht dem Beweis zugänglich sind.[213] Gleiches gilt für **Sachverständigengutachten**[214] und in der Regel auch für **rechtliche Begriffe,**[215] weil sie eigene Bewertungen erfordern.

---

[201] OLG München ZUM 1999, 331; *Löffler/Steffen* LPG § 6 Rn 92.

[202] OLG Köln AfP 2006, 366; KG AfP 2007, 370 – unwahre Tatsachenbehauptung durch Zuschreibung nichtgetätigter Äußerungen.

[203] BGH AfP 2006, 65, 66f – Unvollständige Berichterstattung; s. auch OLG Karlsruhe AfP 2006, 72.

[204] *Prinz/Peters* Rn 13; *Wenzel* 4. Kap. Rn 55.

[205] OLG Brandenburg NJW-RR 2002, 1269, 1270; OLG Düsseldorf AfP 1990, 303, 304; LG München NJW-RR 1999, 104, 105; *Prinz/Peters* Rn 16; *Peters* NJW 1997, 1334, 1335.

[206] BGH GRUR 1986, 683, 685 – Ostkontakte; BGH GRUR 1975, 89, 91f – Brüning-Memoiren I; BGH NJW 1970, 187, 188 – Hormocenta; BGH NJW 1963, 665, 666 – Callgirl I; OLG Frankfurt ZUM 1992, 361, 363; *Prinz/Peters* Rn 24.

[207] BGH NJW 1978, 2151 – Schutzgemeinschaft; BGH NJW 1951, 352.

[208] OLG Hamburg ZUM 1994, 37, 38 – Placebo-Imperium; OLG Köln NJW 1987, 2682; LG Bonn AfP 1992, 386; LG Köln AfP 1988, 376, 379; *Prinz/Peters* Rn 14; *Wenzel* 4. Kap. Rn 36; *Soehring* Rn 16.41.

[209] *Wenzel* 4. Kap. Rn 36. Anders jedoch beim Durchschnittsleser des Wirtschaftsteils: OLG Hamburg AfP 2000, 472, 473.

[210] OLG München AfP 1973, 483; LG Stuttgart AfP 1989, 765; *Prinz/Peters* Rn 28; *Seitz/Schmidt/Schoener* Rn 370.

[211] BVerfGE 75, 369 – Konkret-Karikatur; *Prinz/Peters* Rn 26; *Wenzel* 4. Kap. Rn 40a; *Seitz/Schmidt/Schoener* Rn 370; zu Rechtsfragen der Satire allgemein *von Becker* GRUR 2004, 908ff; *Brauneck* ZUM 2004, 887ff.

[212] KG ZUM 2005, 822, 823.

[213] BGH WRP 1998, 303 – Versicherungsrundschreiben; *Prinz/Peters* Rn 25; *Soehring* Rn 14.21; *Seitz/Schmidt/Schoener* Rn 376; differenzierend *Wenzel* 4. Kap. Rn 64.

[214] BGH GRUR 1978, 258, 259 – Schriftsachverständiger; *Prinz/Peters* Rn 22; *Seitz/Schmidt/Schoener* Rn 395.

[215] Für den Begriff der „Vertragsstrafe" etwa BGH AfP 2005, 70, 72 – Anwaltsbrief. Um eine Meinungsäußerung handelt es sich laut KG AfP 2004, 269, 270f auch bei der Bezeichnung eines Konkurrenzprodukts als „billiges Plagiat", zumal der dem Begriff des Plagiats immanente Vorwurf der Unrechtmäßigkeit einer Nachahmung rechtlicher Bewertung bedarf.

4. Privilegierte Äußerungen

Trotz der Verletzung von Rechten Dritter sind Äußerungen, die **innerhalb bestimmter Bereiche** getätigt werden, grundsätzlich zulässig. Es handelt sich dabei um sog. privilegierte Äußerungen. Damit soll verhindert werden, dass der Äußernde durch die Gefahr, von dem Betroffenen in Anspruch genommen zu werden, davon abgehalten wird, diese Äußerung zu tätigen.[216] Betroffen sind davon jedenfalls Äußerungen **im engsten Familienkreis.** Jeder muss die Möglichkeit haben, sich mit seinen engsten Verwandten, insbesondere mit denen er zusammenlebt, ohne jede Rücksichtnahme auf andere und ohne die Sorge, sich in einem gerichtlichen Verfahren rechtfertigen zu müssen, frei auszusprechen.[217] Dies folgt aus der Garantie der Menschenwürde und wird durch den besonderen Schutz der Familie aus Art. 6 Abs. 1 GG verstärkt.[218] Gleiches muss für den **engsten Freundeskreis** gelten, soweit die Vertraulichkeit gewährleistet ist.[219] Keine Privilegierung genießen Äußerungen von Wirtschaftsunternehmen, auch wenn es sich um interne Schreiben handelt, die eigentlich nicht an die Öffentlichkeit gelangen sollten.[220] Privilegiert sind auch Äußerungen **im Rahmen der Rechtsverfolgung.** Sollten in einem Prozess persönlichkeitsverletzende Äußerungen fallen, ist eine dagegen gerichtete Klage mangels Rechtsschutzbedürfnisses unzulässig.[221] Diese Beschränkung des Ehrenschutzes rechtfertigt sich aus der besonderen Interessenlage in einem gerichtlichen oder behördlichen Verfahren und gilt dementsprechend nur, soweit die Äußerung einen Sachbezug zu dem Verfahren hat.[222] Sie gilt auch dann, wenn die Äußerung bereits von einem anderen Gericht als unrichtig festgestellt worden ist.[223] Äußerungen gegenüber dem **eigenen Anwalt** sind grundsätzlich ebenfalls privilegiert, jedenfalls soweit der Behauptende davon ausgehen kann, dass die Vertraulichkeit sichergestellt ist.[224] Ähnliches gilt für die übrigen Fälle, in denen eine gesetzliche Verschwiegenheitspflicht besteht (§ 203 StGB).[225] 57

5. Behaupten und Verbreiten

Für den Inhalt einer Äußerung haftet derjenige, der die Äußerung entweder behauptet oder verbreitet.[226] 58

---

216 *Prinz/Peters* Rn 42; *Wenzel* 10. Kap. Rn 26.

217 BGH GRUR 1993, 412, 413 – Ketten-Mafia; BGHZ 89, 198 – Kleiner Kreis; OLG Düsseldorf NJW 1974, 1250; *Prinz/Peters* Rn 45; *Wenzel* 10. Kap. Rn 27.

218 BGH GRUR 1993, 412, 413 – Ketten-Mafia.

219 *Prinz/Peters* Rn 45; *Wenzel* 10. Kap. Rn 27.

220 BGH GRUR 1993, 412, 413 – Ketten-Mafia.

221 BGH AfP 2005, 70, 71 – Anwaltsbrief; BGH AfP 1998, 215, 216 – Bilanzanalyse Pro 7; BGH GRUR 1995, 66, 68 – Konkursverwalter; BGH GRUR 1993, 412, 413 – Ketten-Mafia; BGH NJW 1992, 1314, 1315 – Kassenarztrundschreiben; BGH GRUR 1987, 568 – Gegenangriff; BGH NJW 1986, 2502, 2503 – Vergewaltigung; BGHZ 69, 181 – Wohnstättengemeinschaft; OLG München NJW-RR 2002, 1473; OLG Koblenz GRUR 1990, 67, 68 – Aufsichtsratsmitglied; LG Aachen NJW 1990, 1544; *Prinz/Peters* Rn 43. Nach aA ist die Äußerung durch Wahrnehmung berechtigter Interessen gerechtfertigt: OLG Hamm NJW 1992, 1329, 1330; OLG München AfP 1987, 440, 441; *Wenzel* 10. Kap. Rn 29.

222 BGH NJW-RR 1999, 1251, 1253; BGHSt 46, 36, 37; OLG München NJW-RR 2001, 765, 766; OLG Bamberg NJW-RR 1999, 322, 323; *Prinz/Peters* Rn 44; *Wenzel* 10. Kap. Rn 31.

223 OLG Celle NJW-RR 1999, 385.

224 *Wenzel* 10. Kap. Rn 28.

225 *Prinz/Peters* Rn 48.

226 BGH NJW 1997, 1148, 1149 – Stern-TV; BGHZ 132, 13, 18ff – Der Lohnkiller; BGH GRUR 1993, 412, 413 – Ketten-Mafia; BGH GRUR 1986, 683, 684 – Ostkontakte; BGH GRUR 1986, 188, 189 – Türkol I; BGHZ 68, 331, 332ff – Abgeordnetenbestechung; BGHZ 66, 182, 185ff – Panorama; BGH NJW 1970, 187, 188 – Hormocenta; BGH GRUR 1969, 147, 150 – Korruptionsvorwurf; OLG Frankfurt ZUM 1992, 361, 363; LG Köln AfP 1992, 155, 156; OLG Düsseldorf AfP 1990, 303, 305; LG Berlin AfP 1990, 59, 60; LG Hamburg 324 O 333/97 (nicht veröffentlicht); *Prinz/Peters* Rn 33; *Wenzel* 4. Kap. Rn 95ff; *Soehring* Rn 16.2; *Löffler/Steffen* § 6 LPG Rn 93; *Peters* NJW 1997, 1134, 1135.

59 Unter dem **Behaupten** von Tatsachen versteht man die Darstellung eines bestimmten Sachverhalts als Gegenstand eigener Feststellung oder Ansicht.[227] Dies ist bei allen eigenen Erklärungen des Autors der Fall. Ein Behaupten liegt jedoch auch vor, wenn sich jemand die Behauptung eines Dritten zu eigen macht. Ein solches **Zueigenmachen** ist dann anzunehmen, wenn zwar Äußerungen eines Dritten wiedergegeben werden, diese jedoch derart in die eigene Aussage integriert werden, dass sich die eigene und die fremde Äußerung wie eine einheitliche Aussage des Autors darstellen.[228] Ob sich jemand die Äußerung eines anderen zu eigen macht, beurteilt sich danach, wie der Durchschnittsempfänger die Formulierung verstehen muss.[229] Ein Zueigenmachen ist zum Beispiel anzunehmen, wenn sich eine Zeitung für die Richtigkeit einer Meldung auf eine fremde Quelle stützt[230] oder eine Meldung aus einer anderen Zeitung ohne Quellenangabe veröffentlicht.[231] Insofern ist unerheblich, ob eine Tatsache als das Ergebnis der eigenen Recherche bzw. Wahrnehmung oder als Material aus zweiter Hand wiedergegeben wird. Die **Form der Behauptung** ist dabei irrelevant. Es ist ausgeschlossen, sich durch Zusätze wie „soweit ich weiß", „es wird behauptet" oder „sollen angeblich" der Haftung für eine Äußerung zu entziehen, solange dem Leser oder Hörer durch die Art und Weise der Mitteilung vermittelt wird, die Sachaussage sei im Ergebnis doch zutreffend.[232]

60 Das **Verbreiten** einer Äußerung wird dann relevant, wenn jemand die Äußerung eines Dritten veröffentlicht, ohne sich diese zu eigen gemacht zu haben.[233] Dies gilt beispielsweise für die Printmedien bei der Wiedergabe von Leserbriefen oder Interviews.[234] In den Vorschriften des § 824 BGB und § 186 StGB ist explizit geregelt, dass neben dem Behaupten auch das Verbreiten von Äußerungen Dritter tatbestandlich ist. Aber auch bei den übrigen medienrechtlichen Tatbeständen gibt es eine Verbreiterhaftung,[235] weil es für den Betroffenen regelmäßig keinen Unterschied macht, ob eine Herabsetzung in den Medien mittels der Eigenbehauptung eines Journalisten oder infolge der Wiedergabe der Äußerung eines anderen erfolgt.[236] Die Verbreiterhaftung ist eingeschränkt, wenn die Medien in Wahrnehmung berechtigter Interessen handeln[237] oder sich ernsthaft von der verbreiteten Meldung distanzieren. Dieses Distanzieren muss so erfolgen, dass der Erklärung jeder Anschein möglicher Richtigkeit genommen ist.[238] Ein solches **ernsthaftes Distanzieren** ist nur selten anzunehmen, Formulierungen wie „unbestätigt", „angeblich" oder „unglaubwürdig" genügen jedenfalls nicht.[239] Ausreichend kann jedoch beispielsweise bei der Wiedergabe der Behauptung eines Dritten der Zusatz sein, dieser habe seine Darstellung mittlerweile widerrufen müssen.[240]

---

[227] BGH NJW 1970, 187, 188 – Hormocenta; LG Berlin ZUM-RD 2004, 129, 130; *Prinz/Peters* Rn 34; *Wenzel* 4. Kap. Rn 96; *Soehring* Rn 16.3.

[228] BVerfG NJW 2004, 590, 591; *Seiler* WRP 2005, 545, 548; *Prinz/Peters* Rn 34.

[229] BGHZ 128, 1, 6 ff – Caroline von Monaco I; BGH NJW 1961, 364; BGH NJW 1964, 1144; *Prinz/Peters* Rn 34; *Wenzel* 4. Kap. Rn 102.

[230] BGH NJW 1966, 2010 – Teppichkehrmaschine; *Prinz/Peters* Rn 34; *Soehring* Rn 16.4.

[231] *Prinz/Peters* Rn 34; *Wenzel* 4. Kap. Rn 103.

[232] BGH NJW 1997, 1148, 1149 – Stern-TV; BGH NJW 1963, 665, 666 – Callgirl I; OLG Frankfurt ZUM 1992, 361, 363; *Prinz/Peters* Rn 34; *Wenzel* 4. Kap. Rn 97; *Soehring* Rn 16.5.

[233] KG ZUM-RD 2004, 234 – Juderei; *Soehring* Rn 16.10.

[234] Zur Haftung bei einer unzulässigen Interviewäußerung: OLG Hamburg AfP 2006, 564.

[235] BGHZ 132, 13, 18 – Der Lohnkiller; BGH GRUR 1993, 412, 413 – Ketten-Mafia; BGH GRUR 1986, 683, 684 – Ostkontakte; BGH GRUR 1986, 188, 189 – Türkol I; BGHZ 68, 331, 332 ff – Abgeordnetenbestechung; BGHZ 66, 182, 185 ff – Panorama; BGH NJW 1970, 187, 188 – Hormocenta; BGH GRUR 1969, 147, 150 – Korruptionsvorwurf; OLG Frankfurt ZUM 1992, 361, 363; LG Köln AfP 1992, 155, 156; OLG Düsseldorf AfP 1990, 303, 305; LG Berlin AfP 1990, 59, 60; LG Hamburg 324 O 333/97 (nicht veröffentlicht); *Prinz/Peters* Rn 33; *Wenzel* 4. Kap. Rn 95 ff; *Soehring* Rn 16.2; *Löffler/Steffen* LPG § 6 Rn 93; *Peters* NJW 1997, 1134, 1135.

[236] *Prinz/Peters* Rn 33; *Soehring* Rn 16.30.

[237] → Rn 135 ff.

[238] LG Hamburg 324 O 538/97 (nicht veröffentlicht); *Prinz/Peters* Rn 47; *Soehring* Rn 16.15.

[239] BGH NJW 1997, 1148, 1149 – Stern-TV; BGH GRUR 1986, 683, 684 – Ostkontakte; BGH NJW 1963, 665, 666 – Callgirl I.

[240] Beispiel bei *Soehring* Rn 16.15.

II. Die deliktischen Tatbestände

Die **Haftung** für eine behauptete oder verbreitete Äußerung ist **anhand der delikts- rechtlichen Vorschriften des BGB** zu prüfen. Die Haftung kann sich dabei aus § 823 Abs. 1 BGB in Gestalt einer Verletzung des allgemeinen Persönlichkeitsrechts,[241] des Unternehmenspersönlichkeitsrechts[242] oder des Rechts am Unternehmen[243] ergeben. Daneben kommt die Verletzung eines Schutzgesetzes über § 823 Abs. 2 BGB in Betracht, wobei insbesondere die strafrechtlichen Beleidigungstatbestände der §§ 185 ff StGB relevant sind.[244] Schließlich kann die Haftung für eine Äußerung aus § 824 BGB (Kreditgefährdung)[245] oder § 826 BGB (sittenwidrige Schädigung)[246] folgen. 61

1. § 823 Abs. 1 BGB

§ 823 Abs. 1 BGB schützt unter dem Begriff des „sonstigen Rechts" das allgemeine Persönlichkeitsrecht natürlicher Personen, das Unternehmenspersönlichkeitsrecht und das Recht am Unternehmen. 62

a) Das allgemeine Persönlichkeitsrecht natürlicher Personen. Das allgemeine Persönlichkeitsrecht wird aus **Art. 2 Abs. 1 iVm Art. 1 Abs. 1 GG** hergeleitet[247] und ist seit der „Leserbrief"-Entscheidung des BGH aus dem Jahre 1954 zivilrechtlich anerkannt.[248] Es handelt sich um ein sog. **Rahmenrecht;**[249] d. h., dass eine Verletzung des geschützten Rechtsguts allein nicht ausreicht, um einen Abwehranspruch auszulösen. Vielmehr ist im Rahmen einer umfassenden Güter- und Interessenabwägung die Rechtswidrigkeit des Eingriffs festzustellen. Diese Abwägung hat sich im Medienrecht am konkreten Konflikt zwischen den schützenswürdigen Interessen der betroffenen Persönlichkeit und den Belangen der in Art. 5 Abs. 1 GG gewährleisteten Medienfreiheit auszurichten.[250] 63

Eine solche Abwägung wird jedoch nur dann relevant, wenn die betroffene Person überhaupt als Gegenstand der Äußerung erkennbar ist. In diesen Fällen spricht man von einer **identifizierenden Berichterstattung.**[251] Berichten die Medien abstrakt über Ereignisse und Geschehnisse, ohne diese mit einer bestimmten Person in Verbindung zu bringen, kommt eine Verletzung des allgemeinen Persönlichkeitsrechts nicht in Betracht und die Medien genießen den vollen Schutz des Art. 5 Abs. 1 GG.[252] Die Identifizierbarkeit ist regelmäßig bei der Nennung des vollen Namens zu bejahen; die Angabe von Initialen, Spitznamen, Pseudonymen oder anderer individualisierender Umstände kann jedoch genügen, wenn dadurch eine Feststellung der Identität möglich ist.[253] Für eine Persönlichkeits- 64

---

[241] → Rn 63 ff.

[242] → Rn 87 ff.

[243] → Rn 108 ff.

[244] → Rn 123 ff.

[245] → Rn 129 ff.

[246] → Rn 133.

[247] BVerfG NJW 1997, 2669, 2670 – Scientologen; BVerfG NJW 1993, 1463 – Poller; BVerfGE 65, 1, 41 – Volkszählungsgesetz; BVerfGE 54, 208 – Böll/Walden; BVerfGE 54, 148 – Eppler; BVerfGE 35, 202, 219 ff – Lebach I; BGH NJW 1996, 1128, 1129 – Caroline von Monaco III; BGH NJW 1996, 984, 985 – Caroline von Monaco II; BGH GRUR 1994, 391, 392 – FCKW; BGH GRUR 1991, 629, 630 – Notfalldienst.

[248] BGHZ 13, 334 – Leserbrief. Zur Entwicklung des allgemeinen Persönlichkeitsrechts *Seifert* NJW 1999, 1889 ff.

[249] BGH GRUR 1994, 391, 392 – FCKW; BGH GRUR 1991, 629, 630 – Notfalldienst; BGH GRUR 1987, 464, 465 ff – BND-Interna; *Prinz/Peters* Rn 51.

[250] BVerfGE 35, 202, 219 ff, 224 ff – Lebach I; BGHZ 50, 133 – Mephisto; BGH GRUR 1978, 258 – Schriftsachverständiger; BGH GRUR 1981, 441 – Der Aufmacher II; *Wenzel* 5. Kap. Rn 13.

[251] Zur Erkennbarkeit bei der Bildberichterstattung → Rn 154.

[252] *Prinz/Peters* Rn 142.

[253] BVerfGE 30, 173, 195, 198 f – Mephisto; BGH AfP 2008, 385; BGH AfP 2005, 464, 465 – Esra; BGH GRUR 1992, 201, 202 – Poller; BGH GRUR 1981, 441 – Der Aufmacher II; BGH NJW 1963, 904 – Drahtzieher; BGH NJW 1962, 1004 – Doppelmörder; OLG Hamm AfP 2006, 261; OLG Bremen NJW 1996, 1000, 1001 – Willi Lemke; *Prinz/Peters* Rn 143; *Wenzel* 12. Kap. Rn 54; *Soehring* Rn 17.3.

verletzung durch einen Presseartikel ist nicht entscheidend, ob alle oder ein Großteil der Leser bzw. gar die Durchschnittsleser einer Zeitung die gemeinte Person erkennen können.[254] Ausreichend ist vielmehr grundsätzlich die **Erkennbarkeit des Betroffenen „in einem mehr oder minder großen Bekanntenkreis** bzw. in der näheren persönlichen Umgebung".[255] Erkennbar als Gegenstand eines – nach Ansicht des BGH die Grenzen der Kunstfreiheit überschreitenden – Romans waren beispielsweise eine Türkin und ihre Mutter auf Grund des Umstandes, dass beide einen bedeutenden Preis verliehen bekommen hatten.[256] Ebenso war der so genannte „Kannibale von Rotenburg" schon auf Grund des nur um ein ‚h' ergänzten Filmtitels „Rohtenburg" sowie zahlreicher Übereinstimmungen mit seiner Vita ohne weiteres als hinter dem geplanten Kinofilm stehende reale Person erkennbar.[257]

65 Der Schutzumfang des allgemeinen Persönlichkeitsrechts wurde durch die Rechtsprechung in zahlreichen Einzelfallentscheidungen herausgearbeitet.[258] In der Eppler-Entscheidung hat das BVerfG die anerkannten **Schutzgüter** des allgemeinen Persönlichkeitsrechts zusammengestellt.[259] Es handelt sich dabei um die Privat-, Geheim- und Intimsphäre,[260] die persönliche Ehre,[261] das Verfügungsrecht über die Darstellung der eigenen Person,[262] das Recht am eigenen Bild und am gesprochenen Wort[263] und unter bestimmten Umständen das Recht, von der Unterschiebung nicht getaner Äußerungen verschont zu bleiben.[264]

66 **aa) Die Privat-, Geheim- und Intimsphäre.** Die **Privatsphäre** umfasst den privaten Lebensbereich des Individuums, zu dem andere nur Zugang haben, soweit er ihnen gestattet wird.[265] Der Schutzbereich ist räumlich und thematisch begrenzt. Ein Eingriff ist durch Wort- und Bildberichterstattung gleichermaßen möglich.

67 Zur Privatsphäre gehören alle **Vorgänge und Lebensäußerungen innerhalb des privaten Bereichs,**[266] wie etwa die Vorgeschichte der Eheschließung, eheliche Streitigkeiten, familiäre Zerwürfnisse, Auseinandersetzungen mit Familienmitgliedern, Scheidungsabsichten, Eifersuchtsdramen, die Frage der Vaterschaft oder sonstige Umstände des Familienlebens.[267] Auch Berichterstattung über religiöse Überzeugungen,[268] Trauerfeierlichkeiten,[269] private Gespräche[270] und private Umstände wie Adresse und Telefonnummer[271] oder etwa

---

[254] BVerfG NJW 2004, 3619, 3620.

[255] BGH AfP 2005, 464, 465 – Esra; s. auch BVerfG NJW 2004, 3619, 3620; BVerfG NJW 2000, 1859, 1860 – Lebach II; KG AfP 2004, 371, 372; OLG Hamm NJW-RR 1993, 735; LG Mainz NJW-RR 2000, 1649; *Prinz/Peters* Rn 143.

[256] BGH AfP 2005, 464, 465 f – Esra; s. auch LG München ZUM 2004, 234, 236 und OLG München AfP 2004, 60; ferner LG Münster NJW-RR 2003, 692, 693.

[257] OLG Frankfurt AfP 2006, 185, 187 – Rohtenburg; dazu *v. Becker* AfP 2006, 124 f.

[258] BVerfG NJW 1993, 1463 – Poller; BVerfGE 54, 148 – Eppler; BVerfGE 35, 202, 219 ff – Lebach I; BVerfGE 34, 269 – Soraya; BGH NJW 1996, 1128, 1129 – Caroline von Monaco III; BGH NJW 1996, 984, 985 – Caroline von Monaco II; BGH GRUR 1994, 391, 392 – FCKW.

[259] BVerfGE 54, 148, 153 ff – Eppler. Andere Systematisierungen bei *Wenzel* 5. Kap. Rn 20 ff; *Soehring* Rn 19.4 ff.

[260] BVerfGE 27, 1, 6 – Mikrozensus; BVerfGE 27, 344, 350 f – Scheidungsakten; BVerfGE 32, 373, 379 – Arztkartei; BVerfGE 34, 238, 245 f – Heimliche Tonbandaufnahme; BVerfGE 47, 46, 73 – Sexualkundeunterricht; BVerfGE 49, 286, 298 – Transsexuelle.

[261] BVerfG NJW 2003, 3760.

[262] BVerfGE 35, 202, 220 – Lebach I.

[263] BVerfGE 34, 238, 246 – Heimliche Tonbandaufnahme.

[264] BVerfGE 34, 269, 282 ff – Soraya.

[265] BGHZ 73, 120, 122 – Kohl/Biedenkopf; *Prinz/Peters* Rn 62; *Wenzel* 5. Kap. Rn 54; *Soehring* Rn 19.13.

[266] Wegweisend BGH GRUR 1965, 256, 258 – Gretna Green.

[267] OLG Hamburg ZUM-RD 2000, 142; LG Berlin AfP 2003, 174, 175; LG Berlin ZUM 2006, 148; LG Berlin AfP 2006, 190 f; *Wenzel* 5. Kap. Rn 56.

[268] BVerfG NJW 1997, 2669, 2670 – Scientologen; BVerfG NJW 1990, 1980 – Opus Dei; OLG München AfP 1993, 762, 763; *Prinz/Peters* Rn 71; *Wenzel* 5. Kap. Rn 58; *Soehring* Rn 19.19.

[269] LG Köln NJW 1992, 443, 444.

[270] BGH GRUR 1981, 441 – Der Aufmacher II; *Prinz/Peters* Rn 73; *Wenzel* 5. Kap. Rn 57.

[271] OLG München NJW-RR 1990, 1364 – Maus; LG Hamburg AfP 1996, 185, *Prinz/Peters* Rn 72.

Einzelheiten eines Pullovereinkaufs[272] kann die Privatsphäre verletzen. Gleiches gilt für die Einkommens- und Vermögensverhältnisse einer Person,[273] so etwa bei Berichterstattung über schlechte wirtschaftliche Verhältnisse[274] und über die Höhe des Monatsgehaltes[275] oder des Gesamtvermögens.[276] Umstritten ist, ob Angaben über den Gesundheitszustand einer Person der Privat- oder der Intimsphäre zuzurechnen sind.[277]

Der Privatsphäre zur Abgrenzung gegenübergestellt sind die **Sozialsphäre,** die den Bereich jenseits des Privaten umfasst, der nach außen so in Erscheinung tritt, dass er grundsätzlich von jedem wahrgenommen werden kann,[278] sowie die **Öffentlichkeitssphäre,** die den Bereich umschreibt, der der Öffentlichkeit vom Betroffenen ganz bewusst zugekehrt wird.[279] 68

Die Privatsphäre ist **nicht absolut geschützt.** Bei einer Medienveröffentlichung tritt das Recht auf Achtung der Privatsphäre als Ausfluss des allgemeinen Persönlichkeitsrechts ins Spannungsverhältnis zur Meinungs- und Pressefreiheit. So kann eine Veröffentlichung zulässig sein, wenn die **Interessenabwägung** ergibt, dass das Informationsinteresse der Allgemeinheit[280] gegenüber den persönlichen Belangen des Betroffenen überwiegt.[281] Bei dieser Abwägung kommt es darauf an, ob Angelegenheiten die Öffentlichkeit wesentlich angehen, ob die Veröffentlichung also einen Beitrag zu einer die demokratische Gesellschaft betreffenden Debatte zu leisten vermag.[282] Ein bloßes Unterhaltungsinteresse oder die Befriedigung von Neugier sind nicht ausreichend.[283] Grundsätzlich ist der Abwägung zu Grunde zu legen, dass persönliche Lebenssachverhalte gegen den Willen des Betroffenen nicht in der Öffentlichkeit diskutiert werden dürfen. Dadurch ist eine identifizierende Berichterstattung über die Privatsphäre nur bei Hinzutreten besonderer Umstände ausnahmsweise zulässig[284] oder wenn der Betroffene seine Privatsphäre von sich aus der Öffentlichkeit preisgegeben hat. Im Rahmen der Güterabwägung ist vor allem zu berücksichtigen, dass Kinder und Jugendliche besonderen Schutz genießen, und zwar auch Kinder Prominenter. Ihr Recht auf Entwicklung zur Persönlichkeit – auf „Person werden" – umfasst sowohl die Privatsphäre als auch die Entfaltung im öffentlichen Raum.[285] 69

Von der Privatsphäre ist die **Geheimsphäre** zu unterscheiden. Diese umfasst den Bereich menschlichen Lebens, der der Öffentlichkeit bei verständiger Würdigung nicht preis- 70

---

[272] BVerfG NJW 2000, 2194, 2195 – Caroline von Monaco III.

[273] OLG Frankfurt NJW-RR 2000, 474; LG Köln ZUM-RD 2004, 192, 193; *Prinz/Peters* Rn 72; *Wenzel* 5. Kap. Rn 56; *Soehring* Rn 19.20.

[274] OLG Hamburg AfP 1992, 376, 377; OLG Bremen MDR 1992, 1033.

[275] AG Berlin-Mitte AfP 1996, 188; aA OLG Celle AfP 1997, 819.

[276] *Soehring* Rn 19.20.

[277] Nach der Rechtsprechung gehören gesundheitliche Fragen zur Privatsphäre: BVerfGE 32, 373, 379 – Arztkartei; BGH NJW 1996, 984, 985 – Caroline von Monaco II; nach dem Schrifttum zur Intimsphäre: *Wenzel* 5. Kap. Rn 48; *Soehring* Rn 19.16.

[278] BGH NJW 2005, 592 f – Abtreibungs-Arzt; BGH GRUR 2007, 350 – Berichterstattung über Abberufung eines Klinik-Geschäftsführers; *Prinz/Peters* Rn 76 f; *Wenzel* 5. Kap. Rn 65 ff; *Soehring* Rn 19.39 ff.

[279] *Prinz/Peters* Rn 78 f; *Wenzel* 5. Kap. Rn 71 ff; *Soehring* Rn 19.39 ff; *Löffler/Ricker* 42. Kap. Rn 7.

[280] Hierzu *Beater* ZUM 2005, 602 ff; *Fechner/Popp* AfP 2006, 213 ff.

[281] BVerfGE 35, 202, 221 – Lebach I; BVerfG NJW 2000, 2189 – Scheidungsgrund; BVerfG NJW 2001, 1921, 1923 ff – Fotoberichterstattung; BGHZ 73, 120, 124 – Kohl/Biedenkopf; OLG Hamburg AfP 2006, 173 f.

[282] So der Europäische Gerichtshof für Menschenrechte: EGMR (v. Hannover v. Germany) Urt. v. 24. 6. 2004, Nr. 59 320/00, § 63 „... reporting facts capable of contributing to a debate in a democratic society ...".

[283] EGMR (v. Hannover v. Germany) Urt. v. 24. 6. 2004, Nr. 59 320/00, § 65 „... the sole purpose to satisfy the curiosity of a particular readership, regarding the details of the private life, cannot be deemed to contribute to any debate of general interest to society ...".

[284] BGH GRUR 1965, 256, 258 – Gretna Green; OLG Köln AfP 1973, 479; *Prinz/Peters* Rn 81. Zur erforderlichen Interessenabwägung BVerfGE 35, 202, 219 ff – Lebach I.

[285] BVerfG AfP 2005, 459, 460. Dementsprechend kann allein in der Nennung des Namens eines Schauspielerkinds eine Verletzung der Privatsphäre *des Kindes* liegen: LG Berlin ZUM 2005, 406, 407. Die Veröffentlichung der angeblichen Äußerung einer Frau gegenüber ihrem Ehemann, sie habe die gemeinsamen Kinder nie gewollt, greift so erheblich in die Beziehung zu ihren Kindern und damit in die Privatsphäre *der Mutter selbst* ein, dass sie – unabhängig von ihrem Wahrheitsgehalt – schlichtweg nicht abgedruckt werden darf: LG München I ZUM 2006, 79, 80.

gegeben werden soll.[286] Dazu zählen etwa Tonbandaufnahmen über vertrauliche Gespräche, persönliche Aufzeichnungen, Tagebücher, persönliche Briefe, ärztliche Zeugnisse und persönliche Telefonate, aber auch geschäftliche Telefonate sowie geschäftliche Notizen und Aufzeichnungen für interne Zwecke.[287] Die Geheimsphäre ist wie die Privatsphäre nicht absolut geschützt. Das Geheimhaltungsinteresse des Betroffenen ist mit dem Öffentlichkeitswert der Information abzuwägen.[288]

71 Demgegenüber ist die **Intimsphäre** absolut geschützt.[289] Sie bildet den engsten Persönlichkeitsbereich und hat einer ungenehmigten öffentlichen Erörterung verschlossen zu bleiben, gleich ob es sich um reine oder mit Meinungsäußerungen vermischte Tatsachenbehauptungen handelt.[290] Zur Intimsphäre gehören insbesondere Vorgänge aus dem Sexualbereich, namentlich Nacktaufnahmen und Äußerungen über das Sexualleben.[291] Eine Veröffentlichung ist nur dann ausnahmsweise zulässig, wenn der Betroffene eingewilligt hat;[292] sie kann zulässig sein, wenn der Betroffene sein Sexualleben selbst öffentlich ausgebreitet hat.[293] Selbiges gilt auch für den Bereich der Privatsphäre.[294] Grundsätzlich sind jedoch auch Personen der Zeitgeschichte absolut vor einer Berichterstattung aus ihrer Intimsphäre geschützt.[295]

72 Privat-, Geheim- und Intimsphäre werden unabhängig davon geschützt, ob die Berichterstattung zutrifft. Auch die Veröffentlichung wahrer Tatsachen kann danach unzulässig sein. Ergibt jedoch die Interessenabwägung, dass die Berichterstattung zulässig ist, muss sie auch inhaltlich richtig sein. Andernfalls kommen Ansprüche aus § 823 Abs. 2 BGB iVm § 186 StGB, § 824 BGB in Betracht.

73 **bb) Die persönliche Ehre.** Die persönliche Ehre umfasst die **innere** und die **äußere Ehre.** Innere Ehre meint den eigenen Achtungsanspruch, äußere Ehre den guten Ruf einer Person.[296] Eine Verletzung der Ehre ist anzunehmen, wenn der sich aus ihr ergebende Achtungsanspruch durch ehrbemakelnde Äußerungen beeinträchtigt wird.[297]

74 Auch die persönliche Ehre steht im Spannungsverhältnis mit der Meinungsfreiheit des Art. 5 Abs. 1 GG. Eine Verletzung der persönlichen Ehre kommt regelmäßig dann in Betracht, wenn die geäußerte Meinung nicht mehr von Art. 5 Abs. 1 GG gedeckt ist. Dies ist insbesondere bei sog. **Schmähkritik** der Fall. Eine solche ist anzunehmen, wenn die Kritik nicht mehr nur scharf, schonungslos oder auch ausfällig ist, sondern auf eine vorsätzliche Ehrkränkung abzielt.[298] Dies ist immer dann zu bejahen, wenn die Auseinandersetzung in der Sache zurück tritt und die Diffamierung im Vordergrund steht, die jenseits polemischer und überspitzter Kritik in erster Linie die Person herabsetzen soll.[299] Im Interesse der Mei-

---

[286] *Wenzel* 5. Kap. Rn 40.

[287] BGH NJW 1987, 2667 – BND; BGHZ 73, 120 – Kohl/Biedenkopf; BGHZ 24, 72 – Kassenpapiere; BGHZ, 27, 284 – Tonbandaufnahme I; BGHZ 15, 249, 257; *Prinz/Peters* Rn 86, *Wenzel* 5. Kap. Rn 41; *Soehring* Rn 19.10.

[288] BGHZ 73, 120 – Kohl/Biedenkopf; *Soehring* Rn 19.11.

[289] BVerfG NJW 2000, 2190 – Caroline von Monaco II; BGH GRUR 1999, 1034, 1035 – Prinz von Hannover; BGH GRUR 1981, 441 – Der Aufmacher II; BGH NJW-RR 1988, 733, 734 – Intime Beziehungen; BGH NJW 1971, 698 – Pariser Liebestropfen; *Prinz/Peters* Rn 54; *Wenzel* 5. Kap. Rn 47; *Soehring* Rn 19.6; *Löffler/Ricker* 42. Kap. Rn 17.

[290] OLG Hamburg NJW 1967, 2314, 2316; OLG Köln AfP 1973, 477, 478; LG München I ZUM 2005, 924 m. Anm. *Grützner.*

[291] KG AfP 2004, 371, 372.

[292] *Prinz/Peters* Rn 60; *Wenzel* 5. Kap. Rn 51; *Soehring* Rn 19.8.

[293] OLG Hamburg ArchPR 1974, 128; *Wenzel* 5. Kap. Rn 51; *Soehring* Rn 19.8; *Löffler/Steffen* LPG § 6 Rn 67.

[294] BVerfGE 101, 385 = AfP 2000, 76; BVerfG AfP 2006, 448 = ZUM 2006, 868; OLG Hamburg ZUM 2006, 340; KG ZUM-RD 2007, 54.

[295] BGH NJW 1971, 698 – Pariser Liebestropfen; *Soehring* Rn 19.4.

[296] BGHSt 1, 288, 289; *Prinz/Peters* Rn 89; zum Ehrenschutz *Kübler* NJW 1999, 1281.

[297] *Wenzel* 5. Kap. Rn 94.

[298] BGH NJW 1974, 1762 – Deutschlandstiftung; *Wenzel* 5. Kap. Rn 97.

[299] BVerfG NJW 2005, 3274; BVerfG ZUM 2004, 917, 918; BVerfG NJW 2003, 3760; BVerfG NJW 1993, 1462 – Heinrich Böll; BVerfG NJW 1991, 1475, 1477 – Flohmarkt; BVerfGE 82, 272, 284 –

nungsäußerungsfreiheit wird der Bereich der Schmähkritik jedoch **eng gefasst.**[300] Weist der Aussagekern der Kritik einen sachlichen Bezug auf, so liegt im Zweifel keine Schmähung vor.[301] Auch kommt es auf den **Zweck der Äußerung** an. Äußerungen im geistigen Meinungskampf in einer die Öffentlichkeit wesentlich berührenden Frage werden eher Art. 5 Abs. 1 GG unterfallen als Äußerungen in privaten Auseinandersetzungen. Insofern muss im politischen, aber auch im gewerblichen Bereich eine schärfere Kritik hingenommen werden.[302] Vom Grundrecht der freien Meinungsäußerung ist beispielsweise gedeckt, wenn einem Unternehmer durch eine weltanschaulich motivierte Gruppe vorgeworfen wird, er bespitzele missliebige Kritiker und setze sie unter Druck,[303] wenn ein Prozessfinanzierungsmodell als „Bauernfängerei" eingestuft wird,[304] wenn ein zum „Dschihad" aufrufender islamischer Prediger im Rahmen eines Fernsehbeitrags „Hassprediger" genannt wird,[305] wenn Franz Josef Strauß als „Zwangsdemokrat"[306] oder der Fernsehjournalist Werner Höfer angesichts eines von ihm 1943 verfassten Artikels über die Hinrichtung eines Pianisten als „Schreibtischtäter" betitelt wird.[307] Auch die einem Fernsehbeitrag zu entnehmende Äußerung, dass in einer bestimmten Fahrschule die Ausbildung weiblicher Fahrschüler aus sachfremden Motiven länger hingezogen werde als bei Männern[308] oder ein Vergleich mit der NS-Zeit im Rahmen einer Dienstaufsichtsbeschwerde gegen zwei wegen einer Verkehrsordnungswidrigkeit einschreitende Polizeibeamte[309] wurden nicht als Schmähkritik bewertet. Unter Berücksichtigung des medialen Vorverhaltens der Betroffenen soll ferner die Bezeichnung als „Busen(macher)-Witwe" zulässig sein.[310] Schmähkritik liegt hingegen vor, wenn eine Fernsehansagerin als „ausgemolkene Ziege" bezeichnet wird,[311] wenn Schimpfwörter wie „Schuft", „Kanaille" oder „Halunke" losgelöst von einem konkreten Sachverhalt verwendet werden,[312] oder wenn über ein Restaurant gesagt wird, die Gerichte würden „wie eine Portion Pinscherkot in die Teller hineingeschmissen" und seien „zum Kotzen", die Bedienung wäre „radikal vor sich hindämmernd und vor dem Herzinfarkt stehend".[313]

Wegen des sachlichen Anliegens zwar nicht als Schmähkritik, wohl aber als Verletzung 75
der Menschenwürde unzulässig ist die bildhafte Gegenüberstellung von Holocaustopfern mit nicht artgerecht gehaltenen Tieren durch eine Tierschutzorganisation.[314]

Eine Ehrverletzung ist auch möglich, wenn die Äußerung zwar die Grenze der Schmäh- 76
kritik, der Formalbeleidigung oder der Verletzung der Menschenwürde nicht überschreitet, eine Abwägung zwischen dem Persönlichkeitsrecht des Betroffenen und der Meinungsäußerungsfreiheit jedoch zum Vorrang des Persönlichkeitsrechts führt.[315]

Zwangsdemokrat; BGHZ 143, 199, 208f – Schleimerschmarotzerpack; BGH NJW 2000, 3421, 3422 – Babycaust; LG Berlin AfP 2006, 386 – echt weiße Nationalmannschaft; *Prinz/Peters* Rn 91.

300 BVerfG NJW 2005, 3274; BVerfG NJW 2003, 1109, 1110; BVerfG NJW 2002, 1192, 1193; BVerfG NJW-RR 2000, 1712; BVerfG NJW 1993, 1462 – Heinrich Böll; BGHZ 143, 199, 209 – Schleimerschmarotzerpack; BGH NJW 2000, 3421, 3422 – Babycaust.

301 BVerfG NJW 1991, 1475, 1477 – Flohmarkt; BGHZ 143, 199, 209ff – Schleimerschmarotzerpack; s. auch OLG Hamburg NJW-RR 2000, 1292, 1293; *Prinz/Peters* Rn 93; *Soehring* Rn 20.9.

302 BVerfGE 82, 272, 282 – Zwangsdemokrat; BVerfGE 60, 234, 241 – Kredithaie; BVerfGE 61, 1, 11 – NPD von Europa; BGH AfP 2005, 70, 73 – Anwaltsbrief; BGH GRUR 1995, 270, 273 – Dubioses Geschäftsgebaren; OLG Frankfurt NJW 2005, 3726, 3729; *Prinz/Peters* Rn 92; s. auch *Ladeur* NJW 2004, 393, 397, der ebenso für Prominente einen anderen Maßstab gelten lassen will.

303 BVerfGE 85, 1 – Bayer; *Soehring* Rn 20.5.

304 BGH AfP 2005, 70, 73 – Anwaltsbrief.

305 OLG Köln NJW 2005, 2554, 2556; Vorinstanz: LG Köln AfP 2005, 81 m. Anm. *Fricke* AfP 2005, 335f.

306 BVerfGE 82, 272 – Zwangsdemokrat.

307 LG Köln AfP 1988, 376, 380.

308 BVerfG ZUM 2004, 917, 918.

309 BVerfG NJW 2005, 3274f.

310 OLG München AfP 2005, 560f; LG Berlin ZUM 2005, 175; LG Berlin ZUM 2005, 331.

311 BGHZ 39, 124 – Fernsehansagerin.

312 OLG Hamburg AfP 1990, 135; AG Chemnitz NJW-RR 2004, 44 – Arschloch.

313 OLG Frankfurt NJW 1990, 2002. Weitere Beispiele bei *Prinz/Peters* Rn 93f.

314 LG Berlin AfP 2004, 461.

315 BVerfG AfP 1993, 563 – Verdatung; s. auch LG Bonn AfP 2005, 402, 404; LG Düsseldorf AfP 2005, 566, 568f.

77 **cc) Das Verfügungsrecht über die Darstellung der eigenen Person.** Das **Verfügungsrecht über die Darstellung der eigenen Person** ist ein **Selbstbestimmungsrecht,** nach dem grundsätzlich jedermann selbst und allein bestimmen darf, ob und inwieweit andere sein Lebensbild im Ganzen oder einzelne Vorgänge aus seinem Leben öffentlich darstellen dürfen. Wegweisend für die Ausformung dieses Schutzguts des allgemeinen Persönlichkeitsrechts ist die Lebach-Entscheidung des BVerfG.[316] Das Selbstbestimmungsrecht verleiht zwar keinen Anspruch darauf, nur so in der Öffentlichkeit dargestellt zu werden, wie es dem eigenen Selbstbild entspricht oder genehm ist. Wohl aber schützt es gegenüber entstellenden und verfälschten Darstellungen sowie gegenüber Darstellungen, die die Persönlichkeitsentfaltung erheblich beeinträchtigen können.[317]

78 Aber auch das Verfügungsrecht über die Darstellung der eigenen Person ist **nicht absolut geschützt,** sondern mit den Kommunikations- und Informationsinteressen der Allgemeinheit abzuwägen. Bei dieser Abwägung ist der drohende Persönlichkeitsschaden mit dem Interesse an der Verbreitung der Wahrheit ins Verhältnis zu setzen,[318] wobei die Einwirkung des Betroffenen auf das Gemeinschaftsleben und die zeitgeschichtliche Bedeutung des Falles zu berücksichtigen sind.[319]

79 Exemplarisch wird dies bei **Aufsehen erregenden Straftaten.** Bei Berichterstattung über Verdachtsfälle, Ermittlungs- und Strafverfahren hat regelmäßig eine Abwägung zwischen dem Informationsauftrag der Medien aus Art. 5 Abs. 1 GG und dem Anonymitätsinteresse des Betroffenen zu erfolgen.[320] Wegen der „Prangerwirkung" eines solchen Vorwurfs gilt der Grundsatz, dass eine identifizierende Berichterstattung zu unterbleiben hat, wenn dem Informationsinteresse der Öffentlichkeit auch anderweitig entsprochen werden kann.[321] Zu berücksichtigen sind dabei die **Umstände des Einzelfalls,** insbesondere die Schwere der Tat, die Bedeutung der Tat für die Öffentlichkeit, die Person des Täters oder Opfers, das bisherige Verhalten des Täters in der Öffentlichkeit, die von dem Gesetzesverstoß ausgehende Gefährdung für andere sowie sonstige Umstände, durch die sich die vorgeworfene Tat von alltäglicher Kriminalität abhebt.[322] Eine identifizierende Berichtstattung unter namentlicher Nennung des Beschuldigten setzt insoweit mindestens einen Fall schwerer Kriminalität oder Straftaten voraus, die die Öffentlichkeit besonders berühren.[323] So könnte beispielsweise die öffentliche Ohrfeige für den Bundeskanzler, nicht dagegen der Mord nach einem Ehekrach eine identifizierende Berichterstattung rechtfertigen. Entscheidende Bedeutung haben auch das Stadium des Verfahrens, ob also lediglich eine Strafanzeige vorliegt oder ob bereits ein Ermittlungs- oder gerichtliches Strafverfahren eingeleitet wurde, sowie die Wahrscheinlichkeit, dass die fragliche Person auch tatsächlich die Tat begangen hat. Liegt das Verfahren bereits lange zurück, kann beispielsweise die erneute identifizierende Darstellung einer schweren Straftat in den Medien unzulässig sein, wenn der Täter die Strafe verbüßt hat und die Berichterstattung die Resozialisierung des Täters gefährden kann.[324] In der Regel tritt ausschließlich das Verfügungsrecht über die Darstellung

---

[316] BVerfGE 35, 202, 219 ff – Lebach I.

[317] BVerfGE 97, 391, 397 ff – Namensnennung; OLG Frankfurt AfP 2006, 185, 187 – Rothenburg, m. Anm. *Kaboth* ZUM 2006, 412.

[318] BVerfGE 97, 391, 403 ff – Namensnennung; BVerfGE 99, 185 – Helnwein.

[319] OLG Hamburg ZUM 1986, 400; OLG Frankfurt AfP 1990, 128, 129.

[320] Hierzu *Knobloch* AfP 2006, 301 ff; *Pieroth* AfP 2006, 305 ff.

[321] BGHZ 24, 200, 208 ff – Spätheimkehrer; OLG Celle NJW-RR 2001, 335, 336; OLG Stuttgart NJW 1972, 2320, 2321; *Prinz/Peters* Rn 853.

[322] BVerfGE 35, 202, 231 – Lebach I; BGH AfP 2006, 62, 63 ff – Verkehrsverstoß; OLG Hamburg AfP 2006, 257 f; OLG Braunschweig ZUM 2005, 77; OLG Frankfurt AfP 1990, 229; OLG Oldenburg AfP 1987, 720; LG Köln AfP 2004, 459; LG Koblenz AfP 2006, 576 = ZUM 2006, 951 – Folterandrohung durch Polizei-Vizepräsidenten, hierzu *v. Becker* NJW 2007, 662; OLG Hamburg AfP 2007, 228.

[323] BGH NJW 2000, 1036, 1038.

[324] BVerfGE 35, 202, 235 ff – Lebach I; s. auch die Konkretisierungen in BVerfG NJW 2000, 1859, 1860 – Lebach II, die Anschlussentscheidung des LG Mainz NJW-RR 2000, 1649 sowie die Anm. *Cole* NJW 2001, 795 f; OLG Nürnberg AfP 2007, 127; OLG München AfP 2007, 136; KG AfP 2007, 376 sowie LG Berlin AfP 2007, 282 – zur Bildnisveröffentlichung eines vor der Entlassung stehenden RAF-Häftlings;

der eigenen Person des **Straftäters selbst** hinter den Informationsinteressen der Öffentlichkeit zurück.[325] Über Angehörige von Straftätern[326] sowie die übrigen Beteiligten wie Opfer,[327] Zeugen,[328] Richter, Rechtsanwalt[329] und Staatsanwalt darf grundsätzlich nicht identifizierend berichtet werden, es sei denn, sie spielen in dem Verfahren ausnahmsweise selbst eine Rolle von herausragender Bedeutung. Eine solche Rolle hatte beispielsweise der Verteidiger in einem Strafverfahren gegen Rechtsradikale inne, weil er sich zuvor selbst in rechtsextremistischer Weise geäußert hatte.[330]

Das Selbstbestimmungsrecht erlangt auch dann Bedeutung, wenn eine Person ohne oder gegen ihren Willen vermarktet und zu **Werbezwecken** eingesetzt wird.[331] Wie diese Vermarktung erfolgt – sei es durch die Verwendung eines Photos, des Namens oder der bekannten Stimme einer Person, sei es durch den Einsatz eines Doppelgängers oder Ähnliches – ist dabei nicht entscheidend. Etwas anderes kann nach der höchstrichterlichen Rechtsprechung im Einzelfall für Politiker gelten: Eine Anzeige, die kurz nach dem Rücktritt des Klägers als Bundesminister geschaltet wurde, zeigte Portraitaufnahmen aller Mitglieder des damaligen Bundeskabinetts (1999), wobei das Bild des Klägers als einziges mit einem Kreuz durchgestrichen war. Unter der Abbildung befand sich der Text „Sixt verleast auch Autos für Mitarbeiter in der Probezeit“. Aus Sicht des BGH war diese Anzeige nicht zu beanstanden.[332] 80

Als Teilbereich des Selbstbestimmungsrechts kann das Recht auf **informationelle Selbstbestimmung** angesehen werden. Dieses wurde erstmals in der Volkszählungsentscheidung des BVerfG anerkannt.[333] Unter Berücksichtigung der modernen Bedingungen der Datenverarbeitung gewährleistet es den Schutz des Einzelnen gegen die unbegrenzte Erhebung, Speicherung, Verwendung und Weitergabe seiner persönlichen Daten. Damit soll erreicht werden, dass jeder aus eigener Selbstbestimmung heraus frei planen und entscheiden kann, und zwar ohne Zweifel darüber, welche der ihn betreffenden Informationen seiner sozialen Umwelt oder seinen Kommunikationspartnern bekannt sind.[334] 81

Das Recht auf informationelle Selbstbestimmung ist ebenfalls **nicht schrankenlos gewährleistet.** Dies bedeutet für die Wortberichterstattung, dass das Veröffentlichungsinteresse sorgfältig mit der drohenden Beeinträchtigung des allgemeinen Persönlichkeitsrechts durch die Publikation von Daten abgewogen werden muss.[335] Problematisch ist in diesem Zusammenhang regelmäßig die **Veröffentlichung** von Adressen, Telefonnummern oder ähnlichen **persönlichen Daten.** Eine Veröffentlichung ist regelmäßig zulässig, wenn es sich um eine allgemein leicht zugängliche Adresse wie etwa eine Geschäftadresse handelt. Die Aufnahme eines Anwalts oder Arztes in ein entsprechendes Berufsträgerverzeichnis ist danach nicht zu beanstanden.[336] Gleiches gilt beispielsweise für die Benennung des zuständigen Notfallarztes in einer Zeitung unter Angabe von Adresse und Telefonnummer.[337] Unzulässig ist demgegenüber regelmäßig die Preisgabe von Privatadressen, und zwar 82

OLG Hamburg AfP 2007, 228; LG Frankfurt/M ZUM-RD 2006, 580 (nicht rechtskräftig) – Fall Sedlmayr; *Dreier/Schulze* UrhG § 23 KUG Rn 12.

325 OLG Frankfurt GRUR 1958, 508, 509 – Verbrecherbraut; OLG München GRUR 1964, 42 – Lebensmittelskandal; OLG Hamburg AfP 1983, 466 – Bombenattentäter.

326 OLG Frankfurt GRUR 1958, 508, 509; *Prinz/Peters* Rn 853.

327 OLG Frankfurt AfP 1976, 181 – Verbrechensopfer.

328 BGH GRUR 1966, 102 – Spielgefährtin I; LG Berlin ZUM-RD 2004, 99, 100.

329 OLG Celle AfP 1984, 236.

330 OLG Hamburg AfP 1982, 177.

331 BGHZ 30, 7, – Caterina Valente; BGH GRUR 1979, 425, 426 – Fußballspieler; OLG München ZUM 2001, 434, 436; *Prinz/Peters* Rn 106; *Wenzel* 5. Kap. Rn 23.

332 BGH NJW 2007, 689; anders noch OLG Hamburg ZUM 2005, 164; LG Hamburg ZUM 2004, 399, 400.

333 BVerfGE 65, 1, 42 ff – Volkszählungsgesetz.

334 BVerfGE 65, 1, 42 ff – Volkszählungsgesetz.

335 BGH GRUR 1991, 629, 630 – Notfalldienst; KG NJW-RR 2005, 350 ff; *Wenzel* 5. Kap. Rn 22.

336 *Prinz/Peters* Rn 126; *Wenzel* 5. Kap. Rn 22.

337 BGH GRUR 1991, 629, 630 – Notfalldienst.

auch dann, wenn diese Angaben einem amtlichen Telefonbuch entnommen werden können.[338]

83 **dd) Das Recht am eigenen Bild und am gesprochenen Wort.** Das **Recht am eigenen Bild** spielt im Medienrecht eine besondere Rolle. Es wird im Abschnitt über die Bildberichterstattung umfassend dargestellt.[339]

84 Das **Recht am gesprochenen Wort** schützt die Selbstbestimmung über die eigene Darstellung der Person in der Kommunikation.[340] Es gewährleistet zum einen das Recht selbst zu bestimmen, welche Personen unmittelbar Kenntnis von einem Gesprächsinhalt erhalten sollen. Damit ist es unzulässig, ohne Kenntnis des Sprechenden eine dritte Person als Zuhörer in das Gespräch mit einzubeziehen.[341] Daneben wird gewährleistet selbst zu bestimmen, ob die eigenen gesprochenen Worte auf einen Tonträger aufgenommen werden,[342] was mit einer solchen Aufzeichnung geschieht und ob und gegenüber wem die Tonbandaufnahme abgespielt werden darf.[343] Dabei ist unerheblich, ob es sich um ein privates oder ein geschäftliches Gespräch handelt.[344] Die Frage, ob das Recht am gesprochenen Wort verletzt ist, stellt sich regelmäßig bei der Verwendung heimlicher Tonbandaufnahmen als **Beweismittel im Prozess.** Eine Verletzung ist dabei wieder im Rahmen einer Interessenabwägung festzustellen. Das allgemeine Interesse an einer funktionstüchtigen Straf- und Zivilrechtspflege reicht allein jedoch nicht aus, um einen Eingriff für zulässig zu erachten. Im Strafverfahren kann aber bei besonders schweren Straftaten das Interesse an der Beweiserhebung vorrangig sein.[345] Im Zivilprozess ist dies höchstens bei einer Notwehrsituation oder einer notwehrähnlichen Lage anzunehmen, so etwa bei Tonbandaufnahmen zur Feststellung der Identität eines anonymen Anrufers, der unter dem Deckmantel eines falschen Namens Verleumdungen ausspricht.[346]

85 **ee) Das Recht, von der Unterschiebung nicht getaner Äußerungen verschont zu bleiben.** Das durch Art. 2 Abs. 1 iVm Art. 1 Abs. 1 GG gewährleistete allgemeine Persönlichkeitsrecht schützt auch gegen die **Unterschiebung nicht getaner Äußerungen** als weiteren Teilbereich des Rechts auf Selbstbestimmung.[347] Ein Eingriff in das allgemeine Persönlichkeitsrecht ist immer dann gegeben, wenn jemandem Äußerungen in den Mund gelegt werden, die dieser nicht getan hat und die seinen von ihm selbst definierten sozialen Geltungsanspruch beeinträchtigen.[348] Davon umfasst sind beispielsweise die unrichtige, verfälschte oder entstellte Wiedergabe von Zitaten[349] und die Verbreitung von erfundenen Interviews.[350] Bei der richtigen Wiedergabe von **Zitaten** werden hohe Anforderungen an die publizistische Sorgfalt gestellt.[351] Ein Zitat muss wortwörtlich übernommen werden und als solches gekennzeichnet sein. Handelt es sich nicht um ein Zitat, sondern um eine

---

338 *Prinz/Peters* Rn 126.

339 → Rn 152 ff.

340 BVerfGE 106, 28, 39 – Mitgehörtes Telefonat; BVerfGE 54, 148 – Eppler; *Wenzel* 5. Kap. Rn 28 a.

341 BVerfGE 106, 28, 39 – Mitgehörtes Telefonat; *Wenzel* 5. Kap. Rn 28 a; aA OLG Brandenburg NJW-RR 2002, 1127, 1129; OLG Düsseldorf NJW 2000, 1578, 1579.

342 BVerfGE 34, 238 – Heimliche Tonbandaufnahme; BGH GRUR 1987, 464, 465 ff – BND-Interna; BGH GRUR 1982, 181, 182 – Tonbandaufnahme II; BGH GRUR 1988, 399 – Tonband-Mitschnitt; BGHZ 27, 284 – Tonbandaufnahme I.

343 BGH GRUR 1988, 399 – Tonband-Mitschnitt.

344 BVerfGE 34, 238, 248 ff – Heimliche Tonbandaufnahme; BGH GRUR 1982, 181 – Tonbandaufnahme II; *Prinz/Peters* Rn 112.

345 BVerfGE 34, 238, 248 ff – Heimliche Tonbandaufnahme; BVerfGE 80, 367, 380; BVerfGE 106, 28, 49 – Mitgehörtes Telefonat.

346 BGH GRUR 1982, 181 – Tonbandaufnahme II; s. auch OLG Karlsruhe NJW 2000, 1577, 1578.

347 *Prinz/Peters* Rn 116 ff.

348 BVerfGE 54, 148, 155 – Eppler; BVerfGE 54, 208 – Böll/Walden; BGH GRUR 1998, 504, 505 – Rechte Professoren; BGH GRUR 1982, 183, 185 f – Böll/Walden II.

349 BVerfGE 54, 208 – Böll/Walden; BGH GRUR 1998, 504, 505 – Rechte Professoren; OLG München AfP 1981, 298; OLG Hamburg NJW 1987, 1416 – Rasterfahndung.

350 BGHZ 128, 1, 6 ff – Caroline von Monaco I; BVerfGE 34, 269, 282 ff – Soraya.

351 Zur publizistischen Sorgfaltspflicht → Rn 144 ff.

Deutung des Zitats durch den Äußernden, ist dies klar herauszustellen.[352] Darüber hinaus darf ein Zitat nicht dadurch entstellt werden, dass es – ohne weitere Erklärung – verkürzt wiedergegeben oder aus einem Gesamtkontext herausgenommen wird.[353] Diese Anforderungen folgen aus dem Umstand, dass mit einem Zitat nicht eine subjektive Meinung des Äußernden, sondern eine Tatsache dargestellt wird, an der sich der Zitierte festhalten lassen muss. Damit ist das Zitat eine besonders scharfe Waffe im Meinungskampf, weil der Zitierte sozusagen als Zeuge gegen sich selbst ins Feld geführt wird.[354] Gleiches gilt bei der Veröffentlichung von **Interviews.** Das allgemeine Persönlichkeitsrecht wird verletzt, wenn frei erfundene oder inhaltlich veränderte Interviews veröffentlicht werden;[355] denn auch in diesem Fall werden dem Betroffenen nicht getane Äußerungen in den Mund gelegt.

ff) Schutz vor Unwahrheiten. Eine unrichtige Information ist kein schutzwürdiges Gut, da sie für die verfassungsrechtliche Aufgabe zutreffender Meinungsbildung keinen Beitrag zu leisten vermag.[356] Gleichzeitig stellt es eine erhebliche Beeinträchtigung dar, wenn über eine Person Unwahrheiten verbreitet werden. Dennoch ist der **Schutz vor Unwahrheiten,** also vor inhaltlich falscher Berichterstattung, **nicht explizit** von der höchstrichterlichen Rechtsprechung **als eigenständiges Schutzgut** des allgemeinen Persönlichkeitsrechts **bezeichnet worden.**[357] Bei der Veröffentlichung von Unwahrheiten wird vielmehr auf die oben beschriebenen anerkannten Schutzgüter des allgemeinen Persönlichkeitsrechts zurückgegriffen, so etwa die persönlichkeitsrechtliche Eigensphäre,[358] das Lebensbild[359] oder den Ehrenschutz.[360] Sind diese Schutzbereiche nicht tangiert, was die Rechtsprechung etwa bei der Angabe einer unrichtigen Zitatquelle annahm, sollen allein aus einer solchen „wertneutralen Falschdarstellung" keine persönlichkeitsrechtlichen Ansprüche herzuleiten sein.[361] Dem ist entgegenzuhalten, dass eine Verletzung der Persönlichkeit durchaus allein auf Grund der Unwahrheit einer Tatsachenbehauptung vorliegen kann, auch wenn andere Schutzgüter des allgemeinen Persönlichkeitsrechts nicht betroffen sind; denn es wird in das Recht eingegriffen, den eigenen sozialen Geltungsanspruch selbst zu definieren.[362] Dies wird regelmäßig bei Behauptungen relevant, die auf den ersten Blick neutral wirken, für den jeweiligen Betroffenen aber durchaus von erheblicher Relevanz für seine Persönlichkeit sein können. So kann etwa die Aussage, jemand spreche einen bestimmten Dialekt, persönlichkeitsverletzend sein, wenn die hochdeutsche Ausdrucksweise von dem Betroffenen erwartet wird.[363] Im Ergebnis hat jeder das Recht, selbst zu bestimmen, ob er eine Unwahrheit als persönlichkeitsrechtsverletzend empfindet oder nicht.[364] 86

b) Das Unternehmenspersönlichkeitsrecht. Heute besteht weitestgehend Einigkeit darüber, dass auch Unternehmen eine schützenswerte Persönlichkeit – in Anlehnung an das allgemeine Persönlichkeitsrecht natürlicher Personen – haben.[365] Trotz dieser grund- 87

---

352 BGH GRUR 1982, 183, 185 – Böll/Walden II.

353 BVerfG NJW 1989, 1789 – Rasterfahndung; BGH GRUR 1982, 183, 185f – Böll/Walden II; *Soehring* Rn 16.51.

354 BVerfGE 54, 208 – Böll/Walden; BGH GRUR 1978, 551 – Böll/Walden I; *Prinz/Peters* Rn 116; *Wenzel* 5. Kap. Rn 91.

355 BGHZ 128, 1, 6ff – Caroline von Monaco I; BVerfGE 34, 269, 282ff – Soraya; *Prinz/Peters* Rn 120.

356 BGH NJW 1974, 1710; BGH NJW 1981, 2117.

357 BGH AfP 2006, 60 – Unwahre Berichterstattung.

358 BGHZ 13, 334, 337ff – Leserbrief.

359 BGH NJW 1958, 459, 462 – Sherlock Holmes.

360 BGH NJW 1979, 266.

361 BGH AfP 2006, 60, 61 – Unwahre Berichterstattung; OLG Köln AfP 2005, 287f.

362 *Prinz/Peters* Rn 128.

363 Beispiel bei *Wenzel* 5. Kap. Rn 81.

364 OLG Bremen AfP 1979, 355, 357; OLG Hamburg AfP 1988, 143; OLG Frankfurt ZUM 1992, 361, 363; *Prinz/Peters* Rn 128; *Wenzel* 5. Kap. Rn 80; aA *Soehring* Rn 18.3ff.

365 BVerfGE 106, 28, 42f – Mitgehörtes Telefonat; BGH GRUR 1994, 394, 395 – Jahresabschluss; BGHZ 98, 94 – BMW; BGHZ 81, 75 – Carrera; BGHZ 78, 22, 29 – Medizin-Syndikat IV; BGHZ 78, 24, 25f – Medizin-Syndikat I; BGH NJW 1975, 1882, 1884 – Geist von Oberzell; KG NJW 2000, 2210 – Versteckte Kamera; OLG Köln NJW-RR 1997, 786, 787f – Blut und Sperma; OLG Köln NJW 1992, 2641 – Schtonk; OLG Frankfurt GRUR 1987, 62 – Missmanagement; *Palandt/Sprau* § 823 Rn 92; *Prinz/Peters*

sätzlichen Anerkennung von Unternehmenspersönlichkeitsrechten sind aber noch viele Einzelfragen in Bezug auf Umfang, Ausgestaltung einzelner Schutzgüter, Anwendbarkeit und Abgrenzung ungeklärt.

88 **aa) Persönlichkeitsschutz versus Funktionsschutz.** Das **BVerfG** hat zu der Frage nach der Anwendbarkeit des allgemeinen Persönlichkeitsrechts auf Unternehmen (noch) nicht umfassend und abschließend Stellung genommen. In einer ersten Entscheidung, die diese Frage berührte, hat es lediglich die Überlegung in den Raum gestellt, ob das allgemeine Persönlichkeitsrecht seinem Wesen nach (Art. 19 Abs. 3 GG) auf juristische Personen anwendbar sei oder ob sein enger Bezug zur Menschenwürde dem entgegenstehe.[366] Den konkreten Fall hat es dann unter Berufung auf die durch Art. 2 Abs. 1 GG geschützte allgemeine Handlungsfreiheit beurteilt, welche das Recht auf freie Entfaltung der wirtschaftlichen Betätigung des Unternehmens umfasse.[367] Ähnliche Überlegungen lagen einer zweiten Entscheidung zugrunde, in der das BVerfG das Recht am gesprochenen Wort als Teilaspekt des allgemeinen Persönlichkeitsrechts für auf Unternehmen anwendbar erklärt hat.[368] In dem Urteil heißt es, gemäß Art. 19 Abs. 3 GG komme es entscheidend darauf an, ob ein Grundrecht auch korporativ betätigt werden könne. Dann sei unerheblich, ob das Grundrecht seinem Ursprung nach ein personales Individualrecht gewährleiste, welches seine Grundlage in der Menschenwürde habe. Dies gelte (neben der Unverletzlichkeit der Wohnung und dem Fernmeldegeheimnis) auch für das Recht am gesprochenen Wort, welches auf juristische Personen angewendet werden könne, da der Schutz dieses Rechts nicht von einem besonderen personalen Kommunikationsinhalt abhänge. Vielmehr solle durch das Recht am gesprochenen Wort ein eigenbestimmtes und situationsangemessenes Verhalten in der Kommunikation gesichert werden. Dies betreffe in gleichem Maße juristische Personen, die durch natürliche Personen kommunizierten. Seine verfassungsrechtliche Grundlage finde dieser Schutz allein in Art. 2 Abs. 1 GG.[369] Weiterhin offen gelassen hat das BVerfG indes, ob das allgemeine Persönlichkeitsrecht eines Unternehmens über das Recht am Wort hinaus auch für das Recht am Bild anzuerkennen ist, und was ein dem Bildnis einer natürlichen Person vergleichbares Bildnis einer juristischen Person sein könnte. Das Recht einer juristischen Person am Bild könne aber keinesfalls weiter reichen als das Recht am eigenen Bild natürlicher Personen. Eher werde der Schutz schwächer ausfallen, zumal Unternehmen die Berufung auf Art. 1 Abs. 1 GG verschlossen bleibe. Selbst bei unterstellter Existenz eines Rechts am Bild des Unternehmens fielen Aufnahmen von der Betriebsstätte oder von Arbeitsvorgängen – im konkreten Fall die Durchführung von Tierversuchen – nicht darunter.[370]

89 Der **BGH** hat sich mit der Problematik, ob die Menschenwürde als Teilaspekt des allgemeinen Persönlichkeitsrechts der Annahme eines Unternehmenspersönlichkeitsrechts entgegensteht, nicht weiter auseinandergesetzt. In den Entscheidungen, die sich mit dem Persönlichkeitsrecht von Unternehmen beschäftigen, hat er vielmehr die Frage nach dessen Existenz ohne größeren Begründungsaufwand bejaht. Dabei hat er regelmäßig auf Art. 19 Abs. 3 GG verwiesen, nach dem die Grundrechte auch für inländische juristische Personen gelten, soweit sie ihrem Wesen nach auf diese anwendbar sind. Daraus folge, dass Unternehmen eine Verletzung ihres allgemeinen Persönlichkeitsrechts geltend machen könnten, wenn und soweit sie nach ihrem Wesen als Zweckschöpfung des Rechts und ihren zugewiesenen Funktionen dieses Rechtsschutzes bedürften. Dies sei insbesondere der Fall, wenn sie in ihrem sozialen Geltungsbereich als Wirtschaftsunternehmen oder Arbeitgeber

Rn 139 ff; *Wenzel* 5. Kap. Rn 125 ff; *Soehring* Rn 13.13 ff; *Quante* S. 140 ff; *Hubmann* S. 333; *Peifer* S. 506 f; *Brauer* S. 40; *Born* AfP 2005, 110, 112.

[366] BVerfG NJW 1994, 1784 – Jahresabschluss.

[367] BVerfG NJW 1994, 1784 – Jahresabschluss.

[368] BVerfGE 106, 28, 42 f – Mitgehörtes Telefonat.

[369] BVerfGE 106, 28, 42 f – Mitgehörtes Telefonat; *Wronka* S. 140, der auch das Recht am geschriebenen Wort anerkennen möchte.

[370] BVerfG NJW 2005, 883 f.

betroffen seien.[371] Damit hat der BGH klargestellt, dass das Persönlichkeitsrecht von Unternehmen existiert, aber gegenüber dem allgemeinen Persönlichkeitsrecht natürlicher Personen nur in begrenztem Umfang anzuerkennen ist und sich auf einen **Funktionsschutz** beschränkt.[372] Unter Berücksichtigung der organisationsspezifischen Interessen, die das Funktionieren eines Unternehmens ermöglichen oder bei Beeinträchtigung behindern, muss nach dem BGH für jeden einzelnen Fall entschieden werden, ob das Unternehmen nach dem Inhalt des jeweiligen Persönlichkeitsrechts ein solches zu seinem Funktionieren benötigt. Dieses Recht wird dann über § 823 Abs. 1 BGB als „sonstiges Recht“ gegen Beeinträchtigungen geschützt.

Die **Literatur** hat sich bislang eher zurückhaltend mit dem Unternehmenspersönlich- 90
keitsrecht in seiner zivilrechtlichen Bedeutung auseinander gesetzt. Der Meinungsstand ist unübersichtlich und kontrovers, die Ergebnisse aber häufig nicht weit voneinander entfernt. Ein Teil der Lehre verweist auf die Problematik der **Menschenwürde** und lehnt im Hinblick auf den Zusammenhang zwischen Menschenwürde und allgemeinem Persönlichkeitsrechts natürlicher Personen (Art. 2 Abs. 1 iVm Art. 1 Abs. 1 GG) ein Unternehmenspersönlichkeitsrecht ab.[373] Andere sehen den sozialen Geltungsanspruch eines Unternehmens als Gegenstück zur Menschenwürde und bejahen damit ein Unternehmenspersönlichkeitsrecht.[374] Ein weiterer Teil der Lehre konzentriert sich auf die Frage nach dem **Wesen der juristischen Person,** was zur Anerkennung eines Unternehmenspersönlichkeitsrechts führt.[375] Wieder eine andere Meinung möchte aus dem **„Geist der Gründer“,** also aus den hinter den Unternehmen stehenden Menschen, auf die Existenz eines Unternehmenspersönlichkeitsrechts schließen; denn Unternehmen würden „zu Trägern personaler Werte, weil sie Personen zusammenfassen und durch deren Streben, deren Fähigkeiten und deren Willen geprägt und getragen werden“.[376] Schließlich wird darauf verwiesen, dass wegen des anerkannten **Rechts am Unternehmen**[377] eine weitere Generalklausel zum Schutz von Unternehmen nicht erforderlich sei.[378] Auch wenn die Debatte ein breites Meinungsspektrum umfasst, herrscht letztlich doch Einigkeit darüber, dass ein Schutz berechtigter Interessen der Unternehmen gewährleistet werden muss;[379] offen ist lediglich, ob es bei der Gewährleistung einzelner persönlichkeitsrechtlicher Positionen bleiben soll und wie diese Einzelpositionen zu schützen sind, oder ob Personengesamtheiten ebenfalls ein generalklauselartiges allgemeines (Unternehmens-)Persönlichkeitsrecht zugesprochen werden muss.

Im Ergebnis ist mit dem BGH und einem Großteil der Lehre ein **allgemeines** 91
Persönlichkeitsrecht von Unternehmen anzuerkennen. Das BVerfG hat in seinem Beschluss aus dem Jahr 2002 zwar erklärt, dass es keinen Anlass habe, abschließend zu dem Problem Stellung zu nehmen; es hat jedoch die entscheidenden Fragen – Menschenwürde, Wesen der juristischen Person, „Geist der Gründer“ – bei der von ihm anerkannten Anwendung des Rechts am gesprochenen Wort auf juristische Personen im

[371] BGH GRUR 1994, 394, 395 – Jahresabschluss; BGH AfP 2005, 360, 362 – Angedrohter Pressebericht; BGHZ 98, 94, 98 – BMW; BGHZ 81, 75, 77 – Carrera; BGHZ 78, 22 – Medizin-Syndikat IV; BGHZ 78, 24, 25 f – Medizin-Syndikat I; BGH NJW 1975, 1882, 1884 – Geist von Oberzell; KG AfP 2006, 75; KG NJW 2000, 2210 – Versteckte Kamera; OLG Köln NJW-RR 1997, 786, 787 f – Blut und Sperma; OLG Köln NJW 1992, 2641 – Schtonk; OLG Frankfurt GRUR 1987, 62 – Missmanagement; LG Münster ZUM-RD 2004, 262, 264 – Tierversuche.

[372] BGH GRUR 1994, 394, 395 – Jahresabschluss; BGHZ 98, 94, 98 – BMW; BGH NJW 1975, 1882, 1884 – Geist von Oberzell; BGHZ 81, 75, 77 – Carrera; so bereits *Schwerdtner* S. 119 f; *Schwerdtner* Karlsruher Forum 1996 – Schutz der Persönlichkeit S. 33; *Hubmann* S. 334; *Peifer* S. 502 ff; s. auch OLG München NJW-RR 2002, 186, 186.

[373] *Leßmann* AcP 170 (1970), 266, 268 ff; s. auch *Brauer* S. 40.

[374] *Wronka* S. 104 f.

[375] *Klippel* JZ 1988, 625, 629 f; *Gierke* S. 10, 12.

[376] *Hubmann* S. 333 ff.

[377] Zum Recht am Unternehmen → Rn 108 ff.

[378] *Quante* S. 128 ff; *Ahrens* S. 247; *Peifer* S. 529.

[379] *Kraft* S. 201 ff; s. auch *Klippel* JZ 1988, 625, 626 f; *Schwerdtner* S. 122; *Kau* S. 61 ff.

Sinne der Befürworter eines allgemeinen Unternehmenspersönlichkeitsrechts entschieden.[380]

92 **bb) Träger des Unternehmenspersönlichkeitsrechts.** Die Übertragung der Grundsätze des allgemeinen Persönlichkeitsrechts natürlicher Personen auf **juristische Personen** folgt – wie erläutert – aus Art. 19 Abs. 3 GG und gilt damit zunächst im Wesentlichen für die GmbH,[381] die AG[382] und für eingetragene Vereine.[383] Die Rechtsprechung erstreckt den Schutz jedoch darüber hinaus auf **teilrechtsfähige Organisationseinheiten** wie Personengesellschaften des Handelsrechts, also die OHG und die KG,[384] sowie auf nichtrechtsfähige Vereine[385] wie Gewerkschaften[386] und politische Parteien.[387] Aber auch nicht eingetragene Vereine sollen Träger des Unternehmenspersönlichkeitsrechts sein.[388] Eine Ausweitung der Anwendbarkeit auf **Gesamthandsgemeinschaften** wie etwa die eheliche Gütergemeinschaft ist demgegenüber abzulehnen, da mangels eines schützenswerten organisatorischen Substrats der Persönlichkeitsschutz der betroffenen natürlichen Personen die entsprechenden Aufgaben erfüllt.[389]

93 **cc) Schutzgüter des Unternehmenspersönlichkeitsrechts.** Ausprägungen des allgemeinen Persönlichkeitsrechts, die gerade auf der Körperlichkeit der natürlichen Person oder ihrem Menschsein beruhen – wie etwa Menschenwürde, Leben, Körper, Gesundheit, Freiheit –, können naturgemäß einer Personengesamtheit nicht zukommen.[390] Auch das Recht am eigenen Bild steht in erster Linie natürlichen Personen zu; ob und inwieweit juristische Personen **Bildnisschutz** genießen, hat das BVerfG offen gelassen.[391] Umgekehrt werden andere Ausprägungen wie etwa der **Namensschutz** über § 12 BGB nach allgemeiner Meinung auch auf Personenmehrheiten angewendet[392] und durch spezielle Rechte – wie den Firmenschutz gemäß §§ 17ff HGB oder den Schutz der Marke gemäß §§ 5, 15 MarkenG – ergänzt.[393] Auch können Unternehmen eine **„Privatsphäre"** besitzen, die beispielsweise verletzt ist, wenn gegen den Willen einer GmbH mittels eines Teleobjektivs erstellte Fotos von den Teilnehmern der Feier in einem Autohaus, bei der unter anderem Egon Krenz und weitere „DDR-Größen" zugegen waren, veröffentlicht werden.[394] Eine Analyse der Rechtsprechung zum Unternehmenspersönlichkeitsrecht zeigt, dass neben dem vom BVerfG anerkannten Recht am gesprochenen Wort insbesondere zwei Schutzgüter, nämlich der Schutz der Ehre und des Verfügungsrechts über die Darstellung des Unternehmens, Gegenstand höchstrichterlicher Entscheidungen waren:

94 Ein Unternehmen genießt also zunächst **Ehrenschutz.** Ein Ehrenschutz zugunsten von Personenmehrheiten wurde von der früheren Rechtsprechung abgelehnt;[395] später wurde im Strafrecht aber zunehmend angenommen, dass ein strafrechtlicher Ehrenschutz auch

---

[380] BVerfGE 106, 28, 42f – Mitgehörtes Telefonat.

[381] BGH NJW 1951, 1412.

[382] BGHZ 98, 94 – BMW; OLG Stuttgart NJW 1976, 628 – Siemens-Festschrift; BGH NJW 1975, 1882 – Geist von Oberzell.

[383] BGH NJW 1974, 1762 – Deutschlandstiftung; OLG Stuttgart NJW-RR 1993, 733 – Scientology Church; OLG München NJW-RR 1997, 724, 724f – Tabaklobby.

[384] BGHZ 81, 75 – Carrera; BGHZ 78, 24, 25ff – Medizin-Syndikat I; BGHZ 78, 22 – Medizin Syndikat IV.

[385] BGH GRUR 1971, 591 – Sabotage.

[386] BGH GRUR 1971, 591 – Sabotage.

[387] OLG München AfP 1976, 130; OLG Köln NJW 1987, 1415 – Völkermord in Afghanistan; OLG München NJW 1996, 2515 – Feuer in die Herzen; *Löffler/Ricker* 42. Kap. Rn 4.

[388] BGH GRUR 1971, 591 – Sabotage; KG MDR 2003, 1197.

[389] *Klippel* JZ 1988, 625, 634.

[390] *Schwerdtner* S. 119; *Schwerdtner* Karlsruher Forum 1996 – Schutz der Persönlichkeit S. 33; *Leßmann* S. 273f; *Hubmann* S. 335; *Klippel* JZ 1988, 625, 630; s. auch *Peifer* S. 508f.

[391] BVerfG NJW 2005, 883f, dazu bereits → Rn 88. S. auch *Leßmann* S. 284. Zum Recht am eigenen Bild → Rn 152ff; s. auch *Prinz/Peters* Rn 781ff.

[392] *Palandt/Heinrichs* BGB § 12 Rn 9; *Klippel* JZ 1988, 625, 630; *Brauer* S. 42ff; *Wronka* S. 124ff.

[393] *Peifer* S. 509ff.

[394] LG Berlin ZUM 2004, 578, 579f; *Prinz/Peters* Rn 139.

[395] RGZ 95, 339, 341.

dem Kollektiv zustehe.[396] Nunmehr ist anerkannt, dass es auch einen zivilrechtlichen Ehrenschutz gibt, soweit der soziale Geltungswert eines Unternehmens betroffen ist.[397] Dieser soziale Geltungswert umfasst den guten Ruf, das äußere Ansehen und den Kredit eines Unternehmens und unterscheidet sich damit von der persönlichen Ehre natürlicher Personen, die insbesondere auf den Schutz des inneren Selbstwertgefühls abzielt.[398] Gleichzeitig ist der Ehrenschutz für Personenmehrheiten enger als für natürliche Personen, da sich Unternehmen auf dem Markt unter Wettbewerbsbedingungen bewegen und daher von ihnen eine höhere Toleranzgrenze gegenüber kritischen Äußerungen erwartet wird.[399]

In der **„Geist von Oberzell"**-Entscheidung hat der BGH der Unterlassungsklage einer Aktiengesellschaft gegen die geplante Aufführung eines Theaterstückes stattgegeben, da die Aufführung den geschützten Persönlichkeitsbereich der AG verletze. In dem Schauspiel wurde ein Vorstandsmitglied der AG als „alter Fettkopf" und „reaktionärer Ausbeuterfeind" und der Betriebsratsvorsitzende als „roter Steigbügelhalter" des Vorstandsvorsitzenden bezeichnet. Daneben wurde behauptet, die AG verherrliche die Rassendiskriminierung, habe die Machtergreifung Hitlers unterstützt und Kriegsgewinne gezogen. Der BGH führte zur Begründung aus, der geschützte Persönlichkeitsbereich sei betroffen, wenn ein Unternehmen und seine Betriebsangehörigen unter Verwendung ihrer realen Existenz und Tätigkeit zu Objekten einer herabwürdigenden Kritik gemacht würden, die ihre Bezugspunkte nicht in den konkreten Verhältnissen habe.[400] In der Begründung ist eine deutliche Parallele zu den Grundsätzen der Schmähkritik nicht zu übersehen.[401] Außerdem wird deutlich, dass auch Äußerungen, die sich nicht direkt gegen das Unternehmen, sondern gegen dessen Mitarbeiter richten, die Ehre des Unternehmens verletzen können. 95

In der Sache **„Medizin-Syndikat"** nahm ein pharmazeutisches Unternehmen – eine Kommanditgesellschaft – den Autor des gleichnamigen Buchs wegen Äußerungen über das Unternehmen selbst, einen früheren persönlich haftenden Gesellschafter und den früheren Leiter des biologischen Instituts in Anspruch. Dem pharmazeutischen Unternehmen wurde in dem Buch vorgeworfen, durch seine Tätigkeit im Bereich der Sterilisationsforschung den rassepolitischen Vernichtungsplänen der nationalsozialistischen Gewalthaber den Weg bereitet und diese bewusst und gewollt unterstützt zu haben. Der BGH stellte fest, dass auch die KG als Personengesellschaft des Handelsrechts zivilrechtlichen Ehrenschutz genieße, wenn und soweit ihr sozialer Geltungsanspruch in ihrem Aufgabenbereich betroffen sei.[402] Er führte weiter aus, dass das Ansehen eines Unternehmens in der Öffentlichkeit auch durch solche rufschädigenden Aussagen betroffen sein könne, die sich gegen Gesellschafter und Betriebsangehörige des Unternehmens richteten, wenn das kritisierte Verhalten mit der Unternehmenstätigkeit in enger Verbindung stehe und damit die Gesellschaft selbst unmittelbar treffe. Dem Unternehmen stehe dann Ehrenschutz aus eigenem Recht zu, der jedoch auf das Erscheinungs- und Wirkungsfeld des gesellschaftlichen Interessenverbunds beschränkt sei.[403] 96

Ehrenschutz gewährte der BGH gleichfalls der **Scientology-Kirche,** die sich gegen einen vom Bundeskriminalamt verfassten Bericht und dessen Weitergabe an verschiedene Institutionen wandte, da dieser Bericht ehrverletzenden Charakter habe.[404] Das OLG Köln urteilte in der **„Schtonk"**-Entscheidung, ein Unternehmen werde in seinem Ansehen geschädigt und in Misskredit gebracht, wenn sein Name unberechtigterweise mit einem Skandal in Verbindung gebracht werde und der Zuschauer den Skandal auf das Unternehmen be- 97

[396] BGHSt 6, 186, 191; RGSt 70, 140.
[397] BGH AfP 2006, 150, 160 – Kirch/Breuer; *Leßmann* AcP 170 (1970) 266, 289; *Peifer* S. 514; *Wronka* S. 129ff.
[398] *Peifer* S. 515.
[399] BGHZ 98, 94, 98f – BMW; *Quante* S. 47.
[400] BGH NJW 1975, 1882, 1884 – Geist von Oberzell.
[401] Zur Schmähkritik bei natürlichen Personen → Rn 76.
[402] BGHZ 78, 24, 25f – Medizin-Syndikat I; BGHZ 78, 22 – Medizin-Syndikat IV.
[403] BGHZ 78, 24, 25f – Medizin-Syndikat I; BGHZ 78, 22 – Medizin-Syndikat IV.
[404] BGHZ 78, 274, 276ff – Scientology Kirche.

ziehe.[405] In einer weiteren Entscheidung des OLG Köln (**„Wirtschaftswoche"**) heißt es, der soziale Geltungsanspruch, die geschäftliche Reputation sowie die Geschäftsehre eines Presseunternehmens seien betroffen, wenn es bezichtigt werde, von einem Anzeigenkunden dominiert zu werden, also aus wirtschaftlichen Erwägungen die redaktionelle Berichterstattung zu verzerren.[406] Das OLG Frankfurt gewährte einem Unternehmen Persönlichkeitsrechtsschutz gegenüber einer Äußerung, in der das Unternehmen pauschal und unter Einbeziehung der neuen Unternehmensleitung mit dem Begriff und Vorwurf des **Missmanagements** identifiziert wurde.[407]

98 Ohne Erfolg dagegen wandte sich die Lufthansa AG gegen einen Aufkleber mit dem Aufdruck **„Lusthansa"** und ihrem veränderten Firmenemblem, zwei stilisierten Kranichen. Das OLG Frankfurt war der Ansicht, dass der gute Ruf eines Unternehmens zwar grundsätzlich Schutz genieße, lehnte eine Verletzung des Persönlichkeitsrechts im konkreten Fall jedoch ab, da die angegriffene „Verballhornung" des Namens keine geschäfts- und betriebsbezogene Herabsetzung des Unternehmens sei.[408] Ebenso ohne Erfolg blieb das Begehren des Zigarettenherstellers Marlboro, der sich gegen die Verbreitung eines Nichtraucher-Kalenders wandte, in dem mit der Überschrift **Mordoro**-Poker eine Werbekampagne von Marlboro verballhornt wurde. Das Gericht entschied, die Beeinträchtigungen des Zigarettenherstellers seien durch Art. 5 Abs. 1 GG gerechtfertigt.[409] Ähnliche Überlegungen lagen dem **„Blut und Sperma"**-Fall zugrunde, in dem ein privater Fernsehsender Ansprüche gegen einen polemischen Artikel über Form und Inhalt seiner Nachrichtensendungen geltend machte. Das Gericht stellte fest, dass der Sender in seinem Persönlichkeitsrecht unmittelbar betroffen sei, im konkreten Fall die Meinungsäußerung des Autors jedoch als gewichtiger zu bewerten sei.[410]

99 Personenmehrheiten steht darüber hinaus ein **Verfügungsrecht über die Darstellung des Unternehmens** in der Öffentlichkeit zu. Dieses Verfügungsrecht ist regelmäßig dann verletzt, wenn Identifikationsaspekte eines Unternehmens, also insbesondere sein Name und seine Kennzeichen, kommerziell zu Werbezwecken verwendet oder auf andere Art im geschäftlichen Verkehr ausgenutzt werden.

100 In dieser Hinsicht charakteristisch ist das **„Carrera"**-Urteil des BGH. Ein Werbeunternehmen nahm mit eigenen Rennwagen, auf denen sich Werbeflächen befanden, an Autorennen teil. Das Unternehmen wandte sich gegen einen Spielzeughersteller, der ein Photo eines solchen Rennwagens zu Werbezwecken verwendete, indem er auf der Werbefläche den eigenen Firmennamen einsetzte. Der BGH führte aus, zu den persönlichkeitsrechtlichen Befugnissen gehöre bei Unternehmen, die mit ihrem Namen oder mit Firmenbestandteilen werbend an die Öffentlichkeit treten, auch die Befugnis, selber über Art und Umfang des Gebrauchs des Namens oder Firmenbestandteils durch andere zu entscheiden. Diese Befugnis sei Teil des nur dem Namensträger selbst zustehenden Rechts auf geistige und wirtschaftliche Selbstbestimmung und auf freie Entfaltung der Persönlichkeit. Eine darüber hinaus gehende Minderung von Ruf und Ansehen sei nicht erforderlich.[411] Damit hat der BGH klargestellt, dass sich die Anwendbarkeit des allgemeinen Persönlichkeitsrechts auf Unternehmen nicht auf den Ehrenschutz beschränkt.

---

[405] OLG Köln NJW 1992, 2641 – Schtonk.

[406] OLG Köln AfP 2001, 332, 334 – Wirtschaftswoche; s. auch OLG München NJW-RR 1997, 724, 724 f – Tabaklobby.

[407] OLG Frankfurt GRUR 1987, 62 f – Mismanagement; s. auch BGH GRUR 1971, 591 – Sabotage.

[408] OLG Frankfurt NJW 1982, 648 – Lusthansa.

[409] BGH NJW 1984, 1956, 1957 – Mordoro.

[410] OLG Köln NJW-RR 1997, 786, 787 f – Blut und Sperma.

[411] BGHZ 81, 75, 77 ff – Carrera. Dagegen verstößt nach dem OLG Stuttgart (NJW-RR 1993, 1265) die Verwendung des Namens einer Verbraucherschutzvereinigung für die Werbung eines Partnervermittlungsinstituts nicht gegen das Persönlichkeitsrecht der Verbrauchervereinigung, da diese durch ihre beratende und warnende Funktion aktiv am Marktgeschehen und Wettbewerb teilnehme und daher hinzunehmen habe, dass sich die Öffentlichkeit – auch durch Werbung – mit ihr auseinandersetze.

Keinen Schutz gewährte der BGH jedoch in dem berühmten **„BMW"**-Urteil. Das Autounternehmen wandte sich gegen den Hersteller eines Scherzaufklebers, der neben dem Firmensymbol von BMW den Zusatz „Bumms Mal Wieder" enthielt. Der BGH erklärte, das Autounternehmen werde zwar in seinem Recht auf wirtschaftliche Selbstbestimmung geschützt. Dieses Recht könne es jedoch nicht gegen jedes ihn tangierende Marktverhalten Dritter, sondern nur dann in Anspruch nehmen, wenn ihm der geschützte Bereich wirtschaftlicher Entfaltung wirklich streitig gemacht werde.[412] Dies verneinte der BGH, da die Verzerrung des Namens ein auch für den Käufer erkennbarer Scherz sei und für das Unternehmen weder wirtschaftliche Nachteile noch eine Beeinträchtigung der unternehmerischen Selbstbestimmung mit sich bringe.[413] 101

Das Unternehmenspersönlichkeitsrecht in der Ausprägung des Rechts auf unternehmerische Selbstbestimmung ist aber beispielsweise verletzt, wenn der Name eines Finanzdienstleistungsunternehmens auf der Homepage einer auf die Vertretung von geschädigten Kapitalanlegern spezialisierten Anwaltskanzlei in einer **„Gegner-Liste"** auftaucht. Die dort genannten Gegner der eigenen Mandantschaft werden auf diese Weise mit einem Makel des Unlauteren belegt und ihr Name zu Werbezwecken ausgenutzt.[414] 102

In dem **„Jahresabschluss"**-Fall, der zu der eingangs erwähnten Entscheidung des BVerfG führte,[415] verwendete ein Wissenschaftler in einer Seminarveranstaltung für Banker, Wirtschaftsprüfer und Steuerberater den (nicht anonymisierten) Jahresabschluss eines Unternehmens als Fallstudie und beurteilte gegenüber den Seminarteilnehmern die finanzielle Situation des Unternehmens als kritisch. Der BGH meinte, Personenmehrheiten könnten sich nur begrenzt auf den Schutz des allgemeinen Persönlichkeitsrechts berufen; dieser begrenzte Schutzbereich sei im konkreten Fall aber betroffen, da die finanzielle Situation des Unternehmens umfassend dargestellt und durchleuchtet worden und gegenüber einem fachkundigen Empfängerkreis gezielt vorgeführt worden sei. Dass der Jahresabschluss zuvor im Bundesanzeiger veröffentlicht wurde, hielt der BGH für unerheblich.[416] Das BVerfG erklärte, es sei letztlich nicht entscheidungserheblich, ob sich das Unternehmen auf das allgemeine Persönlichkeitsrecht aus Art. 2 Abs. 1 iVm Art. 1 Abs. 1 GG berufen könne, da der im konkreten Fall betroffene soziale Geltungsanspruch des Unternehmens durch das von Art. 2 Abs. 1 GG umfasste Recht auf freie Entfaltung im Sinne der wirtschaftlichen Betätigung geschützt sei.[417] 103

Neben den bereits erwähnten Schutzgütern (Recht am gesprochenen Wort, Ehrenschutz und Verfügungsrecht über die Darstellung des Unternehmens) werden Personenmehrheiten aber auch weitere Aspekte des allgemeinen Persönlichkeitsrechts beanspruchen können. So müssen Unternehmen genauso wie natürliche Personen davor geschützt werden, dass ihnen **nicht getane Äußerungen** untergeschoben werden;[418] denn sie werden durch derartige Behauptungen gleichermaßen in ihrem sozialen Geltungsanspruch beeinträchtigt. Es wird sich dabei in erster Linie um vermeintliche Äußerungen etwa durch den Pressesprecher, einen Gesellschafter oder Vorstandsvorsitzenden handeln, die allesamt dem Unternehmen zugerechnet werden, wenn sich die jeweilige Person in ihrer Funktion im Unternehmen äußert. Vergleichbaren Schutz gewährte das OLG Köln einer politischen Partei, von der wahrheitswidrig behauptet wurde, sie habe zu einem Punkt geschwiegen, in dem Reden in bestimmter Weise von ihr zu erwarten gewesen wäre.[419] In Anlehnung an die natürlichen 104

[412] BGHZ 98, 94, 98 – BMW.
[413] BGHZ 98, 94, 98 f – BMW.
[414] KG AfP 2006, 75, 76.
[415] BVerfG NJW 1994, 1784 – Jahresabschluss.
[416] BGH GRUR 1994, 394, 395 – Jahresabschluss. Die Entscheidung hat in der Literatur Kritik hervorgerufen (*Peifer* S. 521 f; *Schwerdtner* Karlsruher Forum 1996 – Schutz der Persönlichkeit S. 33); dem BGH wurde vorgeworfen, faktisch die handelsrechtliche Unternehmenspublizität ausgehöhlt und den Persönlichkeitsschutz zu weit gefasst zu haben.
[417] BVerfG NJW 1994, 1784 – Jahresabschluss.
[418] So auch *Klippel* JZ 1988, 625, 632.
[419] OLG Köln NJW 1987, 1415, 1416 – Völkermord in Afghanistan.

Personen zustehende Geheimsphäre können Personenmehrheiten auch eine Verletzung ihrer **Geschäfts- und Betriebsgeheimnisse** geltend machen. Noch nicht abschließend geklärt ist allerdings, ob diese unternehmerische Geheimsphäre über das Unternehmenspersönlichkeitsrecht oder das Recht am Unternehmen geschützt wird.[420]

105 **dd) Abgrenzung[421] zum Recht am Unternehmen.** Eine explizite **Abgrenzung** zwischen dem Recht am Unternehmen und dem Unternehmenspersönlichkeitsrecht gibt es in der Rechtsprechung nicht. Beide Rechte decken sich insofern, als beide den Schutz der wirtschaftlichen Betätigung im Sinne eines Funktionsschutzes bezwecken, die Gewährleistung dieses Schutzes anhand von einzelnen Schutzgütern ausgestaltet ist und eine Verletzung nur anhand einer umfassenden Interessen- und Güterabwägung festgestellt werden kann. Ein entscheidender Unterschied liegt jedoch in dem größeren Schutzumfang, den das Unternehmenspersönlichkeitsrecht gewährt. So werden zum einen durch das Recht am Unternehmen lediglich Gewerbebetriebe bzw. Gewerbetreibende geschützt, während das Unternehmenspersönlichkeitsrecht auch von anderen Verbänden – wie etwa religiösen Organisationen[422] und Vereinen[423] – geltend gemacht werden kann. Zum anderen existieren für das Unternehmenspersönlichkeitsrecht keine haftungsbegrenzenden Voraussetzungen wie das Merkmal der Unmittelbarkeit beim Recht am Unternehmen.[424]

106 Entscheidend für die Abgrenzung ist im Ergebnis zunächst das **Rangverhältnis** der beiden Generalklauseln. Der BGH prüft vorrangig das allgemeine Unternehmenspersönlichkeitsrecht. Erst bei dessen Ablehnung wird ein Rückgriff auf das Recht am Unternehmen möglich.[425] Dies zeigen die Entscheidungen „Geist von Oberzell" und „Jahresabschluss". Während die Berufungsgerichte eine Verletzung des Rechts am Unternehmen geprüft haben,[426] ging der BGH neben der Prüfung spezialgesetzlicher Vorschriften ausschließlich auf das Persönlichkeitsrecht von Unternehmen ein.[427] Noch deutlicher wird die **Subsidiarität des Rechts am Unternehmen** in dem BMW-Urteil, in dem der BGH zunächst ausführlich eine Verletzung des Unternehmenspersönlichkeitsrechts prüft und erst im Anschluss – nachdem eine solche Verletzung abgelehnt wurde – noch einige wenige Sätze zum Recht am Unternehmen verliert.[428]

107 Im Ergebnis bedeutet dies für die Praxis, dass zunächst festgestellt werden muss, ob ein Schutzgut des allgemeinen Unternehmenspersönlichkeitsrechts betroffen und auch tatsächlich verletzt ist. Dabei ist zu berücksichtigen, dass der Kreis der Schutzgüter nicht abschließend ist, sondern stetig fortentwickelt und ausgeweitet werden kann. Infolge der Vorrangigkeit des Unternehmenspersönlichkeitsrechts und seines größeren Schutzumfangs gegenüber dem Recht am Unternehmen wird in Zukunft die Konkretisierung der einzelnen Schutzgüter und ihres Umfangs größere Bedeutung erlangen. Nicht auszuschließen ist, dass sogar einzelne für das Recht am Unternehmen entwickelte Fallgruppen in den Anwendungsbereich des Unternehmenspersönlichkeitsrechts gezogen werden, um eine einheitliche Bewertungsgrundlage zu schaffen.[429] Dies gilt etwa für diffamierende Kritik oder Markenverunglimpfungen, die ausschließlich unter dem Gesichtspunkt des Unternehmenspersönlichkeitsrechts behandelt werden könnten.

---

420 Die Rechtsprechung wendet das Recht am Unternehmen an: BGHZ 80, 25, 27 ff – Der Aufmacher I; BGHZ 16, 172, 173 – Dücko.

421 Zur weiteren Abgrenzung gegen § 14 Abs. 2 Nr. 3 MarkenG, § 4 Nr. 7, 8 UWG und § 824 BGB *Born* AfP 2005, 110, 112 ff.

422 BGHZ 78, 274 – Scientology-Kirche.

423 BGH NJW 1974, 1762 – Deutschlandstiftung.

424 → Rn 109 ff.

425 BGH GRUR 1994, 394, 395 – Jahresabschluss; BGHZ 98, 94, 99 – BMW; BGH NJW 1975, 1882, 1884 – Geist von Oberzell; aA *Klippel* JZ 1988, 625, 634, der beide Generalklauseln nebeneinander anwenden möchte.

426 S. die Ausführungen des BGH zum Berufungsurteil in NJW 1975, 1882 – Geist von Oberzell.

427 BGH NJW 1975, 1882, 1884 – Geist von Oberzell; BGH GRUR 1994, 394, 395 – Jahresabschluss.

428 BGHZ 98, 94, 99 – BMW.

429 *Soehring* Rn 12, 55, der in Anbetracht des Unternehmenspersönlichkeitsrechts keinen Bedarf für einen Rückgriff auf das Recht am Unternehmen sieht.

c) Das Recht am Unternehmen. Der Schutz des Rechts am Unternehmen – oder auch des Rechts am eingerichteten und ausgeübten Gewerbebetrieb – hat in seiner **Entwicklungsgeschichte** Schwankungen unterlegen. Das Reichsgericht hatte anfänglich nur bei einem Angriff unmittelbar gegen den Bestand des Unternehmens Schutz gewährt.[430] Der BGH war dann in seiner Constanze-Entscheidung dazu übergegangen, auch die einzelnen Ausstrahlungen eines Unternehmens, wie etwa die Beziehungen zu Kunden, vor Eingriffen zu schützen.[431] Diesen Schutz hat er dann in der Höllenfeuer-Entscheidung insofern eingeschränkt, als die Rechtswidrigkeit eines solchen Eingriffs erst auf Grund einer Güter- und Pflichtenabwägung festgestellt werden könne.[432] Das Recht am Unternehmen ist als sonstiges Recht im Sinne des § 823 Abs. 1 BGB anerkannt und soll als **Auffangtatbestand** bestehende Lücken, insbesondere im gewerblichen Rechtsschutz, schließen.[433] Dazu gehören auch Eingriffe durch eine unzulässige Medienberichterstattung. Aufgrund seiner Subsidiarität kommt das Recht am Unternehmen jedoch nur dann zum Tragen, wenn der Eingriff weder in Wettbewerbsabsicht[434] noch durch die Äußerung unwahrer Tatsachen (§ 823 BGB iVm § 186 StGB[435] und § 824 BGB[436]) oder eine Beeinträchtigung des Unternehmenspersönlichkeitsrechts (§ 823 Abs. 1 BGB)[437] erfolgt.[438] 108

aa) Voraussetzungen. Voraussetzung für einen Abwehranspruch ist ein betriebsbezogener und rechtswidriger Eingriff in den Gewerbebetrieb. Dies bedeutet im Einzelnen: 109

Der geschützte **Gewerbebetrieb** ist der eingerichtete und ausgeübte, also der bereits vorhandene und noch betriebene Gewerbebetrieb.[439] Davon ist alles umfasst, was in seiner Gesamtheit den wirtschaftlichen Wert des Betriebs ausmacht, also Bestand, Erscheinungsform, Tätigkeitskreis, Geschäftsverbindungen, Kundenstamm, Organisationsstruktur, betriebsbezogene gespeicherte Daten, Betriebsgeheimnisse, Außenstände etc.[440] Ob auch die freiberufliche Tätigkeit durch das Recht am Unternehmen geschützt ist, wird nach überwiegender Ansicht bejaht,[441] ist jedoch im Ergebnis ohne Belang, da Freiberufler jedenfalls durch das allgemeine Persönlichkeitsrecht geschützt werden.[442] 110

Dieser Gewerbebetrieb muss durch einen **betriebsbezogenen Eingriff** beeinträchtigt sein. Ein betriebsbezogener Eingriff[443] ist eine unmittelbare Beeinträchtigung des Gewerbebetriebs als solcher; d.h. der Eingriff muss sich gegen den betrieblichen Organismus oder die unternehmerische Entscheidungsfreiheit richten und nicht nur gegen vom Betrieb ohne Weiteres ablösbare Rechte oder Rechtsgüter.[444] Eine bloße Belästigung oder sozialübliche 111

---

430 RGZ 58, 24, 30.

431 BGHZ 3, 270, 273 – Constanze I.

432 BGHZ 45, 296, 306f – Höllenfeuer. Zur Entwicklung des Rechts am Unternehmen in der Rechtsprechung s. *Wenzel* 5. Kap. Rn 129ff.

433 BGH NJW 2003, 1040, 1041; *Palandt/Sprau* BGB § 823 Rn 126.

434 BGH AfP 2004, 441, 444; → Rn 10ff.

435 BGH GRUR 1992, 201, 202 – Poller; BGH NJW 1980, 881, 882 – Vermögensverwaltung; zur üblen Nachrede → Rn 109ff.

436 BGH AfP 2006, 150, 158 / 162 – Kirch/Breuer: § 824 BGB enthält nur für die Verbreitung unwahrer Tatsachen eine abschließende Haftungsregelung, nicht aber bei wahren Tatsachen oder Werturteilen; die Subsidiarität des Rechts am Unternehmen gilt außerdem nur für Forderungen gegen denselben Anspruchsgegner. BGHZ 138, 311, 315 – Appartementanlage; BGH GRUR 1989, 539 – Warentest V; zur Kreditgefährdung → Rn 129ff.

437 BGHZ 98, 94, 97ff – BMW; zum Unternehmenspersönlichkeitsrecht → Rn 87ff; zur Abgrenzung zwischen dem Recht am Unternehmen und dem Unternehmenspersönlichkeitsrecht → Rn 105ff.

438 *Prinz/Peters* Rn 191ff; *Soehring* Rn 12.54.

439 *Wenzel* 5. Kap. Rn 140.

440 *Palandt/Sprau* BGB § 823 Rn 127; *Prinz/Peters* Rn 199.

441 OLG Brandenburg NJW 1999, 3339; OLG Hamburg NJW-RR 1999, 1060; OLG München NJW 1977, 1106; *Palandt/Sprau* BGB § 823 Rn 127; *Leisner* NJW 1974, 478, 479; aA OLG Karlsruhe NJW 1963, 2374; zweifelnd OLG Frankfurt NJW 1971, 1900, 1901.

442 *Prinz/Peters* Rn 199; *Wenzel* 5. Kap. Rn 141.

443 Früher verwandte die Rechtsprechung den Begriff des unmittelbaren Eingriffs, BGH NJW 1963, 484 – Maris.

444 BGH NJW 2003, 1040.

Behinderung reichen nicht aus.[445] Es ist also nicht jede negative oder kritische Behauptung als Eingriff zu werten. Einen betriebsbezogenen Eingriff hat der BGH etwa in der ungerechtfertigten Verbreitung eines unbegründeten Insolvenzantrags gesehen;[446] auch die herabwürdigende Kritik an einem Restaurant, obwohl der Kritiker nur eine Tasse Cappuccino getrunken hatte, stellt einen Eingriff dar.[447] Kein betriebsbezogener Eingriff liegt dagegen vor bei der günstigeren Beurteilung eines Konkurrenzfabrikats in einem Warentest[448] oder bei dem beispielhaften Vorzeigen des Etiketts eines bestimmten Produktes, welches eines unter vielen verbrauchergefährdenden Erzeugnissen ist.[449] Auch die Kritik an einer ganzen Branche oder einem Produkttyp allgemein bedeutet keinen betriebsbezogenen Eingriff gegenüber einem Unternehmen, welches in der Branche tätig ist oder ein solches Produkt herstellt.[450]

112 Dieser betriebsbezogene Eingriff muss **rechtswidrig** sein. Die Rechtswidrigkeit ist anhand einer umfassenden Güter- und Pflichtenabwägung festzustellen.[451] Bei dieser Abwägung ist auf der einen Seite zu beachten, dass sich der Gewerbetreibende grundsätzlich einer Kritik seiner Leistungen auf dem Markt stellen muss.[452] Ebenfalls ist zu berücksichtigen, ob ein Beitrag zur Meinungsbildung eine die Öffentlichkeit wesentlich berührende Frage betrifft – so bei Fragen der Verbraucheraufklärung durch Berichte über Kreditvermittler.[453] Die Vermutung streitet dann für die Zulässigkeit der freien Rede und der Kritik an Waren und Dienstleistungen.[454] Auf der anderen Seite darf jedoch die Position des Betroffenen nicht aus dem Auge verloren werden. So muss die Äußerung in einem vertretbaren Verhältnis zu dem sachlichen Anliegen und zu den belastenden Auswirkungen für den Betroffenen stehen.[455] Schmähkritik oder eine anderweitige gezielte Herabwürdigung des Unternehmens sind danach jedenfalls unzulässig.[456]

113 **bb) Schutzgüter des Rechts am Unternehmen.** Das Recht am Unternehmen ist eine Generalklausel, die durch Richterrecht auszufüllen und anhand einzelner **Schutzgüter** zu konkretisieren ist. In der Praxis sind insbesondere folgende Schutzgüter von Interesse:

114 Ein Eingriff in den Gewerbebetrieb kann zunächst bei unzulässiger **Produktkritik** vorliegen.[457] Produktkritik kann in den verschiedensten Ausprägungen geäußert werden, wie etwa durch Preisvergleiche, vergleichende Warentests, Leistungsvergleiche oder durch Kritik an einem einzelnen Produkt.

115 Testberichte von **vergleichenden Warentests** haben im Wirtschaftsleben eine große Bedeutung, da sie erheblichen Einfluss auf das Verbraucherverhalten ausüben und damit auch Markt und Wirtschaft beeinflussen. Da sie in erster Linie der Verbraucheraufklärung dienen, handeln Testveranstalter und -verbreiter im Grundsatz nicht in Wettbewerbsabsicht.[458] Das Recht am Unternehmen gemäß § 823 Abs. 1 BGB ist anwendbar, da es sich bei den Testberichten in der Regel um Werturteile im Sinne des Art. 5 Abs. 1 GG handelt.[459] Nur in Einzel-

---

[445] BGH GRUR 1999, 364, 366 – Autovermietung; BGHZ 138, 311, 317 – Appartementanlage; BGH GRUR 1985, 470, 471 – Mietboykott.

[446] BGHZ 36, 18, 20 ff.

[447] OLG München AfP 1993, 760, 761.

[448] BGHZ 65, 325, 328 ff – Warentest II.

[449] BGH NJW 1987, 2746 – Antiseptica.

[450] BGH GRUR 1964, 162, 163 – E-Orgeln; OLG Köln NJW 1985, 1643.

[451] BGHZ 138, 311, 318 ff – Appartementanlage; BGH NJW 1970, 187 – Hormocenta; BGH GRUR 1969, 304, 305 – Kredithaie.

[452] BGH NJW 1966, 2010 – Teppichkehrmaschine; BGHZ 36, 77 – Waffenhandel; *Prinz/Peters* Rn 202; *Wenzel* 5. Kap. Rn 148.

[453] BVerfGE 60, 234, 240 – Kredithaie; BGHZ 65, 325, 332 f – Warentest II.

[454] BVerfGE 42, 163, 166 – Echternach.

[455] BVerfGE 60, 234, 241 – Kredithaie.

[456] OLG Köln NJW-RR 1997, 786, 788 – Blut und Sperma; OLG München AfP 1992, 275, 278.

[457] *Koppe/Zagouras* GRUR 2005, 1011 ff.

[458] LG Düsseldorf WRP 1962, 176, 177 ff; *Prinz/Peters* Rn 209; *Wenzel* 10. Kap. Rn 74; *Soehring* Rn 22.4, 22.9.

[459] BGHZ 45, 296 – Höllenfeuer; BGHZ 65, 325, 328 ff – Warentest II; OLG Frankfurt GRUR 2003, 85, 86; *Prinz/Peters* Rn 210; *Wenzel* 10. Kap. Rn 76; *Soehring* Rn 22.18; *Born* AfP 2005, 110, 115; *Bofinger* NJW 1965, 1834.

fällen enthalten Testberichte Tatsachenbehauptungen, die im Falle ihrer Unwahrheit an § 824 Abs. 1 BGB zu messen sind.[460] Dem Tester wird ein Ermessensspielraum im Hinblick auf die Auswahl der Testobjekte, die angewandte Untersuchungsmethode, die Bewertung der gefundenen Ergebnisse sowie deren Darstellung gewährt.[461] Um jedoch ein betroffenes Unternehmen nicht schutzlos zu stellen, hat der BGH bestimmte Kriterien entwickelt, die ein Warentest zu erfüllen hat. Dies sind Neutralität, Sachkunde und Objektivität.[462] Das Kriterium der **Neutralität** erfordert, dass ein Test neutral durchgeführt wird, also unbeeinflusst von wirtschaftlichen oder sonstigen Interessen, die außerhalb der Testobjekte selbst liegen.[463] Ein Test ist daher unzulässig, wenn lediglich der Anschein von Neutralität vermittelt wird; dagegen ist gegen einen Testbericht nichts einzuwenden, wenn bestehende Bindungen, besondere Bewertungsgesichtspunkte oder dahinter stehende Auftraggeber offengelegt werden.[464] Andernfalls ist der Test unter wettbewerbsrechtlichen Gesichtspunkten zu begutachten.[465] Eine Wettbewerbsabsicht kann jedoch nicht allein deswegen angenommen werden, weil der Tester selbst in der Branche tätig ist,[466] weil die Testzeitung Inserate testbeteiligter Firmen enthält[467] oder der Testveranstalter die Prüfeinrichtungen eines am Test beteiligten Herstellers in Anspruch nimmt.[468] Soweit ein Warentest nicht neutral durchgeführt wurde, ist er nach der Rechtsprechung unzulässig, auch wenn er im Ergebnis inhaltlich zutreffend ist.[469] Die notwendige **Sachkunde** erfordert, dass den aufgestellten Behauptungen und Wertungen die dazu erforderlichen Tatsachenfeststellungen zugrunde liegen.[470] Dies bedeutet zum einen, dass bei der Auswahl der testenden Personen sorgfältig vorgegangen werden muss. Bei technisch komplizierten Geräten ist daher unter Umständen der Einsatz von spezialisiertem Fachpersonal erforderlich. Zum anderen muss Sorgfalt bei der Festlegung und Durchführung des Testverfahrens geübt werden. Abstrakt lässt sich sagen: je unsicherer die Prüfungsmethode ist, desto vorsichtiger sind die Ergebnisse des Testverfahrens zu formulieren.[471] Nach dem BGH ist unter dem Kriterium der **Objektivität** nicht die Richtigkeit der Ergebnisse, sondern allein ein Bemühen um die Richtigkeit zu fordern.[472] Dies bedeutet, dass dem Testveranstalter ein Ermessensspielraum bei der Darstellung der Ergebnisse zukommt.[473] Insofern lassen sich nur offensichtlich unrichtige Ergebnisse mit rechtlichen Mitteln korrigieren. Abwehransprüche bestehen daher beispielsweise nicht, wenn ein Konkurrenzprodukt zu gut bewertet wird[474] oder wenn ein (schlechteres) Konkurrenzprodukt nicht in den Test miteinbezogen und deswegen gar nicht erwähnt wird.[475] Dagegen ist ein Warentest unzulässig, wenn für einen vorgenommenen Vergleich keine Standards und Bemessungsgrundlagen vorhanden sind.[476]

---

460 BGHZ 65, 325, 329 ff – Warentest II; OLG Celle NJW 1964, 1804.
461 *Soehring* Rn 22.19.
462 BGHZ 65, 325, 334 – Warentest II; *Koppe/Zagouras* GRUR 2005, 1011, 1012 f.
463 *Wenzel* 10. Kap. Rn 85.
464 OLG Hamburg NJW 1959, 1784; s. auch BGH GRUR 1968, 382, 384 ff – Favorit II; *Wenzel* 10. Kap. Rn 86.
465 *Prinz/Peters* Rn 213; *Hefermehl/Köhler/Bornkamm* UWG § 6 Rn 89.
466 BGH GRUR 1986, 812, 813 f – Gastrokritiker.
467 *Rinck* BB 1963, 1027, 1029.
468 *Wenzel* 10. Kap. Rn 87.
469 BGHZ 65, 325, 334 – Warentest II; OLG Karlsruhe NJW-RR 2003, 177 – Öko-Test; OLG München NJW-RR 1997, 1330.
470 BGH AfP 1997, 911, 913 – Drucker mit Anschlussleitung; OLG Düsseldorf BB 1982, 62; OLG Stuttgart NJW 1964, 595.
471 OLG Düsseldorf BB 1982, 62.
472 BGH GRUR 1997, 942, 943 f – Warentest VI; BGH GRUR 1987, 468, 469 ff – Warentest IV; BGHZ 65, 325, 334 – Warentest II.
473 BGH AfP 1997, 911, 913 – Drucker mit Anschlussleitung; OLG Karlsruhe NJW-RR 2003, 177 – Öko-Test; OLG Frankfurt GRUR 2003, 85, 86 – FINANZtest.
474 BGHZ 65, 325, 340 – Warentest II; OLG Frankfurt GRUR 2003, 85 – FINANZtest.
475 BGH GRUR 1987, 468, 469 ff – Warentest IV.
476 BGH GRUR 1997, 914 – Die Besten II; BGH GRUR 1997, 912 – Die Besten I; *Soehring* Rn 22.31; *Zuck* NJW 1994, 297.

116 Den gleichen Voraussetzungen wie Warentests unterliegen **Preistests.** Preistests sind insofern problematisch, als bei einer Konzentration allein auf den Preis das mit der Ware zusammenhängende Leistungsbündel – wie etwa Umtauschmöglichkeit, Beratung, Lieferung frei Haus, Kundendienst etc. – unbeachtet bleibt.[477] Nach der Rechtsprechung sind Preistests jedoch grundsätzlich zulässig.[478]

117 Soweit nur ein **einzelnes Produkt** auf dem Prüfstand steht, sind die Voraussetzungen für vergleichende Warentests nicht direkt übertragbar.[479] Ein Mindestmaß an Neutralität, Sachkunde und Objektivität ist jedoch auch hier zu fordern.[480] Gleiches gilt für **Restaurant-Kritiken,** auch wenn diese nur eingeschränkt einer objektiven Beurteilung zugänglich sind. Die Grenze der Zulässigkeit ist sicherlich überschritten bei bewussten Verzerrungen, einseitiger Auswahl der Leistungen und einer den Boden sachlich gerechtfertigter Kritik verlassenden Wertung.[481] So ist es etwa unzulässig, ein Restaurant nach nur einem Besuch und dem Genuss lediglich eines Getränks niederschmetternd zu bewerten.[482]

118 Ein weiteres Schutzgut des Rechts am Unternehmen sind die **Geschäfts- und Betriebsgeheimnisse** einer Firma.[483] Nach der Rechtsprechung gehört zu jeder unternehmerischen Betätigung ein Mindestmaß an Vertrauensschutz,[484] so dass die Veröffentlichung von Betriebsinterna das Recht am Unternehmen verletzen kann. Die Unzulässigkeit der Berichterstattung ist dabei im Rahmen einer Abwägung festzustellen, wobei insbesondere zu berücksichtigen ist, wenn die Information auf rechtswidrigem oder sonst wie anrüchigem Wege beschafft worden ist.[485] Dies ist etwa der Fall, wenn sich ein Journalist unter einem Decknamen bei einem Medienunternehmen anstellen lässt, um auf diese Weise an vertrauliche Informationen zu gelangen und diese zu veröffentlichen.[486] Eine Veröffentlichung rechtswidrig erlangter Informationen soll nach der Auffassung des BVerfG nur dann zulässig sein, wenn die Bedeutung der Informationen für die Unterrichtung der Öffentlichkeit und für die öffentliche Meinungsbildung eindeutig die Nachteile überwiegt, welche der Rechtsbruch für den Betroffenen und für die Rechtsordnung nach sich ziehen.[487]

119 Das Recht am Unternehmen kann weiterhin durch **Boykottaufrufe** verletzt werden. Ein Boykott ist ein Aufruf, der die Adressaten zu einem bestimmten Verhalten gegenüber einem Dritten veranlassen soll. An einem Boykott sind demnach in der Regel drei Personen beteiligt, nämlich der Aufrufende („Boykottveranlasser"), der Adressat des Aufrufs („Boykottierer") und der Betroffene („Boykottierter").[488] Ein Boykottaufruf liegt etwa vor, wenn ein Kaufmann dazu auffordert, einer Zeitschrift, die durch die Abbildung von unvollständig bekleideten Mädchen aufgefallen war, keine Anzeigenaufträge mehr zu erteilen,[489] oder wenn ein Brancheninformationsdienst Uhrenfachgeschäfte dazu auffordert, bei Uhren, die der Kunde in einem Kaffeegeschäft gekauft hat, die Batterie nicht mehr zu wechseln, damit die Kunden davon abgehalten werden, erneut eine Uhr in einem Kaffeegeschäft zu kaufen.[490] Die Zulässigkeit eines Boykottaufrufs hängt entscheidend von dem **Motiv** des Boy-

[477] BGH WRP 1996, 1097, 1098; BGH GRUR 1986, 548, 549 – Dachsteinwerbung; *Wenzel* 10. Kap. Rn 125; *Weyhenmeyer* WRP 1979, 766.

[478] BGH GRUR 1986, 330, 331 f – Warentest III.

[479] BGH GRUR 1986, 812, 813 f – Gastrokritiker.

[480] OLG Frankfurt GRUR 2003, 85, 86 – FINANZtest; OLG Koblenz AfP 1988, 356; *Prinz/Peters* Rn 220; *Wenzel* 10. Kap. Rn 84.

[481] OLG München AfP 1993, 760, 761.

[482] OLG München AfP 1993, 760, 761.

[483] → Rn 104.

[484] BGHZ 80, 25, 32 – Der Aufmacher I.

[485] BVerfGE 66, 116 – Der Aufmacher; LG Münster ZUM-RD 2004, 262, 265 – Tierversuche; *Prinz/Peters* Rn 222; *Wenzel* 5. Kap. Rn 152.

[486] BGHZ 80, 25, 39 – Der Aufmacher I.

[487] BVerfGE 66, 116 – Der Aufmacher.

[488] BGHZ 19, 72, 77; *Prinz/Peters* Rn 221; *Wenzel* 10. Kap. Rn 133.

[489] OLG Köln NJW 1965, 2345, 2346. Das Gericht sah den Boykottaufruf für zulässig an.

[490] BGH GRUR 1984, 461 – Kundenboykott. Dieser Boykottaufruf wurde für unzulässig erklärt.

kottveranlassers sowie von **Ziel und Zweck** des Aufrufs ab.[491] Handelt der Boykottveranlasser aus der Sorge um **politische, wirtschaftliche, soziale oder kulturelle Belange der Allgemeinheit** und dient die Aufforderung der Einwirkung auf die öffentliche Meinung – wie dies bei Medienunternehmen regelmäßig der Fall sein wird –, dann spricht dies dafür, dass die Aufforderung durch Art. 5 Abs. 1 GG gedeckt ist, auch wenn dadurch private und namentlich wirtschaftliche Interessen beeinträchtigt werden.[492] Zulässig war etwa die Aufforderung des Hamburger Senatsdirektors Lüth, keine Filme eines in der nationalsozialistischen Epoche zu Ruhm gekommenen Regisseurs (Veit Harlan) mehr anzuschauen,[493] oder die Aufforderung eines Betriebsrates, den Bezug von Frischmilch einzustellen bzw. einzuschränken, mit dem Ziel den Gesetzgeber zu wirtschaftlichen Maßnahmen zu zwingen.[494] Die Unzulässigkeit eines Boykottaufrufs zu ideellen Zwecken kann sich jedoch aus dem **eingesetzten Mittel** ergeben. Der Boykottveranlasser muss sich auf geistige Einflussnahme und Überzeugung durch den Einsatz von Argumenten beschränken und darf sein Ansinnen nicht mit unangemessenen Mitteln oder wirtschaftlichem Druck durchzusetzen versuchen. Die Aufforderung an die Mieter eines mehr als 30000 Wohnungen verwaltenden Großvermieters, die Miete für einen Monat nicht zu bezahlen, ist danach unzulässig, da die Mieter zum Vertragsbruch aufgefordert werden.[495] Die Grenzen freier Meinungsäußerung überschreitet auch ein Aufruf, durch den Download eines bestimmten Computerprogramms den Server eines Dritten lahmzulegen.[496] Handelt der Boykottveranlasser aus **wirtschaftlichen Interessen,** kann er sich im Zweifel nicht auf Art. 5 Abs. 1 GG berufen. Ein derartiger Boykottaufruf ist in der Regel unzulässig. Ein Boykottaufruf in Wettbewerbsförderungsabsicht verstößt regelmäßig gegen die wettbewerbsrechtlichen Vorschriften (§§ 3, 4 Nr. 10),[497] so etwa die an Fachhändler gerichtete Aufforderung eines Brancheninformationsdienstes, die Geschäftsbeziehungen zu einem angeblich zu teuer liefernden Händler zu beenden und statt dessen den Bedarf bei einem preisgünstigeren Lieferanten zu decken.[498] Das Recht am Unternehmen ist demgegenüber betroffen, soweit zwar wirtschaftliche Interessen im Spiel sind, ein Handeln in Wettbewerbsabsicht jedoch abzulehnen ist. So liegt der Fall beispielsweise beim Aufruf einer Bürgerinitiative, ein Planungsvorhaben der Deutschen Bundesbahn mit Masseneinsprüchen im Planfeststellungsverfahren zu bekämpfen.[499]

Auch ein **exemplarisches Vorführen** ist an dem Recht am Unternehmen zu messen.[500] 120
Ein exemplarisches Vorführen liegt vor, wenn ein einzelnes Produkt beispielhaft für eine ganze Branche oder einen Produkttyp herausgegriffen wird, um an diesem Produkt exemplarisch die Mangelhaftigkeit oder das Gefährdungspotential aufzuzeigen. Dies ist etwa der Fall, wenn in einem Fernsehbeitrag darüber berichtet wird, dass Shampoos den gesundheitsgefährdenden Stoff Dioxan enthalten und die Shampoo-Flasche eines bestimmten Herstellers gezeigt wird.[501] Nach Auffassung der Rechtsprechung sind die Medien grundsätzlich berechtigt, ein einzelnes Produkt zur Veranschaulichung herauszugreifen, solange es einen sachlichen Anlass für die Darstellung im Bild und die Erwähnung im Text gibt.[502] Sie sind dabei auch nicht verpflichtet, besonders schonend zu berichten, wobei eine Pflicht zur Rücksichtnahme auf den Betroffenen durchaus bestehen soll.[503] Unzulässig ist danach, das Etikett eines Mineralwassers in einem Bericht über den schädlichen Nitratgehalt in Mine-

---

491 BVerfGE 62, 230, 244f – Denkzettelaktion; BVerfGE 7, 198, 215ff – Lüth.
492 BVerfG NJW 1992, 1153, 1154 – Chefredakteur.
493 BVerfGE 7, 198 – Lüth.
494 LG Stuttgart NJW 1956, 1073, 1074.
495 BGH GRUR 1985, 470, 471 – Mietboykott; BVerfG NJW 1989, 381 – Mietboykott.
496 LG Hamburg AfP 2006, 273, 274f.
497 Zu § 4 Nr. 10 *Omsels* WRP 2004, 136ff; → § 4–10 Rn 24ff.
498 BGH GRUR 1984, 214, 215f – Copy-Charge.
499 BGHZ 90, 113 – Bundesbahnplanungsvorhaben.
500 *Prinz/Peters* Rn 205; *Wenzel* 5. Kap. Rn 158.
501 OLG Frankfurt AfP 1989, 553.
502 BGH NJW 1987, 2746, 2747 – Antiseptica.
503 BGH NJW 1987, 2746, 2747 – Antiseptica.

ralwasser zu zeigen, wenn das konkrete Mineralwasser tatsächlich kein Nitrat enthält.[504] Demgegenüber ist nichts dagegen einzuwenden, in einem Fernsehbeitrag über Formaldehyd das Etikett eines Desinfektionsmittels zu zeigen, wenn dieses formaldehydhaltig ist.[505]

121 Das Recht am Gewerbebetrieb kann ferner – sofern nicht schon vorrangige Anspruchsgrundlagen, wie vor allem § 824 BGB eingreifen – durch Äußerungen verletzt sein, welche die **Kreditwürdigkeit** gefährden und damit die ungestörte Fortführung und Entfaltung des Unternehmens beeinträchtigen.[506]

122 Schließlich kann auch die **Schmähung, Diskriminierung und Diffamierung** einen Eingriff in das Recht am Unternehmen bedeuten. Regelmäßig dürfte eine solche Herabwürdigung aber bereits das Unternehmenspersönlichkeitsrecht verletzen.[507]

2. § 823 Abs. 2 BGB

123 Über § 823 Abs. 2 BGB bestehen Ansprüche gegenüber Äußerungen, die ein sog. Schutzgesetz verletzen. Im Medienrecht kommen als Schutzgesetze insbesondere die strafrechtlichen Tatbestände der Beleidigung (§ 185 StGB) und der üblen Nachrede (§ 186 StGB) in Betracht.

124 **a) § 185 StGB – Beleidigung.** § 185 StGB schützt die Ehre des einzelnen Menschen (oder von Personenmehrheiten) und stellt die Beleidigung im Sinne einer **Kundgabe der Missachtung oder Nichtachtung** unter Strafe.[508] § 185 StGB setzt immer die Äußerung eines Werturteils voraus. Die Beleidigung hat in der medienrechtlichen Praxis **keine eigenständige Bedeutung;** denn eine Ehrverletzung im Sinne des § 185 StGB stellt regelmäßig gleichzeitig eine Verletzung der persönlichen Ehre als Ausfluss des allgemeinen Persönlichkeitsrechts dar.[509]

125 **b) § 186 StGB – Üble Nachrede.** § 186 StGB ist **von großer praktischer Relevanz,** soweit es um die Äußerung **nicht erweislich wahrer ehrenrühriger Tatsachen** geht. Ansprüche bestehen nach § 823 Abs. 2 BGB iVm § 186 StGB gegenüber demjenigen, der in Bezug auf einen anderen eine Tatsache behauptet oder verbreitet, die geeignet ist, diesen verächtlich zu machen oder in der öffentlichen Meinung herabzuwürdigen, sofern nicht die Tatsache erweislich wahr ist. Dies bedeutet zunächst, dass allein **Tatsachenbehauptungen,** nicht dagegen Meinungsäußerungen unter den Tatbestand fallen.[510] Diese Tatsachen müssen **behauptet oder verbreitet** werden. Es haftet also nicht nur derjenige, der eine Behauptung selbst aufstellt; auch die Berufung auf eine fremde Quelle oder die Bezeichnung der Information als Gerücht oder Verdacht stellt den Äußernden nicht von der Haftung frei.[511]

126 Als Beleidigungsdelikt erfasst die üble Nachrede allerdings nicht jede Tatsachenbehauptung, sondern nur solche, die den Betroffenen **in seiner Ehre verletzen** oder jedenfalls zu einer solchen Verletzung geeignet sind. Dies ist der Fall, wenn der soziale Geltungsanspruch des Betroffenen in sittlicher, persönlicher oder sozialer Hinsicht betroffen ist.[512] Die Rechtsprechung sah beispielsweise die Ehre als verletzt an bei dem Vorwurf, ein Minister habe während seiner Amtszeit Geld angenommen, das ihm nicht gehört habe,[513] ein Taxifahrer habe die Beförderung eines Fahrgastes mit der Begründung abgelehnt, er sei zu dick

[504] OLG Stuttgart AfP 1988, 147, 148.
[505] BGH NJW 1987, 2746, 2747 – Antiseptica.
[506] BGH AfP 2006, 150 – Kirch/Breuer; hierzu auch *Paschke/Busch* AfP 2005, 13 ff.
[507] → Rn 94 ff.
[508] BGHSt 1, 288, 289; BGHSt 11, 67, 79 ff; *Prinz/Peters* Rn 146.
[509] Ausführlicher *Prinz/Peters* Rn 146; *Wenzel* 5. Kap. Rn 172 ff.
[510] Zur Abgrenzung zwischen Tatsachenbehauptung und Meinungsäußerung → Rn 52 ff.
[511] Zu den Begriffen Behaupten und Verbreiten → Rn 58 ff.
[512] KG AfP 1994, 220, 222; *Prinz/Peters* Rn 149.
[513] BGH GRUR 1969, 147, 150 – Korruptionsvorwurf.

und damit transportunfähig,[514] ein Arbeitsamt habe nachweislich unbefugt auf der Basis von Günstlings- und Vetternwirtschaft in Reinkultur öffentliche Gelder verschwendet.[515]

Weiter ist erforderlich, dass die behauptete Tatsache **nicht erweislich wahr** ist. Es kommt also nicht darauf an, ob die Behauptung wahr oder unwahr ist, sondern ob die Wahrheit bewiesen werden kann.[516] Ausreichend kann schon der Beweis des Tatsachenkerns sein;[517] Übertreibungen oder andere Ungenauigkeiten können unschädlich sein.[518] Entgegen den üblichen Beweisregeln hat die Wahrheit grundsätzlich der Behauptende bzw. Verbreitende zu beweisen. Diese **Beweislastumkehr** hat im Medienrecht eine große Bedeutung, da sie den Medien eine sorgfältige Recherche auferlegt; sie greift allerdings nur, wenn sich der Äußernde nicht auf die Wahrnehmung berechtigter Interessen berufen kann.[519] Eine objektive Beweisregel bietet § 190 StGB, nach dem der Wahrheitsbeweis hinsichtlich des Vorwurfs einer strafbaren Handlung bei rechtskräftiger Verurteilung als erbracht gilt, bei Freispruch dagegen ausgeschlossen ist. 127

c) Andere Vorschriften. Als Schutzgesetze im Sinne des § 823 Abs. 2 BGB kommen weiter in Betracht die Verleumdung (§ 187 StGB), die politische üble Nachrede (§ 188 StGB), die Verunglimpfung des Andenkens Verstorbener (§ 189 StGB), die Verletzung der Vertraulichkeit des Wortes (§ 201 StGB), die Verletzung von Privatgeheimnissen (§ 203 StGB) sowie Vorschriften des Rechtsdienstleistungsgesetzes und des Stasi-Unterlagengesetzes.[520] 128

3. § 824 BGB

Als Kreditgefährdung im Sinne des § 824 BGB ist die Behauptung oder Verbreitung einer unwahren Tatsache unzulässig, soweit diese Tatsache geeignet ist, den Kredit eines anderen zu gefährden oder sonstige Nachteile für dessen Fortkommen herbeizuführen, solange der Äußernde die Unwahrheit der Tatsache kennt oder kennen muss. § 824 BGB schützt den wirtschaftlichen Ruf und das Fortkommen von Personen und Unternehmen vor unmittelbaren Beeinträchtigungen durch die Äußerung unwahrer kreditschädigender Tatsachen. Diese **einzige speziell äußerungsrechtliche Vorschrift** bewirkt eine Ausweitung des (zivilrechtlichen) Schutzes gegen unwahre Tatsachenbehauptungen, insbesondere gegenüber § 823 Abs. 2 BGB iVm § 186 StGB, und ist durchweg parallel zu den Anspruchsgrundlagen des Medienrechts anwendbar; lediglich das Recht am Unternehmen ist als Auffangtatbestand subsidiär.[521] 129

§ 824 Abs. 1 BGB setzt das **Behaupten oder Verbreiten von Tatsachen**[522] über den **erkennbar**[523] Betroffenen voraus. Diese Tatsachen müssen **unwahr** sein; nicht ausreichend ist – im Gegensatz zu § 186 StGB – die Nichterweislichkeit der Wahrheit. Eine Tatsache ist unwahr, wenn sie mit der Wirklichkeit, also mit dem tatsächlichen Sachverhalt, nicht übereinstimmt und damit im Wesentlichen, in ihrem Kern, unzutreffend ist.[524] Unwahr ist etwa die Behauptung, ein Kind habe sich beim Gebrauch eines Waschmittels verletzt, wenn der 130

---

514 OLG Stuttgart NJW 1972, 2320.

515 BGH NJW 1983, 1183 – Vetternwirtschaft.

516 *Prinz/Peters* Rn 150; *Wenzel* 5. Kap. Rn 217; *Soehring* Rn 12.12.

517 BGHSt 18, 182.

518 OLG Karlruhe AfP 1987, 614, 616; *Prinz/Peters* Rn 150.

519 *Prinz/Peters* Rn 151; *Wenzel* 5. Kap. Rn 217. Zur Wahrnehmung berechtigter Interessen → Rn 135 ff.

520 Eine Zusammenstellung weiterer Schutzgesetze findet sich bei *Palandt/Sprau* BGB § 823 Rn 61 ff. Die praktische Bedeutung im Medienrecht ist gering. Eine ausführliche Darstellung findet sich bei *Wenzel* 5. Kap. Rn 221 ff sowie bei *Soehring* Rn 12.14 ff.

521 BGHZ 138, 311, 315 – Appartementanlage; BGH GRUR 1992, 201, 202 f – Poller; *Prinz/Peters* Rn 156; *Löffler/Ricker* 42. Kap. Rn 45.

522 Zur Abgrenzung zwischen Tatsachenbehauptung und Meinungsäußerung → Rn 52 ff; zu den Begriffen Behaupten und Verbreiten → Rn 58 ff.

523 Zu den Anforderungen an die Erkennbarkeit OLG Karlsruhe AfP 2006, 264, 266; LG Frankfurt/M AfP 2007, 378; → Rn 64.

524 BGH GRUR 1969, 555, 557 f – Cellulitis; *Prinz/Peters* Rn 160; *Wenzel* 5. Kap. Rn 249.

Unfall auf unsachgemäßem Gebrauch beruhte.[525] Die Unwahrheit kann sich auch aus der Unvollständigkeit und Einseitigkeit sowie durch Übertreibung und Verzerrung der Darstellung ergeben.[526] Unwesentliche Übertreibungen reichen allerdings nicht, etwa wenn von einer Fluggannullierung statt 40 tatsächlich nur 30 Personen betroffen sind.[527] Die **Beweislast** für die Äußerung der Tatsache und deren Unwahrheit trägt der Betroffene.[528] Im Hinblick auf die Unwahrheit trifft den Äußernden jedoch eine erweiterte Darlegungslast, nach der er erläutern muss, auf welche Gesichtspunkte er seine Äußerung stützt; denn nur so erhält der Betroffene die Möglichkeit, die Behauptung im Einzelnen zu widerlegen.[529] So muss bei der Behauptung, Memoiren seien nicht authentisch, der Behauptende darlegen, inwiefern die Authentizität fehlen soll.[530]

131 Die unwahre Tatsache muss **geeignet** sein, **den Kredit** eines anderen **zu gefährden oder sonstige Nachteile** für dessen Erwerb oder Fortkommen **zu begründen.** § 824 BGB schützt die wirtschaftliche Wertschätzung und das Vertrauen darin, dass vermögensrechtliche Verbindlichkeiten erfüllt werden.[531] Umfasst sind aber auch wirtschaftliche und berufliche Zukunftsaussichten des Betroffenen.[532] Die Äußerung muss weder ehrenrührig sein,[533] noch muss sie zu tatsächlichen Nachteilen geführt haben.[534] Die Rechtsprechung nimmt jedoch **Einschränkungen** in zweierlei Hinsicht vor: Zum einen soll das Interesse des Betroffenen, durch falsche Informationen in seiner wirtschaftlichen Betätigung nicht gestört zu werden, auf das Interesse an ungestörten Beziehungen zu den Geschäftspartnern begrenzt sein.[535] Dies bedeutet, dass die Äußerung den Personenkreis erreichen muss, der im weitesten Sinne Geschäftspartner des Betroffenen ist und damit dessen Fortkommen im Wirtschaftsleben ermöglicht, namentlich Kreditgeber, Arbeitnehmer, Lieferant, Auftrags- oder Arbeitgeber. § 824 BGB greift also nicht, wenn zwar äußerungsbedingte Nachteile entstehen, diese sich aber außergeschäftlich vollziehen.[536] Zum anderen soll nur derjenige Ansprüche aus § 824 BGB geltend machen können, der unmittelbar durch die unwahre Tatsache betroffen ist.[537] Würde die Vorschrift auch nur mittelbar Betroffene schützen, wäre das Risiko der Wirtschaftsberichterstattung unvertretbar groß.[538] Entscheidend kommt es damit auf die „Stoßrichtung einer Aussage, wie sie im Verkehr verstanden wird" an.[539] Dies bedeutet zunächst, dass allgemeine Kritik oder sog. Systemkritik nicht ausreichend sind. So hat etwa ein Zuckerhersteller keinen Anspruch aus § 824 BGB gegen einen Verbraucherverband, der Zucker allgemein als „Schadstoff" bezeichnet, da in der Äußerung keine Beziehung zu dem Hersteller hergestellt wird.[540] Ansprüche können jedoch dann bestehen, wenn ein konkretes Produkt zur Verdeutlichung einer Gefahr herausgegriffen wird. Dabei ist nicht erforderlich, dass der Name des betroffenen Unternehmens genannt wird, solange das Unternehmen auf andere Art und Weise identifiziert werden kann.[541] Unmittelbar Betroffener bei dem Herausgreifen eines Produktes ist in der Regel der Hersteller des Pro-

---

[525] OLG Hamburg OLGE 1910, 20, 255.
[526] BGH NJW 1961, 1913, 1914; LG Berlin ZUM 2001, 606, 607; *Löffler/Ricker* 42. Kap. Rn 48.
[527] BGH GRUR 1986, 188 – Türkol I.
[528] BGH GRUR 1972, 435, 439 – Grundstücksgesellschaft; *Palandt/Sprau* BGB § 824 Rn 13.
[529] *Prinz/Peters* Rn 175; *Wenzel* 5. Kap. Rn 255; *Soehring* Rn 12.63.
[530] BGH GRUR 1975, 89, 91 f – Brüning-Memoiren I.
[531] OLG Celle GA 52, 104 f.
[532] BGH GRUR 1975, 89, 91 f – Brüning-Memoiren I.
[533] BGH NJW 1965, 36, 37 – Marktbericht; *Prinz/Peters* Rn 164; *Löffler/Ricker* 42. Kap. Rn 49.
[534] BGH GRUR 1989, 222 – Filmbesprechung; BGHZ 90, 113, 116 ff – Bundesbahnplanungsvorhaben; BGH DB 1974, 1429, 1430; *Prinz/Peters* Rn 164; *Wenzel* 5. Kap. Rn 257.
[535] BGHZ 90, 113, 119 – Bundesbahnplanungsvorhaben.
[536] *Prinz/Peters* Rn 165; *Wenzel* 5. Kap. Rn 258.
[537] BGH GRUR 1992, 201, 202 – Poller; BGH GRUR 1989, 222, 223 – Filmbesprechung; BGH GRUR 1986, 188, 189 – Türkol I; *Prinz/Peters* Rn 169.
[538] BGH NJW 1965, 36, 37 – Marktbericht.
[539] BGH GRUR 1992, 201 – Poller; *Prinz/Peters* Rn 169.
[540] OLG Hamburg NJW 1988, 3211.
[541] BGH GRUR 1992, 201 – Poller; BGH NJW 1966, 2010, 2011 – Teppichkehrmaschine.

duktes,[542] nicht dagegen der für den Vertrieb zuständige Großhändler, da zwischen seinem Betrieb und dem Produkt keine ausreichend enge Beziehung besteht.[543] Anders liegt der Fall aber etwa dann, wenn ein Unternehmen ausschließlich für den Vertrieb eines im Ausland hergestellten Produktes zuständig ist.[544]

Letzte Voraussetzung des § 824 Abs. 1 BGB ist das **Verschulden.** Das Verschuldenser- 132
fordernis besteht allein **für Schadensersatzansprüche,** nicht dagegen für Unterlassungs- und Berichtigungsansprüche. Steht nämlich die Unwahrheit einer Tatsachenbehauptung fest, kann unabhängig von der Kenntnis des sich Äußernden Unterlassung und Berichtigung verlangt werden, da unrichtige Informationen auch unter dem Aspekt der Äußerungsfreiheit kein schützenswertes Gut sind.[545] Begehrt der Betroffene Schadensersatz, muss er jedoch ein schuldhaftes Verhalten des sich Äußernden beweisen. Verschulden liegt vor, wenn der sich Äußernde die Unwahrheit kennt oder kennen muss. Die **fahrlässige Unkenntnis** der Unwahrheit der Tatsache ist damit **ausreichend.**[546] Bei fahrlässiger Unkenntnis kann jedoch nach dem **Haftungsprivileg des § 824 Abs. 2 BGB** der Schadensersatzanspruch des Betroffenen entfallen, und zwar wenn der Mitteilende oder der Empfänger der Mitteilung an der Mitteilung ein berechtigtes Interesse hat. Die Vorschrift ist der Wahrnehmung berechtigter Interessen im Sinne des § 193 StGB[547] nachgebildet und damit nach überwiegender Auffassung ein Rechtfertigungsgrund.[548] Das Privileg greift nur ein, wenn der Mitteilende sorgfältig recherchiert und überprüft hat, ob die Behauptung tatsächlich wahr ist. Ist ihm die Unwahrheit vorsätzlich oder grob fahrlässig nicht bekannt, greift § 824 Abs. 2 BGB nach Auffassung der Rechtsprechung entgegen seinem Wortlaut nicht ein, da in solchen Fällen der Mitteilende nicht schutzwürdig ist.[549] Ob die Behauptung durch ein berechtigtes Interesse gerechtfertigt ist, muss im Rahmen einer Güter- und Pflichtenabwägung festgestellt werden,[550] wobei auf Seiten des Mitteilenden ein Informationsinteresse der Öffentlichkeit ausreichend ist.[551]

4. § 826 BGB

Nach § 826 BGB bestehen Ansprüche gegenüber demjenigen, der in einer gegen die 133
guten Sitten verstoßenden Weise einem anderen vorsätzlich Schaden zufügt. Ein **Verstoß gegen die guten Sitten** liegt vor, wenn eine Äußerung das Anstandsgefühl aller billig und gerecht Denkenden verletzt.[552] Die Anwendung des § 826 BGB ist sowohl bei wahren und unwahren Tatsachenbehauptungen als auch bei Meinungsäußerungen möglich.[553] Im Ergebnis kommt der Vorschrift jedoch **kaum praktische Relevanz** zu, da zum einen die Tatbestandsvoraussetzung der vorsätzlichen Schädigung nur schwer beweisbar ist und zum anderen die Rechtsfolgen nicht weiter gehen als die der übrigen äußerungsrechtlichen Anspruchsgrundlagen, die neben § 826 BGB anwendbar sind.[554] **Anwendungsfälle** der vor-

542 BGH GRUR 1989, 539 – Warentest V; BGHZ 70, 39 – Alkoholtest; BGH NJW 1966, 2010, 2011 – Teppichkehrmaschine.

543 BGH GRUR 1989, 222, 223 f – Filmbesprechung.

544 RGZ 75, 61; BGH GRUR 1989, 222, 223 f – Filmbesprechung.

545 BVerfGE 99, 185 – Helnwein; BVerfGE 54, 208, 217 ff – Böll/Walden; BGH NJW 1987, 2225 – Chemiegift; *Wenzel* 5. Kap. Rn 270.

546 BGH NJW 1966, 2010, 2011 – Teppichkehrmaschine; *Prinz/Peters* Rn 166; *Wenzel* 5. Kap. Rn 260; *Löffler/Ricker* 42. Kap. Rn 50.

547 Zur Wahrnehmung berechtigter Interessen → Rn 135 ff.

548 BGHZ 3, 270, 280 – Constanze I; *Prinz/Peters* Rn 167; *Wenzel* 5. Kap. Rn 267; *Soehring* Rn 12.66; aA *Tilman* NJW 1975, 764; *Schmidt* JZ 1970, 8.

549 BGHZ 70, 39 – Alkoholtest; *Prinz/Peters* Rn 167; *Wenzel* 5. Kap. Rn 271; *Soehring* Rn 12.66.

550 BGHZ 31, 308, 312 f – Alte Herren.

551 BGH GRUR 1989, 222, 223 f – Filmbesprechung; BGH GRUR 1987, 316, 317 – Türkol II; BGH GRUR 1986, 188, 190 – Türkol I; *Prinz/Peters* Rn 167; *Löffler/Ricker* 42. Kap. Rn 50; aA *Wenzel* 5. Kap. Rn 272 ff.

552 BGHZ 69, 295, 297; *Palandt/Sprau* BGB § 826 Rn 4 iVm § 138 Rn 2 ff; *Prinz/Peters* Rn 177; *Soehring* Rn 12.69.

553 *Prinz/Peters* Rn 176.

554 BGH NJW 1980, 881, 882 – Vermögensverwaltung; *Prinz/Peters* Rn 176; *Wenzel* 5. Kap. Rn 279.

sätzlichen sittenwidrigen Schädigung sind etwa der Einschleichjournalismus,[555] der Bruch zugesicherter Vertraulichkeit,[556] der rechtswidrige Boykottaufruf[557] oder Veröffentlichungen, mit denen der Betroffene erpresst und zur Zahlung von Schweigegeldern veranlasst werden soll.[558]

III. Rechtswidrigkeit

134 Bei Eingriffen in das Persönlichkeitsrecht, das Unternehmenspersönlichkeitsrecht sowie das Recht am Unternehmen wird die **Rechtswidrigkeit** durch die Erfüllung des Tatbestandes **nicht indiziert.**[559] Sie ist vielmehr anhand einer umfassenden **Güter- und Pflichtenabwägung** festzustellen, bei der die kollidierenden Rechtsgüter der konkreten Fallkonstellation einander gegenüber zu stellen sind.[560] Auf Seiten des sich Äußernden bzw. des veröffentlichenden Medienunternehmens ist dabei insbesondere die Meinungs- und Pressefreiheit des Art. 5 Abs. 1 GG relevant. In diesen Fällen erübrigt sich die Frage nach einer Rechtfertigung des Eingriffs, da die Begründung der Rechtswidrigkeit impliziert, dass keine Rechtfertigungsmöglichkeit existiert.[561] Soweit die Rechtswidrigkeit durch die Tatbestandsmäßigkeit indiziert ist, wie etwa bei der üblen Nachrede (§ 186 StGB), besteht die Möglichkeit, dass sich der veröffentlichende Journalist auf einen **Rechtfertigungsgrund** berufen kann.

1. Wahrnehmung berechtigter Interessen

135 Einen besonderen Rechtfertigungsgrund für eine verletzende Äußerung stellt die **Wahrnehmung berechtigter Interessen** dar.[562] Dieser Rechtfertigungsgrund ist in **§ 193 StGB** geregelt, wird jedoch von der Rechtsprechung auf die gesamte Rechtsordnung ausgedehnt. Soweit der Journalist bei seiner Veröffentlichung berechtigte Interessen wahrgenommen hat, ist seine Äußerung nicht rechtswidrig und damit zulässig. § 193 StGB soll dem Journalist das Risiko abnehmen, dass sich eine Äußerung trotz Einhaltung der publizistischen Sorgfalt später als unzutreffend herausstellt. Relevant ist dieser Rechtfertigungsgrund ausschließlich bei der üblen Nachrede (§ 186 StGB), soweit die Unwahrheit der Behauptung nicht erwiesen ist.

136 **a) Voraussetzungen.** Die Wahrnehmung berechtigter Interessen erfordert die Feststellung der wahrgenommenen und der verletzten Interessen sowie eine Abwägung dieser Interessen miteinander. Weitere Voraussetzung ist die Einhaltung der publizistischen Sorgfalt. Bei den **verletzten Interessen** handelt es sich in der Regel um Persönlichkeitsrechte des von der Berichterstattung Betroffenen.[563] Diese Interessen sind in Hinblick auf ihre Qualität und Quantität zu untersuchen; so ist etwa der persönliche Ruf weiter gehend geschützt als der wirtschaftliche Ruf, und die Verletzung einer großen Anzahl von Personen kann schwerer wiegen als die Verletzung einer einzigen Person.[564] Die **wahrgenommenen Interessen** mussten nach überholter Rechtsprechung eigene Interessen des Journalisten oder

---

[555] BVerfGE 66, 116, 132 ff – Der Aufmacher; BGHZ 80, 25, 27 ff – Der Aufmacher I; *Prinz/Peters* Rn 181; *Soehring* Rn 12.71.

[556] BGH GRUR 1987, 464, 465 ff – BND-Interna; *Prinz/Peters* Rn 181; *Soehring* Rn 12.71.

[557] BVerfGE 62, 230 – Denkzettelaktion; *Prinz/Peters* Rn 181; *Soehring* Rn 12.71.

[558] BGH NJW 1993, 1484.

[559] BVerfG NJW 1991, 2339; BVerfG NJW 1990, 1980 – Opus Dei; BGHZ 24, 72 – Kassenpapiere; BGHZ 36, 77, 80 ff – Waffenhandel; BGHZ 45, 296 – Höllenfeuer; *Löffler/Ricker* 42. Kap. Rn 64.

[560] BVerfGE 86, 1; BVerfG NJW 1991, 2339; BGH NJW-RR 1988, 733 – Intime Beziehungen; BGHZ 45, 296, 306 ff – Höllenfeuer.

[561] *Wenzel* 6. Kap. Rn 30.

[562] BVerfG NJW 2000, 3196; BGHZ 3, 270, 281 – Constanze I; BGHSt 18, 182, 183 f; *Prinz/Peters* Rn 254; aA (Schuldausschließungsgrund) RGSt 6, 407; *Erdsiek* NJW 1966, 1386 ff.

[563] *Prinz/Peters* Rn 255.

[564] *Wenzel* 6. Kap. Rn 39 f.

des Medienunternehmens sein.[565] Damit war § 193 StGB in den seltensten Fällen auf Äußerungen der Medien anwendbar. Heute ist allgemein anerkannt, dass die Medien im Hinblick auf ihre Aufgabe, die Bürger über öffentliche Angelegenheiten zu unterrichten und an der politischen Meinungsbildung mitzuwirken, auch allgemeine Interessen der Öffentlichkeit wahrnehmen können.[566] Dabei muss es sich allerdings um berechtigte Informationsinteressen handeln.[567]

Diese Interessen sind anhand einer umfassenden **Abwägung** gegenüber zu stellen und 137 zu gewichten. Dabei ist auf der einen Seite die Bedeutung der in Frage stehenden Information für die Öffentlichkeit und auf der anderen Seite das Ausmaß der Beeinträchtigung für den Betroffenen zu berücksichtigen. Verschiedene Gesichtspunkte sind dabei von Bedeutung: Besonderes Gewicht hat zunächst die **Thematik** der Berichterstattung.[568] An Themen aus den Bereichen Politik und Wirtschaft, Kultur und Zeitgeschehen, Verbraucherschutz und Umweltverschmutzung oÄ kann beispielsweise ein öffentliches Informationsinteresse bestehen,[569] so dass eine Rechtfertigung durch die Wahrnehmung berechtigter Interessen grundsätzlich möglich ist. Auch der **Anlass** der Berichterstattung ist relevant; denn wer sich durch eigene Äußerungen oder eigenes Verhalten in das Zentrum des öffentlichen Interesses begibt, gibt gerade Anlass dafür, dass man über ihn berichtet.[570] Dies bezieht sich sowohl auf Politiker und Personen der Wirtschaft als auch auf Sportler und Angehörige des Show Business. Auch die Berichterstattung über Straf- und Ermittlungsverfahren kann dadurch gerechtfertigt sein.[571] Weiterer Gesichtspunkt ist der **Stand der Recherche.** So ist zu berücksichtigen, wenn die tatsächlichen Anhaltspunkte für die Richtigkeit des Sachverhalts gering sind[572] oder der Journalist selbst Zweifel an der Wahrheit seiner Äußerung hegt.[573] Auch die **Absicht der Interessenwahrung** des Journalisten ist von Bedeutung; diese kann bei Journalisten ausnahmsweise dann entfallen, wenn sie unter Missachtung ihrer öffentlichen Aufgabe in erster Linie tätig werden, um den Betroffenen zu schädigen.[574] Nicht in die Abwägung mit einzubeziehen ist dagegen das eingesetzte **Mittel.** Die Medien sind nicht angehalten, das schonendste, das notwendige oder das angemessene Mittel zu verwenden. Die Kritikfreiheit wird allein durch die Abgrenzung zur Schmähkritik eingeschränkt.[575] Schließlich ist zu berücksichtigen, dass die Nennung des Namens des Betroffenen eine besonders schwerwiegende Beeinträchtigung seiner Rechte darstellt und daher allein durch ein allgemeines Informationsinteresse nicht gerechtfertigt werden kann. Erforderlich ist vielmehr, dass gerade auch an der Mitteilung des Namens ein besonderes Interesse besteht.[576]

Voraussetzung ist schließlich die Einhaltung der **publizistischen Sorgfalt.**[577] Die publi- 138 zistische Sorgfalt ist gewahrt, wenn die Medien sorgfältig recherchieren und alle Informationen vor deren Veröffentlichung hinreichend auf ihren Wahrheitsgehalt überprüfen.[578] Die Anforderungen an diese Sorgfaltspflicht richten sich dabei in erster Linie nach der Schwere des Vorwurfs, also der Bedeutung der Veröffentlichung für den Betroffenen.[579] Die Wahr-

---

565 RGZ 83, 362; RGSt 64, 10.

566 BGHZ 31, 308, 310 – Alte Herren.

567 *Prinz/Peters* Rn 256; *Wenzel* 6. Kap. Rn 56 ff; *Soehring* Rn 15.7.

568 *Soehring* Rn 15.7.

569 BGHZ 132, 13, 25 – Der Lohnkiller; BGH NJW 1993, 930 – Illegaler Fellhandel; BGH NJW 1987, 2225 – Chemiegift; BGH NJW 1970, 187 – Hormocenta.

570 *Wenzel* 6. Kap. Rn 66; *Soehring* Rn 15.18 ff.

571 BVerfGE 35, 202 – Lebach I.

572 *Prinz/Peters* Rn 257.

573 OLG Frankfurt AfP 1991, 639, 641.

574 *Prinz/Peters* Rn 258; *Wenzel* 6. Kap. Rn 84 f.

575 BGH AfP 1978, 33 – Halsabschneider; BGH GRUR 1971, 529 – Dreckschleuder.

576 BGHZ 132, 13, 26 – Der Lohnkiller.

577 Zur publizistischen Sorgfalt → Rn 144 ff.

578 BGHZ 132, 13, 24 – Der Lohnkiller; BGH NJW 1993, 930, 931 – Illegaler Fellhandel; OLG Hamburg v. 5. 11. 2002 – 7 U 40/02 (nicht veröffentlicht) – Getönte Haare; LG Berlin ZUM-RD 2001, 470, 471.

579 BGHZ 59, 76, 81; BVerfGE 34, 269, 286 – Soraya.

nehmung berechtigter Interessen sowie die Erfüllung der publizistischen Sorgfalt müssen immer **kumulativ** vorliegen, um die Äußerung einer unwahren Tatsache zu rechtfertigen.[580]

139 **b) Bedeutung für die medienrechtlichen Ansprüche.** Soweit sich der Journalist auf die Wahrnehmung berechtigter Interessen berufen kann, hat dies verschiedene Auswirkungen auf die medienrechtlichen Ansprüche. Im Hinblick auf den **Unterlassungsanspruch** ist eine Konsequenz die **Aushebelung der Beweisregel des § 186 StGB.** Nach dieser Beweislastregel liegt die Gefahr, dass sich die Wahrheit bzw. Unwahrheit der Äußerung nicht erweisen lässt, grundsätzlich beim Äußernden.[581] Der Betroffene kann daher Unterlassung verlangen, auch wenn die Behauptung unter Umständen wahr ist. Dies gilt allerdings nicht, wenn der Journalist in Wahrnehmung berechtigter Interessen gehandelt hat. Der fehlende Beweis der Unwahrheit geht dann zu Lasten des Betroffenen.[582] § 193 StGB wirkt sich ebenfalls auf die **Wiederholungsgefahr** aus, die bei jedem Unterlassungsanspruch vorliegen muss.[583] In der Regel wird diese bei einer rechtswidrig erfolgten Veröffentlichung vermutet. Da aber eine Äußerung, die in Wahrnehmung berechtigter Interessen getätigt wurde, nicht rechtswidrig ist, fällt diese Vermutung aus und die **Erstbegehungsgefahr** muss statt dessen dargelegt werden.[584] Dafür sind konkrete Anhaltspunkte für eine bevorstehende Rechtsverletzung erforderlich, die – soweit sie nicht dargelegt werden können – den Unterlassungsanspruch entfallen lassen.[585] Auf den **Gegendarstellungsanspruch** hat die Wahrnehmung berechtigter Interessen keinen Einfluss, da es bei ihm auf die Rechtswidrigkeit einer Äußerung nicht ankommt. Anders hingegen liegt der Fall bei **Schadensersatz** und **Geldentschädigung;** diese Ansprüche bestehen nicht, wenn eine Behauptung nicht rechtswidrig ist.[586] Beim **Berichtigungsanspruch** soll sich nach Auffassung des BGH je nach Einzelfall ergeben, dass der Journalist nicht zum Widerruf seiner Äußerung sondern zu der Erklärung verpflichtet ist, „dass die Behauptung nach der inzwischen erfolgten Klärung des Sachverhalts nicht mehr aufrechterhalten wird."[587]

2. Einwilligung

140 Die Veröffentlichung von rechtsverletzenden Äußerungen ist nicht rechtswidrig, wenn der von der Äußerung Betroffene zuvor eingewilligt hat. Die **Einwilligung** ist immer dann von Bedeutung, wenn für eine Berichterstattung kein überwiegendes Informationsinteresse der Öffentlichkeit besteht und damit im Grunde die Veröffentlichung zu unterbleiben hat. Die Einwilligung kann in Form eines gegenseitigen Vertrages erfolgen, wenn der Betroffene für die Preisgabe von Einzelheiten aus seiner Privatsphäre ein Entgelt von dem Medienunternehmen erhält.[588] Besondere Bedeutung erlangt die Einwilligung im Rahmen der Bildberichterstattung.[589]

141 Eine Einwilligung kann **ausdrücklich oder konkludent** erteilt werden. An eine konkludente Einwilligung sind jedoch hohe Anforderungen zu stellen, da allein durch die Duldung von etwa Film- oder Photoaufnahmen nicht darauf geschlossen werden kann, der Aufgenommene wolle in jede Veröffentlichung der Aufnahmen einwilligen. Dies muss umso mehr gelten, als er über Art und Umfang der beabsichtigten Veröffentlichung in Unkenntnis ist.[590] Nimmt jedoch jemand vor der Kamera zu Vorwürfen Stellung, willigt er

---

[580] *Prinz/Peters* Rn 259.
[581] → Rn 127.
[582] BGH GRUR 1989, 781, 782ff – Wünschelrute; BGH NJW 1987, 2225, 2226 – Chemiegift; BGH GRUR 1986, 188, 189 – Türkol I.
[583] Zur Wiederholungsgefahr → Rn 189.
[584] Zur Erstbegehungsgefahr → Rn 190.
[585] So zB in BGH NJW 1987, 2225, 2227 – Chemiegift; s. auch OLG Karlsruhe AfP 2006, 162f.
[586] *Prinz/Peters* Rn 264.
[587] BGH GRUR 1960, 500, 501ff – La Chatte; *Prinz/Peters* Rn 264.
[588] *Prinz/Peters* Rn 248; *Soehring* Rn 19.43.
[589] → Rn 162.
[590] *Prinz/Peters* Rn 249.

damit konkludent in die Ausstrahlung in aktuellem Kontext ein, da er davon ausgehen muss, dass die Stellungnahme gerade zum Zwecke der Veröffentlichung erfolgt.[591]

Der **Umfang** einer Einwilligung **in sachlicher Hinsicht** ist durch Auslegung zu ermitteln. Als Auslegungsregel kann die Zweckübertragungslehre aus dem Urheberrecht (§ 31 Abs. 5 UrhG) herangezogen werden,[592] nach der eine Einwilligung nur so weit reicht wie der mit ihr verfolgte Zweck. Als Zweck wird in der Regel eine konkrete Veröffentlichung vereinbart sein. Erteilt beispielsweise ein Sportler seine Einwilligung zu einem Interview für eine Sportsendung, deckt diese Einwilligung nicht die Ausstrahlung des Interviews in einer pornografischen Sendung oder im Rahmen der Werbung für eine politische Partei.[593] Auch **in zeitlicher Hinsicht** kann eine erteilte Einwilligung unter Anwendung der Zweckübertragungslehre eingeschränkt sein; so ist die Abbildung der früheren Inhaberin eines Unternehmens in einem Werbeprospekt unzulässig, wenn diese zwar ursprünglich in die Abbildung eingewilligt hatte, aber schon seit Jahren nicht mehr dem Unternehmen angehört.[594] Grundsätzlich ist eine Einwilligung eng auszulegen, soweit kein konkreter Zweck bzw. keine konkrete Veröffentlichung vereinbart wurden.[595] 142

Die erteilte Einwilligung hat **bindenden Charakter,**[596] von dem sich der Betroffene aber mittels einer wirksamen **Anfechtung** lossagen kann.[597] Darüber hinaus ist aber auch die Möglichkeit eines **Widerrufs** der Einwilligung anerkannt. Ein Widerruf setzt voraus, dass seit Erteilung der Einwilligung eine gewisse Zeit verstrichen ist und sich die Umstände, die der Erteilung zugrunde lagen, sowie die Auffassung des Betroffenen grundlegend verändert haben.[598] So liegt der Fall etwa bei einer jungen Frau, die in ihrer Jugend Aktaufnahmen machen ließ, später jedoch eine seriöse Karriere anstrebt und sich deswegen von den früheren Bildern distanzieren möchte.[599] 143

IV. Verschulden und publizistische Sorgfalt

Ein Verhalten ist schuldhaft, wenn es vorsätzlich oder fahrlässig geschieht (§ 276 BGB). Im Medienrecht liegt ein **vorsätzlicher Verstoß** vor, wenn beispielsweise ein Medienunternehmen wissentlich falsche Informationen veröffentlicht oder über Einzelheiten aus der Intimsphäre einer Person berichtet. Ein **fahrlässiger Verstoß** liegt vor, wenn die Grundsätze der sog. publizistischen Sorgfalt missachtet werden. 144

1. Maßstab der publizistischen Sorgfalt

Die **publizistische Sorgfalt** lehnt sich an die „im Verkehr erforderliche Sorgfalt" des § 276 Abs. 2 BGB an und bestimmt die Sorgfaltsanforderungen, die Journalisten bei ihrer Arbeit einzuhalten haben. Gesetzlich festgeschrieben ist die publizistische Sorgfalt in verschiedenen Rechtsquellen,[600] die sich jedoch inhaltlich nicht unterscheiden. So bestimmt beispielsweise § 6 des Hamburgischen Pressegesetzes: „Die Presse hat alle Nachrichten vor ihrer Verbreitung mit der nach den Umständen gebotenen Sorgfalt auf Wahrheit, Inhalt und Herkunft zu prüfen." Der dabei anzulegende Maßstab bestimmt sich **nach objektiven** 145

---

[591] OLG München NJW-RR 1996, 1487, 1489 – Sex-Papst.
[592] *Prinz/Peters* Rn 250; *Soehring* Rn 19.46 a.
[593] BGH GRUR 1980, 259 – Wahlkampfillustrierte.
[594] OLG Köln ZUM-RD 1999, 444, 445.
[595] *Prinz/Peters* Rn 250; *Soehring* Rn 19.46 b.
[596] OLG München NJW-RR 1990, 999, 1000; LG Köln AfP 1989, 766; *Prinz/Peters* Rn 252; *Soehring* Rn 19.48; *Helle* AfP 1985, 93, 100.
[597] LG Köln AfP 1989, 766; *Prinz/Peters* Rn 251; *Soehring* Rn 19.48.
[598] OLG München NJW-RR 1990, 999; OLG Hamburg AfP 1987, 703; *Prinz/Peters* Rn 252; *Soehring* Rn 19.49.
[599] LG Köln AfP 1989, 766.
[600] In den Landespressegesetzen, in den Rundfunkstaatsverträgen bzw. den Landesmediengesetzen und im Mediendienste-Staatsvertrag.

Kriterien; es kommt insofern nicht darauf an, was ein einzelner Journalist seiner Ansicht nach für erforderlich halten durfte.[601] Grundsätzlich ist ein **strenger Maßstab** anzulegen, da die umfassende Gewährleistung der Äußerungsfreiheit nur dann ihre Berechtigung erfährt, wenn die Medien sorgfältig bei ihrer publizistischen Tätigkeit vorgehen.[602] Gleichzeitig dürfen die Anforderungen in Hinblick auf Art. 5 Abs. 1 GG **nicht überspannt** werden; so wäre es unzumutbar, an die Arbeit der Medien die Maßstäbe gerichtlicher Wahrheitsfindung anzulegen,[603] insbesondere wenn es um die Öffentlichkeit interessierende Angelegenheiten geht. Erforderlich ist vielmehr eine „pressemäßige Sorgfalt".[604] Eine Auslegungshilfe zur Bestimmung des genauen Inhalts dieses Begriffs bieten die Publizistischen Grundsätze des Deutschen Presserates (Pressekodex).[605]

2. Inhalt der publizistischen Sorgfalt

146 Der wichtigste Aspekt der publizistischen Sorgfalt ist die Verpflichtung der Medien, hinreichend und **sorgfältig zu recherchieren** und sich **um eine wahre Berichterstattung zu bemühen.** Dabei sind die Medien angehalten, den Sachverhalt soweit zu erforschen, dass die Gefahr, über den Betroffenen etwas Falsches zu berichten, nach Kräften ausgeschaltet wird.[606] Der Journalist kommt also nicht umhin, vor einer Berichterstattung einen „Mindestbestand" an Beweistatsachen zusammenzutragen; soweit sich der Wahrheitsgehalt einer Information jedoch nicht weiter belegen lässt oder Zweifel an der Richtigkeit vorhanden sind, ist er gehalten, auf die Veröffentlichung zu verzichten.[607] Je schwerer dabei ein Vorwurf bzw. je schwerer ein potentieller Eingriff in geschützte Rechte ist, desto größere Anforderungen werden an die Recherchepflicht gestellt.[608] Die Recherchepflicht kann dabei je nach Fallkonstellation erfordern, dass der Journalist Fachleute zu Rate zieht.[609] In jedem Fall ist der Betroffene selbst anzuhören, bevor eine für ihn erhebliche Berichterstattung erfolgt.[610]

147 Die Pflicht, sich um die Wahrheit zu bemühen, umfasst auch die Pflicht zur **Vollständigkeit.**[611] Grundsätzlich muss eine Berichterstattung alle wesentlichen Tatsachen enthalten. Zwar wird der Journalist es nicht vermeiden können, eine Auswahl der Informationen zu treffen oder Nebensächlichkeiten wegzulassen; es darf jedoch dadurch kein falscher Eindruck beim Leser entstehen.[612] So bedeutet es etwa eine Verletzung der publizistischen Sorgfalt, wenn bei einem kritischen Bericht die entlastenden, für den Betroffenen sprechenden Umstände nicht mitgeteilt werden.[613] Der Äußernde darf sich nach Auffassung

---

[601] BGHZ 24, 200, 211 – Spätheimkehrer; BGHZ 39, 124 – Fernsehansagerin; BGH NJW 1963, 665, 666 – Callgirl I; BGH NJW 1965, 1374 – Satter Deutscher; *Prinz/Peters* Rn 294; *Wenzel* 6. Kap. Rn 117.

[602] *Wenzel* Kap. 6 Rn 118.

[603] OLG Nürnberg ZUM 1998, 849, 850; OLG Köln NJW 1963, 1634, 1635.

[604] BVerfGE 7, 198, 210, 227 ff – Lüth; BGH NJW 1987, 2225, 2226 – Chemiegift; OLG Köln NJW 1963, 1634, 1635.

[605] Abgedr. bei *Prinz/Peters* Rn 682 f.

[606] BGH NJW 1997, 1148, 1149 – Stern-TV; BGHZ 132, 13, 23 ff – Der Lohnkiller; *Prinz/Peters* Rn 277.

[607] BGH NJW 1997, 1148, 1149 – Stern-TV; BGHZ 68, 331, 332 ff – Abgeordnetenbestechung.

[608] BVerfG NJW-RR 2000, 1209, 1211 – Sorgfaltspflicht.

[609] BGHZ 70, 39 – Alkoholtest.

[610] BGHZ 132, 13, 25 – Der Lohnkiller; BGH NJW-RR 1988, 733, 734 – Intime Beziehungen; OLG Hamburg AfP 1997, 477, 478; OLG Hamburg NJW-RR 1996, 90, 91 – RTL aktuell; OLG München NJW-RR 1996, 1487, 1489 – Sex-Papst; OLG Köln AfP 1973, 479, 480; OLG Nürnberg ZUM 1998, 849, 850; OLG Stuttgart NJW 1972, 2320, 2321; *Prinz/Peters* Rn 283; *Prinz* Medienjournalismus S. 212, 219; *Peter* NJW 1997, 1334, 1338; aA OLG München NJW-RR 1990, 1433; *Soehring* Rn 2.24; *Damm/Rehbock* Rn 522.

[611] BVerfGE 12, 113, 130 – Schmid/Spiegel; BGHZ 31, 308, 311 – Alte Herren; *Prinz/Peters* Rn 279; *Wenzel* 6. Kap. Rn 139 ff.

[612] *Wenzel* 6. Kap. Rn 139.

[613] BGH NJW 1997, 1148, 1149 – Stern-TV; OLG München NJW-RR 1996, 1493, 1495; OLG Hamburg NJW-RR 1994, 1176, 1177.

des BVerfG nicht selektiv und ohne dass dies für die Öffentlichkeit erkennbar wäre, allein auf dem Betroffenen nachteilige Anhaltspunkte stützen und dabei verschweigen, was gegen die Richtigkeit seiner Behauptung spricht. Die Wahrheits- und Sorgfaltspflicht gehe mithin über die Verpflichtung hinaus, die dem Äußernden offen stehenden Nachforschungsmöglichkeiten auszuschöpfen. Dieser müsse vielmehr kenntlich machen, wenn von ihm verbreitete Behauptungen durch das Ergebnis seiner Nachforschungen nicht gedeckt seien. Eine nach seinem Kenntnisstand umstrittene oder zweifelhafte Tatsache dürfe er somit nicht als feststehend hinstellen.[614] Soweit es sich bei einem Vorwurf lediglich um einen Verdacht handelt, ist auch dies zu erwähnen.[615] Ein Problem der Vollständigkeit ist auch die **Schlagzeile,** die den Kern eines Berichts in wenigen Worten zusammenfassen soll. Der Journalist ist auch hier angehalten dafür Sorge zu tragen, dass durch die knappe Formulierung der Schlagzeile kein falscher Eindruck hervorgerufen wird.[616]

Soweit sich der Journalist bei seiner Veröffentlichung auf eine **fremde Quelle** stützt, ist 148
er von seiner Sorgfaltspflicht grundsätzlich nicht befreit. Auch vorveröffentlichte Meldungen müssen auf ihren Wahrheitsgehalt überprüft werden.[617] Gleiches gilt für Zitate, die erst nach Überprüfung ihrer inhaltlichen Richtigkeit verbreitet werden dürfen. Der Journalist kann sich weiter nicht darauf berufen, er habe seine Information von einer anonymen Quelle erhalten.[618] Anderes gilt nur dann, wenn die fragliche Meldung von einer **anerkannten Nachrichtenagentur** – etwa dpa, AP, Reuters, ddp, AFP – stammt, da hier von einer zuverlässigen Informationsquelle ausgegangen werden kann. Auch Pressemitteilungen der Staatsanwaltschaft, der Polizei oder anderer **Behörden** müssen nicht **auf ihren Wahrheitsgehalt** hin überprüft werden.[619] Eine erneute Recherche ist lediglich dann erforderlich, wenn die Meldung Zweifel an ihrer Zuverlässigkeit aufkommen lässt[620] oder wenn Lichtbilder weitergegeben werden.[621] Auch wenn also Meldungen von anerkannten Nachrichtenagenturen und Behörden nicht auf wahr oder unwahr untersucht werden müssen, ist der Journalist nicht davon befreit zu prüfen, ob eine Veröffentlichung im Hinblick auf die etwaige Verletzung von Persönlichkeitsrechten zulässig ist. Diese Frage stellt sich insbesondere bei einer Berichterstattung, die Schilderungen aus der **Privat-, Intim- oder Geheimsphäre** einer Person enthält.[622] Soweit keine Einwilligung des Betroffenen in die Veröffentlichung vorliegt, hat ein Bericht über Vorgänge aus dem Intimbereich grundsätzlich zu unterbleiben; soweit der Privat- oder Geheimbereich betroffen ist, muss der Journalist – gleich dem Gericht – eine Abwägung der widerstreitenden Interessen vornehmen und gewissenhaft prüfen, ob im konkreten Fall das Informationsinteresse der Öffentlichkeit das Persönlichkeitsrecht des Betroffenen überwiegt.[623]

Bei der Veröffentlichung von **Anzeigen** und **Leserbriefen** sind die Medien ebenfalls 149
zur Überprüfung ihrer rechtlichen Zulässigkeit verpflichtet; allerdings beschränkt sich die Prüfungspflicht auf grobe und unschwer zu erkennende Rechtsverstöße.[624] In Hinblick auf

---

614 So das BVerfG im „IM Sekretär“ Stolpe-Beschluss: BVerfG WRP 2006, 61, 66f; auch zu diesem Aspekt der Entscheidung die Anm. *Teubel* AfP 2006, 20, 22.

615 BGH NJW 1994, 1950, 1952 – Presseerklärung der Staatsanwaltschaft; BGHZ 68, 331, 332ff – Abgeordnetenbestechung; s. auch LG Halle AfP 2005, 188, 189; LG Offenburg ZUM 2006, 260, 261f; ausführlich zur Verdachtsberichterstattung: *Prinz/Peters* Rn 265ff.

616 BVerfG NJW 2004, 277, 278; OLG Hamburg AfP 1988, 247.

617 BVerfGE 85, 1, 11ff – Bayer; BGH NJW 1966, 1213, 1215 – Luxemburger Wort; BGH NJW 1961, 2059 – Ginseng; OLG Brandenburg NJW 1995, 886, 887; OLG Hamm NJW-RR 1993, 735, 736; *Prinz/Peters* Rn 280; *Löffler/Steffen* LPG § 6 Rn 169.

618 BGHZ 68, 331, 332ff – Abgeordnetenbestechung.

619 *Peters* NJW 1997, 1334, 1336.

620 *Prinz/Peters* Rn 280; *Wenzel* 6. Kap. Rn 135; *Löffler/Steffen* LPG § 6 Rn 169.

621 BGH GRUR 1962, 211 – Hochzeitsbild; KG NJW-RR 1999, 1703; *Prinz/Peters* Rn 280; *Peters* NJW 1997, 1334, 1339; *Wenzel* 6. Kap. Rn 135.

622 *Peters* NJW 1997, 1334, 1338.

623 *Prinz/Peters* Rn 284; *Wenzel* 6. Kap. Rn 151ff.

624 BGH GRUR 1999, 418 – Möbelklassiker; BGH GRUR 1994, 454, 455 – Schlankheitswerbung; BGH GRUR 1993, 53, 54 – Ausländischer Inserent; BGH GRUR 1990, 1012 – Pressehaftung; *Peters* NJW 1997, 1334, 1339.

Art. 5 Abs. 1 GG besteht keine darüber hinausgehende Pflicht, insbesondere muss in der Regel kein anwaltlicher Rat eingeholt werden.[625]

3. Bedeutung für die medienrechtlichen Ansprüche

150 Ein Verstoß gegen die publizistische Sorgfaltspflicht hat **keine unmittelbare rechtliche Relevanz.**[626] Mittelbar jedoch wirkt er sich auf die medienrechtlichen Ansprüche aus. Dies gilt in erster Linie für **Schadensersatzansprüche,** da diese ein Verschulden der Medien voraussetzen. Hat der Journalist bei einer Veröffentlichung gegen die publizistische Sorgfalt verstoßen, ist sein Verhalten schuldhaft und er haftet dem Betroffenen auf Schadensersatz und gegebenenfalls auch auf Geldentschädigung. Hat er dagegen sorgfältig recherchiert, entfallen Ersatzansprüche,[627] auch wenn sich später die Unwahrheit der Berichterstattung herausstellt. Für die **übrigen medienrechtlichen Ansprüche** (Unterlassung, Gegendarstellung, Berichtigung) ist grundsätzlich kein Verschulden erforderlich, so dass die Ansprüche im Prinzip auch bei sorgfältiger Medientätigkeit bestehen. Eine Ausnahme dazu bildet jedoch der Anspruch aus § 823 Abs. 2 BGB iVm § 186 StGB (Üble Nachrede). Kann sich der Journalist auf die **Wahrnehmung berechtigter Interessen** berufen und hat er gleichzeitig die publizistische Sorgfalt eingehalten, unterliegen der Unterlassungs- und Berichtigungsanspruch veränderten Voraussetzungen.[628]

D. Der medienrechtliche Schutz – die Bildberichterstattung

151 Neben der Wortberichterstattung kann auch die Veröffentlichung von Bildern Auslöser für medienrechtliche Auseinandersetzungen sein. Die **Bildberichterstattung** kann einen ungleich stärkeren Eingriff bedeuten. Zum einen prägen sich Bilder – sei es in Illustrierten, Zeitungen, im Internet oder im Film bzw. Fernsehen – bei dem Zuschauer sehr viel stärker ein als Worte. Zum anderen wird eine Person durch ihre Fixierung in einem Film oder auf einem Foto verfügbar gemacht und kann jederzeit der Allgemeinheit vorgeführt werden.[629] Grenze der Bildberichterstattung ist das Recht am eigenen Bild.

I. Das Recht am eigenen Bild

152 Das **Recht am eigenen Bild** ist ein **Schutzgut des allgemeinen Persönlichkeitsrechts.**[630] Es ist spezialgesetzlich geregelt in den **§§ 22 ff KUG,**[631] die im Rahmen ihres

---

625 BGH GRUR 1993, 53, 54 – Ausländischer Inserent.

626 *Prinz/Peters* Rn 296; *Peters* NJW 1997, 1334, 1340; *Soehring* Rn 2.26; *Löffler/Steffen* LPG § 6 Rn 11.

627 BGH GRUR 1989, 222, 223 f – Filmbesprechung; BGH GRUR 1986, 330, 331 f – Warentest III; BGHZ 70, 39 – Alkoholtest; OLG Karlsruhe AfP 1993, 586, 587; OLG Köln ZUM 1993, 34, 35; *Prinz/Peters* Rn 300; *Löffler/Steffen* LPG § 6 Rn 305.

628 → Rn 135 ff.

629 BGH NJW 1966, 2353, 2354 – Vor unserer eigenen Tür; *Schricker* KUG § 60/§ 22 Rn 10.

630 BVerfG NJW 1999, 2358 – Greenpeace; BVerfGE 35, 202, 219 ff – Lebach I; BGH NJW 1996, 1128, 1129 – Caroline von Monaco III; BGH WRP 1995, 613 – Kundenzeitschrift; BGH GRUR 1994, 391 – FCKW; BGH GRUR 1987, 128 – Nena; *Prinz/Peters* Rn 781; *Wenzel* 7. Kap. Rn 1; *Soehring* Rn 21.1; *Schricker* KUG § 60/§ 22 Rn 7; *Löffler/Ricker* 43. Kap. Rn 1; *v. Gamm* Einf. Rn 102.

631 § 22 KUG: „Bildnisse dürfen nur mit Einwilligung des Abgebildeten verbreitet oder öffentlich zur Schau gestellt werden. Die Einwilligung gilt im Zweifel als erteilt, wenn der Abgebildete dafür, dass er sich abbilden ließ, eine Entlohnung erhielt. Nach dem Tode des Abgebildeten bedarf es bis zum Ablaufe von 10 Jahren der Einwilligung der Angehörigen des Abgebildeten. Angehörige im Sinne dieses Gesetzes sind der überlebende Ehegatte oder Lebenspartner und die Kinder des Abgebildeten, und wenn weder ein Ehegatte oder Lebenspartner noch Kinder des Abgebildeten vorhanden sind, die Eltern des Abgebildeten." § 23 KUG: „(1) Ohne die nach § 22 erforderliche Einwilligung dürfen verbreitet und zur Schau gestellt werden:
1. Bildnisse aus dem Bereiche der Zeitgeschichte;
2. Bilder, auf denen die Personen nur als Beiwerk neben einer Landschaft oder sonstigen Örtlichkeit erscheinen;

Anwendungsbereichs dem deliktischen Schutz nach § 823 BGB vorgehen. Soweit die Voraussetzungen des Kunsturhebergesetzes nicht vorliegen, ist jedoch ein Rückgriff auf das allgemeine Deliktsrecht möglich.[632] Als Schutzgut des Persönlichkeitsrechts wird der Bildnisschutz von der Güterabwägung zwischen den schutzwürdigen Belangen des Betroffenen und den Publikationsinteressen beherrscht.[633] Das Recht am eigenen Bild ist ein **immaterielles Recht,** welches die Freiheit der Selbstbestimmung über die Darstellung im Bild schützt. Es umfasst daneben auch die Entscheidungsfreiheit darüber, Bilder auch kommerziell zu nutzen, so dass das Recht am eigenen Bild auch **vermögensrechtlichen Charakter** hat.[634]

II. Bildnisse und Bilder nach dem KUG

Das Kunsturhebergesetz unterscheidet zwischen Bildnissen und Bildern. Unter **Bildnis** ist ein **Personenbildnis** zu verstehen, d.h. die Darstellung einer oder mehrerer Personen, die die äußere Erscheinung der Abgebildeten in einer für Dritte erkennbaren Weise wiedergibt.[635] Gegenstand eines Bildnisses ist damit immer eine Person, wobei **Darstellungsart und -form unerheblich** sind.[636] Die Abbildung einer Person in der Bewegung in Film und Fernsehen ist ebenso ein Bildnis wie ein Foto, eine Fotomontage,[637] eine Zeichnung,[638] ein Schattenriss,[639] eine Karikatur[640] oder die Darstellung als animierte Figur in einem Computerspiel.[641] Gleiches gilt für Puppen, die die Gesichtszüge einer bekannten Persönlichkeit tragen,[642] für Schauspieler, soweit sie eine bestimmte Person verkörpern,[643] und Doubles.[644] Auch Abbildungen von Toten sind Bildnisse.[645] 153

Wesentliche Voraussetzung ist die **Erkennbarkeit** der Person.[646] Soweit die fragliche Person auf dem Bildnis nicht erkennbar, also nicht identifizierbar ist, sind Ansprüche aus dem Recht am eigenen Bild ausgeschlossen.[647] Die Erkennbarkeit ergibt sich regelmäßig aus den Gesichtszügen, kann jedoch auch aus Merkmalen wie Kleidung, Haarschnitt, Gestalt oder Umgebung folgen. Beispielsweise kann ein Reiter auf Grund seines bekannten 154

---

3. Bilder von Versammlungen, Aufzügen und ähnlichen Vorgängen, an denen die dargestellten Personen teilgenommen haben;
4. Bildnisse, die nicht auf Bestellung angefertigt sind, sofern die Verbreitung oder Schaustellung einem höheren Interesse der Kunst dient.

(2) Die Befugnis erstreckt sich jedoch nicht auf eine Verbreitung und Schaustellung, durch die ein berechtigtes Interesse des Abgebildeten oder, falls dieser verstorben ist, seiner Angehörigen verletzt wird."

§ 24 KUG: „Für Zwecke der Rechtspflege und der öffentlichen Sicherheit dürfen von den Behörden Bildnisse ohne Einwilligung des Berechtigten sowie des Abgebildeten oder seiner Angehörigen vervielfältigt, verbreitet und öffentlich zur Schau gestellt werden."

632 → Rn 158f.

633 *Löffler/Steffen* LPG § 6 Rn 120.

634 BGHZ 20, 345, 347 – Paul Dahlke; *Wenzel* 7. Kap. Rn 4; *Schricker* KUG § 60/§ 22 Rn 9.

635 *Schricker* KUG § 60/§ 22 Rn 14.

636 *Schricker* KUG § 60/§ 22 Rn 14f; *Dreier/Schulze* UrhG § 22 KUG Rn 1.

637 BGH AfP 2004, 51, 52 – Fotomanipulation; LG Berlin AfP 2002, 249, 250; *Prinz/Peters* Rn 825.

638 OLG Hamburg AfP 1983, 282, 283; LG Hamburg ZUM-RD 2002, 373, 375; LG München AfP 1997, 559, 560.

639 LG Berlin NJW-RR 2000, 555.

640 *Schricker* KUG § 60/§ 22 Rn 27.

641 OLG Hamburg ZUM 2004, 309, 310 – Kahn.

642 *Prinz/Peters* Rn 825; *Schricker* KUG § 60/§ 22 Rn 15.

643 BGH NJW 1958, 459, 462 – Sherlock Holmes.

644 BGH GRUR 2000, 715, 716f – Der blaue Engel; OLG Karlsruhe AfP 1996, 282, 283 – Ivan Rebroff; LG Stuttgart AfP 1983, 292; *Prinz/Peters* Rn 825; *Schricker* KUG § 60/§ 22 Rn 20.

645 OLG Hamburg AfP 1983, 466, 467; *Schricker* KUG § 60/§ 22 Rn 15; *Dreier/Schulze* UrhG § 22 KUG Rn 1; aA *Wenzel* 7. Kap. Rn 10. Zur Abbildung von Toten *Prinz/Peters* Rn 826, 882.

646 KG AfP 2006, 567; KG AfP 2006, 567; *Dreier/Schulze* UrhG § 22 KUG Rn 3f; → Rn 64.

647 Eventuell Schutz des allgemeinen Persönlichkeitsrechts als Auffangrecht: *Dreier/Schulze* UrhG § 22 KUG Rn 5ff.

Pferdes[648] oder ein Torwart von hinten durch das Netz eines Fußballtores identifiziert werden.[649] Soweit das Bildnis mit einem Text oder einer Bildunterschrift versehen ist, kann sich die Erkennbarkeit auch daraus ergeben.[650] Ob die Wiedergabe von Bildfragmenten ohne Andeutung menschlicher Konturen ausreicht, die als Ausschnitt aus der Werbung eines Konkurrenten lediglich die Assoziation der Abbildung einer bestimmten prominenten Person beim Betrachter auslösen kann, wird unterschiedlich beurteilt.[651] Das Versehen eines Bildnisses mit Augenbalken verhindert in der Regel die Erkennbarkeit der abgebildeten Person nicht.[652] Nicht erforderlich ist, dass die abgebildete Person auch tatsächlich erkannt wird; vielmehr ist das Recht am eigenen Bild schon dann verletzt, wenn der Abgebildete begründeten Anlass zu der Annahme hat, er könne identifiziert werden.[653] Dabei genügt die **mögliche Erkennbarkeit** durch einen mehr oder minder großen Bekanntenkreis der Person.[654]

155 Im Gegensatz zu den Bildnissen erscheinen bei **Bildern** die Personen nicht im Mittelpunkt der Abbildung, sondern nur im Hintergrund „als Beiwerk neben einer Landschaft oder sonstigen Örtlichkeit" (§ 23 Abs. 1 Nr. 2 KUG) oder als Teilnehmer von „Versammlungen, Aufzügen und ähnlichen Vorgängen" (§ 23 Abs. 1 Nr. 3 KUG). Der Gesamteindruck von Bildern wird durch die abgebildete Umwelt bestimmt, während die unter anderem – auch – abgebildeten Personen jederzeit weggelassen werden könnten, ohne die Aussage des Bildes zu verändern.[655]

III. Tathandlungen im Bereich des Bildnisschutzes

156 Nach § 22 KUG ist das Verbreiten und öffentliche Zurschaustellen von Bildnissen ohne Einwilligung des Abgebildeten grundsätzlich unzulässig.

1. Verbreiten und öffentliches Zurschaustellen

157 Der Begriff des **Verbreitens** im Sinne des § 22 KUG meint **jede Art der Verbreitung.**[656] In der Praxis relevant ist insbesondere die Verbreitung in Form der Veröffentlichung in Zeitungen, Zeitschriften, Büchern oder auf Bildpostkarten. Kennzeichnend für das Verbreiten in Abgrenzung zum öffentlichen Zurschaustellen ist die **Weitergabe des körperlichen Gegenstandes,** auf dem sich das Bild befindet; d.h. Original oder Kopie müssen einer anderen Person überlassen werden;[657] es genügt jedoch auch die unentgeltliche Weitergabe oder das Verschenken von Aufnahmen.[658] Nicht ausreichend ist dagegen ein bloßes Vorzeigen des Bildnisses. Beim öffentlichen **Zurschaustellen** wird demgegenüber nur die **Möglichkeit** verschafft, **das Bildnis wahrzunehmen,** ohne es gegenständlich in der Hand zu halten.[659] Das Bildnis muss öffentlich sichtbar gemacht werden. Dies ge-

[648] OLG Düsseldorf GRUR 1970, 618 – Schleppjagd.

[649] BGH GRUR 1979, 732, 733 – Fußballtorwart.

[650] BGH GRUR 1966, 102 – Spielgefährtin I; OLG München NJW-RR 1996, 93, 94 – Tochter von Anne-Sophie Mutter; OLG Frankfurt GRUR 1987, 195 – Foto der Freundin; OLG Hamburg AfP 1977, 351; OLG Oldenburg NJW 1963, 920, 922.

[651] Bildnis verneint: OLG Karlsruhe AfP 2004, 557. Bildnis bejaht: LG Frankenthal AfP 2004, 294.

[652] OLG Karlsruhe ZUM 2001, 883, 886 f; *Prinz/Peters* Rn 827.

[653] BGH GRUR 1979, 732, 733 – Fußballtorwart; BGH NJW 1971, 698, 700 – Pariser Liebestropfen; BGH GRUR 1962, 211 – Hochzeitsbild; OLG München AfP 1983, 276; *Prinz/Peters* Rn 827; *Schricker* KUG § 60/§ 22 Rn 24.

[654] BGH GRUR 1979, 732, 733 – Fußballtorwart.

[655] OLG Frankfurt GRUR 1986, 614, 615 – Ferienprospekt; OLG Oldenburg NJW-RR 1988, 951, 952; OLG München NJW 1988, 915, 916; *Schricker* KUG § 60/§ 22 Rn 14 und § 23 Rn 48.

[656] *Dreier/Schulze* UrhG § 22 KUG Rn 9 ff.

[657] RGSt 45, 240, 242; *Prinz/Peters* Rn 829; *Wenzel* 7. Kap. Rn 43; *Schricker* KUG § 60/§ 22 Rn 36; *Helle* S. 126.

[658] *Prinz/Peters* Rn 829; *Wenzel* 7. Kap. Rn 43; *Schricker* KUG § 60/§ 22 Rn 36.

[659] VG Köln AfP 1988, 182, 184; *Prinz/Peters* Rn 830; *Wenzel* 7. Kap. Rn 44; *Schricker* KUG § 60/§ 22 Rn 37; *Dreier/Schulze* UrhG § 22 KUG Rn 11.

schieht etwa durch Aushang in einem Schaukasten oder im Museum, aber auch durch Ausstrahlung im Fernsehen, Vorführung im Film oder Verwendung im Internet. Die Zurschaustellung muss **öffentlich** erfolgen. In Anlehnung an § 15 Abs. 3 UrhG ist ein Zurschaustellen öffentlich, wenn es für eine Mehrzahl von Personen bestimmt ist, es sei denn, dass der Kreis dieser Personen bestimmt abgegrenzt ist und sie durch gegenseitige Beziehungen oder Beziehungen zum Veranstalter persönlich untereinander verbunden sind.[660]

2. Anfertigen

Unter den Wortlaut der §§ 22, 23 KUG fällt ausschließlich das Verbreiten und öffentliche Zurschaustellen von Bildnissen und Bildern, nicht dagegen die vorherige Anfertigung dieser Aufnahmen.[661] Nach überwiegender Auffassung kann das Herstellen von Bildnissen jedoch eine **Verletzung des allgemeinen Persönlichkeitsrechts** darstellen und über § 823 Abs. 1 BGB Ansprüche begründen.[662] Welche Voraussetzungen dafür erfüllt sein müssen, ist umstritten. Nach einer Ansicht soll die Anfertigung von Bildnissen grundsätzlich unzulässig sein, es sei denn, es würden besondere Rechtfertigungsgründe eingreifen.[663] Eine andere Ansicht möchte einen Eingriff in das allgemeine Persönlichkeitsrecht erst anhand einer umfassenden Güter- und Interessenabwägung feststellen.[664] In der Praxis sind insbesondere folgende **Fallgruppen** von Bedeutung: 158

Zulässig ist in der Regel die Anfertigung von **Aufnahmen, die nach den §§ 22, 23 KUG veröffentlicht werden dürfen.**[665] Dies sind Aufnahmen, für deren Veröffentlichung eine Einwilligung des Abgebildeten vorliegt oder die nach § 23 KUG privilegiert sind.[666] Wäre die der Veröffentlichung vorgeschaltete Anfertigung der Aufnahmen nicht auch zulässig, liefen die Privilegierungen des Kunsturhebergesetzes leer.[667] Zulässig können des Weiteren **Aufnahmen zu Beweiszwecken** sein. So ist es nach der Rechtsprechung beispielsweise nicht zu beanstanden, wenn eine krankgeschriebene Angestellte, die bei einem Stadtbummel „erwischt" wird, zur Beweissicherung für eine spätere Kündigung fotografiert wird.[668] Gleiches gilt für Personen, die sich an einer strafbaren Handlung beteiligen[669] oder in einen Unfall verwickelt sind.[670] Im Einzelfall ist immer eine Abwägung der widerstreitenden Interessen, namentlich zwischen dem Dokumentationsinteresse des Aufnehmenden und dem allgemeinen Persönlichkeitsrecht des durch die Aufnahme Betroffenen, erforderlich.[671] Bei Vorliegen eines begründeten und schutzwürdigen Verdachts wird eine Aufnahme zum Zwecke der Beweissicherung regelmäßig zulässig sein. Nicht mehr zulässig war aber beispielsweise der Einsatz einer Videokamera im Eingangsbereich eines Wohnhauses zur Kontrolle der Hausbewohner mit der Begründung, es sei öfter Unrat auf das Grundstück geworfen worden.[672] Die heimliche Anfertigung von Aufnahmen, die sog. **Bildniser-** 159

[660] LG Oldenburg GRUR 1988, 694, 695; *Prinz/Peters* Rn 830; *Wenzel* 7. Kap. Rn 44.

[661] AA OLG Oldenburg NJW 1963, 920; *Soehring* Rn 9.3 ff, 21.1; *Dreier/Schulze* UrhG § 22 KUG Rn 12.

[662] BGH GRUR 1995, 621, 622 – Grundstücksnachbarn; BGH NJW 1975, 2075, 2076 – Demonstration; BGH NJW 1966, 2353, 2354 – Vor unserer eigenen Tür; BGHZ 24, 200, 209 – Spätheimkehrer; VGH Mannheim AfP 1996, 193; OLG Frankfurt NJW 1995, 878, 879 – Universelles Leben II; OLG Hamburg GRUR 1990, 35 – Begleiterin; KG NJW 1980, 894; *Prinz/Peters* Rn 809 ff; *Schricker* KUG § 60/§ 22 Rn 34 f; *Helle* S. 71 f; *Dreier/Schulze* UrhG § 22 KUG Rn 13; *Löffler/Steffen* LPG § 6 Rn 123.

[663] OLG Hamburg GRUR 1990, 35 – Begleiterin; *Amelung/Tyrell* NJW 1980, 1560, 1561.

[664] BGH GRUR 1995, 621, 622 f – Grundstücksnachbarn; BGH NJW 1966, 2353, 2354 – Vor unserer eigenen Tür; OLG Karlsruhe NJW 2002, 2799; BayObLG NJW 2002, 2893; OLG Hamm NJW-RR 1988, 425; *Wenzel* 7. Kap. Rn 22; *Rebmann* AfP 1982, 189, 194.

[665] BGH NJW 1975, 2075, 2076 – Demonstration; OLG Frankfurt NJW 1995, 878, 880 – Universelles Leben II; *Prinz/Peters* Rn 811 f; *Wenzel* 7. Kap. Rn 25; *Rebmann* AfP 1982, 189, 194.

[666] Zu den Privilegierungen des § 23 KUG; → Rn 163 ff.

[667] *Prinz/Peters* Rn 811.

[668] OLG Hamburg GRUR 1990, 35 – Begleiterin.

[669] OLG Düsseldorf NJW-RR 1998, 241; LG Oldenburg AfP 1991, 652.

[670] *Prinz/Peters* Rn 810; *Schricker* KUG § 60/§ 22 Rn 34.

[671] OLG Karlsruhe NJW 2002, 2799.

[672] BGH GRUR 1995, 621, 622 f – Grundstücksnachbarn.

schleichung, ist regelmäßig unzulässig. Sie stellt eine Verletzung des Persönlichkeitsrechts dar, insbesondere wenn der Bereich der Privatsphäre betroffen ist.[673] Auch überrumpelnde Aufnahmen, auf die sich der Betroffene nicht einrichten kann,[674] oder Aufnahmen von Personen in volltrunkenem Zustand[675] sind unzulässig. Im Einzelfall kann jedoch auch hier die erforderliche Interessenabwägung ein anderes Ergebnis rechtfertigen. Soweit Aufnahmen aus der **Intimsphäre** angefertigt werden, sind diese ohne Einwilligung des Betroffenen immer unzulässig.[676] In der Regel gilt dies auch für Aufnahmen aus der Privatsphäre, insbesondere in der Wohnung oder in Geschäftsräumen, aber auch an anderen Örtlichkeiten der Privatsphäre.[677]

IV. Grenzen des Bildnisschutzes nach §§ 22 ff KUG

160 Nach den §§ 22 ff KUG ist **unter bestimmten Voraussetzungen** die **Veröffentlichung von Bildnissen und Bildern zulässig.**[678] Für Bildnisse gilt dies gemäß § 22 KUG für den Fall, dass der Abgebildete seine Einwilligung zu der Veröffentlichung erteilt.[679] Aber auch ohne Einwilligung kann eine Veröffentlichung zulässig sein, und zwar soweit eine der in §§ 23 Abs. 1, 24 KUG geregelten Ausnahmen eingreift.

161 § 23 Abs. 2 KUG ist wiederum eine Ausnahme von der Ausnahme: Kann der Abgebildete berechtigte Interessen geltend machen, kommt eine Veröffentlichung trotz Vorliegens eines Ausnahmetatbestandes nach § 23 Abs. 1 KUG nicht in Betracht. Im Einzelnen:

1. Einwilligung

162 Für die **Einwilligung** in die Veröffentlichung von Bildnissen gelten im Prinzip die gleichen Grundsätze wie für die Wortberichterstattung.[680] Besonderes Augenmerk ist regelmäßig auf das Vorliegen und den Umfang der Einwilligung sowie den Zweck der Aufnahme zu richten.[681] In dieser Hinsicht trifft den Bildnisverwerter eine **besondere Sorgfaltspflicht.**[682] Diese besteht auch dann, wenn das Bild von einer Agentur stammt.[683] Besondere Prüfpflichten existieren, wenn es sich bei dem Bildnis um eine Nacktaufnahme handelt, da eine Veröffentlichung ohne oder gegen den Willen des Abgebildeten eine besonders schwere Beeinträchtigung seiner Persönlichkeit bedeuten würde.[684] Gleiches gilt für anderweitige erhebliche Persönlichkeitsrechtsverletzungen.[685] Soweit eine Aufnahme zu Werbezwecken

[673] BGH NJW 1996, 1128, 1130 – Caroline von Monaco III; BGH GRUR 1995, 621, 622 – Grundstücksnachbarn; BGH NJW 1975, 2075, 2076 – Demonstration; BGH NJW 1966, 2353, 2355 – Vor unserer eigenen Tür; BGHZ 24, 200, 209 – Spätheimkehrer; OLG Frankfurt NJW 1987, 1087; *Prinz/Peters* Rn 814; *Schricker* KUG § 60/§ 22 Rn 34; *Helle* S. 76 f; *Ernst* NJW 2004, 1277, 1278 f.

[674] BGH NJW 1996, 1128, 1130 – Caroline von Monaco III.

[675] OLG Frankfurt NJW 1987, 1087; s. auch BGHZ 27, 284 – Tonbandaufnahme I.

[676] *Prinz/Peters* Rn 815.

[677] BGH NJW 1996, 1128, 1130 – Caroline von Monaco III.

[678] Geschichte zum Bildnisschutz: *Dreier/Schulze* UrhG Vor §§ 22 ff Rn 2 ff.

[679] *Dreier/Schulze* UrhG § 22 KUG Rn 17 ff.

[680] → Rn 140 ff; *Prinz/Peters* Rn 831 ff.

[681] Aus der neueren Rechtsprechung etwa BGH AfP 2004, 533, 534 – Springturnierfotos I; BGH AfP 2004, 534, 536 – Springturnierfotos II; OLG Hamburg AfP 2005, 73, 74 f; OLG Karlsruhe ZUM 2006, 568, 569 f; OLG München ZUM 2006, 936; *Dreier/Schulze* UrhG § 22 KUG Rn 18 ff.

[682] BGH GRUR 1992, 557 – Talkmaster; BGH GRUR 1985, 398, 399 f – Nacktfoto; BGH NJW 1971, 698, 700 – Pariser Liebestropfen; BGH GRUR 1962, 211, 214 – Hochzeitsbild; KG NJW-RR 1999, 1703, 1705; OLG Karlsruhe NJW-RR 1994, 95; OLG München NJW 1975, 1129; LG Hannover ZUM 2000, 970, 971; *Prinz/Peters* Rn 841; *Schricker* KUG § 60/§ 22 Rn 45 ff.

[683] BGH GRUR 1962, 211, 214 – Hochzeitsbild; s. auch BGH GRUR 1992, 557 – Talkmaster; OLG Frankfurt NJW 1992, 441, 442; AG Frankfurt NJW 1996, 531, 532; *Prinz/Peters* Rn 843 f; *Schricker* KUG § 60/§ 22 Rn 46.

[684] BGH GRUR 1985, 398, 399 f – Nacktfoto; OLG Düsseldorf AfP 1984, 229, 230; OLG Oldenburg GRUR 1989, 344, 345 – Oben ohne-Fotos; OLG Frankfurt GRUR 1987, 195 – Foto der Freundin; KG NJW-RR 1999, 1703, 1704; *Prinz/Peters* Rn 842; *Schricker* KUG § 60/§ 22 Rn 47.

[685] *Prinz/Peters* Rn 844.

eingesetzt werden soll, ist der Verwerter auch hier angehalten, gründlich nachzuprüfen, ob er dazu befugt ist.[686] Ohne explizite Vereinbarung ist eine Verwendung in der Werbung grundsätzlich unzulässig. Nach § 22 S. 2 KUG besteht eine (widerlegbare) **Vermutung für die Erteilung einer Einwilligung,** wenn der Abgebildete ein Entgelt für die Aufnahme erhalten hat. Im Übrigen trägt der Bildnisverwerter die Beweislast für das Vorliegen der Einwilligung.[687]

2. Ausnahmen vom Veröffentlichungsverbot (§ 23 Abs. 1 KUG)

Im Interesse der Öffentlichkeit an einer sachgerechten und umfassenden Information kann die Veröffentlichung von Bildern und Bildnissen auch ohne Einwilligung des Abgebildeten zulässig sein. Die Ausnahmeregelungen des § 23 Abs. 1 KUG betreffen regelmäßig Situationen, in denen sich der Betroffene in die Öffentlichkeit begeben hat und daher Einschränkungen seines Rechts am eigenen Bild in Betracht kommen.[688] 163

a) Bildnisse aus dem Bereich der Zeitgeschichte (§ 23 Abs. 1 Nr. 1 KUG). Die Rechtsprechung ist in diesem Bereich in den letzten Jahren in ständiger Veränderung. Die technischen Möglichkeiten der (Paparazzi-)Fotografie und der starke Wettbewerb der Boulevard- und Unterhaltungsmedien haben einen verstärkten Schutz der Betroffenen erforderlich gemacht. Den von den deutschen Gerichten bislang gewährten Privatsphärenschutz erachtete der Europäische Gerichtshof für Menschenrechte (EGMR) als nicht ausreichend. In seinem Urteil vom 24. 6. 2004 hat er einen Verstoß der deutschen Rechtsprechung gegen Art. 8 der Europäischen Menschenrechtskonvention (EMRK) festgestellt.[689] 164

aa) Die bisherige Rechtsprechung.[690] Die Veröffentlichung von Bildnissen aus dem **Bereich der Zeitgeschichte** ist nach dem Verständnis des BGH zulässig, da in diesem Bereich „der Allgemeinheit ein durch ein echtes Informationsbedürfnis gerechtfertigtes Informationsinteresse an einer bildlichen Darstellung zuzubilligen ist."[691] Die zeitgeschichtliche Bedeutung eines Bildnisses bestimmt sich danach nach dem **Informationsinteresse der Öffentlichkeit,** welches im konkreten Einzelfall mit dem Recht am eigenen Bild des Abgebildeten abzuwägen ist.[692] Ein Informationsinteresse besteht nicht nur bei politischen Fragen; auch das soziale, wirtschaftliche und kulturelle Leben gehört nach der bisherigen Rechtsprechung dem Bereich der Zeitgeschichte an.[693] Der Bereich der Zeitgeschichte war nach bisher herrschender Auffassung betroffen, wenn Gegenstand des Bildnisses eine sog. **Person der Zeitgeschichte**[694] war. Aufbauend auf *Neumann-Duesberg*[695] unterschied der BGH in ständiger Rechtsprechung zwischen absoluten und relativen Personen der Zeitgeschichte.[696] 165

Absolute Personen der Zeitgeschichte sollten danach Personen sein, die sich „durch Geburt, Stellung, Leistungen, Taten oder Untaten außergewöhnlich aus dem Kreis der 166

---

686 BGH GRUR 1992, 557 – Talkmaster; BGH NJW 1971, 698, 700 – Pariser Liebestropfen.

687 BGHZ 20, 345, 347 ff – Paul Dahlke; BGH NJW 1965, 1374 – Satter Deutscher; OLG München NJW-RR 1996, 93, 94 – Tochter von Anne-Sophie Mutter; KG NJW-RR 1999, 1703; *Prinz/Peters* Rn 836.

688 *Dreier/Schulze* UrhG § 23 KUG Rn 3 ff.

689 EGMR (v. Hannover v. Germany) Urt. v. 24. 6. 2004, Nr. 59 320/00. Nichtamtliche deutsche Übersetzungen sind etwa abgedruckt in NJW 2004, 2647; AfP 2004, 348.

690 Überblick bei *Dreier/Schulze* UrhG § 23 KUG Rn 3 ff.

691 BGH GRUR 1996, 227, 228 – Wiederholungsveröffentlichung; *Wenzel* 8. Kap. Rn 9; *Soehring* Rn 21.2 d.

692 BVerfGE 101, 361, 391 ff – Caroline von Monaco I.

693 RGZ 125, 80, 81 – Tull Harder; OLG München GRUR 1964, 42 – Lebensmittelskandal; zur Bildberichterstattung von Live-Konzerten *Marktfort* ZUM 2006, 829; *Prinz/Peters* Rn 846; *Schricker* KUG § 60/§ 23 Rn 18.

694 *Dreier/Schulze* UrhG § 23 KUG Rn 4 ff.

695 *Neumann-Duesberg* JZ 1960, 114.

696 BGH GRUR 1997, 125, 126 f – Bob Dylan; BGH NJW 1996, 1128, 1129 – Caroline von Monaco III.

Mitmenschen heraushoben“[697] und deshalb im Blickfeld der Öffentlichkeit standen.[698] An dem Leben und Wirken dieser Personen sollte ein legitimes Informationsinteresse der Allgemeinheit bestehen, welches das individuelle Anonymitätsinteresse überwiegt. Dieses Informationsinteresse sollte dabei **nicht auf das öffentliche Wirken begrenzt** sein. Nach dieser Rechtsprechung mussten daher absolute Personen der Zeitgeschichte die Veröffentlichung von Bildnissen hinnehmen, auch wenn diese sie nicht bei der Wahrnehmung einer öffentlichen Funktion zeigten, sondern ihr Privatleben im weiteren Sinne betrafen.[699] So konnte die Veröffentlichung von Aufnahmen beim Einkaufen oder Sport zulässig sein.[700] Dennoch sollte auch absoluten Personen der Zeitgeschichte Bildnisschutz für den Kernbereich der Intim- und Privatsphäre zustehen.[701]

167 Mangels objektiver Kriterien für die Frage, welche Personen derart im Blickfeld der Öffentlichkeit standen, dass sie als absolute Personen der Zeitgeschichte anzusehen waren, war die Rechtsprechung schwankend und zum Teil wenig nachvollziehbar. Zu den absoluten Personen der Zeitgeschichte zählte die Rechtsprechung zum **Beispiel** Staatsoberhäupter und Politiker,[702] unter Umständen Angehörige fürstlicher Häuser,[703] berühmte Wissenschaftler und Erfinder,[704] erfolgreiche Künstler,[705] bekannte Schauspieler und Sänger,[706] Spitzensportler,[707] Berufsfußballspieler und ihre Trainer.[708] Nicht zu den absoluten Personen der Zeitgeschichte rechnete sie demgegenüber Angehörige eines Adelsgeschlechts,[709] Nachrichtensprecher,[710] Fernsehmoderatoren,[711] Polizeibeamte[712] und Personen, die an einer körperlichen Missbildung[713] oder Kleinwüchsigkeit[714] leiden.

168 **Relative Personen der Zeitgeschichte** waren Personen, die nur im Hinblick auf ein bestimmtes zeitgeschichtliches Ereignis in das Blickfeld der Öffentlichkeit geraten waren. Das Informationsinteresse der Öffentlichkeit bestand dann auch nur im Zusammenhang mit diesem Ereignis.[715] Bildnisse, die die relative Person der Zeitgeschichte in **sachlichem und räumlichem Zusammenhang** mit dem Ereignis zeigten, durften daher in zeitlicher

---

697 *Neumann-Duesberg* Juristen-Jahrbuch 7 (1966/67), 138, 151; *Dreier/Schulze* UrhG § 23 KUG Rn 5 ff.

698 *Prinz/Peters* Rn 848; *Soehring* Rn 21.3 a; *Schricker* KUG § 60/§ 23 Rn 21; *Löffler/Ricker* 43. Kap. Rn 13 a.

699 BGH GRUR 1997, 125, 126 f – Bob Dylan; BGH NJW 1996, 1128, 1129 – Caroline von Monaco III; *Wenzel* 8. Kap. Rn 10.

700 BGH NJW 1996, 1128, 1129 – Caroline von Monaco III.

701 → Rn 178 ff.

702 BVerfGE 91, 125 – Honecker II; BVerfGE 87, 334 – Honecker I; BGH GRUR 1996, 195 – Abschiedsmedaille; OLG München UFITA 41, 1964, 322; AG Ahrensböck DJZ 1920, 596.

703 BGH NJW 1996, 1228, 1229 – Caroline von Monaco III; s. aber BGH NJW 2004, 1795 – Charlotte Casiraghi; BGH GRUR 1996, 227, 228 – Wiederholungsveröffentlichung; OLG Hamburg AfP 1997, 535, 536 – Sohn von Caroline von Monaco.

704 RGZ 74, 308 – Graf Zeppelin.

705 OLG München NJW-RR 1996, 93 – Tochter von Anne-Sophie Mutter.

706 BGHZ 151, 26, 29 – Marlene Dietrich I; BGH GRUR 1997, 125, 126 – Bob Dylan; BGH GRUR 1992, 557 – Talkmaster; BGH GRUR 1961, 138, 139 – Familie Schölermann; BGHZ 30, 7 – Catarina Valente; BGHZ 20, 345 – Paul Dahlke; OLG Hamburg ZUM-RD 1999, 122, 125 – Backstreet Boys; OLG Hamburg GRUR 1990, 35 – Begleiterin; OLG Hamburg UFITA 81, 1978, 278, 285 – Romy Schneider.

707 OLG Frankfurt NJW 2000, 594 – Katharina Witt; OLG Frankfurt NJW 1989, 402 – Boris Becker; LG Hamburg v. 27. 9. 1996 – 324 O 292/96 (nicht veröffentlicht) – Michael Stich; KG UFITA 20, 1955, 199 – Boxkampf.

708 RGZ 125, 80 – Tull Harder; BGHZ 49, 288 – Ligaspieler; BGH GRUR 1979, 425, 426 – Fußballspieler; BGH GRUR 1979, 732 – Fußballtorwart.

709 OLG Hamburg NJW 1970, 1325; *Prinz/Peters* Rn 848; *Soehring* Rn 21.3 b.

710 LG Hamburg v. 10. 10. 1997 – 324 O 440/97 (nicht veröffentlicht); LG Hamburg v. 5. 3. 1999 – 324 O 425/98 (nicht veröffentlicht).

711 OLG Hamburg v. 17. 11. 1998 – 7 U 117/98 und 7 U 118/98 (nicht veröffentlicht).

712 Ausführungen hierzu bei *Pieroth* AfP 2006, 309 f.

713 LG Kleve MDR 1953, 107 – Siamesische Zwillinge; *Prinz/Peters* Rn 854; *Schricker* KUG § 60/§ 23 Rn 30.

714 OLG München NJW 1975, 1129.

715 BGH GRUR 1966, 102, 103 – Spielgefährtin I; OLG Frankfurt GRUR 1991, 49, 50 – Steuerberater; *Prinz/Peters* Rn 849; *Soehring* Rn 21.5; *Schricker* KUG § 60/§ 23 Rn 31 ff; *Dreier/Schulze* UrhG § 23 KUG Rn 8 ff.

Nähe zu dem Ereignis veröffentlicht werden. Aber auch sog. **kontext-neutrale** bzw. **kontext-gerechte Fotos** waren nach neuerer Auffassung des BVerfG zur Bebilderung eines zeitgeschichtlichen Ereignisses zulässig. Dies sollten Bildnisse sein, auf denen der ursprüngliche Kontext, aus dem die Abbildung stammte, nicht zu erkennen oder so neutral war, dass er den Aussagegehalt des Fotos in dem neuen Kontext nicht beeinflusste oder jedenfalls nicht verfälschte. Unerheblich sollte sein, ob die Person **absichtlich oder zufällig** bzw. **in positiver oder negativer Hinsicht** mit dem zeitgeschichtlichen Ereignis in Verbindung geraten war.[716] Dies zeigt, dass grundsätzlich jedermann zur relativen Person der Zeitgeschichte werden konnte, soweit ein entsprechendes Informationsinteresse der Allgemeinheit anerkannt war. Da die zeitgeschichtliche Bedeutung eines Ereignisses mit der Zeit schwindet, war eine Bildnisveröffentlichung regelmäßig an die **Aktualität** des Geschehens geknüpft.[717]

Relative Personen der Zeitgeschichte sollten nach dieser Rechtsprechung auch sog. **Begleitpersonen** oder **Familienangehörige** von Personen der Zeitgeschichte sein. Zwar wurde eine Person, die mit einer Person der Zeitgeschichte liiert, verwandt oder verheiratet ist, nicht automatisch auch zu einer Person der Zeitgeschichte.[718] Insofern durften auch nach der bisherigen Rechtsprechung schon Bildnisse von ihr grundsätzlich nicht ohne ihre Einwilligung veröffentlicht werden.[719] Etwas anderes sollte jedoch dann gelten, wenn sich diese Person gemeinsam mit der Person der Zeitgeschichte in der Öffentlichkeit zeigte.[720] Der Bildnisschutz sollte erst wieder eingreifen, wenn die Beziehung beendet und einige Zeit verstrichen war.[721] Kinder von Personen der Zeitgeschichte waren selbst keine relativen Personen der Zeitgeschichte,[722] es sei denn, sie traten als Angehörige bewusst in der Öffentlichkeit auf oder nahmen im Pflichtenkreis ihrer Eltern öffentliche Funktionen wahr.[723] 169

bb) Kritik an dieser Rechtsprechung. Die Verknüpfung des Bildnisschutzes mit der **Einteilung in absolute und relative Person der Zeitgeschichte** ist **vielfach kritisiert** worden.[724] Im Ergebnis darf nicht übersehen werden, dass nicht diese Einteilung, sondern vielmehr das berechtigte Informationsinteresse der Öffentlichkeit ausschlaggebend sein muss. Dieses aber richtet sich nach dem Informationswert des einzelnen Bildes. Insofern war beispielsweise nicht nachvollziehbar, dass das Anonymitätsinteresse einer absoluten Person der Zeitgeschichte zurückstehen sollte, wenn es sich um alltägliche Fotos beim Einkaufen oder beim Sport handelte; denn ein wirklicher Informationswert für die Allgemeinheit kann einem solchen Bild nicht entnommen werden. Dies gilt auch für die Rechtsprechung zu kontext-neutralen Fotos. Für diese Fotos ist ja gerade typisch, dass sie keinen eigenen Informationswert haben, sondern nur zeigen, wie eine Person aussieht. 170

cc) Die Entscheidung des Europäischen Gerichtshofs für Menschenrechte (EGMR). Der Europäische Gerichtshof für Menschenrechte erklärte in seiner Entscheidung vom 24. 6. 2004, dass eine klare Unterscheidung vorzunehmen sei zwischen einer 171

[716] *Prinz/Peters* Rn 849; *Wenzel* 8. Kap. Rn 13; *Schricker* KUG § 60/§ 23 Rn 33.

[717] OLG Hamburg AfP 1993, 576; *Wenzel* 8. Kap. Rn 31; *Löffler/Steffen* LPG § 6 Rn 132.

[718] KG ZUM-RD 2006, 549 – Enkel von Fürst Rainer von Monaco keine absolute Person der Zeitgeschichte; *Prinz/Peters* Rn 856.

[719] KG ZUM-RD 2006, 549 – Enkel von Fürst Rainer von Monaco keine absolute Person der Zeitgeschichte; aA *Soehring* Rn 21.2e.

[720] OLG Hamburg ZUM 1995, 494, 495 – Michael Degen; OLG Hamburg GRUR 1990, 35 – Begleiterin; LG Köln AfP 1994, 165; LG Köln AfP 1994, 166 – Harald Schmidt; *Soehring* Rn 21.7b; kritisch dazu *Prinz* NJW 1995, 817, 821.

[721] OLG Hamburg ZUM 1986, 400, 401; OLG Hamburg AfP 1993, 576; LG Hamburg ZUM-RD 2004, 131, 132; *Prinz/Peters* Rn 856; *Schricker* KUG § 60/§ 23 Rn 44.

[722] BVerfG NJW 2000, 2191 – Caroline von Monaco IV; BGH GRUR 1996, 227, 228 – Wiederholungsveröffentlichung; OLG Hamburg AfP 1997, 535, 536 – Sohn von Caroline von Monaco; OLG München NJW-RR 1996, 93 – Tochter von Anne-Sophie Mutter; *Prinz/Peters* Rn 856; *Schricker* KUG § 60/§ 23 Rn 40.

[723] BVerfG NJW 2000, 1021, 1023; BGH GRUR 1996, 227, 228 – Wiederholungsveröffentlichung; OLG Hamburg NJW-RR 1999, 1550f; *Löffler/Ricker* 43. Kap. Rn 14.

[724] Ausführlich *Prinz/Peters* Rn 859; s. auch *Schricker* 2. Aufl. KUG § 60/§ 23 Rn 7; *Löffler/Steffen* LPG § 6 Rn 131.

Berichterstattung, die **Belange der demokratischen Gesellschaft** betrifft und der Berichterstattung über Einzelheiten aus dem Privatleben einer einzelnen Privatperson.[725] Nur im ersteren Fall agierten die Medien in ihrer wichtigen Rolle als Wächter über die Demokratie („public watchdog"), indem sie Informationen und Ideen von öffentlichem Interesse verbreiteten. Soweit die Medien allein die Neugier einer speziellen Leserschaft auf Einzelheiten des Privatlebens einer Einzelperson befriedigten, leiste diese Berichterstattung keinen Beitrag zu einer Debatte von allgemeinem Interesse der Gesellschaft.[726] Bloße Unterhaltungsinteressen müssen ebenso wie die kommerziellen Interessen der Medienunternehmen hinter dem effektiven Schutz des Privatlebens zurücktreten, der sich – über die eigene Wohnung und abgeschiedene Orte hinaus – auch in den öffentlichen Raum erstreckt.[727] Der Gerichtshof rügte zudem ausdrücklich die Rechtsprechung der deutschen Gerichte zur **Person der Zeitgeschichte.** Der damit verbundene Verlust von Privatheit und Recht am eigenen Bild sei nach Auffassung des Gerichtshofs – wenn überhaupt – nur denkbar für Politiker in Ausübung ihrer offiziellen Funktionen.[728] Außerdem wäre erforderlich, dass die Unterscheidung zwischen der sog. „absoluten Person der Zeitgeschichte" und der „relativen Person der Zeitgeschichte" derart klar und eindeutig wäre, dass jeder Einzelne anhand präziser Vorgaben sein Verhalten darauf einstellen könnte.[729]

172 **dd) Praktische Auswirkungen des EGMR-Urteils.** Das Straßburger Urteil vom 24. 6. 2004 hat große Beachtung gefunden und bereits eine Vielzahl von Stellungnahmen ausgelöst. Das **Meinungsspektrum** zu Abwägungsergebnis und Begründung des EGMR reicht dabei von uneingeschränkter Zustimmung[730] über vermittelnde Ansätze[731] bis hin zu strikter Ablehnung.[732] Die von manchen Kritikern zunächst befürchtete „Bedrohung der nationalen Medienordnung"[733] wegen vermeintlich übermäßiger Beschränkung der Pressefreiheit hat sich indessen als unbegründet erwiesen.[734] Vielmehr hat der EGMR mit Recht einseitige Fehlentwicklungen in der bisherigen deutschen Rechtsprechung korrigiert und dem Schutz des Privatlebens zu dem ihm gebührenden Gewicht und der erforderlichen Effektivität verholfen. Die zentrale Aufgabe der Medien, über Vorgänge von öffentlichem Interesse zu informieren, bleibt davon unberührt. Nur besteht ein legitimes Informationsinteresse nach der überzeugenden Auffassung des Gerichtshofs eben nicht an Details aus dem Privat-/Alltagsleben von Privatpersonen.

173 Die **Vorgaben des EGMR binden** die nationalen Gerichte.[735] In dem sog. „Görgülü"-Beschluss vom 14. 10. 2004 hält das BVerfG die Fachgerichte (auch) mit Blick auf die Sache von Hannover dazu an, Urteile des EGMR im Rahmen methodisch vertretbarer Gesetzesauslegung zu „berücksichtigen" und in das deutsche Recht zum Schutz der Persönlichkeit „einzupassen".[736] Hiernach ist der Konvention in der Auslegung durch den

---

[725] EGMR (v. Hannover v. Germany) Urt. v. 24. 6. 2004, Nr. 59 320/00, § 63. Nichtamtliche deutsche Übersetzungen sind etwa abgedruckt in AfP 2004, 348; NJW 2004, 2647.

[726] EGMR (v. Hannover v. Germany) Urt. v. 24. 6. 2004, Nr. 59 320/00, § 65.

[727] EGMR (v. Hannover v. Germany) Urt. v. 24. 6. 2004, Nr. 59 320/00, § 77.

[728] EGMR (v. Hannover v. Germany) Urt. v. 24. 6. 2004, Nr. 59 320/00, § 72.

[729] EGMR (v. Hannover v. Germany) Urt. v. 24. 6. 2004, Nr. 59 320/00, § 73.

[730] *Schricker* KUG § 60/§ 23 Rn 28; *Stürner* AfP 2005, 213ff; *Herrmann* ZUM 2004, 665f; *Forkel* ZUM 2005, 192ff; *Heldrich* NJW 2004, 2534ff.

[731] Im Ergebnis zustimmend: *Bartnik* AfP 2004, 489, 495; *Kaboth* ZUM 2004, 818, 824. Als kritikwürdig aber „vertretbar" bewerten das Urteil *Soehring/Seelmann-Eggebert* NJW 2005, 571, 576. Trotz inhaltlicher Kritik halten etwa *Ohly* GRUR Int. 2004, 902, 911f (Aufgabe des Kriterium der örtlichen Abgeschiedenheit zur Bestimmung der Privatsphäre) und *Halfmeier* AfP 2004, 417, 421 (Chance für einen Abschied „von der problematischen Begrifflichkeit der absoluten und relativen Person der Zeitgeschichte") künftig Änderungen bei der Auslegung des § 23 KUG für erforderlich.

[732] *Gersdorf* AfP 2005, 221ff; *Grabenwarter* AfP 2004, 309ff.

[733] *Gersdorf* AfP 2005, 221.

[734] So auch *Schricker* KUG § 60/§ 23 Rn 28.

[735] KG AfP 2004, 564, 565 – Grönemeyer II; LG Berlin AfP 2006, 575; *Löffler/Ricker* 43. Kap. Rn 13a; *Cremer* EuGRZ 2004, 683, 697; *Meyer-Ladewig/Petzold* NJW 2005, 15, 20.

[736] BVerfGE 111, 307, 323ff. Bekräftigt in den darauf folgenden Entscheidungen BVerfG NJW 2005, 1105, 1107; BVerfG NJW 2005, 1765, 1766.

EGMR möglichst weitgehend Rechnung zu tragen.[737] Dementsprechend ist die verfassungsprozessuale Bindungswirkung (§ 31 BVerfGG) des durch den EGMR für konventionswidrig erklärten BVerfG-Urteils vom 15. 12. 1999[738] im Lichte der Völkerrechtsfreundlichkeit des Grundgesetzes gelockert. Im Konfliktfall setzt sich folglich die Rechtsprechungslinie des EGMR gegenüber der bisherigen Rechtsprechung des BVerfG durch.[739]

Im Hinblick auf **die praktischen Folgen des EGMR-Urteils** im innerstaatlichen Recht hat – wie zuvor bereits die Instanzgerichte in einer Vielzahl von Entscheidungen[740] – nunmehr auch der **BGH** in seinen **Grundsatzurteilen vom 6. 3. 2007**[741] klargestellt, dass die Abwägung zwischen Persönlichkeitsinteressen einerseits und den Medienfreiheiten andererseits in Zukunft entlang der **Kriterien des EGMR** zu erfolgen hat. Anstelle der überkommenen Rechtsfigur der „absoluten Person der Zeitgeschichte" und der bisherigen Beschränkung des räumlichen Privatsphärenschutzes auf abgeschiedene Orte, rückt nach dem neuen Schutzkonzept des BGH der **Informationswert** der konkreten Berichterstattung ganz in den Mittelpunkt der Abwägung: „Deshalb kann auch bei den bisher so genannten Personen der Zeitgeschichte nicht außer Betracht bleiben, ob die Berichterstattung zu einer **Debatte mit einem Sachgehalt** beiträgt, der über die Befriedigung bloßer Neugier hinausgeht".[742] Rein unterhaltende Artikel über Einzelheiten aus dem Privatleben von – auch prominenten – Privatpersonen, die keine offizielle Funktion ausüben, leisten grundsätzlich keinen solchen Diskussionsbeitrag und sind deshalb unzulässig. Das gilt etwa für Berichte und Abbildungen aus dem Urlaub, der grundsätzlich auch bei bekannten Persönlichkeiten zum geschützten Kernbereich der Privatsphäre gehört.[743] Das **BVerfG** hat das Schutzkonzept des BGH mit **Beschluss vom 26. 2. 2008** im Grundsatz bestätigt.[744] Die Instanzgerichte haben sich dieser höchstrichterlichen Rechtsprechung mittlerweile in einer Vielzahl von Entscheidungen angeschlossen, indem sie nunmehr bei der Abwägung maßgeblich auf den Informationswert einer Berichterstattung abstellen.[745] Im Ergebnis hat die „absolute Person der Zeitgeschichte" damit ausgedient, weil künftig nicht mehr – wie früher – allein schon die Bekanntheit des Betroffenen eine Berichterstattung rechtfertigen kann. Stattdessen ist nunmehr in jedem Einzelfall genau zu überprüfen, ob die fragliche Abbildung in der Zusammenschau mit dem Begleittext inhaltlich tatsächlich dem Bereich der Zeitgeschichte zuzuordnen ist, was bei einer primär unterhaltenden Berichterstattung nicht der Fall ist.[746] Problematisch und mit den Vorgaben des EGMR nicht zu vereinbaren ist jedoch die Tendenz der Rechtsprechung, die Anforderungen an einen hinreichenden Informationswert derart abzusenken, dass die Veröffentlichung von Paparazzi-Fotos und rein unterhaltenden Artikeln in der Praxis so fortgeführt wird, als hätte es das Grundsatzurteil des EGMR nicht gegeben.[747] 174

b) Bilder mit Personen als Beiwerk (§ 23 Abs. 1 Nr. 2 KUG). Bilder, auf denen der Abgebildete nur als Beiwerk neben einer Landschaft oder sonstigen Örtlichkeit erscheint, dürfen ohne dessen Einwilligung veröffentlicht werden. Voraussetzung ist aber, dass der 175

---

737 BVerfGE 111, 307, 329.

738 BVerfG NJW 2000, 1021.

739 Deutlich KG AfP 2004, 564, 565 – Grönemeyer II; *Cremer* EuGRZ 2004, 683, 697. Zur nicht überzeugenden Gegenansicht OLG Hamburg AfP 2006, 179 f; *Teubel* AfP 2006, 116, 117 f.

740 Siehe nur KG AfP 2004, 564 – Grönemeyer II; KG AfP 2006, 477; KG AfP 2006, 479; KG ZUM-RD 2006, 552; KG ZUM-RD 2007, 53; LG Berlin ZUM-RD 2007, 88; LG Berlin AfP 2006, 574; LG Hamburg Urt. v. 31. 3. 2006 – 324 O 463/05 (unveröffentlicht); OLG Hamburg AfP 2006, 471.

741 BGH NJW 2007, 1977; BGH NJW 2007, 1981; BGH ZUM 2007, 470. S. hierzu etwa die Anmerkungen *Teichmann* NJW 2007, 1917 ff; *Götting* GRUR 2007, 530 ff; *Helle* AfP 2007, 192 ff; *Fechner* Entscheidungen S. 108 f.

742 BGH NJW 2007, 1981; BGH NJW 2007, 1977; BGH ZUM 2007, 470; jeweils Ziff. 21.

743 BGH NJW 2007, 1977; BGH ZUM 2007, 470; jeweils Ziff. 27; s. auch im Anschluss hieran BGH GRUR 2007, 899; BGH GRUR 2007, 902.

744 BVerfG AfP 2008, 163.

745 Statt vieler KG AfP 2007, 375.

746 *Teichmann* NJW 2007, 1917 ff.

747 Vgl. BVerfG AfP 2008, 163; BGH ZUM-RD 2009, 241.

Gesamteindruck des Bildes **durch die abgebildete Umwelt** (Landschaft, Straße, Gebäude etc.) **bestimmt** wird und die daneben abgebildeten Personen jederzeit weggelassen werden könnten, ohne dass der Gesamteindruck verändert würde.[748]

176 **c) Bilder von Versammlungen (§ 23 Abs. 1 Nr. 3 KUG).** Auch Bilder von **Versammlungen, Aufzügen und ähnlichen Vorgängen,** an denen die dargestellten Personen teilgenommen haben, dürfen veröffentlicht werden, auch wenn die Personen ihre Einwilligung nicht erteilt haben; denn **Gegenstand** dieser Bilder ist die **Darstellung des Geschehens selbst,** nicht dagegen die einzelnen teilnehmenden Personen.[749] Wegen des öffentlichen Informationsinteresses an dem Geschehen muss das Anonymitätsinteresse dieser Personen zurückstehen. Voraussetzung ist aber, dass die Bilder einen repräsentativen Eindruck des Geschehens vermitteln.[750] Nicht zulässig ist daher, einzelne Personen aus der Menge herauszugreifen und diese bildlich festzuhalten.[751]

177 **d) Bildnisse im höheren Interesse der Kunst (§ 23 Abs. 1 Nr. 4 KUG).** Schließlich dürfen auch Bildnisse, die nicht auf Bestellung angefertigt sind, ohne Einwilligung des Abgebildeten verbreitet und zur Schau gestellt werden, sofern die Verbreitung und Zurschaustellung einem **höheren Interesse der Kunst** dient.[752]

3. Verletzung berechtigter Interessen (§ 23 Abs. 2 KUG)

178 Soweit die Veröffentlichung von Bildnissen oder Bildern **berechtigte Interessen** des Abgebildeten verletzt, ist sie nach § 23 Abs. 2 KUG unzulässig.[753] Mit dieser Vorschrift soll dem allgemeinen Persönlichkeitsrecht des Abgebildeten Rechnung getragen werden. Sie erlangt insbesondere für Bildnisse aus dem Bereich der Zeitgeschichte Bedeutung und kommt zur Anwendung, wenn eine Veröffentlichung ohne Einwilligung des Abgebildeten gemäß § 23 Abs. 1 KUG an sich zulässig wäre.[754] Die Unzulässigkeit der Veröffentlichung kann sich dann jedoch aus dem berechtigten Interesse der Person der Zeitgeschichte vor einem übermäßigen Zugriff der Öffentlichkeit auf ihre Person ergeben.[755] Die Verletzung berechtigter Interessen ist anhand einer **Güter- und Interessenabwägung** festzustellen, bei der das allgemeine Persönlichkeitsrecht des Abgebildeten dem Informationsinteresse der Allgemeinheit gegenüberzustellen ist.[756] Wann berechtigte Interessen des Abgebildeten verletzt sind, ist insofern immer für den konkreten Einzelfall zu entscheiden. Folgende **Fallgruppen** sind in der Praxis von Bedeutung:

179 Generell unzulässig nach § 23 Abs. 2 KUG ist die Veröffentlichung von Bildnissen aus dem Bereich der **Intimsphäre.**[757] Dies betrifft vor allem Nacktaufnahmen, über deren Verbreitung der Abgebildete immer selbst zu entscheiden hat, insbesondere wenn es sich um heimlich aufgenommene Fotos handelt.[758] Die betroffene Person verliert den Bildnisschutz auch nicht durch ihre Einwilligung in die Veröffentlichung von Nacktaufnahmen in ande-

---

748 OLG München ZUM 1997, 388, 390 – Schwarzer Sheriff; OLG Frankfurt GRUR 1986, 614, 615 – Ferienprospekt; OLG Oldenburg GRUR 1989, 344, 345 – Oben ohne-Fotos; OLG Karlsruhe GRUR 1989, 823, 824 – Unfallfoto; *Prinz/Peters* Rn 871; *Wenzel* 8. Kap. Rn 48; *Schricker* KUG § 60/§ 23 Rn 48 ff; *Dreier/Schulze* UrhG § 23 KUG Rn 13 ff.

749 *v. Gamm* Einf. Rn 122; *Dreier/Schulze* UrhG § 23 KUG Rn 17 ff.

750 OLG Hamburg GRUR 1990, 35 – Begleiterin; OLG Celle NJW 1979, 57, 58; LG Stuttgart AfP 1989, 765, 766.

751 *Prinz/Peters* Rn 872; *Wenzel* 8. Kap. Rn 51; *Schricker* KUG § 60/§ 23 Rn 54.

752 Für Einzelheiten *Schricker* KUG § 60/§ 23 Rn 70 ff; *Dreier/Schulze* UrhG § 23 KUG Rn 22 ff.

753 *Dreier/Schulze* UrhG § 23 KUG Rn 25 ff.

754 BGH GRUR 1962, 211, 212 – Hochzeitsbild. Früher hat die Rechtsprechung die berechtigten Interessen teilweise schon bei der Frage, ob überhaupt ein zeitgeschichtliches Ereignis vorliegt, berücksichtigt: BGHZ 20, 345 – Paul Dahlke.

755 BGHZ 24, 200 – Spätheimkehrer.

756 BGH GRUR 1997, 125, 126 f – Bob Dylan; BGH NJW 1996, 1128, 1129 – Caroline von Monaco III; BGH GRUR 1994, 391, 392 – FCKW; *Dreier/Schulze* UrhG § 23 KUG Rn 25.

757 BGH GRUR 1985, 398, 399 – Nacktfoto; OLG Hamburg NJW 1996, 1151; OLG München AfP 1986, 69; LG Berlin AfP 2002, 249, 250; *Dreier/Schulze* UrhG § 23 KUG Rn 27.

758 *Schricker* KUG § 60/§ 23 Rn 100.

rem Zusammenhang.[759] Auch eine Schauspielerin, die sich nackt auf der Bühne zeigt, muss die Veröffentlichung eines gegen ihren Willen aufgenommenen Fotos dieser Szene nicht hinnehmen.[760] Bildnisse aus dem Bereich der **Privatsphäre**[761] dürfen grundsätzlich wegen der berechtigten Interessen des Abgebildeten nicht veröffentlicht werden; denn das Interesse der Allgemeinheit an einer bildhaften Darstellung reicht nicht aus, um gegen oder ohne den Willen einer Person aufgenommene Bildnisse innerhalb ihres privaten Bereichs zu rechtfertigen.[762] Nur in Ausnahmefällen kann ein Bildnis aus der Privatsphäre zulässig sein, wenn überwiegende und berechtigte Interessen der Öffentlichkeit einen solchen Eingriff rechtfertigen.[763] Im Rahmen der erforderlichen Abwägung kommt es nach den **Vorgaben des EGMR** darauf an, ob Angelegenheiten die Öffentlichkeit wesentlich angehen, ob die Veröffentlichung also einen Beitrag zu einer die demokratische Gesellschaft betreffenden Debatte leisten kann. Ein bloßes Unterhaltungsinteresse oder die Befriedigung der Neugier an Einzelheiten aus dem Privatleben einer Privatperson reichen nicht aus.[764]

Auf § 23 Abs. 2 KUG kann sich eine Person der Zeitgeschichte auch dann berufen, 180
wenn ihr Bildnis ohne ihre Einwilligung zu **Werbezwecken** oder sonstigen **Geschäftsinteressen Dritter** eingesetzt wird.[765] Denn die Veröffentlichung eines Bildnisses zu Reklamezwecken dient „nicht einem schutzwürdigen Informationsbedürfnis der Allgemeinheit, sondern allein eigennützigen gewerblichen Interessen" des Werbenden.[766] Dies gilt jedenfalls für den Fall, dass mit einer Bildnisveröffentlichung allein Geschäftsinteressen verfolgt werden, so etwa bei kommerzieller Werbung auf Plakaten und in Anzeigen[767] oder beim Merchandising, wenn bestimmte Produkte wie Tassen, T-Shirts und Aufkleber mit Fotos von Prominenten verkauft werden.[768] Anders kann der Fall zu beurteilen sein, wenn publizistische und wirtschaftliche Interessen miteinander verwoben sind, die Veröffentlichung des Bildnisses also mit einem Informationswert für die Öffentlichkeit verbunden ist. Nach dem BGH ist auf die „konzeptionelle Gesamtheit" des Produkts abzustellen.[769] Die Abbildung von Bildnissen von Personen der Zeitgeschichte in einer Kundenzeitung[770] oder auf der Titelseite einer Zeitschrift ist nach dieser Rechtsprechung in der Regel zulässig, auch wenn typischerweise in solchen Fällen geschäftliche Interessen verfolgt werden.[771] Mit der Titelseite der Zeitschrift darf das Medienunternehmen dann auch Werbung betreiben.[772] Im Rahmen einer wettbewerbsrechtlich zulässigen vergleichenden Werbung verletzt die fragmentarische

---

759 OLG Hamburg NJW 1996, 1151, 1152; OLG Hamburg AfP 1982, 41; *Prinz/Peters* Rn 875; aA OLG Hamburg ZUM 1991, 550, 551.

760 LG Saarbrücken NJW-RR 2000, 1571, 1572.

761 *Dreier/Schulze* UrhG § 23 KUG Rn 23; → Rn 66 ff.

762 BGHZ 24, 200 – Spätheimkehrer.

763 BGH GRUR 1965, 256, 258 – Gretna Green; OLG Hamburg UFITA 78, 1977, 252, 257 – Grace Kelly; OLG Hamburg UFITA 81, 1978, 278, 285 – Romy Schneider; OLG Hamburg NJW 1970, 1325; *Prinz/Peters* Rn 875.

764 EGMR (v. Hannover v. Germany) Urt. v. 24. 6. 2004, Nr. 59320/00, §§ 61 ff; *Schricker* KUG § 60/§ 23 Rn 91 ff; *Dreier/Schulze* UrhG § 23 KUG Rn 29; eingehend → Rn 171 ff.

765 BGH GRUR 1997, 125, 126 – Bob Dylan; BGH GRUR 1996, 195, 196 – Abschiedsmedaille; BGH WRP 1995, 613 – Kundenzeitschrift; BGH GRUR 1992, 557 – Talkmaster; BGH GRUR 1987, 128 – Nena; BGH GRUR 1979, 732, 733 – Fußballtorwart; BGH GRUR 1979, 425, 426 – Fußballspieler; BGH NJW 1971, 698, 700 – Pariser Liebestropfen; BGHZ 49, 288, 292 ff – Ligaspieler; BGH NJW 1961, 2059 – Ginseng; BGHZ 20, 345, 350 – Paul Dahlke; *Soehring* Rn 21.17 ff; *Löffler/Ricker* 43. Kap. Rn 16; *Dreier/Schulze* UrhG § 23 KUG Rn 35. Ausführlich *Prinz/Peters* Rn 866 ff.

766 BGH GRUR 1961, 138, 139 – Familie Schölermann; LG München ZUM 2003, 418, 420.

767 BGH GRUR 1992, 557 – Talkmaster; BGHZ 20, 345, 350 – Paul Dahlke; OLG Hamburg AfP 1989, 760 – Hörfunkspot; OLG Frankfurt AfP 1986, 140 – Werbeprospekt; LG München ZUM-RD 2000, 564, 565 – Fernsehspot.

768 BGH GRUR 1997, 125, 126 f – Bob Dylan; BGH GRUR 1987, 128 – Nena; KG AfP 1997, 926, 927 – Marlene Dietrich.

769 BGH GRUR 1979, 425, 426 – Fußballspieler.

770 BVerfG NJW 2000, 1026 – Kundenzeitschrift; BGH WRP 1995, 613 – Kundenzeitschrift; OLG Köln ZUM 1994, 723.

771 BGH GRUR 1996, 195, 196 – Abschiedsmedaille; s. aber BGH Urt. v. 11. 3. 2009, I ZR 8/07.

772 BGH GRUR 2002, 690, 691 f – Marlene Dietrich II; *Fricke* GRUR 2003, 406, 408.

Wiedergabe einer Person, die sich der Ausgangswerbung aus kommerziellen Interessen zur Verfügung gestellt hat, nach einer – umstrittenen – Auffassung nicht deren Persönlichkeitsrecht. Das soll jedenfalls gelten solange das veröffentlichte Bildfragment aus der Werbung des Marktkonkurrenten nur dazu dient, die Originalwerbung zu „belegen".[773]

181 Daneben können beispielsweise berechtigte Interessen des Abgebildeten betroffen sein, wenn die Bildnisveröffentlichung eine **Prangerwirkung** entfaltet,[774] wenn das Bildnis in Zusammenhang mit Text oder Bildunterschrift eine **falsche Aussage** ergibt[775] oder wenn bereits die **Anfertigung** des Bildnisses **unzulässig** war.[776] Auch die Veröffentlichung **entstellender Aufnahmen** kann wegen entgegenstehender berechtigter Interessen des Abgebildeten unzulässig sein.[777] Dies gilt nach Ansicht des BVerfG und des BGH ebenso, wenn in einer satirischen Fotomontage das zu Grunde liegende Foto derart verändert wird, dass sich die Gesichtszüge des Abgebildeten – über technisch unvermeidbare Änderungen hinaus – verziehen.[778]

4. Bildnisse im Interesse der Rechtspflege und der öffentlichen Sicherheit (§ 24 KUG)

182 Bildnisse im Interesse der Rechtspflege und der öffentlichen Sicherheit dürfen ohne Einwilligung des Abgebildeten vervielfältigt und veröffentlicht werden. Diese Vorschrift hat öffentlich-rechtlichen Charakter und soll Strafverfolgungsbehörden die erforderlichen Instrumente an die Hand geben.[779]

V. Gegenstandsbilder

183 Die **Anfertigung und Veröffentlichung von Bildern,** auf denen Gegenstände abgebildet sind, ist **grundsätzlich zulässig.**[780] Eine Beeinträchtigung des Eigentums an der Sache liegt nicht vor, weil der Eigentümer in der tatsächlichen Nutzung seiner Sache nicht eingeschränkt wird.[781] Von diesem Grundsatz gibt es zwei **Ausnahmen:** Zum einen sind Aufnahmen unzulässig, für deren Herstellung der Fotograf **befriedetes Besitztum** betreten muss und dafür keine Einwilligung des Berechtigten eingeholt hat. So ist es beispielsweise unzulässig, über eine Mauer zu klettern, um Fotos von einem von der Straße aus nicht sichtbaren Haus zu machen.[782] Ist es dagegen möglich, das Haus von der Straße aus zu fotografieren, ist gegen die Bilder nach der Rechtsprechung grundsätzlich nichts einzuwenden.[783] Sogar Fotografien aus der Luft mittels eines Hubschraubers hielt der BGH für

---

[773] OLG Karlsruhe AfP 2004, 557, 558 f (allerdings im Rahmen der Prüfung des allgemeinen Persönlichkeitsrechts, weil die Annahme eines Bildnisses mangels Erkennbarkeit abgelehnt wurde → Rn 154); LG Frankenthal AfP 2004, 294 f. AA LG München I AfP 2004, 295, 296 f; *Bartnik* AfP 2004, 223, 225.

[774] BGH NJW 1966, 2353, 2355 – Vor unserer eigenen Tür; BGHZ 24, 200 – Spätheimkehrer; *Prinz/Peters* Rn 879; *Wenzel* 7. Kap. Rn 81 f; *Schricker* KUG § 60/§ 23 Rn 106 f.

[775] OLG Karlsruhe GRUR 1989, 823, 824 – Unfallfoto; LG Stuttgart AfP 1989, 765; LG Oldenburg GRUR 1986, 464, 465 – DKP-Plakat; *Prinz/Peters* Rn 878; *Wenzel* 7. Kap. Rn 79.

[776] BGH NJW 1996, 1128, 1130 – Caroline von Monaco III; BGH NJW 1966, 2353, 2355 – Vor unserer eigenen Tür; BGHZ 24, 200 – Spätheimkehrer; *Prinz/Peters* Rn 881. Weitere Beispiele bei *Prinz/Peters* Rn 875 ff und *Wenzel* 8. Kap. Rn 56 ff.

[777] BGH GRUR 1996, 195, 196 – Abschiedsmedaille; *Dreier/Schulze* UrhG § 23 KUG Rn 33; *Prinz/Peters* Rn 877; *Wenzel* 7. Kap. Rn 80; *Schricker* KUG § 60/§ 23 Rn 106 f.

[778] BGH WRP 2006, 267 – Fotomanipulation II; im Anschluss an BVerfG WRP 2005, 595. Abweichend noch BGH AfP 2004, 51, 52 f – Fotomanipulation I; OLG Hamburg AfP 2008, 408.

[779] Hierzu *Dreier/Schulze* UrhG § 24 KUG Rn 1 ff.

[780] *Lammek/Ellenberg* ZUM 2004, 715, 716 und 718.

[781] BGH GRUR 1990, 390, 391 – Friesenhaus; OLG Frankfurt NJW 1995, 878, 880 – Universelles Leben II; OLG Düsseldorf AfP 1991, 424; *Prinz/Peters* Rn 886; *Wenzel* 7. Kap. Rn 88, 99; *Soehring* Rn 21.36.

[782] LG Hamburg v. 15. 3. 1996 – 324 O 578/95 (nicht veröffentlicht).

[783] BGH GRUR 1990, 390, 391 – Friesenhaus; OLG Frankfurt NJW 1995, 878, 880 – Universelles Leben II; OLG Düsseldorf AfP 1991, 424; KG AfP 2006, 564.

zulässig.[784] Zum anderen ist die Anfertigung und Veröffentlichung von Bildern verboten, die eine Verletzung des **Persönlichkeitsrechts** des Betroffenen darstellen. Dies sind Bilder, die die höchstpersönlichen Umstände einer Person wiedergeben und damit regelmäßig einen Eingriff in die Privatsphäre bedeuten.[785] Unzulässig sind etwa Aufnahmen vom Wohnungsinneren,[786] aber auch von Arbeits- und Geschäftsräumen.[787] Luftbildaufnahmen von Feriendomizilen Prominenter sind zumindest dann persönlichkeitsrechtsverletzend, wenn sie zusammen mit der Identität der Bewohner sowie einer Wegbeschreibung zu dem Anwesen publiziert werden.[788]

VI. Strafrechtlicher Schutz

Ein Verstoß gegen den im Kunsturhebergesetz festgelegten Bildnisschutz ist in **§ 33 KUG**[789] mit Strafe belegt. Der Vorschrift kommt in der Praxis allerdings kaum Bedeutung zu, zumal es sich um ein Privatklagedelikt im Sinne des § 374 StPO handelt.[790] Eine Ausweitung des strafrechtlichen Schutzes bewirkt **§ 201 a StGB.** Nach dieser Vorschrift ist die unbefugte Herstellung und Verwendung von Bildaufnahmen, die den höchstpersönlichen Lebensbereich der abgebildeten Person verletzen, unter Strafe gestellt.[791] 184

E. Die Ansprüche

Bei einer unzulässigen Wort- oder Bildberichterstattung stehen dem Betroffenen insbesondere die Ansprüche auf Unterlassung, Gegendarstellung, Berichtigung und Zahlung zu. Daneben können weitere Ansprüche wie etwa der Anspruch auf Auskunft, auf Herausgabe, auf Vernichtung oder auf Rückruf bestehen. 185

I. Unterlassung

Der Unterlassungsanspruch ist im Medienrecht der **häufigste Rechtsbehelf.** Da er im einstweiligen Verfügungsverfahren durchgesetzt werden kann, bietet er dem Betroffenen die Möglichkeit einer schnellen und effektiven Durchsetzung seiner Rechte. Auch wenn durch ihn eine einmal erfolgte Rechtsverletzung nicht rückgängig gemacht werden kann, hat er doch eine gewisse Genugtuungsfunktion, da in der gerichtlichen Entscheidung inzident die Feststellung enthalten ist, dass die angegriffene Veröffentlichung rechtswidrig war. Dies kann insbesondere für Unternehmen von Bedeutung sein, die eine errungene Unterlassungsverfügung in ihrer Kommunikation einsetzen können. Außerdem erlangt der Unterlassungsanspruch durch das Internet zunehmende Bedeutung, da nur mit Hilfe von Un- 186

---

[784] BGH GRUR 2004, 438, 439 – Feriendomizil I.

[785] OLG Brandenburg NJW 1999, 3339; LG Düsseldorf NJW 1959, 629; *Prinz/Peters* Rn 888; *Wenzel* 7. Kap. Rn 98; *Soehring* Rn 21.36; *Helle* S. 56.

[786] OLG Düsseldorf NJW 1994, 1971.

[787] OLG München AfP 1992, 78, 80 (Sozietät); LG Berlin ZUM 2004, 578, 579f (GmbH). Nach BVerfG NJW 2005, 883f (→ Rn 88) würde aber das – unterstellte – Recht einer juristischen Person am Bild nicht Aufnahmen von der Betriebsstätte oder von Arbeitsvorgängen umfassen. Mitabgebildete Arbeitnehmer können sich allerdings ihrerseits gegebenenfalls auf § 22 KUG berufen.

[788] BVerfG WRP 2006, 1021, 1022 = AfP 2006, 347; BGH GRUR 2004, 438, 441f – Feriendomizil I. S. auch KG ZUM 2005, 561f; OLG Hamburg AfP 2005, 75f. Für Zulässigkeit mangels präzisierender Ortsangaben und im Rahmen eines nur „flüchtigen" TV-Beitrags hingegen OLG Hamburg AfP 2006, 182f.

[789] § 33 KUG: „(1) Mit Freiheitsstrafe bis zu einem Jahr oder mit Geldstrafe wird bestraft, wer entgegen den §§ 22, 23 ein Bildnis verbreitet oder öffentlich zur Schau stellt. (2) Die Tat wird nur auf Antrag verfolgt."

[790] *Dreier/Schulze* UrhG §§ 33ff KUG Rn 3.

[791] Eingehend *Flechsig* ZUM 2004, 605ff; *Hoppe* GRUR 2004, 990ff.

terlassungsansprüchen unzulässige Berichterstattung weiträumig aus dem Internet entfernt werden kann.[792]

1. Materielle Voraussetzungen

187 Der Unterlassungsanspruch ist ein quasi-negatorischer Anspruch. Er ist auf die **Abwehr künftiger Störungen** gerichtet und setzt eine drohende (erstmalige oder wiederholte) rechtswidrige Verletzung geschützter Rechte voraus. Anders als ein deliktischer Anspruch auf Unterlassung unter dem Gesichtspunkt der Naturalrestitution (§§ 823, 249 BGB) setzt der quasi-negatorische Anspruch aus § 1004 BGB **kein Verschulden** voraus.[793]

188 Bei Medienveröffentlichungen kommt eine **Verletzung geschützter Rechte und Rechtsgüter** in Betracht bei einem Eingriff in das allgemeine Persönlichkeitsrecht (§ 823 Abs. 1 BGB) und seine besonderen Ausformungen (zB §§ 22ff KUG) sowie in das Unternehmenspersönlichkeitsrecht und das Recht am Unternehmen (§ 823 Abs. 1 BGB) und bei Verletzung der Vorschriften zum Schutz der Ehre und des guten Rufs (§ 823 Abs. 2 BGB iVm §§ 185ff StGB; § 824 BGB). Eine Verletzung geschützter Rechte liegt also beispielsweise vor, wenn eine Berichterstattung unwahr ist, wenn eine Äußerung ehrverletzend ist oder ein Bildnis mangels Einwilligung des Abgebildeten nicht veröffentlicht werden durfte. Die drohende Rechtsgutverletzung muss **rechtswidrig** sein.[794]

189 Weitere Voraussetzung des Unterlassungsanspruchs ist die **Wiederholungs- oder Erstbegehungsgefahr.**[795] Die Verletzung geschützter Rechte muss für die Zukunft ernsthaft drohen oder unmittelbar bevorstehen. Soweit ein rechtswidriger Eingriff bereits stattgefunden hat, liegt die Gefahr der Wiederholung des Verstoßes nahe. Die **Wiederholungsgefahr** wird in solchen Fällen – in Anlehnung an den wettbewerbsrechtlichen Unterlassungsanspruch (§ 8 Abs. 1) – **vermutet.**[796] Sie ist etwa zu bejahen, wenn eine Agentur während einer Auseinandersetzung über die Zulässigkeit einer Bildnisveröffentlichung ein weiteres Bildnis aus der Fotoserie an die Presse herausgibt.[797] An die **Widerlegung dieser Vermutung** sind strenge Anforderungen zu stellen. Sie sind in der Regel nur dann erfüllt, wenn der Schädiger eine strafbewehrte Unterlassungsverpflichtungserklärung abgibt.[798] Nicht ausreichend ist etwa der Einwand des Schädigers, die unzulässige Äußerung nicht erneut veröffentlichen zu wollen oder rein tatsächlich zu einer Wiederholung nicht in der Lage zu sein – etwa weil er seine verlegerische Tätigkeit eingestellt habe[799] oder weil ihm die Druckplatten für die rechtswidrigen Plakate nicht mehr zur Verfügung stünden.[800] Auch ein redaktioneller Widerruf lässt die Vermutung der Wiederholungsgefahr nicht entfallen, da beispielsweise ein Widerruf in einer Zeitschrift eines Verlags nicht vor einer späteren erneuten Veröffentlichung in einer anderen Zeitschrift des gleichen Verlags, die in Unkenntnis des Widerrufs erfolgt, zu schützen vermag.[801]

---

[792] *Prinz* Neue Medien S. 192f.

[793] BGH GRUR 1986, 683, 684 – Ostkontakte; BGH GRUR 1977, 114, 115 – Alleinimporteur; *Prinz/Peters* Rn 303; *Soehring* Rn 30.4; *Dreier/Schulze* UrhG §§ 33ff KUG Rn 6. *Löffler/Steffen* LPG § 6 Rn 260.

[794] *Löffler/Steffen* LPG § 6 Rn 262.

[795] BVerfG NJW-RR 2000, 1209, 1211 – Sorgfaltspflicht; BGHZ 14, 163, 167ff – Constanze II; BGH GRUR 1990, 687, 688 – Anzeigenpreis II; *Prinz/Peters* Rn 327; *Wenzel* 12. Kap. Rn 7; *Dreier/Schulze* UrhG §§ 33ff KUG Rn 3.

[796] BGH GRUR 1998, 504, 505 – Rechte Professoren; BGH GRUR 1994, 913, 915 – Namensliste; BGH NJW-RR 1994, 1242, 1243 – Versteckte Behauptungen I; BGH GRUR 1994, 394, 395 – Jahresabschluss; BGH NJW 1987, 2225, 2227 – Chemiegift; BGH GRUR 1986, 683, 685 – Ostkontakte; BGH GRUR 1975, 89, 91f – Brüning-Memoiren I.

[797] OLG Hamburg AfP 1997, 535 – Sohn von Caroline von Monaco.

[798] KG AfP 2005, 78, 79. Zur Unterlassungsverpflichtungserklärung → Rn 197f.

[799] BGHZ 14, 163, 167 – Constanze II.

[800] OLG München NJW 1971, 844, 846.

[801] OLG Hamburg NJW-RR 1996, 90, 92 – RTL aktuell; *Prinz/Peters* Rn 355; aA OLG Köln AfP 1993, 744; OLG Köln AfP 1989, 764; OLG Karlsruhe AfP 1989, 542, 543; *Wenzel* 12. Kap. Rn 17; *Soehring* Rn 30.9a.

Ein Unterlassungsanspruch kann auch dann gegeben sein, wenn ein Rechtsverstoß noch nicht begangen worden ist. Statt der Wiederholungsgefahr ist dann die **Erstbegehungsgefahr** Voraussetzung. Ein solcher (vorbeugender) Unterlassungsanspruch richtet sich gegen einen bevorstehenden Ersteingriff. Erforderlich sind ernsthafte und greifbare tatsächliche Anhaltspunkte dafür, dass der Gegner sich in naher Zukunft rechtswidrig verhalten werde, dass also der Rechtsverstoß ernstlich droht oder unmittelbar bevorsteht.[802] Ein drohender Verstoß kann regelmäßig nicht angenommen werden, soweit das Stadium der **Recherche** durch den Journalisten nicht überschritten ist.[803] Dies muss auch so sein, da es zu den ureigensten Aufgaben der Medien gehört, zu recherchieren, also Hinweise zu verfolgen und Sachverhalte aufzuklären. In der Regel wird ein drohender Verstoß auch nur schwer zu beweisen sein, solange dem Betroffenen die fragliche Berichterstattung nicht vorliegt. Ist aber die Recherche abgeschlossen und der verletzende Artikel fertig formuliert, ist davon auszugehen, dass dieser auch veröffentlicht werden soll, so dass die Erstbegehungsgefahr zu bejahen sein wird.[804] Gleiches gilt für rechtswidrige **Foto- und Filmaufnahmen,** bei denen ebenfalls angenommen werden kann, dass sie gerade für eine Veröffentlichung hergestellt wurden.[805] Die Erstbegehungsgefahr ist auch dann erforderlich, wenn die verletzende Veröffentlichung zwar schon erfolgt aber nicht rechtswidrig ist, weil der Journalist sorgfältig recherchiert hat und sich auf die **Wahrnehmung berechtigter Interessen** berufen kann.[806] Nur eine rechtswidrige Veröffentlichung bewirkt die Vermutung der Wiederholungsgefahr. Bei rechtmäßiger Rechtsgutverletzung kann Unterlassung für die Zukunft daher nur begehrt werden, wenn konkrete Anhaltspunkte vorliegen, dass der Journalist die fragliche Äußerung erneut veröffentlichen wird.[807] 190

2. Anspruchsberechtigter/Anspruchsverpflichteter

Anspruchsberechtigt ist derjenige, der durch eine unzulässige Veröffentlichung eine Verletzung zu befürchten hat. Voraussetzung ist dabei, dass er **unmittelbar betroffen** ist.[808] Unmittelbar betroffen kann allein derjenige sein, der **erkennbar** Gegenstand der Wort- oder Bildberichterstattung ist.[809] Ist jemand aus einem Artikel oder auf einem Bildnis nicht erkennbar, also für die Außenwelt nicht identifizierbar, kann ihn die Berichterstattung auch nicht in seinen Rechten verletzen. Eine **mittelbare Betroffenheit** etwa von Familienangehörigen des Betroffenen reicht nicht aus, auch wenn sich die Angehörigen im konkreten Fall betroffen fühlen.[810] Gleiches gilt für eine **allgemeine Betroffenheit** einer bestimmten Gruppe. Der Hersteller eines Produkts kann beispielsweise keine Unterlassungsansprüche geltend machen, wenn nicht sein Produkt konkret, sondern nur allgemein der Produkttyp kritisiert wird.[811] Anspruchsberechtigt können sowohl **natürliche als auch juristische Personen** sowie andere Personengemeinschaften sein. Richtet sich eine unzulässige Veröffentlichung gegen einen Gesellschafter oder Betriebsangehörigen, kann auch der Gesellschaft ein Unterlassungsanspruch zustehen, soweit die fragliche Person die Gesell- 191

[802] BGH GRUR 2001, 1174 – Berühmungsaufgabe; BGH GRUR 1992, 404, 405 – Systemunterschiede; BGH GRUR 1990, 687, 688 – Anzeigenpreis II; OLG Nürnberg NJW-RR 2002, 1471, 1472f.

[803] OLG Frankfurt NJW-RR 2003, 37, 38f; OLG Hamburg AfP 2000, 188, 189; OLG Hamburg AfP 1992, 279; OLG Hamburg AfP 1990, 128, 129; LG Frankfurt AfP 1991, 545, 546; *Prinz/Peters* Rn 329; *Wenzel* 12. Kap. Rn 35; *Soehring* Rn 30.13; *Löffler/Steffen* LPG § 6 Rn 269; *Senfft* NJW 1980, 367, 369.

[804] OLG Hamburg AfP 1990, 128, 129; *Prinz/Peters* Rn 329; *Wenzel* 12. Kap. Rn 35.

[805] LG München AfP 1997, 559, 560; OLG München AfP 1992, 78, 80; *Prinz/Peters* Rn 331; aA *Wenzel* 12. Kap. Rn 35.

[806] → Rn 135ff.

[807] BGH GRUR 2001, 1174 – Berühmungsaufgabe; BGH GRUR 1986, 683, 685 – Ostkontakte; BGH NJW 1987, 2225 – Chemiegift; *Prinz/Peters* Rn 333; *Wenzel* 12. Kap. Rn 39; *Löffler/Steffen* LPG § 6 Rn 269.

[808] BGH NJW 1993, 930, 931 – Illegaler Fellhandel; BGH GRUR 1980, 813f – Familienname; *Prinz/Peters* Rn 305; *Wenzel* 12. Kap. Rn 42ff; *Löffler/Steffen* LPG § 6 Rn 275.

[809] Zur Erkennbarkeit → Rn 64, 154.

[810] BGH GRUR 1980, 813f – Familienname; BGH GRUR 1974, 794, 795 – Todesgift; LG Bückeburg NJW 1977, 1065, 1066; *Prinz/Peters* Rn 306; differenzierend *Wenzel* 12. Kap. Rn 42ff.

[811] BGH GRUR 1964, 162 – E-Orgeln.

schaft in der Öffentlichkeit verkörpert.[812] Dies gilt jedoch nicht, wenn nur der Gesellschafter, nicht aber das Unternehmen betroffen ist.

192 **Anspruchsverpflichtet** ist der Störer. **Störer** ist derjenige, der eine Störung hervorruft oder hervorzurufen droht und die rechtliche Möglichkeit zur Verhinderung der Störung hat.[813] Auf ein Verschulden kommt es nicht an.[814] **Unerheblich** sind im Ergebnis **Art und Umfang der Beteiligung** an der Störung; insofern besteht die Anspruchsverpflichtung beim Behaupten wie beim Verbreiten einer Äußerung, bei einer Tatbeteiligung als Täter, Anstifter oder Gehilfe, bei vorsätzlichem und fahrlässigem Verhalten sowie bei Kenntnis oder Unkenntnis von der drohenden Rechtsgutverletzung.[815]

193 Als Anspruchsverpflichtete kommen daher sowohl die intellektuellen als auch die technischen Verbreiter in Betracht. **Intellektuelle Verbreiter** sind etwa der Autor, der Verleger, der Herausgeber, die Redakteure, die Fernseh- und Rundfunkanstalten sowie die Informanten. **Technische Verbreiter** sind diejenigen Stellen, die mit der Herstellung und dem Vertrieb von Medienprodukten befasst sind. Der Anspruchsberechtigte hat gegen jeden einzelnen in Frage kommenden Störer einen eigenständigen Anspruch.[816] Dabei ist das im Wettbewerbsrecht gemäß § 8 Abs. 4 bestehende Missbrauchsverbot, wonach eine gesonderte Inanspruchnahme verschiedener Schuldner in verschiedenen Verfahren rechtsmissbräuchlich sein kann, auf die Unterlassung persönlichkeitsrechtsverletzender Publikationen nicht entsprechend übertragbar.[817] Störer ist damit zunächst der **Autor,** also derjenige, der den verletzenden Artikel selbst verfasst hat.[818] Als Störer gilt auch derjenige, der einen Artikel zwar nicht selbst verfasst, aber die Veröffentlichung eines Artikels unter seinem Namen gestattet[819] oder duldet.[820] Störer ist weiter der **Verleger.**[821] Presserechtlicher Verleger ist jeder Unternehmer, der das Erscheinen und Verbreiten von Druckwerken (Zeitungen, Zeitschriften, Bücher, Platten etc.) bewirkt.[822] Da der Verleger verantwortlich ist für die Aufbereitung und Prüfung des Stoffes, er also die Störquelle beherrscht, ist er in erster Linie anspruchsverpflichtet. Soweit ein Verleger mehrere Redaktionen unter einem Dach vereinigt, ist er für alle Zeitschriften passivlegitimiert.[823] Auch der **Herausgeber** kann Störer sein. Der Herausgeber ist in der Regel für die geistige Gesamtleitung einer Publikation zuständig.[824] Wegen seiner begrenzten Verantwortlichkeit ist er nur dann Störer, wenn er den fraglichen Artikel selbst verfasst oder veranlasst hat.[825] Eine weitergehende Haftung ist allerdings angezeigt, soweit der Herausgeber ähnlich einem Verleger Einfluss auf die Veröffentlichung ausüben kann.[826] Der **Redakteur** (Chefredakteur/verantwortlicher Redakteur) ist verantwortlich für das Redigieren des Druckwerks, also für das Sammeln, Sichten, Ord-

---

[812] BGHZ 78, 22, 29 – Medizin-Syndikat IV; BGHZ 78, 24, 25f – Medizin-Syndikat I; BGH NJW 1975, 1882 – Geist von Oberzell; *Prinz/Peters* Rn 307; *Wenzel* 12. Kap. Rn 45; *Löffler/Steffen* LPG § 6 Rn 275.

[813] BGH GRUR 1994, 441, 442 – Kosmetikstudio; BGH GRUR 1991, 769, 770 – Honoraranfrage; *Löffler/Steffen* LPG § 6 Rn 276.

[814] BGH GRUR 1977, 114, 115 – Alleinimporteur; BGH GRUR 1986, 683, 684 – Ostkontakte; *Prinz/Peters* Rn 310; *Wenzel* 12. Kap. Rn 58; *Löffler/Steffen* LPG § 6 Rn 276.

[815] BGH GRUR 1977, 114, 115 – Alleinimporteur; BGH NJW 1970, 187 – Hormocenta; *Prinz/Peters* Rn 312; *Löffler/Steffen* LPG § 6 Rn 276.

[816] *Wenzel* 12. Kap. Rn 75.

[817] KG AfP 2006, 254, 255.

[818] BGHZ 132, 13, 18ff – Der Lohnkiller; BGH GRUR 1986, 683, 685 – Ostkontakte; *Prinz/Peters* Rn 312; *Wenzel* 12. Kap. Rn 63.

[819] OLG Köln NJW 1987, 1415 – Völkermord in Afghanistan.

[820] LG Berlin NJW 1997, 1373, 1375.

[821] BGHZ 39, 124, 129 – Fernsehansagerin; BGHZ 14, 163, 174 – Constanze II; BGHZ 3, 270, 275 – Constanze I; BGH NJW 1974, 1762 – Deutschlandstiftung.

[822] OLG Düsseldorf NJW 1980, 71; *Löffler/Bullinger* Einl. Rn 49 (in Abgrenzung zum verlagsrechtlichen Begriff des Verlegers).

[823] OLG Köln AfP 1973, 479, 481; *Prinz/Peters* Rn 311; anders noch OLG München AfP 1983, 276, 278.

[824] *Löffler/Bullinger* Einl. Rn 51.

[825] OLG Celle AfP 1992, 295; *Prinz/Peters* Rn 314; *Wenzel* 12. Kap. Rn 65; *Löffler/Steffen* LPG § 6 Rn 278.

[826] *Prinz/Peters* Rn 314; *Wenzel* 12. Kap. Rn 65; *Löffler/Steffen* LPG § 6 Rn 278.

nen und Bearbeiten des Publikationsstoffes.[827] Er kann auf Unterlassung in Anspruch genommen werden, wenn er im konkreten Fall mit der Berichterstattung sachlich befasst war.[828] Die Eintragung des verantwortlichen Redakteurs in das Impressum kann ein Indiz für seine sachliche Zuständigkeit sein;[829] in der Regel bestimmt sie aber lediglich die straf- und medienrechtliche, nicht dagegen die deliktische Haftung.[830] Die **Fernseh- und Rundfunkanstalten** sind anspruchsverpflichtet für Störungen, die sich im Rahmen der von ihnen ausgestrahlten Sendungen realisieren.[831] Aber auch der Autor,[832] der Produzent[833] sowie der Moderator[834] eines konkreten Beitrags sind Störer, selbst wenn die verletzende Äußerung von einer dritten, in dem Beitrag erscheinenden Person stammt.[835] Nach der Rechtsprechung des BGH ist die Verantwortlichkeit ausnahmsweise dann ausgeschlossen, wenn Internet, Hörfunk oder Fernsehen ein Forum für Diskussion anbieten, das Medium selbst also in den Hintergrund und nur als **Markt der verschiedenen Meinungen** in Erscheinung tritt.[836] Dies wird jedoch nur bei Live-Sendungen angenommen werden können, da andernfalls die Beiträge regelmäßig vor Ausstrahlung von der Redaktion abgenommen werden.[837] Ein Unterlassungsanspruch gegenüber dem Betreiber eines Meinungsforums im Internet kann auch dann bestehen, wenn dem Verletzten die Identität des Autors bekannt ist.[838] Der **Informant** haftet für Informationen, die er an die Medien weitergibt, wenn diese nicht der Wahrheit entsprechen und adäquat kausal eine Störung herbeiführen.[839]

Störer sind schließlich alle **technischen Verbreiter.** Dazu zählen Drucker, Setzer, Gros- 194
sisten, Buchhändler, Inhaber von Vertriebsstellen, Bibliothekare etc. Voraussetzung für ihre Störereigenschaft ist, dass sie die rechtliche und tatsächliche Möglichkeit der Verhinderung der Störung haben.[840]

3. Durchsetzung des Unterlassungsanspruchs

Jeder Unterlassungsanspruch ist zunächst außergerichtlich im Wege der Abmahnung ge- 195
genüber dem Anspruchsgegner geltend zu machen. Soweit eine außergerichtliche Regelung nicht erreicht wird, steht dem Betroffenen das einstweilige Rechtsschutz- sowie das Hauptsacheverfahren zu Verfügung.

a) Abmahnung. Nach herrschender Auffassung hat der Betroffene einer unzulässigen 196
Wort- oder Bildberichterstattung die Medien zunächst abzumahnen.[841] Die **Abmahnung** ist die außergerichtliche Aufforderung, eine strafbewehrte Unterlassungsverpflichtungserklärung abzugeben.[842] Sie stammt ursprünglich aus dem Wettbewerbsrecht[843] und wurde in das Äußerungsrecht übernommen. Sie ist mit einer **Frist** zu versehen sowie der Andro-

---

827 *Löffler/Bullinger* Einl. Rn 52.

828 BGH NJW 1979, 1041 – Ex-Direktor; OLG Celle AfP 1992, 295; OLG Frankfurt ZUM 1992, 361, 366; KG AfP 1991, 639; OLG Köln AfP 1985, 293, 294.

829 BGH NJW 1977, 626, 627 – Konkret m. Anm. *Soehring* AfP 1977, 330; *Löffler/Steffen* LPG § 6 Rn 279.

830 KG NJW 1991, 1490, 1491; *Prinz/Peters* Rn 313; *Wenzel* 12. Kap. Rn 66.

831 BGHZ 66, 182, 187 ff – Panorama; LG Saarbrücken NJW-RR 1993, 730; *Prinz/Peters* Rn 320; *Wenzel* 12. Kap. Rn 68.

832 BGHZ 66, 182, 188 – Panorama.

833 OLG Frankfurt AfP 1996, 177, 179.

834 BGH GRUR 1986, 188, 189 – Türkol I; BGHZ 66, 182, 188 – Panorama; LG Saarbrücken NJW-RR 1993, 730.

835 BGHZ 66, 182, 188 – Panorama.

836 BGHZ 66, 182, 188 – Panorama; s. auch LG Potsdam NJW-RR 2000, 981.

837 *Prinz/Peters* Rn 320.

838 BGH AfP 2007, 350; Vorinstanz: OLG Düsseldorf AfP 2006, 267, 269 f.

839 BGHZ 46, 305 – Spezialsalz; BGH NJW 1964, 1181 – Weizenkeimöl. Zur Informantenhaftung nach dem UWG → Rn 44.

840 BGH GRUR 1977, 114, 115 – Alleinimporteur.

841 OLG Celle AfP 1997, 819, 820; OLG Köln AfP 1995, 506, 507; OLG Hamburg WRP 1995, 1037, 1038; OLG Köln AfP 1985, 61, 62; LG Oldenburg AfP 1987, 725; *Prinz/Peters* Rn 360; *Wenzel* 12. Kap. Rn 106; *Soehring* Rn 30.15.

842 Zur Unterlassungsverpflichtungserklärung → Rn 197 f.

843 *Prinz/Peters* Rn 360.

hung, nach fruchtlosem Ablauf der Frist gerichtliche Schritte einleiten zu wollen. Je nach Druckerzeugnis und Häufigkeit seines Erscheinens kann die Fristlänge sehr unterschiedlich ausfallen; bei besonderer Dringlichkeit kann eine Frist von wenigen Stunden angemessen sein.[844] Im Übrigen wird sie beim einstweiligen Rechtsschutz zwischen ein und drei Tagen, im Hauptsacheverfahren zwischen fünf und sieben Tagen liegen.[845] Die Abmahnung ist **keine Zulässigkeitsvoraussetzung** für eine anschließende gerichtliche Durchsetzung des Anspruchs. Sie ist jedoch erforderlich, um der Kostenlast des § 93 ZPO bei sofortigem Anerkenntnis des Gegners zu entgehen.[846] Im einstweiligen Verfügungsverfahren kann sie **entbehrlich** sein, so etwa wenn die Abgabe einer Unterlassungsverpflichtungserklärung infolge der Haltung des Gegners ausgeschlossen werden kann,[847] wenn eine schwere Persönlichkeitsverletzung unmittelbar bevorsteht,[848] wenn der Gegner in Kenntnis der Verletzung eine identische Veröffentlichung vornimmt,[849] oder wenn ein besonders grober Verstoß gegen die publizistische Sorgfaltspflicht vorliegt.[850]

197 **b) Unterlassungsverpflichtungserklärung.** Mit der **Unterlassungsverpflichtungserklärung** verpflichtet sich der Schädiger, die gerügte Veröffentlichung in Zukunft zu unterlassen. Die Erklärung lässt – soweit sie uneingeschränkt, unwiderruflich und insbesondere strafbewehrt abgegeben wird – die Wiederholungsgefahr entfallen.[851] Da der materiellrechtliche Unterlassungsanspruch erlischt, handelt es sich um ein abstraktes Schuldversprechen, bei dem jedenfalls die Unterwerfungserklärung des Schädigers nach § 780 BGB der Schriftform bedarf.[852] Gibt der Schädiger nur eine Teilunterwerfungserklärung ab, bleibt der weiterreichende Unterlassungsanspruch unberührt.[853]

198 Die versprochene **Vertragsstrafe** muss angemessen sein; d. h. sie muss geeignet erscheinen, den Schädiger ernsthaft von Wiederholungen abzuhalten, was anhand der Umstände des Einzelfalls zu prüfen ist.[854] Es kann entweder ein feststehender Betrag oder die Bestimmung der Vertragsstrafenhöhe durch den Verletzten festgelegt werden, wobei im Streitfall über die Höhe das Gericht entscheidet.[855] Nicht möglich ist es, dem Gericht von vornherein die Festlegung der Höhe zu übertragen.[856] Die Vertragsstrafe ist verwirkt, wenn der Unterlassungsschuldner schuldhaft gegen die Unterwerfungserklärung verstößt.[857] Daneben begründet ein **Verstoß** gegen die Unterlassungsverpflichtungserklärung in der Regel auch die Gefahr weiterer Verstöße, so dass die Wiederholungsgefahr wieder gegeben ist und der Unterlassungsanspruch gerichtlich geltend gemacht werden kann.[858] Wann eine Zuwiderhandlung vorliegt, ist immer für den konkreten Fall zu entscheiden. Soweit es sich nicht um einen wörtlichen Verstoß handelt, ist die sog. Kerntheorie heranzuziehen. Danach sind alle im Kern wesensgleichen Verletzungshandlungen verboten.[859]

---

[844] KG NJW 1993, 3336; OLG Stuttgart WRP 1983, 305.

[845] *Prinz/Peters* Rn 364, 438.

[846] OLG Köln AfP 1995, 506; OLG Köln AfP 1993, 590; LG Oldenburg AfP 1987, 725; *Prinz/Peters* Rn 362; *Wenzel* 12. Kap. Rn 106; *Soehring* Rn 30.16.

[847] OLG Köln AfP 1995, 506, 507.

[848] LG Oldenburg AfP 1987, 725.

[849] OLG Köln AfP 1995, 506.

[850] OLG München NJW-RR 2001, 42, 43; OLG Köln AfP 1990, 51, 52; OLG Köln AfP 1985, 61, 62.

[851] BGH GRUR 2002, 180, 181 – Weit-Vor-Winter-Schluss-Verkauf; BGH GRUR 1996, 290, 291 – Wegfall der Wiederholungsgefahr; OLG München AfP 2004, 60, 62.

[852] *Prinz/Peters* Rn 340; *Wenzel* 12. Kap. Rn 21; *Teplitzky* GRUR 1996, 696, 697. Bei Kaufleuten ist die Schriftform nicht erforderlich (§ 350 HGB).

[853] BGH GRUR 2002, 824 – Teilunterwerfung; BGH AfP 2005, 464 – Esra.

[854] BGH GRUR 1985, 155, 156 – Vetragsstrafe; *Löffler/Steffen* LPG § 6 Rn 267.

[855] BGH GRUR 1978, 192, 193 – Hamburger Brauch.

[856] BGH GRUR 1978, 192, 193 – Hamburger Brauch.

[857] BGH GRUR 1998, 963, 964 – Verlagsverschulden II; BGH GRUR 1988, 561, 562 – Verlagsverschulden I; BGH GRUR 1982, 688, 689 – Senioren-Pass; *Prinz/Peters* Rn 353.

[858] BGH GRUR 1996, 290, 291 – Wegfall der Wiederholungsgefahr; *Prinz/Peters* Rn 353; *Wenzel* 12. Kap. Rn 29.

[859] BGH GRUR 1996, 290, 291 – Wegfall der Wiederholungsgefahr; BGH GRUR 1973, 429, 430 – Idee-Kaffee; *Prinz/Peters* Rn 347.

c) Verfahren. Für Streitigkeiten über zivilrechtliche Unterlassungsansprüche wegen unzulässiger Wort- oder Bildberichterstattung ist in der Regel der **Zivilrechtsweg** eröffnet. Dies gilt auch für Ansprüche gegen öffentlich-rechtliche Rundfunkanstalten. Ansprüche wegen hoheitlicher Äußerungen sind demgegenüber auf dem Verwaltungsrechtsweg zu verfolgen.[860] Die **sachliche Zuständigkeit** bestimmt sich gemäß § 23 Nr. 1 GVG nach dem Streitwert, auch wenn der Unterlassungsanspruch in der Regel nicht-vermögensrechtlicher Art ist. Ausnahmsweise handelt es sich bei Unterlassungsansprüchen wegen der Beeinträchtigung des Rechts am eigenen Bild um vermögensrechtliche Ansprüche, wenn es dem Betroffenen ausweislich seiner Anspruchsbegründung in wesentlicher Weise auch um die Wahrung wirtschaftlicher Belange geht.[861] Zumeist ist das Landgericht zuständig, da der Streitwert kaum jemals unter 5000 Euro liegt. Er kann auch erheblich höher liegen.[862] Für die **örtliche Zuständigkeit** ist neben dem allgemeinen Gerichtsstand der §§ 12, 13, 17 ZPO (Wohnsitz oder Sitz der gewerblichen Niederlassung des Beklagten) insbesondere der Gerichtsstand der unerlaubten Handlung gemäß § 32 ZPO relevant. Örtlich zuständig ist danach jedes Gericht, in dessen Bezirk die unerlaubte Handlung begangen ist (sog. fliegender Gerichtsstand der Medien). Dies ist bei einer Druckschrift der Ort, an dem sie erscheint, sowie der Ort, an dem sie bestimmungsgemäß verbreitet wird bzw. werden soll.[863] Auf den Rechercheort kommt es nicht an.[864] Es genügt grundsätzlich die Verbreitung eines einzigen Exemplars.[865] Bei Hörfunk- und Fernsehsendungen ist der Ort des bestimmungsgemäßen Empfangs der ausgestrahlten Sendung relevant. Dies bedeutet für das Internet, dass örtliche Zuständigkeit überall dort gegeben ist, wo die Internetseiten bestimmungsgemäß abrufbar sind.[866] 199

d) Einstweiliges Verfügungsverfahren. Wie auch im Wettbewerbsrecht (§ 12 Abs. 2) kann der äußerungsrechtliche Unterlassungsanspruch im einstweiligen Verfügungsverfahren geltend gemacht werden. Der einstweilige Rechtsschutz hat wegen der **Schnelllebigkeit der Medien** eine große Bedeutung, da **kurzfristig** innerhalb weniger Tage oder sogar Stunden eine gerichtliche Verfügung erreicht werden kann. Dementsprechend werden die meisten Unterlassungsansprüche zunächst auf diese Weise durchgesetzt. Gibt der Schädiger auf die Abmahnung keine oder eine unzureichende Unterlassungsverpflichtungserklärung ab oder ist die Abmahnung im Einzelfall nicht erforderlich,[867] kann ein Verfügungsantrag bei Gericht gestellt werden. Neben dem **Verfügungsanspruch,** also dem materiellen Unterlassungsanspruch, ist ein Verfügungsgrund glaubhaft zu machen (§§ 936, 920, 294 ZPO). Der **Verfügungsgrund** beschreibt die Dringlichkeit bzw. Eilbedürftigkeit der Sache. Innerhalb welches Zeitraumes der Verfügungsantrag bei Gericht gestellt werden muss, damit der Verfügungsgrund bejaht werden kann, hängt vom Einzelfall ab. Die Frist beginnt erst mit positiver Kenntnis des Betroffenen von der Verletzung.[868] Anschließend ist ihm ausreichend Zeit zuzubilligen, um sich über die Rechtslage zu informieren und die erforderlichen Mittel zur Glaubhaftmachung zu sammeln.[869] Das Gericht erlässt die Verfügung in der Regel **ohne mündliche Verhandlung,** da ein Unterlassungsanspruch wegen der vorausgesetzten Erstbegehungs- bzw. Wiederholungsgefahr naturgemäß ein dringender Fall im Sinne des § 937 Abs. 2 ZPO ist.[870] Dies bedeutet, dass der Gegner in der ersten Phase 200

[860] Ausführlich zum Rechtsweg *Wenzel* 12. Kap. Rn 109ff.

[861] BGH GRUR 1994, 915 – Börsenjournalist; BGH GRUR 1990, 1055 – Medizinjournalist; BGH GRUR 1975, 94 – Brüning-Memoiren II.

[862] Zur sachlichen Zuständigkeit *Prinz/Peters* Rn 374.

[863] OLG Köln AfP 1988, 146; OLG Frankfurt GRUR 1989, 136 – Tagesspiegel.

[864] LG Hamburg NJW 2003, 1952.

[865] BGH NJW 1977, 1590.

[866] KG NJW 1997, 3321; LG München CR 1997, 155.

[867] → Rn 196.

[868] OLG Frankfurt GRUR 1985, 395 – Portraitfotos.

[869] OLG Celle AfP 2002, 506; OLG Frankfurt NJW-RR 1993, 852, 853; LG München ZUM-RD 2001, 203, 205.

[870] *Prinz/Peters* Rn 359.

des Verfahrens regelmäßig nicht zu Wort kommt. Sobald die Verfügung vollzogen, also dem Gegner zugestellt ist,[871] hat dieser die Möglichkeit, die Verfügung mit dem Widerspruch gemäß §§ 936, 924 ZPO (bzw. der Berufung), mit der Fristsetzung zur Hauptsacheklage gemäß §§ 936, 926 ZPO sowie mit dem Antrag auf Aufhebung wegen veränderter Umstände gemäß §§ 936, 927 ZPO **anzugreifen.**[872]

201 **e) Hauptsacheverfahren.** Da die einstweilige Verfügung einen Zustand lediglich vorübergehend, nämlich „einstweilig", regelt und der Gegner die Verfügung auf die gerade dargelegte Art und Weise wieder beseitigen kann, ist der Betroffene an sich gehalten, daneben auch das Hauptsacheverfahren anzustreben. Hauptsache- und einstweiliges Verfügungsverfahren sind unabhängig voneinander. Das kostspielige Hauptsacheverfahren kann jedoch verhindert werden, wenn der Schädiger die einstweilige Verfügung als endgültige Regelung anerkennt. Um dies zu klären, gibt es das sog. **Abschlussschreiben,**[873] das aus dem Wettbewerbsrecht in das Äußerungsrecht übernommen wurde. In dem Abschlussschreiben wird der Schädiger aufgefordert zu erklären, dass er auf die Geltendmachung seiner Rechte aus den §§ 936, 924, 926, 927 ZPO verzichtet. Gibt der Schädiger die Erklärung ab, entfallen die Wiederholungsgefahr und die Voraussetzungen einer Hauptsacheklage.[874] Der Schädiger, gegen den eine einstweilige Verfügung ergangen ist, kann den Betroffenen mit der Klagfristsetzung gemäß §§ 936, 926 ZPO in das Hauptsacheverfahren zwingen. Das Hauptsacheverfahren ist – an Stelle eines Verfügungsverfahrens – auch dann relevant, wenn die Dringlichkeit nicht (mehr) gegeben ist oder der Betroffene seinen Anspruch nicht mit den Mitteln der Glaubhaftmachung darzulegen im Stande ist. Unter bestimmten (strengen) Voraussetzungen kann im Hauptsacheverfahren die **Veröffentlichung des Unterlassungstenors** bzw. der Unterlassungsverpflichtungserklärung verlangt werden, wenn die beanstandete Äußerung öffentlich erfolgt ist und die Publikation des Urteils (bzw. der Erklärung) zur Beseitigung der noch andauernden Folgen der Äußerung für das Ansehen des Verletzten erforderlich und für den Schädiger zumutbar ist.[875]

202 **f) Umfang des Unterlassungsgebots.** Das Unterlassungsgebot hat sich immer an der **konkreten Verletzungsform** auszurichten.[876] In der Regel beschränkt sich der Unterlassungsanspruch auf das Verbot einzelner Äußerungen oder Bildnisse;[877] ausnahmsweise kann jedoch auch ein gesamter Artikel oder ein komplettes Buch verboten werden, wenn die rechtswidrigen Äußerungen von den rechtmäßigen kaum zu trennen sind oder der Text im Ganzen einen verunglimpfenden Charakter hat.[878] Der **Antrag** ist mit größter Sorgfalt zu formulieren. Er muss zweifelsfrei erkennen lassen, welche Äußerungen oder Bildnisse der Schädiger nicht mehr veröffentlichen dürfen soll. Zu unbestimmt ist danach beispielsweise der Antrag, Äußerungen zu unterlassen, „die inhaltlich Werbung sind",[879] oder „die geeignet sind, die Kläger und ihre Mitarbeiter ohne hinreichenden Anlass herabzusetzen",[880] oder „die überwiegend pauschale Anpreisungen des Firmenangebots sind".[881] Auch kann dem Verletzer im Falle rechtswidriger Bildberichterstattung nicht generell die Verbreitung

[871] *Prinz/Peters* Rn 386 ff.
[872] *Prinz/Peters* Rn 390 ff, 402 ff, 407 ff.
[873] *Prinz/Peters* Rn 432 ff, 945.
[874] *Wenzel* 12. Kap. Rn 32.
[875] BGHZ 99, 133 – Oberfaschist; LG Bückeburg NJW-RR 1999, 319, 320 f; s. dazu *Prinz/Peters* Rn 440; *Wenzel* 13. Kap. Rn 106 ff.
[876] BGH GRUR 1997, 139 f – Orangenhaut; BGH GRUR 1992, 561, 562 – Unbestimmter Unterlassungsantrag II; KG AfP 2006, 477; *Prinz/Peters* Rn 383; *Wenzel* 12. Kap. Rn 79; *Soehring* Rn 30.29; *Löffler/Steffen* LPG § 6 Rn 270.
[877] BGHZ 78, 9 – Medizin-Syndikat III; BGH NJW 1975, 1882 – Geist von Oberzell; OLG München ZUM 1999, 331, 332.
[878] BGH NJW 1975, 1882 – Geist von Oberzell; BGHZ 50, 133 – Mephisto; OLG Hamburg AfP 1975, 916; OLG Düsseldorf WRP 1984, 272, 276.
[879] BGH GRUR 1993, 565 – Faltenglätter.
[880] BGH GRUR 1989, 781, 782 ff – Wünschelrute.
[881] BGH GRUR 1998, 489, 490 ff – Unbestimmter Unterlassungsantrag III.

von Bildnissen „aus dem privaten Alltag" des Betroffenen untersagt werden.[882] Ebenso unzulässig ist ein Antrag, der auf das Verbot einer Presseberichterstattung über die zurückliegende Straftat eines ehemaligen Politikers „ohne aktuellen Anlass" abzielt.[883] Zulässig ist aber, den Antrag auf „sinngemäße Äußerungen" zu erstrecken.[884] Wird eine durch Auslegung anderer Äußerungen ermittelte verdeckte Aussage[885] untersagt, muss der Unterlassungsschuldner zweifelsfrei erkennen können, welche Teile der ursprünglichen Äußerung von dem Unterlassungsgebot erfasst sind.[886] Das Gericht kann und soll an der Erarbeitung einer geeigneten Antragsfassung mitwirken und gegebenenfalls einen sachdienlichen Hinweis geben (§ 139 Abs. 1 ZPO). Im einstweiligen Verfügungsverfahren sind sogar konkrete Formulierungsvorschläge durch das Gericht zulässig (§ 938 Abs. 1 ZPO).

Eine **Beschränkung des Unterlassungsgebots** kommt in Betracht, wenn durch die Unterlassungsanordnung hinsichtlich einzelner Äußerungen oder Bildnisse ein fertig gestelltes Werk insgesamt nicht mehr veröffentlicht werden darf. In solchen Fällen kann das Gericht eine **Aufbrauchfrist** anordnen, die dem Schädiger erlaubt, die bereits fertig produzierten Exemplare innerhalb einer festgelegten Frist noch zu veröffentlichen.[887] Voraussetzung ist, dass eine Abwägung der widerstreitenden Interessen ergibt, dass im konkreten Fall die sofortige Durchsetzung des Verbotes unbillig erscheint.[888] Die aus dem Wettbewerbsrecht stammende Aufbrauchfrist[889] kann im Medienrecht jedoch nur ausnahmsweise zur Anwendung kommen, da der Betroffene eine verletzende Berichterstattung grundsätzlich nicht hinzunehmen hat.[890] 203

II. Gegendarstellung

Der Gegendarstellungsanspruch ist der **einzige speziell äußerungsrechtliche Anspruch.** Er hat seine Wurzeln im allgemeinen Persönlichkeitsrecht und gibt dem Einzelnen zur Verteidigung seiner Individualsphäre die Befugnis, eine Darstellung in den Medien an gleicher Stelle und mit entsprechendem Publizitätsgrad durch seine eigene Wortmeldung zu vervollständigen.[891] Der Gegendarstellungsanspruch unterscheidet sich insofern grundlegend vom Berichtigungsanspruch,[892] bei dem nicht der Betroffene zu Wort kommt, sondern die Medien selbst ihre eigene Darstellung richtig stellen. Die Gegendarstellung zeichnet sich durch eine immense **Rechtszersplitterung** aus, wobei sich die verschiedenen Vorschriften nur in Einzelaspekten unterscheiden.[893] Für die Printmedien sind die 16 Landespressegesetze anwendbar; daneben gibt es 15 Landesmediengesetze, 12 Regelungen für den öffentlich-rechtlichen Rundfunk und für das Internet den Rundfunkstaatsvertrag (früher war der Mediendienste-Staatsvertrag einschlägig), die alle Vorschriften zur Gegendarstellung enthalten. 204

1. Materielle Voraussetzungen

Bei den **Printmedien** ist Voraussetzung für einen Anspruch auf Gegendarstellung die Veröffentlichung von Tatsachen in einem periodischen Druckwerk. Der Anspruch besteht jedoch nur, soweit ihm nicht besondere Ausschlussgründe entgegenstehen. 205

---

[882] KG AfP 2006, 477; AfP 2006, 479.
[883] KG WRP 2005, 1418, 1419 ff.
[884] BGH GRUR 1977, 114, 115 – Alleinimporteur.
[885] Zur Problematik der verdeckten Aussagen → Rn 56.
[886] BVerfG ZUM 2004, 560, 561. S. auch OLG Karlsruhe AfP 2006, 72 ff.
[887] OLG Frankfurt GRUR 1985, 395 – Portraitfotos; OLG München AfP 1974, 631, 632; OLG Stuttgart BB 1963, 831; *Prinz/Peters* Rn 419 f; *Wenzel* 12. Kap. Rn 100; *Löffler/Steffen* LPG § 6 Rn 272.
[888] OLG München AfP 1974, 631; OLG Düsseldorf AfP 1985, 51.
[889] *Piper/Ohly* § 8 Rn 41 ff.
[890] *Prinz/Peters* Rn 420; *Löffler/Steffen* LPG § 6 Rn 272; aA *Soehring* Rn 30.32.
[891] BVerfGE 63, 131 – Gegendarstellung II; BGHZ 66, 182, 193 f – Panorama.
[892] Zum Berichtigungsanspruch → Rn 232 ff.
[893] Der vorliegenden Darstellung liegt § 11 des Hamburgischen Landespressegesetzes zugrunde. Auf die Unterschiede zu den übrigen Gegendarstellungsvorschriften wird in den Fußnoten verwiesen.

206 Voraussetzung ist damit zunächst ein **periodisches Druckwerk.** Ein Druckwerk ist periodisch, welches fortlaufend, wenn auch unregelmäßig erscheint, wobei die Abstände nicht mehr als sechs Monate betragen dürfen.[894] Periodische Druckwerke sind insofern nicht bloß Zeitungen und Zeitschriften,[895] sondern beispielsweise auch Veröffentlichungen von Nachrichtenagenturen, Pressekorrespondenz, periodisch erscheinende Plakate, Wahlkampfzeitungen[896] und Flugblätter.[897] Auch eine „Händlerschürze" ist ein periodisch erscheinendes Druckwerk, wenn mit ihr regelmäßig für ein periodisches Druckwerk geworben wird.[898] Keine periodischen Druckwerke sind demgegenüber Bücher, auch wenn sie in einer Taschenbuchreihe erscheinen.[899]

207 In dem Druckwerk muss eine **Tatsachenbehauptung** aufgestellt werden.[900] Unerheblich ist, ob die Tatsache als eigene oder als fremde Behauptung dargestellt wird. Insofern kann sich ein Gegendarstellungsverlangen auch gegen einen Leserbrief oder ein Interview richten.[901] Eine Bildnisveröffentlichung kann als Tatsachenbehauptung aufzufassen sein, so etwa bei Fotomontagen, Trickaufnahmen oder Retuschen,[902] aber auch wenn Text und Bild nicht zusammenpassen.[903] Eine Meinungsäußerung begründet dagegen keinen Gegendarstellungsanspruch.[904]

208 Auf den **Wahrheitsgehalt** der behaupteten Tatsache kommt es nicht an.[905] Ebenso wenig ist entscheidend, dass durch die Tatsachenbehauptung eine geschützte Sphäre des Betroffenen verletzt wird. Dies folgt aus dem Zweck der Gegendarstellung, nach dem der Betroffene das Recht erhalten soll, sich hinsichtlich einer über ihn publizierten Tatsache gegenüber der Öffentlichkeit mit seiner eigenen Darstellung Gehör zu verschaffen.[906]

209 Dem Gegendarstellungsanspruch können jedoch verschiedene **Ausschlussgründe** entgegenstehen. Ein möglicher Ausschlussgrund ist das fehlende **berechtigte Interesse** des Betroffenen an der Verbreitung der Gegendarstellung.[907] Das berechtigte Interesse kann in seltenen Ausnahmefällen entfallen, wenn die beanstandete Tatsache derart belanglos und untergeordnet ist, dass weder an ihr noch an einer Entgegnung ein Informationswert besteht.[908] Dies kann etwa der Fall sein, wenn der Eigentümer eines ausgebrannten Hauses auf die Berichterstattung über den Brand erwidern möchte, sein Haus habe eine Höhe von 25 Metern entgegen den in der Berichterstattung genannten 20 Metern.[909] Auch an in sich widersinnigen, widersprüchlichen und irreführenden Gegendarstellungen[910] sowie an Gegendarstellungen, die lediglich die ursprüngliche Tatsache bestätigen,[911] kann kein berechtigtes Interesse

---

[894] *Seitz/Schmidt/Schoener* Rn 160.
[895] So aber in Bayern.
[896] *Prinz/Peters* Rn 484; *Wenzel* 11. Kap. Rn 33; aA *Löffler/Sedelmeier* LPG § 11 Rn 81.
[897] *Prinz/Peters* Rn 484; *Seitz/Schmidt/Schoener* Rn 160.
[898] LG Berlin AfP 2000, 98, 99.
[899] *Wenzel* 11. Kap. Rn 37; *Löffler/Ricker* 25. Kap. Rn 2.
[900] → Rn 50ff; zur sog. Eindrucksgegendarstellung BVerfG AfP 2008, 58f.
[901] OLG Hamburg AfP 1983, 345; *Groß* AfP 2003, 500.
[902] OLG München AfP 1973, 483, 485; *Wenzel* 11. Kap. Rn 33, 45.
[903] OLG Koblenz NJW 1997, 1375, 1376; OLG München WRP 1995, 744, 746 – Telefonsex-Foto; OLG München AfP 1979, 364; *Prinz/Peters* Rn 922ff.
[904] OLG Düsseldorf ZUM 2002, 63, 64; OLG München NJW-RR 2000, 319, 320 – Wehrmachtsausstellung IV; *Prinz/Peters* Rn 486; *Soehring* Rn 29.12; *Seitz/Schmidt/Schoener* Rn 302ff; *Wenzel* 11. Kap. Rn 38; *Groß* AfP 2003, 497, 501.
[905] BVerfGE 97, 125, 147 – Gegendarstellung auf Titelseite; BGH NJW 1963, 151 – Staatskarosse; BGH NJW 1965, 1230 – Bamfolin; s. aber OLG Karlsruhe AfP 1999, 74 zur Gegendarstellung im Fernsehen (§ 7 Abs. 1 SWF-StV).
[906] BVerfGE 63, 131 – Gegendarstellung II.
[907] BGH NJW 1965, 1230 – Bamfolin; zur Beweislastverteilung: OLG Naumburg ZUM 2006, 482.
[908] OLG Köln NJW-RR 1990, 1119, 1120; *Prinz/Peters* Rn 490f.
[909] *Löffler/Sedelmeier* LPG § 11 Rn 62.
[910] OLG Düsseldorf AfP 2005, 368, 369f; OLG München NJW-RR 1999, 386; OLG München AfP 1992, 171, 172; LG Dresden AfP 2005, 190, 191f; LG München I ZUM 2006, 349; *Wenzel* 11. Kap. Rn 129ff; *Seitz/Schmidt/Schoener* Rn 253; *Löffler/Sedelmeier* LPG § 11 Rn 64.
[911] OLG Hamburg Beschl. v. 21. 4. 1997 – 7 U 86/97 (nicht veröffentlicht); *Prinz/Peters* Rn 492f; *Wenzel* 11. Kap. Rn 54.

bestehen. Gleiches gilt nach allgemeiner Meinung für offensichtlich unwahre Gegendarstellungen.[912] Die Geltendmachung einer **Berichtigung** schließt die zusätzliche Forderung einer Gegendarstellung grundsätzlich nicht aus;[913] das berechtigte Interesse an einer Gegendarstellung kann jedoch dann entfallen, wenn die Redaktion eine ordnungsgemäße Richtigstellung abgedruckt und damit alle entstandenen Fehlvorstellungen ausgeräumt hat.[914] Nicht hinreichend ist aber beispielsweise eine Richtigstellung, die mit „Entschuldigung" überschrieben ist oder auf Grund ihrer Weitschweifigkeit den Leser von der eigentlichen Aussage ablenkt.[915] Nach den meisten Landespressegesetzen besteht ein Ausschlussgrund auch bei Tatsachenbehauptungen in **geschäftlichen Anzeigen.**[916] Andere Anzeigen wie etwa private, religiöse oder politische Annoncen sind von diesem Ausschlussgrund nicht betroffen.[917] Soweit ein Entgegnungsrecht besteht, ist dieses zum Teil – entgegen der sonst im Gegendarstellungsrecht bestehenden Kostenfreiheit – kostenpflichtig ausgestaltet, so dass der Betroffene die übliche Gebühr für eine Annonce zu begleichen hat. Beinhaltet ein Landespressegesetz keine Regelung über Anzeigen, ist ein Gegendarstellungsanspruch grundsätzlich gegeben.[918] Bei Hörfunk und Fernsehen gibt es entsprechende Regelungen mit entsprechenden Unterschieden bei Tatsachenbehauptungen in **Werbesendungen.** Ein weiterer Ausschlussgrund für einen Gegendarstellungsanspruch besteht nach fast allen Landespressegesetzen auch bei der Veröffentlichung von wahrheitsgetreuen **Parlaments- und Gerichtsberichten** über öffentliche Sitzungen.[919] Kein Gegendarstellungsrecht besteht schließlich gegen **Behauptungen in Gegendarstellungen,** soweit dieser Ausschlussgrund explizit gesetzlich geregelt ist.[920] Die überwiegende Meinung möchte diesen Ausschlussgrund als allgemeinen Grundsatz anerkennen, um die Medien vor immer neuen Gegendarstellungen zu schützen.[921] Sie verkennt jedoch zum einen, dass der befürchtete Wortkampf unter Lesern und Zuschauern/-hörern unwahrscheinlich ist; zum anderen gebietet das Persönlichkeitsrecht des Betroffenen die Möglichkeit eines Entgegnungsrechts, da es für ihn im konkreten Fall unerheblich ist, ob die fragliche Tatsache im redaktionellen Teil oder in einer Gegendarstellung enthalten ist.[922]

Die materiellen Voraussetzungen eines Gegendarstellungsanspruchs im **Internet** regelt 210
§ 56 Rundfunkstaatsvertrag. Danach besteht ein Anspruch auf Gegendarstellung gegenüber Tatsachenbehauptungen in journalistisch-redaktionell gestalteten Angeboten, in denen vollständig oder teilweise Inhalte periodischer Druckerzeugnisse in Text oder Bild wiedergegeben werden. Der Anspruch ist somit immer dann gegeben, wenn Druckerzeugnisse online verbreitet werden.[923]

2. Anspruchsberechtiger/Anspruchsverpflichteter

Anspruchsberechtigt ist nach den meisten Landespressegesetzen die „Person oder 211
Stelle", die durch die „aufgestellte Tatsachenbehauptung betroffen ist".[924] Unter **Person** ist

---

[912] BVerfG NJW 2002, 356 – Gysi I; BGH NJW 1967, 562; OLG München NJW-RR 1999, 386, 387; OLG Hamburg AfP 1974, 573, 574 f; *Prinz/Peters* Rn 554 ff; *Seitz/Schmidt/Schoener* Rn 254 ff; *Löffler/Ricker* 26. Kap. Rn 4.

[913] BVerfGE 97, 125, 145 ff – Gegendarstellung auf Titelseite; BGH NJW 1964, 1132, 1134 – Uhren-Weiß; OLG Nürnberg MDR 1956, 165, 166.

[914] OLG Köln NJW-RR 2001, 337; LG München AfP 1978, 219, 220; *Prinz/Peters* Rn 494; *Wenzel* 11. Kap. Rn 55.

[915] OLG Dresden NJW 1997, 1379, 1380 – Justus Frantz.

[916] Eine solche Regelung besteht nicht in Bayern, Hamburg, Hessen, Mecklenburg-Vorpommern und Schleswig-Holstein.

[917] *Prinz/Peters* Rn 501; *Löffler/Sedelmeier* LPG § 11 Rn 70; *Seitz/Schmidt/Schoener* Rn 287.

[918] *Prinz/Peters* Rn 502; *Wenzel* 11. Kap. Rn 65 f; *Seitz/Schmidt/Schoener* Rn 286; aA *Löffler/Sedelmeier* LPG § 11 Rn 71.

[919] Vgl. auch § 56 Abs. 4 Rundfunkstaatsvertrag.

[920] § 24 Abs. 8 RBremenG; § 10 Abs. 7 SWR-StV; § 18 Abs. 8 DWG; § 9 Abs. 7 ZDF-StV; § 9 Abs. 7 Deutschlandradio-StV; § 19 Abs. 7 BremLMG; § 42 Abs. 7 LRfG Rh-Pf.

[921] *Wenzel* 11. Kap. Rn 68 f; *Löffler/Sedelmeier* LPG § 11 Rn 77; *Seitz/Schmidt/Schoener* Rn 288.

[922] *Prinz/Peters* Rn 503; *Groß* AfP 2003, 497, 500 f; s. auch *Seitz/Schmidt/Schoener* Rn 289.

[923] *Seitz/Schmidt/Schoener* Rn 7.

[924] In Bayern: „Person oder Behörde, die unmittelbar betroffen ist".

zunächst jede natürlich Person zu verstehen. Aber auch juristische Personen des privaten und öffentlichen Rechts und Personengemeinschaften des Handelsrechts,[925] nicht rechtsfähige Vereine,[926] Parteien,[927] Einzelgewerkschaften,[928] Betriebsräte[929] usw. können Anspruchsinhaber sein. **Stelle** bezieht sich auf den öffentlichen Bereich und umfasst insbesondere alle Behörden, also beispielsweise Ämter, Gerichte, Staatsanwaltschaften, Ministerien,[930] Gesetzgebungsorgane, Regierungen und auch internationale Organisationen.[931] Diese Anspruchsberechtigten müssen durch die Berichterstattung **betroffen** sein. Betroffen ist jede Person oder Stelle, deren eigene Interessensphäre durch die in der Veröffentlichung aufgestellte Behauptung berührt wird und zu der mitgeteilten Tatsache in einer individuellen Beziehung steht.[932] Wie auch bei der Erkennbarkeit[933] ist daher eine allgemeine Betroffenheit auf Grund einer Gruppenzugehörigkeit – wie zB als Europäer, Raucher oder Jäger – nicht ausreichend.[934] Eine mittelbare Betroffenheit auf Grund familiärer oder anderweitiger Bindungen kann jedoch genügen; betroffen sind beispielsweise die Eltern, wenn über ihr minderjähriges Kind berichtet wird,[935] der Hotelempfangschef bei anrüchigen Behauptungen über das Hotel,[936] oder der Chefredakteur bei einer Kritik an der Zeitung.[937] Anspruchsberechtigt ist immer der individuell Betroffene, wofür eine namentliche Nennung nicht Voraussetzung ist.[938]

212 **Anspruchsverpflichtet** nach den Landespressegesetzen sind der verantwortliche Redakteur sowie der Verleger. Beide können nebeneinander oder gemeinsam in Anspruch genommen werden. **Verleger** ist der Unternehmer, der die Vervielfältigung und Verbreitung des Druckwerks im eigenen Namen durchführt.[939] Dies kann eine natürliche oder juristische Person sowie eine Handelsgesellschaft sein.[940] Es kommt nicht darauf an, wer als Verleger „fungiert" und tatsächlich die üblicherweise dem Verleger zukommende Tätigkeit ausübt, wenn diese Person nicht Inhaber des Verlagsunternehmens ist.[941] Verleger ist darüber hinaus auch derjenige, der im Impressum als Verleger bezeichnet ist, da sich der Verlag an den von ihm gesetzten Rechtsschein festhalten lassen muss.[942] **Verantwortlicher Redakteur** ist derjenige, der darüber zu entscheiden hat, ob der Abdruck eines Beitrages wegen strafbaren Inhalts zu unterbleiben hat.[943] Dies richtet sich nach den tatsächlichen Ver-

---

[925] *Prinz/Peters* Rn 463; *Seitz/Schmidt/Schoener* Rn 59.

[926] OLG Köln AfP 1971, 173 f; *Seitz/Schmidt/Schoener* Rn 59.

[927] LG München I AfP 2006, 279, 281.

[928] BayObLGSt 13, 1963, 34.

[929] OLG Hamburg AfP 1982, 232.

[930] OLG München ZUM 2006, 82 f unter Bestätigung der Vorinstanz LG München I ZUM 2006, 81 f, wo im Ergebnis die nach Bayerischem Pressegesetz erforderliche unmittelbare Betroffenheit des Bundesumweltministeriums bzw. der BRD verneint wurde.

[931] *Prinz/Peters* Rn 464; *Seitz/Schmidt/Schoener* Rn 60 f; *Löffler/Ricker* 24. Kap. Rn 1.

[932] OLG Hamburg AfP 1984, 222, 223; OLG Hamburg AfP 1982, 232; OLG Hamburg AfP 1979, 349; OLG Köln AfP 1971, 173, 174; *Prinz/Peters* Rn 465; *Seitz/Schmidt/Schoener* Rn 62; *Löffler/Sedelmeier* LPG § 11 Rn 54.

[933] Zur Erkennbarkeit → Rn 64, 154.

[934] OLG Frankfurt AfP 1984, 225; OLG Hamburg AfP 1979, 349; OLG München ArchPR 1974, 112; *Prinz/Peters* Rn 466 f; *Wenzel* 11. Kap. Rn 81; *Seitz/Schmidt/Schoener* Rn 63.

[935] *Wenzel* 11. Kap. Rn 78; *Löffler/Sedelmeier* LPG § 11 Rn 57.

[936] OLG Hamburg MDR 1973, 1028.

[937] OLG Hamburg ArchPR 1977, 47; OLG München AfP 1973, 485 f; OLG Hamburg MDR 1972, 956; *Seitz/Schmidt/Schoener* Rn 69.

[938] BGH NJW 1963, 1155; OLG Düsseldorf AfP 2000, 470, 471; BayObLG NJW 1961, 2075 f; LG Oldenburg AfP 1986, 84; *Wenzel* 11. Kap. Rn 82; *Löffler/Sedelmeier* LPG § 11 Rn 59; *Löffler/Ricker* 24. Kap. Rn 5.

[939] *Wenzel* 11. Kap. Rn 90.

[940] OLG Karlsruhe NJW-RR 1992, 1305, 1306.

[941] OLG Düsseldorf AfP 1988, 160; *Prinz/Peters* Rn 471.

[942] OLG Karlsruhe NJW-RR 1992, 1305, 1306; aA *Löffler/Sedelmeier* LPG § 11 Rn 84; *Wenzel* 11. Kap. Rn 90.

[943] BGH NJW 1963, 665 – Callgirl I; BayObLG NJW 1976, 435; KG NJW 1998, 1420; *Wenzel* 11. Kap. Rn 86.

hältnissen und nicht nach dem Impressum (sog. Stellungstheorie).[944] Die Verantwortlichkeit kann unterteilt sein nach verschiedenen Sparten einer Zeitung, auch nach redaktionellem und Anzeigenteil. In der Praxis ist es mitunter schwierig, den verantwortlichen Redakteur als Anspruchsverpflichteten herauszufinden. Bei den elektronischen Medien ist in der Regel nur das **Sendeunternehmen** bzw. der **„Veranstalter"** Anspruchsgegner.[945] Wurde eine Sendung von verschiedenen Sendern ausgestrahlt, besteht ein Anspruch gegen jeden einzelnen Sender.[946] Beim Internet besteht der Anspruch gegen den Anbieter des Angebots, das die fragliche Äußerung enthält.[947]

3. Formelle Voraussetzungen

Der Anspruch auf Gegendarstellung setzt weder eine rechtswidrige Persönlichkeitsverletzung noch eine unwahre Tatsachenbehauptung voraus. Demgegenüber ist der Gegendarstellungsanspruch an **strenge formelle Anforderungen** gebunden, die bei Nichtbeachtung dazu führen, dass der Abdruck der Gegendarstellung nicht verlangt werden kann. 213

Eine Gegendarstellung muss zunächst immer in **Schriftform** verfasst sein, wobei jede Art von Druck oder Schrift (Schreibmaschine, Telegramm, Handschrift usw.) genügt.[948] Voraussetzung ist lediglich, dass sie lesbar ist. Die Gegendarstellung muss weiter in druckfertiger Form abgeliefert werden; d.h. der Betroffene muss sie selbstständig und vollständig formulieren. Eine Verpflichtung des Anspruchsgegners, an der Formulierung der Gegendarstellung mit zu wirken oder aus einem Schreiben die zulässigen von den unzulässigen Teilen herauszutrennen, besteht nicht.[949] Soweit Gegendarstellung und Abdruckverlangen[950] in einem einheitlichen Schreiben enthalten sind, müssen sie problemlos voneinander lösbar sein.[951] Auf den Stil kommt es nicht an.[952] 214

Eine weitere formelle Voraussetzung ist die **Unterzeichnung** der Gegendarstellung. Diese wird in den meisten Gegendarstellungsvorschriften ausdrücklich gefordert und ergibt sich in den übrigen Fällen aus dem Schriftformerfordernis (§ 126 Abs. 1 BGB).[953] Die Unterschrift muss die Gegendarstellung räumlich abschließen, nicht dagegen zeitlich, so dass die in der Praxis übliche Aushändigung von Blankounterschriften an den Anwalt für Neufassungen zulässig ist.[954] Die Unterschrift muss in jedem Fall eigenhändig erfolgen.[955] 215

Wer die Gegendarstellung unterschreiben muss, ist in den Gegendarstellungsvorschriften unterschiedlich geregelt. Grundsätzlich muss der Betroffene selbst unterschreiben. Problematisch ist regelmäßig die Frage, ob bei der Unterzeichnung der Gegendarstellung eine gewillkürte Vertretung möglich ist. Einige Regelungen verlangen eine Unterschrift des Betroffenen oder des gesetzlichen Vertreters.[956] Eine gewillkürte **Vertretung** soll dann im Umkehrschluss nicht möglich sein.[957] Sie soll jedoch zulässig sein, soweit die Vorschriften 216

---

944 OLG München AfP 1972, 278, 279f; *Prinz/Peters* Rn 474; *Löffler/Sedelmeier* LPG § 11 Rn 84; *Wenzel* 11. Kap. Rn 86.

945 Im Einzelnen dazu *Seitz/Schmidt/Schoener* Rn 96ff. Zur Problematik bei der ARD *Ladeur* AfP 2000, 217f.

946 *Prinz/Peters* Rn 665.

947 § 56 Abs. 1 Rundfunkstaatsvertrag.

948 *Löffler/Sedelmeier* LPG § 11 Rn 138; *Seitz/Schmidt/Schoener* Rn 169.

949 *Löffler/Sedelmeier* LPG § 11 Rn 140.

950 Zum Abdruckverlangen → Rn 226.

951 *Prinz/Peters* Rn 507; *Löffler/Sedelmeier* LPG § 11 Rn 141; *Seitz/Schmidt/Schoener* Rn 172.

952 OLG Hamburg AfP 1979, 403; *Löffler/Sedelmeier* LPG § 11 Rn 140.

953 *Löffler/Sedelmeier* LPG § 11 Rn 142; *Seitz/Schmidt/Schoener* Rn 176; *Löffler/Ricker* 25. Kap. Rn 17.

954 *Prinz/Peters* Rn 515; *Wenzel* 11. Kap. Rn 150.

955 OLG München NJW 1990, 2895; OLG Köln AfP 1985, 151; OLG Hamburg AfP 1974, 573, 575; *Prinz/Peters* Rn 513; *Wenzel* 11. Kap. Rn 148; *Löffler/Sedelmeier* LPG § 11 Rn 145.

956 In Baden-Württemberg, Brandenburg, Hamburg, Mecklenburg-Vorpommern, Nordrhein-Westfalen, Rheinland-Pfalz, Saarland, Sachsen und Schleswig Holstein. S. auch § 56 Abs. 2 Nr. 4 Rundfunkstaatsvertrag.

957 OLG Frankfurt AfP 2003, 459; OLG München AfP 1976, 188f; OLG Stuttgart AfP 1979, 363; OLG Karlsruhe AfP 1981, 363; OLG Hamburg AfP 1979, 405; OLG Schleswig AfP 1982, 45.

eine Vertretung allgemein zulassen, ohne eine Beschränkung auf die gesetzliche Vertretung vorzusehen.[958] Bei juristischen Personen gelten die gleichen Grundsätze. Soweit ausschließlich gesetzliche Vertretung möglich ist, ist beispielsweise eine Unterschrift durch Prokuristen oder Mitarbeiter der Rechtsabteilung unwirksam.[959] Bei Stellen ist der Leiter der Behörde unterschriftsberechtigt.[960]

217 Uneinheitlich wird die Frage beantwortet, ob das Erfordernis der eigenhändigen Unterschrift bei Übermittlung der Gegendarstellung per **Telefax** erfüllt ist. Eine Ansicht fordert eine Zusendung der Gegendarstellung im Original.[961] Nach einer anderen Ansicht soll richtigerweise eine Zuleitung per Telefax oder die Zusendung einer Kopie genügen.[962]

218 Weitere formelle Anforderung ist schließlich ein **angemessener Umfang** der Gegendarstellung.[963] Die Angemessenheit des Umfangs bestimmt sich nach den Umständen des Einzelfalls. Nach den Landespressegesetzen ist zulässiges Minimum jedenfalls der räumliche Umfang des beanstandeten Textes, wobei „beanstandeter Text" nicht den gesamten Artikel sondern lediglich die fraglichen Passagen meint.[964] In der Regel wird jedoch die Gegendarstellung mehr Raum in Anspruch nehmen als die Behauptung, da letztere dem Leser erst wieder ins Gedächtnis gerufen werden muss, bevor mit der eigentlichen Entgegnung begonnen werden kann. Verhindert werden soll eine weitschweifige Darstellung; der Betroffene ist aber nicht angehalten, sich möglichst kurz zu fassen.[965]

4. Inhaltliche Voraussetzungen

219 In inhaltlicher Hinsicht werden von den Gegendarstellungsvorschriften nur geringe Anforderungen gestellt, auch wenn in der Praxis die Formulierung der Gegendarstellung immer wieder große Schwierigkeiten hervorruft. Voraussetzung ist in erster Linie, dass sich die Gegendarstellung auf **tatsächliche Angaben** beschränkt. Auf die seitens der Medien aufgestellte Tatsachenbehauptung soll der Betroffene mit einer eigenen tatsächlichen Darstellung erwidern dürfen. Wie die Gegendarstellung formuliert und aufgebaut wird, bleibt allein dem Betroffenen überlassen. Gerade bei komplizierten und verdrehten Darstellungen, bei denen es nicht um die vollständige Negation einer klaren Aussage geht, kommen **verschiedene Formulierungsmöglichkeiten** in Betracht. Der Betroffene ist dabei nicht verpflichtet, die nach Ansicht des Anspruchsgegners oder des Gerichts „beste" Formulierung zu wählen.[966] Auch wenn die Gegendarstellung insofern je nach konkreter Fallgestaltung variiert, folgt sie dennoch in der Regel einem bestimmten **Schema:**

220 Nach der **Überschrift** („Gegendarstellung")[967] sollte die **Angabe der Fundstelle** der beanstandeten Textstelle folgen, also die Angabe, wo die fragliche Äußerung veröffentlicht wurde (Medium, Ausgabe, Rubrik, Seite, Überschrift bzw. Sendung, Sendezeit, Programm etc.).[968] Im Anschluss sollte die beanstandete Textstelle wiedergegeben werden, um sie dem Leser wieder ins Gedächtnis zu rufen.[969] An diese **Wiedergabe der beanstandeten Be-**

---

958 OLG Celle NJW-RR 1988, 956, 957; KG AfP 1984, 228, 229; OLG Bremen AfP 1978, 157.

959 OLG Hamburg AfP 1979, 405; LG Köln AfP 1995, 684, 685; OLG Stuttgart AfP 1979, 363.

960 *Prinz/Peters* Rn 512; *Wenzel* 11. Kap. Rn 157.

961 OLG Hamburg NJW 1990, 1613; OLG Köln AfP 1985, 151; *Soehring* Rn 29.31; *Seitz/Schmidt/Schoener* Rn 200; *Groß* AfP 2003, 497, 504.

962 KG AfP 1993, 748; OLG Saarbrücken AfP 1992, 287; LG Köln AfP 1995, 684; LG Düsseldorf AfP 1993, 498 – Fotokopie; OLG München NJW-RR 2001, 832, 833; OLG München AfP 1999, 72; *Prinz/Peters* Rn 517; *Wenzel* 11. Kap. Rn 159; *Löffler/Ricker* 25. Kap. Rn 18.

963 In Bayern ist der angemessene Umfang bloße Sollvorschrift.

964 OLG Düsseldorf AfP 1988, 160; *Löffler/Sedelmeier* LPG § 11 Rn 134.

965 OLG Hamburg AfP 1979, 403, 404.

966 BGH NJW 1963, 1155; *Wenzel* 11. Kap. Rn 94, 113.

967 Im Einzelnen *Prinz/Peters* Rn 522; *Löffler/Sedelmeier* LPG § 11 Rn 132.

968 *Prinz/Peters* Rn 523; *Wenzel* 11. Kap. Rn 96.

969 In Bayern besteht eine Pflicht, die beanstandeten Stellen zu bezeichnen.

hauptung werden strenge Anforderungen gestellt.[970] Von daher ist es sinnvoll, soweit möglich, die fragliche Textstelle ganz genau wörtlich wiederzugeben.[971] Dies ist jedenfalls der sicherste Weg, um zu verhindern, dass die Gegendarstellung auf Grund der unkorrekten Wiedergabe der Erstmitteilung verworfen wird. In bestimmten Fällen kann es jedoch erforderlich sein, eine **Zusammenfassung** des ursprünglichen Textes zu formulieren, so beispielsweise bei einem umfangreichen Interview, wenn der Betroffene lediglich dazu erklären möchte, dass die Äußerungen nicht von ihm stammen.[972] Schwierig kann die Wiedergabe der Behauptung unter Umständen sein, wenn sich die Entgegnung nicht auf einzelne aufgestellte Tatsachen, sondern auf einen durch die Tatsachen hervorgerufenen **Eindruck** bezieht. Zum Teil wird verlangt, dass zunächst die einzelnen Tatsachen und sodann der sich aus ihnen ergebende Eindruck darzulegen sind.[973] Zum Teil soll aber die alleinige Darstellung des Eindrucks ausreichend sein.[974] Soweit die Behauptung aus der Wiedergabe eines **Zitats** besteht, ist dies zu verdeutlichen, da der Leser über den Urheber der Äußerung aufzuklären ist.[975]

Nach der Wiedergabe der Behauptung folgt die eigentliche **Entgegnung.** Da sie dem 221
Leser/Zuschauer die von der ursprünglichen Behauptung abweichende Darstellung des Betroffenen vermitteln soll, muss ein **innerer Zusammenhang** zwischen Behauptung und Entgegnung bestehen.[976] Die Entgegnung muss daher auf die ursprüngliche Behauptung Bezug haben und nehmen. Dies ist zwar nicht ausdrücklich in den Gegendarstellungsvorschriften geregelt, ergibt sich jedoch aus Sinn und Zweck der Gegendarstellung; denn das Entgegnungsrecht auf Kosten der Medien kann nicht schlechthin zu allen beliebigen Äußerungen tatsächlicher Natur bestehen.[977] Wie auch bei der ursprünglichen Tatsache kommt es auf den **Wahrheitsgehalt** der erwiderten Tatsache nicht an, es sei denn, die Entgegnung ist offensichtlich unwahr.[978]

Die Entgegnung kann verschiedentlich ausgestaltet sein. Sie kann sich zunächst auf die 222
bloße Zurückweisung einer aufgestellten Behauptung beschränken.[979] Auf die Aussage, eine Person X ginge jedes Wochenende im Restaurant Y essen, kann X daher schlicht erwidern, dies sei falsch bzw. unwahr. Erweitert kann X jedoch auch erklären: „Hierzu stelle ich fest, dass ich nicht jedes Wochenende im Restaurant Y essen gehe." Voraussetzung ist jedoch, dass durch die bloße Negation kein falscher Eindruck beim Leser entsteht. So ist die bloße Zurückweisung der Behauptung, A habe drei Einbrüche begangen, dann nicht zulässig, wenn A zwar nicht drei, dafür aber zwei oder vier Einbrüche begangen hat.[980] In der Regel wird der Betroffene eine **Gegenbehauptung** zur Behauptung aufstellen. Auf die Aussage, X ginge jedes Wochenende im Restaurant Y essen, kann X daher neben der Feststellung, dies sei falsch, ausführen: „Richtig ist vielmehr, dass ich jedes Wochenende im Restaurant Z esse." In bestimmten Fällen kann es aus Gründen der Verständlichkeit auch zulässig sein, **ergänzende Feststellungen** im Rahmen der Erwiderung zu treffen, und

---

970 OLG München ZUM-RD 1999, 8, 10; OLG Hamburg AfP 1989, 465; OLG Hamburg AfP 1983, 345; *Prinz/Peters* Rn 524; *Wenzel* 11. Kap. Rn 97.

971 OLG Dresden NJW 1997, 1379 – Justus Frantz; *Prinz/Peters* Rn 527; *Wenzel* 11. Kap. Rn 98; *Seitz/Schmidt/Schoener* Rn 205.

972 OLG Hamburg ZUM 1994, 118.

973 OLG Hamburg NJW-RR 1995, 1053; OLG Karlsruhe NJW-RR 1993, 728f; *Seitz/Schmidt/Schoener* Rn 208.

974 LG Köln AfP 1995, 684, 685.

975 OLG Karlsruhe NJW-RR 2000, 323, 324; OLG Düsseldorf AfP 1976, 194; *Prinz/Peters* Rn 525; *Seitz/Schmidt/Schoener* Rn 207.

976 OLG Düsseldorf AfP 1988, 160; OLG Hamburg AfP 1987, 625; OLG München AfP 1972, 278, 280; *Prinz/Peters* Rn 529; *Wenzel* 11. Kap. Rn 100; *Löffler/Sedelmeier* LPG § 11 Rn 126; *Seitz/Schmidt/Schoener* Rn 224.

977 BGH NJW 1964, 1132 – Uhren-Weiß; *Löffler/Sedelmeier* LPG § 11 Rn 126.

978 → Rn 208.

979 OLG Hamburg AfP 1980, 106; OLG Hamburg AfP 1979, 403; *Prinz/Peters* Rn 533ff; kritisch dazu *Wenzel* 11. Kap. Rn 101ff.

980 Beispiel bei *Löffler/Sedelmeier* LPG § 11 Rn 127; s. auch den Fall bei OLG Dresden ZUM-RD 2002, 287, 288.

zwar wenn die ursprüngliche Darstellung unvollständig oder einseitig war und dadurch einen falschen Eindruck vermittelte.[981] Der Betroffene ist dann berechtigt, dem falschen Anschein mittels einer Ergänzung entgegenzutreten. So kann beispielsweise gegenüber der Behauptung, die Firma X habe den Zuschlag für das Projekt Z nicht erhalten, angemerkt werden, die Firma X habe an der Ausschreibung für Z gar nicht teilgenommen. Gleiches gilt für die Behauptung, A sei wegen einer Straftat gerichtlich verurteilt worden. War das Urteil im Zeitpunkt der Veröffentlichung wieder aufgehoben worden, ist eine dahin gehende Ergänzung im Rahmen einer Gegendarstellung zulässig.[982] Wurde das Urteil erst nach der Veröffentlichung aufgehoben, kommt als Gegendarstellung nur die Angabe einer Belegtatsache in Betracht. **Belegtatsachen und Beweise** dürfen als neue Tatsachen in die Erwiderung aufgenommen werden, wenn die Glaubwürdigkeit des Betroffenen und die Richtigkeit der Entgegnung bezweifelt werden könnten.[983] Belegtatsachen können beispielsweise eine Gerichtsentscheidung[984] oder ein Sachverständigengutachten[985] sein. Aber auch andere Feststellungen sind zulässig, solange es sich nicht um unschlüssige und damit irreführende Beweise handelt.[986] In Ausnahmefällen kann auch ein **Foto** in die Entgegnung aufgenommen werden. Zwar berechtigt die Bebilderung eines Textes nicht grundsätzlich zu der Aufnahme eines Bildnisses in die Gegendarstellung. Anders liegt der Fall jedoch, wenn sich der Text mit dem Bilddokument befasst und sich die Entgegnung gerade hierauf bezieht.[987] Auch bei der Veröffentlichung einer Fotomontage oder einer Retusche, wenn sich also aus dem Bildnis selbst eine Tatsachenbehauptung ergibt, kann eine Aufnahme des Originalbildes in die Entgegnung in Betracht kommen.[988] Voraussetzung ist ferner, dass die Entgegnung **keinen unzulässigen Inhalt** hat. Der Inhalt einer Entgegnung ist unzulässig, wenn er strafbar, zivilrechtlich unzulässig, werbend, offensichtlich unwahr oder irreführend ist.[989]

5. Durchsetzung des Gegendarstellungsanspruchs

223 Wie auch der Unterlassungsanspruch ist der Anspruch auf Gegendarstellung regelmäßig zunächst außergerichtlich geltend zu machen; für die gerichtliche Durchsetzung bestehen in den meisten Gegendarstellungsvorschriften besondere Regelungen.

224 **a) Zuleitung und Abdruckverlangen.** Zur Durchsetzung des Gegendarstellungsanspruchs muss die begehrte Gegendarstellung dem Anspruchsgegner mit dem Verlangen zugehen, die Gegendarstellung abzudrucken. Bei dem **Zuleiten** der Gegendarstellung handelt es sich um einen Realakt, bei dem sich der Betroffene von einem Bevollmächtigten vertreten lassen kann.[990] Die Gegendarstellung muss an den richtigen Adressaten zugehen, wobei eine namentliche Bezeichnung nicht erforderlich ist.[991] Wichtig ist die Einhaltung der **Aktualitätsgrenze.**[992] In der Regel muss die Gegendarstellung **„unverzüglich"** zugehen, also ohne schuldhaftes Zögern (§ 121 Abs. 1 S. 1 BGB).[993] Was dies bedeutet, hängt von

---

[981] OLG Hamburg AfP 1989, 465; OLG Hamburg AfP 1977, 240, 241; OLG München AfP 1972, 278, 279 f; OLG Karlsruhe NJW-RR 1992, 1305; OLG Düsseldorf AfP 1988, 160; *Prinz/Peters* Rn 537; *Wenzel* 11. Kap. Rn 107; *Löffler/Ricker* 25. Kap. Rn 23.

[982] *Löffler/Sedelmeier* LPG § 11 Rn 129.

[983] OLG Koblenz NJW-RR 1998, 23, 24; OLG Frankfurt AfP 1985, 288, 290; OLG Hamburg AfP 1979, 400, 401; OLG Frankfurt NJW 1965, 2163; *Prinz/Peters* Rn 540; *Wenzel* 11. Kap. Rn 111.

[984] LG Köln AfP 1995, 684.

[985] OLG Frankfurt AfP 1985, 288, 290; OLG Hamburg ArchPR 1974, 109.

[986] *Wenzel* 11. Kap. Rn 111.

[987] OLG Hamburg AfP 1984, 115.

[988] OLG München AfP 1973, 483, 484; *Prinz/Peters* Rn 544 f.

[989] Für Einzelheiten *Prinz/Peters* Rn 550 ff; *Wenzel* 11. Kap. Rn 120 ff.

[990] *Prinz/Peters* Rn 563; *Wenzel* 11. Kap. Rn 158; *Soehring* Rn 29.33; *Löffler/Sedelmeier* LPG § 11 Rn 154 ff.

[991] OLG Köln NJW 1962, 48 ff; *Prinz/Peters* Rn 565; *Wenzel* 11. Kap. Rn 161; *Löffler/Sedelmeier* LPG § 11 Rn 156.

[992] *Bruns* AfP 1996, 246 ff.

[993] In Bayern gibt es kein explizites Unverzüglichkeitsgebot. Zur rechtlichen Situation in Bayern OLG München NJW-RR 2001, 832, 833; LG München I AfP 2004, 578, 579 f.

den Umständen des Einzelfalls ab und wird von den Gerichten unterschiedlich beurteilt.[994] Regelmäßig wird eine Zeitspanne von zwei Wochen als unverzüglich angesehen werden können.[995] Beim Fernsehen ist zu berücksichtigen, dass diejenige Zeit, die der Sender für die Übersendung eines Mitschnitts der beanstandeten Sendung benötigt, nicht zu Lasten des Betroffenen gehen kann.[996] Für das Internet ist ausdrücklich geregelt, dass jedenfalls nach Ablauf von sechs Wochen Unverzüglichkeit nicht mehr gegeben ist.[997]

Neben der Unverzüglichkeit bestimmen die meisten Gegendarstellungsvorschriften noch eine **Ausschlussfrist** von einem bis drei Monaten ab Erscheinen des Druckwerks bzw. Ausstrahlung der Sendung oder des Angebots.[998] Nach diesem Zeitpunkt kann eine Gegendarstellung nicht mehr verlangt werden. Geht die Gegendarstellung nicht zu, ist der Antrag als unbegründet abzuweisen; denn nach heute überwiegender Auffassung handelt es sich beim Zugang der Gegendarstellung um eine **Anspruchsvoraussetzung,**[999] nicht um eine Prozessvoraussetzung.[1000] 225

Von der Zuleitung der Gegendarstellung ist das **Abdruckverlangen**[1001] zu unterscheiden. Zuleitung und Abdruckverlangen werden regelmäßig zusammen fallen; dies muss aber nicht so sein, da das Abdruckverlangen nicht an eine bestimmte Form gebunden ist und damit zum Beispiel auch mündlich oder telefonisch erfolgen kann.[1002] So ist es möglich, die Gegendarstellung zuzuleiten, wegen Vergleichsverhandlungen ihren Abdruck aber noch nicht zu verlangen.[1003] Für die Erfüllung des Abdruckverlangens ist dem Anspruchsgegner eine **angemessene Frist** zu setzen. Angemessen wird bei Tageszeitungen eine Frist von wenigen Stunden sein,[1004] bei Veröffentlichungen mit wöchentlicher oder monatlicher Periodizität dagegen in der Regel von 24 Stunden. 226

b) Verfahren. Für die Geltendmachung eines Anspruchs auf Gegendarstellung ist der **Zivilrechtsweg** eröffnet. **Sachlich zuständig** ist in der Regel das Landgericht, da bei Gegendarstellungsansprüchen der Streitwert regelmäßig bei mindestens 5000 Euro liegt. **Örtlich zuständig** ist nach dem allgemeinen Gerichtsstand der Sitz des Verlags (§§ 12, 17 ZPO) bzw. der Wohnsitz des verantwortlichen Redakteurs (§§ 12, 13 ZPO). Der fliegende Gerichtsstand der Medien gilt nach überwiegender Auffassung für Gegendarstellungsansprüche nicht.[1005] Bei regionalen Ausgaben ist jedoch eine Geltendmachung des Anspruchs auch am Sitz der Regionalredaktion möglich.[1006] Die Gegendarstellung wird im **einstweiligen Verfügungsverfahren** geltend gemacht. Dies bestimmen die Gegendarstellungsvorschriften ausdrücklich, mit Ausnahme von Bayern, wo aber die Rechtsprechung die Durchsetzung des Anspruchs auf Gegendarstellung im Verfügungsverfahren zulässt. Dies ist im Ergebnis auch sinnvoll, da nur auf diesem Wege eine schnelle Durchsetzung des Anspruchs möglich ist. In der Praxis ergehen einstweilige Verfügungen sogar regelmäßig ohne 227

---

[994] OLG Koblenz NJW-RR 1998, 25, 26 (fünf Wochen); KG NJW 1993, 3336, 3337 (zehn Tage); OLG Hamburg AfP 1971, 172 (sechs Wochen); LG Köln AfP 1995, 684 (fünf Wochen).

[995] OLG Stuttgart ZUM 2000, 773, 774; OLG Hamburg AfP 1994, 225; OLG Hamburg NJW 1967, 159, 160; LG Hamburg AfP 1971, 87 f; LG Dresden AfP 2006, 486; *Prinz/Peters* Rn 568; *Wenzel* 11. Kap. Rn 168; *Löffler/Sedelmeier* LPG § 11 Rn 156.

[996] *Prinz/Peters* Rn 662.

[997] § 56 Abs. 2 Nr. 4 Rundfunkstaatsvertrag (in der Fassung vom 18. 12. 2008, in Kraft seit 1. 6. 2009).

[998] Für Einzelheiten *Prinz/Peters* Rn 572; *Seitz/Schmidt/Schoener* Rn 146 ff.

[999] *Seitz/Schmidt/Schoener* Rn 604; *Löffler/Sedelmeier* LPG § 11 Rn 194.

[1000] OLG Düsseldorf AfP 1972, 281; OLG Frankfurt AfP 1980, 225, 227; *Greiff* NJW 1950, 241, 243.

[1001] Zur Informationspflicht eines Verlages über die Bereitschaft zum Abdruck KG AfP 2006, 476.

[1002] OLG Schleswig AfP 1982, 45; *Prinz/Peters* Rn 577; *Seitz/Schmidt/Schoener* Rn 124; *Löffler/Ricker* 25. Kap. Rn 25.

[1003] *Wenzel* 11. Kap. Rn 158; *Soehring* Rn 29.34.

[1004] OLG München ArchPR 1976, 52; OLG Hamburg AfP 1974, 573, 574; *Prinz/Peters* Rn 579; *Wenzel* 11. Kap. Rn 179.

[1005] *Wenzel* 11. Kap. Rn 235; *Soehring* Rn 29.44; *Seitz/Schmidt/Schoener* Rn 517.

[1006] OLG Naumburg NJW-RR 2000, 475, 476; *Prinz/Peters* Rn 587; *Wenzel* 11. Kap. Rn 234; *Soehring* Rn 29.45; *Seitz/Schmidt/Schoener* Rn 514; aA LG Stuttgart AfP 2002, 340.

mündliche Verhandlung.[1007] Ein Hauptsacheverfahren ist nur in Bayern, Hessen und Sachsen möglich, wird aber in der Praxis kaum betrieben.

228 **c) Änderung der Gegendarstellung.** Eine Besonderheit bei der Durchsetzung der Gegendarstellung ergibt sich bei der Frage, ob eine Änderung der Gegendarstellung **im laufenden Verfahren** möglich ist. Dazu werden sehr unterschiedliche Meinungen vertreten.[1008] Wie bereits erläutert, ist der Betroffene verpflichtet, die Gegendarstellung selbst zu formulieren, zu unterschreiben und sie dem Anspruchsverpflichteten zuzuleiten. Könnte die beantragte Gegendarstellung im Prozess geändert werden, würden diese Voraussetzungen für die geänderte Fassung nicht erfüllt. Dieses Problem stellt sich, wenn das Gericht die Gegendarstellung oder einzelne Teile von ihr für unzulässig hält. Nach einer **strengen Auffassung** ist auf Grund fehlender Unterzeichnung und Zuleitung die Änderung im Prozess nicht möglich.[1009] Der Betroffene soll vielmehr angehalten sein, eine neue Fassung der Gegendarstellung dem Anspruchsgegner zuzuleiten und diese entweder als Hilfsantrag oder als neuen Antrag unter Zurücknahme des ersten Antrags in den Prozess einzubringen.[1010] Dies soll auch dann gelten, wenn die Gegendarstellung aus mehreren Teilen besteht und lediglich ein Teil vom Gericht als nicht durchsetzungsfähig angesehen wird. Diese Ansicht, die sich auf die Höchstpersönlichkeit der Gegendarstellung stützt, wird daher als **„Alles-oder-Nichts-Prinzip"** bezeichnet.[1011] Dem Gebot der Unverzüglichkeit ist genüge getan, wenn der Betroffene die überarbeitete Gegendarstellung wiederum ohne schuldhaftes Zögern nach Kenntnis von der Fehlerhaftigkeit der ersten Fassung zuleitet.[1012] Die **andere Auffassung** möchte Änderungen zulassen, soweit eine Gegendarstellung aus mehreren selbstständigen (gebündelten) Punkten besteht. Nach der sog. **Bündelungstheorie** soll ein einzelner unzulässiger Punkt auf entsprechenden Antrag des Anspruchsberechtigten gestrichen werden können.[1013] Zum Teil wird sogar angenommen, das Gericht selbst könne (mit Zustimmung des Anspruchsberechtigten) Änderungen vornehmen.[1014] Aus praktischer Sicht ist dieser Auffassung der Vorzug zu geben; denn das „Alles-oder-Nichts-Prinzip" erschwert dem Betroffenen aus bloßem Formalismus die Durchsetzung seines Anspruchs. Auch der Höchstpersönlichkeit der Gegendarstellung kann Rechnung getragen werden, indem der Betroffene im Prozess erklärt, dass er mit den Änderungen bzw. Streichungen einverstanden ist.

229 **d) Abdruck/Ausstrahlung der Gegendarstellung.** Die **Erfüllung des Gegendarstellungsanspruchs** erfolgt bei den Printmedien durch den Abdruck bzw. bei den elektronischen Medien durch die Ausstrahlung der Gegendarstellung. Der Abdruck in den **Printmedien** muss nach den Landespressegesetzen in der nächstfolgenden, für den Druck nicht abgeschlossenen Nummer in dem gleichen Teil des Druckwerks und mit gleicher Schrift wie der beanstandete Text ohne Einschaltungen und Weglassungen erfolgen.[1015]

[1007] *Prinz/Peters* Rn 610; kritisch dazu *Seitz* AfP 1991, 581, 584; *Hochrathner* ZUM 2000, 916, 918.

[1008] S. nur *Sedelmeier* AfP 2006, 24 ff.

[1009] OLG Karlsruhe NJW-RR 2003, 109, 110; OLG Karlsruhe NJW-RR 2000, 323, 324; OLG Karlsruhe AfP 1999, 74; OLG Koblenz NJW-RR 1998, 23; OLG Hamburg NJW-RR 1995, 1053; OLG Düsseldorf AfP 1972, 281; OLG Köln NJW-RR 1990, 1119, 1120; OLG Hamburg AfP 1989, 465; OLG Hamburg AfP 1989, 465; OLG München NJW 1988, 349; OLG Hamburg AfP 1980, 104, 105; LG Lüneburg AfP 2006, 83, 84 f; LG Baden-Baden AfP 1998, 91; *Soehring* Rn 29.45 a ff; *Löffler/Sedelmeier* LPG § 11 Rn 215 f; *Seitz/Schmidt/Schoener* Rn 294; *Groß* AfP 2003, 497, 507.

[1010] OLG Hamburg AfP 1989, 465, 466; OLG Hamburg AfP 1984, 155.

[1011] *Prinz/Peters* Rn 615; *Soehring* Rn 29.45 b; *Löffler/Sedelmeier* LPG § 11 Rn 215; *Groß* AfP 2003, 497, 507; ähnlich *Seitz/Schmidt/Schoener* Rn 294.

[1012] OLG Hamburg NJW-RR 2001, 186.

[1013] OLG München NJW-RR 2002, 1048, 1049; OLG München ZUM-RD 2001, 163, 165 f; OLG Brandenburg NJW-RR 2000, 326, 327; OLG München NJW-RR 1999, 386, 387; OLG München ZUM-RD 1999, 8, 9; OLG München NJW-RR 1998, 1632 f; OLG München NJW-RR 1999, 386; OLG Celle NJW-RR 1995, 794.

[1014] OLG Frankfurt AfP 1985, 288, 291; OLG Frankfurt AfP 1982, 179; OLG Frankfurt AfP 1979, 359, 360; OLG Frankfurt NJW 1971, 471; *Pietzko* AfP 1985, 22, 26.

[1015] Leicht anders in Bayern.

Nach den Gegendarstellungsvorschriften für **Hörfunk und Fernsehen** muss die Gegendarstellung unverzüglich innerhalb der gleichen Programmsparte zu einer Sendezeit verbreitet werden, die der Zeit der beanstandeten Sendung gleichwertig ist.[1016] Im **Internet** ist die Gegendarstellung ebenso ohne Einschaltungen und Weglassungen in gleicher Aufmachung wie die Tatsachenbehauptung anzubieten, und zwar so lange wie die Tatsachenbehauptung und in unmittelbarer Verknüpfung zu ihr. Wird die Tatsachenbehauptung nicht mehr angeboten oder endet das Angebot vor Aufnahme der Gegendarstellung, so ist die Gegendarstellung an vergleichbarer Stelle so lange anzubieten, wie die ursprünglich angebotene Tatsachenbehauptung.[1017] Werden diese Anforderungen von dem Verpflichteten nicht erfüllt, besteht der Gegendarstellungsanspruch fort, und der Betroffene kann erneut Abdruck bzw. Ausstrahlung der Gegendarstellung verlangen,[1018] auch wenn nur geringe Abweichungen zu der rechtmäßigen Gegendarstellung bestehen.

Im Einzelnen ist also bei den Printmedien zunächst ein Abdruck in der **nächstfolgenden Nummer** erforderlich. Abdruck an einem bestimmten Tag, etwa am Wochenende wegen des höheren Verbreitungsgrads, kann nicht verlangt werden, es sei denn, die beanstandete Textstelle war auch in einer Wochenendausgabe enthalten. Diese Nummer muss **für den Druck nicht abgeschlossen** sein. Dafür kommt es entscheidend auf den Umbruch bzw. das Layout an, nicht dagegen auf den Redaktionsschluss. Ist der Teil, in dem die Gegendarstellung erscheinen soll, bereits abgeschlossen, kommt ein Abdruck in einem anderen Teil nur mit Zustimmung des Betroffenen in Betracht. Ansonsten ist die Gegendarstellung im **gleichen Teil des Druckwerks** abzudrucken. Der Begriff des gleichen Teils ist eng zu fassen,[1019] damit der Betroffene auch die Leser des beanstandeten Textes erreicht. Dies gebietet das Prinzip der Waffengleichheit. Gleicher Teil bedeutet nicht die gleiche Seite,[1020] sondern die gleiche Rubrik oder Sparte.[1021] Ist diese Rubrik in der fraglichen Ausgabe nicht vorgesehen, muss sie extra für den Abdruck der Gegendarstellung eingerichtet werden.[1022] Eine Ankündigung der Gegendarstellung im Inhaltsverzeichnis ist angezeigt, wenn auch der beanstandete Text im Inhaltsverzeichnis angekündigt worden ist.[1023] Befand sich der beanstandete Artikel oder seine Ankündigung an besonders auffälliger Stelle, ist auch die Gegendarstellung an dieser Stelle abzudrucken oder anzukündigen. Dies gilt insbesondere für die Titelseite eines Druckwerks,[1024] und dort speziell für den oberen Teil, also den Bereich „über dem Bruch" oder über dem Logo,[1025] aber auch für die letzte Seite. Zwar dürfen Umfang und Aufmachung der Gegendarstellung nicht dazu führen, dass die Titelseite ihre Funktion verliert, eine Identifizierung des Blattes zu ermöglichen. Andererseits darf die Gegendarstellung nicht entwertet werden.[1026] Niemals zulässig ist der Abdruck in der Rubrik „Leserbriefe".[1027] Ähnliches gilt für die elektronischen Medien, wo es ebenfalls entscheidend auf die Platzierung der Gegendarstellung ankommt. Bei Nachrichtensendungen ist beispielsweise die Reihenfolge der Meldungen von Bedeu- 230

[1016] So zum Beispiel in § 12 Abs. 3 NDR-Staatsvertrag.

[1017] § 56 Abs. 1 Rundfunkstaatsvertrag.

[1018] BGH NJW 1964, 1132, 1134 – Uhren-Weiß; OLG München ZUM 2000, 969; OLG Karlsruhe NJW 1965, 979f; OLG Frankfurt NJW 1965, 2163; OLG München AfP 1973, 485f.

[1019] OLG München ZUM 2000, 969; OLG Hamburg AfP 1975, 861, 862; OLG Hamburg AfP 1973, 388, 389; *Wenzel* 11. Kap. Rn 187.

[1020] OLG Köln NJW 1962, 48, 49; *Löffler/Sedelmeier* LPG § 11 Rn 174.

[1021] OLG Hamburg AfP 1973, 388, 389; LG Koblenz AfP 2005, 291f; LG Hamburg MDR 1966, 58; *Prinz/Peters* Rn 649; *Wenzel* 11. Kap. Rn 187; *Seitz/Schmidt/Schoener* Rn 421.

[1022] OLG Hamburg AfP 1973, 388; s. aber LG Hamburg ZUM-RD 2000, 490, 492f.

[1023] OLG Hamburg AfP 1992, 278; OLG Hamburg ZUM 1986, 403, 404; OLG Hamburg AfP 1973, 388; *Prinz/Peters* Rn 599.

[1024] BVerfGE 97, 125, 151ff – Gegendarstellung auf Titelseite; OLG Hamburg AfP 1975, 861, 862; LG Hamburg AfP 1993, 778, 779; KG AfP 2007, 231; *Prinz/Peters* Rn 593ff; *Prinz* NJW 1993, 3039, 3040; *Löffler/Sedelmeier* LPG § 11 Rn 174; *Seitz/Schmidt/Schoener* Rn 424.

[1025] LG Hamburg AfP 1993, 778, 779.

[1026] BVerfG NJW 1998, 1381, 1384; OLG Karlsruhe AfP 2006, 168, 170; *Wenzel* 11. Kap. Rn 188.

[1027] BGHZ 13, 334, 337 – Leserbrief; OLG Köln NJW 1962, 48, 50; *Prinz/Peters* Rn 651; *Seitz/Schmidt/Schoener* Rn 422; *Löffler/Ricker* 27. Kap. Rn 5; *Groß* AfP 1994, 264, 268.

tung.[1028] Die Gegendarstellung muss **mit gleicher Schrift** abgedruckt werden. Gleiche Schrift bezieht sich auf die Schriftgröße, den Schrifttyp, den Zeilenabstand und die gesamte optische Darstellung.[1029] Erforderlich ist, dass die Gegendarstellung die gleiche Aufmerksamkeit erhält wie der beanstandete Text. Dies gilt auch für eine **Abbildung,** die in gleicher Technik, Farbe und Größe wie die in dem beanstandeten Text enthaltene Abbildung abgedruckt werden muss.[1030] Schließlich muss der Abdruck **ohne Einschaltungen und Weglassungen** erfolgen. Dieses Verbot ist streng auszulegen.[1031] Unzulässig sind nicht bloß Textveränderungen durch Streichen oder Einfügen von Wörtern, Absätzen oder Interpunktionen;[1032] auch das Ändern der Formatierung oder Weglassen bzw. Ändern der Überschrift oder der Unterzeichnung lässt den Gegendarstellungsanspruch unerfüllt.[1033]

231 Nach den meisten Gegendarstellungsvorschriften hat sich eine Kommentierung auf tatsächliche Angaben zu beschränken. Regelmäßig zulässig ist daher der Zusatz: „Das Gesetz verpflichtet das Medienunternehmen zum Abdruck einer Gegendarstellung unabhängig davon, ob die Ausführungen der Wahrheit entsprechen."[1034] Die Glossierung darf jedoch nicht den Eindruck erwecken, die Gegendarstellung sei frei erfunden.[1035] Soweit in ihr neue Tatsachen behauptet werden, können sie einen erneuten Anspruch auf Gegendarstellung auslösen.[1036]

III. Berichtigung

232 Der Berichtigungsanspruch ist von der Rechtsprechung aus einer Analogie zu § 1004 BGB iVm dem verwirklichten Deliktstatbestand entwickelt worden und hat seine Grundlage im Persönlichkeitsschutz. Es handelt sich um einen **Folgenbeseitigungsanspruch,** der unmittelbar auf die Beseitigung einer in der Vergangenheit verursachten und noch fortwirkenden Beeinträchtigung abzielt.[1037] Dies unterscheidet ihn vom Unterlassungsanspruch, der ausschließlich auf die Abwehr künftiger Störungen gerichtet ist.[1038] Die Abgrenzung von der Gegendarstellung folgt vornehmlich aus der Urheberschaft der Erklärung; während bei der Gegendarstellung der Betroffene selbst zu Wort kommt,[1039] ist die Berichtigung immer eine richtig stellende Äußerung des verletzenden Medienunternehmens.

1. Materielle Voraussetzungen

233 Der Anspruch auf Berichtigung setzt eine durch die Veröffentlichung einer unwahren Tatsachenbehauptung hervorgerufene fortbestehende rechtswidrige Beeinträchtigung voraus, welche eine Berichtigung seitens des Störers erforderlich macht.

234 Voraussetzung ist damit zunächst eine **Tatsachenbehauptung.**[1040] Gegenüber Werturteilen kann eine Berichtigung nicht verlangt werden, da es mit Art. 5 Abs. 1 GG nicht zu

---

[1028] *Prinz/Peters* Rn 668; *Seitz/Schmidt/Schoener* Rn 450.

[1029] KG AfP 2007, 231; *Prinz/Peters* Rn 652; *Wenzel* 11. Kap. Rn 190; *Löffler/Sedelmeier* LPG § 11 Rn 175, 177; *Seitz/Schmidt/Schoener* Rn 425.

[1030] OLG Hamburg AfP 1984, 115; *Wenzel* 11. Kap. Rn 191; *Seitz/Schmidt/Schoener* Rn 431.

[1031] *Prinz/Peters* Rn 653; *Wenzel* 11. Kap. Rn 195.

[1032] *Seitz/Schmidt/Schoener* Rn 432.

[1033] Im Einzelnen *Prinz/Peters* Rn 655 f; *Wenzel* 11. Kap. Rn 197 f; *Seitz/Schmidt/Schoener* Rn 426 ff, 433.

[1034] OLG Dresden ZUM 2002, 295; OLG Stuttgart NJW-RR 1987, 373; OLG Frankfurt NJW 1971, 471, 472; *Prinz/Peters* Rn 658; s. aber auch OLG Brandenburg NJW-RR 2000, 832, 833.

[1035] OLG Stuttgart NJW-RR 1987, 373.

[1036] OLG Hamburg ArchPR 1976, 55, 56; *Prinz/Peters* Rn 658; *Wenzel* 11. Kap. Rn 205; *Löffler/Sedelmeier* LPG § 11 Rn 172; *Löffler/Ricker* 27. Kap. Rn 10.

[1037] BGH NJW-RR 1994, 1404 – Antragswechsel; *Prinz/Peters* Rn 673; *Wenzel* 13. Kap. Rn 6.

[1038] Zum Unterlassungsanspruch → Rn 186 ff.

[1039] Zum Gegendarstellungsanspruch → Rn 204 ff.

[1040] → Rn 50 ff.

vereinbaren wäre, jemanden zu verpflichten, seine eigene Meinung aufzugeben und eine fremde Meinung als eigene zu übernehmen.[1041]

Die Tatsachenbehauptung muss **unwahr** sein. Gegen eine wahre Behauptung existiert kein Berichtigungsanspruch, auch wenn sie den Betroffenen in seinen Rechten verletzt.[1042] Die Unwahrheit muss feststehen; denn niemand soll zum Widerruf einer Äußerung verpflichtet sein, die sich im Nachhinein als wahr herausstellen kann.[1043] Nur ausnahmsweise kann es nach der Rechtsprechung des BGH unschädlich sein, wenn die Unwahrheit einer Behauptung nicht abschließend feststeht, und zwar wenn bei objektiver Beurteilung ernstliche Anhaltspunkte für die Wahrheit der Behauptung fehlen.[1044] Die Rechtsprechung gewährt in solchen Fällen jedoch lediglich einen eingeschränkten Widerruf. Die Unwahrheit ist vom Betroffenen zu beweisen, wobei den Störer unter Umständen eine erweiterte Darlegungslast trifft.[1045] Er ist danach verpflichtet darzulegen, auf welche Fakten und Hintergründe er seine Behauptung stützt. Die Beweislastumkehr des § 186 StGB gilt für den Berichtigungsanspruch nicht.[1046] Ob die unwahre Tatsache **behauptet oder verbreitet** wurde, ist für das Bestehen des Berichtigungsanspruchs unerheblich, hat jedoch Einfluss auf die Formulierung der Berichtigungserklärung.[1047] 235

Voraussetzung ist weiter die **Rechtswidrigkeit der Beeinträchtigung.** Rechtswidrigkeit der Beeinträchtigung setzt nicht voraus, dass dem Störer ein rechtswidriges Handeln vorgeworfen werden kann; vielmehr besteht ein Berichtigungsanspruch auch dann, wenn der Störer bei der Behauptung einer unwahren Tatsache in Wahrnehmung berechtigter Interessen und damit nicht rechtswidrig gehandelt hat.[1048] Die Rechtsprechung stellt darauf ab, dass auch eine rechtmäßig geäußerte unwahre Tatsache in der Öffentlichkeit in rechtswidriger Weise weiterwirkt. Die Rechtswidrigkeit bezieht sich insofern nicht auf das Handeln sondern auf den fortdauernden Zustand.[1049] 236

Dieses **Fortdauern der Beeinträchtigung** ist weitere Voraussetzung des Berichtigungsanspruchs.[1050] Die Beeinträchtigung entfällt nicht dadurch, dass seit Veröffentlichung der unwahren Tatsache geraume Zeit verstrichen ist, auch wenn es sich um mehrere Jahre handelt.[1051] Dies wäre auch unbillig, da allein die Durchsetzung einer Berichtigung eine solche Zeitspanne in Anspruch nehmen kann. Auch die Abgabe einer strafbewehrten Unterlassungsverpflichtungserklärung hat keinen Einfluss auf den Fortbestand der Beeinträchtigung;[1052] dies gilt ebenso für den Abdruck einer eigenen Erklärung des Betroffenen, sei es 237

1041 BGH GRUR 1982, 631 – Klinikdirektoren; BGHZ 69, 181, 183f – Wohnstättengemeinschaft; BGH GRUR 1974, 797, 798ff – Fiete Schulze; BGHZ 37, 187, 190 – Eheversprechen; *Soehring* Rn 31.5; *Löffler/Steffen* LPG § 6 Rn 284.

1042 *Löffler/Steffen* LPG § 6 Rn 285.

1043 BGH AfP 1976, 75, 78 – Panorama; *Prinz/Peters* Rn 677; *Soehring* Rn 31.6; *Löffler/Steffen* LPG § 6 Rn 285.

1044 BGH AfP 1976, 75, 78 – Panorama; BGH GRUR 1974, 797, 798ff – Fiete Schulze; BGH NJW 1974, 1710, 1711; BGH GRUR 1970, 370 – Nachtigall I.

1045 BGH GRUR 1987, 397, 399 – Insiderwissen; BGH NJW 1974, 1710, 1711; LG Berlin AfP 2004, 154, 155; *Prinz/Peters* Rn 678; *Wenzel* 13. Kap. Rn 18; *Soehring* Rn 31.22; *Löffler/Steffen* LPG § 6 Rn 285.

1046 BGHZ 69, 181, 183ff – Wohnstättengemeinschaft; *Prinz/Peters* Rn 679.

1047 Zum Umfang des Berichtigungsanspruchs → Rn 241ff; zur Abgrenzung zwischen Behaupten und Verbreiten → Rn 58ff.

1048 BVerfG NJW 2004, 354, 355; BVerfG NJW 1997, 2589 – Folgenbeseitigungsanspruch; BGHZ 57, 325 – Freispruch; BGH NJW 1966, 647, 649 – Reichstagsbrand; BGH GRUR 1960, 500, 501ff – La Chatte; *Löffler/Steffen* LPG § 6 Rn 287; ausführlich *Wenzel* 13. Kap. Rn 22ff; kritisch dazu *Soehring* Rn 31.3.

1049 *Prinz/Peters* Rn 685; *Löffler/Steffen* LPG § 6 Rn 288.

1050 BGHZ 128, 1, 7ff – Caroline von Monaco I; BGH NJW-RR 1994, 1404 – Antragswechsel; BGH GRUR 1987, 397, 398 – Insiderwissen; *Prinz/Peters* Rn 683ff; *Löffler/Steffen* LPG § 6 Rn 288.

1051 BGH NJW 2004, 1034, 1035 – Caroline von Monaco IV; BGHZ 128, 1, 8 – Caroline von Monaco I; BGH NJW 1968, 644, 645 – Fälschung; BGH GRUR 1957, 93, 94f – Jugendfilmverleih; kritisch LG Hamburg AfP 2007, 274; *Prinz/Peters* Rn 683; *Prinz* NJW 1995, 817, 820; *Wenzel* 13. Kap. Rn 43ff.

1052 BGH GRUR 1987, 397, 399 – Insiderwissen.

mittels einer Gegendarstellung[1053] oder eines Leserbriefs.[1054] Lediglich eine Erklärung des Störers selbst kann die rechtswidrige Beeinträchtigung beseitigen. Voraussetzung ist jedoch, dass eine solche **freiwillige Berichtigung** den Anforderungen genügt. Sie muss ausdrücklich erfolgen, vollständig sein, auf die fragliche unwahre Behauptung Bezug nehmen sowie an gleicher Stelle und in gleicher Form veröffentlicht werden.[1055]

238 Letzte Voraussetzung ist schließlich die **Erforderlichkeit.** Die Berichtigung muss geeignet und erforderlich sein, um der fortwirkenden Beeinträchtigung entgegenzuwirken.[1056] Über das Kriterium der Erforderlichkeit wird eine Abwägung zwischen den Belangen der beteiligten Kreise vorgenommen. Bei der Veröffentlichung von unwahren Tatsachenbehauptungen in den Medien wird jedoch das Interesse des Betroffenen an der Wiederherstellung seines Rufs auf dem Wege der öffentlichen Berichtigung regelmäßig den Interessen der Medien, eine einmal geäußerte Behauptung nicht widerrufen zu müssen, vorgehen.[1057] Das Interesse des Betroffenen an bloßer Genugtuung oder gar sein Wunsch, den Störer zu demütigen, sind jedoch nicht ausreichend.[1058]

2. Anspruchsberechtigter/Anspruchsverpflichteter

239 **Anspruchsberechtigt** ist derjenige, der von der aufgestellten unwahren Tatsache **unmittelbar betroffen** ist.[1059] Es gelten insofern die gleichen Grundsätze wie beim Unterlassungsanspruch.[1060] Soweit von einer Berichterstattung mehrere Personen gleichzeitig betroffen sind, kann der Berichtigungsanspruch für alle Betroffenen gemeinsam erfüllt werden.[1061]

240 **Anspruchsverpflichtet** ist, wer die fragliche Tatsache behauptet oder verbreitet hat. Ob ein Behaupten oder Verbreiten vorliegt, ist insofern für den Bestand des Berichtigungsanspruchs unerheblich, hat aber Einfluss auf seinen Umfang.[1062] Als Anspruchsverpflichtete kommen **alle intellektuellen Verbreiter** in Betracht. Dies sind bei den Printmedien der Autor, der Verleger, unter bestimmten Umständen der Herausgeber, der mit der Sache befasste Redakteur und der Informant. Bei den elektronischen Medien ist die ausstrahlende Fernseh- und Rundfunkanstalt anspruchsverpflichtet. Es gelten insofern die zum Unterlassungsanspruch dargestellten Grundsätze.[1063] Beim Internet ist derjenige anspruchsverpflichtet, der die Behauptung aufgestellt bzw. an ihr mitgewirkt hat und sie im Rahmen des jeweiligen Online-Angebots übermittelt oder speichert, sowie der Anbieter von Diensten, soweit sich seine Tätigkeit nicht auf einen rein technischen Vorgang beschränkt oder er keinerlei Einfluss auf die betroffenen Informationen nehmen kann.[1064]

3. Inhalt und Umfang des Berichtigungsanspruchs

241 Inhalt und Umfang der Berichtigung dürfen nicht über das Maß hinausgehen, das zur Beseitigung der Störung erforderlich ist.[1065] Unter dieser Prämisse hat die Rechtsprechung

---

[1053] BGHZ 128, 1, 8 – Caroline von Monaco I; OLG Hamburg NJW 1995, 885, 886; *Prinz/Peters* Rn 684; *Wenzel* 13. Kap. Rn 41.

[1054] *Prinz/Peters* Rn 684.

[1055] BGHZ 68, 331, 332 ff – Abgeordnetenbestechung; BGH GRUR 1968, 262, 264 – Fälschung; OLG Hamburg NJW 1995, 885; OLG Hamburg AfP 1970, 968, 969; *Prinz/Peters* Rn 685; *Wenzel* 13. Kap. Rn 39 ff; s. aber auch BGH GRUR 1969, 555, 557 f – Cellulitis; OLG Düsseldorf AfP 1997, 711, 712.

[1056] BVerfGE 97, 125, 145 ff – Gegendarstellung auf Titelseite; BGHZ 128, 1, 8 f – Caroline von Monaco I; BGHZ 99, 133 – Oberfaschist; BGHZ 89, 198 – Kleiner Kreis; BGHZ 69, 181, 182 ff – Wohnstättengemeinschaft; BGH NJW 1965, 35 – Lüftungsfirma; OLG Hamburg AfP 2006, 77.

[1057] BGHZ 128, 1, 8 ff – Caroline von Monaco I; BGH GRUR 1987, 397, 398 – Insiderwissen; *Prinz/Peters* Rn 687; *Soehring* Rn 31.9.

[1058] BGHZ 89, 198 – Kleiner Kreis; BGHZ 69, 181, 182 ff – Wohnstättengemeinschaft; *Wenzel* 13. Kap. Rn 27, 33; *Soehring* Rn 31.8.

[1059] Zum Anspruch auf Richtigstellung einer Behörde BGH AfP 2008, 381.

[1060] → Rn 191.

[1061] *Prinz/Peters* Rn 703; *Wenzel* 13. Kap. Rn 49.

[1062] Zum Umfang → Rn 241 ff.

[1063] → Rn 192 ff.

[1064] *Wenzel* 13. Kap. Rn 120.

[1065] BGH GRUR 1969, 555, 557 f – Cellulitis.

verschiedene Ausgestaltungen des Berichtigungsanspruchs entwickelt. Der Anspruch variiert daher je nach Fallgestaltung und konkretisiert sich als Anspruch auf Widerruf, auf Richtigstellung, auf Nichtaufrechterhaltung oder auf Folgeberichterstattung. Allen Berichtigungsarten ist gemein, dass die Berichtigung mit einer Überschrift (zB „Widerruf") sowie der Angabe der Fundstelle der beanstandeten Textstelle zu versehen ist. Außerdem ist die beanstandete Behauptung – möglichst wörtlich – wiederzugeben, damit der Empfänger dieser Behauptung weiß, welche Aussage von dem Medienunternehmen berichtigt wird.

Der Anspruch auf **Widerruf** ist der klassische Fall des Berichtigungsanspruchs. Er kommt in Betracht, wenn eine Behauptung in ihrer Gesamtheit unwahr ist und diese Unwahrheit feststeht.[1066] Der Widerruf enthält die Erklärung, dass diese Behauptung als unwahr widerrufen werde. Ähnlich wie auch im Gegendarstellungsrecht darf durch die bloße Negation einer Behauptung jedoch kein falscher Eindruck beim Leser/Zuschauer entstehen. In solchen Fällen ist ein **„qualifizierter Widerruf"** erforderlich, der zusätzliche Erklärungen über die tatsächlichen Umstände enthält.[1067] 242

Der Anspruch auf **Richtigstellung** ist die mildere Form des Berichtigungsanspruchs, da es in der Regel den Verpflichteten weniger trifft, eine eigene Erklärung lediglich richtig zu stellen, also zu korrigieren, als sie als falsch zu widerrufen. Die Richtigstellung kommt in verschiedenen Fallkonstellationen in Betracht. Ihr Hauptanwendungsbereich liegt bei Fällen, in denen eine Behauptung nicht in vollem Umfang widerrufen werden muss, sei es, weil nur eine von vielen Tatsachenbehauptungen unwahr ist,[1068] sei es, weil die Einzelbehauptungen an sich nicht unrichtig sind, aber in ihrer Gesamtheit einen falschen Eindruck vermitteln.[1069] Die begehrte Richtigstellung darf allerdings ihrerseits nicht irreführend sein.[1070] 243

Die Erklärung der **Nichtaufrechterhaltung** einer Behauptung wird vom BGH auch als **eingeschränkter Widerruf** bezeichnet. Er wurde hauptsächlich für Fälle entwickelt, in denen die Unwahrheit einer Behauptung nicht bewiesen werden kann, die Wahrscheinlichkeit der Unwahrheit jedoch so hoch ist, dass bei objektiver Beurteilung keine vernünftigen Anhaltspunkte mehr für die Richtigkeit der Behauptung bestehen.[1071] Zweifel gehen jedoch zu Lasten des Klägers.[1072] 244

Ein Anspruch auf **Folgeberichterstattung** besteht vom Grundsatz her nicht.[1073] Es kann prinzipiell von den Medien nicht verlangt werden, dass nach erfolgter Veröffentlichung ergänzend oder fortführend über veränderte Umstände oder Entwicklungen berichtet wird. Eine Ausnahme existiert lediglich für Strafverfahren: Wurde zutreffend über ein strafgerichtliches Verfahren berichtet, hat der Betroffene im Falle eines Freispruchs einen Anspruch darauf, dass die Öffentlichkeit auch darüber informiert wird.[1074] Gleiches muss gelten für ähnlich gelagerte Fälle wie die Einstellung eines Ermittlungsverfahrens, die Aufhebung einer zivilgerichtlichen Verurteilung, die Aufhebung eines Insolvenzverfahrens usw.[1075] 245

1066 BGHZ 128, 1, 6 – Caroline von Monaco I; BGH GRUR 1987, 397, 398 – Insiderwissen; BGH GRUR 1982, 631 – Klinikdirektoren; *Prinz/Peters* Rn 688; *Wenzel* 13. Kap. Rn 62; *Soehring* Rn 31.12.

1067 *Prinz/Peters* Rn 688; *Wenzel* 13. Kap. Rn 62.

1068 BGH GRUR 1987, 397, 399 – Insiderwissen; BGH GRUR 1982, 631, 632 – Klinikdirektoren; *Prinz/Peters* Rn 690; *Wenzel* 13. Kap. Rn 65, *Löffler/Steffen* LPG § 6 Rn 291.

1069 BGH NJW 1996, 984 – Caroline von Monaco II; BGHZ 128, 1, 6 ff – Caroline von Monaco I; BGH AfP 1976, 75, 78 – Panorama; OLG Hamburg AfP 1987, 703; *Prinz/Peters* Rn 690; *Wenzel* 13. Kap. Rn 65; *Soehring* Rn 31.13.

1070 OLG Hamburg AfP 2006, 77.

1071 BGH AfP 1976, 75, 78 – Panorama; BGH NJW GRUR 1974, 797 – Fiete Schulze; BGH NJW 1974, 1710, 1711; BGH GRUR 1970, 370 – Nachtigall I; BGH GRUR 1960, 500, 501 ff – La Chatte; BGHZ 37, 187, 190 – Eheversprechen; *Wenzel* 13. Kap. Rn 69; *Soehring* Rn 31.14.

1072 BGH AfP 1976, 75, 78 – Panorama.

1073 BGHZ 143, 199 – Schleimerschmarotzerpack; OLG München NJW-RR 1996, 1487, 1488 ff – Sex-Papst; LG Hamburg AfP 1999, 93; *Prinz/Peters* Rn 694; *Soehring* Rn 31.16.

1074 BVerfG NJW 1997, 2589 – Folgenbeseitigungsanspruch; BGHZ 57, 325, 328 ff – Freispruch; s. auch OLG München NJW-RR 1996, 1487, 1488 ff – Sex-Papst.

1075 *Prinz/Peters* Rn 694; *Wenzel* 13. Kap. Rn 76.

4. Durchsetzung des Berichtigungsanspruchs

246 Auch der Berichtigungsanspruch sollte grundsätzlich zunächst außergerichtlich geltend gemacht werden, um das Kostentragungsrisiko des § 93 ZPO zu umgehen. Spezifische Vorgaben für die außergerichtliche Aufforderung zur Abgabe der Berichtigung existieren nicht.

247 **a) Verfahren.** Der Berichtigungsanspruch wird grundsätzlich im **Hauptsacheverfahren** durchgesetzt,[1076] da nur bei dieser Verfahrensart rechtskräftig und abschließend über die Unwahrheit der aufgestellten Behauptung entschieden werden kann. Beim **einstweiligen Rechtsschutz** bestünde die Gefahr, dass ein Berichtigungsanspruch zugesprochen wird, sich aber anschließend die Richtigkeit der Berichterstattung herausstellt. Unter bestimmten Voraussetzungen wird teilweise aber dennoch die Durchsetzung der Berichtigung im Verfügungswege zugelassen.[1077] Hinsichtlich **Rechtsweg** und **Zuständigkeit** kann auf die Ausführungen zum Unterlassungsanspruch verwiesen werden.[1078]

248 **b) Abdruck/Ausstrahlung der Berichtigung.** Wie auch bei der Gegendarstellung erfolgt die **Erfüllung des Berichtigungsanspruchs** durch den Abdruck bzw. die Ausstrahlung der Berichtigung. Wie auch die Gegendarstellung muss die Berichtigung **an gleicher Stelle** und **mit gleicher Schrift** wie die behauptete Tatsache abgedruckt werden.[1079] Bei den Printmedien muss sie auch **in der nächstfolgenden für den Druck noch nicht abgeschlossenen Nummer** erscheinen. Allerdings muss es sich dabei um die nächstfolgende Nummer **nach Rechtskraft** handeln. Da vorher die Unwahrheit der Behauptung nicht abschließend feststeht, kommt eine vorläufige Vollstreckung nicht in Betracht.[1080] Die Berichtigung soll weitestgehend diejenigen **Empfänger** erreichen, die auch von der aufgestellten Tatsachenbehauptung erfahren haben. Bei Medienveröffentlichungen muss die Berichtigung daher in demselben Medium erscheinen.[1081] Bei der Berichtigung handelt es sich um eine **nicht vertretbare Handlung,** die nach richtiger Auffassung gemäß § 888 ZPO, und nicht in entsprechender Anwendung des § 894 ZPO, vollstreckt wird.[1082]

IV. Zahlungsansprüche

249 Neben den Ansprüchen auf Unterlassung, Gegendarstellung und Berichtigung kommen bei einer unzulässigen Berichterstattung **Zahlungsansprüche** in Betracht. Diese gewinnen zunehmend an Bedeutung. Es handelt sich um den Anspruch auf Schadensersatz, auf Geldentschädigung sowie auf Herausgabe einer ungerechtfertigten Bereicherung. Alle drei Ansprüche stehen auf Grund ihrer unterschiedlichen Funktionen und Rechtsschutzgegenstände **nebeneinander** und können daher – bei Vorliegen der jeweiligen Voraussetzungen – parallel geltend gemacht werden.[1083]

[1076] OLG Bremen AfP 1979, 355, 356; *Prinz/Peters* Rn 707; *Soehring* Rn 31.17; *Löffler/Steffen* LPG § 6 Rn 302.

[1077] OLG Frankfurt GRUR 1993, 697 f – Widerrufsvollstreckung; OLG Köln AfP 1972, 331; OLG Hamburg AfP 1971, 35 f; OLG Stuttgart MDR 1961, 1024; OLG Freiburg JZ 1951, 751; *Wenzel* 13. Kap. Rn 102; *Helle* NJW 1963, 129, 133; *Schneider* AfP 1984, 127, 129 f.

[1078] → Rn 199.

[1079] *Prinz/Peters* Rn 699; *Löffler/Steffen* LPG § 6 Rn 294.

[1080] OLG Frankfurt NJW 1982, 113; *Prinz/Peters* Rn 701; *Soehring* Rn 31.18; *Löffler/Steffen* LPG § 6 Rn 302; aA *Wenzel* 13. Kap. Rn 98 f, 105.

[1081] BGHZ 128, 1, 8 f – Caroline von Monaco I; *Prinz/Peters* Rn 697; *Wenzel* 13. Kap. Rn 88.

[1082] BVerfGE 28, 1, 9; BGHZ 37, 187, 190 – Eheversprechen; BGHZ 68, 331, 336 – Abgeordnetenbestechung; OLG Frankfurt GRUR 1993, 697 – Widerrufsvollstreckung; OLG Zweibrücken NJW 1991, 304; *Prinz/Peters* Rn 712; *Wenzel* 13. Kap. Rn 105; *Löffler/Steffen* LPG § 6 Rn 302; aA OLG Frankfurt NJW 1982, 113; *Helle* NJW 1963, 129, 131 f.

[1083] BGHZ 30, 7, 17 – Catarina Valente; OLG München WRP 1995, 744, 747 – Telefonsex-Foto; LG Berlin NJW 1996, 1142, 1144; *Prinz/Peters* Rn 921.

1. Schadensersatz

Der Schadensersatz ist die einzige direkte Rechtsfolge der deliktischen Anspruchsgrundlagen. Er zielt auf den **Ersatz materieller Schäden** ab, die durch eine unzulässige Veröffentlichung entstanden sind. Auch wenn durch eine verletzende Berichterstattung nicht selten materielle Schäden – zum Teil sogar in immensen Höhen – beim Betroffenen entstehen, spielt der Schadensersatzanspruch **in der Praxis keine große Rolle.** Dies liegt insbesondere daran, dass der Nachweis eines kausal entstandenen materiellen Schadens nur schwer gelingt, zumal ein geschädigtes Unternehmen in der Regel seine Zahlen nicht dem Gegner gegenüber offen legen möchte. 250

a) Materielle Voraussetzungen. Der Schadensersatzanspruch setzt die rechtswidrige und schuldhafte Verletzung eines haftungsbegründenden Tatbestandes und einen dadurch kausal entstandenen Schaden voraus. Voraussetzung ist zunächst die **Verletzung eines haftungsbegründenden Tatbestandes.**[1084] 251

Dabei kann es sich um eine Verletzung des allgemeinen Persönlichkeitsrechts,[1085] des Unternehmenspersönlichkeitsrechts[1086] oder des Rechts am Unternehmen[1087] (§ 823 Abs. 1 BGB), um die Verletzung eines Schutzgesetzes (§ 823 Abs. 2 BGB),[1088] eine Kreditgefährdung (§ 824 BGB)[1089] oder eine sittenwidrige Schädigung (§ 826 BGB)[1090] handeln. Ein Schadensersatzanspruch kommt also bei jeder Art unzulässiger Berichterstattung in Betracht. 252

Anders als beim Unterlassungsanspruch muss die den Anspruch auslösende Verletzung immer **rechtswidrig** und **schuldhaft** erfolgt sein. Dies bedeutet, dass eine falsche, aber rechtmäßige Berichterstattung, die unter Wahrnehmung berechtigter Interessen erfolgte, niemals einen Schadensersatzanspruch auslösen kann, auch wenn sie im konkreten Fall einen erheblichen Schaden verursacht hat.[1091] Gleiches gilt für verletzende, aber nicht schuldhafte Veröffentlichungen.[1092] Schuldhaftes Handeln umfasst Vorsatz und Fahrlässigkeit, wobei auch leicht fahrlässiges Verhalten des Schädigers ausreichend ist (§ 276 Abs. 2 BGB).[1093] Der Verschuldensmaßstab bestimmt sich nach den Anforderungen an die publizistische Sorgfalt.[1094] Wer als Schädiger einzustufen ist, bestimmt sich im arbeitsteiligen Prozess der Berichterstattung nach der Aufgabenverteilung und Kontrollzuständigkeit für den Veröffentlichungsinhalt. Ein Verstoß gegen die publizistische Sorgfalt kann danach nur demjenigen vorgeworfen werden, der mit der Überprüfung des Inhalts einer Veröffentlichung betraut ist und Einfluss auf diesen Inhalt ausüben kann.[1095] 253

Die unzulässige Berichterstattung muss beim Betroffenen einen **materiellen Schaden** hervorgerufen haben. Der Schaden wird nach der Differenzhypothese berechnet, also mittels eines Vergleichs der tatsächlichen Vermögenslage nach dem schädigenden Ereignis mit der hypothetischen Vermögenslage ohne das Ereignis.[1096] Ein Schaden kann etwa vorliegen, wenn jemand auf Grund einer unzulässigen Berichterstattung seine Anstellung verliert oder eine konkret bevorstehende Anstellung bzw. Beförderung nicht erhält und daher jeweils 254

[1084] *Dreier/Schulze* UrhG §§ 33 ff KUG Rn 16.
[1085] → Rn 63 ff.
[1086] → Rn 87 ff.
[1087] → Rn 108 ff.
[1088] → Rn 123 ff.
[1089] → Rn 129 ff.
[1090] → Rn 133.
[1091] BGH GRUR 1987, 464, 465 ff – BND-Interna; OLG Hamburg AfP 1977, 351; *Wenzel* 14. Kap. Rn 21; *Soehring* Rn 32.3; *Löffler/Steffen* LPG § 6 Rn 304.
[1092] *Soehring* Rn 32.3.
[1093] BGH NJW 1963, 904 – Drahtzieher; OLG Köln AfP 1971, 170; *Prinz/Peters* Rn 715; *Wenzel* 14. Kap. Rn 21; *Soehring* Rn 32.3.
[1094] Zur publizistischen Sorgfalt → Rn 144 ff.
[1095] *Löffler/Steffen* LPG § 6 Rn 305.
[1096] BGH NJW 1994, 2357, 2359; *Wenzel* 14. Kap. Rn 25; *Palandt/Heinrichs* BGB Vor § 249 Rn 8.

Verdienstausfälle erleidet.[1097] Auch Aufwendungen für die **Rechtsverfolgung** einschließlich der Rechtsanwaltskosten sind erstattungsfähige Schäden,[1098] nicht dagegen der Zeitaufwand des Geschädigten für die Durchsetzung des Schadensersatzanspruchs.[1099] Der materielle Schaden umfasst auch den **entgangenen Gewinn,** wenn dieser im regelmäßigen Verlauf ohne das schädigende Verhalten mit Wahrscheinlichkeit zu erwarten gewesen wäre (§ 252 BGB). Unter den materiellen Schaden können ebenso **Umsatzrückgänge** fallen, die durch das Ausbleiben von Kunden oder Interessenten entstehen, so etwa infolge einer unwahren Berichterstattung über angeblich negative Eigenschaften eines Produktes oder über angebliche Fehler in der Berufsausübung eines Freiberuflers.[1100] Der Umsatzrückgang ist anhand eines Umsatzvergleichs der vergangenen drei Jahre festzustellen.[1101] Konkrete Gewinnchancen bzw. Schadenserwartungen können ebenfalls als gegenwärtige Schäden berücksichtigt werden, soweit sie einen aktuellen, konkreten Vermögensposten darstellen.[1102] Ersatzfähig können schließlich auch **schadensmindernde Maßnahmen** sein, die erforderlich sind, um die negativen Auswirkungen einer unzulässigen Berichterstattung zu verhindern oder zu begrenzen.[1103] Die Anforderungen an die Erforderlichkeit dieser Maßnahmen sind jedoch sehr streng. Nach dem BGH ist regelmäßig eine Gegendarstellung ausreichend.[1104] Die Kosten für Durchsetzung und Abdruck der Gegendarstellung sind dann als schadensmindernde Maßnahmen vom Schädiger zu übernehmen. Die weitaus höheren Kosten für Anzeigenaktionen, Mailings, Rundschreiben, Inserate in Fachzeitschriften oder ähnliche Maßnahmen der Schadensabwehr sind nur in Ausnahmefällen erstattungsfähig, so etwa wenn ein besonders hoher Schaden droht, der Gegner den Abdruck einer Gegendarstellung ablehnt oder sich das Gegendarstellungsverfahren hinzieht.[1105]

255 Dieser Schaden muss **kausal** durch die unzulässige Berichterstattung hervorgerufen worden sein. Die Kausalität für die Entstehung des Anspruchs **(haftungsbegründende Kausalität)** ist gemäß den allgemeinen Beweislastregeln vom Betroffenen zu beweisen.[1106] Dieser Beweis ist in der Regel nur schwer zu führen, da häufig auch andere Ursachen für die Entstehung des Schadens ursächlich oder jedenfalls mit ursächlich sein können.[1107] So lässt sich im Ergebnis nicht sagen, ob eine einzelne unzulässige Äußerung in einem kritischen, aber ansonsten zulässigen Artikel über ein bestimmtes Produkt gerade die entscheidende Ursache für den Verkaufsrückgang gesetzt hat oder ob es nicht eher die übrigen kritischen Bemerkungen in dem Artikel waren.[1108] Auch die Kausalität für die Höhe des Anspruchs **(haftungsausfüllende Kausalität)** hat der Betroffene zu beweisen.[1109] In dieser Hinsicht hilft ihm die Vorschrift des § 287 ZPO, nach der das Gericht – soweit der Schadenseintritt überwiegend wahrscheinlich ist – die Höhe des Schadens nach seiner Überzeugung schätzen kann.[1110]

256 Soweit zwar das Vorliegen eines kausalen Schadens, nicht jedoch seiner exakten Höhe feststeht, hat der Betroffene die Möglichkeit, auf **Feststellung der Schadensersatz-**

[1097] BGH NJW 1997, 1148, 1149 – Stern-TV; OLG Köln ZUM 1993, 34; OLG Düsseldorf AfP 1989, 549, 551; OLG München NJW 1988, 915; *Prinz/Peters* Rn 716; *Soehring* Rn 32.4; *Löffler/Steffen* LPG § 6 Rn 306.

[1098] BGHZ 30, 154; OLG Saarbrücken NJW 1997, 1376, 1379; LG Hamburg AfP 1990, 332, 333; *Palandt/Heinrichs* BGB § 249 Rn 38 ff; *Prinz/Peters* Rn 736; *Löffler/Steffen* LPG § 6 Rn 306.

[1099] BGH NJW 1977, 35; OLG Hamburg NJW 1977, 1347.

[1100] BGH NJW 1997, 1148, 1149 – Stern-TV; OLG Frankfurt ZUM 1992, 361.

[1101] OLG Frankfurt ZUM 1992, 361, 366.

[1102] *Löffler/Steffen* LPG § 6 Rn 308.

[1103] OLG Hamburg AfP 2002, 50.

[1104] BGH GRUR 1986, 330, 331 f – Warentest III; BGH GRUR 1979, 804, 805 – Falschmeldung; BGHZ 70, 39, 42 – Alkoholtest; BGHZ 66, 182, 193 ff – Panorama.

[1105] BGH GRUR 1990, 1012, 1015 – Pressehaftung; BGH GRUR 1986, 330, 331 f – Warentest III; BGH GRUR 1979, 804, 805 – Falschmeldung; BGHZ 70, 39, 43 – Alkoholtest; BGHZ 66, 182, 196 f – Panorama; OLG Hamburg AfP 2002, 50; *Prinz/Peters* Rn 734; *Wenzel* 14. Kap. Rn 41.

[1106] *Soehring* Rn 32.7 a.

[1107] BGH GRUR 1989, 222, 223 f – Filmbesprechung.

[1108] BGH GRUR 1987, 316, 317 – Türkol II; *Soehring* Rn 32.7 a.

[1109] *Prinz/Peters* Rn 718; *Soehring* Rn 32.7 b.

[1110] BVerfG NJW 2001, 1639, 1640; BGH NJW 1972, 1515; OLG Frankfurt ZUM 1992, 361.

pflicht dem Grunde nach zu klagen.[1111] Diese verhindert den Eintritt der Verjährung gemäß § 195 BGB (drei Jahre) und ermöglicht, die weitere Entwicklung des Sachverhalts abzuwarten und die tatsächliche Schadenshöhe zu einem späteren Zeitpunkt zu konkretisieren.[1112] Voraussetzung ist lediglich, dass ein Schadenseintritt hinreichend wahrscheinlich ist.[1113]

b) Anspruchsberechtigter/Anspruchsverpflichteter. Anspruchsberechtigt ist derjenige, der von der unzulässigen Berichterstattung unmittelbar betroffen ist. Dies gilt für natürliche und juristische Personen, aber auch für Personengemeinschaften und ggf. auch für Erben und deren Rechtsnachfolger.[1114] Keinen Schadensersatzanspruch hat ein **Dritter** für Schäden, die bei ihm durch die unzulässige Äußerung mittelbar entstanden sind. So hat ein Zwischenhändler keinen Anspruch auf Ersatz der Umsatzeinbußen, die bei ihm durch falsche Berichterstattung über die Produkte eines Herstellers entstanden sind.[1115] 257

Anspruchsverpflichtet ist derjenige, der rechtswidrig und schuldhaft den Schaden (mit-)verursacht hat.[1116] Durch das Verschuldenserfordernis wird der Kreis der Anspruchsverpflichteten begrenzt auf diejenigen, die Kontrollmöglichkeiten im Hinblick auf den Inhalt einer Veröffentlichung haben. Die technischen Verbreiter sind daher in der Regel nicht anspruchsverpflichtet, da es ihnen nicht obliegt, die Druckwerke auf ihre inhaltliche Zulässigkeit zu überprüfen.[1117] Ein Verschulden an unzulässiger Berichterstattung kann ihnen daher nicht angelastet werden.[1118] Anders liegt der Fall bei intellektuellen Verbreitern, also dem Verleger, dem Autor, unter Umständen dem Herausgeber, dem mit der Sache befassten Redakteur und dem Informant.[1119] In erster Linie wird immer der Verleger passivlegitimiert sein. Er haftet in seiner Person selbst sowie für Handlungen seiner Organe und verfassungsmäßig berufenen Vertreter (§ 31 BGB), soweit der Verleger eine juristische Person oder Personengesellschaft des Handelsrechts ist.[1120] Bestellt der Verleger Verrichtungsgehilfen, haftet er über § 831 BGB für ihre Auswahl und Überwachung. Nicht delegieren darf der Verleger die Kontrolle von Veröffentlichungsinhalten, bei denen die Verletzung von Drittinteressen nahe liegt.[1121] Mehrere Anspruchsverpflichtete, die an einer unzulässigen Veröffentlichung mitgewirkt haben, haften als **Gesamtschuldner** (§ 840 BGB).[1122] 258

2. Geldentschädigung

Nach der früheren Rechtsprechung konnte der Betroffene bei einer Verletzung seines allgemeinen Persönlichkeitsrechts einen **Schmerzensgeldanspruch** gegenüber dem Schädiger geltend machen. Dieser Anspruch hatte – wie bei der Körperverletzung – vornehmlich **Ausgleichs- und Genugtuungsfunktion** und wurde vom BGH aus einer Analogie zum ehemaligen § 847 BGB hergeleitet.[1123] Mit dem Schmerzensgeld soll der Verletzte einen Ausgleich für erlittene immaterielle Schäden erhalten und in die Lage versetzt werden, sich Erleichterungen und Annehmlichkeiten zu verschaffen, die die erlittenen Beeinträchtigungen ausgleichen.[1124] Heute gewährt die Rechtsprechung bei Verletzungen des 259

1111 *Prinz/Peters* Rn 717.
1112 *Soehring* Rn 32.10.
1113 BGHZ 78, 22 – Medizin-Syndikat IV; *Prinz/Peters* Rn 717; *Wenzel* 14. Kap. Rn 29; *Soehring* Rn 32.10.
1114 BVerfG AfP 2006, 452; → Rn 191.
1115 *Wenzel* 14. Kap. Rn 53.
1116 *Prinz/Peters* Rn 721; *Wenzel* 14. Kap. Rn 54; *Löffler/Steffen* LPG § 6 Rn 325.
1117 Zu den technischen Verbreitern → Rn 194.
1118 *Prinz/Peters* Rn 730; *Löffler/Steffen* LPG § 6 Rn 330.
1119 Zu den intellektuellen Verbreitern → Rn 193.
1120 *Prinz/Peters* Rn 722 ff; *Wenzel* 14. Kap. Rn 60.
1121 *Prinz/Peters* Rn 724; *Wenzel* 14. Kap. Rn 57; *Löffler/Steffen* LPG § 6 Rn 326, 223.
1122 OLG Köln AfP 1973, 479; *Prinz/Peters* Rn 731; *Wenzel* 14. Kap. Rn 32, 67; *Löffler/Steffen* LPG § 6 Rn 331.
1123 BGHZ 30, 7, 17 – Catarina Valente; BGH NJW 1958, 827, 829 – Herrenreiter; *Dreier/Schulze* UrhG §§ 33 ff KUG Rn 21.
1124 *Palandt/Heinrichs* BGB § 253 Rn 11.

allgemeinen Persönlichkeitsrechts statt des Schmerzensgeldes einen Anspruch auf **Geldentschädigung,** der als eigenständiger Rechtsbehelf unmittelbar auf den Schutzauftrag der Art. 2 Abs. 1 iVm Art. 1 Abs. 1 GG zurückgeht und seine Grundlage in § 823 BGB iVm diesen Vorschriften findet.[1125] Dabei beruht die Zubilligung einer Geldentschädigung – neben der Ausgleichs- und Genugtuungsfunktion – auf dem Gedanken, dass ohne einen solchen Anspruch Verletzungen der Würde und Ehre von Personen häufig ohne Sanktion blieben mit der Folge, dass der Rechtsschutz der Persönlichkeit verkümmern würde.[1126] Damit weist die Rechtsprechung der Geldentschädigung auch eine **Präventionsfunktion** zu.[1127] Von der Höhe der Geldentschädigung soll „ein echter Hemmungseffekt" ausgehen.[1128] Die Zubilligung einer Geldentschädigung stellt aber keine strafrechtliche Sanktion im Sinne von Art. 103 Abs. GG dar, weshalb auch kein Strafklageverbrauch nach Abs. 3 dieser Vorschrift eintreten kann.[1129] Auf Grund der sachlichen Unterschiede zum Schmerzensgeld kann das aus einer Geldentschädigung stammende Vermögen unter Berücksichtigung der Einzelfallumstände zur Deckung von Prozesskosten einzusetzen sein und damit der Bewilligung von Prozesskostenhilfe entgegenstehen.[1130]

260 **a) Materielle Voraussetzungen.** Die Geldentschädigung setzt eine schuldhafte schwere Persönlichkeitsverletzung voraus, die auf andere Weise nicht befriedigend ausgeglichen werden kann.[1131]

261 **aa) Schwere Persönlichkeitsverletzung.** Wann eine schwere Persönlichkeitsverletzung vorliegt, beurteilt sich unter **Einbeziehung verschiedener Kriterien.** Nicht jede Verletzung der Persönlichkeit lässt einen Geldentschädigungsanspruch entstehen, auch wenn der Betroffene Unterlassung geltend machen oder eine Gegendarstellung oder Berichtigung verlangen kann. Die Verletzung muss vielmehr schwer sein. Dies hängt insbesondere von der Art und Intensität des Eingriffs, der Hartnäckigkeit der Schädigung, von Anlass und Beweggrund des Schädigers und dem Maß seines Verschuldens ab.[1132]

262 Bei der Frage nach **Art und Intensität des Eingriffs** ist zunächst nach dem **verletzten Rechtsgut** zu fragen. Der Eingriff muss ein erhebliches Gewicht haben, was regelmäßig bei einer Beeinträchtigung der Intimsphäre angenommen werden kann.[1133] Die Veröffentlichung einer Nacktaufnahme ohne Einwilligung des Abgebildeten löst daher regelmäßig einen Anspruch auf Geldentschädigung aus.[1134] Gleiches gilt für Bilder, die die abgebildete Person in einem sexuellen Zusammenhang darstellen, wie etwa in einem Reiseführer für

---

[1125] BVerfG NJW 2000, 2187; BVerfGE 34, 269, 292 – Soraya; BGH NJW 1996, 984, 985 – Caroline von Monaco II; BGH GRUR 1996, 227, 228 f – Wiederholungsveröffentlichung; BGHZ 128, 1, 15 – Caroline von Monaco I; BGH GRUR 1985, 398, 399 – Nacktfoto; OLG Hamm NJW-RR 2001, 1622.

[1126] Grundlegend BGHZ 128, 1, 15 – Caroline von Monaco I.

[1127] BGH NJW 1997, 1148, 1149 – Stern-TV; BGH NJW 1996, 984, 985 – Caroline von Monaco II; BGH GRUR 1996, 227, 228 f – Wiederholungsveröffentlichung; BGHZ 128, 1, 15 – Caroline von Monaco; dazu auch *Prinz/Peters* Rn 743; *Prinz* NJW 1996, 953, 954; *Körner* NJW 2000, 241, 244 f.

[1128] BGH NJW 1996, 984 – Caroline von Monaco II; BGHZ 128, 1, 14 f – Caroline von Monaco I; OLG Hamm ZUM 2004, 388, 392 – Lisa Loch; OLG Hamburg NJW 1996, 2870, 2872.

[1129] S. nur BGH AfP 2005, 65, 66 – Geldentschädigung; *Seiler* WRP 2005, 545, 551 f.

[1130] BGH AfP 2006, 240, 241 f.

[1131] BVerfG NJW 2004, 591; BGHZ 132, 13, 27 – Der Lohnkiller; *Dreier/Schulze* UrhG §§ 33 ff KUG Rn 22.

[1132] BVerfG NJW 2004, 591; BGHZ 128, 1, 14 ff – Caroline von Monaco I; BGH NJW-RR 1988, 733 – Intime Beziehungen; KG ZUM-RD 2004, 10, 16; *Prinz/Peters* Rn 744; *Soehring* Rn 32; *Dreier/Schulze* UrhG §§ 33 ff KUG Rn 22 ff.

[1133] BGH NJW-RR 1988, 733 f – Intime Beziehungen; BGH NJW 1961, 2059 – Ginseng; OLG München NJW-RR 2001, 629, 630–140 000 DM für drei Bussis; OLG Karlsruhe NJW-RR 1994, 95; OLG Koblenz AfP 1989, 753, 754; OLG München AfP 1990, 45, 46; OLG Hamburg AfP 1988, 247, 248; OLG Frankfurt GRUR 1987, 195 – Foto der Freundin; LG München NJW-RR 2002, 689 – Ermakova; *Prinz/Peters* Rn 746; *Soehring* Rn 32.21.

[1134] BGH GRUR 1985, 398, 399 f – Nacktfoto; OLG Karlsruhe NJW-RR 1994, 95; OLG Oldenburg GRUR 1989, 344, 345 – Oben ohne-Fotos; OLG Frankfurt GRUR 1987, 195 – Foto der Freundin; OLG Hamburg ZUM 1986, 351, 352; *Prinz/Peters* Rn 746, 908; *Löffler/Steffen* LPG § 6 Rn 337; aA LG Hamburg, Urt. v. 12. 12. 2003, 324 O 593/03 (nicht veröffentlicht).

Homosexuelle.[1135] Selbst der Satire zugebilligte Freiräume[1136] sind überschritten und eine Geldentschädigung unentbehrlich, wenn eine Minderjährige im Rahmen des Comedy-Formats „TV Total" wegen ihres Namens verhöhnt und nachhaltig in die Nähe der Pornobranche gerückt wird.[1137] Andererseits löst der Abdruck eines Fotos, das eine Prominente beim Tanz auf einer Gala mit versehentlich entblößter Brustwarze zeigt, keine Geldentschädigung aus, wenn die Betroffene sich schon in der Vergangenheit häufiger freizügig zu kleiden pflegte.[1138] Aber auch bei Verletzungen der Privatsphäre kann eine schwere Persönlichkeitsverletzung vorliegen.[1139] Die persönliche Ehre kann schwerwiegend betroffen sein, wenn Schmähkritik geäußert wird,[1140] der Betroffene im Zusammenhang mit gravierenden Vorwürfen erwähnt wird[1141] oder eine Aufnahme ehrenrührig ist.[1142] Sofern eine Äußerung ihrem Wortlaut nach Ausdruck tiefer Verachtung ist, indiziert dies eine besondere Schwere der Verletzung, so z. B. die Bezeichnung einer Frau als „fette hässliche Griechenhure".[1143]

Auch die Verbreitung von **Unwahrheiten** stellt regelmäßig einen erheblichen Eingriff **263** in die Persönlichkeit dar. Dies gilt jedenfalls für erfundene Interviews und unzutreffende Zitate[1144] oder ist beispielsweise zu bejahen, wenn einem Polizeibeamten vorgeworfen wird, er habe sich von Angehörigen des Rotlichtmilieus bestechen lassen.[1145] Ebenso für einen wahrheitswidrigen Pressebericht über ein satirisches Buch, wonach ein Lehrer einem Oberschulrat mit Handgreiflichkeiten gedroht habe und an Paranoia leide.[1146] Ein im Wesentlichen wahrheitsgetreuer und nur in einzelnen Details unrichtiger Bericht führt nicht zur Anerkennung einer Geldentschädigung. So liegt der Fall bei einem Artikel, in dem über Unzucht mit zwei Kindern berichtet wird, wenn in Wahrheit nur ein Kind betroffen ist.[1147] Auch der bloß allgemeine Hinweis des Betroffenen auf die „Peinlichkeit" des in einem Artikel hervorgerufenen falschen Eindrucks, dass nicht nur gegen seinen Sozius, sondern auch gegen ihn selbst ermittelt werde, soll noch keine schwerwiegende Persönlichkeitsrechtsverletzung begründen.[1148] Ein intensiver Eingriff in die Persönlichkeit kann auch die ungenehmigte Verwendung von Name oder Bildnis einer Person in der **Werbung** sein.[1149]

Schließlich hat der **Verbreitungsgrad** Einfluss auf die Intensität des Eingriffs. Eine Per- **264** sönlichkeitsverletzung wird regelmäßig schwerer wiegen, wenn sie in einer bundesweit verbreiteten Zeitschrift/Sendung erfolgt als in einem regionalem Blatt/Sender.[1150] In diesem Sinne ist auch die durch einen Fernsehmoderator erfolgte Bloßstellung vor einem Millio-

---

1135 AG Charlottenburg NJW-RR 1999, 1546, 1547.

1136 Vgl. LG Berlin ZUM 2005, 567, 569.

1137 OLG Hamm ZUM 2004, 388 – Lisa Loch.

1138 OLG Hamburg ZUM 2006, 639; LG Hamburg AfP 2006, 197.

1139 BGH NJW 1961, 2059, 2060 – Ginseng; BGH NJW 1971, 698, 699 – Pariser Liebestropfen; OLG Karlsruhe NJW-RR 2003, 410, 411; OLG Köln NJW-RR 2000, 470; LG Hamburg AfP 1994, 243; *Prinz/Peters* Rn 747; *Wenzel* 14. Kap. Rn 103.

1140 BGHZ 39, 124 – Fernsehansagerin; BAGE 91, 49, 52 ff; OLG Hamburg ZUM 1989, 250, 251; LG Köln NJW-RR 2002, 189, 190; LG Oldenburg NJW-RR 1995, 1427, 1428; *Soehring* Rn 32.21.

1141 BGH NJW 1994, 1950, 1952 – Presseerklärung der Staatsanwaltschaft; BGHZ 95, 212, 214 ff – Nachtigall II; OLG München NJW-RR 2002, 1339, 1340; OLG Brandenburg NJW 1995, 886, 888; OLG Hamm NJW-RR 1993, 735; OLG Karlsruhe NJW-RR 1995, 477.

1142 OLG Koblenz NJW 1997, 1375; OLG Frankfurt AfP 1993, 753; OLG Hamburg ZUM 1989, 250, 251.

1143 BVerfG NJW 2004, 2371, 2372.

1144 BVerfGE 34, 269, 282 ff – Soraya; BGHZ 128, 1, 6 ff – Caroline von Monaco I; BGH GRUR 1982, 183, 185 f – Böll/Walden II; OLG Karlsruhe VersR 1989, 65; *Steffen* NJW 1997, 10, 11.

1145 BGHZ 132, 13, 27 f – Der Lohnkiller.

1146 BVerfG NJW 2006, 595 f.

1147 *Soehring* Rn 32.24.

1148 OLG Karlsruhe AfP 2006, 262, 264.

1149 BGH GRUR 1980, 259 – Wahlkampfillustrierte; BGH NJW 1971, 698 – Pariser Liebestropfen; BGH NJW 1961, 2059, 2060 – Ginseng; BGH NJW 1958, 827, 829 – Herrenreiter; *Prinz/Peters* Rn 751; *Wenzel* 14. Kap. Rn 111 ff; *Löffler/Steffen* LPG § 6 Rn 337.

1150 S. OLG München NJW-RR 2001, 629, 631 – 140 000 DM für drei Bussis; LG Köln ZUM 2003, 325, 327; *Wenzel* 14. Kap. Rn 114; *Löffler/Steffen* LPG § 6 Rn 336.

nenpublikum im Rahmen der Live-Sendung „Wetten, dass …?" als eine schwerwiegende Persönlichkeitsverletzung eingestuft worden.[1151]

265 Weiteres Kriterium für die Schwere einer Persönlichkeitsverletzung ist die **Hartnäckigkeit der Schädigung.** Sie spielt eine Rolle, wenn der Schädiger eine Veröffentlichung vornimmt, obwohl er von ihrer Unzulässigkeit Kenntnis hat, sei es, weil er vom Betroffenen darauf hingewiesen wurde, sei es, weil er gegen ein bestehendes Unterlassungsgebot verstößt. Die Persönlichkeitsverletzung ist weiter dann hartnäckig, wenn der Schädiger mehrere Verletzungen hintereinander begeht. Die Geldentschädigung besteht dann unabhängig davon, dass jeder einzelne Eingriff für sich genommen keinen Ersatzanspruch auslösen würde.[1152]

266 Darüber hinaus sind **Anlass und Beweggrund des Schädigers** von Bedeutung. Eine Persönlichkeitsverletzung wiegt danach umso schwerer, wenn der Schädiger die Veröffentlichung aus rein kommerziellen Interessen zur Auflagensteigerung oder aber aus persönlicher Abneigung gegenüber dem Betroffenen vornimmt. Anders liegt der Fall, wenn es allein darum geht, die Öffentlichkeit über einen Vorgang von allgemeinem Interesse zu informieren.[1153] Unter dem Kriterium des Beweggrundes des Handelns spielt auch eine Rolle, ob der Betroffene den Schädiger provoziert hat, ihm also aus seinem eigenen Vorverhalten ein Vorwurf zu machen ist.[1154]

267 Schließlich ist auch das **Maß des Verschuldens** ein Kriterium für die Schwere der Persönlichkeitsverletzung. Insofern ist relevant, ob der Schädiger nur leicht fahrlässig handelte oder ob er grob fahrlässig oder sogar vorsätzlich gegen die publizistische Sorgfalt verstoßen hat.[1155] Schuldhaftes Handeln ist aber in jedem Fall Voraussetzung für eine Geldentschädigung. Entgegen der Annahme, es müsse sich um ein schweres Verschulden, also eine besonders grobe Verletzung der pressemäßigen Sorgfalt handeln,[1156] reicht auch eine fahrlässige Begehung.[1157] Der Grad des Verschuldens kann aber Einfluss auf die Höhe der Geldentschädigung haben.[1158]

268 **bb) Kein anderweitiger befriedigender Ausgleich.** Eine Verpflichtung zur Zahlung einer Geldentschädigung kommt nur in Betracht, wenn **kein anderweitiger befriedigender Ausgleich** möglich ist. Der Geldentschädigungsanspruch hat also subsidiären Charakter.[1159] Bei diesen anderweitigen Möglichkeiten handelt es sich in erster Linie um die äußerungsspezifischen Ansprüche auf Gegendarstellung und Berichtigung. Insbesondere von der früheren Rechtsprechung wurde angenommen, dass eine **Gegendarstellung** zur Wiedergutmachung ausreichend sein kann.[1160] Dem wird heute richtigerweise nicht mehr gefolgt,[1161] da eine eigene Äußerung des Betroffenen die Beeinträchtigung niemals vollständig aufheben kann. Eine **Berichtigung** soll demgegenüber unter bestimmten Voraus-

---

[1151] LG Hannover AfP 2006, 193, 195.

[1152] BGH GRUR 1996, 227, 228 – Wiederholungsveröffentlichung; BGH AfP 2005, 65, 67 – Geldentschädigung; KG ZUM-RD 2004, 10, 17.

[1153] *Prinz/Peters* Rn 754; zum Motiv der Auflagensteigerung → Rn 276.

[1154] OLG Hamm NJW-RR 2001, 1622; s. auch OLG Hamm NJW-RR 2000, 1147, 1148; *Steffen* NJW 1997, 10, 11.

[1155] AG Wiesbaden NJW-RR 2000, 28, 29.

[1156] So OLG München NJW 1997, 62, 64; OLG Koblenz NJW 1997, 1375, 1376; *Soehring* Rn 32.26.

[1157] So BGHZ 78, 9, 13 – Medizin-Syndikat III; BGH NJW 1971, 698, 700 – Pariser Liebestropfen; BGH GRUR 1970, 370 – Nachtigall I; LG Köln AfP 1992, 83, 85; *Prinz/Peters* Rn 755; *Prinz* NJW 1996, 953, 955; *Wenzel* 14. Kap. Rn 115; *Löffler/Steffen* LPG § 6 Rn 335.

[1158] → Rn 275.

[1159] BGHZ 128, 1, 12 – Caroline von Monaco I; BGHZ 66, 182, 185 ff – Panorama; BGH GRUR 1970, 370 – Nachtigall I; OLG Karlsruhe AfP 2006, 262, 264; *Soehring* Rn 32.28; *Löffler/Steffen* LPG § 6 Rn 333, 338; *Steffen* NJW 1997, 10.

[1160] BGH NJW 1979, 1041 – Ex-Direktor; BGHZ 66, 182, 185 ff – Panorama; BVerfGE 34, 269 – Soraya; OLG Hamburg NJW-RR 1994, 1176, 1177; OLG Hamm NJW-RR 1993, 735, 736.

[1161] BGHZ 128, 1, 13 – Caroline von Monaco I; OLG Hamburg NJW-RR 1994, 1176, 1177; OLG Hamm NJW-RR 1993, 735, 736; OLG Karlsruhe NJW-RR 1995, 477, 479; OLG Koblenz AfP 1989, 753, 754; OLG München AfP 1990, 45, 46; s. auch *Prinz/Peters* Rn 759; *Wenzel* 14. Kap. Rn 123; *Löffler/Steffen* LPG § 6 Rn 340.

setzungen die Persönlichkeitsverletzung ausgleichen können.[1162] Voraussetzung ist jedenfalls, dass die Veröffentlichung der Berichtigung unverzüglich und ordnungsgemäß erfolgt.[1163] Eine verzögerte Berichtigung als Folge eines sich hinziehenden Rechtsstreits über die Berichtigungspflicht kann die Beeinträchtigung dagegen nicht ausreichend beseitigen.[1164] Eine Berichtigung lässt einen Geldentschädigungsanspruch niemals entfallen, soweit die Grundlagen der Persönlichkeit durch die Veröffentlichung betroffen sind.[1165] Sowohl für die Gegendarstellung als auch für die Berichtigung ist zu berücksichtigen, dass niemals alle Empfänger der persönlichkeitsverletzenden Veröffentlichung erreicht werden können, da Zeitungen häufig nur unregelmäßig und unvollständig gelesen werden. Auch das Einschalten einer Sendung geschieht oft zufällig. Insofern kann eine Verletzung **niemals** durch Gegendarstellung oder Berichtigung **vollständig beseitigt** werden.[1166] Daneben sind beide Ansprüche auch ungeeignet, soweit es um ehrenrührige unwahre Tatsachen geht, da der Betroffene regelmäßig kein Interesse daran hat, dass der Öffentlichkeit die falschen Behauptungen erneut ins Gedächtnis gerufen werden.[1167] Gegendarstellung und Berichtigung können naturgemäß **keinen Ausgleich** bedeuten, **soweit die Ansprüche gar nicht bestehen.**[1168] Wurde die schwere Persönlichkeitsverletzung also nicht durch die Verbreitung unwahrer Tatsachenbehauptungen, sondern durch die Veröffentlichung wahrer aber rufschädigender Äußerungen[1169] bzw. verletzender Meinungsäußerungen[1170] oder durch unzulässige Bildnisveröffentlichung[1171] begangen, ist die Geldentschädigung der einzig mögliche Rechtsbehelf, um die Beeinträchtigung auszugleichen.

b) Anspruchsberechtigter/Anspruchsverpflichteter. Anspruchsberechtigt ist jede Person, die von der unzulässigen Berichterstattung unmittelbar betroffen ist.[1172] Dies gilt zunächst – zu Lebzeiten – für **natürliche Personen.** Zwar wird die Persönlichkeit auch über den Tod hinaus geschützt (sog. postmortaler Persönlichkeitsschutz). Die Verletzung des postmortalen Persönlichkeitsschutzes führt jedoch nicht zu einem den Wahrnehmungsberechtigten zustehenden immateriellen Schadensersatzanspruch.[1173] 269

Schwieriger liegt der Fall bei **juristischen Personen und anderen Personenzusammenschlüssen,** denen Rechtsprechung und weite Teile der Literatur bislang einen Anspruch auf Geldentschädigung verweigern.[1174] Diese Ablehnung wird auf **drei Gesichtspunkte** gestützt: Zum einen soll der bei Unternehmen auf einen **Funktionsschutz** begrenzte Persönlichkeitsschutz einer Anspruchsberechtigung von Personenmehrheiten ent- 270

[1162] OLG München NJW-RR 2000, 472, 473; OLG Hamburg NJW-RR 1999, 1701, 1702f; s. aber AG Nürnberg NJW-RR 2000, 1293, 1294.

[1163] BGH GRUR 1970, 370 – Nachtigall I; BGH NJW 1963, 904 – Drahtzieher; OLG Köln AfP 1991, 427; KG AfP 1974, 720, 721ff; LG Berlin NJW-RR 1998, 316, 317; *Wenzel* 14. Kap. Rn 121.

[1164] BGHZ 128, 1, 13ff – Caroline von Monaco I; BGH NJW-RR 1988, 733f – Intime Beziehungen; OLG München NJW-RR 2000, 472; OLG München AfP 1990, 45; *Soehring* Rn 32.28; *Wenzel* 14. Kap. Rn 124; *Löffler/Steffen* LPG § 6 Rn 338.

[1165] BGHZ 128, 1, 13 – Caroline von Monaco I; BGH NJW-RR 1988, 733, 734 – Intime Beziehungen; *Prinz/Peters* Rn 760; *Wenzel* 14. Kap. Rn 124; s. aber LG Hamburg AfP 2003, 561, 562.

[1166] OLG Hamburg NJW-RR 1996, 90, 92 – RTL aktuell; LG Berlin NJW-RR 1998, 316, 317; *Prinz* NJW 1995, 817, 818; aA *Soehring* Rn 32.28.

[1167] OLG Koblenz NJW-RR 2000, 1356, 1357; OLG Hamburg NJW-RR 1994, 1176, 1178; LG Hamburg AfP 1994, 163, 164; *Prinz/Peters* Rn 759, 760; *Prinz* ZRP 2000, 138, 142; aA *Soehring* Rn 32.30.

[1168] *Prinz/Peters* Rn 759f; *Wenzel* 14. Kap. Rn 126; *Soehring* Rn 32.31.

[1169] BGH GRUR 1965, 256 – Gretna Green; BGH NJW 1965, 2395 – Mörder unter uns; OLG Köln AfP 1973, 479, 481.

[1170] LG Oldenburg NJW-RR 1995, 1427, 1428.

[1171] BGH GRUR 1996, 227, 228 – Wiederholungsveröffentlichung; BGH NJW 1971, 698, 699 – Pariser Liebestropfen; OLG Köln NJW-RR 2000, 470, 471.

[1172] → Rn 191.

[1173] BGH WRP 2006, 359, 360ff – Mordkommission Köln, unter Abgrenzung zu BGHZ 143, 214 – Marlene Dietrich und BGH NJW 2000, 2201 – Der blaue Engel, wo es um materiellen Schadensersatz ging; *Götting* GRUR 2004, 801ff.

[1174] BGHZ 78, 24, 25f – Medizin-Syndikat I; OLG Frankfurt AfP 2000, 576, 577; OLG Stuttgart MDR 1979, 671; *Wenzel* 14. Kap. Rn 137; *Soehring* Rn 32.16; *Löffler/Steffen* LPG § 6 Rn 344; *Palandt/Sprau* BGB § 823 Rn 124.

gegenstehen. Zwar könnten juristische Personen über Art. 19 Abs. 3 GG ein (Unternehmens-)Persönlichkeitsrecht inne haben und in diesem Recht verletzt sein, soweit ihr sozialer Geltungsanspruch betroffen sei.[1175] Dieser soziale Geltungsanspruch erschöpfe sich jedoch in einem Funktionsschutz.[1176] Zum anderen stehe die **Genugtuungsfunktion** des Geldentschädigungsanspruchs entgegen.[1177] Ein Genugtuungsbedürfnis sei nur bei natürlichen Personen anzuerkennen. Schließlich bestehe **kein unabweisbares Interesse** für eine Ausweitung des Entschädigungsanspruchs auf Personenmehrheiten.[1178]

271 **Diese Argumente überzeugen nicht.**[1179] Unternehmen können in ihrem Persönlichkeitsrecht durchaus in schwerer und erheblicher Weise verletzt sein. Bei zahlreichen Verletzungshandlungen, insbesondere bei Verletzungen der Unternehmensehre, kommt ein Ausgleich durch den Abdruck von Gegendarstellung oder Berichtigung regelmäßig nicht in Betracht. In diesen Fallgestaltungen bleibt bislang eine Beeinträchtigung entschädigungs- und sanktionslos, während die Rechtsprechung natürlichen Personen eine Geldentschädigung ausdrücklich gerade zur Ausfüllung dieser Schutzlücke in ähnlich gelagerten Fällen gewährt. Neben den immateriellen Nachteilen werden auch materielle Schäden regelmäßig nicht ausgeglichen, da den betroffenen Unternehmen der Nachweis eines kausal durch die unzulässige Berichterstattung erlittenen Schadens nur schwer gelingt. Unternehmen sind damit auf die Durchsetzung von Unterlassungsansprüchen begrenzt. Der Anerkennung eines Geldentschädigungsanspruchs für Unternehmen steht nicht die Begrenzung des Unternehmenspersönlichkeitsschutzes auf einen **Funktionsschutz** entgegen. Zwar wird ein Unternehmenspersönlichkeitsschutz nach der höchstrichterlichen Rechtsprechung nur dann gewährt, wenn im konkreten Fall das Unternehmen in seinem sozialen Geltungsbereich als Wirtschaftsunternehmen oder Arbeitgeber betroffen ist und unter Berücksichtigung dieser Funktion dem Schutz des konkret in Frage stehenden Persönlichkeitsrechts bedarf. Dieser auf die Funktion bezogene Schutz begrenzt jedoch ausschließlich den Schutzbereich der anzuerkennenden Persönlichkeitsrechte, ohne aber mögliche Rechtsfolgen einer Verletzung zu präjudizieren. Über Art. 19 Abs. 3 GG lässt sich daher die Ablehnung eines Geldentschädigungsanspruchs nicht begründen. Soweit der Funktionsschutz eingreift, ist es geradezu sinnwidrig, dass die Rechtsordnung zwar ein Recht zubilligt, aber eine Sanktion in Fällen der Rechtsverletzung verweigert. Auch das Argument, ein Entschädigungsanspruch könne nicht bestehen, da Unternehmen keine **Genugtuung** empfinden könnten, vermag nicht zu überzeugen. Da in der moderneren Rechtsprechung die Präventiv- bzw. Hemmungsfunktion der Geldentschädigung im Vordergrund steht, macht es keinen Sinn, Prävention zu versagen, nur weil – angeblich – nicht auch gleichzeitig noch Genugtuung gewährt werden kann. Unabhängig davon ist nicht nachvollziehbar, wieso eine Entschädigung nicht auch einem Unternehmen, welches erheblich in seinem Unternehmenspersönlichkeitsrecht verletzt ist, Genugtuung verschaffen soll. Dies lässt sich jedenfalls nicht damit begründen, dass der dem Unternehmen gewährte Funktionsschutz überwiegend durch materielle Interessen geprägt sei. Denn wenn die Rechtsordnung einem Unternehmen den Schutz seines sozialen Geltungsanspruchs in der Öffentlichkeit zugesteht, geht es gerade nicht nur um materielle, sondern auch um ideelle Werte. Gegenstand des Schutzes sind in erster Linie Ehre, Ruf und Ansehen, deren Verletzung zwar regelmäßig auch materielle Auswirkungen hat, sich aber nicht darin erschöpft. Insofern ist es nach der Anerkennung eines Unternehmenspersönlichkeitsrechts nur folgerichtig, dem betroffenen Unternehmen für den Fall einer erheblichen Verletzung auch die Möglichkeit einer Genugtuung zuzugestehen. Schließlich lässt sich die Ablehnung einer Geldentschädigung für Personenmehrheiten auch nicht auf ein fehlendes **unabweisbares Interesse** stützen. Ein solches Interesse hatte der BGH in seiner Entscheidung „Medizin-Syndikat I"

[1175] → Rn 89.
[1176] BGHZ 78, 24, 25 f – Medizin-Syndikat I; OLG Frankfurt AfP 2000, 576, 577.
[1177] OLG Stuttgart MDR 1979, 671.
[1178] BGHZ 78, 24, 27 f – Medizin-Syndikat I.
[1179] Wie hier *Born* AfP 2005, 110, 116 f mwN.

abgelehnt, da in diesem konkreten Fall neben dem Unternehmen selbst auch ein persönlich haftender Gesellschafter sowie ein leitender Mitarbeiter in ihren Persönlichkeitsrechten betroffen waren. Da ihnen Entschädigungsansprüche zustanden, bestünde für eigene Ansprüche der Gesellschaft kein unabweisbares Interesse.[1180] Dies erscheint schon zweifelhaft, weil ein verletztes Persönlichkeitsrecht kaum durch die Zuerkennung einer Geldentschädigung für ein anderes verletztes Persönlichkeitsrecht ausgeglichen werden kann. Jedenfalls ist die Entscheidung des BGH **nicht verallgemeinerungsfähig,** da eine gleichzeitige Verletzung von Unternehmen und Unternehmensangehörigen durch ein und dieselbe Veröffentlichung eher die Ausnahme ist.

Anspruchsverpflichtet ist, wer rechtswidrig und schuldhaft an der Verletzung des Per- 272
sönlichkeitsrechts mitgewirkt hat.[1181] Der Geldentschädigungsanspruch kann sich dabei auch gegen den Staat richten, der für durch seine Beamten – etwa im Rahmen der Öffentlichkeitsarbeit der Justizbehörden im Ermittlungsverfahren – begangene Persönlichkeitsrechtsverletzungen im Wege der Amtshaftung (§ 839 BGB iVm Art. 34 GG) einzustehen hat.[1182] Mehrere Verpflichtete ein und derselben Verletzung haften als Gesamtschuldner.[1183] Dies gilt jedoch nicht bei mehreren Verletzungen durch verschiedene Medienunternehmen.[1184]

c) Höhe der Geldentschädigung. Einheitliche Kriterien für die Bemessung der Höhe 273
der Geldentschädigung existieren nicht. Ein Rückgriff auf Schmerzensgeldtabellen verbietet sich, da beiden Ansprüchen unterschiedliche Faktoren und Funktionen zugrunde liegen.[1185] Auch bereits ergangene, ältere Entscheidungen zu Persönlichkeitsrechtsverletzungen können höchstens Anhaltspunkte liefern, da die Rechtsprechung zum Persönlichkeitsschutz einem stetigen Wandel unterliegt und aktuell – gerade auch im Hinblick auf den zu berücksichtigenden Präventionsgedanken – immer höhere Geldentschädigungen zugesprochen werden.[1186] Ein im Jahr 1979 vom BGH festgesetzter **Mindestbetrag** von 2500 DM[1187] entspricht heute einem Betrag von etwa 2000 Euro. Ein geringerer Betrag kann nicht in Betracht kommen, da andernfalls für eine schwere Persönlichkeitsverletzung eine Genugtuung des Betroffenen nicht zu erreichen wäre.[1188] Die Festsetzung eines **Höchstbetrages** ist nicht möglich, da Ausmaß und Reichweite von zukünftigen Persönlichkeitsverletzungen gerade auch im Hinblick steigenden Wettbewerbsdrucks zwischen den Medien nicht abzusehen sind.[1189] Die in der jüngeren Zeit zugesprochenen Beträge liegen zwischen etwa 10 000 und 100 000 Euro.[1190] Einen „Promi-Bonus" gibt es nicht,[1191] auch wenn im Einzelfall eine Entschädigung wegen des höheren Marktwertes von bekannten Persönlichkeiten höher ausfallen kann.[1192] Letztlich ist die Höhe für jeden einzelnen Fall neu zu bestimmen, wobei **eine Reihe von Gesichtspunkten zu berücksichtigen** sind.

[1180] BGHZ 78, 24, 27 f – Medizin-Syndikat I.

[1181] → Rn 258.

[1182] OLG Düsseldorf AfP 2005, 375, 379 ff.

[1183] BVerfGE 34, 269 – Soraya; BGHZ 132, 13, 27 – Der Lohnkiller; KG NJW-RR 1999, 1703; OLG Hamburg GRUR 1994, 80 – Eherechtsstreit; OLG Köln NJW 1987, 1418; *Prinz/Peters* Rn 772.

[1184] BGH GRUR 1985, 398, 399 f – Nacktfoto; OLG Hamburg NJW-RR 1994, 1176; OLG Köln NJW-RR 1993, 31, 32, 34; *Wenzel* 14. Kap. Rn 141; *Löffler/Steffen* LPG § 6 Rn 345; aA OLG Stuttgart AfP 1983, 396, 397 f.

[1185] BVerfG NJW 2000, 2187, 2188; *Prinz/Peters* Rn 763; *Löffler/Steffen* LPG § 6 Rn 341; aA *Wenzel* 14. Kap. Rn 142; s. auch *Gounalakis* AfP 1998, 10, 16 f.

[1186] *Prinz/Peters* Rn 763; *Wenzel* 14. Kap. Rn 143; *Steffen* NJW 1997, 10, 12; *Dreier/Schulze* UrhG §§ 33 ff KUG Rn 26.

[1187] BGH NJW 1979, 1041 – Ex-Direktor.

[1188] *Prinz/Peters* Rn 768; *Wenzel* 14. Kap. Rn 143; *Soehring* Rn 32.34; *Löffler/Steffen* LPG § 6 Rn 341; s. auch *Steffen* NJW 1997, 10, 11.

[1189] So aber *Wenzel* 14. Kap. Rn 143 (200 000 Euro).

[1190] Urteilsauflistung bei *Prinz/Peters* Rn 769, 919; *Wenzel* 14. Kap. Rn 149; *Dreier/Schulze* UrhG §§ 33 ff KUG Rn 26.

[1191] OLG Hamm ZUM 2004, 388, 393 – Lisa Loch.

[1192] *Prinz/Peters* Rn 770; *Wenzel* 14. Kap. Rn 148.

274 Heranzuziehen sind zunächst dieselben Aspekte, die auch für die Begründung einer schweren Persönlichkeitsverletzung relevant sind.[1193] Dies sind in erster Linie **Art und Intensität des Eingriffs.**[1194] Die Intensität der Persönlichkeitsverletzung kann sich insbesondere aus der verletzten Persönlichkeitssphäre ergeben;[1195] so wiegen Eingriffe in die Intimsphäre[1196] sowie die Veröffentlichung von erfundenen Interviews und unwahren Zitaten[1197] besonders schwer und rechtfertigen eine besonders hohe Geldentschädigung. Gleiches gilt für besonders abträgliche Darstellungen, die Ruf und Ansehen einer Person nachhaltig schädigen. Die Intensität eines Eingriffs kann sich auch aus Größe und Aufmachung einer Veröffentlichung sowie aus Verbreitungsauflage und -gebiet ergeben, weil davon abhängt, in welchem Umfang der private und der geschäftliche Kreis des Betroffenen die verletzende Darstellung zur Kenntnis nehmen konnte.[1198] Hat die unzulässige Darstellung die psychische Situation des Betroffenen beeinträchtigt und sich diese Beeinträchtigung eventuell sogar auf seinen physischen Zustand ausgewirkt, wird eine erhebliche Geldentschädigung zuerkannt werden müssen.[1199]

275 Ein weiterer Gesichtspunkte für die Bemessung der Geldentschädigung ist die **Genugtuungsfunktion.** Die Geldentschädigung erfüllt nur dann ihren Sinn und Zweck, wenn der Betroffene durch die Geldzahlung besänftigt wird und für die erlittene Unbill und Missachtung seiner Persönlichkeit einen Ausgleich erhält. Entscheidendes Kriterium ist dabei das Maß des Verschuldens des Schädigers; denn ein vorsätzliches oder grob fahrlässiges Verhalten zeugt von einer ausgeprägten Missachtung der Person des Betroffenen, die eine höhere Geldentschädigung erforderlich macht.[1200] Demgegenüber kann eine weniger vorwerfbare Verletzung der pressemäßigen Sorgfalt bereits durch einen geringeren Betrag ausgeglichen werden.[1201] In diesem Rahmen kann sich auch die Hartnäckigkeit des Handelns auf die Höhe der Geldentschädigung auswirken. Haben die Medien den Betroffenen hartnäckig zum Medienobjekt gemacht und seine Persönlichkeit wiederholt vorsätzlich verletzt, ist dies bei der Höhe der Geldentschädigung zu berücksichtigen.[1202] Anspruchsmindernd können sich andere Wiedergutmachungsmaßnahmen wie der Abdruck einer Berichtigung oder einer Gegendarstellung durch das Medienunternehmen auswirken. Diese mindernde Wirkung entfällt jedoch gänzlich, wenn der Betroffene einen Widerruf durch alle Instanzen hindurch erkämpfen muss.[1203]

276 Schließlich kann sich der **Präventionsgedanke** erhöhend auf die Geldentschädigung auswirken.[1204] Hier sind insbesondere Anlass und Beweggrund des Handelns des Schädigers relevant. Ging es dem Medium vornehmlich um eine Auflagensteigerung und damit um die Verfolgung eigener kommerzieller Interessen, wirkt sich rücksichtsloses Verhalten anspruchs-

---

[1193] OLG Hamburg NJW 1996, 2870, 2872; LG Hannover AfP 2006, 193, 196.

[1194] *Dreier/Schulze* UrhG §§ 33 ff KUG Rn 26.

[1195] OLG Hamm NJW-RR 2001, 1622; *Wenzel* 14. Kap. Rn 144.

[1196] BGH GRUR 1985, 398, 399 – Nacktfoto; OLG Frankfurt NJW 2000, 594; LG Hamburg ZUM 2002, 68, 69.

[1197] BGHZ 128, 1, 6 ff – Caroline von Monaco I.

[1198] BGH NJW 1965, 1374, 1376 – Satter Deutscher; BGH NJW 1961, 2059 – Ginseng; OLG Köln NJW-RR 2000, 470, 471; *Prinz/Peters* Rn 765; *Prinz* NJW 1996, 953, 955; *Löffler/Steffen* LPG § 6 Rn 341.

[1199] BGH NJW 1963, 904, 905 – Drahtzieher; BGHZ 39, 124, 132 ff – Fernsehansagerin; OLG Hamm ZUM 2004, 388, 393 – Lisa Loch; *Prinz* NJW 1996, 953, 955; *Wenzel* 14. Kap. Rn 144; *Löffler/Steffen* LPG § 6 Rn 341.

[1200] *Prinz/Peters* Rn 766; *Prinz* NJW 1996, 953, 955.

[1201] BGHZ 18, 149, 157; *Prinz* NJW 1996, 953, 955.

[1202] BGH GRUR 1996, 227, 228 f – Wiederholungsveröffentlichung; KG ZUM-RD 2004, 10, 19; OLG Hamm ZUM 2004, 388, 393 – Lisa Loch; LG Düsseldorf NJW 2003, 2536, 2541 f.

[1203] BGHZ 128, 1, 13 – Caroline von Monaco I; *Wenzel* 14. Kap. Rn 147; *Leutheusser-Schnarrenberger* FS Engelschall S. 13, 17.

[1204] BVerfG NJW 2000, 2187, 2188; BGH NJW 1996, 984, 985 – Caroline von Monaco II; BGH GRUR 1996, 227, 228 f – Wiederholungsveröffentlichung; BGHZ 128, 1, 15 – Caroline von Monaco I; KG ZUM-RD 2004, 10, 19; *Prinz/Peters* Rn 767; *Prinz* ZRP 2000, 138, 143; *Wenzel* 14. Kap. Rn 142.

erhöhend aus.[1205] Nach dem BGH muss von der Geldentschädigung ein echter Hemmungseffekt ausgehen, damit der Betroffene einer Zwangskommerzialisierung seiner Persönlichkeit nicht schutzlos ausgeliefert ist. Bemessungsfaktor der Geldentschädigung ist danach auch die Gewinnerzielungsabsicht des Schädigers; denn nur auf diese Weise kann verhindert werden, dass Geldentschädigungen zum bloßen betriebswirtschaftlichen Kalkulationsfaktor von Medienunternehmen werden.

Im Ergebnis wird das Gericht gemäß § 287 ZPO die Höhe der Geldentschädigung nach seiner Überzeugung bestimmen.[1206] Unter Berücksichtigung des Präventionsgedankens erscheint es jedoch notwendig, konkret nachvollziehbare Anhaltspunkte auf der Grundlage der wirtschaftlichen Situation und Kalkulation des Schädigers zugrunde zu legen. Dabei kann es sich um Werbeeinnahmen durch unzulässige Annoncen, den Vermögensvorteil durch die Auflagensteigerung, die Ersparnis für rechtswidrig erlangte Fotos oder nicht geführte Interviews oder den auf Tage zu berechnenden Jahresgewinn handeln.[1207] 277

3. Ungerechtfertigte Bereicherung

Ein Anspruch aus **ungerechtfertigter Bereicherung** kommt regelmäßig dann in Betracht, wenn der Name, das Bildnis oder sonstige personenbezogene Merkmale einer Person – wie beispielsweise die Stimme – ohne ihre Einwilligung für Werbezwecke eingesetzt werden. Diese persönlichkeitsrelevanten Merkmale bilden **vermögenswerte Ausschließlichkeitsrechte,** über deren Nutzung allein der Rechtsinhaber verfügen darf.[1208] Verletzen die Medien oder ein werbendes Unternehmen diese Befugnis, stehen dem Betroffenen Ansprüche aus sog. Eingriffskondiktion zu (§ 812 Abs. 1 S. 1 2. Alt. BGB).[1209] 278

a) Materielle Voraussetzungen. Nach § 812 Abs. 1 S. 1 2. Alt. BGB besteht die Verpflichtung, das in sonstiger Weise auf Kosten eines anderen Erlangte herauszugeben. Der Schädiger muss also all das herausgeben, was er durch die unbefugte Verwendung von Persönlichkeitsrechten erlangt hat.[1210] Das **Erlangte** ist in derartigen Fällen das ersparte Honorar, das üblicherweise als Vergütung für die Nutzung von Name oder Bildnis gezahlt worden wäre,[1211] bzw. der erlangte Gebrauchsvorteil durch die Nutzung.[1212] Diese Ersparnis bzw. diesen Vorteil erlangt der Schädiger **in sonstiger Weise,** da er mit der ungenehmigten Nutzung von Persönlichkeitswerten in den Zuweisungsgehalt dieser Rechte eingreift. Dieser Eingriff erfolgt **auf Kosten des Rechtsinhabers** und kann auch nach dessen Tod eintreten.[1213] Ein postmortales Persönlichkeitsrecht schützt mit seinen vermögenswerten Bestandteilen auch vermögenswerte Interessen der Person.[1214] Bei einer Verletzung können im Einzelfall Schadensersatzansprüche bestehen, die von den Erben des Verstorbenen geltend gemacht werden können.[1215] Die Schutzdauer der vermögenswerten Bestandteile des 279

[1205] BGH NJW 1996, 984, 985 – Caroline von Monaco II; OLG Hamm ZUM 2004, 388, 393 – Lisa Loch; *Prinz/Peters* Rn 767; *Wenzel* 14. Kap. Rn 146; *Löffler/Steffen* LPG § 6 Rn 341.

[1206] BGH GRUR 1996, 227, 228f – Wiederholungsveröffentlichung; BGHZ 78, 9, 11 – Medizin-Syndikat III; *Prinz/Peters* Rn 763, 767; *Wenzel* 14. Kap. Rn 142.

[1207] *Prinz/Peters* Rn 766f; *Prinz* NJW 1996, 953, 955ff; *Dünnwald* ZUM 2000, 949, 950f; s. auch *Beuthien* NJW 2003, 1220, 1221f, der den Anspruch auf Herausgabe des erzielten Erlöses auf § 687 Abs. 2 BGB stützen möchte.

[1208] BGH GRUR 1992, 557, 558 – Talkmaster; BGH GRUR 1987, 128 – Nena; BGH GRUR 1979, 732, 733 – Fußballtorwart; BGHZ 20, 345, 353 – Paul Dahlke; LG München AfP 2001, 420, 421.

[1209] BGH GRUR 1992, 557, 558 – Talkmaster; BGH GRUR 1979, 732, 733 – Fußballtorwart; BGHZ 81, 75, 82 – Carrera; BGHZ 77, 16, 25 – Tolbutamid; BGHZ 68, 90, 91ff – Kunststoffhohlprofil.

[1210] *Dreier/Schulze* UrhG §§ 33ff KUG Rn 13.

[1211] BGH GRUR 1979, 732, 733 – Fußballtorwart.

[1212] OLG München WRP 1995, 744, 746 – Telefonsex-Foto.

[1213] BVerfG NJW 2006, 3409 = ZUM 2006, 865 – Blauer Engel; BGH AfP 2007, 42 = ZUM 2007, 54 = NJW 2007, 684 – kinski-klaus.de.

[1214] BGH AfP 2000, 356 – Marlene Dietrich.

[1215] BGH AfP 2000, 356 – Marlene Dietrich; dazu BVerfG WRP 2006, 1363; s. auch BGH GRUR 2006, 254; Anmerkung hierzu *Schubert* AfP 2007, 20ff.

postmortalen Persönlichkeitsrechts ist auf zehn Jahre nach dem Tod der Person begrenzt. Der Schutz ideeller Bestandteile besteht fort.[1216] Ein **Verschulden** des Handelnden ist **genauso wenig erforderlich wie** der **Nachweis eines Schadens.** Auch muss der Betroffene nicht darlegen, dass er die tatsächliche Möglichkeit gehabt hätte, Name oder Bildnis anderweitig gewinnbringend zu verwerten.[1217] Unerheblich ist der etwaige **Einwand des Schädigers,** er hätte die Aufnahmen in Kenntnis des Bereicherungsanspruchs nicht verwendet oder lediglich eine geringere als die übliche Vergütung bezahlen können oder wollen. Der Schädiger muss sich an dem von ihm geschaffenen Zustand festhalten lassen.[1218]

280 **b) Höhe der Bereicherungsforderung.** Die Höhe der Bereicherungsforderung bestimmt sich nach der sog. **Lizenzanalogie.**[1219] Der Schädiger hat an den Betroffenen eine angemessene Vergütung zu zahlen, also denjenigen Betrag, der als **angemessenes Honorar** für die Nutzung der Persönlichkeitswerte vereinbart worden wäre.[1220] Dabei sind die Umstände des konkreten Falles, beispielsweise Auflagenstärke, Verbreitungsgrad, Gestaltung der Anzeige und Werbewirkung, zu berücksichtigen.[1221] Für die Verwendung eines Doubles eines prominenten Sängers in einer über ein Jahr dauernden Fernsehwerbekampagne ist **beispielsweise** eine Vergütung in Höhe von 155 000 DM als angemessen angesehen worden.[1222] 50 000 DM erhielt der Manager des FC Bayern München für die Nutzung seines Vornamens „Uli" in einer auf ihn bezogenen Werbung in zwei Zeitschriften.[1223] Boris Becker erhielt einen Betrag von 80 000 Euro bzw. 1,2 Mio. Euro für die Nutzung seiner Bildnisse in der Werbung.[1224] Joschka Fischer erhielt wegen der unerlaubten Nutzung seines Bildnisses 200 000 Euro.[1225] Dagegen konnte Oskar Lafontaine für die Verwendung seines Fotos in der Werbung die vom OLG zugesprochenen 100 000 Euro wegen ungerechtfertigter Bereicherung vor dem BGH nicht durchsetzen. Der BGH hob das Urteil mit der Begründung auf, die Anzeige enthalte nicht nur einen werbenden, sondern auch einen informatorischen Gehalt durch den Bezug auf ein politisches Ereignis.[1226]

4. Durchsetzung der Zahlungsansprüche

281 Die Zahlungsansprüche können ausschließlich im **Hauptsacheverfahren** durchgesetzt werden, da andernfalls die Hauptsache vorweg genommen würde. Es gelten die allgemeinen prozessualen Vorschriften.

[1216] BGH AfP 2007, 42 – kinski-klaus.de.

[1217] *Löffler/Steffen* LPG § 6 Rn 320.

[1218] BGH GRUR 1992, 557, 558 – Talkmaster; BGH GRUR 1987, 128 – Nena; BGH GRUR 1979, 732, 733 – Fußballtorwart; BGHZ 20, 345 – Paul Dahlke; LG München NJW-RR 2002, 617, 618.

[1219] *Dreier/Schulze* UrhG §§ 33 ff KUG Rn 14.

[1220] BGH GRUR 1992, 557, 558 – Talkmaster; BGH GRUR 1990, 353, 354 f – Raubkopien; BGH GRUR 1990, 1008 – Lizenzanalogie; BGH GRUR 1987, 128 – Nena; BGH NJW 1977, 1062, 1063 – Prozessrechner; BGHZ 30, 7, 17 – Catarina Valente; OLG München NJW-RR 1996, 93, 95 – Tochter von Anne-Sophie Mutter; OLG München NJW-RR 2003, 767 – Blauer Engel; LG Düsseldorf AfP 2003, 77, 79 – Manfred Krug; LG München ZUM 2003, 418, 421; *Prinz/Peters* Rn 901; *Löffler/Steffen* LPG § 6 Rn 320.

[1221] BGH GRUR 1979, 732, 733 – Fußballtorwart; BGH GRUR 1961, 138, 140 – Familie Schölermann; OLG Karlsruhe NJW 1989, 401, 402; OLG Hamburg AfP 1983, 282, 283; *Wenzel* 15. Kap. Rn 16; *Löffler/Steffen* LPG § 6 Rn 320.

[1222] OLG Karlsruhe AfP 1998, 326.

[1223] LG München AfP 2001, 420, 421.

[1224] LG München ZUM 2002, 565, 566; LG Berlin AfP 2006, 382.

[1225] LG Hamburg AfP 2006, 585 = ZUM 2007, 155; hierzu *Ladeur* ZUM 2007, 111.

[1226] BGH AfP 2006, 559 = ZUM 2007, 55; OLG Hamburg AfP 2004, 566, 567; hierzu *Ladeur* ZUM 2007, 111; LG Hamburg AfP 2006, 392 f zu einer Abbildung im Rätselheft; s. auch *Balthasar* ZUM 2005, 874 ff; *Ehmann* AfP 2007, 81.

V. Hilfsansprüche

Neben den vier Hauptansprüchen auf Unterlassung, Gegendarstellung, Berichtigung und Zahlung gibt es verschiedene Hilfsansprüche, die zum Teil neben dem Hauptanspruch, zum Teil zu seiner **Vorbereitung und Durchsetzung** geltend gemacht werden können. Es handelt sich dabei um die Ansprüche auf Auskunft, Herausgabe, Vernichtung und Rückruf. Der **Auskunftsanspruch** folgt aus § 242 BGB und setzt voraus, dass die Unkenntnis des Betroffenen über einen bestimmten Umstand entschuldbar ist und der Schädiger die Auskunft unschwer erteilen kann.[1227] Dies ist anhand einer Interessenabwägung festzustellen.[1228] Der Anspruch kann sich zum einen auf den Inhalt einer Äußerung beziehen und wird regelmäßig dann relevant, wenn die fragliche Äußerung nicht in fixierter Form, also nicht in einer Zeitung oder Zeitschrift veröffentlicht wurde. Für den Rundfunk existiert ein gesetzlicher Auskunftsanspruch auf Einsicht und Überlassung einer Aufzeichnung. Der Auskunftsanspruch kann sich zum anderen auf den Verbreitungsumfang einer Äußerung richten.[1229] Er soll den Betroffenen in die Lage versetzen, sich ein zutreffendes Bild von Umfang und Intensität der Störung zu machen. Bei der Bildberichterstattung kann der Betroffene Auskunft darüber verlangen, an wen Aufnahmen und Abzüge übergeben und Rechte übertragen wurden, in welchem Umfang Aufnahmen veröffentlicht und welche Zahlungen geleistet wurden.[1230] Der **Herausgabeanspruch** soll ein Unterlassungsgebot sichern und verpflichtet den Unterlassungsschuldner, unzulässige Teile einer Druckschrift an den Betroffenen herauszugeben. Er setzt eine Interessenabwägung zwischen dem Sicherungsinteresse des Betroffenen und den für den Schuldner entstehenden Belastungen voraus.[1231] Die Pflicht zur Herausgabe von Fotos sowie weiterem Bildmaterial ergibt sich aus § 38 KUG.[1232] In seltenen Fällen kann der Betroffene zur Sicherung eines Unterlassungsgebots einen **Vernichtungsanspruch** geltend machen, der sich auf die beanstandete Druckschrift sowie jegliches Vervielfältigungsmaterial bezieht.[1233] Der Vernichtungsanspruch für Fotos ergibt sich aus § 37 Abs. 1 KUG. In bestimmten Fallkonstellationen kann schließlich ein **Rückrufanspruch** bestehen.[1234] Der Rückrufanspruch richtet sich gegen den Verleger, der die Händler aufzufordern hat, bereits ausgelieferte Exemplare der unzulässigen Druckschrift an ihn zurückzugeben. 282

[1227] BGH NJW 1990, 1358; BGH NJW 1980, 2463, 2464; BGH NJW 1962, 731 – Konstruktionsbüro; OLG Nürnberg NJW-RR 2002, 1471, 1472; OLG München AfP 1983, 278, 279; *Prinz/Peters* Rn 776; *Wenzel* 15. Kap. Rn 4.

[1228] BGH GRUR 1980, 227, 232 – Monumenta Germaniae Historica; *Löffler/Steffen* LPG § 6 Rn 347.

[1229] BGHZ 42, 210, 221 – Gewerkschaft; BGH NJW 1962, 731 – Konstruktionsbüro; BGH NJW 1957, 1026; *Wenzel* 15. Kap. Rn 7; *Löffler/Steffen* LPG § 6 Rn 346 a.

[1230] *Prinz/Peters* Rn 927.

[1231] *Prinz/Peters* Rn 778; *Wenzel* 15. Kap. Rn 11 ff; *Löffler/Steffen* LPG § 6 Rn 349.

[1232] *Prinz/Peters* Rn 926.

[1233] *Prinz/Peters* Rn 779; *Wenzel* 15. Kap. Rn 16; *Löffler/Steffen* LPG § 6 Rn 350.

[1234] LG München ArchPR 1975, 88; LG München I ZUM 2006, 79, 81; *Paschke/Busch* NJW 2004, 2620; *Busch* AfP 2004, 413; *Lindner* ZUM 2005, 203; *Prinz/Peters* Rn 780; *Wenzel* 15. Kap. Rn 17 ff.

Vergleichende Produkttests (§ 4–S8)

Übersicht

Rn

A. Allgemeines ... **1**

I. Betroffene Interessen ... 1

II. Anbieter vergleichender Untersuchungen ... 11

1. Stiftung Warentest ... 11
   a) Stiftungszweck, Mittel der Verwirklichung ... 12
   b) Organe ... 15
   c) Verschwiegenheitspflicht ... 24
   d) Beschränkung von Einnahmen ... 28
   e) Spektrum der Warentestprojekte ... 31
   f) Verbreitung der Arbeitsergebnisse ... 33
2. Andere Testveranstalter ... 35
   a) Private ... 35
   b) Behörden ... 40

III. Ablauf eines vergleichenden Warentests der Stiftung Warentest ... 44

1. Marktanalyse und Marktauswahl ... 45
2. Prüfprogramm ... 48
3. Auswahl des Prüfinstituts ... 50
4. Einkauf der Prüfobjekte ... 51
5. Anbietervorinformation ... 55
6. Auswertung ... 59
7. Veröffentlichung ... 62

IV. Ablauf eines vergleichenden Dienstleistungstests ... 63

B. Rechtliche Bewertung neutraler vergleichender Testberichte ... **67**

I. Übersicht ... 67

II. Wertung/Tatsachenbehauptung ... 74

1. Notwendigkeit der Abgrenzung ... 74
2. Abgrenzungskriterien ... 76
3. Rechtsprechung ... 78
   a) Sachverständigengutachten ... 79
   b) Pauschale Vorwürfe ... 81
   c) Preisvergleiche und Ranglisten ... 84
   d) Gemischte Äußerungen in Testveröffentlichungen ... 90

III. Zulässigkeit von Wertungen ... 117

1. Begrenzung des Schutzumfangs ... 118
   a) Zu gute Bewertung Konkurrenzprodukt ... 119
   b) Kein Anspruch auf Einbeziehung in den Test ... 123
   c) Kein Verbot der Veröffentlichung eines gesamten Tests ... 124
   d) Nichterwähnung schlechterer Konkurrenz ... 125
2. Eingriff trotz positiver Bewertung? ... 128
3. Ableitung der Zulässigkeitskriterien ... 131
   a) Güterabwägung ... 132
   b) Zulässigkeitskriterien ... 134
   c) Folgen des Urteils ... 139
4. Anwendung der einzelnen Kriterien ... 141
   a) Neutralität ... 141
      aa) „Geschäftliche Handlungen" bezüglich getesteter Leistungen ... 143
      bb) Konstellation außerhalb des Wettbewerbsrechts ... 150
      cc) Andere Gründe der Voreingenommenheit ... 159
      dd) Irrelevante Aspekte ... 160
   b) Objektivität ... 162
   c) Sachkundige Durchführung ... 164
   d) Testverfahren ... 167
      aa) Art der Untersuchung ... 169
      bb) Vergleichsobjekte ... 172

Rn
cc) Richtigkeit der Prüfmuster 175
dd) Anzahl der Prüfmuster 176
ee) Gleichbehandlung 184
ff) Prüfung von Sachgesamtheiten 188
gg) Bedeutung von DIN-Normen 194
hh) Bedeutung gesetzlicher Vorschriften 201
ii) Prüfung nach Werbung 204
jj) Unzulässigkeit von „Zerstörungstests" 206
e) Bewertungen 210
aa) Mangelhaft trotz noch schlechterer Prüfobjekte 218
bb) Abwertungseffekte 220
f) Kausalität von Fehlern für Qualitätsurteil 224
g) Darstellung der Ergebnisse 226
aa) Problematik 226
bb) Einzelfälle 232
cc) Kurzfassungen 238
dd) Aktualitätserfordernisse 240
IV. Rechtliche Zulässigkeit von Tatsachenbehauptungen 248
V. Sanktionen bei unzutreffenden Tatsachenbehauptungen und unzulässigen Wertungen 252
1. Häufigkeit gerichtlicher Auseinandersetzungen 252
2. Unterlassungsanspruch 254
3. Widerrufsanspruch 260
4. Gegendarstellungsanspruch 261
5. Schadenersatzanspruch 262
a) Verschulden 263
b) Gegenannoncen 266
VI. Beweislast 271
C. Werbung mit Testergebnissen 277
I. Übersicht 277
II. Verbot der Irreführung 292
1. Baugleichheit 292
2. Werbung mit nicht repräsentativem Ergebnis 293
3. Testsieger 296
4. Vortäuschung eines Gesamturteils 299
5. Relation zur Konkurrenz (Qualitätsrang) 302
6. Veralteter Test 303
7. Testpreiswerbung 310
III. Sonstige Unlauterkeit 311
D. Kritische Würdigung, Ausblick 319
I. Tatsachenbehauptungen 320
II. Wertungen 324
1. Verfassungsrechtliche Erwägungen 324
a) Unzureichende Güterabwägung 324
b) Unzulässigkeit der Übertragung auf „private" Testveranstalter 331
2. Gesetzliche Wertverschiebungen 333
III. Sonderrolle der Stiftung Warentest? 334

Schrifttum: *Bofinger,* Der vergleichende Warentest als Meinungsäußerung im Sinne des Art. 5 GG, NJW 1965, 1833; *Bollack,* Zur Problematik der Warenauswahl beim Warentest, NJW 1963, 986; *Brinkmann,* Zur Problematik der Werbung mit Testergebnissen, BB 1978, 1285; *ders.,* Rechtliche Grenzen der Werbung mit Testergebnissen (Anm.), BB 1979, 132; *ders.,* Die wettbewerbs- und deliktsrechtliche Bedeutung des Ranges in Warentests und Preisvergleichen, BB 1983, 91; *ders.,* Der äußerungsrechtliche Unternehmensschutz in der Rechtsprechung des BGH, GRUR 1988, 517; *ders.,* Rechtliche Grenzen neutraler Preisvergleiche, WRP 1979, 265; *ders.,* Unterlassungsklagen von Wirtschaftsverbänden und neutrale Preisvergleiche, WRP 1981, 445; *T. Brinkmann,* Gewerbekritik zwischen freier Meinungsäußerung und Warentest, NJW 1987, 2721; *Bussmann,* Der Warentest, GRUR Int. 1964, 196; *Deutsch,* Anm. zu Warentest II, JZ 1976, 451; *Droste,* Warentest in Zukunft, GRUR 1965, 219; *Fezer,* Testwerbung, GRUR 1976, 472; *Gödde,* Grenzen und Zulässigkeit der Werbung mit Warentests, DB 67, 1074; *Hart,* Warentest, Preisvergleich und Testwerbung, WRP 1986, 515; *Hefermehl,* Der Warentest in rechtlicher Sicht, GRUR 1962, 611; *Helle,* Über öffentliche vergleichende Warentests und die Grenzen ihrer Zulässigkeit, NJW 1962, 1177; *Keßler/Müller,* Testwerbung und Markttransparenz zur Werbung mit Veröffentlichungen der Stiftung Warentest, WRP 1981, 495; *Klette,* Verbraucherinformation und vergleichender Warentest, WRP 1987, 604; Koppe-Zagouras, Rechtsprobleme der Testwerbung, WRP 2008, 1035; *Lachmann,* Anmerkung zu OLG Düsseldorf, BB 1976, 1477; *ders.,* Anmerkung zu OLG Düsseldorf, BB 1982, 65; *ders.,* Anmerkung zu Warentest II, BB 1976, 245; *Nahme,* Pressefreiheit und Wettbewerb, GRUR 1964, 484; *Nees,* Nochmals: Zur Werbung mit Testergebnissen, BB 1979, 917; *Paschke,* Verbraucherinformation in der Marktwirtschaft – Rechtliche Grenzen der Publikationstätigkeit der Stiftung Warentest im Spannungsfeld zwischen Verbraucheraufklärung und Pressemarktschutz, AfP 1991, 683; *Rinck,* Warenvergleich durch Verbraucherverbände, BB 1960, 949; *ders.,* Organisation und Auswertung von Warentests, BB 1963, 1027; *Scherhorn,* Preisvergleiche rechtswidrig?, WRP 1980, 677; *Strickrodt,* Warentest-Institut als zivilrechtliche Stiftung, DB 1965, 1081; *Tetzner,* Der verbraucherorientierte öffentliche Warentest, NJW 1965, 725; *Tilmann,* Haftungsbegrenzungen im Äußerungsdeliktsrecht, NJW 1975, 758; *Vieweg,* Verbraucherschutz durch technische Normen und vergleichende Warentests, NJW 1987, 2726; *Vogt,* Die Entwicklung des Wettbewerbsrechts in den Jahren 1986, 1987 und 1988, NJW 1990, 357; *Völp,* Vergleichende Warentests, WRP 1963, 109; *Weitnauer,* Rechtsgrundlagen und Schranken der Zulässigkeit öffentlicher vergleichender Warentests, DB 1963, 55; *Weyhenmeyer,* Rechtswidrige Preisvergleiche, WRP 1979, 766; *ders.,* Preisvergleiche: Nach dem BGH-Urteil, WRP 1981, 499.

A. Allgemeines

I. Betroffene Interessen

1 Die Veröffentlichung vergleichender Testberichte über gewerbliche Leistungen dient nach allgemeiner Auffassung primär dem **Verbraucherschutz.** Für den Verbraucher ist es insbesondere in den Bereichen, in denen die Technik schnell voranschreitet, schwer, eine rationale Kaufentscheidung zu treffen. Ihm sind des Öfteren nicht einmal die Kriterien bekannt, die für den Nutz- und Gebrauchswert der Leistung oder des Produkts relevant sind. In einigen Bereichen verfügt er weder über die Kenntnisse noch die Mittel, konkurrierende Waren oder Leistungen allgemein oder in Bezug auf seine eigene Planung miteinander zu vergleichen.[1] Die Werbung ist häufig eher suggestiv als informativ. Die Qualität der Beratung im Fachhandel wird immer dürftiger und zudem durch eigene Absatzinteressen des Verkäufers beeinflusst. Der Verbraucher ist also, um eine rationale Entscheidung treffen zu können, auf eine neutrale und verständliche Information angewiesen. Verbraucherschutz durch Information fördert rationale Kaufentscheidungen.

2 Das Anliegen, durch Information zur **Mündigkeit des Verbrauchers** beizutragen, entspricht dem Wesen einer freiheitlichen Ordnung eher als gesetzgeberische Maßnahmen, die darauf abzielen, uninformierte Verbraucher vor den Folgen sachwidriger Erwerbsentscheidungen nachträglich zu schützen. So mögen Lösungsrechte in einigen Bereichen erforderlich sein, sie reduzieren jedoch das Bewusstsein, für die Konsequenzen eigenen Verhaltens in erster Linie selber verantwortlich zu sein. Vor allem unterminieren sie den Grundsatz, dass Verträge zu halten sind.

3 Es liegt aber auch im allgemeinen Interesse, dass vergleichende Berichte über Waren und sonstige Leistungen nicht nur veröffentlicht werden, sondern auch das Kaufverhalten beeinflussen, weil hierdurch die **Markttransparenz** erhöht und der **Leistungswettbewerb** gefördert werden. Dieses Ziel wird weitgehend erreicht: Insbesondere die Publikationen der Stiftung Warentest beeinflussen den Wettbewerb erheblich: Die Stiftung Warentest nimmt auf Grund wissenschaftlicher Untersuchungen an, dass sich jeder dritte Verbraucher bei wichtigen Kaufentscheidungen an ihren Testnoten orientiert. Als Beispiele dafür, dass vergleichende Testberichte die Kaufentscheidungen drastisch beeinflussen können, führt die Stiftung Warentest auf:

- Ein kleiner norddeutscher Hersteller von Rostschutzmitteln habe einen „Ansturm" auf sein Produkt erlebt, nachdem dieses unter 40 Mitbewerbern als einziges mit „sehr gut" abgeschnitten hatte.

---

[1] S. auch *Bussmann* GRUR Ausl. 1964, 196, 196. Deshalb ist auch die Forderung abwegig, Testveranstalter müssten die Verbrauchererwartungen als Kriterien zugrunde legen; wie hier KG WRP 1983, 22, 24.

– Dagegen sei der Umsatz von Heimsolarien erheblich zurückgegangen, nachdem von 20 UVA-Bräunern 15 die Note „mangelhaft" erhalten hatten; das einzige Produkt mit der Bewertung „gut" sei dagegen monatelang ausverkauft gewesen.

Wissenschaftliche Untersuchungen belegen, dass bei den Herstellern positive Testurteile zu einer deutlichen Umsatzerhöhung von durchschnittlich 23%, negative Testurteile zu einem noch spürbareren Umsatzrückgang führen.[2] Obwohl diese Wirkungen sich mit der zeitlichen Distanz zur Veröffentlichung abschwächen, sind sie beachtlich. 4

Wichtige Auswirkungen auf den Wettbewerb ergeben sich auch aus den **Reaktionen des Handels** auf die publizierten Testberichte. Rund 50% der Fachhändler und 64% der Kaufhäuser sowie der Großversender gaben bei Umfragen an, positiv bewertete Elektroartikel in ihr Sortiment aufzunehmen. Dieses Ergebnis ist wohl der Verallgemeinerung fähig. Andererseits listen insbesondere einige Handelsketten von der Stiftung Warentest negativ bewertete Angebote regelmäßig aus. Es wird sogar berichtet, dass den Anbietern noch vorrätige schlecht bewertete Ware zurückgegeben wird. 5

Dieser Sachverhalt zeigt, wie stark die Interessen derjenigen **Unternehmen** betroffen sind, deren Waren oder Leistungen in die vergleichende Untersuchung einbezogen werden. 6

Positive Ergebnisse eignen sich hervorragend für Qualitätswerbung, eine Möglichkeit, die umfassend genutzt wird. 7

Selbst negatives Abschneiden kann den Anstoß zur nachhaltigen Verbesserung des Produkts geben. 8

– Der japanische Autohersteller Toyota berichtet, dass er die (vergleichende) Pannenstatistik des ADAC[3] auf höchster Management-Ebene regelmäßig und intensiv auswertet, um auf dieser Grundlage konstruktive oder fertigungstechnische Verbesserungen vorzunehmen.
– Die Stiftung Warentest schätzt, dass 70% der Anbieter ihre Prüfkriterien bei der Entwicklung neuer Produkte berücksichtigen und mehr als die Hälfte der Unternehmen ihre Produkte auf Grund der Testergebnisse verbessern. Sie hat festgestellt, dass das Qualitätsniveau in vielen Bereichen auf Grund ihrer vergleichenden Untersuchungen erheblich gestiegen ist.
– Auch die Zeitschrift ÖKO-TEST berichtet regelmäßig darüber, dass Anbieter von ihr erhobenen Beanstandungen Rechnung tragen.

Auf der anderen Seite können negative Testergebnisse bei den betroffenen Anbietern erhebliche wirtschaftliche Nachteile bewirken. 9

– Sie führen bei manchen Unternehmen eventuell zur Gefährdung ihrer wirtschaftlichen Existenz. Dies gilt insbesondere für relativ kleine Unternehmen, die von einem Produkt oder wenigen Produkten „leben".
– Aber auch eine ungerechtfertigte Einebnung von Testergebnissen bringt diejenigen Unternehmen, die bei sachgerechter Beurteilung herausgeragt hätten, letztlich um die Früchte ihrer Leistung.

Bei dem Versuch, die betroffenen Interessen auszubalancieren, kommt dem Grundrecht auf **freie Meinungsäußerung** sehr große Bedeutung zu. Es erlaubt und schützt grundsätzlich auch die Verlautbarung falscher, sogar abwegiger Auffassungen. Allerdings wird dieses Grundrecht durch die allgemeinen Gesetze beschränkt. Hierin liegt der Grund für die vom BVerfG schon vor vielen Jahren[4] eingeleitete und konsequent weiterentwickelte **Güterabwägung,** sie ist auch für die rechtliche Beurteilung vergleichender Tests maßgeblich. 10

---

[2] S. auch *Raffée* Vergleichender Warentest S. 37, 41 ff und *Hart* WRP 1986, 515, 518.
[3] ADAC motorwelt Heft 5/2004, 18.
[4] Erstmals im Lüth-Urteil: BVerfGE 7, 198.

II. Anbieter vergleichender Untersuchungen

1. Stiftung Warentest

11 Der Begriff des vergleichenden Warentests war in Deutschland zunächst mit der von dem Journalisten Waldemar Schweitzer herausgegebenen Zeitschrift **„DM"** verbunden, der ersten in Deutschland erschienenen **Zeitschrift,** in der regelmäßig vergleichende Untersuchungen von Waren veröffentlicht wurden. Nachdem die „DM" in Schwierigkeiten geraten war, bildete sich die Auffassung, dass es sachgerecht sei, die Aufgabe des Testveranstalters einer staatlichen Institution anzuvertrauen, weil diese am ehesten die Anforderungen der finanziellen sowie fachlichen Unabhängigkeit, der Objektivität und der Sachkunde erfüllte. Im Jahr 1964 errichtete die Bundesrepublik Deutschland die **Stiftung Warentest** als rechtsfähige Stiftung des privaten Rechts.[5] Sie ist der wichtigste deutsche Testveranstalter geworden.

12 **a) Stiftungszweck, Mittel der Verwirklichung.** Ausschließlicher und unmittelbarer Zweck der Stiftung Warentest ist es

- die Öffentlichkeit über objektivierbare Merkmale des Nutz- und Gebrauchswertes sowie der Umweltverträglichkeit von Waren und privaten sowie individuell nutzbaren öffentlichen Leistungen zu unterrichten,
- der Öffentlichkeit Informationen zur Verfügung zu stellen, die zur Verbesserung der Marktbeurteilung beitragen,
- die Verbraucher über Möglichkeiten und Techniken der optimalen privaten Haushaltsführung, über die rationale Einkommensverwendung sowie über von ihr als fundiert erkannte wissenschaftliche Erkenntnisse des gesundheits- und umweltbewussten Verhaltens aufzuklären.

13 Um den Stiftungszweck zu verwirklichen, soll die Stiftung Warentest

- Untersuchungen, in der Regel vergleichender Art, an Waren und Leistungen nach wissenschaftlichen Methoden und in einem die sachgerechte Beurteilung gewährleistenden Ausmaß durchführen oder von geeigneten Instituten nach ihren Weisungen durchführen lassen,
- neutral, allgemeinverständlich und sachgerecht erläuterte Arbeitsergebnisse veröffentlichen.

14 Darüber hinaus darf die Stiftung Warentest Erkenntnisse und Informationen von allgemeinem Verbraucherinteresse durch Kommunikationsmittel aller Art verbreiten.

15 **b) Organe.** Die Stiftung Warentest wird gerichtlich und außergerichtlich durch ihren (höchstens dreiköpfigen) **Vorstand** vertreten, der vom Verwaltungsrat im Benehmen mit der Stifterin (Bundesrepublik Deutschland) berufen wird.[6] Die Satzung trifft insbesondere durch die Regelungen für Nebentätigkeiten der Vorstandsmitglieder Vorkehrungen gegen Interessenkollisionen.

16 Der aus sieben Personen bestehende **Verwaltungsrat** hat Aufgaben, die denen eines Aufsichtsrats vergleichbar sind. Er hat die Arbeit des Vorstands zu kontrollieren. Mitglieder dieses Gremiums können nur Personen sein, die Gewähr für eine unabhängige Ausübung dieser Tätigkeit geben. Insbesondere muss gesichert sein, dass Konflikte mit Unternehmensinteressen ausgeschlossen sind.

17 Die Mitglieder des Verwaltungsrates werden von der Stifterin auf die Dauer von drei Jahren berufen. Dies erfolgt prinzipiell auf Grund einer vom Kuratorium mit Stimmenmehrheit beschlossenen, vom Verwaltungsrat kommentierten und eventuell ergänzten Vor-

---

[5] *Strickrodt* DB 1965, 1081.

[6] Erster Vorstand war Dr. ing. Hüttenrauch. Er hat die Grundlagen der Arbeit der Stiftung Warentest entwickelt und ihr das Ansehen verschafft, das diese Institution in der Öffentlichkeit einschließlich der anbietenden Wirtschaft genießt.

schlagsliste mit mindestens 14 Namen. Für Fluktuation wird dadurch gesorgt, dass bei jeder Neuberufung mindestens zwei der bisherigen Mitglieder aus diesem Gremium ausscheiden. Der Vorsitzende des Verwaltungsrats und dessen Stellvertreter werden vom Verwaltungsrat aus dessen Mitte gewählt.

Das aus achtzehn Mitgliedern bestehende **Kuratorium** hat im wesentlichen Vorstand und Verwaltungsrat in allen Fragen grundsätzlicher Bedeutung zu beraten. Dazu gehören insbesondere Vorschläge für Untersuchungsvorhaben und ihre Durchführung. Es hat darauf hinzuwirken, dass bei der Anlage und Durchführung der Untersuchungen sowie bei der Darstellung, Erläuterung und Veröffentlichung der Ergebnisse ein Höchstmaß an Sachgerechtigkeit und Klarheit erreicht wird. 18

Der Vorstand hat das Kuratorium schriftlich mindestens 24 Kalendertage vor einer Sitzung über vergleichende Untersuchungsvorhaben zu unterrichten. Dem Kuratorium steht ein Widerspruchsrecht zu. Der Widerspruch führt zunächst dazu, dass das Vorhaben in einer weiteren Sitzung des Kuratoriums zu behandeln ist. Wird der Widerspruch dann mit Dreiviertel-Mehrheit der Stimmen aller Kuratoriumsmitglieder aufrechterhalten und schriftlich begründet, ist er für den Vorstand verbindlich, es sei denn, der Verwaltungsrat erteilt dem Vorhaben des Vorstands einstimmig seine Zustimmung. 19

Die Mitglieder des Kuratoriums werden von der Stifterin für die Dauer von drei Jahren berufen. 20

Die Zusammensetzung des Gremiums ist wie folgt geregelt: 21
- Sechs Mitglieder, sie müssen die Gewähr für eine unabhängige Ausübung dieser Tätigkeit geben, werden nach Anhörung des Verwaltungsrats berufen.
- Von den verbleibenden zwölf Mitgliedern werden je sechs aus den Gruppen der Verbraucher[7] und der anbietenden Wirtschaft vorgeschlagen. Den wichtigsten Verbänden der anbietenden Wirtschaft steht hierbei jeweils entweder ein alleiniges oder ein mit anderen Wirtschaftsorganisationen gemeinsam auszuübendes Benennungsrecht zu.

Die **Fachbeiräte** haben die Stiftung Warentest im Falle vergleichender Untersuchungen bei 22
- der sachgerechten Auswahl der zu untersuchenden Produkt- und Dienstleistungssegmente,
- der Festlegung der für den Verbraucher wichtigen Eigenschaften,
- der Verwendung geeigneter Prüfverfahren,
- den Grundzügen der Bewertung,
- der sachgerechten Darstellung der Prüfergebnisse

zu beraten.

Sie bestehen aus drei bis zehn geeigneten Fachleuten und werden von der Stiftung Warentest jeweils für einzelne oder eine Reihe miteinander im Zusammenhang stehende Untersuchungsvorhaben berufen. Vorschläge des Kuratoriums sind hierbei zu berücksichtigen. Wenigstens ein Mitglied soll jeweils aus dem Kreis neutraler Sachverständiger, der Verbraucher und der anbietenden Wirtschaft berufen werden. 23

c) Verschwiegenheitspflicht. Die Mitglieder des Vorstands, des Verwaltungsrats, des Kuratoriums und der Fachbeiräte haben über die ihnen in dieser Eigenschaft zugehenden vertraulichen Informationen, insbesondere über alle Untersuchungsvorhaben in allen Bearbeitungsstufen bis zu der vom Vorstand autorisierten Veröffentlichung der Untersuchungsergebnisse, gegenüber jedermann Stillschweigen zu bewahren, soweit die sachgerechte Behandlung und Durchführung der Vorhaben keine Ausnahme erfordert. 24

Diese Verschwiegenheitspflicht wird jedoch vernünftigerweise dahin eingeschränkt, dass sich die Mitglieder des Kuratoriums und der Fachbeiräte hinsichtlich der ihnen zugehenden Informationen mit Sachverständigen ihrer Gruppe bzw. Branche beraten dürfen, soweit dies im Rahmen der sachkundigen Beratung erforderlich ist. 25

[7] Fünf Mitglieder werden von der Verbraucherzentrale Bundesverband e. V., ein Mitglied vom Deutschen Gewerkschaftsbund benannt.

26 Den **Arbeitnehmern** der Stiftung Warentest ist die vorhabenbezogene Verschwiegenheitspflicht neben der allgemeinen Arbeitnehmerverschwiegenheitspflicht in den Arbeitsverträgen gesondert aufzuerlegen.

27 Da Außenstehende den Vorschriften der Satzung und damit der hier begründeten vorhabenbezogenen Verschwiegenheitspflicht nicht unterliegen, ist sie mit ihnen vertraglich zu vereinbaren. Dies gilt nicht nur für vom Kuratorium beigezogene **Sachverständige** und die beauftragten **Prüfinstitute,** sondern für alle „sonst beteiligten Dritte". Obwohl in der Satzung im Gegensatz zu „Film-Aufnahmeteams" nicht erwähnt, müssen auch Druckereien einer strengen Verschwiegenheitsverpflichtung unterworfen werden. In einem lange zurückliegenden Fall war die Fassung eines vorbeugenden Unterlassungsantrages nur damit plausibel zu erklären, dass der Anbieter den Text des vergleichenden Berichts schon vor dessen Veröffentlichung kannte.

28 **d) Beschränkung von Einnahmen.** Die Satzung verbietet der Stiftung jegliche Veröffentlichung von Anzeigen gewerblicher Unternehmen oder Unternehmensvereinigungen. Als Ausfluss dieser Beschränkung tragen die Hefte der Zeitschrift „test" den Vermerk **„anzeigenfrei".** Der auch rechtspolitisch kaum nachvollziehbare Versuch der Zentrale zur Bekämpfung unlauteren Wettbewerbs, der Stiftung Warentest diesen Hinweis untersagen zu lassen, weil er andere Zeitschriftenverleger herabsetze, hatte, wie vorhersehbar, keinen Erfolg.[8]

29 Obwohl die Publikationen der Stiftung Warentest hohe Verkaufsziffern aufweisen, decken die hieraus erzielten Erlöse die Kosten dieser Institution nicht. Sie ist also auf **Zuwendungen der Stifterin** angewiesen.[9] Berücksichtigt man, dass die Einnahmen anderer Zeitschriftenverlage aus der Veröffentlichung von Anzeigen die Verkaufserlöse regelmäßig erheblich übersteigen, ist zu vermuten, dass die Stiftung Warentest ohne den Verzicht auf diese Einnahmequelle hochprofitabel, in den Augen der Öffentlichkeit möglicherweise aber weniger glaubwürdig wäre.

30 Die Stiftung Warentest darf Zuwendungen Dritter annehmen, soweit dadurch die Unabhängigkeit ihrer Arbeit nicht gefährdet wird. Die Annahme bedarf der Zustimmung des Verwaltungsrats. Diese Regelung hat insbesondere Bedeutung für Untersuchungsvorhaben, die durch die öffentliche Hand unterstützt werden.

31 **e) Spektrum der Warentestprojekte.** Die Stiftung Warentest teilt ihre Warentestprojekte derzeit in **zehn Basistypen** (W1 bis W10) ein, um die Abläufe zu standardisieren:
- W1: Klassischer vergleichender Warentest mit Qualitätsurteil;
- W2: Vergleichender Warentest, der sich auf Teilprüfungen beschränkt;
- W3: Vergleichender Warentest, bei dem keine Gewichtung der einzelnen Kriteriengruppen erfolgt, weil der Verbraucher sie selber nach seinem Geschmack, seinen Fähigkeiten und Gewohnheiten vornehmen soll;
- W4: Systemvergleich mit Vollprüfungen;
- W5: Systemvergleich, der nur mit Teilprüfungen erfolgt; Qualitätsurteile werden nicht vergeben;
- W6: Systemvergleich ohne Prüfungen, aber mit anderen Erkenntnisquellen;
- W7: Warenkunde mit Teilprüfungen: Hier werden keine unterschiedlichen Systeme verglichen, sondern innerhalb einer geschlossenen Warengruppe eine umfassende Warenkunde ausgeführt;
- W8: Warenkunde ohne Prüfungen;
- W9: Neuheitenuntersuchung mit Durchführung eines (regelmäßig nicht vergleichenden) Warentests: Gegenstand sind neuartige oder mit neuen Leistungsangeboten

[8] OLG Düsseldorf BB 1976, 1476 m. Anm. *Lachmann;* s. auch *Ahrens* WRP 1977, 14 ff; Hefermehl/*Köhler*/Bornkamm UWG § 6 Rn 87.

[9] Die Stiftung Warentest erzielt durch Verkaufserlöse jährlich etwa 41 Mio. Euro. Die Zuwendungen der Stifterin belaufen sich auf jährlich etwa 6,5 Mio. Euro.

versehene Produkte. Untersucht werden wesentliche neue Eigenschaften oder bestimmte hauptsächlich beworbene Kriterien;
– W10: Report mit literaturgestützten Bewertungen.

Bisweilen **kombiniert** die Stiftung Warentest auch vergleichende **Warentests** mit **Dienstleistungsuntersuchungen,** so wurden zB nicht nur die Merkmale von Computern, sondern zugleich auch die Qualität der Hilfestellungen untersucht, die die Anbieter über „Hot Lines" bei Schwierigkeiten bieten. 32

f) Verbreitung der Arbeitsergebnisse. Die Stiftung Warentest verbreitet ihre Arbeitsergebnisse im Wesentlichen durch die Zeitschriften test[10] und FINANZtest,[11] Sonderpublikationen und das Internet-Angebot.[12] 33

Die Verbreitung erfolgt darüber hinaus durch Dritte: 34
– Die allgemeine Presse übernimmt Kurzfassungen der Testberichte und/oder veröffentlicht gesonderte Artikel zu einzelnen Arbeitsergebnissen.
– Auch Fernsehen und Rundfunk berichten häufig und detailliert über einzelne Untersuchungen.
– Viele Anbieter werben mit positiven Bewertungen.

2. Andere Testveranstalter

a) Private. Der **ADAC** veröffentlicht in seiner Zeitschrift ADAC motorwelt auch vergleichende Testberichte, unter anderem über Automobile, Zubehör und Werkstattleistungen, die Sicherheit von Tunneln sowie Pannenstatistiken. 35

Im Automobilsektor und im Bereich der Leistungen, die mit der Mobilität zusammenhängen, haben seine Veröffentlichungen herausragende Bedeutung. Seine Zeitschrift – Druckauflage über 13 Mio. Exemplare – erhalten alle Mitglieder des Vereins „ohne Bezugsgebühr". Die Testberichte sind häufig durch Noten oder wertende Zeichen wie „+" und „–" geprägt, enthalten aber auch zahlreiche Tatsachenangaben, insbesondere Messdaten. 36

Die Zeitschrift **ÖKO-TEST** beschränkt sich in der Wahl ihrer Themen nicht nur auf umweltrelevante Themen, sondern versteht sich auch als allgemeine Verbraucherzeitschrift. Die verkaufte Auflage beläuft sich auf über 150 000 Exemplare. 37

Die jetzt als **„DMEuro"** erscheinende Zeitschrift veröffentlicht ebenfalls vergleichende Testberichte, wendet sich aber in erster Linie an die wirtschaftlich besser Gestellten und behandelt vor allem diese Kreise interessierende Themen wie Karriere und Geldanlagen. 38

Darüber hinaus finden sich vergleichende Testberichte in zahlreichen zT hoch **spezialisierten Zeitschriften,** insbesondere solchen, die sich mit Hard- und Software für elektronische Datenverarbeitung, sowie mit Handys, Videoangeboten, CD-Geräten etc. befassen. Das Angebot ist unüberschaubar. 39

b) Behörden. Behörden haben es vereinzelt unternommen, durch verbrauchssteuernde Verlautbarungen das Konsumverhalten zu beeinflussen. In einem Fall ist dies sogar im Wege eines vergleichenden Warentests geschehen. Das BVerwG setzt der Zulässigkeit der behördlichen Verbraucherinformation jedoch (enge) Grenzen. 40

Das BVerwG[13] hat die Herausgabe von **„Transparenzlisten"** mit Preis-, Wirksamkeits- und Qualitätssicherungsangaben wegen Fehlens einer gesetzlichen Grundlage für unzulässig erklärt. Die Berufung der Behörde auf die zum vergleichenden Warentest entwickelten Grundsätze hatte keinen Erfolg. Begründung: Die Transparenzlisten dienten vorrangig der 41

---

[10] Verkaufszahlen 2003: 446 000 Abonnements, Vertrieb im Einzelhandel 92 000 Einzelexemplare monatlich.

[11] Verkaufszahlen 2007: 207 000 Abonnements, Vertrieb im Einzelhandel 64 500 Einzelexemplare monatlich. Kritik an der Entscheidung, diese Zeitschrift herauszubringen, übt *Paschke* AfP 1991, 683 ff.

[12] Besuche der Internetseite im Jahr 2007: 23,5 Millionen; Abrufe kostenpflichtiger Inhalte: 860.000; Umsatzerlöse aus diesen Abrufen: 1,39 Mio. Euro.

[13] BVerwG NJW 1985, 2774, 2776/2777 (Transparenzliste).

Wirtschaftslenkung und nicht – wie die Testberichte der Stiftung Warentest – der Verbraucheraufklärung und -beratung um ihrer selbst willen.

42 Auf dieser Grundlage hat das BVerwG[14] dann auch einen vergleichenden Warentest der Landwirtschaftskammer Rheinland-Pfalz, der zum Ziel hatte, die Übereinstimmung zwischen Produktangaben und tatsächlich vorhandenen Inhaltsstoffen festzustellen, für unzulässig gehalten. Dieses Ergebnis hat es im Wesentlichen damit begründet, dass die Testveröffentlichung in das Grundrecht der Berufsfreiheit eingreife, die dafür erforderliche **gesetzliche Grundlage** jedoch fehle: Ein vergleichender Warentest, wie ihn die Behörde durchführte, könne die Wettbewerbsposition der davon betroffenen Unternehmer nachhaltig beeinflussen. Der Schutz des Art. 12 GG erstrecke sich auch auf staatliche Verlautbarungen, die als nicht bezweckte aber voraussehbare und in Kauf genommene Nebenfolge eine schwerwiegende Beeinträchtigung der beruflichen Betätigungsfreiheit bewirken. Der von der Landwirtschaftskammer durchgeführte und veröffentlichte Warentest sei daher an Art. 12 GG zu messen. Der negative Ausgang eines solchen Tests habe für das betreffende Produkt eine gravierende rufschädigende Wirkung. Die Voraussetzungen dafür, eine verfassungsimmanente Einschränkung des Grundrechts der Berufsfreiheit anzunehmen, und damit von einer Forderung nach einer gesetzlichen Grundlage abzusehen, lägen nicht vor. Auf Art. 5 GG könne sich die Behörde als öffentlicher Rechtsträger – anders als etwa die Stiftung Warentest – nicht berufen.[15]

43 Eine Ausnahme von diesem Grundsatz ergibt sich nach der Rechtsprechung des BVerwG nur für einen engen Bereich: Hiernach wird der Schutzbereich des Art. 12 GG von der verfassungsrechtlichen Befugnis der Regierung eingeschränkt, im Interesse der politischen Krisenbewältigung die Öffentlichkeit vor Gefahren zu warnen und dabei auch konkrete Grundrechtsträger als Quelle der bestehenden Gefahrensituation zu bezeichnen, wenn dies zur Erfüllung der **„gubernativen" Aufgaben** erforderlich und der Grundsatz der Verhältnismäßigkeit gewahrt ist.[16] Der Konflikt zwischen dem Grundrecht und anderen verfassungsrechtlich geschützten Rechtsgütern sei hier jeweils im Wege fallbezogener Abwägung zu lösen.

III. Ablauf eines vergleichenden Warentests der Stiftung Warentest

44 Der Ablauf eines „klassischen" vergleichenden Warentests lässt sich anhand des bei der Stiftung Warentest üblichen Verfahrens für W1-Projekte skizzieren zumal auch den einschlägigen Normen DIN 66052 und 66054 derartige Verfahren primär vorschweben:

1. Marktanalyse und Marktauswahl

45 Widerspricht das Kuratorium dem Testvorhaben nicht, führt die Stiftung Warentest eine **Angebotsanalyse**[17] durch. Hierzu bittet sie bei Konsumgütern bundesweit Fachhändler, Kaufhäuser, Einkaufsverbände und Verbrauchermärkte um Angaben zu ihrem Sortiment und zu den Preisen.

46 Es folgt eine **Befragung** derjenigen **Anbieter,** deren Produkte in den Test einbezogen werden sollen. Insbesondere werden sie um Angaben dazu gebeten, ob das Produkt mit unterschiedlichen Bezeichnungen auf dem Markt anzutreffen ist und ob in nächster Zeit Modelländerungen bevorstehen. Diese Angaben sind deshalb besonders wichtig, weil sie zum einen Verwechslungen, zum anderen die Gefahr ausschließen sollen, dass der Testbericht zum Zeitpunkt seiner Veröffentlichung nicht mehr aktuell ist, weil er Produkte betrifft, die dann entweder überhaupt nicht mehr oder in geänderter Beschaffenheit auf dem Markt sind.

---

[14] BVerwG NJW 1996, 3161 (Warentest durch Behörde).
[15] BVerwG NJW 1996, 3161, 3161/3162 (Warentest durch Behörde).
[16] BVerwG NJW 1996, 3161, 3161 (Warentest durch Behörde).
[17] S. auch DIN 66054 Abschnitt 2.1.1.

Die endgültige **Marktauswahl** erfolgt in der Regel nach den Kriterien der Marktbedeutung, der technischen Merkmale und der Preisklasse. Der Marktbedeutung kommt erhebliches Gewicht zu.[18] Diese Begrenzung lässt sich mit der beschränkten Kapazität der Prüfinstitute, dem erheblichen Aufwand des Prüfverfahrens und seiner Kosten, schließlich aber auch damit rechtfertigen, dass die ohnehin schon erhebliche Dauer der Prüfverfahren nicht noch durch Untersuchungen von Waren verlängert werden soll, für die es auf dem Markt derzeit keine beachtliche Nachfrage gibt. Die Frage, ob dieses Auswahlverfahren die Konzentration in der Wirtschaft fördert, ist schwer zu beantworten. Es wird vertreten, dies sei deshalb nicht der Fall, weil kleinere Unternehmen in den vergleichenden Tests ohnehin schlecht abzuschneiden pflegen und die Nichteinbeziehung in eine vergleichende Untersuchung weniger nachteilig sei als ein schlechtes Qualitätsurteil.[19] 47

2. Prüfprogramm

Parallel zur Markterhebung wird das Prüfprogramm entworfen und mit dem Fachbeirat diskutiert. Die Stiftung Warentest lässt sich hierbei davon leiten, dass dieses Gremium nur beratende Funktion hat. Es kommt daher vor, dass sie bei den Untersuchungen strengere Maßstäbe anlegt als der Fachbeirat für richtig hält oder technische Normen nahelegen. 48

Das Prüfprogramm wird allen Anbietern übermittelt, deren Produkte in die vergleichende Untersuchung einbezogen werden. 49

3. Auswahl des Prüfinstituts

Die Stiftung Warentest prüft – auch aus Kostengründen – nicht selbst. Sie **beauftragt** mit den **Untersuchungen andere Stellen,** insbesondere staatliche Einrichtungen, Universitäten oder private Institute. Für deren Auswahl sind Spezialwissen, Ausstattung, zur Verfügung stehende Kapazitäten und auch die Höhe der geforderten Vergütungen maßgeblich.[20] Vor der Beauftragung wird durch gezielte Erkundigungen und durch die Vertragsgestaltung sichergestellt, dass keine Konstellation vorliegt oder (während der Prüfungen) eintritt, die den Verdacht einer Voreingenommenheit insbesondere zugunsten oder zu Lasten bestimmter Anbieter begründen könnte. 50

4. Einkauf der Prüfobjekte

Die Prüfobjekte werden von der Stiftung Warentest grundsätzlich **anonym** im Handel eingekauft.[21] Dieses Verfahren soll die Möglichkeit ausschließen, dass präparierte Stücke in die vergleichende Untersuchung einbezogen werden. Der Aufwand für diese Einkäufe beläuft sich jährlich auf etwa 1 Mio. Euro. Das Prinzip des anonymen Einkaufs wird bisweilen durchbrochen, so bei Artikeln, die bei Prüfbeginn noch nicht auf dem Markt sind. Sie werden aus dem Lager des Anbieters aus einer größeren Menge von Vorräten „gezogen“. Hierbei soll die Gefahr von Manipulationen nach Möglichkeit ausgeschlossen werden. 51

Bevor die Prüfmuster das Prüfinstitut erreichen, erhalten sie **Schlüsselnummern;** sämtliche Anbieternamen oder Markenzeichen werden abgedeckt.[22] Diese Maßnahme, die eine Voreingenommenheit der Prüftechniker ausschließen soll, wird in vielen Fällen ihr Ziel nicht erreichen, denn Fachleute können in der Regel auch anonymisierte Produkte identifizieren. Wichtiger ist dieses Verfahren, wenn Laien (zB bei sensorischen Prüfungen) an dem Prüfverfahren mitwirken. 52

Die **wesentlichen Elemente** eines vergleichenden Warentests sind folgende Prüfungen:[23] 53

---

[18] Hierzu *Hüttenrauch* Vergleichender Warentest S. 16 f.
[19] *Raffée* Vergleichender Warentest S. 37, 47.
[20] S. auch DIN 66 054 Abschnitt 2.2.1.
[21] S. auch DIN 66 054 Abschnitt 2.1.4.
[22] S. auch DIN 66 054 Abschnitt 2.2.2.
[23] Ausführliche Schilderung bei *Hüttenrauch* Vergleichender Warentest S. 18 ff.

– Funktionsprüfung: Untersuchung der Eignung für den Verwendungszweck.
– Technische Prüfung: Untersuchung derjenigen Merkmale, die nicht in unmittelbarem Zusammenhang mit der Funktion stehen, aber zur Gebrauchstauglichkeit beitragen. In diesem Rahmen finden zB Dauer-, Material-, Geräusch- und Funkentstörungsprüfungen statt.
– Sicherheitsprüfung: Untersuchung unter Sicherheitsaspekten.
– Handhabungsprüfung: Nach ergonomischen Grundsätzen erfolgende Ermittlung, wie einfach sich das Prüfobjekt bedienen lässt.

54 Im Rahmen von **Lebensmitteltests** wendet die Stiftung Warentest für sensorische Prüfungen im Wesentlichen folgende Verfahren an:
– Beschreibende Prüfung von Aussehen, Geruch, Geschmack, Konsistenz und Mundgefühl durch erfahrene und mit hinreichender Produktkenntnis versehene Experten;
– beschreibende Prüfung mit anschließender Qualitätsbewertung in Anlehnung an DIN 10969, wobei die Experten das jeweilige Produkt beschreiben, der Prüfleiter aber die Bewertung vergibt;
– Kombination von bewertender hedonistischer Prüfung durch ein Verbraucherpanel und einer beschreibenden Prüfung von Aussehen, Geruch, Geschmack, Konsistenz und Mundgefühl durch Experten. Für das Verbraucherpanel erfolgt jeweils eine an der Zielgruppe ausgerichtete Auswahl (zB nach Alter, Geschlecht und anderen für die zu untersuchende Produktgruppe relevanten Kriterien) der Konsumentenstichprobe. Es wird sichergestellt, dass die Konsumenten Verwender der betreffenden Produktgruppe sind, und dass sie keine der im Test befindlichen „Marken" bevorzugen. Das Panel muss ein möglichst repräsentatives Abbild der betreffenden Lebensmittelverwender darstellen, damit die Ergebnisse der Untersuchung reproduzierbar und verallgemeinerungsfähig sind.

5. Anbietervorinformation

55 Die Stiftung Warentest teilt den Anbietern die im Prüfgutachten festgehaltenen **Messergebnisse,** soweit diese der Bewertung zugrunde gelegt werden sollen, im Wege der schriftlichen Anbietervorinformation mit.[24] Ausnahmsweise weicht sie jedoch von diesem Verfahren ab. Dies gilt dann, wenn auf Grund konkreter Anhaltspunkte zu befürchten ist, dass das Risiko rechtlicher Schritte zur Verhinderung der Veröffentlichung größer ist als der Vorteil der Anbietervorinformation.

56 Eine Information über die jeweiligen Bewertungen erhalten die Unternehmen nicht. Häufig können sie jedoch schon auf Grund der Messwerte abschätzen, wo ihre Leistungen positiv oder negativ abschneiden.

57 Diese Anbietervorinformation soll die Möglichkeit ausschließen, dass der vergleichenden Untersuchung ein **„Ausreißer",** also ein negativ aus der Serie herausfallendes Einzelstück zugrunde liegt. Soweit sich insbesondere aus der Reaktion des Anbieters Hinweise auf die Ausreißerproblematik ergeben, kauft die Stiftung Warentest weitere Prüfmuster anonym ein, um sie zu untersuchen. Das Ergebnis dieser Nachuntersuchung teilt sie dem Anbieter grundsätzlich nicht mit.

58 Die Mitteilung des Anbieters, das Produkt sei konstruktiv verändert worden oder es sei nunmehr nicht mehr auf dem Markt, führt insbesondere dann, wenn sie erst nach der Vorinformation erfolgt, nicht dazu, dass die sein Produkt betreffenden Daten und Wertungen aus dem Testbericht herausgenommen werden. Diese Information wird jedoch innerhalb der Veröffentlichung berücksichtigt.

6. Auswertung

59 Die Auswertung der in dem oder den Prüfgutachten niedergelegten Angaben ist Aufgabe des bei der Stiftung Warentest angestellten **Projektleiters.** Das Prüfinstitut wird hierbei aber beteiligt, um die Möglichkeit von Fehlinterpretationen des Gutachtens auszuschließen.

---

[24] S. auch DIN 66054 Abschnitt 2.2.4 d.

Soweit Noten vergeben werden, was bei einem W1-Projekt regelmäßig der Fall sein wird, erfolgen zunächst Bewertungen einzelner Merkmale.[25] Mehrere in Zusammenhang stehende **Einzelurteile** werden in **Gruppenurteilen** zusammengefasst. Aus den Gruppenurteilen wird das **Qualitätsurteil** gebildet. 60

Die Stiftung Warentest arbeitet grundsätzlich mit fünf Notenstufen: „sehr gut", „gut", „befriedigend", „ausreichend", „mangelhaft". Bei einigen Prüfungen wird jedoch nur festgestellt, ob das jeweilige Produkt sie bestanden hat. Dies gilt insbesondere im Bereich der Sicherheits- und sonstiger elementarer Anforderungen. 61

7. Veröffentlichung

Die Ergebnisse der vergleichenden Untersuchung werden von dem Redakteur und dem zuständigen Projektleiter für die Veröffentlichung verarbeitet.[26] Die Prüfberichte sind für technische Laien nahezu unverständlich. Die Aufgabe besteht darin, häufig recht komplizierte Messwerte, Sachverhalte und Zusammenhänge so darzustellen, dass der Leser sie versteht. Dazu sind Verkürzungen und **Vereinfachungen** unentbehrlich. Die Praxis zeigt, dass hier juristisch eine besondere Gefahrenquelle liegt. 62

IV. Ablauf eines vergleichenden Dienstleistungstests

Vergleichende Untersuchungen von Dienstleistungen ähneln im Kern denen von Waren. Allerdings kann hier nicht so weitgehend auf Normen zurückgegriffen werden. Die Stiftung Warentest ermittelt das Interesse an der Untersuchung bestimmter Arten von Dienstleistungen durch Umfragen. Die Untersuchungsvorhaben werden sodann wiederum im Kuratorium und in dem hierfür gebildeten Fachbeirat beraten.[27] 63

Als **Elemente der Untersuchungen** stehen zur Verfügung 64

- Erfassung und Bewertung von Verbrauchererwartungen und -erfahrungen,
- Anbieterbefragung,
- offene Beobachtung,
- verdeckte teilnehmende Beobachtung durch Testinspektoren, die als „normale" Kunden das Angebot prüfen,
- Expertengespräche und Inhaltsanalysen,
- Prämien- und Konditionenvergleiche.

Auch diese Untersuchungen erfolgen auf der Grundlage eines **Prüfprogramms,** das in der Regel wiederum, wie beim vergleichenden Warentest, durch ein Prüfinstitut abgearbeitet wird. 65

Für die Bewertungen und die Veröffentlichung gelten die Schilderungen zum vergleichenden Warentest sinngemäß. 66

B. Rechtliche Bewertung neutraler vergleichender Testberichte

I. Übersicht

Vergleichende Testberichte, die keine Wettbewerbshandlung sind, unterliegen den Regelungen des **allgemeinen Äußerungsdeliktsrechts.** 67

Nach ständiger und gefestigter höchstrichterlicher Rechtsprechung ist die Veröffentlichung eines vergleichenden Tests, sofern er nicht „zu Wettbewerbszwecken" erfolgt, zu- 68

[25] S. auch DIN 66054 Abschnitt 2.3.

[26] S. auch DIN 66054 Abschnitt 2.4.

[27] In denjenigen Fällen, in denen Inspektoren anonym Dienstleistungen prüfen, wie zum Beispiel die Qualität von Beratungen, wird der Fachbeirat jedoch erst nach der Datenerhebung einberufen.

lässig, wenn die dem Bericht zugrunde liegenden Untersuchungen **neutral, objektiv** und **sachkundig** durchgeführt worden sind und sowohl die Art des Vorgehens bei der Prüfung als auch die aus den Untersuchungen gezogenen Schlüsse **vertretbar,** das heißt diskutabel, erscheinen. Dabei ist dem Tester für die Darstellung seiner Ergebnisse ein erheblicher **Ermessensfreiraum** einzuräumen. Nicht mehr hinzunehmen ist die Veröffentlichung eines Testberichts erst dann, wenn in ihm unter Verstoß gegen § 824 Abs. 1 BGB unwahre Tatsachen behauptet werden oder wenn durch eine als Werturteil anzusehende Testaussage rechtswidrig in den nach § 823 Abs. 1 BGB geschützten eingerichteten und ausgeübten Gewerbebetrieb des betroffenen Unternehmers eingegriffen wird.[28]

69 An diesen Kriterien hat sich auch nach der Novellierung des UWG nichts geändert. Zwar wird nach aktuellem Recht nicht mehr auf eine Wettbewerbsabsicht abgestellt, sondern auf den weiter reichenden Begriff der „geschäftlichen Handlung". Dennoch unterliegen neutrale vergleichende Tests nach wie vor den seit vielen Jahren hierzu entwickelten Grundsätzen. In der Regierungsbegründung wird erwähnt, dass weltanschauliche, wissenschaftliche, redaktionelle oder verbraucherpolitische Äußerungen von Unternehmen oder anderen Personen weiterhin nicht dem UWG unterfallen, soweit sie in keinem objektiven Zusammenhang mit dem Absatz von Waren und den anderen Unternehmensaktivitäten stehen. In Anbetracht dessen, dass auch die Verbreitung von Publikationen zu den Unternehmensaktivitäten gehört, reflektiert die zitierte Passage der Regierungsbegründung zwar kein Höchstmaß sprachlicher Präzision, sie lässt jedoch erkennen was gemeint ist, zumal in diesem Zusammenhang auch erwähnt wird, dass beispielsweise redaktionelle Äußerungen über eine Reichweitenforschung aus dem Anwendungsbereich des UWG herausfallen.

70 Im übrigen würde eine verfassungskonforme Auslegung des UWG angesichts der Grundrechte der Presse- und der Meinungsäußerungsfreiheit ohnehin zu der Herausnahme neutraler Verbraucheraufklärung aus dem Anwendungsbereich des UWG führen.

71 Die traditionellen, zu vergleichenden Untersuchungen entwickelten Grundsätze sind nach altem Recht auch auf die Haftung einer Rating-Agentur gegenüber dem Emittenten für ein nicht von diesem in Auftrag gegebenes Gutachten seiner Kapitalanlage entsprechend angewendet worden.[29]

72 Entsprechendes gilt für die Veröffentlichung einer auf Erhebung einer Zeitschrift gestützten Sicherheitsrangliste von Fluglinien im Internet.[30] Hierbei waren die Beförderungsleistung der weltweit 50 größten Fluggesellschaften zu der Anzahl der Unfälle sowie der Zahl der dabei an Bord ums Leben gekommenen Menschen ins Verhältnis gesetzt worden.

73 Eine entsprechende Anwendung ist jedoch auf Missbilligungen des Deutschen Presserats gegenüber einem Zeitungsverleger – zu Recht – abgelehnt worden,[31] weil diese Institution nach presseethischen Kriterien urteilt, die auf der Grundlage des Pressekodex auch dann Veranlassung zu einer Maßnahme geben können, wenn ein Presseartikel äußerungsrechtlich nicht zu beanstanden ist.

II. Wertung/Tatsachenbehauptung

1. Notwendigkeit der Abgrenzung

74 Bei der rechtlichen Beurteilung eines nicht als Wettbewerbshandlung anzusehenden Warentests besteht die erste Aufgabe darin, Wertungen von Tatsachenbehauptungen abzugrenzen. Diese Unterscheidung ist **rechtlich unvermeidbar.**

---

[28] Ständige Rechtsprechung seit BGHZ 65, 325, 334 – Warentest II; s. auch BGH GRUR 1986, 330 – Warentest III; BGH GRUR 1989, 539, 539 – Warentest V; BGH GRUR 1997, 942, 943 – Druckertest.

[29] KG Berlin WM 2006, 1432ff.

[30] OLG München NJW-RR 2006, 1131, 1132.

[31] OLG Köln AfP 2006, 374–377.

– Die Zulässigkeit negativer Wertungen richtet sich, sieht man von den raren Ausnahmefällen der sittenwidrigen Schädigung (§ 826 BGB) ab, nach § 823 Abs. 1 BGB (Recht am eingerichteten und ausgeübten Gewerbebetrieb).
– Als Anspruchsgrundlage gegen Tatsachenbehauptungen kommt § 824 BGB (Verbreitung unwahrer nachteiliger Tatsachenbehauptungen) in Betracht.

Die Konsequenzen: 75

– Die Rechtmäßigkeit einer nachteiligen Tatsachenbehauptung richtet sich – sieht man von § 824 Abs. 2 BGB ab – danach, ob sie wahr oder unwahr ist. Die Zulässigkeit oder Unzulässigkeit einer Wertung ergibt sich dagegen erst auf Grund einer Interessenabwägung.
– Der Verletzte kann gegenüber dem Schädiger einen Anspruch auf Widerruf einer Tatsachenbehauptung, nie aber auf Widerruf einer Wertung haben.[32] Diese Rechtsfolge beruht vor allem darauf, dass der Zwang zur Rücknahme von Wertungen in den Kern der Meinungsäußerungsfreiheit eingriffe.[33] Wollte man auch das Verlangen auf Rücknahme von Werturteilen zulassen, so würde das das Recht auf freie Meinungsäußerung (Art. 5 GG) in unerträglichem Maße gefährden. Das ist letztlich unumstritten.[34]
– Dies gilt auch für den „eingeschränkten" Widerruf: Die an einen Testveranstalter gerichtete Forderung, er solle erklären, eine bestimmte Wertung nicht aufrechtzuerhalten, ist demnach rechtlich nie begründbar. Dies wird in der Praxis des Öfteren übersehen.
– Nur Tatsachenbehauptungen, nicht dagegen Wertungen können im Wege der Gegendarstellung angegriffen werden.

2. Abgrenzungskriterien

Für die Abgrenzung gelten grundsätzlich die folgenden Kriterien:[35] 76

– Eine Tatsachenbehauptung liegt bei der Aussage zu einem Vorgang vor, der als behauptetes tatsächliches Geschehen dem **Beweis zugänglich** ist.
– Dagegen sind für die Meinungsäußerung typisch die Elemente der Stellungnahme, des Dafürhaltens, des Meinens. Werturteile sind keinem Beweis zugänglich. Sie fallen nicht unter die Kategorie der Wahrheit, sondern unter die der Richtigkeit; diese aber lässt sich meist nicht exakt feststellen.
– Sind Tatsachenbehauptungen mit Werturteilen vermischt oder in ihnen versteckt, ist zu prüfen, was im Vordergrund steht und was überwiegt, wobei es auf den objektiven Inhalt der Aussage ankommt. Im Interesse eines wirksamen Grundrechtsschutzes ist der Begriff der **Meinung** (Wertung) weit zu verstehen.

Diese Kriterien stehen nicht zur Disposition der Parteien. Es kommt daher auch nicht 77
auf ihr subjektives Verständnis der Äußerung an. Deshalb ist es unpräzise, (entscheidend) darauf abzustellen, ob die Parteien eines Rechtsstreits in ihren Schriftsätzen eine bestimmte Äußerung übereinstimmend als Wertung oder als Tatsachenbehauptung behandelt haben.[36] Dieser Umstand kann nicht mehr als ein Indiz sein.

3. Rechtsprechung

Die Abgrenzung zwischen Tatsachenbehauptung und Wertung ist für den Ausgang eines 78
Rechtsstreits über vergleichende Testberichte wesentlich wichtiger als die im Vordergrund der Diskussion stehenden anderen rechtlichen Kriterien. Die höchstrichterliche Rechtsprechung und die zahlreichen Entscheidungen der Instanzgerichte zeigen, dass die Abgrenzungen in der Praxis nicht stringent, sondern ergebnisorientiert angewendet werden. Wol-

---

[32] BGHZ 65, 325, 337 – Warentest II; BGH GRUR 1978, 258, 259 – Schriftsachverständiger; BGH GRUR 1988, 402, 403 – Mit Verlogenheit zum Geld; so auch *Deutsch* JZ 1976, 451, 452.
[33] BGH GRUR 1978, 258, 259 – Schriftsachverständiger.
[34] BGH GRUR 1978, 258, 259 – Schriftsachverständiger.
[35] ZB BGH GRUR 1978, 258, 259 – Schriftsachverständiger.
[36] Insofern mindestens missverständlich BGHZ 65, 325, 329 – Warentest II.

len Gerichte eine bestimmte Äußerung unterbinden oder halten sie deren Widerruf für erforderlich, tendieren sie dazu, sie als selbstständig angreifbare unzutreffende Tatsachenbehauptung einzustufen. Daraus resultiert **erhebliche Unsicherheit.**[37] Dies führt dazu, dass identische oder sehr ähnliche Äußerungen unterschiedlich eingeordnet werden.

79 **a) Sachverständigengutachten.** Der BGH hat die Feststellung eines Schriftsachverständigen über die Echtheit einer Unterschrift, obwohl sie dem Beweise zugänglich ist, als **wertende Äußerung** klassifiziert:[38] Es sei oft Aufgabe des Gutachters, kraft seiner Sachkunde zu bestimmten Tatsachen Stellung zu nehmen. Dabei habe er zum einen Auskunft über Sätze der Wissenschaft, Erfahrungssätze und dergleichen zu geben, diese Sätze aber zum anderen gleichzeitig auf den konkreten Fall anzuwenden. So gelange er zu Schlussfolgerungen über das Vorliegen konkreter Tatsachen. Meine der Gutachter, auf Grund seiner Untersuchungen und Überlegungen, Gewissheit über die erfragte Tatsache erlangt zu haben, so werde er deren Existenz im Ergebnis uneingeschränkt behaupten. Eine solche Behauptung könne im Einzelfall durch Verwendung besserer wissenschaftlicher Erkenntnismittel überprüft werden. Gleichwohl sei der Schluss, den der Sachverständige aus seinem Gutachten zieht, regelmäßig Werturteil und nicht Behauptung einer Tatsache. Es liege im Wesen des Gutachtens, dass es auf der Grundlage bestimmter Verfahrensweisen zu einem Urteil kommen wolle, das, selbst wenn es äußerlich als Tatsachenbehauptung formuliert worden sei, auf Wertungen beruhe. Dem Wesen nach handele es sich dann um die Kundgebung seiner subjektiven, gutachtlichen Überzeugung, die zwar angefochten und bestritten werden könne, auch unter dem Vorbehalt des Irrtums stehe, aber immer ihrer Zielrichtung nach Wertung sei und von dem Empfänger auch so verstanden werde. Zudem lasse es sich mit dem Grundrecht auf freie Meinungsäußerung (Art. 5 GG) nicht vereinbaren, den Verfasser eines solchen Gutachtens zum Widerruf seiner subjektiven, auf seinen speziellen Kenntnissen, Erfahrungen und Untersuchungen beruhenden Überzeugung zu zwingen. Ob es anders sein könne, wenn die Unrichtigkeit des Gutachtens nachweislich auf einem Irrtum über die tatsächlichen Grundlagen beruht, brauche hier nicht entschieden zu werden.[39]

80 Diese Ausführungen müssten dazu führen, dass zahlreiche Äußerungen in Testberichten, obwohl sie dem Durchschnittsleser als Tatsachenbehauptungen erscheinen, rechtlich als Wertungen behandelt werden, denn sie sind in der Regel Ergebnisse nach wissenschaftlichen Methoden durchgeführter Untersuchungen. In der Praxis ist jedoch zu beobachten, dass diese höchstrichterliche Entscheidung manchen Instanzgerichten entweder nicht präsent ist oder sie von ihrer Richtigkeit nicht überzeugt sind.

81 **b) Pauschale Vorwürfe.** Die im Rahmen einer heftigen Kontroverse publizierte Äußerung, es sei die Masche der Gegenseite, mit Verlogenheit zu Geld zu kommen, hat der BGH[40] – im Gegensatz zum Berufungsgericht – als Tatsachenbehauptung eingestuft.

82 Das Berufungsgericht hatte ausgeführt: Die beanstandeten Aussagen besagten lediglich, dass es das Geschäftsprinzip der Klägerin sei, bewusst unwahr gehaltene Artikel zu verbreiten. Dieser Vorwurf sei aber keine dem Beweis zugängliche Tatsachenbehauptung, sondern eine abwertende Beurteilung der Publikationstätigkeit der Klägerin. Ob einzelne in der Zeitung der Klägerin veröffentlichte Artikel Lügen, d. h. bewusste Unwahrheiten, enthielten, sei zwar einem Beweis zugänglich, jedoch sei es eine Wertungsfrage, ob die so ermittelten Tatsachen den in Rede stehenden Vorwurf der Beklagten auch zu rechtfertigen vermöchten. Nur auf diese Wertung beziehe sich das Widerrufsverlangen der Klägerin, nicht auf die ihr zugrunde liegenden Einzeltatsachen, die als solche nicht Gegenstand des Rechtsstreits seien.

83 Demgegenüber meint der BGH: Die angegriffene Äußerung, die zum Ausdruck bringe, dass die Klägerin zwecks Erlangung von Insertionsaufträgen immer wieder bewusst und

---

[37] Zur Schwierigkeit der Abgrenzung *W. Brinkmann* GRUR 1988, 517, 518.
[38] BGH GRUR 1978, 258, 259, 260 – Schriftsachverständiger.
[39] BGH GRUR 1978, 258, 260 – Schriftsachverständiger.
[40] BGH GRUR 1988, 402, 403 – Mit Verlogenheit zum Geld.

vorsätzlich die Unwahrheit verbreite und damit die Lüge zum Geschäftsprinzip erhebe, stelle sich zwar in ihrer verallgemeinernden Form als eine Schlussfolgerung aus Einzelumständen und damit als eine zusammenfassende Würdigung dieser Einzeltatsachen dar, jedoch folge daraus nicht, dass es sich bei der beanstandeten Veröffentlichung um eine der Beweiserhebung nicht zugängliche Meinungsäußerung handele und nicht um eine **Zusammenfassung von Tatsachenbehauptungen,** die ihrerseits wieder als Tatsachenbehauptung anzusehen sei. Ob eine Äußerung Werturteil (Meinungsäußerung) oder Tatsachenbehauptung sei, richte sich nicht allein nach dem Wortlaut und der äußeren Form, in die die Veröffentlichung gekleidet sei, sondern auch nach ihrem Inhalt, so wie sie in ihrem **Gesamtzusammenhang** von den angesprochenen Verkehrskreisen, hier von den Lesern der Zeitschrift der Beklagten, verstanden werde. Der an die Klägerin gerichtete Vorwurf, durch Verlogenheit zu Geld zu kommen, besage im Kontext von Überschrift und Vorspann, dass sie immer wieder bewusst unwahre Artikel mit dem Ziel veröffentliche, sich dadurch wirtschaftliche Vorteile zu verschaffen. Solche Erklärungen nähmen gegenüber dem Leser Wahrheitsgehalt in Anspruch. Bei ihnen gehe der Verkehr davon aus, dass sie durch Tatsachen belegbar seien, sich also als ein dem Wahrheitsbeweis zugängliches Geschehen darstellten. Der Durchschnittsleser, auf dessen Verständnis es ankomme, erblicke daher in solchen Erklärungen nicht, jedenfalls nicht in erster Linie, subjektive Werturteile oder Meinungsäußerungen, sondern den zusammenfassenden Ausdruck objektiv beweisbarer Einzelfälle, deren tatsächlicher Charakter auch in der gewählten Form der verallgemeinernden Zusammenfassung zum Ausdruck gelange. Der BGH hat zusätzlich darauf abgestellt, dass der Artikel konkrete Angaben enthielt, durch die der erhobene Vorwurf im Detail untermauert werden sollte.

c) Preisvergleiche und Ranglisten. Der BGH hat von der Stiftung Warentest im Rahmen eines **Preisvergleichs** veröffentlichte Preisangaben, auf deren Grundlage Ranglisten erstellt worden waren, als **Tatsachenbehauptungen** gewertet.[41] 84

Der Stiftung Warentest war bei den Testkäufen verborgen geblieben, dass unter der Firmierung „Globus“ Selbstbedienungsläden betrieben wurden, die weder wirtschaftlich noch organisatorisch miteinander verbunden sind. Von den 16 erfassten unter „Globus“ agierenden Lebensmittelmärkten gehörten nur drei zu den 12 Klägerinnen. Die Vermischung der Selbstbedienungsläden und der dort ermittelten Preise führte dazu, dass die Klägerinnen schlechter abschnitten als bei der objektiv gebotenen Trennung. 85

Der BGH hat angenommen, die Stiftung Warentest habe durch die Veröffentlichung des Testergebnisses eine für die Klägerinnen nachteilige unwahre Tatsache im Sinne des § 824 BGB behauptet und verbreitet: Indem der Testbericht für alle „Globus“-Märkte jeweils einen einzigen Durchschnittspreis angegeben und ihnen damit in jeder Liste einen bestimmten Rang zugewiesen habe, habe er bei dem unbefangenen Leser den Eindruck erweckt, dass dieser Durchschnittspreis und dieser Rang für alle unter dem Namen „Globus“ firmierenden Selbstbedienungsläden repräsentativ seien. Für den Leser habe der Testbericht **„konkludent“**(!) die **Behauptung** enthalten, den ausgewiesenen Preisen seien die Angebote von SB-Märkten zugrunde gelegt, die unter der Bezeichnung „Globus“ durch eine einheitliche Preisgestaltung ausgewiesen seien; denn allein unter dieser Prämisse hätte der Preisvergleich überhaupt nur einen Sinn haben können.[42] In Wahrheit seien jedoch die angegebenen Preise den Angeboten mehrerer, durch eine derartige einheitliche Preisgestaltung nicht verbundener Ladenketten entnommen worden. Für die Klägerinnen seien die angegebenen Preise aber (unstreitig) nicht repräsentativ gewesen. Derartige unrichtige Angaben über die Preisgestaltung seien geeignet, Umsatz und Gewinn der Klägerinnen zu schmälern und damit Nachteile für ihren Erwerb im Sinne des § 824 BGB herbeizuführen. Das sei vor allem deshalb zu befürchten, weil die Klägerinnen in ihrer Werbung darauf abstellen, sie seien besonders preisgünstig. 86

---

[41] BGH GRUR 1986, 330, 331 – Warentest III.
[42] BGH GRUR 1986, 330, 331 – Warentest III.

87 Diese Argumentation überzeugt nicht. Der Konstruktion einer konkludenten Behauptung bedurfte es nicht. Die Unzulässigkeit der Veröffentlichung, allerdings nicht die Begründetheit der von den klagenden Unternehmen gestellten Anträge, hätte sich auch bei Annahme einer Wertung ergeben: Eine Preisrangliste ist durch Wertungen geprägt. Beruhen diese auf unzutreffenden Tatsachenannahmen (Preisen), sind sie ohnehin „unvertretbar", also unzulässig.

88 Das Kammergericht[43] hat einen Preisvergleich ebenfalls als Tatsachenbehauptung behandelt, ohne auch nur den Ansatz einer Abgrenzung vorzunehmen; das OLG Köln[44] hat demgegenüber – im Hinblick auf die Notwendigkeit von Entscheidungen zur Auswahl und zur Methodik – eine **Wertung** angenommen. Dies liegt näher.

89 Das BVerfG hat sachgebietsbezogene **Ranglisten** bezüglich Anwaltskanzleien, die auf der Basis von Interviews erstellt worden waren, als **Wertungen** eingeordnet.[45] Die den Gegenstand der Verfassungsbeschwerde bildende Entscheidung des OLG München[46] war in diesem Punkt lückenhaft, aber wohl von einer Tatsachenbehauptung ausgegangen.

90 **d) Gemischte Äußerungen in Testveröffentlichungen.** Die Veröffentlichungen von Testergebnissen bewegen sich vielfach, wenn nicht sogar in der Regel, im Bereich der Meinungsäußerung (Wertung). Dies gilt vor allem bei optischer Herausstellung des Testergebnisses und bei Zwischenwertungen. Durch diese „Noten" wird der Leser als Adressat des Berichts in erster Linie angesprochen. Es ist demnach grundsätzlich davon auszugehen, dass die von der Stiftung Warentest veröffentlichten Testberichte, soweit Einzel-, Gruppen- und „test-Qualitätsurteile" ineinandergreifen, im **Regelfall** durch **Wertungen** geprägt sind.[47]

91 Besondere Abgrenzungsschwierigkeiten bestehen, wenn Veröffentlichungen sowohl Tatsachenangaben als auch Wertungen enthalten, was regelmäßig der Fall ist. Zu dieser Konstellation hat der BGH die Auffassung vertreten: Grundsätzlich seien Testberichte zwar rechtlich als Gesamtheit zu beurteilen, liege der Schwerpunkt in wertenden Äußerungen und werden die Grundlagen des Testverfahrens und die bei der Gewichtung berücksichtigten Gesichtspunkte offengelegt, dann werde, wenn sich der Betroffene dadurch beeinträchtigt fühlt, größte Zurückhaltung gegenüber der Behandlung als selbstständige tatsächliche Äußerungen im Rechtssinne geboten sein. Nur wenn einer Äußerung jeder Wertungscharakter abgehe und ihr in ihrem tatsächlichen Gehalt im Rahmen des Testberichts **eigenständige Bedeutung** zukommen sollte, könne das anders sein.[48]

92 Damit können Abgrenzungen in Fällen, in denen Testberichte mit **„überschießenden" Tatsachenbehauptungen** versehen werden, die mit den vergebenen Noten (Bewertungen) nichts oder nur am Rande zu tun haben, gut bewältigt werden. Beispiele:
- Ein vergleichender Testbericht über Weine enthält negative Angaben über Weingüter, deren Weine nicht in die vergleichende Untersuchung einbezogen worden sind.[49]
- Im Begleittext zu einem vergleichenden Testbericht über die Rendite von Immobilienfonds wird die Behauptung aufgestellt, die Staatsanwaltschaft ermittle gegen die Geschäftsführung eines der Unternehmen wegen Betruges und Untreue.

93 Der BGH hat jedoch seinen **Ansatz geändert.** Er hat in einem Fall, in dem der Testveranstalter im Rahmen einer schaubildartigen Bewertung für eine Lautsprecherbox des klagenden Unternehmens ein Minuszeichen, also eine Bewertung, vergeben und hierzu vermerkt hat: „kleine Lautsprecherklemmen; dünne Kabel im Gehäuseinnern", eine unzutreffende Tatsachenbehauptung angenommen und diese Ansicht wie folgt begründet:[50] Zwar bewegten sich die Veröffentlichungen von Ergebnissen vergleichender Warentests, die

---

[43] KG WRP 1979, 202, 204; im Ergebnis ebenso *Weyhenmeyer* WRP 1979, 766, 771.
[44] OLG Köln WRP 1979, 230, 231; hierzu auch *W. Brinkmann* WRP 1979, 265, 267.
[45] BVerfG NJW 2003, 277 – Anwaltsranking.
[46] OLG München NJW 2001, 1950.
[47] BGHZ 65, 325, 329 – Warentest II; s. aber auch BGH GRUR 1986, 330 ff – Warentest III.
[48] BGHZ 65, 325, 336 – Warentest II.
[49] OLG Frankfurt NJW 1996, 1146.
[50] BGH GRUR 1989, 539, 539 – Warentest V.

der Verbraucheraufklärung dienen, in der Regel im Bereich der wertenden Meinungsäußerung. Dies könne es rechtfertigen, auch für die Testaussagen, die zu den Testergebnissen hinführen, diesen Wertungsbezug besonders zu beachten und nach Maßgabe ihrer Aufgabe und Stellung im Kontext gemeinsam mit dem Testergebnis, das sie stützen sollen, als Wertungen anzusehen. Anderes gelte jedoch dann, wenn den tatsächlichen Feststellungen im Rahmen des Tests eigenständige Bedeutung zukomme, sie dem Werturteil also nicht lediglich als unselbstständige Wertungselemente untergeordnet seien, und sie deshalb von dem Durchschnittsleser, dessen Verständnis hierfür maßgeblich sei, als **Aussage** über nachweisbare Fakten und **Grundlage** für sein eigenes **Qualitätsurteil** über das getestete Produkt aufgefasst werden. Gegen derartige Tatsachenbehauptungen könne deshalb der betroffene Hersteller, wenn ihre Unwahrheit erwiesen sei und sie den Absatz seiner Ware beeinträchtigen können, nach §§ 824, 1004 BGB mit der Unterlassungsklage vorgehen.

Die von der Klägerin beanstandeten Mitteilungen, die Lautsprecherstrippen fielen dünn aus, die Lautsprecherklemmen seien klein, waren nach Auffassung des BGH den Tatsachenbehauptungen zuzuordnen; denn für den Verbraucher gehe es hier um Merkmale, die **objektiv zu verifizieren** seien. Dass es sich insoweit um für die Bildung des Qualitätsurteils des Verbrauchers tatsächlich Erhebliches handele, liege ganz im Sinne des Tests selbst, der diese Aussagen über Strippen und Klemmen als „Kontra" der getesteten Boxen, die Aussage über die zu dünnen Strippen ferner bei der Abbildung der getesteten Box besonders herausstelle.[51] 94

Diese Ausführungen überzeugen nicht, zumal das Kriterium der Verifizierbarkeit einer Angabe mit deren Eigenständigkeit nichts zu tun hat. Der BGH führt hier eine neue Abgrenzung ein, die zu dem Kriterium der eigenständigen Bedeutung, wie sie ursprünglich zu verstehen war, mindestens in einem deutlichen Spannungsverhältnis steht. Wenn eine Angabe zur Begründung einer Wertung eingesetzt und der Leser somit instand gesetzt wird, auf dieser Basis eine eigenständige Wertung vorzunehmen, soll sie nunmehr isoliert angreifbar sein. Genau das Gegenteil war nach Lektüre der Entscheidung Warentest II anzunehmen.[52] Diese Rechtsprechung, die einer wörtlich unveränderten Formel einen neuen Inhalt gibt, führt zu weiteren Unsicherheiten. Will ein Gericht eine Tatsachenbehauptung, die der Begründung einer Note dient, verbieten, stützt es sich auf diese neue Entscheidung; will es dieses Ergebnis vermeiden, greift es auf die Abgrenzungen in der Entscheidung Warentest II zurück. Beide Alternativen werden in der Praxis eingesetzt. 95

In einem vergleichenden Testbericht zu Apfelsäften wurde herausgestellt, dass sich in vielen Produkten unzulässige Zuatzstoffe befanden. Dies führte bei den betreffenden Säften zu dem Qualitätsurteil „mangelhaft". Die Veröffentlichung enthielt unter anderem die Äußerungen 96

- „... alle untersuchten Chargen des klaren Apfelsaftes der Marke ... waren verfälscht."
- „Eine Verfälschung des klaren Apfelsaftes der Marke X ist nachgewiesen. Er enthält einen Zusatz von Aromastoffen, die nicht aus Äpfeln stammen."
- „Bei der Panscherei mit Aromastoffen liegt der Verdacht nahe, dass dies seitens der Hersteller nicht ganz unwissentlich passiert."

Die zitierten Äußerungen wurden vom LG Hamburg[53] als Tatsachenbehauptungen eingestuft. Begründung: Ihnen komme eigenständige Bedeutung zu; sie seien dem Werturteil nicht lediglich als unselbstständige Wertungselemente untergeordnet. 97

Die erste Äußerung ist Ergebnis sehr komplizierter wissenschaftlicher Untersuchungen, was nach den Ausführungen des BGH zu Schriftgutachten zu der Annahme führen müsste, es handele sich um eine Wertung. Die dritte Äußerung ist erkennbar als Vermutung formuliert. 98

---

[51] BGH GRUR 1989, 539, 540 – Warentest V.
[52] Zum damaligen Verständnis *Lachmann* BB 1976, 245, 246.
[53] LG Hamburg Urt. v. 24. 4. 1998 – 324 O 370/96.

99 Die Angabe, eine bestimmte Apfelschorle „enthält **kein Zitronenaroma**“ ist vom LG Frankfurt/M[54] als Tatsachenbehauptung, vom OLG Frankfurt[55] als Wertung behandelt worden. Das OLG Frankfurt hat ausgeführt: Es handele sich um eine unter wissenschaftlichen Maßstäben verkürzte, also plakative, das gefundene Werturteil begründende, mithin wertende Äußerung.

100 Nach Ansicht des LG Frankfurt[56] ist die in einem ganz überwiegend wertenden Testbericht enthaltene Angabe, für eine bestimmte Apfelschorle sei „die Verkehrsbezeichnung Apfelschorle **irreführend“** eine **Tatsachenbehauptung,** weil der Begriff der Irreführung in diesem Zusammenhang nicht als juristischer Fachbegriff, als normatives Tatbestandsmerkmal, verwendet werde, sondern mit Blick auf das Verständnis des Durchschnittslesers zu interpretieren sei. Das LG Köln[57] meint demgegenüber, das Wort „irreführend“ habe schon von seinem Begriff und Verständnis her einen **wertenden** (und keinen Tatsachen-) **Charakter,** weil es nicht allein und isoliert, sondern nur im Zusammenhang mit einem anderen tatsächlichen Geschehen oder Vorgang (der als „irreführend“ bezeichnet wird) verwendet werde.

101 Die Aussage in einer vergleichenden wertenden Untersuchung, bei einer der getesteten Disketten sei ein **Formatierungsfehler** festgestellt worden; dieser beruhe auf einem Fertigungsfehler, ist nach Ansicht des OLG Frankfurt insgesamt eine Tatsachenbehauptung.[58] Hinsichtlich des ersten Elements sei dies eindeutig. Bei dem zweiten Teil der Aussage, dass der Formatierungsfehler auf einem Fertigungsfehler beruhe, könnte es sich demgegenüber um eine wertende Meinungsäußerung handeln, denn der Testveranstalter habe selbst gar keine Ursachenforschung bezüglich des festgestellten Formatierungsfehlers betrieben – dann aber wäre die Aussage lediglich eine Vermutung, eine Schlussfolgerung aus Überlegungen über die denkbare Ursache des Formatierungsfehlers. Gleichwohl liege auch hier eine Tatsachenbehauptung vor. Dies ergebe sich nicht nur aus der sprachlich klaren Fassung. Dafür spreche auch die Platzierung dieser Aussage: Sie sei nicht mit in die Wertungstabelle aufgenommen worden, sondern stehe im Begleittext, wo die Beklagte die Eigenschaften der getesteten Disketten beschreibe. Letztlich komme es auch auf das Verständnis des Durchschnittslesers an, der die Überlegungen der Beklagten nicht kenne.

102 Diese Begründung überzeugt nicht ganz: Die Frage, inwieweit der Autor einer Äußerung sie zuvor überprüft hat, ist kein taugliches Abgrenzungskriterium. Es gibt sowohl Meinungen als auch Behauptungen, die ins „Blaue hinein“ verlautbart werden.

103 Die Aussage des Testveranstalters, die gefundenen Maltosewerte seien nur **durch** einen (unerlaubten) **Zuckerzusatz erklärbar,** ist als Tatsachenbehauptung behandelt worden.[59] Zwar deute die Aussage auf ein Werturteil hin. Die damit in Zusammenhang stehende Äußerung, dass die chemische Qualität auf „mangelhaft“ abgewertet wurde, wenn sehr hohe Maltosegehalte oder Aromen festgestellt wurden, die nicht aus den enthaltenen Früchten stammten, könne vom Leser nur als Tatsachenbehauptung verstanden werden, dass den Säften Zucker zugesetzt worden sei.

104 Die auf die Untersuchung eines vor Inkrafttreten der gesetzlichen Regelung eingekauften Prüfmusters gestützte Aussage, der gesetzliche **Grenzwert** für Mangan sei bei einem Mineralwasser **überschritten** worden, ist als (eigenständige) Tatsachenbehauptung bewertet worden.[60] Ihr komme insbesondere auf Grund ihrer farblichen Hervorhebung und deswegen eine eigenständige Bedeutung zu, weil sie der Durchschnittsleser als Grundlage für sein eigenes Qualitätsurteil über das getestete Produkt auffasse.

105 Die Angabe eines Testveranstalters, von einem namentlich genannten Anbieter auf den Markt gebrachte Shrimps und Garnelen wiesen nach einer näher bezeichneten Untersu-

---

[54] LG Frankfurt/M Urt. v. 22. 5. 2001 – 2/3 O 170/01.
[55] OLG Frankfurt Urt. v. 22. 11. 2001 – 16 U 125/01.
[56] LG Frankfurt/M Urt. v. 22. 5. 2001 – 2/3 O 170/01.
[57] LG Köln Urt. v. 29. 7. 1994 – 28 O 277/94.
[58] OLG Frankfurt Urt. v. 8. 2. 1996 – 16 U 17/95 –.
[59] LG Berlin Urt. v. 25. 9. 1997 – 27 O 510/97, bestätigt durch KG KGR Berlin 1998, 285.
[60] KG Urt. v. 12. 2. 2002 – 9 W 30/02.

chungsmethode ermittelte Mengen eines **Antibiotikums** auf, ist als Wertung behandelt worden: Zwar stellten diese Angaben – für sich gesehen – insofern Tatsachenbehauptungen dar, als ihr Wahrheitsgehalt überprüfbar sei. Indessen komme ihnen wegen ihrer Einbettung in einen Testbericht **keine eigenständige Bedeutung** zu. Es handele sich vielmehr um bloße zum Testergebnis hinführende und diesem untergeordnete Wertungselemente.[61]

Die Äußerung eines Testveranstalters, dass Kunden der Klägerin beim Kauf eines „S.-Sprudels" mit **„hohen" Uran-Werten** zu rechnen hätten, was aus dem eingeholten Analyseergebnis zu schließen sei, hat das OLG Köln[62] als wertende **Meinungsäußerung** angesehen. Es hat sich hierbei davon leiten lassen, dass die Parteien im Wesentlichen um die Frage stritten, ob das der Aussage zugrunde liegende Prüfungs- bzw. Testverfahren unter dem Blickwinkel eines Warentests zureichend angelegt gewesen sei. Dem entsprechend sei nicht maßgeblich darauf abzustellen, ob eine „wahre" bzw. eine „unwahre" Tatsachenbehauptung aufgestellt worden sei, sondern darauf, ob das Messergebnis in einem zureichend angelegten Verfahren ermittelt und ob die gefundenen Messergebnisse durch begleitende Hinweise zureichend „relativiert" worden seien. 106

Das OLG Köln hat die geltend gemachten Ansprüche allerdings zusätzlich nach den Kriterien des § 824 BGB geprüft. 107

Das LG Braunschweig[63] hat folgende Äußerungen in einem Bericht über Arzneimittel als Wertungen behandelt: 108

- Alle Wirkstoffe dieser Gruppe verstärkten die Wirkung zentral dämpfender Medikamente wie zB Mitteln gegen starke Schmerzen.
- Alle (dort) aufgeführten Wirkstoffe könnten die Konzentrationsfähigkeit beeinträchtigen und „müde machen"; der Patient sollte deshalb keine Fahrzeuge lenken, keine Maschinen bedienen und keine Arbeiten ohne sicheren Halt verrichten.
- Vorsichtshalber sollte die Patientin das Mittel in der Schwangerschaft nicht anwenden und vor Beginn der Behandlung eine Schwangerschaft ausschließen bzw. ein sicheres Verhütungsmittel benutzen; sei sie schwanger geworden, während sie das Mittel eingenommen habe, solle sie sich „mit Frauenärztin oder -arzt beraten".
- Die Wirksamkeit eines bestimmten Wirkstoffes sei nicht ausreichend belegt.

Dies ist hinsichtlich der ersten Äußerung zweifelhaft. 109

Ähnlich das LG Frankfurt/M[64] zu folgenden Äußerungen: 110

- ein Präparat sei wenig geeignet,
- der therapeutische Nutzen eines Wirkstoffes sei zweifelhaft,
- die Wirksamkeit eines Medikaments sei nicht ausreichend belegt,
- die unerwünschten Wirkungen seien selten, aber gefährlich.

Das Gericht meint, bei diesen Aussagen handele es sich um Meinungsäußerungen, die dem Beweis nicht zugänglich seien. 111

Dies trifft für die letzte Äußerung nicht zu. 112

Die Verlegerin eines Mikrocomputermagazins hatte einen vergleichenden Test von Hand-Scannern durchgeführt und in dem „Report" **Farbfotos** der **Scan-Ergebnisse** sowie Kommentare hierzu veröffentlicht. Das Foto, das das Scan-Ergebnis des klagenden Unternehmens veranschaulichen sollte, deutete auf eine schlechte Qualität hin. Das OLG Köln[65] nahm an, der Kern der aus Abbildungen und Berichten bestehenden Aussage gehe dahin, dass das abgebildete Scan-Ergebnis das mit dem jeweiligen Scanner optimal zu erzielende Ergebnis darstelle. Dies sei eine objektivierte Tatsachenbehauptung. Die Bewertungen der Testergebnisse träten in jenem Fall demgegenüber zurück. 113

Der in einem Restaurantführer veröffentlichte Text schilderte eine ungewöhnlich lange Reihe von Pannen (warmer Wein, winziger, harter, geschmackloser Hummer, patzige Ant- 114

---

[61] OLG Karlsruhe NJW-RR 2003, 177, 178.
[62] OLG Köln OLGR Köln 2002, 445 (Ls).
[63] LG Braunschweig Urt. v. 16. 10. 2001 – 6 O 2910/00.
[64] LG Frankfurt/M Urt. v. 8. 3. 2001 – 2/3 O 503/00.
[65] OLG Köln NJW-RR 1995, 1489, 1490.

worten auf Reklamationen) und schloss „Kürte unser Guide einen **„Absteiger des Jahres“**, der H. wäre leider Spitzenkandidat“.

115 Der von dem Kläger gestellte Schadenersatz-Feststellungsantrag bezog sich nur auf die Tatsachenbehauptungen.

116 Der BGH[66] hat ausgeführt: Es entspreche nicht der Lebenserfahrung, dass die in dem Bericht enthaltenen Tatsachenbehauptungen gegenüber den mit ihnen verbundenen Wertungen in ihrer Wirkung auf die Leser völlig untergeordnet seien. Es sei vielmehr nahe liegend, dass vor allem auch die Kenntnis der die Wertungen begründenden Tatsachen geeignet seien, die Leser in ihrem Entschluss zu beeinflussen, das Restaurant nicht aufzusuchen.

III. Zulässigkeit von Wertungen

117 Als rechtliches Kriterium für die Zulässigkeit eines vergleichenden Tests, der nicht als „geschäftliche Handlung“ (früher: „Wettbewerbshandlung“) zu werten ist, kommt, sieht man von dem Ausnahmefall der sittenwidrigen Schädigung (§ 826 BGB) ab, nur § 823 Abs. 1 BGB – Recht am eingerichteten und ausgeübten Gewerbebetrieb – in Betracht.

1. Begrenzung des Schutzumfangs

118 § 823 Abs. 1 BGB – Recht am eingerichteten und ausgeübten Gewerbebetrieb – schützt vor betriebsbezogenen Eingriffen, nicht dagegen vor Reflexwirkungen. Dies schränkt die Abwehr von Angriffen auf Testberichte erheblich ein:

119 **a) Zu gute Bewertung Konkurrenzprodukt.** Der Anbieter kann sich nur gegen die sein eigenes Produkt betreffenden Wertungen richten. Dafür, gegen eine zu gute Bewertung von Konkurrenzprodukten vorzugehen, bietet diese Anspruchsgrundlage keine Handhabe.[67]

120 Dieses Ergebnis hat der BGH[68] im Wesentlichen wie folgt begründet: Wenn auch der Schutz des § 823 Abs. 1 BGB den Gewerbebetrieb nebst seinen Ausstrahlungen, d.h. den gesamten gewerblichen Tätigkeitskreis ergreife, sei doch immer zu fragen, ob im Einzelfall der **Schutzzweck** auch Beeinträchtigungen der in Frage stehenden Art erfasst. Die Hervorhebung eines Konkurrenzprodukts berühre zwar auch den eigenen Gewerbebetrieb, indem die Absatzchancen seiner Produkte herabgesetzt werden. Eine solche Reflexwirkung reiche aber nicht aus, Dritten außerhalb eines Wettbewerbsverhältnisses eine wertende Beurteilung von Produkten von Konkurrenten zu verbieten.

121 Die Auffassung des BGH steht in einem gewissen Spannungsverhältnis zu der höchstrichterlichen Beurteilung der Werbung mit Testergebnissen; hiernach ist es einem Unternehmen, dessen Leistung im vergleichenden Test unterdurchschnittlich abgeschnitten hat, verwehrt, ohne klarstellenden Hinweis mit einem guten Qualitätsurteil zu werben.[69] Sie ist jedoch richtig:[70] Die **Eingrenzung der Angriffsziele** zwingt das den Testbericht angreifende Unternehmen, sich auf das Wesentliche zu konzentrieren und vorzutragen, inwieweit seiner eigenen Leistung Unrecht geschehen sei. Dies trägt dazu bei, ein Ausufern des Streitstoffs zu verhindern. Vor allem bewahrt es die Wettbewerber vor der Gefahr, dass in einem Rechtsstreit, an dem sie nicht beteiligt sind, empfindlich in ihre Interessen eingegriffen wird.

122 Jedoch sollten Testveranstalter die Wohltat der Eingrenzung des Streitstoffs nicht überschätzen: Wenn die positive Bewertung von Leistungen der anderen in den Test einbezogenen Unternehmen offensichtlich unvertretbar ist, kann Willkür vorliegen, deren Unzulässigkeit dann ohnehin auf die gesamte vergleichende Untersuchung durchschlägt.

---

[66] BGH GRUR 1998, 167, 168 – Restaurantführer.
[67] BGHZ 65, 325, 339/340 – Warentest II.
[68] BGHZ 65, 325, 340 – Warentest II.
[69] *W. Brinkmann* GRUR 1988, 517, 519 sieht hier gar einen Widerspruch.
[70] Seinerzeit noch zweifelnd *Lachmann* BB 1976, 245, 246; s. auch *W. Brinkmann* BB 1983, 91, 93, 94.

b) Kein Anspruch auf Einbeziehung in den Test. Das Erfordernis der **Betriebsbezogenheit** schließt einen Anspruch des Anbieters darauf, dass sein Angebot in eine vergleichende Untersuchung einbezogen wird, grundsätzlich aus. Etwas anderes gilt nur dann, wenn in der Veröffentlichung der Eindruck erweckt wird, es seien alle unter ein bestimmtes Kriterium fallenden Angebote erfasst worden und die nicht einbezogene Leistung des Unternehmens in diese Kategorie fällt.[71] Die praktische Bedeutung dieses Aspekts wird häufig überschätzt. Viele Unternehmen empfinden die Einbeziehung in vergleichende Untersuchungen als bedrohlich, also nicht als erstrebenswert. 123

c) Kein Verbot der Veröffentlichung eines gesamten Tests. Aus dem Grundsatz, wonach **Reflexwirkungen** auszuklammern sind, ergibt sich zudem, dass ein Unternehmen, das sich erfolgreich gegen eine zu schlechte Bewertung seines eigenen Produkts zur Wehr setzt, keinen Anspruch darauf haben kann, dass die Veröffentlichung des gesamten Testberichtes unterbleibt. Es kann lediglich verlangen, dass die Äußerungen zu seiner eigenen Leistung unterlassen werden.[72] 124

d) Nichterwähnung schlechterer Konkurrenz. Aus dem Erfordernis der Betriebsbezogenheit folgt schließlich, dass kein von einem vergleichenden Test betroffenes Unternehmen einen Anspruch darauf hat, dass schlechter bewertete konkurrierende Angebote ebenfalls in der Veröffentlichung aufgeführt werden.[73] 125

Diese Rechtslage hat der BGH in dem folgenden Fall aufgezeigt: Die Stiftung Warentest hatte in eine vergleichende Untersuchung von Komposthäckslern ursprünglich 37 Produkte, darunter drei Geräte der Klägerin einbezogen. 17 der 37 zu Testzwecken eingekauften Geräte wurden ausgeschieden und der Gebrauchsprüfung nicht mehr unterzogen, weil die Stiftung Warentest insoweit besonders gravierende Sicherheitsmängel annahm. Diese 17 Geräte sind in der Veröffentlichung unter Hinweis auf den Grund der Nichtberücksichtigung im Testbericht in einer Tabelle mit Fabrikat und Preis aufgeführt. In dem „test Kompass", der die wesentlichen Angaben und Bewertungen zusammenfasst, waren dagegen nur die 20 getesteten Geräte nach Fabrikat, Preis, Gruppenurteil und test-Qualitätsurteil zusammengestellt. 126

Der BGH hat hierzu ausgeführt: Die Erwähnung möglicherweise noch schlechterer Konkurrenzprodukte werde nicht vom Schutz des § 823 Abs. 1 BGB für den eingerichteten und ausgeübten Gewerbebetrieb umfasst. Insoweit gehe es nur um eine **Reflexwirkung.** Ebenso wie die zu gute Bewertung von Konkurrenzprodukten berühre auch die Nichterwähnung noch schlechterer Produkte die eigenständige Bewertung des in Betracht gezogenen Produkts nur am Rande. An der – rechtlich nicht zu beanstandenden – Bewertung der Produkte der Klägerin mit „mangelhaft" änderten die Beurteilungen anderer Produkte nichts.[74] 127

2. Eingriff trotz positiver Bewertung?

Die für die Praxis wichtige Frage, ob der Anbieter eines mit **„gut"** bewerteten Produkts damit zu hören ist, dieses hätte noch **besser benotet** werden müssen, ist zu bejahen. 128

Die Stiftung Warentest hat die Dispersionsfarbe eines Unternehmens mit „gut" bewertet, während andere Produkte die Bewertung „sehr gut" erhalten hatten. Das Argument, die von dem Anbieter angegriffene Bewertung „gut" könne kein Eingriff in den eingerichteten und ausgeübten Gewerbebetrieb sein, weil sie positiv sei, war vor dem LG Frankfurt[75] erfolglos. Das Gericht meinte, zwar könne sich auch das Testurteil „gut" im Wettbewerb positiv auswirken, im vorliegenden Fall bestehe jedoch die Besonderheit, dass das klagende 129

[71] So *W. Brinkmann* GRUR 1988, 517, 519.

[72] BGH GRUR 1997, 942 – Druckertest, insoweit nicht mit abgedruckt; s. aber Abdruck in NJW 1997, 2593, 2595.

[73] BGH GRUR 1987, 468, 471 – Warentest IV; *W. Brinkmann* GRUR 1988, 517, 519; kritisch *Wenzel/Burkhardt* Rn 10.109.

[74] BGH GRUR 1987, 468, 471 – Warentest IV.

[75] LG Frankfurt/M Urt. v. 7. 2. 1991 – 2/3 O 333/90.

Unternehmen im Bereich der Dispersionsfarben **Marktführer** sei, so dass die Beurteilung seines Produktes nur als „gut" und nicht als „sehr gut" zu einem **Ansehensverlust** führe, der sich nach der allgemeinen Lebenserfahrung zwangsläufig auch in Umsatzverlusten widerspiegeln werde.

130 Das Ergebnis der Entscheidung ist richtig. Die Begründung überzeugt jedoch nicht, denn wenn ein zulässiger vergleichender Test zu keinem anderen Urteil als „sehr gut" führen kann, liegt in einer ebenfalls positiven, jedoch schlechteren Bewertung ein Eingriff in den Gewerbebetrieb. Hierfür kommt es nicht darauf an, ob das klagende Unternehmen Marktführer ist.

3. Ableitung der Zulässigkeitskriterien

131 Für den verbleibenden Bereich des wertenden (neutralen) Warentests der Stiftung Warentest hat der BGH in der auch von ihm als Grundsatzentscheidung gewerteten Entscheidung Warentest II die Zulässigkeitskriterien wie folgt entwickelt:[76]

132 **a) Güterabwägung.** Der BGH leitet aus der folgenden Güterabwägung die Notwendigkeit ab, der Stiftung Warentest einen Freiraum zuzubilligen:

- Verbraucheraufklärung, wie sie von der Stiftung Warentest betrieben werde, sei zur Gewinnung von Markttransparenz unerlässlich, und zwar nicht nur im Interesse der Verbraucher, sondern schlechthin unter volkswirtschaftlichen Gesichtspunkten.[77]
- Sie diene zudem den wohlverstandenen Interessen der Hersteller und Anbieter, um deren Erzeugnisse und Leistungen es geht. Das werde gerade bei einer Einrichtung wie der Stiftung Warentest augenfällig. Zweck dieser durch die Bundesrepublik als Stiftung des privaten Rechts errichteten Institution sei, die Öffentlichkeit über objektivierbare Merkmale des Nutz- und Gebrauchswerts von Waren und Leistungen zu unterrichten. Zur Erreichung dieses Zwecks solle sie in einem eine sachgerechte Marktbeurteilung gewährleistenden Ausmaß Untersuchungen an miteinander vergleichbaren Waren und Leistungen nach wissenschaftlichen Methoden durchführen und die gemeinverständlich und unparteiisch erläuterten Ergebnisse solcher Untersuchungen veröffentlichen.
- Dieser ihr im allgemeinen Interesse übertragenen Aufgabe könne sie aber nur gerecht werden, wenn ihr für die Veröffentlichungen und ihre Untersuchungsmethoden sowie die vorgenommenen Wertungen ein angemessener Spielraum zur Verfügung stehe.[78]
- Das sei grundsätzlich auch tragbar, weil die Stiftung Warentest durch ihre Satzung und die mit vielen Sicherungen versehene Handhabung eine weitgehende Gewähr dafür biete, dass sie auf ordnungsmäßigem Wege zu jedenfalls vertretbaren Wertungen gelange, was selbstverständlich im Einzelfall eine andere rechtliche Beurteilung eines von ihr durchgeführten und veröffentlichten Tests nicht ausschließe.[79]

133 Die grundsätzlichen, für die Bemessung des Freiraums relevanten Abwägungen des BGH lassen sich wie folgt zusammenfassen:

- Testberichte seien in der Regel nicht dem Bereich des geistigen Meinungskampfes in einer die Öffentlichkeit wesentlich berührenden Frage zuzuordnen, folglich unterliege ihre Zulässigkeit nicht nur dem Verbot der Schmähkritik.[80]
- Die Zulässigkeit wertender Äußerungen über die Qualität von gewerblichen Leistungen sei zwar auch am Recht der freien Meinungsäußerung (Art. 5 GG) zu messen. Die erforderliche Abwägung gehe aber teilweise von anderen Bezugspunkten aus. Hier stehe dem geschützten Rechtsgut (Gewerbebetrieb) die „ebenso geschützte Freiheit einer Meinungsäußerung" gegenüber, die sich gerade mit dessen Produkten (Waren) befasse und

---

[76] BGHZ 65, 325 – Warentest II.
[77] BGHZ 65, 325, 332 – Warentest II.
[78] BGHZ 65, 325, 332 – Warentest II.
[79] BGHZ 65, 325, 332 – Warentest II.
[80] BGHZ 65, 325, 333 – Warentest II.

die Befriedigung des Informationsinteresses der Öffentlichkeit (der Verbraucher) an diesen Waren für sich in Anspruch nehme.[81]

- Daraus ergebe sich für die wertende Kritik an gewerblichen Leistungen folgender Grundsatz: Je nach dem angesprochenen und erreichten Empfängerkreis, der auf die Objektivität der Darstellung vertraut, sei derjenige, der sich auf sein Recht zur freien Meinungsäußerung berufe, zu sorgfältiger Prüfung gehalten, ob er mit seiner Äußerung den Boden sachlich gerechtfertigter Kritik verlasse.[82]
- Dieser Satz, der für Darstellungen in Fernsehen, Rundfunk und Presse entwickelt worden sei, gelte grundsätzlich auch für die Veröffentlichungen der Stiftung Warentest. Gerade ihr gegenüber vertraue die Öffentlichkeit weitgehend auf die Objektivität ihrer Testpublikationen, die im übrigen Voraussetzung dafür sei, dass diese Institution ihrer satzungsmäßig übertragenen Aufgabe gerecht werden könne.[83]

b) Zulässigkeitskriterien. Aus diesen Abwägungen und Ansätzen leitet der BGH die folgenden Anforderungen ab: 134

- Die Untersuchung muss **neutral** vorgenommen werden; fehlt es daran, so wird die Unzulässigkeit der Testveröffentlichung vielfach schon aus den Regeln des Wettbewerbsrechts folgen.[84]
- Die Untersuchung muss **objektiv** sein, wobei allerdings nicht die objektive Richtigkeit eines gewonnenen Ergebnisses im Vordergrund steht, sondern das **Bemühen um diese Richtigkeit.**[85]
- Die Untersuchung muss **sachkundig durchgeführt** worden sein.[86]

In einer späteren Entscheidung hat der BGH die Forderung „nachgeschoben", der Test müsse nicht nur nach der **Zusammensetzung der Produkte** einen **sinnvollen,** an der Verbrauchererwartung orientierten **Vergleich** erlauben, sondern auch die Prüfungsmethoden und -kriterien müssten von der Sache her **vertretbar** sein.[87] 135

Sind diese Anforderungen erfüllt, gewährt der BGH, soweit es um die Angemessenheit der Prüfungsmethoden, die Auswahl der Testobjekte und schließlich die Darstellung der Untersuchungsergebnisse geht, einen erheblichen Spielraum.[88] Wo dessen Grenzen liegen, hängt nach seiner Ansicht im Wesentlichen von den Umständen des Einzelfalles ab. Die Grenzen seien zweifellos überschritten bei **bewussten Fehlurteilen** und bewussten **Verzerrungen,** insbesondere auch bei bewusst **unrichtigen Angaben** und bewusst **einseitiger Auswahl** der zum Vergleich gestellten Waren und Leistungen.[89] 136

Aus den aufgestellten Kriterien, insbesondere dem der Objektivität, folgert der BGH ferner, dass die Grenze der Unzulässigkeit auch dort überschritten ist, wo die Art des Vorgehens bei der Prüfung und die aus den durchgeführten Untersuchungen gezogenen Schlüsse als nicht mehr **vertretbar** („diskutabel") erscheinen.[90] „Dann, aber auch erst dann" verfehle der vergleichende Warentest das von ihm angestrebte Ziel.[91] 137

Später hat der BGH ergänzt, dass nur durch die Gewährung eines angemessenen Freiraums der Gefahr entgegengewirkt werden könne, dass vergleichende Warentests wegen der Angriffspunkte, die solche Entscheidungen der Tester in Bezug auf Verfahren und Art der Darstellung den Herstellern von schlechter beurteilten Produkten immer bieten werden, von vornherein unterbleiben.[92] 138

---

[81] BGHZ 65, 325, 333 – Warentest II.
[82] BGHZ 65, 325, 333 – Warentest II.
[83] BGHZ 65, 325, 334 – Warentest II.
[84] BGHZ 65, 325, 334 – Warentest II.
[85] BGHZ 65, 325, 334 – Warentest II.
[86] BGHZ 65, 325, 334 – Warentest II.
[87] BGH GRUR 1987, 468, 469 – Warentest IV.
[88] BGHZ 65, 325, 334 – Warentest II.
[89] BGHZ 65, 325, 334 – Warentest II.
[90] BGHZ 65, 325, 335 – Warentest II.
[91] BGHZ 65, 325, 335 – Warentest II.
[92] BGH GRUR 1989, 539, 539 – Warentest V.

139 **c) Folgen des Urteils.** Dieses Urteil hat die zuvor herrschende Rechtsunsicherheit erheblich reduziert. Die Praxis behandelt das Urteil als Leitentscheidung für

- sämtliche vergleichenden Testberichte, also zB den Vergleich von Dienstleistungen,[93] Preisen[94] und Meinungsumfragen zu Produkten,[95] wozu schon die vom BGH gewählte Wortwahl einlädt,
- für Testberichte aller Testveranstalter, die nicht in Wettbewerbsabsicht handeln,[96] was bedenklich ist,
- gelegentlich auch außerhalb des Vergleichs gewerblicher Leistungen, so zB bei der rechtlichen Bewertung von Äußerungen einer Institution, deren Aufgabe es ist, für Transparenz im Spendenwesen zu sorgen.

140 Das OLG München[97] hat auf Äußerungen in einem Buch, das sich kritisch mit der Verwendung bestimmter Baustoffe befasste, die Grundsätze der Warentest II Entscheidung entsprechend angewendet. Eine Einschränkung soll für Restaurantkritiken gelten, weil sie sich in weitgehendem Maße einer objektiven Beurteilung entziehen und es von den persönlichen Eindrücken und Empfindungen des Kritikers abhängt, wie er die angebotene Leistung bewertet.[98]

4. Anwendung der einzelnen Kriterien

141 **a) Neutralität.** Der dem Testveranstalter auf Grund der höchstrichterlichen Rechtsprechung gewährte Freiraum beruht darauf, dass der Testbericht ausschließlich von dem Bemühen um Richtigkeit getragen werden soll. Hierzu ist es erforderlich, dass aufseiten des Testveranstalters das Anliegen besteht, ohne Rücksicht auf die Interessen der betroffenen Anbieter oder sonstiger sachfremder Anliegen richtig und sachgerecht vorzugehen. Dazu gehört, dass zu den Anbietern der geprüften Leistungen objektiv und auch subjektiv gleiche Distanz besteht. Auch der Leser eines Testberichts geht, wenn ihm nichts anderes mitgeteilt wird, davon aus, dass der Testveranstalter eine **Art neutraler „Gutachter"** ist. Diese Voraussetzung fehlt eindeutig, wenn der Testbericht sich als „geschäftliche Handlung" (früher: „Wettbewerbshandlung") auf dem Markt, dem die geprüften Leistungen zugehören, darstellt. Die Neutralität kann aber auch aus anderen als wettbewerbsrechtlich relevanten Gründen ausgeschlossen sein.[99]

142 Das Vorliegen der Neutralität ist **bisher** als **„K. O.-Kriterium"** für die Zulässigkeit vergleichender Testberichte gesehen worden.[100] Es diente meistens dazu, die Unzulässigkeit von Veröffentlichungen zu begründen, die in der Absicht erfolgten, einem oder mehreren Anbietern der geprüften Leistungen Wettbewerbsvorteile zu verschaffen. Es ging darum, offene, insbesondere aber versteckte vergleichende Werbung zu unterbinden. Dieses Ziel lässt sich nicht mehr aufrechterhalten, nachdem vergleichende Werbung grundsätzlich zulässig geworden ist. Ein Testbericht, in dem ein Unternehmen seine eigenen Produkte offen denen der Konkurrenten gegenüberstellt, ist jetzt grundsätzlich zulässig. Nachdem der Gesetzgeber diese Möglichkeit der vergleichenden Werbung eingeräumt hat, kann das Feh-

---

[93] OLG Frankfurt NJW-RR 2002, 1697, 1698: Anwendbarkeit auf Finanzdienstleistungen, wie Versicherungen.

[94] BGH GRUR 1981, 658, 659 – Preisvergleich; KG WRP 1978, 822, 823 – Preisvergleiche; OLG Hamburg WRP 1979, 68, 72; OLG Köln WRP 1979, 230, 231; *W. Brinkmann* WRP 1979, 265, 267; *Weyhenmeyer* WRP 1979, 766, *Weyhenmeyer* WRP 1981, 499 ff; *Scherhorn* WRP 1980, 677 ff.

[95] OLG Hamburg WRP 1979, 317, 319.

[96] BGH GRUR 1989, 539, 539 – Warentest V; s. auch OLG München NJW-RR 1997, 1330; OLG Düsseldorf BB 1982, 62 – Sicherheitsrisiko m. Anm. *Lachmann* BB 1982, 65.

[97] OLG München ZUM 1988, 250, 252.

[98] BGH GRUR 1986, 812, 814 – Gastrokritiker.

[99] *W. Brinkmann* WRP 1981, 445, 445.

[100] OLG München NJW-RR 1997, 1330, 1331, das von der Unzulässigkeit des gesamten Testberichts ausging und sich an einem uneingeschränkten Verbot nur durch den eingeschränkten Untersagungsantrag des Klägers gehindert sah.

len der Neutralität nicht mehr ohne weiteres zur Unzulässigkeit des Testberichts führen. Dies bedeutet:

- Fehlt die Neutralität, weil der Testbericht in Bezug auf die geprüften Leistungen eine „geschäftliche Handlung“ darstellt, ist die Veröffentlichung nicht von vornherein unzulässig, sondern an den wettbewerbsrechtlichen Kriterien zu messen.
- Fehlt die Neutralität aus anderen Gründen, ist die Veröffentlichung des Testberichts insoweit unzulässig, als der Leser auf die Umstände, die der Neutralität entgegenstehen, nicht **deutlich hingewiesen** wird.[101]

aa) „Geschäftliche Handlungen“ bezüglich getesteter Leistungen. Eine eindeutige dem UWG unterliegende Handlung liegt vor, wenn ein Testveranstalter einen vergleichenden Test unter Einbeziehung seines eigenen Angebots vornimmt. Beispiel: Ein Anbieter von Waren unterzieht seine eigenen Produkte und diejenigen der Konkurrenz einer vergleichenden Prüfung. Entsprechendes muss aber auch gelten, wenn der Testveranstalter auf dem betreffenden Markt tätig ist und hier vergleichende **Testberichte** über die **Leistungen der Konkurrenz** veröffentlicht, ohne sein eigenes Angebot einzubeziehen. Beispiel: Eine Herstellerin von Nahrungskonzentraten veröffentlicht in einer von ihr verlegten Zeitschrift die kritische Wertung eines Sachverständigen zu Konkurrenzprodukten auf dem „Body-Building-Markt“.[102] 143

Aber auch eine Konstellation, in der der Testveranstalter die Leistung eines mit ihm wirtschaftlich und/oder organisatorisch **verflochtenen Unternehmens** in die vergleichende Untersuchung einbezieht, schließt die Neutralität aus, so bei einem Verlag, der eine vergleichende Untersuchung von Lehrmitteln, unter Einbeziehung von Produkten eines mit ihm personell und gesellschaftsrechtlich verflochtenen Unternehmens, veröffentlicht. 144

In einem solchen Fall hat das OLG Koblenz[103] eine „Wettbewerbshandlung“ mit folgenden Erwägungen bejaht: Der Testveranstalter habe mit der Veröffentlichung des Zeitungsartikels im Geschäftsverkehr zu Zwecken des Wettbewerbs gehandelt. Dass die bewertende Darstellung geeignet sei, die Wettbewerbslage zugunsten des verflochtenen Unternehmens zu beeinflussen, könne nicht bezweifelt werden. Die Wettbewerbsabsicht sei auch zu bejahen, wenn der Beweggrund für eine beanstandete Handlung nicht allein oder auch nur im Wesentlichen darin liege, eigenen oder fremden Wettbewerb zu fördern; es genüge, wenn diese Motive gegenüber anderen nicht völlig zurücktreten. Angesichts der Gesellschafter- und Geschäftsführeridentität spreche „alles dafür“, dass es dem Testveranstalter mit dem Zeitungsbeitrag nicht zuletzt darauf ankam, den Absatz der mit ihm verflochtenen Gesellschaft zu fördern. An dieser Absicht könnten auch deshalb keine Zweifel bestehen, weil sich die Antragsgegnerin bewusst sei, dass jeder Leser, der nicht zufällig die internen Verhältnisse kenne, von der Neutralität und Unabhängigkeit der Antragsgegnerin ausgehen müsse und deshalb getäuscht werde. Obwohl es auf die Wettbewerbsabsicht nach neuem Recht nicht mehr ankommt, ist die Entscheidung im Ergebnis auch nach heutigen Maßstäben richtig. 145

Problematischer sind die Fälle, in denen der Testende **mehrere Funktionen** wahrnimmt, wobei die gewerbliche Tätigkeit nicht unmittelbar dem Markt der untersuchten Leistung zuzurechnen ist. 146

Der Kläger, ein Gastwirt, wandte sich gegen eine für seine Gastwirtschaft äußerst negative Kritik des Beklagten, eines Gastrokritikers, der zugleich an einem Unternehmen beteiligt war, das Weinhandel betrieb. Der Gastrokritiker veranstaltete zu der Zeit, als seine Berichte erschienen, Weinproben und vermittelte dem Weinhandel Bestellungen. Der Gastwirt hat vorgetragen, der Bericht über das Leistungsangebot in seinem Lokal sei unwahr; die behaupteten Mängel hätten nicht bestanden. Der Gastrokritiker habe mit diesem Be- 147

---

[101] Hierzu auch OLG Hamburg WRP 1979, 317, 319; zustimmend *Wenzel/Burkhardt* Rn 10.86; so wohl auch *Soehring* Rn 22.23.

[102] ZB OLG Hamm WRP 1980, 281, 282.

[103] OLG Koblenz WRP 1988, 477, 478; zustimmend *Soehring* Rn 22.16.

richt auch für den Absatz der Weine des Unternehmens, an dem er wirtschaftlich beteiligt sei, werben wollen. Er habe beim Besuch der Lokale, über die er habe berichten wollen, deutlich herausgestellt, dass er auch den Verkauf von Wein vermittle und so auch Bestellungen veranlasst. Durch seine Hinweise auf den eigenen Weinhandel und seine ständige Testertätigkeit sei es ihm auch gelungen, bei den angesprochenen Gastwirten den sicheren Eindruck zu erwecken, dass sich solch eine vernichtende Kritik, wie er sie über das Weinlokal des Klägers veröffentlicht habe, nur bei Aufnahme reger Geschäftsbeziehungen vermeiden lasse. Der Gastrokritiker habe durch sein Vorgehen ferner erreichen wollen, dass er, der Kläger, das Lokal an einen anderen, mit dem Beklagten befreundeten, Pächter abgebe.

148 Das Berufungsgericht hat eine „Wettbewerbshandlung" angenommen und den Bericht auf dieser Grundlage als unzulässig gewertet. Der BGH[104] hat demgegenüber ausgeführt, zwar liege eine objektive Wettbewerbshandlung vor, jedoch unterliege die Annahme, der Gastrokritiker habe auch subjektiv in **Wettbewerbsabsicht** gehandelt, durchgreifenden rechtlichen **Bedenken.** Die Feststellung des Berufungsgerichts, der Gastrokritiker sei an einer Weinkellerei wirtschaftlich beteiligt und habe auch laufend deren Interessen durch Verkaufsförderungsmaßnahmen vertreten; ferner hätten von ihm getestete Gastwirtschaften bei ihm „als Sachkenner" und Mitinhaber eines Weinguts zunehmend Bestellungen aufgegeben; dies sei ihm bei Veröffentlichung des hier angegriffenen Berichts bekannt gewesen, reiche nicht allein für die Annahme aus, dass er auch mit der Absicht gehandelt habe, durch seine journalistische Tätigkeit den eigenen Wettbewerb beim Absatz der Weine oder den Wettbewerb der übrigen Gaststätten untereinander zu Lasten des Klägers zu fördern. Das Bewusstsein, fremden oder eigenen Wettbewerb zu fördern, werde zwar regelmäßig als ein Beweisanzeichen für ein Handeln in Wettbewerbsabsicht angesehen, stehe aber einer Verneinung dieser Absicht nicht notwendigerweise entgegen. Es sei von entscheidender Bedeutung, dass der Gastrokritiker den beanstandeten Presseartikel nicht gezielt zur Förderung seines eigenen Weinvertriebs veröffentlicht habe, sondern – unabhängig von einem Weinvertrieb – als Gastrokritiker tätig sei. Sei damit für die rechtliche Beurteilung davon auszugehen, dass er den beanstandeten Artikel in dieser Funktion verfasst und veröffentlicht habe, könne nicht ohne weiteres angenommen werden, er habe damit seine Stellung als Wettbewerber beim Vertrieb von Weinen fördern oder aber in den Wettbewerb der Gaststättenbetriebe untereinander zugunsten bestimmter Unternehmen eingreifen wollen. Bei Presseäußerungen, insbesondere auch bei einer Artikelserie über das unterschiedliche Angebot von Gaststättenbetrieben, bestehe daher allein auf Grund der objektiven Eignung zur Wettbewerbsförderung und auch des Bewusstseins des Verfassers, dass eine solche Wirkung eintreten könne, noch **keine Vermutung** für das Bestehen einer subjektiven **Wettbewerbsabsicht.** Der BGH hat jedoch eine Wettbewerbshandlung nicht definitiv ausgeschlossen, sondern die Sache zurückverwiesen.

149 ME kann man schon auf Grund der unstreitigen Doppelfunktion des Gastrokritikers zu dem Ergebnis gelangen, ihm fehle die Neutralität. Jedoch ist diese Wertung nicht zwingend. Überdies haben die Gerichte an diese Art von Veröffentlichungen nicht die für vergleichende Testberichte geltenden Anforderungen gestellt.

150 **bb) Konstellationen außerhalb des Wettbewerbsrechts.** Die Neutralität kann auch dann fehlen, wenn besondere Beziehungen
– des Testveranstalters oder
– seiner die Untersuchung prägenden Mitarbeiter oder
– des eingeschalteten Prüfinstituts
zu einem (oder mehreren) der vom Testbericht unmittelbar betroffenen Unternehmen bestehen.

151 Dies zeigt der folgende Fall, in dem der BGH allerdings die zu vergleichenden Testberichten aufgestellten Grundsätze nicht unmittelbar herangezogen hat: Der Kläger, Inhaber eines Restaurants, wandte sich gegen eine Veröffentlichung in dem von der Beklagten ver-

---

[104] BGH GRUR 1986, 812, 813 – Gastrokritiker.

legten „Reiseführer für Gourmets". Der Bericht beruhte auf dem Besuch zweier Testesser, von denen einer mit einem Wettbewerber des Klägers befreundet war. Der Kläger hat geltend gemacht, die Kritik in dem Restaurantführer sei in tatsächlicher Hinsicht unwahr, die abwertende Kritik habe ihre Ursache in den nahen **Beziehungen** des einen der beiden **Testesser** zu dem mit diesem befreundeten Gastronomen.

Der BGH hat wettbewerbsrechtliche Ansprüche verneint und ausgeführt: Negative Testberichte in Restaurantführern seien zwar objektiv geeignet, den Wettbewerb der Konkurrenten zum Nachteil der Betroffenen zu fördern. Hieraus könne aber noch nicht ohne weiteres auch auf das Vorliegen einer entsprechenden Absicht geschlossen werden. Bei Äußerungen der **Presse,** die sich im Rahmen ihres Aufgabenbereichs halten, die Öffentlichkeit über Vorgänge von allgemeiner Bedeutung zu unterrichten und zur öffentlichen Meinungsbildung beizutragen, sei eine **Wettbewerbsabsicht** allein auf Grund der objektiven wettbewerbsbezogenen Eignung noch **nicht zu vermuten.**[105] Im Streitfalle seien keine besonderen Umstände ersichtlich, aus denen auf eine Absicht der Beklagten geschlossen werden könnte, den Wettbewerb anderer Restaurantbetriebe zum Nachteil des Klägers zu fördern. Der BGH hat der Klage jedoch unter deliktrechtlichen Aspekten stattgegeben, ohne die zum vergleichenden Warentest entwickelten Kriterien zu erwähnen. 152

In diesem Falle ist mE das Vorliegen der Neutralität schon konstellationsbedingt zu verneinen. 153

Neutralität kann durch die **Auswahl der Testinstitute** und der Experten ausgeschlossen, mindestens gefährdet werden. Die bedeutenden Prüfinstitute arbeiten selbstverständlich nicht überwiegend oder gar ausschließlich für Testveranstalter, sondern beziehen ihre Kenntnisse und Erfahrungen aus der Tätigkeit für die anbietende Wirtschaft. In einigen Bereichen gibt es zudem nur sehr wenige Institute, die über die erforderlichen Einrichtungen und das erforderliche Know-how verfügen, um die Messungen durchführen zu können. Es wäre daher weltfremd, von dem Testveranstalter zu verlangen, er dürfe kein Prüfinstitut einschalten, das auch für vom Test betroffene Unternehmen tätig sei. Allerdings ist die Beauftragung solcher Institute, die 154

- ausschließlich für einen der betroffenen Anbieter tätig, wirtschaftlich gar von ihm abhängig sind, oder
- für die Mitwirkung an Untersuchungen neutraler Testveranstalter eine Erlaubnis ihrer Kunden benötigen, oder
- an der Entwicklung von getesteten Produkten beteiligt waren,

mit dem Neutralitätserfordernis nicht zu vereinbaren.

Das LG Berlin[106] hat es bei der rechtlichen Überprüfung einer vergleichenden Untersuchung von Pflegecremes aufgrund besonderer Umstände im Ergebnis für unbedenklich gehalten, dass das beauftragte Prüfinstitut einer Unternehmensgruppe zugehörte, deren andere Prüfinstitute Kosmetika herstellen bzw. insoweit beratend tätig sind. Diese Entscheidung lässt sich nicht verallgemeinern. 155

Der Testveranstalter darf sich bei seiner Arbeit nicht von einem oder mehreren der betroffenen Anbieter abhängig machen oder Umstände schaffen, die jedenfalls die konkrete **Möglichkeit einer Beeinflussung** der Ergebnisse bieten.[107] 156

Eine neutralitätsschädliche Abhängigkeit kann dadurch entstehen, dass **Messungen im Labor von Unternehmen** stattfinden, deren in den Vergleich einbezogene Leistungen konkurrieren. Dies gilt erst Recht dann, wenn deren Personal an den Untersuchungen mitwirkt.[108] Das OLG München[109] hat in einem solchen Fall zu Recht wie folgt argumen- 157

[105] BGH GRUR 1998, 167, 168 – Restaurantführer, auch unter Hinweis auf BGH GRUR 1986, 812, 813 – Gastrokritiker.

[106] NJW-RR 2005, 290 – Uschi Glas – bestätigt durch das KG durch Beschluss gemäß § 522 Abs. 2 ZPO – 9 U 108/05 – nach ausführlichem Hinweisbeschluss vom 10. 4. 2006.

[107] So wohl auch *W. Brinkmann* WRP 1981, 445, 445.

[108] Differenzierend *Wenzel/Burkhardt* Rn 10.89.

[109] OLG München NJW-RR 1997, 1330, 1331 (verkürzt).

tiert: An den Warentest seien sowohl im Bereich der Neutralität als auch in dem der Objektivität hohe Anforderungen zu stellen. Die erforderliche Neutralität des Testveranstalters entfalle, wenn durch Zuwendungen von Wettbewerbern verbraucherfremde Bindungen entstanden seien. Bloße Vermutungen in dieser Richtung reichten zwar nicht aus, es genüge aber bereits die Möglichkeit testfremder Einflussnahme, wenn hiermit den Umständen nach jederzeit zu rechnen sei, um die erforderliche Neutralität zu beseitigen.[110] Diese Möglichkeit sei durch die Nutzung des Speziallabors sowie die Mitwirkung von Mitarbeitern der Konkurrentin der Klägerin gegeben gewesen. Zwar müsse nicht jede Mitwirkung eines Wettbewerbers an der Durchführung eines Tests zwangsläufig zu dessen Unzulässigkeit führen, im vorliegenden Fall habe es sich jedoch nicht um eine vernachlässigbare Hilfestellung sondern um eine Beteiligung an einem wesentlichen Teil der Untersuchung gehandelt. Es sei nicht zu beanstanden, wenn Dritte für die Durchführung vorgegebener Untersuchungen eingeschaltet werden, der Grundsatz der Neutralität gebiete es aber, die Dienste eines neutralen, unbeteiligten Dritten zu beanspruchen, nicht aber die eines Wettbewerbers, dessen eigene Produkte mit Gegenstand der Überprüfung seien.

158 Die **Beteiligung** eines von der vergleichenden Untersuchung betroffenen Unternehmens **an den Kosten der vergleichenden Untersuchung,** zB einer Meinungsumfrage, beseitigt ebenfalls die erforderliche Neutralität, weil sie die Möglichkeit einer Einflussnahme gewährt. Es kommt nicht darauf an, ob und inwieweit das Unternehmen diese Möglichkeit faktisch genutzt hat.[111]

159 **cc) Andere Gründe der Voreingenommenheit.** Neutralität setzt zudem voraus, dass keine Umstände ersichtlich sind, die den Verdacht begründen, der Testveranstalter und/oder von ihm eingeschaltete Experten wollten unter allen Umständen bestimmte ihnen genehme Ergebnisse erzielen. Während des Testverfahrens ist **„Ergebnisoffenheit"** zu verlangen. Diese ist bei Wissenschaftlern nicht schon dann ausgeschlossen, wenn sie zuvor Auffassungen vertreten haben, die sich für bestimmte Produkte negativ auswirken. Bei begründetem Verdacht, dass keine Bereitschaft besteht, die eigene Position in Frage zu stellen, ist die Neutralität zu verneinen. Ein derartiger Verdacht muss konkret belegt werden. Er kann sich aus Äußerungen des Betreffenden selbst ergeben. Die Problematik hat insbesondere dann Bedeutung, wenn es – wie zum Beispiel gelegentlich im Heilmittelbereich – um **„Glaubenskämpfe"** oder politisch motivierte **Kontroversen** geht. Hier ist es nicht sachdienlich, einen der besonders profilierten Streithähne als Experten auszuwählen. Entsprechendes gilt, wenn die Werbung von Unternehmen für Apparate überprüft werden soll, die zB Heilung oder Abmagerung ohne Anstrengung ermöglichen sollen. In diesem Bereich ist der Drang anerkannter Fachleute, sich mit derartigen Untersuchungen zu befassen, recht gering, weil sie ohnehin zu wissen glauben, wie das Resultat ausfallen wird. Es ist gefährlich, einen Experten zu beauftragen, der den Prüfungsauftrag übernimmt, um mit dem betreffenden Anbieter ohnehin schon bestehende heftige Konflikte fortsetzen zu können.

160 **dd) Irrelevante Aspekte.** Die **Aufnahme von Anzeigen** der betroffenen Unternehmen steht der Annahme der Neutralität nicht entgegen.[112] Somit reicht der Hinweis auf das Interesse des Testveranstalters an der Akquisition von Anzeigenaufträgen nicht aus, die Neutralität in Zweifel zu ziehen. Anzeigenfinanzierte Medien sind regelmäßig darauf angewiesen, zur Schaltung von Anzeigen zu motivieren.[113] Die vom OLG München[114] bei der Beurteilung eines Buches mit Ranglisten von Anwaltskanzleien vertretene Ansicht, die Wettbewerbsabsicht des Verlages werde besonders deutlich durch die Kombination von redaktionellem Teil und den als „Kanzleiprofile" und „Partnerprofile" bezeichneten be-

[110] Zustimmend OLG Frankfurt NJW-RR 2005, 1634.
[111] OLG Hamburg WRP 1979, 317, 319.
[112] ZB Hefermehl/*Köhler*/Bornkamm UWG § 1 Rn 409; *Soehring* Rn 22.24; *Wenzel/Burkhardt* Rn 10.87.
[113] BVerfG NJW 2003, 277 – Anwaltsranking.
[114] OLG München NJW 2001, 1950, 1951 – Anwaltsranking.

zahlten Anzeigen mit der Liste der besprochenen Kanzleien ist vom BVerfG zu Recht beanstandet worden.[115] Auch die Auffassung, die Darlegungs- und Beweislast dafür, dass der Test trotz geschalteter Anzeigen neutral durchgeführt worden sei, obliege dem Testveranstalter,[116] ist ungeachtet dessen, dass Negativbeweise kaum zu führen sind, unhaltbar.

Bisweilen werden unter dem Kriterium der Neutralität Aspekte behandelt, die damit nichts zu tun haben: Ein **unvertretbares Vorgehen** rechtfertigt entgegen der Meinung des BGH[117] nicht den Schluss, der Testveranstalter sei nicht neutral. Es gibt keinen Anlass zu der Annahme, dass derjenige, der die Öffentlichkeit aufklären will und hierbei durch grobe Fahrlässigkeit einen Fehler macht, gleichzeitig die Absicht hegt, einen bestimmten Anbieter zu bevorzugen.[118] Allerdings kann eine auffällige **Häufung unvertretbarer Schritte,** die sich immer zugunsten oder zu Lasten eines bestimmten Prüfobjekts auswirken, ein Indiz für das Fehlen von Neutralität sein.[119] 161

b) Objektivität. Der Testveranstalter muss sich um die **Richtigkeit** des Tests **bemühen.**[120] Dies bedeutet, dass er den Willen haben muss, auf Grund fairer und sachgerechter Verfahren zu richtigen Ergebnissen zu gelangen. Es dürfte sehr schwer sein, substantiiert vorzutragen, dass einem Testveranstalter das Bemühen um Richtigkeit abzusprechen sei. Jedenfalls reicht es hierfür nicht aus, dass gravierende Fehler behauptet werden oder unstreitig unterlaufen sind: Diese können auch einem um Richtigkeit Bemühten immer wieder unterlaufen. 162

Soweit ersichtlich, hat das Kriterium der Objektivität **in der Praxis keine wesentliche Bedeutung.** Zwar wird der Vorwurf, der Testveranstalter sei nicht objektiv, immer wieder erhoben. Letztlich stellen die meisten Gerichte jedoch, wenn sie nicht ausnahmsweise das Anliegen verfolgen, den Testveranstalter ihrer Missachtung zu versichern, darauf ab, ob er den Freiraum überschritten hat. 163

c) Sachkundige Durchführung. Das Erfordernis der **Sachkundigkeit** bezieht sich nicht auf die Person des Testveranstalters, sondern funktional **auf die Durchführung** der vergleichenden Untersuchung.[121] Dies bedeutet, dass der Testveranstalter im Falle der gerichtlichen Auseinandersetzung nicht etwa zu belegen hat, dass er auf Grund seiner Ausbildung, Kenntnisse und Erfahrungen die erforderliche Sachkunde hatte, um eine vergleichende Untersuchung gewerblicher Leistungen in Angriff zu nehmen.[122] Aus der Anordnung, der Durchführung und der Auswertung der vergleichenden Untersuchung kann sich jedoch die Sachunkundigkeit ergeben. Dies ist dann der Fall, wenn die Testanordnung und -durchführung den Fachleuten offenbart, dass der Testveranstalter von der Materie „keine Ahnung" hat. In der Regel werden dann auch seine Stellungnahmen zu den problematischen Punkten diese Annahme bestätigen. Es kommt selten vor, dass einem Testverfahren die Sachkunde abgesprochen wird. 164

Jedoch ist dies in dem folgenden Fall geschehen: Der Testveranstalter hatte im Rahmen eines vergleichenden Tests von Lautsprecherboxen auch den Klirrfaktor gemessen und bewertet. Das OLG München[123] gelangte auf Grund eines Sachverständigengutachtens zu der Auffassung, der Messraum sei ungeeignet gewesen, zudem habe sich für einen Fachmann aus dem Kurvenverlauf der Messwerte ergeben, dass das umstrittene Prüfmuster defekt gewesen sei. Wenn die zugrunde gelegten Werte bei zwei Prüfmustern aus der Produktion der Klägerin gemessen worden seien, wie der Testveranstalter vortrage, dann seien beide 165

---

[115] BVerfG NJW 2003, 277 – Anwaltsranking.
[116] *Bussmann* GRUR Int. 1964, 196, 199.
[117] BGH GRUR 1987, 468, 471 – Warentest IV.
[118] So auch *W. Brinkmann* GRUR 1988, 516, 517.
[119] Ähnlich wohl *Soehring* Rn 22.24.
[120] BGHZ 65, 325, 334 – Warentest II; kritisch *Wenzel/Burkhardt* Rn 10.95; *Deutsch* JZ 1976, 451, 452.
[121] Dies verkennt unter anderem *Soehring* Rn 22.30.
[122] So auch *Wenzel/Burkhardt* Rn 10.91.
[123] OLG München Urt. v. 7. 11. 1986 – 21 U 4900/86.

Geräte im Verlauf der Prüfungen überlastet worden. Hieraus schloss das OLG München, die vergleichende Untersuchung sei nicht sachkundig durchgeführt worden.

166 Auch hier ist es überflüssig dieses „schwere Geschütz" aufzufahren, weil grobe Fehler des Testveranstalters ohnehin schon unter das Kriterium der Unvertretbarkeit fallen und somit zur Unzulässigkeit des vergleichenden Testberichts führen werden.

167 **d) Testverfahren.** Dem Testveranstalter steht für das gesamte Verfahren ein Spielraum zu, der durch die Grenze der **Vertretbarkeit** abgesteckt wird. Eine weitergehende Einschränkung scheidet mE schon aus verfassungsrechtlichen Gründen aus. Demgegenüber wird vereinzelt der Versuch unternommen, doch wieder eine Art objektiver Richtigkeitskontrolle einzuführen.[124] Dieser mit dem Anliegen der Sachgerechtigkeit der Verbraucherinformation begründete Ansatz ist bedenklich. Zum einen beruht er auf einem zu engen Verständnis der **Meinungsäußerungsfreiheit,** zum anderen verkennt er, dass die Gerichte überfordert wären, wenn man von ihnen verlangte, darüber zu befinden, in welcher Weise sich bestmögliche Markttransparenz schaffen lässt. Dies zeigt sich gelegentlich, wenn Gerichte Testverfahren und Testberichte, die von ihren eigenen Vorstellungen abweichen, mit pauschaler Begründung für indiskutabel erklären.

168 Vor allem wird sich ohnehin jeder gut geführte Testveranstalter um größtmögliche Richtigkeit bemühen, statt auf den Freiraum zu vertrauen. Diesen benötigt er in der Regel, um sich der Gegenargumente zu erwehren.

169 **aa) Art der Untersuchung.** Dem Testveranstalter steht ein **sehr weiter Spielraum** bei der Entscheidung zu, welche Art von Test er durchführen will. Auf dieser Basis entscheidet er auch, ob er eine klassische vergleichende Prüfung[125] oder eine andere Art von Untersuchung, zB einen Systemvergleich oder einen Teilvergleich durchführt. Auf der Basis fällt er die Entscheidung, welche Kriterien er der Untersuchung zugrunde legt.

170 In einem Fall, in dem die Stiftung Warentest in die vergleichende Untersuchung von Lohnsteuerhilfevereinen nur einzelne Beratungsstellen einbezogen hatte, hat der BGH[126] die Auffassung vertreten, das Testergebnis habe nur eine begrenzte Aussagekraft, weil nicht etwa das Gesamtangebot, sondern die Qualität der Beratungsleistungen untersucht worden sei. Hierfür seien keine einheitlichen Standards gegeben gewesen, sondern es seien jeweils die persönliche Qualifikation und die Einsatzbereitschaft des vor Ort tätigen Mitarbeiters entscheidend gewesen. Gegenstand dieser Entscheidung war zwar nicht die Veröffentlichung des Testveranstalters, sondern die damit betriebene, vom BGH als irreführend gewertete Werbung. Die Entscheidung lässt aber vermuten, dass das Gericht die Anlage der vergleichenden Untersuchung als solche für sachwidrig gehalten hat.

171 Falls die dieser Entscheidung zu Grunde liegenden Erwägungen zu verallgemeinern sind, begründen sie für die Durchführung vergleichender Untersuchungen der Qualität von Dienstleistungen größerer Anbieter ein erhebliches rechtliches Risiko, denn diese ist regelmäßig mindestens auch von der persönlichen Qualifikation und der Einsatzbereitschaft des jeweiligen Mitarbeiters abhängig. Gegen den Ausgangspunkt des BGH spricht allerdings, dass es dem jeweiligen Anbieter obliegt, dafür zu sorgen, dass seine Mitarbeiter hinreichend qualifiziert sind und die erforderliche Einsatzbereitschaft mitbringen.

172 **bb) Vergleichsobjekte.** Der BGH verlangt, der Test müsse auch nach der **Zusammensetzung** der Produkte einen **sinnvollen,** an der Verbrauchererwartung orientierten Vergleich erlauben.[127] Im Allgemeinen wird – jedenfalls bei einem Test, der die (Gesamt-) Qualität von Produkten miteinander vergleichen soll – eine homogene Gruppe von Produkten gebildet. Dabei sind **Verwendungszweck, Preisklasse** und **Gruppenbildung im Handel** wichtige Indikatoren. Wenn allerdings nicht die Qualität insgesamt, sondern nur einzelne Merkmale verglichen werden sollen, wie zB Umweltfreundlichkeit, Einhaltung

---

124 *Wenzel/Burkhardt* Rn 10.98ff.
125 → Rn 31.
126 BGH GRUR 2005, 877.
127 BGH GRUR 1987, 468, 469 – Warentest IV.

gesetzlicher Anforderungen, Sicherheit etc., bestehen keine Bedenken, auch Produkte, die unterschiedlichen Verwendungszwecken oder Preisklassen zugehören, in den Vergleich einzubeziehen.

Der Vorwurf, der Testveranstalter habe „Äpfel mit Birnen" oder „Konfektions- mit Maßanzügen" verglichen, wird zwar des Öfteren erhoben, hat jedoch in der Regel keinen Erfolg, weil die Gerichte den Freiraum insoweit großzügig bemessen. In einem Grenzfall, in dem die Stiftung Warentest Rollstühle miteinander verglichen hatte, die verschiedenen Preissegmenten angehörten und auch konstruktiv Unterschiede aufwiesen, hat das Gericht[128] ausgeführt: Die untersuchte Warengruppe sei nach Beschaffenheit und Verwendung **„annähernd homogen".** Die Rollstuhlmodelle seien nach Kriterien zusammengestellt worden (Faltrollstühle mit Greifreifen und herausnehmbaren Arm- und Beinstützen), die ein Marktsegment beschreiben, auf dem die Anbieter in unmittelbarem Wettbewerb zueinander stehen. Das Preisspektrum und die weiteren Ausstattungsgrade seien unerheblich. Entscheidend für diesen ersten umfassenden Test von Rollstühlen sei die Herstellung von Vergleichsmöglichkeiten und das Aufzeigen von Schwachstellen, die unabhängig von Modellgruppen auftreten. Zwar seien mit der Gegenüberstellung von Standard- und Aktivrollstühlen technisch unterschiedliche Entwicklungsstufen verglichen worden (Argument der Klägerin: „Vergleich von Kleinst- mit oberen Mittelklassewagen"). Doch dürfe es auch legitimer Zweck eines Warentests sein, den Wert technischer Neuerungen im Vergleich zu der bisherigen Produktgeneration zu untersuchen. 173

Dieser Fall war allerdings durch die Besonderheit geprägt, dass die Zahl derjenigen, die den Erwerb von Rollstühlen erwägen müssen, beschränkt ist, so dass Differenzierungen innerhalb dieser ohnehin schon quantitativ beschränkten Produkte dem Testveranstalter schwer zuzumuten sind. Die Entscheidung, die vom Berufungsgericht aus anderen Gründen geändert worden ist, lässt sich auf den Bereich verbreiteter Konsumartikel nicht übertragen. 174

cc) Richtigkeit der Prüfmuster. Bei dem Einkauf von Prüfmustern kann es zu unerwarteten Pannen kommen: Nach der Veröffentlichung eines vergleichenden Testberichts zu Monitoren stellte sich heraus, dass für eines der geprüften Produkte eine falsche Typenbezeichnung angegeben worden war. Das betroffene Unternehmen machte geltend, der von dem Testveranstalter tatsächlich eingekaufte Monitor gehöre überdies nicht zu seinem Sortiment. Das LG Hamburg hielt es – im Ergebnis zu Recht – für unbeachtlich, ob das entsprechende Fabrikat versehentlich im Prospekt des Unternehmens als eigenes Angebot aufgeführt worden sei und/oder ob den Einkäufern trotz ausdrücklicher Schilderung des Anliegens, ein Produkt des betreffenden Unternehmens zu erwerben, im Handel ein falsches Gerät ausgehändigt worden war. In keinem Fall sei es gerechtfertigt, im Testbericht eine **falsche Typenbezeichnung** zu verwenden.[129] Diese Entscheidung ist richtig. 175

dd) Anzahl der Prüfmuster. In seiner Grundsatzentscheidung hat der BGH die Beschränkung auf ein einziges Prüfmuster grundsätzlich – aber nicht einschränkungslos – für zulässig gehalten.[130] Er hat ausgeführt: Jedenfalls bei **Markenartikeln** erscheine eine solche Beschränkung im Regelfall zumindest dann, wenn keine individuellen Abweichungen des Prüfexemplars ersichtlich seien, vertretbar, somit zulässig. Für **individuelle Abweichungen** des Prüfmusters bestanden im konkreten Fall **keine Anhaltspunkte.** Zudem hielt der BGH für wichtig: Der Testbericht lasse den Leser erkennen, dass der Test auf einer solchen, (möglicherweise) als schmal zu bezeichnenden Grundlage durchgeführt worden sei. 176

Testveranstalter tun gut daran, sich nicht blind auf diesen Grundsatz zu verlassen.[131] Die Stiftung Warentest legte spätestens im Jahre 1971 für **Gebrauchsartikel** folgendes Vorgehen fest: Wenn an einem Prüfmuster fertigungstechnische Mängel festgestellt werden, die dazu führen, dass Sicherheitsanforderungen nicht erfüllt werden, sind zwei weitere Prüf- 177

---

128 LG Berlin Urt. v. 13. 7. 1993 – 27 O 385/93.
129 LG Hamburg Urt. v. 29. 1. 1999 – 324 O 252/96.
130 BGHZ 65, 325, 335 – Warentest II.
131 *Lachmann* BB 1976, 245, 246; *Soehring* Rn 22.28; *Wenzel/Burkhardt* Rn 10.116.

muster einzukaufen und zu untersuchen. Erfüllen zwei der insgesamt drei geprüften Prüfmuster die gestellten Sicherheitsanforderungen, gilt die Sicherheitsprüfung als bestanden. Diese „2:1-Entscheidung" ist im Laufe der Zeit auch auf andere wichtige Merkmale ausgedehnt worden. Nachprüfungen können sich aber auch auf Grund der Reaktion des betroffenen Unternehmens auf die Anbietervorinformation ergeben.

178 Bei **Verbrauchsartikeln** beschafft die Stiftung Warentest grundsätzlich Gebinde mit einheitlicher Chargen- oder Los-Kennzeichnung. Nachprüfungen werden ausgeführt, wenn
- die Ergebnisse voraussehbar zur Bewertung „mangelhaft" führen können,
- Zweifel an der Ausführungsqualität der Untersuchungen im Prüflabor aufkommen,
- der Verdacht auf ungenügende Repräsentativität der Prüfmuster besteht,
- der Verdacht auf Chargenabhängigkeit der an den geprüften Mustern gewonnenen Ergebnisse besteht.

179 Die Nachprüfung wird an anderen Gebinden derselben Charge ausgeführt. Stimmen die Ergebnisse von Erstprüfung und Nachprüfung – im Rahmen der Toleranzen – überein, wird dieses Ergebnis zugrunde gelegt. Andernfalls findet eine zweite Nachprüfung an anderen Gebinden dieser Charge statt. Stimmt diese mit der Erstprüfung überein, gilt diese als abgesichert. Weichen dagegen die Ergebnisse beider Nachprüfungen von denen der Erstprüfung ab, sind sie aber (wiederum im Rahmen der Toleranzen) untereinander gleich, so gelten diese als abgesichert, so dass die Erstprüfung unberücksichtigt bleibt.

180 Unter Umständen werden die Untersuchungen auf Proben aus anderen Chargen ausgedehnt.

181 Das OLG Köln[132] vertritt die Ansicht, dass der Grundsatz der Beschränkung der Anzahl der Prüfmuster, nicht nur für industriell gefertigte Produkte, sondern auch für **Naturprodukte** wie Mineralwasser gilt. Es begründet diese Ansicht wie folgt: Auch bei Naturprodukten dürfte durch eine engmaschige Produktkontrolle (zB durch eine Filteranlage) die Einhaltung von vorgegebenen Grenzwerten durchaus erzielbar sein. Aus der bloßen Tatsache, dass es sich bei dem Mineralwasser um ein Naturprodukt handelt, könne daher nicht ohne weiteres abgeleitet werden, dass eine Vielzahl von Prüfmustern für einen Test untersucht werden müsste. Angesichts natürlicher Schwankungen dieses Naturprodukts bei festen und gelösten Gehaltsstoffen sei die Untersuchung von drei verschiedenen Abfüllchargen nötig, um einen „unverfälschenden Testspiegel" zu ergeben.

182 Im **Dienstleistungsbereich** scheint der BGH[133] – jedenfalls bei sehr gravierenden Beanstandungen – Nachprüfungen für erforderlich zu halten: Bei der rechtlichen Bewertung eines in einem Restaurantführer veröffentlichten (vernichtenden) Berichts über ein Testessen,[134] hat der BGH gerügt: Bei einem Restaurantführer, der dem Leser ein Jahr lang als Hilfe bei der Auswahl geeigneter Lokale dienen solle, werde der Verkehr jedenfalls bei einer schwerwiegenden Kritik, die ersichtlich existenzbedrohende Wirkungen habe, erfahrungsgemäß nicht erwarten, dass sie auf Grund eines nur einmaligen Besuchs und damit auf Grund einer „Momentaufnahme" abgegeben worden sei. Er werde vielmehr davon ausgehen, dass ein solches Urteil auf – infolge wiederholten Besuchs oder in sonstiger Weise – gesicherter Grundlage beruhe.

183 Hieraus ist aber wohl nicht der Schluss zu ziehen, dass bei allen vergleichenden Dienstleistungstests mehrere **zeitversetzte Untersuchungen** desselben Prüfpunktes stattfinden müssen, wenn negative Ergebnisse zu verzeichnen sind. Der vom BGH behandelte Fall zeichnete sich durch eine Vielzahl von Besonderheiten aus, die zu dem Anliegen führten, dem Geschädigten zu helfen.

184 **ee) Gleichbehandlung.** Jeder Prüfung sind die Erfordernisse des **fairen Verfahrens** und des **Gleichbehandlungsgebots** immanent.[135] Ein Testveranstalter ist gut beraten, den

---

[132] OLGR Köln 2002, 445 (Ls).
[133] BGH GRUR 1998, 167, 169 – Restaurantführer.
[134] Zum Sachverhalt → Rn 114.
[135] *W. Brinkmann* GRUR 1988, 517, 522.

auch hinsichtlich der Gleichbehandlung gewährten Freiraum äußerst behutsam zu nutzen. Im Falle der Stiftung Warentest bejaht der BGH deren Bindung an den Gleichheitssatz[136] und lässt lediglich offen, ob der Verfassungsgrundsatz des Art. 3 GG unmittelbar oder – über die Generalklausel des bürgerlichen Rechts – mittelbar auf die Rechtsbeziehungen zu den von den Tests Betroffenen einwirkt.[137]

In der Warentest II-Entscheidung hat der BGH ausgeführt, es könne nicht angenommen werden, dass die Stiftung Warentest „in einem zur Unzulässigkeit der Veröffentlichung führenden Umfang" den Grundsatz der Gleichbehandlung dadurch verletzt habe, dass sie die Skibindung eines mit der Klägerin konkurrierenden Herstellers nach anderen Maßstäben untersucht habe als die übrigen. Die fragliche Bindung sei wegen der **Besonderheit** ihrer **Konstruktion** dem Test, wie er im Übrigen durchgeführt wurde, teilweise nicht zugänglich gewesen. Es sei vertretbar gewesen, die Bindung nach einer anderen Methode zu testen statt insoweit auf die Untersuchung zu verzichten.[138] 185

Das Gleichbehandlungsgebot steht der unterschiedlichen Behandlung unterschiedlicher Sachverhalte selbstverständlich nicht entgegen. Der BGH hat daher die Frage, ob es zulässig war, bei der vergleichenden Untersuchung von Komposthäckslern 17 Geräte, die schon nach den Kriterien der bestehenden, nach Ansicht der Stiftung Warentest unzureichenden DIN-Norm **unsicher** waren, **vorab** aus dem Testverfahren **auszuscheiden,** zu Recht mit folgender Begründung bejaht: Hierdurch seien keine unterschiedlichen Maßstäbe angewendet worden. Es sei nicht zu beanstanden, Geräte, die sich dadurch disqualifizierten, dass sie nicht einmal den Mindeststandard der Norm aufwiesen, keiner weiteren Prüfung zu unterziehen. Dagegen könne der Kauf der von der Stiftung Warentest wegen Sicherheitsbedenken mit „mangelhaft" bewerteten Geräte überlegenswert und eine Untersuchung der technischen Eigenschaften sowie deren Veröffentlichung sinnvoll sein. Auch unter Berücksichtigung der Tatsache, dass die Stiftung Warentest in der Öffentlichkeit das Vertrauen als staatliche Einrichtung in Anspruch nehme und sie deswegen im Besonderen zur Unparteilichkeit verpflichtet sei, sei eine Verletzung des Grundsatzes der Gleichbehandlung durch das Testverfahren und die darauf basierende Veröffentlichung nicht zu erkennen.[139] 186

Sieht man davon ab, dass der BGH diese Frage irrig unter dem Aspekt der Objektivität behandelt hat, obgleich sie ausschließlich für den Freiraum relevant ist, überzeugt seine Argumentation. 187

ff) Prüfung von Sachgesamtheiten. Eine besondere Problematik tritt auf, wenn Produkte mitsamt ihrem Zubehör getestet werden. 188

Die Stiftung Warentest veröffentlichte im Jahr 1993 einen vergleichenden Warentest von Nadel- und Tintendruckern für Rechner. Dabei erteilte sie einem der Drucker die Note „mangelhaft", weil dieser unter anderem die Funkentstörungsprüfung nicht bestanden hatte. Das Ergebnis in diesem Prüfpunkt beruhte, wie man später annahm, auf dem bei dem Test verwendeten Druckerkabel. Das zur Durchführung ihrer Untersuchung für den strittigen Drucker benötigte Kabel hatte die Stiftung Warentest auf Grund der von dem Unternehmen erteilten Empfehlung gekauft. Es gehörte, wie in anderen Fällen auch, nicht zum Lieferumfang des Druckers. 189

Das OLG Hamburg vertrat die Auffassung, der negativen Bewertung der Funkentstörungsprüfung fehle die sachliche Grundlage, weil durch die gewählte Versuchsanordnung nicht der Drucker, sondern eine aus diesem Gerät und dem Kabel bestehende Sachgesamtheit geprüft worden sei. Das dabei gewonnene Ergebnis hätte nur dann auf einen bloßen Teil dieser Sachgesamtheit, nämlich den Drucker, bezogen werden dürfen, wenn zuvor durch eine **Gegenprüfung** sichergestellt worden wäre, dass das Kabel für das mitgeteilte 190

---

[136] So schon im Warentest II-Urteil, insoweit in der amtlichen Sammlung nicht abgedruckt; s. aber Abdruck in BB 1976, 242, 244.

[137] BGH GRUR 1987, 468, 471 – Warentest IV.

[138] Kritisch zu diesem Teil der Entscheidung *W. Brinkmann* GRUR 1988, 517, 522.

[139] BGH GRUR 1987, 468, 471 – Warentest IV.

Ergebnis bedeutungslos sei. Da dies nicht geschehen sei, seien die aus der Funkentstörungsprüfung gezogenen Schlüsse unvertretbar.

191 Der BGH[140] hat demgegenüber wie folgt differenziert: Die Untersuchung sei nur dann unzulässig, wenn das Kabel einen Fabrikationsfehler aufgewiesen habe oder beschädigt gewesen sei. Falls das Kabel jedoch generell minderer Qualität sei, sei das Vorgehen der Stiftung Warentest nicht zu beanstanden. Zu dieser Fallkonstellation führt er aus: Die Stiftung Warentest habe sich vor der Durchführung ihres Tests so wie ein normaler Kunde verhalten, der im Regelfall ebenfalls den Drucker zusammen mit dem zum Betrieb erforderlichen Kabel erwerbe und beides gemeinsam verwende. Ein solcher Kunde werde als selbstverständlich davon ausgehen, bei dem Verkäufer des Druckers auch das zu seinem Betrieb am besten geeignete Zubehör zu bekommen. Da er beide Gegenstände nicht isoliert benutzen wolle, sei es für ihn grundsätzlich **nicht von Bedeutung,** wie sie sich getrennt verhalten und ob die Quelle einer etwaigen **Störung in dem einen oder dem anderen Teil** liege.[141]

192 Auch hier kam der Stiftung Warentest zugute, dass sie das eingeschlagene Verfahren in der Veröffentlichung transparent erläutert hatte.[142]

193 Angesichts dessen, dass das Kabel nicht zum Lieferumfang gehörte, erscheint das dem OLG Hamburg vorschwebende Verfahren „richtig"; allerdings war das Vorgehen der Stiftung Warentest wohl noch vertretbar. In diesem Fall ist der Testveranstalterin der Freiraum nicht nur verbal zugesprochen worden. Der BGH hat ihn in einem entscheidenden Punkt sehr großzügig bemessen.

194 **gg) Bedeutung von DIN-Normen.** Die Frage, ob und inwieweit die Stiftung Warentest an DIN-Normen gebunden ist, hat der BGH[143] weitgehend geklärt. Im konkreten Fall, in dem die Stiftung Warentest an die Sicherheit von Komposthäckslern strengere Maßstäbe angelegt hatte, als sie die einschlägige DIN-Norm vorsah, hat er zwar eine **Bindung verneint,**[144] es wäre jedoch falsch, hieraus zu folgern, die Stiftung Warentest könne sich über allgemein anerkannte Normen beliebig hinwegsetzen. Dies zeigt die sehr differenzierte Begründung der Entscheidung. Dennoch ist die Auffassung von *Koppe-Zagouras,*[145] die Nichteinhaltung von DIN Normen stehe der Annahme der Sachkunde entgegen, in dieser Absolutheit irrig.

195 Der BGH hat zugunsten der Lösung von DIN-Normen ausgeführt: Der der Stiftung Warentest zustehende **Freiraum** werde nicht durch Rücksicht auf bestehende DIN-Normen eingeschränkt. Die hohe Bedeutung der Normung, so auch der DIN-Normen, in Bezug auf Rationalisierung, Qualitätssicherung, Verständigung der am Wirtschaftsleben beteiligten Kreise, aber auch für die Sicherheit der Produkte der industriellen Massenfabrikation hindere die Stiftung Warentest nicht, in Verfolgung von Aufgaben des **Verbraucherschutzes berechtigte Forderungen** nach weitergehendem Schutz zu erheben und auf dem Markt befindliche Produkte auf dieser Grundlage zu testen. Eine derart kritische Einbindung auch der DIN-Normen selbst in einen Warentest gerate schon mit dem eigenen Autoritätsanspruch der DIN-Normen nicht in Widerspruch. Denn diese seien auf freiwillige Anwendung ausgerichtete Empfehlungen. Sie seien keine Rechtssetzung, sie stellten mithin auch keine Rechtsvorschriften dar. Nach den „Grundsätzen für das Anwenden von DIN-Normen" sei eine kritische Betrachtung der Anwendung mit Blick auf den erreichten Stand der Technik ausdrücklich nicht ausgeschlossen. Das gelte insbesondere dann, wenn es sich um eine neu einzuführende oder gerade eingeführte Norm handele, die sich erst noch „als anerkannte Regel der Technik" bewähren solle.

---

[140] BGH GRUR 1997, 942, 943/944 – Druckertest.
[141] BGH GRUR 1997, 942, 943 – Druckertest.
[142] BGH GRUR 1997, 942, 944 – Druckertest.
[143] BGH GRUR 1987, 468, 469/470 – Warentest IV.
[144] Zustimmend Hefermehl/*Köhler*/Bornkamm UWG § 6 Rn 93; MünchKomm/*Mertens* 3. Aufl. BGB § 823 Rn 504; *Vieweg* NJW 1987, 2726, 2727; *Vogt* NJW 1990, 357, 366/367.
[145] WRP 2008, 1035, 1036,

Der BGH zeigt dann jedoch die Grenzen des Freiraums wie folgt auf: Das Postulat, dass die Stiftung Warentest, der gegenüber die Öffentlichkeit in besonderer Weise auf die Objektivität ihrer Testpublikationen vertraue, zu **sorgfältiger Prüfung** gehalten sei, ob sie mit ihren Äußerungen den Boden sachlich nicht gerechtfertigter Kritik verlasse, erstrecke sich selbstverständlich auch auf die Kritik an den für die getesteten Produkte erarbeiteten DIN-Normen und den Stellenwert einer solchen Kritik für das Testurteil. Auch eine am Verbraucherschutz orientierte Sicht der Tester dürfe hier zudem nicht aus dem Auge verlieren, dass die Produktion auf die Vorgaben der DIN-Normen vertraue, dass auch dieses Vertrauen dem Schutz des Verbrauchers zugute komme, und dass eine Kritik an einzelnen DIN-Normen, vorgetragen durch ein von dem Verbraucher derart beachtetes Testinstitut, nicht ohne Einfluss auf die generelle Geltungskraft der DIN-Normen bleiben könne. Auch in dieser Sicht dürfe die Kritik der Stiftung Warentest nicht außer **Verhältnis** zu den **Aufgaben und Zielen** einer sachlichen **Verbraucheraufklärung** geraten. 196

Für den konkreten Fall folgerte der BGH: Es sei zulässig, wenn die Stiftung Warentest bei ihren Tests, vor allem wenn es um die Ausschaltung ernster **Gefahren für die Gesundheit** des Verbrauchers gehe, im Interesse des Verbraucherschutzes gerade im Sicherheitsbereich strengere Anforderungen stelle, als sie der Hersteller des getesteten Geräts nach den technischen Normen einhalten müsse. Es gehöre zum Beurteilungsfreiraum der Stiftung Warentest, die Bedeutung der Sicherheit für die Beurteilung eines Produkts besonders hoch anzusetzen. Im Hinblick auf ihre Aufgabe, Verbraucherinformation zu betreiben, sei sie zu einer derartigen, die Sicherheitsanforderungen nach DIN umfassenden, kritischen Überprüfung geradezu verpflichtet. Es sei ihre Aufgabe, im Interesse des Verbraucherschutzes auf nach ihrer Ansicht vorhandene Mängel auch derartiger DIN-Normen, insbesondere wo sie die gefahrlose Produktverwendung tangieren, in der Öffentlichkeit hinzuweisen, um dadurch zu deren Beseitigung beizutragen. 197

Die Bedeutung der Normung für die Allgemeinheit hat der BGH ganz gezielt unterstrichen. Der Entscheidung, von DIN-Normen abzuweichen, muss also eine sorgfältige **Abwägung der betroffenen Belange** vorangehen.[146] Im vorliegenden Fall handelte es sich um Sicherheitsaspekte, die in der fraglichen Norm – auch nach Ansicht anderer Stellen – nur unzureichend berücksichtigt worden waren. Es lag zudem auf der Hand, dass die Bedenken der Stiftung Warentest sich nicht nur auf denkbare, sondern in der Praxis konkret drohende Gefahren bezogen. *W. Brinkmann*[147] weist darauf hin, dass sich ähnliche Konstellationen immer wieder ergeben, weil sich vom DIN herausgegebene Sicherheitsnormen unter Zugrundelegung eines optimalen Gesundheitsschutzes als unzureichend erweisen, weil sie entweder schon im Zeitpunkt des Erscheinens **unvollständig** waren oder der Entwicklung des Stands der Technik **nicht** rechtzeitig **angepasst** worden sind. 198

Auch diese auf Ansehen und Arbeit der Stiftung Warentest bezogene Argumentation lässt, wie in Warentest II, offen, was für andere Testveranstalter gilt, deren Veröffentlichungen in der Öffentlichkeit weniger ausgeprägte Wirkung haben. 199

Dass für eine Abweichung von Normen triftige Gründe bestehen müssen, zeigt folgender Fall: Bei einer vergleichenden Untersuchung von Dispersionsfarben[148] ist die Stiftung Warentest im Prüfpunkt „Helligkeit" über die Anforderungen der einschlägigen DIN-Norm hinausgegangen, weil die Messwerte aller Produkte hier ohnehin über den dort geforderten Werten lagen. Das LG Frankfurt[149] hat unter Bezugnahme auf die höchstrichterliche Rechtsprechung die Ansicht vertreten, die Grenze zulässiger Meinungsäußerung sei in diesem Fall überschritten worden: Zwar sei die Stiftung Warentest in Verfolgung ihrer Aufgabe des Verbraucherschutzes und des ihr insoweit zuzuerkennenden Beurteilungsspielraumes nicht ohne weiteres an die Vorgaben der DIN-Normen gebunden, im Hinblick darauf, dass die 200

[146] Die Folgerungen, die *W. Brinkmann* in GRUR 1988, 517, 521 aus der Entscheidung zieht, sind etwas zu einseitig, zumal er auf die vom BGH niedergelegten einschränkenden Hinweise nicht näher eingeht.
[147] *W. Brinkmann* GRUR 1988, 517, 520.
[148] Zum Sachverhalt → Rn 129.
[149] LG Frankfurt/M Urt. v. 7. 2. 1991 – 2/3 O 333/90.

Produzenten auf die Vorgaben der DIN-Normen vertrauten und diese gerade auch zum Schutz des Verbrauchers aufgestellt werden, dürfe eine kritische Würdigung von DIN-Normen seitens der Stiftung Warentest nicht außer Verhältnis zu ihren Aufgaben und Zielen einer sachlichen Verbraucheraufklärung geraten. Eine kritische Auseinandersetzung mit DIN-Normen müsse daher durch berechtigte Forderungen des Verbraucherschutzes gerechtfertigt sein. Allein der Umstand, dass alle getesteten Dispersionsfarben den nach der einschlägigen DIN-Norm geforderten Helligkeitsgrad von 85% übertrafen, stelle jedoch keine sachliche Rechtfertigung der oberhalb des DIN-Normbereichs vorgenommenen Differenzierung dar. Es sei nicht ersichtlich, dass und inwiefern sich die aufgestellten Anforderungen in einer **Qualitätsverbesserung** der Farben niederschlügen. Zudem sei dann innerhalb des sehr kleinen (verbliebenen) Messbereichs eine starke Differenzierung (Noten zufrieden stellend bis sehr gut) vorgenommen worden, ohne dass dies in nachvollziehbarer Weise begründet worden sei.

201 **hh) Bedeutung gesetzlicher Vorschriften.** Der dem Testveranstalter zustehende Freiraum kann es auch gestatten, bei den Anforderungen an Produkte über die gesetzlichen Anforderungen hinauszugehen.

202 So ist die Stiftung Warentest bei der Prüfung von Diät-Produkten im Bereich der Anwendungshinweise vorgegangen. Dieses Verfahren ist von den Berliner Gerichten[150] – zu Recht – mit folgender Begründung akzeptiert worden: Die Diät-Verordnung stelle lediglich **Mindestanforderungen.** Auch wenn die Produktion in gewisser Weise auf die in den lebensmittelrechtlichen Verordnungen enthaltenen Vorgaben vertraue, stehe es nicht außer Verhältnis zu den Aufgaben und Zielen einer sachlichen Verkehrsaufklärung, wenn bei Tests im Interesse der Verkehrssicherheit strengere Anforderungen gestellt würden, als sie der Vertreiber einhalten müsse. Dies gelte vor allem, wenn es um die Ausschaltung von Gefahren für die **Gesundheit** der Verbraucher gehe.

203 In einem weiteren Fall hat die Stiftung Warentest bei der vergleichenden Untersuchung von Mineralwassern eine Prüfung auf bestimmte Keime vorgenommen und dies zuvor den betroffenen Unternehmen angekündigt. Die damals geltende Fassung der einschlägigen gesetzlichen Vorschrift (MTVO) sah insoweit keine Grenzwerte vor. Der Versuch zahlreicher Anbieter, der Stiftung Warentest die Veröffentlichung des Testberichts im Eilverfahren untersagen zu lassen, war erfolglos. Das Gericht[151] führte aus: Der BGH habe zwar ausgesprochen, dass die Bewertung nach schärferen Voraussetzungen als den DIN-Normen zulässig sei, weil sie keine Rechtsvorschriften darstellen, dies führe jedoch nicht zu dem Umkehrschluss, dass die Stiftung Warentest sich bei ihrer Bewertung an die MTVO halten müsse. Es stehe ihr im Interesse der Verbraucher **frei,** an **Qualitätsmerkmale strengere** als die gesetzlichen **Anforderungen** zu stellen.

204 **ii) Prüfung nach Werbung.** Eine besondere Konstellation betraf eine vergleichende Untersuchung von Batterien. Hier führte die Norm dazu, dass Batterien, die als „wartungsfrei nach DIN" bezeichnet werden durften, tatsächlich nicht völlig wartungsfrei waren. Die Stiftung Warentest hat bei einer in der Werbung als „völlig wartungsfrei" bezeichneten Starterbatterie – dieser Angabe entsprechend – bei der Lebensdauerprüfung kein Wasser nachgefüllt. Hierin hat das Gericht[152] eine **Überschreitung des Freiraums** gesehen: Für den angesprochenen Verbraucher seien auch solche Batterien, die als „wartungsfrei nach DIN" angeboten werden, wartungsfrei, da er sich unter „wartungsfrei nach DIN" nichts vorstellen könne.

205 Diese Entscheidung ist **nicht verallgemeinerungsfähig:** Einem Testveranstalter muss es grundsätzlich freistehen, die Werbung eines Unternehmens beim Wort zu nehmen und die Leistung nach den Merkmalen zu testen, die herausgestellt werden.

---

[150] LG Berlin Urt. v. 19. 12. 1996 – 27 O 456/96; bestätigt durch KG Urt. v. 20. 2. 1998 – 9 U 1536/97.

[151] LG Köln ua Urt. v. 28. 8. 1997 – 28 O 262/97.

[152] LG Mannheim Urt. v. 30. 10. 1981 – 7 O 141/81.

jj) Unzulässigkeit von „Zerstörungstests". Die Prüfung, welchen Beanspruchungen Geräte auf Dauer standhalten, erfordert schon eine Art Zeitraffung. Hierbei wird die in der Lebenswirklichkeit erfolgende langfristige Beanspruchung auf eine kurze Zeitspanne konzentriert. Solche Untersuchungen erlauben verlässliche Rückschlüsse auf die Haltbarkeit. Häufig sind solche Dauertests auch in Normen vorgesehen. 206

Eine Anbieterin hat eine vergleichende Untersuchung von Mundduschen mit dem Argument angegriffen, der **Dauertest** sei deswegen unzulässig gewesen, weil er letztlich auf die Zerstörung der Prüfmuster hinauslaufe: Bei der gewählten Versuchsanordnung trete alsbald eine Überhitzung des Motorblocks auf, die zu Verformungen und dadurch bedingten Defekten führe. Diese Rüge ist von der ersten Instanz unter dem Aspekt der Objektivität, von dem Berufungsgericht[153] unter dem Kriterium der Sachkunde behandelt worden. Beide Ansätze sind falsch. Es handelt sich um ein Problem des Freiraums. 207

Das OLG München[154] hat darauf abgestellt, ob die Zerstörung des Prüfobjekts Ziel der Testreihe gewesen sei. Dort sei die Grenze anzusetzen, wo die Tests auf eine Zerstörungsuntersuchung hinausliefen. Dies ist verfehlt, wie sich schon an dem Beispiel von crash-tests im Kraftfahrzeugbereich zeigt. Auch ein Dauertest, an dessen Ende die Zerstörung aller Prüfmuster stände, wäre vertretbar. Man kann durchaus darauf abstellen, welche Produkte „zuerst ihren Geist aufgeben". Das OLG München hat dann auch im Ergebnis zu Recht darauf abgestellt, dass die anderen Prüfobjekte die Dauerprüfung be- und überstanden haben. 208

Bedenklich wäre es allerdings, an den Prüfmustern, die die Dauerprüfung nicht unbeschadet überstanden haben, weitere Funktionsprüfungen vorzunehmen. Dies geschieht in der Testpraxis jedoch nicht. 209

e) Bewertungen. In der Frage der Bewertungen ist die **Notwendigkeit eines Freiraums** besonders **evident.** Hier hat der Testveranstalter vorab darüber zu entscheiden, ob und inwieweit er überhaupt Noten vergeben oder sich darauf beschränken soll, dem Verbraucher die tatsächlichen Feststellungen beschreibend und kommentierend zur Kenntnis zu bringen. 210

Diese Entscheidung hängt wiederum von der Art des Tests ab. Selbst beim klassischen vergleichenden Test muss nicht von vornherein feststehen, dass für alle wichtigen Kriterien Noten vergeben werden. 211

Beispiel aus der Praxis der Stiftung Warentest bei der Prüfung von Lebensmitteln: 212

- Bei Lebensmitteln, bei denen ernte-, züchtungs-, herkunfts-, sowie jahrgangs- oder saisonbedingte Schwankungen der Rohware vom Anbieter nicht ausgeglichen werden können, sollen oder dürfen, kann es zu erheblichen (unvermeidbaren) Qualitätsunterschieden kommen, so dass es sich hier empfehlen kann, entweder überhaupt keine oder nur auf die repräsentierte Teilmenge bezogene Einzel-, Gruppen- oder Qualitätsurteile zu vergeben.
- Stellt sich bei vergleichenden Lebensmitteltests zB heraus, dass sich die Urteile innerhalb des Verbraucherpanels über mehrere Stufen gleichmäßig verteilen (breite Präferenzstreuung), wird der Prüfpunkt „Sensorisches Konsumentenurteil" nicht benotet. Entsprechendes gilt, wenn es zwei relative Maxima bei sehr unterschiedlichen Noten gibt (zwei unterschiedliche Präferenzgruppen). Aber auch in diesen beiden Fällen greifen die beschriebenen Einschränkungen nicht ein, wenn sich die abweichenden Präferenzen plausibel erklären lassen.

Für **Eigenschaften,** die **selbstverständlich** sind oder sein sollten, so zB die Einhaltung zwingender gesetzlicher Anforderungen (Sicherheit, erforderliche Deklarationen, Verkehrsfähigkeit) gibt es in der Regel keine „Pluspunkte". Es wird lediglich festgestellt, ob diese Voraussetzungen vorliegen. 213

Wo Noten vergeben werden, stellt sich die Frage nach den **Notenstufen.** Hier wird der Testveranstalter gewöhnlich auf die bei ihm gebräuchliche Skala zurückgreifen. Diese soll 214

---

153 OLG München Urt. v. 11. 7. 1986 – 21 U 6030/85, dieser Teil nicht mit abgedruckt in AfP 1986, 75.

154 OLG München AfP 1986, 74 f (nicht mit abgedruckt).

auf der einen Seite eine differenzierte Einordnung erlauben, andererseits zur Vermeidung von Missverständnissen nicht den Anschein einer in Wirklichkeit nicht erzielbaren Genauigkeit erwecken. Die Stiftung Warentest hat sich daher mehrfach dagegen gewehrt, dass andere Verlage ihre Ergebnisse einfach „umgerechnet" und daraus Ranglisten abgeleitet haben, ohne von den vergleichenden Untersuchungen mehr zu kennen als die veröffentlichten Testberichte.

215 Bei der Zuordnung der Messwerte zu den einzelnen Noten liegt es im Interesse sachgerechter Verbraucherinformation, die **Grenzen** so festzulegen, dass Produkte, deren Messwerte sich nicht **signifikant** unterscheiden, insoweit gleich benotet werden. Differenzierungen auf Grund von Unterschieden, die für die Gebrauchstauglichkeit irrelevant sind, sind in der Regel nicht plausibel. Auf der anderen Seite führt es zu keinem Erkenntnisgewinn für den Leser, wenn die Benotung zur Einebnung deutlich unterschiedlicher und relevanter Qualitätsmerkmale führt. Auch wenn Produkte, deren Messwerte in dem betreffenden Prüfpunkt nahe beieinander liegen, verschiedenen Notenstufen zugeordnet werden, gilt: Irgendwo muss die Grenze schließlich verlaufen. Dieses Problem ist aus allen Leistungsprüfungen bekannt.

216 Dem Testveranstalter steht auch bei der Festlegung der Tragweite der einzelnen Noten ein erheblicher Freiraum zu. Hierbei geht es um die Frage, mit welchen **Gewichtungen Einzel-** und **Gruppenurteile** in die Bildung des **Qualitätsurteils** eingehen.

217 Die Bewertung mit bestimmten Noten unterliegt nur einer **eingeschränkten,** das Wertungsermessen des Prüfers grundsätzlich respektierenden **Richtigkeitskontrolle;** sie darf nur nicht offensichtlich unrichtig sein.[155]

218 **aa) Mangelhaft trotz noch schlechterer Prüfobjekte.** In dem Rechtsstreit über die vergleichende Untersuchung von Komposthäckslern[156] hat sich der BGH[157] mit der These des betroffenen Unternehmens befasst, dass die Stiftung Warentest Geräte, die die Anforderungen der DIN-Norm erfüllen, nicht mit mangelhaft bewerten dürfe. Das Unternehmen stützte sich unter anderem auf eine Forderung des Bundesverbandes der Deutschen Industrie wonach bei Merkmalen, die den Anforderungen der einschlägigen Normen entsprechen, die Benotung nicht schlechter als „zufrieden stellend" sein solle.

219 Der BGH hat in dem konkreten Fall angedeutet, dass er sich eine weniger rigide Benotung als die erfolgte durchaus vorstellen könne, das Vorgehen der Stiftung Warentest jedoch unter Hinweis auf ihren Beurteilungsspielraum als zulässig gewertet: Die Ansicht der Stiftung Warentest, ein **unsicheres,** mit ernsthaften Gefahren für die Gesundheit des Verbrauchers verbundenes **Gerät** müsse – bei allen sonstigen technischen Vorteilen – insgesamt als **mangelhaft** bezeichnet werden, sei durchaus **diskutabel.**[158]

220 **bb) Abwertungseffekte.** Eine wichtige Problematik liegt in der Anwendung von Abwertungseffekten.[159] Hiernach kann ein Gruppenurteil oder das Qualitätsurteil nicht besser sein als die Bewertung eines bestimmten Merkmals. Hierbei handelt es sich in aller Regel um Eigenschaften, die für die Gebrauchstauglichkeit von **wichtiger Bedeutung** sind. Hauptanwendungsbereich ist das Ergebnis der **Sicherheitsprüfung.** Die Stiftung Warentest vertritt die Ansicht, dass ein unsicheres oder gesundheitsschädliches Produkt in aller Regel kein besseres Qualitätsurteil erhalten kann als „mangelhaft" – und zwar auch dann, wenn es ansonsten positiv zu bewerten ist. Ebenfalls auf Sicherheitsaspekten beruhte die Abwertung von Fahrrädern, deren Sattelstütze und/oder Lenkerschaft keinen von der einschlägigen DIN-Norm geforderten Markierungsstrich für die Mindesteinstecktiefe aufwiesen. Insoweit wurden auch solche Fahrräder mit „mangelhaft" bewertet, die ansonsten als „gut" benotet worden wären. Das Gericht[160] hat ausgeführt: die Abwertung sei nicht indiskutabel/unvertretbar:

---

[155] BGH GRUR 1987, 468, 470 – Warentest IV.
[156] Zum Sachverhalt → Rn 126.
[157] BGH GRUR 1987, 468 ff – Warentest IV.
[158] BGH GRUR 1987, 468, 470 – Warentest IV.
[159] Früher häufig auch „Durchschlagseffekte" genannt.
[160] LG Düsseldorf Urt. v. 22. 6. 1983 – 12 O 264/83.

Es sei nicht auszuschließen, dass Sattel und Lenker wegen Fehlens der Markierung von dem Benutzer des Fahrrades über das zulässige Maß hinaus herausgezogen werden und es zu Brüchen des Lenker- oder des Sattelschafts, schließlich zur Verletzung des Fahrers komme.

Diese Abwertungspraxis ist grundsätzlich zulässig, soweit die Einschätzung der drohenden Gefahren nicht abwegig, sondern diskutabel ist.[161] Die Stiftung Warentest wendet sie auch außerhalb des Sicherheitsbereichs an, wenn es um sehr wichtige Merkmale geht. Auch dies wird von den Gerichten akzeptiert: 221

Eine Abwertung eines Apfelsaftes auf „mangelhaft", die darauf beruhte, dass hierin nicht aus Äpfeln stammende Aromastoffe festgestellt worden waren, ist als zulässig beurteilt worden, weil das klagende Unternehmen das Getränk nicht unter der Bezeichnung „Saft" in den Verkehr bringen durfte. Das Gericht[162] stellte bei seiner Entscheidung allerdings auch darauf ab, dass dem Leser der Veröffentlichung nicht verborgen geblieben sei, worauf die Benotung beruhte. 222

Auch ein Bewertungsverfahren, auf Grund dessen das Ergebnis einer mit „mangelhaft" benoteten **sensorischen Prüfung** auf das **Qualitätsurteil durchschlug,** hat der gerichtlichen Überprüfung standgehalten.[163] Allerdings war dem Gericht wichtig, dass die Veröffentlichung dem Leser verdeutlichte, wie das Qualitätsurteil zustande gekommen war und sie es ihm ermöglichte, eine eigene Gesamtbeurteilung zu treffen. 223

f) Kausalität von Fehlern für Qualitätsurteil. Bei vernünftiger rechtlicher Beurteilung führt nicht jeder dem Testveranstalter unterlaufene **Fehler** zur Rechtswidrigkeit der Bewertung. Vielmehr ist grundsätzlich zu prüfen, ob er sich **auf die Benotung ausgewirkt** hat. 224

Das OLG Hamm[164] hat diesen Grundsatz in dem folgenden Fall angewendet: Der Testveranstalter hatte für einen Werkstatt-Test Automobile mit Mängeln versehen. Anschließend ließ er deren Beseitigung durch die Werkstatt prüfen. Die Berechtigung einer Beanstandung zu einem Prüfpunkt (Reparatur der Hupe) war zwischen dem Inhaber einer negativ bewerteten Werkstatt und dem Testveranstalter strittig. Das OLG Hamm hat hierzu ausgeführt: Wegen des weiten Ermessensspielraums des Testers ergäbe sich ein Anspruch des Inhabers der Werkstatt nur dann, wenn sich das gefundene Ergebnis unter Beachtung des unsachgemäßen Vorgehens bezüglich der Hupe als Ermessensmissbrauch darstellte. Bei der Gesamtbetrachtung des Testergebnisses habe die unterbliebene Reparatur der Hupe jedoch erkennbar nur eine **untergeordnete Rolle** gespielt. Die Korrektur des Testergebnisses für diesen Prüfpunkt führte weder zu einer zwingenden Änderung der Bewertung des Teilergebnisses „Arbeitsleistung" noch des Gesamtergebnisses. 225

g) Darstellung der Ergebnisse. aa) Problematik. Die von den Prüfinstituten gelieferten Untersuchungsberichte sind für den Laien in aller Regel nicht verständlicher als juristische Entscheidungen. Die anspruchsvolle Aufgabe der Redakteure besteht also darin, dem Leser eine verständliche und interessante Darstellung des Verlaufs und der Ergebnisse der vergleichenden Untersuchung zu bieten. Hierzu ist es einerseits geboten, seine Aufmerksamkeit zu wecken sowie zu erhalten, was zwangsläufig auch zu Vereinfachungen und zur Verwendung einer lebhaften Sprache führt, andererseits die wesentlichen Aspekte, Vorgänge und Kriterien zu schildern. 226

Rechtlich ist der redaktionelle Text unter dem Aspekt des **Prozessrisikos** die **Achillesferse** der vergleichenden Testveröffentlichung. Dies liegt vor allem daran, dass Juristen gewohnt sind, sprachliche Fehler und Ungenauigkeiten aufzuspüren. Zudem herrscht bei den Gerichten die Vorstellung vor, der Leser der Testberichte lege Wert darauf, jedes Detail der vergleichenden Untersuchung kritisch nachzuvollziehen. Das OLG München[165] meint 227

---

[161] BGH GRUR 1987, 468, 470 – Warentest IV; kritisch *Wenzel/Burkhardt* Rn 10.118.
[162] LG Berlin Urt. v. 4. 6. 1996 – 27 O 243/96.
[163] KG Urt. v. 29. 5. 1998 – 9 U 8251/97.
[164] OLG Hamm Urt. v. 13. 3. 2000 – 3 U 194/98.
[165] OLG München AfP 1986, 75, 76.

sogar, der Leser eines Testberichtes studiere diesen gezielt im Hinblick auf eine von ihm in Kürze zu treffende Kaufentscheidung. Dadurch unterscheide er sich von einem durchschnittlichen Zeitungsleser, denn dieser nehme bei der Lektüre eine Fülle von Informationen regelmäßig deshalb nur flüchtig zur Kenntnis, weil ihn die mitgeteilten Fakten nicht unmittelbar berührten. Daraus soll sich ergeben, dass gerade Leser von Testberichten von Anmerkungen außerhalb des Fließtextes besonders Kenntnis nehmen, so dass sie auch Fußnoten ein erhebliches Gewicht beimessen. Für die Richtigkeit dieser These bestehen keine Anhaltspunkte. Sie lässt unberücksichtigt, dass die Verkäufe der Zeitschrift „test" im Wesentlichen über Abonnements erfolgen. Es ist nicht anzunehmen, dass der Abonnent einer Testzeitschrift entschlossen ist, sich die in den Veröffentlichungen behandelten Produkte jeweils zu kaufen. Anderen Entscheidungen scheinen – unausgesprochen – ähnliche Vorstellungen zugrunde zu liegen. Dabei wird verkannt, dass eine Testzeitschrift eine andere Funktion als eine Fachzeitschrift hat – und selbst hier pflegt der Leser nicht jedes Argument und jede Fußnote im Einzelnen nachzuvollziehen oder kritisch zu hinterfragen. Richtig aber ist, dass das Interesse vieler Leser von Testveröffentlichungen sich nicht darauf beschränkt, lediglich die Endurteile zu erfahren.

228 Der BGH betont, die für die Zulässigkeit vergleichender Warentests gebotene Neutralität, Sachkunde und Objektivität seien gerade auch für die Darstellung der Ergebnisse von Bedeutung. Art und Umfang der Veröffentlichung hätten dem Rechnung zu tragen.[166]

229 Das OLG Frankfurt weist darauf hin, dass der Darstellung des Testergebnisses insofern Grenzen gesetzt sind, als sie nicht in verzerrender oder missverständlicher Weise erfolgen darf. Es verlangt, dass zur Missdeutung des Untersuchungsergebnisses führende Äußerungen unterlassen werden. Aussagen, für deren richtige Einordnung und Bewertung dies erforderlich ist, dürfen hiernach nur mit einem erläuternden Zusatz, der nicht seinerseits missverständlich, verzerrend oder gar unwahr ist, veröffentlicht werden.[167]

230 In der Literatur werden die **Anforderungen** an die Darstellung gelegentlich **überspannt.** Dies gilt insbesondere für die Forderung, auf andere Testmethoden hinzuweisen, die zu einem anderen Ergebnis führten.

231 Die Gesamtschau der Entscheidungen zu vergleichenden Testberichten ergibt:
- Die Gerichte begnügen sich nicht mit der Prüfung, ob ein bestimmtes Element der Untersuchung diskutabel ist, sondern stellen zusätzlich darauf ab, ob es auch in der Veröffentlichung transparent dargestellt worden ist. Dies gilt vor allem für Abweichungen von DIN-Normen sowie gesetzlichen Mindestanforderungen und für Abwertungseffekte.
- Redaktionelle Übertreibungen und Unachtsamkeiten, vor allem unzutreffende Angaben zum Prüfverfahren und zu Details, die das Testergebnis stützen, bergen für den Testveranstalter die Gefahr des Verbreitungsverbots – und zwar auch dann, wenn die Bewertung selbst nicht zu beanstanden ist.

232 **bb) Einzelfälle.** Bei der rechtlichen Bewertung des Druckertests stellte der BGH entscheidend darauf ab, dass die Stiftung Warentest die Leser des Testberichts darüber aufgeklärt hatte, dass sich die Testaussage zur Funkentstörung auf den Drucker mit dem bei der Untersuchung verwendeten Kabel bezog.[168]

233 In dem Streit darüber, ob die Stiftung Warentest bei der Prüfung von Mineralwassern strengere Kriterien als der Gesetzgeber anwenden durfte, hat das Gericht[169] darauf abgestellt, dass in der Veröffentlichung klargestellt wurde, dass
- die gesetzlichen Anforderungen von allen getesteten Produkten erfüllt wurden,
- es sich bei der hier streitigen Prüfung um eine Zusatzprüfung handelte, die über die gesetzlichen Anforderungen hinausging,

---

[166] BGH GRUR 1987, 468, 471 – Warentest IV.
[167] OLG Frankfurt NJW-RR 2005, 1634 im Anschluss an OLG Karlsruhe NJW-RR 2003, 177, 178.
[168] BGH GRUR 1997, 942, 944 – Druckertest.
[169] LG Köln Urt. v. 28. 8. 1997 – 28 O 262/97.

– erläutert wurde, dass bei positivem Befund eine Gefahr allenfalls für „Säuglinge sowie alters- und krankheitsbedingt Immungeschwächte“ bestehen „könnte“.

Es kam hinzu, dass keine pauschale Charakterisierung der aufgefundenen Keime oder gar der betroffenen Produkte als „potentiell krankheitserregend“ stattfand. 234

In einem Rechtsstreit um eine vergleichende Untersuchung von Mundpflegegeräten[170] lag ein wesentlicher Streitpunkt in der Frage, ob die Einstellung des Sprühstrahls bei der Prüfung der Reinigungswirkung am Gebissmodell sachgerecht war. Der Testveranstalter hatte – entgegen dem ursprünglichen Vorhaben – nicht bei allen Mundduschen dieselbe Sprühstrahleinstellung gewählt, sondern sich an dem Schmerzempfinden der Probanden ausgerichtet. Das betroffene Unternehmen rügte, diese Versuchsanordnung führe zur Unvergleichbarkeit der Ergebnisse. Das OLG München[171] hat diese Rüge nicht für begründet gehalten, jedoch darauf abgestellt, dass die veröffentlichten Angaben zur Sprühstrahleinstellung nicht zutrafen. Der Senat meinte, dass der Testveranstalter insoweit „bewusst unrichtige“ Angaben gemacht habe, die beim Leser des Testberichts **falsche Vorstellungen über die Durchführung der Tests** und damit auch über die Vergleichbarkeit der getesteten Geräte auslösten.[172] Die Frage, ob der Verbraucher Wert darauf legt, einen schmerzhaften, jedenfalls unangenehmen Sprühstrahldruck einzustellen, hat das Gericht nicht erörtert. Das Unternehmen, das den Test schon vor der Veröffentlichung angegriffen hatte, hat auf diese Weise einen in dieser Form wohl nicht vorhersehbaren Erfolg errungen. 235

In einem vergleichenden Testbericht zu Apfelsäften war herausgestellt worden, dass in mehreren unerlaubte Zusatzstoffe gefunden worden waren. Der Apfelsaft des klagenden Unternehmens war jedoch nicht wegen unerlaubter Zusatzstoffe, sondern wegen des schlechten Abschneidens in der sensorischen Prüfung mit „mangelhaft“ bewertet worden. Das Ergebnis der sensorischen Prüfung hat auf das Qualitätsurteil durchgeschlagen. Das LG Berlin[173] beanstandete die seiner Ansicht nach fehlerhafte Darstellung: Diese müsse auf das **Verstehen** und das **Erkenntnisvermögen** des **Durchschnittsverbrauchers** zugeschnitten sein. Die Ankündigungen auf der Titelseite des betreffenden Heftes „Was ist echt – was gepanscht?“ und im Inhaltsverzeichnis mit „Panschereien aufgedeckt“ lenkten die Aufmerksamkeit des unbefangenen Lesers dahin, dass in erster Linie auf die Reinheit der geprüften Säfte abgestellt worden sei. Der Leser, der nur das eigentliche Qualitätsurteil aus der tabellarischen Darstellung zur Kenntnis nehme, führe die Bewertung des von der Antragstellerin vertriebenen Saftes mit „mangelhaft“ unter diesen Umständen auf eine Verfälschung des Saftes zurück. Der mit einem Stern gekennzeichnete Hinweis „führt zur Abwertung“ reiche zur Aufklärung des Verbrauchers nicht aus, selbst wenn er zur Kenntnis genommen werden sollte. 236

Eine **flotte Wortwahl** im Begleittext begründet ebenfalls erhebliche **Risiken:** Bei der redaktionellen Behandlung des Tests von Apfelsäften und des Auffindens nicht aus Äpfeln stammender, somit unzulässiger Aromastoffe ist das Wort „Panschen“ verwendet und zudem formuliert worden: „bei der Panscherei mit Aromastoffen liegt der Verdacht nahe, dass dies seitens der Hersteller nicht ganz unwissentlich passiert“. Das Gericht[174] hat aus dem Begriff „Panschen“ und dem Kontext, in dem er verwendet wurde, gefolgert, dem betreffenden Unternehmen sei ein vorsätzliches Zusetzen von unerlaubten Stoffen vorgeworfen worden. Die Tatsache, dass Zusatzstoffe aufgefunden worden waren, reichte auf Grund der Umstände nicht aus, ohne weiteres Vorsatz anzunehmen, denn das klagende Unternehmen kaufte zum Teil Stoffe hinzu und hatte nach seinem Vortrag auch Vorkehrungen getroffen, um sicherzustellen, dass diese nur aus Äpfeln stammende Aromastoffe enthielten. 237

cc) Kurzfassungen. Besondere Bedeutung für die Verbreitung der Testergebnisse haben die Kurzfassungen der Veröffentlichungen. Zum einen werden diese den jeweiligen 238

---

170 Zum Sachverhalt → Rn 207.

171 OLG München Urt. v. 11. 7. 1986 – 21 U 6030/85, insoweit nicht abgedruckt in AfP 1986, 75.

172 Woher der Vorwurf des Vorsatzes kommt, zumal der Fehler sich erst im Verlaufe des Rechtsstreits herausgestellt hatte, ist nicht nachvollziehbar.

173 LG Berlin Urt. v. 4. 6. 1996 – 27 O 243/96.

174 LG Hamburg Urt. v. 24. 4. 1998 – 324 O 370/96.

Exemplaren der Zeitschrift „test" beigeheftet, zum anderen – und weitaus wichtiger – werden diese von der allgemeinen Presse zT in mehreren Millionen Exemplaren nachgedruckt. Diese Kurzfassungen enthalten nur ein **„Konzentrat" der Veröffentlichung.** Der BGH[175] meint, die Zusammenfassung der Veröffentlichung in einem **„test Kompass"** liege im Rahmen der Möglichkeiten, auch den nur an einem zusammenfassenden Gesamtergebnis interessierten – in der Regel den eiligen – Verbraucher zu erreichen. Es stehe außer Frage, dass auch das Erfassen dieses – zahlenmäßig nicht geringen – Personenkreises zur sachgerechten Verbraucheraufklärung gehöre. Die Befugnis zur Vereinfachung und Verkürzung bestehe jedoch nicht uneingeschränkt. „Aus der Neutralitätspflicht heraus" seien Verkürzungen bei der Anführung der Einzelergebnisse sowie der maßgeblichen Umstände in Bezug auf den Gegenstand und den Umfang der Untersuchung Grenzen gesetzt. Diese seien dann überschritten, wenn die Veröffentlichung beim interessierten Verbraucher zu Missverständnissen führe, weil dann die den vergleichenden Warentest tragende Grundlage – die sachgerechte Verbraucheraufklärung – verlassen werde. Damit der Verbraucher sich ein sachgerechtes Urteil bilden könne, sei es deshalb erforderlich, bei einer zusammenfassenden Darstellung in einem „test Kompass" die **Einzelergebnisse** der verschiedenen Testbereiche **darzutun,** insbesondere dann, wenn das Einzelergebnis bei einem Testbereich wegen seiner herausragenden Bedeutung zu einer **Abwertung** bei der Gesamtnote führt.[176]

239 Die Entscheidung ist im Ergebnis richtig.[177] Der Ansatzpunkt überzeugt dagegen nicht: Die Anforderungen an die Veröffentlichung haben mit dem Kriterium der Neutralität nichts zu tun, sondern sind ausschließlich für die Frage relevant, ob der für die Darstellung der Testergebnisse gewährte Spielraum überschritten ist.

240 **dd) Aktualitätserfordernisse.** Die recht lange Dauer der Untersuchungen führt häufig dazu, dass sich zwischen Einkauf der Prüfobjekte und der Veröffentlichung der Testergebnisse **Veränderungen** ergeben: Einige Produkte werden zum Zeitpunkt des Erscheinens des Testberichts nicht mehr oder nur in veränderter Beschaffenheit angeboten. Die betreffenden Unternehmen pflegen dann, wenn ihre Leistungen schlecht abgeschnitten haben, das Verlangen auf Herausnahme der sie betreffenden Angaben damit zu begründen, dass der vergleichende Warentest durch seine Aktualität gerechtfertigt sein müsse, weil kein Informationsinteresse an überholten Sachverhalten bestehe.

241 Die Rechtsansicht, die Aktualität der Veröffentlichung sei ein Zulässigkeitskriterium, ist jedoch falsch und führt zu unpraktikablen Ergebnissen. Gerade in Marktsegmenten, die durch schnellen technischen Fortschritt und Angebotsänderungen gekennzeichnet werden, wären vergleichende Untersuchungen undurchführbar, wenn man forderte, es dürften dort nur die zurzeit der Veröffentlichung angebotenen Modelle behandelt werden. Der **Anbieter** muss sich grundsätzlich an der **Beschaffenheit seines Angebots festhalten** lassen. Jedenfalls ist ein auf dieser Prämisse beruhendes Verfahren des Testveranstalters mindestens vertretbar.

242 Der BGH hat klargestellt: die Zulässigkeit einer Veröffentlichung scheitert nicht bereits am Zeitablauf und auch nicht daran, dass der Anbieter die Produkte inzwischen verändert hat. Allerdings ist der Testveranstalter zu dem **deutlichen Hinweis** verpflichtet, dass seine Beanstandung sich nicht auf die derzeit – sei es unter unveränderter, sei es unter geänderter Bezeichnung – vertriebenen Produkte des betreffenden Unternehmens bezieht.[178]

243 Die Wichtigkeit dieses Grundsatzes wird an folgendem Fall deutlich: Im Sommer hat ein Anbieter die Frage, ob Änderungen des Produkts erfolgt oder beabsichtigt seien, verneint. Kurze Zeit darauf teilte er mit, die **Rezeptur** solle im ersten Quartal des Folgejahres **geändert** werden. Nach Abschluss der Prüfungen war das Produkt in seiner neuen technischen Beschaffenheit noch nicht auf dem Markt. Der Testveranstalter lehnte es ab, das

---

175 BGH GRUR 1987, 468, 471 – Warentest IV.
176 Zustimmend *W. Brinkmann* GRUR 1988, 517, 522.
177 Kritisch *Klette* WRP 1987, 604, 605.
178 BGH WRP 2001, 44.

neue Produkt „nachzutesten". Der Anbieter wandte sich gegen die Veröffentlichung der Bewertung für das „überholte" Produkt. Das LG Berlin[179] hat das Bestehen eines Unterlassungsanspruchs mit der folgenden Begründung verneint: Die Veranstaltung eines vergleichenden Warentests dürfe nicht manipulierbar werden. Eine Verpflichtung zur Berücksichtigung von Produktänderungen könne nur insoweit angenommen werden, als diese nicht zur Undurchführbarkeit des Tests führen. Es sei zu berücksichtigen, ob es sich bei den getesteten Produkten um solche handele, die auch nach Veränderung der Produktion noch **im Handel** sind oder hinsichtlich derer jedenfalls ein Interesse an der Veröffentlichung der Testergebnisse bestehe, weil es sich um Geräte handelt, die der Verbraucher **üblicherweise einige Zeit nutzt.**

Einer Verbraucheraufklärung komme zwar bei einem Produkt des täglichen Bedarfs zumindest dann keine allzu große Bedeutung mehr zu, wenn dieses zum Zeitpunkt der Veröffentlichung des Testergebnisses im Handel bereits einige Zeit nicht mehr oder nur vereinzelt erhältlich sei. Trotzdem könne ein Produkt, das zu Beginn der Untersuchungen nicht auf dem Markt erhältlich sei, bei den Untersuchungen nicht berücksichtigt werden. Es erscheine ausreichend, den Verbraucher auf Produktveränderungen hinzuweisen. Eine Nachuntersuchung sei unzumutbar, da ein solcher Nachtest das Testverfahren nicht unerheblich verlängern würde. 244

Die Entscheidung gelangt – allerdings unter Verwendung zu enger Kriterien – zum richtigen Ergebnis. 245

Selbst ein **Rückruf** schützt nicht vor korrekter Veröffentlichung des Testberichts: Ein Unternehmen begründete den Eilantrag, dem Testveranstalter untersagen zu lassen, die Ergebnisse einer vergleichenden Untersuchung zu veröffentlichen und/oder über den erfolgten Rückruf seines negativ bewerteten Produkts zu berichten, im Wesentlichen wie folgt: Die Produkte seien aus dem Handel genommen, die Restbestände zurückgerufen worden, praktisch sei keines der beanstandeten Geräte mehr im Handel, ein Interesse an der Veröffentlichung der Testergebnisse fehle daher; dem Verbraucher nütze eine derartige Information nicht. Vor allem führe sie allein zu einer Schädigung des Rufs. 246

Dem hat das LG Hamburg[180] unter Berufung auf die Meinungsäußerungsfreiheit zu Recht entgegengehalten: Es bestehe ein Interesse an der Veröffentlichung der Testergebnisse, weil die Veröffentlichung nicht allein die Funktion habe, aktuelle Einkaufstipps für den Verbraucher zu liefern, sondern vielmehr der umfassenden Verbraucheraufklärung diene. Es bestehe ein Informationsinteresse für kürzlich erworbene Geräte. Der Veröffentlichung könnten allgemeine Informationen beispielsweise über das **generelle qualitative Niveau bestimmter Anbieter** entnommen werden. Zudem erhalte der Leser die Information, dass der Markenname des betreffenden Unternehmens nicht in jedem Fall für hohe Qualität bürge. 247

IV. Rechtliche Zulässigkeit von Tatsachenbehauptungen

In der Praxis stellt der BGH entscheidend darauf ab, ob die Tatsachenbehauptung wahr oder unwahr ist. Unwahre Tatsachenbehauptungen haben zu unterbleiben. Sie sind auch zu widerrufen. 248

Die Verteidigung mit der **Wahrnehmung berechtigter Interessen** hat selbst im Bereich des Schadenersatzanspruchs kaum Aussichten auf Erfolg. Im Zusammenhang mit dem Preisvergleich der Stiftung Warentest hat der BGH[181] ausgeführt: Mit der Veröffentlichung des Preisvergleichs habe die Stiftung Warentest zwar ein ernsthaftes Informationsinteresse der Öffentlichkeit erfüllt. Das genüge aber nicht, um wegen Wahrnehmung berechtigter Interessen im Sinne des § 824 Abs. 2 BGB Ersatzansprüche der Klägerinnen auszuschlie- 249

179 LG Berlin Urt. v. 5. 5. 1998 – 27 O 94/98.
180 So LG Hamburg Urt. v. 17. 5. 1985 – 74 O 168/85.
181 BGH GRUR 1986, 330, 331/332 – Warentest IV.

ßen. Hierzu sei vielmehr eine **Güter- und Interessenabwägung** vorzunehmen, bei der die schutzwürdigen wirtschaftlichen Belange der Klägerinnen gegenüber dem Interesse an freier Kommunikation aufseiten der Stiftung Warentest und der Leser ihrer Zeitschrift abzuwägen seien. Aufseiten der Klägerinnen sei vor allem zu berücksichtigen, dass ihre Kunden durch die Lektüre des Testberichts einen für sie ungünstigen, falschen Eindruck darüber vermittelt bekommen hätten, wie hoch ihre Preise im Vergleich zu denen ihrer Konkurrenz waren. Dies habe sich gerade deshalb nachteilig auf den Umsatz der Klägerinnen auswirken können, weil sie ihre Werbung mit dem Argument betreiben, sie seien besonders preisgünstig. Dem schutzwürdigen Interesse der Klägerinnen vor derartigen Eingriffen bewahrt zu werden, könne die Stiftung Warentest das von ihr verfolgte Interesse der Verbraucheraufklärung hier umso weniger entgegensetzen, als die Absicherung des Preisvergleichs durch **sorgfältige Recherchen** auch im Sinne der Verbraucher gelegen habe, die nur an zuverlässigen, auf ihre Richtigkeit ausreichend geprüften Informationen interessiert sein konnten. Derartige Recherchen bedeuteten auch keine unverhältnismäßige Belastung für die Verwirklichung des Testes. Vielmehr wäre es für die Stiftung Warentest ein Leichtes gewesen, die erforderlichen Informationen einzuholen.

250 Auch gegenüber einem anderen Testveranstalter stellt der BGH an die Intensität der ordnungsgemäßen Recherche sehr strenge Anforderungen. Aus einem Fernschreiben des betroffenen Unternehmens hatte sich die **Möglichkeit** nicht abschließend beschriebener **Änderungen** des Produkts ergeben. Das Unternehmen hatte mitgeteilt, detailliertere Angaben zu den Änderungen könnten erst nach einem bestimmten Termin gemacht werden, sich aber danach nicht gemeldet. Der BGH hat beanstandet, dass der Testveranstalter nicht von sich aus erneut nachgehakt hatte, sondern die Veröffentlichung auf der Grundlage mittlerweile überholter Merkmale der Produkte vornahm.[182]

251 Die Erfahrung zeigt jedoch, dass gut geführte, von einer vergleichenden Untersuchung betroffene Unternehmen in solchen Fällen **aus eigenem Antrieb** darauf hinzuwirken pflegen, dass der Testveranstalter die neuesten Versionen ihres Angebots prüft.

V. Sanktionen bei unzutreffenden Tatsachenbehauptungen und unzulässigen Wertungen

1. Häufigkeit gerichtlicher Auseinandersetzungen

252 Da durch negative Testberichte empfindlich in die wirtschaftlichen Interessen der Anbieter eingegriffen wird, führen sie des Öfteren zu Rechtsstreitigkeiten. Während eine nicht unerhebliche Anzahl von Unternehmen grundsätzlich nicht gerichtlich gegen vergleichende Testberichte vorgeht, sondern gütliche Einigungen sucht, reagieren insbesondere Branchen, die bisher von dieser Art von Veröffentlichungen nicht betroffen waren, häufig schon im Vorfeld mit rechtlichen Schritten, weil sie – gelegentlich zu Recht – negative Resultate befürchten. Die Stiftung Warentest ging lange Zeit hindurch von einem Durchschnittswert von etwa 12 bis 15 Gerichtsverfahren pro Jahr aus.[183] Ähnliches wurde von ÖKO-TEST angegeben. Bei der Stiftung Warentest ist die Fallzahl jedoch in letzter Zeit erheblich zurück gegangen.

253 Testveranstalter sind gut beraten, wenn sie die von den Anbietern vorgebrachten **Einwände** sehr **sorgfältig prüfen** und sie nicht von vornherein als unseriös oder interessengeleitet abtun. Die Erfahrung zeigt, dass bei derartigen Klärungsversuchen Schwachstellen der Veröffentlichung zutage treten können und es der Testveranstalter dann in der Hand hat, durch schnelle Reaktionen erhebliche Prozess- sowie Schadenersatzrisiken auszuschließen, jedenfalls zu reduzieren. Dies kann gravierende Schritte, im Extremfall sogar den Rückruf ausgelieferter Exemplare, erfordern. Solche Maßnahmen sind zwar wirtschaftlich

[182] BGH GRUR 1989, 539, 540 – Warentest V.
[183] Die Zahl schwankt allerdings.

schmerzhaft, beeinträchtigen das Ansehen des Testveranstalters jedoch nur dann, wenn sie in übersehbaren Zeitspannen mehrfach erfolgen (müssen). Andererseits hat auch ein von einer vergleichenden Untersuchung betroffenes Unternehmen mehr von einer schnellen Klarstellung, Nachprüfung oder Berichtigung[184] als von langjährigen Rechtsstreitigkeiten. Im Falle des Unterliegens kann ein publikumswirksam geführter Rechtsstreit die negativen Auswirkungen noch erheblich verstärken.[185]

2. Unterlassungsanspruch

Unterlassungsansprüche der betroffenen Unternehmen gegen den Testveranstalter bestehen – unabhängig von dessen Verschulden – wegen 254
– unzutreffender abträglicher und selbstständig angreifbarer Tatsachenbehauptungen und
– unzulässiger negativer Wertungen.

Bestehende oder vermeintliche Unterlassungsansprüche machen die betroffenen Anbieter in der Regel im **Eilverfahren** mit Anträgen auf Untersagungsverfügungen geltend. In der Praxis wird dieser Schritt vor allem gewählt, um die negative Wirkung einer Veröffentlichung insbesondere gegenüber dem Handel aufzufangen. Dieses Vorgehen kann sich jedoch als Bumerang erweisen, wenn die Tages- und die Wirtschaftspresse über die Aufhebung einer etwa ergangenen Unterlassungsverfügung berichtet. Zudem informieren einige Testveranstalter ihre Leser regelmäßig (und insoweit nicht durchweg ganz „neutral") über den Stand von Rechtsstreitigkeiten.[186] 255

Zuständig ist jedes Gericht, das zum **Verbreitungsgebiet** der Veröffentlichung gehört (§ 32 ZPO). Die Erfahrung zeigt jedoch, dass die Verfahren sich bei den Großstadt-Gerichten, bei denen renommierte Pressekammern und spezialisierte Anwaltskanzleien bestehen, konzentrieren. 256

Auch im Eilverfahren sind die betroffenen **Interessen** gegeneinander **abzuwägen.** Die Gerichte haben im Hinblick auf die Bedeutung der Pressefreiheit bisweilen die schon zum Druck abgeschlossenen Hefte der Zeitschrift von einer Verbotsverfügung ausgenommen, vereinzelt aber auch Rückrufe angeordnet. 257

Das Kammergericht[187] hat im Rahmen einer heftigen Auseinandersetzung über einen gravierenden Vorwurf eines Testveranstalters die Auffassung vertreten, das Gericht könne das begehrte Verbot erlassen, obwohl die Antragstellerin die Unwahrheit der Äußerung nicht durch eine lückenlose Beweisführung glaubhaft gemacht habe. Die Abwägung der beiderseitigen Interessenlage gebiete den Erlass der einstweiligen Verfügung auch bei einer solchen Fallgestaltung, weil dem Testveranstalter ein vorübergehendes Zuwarten mit der noch ausstehenden Veröffentlichung auch bei Berücksichtigung des hohen Ranges der Pressefreiheit selbst für den Fall zugemutet werden könne, dass sich der erhobene Vorwurf in einem normalen Erkenntnisverfahren dereinst als gerechtfertigt erweisen sollte. Dies sei eher zumutbar als das betroffene Unternehmen bis zu einer endgültigen Klärung einem möglicherweise unberechtigten Vorwurf auszusetzen. Die Verbreitung dieses Vorwurfs sei geeignet, die Existenz des Unternehmens durch eine Gefährdung ihrer Geschäftsbeziehungen zu einem ihrer wichtigsten Kunden irreparabel ernstlich zu schädigen. Diese Entscheidung betraf einen Sonderfall, jedenfalls ist sie nicht verallgemeinerungsfähig, weil ansonsten Berichte der Presse über brisante Gegenstände verhindert werden könnten, bis die Aktualität entfallen ist. 258

Jeder Anbieter, der eine Verbotsverfügung **vollzieht,** die zum Auslieferungsstopp oder gar zum Rückruf führt, muss damit rechnen, dass er dem Testveranstalter den durch die Befolgung entstehenden – bisweilen beachtlichen – **Schaden ersetzen** muss, falls die Ent- 259

---

[184] Die Tatsache, dass auf die Berichtigung, den Widerruf und den eingeschränkten Widerruf kein Rechtsanspruch besteht, ist für die gütliche Einigung irrelevant. Selbstverständlich können solche Erklärungen vereinbart werden.

[185] Dies zeigt sich exemplarisch am Falle Uschi Glas: LG Berlin NJW-RR 2005, 290.

[186] ZB ÖKO-TEST.

[187] KG Berlin KGR Berlin 1998, 285–287.

scheidung sich als unberechtigt erweist und aufgehoben wird (§ 945 ZPO). Nach Aufhebung mehrerer unabhängig voneinander beantragter, denselben Testbericht betreffender Verbotsverfügungen, stellte sich die Frage, ob insoweit eine gesamtschuldnerische Haftung der betreffenden Antragsteller gegeben war. Dies ist im Ergebnis nach dem Rechtsgedanken des § 840 BGB zu bejahen.

3. Widerrufsanspruch

260 Ein Anspruch auf Widerruf besteht nur in Bezug auf Tatsachenbehauptungen. Im Eilverfahren ist die Anordnung eines Widerrufs wegen **Vorwegnahme** der **Hauptsache** grundsätzlich ausgeschlossen. Denkbar ist aber – in eng begrenzten Ausnahmefällen – die Verpflichtung zu einem eingeschränkten Widerruf, wonach die Behauptung – bis auf weiteres – nicht aufrecht erhalten werde.

4. Gegendarstellungsanspruch

261 Gegendarstellungsansprüche gewähren die Pressegesetze nur als Entgegnung auf **Tatsachenbehauptungen.** Sie werden in der Praxis gegen Testveranstalter selten gerichtlich geltend gemacht.

5. Schadenersatzanspruch

262 Die Durchführung vergleichender Tests ist rechtlich (im untechnischen Sinn) „gefahrengeneigte Arbeit“. Dies wird besonders deutlich, wenn Produkte auf Grund einer rechtswidrigen Veröffentlichung ausgelistet worden sind. In diesen Fällen kann das betroffene Unternehmen Kausalität und Höhe des Schadens besonders leicht belegen.

263 **a) Verschulden.** Steht die Rechtswidrigkeit eines Testberichtes fest, liegt die Annahme eines Verschuldens nach der höchstrichterlichen Rechtsprechung nicht mehr fern.[188] Der BGH führt aus: An die **Sorgfaltspflicht** der Stiftung Warentest seien **hohe Anforderungen** zu stellen. Das gelte nicht nur für die Veröffentlichung vergleichender Warentests, sondern auch für Preisvergleiche.[189] Die Veröffentlichungen können für die betroffenen Unternehmen einschneidende Folgen haben. Die Stiftung Warentest nehme in der Öffentlichkeit das Vertrauen als staatliche Einrichtung in Anspruch und sei nach ihrer Satzung verpflichtet, ihre Untersuchungen nach wissenschaftlichen Methoden durchzuführen und unparteiisch darzustellen. Ihre Veröffentlichungen fänden eine weite Verbreitung. Das lege ihren Mitarbeitern eine hohe Verantwortung auf.[190]

264 Die gravierenden Konsequenzen dieses Ansatzes ergeben sich aus der Stellungnahme des BGH zu dem Preisvergleich der Stiftung Warentest. Der BGH konzediert hier, dass jeder konkrete Anhaltspunkt, der die Sachbearbeiter der Beklagten hätte darauf hinweisen können, dass hinter der einheitlichen Bezeichnung „Globus“-Markt ganz unterschiedliche Betreiber stecken, fehlte. Dennoch meinte er, der Stiftung Warentest sei der Vorwurf mangelnder Sorgfalt nicht zu ersparen: Die Sachbearbeiter hätten von sich aus Überlegungen darüber anstellen müssen, ob mehrere von ihnen getestete Geschäfte, die unter einem einheitlichen Namen betrieben werden, auch wirklich zu einem Unternehmen oder einer Unternehmensgruppe gehörten. Sie hätten nicht als selbstverständlich davon ausgehen dürfen, dass die unter dem Allerweltsnamen „Globus“ betriebenen 16 Geschäfte, die in den Test einbezogen worden waren, in Bezug auf die Preisgestaltung für ihr Warenangebot miteinander soweit organisatorisch verbunden waren, dass die von den Testern ermittelten Preise als repräsentativ gelten konnten. Sie hätten sich Gewissheit verschaffen müssen, dass

---

188 S. auch BGH GRUR 1989, 539, 540 – Warentest V zur Intensität der ordnungsgemäßen Recherche; diese Ausführungen zum Rechtfertigungsgrund lassen sich auf die Problematik des Verschuldens leicht übertragen.

189 BGH GRUR 1986, 330, 331 – Warentest III.

190 BGH GRUR 1986, 330, 331 – Warentest III.

die unter dem Namen „Globus“ betriebenen Selbstbedienungsläden auch wirklich eine einheitliche Preisgestaltung aufwiesen, ehe sie die Ergebnisse der 16 von ihnen getesteten „Globus“-Läden in einer Rubrik unter der Bezeichnung „Globus“ zusammenfassten. Für dieses Fehlverhalten müsse die Beklagte nach § 831 BGB einstehen.[191]

Daneben zieht der BGH die **Grundsätze der Fiktionshaftung** für mangelhafte Organisation heran. Hiernach müssen Verleger und Herausgeber einen besonders gefährlichen Beitrag, mit dem ehr- oder persönlichkeitsrechtliche Beeinträchtigungen verbunden sind, grundsätzlich entweder selbst überprüfen oder dem damit beauftragten Dritten Organstellung im Sinne der §§ 30, 31 BGB verschaffen, so dass sie für sein Verschulden ohne Entlastungsmöglichkeit einzustehen haben.[192] Der BGH erstreckt diesen Grundsatz, obwohl hier keine Ehr- oder Persönlichkeitsverletzung ersichtlich ist, auf den Testbericht und führt aus, die Stiftung Warentest hafte auch aus §§ 824, 31 BGB dafür, dass keiner ihrer satzungsmäßigen Vertreter Vorkehrungen getroffen habe, um zu gewährleisten, dass die Testergebnisse verschiedener unter einem Namen betriebener Geschäfte nicht ohne ausreichende Nachprüfung ihrer Zusammengehörigkeit in einer Rubrik zusammengefasst wurden.[193] 265

b) Gegenannoncen. Der wegen **unzutreffender Tatsachenbehauptungen** gegen den Testveranstalter gerichtete Schadenersatzanspruch umfasst unter Umständen auch die Kosten von Gegenanzeigen des betroffenen Unternehmens. 266

Der BGH[194] führt unter Hinweis auf frühere Rechtsprechung[195] aus: Zu dem Schaden, der nach §§ 824, 249ff BGB zu ersetzen sei, könnten auch die Kosten von Anzeigen gehören, mit denen der Geschädigte der Beeinträchtigung seines wirtschaftlichen Rufes durch falsche Behauptungen in der Presse entgegenwirken wolle. Der Erstattungsfähigkeit dieser Kosten seien jedoch **enge Grenzen** gesetzt. Wenn der Betroffene dem Angriff auf seinen wirtschaftlichen Ruf durch eine presserechtliche Gegendarstellung begegnen könne, dann sei es ihm in aller Regel verwehrt, den Verantwortlichen mit den höheren Aufwendungen einer berichtigenden Darstellung durch besondere Anzeigen zu belasten. Nur in besonderen Fällen – so, wenn ein ungewöhnlich hoher Schaden drohe, dem durch eine Gegendarstellung nicht so zeitig oder so gezielt wie etwa durch Anzeigen begegnet werden könne, oder wenn das Verfahren der Gegendarstellung sich hinziehe – könne eine auf Kosten des Angreifers durchgeführte Anzeigenaktion zulässig sein. Dabei sei die Erforderlichkeit solcher Maßnahmen stets sehr sorgfältig auf Grund einer Würdigung der Umstände des Einzelfalles zu prüfen.[196] Die Kosten derartiger Anzeigen müssten vor allem in einem angemessenen Verhältnis zur Größe und Schwere des drohenden Schadens stehen und dem **Maßstab wirtschaftlicher Vernunft** genügen. Auch die schutzwürdigen Belange des Schädigers seien bei der Prüfung der Erforderlichkeit voll zu würdigen. Es müsse verhindert werden, dass der Geschädigte einen Schaden, dessen Schwere und Ausmaß durchaus zweifelhaft seien, erst dadurch konkretisiere und womöglich vergrößere, dass er teure Anzeigen in Auftrag gebe.[197] Deshalb müsse die Erstattungsfähigkeit von Anzeigenkosten auf wirklich **schwerwiegende Ausnahmefälle** beschränkt bleiben, in denen von vornherein erkennbar sei, dass die berichtigenden Anzeigen dringend geboten sind, um einen unmittelbar bevorstehenden und sich in seinen Ausmaßen bereits klar abzeichnenden schweren Schaden abzuwenden. 267

Den Umstand, dass die Stiftung Warentest eine Berichtigung angeboten und auch veröffentlicht hatte, in der sie erklärte, die für „Globus“ ermittelten Beträge seien zu „annullieren“, schloss den Anspruch nach Ansicht des BGH nicht aus, weil diese Maßnahme unzurei- 268

---

191 BGH GRUR 1986, 330, 331 – Warentest III.

192 BGH GRUR 1986, 330, 331 – Warentest III; s. auch BGH GRUR 1998, 167, 169 – Restaurantführer mwN.

193 BGH GRUR 1986, 330, 331 – Warentest III.

194 BGH GRUR 1986, 330, 332 – Warentest III; s. auch BGH GRUR 1990, 1012 – Pressehaftung.

195 Ua BGH GRUR 1978, 187, 189 – Alkoholtest.

196 BGH GRUR 1986, 330, 332 – Warentest III; hierzu auch OLG Hamburg AfP 2002, 50: in diesem Fall hat der „Spiegel“ auf irreführende Anzeigen von „Focus“ mit Gegenanzeigen reagiert.

197 BGH GRUR 1986, 330, 332 – Warentest III.

chend sei: Die Stiftung Warentest hätte nach Ansicht des BGH mitteilen müssen, welche Preise die drei von ihr getesteten Läden der Klägerinnen gefordert hatten.[198] Allerdings könnten sich die Unternehmen auf den unzureichenden Inhalt der Richtigstellung deswegen nicht berufen, weil sie weitere Verhandlungen über den Inhalt der Richtigstellung dadurch blockiert hatten, dass sie als Vorbedingung von Gesprächen die Zahlung von 175 000 DM für ihre Anzeigenaktion gefordert hatten. Im Übrigen hätten die Klägerinnen auch jederzeit den Abdruck einer Gegendarstellung verlangen können.

269 Die Zurückverweisung beruhte letztlich darauf, dass die klagenden Unternehmen nicht substantiiert belegt hatten, dass sich tatsächlich die Gefahr eines schweren Schadens für die allernächste Zeit schon derart konkret verdichtet hatte, dass bei vernünftiger wirtschaftlicher Betrachtung eine derartige Anzeigenaktion zur Verringerung oder Abwendung dieses Schadens geboten erschien.

270 Die Frage, ob diese Grundsätze sich auch auf Gegenanzeigen zu schuldhaft rechtswidrigen **wertenden Äußerungen** des Testveranstalters erstrecken, ist in der Entscheidung nicht angesprochen worden. Gegen eine Erstreckung könnte sprechen, dass der BGH sich sehr intensiv mit der vorrangigen Möglichkeit der Gegendarstellung befasst; diese steht aber für Erwiderungen auf Wertungen nicht zur Verfügung. Letztlich ist jedoch nicht auszuschließen, dass in krassen Fällen auch die Kosten von Gegenanzeigen zu wertenden Testberichten als erstattungsfähig eingestuft werden.

VI. Beweislast

271 In Fällen, in denen der Testveranstalter und das von der Untersuchung betroffene Unternehmen zu den technischen Fragen gegensätzliche Sachverständigengutachten vorlegen, die dem Gericht gleichermaßen plausibel erscheinen, stellt sich – insbesondere in Eilverfahren – die Frage, wer die Beweislast trägt.

272 Sie ist – je nachdem, ob der Streit Wertungen oder Tatsachenbehauptungen betrifft – unterschiedlich zu beantworten.

273 Liegt eine Meinungsäußerung vor, ist der Kläger für Tatsachen, aus denen sich – ausnahmsweise – die Unzulässigkeit ergibt, in vollem Umfang darlegungs- und beweispflichtig. Ein non-liquet geht also zu seinen Lasten.

274 Bei dem Angriff auf Tatsachenbehauptungen stellt sich die Rechtslage differenzierter dar. Das LG Nürnberg-Fürth[199] hat in einem Fall, in dem die Stiftung Warentest den Schadstoffanteil von Buntstiften bewertet hatte und eines der betroffenen Unternehmen sich unter Vorlage von Gutachten gegen die Beurteilung seines Produkts wendete, die Auffassung vertreten, der angegriffene Testbericht enthalte Wertungen und einen „Tatsachenkern", der im vorliegenden Fall überwiege. Das den Bericht angreifende Unternehmen habe jedoch nicht glaubhaft machen können, dass dieser Tatsachenkern unwahr sei. Den verklagten Testveranstalter treffe bei ehrenrührigen Behauptungen unabhängig von der Beweislast eine erweiterte Darlegungslast. Diese sei im vorliegenden Falle erfüllt worden, folglich bleibe es dabei, dass die Beweislast für die Unrichtigkeit der streitigen Behauptung grundsätzlich den Kläger treffe. Ein non-liquet, das aufgrund der gegensätzlichen Gutachten anzunehmen sei, gehe demnach zu seinen Lasten, zumal der Tatbestand einer üblen Nachrede nicht erfüllt sei.

275 Das LG Hamburg[200] hat eine von einem Unternehmen erwirkte einstweilige Verfügung, die der Stiftung Warentest untersagte, zu behaupten ein Nahrungsmittel weise einen bestimmten DEHP-Wert auf, angesichts widerstreitender Gutachten der Parteien aufgehoben und zur Begründung ausgeführt: Die Antragsgegnerin trage die Darlegungs- und Glaubhaftmachungslast für die veröffentlichte Behauptung. Das Gericht hat, weil die von den

[198] BGH GRUR 1986, 330, 332 – Warentest III.
[199] Urt. v. 16. 9. 2008 – 11 O 7549/08.
[200] Urt. v. 15. 2. 2008 – 324 O 1091/07.

Parteien eingereichten Gutachten auf anerkannten Verfahren beruhten, nicht feststellen können, welches der Ergebnisse richtig sei. Aufgrund der hieraus folgenden non-liquet-Situation ist es von der objektiven Unwahrheit der angegriffenen Behauptung ausgegangen.

Dennoch hat es die einstweilige Unterlassungsverfügung mit der Begründung aufgehoben, die Stiftung Warentest könne sich auf die Wahrnehmung berechtigter Interessen (§ 193 StGB) berufen, weil „zweifelsohne" ein allgemeines Interesse an der Durchführung und Veröffentlichung des fraglichen Tests anzuerkennen sei. Hierbei hat es auf die Besonderheiten des Falles abgestellt: Die Tatsachenbehauptung beruhte auf einem „Schnelltest"; hierbei wird Ware, die regelmäßig nur kurzzeitig angeboten und intensiv beworben wird (Aktionsware), untersucht. Das Landgericht hat die Auffassung vertreten, aufgrund dieser Besonderheiten sei die Stiftung Warentest nicht verpflichtet gewesen, dem betroffenen Hersteller vor Veröffentlichung des Berichts Gelegenheit zur Stellungnahme zu bieten, denn dies hätte zu erheblichen Verzögerungen geführt. 276

C. Werbung mit Testergebnissen

I. Übersicht

Gegenstand der wettbewerbsrechtlichen Prüfung der Werbung mit Testergebnissen eines **neutralen Testveranstalters,** insbesondere der Stiftung Warentest, auf deren besondere Funktion und Bedeutung die Gerichte auch in diesem Bereich ständig hinweisen, ist nicht die Rechtmäßigkeit der Testveröffentlichung selbst.[201] Unternehmen haben somit keine Möglichkeit, die Testveröffentlichung mittelbar dadurch anzugreifen, dass sie gegen die mit ihren Ergebnissen werbenden Konkurrenten im Wettbewerbsprozess vorgehen.[202] Dies führt zugleich zu einer sachgerechten Eingrenzung der in diesen Verfahren zu bewältigenden Streitfragen. Dies ist jedoch nicht gesichert. Zum Teil wird vertreten, der mit einem Test Werbende könne sich im Wettbewerbsprozess auf den dem Testveranstalter zustehenden Freiraum berufen, falls die Testveröffentlichung rechtmäßig sei und er sie vollständig wiedergebe.[203] 277

Demgegenüber hat das OLG Schleswig[204] bei der Beurteilung der Werbung eines Anbieters mit einer positiven Aussage der bedeutendsten niederländischen Verbraucherinstitution den von dieser durchgeführten vergleichenden Testbericht auch daraufhin überprüft, ob er nach deutschem Recht zulässig ist. 278

Auch die Auswertung der Rechtsprechung zeigt, dass die Unternehmen vorrangig mit den von der Stiftung Warentest vergebenen Bewertungen werben. Dies beruht auf ihrer von den Gerichten ständig hervorgehobenen besonderen Funktion, Autorität und Bedeutung. Die Stiftung Warentest hat, um die Verwendung ihrer Arbeitsergebnisse nach Möglichkeit zu steuern, ursprünglich **Empfehlungen** zur Werbung mit ihren Untersuchungsergebnissen[205] herausgegeben. 279

Bisweilen wurde vertreten, hierbei handele es sich um verbindliche Bedingungen, deren Nichtbefolgung zur Rechtswidrigkeit der Werbung führe. Diese These überzeugt nicht: 280

– Eine **urheberrechtliche** Grundlage scheidet aus: Testergebnisse als solche genießen keinen urheberrechtlichen Schutz. Etwas anderes gilt für formale Aspekte wie die Aufmachung. Hierum aber geht es nicht, wenn ein Unternehmen sich in seiner Werbung

---

201 So wohl auch *Fezer* GRUR 1976, 472, 484; *W. Brinkmann* BB 1978, 1285, 1290.

202 Nach *Hart* WRP 1986, 515, 522 soll dies nur für Veröffentlichungen der Stiftung Warentest, nicht aber solche „privater" Testveranstalter gelten.

203 Hefermehl/*Köhler*/Bornkamm UWG § 6 Rn 101.

204 OLGR Schleswig 2001, 393; ähnlich KG WRP 1983; 22, 24 in Bezug auf Werbung mit Untersuchungsergebnissen der Stiftung Warentest.

205 Skeptisch *Heiseke* WRP 1977, 615, 620.

pauschal auf sein Abschneiden in einer veröffentlichten vergleichenden Untersuchung beruft.

– Das **Persönlichkeitsrecht** der Stiftung Warentest bietet in der Regel ebenfalls keine Handhabe. Auch juristischen Personen wird ein Persönlichkeitsrecht zugesprochen. Dieses kann die Stiftung Warentest zwar davor schützen, dass andere Verlage ihre Arbeitsergebnisse systematisch und dauerhaft, zum Beispiel durch Umrechnungen der Bewertungen und Bildung von Ranglisten, entstellen. Jedoch wird das Persönlichkeitsrecht nicht dadurch tangiert, dass ein in eine vergleichende Untersuchung einbezogener Anbieter mit den dabei erzielten Ergebnissen anders wirbt als es den Vorstellungen der Stiftung Warentest entspricht.[206]

281 Die Zulässigkeit der Werbung mit Testergebnissen richtete sich also ausschließlich nach den **Vorschriften des Wettbewerbsrechts.** Diesem aber ist nicht der Grundsatz zu entnehmen, dass die Nichtbeachtung der Empfehlungen der Stiftung Warentest per se unlauter sei.[207] Der BGH hat sich zu der rechtlichen Bedeutung der Empfehlungen nicht geäußert, sie allerdings einmal herangezogen.[208]

282 Die Beachtung der Empfehlungen der Stiftung Warentest war somit ein sicherer Weg, korrekt zu werben, aber **keine** rechtliche **Zulässigkeitsvoraussetzung.**

283 Die Stiftung Warentest hat im Jahre 2008 die Empfehlungen durch „Bedingungen" zur „Werbung mit Testergebnissen" ersetzt. Diese knüpfen nicht lediglich an die Werbung, sondern an die hierbei erfolgende Nutzung der von der Stiftung Warentest für die vergebenen Urteile zu verwendenden Logos an. Diese Nutzung gestattet die Stiftung Warentest (nur) gegen Zahlung eines Entgelts und Annahme ihrer Bedingungen.

284 Teil I dieser Bedingungen lautet wie folgt:[209]

„Bedingungen der Stiftung Warentest zur Werbung mit Untersuchungsergebnissen

Die Untersuchungsergebnisse der Stiftung Warentest sollen den Markt für die Verbraucher übersichtlicher machen. Dieses Bemühen wird durchkreuzt, wenn die Untersuchungsergebnisse in der Werbung dazu verwendet werden, den Verbrauchern einen Eindruck von der Überlegenheit einzelner Waren oder Leistungen zu vermitteln, der durch die veröffentlichten Untersuchungsergebnisse nicht gerechtfertigt ist. Die Stiftung Warentest erwartet daher eine lautere Werbung mit ihren Untersuchungsergebnissen.

Zur Werbung mit ihren Untersuchungsergebnissen erlaubt die Stiftung Warentest die Nutzung ihrer für die vergebenen Urteile zu verwendenden Logos, sofern der Werbende die nachfolgenden Bedingungen einhält:

1. Die Werbung mit den Untersuchungsergebnissen der Stiftung Warentest ist nur gestattet, wenn ihre Verwendung bei den Verbrauchern keine falschen Vorstellungen über die vorgenommene Beurteilung der Produkte oder Leistungen entstehen lässt. Die Verwendung der Untersuchungsergebnisse ist daher insbesondere nur gestattet,
   - wenn die Aussagen in der Werbung, die sich auf die Untersuchungsergebnisse der Stiftung Warentest beziehen, von anderen Aussagen des Werbenden abgesetzt sind,
   - wenn die Aussagen der Stiftung Warentest vom Werbenden nicht mit eigenen Worten umschrieben werden,
   - wenn die Terminologie der Bewertungsskala nicht auch bei solchen Werbeaussagen verwendet wird, die sich nicht auf die Untersuchungsergebnisse der Stiftung Warentest beziehen,
   - wenn günstige Einzelaussagen oder Kommentierungen nicht isoliert angegeben werden, wenn andere Aussagen/Kommentierungen weniger günstig sind,
   - wenn ein veröffentlichtes zusammenfassendes Qualitätsurteil in jedem Fall mitgeteilt wird,
   - wenn die Werbung alle Gruppenurteile bzw. die zusammenfassende Beurteilung enthält, wenn kein Qualitätsurteil vergeben worden ist.

---

[206] Wie hier wohl *W. Brinkmann* BB 1978, 1285, 1285; aA und zu weitgehend *Keßler/Müller* WRP 1981, 495, 498.

[207] So auch OLG Celle NJW-RR 2005, 1131, 1131 (Werbung mit einem Gruppenurteil ohne Angabe des Testqualitätsurteils); *Hart* WRP 1986, 515, 519; ähnlich wohl auch Hefermehl/*Köhler*/Bornkamm UWG § 1 Rn 101, die sich nicht zur Rechtsnatur der Empfehlungen äußern: Sie seien „nicht schlechthin verbindlich"; aA *Keßler/Müller* WRP 1981, 495, 497 nehmen Verbindlichkeit an, wobei sie Affirmationen, aber keine Begründungen liefern.

[208] BGH GRUR 1991, 679 – Fundstellenangabe.

[209] Teil II der Bedingungen, der sich mit der grafischen Gestaltung befasst, ist nicht abgedruckt worden.

2. Die Werbung mit den Untersuchungsergebnissen der Stiftung Warentest ist nur gestattet, wenn die Untersuchung nicht mit Produkten oder Leistungen in Zusammenhang gebracht wird, für die sie nicht gilt. Die Verwendung der Untersuchungsergebnisse ist daher insbesondere nur gestattet,
- wenn das Produkt oder die Leistung sich seit der Veröffentlichung der Untersuchung nicht in Merkmalen geändert hat, die Gegenstand der Untersuchung waren,
- wenn bei einem Test von Lebensmitteln Ergebnisse, die sich auf eine bestimmte in der Veröffentlichung angegebene Charge (MHD, UBA-Nr. oÄ) beziehen, nur unter Angabe der untersuchten Charge zur Werbung benutzt werden,
- wenn das Qualitätsurteil für ein gleiches Produkt, welches von der Untersuchung nicht erfasst war, nicht ohne Erwähnung des untersuchten Produkts verwendet wird,
- wenn die Übertragung eines Qualitätsurteils auf nicht getestete Produkte oder Leistungen weder vorgenommen noch nahegelegt wird.

3. Die Werbung mit den Untersuchungsergebnissen der Stiftung Warentest ist nur gestattet, wenn die Untersuchung nicht durch eine neue Untersuchung der gleichen Produktgruppe unter geänderten Bedingungen oder durch neue Erkenntnisse zur Untersuchungs- bzw. Bewertungsmethodik überholt ist.
4. Die Werbung mit den Untersuchungsergebnissen der Stiftung Warentest ist nur gestattet, wenn die Angaben über die Untersuchungsergebnisse leicht und eindeutig nachprüfbar sind. Dazu gehört, dass in der Werbung Titel, Monat und Jahr der Erstveröffentlichung angegeben werden.
5. Die Werbung mit den Untersuchungsergebnissen der Stiftung Warentest ist nur gestattet, wenn der Rang des verwendeten Qualitätsurteils insbesondere dann erkennbar gemacht wird, wenn bessere Qualitätsurteile für andere Produkte oder Leistungen vergeben worden sind. …“

Ähnlich verfährt die Zeitschrift „Öko-Test“. Auch sie schließt mit dem werbenden Unternehmen einen Lizenzvertrag, der die Benutzung ihres Logos unter Einhaltung bestimmter Bedingungen erlaubt. 285

Testveranstalter, die nach dieser Methode vorgehen, haben somit eine eigenständige, (lizenz-)vertragliche Grundlage, um auf die Gestaltung der Testwerbung Einfluss zu nehmen. 286

Demgegenüber unterliegt die Werbung mit Testergebnissen diesen Einschränkungen nicht, wenn der Werbende weder die Bedingungen des Testveranstalters akzeptiert noch sein Logo verwendet hat. 287

Die vertragliche Gestattung der Werbung kann jedoch für den Testveranstalter auch Risiken bergen. Deren Grundlage zeigt der folgende Fall, in dem sie sich allerdings nicht verwirklicht haben: 288

Das OLG Frankfurt[210] hatte einen Fall zu beurteilen, in dem in der Zeitschrift „Öko-Test“ die Ergebnisse eines vergleichenden Tests von Shampoos und Deodorants veröffentlichte, in dem lediglich deren ökologische und gesundheitliche Unbedenklichkeit nicht jedoch deren Wirksamkeit untersucht worden waren. Der Verlag gestattete dem Hersteller der von ihr getesteten und bewerteten Produkte gegen Entgelt die Verwendung von Testlabels. Das klagende Unternehmen wandte sich unter anderem gegen die Gestattung der Werbung mit Testlabels mit der Begründung, in der Werbung werde nicht hinreichend deutlich, dass keine Wirksamkeitsprüfung erfolgt sei. 289

Das OLG Frankfurt hat die Auffassung vertreten, zwar liege in dem Abschluss der Gestattungsverträge eine Wettbewerbshandlung, denn die darin liegende „Vermarktung“ der Testergebnisse berühre nicht den Kernbereich der Berichterstattung, insoweit könne sich der Verlag daher nicht auf das „Presseprivileg“ berufen. 290

Im konkreten Fall sei die Werbung auch irreführend gewesen, jedoch sei für den Wettbewerbsverstoß in erster Linie der mit dem Testergebnis werbende Hersteller oder Vertreiber verantwortlich. Daneben komme zwar auch eine wettbewerbsrechtliche Verantwortung des Verlages unter dem Gesichtpunkt der Gehilfen- oder Anstifterhaftung in Betracht, weil er mit dem Abschluss von Gestattungsverträgen die als solche vorhersehbare wettbewerbswidrige Benutzung des Labels fördere. Daraus lasse sich jedoch keine Verpflichtung ableiten, im Rahmen der Gestattungsverträge festzulegen, dass die Labels nur gemeinsam mit den zur Vermeidung einer Irreführung erforderlichen Hinweisen verwendet werden dürfen. Von dem Verlag könne nur allgemein verlangt werden, im Zusammenhang mit dem Abschluss derartiger Gestattungsverträge den Verwender des Labels darauf hinzuweisen, 291

[210] OLG Frankfurt NJW-RR 2007, 38.

dass gegenüber dem Verbraucher im zu verwendenden Label oder im Zusammenhang mit dem Label wörtlich oder sinngemäß das Fehlen einer Wirksamkeitsprüfung deutlich gemacht werden müsse; dies könne auch in Form eines Hinweises auf den eingeschränkten Untersuchungsumfang geschehen.

II. Verbot der Irreführung

1. Baugleichheit

292 Die Werbung mit einem Qualitätsurteil setzt voraus, dass das betreffende Produkt der vergleichenden Untersuchung unterzogen worden war. Daher ist es unzulässig, mit einer positiven Bewertung für ein anderes, tatsächlich oder angeblich baugleiches Gerät zu werben.[211] Der Testveranstalter vergibt seine Bewertung für bestimmte Produkte. Nur auf diese beziehen sich seine Äußerungen. Darüber, ob und inwieweit andere Produkte völlig oder „im Wesentlichen“ baugleich sind, kann es durchaus unterschiedliche Auffassungen geben. In der Praxis finden sich **mehr behauptete als tatsächliche Baugleichheiten.** Rechtlich entscheidend ist, dass die Angabe, ein Testveranstalter habe das beworbene Produkt positiv bewertet, objektiv unwahr ist, denn gerade dieses war nicht Untersuchungsgegenstand. Eine andere Rechtslage besteht nur dann, wenn der Testveranstalter im Rahmen der vergleichenden Untersuchung die Baugleichheit bestätigt hat.

2. Werbung mit nicht repräsentativem Ergebnis

293 Werden in einen Test verschiedener Lohnsteuerhilfevereine nur einzelne Beratungsstellen einbezogen, ist die Werbung eines an der Untersuchung beteiligten Anbieters, die den Eindruck erweckt, die vergebene Testnote beziehe sich auf seine gesamte Organisation, nach Auffassung des BGH[212] irreführend, wenn dem Test nur eine auf die jeweils getesteten Beratungsstellen beschränkte Aussagekraft zukommt. Der BGH hat unter anderem darauf abgestellt, dass nicht das Gesamtangebot der jeweiligen Organisationen, sondern die Qualität der Beratungsleistung untersucht worden war. Hierfür aber seien einheitliche Standards nicht gegeben gewesen; ausschlaggebend seien jeweils die persönliche Qualifikation und die Einsatzbereitschaft des vor Ort tätigen Beraters.

294 Der BGH hat daher die Auffassung vertreten, das Testergebnis habe nur eine begrenzte Aussagekraft. Die zu dieser Erkenntnis führenden Umstände seien in der Werbung mit dem Testergebnis nicht angegeben worden. Diese habe vielmehr den irreführenden Eindruck hervorgerufen, der Test sei anhand von Kriterien vorgenommen worden, die einen zuverlässigen Schluss auf die Qualität des Angebots des gesamten Vereins zuließen.

295 Diese Entscheidung erhöht das Risiko der Werbung mit der Qualität von Dienstleistungsangeboten deutlich.

3. Testsieger

296 Eine Irreführung liegt vor, wenn ein Unternehmen damit wirbt, sein Erzeugnis sei „Testsieger“, ohne darauf hinzuweisen, dass in die Untersuchung nur eine kleine und **nicht repräsentative Minderheit**[213] der in Betracht kommenden marktgängigen Produkte einbezogen worden ist.[214]

297 Zulässig ist aber die Werbung damit, dass eine Fachzeitschrift über eine Jury ein Gerät zum „Computer des Jahres“ gekürt hat. Dies setzt nicht die Durchführung eines vergleichenden Warentests voraus. Es reicht aus, wenn die Juroren hinsichtlich einzelner Merkmale Stimmen vergeben haben.[215]

---

211 OLG Köln GRUR 1988, 556; Hefermehl/*Köhler*/Bornkamm UWG § 6 Rn 103.
212 BGH GRUR 2005, 877.
213 Im konkreten Fall vier von dreißig Angeboten!.
214 KG GRUR 1999, 192 (Ls).
215 OLG Stuttgart NJW-RR 1988, 234, 234 – Computer des Jahres.

Nach der höchstrichterlichen Rechtsprechung[216] soll es zulässig sein, mit einem Spitzenplatz – wie „Testsieger" oder 1. Platz ohne aufklärenden Zusatz dann zu werben, wenn Wettbewerber ebenfalls den Spitzenplatz erreicht haben. Der BGH unterstellt, der Verbraucher wisse wegen der Fülle von Produkttests, dass es sich regelmäßig um einen Vergleich mehrerer Produkte handle, bei dem auch mehrere gleich abschneiden können. **298**

4. Vortäuschung eines Gesamturteils

Die Werbung mit dem Zeichen der Stiftung Warentest und den Worten „Testurteil gut", die üblicherweise für ein Gesamturteil verwendet werden, ist irreführend, wenn sich die Bewertung „gut" nur auf eine **bestimmte einzelne Eigenschaft** des beworbenen Produkts bezieht und ein Gesamturteil tatsächlich nicht gebildet wurde.[217] Dies gilt aber nicht nur für die Werbung mit Ergebnissen der Stiftung Warentest, sondern aller Testveranstalter. Dabei kommt es auch nicht darauf an, ob deren Logo verwendet wird. **299**

Einen Sonderfall bildet die Entscheidung des OLG Celle,[218] in dem die Kaffeemaschine des werbenden Anbieters in einer vergleichenden Untersuchung der Stiftung Warentest mit „gut" abgeschnitten hatte, die Werbung jedoch die Bewertung des Merkmals „Kaffeearoma", die „sehr gut" ausgefallen war, herausgriff. Das OLG Celle hat darauf abgestellt, dass der Hinweis auf das Testergebnis unübersehbar die Aussage enthalte, dass sich das Testergebnis „sehr gut" auf das Kaffeearoma bezieht. Diese Aussage treffe zu. Sie erwecke auch nicht mittelbar einen falschen Eindruck, indem sie etwa überdecke, dass die getestete Maschine im Vergleich insgesamt eher durchschnittlich oder sogar schlecht abgeschnitten hat. Mit dem Gesamturteil „gut", das außer ihr noch fünf von insgesamt 15 getesteten Maschinen erhalten haben, sei die beworbene Maschine der Testsieger. Das Kaffeearoma sei mit einem Anteil von 35% am Gesamturteil das gewichtigste getestete Einzelmerkmal. **300**

Allein der Umstand, dass die Werbung den Empfehlungen der Stiftung Warentest zur Werbung mit Untersuchungsergebnissen nicht in allen Punkten entspreche (vor allem: keine Mitteilung des Gesamturteils), mache sie noch nicht irreführend. Diese Entscheidung lässt sich nicht verallgemeinern.[219] **301**

5. Relation zur Konkurrenz („Qualitätsrang")

Untersuchungen, deren Resultate insgesamt recht positiv ausfallen, führen in der Testwerbung zu der Frage, ob hier das Qualitätsurteil „gut" mit dem Hinweis darauf relativiert werden muss, dass mehrere **andere Angebote** gleich gut, zum Teil eventuell **besser** abgeschnitten haben.[220] In einem geradezu exemplarischen Fall bezog sich die Werbung auf eine vergleichende Untersuchung der Stiftung Warentest, in der von 22 Produkten zehn mit „sehr gut", elf mit „gut" und nur eines mit „zufrieden stellend" abgeschnitten hatten. Auf der Basis der Annahme, dass die Noten der Stiftung Warentest insofern „absolut" sind, als sie den jeweiligen Nutz- und Gebrauchswert der Produkte nach dem Stand der Technik, somit unabhängig von demjenigen der konkurrierenden Prüfobjekte bewerten, kann sich die Gefahr einer Irreführung eigentlich nicht stellen.[221] Andererseits legt der Verbraucher nicht nur Wert darauf, ein nach dem Stand der Technik positiv zu bewertendes Produkt zu erhalten; er möchte auch von den auf dem Markt befindlichen Angeboten die besten er- **302**

---

216 BGH GRUR 2003, 800, 802 – Schachcomputerkatalog; kritisch dazu zu Recht *Koppe-Zagouras* WRP 2008, 1035, 1037: wegen der Nähe zu sportlichen Titeln entstehe bei dem Verbraucher leicht der Eindruck, der „Testsieger" habe besser abgeschnitten als jeder andere Wettbewerber.

217 LG Landshut WRP 1992, 678 (red. Ls).

218 NJW-RR 2005, 1131, 1131.

219 So zu Recht auch *Koppe-Zagouras* WRP 2008, 1035, 1039.

220 So zB *W. Brinkmann* BB 1978, 1285, 1289.

221 Zu dieser Problematik der „negativen Qualitätsrang-Unterdrückung" auch *Keßler/Müller* WRP 1981, 495, 496; *Fezer* GRUR 1976, 472, 485 hält Qualitätsurteile für relative, also auf die Qualität der anderen getesteten Leistungen bezogene Wertungen.

werben. Die Problematik war hoch umstritten.[222] Der BGH[223] hat sie pragmatisch gelöst: Er stellt darauf ab, ob das mit „gut“ benotete Produkt des werbenden Unternehmens im Vergleich zu den anderen **unterdurchschnittlich abgeschnitten** hat. Bei einer solchen Konstellation ist in der Werbung mit dem Qualitätsurteil „gut“ zugleich „erkenntlich zu machen“, für wie viele andere Produkte in demselben Test das Test-Qualitätsurteil „sehr gut“ vergeben worden ist.[224]

6. Veralteter Test

303 Die Werbung mit einem Test ist irreführend, wenn dessen Aussagen auf mittlerweile überholten, weil maßgeblich veränderten Sachverhalten beruhen.[225] Solche Veränderungen stellen sich fast ausnahmslos in der der Veröffentlichung des Testberichts folgenden Zeit ein. Es gibt jedoch keine Erfahrungssätze, innerhalb welcher Zeitspannen dies geschieht. Ausmaß, Geschwindigkeit und Bedeutung dieser Änderungen hängen entscheidend von dem jeweiligen Markt ab. Während Füllfederhalter kaum Änderungen unterworfen sind, unterliegen Mobiltelefone und Computer ständigen und rasanten Veränderungen. Es ist daher schon im Ansatz **falsch,** den Versuch zu unternehmen, **Fristen vorzugeben,** nach deren Ablauf nicht mehr mit den in Bezug genommenen Testveröffentlichungen geworben werden darf.[226]

304 Eine Irreführung ist unabhängig vom Zeitablauf zu verneinen, wenn
- die mit dieser Wertung vertriebenen **Waren unverändert** den seinerzeit geprüften entsprechen;
- es seit den Prüfungen **keine** bedeutsame neuere **technische Entwicklung** gegeben hat,
- **keine Testergebnisse jüngeren Datums** vorliegen.[227]

305 Liegen diese Voraussetzungen vor, aber auch nur dann, kommt es nach Auffassung des BGH – jedenfalls für die Werbung mit Testergebnissen der Stiftung Warentest – nicht darauf an, ob zwischenzeitlich weitere Konkurrenzprodukte auf den Markt gekommen sind. Der BGH begründet dies plausibel damit, dass die Prüfungen dieser Institution sich nicht an der Qualität anderer Produkte, sondern am Stand der Technik ausrichten.[228]

306 Änderungen des Produkts führen immer zu dem Verbot mit der für die frühere Beschaffenheit vergebenen Bewertung zu werben.[229] Dies gilt auch für **Rezepturänderungen** von Nahrungsmitteln.[230] Der Vortrag des Unternehmens, die Veränderungen hätten zu Verbesserungen geführt, ist irrelevant: entscheidend ist, ob die beworbene Version von dem neutralen Testveranstalter geprüft und bewertet worden ist.

307 In Umsetzung dieser Grundsätze hat das OLG Frankfurt[231] eine Irreführung der Werbung mit länger zurückliegenden Prüfergebnissen angenommen, weil die vom BGH geforderten Voraussetzungen nicht vorlagen, sich insbesondere die Bewertungskriterien, nach denen die Stiftung Warentest Waren der betroffenen Art testet, auf Grund neuerer Erkenntnisse geändert hatten und dies in der Veröffentlichung neuerer Testergebnisse Ausdruck gefunden hatte.

---

[222] Für Pflicht zur Offenlegung des relativen Rangs unter anderem *W. Brinkmann* BB 1978, 1285, 1289; *Fezer* GRUR 1976, 472, 485; gegen diese Verpflichtung *Gödde* DB 1967, 1074, 1074; *Nees* BB 1979, 917, 918.

[223] BGH GRUR 1982, 437, 438 – Test Gut; s. auch Entscheidungsbesprechung *W. Brinkmann* BB 1983, 91.

[224] BGH GRUR 1982, 437, 438 – Test Gut; kritisch *Hart* WRP 1986, 515, 521.

[225] Dies ist als solches unstreitig, zB OLG Stuttgart GRUR 2007, 435; Hefermehl/*Köhler*/Bornkamm UWG § 6 Rn 103; *Fezer* GRUR 1976, 472, 477.

[226] BGH GRUR 1985, 932, 933 – Veralteter Test.

[227] BGH GRUR 1985, 932, 933 – Veralteter Test; LandG Heilbronn Urt. v. 8. 9. 2005 – 23 O 49/05 KfH, unveröff. (zur Werbung mit einem überholten Test von Matratzen); so wohl auch Hefermehl/*Köhler*/Bornkamm UWG § 6 Rn 103; zu den einzelnen Kriterien näher *Hart* WRP 1986, 515, 521/522.

[228] BGH GRUR 1985, 932, 933 – Veralteter Test.

[229] AA *Hart* WRP 1986, 515, 522, der danach differenzieren will, ob die Änderung zu einer objektiven Verbesserung geführt hat.

[230] OLG Düsseldorf GRUR 1984, 603.

[231] OLG Frankfurt NJWE-WettbR 1996, 54.

Allerdings hat das OLG Frankfurt[232] die Auffassung vertreten, wer mit älteren Testergebnissen der Stiftung Warentest werbe, handele nicht irreführend, wenn er die betreffende Ware (hier: Matratzen) in der Werbung als „Restposten" bezeichne oder wenn zwar zwischenzeitlich neuere Testergebnisse zur selben Warengattung veröffentlicht worden sind, diese sich jedoch auf ein anderes Preissegment beziehen. 308

Andererseits hat das OLG Frankfurt[233] einer an die Anbieter gerichteten Mitteilung der Stiftung Warentest, es bestehe „auf Grund von Hinweisen", die sie „von mehreren Seiten" erhalten habe, Grund zu der Annahme, dass die seinerzeit untersuchten Produkte in entscheidender Weise verändert worden seien und die damals vergebenen Urteile dementsprechend nicht mehr zuträfen, für die Zulässigkeit der Werbung mit dem Testergebnis nur eingeschränkte Bedeutung beigemessen. Es hat darauf abgestellt, dass die Stiftung Warentest nicht in der Lage gewesen sei, mehr als diese nur pauschale Aussage vorzubringen. Aus verfahrensrechtlichen Gründen konnte das Gericht keine andere als diese (materiell falsche) Entscheidung treffen. 309

7. Testpreiswerbung

Als im konkreten Fall irreführend hat der BGH[234] die Werbung eines Unternehmens bewertet, das seinen eigenen Preis einem diffus bezeichneten „Preis lt. Test" gegenübergestellt hatte. Der BGH hat die Frage, ob es grundsätzlich unzulässig ist, den eigenen Preis einem durch Test ermittelten Preis gegenüberzustellen,[235] offen gelassen. Er stellte darauf ab, dass die konkrete Werbung in jenem Falle wegen deren Unklarheit falsche Vorstellungen erweckte. 310

III. Sonstige Unlauterkeit

Der BGH hat zu der Frage ob derjenige, der mit einem Testergebnis wirbt, in der Werbung die **Fundstelle** der Veröffentlichung angeben muss, ausdrücklich nur insoweit Stellung genommen, als sich die Testwerbung auf die Publikationen der Stiftung Warentest bezieht.[236] Insoweit hat der BGH eine Verpflichtung zur Angabe der Fundstelle angenommen und dieses Ergebnis im Wesentlichen wie folgt begründet: 311

- In ihren Empfehlungen zur „Werbung mit Testergebnissen" stelle die Stiftung Warentest das Erfordernis auf, dass die Angaben über Testurteile leicht und eindeutig nachprüfbar sein müssen, und dass dazu gehöre, dass in der Werbung Monat und Jahr der Erstveröffentlichung angegeben werde. Hierfür gebe es beachtliche Gründe.
- Die Angabe der Fundstelle erleichtere den Bezug der betreffenden Veröffentlichung. Das Fehlen der Angabe erschwere den Bezug so sehr, dass eventuell Teile der Verkehrskreise von der Beschaffung abgehalten würden.
- Darüber hinaus sei in Betracht zu ziehen, dass ein nicht unerheblicher Teil der Verbraucher nicht wisse, dass es Testveröffentlichungen in einer Zeitschrift der Stiftung Warentest gebe, was zu weiteren Erschwerungen bei der Bestellung des Test-Heftes führen könne.
- Umstände dieser Art, die den Verbraucher nicht nur unerheblich in der Absicht behindern, von dem Inhalt des Tests Kenntnis zu nehmen, verböten es daher „dem Kaufmann", mit Testergebnissen der Stiftung Warentest ohne Angabe der Fundstelle zu werben.
- Bei den Tests der Stiftung Warentest handele es sich um Untersuchungen, die mit Blick auf Aufgabe und Arbeitsweise dieses Instituts in weiten Kreisen der Bevölkerung auf Interesse und Akzeptanz stoßen und bei denen ein Bedürfnis, dem Verbraucher ein Aufsu-

---

[232] GRUR-RR 2003, 344.

[233] OLG Frankfurt GRUR 1992, 538 – Überholter Test.

[234] BGH GRUR 1981, 654 – Testpreiswerbung.

[235] Verneinend *Fezer* GRUR 1976, 472, 486.

[236] BGH GRUR 1991, 679 – Fundstellenangabe. Dies wird auch von OLG Celle NJW-RR 2005, 1131 in einem Fall betont, in dem eine Werbung mit Testergebnissen unter einem anderen Aspekt von den Empfehlungen der Stiftung Warentest abwich.

chen des gesamten Testberichts durch Anführen der Fundstelle zu erleichtern, in besonderem Maße gegeben sei.

312 Diese Rechtsprechung ist mittlerweile auch auf die Werbung mit den Ergebnissen anderer Testveranstalter erstreckt worden.[237]

313 Das OLG Hamburg[238] hat in einem Fall der Testpreiswerbung, in der die Fundstelle nicht angegeben worden war, ausgeführt, sie sei wettbewerbswidrig. Ein Unterschied zur Werbung mit Untersuchungsergebnissen der Stiftung Warentest bestehe allerdings insoweit, als hier keine gesonderten Empfehlungen der Zeitschrift zur Angabe der Fundstelle bei einer werblichen Verwendung ihrer Testergebnisse bestehen. Die für die Empfehlung der Stiftung Warentest maßgebenden Gründe gelten jedoch auch im Falle der sog. Testhinweiswerbung. Die von der Stiftung Warentest ausdrücklich verlangte Fundstellenangabe erweise sich nämlich auch im Hinblick auf die Werbung mit Testergebnissen von Fachzeitschriften zur Gewährleistung der Nachprüfbarkeit des Testaufbaus, seiner Durchführung und der Testergebnisse als erforderlich, um die notwendige Transparenz herzustellen. Gerade weil den Testergebnissen von Dritten aus der Sicht der angesprochenen Verkehrskreise ein besonderes Gewicht zukomme, müssen diese – jedenfalls soweit dies durch die Angabe einer Zeitschriftenfundstelle problemlos möglich sei – überprüft werden können.

314 Der Entscheidung des BGH zur Fundstellenangabe[239] folgte, was zu erwarten war: Nunmehr wurde problematisiert, welchen Grad von **Lesbarkeit** oder sonstiger Wahrnehmbarkeit die Angabe der Fundstelle haben müsse. Das KG fordert in ständiger Rechtsprechung Lesbarkeit für den normalsichtigen Betrachter ohne besondere Konzentration und Anstrengung. Diese Voraussetzung sei im Regelfall nur bei Verwendung einer Schrift erfüllt, deren Größe 6-Punkt nicht unterschreite, wenn nicht besondere, die Deutlichkeit des Schriftbildes in seiner Gesamtheit fördernde Umstände, die tatrichterliche Würdigung rechtfertigen, dass auch eine jene Grenze unterschreitende Schrift ausnahmsweise noch ohne besondere Konzentration und Anstrengung lesbar ist.[240]

315 Zudem ist – im Zeitalter der Europäischen Union(!) – aufwändig geprüft worden, ob die Werbung mit positiven Äußerungen der bedeutendsten niederländischen Verbraucherinstitution nicht schon deshalb unlauter sei, weil die Veröffentlichung nicht in **deutscher Sprache** bezogen werden könne.[241]

316 Bedenken gegen die Argumentation des BGH[242] bestehen unabhängig davon, dass die Entscheidung ein Beleg für einen **erdrückenden Regulierungsdrang** ist. Nichts spricht für die Richtigkeit der dem Unlauterkeitsvorwurf zugrunde liegenden These, Testwerbung erwecke in einem nennenswerten Teil der Verbraucher den Wunsch, die betreffende Testveröffentlichung zu bestellen. Jedenfalls wird diese Annahme durch keine Fakten belegt. Auch die Ausführungen zu Umfang und Intensität der Schwierigkeiten, die bei Fehlen der Fundstelle angeblich bestehen, sind nicht nachzuvollziehen. ME ließe sich das vom BGH gewünschte Ergebnis nur mit der Begründung halten, dass die Angabe der Fundstelle auch das Ziel hat, dem Verbraucher Anhaltspunkte für die Einschätzung des Aktualitätsgrades der in Bezug genommenen Testveröffentlichung zu bieten.

317 Allerdings könnte die Forderung nach Angabe der Fundstelle nunmehr eine rechtliche Grundlage erhalten haben. Diese Annahme setzt allerdings voraus, dass

– die auf die Wiedergabe des (eigenen) Qualitätsurteils beschränkte Werbung rechtlich als **vergleichend** zu werten ist,

zudem

---

[237] Zum Teil wird die Anspruchsgrundlage in dem „Transparenzgebot" gesehen, so zB von Koppe-*Zagouras* WRP 2008, 1035, 1041.

[238] WRP 2007, 557.

[239] Zustimmend unter anderem Hefermehl/*Köhler*/Bornkamm UWG § 6 Rn 102 (im Hinblick auf Nachprüfbarkeit); *W. Brinkmann* BB 1979, 132, 133.

[240] KG Magazindienst 1994, 158.

[241] Hierzu OLG Schleswig OLGR 2001, 393, das diese Testwerbung zulässt.

[242] BGH GRUR 1991, 679 – Fundstellenangabe.

– die zur Überprüfung der Richtigkeit erforderlichen Angaben in der Werbung selbst enthalten sein müssen (§ 6 Abs. 2 Nr. 2).

Beide Thesen sind vertretbar. 318

D. Kritische Würdigung, Ausblick

Es ist zweckmäßig, die geschilderten Grundsätze zur Veröffentlichung von Testberichten 319
zu revidieren. Teilweise ist dies sogar rechtlich geboten.

I. Tatsachenbehauptungen

Die Schwierigkeiten, Tatsachenbehauptungen von Wertungen abzugrenzen, bestehen 320
nicht nur im Bereich der Testveröffentlichung, sondern im gesamten Äußerungsdeliktsrecht. Daran ist im Grundsatz wenig zu ändern.

Allerdings ist für Tatsachenangaben, die auf wissenschaftlichen Untersuchungen beruhen, 321
die **Rückbesinnung** auf die Ausführungen des BGH zum **Schriftsachverständigengutachten** anzuraten. Dies gilt insbesondere für Messwerte.

Die Lösung des Problems der **isolierten Angreifbarkeit** von Tatsachenangaben inner- 322
halb überwiegend wertender Testberichte hat der BGH dadurch erschwert, dass er von dem ursprünglichen richtigen Ansatz abgewichen ist und das Kriterium der **eigenständigen Bedeutung** verändert hat. Eine Tatsachenangabe, die der Begründung einer Wertung dient, hat nach allgemeinem Verständnis gerade keine eigenständige Bedeutung: Entfällt die Wertung, wird deren Begründung funktions- und somit gegenstandslos.

Eine Rückkehr zu dem ursprünglichen richtigen Ansatz verkürzt keine berechtigten An- 323
sprüche der betroffenen Anbieter:

– Beruht die Tatsachenangabe auf wissenschaftlichen Untersuchungen, ist sie ohnehin als Wertung zu behandeln.
– Beruht die Tatsachenangabe auf schlichten Fehlern, ist die darauf beruhende Wertung unvertretbar und somit angreifbar.
– Soweit die Tatsachenangabe durch die Untersuchung nicht abgedeckt wird (überschießende Behauptung), bleibt sie isoliert angreifbar.

II. Wertungen

1. Verfassungsrechtliche Erwägungen

a) Unzureichende Güterabwägung. Es ist zweifelhaft, ob die ständige Rechtsprechung 324
zum vergleichenden Warentest einer eingehenderen Überprüfung durch das BVerfG jedenfalls dann standhalten wird, wenn Beschwerdeführer nicht die Stiftung Warentest, sondern einer der „privaten“ Testveranstalter ist.

Die Warentest II-Entscheidung war ein großer Schritt. Damals standen der Schutz des 325
Gewerbebetriebes und die Furcht vor „unrichtigen“ Tests im Vordergrund.[243] Ein erheblicher Teil der damaligen Argumente ist heute kaum mehr nachvollziehbar. Der BGH hat in seiner damals Aufsehen erregenden „eigenschöpferischen“ Entscheidung die Gewichte zur Freiheit der Meinungsäußerung hin verschoben.[244] Dabei ist er jedoch hinter den Anforde-

[243] Zum Meinungsstand vor dieser Entscheidung unter anderem *Bofinger* NJW 1965, 1833; *Bollack* NJW 1963, 986; *Bussmann* GRUR Int. 1964, 196; *Droste* GRUR 1965, 219; *Gödde* DB 1967, 1074; *Hefermehl* GRUR 1962, 611; *Helle* NJW 1962, 1177; *Nahme* GRUR 1964, 484; *Rinck* BB 1960, 949; *Rinck* BB 1963, 1027; *Schulz* NJW 1963, 1801; *Stickrodt* DB 1965, 1081; *Tetzner* NJW 1965, 725; *Tilmann* NJW 1975, 758; *Völp* WRP 1963, 109.

[244] Zur Entwicklung der höchstrichterlichen Rechtsprechung auch *T. Brinkmann* NJW 1987, 2721, 2721 ff. Einiges von dem, was früher problematisch erschien, erstaunt aus heutiger Sicht, so zB Kontroversen

rungen zurückgeblieben, die das Grundrecht auf freie Meinungsäußerung nach aktuellem Verständnis vorgibt.

326 Verfassungsrechtlich gilt: Wenn eine zivilrechtliche Entscheidung die Meinungsfreiheit berührt, fordert Art. 5 Abs. 1 Satz 1 GG, dass die Gerichte bei Auslegung und Anwendung der privatrechtlichen Regelungen der Bedeutung des Grundrechts Rechnung tragen. Die allgemeinen Gesetze sind so auszulegen und in ihrer das Grundrecht beschränkenden Wirkung selbst wieder so einzuschränken, dass der **besondere Gehalt der Meinungsfreiheit** dabei zur Geltung kommt. Dies entspricht ständiger verfassungsgerichtlicher Rechtsprechung.[245]

327 Daher ist die These des BGH, bei vergleichenden Testberichten stehe dem geschützten Rechtsgut (Gewerbebetrieb) die „ebenso geschützte" Freiheit einer Meinungsäußerung gegenüber,[246] **verfassungsrechtlich bedenklich.**

328 Das BVerfG hat es bisher offen gelassen, ob und inwieweit der eingerichtete und ausgeübte Gewerbebetrieb als tatsächliche Zusammenfassung der zum Vermögen eines Unternehmens gehörenden Sachen und Rechte in eigenständiger Weise von der Gewährleistung der Eigentumsgarantie erfasst wird.[247] Auch wenn bloße Umsatz- und Gewinnchancen oder tatsächliche Gegebenheiten für das Unternehmen von erheblicher Bedeutung sind, werden sie – so das BVerfG – vom Grundgesetz eigentumsrechtlich nicht dem geschützten Bestand des einzelnen Unternehmens zugeordnet. Das BVerfG hat – zu Recht – betont, ein am Markt tätiges Unternehmen setze sich der Kommunikation und damit auch der Kritik der Qualität seiner Produkte oder seines Verhaltens aus. Gegen belastende Informationen könne es sich seinerseits marktgerecht durch Informationen wehren, so durch eigene Werbung und Betonung der Qualität seines Produkts. Zwar dürfe ein Unternehmen selbst darüber entscheiden, wie es sich und seine Produkte im Wettbewerb präsentieren möchte; Art. 12 Abs. 1 GG vermittele jedoch **kein Recht** des Unternehmens, nur so von anderen dargestellt zu werden, wie es gesehen werden möchte oder wie es sich und seine Produkte selber sehe.[248]

329 Die Erwägung des BGH, nur durch die Gewährung des von ihm eingeräumten Spielraums könne der Gefahr entgegengewirkt werden, dass vergleichende Tests wegen der Angriffspunkte, die solche Entscheidungen der Tester in Bezug auf Verfahren und Art der Darstellung den Herstellern von schlechter beurteilten Produkten immer bieten werden, von vornherein unterbleiben, lässt auf eine zu **restriktive Güterabwägung** schließen: Bei der Abgrenzung der Meinungsäußerungsfreiheit gegenüber wirtschaftlichen Interessen, darf es nicht darum gehen, was erforderlich ist, um eine bestimmte Art von Äußerungen gerade noch zu erlauben. Der umgekehrte Ansatz ist richtig: Es ist festzustellen, ob und inwieweit die Wahrung eines höherwertigen Rechtsguts eine Einschränkung der Meinungsäußerungsfreiheit gebietet.

330 Das BVerfG hat gerade in jüngerer Zeit eine Reihe von Grundsätzen in Frage gestellt, die zum unbestrittenen Glaubensbestand der im gewerblichen Rechtsschutz Tätigen gehörten.[249] Es ist schwer begründbar, Kritik an gewerblichen Leistungen strengeren Anforderungen zu unterwerfen als sie für Kontroversen in anderen Bereichen gelten.[250] Nach meinem Verständnis geht die Tendenz des BVerfG dahin, die Rechtsprechung der Fachgerichte zum Wettbewerbsrecht und zum Äußerungsdeliktsrechts zu einer **Liberalisierung** zu zwingen. Dies ist zu begrüßen. Die richtige Antwort eines Unternehmens auf eine negative Kritik eines neut-

---

darüber, ob ein Testveranstalter Namen von Unternehmen ohne deren Einverständnis nennen durfte, BGH GRUR 1966, 386 – Warentest I; auch die Feststellung, dass vergleichende Warentests grundsätzlich zulässig sind, bedurfte einer höchstrichterlichen Entscheidung, BGH GRUR 1967, 113 – Leberwurst.

[245] ZB BVerfG NJW 2001, 3403, 3404 – Generikum-Präparat mwN.

[246] BGHZ 65, 325, 333 – Warentest II.

[247] BVerfG NJW 2002, 2621, 2625 – Weinwarnung.

[248] BVerfG NJW 2002, 2621, 2622 – Weinwarnung.

[249] ZB BVerfG NJW 2003, 277 – Anwaltsranking; BVerfG NJW 2003, 1303 – Benetton II; BVerfG NJW 2001, 591 – Benetton I und die Rspr. zum anwaltlichen Berufsrecht.

[250] So schon *Nahme* GRUR 1964, 484 ff.

ralen Testveranstalters sollte primär in einer eigenen konträren Presseerklärung und nicht in einer anwaltlichen Abmahnung liegen.

331 **b) Unzulässigkeit der Übertragung auf „private" Testveranstalter.** Es erscheint unvertretbar, die Grundsätze, die ausdrücklich mit der Struktur, dem Ansehen, der Öffentlichkeitswirkung und weiteren **Besonderheiten** der **Stiftung Warentest** begründet worden sind, ohne weiteres auf alle anderen Testveranstalter zu übertragen. Soweit ersichtlich, ist von den Gerichten bisher nicht einmal der Versuch unternommen worden, die Gleichsetzung unterschiedlicher Testveranstalter zu begründen.[251] Dies wäre aber erforderlich. Der Gleichheitsgrundsatz gebietet, ungleiche Sachverhalte unterschiedlich zu behandeln.

332 Der Umstand, dass das BVerfG einmal mit einer Verfassungsbeschwerde eines privaten Testveranstalters befasst war,[252] aber keinen Anlass gesehen hat, „einzugreifen", besagt nicht, dass diese Enthaltsamkeit auch in Zukunft zu erwarten ist, zumal jener Fall für eine Verfassungsbeschwerde wenig geeignet war.

2. Gesetzliche Wertverschiebungen

333 Nachdem der Gesetzgeber das Wettbewerbsrecht geändert und das grundsätzliche Verbot vergleichender Werbung aufgehoben hat, werden auch die Anbieter selbst mit von ihnen durchgeführten vergleichenden Untersuchungen werben dürfen. Die richtige These des BGH, vergleichende Testberichte könnten ohne Einräumung eines Spielraumes nicht durchgeführt werden, wird eventuell früher ungeahnte Konsequenzen haben: Es wäre jedenfalls folgerichtig, den Freiraum auch in diesem Bereich zu gewähren. Dies ist ein weiterer Grund dafür, auf neutrale Testberichte kein richterliches Sonderrecht, sondern die Grundsätze des allgemeinen Meinungsäußerungsrechts anzuwenden und die Zulässigkeit wertender Äußerungen durch das **Verbot der Schmähkritik** zu begrenzen.

III. Sonderrolle der Stiftung Warentest?

334 Die Frage, ob die vom BGH entwickelten Anforderungen an vergleichende Testberichte sich jedenfalls in Bezug auf die Stiftung Warentest rechtfertigen lassen, ist offen. Einerseits gilt das Grundrecht der Meinungsäußerungsfreiheit auch für diese Institution, andererseits wird ihre Tätigkeit – auch vom BVerfG[253] – dem Bereich staatlicher Informationsgewährung zugerechnet. Der Staat nimmt über diese von ihm errichtete, finanzierte und auch in mancherlei Hinsicht bestimmte Institution eine im öffentlichen Interesse liegende Aufgabe wahr. Diese Staatsnähe könnte den Schluss rechtfertigen, dass Testberichte der Stiftung Warentest strengeren Anforderungen unterliegen, als sie für Veröffentlichungen staatsferner Testveranstalter gelten.

---

[251] Zu dieser Problematik *Lachmann* BB 1982, 65, 68.
[252] BVerfG Beschl. vom 25. 2. 1993 – 1 BvR 495/89 – zu BGH GRUR 1989, 539 – Warentest V.
[253] ZB BVerfG NJW 2002, 2621, 2622.

Selektiver Vertrieb und Vertikal-GVO[1] (§ 4–S9)

Übersicht

	Rn
A. Rechtstatsächliches und ökonomische Grundlagen	**1**
I. Realtypen von Vertriebsbindungen	1
1. Kooperationsbindungen	1
a) Downstream-Bindungen	5
b) Upstream-Bindungen	14
2. Erscheinungsformen des Vertriebsvertrags	16
II. Selektiver Vertrieb	19
1. Qualitative Selektionskriterien	20
2. Quantitative Selektionskriterien	23
III. Ökonomische Funktion und Begründung vertikaler Abreden	25
1. Chicago School	26
2. New Harvard School	28
3. Koordinationsmängelkonzept	31
4. Theorie bestreitbarer Märkte	33
5. Transaktionskostenökonomik	35
6. Agency theory	38
7. Fazit: Steigerung wirtschaftlicher Effizienz als anerkannte Funktion selektiven Vertriebs	40
a) Steigerung wirtschaftlicher Effizienz	40
b) Anerkennung der ökonomischen Funktionen von Vertriebsbindungen im Gemeinschaftsrecht	42
c) Exkurs: Funktion der Marke im selektiven Vertrieb	46
B. Selektiver Vertrieb an der Schnittstelle zwischen Kartellrecht und UWG	**53**
I. Zur kartellrechtlichen Zulässigkeit des selektiven Vertriebs	53
1. Nach Art. 81 EG	53
2. Nach der Vertikal-GVO	59
II. Konkordanz zwischen kartellrechtlicher Zulässigkeit und wettbewerbsrechtlichem Schutz selektiver Vertriebssysteme	73
C. Wettbewerbsrechtlicher Schutz selektiver Vertriebssysteme	**77**
I. Ausgangslage	77
1. Rechtliche Wirksamkeit und fehlende rechtliche Missbilligung	77
2. Rechtsprechungsübersicht	78
a) Ausnutzen des Vertragsbruchs	78
aa) Alte Rechtsprechung des BGH	78
bb) Neue Rechtsprechung des BGH	81
b) Verleiten zum Vertragsbruch	83
c) Schleichbezug	84
d) Kontrollnummern und Codierungssysteme	86
e) Garantieausschlussklauseln	88
II. Auswirkungen des neuen UWG	90
1. Totaler Verzicht auf das Dogma der Lückenlosigkeit	90
2. Alternativen zur Lückenlosigkeit	93

Schrifttum: *Ahlert,* Distributionspolitik, 3. Aufl. 1996; *Baudenbacher,* Marktstörung durch Ausnutzen fremden Vertragsbruchs zu Lasten fremder Vertriebssysteme – Für einen Paradigmenwechsel in der Rechtsprechung des BGH, FS Gaedertz, S. 19; *Baumol/Panzar/Willig,* Contestable Markets and the Theory of Industry Structure, 72 AER 1982, 1; *Bayreuther,* Rechtsprobleme im Zusammenhang mit dem Schutz von Vertriebsbindungssystemen nach Markenrecht, WRP 2000, 349; *Beier,* Der Schutz selektiver Vertriebssysteme gegenüber Außenseitern – Die Lückenlosigkeit in Theorie und Praxis, GRUR 1987, 131; *Bergen/Dutta/*

[1] VO (EG) Nr. 2790/1999 der Kommission vom 22. 12. 1999 über die Anwendung von Art. 81 Abs. 3 des Vertrages auf Gruppen von vertikalen Vereinbarungen und aufeinander abgestimmten Verhaltensweisen, ABl. EG 1999 Nr. L 336 S. 21.

Walker, Agency Relationships in Marketing: A Review of the Implications and Applications of Agency and Related Theories, 56 J. Marketing 1992, 1; *Borchert/Grosskelter,* Preis- und Wettbewerbstheorie, 1985; *Bork,* The Antitrust Paradox, New York 1978; *Busche,* Der Schutz selektiver Vertriebssysteme gegen Außenseiterwettbewerb – Abschied vom Dogma der Lückenlosigkeit?, WRP 1999, 1231; *Butz/Kleit,* Are vertical restraints pro- or anticompetitive?, Lessons from interstate circuit, 44 J. L.& Econ. 2001, 131; *Comanor,* Vertical Territorial and Customer Restrictions: White Motor and its Aftermath, 81 Harv. Law Rev. 1986, 1419; *Deneckere/Marvel/Peck,* Demand Uncertainty and Price Maintenance: Markdowns as Destructive Competition, 87 AER 1997, 619; *Fezer,* Wettbewerbsrechtlicher und markenrechtlicher Bestandschutz funktionsfähiger Distributionssysteme selektiven Vertriebs vor Außenseiterwettbewerb – Die Bedeutung der Rechtsprechung des EuGH für die Vertriebsbindungssysteme in der Mitgliedstaaten der EU, GRUR 1999, 99; *ders.,* Entwicklungslinien und Prinzipien des Markenrechts in Europa, Auf dem Weg zur Marke als einem immaterialgüterrechtlichen Kommunikationszeichen, GRUR 2003, 457; *Gaedertz,* Der selektive Vertrieb im Banne der „Cartier"-Entscheidung des EuGH, FS Piper, 1996, S. 231; *Godek,* A Chicago-school approach to antitrust for developing economies, 43 Antitrust Bulletin 1998, 261; *Hoch Classen,* Vertikale Wettbewerbsabreden im Kartellrecht, Zürich etc. 2003; *Kayson/Turner,* Antitrust Policy, An Economic and Legal Analysis, Cambridge Mass. 1959; *Klados,* Wettbewerbsrechtlicher Schutz selektiver Vertriebsbindungssysteme, WRP 1999, 588; *Klein/Murphy,* Vertical Restraints as Contract Enforcement Mechanisms, 31 J. L.& Econ. 1988, 265; *Lenz/Borchart,* EU- und EG-Vertrag, 3. Aufl. 2003; *Liebscher/Flohr/Petsche,* Handbuch der EU-Gruppenfreistellungsverordnungen, 2003; *Loseries/Hoes,* Die neueste Rechtsprechung des EuGH zur Lückenlosigkeit von Vertriebsbindungssystemen, WRP 1997, 1015; *Lubberger,* Die neue Rechtsprechung des Bundesgerichtshofs zum Vertriebsbindungsschutz – Praktische Konsequenzen, WRP 2000, 139; *Marks/Johson,* Price-fixing: an overview, 30 Antitrust Bull. 1985, 199; *Martinek/Semler/Habermeier,* Handbuch des Vertriebsrechts, 2. Aufl. 2003; *Marvel/McCaferty,* Resale price maintenance and quality certification, 15 Rand J. Exon. 1984, 346; *Meffert/Burmann/Koers,* Markenmanagement – Grundfragen der identitätsorientierten Markenführung, 2002; *Pauly,* Der Schutz von Kontrollnummernsystemen vor und nach der Cartier-Entscheidung, WRP 1997 15; *Pauly/Roth,* Ist die Lückenlosigkeit noch zu halten?, GRUR 1997, 431; *Posselt,* Das Design vertraglicher Vertriebsbeziehungen am Beispiel Franchising, ZfB 1999, 347; *Reinert,* Ökonomische Grundlagen zur kartellrechtlichen Beurteilung von Alleinvertriebsverträgen, Zürich 2004; *Ruffner,* Neue Wettbewerbstheorie und schweizerisches Kartellrecht, Zürich 1990; *Sack,* Vertriebsbindungen und Aussenseiter, WRP 2000, 447; *Schluep,* Schuldrechtliche Aspekte der Verleitung zum Vertragsbruch, FS Keller, 1989, S. 261; *Schmidt/Rittaler,* Die Chicago School of Antitrust Analysis, 1986; *Schröter/Jakob/Mederer,* Kommentar zum Europäischen Wettbewerbsrecht, 2003; *Simon,* Markenrechtliche Funktionenlehre und Verwechslungsgefahr – Vom Markenrecht zum Recht der Marke, in: Baudenbacher/Simon (Hrsg.), Neueste Entwicklungen im europäischen und internationalen Immaterialgüterrecht, Basel etc. 2003; *Steiner,* The nature of vertical restraints, 30 Antitrust Bull. 1985, 143; *Telser,* Why should manufacturers want fair trade?, 3. J. L.& Econ. 1960, 86; *Wolter/Lubberger,* Wo steht die Lückenlosigkeit?, GRUR 1999, 1058; *Williamson,* Transaktionskostenökonomik, 1993.

A. Rechtstatsächliches und ökonomische Grundlagen

I. Realtypen von Vertriebsbindungen

1. Kooperationsbindungen

1 Produkte werden grundsätzlich direkt oder indirekt vertrieben. Im **direkten Vertrieb** (oder Eigenvertrieb) besteht auf Seiten des Herstellers eine unternehmenseigene Distributionsstruktur. Diese umfasst mehr oder weniger selbstständige Distributionsorgane, insbesondere eigene Verkaufspunkte (Filialen), Zweigniederlassungen oder kontrollierte Vertriebsgesellschaften. Als rechtstatsächliche Festestellung ist davon auszugehen, dass vor allem hochpreisige Produkte und außerhalb des Alltagsbedarfs liegende Luxusprodukte direkt vertrieben werden.[2]

2 In der arbeitsteiligen Wirtschaft werden Vertriebstätigkeiten freilich oft nicht mehr vom Hersteller selbst wahrgenommen, sondern von sog. Absatzmittlern. **Absatzmittler**[3] sind dabei wirtschaftlich und rechtlich selbstständige Absatzorgane, die auf der dem Hersteller nachgelagerten Wirtschaftsstufe tätig sind.[4] Sie spielen im **indirekten Vertrieb** eine zentrale

[2] *Ahlert* S. 43; *Hoch Classen* S. 7 mwN.

[3] Die in der ökonomischen und juristischen Literatur verwendete Terminologie ist äußerst uneinheitlich. Die hier verwendete Terminologie folgt *Martinek/Semler/Habermeier* § 1 Rn 3.

[4] *Martinek/Semler/Habermeier* § 1 Rn 3.

Rolle. Im indirekten Vertrieb wird die Absatzfunktion vom Hersteller (oder Lieferant oder von einer vom Hersteller abhängigen Absatzzentrale) auf den Absatzmittler als Absatzorgan übertragen. Erfolgt diese Übertragung nicht nur einzelfall- oder zufälligerweise, wird der Hersteller zum Systemträger. Zwischen dem Systemträger und dem Absatzmittler besteht eine vertragliche Beziehung. Beschränkt der Systemträger die Zahl seiner Absatzmittler, so trifft er eine sog. **vertikale oder stufenspezifische Selektion.**[5]

3 Der Systemträger wählt indirekten statt direkten Vertrieb, um zB hohe Investitionskosten in ein Filialnetz verbunden mit hohen Personalkosten zu vermeiden. Trotz dem Verzicht auf eine eigene Absatztätigkeit soll jedoch auch über den indirekten Vertrieb die erforderliche Marktnähe nicht verloren gehen. Als Grund für die Wahl des indirekten Vertriebs gilt regelmäßig ein im Vergleich zum direkten Vertrieb **leistungsfähigeres Aquisitionspotential.**[6] Begründet wird dies durch die im Vergleich zu den Angestellten des Systemträgers vermutungsweise stärkeren Eigeninteressen des Absatzmittlers als selbstständiger Unternehmer.

4 Gegenstand der **vertraglichen Kooperation** zwischen Systemträger und Absatzmittler sind bestimmte Rechte und Pflichten, die zuweilen die wirtschaftliche Handlungsfreiheit insbesondere des Absatzmittlers beschränken.[7] Dazu gehören regelmäßig[8] Vorgaben des Systemträgers zur Preis- und Konditionenpolitik, die Definition der zu beliefernden Kunden und Kundengruppen, zu erbringende Serviceleistungen, Vorgaben zur Vertriebsgestaltung, zur Werbung und zur Produktepräsentation. Für die Beschränkungen der wirtschaftlichen Handlungsfreiheit des Absatzmittlers als Teilnehmer einer nachgelagerten Marktstufe gegenüber dem Systemträger als Teilnehmer einer vorgelagerten Marktstufe hat sich der Begriff der **Downstream-Bindung** eingebürgert.[9] Die Beschränkung der wirtschaftlichen Handlungsfreiheit wird entlang der Wertschöpfungskette von der Herstellung bis zur letzten Absatzstufe vor dem Endkunden weitergegeben. Wird die wirtschaftliche Handlungsfreiheit des Systemträgers gegenüber seinen Absatzmittlern beschränkt, handelt es sich begrifflich um eine **Upstream-Bindung.** Upstream-Bindungen sind meist das Ergebnis vom Nachfragemacht.[10]

5 **a) Downstream-Bindungen.** Dowstream-Bindungen schränken die wirtschaftliche Handlungsfreiheit des Absatzmittlers auf seiner Beschaffungs- sowie auf seiner Vertriebsseite ein. Die Beschaffungsseite betrifft die Bedingungen zum Bezug der abzusetzenden bzw zu vertreibenden Produkte beim Systemträger. Die Vertriebsseite betrifft den Kreis der möglichen Absatzpartner sowie die Vertriebsbedingungen. Im Folgenden werden die wichtigsten Downstream-Bindungen kurz dargestellt.

6 **Beschaffungsseitige Downstream-Bindungen**[11] sind Bezugsbindungen, Koppelungsbindungen und Wettbewerbsverbote. Mit **Bezugsbindungen** verpflichtet der Systemträger den Absatzmittler zum Bezug bestimmter Volumen des Produkts, welches Gegenstand der vertraglichen Kooperation bildet. Bezugsbindungen erscheinen regelmäßig als Höchstbezugsmengen, Mindestbezugsmengen oder als fixe Bezugsmengen über einen bestimmten, vertraglich festgelegten Zeitraum. Sie erscheinen auch als Alleinbezugsbindungen, die den Bezug von Produkten Dritter neben dem Bezug beim Systemträger ausschließen.[12] Verbreitet sind auch sog. englische Klauseln, bei denen die Pflicht zum Alleinbezug beim Systemträger entfällt, sofern der Absatzmittler eine günstigere Bezugsmöglichkeit nachweist, ohne dass der Systemträger eine Anpassung des Bezugspreises auf das Niveau dieses günstigeren Drittpreises vornimmt. Mit der Durchsetzung von Bezugsbindungen bei seinen Absatzmittlern beschränkt der Systemträger den Interbrand-Wettbewerb, d.h. den Wettbewerb zwischen Absatzmittlern von Produkten desselben Systemträgers.

---

[5] *Martinek/Semler/Habermeier* § 2 Rn 44 ff.
[6] *Posselt* S. 357.
[7] *Martinek/Semler/Habermeier* § 2 Rn 52.
[8] *Hoch Classen* S. 11 mwN.
[9] ZB *Ahlert* S. 193.
[10] *Ahlert* S. 113 ff für den Lebensmittelhandel in den 1990-er Jahren.
[11] Vgl. statt vieler *Hoch Classen* S. 17 ff mwN.
[12] *Martinek/Semler/Habermeier* § 2 Rn 58.

Zu den beschaffungsseitigen Downstream-Bindungen gehören auch **Koppelungsbindungen.**[13] Diese verpflichten den Absatzmittler, neben dem Hauptvertragsprodukt (koppelndes Produkt) weitere Produkte (oder nur ein weiteres Produkt, gekoppeltes Produkt) beim Systemträger zu beziehen. Koppelungsbindungen erscheinen einerseits als Ergänzungsbindung, wobei zwischen dem koppelnden und dem gekoppelten Produkt ein Sachzusammenhang besteht. Sie erscheinen anderseits als einfache Koppelungsbindung ohne Sachzusammenhang zwischen koppelndem und gekoppeltem Produkt sowie als sog. Full-line-forcing, bei dem der Absatzmittler das gesamte Sortiment des Systemträgers bei diesem beziehen muss, um überhaupt das Hauptvertragsprodukt (koppelndes Produkt) bei diesem beziehen zu können. Koppelungsbindungen beschränken wie Bezugsbindungen den Interbrand-Wettbewerb. 7

Ebenfalls zu den beschaffungsseitigen Downstream-Bindungen gehören schließlich **Wettbewerbsverbote.** Diese bezwecken aus der Sicht des Systemträgers, den Verlust marktrelevanten Wissens und Könnens (Know-how) über den Absatzmittler an Wettbewerber zu verhindern. Wettbewerbsverbote bestehen zum einen bereits während der Laufzeit des Absatzmittlervertrags, zum anderen als nachvertragliche Wettbewerbsverbote während eines bestimmten Zeitraums nach Beendigung des Absatzmittlervertrags. 8

Vertriebsseitige Downstream-Bindungen[14] sind vor allem Preis- und Konditionenbindungen, Gebietsbindungen, Kundenbindungen, marketingspezifische Bindungen sowie Verwendungsbindungen.[15] **Preis- und Konditionenbindungen** beeinflussen die Preisbildungsfreiheit des Absatzmittlers gegenüber seinen Abnehmern und beschränken dadurch seine Gestaltungsfreiheit hinsichtlich seiner eigenen Weiterveräußerungsverträge. Spielarten von Preis- und Konditionenbindungen sind etwa Höchstpreisbindungen, Mindestpreisbindungen, Festpreisbindungen sowie Rabattsysteme und vorgegebene Gewinnspannen. Preis- und Konditionenbindungen beschränken den Intrabrand-Wettbewerb. 9

Gebietsbindungen beschränken den Absatzmittler mit Bezug auf die möglichen Weitervertriebspartner bzw Endkunden. Sie erscheinen etwa als sog. Marktverantwortungsbindungen, Standortbindungen (vorgeschriebene Standorte), Ausgleichsklauseln (Pflicht zur Zahlung von Provisionen an andere Absatzmittler, sofern die Geschäftstätigkeit in deren Gebiet hineinreicht), sowie exklusive Gebietszuweisungen. Gebietsbindungen schalten den Intrabrand-Wettbewerb völlig aus. 10

Kundenbindungen beschränken den Absatzmittler wie Gebietsbindungen hinsichtlich seiner möglichen Abnehmer. Die Kunden werden in spezifische Marktsegmente aufgeteilt (zB Großhändler, Fachhandel, Endverbraucher) und einzelnen Absatzmittlern zugeteilt. Kundenbindungen erscheinen als vertraglich vereinbarte Querlieferungsverbote (Verbot der Belieferung eines anderen Absatzmittlers gleicher Marktstufe), Rücklieferungsverbote (Verbot der Belieferung eines Absatzmittlers einer höheren Marktstufe) und Sprunglieferungsverbote (Verbot des Überspringens von Vertriebsstufen).[16] Kundenbindungen verfolgen das Ziel, den Intrabrand-Wettbewerb vollständig auszuschalten. 11

Marketingspezifische Bindungen regeln die konkrete Art und Weise der Vertriebstätigkeit. Dies betrifft zB[17] Vorschriften für die Ausstattung der Verkaufslokale des Absatzmittlers, die Verpflichtung des Absatzmittlers, Werbeanstrengungen im Interesse des Systemträgers zu unternehmen, die Verpflichtung des Absatzmittlers, Kundendienst- und Serviceleistungen zu erbringen oder spezifische Vorgaben mit Bezug auf die Verpackung, die Warenpräsentation und den Regalplatz von Produkten. 12

Verwendungsbindungen[18] schränken den Absatzmittler in seiner Freiheit der Produkteverwendung ein. Angesprochen sind zB ein Verbot, den vom Systemträger bezogenen Roh- 13

---

[13] *Hoch Classen* S. 19 mwN.
[14] Vgl. statt vieler *Hoch Classen* S. 12 ff mwN.
[15] *Martinek/Semler/Habermeier* § 2 Rn 60 ff.
[16] *Hoch Classen* S. 15 mwN.
[17] *Martinek/Semler/Habermeier* § 2 Rn 65.
[18] *Martinek/Semler/Habermeier* § 2 Rn 68.

stoff zu einem Produkt weiterzuverarbeiten, das mit dem Produktesortiment des Systemträgers im Wettbewerb steht. Verwendungsbindungen sind in der Regel ein Sonderfall von beschaffungsseitigen Wettbewerbsverboten.

14 **b) Upstream-Bindungen.** Wie Downstream-Bindungen, so bestehen auch Upstream-Bindungen absatz- und vertriebsseitig. **Beschaffungsseitige Upstream-Bindungen** betreffen etwa die Zusammensetzung von Produkten,[19] dies jedenfalls, wenn der Systemträger als Hersteller seinerseits von Qualitätsvorgaben seiner Zulieferer abhängig ist. **Vertriebsseitige Upstream-Bindungen** sind im wesentlichen Alleinvertriebsbindungen, Kundenbindungen und Preisbindungen. Mit **Alleinvertriebsbindungen**[20] verpflichtet sich der Systemträger gegenüber seinem Absatzmittler zu einem absoluten Gebietsschutz. Alleinvertriebsbindungen treten als zweigleisiger Vertrieb, einfache und qualifizierte Alleinvertriebsbindung in Erscheinung.[21] **Kundenbindungen** beschränken den Systemträger in der Wahl seiner eigenen Absatzmittler und Kunden. Sie treten zB als Direktverkaufsverbote oder in neuerer Zeit als Verbot des Online-Vertriebs durch den Systemträger in Erscheinung. **Preisbindungen** können dem Systemträger auferlegt werden, wenn der Absatzmittler über eine erhebliche Nachfragemacht verfügt und der Systemträger im Falle von Dissens riskiert, mit dem betroffenen Absatzmittler einen wichtigen Distributionskanal zu verlieren. Solche Preisbindungen dürften im nachfragemächtigen Detailhandel zunehmend festzustellen sein; sind jedoch empirisch noch kaum nachgewiesen.

15 Der Systemträger kann im Übrigen verpflichtet sein, einen einheitlichen Werbeauftritt im Interesse aller Absatzmittler sicherzustellen[22] und bestimmte Produktionsverfahren zu verwenden oder zu unterlassen.[23] Diese Bindungen lassen sich zwar theoretisch den vertriebsseitigen Upstream-Bindungen zuordnen. Im Grunde handelt es sich dabei jedoch meist um Selbstbeschränkungen, die der Systemträger aus Eigeninteresse bzw. mit der Absicht vornimmt, die kompetitive Stellung seiner Produkts im Vergleich zu Wettbewerbsprodukten zu verbessern.

2. Erscheinungsformen des Vertriebsvertrags

16 Kooperationsbindungen finden sich in allen Typen von Vertriebsverträgen. Sie gehören zur Essenz des vertraglichen Zusammenwirkens für den Vertrieb von Produkten. Je nachdem, ob der Absatzmittler eher dem direkten oder bereits dem indirekten Vertrieb zuzurechnen ist, kann zwischen sog. **Absatzhelfer- und echten Absatzmittlerverträgen** unterschieden werden.[24]

17 Absatzhelfer sind noch der Marktstufe des Systemträgers zuzurechnen. Absatzhelfer unterstehen einer umfassenden Weisungsbefugnis des Systemträgers. Zu den typischen Absatzhelferverträgen gehören der **Handelsvertretervertrag**[25] (Agenturvertrag) und der **Kommissionsvertrag.**[26] In beiden Fällen liegt das wirtschaftliche Risiko des Absatzhelfervertrags wesentlich beim Systemträger, d. h. beim Hersteller bzw beim Kommitenten.

18 Absatzmittlerverträge sind Dauerschuldverhältnisse. Sie sind auf eine längerfristige Zusammenarbeit zwischen Systemträger und Absatzmittler ausgerichtet. Im Unterschied zum Absatzhelfer wird der Absatzmittler hier nicht mehr der Marktstufe des Systemträgers zugerechnet. Der Absatzmittler gehört in der Regel der nachfolgenden Marktstufe an. Er wird Eigentümer des von ihm vertriebenen Produkts und trägt infolgedessen das wirtschaftliche Risiko eines selbstständigen Unternehmers. Dennoch ist er in die Vertriebsorganisation des

[19] *Ahlert* S. 195.
[20] *Martinek/Semler/Habermeier* § 2 Rn 69.
[21] *Martinek/Semler/Habermeier* § 2 Rn 69 f.
[22] *Martinek/Semler/Habermeier* § 2 Rn 71.
[23] *Hoch Classen* S. 22 erwähnt als Beispiel die Verpflichtung, nach den Grundsätzen der biologischen Landwirtschaft zu produzieren.
[24] *Hoch Classen* S. 31 mwN.
[25] Vgl. zum Handelsvertretervertrag insbesondere *Martinek/Semler/Habermeier* § 12 ff.
[26] Statt vieler *Martinek/Semler/Habermeier* § 27.

Systemträgers eingegliedert.[27] Typische Erscheinungsformen von Absatzmittlerverträgen sind Vertragshändlerverträge, selektive Vertriebssysteme und Franchiseverträge.[28]

II. Selektiver Vertrieb

Jeder selektive Vertrieb beruht auf einem **doppelten Selektionsmechanismus.** Die Anzahl der vom Systemträger eingesetzten Absatzmittler (Vertragshändler) wird anhand bestimmter Auswahlkriterien begrenzt. Diese Selektionskriterien sind qualitativer und/oder quantitativer Art. Die Selektion erfolgt in einem ersten Schritt in vertikaler Richtung zwischen den verschiedenen Marktstufen als **stufenspezifische Selektion.** In einem zweiten Schritt erfolgt innerhalb der betroffenen Marktstufe eine horizontale Selektion als **stufeninterne Selektion.** 19

1. Qualitative Selektionskriterien

Qualitative Selektion gehört in der Regel zu jedem Vertriebssystem.[29] Qualitative Selektionskriterien betreffen dabei das **„Wie"** des Vertriebs. Eine zahlenmäßige Beschränkung der Absatzmittler ist damit insofern nicht verbunden, als die Absatzmittlerstellung durch Erfüllung der qualitativen Kriterien erreicht werden kann. Je nach Ausgestaltung der qualitativen Kriterien folgt daraus aber ganz natürlich auch eine zahlenmäßige Beschränkung der Absatzmittler, weil die qualitativen Kriterien so ausgestaltet sind, dass sie grundsätzlich nur von einer beschränkten Anzahl von Absatzmittlern erfüllt werden können. 20

Zu den qualitativen Selektionskriterien gehören etwa folgende **vertragliche Verpflichtungen** der Absatzmittler: die Pflicht, das gesamte Sortiment des Systemträgers zu vertreiben; Vorgaben hinsichtlich der Güte des Standorts von Vertriebsstätten (Kundennähe, Kundenfrequenzen); aus der Sicht des Systemträgers Image-gerechte Ausstattung der Vertriebsstätte des Absatzmittlers; detaillierte Vorgaben für die Ausstattung des konkreten Verkaufspunkts (point of sale) hinsichtlich Größe und Standort von Regalplätzen (insbesondere in anspruchsvolleren Warenhäusern, die mit dem „shop in the shop"-Prinzip arbeiten); Vorgaben für den Kundendienst, insbesondere Pre- und Post-sale-Serviceleistungen; Schulung des Personals. 21

Qualititative Selektionskriterien verfolgen vor allem folgende Zielsetzungen:[30] Die qualitativen Kriterien sollen verhindern, dass ein negatives Image von Einkaufsstätten auf die vertriebenen Produkte „abfärbt". Insbesondere Luxus- und Prestigeprodukte sollen nicht in einer Verkaufsumgebung angeboten werden, die der **Werthaltigkeit** der Produkte nicht entspricht. Ähnliche Überlegungen gelten für Produkte, deren Konsumentennutzen und Qualitätserwartung wesentlich über den Preis definiert wird (zB Wein). Preisunterbietungen, Tiefpreise, Aktionen, schlecht präsentierte Ware, Lieblosigkeit des Vertriebspersonals führen hier zu einer für den Systemträger unerwünschten, nachhaltig negativen Kundschaftserwartung, nämlich zur Erwartung schlechterer Qualität.[31] Gleiches gilt für Produkte, deren Vertrieb nicht produktegerecht erfolgt. Bei Beratungs- und Service-intensiven Produkte, bei denen gerade die Beratungs- und Serviceleistungen mangelhaft erbracht werden, läuft der Systemträger ernsthafte Gefahr einer nachhaltigen Schädigung des Produktwerts und des (aus der Sicht der Kundschaft) erwarteten Kundennutzens, wenn er auf produktgerechte qualitative Selektionskriterien verzichtet. 22

2. Quantitative Selektionskriterien

Mit quantitativen Kriterien begrenzt der Systemträger die Zahl der Absatzmittler. Die quantitative Begrenzung erfolgt in der Regel nach einer **regionalen Verteilung** (zB ein Absatzmittler pro Region) oder nach einer **nachfrageorientierten Verteilung** (zB ein 23

---

[27] *Martinek/Semler/Habermeier* §§ 18 ff, § 18 Rn 2.
[28] Vgl. dazu *Martinek/Semler/Habermeier* § 22.
[29] *Martinek/Semler/Habermeier* § 3 Rn 30.
[30] *Ahlert* S. 208 f.
[31] *Ahlert* S. 210.

Absatzmittler pro bestimmtes nachgefragtes oder angebotenes Produktevolumen). Eine quantitative Selektion macht aus dem selektiven Vertrieb einen Exklusivvertrieb.[32]

24 Aus der Sicht des Systemträgers drängt sich eine quantitative Selektion vor allem auf,[33] wenn **neue Märkte** mit **vertriebsfördernden Tätigkeiten** des Absatzmittlers (zB geschultes Personal, Serviceleistungen) erschlossen werden sollen. Der Absatzmittler beteiligt sich über die Erbringung der vertraglichen Leistungen an den Investitionen für die Erschließung neuer Märkte. Die Gewissheit, diese Investitionen über eine exklusive Stellung im Vertriebssystem nicht für Wettbewerber zu erbringen, sondern über Absatzleistungen einen angemessenen „return on investment" erzielen zu können, bildet die Grundlage für die Bereitschaft des Absatzmittlers, diese Vertriebsbindungen einzugehen.

III. Ökonomische Funktion und Begründung vertikaler Abreden

25 Die wettbewerbsrechtliche Betrachtung des selektiven Vertriebs mündet letztlich immer in die Fragen, ob (1) wettbewerbsbeschränkende selektive Vertriebsbindungen rechtlich zulässig sind (kartellrechtliche Fragestellung) und (2) ob und unter welchen Voraussetzungen kartellrechtlich zulässige selektive Vertriebssysteme rechtlich gegen Verletzungen durch Systemmitglieder und/oder Systemaußenseiter geschützt sind (lauterkeitsrechtliche Fragestellung; Frage nach dem Bestandsschutz selektiver Vertriebssysteme). Diese Fragen dürfen nach der hier vertretenen Auffassung nicht losgelöst von den **ökonomischen Grundlagen des selektiven Vertriebs** angegangen werden. Dabei sind hier weniger die verschiedenen wettbewerbstheoretischen Leitbilder von Interesse. Vielmehr sind die hauptsächlichen Wettbewerbstheorien mit Bezug auf ihre Aussagen zum selektiven Vertrieb (oder zumindest zum vertikalen Vertrieb) für die rechtliche Beurteilung nutzbar zu machen. Zu diesem Zweck sind die jeweiligen pro- oder antikompetitiven Argumente der einzelnen Wettbewerbstheorien kurz darzustellen.[34]

1. Chicago School

26 Die Chicago school stammt aus den 50-er Jahren des letzten Jahrhunderts. Ihre Hauptexponenten sind Bork, Demsetz, Posner, Telser und Stigler. Die Chicago school untersucht die **Zusammenhänge zwischen Kartellrecht und Ökonomie** anhand preistheoretischer Überlegungen. Ihr Wettbewerbsverständnis ist das eines sich selbst erhaltenden Mechanismus, der nach Möglichkeit von staatlichen Eingriffen zu bewahren sei.[35] Die theoretischen Preismodelle dienen als „guide to reasoning about actual markets, but the pure model must never be mistaken for that „competition" we wish to preserve".[36] **Wettbewerbsziel** der Chicago school ist immer die Maximierung der Wohlfahrt der Verbraucher *(consumer welfare)*.[37] Deshalb sollen jeweils die für die Verbraucher günstigsten Preis-Mengen-Relationen angestrebt werden: „Antitrust litigation is not a process for deciding who should be rich or poor (...). It can only increase collective wealth by requiring that any lawful products, whether skis or snowmobiles, be produced and sold under conditions most favorable for consumers."[38] Der sog. Idealmarkt der Chicago school basiert auf autonom handelnden Wirtschaftssubjekten, die vollständig rational handeln, auf vollkommenen, d. h. transparenten Märkten, auf dem Fehlen von Marktschranken, auf der Funktionsfähigkeit der Marktmechanismen (Information, Koordination, Allokation) sowie auf der langfristigen Wirksamkeit von Marktprozessen.[39]

---

32 *Ahlert* S. 157 f.
33 *Ahlert* S. 212.
34 Vgl. zu Ziff III. *Hoch Classen* S. 47 ff sowie die ausführliche Darstellung bei *Reinert* S. 47 ff.
35 Vgl. zum Ganzen *Godek* S. 261, 263.
36 *Bork* S. 91.
37 *Bork* S. 107.
38 *Bork* S. 90 f.
39 *Schmidt/Rittaler* S. 17 ff.

Die Chicago school betrachtet vertikale Vertriebsbindungen unter **effizienzorientierten Gesichtspunkten.** Sie steht ihnen vor allem aus drei ökonomischen Gründen grundsätzlich positiv gegenüber. So wird insbesondere geltend gemacht, (1) über vertikale Vertriebsbindungen könnten **produktbegleitende Serviceleistungen** (ganz im Sinne der consumer welfare) unter Vermeidung von Trittbrettfahrerproblemen einfacher erbracht werden.[40] Die gleichen ökonomischen Vorteile böten (2) vertikale Vertriebsbindungen auch hinsichtlich der Weitergabe und Aufrechterhaltung von **Qualitätsauszeichnungen** der Produkte unter weitestmöglicher Ausschaltung der Trittbrettfahrerproblematik.[41] Schließlich (3) würden vertikale Vertriebs- und vor allem Preisbindungen in Zeiten unsicherer Nachfrage ruinösen Wettbewerb verhindern und es der Produktionsstufe erlauben, durch **Preisflexibililtät** Nachfragefluktuationen entgegenzuwirken.[42] 27

2. New Harvard School

Die New Harvard school ist ein ***„behaviouristisches“* Modell,** das weniger Marktstrukturen als vielmehr das Verhalten von Marktteilnehmern untersucht. Zu ihren Vertretern gehören insbesondere Comanor, Kirkwood, Scherer, Shepherd und Steiner. Im Unterschied zur Chicago school verfolgt die New Harvard school **nicht ausschließlich ökonomische Wettbewerbsziele.** Zu ihren Zielen gehören auch konfligierende Ziele wie zB Verbrauchersouveränität, Verteilungsgerechtigkeit, technischer Fortschritt, Dezentralisation der wirtschaftlichen Macht. 28

Die New Harvard school betrachtet vertikale Vertriebsbindungen **kritischer als die Chicago School.** Es wird insbesondere bemängelt, diese führten tendenziell zu einer Erhöhung der Endverkaufspreise und zum Abschöpfen von Wettbewerbsrenten.[43] Sie würden Marktsegmentierungen erleichtern, ohne gleichzeitig effizienzsteigernde Wirkungen zu zeitigen.[44] Koppelungsbindungen würden meist dazu dienen, Monopole, marktmächtige Stellungen oder Markteintrittsschranken auf weitere (verwandte, vor- oder nachgelagerte) Märkte auszudehnen.[45] 29

Diese kritische Sichtweise führt zwar nicht zu einer vollständigen Ablehnung vertikaler Vertriebsbindungen. Diese sollen jedoch nicht per se, sondern lediglich im Rahmen einer **einzelfallbezogenen Betrachtungsweise** auf Grund von Rule-of-reason-Überlegungen ökonomisch gerechtfertigt werden können. Zusammenfassend überwiegt freilich überwiegend kritische Skepsis: *„On the whole, but with important exceptions, vertical restraints tend to be economically injurious to society ...“*.[46] 30

3. Koordinationsmängelkonzept

Das Koordinationsmängelkonzept der deutschen Wettbewerbstheoretiker Borchert und Grosskelter basiert auf der Annahme eines **funktionsfähigen Wettbewerbs.**[47] Dabei erfüllen Marktprozesse folgende Funktionen: Markträumung (Angleichung von Angebots- und Nachfragemengen), Renditenormalisierung, Erosion von Übermacht, Produktions- und Verfahrensfortschritt. Das Konzept bezweckt, diese Marktfunktionen anhand operabler und justiziabler Tests überprüfbar zu machen. Dabei werden sich selbst regulierende **Gleichgewichtsstörungen** und **Funktionsstörungen** unterschieden, wobei nur Funktionsstörungen kartellrechtliche Eingriffe rechtfertigen.[48] Koordinationsmängel liegen vor, „wenn ein Prozessmustertest der Vergangenheitsentwicklung zeigt, dass auf einem Markt 31

[40] *Telser* S. 86 ff; *Butz/Kleit* S. 131, 152, 155.
[41] *Marvel/McCaferty* S. 346 ff.
[42] *Deneckere/Marvel/Peck* S. 619.
[43] *Marks/Johson* S. 199, 256.
[44] *Comanor* S. 1419.
[45] *Kayson/Turner* S. 150.
[46] *Steiner* S. 143, 197.
[47] *Borchert/Grosskelter* S. 175.
[48] Zum Ganzen auch *Ruffner* S. 112 ff, 115.

bestimmte Prozesse überzufällig häufig oder gar ständig nicht funktionieren, und wenn man diese permanente Funktionsstörung gleichzeitig mit Hilfe eines Plausibilitätstests auf der Basis der ökonomischen Theorie nachträglich prognostizieren und damit erklären kann".[49] Das Koordinationsmängelkonzept beruht auf einer **ex-post** Betrachtungsweise.

32 Mit Bezug auf die ökonomische Beurteilung vertikaler Bindungen lassen sich dem Koordinationsmängelkonzept lediglich Aussagen zu vertikalen Preisbindungen entnehmen. Diese (sowie vertikale Gebiets- und Kundenbindungen als Surrogate für vertikale Preisbindungen) erfüllen nach dem Koordinationsmängelkonzept eine wichtige Funktion bei der **Erschließung von Märkten mit neuen Produkten.** Sie fördern einen einheitlichen Marktauftritt und führen zu einer leichteren Bewältigung natürlicher Markteintrittsschranken.

4. Theorie bestreitbarer Märkte

33 Die Theorie bestreitbarer Märkte (contestable markets theory) vom Baumol, Panzar und Willig stellt die **potentielle Konkurrenz** in das Zentrum ihres Untersuchungsgegenstands. Sie geht davon aus, dass sich die Wahrscheinlichkeit von Markteintritten Dritter erhöht, sobald etablierte bzw. marktmächtige Unternehmen in oligopolistischen Märkten ihre Preise über das kompetitive Niveau anheben.[50]

34 Die Theorie bestreitbarer Märkte untersucht Märkte, nicht die Funktion einzelner Wettbewerbsabreden oder gar von vertikalen Vertriebsbindungen. Sie ist deshalb mit Blick auf die pro- oder contra-kompetitiven Auswirkungen vertikaler Vertriebsbindungen wenig ergiebig. Ihre Bedeutung liegt vielmehr darin, den ökonomischen Nachweis dafür erbracht zu haben, dass sich auch Monopolisten kompetitiv verhalten, sobald ihre relevanten Märkte bestreitbar werden. Dies ist regelmäßig der Fall, sobald die sog. **„sunk costs"** tief sind, d. h. die Kosten, die im Falle eines späteren Marktaustritts unwiederbringlich verloren sind.

5. Transaktionskostenökonomik

35 Die Transaktionskostenökonomik, als deren Exponenten Coase und Williamson gelten, widmet sich der Gestaltung der **ökonomischen Organisation,** wobei jegliche Verschwendung vermieden werden soll. Im Unterschied zur Chicago school geht sie von einem Menschenbild aus, das diesen auch im theoretischen Modell nicht als ausschließlich rationalen Nutzenmaximierer darstellt.[51] Zentrale Verhaltensweisen der Transaktionskostenökonomik sind deshalb einerseits der **Opportunismus,** anderseits eine **beschränkte Rationalität** des Menschen.

36 Transaktionen sind Schnittstellen, über die ein Produkt transferiert wird, zB über einen Vertrag von einer Vertragspartei zur anderen. Transaktionen werden über den Markt, über relationale Kooperationsformen (zB durch indirekten Vertrieb) oder über unternehmensinterne Abläufe und Vorgänge (zB über direkten Vertrieb im Rahmen eines Filialnetzes) abgewickelt.[52] Die Kosten einer Transaktion werden anhand ihrer Häufigkeit, dem Grad ihrer Unsicherheit sowie der sog. **Faktorspezifizität** beurteilt.[53] Diese „bezieht sich auf den Grad der Wiederverwendung eines bestimmten Vermögensobjekts in alternativen Verwendungsrichtungen und bei unterschiedlichen Nutzern ohne Verlust von Produktionswert."[54] Zu den Faktorspezifizitäten gehören der Standort, Sachkapital, Humankapital, Markenkapital, kundenspezifische Vermögensgegenstände sowie zeitliche Aspekte (zB bei verderblichen Waren). Produkte mit niedriger Faktorspezifizität werden eher über Spotmärkte, solche mit hoher Faktorspezifizität eher über langfristige Vertriebsverträge vermarktet.[55]

---

[49] *Borchert/Grosskelter* S. 248.
[50] *Baumol/Panzar/Willig* S. 1, 221 ff.
[51] *Williamson* S. 7 f.
[52] *Williamson* S. 21.
[53] *Williamson* S. 13.
[54] *Williamson* S. 13.
[55] *Williamson* S. 29.

37 Die Transaktionskostenökonomik qualifiziert vertikale Vertriebsbindungen tendenziell als Mittel zur **Effizienzsteigerung** oder mit anderen Worten als Mittel zur **Senkung der Transaktionskosten.** Zentral hervorgehoben werden sinkende Informationsbeschaffungskosten der Verbraucher sowie sinkende Kontrollkosten auf Seiten der Produzenten. Vertikale Vertriebsbindungen würden zur Etablierung eines effizienten Vertragsdurchsetzungsmechanismus führen.[56] Die Transaktionskostenökonomik hat deutlicher als die meisten anderen ökonomischen Wettbewerbstheorien aufgezeigt, dass vertikale Vertriebsbindungen über die Senkung von Transaktionskosten **pro-kompetitive Wirkungen** haben.

6. Agency theory

38 Die Agency theory untersucht arbeitsteilige Beziehungen zwischen Prinzipal und Agent (sog Prinzipal-Agent-Beziehungen). Der Prinzipal delegiert dem Agenten Entscheidungskompetenzen, weil dieser gegenüber dem Prinzipal einen irgendwie gearteten, für den konkreten Fall aber entscheidenden Qualifikationsvorsprung aufweist. Die Agency theory versucht, die Beziehung zwischen Prinzipal und Agent **(Agency-Beziehung)** so auszugestalten, dass zwischen den beiden im Interesse höchstmöglicher Effizienz keine Interessenkonflikte bestehen.[57]

39 Zahlreiche theoretische Arbeiten auf der Grundlage der Agency theory[58] zeigen, dass die möglichen Effizienzgewinne von den Risikopräferenzen und von den Unsicherheiten des Marktumfeldes abhängen. Je riskanter und unsicherer die Einbindung in einen vertikalen Vertrieb für den Agenten ist, desto kleiner fallen die Effizienzgewinne dieser konkreten vertikalen Vertriebsbindung aus.

7. Fazit: Steigerung wirtschaftlicher Effizienz als anerkannte Funktion selektiven Vertriebs

40 **a) Steigerung wirtschaftlicher Effizienz.** In der ökonomischen Theorie sind die **effizienzsteigernden Effekte** von Vertriebsbindungen heute im Grundsatz **anerkannt.** Bei Gebietsbindungen gilt dies insbesondere, wenn der Systemträger nicht marktmächtig ist, weil dann der Interbrand-Wettbewerb intensiviert wird. Im Übrigen seien wohlfahrtssteigernde Effekte insbesondere zu erwarten bei komplexen oder technischen Waren, bei Waren, die tendenziell einmalig erworben werden, bei Waren, über die der Verbraucher kaum Kenntnisse besitzt, bei Waren, zu denen kaum Preis- und Qualitätsvergleiche möglich sind sowie bei Waren, die sich auf dem Markt noch nicht durchgesetzt haben.[59] Markenzwang und Mindestabnahmepflichten wirken über Effizienzgewinne tendenziell wohlfahrtssteigernd, weil sie den Interbrand-Wettbewerb stärken, die Trittbrettfahrerei einschränken sowie Anreize für gesteigerte Vertriebsbemühungen der Absatzmittler darstellen.[60]

41 Kritischer fällt die ökonomische Beurteilung von Vertriebsbindungen aus, wenn diese von **marktmächtigen Unternehmen** ausgehen, insbesondere wenn sie Herstellerkartelle stabilisieren, zu Marktverschließungen führen oder unverhältnismäßige Organisations-, Überwachungs- und Durchsetzungskosten zur Folge haben.[61]

42 **b) Anerkennung der ökonomischen Funktionen von Vertriebsbindungen im Gemeinschaftsrecht.** Im Gemeinschaftsrecht sind die von der ökonomischen Theorie belegten Funktionen von selektiven Vertriebsbindungen grundsätzlich anerkannt. Bereits **Art. 81 Abs. 3 EG** ermöglicht die Freistellung vom Kartellverbot mit Gründen, die im Wesentlichen mit den Erkenntnissen der ökonomischen Theorie übereinstimmen. Freistellbar sind danach Vereinbarungen, Beschlüsse und abgestimmte Verhaltensweisen unter an-

---

56 *Klein/Murphy* S. 265 ff, 295.
57 *Bergen/Dutta/Walker* S. 1, 2 ff.
58 Überblick bei *Hoch Classen* S. 108 ff.
59 *Reinert* S. 208.
60 *Reinert* S. 209.
61 *Reinert* S. 207 mwN.

derem[62] – und sofern die übrigen Voraussetzungen der Verbraucherbeteiligung, Unerlässlichkeit und des genügenden Wettbewerbs für einen wesentlichen Teil der Waren erfüllt sind – auch, sofern sie die Warenverteilung verbessern.[63] Dies entspricht den Wettbewerbszielen der Konsumentenwohlfahrt und der **Effizienz der Ressourcenallokation,**[64] die gleichwertig neben anderen Wettbewerbszielen des Gemeinschaftsrechts wie der Verwirklichung des gemeinsamen Markts stehen.

43 Erwägung (6) der Vertikal-GVO nimmt ausdrücklich auf diese Funktionen Bezug: „Vertikale Vereinbarungen (…) können die wirtschaftliche Effizienz innerhalb einer Produktions- oder Vertriebskette erhöhen, weil sie eine bessere **Koordinierung** zwischen den beteiligten Unternehmen ermöglichen. Sie können insbesondere die **Transaktions- und Distributionskosten** der Beteiligten verringern und deren **Umsätze und Investitionen** optimieren." Effiziente Vertriebskoordination, Senkung der Transaktions- und Distributionskosten sowie Optimierung von Umsätzen und Investitionen sind somit die ökonomischen und juristischen Schlüsselbegriffe für die Behandlung vertikaler und selektiver Vertriebsvereinbarungen im Gemeinschaftsrecht.

44 Die Einwendung der ökonomischen Theorie, dass diese effizienzsteigernden Wirkungen allenfalls fehlen dürften, sofern **marktmächtige Unternehmen** an vertikalen Vertriebsvereinbarungen beteiligt sind und sofern kein genügender Interbrand-Wettbewerb besteht, hat ebenfalls in das Gemeinschaftsrecht Eingang gefunden. Erwägung (7) der Vertikal-GVO nimmt ausdrücklich auf diese Problematik Bezug: „Die Wahrscheinlichkeit, dass derartige effizienzsteigernde Wirkungen stärker ins Gewicht fallen als wettbewerbsschädliche Wirkungen, die von Beschränkungen in vertikalen Vereinbarungen verursacht werden, hängt von der Marktmacht der beteiligten Unternehmen und somit vom Ausmaß ab, in dem diese Unternehmen dem Wettbewerb anderer Lieferanten von Waren oder Dienstleistungen ausgesetzt sind, die von den Käufern auf Grund ihrer Eigenschaften, ihrer Preislage und ihres Verwendungszwecks als austauschbar oder substituierbar angesehen werden."

45 Zusammenfassend darf festgestellt werden, dass das Gemeinschaftsrecht, insbesondere die Vertikal-GVO auf den grundsätzlichen Lehren der ökonomischen Theorie beruht. Sie übernimmt deren grundlegend positive (weil effizienzsteigernde) Würdigung vertikaler Bindungen, dies allerdings unter dem Vorbehalt des Missbrauchs vertikaler selektiver Vertriebsbindungen im Rahmen der Ausübung von Marktmacht.

46 **c) Exkurs: Funktion der Marke im selektiven Vertrieb.**[65] Marken sind **Wettbewerbsinstrumente.** Sie sind „Gute Namen". Diese stehen für die Leistungen einer Unternehmung, zum einen für die vergangenen Leistungen, zum anderen für die künftig zu erwarteten Leistungen. Marken sind Vertrauenskapital. Gespeichert ist dieses Vertrauenskapital im Bewusstsein der Kundschaft, einer Branche und in der Öffentlichkeit. Die **markenrechtliche Funktionenlehre** erfüllt traditionell zwei Funktionen. Sie beschreibt zum einen **tatsächliche Funktionen** von Kennzeichen. Tatsächliche Funktionen sind wertneutral beschriebene Aufgaben und Wirkungen, die Kennzeichen erfüllen. Beschrieben und empirisch erfasst werden die wirtschaftlichen Funktionen von Kennzeichen. Zum anderen trennt die traditionelle Funktionenlehre diese wirtschaftlichen Funktionen von den **rechtlich geschützten Funktionen** von Kennzeichen. Die rechtlich geschützten Funktionen erscheinen dabei regelmäßig als **Teilmenge der wirtschaftlichen Funktionen.** Die rechtlich geschützten Funktionen beruhen im Unterschied zu den empirisch erfassten Funktionen nicht auf einer wert- und wertungsfreien Betrachtung. Im Gegenteil: Sie sind das Ergebnis einer wertenden Betrachtungsweise. Wertende Betrachter sind einerseits der Gesetzgeber als Norminstanz, anderseits der Richter als Auslegungsinstanz. Die traditionelle Funktionenlehre selbst bezweckte damit, die außerrechtliche, gewissermaßen metaphysische

---

[62] Andere Freistellungsgründe sind die Verbesserung der Warenerzeugung, die Förderung des technischen Fortschritts und die Förderung des wirtschaftlichen Fortschritts.

[63] *Schröter/Jakob/Mederer* S. 155 ff, 366 ff mN.

[64] Mitteilung der Kommission – Leitlinien für vertikale Beschränkungen, ABl. EG 2000 Nr. C 291 S. 1.

[65] Vgl. dazu zB *Simon* S. 205, 207 ff mwN.

Ebene von Kennzeichen von den rechtlich geschützten Funktionen dieser Kennzeichen abzugrenzen. Sie widerspiegelt das Bemühen, das Wesen von Kennzeichen justiziabel zu machen. Der Preis, den die traditionelle Funktionenlehre dafür bezahlt, ist der Ausschluss von empirisch feststellbaren Kennzeichenfunktionen vom markenrechtlichen Schutz. Die Aufgabe der Funktionenlehre ist es, einen Ausgleich zwischen dem verfassungsrechtlich geschützten Anspruch auf Eigentum (an Kennzeichen) und dem ebenfalls verfassungsrechtlich gewährleisteten Wettbewerbsprinzip zu finden.

In der Rechtsordnung sind Marken „Zeichen und Zeichenkombinationen, die geeignet 47 sind, die Waren oder Dienstleistungen eines Unternehmens von denen anderen Unternehmen zu unterscheiden".[66] Seit dem Inkrafttreten des **TRIPS-Abkommens** und seit der europäischen Markenrechtsharmonisierung besteht hier ein einheitlicher gesetzgeberischer Rahmen. Im Wirtschaftsverkehr stellt sich die Sache komplexer dar. Es wird heute unterschieden zwischen dem gewerblichen Schutzrecht, dem markierten Produkt und der „eigentlichen" Marke. Das **gewerbliche Schutzrecht** ist klar definiert; es handelt sich um die nach den Regeln der Markengesetzgebung registrierte Marke. Ebenfalls klar definiert ist das **markierte Produkt** oder die markierte Dienstleistung. Es handelt sich um den materiellen Träger (bei Dienstleistungen Hilfsträger) des gewerblichen Schutzrechts. Die **eigentliche Marke** wird noch sehr unterschiedlich beschrieben, je nachdem ob eine ökonomische (Marke als Unternehmensleistung, Wertschöpfungsleistung), sozialpsychologische (Marke als kollektives Vorstellungsbild) oder soziologische (Marke als sozialer Wille, als Energie-System) Betrachtungsweise dominiert. Einigkeit zwischen den verschiedenen Ansätzen besteht insoweit, als dass Marken in der Psyche der Verbraucher vorhanden sind. In diesem Sinne lassen sie sich beschrieben als in den Bezugsgruppen (zB eben Verbraucher) verankerte, unverwechselbare Vorstellungsbilder von Produkten oder Dienstleistungen, wobei die den Produkten und Dienstleistungen zu Grunde liegende Leistung in einem großen Absatzraum, über einen längeren Zeitraum, in einem gleichartigen Auftritt und in gleich bleibender oder verbesserter Qualität angeboten wird.[67]

In der ökonomischen Theorie ist heute – bei aller Vielfalt der Betrachtungsweisen – nicht 48 mehr bestritten, dass Marken für den **Verbraucher** zahlreiche Funktionen erfüllen. Sie dienen ihm als **Orientierungshilfe** in der Fülle des Angebots. Sie erfüllen eine **Identifizierungsfunktion.** Sie senken seine **Transaktionsrisiken,** weil sie als „information chunk" wirken und die Komplexität von Kaufentscheidungen reduzieren. Sie wirken **vertrauens- oder misstrauensbildend,** sichern bestimmte **qualitative Erwartungen** und bei gewissen Produkten auch **Prestige.**

Für die Hersteller und Anbieter dienen Marken der **Kundenbildung** und **Kundenbindung,** der **Differenzierung** gegenüber den Mitbewerbern, als Mittel zur **segmentspezifischen Marktbearbeitung** (zweigleisiger Vertrieb), als Plattform für „line extensions" etc., als Mittel der **Präferenzbildung** und der Preispolitik sowie als **Kommunikationsmittel.**[68] Juristisch werden diese empirisch feststellbaren Funktionen zusammenfassend beschrieben als Unterscheidungsfunktion, Herkunftsfunktion, Vertrauens-, Garantie- und Qualitätsfunktion, Werbefunktion, Kommunikationsfunktion, Vertriebs- und Codierungsfunktion.[69] Die Feststellung, dass Marken empirisch gesehen multifunktional wirken, multifunktionale Wesen sind, kann nicht ernsthaft bestritten werden.

49 (margin number for the preceding paragraph)

In der **wissenschaftlichen Auseinandersetzung** bestehen nach wie vor unterschied- 50 liche Auffassungen mit Bezug auf die Frage, inwiefern die „Markenempirik" den Rechtsschutz der Marke beeinflusst. Es herrscht in Deutschland wohl geradezu ein Streit um die Funktionenlehre.[70] Zum Teil wird ein **Paradigmenwechsel** in den rechtlichen Funktionen der Marke vertreten, wonach Markenschutz für alle ökonomischen Funktionen der

---

[66] Art. 15 Abs. 1 Satz 1 TRIPS-Abkommen.
[67] In diesem Sinne zB *Meffert/Burmann/Koers* S. 6.
[68] Vgl. statt vieler *Meffert/Burmann/Koers* S. 8.
[69] Statt aller *Fezer* MarkenG Einl. Rn 30 ff mwN; *Fezer* Entwicklungslinien GRUR 2003, 457, 463 f.
[70] *Fezer* Entwicklungslinien GRUR 2003, 457, 463 mwN.

Marke auf dem Markt besteht.[71] Begründet wird der Paradigmenwechsel mit der Verstärkung des Markenschutzes in den neuen Markenschutzgesetzen, insbesondere, aber nicht abschließend, mit der Nichtakzessorietät und der freien Übertragbarkeit der Marke, dem besonderen Schutz berühmter Marken sowie dem Verständnis der Marke als eines selbstständigen Vermögensgegenstands. Demgegenüber wird dieser Paradigmenwechsel zum Teil auch konsequent abgelehnt.[72]

51 Nach der ständigen Rechtsprechung des **EuGH** stellt die **Herkunftsgarantie** eine Hauptfunktion der Marke dar. Die Marke biete Gewähr dafür, dass alle Waren oder Dienstleistungen, die mit ihr versehen seien, unter der Kontrolle eines einzigen Unternehmens hergestellt oder erbracht worden seien, das für ihre Qualität verantwortlich gemacht werden könne.[73] Diese Hauptfunktion bestehe darin, dem Verbraucher oder Endabnehmer die **Ursprungsidentität** der mit ihr versehenen Waren zu garantieren. Dadurch werde ihm ermöglicht, diese Ware ohne Verwechslungsgefahr von Waren anderer Herkunft zu unterscheiden.[74] „Insoweit besteht die Hauptfunktion der Marke darin, dem Verbraucher oder Endabnehmer die Ursprungsidentität der durch die Marke gekennzeichneten Ware oder Dienstleistung zu garantieren, indem sie ihm ermöglicht, diese Ware oder Dienstleistung ohne Verwechslungsgefahr von Waren oder Dienstleistungen anderer Herkunft zu unterscheiden. (…) Damit diese Herkunftsgarantie, die die Hauptfunktion der Marke darstellt, gewährleistet werden kann, muss der Markeninhaber vor Konkurrenten geschützt werden, die unter **Missbrauch der Stellung und des guten Rufes der Marke** widerrechtlich mit der Marke versehene Waren veräußern …“.[75] Mit dem Begriff der Ursprungsidentität wird eine modifizierte, abstrakte Herkunftsfunktion im Sinne einer Herkunftsidentität und -garantie geschützt, ergänzt durch einen Schutz für den hervorragenden Ruf eines Erzeugnisses.[76]

52 Die empirisch feststellbaren und die rechtlich geschützten Funktionen der Marke sind für selektive Vertriebssysteme von **zentraler Bedeutung.** Gewährleistung der Ursprungsidentität von Ware und Schutz der Stellung und des guten Rufes einer Marke sind **unverzichtbare Erfolgskomponenten funktionsfähiger und durchsetzbarer selektiver Vertriebssysteme.**

B. Selektiver Vertrieb an der Schnittstelle zwischen Kartellrecht und UWG

I. Zur kartellrechtlichen Zulässigkeit des selektiven Vertriebs

1. Nach Art. 81 EG

53 Vertikale Vertriebsbindungen werden im primären Gemeinschaftsrecht durch Art. 81 EG[77] erfasst. Erfasst sind allerdings nur Abreden, die den innergemeinschaftlichen Handel

[71] *Fezer* MarkenG Einl. Rn 35 mwN.
[72] ZB *Ingerl/Rohnke* MarkenG Einl. Rn 67 mwN.
[73] Grundlegend EuGH GRUR Int. 1990, 960 = Slg. 1990, I-3711 Rn 13ff – HAG II; EuGH GRUR 1998, 922 = Slg. 1998, I-5525 Rn 28 – Canon.
[74] Vgl. EuGH GRUR Int. 1990, 960 = Slg. 1990, I-3711 Rn 13ff – HAG II.
[75] EuGH vom 12. 11. 2002, Rs. C-206/01 Rn 48 – ARSENAL.
[76] EuGH GRUR Int. 1998, 140 – Dior/Evora.
[77] Die Bestimmung lautet wie folgt:
„(1) Mit dem gemeinsamen Markt unvereinbar und verboten sind alle Vereinbarungen zwischen Unternehmen, Beschlüsse von Unternehmensvereinigungen und aufeinander abgestimmte Verhaltenweisen, welche den Handel zwischen Mitgliedstaaten zu beeinträchtigen geeignet sind und eine Verhinderung, Einschränkung oder Verfälschung des Wettbewerbs innerhalb des Gemeinsamen Marktes bezwecken oder bewirken, insbesondere
a) die unmittelbare oder mittelbare Festsetzung der An- oder Verkaufspreise oder sonstiger Geschäftsbedingungen;
b) die Einschränkung oder Kontrolle der Erzeugung, des Absatzes, der technischen Entwicklung oder der Investitionen;

spürbar beeinträchtigen.[78] Die Spürbarbeit wird – unter Vorbehalt der Rechtsprechung der europäischen Gerichte[79] – konkretisiert in der sog **De-minimis-Bekanntmachung** der Kommission vom 22. 12. 2001.[80] Im Fall von vertikalen Vereinbarungen liegt nach der De-minimis-Bekanntmachung keine Spürbarkeit vor, wenn der von jedem beteiligten Unternehmen gehaltene Marktanteil auf keinem der von der Vereinbarung betroffenen Märkte 15% übersteigt.[81] Ausgenommen vom Geltungsbereich der De-minimis-Bekanntmachung sind die Kernbeschränkungen,[82] die mit jenen der Vertikal-GVO übereinstimmen (Art. 4 Vertikal-GVO). Nicht erfasst von Art. 81 Abs. 1 EG werden einseitig vom Hersteller bestimmte Vertriebtechniken, bei denen dieser selbst und ohne wettbewerbsbeschränkende Absprachen mit der nachfolgenden Vertriebsstufe festlegt, an welche Abnehmer er liefert.[83]

Selektive Vertriebssysteme, die **ausschließlich** auf einer qualitativen Selektion beruhen, werden nach der Rechtsprechung des EuGH **nicht** als Wettbewerbsbeschränkungen im Sinne des Art. 81 Abs. 1 EG qualifiziert, sofern (kumulativ) die Selektion (1) durch die Art des Produkts gerechtfertigt ist, (2) diskriminierungsfrei gehandhabt wird und (3) verhältnismäßig ist.[84] Die Tatbestandsmäßigkeit von Art. 81 Abs. 1 EG fehlt in diesen Fällen. Vorbehalten und von Art. 81 Abs. 1 EG erfasst sind **Bündel gleichartiger selektiver Vertriebssysteme,** die keinen Raum für andere Vertriebsformen lassen und zu starren Preisstrukturen führen, die nicht durch einen effektiven Intrabrand- oder Interbrand-Wettbewerb kompensiert werden.[85] **Lückenlosigkeit** des Systems im Sinne des deutschen Rechts, wonach Mitglieder des Systems keine Nicht-Mitglieder beliefern dürfen (mit Ausnahme von Endverbrauchern), ist keine Voraussetzung für die Zulässigkeit eines selektiven Vertriebssystems unter Art. 81 Abs. 1 EG.[86] Im Übrigen sind selektive Vertriebssysteme wie andere vertikale Vertriebsvereinbarungen an der Vertikal-GVO zu messen. Sofern sie nicht durch diese in den Genuss der Gruppenfreistellung kommen, sind sie allenfalls unmittelbar nach Art. 81 Abs. 3 EG freigestellt.[87] 54

---

c) die Aufteilung der Märkte oder Versorgungsquellen;
d) die Anwendung unterschiedlicher Bedingungen bei gleichwertigen Leistungen gegenüber Handelspartnern, wodurch diese im Wettbewerb benachteiligt werden;
e) die an den Abschluss von Verträgen geknüpfte Bedingung, dass die Vertragspartner zusätzliche Leistungen annehmen, die weder sachlich noch nach Handelsbrauch in Beziehung zum Vertragsgegenstand stehen.

(2) Die nach diesem Art. verbotenen Vereinbarungen oder Beschlüsse sind nichtig.

(3) Die Bestimmungen des Absatzes 1 können für nicht anwendbar erklärt werden auf
– Vereinbarungen oder Gruppen von Vereinbarungen zwischen Unternehmen,
– Beschlüsse oder Gruppen von Beschlüssen von Unternehmensvereinigungen,
– aufeinander abgestimmte Verhaltensweisen oder Gruppen von solchen, die unter angemessener Beteiligung der Verbraucher an dem entstehenden Gewinn zur Verbesserung der Warenerzeugung oder -verteilung oder zur Förderung des technischen oder wirtschaftlichen Fortschritts beitragen, ohne dass den beteiligten Unternehmen
a) Beschränkungen auferlegt werden, die für die Verwirklichung dieser Ziele nicht unerlässlich sind, oder
b) Möglichkeiten eröffnet werden, für einen wesentlichen Teil der betreffenden Waren den Wettbewerb auszuschalten."

[78] *Schröter/Jakob/Mederer* S. 299 ff.

[79] Ziff. 6 der De-minimis-Bekanntmachung.

[80] Bekanntmachung der Kommission über Vereinbarungen von geringer Bedeutung, die den Wettbewerb gemäß Art. 81 Abs. 1 des Vertrages zur Gründung der Europäischen Gemeinschaft nicht spürbar beschränken (de minimis), ABl. EG Nr. C 368 vom 22. 12. 2001, S. 13.

[81] Ziff. 7 lit. b der De-minimis-Bekanntmachung. Im Fall von sog. Vertragsbündeln liegt der Grenzwert bei 5%.

[82] Ziff. 11 Abs. 2 der De-minimis-Bekanntmachung.

[83] ZB Kommission, Entscheidung Krups, ABl. EG 1980 Nr. L 120 S. 26.

[84] Wegleitend EuGH Slg. 1977, 1875 ff, 1905 – Metro/SABA I; EuGH Slg. 1986, 3021 – Metro/SABA II; EuGH Slg. 1983, 3151 – AEG Telefunken. Vgl. dazu *Schröter/Jakob/Mederer* S. 585 ff mN; *Liebscher/Flohr/Petsche* § 9 Rn 10 ff.

[85] EuGH Slg. 1986 3021 – Metro/SABA II.

[86] EuGH Slg. 1994, I-15 ff – Metro/Cartier.

[87] Zur Praxis der Freistellbarkeit *Schröter/Jakob/Mederer* S. 589 ff mN; *Lenz/Borchardt* EG Art. 81 Rn 107 mwN.

55 Zu den von der Tatbestandmäßigkeit von Art. 81 Abs. 1 EG befreiten **Produkteeigenschaften** gehören jene, die zur Wahrung ihrer Qualität und Gewährleistung ihres richtigen Gebrauchs ein selektives Vertriebssystem erfordern.[88] Dies sind vorab technisch hochwertige und hochentwickelte Produkte, Luxusprodukte und Presseerzeugnisse.[89]

56 Damit die Tatbestandsmäßigkeit von Art. 81 Abs. 1 EG entfällt, muss die Selektion auf Grund **objektiver Selektionskriterien qualitativer Art** erfolgen, die einheitlich für alle in Betracht kommenden Mitglieder des selektiven Vertriebssystems und **ohne Diskriminierung** angewandt werden.[90] Objektivität bedeutet, dass das Mitglied des selektiven Vertriebssystems diese Kriterien selbst feststellen kann, so dass sie nicht vom Systemträger je nach Mitglied verändert werden können. Die Qualität der Selektionskriterien bezieht sich auf die fachliche Eignung des Systemmitglieds, die sachliche Ausstattung seines Geschäftsbetriebs sowie zB die Verpflichtung zu einer angemessenen Lagerhaltung. Die fachliche Eignung darf grundsätzlich über ein formales Zulassungserfordernis sichergestellt werden, sofern nicht bereits das Zulassungssystem selbst eine unüberwindbare Hürde für den Eintritt in das selektive Vertriebssystem darstellt.[91] Zulassungssysteme müssen deshalb **verhältnismäßig** sein. Dies ist nach der Kommissionspraxis nur der Fall, sofern der Systemträger inner vier Wochen über einen Zulassungsantrag entscheidet und wenn Großhändler daneben berechtigt sind, geeignete Fachhändler anzuerkennen.[92]

57 Eine quantitative Selektion ist immer tatbestandsmäßig nach Art. 81 Abs. 1 EG und muss über die Vertikal-GVO und allenfalls über Art. 81 Abs. 3 EG vom Verbot freigestellt sein. Als tatbestandsmäßig gelten auch das Verbot von Reimporten[93] sowie die Beeinflussung des Endverbraucherpreises. Zwar beeinflussen die qualitativen Selektionskriterien die Preisstruktur des betroffenen Produktemarktes, doch darf der Preiswettbewerb nicht völlig ausgeschlossen werden.[94]

58 Wird eine selektive Vertriebsbindung als Wettbewerbsbeschränkung qualifiziert, ist sie tatbestandsmäßig nach Art. 81 Abs. 1 EG. Ob sie zulässig ist, entscheidet sich dann anhand der Freistellungskriterien nach den Bestimmungen der Vertikal-GVO oder nach den Kriterien von Art. 81 Abs. 3 EG. Seit dem 1. 5. 2004 erfolgt dabei keine Einzelfreistellung durch die Kommission mehr. Mit der **Reform der Wettbewerbsrechts in der EU**[95] sind auch die Verfahren und Zuständigkeiten im Bereich der Einzelfreistellung verändert worden. Das zentralisierte Anmeldesystem wird durch ein System von **Legalausnahmen** ersetzt, bei dem die Wettbewerbsbehörden und Mitgliedstaaten nicht nur zur Anwendung der direkt anwendbaren Bestimmung von Art. 81 Abs. 1 EG, sondern auch zur Anwen-

---

[88] EuGH Slg. 1986, 3021 – Metro/SABA II; *Schröter/Jakob/Mederer* S. 584f mN; *Liebscher/Flohr/Petsche* § 9 Rn 16ff.

[89] Vgl. die Beispiele aus der Rspr. und der Praxis der Kommission bei *Liebscher/Flohr/Petsche* § 9 Rn 16ff und *Schröter/Jakob/Mederer* S. 584f.

[90] EuGH Slg. 1977 1905 Rn 20 – Metro/SABA I und seither ständige Rechtsprechung; wN bei *Liebscher/Flohr/Petsche* § 9 Rn 22ff und *Schröter/Jakob/Mederer* S. 585f.

[91] Kommission – Yves Saint Laurent Parfums, ABl. EG 1992 Nr. L 12 S. 24, 29.

[92] Kommission – Yves Saint Laurent Parfums, ABl. EG 1992 Nr. L 12 S. 24, 29; *Schröter/Jakob/Mederer* S. 586 mwN.

[93] EuGH Slg. 1998, I-1983 – Javico/Yves Saint Laurent.

[94] EuGH Slg. 1977, 1875, 1907 – Metro/SABA I.

[95] VO (EG) Nr. 1 des Rates vom 16. 12. 2002 zur Durchführung der in den Artikeln 81 und 82 des Vertrags niedergelegten Wettbewerbsregeln, ABl. EG Nr. L 1 vom 4. 1. 2003 S. 1; VO (EG) Nr. 773/2004 der Kommission vom 7. 4. 2004 über die Durchführung von Verfahren auf der Grundlage der Art. 81 und 82 EG-Vertrag durch die Kommission, ABl. EG Nr. L 123 vom 27. 4. 2004 S. 18; Bekanntmachung der Kommission über die Zusammenarbeit der Kommission und den Gerichten der EU-Mitgliedstaaten bei der Anwendung der Art. 81 und 82 des Vertrags, ABl. EG Nr. C 101 vom 27. 4. 2004 S. 54 Bekanntmachung der Kommission über die Zusammenarbeit innerhalb des Netzes der Wettbewerbsbehörden, ABl. EG Nr. C 101 vom 27. 4. 2004 S. 43; Bekanntmachung der Kommission über die informelle Beratung bei neuartigen Fragen zu den Artikeln 81 und 82 des Vertrages, die in Einzelfällen auftreten (Beratungsschreiben), ABl. EG Nr. C 101 vom 27. 4. 2004 S. 78; Bekanntmachung der Kommission über die Behandlung von Beschwerden durch die Kommission gemäß Art. 81 und 82 EG-Vertrag; VO (EG) Nr. 139/2004 des Rates vom 20. 1. 2004 über die Kontrolle von Unternehmenszusammenschlüssen („EG-Fusionskontrollverordnung"), ABl. EG Nr. L 24 vom 29. 1. 2004 S. 1.

dung von Art. 81 Abs. 3 EG befugt sind (Nr. 4 der VO (EG) Nr. 1/2003). Mit der Reform des Wettbewerbsrechts ist jede Vereinbarung, jeder Beschluss und jede abgestimmte Verhaltensweise unmittelbar, „per se" freigestellt, wenn die Voraussetzungen von Art. 81 Abs. 3 EG erfüllt sind. Eine besonderer Freistellungsbeschluss ist nicht mehr erforderlich.

2. Nach der Vertikal-GVO[96]

Die Vertikal-GVO stellt bestimmte vertikale Vertriebsbindungen oder -beschränkungen frei, d.h. Art. 81 Abs. 1 EG ist auf diese Beschränkungen nicht mehr anwendbar. Zu den erfassten Sachverhalten gehören nach Art. 2 Absatz 1 Vertikal-GVO „Vereinbarungen oder aufeinander abgestimmte Verhaltensweisen zwischen zwei oder mehr Unternehmen, von denen jedes zwecks Durchführung der Vereinbarung auf einer unterschiedlichen Produktions- oder Vertriebsstufe tätig ist, und welche die Bedingungen betreffen, zu denen die Parteien bestimmte Waren oder Dienstleistungen beziehen, verkaufen oder weiterverkaufen können (... vertikale Vereinbarungen genannt)". Zu diesen vertikalen Vereinbarungen gehören auch selektive Vertriebssysteme. Art. 1 lit. d Vertikal-GVO enthält eine **„Legaldefinition" selektiver Vertriebssysteme.** Selektive Vertriebssysteme sind danach „Vertriebssysteme, in denen sich der Lieferant verpflichtet, die Vertragswaren oder -dienstleistungen unmittelbar oder mittelbar nur an Händler zu verkaufen, die auf Grund festgelegter Merkmale ausgewählt werden, und in denen sich diese Händler verpflichten, die betreffenden Waren oder Dienstleistungen nicht an Händler zu verkaufen, die nicht zum Vertrieb zugelassen sind." 59

Die Vertikal-GVO trat am **1. 6. 2000** in Kraft. Sie gilt vorerst bis zum 31. 5. 2010 (Art. 13 Vertikal-GVO). Sie ersetzte die bis dahin bestehenden Gruppenfreistellungsverordnungen für Alleinvertriebs-, Alleinbezugs- und Franchisingvereinbarungen (Art. 12 Abs. 1 und 2 Vertikal-GVO). Die Vertikal-GVO schafft ein im Vergleich zum Rechtsstand vor dem 1. 6. 2000 vereinfachtes und **einheitliches Regelungssystem,** das verschiedene Arten von Liefer- und Bezugsvereinbarungen erfasst, darunter auch **selektive Vertriebssysteme,** soweit diese wettbewerbsbeschränkende Wirkung entfalten und/oder bestimmte wettbewerbsbeschränkende Klauseln enthalten. Die Vertikal-GVO erfasst auch Vereinbarungen über mehrstufige Vertriebssysteme[97] sowie grundsätzlich Dienstleistungsverträge. Im Unterschied zu ihren Vorgängern erfasst sie im Übrigen nicht lediglich Warenbezug und -lieferung, sondern auch andere Vertragszwecke wie Gebrauch, Verbrauch, Be- und Verarbeitung. Erfasst sind somit auch industrielle Lieferverträge.[98] Vom **Geltungsbereich** nicht erfasst sind grundsätzlich **Vereinbarungen zwischen Wettbewerbern** (Art. 2 Abs. 4 Vertikal-GVO). Dies entspricht der wettbewerbstheoretisch motivierten Privilegierung vertikaler Vereinbarungen gegenüber horizontalen Vereinbarungen. Ausgenommen davon – und somit von der Vertikal-GVO erfasst – sind gemeinsame Liefer- und Bezugsverträge **kooperativer Vereinigungen von Wareneinzelhändlern,** sofern jedes Mitglied höchstens einen Jahresumsatz von 50 Millionen Euro erzielt (Art. 2 Abs. 2 Vertikal-GVO). Ebenfalls ausdrücklich erfasst von der Vertikal-GVO sind nicht wechselseitige Vereinbarungen unter Wettbewerbern (Art. 2 Abs. 4 Vertikal-GVO), sofern der Käufer entweder einen Jahresumsatz von weniger als 100 Millionen Euro erzielt, die Vertragspartner nur auf der Handelstufe im Wettbewerb stehen (zweigleisiger Vertrieb) oder der Käufer auf der Stufe, auf welcher er Dienstleistungen des Lieferanten bezieht, nicht mit diesem im Wettbewerb steht (Art. 2 Abs. 4 lit. a bis c Vertikal-GVO). 60

Vom Geltungsbereich grundsätzlich ebenfalls nicht erfasst sind Vereinbarungen über **geistiges Eigentum.** Diese unterstehen der **Verordnung (EG) Nr. 772/2004** der Kommission vom 27. 4. 2004 über die Anwendung von Art. 81 Abs. 3 EG-Vertrag auf Grup- 61

[96] VO (EG) Nr. 2790/1999 der Kommission vom 22. 12. 1999 über die Anwendung von Art. 81 Abs. 3 des Vertrages auf Gruppen von vertikalen Vereinbarungen und aufeinander abgestimmten Verhaltensweisen, ABl. EG Nr. L 336 S. 21.

[97] *Schröter/Jakob/Mederer* S. 545.

[98] *Schröter/Jakob/Mederer* S. 546.

pen von Technologietransfervereinbarungen.[99] Da Vertriebsvereinbarungen regelmäßig auch Regelungen zum geistigen Eigentum enthalten, regelt **Art. 2 Abs. 3 Vertikal-GVO** die Freistellung von Bestimmungen zur Übertragung von geistigen Eigentumsrechten ausdrücklich. Die Freistellung gilt für vertikale Vereinbarungen, die Bestimmungen enthalten, welche die Übertragung von geistigen Eigentumsrechten auf Käufer betreffen, sofern diese Bestimmungen nicht Hauptgegenstand der Vereinbarung sind und sofern sie sich unmittelbar auf die Nutzung, den Verkauf oder den Weiterverkauf von Waren oder Dienstleistungen durch den Käufer oder seine Kunden beziehen. Die Freistellung gilt allerdings unter der Voraussetzung, dass diese Bestimmungen in Bezug auf die Vertragswaren oder -dienstleistungen keine Wettbewerbsbeschränkungen mit demselben Zweck oder derselben Wirkung enthalten wie vertikale Beschränkungen, die durch die Vertikal-GVO nicht freigestellt werden. Für den Kraftfahrzeugsektor gilt die **Verordnung (EG) Nr. 1400/2002** vom 31. 7. 2002 über die Anwendung von Art. 81 Abs. 3 des Vertrags auf Gruppen von vertikalen Vereinbarungen und aufeinander abgestimmten Verhaltenweisen im Kraftfahrzeugsektor.

62 Zu den wesentlichen Bestimmungen der Verikal-GVO gehören die Regeln über die **Marktanteilsgrenze,** Kernbeschränkungen (sog. **schwarze Klauseln**) sowie **Ausschlusstatbestände.**

63 Die Freistellung nach Art. 2 Vertikal-GVO greift nur, wenn der Anteil des Lieferanten am relevanten Markt, auf dem er die Vertragswaren oder -dienstleistungen verkauft, **30%** nicht übersteigt. Die Ermittlung des Marktanteils richtet sich nach Art. 9 Vertikal-GVO.[100] Begründet wird diese Marktanteilsgrenze mit der aus der ökonomischen Theorie abgeleiteten Vermutung, dass vertikale Vereinbarungen, die nicht bestimmte Arten schwerwiegender wettbewerbsschädigender Beschränkungen enthalten (schwarze Klauseln), im Allgemeinen zu einer Verbesserung der Produktion oder des Vertriebs und zu einer angemessenen Beteiligung der Verbraucher an dem daraus entstehenden Gewinn führen, sofern der auf den Lieferanten entfallende Anteil am relevanten Markt 30% nicht überschreitet (Nr. 8 zur Vertikal-GVO). Die Abgrenzung des relevanten Marktes folgt dem **Bedarfsmarktkonzept,** welches der Bekanntmachung der Kommission zur Definition des relevanten Marktes im Wettbewerbsrecht[101] zugrunde liegt. Die Marktanteilsgrenze kann nach Art. 9 Absatz 2 lit. c bis e Vertikal-GVO vorübergehend (maximal zwei Jahre bis 35%, höchstens ein Jahr noch höher) erhöht werden, ohne von der Gruppenfreistellung ausgeschlossen zu werden.

64 Vertikale Vereinbarungen, die **Kernbeschränkungen** nach Art. 4 Vertikal-GVO bezwecken,[102] sind unabhängig von den Marktanteilen der beteiligten Unternehmen von der Gruppenfreistellung ausgeschlossen. Der Ausschluss betrifft nach dem Text der Vertikal-GVO die vertikale Vereinbarung als solche und nicht nur die betroffene Vertragsklausel.[103] Es handelt sich dabei um sog. **schwarze**[104] **Klauseln.** Dazu gehören (1) **Preisbindungen der zweiten Hand** (Art. 4 lit. a Vertikal-GVO), d. h. die Beschränkung der Möglichkeit des Käufers, seinen Verkaufspreis selbst festzusetzen. Unabhängig davon sind Höchstverkaufspreise oder Preisempfehlungen des Lieferanten freigestellt, sofern sich diese nicht infolge der Ausübung von Druck oder Gewährung von Anreizen durch eine der Vertragsparteien tatsächlich wie Fest- oder Mindestverkaufspreise auswirken.

65 Dazu gehören weiter (2) **vertikale Gebiets- und Kundenbindungen** (Art. 4 lit. b Vertikal-GVO), die dem Käufer[105] auferlegt werden. Ausgenommen von dieser Kernbeschränkung – und damit freigestellt – sind vier spezifische Arten von Gebiets- und Kun-

---

[99] ABl. EG Nr. L 123 vom 27. 4. 2004, S. 11.

[100] Vgl. dazu auch Mitteilung der Kommission, Leitlinien für vertikale Beschränkungen, ABl. EG Nr. C 291 vom 13. 10. 2000 S. 1 (Leitlinien) Rn 88 ff.

[101] ABl. EG 1997 Nr. C 372 S. 5.

[102] Nach Auffassung der Kommission ist eine objektive Betrachtung vorzunehmen. Der subjektive Wille zur Kernbeschränkung oder gar ein konkreter Effekt sind nicht maßgebend; *Schröter/Jakob/Mederer* S. 558 f.

[103] So auch Leitlinien der Kommission Rn 46.

[104] Weil absolut unzulässig.

[105] Auf den Lieferanten lastende Gebiets- und Kundenbeschränkungen fallen nicht unter die Kernbeschränkung.

denbindungen. Dies sind erstens **Beschränkungen des aktiven Verkaufs** in Gebiete oder an Gruppen von Kunden, die der Lieferant sich selbst vorbehalten oder ausschließlich einem anderen Käufer zugewiesen hat, sofern dadurch Verkäufe seitens der Kunden des Käufers nicht begrenzt werden (Art. 4 lit. b erster Spiegelstrich Vertikal-GVO). Ein Verkauf gilt dabei als **aktiv,** wenn in fremden Vertragsgebieten eine Vertriebsstätte oder ein Auslieferungslager eingerichtet wird, individuelle Kunden angegangen werden oder Kundengruppen durch bestimmte verkaufsfördernde Maßnahmen angesprochen werden.[106] Ein Verkauf gilt als **passiv,** wenn unaufgeforderte Bestellungen individueller Kunden erfüllt werden oder wenn sich eine gebiets- oder grenzüberschreitende Wirkung allgemeiner (überregionaler) Werbe- und Verkaufsförderungsmaßnahmen vernünftigerweise nicht vermeiden lässt (inkl. Vertrieb über Internet).[107] Dies sind zweitens Beschränkungen des Verkaufs an Endnutzer durch Käufer auf der Großhandelstufe **(Sprunglieferungsverbote),** Art. 4 lit. b zweiter Spiegelstrich Vertikal-GVO. Drittens handelt es sich in **selektiven Vertriebssystemen** um Beschränkungen des Verkaufs an nicht zugelassene Händler, die Mitgliedern des selektiven Vertriebssystems auferlegt werden (Art. 4 lit. b dritter Spiegelstrich Vertikal-GVO). Solche Beschränkungen sind somit nicht als Kernbeschränkungen qualifiziert und damit – unter Vorbehalt der Marktanteilsgrenze von Art. 2 Vertikal-GVO – freigestellt. Viertens handelt es sich um Beschränkungen der Möglichkeit des Käufers, Bestandteile, die zwecks Einfügung in andere Erzeugnisse geliefert werden, an Kunden zu verkaufen, welche diese Bestandteile für die Herstellung derselben Art von Erzeugnissen verwenden würden, wie sie der Lieferant herstellt. Diese Ausnahme stellt sog **Original Equipment Manufactoring-Verträge** (OEM-Verträge) frei.

Zu den Kernbeschränkungen gehören weiter (3) zwei **spezifische Beschränkungen in** 66
selektiven Vertriebssystemen (Art. 4 lit. c Vertikal-GVO). Zum einen handelt es sich dabei um **Beschränkungen des aktiven oder passiven Verkaufs an Endverbraucher,** soweit diese Beschränkungen Mitgliedern des selektiven Vertriebssystems auferlegt werden, die auf der **Einzelhandelsstufe** tätig sind. Freigestellt bleiben Standortklauseln (sog location clause), mit denen Mitgliedern selektiver Vertriebssysteme verboten wird, Geschäfte von nicht zugelassenen Niederlassungen aus zu betreiben. Diese Kernbeschränkung beweckt, die dem selektiven Vertrieb immanente Reduktion des Intrabrand-Wettbewerbs durch eine weitgehende Freiheit der Vertriebseinzelhändler aufzuweichen.[108] Zum anderen handelt es sich um Beschränkungen von **Querlieferungen** zwischen Händlern innerhalb eines selektiven Vertriebssystems, auch wenn diese auf unterschiedlichen Handelsstufen tätig sind (Art. 4 lit. d Vertikal-GVO). Verboten sind somit nicht nur Querlieferungen zwischen Händlern gleicher Stufe, sondern auch Beschränkungen stufenübergreifender Art wie **Rücklieferungen** an Händler einer höheren Handelsstufe und **Sprunglieferungen** über mehrere Handelsstufen hinweg.[109] Die Verbindung von selektivem Vertrieb mit einer Alleinbezugspflicht fällt nicht unter die Gruppenfreistellung.

Ebenfalls zu den Kernbeschränkungen gehören (4) Spezifika des **Ersatzteilvertriebs** 67
(Art. 4 lit. e Vertikal-GVO). Nicht freigestellt sind Beschränkungen, die den Lieferanten hindern, von ihm dem Käufer gelieferte Bestandteile auch als Ersatzteile an Endverbraucher oder an Reparaturwerkstätten oder andere Dienstleistungserbringer zu verkaufen, die der Käufer nicht mit der Reparatur oder Wartung seiner eigenen Erzeugnisse betraut hat.

Art. 5 Vertikal-GVO enthält drei Ausschlusstatbestände (oder **rote Klauseln**). Diese be- 68
treffen vertragliche und nachvertragliche Wettbewerbsverbote sowie Wettbewerbsverbote in selektiven Vertriebssystemen. Im Unterschied zu den Kernbeschränkungen nach Art. 4 Vertikal-GVO bewirkt ein Verstoß gegen einen Ausschlusstatbestand nicht den Verlust der Freistellung der ganzen vertikalen Vereinbarung, sondern lediglich für die konkrete Ver-

[106] Leitlinien der Kommission Rn 50 zu Art. 4 lit. b Vertikal-GVO.
[107] Leitlinien der Kommission Rn 50 zu Art. 4 lit. b Vertikal-GVO.
[108] *Schröter/Jakob/Mederer* S. 565.
[109] *Schröter/Jakob/Mederer* S. 566.

pflichtung (Art. 5 Einleitungssatz Vertikal-GVO). Diese kann sodann nach Art. 81 Abs. 3 EG freigestellt sein, sofern sie die entsprechenden Voraussetzungen erfüllt.

69 Art. 5 lit. a Vertikal-GVO betrifft **vertragliche Wettbewerbsverbote.** Wettbewerbsverbote sind nach Art. 1 lit. b Vertikal-GVO mittelbare und unmittelbare Verpflichtungen, die einen Käufer veranlassen, keine Waren oder Dienstleistungen herzustellen, zu beziehen, zu verkaufen oder weiterzuverkaufen, die mit den Vertragswaren oder -dienstleistungen im Wettbewerb stehen, sowie alle unmittelbaren oder mittelbaren Verpflichtungen des Käufers, mehr als 80% seiner auf der Grundlage des Einkaufswertes des vorherigen Kalenderjahres berechneten gesamten Einkäufe von Vertragswaren oder -dienstleistungen sowie ihrer Substitute auf dem relevanten Markt vom Lieferanten oder einem anderen vom Lieferanten bezeichneten Unternehmen zu beziehen. Nicht freigestellt sind alle unmittelbaren oder mittelbaren Wettbewerbsverbote zu Lasten des Käufers, die für eine unbestimmte Dauer oder für eine Dauer von mehr als **fünf Jahren** vereinbart werden. Die Begrenzung auf fünf Jahre gilt nicht, wenn der Vertrieb vom Käufer in Räumlichkeiten oder auf Grundstücken des Lieferanten stattfindet (Eigentum oder Mietverhältnis des Lieferanten). Vorausgesetzt ist, dass die Wettbewerbsverbote diesfalls nicht für einen längeren Zeitraum vereinbart sind, als der Käufer diese Räumlichkeiten nutzt.[110]

70 Art. 5 lit. b Vertikal-GVO betrifft **nachvertragliche Wettbewerbsverbote.** Solche Verbote der Herstellung, des Bezugs und des Vertriebs sind nicht freigestellt, es sei denn (kumulativ), (1) die Dauer des Wettbewerbsverbots sei auf höchstens ein Jahr nach der Vertragsbeendigung begrenzt, (2) das Wettbewerbsverbot beziehe sich auf Produkte, die mit dem ursprünglichen Vertragsgegenstand im Wettbewerb stehen (Konkurrenzprodukte), (3) das Verbot beschränke sich auf Räumlichkeiten und Grundstücke, die während der Vertragsdauer zur Geschäftsabwicklung durch den Käufer dienten, und (4) die Beschränkungen seien unerlässlich, um ein dem Käufer vom Lieferanten überlassenes Know-how zu schützen. Know-how sind geheime, wesentliche und identizierte Kenntnisse.[111]

71 Art. 5 lit. c Vertikal-GVO entzieht alle mittelbaren oder unmittelbaren Verpflichtungen der Freistellung, welche die Mitglieder eines **selektiven Vertriebssystems** veranlassen, **Marken** bestimmter konkurrierender Lieferanten nicht zu verkaufen. Die Bestimmung bezweckt, Kollusionen auf horizontaler Ebene zu verhindern, die kollektive Boykotte begünstigen könnten.[112] Sie schließt indes allgemeine, d. h. nicht gegen „bestimmte konkurrierende Lieferanten" gerichtete Wettbewerbsverbote nicht aus. Solche sind im Rahmen der zeitlichen Begrenzung von Art. 5 lit. b Vertikal-GVO (fünf Jahre) zulässig. Nicht freigestellt ist somit lediglich das Verbot, Marken bestimmter, einzeln bezeichneter konkurrierender Lieferanten zu verkaufen.

72 Die Kommission kann die Freistellung nach der Vertikal-GVO entziehen, wenn eine durch diese Vertikal-GVO freigestellte vertikale Vereinbarung Wirkungen entfaltet, die mit Art. 81 Abs. 3 EG unvereinbar ist, insbesondere wenn der Zugang zum betroffenen Markt oder der Wettbewerb auf diesem Markt durch die kumulativen Wirkungen nebeneinander bestehender Netze gleichartiger vertikaler Beschränkungen, die von miteinander im Wettbewerb stehenden Lieferanten oder Käufern angewandt werden, in erheblichem Maße beschränkt wird.

II. Konkordanz zwischen kartellrechtlicher Zulässigkeit und wettbewerbsrechtlichem Schutz selektiver Vertriebssysteme

73 Sowohl nach der Rechtsprechung des EuGH wie des BGH sind selektive Vertriebssysteme mit Art. 81 Abs. 1 EG zu vereinbaren, sofern (zusammenfassend) die Selektion der

[110] Die Regelung ist auf Bierlieferungs- und Tankstellenverträge zugeschnitten; Leitlinien der Kommission Rn 59.

[111] Vgl. die Legaldefinition in Art. 1 lit. f Vertikal-GVO: Know-how ist demnach die Gesamtheit nicht patentierter praktischer Kenntnisse, die der Lieferant durch Erfahrung und Erprobung gewonnen hat.

[112] Leitlinien der Kommission Rn 192; *Schöder/Jakob/Mederer* S. 570.

Vertragshändler auf Grund objektiver Gesichtspunkte qualitativer Art erfolgt. Die Selektion hat sich auf die fachliche Eignung der Vertragshändler, seines Personals und seiner Geschäftsausstattung (sachliche Ausstattung) zu beziehen. Die Produkteigenschaften müssen ein selektives Vertriebssystem rechtfertigen. Der Zugang zum selektiven Vertriebssystem hat diskriminierungsfrei zu erfolgen.[113] Die Lückenlosigkeit eines selektiven Vertriebssystems ist keine Voraussetzung für seine Rechtswirksamkeit.[114] Mit Art. 81 Abs. 1 EG nicht vereinbare selektive Vertriebssysteme sind bei Erfüllung der entsprechenden Voraussetzungen nach der Vertikal-GVO freigestellt. Ist dies nicht der Fall, weil schwarze Klauseln (Art. 4 Vertikal-GVO) der Vertikal-GVO verletzt werden oder weil die selektive Vertriebsvereinbarung rote Klauseln (Art. 5 Vertikal-GVO) enthält, kommt zumindest theoretisch[115] noch eine Freistellung nach Art. 81 Abs. 3 EG in Frage, wobei die betroffenen Unternehmen hier auf Grund des Reform des Zuständigkeitssystems im europäischen Wettbewerbsrecht[116] eine Selbstbeurteilung vorzunehmen haben.

Sind die Voraussetzungen der kartellrechtlichen Zulässigkeit selektiver Vertriebssysteme nicht erfüllt, sind diese **kartellrechtlich unwirksam,** wobei die Unwirksamkeit die selektive Vertriebsvereinbarung als solche[117] oder nur einzelne Vertriebsklauseln[118] beschlagen kann. Kartellrechtlich unwirksame selektive Vertriebssysteme verdienen keinen durch die Rechtsordnung gewährten Schutz, insbesondere keinen Schutz nach UWG. Rechtlich zu missbilligende selektive Vertriebssysteme, die auf Vereinbarungen beruhen, welche nach europäischem und/oder deutschem Recht zu beanstanden sind, fallen als Objekte eines wettbewerblichen Schutzes gegen Außenseiter außer Betracht.[119] 74

Sofern selektive Vertriebssysteme kartellrechtlich wirksam sind, erschiene es allerdings als geradezu widersprüchlich,[120] Verletzungen dieser selektiven Vertriebssysteme „bedenkenlos“[121] hinzunehmen. Die Konkordanz bzw. **funktionale Einheit von Kartellrecht und Lauterkeitsrecht**[122] gebietet eine ernsthafte Auseinandersetzung mit dem **Bestandesschutz von rechtmäßigen selektiven Vertriebssystemen.** Dogmatisch ist dabei stets vorab die kartellrechtliche Zulässigkeit des selektiven Vertriebssystems festzustellen. Liegt diese vor, sind Verletzungen des selektiven Vertriebssystems wettbewerbsrechtlich zu beurteilen. 75

Die wettbewerbsrechtliche Beurteilung der Verletzung selektiver Vertriebssysteme hat auf Grund der **eigenständigen Wertungen** des Wettbewerbsrechts zu erfolgen. Eine dogmatische Konstruktion, wonach die Verletzung eines selektiven Vertriebssystems durch einen 76

---

113 BGHZ 142, 192 – Entfernung der Herstellernummer; BGH GRUR 1999, 1113 – Außenseiteranspruch I; BGHZ 143 232 – Außenseiteranspruch II; BGH GRUR 2001, 448, 449 – Kontrollnummernbeseitigung II; *Köhler/Piper* UWG § 1 Rn 914.

114 EuGH Slg. 1994, I-15 – Cartier; EuGH GRUR Int. 1997, 907 – V. A. G.

115 In der Praxis dürften rote Klauseln nicht einfach, schwarze Klauseln kaum nach Art. 81 Abs. 3 EG freigestellt sein. Vgl. Leitlinien der Kommission Rn 46. Diese Praxis dürfte mit einiger Wahrscheinlichkeit auch unter dem reformierten Zuständigkeitssystem von den Unternehmen vorsichtshalber zu beachten sein.

116 VO (EG) Nr. 1 des Rates vom 16. 12. 2002 zur Durchführung der in den Artikeln 81 und 82 des Vertrags niedergelegten Wettbewerbsregeln, ABl. EG Nr. L 1 vom 4. 1. 2003 S. 1 ff; VO (EG) Nr. 773/2004 der Kommission vom 7. 4. 2004 über die Durchführung von Verfahren auf der Grundlage der Art. 81 und 82 EG-Vertrag durch die Kommission, ABl. EG Nr. L 123 vom 27. 4. 2004 S. 18; Bekanntmachung der Kommission über die Zusammenarbeit der Kommission und den Gerichten der EU-Mitgliedstaaten bei der Anwendung der Art. 81 und 82 des Vertrags, ABl. EG Nr. C 101 vom 27. 4. 2004 S. 54; Bekanntmachung der Kommission über die Zusammenarbeit innerhalb des Netzes der Wettbewerbsbehörden, ABl. EG Nr. C 101 vom 27. 4. 2004 S. 43; Bekanntmachung der Kommission über die informelle Beratung bei neuartigen Fragen zu den Artikeln 81 und 82 des Vertrages, die in Einzelfällen auftreten (Beratungsschreiben), ABl. EG Nr. C 101 vom 27. 4. 2004 S. 78; Bekanntmachung der Kommission über die Behandlung von Beschwerden durch die Kommission gemäß Art. 81 und 82 EG-Vertrag; VO (EG) Nr. 139/2004 des Rates vom 20. 1. 2004 über die Kontrolle von Unternehmenszusammenschlüssen („EG-Fusionskontrollverordnung“), ABl. EG Nr. L 24 vom 29. 1. 2004 S. 1.

117 Bei Verstoß gegen die Kernbeschränkungen von Art. 4 Vertikal-GVO.

118 Bei Verstoß gegen die roten Klauseln in Art. 5 Vertikal-GVO.

119 BGH GRUR 2001, 448, 449 – Kontrollnummernbeseitigung II; *Köhler/Piper* UWG § 1 Rn 917 mwN.

120 *Baudenbacher* schwUWG Art. 2 Rn 279; *Baudenbacher* FS Gaedertz S. 19, 34.

121 *Baudenbacher* schwUWG Art. 2 Rn 279.

122 Vgl. dazu *Baudenbacher* schwUWG Art. 1 Rn 65 ff, Art. 2 Rn 279.

Außenseiter als Eingriff eines Dritten in ein relatives Recht nicht widerrechtlich sei und deshalb auch kein Wettbewerbsverstoß vorliege, ist abzulehnen. Die Widerrechtlichkeit ist keine Voraussetzung des Wettbewerbsverstoßes. Sie ist vielmehr dessen Folge.[123] Es ist deshalb zuerst dogmatisch zuerst eine Verletzung des UWG zu prüfen. Liegt diese vor, steht damit die Widerrechtlichkeit einer Verletzung eines selektiven Vertriebssystems fest.

C. Wettbewerbsrechtlicher Schutz selektiver Vertriebssysteme

I. Ausgangslage

1. Rechtliche Wirksamkeit und fehlende rechtliche Missbilligung

77 Ausgangslage jeglichen wettbewerbsrechtlichen Schutzes selektiver Vertriebssysteme ist die rechtliche Wirksamkeit dieses Systems. Dies setzt voraus, dass das selektive Vertriebssystem auf Verträgen beruht, die nach europäischem und deutschem Kartellrecht rechtsbeständig sind. Das selektive Vertriebssystem muss **rechtlich wirksam** und nicht zu missbilligen sein.[124] Bei rechtlich nicht wirksamen selektiven Vertriebssystemen ist die Frage der wettbewerbsrechtlichen Schützbarkeit obsolet. Die Einheit der Rechtsordnung würde es nicht ertragen, rechtlich unwirksame selektive Vertriebssysteme wettbewerbsrechtlichem Schutz zugänglich zu machen.

2. Rechtsprechungsübersicht

78 **a) Ausnutzen des Vertragsbruchs. aa) Alte Rechtsprechung des BGH.** Vor der Entscheidung Außenseiteranspruch I erachtete die Rechtsprechung das Ausnutzen des Vertragsbruchs als wettbewerbswidrig, sofern besondere Umstände vorhanden waren, welche die Wettbewerbswidrigkeit begründeten. Dazu gehörte insbesondere der **Vorsprung** des Außenseiters gegenüber dem in ein selektives Vertriebssystem eingebundenen Händler.[125] Vorausgesetzt wurde dabei die **theoretische (gedankliche) und praktische (tatsächliche) Lückenlosigkeit** des Vertriebssystems. Bei einem lückenhaften (theoretisch und/oder praktisch) Vertriebssystem wurde weder dem Systemmitglied noch dem Außenseiter die Einhaltung der Vertriebsbindungen zugemutet.

79 **Theoretische Lückenlosigkeit** wird als erfüllt angesehen, wenn der Vertriebsbinder sämtliche Abnehmer im In- und Ausland zur Einhaltung der Vertriebsbindungen sowie zur Überbindung dieser Vertriebsbindungen auf die nächste Händlerstufe verpflichtet.[126] Fehlte die Sicherung der Vertriebsbindung durch vertragliche Klauseln wie zB Vertragsstrafen, Ausschlussmöglichkeiten und Lieferboykott,[127] führte dies zur Qualifikation eines selektiven Vertriebssystems als bereits theoretisch lückenhaft. Gleiches galt für den Fall der rechtlichen Unwirksamkeit einzelner Vertriebsbindungsklauseln.[128]

80 **Praktische Lückenlosigkeit** setzte voraus, dass das selektive Vertriebssystem auftretende Lücken tatsächlich schließen konnte. Der BGH verlangte dafür eine Überwachung des Systems in sämtlichen Vertriebsländern und eine konsequente Verfolgung von Verstößen.[129] Die Rechtsprechung stellte auf die tatsächlichen Marktverhältnisse ab. Bestand die Mög-

[123] *Baudenbacher* schwUWG Art. 2 Rn 275; *Schluep* FS Keller S. 261 ff.

[124] BGH GRUR 2001, 448, 449 – Kontrollnummernbeseitigung II; *Köhler/Piper* UWG § 1 Rn 917 mwN.

[125] BGH GRUR 1968, 272, 275 – Trockenrasierer III; BGH GRUR 1985, 1059, 1060 – Vertriebsbindung; BGH GRUR 1991, 614, 615 – Eigenvertriebssystem; BGH GRUR 1992, 627, 629 – Pajero.

[126] BGH GRUR 1989, 1026 – Entfernung der Herstellernummer; BGH GRUR 1989, 832, 833 f – Schweizer Außenseiter. Zum Ganzen auch *Baumbach/Hefermehl* UWG § 1 Rn 806 ff.

[127] *Baumbach/Hefermehl* UWG § 1 Rn 808.

[128] *Baumbach/Hefermehl* UWG § 1 Rn 797.

[129] BGH GRUR 1968, 272, 277 – Trockenrasierer III; BGH GRUR 1985, 1059, 1060 – Vertriebsbindung; BGH GRUR 1991, 614, 615 – Eigenvertreibssystem.

lichkeit, gebundene Ware in In- oder Ausland[130] ungehindert zu beziehen, galt das selektive Vertriebssystem als lückenhaft und hinsichtlich des Ausnutzens des Vertragsbruchs als wettbewerbsrechtlich nicht schutzfähig.

bb) Neue Rechtsprechung des BGH. In der Entscheidung **Außenseiteranspruch I**[131] hat der BGH seine Rechtsprechung geändert. Diese neue Rechtsprechung ist in der Folge mehrfach bestätigt worden.[132] Nach dieser Rechtsprechung ist die Lückenlosigkeit weder für die Wirksamkeit einer selektiven Vertriebsbindung, noch für die Geltendmachung wettbewerbsrechtlicher Ansprüche hinsichtlich des Ausnutzens des Vertragsbruchs des gebundenen Händlers durch Dritte von Bedeutung. Der BGH betont selbst,[133] das Erfordernis der praktischen Lückenlosigkeit sei eine in der Vergangenheit kaum mehr überwindbare Schranke für die Inanspruchnahme des Außenseiters durch den Vertriebshändler. Insbesondere die Möglichkeit, Ware aus Österreich oder aus der Schweiz[134] zu beziehen, bewirke, dass eine Schutzgewährung des Vertriebsbinders (Systemträgers) obsolet werde. 81

Das Ausnutzen des Vertragsbruchs des gebunden Händlers durch einen Außenseiter ist nach dieser Rechtsprechung wettbewerbsrechtlich nicht zu beanstanden. Vorausgesetzt sind dafür vielmehr **besondere Umstände,**[135] die aber in der Regel fehlen. Zu diesen besonderen Umständen gehören zB Schädigungsabsicht aus Rachsucht, arglistige Täuschung sowie kollusives Zusammenwirken von Außenseiter und vertriebsgebundenem Händler.[136] Nach Auffassung des BGH verfüge der Außenseiter, der den Vertragsbruch des Mitglied des selektiven Vertriebssystems ausnutzt, gegenüber anderen Außenseitern über keinen **rechtlich beachtlichen Wettbewerbsvorsprung.** Diese könnten sich ebenfalls mit der ungebunden in den Handel gelangenden Ware eindecken. Der Außenseiter verfüge auch gegenüber den systemtreuen gebundenen Händler über keinen rechtlich relevanten Wettbewerbsvorsprung, weil diese im Gegensatz zu ihm nach wie vor von den Vorteilen des selektiven Vertriebssystems profitieren würden. Die wettbewerbsrechtliche Zulässigkeit des Ausnutzens des Vertragsbruchs von Systemmitgliedern durch Außenseiter ist nach dieser Rechtsprechung gewissermaßen der Preis, den die Mitglieder des selektiven Vertriebssystems für die Systemvorteile zu bezahlen haben. 82

b) Verleiten zum Vertragsbruch. Verleitet ein Außenseiter ein Mitglied eines selektiven Vertriebssystems zu Vertragsbruch, begeht er nach ständiger Rechtsprechung des BGH eine wettbewerbswidrige Handlung.[137] Vorausgesetzt ist dabei ein **gezieltes, bewusstes Hinwirken** auf den Vertragsbruch. Die Lückenlosigkeit des selektiven Vertriebssystems ist keine Voraussetzung für die wettbewerbsrechtlichen Ansprüche gegen den Außenseiter.[138] Planmäßigkeit des Vorgehens ist nicht erforderlich. „Das wettbewerbsrechtlich Anstößige liegt nicht im Hervorrufen des Entschlusses des gebundenen Händlers zum Vertragsbruch, sondern im bewussten Hinwirken auf den Vertragsbruch in Kenntnis der Wirksamkeit der Bindung, so dass das Vorgehen des Verleitenden wettbewerbsrechtlich auch dann relevant ist, wenn der Gebundene zum Vertragsbruch bereits entschlossen ist, keinen Widerstand 83

[130] BGH GRUR 1989, 832, 833f – Schweizer Außenseiter.

[131] BGH GRUR 1999, 1113 – Außenseiteranspruch I.

[132] BGHZ 143, 232, 235 – Außenseiteranspruch II; BGH GRUR 2001, 448, 449 – Kontrollnummernbeseitigung II.

[133] BGHZ 143, 232, 240 – Außenseiteranspruch II.

[134] Länder, in denen der den Vertragsbruch Ausnutzende in der Regel – unter Vorbehalt besonderer Umstände – nicht dem wettbewerbsrechtlichen Zugriff des Vertriebsbinders ausgesetzt ist; *Baudenbacher* schwUWG Art. 2 Rn 275f; leading case für die Schweiz BGE 114 II 91 – Dior.

[135] BGH GRUR 1956, 273, 275 – Drahtverschluss; BGH GRUR 1973, 426, 428 – Medizin-Duden; BGH GRUR 1991, 449, 453 – Betriebssystem; BGH GRUR 1994, 447, 449 – Sistierung von Aufträgen.

[136] Beispiele bei *Baudenbacher* schwUWG Art. 2 Rn 275.

[137] BGH GRUR 1968, 272, 274f – Trockenrasierer III; GRUR 1992, 627, 629 – Pajero; GRUR 1994, 827, 828 – Tageszulassungen.

[138] *Köhler/Piper* UWG § 1 Rn 923; *Martinek/Semler/Habermeier* § 36 Rn 66; *Baumbach/Hefermehl* UWG § 1 Rn 803b.

leistet oder die Beeinflussung nur versucht wird".[139] Ein Hinzutreten besonderer Umstände ist nicht erforderlich.[140] Das bloße Angebot, den Vertragspartner zu wechseln, ist allerdings wettbewerbsrechtlich nicht zu beanstanden.[141]

84 **c) Schleichbezug.** Der Schleichbezug ist eine Sonderform der Verletzung einer selektiven Vertriebsbindung durch einen Außenseiter. Dabei wird eine selektives Vertriebssystem durch **Täuschung** unterlaufen. Erscheinungsformen des Schleichbezugs sind zB das Vorschieben von Strohleuten bei gleichzeitiger Verheimlichung der wahren Abnehmer, das Zusammenwirken mit ungetreuen, illoyalen Angestellten des Händlers, das arglistige Verschweigen einer Liefersperre oder unwahre Angaben zur Bezugsberechtigung.[142] Der Schleichbezug ist nach der Rechtsprechung **wettbewerbswidrig.**[143] Er ist nach der Rechtsprechung zum alten UWG insbesondere sittenwidrig.[144] Unter dem UWG vom 3. 7. 2004 wird er unter die Generalklausel von § 3 sowie unter den Spezialtatbestand von § 4 Nr. 1 (unangemessener unsachlicher Einfluss) zu subsumieren sein.

85 Nach ständiger Rechtsprechung ist auch der **Weiterverkauf** einer durch Schleichbezug erlangten Ware wettbewerbswidrig.[145] Die Auswirkungen einer vorausgehenden wettbewerbswidrigen Verhaltensweise, die ihrerseits den lauteren Wettbewerb störten, sind nicht wettbewerbskonform. Was mit dem Makel der Wettbewerbswidrigkeit behaftet ist, bleibt wettbewerbswidrig.[146] Denn es wäre mit den Grundsätzen lauteren Wettbewerbs nicht zu vereinbaren, eine Weiterverwertung wettbewerbsrechtlich nicht zu beanstanden und dem Verletzer damit einen Vorteil zuzugestehen, den er bei wettbewerbskonformem Vorgehen nicht hätte erzielen können.[147] Die Lückenlosigkeit des selektiven Vertriebssystems bildet keine Voraussetzung für wettbewerbsrechtlichen Ansprüche gegen den Schleichbezug.[148]

86 **d) Kontrollnummern und Codierungssysteme.** Kontrollnummern und Codierungssysteme sind unerlässliche Mittel zur Überwachung der Vertriebswege. Sie dienen der Überwachung der Loyalität in einem selektiven Vertriebssystem und stellen die **Rückverfolgbarkeit** der Ware sicher. Die Zerstörung und Entfernung dieser Kontrollnummern und Codes vereitelt diesen Zweck und behindert damit den Hersteller (Systemträger) im Wettbewerb.[149] Diese Kontrollnummern- und Codierungssysteme sind nach der neueren Rechtsprechung des BGH unabhängig von der theoretischen oder praktischen Lückenlosigkeit eines selektiven Vertriebssystems **zulässig,** sofern das selektive Vertriebssystem kartellrechtlich nicht zu beanstanden ist.[150] Dazu gehört, dass das Kontrollnummern- oder Codierungssystem **diskriminierungsfrei** gehandhabt wird. Es müssen somit alle Systemmitglieder dem Kontrollnummern- oder Codierungssystem unterworfen werden, weil ansonsten die Gefahr von technisch begründeten Marktabschottungen und der Beeinflussung der

---

[139] *Köhler/Piper* UWG § 1 RN 923; BGH GRUR 1960, 558, 559 – Eintritt in Kundenbestellung; BGH GRUR 1975, 555, 556 – Speiseeis.

[140] BGH GRUR 1956, 273, 275 – Drahtverschluss.

[141] BGH GRUR 1967, 104, 106 – Stubenhändler; *Köhler/Piper* UWG § 1 Rn 904 mwN.

[142] Beispiele von *Köhler/Piper* UWG § 1 Rn 924.

[143] BGH GRUR 1992, 171, 172 – Vorgetäuschter Vermittlungsauftrag; BGH GRUR 1994, 827, 828 – Tageszulassungen; BGH GRUR 1964, 154, 157 – Trockenrasierer II; BGH GRUR 1988, 916, 917 – PKW-Schleichbezug.

[144] GRUR 1964, 154, 157 – Trockenrasierer II; GRUR 1988, 916, 917 – PKW-Schleichbezug.

[145] BGH GRUR 1988, 829, 830 – Verkaufsarten II.

[146] *Köhler/Piper* UWG § 1 Rn 926 mwN; BGH GRUR 1979, 119, 120 – Modeschmuck.

[147] BGH GRUR 1992, 171, 174 – Vorgetäuschter Vermittlungsauftrag.

[148] So auch *Martinek/Semler/Habermeier* § 36 Rn 65.

[149] *Köhler/Piper* UWG § 1 Rn 928.

[150] BGH GRUR 2001, 448, 449 – Kontrollnummernbeseitigung II; vgl dazu *Martinek/Semler/Habermeier* § 36 Rn 77ff; *Liebscher/Flohr/Petsche* § 9 Rn 127ff; *Köhler/Piper* UWG § 1 Rn 929ff; *Fezer* MarkenG § 24 Rn 57d. Zur älteren Rspr. BGH GRUR 1978, 364, 367 – Golfrasenmäher; BGH GRUR 1988, 823 – Entfernung von Kontrollnummern I; BGH 1988, 826 – Entfernung von Kontrollnummern II; BGH GRUR 1989, 110 – Synthesizer; BGH WRP 1989, 369 – Entfernung von Kontrollnummern III; BGH WRP 1989, 366 – Entfernung von Kontrollnummern IV; BGH GRUR 2002, 709.

Endabnehmerpreise über verschleierte Preisbindungen entstünde.[151] Zum Teil wird deshalb in der Lehre[152] vertreten, die theoretische Lückenlosigkeit von selektiven Vertriebssystemen sei nach wie vor eine Voraussetzung für die Zulässigkeit von Kontrollnummern- und Codierungssystemen. Wird für die Beurteilung dieser Zulässigkeit allein auf die kartellrechtlichen Kriterien abgestellt, so kann nach der hier vertretenen Auffassung indes auf die theoretische (und erst recht praktische) Lückenlosigkeit als Zulässigkeitsvoraussetzung von Kontrollnummern- und Codierungssystemen verzichtet werden. Dies entspricht der Praxis des EuGH und der Kommission zur Art. 81 EG.[153]

Die **Entfernung einer Kontrollnummer** oder eines Codes, der in einem selektiven Vertriebssystem diskriminierungsfrei verwendet wird, stellt nach der neueren Rechtsprechung des BGH eine wettbewerbsrechtlich unzulässige Handlung des Außenseiters dar.[154] Erfolgt die Entfernung durch das Mitglied des selektiven Vertriebssystems selbst, stellt dies zusätzlich zum Wettbewerbsverstoß[155] eine positive Vertragsverletzung dar, die vertragliche Ansprüche des Systemträgers auslöst.[156] Bei **gesetzlich vorgeschriebenen Herstellernummern** stellt die Entfernung dieser Nummer auch dann eine wettbewerbsrechtlich unzulässige Handlung dar, wenn diese Nummer nicht dazu dient, ein selektives Vertriebssystem durchzusetzen.[157] 87

e) Garantieausschlussklauseln. Selektive Vertriebssysteme werden vermehrt über sog. vertragliche Garantieausschlussklauseln gegenüber Außenseitern geschützt. Es handelt sich dabei um die **vertragliche Verpflichtung** der Mitglieder des selektiven Vertriebssystems, Garantieleistungen auf Händler zu beschränken, die dem selektiven Vertriebssystem selbst angehören. Für Ware, die von Systemaußenseitern vertrieben wird, sind Garantieleistungen zu verweigern. Garantieausschlussklauseln sollen im Ergebnis verhindern, dass Außenseiter vertriebsgebundene Waren in den Handel bringen. 88

Die Zulässigkeit solcher Klauseln ist nach den allgemeinen **kartellrechtlichen Zulässigkeitskriterien** für selektive Vertriebssysteme zu beurteilen.[158] Werden diese Kriterien erfüllt, d.h. ist ein selektives Vertriebssystem nach Art. 81 EG, der Verikal-GVO und/oder[159] § 16 GWB zulässig, so sind auch Beschränkungen der Herstellergarantie auf Mitglieder des selektiven Vertriebssystems zulässig.[160] Die Verletzung einer Garantieausschlussklausel ist sodann nach den gleichen Kriterien zu beurteilen, welche die Rechtsprechung zu den Kontrollnummern- und Codierungssystemen entwickelt hat. 89

II. Auswirkungen des neuen UWG

1. Totaler Verzicht auf das Dogma der Lückenlosigkeit

Das Dogma der theoretischen und praktischen Lückenlosigkeit beruht auf der Überlegung, dass ein Außenseiter, der in ein ansonsten lückenloses selektives Vertriebssystem einbricht, sich gegenüber anderen Außenseitern einen **Vorsprung** verschafft. Dieser Vorsprung begründe den Wettbewerbsverstoß. Für die rechtliche Wirksamkeit eines selektiven Vertriebssystems ist seine Lückenlosigkeit allerdings nicht relevant.[161] 90

---

[151] BGH GRUR 2001, 448, 449 – Kontrollnummernbeseitigung II; BGH GRUR 1999, 1109, 1112f – Entfernung der Herstellernummer.

[152] *Köhler/Piper* UWG § 1 Rn 930.

[153] EuGH Slg. 1977, 1875 – Metro/SABA I; EuGH Slg. 1994, I-15 – Metro/Cartier; Kommission ABl. EG 1992 Nr. L 12 S. 24 – Yves Saint Laurent Parfums.

[154] BGH GRUR 1999, 1109 – Außenseiteranspruch.

[155] BGH GRUR 1999, 1109, 1111ff – Entfernung der Herstellernummer.

[156] *Baumbach/Hefermehl* UWG § 1 Rn 242, 810 mN.

[157] BGH GRUR 1988, 823 – Entfernung von Kontrollnummern I.

[158] *Fezer* MarkenG § 24 Rn 57c.

[159] Bei reinen Inlandsachverhalten.

[160] *Fezer* MarkenG § 24 Rn 57c mwN.

[161] EuGH Slg. 1994, I-15 Rn 26 – Cartier; EuGH GRUR Int. 1997, 907 – V. A. G.

91 Der Vorsprungsgedanke überzeugt nicht.[162] Er geht nämlich davon aus, dass das Ausnutzen eines Vertragsbruchs Dritter nicht per se, sondern nur bei Vorliegen besonderer Umstände (Lückenlosigkeit des selektiven Vertriebssystems) widerrechtlich ist. Das wettbewerbliche Streben eines Außenseiters nach einem Vorsprung vor seinen Konkurrenten ist damit (richtigerweise) grundsätzlich wettbewerbsrechtlich nicht zu beanstanden. Denn die Konkurrenten des Außenseiters wären ebenfalls in der Lage, nach dem gleichen Vorsprung zu streben. Zwischen den verschiedenen Außenseitern bestehen damit wettbewerblich gleich lange Spieße.

92 Anders verhält es sich im **Verhältnis zwischen Außenseiter und Mitglied des selektiven Vertriebssystems.** Der Außenseiter erzielt hier insofern einen Vorsprung, als er keinen Vertriebsbindungen des Systemträgers unterliegt, so zB nicht zur Erbringung von Präsentations- oder Serviceleistungen gegenüber Endverbrauchern verpflichtet ist.[163] Diesen Vorsprung hat die Rechtsprechung des BGH indes dadurch „vereitelt", dass es für die gebundenen Händler bei einem Einbruch von Außenseitern in ein selektives Vertriebssystem nicht mehr zumutbar ist, die vertraglichen Pflichten einzuhalten.[164] Die Mitglieder des selektiven Vertriebssystems werden sich allerdings weiterhin systemtreu verhalten und ihre vertraglichen Pflichten einhalten, solange die Systemvorteile die durch den Außenseiterwettbewerb bestehenden Nachteile überwiegen. Somit verfügt der Außenseiter nach dieser Rechtsprechung grundsätzlich auch gegenüber dem Mitglied des selektiven Vertriebssystems über keinen Vorsprung. Zusammenfassend kann der Vorsprungsgedanke kaum wegleitend sein. Das Dogma der Lückenlosigkeit könnte deshalb aus Anlass des Inkrafttretens des UWG vom 3. 7. 2004 endgültig und vollständig fallengelassen werden.

2. Alternativen zur Lückenlosigkeit

93 Um das Dogma der Lückenlosigkeit zu überwinden, wurde vorgeschlagen, funktionsfähige (aber nicht unbedingt lückenlose) selektive Vertriebssysteme als Unternehmensleistungen zu qualifizieren und diesen unabhängig von theoretischer und praktischer Lückenlosigkeit Bestandsschutz vor Außenseiterwettbewerb zu gewähren.[165] Der Wettbewerbsschutz selektiver Vertriebssysteme, d. h. ihr Bestandsschutz sei als Teil des Immaterialgüterrechtsschutzes von Netzwerken zur internationalen Produktdistribution zu behandeln.[166] Netzwerke zur internationalen Produktdistribution würden zu einer Art Immaterialgut „sui generis". Voraussetzung für diesen Schutz selektiver Vertriebssysteme seien einerseits ihre **Funktionsfähigkeit,** anderseits ihre **Diskriminierungsfreiheit.**

94 Die Diskriminierungsfreiheit bewegt sich auf rechtlich bekannter Grundlage. Sie entspricht dem kartellrechtlich bedeutsamen, diskriminierungsfreien Zugang zu einem selektiven Vertriebssystem. Soll Funktionsfähigkeit als wettbewerbsrechtliche Schutzvoraussetzung eine echte Alternative zum Dogma der Lückenlosigkeit darstellen, so muss sie sich von dieser deutlich unterscheiden. Abzustellen ist deshalb nicht auf eine mögliche theoretische oder gedankliche Funktionsfähigkeit. Theoretische Kriterien sollten hinsichtlich der Voraussetzungen zum Bestandschutz selektiver Vertriebssysteme nicht von Bedeutung sein. Abzustellen wäre vielmehr allein auf die tatsächliche Funktion bzw das **tatsächliche Funktionieren** eines selektiven Vertriebssystems. Sofern und solange dieses von seinen Mitglieder vertragstreu „gelebt wird", ist es funktionsfähig und sind damit die Schutzvoraussetzungen gegen Verletzungen durch Außenseiter erfüllt. Anstatt wie unter dem Dogma der Lückenlosigkeit die Mitglieder des selektiven Vertriebssystems von ihren vertraglichen Pflichten wegen fehlender Zumutbarkeit zur Vertragstreue zu entbinden, könnte diese Vertragstreue durch die Rechtsprechung gerade dadurch gestärkt werden, dass das weitere Funk-

---

[162] Vgl. *Baudenbacher* FS Gaedertz S. 19, 27 ff; *Fezer* GRUR 1999, 107.
[163] Beispiele von *Baudenbacher* schwUWG Art. 2 Rn 281.
[164] BGHZ 40, 135, 139 – Trockenrasierer.
[165] *Fezer* GRUR 1999, 99.
[166] *Fezer* MarkenG § 24 Rn 57 b.

tionieren eines selektiven Vertriebssystems als Voraussetzung für den wettbewerbsrechtlichen Zugriff auf Außenseiter anerkannt wird.

Zur Überwindung des Dogmas der Lückenlosigkeit dient auch eine funktionale Betrachtungsweise des UWG. Das UWG vom 3. 7. 2004 enthält in seiner **Generalklausel § 3** sowie in seiner **Zweckbestimmung § 1** Grundlagen für eine **funktionale Betrachtungsweise**[167] des Wettbewerbsschutzes selektiver Vertriebssysteme. Der Schutz des Interesses der Allgemeinheit an einem unverfälschten Wettbewerb nach § 1 und die Schutzbedürfnisse der sonstigen Marktteilnehmer nach § 3 signalisieren nach der hier vertretenen Auffassung eine Stärkung des wettbewerblichen Schutzes selektiver Vertriebssysteme. 95

Der wettbewerbsrechtliche Schutz selektiver Vertriebssysteme gegen Verletzungen durch Außenseiter sollte sich deshalb an den von einem konkreten selektiven Vertriebssystem erfüllten **Funktionen** orientieren. Überwiegen die positiven Effekte (zB Serviceleistungen, Versorgungssicherheit) allenfalls bestehende negative Auswirkungen, so ist dem selektiven Vertriebssystem wettbewerbsrechtlicher Bestandschutz vor Außenseitern zu gewähren. Da als negativer Effekt allenfalls höhere Preise der selektiv vertriebsgebundenen Produkte ins Gewicht fallen, reduziert sich die relevante Problematik im Wesentlichen auf die Frage, ob der allenfalls höhere Preis der selektiv vertriebsgebundenen Waren angesichts der damit verbundenen, dem Verbraucher zugänglichen Systemleistungen gerechtfertigt ist oder nicht. Dabei handelt es sich nicht um eine lediglich theoretische Problematik, sondern um eine durchaus justiziable Fragestellung.[168] Funktioniert ein selektives Vertriebssystem trotz Außenseiterwettbewerb nämlich tatsächlich, erbringt es den Nachweis für die Rechtfertigung einer allenfalls bestehenden Preisdifferenz zwischen selektiv vertriebsgebundenen und ungebundenen Waren. Denn funktionieren kann das selektive Vertriebssystem nur, wenn es eine maßgebliche Zahl von Verbrauchern gibt, die den in diesem Fall höheren Preis zu bezahlen gewillt sind. Und aufgeklärte Verbraucher bezahlen solche Preise ja nur, wenn sie sich davon Vorteile versprechen. 96

[167] Zur funktionalen Betrachtungsweise vgl. *Baudenbacher* FS Gaedertz S. 37 ff.

[168] *Baudenbacher* schwUWG Art. 2 Rn 283 f schlägt vor, weitere marktbezogene Gesichtspunkte wie Marktsättigung, umsatzmäßiges Verhältnis von gebundenem Vertrieb und ungebundenem Vertrieb sowie produktebezogene Aspekte wie Marktneuheit, Beratungsbedarf etc zu berücksichtigen.

Geografische Herkunftsangaben (§ 4–S10)

Übersicht

	Rn
A. Allgemeines	**1**
I. Überblick	1
1. Nationaler, europäischer, internationaler Schutz	3
2. Genereller oder produktspezifischer Schutz	11
3. Schutz durch Registrierung oder durch Benutzung	14
4. Wettbewerbsrechtlicher oder immaterialgüterrechtlicher Schutz	17
II. Terminologie	20
B. Schutz geografischer Herkunftsangaben nach nationalem Recht	**26**
I. Überblick	26
II. Rechtsnatur geografischer Herkunftsangaben	32
III. Begriff der geografischen Herkunftsangabe	49
1. Einfache geografische Herkunftsangaben (§ 126 Abs. 1 MarkenG)	52
a) Verkehrsauffassung	54
b) Unmittelbare und mittelbare geografische Herkunftsangaben	58
c) Phantasieangaben, scheingeografische Angaben	65
2. Qualifizierte geografische Herkunftsangaben (§ 127 Abs. 2 MarkenG)	68
3. Benutzung im geschäftlichen Verkehr	70
IV. Gattungsbezeichnungen (§ 126 Abs. 2 MarkenG)	72
1. Überblick	72
2. Schutzausschluss	75
3. Denaturierung	77
4. Gattungsangaben/Herkunftsangaben mit Auslandsbezug	81
5. Relokalisierung	85
V. Schutz geografischer Herkunftsangaben nach § 127 MarkenG	87
1. Überblick	87
2. Irreführungsschutz (einfache gHA)	89
a) Voraussetzungen	89
b) Irreführungsgefahr	91
c) Relevanz für die Kaufentscheidung	98
d) Verhältnismäßigkeit, Interessenabwägung	102
3. Qualitätsschutz (qualifizierte gHA)	105
a) Selbstständiger Schutz	105
b) Absoluter Schutz	107
c) Besondere Eigenschaft/Qualität	111
4. Rufausbeutungs-/Rufbeeinträchtigungsschutz	119
a) Überblick	119
b) Besonderer Ruf	122
c) Verletzungsformen	127
d) Rufschutz auch bei Waren gleicher Herkunft	132
e) Rechtfertigender Grund	135
5. Ähnlichkeitsschutz	137
6. Entlokalisierende Zusätze	141
7. Von § 127 MarkenG nicht erfasste Konstellationen	151
VI. Rechtsverordnungen nach § 137 MarkenG	157
1. Verordnungsermächtigung	157
2. Regelungsinhalt	158
3. SolingenV	160
VII. Ansprüche aus der Verletzung geografischer Herkunftsangaben	161
1. Überblick	161
2. Unterlassung, Schadensersatz	163
3. Ansprüche gegen jüngere Registermarken/Markenanmeldung	168
4. Vernichtung, Rückruf, Auskunft	173
5. Aktiv-, Passivlegitimation	179

Rn
6. Verjährung ... 184
7. Beschlagnahme ... 185
8. Straftatbestände, Ordnungswidrigkeiten ... 187
VIII. Schutz geografischer Herkunftsangaben außerhalb des Markengesetzes ... 189
1. § 2 MarkenG ... 189
2. Supranationaler Schutz und sondergesetzliche Regelungen für geografische Herkunftsangaben ... 198
3. Anwendung des UWG auf nicht von §§ 126 ff MarkenG erfasste Fälle ... 204
IX. Geografische Herkunftsangaben, Marken und Kollektivmarken ... 212
1. Überblick ... 212
2. Geografische Herkunftsangaben als Individualmarke ... 219
3. Geografische Herkunftsangaben als Kollektivmarke ... 228

C. Europäisches Schutzsystem ... 235
I. Überblick ... 235
II. Schutz nach der VO (EWG) Nr. 2081/92 ... 239
III. Schutz nach der VO (EG) Nr. 510/2006 ... 246
1. Einführung ... 246
2. Anwendungsbereich der VO (EG) Nr. 510/2006 ... 250
a) g. U. und g. g. A. ... 253
b) Ausschließungsregeln ... 264
c) Gattungsangaben ... 274
3. Schutzumfang ... 278
a) Produktbezogener Schutz ... 279
b) Nachahmungsschutz ... 285
c) Irreführungs- und Rufausbeutungsschutz ... 290
d) Marken und Ursprungsbezeichnungen/geografische Angaben ... 294
4. Sanktionen nach nationalem Recht ... 297
5. Eintragungsverfahren (Individualverfahren) ... 298

D. Internationaler Schutz ... 315
I. Überblick ... 315
II. Bilaterale Verträge (Herkunftsabkommen) ... 318
1. Aufbau und Inhalt der Abkommen ... 319
2. Bilaterale Verträge und freier Warenverkehr ... 325
III. Multilaterale Verträge ... 329
1. Pariser Verbandsübereinkunft zum Schutz des gewerblichen Eigentums (PVÜ) ... 330
2. Madrider Abkommen über die Unterdrückung falscher oder irreführender Herkunftsangaben auf Waren (MHA) ... 334
3. Lissabonner Abkommen über den Schutz der Ursprungsbezeichnungen und ihre internationale Registrierung (LUA) ... 336
4. Übereinkommen über handelsbezogene Aspekte der Rechte des geistigen Eigentums (TRIPS) ... 340

Schrifttum: *Ackermann,* Der Champagner im Spiegel der Jahrhunderte – oder: Von der bleibenden Aktualität mancher Fragestellungen, FS Ullmann, 2006, S. 547; *Ahrens,* Mozzarella, Champagner und andere geographische Herkunftsangaben, in: *Rengeling* (Hrsg.), Europäisierung des Rechts, 1996, 69; *ders.,* Geographische Herkunftsangaben – Tätigkeitsverbot für den BGH?, GRUR Int. 1997, 508; *Angerer,* Zur Vereinbarkeit nationaler Qualitäts- und Herkunftszeichen mit dem Gemeinschaftsrecht, AgrarR 1997, 340; *Asendorf,* Zwischen Markenrecht und Wettbewerbsrecht – Zur Standortbestimmung der geographischen Herkunftsangaben und zum Anwendungsbereich des § 2 MarkenG, FS Raiser, 2005, S. 601; *Beier,* Geografische Herkunftsangaben und Ursprungsbezeichnungen, GRUR Int. 1968, 69; *ders.,* Das Schutzbedürfnis für Herkunftsangaben und Ursprungsbezeichnungen im gemeinsamen Markt, GRUR Int. 1977, 1; *ders.,* Anm. zur Turrón-Entscheidung des EuGH, GRUR Int. 1993, 79; *Beier/Knaak,* Der Schutz geographischer Herkunftsangaben in der Europäischen Gemeinschaft, GRUR Int. 1992, 411; *dies.,* Der Schutz der geographischen Herkunftsangaben in der Europäischen Gemeinschaft – Die neueste Entwicklung, GRUR Int. 1993, 602; *Berendt,* Geschützte Ursprungsbezeichnung Parmesan, EuZW 2002, 506; *Berg,* Die geographische Herkunftsangabe – ein Konkurrent für die Marke?, GRUR Int. 1996, 425; *Büscher,* Der Schutz geographischer Herkunftsangaben nach der Warsteiner-Entscheidung des EuGH, FS Erdmann, 2002, S. 237; *ders.,* Neuere Entwicklungen der Rechtsprechung des Europäischen Gerichtshofs und des Bundesgerichtshofs zu den geographischen Herkunftsangaben, GRUR Int 2005, 801; *Capelli/Luzzani,* Beanstandung der Zuerkennung einer geschützten Ursprungsbezeichnung iSd EG-VO Nr. 2081/92 für den Käse Feta, ZLR 1997, 120; *Brand-*

ner, Bedeutungsgehalt und Bedeutungswandel bei Bezeichnungen im geschäftlichen Wettbewerb, FS Piper, 1996, S. 95; *v. Danwitz,* Ende des Schutzes der geographischen Herkunftsangabe?, GRUR 1997, 81; *Dickertmann,* Die geographische Herkunftsangabe zwischen Gewerblichem Rechtschutz und Wettbewerbsrecht, 2001; *ders.,* „Wer darf Parmaschinken schneiden bzw. Parmesankäse reiben?" oder „Gibt es bei geographischen Herkunftsangaben eine Erschöpfung?", WRP 2003, 1082; *Eggers,* Zur Verwendung der Bezeichnung „Kloster" für Biere, ZLR 2000, 783; *Fezer,* Grundprinzipien und Entwicklungslinien im europäischen und internationalen Markenrecht, WRP 1998, 1; *ders.,* Kennzeichenschutz und Wettbewerbsschutz geographischer Herkunftsangaben, FS Helm, 2002, S. 151; *ders.,* Kumulative Normenkonkurrenz im Kennzeichenrecht, WRP 2000, 863; *ders.,* Normenkonkurrenz zwischen Kennzeichenrecht und Lauterkeitsrecht, WRP 2008, 1; *Flury,* Grundprobleme des Rechts der geographischen Herkunftsbezeichnung, 2003; *Fritzsche,* BGH – Irreführende Bezeichnung eines Käseproduktes – Mozzarella I und Mozzarella II, WiB 1994, 329; *Fürmann,* Der strafrechtliche Schutz geographischer Herkunftsangaben im Markengesetz, MarkenR 2003, 381; *v. Gamm,* Der Schutz geographischer Herkunftsangaben nach mehr- und zweiseitigen Staatsverträgen in der Bundesrepublik Deutschland, FS Brandner, 1996, S. 375; *Glaus,* Die geographische Herkunftsangabe als Kennzeichen, 1996; *Gloy,* Geographische Herkunftsangaben, wettbewerbsrechtliche Relevanz und klarstellende Zusätze, FS Piper, 1996, 543; *Goebel,* Schutz geographischer Herkunftsangaben nach dem neuen Markenrecht, GRUR 1995, 98; *Gorny,* Markenrecht und geographischer Herkunftsangaben bei Lebensmitteln, GRUR 1996, 447; *Grabrucker/Fink,* Aus der Rechtsprechung des Bundespatentgerichts im Jahr 2007 – Teil I: Markenrecht, GRUR 2008, 371; *Gündling,* Made in Germany, GRUR 2007, 921; *Günther/Beyerlein,* Die Auswirkungen der Ost-Erweiterung der Europäischen Union auf die Grenzbeschlagnahme im gewerblichen Rechtsschutz, WRP 2004, 452; *Hackbarth,* Zum Schutz der Bezeichnung „Rügenwalder Teewurst", ZLR 1999, 361; *Harte-Bavendamm,* Ende der geographischen Herkunftsbezeichnungen?, GRUR 1996, 717; *Heine,* Das neue gemeinschaftsrechtliche System zum Schutz geographischer Bezeichnungen, GRUR 1993, 96; *Helm,* Der Schutz geographischer Herkunftsangaben nach dem Markengesetz, FS Vieregge, 1995, S. 335; *ders.,* Die Unterscheidungsfunktion der Kollektivmarke nach neuem Markenrecht, WRP 1999, 41; *Hieronimi,* Das Weinbezeichnungsrecht im Jahr 2000, WRP 2000, 458; *Hohmann/Leible,* Probleme der Verwendung geographischer und betrieblicher Herkunftsangaben bei Lebensmitteln, ZLR 1995, 265; *Holzer,* Koexistenz von Marken und geografischen Herkunftsangaben, MarkenR 2008, 53; *Honig,* Ortsnamen in Warenbezeichnungen, WRP 1996, 399; *Ingerl,* Zur geographischen Herkunftsangabe mit entlokalisierendem Zusatz, EWiR 2001, 1111; *Kahler,* Die geographischen Herkunftsangaben an der Schnittstelle zwischen Markenrecht und Wettbewerbsrecht, 2002; *ders.,* Die kennzeichenrechtlichen Schutzmöglichkeiten geographischer Herkunftsangaben im Markenrecht neben den §§ 126 ff MarkenG, GRUR 2003, 10; *Knaak,* Der Schutz geographischer Herkunftsangaben im neuen Markengesetz, GRUR 1995, 103; *ders.,* Der Schutz geographischer Herkunftsangaben nach dem TRIPS-Abkommen, GRUR Int. 1995, 642; *ders.,* Anmerkung zu OLG Frankfurt – Gorgonzola/Cambozola, GRUR Int. 1997, 754; *ders.,* Die Rechtsprechung des Europäischen Gerichtshofes zum Schutz geographischer Herkunftsangaben und Ursprungsbezeichnungen nach der EG-Verordnung Nr. 2081/92, GRUR Int. 2000, 401; *ders.,* Die EG-Verordnung Nr. 510/2006 zum Schutz von geographischen Herkunftsangaben und Ursprungsbezeichnungen, GRUR 2006, 893; *ders.,* Zum gemeinschaftsrechtlichen Schutz für Feta-Käse, ZLR 2006, 59; *Knaak/Tilmann,* Marken und geographische Herkunftsangaben, GRUR Int. 1994, 161; *Kraus,* In signo veritas – Die Bedeutung der AOC im französischen und europäischen Weinrecht, ZLR 2004, 667; *Krimphove,* Neuer europäischer Schutz von Waren und Herkunftszeichen in der Landwirtschaft, AgrarR 1993, 7; *Kunze,* Kennzeichenrecht, in: *Salger* (Hrsg.), Hdb. der Europäischen Rechts- und Wirtschaftspraxis, § 32 III, 1996; *Kühn,* Zum Schutzumfang geographischer Bezeichnungen nach den zweiseitigen Verträgen über den Schutz von Herkunftsangaben, GRUR Int. 1967, 268; *Loschelder,* Die Bedeutung der zweiseitigen Abkommen über den Schutz von Herkunftsangaben, Ursprungsangaben und anderen geographischen Bezeichnungen in der Bundesrepublik Deutschland unter Berücksichtigung der VO (EWG) Nr. 2081/92, FS Erdmann, 2002, S. 387; *ders.,* Anm. zu EuGH Rs C-312/98 – Warsteiner, ZLR 2001, 115; *ders.,* Anm. zu EuG Rs T-379/03 – Cloppenburg, MarkenR 2006, 53; *Loschelder/Loschelder,* Geographische Angaben und Ursprungsbezeichnungen, 2002; *Loschelder/Schoene,* Die VO 2081/92 und die Verfahrensökonomie, WRP 2000, 959; *McGuire,* Die geographische Herkunftsangabe im Gemeinschaftsrecht, WRP 2008, 620; *Meyenburg,* Über die Herkunft von alpinem Bergkäse, Gorgonzola, Tiroler Schinkenspeck und „schlichtem" Pils, MarkenR 1999, 227; *ders.,* „Feta" – eine Scheibe weißen Käses, MarkenR 1999, 339; *Meyer,* Verordnung (EWG) Nr. 2081/92 zum Schutz von geographischen Angaben und Ursprungsbezeichnungen, WRP 1995, 783; *ders.,* Anmeldung von Herkunftsangaben nach der Verordnung (EWG) Nr. 2081/92 des Rates – ein Leitfaden, GRUR 1997, 91; *ders.,* Budejovicky Budvar gegen Rudolf Ammersin oder: Ist „Bud" eine gemeinschaftsrechtlich geschützte Herkunftsangabe?, WRP 2004, 131; *Meyer/Klaus,* Kommt Parmesan-Käse aus Parma und Umgebung?, GRUR 2003, 553; *Michel,* Der Schutz geographischer Herkunftsangaben durch das Markenrecht und certification marks, 1995; *v. Mühlendahl,* Der Schutz geographischer Herkunftsangaben in der Europäischen Gemeinschaft nach der Verordnung Nr. 2081/92 vom 24. 7. 1992, ZLR 1993, 187; *Müller-Graff,* Branchenspezifischer Wettbewerbsschutz geographischer Herkunftsbezeichnungen, GRUR 1988, 659; *Obergfell,* Der Schutz geographischer Herkunftsangaben in Europa oder warum ein Parfum nicht „Champagne" heißen darf, ZEuP 1997, 677; *dies.,* „Warsteiner"– Ein Fall für den EuGH, GRUR 1999, 551; *dies.,* „Qualitätsneutrale" geographische Herkunftsangaben als Schutzdomäne des nationalen Rechts, GRUR 2001, 313; *dies.,* Einfache geographische Herkunftsangaben im Spannungsfeld von deutschem und europäischem Recht, EuLF 2001, 246; *dies.,* Trauben und Birnen verglichen, MarkenR 2005, 470; *Obergfell/Hertel,* Markenqualität aus deutschen

Landen – geographische Herkunftsangabe oder gemeinschaftswidriges Gütezeichen?, EuLF 2003, 121; *Ohde,* Zur demoskopischen Ermittlung der Verkehrsauffassung von geographischen Herkunftsangaben, GRUR 1989, 88; *Omsels,* Versuch einer Neuorientierung des Schutzes der geographischen Herkunftsangaben im deutschen Recht, WRP 2006, 434; *ders.,* Geografische Herkunftsangaben, 2007; *Prehm,* Zur klanglichen Verwechslungsgefahr von Wortmarke und geographischer Herkunftsangabe in der EU, EWiR 2004, 245; *Rauer,* Europarecht – Vergabe des CMA-Gütezeichens, JA 2003, 382; *Reese,* Zum Irreführungsschutz gegenüber der Verwendung von geografischen Herkunftsangaben bei einem Tafelwasser, ZLR 2002, 724; *Reinhard,* Die geographische Herkunftsangabe nach dem Markengesetz unter Berücksichtigung internationaler Regelungen, 1999; *Reinhart,* Der Wandel einer geographischen Herkunftsangabe zur Gattungsbezeichnung und zurück am Beispiel der „Nürnberger Rost-/Bratwürste" – oder „Alles hat eine Ende, nur die Wurst hat zwei", WRP 2003, 1343; *Ring,* Grundzüge der Kennzeichnung deutscher Weine nach nationalem und europäischem Recht, DZWir 1997, 297; *Rößler,* Die Ausnutzung der Wertschätzung bekannter Marken im neuen Markenrecht, GRUR 1994, 559; *Rowedder,* Rügenwalder Teewurst und andere Köstlichkeiten, FS Gaedertz, 1992, S. 465; *Sack,* Ursprungsbezeichnungen in vergleichender Werbung, WRP 2008, 301; *Schanda,* „Gorgonzola" gegen „Cambozola", MarkenR 1999, 149; *Scherer,* Kurskorrektur bei der Beurteilung der mittelbaren Herkunftsangaben, WRP 2000, 362; *dies.,* Normative Bestimmung von Verwechslungs- und Irreführungsgefahr im Markenrecht, GRUR 2000, 273; *Schricker,* Zur Frage der Vereinbarkeit des Verbots irreführender Verwendung einer einfachen geographischen Herkunftsbezeichnung in nationalem Recht mit der EWGV 2081/92, EWiR 1998, 849; *ders.,* Zur Frage eines Wettbewerbsverstoßes durch Verwendung einer geographischen Herkunftsangabe für eine an anderem Ort hergestellt Ware – „Warsteiner II", EWiR 1998, 851; *Sosnitza,* Subjektives Recht und Ausschließlichkeit – Zugleich ein Beitrag zur dogmatischen Einordnung der geographischen Herkunftsangaben, MarkenR 2000, 77; *ders.,* Der Einfluss des Gemeinschaftsrechts auf das nationale Recht zum Schutz geografischer Herkunftsangaben in Deutschland, GRUR 2007, 462; *Spuhler,* Das System des internationalen und supranationalen Schutzes von Marken und geographischen Herkunftsangaben, 2000; *Steeger,* Die neue VO der EU zum Schutz von geographischen Herkunftsangaben und „Dresdner Stollen", WRP 1994, 584; *Tilmann,* Die geographische Herkunftsangabe, 1976; *ders.,* EG-Schutz für geographische Herkunftsangaben, GRUR 1992, 829; *ders.,* Grundlage und Reichweite des Schutzes geographischer Herkunftsangaben nach der VO (EWG) Nr. 2081/92, GRUR Int. 1993, 610; *ders.,* Ausschließlicher Schutz für geographische Herkunftsbezeichnungen nach der EG-VO 2081/92?, GRUR 1996, 959; *ders.,* Die Ausschließungsregeln der EG-VO 2081/92 und TRIPS, WRP 2000, 1039; *Tresper,* Die Ursprungsbezeichnung Champagne im deutschen Recht, MarkenR 2003, 349; *Ullmann,* Der Schutz der Angabe zur geographischen Herkunft – wohin?, GRUR 1999, 666; *Ulrich,* Zum Schutz der Bezeichnung „Dresdner Stollen" als Herkunftsangabe, EWiR 1989, 507; *ders.,* Zur vergleichenden Werbung mit Spitzenerzeugnissen, EWiR 2002, 537; *Viethues,* Anm. zur Entscheidung „berneroberland.ch" des Handelsgerichts des Kantons Bern, GRUR Int. 2000, 942; *Wehlau,* Zum Schutz geographischer Herkunftsangaben bei Lebensmitteln, ZLR 1998, 585; *Wichard,* Von Warstein nach Europa? – Was verdrängt die Verordnung (EWG) 2081/92?, WRP 1999, 1005; *Woltz,* Zum Rechtscharakter der Bezeichnung „Dresdner Stollen", ZLR 1990, 629; *ders.,* Zum Rechtsschutz geographischer Herkunftsangaben, WiR 1993, 93.

A. Allgemeines

I. Überblick

1 Geografische Herkunftsangaben sind werbliche Kennzeichnungsmittel von erheblicher Bedeutung für die Vermarktung der Produkte eines Ortes oder einer Region.[1] Sie genießen die Wertschätzung des Publikums, beeinflussen seine Kaufentscheidung und wirken so unmittelbar absatzfördernd. Für die an den jeweiligen Orten ansässigen Erzeuger sind geografische Herkunftsangaben ein wesentliches Mittel zur Schaffung und Erhaltung eines Kundenstammes.[2] Dieser wirtschaftlichen Bedeutung für alle Marktteilnehmer folgend werden geografische Herkunftsangaben auch rechtlich anerkannt und geschützt. Dabei lassen sich eine nationale, eine supranationale und eine internationale Schutzebene unterscheiden.

2 Regelungstechnisch setzt der Schutz geografischer Herkunftsangaben teils an bestimmten Produkten an, die – wie etwa Weine oder andere landwirtschaftliche Erzeugnisse – ihre Reputation am Markt typischerweise aus einer bestimmten Herkunft ableiten,[3] teils fußt er

[1] Begr. zum RegE des MarkenG, BT-Drucks. 12/6581 S. 116.

[2] EuGH GRUR Int. 1993, 76, 78 – Exportur (Turrón de Alicante).

[3] Nach *Omsels* Geografische Herkunftsangaben S. 2f begann der Schutz von Herkunftsbezeichnungen in Europa mit einem königlichen Privileg zugunsten der französischen Hersteller des Roquefort-Käses und einer darauf bezogenen staatlichen Schutzanordnung aus dem Jahre 1666.

auf einer generellen Schutzregelung zugunsten von Herkunftsangaben für Waren oder Dienstleistungen aller Art. Systematisch kann er als wettbewerbsrechtlicher Irreführungs- und Rufausbeutungsschutz in das Lauterkeitsrecht integriert, oder aber als kennzeichenrechtlicher Schutz im Kontext von Marken und geschäftlichen Bezeichnungen angesiedelt werden. Schließlich stehen sich Registersysteme, die den Schutz der einzelnen geografischen Bezeichnung durch Eintragung in ein Verzeichnis entstehen lassen und der Schutz *ipso iure* gegenüber, der die bloße Benutzung der geografischen Herkunftsangaben genügen lässt.

1. Nationaler, europäischer, internationaler Schutz

3 Geografische Herkunftsangaben werden rechtlich auf mehreren Ebenen geschützt. Zunächst sind sie Gegenstand des Schutzes nach dem nationalen Recht des Landes, in dem die betroffene Region, das Gebiet oder der Ort liegt, auf das die jeweilige Angabe Bezug nimmt. Supranational, auf der Ebene der Europäischen Union, werden geografische Herkunftsangaben vor allem für Agrarprodukte, Weine und sonstige Lebensmittel von einschlägigen Verordnungen erfasst. Schließlich sind geografische Herkunftsangaben Gegenstand internationaler – bilateraler wie multilateraler – Verträge zu ihrem Schutz und gegenseitiger Anerkennung.

4 Der Schutz nach **nationalem** deutschem Recht ist in seinem Kern in das Kennzeichenrecht integriert und auf alle Arten geografischer Herkunftsangaben ausgerichtet. Maßgeblich sind seit dem 1. 1. 1995 die §§ 126ff MarkengG,[4] das die geografischen Herkunftsangaben neben den Marken und den geschäftlichen Bezeichnungen unter den Oberbegriff des Kennzeichens stellt.[5] Daneben steht zum einen der sektorenspezifische Schutz genereller oder einzelner geografischer Herkunftsangaben, etwa im Lebens- und Futtermittelgesetzbuch[6] oder nach der KäseV,[7] zum anderen der ergänzende[8] wettbewerbsrechtliche Schutz nach den §§ 3, 5 Abs. 1 Satz 2 Nr. 1, Abs. 2 UWG.[9] Geografische Herkunftsangaben sind aber auch, wie § 99 MarkenG explizit feststellt, tauglicher Gegenstand einer Kollektivmarke und können, wo das absolute Schutzhindernis des § 8 Abs. 2 Nr. 2 MarkenG im Wege der Verkehrsdurchsetzung nach § 8 Abs. 3 MarkenG überwunden wurde, sogar als Individualmarke die betriebliche Herkunft eines Produktes kennzeichnen.

5 Das **europäische** Unionsrecht erwähnt die geografischen Herkunftsangaben im Kontext des Markenrechts zum einen als tauglichen Gegenstand einer Kollektivmarke,[10] zum anderen als absolutes Schutzhindernis für die Registrierung einer Individualmarke.[11] In Art. 3

---

[4] Gesetz über den Schutz von Marken und sonstigen Kennzeichen (Markengesetz – MarkenG), BGBl. 1994 I S. 3082; ber. BGBl. 1995 I S. 156; zuletzt geändert durch Art. 4 Gesetz vom 7. 7. 2008 („Durchsetzungsgesetz"), BGBl. I S. 1191.

[5] § 1 Nr. 3 MarkenG; dazu *Fezer* MarkenG § 1 Rn 2, 13f.

[6] § 11 Abs. 1 Satz 2 Nr. 1 LFGB (Lebensmittel- und Futtermittelgesetzbuch idF der Bek. vom 26. 4. 2006, BGBl. I S. 945, zuletzt geändert durch Art. 12 Gesetz vom 26. 2. 2008, BGBl. I S. 215).

[7] BGBl. 1986 I S. 413, 423; zuletzt geändert durch Art. 2 der VO vom 14. 10. 1999, BGBl. I S. 2053; ausführlich dazu *Loschelder/Loschelder* Geographische Angaben und Ursprungsbezeichnungen S. 15.

[8] Zum Verhältnis des Schutzes nach dem MarkenG einerseits und nach dem UWG andererseits → Rn 189ff; kritisch zur hM des Vorranges des Schutzes des geistigen Eigentums vor dem Hintergrund der RL 2005/29/EG *Köhler* GRUR 2007, 548; *Fezer* WRP 2008, 1; *ders.* MarkenG § 2 Rn 1ff.

[9] Zur Frage, ob geografische Herkunftsangaben auch als „Kennzeichen" im Sinne des § 6 Abs. 2 Nr. 3, 4 und 6 UWG geschützt sind, s. die Begründung zum RegE des Gesetzes zur vergleichenden Werbung, BT-Drucks. 14/2959 S. 11; bejahend auch *Hefermehl/Köhler/Bornkamm* UWG § 6 Rn 67, 70, 83; differenzierend *Lehmler* UWG § 6 Rn 64, 84; → § 6 UWG Rn 193, 200, 260; kritisch dagegen *Sack* WRP 2008, 301, 304f.

[10] Art. 15 Abs. 2 Satz 1 RL 89/104/EWG (Erste RL des Rates zur Angleichung der Rechtsvorschriften der Mitgliedstaaten über die Marken 89/104/EWG vom 21. 12. 1988, ABl. EG Nr. L 40 vom 11. 2. 1989, S. 1); Art. 64 Abs. 2 Satz 1 VO (EG) Nr. 40/94 (VO (EG) Nr. 40/94 des Rates vom 20. 12. 1993 über die Gemeinschaftsmarke, ABl. EG Nr. L 11 vom 14. 1. 1994, S. 1; zuletzt geändert durch VO (EG) Nr. 1653/2003 vom 18. 6. 2003, ABl. EG Nr. L 245 vom 29. 9. 2003, S. 36); zum Schutz einfacher geografischer Herkunftsangaben als Gemeinschaftskollektivmarke *Meyer* WRP 1995, 783, 785; zur Umsetzung der RL im deutschen Markengesetz s. §§ 97 bis 106 MarkenG.

[11] Art. 3 Abs. 1 lit. c RL 89/104/EWG; Art. 7 Abs. 1 lit. c VO (EG) Nr. 40/94.

lit. a der Richtlinie über irreführende und vergleichende Werbung 2006/114/EG (kodifizierte Fassung)[12] sind Angaben über die geografische Herkunft einer Ware im Rahmen irreführender Werbung genannt, Art. 4 lit. e der Richtlinie verlangt für die zulässige vergleichende Werbung für Waren mit einer Ursprungsbezeichnung die Bezugnahme auf Waren mit der gleichen Bezeichnung (sog. Champagnerklausel),[13] Art. 4 lit. f der Richtlinie schützt vor der unlauteren Ausnutzung des Rufes einer Ursprungsbezeichnung im Rahmen vergleichender Werbung und mit Art. 6 Abs. 2 lit. a der RL 2005/29/EG[14] wird die irreführende Vermarktung eines Produkts, die „eine Verwechslungsgefahr mit (...) Kennzeichen eines Mitbewerbers begründet", als originärer Unlauterkeitstatbestand des europäischen Verbraucherrechts etabliert.

Allgemein mit der Etikettierung und Aufmachung von Lebensmitteln sowie der Werbung hierfür befasst sich die Etikettierungsrichtlinie 2000/13/EG.[15] Nach Art. 2 Abs. 1 lit. a, i) der Richtlinie darf die Etikettierung nicht geeignet sein, den Käufer über „den Ursprung oder die Herkunft" des Lebensmittels irrezuführen; dasselbe gilt nach Abs. 3 der Vorschrift auch für „die Aufmachung von Lebensmitteln, insbesondere die Form oder das Aussehen dieser Lebensmittel oder ihrer Verpackung, das verwendete Verpackungsmaterial, die Art und Weise ihrer Anordnung" und sogar „die Umgebung, in der sie feilgehalten werden". Art. 3 Abs. 1 Nr. 8 der Richtlinie verpflichtet deshalb positiv zur Angabe des Ursprungs- oder Herkunftsortes, „falls ohne diese Angabe ein Irrtum des Verbrauchers über den tatsächlichen Ursprung oder die wahre Herkunft des Lebensmittels möglich wäre". 6

Expliziter Regelungsgegenstand sind geografische Herkunftsangaben in **produktspezifischen** Verordnungen, etwa zur gemeinsamen Marktorganisation von Wein,[16] zur Bezeichnung, Aufmachung und Etikettierung von Spirituosen[17] oder zu Mineralwässern.[18] Außerhalb des Geltungsbereiches dieser Verordnungen können qualifizierte Herkunftsangaben zu sonstigen **Agrarerzeugnissen** und **Lebensmitteln** nach der VO (EG) Nr. 510/ 7

---

[12] Mit der RL 2006/114/EG des Europäischen Parlaments und des Rates vom 12. 12. 2006 über irreführende und vergleichende Werbung (ABl. EG Nr. L 376 vom 27. 12. 2006, S. 21) wurde die mehrfach geänderte RL 84/450/EWG aus Gründen der Übersichtlichkeit und Klarheit neu kodifiziert; zu geografischen Herkunftsangaben im Rahmen irreführender geschäftlicher Handlungen s. § 5 Abs. 1 Satz 2 Nr. 1, Abs. 2 UWG.

[13] Ausführlich dazu *Sack* WRP 2001, 327, 347 f; *ders.* WRP 2008, 301 ff; EuGH GRUR 2007, 511 – De Landtsheer Emmanuel (Vergleich von Waren ohne Ursprungsbezeichnung mit solchen mit Ursprungsbezeichnung bleibt möglich).

[14] RL 2005/29/EG des Europäischen Parlaments und des Rates vom 11.Mai 2005 über unlautere Geschäftspraktiken im binnenmarktinternen Geschäftsverkehr zwischen Unternehmen und Verbrauchern und zur Änderung der RL 84/450/EWG des Rates, der Richtlinien 97/7/EG, 98/27/EG und 2002/65/EG des Europäischen Parlaments und des Rates sowie der Verordnung (EG) Nr. 2006/2004 des Europäischen Parlaments und des Rates (RL über unlautere Geschäftspraktiken), ABl. EG Nr. L 149 vom 11. 6. 2005, S. 22.

[15] RL 2000/13/EG des Europäischen Parlaments und des Rates vom 20. 3. 2000 zur Angleichung der Rechtsvorschriften der Mitgliedstaaten über die Etikettierung und Aufmachung von Lebensmitteln sowie die Werbung hierfür, ABl. EG Nr. L 109 vom 6. 5. 2000, S. 29; zuletzt geändert durch RL 2006/142/EG vom 22. 12. 2006, ABl. EG Nr. L 368 vom 23. 12. 2006, S. 110.

[16] Art. 47 ff, 50 VO (EG) Nr. 1493/1999 (Verordnung (EG) Nr. 1493/1999 des Rates vom 17. 5. 1999 über die gemeinsame Marktorganisation für Wein, ABl. EG Nr. L 179 vom 14 7. 1999, S. 1; zuletzt geändert durch VO (EG) Nr. 1234/2007 vom 22. 10. 2007, ABl. EG Nr. L 299 vom 16. 11. 2007, S. 1); Durchführungsbestimmungen zur VO (EG) Nr. 1493/1999 finden sich in der VO (EG) Nr. 753/2002, ABl. EG Nr. L 118 vom 4. 5. 2002, S. 1; ausführlich dazu *Omsels* Geografische Herkunftsangaben S. 87 ff.

[17] VO (EG) Nr. 110/2008 des Europäischen Parlaments und des Rates vom 15. 1. 2008 zur Begriffsbestimmung, Bezeichnung, Aufmachung und Etikettierung von Spirituosen sowie zum Schutz geografischer Angaben für Spirituosen und zur Aufhebung der Verordnung (EWG) Nr. 1576/89, ABl. EG Nr. L 39 vom 13. 2. 2008, S. 16; die Verordnung enthält eine nach Produktkategorien geordnete Liste mit geografischen Angaben, die vor missbräuchlicher Verwendung rechtlich geschützt sind. Die Eintragung in die Liste erfolgt auf Antrag bei der Kommission durch den Mitgliedstaat, aus dem das Getränk stammt. Die Kommission kann die Eintragung streichen, wenn die betreffende Spirituose die in den technischen Begleitunterlagen zum Eintragungsantrag angegebenen Merkmale nicht mehr aufweist.

[18] Art. 7 ff RL 80/777/EWG (RL des Rates vom 15. 7. 1980 zur Angleichung der Rechtsvorschriften der Mitgliedstaaten über die Gewinnung von und den Handel mit natürlichen Mineralwässern 80/777/EWG, ABl. EG Nr. L 229 vom 30. 8. 1980, S. 1; zuletzt geändert durch VO (EG) Nr. 1882/2003 vom 29. 9. 2003, ABl. EG Nr. L 284 vom 31. 10. 2003, S. 1).

2006[19] registriert und dadurch EU-weit geschützt werden.[20] Die Verordnung rekurriert auf die im Anhang I des EG-Vertrages (Liste zu Art. 32 Abs. 3 EG) genannten sowie die in einem eigenen Anhang I und II[21] aufgelisteten Agrarerzeugnisse und Lebensmittel. Natürliches Mineralwasser und Quellwasser, die bereits Gegenstand der RL 80/777/EWG[22] sind, wurden aus dem letztgenannten Anhang I gestrichen.[23] Weinessig wird nach Art. 1 Abs. 1 Unterabs. 2 von der VO (EG) Nr. 510/2006 erfasst.

8 Auf **internationaler** Ebene befassen sich mehrere **multilaterale** Verträgen (auch) mit geografischen Herkunftsangaben. Dazu zählen die Pariser Verbandsübereinkunft zum Schutz des gewerblichen Eigentums (PVÜ),[24] das Madrider Abkommen über die Unterdrückung falscher oder irreführender Herkunftsangaben auf Waren (MHA)[25] und das Lissabonner Abkommen über den Schutz der Ursprungsbezeichnungen und ihre internationale Registrierung (LUA).[26] Das letztgenannte Abkommen ist auf qualifizierte geografische Herkunftsbezeichnungen und damit in erster Linie auf landwirtschaftliche Erzeugnisse zugeschnitten.[27] Zudem setzt es einen Schutz im Ursprungsland voraus, der auf Gesetz oder einer gerichtlichen oder behördlichen Entscheidung beruht.[28] Die Bundesrepublik Deutschland ist dem Abkommen nicht beigetreten.[29]

9 Auch als Reaktion auf die engen Schutzvoraussetzungen des Lissabonner Ursprungsabkommens (LUA) wurden in den 60er und 70er Jahren zahlreiche **bilaterale** Verträge geschlossen, die die gegenseitige Anerkennung enumerativ, nach Produktgruppen gelisteter geografischer Herkunftsangaben im Territorium der Vertragsstaaten sichern.[30] Betroffen sind hier – im Unterschied zum Lissabonner Ursprungsabkommen – neben Weinen, Agrarprodukten und Lebensmitteln auch gewerbliche Erzeugnisse ohne spezifischen Qualitätsbezug zum Ursprungsort. Der Schutz der von den Abkommen erfassten geografischen Herkunftsangaben des jeweils anderen Vertragsstaates (Ursprungsland) ist unabhängig von den im Schutzland tatsächlich bestehenden Verkehrsauffassungen hinsichtlich einzelner Angaben und kann deshalb dort nicht durch eine Wandlung zur Gattungsangabe seine Geltung verlieren.[31]

---

[19] VO (EG) Nr. 510/2006 des Rates vom 20. März 2006 zum Schutz von geografischen Angaben und Ursprungsbezeichnungen für Agrarerzeugnisse und Lebensmittel, ABl. EU Nr. L 93 vom 31. 3. 2006, S. 12, zuletzt geändert durch VO (EG) Nr. 1791/2006 vom 20. 11. 2006, ABl. EU Nr. L 363 vom 20. 12. 2006, S. 1; mit der VO wurde die zuvor, seit dem 24. 7. 1993 geltende VO (EWG) Nr. 2081/92 zum 31. 3. 2006 abgelöst.

[20] Die registrierten Herkunftsangaben können abgerufen werden unter: <http://ec.europa.eu/agriculture/qual/de/1bbab_de.htm> die deutschen Eintragungen finden sich unter: <http://ec.europa.eu/agriculture/qual/de/de_de.htm>.

[21] Die Anhänge entsprechen denen der zuvor geltenden VO (EWG) Nr. 2081/92; zur Änderung und Erweiterung dieser Anhänge unter der Geltung der VO (EWG) Nr. 2081/92 s. VO (EG) Nr. 692/2003 vom 8. 4. 2003, ABl. EG Nr. L 99 vom 17. 4. 2003, S. 1.

[22] → Fn 18.

[23] Erwägungsgrund Nr. 3 und Anhang I VO (EG) Nr. 692/2003, → Fn 21, sowie die Übergangsregelung in Art. 2 der VO; für die bereits registrierten Mineralwässer besteht danach eine Übergangsfrist bis zum 31. Dezember 2013; mit ihrer Löschung wird sich die Zahl der nach der VO (EG) Nr. 510/2006 registrierten geografischen Angaben und Ursprungsbezeichnungen erheblich reduzieren.

[24] Übereinkunft vom 20. 3. 1883, zuletzt revidiert in Stockholm am 14. 7. 1967, BGBl. 1970 II S. 391; geändert am 2. 10. 1979, BGBl. 1984 II S. 799.

[25] Abkommen vom 14. 4. 1891, zuletzt revidiert in Lissabon am 31. 10. 1958, BGBl. 1961 II S. 293; Stockholmer Zusatzvereinbarung zum Madrider Abkommen über die Unterdrückung falscher oder irreführender Herkunftsangaben auf Waren vom 14. 4. 1891, zuletzt revidiert in Lissabon am 31. 10. 1958, BGBl. 1970 II S. 444.

[26] Abkommen vom 31. 10. 1958 GRUR 1959, 135 ff; revidiert in Stockholm am 14. 7. 1967 und geändert am 2. 10. 1979.

[27] Von den EU-Mitgliedstaaten sind denn auch (nur) Frankreich, Italien, Portugal, Tschechien und die Slowakei dem Abkommen beigetreten.

[28] Nur geografische Angaben, die im Ursprungsland „als solche" anerkannt und geschützt sind, können nach Art. 1 des Abkommens durch Registrierung geschützt werden.

[29] S. dazu *Beier* GRUR Int. 1968, 69 ff.

[30] S. die Übersicht bei *Fezer* Markenrecht Zweiter Teil 3. Abschnitt; → Rn 318 ff.

[31] *Fezer* aaO Rn 4; anders liegt es bei einer Entwicklung zur Gattungsbezeichnung im Ursprungsland, s. dazu EuGH GRUR Int. 1993, 76 – Exportur (Turrón de Alicante).

Die geschützten Bezeichnungen dürfen im Schutzland nur für Waren des anderen Vertragsstaates (Ursprungsland) verwendet werden und unterliegen auch im Schutzland dem Recht des Ursprungslandes.

Mit der Entwicklung des Weltfreihandelsabkommens (GATT)[32] zur Welthandelsorganisation **(WTO)**[33] am Ende der Uruguay-Runde des GATT[34] wurden erstmals handelspolitische Aspekte gewerblicher Schutzrechte, für die bis dahin allein die WIPO[35] zuständig gewesen war, Gegenstand der Verhandlungen.[36] Sie mündeten 1994 in das als Anhang 1 C zum Übereinkommen zur Errichtung der Welthandelsorganisation[37] beschlossene Übereinkommen über handelsbezogene Aspekte der Rechte des geistigen Eigentums **(TRIPS)**.[38] Das TRIPS-Übereinkommen verpflichtet zur Einhaltung von Mindeststandards zum Schutze geistigen Eigentums, berücksichtigt aber auch die Freiheit des rechtmäßigen Handels: Die Rechte des geistigen Eigentums sollen nach der Präambel des Übereinkommens wirksam und angemessen geschützt werden, ohne dass ihre Durchsetzung selbst zu Schranken für den rechtmäßigen Handel führte. Dem Schutz geografischer Herkunftsangaben widmet das Abkommen einen eigenen Abschnitt.[39] Art. 22 TRIPS verpflichtet die Vertragsstaaten, geografische Herkunftsangaben vor irreführenden Angaben und vor unlauterem Wettbewerb im Sinne des Art. 10bis PVÜ zu schützen; zusätzlicher Schutz wird geografischen Angaben für Weine und Spirituosen in Art. 23 des Abkommens gewährt. Die Bestimmungen des TRIPS-Übereinkommens begründen zwar keine individuellen Rechte des Einzelnen; nationale Gerichte sind jedoch bei der Anwendung ihrer nationalen Rechtsvorschriften zum Schutz von Rechten, die in den Anwendungsbereich des TRIPS-Übereinkommens fallen und, soweit gemeinschaftsrechtliche Regelungen bestehen, auch gemeinschaftsrechtlich verpflichtet, Wortlaut und Zweck der einschlägigen Bestimmungen des TRIPS-Übereinkommens Rechnung zu tragen.[40] 10

2. Genereller oder produktspezifischer Schutz

Der Schutz geografischer Herkunftsangaben folgt auf allen Ebenen einem teils generel- 11
len, teils produktspezifischen Ansatz. Im nationalen deutschen Recht steht der **generelle, kennzeichenrechtliche** Schutz geografischer Herkunftsangaben nach den §§ 126 ff MarkenG im Vordergrund. Einzelne geografische Herkunftsangaben können auf der Grundlage dieses Schutzsystems durch Rechtsverordnung geschützt werden. Die bislang einzige Verordnung, die auf der Grundlage des § 137 MarkenG erlassen wurde, ist die SolingenV.[41] Sie behält den Namen Solingen im geschäftlichen Verkehr Schneidwaren vor, die in allen wesentlichen Herstellungsstufen innerhalb des Solinger Industriegebietes bearbeitet und fertig gestellt worden sind.

Umgekehrt kann die Verwendung einer geografischen Herkunftsangabe auch gesetz- 12
lich **unterbunden** werden. So dürfen Tafelwasser nach § 15 Abs. 1 Nr. 2 der Mineral- und TafelwasserV[42] nicht mit einem geografischen Herkunftshinweis versehen werden.[43]

---

[32] General Agreement on Tariffs and Trade (Allgemeines Zoll- und Handelsabkommen).

[33] World Trade Organization; im Internet: <http://www.wto.org>.

[34] Die 1986 in Uruguay begonnenen multilateralen Handelsverhandlungen wurden am 15. 4. 1994 in Marrakesch abgeschlossen.

[35] Die WIPO – World Intellectual Property Organization (= OMPI – Organisation Mondiale de la Propriété Intellectuelle) mit Sitz in Genf ist seit 1974 eine Sonderorganisation der Vereinten Nationen, die für gegenwärtig 184 Mitgliedsländer 24 internationale Übereinkommen auf dem Gebiet des gewerblichen, literarischen und künstlerischen Eigentums verwaltet; im Internet: <http://www.wipo.int>.

[36] Dazu *Katzenberger* GRUR Int. 1995, 447.

[37] Amtlicher deutscher Text in BGBl. 1994 II S. 1625.

[38] Agreement on Trade-Related Aspects of Intellectual Property Rights, TRIPS; amtlicher deutscher Text in BGBl. 1994 II S. 1730.

[39] Teil II Abschnitt 3 des TRIPS-Abkommens (Art. 22 bis 24), wiedergegeben in GRUR Int. 1994, 132.

[40] EuGH GRUR 2005, 153 – Budvar.

[41] BGBl. 1994 I S. 3833.

[42] BGBl. 1984 I S. 1036; zuletzt geändert durch Art. 1 der VO vom 1. 12. 2006, BGBl. I S. 2762.

[43] S. allerdings OLG Karlsruhe WRP 2003, 548 – Bodensee-Tafelwasser.

13 Auf **europäischer** Ebene ist der **produktspezifische** Schutz geografischer Herkunftsangaben besonders entwickelt. Weine,[44] Spirituosen,[45] Mineralwässer[46] sind Gegenstand je eigener Verordnungen, Agrarprodukte und Lebensmittel werden vom Schutzsystem nach der VO (EG) Nr. 510 / 2006[47] erfasst. Die Etikettierung und Aufmachung von Lebensmitteln sowie der Werbung hierfür behandelt die Etikettierungsrichtlinie 2000/13/EG.[48] Lediglich im Rahmen der Harmonisierung der nationalen Rechtsordnungen im Hinblick auf den lauterkeitsrechtlichen Schutz vor Irreführung,[49] als tauglicher Gegenstand von Kollektivmarken[50] sowie als absolutes Schutzhindernis für die Registrierung einer Individualmarke[51] finden sich geografische Herkunftsangaben ohne spezifischen Produktbezug erwähnt. Im **internationalen** Kontext ist der produktspezifische Schutz geografischer Herkunftsangaben regelmäßig Gegenstand der bilateralen Abkommen einzelner Staaten, während der unspezifizierte, generelle Schutz geografischer Herkunftsangaben als Kennzeichnungsmittel in den multilateralen Abkommen zum Schutz des geistigen Eigentums (PVÜ, MHA, TRIPS) dominiert. Im TRIPS-Abkommen ist der produktspezifische Schutz geografischer Angaben für Weine und Spirituosen als zusätzlicher Schutz ausgestaltet.[52]

3. Schutz durch Registrierung oder durch Benutzung

14 Der Schutz geografischer Herkunftsangaben gegen irreführende Benutzung, Rufausbeutung oder -schädigung kann generell und unmittelbar durch Gesetz erfolgen oder aber die vorherige Aufnahme jedes einzelnen Ortsnamens in ein Register voraussetzen. Im ersteren Falle besteht der Schutz vor unbefugter Verwendung geografischer Herkunftsangaben unabhängig von formellen Entstehungstatbeständen **ipso iure,** im letzteren werden konkrete Bezeichnungen für den Ursprungsort bestimmter Produkte erfasst und erst mit der formellen Aufnahme in das **Register** den ortsansässigen Herstellern vorbehalten.

15 Beide Ansätze unterscheiden sich wesentlich:[53] Der generelle gesetzliche Schutz geografischer Herkunftsangaben besteht nur, **wenn und solange** ein Zeichen im geschäftlichen Verkehr als geografische Herkunftsangabe verstanden und benutzt wird. Ob eine geografische Herkunftsangabe im Verletzungszeitpunkt gegeben ist, beurteilt sich nach der gesetzlichen Begriffsdefinition. Diese kommt, da objektive Aussage und tatsächlich kommunizierter Sinngehalt eines jedweden Zeichens fast beliebig auseinanderfallen können, nicht ohne den Rekurs auf die **Verkehrsauffassung** aus: geografische Herkunftsangabe ist, was vom Verkehr als Hinweis auf die geografische Herkunft verstanden wird. Umgekehrt folgt daraus: ein Zeichen, in dem der Verkehr keinen Hinweis auf die geografische Herkunft erkennt, kann auch nicht als geografische Herkunftsangabe geschützt werden. Schließlich impliziert der notwendige Rekurs auf die Verkehrsauffassung die Möglichkeit eines **Bedeutungswandels:** geografische Herkunftsangaben können ihre ursprüngliche Aussage verlieren, etwa zur Gattungsangabe „denaturieren", sie können umgekehrt eine zunächst fehlende geografische Bedeutung erhalten („Umwandlung") oder eine verloren gegangene zurückgewinnen („Relokalisierung").[54]

---

[44] VO (EG) Nr. 1493/1999; → Fn 16.

[45] VO (EG) Nr. 110/2008; → Fn 17.

[46] RL 80/777/EWG; → Fn 18.

[47] VO (EG) Nr. 510/2006 zum Schutz von geografischen Angaben und Ursprungsbezeichnungen für Agrarerzeugnisse und Lebensmittel, ABl. EU Nr. L 93 vom 31. 3. 2006, S. 12, zuletzt geändert durch VO (EG) Nr. 1791/2006, ABl. EU Nr. L 363 vom 20. 12. 2006, S. 1; mit der VO wurde die zuvor geltende VO (EWG) Nr. 2081/92 zum 31. 3. 2006 abgelöst.

[48] → Fn 15.

[49] RL 2005/29/EG; RL 2006/114/EG (vormals RL 84/450/EWG, → Fn 14).

[50] Art. 15 Abs. 2 Satz 1 RL 89/104/EWG (Fn 10); Art. 64 Abs. 2 Satz 1 VO (EG) Nr. 40/94 (Fn 10).

[51] Art. 3 Abs. 1 lit. c RL 89/104/EWG; Art. 7 Abs. 1 lit. c VO (EG) Nr. 40/94.

[52] → Rn 340 ff, 346.

[53] S. dazu *McGuire* WRP 2008, 620, 622 f, die den absoluten Registerschutz vornehmlich in romanisch geprägten Rechtsordnungen verortet, den wettbewerbsrechtlich geprägten Irreführungsschutz dagegen in Deutschland, Österreich und der Schweiz.

[54] Illustrativ dazu *Reinhart* WRP 2003, 1313 ff.

16 Anders liegt es dagegen bei den Regelwerken, die – wie die bilateralen Herkunftsabkommen,[55] das europäische Schutzsystem nach der VO (EG) Nr. 510/2006[56] oder das Lissabonner Herkunftsabkommen[57] – einzelne Herkunftsbezeichnungen für bestimmte Produkte nach Prüfung definierter Voraussetzungen enumerativ erfassen und in ein (ggf. fortlaufendes) Verzeichnis aufnehmen.[58] Die Registrierung in einem solchen Schutzsystem ist nicht nur **konstitutiv** für den rechtlichen Schutz; sie **immunisiert** ihn auch gegen einen faktisch eintretenden Bedeutungswandel der einmal registrierten Bezeichnung. Das tatsächliche Vorliegen einer geografischen Herkunftsangabe ist Voraussetzung für ihre Aufnahme in das Register, nicht dagegen für die Fortdauer ihres Schutzes. Auf die Verkehrsauffassung kommt es nach der Registrierung nicht mehr an. Der Schutz der registrierten geografischen Herkunftsangabe besteht auch dann, wenn der Verkehr sie nicht mehr als solche erkennt bzw. versteht (Art. 3 und Art. 13 Abs. 2 VO (EG) Nr. 510/2006), ja selbst dann, wenn er irrige Vorstellungen damit verbindet.[59] Die Frage, ob das in Rede stehende Zeichen überhaupt (noch) eine geografische Herkunftsangabe ist, stellt sich nach der Eintragung nicht mehr.[60]

4. Wettbewerbsrechtlicher oder immaterialgüterrechtlicher Schutz

17 Der Schutz geografischer Herkunftsangaben gegen unbefugte Verwendung für Waren oder Dienstleistungen anderer Herkunft sowie die Abwehr rufschädigender Bezugnahmen auf geografische Herkunftsangaben mit besonderem Ruf können unter dem Regime des **Wettbewerbsrechts** erfolgen. Der Schutz einzelner Wettbewerber folgt dann mittelbar aus einer „Reflexwirkung des objektiven Rechts", das die irreführende oder die rufschädigende Nutzung geografischer Herkunftsangaben als unlauteres Wettbewerbsverhalten verbietet;[61] den Herstellern, die eine geschützte geografische Herkunftsangabe wettbewerbskonform nutzen, kommt deren Kommunikationsleistung gegenüber den Abnehmern im Sinne eines „kollektiven Goodwill" zugute.

18 Der wettbewerbsrechtliche Schutz geografischer Herkunftsangaben verliert diesen Charakter nicht zwingend mit seiner gesetzlichen Verortung im **Markenrecht** und der begrifflichen Zuordnung der geografischen Herkunftsangabe zu den **Kennzeichen** – neben Marken und geschäftlichen Kennzeichen – in § 1 MarkenG. Wer entscheidend auf das Fehlen einer individuellen, subjektiv-rechtlichen Zuordnung geografischer Herkunftsangaben zu einem einzelnen Rechtsträger, die daraus folgende Unmöglichkeit der Übertragung oder Lizenzerteilung[62] sowie auf die Klagebefugnis von Mitbewerbern und Verbänden (§ 128 Abs. 1 MarkenG, § 8 Abs. 3 UWG) im Verletzungsfalle abstellt, wird den geografischen Herkunftsangaben auch da, wo sie als Kennzeichen geschützt werden, nicht den Status eines gewerblichen Schutzrechtes im Sinne eines vollwertigen immaterialgüterrechtlichen Ausschließlichkeitsrechts einräumen; er wird vielmehr vom Fortbe-

---

[55] → Rn 318ff.

[56] ABl. EU Nr. L 93 vom 31. 3. 2006, S. 12; → Rn 246ff.

[57] Lissabonner Abkommen über den Schutz der Ursprungsbezeichnungen und ihre internationale Registrierung (LUA) vom 31. 10. 1958 GRUR 1959, 135ff; revidiert in Stockholm am 14. 7. 1967 und geändert am 2. 10. 1979; → Rn 336ff.

[58] Ein Register, in das geografische Herkunftsangaben eingetragen werden konnten, gab es auch in der ehemaligen DDR; dazu *Knaak* GRUR Int. 1993, 18, 20.

[59] OLG Hamburg GRUR-RR 2004, 36 – Spreewälder Gurken.

[60] Der Schutz nach einem bilateralen Herkunftsabkommen ist allerdings dann gemeinschaftsrechtswidrig, wenn sich die geschützte Bezeichnung im Ursprungsland zur Gattungsbezeichnung entwickelt hat, EuGH GRUR Int. 1993, 76, 78 – Exportur (Turrón de Alicante).

[61] BGH GRUR 1999, 252, 254 – Warsteiner II; BVerfG GRUR 1979, 773, 777f – Weinbergsrolle.

[62] BGH GRUR Int. 2008, 347, 351 – Cambridge Institute, mit Verweis auf *Fezer* MarkenG § 30 Rn 58; *Lange* Marken- und Kennzeichenrecht Rn 1510: keine Aktivlegitimation für den Unterlassungsanspruch aus § 128 MarkenG für den nicht ortsansässigen Anbieter einer Dienstleistung, der mit dem berechtigten Benutzer der geografischen Herkunftsangabe lediglich kooperiert („Die gegenteilige Ansicht liefe auf eine Lizenzierung der geographischen Herkunftsangabe durch die Universität Cambridge hinaus").

stand des **wettbewerbsrechtlichen** Schutzes „in kennzeichenrechtlichem Gewand" ausgehen.[63]

19 Wer dagegen das Kollektiv der berechtigten Nutzer einer geografischen Herkunftsangaben in seinem jeweiligen Bestand als „Inhaber" eines Kennzeichens und die berechtigte Benutzung der Herkunftsbezeichnung für Waren oder Dienstleistungen durch ortsansässige Hersteller als Erwerbstatbestand qualifiziert, vermag in der kennzeichenrechtlich geschützten geografischen Herkunftsangabe zugleich ein subjektives Recht geistigen Eigentums zu sehen.[64] Dieser **immaterialgüterrechtliche** Ansatz kann sich insoweit auf die Rechtsprechung des EuGH berufen, als dieser auch einfache geografische Herkunftsangaben dem „gewerblichen und kommerziellen Eigentum" im Sinne des Art 30 EG unterstellt hat.[65] Dass geografische Herkunftsangaben „damit irgendwie zwischen allen Stühlen sitzen", dürfte eine der treffendsten Beschreibungen in der Literatur sein.[66] Der BGH hält allerdings bis dato an der wettbewerbsrechtlichen Konzeption fest[67] und geht in ihrem Anwendungsbereich von einem Vorrang der §§ 126ff MarkenG als leges speciales vor den Bestimmungen des UWG aus.[68]

II. Terminologie

20 Geografische Herkunftsangaben lassen sich – wie dies in § 1 Nr. 3 MarkenG unter dem Oberbegriff des Kennzeichens geschieht – in eine Reihe mit den Marken und den geschäftlichen Bezeichnungen stellen. Geschäftlichen Bezeichnungen werden im Geschäftsverkehr als Name, als Firma oder als besondere Bezeichnung für Geschäftsbetriebe und Unternehmen benutzt; als Werktitel geben sie Druckschriften, Film-, Ton- und Bühnenwerken einen Namen. Marken kommunizieren als Produktkennzeichen die **betriebliche** Herkunft von Waren oder Dienstleistungen, geografische Herkunftsangaben dagegen deren **geografische** Herkunft. Ihre Aussage kann sich auf diese Herkunftsbeziehung beschränken; man spricht dann von einer einfachen oder qualitätsneutralen Herkunftsbezeichnung. **Einfache** (qualitätsneutrale) **Herkunftsbezeichnungen** können von allen Unternehmen für Waren oder Dienstleistungen benutzt werden, die aus dem bezeichneten Ort oder Gebiet stammen. Ihre Benutzung ist nach § 127 Abs. 1 MarkenG nur dann untersagt, wenn es an einer solchen Herkunftsbeziehung fehlt und daraus die Gefahr einer Irreführung resultiert. Auf eine bestimmte Qualität der Produkte kommt es ebenso wenig an wie auf einen Bezug zwischen Qualität und Herkunft.

21 Geografische Herkunftsangaben können aber auch mit einer **Qualitätsaussage** verbunden sein, wobei die kommunizierte Qualität ihrerseits an die geografische Herkunft anknüpft, sei es, dass ein Wein seinen Charakter einer bestimmten Lage verdankt, sei es, dass ein handwerkliches Produkt die besonderen Fertigkeiten der ortsansässigen Hersteller widerspiegelt oder sei es, dass das Publikum einer ihm bekannten Herkunft eines Produktes eine auf objektive Faktoren bezogene, besondere Wertschätzung entgegenbringt. Solche **qualifizierten geografischen Herkunftsangaben** werden – französischem Vorbild folgend[69] –

---

[63] Diese Position wird von der Rechtsprechung (→ Fn 61) und einem Teil der Literatur eingenommen, s. dazu *Ingerl/Rohnke* MarkenG § 126 Rn 2; *Ströbele/Hacker* MarkenG § 126 Rn 6; auch die Begr. zum RegE des MarkenG geht davon aus, dass geografische Herkunftsangaben keine individuellen Schutzrechte verkörpern, BT-Drucks. 12/6581 S. 116; → Rn 32ff.

[64] *Fezer* MarkenG § 126 Rn 1.

[65] EuGH GRUR Int. 1993, 76, 78 – Exportur (Turrón de Alicante).

[66] So *Omsels* Geografische Herkunftsangaben, im Vorwort.

[67] BGH GRUR 1999, 252, 254 – Warsteiner II; GRUR 2001, 73, 77 – Stich den Buben; GRUR 2002, 426, 427 – Champagner bekommen, Sekt bezahlen.

[68] BGH GRUR 2002, 160, 161 – Warsteiner III.

[69] Das französische Recht unterscheidet seit jeher die *appellation d'origine,* die vor allem für landwirtschaftliche Produkte und Wein Verwendung findet, von der einfachen, geringeren Schutz verleihenden *indication de provenance;* der Begriff der (geschützten) geografischen Ursprungsbezeichnung nach europäischem Recht deckt sich allerdings nicht mit dem der qualifizierten geografischen Herkunftsangabe nach nationalem Recht, → Rn 253ff, 261f.

gemeinhin **Ursprungsangaben** genannt. Ihre rechtmäßige Benutzung setzt nach § 127 Abs. 2 MarkenG neben der entsprechenden geografischen Herkunft der Waren oder Dienstleistungen auch das Vorliegen der besonderen Qualität voraus. Sie stehen damit auch den ortsansässigen Unternehmen dann nicht zur Verfügung, wenn deren Waren oder Dienstleistungen zwar aus dem bezeichneten Ort oder Gebiet stammen, im Hinblick auf ihre Qualität aber die mit der Herkunftsangabe verknüpften Erwartungen der Verbraucher objektiv nicht erfüllen.

Schließlich werden geografische Herkunftsangaben, die einen **besonderen Ruf** genießen, vor Ausbeutung oder Verwässerung dieses Rufes auch in den Fällen geschützt, in denen weder eine Irreführung über die Herkunft der Waren oder Dienstleistungen zu besorgen ist, für die sie verwendet werden, noch eine mangelnde Qualität der Produkte in Rede steht.[70] Dem Sonderschutz bekannter Marken vergleichbar werden diese geografischen Herkunftsangaben davor geschützt, durch Verwendung in anderen Branchen und/oder Regionen ihre Kennzeichnungskraft einzubüßen oder durch den unbefugten **Transfer** ihres positiven **Images** auf andere Produkte gleicher oder anderer Herkunft unlauter ausgenutzt zu werden. Dieser originär wettbewerbsrechtliche Schutz, der für bekannte Marken in §§ 9 Abs. 1 Nr. 3, 14 Abs. 2 Nr. 3 MarkenG übernommen wurde und bekannten geschäftlichen Bezeichnungen nach § 15 Abs. 3 MarkenG zugute kommt, findet sich – insoweit parallel – auch für die geografische Herkunftsangabe in § 127 Abs. 3 MarkenG. 22

Unmittelbare geografische Herkunftsangaben besitzen eine direkte geografische Aussage; so liegt es etwa bei den Namen von Städten, Regionen oder Ländern. **Mittelbare geografische Herkunftsangaben** lassen dagegen nur indirekt eine Bezugnahme auf eine bestimmte Herkunft erkennen. Die Verwendung von Landesfarben oder die Abbildung eines bekannten Monuments, einer landschaftlichen Sehenswürdigkeit, einer ortsüblichen Tracht oder eine Kombination aus mehreren, eine bestimmte Herkunft indizierenden Merkmalen[71] kann diese Wirkung ebenso erzielen wie die Verwendung einer Landessprache oder einer landestypischen Melodie. Voraussetzung dafür ist ein gedanklicher Schluss des angesprochenen Verkehrs, der mit der Aufmachung, Abbildung, Farb- oder Formgestaltung usw. eine bestimmte geografische Herkunft assoziiert.[72] Mittelbare geografische Herkunftsangaben sind grds. im selben Umfang geschützt wie unmittelbare.[73] 23

Geografische Herkunftsangaben sind von (geografischen) **Gattungsbezeichnungen** zu unterscheiden. Gattungsbezeichnungen beschreiben einen Produkttypus, nicht seine Herkunft. Dennoch können sie dem Wortlaut nach den Anschein einer geografischen Herkunftsangabe erwecken, wenn sie eine geografische Herkunftsangabe enthalten oder von einer solchen abgeleitet sind und lediglich die Bedeutung dieser geografischen Herkunftsangabe nicht – oder nicht mehr – besitzen. So liegt es, wenn der Verkehr die an sich geografische Angabe nurmehr als Namen von Waren oder Dienstleistungen oder als Bezeichnung oder Angabe der Art, der Beschaffenheit, der Sorte oder sonstiger Eigenschaften oder Merkmale versteht.[74] Zu einem derartigen Auseinanderfallen von (geografischem) Begriff und (generischer) Bedeutung kann es kommen, wenn eine ursprünglich als solche verwen- 24

---

[70] BGH GRUR 1988, 453 – Ein Champagner unter den Mineralwässern, zu § 1 UWG aF; BGH GRUR 2002, 426 – Champagner bekommen, Sekt bezahlen, zu § 127 Abs. 3 MarkenG.

[71] Ein Beispiel für das Zusammentreffen von Ausstattungsmerkmalen, die in ihrer Summe eine (unzutreffende) Herkunftsassoziation begründen, gibt die Entscheidung „Desperados" des OLG Hamburg: „Wird ein Bier in einer Klarglas-Longneck-Flasche mit serigraphiertem Etikett, dem Namen „Desperados", einem grün/weiß/roten Flaschenetikett und dem Hinweis auf das Aroma „Tequila" vertrieben, wird bei dem durchschnittlich aufgeklärten, aufmerksamen und informierten Durchschnittsverbraucher der Eindruck erweckt, dass das Bier aus Mexiko stammt. Dies gilt insbesondere dann, wenn das Bier in einem mexikanisch anmutenden Umfeld beworben und der Verbraucher in einer „Tex-Mex-Welt" begrüßt wird" – OLG Hamburg Urt. v. 23. 12. 2004 – 5 U 98/03 – „Desperados".

[72] Zahlreiche Beispiele aus der Rechtsprechung finden sich bei *Ingerl/Rohnke* MarkenG § 126 Rn 6; *Ströbele/Hacker* MarkenG § 126 Rn 46.

[73] Zum Ausschluss der Irreführung durch entlokalisierende Zusätze bei mittelbaren Herkunftsangaben → Rn 141 ff.

[74] § 126 Abs. 2 MarkenG; → Rn 72 ff.

dete und verstandene geografische Herkunftsangabe wie etwa die Bezeichnung „Emmentaler“ (Käse) infolge ihrer zahlreichen Verwendung für gleichartige Produkte anderer Herkunft zur Beschaffenheitsangabe „denaturiert“;[75] geografische Gattungsangaben können aber auch – wie im Falle der „Wiener Würstchen“ oder des „Kassler Rippenspeer“ – von vornherein nur die Funktion eines Namens besitzen oder nur zufällig einem Ortsnamen gleichen.[76]

25 Schließlich können geografische Herkunftsangaben **Phantasiebezeichnungen** sein, das heißt als **„scheingeografische“** Bezeichnungen einen tatsächlich nicht existierenden Ort beschreiben („Sun Island“ „Chateau Bellevue“) oder aber einen real existierenden Ort erkennbar nicht als Hinweis auf die Herkunft eines Produktes verwenden („Ford Capri“, Ford „Granada“, „Opel Ascona“, „SEAT Ibiza“ für KFZ, „Mont Blanc“ für Füllfederhalter). Weder bei diesen Phantasiebezeichnungen noch bei den Gattungsangaben handelt es sich um als solche schutzfähige geografische Herkunftsangaben.

B. Schutz geografischer Herkunftsangaben nach nationalem Recht

I. Überblick

26 Geografische Herkunftsangaben werden nach deutschem Recht in erster Linie als Kennzeichen geschützt. Das Markengesetz[77] nennt sie in § 1 Nr. 3 neben den Marken und den geschäftlichen Bezeichnungen unter dem gemeinsamen Oberbegriff des Kennzeichens und behandelt sie in einem eigenen **6. Teil des Gesetzes (§§ 126 bis 139 MarkenG).** Der erste Abschnitt dieses Teiles (§§ 126 bis 129 MarkenG) regelt den nationalen Schutz geografischer Herkunftsangaben. Der zweite Abschnitt (§§ 130 bis 136 MarkenG) enthält Vorschriften zur Umsetzung der VO (EG) Nr. 510/2006 zum Schutz von geografischen Angaben und Ursprungsbezeichnungen für Agrarerzeugnisse und Lebensmittel,[78] mit der die VO (EWG) Nr. 2081/92 ersetzt worden ist.[79] In einem dritten Abschnitt (§§ 137 bis 139 MarkenG) finden sich Verordnungsermächtigungen zum Schutze einzelner geografischer Herkunftsangaben (§ 137 MarkenG), zum Verfahren bei Anträgen und Einsprüchen nach der VO (EG) Nr. 510/2006 (§ 138 MarkenG) und zu Durchführungsbestimmungen zu dieser Verordnung (§ 139 MarkenG). Straftatbestände (§ 144 MarkenG), Ordnungswidrigkeiten (§ 145 MarkenG) und Beschlagnahme (§§ 150, 151 MarkenG) sind außerhalb, im 8. Teil des Markengesetzes geregelt.

27 § 126 MarkenG bestimmt den **Anwendungsbereich** des kennzeichenrechtlichen Schutzes geografischer Herkunftsangaben, § 127 MarkenG den **Schutzinhalt.** Geografische Her-

[75] Zur Bezeichnung „Emmentaler“ s. Anlage 1 Teil A zu § 7 der Käseverordnung (BGBl. 1986 I S. 412, 423; zuletzt geändert durch Art. 3 Abschnitt 2 § 13 des Gesetzes vom 13. 12. 2007, BGBl. I S. 2930), wo dieser als „Standardsorte“ beschrieben wird; nach Nr. 7 des Protokolls zum deutsch-schweizerischen Vertrag über den Schutz von Herkunftsangaben und anderen geographischen Bezeichnungen vom 7. 3. 1967 (BGBl. 1969 II S. 138) darf die Bezeichnung allerdings für nicht schweizerischen Käse in Deutschland nur mit bestimmten entlokalisierenden Zusätzen verwendet werden; zum Schutz der Bezeichnung „Allgäuer Emmentaler“ nach der VO (EWG) Nr. 2081/92 s. den Anhang zur VO (EG) Nr. 1107/96 vom 12. 6. 1996 (ABl. EG Nr. L 148 vom 21. 6. 1996, S. 1, zuletzt geändert durch VO (EG) Nr. 1829/2002 vom 14. 10. 2002, ABl. EG Nr. L 277 vom 15. 10. 2002, S. 10), wonach für den Bestandteil „Emmentaler“ kein Schutz beantragt wurde.

[76] Namensgeber sollen ein Fleischer namens Wiener und ein Koch namens Kassler sein, *Omsels* WRP 2006, 434, 446.

[77] Gesetz über den Schutz von Marken und sonstigen Kennzeichen (Markengesetz – MarkenG), BGBl. 1994 I S. 3082; ber. BGBl. 1995 I S. 156; zuletzt geändert durch Art. 4 Gesetz vom 7. 7. 2008 („Durchsetzungsgesetz“), BGBl. I S. 1191.

[78] VO (EG) Nr. 510/2006 zum Schutz von geografischen Angaben und Ursprungsbezeichnungen für Agrarerzeugnisse und Lebensmittel, ABl. EU Nr. L 93 vom 31. 3. 2006, S. 12, zuletzt geändert durch VO (EG) 1791/2006, ABl. EU Nr. L 363 vom 20. 12. 2006, S. 1.

[79] → Rn 239 ff, 246 ff.

kunftsangaben genießen danach zunächst Schutz vor irreführender Verwendung für ortsfremde Produkte. Qualifizierte Herkunftsangaben, bei denen besondere Eigenschaften oder die Qualität der bezeichneten Waren oder Dienstleistungen auf ihre bestimmte geografische Herkunft zurückzuführen sind, werden darüber hinaus auch insoweit geschützt, als ihre Verwendung den ortsansässigen Herstellern vorbehalten bleibt, deren Produkte diese Eigenschaften oder Qualität besitzen. Geografische Herkunftsangaben von besonderem Ruf schließlich erhalten – vergleichbar mit dem Sonderschutz bekannter Marken in § 14 Abs. 2 Nr. 3 MarkenG und bekannter geschäftlicher Bezeichnungen nach § 15 Abs. 3 MarkenG – einen von möglicher Irreführung unabhängigen Schutz vor Ausbeutung oder Schädigung ihrer Reputation.

Ansprüche auf **Unterlassung** und Beseitigung[80] können im Falle der Verletzung einer 28 geografischen Herkunftsangabe nach § 128 Abs. 1 MarkenG von den nach § 8 Abs. 3 UWG Berechtigten geltend gemacht werden; mit der Umsetzung der RL 2004/48/EG[81] wurde auch der Verweis auf die komplementären Ansprüche auf **Vernichtung** und Rückruf (§ 18 MarkenG), **Auskunft** (§ 19 MarkenG), Vorlage und Besichtigung (§ 19a MarkenG) sowie auf Urteilsbekanntmachung (§ 19c MarkenG) in § 128 MarkenG aufgenommen.[82] Der Anspruch auf **Schadensersatz** nach § 128 Abs. 2 MarkenG setzt ein schuldhaftes Verhalten des Verletzers voraus. § 19b MarkenG gewährt bei einer in gewerblichem Ausmaß begangenen Rechtsverletzung Zugang zu Bank-, Finanz- oder Handelsunterlagen des Verletzers zur Sicherung von Schadensersatzansprüchen. Hinsichtlich der **Verjährung** verweist § 129 MarkenG auf § 20 MarkenG.

Mit dem kennzeichenrechtlichen Schutz geografischer Herkunftsangaben ist der lauter- 29 keitsrechtliche Schutz nach dem UWG, namentlich nach dessen § 5 Abs. 1 Satz 2 Nr. 1, Abs. 2, nicht obsolet. Er behält zunächst in jedem Falle da Bedeutung, wo der Anwendungsbereich der §§ 126, 127 MarkenG nicht eröffnet ist. Ob er darüber hinaus im Sinne einer kumulativen Normenkonkurrenz neben den Schutz nach dem MarkenG tritt,[83] ist seit langem umstritten.[84] Mit der Umsetzung der Richtlinie über unlautere Geschäftspraktiken 2005/29/EG[85] spricht allerdings mehr denn je für eine eigenständige Anwendung des UWG-Schutzes neben dem markenrechtlichen unter Berücksichtigung der unterschiedlichen Schutzzwecke:[86] Die Reduktion der Bedeutung des § 2 MarkenG, wonach der Schutz geografischer Herkunftsangaben nach diesem Gesetz die Anwendung anderer Vorschriften zu ihrem Schutze nicht ausschließt, auf die letztlich banale Aussage, das andere Gesetze *außerhalb* des Anwendungsbereiches des Markengesetzes in ihrem Anwendungsbereich anwendbar blieben,[87] hat mit Art. 6 Abs. 2 lit. a RL 2005/29/EG an Plausibilität verloren; die Richtlinie hat darin einen eigenen, auf das B2C-Verhältnis zugeschnittenen und be-

---

80 BGH GRUR 2001, 420 – SPA.

81 Durch das sog. Durchsetzungsgesetz – Gesetz zur Verbesserung der Durchsetzung von Rechten des geistigen Eigentums vom 7. 7. 2008, BGBl I S. 1191; s. dazu *Seichter* WRP 2006, 391.

82 Die zuvor uneinheitlich beantwortete Frage der Zulässigkeit einer entsprechenden Anwendung der für Markenverletzungen normierten Ansprüche ist damit obsolet; → Vorauflage § 4–S 10 Rn 156 einerseits, *Ströbele/Hacker* MarkenG § 8 Rn 17 andererseits.

83 So *Fezer* MarkenG § 2 Rn 1 ff; *ders.* WRP 2000, 863; MarkenR 2006, 511, 512 (These 4); WRP 2008, 1; zum Meinungsstand s. ebenfalls *Fezer* MarkenG § 2 Rn 10.

84 → Rn 189 ff.

85 RL 2005/29/EG des Europäischen Parlaments und des Rates vom 11. Mai 2005 über unlautere Geschäftspraktiken im binnenmarktinternen Geschäftsverkehr zwischen Unternehmen und Verbrauchern und zur Änderung der RL 84/450/EWG des Rates, der Richtlinien 97/7/EG, 98/27/EG und 2002/65/EG des Europäischen Parlaments und des Rates sowie der Verordnung (EG) Nr. 2006/2004 des Europäischen Parlaments und des Rates (RL über unlautere Geschäftspraktiken), ABl. EU Nr. L 149 vom 11. 6. 2005, S. 22.

86 Dezidiert für einen grundsätzlichen Gleichrang von Wettbewerbsrecht und Recht des geistigen Eigentums vor dem Hintergrund der RL 2005/29/EG, gegen die sog. Vorrangthese und die etablierte Wendung vom „ergänzenden wettbewerbsrechtlichen Leistungsschutz" nunmehr *Köhler* GRUR 2007, 548.

87 Eine solche Konstellation zeigt im Bereich der geografischen Herkunftsangaben die Entscheidung BGH MarkenR 2000, 370 – Stich den Buben: weil der Schutz nach dem MarkenG auf die Verwendung von geografischen Herkunftsangaben für Waren und Dienstleistungen zugeschnitten ist, muss die Verwendung in der Firma eines Gewerbetreibenden nach dem UWG beurteilt werden.

schränkten Unlauterkeitstatbestand geschaffen, der auf die Vermarktung eines Produktes rekurriert, die eine Verwechslungsgefahr mit dem Kennzeichen eines Mitbewerbers begründet.[88]

30 Geografische Herkunftsangaben als Hinweis auf die geografische Herkunft eines Produkts und Marken als individuell betrieblicher Herkunftshinweis schließen sich zwar regelmäßig gegenseitig aus.[89] Ein Zeichen, das ausschließlich aus Angaben über die geografische Herkunft einer Ware oder Dienstleistung besteht, kann nach § 8 Abs. 2 Nr. 2 MarkenG nicht als Marke eingetragen werden; die geografische Herkunftsangabe ist zugunsten aller ortsansässigen Hersteller **freihaltebedürftig.**

31 Dennoch überschneidet sich das Recht der geografischen Herkunftsangaben mit dem der Marken in zwei Punkten. Zum einen ist das absolute Schutzhindernis des § 8 Abs. 2 Nr. 2 MarkenG überwindlich: auch die geografische Herkunftsangabe kann als **Individualmarke** geschützt werden, wenn sie sich infolge ihrer Benutzung für die Waren oder Dienstleistungen, für die sie angemeldet wird, in den beteiligten Verkehrskreisen durchgesetzt hat (§ 8 Abs. 3 MarkenG); der Verkehr hat sich in diesem Falle daran gewöhnt, die nach ihrem Wortlaut lediglich auf einen Ort oder eine Region verweisende Bezeichnung als **betrieblichen Herkunftshinweis** zu verstehen. Zum anderen sind geografische Herkunftsangaben tauglicher Gegenstand einer **Kollektivmarke.** Denn das Markengesetz nimmt die (geografische) Kollektivmarke – in Übereinstimmung mit den europäischen Richtlinienvorgaben[90] – in § 99 MarkenG vom Eintragungshindernis des § 8 Abs. 2 Nr. 2 MarkenG aus. Die Rechte der nicht an einer solchen Kollektivmarke Berechtigten werden über § 23 MarkenG hinaus in § 100 MarkenG berücksichtigt.[91]

II. Rechtsnatur geografischer Herkunftsangaben

32 Der Schutz geografischer Herkunftsangaben nach den §§ 1, 3 UWG aF (bis 1994), 17 Abs. 1 Nr. 5 LMBG[92] war zunächst ein rein wettbewerbsrechtlicher Irreführungsschutz.[93] Ortsansässigen Konkurrenten kam er nach einhelliger Meinung nur mittelbar, als „Reflex" zugute.[94] Ob diese Zuordnung unverändert gilt, nachdem der Schutz geografischer Herkunftsangaben mit dem Markengesetz[95] in das Kennzeichenrecht integriert wurde, ist umstritten. Unter den Oberbegriff des Kennzeichens fallen zwar nach § 1 Nr. 3 MarkenG neben den Marken und den geschäftlichen Bezeichnungen auch die geografischen Herkunftsangaben. Dessen ungeachtet nehmen geografische Herkunftsangaben aber innerhalb des Kennzeichenrechts eine **Sonderstellung** ein.[96] Nicht ohne weiteres zu bejahen ist deshalb die Gleichstellung geografischer Herkunftsangaben mit den übrigen Kennzeichenrechten im Sinne subjektiver Ausschließlichkeitsrechte.

33 Im Schrifttum wird geografischen Herkunftsangaben vielfach die Qualität subjektiver Ausschließlichkeitsrechte und vollwertiger Immaterialgüterrechte zugesprochen.[97] Das Mar-

---

[88] So *Fezer* MarkenR 2006, 511, 512 (Thesen 3 und 4).

[89] Zur möglichen Parallelität von Marke und geografischer Herkunftsangabe s. BGH GRUR 1999, 252, 254 – Warsteiner II.

[90] Art. 15 Abs. 2 Satz 1 RL 89/104/EWG (→ Fn 10).

[91] → Rn 228 ff.

[92] Ergänzend wirkte der strafrechtliche Schutz nach §§ 4, 26 WZG; BGH GRUR 1965, 317, 319 – Kölnisch Wasser (zu § 3 UWG aF).

[93] Ebenso Art. 1, 3 der RL 84/450/EWG über irreführende und vergleichende Werbung (→ Fn 12).

[94] BVerfG GRUR 1979, 773, 777 f – Weinbergsrolle; *Baumbach/Hefermehl* UWG § 3 aF Rn 186.

[95] Gesetz über den Schutz von Marken und sonstigen Kennzeichen (Markengesetz – MarkenG), BGBl. 1994 I S. 3082; ber. BGBl. 1995 I S. 156; zuletzt geändert durch Art. 4 Gesetz vom 7. 7. 2008 („Durchsetzungsgesetz"), BGBl. I S. 1191.

[96] *Ingerl/Rohnke* MarkenG Einl. Rn 11.

[97] *Fezer* MarkenG § 126 Rn 1, 4; *Gloy/Helm* Hdb. § 49 Rn 99; *Helm* FS Vieregge S. 335, 355; *Kahler* S. 133 ff, 166 ff; *Knaak* GRUR 1995, 103 f; *Piper/Ohly* UWG § 3 Rn 316; *Althammer/Ströbele/Klaka* MarkenG § 126 Rn 5 (bis zur 5. Aufl.).

kengesetz habe ihnen den Charakter eines subjektiven Rechts verliehen, mit der Folge, dass sie – nicht anders als die Marken – als **immaterialgüterrechtliche Vermögensrechte** zu verstehen seien.[98] Dies stehe im Einklang mit der Rechtsprechung des EuGH, der den Schutz geografischer Herkunftsangaben in der Entscheidung *Turròn de Alicante*[99] ausdrücklich unter den Schutz des gewerblichen und kommerziellen Eigentums im Sinne des Art. 30 EG gestellt habe, während er den Wettbewerbsschutz nur Art. 28 EG zuordne.[100] Im selben Sinne sieht *Knaak* mit der Aufnahme der geografischen Herkunftsangaben in das Markengesetz „alle Merkmale eines gewerblichen Schutzrechts" ebenso erfüllt wie „die Voraussetzungen eines verfassungsrechtlichen Schutzes nach Art. 14 GG".[101]

Dem Argument, geografische Herkunftsangaben seien – anders als gewerbliche Schutzrechte – nicht einem bestimmten Rechtsträger ausschließlich zuzuordnen, wird entgegengehalten, dass zum einen der Ausschließlichkeitscharakter eines subjektiven Kennzeichenrechts nicht die Zuordnung zu einem *einzelnen* Rechtsträger verlange; entscheidend für die Annahme eines subjektiven Rechts sei allein, dass der von ihm gewährte Vorteil nicht jedem Dritten voraussetzungslos zustehe. Der Kreis der Berechtigten könne deshalb, wie etwa das Beispiel der einfachen Lizenz belege, klein oder groß, konstant oder wechselnd sein.[102] Zum anderen sei der Kreis der aus einer geografischen Herkunftsangabe berechtigten Rechtsträger durch deren rechtmäßige Benutzung hinreichend bestimmt.[103] Dass § 128 Abs. 1 MarkenG hinsichtlich der Aktivlegitimation bei der Verfolgung von Verletzungen geografischer Herkunftsangaben auf das UWG verweise, erkläre sich daraus, dass der Gesetzgeber des Markengesetzes von einem objektivrechtlichen Interessenschutz der geografischen Herkunftsangaben ausgegangen sei; die rechtstheoretische Frage der Einordnung geografischer Herkunftsangaben als subjektive Rechte im kennzeichenrechtlichen Sinne sei damit nicht vorentschieden.[104] 34

In der **Gesetzesbegründung** zum Markengesetz wird demgegenüber ausgeführt, geografische Herkunftsangaben seien als „Kennzeichnungsmittel" der Funktion von Marken lediglich vergleichbar. Weil sie aber – anders als diese – nicht die betriebliche Herkunft von Waren oder Dienstleistungen, sondern ihre geografische Herkunft kennzeichneten, seien sie keine individuellen Schutzrechte. Sie könnten von allen Unternehmen für Waren oder Dienstleistungen benutzt werden, die aus dem gekennzeichneten Ort oder Gebiet stammten. Insoweit verkörperten geografische Herkunftsangaben nur einen **kollektiven Goodwill,** der allen berechtigten Unternehmen gemeinsam zustehe.[105] Mit ihrer gesetzlichen Verortung im Markengesetz solle in erster Linie der zuvor über verschiedene Gesetze verstreute Schutz zusammengefasst werden. 35

Der BGH hat sich diese Sicht in mehreren Entscheidungen zu eigen gemacht. Der individuelle Schutz, den die rechtmäßigen Nutzer einer geografischen Herkunftsangabe genießen, ist danach bloßer **Reflex** eines in erster Linie **wettbewerbsrechtlich** gebliebenen Schutzes.[106] Er hat in den §§ 126ff MarkenG lediglich eine „sondergesetzliche Ausgestaltung" erfahren,[107] die §§ 126ff MarkenG sind mithin **leges speciales** gegenüber dem UWG. 36

---

[98] *Fezer* MarkenG § 126 Rn 4.

[99] EuGH GRUR Int. 1993, 76, 77 – Exportur (Turròn).

[100] Diese Rechtsprechung wird bestätigt in EuGH WRP 1999, 486 – Gorgonzola/Cambozola (Rn 20) GRUR 2003, 609 – Grana Padano (Rn 49) und GRUR Int. 2004, 131 – American Bud (Rn 99ff).

[101] GRUR 1995, 103, 105.

[102] *Sosnitza* MarkenR 2000, 77, 82, der jedoch geografischen Herkunftsangaben aus anderen Gründen den Charakter subjektiver Rechte abspricht.

[103] *Fezer* MarkenG § 126 Rn 4; ebenso *Piper/Ohly* UWG § 3 Rn 317.

[104] *Fezer* MarkenG § 126 Rn 4 aE.

[105] BT-Drucks. 12/6581 S. 116ff.

[106] BGH GRUR 1999, 252, 253f – Warsteiner II; BGH GRUR 2001 73, 77 – Stich den Buben; GRUR 2001, 420, 422 – SPA; im selben Sinne schon BVerfG GRUR 1979, 773, 777 – Weinbergsrolle.

[107] BGH GRUR 1999, 252, 254 – Warsteiner II; im Sinne eines unverändert wettbewerbsrechtlichen Schutzes auch *Ingerl/Rohnke* MarkenG Vor §§ 126–129 Rn 1; *Ströbele/Hacker* MarkenG § 126 Rn 6; *Hefermehl/Köhler/Bornkamm* UWG § 5 Rn 4.203; *Obergfell* ZEuP 1997, 677, 678; *dies.* GRUR 1999, 551, 552; *Ullmann* GRUR 1999, 666.

Individualrechte werden dadurch, wie die Regelung der Aktivlegitimation bei Verstößen nach § 128 Abs. 1 MarkenG zeigt, nicht begründet.[108] Schutzgegenstand ist der in der geografischen Herkunftsangabe verkörperte **kollektive Goodwill.**[109] Die zu §§ 1, 3 UWG aF entwickelten Grundsätze der Rechtsprechung können deshalb in das MarkenG übernommen werden, wo dieses den lauterkeitsrechtlichen Schutz nach dem UWG ersetzt.[110] In der Literatur findet auch dieser Ansatz breite Unterstützung.[111]

37 Es verwundert nicht, dass vor dem Hintergrund der solchermaßen konträren Sichtweisen auch umstritten geblieben ist, ob eine Irreführung durch geografische Herkunftsangaben im Rahmen des § 127 MarkenG – wie generell im Rahmen des § 3 UWG aF[112] – eine Relevanz der erzeugten Fehlvorstellungen für die Kaufentscheidung des Publikums voraussetzt.[113] Letztlich wird man zugestehen müssen, dass allein die Aufnahme der geografischen Herkunftsangaben in den Katalog der Kennzeichen des § 1 MarkenG die **markanten Unterschiede** der geografischen zu den betrieblichen Herkunftsangaben und den geschäftlichen Bezeichnungen nicht beseitigen konnte. Anders als bei diesen subjektiven Kennzeichenrechten entsteht das individuelle Recht zur Nutzung (einfacher) geografischer Herkunftsangaben allein aus dem tatsächlichen geografischen Bezug des Produktes, kann also durch bloße Sitzverlegung eines herstellenden Betriebes erlangt werden oder umgekehrt verloren gehen. Dass „ortsvertriebene" Unternehmen eine geografische Herkunftsangabe als „Traditionsträger" an einen anderen Ort mitführen können, ist demgegenüber eine äußerst seltene Ausnahme.[114] Jedenfalls im Falle der mittelbaren Herkunftsangabe, deren Aussage durch entlokalisierende Zusätze neutralisiert werden kann,[115] lässt sich der Kreis der zu ihrer Benutzung Berechtigten kaum mehr eingrenzen:[116] die Verwendung von Landesfarben in einem Kontext, der eine Irreführung über die Herkunft des so aufgemachten Produktes ausschließt, steht praktisch allen Mitbewerbern offen.

38 Gegenüber einer jüngeren Marke kann die prioritätsältere geografische Herkunftsangabe zwar als **„sonstiges Recht"** im Sinne des § 13 Abs. 2 Nr. 5 MarkenG durchgesetzt werden;[117] auch hier fallen jedoch zwei für ein subjektives Ausschließlichkeitsrecht atypische Besonderheiten auf: Zum einen ist der für den Vorrang der geografischen Herkunftsangabe maßgebliche **Zeitpunkt der Benutzungsaufnahme** unabhängig von der Benutzung durch den Kläger als solchen; maßgeblich für die Priorität im Sinne des § 6 MarkenG ist allein die Aufnahme der berechtigten Benutzung im Sinne des § 126 MarkenG, durch wen auch immer.[118] Zum anderen steht nach § 55 Abs. 2 Nr. 3 MarkenG der Löschungsanspruch ggf. allen nach § 8 Abs. 3 UWG Klageberechtigten zu. Die Einordnung der geografischen Herkunftsangabe in den Katalog des § 13 MarkenG wird denn auch für systemwidrig erach-

---

[108] BGH GRUR 1999, 252, 254 – Warsteiner II.

[109] BGH GRUR 2001 73, 77 – Stich den Buben, mit Verweis auf die RegBegr. zum MarkenG.

[110] BGH GRUR 2002, 424, 427 – Champagner bekommen, Sekt bezahlen (zu § 1 UWG aF, § 127 Abs. 3 MarkenG).

[111] *v. Gamm* FS Brandner S. 375, 380; *Gloy* FS Piper S. 543, 552; *Obergfell* ZEuP 1997, 677, 678; *dies.* GRUR 1999, 551, 552; *Ullmann* GRUR 1999, 666, 667; HK-MarkenR/*Fuchs-Wissemann* MarkenG § 126 Rn 1; *v. Schultz/Gruber* MarkenG Vor §§ 126–129 Rn 2ff; *Ingerl/Rohnke* MarkenG Vor §§ 126–139 Rn 1; *Ströbele/Hacker* MarkenG § 126 Rn 6; *Lehmler* UWG § 5 Rn 181; *Hefermehl/Köhler/Bornkamm* UWG § 5 Rn 4.203ff.

[112] BGH GRUR 2003, 628, 629 – Klosterbrauerei, mit zahlreichen Hinweisen auf die ständige Rechtsprechung zu §§ 3 UWG aF, 17 Abs. 1 Nr. 5 LMBG.

[113] Dazu *Ingerl/Rohnke* MarkenG § 127 Rn 4 einerseits, *Ströbele/Hacker* MarkenG § 127 Rn 12 andererseits → Rn 98ff.

[114] BGH GRUR 1956, 270, 272 – Rügenwalder Teewurst; GRUR 1995, 354, 357 – Rügenwalder Teewurst II; *Hefermehl/Köhler/Bornkamm* UWG § 5 Rn 4.205; die Bezeichnung ist inzwischen als Kollektivmarke nach § 97 MarkenG eingetragen, dazu OLG Hamburg ZLR 1999, 354.

[115] → Rn 141ff.

[116] Darauf weist *Sosnitza* MarkenR 2000, 77, 83f, hin.

[117] Zum Vorrang einer nach der VO (EG) Nr. 510/2006 geschützten geografischen Herkunftsangabe s. Art. 14 Abs. 1 der VO; → Rn 294ff.

[118] Insoweit passt der Wortlaut des § 6 Abs. 3 MarkenG, wonach es auf den Zeitpunkt ankommt, zu dem „das Recht erworben wurde", nicht auf die geografische Herkunftsangabe.

tet,[119] „in Wirklichkeit" liege ein „besonderer Fall einer wettbewerbrechtlichen Löschungsklage" vor.[120]

39 Anders als im Falle der Marke ist jedenfalls die einfache geografische Herkunftsangabe nur potentiell, keinesfalls notwendig Ausdruck einer individualisierbaren Unternehmensleistung, die ihren Schutz als subjektives Recht erforderte. Geografische Herkunftsangaben kommunizieren zwar häufig, aber keinesfalls immer und vor allem nicht notwendigerweise mehr als eine Beziehung des gekennzeichneten Produkts zu einem Herstellungsort. Als einfache geografische Herkunftsangaben sind sie auch dann schutzfähig und -würdig, wenn die angesprochenen Verkehrskreise keinerlei besondere Wertschätzung mit ihnen verbinden;[121] auch in diesem Fall kann die geografische Herkunftsangabe dem Verbraucher zur Orientierung dienen, etwa, um aus umweltpolitischer Rücksichtnahme beim Konsum auf kurze Transportwege zu achten. Mit der Anerkennung einer besonderen, individualisierbaren Unternehmensleistung hat dies nichts zu tun; gleichwohl genießt die geografische Herkunftsangabe auch in diesem Falle uneingeschränkten Schutz. Nicht anders liegt es, wenn die Wertschätzung des Verkehrs nicht dem Produkt, sondern allein dem Ort gilt, mit dem es in Verbindung gebracht wird: auch in diesem Falle genießt die geografische Herkunftsangabe rechtlichen Schutz.[122]

40 Aber auch dann, wenn durch die berechtigte Verwendung der geografischen Herkunftsangabe eine spezifische Wertschätzung des Publikums („Goodwill") aufgebaut wurde, sind die jeweils Nutzungsberechtigten doch nicht – wie dies ein eigentumsgleich geschütztes, subjektives Ausschließlichkeitsrecht erwarten ließe – in irgendeiner Form zur Veräußerung, Übertragung oder Lizenzerteilung befugt.[123] Denn auch ein solcher Goodwill bleibt notwendig ein kollektiver. Er kommt allen Unternehmen des betreffenden Ortes oder der Region unabhängig von ihrem individuellen Beitrag zu seinem Aufbau zugute. Besonders deutlich wird dies an Länderbezeichnungen wie „Made in Germany"[124] oder an mittelbaren geografischen Herkunftsangaben wie etwa der Verwendung von Landesfarben. All dies stützt die Annahme, der Schutz geografischer Herkunftsangaben sei auch im MarkenG ein objektivrechtlicher Interessenschutz geblieben. Eine individuelle Zuordnung des Zeichens im Sinne eines eigentumsgleichen, subjektiven Immaterialgüterrechts gewährleistet demgegenüber erst die **geografische Kollektivmarke**[125] bzw. die kraft Verkehrsdurchsetzung zur **Individualmarke** erstarkte geografische Herkunftsangabe.[126] Auch gegenüber einer Kollektivmarke bleibt die geografische Herkunftsangabe als solche jedoch nach § 100 Abs. 1 MarkenG[127] frei nutzbar, wenn und solange nicht einer der Verbotstatbestände des § 127 MarkenG erfüllt ist.[128]

41 Gegen den für ein subjektives Recht erforderlichen Zuweisungsgehalt spricht überdies nach *Gruber,* dass im Falle der qualifizierten geografischen Herkunftsangabe im Sinne des § 127 Abs. 2 MarkenG auch ortsansässige Unternehmen nicht zur Nutzung der Angabe berechtigt sind, wenn ihre Waren oder Dienstleistungen die maßgebliche Qualität nicht aufweisen.[129] Im Falle der geografischen Herkunftsangabe von besonderem Ruf im Sinne des § 127 Abs. 3 MarkenG rechtfertigt gerade die **wettbewerbsrechtliche** Natur ihres

---

[119] *Sosnitza* MarkenR 2000, 77, 86.
[120] *Ströbele/Hacker* MarkenG § 13 Rn 30.
[121] *v. Schultz/Gruber* MarkenG § 126 Rn 3.
[122] So ausdrücklich EuGH GRUR 1999, 723, 726 – Chiemsee.
[123] *Sosnitza* MarkenR 2000, 77, 86; *Ingerl/Rohnke* MarkenG Vor §§ 126–139 Rn 1; zur – mangels Lizenzfähigkeit der geografischen Herkunftsangabe – fehlenden Aktivlegitimation eines nicht ortsansässigen Anbieters, der die betroffene geografische Herkunftsangabe „in Abstimmung" mit den berechtigten Benutzern verwendet, BGH GRUR Int. 2008, 347 – Cambridge Institute, m. Anm. *Omsels* jurisPR-WettbR 10/2007, Anm. 1.
[124] Zu dieser Bezeichnung *Gündling* GRUR 2007, 921.
[125] → Rn 228 ff.
[126] → Rn 219 ff.
[127] S. auf Gemeinschaftsebene Art. 64 Abs. 2 VO (EG) Nr. 40/94 (Fn 10).
[128] Eine solche Konstellation liegt BGH GRUR 2003, 242, 245 – Dresdner Christstollen, zugrunde.
[129] In *v. Schultz* MarkenG Vor §§ 126–129 Rn 3.

Schutzes das Verbot der rufschädigenden oder -ausnutzenden Verwendung für Waren anderer Herkunft unabhängig davon, ob sie eine Gefahr der Irreführung über die geografische Herkunft mit sich bringt und unabhängig davon, ob die Benutzung kennzeichenmäßig erfolgt.[130] Mit diesem Befund steht, worauf auch die Rechtsprechung abstellt,[131] der Kreis der im Falle unberechtigter Verwendung **Klagebefugten** in Einklang, der nach §§ 128 Abs. 1 MarkenG, 8 Abs. 3 UWG (§ 13 Abs. 2 UWG aF) auch Mitbewerber und die Verbände einschließt[132] und damit die Durchsetzung der geografischen Herkunftsangabe gegen Verletzungshandlungen Dritter **unabhängig** „oder sogar gegen den Willen des einzelnen Berechtigten"[133] ermöglicht. Auch dies ist für ein subjektives Recht zumindest ungewöhnlich.

42 Dessen ungeachtet ist nicht zu verkennen, dass die zu einem Zeitpunkt existierenden, berechtigten Nutzer einer geografischen Herkunftsangabe nicht nur über ein „kollektives" Ausschließlichkeitsrecht gegenüber allen zu diesem Zeitpunkt unberechtigten Nutzern verfügen, sondern auch über ein **positives Benutzungsrecht.** Im Falle einer nach der VO (EG) Nr. 510/2006 registrierten geografischen Herkunftsangabe kann sich dieses Recht sogar gegen eine tatsächlich eingetretene Irreführung behaupten.[134] Wenn für den Schutz der einfachen geografischen Herkunftsangabe mit der hM[135] keine konkrete Auswirkung einer möglichen Irreführung auf die Kaufentscheidung des Publikums verlangt wird, manifestiert sich darin gerade der selbstständige Schutz der geografischen Herkunftsangabe als Kennzeichen. Nichts anderes gilt für den Umstand, dass die prioritätsältere geografische Herkunftsangabe gegenüber jüngeren Marken als „sonstiges Recht" im Sinne des § 13 Abs. 2 Nr. 5 MarkenG wie ein individuelles Kennzeichenrecht durchgesetzt werden kann.[136]

43 Es erscheint deshalb gerechtfertigt, von einer **kennzeichenrechtlichen Verselbständigung** des Schutzes geografischer Herkunftsangaben gegenüber dem vormaligen, ausschließlich wettbewerbsrechtlichen Schutz nach dem UWG aF zu sprechen, mit deren Fortschritt auch die Vorrangthese[137] des in das Markenrecht integrierten Schutzes geografischer Herkunftsangaben als lex specialis vor dem Schutz nach dem UWG steht und fällt. Dass diese Verselbständigung keineswegs vollständig und abgeschlossen ist, zeigen die genannten, zahlreichen und fortbestehenden Anknüpfungen des markenrechtlichen Schutzes an das Lauterkeitsrecht. Die Gleichstellung, die der Gesetzgeber in der Begründung des Markengesetzes vorgenommen hat, sollte gleichwohl nicht als ein Einfrieren des seinerzeitigen status quo der Rechtsprechung zu §§ 1, 3 UWG aF verstanden werden, sondern vielmehr als punktueller Ansatz im Sinne der Wahrung der Kontinuität der Rechtsentwicklung beim Übergang vom wettbewerbsrechtlichen Schutz nach dem UWG aF zum kennzeichenrechtlichen Schutz nach dem Markengesetz.

44 Im Ergebnis ist deshalb zwar vom **Fortbestand des wettbewerbsrechtlichen Charakters** des Schutzes der geografischen Herkunftsangaben auch im Markengesetz auszugehen; ihr objektivrechtlicher Schutz vor Irreführung im Interesse der Marktteilnehmer erscheint noch immer vorrangig, der Schutz des jeweiligen Verwenders der Angabe als die (auch) erwünschte Folge des erstgenannten Schutzes.[138] Die Entscheidung *Turròn de Alicante*[139]

---

[130] *Helm* FS Vieregge S. 335, 357; *Sosnitza* MarkenR 2000, 77, 85 f; BGH GRUR 2002, 426, 427 – Champagner bekommen, Sekt bezahlen.

[131] BGH GRUR 1999, 252, 254 – Warsteiner II.

[132] *Ullmann* GRUR 1999, 666, 667.

[133] *Sosnitza* MarkenR 2000, 77, 86.

[134] So im Falle OLG Hamburg GRUR-RR 2004, 36, 37 – Spreewälder Gurken.

[135] → Rn 98 f.

[136] Der Kreis der nach § 8 Abs. 3 UWG dazu Berechtigten lässt dagegen die wettbewerbsrechtliche Konzeption erkennen; → Rn 38 zur Prioritätsbestimmung in den Fällen des § 13 Abs. 2 Nr. 5 MarkenG.

[137] *Hefermehl/Köhler/Bornkamm* UWG § 5 Rn 4.202 mwN.

[138] Ebenso *Ströbele/Hacker* MarkenG § 126 Rn 6 (anders noch *Althammer/Ströbele/Klaka* MarkenG bis zur 5. Aufl.).

[139] EuGH GRUR Int. 1993, 76, 77 – Exportur (Turròn).

steht dem insofern nicht entgegen, als der EuGH darin weniger die (einfache) Herkunftsangabe zum Immaterialgüterrecht im Sinne des Art. 30 EG (Art. 36 EWGV) erhebt, als vielmehr deren wettbewerbsrechtlichen Irreführungs- und Rufausbeutungsschutz dem Vorbehalt des „gewerblichen und kommerziellen Eigentums" zuordnet.[140] Denn diese Zuordnung (auch) der (einfachen) geografischen Herkunftsangaben erfolgt dort mit der Begründung, „nicht nur der Schutz von Ursprungsbezeichnungen, sondern auch der durch Vorschriften gegen irreführende Werbung und gegen missbräuchliche Rufausnutzung gewährte Schutz von Herkunftsangaben" falle unter den Vorbehalt des Art. 30 EG (Art. 36 EWGV).[141] Die kennzeichenrechtliche Aufwertung, die die geografische Herkunftsangabe in §§ 1 Nr. 3, 13 Abs. 2 Nr. 5 MarkenG erfahren hat, rechtfertigt es gleichwohl, von einem **„Immaterialgüterrecht mit eingeschränkter Ausschließlichkeitsfunktion"**[142] zu sprechen.

45 Für die Abgrenzung des markenrechtlichen vom wettbewerbsrechtlichen Schutz der geografischen Herkunftsangabe erscheint die Formulierung von *Omsels* hilfreich, wonach „der Schutz vor Irreführung mit geografischen Herkunftsangaben" vom „Schutz von geografischen Herkunftsangaben als solchen" unterschieden werden sollte.[143] Tatsächlich machen Art. 5 Abs. 2, 3, Art. 6 Abs. 2 lit. a RL 2005/29/EG und ihre Umsetzung in den §§ 3 Abs. 2, 5 Abs. 2 UWG[144] deutlich, dass beim wettbewerbsrechtlichen Schutz zugunsten des Verbrauchers dessen „Fähigkeit, sich aufgrund von Informationen zu entscheiden" im Fokus des Schutzes steht, weshalb er davor bewahrt werden soll, infolge unwahrer oder irreführender Angaben „zu einer geschäftlichen Entscheidung" veranlasst zu werden, „die er andernfalls nicht getroffen hätte".[145] § 5 Abs. 2 UWG nimmt deshalb das **gesamte Vermarktungsverhalten** in den Blick, soweit es eine Verwechslungsgefahr mit Produkten oder Kennzeichen eines Mitbewerbers hervorruft. Damit wird das Marktverhalten eines Marktteilnehmers, des Anbieters, untersagt, weil es das **freie** Marktverhalten eines anderen Marktteilnehmers, des Verbrauchers, durch unrichtige oder irreführende Informationen **beschneidet.**

46 Im Fokus des kennzeichenrechlichen Schutzes steht dagegen das **Kennzeichen** – hier: die geografische Herkunftsangabe – **selbst.** Seine freie Nutzung soll den ortsansässigen Herstellern exklusiv vorbehalten werden. Die **kennzeichenrechtliche Funktion** der geografischen Herkunftsangabe, die örtliche Herkunft eines Produktes zu kommunizieren, wird durch eine irreführende Verwendung für Produkte anderer Herkunft unterlaufen, auf eine Relevanz dieser Irreführung für die Kaufentscheidung des Publikums kommt es daneben nicht an. Der grundsätzliche Ausschluss geografischer Herkunftsangaben vom markenrechtlichen Schutz nach § 8 Abs. 2 Nr. 2 MarkenG auch dann, wenn das Freihaltebedürfnis der Bezeichnung lediglich aus einer „vernünftigerweise zu erwartenden" Benutzung resultiert,[146] steht damit im Einklang: Die Eintragung ist auch dann zu versagen, wenn die fragliche Benutzung als Herkunftsangabe noch nicht zu beobachten ist, eine solche Verwendung aber jederzeit in Zukunft erfolgen kann.[147]

47 Die **unterschiedliche Schutzrichtung** von Wettbewerbs- und Kennzeichenrecht zeigt sich auch bei der Frage der Zulässigkeit der für sich genommen unrichtigen Verwendung geografischer Angaben unter Beifügung eines sog. **entlokalisierenden** Zusatzes: Während für das Lauterkeitsrecht der Ausschluss einer allfälligen Fehlvorstellung des „informierten,

---

[140] Diese Zuordnung findet sich im Übrigen auch in Art. 1 Abs. 2, Art. 10bis PVÜ (→ Rn 330 ff), sowie in der Definition geistigen Eigentums nach Art. 2 viii des WIPO-Übereinkommens.

[141] EuGH GRUR Int. 1993, 76; s. auch Anm. *Beier* aaO S. 80; ebenso *Ingerl/Rohnke* MarkenG Vor §§ 126–139 Rn 1 aE.

[142] *Fezer* MarkenG § 126 Rn 4.

[143] WRP 2006, 434, 442.

[144] Zur aufgegebenen ausdrücklichen Rückbindung der §§ 4 bis 7 UWG an die Generalklausel des § 3 UWG *Sosnitza* WRP 2008, 1014, 1019 f.

[145] Nach dem 7. Erwägungsgrund der RL 2005/29/EG bezieht sich die Richtlinie auf „Geschäftspraktiken, die in unittelbarem Zusammenhang mit der Beeinflussung der geschäftlichen Entscheidungen des Verbrauchers in Bezug auf Produkte stehen."

[146] EuGH GRUR 1999, 723, 725 f – Chiemsee.

[147] BGH GRUR 2003, 882 – Lichtenstein; BPatG Beschl. v. 11. 4. 2006 – 27 W (pat) 3/06 – AHMEDABAD.

verständigen und angemessen aufmerksamen Durchschnittsverbrauchers“ ausreichend ist, muss das Kennzeichenrecht auch einer Denaturierung der geografischen Herkunftsangabe zum Gattungsbegriff vorbeugen. Letztere droht auch da, wo zwar eine Irreführung über die örtliche Herkunft vermieden wurde, die durch den entlokalisierenden Zusatz korrigierte geografische Angabe aber gerade deshalb nicht mehr als solche verstanden, das heißt ihrer Kennzeichnungsfunktion beraubt wird.[148]

48 All dies spricht dafür, den wettbewerbsrechtlichen Schutz geografischer Herkunftsangaben nach dem UWG nicht (nur) als „ergänzenden“ zu verstehen,[149] sondern jedenfalls da, wo der Schutz der §§ 126 MarkenR nicht hinreicht, als selbständigen.

III. Begriff der geografischen Herkunftsangabe

49 Während geschäftliche Bezeichnungen ein Unternehmen kennzeichnen oder ein Werk betiteln (§ 1 Nr. 2, § 5 MarkenG) und Marken die betriebliche Herkunft einer Ware oder einer Dienstleistung kommunizieren (§ 1 Nr. 1, §§ 3ff MarkenG), weisen geografische Herkunftsangaben auf die **örtliche Herkunft** eines Produktes hin. Sie informieren über die Herkunft aus einem Ort, einer Gegend, einem Gebiet, einer Region, einem Land[150] oder gar einem Erdteil.[151]

50 Eine Aussage über die betriebliche Quelle ist damit allenfalls in dem besonderen Fall verbunden, dass am betreffenden Ort bekanntermaßen nur ein einziger Hersteller produziert,[152] wie dies etwa bei Mineralquellen[153] oder bei Weinberglagen nicht selten ist,[154] oder dass sich eine geografische Herkunftsangabe durch die besonderen Anstrengungen eines ortsansässigen Unternehmens als Marke für dieses Unternehmen durchgesetzt hat.[155]

51 Eine objektive Produkteigenschaft, die ein Produkt bestimmter geografischer Herkunft von gleichartigen Produkten anderer Herkunft unterscheidet, ist nicht Voraussetzung für den Schutz der Herkunftsangabe:[156] eine solche Qualität kann mit der Herkunft eines Produktes verbunden sein und so die geografische Herkunftsangabe zur Ursprungsangabe qualifizieren, der rechtliche Schutz nach nationalem Recht ist aber nicht davon abhängig.[157] Unerheblich ist auch, ob ein Produkt bestimmter geografischer Herkunft an anderem Ort ebenso gut und mit dem selben Arbeitsergebnis hergestellt werden kann.[158] Geografische Herkunftsangaben sind nach § 126 Abs. 1 MarkenG schlicht „die Namen von Orten, Gegenden, Gebieten oder Ländern, sowie sonstige Angaben oder Zeichen, die im geschäftlichen Verkehr zur Kennzeichnung der geografischen Herkunft von Waren oder einer Dienst-

---

[148] Ebenso *Büscher/Dittmer/Schiwy* Gewerblicher Rechtsschutz, Urheberrecht, Medienrecht, § 127 MarkenG Rn 14.

[149] Audsrücklich für eine Aufgabe des tradierten Begriffes des „ergänzenden wettbewerbsrechtlichen Leistungsschutzes“ im Hinblick auf die Unterschiedlichkeit der Schutzzwecke des Wettbewerbsrechts und des Rechts des geistigen Eigentums *Köhler* GRUR 2007, 548, 549.

[150] OLG Hamm GRUR-RR 2006, 12 – Germany.

[151] Nach EuGH GRUR Int 2002, 1021 – CMA-Gütezeichen, ist allerdings eine Regelung, die zur Bestimmung des Herkunftsbereichs auf das gesamte Hoheitsgebiet des betreffenden Mitgliedstaats abstellt und für alle Erzeugnisse der Land- und Ernährungswirtschaft gilt, die bestimmte Qualitätsanforderungen erfüllen, nicht als geografische Angabe anzusehen, die nach Art. 36 EG-Vertrag gerechtfertigt sein kann.

[152] BPatG 33 W (pat) 65/04 – Gut Seeburg, zitiert bei *Grabrucker/Fink* GRUR 2007, 267, 275.

[153] BPatG 26 W (pat) 20/04 – Lichtenauer Wellness, zitiert bei *Grabrucker/Fink* GRUR 2007, 267, 275.

[154] S. auch die in BPatG GRUR Int. 1992, 62, 63 – Vittel, zitierten Entscheidungen SAN PELLEGRINO (Beschl. v. 20. 3. 1984 – 26 W (pat) 79/81) und WATERFORD (Beschl. v. 14. 12. 1988 – 26 W (pat) 8/87); BPatG GRUR 1993, 43 – RÖMIGBERG I; 1993, 395 – RÖMIGBERG II zur Markenfähigkeit geografischer Herkunftsbezeichnungen; OLG Hamburg GRUR-RR 2003, 139 – EVIAN/Revian II zur Marke EVIAN ua; in der Schweiz konnte „Valser“ als Marke eingetragen werden (CH.Nr. P 282713).

[155] → Rn 219ff; § 8 Abs. 2 Nr. 2, Abs. 3 MarkenG.

[156] *Lange* Marken- und Kennzeichenrecht Rn 1359.

[157] Zur Kompatibilität des Schutzes einfacher geografischer Herkunftsangaben mit dem europäischen Recht EuGH GRUR Int. 1993, 76, 77 – Exportur (Turròn) m. Anm. *Beier* GRUR Int. 1993, 79ff; *Beier/Knaak* GRUR Int. 1993, 602, 603.

[158] BGH GRUR 1956, 270, 272 – Rügenwalder Teewurst; GRUR 1981, 71 – Lübecker Marzipan.

leistungen benutzt werden"; § 127 Abs. 1 MarkenG stellt keine darüber hinausgehenden Anforderungen an ihren Schutz.

1. Einfache geografische Herkunftsangaben (§ 126 Abs. 1 MarkenG)

Ob eine im geschäftlichen Verkehr benutzte Herkunftsangabe als Information über den geografischen Ursprung eines Produktes verstanden wird, hängt von den Vorstellungen des angesprochenen Publikums, der **Verkehrsauffassung** ab: geografische Herkunftsangabe ist ein Zeichen nur, **wenn, soweit und solange** es vom Verkehr als Hinweis auf die örtliche Herkunft eines Produktes verstanden wird.[159] Als Folge dieser zentralen Bedeutung der Verkehrsauffassung bedarf eine Definition, die wie § 126 Abs. 1 MarkenG zunächst von der Verwendung von Orts-, Landschafts- oder Ländernamen zur Herkunftskennzeichnung ausgeht, sowohl der **Erweiterung,** als auch der **Einschränkung:** 52

Über die genannten geografischen Namen hinaus sind grundsätzlich auch alle anderen Zeichenformen – Personen- oder sonstige nichtgeografische Namen, Abbildungen, Farben, Produkt- oder Verpackungsformen – geeignet, Herkunftsaussagen zu transportieren, wenn sie nur in diesem Sinne verwendet und verstanden werden. Der Kreis der für geografische Herkunftsangaben tauglichen Zeichen ist damit grds. so groß wie der der möglichen Markenformen im Sinne des § 3 MarkenG,[160] was die Unterscheidung von unmittelbaren und mittelbaren geografischen Herkunftsangaben notwendig macht.[161] Umgekehrt ist auch der Name einer Stadt oder Region nicht geeignet, geografische Herkunftsangabe zu sein, wenn ihm keine Herkunftsaussage beigemessen wird, sei es, weil ein solcher Ort nicht existiert, weil seine Existenz nicht bekannt ist, weil eine ursprünglich bestehende Herkunftsaussage zur Gattungsbezeichnung mutiert hat oder weil die vorderhand geografische Bezeichnung seit jeher nur zur Beschreibung eines Produkttypus oder zur markenmäßigen Benennung eines Produktes verwendet und verstanden wird.[162] 53

a) Verkehrsauffassung. Geografische Herkunftsangaben geben einen Hinweis auf die örtliche Herkunft eines Produktes oder einer Dienstleistung. Ein derartiger Hinweis setzt voraus, dass er von den angesprochenen Verkehrskreisen auch als solcher verstanden wird. Der Begriff der geografischen Herkunftsangabe lässt sich deshalb nicht ohne Rekurs auf die **Verkehrsauffassung** bestimmen: Angaben, die nach ihrem objektiven Sinngehalt auf eine Stadt, eine Region oder ein Land verweisen, sind gleichwohl keine tauglichen geografischen Herkunftsangaben, wenn sie nicht als solche verstanden werden. Die Verkehrsauffassung wird dadurch zum **allein entscheidenden Maßstab** für die Bestimmung der Herkunftsaussage einer Bezeichnung. 54

Die Verkehrsauffassung erlaubt, dass mit „pseudogeografischen" Bezeichnungen wie *Hamburger, Kasseler (Rippenspeer)* oder *Wiener Würstchen* ungeachtet des Wortlautes nicht die Herkunft, sondern die Art eines Produktes kommuniziert werden kann.[163] Sie gibt Antwort auf die Frage, ob ein Begriff mit geografischem Anklang als Herkunftshinweis aufgefasst oder eher markenmäßig verstanden wird.[164] Die Verkehrsauffassung ist auch für die umgekehrte Konstellation maßgeblich, dass ein Zeichen, welches nach seinem objektiven Sinngehalt keinen unmittelbaren Bezug zu einer geografischen Herkunft aufweist, dennoch als ein solcher Hinweis verstanden wird: dann nämlich, wenn das Publikum etwa aus der Form einer Flasche („Bocksbeutel"[165]), aus den Farben einer Verpackung (Nationalfarben[166]), 55

---

159 Kritisch dazu und für eine „objektivierte Bestimmung" geografischer Herkunftsangaben *Omsels* WRP 2006, 434, 445 f, 447 ff.

160 *Fezer* MarkenG § 126 Rn 8; *Ströbele/Hacker* MarkenG § 126 Rn 45.

161 → Rn 58 ff, 61 ff.

162 → Rn 72 ff.

163 Zur Genese dieser Bezeichnungen *Omsels* WRP 2006, 434, 446.

164 Geografische Aussage verneint etwa für „Lindavia", OLG München MD 2001, 83, 87.

165 BGH GRUR 1971, 313, 314 – Bocksbeutelflasche.

166 S. etwa BGH GRUR 1981, 666 – Ungarische Salami I und BGH GRUR 1982, 685 – Ungarische Salami II (Farben rot-weiß-grün).

aus der Verwendung eines Namens („Woronoff"[167]) oder aus der Abbildung eines Monuments („Kölner Dom"[168]) auf eine bestimmte geografische Herkunft des so verpackten bzw. aufgemachten Produktes schließt. Die schon für die unmittelbaren geografischen Herkunftsangaben maßgebliche Verkehrsauffassung bestimmt damit auch Umfang und Grenzen der **mittelbaren** geografischen Herkunftsangaben.

56 Maßstab für die Verkehrsauffassung ist der **durchschnittlich informierte** und **verständige Verbraucher,**[169] der das fragliche Werbeverhalten mit einer der Situation angemessenen Aufmerksamkeit verfolgt. Der so bestimmte Horizont des Adressaten einer geografischen Herkunftsaussage entscheidet nicht nur darüber, ob überhaupt eine geografische Herkunftsangabe gegeben ist, sondern auch darüber, wie das geografische Gebiet, auf das sich die Angabe bezieht, abzugrenzen ist und welcher Ort bei komplexeren Produktionsprozessen maßgeblich ist.[170] So war in der Entscheidung *Kölsch-Bier* festzustellen, ob der Verkehr bei dieser Bezeichnung einen Brauort in den Stadtgrenzen von Köln oder lediglich in der Region (hier: Euskirchen) erwartet;[171] im Falle *Warsteiner* wurde der Brauort eines Bieres (gegenüber anderen Orten wie etwa dem Abfüllort, dem Unternehmenssitz usw.) als wesentlicher Anknüpfungspunkt angenommen.[172] Bei komplexen technischen Produkten, bei denen Grundstoffe und Teile zugeliefert werden, die Fertigung einzelner Komponenten auf verschiedene Produktionsorte verteilt ist und letztlich das Endprodukt – wiederum an anderem Ort – in wenigen Produktionsschritten aus diesen Komponenten zusammengesetzt wird, kann nur aus der Sicht des verständigen Verbrauchers geprüft werden, ob eine ihm gegenüber verwendete geografische Herkunftsangabe zutreffende Vorstellungen über die wahre Herkunft des Produktes auslöst.

57 In der Konsequenz dieser Maßgeblichkeit der Verkehrsauffassung liegt es, dass auch die Frage einer **irreführenden** Verwendung geografischer Herkunftsangaben, wie sie § 127 MarkenG untersagt, nur unter Rekurs auf die Erwartungen des Verkehrs entschieden werden kann:[173] Eine Irreführungsgefahr über eine geografische Herkunftsangabe ist gegeben, wenn „die angegriffene Bezeichnung bei einem nicht unwesentlichen Teil der Verkehrskreise eine unrichtige Vorstellung über die geografische Herkunft der Produkte hervorruft".[174] Auch hier bilden die berechtigten Erwartungen eines verständigen, durchschnittlich aufmerksamen und informierten Verbrauchers den Maßstab.[175]

58 **b) Unmittelbare und mittelbare geografische Herkunftsangaben. Unmittelbare** geografische Herkunftsangaben sind geografische Namen; sie entsprechen der Aufzählung in § 126 Abs. 1 MarkenG: die Namen von Orten, Gegenden, Gebieten oder Ländern besitzen eine direkte geografische Aussage, gleich ob sie substantivisch („SPA",[176] „Hollywood"[177]) oder adjektivisch („Elsässer"[178], „Warsteiner"[179]) oder in einer Wortverbindung

---

[167] BGH GRUR 1987, 535 – Wodka Woronoff (im Zusammenhang mit weiteren Ausstattungsmerkmalen wie der Zwiebelturmform der Flasche).

[168] LG Köln GRUR 1954, 211; in OLG Jena GRUR 2000, 435 – Wartburg wurde auch der Name eines Wahrzeichens für ausreichend erachtet.

[169] BGH GRUR 2002, 160, 162 – Warsteiner III mit zahlreichen weiteren Verweisen zur insoweit parallelen Rechtsprechung im Wettbewerbs- und im Markenrecht; OLG Frankfurt WRP 2001, 558 – Deutscher Mozzarella; zur Rechtsprechung des EuGH zum Verbraucherleitbild EuGH GRUR Int. 1995, 804 – Mars; EuGH GRUR Int. 1998, 795 – Gut Springenheide; EuGH GRUR Int. 2000, 354 – Lifting-Creme; → § 2 UWG Rn 168, § 3 UWG Rn 108.

[170] *v. Schultz/Gruber* MarkenG § 126 Rn 6.

[171] BGH GRUR 1970, 517, 520 – Kölsch Bier; s. auch OLG Hamburg WRP 1977, 499 zur geografischen Ausdehnung der Ortsangabe Hamburg.

[172] BGH GRUR 1999 252, 255 – Warsteiner II.

[173] Zur demoskopischen Ermittlung der Verkehrsauffassung *Ohde* GRUR 1989, 88.

[174] BGH GRUR 2001, 420 – SPA.

[175] BGH GRUR 1999, 252 – Warsteiner II.

[176] ZB BGH GRUR 2002 1074, 1075 – SPA.

[177] BGH GRUR 1963, 482, 484 – Hollywood Duftschaumbad.

[178] BGH GRUR 1982, 564, 566 – Elsässer Nudeln.

[179] BGH GRUR 1999, 252 – Warsteiner II.

(„Schwarzwaldforelle", „Orientteppich"[180]) verwendet werden. Die adjektivische Verwendung geografischer Namen („Nürnberger ...", „Englische ...") oder Präpositionen wie „aus" oder „von" lösen dabei die stärkste Herkunftsbeziehung aus.

Die gesetzliche Aufzählung in § 126 MarkenG ist **nicht abschließend:** Stadtteile oder -bezirke können ebenso eine geografische Herkunftsangabe bilden wie die Namen von Flüssen oder Seen. Da letztere regelmäßig nicht unmittelbar als Produktionsort in Betracht kommen,[181] kommt es darauf an, ob mit dem Namen des Sees oder Flusses zugleich eine Region bezeichnet werden kann.[182] Unerheblich ist auch, ob es sich um eine amtliche, eine tradierte oder umgangssprachliche[183] Bezeichnung handelt, ob die Bezeichnung präzise[184] oder politisch aktuell ist.[185] Irrelevant ist auch die Fähigkeit des Publikums zur zutreffenden geografischen Verortung[186] und selbst die Unkenntnis des angesprochenen Publikums von einem Ort des verwendeten Namens steht seinem Schutz als geografische Herkunftsangabe nicht entgegen, solange nur die geografische Aussage als solche erkannt wird;[187] sie kann allerdings für die Frage des Vorliegens einer Irreführung Bedeutung erlangen. 59

Wo ein Begriff nicht einmal als geografischer verstanden wird, scheidet ein Schutz als geografische Herkunftsangabe aus. So wird etwa das Wort „Plym" für Gin vom deutschen Verbraucher als Phantasiebezeichnung verstanden, weil weder der Fluss Plym in England bekannt ist, noch „Plym" als Abkürzung für die Stadt Plymouth verstanden wird.[188] Auch eine scheinbare Phantasiebezeichnung kann aber als geografische Herkunftsangabe freihaltebedürftig sein, was ihrer Eintragung als Marke entgegensteht.[189] 60

Mittelbare geografische Herkunftsangaben sind Kennzeichen oder Aufmachungen, die – ohne einen Ort unmittelbar zu benennen – vom Verkehr als Hinweis auf eine bestimmte geografische Herkunft verstanden werden. Die Herkunftsaussage ergibt sich in diesen Fällen erst aus einem bewusst oder unbewusst vollzogenen gedanklichen Schluss des Betrachters. Maßgeblich für das Vorliegen einer in diesem Sinne assoziativen geografischen Herkunftsaussage ist deshalb wiederum die im Einzelfall festzustellende **Verkehrsauffassung.** 61

Typische Fälle der Auslösung einer geografischen Herkunftsassoziation sind die Verwendung einer fremden Landessprache[190] und/oder der zugehörigen Landesfarben[191] bei der Bezeichnung und Aufmachung eines Produktes, der Einsatz von Wappen, Symbolen, Namen und Abbildungen berühmter Persönlichkeiten,[192] die Wiedergabe von Wahrzeichen und Monumenten,[193] von Trachten und Landschaften sowie die Verpackung in Behältnissen und Formen, die für eine bestimmte geografische Herkunft typisch sind.[194] Auch das 62

---

[180] OLG Hamm WRP 1983 573 – Orient.

[181] Ein Bsp. einer unmittelbaren Herkunft findet sich in OLG Karlsruhe WRP 2003, 548 – Bodensee-Tafelwasser.

[182] EuGH GRUR 1999, 723, 725f – Chiemsee; BPatG Beschl. v. 30. 10. 2002 – 29 W (pat) 357/00 – SaarEnergie.

[183] BPatG Mitt 2006, 133 – Malle (als umgangssprachliche Bezeichnung für die Baleareninsel „Mallorca").

[184] BGH GR 81, 666 – Ungarische Salami I und BGH GR 82, 685 – Ungarische Salami II für die nicht eindeutige, flaggenartige Verwendung der Farben rot, weiß und grün.

[185] OLG Hamm WRP 1983 573 – Orient; s. auch BPatG Beschl. v. 27. 7. 2005 – 32 W (pat) 171/04 – Baltic Parc (zu § 8 Abs. 2 Nr. 2 MarkenG).

[186] BPatG 27 W (pat) 3/06 – AHMEDABAD, zitiert bei *Grabrucker/Fink* GRUR 2007, 267, 275f.

[187] BGH GRUR 1999, 252 – Warsteiner II; BGH GRUR 1963, 469, 470 – Nola.

[188] BGH GRUR 1971, 255, 257 – Plym Gin.

[189] BGH GRUR 1963, 469 – Nola; *Fezer* MarkenG § 8 Rn 212.

[190] BGH GRUR 1994, 310 – Mozzarella II.

[191] BGH GRUR 1981, 666, 667 – Ungarische Salami I; BGH GRUR 1982, 685 – Ungarische Salami II.

[192] BGH GRUR 2001, 73 – Stich den Buben; zu § 3 UWG aF BGH GRUR 1987, 535 – Wodka Woronoff.

[193] In Betracht kommt hier nicht nur die Abbildung eines bekannten Monuments, sondern auch seine bloße Benennung, OLG München GRUR-RR 2002, 357 – Marke Ulmer Münster; OLG Jena GRUR 2000, 435 – Wartburg.

[194] BGH GRUR 1971, 313, 314 – Bocksbeutelflasche; BGH GRUR 1979, 415, 416 – Cantilflasche; EuGH GRUR Int. 1984, 291 – Bocksbeutel.

als Top-Level-Domain bekannte Kürzel „.de“ kann eine geografische Herkunftsvorstellung auslösen.[195] Da letztlich immer die Verkehrsauffassung über das Vorliegen einer Herkunftsangabe entscheidet, sind im Bereich der mittelbaren Herkunftsangaben – nicht anders als bei den unmittelbaren – eigentlich nur in ihrem jeweiligen Kontext mehr oder weniger deutliche geografische Hinweise unterscheidbar.[196]

63 So ist etwa die Verwendung der französischen Sprache für Parfümerien, Kosmetika oder Schaumweine[197] in besonderem Maße geeignet, eine Herkunft aus Frankreich zu suggerieren, wohingegen die zunehmende Verwendung der englischen Sprache bei Kleidung und Mode diese Eignung immer mehr verliert;[198] generell hat die Wirkung fremder Sprachen als mittelbarer Herkunftshinweis durch die zunehmende Verflechtung der Märkte stark nachgelassen.[199] Der Name einer berühmten Straße kann je nach Produkt in einem Falle („Champs Elysées“) Herkunftsassoziationen nahelegen, die in einem anderen („Route 66“) eher fern liegen.[200] Selbst die kumulierte Verwendung von italienischer Sprache, italienischen Landesfarben und der Abbildung einer typisch italienischen Stadtkulisse sowie eines Kleinlastwagens der Marke Piaggio („Ape“) nebst Personen „mit italienischen Gesichtszügen“ auf der Verpackung einer Tiefkühlpizza muss nicht als Herkunftshinweis auf eine Herstellung des Produktes in Italien verstanden werden, wenn der Verkehr an derartige Aufmachungen auch bei deutschen Produkten gewohnt ist und/oder die Aufmachung im Übrigen die wahre Herkunft mit hinreichender Deutlichkeit erkennen lässt.[201]

64 Umgekehrt kann das Zusammenwirken der Verpackungsform „Klarglas-Longneck-Flasche mit serigraphiertem Etikett“, der verwendeten (Landes-)farben grün-weiß-rot, des Produktnamens „Desperados“ und des Hinweises auf den Zusatzstoff „Tequila“ in der Summe eine Herkunft aus Mexiko suggerieren, obwohl die genannten Farben auch von anderen Staaten verwendet werden und das Wort „Desperados“ nicht zwingend auf Mexico hinweist.[202]

65 **c) Phantasieangaben, scheingeografische Angaben.** Keine geografischen Herkunftsangaben im Sinne der §§ 126ff MarkenG sind geografische Namen, die ungeachtet ihrer eigentlichen Aussage nicht auf die Herkunft des mit ihnen gekennzeichneten Produktes hinweisen, weil der angegebene Ort nach seiner Eigenart oder nach der Besonderheit der Ware als Produktionsort erkennbar ausscheidet.[203] So liegt es, wenn etwa die einzelnen Modelle einer Produktserie mit Städtenamen benannt werden (zB Essbesteckserien „Rom“, „Sydney“, „Tokio“) oder ein PKW-Modell den Namen einer Stadt oder einer Insel erhält („Opel Ascona“, Ford „Granada“, „Ford Capri“). Um **Phantasieangaben,** deren Verwendung der einer Marke entspricht, handelt es sich nicht nur, wenn der benannte geografische Ort als Produktionsstätte eindeutig ausscheidet („Grönland“ Kühlschränke, „Mont Blanc“ Füllfederhalter),[204] sondern auch, wenn eine Ortsbezeichnung alleine dazu dient, Qualität oder Exklusivität zu suggerieren[205] oder wenn ein Ort des verwendeten Namens

---

[195] BPatG CR 2002, 770 – reise.de (zu § 8 Abs. 2 Nr. 2 MarkenG).

[196] So zutreffend *Piper/Ohly* UWG § 5 Rn 332f.

[197] Beispiele bei *Scherer* WRP 2000, 362, 363.

[198] S. auch OLG Köln ZLR 1988, 671 – Pingo-Hähnchen und Mitt. der Kommission hierzu in EuZW 1993, 126.

[199] *Piper/Ohly* UWG § 5 Rn 332 („Verkehrsgewöhnung an fremdsprachige Beschriftungen im Rahmen zunehmender Globalisierung des Handels“); OLG Karlsruhe NJW-RR 1996, 1452 – Pourelle.

[200] S. die Entscheidungspraxis zu § 8 Abs. 2 Nr. 2 MarkenG; *Fezer* MarkenG § 8 Rn 215.

[201] Dazu OLG Köln OLGR 1999, 75 – Tiefkühlpizza.

[202] OLG Hamburg Urt. v. 23. 12. 2005 – 5 U 198/03 – Desperados.

[203] BGH GRUR 1957, 430, 431 – Havana (für Rasierklingen; dort allerdings Schutz nach dem deutsch-kubanischen Herkunftsabkommen, → Rn 317).

[204] Dazu auch BGH GRUR 1983, 768f – Capri-Sonne; BGH GRUR 1999, 252, 254 – Warsteiner II; OLG München GRUR-RR 2002, 64, 67 – Habana (für Motorroller, dort allerdings Schutz nach dem deutsch-kubanischen Herkunftsabkommen, → Rn 315); SchweizBG sic! 2003, 149, 150ff – Yukon.

[205] BGH GRUR 1963, 484, 484 – Hollywood Duftschaumbad; s. auch BPatG GRUR 1998, 148 – SAINT MORRIS/St. Moritz.

gar nicht existiert („Sun Island") oder wenn ein Begriff so allgemein gehalten ist, dass er keinen eindeutigen Hinweis auf einen existierenden Herkunftsort gibt[206] oder umgekehrt auf zahllose konkrete Orte oder Regionen hinzuweisen geeignet erscheint („Montagne",[207] „Klosterbrauerei"[208]).

Auch die genannten Phantasiebezeichnungen sind jedoch nicht in jedem Falle ohne rechtliche Relevanz. Vielmehr ist zunächst im Einzelfall zu prüfen, ob die Verkehrsauffassung nicht doch eine echte geografische Herkunftsaussage annimmt. Dabei geht die Rechtsprechung ungeachtet der Gewöhnung des Verkehrs an die markenmäßige Verwendung von geografischen Herkunftsangaben jedenfalls bei Ortsangaben von einer regelmäßigen **Vermutung** dafür aus, dass der Verkehr eine geografische Herkunftsangabe als Hinweis auf die Produktherkunft versteht.[209] Der Bezeichnung „Serie Westerwald" für in Taiwan hergestelltes Steinzeug etwa kommt nach Auffassung des OLG Koblenz angesichts der bestehenden geografischen Herkunftsbezeichnung „Westerwälder Steinzeug" (trotz eines Hinweises auf Taiwan!) eine geografische Herkunftsaussage zu.[210] 66

Zudem kann auch eine geografische Phantasiebezeichnung Herkunftsassoziationen wecken, die die Annahme einer mittelbaren geografischen Herkunftsangabe rechtfertigen. So kann ein nicht existierendes „Chateau Ferrand" auf dem Etikett eines Weines durchaus eine Herkunft aus Frankreich indizieren. Wo es auch daran fehlt, ist zwar der Anwendungsbereich der §§ 126 ff MarkenG verlassen, doch kommt ggf. eine Irreführung nach § 3, § 5 Abs. 1 Nr. 1, Abs. 2 UWG in Betracht.[211] So liegt es uU bei den sog. **Scheinlagenamen** bei Weinen: ein Phantasiename „Weindörfer Treppchen" kann zwar (im Inland) keine bestimmte Herkunftsvorstellung auslösen, aber im einzelnen Falle gesteigerte Qualitätserwartungen wecken und deshalb am allgemeinen Irreführungsverbot des WeinG bzw. des UWG zu messen sein.[212] 67

2. Qualifizierte geografische Herkunftsangaben (§ 127 Abs. 2 MarkenG)

Die Unterscheidung von einfachen Herkunftsangaben und qualifizierten Ursprungsangaben hat ihr Vorbild im französischen Recht. Dort werden seit jeher die *appellations d'origine* vor allem für landwirtschaftliche Produkte und Wein eingesetzt, während die einfache und rechtlich weniger geschützte *indication de provenance* regelmäßig für gewerbliche und industrielle Erzeugnisse verwendet wird.[213] **Qualifizierte** geografische Herkunftsangaben (Ursprungsangaben) enthalten neben der Information über die örtliche Herkunft eines Produktes eine weitere Aussage, die die Qualität oder besondere Eigenschaften des Produktes betrifft. Aus der (maßgeblichen) Sicht des angesprochenen Verkehrs bedeutet dies, dass Produkten einer bestimmten Herkunft wegen bestimmter Eigenschaften, die sie gerade dieser Herkunft verdanken, besondere Wertschätzung zuteil wird. Typischerweise finden sich qualifizierte geografische Herkunftsangaben bei Naturprodukten und Lebensmitteln, die eine besondere Qualität oder Eigenschaft den örtlichen Bedingungen von Klima und Boden verdanken. Daneben bedingen örtliche Herstellungs- und Verarbeitungstraditionen Produktcharakteristika, die mit der qualifizierten geografischen Herkunftsangabe über die eigentliche Herkunftsaussage hinaus kommuniziert werden. 68

---

[206] BPatG GRUR 2007, 791 – ST. JACOB; BPatG GRUR 1999, 931 – ST. URSULA.

[207] EuGH GRUR Int. 1997, 737 – Pistre (Montagne); s. auch BPatG Beschl. v. 13. 1. 2003 – 25 W (pat) 206/01 – Cityservice.

[208] BGH GRUR 2003, 628 – Klosterbrauerei.

[209] BGH GRUR 1963, 482, 484 – Hollywood Duftschaumbad.

[210] OLG Koblenz WRP 1985, 173 – Serie Westerwald.

[211] Aus der markenrechtlichen Rechtsprechung BGH GRUR 1980, 173, 174 – Fürstenthaler (noch zu § 4 WZG); BPatG GRUR 1992, 170 – Schloss Caestrich (noch zu § 4 WZG); BPatG GRUR 1996, 885 – Schloss Wachenheim (zu § 8 Abs. 2 Nr. 4 MarkenG).

[212] Dazu §§ 23, 25, 49 Nr. 4 WeinG (Weingesetz idF der Bek. vom 16. 5. 2001, BGBl. I S. 985, zuletzt geändert durch Bek. vom 10. 1. 2008, BGBl. I S. 27).

[213] *Obergfell* GRUR 1999, 551, 552, Fn 9 mzN; *Ahrens* GRUR 1997, 508, 510; *Beier/Knaak* GRUR Int. 1992, 411, 417; *Beier* GRUR Int. 1968, 69, 75.

69 Obwohl es hinsichtlich der besonderen Produkteigenschaften auf die „Vorstellungen" des Publikums ankommt,[214] müssen diese Eigenschaften **objektiv feststellbar** sein. Dies folgt zwingend aus dem gesetzlichen Schutz der qualifizierten geografischen Herkunftsangabe in § 127 Abs. 2 MarkenG. Danach darf eine qualifizierte geografische Herkunftsangabe für ein Produkt nicht schon dann verwendet werden, wenn dieses Produkt tatsächlich die angegebene Herkunft besitzt, sondern nur und erst, wenn es kumulativ auch die Eigenschaften aufweist, die die qualifizierte geografische Herkunftsangabe nach den Vorstellungen des Verkehrs verspricht. Dies setzt die Bestimmbarkeit dieser Eigenschaften voraus.[215] Der Verkehrsauffassung entscheidet, welche objektiven Eigenschaften oder Qualitäten „besondere" im Sinne des § 127 Abs. 2 MarkenG sind und damit zum „Pflichtenheft" für die ortsansässigen Hersteller werden, die die Bezeichnung benutzen wollen. Die zu § 3 UWG aF ergangene Rechtsprechung ist insoweit nicht übertragbar.[216]

3. Benutzung im geschäftlichen Verkehr

70 Nach der Definition des § 126 Abs. 1 MarkenG sind geografische Herkunftsangaben die geografischen Namen und sonstigen Angaben oder Zeichen, „die im geschäftlichen Verkehr zur Kennzeichnung der geografischen Herkunft von Waren oder Dienstleistungen benutzt werden". Das so formulierte Erfordernis der **Benutzung** findet sich als Schutzvoraussetzung nur an dieser Stelle. Weder der allgemeine wettbewerbsrechtliche Irreführungsschutz nach §§ 3, 5 Abs. 2 Nr. 1 UWG, noch die markenrechtliche Freihaltebedürftigkeit geografischer Herkunftsangaben nach § 8 Abs. 2 Nr. 2 MarkenG kennen ein entsprechendes Erfordernis. Eine unzutreffende geografische Herkunftsangabe kann auch dann wettbewerbsrechtlich unlauter sein, wenn sie von den zu ihrer Verwendung berechtigten, ortsansässigen Anbietern des jeweiligen Produktes gar nicht verwendet wird.[217] Der Eintragung einer geografischen Angabe **als Marke** kann deren Freihaltebedürftigkeit nach § 8 Abs. 2 Nr. 2 MarkenG auch dann entgegengehalten werden, wenn der Begriff aktuell von keinem Marktteilnehmer als Herkunftsbezeichnung benutzt wird, eine berechtigte Benutzung als geografische Herkunftsangabe aber nicht außerhalb der Wahrscheinlichkei4nt der künftigen wirtschaftlichen Entwicklung liegt.[218] Der kennzeichenrechtliche Schutz geografischer Herkunftsangaben setzt dagegen erst ein, wenn diese Angaben in ihrer Funktion als Herkunftsbezeichnung für Waren oder Dienstleistungen[219] **tatsächlich benutzt** werden.

71 Der Ansicht, § 126 Abs. 1 MarkenG sei so zu lesen, dass sich das Benutzungserfordernis nur auf die in der Aufzählung zuletzt genannten „sonstigen Angaben oder Zeichen" beziehe[220] oder bereits durch die in der Verletzungshandlung selbst liegende Benutzung erfüllt werde,[221] ist nicht zu folgen.[222] Geografische Herkunftsangaben werden nach den §§ 126ff

[214] So die Begr. zu § 127 MarkenG, BT-Drucks. 12/6581 S. 118.

[215] *Fezer* MarkenG § 127 Rn 10; *Ingerl/Rohnke* MarkenG § 127 Rn 9; stärker auf die Verkehrsauffassung abstellend dagegen *Knaak* GRUR 1995, 103, 106f; *Ahrens* GRUR Int. 1997, 508, 509; jede Maßgeblichkeit der Verkehrserwartung ablehnend *Ströbele/Hacker* MarkenG § 127 Rn 21 aE; → Rn 111ff.

[216] BGH GRUR 1981, 71, 74 – Lübecker Marzipan.

[217] Zu § 3 UWG aF BGH GRUR 1982, 564 – Elsässer Nudeln.

[218] EuGH GRUR 1999, 723 – Chiemsee; BGH GRUR 2003, 883 – Lichtenstein; BPatGE 41, 278 – WALLIS; BPatG GRUR 2000, 1050, 1051 – Cloppenburg; BPatG GRUR 2005, 677 – Newcastle; HABM GRUR 2005, 682 – Österreicher Quelle; großzügiger dagegen EuG GRUR 2006, 240 – Cloppenburg; ein Beispiel für die Eintragungsfähigkeit als Marke für Mineralwässer und nichtalkoholische Getränke mangels ausreichender Anhaltspunkte für eine auch künftige Verwendung als geografische Herkunftsangabe gibt BPatG Beschl. v. 25. 4. 2007 – 26 W (pat) 137/04 – SOCA (Name eines in den julischen Alpen in Slowenien gelegenen Flusses).

[219] Zur Beschränkung der Benutzung auf Waren und Dienstleistungen BGH GRUR 2001, 73, 76 – Stich den Buben (keine Anwendung der §§ 126ff MarkenG auf Benutzung einer geografischen Herkunftsangabe als Firmenbestandteil); zur Benutzung für einen Geschäftsbetrieb im Zusammenhang mit von diesem angebotenen Dienstleistungen BGH GRUR 2007, 884 – Cambridge Institute (Anwendung der §§ 126ff MarkenG bejaht).

[220] So *Ullmann* GRUR 1999, 666, 668; *Ingerl/Rohnke* MarkenG § 126 Rn 9.

[221] *Sosnitza* MarkenR 2000, 77, 85.

[222] Ebenso *Büscher* GRUR Int. 2005, 801, 803.

MarkenG nur dann als Kennzeichen geschützt, wenn sie als solche im Geschäftsverkehr tatsächlich eingesetzt werden.[223] Eine Differenzierung nach unmittelbaren und mittelbaren geografischen Herkunftsangaben ist zwar nach dem Wortlaut des § 126 Abs. 1 MarkenG möglich, angesichts der Abhängigkeit beider Kategorien von der Verkehrsauffassung[224] aber nicht sinnvoll. Auch die Prioritätsregeln nach §§ 6 Abs. 3, 13 Abs. 2 Nr. 5 MarkenG knüpfen für alle geografischen Herkunftsangaben an die Benutzung an. Das Erfordernis der Benutzung ist die konsequente Folge des *kennzeichenrechtlichen* Schutzes geografischer Herkunftsangaben. Eine Schutzlücke für den Fall der erstmaligen, tatsächlich unzutreffenden Verwendung einer („fiktiven")[225] geografischen Herkunftsangabe, wie von *Ingerl/Rohnke* angeführt,[226] ist im Hinblick auf den lauterkeitsrechtlichen Irreführungsschutz nach § 2 MarkenG, §§ 3, 5 Abs. 2 Nr. 1 UWG[227] nicht zu befürchten.

IV. Gattungsbezeichnungen (§ 126 Abs. 2 MarkenG)

1. Überblick

Gattungsangaben mit geografischem Bezug stehen insoweit im Gegensatz zur geografischen Herkunftsangabe, als ihnen genau die Aussage fehlt, die die geografische Herkunftsangabe ausmacht: sie informieren nicht (oder nicht mehr) über die Herkunft eines Produkts. Solche Gattungsangaben enthalten zwar nach ihrem Wortlaut eine geografische Angabe oder sind von einer solchen Angabe abgeleitet, haben aber die Bedeutung dieser Angabe nie besessen oder nachträglich verloren. Sie dienen nach § 126 Abs. 2 MarkenG „als Namen von Waren oder Dienstleistungen oder als Bezeichnungen oder Angaben der Art, der Beschaffenheit, der Sorte oder sonstiger Eigenschaften oder Merkmale" eines Produkts. 72

§ 126 Abs. 2 MarkenG beschreibt nur *den* Typus der Gattungsangabe, der eine ursprünglich vorhandene geografische Aussage eingebüßt hat. Ursache für eine solche Erosion der ursprünglichen Bedeutung ist regelmäßig die Imitation eines Produktes bestimmter Herkunft durch Hersteller an anderen Orten unter Verwendung der ursprünglichen Herkunftsangabe; der Verkehr gewöhnt sich sukzessive daran, unter dieser Bezeichnung ein Produkt von bestimmter Machart oder Qualität, nicht aber von bestimmter Herkunft zu erhalten, die Herkunftsangabe „denaturiert" zur Gattungsangabe. 73

Eine Gattungsangabe und keine geografische Herkunftsangabe liegt aber auch dann vor, wenn sich ein solcher Vorgang nicht nachweisen lässt und lediglich der aktuelle Befund der einer Gattungsangabe im vorgenannten Sinne ist.[228] Schließlich sollen nach der Gesetzesbegründung auch geografische Bezeichnungen, die als Typen- oder Sortenbezeichnungen für einzelne Produktlinien oder Gestaltungsformen verwendet werden, zu den Gattungsangaben im Sinne des § 126 Abs. 2 MarkenG zählen.[229] Der Prozess der Denaturierung einer geografischen Herkunftsangabe zur bloßen Gattungsbezeichnung ist nicht unumkehrbar: die Gattungsangabe kann ihre geografische Aussage in der Vorstellung des angesprochenen Verkehrs zurückgewinnen („Relokalisierung").[230] 74

2. Schutzausschluss

Wo einer – ihrem Wortlaut nach – geografischen Herkunftsbezeichnung die Herkunftsaussage fehlt oder abhanden gekommen ist, entfällt auch der rechtliche Schutz als geogra- 75

[223] *Fezer* MarkenG § 126 Rn 9; *v. Schultz/Gruber* MarkenG § 126 Rn 4; *Ströbele/Hacker* MarkenG § 126 Rn 5; *Knaak* GRUR 1995, 103, 105; *Helm* FS Vieregge S. 335, 339 ff.
[224] → Rn 54 ff.
[225] *Fezer* MarkenG § 126 Rn 9.
[226] *Fezer* MarkenG § 126 Rn 9.
[227] → Rn 189 ff, 204 ff, 210.
[228] *Ingerl/Rohnke* MarkenG § 126 Rn 13; *Ströbele/Hacker* MarkenG § 126 Rn 53.
[229] BT-Drucks. 12/6581 S. 118.
[230] *v. Schultz/Gruber* MarkenG § 126 Rn 14.

fische Herkunftsangabe nach den §§ 126 ff MarkenG. Maßgeblich für die Feststellung eines solchen Bedeutungswandels (oder das Fehlen einer geografischen Bedeutung a priori) kann nur die **Verkehrsauffassung** sein.[231] Ebenso wie die Verkehrsauffassung entscheidet, ob eine unmittelbare oder mittelbare geografische Herkunftsangabe als Hinweis auf die Herkunft eines Produktes verstanden wird,[232] ist sie auch Grundlage für die gegenteilige Feststellung. Augenscheinlich ist dies im Falle der Denaturierung: Dem Bedeutungswandel von der geografischen Herkunftsangabe zur Gattungsangabe kann nur ein Wandel im Verständnis des angesprochenen Verkehrs zugrunde liegen.[233]

76 Beispiele für Gattungsangaben mit geografischem Bezug finden sich vielfach im Lebensmittelbereich. Bezeichnungen wie „Hamburger", „Italienischer Salat" oder „Kasseler Rippenspeer" sind kaum (mehr) auf eine ehemals geografische Herkunftsaussage rückführbar oder gehen auf eine Namensgleichheit[234] zurück. Der „Frankfurter Kranz" ist als Backwerk bestimmter Machart bekannt; eine Herstellung in Frankfurt wird niemand erwarten.[235] Die Denaturierung zahlreicher Herkunftsbezeichnungen für Käsesorten hat in § 7 KäseVO[236] zu einer gesetzlichen Regelung von Gattungsbezeichnungen **(„Standardsorten")** geführt, die nur mehr die Qualität, Machart oder Eigenschaften des Produkts beschreiben.[237] Die Namen dieser Sorten – Emmentaler,[238] Chester, Gouda, Edamer, Tilsiter ua – erinnern noch an Orte oder Regionen, die sie ursprünglich hervorbrachten; mit der Herstellung dieser Käsesorten an zahllosen Produktionsstätten sind sie zu reinen Gattungsbezeichnungen mutiert.

3. Denaturierung

77 Der Wandel einer geografischen Herkunftsangabe zur Gattungsbezeichnung ist nur als Prozess vorstellbar. Dies wirft zwingend die Frage auf, wie weit der erreichte respektive erlittene Verlust der geografischen Aussage gediehen sein muss, damit der rechtliche Schutz versagt. Die Gesetzesbegründung zum Markengesetz verweist insoweit auf die Rechtsprechung zu § 3 UWG aF und die Regelung des vormaligen § 26 Abs. 4 WZG, will aber „mögliche Differenzierungen" der Rechtsprechung überlassen, auch um einen Gleichlauf mit dem europäischen Recht (Art. 3 Abs. 1 VO (EG) Nr. 510/2006) nicht zu behindern.[239]

78 Bereits nach der Rechtsprechung zu § 3 UWG aF war an die Umwandlung einer geografischen Herkunftsangabe zur Gattungsangabe ein strenger Maßstab anzulegen. Nur noch

---

[231] *Knaak* GRUR 1995, 103, 105 mit Verweis auf den Diskussionsentwurf zum MarkenG GRUR 1993, 625 und die Gesetzesbegründung, BT-Drucks. 12/6581 S. 118; *Ströbele/Hacker* MarkenG § 126 Rn 51.

[232] → Rn 54.

[233] Ebenso *Ingerl/Rohnke* MarkenG § 126 Rn 14.

[234] „Kasseler Rippenspeer" soll von einem Koch namens Caßler kreiert worden sein.

[235] OLG Koblenz ZLR 1985, 81.

[236] BGBl. 1986 I S. 413, 423; zuletzt geändert durch Art. 2 der VO vom 14. 10. 1999, BGBl. I S. 2053; ausführlich dazu *Loschelder/Loschelder* Geographische Angaben und Ursprungsbezeichnungen S. 15, *Omsels* Geografische Herkunftsangaben S. 268.

[237] Nach Aufnahme der Bezeichnung Mozzarella in den Katalog der Standardkäsesorten befand das OLG Frankfurt, „seitdem in Deutschland hergestellter Kuhmilch-Mozzarella unter der Sortenbezeichnung „Mozzarella" in den Verkehr gebracht werden" dürfe, schließe „der inländische Durchschnittsverbraucher allein aus der Bezeichnung „Mozzarella" nicht mehr auf eine italienische Herkunft des Käses", WRP 2001, 558 – Deutscher Mozzarella; das OLG München hatte noch 1997 angenommen, „ein durchschnittlicher Verbraucher" verbinde „mit der Bezeichnung „Mozzarella" ohne deutliche klarstellende Zusätze die Vorstellung, es handele sich um italienisches Produkt mit einem besonderen Charakter und entsprechender Schmackhaftigkeit", ZLR 1997, 453.

[238] Die Bezeichnung „Emmentaler Käse" ist nach dem deutsch-schweizerischen Abkommen vom 7. 3. 1967 (BGBl. 1969 II S. 138) insoweit geschützt, als sie für deutsche Erzeugnisse nur mit einem deutlich entlokalisierenden Zusatz („Allgäuer", „Deutsches Erzeugnis") verwendet werden darf; „Allgäuer Emmentaler" ist eine nach § 8 KäseV, Anlage 1 b sowie nach der VO (EWG) Nr. 2081/92 (jetzt: VO (EG) Nr. 510/2006) geschützte Bezeichnung; s. dazu den Anhang zur VO (EG) Nr. 1107/96 vom 12. 6. 1996 (ABl. EG Nr. L 148 vom 21. 6. 1996, S. 1, zuletzt geändert durch VO (EG) Nr. 1829/2002 vom 14. 10. 2002, ABl. EG Nr. L 277 vom 15. 10. 2002, S. 10), wonach für den Bestandteil „Emmentaler" kein Schutz beantragt wurde.

[239] BT-Drucks. 12/6581 S. 118.

ein **„ganz unbeachtlicher Teil"** der beteiligten Verkehrskreise durfte danach in der Angabe einen Hinweis auf die Herkunft des Produktes sehen.[240] Für die unmittelbaren Herkunftsangaben verlangte § 26 Abs. 4 WZG sogar, dass die Angabe im geschäftlichen Verkehr „ausschließlich" generisch verwendet werde. Nach § 8 Abs. 2 Nr. 3 MarkenG kommt es nun für das Eintragungshindernis der Entwicklung zur Gattungsbezeichnung darauf an, ob ein Zeichen im allgemeinen Sprachgebrauch oder in den redlichen und ständigen Verkehrsgepflogenheiten zur Bezeichnung einer Ware oder Dienstleistung „üblich geworden" ist. Auch hier legt die Rechtsprechung einen strengen Maßstab an.[241] Nach Art. 3 Abs. 1 der VO (EG) Nr. 510/2006 gilt als „Name, der zur Gattungsbezeichnung geworden ist", eine Bezeichnung mit geografischem Bezug zu einem ursprünglich gegebenen Herstellungs- oder Vermarktungsort, die zu einem „gemeinhin üblichen Namen" für ein Agrarerzeugnis oder ein Lebensmittel geworden ist.

Dieser Kontext, insbesondere aber das Interesse an einem **Gleichlauf** der Kriterien zur 79
Feststellung einer Entwicklung zur Gattungsbezeichnung im Wettbewerbs- und Markenrecht[242] rechtfertigt auch künftig die Anwendung eines **strengen Maßstabes.** Ausgehend von der **Vermutung,** dass der Verkehr jedenfalls unmittelbaren Herkunftsangaben die Bedeutung zumisst, die ihnen nach ihrem Wortlaut zukommt,[243] verlangt der (ggf. vom Verletzer zu führende)[244] Nachweis einer Entwicklung zur Gattungsangabe, dass nur mehr ein ganz unbeachtlicher Teil der maßgeblichen Verkehrskreise das ursprüngliche Herkunftsverständnis aufrechterhalten hat.[245] Die von der Rechtsprechung zu § 3 UWG aF gezogene Grenze liegt etwa bei 10%.[246] Die Entwicklung zur Gattungsangabe setzt nicht voraus, dass der Verkehr einheitliche nicht-geografische Vorstellungen mit der Bezeichnung verbindet: Die ursprüngliche Herkunftsaussage ist auch dann verloren, wenn die aktuellen Vorstellungen des Verkehrs über die Bedeutung der Bezeichnung divergieren, aber bis auf einen unbeachtlichen Teil nicht die Herkunft des Produktes betreffen.[247]

Die faktisch jederzeit mögliche **Denaturierung** kann **rechtlich ausgeschlossen** wer- 80
den. Im nationalen Recht genießt die Bezeichnung „Solingen" diesen Schutz.[248] Für die gemeinschaftsrechtlich nach der VO (EG) Nr. 510/2006 geschützten (qualifizierten) geografischen Herkunftsangaben schließt Art. 13 Abs. 3 der Verordnung eine Denaturierung zur Gattungsangabe explizit aus.

4. Gattungsangaben/Herkunftsangaben mit Auslandsbezug

Verweist eine geografische Herkunftsangabe auf einen anderes Land, wie dies etwa bei 81
Importprodukten der Fall sein kann, steht dies ihrem Schutz im Inland nicht entgegen.[249]

---

[240] BGH GRUR 1956, 270, 271 – Rügenwalder Teewurst; BGH GRUR 1959, 365 – English Lavender; BGH GRUR 1965, 317, 318 – Kölnisch Wasser; BGH GRUR 1981, 71 f – Lübecker Marzipan; OLG Köln GRUR 1983, 385, 387 – Lübecker Marzipan II.

[241] Nachweise bei *Fezer* MarkenG § 8 Rn 279.

[242] Dazu *Fezer* MarkenG § 126 Rn 13 f.

[243] BGH GRUR 1963, 482, 484 – Hollywood Duftschaumbad; BGH GRUR 1973, 361 – San Remo; *v. Schultz/Gruber* MarkenG § 126 Rn 4.

[244] HK-MarkenR/*Fuchs-Wissemann* MarkenG § 126 Rn 8.

[245] BGH GRUR 2001, 420 – SPA; OLG Köln GRUR Int. 2003, 778 – SPA; zum Verhältnis der Umwandlung einer geographischen Herkunftsangabe in eine Gattungsbezeichnung einerseits und der Beurteilung eines Freihaltebedürfnisses im Sinne des § 8 Abs. 2 Nr. 2 MarkenG wegen eines beschreibenden Charakters andererseits BGH WRP 2008, 1338 – SPA II.

[246] In BGH GRUR 1979, 716, 717 – Kontinent Möbel, wird erwähnt, es „liege nicht fern," dass eine Irreführung von etwa 10% der relevanten Verkehrskreise über ein wesentliches Angebotsmerkmal für die Anwendung des § 3 UWG ausreiche; in BGH GRUR 1981, 71 – Lübecker Marzipan, wurde für den Fortbestand des Schutzes dieser geografischen Bezeichnung für ausreichend erachtet, dass mindestens 13,7% der Befragten Wert darauf legten, dass ein entsprechend gekennzeichnetes Produkt aus Lübeck stamme; dazu *Scherer* GRUR 2002, 273, 275.

[247] BGH GRUR 1995, 354, 357 – Rügenwalder Teewurst II; s. auch BGH WRP 2008, 1338 – SPA II.

[248] Verordnung zum Schutz des Namens Solingen (Solingenverordnung – SolingenV) vom 16. 12. 1994, BGBl. I S. 3833.

[249] *v. Schultz/Gruber* MarkenG § 126 Rn 7.

Eine Benutzung der geografischen Herkunftsangabe im Inland ist nicht Voraussetzung des inländischen Schutzes.[250] Für die Frage einer möglichen Entwicklung dieser Herkunftsangabe zur Gattungsangabe gilt zunächst das **Territorialitätsprinzip:** der Schutz geografischer Herkunftsangaben folgt dem Recht und den tatsächlichen Gegebenheiten – mithin auch der Verkehrsauffassung – des Landes, in dem er begehrt wird. Da dieses Recht und diese Umstände unabhängig von denen des Ursprungslandes sind, auf das die Herkunftsangabe verweist, ist nicht ausgeschlossen, dass „eine Bezeichnung, die im Ursprungsland als Herkunftsangabe geschützt ist, im Einfuhrland als Gattungsbezeichnung betrachtet werden (kann) und umgekehrt".[251]

82 Durchbrochen wird das Territorialitätsprinzip in zahlreichen bilateralen Staatsverträgen zum Schutz geografischer Herkunftsangaben (Herkunftsabkommen).[252] In diesen Abkommen verpflichten sich die Vertragsstaaten wechselseitig zum Schutz der in Anhängen aufgelisteten geografischen Herkunftsangaben des jeweils anderen Staates im eigenen Inland nach dem **Recht des Ursprungslandes.** Folge davon ist, dass die inländische Entwicklung der geschützten geografischen Herkunftsangabe zur Gattungsbezeichnung deren Schutz unberührt lässt. Denn maßgeblich für ihren rechtlichen Schutz sind nicht das Recht und die tatsächlichen Verhältnisse in diesem Staat (Schutzland), sondern das Recht des Ursprungslandes.[253]

83 Anders liegt es nach europäischem Recht im umgekehrten Falle: Verweist die geografische Herkunftsangabe auf einen anderen Mitgliedstaat der EU und hat sich diese Bezeichnung zwar nicht im Inland, wohl aber im Ursprungsland zu einer Gattungsangabe entwickelt, verlangt der Grundsatz der **Warenverkehrsfreiheit** des Art. 28 EG deren freie Verwendung auch im Inland; es fehlt insoweit an einem rechtfertigenden Grund im Sinne des Art. 30 EG.[254] Darauf, ob importierte oder nationale Produkte in Rede stehen, kommt es nicht an.[255] Auch der Schutz nach bilateralen Staatsverträgen ändert nichts an diesem Befund.[256] Denn der Schutz des Ursprungsstaates kann nur insoweit auf das Gebiet eines anderen Mitgliedstaates erstreckt werden, als die Schutzwürdigkeit der Bezeichnung im Ursprungsland selbst fortbesteht.

84 Unberührt bleibt in dieser Konstellation allein die Möglichkeit eines Verstoßes gegen das allgemeine Irreführungsverbot nach §§ 3, 5 UWG, wenn die Verwendung der im Ursprungsland zur Gattungsbezeichnung gewordenen Herkunftsangabe im Inland als mittelbare geografische Herkunftsangabe irrige, den Kaufentschluss beeinflussende Vorstellungen des Publikums über die wahre Herkunft des Produktes auslöst.[257] Anknüpfungspunkt ist dann nicht die Gattungsangabe als solche, sondern die Sprache, in der sie für Waren anderer Herkunft verwendet wird. Liegt es so, rechtfertigt dies allerdings nicht das Totalverbot der betroffenen Bezeichnung, da nicht auszuschließen ist, dass der Irreführungsgefahr im einzelnen Falle durch entlokalisierende Zusätze, die Gestaltung der Verpackung oder die Aufmachung des Produktes wirksam begegnet werden kann.[258]

5. Relokalisierung

85 Der Prozess der Denaturierung einer geografischen Herkunftsangabe zur bloßen Gattungsangabe ist nicht unumkehrbar. Die letztlich immer maßgebliche Verkehrsauffassung

---

[250] *v. Schultz/Gruber* MarkenG § 126 Rn 7.
[251] EuGH GRUR Int. 1993, 76, 77 – Exportur (Turròn); → aber Rn 82.
[252] → Rn 318 ff.
[253] BGH GRUR 1994, 307, 309 – Mozzarella I.
[254] EuGH GRUR Int. 1993, 37, 39 – Exportur (Turròn); EuGH GRUR Int. 2004, 131 – American Bud; BGH GRUR 1994, 307, 309 – Mozzarella I.
[255] BGH GRUR 1994, 307, 309 – Mozzarella I.
[256] EuGH GRUR Int. 1993, 37, 39 – Exportur (Turròn).
[257] Verneint für „Mozzarella", OLG Frankfurt WRP 2001, 558 – Deutscher Mozzarella.
[258] BGH GRUR 1994, 310, 311 – Mozzarella II; dazu *Fritzsche* WiB 1994, 329, 331; zur Qualifizierung der Bezeichnung Mozzarella als Gattungsangabe und Standardkäsesorte OLG Frankfurt WRP 2001, 558 – Deutscher Mozzarella.

entscheidet darüber, ob sich an eine Gattungsangabe (wieder) Vorstellungen über die Herkunft eines Produktes knüpfen. Allerdings besteht an der Freihaltung einer Gattungsangabe ein erhebliches Interesse der Allgemeinheit. Die Schwelle zur geografischen Herkunftsangabe ist deshalb im Falle der **Relokalisierung** nicht dieselbe wie die bei der Denaturierung. Die Qualität einer geografischen Herkunftsangabe wird nicht schon dann wiedergewonnen, wenn ein nicht mehr unbeachtlicher Teil der angesprochenen Verkehrskreise Herkunftsvorstellungen hegt, sondern erst dann, wenn der überwiegende Teil des Verkehrs die Bezeichnung als Herkunftshinweis versteht.[259] Zudem kann in Grenzfällen eine Interessenabwägung im Hinblick auf das allgemeine Freihaltungsinteresse geboten sein.[260] Für den Fall der **Umwandlung** einer (nicht aus einer geografischen Herkunftsangabe hervorgegangenen) Gattungsangabe in eine geografische Herkunftsangabe gelten dieselben Maßstäbe.[261]

Die von der Rechtsprechung entschiedenen Fälle sind deshalb nahezu ausnahmslos Bei- 86
spiele einer nicht nachweisbaren Relokalisierung.[262] Soweit im Falle des „Dresdner Stollens" anders entschieden wurde, geht dies auf die Besonderheit der Zusammenführung der beiden Wirtschaftsräume der ehemaligen DDR und der BRD zurück: in ersterer war die Bezeichnung als geografische Herkunftsangabe geschützt, in letzterer galt sie als Gattungsangabe.[263]

V. Schutz geografischer Herkunftsangaben nach § 127 MarkenG

1. Überblick

Der kennzeichenrechtliche Schutz geografischer Herkunftsangaben nach § 127 MarkenG 87
ist dreifach gestuft. Die **einfache** geografische Herkunftsangabe, die über ihre Herkunftsaussage hinaus keine besonderen Eigenschaften oder Qualitäten des mit ihr gekennzeichneten Produktes vermittelt, genießt nach § 127 Abs. 1 MarkenG **Schutz vor Irreführung.**[264] Sie darf nicht für Waren oder Dienstleistungen anderer Herkunft verwendet werden, wenn daraus die Gefahr einer Irreführung über deren Herkunft resultiert. **Qualifizierte** geografische Herkunftsangaben (Ursprungsangaben), bei denen die angesprochenen Verkehrskreise mit der bestimmten Herkunft des Produktes zugleich eine besondere Eigenschaft oder Qualität verbinden, genießen darüber hinaus **Qualitätsschutz** nach § 127 Abs. 2 MarkenG: sie dürfen für Produkte, selbst wenn deren Herkunft der angegebenen entspricht, nur verwendet werden, wenn sie die entsprechende Eigenschaft oder Qualität aufweisen.

Schließlich werden geografische Herkunftsangaben **mit besonderem Ruf** – dem Schutz 88
bekannter Marken nach §§ 9 Abs. 1 Nr. 3, 14 Abs. 2 Nr. 3 MarkenG entsprechend – nach § 127 Abs. 3 MarkenG vor einer **Beeinträchtigung** oder **ungerechtfertigten Ausnutzung dieses Rufes** geschützt. § 127 Abs. 4 MarkenG erweitert den Schutz der geografischen Herkunftsangabe auf Fälle der Verwendung ähnlicher Zeichen oder desselben Zeichens in Verbindung mit Zusätzen.[265]

---

[259] BGH GRUR 1965, 317 – Kölnisch Wasser; zur Entwicklung der Bezeichnungen „Nürnberger Bratwürste" und „Nürnberger Rostbratwürste" *Reinhart* WRP 2003, 1313.

[260] *Fezer* MarkenG § 126 Rn 15; zur Relokalisierung durch Zusätze („Original") an eine geografische Gattungsangabe *Helm* FS Vieregge S. 335, 345; BGH GRUR 1986, 316 – Urselters.

[261] BGH GRUR 1986, 469, 470 – Stangenglas II; Beispiel für eine Umwandlung zur geografischen Herkunftsangabe ist auch der Name „Trollinger", der ursprünglich eine bestimmte Rebsorte bezeichnete und sich erst danach zu einer Herkunftsbezeichnung entwickelt hat, BGH GRUR 1973, 201 – Trollinger.

[262] RGZ 137, 282, 290 – Steinhäger I; BGH GRUR 1957, 128, 131 – Steinhäger; BGH GRUR 1965, 317 – Kölnisch Wasser.

[263] Aus der umfangreichen, teilweise uneinheitlichen Rechtsprechung OLG München GRUR 1984, 885 – Dresdner Stollen I; LG Hamburg WRP 1986, 629, 632 – Dresdner Stollen II; OLG München WRP 1988, 486 – Dresdner Stollen III; BGH GRUR 1989, 440 – Dresdner Stollen IV; BGH GRUR 1990, 461 – Dresdner Stollen V; OLG Koblenz WRP 1988, 186 – Dresdner Butterstollen I; LG Leipzig GRUR 1994, 379 – Dresdner Butterstollen II; zur Kollektivmarke „Dresdner Christstollen" BGH GRUR 2003, 242 – Dresdner Christstollen; *Fezer* MarkenG § 126 Rn 13; *Müller-Graf* GRUR 1988, 659; *Tilmann* GRUR 1989, 443.

[264] BGH GRUR 2002, 160, 161 – Warsteiner III; BGH GRUR 2002, 1074, 1075 – Original Oettinger.

[265] → Rn 137 ff.

2. Irreführungsschutz (einfache gHA)

89 **a) Voraussetzungen.** Der Irreführungsschutz nach § 127 Abs. 1 MarkenG setzt zunächst das Vorliegen einer (unmittelbaren oder mittelbaren) geografischen Herkunftsangabe im Sinne des § 126 MarkenG voraus. Dies schließt das Erfordernis ihrer Benutzung im geschäftlichen Verkehr ein.[266] Sodann ist festzustellen, ob die geografische Herkunftsangabe für Waren oder Dienstleistungen[267] benutzt wird, die „nicht aus dem Ort, der Gegend, dem Gebiet oder dem Land stammen, das durch die geografische Herkunftsangabe bezeichnet wird". Ob die Herkunft der in Rede stehenden Waren oder Dienstleistungen innerhalb oder außerhalb des von der geografischen Herkunftsangabe bezeichneten Gebietes liegt, kann nur festgestellt werden, wenn die Grenzen dieses Gebietes bestimmt sind. In Zweifelsfällen ist die Verkehrsauffassung zu ermitteln;[268] denn eine Gefahr der Irreführung des Verkehrs über die wahre Herkunft eines Produktes ist nur denkbar, wenn dieses Produkt nicht aus dem Gebiet stammt, das der Verkehr mit der geografischen Herkunftsangabe verbindet. Je nach den Vorstellungen der Verbraucher kann etwa ein Städtenamen nur auf das Stadtgebiet oder aber auch auf die Region verweisen,[269] mit der Folge, dass ein in einem nahegelegenen Ort hergestelltes Produkt im einen Fall mit der geografischen Herkunftsangabe – dem Städtenamen – täuschungsfrei versehen werden kann, während im anderen eine Irreführungsgefahr besteht.

90 Wird die in Rede stehende geografische Herkunftsangabe im geschäftlichen Verkehr für Waren oder Dienstleistungen benutzt, die nicht aus dem Gebiet stammen, das die geografische Herkunftsangabe bezeichnet, ist zu prüfen, ob die Verwendung der geografischen Herkunftsangabe eine **Gefahr der Irreführung** über die geografische Herkunft verursacht. Wann von einer Irreführungsgefahr auszugehen ist, gibt das Markenrecht ebenso wenig vor wie das Wettbewerbsrecht. Auch hier kann es nur auf die Verkehrsauffassung ankommen, die schon für die Aussage der geschützten Angabe und ihre territoriale Erstreckung maßgeblich ist.[270] In quantitativer Hinsicht muss die Quote bestimmt werden, ab der eine festgestellte Fehlvorstellung des Verkehrs für maßgeblich erachtet wird. Schließlich bedarf eine danach festgestellte Irreführungseignung des Abgleichs mit schutzwürdigen Interessen des Verwenders im Sinne einer Verhältnismäßigkeitsprüfung des aus § 127 MarkenG folgenden Verwendungsverbotes.[271]

91 **b) Irreführungsgefahr.** Stimmt die tatsächliche Herkunft eines Produktes nicht mit der geografischen Herkunftsangabe überein, mit der es gekennzeichnet oder beworben wird, verlangt § 127 Abs. 1 MarkenG die Feststellung, dass aus dieser Divergenz eine Gefahr der Irreführung resultiert. Bei **mehrstufigen Produktionsprozessen** muss dazu zunächst bestimmt werden, welcher Ort mit der Kennzeichnung kommuniziert wird. Maßgeblich ist auch hier die **Verkehrsauffassung.** Der Verkehr wird als „relevanten" Herkunftsort bei industriellen Erzeugnissen regelmäßig den Produktionsort betrachten, an dem das Produkt seine maßgebliche Qualität und charakteristischen Eigenschaften erhält;[272] bei unbearbeiteten Naturprodukten – zB Honig – ist regelmäßig der Entstehungsort, bei bearbeiteten – zB Bier – der Bearbeitungsort maßgeblich: der Verkehr schließt bei geografischen

---

[266] → Rn 70 f.

[267] Zur Beschränkung der Benutzung auf Waren und Dienstleistungen s. BGH GRUR 2001, 73, 76 – Stich den Buben (keine Anwendung der §§ 126 ff MarkenG auf Benutzung einer geografischen Herkunftsangabe als Firmenbestandteil); zur Benutzung für einen Geschäftsbetrieb im Zusammenhang mit von diesem angebotenen Dienstleistungen BGH GRUR 2007, 884 – Cambridge Institute (Anwendung der §§ 126 ff MarkenG bejaht).

[268] *v. Schultz/Gruber* MarkenG § 126 Rn 6; kritisch dazu *Omsels* WRP 2006, S. 434, 445 f, der für eine normative Beurteilung auf Grund der objektiven Verwendung einer Bezeichnung plädiert.

[269] BGH GRUR 1970, 517, 520 – Kölsch Bier.

[270] BGH GRUR 1971, 313, 315 – Bocksbeutelflasche; GRUR 1970, 517, 520 – Kölsch Bier.

[271] *Helm* FS Vieregge S. 335, 352; BGH GRUR 1999, 252, 255 – Warsteiner II; GRUR 2002, 160, 162 – Warsteiner III.

[272] Zu den Erwartungen, die sich mit der Angabe „Made in Germany" verbinden, OLG Stuttgart NJWE-WettbR 1996, 53; *Gründling* GRUR 2007, 921 ff.

Bezeichnungen für Biere auf den Brau-, nicht auf den Abfüllort oder gar auf die Herkunft von Hopfen, Gerste und Wasser.[273] Zwingend ist dies jedoch nicht, wie das Beispiel der Weine belegt, wo von einer geografischen Herkunftsangabe regelmäßig auf die Lage der Reben, nicht auf den Ort der Kelterung oder der Einkellerung geschlossen werden wird.[274]

Sind der mit einer Bezeichnung kommunizierte und der tatsächliche – bei mehrstufigen Produktionsprozessen: der relevante – Herstellungsort bestimmt, kann bei einem Auseinanderfallen beider Orte die Irreführungsgefahr beurteilt werden. Der BGH hat sich insoweit für eine **Kontinuität** der zu § 3 UWG aF entwickelten Rechtsprechung ausgesprochen, ohne allerdings eine bestimmte Quote zu nennen, ab der von einer Irreführungsgefahr im Rahmen des § 127 Abs. 1 MarkenG auszugehen wäre.[275] Er hat jedoch in der Entscheidung „Warsteiner II" betont, dass der Schutz einer Bezeichnung als geografische Herkunftsangabe nicht voraussetze, dass sie dem Verkehr als solche – im entschiedenen Fall also als ein Ort mit dem Namen Warstein – bekannt sei.[276] Ausreichend sei, dass der angegebene Ort nicht auf Grund seiner Eigenart oder wegen der Besonderheit der Ware als Produktionsstätte erkennbar ausscheide. 92

Nach der Rechtsprechung ist eine Irreführungsgefahr danach zu bejahen, wenn die in Rede stehende Bezeichnung bei einem nicht unwesentlichen Teil der Verkehrskreise eine unrichtige Vorstellung über die geografische Herkunft der Produkte hervorruft.[277] Nichts anderes gilt, wenn die Täuschungseignung eines Zeichens in Rede steht, das der geschützten Herkunftsangabe lediglich ähnlich ist oder gegenüber dieser mit Zusätzen verwendet wird.[278] Mit der Begründung, dass es generell kein schutzwürdiges Interesse geben könne, eine unrichtige geografische Herkunftsangabe zu verwenden,[279] wird eine Täuschungsquote im Bereich von 10–15% für ausreichend erachtet.[280] 93

Vor dem Hintergrund des europäischen **Verbraucherleitbildes,** wie es der EuGH entwickelt und bei der Auslegung von Irreführungstatbeständen des europäischen Primär- und Sekundärrechts einheitlich zugrunde gelegt hat,[281] sowie der durch die RL 2005/29/EG[282] in ihrem Anwendungsbereich[283] erfolgten **Vollharmonisierung** kommt die beschriebene 94

---

[273] BGH GRUR 1999, 252, 255 – Warsteiner II.

[274] Das OLG Köln musste sich – allerdings im Rahmen der Auslegung der Spezifikation einer nach der VO (EWG) Nr. 2081/92 (jetzt: VO (EG) Nr. 510/2006) registrierten Herkunftsangabe – mit der Frage befassen, ob eine geschützte Herkunftsbezeichnung auch dann nicht verwendet werden darf, wenn die zur Herstellung eines Käses verwendete Milch zwar von Tieren stammt, die ständig in Ställen außerhalb des Ursprungsgebietes gehalten werden, das Futter der Tiere aber aus dem Ursprungsland stammt und der Standort der Ställe nur wenige Kilometer von dessen Grenze entfernt ist – OLG Köln GRUR 2007, 793 – Altenburger Ziegenkäse.

[275] BGH GRUR 1999, 251 – Warsteiner I.

[276] BGH GRUR 1999, 252, 254 – Warsteiner II mit Verweis auf BGH GRUR 1963, 469, 470 – Nola.

[277] BGH GRUR 2001, 420 – SPA.

[278] § 127 Abs. 4 Nr. 1 MarkenG; → Rn 137 ff.

[279] *Gloy* FS Piper S. 543, 559; BGH GRUR 2002, 160, 162 – Warsteiner III; BGH GRUR 1981, 71, 72 – Lübecker Marzipan.

[280] *Ingerl/Rohnke* MarkenG § 127 Rn 3; *Ströbele/Hacker* MarkenG § 127 Rn 10.

[281] EuGH GRUR Int. 1995, 804 – Mars; EuGH GRUR Int. 1998, 795 – Gut Springenheide; EuGH GRUR Int. 2000, 354 – Lifting-Creme; dazu *Scherer* WRP 1999, 991, 994; *dies.* GRUR 2000, 273, 277; *Ulbrich* WRP 2005, 940, 941 ff; → § 2 UWG Rn 168, § 3 UWG Rn 108; zur Übernahme dieses Leitbildes in die nationale Rechtsprechung BGH GRUR 2000, 619, 621 – Orient-Teppichmuster; BGH GRUR 2001, 1166, 1169 – Fernflugpreise; BGH GRUR 2003, 361, 362 – Sparvorwahl.

[282] S. insbesondere Erwägungsgrund 18 der RL: „Es ist angezeigt, alle Verbraucher vor unlauteren Geschäftspraktiken zu schützen; der Gerichtshof hat es allerdings bei seiner Rechtsprechung im Zusammenhang mit Werbung seit dem Erlass der RL 84/450/EWG für erforderlich gehalten, die Auswirkungen auf einen fiktiven typischen Verbraucher zu prüfen. Dem Verhältnismäßigkeitsprinzip entsprechend und um die wirksame Anwendung der vorgesehenen Schutzmaßnahmen zu ermöglichen, nimmt diese Richtlinie den Durchschnittsverbraucher, der angemessen gut unterrichtet und angemessen aufmerksam und kritisch ist, unter Berücksichtigung sozialer, kultureller und sprachlicher Faktoren in der Auslegung des Gerichtshofs als Maßstab, enthält aber auch Bestimmungen zur Vermeidung der Ausnutzung von Verbrauchern, deren Eigenschaften sie für unlautere Geschäftspraktiken besonders anfällig machen."

[283] Die Richtlinie beschränkt sich auf das Verhältnis zwischen Unternehmern und Verbrauchern, Art. 3 Abs. 1 RL 2005/29/EG („b2c").

Strenge der deutschen Rechtsprechung bei der Annahme einer Irreführung im Rahmen des § 127 Abs. 1 MarkenG zunehmend unter Druck. Nicht anders als im Rahmen des § 5 UWG und bei der markenrechtlichen Verwechslungsgefahr müssen danach auch hier die berechtigten Erwartungen eines **durchschnittlich informierten, verständigen Verbrauchers** maßstabsbildend sein.[284] Ein solcher Verbraucher, der das fragliche Werbeverhalten „mit einer der Situation **angemessenen Aufmerksamkeit** verfolgt“,[285] wird etwa für zusätzliche Produktinformationen aufgeschlossen sein, die eine bei oberflächlicher und/oder isolierter Wahrnehmung der geografischen Herkunftsangabe mögliche Irreführung auszuschließen vermögen. Im Falle „Warsteiner“, der allerdings markenrechtlich überlagert war,[286] ging der BGH in diesem Sinne davon aus, dass ein verständiger Verbraucher, der an zusätzlichen Informationen über ein bestimmtes Bier interessiert sei, wisse, dass er nähere Angaben auch auf den Rück-Etiketten finde, wo im konkreten Fall der Brauort „Paderborn“ für das auf den Frontetiketten als „Warsteiner“ beworbene Bier benannt war.[287] In der nachfolgenden Entscheidung „Original Oettinger“ betonte der BGH freilich erneut, dass im Interesse eines möglichst wirksamen Schutzes von geografischen Herkunftsangaben weiterhin **strenge Anforderungen an entlokalisierende Angaben** zu stellen seien.[288]

95 Dem ist zuzustimmen. Zum einen hat der EuGH zwar das Verbraucherleitbild als Referenz vorgegeben, nicht aber die **Methode** der Feststellung einer Irreführung und auch nicht ein bestimmtes **Quorum.**[289] Zum anderen unterscheiden sich die hier im Fokus stehenden Fälle der entlokalisierenden Zusätze von den Fällen, die für die Forderung einer Liberalisierung gerne in Bezug genommen werden. Während nämlich vom informierten und aufmerksamen Verbraucher bei **unklaren** oder **zweideutigen** Angaben wie „bio“ oder „naturrein“[290] erwartet werden kann, dass er klarstellende Informationen für den Fall aktiv zur Kenntnis nimmt, dass er seine Kaufentscheidung gerade auch von diesen Informationen abhängig zu machen gedenkt, sind jedenfalls die **unmittelbaren** Herkunftsangaben regelmäßig weder unklar noch mehrdeutig, entlokalisierende Zusätze folglich auch nicht „klarstellend“, wie gerne behauptet wird, sondern ihrer Natur nach zunächst schlicht widersprüchlich.[291]

96 Die begriffliche Eindeutigkeit – oder umgekehrt die fehlende Erklärungsbedürftigkeit – unmittelbarer Herkunftsangaben hat zum einen zur Folge, dass auch der verständige und interessierte Verbraucher gar **keinen Anlass** zu eigenen, weitergehenden Nachforschungen auf Rückenetiketten oder im „Kleingedruckten“ hat – so wenig wie er bei einem als „zuckerfrei“ bezeichneten Chewinggum Anlass hätte, bei den Zutaten nach „klarstellenden Angaben“ über den Zuckergehalt zu suchen. Zum anderen ist beachtlich, dass mit geografischer Herkunftsangabe und entlokalisierendem Zusatz zwei **kontrastierende** Informationen vorliegen, von denen nur eine zutreffen kann. Anders als im Falle tatsächlich „klarstellender“ Angaben, die eine andere Angabe präzisieren, korrigieren oder allenfalls relativieren, nicht

---

[284] So ausdrücklich BGH GRUR 2002, 160, 163 – Warsteiner III; in wettbewerbsrechtlichen Entscheidungen hat der BGH denn auch die Schwelle vom „nicht ganz unerheblichen Teil der angesprochenen Verkehrskreise“ auf einen „erheblichen Teil“ der durchschnittlich informierten und verständigen Verbraucher angehoben, BGH GRUR 2004, 162 – Mindestverzinsung; BGH GRUR 2005, 599, 600 – Traumcabrio.

[285] S. die in BGH GRUR 2002, 160, 163 – Warsteiner III wiedergegebenen, zahlreichen Beispiele aus der wettbewerbsrechtlichen Rechtsprechung.

[286] Der BGH berücksichtigte das wirtschaftliche Interesse der Brauerei an der Nutzung ihrer verkehrsbekannten Marke Warsteiner und einer Ausweitung ihrer Produktionskapazitäten an anderen Orten.

[287] BGH GRUR 2002, 160, 163 – Warsteiner III; ähnlich für Informationen auf den Vorderetiketten BGH GRUR 2002, 1074 – Original Oettinger.

[288] BGH GRUR 2002, 1074, 1076 – Original Oettinger.

[289] BGH GRUR Int. 2000, 354, 356 – Liftingcreme.

[290] Was bei einem Produkt der ersten oder zweiten Verarbeitungsstufe „naturrein“ bedeutet, ist unklar, da jede Verarbeitung den Naturzustand verändert; EuGH GRUR Int. 2000, 756 – Darbo: auf der Rückseite einer als „naturrein“ bezeichneten Konfitüre wird auf die Verwendung des Geliermittels Pektin hingewiesen.

[291] „Klarstellend“ wäre ein entlokalisierender Zusatz allenfalls dann, wenn er über die exakte Herkunft innerhalb eines durch die geografische Herkunftsangabe nur unscharf beschriebenen Gebietes informierte; dann aber wäre er nicht mehr im eigentlichen Sinne „entlokalisierend“.

aber negieren,[292] lässt der entlokalisierende Zusatz die geografische Herkunftsangabe als „unwahr" erscheinen, wenn und soweit er selbst Geltung beansprucht, während die geografische Herkunftsangabe ihrerseits nur wahr sein kann, wenn der Zusatz nicht zutrifft.

Diesen Bedeutungskonflikt kann der Verbraucher nur auflösen, wenn er annimmt, dass 97
es sich bei der einen Angabe gar nicht um eine geografische handele. Eben diese Annahme ist geeignet, die geografische Herkunftsangabe als Kennzeichen zu beschädigen, indem sie einer **Denaturierung zur Gattungsangabe** Vorschub leistet. Zwar gewähren die §§ 126ff MarkenG keinen dem Identitätsschutz der Marke nach § 14 Abs. 2 Nr. 1 MarkenG vergleichbaren, von einer Irreführung unabhängigen Schutz bei Benutzung einer mit einer geografischen Herkunftsangabe identischen Bezeichnung für Waren oder Dienstleistungen anderer Herkunft;[293] die Qualität der geografischen Herkunftsangabe als Kennzeichen nach § 1 Nr. 3 MarkenG rechtfertigt es aber, auch ihren Schutz **„als Kennzeichen"** gegenüber einer Benutzung mit entlokalisierenden Zusätzen durchzusetzen; nichts anderes bezweckt die Forderung nach „strengen Anforderungen an entlokalisierende Zusätze".

c) Relevanz für die Kaufentscheidung. Ob es im Rahmen des § 127 Abs. 1 MarkenG 98
– zusätzlich zur festzustellenden Irreführungsgefahr – auch auf eine Relevanz dieser Irreführung für die Kaufentscheidung des Publikums ankommt, ist umstritten. Die aus der Rechtsprechung zu § 3 UWG aF bekannte Voraussetzung einer **wettbewerbsrechtlich relevanten Irreführung**[294] wurde in der instanzgerichtlichen Rechtsprechung auch auf den kennzeichenrechtlichen Schutz der geografischen Herkunftsangabe übertragen,[295] vom BGH dagegen zunächst verneint[296] und zuletzt offen gelassen.[297] In der Literatur wird das Kriterium überwiegend abgelehnt.[298] Soweit eine wettbewerbsrechtliche Relevanz verlangt wird, kann jedoch sowohl bei Ursprungsangaben wie auch bei einfachen Herkunftsangaben von einer tatsächlichen **Vermutung** dafür ausgegangen werden, dass eine täuschende geografische Herkunftsangabe die Kaufentscheidung des Publikums manipuliert.[299]

Den Vorzug verdient die Auffassung von *Fezer,* wonach die Relevanz der Irreführung für 99
den Kaufentschluss deren **wettbewerbliche** Relevanz (im Rahmen der §§ 3, 5 UWG) sicherstellt, während es für den kennzeichenrechtlichen Schutz der geografischen Herkunftsangabe auf eine **kennzeichenrechtliche** Relevanz der Irreführung ankommt, die auch dann gegeben sein kann, wenn der Kaufentschluss des über die wahre Herkunft eines Produktes getäuschten Publikums unbeeinflusst bleibt.[300] Dass dies nicht ungewöhnlich ist, zeigen die Entscheidungen „Warsteiner" und „Original Oettinger": Nach empirischen Erhebungen wurden im ersten Falle 50% der angesprochenen Verkehrskreise über die tatsächliche Herkunft des außerhalb von Wartein gebrauten Bieres getäuscht, während nur 8% bis 12% ihre Kaufentscheidung von der Herkunft abhängig machen wollten;[301] im letzteren lag die Täuschungsquote bei 41,4%, die Relevanz für die Kaufentscheidung bei bloßen

---

[292] Die Qualitätsaussage „naturrein" wird ungeachtet der Verwendung eines Geliermittels bei der Herstellung der Konfitüre aufrechterhalten; der Hinweis auf das dafür verwendete Pektin macht die Angabe nicht „unwahr", er informiert nur darüber, wie die Konfitüre zulässigerweise hergestellt wurde, EuGH GRUR Int. 2000, 756 – Darbo.

[293] Anders das europäische Schutzsystem nach der VO (EG) Nr. 510/2006 (→ Rn 246ff) und der Schutz nach den bilateralen Herkunftsabkommen (→ Rn 318ff), die keine Irreführungseignung voraussetzen.

[294] ZB BGH GRUR 2000, 239, 241 – Last Minute Reise; zur regelmäßigen Vermutung der Relevanz BGH GRUR 1982, 564, 566 – Elsässer Nudeln, mit Verweis auf BVerfG GRUR 1979, 773, 777 – Weinbergsrolle.

[295] OLG Karlsruhe GRUR 1997, 72 – Warsteiner.

[296] BGH GRUR 1999, 252, 254 – Warsteiner II; BGH GRUR 2001, 420, 421 – SPA.

[297] BGH GRUR 2002, 160, 162 – Warsteiner III; BGH GRUR 2002, 1286 – Original Oettinger.

[298] *Büscher* FS Erdmann S. 237, 245ff; *ders.* GRUR Int. 2005, 801, 802; *Fezer* MarkenG § 127 Rn 6a; *Helm* FS Vieregge S. 335, 349; *Ullmann* GRUR 1999, 666f; *Ströbele/Hacker* MarkenG § 127 Rn 12; aA *Ingerl/Rohnke* MarkenG § 127 Rn 4; *v. Schultz* MarkenG § 127 Rn 3.

[299] BVerfG GRUR 1979, 773, 777 – Weinbergsrolle; BGH GRUR 1982, 564, 566 – Elsässer Nudeln; BGH GRUR 1987, 535, 537 – Wodka Woronoff; BGH GRUR 1995, 354, 357 – Rügenwalder Teewurst II; BGH GRUR 1995, 65, 66 – Produktionsstätte; ausführlich und zustimmend *Omsels* Geografische Herkunftsangaben Rn 502, 514.

[300] *Fezer* MarkenG § 127 Rn 6a.

[301] BGH GRUR 2002, 160, 161ff – Warsteiner III.

5%.[302] Der Schutz des in einer geografischen Herkunftsangabe verkörperten „kollektiven Goodwill" zugunsten aller zur ihrer Verwendung berechtigten Mitbewerber und das Interesse der Allgemeinheit an der zutreffenden Verwendung solcher Angaben rechtfertigen ihren Schutz unabhängig davon, ob tatsächlich verursachte Fehlvorstellungen auf das Kaufverhalten der Betroffenen durchschlagen oder nicht.[303]

100 Dem steht nicht entgegen, dass der Irreführungsschutz nach der RL 2005/29/EG im Verhältnis von Unternehmern zu Verbrauchern neben einer Täuschungseignung explizit voraussetzt, dass der Verbraucher „in jedem Fall tatsächlich oder voraussichtlich zu einer geschäftlichen Entscheidung veranlasst [wird], die er ansonsten nicht getroffen hätte" (Art. 6 Abs. 1 RL 2005/29/EG) und die Richtlinie in ihrem Anwendungsbereich grds. eine Vollharmonisierung[304] bezweckt.[305] Denn diese Vollharmonisierung bezieht sich auf den wettbewerbsrechtlichen Schutz (des Verbrauchers) vor Irreführung mit geografischen Herkunftsangaben, nicht auf den kennzeichenrechtlichen Schutz (einer geografischen Herkunftsangabe) vor der Verwendung irreführender geografischer Herkunftsangaben.[306] Dass letzterer über den wettbewerbsrechtlichen Irreführungsschutz des Verbrauchers hinausgehen darf, ist mit europäischem Recht vereinbar. Der EuGH hat geografische Herkunftsangaben dem gewerblichen und kommerziellen Eigentum des Art. 30 EG zugeordnet und einen gänzlich von einer Irreführung abgekoppelten Schutz nach nationalem Recht für zulässig erachtet.[307] Erst recht muss danach ein Schutz zulässig sein, der zwar eine Irreführungseignung voraussetzt, nicht aber deren Relevanz für die Kaufentscheidung des angesprochenen Publikums.

101 Etwas anderes gilt für die nachfolgend erörterte **Interessenabwägung.** Wo im Rahmen einer Verhältnismäßigkeitsprüfung **ausnahmsweise überwiegende Interessen** des Verwenders an einer an sich irreführenden geografischen Herkunftsangabe berücksichtigt werden sollen, muss die Relevanz der auch mit klarstellenden Zusätzen nicht vermiedenen Fehlvorstellungen des Publikums für dessen Kaufentscheidungen in die Abwägung mit einfließen.

102 **d) Verhältnismäßigkeit, Interessenabwägung.** Der aus dem Verbot der irreführenden Verwendung geografischer Herkunftsangaben folgende Unterlassungsanspruch (§ 128 Abs. 1 MarkenG) steht unter dem **Vorbehalt der Verhältnismäßigkeit.**[308] Dabei ist vom Vorrang des Schutzes der geografischen Herkunftsangabe vor einer unzutreffenden Verwendung für Produkte anderer Herkunft als Regelfall auszugehen. Nur ausnahmsweise kann das Interesse des Verwenders einer unrichtigen geografischen Angabe das entgegenstehende Interesse der Mitbewerber und der Allgemeinheit überwiegen.[309] Das kann dann der Fall sein, wenn die beanstandete geografische Herkunftsangabe nach ihrer konkreten Verwendung eine besonders geringe Irreführungsquote verursacht und bereits vielfach von ortsfremden Marktteilnehmern benutzt wird.[310] Die in der jüngeren Rechtsprechung wichtigste Konstellation ist jedoch die eines **Zusammenfallens** von **geografischer Herkunftsangabe** und (kraft Verkehrsdurchsetzung eingetragener) **Marke:** der Markeninhaber hat in

---

[302] BGH GRUR 2002, 1074, 1076 – Original Oettinger.

[303] HK-MarkenR/*Fuchs-Wissemann* MarkenG § 127 Rn 1; BGH GRUR 2001, 420, 421 – SPA.

[304] S. dazu *Sosnitza* WRP 2006, 1 ff; WRP 2008, 1014, 1015.

[305] So aber *Sosnitza* GRUR 2007, 462, 468.

[306] Nichts anderes gilt für das Verhältnis des Irreführungsschutzes bei Verwechslungsgefahr mit einer Marke nach Art. 6 Abs. 2 lit. a RL 2005/29/EG einerseits zum Schutz der Marke vor der Verwendung eines ähnlichen Zeichens bei Verwechslungsgefahr nach § 14 Abs. 2 Nr. 2 MarkenG andererseits: nur im ersten Falle ist die Relevanz für die geschäftliche Entscheidung des Verbrauchers von Bedeutung, im zweiten wird das Kennzeichen als solches geschützt.

[307] EuGH GRUR Int. 1993, 76, 79 – Exportur (Turròn de Alicante); EuGH GRUR Int. 2004, 131 – American Bud.

[308] BGH GRUR 1999, 252, 255 – Warsteiner II; BGH GRUR 2002, 160, 162 – Warsteiner III; *Fezer* MarkenG § 127 Rn 6 a.

[309] Zur Einschränkung des allgemeinen wettbewerbsrechtlichen Irreführungsverbotes durch den Verhältnismäßigkeitsgrundsatz BGH GRUR 2003, 628 – Klosterbrauerei.

[310] Aus der älteren Rechtsprechung BGH GRUR 1971, 313, 315 – Bocksbeutelflasche.

dieser Konstellation ein legitimes Interesse am Einsatz der Marke als betrieblichem Herkunftshinweis, das sich im einzelnen Falle auch gegen das Verbot der unzutreffenden Verwendung als Herkunftsangabe durchsetzen kann.

In den von der Rechtsprechung entschiedenen Fällen war die ursprünglich am Ort der geografischen Herkunftsangabe erfolgte **Produktion erweitert** und auf andere, entferntere Standorte ausgedehnt worden. Dabei wurde das am Markt etablierte Kennzeichen ungeachtet seiner geografischen Aussage im Interesse eines einheitlichen Markenauftritts auch am neuen Standort beibehalten. Der BGH hat in diesen Fällen das Interesse der Verwender an einer Expansion des Unternehmens und der damit verbundenen Produktion auch an anderen Standorten ebenso anerkannt wie das Interesse an der Stärkung und am kontinuierlichen Einsatz der geografischen Herkunftsangabe als Unternehmens- und/oder Produktkennzeichen. Es sei schlicht „wirtschaftlich vernünftig", die Kennzeichnungskraft eines bekannten Unternehmenskennzeichens auch bei der Fortentwicklung des eigenen Unternehmens einzusetzen und dabei das wichtigste immaterielle Gut beizubehalten.[311] 103

Allerdings wird das Gebot eines möglichst wirksamen Schutzes geografischer Herkunftsangaben auch in diesen Fällen nicht aufgehoben. Der Vorrang des Verwenderinteresses steht vielmehr nach der Rechtsprechung des BGH unter einem **vierfachen Vorbehalt:** 104

- Der Verwender muss mit der in Rede stehenden geografischen Herkunftsangabe ein **wertvolles Kennzeichenrecht** (Markenrecht und/oder Unternehmenskennzeichen) aufgebaut haben, welches das Interesse begründet, auch bei einer Erweiterung des Unternehmens an einem anderen Standort nach außen einheitlich aufzutreten.[312]
- Der nicht mit der geografischen Herkunftsangabe übereinstimmende neue Produktionsort muss an den ursprünglichen Standort so eng angebunden sein, dass bei wirtschaftlicher Betrachtung von einer **einheitlichen betrieblichen Quelle** gesprochen werden kann. Dafür ist nicht entscheidend, ob es sich beim ortsfremden Produktionsstandort um eine unselbstständige Niederlassung oder um eine selbstständige Kapitalgesellschaft handelt. Entscheidend ist allein die wirtschaftliche Verflechtung – sei es durch Beteiligungen, sei es durch Geschäftsführungsbefugnisse. Auf die Rechtsform des ortsfremden Produktionsstandorts kommt es ebenso wenig an wie auf einen Lizenzvertrag mit dem Mutterunternehmen.[313]
- Der Verwender der geografischen Herkunftsangabe muss da, wo sie für ortsfremde Produkte zum Einsatz kommt, durch **deutliche entlokalisierende Zusätze**[314] auf die Besonderheit der tatsächlichen Belegenheit der Produktionsstätte hinweisen.[315] Auch der Hinweis, dass es sich bei der verwendeten, für sich genommen unrichtigen geografischen Herkunftsangabe um eine eingetragene Marke handelt, kann hilfreich sein, Fehlvorstellungen des Publikums zu reduzieren.[316] An den Ausschluss der Irreführung des Verkehrs durch entlokalisierende Zusätze sind zwar strenge Anforderungen zu stellen; zugunsten des Verwenders darf aber die intellektuelle Kapazität eines verständigen und interessierten Verbrauchers vorausgesetzt werden.[317]
- **Verbleibende Fehlvorstellungen** des Verkehrs, die durch die vorgenannten Maßnahmen nicht ausgeschlossen werden können, dürfen daneben, soweit sie für seine **Kaufentscheidung** relevant sein können, nicht ins Gewicht fallen.[318] Dabei kann zwischen dieser

[311] BGH GRUR 2002, 160, 162 – Warsteiner III.
[312] BGH GRUR 2002, 160, 162 – Warsteiner III.
[313] BGH GRUR 2002, 1074 – Original Oettinger.
[314] → Rn 141 ff.
[315] BGH GRUR 2002, 160, 162 – Warsteiner III.
[316] In BGH GRUR 2002, 1074 – Original Oettinger konnte dieser Hinweis sogar die Bezeichnung „Original Oettinger" mehr als aufwiegen.
[317] BGH aaO – Warsteiner III; in BGH GRUR 2202, 1074 – Original Oettinger wurde in diesem Sinne ein entlokalisierender Zusatz auf dem Flaschenetikett für ausreichend, eine entsprechende Information auf den Bierkästen dagegen nicht für erforderlich erachtet.
[318] OLG Hamburg GRUR 2000, 1071 f – Oettinger und BGH GRUR 2002, 1074 – Original Oettinger, zu Werten von 5%, 11% und (regional) 17,4% der maßgeblichen Verkehrskreise, für die die Angabe des

Relevanz und den Anforderungen an den entlokalisierenden Zusatz eine **Wechselwirkung** der Art bestehen, dass bei erheblicher Relevanz für die Kaufentscheidung auch „hohe Anforderungen an die Klarheit und Deutlichkeit aufklärender Hinweise zu stellen" sind und umgekehrt.[319]

3. Qualitätsschutz (qualifizierte gHA)

105 **a) Selbstständiger Schutz.** Der Schutz qualifizierter geografischer Herkunftsangaben (Ursprungsangaben) nach § 127 Abs. 2 MarkenG steht selbstständig neben dem Irreführungsschutz nach Abs. 1 der Vorschrift. Die Benutzung einer geografischen Herkunftsangabe, die zugleich eine besondere Eigenschaft oder Qualität des gekennzeichneten Produktes vermittelt, ist danach untersagt, wenn es an dieser Eigenschaft oder Qualität fehlt. Auf den Ursprung der Ware oder Dienstleistung kommt es insoweit nicht mehr an.[320] Auch dem ortsansässigen Hersteller ist die Benutzung einer qualifizierten geografischen Herkunftsangabe verwehrt, wenn seine Produkte die von dieser Angabe vermittelten Eigenschaften nicht aufweisen. Besitzt eine Ware oder Dienstleistung die besonderen Eigenschaften oder die besondere Qualität, nicht aber die in ihrer Bezeichnung angegebene Herkunft, kommt allein ein Verstoß gegen § 127 Abs. 1 MarkenG in Betracht. Wird eine Ware oder Dienstleistung unter einer qualifizierten geografischen Herkunftsangabe vertrieben, und fehlt dem Produkt sowohl die darin benannte Herkunft als auch die damit verbundene Qualität, wird in aller Regel ebenfalls der Verbotstatbestand des § 127 Abs. 1 MarkenG erfüllt sein, so dass es auf die fehlende Qualität insoweit nicht mehr ankommt.

106 Entgegen der Annahme in der Gesetzesbegründung[321] wird die Rechtsprechung zu § 3 UWG aF mit diesem Schutzkonzept in zwei Aspekten nicht fortgesetzt. Zum einen wurde von § 3 UWG aF auch die Enttäuschung subjektiver Erwartungen des Verkehrs erfasst,[322] während hier nur das **Fehlen objektiv feststellbarer Eigenschaften** oder Qualitäten eines Produktes den Verbotstatbestand erfüllen kann.[323] Denn nur, wenn die mit einer geografischen Herkunftsangabe gekennzeichneten Produkte besondere Eigenschaften oder eine besondere Qualität *„haben"*, darf die Angabe nach § 127 Abs. 2 MarkenG für solche Waren oder Dienstleistungen im geschäftlichen Verkehr nicht benutzt werden, denen die Eigenschaften oder die Qualität fehlt. Der Wortlaut der Vorschrift schließt es aus, lediglich erwartete oder vermeintliche Qualitäten in den Schutz mit einzubeziehen. Zum anderen verlangt der Qualitätsschutz aus § 127 Abs. 2 MarkenG als „absoluter Schutz" keine Irreführung des Publikums.[324]

107 **b) Absoluter Schutz.** Der Schutz qualifizierter geografischer Herkunftsangaben (Ursprungsangaben) wird zutreffend als **„absoluter"** bezeichnet.[325] Drei Besonderheiten rechtfertigen dieses Prädikat:

108 Der Qualitätsschutz qualifizierter geografischer Herkunftsangaben ist nach dem Wortlaut des § 127 Abs. 2 MarkenG **unabhängig von einer Irreführung** der angesprochenen Verkehrskreise. Der Unterlassungsanspruch nach § 128 MarkenG kann deshalb, wo es an den „besonderen Eigenschaften" bzw. der „besonderen Qualität" fehlt, von den dort genannten Berechtigten geltend gemacht werden, ohne dass eine Fehlvorstellung des Verbrauchers vom Vorliegen einer Qualität oder Eigenschaft nachgewiesen werden müsste.

Herstellungsortes Relevanz für die Kaufentscheidung besaß; s. auch BGH GRUR 1981, 71, 74 – Lübecker Marzipan.

[319] BGH GRUR 2202, 1074 – Original Oettinger; BGH GRUR 2002, 160, 162 – Warsteiner III. *Omsels* Geografische Herkunftsangaben Rn 516, 520.

[320] Schon zu § 3 UWG aF BGH GRUR 1969, 280, 282 – Scotch Whisky.

[321] BT-Drucks. 12/6581 S. 118.

[322] BGH GRUR 1981, 71, 74 – Lübecker Marzipan.

[323] *Ingerl/Rohnke* MarkenG § 127 Rn 9; ebenso *Ströbele/Hacker* MarkenG § 127 Rn 21; differenzierend *Fezer* MarkenG § 127 Rn 10; aA *Knaak* GRUR 1995, 103, 106.

[324] *Fezer* MarkenG § 127 Rn 9; anders *Knaak* GRUR 1995, 103, 106, der in § 127 Abs. 2 MarkenG einen Schutz vor Irreführung über die Produktqualität sieht.

[325] *Ströbele/Hacker* MarkenG § 127 Rn 19.

Das Verbot greift selbst dann, wenn das Produkt mit einem klarstellenden Hinweis auf die fehlende Qualität versehen oder den angesprochenen Verkehrskreisen das Fehlen einer relevanten Eigenschaft oder Qualität anderweitig bekannt ist.[326] Schon deshalb kann es auch nicht auf eine Relevanz der fehlenden Eigenschaft oder Qualität für die Kaufentscheidung des Publikums ankommen.

Der Schutz aus § 127 Abs. 2 MarkenG ist weiter **unabhängig von der Herkunft** der betroffenen Produkte, so dass er auch bei der Kennzeichnung von Waren oder Dienstleistungen greift, die aus dem Ort oder der Region stammen, auf die die qualifizierte geografische Herkunftsangabe verweist. Allein das Fehlen der „besonderen Eigenschaften" oder der „besonderen Qualität" rechtfertigt das Benutzungsverbot. Der Unterlassungsanspruch nach § 128 MarkenG kann also gerade von den **ortsansässigen Herstellern gegeneinander** geltend gemacht werden.[327] 109

§ 127 Abs. 2 MarkenG greift schließlich auch im **Ähnlichkeitsbereich,** das heißt bei Verwendung von Kennzeichen, die sich von der geschützten qualifizierten geografischen Herkunftsangabe (Ursprungsangabe) zwar durch Abänderungen oder Zusätze unterscheiden, in ihrer sinngemäßen Aussage aber auf die geografische Herkunft und damit auch auf die damit verknüpften „besonderen Eigenschaften" oder eine „besondere Qualität" verweisen. Dabei macht die in § 127 Abs. 4 Nr. 1 MarkenG zwar für den Ähnlichkeitsschutz **einfacher** geografischer Herkunftsangaben im Sinne des § 127 Abs. 1 MarkenG, nicht aber für den Qualitätsschutz **qualifizierter** geografischer Herkunftsangaben im Sinne des § 127 Abs. 2 MarkenG zusätzlich verlangte Irreführungseignung der Abweichung oder der Zusätze die Unabhängigkeit des Qualitätsschutzes vom Bestehen einer Irreführungsgefahr besonders deutlich.[328] 110

c) Besondere Eigenschaft/Qualität. Unabdingbar, jedoch nicht unproblematisch ist bei qualifizierten geografischen Herkunftsangaben (Ursprungsangaben) die Feststellung der „besonderen Eigenschaften" oder der „besonderen Qualität", der die Angabe das Prädikat „qualifiziert" verdankt: Unabdingbar, weil nur so im Streitfalle entschieden werden kann, ob einem Produkt, für das die Ursprungsangabe verwendet wird, die Eigenschaft oder Qualität fehlt, nicht unproblematisch, weil die danach unverzichtbare **Objektivität** und **Messbarkeit** der besonderen Eigenschaften Abgrenzungsprobleme aufwirft. Die hierzu vertretenen Auffassungen divergieren erheblich. 111

Nach *Knaak* sollen die besonderen Eigenschaften und die besondere Qualität keine objektiven Schutzvoraussetzungen sein, sondern allein nach der Verkehrsauffassung bestehen müssen.[329] § 127 Abs. 2 MarkenG betreffe einen Sonderfall des Irreführungsschutzes, nämlich den vor Irreführung über die Beschaffenheit der Ware. Dies folge aus der Begründung des Gesetzes wie auch des vorangegangenen Diskussionsentwurfes. Eine auf Qualitätserwartungen beruhende Verkehrsauffassung festzustellen, sei zwar nicht einfach, aber auch selten erforderlich, da die ortsansässigen Hersteller regelmäßig selbst die Einhaltung regionaler Fertigungsmethoden und Qualitätsstandards beachteten.[330] Nach *Ströbele/Hacker* dagegen soll die Verkehrsauffassung – umgekehrt – ohne jede Relevanz sein. Der besondere Schutz des § 127 Abs. 2 MarkenG sei, da es auf eine Irreführung nicht ankomme, auch dann zuzubilligen, wenn die beteiligten Verkehrskreise überhaupt keine Kenntnis von den besonderen Eigenschaften der betreffenden Produkte hätten. Die Norm sei als rein objektiver Tatbestand zu verstehen, bei dem es in keiner Hinsicht auf die Verkehrserwartung ankomme.[331] 112

---

[326] *Ströbele/Hacker* MarkenG § 127 Rn 20.

[327] *v. Schultz/Gruber* MarkenG § 127 Rn 9.

[328] *Ströbele/Hacker* MarkenG § 127 Rn 20.

[329] *Knaak* GRUR 1995, 103, 106f; für eine Ermittlung der Verkehrsauffassung nach empirischen und normativen Kriterien *Scherer* GRUR 2000, 273, 275.

[330] *Knaak* GRUR 1995, 103, 106f; kritisch zur demoskopischen Ermittlung der Verkehrsauffassung *Gloy* FS Piper S. 543, 556.

[331] *Ströbele/Hacker* MarkenG § 127 Rn 21.

113 Nach *Gruber* ist die Verkehrsauffassung dagegen maßgeblich für die Frage, **welche** Eigenschaften als „besondere" angesehen werden können.[332] Dabei müsse der Verkehr keine konkreten Vorstellungen hegen. Er könne sich insoweit mittelbar auf das Urteil von Fachkreisen oder die Anforderungen, die die örtlichen Hersteller selbst an die Bezeichnung stellten, verlassen.[333] Nach *Fezer* kann es keinen von objektiven Produktfaktoren unabhängigen Schutz der Verkehrsauffassung über besondere Eigenschaften oder eine besondere Qualität der Waren geben. Andererseits dürfe die Erheblichkeit objektiver Produktfaktoren deren Fortentwicklung nicht behindern. Den dafür notwendigen Spielraum gebe der Rekurs auf die Erwartungen eines verständigen Verbrauchers.[334]

114 Richtig ist, dass die besonderen Eigenschaften oder die besondere Qualität eines Produktes bestimmter geografischer Herkunft **objektiv feststellbar** sein müssen, um in den Genuss des Schutzes nach § 127 Abs. 2 MarkenG zu kommen.[335] Dies folgt zwingend aus der Überlegung, dass das Verbot der unberechtigten Verwendung nur auf solche Waren oder Dienstleistungen Anwendung finden kann, deren mangelnde Eigenschaften bzw. Qualität dem Beweis zugänglich sind. Objektiv feststellbar und damit schutzwürdig ist auch ein Herstellungsverfahren, wenn es sich – was regelmäßig der Fall sein wird[336] – in messbaren Produkteigenschaften niederschlägt.[337] Von einem solchen Zusammenhang geht auch § 137 Abs. 2 Nr. 2 MarkenG aus, der „Verfahren oder Art und Weise der Erzeugung oder Herstellung der Waren" explizit als maßgeblich für die Qualität oder sonstige Eigenschaften im Sinne des § 127 Abs. 2 MarkenG benennt. Wo dagegen Produkteigenschaften **nur** in der **Vorstellung oder Erwartung** des Verkehrs existieren, kann Verletzerware nicht auf das Vorhandensein der Qualität geprüft werden, sondern allenfalls auf Vorhandensein der Vorstellung.[338] Bei Anwendung des § 127 Abs. 2 MarkenG fielen dann je nach Auffassung entweder alle Produkte der betroffenen Herkunft unter das Verbot, weil keines die erwarteten Eigenschaft real besäße[339] oder aber keines, weil der Verkehr jedem entsprechend gekennzeichneten Produkt dieselbe – mangels realer Entsprechung ohnehin „enttäuschungsfeste" – Erwartung entgegenbrächte.

115 Aus demselben Grund kann auch die Auffassung nicht überzeugen, § 127 Abs. 2 MarkenG schütze eine allgemeine Wertschätzung des Verkehrs gegenüber Produkten bestimmter Herkunft im Sinne der generellen Annahme, diese besäßen eine „besondere Qualität". Eine solche Annahme kann von einem Produkt der bezeichneten Herkunft niemals enttäuscht werden. Eine generelle Wertschätzung wird im Übrigen auch einfachen geografischen Herkunftsangaben entgegengebracht;[340] sie verkörpert lediglich den „kollektiven Goodwill", der den Schutz geografischer Herkunftsangaben rechtfertigt, macht aber aus einer einfachen geografischen Herkunftsangabe noch keine qualifizierte im Sinne des § 127 Abs. 2 MarkenG.[341] „Besondere Eigenschaften" und „besondere Qualität" im Sinne des § 127 Abs. 2 MarkenG müssen deshalb in jedem einzelnen Falle und für jede in Rede stehende Ware oder Dienstleistung als **objektiv vorliegend** oder fehlend **individualisierbar,** konkret **benennbar** und mit den Beweismitteln des Prozessrechts **feststellbar** sein.

---

332 In *v. Schultz* MarkenG § 127 Rn 8.

333 *v. Schultz/Gruber* MarkenG § 127 Rn 8.

334 *Fezer* MarkenG § 127 Rn 10; ähnlich *Scherer* GRUR 2000, 273, 275.

335 *Fezer* MarkenG § 127 Rn 10; insoweit zutreffend *Ströbele/Hacker* MarkenG § 127 Rn 23; *Omsels* Geografische Herkunftsangaben S. 234f, Rn 582 („Anknüpfung der Verkehrserwartung an objektivierbare Produkteigenschaften").

336 S. das bei *Ingerl/Rohnke* MarkenG § 127 Rn 10 gegebene Beispiel „mundgeblasen", das dort allerdings dafür angeführt wird, dass § 127 Abs. 2 MarkenG nicht die Einführung neuer Herstellungsmethoden verhindern dürfe.

337 Ablehnend zum Schutz allein des Herstellungsverfahrens, das sich nicht auf Produkteigenschaften auswirkt, nach § 127 Abs. 2 MarkenG OLG Jena GRUR-RR 2003, 77, 79 – Halberstädter Würstchen.

338 Ebenso *Omsels* Geografische Herkunftsangaben, Rn 583.

339 Darauf weisen *Ströbele/Hacker* MarkenG § 127 Rn 23 hin.

340 *Tilmann* GRUR Int. 1993, 610, 614.

341 Zur abweichenden Konzeption des Schutzes nach europäischem Recht → Rn 253ff.

Gleichwohl kann auch der entgegengesetzten Auffassung, wonach der Verkehrsauffassung keinerlei Bedeutung zukomme, nicht beigetreten werden. Denn angesichts der tendenziell zahllosen Eigenschaften und Qualitäten, die ein jedes Produkt aufweist, bedarf es der Feststellung, **welche** aus diesen Eigenschaften die **„besonderen"** sind, die der Verkehr mit Produkten bestimmter Herkunft gerade wegen dieser Herkunft verbindet.[342] Alle Eigenschaften eines Produktes in Verbindung mit seiner geografischen Herkunft zu schützen, hieße, jede Variation unter den ortsansässigen Herstellern ebenso zu verbieten wie die Fortentwicklung eines Produktes – ein offensichtlich unsinniges Ansinnen. Geschützt werden können und sollen nur **einige wenige Qualitäten,** wie sie sich häufig aus örtlichen oder regionalen Produktionstraditionen ergeben (etwa bestimmte Zutaten bei einem Rezept oder die Anwendung bestimmter Fertigungstechniken) oder – bei Naturerzeugnissen – aus den natürlichen Boden- und Klimabedingungen folgen. 116

Für den Verkehr sind solche Eigenschaften dann **besondere,** wenn sie die betroffenen Waren oder Dienstleistungen von im Übrigen gleichartigen anderer Herkunft unterscheiden und, wo der Verbraucher diesen Produkten eine gesteigerte Wertschätzung und/oder Treue beim Wiederholungskauf entgegenbringt, gerade dafür die Grundlage bilden. Qualitäten eines Produktes bestimmter Herkunft, die diesem zwar anhaften, aber nicht über die geografische Herkunftsangabe kommuniziert werden, können nicht Gegenstand des Schutzes nach § 127 Abs. 2 MarkenG sein. Es ist deshalb nicht überzeugend, § 127 Abs. 2 MarkenG auch auf solche Eigenschaften anzuwenden, von denen der Verkehr überhaupt keine Kenntnis nimmt.[343] Wer, wenn nicht der Verkehr, sollte bestimmen, welche Eigenschaften eines Produktes bestimmter Herkunft diesem gerade wegen dieser Herkunft als „besondere" zugeschrieben werden?[344] *Knaak* ist deshalb insoweit zuzustimmen, als die **Verkehrsauffassung** zwar nicht über das objektive Vorliegen einer Eigenschaft entscheiden kann, wohl aber über die Verbindung dieser Eigenschaft als „besondere" zu einer bestimmten geografischen Herkunft.[345] Ob die Eigenschaft oder Qualität auch an anderem Ort erzeugt werden könnte, ist ohne Belang.[346] 117

Dies impliziert die Möglichkeit einer **Entwicklung:** der Verkehr mag von einem Produkt regionaler Herkunft über lange Zeit erwarten, dass es handgefertigt ist, kann diese Erwartung aber im Laufe der Zeit aufgeben, das heißt, sich an eine industrielle Produktion auch an diesem Herstellungsort gewöhnen. Die Fertigung in Handarbeit ist dann keine „besondere Eigenschaft" dieser Produkte mehr. Der normative Rekurs auf den verständigen Verbraucher kann im Übrigen helfen, solche vom Verkehr mit einer bestimmten Herkunft verbundenen Eigenschaften nicht derart „einzufrieren", dass den örtlichen Herstellern jede Innovation bei Herstellung und Produktgestaltung verwehrt wird. 118

4. Rufausbeutungs-/Rufbeeinträchtigungsschutz

a) Überblick. Genießt eine geografische Herkunftsangabe einen **besonderen Ruf,** ist ihre Verwendung für Waren anderer Herkunft nicht nur dann untersagt, wenn daraus eine Irreführung über deren Herkunft zu besorgen ist. Ihre Benutzung im geschäftlichen Verkehr ist – ungeachtet einer Irreführungsgefahr – auch dann unzulässig, wenn der „besondere Ruf" dadurch Schaden nimmt. § 127 Abs. 3 MarkenG untersagt die Verwendung einer geografische Herkunftsangabe von besonderem Ruf für Waren anderer Herkunft in drei Fällen:[347] 119

[342] *Omsels* WRP 2006, 434, 435.

[343] *Ströbele/Hacker* MarkenG § 127 Rn 23.

[344] Der Qualitätsschutz nach § 127 Abs. 2 MarkenG unterscheidet sich insoweit vom Registerschutz nach der VO (EG) Nr. 510/2006, der die Produktspezifikation in die Verantwortung der antragstellenden Vereinigung stellt, Art. 4, 5 VO (EG) Nr. 510/2006; zutreffend ist deshalb die Formulierung von *Omsels* Geografische Herkunftsangaben, S. 234f, Rn 582, wonach die Verkehrserwartung für die Anknüpfung an objektivierbare Produkteigenschaften maßgeblich ist.

[345] *Knaak* GRUR 1995, 103, 107.

[346] *Gorny* GRUR 1996, 447, 448.

[347] Die von *v. Schultz/Gruber* MarkenG § 127 Rn 13 genannte vierte Konstellation („Ausnutzung der Unterscheidungskraft") ist zwar nach dem Wortlaut möglich, stellt aber – wie die Verwässerung – letztlich

– wenn dadurch der besondere Ruf der geschützten geografischen Herkunftsangabe ausgenutzt wird (Rufausbeutung),
– wenn dadurch der besondere Ruf der geschützten geografischen Herkunftsangabe Schaden nimmt (Rufschädigung) oder
– wenn dadurch die Unterscheidungskraft der geschützten geografischen Herkunftsangabe mit besonderem Ruf geschwächt wird (Verwässerung).

120 § 127 Abs. 4 MarkenG dehnt den Schutz auf die Benutzung **ähnlicher** Zeichen aus, wenn ungeachtet der darin liegenden Abweichung die Eignung zur unlauteren Ausnutzung oder Beeinträchtigung des Rufes oder der Unterscheidungskraft der geografischen Herkunftsangabe besteht.

121 Mit diesem Schutz wird die zu § 1 UWG aF ergangene Rechtsprechung zum Schutz bekannter Herkunftsangaben kodifiziert.[348] Bereits nach dieser Rechtsprechung war die Wettbewerbswidrigkeit der Anlehnung an den besonderen Ruf anderer Wettbewerber nicht nur bei Produkt- und Unternehmenskennzeichen, sondern auch bei entsprechend qualifizierten geografischen Herkunftsangaben anerkannt.[349] Während in den Fällen der unlauteren Anlehnung an den besonderen Ruf eines Produkt- oder Unternehmenskennzeichens auf die unbefugte Ausnutzung einer fremden Unternehmensleistung und die unzulässige Umgehung einer an sich notwendigen Lizenzerteilung abgestellt wurde, stand bei der unberechtigten Nutzung einer fremden geografischen Herkunftsangabe mit besonderem Ruf der Vorwurf im Vordergrund, dass diese durch die vielfache Verwendung in anderem Kontext wenn nicht zur Gattungsangabe zu denaturieren, so doch in ihrer Exklusivität Schaden zu nehmen Gefahr laufe.[350] In der Konsequenz dieser Begründung des Rufausbeutungsschutzes liegt es, dass die Verwendung entlokalisierender Zusätze oder Angaben die unbefugte Benutzung nicht zu heilen vermag; denn dadurch kann allenfalls ein Irrtum über die wahre Herkunft der Waren vermieden werden, nicht aber die Beschädigung des besonderen Rufes der benutzten geografischen Herkunftsangabe.[351]

122 **b) Besonderer Ruf.** Der Schutz von geografischen Herkunftsangaben mit besonderem Ruf ist in § 127 Abs. 3 MarkenG erkennbar parallel zum Schutz der bekannten Marken in § 14 Abs. 2 Nr. 3 MarkenG und der bekannten Unternehmenskennzeichen in § 15 Abs. 3 MarkenG angelegt. Allerdings gilt dies uneingeschränkt nur für die Verletzungshandlungen der Rufausbeutung, der Rufschädigung und der Schmälerung der Unterscheidungskraft (Verwässerung). Das Merkmal der Bekanntheit von Produkt- und Unternehmenskennzeichen ist dagegen nicht mit dem des besonderen Rufes in § 127 Abs. 3 MarkenG gleichzusetzen. Während sich die Bekanntheit eines Zeichens nach seiner Verkehrsgeltung eher quantitativ bestimmen lässt, stehen beim besonderen Ruf einer geografischen Herkunftsangabe qualitative Aspekte im Vordergrund.[352]

123 Dies folgt nicht schon daraus, dass etwa die Bekanntheit des Elsass selbstverständlich nichts über den besonderen Ruf einer geografischen Herkunftsangabe „Elsässer Nudeln" besagen kann.[353] Auch eine Zigarettenmarke „New York" wäre nicht deshalb eine bekannte, weil die Stadt dieses Namens bekannt ist. Entscheidend ist vielmehr, dass sich die geo-

---

nur eine Form der Schwächung der Unterscheidungskraft dar; OLG München GRUR-RR 2004, 17, 18 – ChamPearl.

348 Gesetzesbegründung BT-Drucks. 12/6581 S. 118.

349 BGH GRUR 1988, 453 – ein Champagner unter dem Mineralwässern, sowie die kennzeichenrechtlichen Vorläufer BGH GRUR 1983, 247 – Rolls Royce und BGH GRUR 1985, 550 – Dimple.

350 BGH GRUR 1988, 453, 455 – ein Champagner unter dem Mineralwässern.

351 Ein Beispiel für eine mittelbare Bezugnahme auf die schweizerische Herkunft eines Produkts und damit verbundene Gütevorstellungen des Verkehrs durch Verwendung von schweizerischer Mundart in der Werbung bei gleichzeitigem Hinweis auf den Herstellungsort Deutschland findet sich in LG München I WRP 1980, 652 – Alpia.

352 *Helm* FS Vieregge 335, 355 f; ebenso *Fezer* MarkenG § 127 Rn 13.

353 So *Ingerl/Rohnke* MarkenG § 127 Rn 13; dass die Bekanntheit des in einer geografischen Herkunftsangabe genannten Ortes die Herkunftsangabe nicht zu einer solchen von besonderem Ruf macht, wird auch in OLG München GRUR-RR 2002, 64, 69 – Habana, betont.

grafische Herkunftsangabe **in ihrer Gesamtheit,** das heißt in ihrer **Verbindung** mit bestimmten Waren oder Dienstleistungen der bezeichneten Herkunft bei den angesprochenen Verkehrskreisen besonderer Wertschätzung erfreut, wobei hier – anders als beim Qualitätsschutz nach § 127 Abs. 2 MarkenG[354] – allgemeine Vorstellungen, Produkte dieser Herkunft seien von besonderer Qualität oder genössen ein besonderes Prestige, ausreichen können.[355] § 127 Abs. 3 MarkenG schützt, wie aus der Definition der geografischen Herkunftsangabe in § 126 Abs. 1 MarkenG folgt, nicht den besonderen Ruf eines Ortes oder einer Region, sondern den auf ein bestimmtes Produkt bezogenen Ruf einer Herkunftsangabe.

Waren oder Dienstleistungen einer geografischen Herkunft mit besonderem Ruf genießen in der Vorstellung der Verbraucher gegenüber gleichartigen Waren oder Dienstleistungen anderer Herkunft eine deutliche **Exklusivität.**[356] Liegt es so, wird eine geografische Herkunftsangabe meist auch größere Bekanntheit erlangen; dies ist jedoch meist Folge, nicht Voraussetzung ihres besonderen Rufes. Denn im Gegensatz zu individuellen Produkt- und Unternehmenskennzeichen ist die Bekanntheit einer geografischen Herkunftsangabe regelmäßig nicht das Ergebnis der gezielten Anstrengungen eines bestimmten Unternehmens, sondern die Folge des oft über viele Generationen aufgebauten, wirtschaftlichen Erfolges aller ortsansässigen Hersteller. Einen besonderen Ruf kann eine geografische Herkunftsangabe deshalb ebenso gut bei einem kleinen Kreis von „Kennern" genießen. So mag es etwa liegen, wenn aus einer besonderen Weinbergslage nur geringe Mengen gewonnen werden können, diese aber in Fachkreisen besondere Anerkennung erfahren. **124**

Anders als § 127 Abs. 2 MarkenG stellt der Schutz geografischer Herkunftsangaben von besonderem Ruf nach § 127 Abs. 3 MarkenG nicht auf bestimmte Eigenschaften oder eine objektive Qualität der damit bezeichneten Produkte im Sinne eines messbaren **„Primärnutzens"** ab. Anders als beim Qualitätsschutz qualifizierter geografischer Herkunftsangaben[357] bedarf es auch nicht der Ermittlung solcher Eigenschaften, um eine Verletzungshandlung festzustellen. Denn die Benutzung der geografischen Herkunftsangabe von besonderem Ruf für Waren anderer Herkunft wäre nach § 127 Abs. 3 MarkenG auch dann verwehrt, wenn diese dieselbe Qualität und dieselben Eigenschaften aufwiesen, die den besonderen Ruf der geografischen Herkunftsangabe begründet haben. **125**

Im Übrigen kann sich der gute Ruf auch aus einem bloßen positiven *Image* entwickeln, das Produkte der betroffenen Herkunft genießen – sei es auf Grund besonderer Werbeanstrengungen der örtlichen Hersteller, einer historischen Bedeutung des Herstellungsortes oder seiner Erzeugnisse oder auf Grund des Sozialprestiges dem Publikum bekannter Abnehmerkreise. Auch ein solcher **„Sekundärnutzen"** kann den besonderen Ruf von Produkten bestimmter geografischer Herkunft begründen. Anders als beim Qualitätsschutz nach § 127 Abs. 2 MarkenG sind deshalb im Rahmen des § 127 Abs. 3 MarkenG auch diffuse Vorstellungen des Verkehrs von der Besonderheit einer bestimmten Produktherkunft berücksichtigungsfähig.[358] Je intensiver sich Qualitätsvorstellungen mit einer bestimmten Herkunft verbinden, desto weniger wird man dabei eine überwiegende Verbreitung dieser Vorstellungen in den beteiligten Verkehrskreisen verlangen müssen.[359] **126**

c) Verletzungsformen. Der besondere Ruf einer geografischen Herkunftsangabe kann durch die unberechtigte Verwendung für Waren anderer Herkunft in unlauterer Weise ausgenutzt werden. Die **Ausbeutung** des der geografischen Herkunftsangabe von besonderem Ruf anhaftenden positiven Images ist das Ergebnis einer **Umlenkung** der beim Publikum bereits vorhandenen, aber auf die ursprünglichen Produkte der bezeichneten Herkunft **127**

---

354 → Rn 105 ff, 111 ff.

355 *Rößler* GRUR 1994, 559, 561; OLG München GRUR-RR 2002, 64, 68 – Habana.

356 Zur geografischen Herkunftsangabe „Champagner" als Synonym für Exklusivität OLG Frankfurt GRUR-RR 2003, 358 f – Champ; OLG München GRUR-RR 2004, 17 – ChamPearl.

357 → Rn 105 ff.

358 OLG München GRUR-RR 2002, 64, 66 – Habana.

359 *v. Schultz/Gruber* MarkenG § 127 Rn 12.

bezogenen Qualitätsvorstellungen auf Waren anderer Herkunft. Der unbefugt mit der geografischen Herkunftsangabe von besonderem Ruf Werbende „lehnt" sich an diesen Ruf „an", um den Absatz seiner Waren mit der Strahlkraft der Herkunftsbezeichnung zu befördern. Dabei spielt es keine Rolle, ob die eigene Ware mit der unter der geografischen Herkunftsangabe bekannten qualitativ gleichgesetzt wird, ob sich diese nur „lobend erwähnt" findet[360] oder ob nur ein mittelbarer Bezug – etwa durch eine beiläufige Nennung, eine Abbildung oder eine Verpackungsform – hergestellt wird.[361] Eine Rufübertragung kann auch auf entfernte, gänzlich andersartige Produktgruppen gelingen, und zwar umso eher, je berühmter die ausgenutzte Bezeichnung ist.[362] Maßgeblich ist allein der unbefugte **Transfer eines besonderen Images,** das der Verkehr mit einer bestimmten geografischen Herkunft verbindet, auf ortsfremde Waren.

128 Die Bewerbung eines Mineralwassers mit dem Slogan „Ein Champagner unter den Mineralwässern"[363] illustriert einen solchen **Transfer:** der Glanz des Champagners unter den Schaumweinen wird auf das beworbene Mineralwasser übertragen. Im Falle eines Angebots von Personal Computern unter dem Werbeslogan „Champagner bekommen, Sekt bezahlen" hat der BGH einen unzulässigen Imagetransfer sogar auf das gänzlich andere Produkt für möglich gehalten; der Slogan verdeutliche nicht nur ein Preis-Leistungs-Verhältnis, sondern suggeriere unmittelbar, der beworbene Computer sei ein „Champagner"-Produkt, das nur wie ein „Sekt"-Produkt bezahlt werden müsse.[364] Möglich erscheint dies allerdings nur, weil die Bezeichnung Champagner im allgemeinen Sprachgebrauch eine beinahe generische Bedeutung von Luxus oder „first-class" erlangt hat.[365] Wegen der großen Entfernung der Produkte zurecht abgelehnt wurde deshalb ein Imagetransfer der Bezeichnung „Habana" von Zigarren auf Motorroller.[366] Die darin liegende Anspielung auf die Hauptstadt von Kuba beschränke sich auf die Vorstellungen, die der Verkehr mit Kuba/Havanna als Urlaubsziel verbinde. Eine Beziehung zu Zigarren, denen die Bezeichnung Havanna/Habana ihren besonderen Ruf verdanke, werde dagegen nicht hergestellt.[367]

129 Eine **Rufbeeinträchtigung** erleidet die für ortsfremde Produkte verwendete geografische Herkunftsangabe zum einen, wenn sie mit einer negativen Aussage verwendet wird. So kann es im Falle einer unzulässigen Herabsetzung im Rahmen vergleichender Werbung liegen („besser als Champagner").[368] Schaden nimmt der besondere Ruf einer geografischen Herkunftsangabe aber auch dann, wenn er für andere Waren oder Dienstleistungen anderer Herkunft verwendet wird, die eine mit der Ursprungsware inkompatible Anmutung besitzen. Eine für Parfums berühmte geografische Herkunftsangabe würde in diesem Sinne beschädigt, wenn sie sich für Salatöl verwendet fände, eine bekannte Weinlage, wenn mit ihr Dessous beworben würden.[369]

130 Ungeachtet der genannten Formen positiven oder negativen Zugriffs kann eine geografische Herkunftsangabe von besonderem Ruf aber auch durch den bloßen Umstand beeinträchtigt werden, dass sie an anderem Ort für andere Waren Verwendung findet, um den mit der Bezeichnung verbundenen **Aufmerksamkeitseffekt** zu nutzen. Ihr bloßer Auftritt an anderem Ort und in anderem Kontext kann geeignet sein, ihre ursprüngliche **Unter-**

---

[360] BGH GRUR 1983, 247, 248 – Rolls Royce; BGH GRUR 1988, 453, 455 – Ein Champagner unter den Mineralwässern.

[361] S. auch BGH GRUR 1985, 550, 552 – Dimple; BGH GRUR 1991, 464, 466 – Salomon; *Starck* MarkenR 2000, 73.

[362] → Rn 128, Fn 363, 364.

[363] BGH GRUR 1988, 453, 455 – Ein Champagner unter den Mineralwässern.

[364] BGH GRUR 2002, 426, 427 – Champagner bekommen, Sekt bezahlen; anders noch die Vorinstanz, OLG Köln GRUR Int. 2000, 796.

[365] OLG Frankfurt GRUR-RR 2003, 306 – Champ.

[366] OLG München GRUR-RR 2002, 64, 67 – Habana.

[367] OLG München GRUR-RR 2002, 64, 67 – Habana; die Verwendung der Bezeichnung verstößt jedoch gegen das deutsch-kubanische Herkunftsabkommen, → Rn 317 Fn 779.

[368] S. § 6 Abs. 2 Nr. 4 UWG, der allerdings die Erkennbarkeit eines bestimmten Mitbewerbers verlangt.

[369] Aus der wettbewerbsrechtlichen Rechtsprechung zur Verunglimpfung von Marken: BGH GRUR 1994, 808 – Markenverunglimpfung I; BGH GRUR 1995, 57 – Markenverunglimpfung II.

scheidungskraft zu schmälern. Der Verkehr, der der Herkunftsangabe nicht mehr nur in Verbindung mit dem Ursprungsprodukt begegnet, auf das sich der besondere Ruf gründet, sondern an gänzlich anderer Stelle und in gänzlich anderem Zusammenhang, wird die Herkunftsangabe zunehmend **generisch** verstehen oder zumindest die strikte gedankliche Verbindung zu einem bestimmten Produkt bestimmter Herkunft sukzessive aufgeben. Damit schwindet die Unterscheidungskraft, die geografische Herkunftsangabe **verwässert** in ihrer Aussage. Im zitierten Fall des Werbeslogans „Champagner bekommen, Sekt bezahlen", der für Personal Computer eingesetzt wurde, mag man an einem Imagetransfer von Schaumwein zu Tischrechnern zweifeln, die Verwässerungseignung liegt dagegen auf der Hand. Auch spielt es für diese Wirkung keine Rolle, dass die Herkunftsangabe nicht zur Kennzeichnung des Produkts, sondern zur Bewerbung seiner Preiswürdigkeit eingesetzt wird. § 127 Abs. 3 MarkenG verlangt nicht, dass die geschützte Herkunftsangabe „markenmäßig" verwendet wird. Allein die Benutzung „im geschäftlichen Verkehr" ist maßgeblich.[370]

Dass der Verwässerungsschutz einer geografischen Herkunftsangabe von besonderem **131**
Ruf nicht so weit gehen kann, dass die Herkunftsangabe dem allgemeinen Sprachgebrauch gänzlich entzogen wird, zeigt die Entscheidung „Champagner.de". Zurecht wurde ein Verstoß gegen § 127 Abs. 3 MarkenG verneint, da unter diesem Internetportal tatsächlich Informationen zum Stichwort Champagner angeboten wurden und ortsansässige Hersteller die Möglichkeit erhielten, Links von dieser Adresse auf die eigene Homepage zu setzen.[371]

d) Rufschutz auch bei Waren gleicher Herkunft. Nach seinem Wortlaut schützt **132**
§ 127 Abs. 3 MarkenG die geografische Herkunftsangabe mit besonderem Ruf nur vor Beeinträchtigungen durch ihre unbefugte Benutzung für Waren oder Dienstleistungen **anderer** Herkunft. Dies wirft die Frage auf, ob der besondere Ruf einer geografischen Herkunftsangabe nicht auch dadurch Schaden nehmen kann, dass die Herkunftsangabe für andere Produkte **gleicher** Herkunft verwendet wird, denen die geografische Bezeichnung ihren Ruf nicht verdankt, die aber durch die (als solche zutreffende!) Bezeichnung ihrer Herkunft von diesem Ruf ungerechtfertigt profitieren oder diesen Ruf sogar – durch eine herabsetzende Aussage oder durch die Inkompatibilität der produktbezogenen Anmutungen – schädigen. In tatsächlicher Hinsicht ist dies ohne weiteres vorstellbar: die Herkunftsbezeichnung Champagner würde durch die Werbeaussage „Der Champagner unter den Mineralwässern" nicht minder beeinträchtigt, wenn das beworbene Mineralwasser tatsächlich aus der Champagne stammte.

In rechtlicher Hinsicht verdient der Schutz der geografischen Herkunftsangabe mit be- **133**
sonderem Ruf deshalb auch hier Anerkennung. Fraglich kann nur sein, wie der berechtigte Anspruch der ortsansässigen Hersteller anderer Waren oder Dienstleistungen auf Nennung der Herkunft ihrer Produkte angemessen berücksichtigt wird und ob der Schutz der geografischen Herkunftsangabe mit besonderem Ruf in dieser Konstellation in analoger Anwendung des § 127 Abs. 3 MarkenG oder aber nach der über § 2 MarkenG möglichen Anwendung wettbewerbsrechtlicher Verbotsnormen gewährleistet wird. Dabei drängt sich die Parallele zum Sonderschutz bekannter Marken nach § 14 Abs. 2 Nr. 3 MarkenG auf: nach ihrem Wortlaut untersagt diese Norm die Benutzung eines mit der bekannten Marke identischen oder ähnlichen Zeichens für Waren oder Dienstleistungen, die nicht denen ähnlich sind, für die die Marke Schutz genießt, wenn dadurch die Unterscheidungskraft oder die Wertschätzung der bekannten Marke ohne rechtfertigenden Grund in unlauterer Weise ausgenutzt oder beeinträchtigt wird. Auch hier stellt sich die Frage nach dem Schutz der bekannten Marke in Fällen, in denen ihre Unterscheidungskraft oder die ihr entgegengebrachte Wertschätzung durch die unbefugte Verwendung für *gleichartige* Waren oder

[370] BGH GRUR 2002, 426, 427 – Champagner bezahlen, Sekt bekommen.

[371] OLG München WRP 2002, 111 – www.champagner.de; anders noch die Vorinstanz LG München I CR 2001, 191 – champagner.de; zu den Grenzen des Schutzes der Bezeichnung Champagner nach dem deutsch-französischen Herkunftsabkommen LG Düsseldorf GRUR Int. 1967, 109 – Champagner Weizenbier II („Champagnerzange").

Dienstleistungen beeinträchtigt werden.[372] Der EuGH hat diesen Schutz auf eine entsprechende Vorlagefrage des BGH bejaht.[373] Nicht der Wortlaut sei insoweit maßgeblich, sondern die systematische und die teleologische Interpretation der Norm. Die aber verbiete eine Auslegung, die den Schutz der bekannten Marke innerhalb des Ähnlichkeitsbereiches geringer ausfallen lasse als außerhalb.[374]

134 Im Rahmen des § 127 Abs. 3 MarkenG sollte nichts anderes gelten.[375] Der Schutz vor Rufausbeutung oder Rufbeeinträchtigung, der schon gegen ortsfremde Produkte besteht, muss erst recht gelten, wenn diese Beeinträchtigung vom selben Ort aus erfolgt. Die berechtigten Interessen der ortsansässigen Hersteller auf Verwendung einer zutreffenden Herkunftsbezeichnung für ihre Produkte können gegen diesen Schutz im Rahmen der weiteren Merkmale des Verbotstatbestandes, namentlich der Unlauterkeit und des fehlenden rechtfertigenden Grundes, angemessen berücksichtigt werden. Im Ergebnis muss diesen Herstellern danach die Benutzung der Herkunftsangabe zwar im Grundsatz erlaubt bleiben, jedoch nur, wenn und soweit dabei eine vermeidbare Ausnutzung oder Beeinträchtigung ihres besonderen Rufes, den sie anderen Produkten verdankt, vermieden wird. Wo immer der konkrete Einsatz des Zeichens erkennen lässt, dass das **Interesse an der Absatzförderung** des eigenen Produkts unter **Ausnutzung** der Werbekraft der geografischen Herkunftsangabe mit besonderem Ruf das **Kennzeichnungsinteresse** hinsichtlich der Herkunft dieses Produktes überwiegt, muss der Schutz des besonderen Rufes vor Beeinträchtigung oder Verwässerung Vorrang genießen.

135 **e) Rechtfertigender Grund.** Während die in § 127 Abs. 3 MarkenG geforderte **Unlauterkeit** regelmäßig aus der ungerechtfertigten Ausnutzung fremden Rufes oder dessen Schädigung im Interesse des Absatzes der eigenen Produkte folgt, lässt das weitere Merkmal **„ohne rechtfertigenden Grund"** Raum für die Anerkennung schutzwürdiger Interessen anderer Hersteller. Eine Rechtfertigung der Rufausnutzung oder -beeinträchtigung setzt allerdings voraus, dass dem Interesse dieser Hersteller nicht anders Rechnung getragen werden kann, als durch die in Rede stehende, konkrete Form der Benutzung der geografischen Herkunftsangabe mit besonderem Ruf. *Ingerl/Rohnke* nennen das Beispiel eines Systemvergleiches, wenn dieser den Hinweis auf ein Verfahren erfordere, das demjenigen von Produkten einer bestimmten geografischen Herkunft entspreche.[376]

136 Auch in solchen Fällen ist indessen ein **strenger Maßstab** anzulegen. Die Rechtfertigung versagt, sobald das Interesse an der Ausnutzung des guten Rufes das sachliche Informationsinteresse überwiegt. Auf europäischer Ebene untersagt Art. 13 Abs. 1 lit. b der VO (EG) Nr. 510/2006 derartige Vergleiche generell.[377] Das Verbot der Verwendung der Bezeichnung „méthode champenoise" für das entsprechende Herstellungsverfahren von Schaumwein (Art. 6 Abs. 5 Unterabs. 2, 3 VO Nr. 2333/92/EWG) wurde vom EuGH explizit damit gerechtfertigt, es diene dem Ziel, „dass der Hersteller für sein Produkt keinen Nutzen aus dem Ansehen eines ähnlichen Erzeugnisses ziehen" könne, „welches Produzenten auf einem anderen Gebiet begründet" hätten.[378]

5. Ähnlichkeitsschutz

137 § 127 Abs. 4 MarkenG erweitert das Verbot der unbefugten Benutzung geografischer Herkunftsangaben in allen drei Schutztatbeständen des § 127 Abs. 1 bis 3 MarkenG – dem Irre-

---

[372] Erfolgt eine solche Benutzung nicht markenmäßig – etwa durch dekorative Verwendung der bekannten Marke auf ansonsten gleichartigen Produkten – versagt der Verwechslungsschutz nach § 14 Abs. 2 Nr. 2 MarkenG.

[373] EuGH GRUR 2003, 240, 242 – Davidoff/Gofkid; BGH GRUR 2004, 235 – Davidoff II.

[374] EuGH GRUR 2003, 240, 242 Tz 24 ff – Davidoff/Gofkid.

[375] Ebenso *Ströbele/Hacker* MarkenG § 127 Rn 28.

[376] *Ingerl/Rohnke* MarkenG § 127 Rn 17.

[377] → Rn 246 ff, 278 ff.

[378] EuGH RIW 1995, 164 – méthode champenoise.

führungsschutz, dem Qualitätsschutz und dem Rufausbeutungs- bzw. -beeinträchtigungsschutz – auf die Verwendung **ähnlicher** Angaben. Das sind solche, die der geschützten geografischen Herkunftsangabe nicht völlig gleichen, weil lediglich ein synonymer oder ein abgewandelter Begriff, eine ähnliche Aufmachung, Farbgebung, Verpackung usw. verwendet oder weil die identische Herkunftsangabe um einen **Zusatz** erweitert wurde, ohne dass die ursprüngliche Herkunftsaussage dabei gänzlich verloren ging.

Die Parallele des Schutzes geografischer Herkunftsangaben vor unbefugter Benutzung ähnlicher Angaben nach § 127 Abs. 4 MarkenG zum Schutz von Produkt- und Unternehmenskennzeichen vor der Verwendung von ähnlichen Zeichen nach § 14 Abs. 2 Nr. 2, § 15 Abs. 2 MarkenG ist augenscheinlich. Auf die dazu entwickelten Beurteilungsgrundsätze[379] kann auch hier zurückgegriffen werden.[380] Die **Ähnlichkeit** einer abgewandelten oder um Zusätze ergänzten geografischen Herkunftsangabe zum Original kann sich unmittelbar darin manifestieren, dass der Verkehr die Abweichung gar nicht bemerkt. Eine solche **direkte Verwechslung** wird durch den Umstand erleichtert, dass sich der Verkehr in der Regel nur mit einer der beteiligten geografischen Herkunftsangaben aktuell konfrontiert sieht, während er die andere nur erinnert. 138

Ähnlichkeit besteht aber auch dann, wenn der Verkehr die Unterschiede erkennt, ihnen aber im Hinblick auf die Herkunftsaussage keine Bedeutung zumisst. So liegt es, wenn der in einer Herkunftsangabe verkörperte Sinn (ungeachtet der Abwandlung oder Ergänzung) erhalten bleibt, etwa, weil die geschützte geografische Herkunftsangabe lediglich in eine andere Sprache **übersetzt** wurde.[381] Auch die Nähe der jeweils gekennzeichneten Warenart und ihr Erscheinungsbild können die Ähnlichkeit befördern.[382] Maßgeblich ist die Verkehrsauffassung unter Berücksichtigung der Erkenntnismöglichkeiten eines verständigen, interessierten und aufgeschlossenen Verbrauchers, der „das fragliche Werbeverhalten mit einer der Situation angemessenen Aufmerksamkeit verfolgt".[383] 139

Besteht danach zwischen geschützter geografischer Herkunftsangabe und dem in Rede stehenden Zeichen Ähnlichkeit, sind die in § 127 Abs. 4 MarkenG genannten Voraussetzungen für ein Verbot seiner Benutzung keine anderen als die für ein Verbot der identischen Verwendung: 140

- Die einer einfachen geografischen Herkunftsangabe ähnliche Angabe darf nicht für Waren anderer Herkunft verwendet werden, wenn trotz der Abweichung oder der Zusätze eine **Gefahr der Irreführung** über die geografische Herkunft besteht.
- Die einer qualifizierten geografischen Herkunftsangabe (Ursprungsangabe) ähnliche Angabe darf nicht für Waren gleicher Herkunft verwendet werden, wenn diesen Waren die besonderen Eigenschaften oder die besondere Qualität fehlen, die die Herkunftsangabe qualifizieren. Da der **Qualitätsschutz** geografischer Herkunftsangaben insoweit absolut ist, als er keine Irreführung über die Herkunft der Waren oder Dienstleistungen verlangt,[384] ist auch der Schutz gegenüber ähnlichen Angaben in § 127 Abs. 4 MarkenG nicht an weitere Voraussetzungen geknüpft. Dass die Vorschrift aber auch auf qualifizierte geografische Herkunftsangaben (Ursprungsangaben) anwendbar ist, folgt aus dem ersten Halbsatz des Abs. 4, der **alle** „geschützten geografischen Herkunftsangaben", mithin auch Ursprungsangaben erfasst.

---

[379] *Fezer* MarkenG § 14 Rn 146 ff.

[380] *Fezer* MarkenG § 127 Rn 11; differenzierend *Ströbele/Hacker* MarkenG § 127 Rn 34 mit Verweis auf BGH GRUR 1969, 615, 616 – Champi-Krone.

[381] Die Übersetzung wird sowohl in der Begründung des Markengesetzes (BT-Drucks. 12/6581 S. 118) als auch in Art. 13 Abs. 1 lit. b der VO (EG) Nr. 510/2006 explizit als Form der unzulässigen Nachahmung genannt.

[382] EuGH GRUR Int. 1999, 443 – Gorgonzola/Cambozola (zur Frage der „Anspielung" auf eine nach der VO (EG) Nr. 2081/92 geschützte Ursprungsangabe).

[383] EuGH GRUR Int. 1995, 804 – Mars; EuGH GRUR Int. 1998, 795 – Gut Springenheide; EuGH GRUR Int. 2000, 354 – Lifting-Creme; BGH GRUR 2002, 160, 163 – Warsteiner III, mwN zur Verhältnismäßigkeit eine Benutzungsverbotes wegen Irreführungsgefahr.

[384] → Rn 107 ff.

– Die einer geografischen Herkunftsangabe mit besonderem Ruf ähnliche Angabe darf nicht für Waren gleicher[385] oder anderer Herkunft verwendet werden, wenn sie – ungeachtet einer bestehenden Irreführungsgefahr – geeignet erscheint, den besonderen **Ruf** unbefugt auszunutzen oder zu schädigen oder die **Unterscheidungskraft** der geschützten Herkunftsangabe zu beeinträchtigen.[386]

6. Entlokalisierende Zusätze

141 Sog. entlokalisierende Zusätze beschreiben den wohl meist gebrauchten Zusatz zu einer für sich genommen unzutreffenden geografischen Herkunftsangabe im Sinne des § 127 Abs. 1, 4 Nr. 1 MarkenG. Ihre „entlokalisierende" Wirkung liegt in der mehr oder weniger deutlichen Information über die *tatsächliche* Herkunft des Produktes („Hergestellt in Deutschland", „Deutsches Produkt", „Herstellungsort: X"), in einem Bezug zum Herstellungsverfahren („nach Art von ...", „Typ") oder in einem Hinweis auf die markenmäßige Verwendung der geografischen Herkunftsangabe als betriebliche Herkunftsangabe.[387] Mit dieser Information wird die Herkunftsaussage der benutzten geografischen Herkunftsangabe, die an einen anderen Herstellungsort verweist, korrigiert.[388] So wurde etwa das in Paderborn gebraute Bier der Marke *Warsteiner* unter dieser Marke (die zugleich geografische Herkunftsangabe ist)[389] in Verkehr gebracht, jedoch mit Hinweisen wie „Braustätte Paderborn" oder „gebraut und abgefüllt in unserer Paderborner Brauerei" auf Vorder- und Rückenetiketten der einzelnen Flaschen versehen.[390]

142 Entlokalisierende Zusätze sind häufig da anzutreffen, wo eine Irreführung durch **mittelbare** Herkunftsangaben wie Nationalfarben, landestypische Abbildungen oder fremdsprachige Produktkennzeichen kompensiert werden muss[391] oder zumindest der Gefahr vorgebeugt werden soll, dass eine bestimmte Aufmachung des Produktes vom Verkehr im Sinne einer mittelbaren Herkunftsangabe (fehl-)verstanden wird.[392] Die Bezeichnung „Marke Ulmer Münster" für ein nicht in Ulm, sondern in Memmingen gebrautes Hefeweizenbier, auf dessen tatsächlichen Herstellungsort zudem Vorder-, Rück- und Halsetiketten hinweisen, wird (auch) durch den Zusatz „Marke" erfolgreich entlokalisiert; ein lauterkeitsrechtliche Irreführung liegt nicht darin, dass der Verwender der Bezeichnung nicht über eine Wortmarke „Ulmer Münster" verfügt.[393]

143 Gelingt es mit Hilfe eines entlokalisierenden Zusatzes, die aus der Benutzung der für sich genommen unrichtigen geografischen Herkunftsangabe herrührende Irreführungsgefahr zu neutralisieren, wird die Verwendung dieser Herkunftsangabe für Waren anderer Herkunft dem Verbot des § 127 Abs. 1, Abs. 4 Nr. 1 MarkenG entzogen. Jedenfalls bei **unmittelbaren** geografischen Herkunftsangaben wird dies allerdings selten gelingen.[394] Denn auch der auf die tatsächliche Herkunft verweisende Zusatz beseitigt die kontrastie-

[385] → Rn 132ff.

[386] OLG München GRUR-RR 2004, 17f – ChamPearl.

[387] BGH GRUR 1999, 252, 255 – Warsteiner II; OLG München GRUR-RR 2002, 357 – Marke Ulmer Münster; in BGH GRUR 2002, 1074 – Original Oettinger konnte der Hinweis auf eine eingetragene Marke sogar die geografische Aussage der Bezeichnung „Original Oettinger" relativieren.

[388] Aus der wettbewerbsrechtlichen Rechtsprechung BGH GRUR 1971, 255, 258 – Plym Gin; BGH GRUR 1982, 564, 565 – Elsässer Nudeln; BGH GRUR 1994, 310 – Mozzarella II.

[389] Zum Nebeneinander von Marke und geografischer Herkunftsangabe BGH GRUR 1999, 252, 254 – Warsteiner II, mit Verweis auf BGH GRUR 1993, 920, 921 – Emilio Adani II.

[390] BGH GRUR 1999, 252f – Warsteiner II; zur Beseitigung einer Irreführungseignung nach § 3 UWG aF BGH GRUR 1994, 310 – Mozzarella II.

[391] BGH GRUR 1994, 310, 311 – Mozzarella II mwN.

[392] HK-MarkenR/*Fuchs-Wissemann* MarkenG § 127 Rn 10f, will entlokalisierende Zusätze generell nur bei mittelbaren geografischen Herkunftsangaben zulassen; s. auch *Ullmann* GRUR 1999, 666, 671.

[393] OLG München GRUR-RR 2002, 357 – Marke Ulmer Münster.

[394] Nach OLG Jena GRUR-RR 2003, 77 – Halberstädter Würstchen, soll eine ausreichende Entlokalisierung gegeben sein, wenn ein Wurstprodukt nicht allein mit der geografischen Herkunftsangabe bezeichnet wird, sondern neben dem Zusatz „... Art" auch deutlich auf den wahren Herkunftsort des Produkts hingewiesen wird.

rende Herkunftsaussage der geografischen Herkunftsangabe nicht; er fügt nur einer vorhandenen – meist sogar markenmäßig herausgestellten und werblich unterstrichenen – Information eine weitere hinzu, die regelmäßig weniger prominent präsentiert wird und deren Wahrnehmung im Kontext anderer Produktinformationen oft ein aktives Interesse des Kunden voraussetzt. Die primäre Herkunftsinformation bleibt so gegenüber der entlokalisierenden Zusatzinformation dominant, beide zusammen führen allenfalls zu einer **Verwirrung** des Verkehrs.[395]

Bei unmittelbaren Herkunftsangaben ist es deshalb gerechtfertigt, **strenge Anforderungen** an die Deutlichkeit, die Eindeutigkeit und die Wahrnehmbarkeit eines entlokalisierenden Hinweises zu stellen.[396] Dies gilt umso mehr, als jede Verwendung einer geografischen Herkunftsangabe für ortsfremde Erzeugnisse zu einem subtilen Abbau ihrer originären Kennzeichnungskraft beitragen und so einer **Entwicklung zur Gattungsangabe** Vorschub leisten kann.[397] Mit der geografischen Herkunftsangabe und ihrem entlokalisierendem Zusatz liegen zwei **kontrastierende** Informationen vor, von denen nur eine zutreffen kann. Anders als im Falle tatsächlich „klarstellender" Angaben, die eine andere Angabe präzisieren, korrigieren oder allenfalls relativieren, nicht aber negieren, lässt der entlokalisierende Zusatz die geografische Herkunftsangabe als „unwahr" erscheinen, wenn und soweit er selbst Geltung beansprucht, während die geografische Herkunftsangabe ihrerseits nur wahr sein kann, wenn der Zusatz nicht zutrifft. Diesen Bedeutungskonflikt kann der angesprochene Verkehr nur auflösen, wenn er annimmt, dass es sich bei der einen Angabe gar nicht um eine geografische handele. 144

Gelingt es auch mit Hilfe eines deutlichen entlokalisierenden Hinweises nicht, Fehlvorstellungen des Verkehrs über die wahre Herkunft eines Produktes auszuschließen, bleibt die Verwendung der geografischen Herkunftsangabe deshalb unzulässig; daran hat auch das vom EuGH entwickelte und von der deutschen Rechtsprechung übernommene Leitbild eines durchschnittlich informierten und verständigen Verbrauchers,[398] der das fragliche Werbeverhalten mit einer der Situation angemessenen Aufmerksamkeit verfolgt, nichts geändert. Auch dieser Verbraucher wird nämlich bei einer **unmittelbaren,** klaren und eindeutigen Herkunftsangabe keinen Anlass haben, an eben dieser Angabe zu zweifeln und deshalb auf oder an dem so gekennzeichneten Produkt nach „Erläuterungen" zu suchen, die diese Angabe konterkarieren könnten. Dazu wird ihn eine „situationsadäquate Aufmerksamkeit" nur da veranlassen, wo – wie im Falle **mittelbarer** Herkunftsangaben – eine bestimmte Herkunft nur indiziert, aber letztlich ungewiss ist.[399] 145

Allenfalls im Rahmen der Verhältnismäßigkeitsprüfung[400] können **gewichtige Unternehmensinteressen** ein anderes Ergebnis rechtfertigen, „wenn verbleibende Fehlvorstellungen des Verkehrs, soweit sie für seine Kaufentscheidung relevant sein können, daneben nicht ins Gewicht fallen".[401] Im Falle „Warsteiner" lagen diese Unternehmensinteressen in 146

---

[395] *Gloy* FS Piper S. 543, 547 ff.

[396] Zur wettbewerbsrechtlichen Rechtsprechung s. die Nachweise bei *Baumbach/Hefermehl* UWG § 3 aF Rn 226; für weniger strenge Anforderungen an die Entlokalisierung einer mittelbaren geografischen Herkunftsangabe OLG München GRUR-RR 2002, 357 – Marke Ulmer Münster; für eine Liberalisierung vor dem Hintergrund des europäischen Verbraucherleitbildes und der daran ausgerichteten Irreführungsrechtsprechung *Omsels* WRP 2006, 434 ff, der dagegen eine Ausweitung des Schutzes aus § 127 Abs. 3 MarkenG vorschlägt.

[397] *Gloy* FS Piper S. 543, 547, 559 ff; *Ahrens* GRUR Int. 1997, 508, 513; *Ullmann* GRUR 1999, 666, 671; der bekannteste Fall einer solchen Erosion ist die durch das RG zugelassene Verwendung der Bezeichnung „Pilsener" mit entlokalisierenden Zusätzen, RGZ 79, 250 – Radeberger Pilsener; RGZ 139, 363 – Herrenhäuser Pilsener; der europäische Schutz geografischer Herkunftsangaben nach der VO (EG) Nr. 510/2006 schließt die Verwendung entlokalisierender Zusätze in Art. 13 Abs. 1 lit. b ausdrücklich und ausnahmslos aus.

[398] BGH GRUR 2002, 160, 162 – Warsteiner III mit zahlreichen weiteren Verweisen zur insoweit parallelen Rechtsprechung im Wettbewerbs- und im Markenrecht; zur Rechtsprechung des EuGH zum Verbraucherleitbild s. EuGH GRUR Int. 1995, 804 – Mars; EuGH GRUR Int. 1998, 795 – Gut Springenheide; GRUR Int. 2000, 354 – Lifting-Creme; → § 2 UWG Rn 168, § 3 UWG Rn 108.

[399] → Rn 91 ff, 93 ff.

[400] → Rn 91 ff.

[401] BGH GRUR 2002, 160, 162 – Warsteiner III.

den Anstrengungen, die das Unternehmen unternommen hatte, um die geografische Herkunftsangabe „Warsteiner“ als Produkt- und Unternehmenskennzeichen zu etablieren sowie in dem legitimen Interesse, dieses Kennzeichen bei einer Expansion des Unternehmens auch am neuen Produktionsort einheitlich zu verwenden.[402]

147 Beim **Qualitätsschutz** nach § 127 Abs. 2 MarkenG ist eine „Entlokalisierung“ durch Zusätze schon deshalb nicht denkbar, weil hier nicht die Herkunft, sondern die Qualität eines Produktes bestimmter Herkunft geschützt wird. Die qualifizierte geografische Herkunftsangabe darf auch für Produkte dieser Herkunft nicht verwendet werden, wenn ihnen die Qualität fehlt, die mit der Herkunftsangabe zum Ausdruck kommt. Nicht darauf, ob sich der angesprochene Verkehr zutreffende oder unzutreffende Vorstellungen vom Vorhandensein besonderer Eigenschaften oder von einer besonderen Qualität macht, kommt es dabei an, sondern darauf, ob diese Eigenschaften tatsächlich vorhanden sind. Daraus folgt, dass es keinen Zusatz geben kann, der die Verwendung der qualifizierten geografischen Herkunftsangaben für Waren dieser Herkunft legitimieren könnte, wenn diesen die besonderen Eigenschaften fehlen, die die Herkunftsangabe kommuniziert. Insbesondere ist auch ein Zusatz, der auf das Fehlen der Qualität hinweist, dazu nicht in der Lage. § 127 Abs. 4 MarkenG bezieht deshalb Herkunftsangaben mit Zusätzen in den Schutzbereich des Abs. 2 mit ein, ohne diesen Schutz an weitere Bedingungen zu knüpfen, wie dies beim Irreführungsschutz nach § 127 Abs. 4 Nr. 1 MarkenG und beim Rufschutz nach § 127 Abs. 4 Nr. 2 MarkenG der Fall ist.

148 Auch beim Schutz einer geografischen Herkunftsangabe mit **besonderem Ruf** vor Ausbeutung oder Beeinträchtigung nach § 127 Abs. 3 MarkenG kann eine „Entlokalisierung“ durch Zusätze nicht den ansonsten erfüllten Verbotstatbestand entfallen lassen. Dies folgt einmal daraus, dass in den Fällen des § 127 Abs. 3 MarkenG nicht die Herkunftsaussage geschützt wird, sondern die einer bestimmten Herkunft entgegengebrachte Wertschätzung des Verkehrs. Dieser Schutz besteht nach dem Wortlaut des Gesetzes auch dann, „wenn eine Gefahr der Irreführung über die geografische Herkunft nicht besteht“. Zum anderen versagt der besondere Schutz der geografischen Herkunftsangabe mit besonderem Ruf nach richtiger Ansicht nicht, wenn die rufschädigende Benutzung für andere Waren *derselben* Herkunft erfolgt.[403] Ein Zusatz, der „entlokalisierend“ auf die tatsächliche Herkunft des Produktes hinweist, kann mithin eine im Übrigen gegebene Rufausbeutung oder -beeinträchtigung niemals legitimieren: weder der Imagetransfer im Falle der Rufausbeutung, noch die Rufschädigung im Falle der negativen Bezugnahme oder Produktanmutung hängen von den Herkunftsvorstellungen des Publikums ab.

149 Denkbar ist der Ausschluss einer Rufschädigung, wenn überhaupt, nur durch Zusätze **anderen** Inhalts. So kann etwa die geografische Herkunftsangabe mit besonderem Ruf von Herstellern anderer Produkte am selben Ort genutzt werden, um auf die Herkunft der eigenen Produkte hinzuweisen und zugleich ein Zusatz dem Vorwurf der Ausbeutung des Rufes vorbeugen („hergestellt in der Champagne“). Maßgeblich bleiben freilich auch in solchen Fällen der Gesamteindruck der verwendeten Bezeichnung und die hierzu bestehende Verkehrsauffassung.[404] Unzureichend sind dagegen in den Fällen des Rufschutzes regelmäßig Zusätze wie „nach Art von“, „Typ“ o. Ä., deren Verwendung jedenfalls einer Verwässerung und damit einer Schmälerung der Unterscheidungskraft der geschützten Bezeichnung im Sinne des § 127 Abs. 4 MarkenG Vorschub leistet. Nach europäischem Recht sind sie explizit ausgeschlossen.[405]

150 Die **Beeinträchtigung der Unterscheidungskraft** einer Herkunftsangabe mit besonderem Ruf (Verwässerung) wird durch die unbefugte Benutzung der Angabe für andere Waren am selben oder die selben oder andere Waren an anderem Ort verursacht. Die Un-

---

[402] BGH GRUR 1999, 252, 255 – Warsteiner II.
[403] → Rn 119 ff, 132 ff.
[404] *Fezer* MarkenG § 127 Rn 18.
[405] Art. 13 Abs. 1 lit. b VO (EG) Nr. 510/2006.

terscheidungskraft leidet, wo die Aufmerksamkeit, die die geografische Herkunftsangabe beim Verkehr für ein bestimmtes Produkt findet, unbefugt auf eine Ware anderer Herkunft umgelenkt wird. Auch in dieser Konstellation ist kaum denkbar, wie ein Zusatz, gleich welchen Inhalts, diese Wirkung ausschließen sollte.[406] Wenn überhaupt, kann dies nur durch eine Abwandlung der Bezeichnung vermieden werden, die zu einem die Ähnlichkeit im Sinne des § 127 Abs. 4 MarkenG ausschließenden Zeichenabstand führt. Insoweit gilt der kennzeichenrechtliche Grundsatz, wonach es auf die Übereinstimmungen der Zeichen, nicht auf die Unterschiede ankommt.[407]

7. Von § 127 MarkenG nicht erfasste Konstellationen

Der kennzeichenrechtliche Schutz geografischer Herkunftsangaben nach den §§ 126ff MarkenG ist nicht umfassend. Vielmehr gibt es eine Reihe von Konstellationen, in denen die Benutzung einer solchen Angabe nach wettbewerbsrechtlichen Maßstäben unbefugt erscheint, ohne dass ein Unterlassungsanspruch aus dem Markengesetz hergeleitet werden könnte. 151

Dies liegt ua daran, dass eine geografische Herkunftsangabe nach §§ 126 Abs. 1, 127 MarkenG nur geschützt ist, wenn sie **im geschäftlichen Verkehr benutzt** wird.[408] Bei mittelbaren Herkunftsangaben ist nur so überhaupt denkbar, dass sich eine entsprechende Verkehrsauffassung bildet.[409] Aus der Abhängigkeit des kennzeichenrechtlichen Schutzes von der Benutzung folgt, dass der Unterlassungsanspruch aus §§ 127, 128 MarkenG nicht greift, wenn die benutzte geografische Herkunftsangabe von den dazu Berechtigten, das heißt von den ortsansässigen Herstellern gar nicht verwendet wird (sog. **fiktive geografische Herkunftsangabe**). Liegt es so, kommt allein ein Verstoß gegen das UWG in Betracht.[410] Keine geografische Herkunftsangabe im Sinne des § 126 MarkenG ist auch der produktkennzeichnende Hinweis auf einen tatsächlich nicht (oder nicht mehr) existierenden Ort. Eine solche **geografische Scheinbezeichnung** kann jedoch irreführend nach §§ 3, 5 UWG sein. 152

Im Verhältnis von Unternehmern zu Verbrauchern gilt nach Art. 6 Abs. 2 lit. a RL 2005/29/EG eine Geschäftspraxis als irreführend, „wenn sie im konkreten Fall unter Berücksichtigung aller tatsächlichen Umstände einen Durchschnittsverbraucher zu einer geschäftlichen Entscheidung veranlasst oder zu veranlassen geeignet ist, die er ansonsten nicht getroffen hätte“ und „jegliche Art der Vermarktung eines Produkts, einschließlich vergleichender Werbung, die eine Verwechslungsgefahr mit einem anderen Produkt, Warenzeichen, Warennamen oder anderen Kennzeichen eines Mitbewerbers begründet,“ beinhaltet. Der Umsetzung dieser Bestimmung dient § 5 Abs. 2 UWG, der sprachlich gefälliger von einer irreführenden geschäftlichen Handlung spricht, „wenn sie im Zusammenhang mit der Vermarktung von Waren und Dienstleistungen einschließlich vergleichender Werbung eine Verwechslungsgefahr mit einer anderen Ware oder Dienstleistung oder mit der Marke oder einem anderen Kennzeichen eines Mitbewerbers hervorruft“. Unter die „anderen Kennzeichen“ fallen auch geografische Herkunftsangaben.[411] Anders als § 5 Abs. 1 Satz 2 Nr. 1 UWG, der täuschungsgeeignete **Angaben** verlangt, lässt § 5 Abs. 2 UWG **jede geschäftliche Handlung** im Zusammenhang mit der Vermarktung von Waren und Dienstleistungen genügen, die zu einer Verwechslungsgefahr mit der geografischen Angabe eines Mit- 153

---

[406] BGH GRUR 2002, 426 – Champagner bekommen, Sekt bezahlen, für die Verwendung der geografischen Herkunftsbezeichnung im Rahmen eines Werbeslogans.

[407] *v. Schultz/Gruber* MarkenG § 128 Rn 16.

[408] *Knaak* GRUR 1995, 103, 105; *Helm* FS Vieregge S. 335, 339f; aA *Sosnitza* MarkenR 2000, 77, 85, der die Benutzung durch den unberechtigten Dritten ausreichen lassen will; s. auch EuGH GRUR Int. 1999, 727, 730 – Chiemsee.

[409] *Fezer* MarkenG § 126 Rn 9.

[410] *Fezer* MarkenG § 126 Rn 9.

[411] Für eine extensive Auslegung des Kennzeichenbegriffes im Sinne einer irreführenden Vermarktungspraktik („jede Art von Unterscheidungszeichen“) *Fezer* MarkenR 2006, 511, 514.

bewerbers führen kann. Zu den geschäftlichen Handlungen zählt nach § 2 Abs. 1 Nr. 1 UWG wiederum jedes Verhalten einer Person, das mit der Absatzförderung objektiv zusammenhängt. Damit sind Konstellationen denkbar, in denen das bloße **Verhalten einer Person** oder das Angebot einer Ware oder einer Dienstleistung in einem bestimmten Umfeld oder situativen Kontext zu Verwechslungen über die geografische Herkunft der Ware oder Dienstleistung führt, ohne dass dafür unmittelbare oder mittelbare Angaben gemacht wurden. Liegt es so, scheidet ein Schutz der geografischen Herkunftsangabe aus §§ 126ff MarkenG aus, der wettbewerbsrechtliche Schutz nach § 2 MarkenG, § 5 Abs. 2 UWG bleibt dagegen möglich.

154 Expliziten, von einer Irreführung oder Verwechslung unabhängigen Schutz erfährt die geografische Herkunftsangabe nach der RL 2006/114/EG im Rahmen **vergleichender Werbung.**[412] Nach Art. 4 lit. e der Verordnung gilt diese ua als zulässig, wenn sie sich bei Waren mit Ursprungsbezeichnung „in jedem Fall auf Waren mit der gleichen Bezeichnung" bezieht. Diese sog. Champagnerklausel[413] wurde mit der Begründung nicht in nationales Recht umgesetzt, dass sie nicht über die unmittelbar geltende Regelung des Art. 13 VO 2081/92/EWG (jetzt: VO (EG) Nr. 510/2006) hinausgehe.[414] Der EuGH sieht dagegen umgekehrt in der Vorgabe für die vergleichende Werbung eine Sicherung des Schutzes nach der VO 2081/92/EWG (jetzt: VO (EG) Nr. 510/2006) registrierter Herkunftsangaben.[415] Tatsächlich ersetzt die VO (EG) Nr. 510/2006 wegen ihres beschränkten Anwendungsbereiches[416] die Umsetzung des Art. 4 lit. e der RL 2006/114/EG in nationales Recht nicht.[417]

155 Schließlich verlangt § 127 MarkenG eine **Benutzung** der Herkunftsangabe für **Waren** oder **Dienstleistungen.** Wird die geschützte geografische Herkunftsangabe anderweitig, etwa als Werktitel oder zur Kennzeichnung eines Unternehmens benutzt, kann die Zulässigkeit der geschäftlichen Bezeichnung wiederum nur an §§ 3, 5 UWG gemessen werden. § 2 MarkenG stellt insoweit klar, dass der kennzeichenrechtliche Schutz geografischer Herkunftsangaben nach den §§ 126ff MarkenG nicht abschließend ist.[418] Ein **Unternehmenskennzeichen** kann irreführend sein, wenn eine geografische Herkunftsangabe als Firmenbestandteil oder -zusatz beim Verkehr unzutreffende Vorstellungen über die geschäftlichen Verhältnisse hervorruft. Möglich ist aber auch, dass die Verwendung der geografischen Herkunftsangabe in der Firma deren Unterscheidungskraft als Herkunftshinweis für Waren schmälert und so ihrer Verwässerung Vorschub leistet.

156 Der BGH hat deshalb die Firma einer Winzergenossenschaft, in die eine bekannte Weinbergslage aufgenommen worden war, unter dem Gesichtspunkt der individuellen Be-

---

412 Zum Verhältnis der europäischen Richtlinien zur vergleichenden Werbung, soweit sie auf eine Verwechslungsgefahr von Kennzeichen Bezug nehmen, und des Markenrechts, das den Inhaber einer Marke vor der Benutzung verwechslungsfähiger Zeichen für gleiche oder ähnliche Waren oder Dienstleistungen schützt, hat der EuGH in der Entscheidung *O2* Stellung genommen: Danach kann der Inhaber einer Marke deren Benutzung im Rahmen einer vergleichenden Werbung nicht untersagen, wenn diese die Vorgaben der einschlägigen RL erfüllt (RL 84/450/EWG in der durch die RL 97/55/EG geänderten Fassung, jetzt: RL 2006/114/EG); umgekehrt ist aber gerade dies ausgeschlossen, wenn die Benutzung der Marke nach den Vorgaben des Art. 5 Abs. 1 lit. b RL 89/104/EWG untersagt werden kann. Fehlt es daran, kann ein markenrechtlicher Unterlassungsanspruch nicht darauf gestützt werden, dass *andere* Voraussetzungen der vergleichenden Werbung nicht erfüllt sind; EuGH GRUR 2008, 798 – O2.

413 Ausführlich dazu *Sack* WRP 2001, 327, 347f; *ders.* WRP 2008, 301ff; EuGH GRUR 2007, 511 – De Landtsheer Emmanuel (Vergleich von Waren ohne Ursprungsbezeichnung mit solchen mit Ursprungsbezeichnung bleibt möglich).

414 BT-Drucks. 14/2959 S. 8.

415 EuGH GRUR 2007, 511, 515 – De Landtsheer Emmanuel.

416 *Sack* WRP 2008, 301, 303.

417 *Sack* WRP 2008, 301, 303, der für eine richtlinienkonforme Auslegung des § 3 UWG und die Anwendung von § 127 Abs. 3 MarkenG plädiert.

418 Für eine Anwendung des UWG neben dem MarkenG im Sinne einer kumulativen Normenkonkurrenz *Fezer* WRP 2000, 863ff; *ders.* WRP 2008, 1ff; HK-MarkenR/*Klippel*/*Pahlow* MarkenG § 2 Rn 7; für eine Anwendung der §§ 126ff MarkenG als leges speciales *Ingerl*/*Rohnke* MarkenG Vor § 126–139 Rn 6; BGH GRUR 1999, 252, 253 – Warsteiner I; → Rn 189ff.

hinderung an Art. 1 UWG aF gemessen. Die Werbe- und Kennzeichnungskraft einer geografischen Herkunftsangabe, so der BGH, könne dadurch beeinträchtigt werden. Es bestehe die Gefahr einer Verwässerung der Herkunftsbezeichnung als Lagebezeichnung und in der Folge einer Verkehrsverwirrung, wenn auf Grund der Verwendung als Firmenbestandteil die ursprünglich der Lage entgegengebrachte Wertschätzung auf das nun mit der Lagebezeichnung firmierende Unternehmen übertragen werde.[419] Sowohl der Aspekt der Beeinträchtigung der Unterscheidungskraft (Verwässerung) als auch der der unbefugten Übertragung eines besonderen Rufes (Rufausbeutung) kann in dieser Konstellation nicht an § 127 Abs. 3 MarkenG gemessen werden, da die Vorschrift eine Benutzung „für Waren oder Dienstleistungen anderer Herkunft" voraussetzt.[420]

VI. Rechtsverordnungen nach § 137 MarkenG

1. Verordnungsermächtigung

§ 137 Abs. 1 MarkenG enthält eine Verordnungsermächtigung zur „näheren Bestimmung" einzelner geografischer Herkunftsangaben. Das Bundesministerium der Justiz wird darin ermächtigt, im Einvernehmen mit den Ressorts für Wirtschaft/Technologie und Verbraucherschutz/Ernährung/Landwirtschaft für bestimmte geografische Herkunftsangaben die Produktmerkmale des Qualitätsschutzes nach § 127 Abs. 2 MarkenG festzulegen und/oder die Verwendung der geografischen Herkunftsangabe selbst zu reglementieren. Die Verordnungsermächtigung erlaubt dagegen nicht, eine geografische Herkunftsangabe zu etablieren, wo eine solche am Markt nicht besteht oder umgekehrt eine bestehende zu unterdrücken oder auch nur zu verändern. Dies folgt zum einen aus der begrenzten Ermächtigung, (vorhandene) geografische Herkunftsangaben lediglich „näher" zu bestimmen, zum anderen aus § 137 Abs. 2 Satz 2 MarkenG, wonach die „bisherigen lauteren Praktiken, Gewohnheiten und Gebräuche bei der Verwendung der geografischen Herkunftsangabe zu berücksichtigen" sind. Unberührt bleibt auch der Vorrang des europäischen Schutzsystems nach der VO (EG) Nr. 510/2006. Die Rechtsfolgen der Verletzung einer durch VO nach § 137 MarkenG näher bestimmten geografischen Herkunftsangabe folgen wie bei anderen geografischen Herkunftsangaben auch aus § 128 MarkenG.[421] 157

2. Regelungsinhalt

§ 137 Abs. 2 Nr. 1 MarkenG erlaubt zunächst, dass eine nach Abs. 1 erlassene Verordnung das relevante **Herkunftsgebiet** nach politischen oder geografischen Grenzen bestimmt (§ 2 SolingenV, BGBl. 1994 I S. 3833). Für Produkte aus diesem Gebiet können sodann die **Qualität** oder sonstige Eigenschaften definiert werden, die den besonderen Qualitätsschutz nach § 127 Abs. 2 MarkenG begründen.[422] Das Gesetz nennt dazu in § 137 Abs. 2 Nr. 2 MarkenG beispielhaft Regelungen zum Verfahren oder der Art und Weise der Erzeugung oder Herstellung der Produkte sowie Bestimmungen über die Qualität oder sonstige Eigenschaften der verwendeten Ausgangsmaterialien einschließlich deren Herkunft. Auch hier verpflichtet § 137 Abs. 2 Satz 2 MarkenG zur Berücksichtigung einer bestehenden Verkehrsauffassung. Der mögliche Regelungsinhalt beschränkt sich damit auf die tatbestandliche Seite der Inhaltsbestimmung einer geografischen Herkunftsangabe. 158

Neben der genannten Inhaltsbestimmung kann eine Verordnung nach § 137 Abs. 2 MarkenG „die Art und Weise der Verwendung" der geografischen Herkunftsangabe reglementieren. Damit kann auf die Aufmachung der betroffenen Produkte insoweit Einfluss genommen werden, als Größe, Platzierung, Kontext und/oder die Verbindung mit anderen 159

---

419 BGH GRUR 2001, 73, 77 – Stich den Buben.
420 AA *Ingerl/Rohnke* MarkenG Vor §§ 126–139 Rn 6 aE.
421 *Ingerl/Rohnke* MarkenG § 127 Rn 3.
422 → Rn 105 ff.

Informationen, etwa über den Hersteller, im Zusammenhang mit der Verwendung der geografischen Herkunftsangabe vorgeschrieben werden. Der Vorbehalt des § 137 Abs. 2 Satz 2 MarkenG gilt auch hier.

3. SolingenV

160 Die bislang einzige Verordnung, die auf der Grundlage des § 137 MarkenG erlassen wurde, ist die SolingenV,[423] die weitgehend dem vormaligen SolingenG entspricht.[424] Sie behält den Namen Solingen im geschäftlichen Verkehr Schneidwaren vor, die in allen wesentlichen Herstellungsstufen innerhalb des Solinger Industriegebietes bearbeitet und fertig gestellt worden sind, und nach Rohstoff und Bearbeitung geeignet sind, ihren arteigenen Verwendungszweck zu erfüllen (§ 1 SolingenV). § 2 der Verordnung definiert das Herkunftsgebiet, § 3 den Begriff der Schneidwaren.

VII. Ansprüche aus der Verletzung geografischer Herkunftsangaben

1. Überblick

161 Mit der Aufnahme in den Katalog des § 1 MarkenG und mit den Verbotstatbeständen des § 127 MarkenG wurden geografische Herkunftsangaben als Kennzeichen unter Schutz gestellt. Mit § 128 MarkenG wollte der Gesetzgeber darüber hinaus auch die **Verletzungsfolgen** einer einheitlichen Regelung zuführen. **Unterlassungsansprüche** aus der Verletzung geografischer Herkunftsangaben, die zuvor aus §§ 1, 3 UWG aF folgten und von den in § 13 Abs. 2 Nr 1 bis 4 UWG aF bezeichneten natürlichen und juristischen Personen geltend gemacht werden konnten, sollten dabei keine inhaltliche Änderung erfahren.[425] Dagegen sollten **Schadensersatzansprüche** mit der Aufnahme in das Markengesetz an einheitliche Voraussetzungen geknüpft werden, um so die „wenig konsistente" Regelung in § 1 UWG aF und §§ 3, 13 Abs. 6 UWG aF zu überwinden.[426] Dabei orientierte sich die Regelung des Markengesetzes in § 128 Abs. 2 MarkenG am Vorbild des § 1 UWG aF.[427] Ob und inwieweit mit der Regelung von Unterlassungs- und Schadensersatzanspruch in § 128 MarkenG andere markenrechtliche Ansprüche, namentlich auf Auskunft, Beseitigung oder Vernichtung, ausgeschlossen werden sollten, war in der Folge umstritten.[428]

162 Mit Art. 4 des am 1. 9. 2008 in Kraft getretenen sog. Durchsetzungsgesetzes,[429] das die Vorgaben der RL 2004/48/EG[430] in nationales Recht umsetzt, wurden die markenrechtlichen Verletzungsansprüche auf Unterlassung, Schadensersatz, Vernichtung, Rückruf, Auskunft und ergänzende Ansprüche neu gefasst und § 128 MarkenG, der für die geografischen Herkunftsangaben auf diese Ansprüche verweist, unter dem neuen Titel „Ansprüche wegen Verletzung" entsprechend angepasst, so dass nunmehr der ganze Kanon der markenrechtlichen Abwehransprüche auch der geografischen Herkunftsangabe zur Verfügung steht.

---

423 BGBl. 1994 I S. 3833; zur Rechtsgrundlage der KäseV, nach deren § 8, Anhang 1 b sieben geografische Herkunftsangaben für Käse geschützt sind, BAnz. Nr. 118 vom 30. 6. 1965; *Loschelder/Loschelder* Geographische Angaben und Ursprungsbezeichnungen S. 15.

424 Gesetz zum Schutze des Namens Solingen vom 25. 7. 1938, RGBl. I S. 953.

425 Gesetzesbegründung, BT-Drucks. 12/6581 S. 119.

426 BT-Drucks. 12/6581 S. 119.

427 BT-Drucks. 12/6581 S. 119.

428 Für eine entsprechende Anwendung s. Vorauflage; dagegen *Ströbele/Hacker* MarkenG § 128 Rn 17, 20.

429 Gesetz zur Verbesserung der Durchsetzung von Rechten des geistigen Eigentums vom 7. 7. 2008, BGBl. I S. 1191.

430 RL 2004/48/EG des Europäischen Parlaments und des Rates vom 29. 4. 2004 zur Durchsetzung der Rechte des geistigen Eigentums vom 29. 4. 2004 („Durchsetzungsrichtlinie"), ABl. EU Nr. L 154 vom 30. 4. 2004, S. 45.

2. Unterlassung, Schadensersatz

Wer mit der Benutzung von Namen, Angaben oder Zeichen im geschäftlichen Verkehr die Voraussetzungen eines der Verbotstatbestände des § 127 MarkenG erfüllt, kann nach § 128 Abs. 1 MarkenG auf **Unterlassung** in Anspruch genommen werden. Der Anspruch setzt zunächst eine im Sinne des § 126 MarkenG im geschäftlichen Verkehr benutzte[431] und nach § 127 MarkenG geschützte, einfache, qualifizierte oder mit besonderem Ruf verbundene geografische Herkunftsangabe voraus. Sodann muss die Benutzung eines mit dieser Angabe identischen – oder eines im Sinne des § 127 Abs. 4 MarkenG ähnlichen oder eines mit Zusätzen versehenen – Zeichens im geschäftlichen Verkehr gegeben sein oder bevorstehen. Schließlich muss diese Benutzung einen der Verbotstatbestände des § 127 Abs. 1–3 MarkenG (Irreführungsschutz, Qualitätsschutz, Schutz des besonderen Rufes vor Ausbeutung oder Beeinträchtigung)[432] erfüllen. § 128 Abs. 1 MarkenG stellt – der Neufassung von § 14 Abs. 5 MarkenG entsprechend – auch beim Unterlassungsanspruch wegen der unberechtigten Verwendung von geografischen Herkunftsangaben klar, dass die Geltendmachung eine **Begehungsgefahr** voraussetzt, wofür eine **Erstbegehungsgefahr** ausreicht: Der Unterlassungsanspruch besteht nach Abs. 1 Satz 2 auch dann, „wenn eine Zuwiderhandlung droht", etwa, wenn der potenzielle Verletzer sich eines Rechts zur Benutzung der geografischen Herkunftsangabe berühmt. 163

Hinsichtlich der in Frage kommenden **Benutzungshandlungen** kann auf den Beispielskatalog des § 14 Abs. 3 MarkenG verwiesen werden,[433] ohne dass damit eine Beschränkung auf diese Beispiele verbunden wäre.[434] Eine Benutzung für Waren oder Dienstleistungen ist jedoch nach dem Wortlaut des § 127 MarkenG unverzichtbar.[435] **„Im geschäftlichen Verkehr"** erfolgt dabei jedes Marktverhalten, das als wirtschaftliche Tätigkeit auf die Förderung des eigenen oder eines fremden Geschäftszweckes zielt und nicht lediglich aus dem privaten Bereich herrührt.[436] Auf eine Unterscheidung nach gewerblicher oder freiberuflicher Tätigkeit kommt es nicht an. Der Begriff ist im Kennzeichen- wie im Wettbewerbsrecht einheitlich extensiv auszulegen.[437] Ein Verschulden des Verletzers ist für den Unterlassungsanspruch aus § 128 MarkenG nicht erforderlich. 164

Die Klagebefugnis wird in § 128 MarkenG – darin zeigt sich die wettbewerbsrechtliche Herkunft und Natur dieses Anspruches – durch einen Verweis auf § 8 Abs. 3 UWG geregelt. Zu den Mitbewerbern im Sinne der §§ 8 Abs. 3 Nr. 1, § 2 Abs. 1 Nr. 3 UWG zählen alle **berechtigten Benutzer** einer geografischen Herkunftsangabe.[438] 165

Der Anspruch auf **Schadensersatz** nach § 128 Abs. 2 MarkenG folgt denselben Voraussetzungen, die auch den Unterlassungsanspruch begründen, verlangt jedoch darüber hinaus vorsätzliches oder fahrlässiges Handeln des Verletzers. Der Anspruch auf Schadensersatz kann nicht abstrakt auf die Kollision der involvierten Zeichen gestützt werden, sondern muss auf eine konkrete Verletzungshandlung bezogen sein.[439] Gleiches gilt für den darauf bezogenen Anspruch auf Auskunft. Aktivlegitimiert ist, wie § 128 Abs. 2 MarkenG nunmehr ausdrücklich vorgibt, im Unterschied zum Unterlassungsanspruch nur der **berechtigte Benutzer** als unmittelbar Verletzter, passiv legitimiert der Verletzer, nach §§ 128 Abs. 3, 14 Abs. 7 MarkenG unter den dort genannten Voraussetzungen auch der Inhaber eines Betriebes. 166

Bei der **Schadensberechnung** muss dem Umstand Rechnung getragen werden, dass geografische Herkunftsangaben nicht einem einzelnen Rechtsträger im Sinne eines subjek- 167

---

431 → Rn 70.
432 → Rn 87 ff.
433 *Ingerl/Rohnke* MarkenG § 128 Rn 3.
434 *Omsels* Geografische Herkunftsangaben S. 273.
435 BGH GRUR 2001, 73 – Stich den Buben.
436 EuGH WRP 2002, 1415 (Rn 40) – Arsenal.
437 → § 2 UWG Rn 18; *Fezer* MarkenG § 14 Rn 40.
438 BGH GRUR Int. 2008, 347 – Cambridge Institute.
439 OLG München OLGR 2003, 37 – BEAUTY SPA.

tiven Immaterialgüterrechts zugeordnet sind und in der Folge auch nicht an ortsfremde Unternehmen lizenziert werden können. Von den in der Rechtsprechung entwickelten und nunmehr durch Art. 13 RL 2004/48/EG vorgegebenen **drei Arten der Schadensberechnung** bei der Verletzung von Immaterialgüterrechten – dem tatsächlichen, unmittelbaren Schaden des Verletzten einschl. entgangenen Gewinns, des Verletzergewinns oder der Lizenzgebühr nach der Lizenzanalogie – kommt deshalb letztere nicht in Betracht. § 128 Abs. 2 Satz 2 MarkenG erlaubt allerdings die alternative Berücksichtigung des „Gewinns, den der Verletzer durch die Verletzung des Rechts erzielt hat".[440]

3. Ansprüche gegen jüngere Registermarken/Markenanmeldung

168 Die den Unterlassungsanspruch begründende (drohende) Verletzung einer geografischen Herkunftsangabe kann auch in der Anmeldung oder Eintragung einer jüngeren Marke liegen. Dabei kommt es nicht darauf an, ob die Marke mit der geografischen Herkunftsangabe identisch ist oder – etwa im Rahmen einer Kombinationsmarke – weitere Bestandteile enthält. Gegenstand der Kollision sind allein die der geografischen Herkunftsangabe entsprechenden oder ähnlichen Markenbestandteile.[441] Nur für den Fall, dass die weiteren Bestandteile der Marke eine entlokalisierende Wirkung entfalten, ist die Marke insoweit nach ihrem Gesamteindruck am Maßstab des § 127 Abs. 4 MarkenG zu beurteilen. Für die Priorität der geografischen Herkunftsangabe ist die Aufnahme ihrer Benutzung im Sinne des § 126 MarkenG maßgeblich (§ 6 Abs. 3 MarkenG).

169 Berechtigt die geografische Herkunftsangabe dazu, die Benutzung der Marke im gesamten Bundesgebiet zu untersagen, kann nach § 13 Abs. 1, Abs. 2 Nr. 5 iVm §§ 51, 55 Abs. 2 Nr. 3 MarkenG die Löschung ihrer Eintragung klagweise durchgesetzt werden. Der Kreis der dazu Klagebefugten nach § 55 Abs. 2 Nr. 3 MarkenG entspricht dem der Unterlassungsklageberechtigten nach § 128 Abs. 1 MarkenG: beide Vorschriften verweisen auf § 8 Abs. 3 UWG. Zur Begründung führt der Gesetzgeber an, dass bei geografischen Herkunftsangaben mangels subjektiver Rechtsqualität eine Zuordnung zu einem einzelnen Rechtsträger unmöglich sei.[442]

170 Ist die Marke, die einen Verbotstatbestand nach § 127 MarkenG erfüllt, noch im Stadium der **Anmeldung,** sollte die betroffene geografische Herkunftsangabe bereits von Amts wegen als absolutes Schutzhindernis im Sinne des § 8 Abs. 2 Nr. 2 MarkenG berücksichtigt werden, soweit die Marke keine weiteren, schutzbegründenden Zeichenbestandteile enthält. Unabhängig davon kommt ggf. auch ein Eintragungshindernis nach § 8 Abs. 2 Nr. 4 MarkenG (Täuschungsgefahr) oder § 8 Abs. 2 Nr. 9 MarkenG (Gesetzeswidrigkeit)[443] in Betracht. Wird die Marke ungeachtet eines bestehenden absoluten Eintragungshindernisses eingetragen, kann ihre Löschung nach §§ 50 Abs. 1 Nr. 3, 54 MarkenG beim DPMA beantragt werden. Der Löschungsantrag kann von jedermann gestellt werden.

171 Weder das Vorliegen eines absoluten Eintragungshindernisses nach § 8 Abs. 2 MarkenG, noch die genannten Löschungsverfahren wegen absoluter Schutzhindernisse bzw. aus prioritätsälterem Recht hindern jedoch einen auf **Rücknahme der Anmeldung** gerichteten **Beseitigungsanspruch** der nach § 128 MarkenG Berechtigten.[444] Der zur Verteidigung der geografischen Herkunftsangabe Berechtigte braucht die mit der Anmeldung der jüngeren Marke drohende Beeinträchtigung seines älteren Rechts nicht erst entstehen zu lassen, um sodann mit einem Löschungsantrag (zum DPMA) oder einer Löschungsklage (vor den

---

[440] Vor Umsetzung der Durchsetzungsrichtlinie 2004/48/EG wurde mehrheitlich nur der unmittelbare Schaden für ersatzfähig erachtet, *Ingerl/Rohnke* MarkenG § 128 Rn 14; *Ströbele/Hacker* MarkenG § 128 Rn 13; ebenso die Vorauflage; zur Frage der Aktivlegitimation zur Forderung der Herausgabe des Verletzergewinns → Rn 179.

[441] *Ströbele/Hacker* MarkenG § 128 Rn 13.

[442] BT-Drucks. 12/6581 S. 98.

[443] Hierunter fällt ein Verstoß gegen nationale oder europäische Kennzeichnungsvorschriften oder gegen bilaterale Herkunftsabkommen; Nachweise bei *Ströbele/Hacker* MarkenG § 8 Rn 658 ff.

[444] BGH GRUR 2001, 420, 422 – SPA.

ordentlichen Gerichten) gegen sie vorgehen zu können. Er kann dieser Gefahr vielmehr **vorbeugend** entgegentreten.[445] Ob der auf Rücknahme der Markenanmeldung gerichtete Beseitigungsanspruch unmittelbar aus §§ 13, 51 MarkenG hergeleitet[446] oder „nach wettbewerbsrechtlichen Grundsätzen" beim Unterlassungsanspruch der §§ 127, 128 MarkenG angesiedelt wird,[447] bleibt sich im Ergebnis gleich. Dass § 8 Abs. 1 UWG die Beseitigung seit 2004 ausdrücklich nennt, § 128 MarkenG aber nicht dorthin verweist, sollte dem nicht entgegenstehen.[448]

Die vom BGH gegebene wettbewerbsrechtliche Begründung kann darüber hinaus in weiteren Konstellationen fruchtbar gemacht werden, wo immer die Beseitigung eines bereits eingetretenen, fortdauernden Störungszustandes in Rede steht.[449] Im Kennzeichen- wie im Wettbewerbsrecht (§ 8 Abs. 1 UWG) flankiert der Beseitigungsanspruch den Unterlassungsanspruch, wo sich die abzuwehrende Rechtsverletzung bereits manifestiert hat, während der Unterlassungsanspruch drohenden bzw. wiederholten Angriffen auf das geschützte Zeichen vorbeugt.[450] Beide zielen auf dasselbe **Integritätsinteresse** des geschützten Kennzeichens und sind für eine effiziente Rechtsverfolgung unerlässlich. Der BGH hat den Beseitigungsanspruch aus einer geografischen Herkunftsangabe denn auch ausdrücklich anerkannt. Dieser verlange nicht, geografische Herkunftsangaben dem geistigen Eigentum zuzuordnen; denn der Beseitigungsanspruch folge im Falle der Verletzung einer geografischen Herkunftsangabe nicht aus § 1004 BGB, sondern als **„allgemeiner wettbewerbsrechtlicher Beseitigungsanspruch"** unmittelbar aus der wettbewerbsrechtlichen Verbotsnorm.[451] 172

4. Vernichtung, Rückruf, Auskunft

§ 128 MarkenG enthielt vor der Neufassung durch das Durchsetzungsgesetz[452] nach seinem Wortlaut keinen **Auskunftsanspruch** des auf Unterlassung oder Schadensersatz Klageberechtigten und verwies auch nicht auf den markenrechtlichen **Vernichtungsanspruch.** Ob beide gleichwohl auch zugunsten von geografischen Herkunftsangaben gewährt werden sollten, wurde uneinheitlich beurteilt.[453] 173

Nunmehr[454] verweist § 128 Abs. 1 Satz 3 MarkenG explizit auf die §§ 18 und 19 MarkenG. Der **Vernichtungsanspruch** nach § 18 MarkenG richtet sich gegen widerrechtlich gekennzeichnete Waren sowie Materialien und Geräte, mit denen diese Kennzeichnung vorgenommen wurde. Konnten letztere bislang nur vernichtet werden, wenn sie zumindest „nahezu ausschließlich" für diesen Zweck benutzt oder bestimmt waren, lässt § 18 MarkenG jetzt nach der Vorgabe aus Art. 10 RL 2004/48/EG genügen, dass die Materialien und Geräte **„vorwiegend"** zur widerrechtlichen Kennzeichnung dienten. § 18 Abs. 2 MarkenG gibt einen Anspruch auf **Rückruf bzw. Entfernung** widerrechtlich gekennzeichneter Waren aus den Vertriebswegen, was freilich voraussetzt, dass dies dem Klagegegner faktisch möglich ist. Der Grundsatz der Verhältnismäßigkeit, der bislang in § 18 Abs. 1 MarkenG Ausdruck fand, findet sich jetzt in einem eigenen Abs. 3 für beide vorgenannten Ansprüche. 174

Nach §§ 128 Abs. 1 Satz 3, 19 MarkenG kann der Verletzer auf **Auskunft** über Herkunft und Vertriebsweg der Verletzerware in Anspruch genommen werden. Der Anspruch ist für eine effiziente Rechtsverfolgung essenziell, denn wo ein rechtswidrig mit einer geo- 175

---

[445] BGH GRUR 2001, 420, 422 – SPA.
[446] Dafür sprechen sich *Ströbele/Hacker* MarkenG § 128 Fn 6 aus.
[447] So BGH GRUR 2001, 420, 422 – SPA.
[448] *Omsels* Geografische Herkunftsangaben S. 275.
[449] *Omsels* Geografische Herkunftsangaben S. 275.
[450] → § 8 UWG Rn 8f; *Hefermehl/Köhler/Bornkamm* UWG § 8 Rn 1.71.
[451] BGH GRUR 2001, 420, 422 – SPA.
[452] → Fn 429.
[453] → Fn 428.
[454] In der Fassung nach Art. 4 Durchsetzungsgesetz, BGBl. 2008 I S. 1191, 1196f.

grafischen Herkunftsangabe gekennzeichnetes Produkt am Markt auftaucht, können die zu seiner Verteidigung Berechtigten Unterlassungs- wie Schadensersatzansprüche nicht wirksam durchsetzen, ohne **Herkunft** und **Vertriebsweg** der Verletzerware, mithin die gesamte Vertriebskette aufzuklären. § 19 Abs. 2 MarkenG regelt die sogenannte **Drittauskunft,** wonach unter den dort genannten Voraussetzungen und Einschränkungen auch gewerblich handelnde Dritte auskunftspflichtig sind, die nicht bereits nach Abs. 1 in Anspruch genommen werden können, wenn die Rechtsverletzung offensichtlich oder bereits Klage gegen den Verletzer erhoben ist.

176 Falsche oder unvollständige Auskünfte der dazu Verpflichteten bleiben nicht mehr folgenlos: bei grob fahrlässigem oder vorsätzlichem Verhalten statuiert § 18 Abs. 5 MarkenG eine Schadensersatzpflicht. Umgekehrt schützt Abs. 6 der Vorschrift den, der im Glauben, dazu verpflichtet zu sein, eine wahre Auskunft gibt, vor Regressforderungen Dritter. § 18 Abs. 9 MarkenG enthält einen **Richtervorbehalt** für den Fall, dass die Auskunft nur unter Verwendung von **Verkehrsdaten** im Sinne des § 3 Nr. 30 TKG möglich ist, wie dies im Internet nicht selten ist, wenn Daten mit Hilfe von dynamischen IP-Adressen ausgetauscht werden. Solche Daten unterliegen einerseits dem Fernmeldegeheimnis (§ 88 TKG, Art. 10 Abs. 1 GG), andererseits ist der Zugriff auf solche Daten unerlässlich, um eine ansonsten gegebene Anonymität der Kommunikation via Internet zu überwinden.[455]

177 Bei hinreichender Wahrscheinlichkeit einer Rechtsverletzung gewährt § 19a MarkenG, auf den § 128 Abs. 1 Satz 3 MarkenG verweist, neben dem **Unterlassungsanspruch** einen Anspruch gegen den vermeintlichen Verletzer auf **Vorlage einer Urkunde oder Besichtigung einer Sache,** die sich in dessen Verfügungsgewalt befindet, wenn dies zur Begründung seiner Ansprüche erforderlich ist. Besteht die hinreichende Wahrscheinlichkeit einer in gewerblichem Ausmaß begangenen Rechtsverletzung, erstreckt sich der Anspruch auch auf die Vorlage von **Bank-, Finanz- oder Handelsunterlagen.**

178 Der Kläger, der Schadensersatz geltend macht, findet in § 19b MarkenG, auf den § 128 Abs. 2 Satz 3 MarkenG verweist, bei einer in gewerblichem Ausmaß begangenen Rechtsverletzung einen Anspruch auf **Vorlage von Bank-, Finanz- oder Handelsunterlagen** oder einen geeigneten Zugang zu den entsprechenden Unterlagen, die sich in der Verfügungsgewalt des Verletzers befinden und die für die Durchsetzung des Schadensersatzanspruchs erforderlich sind, wenn ohne die Vorlage die Erfüllung des Schadensersatzanspruchs fraglich ist. In beiden Fällen trifft, soweit der vermeintliche Verletzer dem die Vertraulichkeit der Informationen entgegenhält, „das Gericht die erforderlichen Maßnahmen, um den im Einzelfall gebotenen Schutz zu gewährleisten".

5. Aktiv-, Passivlegitimation

179 Hinsichtlich der **Aktivlegitimation** unterscheidet § 128 MarkenG zwischen Unterlassungs-, Auskunfts- und Vernichtungsanspruch einerseits und Schadensersatzanspruch andererseits. Erstere können von **allen** in § 8 Abs. 3 UWG genannten natürlichen und juristischen Personen geltend gemacht werden, letzterer nur vom **berechtigten Benutzer** der geografischen Herkunftsangabe. In den Fällen des § 127 Abs. 1 und 2 MarkenG sind das regelmäßig die ortsansässigen Hersteller derselben oder der im konkreten Wettbewerb mit der Verletzerware stehenden Produkte; im Falle des § 127 Abs. 3 MarkenG dagegen sind alle am besonderen Ruf der Herkunftsangabe berechtigt partizipierenden Hersteller von einer diesen Ruf schädigenden oder in unlauterer Weise ausbeutenden Benutzung unmittelbar betroffen, gleich, ob die unberechtigte Benutzung für dieselben oder andere Waren, am selben oder an anderem Ort erfolgt. Das MarkenG enthält keine Regelung zur Frage, wie der regelmäßig einer **Vielzahl** von Berechtigten entstehende Schaden geltend gemacht werden kann, wenn der beim Verletzer unberechtigt erzielte Gewinn geltend gemacht wird;[456]

---

[455] S. dazu die ausführlich Begründung zur parallelen Vorschrift in § 140b PatG, BT-Drucks. 16/5048 S. 39f.

[456] Kritisch zur Zulassung dieser Schadensberechnung *Ströbele/Hacker* MarkenG § 128 Rn 13.

Omsels plädiert zu Recht aus Gründen der Praktikabilität für eine **Gesamtgläubigerschaft** aller Berechtigter, was einerseits jedem Berechtigten die Klagemöglichkeit eröffnet, andererseits dem Verletzer die Leistung an jeden Berechtigten erlaubt und schließlich eine Aufteilung des Ersatzes im Innenverhältnis der Berechtigten nach Maßgabe des § 430 BGB gewährleistet.[457]

Der Katalog des § 8 Abs. 3 UWG, auf den § 128 Abs. 1 MarkenG für den Unterlas- 180
sungsanspruch verweist, entspricht dem des UWG 2004. Klagebefugt ist nach § 8 Abs. 3 Nr. 1 UWG – anders als nach dem vormaligen § 13 Abs. 2 Nr. 1 UWG aF – jeder **Mitbewerber.** Das ist nach der Legaldefinition des § 2 Abs. 1 Nr. 3 UWG jeder Unternehmer, der mit einem oder mehreren Unternehmen als Anbieter oder Nachfrager von Waren oder Dienstleistungen in einem **konkreten Wettbewerbsverhältnis** steht.[458] Der „unmittelbar Verletzte" im Sinne der Rechtsprechung zum UWG aF, dessen Aktivlegitimation sich neben der nach § 8 Abs. 2 UWG unmittelbar aus der verletzten Norm ergab, ist insoweit obsolet.[459] Während für den „Gewerbetreibenden" des § 13 Abs. 2 Nr. 1 UWG aF ein abstraktes Wettbewerbsverhältnis ausreichend war,[460] meint § 8 Abs. 3 Nr. 1 UWG den unmittelbar verletzten Mitbewerber.[461] Fehlt es an einem konkreten Wettbewerbsverhältnis, bleibt es dem berechtigten Benutzer einer geografischen Herkunftsangabe unbenommen, einen seinerseits aktivlegitimierten Wirtschafts- oder Verbraucherverband tätig werden zu lassen.[462]

Dessen ungeachtet wird in Rechtsprechung und Literatur weiterhin die **Aktivlegitima-** 181
tion jedes berechtigten Benutzers einer geografischen Herkunftsangabe auch für den Fall bejaht, dass es an einem konkreten Wettbewerbsverhältnis mangelt, weil zwar die betroffene geografische Herkunftsangabe bundesweiten Schutz genießt, das wechselseitige Angebot sich aber räumlich nicht berührt: Weil nach der alten Rechtsprechung alle Unternehmen zur Geltendmachung von Ansprüchen aus § 128 Abs. 1 MarkenG berechtigt waren, die die geografische Herkunftsangabe zulässigerweise im geschäftlichen Verkehr nutzten,[463] und weil mit der Anpassung des § 128 Abs. 1 MarkenG an das UWG 2004 keine sachliche Änderung intendiert war,[464] müsse auch künftig allein die berechtigte Benutzung einer bundesweit Schutz genießenden geografischen Herkunftsangabe die Aktivlegitimation im Verletzungsfalle begründen:[465] von einer irreführenden Benutzung einer geografischen Herkunftsangabe, die bundesweiten Schutz beanspruchen könne, seien infolge der damit verbundenen Marktverwirrung (alle) Produzenten und Dienstleister betroffen, die die geografische Herkunftsangabe berechtigt benutzten, auch wenn es an einem konkreten Wettbewerbsverhältnis im Sinne der §§ 8 Abs. 3 Nr. 1, § 2 Abs. 1 Nr. 3 UWG fehle.[466]

Passiv legitimiert ist der Verletzer. § 128 Abs. 3 MarkenG begründet zudem mit dem 182
Verweis auf § 14 Abs. 7 MarkenG die Haftung des **Inhabers eines Betriebes,** in dem ein Mitarbeiter oder Beauftragter die Verletzungshandlung begangen hat. Handeln „in" einem Betrieb ist dabei nicht räumlich, sondern organisatorisch zu verstehen. Eine § 831 BGB entsprechende Exkulpationsmöglichkeit zugunsten des Geschäftsherrn besteht nicht. Auch auf dessen Kenntnis von der Verletzungshandlung kommt es nicht an. Wird Schadensersatz

---

457 *Omsels* Geografische Herkunftsangaben S. 278.

458 Nach *Omsels* aaO S. 271, kann das konkrete Wettbewerbsverhältnis bereits durch die Verwendung einer identischen, modifizierten oder ergänzten geografischen Herkunftsangabe begründet werden, auch wenn die Waren und Dienstleistungen, die von den Mitbewerbern angeboten oder nachgefragt werden, im Übrigen nicht konkret im Wettbewerb zu einander stehen.

459 *Piper/Ohly* UWG § 8 Rn 108f.

460 BGH GRUR 2001, 420, 421 – SPA.

461 So die Gesetzesbegründung BT-Drucks. 15/1487 S. 22; *Hefermehl/Köhler/Bornkamm* UWG § 8 Rn 3.26; zuvor *Köhler/Bornkamm/Henning-Bodewig* WRP 2002, 1317, 1321; *Lehmler* UWG § 8 Rn 70; *v. Schultz/Gruber* MarkenG § 128 Rn 4.

462 BT-Drucks. 15/1487 S. 22.

463 OLG München MarkenR 2001, 218, 223 – Habana.

464 So die Gesetzesbegründung BT-Drucks. 15/1487 S. 27.

465 BGH GRUR Int. 2008, 347, 350 – Cambridge Institute; ebenso *Ströbele/Hacker* MarkenG § 128 Rn 5.

466 BGH GRUR Int. 2008, 347, 350f – Cambridge Institute.

nach § 128 Abs. 2 MarkenG geltend gemacht, ist das Verschulden des handelnden Mitarbeiters/Beauftragten notwendig und maßgeblich.

183 Die Anwendung der Inhaberhaftung setzt die Eingliederung des Mitarbeiters/Beauftragten in die Betriebsorganisation des Inhabers voraus. Unerheblich ist, ob es sich dabei um einen abhängig Beschäftigten, einen freien Mitarbeiter oder ein selbstständiges Unternehmen (Lieferant, Zwischenhändler, Vertriebspartner, selbstständiger Handelsvertreter usw.) handelt; notwendig und ausreichend ist allein ein Rechtsverhältnis, das den Betriebsinhaber einerseits (zumindest mittelbar) am Erfolg des Mitarbeiters/Beauftragten partizipieren lässt, andererseits in den Stand setzt, auf die Tätigkeit des Partners bestimmenden Einfluss auszuüben.[467] Die rechtliche Möglichkeit der Einflussnahme muss das kennzeichenrechtlich relevante Handeln des Mitarbeiters betreffen. Ob diese Möglichkeit tatsächlich genutzt oder aber dem Mitarbeiter freie Hand gelassen wird, ist ohne Belang.[468]

6. Verjährung

184 Die Ansprüche aus § 128 MarkenG wegen Verletzung einer nach §§ 126, 127 MarkenG geschützten geografischen Herkunftsangabe verjähren – anders als im Falle ihres wettbewerbsrechtlichen Schutzes (§ 11 UWG) – über die Verweisung des § 129 MarkenG wie die markenrechtlichen Ansprüche nach § 20 MarkenG. Die Verjährungsfrist beträgt danach 3 Jahre, beginnend mit dem Zeitpunkt, in dem der Berechtigte von der Verletzung der geografischen Herkunftsangabe und der Person des Verpflichteten Kenntnis erlangt, ohne Rücksicht auf diese Kenntnis in 30 Jahren, beginnend mit der Verletzung.

7. Beschlagnahme

185 Waren, die widerrechtlich mit einer nach §§ 126, 127 MarkenG (oder nach europäischem Recht) geschützten geografischen Herkunftsangabe versehen sind, unterliegen nach § 151 MarkenG („Verfahren nach deutschem Recht bei geographischen Herkunftsangaben“) bei der **Einfuhr,** der **Ausfuhr** oder der **Durchfuhr** der Grenzbeschlagnahme durch die Zollbehörden. Diese werden nach § 151 Abs. 2 MarkenG von Amts wegen tätig, so dass es weder eines dahin gehenden Antrages Dritter noch eines die Beschlagnahme begründenden Titels bedarf. Mit der Option, widerrechtlich gekennzeichnete Waren auch anlässlich ihrer Durchfuhr zu beschlagnahmen, geht das MarkenG über die bindenden Vorgaben des Madrider Herkunftsabkommens hinaus.[469] Die Grenzbeschlagnahme steht im Hinblick auf den Binnenmarkt unter dem Vorbehalt, dass Kontrollen durch die Zollbehörden überhaupt stattfinden, und erfolgt unter der Voraussetzung, dass die **Rechtsverletzung offensichtlich** ist.[470] Dadurch wird einer ungerechtfertigten Beschlagnahme vorgebeugt. Die Beschlagnahme ist ein nach Maßgabe des § 151 Abs. 4 MarkenG rechtsmittelfähiger Verwaltungsakt. Sie zielt in erster Linie auf die Beseitigung der widerrechtlichen Kennzeichnung. Wo dies nicht möglich ist, kann die beschlagnahmte Ware eingezogen werden.

186 Mit der Neufassung durch das Durchsetzungsgesetz wird in § 151 Abs. 1 Satz 1 MarkenG der **Vorrang** der **Grenzbeschlagnahmeverordnung** (EG) Nr. 1383/2003 für den Warenverkehr mit Drittstaaten klargestellt. Nach Art. 2 Abs. 1 lit. c iv) der Verordnung zählen zu den „Waren, die ein Recht geistigen Eigentums verletzen“ auch nach nationalem oder europäischem Recht geschützte geografische Herkunftsbezeichnungen.[471] Anders als

---

[467] BGH GRUR 1995, 605, 607 – Franchisenehmer.

[468] BGH GRUR 2000, 907, 909 – Filialleiterfehler, zu §§ 3, 13 Abs. 4 UWG aF.

[469] → Rn 334; zu den Auswirkungen der EU-Osterweiterung *Günther/Beyerlein* WRP 2004, 452.

[470] OLG Hamm GRUR-RR 2006, 12 – Germany; OLG Hamburg Magazindienst 2005, 1067 – Hamburg.

[471] → Fn 429; VO (EG) Nr. 1383/2003 des Rates vom 22. 7. 2003 über das Vorgehen der Zollbehörden gegen Waren, die im Verdacht stehen, bestimmte Rechte geistigen Eigentums zu verletzen, und die Maßnahmen gegenüber Waren, die erkanntermaßen derartige Rechte verletzen, ABl. EU Nr. L 196 vom 2. 8. 2003, S. 7; die VO verweist insoweit auf die VOen (EWG) Nr. 2081/92 (jetzt: VO (EG) Nr. 510/2006; → Fn 19) und (EG) Nr. 1493/1999 (→ Fn 16); zur Umsetzung im nationalen Recht *Nägele* WRP 2007, 1047, 1057.

nach § 151 MarkenG verlangt die Verordnung für das Tätigwerden der Zollstellen regelmäßig einen **Antrag des Rechtsinhabers.** Bei einem Schutz nach der VO (EG) Nr. 510/2006 ist dies der dortige Antragsteller, beim gesetzlichen Schutz nach innerstaatlichem Recht ist nach der Gesetzesbegründung insoweit auf die nach § 128 MarkenG zur Geltendmachung eines Unterlassungsanspruches Berechtigten abzustellen. Art. 11 der VO (EG) Nr. 1383/2003 sieht ein **vereinfachtes Vernichtungsverfahren** zurückgehaltener Waren unter zollamtlicher Überwachung vor, das der Rechtsinhaber jetzt nach § 150 Abs. 2 MarkenG beantragen kann. Den Ablauf des Verfahrens regeln die Abs. 3 und 4. Danach ist dem fristgebundenen Antrag, der die Mitteilung enthalten muss, dass die betroffenen Waren schutzrechtsverletzend sind, auch die **Zustimmung** des Anmelders, Besitzers oder Eigentümers dieser Waren zu ihrer Vernichtung beizufügen; alternativ kann sie unmittelbar gegenüber der Zollbehörde erklärt werden. Nach § 150 Abs. 4 MarkenG **gilt** diese Zustimmung **als erteilt,** wenn der Anmelder, Besitzer oder Eigentümer einer Vernichtung nicht innerhalb von zehn Arbeitstagen (oder im Fall leicht verderblicher Waren nicht innerhalb von drei Arbeitstagen) nach Zugang der Unterrichtung durch die Zollbehörde widerspricht; während die Durchführung der Vernichtung von der Zollstelle übernommen werden kann, verbleiben Kosten und Verantwortung beim Rechtsinhaber, § 150 Abs. 5, 6 MarkenG. Widerspricht der Anmelder, Besitzer oder Eigentümer der Waren fristwahrend, obliegt dem Schutzrechtsinhaber die Einleitung des zivilgerichtlichen Verfahrens zur Feststellung der Schutzrechtsverletzung.

8. Straftatbestände, Ordnungswidrigkeiten

Die widerrechtliche Benutzung einer geografischen Herkunftsangabe im geschäftlichen Verkehr ist nach § 144 Abs. 1 MarkenG mit Strafe bedroht.[472] In den Fällen des § 127 Abs. 1 und 2 MarkenG verlangt der Tatbestand **vorsätzliches** Handeln des Verletzers. Im Falle des § 127 Abs. 3 MarkenG gilt dieselbe Strafdrohung, jedoch nur, wenn die Benutzung der geografischen Herkunftsangabe in der **Absicht** erfolgt, den Ruf oder die Unterscheidungskraft einer geografischen Herkunftsangabe auszunutzen oder zu beeinträchtigen. Die Straftat wird als Uffizialdelikt von Amts wegen verfolgt. Der **Versuch** ist strafbar. Die widerrechtlich gekennzeichneten Gegenstände können unter den Voraussetzungen des § 144 Abs. 4 MarkenG vernichtet werden. Ein Strafurteil kann bei öffentlichem Interesse öffentlich bekannt gemacht werden. § 144 Abs. 2 MarkenG regelt jetzt[473] die Strafbarkeit einzelner Verstöße gegen die VO (EG) Nr. 510/2006; von der zuvor gegebenen Verordnungsermächtigung zugunsten des BMJ war kein Gebrauch gemacht worden. 187

Zwei selbstständige **Ordnungswidrigkeitentatbestände** enthält § 145 Abs. 2 MarkenG. Nach § 145 Abs. 2 Nr. 1 MarkenG wird die unzureichende Mitwirkung bei der Überwachung und Kontrolle geografischer Herkunftsangaben nach der VO (EG) Nr. 510/2006 zum Schutz von geografischen Angaben und Ursprungsbezeichnungen für Agrarerzeugnisse und Lebensmittel iVm § 134 Abs. 3, 4 MarkenG als Ordnungswidrigkeit geahndet.[474] Gemäß § 145 Abs. 2 Nr. 2 MarkenG können nach § 139 Abs. 1 MarkenG zur Durchführung der VO (EG) Nr. 510/2006 erlassene Rechtsverordnungen durch Verweis auf § 145 Abs. 2 Nr. 2 MarkenG Bußgeldtatbestände enthalten. 188

VIII. Schutz geografischer Herkunftsangaben außerhalb des Markengesetzes

1. § 2 MarkenG

Der kennzeichenrechtliche Schutz von geografischen Herkunftsangaben nach den §§ 126ff MarkenG schließt die Anwendung anderer Vorschriften zum Schutze dieser 189

[472] Freiheitsstrafe bis zu zwei Jahren oder Geldstrafe; dazu *Fürmann* MarkenR 2003, 381.
[473] In der mit dem Durchsetzungsgesetz eingeführten Fassung, → Rn 297.
[474] → Rn 300f.

Kennzeichen nicht aus. Dies ist in § 2 MarkenG – nach dem Willen des Gesetzgebers allein zur Klarstellung[475] – festgehalten. So können bestimmte geografische Herkunftsangaben in Spezialgesetzen, etwa des Lebensmittelrechts, einen besonderen Schutz erfahren, ihre Verwendung kann an bestimmte Voraussetzungen geknüpft, durch außerkennzeichenrechtliche Bestimmungen eingeschränkt oder gar gänzlich untersagt sein;[476] geografische Herkunftsangaben können in bilateralen Staatsverträgen wechselseitig anerkannt werden[477] und/oder in den Anwendungsbereich internationaler Abkommen fallen usw.[478] Im Besonderen aber kann sich der Einsatz geografischer Herkunftsangaben im geschäftlichen Verkehr als wettbewerbswidrig im Sinne des UWG darstellen. Wo in diesen Fällen die Voraussetzungen eines Schutzes nach §§ 126, 127 MarkenG nicht gegeben sind, richten sich Schutzvoraussetzungen und Schutzumfang allein nach der in Betracht kommenden anderweitigen Schutzvorschrift.[479] Wo dagegen der Anwendungsbereich der §§ 126ff MarkenG nicht verlassen wird, stellt sich die Frage, ob § 2 MarkenG – wie der Wortlaut vermuten lässt – die **kumulative** Anwendung anderer Schutzvorschriften eröffnet oder aber, ob die §§ 126ff MarkenG in ihrem Anwendungsbereich dem lauterkeitsrechtlichen Schutz nach dem UWG als **leges speciales** vorgehen.

190 Die Rechtsprechung geht von einer **Spezialität** des kennzeichenrechtlichen Schutzes gegenüber dem lauterkeitsrechtlichen aus. Im Markenrecht hat sich der BGH deutlich dafür ausgesprochen, das Markengesetz als umfassende und abschließende Regelung zu verstehen.[480] Der Sonderschutz bekannter Marken und Unternehmenskennzeichen nach §§ 9 Abs. 1 Nr. 3, 14 Abs. 2 Nr. 3, 15 Abs. 3 MarkenG verdränge deswegen die §§ 1, 3 UWG (aF).[481] Ein kumulativer Schutz nach Markengesetz und UWG scheide aus.[482] In den Entscheidungen Warsteiner II und III hat der BGH diese Auffassung auch für die geografischen Herkunftsangaben zum Ausdruck gebracht: Der wettbewerbsrechtlich begründete Schutz der geografischen Herkunftsangabe habe über §§ 126ff MarkenG einen erweiterten Schutz im Kennzeichenrecht erfahren. Diese Regelung sei als lex specialis eines seiner Natur nach wettbewerbsrechtlichen Schutzes anzusehen, neben dem die Vorschriften der §§ 3, 1 UWG (aF) nur noch ergänzend für Sachverhalte herangezogen werden dürften, die nicht unter §§ 126ff MarkenG fallen.[483]

191 In der Literatur wird dem entgegengehalten, die Auffassung des BGH sei weder sachgerecht, noch entspreche sie dem Wortlaut des § 2 MarkenG.[484] Schon der **Wortlaut** der Norm lasse unzweifelhaft erkennen, dass der Gesetzgeber die Anwendbarkeit anderer Vorschriften neben dem Markengesetz habe regeln wollen, nicht die Nichtanwendbarkeit.[485] Die Vorschrift auf die Aussage zu reduzieren, dass andere Gesetze anwendbar blieben, wo das Markengesetz nicht einschlägig sei, unterstelle dem Gesetzgeber zu Unrecht, eine bare Selbstverständlichkeit ohne Rechtsfolgen normiert zu haben. Kernaussage des § 2 Mar-

---

475 Begründung zum MarkenG BT-Drucks. 12/6581 S. 64.

476 § 23 WeinG (Weingesetz idF der Bek. vom 16. 5. 2001, BGBl. I S. 985, zuletzt geändert durch Bek. vom 10. 1. 2008, BGBl. I S. 27); § 15 Abs. 1 Nr. 2 der Mineral- und Tafelwasserverordnung (BGBl. 1984 I S. 1036 idF vom 29. 10. 2001, BGBl. I S. 2785) verbietet die Verwendung von geografischen Herkunftsangaben für Tafelwasser.

477 → Rn 318ff.

478 → Rn 329ff.

479 Solche anderweitigen Schutzvorschriften können ihrerseits kumulativ anwendbar sein, BGH GRUR 2003, 747, 748f – Klosterbrauerei, zu §§ 3 UWG aF, 17 Abs. 1 Nr. 5 lit. b LMBG.

480 BGH NJW 2002, 2031, 2032f – shell.de.

481 BGH GRUR 1999, 161 – MAC Dog (zu §§ 9 Abs. 1 Nr. 3; 14 Abs. 2 Nr. 3; 15 Abs. 3 MarkenG); GRUR 2000, 70, 73 – SZENE (zu § 15 MarkenG).

482 BGH GRUR 1999, 161, 162 – MAC Dog; ebenso *Sack* GRUR 1995, 429, 435; *Piper* GRUR 1996, 429, 435; aA *Fezer* MarkenG § 14 Rn 411.

483 BGH GRUR 1999, 252, 253 – Warsteiner II; ebenso BGH GRUR 2001, 73, 76 – Stich den Buben; BGH GRUR 2002, 160, 161 – Warsteiner III.

484 Ausführlich *Fezer* MarkenG § 2 Rn 4; *ders.* WRP 2000, 863ff; *v. Gamm* FS Piper S. 537, 541; ebenso HK-MarkenR/*Klippel/Pahlow* MarkenG § 2 Rn 1ff; der Rechtsprechung folgend dagegen *Ingerl/Rohnke* MarkenG § 2 Rn 8; *Ströbele/Hacker* MarkenG § 2 Rn 16.

485 *Fezer* WRP 2000, 863, 865.

kenG sei vielmehr, dass der Gesetzgeber die Rechtsvereinheitlichung des Kennzeichenrechts im Markengesetz gerade nicht als die Normierung eines Spezialgesetzes gegenüber anderen Normbereichen zum Schutze der Kennzeichen verstanden wissen wolle.[486] Denn die Art einer Gesetzeskonkurrenz sei in erster Linie aus dem jeweiligen Gesetzeszweck abzuleiten; das Verhältnis von Wettbewerbsrecht zum markenrechtlichen Kennzeichenschutz sei danach nicht das einer ergänzenden Anwendung. Dem Normzweck des § 2 MarkenG werde weder eine spezielle noch eine subsidiäre Anspruchskonkurrenz, sondern allein eine **kumulative Normenkonkurrenz** im Sinne einer vollständigen Anspruchskonkurrenz gerecht. Markengesetz, UWG und BGB seien „auf Grund einer autonomen Anwendung **parallel** neben einander anzuwenden".[487]

Die entgegengesetzten Positionen zum Verhältnis von markenrechtlichem und lauter- 192
keitsrechtlichem Schutz geografischer Herkunftsangaben werden verständlicher, wenn sie zur **Rechtsnatur** der geografischen Herkunftsangabe in Beziehung gesetzt werden. Geht man mit *Fezer* ua davon aus, dass den neben Marken und geschäftlichen Bezeichnungen als **Kennzeichen** geschützten geografischen Herkunftsangaben die Qualität eines subjektiven Immaterialgüterrechts zukommt, das wie andere Rechte des geistigen Eigentums auch ein – wenn auch kollektives – Ausschließlichkeitsrecht verleiht, ist es wegen der nicht deckungsgleichen Gesetzeszwecke konsequent, den immaterialgüterrechtlichen Schutz des Markengesetzes selbstständig neben den lauterkeitsrechtlichen Irreführungsschutz des UWG zu stellen. Kennzeichen identifizieren und kommunizieren aus dieser Sicht in einem umfassenden Sinne unternehmerische Leistungen.[488] Marken, geschäftliche Bezeichnungen und geografische Herkunftsangaben sind gleichermaßen **Kommunikationszeichen** zur Unterscheidung der unternehmerischen Leistung ihres Inhabers von den Leistungen anderer Unternehmen.[489] Ihr Schutz nach dem Markengesetz ist ein gleichwertiger, subjektiver Immaterialgüterrechtsschutz, ihre Verteidigung dient der Erhaltung ihrer Kommunikationsfunktion.

Dem gegenüber zielt das UWG auf die objektiv-rechtliche Regelung des Marktverhal- 193
tens der Unternehmen im Interesse der Marktteilnehmer, namentlich der Mitbewerber und der Verbraucher und dient so dem Interesse an einem **unverfälschten Leistungswettbewerb**.[490] Im Hinblick auf den mit der RL 2005/29/EG gestärkten **Verbraucherschutz** steht mehr denn je dessen **Entscheidungsautonomie** im Fokus des lauterkeitsrechtlichen Schutzes: Der Verbraucher soll nicht durch irreführende Vertriebspraktiken davon abgehalten werden, „eine informierte und deshalb effektive Wahl zu treffen".[491] Die je unterschiedlichen Gesetzeszwecke des Kennzeichen- und des Lauterkeitsrechts rechtfertigen deren Anwendung nebeneinander nach Maßgabe der je eigenen Voraussetzungen und Rechtsfolgen, § 2 MarkenG bringt dies zum Ausdruck.

Geht man dagegen von einem lediglich aus dem UWG in das Markengesetz überführ- 194
ten, seiner Natur nach aber nach wie vor **wettbewerbsrechtlich** gebliebenen Schutz der geografischen Herkunftsangaben aus,[492] erscheint es nicht minder plausibel, den in das Markengesetz aufgenommenen und dabei verstärkten, speziell auf geografische Herkunftsangaben zugeschnittenen Schutz da, wo er greift, nicht anhand der allgemeinen Verbotsnormen des UWG zu wiederholen. § 2 MarkenG kommt dann die – in der Tat evidente – Aussage zu, dass geografische Herkunftsangaben nur in anderen Fällen als den von §§ 126ff MarkenG erfassten, an anderen Gesetzen und damit auch am Maßstab des UWG gemessen werden dürfen. § 2 MarkenG stellt dann in der Tat nur klar,[493] dass die kennzeichen-

---

486 *Fezer* MarkenG § 2 Rn 1f.
487 *Fezer* WRP 2000, 863, 869f.
488 *Fezer* FS Gaedertz S. 153, 167ff.
489 *Fezer* MarkenG § 1 Rn 2.
490 BT-Drucks. 15/1487 S. 15f; → § 1 UWG Rn 43.
491 Erwägungsgrund 14 RL 2005/29/EG.
492 So ausdrücklich BGH GRUR 1999, 252 – Warsteiner II.
493 → Fn 492.

rechtlichen Bestimmungen zum Schutz geografischer Herkunftsangaben nicht abschließend sind.

195 Es verwundert nicht, dass der BGH gerade da vom Markengesetz als lex specialis zum UWG spricht, wo der besondere Schutz bekannter Marken und geschäftlicher Bezeichnungen nach §§ 14 Abs. 2 Nr. 3,[494] 15 Abs. 3 MarkenG[495] bzw. der Schutz geografischer Herkunftsangaben nach §§ 126, 127 MarkenG[496] in Rede steht: in beiden Fällen geht der BGH nämlich von einem seiner Natur nach (nach wie vor) wettbewerbsrechtlichen Schutz der betroffenen Kennzeichen aus, der sich von dem bereits zu §§ 3, 1 UWG aF judizierten in erster Linie durch seine neue Verortung im MarkenG und einen erweiterten Schutzumfang unterscheide. Der bislang von der Rechtsprechung auf der Grundlage des UWG entwickelte Schutz, so der BGH, wurde im Markengesetz „spezialgesetzlich fixiert", mit der Folge, dass „die neue Schutzmöglichkeit an die Stelle der bisherigen" trat.[497]

196 In beiden Fällen ist die Entfernung zum kennzeichenrechtlichen Kernanliegen des MarkenG groß, weil im Falle des Sonderschutzes der bekannten Marke nicht deren Basisfunktion als betrieblicher Herkunftshinweis in Rede steht und weil im Falle der geografischen Herkunftsangabe eine eigentumsgleiche individuell-betriebliche und damit subjektivrechtliche Zuordnung kaum möglich ist. Und in beiden Fällen ist die Nähe zum Wettbewerbsrecht augenscheinlich, weil bekannte Marken und geografische Herkunftsangaben mit besonderem Ruf vor unlauterer Ausbeutung oder Beeinträchtigung ihres Rufes geschützt werden und weil alle geografischen Herkunftsangaben als Ausdruck eines kollektiven Goodwill von den nach § 8 Abs. 3 UWG Berechtigten verteidigt werden können.

197 Wenn aber markenrechtlicher Schutz in den genannten Fällen materiell wettbewerbsrechtlicher Natur (geblieben) ist, dann liegt es nahe, dasselbe Schutzanliegen nicht parallel anhand des Gesetzes zu verfolgen, aus dem dieser Schutz mit der Integration in das Kennzeichenrecht gerade herausgenommen wurde. Etwas anderes kann nur für die Fälle gelten, die von der in das Markenrecht überführten Regelung nicht erfasst werden. (Nur) unter der Annahme einer gleichen, nämlich wettbewerbsrechtlichen Ausrichtung des Schutzes geografischer Herkunftsangaben in UWG und MarkenG macht der Rekurs auf den Vorrang der lex specialis vor der lex generalis Sinn. Der von der Rechtsprechung angenommenen **ergänzenden** Anwendbarkeit des UWG zum Schutze geografischer Herkunftsangaben ist deshalb nur zuzustimmen, wenn der geografischen Herkunftsangabe ungeachtet ihrer kennzeichenrechtlichen Einordnung gerade nicht dieselbe Qualität eines subjektiven Ausschließlichkeitsrechts zugesprochen wird, wie sie Marken und geschäftlichen Bezeichnungen zu eigen ist. Die Parallelität der Regelungen zur Aktivlegitimation in § 128 Abs. 1 MarkenG und § 8 Abs. 3 UWG fügt sich dann in dieses Bild.

2. Supranationaler Schutz und sondergesetzliche Regelungen für geografische Herkunftsangaben

198 Nach **europäischem Recht** ist für qualifizierte geografische Herkunftsangaben (Ursprungsangaben) für Agrarerzeugnisse und Lebensmittel, die nach der VO (EG) Nr. 510/2006 registriert und geschützt sind, allein der Schutz nach dieser Verordnung maßgeblich.[498] Ein paralleler Schutz nach nationalen Vorschriften scheidet für diese Herkunftsangaben aus. Nichts anderes gilt für angemeldete, aber noch nicht eingetragene Herkunftsangaben.[499] Nationales Recht bleibt dagegen anwendbar, soweit der Schutz **einfacher,** unmittelbarer oder mittelbarer geografischer Herkunftsangaben in Rede steht, sei es

[494] BGH GRUR 1999, 161 – MAC Dog.
[495] BGH GRUR 2000, 70, 73 – SZENE.
[496] BGH GRUR 1999, 252, 253 – Warsteiner II.
[497] BGH GRUR 2000, 70, 73 – SZENE.
[498] EuGH GRUR Int. 1999, 443 – Gorgonzola/Cambozola; OLG Frankfurt GRUR Int. 1997, 751 – Gorgonzola/Cambozola; EuGH GRUR Int. 1998, 790, 792 – Chiciak.
[499] EuGH GRUR Int. 1998, 790, 792 – Chiciak.

infolge eines bilateralen Herkunftsabkommens, sei es auf Grund einfachen nationalen Rechts.[500]

Uneinheitlich wird die Frage beantwortet, ob die Verordnung VO (EG) Nr. 510/2006 nationales Recht auch dann verdrängt, wenn eine **qualifizierte** geografische Herkunftsangabe nach dem europäischen System eintragungsfähig wäre, aber nicht zur Registrierung angemeldet wurde. Der EuGH hat darüber bislang nicht entschieden. Die EU-Kommission hat mit Nachdruck die Auffassung vertreten, der Schutz geografischer Herkunftsangaben nach der Verordnung (EWG) Nr. 2081/92 (jetzt: VO (EG) Nr. 510/2006) beanspruche in ihrem Anwendungsbereich umfassende Exklusivität, lasse also insoweit keinerlei Raum mehr für einen nationalen Schutz geografischer Herkunftsangaben.[501] 199

Der Gesetzgeber des Markengesetzes[502] und die deutsche Rechtsprechung[503] gehen von einer **Wahlfreiheit** aus: wo auf eine mögliche Registrierung geografischer Herkunftsangaben nach der Verordnung VO (EG) Nr. 510/2006 verzichtet wird, bleibt danach der Schutz nach nationalem Recht einschließlich der bilateralen Herkunftsabkommen erhalten. In der Literatur wird die Frage des Schutzes qualifizierter Herkunftsangaben nach nationalem Recht neben der Verordnung VO (EG) Nr. 510/2006 nicht einheitlich, jedoch mehrheitlich befürwortend beantwortet.[504] 200

Für **Weinbauerzeugnisse** ist die Verordnung (EG) Nr. 1493/1999 über die gemeinsame Marktorganisation für Wein einschlägig.[505] Das Irreführungsverbot nach Art. 48 dieser Verordnung geht der nationalen Regelung in § 25 WeinG vor. Für **Spirituosen** gilt die VO (EG) Nr. 110/2008 (mit der die vormalige VO (EWG) Nr. 1576/89 aufgehoben wurde) zur Begriffsbestimmung, Bezeichnung, Aufmachung und Etikettierung von Spirituosen sowie zum Schutz geografischer Angaben für Spirituosen.[506] Geografische Angaben für Spirituosen werden danach – dem Registerschutz nach der VO (EG) Nr. 510/2006, die auf Spirituosen nicht anwendbar ist, vergleichbar – geschützt. Anhang III der VO enthält eine generisch gegliederte Auflistung aller geschützten Bezeichnungen.[507] 201

Sondergesetzlichen Schutz finden geografische Herkunftsangaben in großer Zahl in **bilateralen Herkunftsabkommen.** In solchen Abkommen, wie sie zwischen Deutschland und Frankreich,[508] Griechenland,[509] Italien,[510] der Schweiz,[511] und Spanien[512] beste- 202

---

[500] EuGH GRUR 2001, 64 – Warsteiner (zum Schutz nach nationalem Recht); EuGH GRUR Int. 2004, 131 – American Bud (zum Schutz nach nationalem Recht in Umsetzung eines bilateralen Abkommens).

[501] Mitteilung der EU-Kommission, ABl. EG Nr. C 273 vom 9. 10. 1993, S. 4; wiedergegeben in EuZW 1995, 368 (Reaktion auf das BGH GRUR 1994, 307 – Mozzarella I).

[502] BT-Drucks. 12/6581 S. 119: das europäische Schutzsystem gelte „zusätzlich" zum Schutz nach den Rechtsvorschriften der Mitgliedstaaten.

[503] BGH GRUR 1995, 354, 356 – Rügenwalder Teewurst II.

[504] Für eine Verdrängung nationalen Rechts im Anwendungsbereich der Verordnung *Ingerl/Rohnke* MarkenG Vor §§ 130–136 Rn 2 mit Verweis auf EuGH GRUR Int. 1997, 737, 739 – Pistre; ebenso *v. Danwitz* GRUR 1997, 81, 84f; *Ullmann* GRUR 1999, 666, 669, 673; dagegen die überwiegende Meinung, *Fezer* MarkenG Vor § 130 Rn 21a mwN.

[505] ABl. EG Nr. L 179 vom 14. 7. 1999, S. 1; zuletzt geändert durch VO (EG) Nr. 1234/2007 vom 22. 10. 2007, ABl. EG Nr. L 299 vom 16. 11. 2007, S. 1, mit Durchführungsbestimmungen in der VO (EG) Nr. 753/2002 der Kommission vom 29. 4. 2002 mit Durchführungsbestimmungen zur Verordnung (EG) Nr. 1493/1999 des Rates hinsichtlich der Beschreibung, der Bezeichnung, der Aufmachung und des Schutzes bestimmter Weinbauerzeugnisse, mit Berichtigung der Berichtigung in ABL EU Nr. L 172 vom 6. 5. 2004, S. 9; zum Vorrang des Irreführungsverbots nach Art. 47, 48 der VO vor dem nationalen Irreführungsverbot nach § 25 WeinG *Hieronomi* WRP 2000, 458, 464.

[506] VO (EG) Nr. 110/2008 des europäischen Parlaments und des Rates vom 15. 1. 2008 zur Begriffsbestimmung, Bezeichnung, Aufmachung und Etikettierung von Spirituosen sowie zum Schutz geografischer Angaben für Spirituosen und zur Aufhebung der Verordnung (EWG) Nr. 1576/89, ABl. EU Nr. L 39 vom 13. 2. 2008, S. 16.

[507] Deutschland ist zB mit den Bezeichnungen wie „Münsterländer Korn", „Deutscher Weinbrand", „Schwarzwälder Kirschwasser" oder „Bayrischer Gebirgsenzian" vertreten.

[508] BGBl. 1961 II S. 22.

[509] BGBl. 1965 II S. 176.

[510] BGBl. 1965 II S. 156.

[511] BGBl. 1969 II S. 138.

[512] BGBl. 1972 II S. 109.

hen,[513] werden Herkunftsangaben der beteiligten Länder in Anhängen gelistet; jeder Vertragsstaat erkennt die Herkunftsangaben des jeweils anderen Staates in der Weise an, dass er sich – in Abkehr von dem das Immaterialgüterrecht beherrschenden Territorialitätsprinzip – zu ihrer Benutzung ausschließlich nach dem nationalen Recht des anderen Staates (des Ursprungslandes) verpflichtet. Die geschützten Herkunftsangaben des jeweils anderen Staates sind damit dem eigenen, nationalen Recht zum Schutze geografischer Herkunftsangaben ebenso entzogen wie dem Einfluss tatsächlicher Entwicklungen im Inland, etwa einer Denaturierung zu Gattungsbezeichnung.[514]

203 Im **nationalen Recht** ist der Gebrauch der Herkunftsbezeichnung „Solingen" durch die Solingen-Verordnung vom 16. 12. 1994[515] geregelt. Die Verwendung von geografischen Herkunftsangaben für Weine ist Gegenstand des § 23 WeinG.[516] Nach § 15 Abs. 1 Nr. 2 der Mineral- und Tafelwasserverordnung[517] ist die Verwendung von geografischen Herkunftsangaben für Tafelwasser verboten. Das Lebensmittel- und Futtermittelgesetzbuch (LFGB)[518] verbietet – insoweit parallel und speziell zum lauterkeitsrechtlichen Schutz nach dem UWG – Werbung und Inverkehrbringen von Lebensmitteln, wo zur Täuschung geeignete „Bezeichnungen, Angaben, Aufmachungen, Darstellungen oder sonstige Aussagen" über Ursprung oder Herkunft verwendet werden.[519] Kennzeichenrechtliche Vorgaben an die Etikettierung und Aufmachung von Lebensmitteln finden sich darüber hinaus in großer Zahl in produktspezifischen Sondergesetzen und Verordnungen.[520]

3. Anwendung des UWG auf nicht von §§ 126 ff MarkenG erfasste Fälle

204 Geht man davon aus, dass zwischen dem markenrechtlichen Schutz geografischer Herkunftsangaben nach den §§ 126 ff MarkenG einerseits und dem lauterkeitsrechtlichen Schutz, namentlich nach den §§ 3, 5 Abs. 2 Nr. 1 UWG, andererseits kumulative Normenkonkurrenz besteht,[521] sind die Vorschriften beider Gesetze grundsätzlich autonom und parallel zu einander anzuwenden.[522] Sieht man dagegen in der kennzeichenrechtlichen Regelung geografischer Herkunftsangaben einen zwar aus dem UWG herausgelösten und in das Markengesetz inkorporierten, seiner Natur nach aber wettbewerbsrechtlich gebliebenen Schutz, kommt dem Lauterkeitsrecht vornehmlich ergänzende Bedeutung zu, wo der speziellere, kennzeichenrechtliche Schutz nicht greift.

205 Die Intensität des Schutzes geografischer Herkunftsangaben ist in beiden Fällen hoch, zumal der kennzeichenrechtliche Schutz unabhängig davon greift, ob die irreführende Benutzung einer geografischen Herkunftsangabe Einfluss auf die Kaufentscheidung des angesprochenen Verkehrs hat[523] und die Aktivlegitimation durch den Verweis des § 128 Abs. 1 MarkenG auf § 8 Abs. 3 UWG im Kennzeichenrecht keine andere ist als im Lauterkeitsrecht. Wo allerdings ausschließlich lauterkeitsrechtlicher Irreführungsschutz in Betracht kommt, können auch nur Fehlvorstellungen „von maßgeblicher Bedeutung für den Kaufentschluss" der angesprochenen Verkehrskreise die Wettbewerbswidrigkeit begründen;[524]

---

[513] Ein Herkunftsabkommen mit Österreich wurde bislang nicht ratifiziert.

[514] Anders dagegen im umgekehrten Falle einer Denaturierung im Ursprungsland, BGH GRUR 1994, 307 – Mozzarella I; EuGH GRUR Int. 1993, 76, 79 – Exportur (Turròn de Alicante).

[515] BGBl. 1994 I S. 3833.

[516] Weingesetz idF der Bek. vom 16. 5. 2001, BGBl. I S. 985, zuletzt geändert durch Bek. vom 10. 1. 2008, BGBl. I S. 27.

[517] BGBl. 1984 I S. 1036 idF vom 29. 10. 2001, BGBl. I S. 2785.

[518] Lebensmittel- und Futtermittelgesetzbuch idF der Bek. vom 26. 4. 2006 (BGBl. I S. 945), zuletzt geändert durch Art. 12 Gesetz vom 26. 2. 2008 (BGBl. I S. 215).

[519] § 11 Abs. 1 Satz 2 Nr. 1 LFGB (Lebensmittel- und Futtermittelgesetzbuch idF der Bek. vom 26. 4. 2006 (BGBl. I S. 945), zuletzt geändert durch Art. 12 Gesetz vom 26. 2. 2008 (BGBl. I S. 215).

[520] Eine Übersicht findet sich bei *Fezer* MarkenG § 8 Rn 412.

[521] So *Fezer* MarkenG § 2 Rn 1 ff, 5 ff; *ders.* WRP 2000, 863; *ders.* WRP 2008, 1 ff; zum Meinungsstand s. ebenfalls *Fezer* MarkenG § 2 Rn 10.

[522] → Rn 189 ff.

[523] → Rn 98 ff.

[524] BT-Drucks. 15/1487 S. 19, 31.

§ 3 Abs. 2 UWG verlangt in der durch die RL 2005/29/EG geprägten Fassung für das Verhältnis von Unternehmer und Verbraucher geschäftliche Handlungen, „die dazu geeignet sind, die Fähigkeit des Verbrauchers, sich auf Grund von Informationen zu entscheiden, spürbar zu beeinträchtigen und ihn damit zu einer geschäftlichen Entscheidung veranlassen, die er andernfalls nicht getroffen hätte".

Rechtlicher Schutz geografischer Herkunftsangaben nach dem UWG kommt danach jedenfalls da in Betracht, wo der Schutzbereich der kennzeichenrechtlichen Tatbestände der §§ 126, 127 MarkenG nicht betroffen ist. Dies kann in verschiedenen Konstellationen der Fall sein. So kann die Verwendung einer starken Abwandlung der geschützten geografischen Herkunftsangabe außerhalb des Ähnlichkeitsschutzes nach § 127 Abs. 4 MarkenG liegen, aber dennoch Fehlvorstellungen auslösen, die am allgemeinen lauterkeitsrechtlichen Irreführungsverbot zu messen sind. Mit diesem Irreführungsverbot, nicht dagegen mit den §§ 126ff MarkenG können auch Bezeichnungen eines Produktes kollidieren, die zwar im weitesten Sinne eine örtliche Herkunftsaussage enthalten, aber keinen *geografisch* bestimmten oder bestimmbaren Ort angeben oder auch nur eine konkrete Region benennen. So liegt es bei **allgemeinen Landschaftsbeschreibungen** wie „Berg-", „Land-" oder „See-", die allenfalls einen Landschaftstypus beschreiben und deshalb auf zahllose Orte zutreffen können.[525] Solche Angaben sind keine geografischen Herkunftsangaben im Sinne des § 126 MarkenG. Sie können aber gleichwohl lauterkeitsrechtlich irreführend sein, wenn sie beim Publikum Fehlvorstellungen über das landschaftliche Umfeld der Entstehung und/oder der Produktion, über die Machart oder die Qualität der so bezeichneten Produkte provozieren, die für die Kaufentscheidung Relevanz besitzen. 206

Eine Herkunftsangabe ohne konkreten geografischen Bezug kann auch freihaltebedürftig im Sinne des § 8 Abs. 2 Nr. 2 MarkenG sein und damit ihrer Eintragung als Marke entgegenstehen. Der Bezeichnung „Cantina" wurde zurecht die Eintragung als Marke für italienische Weine versagt, weil deren Bedeutung „Keller" bzw. „Weinkellerei" in Bezug auf das konkrete Produkt eine Herkunftsangabe darstellt.[526] Die Herkunftsaussage liegt hier jedoch nicht in einem Hinweis auf die geografische Herkunft des Produktes, sondern auf die Qualität „Weinkeller" des Herkunftsortes, der sich seinerseits an jedem beliebigen Ort befinden kann. Die Verwendung eines solchen Begriffes kann freihaltebedürftig im Sinne des § 8 Abs. 2 Nr. 2 MarkenG sein, sie kann die Gefahr einer Irreführung im Sinne der §§ 3, 5 UWG begründen, in den Anwendungsbereich der §§ 126ff MarkenG fällt sie nicht. 207

Ebenfalls wettbewerbsrechtlichen, nicht markenrechtlichen Schutz genießen **„personengebundene"** geografische Herkunftsangaben.[527] Sie betreffen den seltenen Fall, dass eine geografische Herkunftsangabe an dem Ort, auf den sie verweist, nicht mehr benutzt werden kann, von „ortsvertriebenen" Unternehmen – den sog. Traditionsträgern – aber andernorts weiter verwendet wird, ohne deshalb zur Gattungsangabe denaturiert zu sein.[528] In dieser Konstellation wird eine geografische Herkunftsangabe vom Verkehr auf einen Herstellerkreis bezogen verstanden und in dieser Funktion geschützt. Der Anwendungsbereich der §§ 126, 127 MarkenG ist nicht eröffnet.[529] 208

Vom kennzeichenrechtlichen Schutz geografischer Herkunftsangaben werden weiter die Fälle nicht erfasst, in denen die das geschützte Zeichen tangierende Benutzung **nicht „für Waren oder Dienstleistungen"** erfolgt, wie § 127 MarkenG voraussetzt. So liegt es, wenn eine geschützte geografische Herkunftsangabe im Rahmen einer geschäftlichen Bezeichnung Verwendung findet. Im Falle der Aufnahme einer bekannten Weinbergslage 209

---

[525] EuGH GRUR Int. 1997, 737 – Pistre (Montagne); BGH GRUR 2003, 628 – Klosterbrauerei; BPatG Beschl. v. 13. 1. 2003 – 25 W (pat) 206/01 – Cityservice.

[526] BPatG Beschl. v. 20. 3. 2003 – 25 W (pat) 148/02.

[527] *Hefermehl/Köhler/Bornkamm* UWG § 5 Rn 4.205.

[528] BGH GRUR 1956, 270, 272 – Rügenwalder Teewurst; BGH GRUR 1995, 354, 357 – Rügenwalder Teewurst II; die Bezeichnung ist mittlerweile als Kollektivmarke nach § 97 MarkenG eingetragen, s. dazu OLG Hamburg ZLR 1999, 354.

[529] *Piper/Ohly* UWG § 5 Rn 342.

(„Stich den Buben") in die Firma eines Unternehmens („Winzerhaus Hans Stich den Buben eG") hat der BGH eine mittelbare geografische Herkunftsangabe angenommen, die nicht an §§ 126ff MarkenG, wohl aber an §§ 3, 1 UWG (aF) zu messen sei. Die der geografischen Herkunftsangabe „Stich den Buben" ähnliche Bezeichnung „Hans Stich den Buben" innerhalb der Firma sei, wenn auch nicht irreführend im Hinblick auf einen tatsächlich nicht gegebenen (Allein-)besitz der Weinbergslage, so doch geeignet, einer Verwässerung der bekannten Herkunftsangabe als Lagebezeichnung Vorschub zu leisten.[530]

210 Da der kennzeichenrechtliche Schutz einer geografischen Herkunftsangabe voraussetzt, dass die Angabe bereits im Verkehr benutzt wird,[531] scheidet die Anwendung der §§ 126ff MarkenG aus, wo es gerade daran fehlt, weil die von einem Ortsfremden verwendete Angabe von den tatsächlich berechtigten Unternehmen gar nicht als solche genutzt wird: das geschützte Zeichen ist insoweit **„fiktiv".**[532] Die Verwendung einer fiktiven geografischen Herkunftsangabe kann jedoch, wo sie unzutreffende Herkunftsvorstellungen auslöst und damit die Kaufentscheidung manipuliert, wettbewerbswidrig im Sinne des UWG sein.[533] Nichts anderes gilt, wenn die benutzte Angabe kein tatsächlich verwendeter Ortsname mehr ist.[534] Auch in diesem Falle fehlt es an einer geschützten Herkunftsangabe im Sinne des § 126 MarkenG. Nicht in den Anwendungsbereich der §§ 126ff MarkenG, wohl aber in den des UWG fallen schließlich die **scheingeografischen Herkunftsangaben.** Solche Angaben suggerieren eine bestimmte geografische Herkunft eines Produktes, der angegebene Ort existiert jedoch nicht. Insbesondere bei Weinen sind solche Angaben, die denen echter Weinbergslagen nachgebildet sind, ggf. irreführend im Sinne der §§ 3, 5 UWG oder – im Falle ihrer Anmeldung als Marke – täuschungsgeeignet im Sinne des § 8 Abs. 2 Nr. 4 MarkenG.[535]

211 Der Schutz des besonderen Rufes einer geografischen Herkunftsangabe nach § 127 Abs. 3 MarkenG ist zwar nicht auf die kennzeichenmäßige Verwendung des geschützten Zeichens beschränkt; er greift auch in den Fällen, in denen die Herkunftsangabe nicht zur Kennzeichnung von Produkten oder Dienstleistungen, sondern zu deren Bewerbung benutzt wird.[536] Notwendig, aber auch ausreichend ist insoweit die unberechtigte Benutzung des Zeichens für Waren oder Dienstleistungen. Unter § 127 Abs. 3 MarkenG fiele deshalb ggf. auch die dekorative Verwendung einer geografischen Herkunftsangabe von besonderem Ruf, etwa als Aufdruck auf einem Kleidungsstück. Dennoch sind Fälle einer rufschädigenden Verwendung außerhalb des Anwendungsbereiches des § 127 Abs. 3 MarkenG denkbar, etwa die Verunglimpfung oder die beschreibende Benutzung ohne konkreten Waren- oder Dienstleistungsbezug. Nur lauterkeitsrechtlich lässt sich auch das unberechtigte **Entfernen** von geografischen Herkunftskennzeichnungen erfassen.

IX. Geografische Herkunftsangaben, Marken und Kollektivmarken

1. Überblick

212 Geografische Herkunftsangaben haben mit Marken die Eigenschaft gemein, als Kommunikationszeichen die Herkunft einer Ware oder Dienstleistung zu vermitteln. Sie unterscheiden sich darin, dass die geografische Herkunftsangabe die örtliche Herkunft angibt,

---

[530] BGH GRUR 2001, 73 – Stich den Buben.

[531] → Rn 70f.

[532] *Helm* FS Vieregge S. 335, 340; *Fezer* MarkenG § 126 Rn 9; s. BGH GRUR 1980, 173, 174 – Fürstenthaler (zu § 4 Abs. 2 Nr. 4 WZG).

[533] *Fezer* MarkenG § 126 Rn 9; eine potentielle Benutzung wollen dagegen *Ingerl/Rohnke* MarkenG § 126 Rn 9, bei unmittelbaren geografischen Herkunftsangaben ausreichen lassen; ebenso *Ullmann* GRUR 1999, 666, 667f; nach *Sosnitza* MarkenR 2000, 77, 85 soll die Benutzung durch den unberechtigten Dritten ausreichen.

[534] BGH GRUR 1995, 354, 356 – Rügenwalder Teewurst II.

[535] BGH GRUR 1980, 173 – Fürsthentaler; *Ingerl/Rohnke* MarkenG § 8 Rn 295.

[536] BGH GRUR 2002, 426 – Champagner bekommen, Sekt bezahlen.

die Marke dagegen den betrieblichen Ursprung benennt.[537] Dieser unterschiedlichen Funktion entspricht es, dass die betriebliche Herkunftsangabe zu einem bestimmten Unternehmen und damit zu einem konkreten Rechtsinhaber führt, während sich aus der geografischen Herkunftsangabe nur ein Ort oder ein Gebiet ableiten lässt, innerhalb dessen die Angabe von regelmäßig mehreren Unternehmen berechtigt benutzt werden darf. Während sich die Berechtigung an einer Marke durch Rechtsakt – zB Übertragung, Teilung, Lizenzerteilung – ändern kann, sind dafür im Falle der geografischen Herkunftsangabe tatsächliche Umstände wie die Ansiedelung eines Unternehmens, die Sitzverlegung, die Eröffnung oder Schließung einer Produktionsstätte usw. maßgeblich.

Marken und geografische Herkunftsangaben berühren sich gleichwohl in tatsächlicher **213** wie in rechtlicher Hinsicht mehrfach. Weil sich ihre Anwendungsbereiche überschneiden, bedarf es spezifischer Regelungen zum Vorrang des einen oder anderen Zeichentyps. Der Eintragung eines Zeichens als Marke steht die geografische Herkunftsangabe zunächst als absolutes – und im Eintragungsverfahren von Amts wegen zu prüfendes – **Eintragungshindernis** entgegen, wenn die angemeldete Marke ausschließlich aus Zeichen oder Angaben besteht, die im Verkehr zur Bezeichnung der geografischen Herkunft der Ware oder Dienstleistung dienen können (§ 8 Abs. 2 Nr. 2, § 37 Abs. 1, 2 MarkenG). Das angemeldete Zeichen ist in diesem Falle zugunsten der kollektiven Berechtigung der ortsansässigen Unternehmen **freihaltebedürftig.**[538] Wird das Zeichen entgegen einer gegebenen Freihaltebedürftigkeit als Marke eingetragen, kann die Löschung der Marke wegen Nichtigkeit von jedermann beim DPMA beantragt (§§ 50 Abs. 1 Nr. 3; 52 Abs. 2, 54 MarkenG) oder auf der Grundlage einer prioritätsälteren[539] geografischen Herkunftsangabe von den dazu Berechtigten im Wege der Klage[540] durchgesetzt werden.[541]

Anders liegt es allerdings, wenn sich ein Zeichen ungeachtet seiner geografischen Aussa- **214** ge infolge anhaltender Benutzung für Waren oder Dienstleistungen eines bestimmten Unternehmens in der Vorstellung der angesprochenen Verkehrskreise zum **betrieblichen** Herkunftshinweis für diese Produkte verdichtet hat. Im Falle einer solchen Verkehrsdurchsetzung kann auch die geografische Herkunftsangabe als betriebliches Herkunftszeichen eines einzelnen Unternehmens, mithin als Marke Schutz erlangen (§ 8 Abs. 3 MarkenG). Den übrigen Unternehmen der betroffenen Örtlichkeit oder Region bleibt dann nur noch die beschreibende, nicht markenmäßige Verwendung der geografischen Herkunftsangabe zur Kennzeichnung ihrer Produkte.[542] Gegenüber Dritten bleibt die geografische Herkunftsangabe nach den §§ 126 ff MarkenG geschützt: ihr Schutz als Marke – zugunsten eines einzelnen Unternehmens – und ihr Schutz als geografische Herkunftsangabe – zugunsten aller ortsansässigen Unternehmen – stehen insoweit selbstständig nebeneinander.[543]

Besteht ein zur Eintragung in das Markenregister angemeldetes Zeichen zwar nicht aus- **215** schließlich aus geografischen Herkunftsangaben, enthält solche Angaben jedoch neben anderen Zeichenbestandteilen, kann die Eintragung ebenfalls an einem absoluten Eintragungshindernis scheitern: zum einen kann der Kombination insgesamt jegliche Unterscheidungskraft im Sinne des § 8 Abs. 2 Nr. 1 MarkenG fehlen, wenn weder die Bestandteile noch ihre Kombination geeignet erscheinen, die angemeldeten Waren oder Dienstleistungen

---

537 *Ullmann* GRUR 1999, 666.

538 EuGH GRUR 1999, 723, 726 – Chiemsee.

539 Die Priorität einer geografischen Herkunftsangabe im Sinne des § 6 MarkenG wird von der Aufnahme ihrer Benutzung bestimmt; *Ingerl/Rohnke* MarkenG § 13 Rn 11; *Ströbele/Hacker* MarkenG § 13 Rn 31.

540 §§ 13 Abs. 2 Nr. 5; 51; 52 Abs. 2; 55 MarkenG; Art. 14 VO (EWG) Nr. 2081/92 für den Vorrang einer nach dem europäischen Schutzsystem angemeldeten/eingetragenen geografischen Herkunftsangabe.

541 Zum Anspruch auf Rücknahme einer Markenanmeldung aus § 128 Abs. 1 MarkenG → Rn 168 f.

542 Art. 6 Abs. 1 lit. b RL 89/104/EWG, § 23 MarkenG; EuGH GRUR 1999, 723, 725 – Chiemsee, zu Art. 6 Abs. 1 lit. b RL 89/104/EWG.

543 BGH GRUR 1999, 252, 254 – Warsteiner II.

eines Unternehmens von denen anderer Unternehmen zu unterscheiden,[544] zum anderen verbietet 3 8 Abs. 2 Nr. 4 MarkenG die Eintragung eines Zeichens, das geeignet ist, das Publikum über die geografische Herkunft der Waren oder Dienstleistungen zu täuschen. Die Zurückweisung einer Markenanmeldung nach § 8 Abs. 2 Nr. 4 MarkenG erfolgt allerdings nur, wenn die Täuschungsgefahr ersichtlich, das heißt für die prüfende Stelle ohne weiteres erkennbar ist (§ 37 Abs. 3 MarkenG). Daran fehlt es, wo das angemeldete Zeichen nicht in jedem Falle der Verwendung für die angemeldeten Waren oder Dienstleistungen Anlass zu Irreführungen gibt.[545]

216 Die Gefahr einer Täuschung im Sinne des § 8 Abs. 2 Nr. 4 MarkenG kann auch aus **mittelbaren** Herkunftsangaben in einer Marke herrühren, die als solche regelmäßig nicht freihaltebedürftig im Sinne des § 8 Abs. 2 Nr. 2 MarkenG sind,[546] der Marke jedoch eine unzutreffende Herkunftsaussage im Hinblick auf sämtliche angemeldeten Waren oder Dienstleistungen verleihen. Wo es daran fehlt oder wo eine Täuschungsgefahr im Anmeldeverfahren nicht „ersichtlich" ist, weil sie erst mit der konkreten Verwendung der Marke am Markt entsteht, greift ggf. der wettbewerbsrechtliche Irreführungsschutz nach §§ 3, 5 Abs. 2 Nr. 1 UWG: Die allgemein für Spirituosen angemeldete Marke „Wodka Woronoff" ist nicht ersichtlich irreführend, solange nicht feststeht, ob sie für inländische oder importierte Spirituosen verwendet wird.[547]

217 Das Recht der geografischen Herkunftsangaben überschneidet sich schließlich mit dem der Marke im Falle der **Kollektivmarke:** die Kollektivmarke ist zwar wie alle Marken ein betriebliches Herkunftszeichen, doch kommuniziert sie nicht die Herkunft aus einem einzelnen Unternehmen, sondern aus einer Gruppe von nutzungsberechtigten Betrieben, den „Mitgliedern des Inhabers" (§ 97 MarkenG). Nicht nur kleinere und mittlere Unternehmen können in einer gemeinsamen Kollektivmarke ihre Werbekraft bündeln, auf ein Zeichen konzentrieren und so ihre Wettbewerbsfähigkeit gegenüber den Inhabern großer Marken stärken; auch bestimmte Produktqualitäten oder Spezifikationen lassen sich mit Hilfe der Kollektivmarke im Sinne eines Gütesiegels an die Verwendung eines Zeichens knüpfen.

218 § 99 MarkenG erlaubt dazu – abweichend von § 8 Abs. 2 Nr. 2 MarkenG – eine Kollektivmarke ausschließlich aus Zeichen oder Angaben zu bilden, die im Verkehr zur Bezeichnung der geografischen Herkunft von Waren oder Dienstleistungen dienen können. Die geografische Herkunftsangabe wird dadurch zugunsten eines durch die Inhaberschaft vermittelten, abgegrenzten Kreises von Unternehmen als markenmäßiger Herkunftshinweis monopolisiert. Die nicht an der Inhaberschaft partizipierenden Unternehmen der betroffenen Örtlichkeit oder Region werden im Rahmen der § 23 MarkenG geschützt. § 100 MarkenG erlaubt ihnen darüber hinaus die generelle Verwendung der geografischen Herkunftsangabe im geschäftlichen Verkehr, sofern die Benutzung den guten Sitten entspricht und keiner der Verbotstatbestände des § 127 MarkenG erfüllt ist. Schließlich muss die für eine Kollektivmarke notwendige **Markensatzung,** wenn die Kollektivmarke aus einer geografischen Herkunftsangabe besteht, einen **Aufnahmeanspruch** für alle ortsansässigen Unternehmen vorsehen, deren Produkte den Vorgaben der Satzung entsprechen.[548]

---

[544] So etwa bei den Markenanmeldungen wie „ABSOLUT BAYRISCH" (BPatG Beschl. v. 27. 6. 2007 – 28 W (pat) 1/06), „Allgäu Premium" (HABM GRUR-RR 2006, 333) „Alster Kids" (BPatG Beschl. v. 20. 2. 2006 – 33 W (pat) 266/03) oder „Berliner Herzen" (BPatG Beschl. v. 31. 1. 2007 – 28 W (pat) 54/06).

[545] *v. Schultz/v. Schultz* MarkenG § 8 Rn 106, 108.

[546] *Ingerl/Rohnke* MarkenG § 8 Rn 266; nach *Ströbele/Hacker* MarkenG § 8 Rn 323, sollen auch Abbildungen oder Benennungen von Bauwerken oder Wahrzeichen freihaltebedürftig im Sinne des § 8 Abs. 2 Nr. 2 MarkenG sein, wenn sie mit den fraglichen Gebieten „ohne weiteres identifiziert" werden.

[547] Beispiel nach *v. Schultz/v. Schultz* MarkenG § 8 Rn 108.

[548] Ein Aufnahmeanspruch kann sich auch aus § 20 Abs. 6 GWB, § 826 BGB oder § 3 UWG ergeben; dazu *Ströbele/Hacker* MarkenG § 102 Rn 20f.

2. Geografische Herkunftsangaben als Individualmarke

Geografische Herkunftsangaben stehen grundsätzlich nicht als Kennzeichen für die individuelle betriebliche Kennzeichnung der Produkte eines bestimmten Unternehmens zur Verfügung.[549] Als Hinweis auf eine Stadt, eine Region oder ein Land beschreiben sie lediglich die örtliche Herkunft eines Produkts. Solange sich an diesem Ort mehrere Unternehmen befinden können, fehlt ihnen nicht nur die Fähigkeit, ein bestimmtes Unternehmen zu individualisieren; sie stehen auch sämtlichen – gegenwärtigen wie künftigen – Unternehmen der bezeichneten Örtlichkeit zur Kennzeichnung ihrer Waren oder Dienstleistungen zu und bedürfen deshalb der Freihaltung. 219

Dass dieser Grundsatz nicht ausnahmslos gilt, liegt im Wesen der geografischen Herkunftsangabe als einem Zeichen begründet, dessen Aussage von der **Auffassung** der angesprochenen **Verkehrskreise** abhängig ist:[550] der Verkehr kann ein Zeichen, das nach seiner unmittelbaren, wörtlichen Aussage keinen Ort und keine Region bezeichnet, gleichwohl als Herkunftshinweis verstehen, wenn er nur mit dem Zeichen eine Örtlichkeit hinreichend stark assoziiert. So liegt es im Falle der mittelbaren Herkunftsangaben. Umgekehrt können mit einer unmittelbar geografischen Aussage nahezu beliebig andere Informationen kommuniziert werden, wenn der Verkehr sie in diesem abweichenden Sinne versteht. So liegt es bei den geografischen Gattungsangaben, die vom Verkehr seit jeher oder infolge eines sukzessiven Bedeutungswandels als generische Produktinformation verstanden werden[551] und bei geografischen Phantasiebezeichnungen, die der Benutzer für das Publikum erkennbar als Produktname, nicht als Herkunftshinweis verwendet.[552] 220

Die konstante und intensive Benutzung einer geografischen Herkunftsangabe durch ein einzelnes ortsansässiges Unternehmen kann deshalb bei den angesprochenen Verkehrskreisen auch einen **Vorstellungswandel** einleiten, der von der Kommunikation der geografischen Herkunft der gekennzeichneten Produkte über eine daneben assoziierte betriebliche Herkunftsvorstellung zur Entstehung einer Marke führt: der Verkehr versteht das Zeichen nur mehr als Hinweis auf das Unternehmen.[553] Es liegt auf der Hand, dass dieser Prozess am ehesten da erfolgreich verläuft, wo ein bestimmtes Produkt nur von einem ortsansässigen Unternehmen hergestellt wird. So liegt es etwa bei einer im Alleinbesitz stehenden Mineralquelle oder Weinbergslage. Kraft Verkehrsgeltung als Marke eingetragen[554] und gerichtlich bestätigt[555] wurde die Bezeichnung „Warsteiner", nachdem die Inhaberin erhebliche Werbeanstrengungen unternommen hatte, um die Angabe als betrieblichen Herkunftshinweis zu etablieren. 221

Die rechtlichen Anforderungen an einen solchen Bedeutungswandel sind hoch. Denn die mit einer Individualmarke verbundene Monopolisierung eines Zeichens schließt die kollektive Nutzung, die für eine geografische Herkunftsangabe typisch ist, zugunsten eines einzelnen Unternehmens aus. § 8 Abs. 2 Nr. 2 MarkenG geht deshalb im Grundsatz davon aus, dass geografische Herkunftsangaben für das Kollektiv der ortsansässigen Unternehmen freizuhalten sind. Dies gilt auch dann, wenn mehrere Orte gleichen Namens bestehen oder der in Rede stehende Ortsname auch als Eigenname vorkommt.[556] Dabei ist nicht erforderlich, dass das in Rede stehende Zeichen aktuell in diesem Kreis benutzt wird. Ausreichend ist 222

---

549 *Kahler* GRUR 2003, 10.

550 → Rn 54.

551 ZB „Wiener Würstchen", „Emmentaler", „Gouda", „Mozzarella"; → Rn 72 ff.

552 ZB „Mont Blanc" für Füllfederhalter; „Alaska" für Kühlschränke, → Rn 65 ff; s. auch BPatG Mitt. 1991, 164 – MONTE GAUDIO; SchweizBG sic! 2003, 149, 150 ff – Yukon.

553 Zur (konkreten) Unterscheidungskraft einer geografischen Herkunftsangabe als Marke *Kahler* GRUR 2003, 10, 11.

554 DPMA Nr. D 1 166 399.

555 BGH GRUR 2002, 160 – Warsteiner III.

556 BPatG GRUR 2001, 741, 742 – Lichtenstein; BPatG GRUR 2000, 1050, 1051 – Cloppenburg; BPatG GRUR 2005, 677 – Newcastle; BPatG GRUR 2005, 865 – SPA, BGH WRP 2008, 1338 – SPA II (Mehrdeutigkeit als geografische Herkunftsangabe und beschreibende Angabe).

nach der Rechtsprechung des EuGH, dass die Verwendung des Zeichens als geografische Herkunftsangabe in Zukunft **„vernünftigerweise"** zu erwarten ist.[557]

223 Die in der deutschen Rechtsprechung zuvor gängige Terminologie, wonach nur ein **konkretes** und **„ernsthaftes"** Bedürfnis an der aktuellen oder künftigen Benutzung des Zeichens dessen Freihaltung begründe, ist insoweit zugunsten einer effektiveren Freihaltung geografischer Herkunftsangaben überholt.[558] Die gegenteilige Auffassung, aus dem vom EuGH verwendeten Terminus „vernünftigerweise" lasse sich eine „Liberalisierung der Eintragungsvoraussetzungen" entnehmen,[559] lässt sich weder aus diesem Begriff, noch aus der betroffenen Entscheidung ableiten.[560] Selbst der Name eines Sees kann danach freihaltebedürftig sein, wenn er nur von den beteiligten Verkehrskreisen dahin verstanden werden kann, dass er die Ufer des Sees oder dessen Umgebung einschließt, und für eine **künftige** Nutzung als Herkunftsangabe kommen nicht nur Produktion oder Vertrieb in Betracht, sondern auch der bloße Entwurf andernorts gefertigter Waren.[561] Die Verwendung der geografischen Herkunftsangabe ist auch dann schutzwürdig, wenn sie nur erfolgt, um eine Verbindung zwischen den Waren und einem Ort herzustellen, mit dem die angesprochenen Verbraucher positiv besetzte Vorstellungen verbinden.[562] Im Übrigen schließt auch eine objektiv gegebene Mehrdeutigkeit der in Rede stehenden Bezeichnung ein Freihaltebedürfnis nicht aus, wenn nur eine der in Betracht kommenden Bedeutungen die einer geografischen Herkunftsangabe ist.[563]

224 Welche **Intensität** die Vorstellungen des Verkehrs, der aus einer geografischen Herkunftsangabe auf die individuell-betriebliche Herkunft eines Produkts schließt, erreichen müssen, um der Angabe markenrechtlichen Schutz zu verleihen, ist weder in Art. 3 Abs. 3 RL 89/104/EWG, noch in § 8 Abs. 3 MarkenG vorgegeben. Die Rechtsprechung zu § 8 Abs. 3 MarkenG ging – abhängig von der Kennzeichnungskraft des Zeichens und vom Interesse der Mitbewerber an einer Freihaltung der Angabe – von einer quantitativen Mindestdurchsetzung des Zeichens als betrieblicher Herkunftshinweis in den beteiligten Verkehrskreisen von nicht weniger als 50% aus.[564] Bei glatt beschreibenden oder berühmten Angaben wurde eine nahezu einhellige Verkehrsdurchsetzung verlangt. Das Schweizerische Bundesgericht hat die Durchsetzung der Bezeichnung Appenzeller anerkannt, nachdem sie von mehr als zwei Dritteln der Befragten mit Käse in Verbindung gebracht worden war.[565]

225 Weniger an quantitativen Erhebungen als an **qualitativen Kriterien** orientiert hat der EuGH zur Verkehrsdurchsetzung einer geografischen Herkunftsangabe als Marke entschieden, es sei in jedem Einzelfall darauf abzustellen, ob das Zeichen nach Auffassung des Verkehrs „nicht mehr beschreibend" ist.[566] Eine Differenzierung nach dem Grad des festgestellten Freihaltebedürfnisses sei nicht zulässig, eine Verkehrsbefragung nur eines der tauglichen Instrumente, das in Betracht komme, wenn die zuständige Behörde bei der Beurteilung der Verkehrsdurchsetzung auf besondere Schwierigkeiten stoße. Maßgeblich sei

---

557 EuGH GRUR 1999, 723, 726 – Chiemsee.

558 EuGH GRUR 1999, 723 Tz 35 – Chiemsee; s. nun BGH GRUR 2003, 882 – Lichtenstein sowie die vom BPatG nach den Grundsätzen des EuGH entschiedenen Fälle bei *Grabrucker* GRUR 2000, 366, 377; zur früheren deuschen Rechtsprechung BGH GRUR 1983, 768, 769 – Capri-Sonne; BGH GRUR 1993, 43, 45 – Römigberg.

559 So *v. Schultz/v. Schultz* MarkenG § 8 Rn 72.

560 Zutreffend für eine Verschärfung der Eintragungsvoraussetzungen *Hackbarth* MarkenR 1999, 329, 333; *Grabrucker* GRUR 2000, 366, 377; *Ströbele/Hacker* MarkenG § 8 Rn 310f, 312, *Kahler* GRUR 2003, 10, 12.

561 EuGH GRUR 1999, 723, 727 – Chiemsee.

562 EuGH GRUR 1999, 723, 725 – Chiemsee; BPatG GRUR 2000, 149 – WALLIS; BPatG GRUR 2000, 1050 – Cloppenburg.

563 BPatG GRUR 2000, 1050, 1051 – Cloppenburg, zur Parallelität von Orts- und Eigennamen; BGH GRUR 2003, 882 – Lichtenstein, für den Fall mehrerer gleichnamiger Orte sowie eines ähnlichen Fürstentums (Liechtenstein).

564 BGH GRUR 1990, 360, 361 – Apropos Film II; BGH GRUR 1981, 57 – Jena: kein Markenschutz für die Ortsbezeichnung, wenn 32% der angesprochenen Verkehrskreise in dem Namen eine geografische Herkunftsangabe sehen.

565 Schweiz. Bundesgericht GRUR Int. 2003, 786 – Appenzeller.

566 EuGH GRUR 1999, 723, 726 – Chiemsee.

eine Gesamtschau objektiver Gesichtspunkte (Marktanteil, Intensität, Dauer und geografische Verbreitung der markenmäßigen Benutzung einerseits, Bekanntheit des Zeichens als geografischer Herkunftshinweis andererseits) im einzelnen Fall. Generelle und abstrakte Kriterien wie zB bestimmte Prozentsätze seien dagegen ungeeignet.[567] Wo diese Prüfung zu dem Ergebnis gelange, dass **„ein erheblicher Teil"** der beteiligten Verkehrskreise von der Herkunftsangabe auf das Unternehmen schließe, müsse daraus die Eintragungsfähigkeit als Marke gefolgert werden.[568]

Kann eine geografische Herkunftsangabe nach diesen Kriterien zugunsten eines einzelnen Unternehmens als Marke eingetragen werden, genießt ihr Inhaber zwar vollen Markenschutz.[569] Doch ist damit weder ihre Benutzung durch andere ortsansässige Unternehmen ausgeschlossen, noch ist ihr Schutz nach §§ 126 ff MarkenG obsolet. Es sind vielmehr nach ihrem Zugang zur Benutzung des Zeichens drei Gruppen zu unterscheiden: **226**

- Dem Inhaber der Marke ist das Recht vorbehalten, das geschützte Zeichen zur betrieblichen Kennzeichnung der angemeldeten Waren oder Dienstleistungen zu verwenden und dieses Recht im Rahmen der §§ 4, 14 MarkenG gegen unbefugte Benutzung durch Dritte zu verteidigen.
- Den übrigen ortsansässigen Unternehmen bleibt die beschreibende Benutzung des Zeichens möglich: § 23 Nr. 2 MarkenG sichert die Freihaltung der geografischen Herkunftsangabe in ihrer Funktion als Herkunftshinweis gegenüber der im Wege der Verkehrsdurchsetzung erworbenen, gleich lautenden Marke, sofern die Benutzung nicht gegen die guten Sitten verstößt. Selbst die Verwendung im Rahmen einer Marke muss nicht notwendig am Sittenwidrigkeitsvorbehalt der Norm scheitern. Der EuGH hat dazu auf Vorlage des BGH[570] entschieden, das einzige Beurteilungskriterium für die Beantwortung der Frage, ob die Benutzung einer geografischen Herkunftsangabe durch einen Dritten vom Markeninhaber aus den Gründen des Art. 6 RL 89/104/EWG hingenommen werden müsse, sei dasjenige, ob die Benutzung der geografischen Herkunftsangabe den anständigen Gepflogenheiten in Gewerbe oder Handel entspreche. Das Tatbestandsmerkmal der anständigen Gepflogenheiten entspreche der Sache nach der Pflicht, den berechtigten Interessen des Markeninhabers nicht in unlauterer Weise zuwiderzuhandeln. Der Qualität „markenmäßig" komme für die Festlegung des Geltungsbereiches des Art. 6 RL 89/104/EWG keine Bedeutung zu.[571]
- Dritten, nicht ortsansässigen Unternehmen ist die Benutzung der geografischen Herkunftsangabe sowohl als Marke nach §§ 4, 14 MarkenG, als auch als geografische Herkunftsangabe in den Fällen der §§ 126, 127 MarkenG verwehrt. Der BGH hat in diesem Sinne entschieden, der bereits im Interesse der Allgemeinheit gewährte Schutz (einfacher) geografischer Herkunftsangaben, der jedem zustehe, der seine Betriebsstätte in der bezeichneten Region unterhalte, werde nicht dadurch aufgehoben, dass diese Bezeichnung für einen einzelnen Betrieb als Herkunftshinweis kraft Benutzung geschützt sei. Die Rechtsstellung regionaler Wettbewerber werde hierdurch lediglich dahin eingeschränkt, dass eine Verwendung der Herkunftsangabe als Unternehmenshinweis dem besseren Schutz des Markeninhabers weichen müsse.[572]

Die Entstehung einer **geografischen Individualmarke** ist auch **außerhalb des Registers** denkbar.[573] § 4 Nr. 2 MarkenG gewährt der durch bloße Benutzung entstehenden **227**

---

[567] EuGH GRUR 1999, 723, 727 – Chiemsee; EuGH GRUR 2002, 804, 808 – Philips.

[568] EuGH aaO; in BGH GRUR 2001, 1042, 1043 – REICH UND SCHÖN wird die 50%-Schwelle allerdings, „sofern nicht besondere Umstände eine abweichende Beurteilung rechtfertigen", als untere Grenze für die Annahme einer Verkehrsdurchsetzung aufrechterhalten.

[569] *Gorny* GRUR 1996, 447, 453.

[570] BGH GRUR 2002, 613, 615 – GERRI/KERRY Spring.

[571] EuGH GRUR 2004, 234 – Gerolsteiner/Putsch (mit Verweis auf EuGH Slg. 1999, I-905 Tz 61 – BMW); dazu *Prehm* EWiR 2004, 245.

[572] BGH GRUR 1999, 252, 254 – Warsteiner II; aA *Ingerl/Rohnke* MarkenG § 126 Rn 13, die den Rechtsgedanken des § 126 Abs. 2 MarkenG analog anwenden wollen.

[573] Dazu *Kahler* GRUR 2003, 10, 13.

Marke vollwertigen, wenn auch ggf. territorial begrenzten Schutz, wenn und soweit sie in Folge der Benutzung Verkehrsgeltung erlangt hat. Im Falle einer Benutzungsmarke, die ausschließlich aus einer geografischen Herkunftsangabe besteht, sollten allerdings die Anforderungen an die Verkehrsgeltung nach § 4 Nr. 2 MarkenG – wiederum unter dem Vorbehalt territorialer Begrenzung von Geltungsanspruch und Schutzwirkung – nicht hinter denen zurückbleiben, die nach § 8 Abs. 2 Nr. 2, Abs. 3 MarkenG an die Überwindung des Freihaltebedürfnisses kraft Verkehrsdurchsetzung gestellt werden.[574]

3. Geografische Herkunftsangaben als Kollektivmarke

228 Kollektivmarken unterscheiden sich von Individualmarken dadurch, dass ihr Inhaber ein Verband ist und die Benutzung des Zeichens in erster Linie durch dessen Mitglieder oder sonstige Benutzungsberechtigte erfolgt.[575] Art. 15 Abs. 2 der RL 89/104/EWG eröffnet den Mitgliedstaaten die Option, abweichend von Art. 3 Abs. 1 lit. c der Richtlinie geografische Herkunftsangaben als Kollektivmarken zuzulassen, das heißt, vom Verbot des markenrechtlichen Schutzes von Zeichen, die ausschließlich aus geografischen Herkunftsangaben bestehen, auszunehmen. Der deutsche Gesetzgeber hat von dieser Option in § 99 MarkenG Gebrauch gemacht: Entgegen § 8 Abs. 2 Nr. 2 MarkenG können Kollektivmarken ausschließlich aus Zeichen oder Angaben bestehen, die im Verkehr zur Bezeichnung der geografischen Herkunft der Waren oder der Dienstleistungen dienen können.[576] Im Übrigen gelten für die geografische Kollektivmarke, wie § 97 Abs. 2 MarkenG klarstellt, die allgemeinen Voraussetzungen der Markenfähigkeit. Auch die Kollektivmarke muss deshalb abstrakte und konkrete Unterscheidungskraft nach §§ 3, 8 Abs. 2 Nr. 1 MarkenG besitzen. Die Unterscheidungskraft einer Kollektivmarke wird allerdings in § 97 Abs. 1 MarkenG ihrer Funktion entsprechend „kollektiv" definiert: sie muss geeignet sein, die Waren oder Dienstleistungen der Mitglieder des Inhabers der Kollektivmarke von denjenigen anderer Unternehmen nach ihrer betrieblichen oder geografischen Herkunft, ihrer Art, ihrer Qualität oder ihren sonstigen Eigenschaften zu unterscheiden.[577]

229 **Inhaber** einer geografischen Kollektivmarke können nach § 98 MarkenG nur „rechtsfähige Verbände" sowie juristische Personen des öffentlichen Rechts sein. Zu ersteren zählen neben eingetragenen Vereinen die Stiftung, AG, KgaA, GmbH und e. G. Ob auch Personengesellschaften, soweit sie Rechte zu erwerben und Verpflichtungen einzugehen imstande sind, Inhaber einer Kollektivmarke sein können, wird uneinheitlich beurteilt.[578] Die Mitglieder des Inhabers, die nicht mit diesem zusammenfallen dürfen, können selbst wiederum „Verbände" sein, deren Mitglieder letztlich das Zeichen nutzen: § 98 erlaubt auch die Anmeldung durch „Dach-" oder „Spitzenverbände".

230 Die Anmeldung einer (geografischen) Kollektivmarke ist zwingend mit einer **Markensatzung** verbunden, die nach § 102 Abs. 1 MarkenG Angaben zum Inhaber, zu den Voraussetzungen der Mitgliedschaft, zum Kreis der Benutzungsberechtigten, zu den Bedingungen für die Benutzung der Kollektivmarke und zu den Rechten und Pflichten der Beteiligten im Falle von Verletzungen enthalten muss. Soweit die Satzung nichts anderes bestimmt, sind die Benutzungsberechtigten nur mit Zustimmung des Inhabers zur Erhebung von Verletzungsklagen befugt; umgekehrt kann der Inhaber auch Ersatz des Schadens verlangen, der den Benutzungsberechtigten durch die unbefugte Benutzung des geschütz-

---

[574] Ebenso *Ingerl/Rohnke* MarkenG § 4 Rn 8; *Ullmann* GRUR 1999, 666, 672; aus der Rechtsprechung OLG Dresden GRUR-RR 2002, 257 – Halberstädter Würstchen.

[575] *v. Schultz/Gruber* MarkenG Vor §§ 97 bis 106 Rn 1.

[576] BPatG GRUR 1991, 538, 539 – Piesporter Goldtröpfchen; BGH GRUR 1993, 832, 833 – Piesporter Goldtröpfchen (noch zu §§ 4, 17 WZG).

[577] BGH GRUR 1996, 270, 271 – MADEIRA; BPatG GRUR 1998, 148, 153 – SAINT MORIS/St. Moritz; BPatG Beschl. v. 24. 7. 2002 – 32 W (pat) 130/00 – Deutscher Honig; *Helm* WRP 1999, 41; kritisch zur Rechtsprechung des BGH *Fezer* MarkenG § 97 Rn 4.

[578] Dagegen *Fezer* MarkenG § 98 Rn 2f; dafür *Ströbele/Hacker* MarkenG § 98 Rn 5; *Ingerl/Rohnke* MarkenG § 98 Rn 5; *v. Schultz/Gruber* MarkenG § 98 Rn 3 will auch die GbR zulassen.

ten Zeichens oder ein diesem ähnliches Zeichen entstanden ist, § 101 MarkenG. Als Immaterialgüterrecht kann die geografische Kollektivmarke auch übertragen werden, wenn der neue Inhaber den gesetzlichen Vorgaben entspricht.

Der mit dem Schutz als Marke verbundenen **Monopolisierungswirkung** begegnet das Markengesetz im Falle der geografischen Kollektivmarke auf zwei Wegen. Zum einen verpflichtet § 102 Abs. 3 MarkenG, wenn die Kollektivmarke aus einer geografischen Herkunftsangabe besteht, zu einer Ausgestaltung der Markensatzung der Art, dass jede Person, deren Waren oder Dienstleistungen aus dem entsprechenden geografischen Gebiet stammen und den in der Markensatzung enthaltenen Bedingungen für die Benutzung der Kollektivmarke entsprechen, Mitglied des Verbandes werden kann und in den Kreis der zur Benutzung der Kollektivmarke befugten Personen aufzunehmen ist. Das so gesicherte **Zugangsrecht** für außenstehende ortsansässige Unternehmen darf nicht durch eine entsprechende Ausgestaltung der Benutzungsbedingungen konterkariert werden.[579] Es wird von einem uneingeschränkten Einsichtsrecht in die Markensatzung für jedermann nach § 102 Abs. 4 MarkenG flankiert.[580] § 102 Abs. 3 MarkenG ist Schutzgesetz im Sinne des § 823 Abs. 2 BGB. Verstößt die Satzung der geografischen Kollektivmarke gegen die Vorgaben der Norm, kann die Aufnahme in den Verband als Folgenbeseitigungsanspruch aus §§ 823 Abs. 2, 1004 BGB verlangt werden.[581] 231

Neben diesem Aufnahmeanspruch verstärkt das Markengesetz die Stellung der außenstehenden ortsansässigen Unternehmen durch eine gegenüber § 23 MarkenG **erweiterte Benutzungsbefugnis.** Bereits nach § 23 MarkenG gibt die Marke ihrem Inhaber nicht das Recht, einem Dritten zu untersagen, das Zeichen „als Angabe über" die geografische Herkunft seiner Produkte zu verwenden, sofern die Benutzung nicht gegen die guten Sitten verstößt. § 100 Markengesetz erweitert diesen Freiraum insoweit, als dort jede Nutzung im geschäftlichen Verkehr vorbehalten bleibt, die nicht einen der Verbotstatbestände des § 127 MarkenG erfüllt und den guten Sitten entspricht. Damit wird die zwingende Vorgabe des Art. 15 Abs. 2 Satz 2 der RL 89/104/EWG umgesetzt. 232

Wie groß der von § 100 MarkenG gegenüber § 23 MarkenG zusätzlich garantierte Verwendungsspielraum für nicht an der geografischen Kollektivmarke Berechtigte tatsächlich ausfällt, wurde unterschiedlich danach beurteilt, ob man in § 23 MarkenG lediglich die Garantie einer nicht kennzeichenmäßigen, beschreibenden Benutzung sah, wie sie aus dem Recht an der Marke nicht unterbunden werden kann,[582] oder – darüber hinaus – auch Fälle der kennzeichenmäßigen Benutzung erfassen wollte.[583] Der EuGH hat dazu auf Vorlage des BGH[584] entschieden, das einzige Beurteilungskriterium für die Beantwortung der Frage, ob die Benutzung einer geografischen Herkunftsangabe durch einen Dritten vom Markeninhaber hingenommen werden müsse, sei dasjenige, ob die Benutzung der geografischen Herkunftsangabe den anständigen Gepflogenheiten in Gewerbe oder Handel entspreche, was vom entscheidenden Gericht in einer globalen Betrachtung aller relevanten Umstände zu beurteilen sei.[585] In § 100 MarkenG fehlt ohnehin die auf eine beschreibende Benutzung deutende Formulierung „Angaben über", die § 23 MarkenG verwendet, so dass hier grds. jede, auch die markenmäßig herausgestellte Verwendung der geografischen Herkunftsangabe subsumiert werden kann. 233

Allerdings wird diese umfassende Freistellung nicht nur durch den Vorbehalt eines Verstoßes gegen § 127 MarkenG, sondern auch durch die Schranke einer „den guten Sitten" entsprechenden Benutzung eingeschränkt. Daraus folgt, dass es Fälle der markenmäßigen 234

---

579 *Ströbele/Hacker* MarkenG § 102 Rn 19.

580 Zum Verhältnis dieses Einsichtsrechts zum allgemeinen Akteneinsichtsrecht nach § 62 MarkenG *Fezer* MarkenG § 102 Rn 13.

581 *Ingerl/Rohnke* MarkenG § 102 Rn 14.

582 Zum Verhältnis der §§ 14 und 23 MarkenG *Sosnitza* WRP 2003, 1186, 1188 ff.

583 Dazu *Fezer* MarkenG § 23 Rn 9, 29, 42; *Ingerl/Rohnke* MarkenG § 23 Rn 41.

584 BGH GRUR 2002, 613, 615 – GERRI/KERRY Spring.

585 → Rn 226; EuGH GRUR 2004, 234 – Gerolsteiner/Putsch.

Benutzung der geografischen Herkunftsangabe durch Dritte gibt, die der als Kollektivmarke geschützten Bezeichnung ohne Not in einem Maße nahekommen, das auch durch § 100 MarkenG nicht mehr gedeckt ist.[586] So mag es liegen, wenn sich die Verwendung des Zeichens durch Dritte – unterhalb der Schwelle einer Rufausbeutung nach § 127 Abs. 3 MarkenG – übermäßig an die von Mitgliedern des Inhabers der Kollektivmarke praktizierte Benutzung anlehnt. Der durch § 100 MarkenG eröffnete Spielraum darf dadurch aber nicht gänzlich auf den bereits durch § 23 MarkenG gewährten beschränkt werden; andernfalls liefe die im Wortlaut des § 100 MarkenG zum Ausdruck kommende Intention des Gesetzgebers („Zusätzlich zu … § 23 MarkenG …“) leer.[587]

C. Europäisches Schutzsystem

I. Überblick

235 Im europäischen Unionsrecht finden sich Regelungen zum Schutz der geografischen Herkunftsangaben in unterschiedlichem Zusammenhang. **Primärrechtlich** werden sie nicht als solche geschützt; der EuGH hatte jedoch mehrfach Gelegenheit, geografische Herkunftsangaben im Kontext der Warenverkehrsfreiheit nach Art. 28 EG und des diese Freiheit limitierenden Schutzes „des gewerblichen und kommerziellen Eigentums“ nach Art. 30 EG zu verorten.[588] **Sekundärrechtlich** werden geografische Herkunftsangaben im Kontext des Markenrechts zum einen als tauglicher Gegenstand einer **Kollektivmarke**[589] genannt, zum anderen als **absolutes Schutzhindernis** für die Registrierung einer nationalen Individualmarke bzw. einer Gemeinschaftsmarke.[590] In Art. 3 lit. a der Richtlinie über irreführende und vergleichende Werbung 2006/114/EG (kodifizierte Fassung)[591] sind Angaben über die geografische Herkunft einer Ware im Rahmen **irreführender Werbung** genannt, Art. 4 lit. e der Richtlinie verlangt für die zulässige **vergleichende Werbung** für Waren mit einer Ursprungsbezeichnung die Bezugnahme auf Waren mit der gleichen Bezeichnung (sog. Champagnerklausel),[592] Art. 4 lit. f der Richtlinie schützt vor der unlauteren Ausnutzung des Rufes einer Ursprungsbezeichnung im Rahmen vergleichender Werbung und mit Art. 6 Abs. 2 lit. a der RL 2005/29/EG[593] wird die **irreführende Ver-**

---

[586] BGH GRUR 2003, 242, 245 – Dresdner Christstollen.

[587] So zu Recht *Ullmann* GRUR 1999, 666, 672.

[588] S. etwa EuGH GRUR Int. 1993, 76, 78 – Exportur (Turrón de Alicante); EuGH GRUR Int. 1997, 737 – Pistre (Montagne); EuGH GRUR Int 2002, 1021 – CMA-Gütezeichen.

[589] Art. 15 Abs. 2 Satz 1 RL 89/104/EWG (Erste RL des Rates zur Angleichung der Rechtsvorschriften der Mitgliedstaaten über die Marken 89/104/EWG vom 21. 12. 1988, ABl. EG Nr. L 40 vom 11. 2. 1989, S. 1); Art. 64 Abs. 2 Satz 1 VO (EG) Nr. 40/94 (VO (EG) Nr. 40/94 des Rates vom 20. 12. 1993 über die Gemeinschaftsmarke, ABl. EG Nr. L 11 vom 14. 1. 1994, S. 1; zuletzt geändert durch VO (EG) Nr. 1653/2003 vom 18. 6. 2003, ABl. EG Nr. L 245 vom 29. 9. 2003, S. 36); zum Schutz einfacher geografischer Herkunftsangaben als Gemeinschaftskollektivmarke *Meyer* WRP 1995, 783, 785; die Richtlinienvorgaben zur Kollektivmarke sind in §§ 97 bis 106 MarkenG umgesetzt.

[590] Art. 3 Abs. 1 lit. c RL 89/104/EWG; Art. 7 Abs. 1 lit. c VO (EG) Nr. 40/94.

[591] Mit der RL 2006/114/EG des Europäischen Parlaments und des Rates vom 12. 12. 2006 über irreführende und vergleichende Werbung (ABl. EG Nr. L 376 vom 27. 12. 2006, S. 21) wurde die mehrfach geänderte RL 84/450/EWG aus Gründen der Übersichtlichkeit und Klarheit neu kodifiziert; zu geografischen Herkunftsangaben im Rahmen irreführender geschäftlicher Handlungen s. § 5 Abs. 1 Satz 2 Nr. 1, Abs. 2 UWG.

[592] Ausführlich dazu *Sack* WRP 2001, 327, 347 f; *ders.* WRP 2008, 301 ff; EuGH GRUR 2007, 511 – De Landtsheer Emmanuel (Vergleich von Waren ohne Ursprungsbezeichnung mit solchen mit Ursprungsbezeichnung bleibt möglich).

[593] RL 2005/29/EG des Europäischen Parlaments und des Rates vom 11. 5. 2005 über unlautere Geschäftspraktiken im binnenmarktinternen Geschäftsverkehr zwischen Unternehmen und Verbrauchern und zur Änderung der RL 84/450/EWG des Rates, der Richtlinien 97/7/EG, 98/27/EG und 2002/65/EG des Europäischen Parlaments und des Rates sowie der Verordnung (EG) Nr. 2006/2004 des Europäischen Parlaments und des Rates (RL über unlautere Geschäftspraktiken), ABl. EG Nr. L 149 vom 11. 6. 2005, S. 22.

marktung eines Produkts, die „eine Verwechslungsgefahr mit (...) Kennzeichen eines Mitbewerbers begründet", als originärer Unlauterkeitstatbestand des europäischen Verbraucherrechts[594] etabliert.

Allgemein mit der **Etikettierung** und Aufmachung von Lebensmitteln sowie der Werbung hierfür befasst sich die Etikettierungsrichtlinie 2000/13/EG.[595] Nach Art. 2 Abs. 1 lit. a i) der Richtlinie darf die Etikettierung nicht geeignet sein, den Käufer über „den Ursprung oder die Herkunft" des Lebensmittels irrezuführen; dasselbe gilt nach Abs. 3 der Vorschrift auch für „die Aufmachung von Lebensmitteln, insbesondere die Form oder das Aussehen dieser Lebensmittel oder ihrer Verpackung, das verwendete Verpackungsmaterial, die Art und Weise ihrer Anordnung" und sogar „die Umgebung, in der sie feilgehalten werden". Art. 3 Abs. 1 Nr. 8 der Richtlinie verpflichtet deshalb positiv zur Angabe des Ursprungs- oder Herkunftsortes, „falls ohne diese Angabe ein Irrtum des Verbrauchers über den tatsächlichen Ursprung oder die wahre Herkunft des Lebensmittels möglich wäre". 236

Produktspezifische Regelungen, die auch die Verwendung geografischer Herkunftsangaben betreffen, finden sich in Verordnungen zur gemeinsamen Marktorganisation von **Wein,**[596] zur Aufmachung von **Spirituosen**[597] und zu **Mineralwässern.**[598] Art. 47 ff, 50 VO (EG) Nr. 1493/1999 verpflichten die Mitgliedstaaten zu einem umfassenden Schutz **geografischer Weinbezeichnungen** nach Maßgabe der Art. 23 und 24 des TRIPS-Übereinkommens.[599] Nach der VO (EG) Nr. 110/2008[600] sind in einem Anhang III zu dieser Verordnung gelistete **geografische Spirituosenbezeichnungen** geschützt. Der Anhang enthält eine nach Produktkategorien geordnete Liste mit geografischen Angaben; die Eintragung in die Liste erfolgt auf Antrag bei der Kommission durch den Mitgliedstaat, aus dem das Getränk stammt. Die Kommission kann die Eintragung streichen, wenn die betreffende Spirituose die in den technischen Begleitunterlagen zum Eintragungsantrag angegebenen Merkmale nicht mehr aufweist. 237

Art. 7 bis 9 der RL 80/777/EWG[601] enthalten Vorgaben zu den geografischen Herkunftsangaben für **natürliche Mineralwässer.** Sie dürfen im Rahmen eines gewerblichen Kennzeichens nur unter der Voraussetzung verwendet werden, dass das bezeichnete Mineralwasser aus einer Quelle gewonnen wird, die sich an dem angegebenen Ort befindet und dass Missverständnisse über den Ort der Nutzung der Quelle, dessen Angabe nach Art. 7 Abs. 2 lit. b der Verordnung obligatorisch ist, ausgeschlossen werden. Über die Herkunft eines Mineralwassers irreführende Angaben sind nach Art. 9 Abs. 1 lit. a RL 80/777/EWG untersagt. Außerhalb des Geltungsbereiches dieser Verordnungen können qualifizierte Her- 238

---

[594] *Fezer* MarkenR 2006, 511, 512.

[595] RL 2000/13/EG des Europäischen Parlaments und des Rates vom 20. 3. 2000 zur Angleichung der Rechtsvorschriften der Mitgliedstaaten über die Etikettierung und Aufmachung von Lebensmitteln sowie die Werbung hierfür, ABl. EG Nr. L 109 vom 6. 5. 2000, S. 29; zuletzt geändert durch RL 2003/89/EG vom 10. 11. 2003, ABl. EG Nr. L 308 vom 25. 11. 2003, S. 15.

[596] VO (EG) Nr. 1493/1999 des Rates vom 17. 5. 1999 über die gemeinsame Marktorganisation für Wein, ABl. EG Nr. L 179 vom 14 7. 1999, S. 1, zuletzt geändert durch VO (EG) Nr. 1234/2007 vom 22. 10. 2007, ABl. EG Nr. L 299 vom 16. 11. 2007, S. 1; VO (EG) Nr. 753/2002 der Kommission vom 29. 4. 2002 mit Durchführungsbestimmungen zur Verordnung (EG) Nr. 1493/1999 des Rates hinsichtlich der Beschreibung, der Bezeichnung, der Aufmachung und des Schutzes bestimmter Weinbauerzeugnisse (mit Berichtigung der Berichtigung in ABl. EU Nr. L 172 vom 6. 5. 2004, S. 9).

[597] VO (EG) Nr. 110/2008 des europäischen Parlaments und des Rates vom 15. 1. 2008 zur Begriffsbestimmung, Bezeichnung, Aufmachung und Etikettierung von Spirituosen sowie zum Schutz geografischer Angaben für Spirituosen und zur Aufhebung der Verordnung (EWG) Nr. 1576/89, ABl. EU Nr. L 39 vom 13. 2. 2008, S. 16 ff.

[598] RL des Rates vom 15. 7. 1980 zur Angleichung der Rechtsvorschriften der Mitgliedstaaten über die Gewinnung von und den Handel mit natürlichen Mineralwässern 80/777/EWG, ABl. EG Nr. L 229 vom 30. 8. 1980, S. 1; zuletzt geändert durch VO (EG) Nr. 1882/2003 vom 29. 9. 2003, ABl. EG Nr. L 284 vom 31. 10. 2003, S. 1.

[599] → Rn 327 ff, 338 ff, 344 ff.

[600] → Fn 597.

[601] → Fn 598.

kunftsangaben zu (sonstigen) **Agrarerzeugnissen** und **Lebensmitteln** nach der VO (EG) Nr. 510/2006[602] (vormals VO (EWG) Nr. 2081/92)[603] registriert und dadurch EU-weit geschützt werden.

II. Schutz nach der VO (EWG) Nr. 2081/92

239 Mit der Verordnung (EWG) Nr. 2081/92 zum Schutz von geografischen Angaben und Ursprungsbezeichnungen für Agrarerzeugnisse und Lebensmittel[604] wurde 1992/93[605] ein gemeinschaftsweites System zum Schutz qualifizierter[606] geografischer Herkunftsangaben für Agrarerzeugnisse und Lebensmittel geschaffen.[607] Anders als im nationalen deutschen Recht wurde dieser Schutz als ein **Registrierungssystem** eingerichtet, das einen Antrag der dazu Berechtigten und die Eintragung in ein von der Kommission geführtes **„Verzeichnis der geschützten Ursprungsbezeichnungen und der geschützten geografischen Angaben“**[608] voraussetzt.[609]

240 Die auf Art. 43 EGV (Art. 37 EG) gestützte Verordnung war **agrarpolitisch** motiviert: bei der Neuausrichtung der Agrarpolitik, so die Erwägungsgründe,[610] sollte der Schwerpunkt auf der Diversifizierung der Agrarproduktion liegen, um das Angebot besser an die Nachfrage anzupassen. Die Förderung von Erzeugnissen „mit bestimmten Merkmalen“ komme der ländlichen Entwicklung ebenso entgegen wie dem Wunsch der Verbraucher nach Qualität bei der Ernährung. Die steigende Nachfrage nach Agrarerzeugnissen mit bestimmbarer geografischer Herkunft belege diese Entwicklung.

241 Die Verordnung (EWG) Nr. 2081/92 sah zunächst **zwei** Verfahren zur Eintragung vor – ein „normales“ Verfahren und ein „vereinfachtes“[611] **Sammelverfahren:** Nach Art. 17 der Verordnung in ihrer ursprünglichen Fassung,[612] konnten die Mitgliedstaaten innerhalb von sechs Monaten[613] in einem vereinfachten Verfahren diejenigen Bezeichnungen an die Kommission melden, die in ihrem Staatsgebiet „gesetzlich geschützt oder durch Benutzung üblich geworden“ waren. Die Bundesrepublik Deutschland hat davon mit über 900 Meldungen Gebrauch gemacht.[614] Besonders zahlreich waren die Meldungen für Bier[615] und Mineralwässer. Über 100 Anträge für Mineralwässer wurden allerdings wegen fehlender *geografischer* Bezeichnungen oder unzulässiger Aufnahme von Zahlen abgelehnt.[616]

---

602 VO (EG) Nr. 510/2006 des Rates vom 20. 3. 2006 zum Schutz von geografischen Angaben und Ursprungsbezeichnungen für Agrarerzeugnisse und Lebensmittel, ABl. EU Nr. L 93 vom 31. 3. 2006, S. 12, zuletzt geändert durch VO (EG) Nr. 1791/2006 vom 20. 11. 2006, ABl. EU Nr. L 363 vom 20. 12. 2006, S. 1.

603 VO (EWG) Nr. 2081/92 zum Schutz von geografischen Angaben und Ursprungsbezeichnungen für Agrarerzeugnisse und Lebensmittel, ABl. EG Nr. L 208 vom 24. 7. 1992, S. 1; zuletzt geändert durch VO (EG) Nr. 806/2003 vom 14. 4. 2003, ABl. EG Nr. L 122 vom 16. 5. 2003, S. 1.

604 → Fn 603; die Verordnung wurde durch die VO (EG) Nr. 510/2006 (Fn 602) ersetzt.

605 Die VO trat am 24. 7. 1993 in Kraft.

606 Die Definition der geografischen Angaben und Ursprungsbezeichnungen nach der Verordnung deckt sich nicht mit der der qualifizierten geografischen Herkunftsangabe des § 127 Abs. 2 MarkenG; → Rn 105 ff, 111 ff, sowie Rn 250, 261 f.

607 Zur Entstehung s. *v. Mühlendahl* ZLR 1993, 187.

608 Art. 6 Abs. 3 VO (EWG) Nr. 2081/92 (Fn 603).

609 Die registrierten Herkunftsangaben können abgerufen werden unter: http://ec.europa.eu/agriculture/qual/de/1bbab_de.htm; die deutschen Eintragungen finden sich unter: http://ec.europa.eu/agriculture/qual/de/de_de.htm.

610 2. Erwägungsgrund der VO (EWG) Nr. 2081/92 (Fn 603).

611 So die Diktion des EuGH in der Entscheidung „Feta“ GRUR Int. 1999, 532, 540 Tz 92.

612 Art. 17 VO (EWG) Nr. 2081/92 wurde durch Art. 1 Nr. 15 der VO EG Nr. 692/2003 gestrichen.

613 Die Frist lief zum 24. 1. 1994 aus.

614 Dazu *Harte-Bavendamm* GRUR 1996, 717, 721.

615 Zur Frage der Wirksamkeit der Eintragung und der Bestimmung des Zeitranges der Bezeichnung *Bayrisches Bier* s. die Vorlageentscheidung des BGH WRP 2008, 669 – Bayrisches Bier.

616 VO (EG) Nr. 1285/2001, ABl. EG Nr. L 176 vom 29. 6. 2001, S. 27; inzwischen sind Mineralwässer aus dem Schutz ausgenommen, s. dazu Erwägungsgrund Nr. 3 und Anhang I der VO (EG) Nr. 692/2003

Die EU-Mitgliedstaaten meldeten zusammen ca. 1400 Bezeichnungen. Nach Prüfung dieser Anmeldungen wurden 320 Bezeichnungen in das Verzeichnis aufgenommen und 1996 als Anhang zur Verordnung Nr. 1107/96 veröffentlicht.[617] Dieser Anhang wurde durch weitere Verordnungen fortgeschrieben.[618] Neben den genannten Herkunftsbezeichnungen für Mineralwasser wurden aus Deutschland so auch Herkunftsbezeichnungen für Süßwaren („Nürnberger Lebkuchen"), Käse („Allgäuer Emmentaler"),[619] Gemüse („Spreewälder Gurken") und Bier („Kölsch") aufgenommen.[620] 242

Eine besondere Karriere im Register der Verordnung weist die Bezeichnung **„Feta"** für einen in Salzlake gereiften Weißkäse auf:[621] Die Bezeichnung, die als solche kein Name einer bestimmten Gegend oder eines Ortes ist,[622] wurde zunächst auf Antrag Griechenlands nach dem vereinfachten Verfahren gemäß Art. 17 VO (EWG) Nr. 2081/92 in das Verzeichnis der geschützten Ursprungsbezeichnungen und geografischen Angaben aufgenommen. Mit VO (EG) Nr. 1070/1999[623] musste sie aus dem Verzeichnis gestrichen werden, nachdem der EuGH die VO (EG) 1107/96 insoweit für nichtig erklärt hatte.[624] Mit VO (EG) Nr. 1829/2002[625] wurde sie indes nach umfangreichen Ermittlungen der Kommission erneut in das Verzeichnis aufgenommen.[626] Gegen diese Eintragung wurde ua von Seiten Dänemarks und Deutschlands abermals Klage erhoben, die allerdings erfolglos blieb.[627] 243

Mit der heute nur noch möglichen **Einzelanmeldung** ist ein komplexes Verfahren („Individualverfahren") verbunden, das von „Vereinigungen" von Erzeugern oder Verarbeitern eines Agrarerzeugnisses oder Lebensmittels, unter besonderen Voraussetzungen auch von einzelnen natürlichen oder juristischen Personen,[628] angestrengt werden kann. Die im Individualverfahren eingetragenen Bezeichnungen sind im Anhang der VO (EG) Nr. 2400/96 wiedergegeben,[629] der seinerseits durch nachfolgende Verordnungen um jeweils weitere Eintragungen aktualisiert wird.[630] 244

Mit der VO (EG) Nr. 510/2006[631] wurde die vormalige VO (EWG) Nr. 2081/92 zum 31. 3. 2006 ersetzt. Nach Art. 17 Abs. 1 der VO wurden die bereits nach den VOen (EG) 245

---

sowie die Übergangsregelung in Art. 2 der VO; für die bereits registrierten Mineralwässer besteht danach eine Übergangsfrist bis zum 31. Dezember 2013.

617 VO (EG) Nr. 1107/96 zur Eintragung geografischer Angaben und Ursprungsbezeichnungen gemäß dem Verfahren nach Art. 17 der Verordnung (EWG) Nr. 2081/92 des Rates, ABl. EG L 148 vom 21. 6. 1996, S. 1.

618 VOen (EG) Nr. 1263/96, 123/97, 1065/97, 2325/97, 134/98, 644/98, 1549/98, 83/1999, 590/1999, 813/2000, 1347/2001, 1778/2001, 1829/2002; die konsolidierte Fassung kann unter http://eur-lex.europa.eu/RECH_consolidated.do unter Eingabe der VO abgerufen werden; zum Rechtsschutz gegen eine im vereinfachten Verfahren erfolgte Eintragung s. EuG GRUR Int. 1999, 58 – Molkerei Großbraunshain.

619 Der Schutz des Namens *Emmentaler* wurde nicht beantragt.

620 Eine Übersicht findet sich bei *Fezer* MarkenG Vor § 130 Rn 38 ff.

621 Dazu *Meyenburg* MarkenR 1999, 339; *Knaak* GRUR Int. 2000, 401, 403.

622 Das Wort ist im 17. Jhdt. aus dem Italienischen („fetta", Scheibe) in die griechische Sprache gelangt.

623 VO (EG) Nr. 1070/1999 der Kommission, ABl. EG Nr. L 130 vom 26. 5. 1999, S. 18.

624 EuGH GRUR Int. 1999, 532 – Feta.

625 VO (EG) Nr. 1829/2002 der Kommission vom 14. 10. 2002 zur Änderung des Anhangs der Verordnung (EG) Nr. 1107/96 der Kommission in Bezug auf die Bezeichnung „Feta", ABl. EG Nr. L 277 vom 15. 10. 2002, S. 10.

626 *Knaak* ZLR 2006, 59, 62.

627 EuGH GRUR 2006, 71 – Feta; s. auch die Schlussanträge des GA Colomer GRUR Int. 2005, 530.

628 Art. 1 VO (EWG) Nr. 2037/93 der Kommission mit Durchführungsbestimmungen zur VO (EWG) Nr. 2081/92 zum Schutz von geografischen Angaben und Ursprungsbezeichnungen für Agrarerzeugnisse und Lebensmittel, ABl. EG Nr. L 185 vom 28. 7. 1993, S. 5; zuletzt geändert durch VO (EG) Nr. 1428/97 vom 23. 7. 1997, ABl. EG Nr. L 196 vom 24. 7. 1997, S. 39.

629 VO (EG) Nr. 2400/96 der Kommission vom 17. 12. 1996, ABl. EG Nr. L 327 vom 18. 12. 1996, S. 11.

630 Die jeweils konsolidierte Fassung der aktuell durch 78 Einzelverordnungen geänderten VO kann unter http://eur-lex.europa.eu/RECH_consolidated.do unter Eingabe der VO abgerufen werden.

631 VO (EG) Nr. 510/2006 des Rates vom 20. 3. 2006 zum Schutz von geografischen Angaben und Ursprungsbezeichnungen für Agrarerzeugnisse und Lebensmittel, ABl. EU Nr. L 93 vom 31. 3. 2006, S. 12, zuletzt geändert durch VO (EG) Nr. 1791/2006 vom 20. 11. 2006, ABl. EU Nr. L 363 vom 20. 12. 2006, S. 1.

Nr. 1107/1996 und (EG) Nr. 2400/1996 registrierten Bezeichnungen übernommen. Die Neufassung war notwendig geworden, nachdem die USA erfolgreich mehrere Bestimmungen der VO (EWG) Nr. 2081/92 wegen Unvereinbarkeit mit den Vorgaben des TRIPS-Übereinkommens im Rahmen eines WTO-Streitschlichtungsverfahrens angegriffen hatten.[632] Mit der VO (EG) Nr. 510/2006 reagierte die Kommission auf den Panelbericht des Dispute Settlement Body vom 15. 3. 2005,[633] der von beiden Seiten akzeptiert worden war, ohne sich auf die danach notwendigen Änderungen der VO (EWG) Nr. 2081/92 zu beschränken.

III. Schutz nach der VO (EG) Nr. 510/2006

1. Einführung

246 Nach der VO (EG) Nr. 510/2006[634] können sowohl **„Ursprungsbezeichnungen"** als auch **„geografische Angaben"** geschützt werden. Beide setzen die Herkunft eines Produktes aus dem Ort oder der Region voraus, auf die die verwendete Bezeichnung verweist. Zudem muss ein **Zusammenhang** zwischen der bezeichneten geografischen Herkunft und qualitativen Merkmalen der damit gekennzeichneten Produkte gegeben sein. Unterschiedlich ist jedoch die Intensität sowohl der Herkunfts- als auch der Qualitätsbeziehung: Beide Kriterien sind in Art. 2 Abs. 1 VO (EG) Nr. 510/2006 im Falle der Ursprungsbezeichnungen an strengere, im Falle der geografischen Angaben an geringere Voraussetzungen geknüpft.

247 Nach Art. 4 VO (EG) Nr. 510/2006 müssen die mit einer Ursprungsbezeichnung oder einer geografischen Angabe versehenen Agrarerzeugnisse oder Lebensmittel einer **Spezifikation** entsprechen, deren Mindestinhalt in Art. 4 Abs. 2 VO vorgegeben wird. Die einmal registrierte Bezeichnung kann dann von jedem Marktteilnehmer verwendet werden, der Agrarerzeugnisse oder Lebensmittel vermarktet, die der betreffenden Spezifikation entsprechen.[635] Nach Art. 8 Abs. 2, Art. 20 VO (EG) Nr. 510/2006 müssen ab dem 1. Mai 2009 in der Etikettierung von Agrarerzeugnissen und Lebensmitteln, die unter einem nach der VO eingetragenen Namen vermarktet werden, die Angaben **„geschützte Ursprungsbezeichnung"** bzw. **„geschützte geografische Angabe"** oder die für sie vorgesehenen **Gemeinschaftszeichen**[636] erscheinen.

248 Hinsichtlich der schutzfähigen Produkte ergibt sich der Anwendungsbereich der Verordnung aus der Kombination **dreier Anhänge:** eintragungsfähig sind danach die Ursprungsbezeichnungen und geografischen Angaben für Produkte des (primärrechtlichen) Anhanges I zum EG-Vertrag sowie für Lebensmittel und Agrarerzeugnisse nach den (sekundärrechtlichen)[637] Anhängen I und II der VO.[638] Im Hinblick auf die maßgebliche Kompetenznorm hat diese Kombination den Vorwurf einer Teilnichtigkeit der Verordnung provoziert.[639] Der EuGH hat sich mit dieser Kritik bislang nicht befasst. Ebenfalls umstritten ist das Verhältnis des europäischen Schutzes nach der VO (EG) Nr. 510/2006 zum wettbewerbs- bzw. kennzeichenrechtlichen Schutz nach nationalem Recht. Die insoweit unklaren Aussagen der

---

632 Ausf. dazu *Knaak* GRUR Int. 2006, 893 ff; Erwägungsgrund 12 bis 14 VO (EG) Nr. 510/2006.

633 WT/DS 174/R, teilweise wiedergegeben in GRUR Int. 2006, 930 ff.

634 → Fn 602; Durchführungsbestimmungen finden sich in der VO (EG) Nr. 1898/2006 der Kommision vom 14. 12. 2006 mit Durchführungsbestimmungen zur Verordnung (EG) Nr. 510/2006 des Rates zum Schutz von geografischen Angaben und Ursprungsbezeichnungen für Agrarerzeugnisse und Lebensmittel, ABl. EU Nr. L 369 vom 23. 12. 2006, S. 1, die die vormaligen VO (EWG) Nr. 2037/1993 und VO (EG) Nr. 383/2004 ersetzt.

635 So ausdrücklich Erwägungsgrund Nr. 3 der VO (EG) Nr. 1898/2006.

636 Die dafür entwickelten Wort-/Bildzeichen sind in Anhang V der VO (EG) Nr. 1898/2006 wiedergegeben.

637 Diese Anhänge können nach Art. 1 Abs. 1 Unterabs. 3, 15 Abs. 2 VO (EG) Nr. 510/2006 geändert werden.

638 S. dazu auch die Klassifizierung in Anhang II der VO (EG) Nr. 1898/2006.

639 *Beier/Knaak* GRUR Int. 1993, 602, 607 ff; *Tilmann* GRUR Int. 1993, 610.

Verordnung und eine dezidierte Haltung der Kommission zur Frage der **Exklusivität oder Parallelität** des europäischen Schutzsystems gegenüber den nationalen Rechtsordnungen der Mitgliedstaaten haben zahlreiche Fragen aufgeworfen, die durch die bislang vorliegende Rechtsprechung des EuGH (nur) zum Teil geklärt sind.[640]

Mineralwässer wurden mit der VO (EG) 692/2003[641] aus dem Anhang I der Verordnung gestrichen. Ungeachtet der etwas anderen Zielsetzung, so die Erwägungsgründe der Verordnung,[642] könne der nach der RL 80/777/EWG gewährte Schutz als ausreichend betrachtet werden. Bereits eingetragene oder vor Inkrafttreten am 24. 4. 2003 der VO (EG) 692/2003 beantragte, eintragungsfähige Mineralwässer werden noch bis zum 31. 12. 2013 im Verzeichnis nach der VO (EG) Nr. 510/2006 geführt und nach dieser Verordnung geschützt (Art. 2 Abs. 3 VO (EG) 692/2003). **Weinbauerzeugnisse** – ausgenommen Weinessig – und Spirituosen sind nach Art. 1 Abs. 1 Unterabs. 2 der VO (EG) Nr. 510/2006 ausgenommen. **249**

2. Anwendungsbereich der VO (EG) Nr. 510/2006

Der Anwendungsbereich der VO (EG) Nr. 510/2006 zum Schutz von geografischen Angaben und Ursprungsbezeichnungen für Agrarerzeugnisse und Lebensmittel wird zum einen durch die Produktkataloge der Anhänge,[643] zum anderen von den Begriffsdefinitionen für „Ursprungsbezeichnungen" und „geografische Angaben" in Art. 2 Abs. 1 der Verordnung bestimmt. Weinbauerzeugnisse und Spirituosen, nicht jedoch Weinessig sind nach Art. 1 Abs. 1 Unterabs. 2 der Verordnung ausgenommen. **250**

Die Exklusivitätsregeln der Art. 5 Abs. 6 VO (EG) Nr. 510/2006 (und vormals Art. 17 Abs. 3 VO (EWG) Nr. 2081/92)[644] sind maßgeblich dafür, ob und im welchem Umfang daneben ein nationaler Schutz geografischer Herkunftsangaben möglich bleibt. Dabei gilt: Nur wenn – und soweit – geografische Herkunftsangaben von der Verordnung erfasst werden, können deren Bestimmungen zur Exklusivität des supranationalen Schutzes, dem Vorrang des Gemeinschaftsrechts vor den nationalen Rechtsordnungen der Mitgliedstaaten folgend,[645] einen parallelen Schutz nach nationalem Recht ausschließen.[646] Weder die Definitionen noch die Ausschließlichkeitsregelungen sind indessen klar gefasst. **251**

Generell ist für das Verhältnis des Schutzes nach der Verordnung (EG) Nr. 510/2006 zum nationalen gesetzlichen Schutz geografischer Herkunftsangaben wie folgt zu differenzieren: **252**

– Für geografische Herkunftsangaben, die nach der VO (EG) Nr. 510/2006 **registriert** und damit gemeinschaftsrechtlich geschützt sind, ist ein paralleler Schutz nach nationalem Recht weder notwendig noch zulässig.[647] Vom Zeitpunkt der Einreichung des Antrages an erlaubt Art. 5 Abs. 6 VO (EG) Nr. 510/2006 einen „lediglich übergangsweisen Schutz" auf nationaler Ebene.

[640] Dazu *Fezer* MarkenG Vor § 130 Rn 21 a; *Dickertmann* S. 82 ff sowie die Vorlage des BGH zur Bezeichnung (g. g. A) Bayrisches Bier WRP 2008, 669, 673 (Tz 40).

[641] VO (EG) Nr. 692/2003 des Rates vom 8. 4. 2003 zur Änderung der VO (EWG) Nr. 2081/92 zum Schutz von geografischen Angaben und Ursprungsbezeichnungen für Agrarerzeugnisse und Lebensmittel, ABl. EG Nr. L 99 vom 17. 4. 2003, S. 1.

[642] Erwägungsgrund Nr. 3.

[643] Anhang I zum EG-Vertrag bzw. Anhänge I und II zur Verordnung; s. dazu auch die Klassifizierung in Anhang II der VO (EG) Nr. 1898/2006.

[644] Art. 17 VO (EWG) Nr. 2081/92 wurde durch Art. 1 Abs. 15 der VO EG Nr. 692/2003 (ABl. EG Nr. L 99 vom 17. 4. 2003, S. 1) gestrichen, findet jedoch weiterhin auf die eingetragenen Bezeichnungen sowie auf die Bezeichnungen Anwendung, deren Eintragung nach dem Verfahren des Artikels 17 vor dem Inkrafttreten der VO (EG) Nr. 692/2003 (→ Fn 641) beantragt worden ist.

[645] Dazu *Harte-Bavendamm* GRUR 1996, 722; *v. Danwitz* GRUR 1997, 84.

[646] EuGH GRUR Int. 2001, 51 – Warsteiner; dazu *Obergfell* GRUR 2001, 313; EuGH GRUR Int. 1997, 737 – Pistre (Montagne).

[647] EuGH MarkenR 1999, 129 – Gorgonzola/Cambozola; BGH GRUR 1995, 354, 356 – Rügenwalder Teewurst II (noch zur VO (EWG) Nr. 2081/92); s. auch die Begründung zum Regierungsentwurf des MarkenG, BT-Drucks. 12/6581 S. 119; *Knaak* GRUR Int. 2000, 401.

- **Einfache** geografische Herkunftsangaben,[648] für deren Schutz das europäische Schutzsystem nach der VO (EG) Nr. 510/2006 nicht offen steht, bleiben ggf. nach nationalem Recht geschützt.[649]
- **Qualifizierte** geografische Herkunftsangaben, für die das europäische Schutzsystem nach der VO (EG) Nr. 510/2006 offen stünde, für die es aber (noch) nicht in Anspruch genommen wurde, sind nach überwiegender Ansicht vom nationalen Schutz so lange nicht ausgeschlossen, als sie nicht nach der VO angemeldet und registriert werden.[650]

253 **a) g. U. und g. g. A.** Der Schutz geografischer Herkunftsangaben nach der VO (EG) Nr. 510/2006 ist auf Agrarerzeugnisse und Lebensmittel beschränkt, „bei denen ein Zusammenhang zwischen den Eigenschaften der Produkte und ihrer geografischen Herkunft besteht".[651] Nach der Intensität dieses Zusammenhanges unterscheidet die Verordnung in Art. 2 Abs. 1 geschützte **Ursprungsbezeichnungen** (g. U.) von geschützten **geografischen Angaben** (g. g. A.).[652] Die Durchführungsverordnung (EG) Nr. 1898/2006[653] enthält eine Tabelle mit den entsprechenden Bezeichnungen und Abkürzungen in den übrigen Gemeinschaftssprachen.[654] Bei beiden Bezeichnungen handelt es sich gleichermaßen um die Namen einer Gegend, eines bestimmten Ortes oder in Ausnahmefällen eines Landes, die zur Bezeichnung eines Agrarerzeugnisses oder eines Lebensmittels dienen, und in beiden Fällen muss das bezeichnete Produkt „aus dieser Gegend, diesem bestimmten Ort oder diesem Land" stammen.

254 Hinsichtlich der herkunftsbezogenen Eigenschaften unterscheiden sich Ursprungsbezeichnungen (g. U.) und geschützte geografische Angaben (g. g. A.). Für die **Ursprungsbezeichnung** gilt in Anlehnung an das Lissabonner Ursprungsabkommen (LUA),[655] dass das Agrarerzeugnis oder Lebensmittel

- seine **Güte** oder **Eigenschaften** überwiegend oder ausschließlich den geografischen Verhältnissen einschließlich der natürlichen und menschlichen Einflüsse verdanken **und**
- in dem begrenzten geografischen Gebiet erzeugt, verarbeitet **und** hergestellt worden sein muss.

255 Die genannten Voraussetzungen müssen hier **kumulativ** vorliegen.[656]

256 An die **geografische Angabe,** deren Definition der „geografischen Angabe" im TRIPS-Abkommen gleicht,[657] stellt die Verordnung in beiden Punkten weniger strenge Anforderungen. Für sie ist notwendig, aber auch ausreichend, dass sie zur Bezeichnung eines Agrarerzeugnisses oder Lebensmittels dient,

---

648 → Rn 52 ff.

649 EuGH GRUR Int. 2004, 131 – American Bud; EuGH MarkenR 2000, 409, 413 – Warsteiner; *Knaak* GRUR 1995, 103.

650 Wie hier *v. Schultz/Gruber* MarkenG Vor §§ 130–139 Rn 27 f; *Fezer* MarkenG Vor § 130 Rn 21 a; *Obergfell* GRUR 2001, 313, 315; *Büscher* FS Erdmann S. 237, 240; aA *Ingerl/Rohnke* MarkenG Vor §§ 130–136 Rn 2; *Ströbele/Hacker* MarkenG § 126 Rn 41 halten es „für verfrüht, die Sache zugunsten eines nationalen Schutzes als entschieden zu behandeln."; s. hierzu auch die Vorlage des BGH WRP 2008, 669, 673 – Bayrisches Bier.

651 So der 9. Erwägungsgrund der VO.

652 Als „geschützte" werden g. U. und g. g. A. in Art. 4 VO (EG) Nr. 510/2006 sowie in der Durchführungsverordnung VO (EG) Nr. 1898/2006 (Fn 653) bezeichnet.

653 VO (EG) Nr. 1898/2006 der Kommision vom 14. 12. 2006 mit Durchführungsbestimmungen zur Verordnung (EG) Nr. 510/2006 des Rates zum Schutz von geografischen Angaben und Ursprungsbezeichnungen für Agrarerzeugnisse und Lebensmittel, ABl. EU Nr. L 369 vom 23. 12. 2006, S. 1; die VO hat die vormaligen VOen (EWG) Nr. 2037/1993 und (EG) Nr. 383/2004 ersetzt.

654 ZB AOP/IGP (FR) (appellation d'origine protégée/indication géographique protégée); DOP/IGP (IT) (denominazione d'origine protetta/indicazione geografica protetta); DOP/IGP (ES) (denominación de origen protegida/indicación geográfica protegida); PDO/PGI (EN) (protected designation of origin/protected geographical indication).

655 → Rn 336 ff.

656 S. aber Art. 2 Abs. 3 VO (EG) Nr. 510/2006 und → Rn 256.

657 → Rn 340 ff.

– bei dem sich eine bestimmte **Qualität,** das **Ansehen** oder eine **andere Eigenschaft** aus dem geografischen Ursprung ergibt,[658] und
– das in dem begrenzten geografischen Gebiet erzeugt **und/oder** verarbeitet **und/oder** hergestellt wurde.

Die letztgenannte Definition der geografischen Angabe verlangt mithin – im Gegensatz zur Ursprungsangabe – nicht, dass *alle* Stufen eines Herstellungsprozesses am bezeichneten Ort erfolgen. Insbesondere für Lebensmittel, bei denen Erzeugungsort und Verarbeitungsort regelmäßig auseinanderfallen, kommt deshalb regelmäßig nur die geschützte geografische Angaben (g. g. A.) in Betracht. Eine Erleichterung für Ursprungsbezeichnungen (g. U.) ergibt sich jedoch aus Art. 2 Abs. 3, Art. 16 lit. a VO (EG) Nr. 510/2006, der unter weiteren Voraussetzungen auch bei einer g. U. erlaubt, dass bestimmte, in einem Verzeichnis erfasste Rohstoffe aus einem anderen geografischen Gebiet oder aus einem Gebiet stammen, das größer ist als das Verarbeitungsgebiet. Die Versorgung der Welt mit Parmaschinken unter der g. U. *Prosciutto di Parma* kann wohl nur so garantiert werden. Nach Art. 2 Abs. 5 der Vorgängerverordnung (EWG) Nr. 2081/92 wurden lebende Tiere, Fleisch und Milch in das Verzeichnis aufgenommen. Die Durchführungsverordnung zur VO (EG) Nr. 510/2006 entscheidet sich in Art. 5 Abs. 1 für die Beibehaltung dieser Liste.[659] Zudem verlangt Art. 5 Abs. 3 VO (EG) Nr. 1898/2006 für tierische Erzeugnisse mit Ursprungsbezeichnung hinsichtlich des Tierfutters lediglich, dass dieses „soweit wie möglich" aus dem abgegrenzten geografischen Gebiet stammen müsse.[660] 257

Die herkunftsbezogene Qualifikation der geschützten geografischen Angaben ist in der Verordnung insoweit unscharf beschrieben, als sich das dafür genannte **„Ansehen"** eines Produktes nicht unmittelbar aus seiner Herkunft ergeben kann, sondern nur aus der Wertschätzung, die ihm von seinen Käufern im Zusammenhang mit dieser Herkunft entgegengebracht wird. Die Wertschätzung des Publikums aber knüpft nicht notwendig an objektiven Produktfaktoren an; sie kann sich in einem positiven Vorurteil erschöpfen oder auf einer Übertragung des mit dem Herkunftsort verbundenen Ansehens auf das von dort stammende Produkt beruhen. 258

Es wurde zurecht bemerkt, dass geografische Herkunftsangaben, wo sie werblich verwendet werden, per se eine gewisse Wertschätzung genießen, weil der Verkehr ein nach seiner Herkunft individualisiertes Produkt generell einem Produkt unbekannter Herkunft vorzieht. Geografische Herkunftsangaben dienen dem Verbraucher als „Wegmarken für die Orientierung auf dem Weg zur Entscheidung, als kennzeichenmäßige Unterscheidungsmittel, an denen sich allgemeine Präferenzvorstellungen festmachen können".[661] Daraus allerdings den Schluss zu ziehen, die VO (EG) Nr. 510/2006 müsse schlechthin alle geografischen Herkunftsangaben erfassen und auch auf solche Bezeichnungen Anwendung finden, mit denen sich erst im Verlaufe der Benutzung unter dem Schutz der Registrierung ein Ansehen verbinden könne,[662] erscheint dennoch verfehlt. Nicht nur das Kriterium des „Ansehens" in Art. 2 Abs. 1 lit. b VO (EG) Nr. 510/2006 als solches liefe damit praktisch leer; die gesamte Konzeption des europäischen Schutzsystems, wonach ein **kausaler Zusammenhang** zwischen der geografischen Herkunft der Produkte und ihren Eigenschaften **konstitutiv** für den rechtlichen Schutz sein soll,[663] verlöre ihren Sinn, wenn auf eine 259

[658] Nach Art. 7 Abs. 4 VO (EG) Nr. 1898/2006 ist in der Spezifikation nach Art. 4 VO (EG) Nr. 510/2006 anzugeben, welche der drei Kategorien in Anspruch genommen wird.
[659] Art. 5 Abs. 1 sowie Erwägungsgrund Nr. 6 VO (EG) Nr. 1898/2006.
[660] Vor dem Hintergrund dieser Regelung erstaunt die Strenge des OLG Köln zur Auslegung der Spezifikation einer nach der VO (EWG) Nr. 2081/92 registrierten Herkunftsangabe, wonach eine geschützte Herkunftsbezeichnung auch dann nicht verwendet werden darf, wenn die zur Herstellung eines Käses verwendete Milch zwar von Tieren stammt, die ständig in Ställen außerhalb des Ursprungsgebietes gehalten werden, das Futter der Tiere aber aus dem Ursprungsland stammt und der Standort der Ställe nur wenige Kilometer von dessen Grenze entfernt ist – OLG Köln GRUR 2007, 793 – Altenburger Ziegenkäse.
[661] *Tilmann* GRUR Int. 1993, 610, 614.
[662] *Tilmann* GRUR Int. 1993, 610, 614.
[663] *Mc Guire* WRP 2008, 620, 624.

Distinktion zwischen geografischen Herkunftsangaben mit und solchen ohne herkunftsbezogene Eigenschaften gänzlich verzichtet würde.

260 Auch liefe das Erfordernis der **Spezifikation,** die nach Art. 4 VO (EG) Nr. 510/2006 auch für die g. g. A. Angaben zum Nachweis des Zusammenhanges von Ansehen und geografischer Herkunft verlangt,[664] andernfalls leer. Der EuGH hat in diesem Sinne ausgeführt, das Ansehen der Ursprungsbezeichnungen sei „abhängig von dem Bild, das sich der Verbraucher von ihnen macht". Letzteres wiederum hänge „im Wesentlichen von den besonderen Merkmalen und ganz allgemein von der Qualität des Erzeugnisses ab".[665] Fehlt es an einem solchen Zusammenhang, weil das Produkt mit derselben Qualität an jedem andern Ort erzeugt werden könnte, kommt allenfalls der Schutz einer **„garantiert traditionellen Spezialität"** nach der VO (EG) Nr. 509/2006[666] in Betracht.[667]

261 Der gemeinschaftsrechtliche Schutz geografischer Herkunftsangaben ist – wie die Erwägungsgründe[668] und die Begriffsbestimmungen[669] der Verordnung belegen – ein Schutz **qualifizierter** Herkunftsangaben. Die Schwelle für die Annahme einer besonderen, herkunftsbedingten Qualität liegt allerdings nach der VO (EG) Nr. 510/2006 **außerordentlich niedrig.** Die Grenze zwischen einfacher und qualifizierter geografischer Herkunftsangabe nach deutschem Recht entspricht **nicht der unteren** Grenze der Schutzfähigkeit nach europäischem Recht.[670] Sie verläuft nicht unterhalb, sondern innerhalb von g. U. und g. g. A. Denn das nach europäischem Recht für die Schutzfähigkeit einer g. g. A. ausreichende „Ansehen" kann nach nationalem deutschem Recht nicht ohne weiteres die für eine qualifizierte geografische Herkunftsangabe im Sinne des § 127 Abs. 2 MarkenG notwendige Produkteigenschaft begründen; nicht wenige der nach der VO (EG) Nr. 510/2006 registrierten Angaben hätte deshalb nach dem Maßstab des nationalen, deutschen Rechts allenfalls den Status einer einfachen geografischen Herkunftsangabe. Die geografische Herkunftsangabe eines Produktes, das zwar in der Vorstellung der Verbraucher ein auf seine Herkunft bezogenes Renommee genießt, jedoch keine herkunftsbedingte Eigenschaft besitzt, deren Vorliegen oder Fehlen mit naturwissenschaftlichen Mitteln gemessen werden könnte, mag ein „Ansehen" im Sinne des Art. 2 Abs. 1 lit. b VO (EG) Nr. 510/2006 besitzen, bleibt nach deutschem Recht aber eine einfache Herkunftsangabe.

262 So konnte etwa die Bezeichnung „Bayerisches Bier" im vereinfachten Verfahren als g. g. A. in das europäische Verzeichnis aufgenommen werden;[671] nach deutschem Recht ließe sich dagegen kaum eine besondere Eigenschaft oder Qualität ausmachen, die gerade und *generell* bei Bieren aus dem (politisch, nicht geomorphologisch abgegrenzten!) Bundesland Bayern als geografisch bedingte festgestellt werden könnte. § 127 Abs. 2 MarkenG, der die Verwendung qualifizierter Herkunftsangaben für Produkte der darin bezeichneten Herkunft verbietet, wenn ihnen die mit der Angabe kommunizierten besonderen Eigenschaften oder die Qualität fehlen, schließt es aus, dafür die bloße Reputation eines Produktes bestimmter Herkunft – wie sie bayerisches Bier zweifelsohne besitzt – ausreichen zu lassen. Denn wenn der Verkehr mit einer bestimmten Herkunft ausschließlich subjektive Qualitätsvorstellungen verbindet, wird er dies mit jedem Produkt tun, dass diese Herkunft besitzt: der von § 127 Abs. 2 MarkenG geregelte Fall, dass zwar die Herkunft, nicht aber die Qualität eines Produktes das hält, was die dafür verwendete Herkunftsbezeichnung verspricht, ist in dieser Konstellation gar nicht denkbar.[672] Bayerisches Bier wäre damit nach

[664] Art. 4 Abs. 2 lit. f ii) VO (EG) Nr. 510/2006; Art. 7 Abs. 2 lit. c, Abs. 3 lit. c VO (EG) Nr. 1898/2006.
[665] EuGH GRUR 2003, 609, 612 – Grana Padano.
[666] VO (EG) Nr. 509/2006 des Rates vom 20. 3. 2006 über die garantiert traditionellen Spezialitäten bei Agrarerzeugnissen und Lebensmitteln, ABl. EU Nr. L 93 vom 31. 3. 2006, S. 1.
[667] Ein lesenswertes Beispiel für eine Anmeldung nach der VO (EG) Nr. 509/2006 findet sich in ABl. EU Nr. C 40 vom 14. 2. 2008, S. 17 – PIZZA NAPOLETANA.
[668] Erwägungsgrund Nr. 9 der VO (EWG) Nr. 2081/92.
[669] Art. 2 Abs. 1 VO (EG) Nr. 510/2006.
[670] *Ahrens* GRUR Int. 1997, 508, 510.
[671] VO (EG) Nr. 1347/2001 vom 28. 6. 2001, ABl. EG Nr. L 182 vom 5. 7. 2001, S. 3.
[672] → Rn 111 ff.

deutschem Recht als einfache, „qualitätsneutrale" Herkunftsangabe zu qualifizieren, wie sie von jedwedem Bier, dessen Brauort im Land Bayern liegt, benutzt werden dürfte.

Art. 2 Abs. 2 VO (EG) Nr. 510/2006 gewährt gemeinschaftsrechtlichen Schutz auch für **mittelbare** Herkunftsangaben, die hier als „bestimmte traditionelle geografische oder nichtgeografische Bezeichnungen" beschrieben werden.[673] Nach der ursprünglichen VO (EWG) Nr. 2081/92 war dies nur bei Bezeichnungen der Fall, die den Anforderungen an eine **Ursprungsbezeichnung** im Sinne des Art. 2 Abs. 2 lit. a VO (EWG) Nr. 2081/92 (jetzt: Art. 2 Abs. 1 lit. a VO (EG) Nr. 510/2006) entsprachen; die VO (EG) Nr. 510/2006 eröffnet nun durch den uneingeschränkten Verweis auf Art. 2 Abs. 1 VO (EG) Nr. 510/2006 den Schutz mittelbarer Herkunftsangaben sowohl für g. U. als auch für g. g. A. 263

b) Ausschließungsregeln. Als nicht in allen denkbaren Konstellationen geklärt gilt die Frage, ob und wie weit das europäische Schutzsystem den Schutz geografischer Herkunftsangaben nach nationalem Recht der Mitgliedstaaten ausschließt. Unstrittig ist jedoch, dass für geografische Herkunftsangaben, die nach der VO (EG) Nr. 510/2006 **registriert** und damit gemeinschaftsrechtlich geschützt sind, ein paralleler Schutz nach nationalem Recht weder notwendig noch zulässig ist.[674] Insbesondere bleibt ein solcher Schutz auch nicht insoweit neben dem gemeinschaftsrechtlichen nach der VO (EG) Nr. 510/2006 erhalten, als er über diesen, etwa nach Maßgabe eines bilateralen Herkunftsabkommens, hinausginge.[675] 264

Für das Eintragungsverfahren bestimmt Art. 5 Abs. 6 VO (EG) Nr. 510/2006, dass nationaler Schutz zwar „übergangsweise" vom Zeitpunkt der Einreichung des Antrags bei der Kommission an gewährt werden kann; dieser Schutz endet jedoch mit dem Zeitpunkt, zudem nach der VO (EG) Nr. 510/2006 über die Eintragung entschieden wird. Dies gilt gleichermaßen für einen Schutz auf Grund bilateraler Staatsverträge. Fällt die Entscheidung über die beantragte Eintragung allerdings negativ aus, bleibt ein Schutz nach nationalem Recht weiter möglich. Denn Art. 5 Abs. 6 Unterabs. 4 VO (EG) Nr. 510/2006 stellt lediglich fest, dass in diesem Falle der Schutz gewährende Mitgliedstaat die Verantwortung für die Folgen des nationalen Schutzes trägt.[676] 265

Für das vereinfachte Verfahren hatte Art. 17 Abs. 3 VO (EWG) Nr. 2081/92 bestimmt,[677] dass Mitgliedstaaten den einzelstaatlichen Schutz einer Bezeichnung nur bis zu dem Zeitpunkt beibehalten dürften, zu dem über deren Eintragung als geschützte Bezeichnung auf Gemeinschaftsebene entschieden werde. In der Entscheidung *Chiziak* stellte der EuGH fest, die Mitgliedstaaten seien nicht befugt, eine nach Art. 17 zur Eintragung beantragte Bezeichnung durch nationale Rechtsvorschriften zu ändern und auf nationaler Ebene zu schützen.[678] Auch für dieses Verfahren gilt jedoch: Fällt die Entscheidung über die beantragte Eintragung negativ aus,[679] kann der einzelstaatliche Schutz fortbestehen.[680] 266

---

[673] *Beier/Knaak* GRUR Int. 1992, 411 ff.

[674] *Knaak* GRUR Int. 2000, 401; EuGH GRUR Int. 1999, 443 – Gorgonzola/Cambozola; BGH GRUR 1995, 354, 356 – Rügenwalder Teewurst II; s. auch Begründung zum Regierungsentwurf des MarkenG BT-Drucks. 12/6581 S. 119.

[675] EuGH GRUR Int. 1999, 443 – Gorgonzola/Cambozola; OLG Frankfurt GRUR Int. 1997, 751, 752 – Gorgonzola/Cambozola.

[676] *Knaak* GRUR Int. 2000 401, 406.

[677] Art. 17 VO (EWG) Nr. 2081/92 wurde durch Art. 1 Nr. 15 der VO EG Nr. 692/2003 (ABl. EG Nr. L 99 vom 17. 4. 2003, S. 1) gestrichen, findet jedoch weiterhin auf die eingetragenen Bezeichnungen sowie auf die Bezeichnungen Anwendung, deren Eintragung nach dem Verfahren des Art. 17 vor dem Inkrafttreten der VO 692/2003 beantragt worden ist.

[678] EuGH GRUR Int. 1998, 790 – Chiziak.

[679] Dazu VO (EG) Nr. 1285/2001 vom 28. 6. 2001 zur Ablehnung von Anträgen auf Eintragung von mitgeteilten Bezeichnungen gemäß Art. 17 der VO (EWG) Nr. 2081/92 des Rates zum Schutz von geografischen Angaben und Ursprungsbezeichnungen für Agrarerzeugnisse und Lebensmittel, ABl. EG Nr. L 176 vom 29. 6. 2001, S. 27.

[680] *Tilmann* GRUR 1996, 959, 963 f; vom Fortbestand nationalen Schutzes geht auch der EuGH in der ersten Entscheidung zur Bezeichnung Feta aus, GRUR Int. 1999, 532 – Feta; dazu *Knaak* GRUR Int. 2000, 401, 406.

267 Entschieden ist auch die Frage der Zulässigkeit des Schutzes **einfacher** geografischer Herkunftsangaben nach nationalem Recht. Sie war Gegenstand einer Vorlage des BGH im Falle „Warsteiner".[681] Der EuGH hat dazu festgestellt, dass einfache geografische Herkunftsangaben, bei denen kein Zusammenhang zwischen den Eigenschaften des Produktes und seiner geografischen Herkunft bestehen, nicht im Rahmen der VO (EWG) Nr. 2081/92 (jetzt: VO (EG) Nr. 510/2006) geschützt werden können und dass der Verordnung nicht zu entnehmen sei, dass solche geografischen Herkunftsangaben nicht im Rahmen einer nationalen Regelung sollten geschützt werden können.[682] Der EuGH stellt diesen Befund in eine Reihe mit seiner vorangegangenen Rechtsprechung, wonach es in Ermangelung einer gemeinschaftlichen Regelung der Herstellung und Vermarktung eines Erzeugnisses grundsätzlich Sache der Mitgliedstaaten ist, alle die Vermarktung dieses Erzeugnisses betreffenden Vorschriften – einschließlich derjenigen über seine Bezeichnung und Etikettierung – für ihr Staatsgebiet zu erlassen, soweit nicht Gemeinschaftsmaßnahmen zur Angleichung der nationalen Rechtsvorschriften für diese Bereiche getroffen seien.[683]

268 Die damit ausgesprochene Anerkennung eines nach nationalem Recht der Mitgliedstaaten fortbestehenden Schutzes einfacher Herkunftsangaben steht überdies im Einklang mit der Entscheidung *Exportur,* in der der EuGH – noch vor Inkrafttreten des europäischen Schutzsystems nach der VO (EWG) Nr. 2081/92 – die einfachen geografischen Herkunftsangaben dem gewerblichen und kommerziellen Eigentum nach Art 30 EG (Art. 35 EGV) zugeordnet hat.[684] Weder die Vorlage des BGH noch die Vorabentscheidung des EuGH tragen allerdings dem Umstand Rechnung, dass der Begriff der „einfachen geografischen Herkunftsangabe" nach europäischem Recht enger auszulegen ist als nach deutschem Recht. Denn nach der VO (EG) Nr. 510/2006 ist die einfache, nicht eintragungsfähige geografische Herkunftsangabe nur unterhalb der geschützten geografischen Angabe (g. g. A) denkbar; für die aber lässt die Verordnung – anders als das nationale deutsche Recht für eine qualifizierte geografische Herkunftsangabe im Sinne des § 127 Abs. 2 MarkenG – bereits ein herkunftsbezogenes „Ansehen" des betroffenen Produktes ausreichen.[685]

269 Der EuGH hat bislang nicht explizit zu der Frage Stellung genommen, ob das gemeinschaftsrechtliche Schutzsystem auch da Exklusivität beansprucht, wo sein Anwendungsbereich zwar eröffnet ist, weil der Schutz im europäischen Sinne **qualifizierter** geografischer Herkunftsangaben in Rede steht, die Registrierung aber nicht in Anspruch genommen wird, sei es, dass eine Meldung durch die Mitgliedstaaten im vereinfachten Verfahren nicht innerhalb der 6-Monats-Frist nach Art. 17 Abs. 1 VO (EWG) Nr. 2081/92 aF[686] erfolgte, sei es, dass ein Individualverfahren von den dazu nach Art. 5 VO (EG) Nr. 510/2006 Berechtigten nicht angestrengt wird.[687] Während die Kommission zunächst die extreme Position einer umfassenden Exklusivität des gemeinschaftsrechtlichen Schutzes einnahm,[688]

---

[681] BGH GRUR 1999, 251 – Warsteiner I.

[682] EuGH GRUR 2001, 64, 66 (Tz 44, 45) – Warsteiner; s. auch BGH GRUR 2002, 160, 161 – Warsteiner III; BGH GRUR 2002, 1074, 1075 – Original Oettinger; EuGH GRUR Int. 2004, 131, 134 – American Bud.

[683] EuGH aaO Tz 41 mit Verweis auf EuGH NJW 1981, 1148 – Fietje.

[684] EuGH GRUR Int. 1993, 76, 78 – Exportur (Turrón de Alicante); krit. zum Verhältnis dieser Rechtsprechung zur VO (EWG) 2081/92 *Beier/Knaak* GRUR Int. 1993, 602, 606 ff.

[685] Dazu *Wichard* WRP 1999, 1005, 1006; → Rn 256 ff; auch die g. g. A. muss jedoch nach Art. 4 Abs. 2 lit. f VO (EG) Nr. 510/2006 einer Spezifikation entsprechen, die den Zusammenhang zwischen Herkunft und Ansehen beschreibt.

[686] → Rn 241.

[687] Nach *Obergfell* GRUR 2001, 313, 315 ist der Entscheidung des EuGH im Falle Warsteiner (→ Fn 682) auch ein positives Votum zugunsten der Schutzfähigkeit solcher geografischer Herkunftsangaben nach nationalem Recht zu entnehmen.

[688] Mitteilung an die von Ursprungsbezeichnungen und geografischen Herkunftsangaben für Agrarerzeugnisse und Lebensmittel betroffenen Wirtschaftsbeteiligten bezüglich des vereinfachten Eintragungsverfahrens auf Gemeinschaftsebene gemäß Art. 17, ABl. EG Nr. C 273 vom 9. 10. 1993; Beanstandung der Entscheidung BGH GRUR 1994, 307 = EuZW 1995, 368 – Mozarella I; dazu *Tilmann* GRUR 1996, 959; *Ullmann* EuZW 1995, 761; dass wohl auch die Kommission einfache geografische Herkunftsangaben als

gehen die deutsche Rechtsprechung,[689] der Gesetzgeber des Markengesetzes[690] und die überwiegende Meinung in der Literatur[691] von einem **Wahlrecht** aus: der europäische Schutz kann danach nur dann Exklusivität gegenüber nationalen Regelungen und bilateralen Herkunftsabkommen beanspruchen, wenn er tatsächlich in Anspruch genommen wird. Die Vorlage des BGH zur g. g. A. *Bayrisches Bier* an den EuGH[692] stellt ua die Frage der Zulässigkeit des Schutzes nach der Verordnung (EG) Nr. 510/2006 schutzfähiger Bezeichnungen nach nationalem Recht für den Fall, dass die den Schutz der g. A. *Bayrisches Bier* begründende Verordnung (EG) Nr. 1347/01 aus formalen Gründen unwirksam sein sollte.

Der hM ist zuzustimmen. Nach der VO (EG) Nr. 510/2006 schutzfähige, aber nicht 270
oder noch nicht gemeldete geografische Herkunftsangaben von jedwedem rechtlichen Schutz auszuschließen, hätte nicht nur die wirtschaftlich unvertretbare Folge, dass der vermögenswerte Goodwill unzähliger Unternehmen akut gefährdet würde; eine solche Exklusivität ist auch rechtlich nicht darstellbar. Der EuGH hat die einfachen geografischen Herkunftsangaben unter den Schutz des gewerblichen und kommerziellen Eigentums gestellt.[693] Für die qualifizierten geografischen Herkunftsangaben gilt dies erst recht. Dieses Eigentum kann nicht gleichsam als Nebenfolge eines – überdies auf qualifizierte Herkunftsangaben beschränkten – Registrierungssystems vollständig entzogen werden.[694]

Die Frist des (inzwischen aufgehobenen)[695] Art. 17 VO (EWG) Nr. 2081/92 steht dem 271
nicht entgegen; zwar sollten die Mitgliedstaaten danach binnen sechs Monaten die geografischen Herkunftsangaben mitteilen, die sie nach Maßgabe der Verordnung im vereinfachten Verfahren eintragen lassen wollten; nach Abs. 3 der Vorschrift durften sie den nationalen Schutz dieser Bezeichnungen (nur) bis zu dem Zeitpunkt beibehalten, zu dem über die Eintragung entschieden wurde. Daraus folgt jedoch nicht zwingend, dass nicht gemeldete Angaben ihren nationalen Schutz mit Ablauf der Frist verlieren sollten.[696] Der EuGH hat insoweit deutlich erkennen lassen, dass mit der letztgenannten Regelung „keineswegs das Schicksal derjenigen bestehenden Bezeichnungen" geregelt werden solle, „für die kein Mitgliedstaat die Eintragung beantragt".[697] Im Übrigen liefen auch sekundärrechtliche Vorgaben zur Etikettierung[698] und zur Unterbindung irreführender Angaben[699] leer, wenn von der VO (EWG) Nr. 2081/92 nicht erfasste oder auch nur nicht zur Registrierung angemeldete geografische Herkunftsangaben jeden Schutz nach nationalem Recht – also auch

---

nicht von der VO (EWG) Nr. 2081/92 erfasst sieht, zeigt sich in der Entscheidung „Pistre" („montagne"), EuGH GRUR Int. 1997, 737 – Pistre (Montagne), Tz 23 und 34.

[689] BGH GRUR 1994, 307, 308 f – Mozzarella I; BGH GRUR 1995, 354 – Rügenwalder Teewurst II m. Anm. *Sosnitza;* GRUR 1999, 251 – Warsteiner I.

[690] BT-Drucks. 12/6581 S. 119.

[691] *Fezer* MarkenG Vor § 130 Rn 21 a; *Tilmann* GRUR 1992, 829, 834; *ders.* GRUR 1993, 610, 613; *Gloy* FS Piper S. 549 ff; *Harte-Bavendamm* GRUR 1996, S. 727, 722; *v. Mühlendahl* ZLR 1993, 187, 196; *Ahrens* GRUR 1997, 508, 511; von einer Verdrängung des nationalen Schutzes gehen aus *Meyer* WRP 1995, 783, 785; *Meyer/Klaus* WRP 2003, 553, 557; *v. Danwitz* GRUR 1997, 81, 84; *Ingerl/Rohnke* MarkenG Vor § 130–136 Rn 2, die dies im Umkehrschluss aus EuGH GRUR 2001, 51 – Warsteiner, Tz 49, schließen wollen; *Ullmann* GRUR 1999, 666, 669, 673.

[692] BGH WRP 2008, 669, 673.

[693] EuGH GRUR Int. 1993, 76, 78 – Exportur (Turrón de Alicante).

[694] *Ahrens* GRUR Int. 1997, 508, 509; zur Beurteilung nach Art. 5 Abs. 3 und 295 EG *Wichard* WRP 1999, 1005, 1009.

[695] Art. 17 VO (EWG) Nr. 2081/92 wurde durch Art. 1 Nr. 15 der VO EG Nr. 692/2003 (ABl. EG Nr. L 99 vom 17. 4. 2003, S. 1) gestrichen.

[696] BGH GRUR 1994, 307, 308 – Mozzarella I; *Harte-Bavendamm* GRUR 1996, 717; *v. Mühlendahl* ZLR 1993, 187.

[697] EuGH GRUR 2001, 64, 66 – Warsteiner, Tz 52.

[698] RL 2000/13/EG des Europäischen Parlaments und des Rates vom 20. 3. 2000 zur Angleichung der Rechtsvorschriften der Mitgliedstaaten über die Etikettierung und Aufmachung von Lebensmitteln sowie die Werbung hierfür, ABl. EG Nr. L 109 vom 6. 5. 2000, S. 29; zuletzt geändert durch RL 2003/89/EG vom 10. 11. 2003, ABl. EG Nr. L 308 vom 25. 11. 2003, S. 15.

[699] RL 2006/114/EG des Europäischen Parlaments und des Rates vom 12. 12. 2006 über irreführende und vergleichende Werbung, ABl. EG Nr. L 376 vom 27. 12. 2006, S. 21.

den gegen irreführende Verwendung nach § 127 MarkenG, nach § 11 Abs. 1 Satz 2 Nr. 1 LFGB usw. – verlören.

272 Wortlaut und Systematik der VO (EG) Nr. 510/2006 lassen nicht erkennen, dass mit den beiden Anmeldeverfahren ein durch den Verlust nationalen Schutzes sanktionierter Zwang zur Inanspruchnahme des gemeinschaftsrechtlichen Schutzes etabliert werden sollte.[700] Einen solchen Zwang für *qualifizierte* geografische Herkunftsangaben anzunehmen, führte zu der paradoxen Situation, dass die einfache geografische Herkunftsangabe nach nationalem Recht besser geschützt würde als die qualifizierte, mit der Folge, dass sich der Unternehmer, dessen geografische Herkunftsangabe aus welchem Grund auch immer nicht nach der VO (EG) Nr. 510/2006 geschützt ist, um den Nachweis fehlender besonderer Qualitäten seiner Produkte bemühen müsste.[701] Dass ein erheblicher Teil der nach deutschem Recht einfachen geografischen Herkunftsangaben nach europäischem Recht im Sinne einer geschützten geografischen Angabe (g.g.A.) qualifiziert sein dürfte,[702] lässt die Annahme eines Schutzausschlusses durch die Verordnung noch weniger plausibel erscheinen.

273 Schließlich besteht ein erhebliches Bedürfnis nach rechtlichem Schutz auch der (qualifizierten) geografischen Herkunftsangaben, die zwar von ortsansässigen Unternehmen genutzt werden, für deren Schutz aber weder eine „Vereinigung" im Sinne des Art. 5 Abs. 1 VO (EG) Nr. 510/2006 zur Verfügung steht, noch die Voraussetzungen für ein Einzelanmeldung nach Art. 2 der VO (EG) Nr. 1898/2006 gegeben sind; nichts anderes gilt für Produkte einer bestimmten geografischen Herkunft, deren Hersteller sich nicht auf eine Spezifikation im Sinne des Art. 4 VO (EG) Nr. 510/2006 einigen können oder wollen. Dazu trägt bei, dass eine solche Spezifikation die Charakteristika einer Ware oder Dienstleistung festschreibt und so die Entwicklungsmöglichkeiten für dieses Produkt einfriert; eine Änderung der Spezifikation ist zwar möglich, setzt aber einen Antrag einer Vereinigung nach Art. 9 VO (EG) Nr. 510/2006 voraus.

274 **c) Gattungsangaben.** Gattungsangaben sind vom Schutz nach der VO (EG) Nr. 510/2006 – gleich nach welchem Verfahren – ausgenommen. Nach seinem Wortlaut erfasst Art. 3 Abs. 1 der Verordnung zwar nur den Ausschluss von Bezeichnungen, „die zu Gattungsangaben geworden sind". Als Gattungsbezeichnung gilt danach der Name eines Agrarerzeugnisses oder Lebensmittels, der sich zwar – wie etwa der Name Camembert – auf einen Ort oder ein Gebiet bezieht, wo das betroffene Produkt ursprünglich hergestellt oder vermarktet wurde, jedoch „der gemeinhin übliche Name" für das Produkt selbst geworden ist. Der Schutzausschluss gilt jedoch gleichermaßen für Bezeichnungen, die stets Gattungsbezeichnungen waren.[703]

275 Bei der Feststellung einer Entwicklung zur Gattungsangabe sind nach Art. 3 Abs. 1 VO (EG) Nr. 510/2006 „alle Faktoren" zu berücksichtigen, insbesondere die in dem Mitglied-

---

[700] Ausführlich dazu *Wichard* WRP 1999, 1005.

[701] Dazu *Tilmann* WRP 2000, 1039, 1041; tatsächlich fällt auf, dass die geografischen Namen von Bieren einerseits in großer Zahl zur Registrierung nach der VO (EWG) Nr. 2081/92 angenommen werden, während ihnen andererseits in Rechtsstreitigkeiten ebenso zwanglos der Charakter qualitätsneutraler, einfacher Herkunftsangaben unterstellt wird, EuGH GRUR Int. 2004, 131 – American Bud; EuGH GRUR 2001, 64 – Warsteiner.

[702] *Knaak* GRUR 1995, 103, 111, will sogar allen qualitätsneutralen Herkunftsangaben insoweit den Status einer g. g. A. zuerkennen, als der Verkehr mit jeder unmittelbaren geografischen Herkunftsangabe eine Wertschätzung verbinde; ähnlich *Tilmann* GRUR 1993, 610, 614, der davon ausgeht, dass unmittelbare geografische Herkunftsangaben „regelmäßig" ein besonderes Ansehen genießen, und den Begriff „qualitätsneutral" wegen „der stets qualitätsindizierenden Funktion geografischer Herkunftsangaben" vermieden wissen will; dagegen zurecht *Meyer* WRP 1995, 783; *Meyer/Klaus* GRUR 2003, 553, 555 mit Verweis auf EuGH GRUR Int. 1997, 737 – Pistre (Montagne).

[703] So ausdrücklich EuGH GRUR Int. 1999, 532, 539 – Feta; nach Art. 3 Abs. 3 der VO (EWG) Nr. 2081/92 war vorgesehen, noch vor Inkrafttreten der Verordnung am 25. 7. 1993 „ein nicht erschöpfendes, informatives Verzeichnis der Namen von dieser Verordnung unterfallenden Agrarerzeugnissen und Lebensmitteln" zu erstellen und zu veröffentlichen, die als Gattungsangaben anzusehen seien und mithin nicht eingetragen werden könnten. Der dazu von der Kommission erarbeitete Vorschlag vom 6. 3. 1996 fand jedoch im Rat nicht die erforderliche qualifizierte Mehrheit.

staat, aus dem der Name kommt, bestehende Situation, aber auch die Situation in den anderen Mitgliedstaaten und die einschlägigen nationalen oder gemeinschaftlichen Rechtsvorschriften. Dies impliziert, dass einer Bezeichnung auf europäischer Ebene der Schutz wegen einer festgestellten Entwicklung zur Gattungsangabe versagt, auf nationaler Ebene dagegen gewährt werden kann; denn der nationale Schutz setzt insoweit lediglich voraus, dass die in Rede stehende Angabe in diesem Mitgliedstaat ihre herkunftsbezeichnende Bedeutung nicht verloren hat.[704] Umgekehrt schließt der Umstand, dass die Bezeichnung in einem Mitgliedstaat generisch verwendet wird, den europäischen Schutz nicht aus.[705]

Der EuGH hat in Anwendung der Kriterien des Art. 3 Abs. 1 VO (EG) Nr. 510/2006 auch das Vorhandensein von Erzeugnissen berücksichtigt, die sich in anderen Mitgliedstaaten rechtmäßig in Verkehr befinden und dort unter der in Rede stehenden geografischen Bezeichnung rechtmäßig vermarktet werden. Dieses in Art 7 Abs. 4 VO (EWG) Nr. 2081/92 (jetzt: Art. 7 Abs. 4 VO (EG) Nr. 510/2006) als Einspruchsgrund genannte Kriterium sei ungeachtet Art. 17 Abs. 2 VO (EWG) Nr. 2081/92[706] in beiden Anmeldeverfahren beachtlich, gleich ob man darin einen „Aspekt der Situation in anderen Mitgliedstaaten“ oder einen eigenständigen Faktor zur Bestimmung einer Gattungsbezeichnung sehe.[707] Der EuGH koppelt damit die Feststellung der Entwicklung zur Gattungsangabe von einer ausschließlichen Ermittlung der Verkehrsauffassung ab und an die Frage der rechtmäßigen Vermarktung von Produkten unter der fraglichen Bezeichnung in anderen Mitgliedstaaten an.[708] 276

Die Eintragung der Bezeichnung **„Feta“** in das Verzeichnis der geschützten Ursprungsbezeichnungen und der geschützten geografischen Angaben wurde auf Grund zahlreicher Klagen von Mitgliedsländern und Herstellern wegen mangelnder Berücksichtigung dieses Aspekts für nichtig erklärt.[709] Das Verzeichnis wurde daraufhin mit der VO (EG) 1070/1999[710] korrigiert. Nach erneuter Befragung der Mitgliedstaaten nach den Vorgaben des EuGH konnte jedoch abermals keine Entwicklung zur Gattungsangabe festgestellt werden, weshalb die Bezeichnung „Feta“ mit der VO (EG) 1829/2002[711] erneut in das Verzeichnis aufgenommen wurde. Diese Eintragung wurde auf erneute Klage Deutschland, Dänemarks, Frankreichs und Großbritanniens vom EuGH bestätigt.[712] Nach Art. 13 Abs. 2 VO (EG) Nr. 510/2006 ist die Entwicklung einer einmal eingetragenen Bezeichnung zur Gattungsbezeichnung ausgeschlossen. Die Eintragung bindet auch die nationalen Gerichte.[713] 277

3. Schutzumfang

Ist eine geografische Herkunftsangabe in das „Verzeichnis der geschützten Ursprungsangsbezeichnungen und der geschützten geografischen Angaben“ eingetragen, genießt sie nach Art. 13 VO (EG) Nr. 510/2006 **umfassenden Schutz.** Zu ihrer Benutzung sind nicht nur die Mitglieder der antragstellenden Vereinigung im Sinne des Art. 5 VO (EG) Nr. 510/2006 berechtigt, sondern **alle ortsansässigen Hersteller,** deren Waren oder Dienstleistungen der Spezifikation nach Art. 4 der Verordnung entsprechen.[714] Umgekehrt ist die Benutzung auch dem ortsansässigen Hersteller verwehrt, dessen Produkte vom Lastenheft der Spezifikation abweichen. Die Eintragung ist insoweit produkt-, nicht personen- 278

[704] Dazu *Tilmann* GRUR 1996, 959, 962f; *Knaak* GRUR Int. 2000, 401, 402ff; *Omsels* Geografische Herkunftsangaben S. 35.

[705] EuGH GRUR 2006, 71 – Feta; OLG München GRUR-RR 2004, 329, 330 – Bavaria Holland Beer.

[706] Art. 17 Abs. 2 Satz 2 VO (EWG) Nr. 2081/92 schloss die Anwendung des Art. 7 der VO im vereinfachten Verfahren aus.

[707] EuGH GRUR Int. 1999, 532, 540 – Feta; dazu *Meyenburg* MarkenR 1999, 339f; *Gloy* ZLR 1999, 341f.

[708] *Knaak* GRUR Int. 2000, 401, 403.

[709] EuGH GRUR Int. 1999, 532 – Feta; zur Vorgeschichte *Capelli/Luzzani* ZLR 1997, 120.

[710] ABl. EG Nr. L 130 vom 26. 5. 1999, S. 18.

[711] ABl. EU Nr. L 277 vom 15. 10. 2002, S. 10.

[712] EuGH GRUR 2006, 71 – Feta.

[713] OLG Hamburg GRUR-RR 204, 36 – Spreewälder Gurken.

[714] Art. 8 Abs. 1 VO (EG) Nr. 510/2006; zur künftigen Kennzeichnungspflicht → Rn 247.

bezogen.[715] Wo der Spezifikation entsprechende Produkte einmal vom berechtigten Benutzer in Verkehr gebracht worden sind, **erschöpft** sich das Recht an der Bezeichnung an diesen Produkten. Dies folgt, auch wenn die VO (EG) Nr. 510/2006 keine ausdrückliche Regelung dazu enthält, aus der Rechtsprechung des EuGH zu Art. 28 EG.[716]

279 **a) Produktbezogener Schutz.** Nach Art. 13 Abs. 1 lit. a VO (EG) Nr. 510/2006 werden eingetragene Bezeichnungen gegen „jede direkte oder indirekte kommerzielle Verwendung für Erzeugnisse“ geschützt, die nicht unter die Eintragung fallen, sofern diese Erzeugnisse mit den unter dieser Bezeichnung eingetragenen Erzeugnissen „vergleichbar“ sind. Dieses Verbot ist im Zusammenhang mit der **Spezifikation** zu sehen, die nach Art. 4 VO (EG) Nr. 510/2006 notwendiger Bestandteil jeder Anmeldung ist und das Produkt, seine Herkunft, seine Herstellung und den Zusammenhang seiner Herkunft mit der Qualitätsaussage der Ursprungsbezeichnung oder der geografischen Angabe beschreibt. Art. 13 Abs. 1 lit. a VO (EG) Nr. 510/2006 erlaubt den ortsansässigen Herstellern, mit der Spezifikation bestimmte Qualitätsstandards durchzusetzen und die Einhaltung dort beschriebener Herstellungs- und Verarbeitungsverfahren zu erzwingen; dazu müssen sie nicht einmal selbst tätig werden, verpflichten doch die Art. 10, 11 VO (EG) Nr. 510/2006 die Mitgliedstaaten zur Einrichtung eines **Kontrollsystems** zur Sicherstellung des Schutzes der eingetragenen Bezeichnungen.[717]

280 Das darin liegende **protektionistische Potenzial** ist erheblich, zumal die VO (EG) Nr. 510/2006 den möglichen Inhalt der Spezifikation nicht begrenzt und die Rechtsprechung des EuGH eher großzügig verfährt, wo der – zuweilen mehr als zweifelhafte – Zusammenhang einer Herstellungs- oder Verarbeitungsmethode mit der über die Ursprungsbezeichnung geschützten Qualität in Rede steht. So sieht die Spezifikation zur g. U. *Prosciutto di Parma* vor, dass der Schinken nur im Erzeugungsgebiet aufgeschnitten und verpackt werden darf, soweit dies nicht im Einzelhandelsverkauf oder in der Gastronomie („unter den Augen des Verbrauchers“) geschieht. Hintergrund dafür ist die lokale, nach nationalem Recht festgeschriebene Praxis, den Schinken mit einem Kennzeichen zu versehen, das beim Aufschnitt verloren geht, weshalb dieser nur vor Ort und unter Aufsicht des Erzeugerkonsortiums in dafür zugelassenen Anlagen erfolgen darf, wobei die Verpackung des geschnittenen Schinkens wiederum ein Kennzeichen erhält. Die Missachtung dieses Verfahrens durch eine englische Supermarktkette führte zu einer Vorlage an den Europäischen Gerichtshof.

281 Der EuGH hat dazu entschieden, die nach Art. 4 VO (EWG) Nr. 2081/92 (jetzt: Art. 4 VO (EG) Nr. 510/2006) erforderliche Spezifikation diene der Sicherung der Qualität eines Produkts, die für den Verbraucher letztlich Anlass sei, beim Kauf auf eine bestimmte geografische Herkunft zu achten, sowie der Sicherstellung eben dieser Herkunft. Technische Vorgaben für bestimmte Vermarktungsformen seien tauglicher Gegenstand einer Spezifikation, wenn sie diesen Zielen dienten.[718] Für das hier in Rede stehende Aufschneiden des Schinkens könne dies bejaht werden; die darin liegende Ausfuhrbeschränkung im Sinne des Art. 29 EG sei gerechtfertigt, weil sie sich als erforderliches und verhältnismäßiges Mittel darstelle, um das Ansehen der geschützten Ursprungsbezeichnung Prosciutto di Parma zu erhalten.[719] Denn die Gefahr für die Qualität und die Echtheit des schließlich zum Verbrauch angebotenen Erzeugnisses sei größer, wenn es außerhalb des Erzeugungsgebietes in Scheiben geschnitten und verpackt worden sei.[720] In diesem Sinne hatte der EuGH bereits

---

[715] *Heine* GRUR 1993, 96, 102; *Fezer* MarkenG Vor § 130 Rn 17.

[716] *Omsels* Geografische Herkunftsangaben S. 59 mit Verweis auf die markenrechtliche Rechtsprechung des EuGH.

[717] Dazu *Dickertmann* WRP 2003, 1082, 1086; die Zuständigkeiten in Deutschland sind bei *Omsels* Geografische Herkunftsangaben S. 84, Fn 269 für die einzelnen Bundesländer angegeben.

[718] EuGH GRUR Int. 2003, 929, 932 Tz 48 – Prosciutto di Parma.

[719] EuGH GRUR Int. 2003, 929, 932, 934 – Prosciutto di Parma.

[720] EuGH GRUR Int. 2003, 929, 932, 934 – Prosciutto di Parma; anders die Schlussanträge des Generalanwalts *Alber* vom 25. 4. 2002, Rs. C-108/01, Tz 79 ff; dazu *Dickertmann* WRP 2003, 1082.

zur Flaschenabfüllung von Wein in der Erzeugerregion entschieden, sie sei gerechtfertigt, weil sie außer der Echtheit des Erzeugnisses auch die Erhaltung seiner Eigenschaften und Merkmale sicherstelle.[721]

Wie im Falle des *Prosciutto di Parma* hat der EuGH auch in einem parallelen Verfahren 282
entschieden, in dem die Spezifikation der geschützten Ursprungsbezeichnung *Grana Padano* in Rede stand, wonach dieser Käse nur von den Erzeugern selbst gerieben werden darf.[722] In beiden Verfahren war jedoch zu berücksichtigen, dass die nach der VO (EWG) Nr. 2081/92 (jetzt: VO (EG) Nr. 510/2006) geschützten Bezeichnungen zwar als solche veröffentlicht wurden; damit hatten sie an der unmittelbaren Wirkung der Verordnung im Sinne des Art. 249 Abs. 2 EG teil und konnten, soweit daraus Pflichten entstanden, auch zivilrechtlich eingeklagt werden. Die **Spezifikation** der Bezeichnungen war jedoch nicht Teil der Veröffentlichung.[723] Daraus folgte, dass eine technische Maßnahme zur Erhaltung der Produktqualität, die sich erst aus der Spezifikation ergab, Dritten nicht entgegengehalten werden konnte, wenn sie diesen nicht bereits bekannt war. Im Falle des *Prosciutto di Parma* konnte eben dies gegenüber einem englischen Unternehmen nicht erwartet werden; dagegen hatte im Falle *Grana Padano* bereits vor dem gemeinschaftsrechtlichen Schutz ein bilaterales Herkunftsabkommen unter den beteiligten Ländern bestanden. Der EuGH hielt es deshalb für möglich, dass das nationale Gericht die aus der nationalen Umsetzung dieses Abkommens resultierende Publizität Herstellern entgegenhalte, die sich bereits vor Inkrafttreten der VO (EG) Nr. 1107/96 mit dem Reiben und Verpacken des Erzeugnisses befasst hätten.[724]

Aus beiden Entscheidungen wird deutlich, dass sich die ohnehin **agrarpolitisch** moti- 283
vierte[725] VO (EG) Nr. 510/2006 über die Spezifikation geschützter Ursprungsbezeichnungen **strukturpolitisch instrumentalisieren** lässt. Dass dies auf Kosten der Warenverkehrsfreiheit geht, ist augenscheinlich; dass ein so verstandener Schutz aber auch Verbraucherinteressen zuwiderlaufen kann, folgt aus den wettbewerbsbeschränkenden und damit preisrelevanten Auswirkungen solcher Regelungen. Strengere Anforderungen an die **Erforderlichkeit** von Maßnahmen, die die Verarbeitung eines Produktes an den Herstellungsort binden, und die sorgfältige Berücksichtigung weniger einschneidender Maßnahmen etwa der **Etikettierung** im Rahmen der **Verhältnismäßigkeit** könnten helfen, dem vorzubeugen.

Der europäische Gesetzgeber hat einerseits die genannte Rechtsprechung des EuGH in 284
der VO (EG) Nr. 510/2006 übernommen, indem er in den Katalog der Pflichtangaben der Spezifikation **„Angaben über die Aufmachung"** aufgenommen hat (Art. 4 Abs. 2 lit. e VO (EG) Nr. 510/2006); andererseits hat er eben diese Möglichkeit nur eröffnet, „wenn die antragstellende Vereinigung im Sinne von Art. 5 Abs. 1 unter Angabe von Gründen festlegt, dass die Aufmachung in dem abgegrenzten geografischen Gebiet erfolgen muss, um die Qualität zu wahren oder um den Ursprung oder die Kontrolle zu gewährleisten". Dass damit auch einem Missbrauch vorgebeugt werden soll, belegt die Durchführungsverordnung, wo es mit deutlichem Bezug auf die Entscheidungen Prosciutto di Parma und Grana Padano heißt, wo das Verpacken eines Agrarerzeugnisses oder Lebensmittels oder Arbeitsvorgänge, die seine Aufmachung betreffen, zB Schneiden oder Reiben, auf ein bestimmtes geografisches Gebiet beschränkt seien, liege eine Beschränkung des freien Warenverkehrs und des freien Dienstleistungsverkehrs vor. Nach der Rechtsprechung des Europäischen Gerichtshofes könnten solche Beschränkungen nur vorgeschrieben werden, „wenn sie zur

---

[721] EuGH GRUR Int. 2000, 750 Tz 75 – Rioja.

[722] EuGH GRUR 2003, 609 – Ravil.

[723] Zur Veröffentlichung der (Fundstelle der) Spezifikation, die elektronisch zugänglich sein muss, nach aktuellem Recht s. Art. 5 Abs. 5 Unterabs. 5, Abs. 7 lit. d VO (EG) Nr. 510/2006, § 130 Abs. 6 MarkenG (Mitgliedstaaten, Veröffentlichung im Markenblatt, Übermittlung an die Kommission), Art. 6 Abs. 2 Unterabs. 1 VO (EG) Nr. 510/2006 (Kommission, Veröffentlichung im Amtsblatt der EU).

[724] EuGH GRUR 2003, 615 – Ravil.

[725] Dazu *Meyer/Klaus* GRUR 2003, 553, 555.

Erhaltung des Ansehens der geografischen Angabe oder der Ursprungsbezeichnung erforderlich, verhältnismäßig und geeignet sind".[726] Solche Beschränkungen seien zu rechtfertigen.[727]

285 **b) Nachahmungsschutz.** Nach Art. 13 Abs. 1 lit. b VO (EG) Nr. 510/2006 werden eingetragene Bezeichnungen gegen jede widerrechtliche Aneignung, Nachahmung oder Anspielung geschützt, selbst wenn der wahre Ursprung des Erzeugnisses angegeben ist oder wenn die geschützte Bezeichnung in Übersetzung oder zusammen mit Ausdrücken wie „Art", „Typ", „Verfahren", „Fasson", „Nachahmung" oder dergleichen verwendet wird. Über den vergleichbaren Schutz einer Marke hinausgehend wird damit

- die **identische** Verwendung der geschützten Bezeichnung für andere als die geschützten Waren oder Dienstleistungen („Aneignung"),
- die Verwendung **ähnlicher,** verwechslungsfähiger Bezeichnungen („Nachahmung") sowie
- die Verwendung ähnlicher, aber **nicht** verwechslungsfähiger Bezeichnungen, die lediglich geeignet erscheinen, einen **assoziativen Bezug** zu der geschützten Bezeichnung zuzulassen („Anspielung"),

untersagt.

286 **Entlokalisierende Zusätze** werden schlechthin verboten. Auch **Übersetzungen** in eine andere Sprache gelten als unzulässige Nachahmung. Ob die Verwendung der Bezeichnung *Parmesan* im Hinblick auf die geschützte Bezeichnung *Parmigiano Reggiano* eine Übersetzung darstellt, oder aber eine selbstständige Gattungsbezeichnung für geriebenen Hartkäse, war lange umstritten und führte zu einer Klage der Kommission gegen die Bundesrepublik Deutschland. Die Kommission hatte die deutschen Behörden vergeblich aufgefordert, das Inverkehrbringen von als „Parmesan" bezeichneten Erzeugnissen, die nicht der Spezifikation der g. U. „Parmigiano Reggiano" entsprächen, im deutschen Staatsgebiet zu unterbinden; die hatten darauf geantwortet, der Begriff „Parmesan" habe zwar ursprünglich einen historischen Bezug zur Region Parma aufgewiesen, sei jedoch zu einer **Gattungsbezeichnung** für geriebenen oder zum Reiben bestimmten Hartkäse unterschiedlicher Herkunft geworden, die sich von der g. U. „Parmigiano Reggiano" unterscheide. Daher stelle die Verwendung dieses Begriffs keinen Verstoß gegen die VO (EWG) Nr. 2081/92 dar. Der EuGH hat dazu festgestellt, dass der Frage der Übersetzung keine Bedeutung zukomme, da wegen der „optischen" und „phonetischen" Ähnlichkeit der Begriffe jedenfalls eine **Anspielung** im Sinne des Art. 13 Abs. 1 lit. b VO (EWG) Nr. 2081/92 gegeben sei. Den Nachweis einer Gattungsangabe habe Deutschland nicht erbringen können. Gleichwohl habe Deutschland nicht gegen seine Kontrollpflichten verstoßen, denn die oblägen hinsichtlich der geschützten Bezeichnung „Parmigiano Reggiano" den italienischen Behörden, während Wettbewerbern und Verbänden im Inland ausreichende Klagemöglichkeiten zur Verfügung stünden.[728]

287 Enthält ein eingetragener Name den als Gattungsbezeichnung angesehenen Namen eines Agrarerzeugnisses oder Lebensmittels, wie dies etwa für den Namen *Camembert* innerhalb der geschützten Ursprungsbezeichnung *Camembert de Normandie* zutrifft, so gilt die Verwendung dieser Gattungsbezeichnung für das betreffende Agrarerzeugnis oder Lebensmittel nicht als Verstoß gegen Art. 13 Abs. 1 lit. a oder b VO (EG) Nr. 510/2006.[729]

288 Da der Schutz nach der VO (EG) Nr. 510/2006 registrierter Bezeichnungen vor nationalen Gerichten durchgesetzt wird, muss er „von Land zu Land" erstritten werden und ist vor divergierenden Urteilen nicht gefeit. Die geschützte Ursprungsangabe *Gorgonzola* war wegen einer möglichen **Anspielung** in der Bezeichnung *Cambozola* Gegenstand gerichtli-

[726] Erwägungsgrund Nr. 8 VO (EG) Nr. 1898/2006.

[727] Art. 8 VO (EG) Nr. 1898/2006 („produktspezifische Beschränkungen des freien Warenverkehrs und des freien Dienstleistungsverkehrs").

[728] EuGH GRUR 2008, 524 – Parmesan; zu einer „Anspielung" s. auch OLG Hamburg Mitt 2006, 327 – Springende Ziegen, im Hinblick auf die geschützte Bezeichnung „Altenburger Ziegenkäse".

[729] Dazu auch EuGH GRUR Int. 1998, 790 – Epoisses de Bourgogne (Chiziak).

cher Auseinandersetzung in Deutschland und Österreich. Während das OLG Frankfurt eine Anspielung verneinte,[730] bejahte der EuGH eben dies auf Vorlage des Handelsgerichts Wien.[731] Das OLG Frankfurt sah den Schutzbereich des Art. 13 VO (EG) Nr. 510/2006 nicht verletzt. Wie im Falle der markenrechtlichen Verwechslungsgefahr sei auch die Frage einer „Nachahmung" im Sinne des Art. 13 Abs. 1 lit. b der Verordnung nicht nach einer tatsächlichen Täuschungseignung, sondern danach zu entscheiden, ob die beanstandete Bezeichnung ihrem Sinn nach denselben Eindruck erwecke wie die eingetragene. Daran fehle es, angesichts der bloßen Übereinstimmung des als solchem nicht geschützten Wortbestandteiles „zola", des deutlichen Abstandes von „Gorgon" und „Cambo" und des daraus resultierenden Gesamteindrucks. Eine „Anspielung" im Sinne der Vorschrift könne nicht schon dann angenommen werden, wenn die in Rede stehende Bezeichnung Assoziationen zur geschützten wecke – was bei Cambozola zu Gorgonzola durchaus der Fall sein könne. Hinzukommen müsse vielmehr eine Beeinträchtigung des in der geschützten Bezeichnung steckenden Werbewerts.[732] Daran fehle es im zu entscheidenden Fall. Im Übrigen bestehe jedenfalls ein Weiterbenutzungsrecht nach Art. 14 Abs. 2 VO (EWG) Nr. 2081/92 (jetzt: Art. 14 Abs. 2 VO (EG) Nr. 510/2006) für die **Marke** *Cambozola*.

Der EuGH befand dagegen, eine **Anspielung** auf eine geschützte Bezeichnung könne auch dann vorliegen, wenn keinerlei Gefahr der Verwechslung zwischen den betroffenen Erzeugnissen bestehe und für die einzelnen Bestandteile der Referenzbezeichnung, die in dem verwendeten Ausdruck übernommen wurden, kein gemeinschaftsrechtlicher Schutz bestehe. Ausreichend sei, dass der Verbraucher einen **gedanklichen Bezug** zu der Ware herstelle, die die geschützte Bezeichnung trage.[733] Bei einem Blauschimmelweichkäse, dessen Aussehen demjenigen des „Gorgonzola"-Käses nicht unähnlich sei, sei danach die Annahme legitim, „dass eine Anspielung auf eine geschützte Bezeichnung vorliegt, wenn der zu seiner Benennung benutzte Ausdruck auf die beiden gleichen Silben endet wie diese Bezeichnung und die gleiche Silbenzahl wie diese umfasst, woraus sich eine offensichtliche phonetische und optische Ähnlichkeit zwischen den beiden Ausdrücken ergibt".[734] 289

c) Irreführungs- und Rufausbeutungsschutz. Einen wettbewerbsrechtlichen Schutz vor Irreführung und Rufausbeutung erfahren die nach der VO (EG) Nr. 510/2006 geschützten Bezeichnungen nach Art. 13 Abs. 1 lit. a, c und d der Verordnung. Zunächst sind nach lit. c „alle sonstigen falschen oder irreführenden Angaben" untersagt, die sich auf Herkunft, Ursprung, Natur oder wesentliche Eigenschaften der Erzeugnisse beziehen und auf der Aufmachung oder der äußeren Verpackung, in der Werbung oder in Unterlagen zu den betreffenden Erzeugnissen erscheinen, sowie die Verwendung von Behältnissen, die geeignet sind, einen falschen Eindruck hinsichtlich des Ursprungs zu erwecken. Damit werden auch **mittelbare** Herkunftsangaben erfasst.[735] Lit. d erweitert diesen Katalog um „alle sonstigen Praktiken", die geeignet sind, das Publikum über den wahren Ursprung des Erzeugnisses irrezuführen. Angesichts des umfassenden Schutzes, den die Verordnung bereits kennzeichenrechtlich mit dem Verbot der bloßen „Anspielung" gewährt, dürften der geschützten Bezeichnung in irgendeiner Weise nahe kommende Bezeichnungen oder Aufmachungen kaum bis in diese Kategorie vorstoßen.[736] 290

---

[730] OLG Frankfurt GRUR Int. 1997, 751 – Gorgonzola/Cambozola.

[731] EuGH GRUR Int. 1999, 443 – Gorgonzola/Cambozola; dazu *Knaak* GRUR Int. 2000, 401, 404f.

[732] OLG Frankfurt GRUR Int. 1997, 751, 753 – Gorgonzola/Cambozola.

[733] Dazu *Knaak* GRUR Int. 2000, 401, 404f.

[734] EuGH GRUR Int. 1999, 443 – Gorgonzola/Cambozola (Ls); s. auch EuGH GRUR 2008, 524 – Parmesan.

[735] *Ingerl/Rohnke* MarkenG § 135 Rn 3.

[736] Enthält eine im Übrigen schutzfähige Herkunftsbezeichnung eine Gattungsangabe als Bestandteil – etwa die geschützte Bezeichnung „Mozzarella di Bufala" den generischen Bestandteil „Mozzarella", bleibt dieser nach Art. 13 Abs. 1 UntAbs. 2 VO (EG) Nr. 510/2006 bei der Anwendung des Art. 13 Abs. 1 lit. a oder b VO (EG) Nr. 510/2006 außer Betracht, so dass insoweit allein eine Irreführung nach lit. c oder d in Betracht kommt.

291 Mit dem Schutz vor einer unlauteren Ausnutzung des einer geschützten Bezeichnung eigenen **Ansehens** in Art. 13 Abs. 1 lit. a VO (EG) Nr. 510/2006 genießen die gemeinschaftsrechtlich geschützten Herkunftsbezeichnungen einen dem Sonderschutz bekannter Marken vergleichbaren Rufausbeutungsschutz. Im Unterschied zur markenrechtlichen Konzeption – und anders als in § 127 Abs. 3 MarkenG nach nationalem Recht – kommt dieser Schutz aber nicht nur „bekannten" Herkunftsbezeichnungen oder solchen mit „besonderen Ruf" zugute, sondern sämtlichen geschützten geografischen Angaben (g. g. A.) und geografischen Ursprungsbezeichnungen (g. g. U.). Damit geht der europäische Schutz dieser Bezeichnungen in seiner Intensität über den der Marken und über den der geografischen Herkunftsangaben nach nationalem deutschem Recht hinaus.

292 Auch deshalb sah Art. 13 Abs. 2 VO (EWG) Nr. 2081/92 unter bestimmten Voraussetzungen eine fünfjährige Übergangsfrist vor, in der die Verwendung mit der geschützten Bezeichnung identischer oder ihr ähnlicher Bezeichnungen durch einzelstaatliche Maßnahmen zugelassen werden durfte. Diese Ausnahme sollte jedoch Erzeugnissen aus dem Land, das die Eintragung einer Bezeichnung beantragt hatte, nicht zugute kommen.[737] Art. 13 Abs. 3 Unterabs. 1 und 2 VO (EG) Nr. 510/2006 enthalten jetzt zwei **Übergangsregelungen** für den Fall, dass sich die mit der Eintragung einer Bezeichnung in das Register verbundene Exklusivität ihrer Benutzung „nachteilig auf das Bestehen eines ganz oder teilweise gleich lautenden Namens oder auf das Bestehen von Erzeugnissen auswirken würde, die zum Zeitpunkt der in Art. 6 Abs. 2 genannten Veröffentlichung seit mindestens fünf Jahren rechtmäßig vermarktet werden".[738] Liegt es so und wurde eben dies im Rahmen eines Einspruchsverfahrens auf nationaler (Art. 5 abs. 5 UntAbs. 1 und 2 VO (EG) Nr. 510/2006) oder europäischer (Art. 7 Abs. 2, Art. 7 Abs. 5 VO (EG) Nr. 510/2006) Ebene vorgetragen, kann den betroffenen Drittunternehmen die weitere Verwendung der Bezeichnungen für eine Übergangszeit von maximal fünf Jahren gestattet werden.

293 Eine **Kumulation** dieser **Übergangsfrist** mit der **Anpassungsfrist,** die die Mitgliedsländer im Falle der Gewährung übergangsweisen, nationalen Schutzes in der Zeit von der Einreichung des Antrages bis zur Entscheidung über die Eintragung nach der VO (EG) Nr. 510/2006 gewähren können (Art. 6 Unterabs. 1 und 2 VO (EG) Nr. 510/2006), ist nach Art. 13 Abs. 3 Unterabs. 2 Satz 2 VO (EG) Nr. 510/2006 ausgeschlossen. Wohl aber kann die Anpassungsfrist selbst nach Art. 5 Abs. 6 VO (EG) Nr. 510/2006 bei entsprechend langer Verfahrensdauer fünf Jahre überschreiten.

294 **d) Marken und Ursprungsbezeichnungen/geografische Angaben.** Im Verhältnis zu Marken, die „die gleiche Art von Erzeugnissen betreffen", regeln die Art. 3 Abs. 4, 14 VO (EG) Nr. 510/2006 das Verhältnis von Marken und geografischen Herkunftsangaben zugunsten eines weitgehenden Schutzes der letztgenannten Kennzeichen. Art. 14 Abs. 1 VO (EG) Nr. 510/2006 bestimmt den **Vorrang prioritätsälterer Herkunftsbezeichnungen** im Falle einer Kollision im Sinne des Art. 13 VO (EG) Nr. 510/2006: Ist eine Ursprungsbezeichnung oder eine geografische Angabe nach Maßgabe der Verordnung eingetragen, wird der Antrag auf Eintragung einer Marke, die die gleiche Erzeugnisklasse betrifft, abgelehnt, wenn er nach dem Zeitpunkt der Einreichung des Antrages auf Eintragung der Ursprungsbezeichnung oder der geografischen Angabe bei der Kommission eingereicht wird.

295 Zugunsten von Marken, die „vor dem Zeitpunkt des Schutzes der Ursprungsbezeichnung oder geografischen Angabe im Ursprungsland oder vor dem 1. Januar 1996 in gutem Glauben im Gebiet der Gemeinschaft" angemeldet, eingetragen oder durch Benutzung erworben wurden, sieht Art. 14 Abs. 2 VO (EG) Nr. 510/2006 trotz materieller Kollision im Sinne des Art. 13 VO (EG) Nr. 510/2006 die **Koexistenz** beider Kennzeichen vor,

---

[737] EuGH GRUR 2002, 1052 – Dante Bigi (Parmigiano Reggiano); Art. 13 Abs. 2 VO (EWG) Nr. 2081/92 wurde mit VO (EG) Nr. 692/2003 (ABl. EG Nr. L 99 vom 17. 4. 2003, S. 1) aufgehoben.

[738] So die gleichlautenden Formulierungen in Art. 7 Abs. 3 lit. d und Art. 13 Abs. 3 VO (EG) Nr. 510/2006.

wenn für die Marke keine Gründe für die Ungültigerklärung oder den Verfall nach Maßgabe der Markenrichtlinie[739] oder der Gemeinschaftsmarkenverordnung[740] vorliegen.

Einen **Vorrang der prioritätsälteren Marke** gegenüber der nach der VO (EG) Nr. 510/2006 geschützten Ursprungsbezeichnung oder geografischen Angabe gibt es nach Art. 3 Abs. 4 VO (EG) Nr. 510/2006 nur zugunsten qualifiziert bekannter Marken: eine Ursprungsbezeichnung oder geografische Angabe wird nicht eingetragen, wenn die Eintragung der Herkunftsbezeichnung in Anbetracht des **Ansehens,** das eine Marke genießt, ihres **Bekanntheitsgrades** und der **Dauer** ihrer Verwendung geeignet ist, die Verbraucher über die wirkliche Identität des Erzeugnisses irrezuführen. 296

4. Sanktionen nach nationalem Recht

Die VO (EG) Nr. 510/2006 enthält keine Sanktionen zur Durchsetzung geschützter Herkunftsbezeichnungen im Falle ihrer Verletzung oder eines unberechtigten Schutzhinweises. Gegen die unberechtigte Benutzung kann deshalb nur nach **nationalem Recht** vorgegangen werden. § 135 MarkenG berechtigt dazu die nach **§ 8 Abs. 3 UWG** Klagebefugten zur Erhebung der Unterlassungsklage in den Fällen des Art. 8[741] oder 13 VO (EG) Nr. 510/2006. Zu den Mitbewerbern im Sinne des § 8 Abs. 3 Nr. 1 UWG zählen in jedem Falle die Mitglieder und Berechtigten des Verbandes nach Art. 5 VO (EG) Nr. 510/2006, der die geschützte geografische Bezeichnung angemeldet hat; darüber hinaus muss jeder berechtigte Benutzer im Sinne des Art. 8 VO (EG) Nr. 510/2006 aktiv legitimiert sein.[742] Die Klage auf **Schadensersatz** ist über § 135 Abs. 2 MarkenG in entsprechender Anwendung des § 128 Abs. 2, 3 MarkenG möglich. Die ergänzenden Ansprüche auf **Auskunft, Rückruf** und **Vernichtung,** Vorlage und Besichtigung sowie **Urteilsbekanntmachung** nach §§ 18, 19, 19a und 19c MarkenG werden nach § 135 Abs. 1 Satz 3 MarkenG eröffnet. Auf den den Schadensersatzanspruch ergänzenden § 19b MarkenG wird über § 135 Abs. 2, 128 Abs. 2, 3 MarkenG verwiesen, Ansprüche aus anderen gesetzlichen Vorschriften bleiben nach § 19d MarkenG unberührt. Für die **Verjährung** der Ansprüche gilt § 20 MarkenG (§ 136 MarkenG). Die **Beschlagnahme** schutzrechtsrechtsverletzender Waren folgt denselben Regeln wie im Falle eines Schutzes nach nationalem Recht.[743] § 144 Abs. 2 MarkenG regelt jetzt[744] unmittelbar die **Strafbarkeit** einzelner Verstöße gegen die VO (EG) Nr. 510/2006; von der zuvor gegebenen Verordnungsermächtigung zugunsten des BMJ war kein Gebrauch gemacht worden. 297

5. Eintragungsverfahren (Individualverfahren)

Für das Verfahren nach Art. 5 VO (EG) Nr. 510/2006 enthalten die §§ 130 bis 134 MarkenG in Verbindung mit der Markenverordnung[745] Durchführungsvorschriften, soweit es 298

---

739 Erste RL des Rates zur Angleichung der Rechtsvorschriften der Mitgliedstaaten über die Marken 89/104/EWG vom 21. 12. 1988, ABl. EG Nr. L 40 vom 11. 2. 1989, S. 1.

740 VO (EG) Nr. 40/94 des Rates vom 20. 12. 1993 über die Gemeinschaftsmarke, ABl. EG Nr. L 11 vom 14. 1. 1994, S. 1; zuletzt geändert durch VO (EG) Nr. 1653/2003 vom 18. 6. 2003, ABl. EG Nr. L 245 vom 29. 9. 2003, S. 36.

741 Art. 8 VO (EG) Nr. 510/2006 behält die Verwendung der nach der VO geschützten Bezeichnungen den dazu Berechtigten vor und verpflichtet ab dem 1. 5. 2009 dazu, die Angaben „geschützte Ursprungsbezeichnung" bzw. „geschützte geografische Angabe" oder die für sie vorgesehenen Gemeinschaftszeichen (Anhang V VO (EG) Nr. 1898/2006) zu verwenden; → Rn 247.

742 S. für den nationalen Schutz nach §§ 126, 127, 128 MarkenG BGH GRUR 2007, 884, 886 Tz 33 – Cambridge Institute, wonach „ungeachtet der durch die Bezugnahme auf den neuen § 8 Abs. 3 UWG dem Wortlaut nach erfolgten Beschränkung der Unterlassungsanspruch nach § 128 Abs. 1 MarkenG neben den in § 8 Abs. 3 UWG Genannten nach wie vor auch den berechtigten Benutzern einer geografischen Herkunftsangabe zu[steht]."

743 §§ 150, 151 MarkenG; → Rn 185f.

744 In der Fassung nach Art. 4 des Durchsetzungsgesetzes, BGBl. 2008 I S. 1191, 1200; → Rn 187.

745 Verordnung zur Ausführung des Markengesetzes (Markenverordnung; MarkenV), vom 11. 5. 2004, BGBl I S. 872; zuletzt geändert durch VO zur Änderung der Markenverordnung vom 22. 11. 2006, BGBl. I S. 2660; die Anpassung an die VO (EG) Nr. 510/2006 steht noch aus.

auf nationaler Ebene erfolgt.[746] Auf europäischer Ebene ist neben der VO (EG) Nr. 510/2006 die VO (EG) Nr. 1898/2006 einschlägig.[747] Die wesentlichen Schritte des ordentlichen Verfahrens zum Schutz einer Ursprungsangabe oder einer geografischen Angabe sind die folgenden:[748]

299 Für die Schutzbegründung ist zunächst ein **Antrag** erforderlich. Antragsberechtigt sind in erster Linie **Vereinigungen** von Erzeugern oder Verarbeitern eines Agrarerzeugnisses oder Lebensmittels (Art. 5 Abs. 1 VO (EG) Nr. 510/2006). Nur ausnahmsweise – nach Maßgabe der Art. 5 Abs. 1 Unterabs. 2 Satz 3 VO (EG) Nr. 510/2006, Art. 2 VO (EG) Nr. 1898/2006 – kann eine **einzelne natürliche oder juristische Person,** die der einzige Erzeuger im fraglichen Gebiet ist, den Antrag stellen. Der Antrag ist nach Art. 5 Abs. 4 VO (EG) Nr. 510/2006 an den Mitgliedstaat zu richten, in dessen Hoheitsgebiet sich das geografische Gebiet befindet. Zuständig für die Entgegennahme von Anträgen ist in der Bundesrepublik Deutschland das **Deutsche Patent- und Markenamt,**[749] DPMA,[750] das dafür ein Merkblatt sowie ein Antragsformular vorhält.[751] Die Kosten ergeben sich aus § 2 Abs. 1 PatKostG.[752] Die **Gebühr** nach dem Patentkostengesetz muss innerhalb von drei Monaten ab Antragstellung beglichen sein, andernfalls gilt der Antrag als zurückgenommen (§ 6 Abs. 1 Satz 2, Abs. 2 PatKostG).

300 Der Antrag muss mindestens
- **Namen** und **Anschrift** der antragstellenden Vereinigung,
- die **Produktspezifikation** nach Art. 4 VO (EG) Nr. 510/2006, die ihrerseits mindestens die in Art. 4 Abs. 2 VO (EG) Nr. 510/2006 genannten Angaben zu dem Agrarerzeugnis oder Lebensmittel enthalten muss, für das eine Ursprungsangabe oder eine geografische Angabe angemeldet wird,[753] sowie
- ein sog. **einziges Dokument** umfassen.

301 Das letztgenannte „einzige Dokument" enthält „die wichtigsten Angaben der Spezifikation", das heißt, „den Namen, eine Beschreibung des Erzeugnisses gegebenenfalls unter Einbeziehung der besonderen Vorschriften für dessen Aufmachung und Etikettierung und eine Kurzbeschreibung der Abgrenzung des geografischen Gebiets" sowie eine Beschreibung des **Zusammenhanges** von Herkunft und Produkt (Art. 5 Abs. 3 lit. c i), ii) VO (EG) Nr. 510/2006). Die Durchführungsverordnung hält dafür ein Muster vor (Art. 11 Abs. 1, Anhang I VO (EG) Nr. 1898/2006).

302 Die **Spezifikation** berechtigt die antragstellenden Erzeuger nicht nur, nach erfolgter Eintragung der Ursprungsangabe oder der geografischen Angabe deren Einhaltung gegenüber dritten, ortsansässigen Herstellern durchzusetzen, die die geschützte Herkunftsbezeichnung nutzen wollen; sie bindet sie nach Art eines **Lastenhefts** auch selbst. Art. 10, 11 VO (EG) Nr. 510/2006 verpflichten die Mitgliedstaaten zur Schaffung von behördlichen oder privaten **Kontrolleinrichtungen,** die gewährleisten, dass mit einer geschützten geo-

---

[746] Zum Verfahren nach der VO (EWG) Nr. 2081/92 *Goebel* GRUR 1995, 98, 99 ff; *Meyer* GRUR 1997, 91.

[747] VO (EG) Nr. 1898/2006 der Kommision vom 14. 12. 2006 mit Durchführungsbestimmungen zur Verordnung (EG) Nr. 510/2006 des Rates zum Schutz von geografischen Angaben und Ursprungsbezeichnungen für Agrarerzeugnisse und Lebensmittel, ABl. EU Nr. L 369 vom 23. 12. 2006, S. 1; die VO hat die vormaligen VO (EWG) Nr. 2037/1993 und VO (EG) Nr. 383/2004 ersetzt.

[748] Einen Leitfaden enthält der Beitrag von *Meyer* GRUR 1997, 91; s. auch *Loschelder/Schoene* WRP 2000, 959.

[749] § 130 Abs. 1 MarkenG; der geografische Bezug der angemeldeten Bezeichnung muss zu einem Ort bestehen, der im Gebiet des für den Antrag zuständigen Staates liegt, BPatG GRUR 2004, 66 – Königsberger Marzipan.

[750] Im Internet: <http://www.dpma.de>.

[751] W 7729/5.07 und W 7007/5.07.

[752] GebVerz Nr. 336 100; die Gebühr beträgt gegenwärtig 900 Euro.

[753] Zu diesen Angaben zählen neben der Beschreibung des Produkts, des relevanten Gebiets und der Herkunft des Produkts aus diesem Gebiet auch die Beschreibung des Verfahrens zu seiner Gewinnung und ggf seiner Aufmachung sowie Angaben, aus denen sich der Zusammenhang von Herkunft und Produktqualität im Sinne des Art. 2 Abs. 1 lit. a oder b VO (EG) Nr. 510/2006 ergibt.

grafischen Ursprungsangabe oder einer geschützten geografischen Angabe versehene Agrarerzeugnisse oder Lebensmittel den Vorgaben der jeweiligen Spezifikation entsprechen. Diese Vorgabe wird in §§ 134, 139 Abs. 2 MarkenG umgesetzt[754] und in 145 Abs. 2 Nr. 1 MarkenG bußgeldbewehrt. Die nachträgliche **Änderung der Spezifikation** ist nur in einem ähnlich aufwändigen Verfahren möglich wie die Eintragung, bleibt jedoch vor dem DPMA gebührenfrei (§ 132 Abs. 1 MarkenG; Art. 6 VO (EG) Nr. 510/2006) und kann von **jeder Vereinigung** gestellt werden, die auch einen Eintragungsantrag stellen könnte. Motiv dafür kann die Berücksichtigung des Standes der Technik sein, aber auch eine **neue Abgrenzung** des geografischen Gebietes. Das Herkunftsgebiet des Champagners etwa soll drastisch ausgeweitet werden, um der weltweiten Nachfrage besser entsprechen zu können.[755]

Die Kommission kann eine Eintragung nach Art. 12 Abs. 1 VO (EG) Nr. 510/2006 **löschen,** wenn sie zu der Auffassung gelangt, dass die Anforderungen der Spezifikation eines Agrarerzeugnisses oder Lebensmittels, das einen geschützten Namen führt, nicht mehr erfüllt sind; der Antrag auf Löschung steht nach Art. 12 abs. 2 VO (EG) Nr. 510/2006 jeder natürlichen oder juristischen Person offen, die daran ein berechtigtes Interesse hat. Auf nationaler Ebene gelten dafür die §§ 130, 131 MarkenG entsprechend. 303

Der Antrag wird sowohl auf nationaler als auch auf europäischer Ebene geprüft. Die **nationale Prüfung** ist in § 130 Abs. 2 bis 4 geregelt. Gegen Entscheidungen des DPMA findet die Beschwerde zum BPatG und die Rechtsbeschwerde zum BGH statt (§ 133 MarkenG). Die Vorprüfung durch das DPMA erstreckt sich auf die sachlichen Voraussetzungen der VO (EG) Nr. 510/2006. Dazu werden nach § 130 Abs. 3 MarkenG Stellungnahmen des Bundesministeriums für Ernährung, Landwirtschaft und Verbraucherschutz, der zuständigen Fachministerien der betroffenen Länder, der interessierten öffentlichen Körperschaften sowie der interessierten Verbände und Organisationen der Wirtschaft eingeholt. 304

Entspricht der Antrag der VO (EG) Nr. 510/2006 nebst Durchführungsvorschriften, wird dies durch **Beschluss** festgestellt, der im Markenblatt veröffentlicht wird.[756] Sobald die Entscheidung rechtskräftig ist, unterrichtet das DPMA den Anragsteller und übermittelt Antrag und Unterlagen dem **Bundesministerium der Justiz,** das den Vorgang seinerseits nebst Unterlagen gemäß Art. 5 Abs. 5 Unterabs. 3, Abs. 7 VO (EG) Nr. 510/2006, § 130 Abs. 6 MarkenG an die **EG-Kommission** weiterleitet. Zugleich veröffentlicht das DPMA die Fassung der Spezifikation, die dem stattgebenden Beschluss zugrunde gelegen hat, im Markenblatt. Zum Inhalt der Übermittlung an die Kommission zählt nach dem Katalog des Art. 5 Abs. 7 VO (EG) Nr. 510/2006 auch die **Fundstelle der Veröffentlichung** der Spezifikation, die einen „elektronischen Zugang"[757] gewähren muss. 305

Bei der Kommission folgt sodann die Prüfung des Antrags auf **Gemeinschaftsebene** nach Art. 6 VO (EG) Nr. 510/2006 durch die Kommission, die von einem „Ständigen Ausschuss für geschützte geografische Angaben und Ursprungsbezeichnungen" unterstützt wird (Art. 15 Abs. 1 VO (EG) Nr. 510/2006). Die Regelung hat gegenüber der VO (EWG) Nr. 2081/92 zwei Änderungen erfahren: Zum einen eröffnet Art. 6 VO (EG) Nr. 510/2006 eine **umfassende formelle und materielle Prüfungskompetenz** der Kommission, was zuvor nicht eindeutig war;[758] zum anderen wurde die sechsmonatige **Prüfungsfrist** auf **zwölf Monate** verlängert, die überdies nur eingehalten werden „sollten". 306

Die Kommission macht monatlich das Verzeichnis der Namen, für die ein Eintragungsantrag gestellt wurde, sowie die Zeitpunkte, zu denen diese bei ihr eingereicht wurden, 307

[754] Eine Übersicht der zuständigen Kontrollstellen nach Bundesländern findet sich bei *Omsels* Geografische Herkunftsangaben. S. 84; von der nach § 139 Abs. 2 MarkenG zulässigen Beauftragung Privater mit der Kontrolle nach Art. 11. VO (EG) Nr. 510/2006 hat etwa Baden-Württemberg Gebrauch gemacht.

[755] SZ vom 13. 12. 2007.

[756] Zu den Rechtsbehelfen Drittbetroffener im Falle einer stattgebenden Entscheidung BPatG GRUR 2004, 82 – Thüringer Rostbratwurst.

[757] Dies folgt aus Art. 5 Abs. 5 Unterabs. 5 VO (EG) Nr. 510/2006.

[758] EuGH GRUR Int. 2002, 523 – Spreewälder Gurken; *Ströbele/Hacker* MarkenG § 130 Rn 51; *Meyer/Klaus* GRUR 2003, 553, 557 (förmliche Prüfung, offensichtliche Unrichtigkeiten).

öffentlich zugänglich; zudem veröffentlicht sie, wo sie aufgrund der durchgeführten Prüfung zu der Auffassung gelangt, dass die Anforderungen der Verordnung VO (EG) Nr. 510/2006 erfüllt sind, das **einzige Dokument** und die **Fundstelle der veröffentlichten Spezifikation** im Amtsblatt der Europäischen Union. Der Zeitpunkt dieser Veröffentlichung ist maßgeblich für das Einspruchsverfahren nach Art. 7 VO (EG) Nr. 510/2006. Wird ein solches nicht angestrengt, folgt die Aufnahme der Bezeichnung in das Register und die Veröffentlichung der Eintragung im Amtsblatt der EU (Art. 7 Abs. 4 VO (EG) Nr. 510/ 2006).

308 Dritte können sich gegen die Aufnahme einer Bezeichnung in das Register sowohl auf **nationaler** als auch auf **europäischer** Ebene wehren. § 130 Abs. 4 MarkenG gibt jeder Person, die ein berechtigtes Interesse besitzt und im Gebiet der Bundesrepublik Deutschland niedergelassen oder ansässig ist, die Möglichkeit gegen den vom DPMA veröffentlichten Eintragungsantrag innerhalb von vier Monaten **Einspruch** einzulegen. Damit entspricht das Gesetz den Vorgaben des Art. 5 Abs. 5 Unterabs. 1 VO (EG) Nr. 510/2006. Die abschließenden Beschlüsse des DPMA werden nach § 130 Abs. 5 MarkenG neben dem Antragsteller auch denjenigen zugestellt, die fristgemäß Einspruch erhoben haben. Die weiteren Rechtsmittel – Beschwerde zum BPatG und Rechtsbeschwerde zum BGH – folgen aus § 133 MarkenG.

309 Auf **europäischer** Ebene ist nach Art. 7 VO (EG) Nr. 510/2006 ein Einspruch gegen die erfolgte Registrierung innerhalb von sechs Monaten nach deren Veröffentlichung möglich. Einspruchsberechtigt sind zum einen jeder **Mitgliedstaat** und jedes **Drittland.** Sie richten eine „ordnungsgemäß begründete Erklärung" an die Kommission. Zum anderen kann **jede natürliche oder juristische Person,** die in einem anderen Mitgliedstaat als dem, der die Eintragung beantragt hat, oder in einem Drittland niedergelassen oder ansässig ist, in derselben Frist und ebenfalls durch eine ordnungsgemäß begründete Erklärung gegen die beabsichtigte Eintragung Einspruch einlegen. Hinsichtlich des formalen Weges unterscheidet Art. 7 Abs. 2 VO (EG) Nr. 510/2006 nach dem Sitz des Einspruchsführers:

- bei natürlichen oder juristischen Personen, die in einem Mitgliedstaat niedergelassen oder ansässig sind, wird die Erklärung bei diesem Mitgliedstaat eingereicht; das nationale deutsche Verfahren regelt § 131 MarkenG;
- bei natürlichen oder juristischen Personen, die in einem Drittland niedergelassen oder ansässig sind, erfolgt die Einreichung entweder direkt bei der Kommission oder über die Behörden des betreffenden Drittlands.

310 Der Einspruch kann nur darauf gestützt werden,

- dass die beantragte Bezeichnung nicht den Vorgaben des Art. 2 VO (EG) Nr. 510/2006 an eine g. g. A. bzw. eine g. U. entspricht,
- dass die beantragte Bezeichnung nicht den Vorgaben des Art. 3 Abs. 2 (Kollision mit dem Namen einer Pflanzensorte oder Tierrasse), Abs. 3 (ganz oder teilweise Übereinstimmung mit einem bereits eingetragenen Namen) oder Abs. 4 (Kollision mit einer Marke) VO (EG) Nr. 510/2006 entspricht,
- dass sich die Eintragung des vorgeschlagenen Namens nachteilig auf das Bestehen eines ganz oder teilweise gleich lautenden Namens oder einer Marke oder auf das Bestehen von Erzeugnissen auswirken würde, die sich zum Zeitpunkt der in Art. 6 Abs. 2 genannten Veröffentlichung bereits seit mindestens fünf Jahren rechtmäßig in Verkehr befinden oder
- dass die Bezeichnung, deren Eintragung beantragt wurde, eine Gattungsbezeichnung im Sinne von Art. 3 Abs. 1 ist.

311 Die Kommission ersucht im Falle eines zulässigen Einspruchs die betroffenen Parteien, „geeignete Konsultationen" aufzunehmen, wofür nach Art. 7 Abs. 5 Unterabs. 2 VO (EG) Nr. 510/2006 sechs Monate zur Verfügung stehen. Je nach dem Ergebnis dieser Verhandlungen kann die Eintragung unverändert vorgenommen werden oder aber die Kommission nimmt eine erneute Prüfung vor und entscheidet „unter angemessener Berücksichtigung der redlichen und ständigen Verwendung und der tatsächlichen Verwechslungsgefahr,

Art. 7 Abs. 5 VO (EG) Nr. 510/2006. Die Entscheidung kann mit der Nichtigkeitsklage angefochten werden.[759]

312 Gegen die Eintragung steht den **Mitgliedstaaten** die **Nichtigkeitsklage** offen,[760] für eine Klage einzelner Unternehmen fehlt regelmäßig die individuelle Betroffenheit. Die Verordnung über die Eintragung einer Bezeichnung als geschützte Ursprungsbezeichnung ist nach der Rechtsprechung von EuG und EuGH[761] ein Rechtsakt mit allgemeiner Geltung und normativem Charakter, der für objektiv bestimmte Situationen gilt und rechtliche Wirkungen gegenüber Gruppen von Wirtschaftsteilnehmern entfaltet, die bestimmte allgemein und abstrakt festgelegte Voraussetzungen erfüllen. Auch wenn die Rechtssubjekte, für die die Verordnung gilt, zum Zeitpunkt ihres Erlasses bestimmbar gewesen wären und festgestanden hätte, dass ihre Zahl sich tatsächlich kaum ändern kann, werde der Normcharakter dieser Verordnung dadurch nicht in Frage gestellt, da sie nur objektive Tatbestände rechtlicher oder tatsächlicher Art erfasse. Die Verordnung betreffe deshalb die Unternehmen, die das entsprechende Produkt herstellen und vermarkten, nur in dieser objektiven Eigenschaft ebenso wie jeden Wirtschaftsteilnehmer, der sich tatsächlich oder potenziell in der gleichen Situation befinde. Daher seien diese Unternehmen von der Verordnung nicht individuell betroffen.

313 Ebenso gut wie sich die Bezeichnung, der Schutz als geschützte geografische Angabe oder geschützte Ursprungsbezeichnung begehrt wird, auf ein abgegrenztes Gebiet innerhalb eines Mitgliedstaates beziehen kann, kann dieser Raum auch grenzüberschreitend gelegen sein oder gänzlich in einem **Drittland** liegen. Der Antrag aus einem Drittland wird nach Art. 5 Abs. 9 Unterabs. 2 VO (EG) Nr. 510/2006 entweder direkt oder nach nationalem Recht über die Behörden des Drittlandes an die Kommission gerichtet. Die Schutzvoraussetzungen sind keine anderen, mit Ausnahme der Pflicht des Antragstellers nachzuweisen, dass die betreffende Bezeichnung in ihrem Ursprungsland geschützt ist (Art. 5 Abs. 9 Unterabs. 1 VO (EG) Nr. 510/2006). Art. 11 Abs. 2, 3 VO (EG) Nr. 510/2006 enthalten Vorgaben für die Kontrolle der Einhaltung der Spezifikation in Drittländern.

314 Liegt das geografische Gebiet, auf das sich ein Schutzantrag bezieht, in zwei oder mehr Staaten, differenziert Art. 12 VO (EG) Nr. 1898/2006 wie folgt:

- **nur Mitgliedstaaten** betroffen: der Antrag wird von einem Mitgliedstaat im Namen aller betroffenen Mitgliedstaaten eingereicht; er enthält die Erklärung aller betroffenen Mitgliedstaaten nach Art. 5 Abs. 7 lit. c VO (EG) Nr. 510/2006; das nationale Einspruchsverfahren[762] findet in allen beteiligten Mitgliedstaaten statt.
- **nur Drittländer** betroffen: die Schutzvoraussetzungen müssen in jedem betroffenen Staat erfüllt sein; der Antrag, einschließlich des in Art. 5 Abs. 9 VO (EG) Nr. 510/2006 vorgesehenen Nachweises für den Schutz des Namens in jedem der betreffenden Drittländer, wird von einer der antragstellenden Vereinigungen im Namen der anderen direkt oder über die Behörden ihres Landes bei der Kommission eingereicht.
- mindestens **ein Mitgliedstaat/ein Drittland** betroffen: die Schutzvoraussetzungen gemäß Art. 5 Abs. 9 VO (EG) Nr. 510/2006 müssen für alle beteiligten Drittländer erfüllt sein; der Antrag wird, einschließlich der in Art. 5 Abs. 7 lit. c VO (EG) Nr. 510/2006 vorgesehenen Erklärung aller beteiligten Mitgliedstaaten und des in Art. 5 Abs. 9 der ge-

[759] Dazu *Meyer/Koch* GRUR 1999, 113 ff.

[760] S. etwa EuGH GRUR Int. 1999, 532 – Feta; und EuGH GRUR 2006, 71 – Feta.

[761] Verneint in EuG GRUR Int. 1999, 58 – Molkerei Großbraunshain; die gegen eine im Verfahren nach Art. 17 VO (EWG) Nr. 2081/92 eingetragene geografische Herkunftsangabe gerichtete Klage des ortsansässigen Klägers war darauf gestützt, das relevante geografische Gebiet sei zu groß festgelegt worden; bestätigt in EuGH Beschl. v. 26. 10. 2000, Rs. C-447/98, Slg. 2000, I-9097 – Molkerei Großbraunshain; abgelehnt wurde auch die individuelle Betroffenheit eines Herstellerverbandes in EuG GRUR-RR 2007, 358 – Miel de Provence; aus denselben Gründen wurden die Klagen von Unternehmen und Verbänden gegen die erneute Registrierung der Bezeichnung Feta als g. U. durch die VO (EG) Nr. 1829/2002 nicht zugelassen, EuG Beschl. v. 6. 7. 2004, Rs T-370/02 – Alpenhain-Camembert-Werk ua; Beschl. v. 13. 12. 2005, Rs T-381/02 – Confédération générale des producteurs de lait de brebis et des industriels de roquefort.

[762] → Rn 307.

nannten Verordnung vorgesehenen Nachweises für den Schutz des Namens in jedem der betreffenden Drittländer, von einem der beteiligten Mitgliedstaaten oder einer der antragstellenden Vereinigungen in den betreffenden Drittländern, direkt oder über die Behörden des Drittlandes, bei der Kommission eingereicht; das nationale Einspruchsverfahren ist in allen beteiligten Mitgliedstaaten durchzuführen.

D. Internationaler Schutz

I. Überblick

315 Auf internationaler Ebene sind geografische Herkunftsangaben Gegenstand mehrerer **multilaterale** Verträge. Dazu zählen die Pariser Verbandsübereinkunft zum Schutz des gewerblichen Eigentums (PVÜ),[763] das Madrider Abkommen über die Unterdrückung falscher oder irreführender Herkunftsangaben auf Waren (MHA)[764] und das Lissabonner Abkommen über den Schutz der Ursprungsbezeichnungen und ihre internationale Registrierung (LUA).[765] Dem letztgenannten Abkommen, das auf qualifizierte geografische (Wein-)bezeichnungen zugeschnitten ist[766] und einen Schutz im Ursprungsland voraussetzt, der auf Gesetz oder einer gerichtlichen oder behördlichen Entscheidung beruht,[767] ist die Bundesrepublik Deutschland nicht beigetreten.[768]

316 Mit der Entwicklung des Weltfreihandelsabkommens (GATT) zur Welthandelsorganisation (WTO) am Ende der Uruguay-Runde des GATT wurden erstmals handelspolitische Aspekte gewerblicher Schutzrechte, für die bis dahin allein die WIPO[769] zuständig gewesen war, Gegenstand der Verhandlungen.[770] Sie mündeten 1994 in das als Anhang 1 C zum Übereinkommen zur Errichtung der Welthandelsorganisation beschlossene Übereinkommen über handelsbezogene Aspekte der Rechte des geistigen Eigentums (TRIPS).[771] Das **TRIPS-Übereinkommen** verpflichtet zur Einhaltung von Mindeststandards zum Schutze geistigen Eigentums, berücksichtigt aber auch die Freiheit des rechtmäßigen Handels. Dem Schutz geografischer Herkunftsangaben widmet das Abkommen darüber hinaus einen eigenen Abschnitt.[772]

317 Als Reaktion auf die engen Schutzvoraussetzungen des Lissabonner Ursprungsabkommens (LUA) wurden in den 60er und 70er Jahren zahlreiche **bilaterale** Verträge geschlossen, die die gegenseitige Anerkennung nach Produktgruppen gelisteter geografischer Herkunftsangaben im Territorium der Vertragsstaaten sicherten. Solche Herkunftsabkommen bestehen

---

763 Übereinkunft vom 20. 3. 1883, zuletzt revidiert in Stockholm am 14. 7. 1967, BGBl. 1970 II S. 391; geändert am 2. 10. 1979, BGBl. 1984 II S. 799.

764 Abkommen vom 14. 4. 1891, zuletzt revidiert in Lissabon am 31. 10. 1958, BGBl. 1961 II S. 293; Stockholmer Zusatzvereinbarung zum Madrider Abkommen über die Unterdrückung falscher oder irreführender Herkunftsangaben auf Waren vom 14. 4. 1891, zuletzt revidiert in Lissabon am 31. 10. 1958, BGBl. 1970 II S. 444.

765 Abkommen vom 31. 10. 1958 GRUR 1959, 135 ff; revidiert in Stockholm am 14. 7. 1967 und geändert am 2. 10. 1979.

766 Von den EU-Mitgliedstaaten sind denn auch (nur) Frankreich, Italien, Portugal, Ungarn, die Slowakei und Tschechien dem Abkommen beigetreten. Insgesamt hat das Abkommen nur 26 Staaten vereinigt.

767 Nur geografischen Angaben, die im Ursprungsland „als solche" anerkannt und geschützt sind, können nach Art. 1 des Abkommens durch Registrierung geschützt werden.

768 Dazu *Beier* GRUR Int. 1968, 69 ff.

769 Die WIPO – World Intellectual Property Organization (= OMPI – Organisation Mondiale de la Propriété Intellectuelle) mit Sitz in Genf ist seit 1974 eine Sonderorganisation der Vereinten Nationen, die für gegenwärtig 180 Mitgliedsländer 23 internationale Übereinkommen auf dem Gebiet des gewerblichen, literarischen und künstlerischen Eigentums verwaltet; im Internet: <http://www.wipo.int>.

770 Dazu *Katzenberger* GRUR Int. 1995, 447.

771 Agreement on Trade-Related Aspects of Intellectual Property Rights, TRIPS; amtlicher deutscher Text in BGBl. 1994 II S. 1730.

772 Teil II Abschnitt 3 des TRIPS-Abkommens (Art. 22 bis 24), wiedergegeben in GRUR Int. 1994, 132.

zwischen der Bundesrepublik Deutschland und Frankreich,[773] Griechenland,[774] Italien,[775] der Schweiz[776] und Spanien.[777] Das deutsch-französische Abkommen diente dabei den nachfolgenden Verträgen als Vorbild.[778] Die Abkommen erfassen – im Unterschied zum Lissabonner Ursprungsabkommen – neben Weinen, Agrarprodukten und Lebensmitteln auch gewerbliche Erzeugnisse. Älter als die genannten Herkunftsabkommen sind das deutsch-kubanische Abkommen zum Schutz der Herkunftsangaben *Cuba* und *Havanna* von 1954[779] und das Handels- und Schifffahrtsabkommen mit Portugal aus dem Jahre 1950, nach dem die Bezeichnungen Solingen (für Deutschland), *Porto* und *Madeira* (für Portugal) geschützt werden.[780]

II. Bilaterale Verträge (Herkunftsabkommen)

Die bilateralen Herkunftsabkommen zwischen Deutschland und Frankreich, Griechenland, Italien, der Schweiz und Spanien folgen im Wesentlichen demselben Aufbau. Die nachfolgenden Darstellung orientiert sich am deutsch-französischen Abkommen.[781] 318

1. Aufbau und Inhalt der Abkommen

Aufbau und Funktionsweise der bilateralen Abkommen sind von zwei Prinzipien geprägt.[782] Zum einen sind die Abkommen mit je zwei **Anhängen** versehen, in denen die beiden Vertragsstaaten die ihr Hoheitsgebiet betreffenden geografischen Herkunftsbezeichnungen nebst zugehöriger Produkte auflisten. Die jeweils das eigene Land betreffende Liste kann einseitig verkürzt oder einvernehmlich mit dem anderen Vertragsstaat verändert oder erweitert werden. Die in den Listen erfassten Bezeichnungen werden vom jeweils anderen Vertragsstaat, dem Schutzland, dahingehend respektiert, dass die Verwendung der darin genannten Bezeichnungen im Inland ausschließlich Erzeugnissen oder Waren des Ursprungslandes vorbehalten bleibt. Dieser wechselseitige Schutz ist **absolut** und nicht von einer Irreführungseignung, Verwechslungsgefahr o. Ä. abhängig. Er erfasst auch Übersetzungen und verbietet entlokalisierende Zusätze wie „Art", „Typ", „Fasson", „Nachahmung" oder dergleichen. 319

Ohne dass dies ausdrücklich erwähnt würde, verbieten die Abkommen generell – als Ausdruck eines allgemeinen Grundsatzes des Kennzeichenrechts[783] – auch die Verwendung **ähnlicher,** verwechslungsfähiger Bezeichnungen. Ausreichend ist, dass die verwendete Abwandlung der geschützten Bezeichnung ihrem Sinn nach denselben Eindruck hervorruft wie die geschützte oder geeignet ist, den in der geschützten Bezeichnung steckenden Werbewert zu beeinträchtigen. Die Bezeichnung „Champagnerbratbirne" auf dem Etikett eines deutschen Birnenschaumweines ist deshalb unvereinbar mit der nach dem deutsch-fran- 320

---

[773] BGBl. 1961 II S. 22; BGH GRUR 1969, 615 – Champi-Krone; LG Hamburg GRUR Int. 1996, 155 – Champagne; OLG Stuttgart GRUR-RR 2002, 385- Aus der Champagnerbratbirne; BGH GRUR Int. 2006, 72 – Champagner Bratbirne.

[774] BGBl. 1965 II S. 176; BGH GRUR 1970, 311 – Samos.

[775] BGBl. 1965 II S. 156; BGH GRUR 1994, 307, 309 – Mozzarella I.

[776] BGBl. 1969 II S. 138; LG München I WRP 1980, 652 – Alpia; BPatG GRUR 1998, 148 – SAINT MORRIS/St. Moritz.

[777] BGBl. 1972 II S. 109.

[778] Dazu *Beier/Knaak* GRUR Int. 1993, 602.

[779] BGBl. 1954 II S. 1112; dazu OLG München GRUR-RR 2002, 64 – Habana; BGH GRUR 1957, 430 – Havanna.

[780] BlPMZ 1950, 298; s. die Übersicht bei *Fezer* Markenrecht Zweiter Teil 3. Abschnitt.

[781] Abkommen über den Schutz von Herkunftsangaben, Ursprungsbezeichnungen und anderen geografischen Bezeichnungen vom 8. 3. 1960, BGBl. 1961 II S. 22; zur Neufassung der Anhänge s. BGBl. 1969 II S. 856, 873.

[782] *Krieger* GRUR Int. 1964, 500; *Tilmann* EuZW 1992, 343; *v. Gamm* FS Brandner S. 375.

[783] BGH GRUR 1969, 615, 616 – Champi-Krone.

zösischen Herkunftsabkommen[784] geschützten Bezeichnung „Champagne",[785] auch wenn es sich bei der Angabe um einen seit mehr als 150 Jahren in Württemberg verwendeten Namen für eine Birnensorte handelt.

321 Der Geltungsanspruch der Abkommen ist auch nicht auf die Waren oder Warengruppen begrenzt, die in den Anlagen ausdrücklich im Zusammenhang mit einem Ortsnamen benannt sind. Die geschützten Bezeichnungen dürfen deshalb auch in anderem Kontext nicht verwendet werden. Etwas anderes gilt nur dann, wenn die geschützte Bezeichnung dadurch „ersichtlich in keiner Weise beeinträchtigt werden" kann.[786] Die Verwendung der Angabe „champagnerfarben" für die Farbtönung von Textilien oder Leder verstößt deshalb nicht gegen den bilateralen Schutz der Bezeichnung *Champagne,*[787] wohl aber der Vertrieb von Badeartikeln unter der Bezeichnung *Champagne.*[788] Haben sich die befugten Benutzer einer geschützten Bezeichnung einen besonderen Ruf erworben, kann auch im Rahmen der Herkunftsabkommen der wettbewerbsrechtliche Schutz vor sittenwidriger Ausnutzung fremden Rufs zur Förderung des eigenen Absatzes gewährt werden.[789] Für nicht gelistete Herkunftsbezeichnungen schließlich sehen die Abkommen einen ergänzenden Irreführungsschutz vor.

322 Das zweite Prinzip der bilateralen Herkunftsabkommen liegt in einer **Durchbrechung des Territorialitätsprinzips.** Der rechtliche Schutz geografischer Herkunftsbezeichnungen nach dem Recht des Ursprungslandes wird auf das Territorium des Schutzlandes erstreckt: die im Schutzland ausschließlich Waren und Erzeugnissen des Ursprungslandes vorbehaltenen Bezeichnungen des anderen Vertragsstaates dürfen im Schutzland nur unter denselben Voraussetzungen benutzt werden, wie sie in der Gesetzgebung des Ursprungslandes vorgesehen sind. Der Rechtsschutz im Inland besteht deshalb auch unabhängig davon, ob die im Ursprungsland benutzte geografische Angabe im Schutzland als Gattungsbegriff verstanden wird.[790]

323 Beide Grundsätze kommen **kumulativ** zur Anwendung: die geschützten Bezeichnungen dürfen nur für Erzeugnisse des Ursprungslandes verwendet werden und auch dies nur dann, wenn sie nach dem dort geltenden innerstaatlichen Recht so bezeichnet werden dürfen.[791] Daraus folgt umgekehrt, dass das Abkommen verletzt ist, wenn alternativ das eine oder das andere Prinzip verletzt wird.[792]

324 Die Abkommen sind mit ihrer Ratifikation unmittelbar anspruchsbegründend. Unterlassungs- und Schadensersatzansprüche stehen dem aus der vertragswidrigen Benutzung einer geschützten Bezeichnung unmittelbar Verletzten zu.[793]

---

[784] → Fn 781.

[785] OLG Stuttgart GRUR-RR 2002, 385 – Aus der Champagnerbratbirne, bestätigt durch BGH GRUR Int. 2006, 72; dazu *Obergfell* MarkenR 2005, 470; s. auch BGH GRUR 1969, 615 – Champi-Krone; SchweizBG GRUR Int. 2007, 628 – Champ; SchweizBG GRUR Int. 2004, 341 – Schlumpagner.

[786] OLG Stuttgart GRUR-RR 2002, 385 – Aus der Champagnerbratbirne; BGH GRUR 1995, 65, 66 – Produktionsstätte (D/CH); BGH GRUR 1983, 768, 769 – Capri-Sonne (D/I); BGH GRUR 1970, 311, 312 – Samos (D/GR); BGH GRUR 1969, 611, 614 – Champagner-Weizenbier (D/F); *Krieger* GRUR Int. 1964, 499, 500; die Einschränkung gilt nicht für das deutsch-kubanische Herkunftsabkommen, OLG München GRUR-RR 2002, 64 – Habana.

[787] LG Düsseldorf GRUR Int. 1967, 109, 110 – Champagner-Weizenbier II.

[788] LG Hamburg GRUR Int. 1996, 155.

[789] BGH GRUR 1988, 453 – Ein Champagner unter den Mineralwässern, *v. Schultz/Gruber* MarkenG Vor §§ 126–129 Rn 25.

[790] Im Falle eines via Internet in Deutschland um Kunden werbenden italienischen Unternehmens, dessen Werbung gegen das deutsch-italienische Herkunftsabkommen verstieß, führte dies dazu, dass sich das italienische Unternehmen jedenfalls nicht auf ein günstigeres Heimatrecht im Hinblick auf das nach der sog. E-Commerce RL 2000/31/EG maßgebliche Recht am Sitz des Unternehmens (umgesetzt in § 4 Abs. 2 TDG) berufen konnte – BGH GRUR Int. 2007, 342 – Pietra di Soln.

[791] BGH GRUR 1969, 611, 612 – Champagner-Weizenbier.

[792] BGH GRUR 1969, 611, 613 – Champagner-Weizenbier.

[793] *Fezer* Markenrecht Herkunftsabkommen Rn 4.

2. Bilaterale Verträge und freier Warenverkehr

Die bilateralen Herkunftsabkommen sind mit der Einführung des gemeinschaftsrechtlichen Schutzes nach der VO (EWG) Nr. 2081/92 (jetzt: VO (EG) Nr. 510/2006) auch unter den Mitgliedstaaten[794] nicht obsolet geworden. Denn zum einen erfasst dieser Schutz nicht die einfachen, qualitätsneutralen Herkunftsabkommen,[795] zum anderen schließt die VO (EG) Nr. 510/2006 den Schutz qualifizierter Herkunftsbezeichnungen nach nationalem Recht auch dann nicht aus, wenn dieser zwar nach der VO (EG) Nr. 510/2006 möglich wäre, aber weder im anfangs gegebenen, vereinfachten Verfahren nach Art. 17 der VO (EWG) Nr. 2081/92, noch im normalen Verfahren nach Art. 5ff VO (EG) Nr. 510/2006 in Anspruch genommen wurde.[796] Wenn eine Bezeichnung in das von der Kommission geführte Register aufgenommen wurde, ist ein nationaler Schutz aus einem bilateralen Abkommen allerdings ausgeschlossen, selbst wenn er materiell über den nach der VO (EG) Nr. 510/2006 gewährten hinausginge.[797] 325

Soweit die bilateralen Herkunftsabkommen danach noch zur Anwendung kommen, müssen sie mit dem EG-Vertrag in Einklang stehen. In ihrer die Warenverkehrsfreiheit beschränkenden Wirkung bedürfen sie – als „Maßnahmen gleicher Wirkung" im Sinne des Art. 28 EG – der Rechtfertigung nach Art. 30 EG. Der EuGH hat bereits in der Entscheidung *Exportur*,[798] noch vor Inkrafttreten der VO (EWG) Nr. 2081/92, zum Schutz aus einem bilateralen Herkunftsabkommen festgestellt, der mit einem solchen Abkommen verfolgte Zweck, die Erzeuger eines Vertragsstaates daran zu hindern, geografische Bezeichnungen des anderen Staates zu verwenden und damit den Ruf der Erzeugnisse von Unternehmen aus den betreffenden Gebieten oder Orten auszunutzen, sichere die Lauterkeit des Wettbewerbs und genieße deshalb den Schutz des gewerblichen und kommerziellen Eigentums im Sinne des Art. 30 EG.[799] Da es im Sinne des Art. 30 EG (Art. 36 EWGV) gerechtfertigt sei, dass ein Staat Bezeichnungen von Gebieten oder Orten in seinem Staatsgebiet schütze, stehe diese Bestimmung auch der Erstreckung dieses Schutzes auf das Gebiet eines anderen Mitgliedstaates nicht entgegen.[800] 326

Im selben Sinne hat der EuGH auf eine Vorlage des Handelsgerichts Wien festgestellt, die Art. 28, 30 EG stünden der Anwendung eines bilateralen Vertrages eines Mitgliedstaates (Österreich) mit einem Drittstaat (Tschechien) nicht entgegen, nach der einer einfachen und mittelbaren geografischen Herkunftsangabe dieses Drittlandes in dem einführenden Mitgliedstaat ein von jeglicher Irreführungsgefahr unabhängiger Schutz gewährt werde und die Einfuhr einer Ware, die in einem anderen Mitgliedstaat rechtmäßig in Verkehr gebracht worden sei, unterbunden werden könne.[801] 327

Die zitierte Rechtsprechung des EuGH steht jedoch immer unter dem ausdrücklichen Vorbehalt, dass die geschützte Bezeichnung nicht bei Inkrafttreten des Vertrages oder später im Ursprungsland zur **Gattungsangabe** geworden ist.[802] Liegt es so, kommt vorbehaltlich anderer spezifischer Rechte, etwa aus einer Marke, eine Rechtfertigung des Schutzes der Bezeichnung aus Art. 30 EG als „Schutz des gewerblichen und kommerziellen Eigentums" ebenso wenig in Betracht wie die Annahme eines „zwingenden Erfordernisses" im Sinne 328

---

[794] Zu einem bilateralen Herkunftsabkommen mit einem (damaligen) Drittland s. EuGH GRUR Int. 2004, 131, 134 – American Bud.

[795] EuGH GRUR Int. 1993, 76, 78f – Exportur (Turrón de Alicante); EuGH GRUR Int. 2004, 131, 134 – American Bud.

[796] → Rn 264ff.

[797] EuGH GRUR Int. 1999, 443 – Gorgonzola/Cambozola; OLG Frankfurt GRUR Int. 1997, 751, 752 – Gorgonzola/Cambozola.

[798] EuGH GRUR Int. 1993, 76, 78f – Exportur (Turrón de Alicante).

[799] EuGH aaO – Exportur; GRUR Int. 1999, 443, 445 – Gorgonzola/Cambozola.

[800] EuGH aaO – Exportur.

[801] EuGH GRUR Int. 2004, 131, 135 – American Bud; krit. dazu *Meyer/Klaus* WRP 2004, 131.

[802] EuGH GRUR Int. 1993, 76, 79 – Exportur (Turrón de Alicante); BGH GRUR 1994, 307, 309 – Mozzarella I.

der Cassis-Rechtsprechung zu Art 28 EG,[803] etwa im Hinblick auf die Lauterkeit des Handelsverkehrs oder den Verbraucherschutz.[804] Im Falle *American Bud* legte der EuGH dem vorlegenden Handelsgericht Wien deshalb nahe zu prüfen, ob die mittelbare Herkunftsbezeichnung *Bud* nach den tatsächlichen Gegebenheiten und nach dem begrifflichen Verständnis, die in der Tschechischen Republik bestehen, unmittelbar oder mittelbar ein Gebiet oder einen Ort in diesem Staat bezeichne.

III. Multilaterale Verträge

329 Die wirtschaftliche und rechtliche Bedeutung geografischer Herkunftsangaben wurde ebenso früh erkannt wie die anderer gewerblicher Schutzrechte. Staatsverträge zum Schutze gewerblichen Eigentums behandeln deshalb in unterschiedlicher Intensität auch den Schutz geografischer Herkunftsangaben. Das älteste der insoweit interessierenden Abkommen ist die Pariser Verbandsübereinkunft zum Schutz des gewerblichen Eigentums (PVÜ) aus dem Jahre 1883, gefolgt vom Madrider Abkommen über die Unterdrückung falscher oder irreführender Herkunftsangaben auf Waren (MHA) von 1891, dem Lissabonner Abkommen über den Schutz der Ursprungsbezeichnungen und ihre internationale Registrierung (LUA) von 1958 und schließlich dem Übereinkommen über handelsbezogene Aspekte der Rechte des geistigen Eigentums (TRIPS) aus dem Jahre 1994. Während die erstgenannten Abkommen von der WIPO[805] verwaltet werden, wurde das TRIPS-Übereinkommen als Anhang 1 C zum Übereinkommen zur Errichtung der Welthandelsorganisation (WTO)[806] beschlossen.

1. Pariser Verbandsübereinkunft zum Schutz des gewerblichen Eigentums (PVÜ)[807]

330 Die Pariser Verbandsübereinkunft, der gegenwärtig 168 Länder angehören,[808] zählt in Art 1 Abs. 2 PVÜ „die Herkunftsangaben oder Ursprungsbezeichnungen sowie die Unterdrückung des unlauteren Wettbewerbs" neben Patenten, Gebrauchsmustern, Geschmacksmustern, Marken und geschäftlichen Bezeichnungen zum Schutz des gewerblichen Eigentums, der seinerseits den Zweck des Verbandes darstellt. Art. 1 Abs. 3 PVÜ stellt klar, dass der Schutz gewerblichen Eigentums nicht auf Gewerbe und Handel in einem engen Sinne begrenzt sei und deshalb die Landwirtschaft und alle Fabrikate oder Naturerzeugnisse wie zB Wein oder Mineralwässer („domain des industries agricoles et extractives") mit umfasse.

331 Die zentrale Aussage des Abkommens findet sich in Art. 2 PVÜ. Danach genießen die Angehörigen der Verbandsländer in allen übrigen Ländern des Verbandes in Bezug auf den Schutz gewerblichen Eigentums die Vorteile, welche die betreffenden Gesetze den eigenen Staatsangehörigen gewähren. Mit diesem sog. Prinzip der **Inländerbehandlung** wird ausländischen geografischen Herkunftsangaben allerdings nur der Rechtsschutz zuteil, den

[803] EuGH GRUR Int. 1979, 468 – Cassis de Dijon; EuGH GRUR Int. 1987, 404 – Reinheitsgebot (Bier); EuGH NJW 1988, 2169 – Reinheitsgebot (Teigwaren); EuGH NVwZ 1992, 157 – Denkavit; EuGH GRUR Int. 1997, 829 – Familiapress.

[804] EuGH GRUR Int. 2004, 131, 136 – American Bud; s. auch EuGH GRUR Int. 2001, 451 – Emmentaler, zur gemeinschaftsrechtlichen Unzulässigkeit einer nationalen (französischen) Regelung, die den Vertrieb eines Käses ohne Rinde unter der Bezeichnung Emmentaler verbietet.

[805] Die WIPO – World Intellectual Property Organization (= OMPI – Organisation Mondiale de la Propriété Intellectuelle) mit Sitz in Genf ist seit 1974 eine Sonderorganisation der Vereinten Nationen, die für gegenwärtig 184 Mitgliedsländer 24 internationale Übereinkommen auf dem Gebiet des gewerblichen, literarischen und künstlerischen Eigentums verwaltet; im Internet: <http://www.wipo.int>; Übereinkommen zur Errichtung der Weltorganisation für geistiges Eigentum vom 14. 7. 1967, BGBl. 1970 II S. 295; geändert am 2. 10. 1979, BGBl. 1984 II S. 799.

[806] World Trade Organzation, im Internet: <http.//www.wto.int>.

[807] Übereinkunft vom 20. 3. 1883, zuletzt revidiert in Stockholm am 14. 7. 1967, BGBl. 1970 II S. 391; geändert am 2. 10. 1979, BGBl. 1984 II S. 799.

[808] Die Liste der Verbandsländer kann unter <http://www.wipo.int/treaties> abgerufen werden.

inländische Bezeichnungen nach der Rechtsordnung des jeweiligen Landes genießen. Das Prinzip der Inländerbehandlung geht danach in der Sache nicht über ein allgemeines Diskriminierungsverbot hinaus.

Art. 9, 10 PVÜ verpflichten die Verbandsländer im Falle des unmittelbaren oder mittel- **332**
baren Gebrauchs einer falschen Angabe über die Herkunft eines Erzeugnisses zur Beschlagnahme,[809] Art. 10bis PVÜ zu wirksamem Schutz vor unlauterem Wettbewerb. Geografische Herkunftsangaben werden dabei allerdings nicht ausdrücklich erwähnt; Art. 10bis Abs. 3 PVÜ nennt als Fallgruppen unlauteren Wettbewerbs lediglich Handlungen, die geeignet sind, Verwechslungen mit den Erzeugnissen eines Wettbewerbers hervorzurufen, „falsche Behauptungen" im geschäftlichen Verkehr, die den Ruf der Erzeugnisse oder der Tätigkeit eines Wettbewerbers herabzusetzen geeignet sind sowie Angaben oder Behauptungen, deren Verwendung im geschäftlichen Verkehr zur Irreführung des Publikums über die Beschaffenheit, die Art der Herstellung, die wesentlichen Eigenschaften, die Brauchbarkeit oder die Menge einer Ware führen könnte.

Die Bedeutung dieser Bestimmungen wird durch den Grundsatz der Inländerbehand- **333**
lung relativiert. Denn die Frage, ob eine „falsche Angabe" über die Herkunft eines Produkts, eine rufschädigende Behauptung usw. vorliegt, wird danach nach dem nationalen Recht des Schutzlandes entschieden. Ist etwa eine Herkunftsbezeichnung nach diesem Recht als Gattungsangabe einzustufen, fällt damit auch der Schutz nach der PVÜ. Schwacher nationaler Schutz geografischer Herkunftsangaben nach nationalem Recht bedeutet mithin auch schwachen Schutz für ausländische Herkunftsangaben nach der PVÜ.[810]

2. Madrider Abkommen über die Unterdrückung falscher oder irreführender Herkunftsangaben auf Waren (MHA)[811]

Der Schutz geografischer Herkunftsangaben nach der PVÜ wird durch das Madrider **334**
Herkunftsabkommen, einem Sonderabkommen zur PVÜ, erweitert. Dem Abkommen sind bislang nur 34 Länder beigetreten, darunter elf EU-Mitgliedsländer.[812] Das Abkommen verpflichtet die Vertragsstaaten zur Beschlagnahme von Erzeugnissen bei der Einfuhr, wenn diese falsche oder irreführende Angaben tragen, durch die einer der Vertragsstaaten oder ein in diesen Ländern befindlicher Ort unmittelbar oder mittelbar als Land oder Ort des Ursprungs angegeben ist.[813] Eine Beschlagnahme bei der Durchfuhr solcher Waren ist nach Art. 2 Abs. 2 des Abkommens nicht obligatorisch.

Im nationalen deutschen Recht wird den Vorgaben des Abkommens in §§ 126 ff Mar- **335**
kenG, §§ 3, 5 UWG sowie mit der Beschlagnahme nach § 151 MarkenG, die die Einfuhr, die Ausfuhr und die Durchfuhr mit geografischen Herkunftsbezeichnungen widerrechtlich gekennzeichneter Waren erfasst, Rechnung getragen. Wie die PVÜ enthält auch das MHA keine zivil- oder strafrechtlichen Sanktionen und bleibt hinsichtlich der materiellen Voraussetzungen einer widerrechtlichen Kennzeichnung vom nationalen Recht der Vertragsstaaten abhängig. Nach Art. 4 des Abkommens ist – mit Ausnahme der „regionalen Bezeichnungen der Herkunft von Weinbauerzeugnissen"[814] – das Recht des Schutzlandes maßgeblich. Wo nach diesem Recht keine geografische Herkunftsangabe oder keine unbefugte Verwendung einer geografischen Herkunftsangabe gegeben ist, geht auch die Verpflichtung

---

[809] Zu einem Ausbau des Schutzes geografischer Herkunftsangaben nach der PVÜ *Krieger* GRUR Int. 1984, 71 ff.

[810] *Knaak* GRUR Int. 1995, 643.

[811] Abkommen vom 14. 4. 1891, zuletzt revidiert in Lissabon am 31. 10. 1958, BGBl. 1961 II S. 293; Stockholmer Zusatzvereinbarung zum Madrider Abkommen über die Unterdrückung falscher oder irreführender Herkunftsangaben auf Waren vom 14. 4. 1891, BGBl. 1970 II S. 444.

[812] Die Liste der Vertragsstaaten kann unter <http://www.wipo.int/treaties> abgerufen werden.

[813] Die irreführende Verwendung geografischer Herkunftsangaben ist in der PVÜ nicht ausdrücklich erwähnt, → Rn 329, 330.

[814] Nach *Beier* GRUR Int. 1968, 69, 74, liegt in dieser Ausnahme, die eine Entwicklung zur Gattungsangabe im Schutzland ausschließt, die wichtigste Bestimmung des MHA.

zur Beschlagnahme ins Leere. Nichts anderes gilt, wo der Ruf einer geografischen Herkunftsangabe ausgenutzt wird, ohne dass eine Irreführung zu besorgen wäre.[815]

3. Lissabonner Abkommen über den Schutz der Ursprungsbezeichnungen und ihre internationale Registrierung (LUA)[816]

336 Das Lissabonner Ursprungsabkommen stellt einen Versuch da, den Schutzdefiziten der vorgenannten Abkommen zugunsten von Ursprungsbezeichnungen abzuhelfen. Anders als diese führt das Abkommen ein Register ein, das von der WIPO geführt wird und in das Ursprungsbezeichnungen der Vertragsstaaten eingetragen werden können. Die nach dem LUA registrierten Ursprungsbezeichnungen werden umfassend geschützt:

- Der Schutz ist **absolut** ausgestaltet, das heißt, von einer Irreführung unabhängig. Art. 3 LUA verbietet jede widerrechtliche Aneignung oder Nachahmung.
- Mit dem Verbot der Nachahmung werden auch **Abwandlungen** der geschützten Bezeichnung erfasst. Dazu zählen, wie Art. 3 LUA ausdrücklich erwähnt, auch **Übersetzungen** der geschützten Bezeichnung.
- Art. 3 LUA schützt überdies vor **entlokalisierenden Zusätzen** einschließlich solcher wie „Art", „Typ", „Fasson", „Nachahmung" oder dergleichen.
- Art. 6 LUA schließt die Entwicklung einer nach Art. 5 LUA registrierten Ursprungsangabe zur **Gattungsbezeichnung** in den Schutzländern aus, solange sie ihren Schutz im Ursprungsland nicht verloren hat.

337 Dass das Lissabonner Ursprungsabkommen gleichwohl – nach der Zahl der Vertragsstaaten gemessen[817] – ohne großen Erfolg geblieben ist, hat vor allem zwei Gründe. Zum einen setzt das Abkommen voraus, dass nur eine im Ursprungsland „als solche anerkannte und geschützte" Ursprungsbezeichnung registriert werden kann. „Als solche" sind Ursprungsangaben nur geschützt, wenn die einzelne Angabe auf Grund eines Gesetzes, eines Gerichtsurteils oder einer behördlichen Entscheidung geschützt ist.[818] Ein Schutzsystem, das wie das deutsche Recht lediglich wettbewerbsrechtlichen Irreführungs- und Rufausbeutungsschutz gewährt, genügt dem nicht.[819]

338 Zum anderen definiert das Lissabonner Ursprungsabkommen in Art. 2 Ursprungsbezeichnungen nach dem französischen Vorbild der appellation d'origine als „geographische Benennung eines Landes, einer Gegend oder eines Ortes", „die zur Kennzeichnung eines Erzeugnisses dient, das dort seinen Ursprung hat und das seine Güte oder Eigenschaften ausschließlich oder überwiegend den geographischen Verhältnissen einschließlich der natürlichen und menschlichen Einflüsse verdankt". Mit dieser Definition, die für die geschützte geografische Ursprungsangabe nach Art. 2 Abs. 2 lit. a VO (EWG) 2081/92 (jetzt: Art. 2 Abs. 1 lit. a VO (EG) Nr. 510/2006) Vorbild war,[820] werden in erster Linie Agrarprodukte und Lebensmittel wie Wein oder Mineralwässer angesprochen;[821] einfache, Qualitätsneutrale Herkunftsangaben sind vom Schutz nach dem Lissabonner Ursprungsabkommen gänzlich ausgenommen.[822]

339 Beide Aspekte sind mit dafür ursächlich, dass geografische Herkunftsangaben in den folgenden Jahrzehnten vermehrt im Rahmen bilateraler Verträge geschützt wurden, die ebenfalls einen von einer Irreführung unabhängigen, absoluten Schutz registrierter Herkunftsangaben gewährleisteten, ohne jedoch auf qualifizierte Herkunftsangaben beschränkt zu sein und ohne ein nationales, gesetzliches oder behördliches Schutzsystem vorauszusetzen.

---

[815] *Schricker* GRUR Int. 1982, 515.
[816] Abkommen vom 31. 10. 1958 GRUR 1959, 135; revidiert in Stockholm am 14. 7. 1967 und geändert am 2. 10. 1979.
[817] Die Zahl der Vertragsstaaten ist mit derzeit 26 gering geblieben.
[818] *Krieger* GRUR Int. 1959, 58, 98; *Beier* GRUR Int. 1968, 69, 78.
[819] *Knaak* GRUR Int. 1995, 644.
[820] → Rn 253 f.
[821] *Beier* GRUR Int. 1968, 69, 76.
[822] Zu einer Revision des Abkommens *Krieger* GRUR 1972, 304, 305 f.

4. Übereinkommen über handelsbezogene Aspekte der Rechte des geistigen Eigentums (TRIPS)[823]

Das 1994 als Anhang 1 C zum Übereinkommen zur Errichtung der Welthandelsorganisation[824] (WTO – World Trade Organization) beschlossene Übereinkommen über handelsbezogene Aspekte der Rechte des geistigen Eigentums (TRIPS)[825] verfolgt nach seiner Präambel ein doppeltes Ziel: die Stärkung der Rechte des geistigen Eigentums und zugleich den Schutz des rechtmäßigen Handels vor Behinderungen aus der Durchsetzung gewerblicher Schutzrechte. Die Rechte des geistigen Eigentums sollen nach der Präambel des Übereinkommens wirksam und angemessen geschützt werden, ohne dass ihre Durchsetzung selbst zu Schranken für den rechtmäßigen Handel werden. Dabei verpflichtet das TRIPS-Übereinkommen lediglich zur Einhaltung von **Mindeststandards** zum Schutze geistigen Eigentums. Keinesfalls soll ein national bestehendes, höheres Schutzniveau durch das Übereinkommen abgesenkt werden (Art. 24 Abs. 3 TRIPS-Übereinkommen). 340

Das Übereinkommen setzt auf die Standards der PVÜ – einschließlich der Sonderabkommen nach Art. 19 PVÜ – auf:[826] Art. 2 TRIPS-Übereinkommen verpflichtet zunächst zu deren Beachtung. Damit gilt der Grundsatz der **Inländerbehandlung** nach der PVÜ über das TRIPS-Übereinkommen (Art. 3) unmittelbar auch unter den Mitgliedstaaten der WTO. Art. 4 TRIPS-Übereinkommen ergänzt dieses Prinzip um das der **Meistbegünstigung.** Danach gewährt jedes Mitgliedsland den Schutz geistigen Eigentums, den es den Angehörigen eines anderen Landes gewährt, jedem Angehörigen aller anderen Mitgliedsländer. Während der Grundsatz der Inländerbehandlung Diskriminierungen zwischen Ausländern und Inländern ausschließt, verbietet der Grundsatz der Meistbegünstigung Diskriminierungen unter Ausländern. Allerdings gilt dieses letztgenannte Diskriminierungsverbot nicht ohne Einschränkung. Vorteile auf Grund internationaler Abkommen zum Schutze geistigen Eigentums, die bereits vor Inkrafttreten des WTO-Übereinkommens in Kraft getreten sind und dem Rat für TRIPS notifiziert wurden, unterfallen dem Meistbegünstigungsprinzip nicht (Art. 4 Satz 2 lit. d TRIPS-Übereinkommen). Als ein solches Abkommen wurden der EU- Vertrag und der EWR-Vertrag einschließlich des sekundären Gemeinschaftsrechts notifiziert. 341

Dem Schutz geografischer Herkunftsangaben widmet das TRIPS-Übereinkommen einen eigenen Abschnitt.[827] Geografische Angaben sind in Art. 22 des Übereinkommens als Angaben definiert, die eine Ware als aus dem Hoheitsgebiet eines Mitglieds oder aus einer Gegend oder aus einem Ort in diesem Gebiet stammend kennzeichnen, wenn eine bestimmte Qualität, der Ruf oder eine sonstige Eigenschaft der Ware im Wesentlichen auf ihrer geografischen Herkunft beruht. Die Definition entspricht weitestgehend der des Art. 2 Abs. 2 lit. b VO (EWG) Nr. 2081/92 (jetzt: Art. 2 Abs. 1 lit. b VO (EG) Nr. 510/2006). Sie verzichtet damit nicht auf eine Qualifikation der geografischen Herkunftsangabe im Sinne eines Zusammenhanges zwischen Herkunft und Produkteigenschaften, setzt die Schwelle für die Annahme eines solchen Zusammenhanges aber mit der Anerkennung der bloßen Reputation einer Ware (Ruf, Ansehen) als herkunftsbedingter Eigenschaft denkbar niedrig. Die Beurteilung im einzelnen Falle erfolgt nach dem Schutzlandprinzip anhand des jeweiligen nationalen Rechts; das Ursprungslandprinzip greift nur insoweit, als mit dem Verlust des Schutzes einer geografischen Angabe im Ursprungsland auch der im Schutzland fällt, Art. 24 Abs. 9 TRIPS-Übereinkommen. 342

Art. 22 TRIPS enthält drei Verpflichtungen der Mitgliedstaaten zum Schutz geografischer Herkunftsangaben. Die Erste betrifft den Schutz vor **Irreführungen.** Die Mitglied- 343

[823] Agreement on Trade-Related Aspects of Intellectual Property Rights, TRIPS.
[824] Amtlicher deutscher Text in BGBl. 1994 II S. 1730.
[825] Dazu *Katzenberger* GRUR Int. 1995, 447.
[826] *Kur* GRUR Int. 1994, 987, 989; EuGH GRUR Int. 1995, 239, 241 – TRIPS-Kompetenz.
[827] Teil II Abschnitt 3 des TRIPS-Übereinkommens (Art. 22 bis 24), wiedergegeben in GRUR Int. 1994, 132.

staaten sind nach Art. 22 Abs. 2 lit. a TRIPS-Übereinkommen gehalten, rechtliche Mittel vorzuhalten, um die Benutzung „irgendeines Mittels in der Bezeichnung oder Aufmachung einer Ware" zu verbieten, das „auf eine das Publikum hinsichtlich der geografischen Herkunft der Ware irreführende Weise angibt oder nahelegt, dass die fragliche Ware ihren Ursprung in einem andern geografischen Gebiet als dem wahren Ursprungsort hat".

344 Die zweite Verpflichtung betrifft das Verbot jeder Benutzung einer geografischen Herkunftsangabe, die eine **unlautere Wettbewerbshandlung** im Sinne des Art. 10bis PVÜ darstellt.[828] Damit wird der Schutz geografischer Angaben auf unlautere Benutzungen ausgedehnt, wie sie im Ähnlichkeitsbereich durch verwechslungsfähige Abwandlungen der geschützten Bezeichnung, bei qualifizierten Herkunftsangaben durch Verwendung für Erzeugnisse, denen zwar nicht die Herkunft, wohl aber die besondere Qualität fehlt, und bei Herkunftsangaben mit besonderem Ruf durch eine unbefugte Anlehnung an deren Image denkbar sind. Im nationalen Recht entspricht diesen Vorgaben § 127 MarkenG.[829]

345 Nach Art. 22 Abs. 3 TRIPS-Übereinkommen schließlich sind die Mitgliedstaaten gehalten, geografische Herkunftsangaben bei der Eintragung von Marken als **Schutzhindernis** zu berücksichtigen, wenn ihre Benutzung als Marke oder innerhalb einer Marke das Publikum über den wahren Ursprungsort der damit gekennzeichneten Waren irreführt. Dieser Vorgabe entspricht das Schutzhindernis nach § 8 Abs. 2 Nr. 4 MarkenG für den nationalen Markenschutz, nach Art. 7 Abs. 1 lit. g VO (EG) Nr. 40/94 für die Gemeinschaftsmarke. Das Schutzlandprinzip relativiert freilich auch das durch das TRIPS-Übereinkommen vorgegebene Mindestschutzniveau insoweit, als die Maßstäbe der nationalen Gerichte im Hinblick auf die Feststellung einer Irreführungseignung, Verwechslungsgefahr, Unlauterkeit usw. divergieren können.

346 **Zusätzlicher Schutz** wird geografischen Angaben für **Weine und Spirituosen** in Art. 23 des TRIPS-Übereinkommens gewährt. Die Mitgliedstaaten werden in Art. 23 Abs. 1 TRIPS-Übereinkommens zu einem **absoluten,** vom Vorliegen einer Irreführung unabhängigen Schutz verpflichtet, der auch Übersetzungen oder die Verwendung der geschützten Bezeichnung mit (entlokalisierenden) Zusätzen einschließt. Den beteiligten Parteien müssen danach die rechtlichen Mittel für ein Verbot der Verwendung geografischer Wein- und Spirituosenbezeichnungen in allen Fällen zur Verfügung stehen, in denen eine solche Angabe für Produkte verwendet wird, deren Ursprung nicht dem durch die in Rede stehende Angabe bezeichneten entspricht. Einzige Voraussetzung dafür ist, dass die fragliche geografische Bezeichnung im Ursprungsland geschützt und nicht etwa zur Gattungsangabe denaturiert ist (Art. 24 Abs. 9 TRIPS-Übereinkommen).

347 Außerhalb der Verwendung identischer, übersetzter oder mit Zusätzen versehener Bezeichnungen, also insbesondere bei einer der geografischen Wein- oder Spirituosenbezeichnung lediglich ähnlichen geografischen Angabe, kommt ergänzend der Schutz nach Art. 22 TRIPS-Übereinkommen zur Anwendung. Der absolute Schutz für Weinbezeichnungen nach Art. 23 Abs. 1 TRIPS-Übereinkommen wird im europäischen Recht in Art. 47ff, 50 VO (EG) Nr. 1493/1999[830] gewährt. Für Spirituosen gilt er nach Art. 15, 16 VO (EG) Nr. 110/2008 für die in einem Anhang III der Verordnung gelisteten Spirituosenbezeichnungen.[831]

348 Im Hinblick auf die Eintragung von Marken verlangt Art. 23 Abs. 2 TRIPS-Übereinkommen, geografische Wein- und Spirituosenbezeichnungen unabhängig von einer Irre-

---

[828] → Rn 329ff.

[829] → Rn 87ff.

[830] VO (EG) Nr. 1493/1999 des Rates vom 17. 5. 1999 über die gemeinsame Marktorganisation für Wein, ABl. EG Nr. L 179 vom 14. 7. 1999, S. 1; zuletzt geändert durch VO (EG) Nr. 1234/2007 vom 22. 10. 2007, ABl. EG Nr. L 299 vom 16. 11. 2007, S. 1.

[831] VO (EG) Nr. 110/2008 des europäischen Parlaments und des Rates vom 15. 1. 2008 zur Begriffsbestimmung, Bezeichnung, Aufmachung und Etikettierung von Spirituosen sowie zum Schutz geografischer Angaben für Spirituosen und zur Aufhebung der Verordnung (EWG) Nr. 1576/89, ABl. EU Nr. L 39 vom 13. 2. 2008, S. 16.

führung vor einer Eintragung als Marke zu schützen, wenn die mit der Marke bezeichneten Waren nicht aus dem betreffenden Herkunftsgebiet stammen. In die Gemeinschaftsmarkenverordnung[832] wurde dieser absolute Schutz nachträglich – mit der VO (EG) Nr. 3288/94 – als absolutes Schutzhindernis in Art. 7 Abs. 1 lit. j VO (EG) Nr. 40/94 aufgenommen.[833]

Mit dem Schutz gleichnamiger („homonymer") geografischer Weinbezeichnungen in mehreren Mitgliedstaaten befasst sich Art. 23 Abs. 3 TRIPS-Übereinkommen. Die Regelung steht unter dem Vorbehalt des Art. 22 Abs. 4 TRIPS-Übereinkommen, wonach auch eine als solche zutreffende Herkunftsbezeichnung unterbunden werden können muss, wenn sie tatsächlich vom Publikum als Hinweis auf Waren aus einem anderen Hoheitsgebiet verstanden wird. Art. 23 Abs. 3 TRIPS-Übereinkommen sieht mit dieser Maßgabe eine Koexistenz und damit den Schutz aller beteiligten Angaben vor, verpflichtet aber die beteiligten Mitgliedstaaten, im jeweiligen Schutzland die Bedingungen festzulegen, unter denen eine Benutzung ohne Irreführung der Verbraucher erfolgen kann. 349

Dass ungeachtet dieses weitgehenden Schutzes geografischer Wein- und Spirituosenbezeichnungen gleichwohl berühmte Herkunftsbezeichnungen wie *Champagner* oder *Chablis* nicht WTO-weit absoluten Schutz genießen, hat seinen Grund in den komplexen Ausnahmebestimmungen des Art. 24 Abs. 4 bis 9 TRIPS-Übereinkommen. Art. 24 Abs. 4 TRIPS-Übereinkommen erlaubt die Weiterbenutzung der in einem Mitgliedstaat geschützten geografischen Wein- und Spirituosenbezeichnung in einem anderen Mitgliedstaat, sei es als Gattungsbezeichnung oder als Marke, zugunsten dessen Angehörigen oder Personen, die dort ihren Wohnsitz haben; Voraussetzung dafür ist, dass die Bezeichnung „laufend für dieselben oder verwandte Waren oder Dienstleistungen" in diesem Mitgliedsland benutzt wurde und dass dies entweder seit mindestens zehn Jahren vor Unterzeichnung des WTO-Abkommens am 15. 4. 1994 oder aber gutgläubig vor diesem Datum geschah. 350

Art. 24 Abs. 6 TRIPS-Übereinkommen enthält eine weitere Ausnahme zugunsten der Weiterbenutzung geografischer Angaben jeder Art, die im Schutzland zu Gattungsangaben geworden sind, als Gattungsangabe. Für Weinerzeugnisse gilt dies nach Abs. 6 Satz 2, wenn eine in einem Mitgliedstaat geschützte Herkunftsbezeichnung in einem anderen Mitgliedstaat zum Zeitpunkt des Inkrafttretens des WTO-Übereinkommens identisch mit einer üblichen Rebsortenbezeichnung ist. 351

Art. 24 Abs. 5 TRIPS-Übereinkommen nimmt gutgläubig erworbene Marken vom Schutz geografischer Angaben nach den Art. 22, 23 TRIPS-Übereinkommen aus. Marken, die mit einer geografischen Angabe übereinstimmen oder ihr ähnlich sind, dürfen danach fortbestehen, wenn sie gutgläubig angemeldet oder eingetragen oder durch gutgläubige Benutzung erworben wurden. Voraussetzung dafür ist alternativ der Rechtserwerb vor Geltung des Schutzes nach dem TRIPS-Übereinkommen nach dessen Teil VI (Art. 65, 66 TRIPS-Übereinkommen) im betroffenen Mitgliedsland oder der Rechtserwerb vor Beginn des Schutzes der geografischen Angabe im Ursprungsland. 352

Art. 24 Abs. 7 TRIPS-Übereinkommen erlaubt den Mitgliedstaaten, Marken, die eine geografische Angabe enthalten, unanfechtbar werden zu lassen, wenn nicht innerhalb von fünf Jahren, nachdem die entgegenstehende Benutzung der geschützten Angabe in diesem Mitgliedstaat allgemein bekannt geworden ist, gegen sie vorgegangen wird. Alternativ ist für die Fünf-Jahres-Frist die Eintragung und Veröffentlichung der Marke maßgeblich, wenn der danach bestimmte Zeitpunkt vor dem liegt, an dem die entgegenstehende Benutzung der geschützten Angabe in diesem Mitgliedstaat allgemein bekannt geworden ist. Weder das Gemeinschaftsmarkenrecht, noch das deutsche Markenrecht haben von dieser Option Gebrauch gemacht. Art. 24 Abs. 8 TRIPS-Übereinkommen nimmt das Recht zur Füh- 353

[832] VO (EG) Nr. 40/94 des Rates vom 20. 12. 1993 über die Gemeinschaftsmarke, ABl. EG Nr. L 11 vom 14. 1. 1994, S. 1; zuletzt geändert durch VO (EG) Nr. 1653/2003 vom 18. 6. 2003, ABl. EG Nr. L 245 vom 29. 9. 2003, S. 36.

[833] Dazu *Knaak* GRUR Int. 1995, 642, 648 f.

rung des eigenen Namens im Geschäftsverkehr von den Schutzbestimmungen für geografische Herkunftsangaben aus, soweit dies ohne eine Irreführung des Publikums geschieht.[834] Art. 24 Abs. 9 TRIPS-Übereinkommen schließlich macht den Schutz geografischer Herkunftsangaben nach dem TRIPS-Übereinkommen generell davon abhängig, dass deren Schutz im Ursprungsland (fort-)besteht.

---

[834] Dazu § 23 Nr. 1 MarkenG; eine entsprechende Regelung für geografische Herkunftsbezeichnungen findet sich im Markengesetz nicht, der Vorbehalt kann aber als „allgemeiner Rechtsgedanke des Kennzeichenrechts“ auch für diese angewandt werden; *Fezer* MarkenG § 23 Rn 5.

Domainrecht (§ 4-S11)

Übersicht

	Rn
A. Das Domain Name System	**1**
I. IP-Adressen und Domainnamen	1
II. Top-Level-Domains und Second-Levels-Domains	6
1. Begriffe und Bedeutung	6
2. Generische Top-Level-Domains (gTLDs)	9
3. Geografische Top-Level-Domains (ccTLDs)	12
B. Domainnamen: Vergabe, Verwaltung und Rechtsverkehr	**16**
I. Vergabezuständigkeit	16
1. Organisation	16
2. Vergabe von gTLDs	18
3. Vergabe von ccTLDs	19
II. Vergabeverfahren	20
1. Erstmalige Domainvergabe	20
a) Grundsätze	20
b) Vertragliche Beschränkungen	24
2. Wechsel des Registrars	29
III. Rechtsschutz im Vergabeverfahren	31
IV. Verantwortlichkeit der DENIC	37
V. Domainnamen im Rechtsverkehr	42
1. Übertragung und Lizenzierung von Domains	42
2. Domain-Sharing	48
3. Pfändbarkeit von Domains	52
C. Domainkonflikte	**58**
I. Kennzeichenschutz von Domainnamen	59
1. Funktionen der Domain	59
2. Erwerb eines Kennzeichen- oder Namensrechts	65
3. Rechtserhaltende Kennzeichenbenutzung	75
II. Verletzung von Rechten Dritter durch Domainnamen	78
1. Ansprüche aus dem Markengesetz	79
a) Handeln im geschäftlichen Verkehr	79
b) Verwechslungsgefahr	82
c) Rechtsverletzung eines bekannten Kennzeichens	91
2. Ansprüche aus Namensrecht	96
a) Namensleugnung	99
b) Namensanmaßung	103
c) Gleichnamigkeit	109
3. Wettbewerbs- und deliktsrechtliche Ansprüche	112
a) Domain-Grabbing	113
b) Gattungsbegriffe als Domainnamen	120
4. Folgen rechtswidriger Domainbenutzung	131
a) Unterlassungs- und Beseitigungsanspruch	131
b) Übertragungsanspruch und Teilhaberecht	136
c) Schadensersatz- und Auskunftsanspruch	138
III. Internationale Zuständigkeit und anwendbares Recht	141
1. Internationale Zuständigkeit der Gerichte	142
2. Anwendbares Recht	149
IV. Außergerichtliche Konfliktlösung (UDRP)	154
D. Kennzeichen in Website-Inhalten	**169**
I. Allgemeines	169
1. Benutzung im geschäftlichen Verkehr	172
2. Schranken des Kennzeichenschutzes	175

Rn
II. Kennzeichen und Linking 184
1. Ausgestaltung eines Hyperlinks 184
2. Sonderfälle: Framing und Inline Linking 187
3. Verantwortung für verlinkte Kennzeichenrechtsverletzungen 194
III. Sonstige Kennzeichenverwendung im Internet 201
1. Meta Tagging 203
2. Word Stuffing 214
3. Keyword Advertising 216

Schrifttum: *Anderl,* Die Domain-Streitschlichtung für .at, MMR 2003, 374; *Attendorn,* Wegfall der Haftungsprivilegierung für Links nach der TDG-Novelle, MMR 6/2002, V; *Bettinger,* Alternative Streitbeilegung für „.EU", WRP 2006, 548; *ders.,* Kennzeichenrecht im Cyberspace: Der Kampf um die Domain-Namen, GRUR Int. 1997, 402; *Bettinger/Freytag,* Verantwortlichkeit der DENIC e. G. für rechtswidrige Domains?, CR 1999, 28; *Bettinger/Thum,* Territoriales Markenrecht im Global Village – Überlegungen zu internationaler Tatortzuständigkeit, Kollisionsrecht und materiellem Recht bei Kennzeichenkonflikten im Internet; GRUR Int. 1999, 659; *Biermann,* Kennzeichenrechtliche Probleme des Internets: Das Domain-Name-System, WRP 1999, 997; *Bodewig,* Elektronischer Geschäftsverkehr und Unlauterer Wettbewerb, GRUR Int. 2000, 475; *Bottenschein,* Anmerkung zu LG Hamburg, Urteil vom 1. 8. 2000 – joop.de, MMR 2000, 623; *Bröcher,* Domainnamen und das Prioritätsprinzip im Kennzeichenrecht, MMR 2005, 203; *Buchner,* Generische Domains, GRUR 2006, 984; *Bücker/Fürsing,* Prioritätssichernde Domainregistrierung – Unterschiedliche Behandlung von Treuhänder und Lizenznehmer, MMR 2008, 719; *Bücking,* Internet-Domains – Neue Wege und Grenzen des bürgerlich-rechtlichen Namensschutzes, NJW 1997, 1886; *Dieselhorst,* Anmerkung zu LG Frankfurt/M, Urteil vom 10. 8. 2001 – Index-Spamming, CR 2002, 224; *Dietrich,* Rechtliche Probleme bei der Verwendung von Metatags, K&R 2006, 71; *Eckhardt,* Anmerkung zu OLG Koblenz Urteil vom 25. 1. 2002 – vallendar.de, CR 2002, 282; *Ernst,* Anmerkung zu OLG München Urteil vom 25. 3. 1999 – shell.de, MMR 1999, 487; *ders.,* Verträge rund um die Domain, MMR 2002, 714; *ders.,* Anmerkung zu LG München I Urteil vom 16. 11. 2000 – rechtsanwaelte.de, MMR 2001, 181; *ders.,* Rechtsprobleme im Internet: urheber-, wettbewerbs- und markenrechtliche Sicht, K&R 1998, 536; *ders.,* Internet-Suchmaschinen und Wettbewerbsrecht, NJW-CoR 1997, 493; *ders.,* Anmerkung zu LG Hamburg, Beschluss vom 13. 9. 1999 – Meta-Tags, CR 2000, 122; *Ernst/Wiebe,* Immaterialgüterrechtliche Haftung für das Setzen von Links und vertragliche Gestaltungsmöglichkeiten, MMR Beilage zu Heft 8/2001, 20; *Feig/Westermeier,* Keyword Advertising: Why All the Fuss? An Examination of a Lucrative Business Model's Legality, CRi 2005, 48; *Fezer,* Die Kennzeichenfunktion von Domainnamen, WRP 2000, 669; *ders.,* Normenkonkurrenz zwischen Kennzeichenrecht und Lauterkeitsrecht, WRP 2008, 1; *Flechsig,* Subdomain: Sicher versteckt und unerreichbar? – Die Verkehrssicherungspflichten des Host-Providers, MMR 2002, 347; *Foerstl,* Die Entscheidung „shell.de" – Stärkung von Kennzeichenrechten im Internet?, CR 2002, 518; *v. Gamm,* WIPO-Sitzung vom 21.–24. Mai 2002 zum Second WIPO Internet Domain Name Process, GRUR Int. 2002, 738; *Grützmacher/Siekmann,* Die Domainübertragung, ITRB 2001, 268; *Hackbarth,* Anmerkung zu OLG München Urteil vom 25. 3. 1999 – shell.de, CR 1999, 384; *ders.,* Anmerkung zu OLG München Urteil vom 25. 3. 1999 – shell.de, CR 1999; 384; *ders.,* Anmerkung zu OLG Hamburg Urteil vom 5. 11. 1998 – emergency.de, CR 1999, 186; *Hahn/Wilmer,* Die Vergabe von Top-Level-Domains und ihre rechtlichen Konsequenzen, NJW-CoR 1997, 485; *Hanloser,* Die Domain-Pfändung in der aktuellen Diskussion, CR 2001, 456; *ders.,* Anmerkung zu LG München I Beschluss vom 12. 2. 2001 – Domainpfändung, CR 2001, 344; *Hartig,* Die Rechtsnatur der Domain – Anmerkung zur BGH-Entscheidung „Domain-Pfändung", GRUR 2006, 299; *Hartl,* Fremde Kennzeichen im Quelltext von Webseiten, MMR 2007, 12; *Härting,* Kennzeichenrechtliche Ansprüche im Domainrecht, ITRB 2008, 38; *ders.,* Von Heidelberg nach Soco in „.de" und anderen Welten, CR 2005, 753; *ders.,* Domainverträge, ITRB 2002, 96; *ders./Reinholz,* Domainrecht – eine Bilanz der Rechtsprechung aus den Jahren 2006/2007, K&R 2007, 489; *Hartmann/Kloos,* Anmerkung zu LG Düsseldorf Beschluss vom 16. 3. 2001, CR 2001, 469; *Heim,* Zur Markenbenutzung durch Meta-Tags, CR 2005, 200; *Heinrich,* Der kennzeichenrechtliche Schutz von Internet Domains, MarkenR 2003, 89; *Hellmich/Jochheim,* Domain-Name – Domains im Agenturgeschäft nach der „grundke.de"-Entscheidung – Alles geklärt oder vieles noch offen?, K&R 2007, 494; *Hoeren,* Das Telemediengesetz, NJW 2007, 801; *ders.,* Der Tod und das Internet – Rechtliche Fragen zur Verwendung von E-Mail und WWW-Accounts nach dem Tod des Inhabers, NJW 2005, 2113; *ders.,* Vorschlag für eine EU-Richtlinie über E-Commerce – Eine erste kritische Analyse, MMR 1999, 192; *ders.,* Internet und Recht – Neue Paradigmen des Informationsrechts, NJW 1998, 2849; *ders.,* Cybermanners und Wettbewerbsrecht – Einige Überlegungen zum Lauterkeitsrecht im Internet, WRP 1997, 993; *ders.,* Anmerkung zu BGH Urteil vom 17. 5. 2001 – mitwohnzentrale.de, MMR 2001, 669; *ders.*/Eusterling, Die Haftung des Admin-C – Ein kritischer Blick auf die Rechtsprechung, MMR 2006, 132; *Hombrecher,* Domains als Vermögenswerte – Rechtliche Aspekte des Kaufs, der Lizenzierung, der Beleihung und der Zwangsvollstreckung, MMR 2005, 647; *Hotz,* Die rechtsverletzende Markenbenutzung in der neueren Rechtsprechung von EuGH und BGH, GRUR 2003, 993; *Husmann/Schmittmann,* Steuerliche Aspekte des Domainhandels, MMR 2003, 635; *Illmer,* Keyword Advertising – Quo vadis?, WRP 2007, 399; *Jaeger-Lenz,* Einführung der .eu-Domains – Rechtliche Rahmenbedingungen für Registrierung und Streitigkeiten, WRP 2005, 1234; dies., Anmerkung zum BGH Urteil vom 17. 5. 2001 – Mitwohnzentrale.de, CR 2001, 780; *Jaeschke,* Zur markenmäßigen

Benutzung beim Keyword-Advertising, CR 2008, 375; *Karl,* Domainnamen als Kollisionszeichen von Marken und geschäftlichen Bezeichnungen, MarkenR 2003, 439; *ders.,* Anmerkung zu OLG Frankfurt/M Urteil vom 13. 2. 2003 – viagratip.de, MMR 2003, 752; *ders.,* Domainnamen als Kollisionszeichen von Kombinations- und Serienmarken, MarkenR 2004, 133; *Kaufmann,* Metatagging – Markenrecht oder reformiertes UWG?, MMR 2005, 348; *Kazemi,* Schutz von Domainnamen in den Beitrittsstaaten, MMR 2005, 577; *Keller,* Die zeichenmäßige Benutzung im Markenrecht, GRUR 1996, 607; *Kleespies,* Die Domain als selbstständiger Vermögensgegenstand in der Einzelzwangsvollstreckung, GRUR 2002, 746; *Klett,* AdWord-Werbung unter Verwendung fremder Kennzeichen – markenrechtsverletzend?, K&R 2009, 317; *Knaak,* Keyword Advertising – Das aktuelle Key-Thema des Europäischen Markenrechts, GRUR Int. 2009, 551; *ders.,* Grundzüge des Gemeinschaftsmarkenrechts und Unterschiede zum nationalen Markenrecht, GRUR Int. 2001, 665; *Koch,* Unmittelbarer Anspruch auf Domainübertragung, ITRB 2001, 167; *ders.,* Internationale Gerichtszuständigkeit im Internet, CR 1999, 121; *Koch,* Rechte an Webseiten, NJW-CoR 1997, 298; *Kochinke/Tröndle,* Links, Frames und Meta-Tags – Urheber- und markenrechtliche Implikationen im Internet, CR 1999, 190; *Koenig/Neumann,* Die neue Top-Level-Domain „.eu" als Beitrag zum Auf- und Ausbau transeuropäischer Netze?, EuZW 2002, 485; *Körner,* Gleichnamigkeitskonflikte bei Internet-Domain-Namen – Die „shell.de"-Entscheidung des BGH, NJW 2002, 3442; *Kopf,* Die Einzelzwangsvollstreckung in eine Internet-Domain, K&R 2005, 534; *Kort,* Namens- und markenrechtliche Fragen bei der Verwendung von Domain-Namen, DB 2001, 249; *ders.,* Beschränkte Prüfungspflicht der Registrierungsstelle bei der Anmeldung von Domain-Namen, WRP 2001, 1260; *Kotthoff,* Fremde Kennzeichen in Meta-Tags: Marken- und Wettbewerbsrecht, K&R 1999, 157; *Kunze,* Zur Frage der Identität des Domainnamens mit der Marke im STOP Verfahren, WRP 2003, 339; *Kur,* Namens- und Kennzeichenschutz im Cyberspace, CR 2002, 590; *dies.,* Namens- und Kennzeichenrecht im Cyberspace, CR 1996, 590; *dies.,* Metatags – pauschale Verurteilung oder differenzierende Betrachtung?, CR 2000, 448; *dies.,* Internet Domain names, CR 1996, 325; *Leistner/Stang,* Die Neuerung der wettbewerbsrechtlichen Verkehrspflichten – Ein Siegeszug der Prüfungspflichten?, WRP 2008, 533, 542 ff; *Luckhaus,* Haftung einer Handelsplattform für ‚gebrauchte Domains' – Zugleich eine Anmerkung zu LG Düsseldorf, GRUR-RR 2008, 122 – Domain-Parking, GRUR-RR 2008, 113; *Maher,* The UDRP: The Globalization of Trademark Rights, IIC 2002, 924; *Mankowski,* Anmerkung zu LG Köln Urteil vom 20. 4. 2001 – budweiser.com, MMR 2002, 61; *Mankowski,* Wettbewerbsrechtliche Gerichtpflichtigkeits- und Rechtsanwendungsrisiko bei Werbung über Websites, CR 2000, 763; *Menke,* Die Verwendung fremder Kennzeichen in Meta-Tags: Ein Fall für das Kennzeichen- und/oder das Wettbewerbsrecht, WRP 1999, 982; *Michael,* Anmerkung zu LG Berlin, Beschluss vom 12. 1. 2001 – Keyword Advertising, K&R 2001, 172; *Micklitz/Rott,* Vergemeinschaftung des EuGVÜ in der Verordnung (EG) Nr. 44/2001, EuZW 2001, 325; *Mietzel,* Anmerkung zu OLG Oldenburg Beschluss vom 30. 9. 2003 – schulenberg.de, MMR 2004, 34; *ders.,* Die ersten 200 ADR-Entscheidungen zu .eu-Domains – Im Spagat zwischen Recht und Gerechtigkeit, MMR 2007, 282; *ders.,* .eu-ADR November/Dezember 2007: Kein guter Winter für Davos, MMR 2008, XII; *ders.,* Quo vadis – .eu-ADR? – Eine erneute Bestandsaufnahme nach 650 Entscheidungen, MMR 2007, 757; *Mietzel/Hero,* Sittenwidriger Domainhandel: Gibt es die „Hinterhaltsdomain"?, MMR 2002, 84; *Müglich,* Auswirkungen des EGG auf die haftungsrechtliche Behandlung von Hyperlinks, CR 2002, 583; *Müller,* Das neue alternative Streitbeilegungsverfahren für „.eu"-Domains: Einführung und erste Erkenntnisse aus der Praxis, SchiedsVZ 2008, 76; *ders.,* „.eu"-Domains: Erkenntnisse aus dem ersten Jahr Spruchpraxis, GRUR Int 2007, 990; *Müller,* Internet-Domains von Rechtsanwaltskanzleien, WRP 2002, 160; *Nickels,* Neues Bundesrecht für den E-Commerce, CR 2002, 302; *Neubauer,* Die neue .eu-Domain, K&R 2005, 343; *Ohly,* Herkunftslandprinzip und Kollisionsrecht, GRUR Int. 2001, 889; *Omsels,* Die Kennzeichenrechte im Internet, GRUR 1997, 328; *Ott,* Die Entwicklung des Suchmaschinen- und Hyperlink-Rechts im Jahr 2007, WRP 2008, 393, 402; *ders.,* Haftung für verlinkte urheberrechtswidrige Inhalte in Deutschland, Österreich und den USA, GRUR Int. 2007, 14; *Pahlow,* Das Recht der Gleichnamigen im Internet, WRP 2002, 1228; *Pawlitschko,* Domain-Sharing-Vertrag, ITRB 2002, 71; *Pellens/Peitsch,* Anmerkung zu LG Hamburg Urteil vom 3. 8. 2001 – hotel-maritime.dk; GRUR Int. 2002, 165; *Perrey,* Das Namensrecht der Gebietskörperschaften im Internet – Umfang und Durchsetzung, CR 2002, 349; *Piltz,* Vom EuGVÜ zur Brüssel-I–Verordnung, NJW 2002, 789; *Piper,* Der Schutz der bekannten Marken, GRUR 1996, 429; *Plaß,* Die Zwangsvollstreckung in die Domain, WRP 2000, 1077; *dies.,* Hyperlinks im Spannungsfeld von Urheber-, Wettbewerbs- und Haftungsrecht, WRP 2000, 599; *Pothmann/Guhn,* Erste Analyse der Rechtsprechung zu .eu-Domains in ADR-Verfahren, K&R 2007, 69; *Rath-Glawatz,* Die Namen von kommunalen Verwaltungseinheiten im Titel von Medienangeboten, AfP 2002, 115; *Reinhart,* Bedeutung und Zukunft der Top-Level-Domains im Markenrecht einerseits und im Namens- und Wettbewerbsrecht andererseits, WRP 2002, 628; *Reinholz,* Internationales Schiedsverfahren für Domainstreitigkeiten, ITRB 2001, 190; *ders.,* Das ICANN-Beschwerdeverfahren für Domainstreitigkeiten und das ZPO-Schiedsgerichtsverfahren, ITRB 2002, 140; *Reinholz/Härting,* Umlaute und Unlaute, CR 2004, 603; *Renner,* Metatags und Keyword Advertising mit fremden Kennzeichen im Marken- und Wettbewerbsrecht, WRP 2007, 49; *Rössel,* Der Dispute-Eintrag, CR 2007, 376; *ders.,* Der Wettlauf um Suchmaschinen, CR 2003, 349; *Rohnke,* Fragen der Koexistenz von Marken und Domainnamen: Vergleich öffentlich rechtlicher mit privaten internationalen Eintragungssystemen, GRUR Int. 2003, 608; *Schack,* Internationale Urheber-, Marken- und Wettbewerbsverletzungen im Internet – Internationales Privatrecht, MMR 2000, 59; *ders.,* Urheberrechtiche Gestaltung von Webseiten unter Einsatz von Links und Frames, MMR 2001, 9; *Schafft,* Internet-Domains als Kreditsicherheit, BB 2006, 1013; *ders.,* Die systematische Registrierung von Domain-Varianten, CR 2002, 434; *Schmidt-Bogatzky,* Zeichenrechtliche Fragen im Internet, GRUR 2000, 959; *ders.,*

Die Verwendung von Gattungsbegriffen als Internetdomains – Zur „Mitwohnzentrale.de" – Entscheidung des BGH, GRUR 2002, 941; *Schmitz/Schröder,* Streitwertbestimmung bei Domainstreitigkeiten, K&R 2002, 189; *Schönberger,* Der Schutz des Namens von Gerichten gegen die Verwendung als oder in Domain-Namen, GRUR 2002, 478; *Sick/Richter,* Rechtsschutz im Zusammenhang mit Domain-Grabbing, K&R 2000, 339; *Spindler,* Das Gesetz zum elektronischen Geschäftsverkehr – Verantwortlichkeit der Dienstanbieter und Herkunftslandprinzip, NJW 2002, 921; *ders.,* Verantwortlichkeit und Haftung für Hyperlinks im neuen Recht, MMR 2002, 495; *ders./Volkmann,* Die zivilrechtliche Störerhaftung der Internet-Provider, WRP 2001, 1; *Stadler,* Drittschuldnereigenschaft der DENIC bei der Domainpfändung, MMR 2007, 71; *ders.,* Haftung des Admin-C und des Tech-C, CR 2004, 521; *Stotter,* Streitschlichtung bei UK-Domains, MMR 2002, 11; *Strittmatter,* Anmerkung zu OLG München Urteil vom 6. 4. 2000, CR 2000, 701; *Strömer,* Online-Recht, 2002 (zit. Online-Recht); *Tettenborn/Bender/Lübben/Karenfort,* Rechtsrahmen für den elektronischen Geschäftsverkehr, K&R Beilage 1 zu Heft 12/02001; *Thiele/Rohlfing,* Gattungsbezeichnungen als Domain-Namen, MMR 2000, 591; *Tilmann,* Gemeinschaftsmarke und Internationales Privatrecht, GRUR Int. 2001, 673; *Ubber,* Kommentar zur „ambiente.de"-Entscheidung des BGH, K&R 2001, 593; *ders.,* Rechtsschutz bei Missbrauch von Internet-Domains, WRP 1997, 497; *ders.,* Kommentar zur „shell.de"-Entscheidung des BGH, BB 2002, 1167; *Varadinek,* Trefferlisten von Suchmaschinen im Internet als Werbeplatz für Wettbewerber, GRUR 2000, 279; *Viefhues,* Wenn die Treuhand zum Pferdefuß wird – Providerhaftung für Domainnamen als Drama in drei Akten, MMR 2005, 76; *ders.,* Anmerkung zu LG Essen Beschluss vom 22. 9. 1999, MMR 2000, 286; *ders.,* Internet und Kennzeichenrecht: Meta-Tags, MMR 1999, 336; *Voegeli-Wenzl,* Internet Governance am Beispiel der Internet Corporation of Assigned Names and Numbers (ICANN), GRUR Int 2007, 807; *Völker/Lühríg,* Abwehr unerwünschter Inline-Links, K&R 2000, 20; *Völker/Weidert,* Domain-Namen im Internet, WRP 1997, 652; *Völzmann-Stickelbrock,* Die Internet-Domain in Zwangsvollstreckung und Insolvenz, MarkenR 2006, 2; *Weidert/Lühríg,* Was hat Vossius, was Shell nicht hat und umgekehrt, WRP 2002, 880; *Weisert,* Die Domain als namensgleiches Recht? Die Büchse der Pandora öffnet sich, WRP 2009, 128; *ders.,* Rechtsanspruch auf Übertragung einer Internet-Adresse?, ITRB 2001, 17; *Welzel,* Zwangsvollstreckung in Internet-Domains, MMR 2001, 131; *ders.,* Anmerkung zu LG München I Beschluss vom 12. 2. 2001 – Domainpfändung, MMR 2001, 321; *ders.,* Anmerkung zu OLG Dresden Urteil vom 28. 11. 2000 – kurt-biedenkopf.de, MMR 2001, 462; *ders.,* Anmerkung zu BGH Urteil vom 17. 5. 2001 – ambiente.de, MMR 2001, 744; *Wendlandt,* Cybersquatting, Metatags und Spam, 2002; *Wiebe,* „Deep Links" – Neue Kommunikationsformen im Wettbewerb aus lauterkeitsrechtlicher Sicht, WRP 1999, 734; *ders.,* Zur Kennzeichnungsfunktion von Domain Names, CR 1998, 157; *Wimmers/Schulz,* Stört der Admin-C?, CR 2006, 754; *Wübbelsmann,* Domainrechtliche Probleme im Vier-Parteien-Verhältnis – Unter besonderer Berücksichtigung von M&A Sachverhalten, K&R 2005, 484.

A. Das Domain Name System

I. IP-Adressen und Domainnamen

1 Die Nutzung des Internet basiert auf dem Austausch elektronischer Daten zwischen Rechnern, die durch ein Computernetz miteinander verbunden sind. Für einen solchen Austausch oder die Übermittlung von Daten ist es unbedingt erforderlich, dass jeder an das Netz angeschlossene Rechner (Server) anhand einer elektronischen Adresse eindeutig identifizierbar ist. Aus diesem Grund erhält jeder Rechner eine einmalige, netzweit gültige Adresse, die von dem Anfang der 80er Jahre eingeführten Übertragungsprotokoll TCP/IP (Transmission Control Protocol/Internet Protocol) erkannt und verwendet wird. Da auch dieses Übertragungsprotokoll die zu übertragenen Daten in einzelne Pakete zerlegt, die am Zielknoten wieder zu einem Gesamtpaket zusammengesetzt werden, können die einzelnen Datenpakete ihren Weg zu der Zieladresse nur durch eine einheitliche Adressenkodierung erreichen. Die IP-Adresse (Internet Protocol-Adresse) besteht aus einer maximal zwölfstelligen Zahlenfolge, die durch Punkte in vier Byte-Abschnitte von jeweils drei Zahlen unterteilt wird. Jede der vier Zahlengruppen kann einen Wert zwischen 0 und 255 annehmen. Nullen, die am Anfang einer Zahlengruppe stehen, werden weggelassen. Eine IP-Adresse kann beispielsweise aus der Zahlenfolge 886 433 121 577 oder 789 654 410 bestehen. Von links nach rechts gelesen geben diese vier Zahlengruppen immer detaillierter den Standort des jeweiligen Rechners im Netzwerk an.

2 Die **IP-Adresse** wird von der elektronischen Datenverarbeitung in binäre Zahlen umgewandelt, so dass der maximal zwölfstelligen Zahlenfolge eine 32 Bit Zahlenadresse entspricht. Hieraus ergibt sich eine Anzahl von theoretisch über 4 Milliarden möglichen IP-Adressen,

mit deren vollständigen Vergabe bis zum Jahr 2010 zu rechnen ist.[1] Aus diesem Grund ist die Adressierungskapazität von 32 Bit (Internet Protocol Version 4 – IPv4) auf 128 Bit (IPv6, auch IP Next Generation Protocol – IPng genannt) erweitert worden. Während die IP-Adresse IPv4 aus vier durch Punkte getrennte Zahlengruppen besteht, setzt sich die IP-Adresse IPv6 aus acht durch Doppelpunkte getrennte Zahlengruppen zusammen, wobei hier Ziffern des Hexadezimalsystems verwendet werden.[2] Eine IP-Adresse kann für einen längeren Zeitraum mit einem bestimmten Rechner fest verknüpft sein oder aber auch dynamisch einem temporär angeschlossenen Rechner zugewiesen werden. Im letzteren Fall wird jeder Verbindung eine IP-Adresse zugewiesen, die im Netzwerk gerade nicht benutzt wird. Die Information darüber, welche IP-Adresse welchem Zielrechner entspricht, findet sich an verschiedenen Stellen im Internet und wird vom Vermittlungsrechner (Router) durch Nachfrage bei benachbarten Routern ermittelt. Die Verwaltung der IP-Adressen erfolgt durch die Internet Corporation for Assigned Names and Numbers (ICANN), bei der es sich um eine US-amerikanische, gemeinnützige und private Organisation handelt.[3]

Angesichts der numerischen IP-Adressen, die für Internetnutzer schwer zu merken und 3
daher schlecht handhabbar sind, wurde aus Gründen der Nutzerfreundlichkeit 1986 ein weltweit einheitliches, hierarchisch strukturiertes **Domain Name System (DNS)** geschaffen und eingeführt, durch das jeder IP-Adresse parallel eine symbolische Anschrift (Domain/Domainname) zugeordnet wird. Dieser **Domainname** besteht aus einer einprägsamen Folge von Buchstaben, Zahlen und/oder Satzzeichen oder einer Kombination aus diesen. Der Domainname ist somit nichts anderes als die nutzerfreundliche Benennung einer IP-Adresse, die sich leichter merken lässt und damit auch von anderen Zieladressen leichter zu unterscheiden ist. Nach Eingabe eines Domainnamens im Internet wird dieser durch ein Programm auf einem Domain Name System Server, auch kurz Name Server genannt, in die numerische IP-Adresse umgewandelt. Aufgrund dieses **Zuordnungssystems** zwischen IP-Adresse und Domainname kann jeder am Internet angeschlossene Rechner sowohl über die IP-Adresse als auch über den Domainnamen kontaktiert werden. Die Zuordnung eines Domainnamens zu einer IP-Adresse muss eindeutig sein. Es können daher zwar mehrere Domainnamen auf eine IP-Adresse verweisen, so dass eine Webseite unter verschiedenen Domainnamen abrufbar ist, jedoch ist es umgekehrt nicht möglich, einem Domainnamen verschiedene IP-Adressen zuzuordnen.

Ein Domainname besteht aus mehreren hierarchischen Ebenen, die durch einen Punkt 4
voneinander abgrenzt sind. Domainnamen sind hierarchisch von rechts nach links gegliedert und werden entsprechend auch von rechts nach links gelesen. Für die Bildung eines Domainnamens zwingend erforderlich ist die Verwendung von zwei hierarchischen Ebenen, der **Top-Level-Domain (TLD),** die die oberste Hierarchieebene darstellt und daher ganz rechts steht, und der **Second-Level-Domain (SLD),** die sich auf der linken Seite anschließt. Bei dem Domainnamen „frankfurt.de" ist daher „.de" die Top-Level-Domain und „frankfurt" die Second-Level-Domain. Links von der Second-Level-Domain können sich weitere Namensbestandteile, jeweils ebenfalls durch Punkte abgetrennt, als weitere Ebenen anschließen. Diese werden dann als Third-Level-Domain, Fourth-Level-Domain etc. oder allgemein als **Subdomains** bezeichnet. Im Ergebnis besteht daher der gesamte Domainname aus einer Kombination von Top-Level-Domain, Second-Level-Domain und unter Umständen weiteren Subdomains, wie in dem theoretischen Beispielsfall „historische.parkanlagen.frankfurt.de".

Dateiverzeichnisse, die sich rechts von der Top-Level-Domain – durch Schrägstriche ab- 5
getrennt – anschließen können, sind nicht Bestandteil des Domainnamens, sondern geben den Dateipfad wieder, der den Internetnutzer zu der konkret aufzurufenden Datei oder

[1] Vgl. *Loewenheim/Koch/Hage/Hitzfeld* S. 27; *Ruff* Domain Law: Der Rechtsschutz von Domainnamen im Internet S. 10.

[2] Vgl. <http://playground.sun.com/pub/ipng/html/ipng-main.html>; Ein IPv6-Name Server steht für .de-Domains bereits zur Verfügung, <http://www.denic.de>.

[3] <http://www.icann.org/>; → Rn 20f.

Webseite führt. Eine solche Adresse, wie beispielsweise http://www.stadt-frankfurt.de/Palmengarten/deutsch/menue.htm, deren Bestandteile sich wie folgt zusammensetzen: Übertragungsprotokoll/Server/SLD/TLD/Verzeichnis/Unterverzeichnis/Unterverzeichnis, wird als URL (Uniform Ressource Locator)-Adresse bezeichnet. Während die IP-Adresse und entsprechend auch der Domainname einen Rechner bezeichnen, identifiziert die **URL-Adresse** Dateien oder Verzeichnisse auf den Festplatten von Rechnern im gesamten Internet. Sie besteht daher aus der Angabe des verwendeten Protokolls, des Domainnamens sowie eventueller Verzeichnisse des durch den Domainnamen identifizierten Rechners und der Dateibezeichnung. Im Unterschied zu Subdomains, deren Anzahl mittelbar durch die zulässige Gesamtlänge des Domainnamens begrenzt ist, können so viele Dateiverzeichnisse auf einem Rechner eingerichtet und in der URL-Adresse angegeben werden, wie es die Speicherkapazität zulässt.

II. Top-Level-Domains und Second-Level-Domains

1. Begriffe und Bedeutung

6 Ein Domainname besteht aus mehreren hierarchisch aufgebauten Ebenen, die durch Punkte voneinander abgegrenzt sind. Die beiden **Hauptkomponenten** eines Domainnamens werden als Top-Level-Domain (TLD) und Second-Level-Domain (SLD) bezeichnet, wobei sich die TLD auf der rechten und die SLD auf der linken Seite des sie trennenden Punktes befindet. Die Top-Level-Domain kennzeichnet einen übergeordneten Adressraum im Internet. Abgesehen von der besonderen Top-Level-Domain .arpa, die ausschließlich für technische Dienste zur Verfügung steht, ist zwischen zwei Arten von TLDs zu unterscheiden. Die eine Gruppe von Top-Level-Domains gibt die Zugehörigkeit des am Internet angeschlossenen Rechners zu einer bestimmten Kategorie oder Sparte an. Diese werden als **generische Top-Level-Domains (gTLDs)** bezeichnet. Die andere Gruppe von Top-Level-Domains stellen Länderkennungen dar, die Indizwirkung dafür haben, in welchem Staat der Domaininhaber seinen Wohn- oder Geschäftssitz hat, eindeutig aber nur auf die nationale Vergabestelle hinweisen. Diese **geografischen Top-Level-Domains** werden auch als country code Top-Level-Domains **(ccTLDs)** bezeichnet. Da beide Gruppen von Top-Level-Domains gleichermaßen die globale Interkonnektivität garantieren, führt die Registrierung im Bereich der gTLDs oder ccTLDs insoweit zu keinen Unterschieden für die Internetnutzer. Während die Anzahl der Top-Level-Domains feststeht und ihre Vergabe von unterschiedlichen Voraussetzungen abhängt,[4] können die Namen der zweiten Hierarchieebene, also der Second-Level-Domain, frei gewählt und registriert werden, sofern eine identische SLD unterhalb derselben TLD noch nicht vergeben ist. Die parallele Registrierung einer identischen SLD unter verschiedenen TLDs ist möglich (zB chanel.com, chanel.fr, chanel.de). Da die Buchstaben-, Zahlen- und Zeichenfolge der SLDs im Gegensatz zu den fest vorgeschriebenen Buchstabenfolgen der TLD vom Nutzer frei gewählt werden kann, dient die SLD als Individualisierungsmittel des Domaininhabers gegenüber dem Publikum. Die SLD identifiziert den Domaininhaber sowie dessen an das Internet angeschlossenen Rechner und ist damit maßgeblicher Bestandteil des Domainnamens. Aufgrund ihrer besonderen Bedeutung wird ausschließlich die Second-Level-Domain auch verkürzt als „Domain" bezeichnet.

7 Die Verwendung von Subdomains als weitere Untergliederungen der Second-Level-Domain ist insbesondere bei Institutionen wie Universitäten oder kommerziellen Anbietern wie Internet Service Providern (ISP) beliebt. Diese stellen solche Domainnamen Dritten, beispielsweise Fakultäten oder Kunden, zur Verfügung, die über keinen eigenen Internet Server verfügen. Die Bezeichnung für eine Subdomain, beispielsweise als Third-Level-Domain, ist frei wählbar und bedarf keiner Vergabe durch die für die Top-Level-

[4] → Rn 21 ff.

Domain zuständige Stelle. Denn die Subdomains stellen Untergliederungen der SLD dar und können in identischer Form von einem anderen Teilnehmer ebenfalls als Subdomains oder auch als SLDs verwendet werden, sofern sie als SLDs noch nicht unterhalb der identischen TLD vergeben sind.

Domainnamen – und damit insbesondere die darin enthaltenen SLDs – haben **erhebliche wirtschaftliche Bedeutung,** da sie maßgebliche Orientierungshilfen im Internet darstellen. Ein prägnanter Domainname bietet Wettbewerbsvorteile, da er insbesondere bei der Verwendung von Marken oder Unternehmensbezeichnungen als SLDs von Internetnutzern leicht zu erraten und zu merken ist, was zu einer höheren Aufrufhäufigkeit der unter der Domain betriebenen Website führt. Die Wahl einer geeigneten SLD ist daher von hoher praktischer Relevanz für den Domaininhaber. In etwas geringerem Maße gilt dies auch für die Entscheidung, unter welcher Top-Level-Domain die Registrierung der Domain erfolgen soll. Hingegen nimmt die Bedeutung von URL-Adressen im Vergleich zu Domainnamen ab. Das liegt an den guten Orientierungshilfen und Suchstrategien, die das World Wide Web dem Internetnutzer bietet, da hierdurch eine direkte Ansteuerung einer Datei mit Hilfe des Internet-Browsers oft entbehrlich wird. 8

2. Generische Top-Level-Domains (gTLDs)

Zunächst gab es sieben gTLDs, die als Kennung dafür dienten, zu welcher Branche oder sonstigen Gruppierung die Organisation gehört, die unter der Domain ein Internetangebot bereithält. Von diesen „klassischen" gTLDs stehen drei (.com, .net. und .org) weltweit uneingeschränkt allen Internetnutzern zur Registrierung offen, während vier (.int, .gov, .edu und .mil) US-amerikanischen Einrichtungen oder internationalen Regierungsorganisationen vorbehalten sind. Die ICANN war und ist jedoch stets bestrebt, die Anzahl der gTLDs zu erweitern. Derzeit existieren 20 gTLDs, wobei bereits in naher Zukunft mit weiteren Erweiterungen zu rechnen ist. 9

.com	ursprünglich für kommerzielle US-Anbieter gedacht, jetzt allgemein freigegeben	10
.edu	für Bildungs- und Forschungseinrichtungen in den USA und Kanada	
.gov	für die Regierung und Regierungsstellen in den USA	
.int	für internationale Regierungsorganisationen	
.mil	für US-Militäreinrichtungen	
.net	ursprünglich für Netzwerkbetreiber/Provider gedacht, jetzt allgemein freigegeben	
.org	ursprünglich für nichtkommerzielle Organisationen gedacht, jetzt allgemein freigegeben	
.aero	für die Luftfahrtindustrie	
.arpa	TLD des ursprünglichen Arpanets, jetzt verwendet als Address and Routing Parameter Area	
.cat	für die katalanische Sprach- und Kulturgemeinschaft	
.biz	für Unternehmen	
.coop	für genossenschaftliche Organisationen	
.info	zur allgemeinen Verwendung/für Informationsdienste	
.jobs	für Personalagenturen und Jobvermittler	
.mobi	Darstellung von Webseiten für mobile Endgeräte	
.museum	für Museen	
.name	für Privatpersonen mit Namensangabe	
.pro	für Freiberufler (insbesondere Steuerberater, Wirtschaftsprüfer, Anwälte und Ärzte), nur in den USA, Kanada, Deutschland und dem Vereinigten Königreich	
.tel	für Unternehmen und Privatpersonen zur Kontaktdatenveröffentlichung	
.travel	für Anbieter in der Reisebranche	

11 Die **offenen gTLDs** .com, .net und .org werden in der Regel von den Nutzerkreisen, für die sie gedacht waren, verwendet, stehen aber auch anderen Internetnutzern zur Verfügung.[5] Die gTLDs .aero, .coop, .edu, .gov, .jobs, .mil, .mobi, .museum, .tel und .travel werden auch als **gesponsorte TLDs** (sTLDs) bezeichnet, da sie im Unterschied zu anderen neueren gTLDs einer spezifischen Organisation oder Interessengruppe zugeordnet sind. Die ICANN berät bereits über die Freigabe neuer gTLDs, darunter .mail, .post, .geo und .xxx. Am 26. Juni 2008 hat die ICANN darüber hinaus der Empfehlung eines neuen gTLD-Programms zugestimmt, das es Unternehmen ermöglichen würde, Domains unter jeder gTLD zu registrieren. So könnte beispielsweise Microsoft die Registrierung von Domains unter der TLD .msn und Google unter .google beantragen. Das neue System soll nach Zustimmung durch die ICANN noch in 2009 implementiert werden.[6]

3. Geografische Top-Level-Domains (ccTLDs)

12 Derzeit gibt es insgesamt 252 geografische Top-Level-Domains,[7] die aus zweibuchstabigen Länder- oder Gebietskürzeln bestehen und der ISO-Norm 3166–1 entsprechen. Bei ISO 3166–1 handelt es sich um einen internationalen Standard von Länder-Codes, der erstmals 1974 veröffentlicht worden ist und von der ISO 3166 Maintenance Agency betreut wird. Zu den wichtigsten ccTLDs gehören:

13

.asia	Pan-Asien und Asien-Pazifik-Raum
.de	Deutschland
.eu	Europäische Union
.uk	Grossbritanien
.nl	Niederlande
.it	Italien
.fr	Frankreich
.jp	Japan
.es	Spanien
.ch	Schweiz
.at	Österreich

14 Bis August 2008 war die .de-TLD mit über 12,2 Mio. registrierten Domains die nach der Anzahl der unter ihr eingetragenen Domains mit Abstand größte unter den ccTLDs weltweit. Diesen Rang hat nunmehr die **.cn-TLD** Chinas mit über 13 Mio. registrierten Domains übernommen. Sie ist somit auch die zweitgrößte aller TLDs hinter der Top-Level-Domain .com.[8] Obgleich die ccTLD eine Länderkennung darstellt, lässt sich ihr nicht verbindlich entnehmen, in welchem Land der Domaininhaber oder der entsprechende Anbieter des Internetangebots unter der Domain ansässig ist. Sie weist aber eindeutig auf die nationale Vergabestelle hin, die die Domain vergeben hat. Die Beliebtheit mancher ccTLDs wie .ag (Antigua) und .tv (Tuvalu) bei deutschen Aktiengesellschaften und bei Fernsehsendern folgt daraus, dass diese aus gebräuchlichen Abkürzungen für andere Begriffe als die entsprechenden Ländernamen bestehen.[9]

15 Die Liste der ccTLDs ist noch nicht abgeschlossen und wird fortlaufend erweitert. So hatte die für die Vergabe und Verwaltung an oberster Stelle zuständige Organisation ICANN im September 2000 die **Einführung einer neuen europäischen Top-Level-Domain .eu** beschlossen, woraufhin das Europäische Parlament und der Rat der Europäischen Union auf Vorschlag der Kommission im April 2002 eine Verordnung zur Einfüh-

---

[5] Vgl. <http://www.icann.org/faq/>.

[6] <www.icann.org/en/announcements/announcement-4-26jun08-en.htm>.

[7] Aufgelistet unter <http://iana.org/domains/root/db/>.

[8] < http://www.denic.de/hintergrund/statistiken/internationale-domainstatistik.html. >.

[9] Zur rechtlichen Beurteilung siehe OLG Hamburg CR 2002, 910 – verona.tv; LG Hamburg MMR 2003, 796 – tipp.ag; → Rn 88 f; → § 4-S 12 Rn 64 f.

rung dieser neuen geografischen Top-Level-Domain erlassen hat (.eu-EinführungsVO).[10] Bei der TLD .eu handelt es sich nicht um eine ccTLD im eigentlichen Sinn, da die EU selbst kein Staat ist. Neben der TLD .eu existieren jedoch noch andere geografische TLDs, die nicht länderspezifisch, sondern vielmehr kulturell-regional zu charakterisieren sind. So besitzt mit .cat die katalanische Sprach- und Kulturgemeinschaft eine eigene TLD, die Antarktis besitzt die TLD .aq und die autonome finnische Provinz Åland hat seit März 2006 die TLD .ax. Im Oktober 2006 hat die ICANN die Einführung der Top-Level-Domain .asia beschlossen. Nach Unterzeichnung der Registrierungsvereinbarung zwischen der ICANN und dem Verwalter DotAsia im darauffolgenden Dezember, konnte die Registrierungsphase ein Jahr später im Oktober 2007 beginnen.[11] Weitere Bewerber für geografische TLDs sind unter anderem .berlin (Berlin), .nyc (New York City), .cym (Wales), .sco (Schottland) und .gal (Galizien).

Einer der Beweggründe für die Einführung der .eu TLD war das deutliche Übergewicht 16
der .com-Domains gegenüber allen anderen TLDs im internationalen Kontext. Europäischen Unternehmen, Organisationen wie auch Privatleute haben nunmehr die Möglichkeit, unter „www.name.eu" im Internet präsent sein zu können und nicht, wie bisher, aus Wettbewerbsgründen darauf angewiesen zu sein, unter der beliebten .com-TLD aufzutreten, sofern die Wunschadresse überhaupt noch frei war, oder sich in einzelnen oder auch allen europäischen Staaten unter der jeweiligen ccTLD zu präsentieren. Der in dem entsprechend höheren Aufwand und dem niedrigen Bekanntheitsgrad mancher ccTLD gesehene Wettbewerbsnachteil der Europäer soll durch die Einführung der neuen Top-Level-Domain .eu ausgeglichen werden. Die Einführung als ccTLD auf europäischer Ebene lässt die anderen ccTLDs, insbesondere auch die der Mitgliedstaaten, unberührt. Als geografische Top-Level-Domain ist die Registrierung von .eu auf innerhalb der Europäischen Union ansässige Personen und Unternehmen beschränkt. Das Register, das für die Organisation, Verwaltung, Zulassung von Registraren, Pflege der Datenbank und Führung einer Whois-Datenbank[12] verantwortlich ist, ist das belgisch-schwedisch-italienische Joint Venture EURid.[13] Die Registrierung der .eu-Domains erfolgt nicht über das Register selbst, sondern über Registrare, die im Auftrag des Kunden die Registrierung vornehmen. Da es zu Manipulationsversuchen auch von Registraren gekommen ist, die das Image der TLD .eu schädigen, zeichnet EURid besonders qualifizierte Registrare aus, die einen von EURid geschaffenen Verhaltenskodex unterschrieben haben. Dieser „Code of Conduct" ist seit dem 29. März 2007 in Kraft und wurde bisher von 74 Registraren unterzeichnet. Die Unterzeichner erhalten das Recht, ein spezielles Logo zu führen, das Kunden gegenüber einen gewissen Qualitätsstandard bescheinigt. Gegen Verstöße der teilnehmenden Registrare können beim „Council of Conduct" Beschwerden eingereicht werden.[14] Als vorbeugende Maßnahme gegen die spekulative und missbräuchliche Eintragung von .eu-Domains haben die Mitgliedstaaten von der nach der Verordnung gegebenen Möglichkeit einer Sperrliste Gebrauch gemacht und eine begrenzte Liste geografischer und geopolitischer Begriffe wie baden-württemberg.eu oder great-britain.eu erstellt. Gemäß Artikel 8 der FestlegungsVO konnten die Mitgliedstaaten und Neumitglieder der Europäischen Union fordern, dass ihre amtlichen Staatsbezeichnungen und ihre allgemein gebräuchlichen Namen in einer oder mehreren Gemeinschaftssprachen nur von der eigenen Regierung registriert werden dürfen. Die in diesem Zusammenhang von den Mitgliedstaaten zu erstellende Sperrliste war bis zum Ablauf von zwei Monaten nach Inkrafttreten der Verordnung an die Kommission zu übermitteln, also bis zum 30. Juni 2004. Darüber hinaus konnte die Kommission von EURid die Registrierung von

---

[10] VO (EG) Nr. 733/2002 des Europäischen Parlaments und des Rates vom 22. 4. 2002, ABl. EG Nr. L 113 vom 30. 4. 2002, S. 1; zur Rechtsgrundlage siehe *Koenig/Neumann* EuZW 2002, 485.

[11] Siehe unter <http://www.dotasia.org>.

[12] → Rn 25f.

[13] <http://www.eurid.eu/>; dort sind auch die Public Policy Rules abrufbar.

[14] <http://www.coc.eu/>.

Domains für die Nutzung durch die Organe und Einrichtungen der Gemeinschaft verlangen.

17 Die Europäische Union hat sich für ein Verfahren gestaffelter Registrierung entschieden. Vor dem Start der allgemeinen Registrierung (so genannter „Landrush“) im April 2006 fand eine viermonatige so genannte Sunrise Period statt, in der die Inhaber älterer Rechte oder Einrichtungen des Öffentlichen Rechts ihren Domainnamen unter der .eu-TLD bevorzugt anmelden konnten.[15] Zu den älteren Rechten im Rahmen der gestaffelten Registrierung zählten insbesondere registrierte nationale Marken eines Mitgliedstaates, international registrierte Marken mit Schutzerstreckung auf mindestens einen Mitgliedstaat und Gemeinschaftsmarken, geografische Angaben und Ursprungsbezeichnungen, aber auch Namen.[16] Bereits ein Jahr nach Beginn der Registrierungsmöglichkeit von Domainnamen unter .eu war diese die drittwichtigste Top-Level-Domain Europas und zählte zu den am schnellsten expandierenden TLD-Bezeichnungen im Web.[17]

18 Länderkürzel nach der ISO 3166 dürfen nicht als Second-Level-Domain vom .eu-Register vergeben werden. Somit ist es beispielsweise nicht möglich, die Domains de.eu oder uk.eu zu registrieren. Mit dieser Bestimmung soll ausgeschlossen werden, dass der gemeinsame Adressraum wiederum nach einzelnen Mitgliedstaaten der Europäischen Union untergliedert wird. Als Vergabeverfahren kommt grundsätzlich das technische Prioritätsprinzip[18] nach Eingang des Antrages, also das Prinzip „First come, first served“, auch „Windhundverfahren“ genannt, zur Anwendung. Gemäß der Verordnung (EG) Nr. 874/2004[19] (.eu-DurchführungsVO) wurde ein außergerichtliches Streitbeilegungsverfahren, wie es unter anderem die WIPO (World Intellectual Property Organization) vorsieht, eingerichtet.[20] Für die Durchführung dieses sog. „Alternative Dispute Resolution“-Verfahren (ADR-Verfahren) benannte EURid bisher allein das Tschechische Schiedsgericht (Schiedsgericht bei der Wirtschaftskammer der Tschechischen Republik und der Landwirtschaftskammer der Tschechischen Republik), welches damit gegenwärtig die einzig zuständige Stelle für .eu-ADR-Verfahren darstellt. Die Möglichkeit eines gerichtlichen Verfahrens bleibt neben dem .eu-ADR-Verfahren nach dem eindeutigen Wortlaut von Art. 21 Abs. 1 und 4 der .eu-DurchführungsVO bestehen.[21] Das Verfahren kann sich nicht nur wegen spekulativem oder missbräuchlichem Verhalten gegen den gegenwärtigen Domaininhaber richten, sondern vielmehr auch gegen EURid selbst, wenn gegen die in der .eu-DurchführungsVO oder .eu-EinführungsVO niedergelegten Bedingungen für die Registrierung einer .eu.-Domain verstoßen wurde.[22] Im Gegensatz zu deutschen Gerichtsverfahren, kann im .eu-ADR-Verfahren neben der Löschung auch die Übertragung einer Domain ausgesprochen werden. Im Unterschied zu anderen bestehenden Domain-Schiedsgerichtsverfahren, insbesondere dem UDRP-Verfahren,[23] werden in dem ADR-Verfahren auch Namensrechte, insbesondere von Privatpersonen, die nicht über ein berühmtes Kennzeichen verfügen, geschützt und nicht nur registrierte Wortmarken.[24] Als Nachteil einiger geografischer Top-Level-Domains, beispielsweise .ua (Ungarn), .pt (Portugal) und .gi (Gibraltar), erweisen sich Beschränkungen wie die der Registrierung nur unter der Voraussetzung der Ansässigkeit im jeweiligen Gebiet. In dem Fall sind Unternehmen, die ihre Produkte in

---

[15] Allgemein zu solchen Schutzmaßnahmen → Rn 35 ff.

[16] Vgl. *Neubauer* K&R 8/2005, S. 343 ff.; *Jaeger-Lenz* WRP 10/2005, S. 1234 ff.

[17] <http://www.behoerdenspiegel.de/pdf/nl263.pdf>, dort unter 1.4.1.

[18] → Rn 23.

[19] VO (EG) Nr. 874/2004 des Europäischen Parlaments und des Rates vom 28. 4. 2004, ABl. EG Nr. L 162 vom 30. 4. 2004, S. 40.

[20] Vgl. hierzu ausführlich *Bettinger* WRP 2006, 548; *Müller* SchiedsVZ 2008, 76.

[21] Vgl. auch OLG Düsseldorf GRUR-RR 2008, 58 – lastminute.eu; LG München I MMR 2007, 395 – neu.de/neu.eu.

[22] Vgl. zur bisherigen Spruchpraxis in ADR-Verfahren *Müller* GRUR Int 2007, 990; *Mietzel* MMR 2007, 282; *ders.* MMR 2007, 757; *ders.* MMR 2008, XII; *Pothmann/Guhn* K&R 2007, 69.

[23] → Rn 159 ff.

[24] <http://www.adr.eu>; vgl. *Köhler/Arndt* S. 12 f.

einem Land vertreiben, ohne dort einen Firmensitz zu haben, für eine regional gekennzeichnete Internetpräsenz auf Alternativen angewiesen. Eine Möglichkeit hierfür bietet die Verwendung einer Third Level Registrierung unter der Kombination der jeweiligen ccTLD mit der Second-Level-Domain .com, also beispielsweise unter .com.ua oder .com. pt. Denn diese unterliegen oftmals keinen solchen Voraussetzungen für die Registrierung und sind zudem mit teils erheblicher Kostenersparnis verbunden.[25]

B. Domainnamen: Vergabe, Verwaltung und Rechtsverkehr

I. Vergabezuständigkeit

1. Organisation

Die Vergabe und Verwaltung von IP-Adressen und Domainnamen ist eine der wichtigsten Organisationsaufgaben für das Internet, die eine weltweite Koordinierung erfordert. Die oberste Zuständigkeit für die Vergabe von IP-Adressen und Domainnamen lag bei der Internet Assigned Numbers Authority **(IANA),** die vom Information Science Institute der University of Southern California (US C) betrieben wurde.[26] Die Vergabe und Registrierung von Domainnamen hatte IANA an einzelne Network Information Centers (NIC) delegiert, so an das RIPE NCC für Europa,[27] das APNIC für Asien und Australien,[28] das ARIN für Amerika und Afrika[29] und das LACNIC für Lateinamerika und die Karibik.[30] Mit der Vergabe und Verwaltung von Domainnamen unter gTLDs sowie für die noch nicht delegierten Gebiete wurde das InterNIC[31] beauftragt, das durch ein privates Unternehmen namens Network Solution Inc. (NS I) operierte.[32] Die Entwicklung des Internet hin zur Vielfalt und Kommerzialisierung in den 90er Jahren verlangte nach grundlegenden Veränderungen bei der Zuständigkeit für die Vergabe und Verwaltung von Domainnamen. Der Ruf nach Wettbewerb anstatt staatlicher Regelung und dem Aufbrechen des US-amerikanischen Kontrollmonopols führte zu einem von der IANA selbst kontrollierten Umbau der Verwaltungsorganisation des Domain Name Systems. Dieser mündete in das von der US-Regierung veröffentlichte Strategiepapier zum globalen elektrischen Geschäftsverkehr (White Paper),[33] auf dessen Grundlage im Oktober 1998 die Internet Corporation for Assigned Names and Numbers (ICANN) gegründet worden ist. 19

Die **ICANN** ist eine private, gemeinnützige Organisation nach kalifornischem Recht mit Sitz in Marina del Rey, die von einem international zusammengesetzten Board of Directors geleitet wird.[34] Sie hat die Aufgabe, die globale Internetgemeinschaft zu repräsentieren, die technischen Parameter des Internet zu koordinieren und insbesondere die Vergabe und Verwaltung der IP-Adressen sowie der Domainnamen vorzunehmen und zu überwachen. Die bisher bei IANA und NS I gelegenen Kompetenzen wurden entsprechend bis zum Oktober 2000 schrittweise auf die ICANN übertragen. ICANN ist auch zuständig für die Einführung neuer gTLDs und organisiert das DNS Root Server System, wobei auf den Root Servern sämtliche Informationen aller unter den jeweiligen ccTLDs und gTLDs re- 20

[25] Vgl. beispielsweise für die .gi-TLD: <http://www.nic.gi/namesinfo.html>.

[26] <http://www.iana.org>.

[27] Réseaux IP Européens Network Coordination Center; <http://www.ripe.net/ripencc/about/>.

[28] Asia Pacific Network Information Center; <http://www.apnic.net/>.

[29] American Registry for Internet Numbers; <http://www.arin.net/>.

[30] Latin American and Caribbean Internet Adresses Registry; <http://www.lacnic.net/en/about.html>.

[31] International Network Information Center; <http://www.internic.net>.

[32] <http://www.internic.net>.

[33] United States Department of Commerce, Management of Internet Names and Addresses, Policy Statement (White Paper), Doc. No. 980212036–8146–02, Washington 5. 6. 1998; <http://www.icann.org/general/white-paper-05jun98.htm>.

[34] Vgl. hierzu auch *Voegeli-Wenzl*, GRUR Int 2007, 807.

gistrierten SLDs gespeichert sind.[35] Nachdem zunächst neun der höchstens 19 Direktoren des Board of Directors der ICANN unmittelbar durch freie, allen registrierten Internetnutzern offen stehende Wahlen gewählt worden sind, werden die Mitglieder des Board of Directors auf Grund von Reformen in 2003 nunmehr durch drei unterstützende Organisationen ausgewählt.[36] Das mit der Reformierung des Domain Name Systems (DNS) durch die ICANN angestrebte Ziel, die von der Vormachtstellung der USA geprägte Verwaltung des DNS zu internationalisieren und bei der Vergabe von Domainnamen im Bereich der gTLDs Wettbewerb einzuführen, ist durch die Einführung neuer gTLDs, die Vergabe der Verwaltungsaufgaben für gTLDs an eine Vielzahl weiterer Registrare, die die Registrierungen für SLDs unter den gTLDs anbieten, und Redelegationen von ccTLDs an neue Manager teilweise erreicht worden.[37] Obwohl es sich bei der ICANN um eine private Organisation handelt, wird vielfach ihre Abhängigkeit von der US-Regierung kritisiert. Das US-Handelsministerium hat ein Aufsichtsrecht über sämtliche Aktivitäten der ICANN und bislang jegliche Forderungen nach einer Reform der Internetverwaltung zurückgewiesen. In Rede steht nach wie vor eine Internationalisierung der Verwaltung, etwa durch eine internationale Regierungsorganisation, oder eine umfassende Privatisierung und Selbstverwaltung der ICANN.

2. Vergabe von gTLDs

21 ICANN nimmt die Funktion einer übergeordneten Instanz für alle Top-Level-Domains wahr. Mit der Verwaltung der für jede generische Top-Level-Domain erforderlichen Datenbank beauftragt ICANN so genannte Registry Operators und akkreditiert Registrare, bei denen der Endkunde seine Second-Level-Domains anmelden und verwalten lassen kann. Die Delegation der Zuständigkeit für die Vergabe und Verwaltung von SLDs unter den gTLDs durch ICANN erfolgt durch Verträge. So hat VeriSign Inc. die Zuständigkeit für die Verwaltung der gTLDs .com und .net, die seit 1992 bei NS I lag, als Registry Operator übernommen.[38] Die gTLD .org wird von Public Interest Registry verwaltet.[39] Für die Vergabe von IP-Adressen sowie der diesen zugeordneten Domainnamen unter den genannten drei gTLDs sind inzwischen weit mehr als 900 akkreditierte Registrare, darunter mehr als 20 deutsche Unternehmen, weltweit zuständig.[40] Mit der Verwaltung der neuen gTLDs (.info, .biz, .aero, .coop, .museum, .pro und .name) hat ICANN jeweils eigene Registry Operators beauftragt.[41] Die Vergabe der Second-Level-Domains an den Endkunden erfolgt auch bei diesen gTLDs durch akkreditierte Registrare. Im deutschsprachigen Raum ist die EPAG Domainservices GmbH seit Anfang 2000 akkreditierter Registrar für die gTLDs .com, .net und .org.[42]

3. Vergabe von ccTLDs

22 Die Zuständigkeit für die Vergabe und Verwaltung der SLDs unter den einzelnen geografischen Top-Level-Domains liegt auf Grund vertraglicher Delegation weiterhin bei den

---

[35] <http://www.icann.org/general/articles.htm>; <http://www.icann.org/en/foctsheets/fact-sheet.html>; allgemein hierzu *Strömer*, Das ICANN-Schiedsverfahren, Heidelberg 2002; *Ruff* Domain Law: Der Rechtsschutz von Domainnamen im Internet S. 11 ff.

[36] <http://www.icann.org/en/foctsheets/fact-sheet/html>.

[37] *Bräutigam/Leupold/Bettinger* B II Rn 14; *Hoeren/Sieber/Vieflhues* Kap. 6 Rn 16; skeptisch zu dem Rückgang der Vormachtstellung der USA bei der Internetverwaltung *Köhler/Arndt* S. 10 f.

[38] <http://www.icann.org/faq/; http://www.verisign.com/>.

[39] Vgl. <http://www.pir.org/>.

[40] Eine Liste der bei ICANN akkreditierten Registrare ist abrufbar unter <http://www.icann.org/registrars/accredited-list.html>; der zwischen ICANN und den akkreditierten Registraren geschlossene Vertrag ist abrufbar unter <http://www.icann.org/registrars/ra-agreement-17may01.htm>.

[41] Afilias Ltd. <http://www.nic.info>; NeuStar Registry Services <http://www.neustarregistry.biz>; SITA <http://www.nic.aero>; NCBA <http://www.nic.coop>; MuseDoma <Museum Domain Management Association, http://www.nic.museum>; RegistryPro <http://www.nic.pro>; Global Name Registry <http://www.nic.name>.

[42] <http://www.epag.de>.

drei Unterorganisationen der ICANN, und zwar bei dem RIPE NCC, APNIC und dem ARIN.[43] Diese oder auch ICANN direkt delegieren wiederum im Vertragswege die administrativen Aufgaben an nationale Vergabeorganisationen, den so genannten ccTLD-Managern oder auch Network Information Centers (NIC).[44] Der für die .de-Domains für Deutschland zuständige **ccTLD-Manager oder NIC** ist die DENIC Domain Verwaltungs- und Betriebsgesellschaft eG.[45] Vorläufer der 1996 gegründeten, genossenschaftlich organisierten DENIC war der Interessenverbund Deutsches Network Information Center (IV-DENIC).[46] Waren Anfang 1997 etwa 50 000 Domainnamen bei der DENIC registriert, hatte sich diese Zahl im April 1999 bereits auf 500 000 Domainnamen erhöht. Heute ist die Top-Level-Domain .de trotz der unter ihr registrierten mehr als 12,7 Mio. Domainnamen die nach der Domainanzahl hinter der .cn-TLD nur noch zweitgrößte ccTLD weltweit.[47]

II. Vergabeverfahren

1. Erstmalige Domainvergabe

a) Grundsätze. Für die Vergabe und Registrierung von Domainnamen bestehen grundsätzlich **keine nationalen gesetzlichen Vorschriften.** Die Registrierung von Second-Level-Domains durch die Vergabestellen (Registry Operators, Registrare, ccTLD-Manager/NICs) erfolgt in aller Regel[48] nach dem **Prioritätsprinzip:** „First come, first served" oder auch „Wer zuerst kommt, mahlt zuerst". Das bedeutet, dass – unter Berücksichtigung der spezifischen Registrierungsvoraussetzungen – jeder Domainname registriert wird, sofern dieser noch nicht vergeben ist. In der Regel wird von den Vergabestellen nicht überprüft, ob fremde Rechte an einer zu vergebenden Domain bestehen. Vielmehr hat der Domainanmelder oftmals mit der Antragstellung zu versichern, dass die Domain keine Rechte Dritter verletzt oder gegen sonstige Rechtsvorschriften verstößt. Dies kann auch mit einer Verpflichtung zur Freistellung der Vergabestelle von Ansprüchen Dritter verbunden sein, wie es bei .de-Domains der Fall ist. **Ausnahmen** von dem Prioritätsprinzip bei der Domainvergabe kann es insbesondere bei der Einführung von neuen Top-Level-Domains geben, um beispielsweise Kennzeichenrechtsinhabern die Gelegenheit zu geben, die ihren Kennzeichen entsprechenden SLDs unter der neuen TLD vorab zu sichern.[49] ICANN hat Mitte Oktober 2007 einen Testversuch für vollständig internationalisierte Domainnamen („IDN") in 14 Sprachen, darunter Kyrillisch, gestartet, der im Ergebnis positiv ausfiel. Möglicherweise werden IDN-TLDs schon ab Mitte 2009 zur Verfügung stehen; als Second-Level-Domain können andere Schriftzeichen bereits jetzt registriert werden. 23

Ein Novum bei der Vergabe von Domains stellte das von dem Verwalter DotAsia für die Vergabe der .asia-Domains gewählte Verfahren dar, denn weder während der Sunrise noch während der Landrush-Periode galt der Prioritätsgrundsatz. Nicht der zeitlich erste von mehreren Interessenten erhielt den Zuschlag für eine Domain unter .asia, diese wurde vielmehr im Rahmen einer Auktion an den Meistbietenden versteigert.[50]

Zur Einführung der **.eu-TLD** hat die Europäische Kommission Verordnungen erlassen, welche die rechtlichen Rahmenbedingungen der Registrierung und Verwaltung der TLD .eu festlegen. Diese Verordnungen sind in allen Mitgliedstaaten direkt und unmittelbar gel- 24

---

43 → Rn 19.

44 Wie beispielsweise die Delegation an die AFNIC als nationale Vergabeorganisation für Frankreich, die IT-NIC für Italien und die ES-NIC für Spanien.

45 DENIC steht für Deutsches Network Information Center; http://www.denic.de.

46 <http://www.denic.de/de/hintergrund/geschichte-der-denic-eg.html>.

47 < http://www.denic.de/hintergrund/statistiken/internationale-domainstatistik.html. >.

48 Die spanische Vergabestelle ES-NIC verlangt hingegen die Vorlage einer Markenurkunde oder eines Handelsregisterauszuges; <https://www.nic.es/regulations/288>.

49 → Rn 35ff.

50 Vgl. unter <http://www.dotasia.org/about/auctions.html>.

tendes Recht und haben den Rang nationaler Gesetze. Die Europäische Union hat damit die Vergabe und Registrierung der .eu-TLD auf eine klare gesetzliche Grundlage gestellt und unterscheidet sich damit wesentlich von den Mitgliedstaaten, welche für die Registrierung ihrer nationalen TLD keine gesetzlichen Vorschriften geschaffen haben. Gemäß Artikel 6, Absatz 3 der FestlegungsVO[51] wird das verantwortliche Register die Registrierung von Domainnamen in allen Schriftzeichen der Gemeinschaftssprachen (z. B. griechisches oder kyrillisches Alphabet) vornehmen, sobald entsprechende internationale Normen hierfür existieren.

25 Die Anmeldung und Registrierung eines Domainnamens erfolgt auf der Grundlage eines **Registrierungsvertrages,** der für ungesponsorte gTLDs[52] ausschließlich zwischen dem Anmelder und dem Registrar, nicht aber daneben auch noch mit dem RegistryOperator geschlossen wird. Der von dem Registrar verwendete Mustervertrag mit dem Domainanmelder (Kunde) hat sich nach den Vorgaben von ICANN zu richten.[53] Bei anderen Domainnamen, wie bei .de-Domains, schließt der Anmelder zusätzlich zu dem Vertrag mit einem Registrar oder mit einem sonstigen Internet Service Provider (ISP), der mit einem Registrar zusammen arbeitet, noch einen Vertrag mit dem Registry Operator oder ccTLD-Manager. Inhalt des Registrierungsvertrages zwischen dem Domainanmelder und der DENIC als ccTLD-Manager sind die Domainbedingungen und die Domainrichtlinien der DENIC.[54] Über das Angebot „DENICdirect" kann der Kunde die Registrierung einer .de-Domain auch unmittelbar bei der DENIC vornehmen, ohne einen Vertrag mit einem ISP zu benötigen.[55] Dies wird allerdings der Ausnahmefall sein, da die DENIC im Unterschied zu einem ISP dem Kunden keinen Internetzugang, kein Webspace und auch keinen E-Mail-Service neben der Registrierung der Domain zur Verfügung stellt. Vor der Domainanmeldung sollte die **Verfügbarkeit** des gewünschten Domainnamens überprüft werden. Neben ISPs, die solche Suchmöglichkeiten häufig auf ihren Websites anbieten, stellen die frei zugänglichen **Whois-Datenbanken** der Vergabestellen im Internet die zuverlässigste Rechercheoption dar.[56]

26 Der Registrar übernimmt die technische Betreuung des Domainnamens, die die Entgegennahme der Anmeldung, die Registrierung des Domainnamens, bei der dieser in das Namensverzeichnis aufgenommen wird, und die Konnektierung, also die Freischaltung der Domain im Internet, umfasst. Die Aktualisierung der Daten im Whois-Eintrag, die bei der Anmeldung der Domain anzugeben sind und sich beispielsweise bei Wechsel des Inhabers oder eines Ansprechpartners ändern können, gehört ebenfalls zu den Aufgaben des Registrars. Die Daten im Whois-Eintrag sind öffentlich abrufbar und sollen Dritten bei technischen Problemen oder rechtlichen Kollisionen ohne weiteren Aufwand die Möglichkeit geben, den zuständigen Ansprechpartner in Erfahrung zu bringen. Im Übrigen dienen diese Whois-Datenbanken der Suche nach freien Domainnamen.

27 Die Registrierung einer .de-Domain erfolgt nur, wenn sie mit einer Website konnektiert wird. Die Reservierung eines Domainnamens nimmt die DENIC nur übergangsweise für die Dauer eines Monats nach der Anmeldung oder der Anzeige des Inhaberwechsels vor, bis eine Konnektierung erfolgt. Eine sonstige Domain-Reservierung, wie sie bis zum 1. Februar 1997 durch die DENIC praktiziert wurde, ist heute nicht mehr möglich.

28 **b) Vertragliche Beschränkungen.** Die Anmeldung und Registrierung von Domainnamen unterliegt in der Regel vertraglichen Beschränkungen, die sich je nach der TLD auf

---

[51] Verordnung (EG) Nr. 874/2004 der Kommission vom 28. April 2004 (FestlegungsVO), abrufbar unter <http://www.eurid.eu/index.php>, dort unter „Downloads/Dokumente".

[52] Die neuen gTLDs mit Ausnahme von .aero, .coop und .museum; → Rn 11.

[53] Beispielsweise für .biz-Domains: <http://www.icann.org/tlds/agreements/biz/>.

[54] <http://www.denic.de/domainbedingungen.html>; <http://www.denic.de/domainrichtlinien.html>.

[55] <http://www.denic.de/domains/denicdirect.html>.

[56] Für .de-Domains siehe <http://www.denic.de/hintergrund/whois-service.html>; entsprechende Links für ccTLDs sind auch über <htttp://www.iana.org/domains/root/db> zu finden. Recherchemöglichkeiten für gTLDs bieten zB. http://www.allwhois.com und <http://www.internic.net/whois.html>; <http://www.epag.de.>

die Person des Anmelders oder seiner Rechte an der gewünschten Domain beziehen. Das Verfahren zur Vergabe von Domainnamen folgt den Regeln, die die jeweilige Vergabestelle (Registry Operator, Registrar oder ccTLD-Manager/NIC) nach eigenem Ermessen aufstellt. Gleichwohl gibt es Gemeinsamkeiten. So existieren für alle TLDs Listen von Begriffen, die nicht als SLD registrierbar sind. Hierzu gehören insbesondere die Buchstabenkombinationen aller gTLDs und grundsätzlich auch alle Kombinationen von nur zwei Buchstaben. Eine Ausnahme hiervon hat das Oberlandesgericht Frankfurt/Main für die Domain vw.de zugelassen, wobei diese wegen des grundsätzlich vorrangigen Interesses der DENIC an einem Ausschluss betrieblicher Störungen auflösend bedingt für den Fall der Einrichtung einer gleichlautenden Top-Level-Domain ist.[57] Auch die Auswahl und Anzahl der Zeichen, aus denen eine Second-Level-Domain bestehen kann, ist beschränkt. Im Übrigen ist die Vergabe von Domainnamen unter vielen TLDs an Voraussetzungen geknüpft, die sich auf die Person des Anmelders beziehen. Mit Ausnahme der gTLDs .com, .net, .org und .info unterliegen die gTLDs jeweils spezifischen Beschränkungen in der Person des Anmelders. Auch eine Vielzahl der ccTLDs steht lediglich bestimmten Personenkreisen, etwa den Einwohnern eines bestimmten Staates, für die Registrierung eines Domainnamens offen. Die Regelwerke der einzelnen Vergabestelle sehen unterschiedliche Bestimmungen für die Überprüfung des Vorliegens der Eintragungsvoraussetzungen wie auch für die Konsequenzen einer entgegen den vertraglichen Beschränkungen registrierten Domain vor. Nach manchen Registrierungsverträgen ist der Registry Operator berechtigt, eine entgegen den Beschränkungen re-gistrierte Domain zu löschen. Zum Teil sind auch besondere Schiedsverfahren vorgesehen, in denen Dritte die Löschung oder auch die Übertragung der Domain erreichen können, so beispielsweise Artikel 22 der Verordnung 874/2004 der Europäischen Kommission zur Festlegung von allgemeinen Regeln für die Durchführung der TLD .eu. Im Einzelnen:

Die Registrierung einer Second-Level-Domain unter der gTLD **.name** steht nur natür- 29
lichen Personen für ihren Namen einschließlich des Namens, unter dem die Person allgemein bekannt ist, wie ihr Pseudonym oder ihr Künstlername, sowie natürlichen oder juristischen Personen für markenrechtlich geschützte Namen einer fiktiven Figur zur Verfügung. Bei Namensgleichheit können dem Namen Ziffern hinzugefügt werden, um eine Unterscheidung von einer bereits registrierten Domain und damit die Registrierung zu ermöglichen.[58] Domains unter der gTLD **.pro** können nur von natürlichen oder juristischen Personen oder Vereinigungen registriert werden, die eine offizielle Zulassung für die Ausübung bestimmter freiberuflicher Tätigkeiten insbesondere in den Bereichen Recht, Medizin und Steuerberatung haben. Da die Second-Level-Domains unter der gTLD .pro bereits mit entsprechenden Begriffen in verschiedenen Sprachen benannt sind, wie .law.pro, .recht.pro, .med.pro und .aca.pro, werden individuelle Domainnamen auf der Third-Level-Ebene registriert.[59] Domains unter der gTLD **.biz** werden ausschließlich für den geschäftlichen Verkehr vergeben, wofür die Registrierung der Domain zum Zwecke des Weiterverkaufs oder der Weiterlizenzierung nicht genügt.[60] Der Anmelder einer .biz-Domain muss das Vorliegen dieser Anmeldevoraussetzung zusichern. Bei diesen Domains können Dritte die Löschung einer unzulässigen Registrierung in einem besonderen Schiedsverfahren durchsetzen oder bei Kennzeichenschutz an dem Domainnamen auch die Übertragung der Domain verlangen.[61]

Bei den **gesponsorten gTLDs** legen die jeweiligen Sponsoren selbst die Bedingungen 30
für die Registrierung der von ihnen verwalteten Domains fest. Hierzu sind sie auf Grund ihres Sponsorship Agreement mit ICANN berechtigt.[62] Während Domains unter .aero

[57] OLG Frankfurt/M GRUR-RR 2008, 321 – vw.de.
[58] <http://www. ICANN.org/tlds/agreements/name/registry-agmt-appl-03jul01.htm>.
[59] <http://www. ICANN.org/tlds/agreements/pro/registry-agmt-appl-03mar02.htm>.
[60] <http://www. ICANN.org/tlds/agreements/biz/registry-agmt-appl-18apr01.htm>.
[61] → Rn 37.
[62] <http://www. ICANN.org/tlds/>.

ausschließlich von Individuen, Unternehmen und Verwaltungen der Luftfahrt registriert werden können,[63] stehen Domains unter .coop nur Genossenschaften und Organisationen, die aus Genossenschaften gebildet sind oder von solchen kontrolliert werden, zur Verfügung.[64] Die Domainvergabe unter der dritten gesponsorten gTLD .museum erfolgt ausschließlich an Museum, Museumsverbände und Museumsmanager.[65] Die Definition von „Genossenschaft“ wie auch von „Museum“ richtet sich im Rahmen einer dynamischen Verweisung nach der Definition der International Co-operative Alliance (ICA) oder des International Council of Museums (ICOM).[66]

31 Im Unterschied zur Vergabe von Domainnamen im Bereich der gTLDs ist die **Vergabe von ccTLDs** uneinheitlich. Die Registrierungsordnungen weichen erheblich voneinander ab. So bestehen etwa in Kanada, dem Vereinigten Königreich, Italien, Dänemark und Deutschland seitens der Vergabestellen keine Bedenken gegen die Eintragung beschreibender Begriffe als Second-Level-Domains unter ccTLDs, während in Belgien, Portugal, Spanien, Norwegen, Schweden und Finnland derartige Begriffe grundsätzlich nicht eingetragen werden.[67] Bei einer Reihe von ccTLDs steht die Registrierung von Domainnamen nur natürlichen und juristischen Personen mit Wohnsitz oder Sitz im jeweiligen Land zur Verfügung, andere können nicht von Privatpersonen registriert werden. In vielen Fällen ist auch die Anzahl von Domains, die pro Person vergeben werden, beschränkt. Informationen zu den Registrierungsbedingungen für die ccTLDs sind in der Regel auf der Website des jeweiligen ccTLD-Manager oder NIC erhältlich. Ein Verzeichnis aller ccTLD-Vergabestellen ist bei der IANA abrufbar.[68]

32 Nach den Registrierungsrichtlinien und -bedingungen der DENIC kann jedermann eine **.de-Domain** registrieren. Hat der Anmelder keinen Wohnsitz oder keine Niederlassung in Deutschland, so ist er verpflichtet, einen in Deutschland ansässigen Zustellungsbevollmächtigten als „administrativen Ansprechpartner“ (Admin-C) anzugeben. Fehlt diese Angabe, so ist die DENIC zur fristlosen Kündigung des Registrierungsvertrages berechtigt. In rechtlicher Hinsicht versichert der Anmelder im Anmeldeantrag, dass die von ihm beantragte Second-Level-Domain keine Rechte Dritter verletzt und nicht gegen allgemeine Gesetze verstößt. Der Anmelder hat die DENIC insoweit von allen Ansprüchen Dritter freizustellen.[69] Nach den DENIC-Registrierungsrichtlinien ist die Auswahl und Anzahl der Zeichen, aus denen ein Domainname unter der ccTLD .de bestehen kann, beschränkt. Eine Second-Level-Domain darf danach nur aus den Ziffern 0 bis 9 und den Buchstaben des lateinischen Alphabets sowie dem Bindestrich bestehen und mindestens drei, maximal 63 Zeichen umfassen.[70] Die Verwendung von Umlauten und „ß“ war zunächst nicht erlaubt. Mit dem Ziel, die durch die Konzentration auf den Zeichensatz der englischen Sprache bestehenden Einschränkungen für andere Sprachen, die im Internet zunehmend wichtig werden, zu reduzieren, ist mit Wirkung vom 1. März 2004 ein neuer Standard IDN (Internationalized Domain Name) eingeführt worden. Hiernach sind nicht nur Umlaute erlaubt, sondern auch Sonderzeichen beispielsweise der französischen, dänischen oder spanischen Sprache. Die Anzahl möglicher Zeichen hat sich dadurch um 92 für .de-Domains und .at-Domains sowie um 31 für .ch-Domains und .li-Domains erweitert. Auf den Buchstaben „ß“ müssen die deutschen Internetnutzer allerdings weiterhin verzichten, da dieser Buchstabe nach den internationalen Regeln mit der Umschreibung „ss“ equivalent ist. Registrierte .de-Domains, die Umlaute enthalten können, werden nicht automatisch um-

---

63 <http://www.information.aero/>;>http://www. ICANN.org/tlds/agreements/aero/sponsorship-agmt-att1–20nov01.htm>.

64 <http://www. ICANN.org/tlds/agreements/coop/sponsorship-agmt-att1–05nov01.htm>.

65 <http://www. ICANN.org/tlds/agreements/museum/sponsorship-agmt-att1–20aug01.htm>.

66 <http://www.ica.coop/coop/principles.html; http://www.icom.museum/definition.html>.

67 Vgl. *Bräutigam/Leupold/Bettinger* B II 2 Rn 19 mwN.

68 <http://www.iana.org/domains/root/db>.

69 Vgl. §§ 3 Abs. 1, 5 Abs. 4, 7 Abs. 2 der DENIC-Registrierungsbedingungen.

70 <http://www.denic.de/domainrichtlinien.html>.

geschrieben, da dies in vielen Fällen sinnwidrig wäre. Wer daher eine Domain mit Umlauten oder Sonderzeichen nutzen möchte, muss diese registrieren lassen. In der ersten Woche gab es bereits knapp 200.000 Registrierungen von .de-Domains mit Umlauten oder Akzenten. Besonders beliebt sind generische IDNs wie möbel.de, glückwunsch.de und bücher.de. Die Registrierung von IDNs führt zu Interessenkollissionen, von denen neben dem klassischen Domaingrabbing und der Gleichnamigkeit auch die Gefahr der Verwässerung und die Beeinträchtigung von Namensrechten, wie bei Koester.de und Köster.de, zu nennen sind.[71]

2. Wechsel des Registrars

Wenn bei einem Inhaberwechsel oder bei Unzufriedenheit des Domaininhabers mit dem derzeitigen Registrar ein Wechsel des Registrars erforderlich ist, muss auch die Konnektierung der Domain aktualisiert werden. Ein Wechsel des Registrars ist bei den gTLDs jederzeit nach Ablauf von 60 Tagen nach der erstmaligen Registrierung des Domainnamens möglich.[72] Hierzu sollte sich der Domaininhaber an den Registrar wenden, der zukünftig die Domain verwalten soll, und bei diesem die Registrierung der Domain beantragen. Der neue Registrar wird dann alle Maßnahmen für den Wechsel durch einen so genannten Transfer Request treffen. Es ist nicht zu empfehlen, zunächst die Domainregistrierung beim ursprünglichen Registrar zu kündigen und dann erst eine neue Registrierung durch einen anderen Registrar zu beantragen. Denn bei dieser Vorgehensweise besteht die Gefahr, dass ein Dritter in der Zwischenzeit dieselbe Domain für sich registriert und sie dann nicht mehr zur Verfügung steht. Wird bei einer .de-Domain der Wechsel von einem DENIC-Genossen zu einem anderen, und damit ein Registrarwechsel, gewünscht, so steht hierfür das Verfahren zur Konnektivitäts-Koordination **(KK-Verfahren)** zur Verfügung.[73] Hierbei wird der neue Registrar auf Grund vertraglicher Absprache mit dem Domaininhaber einen KK-Auftrag an die DENIC richten, der zur Bestätigung an den bisherigen Registrar weitergeleitet wird. Der KK-Auftrag hat zum Gegenstand, dass die Domain auf einen bestimmten Domain Name Server eingetragen wird. Dabei wird automatisch geprüft, ob der Inhaber des Name Servers, auf dem die Domain bislang eingetragen war, der beantragten Änderung zustimmt. Um unnötige Verzögerungen zu vermeiden, sollte der Domaininhaber vor der Erteilung des KK-Auftrags den bisherigen Registrar über den gewünschten Wechsel informieren. Denn erst mit der tatsächlichen oder – nach einer erfolglosen Erinnerung und insgesamt spätestens sieben Arbeitstagen – fingierten Zustimmung des bisherigen Registrars führt die DENIC den Registrarwechsel durch. Um die ununterbrochene Erreichbarkeit der Website unter der Domain beim Registrarwechsel sicherzustellen, sollten für eine Übergangszeit von wenigen Wochen parallel sowohl der alte als auch der neue Registrar mit der Konnektierung der Domain beauftragt sein. 33

Ein Wechsel des Registrars, und damit bei .de-Domains die Durchführung des KK-Verfahrens, ist nicht erforderlich, wenn lediglich der Wechsel des ISP erfolgt und sowohl der alte als auch der neue Provider mit demselben Registrar zusammenarbeiten. Bei einem solchen **Providerwechsel,** der nicht zugleich zu einem Registrarwechsel führt, genügt es, wenn der neue ISP den Registrar mit einem Update beauftragt, auf Grund dessen der neue gegen den alten Name Server ausgetauscht wird.[74] Auch bei einem bloßen Providerwechsel empfiehlt es sich, die durchgehende Verfügbarkeit des Internetangebots dadurch zu gewährleisten, dass sowohl der bisherige als auch der künftige ISP während der Übergangsphase mit dessen Sicherstellung beauftragt sind. 34

---

[71] Eine Aufstellung mit allen 92 Buchstaben, die seit dem 1. 3. 2004 zusätzlich in .de-Domains verwendet werden können, ist unter <http://www.denic.de/de/domains/idns/liste.html abrufbar>; siehe hierzu *Reinholz/Härting* CR 2004, 603.

[72] <http://www.icann.org/en/transfers/text.htm>.

[73] Vgl. <http://www.denic.de/de/faqs/domaininhaber/index.html>; *Grützmacher/Siekmann* ITRB 2001, 268, 269f.

[74] Vgl. zB bei .de-Domains <http://www.denic.de/de/faqs/domaininhaber/index.html>.

III. Rechtsschutz im Vergabeverfahren

35 Der Prioritätsgrundsatz, wonach die Registrierung von Domainnamen nach der Priorität des Antragseingangs erfolgt, bietet dem Kennzeicheninhaber keinen Schutz vor rechtsverletzenden Domainregistrierungen im Vergabeverfahren. Denn eine Überprüfung, ob ein Domainname vorhandene Kennzeichenrechte verletzt, findet in der Regel weder durch die Vergabestelle noch durch den ISP statt. Das Bestreben, bei der Vergabe von Domainnamen die Interessen der Kennzeicheninhaber vor rechtsverletzenden Domainregistrierungen zu schützen, war auch Anlass für zwei Konsultationsrunden der WIPO (World Intellectual Property Organization), an deren Ende jeweils ein Abschlussbericht mit einer Zusammenfassung der Ergebnisse und Empfehlungen veröffentlicht wurde. Diese Abschlussberichte von April 1999 und September 2001 dienen als Grundlage für die Verfahren der Vergabestellen.[75] Die Diskussionen der WIPO zum Schutz des geistigen Eigentums im DNS werden fortgeführt.[76] Die bereits in der ersten Konsultationsrunde entwickelten und spezifizierten Empfehlungen der WIPO, **Maßnahmen zum Schutz von Kennzeichenrechten** durch verschiedene Registrierungs- und Konfliktlösungsverfahren zu ergreifen, sind von den akkreditierten Registraren in Absprache mit ICANN angenommen und zumindest teilweise auch umgesetzt worden. So hat die ICANN 1999 auf Empfehlung der WIPO die „Uniform Domain Name Dispute Resolution Policy" (UDRP) beschlossen,[77] welche einheitliche Standards zur außergerichtlichen Streitbeilegung zwischen einem registrierten Domaininhaber und einem Dritten bei Streitigkeiten über gTLDs festlegt. Einige nationale Register haben die UDRP ebenfalls für ihre jeweilige ccTLD und diese betreffende Streitigkeiten als verbindlich anerkannt. Für die DENIC gilt die UDRP indes nicht.[78] Um den Inhabern eingetragener Marken die Möglichkeit zu verschaffen, ihre Rechte bereits vor Beginn der Registrierungsphase bei der Einführung von neuen gTLDs gegen missbräuchliche Domainregistrierungen zu schützen, sind besondere Vergabeverfahren entwickelt worden.

36 So bestand bei der Einführung der g**TLD .info** die Möglichkeit für Markeninhaber, deren Marke vor dem 2. 10. 2001 ins Markenregister eingetragen wurde, während einer so genannten **Sunrise Period** vom 25. 7. bis 27. 8. 2001 einen mit dem Wortelement ihrer Marke identisch übereinstimmenden Domainnamen bevorrechtigt zu registrieren.[79] Einsprüche zu während der Einführungsphase registrierten Domains konnten bis zum 27. 12. 2001 eingereicht werden und wurden in einem speziellen vereinfachten Verfahren, der so genannten **Sunrise Challenge,** bearbeitet. Parteien, die die Gültigkeit einer in der Einführungsphase registrierten Domain anfechten wollen, müssen seither das von der ICANN eingeführte außergerichtliche Streitschlichtungsverfahren der UDRP[80] verwenden oder ein ordentliches Gerichtsverfahren anstrengen. Stellte sich in dem Sunrise Challenge-Verfahren heraus, dass der ursprüngliche Domainanmelder nicht die Voraussetzungen erfüllte, um mit dem streitigen Domainnamen an der Sunrise Period teilzunehmen, wurde die Domain gelöscht oder an den Markenrechtsinhaber und Einspruchsführer übertragen.[81]

---

[75] Der Abschlussbericht von April 1999 ist abrufbar unter <http://www.wipo.int/export/sites/www/amc/en/docs/report-final1.pdf>; der Abschlussbericht von September 2001 ist abrufbar unter <http://www.wipo.int/export/sites/www/amc/en/docs/report-final2pdf>.

[76] Vgl. zB *Gamm* GRUR Int. 2002, 738 zur WIPO-Sitzung vom 21.–24. 5. 2002.

[77] Die UDRP ist abrufbar unter <http://www.icann.org/udrp/udrp-policy-24oct99.htm>; zu Einzelheiten der UDRP siehe Rn 159 ff.

[78] Eine Liste derjenigen ccTLDs, deren Register die UDRP übernommen haben, findet sich auf <http://www.wipo.int/amc/en/domains/cctld/index.html>.

[79] Vgl. Proposed Unsponsored TLD Agreement: Appendix J (.info), abrufbar unter <http://www.icann.org>.

[80] → Rn 159 ff.

[81] Vgl. <http://www.afilias.info/deutsch/dispute_resolution_de>.

Auch bei der Einführung der gTLD **.biz** hat es für Inhaber eingetragener Marken die Möglichkeit gegeben, in einer zeitlich begrenzten Phase vor der eigentlichen Registrierungsphase ihre Marken im Register einzutragen. Die hier als Intellectual Property Claim Period bezeichnete Vorabregistrierungsphase bestand vom 15. 6. bis 6. 8. 2001. Jeder Inhaber einer vorab registrierten Marke, auch **IP-Claim** genannt, wurde von der Vergabestelle über die Anmeldung identischer Domainnamen informiert und hatte dann die Möglichkeit in einem so genannten **STOP-Verfahren** (Start-up Trademark Opposition Policy) unter erleichterter Beweislast gegen solche Domainnamen-Anmeldungen vorzugehen.[82] Zu diesem Zweck wurde die angemeldete Domain, für die ein IP-Claim vorlag, mit einer 30-tägigen Wartezeit (Hold Period) belegt, die sich bei Einleitung eines STOP-Verfahrens bis zu dessen Abschluss verlängerte. Sofern der angemeldete Domainname mit der Marke oder dem IP-Claim identisch war, der Anmelder kein Recht oder Interesse an der Domain hatte und die Domainregistrierung oder -benutzung bösgläubig erfolgte, endete das STOP-Verfahren mit der Löschung der beanstandeten Domain. Auf .biz-Domains, die seit dem 1. 10. 2001 zur Registrierung angemeldet werden, finden die dargelegten Schutzmechanismen allerdings keine Anwendung mehr, so dass insbesondere kein Abgleich mit IP-Claims erfolgt, was unverständlich ist. Seither bleibt Kennzeicheninhabern außer einem ordentlichen Gerichtsverfahren nur die Möglichkeit einer Beschwerde nach der UDRP.[83] Gegen Verstöße gegen Registrierungsbestimmungen kann auf der Grundlage der Restrictions Dispute Resolution Policy (RDRP) vorgegangen werden.[84] Die RDRP entspricht im Wesentlichen der UDRP, beide Verfahren können auch gemeinsam betrieben werden. 37

Bei der **.name-TLD** hat jeder Namensträger oder Inhaber des markenrechtlich geschützten Namens einer fiktiven Figur die Möglichkeit, durch eine gebührenpflichtige Standard oder Premium **Defensive Registration** Eintragungen identischer Domainnamen zu verhindern. Der Anmelder eines Domainnamens, der mit einer Defensive Registration kollidiert, wird hierüber von seinem Registrar informiert. Eine Bearbeitung solcher Anmeldungen erfolgt nicht. Der Anmelder kann entweder die Einwilligung des Inhabers der Defensive Registration zu der Domainregistrierung suchen oder die Defensive Registration in einem speziellen Verfahren (Eligibility Requirement Dispute Resolution Policy – **ERDRP**) anfechten.[85] Die ERDRP hat einen zeitlich beschränkten Anwendungsbereich; ihre Rules entsprechen in weiten Teilen denen des UDRP-Verfahrens. Nachdem zunächst ausschließlich Third-Level-Domains unter der gTLD .name vergeben worden sind, können seit dem 14. 1. 2004 zusätzlich auch Second-Level-Domains registriert werden. Der Anwendungsbereich bereits bestandener Defensive Registrations, insbesondere solcher, die vor dem 8. 8. 2003 erfolgten, wurde auf die Registrierung von SLDs unter der .name-TLD erstreckt. Bei späteren Defensive Registrations erfassen nur die Premium Defensive Registrations sowohl den Second- als auch den Third-Level von .name-Domains. Der Inhaber von Kennzeichenrechten kann außerdem den so genannten Intellectual Property Watch Service des Registry Operators von .name-Domains in Anspruch nehmen. Hierbei wird er zeitlich unbeschränkt über neue Domainregistrierungen informiert, die das zu überwachende Kennzeichen enthalten. 38

Schutzmaßnahmen für Kennzeicheninhaber gegen missbräuchliche Domainregistrierungen sind auch bei der Einführung der **.pro-Domains** in Form einer Sunrise Period, in der Markeninhaber **Defensive Registrations** in eine Datenbank eintragen können, ergriffen worden. In der ersten Phase der Einführung von .pro-Domains, bei der Domainnamen unter bestimmten SLDs (.law, .cpa und .med) registriert werden konnten, waren ausschließlich Inhaber von vor dem 30. 9. 2002 registrierten nationalen Marken, die selbst die 39

---

[82] ZB WIPO-Entscheidung des Beschwerde-Panels WRP 2003, 115 – germany2006.biz; siehe hierzu *Kunze* WRP 2003, 339.

[83] Zu Einzelheiten der UDRP → Rn 159 ff.

[84] Vgl. <http://www.icann.org/en/tlds/agreements/biz/registry-agmt-appm-11may01.htm>.

[85] Vgl. <http://www.gnr.com/erdrp>.

Registrierungsvoraussetzungen erfüllen, zur Eintragung von Defensive Registrations berechtigt. Wurde dann in der Registrierungsphase eine Domainregistrierung beantragt, die mit einer Defensive Registration, insbesondere auf der Third-Level-Ebene, identisch war, so blockierte die Defensive Registration eine solche Domainregistrierung.[86] Es gab drei verschiedene Arten von Defensive Registrations, die während der Sunrise Period zur Verfügung standen und sich in ihrer Reichweite und Zielrichtung unterschieden. Der Anmelder einer Domain, die mit einer Defensive Registration kollidierte, konnte diese in einem speziellen Sunrise Challenge-Verfahren angreifen und deren Löschung verlangen, wenn die Voraussetzungen für die Teilnahme an der Sunrise Period nicht vorlagen. Sofern der Beschwerdeführer die persönlichen Anmeldevoraussetzungen erfüllt, konnte er die betreffende Domain selbst innerhalb von 21 Kalendertagen zur Registrierung anmelden.[87] Da die Registrierung von .pro-Domains schleppend verlief, wurde ab dem 8. 9. 2008 die Möglichkeit eingeführt, dass Angehörige freier Berufe ihren Namen und berufsspezifisch wichtige Begriffe auf dem Second-Level unter .pro registrieren können, wie beispielsweise rechtsanwaltschmidt.pro oder mueller.pro.

40 Die Einführung der Registrierung von **.eu-Domains** vollzog sich in einem mehrstufigen gestaffelten Verfahren. Vor Beginn des Registrierungsverfahrens durften die Mitgliedstaaten gemäß Artikel 8 der FestlegungsVO[88] verlangen, dass amtliche Bezeichnungen und Namen, die ihre politische oder gebietskörperschaftliche Organisation betreffen, für die Registrierung durch die Allgemeinheit vollständig gesperrt würden oder dass nur die Registrierung unterhalb einer Second-Level-Domain möglich sein sollte.[89] Nach Abschluss dieser privilegierten Rechte-Sicherung erfolgte zwischen dem 7. Dezember 2005 und dem 6. Februar 2006 die erste Phase der Sunrise Period (Sunrise I), mit der Markeninhabern, Einrichtungen des Öffentlichen Rechts und zur Nutzung geografischer Herkunftsangaben Berechtigten eine besondere, zweimonatige Vorabregistrierungsfrist eingeräumt wurde. Im Anschluss daran begann die Sunrise II Period, in welcher außer den vorstehend genannten Sonderberechtigten diejenigen eine prioritäre Registrierung beantragen konnten, denen in ihrem jeweiligen Mitgliedsland nach nationalem Recht ein besonderes Recht an der begehrten Second Level Domain zustand. Im Unterschied zu den entsprechenden Schutzmaßnahmen bei der Einführung der .info- und .biz-Domains wurden in der Sunrise II Period zur Einführung der TLD .eu daher erstmalig auch Familiennamen, welche etwa in Deutschland nach § 12 BGB Schutz genießen, besonders berücksichtigt.[90] Die während der Sunrise Period vergebenen Domainnamen stehen für weitere Registrierungen nicht mehr zur Verfügung. Zur Beilegung von Konflikten zwischen Domaininhabern wurde unter Beachtung der Empfehlungen der WIPO der Tschechische Schiedsgerichtshof zum verantwortlichen Streitschlichtungsorgan berufen.[91] Gemäß Artikel 22 Abs. 2 FestlegungsVO sind sowohl der Domaininhaber als auch EURid zur Teilnahme an dem alternativen Streitbeilegungsverfahren vor dem Schiedsgericht verpflichtet. Formeller Antragsgegner ist in diesen Verfahren allerdings nicht der Domaininhaber, sondern EURid.[92]

---

[86] Vgl. <http://www.icann.org/en/tlds/agreements/pro/registry-agmt-appj-26aug03.htm>; <http://www.registrypro.pro/pro/faqs.shtml>.

[87] Unsponsored TLD Agreement: Appendix M, Exhibit 1 – <http://www.icann.org/en/tlds/agreements/pro/registry-agmt-appm-30may03.htm>.

[88] Verordnung (EG) Nr. 874/2004 der Kommission vom 28. April 2004 (FestlegungsVO), abrufbar unter <http://www.eurid.eu/index.php>, dort unter „Document Downloads".

[89] Siehe hierzu auch oben Rn 15.

[90] <http://www.united-domains.de/eu-domain/sunrise>.

[91] Schiedsgericht bei der Wirtschaftskammer und der Landwirtschaftskammer der Tschechischen Republik, <http://www.arbcourt.cz>; z. B. Tschechisches Schiedsgericht GRUR Int. 2006, 947 – reifen.eu.

[92] Siehe *Jaeger Lenz* WRP 2005, 1234, 1235.

IV. Verantwortlichkeit der DENIC

41 Nachdem sich in der Rechtsprechung der Instanzgerichte[93] und im Schrifttum[94] die Auffassung durchgesetzt hatte, dass eine Verantwortlichkeit der DENIC für rechtswidrig eingetragene Domainnamen unter der ccTLD .de nur im Ausnahmefall angenommen werden kann, wobei die Voraussetzungen hierfür noch recht weit gefasst waren, hat auch der **Bundesgerichtshof** eine allgemeine Verantwortlichkeit der DENIC für rechtswidrige Domainregistrierungen in seinem **Grundsatzurteil vom 17. 5. 2001 „ambiente.de"**[95] verneint. Eine unmittelbare Rechtsverletzung durch die DENIC als Registrierungsstelle für .de-Domains scheidet mangels eines entsprechenden Vorsatzes ebenso wie mangels einer (vorsätzlichen) Teilnahme an der durch den Domaininhaber begangenen Rechtsverletzung aus. In Betracht kommt nur eine Haftung der DENIC als mittelbarer Störer, was die Verletzung von Prüfungspflichten voraussetzt. Die Prüfungspflichten, die die DENIC in ihrer Eigenschaft als Registrierungsstelle für Domainnamen treffen, richten sich in ihrem Umfang danach, ob und in welchem Maße eine Prüfung der Rechtmäßigkeit von Domainregistrierungen für die DENIC zumutbar ist. Für die DENIC sieht der Bundesgerichtshof die Zumutbarkeit der Prüfungspflicht auf eine evidente Kennzeichenrechtsverletzung beschränkt. Nach der in der „ambiente.de"-Entscheidung vorgegebenen Bestimmung des Umfangs der Prüfungspflichten der DENIC besteht **keine Verpflichtung der DENIC,** bei der Registrierung einer Domain zu prüfen, ob an der einzutragenden Bezeichnung Rechte Dritter bestehen oder ein sonstiger Rechtsverstoß vorliegt. Prüfungspflichten der DENIC **vor der Registrierung einer Domain** hält der Bundesgerichtshof unter Berücksichtigung der Funktion und Aufgabenstellung der DENIC, die eine öffentliche Aufgabe wahrnehme und ohne Gewinnerzielungsabsicht handele, für unzumutbar. Die DENIC ist daher nicht gehalten, eine Domain vor ihrer Registrierung auf etwaige Rechtsverletzungen zu überprüfen und gegebenenfalls die Registrierung zu verweigern. Jede Prüfungspflicht bei der Erstregistrierung lässt sich nach Ansicht des Bundesgerichtshofs mit dem automatisierten Registrierungsverfahren, dessen Schnelligkeit und Preiswertigkeit im öffentlichen Interesse liegt, nicht vereinbaren. Mit Berechtigung lässt sich hier die Frage stellen, ob es der DENIC trotz Beibehaltung des weitgehend automatisierten Registrierungsverfahrens nicht zumutbar ist, vor der Domainregistrierung eine (automatisierte) Identiätsrecherche unter Heranziehung von Markendatenbanken, wie beispielsweise einer Datenbank von IP-Claims oder Defensive Registrations, durchzuführen[96] oder aber Domainanmeldungen vor der Registrierung zu veröffentlichen und einem potenziellen Rechteinhaber durch ein außergerichtliches Streitschlichtungsverfahren die Möglichkeit der Beschwerde und damit einer schnellen und kostengünstigen Klärung der Rechtslage zu geben.[97]

42 Wird die DENIC darauf **hingewiesen,** dass der eingetragene Domainname Rechte Dritter verletzt, so obliegen ihr nach der Grundsatzentscheidung des Bundesgerichtshofs folgende **eingeschränkte Prüfungspflichten:** Die Prüfungspflicht der DENIC ist dann auf Fälle beschränkt, in denen die Rechtsverletzung unschwer festzustellen ist. Unschwer zu erkennen, und damit für die DENIC ohne weitere Nachforschungen zweifelsfrei feststellbar, ist eine Verletzung von Kennzeichenrechten nur dann, wenn der DENIC ein

---

[93] OLG Dresden MMR 2001, 459 – kurt-biedenkopf.de m. Anm. *Welzel;* OLG Frankfurt/M WRP 2000, 214 – ambiente.de; LG Wiesbaden MMR 2001, 769 – r-e-y.de (zur Haftung für rechtsverletzende Inhalte der Website unter der registrierten Domain) m. Anm. *Welzel*; LG Kiel ITRB 2002, 111; LG Frankfurt/M CR 2001, 785 – viagratipp.de.

[94] *Bettinger/Freytag* CR 1999, 28, 34 ff; *Loewenheim/Koch/Kur* S. 373; *Fezer* MarkenG 2. Aufl. § 3 Rn 359 ff; *Kort* WRP 2001, 1260 f; *Köhler/Arndt* S. 57 f; *Welzel* MMR 2001, 462 ff.

[95] BGH GRUR 2001, 1038 – ambiente.de = CR 2001, 850; nachfolgend OLG Frankfurt/M CR 2003, 607 – viagratipp.de = MMR 2003, 333 m. Anm. *Karl* MMR 2003, 752; nochmal bestätigt BGH WRP 2004, 769 – Kurt-biedenkopf.de.

[96] *Ubber* K&R 2001, 593, 595; *Sick/Richter* K&R 2000, 339, 342; *Karl* MMR 2003, 752.

[97] Vgl. *Ubber* S. 255.

rechtskräftiger gerichtlicher Titel oder eine unstreitig wirksame Unterwerfungserklärung des Domaininhabers vorliegt oder wenn die Rechtsverletzung derart eindeutig ist, dass sie sich der DENIC aufdrängen muss. Letzteres ist bei einer Markenrechtsverletzung nur dann der Fall, wenn die Domain mit einer berühmten Marke, die über eine überragende Verkehrsgeltung auch in allgemeinen Verkehrskreisen verfügt, identisch ist.[98] Auf dieser vom Bundesgerichtshof vorgegebenen Linie liegen seither ergangene instanzgerichtliche Entscheidungen, wobei Nuancen in der Auslegung und weiteren Entwicklung der „ambiente.de"-Grundsatzentscheidung festzustellen sind.[99] Noch nicht geklärt ist, wann das Identitätskriterium bei berühmten Wort-/Bildmarken erfüllt ist, ob beispielsweise die DENIC in einem solchen Fall auf die Identität des Wortbestandteils abstellen muss.[100] Ist für die DENIC nach einem Hinweis des Verletzten unschwer erkennbar, dass ein registrierter Domainname die Rechte Dritter verletzt, ist sie zur Löschung der Domain verpflichtet. Mit diesem Löschungsanspruch kann sich der Kennzeicheninhaber unmittelbar an die DENIC wenden und ist dann nicht auf eine oftmals zeitaufwändige Durchsetzung seiner Ansprüche gegen den Domaininhaber angewiesen. Ein Anspruch gegen die DENIC auf Sperrung eines Domainnamens für jede zukünftige Eintragung eines Dritten besteht nicht.

43 Die Haftung der **österreichischen Domainvergabestelle** nic.at ist mit der Haftung der DENIC weitgehend identisch, da auch die nic.at nach höchstrichterlicher Rechtsprechung keinen Prüfungspflichten bei der Registrierung der Domain unterliegt und erst bei Untätigbleiben nach Hinweis auf eine offensichtliche Rechtsverletzung als Gehilfe des unmittelbaren Störers haftbar wird. Allerdings wird für die Offensichtlichkeit der Rechtsverletzung nicht vorrangig auf das Vorliegen eines rechtskräftigen Titels, sondern auf die Erkennbarkeit für einen juristischen Laien abgestellt.[101]

44 Eine höchstrichterliche Entscheidung zu der **Störerhaftung des Internet Service Providers** für eine Kennzeichenrechtsverletzung durch die von ihm im Auftrag des Domaininhabers vermittelte oder vorgenommene Registrierung einer .de-Domain gibt es bislang nicht. Die Rechtsprechung der Instanzgerichte hierzu ist uneinheitlich. Zum Teil wird die Verantwortlichkeit des ISPs in entsprechender Anwendung der Grundsätze der „ambiente.de"-Entscheidung des Bundesgerichtshofs zur Verantwortlichkeit der DENIC beurteilt, da die Tätigkeit des ISPs als Zuarbeit für die Registrierungsstelle mit deren Tun gleichzusetzen sei.[102] Zum Teil wird unter Hinweis auf eine Nichtvergleichbarkeit der Funktion und Aufgabenstellung eines ISP und der DENIC eine Störerhaftung des ISPs bei der Verletzung weitergehender Prüfungspflichten, als sie der DENIC obliegen, angenommen.[103]

45 Ob neben dem Domaininhaber auch der in der Whois-Datenbank der DENIC registrierte **administrative Ansprechpartner** (Admin-C) für Rechtsverletzungen durch die Domain verantwortlich ist, hängt vorrangig von den vertraglichen Entscheidungsbefugnissen dieser Person im Verhältnis zum Domaininhaber ab, was vom Verletzten im Einzelfall allerdings nur schwer feststellbar sein dürfte. Die zu der Verantwortlichkeit des Admin-C ergangene Rechtsprechung der Instanzgerichte ist insgesamt noch uneinheitlich, jedoch ist eine Tendenz dahingehend erkennbar, dass der Admin-C weder für rechtswidrige Inhalte

---

[98] BGH WRP 2001, 1305, 1308; zust. *Bettinger/Leistner/Bettinger* Teil 1 C Rn 142; *Karl* MMR 2003, 752 f; *Rohnke* GRUR Int. 2003, 608, 614; *Welzel* MMR 2001, 744, 745 ff.

[99] Vgl. OLG Frankfurt/M CR 2003, 607 – viagratipp.de m. Anm. *Karl* MMR 2003, 752; LG Kiel MMR 2002, 64 – nordsee.de.

[100] Vgl. *Karl* MMR 2003, 752, 753.

[101] *Anderl* MMR 2003, 374, 375 mwN.

[102] OLG Hamburg GRUR-RR 2003, 332 – nimm2.com; LG Bielefeld MMR 2004, 551 – Zone-c; LG Hamburg MD 2001, 359 – nimm2.com; *Stadler* CR 2004, 521, 524; siehe zur Haftung des ISP für rechtswidrige Subdomains *Flechsig* MMR 2002, 347.

[103] OLG Köln MMR 2002, 476 – guenter-jauch.com; LG München MMR 2002, 690 – l.de; vgl. auch OLG Karlsruhe MMR 2004, 256; *Bettinger/Leistner/Bettinger* Teil 1 C Rn 144 f; allgemein zur Störerhaftung von ISPs *Spindler/Volkmann* WRP 2003, 1.

der Website[104] noch zwingend für Rechtsverletzungen durch die Domain[105] verantwortlich sein soll. Eine Haftung des Admin-C wird unter anderem auf Ziffer VIII der DENIC-Domainrichtlinien gestützt, wonach der Admin-C vom Domaininhaber benannt worden ist, um „sämtliche die Domain betreffende Angelegenheiten verbindlich zu entscheiden".[106]

V. Domainnamen im Rechtsverkehr

1. Übertragung und Lizenzierung von Domains

Die **Rechtsnatur eines Domainnamens** ist in Literatur und Rechtsprechung umstritten. Nach einer häufig vertretenen Auffassung stellt ein Domainname einen selbständigen Vermögensgegenstand dar, der seiner Rechtsnatur nach ein Recht sui generis und zwar ein sonstiges Recht iSd § 823 Abs. 1 BGB ist.[107] Diese Bestimmung der Rechtsnatur eines Domainnamens erfolgt unabhängig davon, ob der Domainname über seine Funktion als technische Adresse hinaus noch eine Kennzeichen- oder Namensfunktion erfüllt und daher im Einzelfall auch dem Kennzeichen- oder Namensschutz unterliegt.[108] Einem Grundsatzurteil des Bundesgerichtshofs zur Pfändbarkeit von Domains[109] ist hingegen zu entnehmen, dass ein Domainname nach der höchstrichterlichen Rechtsprechung kein absolutes Recht darstellt. Mit der Registrierung eines Domainnamens erwirbt dessen Inhaber ein **vertragliches Nutzungsrecht** an dem Domainnamen und damit ein relatives Recht. Wird durch die tatsächliche Benutzung des Domainnamens ein Kennzeichenrecht begründet, so tritt dieses absolute Recht neben das vertragliche Nutzungsrecht des Domaininhabers.[110] Ein registrierter Domainname kann übertragen und lizenziert werden.[111] 46

Die Übertragung eines Domainnamens bedeutet die **dauerhafte Überlassung des Nutzungsrechts an der Domain** an einen neuen Inhaber und die entsprechende Aktualisierung des Registers. Rechtsgrund für die Übertragung eines Domainnamens kann ein Kaufvertrag sein, auf den die Bestimmungen des Rechtskaufs Anwendung finden,[112] ein Vergleich, ein Gesellschaftsvertrag zur Einbringung eines Domainnamens durch einen Gesellschafter, eine Verschmelzung zweier Gesellschaften oder auch die gerichtliche Anordnung der Übertragung eines Domainnamens.[113] Das der Übertragung einer .de-Domain 47

---

[104] Gegen eine solche Haftung des Admin-C OLG Hamburg MMR 2007, 601; LG Dresden MMR 2006, 394; LG Frankfurt/M GRUR-RR 2003, 347 – Online-Stellenmarkt; für eine solche Haftung des Admin-C OLG Hamburg K&R 2002, 610 – rechtsanwalt.com; LG Hamburg K&R 2007, 333 = MMR 2007, 608; LG Bonn CR 2005, 527; differenzierend KG CR 2006, 778; zur strafrechtlichen Haftung vgl. AG Waldshut-Tiengen MMR 2007, 402; siehe zum Ganzen *Wimmers/Schulz* CR 2006, 754.

[105] Die Haftung des Admin-C für eine rechtswidrige Domainregistrierung verneint haben OLG Düsseldorf MMR 2009, 336; OLG Köln GRUR-RR 2009, 27; OLG Koblenz MMR 2002, 466 – vallendar.de = K&R 2002, 201; für eine Verantwortlichkeit des Admin-C hingegen OLG Stuttgart MMR 2004, 38 – s.de; OLG Hamburg NJW-RR 2002, 1582 – rechtsanwalt.com; OLG München MMR 2000, 277 – intershopping.com; LG Berlin MMR 2009, 348 – Bindan; LG Bonn CR 2005, 527; hierzu siehe auch *Hoeren/Eusterlin,* MMR 2006, 132; *Leistner/Stang* WRP 2008, 533, 542ff; *Stadler* CR 2004, 521, 524f.

[106] Abrufbar unter <http://www.denic.de/domainrichtlinien.html>; vgl. hierzu auch *Hoeren/Eusterling* MMR 2006, 132; nach OLG Düsseldorf MMR 2009, 336, 337 und OLG Köln GRUR-RR 2009, 27, 29 betrifft dies nur das verwaltungstechnische Innenverhältnis zwischen Admin-C und DENIC.

[107] Vgl. LG Essen MMR 2000, 286; *Fezer* MarkenG § 3 Rn 301, 350; *Hoeren/Sieber/Viefhues* Kap. 6 Rn 366ff; *Bettinger/Leistner/Bettinger* Teil 1 C Rn 168ff; aA *Rohnke* GRUR Int. 2003, 608f.

[108] Zum Namens-/Kennzeichenschutz von Domainnamen → Rn 69ff.

[109] BGH CR 2006, 50 = MMR 2005, 685 m. Anm. *Hoffmann*; siehe hierzu unten Rn 57.

[110] *Hoeren/Sieber/Viefhues* Kap. 6 Rn 366ff; vgl. auch *Reinholz/Härting* CR 2004, 603, 607f.

[111] LG Essen MMR 2000, 286; OLG München CR 2004, 228; *Fezer* MarkenG § 3 Rn 301; *Hoeren/Sieber/Viefhues* Kap. 6 Rn 370ff; *Bettinger/Leistner/Bettinger* Teil 1 C Rn 168f; *Ernst* MMR 2002, 714, 720f; *Härting* ITRB 2002, 96, 97f; i.E. auch *Rohnke* GRUR Int. 2003, 608, 611; zu steuerlichen Aspekten des Domainhandels *Husmann/Schmittmann* MMR 2003, 635; zu Domains als Kreditsicherheit *Schafft* BB 2006, 1013.

[112] *Härting* ITRB 2002, 96, 97.

[113] *Bettinger/Leistner/Bettinger* Teil 1 C Rn 169; Hoeren/Sieber-*Viefhues* Kap. 6 Rn 377; für gerichtliche Entscheidungen als Rechtsgrund der Domainübertragung OLG München MMR 1999, 487 – shell.de m. krit. Anm. *Ernst* = CR 1999, 382m. Anm. *Hackbarth*; LG Hamburg CR 1999, 47, 49 – elternde.

zugrunde liegende Verfügungsgeschäft erfolgt durch **Abtretungsvertrag** nach § 398 BGB. Gemäß § 6 Abs. 2 der DENIC-Domainrichtlinien registriert die DENIC die Domain für einen vom Domaininhaber benannten Dritten, wenn der Domaininhaber den Domainvertrag kündigt und der Dritte einen Domainauftrag erteilt. Die Übertragung der Rechtsposition des ursprünglichen Domaininhabers wird jedoch nicht bereits durch die Abtretung der Ansprüche gegen die DENIC an einen Dritten bewirkt, sondern erst durch die tatsächliche Registrierung des Dritten.[114] Die DENIC ist nämlich berechtigt, den Registrierungsauftrag des neuen Inhabers abzulehnen, wenn und solange der Domainname mit einem Dispute-Eintrag[115] belegt ist. Aufgrund dieser Entscheidungsbefugnisse bringt die Abtretung des Anspruchs und die Auftragserteilung den Dritten noch nicht in die Position des Domaininhabers. Ist die Übertragung des Domainnamens mit einem Registrarwechsel verbunden, so erfolgt dieser im KK-Verfahren[116] und rechtlich selbstständig gegenüber der Domainübertragung.

48 Die **Übertragung von Domainnamen unter anderen TLDs** richtet sich nach den Registrierungsbedingungen der jeweiligen Vergabestelle. So ist beispielsweise bei der Übertragung einer .com-Domain der Abschluss eines Formularvertrages, dem Registrant Name Change Agreement, erforderlich, wobei die Unterschrift des bisherigen Domaininhabers der Beglaubigung durch einen Notar oder einer Person mit entsprechender Funktion bedarf.[117] Bei der Formulierung des Abtretungsvertrages zwischen dem bisherigen und dem zukünftigen Domaininhaber sind die Bestimmungen der jeweiligen Vergabestelle für das Übertragungsverfahren der Domain unbedingt zu berücksichtigen, um einen möglichst reibungslosen Inhaberwechsel sicher zu stellen. Auch die Voraussetzungen für einen eventuell erforderlichen Wechsel des Registrars und/oder des ISPs sowie die Bedingungen für die Kündigung des Registrierungsvertrages durch den bisherigen Domaininhaber sollten vor Abschluss des Vertrages geklärt sein.[118]

49 Die Übertragung eines Domainnamens kann im Übrigen im Wege der **Gesamtrechtsnachfolge** geschehen, bei der der Gesamtrechtsnachfolger an die Stelle des bisherigen Domaininhabers als Vertragspartner des Registrierungsvertrages tritt.

50 Das dem Domaininhaber vertraglich zustehende Nutzungsrecht an einem Domainnamen kann auch Gegenstand eines **Lizenzvertrages** sein und damit einem Dritten auf Zeit entgeltlich oder unentgeltlich eingeräumt werden.[119] Zu den Hauptleistungspflichten des Lizenzgebers gehört die Sicherstellung der ungestörten Domainnutzung durch den Lizenznehmer während der Vertragslaufzeit und damit in der Regel der fortlaufende Betrieb des Domainservers, so dass der Lizenznehmer eigene Inhalte unter der Domain für den vereinbarten Zeitraum im Internet präsentieren kann.

51 Ein Domainname – und damit das Nutzungsrecht an dem Domainnamen – kann zur Sicherung einer Forderung gegen den Domaininhaber abgetreten werden; an ihm kann auch ein vertragliches Pfandrecht nach § 1273 Abs. 1 BGB bestellt werden.[120]

2. Domain-Sharing

52 Die technisch zwingende Einmaligkeit von Domainnamen schließt eine Koexistenz von identischen Domainnamen unter derselben Top-Level-Domain aus. Das führt dazu, dass selbst beschreibende oder unterscheidungskräftige Bezeichnungen, die „offline" friedlich

[114] Vgl. LG Hanau MMR 2006, 761 – rheinmain.de.
[115] → Rn 140.
[116] → Rn 33.
[117] Siehe unter <http://networksolutions.com/domain-transfer/index.jsp>.
[118] → Rn 33f.
[119] *Bettinger/Leistner/Bettinger* Teil 1 C Rn 168. Zum Teil ist auch von Domain-Vermietungs-Vertrag oder Domain-Verpachtungs-Vertrag die Rede, vgl. OLG Köln CR 2002, 832; *Härting* ITRB 2002, 96, 97f; *Ernst* MMR 2002, 714, 720f.
[120] OLG München K&R 2004, 496 – sport.de; *Hoeren/Sieber/Viefhues* Kap. 6 Rn 381ff; *Schafft* BB 2006, 1013, 1016.

koexistieren, weil sie in verschiedener Weise – privat, hoheitlich oder gewerblich – oder in unterschiedlichen Branchen verwendet werden oder aber sich an räumlich voneinander entfernte Verkehrskreise richten, nicht als Domainnamen unter derselben Top-Level-Domain von mehr als einem Inhaber registriert und verwendet werden können. Das Domain-Sharing, auch Domain-Name-Sharing genannt, ist eine Möglichkeit, diese Diskrepanz zwischen dem World Wide Web und der realen Welt zu überwinden und die Nutzung eines Domainnamens für mehrere natürliche oder juristische Personen zu ermöglichen.

Ein Domain-Sharing ist zum einen dadurch möglich, dass der Domaininhaber einem Drit- 53
ten, der an der Nutzung derselben Domain interessiert ist, eine **Mitinhaberschaft** einräumt. So können beispielsweise zwei in unterschiedlichen Branchen oder in unterschiedlichen Territorien tätige Unternehmen gemeinschaftlich als Inhaber des Domainnamens registriert werden und die mit dem Domainnamen konnektierte Website gemeinschaftlich gestalten. Eine andere Variante des Domain-Sharing stellt die Einrichtung einer **Index-Seite** durch den Domaininhaber dar, die bei Aufruf des Domainnamens anstelle der Homepage erscheint und Links zu den Websites der Dritten, die den identischen Namen oder das identische Zeichen verwenden, sowie einen Link zu den tiefer liegenden Webseiten des Domaininhabers enthält.[121] Diese zweite Variante des Domain-Sharing ist rechtlich als eine Lizenzgewährung des Domaininhabers an die an dem Sharing des Domainnamens Beteiligten anzusehen. Eine Spielart dieser Variante des Domain-Sharing liegt vor, wenn anstelle einer Index-Seite durch den Domaininhaber bei Aufruf des Domainnamens eine **Portal-Seite** erscheint, die von einem Dritten auf gewerblicher Basis betrieben wird und Links zu den Websites enthält, die von den Teilnehmern des Domain-Sharing betrieben werden.[122]

Das Domain-Sharing bietet für die Internetnutzer den **Vorteil,** die Internetangebote 54
von gleichnamigen Personen oder von Unternehmen, die identische Kennzeichen verwenden, einfacher zu finden. Den Dritten, die sich an dem Domain-Sharing beteiligen, eröffnet dieses die Möglichkeit der Nutzung des begehrten, aber blockierten Domainnamens und bietet bei generischen Second-Level-Domains einen Ausweg aus der faktischen Monopolisierung rechtlich nicht monopolisierbarer Bezeichnungen.[123] Das Interesse des Domaininhabers richtet sich auf eine ausschließliche Eigennutzung des Domainnamens, so dass für ihn ein Domain-Sharing in der Regel nur dann interessant ist, wenn es ihm eine Gegenleistung verschafft, also auf Grund von Lizenzgebühren als Einnahmequelle dient oder im Rahmen eines Vergleichsvertrages oder einer Geschäftsbeziehung wirtschaftliche Vorteile mit sich bringt. Für die an dem Domain-Sharing beteiligten natürlichen oder juristischen Personen birgt das Domain-Sharing allerdings auch **Risiken,** wie insbesondere die Gefahr der Rufübertragung, Rufschädigung, Verwässerung oder der zukünftigen Auseinandersetzung mit dem Mitinhaber oder den Mitnutzern des Domainnamens über die Gestaltung der mit der Domain konnektierten Website.[124] Für den Domaininhaber tritt das Risiko der Verantwortlichkeit für die Inhalte der unter der Domain betriebenen Website und der mit der Website durch Links verbundenen weiteren Internetangebote hinzu. Auch kann das Domainsharing die Rechtsposition des Domaininhabers bei der Interessenabwägung im Rahmen eines Gleichnamigenkonflikts unter Umständen verschlechtern.[125] Entsprechend ergeben sich besonders regelungsbedürftige Aspekte, die bei der vertragsrechtlichen Ausgestaltung des Domain-Sharing zu berücksichtigen sind.[126]

---

[121] Beispiele für Mitinhaberschaft oder Domain-Sharing durch Index-Seite: <www.scrabble.com>, <www.winterthur.ch> und www.palm.de; diese Variante bevorzugend *Buchner* GRUR 2006, 984, 988 f.

[122] Ein Beispiel hierfür ist „www.berneroberland.ch".

[123] Vgl. BGHZ 148, 1, 10 – mitwohnzentrale.de; BGH WRP 2002, 694, 699 – shell.de; *Hoeren/Sieber/Viefhues* Kap. 6 Rn 426.

[124] Vgl. *Hoeren/Sieber/Viefhues* Kap. 6 Rn 429 ff; *Ernst* MMR 2002, 714, 721.

[125] OLG Oldenburg MMR 2004, 34 – Schulenburg.de m. krit. Anm. *Mietzel.*

[126] Hierzu *Thiele,* Domain Sharing – der Königsweg im flachen Adressraum?, 2003, abrufbar unter <http://www.eurolawyer.at/publikationen_dt.php>; *Pawlitschko* ITRB 2002, 71.

55 Das Domain-Sharing beruht auf vertraglichen Absprachen zwischen dem Domaininhaber und Dritten, die dieselbe Domain nutzen möchten. Ein **gesetzlicher Anspruch** auf Teilhabe an einem Domain-Sharing besteht nicht. Ein solcher Anspruch gegen den Domaininhaber auf Nutzungsrechtseinräumung an dem Domainnamen lässt sich insbesondere weder aus einem eingeschränkten Beseitigungsanspruch noch aus § 687 Abs. 2 BGB herleiten.[127]

3. Pfändbarkeit von Domains

56 Domainnamen können einen hohen wirtschaftlichen Wert besitzen, der sich insbesondere daraus ergeben kann, dass der Domainname kurz und prägnant ist, einen hohen Bekanntheitsgrad erlangt hat, aus einer bekannten Marke oder einer bekannten geschäftlichen Bezeichnung abgeleitet ist oder einem generischen Begriff entspricht, der auf Grund seiner Kanalisierungsfunktion angesichts der technisch bedingten Einmaligkeit von Domainnamen einen hohen Aufmerksamkeitswert als Domainname hat. Der unter Umständen hohe Werbe- und Marktwert eines Domainnamens und die sich aus dem Domain Name System ergebende tendenzielle Verknappung von Domains können die Option des Zugriffs eines Gläubigers auf Domainnamen durch eine Pfändung im Wege der Zwangsvollstreckung sehr attraktiv machen.

57 Nachdem in der Rechtsprechung zu der Zulässigkeit der Pfändung von Domainnamen einige Jahre uneinheitliche Urteile gefällt wurden[128] und auch die Meinungen im Schrifttum darüber auseinander gingen, ob eine Domain Gegenstand einer Pfändung sein kann,[129] hat der Bundesgerichtshof mittlerweile in einem Grundsatzurteil über die Möglichkeit der Pfändung einer Domain entschieden.[130] Zwar ist nach Ansicht des Bundesgerichtshof eine Domain als solche kein „anderes Vermögensrecht" i. S. v. § 857 Abs. 1 ZPO und somit auch nicht pfändbar, denn der Domain komme keine etwa mit einem Patent-, Marken- oder Urheberrecht vergleichbare ausschließliche Stellung zu. Ein „anderes Vermögensrecht" i. S. v. § 857 Abs. 1 ZPO stelle jedoch die Gesamtheit der schuldrechtlichen Ansprüche des Schuldners aus den Registrierungsverträgen mit der DENIC dar. Diese schuldrechtlichen Ansprüche des Schuldners aus dem Vertragsverhältnis mit der DENIC sind demnach ohne Weiteres pfändbar. Die Vollstreckung erfolgt im Wege der Forderungspfändung nach §§ 857 Abs. 1, 829 Abs. 1 ZPO.[131]

58 Entgegen der vom Landgericht München I vertretenen Auffassung, eine Domainpfändung sei jedenfalls dann unzulässig, wenn sich der Schuldner wegen der Identität der Domain mit seinem Namen auf § 12 BGB berufen könne,[132] steht weder ein **Namensschutz** noch ein **Kennzeichenschutz** eines Domainnamens dessen Pfändbarkeit entgegen. Der Gläubiger führt durch die Pfändung und Verwertung der Domain nur den Zustand herbei, der auch bei einer prioritätsälteren Registrierung der Domain zugunsten des Gläubigers bestanden hätte. Auch wird der Schuldner, dem Namens- oder Kennzeichenrechte an der Domain zustehen, nicht automatisch in seinen Rechten verletzt und insbesondere auch

---

[127] Vgl. BGHZ 148, 1, 10 – mitwohnzentrale.de; BGH WRP 2002, 694, 699 – shell.de; aA *Hoeren/Sieber/Viefhues* Kap. 6 Rn 433 ff.

[128] Die Pfändbarkeit von Domainnamen haben bejaht LG Mönchengladbach CR 2005, 536; LG Essen GRUR 2000, 453; LG Düsseldorf CR 2001, 468; und verneint LG München I MMR 2000, 565; LG München I MMR 2001, 319.

[129] Für die Zulässigkeit der Domain-Pfändung *Bettinger/Leistner/Bettinger* Teil 1 C Rn 170; *Hoeren/Sieber/Viefhues* Kap. 6 Rn 388 ff; *Kleespies* GRUR 2002, 764; *Viefhues* MMR 2000, 286; *Plaß* WRP 2000, 1077; *Welzel* MMR 2001, 131; *Welzel* MMR 2001, 321; differenziert *Hartmann/Kloos* CR 2001, 469; *Ruff* Domain Law: Der Rechtsschutz von Domainnamen im Internet S. 185 ff; *Hanloser* CR 2001, 456; *derselbe* CR 2001, 344 f; für vor dem 15. 8. 2000 registrierte .de-Domains siehe AG Bad Berleburg CR 2003, 224 f.

[130] BGH CR 2006, 50 = MMR 2005, 685 m. Anm. *Hoffmann*.

[131] *Völzmann-Stickelbrock* MarkenR 2006, 2, 3; anders noch *Bettinger/Leistner/Bettinger* Teil 1 C Rn 170; *Fezer* MarkenG § 3 Rn 350; *Plaß* WRP 2000, 1077, 1081, 1084; *Kleespies* GRUR 2002, 764, 767 ff.

[132] LG München I MMR 2000, 565; später lehnte das LG München I die Pfändbarkeit von Domains allgemein als unzulässig ab (LG München I MMR 2001, 319).

nicht schutzlos gestellt. Es bleibt dem Schuldner unbenommen, im Schlichtungsverfahren oder auf dem Zivilrechtsweg gegen den Gläubiger oder einen Dritten vorzugehen, der im Zuge des Zwangsvollstreckungsverfahrens als neuer Domaininhaber eingetragen wird, und ein „besseres Recht" geltend zu machen.[133]

Die Pfändung der Ansprüche des Schuldners gegen die DENIC erfolgt durch **Beschluss des Vollstreckungsgerichts** und zwar nach § 828 Abs. 2 ZPO des Amtsgerichts am Sitz oder Wohnsitz des Vollstreckungsschuldners oder, in Ermangelung eines solchen, des Amtsgerichts Frankfurt/Main als dem wegen des Sitzes der DENIC nach §§ 828 Abs. 1, 23 ZPO zuständigen Vollstreckungsgericht.[134] Die Pfändung wird mit Zustellung des Pfändungsbeschlusses an den Schuldner, also den Domaininhaber, wirksam. Einer Zustellung an die **DENIC als Drittschuldnerin** bedarf es nach überwiegender Auffassung nicht; eine solche ist allerdings nicht schädlich und scheint in der Praxis der Regelfall zu sein.[135] Der Bundesgerichtshof hat sich in seiner Entscheidung zur Domainpfändung nicht zu der Frage geäußert, ob die DENIC als Drittschuldnerin anzusehen ist. Gegen die Beurteilung der DENIC als Drittschuldnerin spricht, dass der Domaininhaber aus der Registrierung seines Domainnamens keine auf Zahlung einer Geldsumme gerichtete Forderung iSd § 829 ZPO gegenüber der DENIC hat und die Registrierung des Erwerbers der gepfändeten Ansprüche auch durch den Schuldner veranlasst werden kann, demgegenüber die DENIC eine entsprechende Verpflichtung hat.[136] Die Zustellung des Pfändungsbeschlusses an die DENIC hat lediglich den praktischen Vorteil, dass die DENIC hierdurch bereits Kenntnis von der Pfändung erlangt und gegebenenfalls den Domainnamen blockiert, um eine Löschung oder Übertragung zu Lasten des Gläubigers zu vermeiden. Einen Rechtsanspruch auf eine solche Domain-Blockade hat der Vollstreckungsgläubiger jedoch nicht.[137] Die Pfändung nimmt dem Schuldner die Berechtigung zu allen das Pfändungspfandrecht beeinträchtigenden Verfügungen. Im Übrigen aber bleibt die Domain auch nach der Pfändung Vermögen des Schuldners; dieser ist weiterhin zur Eigennutzung berechtigt. Der Gläubiger erlangt durch die Pfändung kein Benutzungsrecht an der Domain.[138] 59

Zur **Verwertung der gepfändeten Ansprüche** hat der Bundesgerichtshof in seiner Entscheidung zur Domainpfändung gemäß §§ 857 Abs. 1, 844 Abs. 1 ZPO eine Überweisung an Zahlungs Statt zu einem Schätzwert empfohlen.[139] Dies bedeutet indes nicht, dass andere Formen der Verwertung nun nicht mehr in Betracht kommen. Der Bundesgerichtshof hat lediglich festgestellt, dass eine Verwertung auf die soeben genannte Weise erfolgen „kann".[140] Ob und welche sonstige Arten der Verwertung der gepfändeten Domain, wie die Überweisung zur Einziehung, die öffentliche Versteigerung, die freihändige Veräußerung oder die Einräumung eines Nutzungsrechts an der Domain an einen Dritten, zulässig und sinnvoll sind, ist im Schrifttum weiterhin umstritten.[141] Sofern dem Gläubiger an einer eigenen Nutzung der Domain nicht gelegen ist, könnte die Verwertung der gepfändeten Domain durch freihändige Veräußerung nach §§ 857, 844 ZPO am sinnvollsten sein.[142] Schwierigkeiten kann die für eine Verwertung der gepfändeten Domain oftmals erforderliche Bestimmung des Wertes oder die Festlegung des Mindestverkaufspreises durch 60

---

[133] Vgl. *Plaß* WRP 2000, 1077, 1082f; *Welzel* MMR 2001, 131ff; *Hartmann/Kloos* MMR 2001, 469; aA *Ruff* Domain Law: Der Rechtsschutz von Domainnamen im Internet S. 187f.

[134] Vgl. *Hoeren/Sieber/Viefhues* Kap. 6 Rn 396f.

[135] Vgl. *Völzmann-Stickelbrock* MarkenR 2006, 2, 3; *Welzel* MMR 2001, 131, 136f; *Viefhues* MMR 2000, 286, 289; aA *Hartig* GRUR 2006, 299, 301; *Stadler* MMR 2007, 71, 73.

[136] *Viefhues* MMR 2000, 286, 289; *Welzel* MMR 2001, 131, 136f; aA *Hanloser* CR 2001, 456, 458; *derselbe* CR 2001, 344, 345.

[137] Vgl. *Hoeren/Sieber/Viefhues* Kap. 6 Rn 396; *Welzel* MMR 2001, 131, 137.

[138] Vgl. *Plaß* WRP 2000, 1077, 1084; *Welzel* MMR 2001, 131, 137.

[139] BGH CR 2006, 50, 51.

[140] BGH CR 2006, 50, 51.

[141] *Hanloser* CR 2001, 456, 458; *Plaß* WRP 2000, 1077, 1084f; *Viefhues* MMR 2000, 286, 289; *Welzel* MMR 2001, 131, 137ff; *Völzmann-Stickelbrock* MarkenR 2006, 2, 4.

[142] ZB durch Online-Versteigerung, vgl. AG Bad Berleburg CR 2003, 224f.

das Gericht bereiten.[143] Allerdings lassen sich Hinweise für die Schätzung des Wertes einer Domain aus der Anhörung der Vollstreckungsparteien und den zahlreich bestehenden Domainbörsen entnehmen; im Übrigen kann hierzu ein Sachverständigengutachten eingeholt werden.

61 Die Gesamtheit der Ansprüche des Schuldners aus den Registrierungsverträgen mit der DENIC fällt bei Eröffnung eines **Insolvenzverfahrens** über das Vermögen des Domaininhabers nach §§ 35, 36 Abs. 1 InsO in die Insolvenzmasse.[144] Der Insolvenzverwalter erhält nach § 80 Abs. 1 InsO das Verfügungsrecht über den Domainnamen und übernimmt nach § 148 Abs. 1 InsO die Verwaltung der Insolvenzmasse. In seiner Eigenschaft als Verwalter kann er sich als administrativer Kontakt für die Domain registrieren lassen. Die DENIC sollte durch den Insolvenzverwalter von der Eröffnung des Insolvenzverfahrens in Kenntnis gesetzt werden, um unwirksamen Verfügungen des Domaininhabers und insbesondere einem, wenn auch unwirksamen, Erwerb des Domainnamens durch einen Dritten vorzubeugen. Etwaige Lizenzen an dem Domainnamen bestehen auch im Insolvenzverfahren fort, wobei der Insolvenzverwalter, wenn die Lizenzgebühr noch nicht vollständig bezahlt ist, sein Wahlrecht nach § 103 InsO ausüben kann.[145]

C. Domainkonflikte

62 Das Internet ist das zentrale Medium der heutigen globalen Informationsgesellschaft. Eine schier grenzenlose Fülle von Informationen und kommerziellen Angeboten erreicht ein Massenpublikum über alle nationalen Grenzen hinweg. Sowohl die Zahl der Internetnutzer, die allein in Deutschland bei ungefähr 42 Mio. oder 65% der Bevölkerung liegt,[146] als auch der Internethandel wachsen weiter. So haben die US-amerikanischen Online Retailer mit Online-Shopping im Jahr 2006 Waren im Wert von ca. 211,4 Mrd. US-Dollar abgesetzt.[147] Die Einzigartigkeit des Medium Internet stellt eine große Herausforderung an nationale und internationale Rechtsordnungen, die Rechtswissenschaft und die Rechtspraxis dar. Hierzu zählt im besonderen Maße die Bewältigung von Rechtsstreitigkeiten, die durch die Registrierung und Benutzung von Domainnamen sowie die Benutzung von Kennzeichen in Internetangeboten wegen der Kollision mit nationalen und internationalen Kennzeichenrechten sowie wettbewerbsrechtlichen Vorschriften entstehen. Die mit der Benutzung von Domainnamen und Kennzeichen im Internet verbundenen kennzeichen- und wettbewerbsrechtlichen Probleme werden in der deutschen und internationalen Rechtspraxis weitgehend mit den bestehenden Rechtsinstrumentarien bewältigt. Die Neuschöpfung eines spezifischen Domainrechts oder Kennzeichenrechts im Internet ist nicht erforderlich.

I. Kennzeichenschutz von Domainnamen

1. Funktionen der Domain

63 Ein Domainname dient als technische Adresse im Internet, in dem er als alphanumerisches Zeichen, das von einem Programm auf einem Name Server in eine numerischeIP-

[143] *Viefhues* MMR 2000, 286, 289 ff; zur Bestimmung des Wertes einer Domain siehe auch LG Hamburg MMR 2002, 628; *Schmitz/Schröder* K&R 2002, 189.

[144] Ebenso für .at-Domains (Österreich): *Thiele*, Internet-Domains in der Insolvenz, 2003, abrufbar unter <http://www.eurolawyer.at/publikationen_dt.php>.

[145] Vgl. *Bettinger/Leistner/Bettinger* Teil 1 C Rn 171 f; *Hoeren/Sieber/Viefhues* Kap. 6 Rn 418.

[146] Angaben der Arbeitsgemeinschaft Online Forschung (AGOF), Studie „internet facts 2008-I, abrufbar unter <www.agof.de>.

[147] Studie „The State of Retailing Online 2006“ der US-amerikanischen Interessenorganisation für gewerbliche Online-Händler „Shop.org“, abrufbar unter <http://shop.org/archives/teleconferences>.

Adresse umgewandelt wird,[148] einen an das Netz angeschlossenen Rechner eindeutig bezeichnet. Die **technische Adressfunktion** eines Domainnamens ist namens- und kennzeichenrechtlich nicht relevant. Für die Einordnung des Domainnamens in das System des Kennzeichenrechts kommt es daher darauf an, ob ein Domainname über seine Funktion als technische Adresse im Internet hinaus auch eine Kennzeichen- oder Namensfunktion hat oder haben kann. Die Kennzeichenfunktion und Namensfunktion eines Domainnamens ist sowohl für den Erwerb von entsprechenden Rechten als auch für die Verletzung eines fremden Kennzeichen- oder Namensrechtes tatbestandliche Voraussetzung. Nur dann, wenn eine Domain nach der Verkehrsanschauung auch als Identifikationshinweis verstanden wird und damit der Kennzeichnung dient, ist der Anwendungsbereich des Kennzeichenrechts eröffnet.

In der Instanzrechtsprechung wurde der Domain zunächst eine **Kennzeichen- oder** 64 **Namensfunktion** im Hinblick auf ihre Funktion als technische Adresse generell abgesprochen.[149] Dies wurde damit begründet, dass der Domainname als Zahlen- und Buchstabenkombination frei wählbar und daher vergleichbar mit einer Telefonnummer, einer Bankleit- oder Postleitzahl sei. Auch wenn der Domainname oftmals im Zusammenhang mit dem Namen und der Funktion des Benutzers stünde, sei dies weder eine Notwendigkeit noch stets der Fall, so dass die Domain keine Namensfunktion iSd § 12 BGB erfülle. Aber auch die gegenteilige Position, dass die Domain in der Regel eine Namensfunktion habe, da sie auf die Person hinweise, die unter dieser Domain eine Homepage eingerichtet habe, oder eine Kennzeichnungsfunktion, in dem sie die unter der Domain registrierte Person oder Einrichtung von anderen Internetteilnehmern abgrenze, wurde und wird auch noch vertreten.[150] Eine Namens- oder Kennzeichenfunktion der Domain scheitere keineswegs daran, dass die Zahlen- und Buchstabenkombinationen frei wählbar seien, da damit auch Namen und geschäftliche Bezeichnungen als Second-Level-Domain gewählt werden können. Im Übrigen träfe der Vergleich mit Telefonnummern und Postleitzahlen zwar für die IP-Adresse, nicht aber für den Domainnamen zu.[151] In aller Regel werde der Internetnutzer die Domainbezeichnung gedanklich mit dem Namen des gesuchten Anwenders verbinden.[152] Im Ergebnis hat sich in der Rechtsprechung[153] und im Schrifttum[154] die Auffassung durchgesetzt, dass ein Domainname über seine Adressfunktion hinaus eine Kennzeichenfunktion oder Namensfunktion **haben kann.** Dies ist insbesondere dann der Fall, wenn zur Bildung eines Domainnamens Namen, geschäftliche Bezeichnungen, Wortmarken oder entsprechende Abkürzungen verwendet werden.[155] Gleiches gilt, wenn ein Domainname aus einer unterscheidungskräftigen Bezeichnung besteht, die von den angespro-

---

[148] → Rn 3.

[149] LG Köln BB 1997, 1121 – kerpen.de; LG Köln GRUR 1997, 377 – huerth.de; LG Köln NJW-RR 1998, 976 – pulheim.de.

[150] OLG Hamm MMR 1998, 214; OLG Köln NJW-RR 1999, 622 – herzogenrath.de; OLG Karlsruhe MMR 1999, 604, 605 – badwildbad.com; OLG Köln GRUR 2000, 798, 799 – alsdorf.de; LG Frankfurt/M CR 1997, 287 – das.de; LG Duisburg MMR 2000, 168, 169.

[151] Vgl. LG Frankfurt/M aaO.

[152] Vgl. OLG Köln aaO.

[153] OLG Hamburg CR 1999, 184 – emergency.de; OLG München MMR 1999, 547 – buecher.de/amazon.de; OLG München GRUR 2000, 518 – buecherde.com; OLG Hamburg K&R 2000, 512 – kulturwerbung.de; KG NJW 1997, 3321; OLG Hamburg MMR 2004, 174, 175 f – eltern-online.de; LG Mannheim CR 1996, 353 – heidelberg.de; LG Frankfurt/M CR 1999, 190 – warez.de; LG Lüneburg CR 1999, 288 – celle.de; LG Düsseldorf NJW-RR 1999, 629 – jpnw.de; BPatG GRUR 2004, 336, 338 – beauty24.de; ebenso für die Schweiz Schweizerisches Bundesgericht GRUR Int. 2004, 162, 164 f – luzern.ch.

[154] *Fezer* MarkenG § 3 Rn 303; *derselbe* WRP 2000, 669, 670 f; *Heinrich* MarkenR 2003, 89, 90 f; *Karl* MarkenR 2003, 439, 441; *Köhler/Arndt* S. 43 ff; *Loewenheim/Koch/Kur* S. 341 ff; *Ruff* Domain Law: Der Rechtsschutz von Domainnamen im Internet S. 62; *Ubber* WRP 1997, 497, 504; *Sick/Richter* K&R 2000, 339, 343 f; *Völker/Weidert* WRP 1997, 652, 663; *Wüstenberg* GRUR 2003, 109, 110 f; aA *Omsels* GRUR 1997, 328, 331.

[155] Vgl. OLG München MMR 1999, 547 – buecher.de/amazon.de; OLG Hamburg CR 1999, 184 f – emergency.de; KG NJW 1997, 3321 f; LG Lüneburg CR 1997, 288 f – celle.de; LG Frankfurt/M CR 1997, 287 – das.de.

chenen Verkehrskreisen als Name, Marke oder geschäftliche Bezeichnung des Inhabers gewertet wird.[156] Die zum Schutz von Fernschreibkennungen ergangene Rechtsprechung des Bundesgerichtshofs[157] wird oftmals zur Feststellung herangezogen, dass eine Domain Namens- oder Kennzeichenfunktion haben kann.[158] Vergleichbar mit einer Fernschreibkennung, die einen Firmenbestandteil enthält und sowohl auf den Fernschreiben selbst als auch in den amtlichen Fernschreibverzeichnissen und im sonstigen Geschäftsverkehr verwendet wird, kann auch ein, einen unterscheidungskräftigen Bestandteil, insbesondere eine Ableitung oder eine Abkürzung einer Firmenbezeichnung, enthaltender Domainname vom Verkehr als ein kennzeichenmäßiger Hinweis auf den Inhaber verstanden werden. Der Domainname tritt nicht nur in der Statuszeile der aufgerufenen Website und den Trefferlisten der Suchmaschinen in Erscheinung, sondern ebenso im allgemeinen Geschäftsverkehr und in der Werbung. Dass die Domain im Unterschied zur Fernschreibkennung technisch erforderlich ist, um eine Verbindung zu dem Teilnehmer herzustellen, rechtfertigt keine andere rechtliche Beurteilung.[159]

65 Ob einer Domain kennzeichnende Funktion etwa auf Grund ihrer Art und ihres Aussagegehaltes oder wegen des Sachzusammenhangs zwischen dem Domainnamen und dem Website-Inhalt im Einzelfall zukommt, richtet sich nach dem **Verständnis der beteiligten Verkehrskreise.** Der Domainname muss geeignet sein, von einem nicht unbeachtlichen Teil des Verkehrs als Hinweis auf ein Produkt, ein Unternehmen, eine Person oder ein Werk verstanden zu werden.[160] Werden Buchstabenfolgen als Domain verwendet, die einer Marke oder einer geschäftlichen Bezeichnung entsprechen oder originäre Kennzeichnungskraft oder Verkehrsgeltung besitzen, wird der Verkehr diese als kennzeichnend verstehen.[161] Handelt es sich hingegen bei einem Domainnamen um einen Gattungsbegriff oder um ein Zeichen mit geringer Kennzeichnungskraft, bedarf es weitergehender Feststellungen, um im Einzelfall gleichwohl eine Kennzeichenfunktion oder Namensfunktion der Domain nach der Verkehrsauffassung anzunehmen. So hat das Oberlandesgericht Hamburg der Domain kulturwerbung.de Kennzeichenfunktion zugesprochen und zur Begründung ausgeführt, dass die Verwendung von Gattungsbezeichnungen in Firmennamen dem Verkehr geläufig sei und er die Domain daher auch als Herkunftshinweis verstehe, sofern keine besonderen Umstände existierten, die ihn hiervon abhielten.[162] Auch dem Domainnamen emergency.de wurde von diesem Gericht kennzeichnende Wirkung zuerkannt, da die Unterscheidungskraft der Bezeichnung „emergency" selbst bei Verständnis ihrer Bedeutung als „Notfall" von den deutschen Verkehrsteilnehmern nicht beeinträchtigt würde.[163] Nur wenn die Möglichkeit ausscheide, dass der Domainname auf ein Subjekt hinweisen solle, weil etwa ein reiner Gattungsbegriff gewählt worden sei, könne der Verkehr ihn nicht kennzeichnend verstehen. So wurde der Domain bike.de auf Grund des beschreibenden Begriffes „bike" ohne Nachweis einer Verkehrsdurchsetzung keine Kennzeichen- oder Namensfunktion zuerkannt.[164]

66 Das Verständnis der Verkehrskreise hängt von den tatsächlichen Gegebenheiten und Besonderheiten der Internetnutzung ab. Aus dem Umstand sich ändernder **Gewohnheiten der Internetnutzung,** insbesondere der weiter zunehmenden Nutzung von Suchmaschi-

---

[156] Vgl. OLG Düsseldorf NJW-RR 1999, 626 – ufa.de; LG Düsseldorf NJW-RR 1999, 629 – jpnw.de; LG Frankfurt/M CR 1999, 190 – warez.de; LG Mannheim CR 1996, 353f – heidelberg.de.

[157] BGH GRUR 1986, 475 – Fernschreibkennung.

[158] Vgl. nur OLG Hamburg CR 1999, 184, 185 – emergency.de; OLG Düsseldorf NJW-RR 1999, 626 – ufa.de; LG Düsseldorf GRUR 1998, 159, 163 – epson.de; *Fezer* MarkenG § 3 Rn 306; *Kanz* S. 122ff; *Kur* CR 1996, 590, 591; *Sick/Richter* K&R 2000, 339, 343.

[159] AA *Omsels* GRUR 1997, 328, 331.

[160] *Heinrich* MarkenR 2003, 89f; *Sick/Richter* K&R 2000, 339, 343.

[161] Vgl. nur OLG München GRUR 2000, 518 – buecherde.com; LG Düsseldorf NJW-RR 1999, 629f – jpnw.de; LG Frankfurt/M CR 1999, 190 – warez.de; LG Frankfurt/M CR 1997, 287 – das.de.

[162] OLG Hamburg K&R 2000, 512, 513 – kulturwerbung.de.

[163] OLG Hamburg CR 1999, 184, 186.

[164] LG Hamburg MMR 1998, 46 – bike.de.

nen, um zu einer gewünschten Website zu gelangen, wird zum Teil die Schlussfolgerung gezogen, dass die Kenntnis des Domainnamens nur noch von geringer Bedeutung sei und ihm daher nach dem Verständnis der Verkehrskreise überwiegend nur eine technische Adressfunktion zukomme.[165] Wenn auch Suchprogramme im Internet als Orientierungshilfen von erheblicher Bedeutung sind und auf Grund der Vielzahl von Domains, die aus Gattungsbezeichnungen, aus unbekannten oder sehr langen Buchstabenfolgen bestehen oder unter verschiedenen TLDs von verschiedenen Inhabern registriert sind, häufiger zum Auffinden von Websites verwendet werden als dies in der Vergangenheit der Fall war, lässt sich hieraus nicht ableiten, dass Domainnamen über ihre technische Adressfunktion hinaus keine kennzeichnende Wirkung oder Namensfunktion haben können. Zum einen sind die Nutzungsgewohnheiten im Internet weiterhin **vielfältig,** so dass neben der Verwendung von Suchprogrammen, die oftmals auch eher unstrukturierte und unbefriedigende Suchergebnisse liefern, die Direkteingabe von Kennzeichen, Branchenbezeichnungen oder Gattungsbegriffen als Domains jedenfalls nicht unüblich ist.[166] Im Übrigen aber erfolgt der Zugang zu einer Website auch dann unter unmittelbarer Benutzung des Domainnamens, wenn der Internetnutzer den Domainnamen aus der Ergebnisliste eines Suchprogrammes oder aber aus einem der umfassenden Verzeichnisse von Internet-Adressen auswählt und aktiviert.[167] Auch in diesen Fällen nimmt der Internetnutzer den Domainnamen wahr, so dass jedenfalls derzeit aus den geänderten Nutzungsgewohnheiten nicht der Schluss gezogen werden kann, Domainnamen hätten nach der Verkehrsanschauung keine oder allenfalls in besonderen Ausnahmefällen eine kennzeichen- oder namensrechtliche Identifizierungsfunktion.

Für die Beurteilung der Kennzeichen- oder Namensfunktion einer Domain bleiben 67
ccTLDs wie .de **außer Betracht,** da sie zwingend für die Registrierung und Benutzung einer Domain sind und ihnen aus der Sicht der Internetnutzer keine Unterscheidungskraft zukommt.[168] Während dies für die gTLD .com ebenso gesehen wird,[169] sind insbesondere die neuen gTLDs wie .name, .pro und .biz auf Grund ihrer Verfügbarkeit nur für bestimmte Nutzerkreise geeignet, Aufschluss über den Inhaber der Domain zu geben und damit das Verkehrsverständnis zu beeinflussen. So würde beispielsweise der Nutzer bei der Domain celle.biz im Gegensatz zu der Domain celle.de[170] möglicherweise ein in Celle ansässiges Unternehmen und nicht die Stadt Celle als Domaininhaber und Anbieter der entsprechenden Website vermuten.[171] Domains mit der gTLD .name werden stets auch eine Namensfunktion haben, da nur Namen als Second-Level-Domain unter dieser gTLD registriert werden können.[172]

Zumeist wird die als **Second-Level-Domain** gewählte Buchstabenfolge entscheidend 68
dafür sein, ob einem Domainnamen Kennzeichen- oder Namensfunktion zukommt. Je nach Lage des Einzelfalles kann jedoch auch eine Subdomain aus einer Zahlen- oder Buchstabenkombination bestehen, die zur namens- oder kennzeichenmäßigen Unterscheidung im geschäftlichen Verkehr geeignet ist und aus Sicht der beteiligten Verkehrskreise die kennzeichnende Wirkung des Domainnamens begründet. Dies kann beispielsweise bei Third-Level-Domains der Fall sein, wenn die Second-Level-Domain erkennbar auf einen der großen Service Provider hindeutet[173] oder eine beschreibende Angabe enthält, während die Third-Level-Domain erkennbar aus einem Namen oder einem bekannten Kennzeichen

---

165 *Hahn/Wilmer* NJW-CoR 1997, 485, 486; *Hoeren* NJW 1998, 2849, 2850.

166 Vgl. OLG Hamburg MMR 2000, 40, 42 – mitwohnzentrale.de; *Kanz* S. 123 f.

167 Vgl. LG Mannheim CR 1996, 353, 354 – heidelberg.de; LG Lüneburg CR 1997, 288, 289 – celle.de; *Kanz* S. 124.

168 Vgl. BGH WRP 2005, 338, 340 – soco.de; OLG München MMR 1999, 547 – buecher.de/amazon.de.

169 Vgl. OLG München GRUR 2000, 518 – buecherde.com.

170 LG Lüneburg CR 1997, 288 – celle.de.

171 Vgl. *Ubber* S. 62.

172 So auch *Reinhart* WRP 2002, 628, 632.

173 ZB der fiktive Domainname mayer.compuserve.de, siehe *Loewenheim/Koch/Kur* S. 341.

besteht.[174] Wenn auch grundsätzlich jede frei wählbare Ebene einer Domain die für die Beurteilung der Kennzeichen- oder Namensfunktion relevante Bezeichnung enthalten kann, ist doch davon auszugehen, dass eine solche Kennzeichnungswirkung umso geringer ist, je weiter der in Betracht kommende Bestandteil von der Top- und Second-Level-Domain entfernt ist und je länger die Bezeichnung insgesamt ist.[175]

2. Erwerb eines Kennzeichen- oder Namensrechts

69 Die Kennzeichen- oder Namensfunktion eines Domainnamens ist Voraussetzung für die Erlangung eines entsprechenden Schutzes der Domain als Marke, als Unternehmenskennzeichen oder als Werktitel oder nach § 12 BGB. Entgegen einer Vielzahl von instanzgerichtlichen Entscheidungen folgt aus der Feststellung der kennzeichnenden Wirkung einer Domain nicht unmittelbar der Erwerb von Kennzeichenschutz und aus der Namensfunktion einer Domain nicht stets ihr Namensschutz.[176] Kommt einem Domainnamen Kennzeichenfunktion zu, so ist zu prüfen ob und welche Art von Rechtserwerb eines Kennzeichenrechts an dem Domainnamen vorliegt. Entsprechendes gilt, wenn einer Domain nach der Verkehrsanschauung Namensfunktion zukommt, hinsichtlich der Feststellung, ob die Domain Schutz iSv § 12 BGB genießt. Der kennzeichenrechtliche Schutz geht in seinem Anwendungsbereich dem Namensrecht vor.[177] Ansprüche aus § 12 BGB kommen daher nur dann in Betracht, wenn der Schutzbereich des Kennzeichens nicht berührt ist.

70 Die Feststellung eines eigenständigen Schutzes des Domainnamens ist nur dann relevant, wenn das als Domainname registrierte Zeichen nicht ohnehin bereits als Marke oder als sonstiges Kennzeichen beispielsweise auf Grund ihrer Eintragung ins Markenregister oder auf Grund ihrer Benutzung im geschäftlichen Verkehr außerhalb des Internet Schutz genießt. Die Fälle, in denen der **selbstständige Erwerb von Kennzeichen- oder Namensschutz** einer Domain eine Rolle spielt, sind keineswegs selten.[178] Viele Unternehmen haben sich aus strategischen Gründen entschieden, im Internet nicht unter ihrem Unternehmenskennzeichen aktiv zu werden, sondern vorher noch nicht benutzte Bezeichnungen als Domainnamen zu registrieren, insbesondere Abwandlungen oder Abkürzungen von Kennzeichen oder auch Gattungsbezeichnungen. Das kann darauf beruhen, dass das Unternehmen sein Online-Angebot von dem sonstigen Angebot abgrenzen möchte, die mit einem geschützten Kennzeichen identische Domain bereits registriert ist oder ein Spektrum von ähnlichen Domains belegt werden soll, um die Registrierung durch Dritte zu verhindern.[179] Schließlich gibt es auch natürliche und juristische Personen, die ausschließlich im Internet Waren oder Dienstleistungen anbieten, wie beispielsweise Betreiber von Suchdiensten oder Online-Versandhäuser.

71 Der kennzeichenrechtliche Schutz von Domainnamen ist insbesondere dann **rechtserheblich,** wenn es zum Prioritätsstreit mit Kennzeichen oder anderen kennzeichenrechtlich geschützten Domainnamen kommt. Markenschutz kann eine Domain entweder durch Eintragung in das Markenregister oder durch umfangreiche Benutzung kraft Verkehrsgeltung erlangen. Ein Domainname kann auch als Unternehmenskennzeichen oder Werktitel mit Benutzungsaufnahme kennzeichenrechtlichen Schutz nach dem Markengesetz genießen. Schließlich ist ein namensrechtlicher Schutz der Domain iSv § 12 BGB denkbar.

72 An einer Domain kann durch Eintragung der Domain als Wortmarke in das Register des Deutschen Patent- und Markenamtes Markenschutz nach § 4 Nr. 1 MarkenG erworben werden. Ein **Registermarkenrecht** an einer Domain kann im Inland auch durch Eintra-

---

[174] ZB duisburg.cty.de, vgl. LG Duisburg MMR 2000, 168, 169f; nivea.xxx.de, vgl. *Kanz* S. 124f.

[175] Vgl. *Loewenheim/Koch/Kur* S. 341f.

[176] Vgl. OLG Hamburg K&R 2000, 512 – kulturwerbung.de; OLG Hamburg CR 1999, 184 – emergency.de; LG Frankfurt/M CR 1997, 287 – das.de; LG Frankfurt/M CR 1999, 190 – warez.de; *Fezer* MarkenG § 3 Rn 304; *derselbe* WRP 2000, 669, 671; *Heinrich* MarkenR 2003, 89, 90f.

[177] BGH GRUR 2005, 430 – mho.de; OLG Köln MarkenR 2006, 292 – eco-lab.de.

[178] So auch *Bettinger* GRUR Int. 1997, 402, 417f; aA *Köhler/Arndt* S. 44.

[179] Vgl. *Ubber* S. 63f.

gung in das Gemeinschaftsmarkenregister oder in das von der WIPO geführte Register für international registrierte Marken mit Schutzerstreckung für Deutschland erreicht werden. Für die Voraussetzungen, die Entstehung und den Umfang des Schutzes einer Domain als Registermarke bestehen keine Besonderheiten gegenüber anderen Zeichen. Im Einzelfall kann es zur Erlangung der Eintragungsfähigkeit einer Domain als Registermarke empfehlenswert oder gar erforderlich sein, das betreffende Wortzeichen in Verbindung mit der Top-Level-Domain, einer Subdomain und sogar der Abkürzung von World Wide Web als Marke anzumelden.[180] Wie bei jeder Markenanmeldung kommt dem Verzeichnis der Waren oder Dienstleistungen, für die die Eintragung beantragt wird, auch bei der Anmeldung einer Domain zur Eintragung in das Markenregister eine erhebliche Bedeutung sowohl für das Bestehen absoluter Schutzhindernisse iSv § 8 MarkenG, wie die fehlende Unterscheidungskraft und das Freihaltungsbedürfnis, als auch für den Schutzumfang und die Bedingungen der rechtserhaltenden Markenbenutzung zu. Nachdem beispielsweise das Bundespatentgericht die Eintragung der Domain handy.de als Marke insgesamt wegen Fehlen jeglicher Unterscheidungskraft abgelehnt hat,[181] ist diese schließlich für Waren der Klasse 32 (Getränke) in das Markenregister eingetragen worden.[182] Steht der Eintragung eines Domainnamens als Marke ein absolutes Schutzhindernis entgegen, kann ein Registermarkenrecht erst nach dem Erwerb von Verkehrsdurchsetzung nach § 8 Abs. 3 MarkenG erworben werden. Die Registrierung und Benutzung eines als Marke eintragungsunfähigen Domainnamens begründet nicht bereits auf Grund des Bestehens eines absoluten Schutzhindernisses iSv § 8 MarkenG die Rechtswidrigkeit oder Sittenwidrigkeit.[183]

Markenschutz erlangt eine Domain ohne Registereintragung dann, wenn sie für bestimmte Waren oder Dientsleistungen unterscheidungskräftig ist und innerhalb beteiligter Verkehrskreise als Marke Verkehrsgeltung erlangt hat. Dann ist der Domainname als **Benutzungsmarke** nach § 4 Nr. 2 MarkenG geschützt. Selbst eine umfassende Benutzung einer Domain ohne konkreten Waren- oder Dienstleistungsbezug ist nicht geeignet, zu einer Verkehrsgeltung für bestimmte Waren oder Dienstleistungen und damit zum Markenschutz durch Benutzung zu führen. Die Domain dient als technische Adresse im Internet und hat nicht ohne Weiteres kennzeichnende Wirkung für die unter der Domain betriebene Website als solche.[184] Wenn auch eine körperliche Verbindung von Marke und Ware auf Grund des Gebots der richtlinienkonformen Auslegung nicht mehr erforderlich ist, so muss doch ein konkreter Zusammenhang zwischen der Domain als Benutzungsmarke und der Ware hergestellt werden. Hierzu genügt es, dass eine gedankliche Beziehung zwischen der Domain und bestimmten Waren hergestellt wird, der Verkehr also auf Grund der Verwendung der Domain ihre Funktion als die Ware identifizierendes Unterscheidungszeichen erkennt.[185] Dies wird dann der Fall sein, wenn unmittelbar auf der mit der Domain konnektierten Website bestimmte Waren angeboten oder vertrieben werden, für die die Domain als Marke Verkehrsgeltung erworben hat. Allein die Registrierung einer Domain vermag jedenfalls solange keine Kennzeichenrechte zu begründen, als hiermit keine konkreten Inhalte verbunden sind und somit noch keine Zuordnung zu bestimmten Waren oder Dienstleistungen erfolgt ist.[186] Dies gilt insbesondere für diejenigen Websites, die lediglich mit einem sogenannten „Baustellen"-Schild auf das Entstehen einer bestimmten Internetpräsenz hinweisen. Auch für den Erwerb einer Dienstleistungsmarke ist erforder- 73

---

180 Vgl. BPatG CR 2002, 524 – <www.deutschland.heute.de>.

181 BPatG, Beschluss vom 29. 10. 2002, 33 W (pat) 3/02; vgl. auch BPatG GRUR 2004, 336 – beauty24.de.

182 Register-Nr. 3002 9724; vgl. hierzu auch OLG Hamburg MMR 2002, 626 – handy.de/handy.com.

183 *Fezer* MarkenG § 3 Rn 308.

184 Vgl. BGH GRUR 2009, 685, 687 – ahd.de; *Heinrich* MarkenR 2003, 89, 92; *Plaß* WRP 2000, 1077, 1080; aA LG Düsseldorf CR 1998, 165, 168 – epson.de.

185 Vgl. *Fezer* WRP 2000, 699, 671; *derselbe* MarkenG § 3 Rn 309 ff, der in diesem Zusammenhang die Formulierung „virtueller Produktbezug" verwendet; *Heinrich* aaO.

186 BGH GRUR 2009, 685, 688 – ahd.de; OLG Hamburg GRUR-RR 2006, 14 – Metrosex.

lich, dass die Domain zur unmittelbaren Kennzeichnung der Dienstleistung genutzt wird und hierfür Verkehrsgeltung erworben hat, wobei auf Grund des unkörperlichen Charakters von Dienstleistungen das Erfordernis einer körperlichen Verbindung von Marke und Dienstleistung von vorne herein ausscheidet. Der erforderliche Dienstleistungsbezug liegt vor, wenn unmittelbar auf der Website unter der Domain eine Dienstleistung mit eigenem wirtschaftlichem Wert erbracht wird und ein Markenbezug erkennbar ist.[187] Beispiele hierfür sind Online-Banking, Datenbankdienstleistungen, Internet-Versteigerungen sowie Such- und Recherchedienste. Wer auf einer Website Werbeanzeigen schaltet, indem er die Domain bei einer hierauf spezialisierten Serviceagentur anmeldet und Werbe-Keywords hinterlegt, so dass bei deren Eingabe seitens des Nutzers unter der sonst inhaltsleeren Website passende Werbung angezeigt wird (Domain-Parking), verwendet die Domain kennzeichenmäßig für die Dienstleistung „Werbung".[188] Selbst bei Vorliegen dieser Voraussetzungen entsteht Markenschutz durch Benutzung eines Domainnamens nur dann und besteht auch nur solange, wie dieser als Zeichen für Waren oder Dienstleistungen des Inhabers **Verkehrsgeltung** erlangt hat und diese fortbesteht. Letzteres richtet sich nach der innerhalb beteiligter Verkehrskreise bestehenden Verkehrsauffassung, wobei der für den Erwerb einer Benutzungsmarke erforderliche Grad der Verkehrsgeltung keine feststehende Größe ist, sondern vielmehr von den Umständen des Einzelfalles abhängt.[189] Nicht abschließend geklärt ist die Frage, ob auch der Erwerb einer regional beschränkten Benutzungsmarke rechtlich möglich ist.[190] Nach einer Entscheidung des Oberlandesgericht Köln kommt dies jedenfalls dann nicht in Betracht, wenn der Benutzer der Marke seine Dienstleistungen bundesweit im Internet anbietet und die räumlich begrenzte Bekanntheit der Marke darauf beruht, dass der Zeichenbenutzer in der fraglichen Region seinen Firmensitz unterhält und dort seine Werbemaßnahmen konzentriert.[191] Der Erwerb markenrechtlichen Schutzes auf Grund von Verkehrsgeltung eines Domainnamens als Benutzungsmarke ist für die kennzeichenrechtliche Priorität erheblich und spielt insbesondere für Unternehmen, die ausschließlich im Internet tätig sind, eine Rolle.[192]

74 Eine Domain kann als **geschäftliche Bezeichnung** iSv § 5 MarkenG kennzeichenrechtlichen Schutz erlangen, und zwar als Unternehmenskennzeichen oder als Werktitel. Während Marken bestimmte Produkte – Waren oder Dienstleistungen – kennzeichnen, weisen Unternehmenskennzeichen auf ein bestimmtes Unternehmen hin. Bei **Unternehmenskennzeichen** ist zwischen den besonderen Geschäfts- oder Unternehmensbezeichnungen iSv § 5 Abs. 2 Satz 1 MarkenG einerseits und den Geschäftsabzeichen und sonstigen betrieblichen Unterscheidungszeichen nach § 5 Abs. 2 Satz 2 MarkenG andererseits zu unterscheiden. Diese Unterscheidung ist für den Erwerb eines Unternehmenskennzeichens an einem Domainnamen von hoher Relevanz, da die besondere Geschäfts- oder Unternehmensbezeichnung bereits mit der Benutzungsaufnahme kennzeichenrechtlichen Schutz genießt. Der Rechtserwerb eines bloßen Geschäftsabzeichens oder eines sonstigen betrieblichen Unterscheidungszeichens erfordert hingegen, dass das Kennzeichen Verkehrsgeltung innerhalb der beteiligten Verkehrskreise erlangt hat.[193] Als besondere Geschäfts- oder Unternehmensbezeichnung würde ein Domainname daher bereits mit Ingebrauchnahme kennzeichenrechtlichen Schutz genießen, ohne dass es des Nachweisesvon Verkehrsgeltung bedürfte. Die genaue Abgrenzung zwischen diesen Erscheinungsformen der Unternehmenskennzeichen bereitet rechtliche Schwierigkeiten. Maßgebliches Kriterium für die **Unterscheidung** zwischen besonderen Geschäfts- und Unternehmensbezeichnun-

---

[187] *Fezer* WRP 2000, 669, 671; *derselbe* MarkenG § 3 Rn 313.
[188] LG Hamburg K&R 2009, 61 – wachs.de; keine Haftung der Serviceagentur für eine rechtsverletzende „geparkte" Domain nach LG Düsseldorf CR 2009, 45.
[189] Vgl. *Fezer* MarkenG § 4 Rn 105 ff, 120 ff.
[190] Vgl. zum früheren Warenzeichengesetz BGH GRUR 1979, 470, 472 – RBB/RBT.
[191] OLG Köln GRUR-RR 2007, 272–4DSL.
[192] *Fezer* MarkenG § 3 Rn 313.
[193] *Fezer* MarkenG § 5 Rn 3 f.

gen einerseits und Geschäftsabzeichen und sonstigen betrieblichen Unterscheidungszeichen andererseits ist das Vorliegen von Unterscheidungskraft und die Namensfunktion des jeweiligen Zeichens. Handelt es sich bei der Domain um ein originär unterscheidungskräftiges Zeichen, das der namensmäßigen Identifizierung eines bestimmten Unternehmens dient, so liegt eine besondere Geschäftsbezeichnung vor, während ein Geschäftsabzeichen erst durch Verkehrsgeltung Unterscheidungskraft erlangt und ihr Namensfunktion zukommt.[194]

Einer Domain wird regelmäßig dann Schutz als **besondere Geschäfts- oder Unternehmensbezeichnung** zukommen, wenn als Bestandteil der Domain der Name des Unternehmens oder der unterscheidungskräftige Namens- oder Firmenbestandteil (Abkürzungen, Schlagworte) verwendet wird.[195] Es ist allerdings erforderlich, dass die Domain nicht lediglich als Adressbezeichnung verwendet wird und der Verkehr in der Bezeichnung der gewählten Domain einen Herkunftshinweis erkennen kann.[196] Auch die Verwendung der Abkürzung des Namens eines Unternehmens in Form einer nicht aussprechbaren Buchstabenkombination als Domainname kann die genannten Voraussetzungen erfüllen und als Unternehmenskennzeichen ohne Verkehrsgeltung Kennzeichenschutz genießen.[197] Da in diesen Fällen das Unternehmen häufig bereits vor der Aufnahme der Benutzung der Domain unter der entsprechenden Bezeichnung im geschäftlichen Verkehr tätig war oder die Benutzungsaufnahme offline und online zeitlich zusammengefallen sind, ist der selbstständige Erwerb des Kennzeichenschutzes an der Domain hier von eingeschränkter praktischer Relevanz. Das ist in der Regel bei den Unternehmen der Fall, die Domainnamen einschließlich der Top-Level-Domain als Firma auswählen, wie beispielsweise buecher.de AG, Amazon.de GmbH oder ricardo.ch AG. Vorteilhaft kann der Erwerb eines Unternehmenskennzeichens durch Nutzung des Namens- oder Firmenbestandteils als Domain auch insoweit sein, als er zu einer erheblichen Ausweitung des räumlichen Geltungsbereichs des Kennzeichenschutzes führen kann. Ein lokal tätiges Unternehmen, das Kennzeichenschutz an seiner Firma begrenzt auf den Raum seiner wirtschaftlichen Betätigung genießt, kann durch Anbieten seiner Leistungen im Internet unter einer Domain, die einen unterscheidungskräftigen Firmenbestandteil beinhaltet, Kennzeichenschutz für das gesamte Gebiet der Bundesrepublik Deutschland erlangen.[198] Kennzeichenschutz als Unternehmenskennzeichen durch Ingebrauchnahme können Domainnamen schließlich auch dann erlangen, wenn als Bestandteil der Domain ein unterscheidungskräftiges, zur namensmäßigen Identifizierung des Unternehmens geeignetes Zeichen, bei dem es sich nicht um die Firma oder einen kennzeichnungskräftigen Firmenbestandteil handelt, verwendet wird.[199] Das kommt vor allem dann in Betracht, wenn Unternehmen für ihren Internetauftritt eine besondere, auf die Geschäftstätigkeit im Internet oder E-Commerce Bezug nehmende Geschäftsbezeichnung als Domainname wählen, um die organisatorische Eigenständigkeit des Internet-Geschäfts zu verdeutlichen.[200] 75

Hat eine Domain keine originäre Unterscheidungskraft und kommt ihr auch keine originäre Namensfunktion zu, kann sie gleichwohl Schutz als Unternehmenskennzeichen genießen, sofern sie als Kennzeichen des Geschäftsbetriebs Verkehrsgeltung erlangt hat. Für die Feststellung der Verkehrsgeltung der Domain als **Geschäftsabzeichen oder sonstiges betriebliches Unterscheidungszeichen** iSd § 5 Abs. 2 Satz 2 MarkenG gelten die allgemeinen Kriterien. Bei der Prüfung, ob ein Domainname kennzeichenrechtlichen Schutz als Unternehmenskennzeichen erworben hat, sind die jeweiligen Voraussetzungen nach § 5 76

---

194 *Heinrich* MarkenR 2003, 89, 93; vgl. *Fezer* MarkenG § 15 Rn 139, § 3 Rn 316.

195 ZB fluessiggas-bayern.de, vgl. OLG München NJOZ 2003, 836 – Flüssiggas-Bayern; arena-berlin.de, vgl. KG NJW-RR 2003, 1405, 1406 f – arena-berlin.de; vgl. *Heinrich* MarkenR 2003, 89, 93; *Ubber* S. 68; *Fezer* MarkenG § 3 Rn 316.

196 BGH GRUR 2005, 262 – soco.de.

197 LG Düsseldorf NJW-RR 1999, 629 – jpnw.de.

198 *Ubber* S. 69 f.

199 Vgl. OLG München ZUM 2000, 71 – tnet.de; LG Düsseldorf, Urteil vom 20. 4. 1999, 4 O 101/99 – infoshop.de; LG München I CR 1999, 451, 452 – fnet.de; *Heinrich* MarkenR 2003, 89, 93; *Ubber* S. 70.

200 *Ubber* S. 70 f mwN.

Abs. 2 Satz 1 MarkenG einerseits und § 5 Abs. 2 Satz 2 MarkenG andererseits genau zu berücksichtigen. Ist die originäre Unterscheidungskraft und namensmäßige Verwendung einer Domain als besondere Geschäfts- oder Unternehmensbezeichnung zweifelhaft, so kann das Erfordernis der **Verkehrsgeltung** zur Erlangung kennzeichenrechtlichen Schutzes als Geschäftsabzeichen oder sonstiges betriebliches Unterscheidungszeichen nicht unter Rückgriff auf § 12 BGB übergangen werden. Im Übrigen erlangt ein Zeichen nicht bereits dadurch Namensschutz, dass hinter jeder Bezeichnung ein Adressat steht.[201]

77 Ein Domainname kann schließlich auch **Titelschutz** nach § 5 Abs. 3 MarkenG erlangen. Der Schutz einer Domain als Werktitel setzt voraus, dass die Domain hinreichend unterscheidungskräftig ist und den Inhalt der mit ihr verbundenen Website als ein immaterielles, auf geistiger Leistung beruhendes Gesamtwerk bezeichnet und dieses damit von anderen Inhalten unterscheidet.[202] Eine Website kann ein mit Druckschriften, Filmwerken, Tonwerken und Bühnenwerken sonstiges vergleichbares Werk iSv § 5 Abs. 3 MarkenG sein. Hierzu muss der geistige Gehalt der mit der Domain verbundenen Website im Vordergrund stehen und die Website als Werk muss bezeichnungsfähig sein.[203] Internetangeboten auf Websites, die den herkömmlichen Objekten des Werktitelschutzes entsprechen, wie beispielsweise Internet-Zeitschriften, elektronisch publizierte Bücher oder Sammelwerke, virtuelle Ausstellungen, aber auch internetspezifische Angebote wie Online-Spiele und Recherchedienste, eignen sich als Objekt des kennzeichenrechtlichen Titelschutzes.[204] Bezeichnet der Domainname ein solches Werk als Titel, so entsteht mit Ingebrauchnahme des Domainamens der Titelschutz; Verkehrsgeltung an der Domain als Titel ist nicht erforderlich. Für den Erwerb eines Titelschutzes genügt die Registrierung der Domain allein nicht; ein bestehendes Werk muss unter der Domain als Titel erscheinen oder im Verkehr benutzt werden.[205] Für eine zeitliche Vorverlagerung des Werktitelschutzes durch Veröffentlichung einer Titelschutzanzeige ist auch bei der Verwendung von Domainnamen als Werktitel eine Einführung des genannten Werks innerhalb einer angemessenen Frist erforderlich.[206] Nicht gerechtfertigt ist es, bereits jeder unter einer kennzeichnungskräftigen Domain abrufbaren, individuell gestalteten Website die Eignung als titelschutzfähiges Werk zuzuerkennen.[207] Eine solche Annahme würde der erforderlichen Einzelfallbeurteilung, ob unter der jeweiligen Domain ein Werk im Sinne des Kennzeichenrechts publiziert wird, nicht gerecht und hätte angesichts der unüberschaubaren Vielzahl von Informationsangeboten und Unternehmenspräsentationen im Internet die Ausuferung des Kennzeichenschutzes von unterscheidungskräftigen Domainnamen als Werktitel zur Folge. In keinem Fall ausreichend für die Annahme eines titelschutzfähigen Werkes ist es, wenn unter der Domain lediglich eine Website wiedergegeben wird, die mittels eines Hyperlinks auf die persönliche Homepage des Inhabers verweist.[208]

78 In Betracht kommt auch der Erwerb eines **Namensrechts** an einem Domainnamen nach § 12 BGB. Voraussetzung für den Erwerb namensrechtlichen Schutzes ist, dass der Domainname entweder originär oder kraft Verkehrsgeltung namensmäßige Unterscheidungskraft besitzt und im konkreten Fall als Identifizierungshinweis dient.[209] In der in-

---

[201] OLG Hamburg CR 1999, 184, 185 – emergency.de.

[202] Vgl. *Fezer* MarkenG § 3 Rn 317f, § 15 Rn 154b ff; *Kleespies* GRUR 2002, 764, 775; *Köhler/Arndt* S. 47; *Kort* DB 2001, 249, 252; *Wiebe* CR 1998, 157, 164.

[203] Vgl. *Heinrich* MarkenR 2003, 89, 94f; *Omsels* GRUR 1997, 328, 330.

[204] Vgl. LG Stuttgart CR 2004, 61; zum Titelschutz der Domain uhren-magazin.de LG Frankfurt/M GRUR-RR 2002, 68f – Uhren Magazin; *Heinrich* MarkenR 2003, 89, 95; *Kleespies* GRUR 2002, 764, 775.

[205] Vgl. OLG München GRUR 2001, 522, 524 – kuecheonline; *Reinholz/Härting* CR 2004, 603, 606.

[206] Vgl. OLG Dresden CR 1999, 102 – dresden-online.de; OLG München GRUR 2001, 522, 524 – kuecheonline; *Ruff* Domain Law: Der Rechtsschutz von Domainnamen im Internet S. 70f.

[207] So auch *Fezer* MarkenG § 3 Rn 319; *Heinrich* MarkenR 2003, 89, 94; aA OLG Dresden CR 1999, 102, 103 – dresden-online.de; *Hackbarth* CR 1999, 186, 187; *Kort* DB 2001, 249, 252; tendenziell auch *Mietzel/Hero* MMR 2002, 84, 86.

[208] Vgl. LG Düsseldorf MMR 2002, 126 – literaturen.de; *Mietzel/Hero* MMR 2002, 84, 86.

[209] Vgl. *Heinrich* MarkenR 2003, 89, 95.

stanzgerichtlichen Rechtsprechung wird Domains regelmäßig ohne nähere Begründung Namensfunktion zugesprochen,[210] woraus im Schrifttum oftmals der Schluss gezogen wird, Domainnamen kämen allgemein Namensfunktion und damit pauschal auch Namensschutz nach § 12 BGB zu.[211] Eine solche pauschale Betrachtungsweise verbietet sich bereits aus dogmatischen Gründen und führt auch zu unzutreffenden Ergebnissen.[212] Wird der Name einer Person,[213] einer Stadt,[214] die Firma oder ein Firmenschlagwort[215] als maßgeblicher Bestandteil einer Domain verwendet, besitzt die Domain in aller Regel eine namensmäßige Hinweis- und Zuordnungsfunktion, so dass ihr namensrechtlicher Schutz zukommt. Stets ist jedoch eine Einzelfallbetrachtung erforderlich, ob ein Domainname von Hause aus oder kraft Verkehrsgeltung geeignet ist, ihr Schutzobjekt von anderen zu unterscheiden und die für den Erwerb namensrechtlichen Schutzes erforderliche Hinweis- und Zuordnungsfunktion konkret besitzt.[216]

3. Rechtserhaltende Kennzeichenbenutzung

Hat ein Domainname selbstständigen Kennzeichenschutz erworben, so bleibt dieser so 79 lange bestehen, wie die Voraussetzungen des betreffenden Kennzeichenschutzes weiterhin erfüllt werden. Während beispielsweise für den Fortbestand des kennzeichenrechtlichen Schutzes einer Domain als besondere Geschäfts- oder Unternehmensbezeichnung iSv § 5 Abs. 2 Satz 1 MarkenG auch eine geringe Benutzungsintensität genügt, solange die Benutzung oder der Geschäftsbetrieb nicht endgültig eingestellt wird,[217] setzt die Aufrechterhaltung des Schutzes der Domain als Geschäftsabzeichen und sonstiges betriebliches Unterscheidungszeichen nach § 5 Abs. 2 Satz 2 MarkenG die nach wie vor bestehende Verkehrsgeltung voraus. Hat eine Domain als Registermarke kennzeichenrechtlichen Schutz erworben, so muss sie zur Aufrechterhaltung des Schutzes nach Ablauf des Zeitraums von fünf Jahren nach Eintragung der Marke im geschäftlichen Verkehr im Inland ernsthaft für die Produkte, für die sie eingetragen ist, iSv § 26 MarkenG benutzt werden.[218]

Hiervon zu unterscheiden ist die Frage, ob und wann durch die Benutzung eines Do- 80 mainnamens der **Fortbestand eines anderweitig begründeten Kennzeichenrechts** gesichert werden kann. Praktische Relevanz erlangt diese Rechtsfrage in den Fällen, in denen eine Registermarke tatsächlich nur für Produkte verwendet wird, die im Internet angeboten werden, in denen bei Ablauf der Benutzungsschonfrist noch kein Produkt unter der Registermarke erhältlich ist, ein solches aber kurz vor der Markteinführung steht und bereits im Internet beworben wird oder wenn für den Nachweis der rechtserhaltenden Benutzung eines Kennzeichens auf die Benutzung als Domainname zurückgegriffen werden muss.[219] Für den Fortbestand der Rechte an einer **Registermarke** durch die Benutzung eines Domainnamens ist nach § 26 MarkenG erforderlich, dass der Domainname

---

210 OLG Köln GRUR 2000, 798 – alsdorf.de; LG Mannheim CR 1996, 353 – heidelberg.de; LG Lüneburg CR 1997, 288 – celle.de; LG Frankfurt/M CR 1997, 287 – das.de.

211 So zumindest tendenziell *Kort* DB 2001, 249, 251; *Bücking* NJW 1997, 1886, 1887; *Sick/Richter* K&R 2000, 339, 343f.

212 So auch *Fezer* MarkenG § 3 Rn 320f; *Heinrich* MarkenR 2003, 89, 95; *Bettinger/Leistner/Bettinger* S. 209.

213 Vgl. die Sachverhalte in den Entscheidungen OLG Dresden MMR 2001, 459 – kurt-biedenkopf.de; OLG Köln MMR 2002, 476 – guenther-jauch.de.

214 Vgl. nur LG Mannheim CR 1996, 353 – heidelberg.de; LG Lüneburg CR 1997, 288 – celle.de; siehe auch LG Duisburg MMR 2000, 168 – cty.de; OLG Köln GRUR 2000, 798 – alsdorf.de; OLG Köln NJW-RR 1999, 622 – herzogenrath.de.

215 Vgl. BGH GRUR 2000, 242 – shell.de; OLG Hamm MMR 1998, 214, 215; OLG Düsseldorf NJW-RR 1999, 626 – ufa.de; LG Düsseldorf NJW-RR 1999, 629 – jpnw.de.

216 Namensfunktion bejaht zB LG Frankfurt/M MMR 2005, 782 – hessentag2006.de; LG Nürnberg-Fürth MMR 2000, 629, 630 – pinakothek.de; verneint LG München I MMR 2001, 545 – saeugling.de.

217 Vgl. *Fezer* MarkenG § 15 Rn 132.

218 *Fezer* MarkenG § 26 Rn 9ff, 13.

219 Vgl. *Hoeren/Sieber/Viefhues* Kap. 6 Rn 295.

funktionsgerecht als produktidentifizierendes Unterscheidungszeichen benutzt wird.[220] Der Produktbezug der als Marke benutzten und mit der eingetragenen Marke identischen Domain muss im Einzelfall festgestellt werden. Die Kriterien hierfür stimmen mit denen für den Erwerb eines Kennzeichenrechts überein.[221] Nicht ausreichend ist es daher, wenn der Domainname zwar aus einer Marke besteht, aber auf der mit ihm verbundenen Website auch eine Vielzahl diverser anderer Produkte als die mit der Marke bezeichneten angeboten werden.[222] Für die Ernsthaftigkeit der rechtserhaltenden Markenverwendung durch die Domain genügt es auch nicht, dass das Markenprodukt auf irgendeiner Seite unter der Domain beworben wird.[223] Die Kosten für den Betrieb und die Aktualisierung der Website, ihre Besuchshäufigkeit und die mit dem Produkt im Internet erzielten Umsätze sind Anhaltspunkte dafür, ob die Benutzungshandlung nach Art, Umfang und Dauer für die Geltendmachung von Markenrechten ausreichend ist. Bei der Verwendung einer Registermarke als .de-Domain wird das Erfordernis der Inlandsbenutzung in der Regel erfüllt sein, während bei anderen ccTLDs und bei gTLDs im Einzelfall zu prüfen ist, ob ein konkreter Bezug des Internetangebots zum Inland gegeben ist.[224]

81 Bei anderen Kennzeichenrechten, wie der Benutzungsmarke, dem Unternehmenskennzeichen und Werktiteln, wirkt die den jeweiligen Schutzvoraussetzungen entsprechende Verwendung als Domainname rechtserhaltend.

II. Verletzung von Rechten Dritter durch Domainnamen

82 Durch die Registrierung und Benutzung eines Domainnamens können Kennzeichen Dritter verletzt werden. Bei der rechtlichen Beurteilung solcher Kollisionen ist danach zu unterscheiden, ob dem Inhaber des Domainnamens ein selbstständiges Kennzeichenrecht an der Domain zusteht oder nicht. Während eine Kennzeichenkollision, bei der der Domainname eigenen Kennzeichenschutz genießt, ohne Besonderheiten nach den allgemeinen Grundsätzen des Kennzeichenrechts zu beurteilen ist, ist bei der Kollision eines Domainnamens ohne eigenen Kennzeichenschutz mit einem Kennzeichen eines anderen zu entscheiden, unter welchen Voraussetzungen die Benutzung des Domainnamens eine Kennzeichenrechtsverletzung darstellt.[225] Bei dieser Art der Kennzeichenkollision kann die Verwendung des Domainnamens kennzeichenrechtliche Ansprüche nach §§ 14, 15 MarkenG oder § 127 Abs. 3 MarkenG begründen, je nach dem, ob es sich bei dem anderen Kennzeichen um eine Marke, eine geschäftliche Bezeichnung oder eine geografische Herkunftsangabe handelt; sie kann aber auch wettbewerbsrechtliche Ansprüche nach § 3 UWG und namensrechtliche Ansprüche nach § 12 BGB auslösen. Die Verwendung eines Domainnamens ist unter Umständen auch ohne Kennzeichenkollision rechtswidrig.

1. Ansprüche aus dem Markengesetz

83 **a) Handeln im geschäftlichen Verkehr.** Eine Kennzeichenrechtsverletzung durch die Verwendung eines Domainnamens setzt zunächst voraus, dass ein Handeln im geschäftlichen Verkehr vorliegt. Darunter wird jede wirtschaftliche Betätigung verstanden, mit der in Wahrnehmung oder Förderung eigener oder fremder Geschäftsinteressen am Erwerbsleben teilgenommen wird.[226] Ob die Benutzung einer Domain im Geschäftsverkehr – und nicht im Privatverkehr – erfolgt, lässt sich dem Inhalt der unter der Domain abrufbaren Website entnehmen. Eine geschäftliche Tätigkeit ist beispielsweise bereits dann anzuneh-

---

[220] Vgl. *Fezer* MarkenG § 3 Rn 322.
[221] → Rn 72f.
[222] *Ubber/Bousonville* S. 78.
[223] Vgl. *Köhler/Arndt* S. 45.
[224] → Rn 152.
[225] *Fezer* MarkenG § 3 Rn 323.
[226] *Fezer* MarkenG § 14 Rn 41; *Ströbele/Hacker* MarkenG § 14 Rn 29.

men, wenn eigene oder fremde Werbung auf der mit der Domain konnektierten Website geschaltet ist.[227] Dient die Website hingegen rein privaten Zwecken, wie einem Erfahrungs- und Meinungsaustausch zu politischen Themen,[228] Informationen über eine Familie oder dem Fanclub eines Künstlers, so wird das Kennzeichen als Domainname außerhalb des Geschäftsverkehrs benutzt.

Ist ein Domainname nur registriert, also lediglich mit einer inhaltsleeren Website konnektiert, oder weist die Website keine weiterführenden Inhalte auf, stellt sich die Frage, ob die bloße Domainregistrierung ein Handeln im geschäftlichen Verkehr indiziert. Die zunehmend in der jüngeren Rechtsprechung vertretene Ansicht, dass die bloße Registrierung einer Domain für die Annahme eines Handelns im geschäftlichen Verkehr nicht ausreicht,[229] wurde schließlich auch durch den Bundesgerichtshof bestätigt.[230] Das Landgericht Köln geht in seiner Entscheidung „Qaktie.de" davon aus, dass selbst die Bereitstellung von Plattformen zum Meinungsaustausch im Internet durch ein Unternehmen nicht per se ein Handeln im geschäftlichen Verkehr darstelle.[231] Bei der Verwendung eines bekannten fremden Kennzeichens als Domainname, der Wahl einer TLD wie .com, .biz oder .info oder der Registrierung einer Vielzahl von Domains durch eine Privatperson liegt allerdings die Vermutung des Handelns im Geschäftsverkehr nahe.[232] 84

Liegt ein Handeln im geschäftlichen Verkehr vor, stellt sich die Frage, ob eine Kennzeichenrechtsverletzung auch eine kennzeichenmäßige Benutzungshandlung voraussetzt. Diese Frage ist umstritten, wird aber nach der wohl überwiegenden Ansicht in Rechtsprechung und Literatur bejaht.[233] Hierfür spricht die Auffassung des Europäischen Gerichtshofs in der BMW-Entscheidung vom 23. 2. 1999,[234] wonach der Anwendungsbereich der Kollisionstatbestände der Markenrichtlinie davon abhängt, ob die Marke zur Unterscheidung von Waren und Dienstleistungen eines bestimmten Unternehmens benutzt wird, dann liegt eine Benutzung als Marke vor, oder ob sie zu sonstigen Zwecken verwendet wird. Auch der Bundesgerichtshof plädiert dafür, dass eine Kennzeichenrechtsverletzung einen marken- oder kennzeichenmäßigen Gebrauch voraussetzt.[235] Ausgehend von dem **Erfordernis der kennzeichenmäßigen Benutzung** liegt eine solche bei der Verwendung eines Domainnamens nur dann vor, wenn die nicht völlig fern liegende Möglichkeit besteht, dass ein nicht unerheblicher Teil des angesprochenen Verkehrs in der Domain einen Hinweis auf ein Produkt, ein Unternehmen oder ein Werk – und damit ein Unterscheidungsmerkmal gegenüber anderen – erblickt.[236] Ein Domainname kann neben seiner Funktion als technische Adresse auch Kennzeichenfunktion haben,[237] was allerdings bei der Verwendung von wenig unterscheidungskräftigen Begriffen oder Gattungsbezeichnungen sowie kritischen Aussagen nicht nahe liegt.[238] Bemerkenswert ist insoweit eine Entscheidung des Oberlandesgericht Düsseldorf, wonach die Verwendung des Domainnamens pro- 85

---

[227] LG Hamburg MMR 2000, 436 – luckystrike.de; *Fezer* MarkenG § 3 Rn 328; → Rn 178.

[228] Vgl. KG MMR 2002, 686 – Oil-of-Elf; LG Hamburg MMR 2003, 53 – stoppesso.de.

[229] OLG Hamburg MMR 2006, 608, 609 – ahd.de; OLG Hamburg GRUR-RR 2006, 14 – Metrosex; LG Köln GRUR-RR 2006, 372 – Qaktie.de.

[230] BGH GRUR 2009, 685, 688 – ahd.de; BGH GRUR 2007, 888 = WRP 2007, 1193, 1194 – Euro Telekom.

[231] LG Köln GRUR-RR 2006, 372 – Qaktie.de.

[232] *Karl* MarkenR 2003, 439, 442; *Ubber* S. 85 ff; weitergehend Fezer MarkenG § 3 Rn 329.

[233] BGH GRUR 1996, 68, 70 – Cotton Line; OLG Hamburg MMR 2004, 415 – awd-aussteiger.de; OLG München K&R 1999, 327; LG Köln GRUR-RR 2006, 372 – Qaktie.de; *Keller* GRUR 1996, 607; *Kilian/Heussen/Renck* Nr. 58 Rn 46; *Piper* GRUR 1996, 429, 434; aA *Hotz* GRUR 2003, 993, 1002; *Kotthoff* K&R 1999, 157, 159. Zum Meinungsstand siehe *Fezer* MarkenG § 14 Rn 21 ff; *Ströbele/Hacker* MarkenG § 14 Rn 42 ff; *Ingerl/Rohnke* MarkenG § 14 Rn 63 ff.

[234] EuGH GRUR Int. 1999, 438 – BMW.

[235] BGH GRUR 2002, 613 – GERRI/KERRY Spring; HK-MarkenR/*Ekey* § 14 Rn 45 mwN.

[236] OLG Hamburg WRP 1996, 572, 576 – Les Paul Gitarren; *Heinrich* MarkenR 2003, 89 f; *Sick/Richter* K&R 2000, 339, 343.

[237] → Rn 64.

[238] Vgl. OLG Hamburg MMR 2004, 415 – awd-aussteiger.de; LG Düsseldorf MMR 2003, 342 – schuelerhilfe.de; LG Hamburg MMR 2003, 128 – cityscout.de; LG Hamburg MMR 1998, 46 – bike.de.

fessional-nails.de deshalb keine kennzeichenrechtliche Benutzung der Gemeinschaftsmarke „Professional Nails" darstellen soll, weil der Verkehr in dem Domainnamen sogleich einen Gattungsbegriff erkenne.[239] Die Bindung des Gerichts an die Markeneintragung gemäß Art. 95 Abs. 1 der Gemeinschaftsmarkenverordnung beziehe sich nur auf die Marke als solche, nicht aber auf die für eine Markenverletzung notwendigen Tatbestandsmerkmale wie hier die markenmäßige Benutzung.

86 **b) Verwechslungsgefahr.** Ist in der Verwendung eines Domainnamens ein Handeln im geschäftlichen Verkehr und ein zeichenmäßiger Gebrauch zu sehen, so ist ein Unterlassungsanspruch des Inhabers einer (prioritätsälteren) Marke oder geschäftlichen Bezeichnung gegeben, wenn eine Verwechslungsgefahr iSv §§ 14 Abs. 2, 15 Abs. 2 MarkenG besteht. Das Vorliegen einer kennzeichenrechtlichen Verwechslungsgefahr ist auf Grund einer zusammenfassenden Würdigung mehrerer Faktoren zu beurteilen, die in Wechselwirkung stehen.[240] Neben der Kennzeichnungskraft der Marke oder geschäftlichen Bezeichnung sind deren Identität oder Ähnlichkeitsgrad zu dem als Domain verwendeten Zeichen sowie der Grad der Waren-/Dienstleistungsähnlichkeit oder Branchennähe zu berücksichtigen. Je ähnlicher das als Domain verwendete Zeichen dem geschützten Zeichen ist, desto größer kann der Abstand der betroffenen Produkte oder der jeweiligen Branchen voneinander sein und umgekehrt. Der Grad der Kennzeichnungskraft des geschützten Zeichens bestimmt deren Schutzumfang.[241]

87 Einem Kennzeichen mit einer von Hause aus **schwachen Unterscheidungskraft** kommt auch im Konflikt mit Domainnamen nur ein geringer Schutzumfang zu. So ist der unter anderem für Motorradhelme eingetragenen Wortmarke Bandit nur eine sehr schwache Kennzeichnungskraft beigemessen und eine Verwechslungsgefahr mit dem Domainnamen bandit.de, unter dem ein Informationsmagazin und ein Katalog mit Webadressen mit Bezug zu dem Begriff Bandit angeboten wurde, verneint worden.[242] Auch zwischen der für Leistungen eines Pizzabestelldienstes eingetragenen Marke Pizza Direct und der für einen Pizzaführer im Internet verwendeten Domain pizza-direkt.de wurde eine Verwechslungsgefahr verneint, da die Marke weitgehend beschreibend und daher von sehr geringer Kennzeichnungskraft sei und die Abweichungen in der Schreibweise der Kollisionszeichen angesichts einer bestehenden Dienstleistungsferne ausreichten, um die Gefahr von Verwechslungen auszuschließen.[243] Dem Firmenschlagwort Herstellerkatalog soll es nach Auffassung des Oberlandesgerichts Stuttgart[244] an einer ursprünglichen Kennzeichnungskraft fehlen, um Unterlassungsansprüche gegen die Verwendung des Domainnamens herstellerkatalog.com durch ein branchengleiches Unternehmen zu rechtfertigen. Das Gleiche soll gelten hinsichtlich des Markenbestandteils und Firmenschlagworts StartUp sowie des Firmenschlagworts Schülerhilfe mit der Folge, dass deren Inhaber keine Unterlassungsansprüche gegen die Verwendung der Domainnamen startup.de oder schuelerhilfe.de zustehen.[245] Im Übrigen kann das Recht an einem Unternehmenskennzeichen, das parallel auch die Abkürzung eines bestimmten Begriffes darstellt (zum Beispiel „ahd", auch Abkürzung für „Althochdeutsch"), verletzt sein, wenn die Abkürzung in der Domain nicht mit der Bedeutung des generischen Begriffes verwendet wird.[246] Eine kennzeichenmäßige Benutzung

---

[239] OLG Düsseldorf MMR 2007, 187; a. A. *Härting* ITRB 2008, 38, 39; *Härting/Reinholz* K&R 2007, 489, 492.

[240] Vgl. BGH GRUR Int 2007, 344 – Goldhase.

[241] Vgl. BGH GRUR 1996, 198, 199 – Springende Raubkatze; BGH GRUR 1997, 221 – Canon; BGH GRUR 2002, 65, 67 – Ichthyol; BGH GRUR 2000, 506, 508 – Attaché/Tisserand.

[242] KG MMR 2003, 119 – bandit.de.

[243] OLG Hamm NJW-RR 1999, 631 – pizza-direkt.de.

[244] OLG Stuttgart MMR 2002, 754 – herstellerkatalog.com; vgl. auch OLG Karlsruhe MMR 2004, 108 – biovino.de.

[245] OLG Hamburg MMR 2001, 612 – startup.de; LG Düsseldorf MMR 2003, 342 – schuelerhilfe.de; LG Frankfurt/M GRUR-RR 2004, 110 – versicherungsrecht.de; trotz geringer Unterscheidungskraft Verwechslungsgefahr bejaht LAG Niedersachsen CR 2004, 59, 60.

[246] So BGH GRUR 2009, 685, 687 – ahd.de.

ist schon dann zu bejahen, wenn davon auszugehen ist, dass ein nicht unerheblicher Teil der Verkehrskreise in der Bezeichnung ein Unterscheidungsmerkmal gegenüber anderen Waren oder Dienstleistungen erblickt.[247] Im Hinblick auf Buchstabenkombinationen ist davon auszugehen, dass der Verkehr in Abwesenheit gegenteiliger Anhaltspunkte eine kennzeichnende Verwendung annimmt, wenn die Buchstabenkombination für den Angesprochenen unbekannt ist und ihm die konkrete Bedeutung nicht bewusst ist.[248]

Bei der Beurteilung der **Zeichenähnlichkeit** zwischen Marken oder geschäftlichen Be- 88
zeichnungen und Domainnamen sind die allgemeinen Grundsätze des Kennzeichenrechts anzuwenden. In Betracht kommt auch hier eine Ähnlichkeit in klanglicher, schriftbildlicher und begrifflicher Hinsicht, wobei die Annahme einer Zeichenähnlichkeit in einer der Richtungen für das Bejahen einer Verwechslungsgefahr genügt.[249] Die Übereinstimmung eines Wortes oder Wortbestandteils allein begründet eine Verwechslungsgefahr jedoch nicht.[250] Gründe dafür, dass die klangliche Ähnlichkeit einer Domain mit einem Kennzeichen,[251] und erst recht nicht die schriftbildliche Ähnlichkeit eines geschützten Zeichens zu einem Domainnamen,[252] für die Feststellung einer kennzeichenrechtlichen Verwechslungsgefahr ohne Bedeutung sind, gibt es keine. Bei der Prüfung der Zeichenähnlichkeit sind grundsätzlich das geschützte Kennzeichen und die Second-Level-Domain zu vergleichen, während die Top-Level-Domain im Regelfall auf Grund fehlender oder geringer Unterscheidungskraft bei der vergleichenden Gegenüberstellung außer Acht zu lassen ist.[253] Die **Top-Level-Domain** ist ein für die Registrierung notwendiger Bestandteil des Domainnamens, weshalb sie in der Regel keine kennzeichnende Wirkung entfaltet. Dies gilt erst recht für die Abkürzung „www", sofern diese überhaupt als Bestandteil des Domainnamens und nicht nur der URL-Adresse anzusehen ist.[254] Eine TLD kann ausnahmsweise dann für die Beurteilung der Zeichenähnlichkeit von Bedeutung sein, wenn sie als Zeichenbestandteil einer Second-Level-Domain verwendet wird,[255] ein beschreibender Begriff erst durch Hinzufügung einer TLD Unterscheidungskraft als geschäftliche Bezeichnung erlangt[256] oder wenn die TLD über den Kennzeichnungsgegenstand Auskunft gibt („.museum"). Auch wenn ein Domainname so gewählt wird, dass die TLD mit der SLD zusammengenommen als ein einheitliches Zeichen vom Verkehr angesehen wird, kann die TLD für eine Beurteilung der Zeichenähnlichkeit von Bedeutung sein. Letzteres wäre beispielsweise bei der Domain tipp.ag gegenüber der Firma Tipp AG, der Domain xtra.net und der Marke Xtranet sowie der Domain verona.tv im Vergleich zu einem Firmennamen Verona TV GmbH der Fall.[257]

---

[247] BGH GRUR 1981, 592, 593 – Championne du Monde; OLG Hamburg MMR 2006, 608, 611 – ahd.de.

[248] BGH GRUR 2009, 685, 686 f. – ahd.de.

[249] Vgl. OLG Düsseldorf MMR 2004, 491 – mobell.de; OLG Hamburg MMR 2003, 669 – be-mobile.de; OLG München GRUR-RR 2002, 107 – mbp.de; OLG München GRUR 2000, 518 – buecherde.com; LG Hamburg MMR 2003, 127 – Publikom; *Karl* MarkenR 2004, 133.

[250] OLG Hamburg K&R 200, 271 – test24.de.

[251] Ebenso OLG Hamburg MMR 2003, 669 – be-mobile.de; aA wohl die Vorinstanz LG Hamburg – 3 W 81/03; *Schmidt-Bogatzky* GRUR 2002, 941, 949.

[252] AA *Karl* MarkenR 2003, 439, 443.

[253] BGH WRP 2005, 338, 340 – soco.de; OLG Hamburg GRUR-RR 2006, 14 – Metrosex; OLG Hamburg MMR 2004, 174, 176 – eltern-online.de;OLG Hamburg MMR 2002, 825 – motorradmarkt.de; OLG Hamburg MMR 2002, 682 – siehan.de; OLG München GRUR-RR 2002, 107 – mbp.de; OLG München GRUR 2000, 518 – buecherde.com; OLG Karlsruhe MMR 1999, 604, 605 – badwildbad.com; LG Hamburg CR 1999, 47, 48 – eltern.de; für Österreich ÖOGH Öbl 2004, 35 – rtl.at m. Anm. *Fallenböck*.

[254] BGH GRUR 2009, 685, 688 – ahd.de; OLG Hamburg GRUR-RR 2006, 14 – Metrosex; OLG München GRUR-RR 2002, 107 – mbp.de; OLG Hamburg MMR 2002, 682 – siehan.de.

[255] Vgl. OLG München GRUR 2000, 518 – buecherde.com.

[256] ZB handy.de Vertriebs GmbH, vgl. LG Hamburg MMR 2003, 599 – handy.de; siehe auch LG München MMR 2007, 395 – neu.de/neu.eu.

[257] Vgl. LG Hamburg MMR 2003, 796 – tipp.ag; LG Hamburg, Urteil vom 30. 9. 1998, 315 O 278/98 – xtra.net; hierzu *Reinhart* WRP 2002, 628, 631 f.

89 Es bestehen unterschiedliche Auffassungen dazu, inwieweit die internetspezifischen Rahmenbedingungen bei der Beurteilung der Zeichenähnlichkeit zwischen einem Domainnamen und einem geschützten Zeichen zu berücksichtigen sind. Da eine Second-Level-Domain unter einer TLD nur einmal vergeben werden kann und nach den Vergaberichtlinien die Auswahl und Anzahl der Zeichen, aus denen eine SLD bestehen kann, jedenfalls bis zur Einführung des neuen Standards IDN am 1. 3. 2004 sehr stark eingeschränkt war,[258] gibt es nur eine begrenzte Zahl zur Verfügung stehender Domainnamen. Im Hinblick auf eine hieraus resultierende gesteigerte Aufmerksamkeit der Internetnutzer, die im Regelfall sorgfältiger auf die Schreibweise der Domainnamen achten, als dies im Übrigen der Fall ist,[259] wird die Auffassung vertreten, dass **strengere Maßstäbe** bei der Prüfung der Zeichenähnlichkeit bei Domainnamen angelegt werden müssen.[260] Diese Auffassung und erst recht die Ansicht, eine Verwechslungsgefahr bei Domainnamen sei nur bei Zeichenidentität anzunehmen,[261] sind abzulehnen. Eine Beschränkung der Annahme einer Verwechslungsgefahr bei Domainnamen auf Fälle der Zeichenidentität verbietet sich bereits nach dem Wortlaut des § 14 Abs. 2 Nr. 2 MarkenG. Die Besonderheiten des Internet rechtfertigen es auch nicht, allgemein eine Einschränkung des Markenschutzes bei Domainkollisionen dadurch vorzunehmen, dass geringere Abweichungen der Zeichen voneinander ausreichen, als es bei einer Kennzeichenkollision offline der Fall wäre, um eine Verwechslungsgefahr auszuschließen.[262] Die internetspezifischen Besonderheiten und das damit verbundene Verhalten und Verständnis der maßgeblichen **Verkehrskreise** sind allerdings bei der Beurteilung der Verwechslungsgefahr im konkreten Fall zu berücksichtigen. Das bloße Weglassen oder Hinzufügen von Bindestrichen in einem Domainnamen wird im Regelfall nicht genügen, um einen hinreichenden Abstand zu dem geschützten Zeichen zu wahren.[263] Oftmals wird auch das Fehlen eines Leerzeichens oder Ausrufungszeichens bei der Verwendung eines Kennzeichens als Domainname der Zeichenähnlichkeit nicht entgegenstehen, da diese nach den Vergaberichtlinien nicht in Domainnamen enthalten sein können und der Verkehr daran gewöhnt ist, dass solche unzulässigen Sonderzeichen in Domains weggelassen werden.[264] Aufgrund der Wechselwirkung der bestimmenden Faktoren für die Feststellung einer Verwechslungsgefahr – Kennzeichnungskraft des prioritätsälteren Zeichens, Zeichenähnlichkeit und Waren-/Dienstleistungsähnlichkeit oder Branchennähe – können die Umstände des Einzelfalles dazu führen, dass bereits eine marginale Abweichung der Domain von dem geschützten Zeichen ausreicht, um eine Verwechslungsgefahr auszuschließen oder aber gerade noch eine Verwechslungsgefahr begründet. So wurde die kennzeichenrechtliche Verwechslungsgefahr verneint zwischen der Domain mbp.de und der Marke MB&P,[265] zwischen der Domain pizza-direkt.de und der Marke Pizza Direct,[266] während sie zwischen der Domain buecherde.com und dem Unternehmenskennzeichen buecher.de AG[267] sowie der Domain aidu.de und der Wortmarke AIDA[268] bejaht wurde.[269] Selbst die Verwendung eines geschützten Zeichens mit einem (beschreibenden) Zusatz als Domainname kann im Einzelfall eine Verwechslungsgefahr

---

258 → Rn 32.

259 Vgl. LG Hamburg MMR 2003, 127, 128 – Publikom; KG GRUR-RR 2001, 180 – CHECK IN.

260 So *Bettinger* GRUR Int. 1997, 402, 415; *Kur* CR 1996, 590, 593; aA zB LG München I CR 2000, 464, 465 – intershopping.com m. Anm. *Röhrborn.*

261 So *Hoeren* Internetrecht S. 38f; *Biermann* WRP 1999, 997, 1000.

262 Vgl. *Fezer* MarkenG § 3 Rn 334f; *Bettinger/Leistner/Bettinger* Teil 1 C Rn 61; *Ingerl/Rohnke* MarkenG Nach § 15 Rn 94ff.

263 OLG Köln MMR 2003, 61 – Citipost; LG Frankfurt/M GRUR-RR 2002, 68 – Uhren Magazin.

264 OLG Hamburg MMR 2002, 682 – siehan.de; KG GRUR-RR 2001, 180 – CHECK IN.

265 OLG München GRUR-RR 2002, 107 – mbp.de.

266 OLG Hamm NJW-RR 1999, 631 – pizza-direkt.de.

267 OLG München GRUR 2000, 518 – buecherde.com.

268 LG Köln K&R 2007, 221 – aidu.de.

269 Vgl. auch OLG Hamburg, MMR 2007, 653 – G-Mail./.GMail.

begründen.[270] Bei der Kollision eines Domainnamens mit einer Kombinations- oder Serienmarke kann eine Verwechslungsgefahr aufgrund schriftbildlicher Übereinstimmung mit dem prägenden Wortbestandteil einer Wort-/Bildmarke, klanglicher Übereinstimmung mit einem Mehrwortzeichen oder assoziativer Fehlzurechnung hinsichtlich einer Serienmarke vorliegen. Eine solche Verwechslungsgefahr ist zwischen der „VZ"-Zeichenserie – bestehend aus einer Kombination der Bezeichnung der relevanten Personengruppe mit dem Bestandteil „VZ", wie beispielsweise studiVZ und schülerVZ – und dem Domainnamen „börseVZ"[271] oder „C-VZ"[272] ebenfalls für zielgruppenorientierte Online-Netzwerke bejaht worden.

Für die Feststellung einer Verwechslungsgefahr ist ferner die Identität oder Ähnlichkeit der durch die prioritätsältere Marke und den Domainnamen erfassten Waren oder Dienstleistungen erforderlich. Handelt es sich bei dem mit der Domain kollidierenden Kennzeichen um eine geschäftliche Bezeichnung, so ist eine gewisse Branchennähe notwendig.[273] Bei der Kollision eines Werktitels mit einer Domain ist hiermit die Werk- oder Produktähnlichkeit gemeint. 90

Die Besonderheiten im Internet, insbesondere die primäre Funktion einer Domain als technische Adresse und ihre Konnektierung mit einer Website, führen zu der vereinzelt in der Rechtsprechung und dem Schrifttum vertretenen Ansicht, dass die Feststellung einer **Produktähnlichkeit oder Branchennähe** bei der Kollision eines geschützten Zeichens mit einer Domain nicht für das Vorliegen einer Verwechslungsgefahr erforderlich ist.[274] Zur Begründung wird angeführt, dass das verwechslungsfähige Produkt bereits die unter der Domain aufzurufende Website als solche sei, weshalb es auf die auf der Website angebotenen Produkte oder Inhalte nicht ankomme. Im Übrigen sei aus dem Domainnamen selbst nicht ersichtlich, auf welche Branche sich die mit der Domain konnektierte Website beziehen werde, so dass bereits bei Wahrnehmung einer Domain eine die Verwechslungsgefahr begründende Fehlvorstellung hervorgerufen werden könne. Eine solche Abweichung von den allgemeinen Anforderungen an eine kennzeichenrechtliche Verwechslungsgefahr würde eine nicht gerechtfertigte Erweiterung des Kennzeichenschutzes bei der Kollision mit einem Domainnamen beinhalten, die sogar weiterginge als der Sonderschutz bekannter oder berühmter Kennzeichen.[275] 91

Bei der Beurteilung der Produktähnlichkeit oder Branchennähe kommt es hinsichtlich der Verwendung der Domain in der Regel auf den **Inhalt der** mit der Domain konnektierten **Website** an.[276] In Ausnahmefällen kann die Website selbst das Produkt darstellen, auf die sich die Domain nach der Verkehrsauffassung bezieht. Dies kommt insbesondere 92

---

[270] So zwischen dem Kennzeichen Juris und der Domain juris-solvendi.de, LG München I MMR 1999, 234, 235; sowie zwischen dem Kennzeichen PLAYMATE und der Domain playmatemoni96.de, LG Stuttgart 2002, 486f.

[271] LG Hamburg MMR 2009, 135 – börseVZ.

[272] LG Köln MMR 2009, 201 – studiVZ.

[273] BGH GRUR 1997, 468, 470 – NetCom; *Fezer* MarkenG § 15 Rn 73, 171.

[274] LG Düsseldorf CR 1998, 165, 168 – epson.de; vgl. auch OLG Rostock NJWE-WettbR 2000, 161 – mueritz-online; hierzu auch *Hoeren/Sieber/Viefhues* Kap. 6 Rn 96; *Bettinger/Leistner/Bettinger* Teil 1 C Rn 62 mwN.

[275] Vgl. nur OLG Karlsruhe MMR 2002, 118f – dino.de; OLG München GRUR 2000, 518 – buecher-de.com; OLG Köln MMR 2003, 114 – LottoTeam; OLG Hamburg MMR 2002, 825 – motorradmarkt.de; OLG Hamm NJW-RR 1999, 631 – pizza-direkt.de; OLG Köln MMR 2002, 475 – gus.de; KG MMR 2003, 119 – bandit.de; LG Bremen ZUM-RD 2003, 360 – BSAG; LG Hamburg MMR 2003, 128 – cityscout.de; LG Düsseldorf MMR 2002, 324 – alte.de; vgl. *Fezer* WRP 2000, 669ff mwN; *Ubber* S. 94ff.

[276] Entsprechend wurde eine Produkt- oder Branchenähnlichkeit beispielsweise bejaht in: OLG Köln MMR 2003, 114 – LottoTeam; OLG Düsseldorf GRUR-RR 2003, 340, 341 – Impuls; OLG Köln MMR 2002, 475 – gus.de; OLG Hamburg MMR 2002, 825 – motorradmarkt.de; LG Frankfurt/M GRUR-RR 2002, 68 – Uhren Magazin; LG Düsseldorf NJW-RR 1999, 629 – jpnw.de; LG München I MMR 1999, 234 – juris; während sie beispielsweise in folgenden Fällen verneint wurde: KG MMR 2003, 119 – bandit.de; KG GRUR-RR 2001, 180 – CHECK IN; OLG Hamburg MMR 2002, 682 – siehan.de; OLG Hamm NJW-RR 1999, 631 – pizza-direkt.de; LG München I MMR 2003, 677 – freundin.de; LG Bremen ZUM-RD 2003, 360 – BSAG; LG Düsseldorf MMR 2002, 324 – alte.de.

dann in Betracht, wenn die unter der Domain betriebene Website als ein eigenständiges Unterhaltungsangebot, wie beispielsweise eine Online-Zeitschrift, anzusehen ist, Informationen ohne Bezug zu bestimmten Waren oder Dienstleistungen oder auch Recherchemöglichkeiten den Schwerpunkt des Angebots bilden.[277] Nach den konkreten Umständen des Einzelfalles ist zu prüfen, ob außer dem Website-Inhalt auch weitere Produkte und Branchen, für die der Domaininhaber das als Domainname registrierte Zeichen außerhalb des Internet verwendet, für die Beurteilung der Produkt- oder Branchenähnlichkeit einzubeziehen sind. Auch die mittels Hyperlink mit der Website verbundenen Inhalte fremder Websites können für die Festlegung der Produkte oder Branchen, für die die Domain Verwendung findet, zu berücksichtigen sein, wenn der Domaininhaber und Anbieter sich diese zu Eigen macht.[278]

93 Ist eine Domain nur reserviert, wird aber nicht verwendet, was bei einer .com-Domain der Fall sein kann, oder ist ein Domainname nicht mit einer inhaltlich gestalteten Website verbunden, kann nicht festgestellt werden, für welche Produkte oder für welche Branche die Domain verwendet werden soll. Im Regelfall scheiden dann kennzeichenrechtliche Abwehransprüche mangels Feststellbarkeit der Produkt- oder Branchenähnlichkeit aus.[279] Dies kann anders sein, wenn es bereits konkrete Anhaltspunkte für die Art der beabsichtigten Benutzung der Domain gibt und damit eine Erstbegehungsgefahr besteht.[280]

94 Bei Verletzung eines geschützten Zeichens nach §§ 14 Abs. 2 Nr. 1, Nr. 2, 15 Abs. 2 MarkenG sind die **Schutzschranken der §§ 23, 24 MarkenG** zu beachten. Nach § 23 Nr. 1 MarkenG hat der Inhaber eines geschützten Zeichens nicht das Recht, einem Dritten die Verwendung seines Namens oder seiner Anschrift im geschäftlichen Verkehr zu untersagen, sofern die Benutzung nicht gegen die guten Sitten verstößt. Eine Berufung des Domaininhabers auf diese Vorschrift kommt allenfalls dann in Betracht, wenn der bürgerliche Name eines Menschen als Domainname verwendet wird und die Benutzung namensmäßig erfolgt.[281] Im Übrigen aber ist eine Domain weder ein Name noch eine Adresse iSv § 23 Nr. 1 MarkenG.[282] Die Schutzschranken der Verwendung eines geschützten Zeichens als beschreibende Angabe iSv § 23 Nr. 2 MarkenG und als notwendiger Bestimmungshinweis nach § 23 Nr. 3 MarkenG greifen schon dann nicht, wenn die mit einem geschützten Zeichen identische oder verwechslungsfähig ähnliche Domain zeichenmäßig verwendet wird. Eine für die Privilegierung nach § 23 Nr. 2 und Nr. 3 MarkenG rechtfertigende Notwendigkeit, das fremde Kennzeichen selbst als Domainname zu verwenden, wird in der Regel nicht gegeben sein.[283] So hat etwa das Landgericht Düsseldorf entschieden, dass die Bezeichnung einer Domain unter Verwendung eines fremden Kennzeichens jedenfalls dann nicht mehr durch § 23 Nr. 3 MarkenG gedeckt ist, wenn die gewählte Form nicht erforderlich ist, um auf den angebotenen Gegenstand hinzuweisen, sondern es dafür ausreicht, die Marke innerhalb des Internetauftritts zu erwähnen oder dem Domainnamen den Namen des Anbieters hinzuzufügen.[284] Auch für den Erschöpfungseinwand nach § 24 MarkenG wird zumindest dann kein Raum sein, wenn ein mit einem Kennzeichen identisches Zeichen als Domainname verwendet wird.[285] Das Gleiche gilt, wenn ein mit einem Kennzeichen verwechslungsfähiges Zeichen als Domainname unberechtigt in der Weise benutzt wird, die den Eindruck erwecken kann, dass eine Sonderbeziehung zwischen dem Kenn-

---

[277] Vgl. nur LG Hamburg MMR 1998, 46 – bike.de; *Ingerl/Rohnke* MarkenG Nach § 15 Rn 101.

[278] Vgl. OLG München MMR 2000, 277 – intershopping.com; *Bettinger/Leistner/Bettinger* Teil 1 C Rn 68.

[279] Vgl. OLG Karlsruhe MMR 2002, 118 – dino.de; OLG Frankfurt/M MMR 2000, 486 – alcon.de; LG Braunschweig MMR 2007, 195 – irrlicht.com

[280] Vgl. OLG Frankfurt/M MMR 2000, 424, 425 – weideglueck.de; OLG Köln WRP 2002, 244, 247 – lotto-privat.de.

[281] → Rn 78; vgl. BGH GRUR 2002, 622 – shell.de.

[282] *Fezer* MarkenG § 23 Rn 20, 26; *Völker/Weidert* WRP 1997, 652, 659; *Ubber* S. 103, aA *Kur* CR 1996, 325, 328; *Bettinger* GRUR Int. 1997, 402, 410 f.

[283] Vgl. *Hoeren/Sieber/Viefhues* Kap. 6 Rn 128 f mwN.

[284] LG Düsseldorf MMR 2008, 268 = CR 2007, 741 – hapimag-a-aktien.de.

[285] Vgl. *Karl* MarkenR 2003, 439, 447 f.

zeicheninhaber und dem Zeichenverwender besteht, Letzterer beispielsweise dem Vertriebsnetz des Kennzeicheninhabers angehört.[286]

c) Rechtsverletzung eines bekannten Kennzeichens. Ein erweiterter Kennzeichenschutz besteht nach den §§ 14 Abs. 2 Nr. 3, 15 Abs. 3 MarkenG, indem der Inhaber eines geschützten Zeichens auch außerhalb des Produktähnlichkeitsbereichs oder der Branchennähe einen Abwehranspruch gegen die Verwendung eines identischen oder ähnlichen Zeichens als Domainname haben kann. Dieser erweiterte Schutz kommt allerdings nur bekannten Marken oder geschäftlichen Bezeichnungen zu und setzt weitere Unlauterkeitselemente voraus, und zwar die Ausnutzung oder Beeinträchtigung der Unterscheidungskraft oder Wertschätzung des bekannten Kennzeichens. Die für diesen Sonderschutz erforderliche **Bekanntheit** des Kennzeichens ist nach quantitativen und qualitativen Kriterien zu beurteilen. In quantitativer Hinsicht muss das Kennzeichen einem bedeutenden Teil der relevanten Verkehrskreise bekannt sein, ohne dass ein allgemeingültiger Prozentsatz an Verkehrsbekanntheit festgelegt werden kann. Der Nachweis der Verkehrsbekanntheit lässt sich insoweit aber nach einer Entscheidung des Oberlandesgericht Köln nicht mit dem Verweis auf die Anzahl der Internetbesuche auf einer Webseite oder deren Ranking auf Suchmaschinen wie Google und Yahoo führen, denn der Umstand, dass jemand eine Webseite aufrufe, bedeute keineswegs zwingend, dass er auch den Betreiber der Webseite kenne.[287] Dies gelte in besonderem Maße für die Verwendung von generischen Begriffen. An Qualität erfordert die Bekanntheit eines Kennzeichens dessen Wertschätzung – auch als guten Ruf, Werbewert oder Marktgeltung bezeichnet –, die anhand von Faktoren, wie dem Marktanteil des Kennzeichens, der Intensität, räumlichen Ausdehnung und Dauer seiner Benutzung sowie dem Umfang der in die Förderung des Kennzeichens getätigten Investitionen, bestimmt werden kann.[288] In der Praxis relevante Fallgruppen der Benutzung eines mit einem bekannten Kennzeichen identischen oder ähnlichen Zeichens als Domainname sind die Rufausbeutung (Ausnutzung der Wertschätzung) und die Verwässerung (Beeinträchtigung der Unterscheidungskraft) des bekannten Kennzeichens. 95

Bei der **Rufausbeutung** wird der gute Ruf, die überragende Wertschätzung eines bekannten Kennzeichens von einem Dritten in kommerzieller Weise zum eigenen Nutzen verwertet, indem der Dritte die dem bekannten Zeichen anhaftenden Gütevorstellungen, wie beispielsweise Exklusivität, Eleganz oder Sportlichkeit, auf sein eigenes Angebot übertragen will.[289] Ist ein Domainname, der mit einem bekannten Kennzeichen identisch oder ähnlich ist, mit einer inhaltlich gestalteten Website verbunden, so hängt eine eventuell unlautere Ausnutzung der Wertschätzung des Zeichens von deren Inhalt ab. Eine Rufausbeutung liegt dann vor, wenn der Domaininhaber die mit dem Zeichen verbundenen Gütevorstellungen ausnutzt, um Kunden anzulocken und zu veranlassen, sich näher mit seinem Angebot zu befassen.[290] Ist ein Domainname nur registriert, also lediglich mit einer inhaltsleeren Website konnektiert, oder weist die Website keine Inhalte auf, die in irgendeiner Weise mit den durch das bekannte Kennzeichen vermittelten Gütevorstellungen im Zusammenhang stehen, so kommt ein die Rufausbeutung indizierender Imagetransfer nicht in Betracht. Gleichwohl wird mitunter eine Ausnutzung der Wertschätzung im Sinne der §§ 15 Abs. 3, 14 Abs. 2 Nr. 3 MarkenG bejaht. Im Fall der bloßen Domainregistrierung wird dies damit begründet, dass bereits die Registrierung eines mit einem bekannten Kennzeichen identischen oder ähnlichen Zeichens als Domain im Einzelfall eine unlautere Ausnutzung der Aufmerksamkeit und Wertschätzung des fremden 96

[286] LG Düsseldorf GRUR-RR 2007, 14 – cat-ersatzteile.de.
[287] OLG Köln MMR 2007, 326.
[288] Vgl. *Fezer* MarkenG § 14 Rn 417 ff.
[289] BGH GRUR 1985, 550, 552 – Dimple; BGH GRUR 1991, 609, 612 – S L; EuGH WRP 1999, 1130, 1132 – Chevy; vgl. *Fezer* MarkenG § 14 Rn 425 f.
[290] OLG Karlsruhe WRP 1998, 900, 901 – zwilling.de; OLG München CR 1998, 556, 557 – freundin.de.

Kennzeichens im Sinne einer Rufausbeutung oder zumindest einer Rufgefährdung darstellt.[291] Fehlt es auf Grund des Inhalts der unter der Domain aufrufbaren Website an einem Imagetransfer, kommt neben der Ausnutzung der Unterscheidungskraft des bekannten Zeichens, und damit einer Verwässerung, eine Beeinträchtigung der Wertschätzung des bekannten Zeichens in Betracht. Letzteres wurde in Fällen angenommen, in denen durch die Bezugnahme auf das bekannte Kennzeichen eine abwertende Assoziation geschaffen wurde.[292] Dies ist beispielsweise dann denkbar, wenn ein für Luxusartikel bekanntes Kennzeichen als Domainname verwendet wird und Billigprodukte oder sonst unpassende Waren oder Dienstleistungen auf der unter der Domain aufrufbaren Website angeboten werden.[293]

97 Die Verwendung eines bekannten Kennzeichens als Domain, ohne dass ein Imagetransfer stattfindet, beeinträchtigt die Unterscheidungskraft des bekannten Zeichens und führt damit zu dessen **Verwässerung,** wenn die Anziehungskraft und der Werbewert des bekannten Kennzeichens unabhängig von besonderen Eigenschaften oder einer besonderen Qualität des Produktes kommerzialisiert, gleichsam als Aufmerksamkeitswerbung verwendet wird.[294] Eine Beeinträchtigung der Unterscheidungskraft des bekannten Zeichens ist nach der Rechtsprechung bereits deshalb anzunehmen, weil der Inhaber des bekannten Zeichens an dessen Verwendung als Domainname gehindert und das an seinem Internetangebot interessierte Publikum auf eine falsche Fährte gelockt wird.[295]

98 Die Rufausbeutung oder Verwässerung muss zudem in **unlauterer Weise und ohne rechtfertigenden Grund** erfolgen. Es sind dabei die Umstände des Einzelfalles zu berücksichtigen und die beiderseitigen Interessen der Parteien an der Verwendung des geschützten Zeichens abzuwägen. Je höher der Bekanntheitsgrad des geschützten Zeichens und damit die Möglichkeit der Rufverwertung des Kennzeichens für die Zwecke des Verletzers sind, desto leichter ist auch eine Unlauterkeit zu bejahen.[296] Da es dem Inhaber des bekannten Kennzeichens durch die Domainregistrierung nicht möglich ist, sein Zeichen selbst als Domain zu nutzen, fällt die Unlauterkeitsprüfung in vielen Fällen zu seinen Gunsten aus.[297] Bei identischer Verwendung des bekannten Kennzeichens, durch die die Unterscheidungskraft oder Wertschätzung des Zeichens ausgenutzt oder beeinträchtigt wird, kann die Unlauterkeit im Regelfall vermutet werden.[298] Sind keine über die bei der Unlauterkeit zu berücksichtigenden Umstände hinausgehenden Rechtfertigungsgründe ersichtlich, besteht keine sachliche Rechtfertigung für das Verletzerhandeln. Die Schutzschranke des § 23 MarkenG, und damit eine lautere Verwendung des bekannten Kennzeichens als Domainname auf Grund eigenen Namensrechts, als beschreibende Angabe oder als Bestimmungsangabe, ist bereits im Rahmen der Unlauterkeitsprüfung zu berücksichtigen.[299] Das Vorliegen eines Rechtfertigungsgrundes kann aus übergeordneten Gründen der

---

[291] OLG Hamm MMR 2001, 749 – veltins.com; LG München I MMR 2003, 677 – freundin-online.de; vgl. *Fezer* MarkenG § 14 Rn 426; krit. hierzu *Hoeren/Sieber/Viefhues* Kap. 6 Rn 166 ff; *Karl* MarkenR 2003, 439, 446.

[292] BGH GRUR 1985, 550, 553 – Dimple; BGH GRUR 1994, 808, 811 – Markenverunglimpfung I; BGH GRUR 1995, 57 – Markenverunglimpfung II.

[293] Vgl. *Fezer* MarkenG § 14 Rn 426; *Hoeren/Sieber/Viefhues* Kap. 6 Rn 172; *Kanz* S. 161; *Karl* MarkenR 2003, 439, 446.

[294] OLG Hamburg GRUR 2001, 838, 841–1001 buecher.de; OLG Hamburg ZUM-RD 2001, 131, 135 – derrick.de; LG Hamburg MMR 2000, 436, 437 – luckystrike.de; kritisch hierzu *Bettinger/Leistner/Bettinger* Teil 1 C Rn 99; *Hoeren/Sieber/Viefhues* Kap. 6 Rn 175 ff.

[295] BGH GRUR 2002, 622, 625 f – shell.de; OLG Hamm MMR 2001, 749, 750 – veltins.com; vgl. auch OLG Karlsruhe WRP 1998, 900, 901 – zwilling.de.

[296] LG Mannheim K&R 1998, 558, 560 – brockhaus.de.

[297] Vgl. OLG München CR 1998, 556, 557 – freundin.de; OLG Karlsruhe WRP 1998, 900, 901 – zwilling.de; *Völker/Weidert* WRP 1997, 652, 659.

[298] Siehe nur OLG Hamburg GRUR 2001, 838, 841–1001buecher.de; LG Hamburg MMR 2000, 436, 437 – luckystrike.de.

[299] Vgl. BGH GRUR 2002, 622 – shell.de; OLG Frankfurt/M MMR 2000, 486, 487 – alcon.de; *Ingerl/Rohnke* MarkenG § 14 Rn 845.

Rechtsordnung, wie etwa dem Schutz der Meinungs- und Pressefreiheit oder der Kunstfreiheit, anzunehmen sein.[300]

99 Vergleichbares gilt für den Schutz geografischer Herkunftsangaben mit besonderem Ruf nach § 127 Abs. 3 MarkenG. Nach einer Entscheidung des Oberlandesgericht München ist der Betrieb einer Website zur Verbreitung von Informationen über und Werbung für Champagner unter champagner.de aber nicht geeignet, den Ruf der geografischen Herkunftsangabe Champagner oder deren Unterscheidungskraft ohne rechtfertigenden Grund in unlauterer Weise auszunutzen oder zu beeinträchtigen.[301] Das Gericht betont, dass grundsätzlich jedermann zur Benutzung von geografischen Herkunftsangaben – auch als Domainname – berechtigt sei. Ein Ausschließlichkeitsrecht, für Produzentenzusammenschlüsse oder Interessenverbände beispielsweise, bestehe insofern gerade nicht.

2. Ansprüche aus Namensrecht

100 Abwehransprüche aus § 12 BGB kommen bei einer Kollision mit einem Domainnamen nach der höchstrichterlichen Rechtsprechung grundsätzlich nur außerhalb des Anwendungsbereichs der §§ 14 und 15 MarkenG in Betracht.[302] Da die kennzeichenrechtlichen Anspruchsgrundlagen der §§ 14, 15 MarkenG auf Seiten des Verletzers ein Tätigwerden im geschäftlichen Verkehr erfordern, ist für die Anwendung des § 12 BGB immer dann Raum, wenn die Domain nicht im geschäftlichen Verkehr, sondern beispielsweise nur privat benutzt wird. Andere Anwendungsfälle des § 12 BGB bei Domainkonflikten sind die, in denen gegen die Verwendung eines Städte- oder Gemeindenamens,[303] des Namens einer natürlichen Person,[304] eines Vereinsnamens,[305] des Namens einer Bundesbehörde[306] oder des Namens eines bekannten Bauwerkes[307] als Domainname vorgegangen wird. In diesen Fällen kann ein Abwehranspruch ohnehin in der Regel nur auf den bürgerlich-rechtlichen Namensschutz des § 12 BGB gestützt werden. Bestehen konkrete Anhaltspunkte für eine Änderung der Nutzungsart einer Domain beispielsweise von einer privaten Nutzung zu einer Verwendung im geschäftlichen Verkehr, können wegen der damit verbundenen Begehungsgefahr ausnahmsweise Ansprüche nach § 15 MarkenG und § 12 BGB nebeneinander stehen.[308] Während § 12 BGB den Schutz von Unternehmenskennzeichen gegen eine Verwendung als Domainname im außergeschäftlichen Verkehr gewährleistet, kommen bei Marken insoweit nur Abwehransprüche nach den §§ 823 Abs. 1, 826 BGB i. V. m. § 1004 BGB in Betracht.

101 Durch § 12 BGB werden zu Lebzeiten des Namensträgers Namen von natürlichen Personen und unterscheidungskräftige Berufs- und Künstlernamen einschließlich Pseudonymen geschützt, sofern letztere Verkehrsgeltung besitzen.[309] Des Weiteren fallen auch Namen von juristischen Personen des öffentlichen und privaten Rechts in den Schutzbereich des § 12 BGB. Der Namensschutz erfasst damit auch Namen von Staaten,[310] Städten und

---

300 *Fezer* MarkenG § 14 Rn 429.

301 OLG München MMR 2002, 115 – champagner.de.

302 BGH GRUR 2002, 622 – shell.de.

303 Vgl. OLG Köln GRUR 2000, 798 – alsdorf.de; OLG Köln NJW-RR 1999, 622 – herzogenrath.de; LG Osnabrück MMR 2006, 248 – melle.de; LG Flensburg MMR 2002, 247 – sandwig.de; LG Lüneburg CR 1997, 288 – celle.de; LG Mannheim CR 1996, 353 – heidelberg.de.

304 Vgl. BGH MMR 2003, 726 – maxem.de; OLG Hamburg CR 2002, 910 – verona.tv; LG Hamburg NJW-RR 2004, 1121 – Schaumburg-Lippe.

305 Vgl. OLG Rostock CR 2009, 184 – braunkohle-nein.de; vgl. OLG München NJW 2000, 611 – literaturhaus.de; vgl. LG Frankfurt/M MMR 2004, 113 – mormonen.de.

306 Vgl. LG Hannover NJW-RR 2001, 1620 – verteidigungsministerium.de.

307 Vgl. LG München I K&R 2008, 633 – schloss-eggersberg.de.

308 Vgl. *Ubber* S. 106.

309 BVerfG WM 2006, 1861 = MMR 2006, 735 – maxem.de; BGH MMR 2003, 726, 727 – maxem.de; BGH MarkenR 2007, 24 – kinski-klaus.de.

310 LG Berlin MMR 2007, 60 – tschechische-republik.ch/.at/.com; bestätigt durch KG MMR 2007, 600 – tschechische-republik.ch/.at/.com.

Gemeinden[311] (einschließlich den Namen von Stadt-/Gemeindeteilen und die Kurzform von Gemeindenamen)[312] und anderen Körperschaften des öffentlichen Rechts,[313] sowie die Namen von Handelsgesellschaften und eingetragenen Vereinen,[314] aber auch alle von der Rechtsordnung anerkannten und unter einem Namen auftretenden Personenvereinigungen sowie sonstige namensartige Kennzeichen, sofern sie originär unterscheidungskräftig sind und Namensfunktion besitzen oder aber Namensfunktion durch Anerkennung im Verkehr erworben haben. Als durch § 12 BGB geschützte namensartige Kennzeichen kommen insbesondere Firmenschlagworte,[315] aus der Firma oder dem Namen abgeleitete Abkürzungen,[316] Firmenbestandteile,[317] Restaurant-, Gebäude- und Hotelnamen[318] und unter Umständen auch Domainnamen[319] in Betracht.

102 § 12 BGB schützt den Namensträger gegen Namensleugnung und Namensanmaßung, wobei die Namensverletzung durch Namensanmaßung die in der Praxis relevante Verletzungsform ist. Der Namensschutz eines Unternehmens ist allerdings auf dessen Funktionsbereich beschränkt und geht nur so weit, wie geschäftliche Beeinträchtigungen drohen.[320]

103 **a) Namensleugnung.** Eine Namensleugnung iSv § 12 Satz 1 1. Alt. BGB liegt vor, wenn jemand dem Namensträger das Recht zum Gebrauch des Namens abstreitet und damit den Rechtsbestand des Namens in Frage stellt. Sowohl das bloße Behaupten als auch ein Bestreiten gegenüber Dritten genügt für die Verletzung des Namensrechts. Das Bestreiten kann ausdrücklich durch Worte oder durch schlüssiges Verhalten erfolgen. Im Unterschied zur Namensanmaßung begründet die Namensleugnung bereits die Rechtsverletzung, ohne dass eine gesonderte Prüfung der Verletzung eines besonderen Interesses des Namensträgers erforderlich ist.[321]

104 Bereits in der Registrierung eines Domainnamens wird in der Instanzrechtsprechung zum Teil ein Bestreiten des Namensrechts des rechtmäßigen Trägers und damit eine Namensleugnung gesehen.[322] Dies wird damit begründet, dass die aus einem Namen gebildete Domain Namensfunktion habe und durch die Domainregistrierung dem Namensträger ein Zugang zum Internet unter seinem Namen verwehrt werde. In der Domainregistrierung läge daher ein Bestreiten durch schlüssiges Verhalten, dass der Namensträger von seinem Namensrecht – jedenfalls in einer bestimmten Beziehung – im Internet Gebrauch machen kann.

105 Diese Auffassung überzeugt nicht. Eine Namensleugnung setzt voraus, dass das Recht des Namensträgers zur Führung seines Namens bestritten wird. Die Registrierung einer Domain beinhaltet jedoch noch nicht die Behauptung, der (andere) Namensträger habe kein Recht, unter seinem Namen aufzutreten. Die Domainregistrierung erfolgt allein nach dem Prioritätsgrundsatz. Da jeder Domainname aus technischen Gründen nur einmal vergeben werden kann, wird dem Namensträger durch die Domainregistrierung lediglich fak-

---

[311] OLG Köln GRUR 2000, 798 – alsdorf.de; OLG Köln NJW-RR 1999, 622 – herzogenrath.de; LG Lüneburg CR 1997, 288 – celle.de; siehe hierzu *Perrey* CR 2002, 349; zum Namensschutz von Gerichten gegen die Verwendung als oder in Domainnamen *Schönberger* GRUR 2002, 478; zum Namensschutz eines Amtes mit Regionalnamen siehe OLG Brandenburg GRUR-RR 2008, 105 – schlaubetal.de.

[312] OLG Koblenz MMR 2002, 466, 467 – vallendar.de; LG Osnabrück MMR 2006, 248 – melle.de; LG München I CR 2002, 840 m. Anm. *Eckhardt*; LG Düsseldorf MMR 2002, 398 – bocklet.de; skeptisch bei Gebietsbezeichnungen *Rath-Glawatz* AfP 2002, 115.

[313] OLG München WRP 2007, 560 – derandechser.de.

[314] OLG München NJW 2000, 611 – literaturhaus.de.

[315] OLG Hamm MMR 1998, 214 – krupp.de; OLG Düsseldorf NJW-RR 1999, 626 – ufa.de.

[316] LG Düsseldorf NJW-RR 1999, 629 – jpnw.de.

[317] LG Berlin MMR 2001, 630 – Oil of Elf.

[318] BGH GRUR 1976, 311 – Sternhaus; LG Düsseldorf MMR 2000, 756 – canalgrande.de.

[319] → Rn 78.

[320] BGH WRP 2005, 488, 490 – mho.de; BGH GRUR 2006, 158 – segnitz.de; OLG Hamburg K&R 2007, 413, 414 – m.blog.de; LG Köln GRUR-RR 2006, 372 – Qaktie.de.

[321] *Palandt/Heinrichs* BGB § 12 Rn 18; *Fezer* MarkenG § 15 Rn 54.

[322] OLG Düsseldorf NJW-RR 1999, 626 – ufa.de; LG Düsseldorf GRUR-RR 2002, 28 – centrotherm.com; LG Frankfurt/M CR 1997, 287 – das.de; LG Magdeburg MMR 1999, 607 – foris.de.

tisch die Möglichkeit genommen, seinen Namen unter der bestimmen TLD als Domain zu nutzen. Es bleibt ihm jedoch unbenommen, seinen Namen unter einer anderen TLD als Domain zu registrieren, sofern diese nicht schon vergeben ist, und im Übrigen seinen Namen zu führen. Die Verwendung eines mit dem Namen eines anderen identischen oder ihm ähnlichen Domainnamens ist daher keine Leugnung dieses Namens iSd § 12 Satz 1 1. Alt. BGB.[323]

Eine Namensleugnung allein auf Grund der Registrierung eines Domainnamens kommt allenfalls dann in Betracht, wenn der Domaininhaber einen Namen unter einer Vielzahl von TLDs registrieren lässt und damit dem (anderen) Namensträger jede Möglichkeit nimmt, im Internet unter seinem Namen in Form einer Domain in Erscheinung zu treten.[324] 106

b) Namensanmaßung. Eine Namensanmaßung iSv § 12 Satz 1 2. Alt. BGB liegt vor, wenn der Verletzte rechtmäßig einen Namen führt, der Verletzer diesen Namen unbefugt gebraucht und dadurch schutzwürdige Interessen des Berechtigten verletzt werden. Eine Verletzung solcher schutzwürdigen Interessen ist gegeben, wenn durch die unbefugte Namensverwendung eine Zuordnungsverwirrung entsteht. Hierfür reicht aus, dass der Dritte, der diesen Namen verwendet, als Namensträger identifiziert wird.[325] 107

In der Registrierung einer Domain, die einen Namen enthält, wobei es nicht auf eine buchstäbliche Übereinstimmung ankommt, liegt ein Namensgebrauch. Begründet der Namensgebrauch eine **Zuordnungs- oder Identitätsverwirrung,** werden die Interessen des Namensträgers durch die Verwendung des Namens als Domain verletzt. Zu einer Zuordnungsverwirrung kommt es durch die Verwendung des Namens in der Domain in der Regel dann, wenn der Domain eine Namensfunktion zukommt und es sich nicht lediglich um einen generischen Begriff handelt.[326] Einer Domain kann neben ihrer Funktion als technische Adresse im Internet Namensfunktion zukommen,[327] eine solche liegt jedoch nicht stets vor.[328] Bei der Benutzung eines Namens ohne weitere Zusätze als Domain wird der angesprochene Verkehr in der Regel davon ausgehen, dass es sich um die Domain eines Namensinhabers handelt.[329] Verwendet ein Nichtberechtigter einen fremden Namen ohne Zusätze als Domain, liegt daher in der Regel eine Zuordnungsverwirrung vor.[330] Die Annahme eines namensmäßigen Gebrauchs kann dann zweifelhaft sein, wenn das als Domainname verwendet Wort sowohl beschreibend als auch als Eigenname benutzt wird.[331] Die durch die namensmäßige Verwendung einer Domain begründete Zuordnungsverwirrung 108

---

[323] So auch BGH GRUR 2002, 622, 624 – shell.de; BGH MMR 2003, 726 – maxem.de; in Abkehr von der früheren Senatsrechtsprechung auch OLG Düsseldorf GRUR-RR 2003, 25 – duisburg.info.de; OLG Düsseldorf MMR 2003, 748 – solingen.info; *Wüstenberg* GRUR 2003, 109, 111; *Karl* MarkenR 2004, 45, 51.

[324] *Ubber* S. 108.

[325] BGH MMR 2003, 726, 727 – maxem.de; LG Hannover NJW-RR 2001, 1620 – verteidigungsministerium.de; *Fezer* MarkenG § 15 Rn 55.

[326] OLG Celle MMR 2004, 486, 487 – grundke.de; OLG Düsseldorf MMR 2003, 748 – solingen.info; OLG München GRUR-RR 2002, 243 – duck.de; OLG Köln GRUR 2000, 798 – alsdorf.de; OLG München NJW 2000, 611 – literaturhaus.de; OLG Köln NJW-RR 1999, 622 – herzogenrath.de; LG Köln GRUR-RR 2006, 372 – Qaktie.de; LG Berlin MMR 2001, 630 – Oil of Elf; LG Hamburg MMR 2000, 620 – joop.de; vgl. für Österreich ÖOGH Öbl 2004, 35 – rtl.at m. Anm. *Fallenböck*.

[327] Siehe nur OLG Celle MMR 2006, 558 – raule.de; OLG Düsseldorf MMR 2003, 748 – solingen.info; OLG Köln NJW-RR 1999, 622 – herzogenrath.de; OLG München CR 1999, 382 – shell.de; OLG Düsseldorf NJW-RR 1999, 626 – ufa.de; → Rn 64.

[328] Ebenso OLG Stuttgart MMR 2002, 388 – netz.de; LG Düsseldorf MMR 2000, 756, 757 – canalgrande.de; *Fezer* WRP 2000, 669, 670; *Bottenschein* MMR 2000, 623, 624; pauschale Annahme der Namensfunktion einer Domain: OLG Köln NJW-RR 1999, 622 – herzogenrath.de; OLG Köln GRUR 2000, 798, 799 – alsdorf.de; LG Oldenburg ZUM-RD 2003, 363, 364 – schulenberg.de; LG Hamburg MMR 2000, 620, 622 – joop.de; LG Duisburg MMR 2000, 168, 169.

[329] BGH MarkenR 2006, 539, 540 – solingen.info.

[330] BGH MMR 2003, 726 – maxem.de; BGH MarkenR 2006, 539, 541 – solingen.info.

[331] Vgl. OLG Nürnberg MMR 2006, 465 – Catch-all Funktion = NJW-RR 2006, 906 – suess.de; OLG Stuttgart MMR 2002, 388 – netz.de; LG Düsseldorf MMR 2000, 756 – canalgrande.de; LG München I MMR 2001, 545, 546 – saeugling.de.

wird im Regelfall[332] nicht dadurch ausgeschlossen, dass der Nutzer bei Aufruf der entsprechenden Website auf Grund eines Hinweises auf der Homepage oder aus anderen Gründen alsbald bemerkt, dass er nicht auf der Seite des Namensträgers gelandet ist.[333] Hierbei ist auch zu berücksichtigen, dass die bloße Registrierung des Domainnamens eine Behinderung für den Berechtigten darstellt, da der Nutzer bei Eingabe des Domainnamens nicht die von ihm eigentlich anvisierte Website des Namensinhabers erreicht.[334] Dies wird aber nur dann gelten, wenn der Namensträger ein Recht oder schützenswertes Interesse an der Verwendung des Namens als Domain gerade unter der betreffenden TLD hat. Handelt es sich um einen unterscheidungskräftigen Namen, insbesondere einen bekannten oder berühmten Namen, der nicht nur gegen Verwechslungsgefahr, sondern auch gegen Verwässerungsgefahr geschützt ist, wird in der Regel eine Interessenverletzung anzunehmen sein.[335]

109 Bei der Feststellung der **Interessenverletzung** ist zu prüfen, ob das beeinträchtigte Interesse des Berechtigten schutzwürdig ist. Das Namensrecht schützt nicht jedes Interesse des Rechteinhabers. Auch hängt die Annahme oder Ablehnung der Schutzwürdigkeit vom Resultat der Abwägung der Interessen des Namensträgers mit den etwaigen Gegeninteressen des Domaininhabers ab. Im Rahmen der Interessenabwägung ist besonders zu berücksichtigen, ob die Gefahr einer Zuordnungsverwirrung oder einer Verwässerung besteht.[336] Auch setzt sich das Namensrecht des Berechtigten regelmäßig dann nicht gegenüber dem Nutzungsrecht des Domaininhabers durch, wenn es erst nach der Domainregistrierung entstanden ist.[337] Die hieran geäußerte Kritik[338] überzeugt nicht, da die Interessenabwägung das domainrechtliche Prioritätsprinzip zu berücksichtigen hat und niemand ein Recht darauf haben kann, dass eine Domain für ein neues Kennzeichen frei ist. Führt der Berechtigte den Namen außerhalb des Geschäftsverkehrs, so ist der Begriff des schutzwürdigen Interesses weit auszulegen. Das hat zur Folge, dass auch rein persönliche, ideelle oder bloße Affektionsinteressen schutzwürdig sind.[339] Bei den im geschäftlichen Verkehr geführten Namen, wie der Firma oder eine sonstige Geschäftsbezeichnung, ist nur ein geschäftliches Interesse des Namensinhabers schutzwürdig.[340] Außerhalb des Vorliegens einer Verwechslungs- oder Verwässerungsgefahr kommt die Verletzung eines geschäftlichen Interesses iSv § 12 BGB durch die Verwendung eines Domainnamens insbesondere unter dem Gesichtspunkt der faktischen Behinderung des Namensträgers, die eigene Geschäftsbezeichnung unter der bestimmten TLD als Domain zu registrieren und zu nutzen, in Betracht.[341] Nach einer Entscheidung des Landgerichts Hamburg[342] kann eine Beeinträchtigung geschäftlicher Interessen aber auch im Fall der so genannten „Tippfehler-Domain" gegeben sein. So liege bereits in der Registrierung der Domain bundesliag.de ein unbefugter Namensgebrauch des Begriffs „Bundesliga", welcher dem besonderen Funktionsbereich der Deutschen Fußball Liga GmbH (DFL) zuzurechnen sei. Der Verkehr würde annehmen, dass sich hinter

[332] Anders in den Fällen einer konfliktträchtigen Gleichnamigkeit BGH MMR 2002, 456, 458 – vossius.de m. Anm. *Hoeller*; vgl. auch OLG Düsseldorf MMR 2003, 748 – solingen.info; → Rn 116.

[333] BGH GRUR 2002, 622, 625 – shell.de; KG MMR 2002, 686 – Oil-of-Elf; LG Berlin MMR 2001, 630 – Oil of Elf; LG Hannover NJW-RR 2001, 1620, 1621 – verteidigungsministerium.de; schweizerisches Bundesgericht GRUR Int. 2004, 162, 165 – luzern.ch; ÖOGH MMR 2004, 460 f – serfaus.at.

[334] BGH GRUR 2002, 622 – shell.de; OLG München CR 1999, 382 – shell.de; BGH GRUR 2007, 811 – grundke.de; OLG Celle MMR 2004, 486, 487 – grundke.de.

[335] BGH GRUR 2002, 622, 625 f – shell.de; OLG Nürnberg MMR 2006, 465 – Catch-all Funktion = NJW-RR 2006, 906 – suess.de; OLG Hamm MMR 1998, 214, 215 – krupp.de.

[336] Vgl. nur OLG München GRUR-RR 2002, 243 – duck.de; LG Hannover NJW-RR 2001, 1620, 1621 – verteidigungsministerium.de; LG Berlin MMR 2001, 630, 631 – Oil of Elf.

[337] BGH GRUR 2008, 1099 – afilias.de.

[338] *Weisert* WRP 2009, 128.

[339] StRspr. BGH GRUR 1958, 302, 303 – Lego.

[340] BGH GRUR 2002, 622, 624 – shell.de; KG MMR 2002, 686 – Oil-of-Elf.

[341] BGH GRUR 2002, 622, 624 – shell.de.

[342] LG Hamburg NJW-RR 2007, 338 – bundesliag.de; siehe in diesem Zusammenhang auch OLG Hamm MMR 2007, 391 – Ringlockschuppen.com.

dem so bezeichneten Internetauftritt das Unternehmen befindet, welches die entsprechenden Rechte an der Bezeichnung „Bundesliga" oder bundesliga.de habe. Handelt es sich bei dem Namensträger um eine Bundesbehörde, so wird bei Verwendung einer identischen Domain eine Zuordnungsverwirrung ebenfalls zu bejahen sein, weil die Verwendung des Namens den Eindruck erweckt, die unter der Domain betriebene Website sei von der Bundesbehörde autorisiert.[343] Eine besondere Schutzwürdigkeit der Interessen einer Behörde als Namensträger kann sich auch daraus ergeben, dass diese ausschließlich Aufgaben des Gemeinwohls verfolgt, während der Domaininhaber möglicherweise lediglich Gewinnmaximierungsinteressen als gewerbliches Unternehmen verfolgt.[344]

Als in der Abwägung zu berücksichtigende etwaige Gegeninteressen des Domaininhabers kommen außer dem eigenen Recht zur Namensführung bei Gleichnamigkeit[345] insbesondere Interessen in Ausübung der Grundrechte, wie der allgemeinen Handlungs- und Meinungsfreiheit (Art. 5 GG), in Betracht. Das ist in der Praxis oft bei Domainnamen der Fall, bei denen die Verwendung des Namens die Funktion hat, Interessenten auf die Website mit kritischen Inhalten zu dem Namensträger aufmerksam zu machen. Um hier eine Zuordnungsverwirrung auszuschließen, muss der Domainname selbst deutlich machen, dass es sich nicht um das Angebot des (kritisierten) Namensträgers, sondern um dasjenige eines Dritten handelt.[346] Zu berücksichtigen ist außerdem, ob dem Domaininhaber nicht auch eine Vielzahl anderer ebenso geeigneter Namen als Domains zur Verfügung steht, um kritische Inhalte zu dem Namensträger oder Informationen über den Namensträger im Internet anzubieten.[347] **110**

In der Rechtsprechung noch nicht abschließend geklärt ist die Frage, ob eine Zuordnungsverwirrung unabhängig von der **Top-Level-Domain** eintritt. In der Entscheidung maxem.de[348] hat der Bundesgerichtshof allein die Verwendung des Namens als Second-Level-Domain unter .de untersagt und dabei offengelassen, ob ein Unterlassungsanspruch auch bei einer anderen TLD, wie beispielsweise .com oder .pro, bestanden hätte. In dieser Entscheidung betont der Bundesgerichtshof, dass bei der Registrierung eines Namens durch einen Nichtberechtigten als .de-Domain ein besonders schutzwürdiges Interesse des Namensträgers beeinträchtigt würde, da die .de-TLD die im Inland übliche und am meisten verwendete Top-Level-Domain sei.[349] Nach einer Entscheidung des Landgerichts Berlin sind länderbezogene Endungen für die Frage, ob eine Zuordnungsverwirrung eintritt oder nicht, jedenfalls dann ohne Bedeutung, wenn die Second-Level-Domain mit einem Staatsnamen identisch ist.[350] Handelt es sich bei der Top-Level-Domain um eine solche, die einer spezifischen Organisation oder Interessengruppe zugeordnet ist oder üblicherweise von einem bestimmten Nutzerkreis verwendet wird, so dass der Verkehr auf Grund der TLD Anhaltspunkte dafür hat, dass es sich nicht um die Domain des Namensträgers handelt, kann diese aber für die Feststellung einer Zuordnungsverwirrung von Belang sein.[351] Im Hinblick auf die .info-TLD hat der Bundesgerichtshof festgestellt, dass bei einer Domain eine Zuordnungsverwirrung nicht dadurch ausgeschlossen werde, dass der Name der Gebietskörperschaft mit der TLD .info verknüpft werde.[352] Der Verkehr erwarte, dass Inhaberin einer Domain, die sich aus dem Namen der Stadt Solingen und der .info-TLD **111**

343 LG Hannover NJW-RR 2001, 1620, 1621 – verteidigungsministerium.de.
344 LG Hannover aaO.
345 → Rn 113ff.
346 Eine solche hinreichend deutliche Distanzierung bejaht LG Hamburg MMR 2003, 53 – stoppesso.de; KG MMR 2002, 686f – Oil-of-Elf; aA Vorinstanz LG Berlin MMR 2001, 630f – Oil of Elf.
347 So bejaht für Informationen zur Wehrdienstverweigerung unter der Domain verteidigungsministerium.de, LG Hannover NJW-RR 2001, 1620, 1621 – verteidigungsministerium.de; vgl. auch LG Frankfurt/M MMR 2004, 113 – mormonen.de.
348 BGH MMR 2003, 726 – maxem.de m. Anm. *Hoffmann.*
349 BGH aaO, 727; vgl. *Reinhart* WRP 2002, 628, 634.
350 LG Berlin MMR 2007, 60 – tschechische-republik.ch/.at/.com.
351 Vgl. BGH MarkenR 2006, 539, 540 – solingen.info; OLG Düsseldorf MMR 2003, 748 – solingen.info; OLG Düsseldorf GRUR-RR 2003, 25 – duisburg.info.de.
352 BGH MarkenR 2006, 539, 540 – solingen.info.

zusammensetzt, die Stadt Solingen sei. Dadurch sei jedoch nicht ausgeschlossen, dass allgemeine, nicht länderspezifische TLDs (wie etwa .biz oder .pro) einer Zuordnung zu bestimmten Namensträgern entgegen wirkten. Nach einer Entscheidung des Kammergerichts Berlin verhindert die Kombination der .com-TLD mit einem Staatsnamen allerdings keine Zuordnungsverwirrung.[353]

112 Im Falle der Verwendung eines fremden Namens als Domain, durch die schutzwürdige Interessen des Namensträgers verletzt werden, ist der Gebrauch des Namens in der Regel auch **unbefugt.** Ein befugter Namensgebrauch kann dann vorliegen, wenn dem Domaininhaber ein eigenes Namensrecht an der Domain zusteht. In dem Fall ist jedoch zu prüfen, ob sich aus den Grundsätzen des Gleichnamigenrechts nicht ausnahmsweise ergibt, dass der Gebrauch des eigenen Namens als Domain im konkreten Fall gleichwohl unbefugt ist.

113 **c) Gleichnamigkeit.** Ist bei der Verwendung eines Namens als Domain nicht nur der Anspruchsführer, sondern auch der Domaininhaber als Anspruchsgegner Namensträger iSv § 12 BGB, so liegt ein Fall der Gleichnamigkeit vor, bei dem zunächst zu prüfen ist, ob die Namensführung jeweils redlich ist. Grundsätzlich hat jeder das Recht, seinen Namen im Wirtschaftsleben zu verwenden und ihn daher auch als Domain zu registrieren. Voraussetzung hierfür ist die redliche Benutzung des eigenen Namens, die nicht gegeben ist, wenn der Namensträger eine Domain unter seinem Namen gezielt zur Herbeiführung von Verwechslungsgefahr oder Rufausbeutung im Hinblick auf die Übereinstimmung mit dem gleichen Namen Dritter registriert.[354] Sind sowohl der Anspruchsführer als auch der Domaininhaber zur Führung des als Domain verwendeten Namens berechtigt, gilt für sie hinsichtlich der Registrierung ihres Namens als Domain grundsätzlich das **Gerechtigkeitsprinzip der Priorität.** Daher muss sich auch der Inhaber eines relativ stärkeren Rechts, der feststellt, dass sein Name bereits von einem Gleichnamigen als Domain registriert wurde, grundsätzlich diesem Prioritätsprinzip beugen.[355] Kommen also mehrere Parteien als berechtigte Namensträger für einen Domainnamen in Betracht, sind deren Interessen unter Berücksichtigung des Grundsatzes der Priorität gegeneinander abzuwägen. Die Namensübereinstimmung zwingt beide Namensträger zu einem **Interessenausgleich,** insbesondere zu einer gesteigerten Rücksichtnahme aufeinander, wobei solche Rücksichtnahmepflichten in erster Linie den Prioritätsjüngeren treffen.[356] Der Prioritätsältere kann in der Regel verlangen, dass der Prioritätsjüngere alle zumutbaren Vorkehrungen trifft, um eine Zuordnungsverwirrung möglichst auszuschließen, sie zumindest zu mindern. Als eine solche, aus dem Rücksichtnahmegebot folgende Maßnahme kommt bei Domainnamen die Registrierung und Verwendung des Domainnamens unter Beifügung von Zusätzen bei gleichzeitiger Löschung der bestehenden Domainregistrierung in Betracht. Aber auch die Aufnahme eines aufklärenden Hinweises auf der Startseite der Website, dass es sich hierbei nicht um das Angebot des anderen Namensträgers handelt, unter Umständen unter der Angabe, wo dessen Angebot im Internet zu finden ist, kann hierfür genügen.[357] Ein Domaininhaber kann allerdings nach einer Entscheidung des Oberlandesgerichts Stuttgart dann keinen Namensschutz nach der Prioritätsregel für sich in Anspruch nehmen, wenn er

---

353 KG MMR 2007, 600, 601 – tschechische-republik.ch/.at/.com.

354 BGH GRUR 1966, 623, 625 – Kupferberg; BGH GRUR 1951, 410, 412 – Luppy; OLG Hamburg ZUM-RD 2001, 131 – derrick.de.

355 BGH GRUR 2002, 622, 625 – shell.de; OLG Koblenz MMR 2002, 466, 467 – vallendar.de m. zust. Anm. *Eckhardt* CR 2002, 282f; LG Flensburg MMR 2002, 247 – sandwig.de; LG Düsseldorf MMR 2002, 398, 399 – bocklet.de; aA OLG Hamm MMR 1998, 214, 216 – krupp.de; ohne Rückgriff auf das Prioritätsprinzip allein bei überragender Bekanntheit des geschützten Namens OLG Oldenburg MMR 2004, 34 – schulenberg.de m. krit. Anm. *Mietzel.*

356 Siehe nur BGH MMR 2002, 456, 457 – vossius.de; *Palandt/Heinrichs* BGB § 12 Rn 27.

357 BGH GRUR 2002, 622, 625 – shell.de; BGH MMR 2002, 456, 458 – vossius.de; zu den Unstimmigkeiten dieser beiden Entscheidungen des BGH vgl. *Weidert/Lührig* WRP 2002, 880; OLG Hamburg MMR 2004, 107 – Ho-Bauberatung.de; OLG Köln MarkenR 2007, 123, 125 – International Connection.

seinem Namen einen Zusatz (z. B. „Unternehmensgruppe") hinzufügt, der unter keinem Aspekt seinen berechtigten Interessen entsprechen kann.[358]

Für die Bestimmung des **Prioritätszeitpunktes** im Gleichnamigenrecht bei Domainnamen kommt es auf die erstmalige Registrierung des Namens als Domain an und nicht auf die Benutzungsaufnahme offline.[359] Für die Priorität ist es daher nicht entscheidend, welche von zwei Privatpersonen auf Grund höheren Lebensalters den gleichen Namen länger führt, ob ein Gemeindename historisch ist, ob ein Geschäftsbetrieb vor der Geburt der gleichnamigen Privatperson unter dem Namen errichtet und geführt worden ist oder ob der andere Namensträger berühmt oder jedenfalls bekannter ist als der Domaininhaber.[360] Diese Bestimmung des maßgeblichen Prioritätszeitpunktes bei Domainstreitigkeiten ist im Falle der Gleichnamigkeit aus Gründen der Praktikabilität und der Rechtssicherheit gerechtfertigt. Würde demjenigen Namensträger Priorität eingeräumt, der den Namen als erster – offline – benutzt hat, hätte jeder Domaininhaber zeitlich unbegrenzt zu befürchten, dass beispielsweise eine natürliche Person, eine gleichnamige Gemeinde historischen Ursprungs oder ein Unternehmen gleichen Namens in Deutschland oder gegebenenfalls irgendwo in der Welt auftreten und ältere Namensrechte nachweisen kann.[361] 114

Lange umstritten war, ob das Recht der Gleichnamigen einschließlich des Prioritätsprinzips auch Anwendung gegenüber einem Träger des gleichen Namens findet, wenn ein Namensträger einem Treuhänder die Registrierung einer **Treuhanddomain** in dessen Namen gestattet.[362] Diese Frage wurde vom Bundesgerichtshof nun ausdrücklich geklärt.[363] Wird ein Domainname auf Grund des Auftrags eines Namensträgers auf den Namen eines Treuhänders registriert, kommt ihr im Verhältnis zu Gleichnamigen nur dann die Priorität zugute, wenn diese einfach und zuverlässig überprüfen können, ob die Registrierung im Auftrag eines Namensträgers erfolgt oder sie alsbaldig nachgelagert vom Namensträger genehmigt worden ist. Wird schon zu einem Zeitpunkt unter dem Domainnamen eine Website betrieben, zu dem noch kein Gleichnamiger Ansprüche angemeldet hat, kann davon ausgegangen werden, dass eine Beauftragung des Treuhänders mit der Registrierung seitens des Namensträgers stattgefunden hat. Soweit eine solche Website (noch) nicht betrieben wird, kann eine einfache und zuverlässige Überprüfung – abgesehen von einer notariellen Beurkundung des Auftrags – dadurch geschaffen werden, dass die DENIC dem Treuhänder im Zuge der Registrierung die Möglichkeit einräumt, einen Hinweis auf seine Treuhänderstellung und den Treugeber zu hinterlegen, und diese Information nur mit Zustimmung des Treuhänders offenbart. Hat der Namensträger einen Dritten auf eine einfach und zuverlässig zu überprüfende Weise mit der Registrierung seines Namens als Domainname beauftragt, so ist es für die Priorität der Registrierung gegenüber Gleichnamigen nicht von Bedeutung, wenn der Vertreter den Domainnamen abredewidrig auf den eigenen Namen und nicht auf den Namen des Auftraggebers hat registrieren lassen.[364] Anders ist der Fall nach Auffassung des Landgerichts Bremen gelagert, wenn der Lizenznehmer einer Markenlizenz die Domain auf sich registrieren lässt. Denn die Markenlizenz gewähre das volle Recht zur Nutzung des Zeichens im geschäftlichen Verkehr unabhängig davon, ob der Namensträger die Möglichkeit einer einfachen und zuverlässigen Überprüfung habe.[365] 115

---

[358] OLG Stuttgart MMR 2008, 178, 179 – s.-unternehmensgruppe.de.

[359] BGH GRUR 2002, 622, 625 – shell.de; OLG München MMR 2001, 692, 694 – boos.de; aA OLG Hamm MMR 1998, 214, 216 – krupp.de.

[360] OLG Koblenz MMR 2002, 466, 467 – vallendar.de m. zust. Anm. *Eckhardt* CR 2002, 282; OLG München MMR 2001, 692, 694 – boos.de; LG Paderborn MMR 2000, 49.

[361] OLG Koblenz MMR 2002, 466, 467 – vallendar.de m. zust. Anm. *Eckhardt* CR 2002, 282 f.

[362] Verneinend noch OLG Celle MMR 2006, 558 – raule.de; aufgehoben durch BGH GRUR 2009, 608 – raule.de m. zust. Anm. *Recke* K&R 2009, 400 f.

[363] BGH GRUR 2007, 811 – grundke.de; im Anschluss an BGH GRUR 2006, 158 – segnitz.de; siehe nun auch OLG Celle K&R 2008, 111. – schmidt.de.

[364] BGH GRUR 2007, 811, 812 f. – grundke.de; siehe auch Anmerkung von *Hellmich/Jochheim* K&R 2007, 494.

[365] LG Bremen MMR 2008, 479 – winther.de; zustimmend *Bücker/Fürsen* MMR 2008, 719.

116 Auch wenn im Falle der Gleichnamigkeit bei der Abwägung der Interessen der berechtigten Namensträger in erster Linie das Gerechtigkeitsprinzip der Priorität gilt, dem sich grundsätzlich auch der bekanntere Namensträger unterwerfen muss, kann es in seltenen Ausnahmefällen zu einer **Durchbrechung** oder Nichtanwendung **der Prioritätsregel** kommen. Eine solche Ausnahme kann nach der „shell.de"-Entscheidung des Bundesgerichtshofs[366] durch das besonders schutzwürdige Interesse des Inhabers des Namens oder namensartigen Kennzeichens mit **überragender Verkehrsgeltung** gegeben sein, gerade auch unter diesem Namen im Internet erreichbar zu sein. Hierfür spricht nicht nur das Interesse der Allgemeinheit, bei der Eingabe eines bekannten Namens das Internetangebot des entsprechenden Namensträgers – und nicht das einer gleichnamigen Person – vorzufinden. Auch ist es dem Domaininhaber, der seinen Namen privat nutzt, mit nur geringem Aufwand möglich, eine andere Form der Namensführung als Domain zu verwenden – wie beispielsweise die Kombination von Vor- und Zuname, Titel oder Berufsbezeichnung und Familienname oder einer beschreibenden Angabe wie „Familie" und dem Zunamen – und den homogenen Benutzerkreis über die Änderung der Domain zu informieren, während letzteres für den bekannten Namensträger angesichts des heterogenen Kreises der am Internetangebot interessierten Nutzer kaum möglich ist.[367] Wann eine überragende Bekanntheit vorliegt, die einen solchen Ausnahmefall begründen kann, ist bisher noch nicht geklärt und wird sich auch prozentual nicht allgemeingültig festlegen lassen. In diesem Sonderfall der Gleichnamigkeit, bei der das Interesse des Domaininhabers, seinen Namen ohne unterscheidende Zusätze als Domain zu verwenden, geringer wiegt als das Interesse des überragend bekannten anderen Namensträgers, die Verwässerungsgefahr auszuschließen und unter dem bekannten Namen im Internet auftreten zu können, ist der Domaininhaber unabhängig von der Priorität zur Rücksichtnahme verpflichtet. Dies kann bedeuten, dass der Domaininhaber den Namen nur mit einem unterscheidungskräftigen Zusatz als Domain verwenden darf und daher die bestehende Domainregistrierung freigeben muss.[368] Je nach den Umständen des Einzelfalles kann der Pflicht zur Rücksichtnahme auch dadurch genügt werden, dass der Domaininhaber unter Beibehaltung des im Streit befindlichen Domainnamens auf der ersten Internetseite, also der Startseite der Website, deutlich macht, dass es sich nicht um das Angebot des anderen, bekannten Namensträgers handelt und zweckmäßigerweise zusätzlich angibt, wo dieses Angebot im Internet zu finden ist.[369] Eine Abweichung von der Prioritätsregel ist aber keineswegs auf Fälle der überragenden Verkehrsgeltung beschränkt. Vielmehr sind auch andere Konstellationen denkbar, in denen wegen dem unterschiedlichen Gewicht der Interessen der Parteien eine Durchbrechung des Grundsatzes angezeigt ist. Nach einer Entscheidung des Oberlandesgerichts Stuttgart muss der Prioritätsgrundsatz etwa auch dann zurücktreten, wenn dem Domaininhaber keinerlei objektiv schützenswertes Interesse an der Verwendung des Domainnamens zuzubilligen ist.[370]

3. Wettbewerbs- und deliktsrechtliche Ansprüche

117 Die Benutzung eines Domainnamens im geschäftlichen Verkehr kann auch wettbewerbsrechtliche Ansprüche auslösen. In dem Anwendungsbereich der §§ 14 und 15 MarkenG ist allerdings nach der Rechtsprechung des Bundesgerichtshofs für die gleichzeitige Anwen-

[366] BGH GRUR 2002, 622 – shell.de m. Anm. *Ubber* BB 2002, 1167; hierzu auch *Körner* NJW 2002, 3442; vgl. auch die Vorinstanz OLG München CR 1999, 382 m. Anm. *Hackbarth* = MMR 1999, 487 m. Anm. *Ernst;* kritisch LG Düsseldorf MMR 2004, 111 – hudson.de.

[367] BGH GRUR 2002, 622, 625 – shell.de; ebenso die Vorinstanz OLG München CR 1999, 382, 383 – shell.de; OLG Hamm MMR 1998, 214 – krupp.de; LG Hamburg MMR 2000, 620 – joop.de; kritisch *Foerstl* CR 2002, 518, 523 f.

[368] BGH GRUR 2002, 622, 625 f – shell.de; BGH MMR 2003, 726 – maxem.de; BVerfG MarkenR 2006, 446, 447 f. – maxem.de; für Österreich ÖOGH Öbl 2004, 35 – rtl.at m. Anm. *Fallenböck*.

[369] BGH MMR 2002, 456, 458 – vossius.de m. Anm. *Hoeller*.

[370] OLG Stuttgart MMR 2008, 178, 179 – s.-unternehmensgruppe.de.

dung des § 3 UWG oder des § 823 BGB kein Raum.[371] Ein Rückgriff auf wettbewerbsrechtliche Anspruchsgrundlagen ist danach nur möglich, wenn sich die Wettbewerbswidrigkeit aus anderen Gesichtspunkten als den in den kennzeichenrechtlichen Regelungen der §§ 14, 15 MarkenG erfassten ergibt. Wettbewerbsrechtliche Abwehransprüche nach § 3 UWG kommen im Anwendungsbereich kennzeichenrechtlicher Spezialregelungen vor allem in Fällen des Behinderungswettbewerbs in Betracht.[372] Bei der Verwendung von Gattungsbegriffen und beschreibenden Angaben kann sich die Wett-bewerbswidrigkeit insbesondere auch aus einer Irreführung der Internetnutzer ergeben. Voraussetzung für einen Schutz nach wettbewerbsrechtlichen Vorschriften ist, dass ein Handeln im geschäftlichen Verkehr zu Zwecken des Wettbewerbs vorliegt. Ist insbesondere ein Wettbewerbsverhältnis nicht gegeben, so können außerhalb des Anwendungs-bereichs kennzeichenrechtlichen Sonderschutzes deliktsrechtliche Ansprüche nach den §§ 823 Abs. 1, 826, 1004 BGB durch die Verwendung eines Domainnamens ausgelöst werden.

a) Domain-Grabbing. Mit Domain-Grabbing oder auch Cybersquatting wird im internationalen Sprachgebrauch ein Phänomen bezeichnet, bei dem vor allem Privatpersonen, aber auch Unternehmen, eine mit einem fremden Kennzeichen identische SLD zu dem Zweck registrieren, die Domain durch Verkauf oder Einräumung von Nutzungsrechten an den Kennzeicheninhaber oder an Dritte zu vermarkten.[373] Klassisch sind die Fälle, in denen der Domain-Grabber oder Cybersquatter eine Vielzahl von fremden Marken oder geschäftlichen Bezeichnung als Domains registriert, ohne die mit diesen Domains konnektierten Websites mit Inhalten zu füllen. Sofern diese Websites nicht inhaltsleer sind, enthalten Sie im Regelfall sinnlose oder private Informationen. Häufig wird eine mit einem fremden Kennzeichen identische SLD auch unter verschiedenen TLDs registriert, oder die Registrierung erstreckt sich auf ähnliche Zeichen zu dem geschützten Zeichen. Sofern der Domaininhaber nicht selbst aktiv Verkaufsversuche der so für die Kennzeicheninhaber und Dritte blockierten Domains unternimmt, braucht er nur abzuwarten, bis es zu einer Kontaktaufnahme seitens des Kennzeicheninhabers kommt, nachdem dieser vergeblich versucht hat, die seinem Zeichen entsprechende Domain zu registrieren. Aus Sicht des Domain-Grabbers kommt als Vermarktungsoption, außer der Übertragung der Domain gegen Zahlung einer nicht unerheblichen Summe, die Einräumung von Nutzungsrechten an der Domain gegen Zahlung von Lizenzgebühren oder gegen Erteilung von Aufträgen etwa zur Errichtung und Gestaltung entsprechender Websites in Betracht. Mittels sogenannter Domain-Backorder-Systeme können deren Nutzer Domainnamen automatisch für sich registrieren, sobald diese frei werden. Auf diese Weise können Domain-Grabber die Tatsache ausnutzen, dass ständig Tausende Domains frei werden, etwa weil – absichtlich oder versehentlich – keine Verlängerung der Registrierungsverträge erfolgt ist oder eine Domain gelöscht wird. 118

Die kennzeichenrechtlichen Regelungen bieten beim Domain-Grabbing oftmals keinen ausreichenden Schutz, da bei einer mit der Domain konnektierten inhaltsleeren Website nicht festgestellt werden kann, ob ein Handeln im geschäftlichen Verkehr vorliegt oder eine etwaig erforderliche Waren-/Dienstleistungsähnlichkeit oder Branchennähe gegeben ist.[374] Beim Domain-Grabbing kommt hier dem ergänzenden Schutz nach § 3 UWG, sofern ein Wettbewerbsverhältnis vorliegt, oder nach §§ 826, 226 BGB wegen sittenwidriger Behinderung praktische Relevanz zu. In der instanzgerichtlichen Rechtsprechung werden die Anspruchsvoraussetzungen unter analoger Anwendung der Grundsätze, die zur sittenwidri- 119

---

[371] Sog. eingeschränkte Anspruchskonkurrenz, BGHZ 138, 349, 351 f – MAC Doc; BGH GRUR 1999, 992, 995 – BIG PACK; BGH GRUR 2000, 70, 73 – SZENE; BGHZ 139, 138, 139 f – Warsteiner II; BGH GRUR 2002, 160, 161 – Warsteiner III; zuletzt BGH GRUR 2002, 622, 623 – shell.de; aA *Fezer* MarkenG § 2 Rn 2 ff, 10 ff, § 15 Rn 12 ff mwN; *ders.* WRP 2008, 1 ff.

[372] Vgl. etwa zur Verwendung einer sog. „catch-all"-Funktion öOGH MMR 2005, 750.

[373] Vgl. in diesem Zusammenhang auch die Problematik des sog. Domain-Parking OLG Hamburg MMR 2004, 822; LG Hamburg K&R 2009, 61 – wachs.de; LG Düsseldorf, GRUR-RR 2008, 122; *Luckhaus*, GRUR-RR 2008, 113.

[374] Beim Domain-Parking kommt allerdings eine kennzeichenmäßige Verwendung der Domain für die Dienstleistung „Werbung" in Betracht, LG Hamburg K&R 2009, 61 – wachs.de.

gen Markenanmeldung entwickelt worden sind, bestimmt.[375] Allerdings ist die Registrierung einer Domain zum Zwecke des späteren Verkaufs oder der Nutzungseinräumung nicht per se sittenwidrig.[376] Sie stellt vielmehr eine im Grundsatz anerkannte geschäftliche Betätigung dar.[377] Ein ergänzender wettbewerbsrechtlicher Schutz kommt nur dann in Betracht, wenn im Einzelfall zusätzliche Umstände gegeben sind, welche die Annäherung an eine fremde Kennzeichnung als eine unlautere Wettbewerbsmaßnahme erscheinen lassen.[378] In einem Wettbewerbsverhältnis ist dies insbesondere der Fall, wenn die Registrierung des Domainnamens mit **Behinderungsabsicht,** außerhalb eines Wettbewerbsverhältnisses mit **Schädigungsabsicht** erfolgt.

120 Für die Annahme einer Behinderungs- und Gewinnerzielungsabsicht oder Schädigungsabsicht bei der Domainregistrierung gibt es **Indizien.** Hierzu gehört die **Registrierung einer Vielzahl von Domains,** insbesondere wenn diese bekannte Marken, Unternehmenskennzeichen oder Werktitel verschiedener Kennzeicheninhaber enthalten. Wieviele Domains für das Vorliegen einer „Vielzahl" erforderlich sind, ist noch nicht abschließend entschieden. Nach einer Entscheidung des Oberlandesgerichts Hamburg können bereits vier Domainnamen, die zum Zwecke der Behinderung eines Konkurrenten angemeldet wurden, zur Annahme einer unlauteren Handlung genügen.[379] Das Oberlandesgericht Frankfurt/Main hatte in einer früheren Entscheidung aus der Registrierung von über 1000 Domains durch ein Unternehmen, die aus den geschäftlichen Bezeichnungen fremder Unternehmen gebildet waren, auf eine sittenwidrige Behinderungsmaßnahme geschlossen.[380] Wie sich hieraus zeige, spekuliere die Domaininhaberin auf eine mögliche Benutzung der Domains im eigentlichen Geschäftsbereich solcher Unternehmen, deren Kennzeichen von ihr als Domains benutzt werden. Aus den Gesamtumständen folge weiter, dass die Domaininhaberin zumindest einen Teil der von ihr registrierten Domains in spekulativer Absicht in Bereitschaft halte, um andere Unternehmen, die Domains mit den ihnen zustehenden Zeichen bilden und für sich registrieren wollen, zur Erteilung von Aufträgen zu bewegen oder diese mit Geldforderungen zu überziehen.[381] Allein eine große Zahl von Domainregistrierungen für ein Unternehmen muss andererseits nicht zwingend auf wettbewerbsfeindliche Absichten schließen lassen.[382]

121 Erfolgt eine Domainregistrierung ohne nachvollziehbares eigenes Interesse, insbesondere ohne den Willen zur ernsthaften Benutzung der Domain für sich oder für Dritte, auf Grund eines konkreten Konzeptes, so führt auch dies zur Vermutung für eine rechtsmissbräuchliche Registrierung der Domain.[383] Nach der Rechtsprechung des Landgerichts München besteht unter dem Gesichtspunkt des Domain Grabbing gegen denjenigen ein wettbewerbsrechtlicher Unterlassungsanspruch, der planmäßig und gezielt frei gewordene Domains materiell Berechtigter registriert und für ein gewinnerzielendes Angebot pornografischer Inhalte mit Verlinkung auf Websites Dritter benutzt.[384] Das Fehlen eines solchen

---

375 OLG Hamburg GRUR-RR 2006, 193 – Advanced Microwave Systems; OLG Frankfurt/M MMR 2000, 424 – weideglueck.de; OLG Frankfurt/M MMR 2001, 532 – praline-tv.de; OLG München GRUR 2000, 518 – buecherde.com.

376 Vgl. im Zusammenhang mit einer .eu-Domain auch OLG Düsseldorf GRUR-RR 2008, 58 – last-minute.eu.

377 LG Leipzig MMR 2006, 113 – kettenzüge.de.

378 BGH GRUR 1997, 754, 756 – grau/magenta; OLG Hamburg MMR 2006, 608, 613 – ahd.de.

379 OLG Hamburg GRUR-RR 2006, 193 – Advanced Microwave Systems.

380 OLG Frankfurt/M MMR 2001, 532 – praline-tv. de.

381 OLG Frankfurt/M aaO, 533; vgl. auch OLG Frankfurt/M GRUR-RR 2001, 264, 265f – welt-online.de; LG Hamburg GRUR-RR 2002, 267, 268f – schuhmarkt.de; LG Düsseldorf MMR 2002, 126 – literaturen.de = K&R 2002, 98m. krit. Anm. *Beckmann.*

382 LG Berlin MMR 2008, 484 – naeher.de; LG Düsseldorf MMR 2002, 324, 325 – alte.de; *Schafft* CR 2002, 434.

383 OLG Frankfurt/M MMR 2000, 424 – weideglueck.de; OLG Frankfurt/M MMR 2001, 532 – praline-tv.de; OLG Düsseldorf MMR 2002, 827 – exes; KG MarkenR 2003, 367 – No Peace Beyond The Line.

384 LG München I CR 2006, 494; LG München I MMR 2006, 484 – fwt-köln.de; LG München I MarkenR 2006, 449 – feuerwehr-fehrbellin.de.

ernsthaften Benutzungswillens kann sich aus den Einlassungen des Domaininhabers ergeben, insbesondere dann, wenn diese widersprüchlich sind oder jedenfalls der Praxis widersprechen.[385] Während sich das Fehlen einer Benutzungsabsicht aus der **Nichtbenutzung der Domain** über mehrere Jahre hinweg ergeben kann,[386] genügt eine vorübergehende Nichtnutzung der Domain innerhalb eines Jahres ab der Registrierung nicht schon für die Annahme einer sittenwidrigen Schädigungsabsicht.[387]

Auch aus **anderen Umständen** des Einzelfalles lässt sich auf eine rechtsmissbräuchliche 122
Domainregistrierung und damit das Ausnutzen einer formalen Rechtsstellung, die eine faktische Monopolisierung des Zeichens als Domainname mit Blockadewirkung für andere bedeutet, schließen. Hierzu gehört beispielsweise die weitere Registrierung einer Domain wie domainszuverkaufen.de durch den Inhaber der aus einem fremden Kennzeichen gebildeten Domain.[388] Ein unerlaubter Behinderungswettbewerb kommt ebenfalls in Betracht, wenn Domains unter Verwendung bekannter Namen registriert und für eigene Webseiten verwendet werden, um entsprechend viele Besucher auf diese Seiten zu führen.[389] Auch der Registrierung der marginal veränderten Firma eines Wettbewerbers als Domain und der Verlinkung der damit konnektierten Website mit dem Internetauftritt des eigenen Geschäftsbetriebes lassen sich eine mit der Domainregistrierung verbundene verwerfliche Absicht entnehmen.[390] Gleiches gilt, wenn durch die systematische Blockade eines Themas durch die Registrierung entsprechender Domainnamen dem Mitbewerber die Nutzung eines beschreibenden Begriffs zur gleichen Thematik für seine Webseite abgeschnitten wird.[391] Einen Anhaltspunkt für die Behinderungs- oder Schädigungsabsicht des Domaininhabers können auch die Konditionen des Einigungsangebotes gegenüber dem Kennzeicheninhaber oder Dritten, insbesondere die Höhe des geforderten Kaufpreises, geben.[392]

Die Sittenwidrigkeit der Domainregistrierung iSv § 3 UWG[393] oder §§ 826, 226 BGB[394] 123
muss konkret anhand der Umstände des Einzelfalles festgestellt werden.[395] Liegt ein Fall des Domain-Grabbing vor und verkauft der Domain-Grabber einen Teil der registrierten Domains an einen Dritten, der ebenfalls nicht über Rechte an den als Domain registrierten Kennzeichen verfügt, so kann der Kaufvertrag nach § 138 BGB sittenwidrig sein.[396]

Wenn auch die Behandlung des Domain-Grabbing oder Cybersquatting im deutschen 124
und **US-amerikanischen Recht** erhebliche Parallelen aufweisen, so kann die Domainregistrierung nach amerikanischem Recht dann nicht untersagt werden, wenn weder bösgläubige Absicht noch eine aktuelle geschäftliche Benutzung für eine Website vorliegt.[397]

b) Gattungsbegriffe als Domainnamen. Gattungsbegriffe und beschreibende Anga- 125
ben können nach den Vergaberichtlinien der DENIC als Domainnamen registriert und benutzt werden. Die Verwendung eines generischen oder beschreibenden Domainnamens ist auf Grund der damit verbundenen Anziehungswirkung auf Internetnutzer sehr beliebt. Das Verhalten der Internetnutzer und insbesondere ihre Suchgewohnheiten sind zwar viel-

---

[385] OLG Frankfurt/M MMR 2000, 424 – weideglueck.de; OLG Frankfurt/M MMR 2001, 532 – praline-tv. de.

[386] LG Düsseldorf MMR 2002, 126 – literaturen.de = K&R 2002, 98 m. krit. Anm. *Beckmann.*

[387] OLG Zweibrücken CR 2003, 532 f.

[388] OLG Frankfurt/M MMR 2001, 532, 533 – praline-tv. de.

[389] OLG München MMR 2007, 115.

[390] OLG München GRUR 2000, 518, 519 – buecherde.com.

[391] LG Leipzig MMR 2006, 113 – kettenzüge.de.

[392] Vgl. BGH GRUR 2001, 242, 245 f – Classe E; LG Düsseldorf MMR 2002, 126, 127 – literaturen.de.

[393] Bejaht von OLG München GRUR 2000, 518 – buecherde.com; verneint von: OLG Düsseldorf MMR 2002, 827 – exes; OLG Zweibrücken CR 2003, 532.

[394] Bejaht von OLG Frankfurt/M MMR 2000, 424 – weideglueck.de; OLG Frankfurt/M MMR 2001, 532 – praline-tv.de; LG Düsseldorf MMR 2002, 126 – literaturen.de; KG MarkenR 2003, 367 – No Peace Beyond The Line.

[395] Vgl. OLG Düsseldorf MMR 2002, 827, 828 – exes.

[396] LG Frankfurt/M NJW-RR 1998, 999.

[397] Rechtsvergleichung zu Cybersquatting im deutschen und amerikanischen Recht: *Wendlandt* Kap. 5 F S. 401 ff, 463 ff.

fältig und auch Wandlungen unterworfen, doch kann allgemein gesagt werden, dass zumindest ein nicht unerheblicher Teil der Nutzer bei der Suche nach Informationen und interessanten Angeboten im Internet sowohl von der Möglichkeit einer Direkteingabe von Domainnamen Gebrauch macht, als auch den Weg über eine Suchmaschine geht. Bei der Direkteingabe von Marken, Firmennamen oder allgemeinen Begriffen als Domain erhofft sich der Nutzer schneller die ihn interessierenden Internetangebote zu finden, als wenn er sich einer Suchmaschine bedient, deren Ergebnisse häufig ungeordnet und wenig aussagekräftig sind. Aus Anbietersicht hat die Verwendung eines beschreibenden oder generischen Begriffs als Domainname den Vorteil, dass die Domain auf Grund der Anziehungswirkung und entsprechenden Aufrufhäufigkeit der mit ihr verbundenen Website einen recht hohen Werbewert haben kann. Zugleich ist hier das Risiko kennzeichenrechtlicher Auseinandersetzungen begrenzt, da beschreibende und generische Begriffe im Regelfall nicht als Kennzeichen geschützt sein können und auch nicht zeichenmäßig verwendet werden.[398]

126 Die Verwendung von Gattungsbegriffen als Domainnamen ist **grundsätzlich kennzeichenrechtlich zulässig.** Eine analoge Anwendung der absoluten Schutzhindernisse des Markenrechts nach § 8 Abs. 2 MarkenG, wonach insbesondere nicht unterscheidungskräftige Zeichen, beschreibende oder freihaltebedürftige Angaben einschließlich Gattungsbezeichnungen von der Eintragung als Marke ausgeschlossen sind, auf Domainnamen ist abzulehnen.[399] Wenn auch der Inhaber eines Domainnamens auf Grund der technischen Bedingungen des Internet eine faktische Monopolstellung an exakt dieser Kombination von TLD und SLD inne hat, ist diese Position mit der eines Markeninhabers, dem Ausschließlichkeitsrechte an der registrierten Marke zustehen, nicht vergleichbar. Im Gegensatz zu der Eintragung von Marken gibt es keine gesetzlichen Regelungen für die Eintragung von Domains, wie es auch an einer staatlichen Prüfungs- und Überwachungsbehörde beim Eintragungsverfahren fehlt. Im Übrigen gewährt eine eingetragene Marke dem Markeninhaber einen Unterlassungsanspruch auch gegen verwechslungsfähige Bezeichnungen, während eine registrierte Domain lediglich eine tatsächliche Sperrwirkung für eine identische Verwendung durch einen anderen entfaltet, die bereits durch geringfügige Abwandlungen oder Zusätze überwunden werden kann.[400] Die Verwendung einer beschreibenden Angabe oder eines Gattungsbegriffs als Domainname wird daher nur im Ausnahmefall kennzeichenrechtliche Abwehransprüche auslösen. Das kommt in Betracht, wenn der beschreibende oder generische Domainname in einer Weise verwendet wird, die eine kennzeichenmäßige Nutzung nahe legt. Auch müssen an der als Domain verwendeten Bezeichnung Kennzeichenrechte auf Grund von Verkehrsdurchsetzung oder Verkehrsgeltung entstanden sein, die der Zeicheninhaber gegenüber dem Domaininhaber geltend machen kann.[401]

127 Die wettbewerbsrechtliche Zulässigkeit der Verwendung von Gattungsbezeichnungen als Domainnamen war Gegenstand einer Reihe von Gerichtsentscheidungen mit unterschiedlichen Ergebnissen, bevor die **Grundsatzentscheidung** des Bundesgerichtshofs vom 17. 5. 2001 **(„mitwohnzentrale.de")**[402] weitgehend Klarheit geschaffen hat. Während die

---

[398] Vgl. OLG Dresden MMR 2006, 685 – kettenzuege.de; *Schmidt-Bogatzky* GRUR 2002, 941, 946ff; *Ubber* S. 125f.

[399] So die hM, BGH CR 2001, 777 – mitwohnzentrale.de; OLG Frankfurt/M GRUR 1997, 481 – Wirtschaft-Online; OLG Hamm MMR 2001, 237 – sauna.de; OLG Braunschweig MMR 2000, 610 – stahlguss.de; LG Hamburg MMR 2000, 763 – lastminute.com; *Biermann* WRP 1999, 997, 1003; *Fezer* MarkenG § 3 Rn 308, 343; aA LG Köln MMR 2001, 55 – zwangsversteigerung.de; *Kur* CR 1996, 325, 328.

[400] Vgl. nur OLG Frankfurt/M GRUR 1997, 481 – Wirtschaft-Online.

[401] Vgl. OLG Hamburg MMR 2004, 174f – eltern-online.de; OLG München CR 1998, 556 – freundin.de; OLG Stuttgart MMR 2002, 754 – herstellerkatalog.com; LG Hamburg CR 1999, 47 – eltern.de; eine Namens- oder Kennzeichenverletzung durch Verwendung einer Gattungsbezeichnung als Domainname verneinen *Thiele/Rohlfing* MMR 2000, 591.

[402] BGH CR 2001, 777 – mitwohnzentrale.de; hierzu insbesondere *Hoeren* MMR 2001, 669; *Jaeger-Lenz* CR 2001, 780; *Schmidt-Bogatzky* GRUR 2002, 941; im Anschluss BGH MMR 2005, 534, 535 – weltonline.de m. krit. Anm. *Viefhues.*

Verwendung von Domains wie zwangsversteigerungen.de und versteigerungskalender.de[403] sowie rechtsanwaelte.de[404] wegen unlauterer Absatzbehinderung und Kanalisierung von Kundenströmen als Verstoß gegen § 1 UWG aF bewertet wurden, galten Domains wie sauna.de,[405] stahlguss.de,[406] lastminute.com[407] und drogerie.de[408] als vereinbar mit dieser Vorschrift. Diese nicht zuletzt durch die vorinstanzliche Entscheidung des Oberlandesgerichts Hamburg[409] hervorgerufene Unsicherheit der wettbewerbsrechtlichen Beurteilung der Verwendung von Gattungsbegriffen als Domains ist durch das höchstrichterliche Urteil beseitigt worden. Hiernach ist die Verwendung eines beschreibenden Begriffs als Domainname **grundsätzlich nicht (sitten- oder) wettbewerbswidrig.** Es gilt der Grundsatz der Priorität.

Ausgehend von der Annahme, dass sich ein Teil der Internetnutzer bei der Informations- und Angebotssuche nicht eines Suchdienstes bedient, sondern zunächst den Zugang durch eine Direkteingabe des in Betracht kommenden Domainnamens versucht, trifft es zwar zu, dass der Einsatz von Gattungsbezeichnungen als Domains zu einer gewissen Kanalisierung der Kundenströme führen kann. Es ist durchaus denkbar, dass der Nutzer, der unter der Domain ein bestimmtes Angebot gefunden hat, sich hiermit aus Bequemlichkeit zufrieden gibt und keine Veranlassung hat, seine Suche nach weiteren Anbietern fortzusetzen. Allein das Ausnutzen einer solchen Bequemlichkeit des Nutzers stellt jedoch keine wettbewerbsrechtlich zu beanstandende unsachliche Beeinflussung dar.[410] Bei der Beurteilung, ob eine unlautere Beeinflussung der Internetnutzer vorliegt, ist nach der neueren Rechtsprechung zum Wettbewerbsrecht von dem **Leitbild** eines durchschnittlich informierten und **verständigen Verbrauchers** auszugehen, der das fragliche Werbeverhalten mit einer der Situation angemessenen Aufmerksamkeit verfolgt.[411] Gibt der verständige Internetnutzer einen Gattungsbegriff direkt als Domain ein, so erwartet er lediglich Website-Inhalte mit sachlichem Bezug zu dem Gattungsbegriff. Es ist ihm bewusst, dass es von Zufällen wie der exakten Schreibweise des Gattungsbegriffs abhängt, ob er auf diese Weise das konkret gesuchte Angebot findet. Der Internetnutzer weiß auch im Regelfall, dass er mit dieser Suchmethode kein vollständiges Bild des Internet-Angebots erhält. Etwas anderes kann dann gelten, wenn der Gattungsbegriff zu der Annahme einer Alleinstellung verleitet, also den Eindruck des vollständigen Leistungsangebots des entsprechenden Marktsegments vermittelt, oder durch Hinweise auf der Website ein solcher Eindruck entsteht.[412] Weiß der Nutzer jedoch oder kann er unzweifelhaft erkennen, dass der Anbieter unter der aus einer Gattungsbezeichnung gebildeten Domain nicht das gesamte oder einen erheblichen Teil des Angebots repräsentiert, so ist es seine Entscheidung, ob er seine Suche fortsetzt und einen Leistungsvergleich vornimmt oder aber sich mit dem gefundenen Angebot begnügt. Verzichtet der Nutzer auf eine weitere Suche aus Bequemlichkeit oder aus anderen autarken Beweggründen, liegt darin keine unsachliche Beeinflussung durch die Verwendung von beschreibenden oder generischen Domains. 128

Die Nutzung eines Gattungsbegriffs als Domainname, die zu einer Kanalisierung von Kundenströmen führen kann, beinhaltet auch **keine Störung der Chancengleichheit,** da die Mitbewerber ihre Leistung auf dem Markt weiterhin fair zur Geltung bringen kön- 129

[403] LG Köln MMR 2001, 55 – zwangsversteigerungen.de und versteigerungskalender.de.
[404] LG München I NJW 2001, 2100 – rechtsanwaelte.de.
[405] OLG Hamm MMR 2001, 237 – sauna.de.
[406] OLG Braunschweig MMR 2000, 610 – stahlguss.de.
[407] LG Hamburg MMR 2000, 763 – lastminute.com.
[408] LG Frankfurt/M CR 2001, 713 – drogerie.de.
[409] OLG Hamburg MMR 2000, 40 – Mitwohnzentrale I.
[410] BGH CR 2001, 777, 778f – mitwohnzentrale.de.
[411] BGH GRUR 2000, 619, 621 – Orient-Teppichmuster; BGH GRUR 2000, 820, 821 – Space Fidelity Peep-Show.
[412] BGH CR 2001, 777, 778 – mitwohnzentrale.de; ähnlich auch OLG Hamm MMR 2001, 237, 238 – sauna.de; LG Hamburg MMR 2000, 763, 765 – lastminute.com; *Ernst* MMR 2001, 181, 182; *Schmidt-Bogatzky* GRUR 2002, 941, 946ff.

nen. Es entspricht dem Wesen des Leistungswettbewerbs, dass sich ein Anbieter auch um (potenzielle) Kunden seiner Mitbewerber bemüht. Ein unlauteres Abfangen von Kunden wäre nur dann anzunehmen, wenn sich der Anbieter gewissermaßen zwischen den Mitbewerber und dessen Kunden stellt, um diesem eine Änderung des Kaufentschlusses aufzudrängen.[413] Die Intention der Verwendung einer Gattungs-bezeichnung als Domainname ist jedoch auf den eigenen Vorteil des Hinlenkens von Interessenten und potenziellen Kunden auf das entsprechende Angebot gerichtet, ohne dass auf bereits dem Wettbewerber zuzurechnende Kunden in unlauterer Weise eingewirkt würde.

130 Ausgehend von dem Grundsatz der wettbewerbsrechtlichen Zulässigkeit einer Benutzung von Gattungsbegriffen als Domainnamen kann allerdings auf Grund besonderer Umstände eine unzulässige Behinderung von Mitbewerbern nach §§ 3, 4 Nr. 10 UWG oder eine nach §§ 3, 5 Abs. 1 UWG unlautere Irreführung zu bejahen sein.

131 Eine **unlautere Behinderung der Mitbewerber** in ihren wettbewerblichen Entfaltungsmöglichkeiten durch die Verwendung einer Gattungsbezeichnung als Domainname kommt nach der höchstrichterlichen Rechtsprechung unter anderem dann in Betracht, wenn sich der Domaininhaber nicht auf die Registrierung eines Gattungsbegriffes beschränkt, sondern diesen Begriff in verschiedenen Schreibweisen, auch unter Einbeziehung synonymer Begriffe, unter derselben TLD oder unter verschiedenen TLDs registriert.[414] Je nach den Umständen des Einzelfalles, beispielsweise abhängig von der Bedeutung des generischen oder beschreibenden Begriffs für die entsprechende Branche, den jeweils zur Verfügung stehenden Ausweichmöglichkeiten und der absoluten Zahl der registrierten Domains, kann eine unlautere Behinderung der Mitbewerber iSv § 4 Nr. 10 UWG vorliegen.[415] So stellt nach Auffassung des Oberlandesgerichts Dresden die Registrierung einer mit einer existierenden generischen Domain eines Mitbewerbers gleichlautenden Umlautdomain keine wettbewerbswidrige Behinderung dar, weil der Mitbewerber weiterhin den Begriff für seine Website verwenden kann und es ihm freisteht, die entsprechende Umlautdomain unter anderen TLDs als .de für sich zu registrieren.[416] Andererseits kann die Registrierung einer existierenden generischen Domain (deutsche-anwaltshotline.de) mit bewusst falscher Schreibweise (deutsche-anwalthotline.de) besonders unlauter und damit wettbewerbswidrig sein, weil der Domaininhaber darauf spekuliert, dass sich Internetnutzer bei der Eingabe der gesuchten Domain vertippen und so zu seinem Angebot gelenkt werden.[417] Die Abgrenzung zwischen zulässiger Selbstversorgung mit generischen oder beschreibenden Domains und rechtsmissbräuchlichem Verhalten wegen Beeinträchtigung der wettbewerblichen Entfaltungsmöglichkeiten der Mitbewerber gestaltet sich allerdings schwierig.[418] Hier bleibt abzuwarten, ob sich nähere Kriterien oder Fallgruppen anhand der instanzgerichtlichen Rechtsprechung entwickeln lassen. Im Einzelfall kann auch die Aufrechterhaltung einer kennzeichenverletzenden Domainregistrierung als gezielte unlautere Behinderung gemäß §§ 3, 4 Nr. 10 UWG zu qualifizieren sein[419] und über den Unterlassungsanspruch hinaus einen Löschungsanspruch gemäß § 8 Abs. 1 UWG auslösen.[420] Dies gilt jedoch nicht, wenn die Domain zwar zum Zwecke einer späteren Veräußerung oder entgeltlichen Nutzungsüberlassung registriert wird, aber zum Registrierungszeitpunkt kein kennzeichen- oder namensrechtlicher Schutz an der Domain besteht und für den Domaininhaber auch kein besonderes Interesse eines bestimmten Unternehmens gerade an der Verwendung der Domain als Kennzeichen erkennbar war.[421]

---

413 BGH CR 2001, 777, 778 f – mitwohnzentrale.de; BGH GRUR 1986, 547, 548 – Handzettelwerbung; LG Hamburg MMR 2000, 763, 764 f – lastminute.com; *Schmidt-Bogatzki* GRUR 2002, 941, 948 f.

414 BGH CR 2001, 777, 780 – mitwohnzentrale.de.

415 Vgl. *Schmidt-Bogatzki* GRUR 2002, 941, 949; *Fezer* MarkenG § 3 Rn 347.

416 OLG Dresden MMR 2006, 685 – kettenzuege.de.

417 OLG Jena MMR 2005, 776 – bahnhoefe.de.

418 Kritisch auch *Hoeren* MMR 2001, 669, 671; *Jaeger-Lenz* CR 2001, 780, 781.

419 OLG Hamburg CR 2003, 288 – dollhouse.de; OLG Hamburg MMR 2006, 608, 613 – ahd.de.

420 OLG Hamburg MMR 2006, 608 – ahd.de.

421 BGH GRUR 2009, 685 – ahd.de.

Die Verwendung von Gattungsbegriffen als Domainnamen kann schließlich auch wegen **Irreführung** wettbewerbswidrig sein. In der Grundsatzentscheidung mitwohnzentrale.de zog der Bundesgerichtshof eine Irreführung unter dem Gesichtspunkt einer unzutreffenden Alleinstellungsbehauptung in Betracht.[422] Das ist dann der Fall, wenn der Nutzer bei Direkteingabe einer generischen oder beschreibenden Domain und Aufruf der entsprechenden Website irrigerweise annimmt, dass es sich hierbei um das einzige Internetangebot handelt oder aber jedenfalls um den größten Einzelanbieter oder Anbieterverband oder dass ihm die Website als Portal Zugang zum gesamten Angebot im Internet verschafft. Auch hier ist auf den durchschnittlich informierten und verständigen Internetnutzer abzustellen. Eine konkrete Erwartungshaltung des Nutzers bei Direkteingabe einer generischen oder beschreibenden Domain wird nur selten vorliegen. Bejaht hatte dies das Landgericht Frankfurt/Main für die Domain drogerie.de, bei der der Verbraucher den Zugang zu einem Informationsarchiv zu drogerie- und sachverwandten Themen erwarte.[423] Das Berufungsgericht sah allerdings den Domainnamen drogerie.de für die Bezeichnung einer Website als zu unbestimmt an, als dass ein verständiger und aufgeklärter Internetnutzer hinter dieser Domain eine Website vermute, die zwingend von einem Drogisten gestaltet oder zumindest kontrolliert werde. Die Vorstellungen eines Internetnutzers von einer generischen Internetdomain seien vielmehr eher diffus. Wer durch Direkteingabe einer generischen Domain im Internet surfe, der erwarte lediglich irgendeine Präsentation, die mit der Gattungs- oder Branchenbezeichnung im Zusammenhang stehe.[424] Nach einer Entscheidung des Oberlandesgerichts Hamburg kann die Verwendung der Domain „Deutsches-Handwerk.de" für eine Website, auf dem Handwerksbetrieben die Möglichkeit der Eintragung von Daten gegen Entgelt angeboten wird, jedenfalls bei einem rechtlich erheblichen Teil der angesprochenen Verkehrskreise den nicht zutreffenden Eindruck erwecken, dass es sich hierbei um den Internetauftritt einer offiziellen und berufsständischen Organisation des Deutschen Handwerks handelt.[425] Nach Auffassung des Oberlandesgerichts Celle ruft die Domain anwalt-hannover.de bei einem beachtlichen Teil der durchschnittlich informierten und verständigen Internetnutzer die Vorstellung hervor, unter dieser Domain sei die Homepage einer zentralen Stelle mit Angeboten einer größeren Anzahl von Anwaltskanzleien im Raum Hannover zu finden.[426] Da diese Erwartung nicht erfüllt wurde, beurteilte das Gericht die Verwendung der Domain anwalt-hannover.de als irreführend iSv § 3 UWG aF. Mit der gleichen Argumentation urteilte das Oberlandesgericht München, dass der Domainname rechtsanwaelte-dachau.de wettbewerbswidrig sei, da der Eindruck erweckt werde, einen Zugang zu allen oder den meisten Anwälten in Dachau zu gewähren.[427] Eine unzulässige Allein- oder Spitzenstellungsbehauptung wurde auch in der Domain tauchschule-dortmund.de gesehen, weil der Inhaber damit nach Auffassung des Verkehrs zum Ausdruck bringen wolle, der alleinige oder jedenfalls führende Anbieter im Ort zu sein.[428] Der Domainname deutsches-anwaltsverzeichnis.de weckt nach Auffassung des Landgericht Berlin bei den angesprochenen Verkehrskreisen die Vorstellung, das Verzeichnis enthalte alle oder die allermeisten Namen der in Deutschland tätigen Rechtsanwälte.[429] Ein weiteres Beispiel in der Judikatur für eine Irreführung iSv §§ 3, 5 UWG durch die Verwendung einer generischen Domain ist die Verwendung der Domain deutsches-handwerk.de für ein Internetportal, auf dem Handwerksbetrieben die Möglichkeit 132

[422] BGH CR 2001, 777, 780 – mitwohnzentrale.de.

[423] LG Frankfurt/M CR 2001, 713, 714 – drogerie.de.

[424] OLG Frankfurt/M MMR 2002, 811, 812f – drogerie.de; siehe auch LG Köln MMR 2006, 244 – bahnhoefe.de.

[425] OLG Hamburg GRUR 2007, 93, 94 – Deutsches-Handwerk.de.

[426] OLG Celle NJW 2001, 2100 – anwalt-hannover.de.

[427] OLG München NJW 2002, 2113 – rechtsanwaelte-dachau.de.

[428] LG Dortmund MMR 2003, 200 – tauchschule-dortmund.de; vgl. auch OLG Hamm MMR 2003, 471 – tauchschule.dortmund.de m. krit. Anm. *Karl*, wobei das OLG Hamm in der Kombination eines Gattungsbegriffs mit einem Ortsnamen eine geschäftliche Bezeichnung gesehen hat.

[429] LG Berlin MMR 2003, 490 – deutsches-anwaltsverzeichnis.de.

der Eintragung von Daten gegen Entgelt angeboten wird. Nach der Rechtsprechung des Oberlandesgerichts Hamburg kann dies die Fehlvorstellung hervorrufen, dass es sich hierbei um den Internetauftritt einer offiziellen und berufsständischen Organisation des Deutschen Handwerks handelt.[430]

133 Für die Beurteilung der Frage, ob die Verwendung eines generischen oder beschreibenden Domainnamens, zu denen insbesondere auch berufsständische Bezeichnungen wie „Zahnärzte" und „Rechtsanwälte" gehören, irreführend und damit wettbewerbswidrig ist, kommt es nicht allein auf den Domainnamen, sondern maßgeblich (auch) auf den dahinter stehenden **Internetauftritt,** insbesondere die konkrete Gestaltung der Website an.[431] So kann eine Fehlvorstellung der Internetnutzer durch einen klaren Hinweis auf der unter der generischen Domain betriebenen Website oder auch durch die konkrete Gestaltung und den Inhalt des Internetangebots ausgeschlossen[432] oder erst hervorgerufen werden.[433] Es genügt allerdings nicht jeder Hinweis auf der Website, um die im Einzelfall durch die Verwendung einer Gattungsbezeichnung als Domain hervorgerufene Fehlvorstellung einer Allein- oder Spitzenstellung zu beseitigen. Stereotype oder versteckte Hinweise auf die Unvollständigkeit des Angebots, die beispielsweise in einem allgemeinen Disclaimer enthalten sind, auf den lediglich am Ende der wegen Informationsfülle unübersichtlichen Internetseiten hingewiesen wird,[434] genügen in der Regel nicht, um eine durch die generische Domain hervorgerufene Fehlvorstellung relevanter Verkehrskreise auszuschließen.[435]

134 Die Verwendung beschreibender Domains, die aus **berufsständischen Bezeichnungen** bestehen oder solche ohne unterscheidungskräftigen Zusatz enthalten, ruft nach einem Teil der instanzgerichtlichen Rechtsprechung die Vorstellung beim durchschnittlichen Nutzer hervor, dass die entsprechende Website maßgeblich von Angehörigen des jeweiligen Berufs oder von entsprechenden Berufsgruppenverbänden erstellt und verantwortet wird.[436] In diesen Fällen kommt außerdem ein Verstoß gegen standesrechtliche Regelungen in Betracht. So ist die Wahl einer generischen Domain durch eine Rechtsanwaltskanzlei als Werbung anzusehen, die sich an §§ 43b BRAO, 6 BORA messen lassen muss. Nach Auffassung des Landgericht München I ist die Verwendung der Domain rechtsanwaelte.de durch eine Anwaltskanzlei standeswidrig, da dadurch ein privilegierter Zugang zu potenziellen Mandanten und damit ein unsachlicher Vorsprung gegenüber der Vielzahl anderer Kollegen geschaffen werde.[437] Die Nutzung der Domain rechtsanwaelte-notar.de durch zwei Anwälte, von denen einer auch Notar ist, sah der Bundesgerichtshof hingegen weder als unsachliche Werbung noch als unzutreffende Alleinstellungsbehauptung an und verneinte daher einen Verstoß gegen berufsrechtliche oder wettbewerbsrechtliche Vorschriften.[438]

135 Sofern im Einzelfall die Verwendung einer beschreibenden oder generischen Domain als wettbewerbswidrig angesehen wird, besteht **kein Anspruch auf** Unterlassung der Verwendung und **Löschung der Domain.** Vielmehr kann der Verletzte je nach den Um-

---

[430] OLG Hamburg WRP 2007. 102 – deutsches-handwerk.de (Ls).

[431] OLG Hamburg MMR 2006, 608, 613 – ahd.de; OLG Hamburg MMR 2003, 668 – schuhmarkt.de; OLG Hamburg MMR 2003, 537 – Mitwohnzentrale II; aA, zumindest kritisch OLG München NJW 2002, 2113 – rechtsanwaelte-dachau.de; OLG Nürnberg GRUR 2002, 460 – steuererklaerung.de.

[432] BGH MMR 2003, 252 – presserecht.de; OLG Hamburg MMR 2003, 537 – Mitwohnzentrale II; OLG Hamm MMR 2001, 237 – sauna.de; OLG München MMR 2001, 615 – autovermietung.com.

[433] OLG Hamburg MMR 2002, 480 – jobpilot.de.

[434] Vgl. LG Berlin MMR 2003, 490 – deutsches-anwaltsverzeichnis.de.

[435] Noch strenger OLG Nürnberg GRUR 2002, 460 – steuererklaerung.de; vgl. *Hoeren* MMR 2001, 669, 671.

[436] OLG Hamburg NJW-RR 2002, 1582, 1583 – rechtsanwalt.com; OLG Nürnberg GRUR 2002, 460, 461 – steuererklaerung.de; aA LG Berlin CR 2003, 771 – rechtsbeistand.info; LG Mannheim NJW-RR 2002, 1580 – rechtsanwalt.com.

[437] LG München I NJW 2001, 2100 = MMR 2001, 179 m. krit. Anm. *Ernst*; vgl. auch OLG Celle MMR 2001, 811 – recht-freundlich.de, das in der Verwendung dieser Domain durch einen Rechtsanwalt keine Werbung sah; *Müller* WRP 2002, 160, 162 ff.

[438] BGH MMR 2003, 256 – rechtsanwaelte-notar.de.

ständen des Einzelfalles nur verlangen, dass die Domain durch einen unterscheidungskräftigen Zusatz ergänzt wird oder auf der mit der Domain verbundenen Website ein klarer Hinweis angebracht wird, der den irreführenden Eindruck beseitigt.[439]

4. Folgen rechtswidriger Domainbenutzung

a) Unterlassungs- und Beseitigungsanspruch. Verletzt die Benutzung eines Domainnamens Kennzeichen- oder Namensrechte, so ist der wichtigste Anspruch des Rechteinhabers auf die Unterlassung der Benutzung gerichtet. Gesetzliche Anspruchsgrundlage hierfür ist bei einer Kennzeichenrechtsverletzung § 14 Abs. 5 MarkenG oder § 15 Abs. 4 MarkenG, je nach dem ob es sich bei dem Kennzeichen um eine Marke oder eine geschäftliche Bezeichnung handelt, bei Namensrechtsverletzung § 12 Satz 2 BGB und bei Verstößen gegen Wettbewerbsrecht § 3 UWG. Außerhalb des Anwendungsbereichs der kennzeichenrechtlichen Vorschriften kann sich ein Unterlassungsanspruch auch aus allgemeinen zivilrechtlichen Normen, wie insbesondere §§ 826, 226, 1004 BGB bei sittenwidriger vorsätzlicher Schädigung, ergeben. Der Unterlassungsanspruch besteht **verschuldensunabhängig.** Er setzt jedoch voraus, dass hinsichtlich der Verletzungshandlung Wiederholungs- oder Begehungsgefahr besteht. Dies ist in der Regel bereits bei der Registrierung des Domainnamens anzunehmen. Die Registrierung eines Domainnamens kann unabhängig von dem Inhalt der Website Unterlassungsansprüche wegen Verletzung eines bekannten Kennzeichens, wegen Namensrechtsverletzung oder sittenwidriger Behinderung auslösen.[440] Außerhalb bekannter Marken und Geschäftsbezeichnungen setzt die Verletzung von Kennzeichenrechten allerdings das Vorliegen einer Verwechslungsgefahr voraus, die sich neben der Identität oder Ähnlichkeit der Zeichen aus einer Waren-/Dienstleistungsähnlichkeit oder Branchennähe ergibt. Ist ein mit einem fremden Kennzeichen identischer oder ähnlicher Domainname lediglich registriert und mit einer inhaltsleeren Website konnektiert, so kann eine **Begehungsgefahr** nicht ohne Weiteres angenommen werden. Nur dann, wenn bereits feststeht, für welche Waren oder Dienstleistungen die Domain verwendet werden soll oder es zumindest Anhaltspunkte für die Art der beabsichtigten Benutzung gibt, kann eine Begehungsgefahr im Einzelfall vorliegen.[441] Eine Wiederholungs- oder Begehungsgefahr kann nur dadurch ausgeräumt werden, dass der Domaininhaber eine strafbewehrte Unterlassungsverpflichtungserklärung abgibt. 136

Der Unterlassungsanspruch bezieht sich auf die **konkrete Verletzungsform,** weshalb bei einer gerichtlichen Geltendmachung des Unterlassungsanspruchs eine genaue Formulierung des Antrags und des Verbotstenors unter Berücksichtigung des konkreten Verletzungstatbestands erforderlich ist. Dies wird in der instanzgerichtlichen Rechtsprechung zu Domainkonflikten nicht immer beachtet, indem zum Teil die Registrierung und Benutzung eines Domainnamens schlechthin untersagt wird, obgleich sich die rechtswidrige Benutzungshandlung der Domain beispielsweise wegen Warenähnlichkeit aus dem Inhalt der Website ergibt, die Benutzung des Domainnamens für eine Website mit einem warenfernen Inhalt aber mangels einer Verwechslungsgefahr zulässig bleibt.[442] Wenn allerdings nach den Umständen des Einzelfalles zugleich eine Begehungsgefahr dafür besteht, dass die Domain auch privat oder für andere Produkte oder in einer anderen Branche benutzt wird, was ebenfalls eine Rechtsverletzung beinhalten würde, kann ein erweiterter Umfang des 137

[439] BGH CR 2001, 777, 780 – mitwohnzentrale.de; LG München I NJW 2001, 2100, 2102 – rechtsanwaelte.de; für einen Teilhabeanspruch bei generischen Domains *Buchner* BRUR 2006, 984, 989.

[440] ZB OLG Hamburg ZUM-RD 2001, 131 – derrick.de; OLG Karlsruhe CR 2003, 696 – zwilling.de; LG München I MMR 2003, 677 – freundin.de; BGH GRUR 2002, 622 – shell.de; OLG Hamm MMR 1998, 214 – krupp.de; KG GRUR-RR 2001, 180 – CHECK IN.

[441] OLG Karlsruhe MMR 2002, 118 – dino.de; OLG Frankfurt/M MMR 2000, 424 – weideglueck.de; → Rn 92f.

[442] So zutreffend OLG Hamburg K&R 2007, 414 = MMR 2008, 135 – original-nordmann.eu; LG Mannheim MMR 2000, 47, 49 – buchhandel.de/nautilus; LG Köln K&R 2007, 221, 223 – aidu.de; vgl. auch OLG Köln MMR 2003, 114, 118 – LottoTeam; zumindest zweifelhaft in OLG Oldenburg MMR 2004, 34 – schulenburg.de m. krit. Anm. *Mietzel*; LG Hamburg CR 1999, 47 – eltern.de.

Unterlassungsanspruchs bis hin zur generellen Untersagung der Benutzung der Domain begründet sein. Das gilt erst recht, wenn der Rechtsverstoß schon darin besteht, dass die Domain – unabhängig vom Inhalt der Website – registriert gehalten wird, wie es beispielsweise bei einer Namensanmaßung iSd § 12 BGB der Fall ist. Dabei ist allerdings streng zwischen der Untersagung der Benutzung einer Domain und einer eventuellen Pflicht zur Dekonnektierung zu unterscheiden. Nach einer Entscheidung des Oberlandesgerichts Hamburg stellt es keine Zuwiderhandlung gegen ein Verbot der Benutzung einer Domain dar, wenn die betreffenden Internetseiten gelöscht worden sind und unter der Domain nur noch ein Baustellen-Hinweis des Providers ohne weitere Inhalte aufzufinden ist.[443] Ein reines Nutzungsverbot einer Domain beinhalte nämlich gerade kein grundsätzliches Verbot, die Domain konnektiert zu lassen, sondern verbiete lediglich das Bereithalten von Inhalten.

138 Liegt bereits eine Rechtsverletzung vor, so ist der Verletzer nicht nur dazu verpflichtet, solche Handlungen zu unterlassen, die mit der bereits begangenen übereinstimmen, sondern alle, die **im Kern gleichartig** sind.[444] Auch wenn sich der Unterlassungsanspruch auf den Domainnamen in der konkreten Schreibweise bezieht, werden Neuanmeldungen des untersagten Domainnamens mit einer unwesentlichen Abweichung in der Schreibweise, beispielsweise durch Verwendung eines Bindestrichs, vom Entscheidungstenor erfasst.[445] Dies ist jedoch nicht der Fall bei der Neuanmeldung beispielsweise der untersagten Domain mueller.de als nunmehr mögliche Domain müller.de oder bei der Neuanmeldung von sog. „Vertipper"-Domains.[446] Eine Untersagung der Verwendung eines Domainnamens in jeder denkbaren Schreibweise ist nur in Extremfällen denkbar.[447] Ein zur Verwendung eines geschützten Zeichens als SLD ergangenes Urteil kann sich auch auf Subdomains, nicht aber ohne Weiteres auf andere TLDs erstrecken.[448]

139 In gewohnheitsrechtlich anerkannter Ergänzung zum Unterlassungsanspruch steht dem Rechteinhaber ein **Anspruch auf Beseitigung** eines andauernden störenden Zustands zu.[449] Der wettbewerbsrechtliche Beseitigungsanspruch ist in § 8 Abs. 1 UWG kodifiziert. Ein andauernder störender Zustand kann in der Aufrechterhaltung der rechtswidrigen Registrierung eines Domainnamens liegen, mit der Folge, dass zu dem Unterlassungsanspruch ein Löschungsanspruch als unselbstständiger Beseitigungsanspruch tritt.[450] Dementsprechend stellt der Bundesgerichtshof in seiner Entscheidung zu euro-telekom.de ausdrücklich klar, dass ein Löschungsanspruch nur dann begründet ist, wenn schon das Halten eines Domainnamens durch einen Dritten eine Rechtsverletzung darstellt.[451] So bestehe kein Löschungsanspruch der Deutschen Telekom AG bezüglich der Domain euro-telekom.de, da nach der Lebenserfahrung nicht davon ausgegangen werden könne, dass die Verwendung der Domain für andere Branchen als der der Telekommunikation und des Internets eine Ausnutzung oder Beeinträchtigung der Unterscheidungskraft des Kennzeichens „Telekom" darstelle. Der Domaininhaber wird dann zur Beseitigung der Domainregistrierung als störenden Zustand verpflichtet, indem er gegenüber der Registrierungsstelle – bei einer .de-Domain der DENIC – die Freigabe der betreffenden Domain erklärt, auf ihre Regist-

---

443 OLG Hamburg GRUR-RR 2008, 61 – Baustellen-Hinweis.

444 *Hoeren/Sieber/Viefhues* Kap. 6 Rn 327.

445 AA LG Koblenz MMR 2000, 571 – alles-ueber-wein.de.

446 Zum Umfang eines Verbotstenors zu „Vertipper" Domains siehe OLG Hamburg K&R 2009, 345.

447 *Ingerl/Rohnke* MarkenG Nach § 15 Rn 142; OLG Frankfurt/M GRUR-RR 2001, 264, 266 – welt-online.de.

448 Vgl. LG Duisburg MMR 2000, 168, 169f – cty.de.

449 *Teplitzky* Kap. 22 Rn 11; *Ingerl/Rohnke* MarkenG Vor §§ 14–19 Rn 101; LG München I MMR 1999, 234, 236 – juris; LG München I MMR 2003, 677 – freundin.de; siehe auch öOGH K&R 2008, 260 m. Anm. Höhne.

450 OLG Hamburg MMR 2006, 608, 613 – ahd.de; OLG Hamburg MMR 2003, 280 – dollhouse.de.

451 BGH GRUR 2007, 888 = WRP 2007, 1193, 1194 – Euro Telekom; siehe auch OLG Hamburg K&R 2007, 414 = MMR 2008, 135 – original-nordmann.eu; vgl. auch EGMR MMR 2008, 29, der insoweit von einer zulässigen Ausgestaltung der Inhalts- und Schrankenbestimmungen des Eigentumsrechts an einer Domain i. S. d. Art. 1 des 1. Zusatzprotokolls zur EMRK ausgeht.

rierung verzichtet oder in ihre Löschung einwilligt. Ein Anspruch gegen die Registrierungsstelle auf Sperrung eines Domainnamens für jede zukünftige Eintragung eines Dritten besteht nicht.[452] Da in einem einstweiligen Verfügungsverfahren die Hauptsacheentscheidung nicht vorweg genommen werden darf, kann dort zwar ein Unterlassungsanspruch gegen den Inhaber einer rechtsverletzenden Domain geltend gemacht werden, nicht aber – zumindest nicht in aller Regel – ein Anspruch auf Freigabe, Verzicht auf oder Löschung der Domainregistrierung.[453] Sofern nicht eine inhaltliche Einschränkung im Entscheidungstenor erfolgt, indem allein die Darstellung bestimmter Inhalte auf der Internetpräsenz untersagt wird, bedeutet die Untersagung der Benutzung des Domainnamens, dass überhaupt kein Inhalt unter der Domain abrufbar sein darf.[454]

Um zu verhindern, dass der Domaininhaber die streitgegenständliche .de-Domain während der rechtlichen Auseinandersetzung auf einen Dritten überträgt oder die Domain nach erfolgter Löschung der Registrierung zugunsten des Anspruchsgegners durch einen Dritten für sich registriert wird, kann der Anspruchsführer und Rechteinhaber einen Antrag auf Einrichtung eines sogenannten **Dispute-Eintrags** (früher WAIT-Eintrag) bei der DENIC stellen.[455] Der Dispute-Eintrag gilt zunächst für ein Jahr und bewirkt, dass die Domain von ihrem Inhaber zwar weiter genutzt, jedoch nicht auf einen Dritten übertragen werden kann. Zudem wird der Inhaber des Dispute-Eintrags neuer Domaininhaber, sobald die Domain freigegeben wird. In Bezug auf andere Registrierungsverfahren ist an die gerichtliche Geltendmachung eines aus § 12 BGB und §§ 5, 15 MarkenG folgenden Verfügungsverbotanspruchs zu denken, welcher dem berechtigten Namensträger die Möglichkeit erhält, im Rahmen des jeweiligen Registrierungsverfahrens die Eintragung des Domainnamens zu erreichen, sobald der Verletzer zum Verzicht auf seine Rechtsstellung gezwungen worden ist.[456] Wegen der grundsätzlichen Möglichkeit eines Dispute-Eintrags fehlt es für eine solche Unterlassungsverfügung im Bereich der de.-Domain am Rechtsschutzbedürfnis.[457] 140

b) Übertragungsanspruch und Teilhaberecht. In rechtlichen Auseinandersetzungen um die Verwendung eines Domainnamens ist der Verletzte in der Regel daran interessiert, die betreffende Domain selbst zu registrieren und sei es deshalb, um ihre Registrierung durch Dritte zu verhindern. In der instanzgerichtlichen Rechtsprechung und im Schrifttum war daher lange umstritten, ob der Berechtigte neben Unterlassungsansprüchen anstelle der Löschung auch die Übertragung der Domain auf sich verlangen kann. Die Befürworter eines solchen Übertragungsanspruchs stützen diesen zum Teil auf die analoge Anwendung des § 8 Abs. 2 Satz 2 PatG oder des § 894 BGB,[458] zum Teil leiten sie den Übertragungsanspruch aus angemaßter Eigengeschäftsführung (§§ 687, Abs. 2, 681, 667 BGB) oder Eingriffskondiktion (§ 812 Abs. 1 Satz 1 2. Alternative BGB) ab[459] oder nehmen den Übertragungsanspruch anstelle des Anspruches auf Beseitigung oder Schadensersatz ohne weitere dogmatische Begründung an.[460] Die Auffassung, dass sich ein Anspruch des Verletzten auf Einwilligung des Domaininhabers in die Umschreibung der Domain begründen lässt, konnte sich in der instanzgerichtlichen Rechtsprechung jedoch nicht durchsetzen.[461] 141

---

[452] BGH WRP 2004, 769 – Kurt-biedenkopf.de; BGH GRUR 2002, 622, 626 – shell.de; OLG Köln NJW-RR 1999, 622 – herzogenrath.de; OLG Düsseldorf MMR 2003, 748 – solingen.info; OLG Köln MMR 2003, 114, 118 – LottoTeam.

[453] OLG Frankfurt/M GRUR-RR 2001, 5 – mediafacts.de; OLG Hamm MMR 2001, 695.

[454] Vgl. BGH MMR 2002, 456, 458 – vossius.de.

[455] Das Antragsformular ist unter <http://www.denic.de/de/media/pdf/formulare/Einrichtung_DISPUTE.pdf> abrufbar; siehe hierzu kritisch *Rössel* CR 2007, 376.

[456] KG Berlin K&R 2007, 527 = GRUR-RR 2007, 398.

[457] Vgl. LG Düsseldorf, Urteil vom 3. 5. 2007 – 2a O 57/02 – solingen.info.

[458] So OLG München CR 1999, 382 – shell.de; LG München I CR 2001, 191 – champagner.de; vgl. auch *Foerstl* CR 2002, 518, 524; aA *Fezer* MarkenG § 3 Rn 351.

[459] So *Hackbarth* CR 1999, 384; *Fezer* MarkenG § 3 Rn 351.

[460] So LG Hamburg CR 1999, 47, 49 – eltern.de; LG München I NJW-RR 1998, 973, 974 – juris.de.

[461] Vgl. nur OLG Hamburg ZUM-RD 2001, 131, 137 – derrick.de; OLG Hamburg MMR 2002, 825, 826 – motorradmarkt.de; OLG Hamm MMR 1998, 214, 216 – krupp.de; LG Hamburg MMR 2000, 620,

In seiner Entscheidung „shell.de“[462] hat der Bundesgerichtshof sich dieser Auffassung angeschlossen und entschieden, dass dem Berechtigten gegenüber dem nicht berechtigten Inhaber eines Domainnamens kein Anspruch auf Überschreibung der Domain, sondern nur ein Anspruch auf ihre Löschung zusteht. Zu Recht begründet er dies damit, dass ein Domainname nicht wie ein absolutes Recht einer bestimmten Person zugewiesen ist und sich zudem gesetzlich kein Anspruch auf die Registrierung eines bestimmten Domainnamens ableiten lässt. Auch ist zu berücksichtigen, dass mit einer Übertragung der Domain auf den Anspruchsteller diesem unter Umständen mehr zugesprochen würde, als ihm materiellrechtlich zusteht, da möglicherweise Dritte noch bessere Rechte an der Bezeichnung haben können.[463]

142 Im Zusammenhang mit einem Unterlassung- und/oder Beseitigungsanspruch des Verletzten gegen die Benutzung eines Domainnamens wird unter dem Stichwort Domain-Sharing ein Teilhabeanspruch diskutiert, der den Domaininhaber zur Einräumung der Mitinhaberschaft an der Domain oder zur Einrichtung einer Portal-Seite oder einer Index-Seite verpflichtet.[464] Eine rechtliche Grundlage für einen solchen Anspruch auf Teilhabe an einem Domain-Sharing besteht jedoch nicht.[465]

143 **c) Schadensersatz- und Auskunftsanspruch.** Dem durch die rechtsverletzende Benutzung eines Domainnamens Verletzten steht ein Anspruch auf Schadensersatz (§ 14 Abs. 6 MarkenG, § 15 Abs. 5 MarkenG, §§ 3, 9 UWG, §§ 12, 823 Abs. 1 BGB) zu, sofern der Domaininhaber **schuldhaft** gehandelt hat. Bei der Verletzung von Kennzeichenrechten durch die Verwendung eines Domainnamens wird in der Regel ein Verschulden in Form der Fahrlässigkeit vorliegen, da die Möglichkeit besteht, eine Kennzeichenrecherche durchzuführen.[466]

144 Die Höhe des Schadensersatzanspruchs kann grundsätzlich nach Wahl des Verletzten konkret in Höhe des erlittenen Vermögensnachteils nach §§ 249, 252 BGB, in Höhe des von dem Domaininhaber unter dem Domainnamen erzielten Gewinns oder im Wege der Lizenzanalogie berechnet werden.[467] Von diesen **drei Berechnungsmethoden** ist in der Praxis auf Grund von Beweisschwierigkeiten bei der Berechnung des konkret entstandenen Schadens oder Verletzergewinns die Geltendmachung des Schadensersatzanspruches in Höhe einer fiktiven Lizenzgebühr üblich.[468]

145 Der Domaininhaber als Anspruchsgegner muss nach den allgemeinen Grundsätzen (§ 242 BGB) Auskunft erteilen, sofern dies für die Prüfung und Berechnung des Schadensersatzanspruchs erforderlich und dem Domaininhaber die Auskunftserteilung zuzumuten ist. Es kann regelmäßig nur Auskunft verlangt werden über die unter dem Domainnamen erzielten Umsätze, was bei dem Vertrieb von Waren oder Dienstleistungen über das Internetangebot relevant ist, sowie die getätigte Werbung, nicht aber über Lieferdaten, Lieferpreise und Abnehmer.[469]

III. Internationale Zuständigkeit und anwendbares Recht

146 Das Internet ist ein globales Medium, dessen Nutzung nicht an territoriale Grenzen stößt und unabhängig ist von räumlichen Entfernungen. Da Internetauftritte weltweit auf-

622 f – joop.de m. zust. Anm. *Bottenschein*; siehe hierzu auch *Pahlow* WRP 2002, 1228, 1233 ff.; gegen Übertragungsanspruch auch *Koch* ITRB 2001, 167; *Weisert* ITRB 2001, 17.

[462] BGH GRUR 2002, 622 – shell.de.

[463] BGH GRUR 2002, 622, 626 – shell.de; ebenso *Hoeren/Sieber/Viefhues* Kap. 6 Rn 338.

[464] *Ernst* MMR 2002, 714, 721; *Hoeren/Sieber/Viefhues* Kap. 6 Rn 342 f, 433 ff.

[465] BGH CR 2001, 777 – mitwohnzentrale.de; aA *Hoeren/Sieber/Viefhues* Kap. 6 Rn 343; vgl. Rn 51.

[466] Vgl. BGH GRUR 2002, 622, 626 – shell.de; BGH MMR 2002, 456, 458 – vossius.de; *Hoeren/Sieber/Viefhues* Kap. 6 Rn 333; aA bei Privatpersonen LG Freiburg MMR 2004, 41 f.

[467] *Fezer* MarkenG § 14 Rn 518 ff.

[468] Vgl. LG Mannheim MMR 2002, 400 – zwilling.de; *Hoeren/Sieber/Viefhues* Kap. 6 Rn 334; *Ubber/Bousonville* S. 204.

[469] *Fezer* MarkenG § 14 Rn 526; *Ubber/Bousonville* S. 204 f.

gerufen werden können, kann es hier zu Kollisionen durch die Nutzung von Kennzeichen und Domainnamen im Internet kommen, die offline auf Grund des räumlich beschränkten Schutzes von Kennzeichenrechten nach dem in allen Rechtsordnungen anerkannten Territorialitätsgrundsatz nicht bestehen. In diesen Fällen stellt sich die Frage, ob die Nutzung eines jeden Domainnamens oder der Inhalt einer jeden Website, die in Deutschland von einem Internetnutzer aufgerufen werden kann, als eine Kennzeichenrechtsverletzung oder einen Wettbewerbsrechtsverstoß nach deutschem Recht beurteilt und der Domaininhaber oder Website-Betreiber vor einem deutschen Gericht verklagt werden kann.

1. Internationale Zuständigkeit der Gerichte

Steht die Verletzung der Rechte an einem deutschen Kennzeichen oder ein Verstoß gegen deutsches Wettbewerbsrecht durch die Verwendung einer .de-Domain im Raum und hat der Domaininhaber seinen Sitz in Deutschland, so ist die Zuständigkeit eines deutschen Gerichts und die Anwendung deutschen materiellen Rechts unproblematisch gegeben. Weist der zu beurteilende Sachverhalt einen Auslandsbezug auf, so richtet sich die internationale Zuständigkeit inländischer Gerichte im Verhältnis zu allen EU-Staaten mit Ausnahme von Dänemark nach der gemeinschaftsrechtlichen Zuständigkeitsordnung Nr. 44/2001 (EuGVVO),[470] die am 1. 3. 2002 in Kraft getreten ist und in ihrem Anwendungsbereich die EuGVÜ[471] ersetzt. Daneben treten das Luganer Übereinkommen (LugÜ),[472] das im Verhältnis zu Island, Norwegen, der Schweiz und Polen gilt, sowie bilaterale und multilaterale Staatsverträge mit Zuständigkeitsregelungen. Subsidiär ist auf die Regelungen des Deutschen Internationalen Zivilprozessrechts (IZPR) zurückzugreifen, wonach die internationale Zuständigkeit der deutschen Gerichte den Regelungenüber die örtliche Zuständigkeit in analoger Anwendung zu entnehmen ist. Die örtliche Zuständigkeit initiiert danach die internationale Zuständigkeit.[473] 147

Nach der **EuGVVO** gilt der allgemeine Gerichtsstand des Sitzes des Beklagten, also der Wohnsitz einer natürlichen Person (Art. 2 EuGVVO) oder der Sitz einer juristischen Person (Art. 2, 60 EuGVVO), für alle Klagen und damit auch für Klagen gegen die Verletzung von Kennzeichenrechten, sofern kein ausschließlicher Gerichtsstand nach Art. 22 EuGVVO begründet ist oder eine Gerichtsstandsvereinbarung gemäß Art. 23 EuGVVO vorliegt. Im Kennzeichenrecht sieht Art. 22 Nr. 4 EuGVVO für Klagen, die die Rechtsbeständigkeit von gewerblichen Schutzrechten betreffen, eine ausschließliche Zuständigkeit der Gerichte des Mitgliedstaates vor, für den das Schutzrecht erteilt wurde. Von den Wahlgerichtsständen, die neben den allgemeinen Gerichtsstand treten, ist für Kennzeichenstreitsachen insbesondere der Gerichtsstand des **Ortes einer unerlaubten Handlung** gemäß Art. 5 Nr. 3 EuGVVO von Bedeutung. Diese Regelung stimmt mit § 32 ZPO inhaltlich weitgehend überein, wobei Ort der unerlaubten Handlung neben dem Erfolgsort nicht nur jeder Handlungsort, sondern auch der Ort ist, an dem das schädigenden Ereignis einzutreten droht. Für Streitigkeiten, die eine Niederlassung betreffen, besteht der Wahlgerichtsstand der Niederlassung nach Art. 5 Nr. 5 EuGVVO, während Streitgenossen nach Art. 6 Nr. 1 EuGVVO im Gerichtsstand eines der Streitgenossen verklagt werden können, sofern zwischen den Klagen eine so enge Beziehung gegeben ist, dass eine gemeinsame Verhandlung und Entscheidung geboten erscheint, um zu vermeiden, dass in getrennten Verfahren wi- 148

---

470 Verordnung (EG) Nr. 44/2001 des Rates vom 22. 12. 2000, ABl. EG Nr. L 12 vom 16. 1. 2001, S. 1 = NJW, Beilage zu Heft 11/2002 über die gerichtliche Zuständigkeit und die Anerkennung und Vollstreckung von Entscheidungen in Zivil- und Handelssachen; vgl. hierzu *Piltz* NJW 2002, 789; *Micklitz/Rott* EuZW 2001, 325.

471 Übereinkommen über die gerichtliche Zuständigkeit und die Vollstreckung gerichtlicher Entscheidungen in Zivil- und Handelssachen vom 27. 9. 1968 idF des 4. Beitrittsübereinkommen, BGBl. 1999 II S. 419.

472 Übereinkommen über die gerichtliche Zuständigkeit und die Vollstreckung gerichtlicher Entscheidungen in Zivil- und Handelssachen vom 16. 9. 1988 (Luganer Übereinkommen).

473 Grundsatz der Doppelfunktionalität, vgl. BGH NJW 1997, 2245; *Mankowski* MMR 2002, 61, 62.

dersprechende Entscheidungen ergehen können. Eine solche ausreichend enge Beziehung setzt außer der Identität des Schutzrechts und der Verletzungsform ein Zusammenwirken der Beklagten voraus, was in Kennzeichenstreitsachen bei mehreren Beteiligten wie Gesellschaften und ihren Organen oder Tätern und Störern in der Regel auf Grund des Sachzusammenhangs zu bejahen sein wird.[474]

149 Für Klagen wegen Verletzung und fehlender Rechtsgültigkeit von Gemeinschaftsmarken enthält die **Gemeinschaftsmarkenverordnung (GMV)** in Art. 93, 92 eine eigene internationale Zuständigkeitsregelung, die der EuGVVO oder sonstigen internationalen Vorschriften vorgeht. Neben dem allgemeinen Gerichtsstand (Art. 93 Abs. 1 bis 4 GMV) besteht der Gerichtsstand des Begehungsortes nach Art. 93 Abs. 5 GMV, wobei das Gericht am Ort der unerlaubten Handlungen zuständig ist, die in dem Mitgliedsstaat begangen worden sind oder drohen, in dem das Gericht seinen Sitz hat. Ist eine Verletzungshandlung in mehr als einem Staat begangen worden, müsste der Inhaber der Gemeinschaftsmarke im Gerichtsstand der unerlaubten Handlung in jedem Staat klagen, während er ein gemeinschaftsweites Verbot nur in einem Verfahren beim Gericht am (Wohn-)Sitz des Beklagten beantragen kann.[475]

150 Sind die **Regelungen des deutschen Rechts** für die Bestimmung der internationalen Zuständigkeit anwendbar, ist der Gerichtsstand im Inland nach §§ 12, 13 ZPO am (Wohn-)Sitz des Beklagten, nach § 32 ZPO am Ort der unerlaubten Handlung oder nach § 23 ZPO am Ort des Vermögens des Beklagten gegeben. Nach § 140 MarkenG sind Landgerichte sachlich für Kennzeichenstreitsachen zuständig. In wettbewerbsrechtlichen Auseinandersetzungen ist unter Berücksichtigung von § 14 Abs. 2 Satz 1 UWG nur das Gericht neben dem allgemeinen Gerichtsstand international zuständig, in dessen Bezirk die Handlung begangen ist.

151 Der **Gerichtsstand der unerlaubten Handlung** spielt bei Kennzeichenrechtsverletzungen und Wettbewerbsverstößen durch die Verwendung eines Domainnamens eine große Rolle. Aufgrund der Ubiquität des Internet und der Tatsache, dass sowohl nach Art. 5 Nr. 3 EuGVVO als auch nach § 32 ZPO die internationale Gerichtszuständigkeit sowohl am Ort der Handlung als auch an dem Ort, an dem der Erfolg eingetreten ist, besteht, können viele Orte in Betracht kommen. Für den Kennzeicheninhaber folgt hieraus ein Wahlrecht und damit die Möglichkeit eines so genannten Forum Shopping, während der Domaininhaber das potenzielle Risiko hat, in verschiedenen Staaten mit dem Vorwurf der Kennzeichenrechtsverletzung konfrontiert zu werden.[476] Die internationale Zuständigkeit der deutschen Gerichte ist immer dann gegeben, wenn der Begehungsort, also der Handlungs- oder Erfolgsort, der unerlaubten Handlung im Inland liegt. Als **Handlungsort** kommt sowohl der Ort in Betracht, an dem sich der Server befindet, auf dem die vom Nutzer abzurufenden Daten bereit gehalten werden,[477] als auch der Ort des (Wohn-)Sitzes des Verletzers, von dem aus er die Verbreitung über den Server willentlich steuert.[478] **Erfolgsort** der unerlaubten Handlung ist grundsätzlich jeder Ort, an dem die betreffende Website abgerufen werden kann.[479]

152 Genügt bereits die **Abrufbarkeit einer Website in Deutschland** zur Begründung eines Begehungsortes im Inland, so wäre in kennzeichenrechtlichen Auseinandersetzungen stets die internationale Zuständigkeit deutscher Gerichte gegeben. Da dies überwiegend als zu ausufernd angesehen wird, ist zur sinnvollen Einschränkung der internationalen Zuständigkeit nach der herrschenden Auffassung erforderlich, dass Begehungsort nur der Ort ist, an dem die Website **bestimmungsgemäß** – und nicht lediglich zufällig – aufgerufen wer-

---

[474] Vgl. *Ingerl/Rohnke* MarkenG Einl. Rn 43.
[475] Vgl. *Tilmann* GRUR Int. 2001, 673.
[476] *Hoeren/Sieber/Viefhues* Kap. 6 Rn 310.
[477] LG Düsseldorf GRUR 1998, 159, 160 – epson.de.
[478] *Hoeren/Sieber/Pichler* Kap. 31 Rn 124; *Ubber* S. 209.
[479] OLG München MMR 2000, 166, 167 – literaturhaus.de; OLG Hamburg MMR 2002, 822, 823 – hotel-maritime.dk; LG Hamburg GRUR Int. 2002, 163 – hotel-maritime.dk m. Anm. *Pellens/Peitsch.*

den kann.[480] Ob sich eine Website gezielt auch an den deutschen Markt richtet, und daher bestimmungsgemäß im Inland verbreitet wird, kann sich aus bestimmten objektiven Kriterien ergeben. Hierzu zählen etwa die TLD, unter der die Website aufzurufen ist, die auf der Website verwendete Sprache, eine bestimmte Art und Weise der Präsentation des Internetangebots sowie ein auf die Zielrichtung des Internetangebots hinweisender Disclaimer.[481] So lässt eine unter einer .de-Domain betriebene Website vermuten, dass sich diese an den deutschen Markt richtet.[482] Während die Verbreitung der Website unter einer Domain mit einer anderen ccTLD, wie beispielsweise .uk, die widerlegbare Vermutung weckt, dass sich das Internetangebot nicht (auch) auf den deutschen Raum bezieht, gilt dies nicht für die **TLDs** der Schweiz und Österreich .ch und .at, die sich oftmals an den deutschsprachigen Raum und damit auch an den deutschen Markt richten, und schon gar nicht für gTLDs, die keinen regionalen Bezug aufweisen.[483] Eine wichtige Indizwirkung für die bestimmungsgemäße Verbreitung auch im Inland kommt der auf der Website verwendeten **Sprache** zu. Ist die Website in deutscher Sprache gehalten oder gehört Deutschland zu den auf der Startseite durch Flaggen gekennzeichneten Auswahlmöglichkeiten der Nation und damit auch der Sprache, so ist die Website in der Regel (auch) auf Deutschland ausgerichtet.[484] Weitere Anhaltspunkte für die Bestimmungsgemäßheit der Aufrufbarkeit der Website in Deutschland lassen sich der Art der beworbenen Leistung und der Gestaltung der Website entnehmen. Ist die von dem Domaininhaber angebotene Dienstleistung nicht im Inland erbringbar, so steht dies dem zielgerichteten Inlandbezug entgegen.[485] Zahlungsmodalitäten (Währung) und Kontaktadressen können ebenso einen Anhaltspunkt für oder wider die Inlandsausrichtung der Website geben wie ein Hinweis in Form eines Disclaimers, dass sich das Internetangebot nicht an Internetnutzer in Deutschland richtet. Zur Begründung oder Ablehnung eines Inlandsbezugs – und damit eines die internationale Zuständigkeit deutscher Gerichte begründenden Begehungsortes im Inland – sind stets alle Umstände des Einzelfalles zu berücksichtigen. So kann beispielsweise die Verwendung eines Disclaimers unbeachtlich sein, wenn alle anderen Umstände, wie Sprache und Kontaktadresse, für Deutschland als Bestimmungsland sprechen.[486]

Soweit es um Wettbewerbsverletzungen geht, ist Begehungsort der unerlaubten Hand- **153**
lung der **Marktort,** also der Ort, an dem wettbewerbliche Interessen aufeinander treffen. Bei Internetangeboten ist der Marktort überall dort gegeben, wo sich potenzielle Kunden befinden.[487]

2. Anwendbares Recht

Nach welchem Recht die Voraussetzungen und Rechtsfolgen einer Kennzeichenrechts- **154**
verletzung durch Verwendung eines Domainnamens zu beurteilen sind, entscheidet das

480 In Anlehnung an die Rechtsprechung zu wettbewerbsrechtlichen Verletzungsfällen durch Presseerzeugnisse (BGH GRUR 1971, 153 – Tampax) KG NJW 1997, 3321 – concert-concept.com; OLG Karlsruhe MMR 1999, 604, 605 – badwildbad.com; OLG Köln GRUR-RR 2008, 71; LG Hamburg GRUR Int. 2002, 163, 164 – hotel.maritime.dk; LG München I CR 2000, 464, 465 – intershopping.com m. Anm. *Röhrborn*; LG Hamburg MMR 1999, 612 – animalplanet.com; *Koch* CR 1999, 121, 124, 129; *Loewenheim/Koch/Kur* S. 376; *Fezer* MarkenG Einl. Rn 216, § 3 Rn 357; noch weitergehend *Kort* DB 2001, 249, 257; aA OLG Karlsruhe MMR 2002, 814, 815 – Intel; zweifelnd an der Erforderlichkeit im Geltungsbereich des Art. 5 Nr. 3 EuGVÜ: *Hoeren/Sieber/Viefhues* Kap. 6 Rn 315; skeptisch auch *Bettinger/Thum* GRUR Int. 1999, 659, 673 ff.

481 Vgl. LG Köln MMR 2002, 60 – budweiser.com m. Anm. *Mankowski; Mankowski* CR 2000, 763, 764 f; *Ingerl/Rohnke* MarkenG Einl. Rn 54.

482 Vgl. LG Düsseldorf GRUR 1998, 159.

483 Vgl. für .com-Domain OLG Düsseldorf K&R 2008, 539.

484 Vgl. OLG Hamm MMR 2004, 177 – nobia.se; LG Köln MMR 2002, 60 – budweiser.com m. Anm. *Mankowski;* differenzierend LG Hamburg GRUR Int. 2002, 163, 164 – hotel-maritime.dk.

485 LG Hamburg GRUR Int. 2002, 163, 164 – hotel-maritime.dk.

486 *Ubber* S. 214.

487 Vgl. OLG Bremen CR 2000, 770, 771 f; OLG Stuttgart NJW-RR 1987, 292; *Mankowski* MMR 2002, 61, 62; *Hoeren/Sieber/Viefhues* Kap. 6 Rn 311.

zuständige Gericht nach dem Territorialitätsprinzip folgenden Grundsatz der lex loci protectionis **(Schutzlandprinzip).** Danach ist bei der Verletzung von Immaterialrechtsgütern das Recht des Staates anwendbar, für dessen Gebiet Schutz in Anspruch genommen wird.[488] Diese Lösung ist in den Internationalen Privatrechts-Gesetzen (IPRG) Österreichs[489] und der Schweiz[490] kodifiziert. Anders als nach Art. 40 Abs. 1 EGBGB, in dem das deutsche internationale Privatrecht eine Teilkodifikation erfahren hat, kann eine in einem Drittland statt findende Handlung auch dann nicht zu einer Verletzung eines inländischen Schutzrechtes führen, wenn beide Parteien ihren Sitz im Inland haben oder wenn dadurch indirekt Auswirkungen auch auf den nationalen Markt denkbar sind.[491] Art. 40 EGBGB ist daher auf Immaterialgüterrechte wie Kennzeichenrechte nicht anwendbar.

155 Da nach dem Schutzlandprinzip die Verletzung deutscher Kennzeichenrechte ausschließlich nach deutschem Recht zu beurteilen ist, während die Frage, ob ein ausländisches Kennzeichenrecht verletzt ist, allein nach dem jeweiligen ausländischen Recht zu beantworten ist, können bei einer grenzüberschreitenden Handlung im Internet, wie der Verwendung eines Domainnamens für ein sich an Deutschland und Frankreich wendendes Internetangebot, **mehrere nationale Rechtsordnungen** anwendbar sein. Sofern der Rechteinhaber gegen die Verletzung jeweils übereinstimmender Kennzeichenrechte in mehreren Ländern durch die Nutzung eines Domainnamens nicht im Wahlgerichtsstand der unerlaubten Handlung vorgeht, sondern Klage im allgemeinen Gerichtsstand des Beklagten erhebt, kann das nationale Gericht gezwungen sein, für die Beurteilung der Verletzungshandlung in Drittländern das jeweilige ausländische materielle Recht anzuwenden. Für ein deutsches Gericht gelten in einem solchen Fall die allgemeinen Regeln zur Feststellung ausländischen Rechts nach § 293 ZPO, wonach das anwendbare fremde Recht grundsätzlich von Amts wegen zu ermitteln ist unter Inanspruchnahme der Mithilfe der Parteien, soweit eine solche diesen zumutbar ist.[492] An dem für Immaterialgüterrechte geltenden Schutzlandprinzip ändert das in § 3 TMG (früher: § 4 Abs. 1 TDG) normierte **Herkunftslandprinzip**[493] nichts, da es nach § 3 Abs. 4 Nr. 6 TMG (früher: § 4 Abs. 4 Nr. 6 TDG) ausdrücklich keine Anwendung für gewerbliche Schutzrechte und damit für das Kennzeichenrecht findet.

156 Im Unterschied zum nationalen Markenrecht ist beim **Gemeinschaftsmarkenrecht** zur Bestimmung der Rechtsfolgen einer Rechtsverletzung nicht am Schutzstatut, sondern am Deliktsstatut anzuknüpfen. Da Schutzgebiet der Gemeinschaftsmarke die Gemeinschaft ist, deren autonome Regelung (Art. 97 Abs. 2 und 98 Abs. 2 GMV) bei grenzüberschreitenden Sachverhalten keine entsprechenden Rechtsfolgen anordnet, sondern auf das jeweilige nationale Recht des Mitgliedstaates, in dem die Verletzungshandlung begangen worden ist, einschließlich seines internationalen Privatrechts verweist, lässt sich die Anknüpfungsfrage erst mit dem Begehungsort einer Gemeinschaftsmarkenverletzung lösen.[494]

157 Wird die **Verletzung von Namensrechten** durch die Verwendung eines Domainnamens geltend gemacht, kommt nach Art. 40 EGBGB vorrangig das Recht des Handlungsortes als Deliktsstatut zur Anwendung, es sei denn, der Verletzte wählt die Rechtsordnung des Erfolgsortes.[495]

158 Auch bei **Wettbewerbsverletzungen** gilt für die Frage des anwendbaren Rechts nach Art. 40 Abs. 1 EGBGB das Deliktsstatut, wobei Begehungsort bei Wettbewerbshandlungen

---

[488] BGH MMR 1998, 35 – Spielbankaffaire m. Anm. *Schricker*; BGH GRUR 1994, 798, 799 – Folgerecht bei Auslandsbezug; OLG Hamburg MMR 2002, 822, 823 – hotel-maritime.dk; OLG Karlsruhe MMR 2002, 814, 815 – Intel; *Bettinger/Thum* GRUR Int. 1999, 659, 669 f; *Pellens/Peitsch* GRUR Int. 2002, 165 f; *Schack* MMR 2000, 59, 60 f.

[489] § 34 Abs. 1 IPRG vom 15. 7. 1978, mit einer Ausnahme in Abs. 2 für Arbeitnehmerwerke.

[490] Art. 110 Abs. 1 IPRG vom 18. 12. 1987.

[491] *Ingerl/Rohnke* MarkenG Einl. Rn 50.

[492] BGH NJW 1992, 3096, 3098; BGH NJW 1991, 1418, 1419.

[493] → Rn 158.

[494] *Knaak* GRUR Int. 2001, 665, 672 f; *Tilmann* GRUR Int. 2001, 673, 675 ff.

[495] *Schack* MMR 2000, 59, 61.

nach internationalem Wettbewerbsrecht ausschließlich der Marktort ist, also der Ort, an dem die wettbewerblichen Interessen der Mitbewerber aufeinander stoßen. Bei Nutzungshandlungen im Internet, wie der Verwendung eines geschützten Zeichens als Domainname, ist die Frage des Verstoßes gegen wettbewerbsrechtliche Vorschriften nach dem Recht des Ortes zu beurteilen, an dem die Abrufbarkeit der Website unter der Domain auf die Marktgegenseite einwirken kann. Da der Domaininhaber im Falle einer gerichtlichen Untersagung der Nutzungshandlung in nur einem Land auf Grund der Ubiquität des Internet gezwungen ist, sein Internetangebot mit weltweiter Wirkung zu ändern, setzt sich letztlich das Recht des strengsten Landes durch.[496] Eine **Modifikation** des im internationalen Wettbewerbsrecht geltenden Marktortprinzips erfährt dieses **durch das Herkunftslandprinzip.** Nach dem im Zuge der Umsetzung der E-Commerce-Richtlinie zunächst in § 4 TDG und nunmehr in § 3 TMG normierten Herkunftslandprinzip unterliegt der Diensteanbieter mit Sitz in einem EU-Mitgliedsstaat bei der Erbringung von Diensten nur der eigenen Rechtsordnung, nicht jedoch strengeren Anforderungen des Rechts in einem anderen EU-Mitgliedsstaat, in dem das Angebot abgerufen werden kann.[497] Das Herkunftslandprinzip führt nicht zur Anwendung ausländischen Kollisionsrechts, da sonst die beabsichtigte Rechtsvereinheitlichung unterlaufen würde.[498] Nachdem bei behaupteten Wettbewerbsverstößen zunächst die Anwendbarkeit des Rechts nach dem Marktortprinzip zu beurteilen ist, ist in einem zweiten Schritt zu prüfen, ob das Recht des Herkunftslandes weniger strenge Anforderungen als das nach den Kollisionsregeln einschlägige Marktortrecht stellt. Ist dies der Fall, wird die Anwendung des Rechts am Marktort durch das Recht des Herkunftslandes beschränkt.[499] Da das Herkunftslandprinzip danach im internationalen Wettbewerbsrecht letztlich zu einem Günstigkeitsvergleich führt, birgt nach es nach Ansicht von Kritikern das Risiko einer Nivellierung des europäischen Wettbewerbsrechts auf niedrigstem Niveau.[500]

IV. Außergerichtliche Konfliktlösung (UDRP)

Die Registrierung und Benutzung von Domainnamen kennt auf Grund der Ubiquität 159
des Internet keine nationalen Grenzen, weshalb es oft zu grenzüberschreitenden Konflikten mit Kennzeicheninhabern und Mitbewerbern kommt, die bei einer gerichtlichen Auseinandersetzung schwierige Fragen des Gerichtsstands und der Rechtsanwendung aufwerfen sowie zeit- und kostenintensiv sind. Um dieser Problematik zumindest in den Fällen des Domain-Grabbing,[501] also der rechtsmissbräuchlichen Registrierung und Benutzung eines Domainnamens, zu begegnen, hat die ICANN am 24. 10. 1999 ein internationales Streitschlichtungsverfahren in Form einer Schiedsordnung, der **Uniform Domain Name Dispute Resolution Policy (UDRP)**,[502] und einer entsprechenden Verfahrensordnung, den Rules for Uniform Domain Name Dispute Resolution Policy (Rules),[503] eingerichtet. In Fällen missbräuchlicher Domainregistrierungen durch ausländische Antragsgegner bietet das Schiedsverfahren der UDRP auf Grund der zügigen Verfahrensdauer und den relativ geringen Verfahrenskosten eine praktisch relevante Alternative zu gerichtlichen Auseinandersetzungen.

Das UDRP-Verfahren gilt weltweit für Domainregistrierungen unter den TLDs, deren 160
Vergabestelle (Registry Operator, ccTLD-Manager oder NIC) sich diesem Schiedsver-

[496] *Ubber* S. 216.

[497] Hierzu *Tettenborn/Bender/Lübben/Karenfort* K&R Beilage 1 zu Heft 12/2001, 7 ff; *Spindler* NJW 2002, 921, 925; *Ohly* GRUR Int. 2001, 899.

[498] *Spindler* NJW 2002, 921, 926 mwN; ausführlich zum Verhältnis vom Herkunftslandprinzip und Kollisionsrecht *Ohly* GRUR 2001, 899.

[499] *Ubber* S. 218.

[500] *Bodewig* GRUR Int. 2000, 475, 482 f; *Hoeren* MMR 1999, 192, 194.

[501] → Rn 118 f.

[502] Abrufbar unter <http://www.icann.org/en/udrp/udrp-policy-24oct99.htm>.

[503] Abrufbar unter <http://www.icann.org/en/udrp/udrp-rules-24oct99.htm>.

fahren **unterworfen** hat. Dies ist der Fall bei den gTLDs, wie beispielsweise .com, .org, .net und mit einigen Modifikationen auch .biz und .name,[504] und bei einigen wenigen ccTLDs, wie beispielsweise .tv, .ro und .ws. Da sich die DENIC der UDRP nicht unterworfen hat, ist dieses Schiedsverfahren bei Auseinandersetzungen um .de-Domains nicht anwendbar. Hat sich die Vergabestelle der UDRP unterworfen, so wird die Geltung der Policy und der Rules vertraglich zwischen dem Domaininhaber und dem Registrar vereinbart, wenn die Registrierung einer Domain unter der entsprechenden TLD beauftragt wird.

161 Beschwerden nach der UDRP können vor jede von der ICANN zugelassene Schiedsstelle gebracht werden. Von den vier derzeit akkreditierten und tätigen **Schiedsstellen** (das Asian Domain Name Dispute Resolution Center, The National Abitration Forum, The Czech Arbitration Court und das WIPO Arbitration and Mediation Center)[505] ist die Schiedsstelle der WIPO mit Sitz in Genf die größte und bekannteste Stelle, die Schiedsverfahren nach der UDRP durchführt. Seit Januar 2008 darf nunmehr auch der als .eu-Schiedsgericht tätige Czech Arbitration Court (CAC) UDRP-Schiedsverfahren durchführen, welcher seine Tätigkeit allerdings nicht vor Dezember 2008 aufzunehmen plant. Alle Schiedsstellen haben zusätzlich zur Policy und den Rules eigene Verfahrensregeln (Supplemental Rules) aufgestellt, die jeweils ergänzend gelten.[506]

162 Die **Entscheidung im UDRP-Verfahren** wird durch ein so genanntes Panel getroffen, das nach Wahl der Parteien durch einen einzelnen Schiedsrichter oder eine dreiköpfige Schiedskammer besetzt ist. Will das Panel der Beschwerde stattgeben, so kann es – je nach Antrag des Beschwerdeführers – die Löschung der Domain oder ihre Übertragung auf den Beschwerdeführer (§ 4 i der UDRP) bestimmen. Anderenfalls wird das Panel den Antrag des Beschwerdeführers schon als unzulässig oder erst als unbegründet abweisen. Alle Schiedssprüche nach der UDRP werden im Internet veröffentlicht (§ 16 b Satz 1 der Rules), wobei die ICANN Statistiken und Verzeichnisse führt und auf ihrer Website eine Volltext- und Indexsuche nach Entscheidungen anbietet.[507] Nach Ablauf einer Wartefrist von zehn Arbeitstagen seit Zustellung der stattgebenden Entscheidung hat die Registrierungsstelle diese unverzüglich umzusetzen, also die Domain entweder auf den Beschwerdeführer zu übertragen oder zu löschen (§ 4 k der UDRP). Die Umsetzung des Schiedsspruchs kann der unterlegene Beschwerdegegner nur durch Klageerhebung innerhalb der Wartefrist bei einem zuständigen staatlichen Gericht und Nachweis der Klageerhebung gegenüber der Schiedsstelle für die Dauer des Gerichtsverfahrens verhindern. Angesichts der kurzen Wartefrist ist dies jedoch praktisch schwierig.

163 Die Parteien sind nicht daran gehindert, vor Einleitung eines UDRP-Verfahrens, parallel dazu oder danach ein **Verfahren vor einem ordentlichen Gericht** in derselben Sache anzustrengen (§ 4 k Satz 1 der UDRP, § 18 der Rules). Es liegt im Ermessen des Panels, ob es das Beschwerdeverfahren für die Dauer des parallel geführten Gerichtsverfahrens aussetzt oder beendet (§ 18 (a) der Rules). Das Panel ist von den Parteien über ein eingeleitetes oder durchgeführtes ordentliches Gerichtsverfahren zu informieren.

164 Das UDRP-**Verfahren** wird durch Einreichung der Beschwerdeschrift im Original und zusätzlich in elektronischer Form bei einer von der ICANN anerkannten Schiedsstelle **eingeleitet.** Die Verfahrenssprache richtet sich nach der Sprache, in der die Registrierungsvereinbarung der streitgegenständlichen Domain verfasst ist. Die Registrierungsvereinbarung ist im Regelfall auf der Website des jeweiligen Registrars aufgeführt.[508] Eine andere Sprache kann durch Vereinbarung der Parteien oder Festlegung durch das Schiedsgericht, soweit es den Umständen nach erforderlich ist, bestimmt werden (§ 11 (a) der Ru-

---

[504] RDRP und ERDRP, → Rn 37 f.

[505] Siehe unter <http://www.icann.org/en/dndr/udrp/approved-providers.htm>.

[506] Eine Liste der aktuellen Schiedsstellen, die von der ICANN anerkannt sind, mit Links zu den jeweiligen Supplemental Rules sind abrufbar unter <http://www.icann.org/en/udrp/approved-providers.htm>.

[507] <Http://www.icann.org/en/udrp/>.

[508] *Reinholz* ITRB 2001, 190.

les). Innerhalb von zehn Tagen nach Einreichung der Beschwerdeschrift sind die anfallenden Gebühren der Schiedsstelle von dem Beschwerdeführer zu entrichten (§ 19 (c) der Rules). Die Anforderungen an den Inhalt der Beschwerdeschrift sind in § 3 (b) der Rules im Detail geregelt. Hierzu gehört die Mitteilung, ob der Beschwerdeführer eine Entscheidung durch einen Einzelschiedsrichter oder durch ein dreiköpfiges Panel wünscht, die Darlegung der beschwerdebegründenden Tatsachen, für die dem Beschwerdeführer die Beweislast obliegt, sowie die Mitteilung der Entscheidung, ob der Beschwerdführer sich dem Gericht am Wohnsitz des Beschwerdegegners oder am Sitz der jeweiligen Registrierungsstelle als gemeinsamen Gerichtsstand für den Fall einer Überprüfung der schiedsrichterlichen Entscheidung durch ein ordentliches Gericht unterwirft.[509]

Eine **Beschwerde** im UDRP-Verfahren ist **begründet** und führt zur Übertragung oder Löschung einer Domain, wenn der Domainname identisch oder verwechslungsfähig mit einer Register- oder Benutzungsmarke des Beschwerdeführers ist, der Beschwerdegegner als Domaininhaber kein Recht oder schützenswertes Interesse an der Domainregistrierung hat und der Domainname in bösem Glauben zur Registrierung angemeldet worden ist und in bösem Glauben benutzt wird (§ 4a Satz 1 (i) bis (iii) der UDRP). Für das Vorliegen dieser Voraussetzungen ist der Beschwerdeführer beweispflichtig. 165

Eine Beschwerde im UDRP-Verfahren kann nur auf Rechte aus einer **Waren- oder Dienstleistungsmarke** (trademark oder service mark) des Beschwerdeführers gestützt werden. Neben Registermarken sind nach der Spruchpraxis der Schiedsgerichte auch Benutzungsmarken (common law marks oder unregistered marks) zu berücksichtigen.[510] Macht der Beschwerdeführer Rechte aus einer Benutzungsmarke geltend, so hat er die Benutzung des Zeichens zur Kennzeichnung von Waren oder Dienstleistungen im geschäftlichen Verkehr unter Erläuterung des materiellen Rechts des Staates, in dem das Zeichen geschützt ist, darzulegen und zu beweisen (§ 4a (i) der UDRP). Kann der Beschwerdeführer Rechte aus einer Benutzungsmarke nur nach § 4 Nr. 2 oder Nr. 3 MarkenG im Schiedsverfahren geltend machen, so kann er im Vergleich zu den geringeren Anforderungen einer common law trademark nach angelsächsischem Recht im Nachteil sein.[511] Da die Schiedsgerichte in ihren Entscheidungen gerne frühere im UDRP-Verfahren ergangene Entscheidungen als „precedents" zur Begründung ihrer Rechtsansicht heranziehen, kann es für den Beschwerdeführer, der Rechte aus einer Benutzungsmarke geltend macht, sinnvoll sein, zusätzlich zu seinen Gunsten ergangene frühere Entscheidungen anzuführen.[512] 166

Vom Schutz des § 4a (i) der UDRP nicht umfasst sind nach deutschem Recht als geschäftliche Bezeichnungen, also als Unternehmenskennzeichen oder Werktitel, oder geografische Herkunftsangaben geschützte Zeichen.[513] Das gilt grundsätzlich auch für Namen, sofern nicht ausnahmsweise Markenrechte durch Benutzung an Namen entstanden sind. Denn nach der Spruchpraxis der Schiedsgerichte können auch **Namen** insbesondere natürlicher Personen common law trademarks iSv § 4a (i) der UDRP sein. Dies galt bislang jedoch nur, soweit es sich um Namen bekannter Personen, etwa der Schauspielerin Julia Roberts, des Schauspielers Pierce Brosnan oder der Sängerinnen Sade und Celiné Dion, handelte.[514] 167

Bei der Feststellung der Identität oder Verwechslungsgefahr zwischen dem Domainnamen und der Marke des Beschwerdeführers wird von den Schiedsgerichten ausschließlich die Second-Level-Domain – ohne beschreibende Bestandteile – zugrunde gelegt.[515] 168

---

509 Näheres zum Ablauf des Verfahrens *Strömer* S. 25 ff.

510 WIPO Case D2000–0235 – jeanettewinterson.com; WIPO Case D2000–0050 – bbcdelondres.com; WIPO Case D2001–1401 – bundesinnenministerium.com.

511 Vgl. WIPO Case D2001–1401 – bundesinnenministerium.com; WIPO Case D2002–0120 – dogsounds.com; *Ubber/Bousonville* S. 273 f.

512 Vgl. unter http://www.wipo.int/amc/en/domains/cases.html.

513 Vgl. *Reinholz* ITRB 2001, 190 ff; *Strömer* S. 39.

514 WIPO Case D2000–0210 – juliaroberts.com; WIPO Case D2003–0519 – piercebrosnan.com; WIPO Case D2000–0794 – sade.com; WIPO Case D2000–1838 – celinedion.com.

515 WIPO Case D2003–0541 – porno-oscar.com; WIPO Case D2000–0418 – tipp-ex.com; WIPO Case D2000–0306 – armani-sunglasses.com; siehe hierzu *Strömer* S. 42 ff mwN.

169 Wie sich aus den weiteren Voraussetzungen für eine erfolgreiche Beschwerde ergibt, ist das UDRP-Verfahren für Fälle der missbräuchlichen Domainregistrierung geschaffen worden. Außer der Markenrechtsverletzung muss der Beschwerdeführer beweisen, dass der Domaininhaber kein legitimes Interesse am Domainnamen hat, diesen bösgläubig registriert hat und hält. § 4c der UDRP enthält einen Katalog von Tatbeständen, die **ein Recht oder legitimes Interesse** des Beschwerdegegners am Domainnamen belegen. Für die Beweislast des Beschwerdeführers, dass der Beschwerdegegner kein Recht oder legitimes Interesse an dem Domainnamen hat (no rights or legitimate interests, § 4a (ii) der UDRP), genügt es nach der Spruchpraxis der Schiedsgerichte, dass der Beschwerdeführer tatsächliche Angaben macht, die aufzeigen, dass keine Umstände vorliegen, die ein Recht oder legitimes Interesse des Beschwerdegegners an dem Domainnamen begründen können. Ein Schweigen des Beschwerdeführers oder die bloße Behauptung, der Domaininhaber besitze keine Rechte oder legitimes Interesse, reicht hingegen nicht aus.[516] Ist der Beschwerdeführer seiner Darlegungslast hinreichend nachgekommen, so ist es Sache des Beschwerdegegners, den geschaffenen Anscheinsbeweis des Fehlens eines Rechts oder legitimen Interesses zu widerlegen.[517] Der Katalog in § 4c der UDRP ist nicht abschließend, so dass der Domaininhaber ein eigenes Recht oder legitimes Interesse an dem Domainnamen **auf Grund sonstiger Umstände** haben kann. Von praktischer Bedeutung sind hier die Fälle der Verwendung eines generischen oder beschreibenden Begriffs als Second-Level-Domain, in denen der Domaininhaber auch bei Kollision mit einer Marke in der Regel ein berechtigtes Interesse daran hat, den Domainnamen für eigene oder fremde Zwecke nutzen zu dürfen.[518] Gleiches gilt für die Fälle, in denen der Domaininhaber unter der eine fremde Marke enthaltenen Domain ausschließlich die entsprechenden Markenprodukte auf der Website anbietet, das Rechtsverhältnis zum Markeninhaber offen legt und nicht versucht, dem Markeninhaber die Nutzung der Marke überhaupt als Domain zu erschweren oder unmöglich zu machen.[519] Während die bloße Behauptung des Domaininhabers, eine bislang nur registrierte Domain später für ein Produktangebot nutzen zu wollen, nicht ausreicht für die Annahme eines berechtigten Interesses, kann bereits der Hinweis auf ein zukünftiges Produktangebot auf der mit der Domain konnektierten Website hierfür genügen, sofern offensichtlich ist, dass alsbald entsprechende Produkte erbracht werden.[520]

170 Zur Begründetheit der Beschwerde muss der Domainname schließlich **in bösem Glauben** (bad faith) registriert worden sein und benutzt werden (§ 4a (iii) der UDRP). Außer den in § 4b der UDRP aufgeführten Regelbeispielen können auch andere Umstände auf die missbräuchliche Registrierung und/oder Nutzung des Domainnamens hinweisen.[521] Wie sich aus den Regelbeispielen ergibt, sind die klassischen Fällen von Domain-Grabbing, in denen der Domaininhaber eine Vielzahl von Domains registriert hat und diese zum Kauf oder zur entgeltlichen Nutzung anbietet oder die Marke eines Mitbewerbers als Domain registriert hat und die Internetnutzer, die diese Domain aufrufen, auf seine eigene Website umleitet, ohne weiteres erfasst. Handelt es sich bei der mit dem Domainnamen identischen oder verwechslungsfähigen Marke des Beschwerdeführers um eine bekannte oder berühmte Marke, so geht das Schiedsgericht eher vom bösen Glauben bei der Registrierung und Nutzung der Domain aus als bei einer Marke von durchschnittlicher

---

516 WIPO Case D2000–0252 – inter-continental.com; WIPO Case D2002–0008 – swreg.com.

517 WIPO Case D 2003–0614 WRP 2004, 249, 252 – spreewald.com; NAF FA0 307 000175 201 – dermatologica.com; WIPO Case D2003–0540 – glenfiddich.info, glenfiddich.biz; WIPO Case D2000–0624 – pollyester.com.

518 NAF FA0 001 000092 531 – craftwork.com; Ausnahmefälle zB: NAF FA0 211 000129 123 – thrifty.com; WIPO Case D2002–0148 – ralph-lauren-polo.com.

519 WIPO Case D2003–0474 – parma-schinken.com.

520 WIPO Case D2000–0005 – telaxis.com; WIPO Case D2000–0054 – crew.com; NAF FA0 105 000097 181 – volkswagen.tv.

521 Vgl. WIPO Case D 2005–0040 – thurn-und-taxis.com u. a.

Bekanntheit und Unterscheidungskraft.[522] Eine sorgfältige Abwägung ist insbesondere in den Fällen erforderlich, in denen sich die missbräuchliche Registrierung und Nutzung des Domainnamens aus einem Verkaufsangebot des Domaininhabers[523] oder der Nichtnutzung der Domain über einen längeren Zeitraum hinweg[524] ergeben soll.

Das UDRP-Verfahren ist mit verhältnismäßig wenig **Zeit- und Kostenaufwand** verbunden. Die Verfahrensdauer beträgt etwa 45 bis 50 Tage, was auf den straffen Zeitrahmen nach den Rules zurückzuführen ist. So ist die Beschwerde von der Schiedsstelle an den Beschwerdegegner innerhalb von drei Tagen weiterzuleiten, während die Erwiderungsfrist nur 20 Tage beträgt und eine Entscheidung der Schiedsstelle im Regelfall innerhalb von 14 Tagen nach der Einsetzung des Panels erfolgen soll (§§ 4 (a), 5 (a) und 15 (b) der Rules). Mündliche Verhandlungen sind regelmäßig ausgeschlossen (§ 13 der Rules). Die Höhe der Gebühren wird von der jeweiligen Schiedsstelle in ihren Supplemental Rules festgelegt. Sie richtet sich nach der Anzahl der Domains, über die entschieden werden soll, nach der Wahl des Panels und/oder der Schwierigkeit der Sache. Die WIPO erhebt eine Gebühr von derzeit US$ 1500,00 für die Entscheidung eines Einzelrichters über bis zu fünf Domains, während eine Entscheidung der Schiedskammer in diesem Fall eine Gebühr von US$ 4000,00 auslösen würde.[525] Die an die Schiedsstelle zu zahlende Gebühr trägt der Beschwerdeführer unabhängig vom Ausgang des Verfahrens, es sei denn, dass auf Antrag des Beschwerdegegners das dreiköpfige Panel entscheidet. Dann tragen die Parteien die Gebühren des Verfahrens je zur Hälfte (§ 4g der UDRP). Die ihr darüber hinaus entstehenden Kosten trägt jede Partei selbst, weshalb das Panel auch keine Kostenentscheidung trifft. 171

Das UDRP-Verfahren bietet in Fällen des Domain-Grabbing eine kostengünstige und zeitsparende Möglichkeit gegenüber ordentlichen Gerichtsverfahren, Domainstreitigkeiten auf internationaler Ebene durchzusetzen. Dies gilt ungeachtet der Kritik an einer uneinheitlichen und ungenauen Spruchpraxis zu den Anspruchsvoraussetzungen der missbräuchlichen Registrierung und Nutzung des Domainnamens (Rechtsbegriff des bad faith) und den Fällen der Verwendung generischer oder beschreibender Bezeichnungen als Domain sowie einer angeblich einseitigen Bevorzugung der Markeninhaber in den Schiedsverfahren.[526] Nach der Statistik der WIPO-Schiedsstelle[527] wurden dort mehr als 9400 Verfahren nach der UDRP gezählt, von denen etwa 7800 Verfahren durch Spruch entschieden worden sind. Zwar gingen von diesen Verfahren etwa 80% zugunsten des Beschwerdeführers aus, doch kann dies auf die überwiegende Zahl eindeutiger Fälle des Domain-Grabbing zurückzuführen sein, ohne dass sich allein hieraus eine Parteilastigkeit der UDRP-Verfahren herleiten ließe. 172

Alternativ zu dem UDRP-Streitbeilegungsverfahren haben bereits eine Reihe der Vergabestellen für **ccTLDs eigene Schiedsverfahren** und Schiedsgerichte für Domainstreitigkeiten eingerichtet. Zu diesen gehört die **britische Domainvergabestelle nominet.uk,** die das Streitschlichtungsverfahren Dispute Resolution Service (DRS) für .uk-Domains entwickelt.[528] Das Schiedsgericht hat seine Tätigkeit im September 2001 aufgenommen. Das Schiedsverfahren ist in der Dispute Resolution Draft Policy[529] und der Dispute 173

---

522 WIPO Case D 2003–0614 WRP 2004, 249, 253f – spreewald.com; NAF FA0310000206310 – compaq.com; NAF FA0309000198795 – seiko.net; WIPO Case D2002–0222 – worldbank.net; *Reinholz* ITRB 2001, 190ff.

523 Bejaht in NAF FA0310000203208 – sheryl-crow.com; WIPO Case D2000–0098 – babydior.com; WIPO D2000–0018 – banesto.org; WIPO Case D2000–0060 – dodialfayed.com; verneint in WIPO Case D2000–0089 – pacificplace.com; WIPO Case D2000–0034 – worldcup2002.com.

524 WIPO Case D2002–0088 – mitierra.com; WIPO Case D2000–0003 – telstra.org.

525 Die Kostentabelle der WIPO ist abrufbar unter <http://www.arbiter.wipo.int/domains/fees/index.html>.

526 Siehe hierzu *Maher* IIC 2002, 924; *Reinholz* ITRB 2002, 140; *derselbe* ITRB 2001, 190; *Fezer* MarkenG § 3 Rn 255 mwN.

527 Abrufbar unter <http://www.icann.org/en/udrp/proceedings-stat.htm>.

528 <Http://www.nominet.org.uk/>; zu diesem Verfahren und einem Vergleich mit dem UDRP-Verfahren siehe *Stotter* MMR 2002, 11.

529 Abrufbar unter <http://www.nominet.org.uk/digitalAssets/30365_DRSPolicy-version3.pdf>.

Resolution Settlement Procedure[530] geregelt. Auch die **österreichische Domainvergabestelle nic.at** hatte ein eigenes Streitschlichtungsverfahren entworfen, das für sämtliche Streitigkeiten zwischen dem Inhaber einer .at-Domain und Dritten anwendbar war, die auf Namens-, Kennzeichen-, Marken-, Urheber- und/oder Wettbewerbsrecht beruhten. Die österreichische Streitschlichtungsstelle für .at-Domains hat allerdings ihre im März 2003 aufgenommene Tätigkeit Ende Oktober 2008 wieder eingestellt.[531] Die Einrichtung eines eigenen Streitschlichtungsverfahrens für Domainstreitigkeiten durch die Vergabestelle einer ccTLD kann insbesondere unter zwei Gesichtspunkten sinnvoll sein: Zum einen kann der Anwendungsbereich gegenüber dem des UDRP-Verfahrens deutlich weitergezogen werden und das Schlichtungsverfahren somit für alle Streitigkeiten um Domains unter der entsprechenden ccTLD eine ernst zu nehmende Alternative zu einem ordentlichen Gerichtsverfahren sein. Auch kann das Schiedsgerichtsverfahren, das speziell auf eine ccTLD ausgerichtet ist, eher auf die entsprechende nationale Rechtsordnung zugeschnitten sein als das UDRP-Verfahren.

D. Kennzeichen in Website-Inhalten

I. Allgemeines

174 Kennzeichen, zu denen vor allem Marken zählen, aber auch geschäftliche Bezeichnungen und somit Unternehmenskennzeichen und Werktitel, werden nicht nur für Domainnamen verwendet, sondern insbesondere auch in den Webseiten selbst. Mit fremden Kennzeichen können eigene Angebote im Internetauftritt gekennzeichnet oder diese auch lediglich als beschreibende Angabe über Waren, Dienstleistungen oder das Unternehmen des Kennzeicheninhabers verwendet werden. Die Abbildung bekannter Logos, die Verwendung von Markennamen oder geschäftlichen Bezeichnungen marktführender Unternehmen in der Website erfolgt oft zur Steigerung der Attraktivität des Internetangebots.

175 Typische Verwendungsmöglichkeiten für Kennzeichen in Internetauftritten sind die Darstellung als Überschrift, als blickfangmäßig herausgestelltes Logo (mit Bildelement) sowie zur Gestaltung des Bildschirmhintergrundes. Hinzu treten besondere Benutzungsformen, die sich aus den technischen Möglichkeiten des World Wide Web ergeben. Dessen Wesensmerkmal ist das **Hyperlinking,** also der Querverweis auf andere Stellen innerhalb der Website eines Anbieters oder auf Inhalte einer fremden Website. Hier stellen sich insbesondere die Frage nach der Berechtigung zur Verwendung fremder Kennzeichen für die Ausgestaltung von Hyperlinks – Inline Links wie externe Links – sowie die Frage nach der Haftung des Anbieters für die verlinkten Inhalte, wenn diese Kennzeichenrechtsverletzungen umfassen. Andere Formen der Verwendung von Kennzeichen, die sich an Suchprogramme richten und darauf abzielen, die Aufrufhäufigkeit einer Website zu erhöhen, bieten die Phänomene des Meta Tagging, Word Stuffing und Keyword Advertising. Beim **Meta Tagging** und **Word Stuffing** können fremde Kennzeichen so in die Kopfzeile des Quellcodes einer Webseite oder in die Webseite selbst aufgenommen werden, dass Suchmaschinen diese Webseiten auf Grund der Kennwörter indizieren und ihnen gute Platzierungen in den Trefferlisten zuordnen, obgleich die so verwendeten Kennzeichen für die Nutzer der Webseiten nicht sichtbar sind und sie unter Umständen auch keine Relevanz für den tatsächlichen Inhalt der Webseite haben. Eine Top-Platzierung in Trefferlisten von Suchprogrammen oder die Schaltung einer Bannerwerbung über den Trefferlisten in Abhängigkeit von der Eingabe eines bestimmten Suchwortes kann auch auf einer entgeltlichen Vereinbarung zwischen dem Anbieter einer Website und dem Suchdienste-Betreiber beruhen. Diese Art des Vorgehens wird als **Keyword Advertising** bezeichnet. Wer diese Formen

[530] Abrufbar unter <http://www.nominet.org.uk/digitalAssets/30367_DRSProcedure_version3.pdf>.
[531] Http://www.nic.at/de/faq/rechtliche_fragen/.

der Verwendung fremder Kennzeichen im Internet ergreift, wird die Besuchshäufigkeit des Internetauftritts steigern und gegebenenfalls höhere Werbeeinnahmen erzielen wollen.

Die Verwendung fremder Kennzeichen in Website-Inhalten kann Kennzeichenrechte nach dem Markengesetz, und zwar nach §§ 14 Abs. 2 und Abs. 3, 15 Abs. 2 und Abs. 3 MarkenG, verletzen. Die Bedingungen hierfür werden nachfolgend in Kürze[532] allgemein für die Verwendung fremder Kennzeichen in Website-Inhalten dargestellt, bevor auf die besonderen Verwendungsmöglichkeiten beim Hyperlinking[533] sowie Meta Tagging, Word Stuffing und Keyword Advertising[534] eingegangen wird. 176

1. Benutzung im geschäftlichen Verkehr

Die Verletzung von Kennzeichenrechten Dritter setzt ein Handeln im geschäftlichen Verkehr voraus. Rein private und rein amtliche Websites sind damit nicht vom Schutzbereich des Kennzeichenrechts nach dem Markengesetz umfasst. Der Übergang von einer rein privaten Website zu einer Website mit geschäftlichem Charakter kann allerdings schnell erreicht sein. Denn unter einer Verwendung im geschäftlichen Verkehr wird jede wirtschaftliche Betätigung verstanden, mit der in Wahrnehmung oder Förderung eigener oder fremder Geschäftsinteressen am Erwerbsleben teilgenommen wird.[535] Eine private Website nimmt nicht grundsätzlich bereits dadurch geschäftlichen Charakter an, dass sie verschiedene Links auf die Webseiten anderer Internetanbieter enthält, die geschäftliche Zwecke verfolgen.[536] Wenn allerdings Verweisende von solchen Links wirtschaftlich profitieren oder zwischen ihnen und dem Anbieter der verlinkten Inhalte eine wirtschaftliche Verbindung besteht, kann ein Handeln im geschäftlichen Verkehr zu bejahen sein.[537] So ist bei einem Link des Verfassers eines HTML-Buches auf die Homepage eines Softwareherstellers bereits der geschäftliche Charakter der verweisenden Website bejaht worden.[538] Andererseits wurde der geschäftliche Charakter der Website eines Universitätsprojektes, die Links zu gewerblichen Unternehmen und Hinweise auf eine Kooperation mit einem solchen Unternehmen sowie auf Sponsoren enthielt, verneint, obgleich der Verweisende für diese Links und Hinweise eine Vergütung erlangte.[539] Bei der Beurteilung, ob eine private Website kommerziellen Charakter angenommen hat, kommt es mithin auf die Umstände des Einzelfalles an. 177

Ein Handeln im geschäftlichen Verkehr wird bei einer privaten Website ferner angenommen, wenn eigene oder fremde Werbung auf dieser Website aus kommerziellen oder finanziellen Gründen geschaltet wird. Dies soll auch dann gelten, wenn der Anbieter einer privaten Website seinem Provider gestattet, Bannerwerbung zu schalten und als Gegenleistung die kostenlose Gewährung von Speicherplatz erhält,[540] nicht aber, wenn er sich dadurch höhere Providerkosten erspart.[541] Diese Differenzierung überzeugt nicht, da es für die Frage des Handelns im geschäftlichen Verkehr nicht darauf ankommen kann, ob der Website-Anbieter durch fremde Werbung Einnahmen erzielt oder sonstige Vorteile wie Kostenersparnis oder Speicherplatzgewinnung erhält.[542] 178

Ob die Verletzung von Kennzeichenrechten außer einem Handeln im geschäftlichen Verkehr auch eine kennzeichenmäßige Benutzungshandlung voraussetzt, ist umstritten. Die wohl überwiegende Ansicht in Rechtsprechung und Literatur bejaht das **Erfordernis der** 179

---

532 → Rn 83 ff.
533 → Rn 189 ff.
534 → Rn 206 ff.
535 *Fezer* MarkenG § 14 Rn 41; *Ströbele/Hacker* MarkenG § 14 Rn 29.
536 OLG Schleswig MMR 2001, 399, 400 – Swabedoo.
537 OLG Schleswig aaO.
538 LG Düsseldorf MMR 2001, 183 – FTP-Explorer; OLG Hamm MMR 2001, 611 – FTP-Explorer.
539 LG Berlin K&R 2000, 561, 562.
540 LG Hamburg MMR 2000, 436 – luckystrike.de.
541 LG München I MMR 2001, 545 – saeugling.de.
542 So auch *Ingerl/Rohnke* MarkenG Nach § 15 Rn 91.

kennzeichenmäßigen Benutzung.[543] Wenn an diesem Erfordernis festgehalten wird, ist es allerdings weit zu verstehen. Eine kennzeichenmäßige Benutzung liegt bereits dann vor, wenn die nicht völlig fern liegende Möglichkeit besteht, dass ein nicht unerheblicher Teil der beteiligten Verkehrskreise in dem Zeichen ein Unterscheidungsmerkmal gegenüber anderen – identischen oder ähnlichen – Waren erblickt.[544]

2. Schranken des Kennzeichenschutzes

180 Die Einbeziehung eines fremden Kennzeichens in die Website ohne Zustimmung des Inhabers, beispielsweise als „Aufmacher" in der Überschrift, zur Gestaltung des Bildschirmhintergrunds oder als Hyperlink, stellt in der Regel eine Kennzeichenrechtsverletzung dar, es sei denn, sie ist nach dem Markengesetz als freie Benutzung gerechtfertigt. Ein Abwehranspruch besteht also dann nicht, wenn das fremde Kennzeichen in einer § 23 Nr. 1 bis 3 MarkenG entsprechenden Weise benutzt wird, ohne dass ein Verstoß gegen die guten Sitten vorliegt, oder wenn die Kennzeichenverwendung durch das Ankündigungsrecht originaler Waren nach dem Erschöpfungsgrundsatz gemäß § 24 MarkenG zulässig ist.

181 Eine nach § 23 Nr. 1, Nr. 2 MarkenG erlaubte Benutzung eines fremden Kennzeichens einschließlich der Nennung des Namens oder der Anschrift des Inhabers liegt dann vor, wenn es auf der Webseite in beschreibender Weise benutzt wird. Wer also Waren oder Dienstleistungen eines Markeninhabers auf seiner Website anbietet oder ankündigt, darf die Marken als beschreibende sachliche Angaben über Merkmale oder Eigenschaften der angebotenen Markenprodukte verwenden. Ihre Benutzung ist von dem so genannten **Ankündigungs- oder Werberecht des Händlers** umfasst.[545] Die Abgrenzung der beschreibenden Benutzung von der Verwendung als Herkunftshinweis erfolgt nach der objektiven Art der Verwendung des Zeichens, wie sie sich nach der Verkehrsauffassung darstellt.[546] Sofern nicht die beschreibende Funktion ganz oder überwiegend hinter der Benutzung als Herkunftszeichen zurücktritt, könnte der Anwendungsbereich des § 23 MarkenG selbst bei einer auch marken- oder zeichenmäßigen Benutzung eröffnet sein. Dieser Auffassung neigt der Bundesgerichtshof zu und will die konkrete Art der Benutzung im Rahmen der Unlauterkeitsprüfung des § 23 MarkenG berücksichtigen.[547]

182 Nach der BMW-Entscheidung des Europäischen Gerichtshofs[548] ist nicht nur die Verwendung von Wortmarken, sondern auch von Bildmarken des Herstellers grundsätzlich vom Ankündigungsrecht des Händlers umfasst, es sei denn, dass durch die besondere Art und Weise der Verwendung der unzutreffende Eindruck entstehen kann, es bestünde eine Handels- oder sonstige Sonderbeziehung zwischen dem Händler und dem Markeninhaber oder der Händler gehöre dem Vertriebsnetz des Markeninhabers an. Die nach § 23 Nr. 2 MarkenG erlaubte freie Benutzung einer Marke oder geschäftlichen Bezeichnung bezieht sich somit grundsätzlich auf alle Kennzeichen, mit denen der Hersteller die Ware oder der Anbieter seine Dienstleistung gekennzeichnet hat. An dieser Entscheidung des Europäischen Gerichtshofs anknüpfend ist beispielsweise die Verwendung des Mercedes-Stern-Logos in einer Werbeanzeige eines Kfz-Händlers für zulässig erachtet worden.[549]

183 Eine weitere Ausnahme von dem Grundsatz der Unzulässigkeit der Verwendung eines mit einem fremden Kennzeichen identischen Zeichens auf einer Webseite wegen Verwechslungsgefahr bei bestehender Produkt- oder Branchenidentität oder -ähnlichkeit (§§ 14 Abs. 2 Nr. 1, Nr. 2, 15 Abs. 2 MarkenG) oder wegen Rufausbeutung oder Verwäs-

---

[543] BGH GRUR 2006, 158 – segnitz.de; BGH WRP 2006, 238 – hufeland.de; BGH GRUR 2002, 898 – defacto.

[544] OLG Hamburg WRP 1996, 572, 576 – Les Paul Gitarren.

[545] Vgl. BGH GRUR 1987, 707 – Ankündigungsrecht I; BGH GRUR 1987, 823 – Ankündigungsrecht II; *Fezer* MarkenG § 14 Rn 491, § 23 Rn 61 a.

[546] Vgl. BGH GRUR 1999, 992, 994 – BIG PACK; *Fezer* § 23 Rn 12, 30.

[547] BGH GRUR 2002, 613, 615 f – GERRI/KERRY Spring; HK-MarkenR/*Ekey* § 23 Rn 16 ff, 17 c.

[548] EuGH GRUR Int. 1999, 483 – BMW.

[549] OLG Düsseldorf GRUR–RR 2001, 299 – Mercedes-Stern.

serung (§§ 14 Abs. 2 Nr. 3, 15 Abs. 3 MarkenG) liegt vor, wenn die Marke oder die geschäftliche Bezeichnung **als Hinweis auf die Bestimmung** einer Ware oder Dienstleistung vor allem im Zubehör- und Ersatzteilgeschäft verwendet wird und diese Verwendung dafür **notwendig** ist, § 23 Nr. 3 MarkenG. Die Notwendigkeit in diesem Sinne wird verneint, wenn neben der erforderlichen Angabe „passend für" beispielsweise bei einer Autofußmatte für einen bestimmten Fahrzeugtyp unter Angabe der Herstellermarke zusätzlich noch die am Markt eingeführte Artikelbezeichnung des Original-Ersatzteils oder die identische Katalognummer verwendet wird.[550] Damit die Benutzung einer fremden Marke oder geschäftlichen Bezeichnung als notwendiger Hinweis auf ein Zubehör oder ein Ersatzteil für eine auf der Website angebotene oder angekündigte Ware vom Erlaubnistatbestand des § 23 MarkenG umfasst ist, darf der Verkehr nicht dahingehend irregeführt werden, dass es sich um die Originalware des Markeninhabers handele oder besondere organisatorische oder wirtschaftliche Beziehungen zum Kennzeicheninhaber, beispielsweise im Sinne einer autorisierten Vertragswerkstätte oder eines Vertragshändlers, bestünden.[551] Die Benutzung eines Kennzeichens muss praktisch die einzige Möglichkeit darstellen, der Öffentlichkeit eine verständliche und vollständige Information über die Bestimmung einer Ware zu liefern, um das System eines unverfälschten Wettbewerbs auf dem Markt für diese Ware zu erhalten.[552] Von § 23 Nr. 3 MarkenG ist es nicht gedeckt, das Kennzeichen in derselben Werbung mehrfach oder mehrere verschiedene Zeichen desselben Herstellers zu verwenden.[553]

Auch wenn ein fremdes Kennzeichen in der Werbung des Betreibers einer Website als 184
beschreibende Angabe verwendet wird, ist die Grenze der freien Benutzung nach § 23 MarkenG überschritten, wenn durch die konkrete Art der Verwendung des fremden Kennzeichens die Wertschätzung des Kennzeichens beeinträchtigt wird. Das ist beispielsweise dann der Fall, wenn es sich bei dem fremden Kennzeichen um eine Luxusmarke handelt, die neben Billigprodukten dergestalt auf der Website beworben wird, dass der Eindruck entsteht, es handele sich auch bei dieser Markenware um ein Billigerzeugnis.[554] In diesem Falle läge eine Kennzeichenrechtsverletzung vor.

Eine Verletzung von Kennzeichenrechten in Website-Inhalten kommt auch dann in Be- 185
tracht, wenn beispielsweise ein Softwareprogramm unter einer mit einem geschützten Kennzeichen verwechslungsfähigen Bezeichnung auf einer Webseite zum Download angeboten wird. So ist in dem Angebot des Softwareprogramms „FTP-Explorer" auf einer Webseite zum kostenlosen Download für Internetnutzer eine Verletzung der Rechte an der für Computerprogramme geschützten Registermarke „Explorer" gesehen worden.[555]

Ist eine Erschöpfung des Kennzeichenrechts nach § 24 Abs. 1 MarkenG eingetreten, 186
kann der Inhaber im Übrigen einem Dritten auf Grund seines Kennzeichenrechts nicht untersagen, das Zeichen für die so gekennzeichneten Waren zu verwenden. Dies trägt dem Umstand Rechnung, dass das Anbieten und die Weiterveräußerung von Originalwaren, die von oder mit Zustimmung des Kennzeicheninhabers bereits in Verkehr gebracht sind, zwingend die Benutzung der Produktbezeichnung und damit des Kennzeichens erfordert.

Bei Verletzung von Kennzeichen in Website-Inhalten und insbesondere beim Linking 187
und Framing hat der Kennzeicheninhaber gegenüber dem Verletzer **Abwehransprüche**[556] und zwar zunächst einen verschuldensunabhängigen Unterlassungsanspruch nach §§ 14 Abs. 5, 15 Abs. 4 MarkenG. Unter Umständen folgt der Unterlassungsanspruch auch aus

---

[550] BGH GRUR 1996, 781 – Verbrauchsmaterialien; vgl. auch OLG Düsseldorf K&R 2007, 101, 103 – peugeot-tuning.

[551] *Ströbele/Hacker* MarkenG § 23 Rn 52; *Baumbach/Hefermehl* UWG § 1 Rn 550; vgl. auch EuGH GRUR Int. 1999, 438 – BMW; EuGH GRUR 2005, 509 – Gillette Company/LA-Laboratories.

[552] LG Düsseldorf NJW-RR 2007, 617 – cat-ersatzteile.de.

[553] OLG Köln GRUR-RR 2001, 301 – Anzeigenwerbung für EU-Neufahrzeuge.

[554] Vgl. EuGH EuZW 1998, 22, 25 Rn 46 – Dior; *Kilian/Heussen/Renck* Nr. 58 Rn 24; *Ströbele/Hacker* MarkenG § 23 Rn 50.

[555] LG München I MMR 2000, 566, 567.

[556] → Rn 136 ff.

§ 12 Satz 1 BGB für Namensrechtsverletzungen und § 3 UWG für Verstöße gegen Wettbewerbsrecht sowie bei sittenwidriger vorsätzlicher Schädigung aus §§ 826, 226, 1004 BGB. Der Verletzer ist nicht nur dazu verpflichtet, solche Handlungen zu unterlassen, die mit der bereits begangenen oder drohenden Verletzungshandlung übereinstimmen, sondern alle, die im Kern gleichartig sind.[557] Während ein Unterlassungsanspruch vom Kennzeicheninhaber auch im Wege des Eilverfahrens geltend gemacht werden kann, ist die Geltendmachung von etwaigen Schadensersatzansprüchen (§§ 14 Abs. 6, 15 Abs. 5 MarkenG, § 3, 9 UWG, §§ 823 Abs. 1, 12 BGB) nur im Hauptsacheverfahren vor den ordentlichen Gerichten möglich. Im Gegensatz zum Unterlassungsanspruch setzt der Schadensersatzanspruch ein Verschulden des Rechtsverletzers voraus. Von praktischer Bedeutung ist darüber hinaus ein Auskunftsanspruch des Kennzeichenrechtsinhabers gegen den Verletzer (§ 19 MarkenG, § 241 Abs. 2 BGB), der insbesondere zur Vorbereitung und Bestimmung des Schadensersatzanspruches als Hauptanspruch in Frage kommt.

188 Das dargestellte Regel-Ausnahme-Verhältnis von Rechtsverletzungen nach dem Markengesetz bei der Verwendung von Kennzeichen Dritter gilt für alle und damit auch für die nachfolgend beschriebenen, besonderen Verwendungsmöglichkeiten von Kennzeichen im Internet.

II. Kennzeichen und Linking

1. Ausgestaltung eines Hyperlinks

189 Wird ein fremdes Kennzeichen zur Ausgestaltung eines Hyperlinks verwendet, so stellt sich die Frage, ob auf Grund der Umstände des Einzelfalles eine zulässige Kennzeichenbenutzung iSv § 23 MarkenG vorliegt.

190 Die Verwendung eines geschützten Zeichens als beschreibende Angabe in einem Fließtext ist auch dann grundsätzlich als freie Benutzung anzusehen, wenn das Kennzeichen als Hyperlink so ausgestaltet ist, dass es sich durch farbliche Hervorhebung oder Unterstreichung von dem übrigen Text der Webseite abhebt. Werden auf der verweisenden Website Produkte des Kennzeicheninhabers angeboten, wird man selbst die Verwendung eines fremden Logos zur Ausgestaltung des Hyperlinks, der auf die Website des Kennzeicheninhabers führt, nach der neueren Rechtsprechung grundsätzlich als vom Ankündigungs- oder Werberecht des Händlers umfasst und damit zulässig ansehen müssen.[558] Werden hingegen auf der verweisenden Website keine Waren oder Dienstleistungen des Kennzeicheninhabers beworben oder angeboten, so wird hierin auf Grund des unzutreffenden Eindruckes des Bestehens geschäftlicher Beziehungen zwischen dem Linksetzer und dem Kennzeicheninhaber eine Kennzeichenrechtsverletzung nach §§ 14, 15 MarkenG zu sehen sein[559]. Bei so genannten Virtual Malls, also Online-Kaufhäusern, gelangt der Nutzer über das Aktivieren von Links, die oftmals unter Verwendung fremder Marken und Unternehmenskennzeichnungen ausgestaltet sind, auf die Websites der einzelnen Hersteller. Die Website dient hier als Verkaufsraum und damit regelmäßig nur Marketing-Interessen des Anbieters, nicht aber der Aufklärung der Internetnutzer. Diese Art der Verwendung fremder Kennzeichen für die Ausgestaltung von Links beinhaltet daher in der Regel eine Kennzeichenrechtsverletzung, insbesondere unter dem Gesichtspunkt der rufmäßigen Ausbeutung eines branchenfremden Kennzeichens.[560]

191 Eine zulässige Benutzung nach § 23 Nr. 3 MarkenG kommt in der Regel bei der Verwendung geschützter Kennzeichen für Hyperlinks nicht in Betracht. Denn für den Hinweis auf die Bestimmung einer Ware, insbesondere als Zubehör oder Ersatzteil, oder einer Dienstleistung im Sinne dieser Vorschrift ist es nicht notwendig, dass die Marke oder die

---

[557] *Ingerl/Rohnke* MarkenG Vor §§ 14–19 Rn 88.
[558] EuGH GRUR Int. 1999, 438 – BMW; OLG Düsseldorf GRUR-RR 2001, 299 – Mercedes-Stern.
[559] OLG Köln MMR 2006, 629 – ecolab.de.
[560] Vgl. *Hoeren* WRP 1997, 993, 996; krit. *Wiebe* WRP 1999, 734, 738.

geschäftliche Bezeichnung zur Ausgestaltung des Hyperlinks, der zur Website des Kennzeicheninhabers führt, verwendet wird oder dass eine bestimmte geschützte Schrift, Farbkombination oder Bildgestaltung übernommen wird.[561]

2. Sonderfälle: Framing und Inline Linking

192 Im Unterschied zum einfachen Linking oder Deep Linking wird der Internetnutzer bei Aktivierung eines **Frame Links** nicht zu einer fremden Webseite geführt, sondern er bleibt auf der verweisenden Webseite, da die fremden Inhalte in diese Webseite importiert werden. Die so verlinkten fremden Inhalte erscheinen in einem eigenen Rahmen (Frame) innerhalb der verweisenden Webseite, wobei deren grafisch-optische Gestaltung in der Regel unverändert bleibt und weiterhin die URL-Adresse des Linksetzers angezeigt wird. Der Internetnutzer kann daher beim Framing nur mit spezielleren Browser-Kenntnissen und Suchaufwand erkennen, dass der mittels eines Frame Links eingebundene Inhalt von einem anderen Anbieter stammt.[562]

193 Wenn die mittels eines Frame Links in die verweisende Webseite importierten Inhalte Kennzeichen Dritter enthalten wird in der Regel eine Verletzung von Kennzeichenrechten nach §§ 14, 15 MarkenG vorliegen. Rechtsprechung hierzu gibt es, soweit ersichtlich, nicht, da in den Entscheidungen zu der Zulässigkeit des Framing Kennzeichenrechte im Gegensatz zu urheber- und wettbewerbsrechtlichen Vorschriften keine Rolle gespielt haben.[563] Da beim Setzen eines Frame Links auf eine fremde Webseite in der Regel eine Rufausbeutung oder Irreführung iSv § 3 UWG begründet wird, wenn nicht besondere Umstände des Falles einen dahingehenden Irrtum der Nutzer ausschließen, und bei Einbindung urheberrechtlich geschützter Inhalte durch Frame Link in die verweisende Webseite oftmals auch eine Urheberrechtsverletzung zu bejahen sein wird,[564] war die Frage einer im Übrigen bestehenden Kennzeichenrechtsverletzung möglicherweise auch nur von untergeordneter Bedeutung. Ein Unterlassungsanspruch des Kennzeicheninhabers aus §§ 14, 15 MarkenG gegen den Setzer des Frame Links, durch den das fremde Kennzeichen in die verweisende Webseite einbezogen wird, ist gegeben, wenn durch die Verwendung des geschützten Kennzeichens eine Verwechslungsgefahr oder Rufausbeutung begründet wird. Eine Verwechslungsgefahr kann auch im weiteren Sinne bejaht werden, wenn der Eindruck entsteht, es bestünden geschäftliche Beziehungen des Webseiten-Betreibers zum Kennzeicheninhaber.[565]

194 Das **Inline Linking** bietet eine besondere Möglichkeit der Einbeziehung fremder Kennzeichen in eine Webseite, indem ein Link in der Form gesetzt wird, dass die fremde Datei ohne weitere Aktivierung durch den Nutzer bereits beim Aufbau der entsprechenden Webseite mitgeladen wird. Für diese Form der Einbeziehung fremder Inhalte in eine Webseite wird überwiegend, aber nicht ausschließlich der Begriff Inline Linking verwendet.[566]

195 Im Unterschied zu der Benutzung eines fremden Kennzeichens durch dessen Kopieren und Speichern auf dem eigenen Server als Datei bietet das Inline Linking die Möglichkeit, das fremde Kennzeichen dadurch in eine Webseite einzubeziehen, dass der Browser des Nutzers die betreffende Datei von dem Server des Kennzeicheninhabers und nicht vom eigenen Server holt. Die Anweisung an den Browser des Nutzers, sich die betreffende Datei von einem anderen Server zu holen, erfolgt durch einen Code auf der Webseite des Anbieters. Dabei können Dateien, die eine Grafik, ein Bild oder auch Text und Bild ent-

561 Vgl. OLG Hamburg WRP 1957, 51 – Westfälisches Schinkenfrühstück; *Kilian/Heussen/Renck* Nr. 58 Rn 28.

562 *Ernst* K&R 1998, 536, 539.

563 Vgl. OLG Düsseldorf CR 2000, 184; OLG Hamburg MMR 2001, 533; LG Köln ZUM 2001, 714; LG München MMR 2007, 260 m. Anm *Ott*.

564 *Ubber/Jung-Weiser* S. 162 ff.

565 Vgl. *Fezer* MarkenG § 3 Rn 341; *Ingerl/Rohnke* MarkenG § 14 Rn 438 ff.

566 Andere Terminologie bei *Koch* NJW-CoR 1997, 298, 300; *Hoeren* WRP 1997, 993, 996; *Völker/Lühring* K&R 2000, 20, 21; krit. *Stadler* Rn 150 f, 193.

halten, einbezogen werden. In diesem Fall wird auch von IMG-Links (Image-Links) gesprochen. In der Regel bemerkt der Internetnutzer nicht, dass die Datei, also das geschützte Kennzeichen, von dem Server eines anderen Anbieters herunter geladen wird, es sei denn, dass das Herunterladen beispielsweise einer Bildmarke wesentlich länger dauert als der Aufbau der restlichen Webseite.

196 Die Einbeziehung eines fremden Kennzeichens durch Setzen eines Inline Links ist als eine Benutzung des Kennzeichens durch den Linksetzer und Anbieter der Webseite anzusehen. Er gibt den entsprechenden Steuerungsbefehl an den Browser des Nutzers in Form eines Codes in die HTML-Seite ein, so dass es zu der Verlinkung ohne eine Handlung des Internetnutzers kommt. Die Verwendung eines fremden Kennzeichens wie beispielsweise einer fremden Wort-/Bildmarke durch Inline Linking beinhaltet, wenn sie ohne Zustimmung des Kennzeicheninhabers erfolgt, grundsätzlich eine Kennzeichenrechtsverletzung.[567]

197 Wenn allerdings auf der verweisenden Webseite Waren oder Dienstleistungen des Kennzeicheninhabers angeboten werden, wird man die Einbeziehung eines fremden Kennzeichens in die Webseite durch Inline Linking nach der neueren Rechtsprechung grundsätzlich als vom Ankündigungs- oder Werberecht des Händlers nach § 23 MarkenG umfasst und damit zulässig ansehen müssen.[568] Im Sinne des Kennzeichenschutzes kann es keinen Unterschied machen, ob der Anbieter einer Webseite ein fremdes Kennzeichen kopiert und auf dem eigenen Server speichert oder aber das fremde Kennzeichen durch einen Inline Link in die Webseite einbezieht.

198 Da der Internetnutzer beim Inline Linking nicht erkennt, dass hier fremde Inhalte in die Webseite einbezogen werden, kommt neben Kennzeichenrechtsverletzungen auch ein Verstoß gegen urheber- oder wettbewerbsrechtliche Vorschriften insbesondere unter dem Gesichtspunkt der Irreführung oder unlauteren Leistungsübernahme in Betracht.[569]

3. Verantwortung für verlinkte Kennzeichenrechtsverletzungen

199 Bislang ist dargelegt worden, wie die Verwendung fremder Kennzeichen unmittelbar in Website-Inhalten oder auch im Wege des Linking rechtlich zu beurteilen ist. Eine andere Frage betrifft die Haftung des Linksetzers für Kennzeichenrechtsverletzungen, die auf der verlinkten Webseite begangen werden.

200 Die Haftung für verlinkte Kennzeichenrechtsverletzungen richtet sich nach denselben Grundsätzen wie die Verantwortlichkeit für fremde Inhalte im Internet allgemein.[570] Dies hat der Bundesgerichtshof in seiner Entscheidung „ueber18.de" nun für Hyperlinks ausdrücklich klargestellt.[571] Nach der Novellierung des Teledienstegesetzes (TDG) im Zuge der Umsetzung der Europäischen Richtlinie über den elektronischen Geschäftsverkehr (E-Commerce-Richtlinie)[572] ist die Haftungsnorm des § 5 TDG durch eine Reihe von Haftungsregelungen in den §§ 8 ff. TDG ersetzt worden. Diese Haftungsregeln wurden unverändert in das Telemediengesetz, welches nun die alten Regelungen des Teledienstgesetzes und des Mediendienstestaatsvertrags für Internetdienste seit dem 1. 3. 2007 ersetzt,[573] übernommen (nunmehr §§ 9 ff. TMG). Da die Frage, wie Hyperlinks haftungsrechtlich zu behandeln sind, von der Richtlinie selbst ebenso wie in den Erwägungsgründen zu der Richtlinie bewusst offen gelassen worden ist, verbietet sich auf Grund dieser bewussten

---

567 Vgl. *Kochinke/Tröndle* CR 1999, 190, 193; *Ernst/Wiebe* MMR Beilage zu Heft 8/2001, 20, 22; *Ubber/Jung-Weiser* S. 160 f.

568 Vgl. EuGH GRUR Int. 1999, 438 – BMW; OLG Düsseldorf GRUR-RR 2001, 299 – Mercedes-Stern.

569 Vgl. auch OLG Celle CR 1999, 523; LG Lübeck NJW-CoR 1999, 429; *Ernst/Wiebe* MMR Beilage zu Heft 8/2001, 20, 22; *Plaß* WRP 2000, 599, 602 f; *Schack* MMR 2001, 9, 14.

570 → § 4-S 12 Rn 131.

571 BGH MMR 2008, 400, 402 f – ueber18.de.

572 RL 2000/31/EG des Europäischen Parlaments und des Rates über bestimmte rechtliche Aspekte der Dienste der Informationsgesellschaft, insbesondere des elektronischen Geschäftsverkehrs, im Binnenmarkt, ABl. EG Nr. L 178 S. 1 vom 17. 7. 2000.

573 Vgl. hierzu ausführlich *Hoeren*, NJW 2007, 801 ff.

Nichtregelung der Haftung von Linkverwendern für verlinkte Inhalte auch eine nur analoge Anwendung der §§ 9ff. TMG (früher §§ 8ff TDG).[574] Es bleibt somit grundsätzlich bei der Verantwortung für rechtswidrige Inhalte Dritter, auf die durch Links unabhängig von der verwendeten Linktechnik verwiesen wird, nach den **allgemeinen Rechtsvorschriften.**[575] Danach ist nach Ansicht des Bundesgerichtshofs eine differenzierte Beurteilung geboten.[576] Zumindest derjenige, der sich die fremden Informationen, auf die er mit Hilfe des Hyperlinks verweise, zu eigen mache, hafte dafür wie für eigene Informationen, also wie ein Content-Provider iSv § 7 Abs. 1 TMG (früher § 8 Abs. 1 TDG). Wann ein solches zu eigen machen vorliegt, beurteilt sich anhand des Einzelfalles.

Die Verantwortlichkeit für verlinkte Kennzeichenrechtsverletzungen wurde in früherer 201
Rechtsprechung, wenn überhaupt, lediglich am Rande in instanzgerichtlichen Entscheidungen zu der Frage berührt worden, ob der Setzer eines Links zu einer Webseite, von der das Softwareprogramm „FTP-Explorer" für private Nutzer kostenlos herunter geladen werden kann, ebenfalls kennzeichenrechtsverletzend handelt.[577] Sofern der Linksetzer die Bezeichnung „FTP-Explorer" zur Ausgestaltung des Links verwendet hatte, wurde eine kennzeichenmäßige Verwendung iSv § 14 Abs. 2 MarkenG und bei Bejahung einer Verwechslungsgefahr mit der geschützten Marke „Explorer" auch eine Kennzeichenrechtsverletzung des Linksetzers angenommen.[578] Auch wenn der Linksetzer nicht selbst die Bezeichnung „FTP-Explorer" zur Ausgestaltung des Hyperlinks oder in sonstiger Weise auf der verweisenden Webseite benutzt, ist er gleichwohl grundsätzlich für die auf der verlinkten Webseite begangene Kennzeichenrechtsverletzung – eine Verwechslungsgefahr zwischen „FTP-Explorer" und „Explorer" einmal unterstellt – als Störer gemäß § 1004 BGB verantwortlich. Die **Störerhaftung** folgt daraus, dass der Handelnde – hier der Linksetzer – eine adäquat kausale Ursache für die Herbeiführung oder Aufrechterhaltung einer objektiv rechtswidrigen Beeinträchtigung setzt, er die rechtliche und tatsächliche Möglichkeit zur Beseitigung der Störung hat und ihm die Beseitigung auch zuzumuten ist.[579] Die Grundsätze zur Störerhaftung werden auch im Marken- oder Kennzeichenrecht herangezogen.[580]

Eine **uneingeschränkte Haftung** des Linkverwenders besteht jedenfalls dann, wenn er 202
bewusst auf den rechtswidrigen Inhalt verwiesen und so vorsätzlich dessen Verbreitung oder die fremde rechtswidrige Tat gefördert hat.[581] In dem Fall kommt es nicht darauf an, welcher Linktechnik sich der Linksetzer bedient. In den Fällen aber, in denen sich der Linkverwender der Rechtswidrigkeit der verlinkten Inhalte nicht bewusst ist, ist eine differenzierende Beurteilung seiner Verantwortlichkeit angebracht. Ausgehend von dem Grundsatz, dass dem Verwender eines Hyperlinks eine Verkehrssicherungspflicht obliegt, da er die Verbreitung des Inhalts, auf den verwiesen wird, gefördert hat und damit die Wahrscheinlichkeit einer Rechtsgutverletzung oder -gefährdung erhöht,[582] haftet der Linksetzer auch bei grobfahrlässiger Unkenntnis von der Kennzeichenrechtsverletzung auf der verlink-

---

[574] Vgl. BGH MMR 2008, 400, 402f – ueber18.de; *Attendorn* MMR 6/2002, V; *Nickels* CR 2002, 302, 308; *Müglich* CR 2002, 583; *Redeker* Rn 1034; *Spindler* MMR 2002, 495; krit. *Stadler* Rn 169; offen gelassen bei *Hoeren* Internetrecht S. 371ff; aA *Köhler/ Arndt* S. 247f; *Ott* GRUR Int. 2007, 14, 16f.

[575] → § 4-S 12 Rn 131.

[576] Vgl. m. w. N. BGH MMR 2008, 400, 402f – ueber18.de.

[577] OLG Hamm MMR 2001, 611; OLG Braunschweig MMR 2001, 608; OLG München K&R 1999, 353; LG München I MMR 2000, 566, 567; LG München I MMR 1999, 552; LG Düsseldorf MMR 2001, 183; LG Braunschweig MMR 2001, 187.

[578] OLG Hamm MMR 2001, 611; LG München I MMR 2000, 566, 567; LG München I MMR 1999, 552; LG Düsseldorf MMR 2001, 183; krit. *Stadler* Rn 223ff.

[579] Vgl. BGH GRUR 1957, 352, 353 – Pertusin II; BGH NJW-RR 1997, 1468, 1469 – Branchenbuch-Nomenklatur; krit. zur Störerhaftung des Linksetzers *Stadler* Rn 177ff.

[580] BGH GRUR 2001, 1038, 1039 – ambiente.de; vgl. zur Störerhaftung wegen Setzens eines Hyperlinks im Rahmen einer Online-Berichterstattung LG München I ZUM-RD 2008, 97; siehe hierzu auch BVerfG GRUR 2007, 1064.

[581] Vgl. *Spindler* MMR 2002, 495, 498f; *Stadler* Rn 186f.

[582] OLG München NJW-RR 2002, 1048; *Spindler* MMR 2002, 495, 502.

ten Webseite.[583] Da bei Links, die auf fremde Inhalte verweisen, eine Kontinuität dieser Inhalte keineswegs gesichert ist und daher die Rechtswidrigkeit des verlinkten Inhalts auch erst nach Setzen des Links eintreten kann, stellt sich die Frage der **Kontrollpflichten** des Linkverwenders. Die Auffassung, dass der Setzer eines Hyperlinks stets eine Internet-Verkehrssicherungspflicht und damit uneingeschränkte Kontrollpflichten übernimmt, weil er bewusst das Risiko eingeht, dass die Verweisungsseite später geändert wird,[584] ist eine Mindermeinung[585] und überzeugt nicht. Eine ständige Kontrolle der verlinkten Inhalte, die nicht zu Eigen gemacht worden sind, würde selbst bei kleineren Linksammlungen schnell zu einem Ding der Unmöglichkeit für den Linksetzer, was erst recht bei Suchmaschinen gelten würde.[586] Der Umfang der Sorgfalts- und Kontroll-pflichten des Linkverwenders hinsichtlich der verlinkten Fremdinhalte könnte sich nach deren Zumutbarkeit, der sozialen Nützlichkeit des Links, dem wirtschaftlichen Nutzen für den Linksetzer, dem Rang der bedrohten Rechtsgüter und dem Ausmaß von deren Gefährdung unter Berücksichtigung der verwendeten Linktechnik richten.[587] Es bleibt allerdings abzuwarten, ob die Rechtsprechung solche Überlegungen bei der Frage der Verantwortlichkeit für verlinkte Inhalte anstellen und möglicherweise eine entsprechend differenzierte gesetzliche Lösung nach österreichischem Muster[588] erfolgen wird.

203 Erfolgt der Verweis auf eine kennzeichenrechtsverletzende Webseite nicht in Form eines einfachen Links oder eines Deep Links, sondern im Wege des Framing, hat sich der Linksetzer den fremden Inhalt hierdurch zu Eigen gemacht und haftet daher uneingeschränkt als Gehilfe oder Mittäter der Kennzeichenrechtsverletzung.[589]

204 Wenn in dem Beispiel der „FTP-Explorer"-Fälle das kennzeichenrechtsverletzende Angebot des Softwareprogramms zum Download an private Nutzer nicht auf der verlinkten Webseite, sondern auf einer weiteren Ebene auf Grund eines Links, den die verlinkte Webseite ihrerseits enthält, erfolgt, ist eine Verantwortung des Linksetzers hierfür grundsätzlich nicht anzunehmen.[590]

205 Zur Vermeidung von rechtlichen Auseinandersetzungen beim Setzen von Links und zum Ausschluss oder Beschränkung der Verantwortung für verlinkte rechtswidrige Inhalte bieten sich die Verwendung von speziellen Nutzungsbedingungen, so genannter Linking Policy, für das eigene Internetangebot wie auch der Abschluss eines Linking Vertrages mit dem Anbieter der verlinkten Webseite an.[591]

III. Sonstige Kennzeichenverwendung im Internet

206 Neue internetspezifische Möglichkeiten der Verwendung fremder Kennzeichen bieten das Meta Tagging, Word Stuffing und Keyword Advertising. Beim Meta Tagging und Word Stuffing werden Wortmarken oder Kennwörter so in eine Webseite oder ihren Quellcode aufgenommen, dass sie zwar für den Nutzer nicht sichtbar sind, aber von Suchprogrammen[592] erkannt werden. Da Suchprogramme Webseiten anhand von Kennwörtern indizieren und ihnen eine entsprechende Relevanz bei Suchanfragen zuordnen, kann durch die Verwendung berühmter Marken oder auch geschäftlicher Bezeichnungen marktführender Unternehmen beim Meta Tagging und Word Stuffing die Aufrufhäufigkeit einer Web-

---

583 Vgl. *Spindler* aaO.
584 OLG München NJW-RR 2002, 1048 f.
585 Vgl. *Spindler* MMR 2002, 495, 502 ff; *Ernst/Vassilaki/Wiebe/Wiebe* Rn 147 ff; i. E. *Müglich* CR 2002, 583, 591 f.
586 *Spindler* MMR 2002, 495, 502 mwN.
587 *Spindler* MMR 2002, 495, 502 ff; *Ernst/Vassilaki/Wiebe/Wiebe* Rn 41 ff, 147 ff.
588 Vgl. § 17 E-Commerce-Gesetz (ECG); *Ott* GRUR Int. 2007, 14, 18 ff.
589 → § 4-S 12 Rn 141 f.
590 *Ubber/Jung-Weiser* S. 187 ff; *Spindler* MMR 2002, 495, 503 mwN.
591 Näheres hierzu *Ubber/Jung-Weiser* S. 172 ff.
592 Zu Arten und Funktionsweise von Suchdiensten siehe *Stadler* Rn 233 ff.

site gesteigert werden. Beide Handlungsformen bieten daher die Möglichkeit der Manipulation von Suchprogrammen.[593] Die Schaltung entgeltlicher Bannerwerbung über den Trefferlisten von Suchdiensten, die nur dann erfolgt, wenn entsprechende Suchwörter eingegeben werden, beruht hingegen auf einer Vereinbarung zwischen dem Betreiber einer Suchmaschine und dem werbenden Website-Anbieter. Bei dieser Handlungsform, die als Keyword Advertising oder auch als Keyword Buys[594] bezeichnet wird, kann ein fremdes Kennzeichen sowohl als Suchwort als auch in dem Werbebanner, der mit der Website des Werbenden verbunden ist, zur Steigerung der Besuchshäufigkeit der Website verwendet werden.

Diese internetspezifischen Erscheinungsformen sind insbesondere aus wettbewerbsrechtlicher Sicht,[595] aber auch in kennzeichenrechtlicher Hinsicht problematisch. 207

1. Meta Tagging

Als Meta Tags werden Begriffe bezeichnet, die der Betreiber in den Quelltext, also das HTML-Programm, aufnimmt. Tags sind allgemein Markierungen, hier Arbeitsanweisungen an den Computer. Da Meta Tags keine Entsprechung im lesbaren Text der Webseiten haben, sind sie für den Nutzer nicht sichtbar, sofern sich dieser nicht den Quellcode anzeigen lässt, was sehr unüblich ist.[596] Meta Tags werden dazu verwendet, Informationen über den Inhalt der Website zu geben, die von Suchprogrammen gelesen werden. Suchprogramme durchsuchen nicht nur die Texte der Webseiten, sondern auch die Quelltexte und damit die Meta Tags nach Begriffen und indizieren eine Webseite entsprechend, so dass diese bei Eingabe des Suchwortes von Nutzern gefunden wird. Meta Tags unterstützen damit die im Allgemeininteresse liegende Sortierfunktion der Suchprogramme, deren Indizes sich an ein weltweites Publikum richten. Da in Meta Tags beliebige, von dem tatsächlichen Inhalt der Webseite unabhängige Begriffe ohne zahlenmäßige Beschränkung eingegeben werden können und Suchprogramme Kennwörtern in Meta Tags in der Regel eine höhere Relevanz zumessen als Kennwörtern auf der Webseite selbst, kann durch die Verwendung bekannter Marken oder sonstiger Kennzeichen in Meta Tags eine Top-Platzierung in Trefferlisten von Suchmaschinen erreicht werden. Das Meta Tagging durch Verwendung fremder Kennzeichen oder sachfremder Kennwörter eröffnet daher Missbrauchsmöglichkeiten, insbesondere die der Manipulation von Suchprogrammen zur Steigerung der Aufrufhäufigkeit einer Website. Zugleich wird durch ein solches Vorgehen der Wert eines Suchergebnisses erheblich gemindert. 208

Handelt es sich bei dem in Meta Tags eingegebenen Kennwort um das Kennzeichen eines bekannten Wettbewerbers oder die fremde Marke eines erfolgreichen Produktes, so wirft dies eine Reihe von kennzeichen- und wettbewerbsrechtlichen Problemen auf. **In wettbewerbsrechtlicher Hinsicht** kann die Verwendung fremder Kennzeichen oder sachfremder Begriffe insbesondere unter den Gesichtspunkten der Irreführung, der Rufausbeutung in Gestalt der Aufmerksamkeitsausbeutung, des behindernden Abfangens von Kunden oder Kundenfang durch Täuschung und der vermeidbaren Herkunftstäuschung sittenwidrig sein.[597] Wird durch die Verwendung eines fremden Kennzeichens in Meta Tags der unzutreffende Eindruck hervorgerufen, zwischen dem Anbieter und dem Kennzeicheninhaber bestünde eine wirtschaftliche und/oder gesellschaftsrechtliche Verbindung, so etwa wenn sich kein entsprechendes Angebot an Waren oder Dienstleistungen unter dem Kennzeichen auf der Webseite findet,[598] kommt eine unlautere Irreführung in Be- 209

---

[593] Vgl. *Rössel* CR 2003, 349 ff; *Wendlandt* Kap. 6 A, S. 531 ff.
[594] Vgl. LG Hamburg CR 2000, 392 – keyword buys; *Schmidt-Bogatzky* GRUR 2000, 959; *Ernst/Vassilaki/Wiebe/Wiebe* Rn 101.
[595] → § 4-S 12 Rn 76 ff.
[596] Vgl. *Menke* WRP 1999, 982, 983; *Wendlandt* Kap. 6 A, S. 532.
[597] Vgl. *Wendlandt* Kap. 6 D, S. 558 ff mwN; *Renner* WRP 2007, 49, 51 ff; → § 4-S 12 Rn 87 ff.
[598] Skeptisch *Kotthoff* K&R 1999, 157.

tracht.[599] Eine wettbewerbsrechtlich relevante Irreführung wird jedoch erst dann anzunehmen sein, wenn die betreffende Fehlvorstellung beim Internetnutzer auf Grund der Art der auf der Webseite angebotenen Produkte für einen diesbezüglichen Kaufentschluss inhaltlich von Bedeutung ist.[600] Eine nach §§ 3, 4 Nr. 10 UWG unlautere Behinderung von Mitbewerbern kommt vor allem deshalb in Betracht, weil die Wirkung der Verwendung des fremden Kennzeichens in Meta Tags mit dem Effekt des als sittenwidrig anerkannten Vertreibens von Handzetteln vor einem fremden Ladenlokal[601] vergleichbar ist. Denn in beiden Fällen kann die Handlung dazu führen, dass potenzielle Kunden abgefangen werden.[602] Eine Rufausbeutung durch Ausnutzung des Aufmerksamkeitseffektes des fremden Kennzeichens, deren Unlauterkeit unabhängig von der Übertragbarkeit von Gütevorstellungen vorliegen kann, kommt bei der Verwendung eines fremden Kennzeichens in Meta Tags ebenfalls in Betracht. Hierbei ist zu Lasten des Handelnden zu berücksichtigen, dass die sachlich nicht gerechtfertigte Verwendung fremder Kennzeichen in Meta Tags – auch auf Grund der Nachahmungsgefahr – das Potenzial zu einer erheblichen Beeinträchtigung bis hin zu einer Blockadewirkung für den Kennzeicheninhaber hat. Die Feststellung der Sittenwidrigkeit erfordert eine umfassende Beurteilung der Gesamtumstände des jeweiligen Falles.[603]

210 Handelt es sich bei dem in Meta Tags eingegebenen Begriff um einen fremden Personennamen, kommt ein Abwehranspruch aus § 12 BGB in Betracht, wenn die Namensverwendung unbefugt erfolgt und die Interessen des Namensträgers verletzt werden.[604] Die Verwendung von fremden Kennzeichen in Meta Tags kann aber auch Abwehransprüche wegen Kennzeichenrechtsverletzung nach §§ 14, 15 MarkenG auslösen.

211 Das für eine Kennzeichenrechtsverletzung erforderliche **Handeln im geschäftlichen Verkehr** wird bei Verwendung fremder Kennzeichen in Meta Tags regelmäßig vorliegen. Maßgeblich hierfür ist der Inhalt der Webseite. Bei der Benutzung fremder Kennzeichen in Meta Tags durch Privatpersonen ist auch dann eine Benutzung im geschäftlichen Verkehr anzunehmen, wenn es ihnen darum geht, die Besuchshäufigkeit der Webseite hierdurch zu steigern und höhere Werbeeinnahmen zu erzielen.[605] Während ein Handeln im geschäftlichen Verkehr ebenso wie eine kennzeichenmäßige Benutzungshandlung bei der Verwendung von fremden Kennzeichen in Meta Tags in der Rechtsprechung ohne Bedenken und oftmals auch stillschweigend angenommen worden ist,[606] ist das Vorliegen einer kennzeichenmäßigen Benutzung in diesen Fällen im Schrifttum umstritten.[607]

212 Sofern mit der wohl überwiegenden Ansicht in Rechtsprechung und Literatur an der Voraussetzung der **kennzeichenmäßigen Benutzung** festgehalten wird,[608] ist diese weit zu verstehen. Seit dem Inkrafttreten des Markengesetzes umfasst der Kennzeichenschutz nicht nur die Herkunftsfunktion des Kennzeichens sondern insbesondere auch ihre Werbefunktion.[609] Das missbräuchliche Meta Tagging führt zu einer Störung der Kommunika-

---

[599] So OLG München MMR 2000, 546; LG Düsseldorf ITRB 2002, 153 f; LG Hamburg CR 2002, 136; LG Mannheim MMR 1998, 217 unter Hinweis auf BGH WRP 1994, 739 – Suchwort; nicht aber bei allgemein gehaltenen Meta Tags, OLG Düsseldorf MMR 2004, 319, 321 – Metatag III.

[600] *Wendlandt* Kap. 6 D, S. 563, 565 f.

[601] BGH GRUR 1986, 547 – Handzettel Werbung; *Baumbach/Hefermehl* UWG § 1 Rn 214 mwN.

[602] LG Düsseldorf ITRB 2002, 153 f; *Ernst* K&R 1998, 536, 541; *Kilian/Heussen/Renck* Nr. 58 Rn 47; *Kotthoff* K&R 1999, 157, 161; aA *Menke* WRP 1999, 982, 989 f.

[603] Vgl. *Wendlandt* Kap. 6 D, S. 568 ff.

[604] Vgl. LG Hamburg CR 2002, 374 m. krit. Anm. *Beckmann*; *Wendlandt* Kap. 6 D, S. 536 Fn 3446.

[605] Vgl. *Ernst* NJW-CoR 1997, 493; *Menke* WRP 1999, 982, 984; → Rn 177 f.

[606] OLG München MMR 2000, 546 – hanseatic; LG Hamburg CR 2002, 136; LG Hamburg MMR 2000, 46 – galerie d'histoire; LG Frankfurt/M MMR 2000, 493 – diaprog; LG Mannheim MMR 1998, 217; ablehnend OLG Düsseldorf MMR 2004, 319, 320 – Metatag III.

[607] *Kotthoff* K&R 1999, 157; *Varadinek* GRUR 2000, 279; *Viefhues* MMR 1999, 336; *Menke* WRP 1999, 982.

[608] → Rn 85, 179.

[609] *Varadinek* GRUR 2000, 279, 282 f; *Menke* WRP 1999, 982, 985; *Wiebe* CR 1998, 157, 161; *Fezer* MarkenG § 14 Rn 48 ff.

tionsfunktion und unter Umständen auch der Identifizierungsfunktion des Kennzeichens.[610] Selbst wenn der Nutzer bei Eingabe eines Kennzeichens als Suchwort damit rechnet, inhaltlich weit gestreute Suchergebnisse zu erzielen und nicht ausschließlich Webseiten des Kennzeicheninhabers oder sachbezogene Inhalte anderer Anbieter angezeigt zu bekommen, wird das Verkehrsverständnis des Suchwortes als betriebliches Herkunftszeichen nicht ausgeschlossen sein.[611] Da es für die Annahme einer kennzeichenmäßigen Benutzung ausreicht, wenn auch nur die nicht völlig fern liegende Möglichkeit besteht, dass der Verkehr das als Suchwort eingegebene Kennzeichen als zeichenmäßig versteht,[612] ist davon auszugehen, dass die Verwendung eines Kennzeichens in Meta Tags eine kennzeichenmäßige Benutzungshandlung darstellt.[613] Diese Auffassung teilt nun auch der Bundesgerichtshof, da sich die kennzeichenmäßige Benutzung nicht mit der Begründung verneinen lasse, ein Metatag sei für den durchschnittlichen Internetnutzer nicht wahrnehmbar.[614] Zum einen setzen §§ 14, 15 MarkenG eine unmittelbare Wahrnehmung des Kennzeichengebrauchs durch den angesprochenen Verkehr nicht voraus. Im Übrigen aber ist die Wirkung der Verwendung eines Kennzeichens in Meta Tags identisch mit der offenen Benutzung der Kennzeichnung, da der suchende Nutzer das Angebot über das Suchprogramm findet und so auf die betreffende Webseite gelangt.[615] Auch wenn der Verkehr die Verwendung des fremden Kennzeichens in Meta Tags nur mittelbar wahrnimmt, kommt dies in der Wirkung der unmittelbaren Wahrnehmung gleich.[616]

Der Bundesgerichtshof hat den **Unterlassungsanspruch** der Klägerin unter dem Ge- 213
sichtspunkt der Verletzung des Firmenschlagwortes auf §§ 5 Abs. 2, Satz 1, 15 Abs. 1, Satz 2 und 4 MarkenG gestützt.[617] Darüber hinaus kommt auch ein Abwehranspruch unter dem Gesichtspunkt des **Identitäts- und Verwechslungsschutzes** gemäß §§ 14 Abs. 2 Nr. 1, Nr. 2, 15 Abs. 2 MarkenG in Betracht.

Bei der Verwendung eines fremden Kennzeichens in Meta Tags liegt stets Zeichenidenti- 214
tät vor, da anderenfalls die Indizierung der Webseite durch Suchprogramme nicht funktionieren und die Webseite bei Eingabe des Kennzeichens nicht in der Trefferliste angezeigt würde.[618] Wenn außerdem eine Produkt- oder Branchenidentität besteht, ist eine Kennzeichenrechtsverletzung gemäß §§ 14 Abs. 2 Nr. 1, 15 Abs. 2 MarkenG gegeben. Diese Voraussetzung liegt nicht schon deshalb vor, weil eine Website betrieben wird; vielmehr ist auf den Inhalt der Website selbst abzustellen.[619] Verwendet daher der Betreiber einer Website Marken von Konkurrenzprodukten in Meta Tags, ohne dass diese auf der Website selbst angeboten werden, ist eine Markenrechtsverletzung gemäß § 14 Abs. 2 Nr. 1 MarkenG zu bejahen.

---

[610] Vgl. *Fezer* MarkenG § 14 Rn 48; *Menke* WRP 1999, 982, 985; *Ubber/Jung-Weiser* S. 184f.

[611] Vgl. *Wendlandt* Kap. 6 D, S. 543ff mwN; aA OLG Düsseldorf MMR 2004, 319, 320 – Metatag III.

[612] Vgl. *Ingerl/Rohnke* MarkenG § 14 Rn 103f; *Ubber* WRP 1997, 497, 504 unter Verweis auf BGHZ 113, 115, 120 – SL.

[613] So OLG München GRUR-RR 2005, 220; OLG Hamburg GRUR-RR 2005, 118 = MMR 2005, 186; OLG Karlsruhe MMR 2004, 256, 257; LG Köln CR 2006, 64; LG Braunschweig MMR 2006, 178 – Google-AdWord; *Dietrich* K&R 2006, 71, 72; *Ernst* NJW-CoR 1997, 493; *Fezer* MarkenG § 3 Rn 342; *Heim* CR 2005, 200, 204; *Ingerl/Rohnke* MarkenG Nach § 15 Rn 83; *Wendlandt* Kap. 6 D, S. 547; i. E. *Kur* CR 2000, 448, 451; aA OLG Düsseldorf GRUR-RR 2004, 353 – metatags III; OLG Düsseldorf GRUR-RR 2003, 340, 342 – Impuls; *Kaufmann* MMR 2005, 348, 350; *Kotthoff* K&R 1999, 157, 159f; *Schmidt-Bogatzky* GRUR 2000, 959, 962; *Varadinek* GRUR 2000, 279, 283; *Viefhues* MMR 1999, 336, 339; *Köhler/Arndt* S. 226f.

[614] BGH MMR 2006, 812 – Impuls m. Anm. *Hoeren*; hierzu *Renner* WRP 2007, 49, 50f.

[615] BGH MMR 2006, 812 – Impuls m. Anm. *Hoeren*; siehe hierzu auch *Hartl* MMR 2007, 112; aA die Vorinstanz OLG Düsseldorf GRUR-RR 2003, 340, 342 – Impuls; differenzierend *Renner* aaO.

[616] Vgl. LG Frankfurt/M MMR 2000, 493, 495 – diaprog; *Ernst* K&R aaO; *Kur* CR 2000, 448, 451; *Ernst/Vassilaki/Wiebe/Wiebe* Rn 92; *Fezer* MarkenG § 3 Rn 342; *Strittmatter* aaO; *Wendlandt* Kap. 6 D, S. 539.

[617] BGH MMR 2006, 812 – Impuls m. Anm. *Hoeren*.

[618] Vgl. *Menke* WRP 1999, 982, 986 Fn 62; *Viefhues* MMR 1999, 336, 339.

[619] So auch LG Hamburg MMR 2000, 46f – galerie d'histoire; vgl. *Menke* WRP 1999, 982, 986; *Viefhues* MMR 1999, 336, 339; *Kur* CR 2000, 448, 452.

215 Ausgehend von der Zeichenidentität bei der Verwendung fremder Kennzeichen in Meta Tags kann auch eine Verwechslungsgefahr iSv §§ 14 Abs. 2 Nr. 2, 15 Abs. 2 MarkenG vorliegen, wenn die von dem Kennzeichen erfassten Waren oder Dienstleistungen oder die Branchen identisch oder ähnlich sind. Für die Annahme einer Verwechslungsgefahr bedarf es nur der **Verwechslungseignung,** so dass es keine Rolle spielt, dass das verwendete Kennzeichen in den Meta Tags für den Nutzer nicht sichtbar ist.[620] Sofern also eine sich nach dem Inhalt der Website richtende Identität oder Ähnlichkeit der Produkte oder Branchen zu bejahen ist, besteht zumindest die Gefahr, dass die Nutzer rechtliche oder wirtschaftliche Verbindungen zwischen dem Betreiber der Website und dem Kennzeicheninhaber vermuten, weshalb wenigstens die Gefahr mittelbarer Verwechslungen anzunehmen ist.[621]

216 Ein aus §§ 14 Abs. 2 Nr. 1, Nr. 2, 15 Abs. 2 MarkenG folgender Abwehranspruch besteht allerdings dann nicht, wenn das Kennzeichen in Meta Tags in einer Weise verwendet wird, die nach § 23 MarkenG zulässig ist. Das ist grundsätzlich der Fall, wenn der Verwender der Meta Tags die mit der Marke oder der geschäftlichen Bezeichnung gekennzeichneten Produkte des Kennzeicheninhabers auf der Webseite bewirbt oder vertreibt oder er die Bestimmung seiner Ware als Zubehör oder Ersatzteil für die mit der Marke oder der geschäftlichen Bezeichnung gekennzeichneten Ware deutlich machen will.[622] Die Zulässigkeit dieser Art der Kennzeichenverwendung richtet sich somit nach dem Inhalt der entsprechenden Webseite. Ein Verstoß gegen die guten Sitten, der eine erlaubte **freie Benutzung** nach § 23 MarkenG ausschließen würde, ist bei der Verwendung von Kennzeichen in Meta Tags nicht bereits wegen des Unsichtbarseins der Meta Tags anzunehmen.[623] Die Grenze der zulässigen Benutzung geschützter Kennzeichen beim Meta Tagging nach §§ 23, 24 MarkenG wird allerdings unter bestimmten Umständen überschritten. So beispielsweise, wenn ein Händler, der neben einer Vielzahl anderer Produkte auch bekannte Markenprodukte auf der Website anbietet, die bekannten Marken in massiver Weise in den Meta Tags verwendet, was außer Verhältnis zu der Bedeutung der Marken im Seiteninhalt steht. Auch ein nur kurzzeitig vorhandener inhaltlicher Bezug der Webseite zum Kennzeichen rechtfertigt nicht die Verwendung in den Meta Tags, wenn dies für den Betreiber der Webseite auch vorhersehbar war. Denn die Zuordnung einer Webseite zu bestimmten Begriffen durch Suchprogramme bleibt häufig auch dann bestehen, wenn sich die Codierung der Website geändert hat.[624] Für die Zulässigkeit der Kennzeichenbenutzung in Meta Tags ist es nicht erforderlich, dass ein Händler im Zeitpunkt seiner Werbung die betreffende Ware bereits vorrätig hat. Vielmehr genügt es, dass er über sie im vorgesehenen Zeitpunkt ihres Absatzes verfügen kann, ohne dabei die Rechte des Kennzeicheninhabers zu verletzen.[625] Notwendig ist allerdings die konkrete Bezugnahme auf Originalprodukte. Daran fehlt es, wenn die Werbung entweder nicht produktbezogen, sondern unternehmensbezogen erfolgt oder sich auf andere als Originalprodukte bezieht.[626]

217 In den bisher von der Rechtsprechung entschiedenen Fällen der Verwendung von Kennzeichen in Meta Tags spielte der **Bekanntheitsschutz** gemäß §§ 14 Abs. 2 Nr. 3, 15 Abs. 3 MarkenG mangels Bekanntheit der betroffenen Kennzeichen keine Rolle. In den Fällen aber, in denen keine Produkt- oder Branchenähnlichkeit besteht, wird es sich bei dem in den Meta Tags verwendeten Kennzeichen um eine bekannte Marke oder eine bekannte geschäftliche Bezeichnung handeln. Im Schrifttum wird hier eine Kennzeichen-

---

620 So OLG München MMR 2000, 546; auch LG Hamburg CR 2002, 136 m. Anm. *Pellens.*

621 LG Hamburg MMR 2000, 46f – galerie d'histoire; *Ernst/Vassilaki/Wiebe/Wiebe* Rn 91; *Menke* WRP 1999, 982, 986f; *Viefhues* MMR 1999, 336, 339; *Wendlandt* Kap. 6 D, S. 550.

622 Vgl. LG Hamburg CR 2002, 136; auch LG Frankfurt/M MMR 2000, 493, 495; *Kur* CR 2000, 448, 452f.

623 → Rn 212; aA *Ernst* CR 2000, 122f.

624 *Kur* CR 2000, 448, 453.

625 BGH GRUR 2003, 878, 879f. – Vier Ringe über Audi.

626 BGH WRP 2007, 1095, 1097 – AIDOL; siehe auch LG Hamburg CR 2002, 136 m. Anm. *Pellens.*

rechtsverletzung unter den Gesichtspunkten der Verwässerung, Rufausbeutung und Rufschädigung diskutiert.[627] Eine Verwässerungsgefahr ist bei der Verwendung bekannter Kennzeichen in Meta Tags in der Tat zu befürchten, da dies ein wirksames Mittel ist, um zu erreichen, dass die Webseite in Trefferlisten aufgeführt wird und dadurch unter Umständen sogar die Webseiten des Kennzeicheninhabers von den ersten Rängen der Trefferlisten verdrängt werden. Hierdurch wird nicht nur die Gefahr begründet, dass Assoziationen zwischen dem Kennzeichen und dem Berechtigten oder dessen Produkten durch Verbindung des Kennzeichens mit anderen Produkten geschwächt werden, sondern auch, dass zu einer erheblichen Nachahmung angeleitet wird.[628] Eine Rufschädigung wird bei der Verwendung von Kennzeichen in Meta Tags allenfalls bei entsprechenden unpassenden Inhalten der Webseiten in Betracht kommen.[629] Auch wenn eine Rufausbeutung im klassischen Sinne in Folge einer fehlenden Übertragung von Gütevorstellungen in aller Regel ausscheidet, könnte der Tatbestand der Ausnutzung der Wertschätzung wegen unlauterer Ausnutzung des wirtschaftlich verwertbaren Aufmerksamkeitseffektes des bekannten Kennzeichens zu bejahen sein.[630] Mit der Verwendung bekannter Kennzeichen in Meta Tags nutzt der Handelnde nicht nur die dem Kennzeichen entgegen gebrachte Wertschätzung dazu aus, Kunden über Suchprogramme auf seine Webseite zu locken. Hiermit sind zugleich auch eine Verdrängungswirkung und ein erheblicher Nachahmungseffekt als negative Nebenwirkungen verbunden. Im Schrifttum wird daher vertreten, diese Aufmerksamkeitsausbeutung unter die Rufausbeutung zu fassen.[631] Die für einen Abwehranspruch wegen Rechtsverletzung nach §§ 14 Abs. 2 Nr. 3, 15 Abs. 3 MarkenG erforderliche Unlauterkeit ist in diesen Fällen der Verwässerung, Rufschädigung oder Rufausbeutung bereits in der mit der Verwendung von bekannten Kennzeichen in Meta Tags verfolgten Absicht der Manipulation von Suchprogrammen zur Steigerung der Besuchshäufigkeit der Webseite, zu sehen.[632]

Ein **Vergleich der Rechtslage** zur Verwendung geschützter Kennzeichen in Meta Tags 218
im deutschen Wettbewerbs- und Kennzeichenrecht mit dem **US-amerikanischen Recht** zeigt,[633] dass bei Vorliegen einer sich nach dem Webseiten-Inhalt bestimmenden Produkt- oder Branchenähnlichkeit auch nach amerikanischem Recht eine Verwechslungsgefahr und damit ein Verstoß des Meta Tagging gegen Kennzeichenrechte besteht. Ein Abwehranspruch ist allerdings nicht gegeben, wenn das in den Meta Tags verwendete Kennzeichen rechtmäßig auf der Webseite selbst benutzt wird oder der Kennzeichengebrauch auf der betroffenen Website zulässig ist.[634] Somit geht der deutsche Schutz von Kennzeichen vor der Verwendung in Meta Tags etwas weiter als der amerikanische. In **Österreich** finden sich viele Parallelen zur deutschen Rechtslage, da auch dort die Verwendung einer fremden Marke als Meta Tag marken- und wettbewerbsrechtlich jedenfalls dann zulässig ist, wenn die Verwendung der Marke auf der Webseite selbst als freie Markenbenutzung zulässig wäre und auch nicht der unzutreffende Eindruck erweckt wird, der Webseiten-Anbieter sei ein mit dem Markeninhaber verbundenes Unternehmen.[635] Ob die Verwendung einer Marke als Meta Tag eine markenmäßige Benutzung darstellt wird ebenso diskutiert wie die Frage, ob eine Wettbewerbsbehinderung wegen Vergleichbarkeit der Verwendung der geschäftlichen Bezeichnung eines Konkurrenten in Meta Tags mit dem Verteilen von Handzetteln vor dem Geschäftslokal des Konkurrenten zu bejahen ist.[636] Nach einer Entscheidung des

[627] *Menke* WRP 1999, 982, 988; *Viefhues* MMR 1999, 336, 340; *Ernst* NJW-CoR 1997, 493; *Varadinek* GRUR 2000, 279, 280; *Kur* CR 2000, 448, 454.
[628] *Varadinek* GRUR 2000, 279, 280; *Wendlandt* Kap. 6 D, S. 553.
[629] *Wendlandt* Kap. 6 D, S. 554.
[630] Vgl. *Menke* WRP 1999, 982, 987 f; *Kur* CR 2000, 448, 454; *Varadinek* GRUR 2000, 279, 285.
[631] Vgl. *Varadinek* GRUR 2000, 279, 285, 283; *Wendlandt* Kap. 6 D, S. 454, 457.
[632] Vgl. *Menke* aaO; *Varadinek* aaO.
[633] *Wendlandt* Kap. 6, S. 531 ff, 607, 617.
[634] *Wendlandt* Kap. 6 F, S. 613.
[635] ÖOGH GRUR Int. 2001, 796 – Numtec-Interstahl = MMR 2001, 516 m. Anm. *Schanda*.
[636] Vgl. ÖOGH m. Anm. *Schanda* aaO.

Oberlandesgericht Wien stellt die Verwendung einer fremden Marke als Meta Tag im Quelltext der eigenen Website dann eine Markenverletzung dar, wenn der Verwender kein berechtigtes Interesse an der Benutzung des fremden Zeichens hat und diese Benutzung den anständigen Gepflogenheiten in Gewerbe und Handel widerspricht. Die Verwendung eines Zeichens in Meta Tags sei zumindest als mittelbarer kennzeichenmäßiger Gebrauch anzusehen.[637]

2. Word Stuffing

219 Kennzeichen können auch mehrfach, beispielsweise 100- oder 1000fach, in Meta Tags in den Quellcode einer Webseite oder in für den Internetnutzer, nicht aber für Suchprogramme unlesbarer Weise in die Webseite selbst aufgenommen werden. Letzteres kann dadurch erreicht werden, dass das als Kennzeichen geschützte Wort in der Hintergrundfarbe der Webseite, beispielsweise in weißer Schrift auf weißem Hintergrund, in außerordentlich kleiner Schriftgröße oder in einer nur für Programme lesbaren Schriftart, beispielsweise Wingdings, formatiert ist.[638] Diese Handlungsweise wird als Word Stuffing, aber auch als Weiß-auf-Weiß, Weißer Adler oder Index Spamming bezeichnet.[639] Beim Word Stuffing können fremde Kennzeichen in Meta Tags oder in für Internetnutzer nicht sichtbarer Weise in den Webseiten ebenso verwendet werden wie andere Begriffe, die für den Inhalt der Webseite ohne Bedeutung und daher sachfremd sind. Ebenso wie beim Meta Tagging richtet sich diese Art der Verwendung fremder Kennzeichen allein an Suchprogramme und bezweckt eine Registrierung der Webseite unter dem (falschen) Suchbegriff. Bei ihrer Beurteilung gelten daher die zu der Verwendung fremder Kennzeichen in Meta Tags dargelegten Rechtsgrundsätze.[640]

220 Die Verwendung fremder Kennzeichen beim Word Stuffing wird stets Abwehransprüche des Kennzeichenrechtsinhabers nach §§ 14, 15 MarkenG auslösen. Selbst wenn ein Erlaubnistatbestand nach §§ 23, 24 MarkenG grundsätzlich erfüllt wäre, ist mit einer 100- oder 1000fachen Verwendung des fremden Kennzeichens die Grenze der zulässigen Benutzung überschritten. Im Übrigen aber wird ein unlauteres Handeln im wettbewerbsrechtlichen Sinn unter dem Gesichtspunkt der Wettbewerbsbehinderung vorliegen.[641] Eine vergleichbare rechtliche Beurteilung des Word Stuffing besteht nach US-amerikanischem Recht.[642]

3. Keyword Advertising

221 Mit Keyword Advertising, Keyword Buys oder auch AdWord-Werbung wird ein Verhalten bezeichnet, das die Steuerung abfrageabhängiger Werbung oder Top-Platzierung in den Trefferlisten von Suchprogrammen betrifft und auf einer Absprache zwischen dem Anbieter einer Webseite und dem Betreiber einer Suchmaschine beruht.[643] So erschien in einem von dem Landgericht Hamburg entschiedenen Fall[644] bei Eingabe bestimmter Parfummarken wie Estée Lauder in ein Suchprogramm der Werbebanner eines Parfumhändlers in der Trefferliste, der über einen Link mit der Website des Händlers verbunden war. Das Ganze beruhte auf einer Vereinbarung zwischen dem Händler und dem Betreiber des betreffenden Suchdienstes. Der Händler war nicht in das Vertriebssystem des Markeninhabers ein-

---

637 OLG Wien, Urteil vom 7. 6. 2006 – 30 R 4/06p – Kieser Training = ÖBl. 2007, 33, 35 m. Anm. Kuchar.

638 OLG Hamburg GRUR-RR 2005, 118 = MMR 2005, 186; vgl. *Ernst* NJW-CoR 1997, 493; *Viefhues* MMR 1999, 336, 341.

639 Vgl. BGH WRP 2007, 1095, 1097 – AIDOL; LG Frankfurt/M CR 2002, 222ff.

640 BGH WRP 2007, 1095, 1097 – AIDOL; OLG Hamburg aaO; *Ernst* CR 2000, 122, 123; *Viefhues* MMR 1999, 336, 341; *Schmidt-Bogatzky* GRUR 2000, 959, 962.

641 LG Frankfurt/M MMR 2000, 493, 494; LG Frankfurt/M CR 2002, 222, 223; *Dieselhorst* CR 2002, 224, 225; *Rössel* CR 2003, 349, 351, 353; → § 4-S 12 Rn 98.

642 *Wendlandt* Kap. 6 E, S. 607 mwN.

643 → § 4-S 12 Rn 99.

644 LG Hamburg CR 2000, 392 – keyword buys; *Schmidt-Bogatzky* GRUR 2000, 959, 960f.

gebunden. Die rechtliche Bewertung solcher Werbung war äußerst umstritten. Es ergingen zahlreiche instanzgerichtliche Enscheidungen, welche die Frage, ob und unter welchen Voraussetzungen die Verwendung eines fremden Kennzeichens als AdWord eine Kennzeichen- oder Wettbewerbsverletzung darstellt, sehr unterschiedlich beurteilen. Der Bundesgerichtshof hat am 22. Januar 2009 drei Entscheidungen zu der rechtlichen Bewertung von AdWord-Werbung verkündet. Während er in zwei Fällen kennzeichenrechtliche Ansprüche abgelehnt hat,[645] setzte er im dritten Fall das Verfahren aus und legte die Frage der relevanten Benutzung einer Marke als Keyword für die Werbung mit AdWord-Anzeigen dem Europäischen Gerichtshof vor.[646]

Einige Instanzgerichte behandeln AdWord-Werbung in kennzeichenrechtlicher Hinsicht 222 im Ergebnis wie Meta Tags und bejahen markenrechtliche Abwehransprüche.[647] Zur Begründung der hierfür erforderlichen kennzeichenmäßigen Benutzung wird im Wesentlichen angeführt, dass – ebenso wie bei Meta Tags – auch bei Adwords mit Hilfe des Suchworts das Ergebnis des Auswahlverfahrens beeinflusst und der Internetnutzer hierdurch zu entsprechenden Internetseiten geführt wird. Damit werde die spezifische Lotsenfunktion eines fremden Kennzeichens ausgenutzt, in einem großen Angebot gezielt auf eigene Waren oder Dienstleistungen hinzulenken.[648] Dem Oberlandesgericht Braunschweig zufolge macht es dabei keinen Unterschied, ob das von der Suchmaschine gefundene Ergebnis in der Trefferliste aufgeführt wird oder im Anzeigenteil erscheint, denn der Internetnutzer mache sich über die Geschäftspraktiken des Betreibers der Suchmaschine keine vertieften Gedanken und gehe davon aus, dass sowohl in der Trefferliste als auch im Anzeigenteil Produkte einer Marke entsprechend seiner Suchanfrage zu finden seien.[649] Wer im Übrigen bei der AdWord-Vereinbarung mit dem Betreiber des Suchdienstes die Option „weitgehend passende Keywords" für die Suche mit einem generischen Begriff anstatt „genau passende Keywords" wähle, setze sich der Gefahr einer Verletzung fremder Markenrechte aus.[650] Auch der Österreichische Oberste Gerichtshof bejaht eine Verwechslungsgefahr im Zusammenhang mit AdWords. Diese sei nicht nur für den offenkundigen Fall gegeben, dass ein mit einer fremden Marke ähnliches Zeichen als Suchwort genutzt und dieses Zeichen zudem auch zur Kennzeichnung des eigenen Angebots verwendet werde. Eine Verwechslungsgefahr sei auch dann anzunehmen, wenn dass Suchwort selbst im Treffer nicht erscheine, es aber in der Trefferliste dem Angebot des Markeninhabers vorgereiht oder besonders hervorgehoben werde, da hierdurch der Eindruck eines besonderen organisatorischen oder wirtschaftlichen Näheverhältnisses zum eigentlichen Berechtigten erweckt werde.[651]

Andere Gerichte hingegen verneinen eine Kennzeichenrechtsverletzung im Zusammen- 223 hang mit AdWord-Werbung. Das Oberlandesgericht Frankfurt/Main merkt insoweit an, dass die „Lotsenfunktion" des Zeichens nur zur Präsentation einer als solcher erkennbaren Eigenwerbung genutzt wird. Die Grenze einer markenmäßigen Benutzung eines (fremden) Kennzeichens durch seine Verwendung als AdWord werde erst dann überschritten, wenn die Darstellung der Werbung nicht klar und deutlich von der Trefferliste getrennt erfolgt.[652, 653] Ob dies auch dann gilt, wenn sich der Anzeigenteil nicht nur rechts von der Trefferliste durch einen Längsstrich optisch getrennt befindet, sondern auch oberhalb der

645 BGH MMR 2009, 331 – pcb; BGH MMR 2009, 329 – Beta Layout; jew. m. Anm. *Hoeren*.

646 BGH MMR 2009, 326 – Bananabay m. Anm. *Hoeren*; siehe zu den drei Entscheidungen *Klett* K&R 2009, 317.

647 Vgl. OLG Köln MMR 2008, 477; OLG Braunschweig MMR 2007, 789 – bananabay; MMR 2007, 110 – Impuls; MMR 2007, 249, 250 – Jette; OLG Stuttgart MMR 2007, 649, 650 – PCB-Pool; LG Braunschweig MMR 2006, 178 – Google-AdWord.

648 Vgl. OLG Braunschweig MMR 2007, 110 – Impuls; OLG Dresden K&R 2007, 269, 270 – deejay.

649 OLG Braunschweig MMR 2007, 789, 790 – bananabay; siehe auch *Illmer* WRP 2007, 399, 403.

650 OLG Braunschweig CR 2009, 334.

651 ÖOGH MMR 497, 499 = ÖBl 2007, 170, 174 – Wein & Co; krit. hierzu *Ott* WRP 2008, 393, 402.

652 OLG Frankfurt/M GRUR-RR 2008, 304 – Adword-Werbung; vgl. auch OLG Köln MMR 2008, 50, 51 – Keyword-Advertising.

653 OLG Düsseldorf MMR 2007, 247, 248 – Beta Layout.

Trefferliste, erscheint fraglich. Wird ein mit einer Wortmarke oder einem Firmennamen (fast) identischer Begriff deutlich sichtbar in der AdWord-Werbung angezeigt, so liegt allerdings nach Auffassung des Oberlandesgerichts Köln eine kennzeichenmäßige Verwendung vor.[654]

224 Auch in wettbewerbsrechtlicher Sicht[655] wird in der bisherigen Instanzrechtsprechung die Zulässigkeit von AdWord-Werbung unterschiedlich bewertet.[656] Die eine Kennzeichenrechtsverletzung ablehnenden Oberlandesgerichte verneinen einen Wettbewerbsverstoß. Eine unzulässige Rufausbeutung im Sinne des § 4 Nr. 9 lit. b UWG liege jedenfalls dann nicht vor, wenn die Werbung ersichtlich von einem anderen Anbieter stammt und als solche erkennbar ist, denn dann fehle es an dem hierfür notwendigen Imagetransfer. Auch scheide eine Wettbewerbsbehinderung unter dem Gesichtspunkt des Kundenfangs gemäß § 4 Nr. 10 UWG aus, da der Verkehr bei der Eingabe eines Suchwortes angesichts der Vielzahl von Treffern von vornherein damit rechne, noch eine weitere Auswahl treffen zu müssen.[657] Da deshalb nicht ohne weiteres auf einen Kaufentschluss des Internetnutzers geschlossen werden könne, sei die Nutzung der Suchmaschine auch nicht mit dem Aufsuchen eines Geschäftlokals vergleichbar.[658] AdWord-Werbung sei nicht anders zu beurteilen, als die Schaltung von Werbeanzeigen in anderen Presseerzeugnissen an herausgehobenen Stellen.[659]

225 Angesichts der divergierenden oberlandesgerichtlichen Rechtsprechung sind die drei Entscheidungen des **Bundesgerichtshofs** von Januar 2009 mit Spannung erwartet worden. Diese beantworten nicht alle Fragen der rechtlichen Bewertung von Keyword Advertising, doch bieten sie Leitlinien für die zukünftige Rechtsprechung in derartigen Fällen. Erscheint das mit dem Keyword identische Suchwort selbst nicht in der AdWord-Werbung, ist auch sonst kein Hinweis auf dieses Zeichen enthalten und wird die AdWord-Werbung in einer separaten Spalte mit der deutlichen Überschrift „Anzeigen" neben den regulären Suchergebnissen dargestellt, so bestehen bereits Zweifel an einer kennzeichenmäßigen Verwendung. Handelt es sich bei dem Keyword für eine AdWord-Werbung der beschriebenen Art um ein nach nationalem Recht geschützes Unternehmenskennzeichen, so besteht keine Verwechslungsgefahr. Auch weitergehende wettbewerbsrechtliche Unterlassungsansprüche nach §§ 3, 4 Nr. 9b und Nr. 10 UWG sind abzulehnen.[660] Wird bei denselben Rahmenbedingungen der AdWord-Werbung eine rein beschreibende Bezeichnung als Keyword verwendet, so ist deren Benutzung nach § 23 Nr. 2 MarkenG zulässig mit der Folge, dass ebenfalls keine markenrechtlichen Unterlassungsansprüche bestehen.[661] Dies gilt nach der Auffassung des Bundesgerichtshofs auch dann, wenn die Standardeinstellung „weitgehend passende Keywords" gewählt worden ist. Zwar möge es beschreibende Zusammensetzungen geben, die den beschreibenden Bestandteil aufwiesen. Doch die Wahl dieser Standardeinstellung ziele nicht auf den Aufruf entsprechender Kennzeichen ab.[662] In dem dritten vom Bundesgerichtshof zu entscheidenden Fall zur AdWord-Werbung geht es bei dem Keyword weder um eine geschäftliche Bezeichnung noch um einen generischen Begriff, sondern um die Benutzung eines mit einer Marke identischen Zeichens („bananabay") für identische Waren (Erotikartikel).[663] Hier hat der Bundesgerichtshof dem Europäi-

[654] OLG Köln MMR 2008, 477.

[655] → § 4-S 12 Rn 101 ff.

[656] Bejahend OLG Köln MMR 2008, 50, 52 K&R 2007, 269, 270 – deejay; OLG Frankfurt/M GRUR-RR 2008, 304 – Adword-Werbung; OLG Düsseldorf MMR 2007, 247, 248 – Beta Layout; OLG Karlsruhe MMR 2008, 105, 107; *Jaeschke* CR 2008, 375, 379; ablehnend LG Hamburg CR 2000, 392, 394; LG Berlin K&R 2001, 171; *Renner* WRP 2007, 49, 54.

[657] OLG Karlsruhe MMR 2008, 105, 107.

[658] OLG Frankfurt/M GRUR-RR 2008, 304 – Adword-Werbung.

[659] OLG Düsseldorf MMR 2007, 247, 249 – Beta Layout.

[660] BGH MMR 2009, 329 – Beta Layout.

[661] BGH MMR 2009, 331 – pcb.

[662] BGH MMR 2009, 331, 333 – pcb.

[663] BGH MMR 2009, 326 – Bananabay; siehe zum Thema Keyword Advertising vor dem Europäischen Gerichtshof *Knaak* GRUR Int. 2009, 551.

schen Gerichtshof die Frage der markenmäßigen Benutzung zur Entscheidung vorgelegt und einige Denkanstöße mit auf den Weg gegeben. So wirft der Bundesgerichtshof die Frage auf, ob für die Annahme einer markenmäßigen Benutzung zwingend die Herkunftsfunktion einer Marke beeinträchtigt sein müsse oder ob bereits die Beeinträchtigung der Werbefunktion ausreiche. Die bloße Werbefunktion könnte dadurch beeinträchtigt sein, dass die Anzeige des Wettbewerbers überhaupt erscheint und damit die Werbekraft des Markeninhabers geschwächt wird. Die bisherige Rechtsprechung des Europäischen Gerichtshofs spricht eher dafür, dass zumindest auch die Beeinträchtigung der Herkunftsfunktion verlangt wird. Dann wäre zu klären, was genau unter einer möglichen Beeinträchtigung der Herkunftsfunktion zu verstehen ist. Reicht es bereits, dass das Keyword benutzt wird, um auf die eigene Werbung hinzuweisen oder ist es erforderlich, dass beim Internetnutzer der Eindruck einer geschäftlichen Verbindung zwischen den Markeninhaber und dem Werbenden hervorgerufen wird? Der Bundesgerichtshof formuliert, dass es eher fernliege, dass der Internetnutzer eine Verbindung zwischen dem eingegebenen Suchwort und der Anzeige herstelle, jedenfalls wenn der Werbeblock mit der Überschrift „Anzeigen" versehen, räumlich deutlich abgesetzt werde und das Keyword selber nicht enthalte.[664] Es ist insoweit ersichtlich, dass er auch in den Fällen der Benutzung einer Marke die AdWord-Werbung gestatten möchte.

Sowohl beim Meta Tagging als auch beim Word Stuffing und Keyword Advertising richten sich die **Abwehransprüche** aus §§ 14, 15 MarkenG gegen den Verwender des fremden Kennzeichens, grundsätzlich nicht aber (auch) gegen den Suchmaschinenbetreiber.[665] 226
Wenn der Suchmaschinenbetreiber allerdings Kenntnis von der konkreten Rechtswidrigkeit des Keyword Advertising hat oder es sich um offenkundige Kennzeichenrechtsverletzungen handelt, ist er auch zur Unterlassung verpflichtet.[666] Eine solche Kenntnis oder grob fahrlässige Unkenntnis von der Rechtsverletzung wird beim Meta Tagging und Word Stuffing aufgrund der automatischen Indizierung der Webseiten durch die Suchprogramme anhand von Kennwörtern nicht gegeben sein. Der Österreichische Oberste Gerichtshof führt hinsichtlich der Haftung für Suchmaschinenbetreiber im Zusammenhang mit dem Keyword Advertising aus, dass eine solche nur dann bestehe, wenn die Rechtsverletzung auch für den juristischen Laien ohne weitere Nachforschungen offenkundig sei.[667]

[664] BGH MMR 2009, 326, 328 – Bananabay.

[665] LG München I MMR 2001, 56; *Kothoff* K&R 1999, 157, 162; zur wettbewerbsrechtlichen Verantwortlichkeit vgl. KG Berlin GRUR-RR 2007, 68.

[666] LG Hamburg CR 2000, 392, 398; LG München I MMR 2001, 56; LG München I MMR 2004, 261 m. Anm. *Bahr*; *Michael* K&R 2001, 172 f.; Stadler Rn 248 ff.

[667] ÖOGH GRUR Int 2006, 955, 956 – Google.

Wettbewerbsrecht des Internet (§ 4-S12)

Übersicht

	Rn
A. Grundsätzliches	**1**
I. Internetspezifische Wettbewerbsdelikte	1
II. Kennzeichenrechtliche Dimension und Leistungsschutz	4
III. Fehlende Internetspezifität vieler Wettbewerbsverstöße	6
IV. Grundsätzlich fehlende Internetspezifität bei inhaltlichen Beanstandungen von Werbeaussagen	8
V. Keine spezifische Verkehrsanschauung im Internet	11
VI. Besondere Maßstäbe für Lauterkeit im Internet?	14
VII. Trennungsgebot	23
1. Grundlagen	23
2. Banner, Cursor-Werbung und Pop-Ups	28
3. Homepages und Websites	32
4. Werbe-E-Mails	33
5. E-mercials	35
6. Einträge in Suchmaschinen	37
7. Links und InText-Werbung	38
VIII. Spamming	40
B. Wettbewerbsverstöße durch Domainwahl	**41**
I. Domain Grabbing	41
1. Struktur	41
2. Wettbewerbsrechtliche Behandlung	45
II. Behinderung durch generische Domains	47
1. Phänomen	47
2. Allein- oder Spitzenstellungsbehauptung	48
3. Branchenbezeichnung als Gemeingut der Branche	51
a) Repräsentation der Branche durch Branchenbegriff	51
b) „Branchen-Domain“ eines repräsentativen Branchenverbands	54
4. Zerstören des Anscheins einer herausgehobenen Stellung	55
a) Hinweis auf konkurrierende Angebote	55
b) Disclaimer	57
5. Kombination von generischer Domain mit geographischer Angabe	58
6. Abfangen von Kunden	60
7. Behinderungswettbewerb	61
8. Abgrenzung zur zulässigen Verwendung allgemeiner Begriffe als Domain-Teil	63
III. Top Level Domain „ag“	64
IV. „Kritik-Domain“	66
C. Bannerwerbung	**67**
I. Phänomen	67
II. Redaktionelles Trennungsgebot	70
III. Inhaltliche Bewertung	71
IV. Werbecursor und Logocursor	72
V. Werbeblocker und Abwehrprogramme	74
D. Manipulieren von Suchmechanismen (Suchmaschinenmarketing oder Suchmaschinenoptimierung)	**76**
I. Generieren rankingerhöhender Faktoren	77
1. Phänomene	77
2. Wettbewerbsrechtliche Beurteilung	83
II. Meta Tagging	85
1. Phänomen	85

Rn
2. „Fremde" Begriffe als Meta Tags ... 87
3. Allgemeine Suchbegriffe als Meta Tags ... 90
a) Keine Verletzung fremder Rechte ... 90
b) Kein unlauteres Anlocken ... 91
c) Keine Belästigung mit Überflüssigem ... 92
d) Irreführende Werbung? ... 94
III. Word stuffing ... 97
1. Gleichbehandlung mit Meta Tagging ... 97
2. Zusätzlicher Unwert bei Index Spamming ... 98
IV. Keyword advertising ... 99
1. Phänomen ... 99
2. Wettbewerbsrechtliche Beurteilung ... 101
a) Namen oder Marken von Konkurrenten als keywords ... 101
b) Allgemeine Begriffe als keywords ... 107
V. Keyword buying ... 109
1. Phänomen ... 109
2. Wettbewerbsrechtliche Beurteilung ... 110
VI. Cloaking ... 113
VII. Sogenannte verschobene Websites ... 114
VIII. Doorway Pages und Cookie Cutter-Techniken ... 115
IX. Abgrenzung zum Gebaren der Suchmaschinenbetreiber ... 116

E. Linking und Framing ... 117
I. Hyperlinking und deep linking ... 118
1. Phänomen ... 118
2. Rechtliche Beurteilung ... 121
a) Grundsätzliches ... 121
b) Suchmaschinen ... 123
c) Verschleierung der Quelle ... 124
d) Hervorrufen des Eindrucks einer Verbindung ... 125
e) Behinderung von Konkurrenten ... 126
f) Links auf wettbewerbswidrige Websites ... 131
3. Schutzmaßnahmen des Websitebetreibers ... 133
4. Symbol- oder Piktogrammimport ... 137
5. Links auf die Websites von Berufsverbänden ... 138
II. Framing ... 139
1. Phänomen ... 139
2. Rechtliche Beurteilung ... 140
III. Startseiten-Hijacking ... 143

F. Pop-Ups, Interstitials und Layers Ads ... 144
I. Phänomene ... 144
II. Belästigende Werbung im Sinne des § 7 Abs. 1 ... 149
1. Belästigungseffekt ... 149
2. Keine Rechtfertigung durch Refinanzierungsfunktionen für Websitebetreiber ... 154
3. Keine Differenzierung nach dem beworbenen Inhalt ... 156
4. Keine Differenzierung nach dem Zeitpunkt des Aufscheinens ... 157
5. Keine stillschweigende Einwilligung des Users ... 159
III. Behinderung und Rufausbeutung ... 161

G. Missachtung von Kennzeichnungs- und Informationspflichten ... 162
I. Kennzeichnungspflicht für Telemedien aus § 5 TMG ... 163
1. Grundvoraussetzungen des § 5 TMG ... 163
a) Telemedium ... 163
b) Geschäftsmäßigkeit ... 164
2. Inhaltliche Anforderungen des § 5 TMG ... 166
3. Kommunikationsanforderungen des § 5 TMG ... 175
4. § 5 TMG als Marktverhaltensregel? ... 182
a) Grundsätzliches ... 182
b) Pflichtigkeit ... 184
c) Bewertung der Einzeltatbestände ... 191

Rn

aa) Fehlende Adressangabe ... 191
bb) Fehlende Angabe Vertretungsberechtigter ... 195
cc) Fehlende Möglichkeit zur schnellen Kontaktaufnahme ... 196
dd) Fehlende Angaben der Registernummer ... 197
ee) Fehlende Angabe der zuständigen Aufsichtsbehörde oder Kammerorganisation ... 198
ff) Fehlende Angabe der Umsatzsteueridentifikationsnummer ... 199
gg) Keine leichte Zugänglichkeit ... 200

II. E-Commerce-rechtliche Informationspflichten aus § 312 e BGB ... 201
1. Überblick über die Pflichtentatbestände ... 201
2. Ausnahme bei individueller Kommunikation nach § 312 e Abs. 2 S. 1 BGB ... 203
3. Anwendbarkeit im B2B-Bereich ... 204
4. Wettbewerbsrechtliche Sanktionierung ... 205

III. Fernabsatzrechtliche Informationspflichten aus § 312 c BGB iVm § 1 BGB-InfoV ... 206
1. Überblick ... 206
a) Verhältnis zum E-Commerce-Recht ... 206
b) Fernabsatzgeschäft ... 207
c) Vorvertragliche und vertragliche Informationspflichten ... 209
d) Vorvertragliche Informationspflichten nach § 312 c Abs. 1 BGB iVm § 1 Abs. 1 BGB-InfoV ... 211
e) Darreichung der Informationen und Gestaltung des Internetauftritts ... 218
2. Wettbewerbsrechtliche Sanktionierung ... 223

IV. Kennzeichnung gewerblichen Charakters bei Hinweis auf Domain-Namen 224
V. Preisangabepflichten aus der PAngV ... 226
VI. Pflicht zur zuverlässigen Altersverifikation aus § 4 Abs. 2 JMStV ... 231

H. Platzieren von Cookies ... 233
I. Phänomen ... 233
II. Grundsätzliche datenschutzrechtliche Unzulässigkeit ... 234
III. Einwilligung des Nutzers als Erlaubnistatbestand ... 236
IV. Ausnahmsweise Rechtfertigung entsprechend § 28 Abs. 1 Nr. 1 oder Nr. 2 BDSG ... 238
V. Wettbewerbsrechtliche Konsequenz ... 239
VI. CGI-Scripts ... 242

I. Auktionen ... 243
I. Gewerberechtliche Erlaubnispflicht? ... 243
II. Rückwärtsauktionen und holländische Auktionen ... 247
III. Einsatz von Sniper-Software ... 252
1. Phänomen ... 252
2. Verleiten zum Vertragsbruch ... 253
3. Unlautere Absatzbehinderung? ... 257
IV. Störerhaftung des Auktionshauses ... 260
1. Haftungsprivilegierung nach §§ 7 bis 10 TMG? ... 260
a) Störerhaftung und Haftungsprivilegierung nach §§ 7 bis 10 TMG ... 260
b) Auktionsangebote als für die Online-Auktionshäuser fremde Inhalte ... 263
2. Fehlen einer Haftungsprivilegierung infolge Kenntnis gemäß § 10 S. 1 Nr. 1 Alt. 1 TMG ... 265
3. Erweiterte Schadensersatzhaftung nach § 10 S. 1 Nr. 1 Alt. 2 TMG ... 271
4. Haftungsprivilegierung nach § 10 S. 1 Nr. 2 TMG ... 272
5. Nichtanwendbarkeit der Haftungsprivilegien bei Unterlassungsansprüchen ... 274
6. Rechtslage bei Nichtanwendung der §§ 7 bis 10 TMG ... 275

J. Community Shopping (Power Shopping) ... 278
I. Phänomen ... 278
II. Frühere rabattrechtliche Problematik ... 279
III. Aleatorische Anreize ... 282
IV. Laienwerbung ... 285

Rn

V. Übertriebenes Anlocken ... 287
VI. Preisangabenrecht ... 289
VII. Abgrenzung zu anderen Phänomenen ... 290

K. Gatoring ... 292

L. In-Game-Advertising ... 294

M. „Kostenfallen" ... 297

N. Affiliate Marketing und Associate Marketing (Partnerprogramme) ... 299
I. Phänomen ... 299
II. Trennungsgebot ... 302
III. Störerhaftung oder Haftung des Merchant nach § 8 Abs. 2 ... 303

O. Störerhaftung und Haftungsprivilegierung von Access oder Host Providern ... 307
I. Störerhaftung ... 307
II. Haftungsprivilegierung von Access, Service oder Host Providern ... 312

P. Besonderheiten bei Beweisführung und Durchsetzung ... 314

Schrifttum: *Abel,* Generische Domains, WRP 2001, 1426; *Apel/Grapperhaus,* Das Offline-Online-Chaos oder: Wie die Europäische Kommission den grenzüberschreitenden Werbemarkt zu harmonisieren droht, WRP 1999, 1247; *Apel/Steden,* Urheberrechtsverletzungen durch Werbeblocker im Internet?, WRP 2001, 112; *Ayad,* E-Mail-Werbung – Rechtsgrundlagen und Regelungsbedarf, CR 2001, 533; *Bahlmann,* Möglichkeiten und Grenzen der rechtlichen Kontrolle unverlangt zugesandter E-Mailwerbung, 2004; *Barowski/Müller,* Online Marketing, 2000; *Beater,* Internet-Domains, Marktzugang und Monopolisierung geschäftlicher Kommunikationsmöglichkeiten, JZ 2002, 275; *Beier,* Recht der Domainnamen, 2004; *Bernreuther,* Die suchmaschienenoptimierte Webseite – eine urheberrechtlich geschützte Unlauterkeit mit und ohne Markenverletzung, WRP 2008, 1057; *Bettinger/Freytag,* Privatrechtliche Verantwortlichkeit für Links, CR 1998, 545; *Bettinger/Leistner,* Werbung und Vertrieb im Internet, 2003; *Beucher/Leyendecker/v. Rosenberg,* Mediengesetze Kommentar, 2004; *Boehme-Neßler,* CyberLaw, 2001; *Boddien,* Links und Recht, Mitt. 1999, 401; *Bodewig,* Elektronischer Geschäftsverkehr und unlauterer Wettbewerb, GRUR Int. 2000, 475; *Boehme-Neßler,* Rechtsprobleme der Internet-Werbung, ZUM 2001, 547; *ders.,* Europäisches Internetrecht, EWS 2001, 149; *ders.,* CyberLaw, 2001; *Börsch,* Sind Hyperlinks rechtmäßig?, 2003; *Bornkamm/Seichter,* Das Internet im Spiegel des UWG, CR 2005, 747; *Bräutigam/Leupold,* Online-Handel: Betriebswirtschaftliche und rechtliche Grundlagen – Einzelne Erscheinungsformen des E-Commerce, 2003; *Bröcker/Czychowski/Detmar/Schäfer,* Praxishandbuch Geistiges Eigentum im Internet, 2003; *Brandl,* Datenschutz im Internet, in: Studiengesellschaft für Wirtschaft und Recht (Hrsg.), Internet und Rechtsfragen von E-Commerce und E-Government, Wien 2002, S. 111; *Brömmelmeyer,* Internetwettbewerbsrecht, 2007; *Brunst,* Umsetzungsprobleme der Impressumspflicht bei Webangeboten, MMR 2004, 8; *Bücking,* Namens- und Kennzeichenrecht im Internet (Domainrecht), 1999; *Bullinger,* Internet-Auktionen – Die Versteigerung von Neuware aus wettbewerbsrechtlicher Sicht, WRP 2000, 253; *Busche/Kraft,* Werbung per electronic mail: Eine Herausforderung für das Wettbewerbsrecht?, WRP 1998, 1142; *Christiansen,* Selbstregulierung, regulatorischer Wettbewerb und staatliche Eingriffe im Internet, MMR 2000, 123; *Askan Deutsch,* Virtuelle Werbung im US-amerikanischen Recht, GRUR Int. 2001, 400; *Dieselhorst/Lutz Schreiber,* Die Rechtslage zum E-Mail-Spamming in Deutschland, CR 2004, 680; *Dietrich,* Rechtliche Probleme bei der Verwendung von Metatages, K&R 2006, 71; *Dippelhofer,* Haftung für Hyperlinks, 2004; *Dittrich,* Zur Frage der urheber- und wettbewerbsrechtlichen Zulässigkeit von Hyperlinks, JurPC Web-Dok. 72/2002; *Dörre/Jüngst,* Aktuelle Entwicklung der AdWord-Rechtsprechung, K&R 2007, 239; *Dunckel,* Online-Auktionen und Wettbewerbsrecht, 2007; *Eckhardt,* Datenschutzrichtlinie für elektronische Kommunikation, MMR 2003, 557; *Engels,* Haftung für Anzeigen in Online-Angeboten, K&R 2001, 338; *Engels/Eimterbäumer,* Sammeln und Nutzen von E-Mail-Adressen zu Werbezwecken, K&R 1998, 196; *Engels/Köster,* Haftung für „werbende Links" in Online-Angeboten, MMR 1999, 522; *Ernst,* Wirtschaftsrecht im Internet, BB 1997, 1057; *ders.,* Rechtliche Fragen bei der Verwendung von Hyperlinks im Internet, NJW-CoR 1997, 224; *ders.,* Rechtsprobleme im Internet: urheber-, wettbewerbs- und markenrechtliche Sicht, K&R 1998, 536; *ders.,* Rechtliche Zulässigkeit von Preisnachlässen an virtuelle Kaufgemeinschaften im Internet, CR 2000, 239; *ders.,* Die Internet-Versteigerung, CR 2000, 304; *ders.,* Internetadressen, MMR 2001, 368; *ders.,* Die wettbewerbsrechtliche Relevanz der Online-Informationspflichten des § 6 TDG, GRUR 2003, 759; *ders.,* Suchmaschinenmarketing (Keyword-Advertising, Doorwaypages u. ä.) im Wettbewerbs- und Markenrecht, WRP 2004, 278; *ders.,* Störerhaftung bei Rechtsverletzung durch Werbepartner, jurisPR ITR 6/2006 Anm. 3; *ders.,* Suchmaschinenmarketing in der aktuellen deutschen Rechtsprechung, MR-Int 2007, 195; *Ernst/Vassilaki/Wiebe,* Hyperlinks: Rechtsschutz, Haftung, Gestaltung, 2002; *Andreas Freitag,* Wettbewerbsrechtliche Probleme im Internet, in: *Kröger/Gimmy,* Handbuch zum Internetrecht, 2. Aufl., 2002, S. 413; *Andreas Freitag/Busemann,*

Zur wettbewerbsrechtlichen Zulässigkeit von elektronischer Post als Mittel des Direktmarketings, AfP 1998, 475; *Freys,* Zur Zulässigkeit von beschreibenden Domains im Internet, ZUM 2002, 114; *Freytag,* Haftung im Netz, 1999; *Fröhle,* Web-Advertising, Nutzerprofile und Telemediendatenschutz, 2003; *Funk,* Wettbewerbsrechtliche Grenzen von Werbung per E-Mail, CR 1998, 411; *Gabel,* Die Verwendung von Internet-Hyperlinks aus Sicht des deutschen Lauterkeitsrechts, 2004; Die Haftung für Hyperlinks im Lichte des neuen UWG, WRP 2005, 1102; *Björn Gaul,* Aktuelle Fragen zur Internetversteigerung, WM 2000, 1783; *Glatt,* Vertragsschluss im Internet, 2002; *Gliori/Schwarz/Peschel-Mehner,* Recht im Internet, 1996 ff.; *Gounalakis,* Werbung im Internet, 1999; *ders.,* Rechtshandbuch Electronic Business, 2003; *Günther,* Erwünschte Regelung unerwünschter Werbung, CR 1999, 172; *Gummig,* Rechtsfragen bei Werbung im Internet, ZUM 1996, 573; Hamburger Kommentar Gesamtes Medienrecht, 2008; *Hansen,* Beschreibende Anwaltsdomains, ZGS 2003, 213; *Hartl,* Fremde Kennzeichen im Quelltext von Webseiten – Marken- und wettbewerbsrechtliche Zulässigkeit, MMR 2007, 12; *Heermann,* Vertrags- und wettbewerbsrechtliche Probleme bei der E-Mail-Nutzung, K&R 1999, 6; *Heermann/Ohly,* Verantwortlichkeit im Netz, 2003; *Heiderhoff,* Internetauktionen als Umgehungsgeschäfte, MMR 2001, 460; *Henning-Bodewig,* E-Commerce und irreführende Werbung, WRP 2001, 771; *Herwig/Lehmhus,* Wettbewerbsrechtliche Aspekte von Online-Auktionen, in: *Hoeren* (Hrsg.), Online-Auktionen, 2002, S. 157; *Gangolf Hess,* Versteigerungen im Internet aus wettbewerbsrechtlicher Sicht, FS Paul Hertin, 2000, S. 391; *Heydn,* Deep Link: Feuerprobe bestanden – Das Aus für den Schutz von Web Content oder die Rettung des World Wide Web?, NJW 2004, 1361; *Hoeren,* Internationale Netze und das Wettbewerbsrecht, in: *Becker* (Hrsg.), Rechtsprobleme internationaler Datennetze, 1996, S. 35; *ders.,* Cybermanners und Wettbewerbsrecht, WRP 1997, 993; *ders.,* Wettbewerbsrecht im Internet am Beispiel der ICC Guidelines on Interactive Marketing Communications, in: Internet- und Multimediarecht (Cyberlaw), 1997, S. 111; *ders.,* Suchmaschinen, Navigationssysteme und das Wettbewerbsrecht, MMR 1999, 649; *ders.,* Rechtliche Zulässigkeit von Meta-Suchmaschinen, MMR-Beilage 8/2001, 2; *ders.,* Keine wettbewerbsrechtlichen Bedenken mehr gegen Hyperlinks?, GRUR 2004, 1; *Hoeren/Sieber* (Hrsg.), Handbuch Multimedia-Recht, Losebl. 1999 ff.; *Hoeren/Müglich/Nielen,* Online-Auktionen, 2002; *Hoffmann/Höpfner,* Verbraucherschutz bei Internetauktionen, EWS 2002, 3 und 107; *Hohl/Leible/Sosnitza* (Hrsg.), Domains, Frames und Links, Stuttgart, 2003; *Hohl/Leible/Sosnitza* (Hrsg.), Vernetztes Recht, Stuttgart, 2002; *Holtkotte,* Marken- und wettbewerbsrechtliche Probleme bei Suchmaschinen, 2003; *Horak,* Werbung@internet, Wien 2002; *Hoß,* Web-Impressum und Wettbewerbsrecht, CR 2003, 687; *Hucke,* Ist Powershopping wirklich wettbewerbswidrig?, ZUM 2001, 770; *Hüsch,* Keyword Advertising und Keyword Buying, 2006; *ders.,* Keyword Advertising – Rechtmäßigkeit suchwortabhängiger Werbebanner in der aktuellen rechtsprechung, MMR 2006, 357; *ders.,* Der Gebrauch geschützter Kennzeichen als Advertising Keywords (AdWords) – ein Fall für das Marken oder das Wettbewerbsrecht, K&R 2006, 223; *Peter Huppertz,* Wettbewerbsrechtliche Zulässigkeit von Verbraucher-Einkaufsgemeinschaften im Web, MMR 2000, 329; *Harald Jahn/Häussle,* Aktuelle Entscheidungspraxis zum Internet im Bereich des gewerblichen Rechtsschutzes, GesRZ 2003, 66; *Imhof,* One-to-One-Marketing im Internet – Das TDDSG als Marketinghindernis, CR 2000, 110; *Jahnel,* Spamming, Cookies, Logfiles und Location Based Services im TKG 2003, ÖJZ 2004, 336; *Janal,* Lauterkeitsrechtliche Betrachtungen zum Affiliate-Marketing, CR 2009, 317; *Janisch,* Online-Werbung, 2004; *Jankowski,* Kosten beim Empfänger unerwünschter E-Mail-Werbung – nur ein Scheinargument?, K&R 2000, 499; *Kaestner/Tews,* Die Anbieterkennzeichnungspflichten nach § 6 Telemediengesetz, WRP 2002, 1011; *dies.,* Informations- und Gestaltungspflichten bei Internet-Auktionen, WRP 2004, 391 und 509; *Kaminski/Henßler/Kolaschnik/Papathoma/Baetge* (Hrsg.), Rechtshandbuch E-Business, 2002; *Noogie Kaufmann,* Metatagging – Markenrecht oder reformiertes UWG?, MMR 2005, 348; *Kiethe,* Werbung im Internet, WRP 2000, 616; *Kiethe/Groeschke,* Die „Classe E"-Entscheidung des BGH als Ausgangspunkt des Rechtsschutzes gegen das Domain-Grabbing, WRP 2002, 27; *Kiparski,* Wettbewerbsrechtliche Anforderungen an Anbieter bei Online-Auktionen, 2008; *Klinger,* Werbung im Internet und Internationales Wettbewerbsrecht: Rechtsfragen und Rechtstatsachen, 2006 (Besprechung *Mankowski,* CR 2007, R21); *Alexander Koch,* Zur Einordnung von Internet-Suchmaschinen nach dem EGG, K&R 2002, 120; *Frank A. Koch,* Perspektiven für die Link- und Suchmaschinen-Haftung, CR 2004, 213; *Kochinke/Rüdiger Tröndle,* Links, Frames und Meta Tags, CR 1999, 190; *Köster/Jürgens,* Die Haftung professioneller Informationsvermittler im Internet, MMR 2002, 420; *Kotthoff,* Fremde Kennzeichen in Meta Tags: Marken- und Wettbewerbsrecht, K&R 1999, 157; *Kröger/Gimmy* (Hrsg.), Handbuch zum Internetrecht, 2. Aufl., 2002; *Kröger/Nöcker/Nöcker,* Sicherheit und Internet, Zertifizierungen im E-Commerce, 2002; *Kur,* Meta Tags – pauschale Verurteilung oder differenzierende Betrachtung?, CR 2000, 448; *Ladeur,* Neue Werbeformen und der Grundsatz der Trennung von Werbung und Programm, ZUM 1999, 672; *ders.,* Das Werberecht der elektronischen Medien, 2004; *Lange,* Steht das Powershopping in Deutschland vor dem Aus?, WRP 2001, 888; *Lehment,* Zur Störerhaftung von Online-Auktionshäusern, WRP 2003, 1058; *Leible/Sosnitza,* Virtuelle Einkaufsgemeinschaften, ZIP 2000, 732; *dies.,* Sniper-Software und Wettbewerbsrecht, CR 2003, 344; *dies.,* „3... 2... 1... meins!" und das TDG, WRP 2004, 592; *dies.,* Versteigerung im Internet, 2004; *Leistner/Pothmann,* E-Mail-Direktmarketing im neuen europäischen Recht und in der UWG-Reform, WRP 2003, 815; *Lettl,* Rechtsfragen des Direktmarketings per Telefon und E-Mail, GRUR 2000, 977; *Leupold,* Die massenweise Versendung von Werbe-E-Mails: Innovatives Direktmarketing oder unzumutbare Belästigung des Empfängers?, WRP 1998, 270; *Leupold/Bräutigam/Markus Pfeiffer,* Von der Werbung zur kommerziellen Kommunikation: Die Vermarktung von Waren und Dienstleistungen im Internet, WRP 2000, 575; *Libertus,* Rechtsfragen der Abwehr unerwünschter Hyperlinks, TKMR 2004, 60; *Lindenberg,* Internetauktionen im Gewerbe- und Lauterkeitsrecht, 2007; *Loewenheim/Koch* (Hrsg.), Praxis des Online-Rechts, 1998; *Bernd Lorenz,* Die Anbieterkennzeichnung im Internet, 2007; *ders.*, Die Anbieterkennzeichnung nach dem TMG und RStV, K&R 2008, 340; *ders.*, Informationspflichten bei eBay, VuR 2008, 321; *Mankowski*, Besondere Formen von Wettbewerbsverstößen im Internet und Internationales Wettbewerbsrecht, GRUR Int. 1999, 995; *ders.*, Die „Biet & Flieg"-Entscheidung – Preisangaben und Internet?, K&R 2001, 257; *Roger Mann*, Der Verkauf von „keywords" durch die Betreiber von Suchmaschinen – „e-advertising" contra legem?, FS Paul Hertin, 2000, S. 609; *Marwitz*, Sind Unternehmens-Homepages Werbung?, MMR 1998, 188; *Matthies*, Providerhaftung für Online-Inhalte, 2004; *Menke*, Die Verwendung fremder Kennzeichen in Meta Tags: Ein Fall für das Kennzeichen- und/oder das Wettbewerbsrecht, WRP 1999, 982; *ders.*, Community Shopping und Wettbewerbsrecht, WRP 2000, 337; *Sebastian Meyer*, Cookies & Co. – Datenschutz und Wettbewerbsrecht, WRP 2002, 1028; *ders.*, Google AdWords: Wer haftet für vermeintliche Rechtsverletzungen?, K&R 2006, 557; *Mietzel/Hero*, Sittenwidriger Domainhandel: Gibt es die „Hinterhaltsdomain"?, MMR 2002, 84; *Milbradt*, Generische Domainnamen, MarkenR 2002, 33; *Miller*, Die rechtliche Beurteilung der Irreführung von Internet-Suchmaschinen, 2001; *Möschel*, Wettbewerbsrechtliche und urheberrechtliche Aspekte der Internet-Benutzung, FS Zäch, Zürich 1999, S. 377; *Moritz/Dreier* (Hrsg.), Rechts-Handbuch zum E-Commerce, 2002; *Naumann*, Präsentationen im Internet als Verstoß gegen §§ 1, 3 UWG, 1999; *Neumann*, Rechtliche Probleme im Streit um Internet-Domain-Names, 2003; *Nordemann/Goddar/Tönhardt/Czychowski*, Gewerblicher Rechtsschutz und Urheberrecht im Internet, CR 1996, 645; *Omsels*, Die Kennzeichenrechte im Internet, GRUR 1997, 328; *Stephan Ott*, Urheber- und wettbewerbsrechtliche Probleme von Linking und Framing, 2003; *ders.*, Informationspflichten im Internet und ihre Erfüllung durch das Setzen von Hyperlinks, WRP 2003, 945; *ders.*, To link or not to link – This was (or still is?) the question, WRP 2004, 52; *ders.*, Die Entwicklung des Suchmaschinen- und Hyperlink-Rechts im Jahr 2007, WRP 2008, 393; *ders.*, Die Entwicklung des Suchmaschinen- und Hyperlink-Rechts im Jahr 2008, WRP 2009, 351; *Petrovic/Ksela/Fallenböck/Kittl*, Trust in the Network Economy, 2003; *Pierson*, Online-Werbung nach der UWG-Reform, K&R 2006, 489 und 547; *Plaß*, Hyperlinks im Spannungsfeld von Urheber-, Wettbewerbs- und Haftungsrecht, WRP 2000, 599; *Pohle*, Rechtliche Aspekte des Mobile Marketing, K&R 2008, 711; *Rath*, Das Recht der Internet-Suchmaschinen, 2005; *ders.*, Suchmaschinen sind auch nicht mehr das, was sie einmal waren, WRP 2005, 826; *Rath/Sebastian Hansen*, Viel Lärm um nichts? Pflichtangaben in geschäftlichen E-Mails, K&R 2007, 113; *Reese*, Wettbewerbsrechtliche Verantwortlichkeit, in: Verantwortlichkeit im Netz – Wer haftet wofür?, 2003, S. 181; *Reichelsdorfer*, „E-Mails" zu Werbezwecken – ein Wettbewerbsverstoß?, GRUR 1997, 191; *Andreas Reinhart*, Bedeutung und Zukunft der Top-Level-Domains im Markenrecht einerseits und im Namens- und Wettbewerbsrecht andererseits, WRP 2002, 628; *Remmertz*, Werbebotschaften per Handy, MMR 2003, 314; *Renck*, Scheiden allgemeine Begriffe und Gattungsbezeichnungen als Internet-Domains aus?, WRP 2000, 264; *Rössel*, Der Wettlauf um Suchmaschinen, CR 2003, 349; *Rother*, Internet-Versteigerungen, 2007; *Oliver Schaar*, Rechtliche Grenzen des „In-Game-Advertising"", GRUR 2005, 812; *Schafft*, „Reverse Auctions" im Internet, CR 2001, 392; *ders.*, Die systematische Registrierung von Domain-Varianten, CR 2002, 434; *Schirmbacher/Ihmor*, Affiliate-Werbung – Geschäftsmodell, Vertragsgestaltung und Haftung, CR 2009, 245; *Schmidbauer*, Die Zulässigkeit des Linkens aus urheber- und wettbewerbsrechtlicher Sicht, JurPC Web-Dok. 176/2003; *Schmidt-Bogatzky*, Die Verwendung von Gattungsbegriffen als Internetdomains, GRUR 2002, 941; *Jens M. Schmittmann*, Geschäfte und Werbung im Internet, DuD 1997, 636; *ders.*, Rechtliche Aspekte der Short-Message-Service-Werbung, MMR 1998, 346; *ders.*, Die Zulässigkeit von E-Mail-Werbung nach deutschem Recht unter Berücksichtigung europarechtlicher Parameter, RDV 2001, 172; *ders.*, Bannerwerbung – Rechtsprobleme insbesondere bei kammergebundenen Berufen, MMR 2001, 792; *ders.*, Kosten beim Empfänger unerwünschter E-Mail-Werbung, K&R 2002, 135; *ders.*, Werbung im Internet, 2003; *Schrey/Kai Westerwelle*, „Junk-mails" im Internet, K&R 1997, 17; *Susanne Sieber/Klimek*, Werbung in Push-Diensten: unaufgeforderte kommerzielle Kommunikation?, K&R 1999, 305; *Simon*, Ist ein Verstoß gegen die Informationspflichten des § 5 ECG UWG-widrig?, RdW 2004, 135; *Sosnitza*, Gattungsbegriffe als Domain-Namen im Internet, K&R 2000, 209; *ders.*, Das Internet im Gravitationsfeld des Rechts: Zur rechtlichen Beurteilung so genannter Deep Links, CR 2001, 693; *Spindler*, Die zivilrechtliche Verantwortlichkeit von Internet-Auktionshäusern, MMR 2001, 737; *ders.*, Hyperlinks und ausländische Glücksspiele – Karlsruhe locuta causa finita?, GRUR 2004, 724, *Spindler/Jens M. Schmittmann*, Unerwünschte E-Mail-Werbung – Zivil- und wettbewerbsrechtliche Zulässigkeit in Europa, MMR-Beilage 8/2001, 10; *Spindler/Wiebe* (Hrsg.), Internet-Auktionen und Elektronische Marktplätze, 2. Aufl. 2005; *Spirrig*, Lauterkeitsrechtliche Konflikte im Internet, 2001; *Steinbeck*, Aleatorische Anreize beim Community Shopping, WRP 2002, 604; *Stickelbrock*, „Impressumspflicht" im Internet, GRUR 2004, 111; *Stoffmehl*, Powershopping und Customer-Driven Pricing als Marketing- und Vertriebsformen im Internet, MMR-Beilage 8/2001, 35; *Stogmüller*, Auktionen im Internet, K&R 1999, 391; *Tager/Rose*, Informationspflichten beim Klingeltonvertrieb im M-Commerce, K&R 2007, 233; *Markus Thiele/Rohlfing*, Gattungsbezeichnungen als Domain-Namen, MMR 2000, 591; *Ubber/Jung-Weiser/Bousonville*, Markenrecht im Internet, 2002; *Ulbricht/Meuss*, Juristische Aspekte von Extended Links und Smart-Tags, CR 2002, 162; *Michael Ulmer*, Unterlassungsklagen und elektronischer Geschäftsverkehr, ITRB 2002, 135; *Varadinek*, Trefferlisten von Suchmaschinen im Internet als Werbeplatz für Wettbewerber, GRUR 2000, 279; *Vehslage*, Auswirkungen der Fernabsatzrichtlinie auf die Telefon- und E-Mail-Werbung, GRUR 1999, 656; *Viefhues*, Internet und Kennzeichenrecht: Meta Tags, MMR 1999, 336; *Völker/Lühring*, Abwehr unerwünschter Inline-Links, K&R 2000, 20; *Volkmann*, Verkehrspflichten für Internet-Provider, CR 2008, 282; *Vykydal/Diemar*, Gatoring – Eine zulässige Form der Werbung im Internet?, WRP 2004, 1237; *Rolf H. Weber/Skirpsky*, sic! 2003, 685; *Weidert*, Vorsprung durch Technik oder Vorsprung durch Rechtsbruch? – Zur Fallgruppe des Rechtsbruchs im

E-Commerce, FS Horst Helm, 2002, S. 123; *Weiler,* Spamming – Wandel des europäischen Rechtsrahmens, MMR 2003, 223; *Welser,* Wettbewerbs- und urheberrechtliche Probleme bei Online-Auktionen, ZUM 2000, 472; *Bettina Wendlandt,* Gattungsbegriffe als Domainnamen – Marken- und wettbewerbsrechtliche Behandlung aus deutscher und US-amerikanischer Sicht, WRP 2001, 629; *dies.*, Cybersquatting, Metatags und Spam – Gemeinsamkeiten und Gegensätze im amerikanischen und deutschem Wettbewerbs- und Markenrecht, 2002; *Wiebe,* „Deep Links" – Neue Kommunikationsformen im Wettbewerb aus lauterkeitsrechtlicher Sicht, WRP 1999, 734; *ders.*, (Wettbewerbs)rechtliche Probleme des Framing, in: Domains, Frames und Links, 2002, S. 133; *Wüstenberg,* Das Fehlen von in § 6 TDG aufgeführten Informationen auf Homepages und seine Bewertung nach § 1 UWG, WRP 2002, 782; *ders.*, Die Informations- und Handlungspflichten der Mehrwertdienstanbieter vor, bei und nach Vertragsschluss, TKMR 2004, 65; *Zahrt,* Cyberbusiness, Urheber- und Wettbewerbsrecht – Bestandsaufnahme und Praxisüberblick, K&R 2001, 65; *Zehentmaier,* Unaufgeforderte E-Mail-Werbung – ein wettbewerbswidriger Boom im Internet, BB 2000, 940; *Ziem,* Spamming – Zulässigkeit nach § 1 UWG, Fernabsatzrichtlinie und E-Commerce-Richtlinienentwurf, MMR 2000, 129; *dies.*, Die Bedeutung der Pressefreiheit für die Ausgestaltung der wettbewerbsrechtlichen und urheberrechtlichen Haftung von Suchdiensten im Internet, 2003.

A. Grundsätzliches

I. Internetspezifische Wettbewerbsdelikte

1 Das Internet, namentlich das World Wide Web (WWW) als dessen bei weitem prominenteste Ausprägung, ist *das* neue Werbemedium der letzten 15 Jahre und wird in der Zukunft seinen Platz neben den klassischen Medien zumindest behaupten, wenn nicht sogar weiter ausbauen. Es hat eine Reihe in der konkreten Gestalt so zuvor nicht gekannter Wettbewerbsverstöße hervorgebracht. Diese hätte es ohne das Internet so nicht gegeben. Ihre Internetspezifität rechtfertigt es, sie in einem gesonderten Teil als Querschnittsmaterie zu behandeln. Internetwerbung weist seit Jahren die höchsten Steigerungsraten unter allen Werbemedien auf, insbesondere im Vergleich zu den Steigerungsquoten oder sogar Verlusten klassischer Medien. Die Steigerungsrate betrug 2005 gegen 60% und 2006 gegen 84%.[1] Für 2006 auf 2007 werden sogar 103% Steigerung auf Euro 976 Mio. In Deutschland genannt.[2] Damit ist Online-Werbung eine der am stärksten wachsenden Wirtschaftsbranchen überhaupt.[3] Online-Werbung gewinnt in einem nur leicht wachsenden, stagnierenden oder schrumpfenden Gesamtmarkt zu Lasten der Offline-Werbung. Es findet eine stetige Verschiebung zu Gunsten der Online-Werbung statt. Der Online-Bruttowerbemarkt in Deutschland belief sich im ersten Quartal 2007 auf 183,3 Mio. Euro.[4] Bei einzelnen Produktgruppen (zB Büchern, Eintrittskarten, Handys, MP3-Playern, Flugreisen) fallen bis zu 70% aller Erwerbsentscheidungen im Netz.[5]

2 Generell hat Werbung im Internet einen gewichtigen Vorteil gegenüber Offline-Werbung: Bei verschwindenden Grenzkosten kann man sich theoretisch an einen nahezu unbegrenzten Personenkreis wenden.[6] Allerdings ist dies nur ein Potenzial, dessen Aktualisierung bei der Vielzahl an Angeboten und der Informationsüberflutung im Internet seine eigenen Probleme birgt. Hinzu kommt: Das Internet ist ein unidirektionales Massenmedium und erlaubt individualisierte Massenkommunikation.[7] Interaktiver Kundenkontakt kann ohne Medienbruch in einen Transaktionsabschluss münden.[8]

3 Internetsachverhalte meinen nicht nur die traditionellen Online-Sachverhalte mit einem PC als Endgerät. Die Weiterentwicklung hat vielmehr auch viele marktübliche Mobilgeräte

---

[1] *Käckenhoff* Markenartikel 8/2007, 12; *Plog* in: HmbKommGesMedienR 30. Abschnitt Rn 1, jeweils unter Hinweis auf Online Vermarkterkreis im BVDW, OVK-Onlinereport 2007/1, 2.

[2] Unter Hinweis auf den Branchenverband Bitkom <http://www.golem.de/0801/56835.html>; <http://de.wikipedia.org/wiki/Internetwerbung>.

[3] Online Vermarkterkreis im BVDW vom 13. 2. 2006; *Pierson* K&R 2006, 489, 490.

[4] *Plog* in: HmbKommGesMedienR 30. Abschnitt Rn 1.

[5] *Plog* in: HmbKommGesMedienR 30. Abschnitt Rn 1.

[6] *Bettinger/Leistner/Leistner* Teil 1 A Rn 1, 21.

[7] *Brömmelmeyer* S. 25.

[8] S. nur *Brömmelmeyer* S. 25.

internetfähig gemacht. Marketingstrategien über mobile Internetbrowser gewinnen immer mehr an Bedeutung.[9] Für diesen Bereich des sog. Mobile Marketing gelten dieselben Regeln wie für „traditionelles" Online-Marketing, ohne dass lauterkeitsrechtliche Differenzierungen veranlasst wären.[10] Dies gilt auch für adserver-gestützte oder zielgruppengerechte Werbeeinblendungen, Bewegtbildersequenzen und Videosequenzen. Datenschutzrechtliche Fragen oder die Abgrenzung zwischen Rundfunk- und Telemediendienste sind dabei allerdings ausgeblendet.

II. Kennzeichenrechtliche Dimension und Leistungsschutz

Bei vielen Verstößen, die sich wettbewerbsrechtlich ahnden lassen, steht indes nicht die wettbewerbs-, sondern die **kennzeichenrechtliche Dimension** im Vordergrund. Dies gilt namentlich für Hyperlinking und Framing. Dieser kennzeichenrechtlichen Dimension ist wegen ihrer eigenständigen Fragestellungen und Probleme ein eigener Abschnitt gewidmet.[11] 4

Ergänzender **wettbewerbsrechtlicher Leistungsschutz** ist auch für Internetgestaltungen, insbesondere für Websites, möglich. Ob ergänzender wettbewerbsrechtlicher Leistungsschutz besteht, beurteilt sich nach denselben Maßstäben wie generell.[12] 5

III. Fehlende Internetspezifität vieler Wettbewerbsverstöße

Viele weitere Wettbewerbsverstöße haben nichts Internetspezifisches, obwohl sie mit Hilfe des Internet begangen werden. Sie sind vielmehr nur neue Unterfälle zu Fallgruppen, wie sie schon seit langem bekannt sind, und fügen nur den Medien, mit deren Hilfe solche Verstöße begangen werden können, ein weiteres hinzu. Das Internet mag ihnen neue Aktualität verschafft haben, weil bestimmte Geschäftsideen und Geschäftsmodelle mit dem Internet neues Leben oder erweiterte Anwendungsfelder erhielten. Dies heißt aber nicht, dass das Medium Internet ihnen notwendig ein spezifisches Gepräge verliehe.[13] Als Beispiele seien genannt: Vorsprung durch Rechtsbruch, indem Informationsobliegenheiten oder Obliegenheiten zu Widerrufsbelehrungen aus dem Verbraucherschutzrecht (hier insbesondere aus dem Fernabsatzrecht) missachtet werden;[14] unerlaubtes Glücksspiel;[15] umgekehrte Versteigerungen und Rückwärtsversteigerungen;[16] Werbung ohne Warenvorrat;[17] Freundschaftswerbung durch Aufforderung auf einer Website, die betreffende Werbung per E-Mail an Bekannte und Freunde weiterzuversenden;[18] Veranstaltung entgeltlicher Gewinnspiele,[19] insbesondere im Internetradio;[20] Werbung spezifisch regulierter Berufsgruppen im Inter- 6

[9] S. nur *Pohle* K&R 2008, 711, 714.

[10] *Pierson* K&R 2006, 489, 492f; *Pohle* K&R 2008, 711, 713.

[11] → § 4–S 11.

[12] LG Köln MMR 2008, 64, 65f.

[13] Zustimmend *Bornkamm/Seichter* CR 2005, 747, 748.

[14] Dazu OLG Hamburg GRUR-RR 2004, 82 – CINEMA-Filmkalender; LG Köln CR 2003, 930.

[15] Zur wettbewerbsrechtlichen Unzulässigkeit unerlaubten Glücksspiels im Internet BGH GRUR 2002, 636, 637 – Sportwetten; BGH WRP 2004, 899, 901f – Schöner Wetten; OLG Hamburg MMR 2002, 471, 473 m. Anm. *Bahr; Fritzemeyer/Rindele* CR 2003, 599, 601.

[16] Dazu BGH GRUR 2003, 626 – Umgekehrte Versteigerung II m. Anm. *Leible/Sosnitza* = CR 2003, 517 m. Anm. *Lindenberg* = K&R 2003, 350 m. Anm. *Steinbeck;* BGH GRUR 2004, 249 – Umgekehrte Versteigerung im Internet = CR 2004, 291 m. Anm. *Leible/Sosnitza* = BGH-Report 2004, 540 m. Anm. *Ladeur* (dazu *Busch* EWiR § 1 UWG 2/04, 511); BGH GRUR 2004, 251 – Hamburger Auktionatoren (dazu *Just* EWiR § 13 UWG 1/04, 513).

[17] Dazu OLG Hamburg CR 2003, 694.

[18] BGH GRUR 2008, 1121 – Freundschaftswerbung im Internet; LG Nürnberg-Fürth JurPC Web-Dok. 185/2004.

[19] Näher *Klinger* S. 402–404.

[20] OLG München GRUR-RR 2003, 222 – Internetradio.

net;[21] Preisunterbietung im Kampf um den Eintritt in den Markt für Host, Access oder Service Provider-Leistungen;[22] Verbreiten von Presseerklärungen mit rechtlich problematischen Inhalten;[23] Verletzen von Verwertungsrechten durch Ermöglichen eines freien Abrufs, sei es auch nur von Teilen oder Ausschnitten;[24] Angebot oder Weiterverkauf von Karten zu Sportveranstaltungen;[25] Informationspflichten eines Reiseveranstalters;[26] Sperren von Websites oder Weiterleitungsseiten, um Tests zu unterbinden, als mögliche Behinderung.[27]

7 Für solche Phänomene wird auf deren Behandlung im jeweils einschlägigen allgemeinwettbewerbsrechtlichen Rahmen verwiesen. Die Rechtsregeln für die reale und die virtuelle Welt konvergieren; der Grundsatz „Was offline gilt, muss auch online gelten" gewinnt immer weitergehende Geltung[28] und hat fundamentale Bedeutung.[29] Die Kohärenz gebietet, Sachverhalte online und offline gleich zu behandeln, es sei denn, es liege ein rechtfertigender Differenzierungsgrund vor.[30] Eine gespaltene Rechtsordnung, die Online-Sachverhalte a priori entweder privilegiert oder diskriminiert, lässt sich angesichts einheitlicher Rechtsprinzipien nicht begründen.[31] Im Folgenden werden die besagten Phänomene deshalb nur behandelt, soweit sie hauptsächlich im Internet begegnen oder mit Rechtsregeln konfrontiert sind, die offline weniger Anwendung finden als online. Ebenso wenig werden Geschäftsmodelle untersucht, die zwar ihr Hauptverbreitungsgebiet im Internet haben, sich jedoch ebenso gut offline verwirklichen könnten.

IV. Grundsätzlich fehlende Internetspezifität bei inhaltlichen Beanstandungen von Werbeaussagen

8 Keine internetspezifischen Momente weisen grundsätzlich alle inhaltsbezogenen Wettbewerbsverstöße auf, bei denen der Inhalt einer **Werbebotschaft** inkriminiert ist.[32] Der Inhalt ändert sich nicht je nach dem Medium, über das er kommuniziert wird. Der Werbetext, der gleichermaßen in einer Print-Anzeige oder in einem Print-Katalog stehen könnte, ist nicht internetspezifisch.[33] Eine unzulässige vergleichende Werbung ist eine unzulässige vergleichende Werbung, unabhängig davon, ob sie in einer Zeitungsanzeige, einem Fernsehspot oder einer Website besteht.[34] Eine Anschwärzung mag sich zwar über Links technisch recht einfach ins Werk setzen lassen, wird aber wegen ihres Inhalts nach § 4 Nr. 7 oder Nr. 8 inkriminiert, nicht wegen des Einsatzes einer speziellen Technik.[35] Eine irreführende Werbeaussage ist eine irreführende Werbeaussage.[36] ZB ist es irreführend, wenn ein

---

[21] BGH GRUR 2004, 164 – Werbung von Zahnärzten im Internet; BGH GRUR 2004, 164 – Arztwerbung im Internet m. Anm. *Schmittmann;* OLG Koblenz NJW 1997, 1932 m. Anm. *Ring* = MedR 1997, 219 m. Anm. *Heinrich* = WiB 1997, 297 m. Anm. *Westerwelle;* OVG Koblenz NJW-CoR 1999, 371 m. Anm. *Ernst.*

[22] Kröger/Gimmy/*Freitag* S. 413, 437 f.

[23] Beispiel für Presseerklärung im Internet: LG Düsseldorf JurPC Web-Dok. 203/2004.

[24] OLG Stuttgart Urt. vom 19. 3. 2009 – 2 U 47/08; LG Stuttgart MMR 2008, 551 – hartplatzhelden.de m. Anm. *Hoeren/Eva Schröder* = CR 2008, 528 m. Anm. *Frey* (dazu *Maume* MMR 2008, 797; *Fedlmann* JurisPR-ITR 13/2008 Anm. 5; *Feldmann/Höppner* K&R 2008, 421; *Ernst* causa sport 2008, 289).

[25] BGH GRUR 2009, 173 – bundesligakarten.de m. Anm. *Heermann;* OLG Hamburg NJW 2005, 3003 – Bundesligakarten; OLG Hamburg NJOZ 2007, 1588 = OLGR 2007, 66.

[26] LG Nürnberg-Fürth MMR 2008, 562.

[27] OLG Hamburg GRUR-RR 2007, 365 – „Hausverbot" im Internet = WRP 2007, 1249 = NJW 2007, 3361; LG Hamburg GRUR-RR 2007, 94, 95 – Elektronisches Hausverbot.

[28] *Leible/Sosnitza* CR 2004, 293.

[29] Ebenso *Brömmelmeyer* S. 33; einschränkend allerdings *Bornkamm/Seichter* CR 2005, 747, 750.

[30] *Brömmelmeyer* S. 33.

[31] *Brömmelmeyer* S. 33.

[32] Zustimmend *Pierson* K&R 2006, 489, 491.

[33] *Pierson* K&R 2006, 489, 491.

[34] OLG Saarbrücken MMR 2009, 193; OLG Celle WRP 2009, 867; OLG Hamm MMR 2009, 555.

[35] Dazu *Gabel* WRP 2005, 1102, 1108.

[36] *Bornkamm/Seichter* CR 2005, 747, 748 unter Hinweis auf BGH GRUR 2005, 480 – Epson-Tinte sowie *Gabel* WRP 2005, 1102, 1113; Beispiele: zum einen OLG Naumburg MD 2009, 678; OLG Dresden

Access Provider den von ihm vermittelten Internetzugang als „schnell und sicher" bewirbt, obwohl jener Zugang keine besonderen Schutzvorkehrungen vorsieht.[37] Ein Kombinationsangebot einer blickfangmäßig beworbenen Internet-Flatrate mit einem nicht am Blickfang teilnehmenden Angebot zum TDS L-Telefonieren mit eigener Flatrate erfordert eine deutliche, am Blickfang teilnehmender Aufklärung über die Vertragskopplung.[38] Ein Service Provider, der über eine Set Top Box die gleichzeitige Nutzung von Internet und Fernsehprogrammen ermöglicht, indem im Hintergrund das Fernsehprogramm sichtbar bleibt, übernimmt nicht unmittelbar eine Leistung und beutet auch den Ruf der betreffenden Sendeanstalten nicht aus.[39] Indes wird nur ausnahmsweise beim Bewerben von Internet-Dienstleistungen die Werbeaussage spezifisch auf Internet-Sachverhalte bezogen sein.[40]

Auch das berufsbezogene **Sonderwerberecht** für einzelne **Berufsgruppen,** die besonderen Regulierungen unterliegen, enthält in aller Regel inhaltliche Vorgaben oder Vorgaben an die Dezenz des Auftritts. Diese differenzieren grundsätzlich nicht nach Sachverhalten innerhalb oder außerhalb des Internet.[41] Insbesondere für Fragen, die sich mit berufsrechtlichen Beschränkungen der Werbefreiheit für einzelne Berufszweige befassen,[42] wird daher in besonderem Maße auf die Kommentierung der übergreifenden, hier berufsspezifischen Vorschriften verwiesen.[43] Gleichermaßen betreffen Fragen besonderer **Werbebeschränkungen für einzelne Waren,** zB das Arznei- oder Heilmittelwerberecht, Inhalte und nicht die benutzte Technik.[44] 9

Nur ausnahmsweise werden **Werbeaussagen** spezifisch auf Internet-Gegebenheiten Bezug nehmen. Deren Statthaftigkeit ist aber weiterhin im Einzelfall an Hand der allgemeinen Regeln zu beurteilen. So wurde „Europas unbegrenzter Stellenmarkt im Internet" als irreführend eingestuft, da es an einer hinreichenden Anzahl von Stellenanzeigen seitens Unternehmen aus dem europäischen Ausland fehlte und die Werbeangabe sich nicht in einer Anspielung auf die „Grenzenlosigkeit" des Internet erschöpfte.[45] Ebenso wurde es als irreführend bezeichnet, wenn die Möglichkeit, eine persönliche Tageszeitung zu beziehen, sich in Links auf die Publikationsangebote anderer beschränkte.[46] 10

V. Keine spezifische Verkehrsanschauung im Internet

Eine Differenzierung nach online- und offline-Werbesachverhalten wäre nur dann veranlasst, wenn sich online andere Verbraucher- und Verkehrserwartungen herausgebildet hätten.[47] Eine besondere Verkehrsanschauung spezifisch im Internet oder im WWW hat sich jedoch nicht entwickelt.[48] Gerade je weiter sich die Benutzung des Internet ausbreitet und je mehr Bevölkerungskreise das Internet benutzen, desto mehr müssen allgemeine Verkehrserwartung und „online-Verkehrserwartung" übereinstimmen.[49] Der Benutzerkreis ist ebenso inhomogen und vielgestaltig wie die Gesamtbevölkerung. In den Pionierzeiten mag es noch eine relativ homogene Gruppe von Internet-Usern gegeben haben, deren 11

GmbHR 2006, 1161; LG Dresden GRUR-RR 2007, 25 – EU-GmbH; *Mankowski* EWiR § 5 UWG 1/07, 93; zum anderen OLG Schleswig GRUR-RR 2007, 400 – Preisspanne.

37 OLG Hamburg MMR 2003, 340 – Sicherer Internetzugang; LG Hamburg MMR 2006, 122 – „schnell & sicher" ins Internet.

38 OLG Frankfurt GRUR-RR 2007, 165 – Sparpaket Surf + Phone.

39 OLG Köln GRUR-RR 2005, 228 – Set-Top-Box.

40 Beispiele: OLG Hamburg MMR 2003, 340 – Sicherer Internetzugang; OLG Frankfurt GRUR-RR 2007, 165 – Sparpaket Surf + Phone; LG Hamburg MMR 2006, 122 – „schnell & sicher" ins Internet.

41 Zustimmend *Bornkamm/Seichter* CR 2005, 747, 748.

42 Dazu zB *Karl* BRAK-Mitt. 2004, 5.

43 Dazu allerdings auch Hoeren/Sieber/*Marwitz* Kap. 11.2 (April 2005); *Brömmelmeyer* S. 396–417.

44 Dazu *Gabel* WRP 2005, 1102, 1112f.

45 OLG Hamburg AfP 2002, 326.

46 OLG Köln GRUR-RR 2001, 97.

47 S. nur *Mietzel* MMR 2003, 343.

48 Anders noch LG Wiesbaden NJW-CoR 2000, 171, 172; LG Hamburg CR 2000, 392, 397.

49 Ebenso MünchKomm/*Wiebe* UWG Anh. §§ 1–7 A Rn 54.

Erwartungshaltung spezifischer gewesen sein mag als jene der Gesamtbevölkerung. Eine Aussage, dass der typische Internet-Nutzer männlich, Akademiker und etwa 30–35 Jahre alt sei,[50] lässt sich heute aber nicht mehr treffen oder aufrecht erhalten.[51] „Den" Internet-User gibt es heute ebenso wenig wie „den" Zeitungsleser oder „den" Fernsehzuschauer. Er ist in der Normalbevölkerung aufgegangen und Teil des allgemeinen Verbraucherleitbildes.[52] Ebenso wenig kann man davon ausgehen, dass das bloße Wissen um die Existenz ausländischer Websites, bereits die Erwartung hinsichtlich der Strenge lauterkeitsrechtlicher Maßstäbe reduziert.[53]

12 Die maßgebliche Verkehrserwartung wird andererseits auch nur begrenzt durch Diskussionen in Chatforen oder auf Mailing-Listen geprägt.[54] Nur weil eine Diskussion im Internet stattfindet, bedeutet dies nicht, dass sich die maßgebliche Verkehrserwartung änderte. Vielmehr spiegeln die Nutzer solcher Foren und insbesondere die aktiven Diskutanten nur einen relativ kleinen Ausschnitt aus der Gesamtmenge aller Internet-User wider. Sie repräsentieren keinen relevanten Querschnitt, sondern eine besonders informierte und interessierte Untergruppe. Gerade der Normal*konsument,* dem es nur um den Konsum geht, wird sich nicht an solchen Diskussionen und Foren beteiligen, häufig nicht einmal von deren Existenz wissen. Sie liegen nicht in seinem Interessen- und Aufmerksamkeitskegel. Daher wird seine Erwartungshaltung durch sie nicht geprägt.

13 Daraus ist ein klarer Schluss zu ziehen:[55] Für die Verkehrsauffassung und deren Ermittlung gelten die allgemeinen Regeln. Eigene Sachkunde der Tatsacheninstanz kann einfließen, auch wenn die betreffenden Richter keine Intensivnutzer sind und sich nicht irgendwelchen „online-Communities" verbunden fühlen. Demoskopische Gutachten sind ggf. einzuholen. Sie dürfen sich aber nicht auf das Verständnis einer wie auch immer definierten „Internet-Gemeinde" beziehen, sondern müssen die allgemeine Verkehrsauffassung zum Gegenstand haben. Denn jene Einschränkung wäre nicht ohne Willkür zu vollziehen. Angesprochen sind eben alle Verkehrskreise, die potenziell ins Internet gehen und dort Informationen erlangen könnten. Das Potenzial reicht. Der Kreis der aktuellen Nutzer grenzt nicht ein. Andererseits muss der Kreis der aktuellen Nutzer natürlich mitbefragt werden, weil sonst das Bild wieder zur anderen Richtung verfälscht wäre. Eine Umfrage zur Irreführungseignung einer Domain, die in einem Altersheim durchgeführt würde, könnte keinen Anspruch auf Repräsentativität erheben und würde ihren Zweck verfehlen. Das Internet ist nur ein Kommunikationsmedium. Es mag zwar 1-to-n-, n-to-1 und n-to-n-Kommunikation in größerem Umfang erlauben als andere Medien.[56] Websites aber bleiben, selbst wenn sie interaktiv sein sollten, im Kern und in der Struktur doch 1-to-n-Kommunikation. Online gelten dieselben Anforderungen und Maßstäbe für die Verkehrsanschauung wie offline.[57] Dies schließt aber natürlich nicht aus, dass sich eine allgemeine Verkehrsauffassung über Internet-Sachverhalte bilden kann, zB dass Internet-User um die Existenz der Link-Technik und demzufolge darum, dass Inhalte auch auf verlinkten Seiten stehen können, wissen sollten.[58] Situationsbedingte und medienangemessene Aufmerksamkeit ist dem Internetnutzer abzuverlangen;[59] insoweit muss er sich eben an den Maßstäben messen lassen, die ein durchschnittlicher Internetnutzer im Umgang mit dem Medium Internet beachten muss.

---

50 Zu frühen Umfragen Bräutigam/Leupold/*Kepplinger/Engesser* § 4 Rn 34 ff.

51 Bräutigam/Leupold/*Kepplinger/Engesser* § 4 Rn 45 ff.

52 MünchKomm/*Wiebe* UWG Anh. §§ 1–7 A Rn 54.

53 So aber *Wiebe* in: *Hohl/Leible/Sosnitza* S. 133, 148.

54 Tendenziell anders OLG Hamburg MMR 2003, 537, 538 – Mitwohnzentrale II.

55 Unklar *Schmidt-Bogatsky* GRUR 2000, 959, 962. Ähnlich wie hier *Bornkamm/Seichter* CR 2005, 747, 750.

56 MünchKomm/*Wiebe* UWG Anh. §§ 1–7 A Rn 22.

57 Praktisches Beispiel: OLG Saarbrücken MMR 2009, 193.

58 Dazu BGH GRUR 2007, 159, 161 – Anbieterkennzeichnung im Internet; BGH GRUR 2008, 84, 86 – Versandkosten.

59 *Nassall* jurisPR-ZivilR 44/2006 Anm. 2.

VI. Besondere Maßstäbe für Lauterkeit im Internet?

Indes wird jenseits der Verkehrsanschauung postuliert, offline gebildete Maßstäbe könnten nicht ohne weiteres und ohne Modifikation auf das Internet übertragen werden. Die dafür vorgebrachten Argumente verdienen jeweils nähere Betrachtung, vermögen letztlich aber alle nicht zu überzeugen oder durchzuschlagen. Vielmehr hat es bei der allgemeinen lauterkeitsrechtlichen Beurteilung zu bleiben, für die gute Gründe streiten.[60] Dem Medium Internet hat der vor der Rechtsordnung gesetzte regulatorische Rahmen keine Zwangsjacke verpasst.[61] Vielmehr bewährt sich die Flexibilität des Wettbewerbsrechts: Einerseits zieht es Grenzen und ahndet deren Übertretung mit effektiven Mitteln; andererseits gefährdet es nirgends den freien Informationsfluss als solchen.[62] 14

Erstens wird vorgebracht, das Recht müsse das Vertrauen in den E-Commerce stärken helfen.[63] Dies bedinge auch eine Flexibilisierung des Wettbewerbsrechts.[64] Dem ist entgegenzuhalten: Vertrauen erzeigt gerade das Einhalten gewohnter und etablierter Standards. Online aggressivere Werbung zu erlauben als offline erzeugt gerade kein Vertrauen. Vertrauen rührt zudem maßgeblich von der Abwicklungs- und Erfüllungsseite von Verträgen her, aus positiven Erfahrungen in der Vergangenheit, weniger von Werbung. Insoweit geht es um Partnervertrauen in Qualität der Leistungen und Eigenschaften des Partners.[65] Rechtliche Kontrolle etabliert Standards, die Partnervertrauen erzeugen und Absicherungskosten entfallen lassen können.[66] Klare rechtliche Standards können Optimierungsimpulse und sogar Innovationssignale geben.[67] Schließlich rekurriert Vertrauen auch auf Reputationsmechanismen, die sich am guten Namen im Markt orientieren. Auch insoweit besteht kein wesentlicher Einfluss gerade des Wettbewerbsrechts. Rechtspolitisch haben sich weder der europäische noch der deutsche Gesetzgeber die Förderung des E-Commerce als Ziel des Wettbewerbsrechts auf die Fahnen geschrieben. Eine solche Politik wurde nicht formuliert, als die Lauterkeitsrichtlinie geschaffen wurde. 15

Dem ersten eng verwandt ist das zweite Argument: Das Internet fördere neue Geschäftsmodelle und senke Transaktionskosten. Deshalb sei es rechtlich zu fördern.[68] Indes vollzieht sich die Senkung der Transaktionskosten unabhängig von den angelegten lauterkeitsrechtlichen Maßstäben. E-Mails als Vertragsabschlussmodus haben sich durchgesetzt, ohne dabei in irgendeiner Form vom Wettbewerbsrecht beeinträchtigt worden zu sein. Hinsichtlich der Informationsverbreitung ändert sich an den Kosten nichts, je nachdem ob der Inhalt lauter ist oder nicht. Aggressive Werbung aber produziert miteinzubeziehende Folgekosten. Im Übrigen stellt sich mit Nachdruck die Frage, weshalb man partout Neues gegenüber dem Alten privilegieren sollte. 16

Drittens soll das Internet dynamische Märkte in ständiger Veränderung betreffen.[69] Das Internet erlaube direktere Kommunikationsformen unter Ausschaltung von Intermediären; dies könne veränderte Werbestrategien bedingen, denen man den Raum zur Entwicklung lassen solle.[70] Die Innovationsoffenheit des Internet sei zu wahren.[71] Jedoch gibt es keinen eigenen, autarken Markt Internet. Eine abgeschottete und selbstgenügsame virtuelle Welt existiert nicht. Vielmehr besteht für gleiche und vergleichbare Leistungen Wettbewerb mit offline erfolgenden Angeboten. Dies wird namentlich bei jenen Leistungsanbietern deut- 17

---

60 Ebenso im Ergebnis MünchKomm/*Wiebe* UWG Anh. §§ 1–7 A Rn 77.
61 *Bornkamm/Seichter* CR 2005, 747, 753.
62 *Bornkamm/Seichter* CR 2005, 747, 753.
63 Dazu MünchKomm/*Wiebe* UWG Anh. §§ 1–7 A Rn 47.
64 *Ladeur* Rn 12.
65 *Petrovic/Ksela/Fallenböck/Kittl* S. 3, 8f.
66 S. nur *Petrovic/Fallenböck/Kittl* S. 3, 12f.
67 Dazu *Simon* CR 1986, 3, 13.
68 *Ladeur* Rn 142.
69 *Ladeur* Rn 146, 78.
70 *Ladeur* Rn 78.
71 *Ladeur* Rn 153.

lich, die zu recht das Internet nur als einen Absatzkanal unter vielen im Rahmen einer diversifizierten Marketingstrategie einsetzen. Der eigene Online-Auftritt bewirbt keine andere Leistung als die Zeitungsanzeige und zielt auf keinen anderen Markt. Märkte bestimmen sich grundsätzlich nach den angebotenen Leistungen, nicht nach den für die Werbung eingesetzten Medien. Die Novität von Werbeformen aber bedingt nicht notwendig eine Erneuerung und noch weniger eine Liberalisierung der rechtlichen Standards.

18 Viertens wird vorgebracht, strenge lauterkeitsrechtliche Maßstäbe könnten die Entwicklung sinnvoller Filtertechniken hemmen oder erschweren.[72] Die Realität spricht dagegen. Filtertechniken werden ständig entwickelt und stetig verfeinert. Dies entspringt in vielen Fällen schon dem vertragsrechtlichen Rahmen zwischen Internet Service Providers und ihren Kunden, welcher die Provider zum Einsatz geeigneter Filtertechniken verpflichten mag.[73] Der Vertrieb von Filtersoftware (zB gegen Suchmaschinen-Spamming) ist lauterkeitsrechtlich vollkommen unverdächtig.[74] Das gleiche gilt für Software, welche Treffer, die aufgrund unzulässiger Suchmaschinenmanipulation aufscheinen, farbig einfärbt.[75] Insbesondere aber ist die Fortentwicklung von Filtertechniken ein ganz vitales Eigeninteresse der Nutzer: Man schützt sich selber und seinen eigenen Rechner. Filtertechniken decken zudem gerade solche Bereiche ab, in denen das Wettbewerbsrecht nicht greift. Man denke etwa an wurm- oder virenverseuchte mails, die keinerlei Wettbewerbszweck verfolgen. Außerdem sind Filtertechniken ausgesprochen sinnvoll, wenn die eigentlichen Täter effektiv nicht verfolgbar sind (weil unbekannt, in einem Oasenstaat ansässig oder vermögenslos). Das Wettbewerbsrecht hat sich bisher in keinerlei Weise als Hindernis für die Entwicklung von Filtertechniken erwiesen.

19 Fünftens wird speziell für das Wettbewerbsrecht auf „die" **Netiquette** gesetzt.[76] Nun existiert aber nicht eine Netiquette, sondern deren mehrere, ja eine unübersehbare Vielzahl.[77] Keine von diesen Netiquetten ist in irgendeiner Form verbindlich.[78] Die Idee der Selbstregulierung durch Netiquette stammt noch aus der Frühzeit des Internet, vor der Kommerzialisierung des Mediums und seiner Entdeckung durch die werbende Wirtschaft. Sie setzt auf Standards zwischen den Mitgliedern einer community, die es so nicht gibt.[79] Sie passt gerade nicht für kommerzialisierte Bereiche.[80] Aus diesen Gründen ist eine Netiquette welcher Art, welchen Inhalts und welcher Provenienz auch immer nicht geeignet, die Auslegung der Tatbestände des geschriebenen Lauterkeitsrechts zu beeinflussen.[81] Dementsprechend spielt eine „Netiquette" heute keine Rolle mehr.[82] Selbstregulierung mag Lauterkeitsrecht ergänzen können;[83] jedoch ist sie nicht in nennenswertem Umfang verbreitet, zumindest nicht als online-spezifisches Phänomen über allgemeine Selbstregulierung und Selbstverpflichtung hinaus. Keines der „Vertrauenssiegel" oder „Qualitätslabels"[84] hat hinreichende Marktgeltung erlangt. Ihre Aussagekraft ist oft begrenzt, da sie versteckte Werbemaßnahmen sein können, und es gab zu viele konkurrierende Labels, die verhinder-

---

72 Dazu *Ladeur* Rn 159.

73 *Mankowski* in: *Ernst* (Hrsg.), Hacker, Cracker & Computerviren, 2004, Rn 495 f.

74 OLG Hamm K&R 2007, 410, 411 f. Dazu allgemein zur wettbewerbsrechtlichen Zulässigkeit von Blockern oder Filtern BGH GRUR 2004, 877 – Werbeblocker; *Fritsche* LMK 2004, 192; *Apel/Steden* WRP 2001, 112.

75 OLG Hamm K&R 2007, 510; *Ernst* CR 2007, 533.

76 *Ladeur* Rn 13, 74 f.

77 *Jung* GRUR Int. 1998, 841, 850; MünchKomm/*Wiebe* UWG Anh. §§ 1–7 A Rn 69.

78 S. nur Gounalakis/*Backhaus* § 26 Rn 20; Bräutigam/Leupold/*Bräutigam/Leupold* B IX Rn 203; MünchKomm/*Wiebe* UWG Anh. §§ 1–7 A Rn 69.

79 Ebenso Bettinger/Leistner/*Leistner* Teil 1 A Rn 30.

80 *Ernst* JuS 1997, 776, 782; *Mankowski* AfP 1999, 138, 139; *Hüsch* S. 108 sowie *Simitis* FS Kübler S. 285, 291.

81 Tendenziell anders *Loewenheim/Koch/Hage/Niebler* S. 243, 253; *Bräutigam/Leupold/Bräutigam/Leupold* B IX Rn 203.

82 *Hüsch* S. 108.

83 MünchKomm/*Wiebe* UWG Anh. §§ 1–7 A Rn 62.

84 Zum Phänomen MünchKomm/*Wiebe* UWG Anh. §§ 1–7 A Rn 64 f.

ten, dass eines von ihnen Verkehrsgeltung gewonnen und sich durchgesetzt hätte. Codes of Conduct wiederum existieren ebenfalls in zu großer Zahl und haben eine zu geringe Verbindlichkeit. Dies gilt auch für den Code of Conduct in Regard to Fair Competition in Electronic Commerce (Commented Version) der International League for Competition Law aus dem Jahre 2000.[85] Dies schließt freilich nicht aus, dass sich in klar definierten Gemeinschaften engere Standards etablieren können. ZB ist die einzige akzeptierte Werbeform in den **Newsgroups,** elektronischen „Schwarzen Brettern" und Diskussionsforen des **Usenet** die werbende Signatur.[86]

Sechstens wird das Internet als flexibler (denn traditionelle Medien) bezeichnet, weil dem Nutzer im Vergleich mit den traditionellen Medien (bei denen man nur von der Nutzung des Mediums absehen könnte) eine Mehrzahl von Ausweichstrategien zur Verfügung stehe. Im Internet sei es viel leichter möglich, eine Vielzahl anderer Nutzer zu mobilisieren und Initiativen zur Selbstregulierung oder zum Protest gegen bestimmte Werbeformen in Gang zu setzen.[87] Dass andere Wege, sich zu wehren, vorhanden sind, hindert aber das Wettbewerbsrecht nicht, noch weniger als es konkurrierende Abwehransprüche je hindern könnten. Im Gegenteil ist die Schwelle für die Nutzer, sich zu organisieren, sehr hoch, während die Erfolgsaussichten eines Protestes generell als eher gering bis sehr gering zu prognostizieren sind. Insoweit fehlen reale Anreize. Gerade der kommerzialisierte Teil des Internet, in dem kommerzielle Werbung erfolgt, hat sich von den Maßstäben weit entfernt, wie sie der community der Gründer in den Anfangszeiten vorgeschwebt haben mögen.[88] **20**

Siebtens wurde dem Internet teilweise ein eigenes ökonomisches Modell zugeschrieben.[89] Einem eigenen, neuen ökonomischen Modell sollten dann eigene lauterkeitsrechtliche Regeln korrespondieren.[90] Indes mögen zwar im Internet Netzwerkeffekte größer und häufiger sein als offline. Aus einem Kommunikationsnetz auf die Existenz einer Netzwerkwirtschaft zu schließen wäre aber schon per se voreilig und vermengte verschiedene Begriffe und Dimensionen von „Netz". Letztlich regieren im Internet dieselben ökonomischen Regeln wie offline. Geschäftsmodelle, die sich nicht tragen, scheiden aus dem Markt aus. Wer kein Geld verdient, scheidet aus dem Markt aus. Angebote für Kunden mögen zwar in größerem Umfang kostenlos vorkommen als offline. Jedoch finanzieren sich gerade die erfolgreichen Unternehmen durch Werbung auf ihren Websites. Dies ist traditionelle Reichweitenbeurteilung von Werbemedien. Mit Gratisangaben verdient man eben nichts, sondern lockt nur an und vergrößert so die eigene Reichweite. Selbst wenn es wirklich neue ökonomische Regeln im Internet gäbe, würde dies keineswegs bedingen, dass automatisch das hergebrachte Lauterkeitsrecht seine Eignung verloren hätte.[91] Insoweit würde die Argumentationslast diejenigen treffen, die für neue Regeln und für Liberalisierung streiten. Die Richtigkeit des postulierten Schlusses wäre noch zu belegen. Die lauterkeitsrechtliche Regulierung setzt entweder an den Inhalten an, an denen sich im Internet nichts Fundamentales ändert, oder an Qualitäten und Eigenschaften von Kommunikation, an denen sich im Internet ebenfalls nichts Fundamentales ändert. **21**

Achtens wird Internet-Nutzern ein (sei es auch nur graduell) höherer Aufmerksamkeitsgrad zugeschrieben.[92] Das Internet sei eine passive Darstellungsplattform,[93] und der User müsse aktiv abfordern.[94] Woraus sich der höhere Aufmerksamkeitsgrad ergeben soll, bleibt im Unklaren. Das Ansteuern eines Angebots allein indiziert dies nicht. Menschen lesen nicht auf einmal anders oder besser, bloß weil etwas im Internet steht. Gerade wenn man **22**

---

85 Abgedruckt bei MünchKomm/*Wiebe* UWG Anh. §§ 1–7 A Rn 73.
86 *Klinger* S. 481–487.
87 *Ladeur* Rn 169, 76.
88 *Mankowski* AfP 1999, 138, 139.
89 S. nur *Zerdick/Picot* Die Internet-Ökonomie, 3. Aufl. 2001, S. 147.
90 Dazu MünchKomm/*Wiebe* UWG Anh. §§ 1–7 A Rn 46.
91 MünchKomm/*Wiebe* UWG Anh. §§ 1–7 A Rn 46.
92 BGH GRUR 2005, 440f – Epson-Tinte; *Bornkamm/Seichter* CR 2005, 747, 750.
93 Dazu BVerfG GRUR 2003, 966, 967.
94 *Bornkamm/Seichter* CR 2005, 747, 750.

eine Adresse suchen und diese gefunden haben sollte, glaubt man sein Ziel weitgehend erreicht. Feinnavigation zu Links oder technischen Interaktionsmöglichkeiten besagt nichts über die Aufmerksamkeit für inhaltliche Aussagen.

VII. Trennungsgebot

1. Grundlagen

23 Für Telemedien stellt § 6 S. 2 Nr. 1 TMG in Umsetzung von Art. 6 lit. a, b E-Commerce-Richtlinie das Gebot auf, dass kommerzielle Kommunikation als solche klar erkennbar sein muss. Kommerzielle Kommunikation muss in ihrem spezifischen Charakter von anderen Informationen klar abgehoben sein.[95] Kommerzielle Kommunikation ist ein sehr weit gefasster Begriff. § 2 Nr. 5 TMG definiert ihn als „jede Form der Kommunikation, die der unmittelbaren oder mittelbaren Förderung des Absatzes von Waren, Dienstleistungen oder des Erscheinungsbilds eines Unternehmens, einer sonstigen Organisation oder einer natürlichen Person dient, die eine Tätigkeit in Handel, Gewerbe oder Handwerk oder einen freien Beruf ausübt". Für Mediendienste schrieb § 13 Abs. 2 S. 1 MDStV vor, dass Werbung als solche klar erkennbar und vom übrigen Inhalt der Angebote deutlich getrennt sein muss.[96]

24 Online gilt also ebenso ein Trennungsgebot wie offline,[97] hier sogar auf spezieller Grundlage.[98] Wegen des gemeinschaftsrechtlichen Hintergrunds aus Art. 6 lit. a, lit. b E-Commerce-Richtlinie können in seltenen Ausnahmefällen leichte Auslegungsdivergenzen zwischen dem allgemeinen Trennungsgebot und dem speziellen tele- oder mediendiensterechtlichen Trennungsgebot bestehen. Vertragsrechtlich kann das Trennungsgebot seine Absicherung erfahren, indem zB ein Access Provider seinen Vertragspartnern eine Kennzeichnungsklausel auferlegt, die Kennzeichnung von Werbung vorsieht.[99] Auch für das **Sponsoring** von Websites[100] gilt das Trennungsgebot.[101]

25 Bei Websites von Unternehmen haben die User mit Eigenwerbung des Unternehmens zu rechnen.[102] Websites werden von Unternehmen eben als Werbemedium genutzt. Dies ist allgemein bekannt. Im Gegenteil wird man auf **Unternehmenswebsites** nur ausnahmsweise neutrale redaktionelle Inhalte erwarten.[103] Dies gilt insbesondere bei Site Branding. Bei **Site Branding** wird eine Website gezielt so gestaltet, dass sie besonders auf ein bestimmtes Unternehmen hinweist.[104] Dabei werden auch sog. **Wallpapers** eingesetzt; dies sind werbende Hintergrundbilder, die mit Hilfe zB ihrer Farbgebung die Corporate Identity des Werbetreibenden transportieren.[105] **Download Wallpapers** scheinen während eines Download-Vorgangs großflächig hinter dem Download-Statusfenster auf.[106] **Wasserzeichen** wiederum sind farblich abgeschwächte, unmittelbar im Hintergrund sichtbare Logos des Werbetreibenden, entweder als ein großflächiges Logo oder ein Vielzahl kleiner Logos, permanent präsent, aber trotzdem eher dezent.[107] Der werbliche Charakter von Wallpapers

---

95 Begr. der Bundesregierung zum Entwurf eines Gesetzes über rechtliche Rahmenbedingungen für den elektronischen Geschäftsverkehr (Elektronischer Geschäftsverkehr-Gesetz – EGG), BT-Drucks. 14/6098 S. 22.

96 Anwendungsbeispiel: KG GRUR 2007, 254, 255 – Getarnte Link-Werbung.

97 Dort BGH GRUR 1968, 382 – Favorit II; BGH GRUR 1981, 835 – Getarnte Werbung I; öOGH GRUR Int. 1993, 503 f – Römerquelle II.

98 Zustimmend *Pierson* K&R 2006, 489, 492.

99 *Moritz/Dreier/Jessen/Müller* B Rn 465.

100 Näher dazu zB *Klinger* S. 404–409.

101 *Pierson* K&R 2006, 489, 495.

102 *Ernst* BB 1997, 1057, 1060; *ders.* JuS 1997, 776, 780; *Hoeren* WRP 1997, 993, 995; *Köhler/Piper* UWG § 1 Rn 97; *Ott* S. 444.

103 Zu Struktur und Charakter von Unternehmenswebsites zB *Klinger* S. 249–285.

104 ZB <http://de.wikipedia.org/wiki/Internetwerbung>. Näher zB *Fantapié Altobelli/Sander,* Internet-Branding, 2001.

105 *Klinger* S. 395.

106 *Klinger* S. 395.

107 *Klinger* S. 396.

und Wasserzeichen ist deutlich und tarnt sich nicht als redaktioneller Inhalt. **Co-Branded Sites** sind Websites, die von mehreren Partnern gemeinsam betrieben und gestaltet werden zum allseitigen Nutzen und Frommen.[108]

Bei Fremdwerbung, insbesondere Bannerwerbung, sollte man nicht a priori mit angeblich medienspezifisch angepassten, in Wahrheit abgesenkten Maßstäben operieren.[109] Damit gelangte man nämlich zu einer Sonderbehandlung von Internetwerbung, wie sie sich nicht rechtfertigen lässt.[110] 26

Wird aus einem redaktionellen Kontext heraus auf eine Werbeseite verwiesen, muss der betreffende Link so gestaltet sein, dass die Verweisung gerade auf eine Werbeseite für den Nutzer klar erkennbar ist.[111] 27

2. Banner, Cursor-Werbung und Pop-Ups

Einzelne Erscheinungsformen von Online-Werbung beachten das Trennungsgebot gleichsam aus ihrer Natur heraus. Hierbei handelt es sich um jene Werbeformen, die entweder eine „Insel" im eigentlichen Angebot ausmachen (Banner[112]) oder dem eigentlichen Angebot vor- oder nachgeschaltet sind (Pop-Up, Interstitial[113]). Ihnen ist eigen, dass sie sich durch ihre optische Gestaltung vom eigentlichen Angebot absetzen und nicht in dieses integriert sind.[114] Der durchschnittlich versierte Betrachter kann diese Werbeformen als solche identifizieren, weil sie gleichsam standardisierten Werbeinstrumenten entsprechen.[115] Daher erübrigt sich bei Bannern zumeist eine ausdrückliche Kennzeichnung als Anzeige, da Bannern in aller Regel ein deutlich ersichtlicher Charakter als Werbung für ein anderes Angebot anhaftet.[116] Dies gilt insbesondere für **Flying Banners** oder **Streaming Banners.**[117] Bei **Cursor-Werbung**[118] wird mit dem Mauspfeil nur ein Element optisch verändert, das ersichtlich nicht zur angeklickten Website gehört.[119] **Pop-Ups** einschließlich der **Streaming Pops-Ups** öffnen ein eigenes Fenster über der anderen Website, werden nicht direkt im Browserfenster angezeigt und heben sich so ab.[120] 28

Der Trennungsgrundsatz wird primär nur dann verletzt, wenn es sich um eine immanente Verletzung handelt, wenn also Banner, Pop-Up oder Interstitial in sich redaktionelle und werbliche Inhalte vermischen.[121] Indes stünde es im Widerspruch zum Wesen jedenfalls der nur relativ kurz aufscheinenden Unterbrecherwerbung, wenn sie so komplexe Inhalte umfasste.[122] Anders könnte es sich allerdings bei Bannern und bei länger stehen bleibenden Pop-Ups verhalten. Typischerweise heben sich gerade Pop-Ups durch ihre Gestaltung deutlich von den redaktionellen Inhalten ab, die sie verdecken.[123] 29

Eine andere Verletzung des Trennungsgrundsatzes ist denkbar, wenn die Bannerwerbung sich nicht deutlich genug von der eigentlichen Website abhebt.[124] Bezahlte Werbung tarnt 30

---

108 *Klinger* S. 415.
109 Dafür aber *Boehme-Neßler* ZUM 2001, 547, 554; *Pierson* K&R 2006, 489, 493.
110 Eingehend → Rn 14–22.
111 KG GRUR 2007, 254, 255 – Getarnte Link-Werbung; *Gummig* ZUM 1996, 573, 581; Hoeren/Sieber/*Körner/Lehment* Kap. 11.1 Rn 172 (1999); *Gabel* WRP 2005, 1102, 1107.
112 Näher zu deren Erscheinungsformen → Rn 67–69.
113 Näher zu deren Erscheinungsformen → Rn 144–148.
114 *Bräutigam/Leupold/Bräutigam/Leupold* B IX Rn 220.
115 *Bröcker/Czychowski/Schäfer/Dustmann* § 11 Rn 48; *Ott* S. 444; *Brömmelmeyer* S. 323 sowie *Boehme-Neßler* ZUM 2001, 547, 554.
116 *Leupold/Bräutigam/Pfeiffer* WRP 2000, 575, 590; *Boehme-Neßler* ZUM 2001, 547, 554; *Bröcker/Czychowski/Schäfer/Dustmann* § 11 Rn 48; *Gounalakis/Backhaus* § 26 Rn 9.
117 *Bräutigam/Leupold/Bräutigam/Leupold* B IX Rn 215; *Klinger* S. 326.
118 → Rn 72.
119 *Bräutigam/Leupold/Bräutigam/Leupold* B IX Rn 306.
120 *Bräutigam/Leupold/Bräutigam/Leupold* B IX Rn 224.
121 *Bräutigam/Leupold/Bräutigam/Leupold* B IX Rn 221.
122 *Bräutigam/Leupold/Bräutigam/Leupold* B IX Rn 221.
123 *Pierson* K&R 2006, 489, 493.
124 *Bräutigam/Leupold/Bräutigam/Leupold* B IX Rn 218.

sich als redaktioneller Beitrag oder integriert sich in eine Website, die Neutralität und Objektivität heischt.[125]

31 Sofern ausnahmsweise eine Kennzeichnung verlangt ist, stellt sich die Frage, ob eine Kennzeichnung ausdrücklich als „Anzeige" mit diesem deutschsprachigen Begriff verlangt ist. Dies kann man zumindest bei fremdsprachigen Anzeigen kaum verlangen. Generell sollte man angesichts der Internationalität des Internet und des Einsatzes von Englisch als lingua franca auch englischsprachige Kennzeichnungen mit „Advertisement" oder „Promotion", notfalls auch „Ad", ausreichen lassen.[126] Unterstützend lässt sich die Zunahme von Anglizismen oder englischsprachigen Anzeigen auch in deutschen Printmedien ins Felde führen.[127]

3. Homepages und Websites

32 Homepages und Websites von Unternehmen[128] sind prinzipiell Werbemedien. Sie können aber auch allgemeine Informationen und redaktionelle Inhalte aufweisen. Eine ausdrückliche Kennzeichnung werbender Websites mit „Werbung" ist nicht erforderlich, solange ihr werbender Charakter und damit ihr Charakter als kommerzielle Kommunikation erkennbar ist.[129] Der Werbezweck muss sich aus der Art der Präsentation ergeben.[130] Werbelogos müssen sich von redaktionellen Texten abheben. Eine räumliche Trennung ist zumindest anzuraten.[131] Auf Unternehmenswebsites ist eine strikte Trennung zwischen allgemeiner Unternehmenswerbung und produktbezogener Werbung sowieso nicht zu erwarten.[132] Das Trennungsgebot ist jedenfalls verletzt, wenn ein getarntes Banner als Fehlermeldung, allgemeine Informationen oder Eingabefehler daherkommt, bei dessen vermeintlicher Behebung eine Verlinkung geschieht.[133]

4. Werbe-E-Mails

33 Bei Werbe-E-Mails wird der Trennungsgrundsatz massenweise verletzt, indem sich diese einen pseudo-privaten Anstrich geben. Als angeblicher Absender wird ein Personenname gewählt, der als Name einer individuellen Person erscheint. Auch das Betreff suggeriert persönliche Ansprache („Hallo, ich bin's", „Hallo Du" oÄ). Insoweit sollen arglose User gezielt in die Irre geführt, da sie solche Mails erst öffnen müssen, um sie als kommerziell zu entlarven.[134]

34 Der größte Teil der Spam-Mails allerdings offeriert gleich im Betreff Viagra, sonstige Potenzmittel, billige Kredite, Medikamente oder dergleichen. Sein kommerzieller Charakter ist ersichtlich. Insoweit stört es auch nicht, dass wiederum in der Regel eine Pseudo-Einzelperson als Absender gewählt wird. Dass solche Spam-Mails als kommerzielle Kommunikation erkennbar sind, schützt sie im Übrigen in keiner Weise vor dem Verdikt aus § 7 Abs. 2 Nr. 3. Es erspart ihnen nur einen zweiten wettbewerbsrechtlichen Vorwurf.

5. E-mercials

35 **E-mercials** sind Verknüpfungen von Werbung und Inhalt, die sowohl Kommunikationsinhalte als auch Werbung präsentieren.[135] Dies ergibt sich schon aus ihrer Definition. Sprachlich entlehnt die Bezeichnung ihren zweiten Teil von „commercial", Werbespot. Sie

---

[125] *Bröcker/Czychowski/Schäfer/Dustmann* § 11 Rn 43.
[126] *Bräutigam/Leupold/Bräutigam/Leupold* B IX Rn 217.
[127] *Bräutigam/Leupold/Bräutigam/Leupold* B IX Rn 217.
[128] Näher zu ihnen zB *Klinger* S. 249–286.
[129] *Ladeur* Rn 244.
[130] *Ladeur* Rn 115.
[131] *Ladeur* Rn 135.
[132] *Leupold/Bräutigam/Pfeiffer* WRP 2000, 575, 589; Gounalakis/*Spindler* § 9 Rn 153; *Ladeur* Rn 244.
[133] Spindler/Schuster/*Micklitz* § 6 TMG Rn 33; Gloy/Loschelder/*Hasselblatt* § 58 Rn 100.
[134] *Bröcker/Czychowski/Schäfer/Dustmann* § 11 Rn 84.
[135] *Ladeur* Rn 31; *Klinger* S. 379f.

verbinden Animation, Ton und Text; die Animationen breiten sich auf dem gesamten Bildschirm aus und setzen auf unterhaltende Effekte.[136] Eine mögliche Unterform sind **Streaming Video-Ads:** Sie machen Videowerbeclips im Internetsinn interaktiv, werden in den Ad-Server eingebunden und lassen sich mit anderen Werbeformen kombinieren.[137] **In-Stream-Werbung** läuft die Werbung im Werbeträgerstream, also im Web-Radio oder Internet-TV, mit.[138]

Sofern redaktionelle Inhalte und Werbung nicht voneinander getrennt sind, würde im Prinzip ein Verstoß gegen das Trennungsgebot vorliegen.[139] Wenn jedoch das Gesamtbild das einer Werbung ist oder die Werbeelemente den Gesamteindruck prägen, auf den gesamten Auftritt abfärben, ist die lauterkeitsrechtliche Zulässigkeit zu bejahen. Dann würden nur redaktionelle Inhalte gleichsam in die Werbung einbezogen, während nicht umgekehrt sich Werbung den Anstrich der neutralen Information zu geben versuchte. 36

6. Einträge in Suchmaschinen

Bezahlte Verknüpfungen mit Anzeigen oder bezahlte Einträge in Suchmaschinen sind grundsätzlich als solche auszuweisen.[140] Allerdings gilt dies nicht für das aufscheinende Werbebanner an sich. Denn dessen werblicher Charakter ist grundsätzlich ebenso wenig zu übersehen wie jener von Bannern allgemein.[141] Kontextsensitivität und Kontext bewirken keine andere Bewertung. Indes schlägt dies voll durch bei bezahlten Einträgen in der Trefferliste. Dort erscheint der bezahlte Eintrag als normaler Treffer, schmuggelt sich also gleichsam im normalen Gewande in die Aufmerksamkeit des Nutzers.[142] 37

7. Links und InText-Werbung

Werden auf einer redaktionell gestalteten Website, insbesondere einer Zeitung oder Zeitschrift, Links gesetzt, die auf werbende Websites von Unternehmen führen, so kann dies im Einzelfall den unzutreffenden Eindruck einer ergänzenden Information durch die Reaktion oder gar einer redaktionellen Empfehlung erwecken.[143] Besonders problematisch können Links im sog. engeren redaktionellen Bereich der Leitartikel und Berichte sein, denn dort rechnet – wie im klassischen Print-Bereich[144] – der Nutzer eigentlich nicht mit Werbung.[145] Daher erfordert das Trennungsgebot, den werblichen Charakter des Links kenntlich zu machen; dies bedingt als sichere Maßnahme, bereits den Icon als werbliches Element deutlich zu machen.[146] 38

Bei der **InText-Werbung** sind, direkt in den Content einer Website integriert, einzelne Keywords als automatische Links ausgestaltet.[147] Sie sind doppelt unterstrichen und unterscheiden sich so optisch ein Stück weit von „normalen" Links.[148] Diese technische Ausgestaltung kennzeichnet sie aber trotzdem nicht als genuin werblich. Gerade wegen ihrer Integration in redaktionelle Inhalte kollidieren sie in besonderem Maße mit dem Trennungsgebot. 39

---

136 *Ladeur* Rn 31.
137 *Ladeur* Rn 32; *Klinger* S. 326, 487–491.
138 *Klinger* S. 491–493.
139 Dazu *Ladeur* Rn 31.
140 *Leupold/Bräutigam/Pfeiffer* WRP 2000, 575, 590; *Gounalakis/Backhaus* § 26 Rn 9.
141 → Rn 28.
142 Dazu *Gounalakis/Backhaus* § 26 Rn 9.
143 S. nur *Gummig* ZUM 1996, 573, 581; *Gounalakis* S. 37; *Hoeren/Sieber/Körner/Lehment* Teil 11.1 Rn 173; dazu auch KG MMR 2002, 119 – Schöner Wetten m. Anm. *Becker.*
144 Dort BGH GRUR 1994, 821, 822 – Preisrätselgewinnauslobung I; BGH GRUR 1994, 823, 824 – Preisrätselgewinnauslobung II.
145 *Gounalakis* S. 40; *Gounalakis/Backhaus* § 26 Rn 10.
146 *Gummig* ZUM 1996, 573, 581; *Gounalakis/Backhaus* § 26 Rn 10.
147 ZB <http://de.wikipedia.org/wiki/Internetwerbung>.
148 ZB <http://de.wikipedia.org/wiki/Internetwerbung>.

VIII. Spamming

40 Ein besonders augenfälliges und lästiges Problem ist Spamming, das massenweise Verschicken werbender E-Mails an eine Vielzahl von Adressaten. Für Spamming als besondere Form der E-Mail-Werbung wie überhaupt für die Werbung über E-Mails trifft § 7 Abs. 2 Nr. 3, Abs. 3 eine ausdrückliche Sonderregelung. Für die rechtliche Erfassung von Spamming ist daher auf die Kommentierung zu § 7 zu verweisen.[149]

B. Wettbewerbsverstöße durch Domainwahl

I. Domain Grabbing

1. Struktur

41 Ein Internet Domain Name ist die Adresse des einzelnen Internet-Benutzers, unter welcher der Benutzer erreichbar ist und selber aktiv wird. Internet Domains können selbst eigene Schutzrechte begründen. Deren Schutz erfolgt in Deutschland primär über den Schutz des Namens und des allgemeinen Persönlichkeitsrechts.[150] In der Schweiz,[151] den Niederlanden,[152] England[153] und den USA[154] erfolgt dieser Schutz dagegen über den Schutz von Markenrechten (Trade Marks), in Österreich über Kennzeichenrechte.[155] Auf der an-

---

149 → § 7 UWG (*Mankowski*); dazu auch *Dieselhorst/L. Schreiber* CR 2004, 680.

150 Wegweisend LG Mannheim NJW 1996, 2736 m. Anm. *Hoeren* = ZUM 1996, 705 m. Anm. *Flechsig* = WiB 1996, 956 m. Anm. *Westerwelle* (dazu *Gabel* NJW-CoR 1996, 322); außerdem OLG Hamm MMR 1998, 214 m. Anm. *Berlit* = CR 1998, 241 m. Anm. *Bettinger;* OLG Hamburg MMR 1999, 159; OLG Düsseldorf WRP 1999, 343; OLG München JurPC Web-Dok. 116/1999 <http://www.jura.uni-sb.de/jurpc/rechtspr/1999 0116.htm>; LG Hamburg CR 1997, 157; LG Frankfurt/M 7. 1. 1997 – 2/6 O 711/96 (zitiert nach *Huff* MDR 1997, R 29); LG Frankfurt/M CR 1997, 287 m. Anm. *Zahrnt;* LG Frankfurt/M NJW-RR 1998, 974; LG München I WM 1997, 1444 = NJW-RR 1998, 973 (dazu *Jaskulla* WuB IV A. § 12 BGB 2.98, 897); LG Braunschweig CR 1997, 414; LG Lüneburg WM 1997, 1452 m. Anm. *Strömer;* LG Ansbach NJW 1997, 2688; LG Düsseldorf WM 1997, 1444 (dazu *Kilian* DZWiR 1997, 381; *Hoeren* WuB V F. § 14 MarkenG 1.97, 934); LG Hamburg MMR 1998, 485; auch LG Bonn NJW-RR 1998, 977 sowie *Ernst* NJW-CoR 1997, 426. Im namensrechtlichen Ansatz übereinstimmend, wenn auch im Ergebnis abweichend BGH CR 2004, 531 – Kurt-biedenkopf.de; LG Köln NJW-RR 1998, 976; LG Köln BB 1997, 1120 m. Anm. *Zahrnt;* LG Köln 17. 12. 1996 – 3 O 478/96 (zit. nach der Anm. der Redaktion in CR 1997, 291). Gegen eine markenrechtliche oder selbst markenanaloge Konstruktion OLG Frankfurt DZWiR 1997, 163m. zust. Anm. *Michalski* = CR 1997, 271 m. zust. Anm. *Bettinger;* anders aber LG Düsseldorf WM 1997, 1444, 1446; LG Düsseldorf 30. 9. 1997 – 4 O 179/97 (zit. nach *Wiebe* CR 1998, 157, 159 Fn 21); LG München I CR 1997, 540 m. Anm. *Kloos.*

151 BGE 125 III 91, 93f; *Weber* SchwJZ 1996, 405, 407f.

152 Pres. Rb. Amsterdam Computerrecht 1997, 170; Pres. Rb. Amsterdam Computerrecht 1997, 171; *Oosterbaan/Thole,* (1998) 3 Tolley's Comm. L. 99.

153 *Kelly/Kumor* (1995) 17 EIPR 481; *Yee* 1997 (1) JILT sub 7.1. <http://elj.warwick.ac. uk.jilt/intprop/97_1yee/default.html>; *Hurdle* (1998) 20 EIPR 74 sowie *Avnet Inc. v. Isoact Ltd.* [1998] F. S. R. 16 (Ch. D., *Jacob* J.); *Prince Plc v. Prince Sports Group Inc.* [1998] F. S. R. 21 (Ch. D., *Neuberger* J.). Dazu auch *Flint* (1997) 13 Comp. L. & Sec. Rep. 163; *Mackenzie* (1998) 7 Info. & Comm Tech. L. 103.

154 *Inset Systems, Inc. v. Instruction Set, Inc.* 937 F. Supp. 161 (D. Conn. 1996); *Panavision International L. P. v. Toeppen* 945 F. Supp. 1296 (C. D. Cal. 1996); *Maritz, Inc. v. Cybergold, Inc.* 947 F. Supp. 1338 (E. D. Mo. 1996); *Lockheed Martin Corp. v. Network Solutions, Inc.* 43 USPQ 2d 1056 (C. D. Cal. 1997); *TeleTech Customer Care Management, Inc. v. TeleTech Co. 42* USPQ 2d 1913 (C. D. Cal. 1997); *Desknet Systems, Inc. v. Desknet, Inc. 42* USPQ 2d 1954 (S. D. N. Y. 1997); *Burk* 1 Rich. J. L. & Tech. art. 1 paras. 33–68 (1995) <http://www.urich.edu/~jolt/v1i1/burk.html>; *Brunel* 24 Int'l. Bus. Lawyer 174 (1996); *Albert* 15 J. Marshall J. Comp. & Info. L. 277 (1997); *Oppedahl* 15 J. Marshall J. Comp. & Info. L. 437 (1997); *Loundry* 15 J. Marshall J. Comp. & Info. L. 437 (1997); *Bäumer,* CR 1998, 174. In *Hasbro v. Internet Entertainment Group Ltd.* Docket No. C 96–130 (W. D. Wash. Feb. 9, 1996) und *Avon Products, Inc. v. David K. Lees et al.* Case No. 96 Civ. 1213 (S. D. N. Y. Feb. 20, 1996) (beide zitiert nach *Yee* 1997 (1) JILT sub 7.1. <http://elj.warwick.ac. uk.jilt/intprop/97_1yee/default.html>) wurde 15 U. S. C. § 1125 (c) (1996), die zentrale Norm des Federal Trademark Dilution Act 1995, angewandt.

155 öOGH GRUR Int. 1999, 358 – jusline m. Anm. *Haller;* öOGH MMR 2004, 524; eingehend *Kapferer/Pahl* ÖBl. 1998, 275.

deren Seite kann die Verwendung einer bestimmten Domain in der wirklichen Welt bereits bestehende Marken-, Kennzeichen- oder Namensrechte anderer verletzen.[156] Bisher stand der Schutz gegen die Verwendung fremder Namen und Marken als Bestandteil von Domains sogar im Vordergrund des Interesses. Hier geht es um die Kollision von Schutzrechten oder geschützten Rechten. Berührt sind insoweit also namens- und kennzeichen-, nicht spezifisch wettbewerbsrechtliche Fragen. Elemente eines internetspezifischen Wettbewerbsvergehens enthält indes auch das sog. domain grabbing, das in vier Grundvarianten vorkommt.[157]

Erstens lässt sich ein Unternehmen als Internet Domain Name ein Kürzel eintragen, das Namensteile enthält, die mit Firma oder Marke des Hauptkonkurrenten identisch oder zumindest verwechslungsfähig sind.[158] Zweitens lässt sich ein beliebiger Anbieter ein entsprechendes Kürzel eintragen, um von dem Betroffenen „Lösegeld" zu verlangen, sich also den Internet Domain Name abkaufen zu lassen oder diesen zu „vermieten".[159] Dies hat eigene Domain-Börsen für den An- und Verkauf von Domain Names entstehen lassen.[160] Diese Fallgruppe ist als **cybersquatting** im eigentlichen Sinne bekannt.[161] Treffend kann man hier teilweise sogar von **domain name hijacking** sprechen.[162] 42

Drittens lässt ein Unternehmen eine Vielzahl von Internet Domain Names für sich registrieren, um Konkurrenten den Marktzutritt auf dem Internet-Markt zu erschweren. ZB hatte Procter & Gamble nicht weniger als zweihundert Domain Names belegt, ua mit generischen Begriffen wie „badbreath. com", „cough.com", „dandruff.com" und „diarrhea.com".[163] Dies ist besonders intrikat, weil mit solchen Begriffen Suchwortprogramme angesprochen werden.[164] 43

Viertens macht sich jemand beim „Not-Quite Domain Name Grabbing" den bekannten Namen oder die bekannte Marke eines anderen Unternehmens zu eigenen Zwecken zu Nutze.[165] Er lässt sich eine Domain reservieren, welche dem Namen des bekannten Unter- 44

---

[156] Dazu KG NJW 1997, 3321; OLG München NJW-RR 1998, 984 (zust. *Hoeren* EWiR § 14 MarkenG 1/98, 711); OLG Stuttgart MMR 1998, 543; OLG Düsseldorf JurPC Web-Dok. 98/1999 <http://www.jura.uni-sb.de/jurpc/rechtspr/1 999 0098.htm>; OLG Karlsruhe WRP 1998, 900 (dazu *Nägele* WRP 1998, 841; *Viefhues* MMR 1999, 123); OLG Köln CR 1999, 385 m. Anm. *Biere;* OLG München CR 1999, 382 m. Anm. *Hackbarth* (dazu *Hoeren* EWiR § 12 BGB 1/99, 543); LG Köln AfP 1997, 655, 656; LG Mannheim WRP 1998, 920 – brockhaus.de; LG Berlin K&R 1998, 557; LG Düsseldorf MMR 1999, 369 und im Ausland British Telecommunications plc v. One in A Million Ltd. [1998] 4 All E. R. 476 (C. A.) = GRUR Int. 1999, 551; TGI Bordeaux Gaz.Pal. 1997, 1, 245 m. Anm. *Rojinski* = Les Petites Affiches Nr. 102 vom 25. 8. 1997, 13 m. Anm. *Arnaud ;* TGI Paris Revue Alain Bensoussan, droit des technologies avancées Vol. 4 Nr. 10 (Dec. 1997) (zit. nach *Haas* GRUR Int. 1998, 934, 935); D. S. 1998 IR 173; D. S. 1999 Jur. 316 m. Anm. *Viala;* TGI Draguignan Les Petites Affiches Nr. 29 vom 8. 3. 1998, 16 m. Anm. *Dreyfus-Weill;* TGI Versailles 14. 4. 1998 <http://legalis.net/legalnet/judiciaire/tgi_versailles_0498.htm> = Rev. Lamy dr. aff. 1998, n° 7 m. Anm. *Costes; E. Wagner* ZHR 162 (1998), 701, 705–717 sowie *Kobia* Mitt. 1998, 468–473.

[157] Eingehend *Brunel* 24 Int'l. Bus. Lawyer 174 (1996); *Sutherlin Dueker* 9 Harvard J. L. & Tech. 483, 497–503 (1996); *Yee* 1997 (1) JILT sub 2.–4. <http://elj.warwick.ac. uk.jilt/intprop/97_1yee/default.html>; dazu auch öOGH ÖBl. 1998, 241, 242.

[158] So die Konstellation in dem von einem Schiedsgericht entschiedenen Fall Princeton Review, Inc. v. Stanley H. Kaplan Educational Centers, Ltd., in dem Princeton sich den domain name „kaplan. com" hatte registrieren lassen (*Brunel* 24 Int'l. Bus. Lawyer 174, 175, 177 [1996]).

[159] Am bekanntesten: *Panavision International, L. P. v. Toeppen* 141 F. 3d 1316 (9th Cir. 1998) sowie *MTV Networks v. Adam Curry* 867 F. Supp. 202 (S. D. N. Y. 1994) um „mtv. com" und der durch außergerichtlichen Vergleich beigelegte Streit zwischen McDonald's Corp. und Josh Quittner um „mcdonalds.com" (*Brunel* 24 Int'l. Bus. Lawyer 174, 177 f [1996]). In Deutschland dazu LG Frankfurt/M 7. 1. 1997 – 2/6 O 711/96 (zitiert nach *Huff* MDR 1997, R 29).

[160] *Bettinger* CR 1997, 273; *Wilmer* CR 1997, 562, 566.

[161] *Falcon* 5 Rich. J. L. & Tech. art. 7 para. 37 (Spring 1999) <http://www.richmond.edu/jolt/v5 i3/falcon.html>.

[162] So sehr plastisch *Jonas* World Reports 10 (1) (Spring 1998) <http://www.hg.org/1480.html>. Dazu LG Frankfurt/M NJW-RR 1998, 999: Ein Vertrag über die Übertragung eines ganzen Bestandes an Domain Names, der aus domain grabbing entstanden war, ist unter deutschem Recht sittenwidrig (zur Frage eines Verstoßes gegen Lauterkeitsrecht *Wilmer* CR 1997, 562, 565 f).

[163] *Bettinger* CR 1997, 273.

[164] *Bettinger* CR 1997, 273.

[165] *Goeckel* ArchPT 1997, 125, 127.

nehmens fast entspricht, die jedoch einen mit einer gewissen Wahrscheinlichkeit bei der Eingabe zu erwartenden Schreibfehler enthält (zB „Nivae“ oder „Niwea“ statt „Nivea“) oder dem bekannten Namen eng benachbart liegt (zB „Beiersdorfer“ statt „Beiersdorf“).

2. Wettbewerbsrechtliche Behandlung

45 Domain grabbing hat neben seiner im Vordergrund stehenden kennzeichen- und namensrechtlichen Dimension auch eine allgemein-wettbewerbsrechtliche Ebene.[166] Seine Wettbewerbswidrigkeit kann sich insbesondere über ergänzenden wettbewerbsrechtlichen Leistungsschutz aus § 4 Nr. 9 oder Nr. 10 wegen der Anlehnung an Markenrechte oder wegen einer Anspielung auf Markenrechte oder die Blockade von anderweitig bestehenden Markenrechten ergeben.[167] Macht sich der Domain-Inhaber beim domain hijacking das auf einen subjektiven Rechten beruhende, sachlich vorrangige Interesse eines anderen zunutze, um dessen Interesse an der Innehabung der Domain zum eigenen Vorteil auszunutzen, so verstößt er gegen die guten Sitten des Wettbewerbs, indem er jenen anderen behindert.[168] Er will sittenwidrig eine Zwangslage zu einer Erpressung ausnutzen.[169] Es besteht eine Parallele zur bösgläubigen Markenanmeldung nach § 50 Abs. 1 Nr. 4 MarkenG.[170] Im Übrigen kann es für eine Behinderung eine Rolle spielen, ob ein betroffener anderer auf benachbarte Domains im Ähnlichkeitsbereich ausweichen kann oder ob ihm jeder sinnvoller Internet-Auftritt, unter welchem ihm das branchenkundige Publikum finden könnte, versperrt ist.[171]

46 Die sog. **Sperrdomain,** die ohne jede wirkliche Absicht zur eigenen Nutzung erworben wird, um einen anderen den Weg zu versperren, ist eine klare Behinderung.[172] Wettbewerbswidrig kann unter diesem Gesichtspunkt bereits die Beantragung der Domain bei der DENIC sein.[173] Sofern der Domainanmelder oder -inhaber Privatperson ist, kann es an einem Handeln zu geschäftlichen Zwecken fehlen.[174]

II. Behinderung durch generische Domains

1. Phänomen

47 Generische Domains verwenden allgemeine Begriffe der normalen Sprache als Teil des Domain Namens. Diese Begriffe bilden bei ihnen die Second Level Domain, den eigentlich charakterisierenden Bestandteil der Domain.

2. Allein- oder Spitzenstellungsbehauptung

48 In einer generischen Domain kann eine **Alleinstellungswerbung** oder zumindest die Behauptung einer besonders herausgehobenen Stellung, einer **Spitzenstellung,** liegen. Ob eine Allein- oder Spitzenstellungsbehauptung vorliegt, soll sich nach der Auffassung

---

[166] Dazu Voorzitter Rb. Kh. Brussel Computerrecht 1997, 226; Voorzitter Rb. Kh. Brussel Computerrecht 1998, 26 m. Anm. *Goethals* sowie (im Ergebnis gegenteilig) Voorzitter Rb. Kh. Brussel Computerrecht 1997, 230 m. Anm. *Goethals*.

[167] Dazu OLG Köln CR 2009, 118, 120; *Möschel* FS Zäch S. 377, 382 f.

[168] OLG Frankfurt GRUR 2001, 164 – weltonline.de; OLG Frankfurt GRUR-RR 2003, 18, 19 – drogerie.de; LG Braunschweig CR 1998, 364, 366 – deta.com; LG Düsseldorf MMR 2002, 126 – literaturen.de; *Neumann* S. 79.

[169] *Biermann* WRP 1999, 997, 1001; *Neumann* S. 85.

[170] LG Braunschweig CR 1998, 364, 366 – deta.com; *Helm* GRUR 1996, 593, 598; *Nordemann* NJW 1997, 1891, 1896; aA *Bücking* S. 115; *Neumann* S. 81.

[171] Dazu OLG Frankfurt GRUR-RR 2003, 18, 19 – drogerie.de.

[172] S. nur OLG Frankfurt WRP 2000, 645, 646 – weideglueck.de; OLG Karlsruhe MMR 2002, 118, 119 – dino.de; *Bettinger* GRUR Int. 1997, 402, 414; *Völker/Weidert* WRP 1997, 652, 661; *Wegner* CR 1999, 250, 258 und noch strenger OLG Dresden CR 1999, 589, 592 – cyberspace.de.

[173] Dazu *Neumann* S. 77.

[174] *Ubber* WRP 1997, 497, 508; *Sick/Richter* K&R 2000, 339, 346. Differenziert *Neumann* S. 78 f.

beurteilen, welche der Verkehr mit der Domain verbindet.[175] Da jede Wettbewerbshandlung den Spielraum der Mitbewerber verringere und einschränke, werde erst dann die Grenze zur unzulässigen Behinderung überschritten, wenn ein Mitbewerber gezielt an seiner Entfaltung im Internet gehindert werde, um ihn zu verdrängen, oder wenn ein Mitbewerber seine Leistung im elektronischen Geschäftsverkehr durch eigene Anstrengung nicht mehr in angemessener Weise zur Geltung bringen könne.[176] Ausweichmöglichkeiten auf benachbarte Domains können für letzteres eine wichtige Rolle spielen.[177] Das Sittenwidrigkeitsverdikt liegt näher, wenn der Inhaber der generischen Domain mit der Top Level Domain .de zugleich die gleich lautende Domain mit der Top Level Domain .com oder weitere Domains im Ähnlichkeitsbereich innehat und so die Blockadewirkung seiner Domains verstärkt.[178] Monopolisierungen führen nicht zu effizienten Ausleseverfahren und beeinträchtigen die Chancengleichheit aller Wettbewerber auf dem Markt in zu hohem Maße.[179] Dass eine bestimmte Domain nur einmal vergeben werden kann, begründet indes für sich noch keine inhaltliche Behauptung welcher Art auch immer.[180] Sich ein knappes Gut zu sichern und dadurch die eigenen Chancen im Wettbewerb zu verbessern ist keineswegs per se unlauter.[181]

Maßgeblich wird für eine Allein- oder Spitzenstellungsbehauptung also, ob der Verkehr 49
annimmt, es gäbe vornehmlich diesen einen Anbieter. Dies kann insbesondere auf neu entstehenden und sich entwickelnden Märkten problematisch werden: Ein Anbieter belegt ein bestimmtes Verfahren mit einem bestimmten Begriff. Er richtet eine Domain mit diesem Begriff ein. Der Begriff setzt sich durch und wird zur allgemein verwendeten Beschreibung des Phänomens. Liegt nun in der Domain des Pioniers eine Alleinstellungsbehauptung? Wird es nicht zu viel an Innovationsrente, wenn man zumindest auf der Domainebene eine Monopolisierung des nun allgemeinen Begriffs durch den Pionier zuließe? Oder ist gar zeitlich zu differenzieren, und wird die Domain erst dann zur unzulässigen Alleinstellungsbehauptung, wenn der Begriff Allgemeingut geworden ist?

Bei Lastminute-Reisen sollte nach einer Gerichtsentscheidung bekannt sein, dass es 50
mehrere Anbieter gebe, während gleichzeitig konzediert wurde, dass es sich bei Mitwohnzentralen anders verhalte.[182] Solche Differenzierungen sind nicht überzeugend.[183] Möchte man die Entscheidung über die Zulässigkeit einer generischen Domain wirklich von einer Verkehrsumfrage abhängig machen, ob und, wenn ja, wie viele verschiedene Anbieter in der betreffenden Branche bekannt sind?

3. Branchenbezeichnung als Gemeingut der Branche

a) Repräsentation der Branche durch Branchenbegriff. Entscheidend sollte viel- 51
mehr folgendes sein:[184] Eine Branchenbezeichnung ist Gemeingut der betreffenden Branche. Innerhalb der Branche herrscht Wettbewerb. Ein Wettbewerber, welcher die Branchenbezeichnung als Domain verwenden dürfte, hätte eine herausgehobene Stellung.[185] In der weiteren Folge könnte dies aus der Sicht des Publikums einen Rückschluss auf eine so herausragende Qualität seiner Leistungen erlauben, dass er gleichsam die ganze Branche positiv repräsentierte. Diese Insinuation und Konnotation liegt nahe. Der „Aneignung“ der

---

[175] BGHZ 148, 1, 7f – mitwohnzentrale.de m. Anm. *Hoeren*; BGH MDR 2002, 45 m. Anm. *Mankowski;* BGH CR 2001, 777 m. Anm. *Jaeger-Lenz;* LM H. 1/2002 § 1 UWG Nr. 856 m. Anm. *Taeger;* OLG Hamburg MMR 2003, 537 – Mitwohnzentrale II.

[176] BGHZ 148, 1, 8 – mitwohnzentrale.de; OLG Frankfurt GRUR-RR 2003, 18, 19 – drogerie.de.

[177] OLG Frankfurt GRUR-RR 2003, 18, 19 – drogerie.de.

[178] BGHZ 148, 1, 12 – mitwohnzentrale.de; OLG Frankfurt GRUR-RR 2003, 18, 20 – drogerie.de.

[179] Entgegen *Beater* JZ 2002, 275, 278.

[180] OLG Hamm MMR 2009, 50.

[181] OLG Hamm MMR 2009, 50.

[182] LG Hamburg MMR 2000, 763 – lastminute.com.

[183] *Sosnitza* K&R 2001, 111, 112.

[184] *Mankowski* MDR 2002, 47, 48.

[185] Dazu *Hoeren/Sieber/Viefhues* Teil 6 Rn 287.

Branchenbezeichnung wohnt daher regelmäßig eine implizite Behauptung wenn nicht einer Alleinstellung oder alleinigen Spitzenstellung,[186] so doch einer besonders herausgehobenen Stellung inne.[187]

52 Auch dieser persönlichen Aneignung von Gemeingut gilt es im Interesse eines fairen Wettbewerbs zu wehren.[188] Es greift also zu kurz, wenn man nur darauf abstellt, ob der Eindruck des einzigen oder des größten Wettbewerbers erweckt wird. Damit erliegt man der Suggestivkraft des Begriffs *Allein*stellungsbehauptung. Vielmehr muss sich der wettbewerbsrechtlichen Kontrolle auch stellen, was unterhalb dieser sehr hohen Schwelle angesiedelt ist. Die implizite Behauptung einer repräsentativen, die Branche insgesamt repräsentierenden und damit herausgehobenen Position muss genügen.[189] Sie vermöchte auch den unzutreffenden und irreführenden Eindruck einer Art begriffsspezifischer Suchmaschine zu erwecken.[190] Soweit die Domain nicht von jemandem aus der Branche betrieben wird, droht obendrein eine Irreführung, es sei denn, es handelte sich um ein Portal.[191]

53 Branchen abzugrenzen sollte eine lösbare Aufgabe sein. Gleiches gilt für den nächsten notwendigen Schritt, einzelnen Branchen besonders charakterisierende Attribute zuzuordnen. Anderenfalls würde man Ausweichbewegungen auf diese Attribute provozieren. Aber auch branchenspezifische Attribute müssen Gemeingut bleiben. „www.shampoo.de" darf nicht zulässig sein, auch „www.schuppen.de" nicht, ebenso wenig „diabetes.de". Natürlich bleiben auch bei diesem Ansatz Grenzfälle. „www.startup.de" wäre ein Beispiel.[192] Wenn man konsequent ein Freihaltebedürfnis entsprechend firmen- und markenrechtlichen Maßstäben prüft,[193] dürfte aber auch diese Domain keinem einzelnen Unternehmen gehören.

54 **b) „Branchen-Domain" eines repräsentativen Branchenverbands.** Unzulässig ist die domainmäßige Monopolisierung der Branchenbezeichnung durch einen einzigen Wettbewerber. Anders kann es sich aber verhalten, wenn sich ein Branchenverband die „Branchen-Domain" sichert. Freilich muss es sich dabei um einen die Branche allein oder zumindest nur mit unbedeutenden Einschränkungen vertretenden Verband handeln.[194] Auch einer von mehreren miteinander konkurrierenden Branchenverbänden dürfte die „Branchen-Domain" nicht innehaben, weil er sich dadurch im Kampf um Mitglieder einen unzulässigen Vorteil verschaffen würde.[195] Indem man auf echte Branchenrepräsentation abhebt, schält man auch den eigentlichen Kern des Ansatzes heraus, der generische Domains für Portale zulassen wollte.[196] Unter einer Branchen-Domain erwartet man neutrale, fachkompetente und verwertbare Inhalte,[197] gleichsam ein Informationsarchiv zum Thema des beschreibenden Begriffs.[198] Nur ein repräsentierender Verband wird im Übrigen ein eigenes Interesse daran haben, eine Plattform zu schaffen, auf der sich einzelne Wettbewerber gleichberechtigt präsentieren können. Portale in der Hand einzelner Wettbewerber gewährleisten dies nicht, sondern bergen die Gefahr einseitiger Bevorzugung des Portalinhabers. Dem häufig reklamierten Informationsinteresse des Verkehrs an beschreibenden

---

[186] Insoweit verneinend LG Darmstadt MMR 2001, 559 – kueche.de.

[187] *Mankowski* MDR 2002, 47, 48. Übersehen von *Sosnitza* K&R 2001, 111, 113.

[188] *Viefhues* MMR 2000, 334, 339; *Hoeren/Sieber/Viefhues* Teil 6 Rn 288; *Buchner* GRUR 2006, 984.

[189] *Mankowski* MDR 2002, 47, 48. Dazu auch *Ernst* DuD 2001, 212, 214; *ders.* MMR 2001, 368, 370.

[190] Dazu OLG Celle MMR 2001, 531, 532 – anwalt-hannover.de; OLG Hamburg MMR 2007, 389 – deutsches-handwerk.de; LG Frankfurt/M MMR 2001, 542 – drogerie.de m. Anm. *Buecking;* LG Frankfurt/M CR 2001, 713 m. Anm. *Pahlow.*

[191] Zu liberal LG Berlin CR 2003, 771, 772f – rechtsbeistande.de.

[192] Zulässig, da es eine „normale", ganz allgemein gehaltene Gattungsbezeichnung sei, nach OLG Hamburg OLGR 2001, 326, 328 – startup.de.

[193] Dafür *Mankowski* MDR 2002, 47; *Buchner* GRUR 2006, 984 sowie LG München I MMR 2001, 545 – saeugling.de.

[194] *Mankowski* MDR 2002, 47, 48.

[195] *Mankowski* MDR 2002, 47, 48.

[196] Dafür namentlich OLG Braunschweig CR 2000, 614 – stahlguss.de; *Abel* MMR 2000, 610, 611.

[197] *Bücking* MMR 2001, 543, 544.

[198] LG Frankfurt/M MMR 2001, 542, 543 – drogerie.de.

Domains[199] trägt gerade diese Verbandslösung in besonderem Maße Rechnung. Jenes Interesse rechtfertigt aber nicht die Einzelwettbewerberlösung.[200]

4. Zerstören des Anscheins einer herausgehobenen Stellung

a) Hinweis auf konkurrierende Angebote. Die liberale Lösung des BGH[201] zieht jedenfalls Folgeprobleme nach sich: Der Anbieter mag sich bemühen, die Website unter seiner generischen Domain so auszugestalten, dass sie inhaltlich dem Eindruck einer Alleinstellungsbehauptung entgegentritt. Wird aber der Anschein einer Alleinstellung schon durch einen einfachen Hinweis auf die Existenz von Mitbewerbern ausgeschlossen, oder ist erforderlich, die Mitbewerber namentlich aufzulisten? Vor diese Alternative gestellt erscheint ersteres sinnvoll, weil bei der zweiten Auflösung massive Auswahl- und Diskriminierungsprobleme zu befürchten sind.[202] Freilich setzt das Zerstören des Scheins schon auf einer zweiten Stufe an. Denn jeder Hinweis kann erst auf der Website selber erfolgen. Den Anschein erweckt aber bereits die Domain. Allerdings ist ohne weiteres zuzugestehen, dass es technisch nicht möglich ist, dem Schein bereits auf der ersten Stufe entgegenzutreten und die zweite deshalb die nächsterreichbare ist. Insofern ist es richtig, dass eine mögliche Fehlvorstellung auf Grund der Domain bei einem Aufruf der Seite korrigiert werden kann.[203] 55

Ein drittes Problem tritt hinzu: Der bloße Hinweis auf konkurrierende Angebote mag sicherlich eine strikt und wörtlich verstandene Alleinstellungsbehauptung zerstreuen.[204] Dies muss aber nicht für den ebenfalls inkriminierenden Vorwurf des Eindrucks einer besonders hervorgehobenen Stellung innerhalb der Branche gelten. Eine ausdrückliche Abgrenzung unter Hinweis auf die Websites der Konkurrenz steht grundsätzlich zwar einer Behinderung entgegen.[205] Eine Irreführung über die marktliche Bedeutung des Verweisung schließt sie aber nicht zwangsläufig aus. 56

b) Disclaimer. Ein Disclaimer am Ende eines umfangreichen Angebots vermag den mit der Domain erweckten Eindruck jedenfalls nicht zerstören.[206] Denn er erreicht nur denjenigen, der wirklich das gesamte Angebot bis zum Ende durchmustert. Wer vorher schon etwas ihn Interessierendes findet und dann darauf verzichtet, weiter zu scrollen, sieht den Disclaimer nicht. Der Disclaimer am Ende bietet daher keine hinreichende Gewähr, dass ein eventuell aufgekommener inkriminierter Eindruck wieder zerstört wird. Ein klarstellender Disclaimer muss, um indizielle Wirkung entfalten zu können, prominent am Beginn des Angebots stehen. 57

5. Kombination von generischer Domain mit geographischer Angabe

Eine Allein- oder Spitzenstellungsbehauptung kann sich aus weiteren inkriminierenden Momenten neben oder in Zusammenhang mit der generischen Domain ergeben. Insbesondere kann sie aus der Kombination eines allgemeinen Begriffs mit einer geographischen Angabe liegen. Daraus wird der Verkehr regelmäßig auf eine behauptete Spitzenstellung für die betreffende Branche im angegebenen geographischen Bereich schließen.[207] Die Vermu- 58

---

[199] ZB *Renck* WRP 2000, 264, 267; *Sosnitza* K&R 2000, 209, 215; *Beater* JZ 2002, 275, 278; *Gounalakis/Backhaus* § 26 Rn 16.

[200] *Mankowski* MDR 2002, 47, 48.

[201] BGHZ 148, 1 – mitwohnzentrale.de.

[202] *Essl* ecolex 2001, 545.

[203] BGH CR 2003, 355, 356 – presserecht.de m. Anm. *Hoß; Beckmann* CR 2003, 524 sowie BGH CR 2002, 674 – vossius.de m. Anm. *Koschorreck*.

[204] Dazu LG Düsseldorf MMR 2003, 342, 343 – schuelerhilfe.de.

[205] LG Düsseldorf MMR 2003, 342, 343 – schuelerhilfe.de.

[206] LG Berlin MMR 2003, 490 – deutsches-anwaltsverzeichnis.de.

[207] OLG Hamm GRUR-RR 2003, 289 – tauchschule-dortmund.de m. Anm. *Karl;* OLG Hamm CR 2003, 522, 523 m. Anm. *Beckmann;* LG Dortmund MMR 2003, 200 – tauchschule-dortmund.de; allgemein BGH GRUR 1975, 380 – Die Oberhessische; OLG Düsseldorf GRUR 1980, 315 – Düsseldorfer. AA OLG Hamm MMR 2009, 50 – anwaltskanzlei-dortmund.de; *Kuhr* MMR 2009, 51 f.

tung, dass Mitbewerber existieren dürften, steht dem nicht entgegen.[208] Es kommt nicht darauf an, ob der Verkehr in der Kombination als solcher einen Unternehmensnamen sieht.[209]

59 Unter der kombinierten Bezeichnung ein einzelnes Unternehmen und kein Branchenverzeichnis zu finden ist irreführend.[210] Ob der Plural oder der Singular für die Bezeichnung von Unternehmen der betreffenden Branche verwendet wird, ist unerheblich.[211] Ein Erst-Recht-Schluss aus der generellen Statthaftigkeit generischer Domains auf die Kombination einer generischen Domain mit anderen Elementen[212] verkennt das besondere Moment, dass sich gerade aus der Kombination eine inkriminierte Behauptung ergeben kann, welche der generischen Domain allein nicht anhaftete.

6. Abfangen von Kunden

60 Eine generische Domain soll kein unzulässiges Abfangen, sondern ein zulässiges Hinlenken von Kunden sein.[213] Schneller anzumelden und so das Prioritätsprinzip auszunutzen wird so zum wettbewerblichen Geschick und zur wettbewerbsrelevanten Leistung (obwohl sie kaum Aufwand erfordert und deshalb nur ein geringes Schutzbedürfnis für den Domaininhaber auslösen kann[214]). Allerdings erscheint der Überzeugungswert jener Unterscheidung zwischen Abfangen und Hinlenken gering: Jedes eigennützige Abfangen bei anderen soll auch ein Hinlenken zum eigenen Angebot beinhalten. Das bloße Abfangen allein wirkte nur zerstörerisch und schädigte, lenkte aber keinen Umsatz auf die eigenen Mühlen. Die Unterscheidung suggeriert, indem sie auf der semantischen Ebene bleibt, mehr, als sie in der Sache einlösen kann. Eine Kanalisierung von Kundenströmen jedenfalls ist gut denkbar.[215]

7. Behinderungswettbewerb

61 Missbräuchlichkeit einer Domain soll sich außerdem ergeben können, wenn die Gattungsbezeichnung nicht nur unter einer Top Level Domain genutzt wird, sondern gleichzeitig andere Schreibweisen oder die Verwendung derselben Bezeichnung unter einer anderen Top Level Domain blockiert.[216] Dogmatisch ist dies als die Frage einzuordnen, ob ein unzulässiger Behinderungswettbewerb vorliegt. Allerdings steht dies im Widerspruch zu der von vielen Unternehmen geübten Praxis, sich eine Domain sowohl unter .de als auch unter .com zu sichern und über redirect-Verbindungen den Nutzer auf ihre Zentralseite zu lenken.[217] Letztlich ist für die rechtliche Bewertung zunächst entscheidend, ob man für die Kombination und Häufung eine Art Freihaltebedürfnis zu Gunsten von Wettbewerbern bejahen möchte.[218] Wer ein solches Freihaltebedürfnis für die isolierte generische Domain verneint, sollte es konsequenterweise auch für die Häufung ablehnen. Dann muss man

---

208 OLG Hamm GRUR-RR 2003, 289 – tauchschule-dortmund.de; OLG Hamm MMR 2003, 471 m. Anm. *Karl;* OLG Hamm CR 2003, 522, 523 m. Anm. *Beckmann.* Anders wohl OLG Hamm MMR 2009, 50.

209 Entgegen *Karl* MMR 2003, 472, 473.

210 OLG Celle MMR 2001, 531, 532 – anwalt-hannover.de; OLG München MMR 2002, 614 – rechtsanwaelte-dachau.de.

211 Anders OLG München vom 10. 6. 2001 – 29 U 1594/01 – rechtsanwalt-kempten.de; LG Duisburg NJW 2002, 2114 – anwalt-muelheim.de.

212 Dafür *Beckmann* CR 2003, 524.

213 BGHZ 148, 1, 8 – mitwohnzentrale.de; OLG Hamm GRUR-RR 2001, 105 – sauna.de; OLG München MMR 2001, 615 – autovermietung.com; OLG Frankfurt GRUR-RR 2003, 18, 20 – drogerie.de sowie OLG Braunschweig CR 2000, 614, 615 – stahlguss.de; LG Hamburg K&R 2000, 401 – lastminute.com.

214 *Beater* JZ 2002, 275, 277.

215 OLG Hamburg CR 1999, 779, 780 – mitwohnzentrale.de m. Anm. *Hartmann; Beater* JZ 2002, 275, 277.

216 BGHZ 148, 1, 12 – mitwohnzentrale.de; KG CR 2004, 135, 136 – bandit.de.

217 *Hoeren* MMR 2001, 669, 671.

218 *Hoeren* MMR 2001, 669, 671.

konsequent weiter argumentieren: Der Nutzer, der eine Variante oder eine andere TLD eingibt, ist vorher niemandem zuzuordnen.[219] Es besteht für kein konkurrierendes Unternehmen ein Anspruch auf Beteiligung am Markt oder auf einen bestimmten Marktanteil.[220] Bei unterschiedlichen TLDs ist das prägende Moment weiterhin die Second Level Domain, bei der dominantes Interesse an der Nutzung eigener Rechte bestehen könnte.[221]

Im Hintergrund steht ein kartellrechtliches Problem, das bei §§ 20, 33 GWB anzusiedeln ist: Bleibt den Mitbewerbern genügend Raum für die Wahl einer geeigneten Domain, oder schnürt man ihnen die Luft ab und enthält ihnen essential facilities vor, indem man alle denkbaren Varianten und Variationen okkupiert? Indes dürfte dies doch ein seltener Fall sein und kann der kartellrechtlichen Beurteilung überantwortet werden.[222] 62

8. Abgrenzung zur zulässigen Verwendung allgemeiner Begriffe als Domain-Teil

Generische Domains heben sich dadurch hervor, dass die Second Level Domain, der eigentlich charakterisierende „Name" der Domain, nur aus dem allgemeinen Begriff besteht. Keine generischen Domains sind alle Domains, bei denen die Second Level Domain zwar den allgemeinen Begriff verwendet, aber in einer Kombination mit anderen Schlagwörtern als geographischen Bezeichnungen. Durch die hinzugefügten Qualifikationen wird der Eindruck einer Allein- oder Spitzenstellungsbehauptung gerade vermieden. Sie wirken einschränkend. „www.drogerie-müller.de", „www.drogerie-trapp.de" oder „www.idea-drogerie.de" sind unproblematisch zulässig.[223] Insbesondere ist eine originelle Kombination aus dem allgemeinen Begriff und einem anderen Wort keine behindernde generische Domain.[224] „www.recht-freundlich.de" ist ein sehr schönes Beispiel dafür,[225] ebenso „www.gigarecht.de".[226] 63

III. Top Level Domain „.ag"

Antigua und Barbuda vergibt als Länderkennung die Top Level Domain „.ag". Findige Anbieter haben sich gerade aus Deutschland solche Domainnamen zu verschaffen gewusst. Sie erwecken auf den ersten Blick den Eindruck, der Anbieter sei eine AG. Die Aktiengesellschaft genießt generell ein höheres Renommee als die GmbH oder andere Gesellschaftsformen. Sie gilt durchaus, gleich ob börsennotiert oder nicht, als die feinste und gehobenste Gesellschaftsform. Dem Verkehr im Allgemeinen dürfte nicht bekannt sein, dass „.ag" nichts mit der deutschen Aktiengesellschaft zu tun hat, sondern die TLD für Antigua und Barbuda ist. Insofern wirkt ein Domainname mit der TLD „.ag" insbesondere dann irreführend, wenn die sonstigen Bestandteile des Domainnamens der deutschen Sprache entnommen sind.[227] Zum irreführenden Charakter trägt auch eine Großschreibung „.AG" bei, die eine Verwendung als Unternehmenskennzeichen suggeriert.[228] Eine GmbH, die unter „.ag" oder gar „.AG" auftritt, will vom besseren Image einer AG profitieren.[229] Der Irreführung wird nicht dadurch entgegengesteuert, dass der Anbieter sich im Impressum oder in sonstigen Pflichtangaben wahrheitsgetreu mit seiner richtigen Gesellschaftsform angibt.[230] 64

---

[219] *Schafft* CR 2002, 434, 437.
[220] *Schafft* CR 2002, 434, 437.
[221] *Schafft* CR 2002, 434, 440f.
[222] *Hoeren* MMR 2001, 669, 671; dazu auch *Schafft* CR 2002, 434, 439.
[223] Dazu OLG Frankfurt GRUR-RR 2003, 18, 20 – drogerie.de.
[224] OLG Celle MMR 2001, 811 – recht-freundlich.de; *Karl* MMR 2003, 472, 473.
[225] OLG Celle MMR 2001, 811 – recht-freundlich.de.
[226] LG Berlin AnwBl. 2001, 515 – gigarecht.de; *Mankowski* MDR 2002, 47.
[227] OLG Hamburg GRUR-RR 2005, 199, 200f – tipp.ag; LG Hamburg CR 2004, 143, 144 – tipp.ag m. krit. Anm. *Stögmüller.*
[228] OLG Hamburg GRUR-RR 2005, 199, 201 – tipp.ag; LG Hamburg CR 2004, 143, 144 – tipp.ag m. krit. Anm. *Stögmüller.*
[229] OLG Hamburg GRUR-RR 2005, 199, 202 – tipp.ag.
[230] OLG Hamburg GRUR-RR 2005, 199, 203 – tipp.ag; LG Hamburg CR 2004, 143, 144f – tipp.ag m. krit. Anm. *Stögmüller.*

65 Die Internationalität des Internet verschlägt dann nicht und vermag die maßgebliche Anschauung deutscher Verkehrkreise dann nicht zu beeinflussen, wenn die Second Level Domain deutschsprachig ist.[231] Gerade angesichts der Existenz generischer Top Level Domains (gTLD) neben Länder-TLDs (country code TLD, ccTLD) ist eine TLD keineswegs zwingend eine Länderkennung. Zwar gibt es keine Erfahrungen mit „.gmbh", „.ohg" usw. Dies schließt aber eine Verkehrsanschauung für „.ag" nicht aus.[232] Eine Anlockwirkung ist zu bejahen, eben soweit die Rechtsform der AG als Reputationssignal anzusehen ist.[233]

IV. „Kritik-Domain"

66 Kritiker von Unternehmen, deren Produkten oder deren Praktiken können sich Domains verschaffen, welche die betreffende Unternehmensdomain und einen kritischen Zusatz enthalten. Extreme Beispiele könnte etwa „www.boykottiert-[unternehmen].de" oder „www.enttäuschungen-mit-[unternehmen].de" lauten, mildere (jeweils gerichtlich schon entschieden) etwa „www.stoppesso.de" oder „www.awd-aussteiger.de". Dies hat zunächst eine (hier nicht weiter auszulotende) kennzeichenrechtliche Dimension.[234] Lauterkeitsrechtlich kann es schon an einem relevanten Wettbewerbsverhältnis fehlen.[235] Ehemalige Arbeitnehmer stehen nicht mit ihrem ehemaligen Arbeitgeber in einem Wettbewerb,[236] ebenso wenig enttäuschte Kunden oder zB Verbände und Vereinigungen, deren Ziel der Umweltschutz ist. Des Weiteren schützt die Kritiker das Grundrecht der Meinungsäußerungsfreiheit aus Art. 5 Abs. 1 S. 1 GG, das auch negative und kritische Äußerungen über Dritte deckt,[237] soweit diese nicht die Grenze zur Beleidigung überschreiten. Relevante Verwirrungseffekte können insbesondere dann nicht eintreten, wenn schon der Domainname unmissverständlich deutlich macht, dass es um Kritik an dem betreffenden Unternehmen geht.[238]

C. Bannerwerbung

I. Phänomen

67 **Werbebanner** sind Werbeeinblendungen auf einer Website. Im Gegensatz zu Pop-Ups sind sie üblicherweise als statische Banner fest installiert und fügen sich nach Art einer klassischen Werbeanzeige in das Gesamtensemble. Hinter Bannern steht in der Regel eine Hyperlink-Verknüpfung mit der Homepage oder einer Website des Werbenden.[239] Inzwischen haben sich mehrere Standardgrößen für **Banner** nach der Zahl der Pixel entwickelt, namentlich Voll-, Halb- und Drittelbanner.[240] Zumeist haben Banner rechteckige Form und imitieren so klassische Zeitungsanzeigen. Im Format Cadillac bedecken sie die ganze Breite einer Website, im Format **Skyscraper** die ganze Länge in der Vertikalen.[241] Hinzu treten großflächige Sonderformate, zB **MaxiAd,** die gerade beim Mail-Logout platziert teilweise

231 Gegen *Stögmüller* CR 2004, 145, 146.
232 Gegen *Stögmüller* CR 2004, 145, 146.
233 Gegen *Stögmüller* CR 2004, 145, 146 f.
234 Dazu OLG Hamburg MMR 2004, 415, 416 f – awd-aussteiger.de.
235 OLG Hamburg MMR 2004, 415, 418 – awd-aussteiger.de.
236 OLG Hamburg MMR 2004, 415, 418 – awd-aussteiger.de.
237 OLG Hamburg MMR 2004, 415, 418 – awd-aussteiger.de; LG Hamburg MMR 2003, 53 – stoppesso.de.
238 LG Hamburg MMR 2003, 53 – stoppesso.de.
239 *Schmittmann* 2003 S. 326.
240 *Bröcker/Czychowski/Schäfer/Dustmann* § 11 Rn 41 mit Fn 76; *Klinger* S. 329 f.
241 *Ladeur* Rn 22; *Plog* in: HmbKommGesMedienR 30. Abschnitt Rn 4.

überraschend gute Ergebnisse zu erzielen geeignet sein sollen.[242] Generell unterscheidet man hinsichtlich der Größe zwischen **Full Banner** als Standard und dem größeren Super Banner.[243] Eine besondere Untervariante nach der Stellung ist das sog. **Rectangle:** Es ist in das redaktionelle Umfeld einer Website integriert und auf drei Seiten von redaktionellen Inhalten umgeben.[244] Animierte Banner bestehen aus mehreren hintereinander liegenden Einzelbildern, die ausgetauscht werden, umso die Aufmerksamkeit des Betrachters stärker anzuziehen und dazu einen Bewegungseffekt zu nutzen.[245] **Hot Spot Banner** können in verschiedene Zonen (Hot Spots) aufgeteilt sein.[246]

Varianten der Bannerwerbung arbeiten mit der Flexibilisierung von Fläche oder Gestalt 68
oder setzen auf besondere Dynamik in Auf- oder Abbau. Normalfall ist allerdings immer noch das **statische Banner,** die Urform der Bannerwerbung.[247] Das **Expanding Banner** ist so konzipiert, dass auch bei zufälliger Berührung der zunächst kleineren Fläche eine schnelle Vergrößerung erfolgt und dadurch ein Überraschungseffekt entsteht.[248] Das **Big Size Banner** nutzt mehr Pixel für eine bessere Wirkung.[249] Das **Flying Banner** kann sich über eine Website bewegen.[250] Auffälligste Unterform sind die **Screenflyers,** animierter Werbeflächen ohne graphischen Rahmen, die sich frei über den Bildschirm bewegen und häufig aus Logos oder unternehmensaffinen Elementen bestehen.[251] Das **Explosion Banner** lässt Teilmotive über den Rand des Banners hinaus „fliegen".[252] Das **Confetti Banner** sendet kleine, konfettiähnliche Teile entweder über das Banner oder über die gesamte Website aus.[253] Das **Transactive Banner** vereint mehrere Informationen, darunter insbesondere Preisangaben, und kann ein Dialogfeld enthalten.[254] Das **Nanosite Banner** bietet auf der Werbefläche eine eigene funktionsfähige Website an;[255] es erlaubt den Aufbau von Minishops mit einer Mehrzahl von Angeboten.[256] Ein Multiple Link Banner verbindet mehrere Banners oder Anzeigen, die jeweils durch Links verknüpft sind.[257] Sogenannte Scratchy Banners spielen mit den Sehgewohnheiten der User, indem sie nur einen Teil des Motivs zeigen und das Motiv am Rand enden lassen, so dass es sich erst durch Anklicken oÄ voll entfaltet und erkennen lässt, worum es eigentlich geht.[258]

Rich Media Banners vereinen technologisch verknüpft mehrere mediale Effekte. Insbe- 69
sondere fügen sie den visuellen akustische Elemente hinzu und setzen auf Interaktivität, Ton und Animation.[259] **Blend Banners** überblenden bei Berührung das ursprüngliche Banner durch ein weiteres Motiv.[260] **Rotation Banners** setzen auf den vorgespielten Effekt von Bewegung durch Austausch von Motiven.[261] **Curtain Banners** rollen sich wie Jalousien aus, entweder von sich aus oder durch einen „Anstoß".[262] **HTML Banners** setzen HTML-Befehle ein und erzielen darüber Interaktivität.[263] **DHTML (Dynamic HTML)-Banners**

---

242 *Thorsten Müller* Markenartikel 8/2007, 18, 21.
243 *Pierson* K&R 2006, 489, 493.
244 *Pierson* K&R 2006, 489, 493.
245 *Ladeur* Rn 22.
246 *Bröcker/Czychowski/Schäfer/Dustmann* § 11 Rn 42.
247 *Klinger* S. 323.
248 *Ladeur* Rn 23.
249 *Ladeur* Rn 23.
250 *Bräutigam/Leupold/Bräutigam/Leupold* B IX Rn 215.
251 *Klinger* S. 328 f.
252 *Ladeur* Rn 23.
253 *Ladeur* Rn 23.
254 *Ladeur* Rn 23.
255 *Bröcker/Czychowski/Schäfer/Dustmann* § 11 Rn 42; *Klinger* S. 316, 326 f.
256 *Ladeur* Rn 23.
257 *Ladeur* Rn 24.
258 *Bröcker/Czychowski/Schäfer/Dustmann* § 11 Rn 42; *Ladeur* Rn 25.
259 *Ladeur* Rn 24; *Klinger* S. 324 f.
260 *Ladeur* Rn 24.
261 *Ladeur* Rn 24.
262 *Ladeur* Rn 24.
263 *Klinger* S. 325.

fußen auf der Dynamic HTML-Technik.[264] Zu ihnen zählen zB die **Sticky Ads,** die am rechten Bildrand beim Scrollen mitlaufen.[265]

II. Redaktionelles Trennungsgebot

70 Für Werbebanner heischte das Gebot der Trennung zwischen redaktionellem Inhalt und Werbung aus § 13 Abs. 2 S. 1 MDStV zwar besondere Beachtung.[266] Für Telemedien assistiert in Umsetzung von Art. 6 E-Commerce-Richtlinie § 6 Nr. 1 TMG, der Kennzeichnung kommerzieller Kommunikation verlangt. Dieser Begriff ist weit gefasst und umfasst auch Formen der mittelbaren Absatzförderung.[267] Jedoch ist den dergestalt einschlägigen Trennungs- und Transparenzgebot in aller Regel bereits durch die Ausgestaltung jedenfalls der typischen Bannerformen genügt.[268] Banner gerieren sich in den seltensten Fällen als Teile der Website. Die Sonderregeln bestätigen der Sache nach nur deklaratorisch das zuvor allgemein aus dem UWG abzuleitende Trennungsgebot.[269] Eine ausdrückliche Kennzeichnung des Banner als „Anzeige" ist in der Regel nicht notwendig,[270] kann aber zB bei **Rectangles** notwendig sein, die sich gestalterisch kaum von den umgebenden redaktionellen Inhalten absetzen.[271]

III. Inhaltliche Bewertung

71 Im Übrigen sind die Werbeaussagen von Bannern inhaltlich zu bewerten. Inhaltliche Bewertung ist nicht internetspezifisch.[272] Daher sei insoweit auf die Kommentierungen der allgemeinen und auch hier anwendbaren Tatbestände verwiesen.

IV. Werbecursor und Logocursor

72 Einem Banner ähnlich kann Werbung die Gestalt des **Cursors** verändern. Der Mauspfeil des Users nimmt dann, sobald die Website eines gewerblichen Anbieters aufgerufen ist, die Form eines auf dieser Website beworbenen Produkts oder des Logos des betreffenden Unternehmens an. Davon zu unterscheiden ist das sog. **Mouse Move Banner,** welches den Bewegungen der Maus folgt und verschwindet, wenn die Maus ruht.[273] Beim sog. **Mouse Over Banner** wiederum werden beim Überqueren der Bannerfläche mit der Maus bestimmte Effekte erzielt, zB eine Sounddatei aktiviert.[274]

73 **Werbecursors** und **Logocursors,** teilweise auch **Comet-Cursor** genannt,[275] nehmen, auch wenn sie die Größe eines Standardcursors übersteigen, jedenfalls nur einen kleineren Teil des Bildschirms ein. Außerdem verwandeln sie sich zumeist nach Verlassen bestimmter Sätze, deren Betreten den elektronischen Impuls zur optischen Veränderung des Cursors auslöst, wieder in einen normalen Mauspfeil zurück. Sie hindern nicht daran, die Website

---

[264] *Klinger* S. 327.
[265] *Klinger* S. 327 f.
[266] S. nur *Karl* MMR 2003, 472, 474.
[267] *Bröcker/Czychowski/Schäfer/Dustmann* § 11 Rn 46.
[268] → Rn 28–31.
[269] Begr. der Bundesregierung zum Entwurf eines Gesetzes über rechtliche Rahmenbedingungen für den elektronischen Geschäftsverkehr (Elektronischer Geschäftsverkehr-Gesetz – EGG), BT-Drucks. 14/6098 S. 22.
[270] *Waldenberger/Hoß* AfP 2000, 237, 244; *Rauschhofer* JurPC Web-Dok. 241/2000 Abs. 41 f; *Hoeren* MMR 2004, 643, 645 f; *Gabel* WRP 2005, 1102, 1107.
[271] *Gummig* ZUM 1996, 573, 581; *Gabel* WRP 2005, 1102, 1107. AA *Marwitz* K&R 1998, 369, 371; Harte/Henning/*Frank* § 4 Rn 61; *Pierson* K&R 2006, 489, 493.
[272] → Rn 8.
[273] *Bröcker/Czychowski/Schäfer/Dustmann* § 11 Rn 42; *Ladeur* Rn 22; *Klinger* S. 268.
[274] *Klinger* S. 328.
[275] *Klinger* S. 328.

zu lesen. Dies würden Unternehmen schon im eigenen Interesse vermeiden, da ihre Hauptwerbung immer noch über die Website erfolgt. Bei bezahlten Werbe- oder Logocursors auf fremden Sites würde eine entsprechende Feinsteuerung über die Absprachen zwischen den beteiligten Unternehmen erfolgen, da jeder Websitebetreiber ein eigenes Interesse daran hat, dass sein eigenes Angebot erkennbar bleibt. Generell ist Cursor-Werbung dieser Art daher ebenso zulässig wie Banner-Werbung.[276] Die Irritationseffekte, die sich als Folge der Cursor-Verwandlung einstellen, gereichen normalerweise noch nicht zu einer Belästigung. Von Pop-Ups unterscheidet sich Cursor-Werbung vorteilhaft durch die geringere Aggressivität, die automatische Rückverwandlung und den geringeren Zeitverbrauch.

V. Werbeblocker und Abwehrprogramme

User können ihrerseits Hilfsmittel einsetzen, um Werbung, insbesondere Bannerwerbung, abzublocken und auszuschalten. Entsprechende **Abwehrprogramme** existieren. Sie ähneln im verfolgten Effekt aus dem TV-Bereich bekannten Programmen. Dort dienen Programme nach Art der zu Berühmtheit gelangten Fernsehfee allerdings dazu, das Programm zu wechseln, sobald ein Werbeblock beginnt, und zurückzukehren, sobald dieser endet. Im TV-Bereich arbeiten die Abwehrprogramme also mit der zeitlichen Dimension und Begrenzung von Werbeblöcken. Gegen permanente Bannerwerbung kann man dagegen nicht am Faktor Zeit ansetzen, sondern muss an deren optischer Dimension und Begrenzung ansetzen. Dies tun Programme, die **Webwasher,** Junk-buster oder **Ad-Killer** genannt werden. Sie schneiden gleichsam das Werbebanner aus und blenden dessen Inhalt weg, indem sie es mit einem von User gewählten Motiv überblenden.[277] Der beste Vergleich ist dem mit dem Ausschneiden einer Anzeige aus einer Zeitung, allerdings hier mit elektronischen Mitteln (und ohne gleichzeitige Vernichtung von Inhalten auf einer Rückseite). Andere Varianten bekämpfen Pop-Ups. 74

Werbeblocker sind wettbewerbsrechtlich zulässig.[278] Dies gilt nicht nur für TV-Werbeblocker,[279] sondern auch für Webwasher, Junk-buster und Ad-Killer.[280] Sie stellen keine unzulässige Werbebehinderung dar. Im Gegenteil ist ihr Einsatz ganz vom Willen des Users abhängig. Sie sind von der negativen Informationsfreiheit des Users gedeckt.[281] Dieser ist nicht gezwungen, sich Werbung aussetzen zu müssen; vielmehr ist ihm jede Art von bewusster Abwehr erlaubt. Er darf selber entscheiden, und ihm muss freistehen, zu entscheiden, welche Inhalte er sich ansehen will.[282] Dass durch Abwehrverhalten mittel- bis langfristig die Werbefinanzierung als Finanzierungsquelle für Internetinhalte gefährdet werden könnte, steht erstens nicht zu erwarten und wäre zweitens in Kauf zu nehmen, da es sich um eine legitime Reaktion der umworbenen Marktgegenseite handelte.[283] Dafür braucht man keine Vermutung zu Gunsten der Werbeblocker als Innovation zu bemühen.[284] Der Vertrieb von Filtersoftware (zB gegen Suchmaschinen-Spamming) ist lauterkeitsrechtlich vollkommen unverdächtig.[285] Das Gleiche gilt für Software, welche Treffer, die aufgrund unzulässiger Suchmaschinenmanipulation aufscheinen, farbig einfärbt.[286] 75

[276] *Bräutigam/Leupold/Bräutigam/Leupold* B IX Rn 306.

[277] *Hey* BuW 2001, 119, 121; *Schmittmann* 2003 S. 122.

[278] Zu ihrer denkbaren urheberrechtlichen Problematik *Apel/Steden* WRP 2001, 112; *Schmittmann* 2003 S. 122–124.

[279] BGH GRUR 2004, 877 – Werbeblocker; OLG Frankfurt GRUR 2000, 152; KG MMR 2002, 483 – Fernsehfee; LG Frankfurt/M MMR 1999, 613; *Fritsche* LMK 2004, 192; aA LG Berlin MMR 1999, 610 (Eingriff in die Rundfunkfreiheit der Sender).

[280] *Köhler/Piper* UWG § 1 Rn 414.

[281] *Köhler/Piper* UWG § 1 Rn 414; *Schmittmann* 2003 S. 122; *Ladeur* Rn 243.

[282] KG MMR 2002, 483 – Fernsehfee.

[283] Im Ergebnis ebenso *Ladeur* Rn 243.

[284] So aber *Ladeur* Rn 243.

[285] OLG Hamm K&R 2007, 410, 411 f.

[286] OLG Hamm K&R 2007, 510; *Ernst* CR 2007, 533.

D. Manipulieren von Suchmechanismen (Suchmaschinenmarketing oder Suchmaschinenoptimierung)

76 Die Überfülle an Angeboten und Informationen muss der Suchende bewältigen. Dabei helfen ihm sog. Suchmaschinen. Deren bekannteste und mit 90% Marktanteil in Deutschland führende ist heute Google,[287] danach folgen gegenwärtig Yahoo! und Microsoft, allerdings zusammen mit einem Marktanteil von knapp 5%.[288] Nach Eingabe eines Stichworts sammeln diese Suchmaschinen die Treffer. Da die Reichweite der Suchmaschinen begrenzt ist, jede einzelne von ihnen nur einen Teil aller in Internet zur Verfügung stehenden Daten indexiert, können sich auch sog. Metasuchmaschinen etablieren, die ihrerseits mehrere Suchmaschinen parallel einsetzen und absuchen. Die mögliche Vielzahl so erzielter Treffer muss ihrerseits mit Hilfe ordnender Faktoren[289] in eine Ranking-Reihenfolge gebracht werden.[290] Hier setzen gezielte Strategien von Anbietern an, um sich einen Platz und einen möglichst guten Platz auf der Trefferliste zu sichern. Zunehmend setzt sich für ein solches Vorgehen die euphemistische Bezeichnung **Suchmaschinenoptimierung** durch. Eine suchmaschinenoptimierte Website ist ein Internetauftritt, der gezielt zur Erhöhung der Trefferplatzierung eingesetzte Bestandteile enthält; entfernt man diese Bestandteile, so sinkt die Trefferplatzierung auf eine niedrigere Rangstelle oder entfällt ganz.[291] Teilweise geben die Suchmaschinenbetreiber selber Hinweise zur Suchmaschinenoptimierung, zB Google in der Rubrik „Richtlinien für Webmaster".[292]

I. Generieren rankingerhöhender Faktoren

1. Phänomene

77 Rankingfaktor kann auf Grundlage des Schlusses, dass das User-Verhalten Auskunft über die Relevanz einer Seite gibt, insbesondere die Zahl der Treffer auf einer bestimmten Website sein, die durch sog. kollaboratives Filtern festgestellt wird.[293] Dieser Rankingfaktor lässt sich indes relativ leicht manipulieren.[294] Der Anbieter jener Website braucht nur weitere Server einzusetzen, die immer neue Treffer auf seiner Website generieren.[295]

78 Viele Suchmaschinen sind deshalb zum sog. **Hyperlink Vector Voting** übergegangen. Unter der Arbeitshypothese, dass eine Website umso mehr Links von anderen Websites anzieht, je attraktiver ihr Angebot ist, haben sie die Zahl der auf eine bestimmte Website geschalteten links zum Rankingfaktor erhoben. Dies ist das sog. **Link Popularity-Konzept.**[296] Je öfter auf eine Website verwiesen wird, desto höher ist der **Local Score Value.**

---

[287] Zu möglichen kartellrechtlichen Konsequenzen und eventuellen Ansprüchen auf Aufnahme zB in das AdWords-Programm LG Hamburg Urt. vom 13. 12. 2007 – 315 O 553/07; LG Hamburg Urt. vom 4. 2. 2008–315 O 870/07; LG Hamburg Urt. vom 6. 3. 2008 – 315 O 906/07; *Ott* MMR 2006, 195; *ders.* K&R 2007, 375; *ders.* WRP 2008, 393, 406 f; *ders.* WRP 2009, 351, 363 f.

[288] *Sebastian Meyer* K&R 2008, 201.

[289] Durch result merging unter Eliminieren von Doubletten.

[290] *Sander-Beuermann/Schomburg* Internet Information Retrieval – The Further Development of Meta-Search Engeine Technology (1998) <http://www.isoc.org/inet98/proceedings/1 c/1 c_2.htm>; *Sander-Beuermann,* Internet (Technische Grundlagen, Dienste und aktuelle Entwicklungen) – Die Informationsdienste (1999) <http://meta.rrzn.uni-hannover/dgri/info.html>; *ders.* Internet (Technische Grundlagen, Dienste und aktuelle Entwicklungen) – Übersicht Metasuchmaschinen (1999) <http://meta.rrzn.uni-hannover/dgri/metasuch.html> (mit einer Liste schon existierender Metasuchmaschinen).

[291] *Ernst* WRP 2004, 278; *Bernreuther* WRP 2008, 1057.

[292] *Bernreuther* WRP 2008, 1057, 1058.

[293] *Sander-Beuermann* Suchmaschinen (die nächsten Generationen) – Kollaboratives Filtern/CBR (1998) <http://meta.rrzn.uni-hannover.de/dfn-forum/kollab-filt.html>.

[294] *Sander-Beuermann* Suchmaschinen (die nächsten Generationen) – Kollaboratives Filtern/CBR (1998) <http://meta.rrzn.uni-hannover.de/dfn-forum/kollab-filt.html>.

[295] *Mankowski* GRUR Int. 1999, 995, 998.

[296] *Ernst* WRP 2004, 278, 280.

Allerdings besteht auch hier Manipulationsgefahr, weil der Anbieter über weitere Server wiederum Links auf seine Website schalten kann.[297] Dieses sog. **Cross Referencing** liegt nahe.[298]

79 Eine mögliche Kontrolle dagegen ist das **rekursive Hyperlink Vector Voting,** bei welchem auch die Zahl der Links auf die ihrerseits das Link auf die eigentlich relevante Website setzenden Websites bewertet wird. So wird im Ansatz kontrolliert, ob die verlinkende Website nicht vielleicht nur zu dem Zweck geschaffen wurde, den link zu generieren und so die vermeintliche Attraktivität der verlinkten Site zu steigern. Der Rang der verweisenden Site fließt so in den Rang der verwiesenen Site ein.[299]

80 Selbst dieser Kontrollmechanismus des rekursiven Hyperlink Vector Voting lässt sich aber unterlaufen, insbesondere durch wechselseitiges linking zwischen mehreren Sites oder gar Servern desselben Betreibers. Sogenannte **Link-Farmen** protegieren sich gegenseitig in künstlicher Weise.[300] Unter Hunderten von Domains generieren Programme aus vorgefertigten umfangreichen Stichwortlisten Tausende untereinander verlinkter Websites.[301] Regelmäßig werden sich diese (indem sie ausnutzen, dass ein kürzerer Text mit mehrfacher Erwähnung des Suchworts höher gerankt wird als ein längerer Text mit proportional geringerer Wiederholungsdichte) noch durch eine optimale keyword-Dichte und ein besonders günstiges Verhältnis zwischen Such- und Füllwörtern auszeichnen.[302] Teilweise wird diese Manipulationstechnik als „Google-bombing" bezeichnet.[303] Allgemeiner gesprochen handelt es sich um search engine spamming oder exzessives site-submissioning.[304] Andere Bezeichnungen für die manipulierenden Sites sind doorwaypages, gatewaypages oder Brückenseiten.[305]

81 Denkbar sind auch Weiterleitungen zur Verfälschung von Suchmaschinenergebnissen:[306] Eine Site wird für einen bestimmten Suchbegriff optimiert, hat aber keinen eigenen Inhalt und leitet den Interessierten automatisch auf eine andere Site weiter. Auf zwischengeschalteten Sites wird künstlich traffic erzeugt. Hintergrund kann zum einen ein affiliate-Programm[307] zwischen den Betreibern der verweisenden und der letztlich verwiesenen Site sein. Zum anderen kann der Verweisende auch die Site eines ihm (noch) nicht vertraglich Verbundenen fördern, um diesem anschließend die Beibehaltung der Dienstleistung gegen Entgelt anzubieten.[308] Generell gibt es einen technischen Wettlauf zwischen den Suchmaschinenbetreibern, die ihre Ranking-Methoden verfeinern, und spezialisierten search engine optimizers, die im Auftrag der Werbewirtschaft auch neue Ranking-Methoden zu manipulieren versuchen.[309] Google arbeitet mit einem eigene geheimen Page Rank-Programm, das versucht, über Faktorenvielzahl den Einfluss der Verweisungen zu begrenzen.[310]

82 Nicht in den Kontext rankingerhöhender „Suchmaschinenoptimierung" gehört der sog. **Klickbetrug.**[311] Dabei werden Klicks auf geschaltete Werbemaßnahmen generiert, nicht um deren Rankingposition zu erhöhen, sondern um Abrechungssysteme zu manipulieren.

[297] *Sander-Beuermann* Suchmaschinen (die nächsten Generationen) – Hyperlink Vector Voting/HVV (1998) <http://meta.rrzn.uni-hannover.de/dfn-forum/hvv.html>; *Mankowski* GRUR Int. 1999, 995, 998.

[298] MünchKomm/*Wiebe* UWG Anh. §§ 1–7 A Rn 36.

[299] S. nur *Mankowski* GRUR Int. 1999, 995, 998.

[300] *Karzauninkat* c't 20/2003, 88f; *Ernst* WRP 2004, 278, 280; MünchKomm/*Wiebe* UWG Anh. §§ 1–7 A Rn 36.

[301] *Karzauninkat* c't 20/2003, 88, 89.

[302] *Ernst* WRP 2004, 278, 280.

[303] *Machill* FAS vom 26. 10. 2003, S. 31; *Holtkotte* S. 30.

[304] *Ernst* WRP 2004, 278, 281.

[305] *Ernst* WRP 2004, 278, 280.

[306] *Ernst* WRP 2004, 278, 281 f.

[307] Dazu *Moritz/Dreier/Jessen/Müller* B Rn 429–432; *Ernst* Rn 702–708; *Klinger* S. 409–413.

[308] *Ernst* WRP 2004, 278, 282.

[309] *Rössel* CR 2003, 349.

[310] *Holtkotte* S. 20–32; *Brömmelmeyer* S. 373.

[311] Eingehende Studie von *Wilbur/Zhu* Click Fraud, 2008 <http//papers.ssrn.com/sol3/papers.cfm?abstract_id= 1083835>. In Deutschland insbesondere *Ott* WRP 2008, 393, 403f; *ders* WRP 2009, 351, 357.

Im Hintergrund stehen die Vergütungsmechanismen: Werbende müssen an den Betreiber des Werbeträgers umso mehr zahlen, je mehr Klicks die Werbemaßnahme anzieht. Profiteur ist der Betreiber des Werbeträgers. Rechtstatsächlich können hinter Klickbetrug Konkurrenten des Werbetreibenden stecken, die dessen Werbekosten in die Höhe treiben wollen, ohne dass dem irgendein Reichweitenzuwachs oder sonstige Erfolg gegenüberstünde.[312] Auf der anderen Seite kann Klickbetrug auch von Websitebetreibern ausgehen, die an Googles AdSense-Programm teilnehmen, fremde Anzeigen auf ihren Seiten platzieren und so die eigenen Werbeeinnahmen erhöhen wollen; die Leidtragenden sind dann die Werbung Schaltenden und Google, die beide für diese faktische Schutzlücke im AdSense-Programm bezahlen müssten.[313] Google untersagt in Nr. 5 der AGB für das AdSense-Programm jede künstliche Erhöhung der Klickzahl.[314] In der Vergangenheit variierten Zahlen über das Ausmaß von Klickbetrug an der Gesamtzahl von Klicks stark, von 0,02% in Eigenaussagen Googles bis zu 80% bei kleineren Suchmaschinen.[315] In der zweiten skizzierten Konstellation ist Klickbetrug ein Problem für das Vertragsrecht. Wettbewerbsrechtlich ist die erste Konstellation weit interessanter, weil sie über das vertragsrechtliche Verhältnis zum Betreiber des Werbeträgers hinausweist: Der schädigende Konkurrent verstößt gegen § 3, unter Umständen auch gegen § 4 Nr. 10. Hauptmaßnahme gegen den Konkurrenten dürfte aber weniger das Wettbewerbsrecht als vielmehr § 826 BGB sein.

2. Wettbewerbsrechtliche Beurteilung

83 Manipulationen von Suchmechanismen durch Generieren rankingerhöhender Faktoren sind ein klarer Verstoß gegen § 5 Abs. 1.[316] Sie dienen dazu, die Reichweite der eigenen Website zu erhöhen, sind also gleichsam website-akzessorisch.[317] Sie täuschen über die wahre Attraktivität des Angebots auf der verwiesenen Site. Irreführung besteht auch dann, wenn der Werbende sich – wie hier der Suchmaschine – eines Mittlers bedient, durch dessen zwischengeschaltete und ergänzende Leistung der irreführende Charakter der Werbung erst nach außen hervortritt.[318] Der Nutzer setzt Vertrauen in die Objektivität der Suchmaschinen, und dieses Vertrauen wird durch die anbieterseitige Manipulation der Suchalgorithmen enttäuscht.[319] Dabei spielt es keine Rolle, dass der Normalnutzer nicht weiß, wie die Ranking-Listen konkret zustande kommen, und das Hyperlink Vector Voting nicht kennt. Getäuscht wird über geschäftliche Verhältnisse. Inhaltsleere Köder, die nur dazu dienen, die Attraktivität der „Hauptsite" zu steigern, überschreiten jede Grenze zulässigen Wechselbezugs.[320] Gleiches gilt für doppelte Seiten, Websites mit nahezu identischem Inhalt.[321] Deren Anmeldung bei Suchmaschinen ist auch als **spamdexing** bekannt.[322] Irreführend sind erst recht spezielle keyword-Domains nach dem Muster suchwort-suchwort-01.de, suchwort-suchwort-02.de usw.[323]

84 Abzugrenzen und zulässig sind die sog. **Microsites,**[324] Unterwebsites des Anbieters unter einer eigenen Website oder seiner Homepage, die sich wechselseitig verlinken.[325] Ebenso wenig sind Verlinkungen im Rahmen von Werbekooperationen oÄ zu beanstanden.[326]

---

312 *Ott* WRP 2008, 393, 403.
313 *Ott* WRP 2008, 393, 403.
314 <http//:www.google.com/adsense/static/de/LocalizedTerms.html?hl=de>.
315 Nachweise bei *Ott* WRP 2008, 393, 403 Fn 97.
316 *Mankowski* GRUR Int. 1999, 995, 998; *Ernst* WRP 2004, 278, 281.
317 *Mankowski* GRUR Int. 1999, 995, 998.
318 *Ernst* WRP 2004, 278, 281 unter Hinweis auf BGH GRUR 1991, 771 – Anzeigenrubrik I; BGH GRUR 1991, 774 – Anzeigenrubrik II.
319 *Ernst* WRP 2004, 278, 281.
320 *Ernst* WRP 2004, 278, 281.
321 *Ernst* WRP 2004, 278, 281.
322 *Bröcker/Czychowski/Schäfer/Schmitz* § 7 Rn 280b; *Klinger* S. 426f.
323 *Ernst* WRP 2004, 278, 281.
324 Zu Microsites näher *Klinger* S. 385–388.
325 *Ernst* WRP 2004, 278, 280.
326 *Ernst* WRP 2004, 278, 280.

Innerhalb eines zusammenhängenden Angebots dürfen dessen Teile wechselseitig aufeinander Bezug nehmen. Auch linking agreements[327] haben insoweit keine offene lauterkeitsrechtliche Flanke.

II. Meta Tagging

1. Phänomen

85 Um Browser zu der eigenen Homepage zu dirigieren, kann man die Suchmechanismen auch auf andere Weise, nämlich durch sog. Meta Tagging, manipulieren. In den Dokumentkopf (den sog. header) der eigenen Website werden dazu sog. Meta Tags[328] eingefügt, Wörter, die mit dem eigenen Namen nichts zu tun haben, aber zB dazu führen, dass bei der Suche nach dem Namen eines Konkurrenten der Browser oder die Suchmaschine in die Liste auch die eigenen Website aufnimmt.[329] Ein anderes Beispiel sind die Namen von gerade en vogue seienden Prominenten. Man schaltet in diesem Fall also, vereinfacht gesagt, ein auf „fremde“ Begriffe gemünztes Link zur eigenen Homepage in Browsern. Man manipuliert die für die Suchmaschinen relevante Information über die auf der Website angebotene Information.[330] Bei Meta Tag Keywords werden willkürliche Begriffe des Seiteninhalts angegeben, bei Meta Tag Descriptions erfolgt eine beliebige Zusammenfassung des Seiteninhalts.[331]

86 Eine andere Form des Meta Tagging setzt als Meta Tag viel verwandte Suchbegriffe ein. Das bekannteste Beispiel war lange Zeit das angeblich häufigste Suchwort „Sex“. Benachbart liegen Meta Tags aus allgemeinen Begriffen, die mit dem Inhalt der betreffenden Website einen mehr oder weniger engen, im Extremfall überhaupt keinen Zusammenhang aufweisen.[332] Für beide Fallgruppen gilt allerdings inzwischen, dass sie in der Regel nur noch Altfälle betreffen, da die technische Entwicklung sich von Meta Tags entfernt hat und Meta Tags kaum mehr Verwendung bei Suchalgorithmen von Suchmaschinen finden.

2. „Fremde“ Begriffe als Meta Tags

87 Das berühmteste Beispiel für die erste Fallgruppe bietet eine dänische Entscheidung, in der ein mit der Melitta-Gruppe konkurrierender Anbieter von Kaffeefiltertüten für seine Website „Melitta“ als Meta Tag verwendet hatte.[333] Abgesehen von dem sittenwidrigen Ablenken vom konkurrierenden Angebot entstehen erhebliche Verwirrungseffekte, die so weit reichen können, dass man eine Verbindung zwischen dem Meta Tagger und dem eigentlich konkurrierenden Angebot vermuten könnte.[334] Wettbewerbsrechtlich sind in jedem Fall gleich mehrere Tatbestände erfüllt: Absatzbehinderung durch unlauteres gezieltes Abfangen

---

[327] Dazu *Ernst* Rn 715–730; *Spindler/Schuppert* Teil X.

[328] Noch genauer: name-Meta Tags im Gegensatz zu den http-equiv-Meta Tags, die Informationen an den Browser des Userrechners zB über den temporären Charakter der Speicherkopie, nicht an Browser und Suchmaschinen über den Inhalt der Website enthalten (*Kotthoff* K&R 1999, 157).

[329] Dazu LG Mannheim CR 1998, 306 m. Anm. *Hackbarth;* Insituform Technologies, Inc. v. National Envirotech Group L. L. C. Civil Action No. 97–2064 (E. D. Mo. Aug. 27, 1997) <http://www.ljx.com/internet/1997_09_02.html>; Oppedahl & Larson v. Advanced Concepts, Inc. Civil Action No. 97-Z-1592 (D. Colo., filed July 23, 1997); Playboy Enterprises, Inc. v. Calvin Designer Label Civil Action No. C. 97–3204 (N. D. Cal. filed Sep. 8, 1997) <http://www.leepfrog.com/E-Law/Cases/Playboy_v_Calvin.html>; *Koch* NJW-CoR 1998, 45, 47f; *Chong* (1998) 20 EIPR 275; *Loewenheim/Koch/Kur* S. 325, 371f; *Ernst* K&R 1998, 536; *Kotthoff* K&R 1998, 157; *Viefhues* MMR 1999, 336; dazu auch TGI Paris, JCP 1997, éd. E, panorama 1021.

[330] *Menke* WRP 1999, 982, 987; *Schmittmann* 2003 S. 131.

[331] *Hartl* MMR 2007, 12.

[332] *Bräutigam/Leupold* B IX Rn 315; *Bayer* c't 9/2005, 164; *Ernst* juris PR-ITR 9/2007 Anm. 3.

[333] Ø.L. D. UfR 1999 A 531, 535f.

[334] LG Mannheim CR 1998, 306 m. Anm. *Hackbarth; Chong* (1998) 20 EIPR 275, 277; *Viefhues* MMR 1999, 336, 340f; *Bröcker/Czychowski/Schäfer/Dustmann* § 11 Rn 92. Kritisch zu diesem Argument *Kotthoff* K&R 1999, 157, 161.

von Kunden, Anhängen an einen fremden Ruf und Rufausbeutung durch Imagetransfer.[335] Der Interessent wird gleichsam vor der „virtuellen Filiale" des Konkurrenten abgefangen und zur eigenen „virtuellen Filiale" umgeleitet.[336] Man kann eine **Rufausbeutung** nicht etwa deshalb ablehnen, weil nur eine Such*maschine* irregeführt würde.[337] Denn der Werbende setzt mit dem Meta Tag dieser Art gezielt an der Eingabe des Konkurrentennamens oder der Konkurrentenmarke seitens des Users an. Diese Eingabe wird der User aber in der Regel vornehmen, weil er dem guten Ruf von Namen oder Marke im Markt folgt.[338] Jedenfalls wird der Kunde aber unlauter auf das falsche Angebot gelenkt.[339] Dies gilt insbesondere, wenn der Meta Tagger sich in der Trefferliste vor den eigentlich Berechtigten vordrängt.[340] Indes ist dies keine notwendige Voraussetzung.[341]

88 Selbst wenn es im Ergebnis nicht gelingt, den User abzulenken, weil auch der Link zu dem von ihm eigentlich gewollten Unternehmen, dem Konkurrenten mit dem eingegebenen Namen, in der Trefferliste aufscheint und der User darauf zusteuert, ändert sich nichts an der rechtlichen Bewertung, da der Werbende ja bewusst auf die Möglichkeit des Ablenkens spekuliert.[342] Unlauterkeit wegen **Abfangens von Kunden** nach § 4 Nr. 10 liegt jedenfalls vor, wenn sich der Verwender zwischen seinen Konkurrenten und den potenziellen Kunden drängt, um einen Aufmerksamkeitsgewinn zu erzielen und Einfluss auf dessen Entscheidung zu nehmen.[343] Indes soll Meta Tagging nicht dazwischen treten, sondern der Tagger gleichsam neben den Konkurrenten stehen.[344] Auch die Art der angebotenen Leistung sollte keinen Einfluss haben. Es darf keinen Unterschied machen, ob der Recherchierende bei der betreffenden Leistung regelmäßig noch nicht konkret zur Bestellung entschlossen ist, sondern lediglich nach Informationen sucht.[345] Denn das Ablenken führt dazu, dass der Recherchierende eben nicht beim Konkurrenten sucht.

89 Irreführend im Sinne von § 5 Abs. 1 sind Metatags, soweit sie den unzutreffenden Eindruck einer wirtschaftlichen Verbindung zu dem beeinträchtigten Wettbewerber erzeugen. Relevant wird dies, soweit es maßgebliche Bedeutung für den Kaufentschluss hat. Insoweit kann fraglich sein, ob bereits der Suchmaschineneintrag eine hinreichend konkrete Fehlvorstellung erzeugt und ob nicht Zwischenschritte zwischen jenem Eintrag und der Erwerbsentscheidung erfolgen müssen, zB das Aufrufen der über den Eintrag vermerkten Website und das gedankliche Verarbeiten der darauf enthaltenen Informationen.[346]

3. Allgemeine Suchbegriffe als Meta Tags

90 **a) Keine Verletzung fremder Rechte.** Bei der zweiten Form des Meta Tagging erfolgt kein Eingriff in den Zuweisungsgehalt von Rechten, die anderen zugeordnet sind.

---

335 *Menke* WRP 1999, 982, 989; *Baumbach/Hefermehl* UWG (22. Aufl.) § 1 Rn 214; *Bräutigam/Leupold/Bräutigam/Leupold* B IX Rn 314; *Bröcker/Czychowski/Schäfer/Dustmann* § 11 Rn 91; *Ernst* WRP 2004, 278, 280 sowie *Gounalakis/Backhaus* § 26 Rn 13. Vorsichtiger *Kotthoff* K&R 1998, 157, 161; aA BGH MMR 2009, 329, 330 f – Beta Layout; OLG Düsseldorf CR 2004, 462, 464; OLG Düsseldorf MMR 2004, 319, 321 – Metatag III.

336 Plastisch *Gounalakis/Backhaus* § 26 Rn 13 sowie *Rössel* CR 2003, 349, 350 f.

337 Entgegen *Viefhues* MMR 1999, 336, 340.

338 AA BGH MMR 2009, 329, 330 – Beta Layout.

339 LG Hamburg MMR 2000, 46 – Meta Tags; *Bräutigam/Leupold/Bräutigam/Leupold* B IX Rn 314; dazu auch *Plog* in: HmbKommGesMedienR 30. Abschnitt Rn 19. Anders indes *Brömmelmeyer* S. 391 f.

340 Insoweit übereinstimmend OLG Düsseldorf MMR 2004, 319, 321 – Metatag III.

341 AA OLG Düsseldorf MMR 2004, 319, 321 – Metatag III unter Hinweis auf *Köhler/Piper* UWG § 1 Rn 393.

342 *Kotthoff* K&R 1999, 157, 161; *Rössel* CR 2003, 349, 351.

343 OLG Düsseldorf MMR 2003, 407 f – Metatag II; OLG Düsseldorf MMR 2004, 319, 321 – Metatag III; Hoeren/Sieber/*Süßenberger* Kap. 11.1 Rn 60 (Juni 2006); *Hoeren* MMR 2006, 812, 814; *Plog* in: HmbKommGesMedienR 30. Abschnitt Rn 21. Anders indes BGH MMR 2009, 329, 330 f – Beta Layout; *Brömmelmeyer* S. 393–395.

344 BGH MMR 2009, 329, 330 f – Beta Layout; *Hoeren* MMR 2009, 331.

345 Insoweit anders *Rössel* CR 2003, 349, 351 unter Hinweis auf LG Frankfurt/M CR 2001, 560 – Buderus; *Menke* WRP 1999, 982, 989; *Varadinek* GRUR 2000, 279, 284.

346 *Noogie Kaufmann* MMR 2005, 348, 351; *Plog* in: HmbKommGesMedienR 30. Abschnitt Rn 22.

Anders als bei generischen domains[347] erfolgt auch keine monopolartige Aneignung allgemeiner Begriffe durch denjenigen, welcher das Meta Tag einsetzt.[348] Da allgemeine Begriffe nicht spezifisch einem bestimmten Wettbewerber zugeordnet sind, kann man auch nicht davon sprechen, dass die Verwendung des allgemeinen Meta Tags Kunden eines bestimmten Wettbewerbers abfangen würde.[349]

b) Kein unlauteres Anlocken. Allgemeine Meta Tags sind auch unter dem Gesichtspunkt des unlauteren Anlockens oder des Aufdrängens nicht wettbewerbswidrig.[350] Das bloße Aufscheinen einer Unternehmens-Website in der Trefferliste, die über eine Suchmaschine ermittelt wurde, führt nicht zwangsläufig zu weiteren Schritten des Users. Im Gegenteil wird der User, da aus der Website regelmäßig der Tätigkeitsbereich des Unternehmens deutlich wird, den Treffer mit höherer Wahrscheinlichkeit ignorieren.[351] User sind es angesichts der Länge von Trefferlisten gewohnt, zu selektieren und Spreu von Weizen zu scheiden.[352] Bei ordnungsgemäßer Kurzanzeige des Site-Inhalts in der Trefferliste und Nichtaufscheinen des zuvor konkret eingegebenen Suchbegriffs in der Kurzanzeige ist dies das eingeübte rationale Verhalten. Man muss sich üblicherweise nicht durch Anklicken durch die Trefferliste arbeiten,[353] sondern trifft auf Grund der Zusatzinformationen, wie sie aus der Trefferliste selbst ersichtlich sind, eine weitere Selektion. Allerdings kann die Kurzinformation so knapp sein, dass sie keine echte Selektionsentscheidung zulässt.[354] 91

c) Keine Belästigung mit Überflüssigem. Trefferlisten von Suchmaschinen sind bekannt fehlerhaft. Dass in ihnen nicht nur relevante Websites aufscheinen, sondern viele nur marginale „Treffer", ist allgemein bekannt. Der User weiß, dass viele nicht passende „Treffer" vorhanden sein werden. Er wird sich in der Regel sowieso höchstens die ersten vierzig Treffer ansehen. Treffer mit einer noch höheren Rankingnummer wird er im Interesse eines geordneten Ressourcen- und Informationsmanagements ignorieren. User sind an Trefferzahlen im fünfstelligen Bereich gewöhnt und haben gelernt, mit diesen umzugehen. Auf der anderen Seite verursachen höhere Trefferzahlen angesichts der heute üblichen Geschwindigkeit von Suchmaschinen allenfalls extrem marginal höhere Kosten. Dem User entstehen also durch zusätzliche Treffer keine relevant höheren Kosten. Umgekehrt kann der User seine eigene Suchstrategie verfeinern, indem er Kombinationen von Suchbegriffen wählt und so von vornherein die Trefferzahl zu verringern sucht.[355] Insgesamt liegt daher auch keine unzulässige Belästigung mit Überflüssigem vor.[356] Unsachgemäße Meta Tags sind Spam-E-Mails nicht gleichzustellen.[357] Spam ist eine Push-Technik, während Meta Tags im Prinzip eine Pull-Technik sind; sie drängen sich nicht auf, wenn der User nicht seinerseits zuvor aktiv geworden ist.[358] 92

Eher lässt sich schon mit einer generell-abstrakten Gefahr argumentieren, dass das an sich schützenswerte System der Suchmaschinen, ohne dass sich im WWW nicht navigieren ließe, gefährdet werden könnte, wenn eine Praxis der allgemeinen Suchbegriffe als Meta Tags einrisse und um sich griffe.[359] Missbrauch von Meta Tags erhöht die Informationskos- 93

---

347 → Rn 48–50.

348 OLG Düsseldorf GRUR-RR 2003, 48 – Meta Tags.

349 OLG Düsseldorf GRUR-RR 2003, 48 – Meta Tags.

350 OLG Düsseldorf GRUR-RR 2003, 48 – Meta Tags; OLG Düsseldorf MMR 2004, 257, 259 – Impuls.

351 OLG Düsseldorf GRUR-RR 2003, 48 – Meta Tags.

352 OLG Düsseldorf MMR 2004, 257, 259 – Impuls.

353 OLG Düsseldorf GRUR-RR 2003, 48, 49 – Meta Tags.

354 *Pohle* MMR 2003, 409, 410.

355 Dazu (mit entgegengesetzter Argumentationsrichtung) *Rössel* CR 2003, 349, 352.

356 OLG Düsseldorf GRUR-RR 2003, 48, 49 – Meta Tags; OLG Düsseldorf CR 2004, 462, 464; OLG Düsseldorf MMR 2004, 257, 259 – Impuls; MünchKomm/*Leible* UWG § 7 Rn 269. AA LG Essen MMR 2004, 692, 693; *Bornkamm/Seichter* CR 2005, 747, 752.

357 *Hartl* MMR 2007, 12, 15. AA *Noogie Kaufmann* MMR 2005, 348, 352.

358 *Hartl* MMR 2007, 12, 15.

359 OLG Düsseldorf GRUR-RR 2003, 48, 49 – Meta Tags; *Rössel* CR 2003, 349, 352.

ten, indem es den Umfang der Listenanalyse vergrößert.[360] Zugleich sinkt der Informationswert der als Meta Tag konfigurierten Informationen; dadurch vermindert sich theoretisch die Effizienz der Informationssuche.[361]

94 **d) Irreführende Werbung?** Wenn der über das Meta Tag manipulierte Suchbegriff mit dem Inhalt der Website indes gar nichts zu tun hat, kann eine unzulässige irreführende Werbung im Sinne des § 5 Abs. 1 vorliegen.[362] Die Aufnahme in die Trefferliste suggeriert immerhin, dass die betreffende Website etwas mit dem gesuchten Begriff zu tun haben sollte.[363] Die Verwendung sachfremder und mit dem konkreten Angebot inhaltlich nicht verbundenen Begriffen führt immerhin dazu, dass sich der Verkehr überhaupt zu dem Stichwort mit dem Angebot befasst.[364] Wäre dies zulässig, so könnte man mit entsprechendem Aufwand das eigene Angebot zu jedem beliebigen Stichwort in die Suchlisten einschmuggeln, ja hineinkatapultieren.[365]

95 Auf den ersten Blick mag aber fraglich erscheinen, ob es sich bei einem bloßen Meta Tag um Werbung handelt. Vom Normalfall der Werbung, die ein angesprochener potenzieller Kunde mit seinen eigenen Sinnen wahrnimmt und die darauf abzielt, dass jener Angesprochene bewusst reagiert, entfernt sich das bloße Meta Tag. Es will vorderhand keine Entscheidung des Angesprochenen als Person provozieren. Es verzichtet sogar auf jede direkte Ansprache einer Person, sondern zielt unmittelbar nur auf eine Beeinflussung elektronischer Suchmechanismen. Andererseits erweitert es jedoch den Wirkungskreis und den Wirkungsgrad der eigenen Website, die ihrerseits eine Werbemaßnahme darstellt. Insoweit erfüllt das Meta Tag eine Hilfsfunktion zu Gunsten einer Werbemaßnahme und hat deshalb selber den (abgeleiteten) Charakter von Werbung. Obwohl sie von den menschlichen Sinnen nicht wahrgenommen werden, sind die Meta Tags auch „Angaben“ im Sinne des Irreführungstatbestands, da sie notwendig sprachliche Begriffe verwenden.[366] Arbeitet man von vornherein mit dem etwas weiteren Begriff der kommerziellen Kommunikation, entlehnt aus Art. 2 lit. f E-Commerce-Richtlinie,[367] so ist eine Irreführung noch leichter zu bejahen.[368]

96 Allerdings besteht eine nicht unerhebliche Schwierigkeit darin, nach dem Grad der sachlichen Verbundenheit von Suchbegriff und Website-Inhalt zu differenzieren.[369] Wie nah oder fern ein Begriff einem Gehalt steht, kann man aber immerhin mit einer Suche nach eventuellen übergeordneten Kategorien für beide zu strukturieren versuchen. Die sog. **Rubrikenreinheit** ist kein trennscharfer Begriff und ist dadurch beeinträchtigt, dass der User erfahrungsgemäß immer mit fehlgehenden Einträgen in Trefferlisten rechnen muss.[370] Allerdings kann die Zielstrebigkeit der Verwendung Meta Tags von simplen Fehlverweisen scheiden.[371]

---

[360] *Spirrig* S. 320f; *Wendlandt* S. 534; *Brömmelmeyer* S. 375.

[361] *Spirrig* S. 322; *Brömmelmeyer* S. 375.

[362] LG Mannheim MMR 1998, 217; LG Düsseldorf MMR 2002, 557 = K&R 2002, 380; *Wendlandt* S. 567; *Miller* S. 271; dazu auch *Brömmelmeyer* S. 384–387. Dagegen indes OLG Düsseldorf MMR 2003, 407, 408.

[363] *Pohle* MMR 2003, 409, 410; *Brömmelmeyer* S. 384f.

[364] LG Düsseldorf MMR 2002, 557; *Ernst* WRP 2004, 278 unter Hinweis auf die allgemeinen Maßstäbe aus BGH GRUR 1989, 855, 856 – Teilzahlungskauf II; BGH GRUR 1991, 774, 775 – Anzeigenrubrik II; BGH GRUR 1995, 610, 611 – Neues Informationssystem.

[365] *Ernst* WRP 2004, 278.

[366] *Pohle* MMR 2003, 409, 410.

[367] Dazu *Plog* in: HmbKommGesMedienR 30. Abschnitt Rn 2.

[368] *Plog* in: HmbKommGesMedienR 30. Abschnitt Rn 13.

[369] Dazu OLG Düsseldorf GRUR-RR 2003, 48 – Meta Tags; OLG Düsseldorf MMR 2004, 257, 259 – Impuls; OLG Düsseldorf MMR 2004, 319, 320f – Metatag III.

[370] OLG Düsseldorf GRUR-RR 2003, 48 – Meta Tags.

[371] *Rössel* CR 2003, 349, 353.

III. Word stuffing

1. Gleichbehandlung mit Meta Tagging

Gleiches wie für Meta Tagging gilt für das sog. **word stuffing** (auch **keyword stuffing** 97
genannt), bei dem Stichworte nicht im Header, sondern im Text der eigenen Website platziert und für die Suchmaschinen besonders markiert sind.[372] Dem menschlichen Auge bleibt dies verborgen, weil dies in weißer Schrift auf weißen Hintergrund (generell: in derselben Schriftfarbe wie der Hintergrund) geschieht. Wo die Stichworte platziert werden, spielt für ihre rechtliche Bewertung keine ausschlaggebende Rolle. Sofern die Stichworte im Text Suchmaschinen oder andere elektronische Suchmechanismen ansprechen, wollen auch sie Aufmerksamkeit auf sich ziehen.

2. Zusätzlicher Unwert bei Index Spamming

Beim **word stuffing** kann ein zusätzlicher Unwert hinzutreten, wenn das Schlüsselwort 98
vielfach (hundert- oder tausendfach) in den Quellcode oder in den Text der Website platziert wird. Denn solche zahlenmäßige Dominanz soll Suchmaschinen veranlassen, die Website wegen der häufigen Nennung des Suchworts vorn in die Trefferliste aufzunehmen.[373] Darin liegt eine besondere Wettbewerbsbehinderung.[374] Die Suchmaschinen werden nachgerade systematisch überflutet,[375] so dass man treffend auch von **Index Spamming** sprechen kann.[376] Teilweise wird auch der Terminus **Spamdexing** verwendet,[377] für einzelne Varianten **Font Matching.**[378] Zumindest massives Vorgehen, das darin resultiert, dass letztlich alle vorderen Plätze in Trefferlisten belegt und sämtliche Konkurrenten aus dem Aufmerksamkeitsbereich verdrängt werden, begründet einen zusätzlichen Unwert des Index Spamming.[379] Der Nutzer wird jedenfalls frustriert und nachgerade gedrängt, sich an den Anbieter zu wenden, der sich ihm durch das Index Spamming aufgedrängt hat; darin liegt eine unlautere Behinderung des Absatzes anderer Anbieter.[380] Zwar haben inzwischen viele Suchmaschinen inzwischen ihrerseits reagiert und stellen Proportionsberechnungen an, die bei zu hoher Stichwortdichte (keyword density) eine Herabstufung vornehmen.[381] Dies verändert die rechtliche Beurteilung jedoch nicht.[382]

IV. Keyword advertising

1. Phänomen

Kein eigentlicher Eingriff in die Suchmechanismen liegt beim keyword advertising 99
vor.[383] Beim **keyword advertising** schließt der Anbieter mit dem Betreiber der Suchmaschine eine Vereinbarung, dass bei Eingabe eines bestimmten Begriffs, des keyword, in die

---

[372] Dazu *Wood* Trademark World 1998, 50, 51; *Viefhues* MMR 1999, 336, 341; *Bräutigam/Leupold/Bräutigam/Leupold* B IX Rn 317; *Ernst* WRP 2004, 278; *Pierson* K&R 2006, 547, 550; Hoeren/Sieber/*Süßenberger* Kap. 11.1 Rn 67 (Juni 2006); *Klinger* S. 428f.

[373] Dazu *Wendlandt* S. 532f; *Ubber/Jung-Weiser* S. 188; *Schmittmann* 2003 S. 131f.

[374] LG Frankfurt/M MMR 2000, 493, 494; *Wendlandt* S. 532f; *Ubber/Jung-Weiser* S. 189 sowie MünchKomm/*Leible* UWG § 7 Rn 270.

[375] *Ubber/Jung-Weiser* S. 189 Fn 485; *Schmittmann* 2003 S. 124f.

[376] So LG Frankfurt/M GRUR-RR 2002, 83 m. Anm. *Dieselhorst; Schmittmann* 2003 S. 125; MünchKomm/*Wiebe* UWG Anh. §§ 1–7 A Rn 35.

[377] MünchKomm/*Wiebe* UWG Anh. §§ 1–7 A Rn 35.

[378] *Plog* in: HmbKommGesMedienR 30. Abschnitt Rn 11.

[379] *Dieselhorst* CR 2002, 224, 225.

[380] LG Frankfurt/M GRUR-RR 2002, 83 m. Anm. *Dieselhorst; Rössel* CR 2003, 349, 351; *Schmittmann* 2003 S. 125.

[381] *Bager* c't 9/2005, 158, 160.

[382] Dazu OLG Köln CR 2007, 184.

[383] *Ernst* WRP 2004, 278.

Suchmaschine durch einen Nutzer Werbung für den Anbieter aufscheint, zumeist in Gestalt eines Pop up-Fensters oder eines Banners.[384] Das Pop up-Fenster kann über oder neben der Trefferliste auftreten. Ebenso kann sich das Banner vor oder neben der Trefferliste befinden.[385] Terminologisch wird bei suchwortabhängigen Werbeeinblendungen auch von **Banner on keyword** oder **AdWords** gesprochen.[386] Paid Listings-Suchmaschinen[387] multiplizieren den Effekt, indem sie Werbeflächen bei Metasuchmaschinen kaufen und diese per Cost-per-Click (C-P-C) an Interessenten versteigern.[388] Für die werbende Wirtschaft hat diese Art der Werbung den großen Vorteil, dass durch die Eingabe eines bestimmten Suchworts sich der einzelne User bereits als interessiert für ein bestimmtes Feld erweist und dass man daher nicht mehr spekulieren muss, in welchem Werbeumfeld man eine Anzeige optimal platzieren könnte.[389] Eine Trefferquote von nahezu 100% ist bei Suchmaschinenmarketing fast garantiert.[390] Suchmaschinenmarketing ist daher ein explosionsartig zunehmender und der am schnellsten wachsende Teilmarkt innerhalb der Online-Werbung, zB mit einer Steigerungsrate von 123% in einzelnen Jahren.[391]

100 Anknüpfungspunkt beim traditionellen Keyword ist ein bestimmtes Wort oder ein bestimmter Begriff. Dies orientiert sich an den textbasierten Suchstrukturen im Text-Web, wie sie die heute gebräuchlichen Suchmaschinen wie Google regieren. Wenn sich Video-Web weiter ausdehnt, werden anders konfigurierte Suchmaschinen, insbesondere **Bildersuchmaschinen,** wie Blinkx nicht nur die **Videos** beigefügten Beschreibungen, sondern den Inhalt der Videos selbst durchsuchen. Dann wird es möglich, auch bestimmte Bilder oder Symbole (zB den Eiffelturm) zu Anknüpfungspunkten für Opt-ups oder andere Sponsored Links zu machen.[392]

2. Wettbewerbsrechtliche Beurteilung

101 **a) Namen oder Marken von Konkurrenten als keywords.** Beim keyword advertising kann sich ein wettbewerbsrechtliches Verdikt auf einer Rufausbeutung oder einer Herkunftstäuschung ergeben, wenn keyword der Name oder die Marke eines Konkurrenten ist.[393] Hier kanalisiert der keyword-Verwender zu seinen Gunsten[394] und macht sich mittelbar die Investitionen zunutze, welche der Konkurrent hat aufwenden müssen, um seinen Namen bekannt und renommiert zu machen. Der Schutz ist daher nicht auf eingetragene Marken beschränkt, sondern erstreckt sich auf alle Bezeichnungen, die einen Ruf genießen.[395]

102 ZB hängt sich ein Parfümhändler, der eine virtuelle Parfümerie betreibt, unzulässig an einen fremden Ruf an, wenn er bei Eingabe bestimmter Parfümmarken (etwa Estée Lauder) ein Banner mit einem Link zu seiner Website aufscheinen lässt, sofern er nicht in das betreffende Vertriebssystem eingebunden ist.[396] So hängt er sich an den guten Ruf des Rechtsinhabers an. Insoweit findet ein Transfer statt, indem man das offensichtlich interessante, weil gesuchte Stichwort vor den eigenen Karren spannt. Darin sehen relevante Teile

---

[384] *Barowski/Müller* S. 38; *Ubber/Jung-Weiser* S. 143; *Schmittmann* 2003 S. 10.

[385] *Ubber/Jung-Weiser* S. 143.

[386] *Sebastian Meyer* K&R 2006, 557 f; *Plog* in: HmbKommGesMedienR 30. Abschnitt Rn 24.

[387] Zur lauterkeitsrechtlichen Beurteilung von deren Modell *Hüsch* S. 150–152.

[388] Näher *Glöggler* Suchmaschinen im Internet, 2002, S. 242 et passim; *Hüsch* S. 34 f.

[389] *Käckenhoff* Markenartikel 8/2007, 12, 13 f.

[390] *Käckenhoff* Markenartikel 8/2007, 12, 14.

[391] Online Vermarkterkreis im BVDW vom 13. 2. 2006; *Pierson* K&R 2006, 489, 490.

[392] *Hoff* Der Mann mit der Videothek, Die Zeit Nr. 10 vom 26. 2. 2009, S. 30.

[393] LG Hamburg CR 2000, 392 – Estée Lauder; *Schmidt-Bogatzky* GRUR 2000, 959; *R. Mann* FS Hertin S. 609, 615; *Boehme-Neßler* ZUM 2001, 547, 553; *Ernst/Vassilaki/Wiebe* Rn 101; *Bräutigam/Leupold/Bräutigam/Leupold* B IX Rn 308; *Gounalakis/Backhaus* § 26 Rn 13. AA BGH MMR 2009, 329, 330 f – Beta Layout.

[394] *R. Mann* FS Hertin S. 609, 615.

[395] *R. Mann* FS Hertin S. 609, 617.

[396] LG Hamburg CR 2000, 392 – Estée Lauder; *Schmidt-Bogatzky* GRUR 2000, 959; *Boehme-Neßler* ZUM 2001, 547, 553; *Ubber/Jung-Weiser* S. 189. Krit. *Schreibauer/Mulch* WRP 2001, 481, 490.

der angesprochenen Verkehrskreise eine hinreichend enge Verbindung zwischen Rechtsinhaber und Werbendem.[397] Im Vergleich mit Handzetteln vor einem Geschäft wird sogar eher eine Verbindung gedanklich hergestellt.[398] Dass die Werbung aus einer anderen Quelle stammt, spricht nicht gegen eine Rufausbeutung,[399] sondern ist im Gegenteil deren Voraussetzung: Würde die Werbung vom Rechtsinhaber stammen, so stünde kein fremder Ruf in Rede. Ausnahmsweise kann es sich anders verhalten, wenn es sich um eine andere Warengruppe handelt als diejenigen, mit welchen man den Rechtsinhaber assoziiert.[400]

Zudem liegt dann neben einer Ausbeutung des guten Rufs eine **Kundenumleitung** als 103
Form der Wettbewerbsbehinderung im Sinne von § 4 Nr. 10 vor.[401] Zwar mag es sich so verhalten, dass der Werbende nicht zwischen den eigentlichen Rechtsinhaber und den Kunden tritt, sondern ein zusätzliches Angebot macht.[402] Trotzdem lenkt er um, was eigentlich auf den Konkurrenten zustrebte. Er nutzt die Anstrengung des Konkurrenten aus und lenkt unmittelbar auf den Konkurrenten zulaufende Aufmerksamkeit aus. Die eigenen Bemühungen des Rechteinhabers und dessen Investitionen in Aufbau und Schutz seines Rechts werden konterkariert, auch wenn formell dessen Platzierung in der Trefferliste nicht beeinträchtigt wird.[403] Denn es ist keineswegs garantiert, dass der vom Zusatzangebot Abgelenkte sich später wieder zurückklickt. Wer auf das Zusatzangebot klickt, klickt gerade weg von der Trefferliste. Dadurch wird das in der Trefferliste befindliche Angebot des Rechtsinhabers weniger wahrgenommen.

Ausbeutung des guten Rufs und Kundenumleitung wurden auch moniert, als ein On- 104
line-Blumen-Versanddienst als keyword Marke und geschäftliche Bezeichnung des konkurrierenden Marktführers gewählt hatte.[404] Das „Vorschalten" der eigenen Werbung ist dem Verteilen von Handzetteln vor dem Ladengeschäft eines Konkurrenten wertungsmäßig vergleichbar.[405] Wenn man dagegen generell eine Verkehrsanschauung verneint, die eine Verbindung zwischen dem als Suchwort verwendeten Kennzeichen des Zeicheninhabers und dem Werbehinweis annimmt, müsste man in der Konsequenz eine Rufausbeutung verneinen.[406] Selbst dann wäre eine Maßnahme aber unzulässig, wenn sie gezielt auf markenrechtswidrige Inhalte führt oder durch die Art und Weise ihrer Platzierung den unzutreffenden Eindruck einer Sonderverbindung zum Kennzeicheninhaber erweckt.[407]

---

[397] OLG Köln K&R 2006, 240; *Terhaag* MMR 2007, 111; *Renner* CR 2007, 258. AA OLG Köln GRUR-RR 2008, 160, 161 f – AdWords; OLG Köln MittPat 2008, 28; OLG Frankfurt WRP 2008, 309, 310 = GRUR-RR 2008, 304, 305 – Adword-Werbung; KG CR 2009, 113, 117; LG Hamburg CR 2004, 938, 939 – Preispiraten; *Hüsch* K&R 2006, 223, 224; *Sebastian Meyer* K&R 2006, 557, 562; *Wenn* jurisPR-ITR 8/2008 Anm. 4; *Schultz/Störing* WRP 2008, 741, 743 f; *Rüdiger Mann* K&R 2008, 311, 312 f.

[398] *Renner* CR 2007, 258; *Dörre/Jüngst* K&R 2007, 239, 245.

[399] Dahin aber OLG Düsseldorf Urt. vom 23. 1. 2007 – I-20 U 79/06.

[400] Dazu OLG Köln GRUR-RR 2008, 160, 162 – AdWords.

[401] OLG Köln K&R 2006, 240; *Ubber/Jung-Weiser* S. 189; *Hüsch* K&R 2006, 223, 225; *Terhaag* MMR 2007, 111; *Renner* CR 2007, 258; *Illmer* WRP 2007, 399, 405. AA BGH MMR 2009, 329, 330 – Beta Layout; OLG Köln GRUR-RR 2008, 160, 161 – AdWords; OLG Köln MittPat 2008, 28; OLG Karlsruhe WRP 2008, 135 – stellen-online.de; OLG Frankfurt WRP 2008, 830, 832 – Google-AdWords; OLG Frankfurt WRP 2008, 309, 310 = GRUR-RR 2008, 304, 305 – Adword-Werbung; KG CR 2009, 113, 117; Hoeren/Sieber/*Süßenberger* Kap. 11.1 Rn 72 (Juni 2006); *Sebastian Meyer* K&R 2006, 557, 561 f; *Ullmann* GRUR 2007, 632, 638; *Seichter* jurisPR-WettbR 2/2008 Anm. 6; *Wenn* jurisPR-ITR 8/2008 Anm. 4.

[402] BGH MMR 2009, 329, 330 – Beta Layout; *Sebastian Meyer* K&R 2006, 557, 562.

[403] Entgegen Piper/*Ohly* UWG § 4 Rn 10/53; *Sebastian Meyer* K&R 2006, 557, 562.

[404] LG Berlin K&R 2001, 171 – Keyword Advertising.

[405] LG Berlin K&R 2001, 171 – Keyword Advertising. Skeptisch LG Frankfurt/M CR 2001, 560 – Buderus; *Ernst/Vassilaki/Wiebe* S. 63 Fn 2.

[406] Dafür OLG Düsseldorf MMR 2004, 247, 248; OLG Düsseldorf WRP 2007, 440, 442 f – Beta Layout; OLG Frankfurt WRP 2008, 830, 832 – Google-AdWords; LG Leipzig MMR 2005, 623; LG Hamburg MMR 2005, 629, 630; LG Hamburg MMR 2005, 631, 634; LG Frankfurt/M Beschl. vom 26. 2. 2008 – 3/11 O 16/08; *Hüsch* S. 117–130; *Plog* in: HmbKommGesMedienR 30. Abschnitt Rn 30.

[407] OLG Düsseldorf GRUR-RR 2001, 299, 300 – Mercedes-Stern; *Plog* in: HmbKommGesMedienR 30. Abschnitt Rn 31.

105 Eine Rechtfertigung erfährt eine Rufausbeutung jedenfalls dadurch, dass das redaktionelle Trennungsgebot eingehalten wird.[408] Die Verletzung des Trennungsgebotes könnte nur ein weiterer Verstoß sein. Das **Trennungsgebot** ist dann verletzt, wenn der bezahlte Eintrag nicht als solcher gekennzeichnet ist.[409] Insoweit sind der Suchmaschinenbetreiber Haupttäter[410] und der zahlende Kunde Mitstörer. Der bezahlte Eintrag ohne Kennzeichnung ist zudem als **getarnte Werbung** wettbewerbswidrig nach § 4 Nr. 3.[411]

106 Man kann ein Banner nicht allein als Angebot einer zusätzlichen Alternative werten,[412] da es optisch besonders hervorgehoben ist und an besonders prominenter Stelle präsentiert wird.[413] Ob das Banner aktuell gesehen wird, ist nicht entscheidend;[414] vielmehr kommt es nur auf das Potenzial an. Beides gilt verstärkt bei Pop ups.

107 **b) Allgemeine Begriffe als keywords.** Herkunftstäuschung und Rufausbeutung scheiden aus, wenn keyword nicht der Name oder die Marke eines Konkurrenten, sondern ein allgemeiner Suchbegriff, zB ein Gattungsbegriff ist.[415] Keyword buying für „Heizung" und „Solar" wurde deshalb für zulässig erklärt.[416] Kontextsensitive Werbung darf an das sachliche Interesse anknüpfen, welches der Suchmaschinenbenutzer mit der Eingabe eines bestimmten Suchbegriffs signalisiert.[417] Das redaktionelle Trennungsgebot ist gewahrt, da das Banner des deutlich als solchen ausgewiesenen Fremdanbieters nicht als Zusatzservice des Suchmaschinenbetreibers und damit nicht als Teil des redaktionellen Angebots des Suchservices angesehen wird.[418] **Irreführung** kann hinzutreten, wenn das beworbene Angebot nichts mit dem vom User eingegebenen Suchbegriff zu tun hat oder sich zumindest von diesem unterscheidet, sein Aufscheinen indes Passgenauigkeit suggeriert.[419]

108 Anders als bei generischen Domains erfolgt auch keine Monopolisierung einer Branchenbezeichnung.[420] Die Werbung des Anbieters steht neben der Trefferliste und lässt diese unberührt. Darin liegt keine Behauptung einer Allein- oder Spitzenstellung. Die Trefferliste als solche wird gerade nicht zu Gunsten des eigenen Angebots dadurch manipuliert, dass diesem in der Trefferliste ein prominenterer Platz verschafft würde.

V. Keyword buying

1. Phänomen

109 Beim **keyword buying** trifft der Anbieter dagegen mit dem Betreiber der Suchmaschine eine Vereinbarung, dass der Link zum Angebot in der Trefferliste bevorzugt, möglichst an erster Stelle aufscheinen soll. Der Anbieter bedient sich also des Betreibers der Suchmaschine, um die Trefferliste zu seinen Gunsten zu manipulieren.[421] Andere Bezeichnungen sind **Paid Links, Sponsored Links** und **Link Placements.**[422] Ausgedehnt werden kann

---

[408] Zu verkürzt die Sichtweise bei OLG Düsseldorf MMR 2007, 247, 248; LG Hamburg MMR 2005, 631, 633; *Bettinger/Leistner/Leistner* Teil 1 A Rn 52; *Plog* in: HmbKommGesMedienR 30. Abschnitt Rn 30.

[409] *Ziem* S. 173. Eingehend *Hüsch* S. 96–115.

[410] *Ziem* S. 173 f. Zweifelnd LG München I CR 2004, 704. Für eine Störerhaftung LG Hamburg MMR 2005, 631, 633.

[411] *Hoeren/Sieber/Körner/Lehment* Teil 11.1 Rn 167 (Dezember 1998); *Ziem* S. 175 f.

[412] So aber LG Leipzig MMR 2005, 624; LG Hamburg MMR 2005, 631, 633 f; *Dieselhorst* ITRB 2001, 206 f; *Plog* in: HmbKommGesMedienR 30. Abschnitt Rn 30.

[413] *Ubber/Jung-Weiser* S. 190 Fn 489.

[414] Anders *Dieselhorst* ITRB 2001, 206, 207.

[415] LG Frankfurt/M CR 2001, 560 – Buderus; *Ubber/Jung-Weiser* S. 190; *Bräutigam/Leupold/Bräutigam/Leupold* B IX Rn 311; *Plog* in: HmbKommGesMedienR 30. Abschnitt Rn 26.

[416] LG Frankfurt/M CR 2001, 560 – Buderus.

[417] *Bettinger/Leistner/Leistner* Teil 1 A Rn 52; *Plog* in: HmbKommGesMedienR 30. Abschnitt Rn 26.

[418] *Bettinger/Leistner/Leistner* Teil 1 A Rn 52; *Pierson* K&R 2006, 547, 548.

[419] *Pierson* K&R 2006, 547, 548.

[420] Im Ergebnis ebenso *Hüsch* S. 141.

[421] *Bräutigam/Leupold/Pfeiffer/Schögel/Wolff* A II Rn 248.

[422] *Klinger* S. 389.

dies noch, wenn der Suchmaschinenanbieter eine **Option „weitgehend passend"** offeriert und die Werbung dann nicht nur bei genau passendem, sondern schon bei einem ähnlichen Suchbegriff aufscheint.[423] Dann erscheint der Link bereits, wenn ein Teil einer aus mehreren Wörtern bestehenden Suchanfrage getroffen wird oder wenn der Nutzer Synonyme, verwandte Wortgruppen oder den anderen Numerus (zB Plural statt Singular) verwendet.[424] Dies wird als **Broad Matching** bezeichnet.[425]

2. Wettbewerbsrechtliche Beurteilung

Beim keyword buying wird die Trefferliste unmittelbar beeinflusst. Bekanntermaßen 110
zieht ein Treffer umso mehr Aufmerksamkeit auf sich, je höher er in der Liste steht. Die Position im Ranking wird hier beim unechten keyword buying nicht durch eine wettbewerbliche Leistung maßgeblich festgelegt. Die Qualität des Angebots spielt gerade keine Rolle. Die Spitzenposition verschafft sich der Anbieter vielmehr durch einen Eingriff in den Ranking-Vorrang und durch Ausschalten der für das Ranking normalerweise maßgeblichen Kriterien. Er kanalisiert in besonders starkem Maße.[426]

Darin liegen irreführende Werbung im Sinne von § 5 Abs. 1 und getarnte Werbung im 111
Sinne von § 4 Nr. 3, wenn nicht offengelegt wird, dass der hohe Listenplatz auf Bezahlung seitens des Anbieters zurückzuführen ist.[427] Der Nutzer erwartet halbwegs objektive Ranking-Listen, deren Zustandekommen nicht durch subjektive Präferenzen des Rankenden auf Grund Bezahlung zurückgeht.[428] Bei Internet-Suchmaschinen ist davon auszugehen, dass diese ihre Listen nach objektiven Ranking-Kriterien aufstellen, auch wenn die Suchalgorithmen nicht perfekt sind und nicht alle Anbieter erfasst werden können.[429] Die Bezeichnung als „Suchmaschine" wird dann irreführend und sittenwidrig, wenn es sich eigentlich um einen Webkatalog oder ein Webverzeichnis handelt und das Ranking nur auf Bezahlung beruht.[430]

Anders verhält es sich, wenn die Tatsache, dass der hohe Listenplatz auf Bezahlung be- 112
ruht, offengelegt ist oder wenn deutlich ist, dass alle Listenplätze von den Kunden bezahlt werden (z. B. bei einer gemeinsamen Werbeplattform, auf der sich verschiedene Anbieter vorstellen).[431] Unlauterkeit kann nur durch besondere Umstände hinzutreten, etwa indem die Anbieter aus der Liste als besonders hervorragend angepriesen werden und so eine unzulässige Allein- oder Spitzenstellungsbehauptung ins Spiel kommt.[432]

VI. Cloaking

Suchmaschinen setzen regelmäßig sog. Spider oder Robots, automatisch ablaufende Pro- 113
gramme, ein, um die für die Trefferlisten notwendigen Informationen zu sammeln. Darauf können Website-Betreiber ihrerseits reagieren. Erkennt eine Website, dass es sich bei dem auf ihr erfolgenden hit nicht um einen normalen Nutzer, sondern um einen Spider oder Robot handelt, so kann das sog. **Cloaking** versucht werden:[433] Die Website changiert,

[423] Dazu OLG Karlsruhe WRP 2008, 135 – stellen-online.de; *Sebastian Meyer* K&R 2008, 201, 203; s. auch OLG Stuttgart WRP 2007, 1265 – PCB-Pool.

[424] *Ott* WRP 2007, 393, 402f.

[425] *Ott* WRP 2007, 393, 402f. Zur kennzeichenrechtlichen Haftung LG Berlin GRUR-RR 2007, 202 – Europa Möbel.

[426] *Mann* FS Hertin S. 609, 615.

[427] *Köhler/Piper* UWG § 1 Rn 694; *Bettinger/Leistner/Leistner* Teil 1 A Rn 53; *Ernst* WRP 2004, 278, 279; *Pierson* K&R 2006, 547, 549; *Hüsch* S. 145f; *Plog* in: HmbKommGesMedienR 30. Abschnitt Rn 33. AA Hefermehl/*Köhler*/Bornkamm UWG § 4 Rn 10.31; *Ohly*/Piper UWG § 4 Rn 10.53.

[428] *Ernst* WRP 2004, 278, 279.

[429] *Ernst* WRP 2004, 278, 279.

[430] *Ernst* WRP 2004, 278, 279.

[431] *Ernst* WRP 2004, 278f; *Pierson* K&R 2006, 547, 549; *Hüsch* S. 146.

[432] *Ernst* WRP 2004, 278, 279.

[433] *Karzauninkat* c't 20/2003, 88, 90; *Holtkotte* S. 27f; *Klinger* S. 430.

maskiert sich gleichsam und bietet sich dem Spider oder Robot in einem vorteilhaften Erscheinungsbild dar, um das eigene Rankingergebnis in der Suchmaschine zu optimieren. Dieses Bild bietet sich nur dem Spider oder Robot. Normale User sehen es dagegen nicht. Der relevante Websiteinhalt wird ausgetauscht, um in der Trefferliste möglichst weit oben zu rangieren. Wettbewerbsrechtlich handelt es sich um eine unlautere Irreführung.[434] Cloaking basiert auf einer gezielten Täuschung über den wahren Inhalt der Website.

VII. Sogenannte verschobene Websites

114 Auf die Routinen von Suchmaschinen kann ein Website-Betreiber auch mit der Technik der sog. **„verschobenen" Websites** reagieren:[435] Er optimiert das Erscheinungsbild seiner Website, wartet, bis die so optimierte Website gelistet ist, und tauscht danach den Inhalt aus. Auch hierin liegt eine unlautere Irreführung.[436] Die Täuschungs- und Irreführungsabsicht liegt klar zutage.

VIII. Doorway Pages und Cookie Cutter-Techniken

115 **Doorway Pages** sind Websites, die nicht für Nutzer, sondern nur für Suchmaschinen gedacht sind, da sie in einem für das menschliche Auge nicht sichtbaren Teil bestimmte Schlüsselwörter wiederholen oder durch Fettschrift oder Größe hervorheben.[437] **Cookie-Cutter-Techniken** sind etwa Partnerprogramme mit keinem oder nur wenig eigenem Inhalt.[438] Beides führt irre über die tatsächliche Relevanz und Bedeutung der unterstützten Werbung.[439]

IX. Abgrenzung zum Gebaren der Suchmaschinenbetreiber

116 **Suchmaschinenmarketing** betrifft Manipulationen durch Verhalten der Nutzer. Davon abzugrenzen ist das Verhalten und Gebaren der Suchmaschinenbetreiber selbst. Suchmaschinen können etwa bei der Bildersuche mit **Thumbnails** arbeiten, verkleinerten Darstellungen urheberrechtlich geschützter Bildwerke. Dies hat eine urheberrechtliche Dimension.[440] Eine lauterkeitsrechtliche Dimension jenseits einer möglichen Urheberrechtsverletzung lässt sich dem indes nicht abgewinnen. Suchmaschinen verwenden auch **Snippets.** Snippets sind Schnipsel, Ausschnitte aus dem Inhalt des Treffers, der gefundenen Website. Insoweit kann eine Störerhaftung des Suchmaschinenbetreibers in Rede stehen.[441]

E. Linking und Framing

117 Links sind grundsätzlich erwünscht. Denn durch sie erweitert sich die Reichweite des Angebots, ohne dass der Anbieter selbst etwas tun müsste. Dies nimmt ihm eben der An-

---

[434] *Ernst* WRP 2004, 278, 282; *ders.* MR-Int 2007, 195, 198.

[435] *Karzauninkat* c't 20/2003, 88, 89.

[436] *Ernst* WRP 2004, 278, 282; *ders.* MR-Int 2007, 195, 198.

[437] *Holtkotte* S. 25 f; *Klinger* S. 429; <http://www.linksandlaw.de/suchmaschinen-leitfaden-zur-manipulation-von-suchergebnissen-doorway-pages1.htm>.

[438] *Bernreuther* WRP 2008, 1057, 1058

[439] *Ernst* WRP 2004, 278, 280 f; *Bernreuther* WRP 2008, 1057, 1061.

[440] S. nur OLG Jena GRUR-RR 2008, 223 – Thumbnails = K&R 2008, 301 m. Anm. *Ott;* LG Hamburg GRUR-RR 2004, 313; LG Hamburg MMR 2009, 55 m. Anm. *Hoeren* = CR 2009, 47 m. Anm. *Kleinemenke;* AG Bielefeld MMR 2005, 556; *Berberich* MMR 2005, 145; *Ott* ZUM 2008, 122; *Wimmers/Schulz* CR 2008, 170; *Schack* MMR 2008, 414; *Leistner/Stang* CR 2008, 499; *Wäßle* K&R 2008, 729; *Roffenkamp* jurisPR-ITR 14/2008 Anm. 2; *Ernst* jurisPR-WettbR 9/2008 Anm. 5; *ders.* jurisPR-WettbR 11/2008 Anm. 4; *Scherzer* jurisPR-ITR 5/2009 Anm. 2.

[441] Dazu OLG Hamburg CR 2007, 330 = K&R 2007, 210; OLG Nürnberg CR 2008, 654; OLG Stuttgart CR 2009, 187; *Schuster* CR 2007, 443; *Dietrich/Nink* CR 2009, 188.

bieter jener Website ab, welche das Link enthält (es sei denn, der Anbieter bemüht sich im Wege der Site Promotion[442] selbst um die Kooperation anderer). Indes können Links unter bestimmten Umständen wettbewerbsrechtliche Probleme aufwerfen, nämlich dann, wenn sie bestimmte Teile des verwiesenen Angebots ausblenden.[443]

I. Hyperlinking und deep linking

1. Phänomen

Ein weiteres Gebiet problematischer Links ist das sog. hyperlinking, insbesondere in seiner Extremform des sog. deep linking. **Hyperlinks** sind Strukturelement der Textbeschreibungssprache HTML (Hypertext Markup Language). Sie ermöglichen eine Verknüpfung der in das WWW eingestellten Dokumente. Die Identifizierung erfolgt über den Uniform Ressource Locator (URL). Ein Hyperlink integriert die URL in ein HTML-Dokument, indem es die URL als Ziel mit dem HREF-Attribut angibt.[444] Hyperlinks umfassen funktionell zwei Momente: einen Hinweis auf einen bestimmten Inhalt an einem bestimmten Ort im Internet und die technische Möglichkeit zum Aufruf dieses Inhalts.[445] Hyperlinks können in verschiedenen Arten auftreten, die sich nach der technischen Programmierung oder nach dem Erscheinungsbild für den externen User unterschiedlich darstellen.[446] 118

Einfachste Form ist der einfache Hyperlink, der „normale" Hyperlink oder **Surface Link.** Seine Verknüpfung ist in der Browserdarstellung für den User erkennbar und wird durch Anklicken aktiviert. **Deep links** führen zu Sites innerhalb des fremden Angebots, die sich auf Ebenen unterhalb der fremden Homepage befinden. Programmiertechnisch wie nach der Erscheinung unterscheiden sie sich nicht von einfachen Hyperlinks.[447] Nur das Zielobjekt ist genauer umrissen. 119

Inline links oder **embedded links**[448] binden ein Link dergestalt in die verweisende Site ein, das sich ohne weitere Aktivierung durch den User die fremde, verwiesene Site bereits beim Siteaufbau durch den Browser des Users in die aufgerufene Site integriert.[449] Aus Sicht des Users erfolgt ebenfalls eine Integration. Technisch lassen sich Inline Links genauer als img- oder object-tags der HTML-Sprache beschreiben, weil sie in eine Website bei deren Aufruf Inhalte einfügen.[450] 120

2. Rechtliche Beurteilung

a) Grundsätzliches. Links von Websites kommerzieller Unternehmen stellen ein Handeln im geschäftlichen Verkehr dar und unterfallen damit dem Lauterkeitsrecht.[451] Generell ist für das Merkmal des Handelns im geschäftlichen Verkehr richtlinienkonforme Auslegung im Lichte des Art. 2 lit. f E-Commerce-Richtlinie und der dortigen Definition der kommerziellen Kommunikation geboten.[452] Beide Begriffe sind hier grundsätzlich de- 121

---

[442] Dazu zB *Klinger* S. 285–299.

[443] Eingehend dazu *O'Rourke* 82 Minn. L.Rev. 609 (1998); außerdem zB OLG Celle CR 1999, 523 m. Anm. *Wiebe; Loewenheim/Koch/Hage/Kur* S. 325, 368–371; *Berman/Drea* Thinking of Linking? – How Links and Frames Can Lead to Trouble in the New Era of the Net: Vol. III No. 304 Multimedia & Ent. L. Online News (1997) <http://www.degrees.com/melon/archive/linking.html>; dazu LG Düsseldorf CR 1998, 763, 764 m. Anm. *Gabel.*

[444] *Ernst/Vassilaki/Wiebe* Rn 2.

[445] *Ernst* NJW-CoR 1997, 224; *Sosnitza* CR 2001, 693, 694.

[446] Dazu zB *Bechtold* ZUM 1997, 427, 432f; *Ernst* K&R 1998, 536, 538f; *Kochinke/Tröndle* CR 1999, 190; *Wiebe* WRP 1999, 734f; *Plaß* WRP 2000, 599f; *Spindler* GRUR 2004, 724.

[447] *Ernst/Vassilaki/Ernst/Wiebe* Rn 5; MünchKomm/*Wiebe* UWG Anh. §§ 1–7 A Rn 7.

[448] *Plog* in: HmbKommGesMedienR 30. Abschnitt Rn 36.

[449] S. nur *Koch* CR 1997, 417, 430; Ernst/Vassilaki/Ernst/*Wiebe* Rn 6.

[450] *Schmidbauer* JurPC Web-Dok. 176/2003; *Koch* CR 2004, 213, 217 Fn 20.

[451] *Völker/Lühring* K&R 2000, 20, 27; *Ott* S. 416.

[452] *Ott* S. 418.

ckungsgleich.[453] Allein die Reichweite des Mediums Internet sollte nicht vorschnell dazu führen, den geschäftlichen Bereich für eröffnet zu erachten;[454] es muss auch Raum für private Homepages bleiben.[455] Für letztere spielt Art. 5 GG eine größere Rolle.[456]

122 Eine urheberrechtlich nicht zu beanstandende Nachahmung fremder Leistungen ist auch lauterkeitsrechtlich grundsätzlich zulässig; anders verhält es sich nur bei Hinzutreten besonderer Umstände.[457] Solche Umstände können namentlich[458] eine wettbewerbliche Eigenart des übernommenen Werks voraussetzen.[459] Eine unmittelbare Übernahme durch technische Vervielfältigung wäre wettbewerbswidrig.[460] Der Linksetzer darf nicht fremde Ergebnisse übernehmen und sich zu eigen machen, um eigene Kosten zu sparen.[461] Hyperlinks übernehmen jedoch nicht,[462] sondern eröffnen nur den Zugang zu der verwiesenen Website, deren Lage und Zuordnung als solche nicht verändert wird.[463] Der bloße Hinweis ist keineswegs ein Import und ein Anmaßen eines eigenen Leistungsangebots.[464] Ein Verstoß gegen § 4 Nr. 9 liegt nicht vor, denn es wird nur der Zugriff auf etwas erleichtert, das sowieso öffentlich zugänglich ist.[465] Er dient nicht der Übertragung eines Vorstellungsbildes, sondern dem Aufbau eines eigenen guten Image, indem man offengelegt den Zugang zu weiteren Informationsangeboten anderer eröffnet.[466] Darin liegt kein unzulässiges Ausbeuten fremder Leistungen.[467] Die verlinkte Website ist bereits zuvor öffentlich zugänglich. Der Link erweitert nur ihre Wirkung.[468] Einfaches Linking wird dem Inhaber der verlinkten Site daher grundsätzlich sogar erwünscht sein.[469] Ein einfach verlinktes Angebot ist auch nicht als unzulässige Füllanzeige anzusehen.[470]

123 **b) Suchmaschinen.** Dies gilt insbesondere bei Hyperlinking durch Suchmaschinen. Ohne Suchmaschinen würden Websites nur eine weit geringere Wirkung entfalten, sodass solches Hyperlinking dem Websitebetreiber regelmäßig sogar erwünscht sein wird.[471] Suchmaschinen schaffen einen erheblichen eigenen Mehrwert.[472] Ein Allgemeininteresse an der Funktionsfähigkeit des Internet, das gegenüber den kommerziellen Interessen der Informationsanbieter höherrangig wäre,[473] sollte man dagegen nicht anerkennen.[474] Denn im

---

[453] *Bodewig* GRUR Int. 2000, 475, 476; *Sack* WRP 2001, 1408, 1409; *Ott* S. 418.

[454] Recht weit gehend OLG München MMR 2000, 617, 618; *Müglich* CR 2002, 583, 586; s. auch LG Düsseldorf JurPC Web-Dok. 3/2001; LG Braunschweig CR 2001, 47. Voraussetzungsstrenger dagegen OLG Schleswig CR 2001, 465 – swabedoo.de; LG Berlin K&R 2000, 561.

[455] *Ott* S. 418.

[456] *Ott* S. 419.

[457] S. nur BGHZ 134, 250, 267 – CD-Infobank I; BGHZ 140, 183, 189 – Elektronische Pressearchive; BGHZ 141, 13, 27 – Kopienversanddienst; *Spindler* JZ 2004, 150, 154.

[458] Näher zu denkbaren Kriterien zB *Ernst/Vassilaki/Wiebe* Rn 95–97.

[459] BGHZ 140, 183, 189 – Elektronische Pressearchive; *Ott* S. 439.

[460] BGHZ 141, 329, 337 – Tele-Info-CD.

[461] Dazu *Bräutigam/Leupold/Bräutigam/Leupold* B IX Rn 239.

[462] S. nur *Heydn* NJW 2004, 1361, 1363. Zweifelnd *Plaß* WRP 2000, 599, 606.

[463] BGH GRUR 2003, 958, 963 – Paperboy m. Anm. *Nolte;* BGH MMR 2003, 719 m. Anm. *Wiebe;* BGH JZ 2004, 146 m. Anm. *Spindler; Klett* K&R 2003, 561, 562.

[464] S. nur *Wiebe* WRP 1999, 734, 736; *Mankowski* GRUR Int. 1999, 995, 1000; *Sosnitza* CR 2001, 693, 703; *Hoeren* GRUR 2004, 1, 3.

[465] BGHZ 156, 1, 18 – Paperboy; *Bornkamm/Seichter* CR 2005, 747, 750.

[466] KG MMR 2002, 119, 120 – Schöner Wetten m. Anm. *Becker; Wiebe* WRP 1999, 734, 738; *Ott* S. 423.

[467] S. nur *Bräutigam/Leupold/Bräutigam/Leupold* B IX Rn 232; *Gabel* WRP 2005, 1102, 1109.

[468] BGH GRUR 2003, 958, 963 – Paperboy m. Anm. *Nolte*; BGH MMR 2003, 719 m. Anm. *Wiebe;* BGH JZ 2004, 146 m. Anm. *Spindler.*

[469] S. nur OLG Düsseldorf CR 2000, 184, 186; *Hoeren* WRP 1997, 993, 995; *Mankowski* GRUR Int. 19999, 905, 920; *Bräutigam/Leupold/Bräutigam/Leupold* B IX Rn 230.

[470] OLG Frankfurt vom 13. 4. 2000 – 6 U 197/99, zustimmend zitiert von *Bräutigam/Leupold/Bräutigam/Leupold* B IX Rn 231.

[471] *Hoeren* GRUR 2004, 1, 2.

[472] BGH GRUR 2003, 958, 963 – Paperboy m. Anm. *Nolte;* BGH MMR 2003, 719 m. Anm. *Wiebe;* BGH JZ 2004, 146 m. Anm. *Spindler; Nolte* CR 2003, 924, 926.

[473] Dafür BGH GRUR 2003, 958, 963 – Paperboy m. Anm. *Nolte;* BGH MMR 2003, 719 m. Anm. *Wiebe;* BGH JZ 2004, 146 m. Anm. *Spindler.*

[474] *Wiebe* MMR 2003, 724, 725.

Kern geht es nicht um die Erreichbarkeit, sondern um die kostenlose Erreichbarkeit. Die kostenlose Erreichbarkeit von Inhalten aber gehört nicht zur Funktionsfähigkeit des Systems Internet. Vielmehr wären Lizenzierungsmodelle denkbar, bis zur Grenze prohibitiv hoher Transaktionskosten und der Notwendigkeit einer bereichsspezifischen Schrankenregelung durch den Gesetzgeber.[475]

c) Verschleierung der Quelle. Anders ist es zu bewerten, wenn der Hyperlink Quelle oder Fremdurheberschaft der verlinkten Site nicht erkennen lässt und verdunkelt.[476] Allerdings bewegt man sich damit zumeist aus dem Bereich des echten Hyperlinking heraus und in jenen des **Inline Linking** hinein.[477] Inline Linking[478] aber kann weit stärker inkriminiert sein als „normales" Hyperlinking.[479] Dieses steht dem Framing nahe und ist rechtlich gleich diesem zu behandeln.[480] Dort stehen zum einen eine mögliche Rufausbeutung[481] und zum anderen eine Werbebehinderung in Rede.[482] Herkunftstäuschung und Irreführung sind jedenfalls zu bejahen.[483] Echtes Hyperlinking aber macht allein durch die Tatsache des Verlinkens keine Aussage, von wem die verlinkte Site stammt. Die Herkunft herauszufinden wird dem User überlassen; fremde Herkunft wird augenfällig, wenn sich im Adressfeld des Browsers angezeigte Second Level Domain ändert, die allgemein als wesentlichstes Signal für die Herkunft bekannt ist.[484] 124

d) Hervorrufen des Eindrucks einer Verbindung. Problematisch kann Hyperlinking sein, wenn und soweit es den Eindruck geschäftlicher Verbindungen zwischen Linksetzer und Verlinktem hervorrufen sollte.[485] Indes dürfte ein solcher Eindruck angesichts der Alltäglichkeit von Hyperlinks kaum je mehr entstehen können. In der Frühzeit des Internet mag es vorgekommen sein, dass ein Link Ausdruck besonderer Verbundenheit war und Querverbindungen indizierte. Inzwischen wird ein Link aber grundsätzlich als bloßer Verweis auf eine weitere Informationsquelle angesehen.[486] Dass zwischen den Betreibern verlinkter Websites keine Geschäftsbeziehungen oder sonstigen Verbindungen bestehen müssen, gehört inzwischen zum Allgemeinwissen.[487] Dem Link kann man höchstens entnehmen, dass der Linksetzer die verlinkte Site für besonders aussagekräftig hält und diese Site deshalb in seine Auswahl eingestellt hat. Ein Transfer von Gütevorstellungen auf die verlinkende Site, sozusagen ein Reputationsimport, ist damit nicht automatisch verbunden. Der Verlinkende mag versuchen, Reputation durch gute, sorgfältige und treffende Auswahl seiner Links aufzubauen. Damit schmarotzt er aber nicht unzulässig an fremdem Ruf, sondern nimmt nur Angebote wahr, die andere machen, indem sie ihre qualitativ hochwertigen Sites ins Netz stellen. Zum Vergleich: Ein wissenschaftlicher Autor schmarotzt nicht am guten Ruf der in seinen Fußnoten zitierten Autoren. 125

e) Behinderung von Konkurrenten. Bei Deep Links geht der Link nicht auf die Homepage des Verlinkten, sondern auf eine darunter liegende Website. Dadurch entsteht kein Hit auf der Homepage. Dies beeinträchtigt die Werbeattraktivität der Homepage und damit die Möglichkeiten des Verlinkten, Werbevolumen für seine Homepage zu akquirie- 126

---

[475] *Wiebe* MMR 2003, 724, 725.

[476] *Hoeren* GRUR 2004, 1, 2 sowie BGH GRUR 2003, 958, 963 – Paperboy m. Anm. *Nolte;* BGH MMR 2003, 719 m. Anm. *Wiebe;* BGH JZ 2004, 146 m. Anm. *Spindler.*

[477] *Hoeren* GRUR 2004, 1, 2.

[478] → Rn 120.

[479] *Ernst/Vassilaki/Wiebe* Rn 98.

[480] Zum Framing → Rn 139–142.

[481] *Ernst* NJW-CoR 1997, 224, 226; *ders.* BB 1997, 1057, 1060f; *Hoeren/Sieber/Körner/Lehment* Teil 11.1 Rn 101 (Dezember 1998); *Ernst/Vassilaki/Wiebe* Rn 100; *Gabel* WRP 2005, 1102, 1109.

[482] *Ernst/Vassilaki/Wiebe* Rn 103 sowie *Hoeren/Sieber/Körner/Lehment* Teil 11.1 Rn 103.

[483] *Dittrich* JurPC Web-Dok. 72/2002; *Schmittmann* 2003 S. 138; *Gabel* WRP 2005, 1102, 1109.

[484] *Sosnitza* CR 2001, 693, 704; *Heydn* NJW 2004, 1361, 1363.

[485] LG Hamburg CR 2001, 265 – Bundesliga-Manager m. krit. Anm. *Metzger; Hoeren* GRUR 2004, 1, 3.

[486] *Sosnitza* CR 2001, 693, 702; *Bräutigam/Leupold/Bräutigam/Leupold* B IX Rn 231.

[487] *Metzger* CR 2001, 265f; *Sosnitza* CR 2001, 693, 702f; *Ernst/Vassilaki/Wiebe* Rn 102; *Ott* S. 423; *Heydn* NJW 2004, 1361, 1363.

ren, bzw. die Höhe des Preises, den er erzielen kann, weil dieser von der Zahl der hits[488] abhängig ist. Dem Verlinkten drohen so Einnahmen und Refinanzierungsmöglichkeiten verloren zu gehen.[489] Er muss erhöhten traffic bewältigen, ohne dass vergleichbar erhöhte Werbeinnahmen dies ausglichen.[490] Dem steht ein anzuerkennendes Interesse des Users an einem schnellen und unmittelbaren Zugang zu den für ihn interessanten Informationen gegenüber.[491] Eine Ausbeutung fremder Leistung[492] liegt nicht vor, denn derjenige, welcher den Deep Link gesetzt hat, verweist immer noch auf ein fremdes Leistungsangebot und verweist ausdrücklich. Er leitet kein Wasser auf eigene Mühlen um, sondern erhöht sogar die Reichweite der fremden Leistung.

127 Andererseits verliert der Ersteller der verlinkten Website in gewissem Umfang Steuerung und Kontrolle. Dies begründet die Gefahr, dass andere Teilangebote, die über die Homepage erreichbar wären, weniger häufig besucht werden und so indirekt weitere Umsatzverluste entstehen.[493] Zudem kann für jenen Ersteller eine Notwendigkeit bestehen, den Zugang zu bestimmten Angeboten über die Homepage zu kanalisieren, umso weit wie möglich sicherzustellen, dass Disclaimer und copyright-Hinweise wahrgenommen werden.[494] Wer aber Untersites frei zugänglich ins Netz stellt und trotzdem nachher reklamiert, nur ein einziger Zugangsweg (nämlich jener über die Homepage) sei gewollt, verhält sich widersprüchlich und kann nicht gehört werden.[495] In dem bloßen Einstellen in das Netz mag zwar keine konkludente Einwilligung liegen, verlinkt zu werden;[496] auf das Vorliegen einer rechtfertigenden Einwilligung kommt es aber nicht an, wenn es bereits an der Tatbestandserfüllung fehlt. Dies gilt auch, wenn die Untersite ihrerseits die Qualität einer Datenbank nach §§ 87a ff UrhG hat, jedoch nicht zugangsgeschützt ist.[497] Der Konkurrent muss seinen Vorsprung selber schützen.[498] Werden getroffene Schutzmaßnahmen umgangen, so gelangt man in der Regel zu einer unbilligen Behinderung und Leistungsübernahme durch den Umgehenden.[499]

128 Will der Sitebetreiber diese rechtliche Konsequenz nicht anerkennen und deren Eintritt verhindern, so muss er eine Zwangsführung zu seinen Untersites über die eigene Homepage wählen und so den öffentlichen Zugang zu seinen Untersites versperren.[500] Wenn er die User und Interessenten zwingen will, über die Homepage zu gehen, so muss er dafür sorgen.[501] Anderenfalls muss er in Kauf nehmen, dass seine frei zugänglichen Untersites als eigenständige Einheiten genutzt werden. Er nutzt über die freie Zugänglichkeit die Attraktivität seiner Untersites und sollte eigentlich begrüßen, dass zusätzliche Links zusätzlichen traffic generieren. Genau genommen beklagt er sich nicht über einen Nachteil, sondern allenfalls darüber, dass sein Vorteil noch größer hätte ausfallen können, wenn statt eines Deep Link ein Surface Link gesetzt worden wäre.[502]

---

[488] Zur Klarstellung: hit auf der Website bedeutet Betreten der Website, nicht Anklicken des banner.

[489] *Hoeren/Sieber/Decker* Teil 7.6 Rn 41; *Wiebe* CR 1999, 524, 525; *Mankowski* GRUR Int. 1999, 995, 999; *Sosnitza* CR 2001, 693, 702.

[490] *Hartmann/Koch* CR 2002, 441, 444; *Schmittmann* S. 135.

[491] *Plaß* WRP 2000, 599, 697; *Sosnitza* CR 2001, 693, 702; *Bräutigam/Leupold/Bräutigam/Leupold* B IX Rn 238.

[492] So der Vorwurf bei *Schmittmann* S. 135.

[493] *Stangrel* (1997) 2 Tolley's Comm. L. 202, 205; *Mankowski* GRUR Int. 1999, 995, 999.

[494] *Stangrel* (1997) 2 Tolley's Comm. L. 202, 205; *Mankowski* GRUR Int. 1999, 995, 999.

[495] *Sosnitza* CR 2001, 693, 702f sowie OLG Köln CR 2001, 708, 712.

[496] So LG Köln JurPC Web-Dok. 138/2001 – stepstone.de; *Müglich* CR 2002, 583, 589.

[497] Dazu LG München I CR 2002, 452. Für stärkeren Schutz LG München I MMR 2002, 58; *Hartmann/Koch* CR 2002, 441.

[498] S. aber OLG Celle MMR 1999, 480, 481 – weyhe-online.de m. Anm. *Helmut Hoffmann*; OLG München AfP 2001, 301, 302f – Übernahme fremder Inserate; LG Belrin K&R 2000, 195, 196 – Stellenmarkt für Fach- und Führungskräfte; *Gabel* WRP 2005, 1102, 1110.

[499] *Gabel* WRP 2005, 1102, 1110.

[500] → Rn 133f.

[501] Dazu *Ott* WRP 2004, 52, 57f.

[502] *Ott* WRP 2004, 52, 58.

Dem Anbieter des verwiesenen Angebots kann man neben technischen Schritten[503] Selbstschutz durch ein Passwortsystem empfehlen, auch wenn dies die Verantwortlichkeit partiell verlagerte und mit Kosten verknüpft wäre.[504] Es könnte außerdem dazu führen, dass jener Anbieter vom ihm sonst durchaus gewolltes Surfen über seine Angebote verhinderte.[505] Vorbehalte durch Disclaimer oÄ jedenfalls bieten keinen wirksamen Schutz.[506] 129

Alternativ kann der Sitebetreiber jedoch ohne wesentlich erhöhte Kosten Werbung auch auf seine Untersites schalten oder anbieten, dieselbe Werbung sowohl auf seiner Homepage als auch auf seinen Untersites zu haben.[507] Dies entspricht schon heute gängiger und eingeführter Praxis.[508] Auch Disclaimer lassen sich wiederholen. Der vorsichtige Anbieter wird dies schon im eigenen Interesse auf jeder Untersite tun, die sich aus dem Netz heraus ansteuern lässt, um sich nicht Kalamitäten mit Blick auf die Verletzung von Informations- und Kennzeichnungspflichten auszusetzen. 130

f) Links auf wettbewerbswidrige Websites. Durch einen einfachen Surface Link wie durch einen Deep Link macht sich der Linksetzer den verlinkten Inhalt prinzipiell[509] nicht zu eigen.[510] Daher haftet er auch dann grundsätzlich nicht, wenn der Link auf eine Website erfolgt, die ihrerseits wettbewerbswidrig ist.[511] Insoweit eröffnet der Link nur den Zugang. Die Haftungsprivilegierung des § 10 S. 1 Nr. 1 Alt. 1 TMG, dass die Unterlassungshaftung erst mit Kenntnis[512] von der Wettbewerbswidrigkeit einsetzt, greift für Hyperlinks indes nicht. Der Gesetzgeber hat – trotz regulierungswilliger Intervention des Bundesrates[513] – sich bewusst einer Erstreckung der §§ 7 bis 10 TMG auf Hyperlinks enthalten und auf die allgemeine Haftung verwiesen.[514] Insoweit folgt er in der Sache Art. 21 Abs. 2 S. 1 E-Commerce-Richtlinie.[515] Eine Analogie scheitert bei konsequenter Anwendung der rechtsmethodischen Regeln am Fehlen einer planwidrigen Lücke.[516] Eine Haftung als Mitstörer bleibt damit möglich.[517] Die dafür vorausgesetzte Prüfungspflicht muss sich aber einer Zumutbarkeitsprüfung stellen.[518] Dies ist für einzelne Kategorien von Hyperlinks differenzierend zu untersuchen.[519] Gesichtspunkte sind der Gesamtzusammenhang des Links, der Zweck des Links und der Grad, in welchem die Rechtswidrigkeit des verlinkten Inhalts erkennbar ist.[520] Eine filternde Vorstufe kann im Übrigen schon das Fehlen einer mit dem Link verfolgten Wettbewerbsabsicht sein.[521] Eine Störerhaftung entsteht jedenfalls durch das Aufrechterhalten des Links, nachdem der Linksetzer Kenntnis von der Rechtswidrigkeit des verlinkten Inhalts erlangt hat.[522] 131

---

503 → Rn 133.

504 Kritisch deshalb *Akdeniz* (1997) 11 Int. Rev. L. Comp. & Tech. 281, 287.

505 *Akdeniz* (1997) 11 Int. Rev. L. Comp. & Tech. 281, 287; *Mankowski* GRUR Int. 1999, 995, 1000.

506 Dazu *O'Rourke* 82 Minn. L. Rev. 609, 685–697 (1998).

507 OLG Köln CR 2001, 708, 713; Rb. Rotterdam Mediaforum 2000, 344; *Plaß* WRP 2000, 599, 603 f; *Sosnitza* CR 2001, 693, 702 f; *Nolte* ZUM 2003, 540, 545; *Joppich* CR 2003, 504, 507; *Ott* S. 427; *Spindler* JZ 2004, 150, 154; *Heydn* NJW 2004, 1361, 1363 sowie LG München I CR 2002, 452, 454.

508 *Ott* WRP 2004, 52, 58.

509 Für einen möglichen Ausnahmefall LG Lübeck CR 1999, 650, 651.

510 S. nur BGH WRP 2004, 899, 902 = CR 2004, 613 m. Anm. *Dietlein* – Schöner Wetten.

511 BGH WRP 2004, 899, 902 = CR 2004, 613 m. Anm. *Dietlein* – Schöner Wetten.

512 → Rn 265 ff.

513 Stellungnahme des Bundesrates, BT-Drucks. 14/6098 S. 34.

514 Gegenäußerung der Bundesregierung, BT-Drucks. 14/6098 S. 37.

515 Dazu *Spindler* MMR 2002, 495, 497 f; *Hohl/Leible/Sosnitza/Müglich* S. 153, 186; *Spindler/Volkmann* WRP 2003, 1, 14.

516 *Spindler* NJW 2002, 921, 924; *Nickels* CR 2002, 302, 308; *Ziem* S. 143 f sowie *Hohl/Leible/Sosnitza/Müglich* S. 153, 187.

517 Dazu LG Frankfurt/M CR 1999, 45, 46; LG Frankfurt/M GRUR 2002, 83, 84 – Wobenzym II; *Spindler/Volkmann* WRP 2003, 1, 14.

518 LG München I MMR 2001, 56, 57 – explorer; LG Frankfurt/M GRUR 2002, 83, 84 – Wobenzym II.

519 Eingehend *Spindler* MMR 2002, 495, 499–503.

520 BGH WRP 2004, 899, 902 f = CR 2004, 613 m. Anm. *Dietlein.* – Schöner Wetten.

521 Dazu KG MMR 2002, 119, 120 – Schöner Wetten m. Anm. *Becker; Hohl/Leible/Sosnitza/Müglich* S. 153, 175–180; *Ziem* S. 169 f.

522 BGH WRP 2004, 899, 902 – Schöner Wetten.

132 Bei **Suchmaschinen** kommt deren essentielle Bedeutung für das Funktionieren des gesamten Internets hinzu.[523] Ohne sie ließe sich im Internet kaum mehr navigieren. Auf der anderen Seite steigt die Zahl verfügbarer Websites stetig. Suchmaschinen kommt die Privilegierung des § 10 TMG ebenfalls nicht zugute, da sie keine Inhalte und Informationen im Auftrag von Nutzern speichern.[524] Eine Analogie scheitert wiederum an der fehlenden planwidrigen Lücke.[525]

3. Schutzmaßnahmen des Websitebetreibers

133 Wer als Websitebetreiber kein Linking oder zumindest kein Inline Linking wünscht, kann Schutzmaßnahmen ergreifen:[526] Erstens kann er durch entsprechende Programmierung des HTML-Codes (Anweisung an die robots von Suchmaschinen, keinen Eintrag vorzunehmen) im header seiner Website zu verhindern versuchen, dass die Site in Suchmaschinen erscheint; allerdings ist dies nur erfolgreich, wenn die Suchmaschine solche Bitten respektiert.[527] Außerdem verringert er dadurch die Reichweite seiner eigene Seiten extrem. Zweitens kann er durch entsprechende Programmierung die Link-Berechtigung auf bestimmte Server konzentrieren und außerhalb dieses berechtigten Kreises liegende Server abblocken.[528] Drittens kann er die Existenz der sog. referer zu Untersites dazu nutzen, doch die Werbung von der eigentlich umgangenen Homepage aufscheinen zu lassen.[529] Die beiden letztgenannten Möglichkeiten können allerdings nicht unerheblichen Aufwand erfordern, wenn die entsprechenden Codes in bereits existierende Websites integriert werden müssen.[530]

134 Rechtlich kann man Schutzmaßnahmen jedenfalls insoweit nicht zur Voraussetzungen des wettbewerbsrechtlichen Schutzes machen, als Datenbankschutz nach § 87b UrhG besteht.[531] Jedenfalls insoweit muss das Lauterkeitsrecht Flankenschutz gegen Ausbeutung und Rechtsbruch gewähren. Indes kann diese Linie begrenzt sein, wenn man die in § 87b UrhG verlangte Benutzungshandlung eng versteht.[532]

135 Hyperlinking wird jedenfalls unzulässig, wenn der Link ergriffene technische Schutzmaßnahmen auf Seiten des Verlinkten überwindet.[533] Der Verlinkte signalisiert durch solche Schutzmaßnahmen deutlich, dass er kein freies Verlinken seiner Site wünscht und sich die besondere Zustimmung zu Links auf sein Angebot vorbehält. Er investiert gezielt in Abwehrmechanismen. Hier kann die allgemeine Vermutung, dass Linking dem Verlinkten sogar erwünscht ist, nicht mehr greifen. Er beschränkt zwar nur bestimmte Zugangswege und nicht (zB durch ein Passwortsystem) den Zugang generell. Trotzdem ist eine zu respektierende Abwehrbarriere errichtet. Sie kann man nicht durch ein (angebliches) Allgemeininteresse an Zugänglichkeit als gegenläufigen Abwägungsfaktor überwinden.[534] Vielmehr sind hier die Lasten verteilt: Der gegen seinen Willen Verlinkte hat in Schutz investiert, und der Verlinkende braucht nicht langwierig in die Überprüfung urheberrechtlicher Verhältnisse zu investieren, sondern kann sich an der klar dokumentierten und nach außen ohne weiteres ersichtlichen Entscheidung des Verlinkten orientieren.[535] Die Schutzmaßnahmen mögen zwar als solche weder nach §§ 95a ff UrhG noch nach dem

---

[523] LG Frankfurt/M GRUR 2002, 83, 84 – Wobenzym II.
[524] *Härting* CR 2001, 271, 275; *Koch* K&R 2002, 120, 123; *Ziem* S. 143.
[525] Eingehend *Spindler* MMR 2002, 495, 498; *Ziem* S. 143–145 mwN.
[526] Dazu auch *Völker/Lühring* K&R 2000, 20.
[527] *Hoeren* GRUR 2004, 1, 5.
[528] *Hoeren* GRUR 2004, 1, 5f.
[529] *Hoeren* GRUR 2004, 1, 6.
[530] *Hoeren* GRUR 2004, 1, 6.
[531] LG Köln JurPC Web-Dok. 138/2001; LG München I JurPC Web-Dok. 83/2002.
[532] *Hoeren* GRUR 2004, 1, 4.
[533] LG Köln AfP 2001, 81, 86; LG Berlin JurPC Web-Dok. 185/2001; LG München I MMR 2002, 760, 762.
[534] Entgegen *Hoeren* GRUR 2004, 1, 5.
[535] Dazu *Spindler* JZ 2004, 150, 154.

ZKDSG[536] eigenen Schutz genießen.[537] Wettbewerbsrechtlich kann dies aber nicht ausschlaggebend sein.

136 Investitionsaufwändige Datensammlungen können ihrem Arbeitsaufwand nach nicht für die Öffentlichkeit zur Verfügung stehen sollen. Unter besonderen Umständen kann in der Linksetzung dann wettbewerbswidrig sein, wenn der Linksetzer sich dadurch einen Wettbewerbsvorsprung zu verschaffen versucht.[538] Allerdings muss der Inhaber der Sammlung dann Schritte ergreifen, die signalisieren, dass die Öffentlichkeit keinen Zugriff haben soll. Anderenfalls, d. h. wenn er sie einfach auf seiner Website platziert hat, sendet er nur das generelle Signal an die Allgemeinheit, dass er ein allgemein zugängliches Angebot macht und dass Verlinken dieses Angebots erwünscht ist. Passwortschutz mit begrenztem Kreis der Zugangsberechtigten ist das einfachste und üblichste gegenteilige Signal.

4. Symbol- oder Piktogrammimport

137 In einer weiteren Variante werden auf die verweisende Website Symbole, Piktogramme oder icons des importierten Angebots importiert. Die Verweisung ist nicht mehr allein zitatartig, sondern gibt Inhalte der in Bezug genommenen Website wieder.[539] Der Importeur macht sich die Attraktivität des importierten Angebots sogar insoweit zunutze, als dieses optisch aufgemacht ist. Im Extremfall kann dies soweit gehen, dass der Importeur eine ganze „Megasite" nur mit den optischen Symbolen importierter Angebote anlegt.[540] So schafft er ein attraktives Umfeld für den Vertrieb eigener Werbeflächen.[541] Es handelt sich hier um einen Fall der schmarotzenden Leistungsübernahme gemäß § 6 Abs. 2 Nr. 3, wenn und soweit der Import über das grundsätzlich gemeinfreie[542] Auflisten und Inbezugnehmen von Adressen und Namen hinausgeht.[543]

5. Links auf die Websites von Berufsverbänden

138 Links in einer eigenen Rubrik sind ein häufig genutztes Gestaltungsmoment für Websites. Ein Unternehmen kann dabei kommentarlos und ohne besondere Erläuterung Links ua auf die Websites von Berufsverbänden schalten. Dies ist auch dann zulässig, wenn das Unternehmen den betreffenden Berufsverbänden nicht angehört.[544] Das bloße Linking suggeriert grundsätzlich keine Zugehörigkeit zu den Berufsverbänden.[545] Ein Reputationstransfer, der unter dem Gesichtspunkt der Rufausbeutung relevant wäre, findet nicht in nennenswertem Umfang statt; dies gilt insbesondere, wenn jene Links neben Rubriken stehen, in denen das Unternehmen sich selber und seine eigenen Leistungen gesondert beschreibt.[546] Der Verkehr nimmt den Link als bloßes Informationsangebot wahr, nicht als Behauptung einer Mitgliedschaft.[547] Anders kann es sich jedoch verhalten, wenn der Link in einer Rubrik steht, die etwa mit „Unsere Geschäftsverbindungen" oder „Unsere Partner" überschrieben ist.[548] Die bloße Auflistung in einer Reihe mit Links zu den Websites

---

[536] Gesetz über den Schutz von zugangskontrollierten Diensten und von Zugangskontrolldiensten vom 19. 3. 2002, BGBl. I S. 1090.

[537] So *Spindler* JZ 2004, 150, 154.

[538] OLG Celle CR 1999, 523f; *Plaß* WRP 2000, 599, 606; *Bräutigam/Leupold/Bräutigam/Leupold* B IX Rn 233.

[539] *A. Koch* NJW-CoR 1998, 42, 45f.

[540] S. den Sachverhalt von *Washington Post Corp. v. Total News, Inc.* Civil Action No. 97–1190 (PKL) (S. D. N. Y., filed Feb. 20, 1997); der Fall wurde am 6. 6. 1997 verglichen (*Koch* NJW-CoR 1998, 42, 45 Fn 7).

[541] *Koch* NJW-CoR 1998, 42, 46.

[542] LG Verden vom 7. 12. 1998 – 10 O 117/98; *Wiebe* CR 1999, 524.

[543] *Mankowski* GRUR Int. 1999, 995, 1000; OLG Celle CR 1999, 523 und allgemein *Baumbach/Hefermehl* UWG (22. Aufl.) § 1 Rn 498 mwN; kritisch *Wiebe* CR 1999, 524.

[544] OLG Jena WRP 2003, 1141, 1142.

[545] OLG Jena WRP 2003, 1141, 1142.

[546] OLG Jena WRP 2003, 1141, 1142.

[547] OLG Jena WRP 2003, 1141, 1142. AA LG Erfurt MMR 2003, 491.

[548] Dazu LG Erfurt MMR 2003, 491.

anderer Unternehmen, mit denen das verlinkende Unternehmen Geschäftsbeziehungen unterhält, ohne hier darauf ausdrücklich hinzuweisen, schadet aber nicht.[549]

II. Framing

1. Phänomen

139 Beim **framing** wird ein anderes Angebot in den graphisch-optischen Rahmen der Ausgangspage importiert. Es erhält also gleichsam eine fremde Umrahmung. Dadurch werden aber Angebote ausgeblendet, die sich im eigenen Rahmen des importierten Angebots befinden. Dies kann insbesondere am unteren Seitenrand geschaltete elektronische Anzeigen Dritter (die für das Schalten jener Anzeigen dem Anbieter der importierten Web Page ein Entgelt zahlen) betreffen.[550] Dagegen helfen zwar sog. Frame Killers, jedoch nur unter elaborierten HTML-Versionen oder unter Java, was nicht alle Browser unterstützen. Zum anderen können Links so geschaltet sein, dass sie nur auf ein bestimmtes Teilangebot verweisen, aber die eigentliche Homepage[551] des anderen Anbieters umgehen.[552] Hierher gehört auch der berühmte Fall Shetland Times/Shetland News.[553]

2. Rechtliche Beurteilung

140 Dieses Umgehen der Homepage vermindert die Reichweite der Homepage und kann wiederum dazu führen, dass dem Ersteller des verwiesenen Angebots Anzeigeneinnahmen verloren gehen.[554] Denn üblicherweise zahlen Werbende, die Banner auf einer bestimmten Website platziert haben, ein Entgelt, das sich daran orientiert, wie viele hits (Treffer) jene Website zu verzeichnen hat. In dem Ausblenden der Werbung auf der importierten Website kann also eine Behinderung von Wettbewerbern liegen.[555] Dies muss nicht beabsichtigt erfolgen. Ob es nur eine in Kauf genommene Nebenfolge ist, sollte indes kein die rechtliche Bewertung tragender Gesichtspunkt sein.[556] Allerdings gilt wiederum, dass dem simplen Umgehen der Homepage ein Wiederholen der Werbung auch auf den Untersites entgegengesetzt werden kann.[557] Dies gilt allerdings nicht, soweit auf der Untersite vorhandene Werbung vom Frame optisch „weggeschnitten", d. h. aus dem Wahrnehmungsbereich des Users entfernt wird. Dann liegt eine unzulässige **Werbebehinderung** nach § 4 Nr. 10 vor.[558] Für diese liegt die Verantwortung allein beim Framesetzer, da eine Verknüpfung auch weniger aggressive Techniken, namentlichen einen einfachen Hyperlink, möglich wäre.[559]

---

549 Entgegen LG Erfurt MMR 2003, 491.

550 LG Berlin CR 1999, 398, 399; *Abel/Dare* Trademark Issues in Cyberspace – The Brave New Frontier (1997) sub II A <http://www.fenwick.com/pub/cyber. html>; dazu Washington Post Corp. v. Total News, Inc. Civil Action No. 97–1190 (PKL) (S. D. N. Y., filed Feb. 20, 1997) <http://zeus.bna.com/e-law/cases/totalset.html>; *Hartnick,* N. Y. L. J. April 4 and 11, 1997 <http://www.ljx.com/internet/0411frame.html>.

551 Die eben über eigene links den Zugang zum gesamten Angebot jenes Anbieters eröffnete.

552 OLG Celle CR 1999, 523; *Abel/Tiki Dare* (Fn 548) sub II A <http://www.fenwick.com/pub/cyber.html>; *Stangrel* (1997) 2 Tolley's Comm. L. 202, 205; *Ernst* K&R 1998, 536, 539; *Wiebe* CR 1999, 524, 525; dazu Ticketmaster Corp. v. Microsoft Corp. Case No. 97–3055 DDP (C. D. Cal., filed April 28, 1997) (der Fall ist wohl Ausfluss zuvor gescheiterter Kooperationsverhandlungen zwischen den Parteien).

553 *Shetland Times Ltd. v. Dr. Jonathan Wills and Zetnews Ltd.* [1997] F. S. R. 604 (Court of Session, Outer House, Lord *Hamilton*) <http://www.jmls.edu/cyber/cases/shetld1.html>; dazu *Reed* (1997) 13 Computer L. & Sec. Rep. 167; *Campbell* (1997) 19 EIPR 255; *MacQueen* (1998) JBL 297; *Connolly/Cameron* 1998 (2) JILT <http://elj.warwick.ac.uk/jilt/copyright/98_2conn/default/htm>.

554 *Stangrel* (1997) 2 Tolley's Comm. L. 202, 205; *Schmidt/Stolz* AfP 1999, 146, 149; *Wiebe* CR 1999, 524, 525.

555 *Ernst* K&R 1998, 536, 539.

556 Entgegen öOGH K&R 2003, 420, 422 – Meteo-Data.

557 → Rn 128, 130.

558 *Ernst* K&R 1998, 536, 539; *Plaß* WRP 2000, 599, 607; *Ott* S. 426 f; *Bornkamm/Seichter* CR 2005, 747, 751.

559 *Ott* S. 427.

Hauptvorwurf beim Framing ist eine gegen § 5 verstoßende **Herkunftstäuschung:** Wer einen frame setzt, gibt fremde Inhalte und fremde Leistungen als eigene aus.[560] Er suggeriert unzulässigerweise, er habe das Angebot selber entwickelt.[561] Auch im Internet ist die Person des Inhalteanbieters nicht gleichgültig.[562] Vielmehr steckt hinter Inhalten Leistung und teilweise Originalität, auch wenn der Anbieter dem User nicht namentlich bekannt ist.[563] Eine Herkunftstäuschung ist ausnahmsweise zu verneinen, wenn die framenden Links erst nach Inanspruchnahme einer site-eigenen Suchmaschine erscheinen und dadurch indizieren, dass sie auf fremde Websites gesetzt sind.[564] 141

Des Weiteren kann es sich bei framing um eine schlichte gegen § 4 Nr. 9 verstoßende **Leistungsübernahme** handeln, also um Schmarotzen des Importierenden, der sich fremde Inhalte zu Nutze macht, ohne sie als fremd zu kennzeichnen.[565] Framing überschreitet die Grenzen der Teilhabe und Kostenfreiheit, wie sie der Link-Kultur eigen sind, und ist als Quasi-Aneignung der fremden Inhalte einwilligungsbedürftig.[566] Dies gilt in besonderem Maße, wenn Links auf Sites von Markenherstellern in einen eigenen Online-Shop integriert werden (shop-in-shop).[567] Hinzu kann eine **Rufausbeutung** durch verschleiernde Anlehnung treten, ein Schmarotzen an der Qualität des importierten Angebots.[568] 142

III. Startseiten-Hijacking

Beim **Startseiten-Hijacking** wird die Startseiteneinstellung des Browsers beim User durch ein unbemerkt geladenes Programm dergestalt manipuliert, dass der User bei jedem Start des Browsers auf die Website eines bestimmten Anbieters geführt wird.[569] Technisch läst sich dies nicht allein durch Änderungen im Browser rückgängig machen, sondern erfordert Änderungen an den Einträgen im Registry und damit erhöhte Programmierkenntnisse oder spezielle Hilfsprogramme.[570] Diese Art, Aufmerksamkeit zu erlangen und Werbung zu betreiben, geschieht in großem Umfang auf Kosten des Users, der Zeit und Mühen aufwenden muss, um dorthin zu gelangen, wo er eigentlich hin will. Der User wird per Zwangsführung abgelenkt und gegen seinen Willen gleichsam entführt. Ihm wird Zeit gestohlen. Startseiten-Hijacking ist belästigende Werbung und nach § 7 Abs. 1 unlauter.[571] 143

F. Pop-Ups, Interstitials und Layers Ads

I. Phänomene

Pop-Ups sind Fenster, die sich beim Anklicken einer Website öffnen und zumindest über Teile jener Website legen. Pop-Ups gehören zu den Mitteln der Unterbrecherwerbung.[572] Sie 144

[560] Ebenso zB *Bornkamm/Seichter* CR 2005, 747, 751; *Plog* in: HmbKommGesMedienR 30. Abschnitt Rn 40.

[561] *Ernst* K&R 1998, 536, 539; *Schmittmann* 2003 S. 136; *Ott* S. 432f.

[562] So aber OLG Düsseldorf MMR 1999, 729, 732.

[563] *Leistner* CR 2000, 187, 188; *Wiebe* in: *Hohl/Leible/Sosnitza* S. 133, 144f.

[564] OLG Düsseldorf K&R 2000, 87, 90 – baumarkt.de; *Ott* S. 433.

[565] Dazu LG Düsseldorf CR 1998, 763, 764; *Gliori/Schwarz/Peschel-Mehner* Kap. 5.2.2 S. 19; *Ernst* NJW-CoR 1997, 224, 226; *ders.* K&R 1998, 536, 539; *Gabel* K&R 1998, 555, 556; *Bornkamm/Seichter* CR 2005, 747, 751 sowie *Laga* JurPC Web-Dok 25/1998 Abs. 34 <http://www.jura.uni-sb.de/jurpc/aufsatz/1998 0025.htm>.

[566] Forum des droits de l'Internet, Recommandation Hyperlien: Statut juridique, rendue publique le 3 mars 2003, S. 9 <www.foruminternet.org/telechargement/documents>; *Koch* CR 2004, 213, 217.

[567] *Wiebe* (Fn 561) S. 133, 145.

[568] *Wiebe* (Fn 561) S. 133, 145; *Plog* in: HmbKommGesMedienR 30. Abschnitt Rn 40.

[569] *Hoeren* DuD 2004, 611, 615.

[570] *Hoeren* DuD 2004, 611, 615.

[571] *Hoeren* DuD 2004, 611, 615.

[572] *Leupold/Bräutigam/Pfeiffer* WRP 2000, 575, 591; *Ladeur* Rn 29.

enthalten Werbung für Leistungen zumeist eines anderen Anbieters als des Betreibers der angesteuerten Website. Beispiele bieten etwa die Pop-Ups, die sich öffnen, wenn man www.telefonbuch.de öffnet. In der Regel können sie weggeklickt werden. Teilweise lagern sie sich aber auch in der Liste geöffneter Anwendungen am unteren Rand des Bildschirms ab und öffnen sich dementsprechend spätestens wieder, wenn der User aus dem WWW aussteigen will. Pop-Ups, die sich erst bei Verlassen und beim Schließen einer aufgerufenen Website öffnen, werden auch seltener **Pop Under**-Banner oder spezifischer **Exit-Pop-Ups** genannt.[573] In aller Regel müssen sie alle vom User aktiv geschlossen werden.[574] **Pop-Under** wird teilweise auch als Bezeichnung für Pop-Ups verwendet, die sich zuerst im Hintergrund befinden, dann in den Vordergrund springen und wieder in den Hintergrund zurückspringen.[575]

145 **Interstitials** nutzen die Möglichkeit, Werbung vor dem Betreten oder nach dem Verlassen einer Website erscheinen zu lassen, gleichsam „in den Zwischenräumen", wie ihr Name sagt.[576] Anders als klassische Pop-Ups erscheinen sie nicht in einem separaten Fenster, sondern werden im Fenster des angeklickten Links oder der eingegebenen URL angezeigt.[577] Üblicherweise wird nach einigen Sekunden auf das vom Nutzer eigentlich angesteuerte Angebot weitergeleitet; alternativ enthält das Interstitials einen Link auf die eigentlich gewünschte Website.[578] Funktionell ist dies ebenfalls der Unterbrecherwerbung im Fernsehen vergleichbar.[579] Bei Betreten einer Website auftretende Interstitials werden auch **Prestitials** genannt.[580]

146 Eine besondere Variante sind **Superstitials:**[581] Sie aktivieren Multimedia-Elemente. Sie zeichnen sich dadurch aus, dass die Ladezeiten kurz sind, weil die Spots gleichsam im Hintergrund geladen werden, während der User die angesteuerte Site nutzt. Die Animation erscheint erst nach Abschluss des Ladevorgangs. Flash-Spots setzen dann aber auf einen hohen Aufmerksamkeitseffekt, indem sie plötzlich den ganzen Bildschirm ausfüllen. Rechtlich sind Superstitials ebenso zu behandeln wie weniger aufwändige Pop-Ups.[582]

147 **Layer Ads,** auch **Hover Ads** genannt, sind überlagernde Werbemittel, die sich im Browserbereich über den Inhalt legen und typischerweise nach Ablauf einer programmierten Zeitspanne per automatischem Timeout verschwinden.[583] Zumeist bestehen auch Möglichkeiten, sie wegzuklicken. Da sie größer als normale Pop-Ups sind, bieten sie bessere Möglichkeiten, mehr und komplexere Inhalte einschließlich Filmen und Sound zu transportieren.[584] **Flash Layers** als besondere Form beruhen auf der Flash-Technologie und sind zumeist im Prinzip durchsichtige Überlagerungen des eigentlichen Inhalts ohne graphischen Rahmen.[585] Teilweise werden sie auch als Transparent Flash layers oder Shaped Pop-Ups bezeichnet.[586]

148 Eine weitere Variante sind **AdBreaks.** Sie überlagern nicht die eigentlich angesteuerte Website, sondern sind deren Aufschalten zeitlich vorgelagert.[587] Sie führen also zu einem Verzögerungseffekt und zwingen dazu, erst das AdBreak zu durchlaufen, bevor man zum eigentlichen gewünschten Inhalt kommt.

---

[573] MünchKomm/*Wiebe* UWG Anh. §§ 1–7 A Rn 28.
[574] *Pierson* K&R 2006, 489, 493; *Pohle* K&R 2008, 711, 714.
[575] *Burmeister* Belästigung als Wettbewerbsverstoß, 2006, S. 97.
[576] Näher zur Typologie *Klinger* S. 381–385.
[577] *Bröcker/Czychowski/Schäfer/Dustmann* § 11 Rn 64; *Klinger* S. 379.
[578] *Bröcker/Czychowski/Schäfer/Dustmann* § 11 Rn 64.
[579] MünchKomm/*Wiebe* UWG Anh. §§ 1–7 A Rn 28.
[580] *Pierson* K&R 2006, 489, 493; *Pohle* K&R 2008, 711, 714.
[581] *Ladeur* Rn 29; *Klinger* S. 379.
[582] *Ladeur* Rn 29.
[583] ZB <http://de.wikipedia.org/wiki/Internetwerbung>.
[584] ZB <http://de.wikipedia.org/wiki/Internetwerbung>.
[585] Bräutigam/Leupold/*Pfeiffer/Schlögel/Wolff* Kap. A II Rn 324; *Klinger* S. 397.
[586] *Klinger* S. 397 Fn 1806.
[587] *Plog* in: HmbKommGesMedienR 30. Abschnitt Rn 6.

II. Belästigende Werbung im Sinne des § 7 Abs. 1

1. Belästigungseffekt

Pop-Ups[588] sind belästigende Werbung[589] und nach § 7 Abs. 1 wettbewerbswidrig. Denn ein Pop-Up verdeckt, was man eigentlich sehen will[590] und enthält Informationen oder Unterhaltung vor, auf die man eigentlich zusteuert.[591] Der Aufbau von Pop-Ups bringt Zeitverlust mit sich; jene Zeit läuft zudem auf direkte Kosten des Nutzers, sofern dieser seinem Provider Zeitgebühren für den Internetzugang zahlen muss.[592] Pop-Ups sind unausweichlich, man ist ihnen ausgesetzt (forced exposure).[593] Auf die Größe oder gar auf die potenzielle Zahl der Pop-Ups kommt es dabei grundsätzlich nicht an.[594] Auch ein kleines Pop-Up kann gerade jene Informationen verdecken, auf welche es dem User ankommt; der User hat nämlich keinen Einfluss darauf, wo das Pop-Up auftaucht.[595] AdBreaks, Prestitials und Layer Ads verdecken zwar nichts durch Überlagerung, verhindern aber durch ihre Vorschaltung zeitweise den Zugriff auf die eigentlich gewünschten Inhalte. Dass es Blockerprogramme gibt, die sich sogar zum großen Teil kostenlos aus dem Internet herunterladen und installieren lassen, ist kein Gegenargument:[596] Es besteht keine Obliegenheit des Opfers, sich zu schützen, sondern es ist es ganz vordringlich Sache des Angreifers, den Angriff zu unterlassen. Das Aufrufen bestimmter Websites ist in keiner Weise eine Einwilligung in Pop-Ups, die mit dieser Site verbunden sind.[597] Dafür fehlt es schon am Bewusststein, worein man einwilligen würde. 149

Die Belästigung wächst noch, wenn das Pop-Up aufwändig ist und viel Ladezeit in Anspruch nimmt, bevor es sich wegklicken lässt.[598] Dies steigert sich noch weiter, wenn das Wegklicken zwar vordergründig gelingt, das Weggeklickte aber nur flugs einem weiteren Störenfried Platz macht. Solche Schleifen können – insbesondere bei mehrfacher Staffelung – das System lahm legen und den PC sogar zum Absturz bringen.[599] Besonders belästigend sind solche Pop-Ups, die sich unten am Bildschirmrand auf der Liste geöffneter Programme ablagern, oder die gleich mehrere Fenster öffnen.[600] 150

Eine weitere Steigerung tritt ein, wenn sich die Pop-Ups der elaborierteren Versionen gegen das einfache Wegklicken wehren und weiter ausholende Schritte erforderlich machen, um sie wieder verschwinden zu lassen. Unterbrechung der begonnenen Informationssuche bzw. des Surfens, Arbeit mit dem Taskmaster oder Neustart des PC sind die wenig erfreulichen Konsequenzen. Im Extremfall muss der User den „Affengriff" (Ctrl+Alt+Delete) 151

---

[588] Im Folgenden verstanden als Oberbegriff für Pop-Ups im engeren Sinn, Interstitials, Superstitials, Prestitials, Layer Ads und AdBreaks, soweit keine ausdrückliche Differenzierung erfolgt.

[589] *Leupold/Bräutigam/Pfeiffer* WRP 2000, 575, 591; *Kaminski/Oelschlägel* 3. Kap. D Rn 41; *Schmittmann* 2003 S. 70; *Mankowski* K&R 2003, 526; Bräutigam/Leupold/*Bräutigam/Leupold* B IX Rn 222, 225; *Hoeren* DuD 2004, 611, 614; *Schreibauer/Mulch* WRP 2005, 442, 457; *Burmeister* Belästigung als Wettbewerbsverstoß, 2006, S. 99f; Hoeren/Sieber/*Süßenberger* Kap. 11.1 Rn 55 (Juni 2006); *Lehmler* § 7 Rn 53; dazu auch LG Düsseldorf CR 2003, 525. Anderer Ansicht für Pop-Ups, die sich unverzüglich schließen lassen und keine lange Ladezeit beanspruchen, Bettinger/Leistner/*Leistner* Teil 1 A Rn 44; Bröcker/Czychowski/Schäfer/*Dustmann* § 11 Rn 62; Spindler/Schuster/*Schulze zur Wiesche* § 7 Rn 11; Hefermehl/*Köhler*/Bornkamm UWG § 7 Rn 93; Gloy/Loschelder/*Hasselblatt* § 58 Rn 101 und generell *Härting/Schirmbacher* ITRB 2005, 16, 18; *Bornkamm/Seichter* CR 2005, 747, 752; MünchKomm/*Leible* UWG § 7 Rn 267; Piper/*Ohly* UWG § 7 Rn 95; *Plog* in: HmbKommGesMedienR 30. Abschnitt Rn 7.

[590] *Kaminski/Oelschlägel* 3. Kap. D Rn 41.

[591] *Leupold/Bräutigam/Pfeiffer* WRP 2000, 575, 591.

[592] Bräutigam/Leupold/*Bräutigam/Leupold* B IX Rn 223.

[593] *Brömmelmeyer* S. 27; *Burmeister* Belästigung als Wettbewerbsverstoß, 2006, S. 100f.

[594] Anders wohl Bettinger/Leistner/*Leistner* Teil 1 A Rn 44.

[595] Bräutigam/Leupold/*Bräutigam/Leupold* B IX Rn 225.

[596] Entgegen MünchKomm/*Leible* UWG § 7 Rn 267.

[597] *Burmeister* Belästigung als Wettbewerbsverstoß, 2006, S. 103.

[598] Bettinger/Leistner/*Leistner* Teil 1 A Rn 44; Bräutigam/Leupold/*Bräutigam/Leupold* B IX Rn 222.

[599] Insoweit zustimmend Piper/*Ohly* UWG § 7 Rn 95.

[600] Zugestanden von Bröcker/Czychowski/Schäfer/*Dustmann* § 11 Rn 63.

oder den Aus-Schalter des PC benutzen, um die sonst unentrinnbare Belästigung zu beenden, wenn auch um den Preis, den eigenen Computer neu starten und auf dessen Wieder-Hochfahren warten zu müssen. Eigentlich wollte der User etwas anderes machen, und nun zwingt das Pop-Up, dies zu unterbrechen und kostbare Zeit zu verschwenden. Hinzu kommt die Furcht, ob der Eindringling denn nicht noch weit schlimmere Begleiterscheinungen zeitigt und etwa einen Dialer installiert. Pop-Ups haben aus User-Sicht eigentlich gar nichts für sich. Ihre Informationsfunktion wird kaum wahrgenommen, und man empfindet sie ganz vorrangig als aufdringliche und ärgerliche Belästigung.

152 In besonderem Maße belästigend wirken Pop-Ups auf mobilen Endgeräten. Denn sie sorgen dort nicht nur für ständige Unterbrechungen, sondern entfalten aufgrund der kleineren Displaygröße noch erheblich gesteigertes Störpotenzial.[601] Zusätzliche Werbefenster erhöhen Datenvolumina und Ladezeiten aufgerufener Inhalte, umso mehr, je häufiger Werbefenster auftreten und je aufwändiger diese gestaltet sind.[602] Mobile Internetnutzer haben häufig keine Datenflatrate, so dass größere Volumina in ihrer Zeit und auf ihre Kosten geladen werden, so dass die aufgedrängten Pop-Ips sie obendrein noch finanziell belasten.[603] Dies gilt besonders für animierte und soundunterstützte Einblendungen, da diese stets besonders große Datenströme verursachen.[604]

153 Erst recht liegt eine Belästigung vor, wenn bei der **Idle Screen-Werbung** plattformgestützt werbliche Inhalte auf Ruhebildschirme mobiler Endgeräte ausgeliefert werden.[605] Denn damit werden nützliche Gerätefunktionen in Form von Akkulauf- und Akkuladezeiten konterkariert.[606]

2. Keine Rechtfertigung durch Refinanzierungsfunktionen für Websitebetreiber

154 Auf der anderen Seite tragen Pop-Ups wesentlich zur Refinanzierung vieler Website-Betreiber bei. Nachdem die großen Erwartungen, die man einst in Banner-Werbung setzte, sich nicht erfüllt haben, sind Pop-Ups für Website-Betreiber häufig der einzige Weg, wenigstens eine gewisse Refinanzierung durch Zulassung von Drittwerbung zu erzielen. Pop-Ups erregen sogar weit mehr Aufmerksamkeit als bloße Banner. Mit ihnen muss sich der User zumindest kurzfristig auseinandersetzen. Er kann sie nicht einfach ignorieren. Entsprechend ist die Preisgestaltung für das Schalten von Pop-Ups bei beliebten Websites. Je beliebter die Website, d.h. je mehr Zugriffe, desto höher der Preis, welchen der Website-Betreiber für das Schalten eines Pop-Ups verlangen kann. Pop-Ups generell zu untersagen würde daher in der Folge die Refinanzierungsmöglichkeiten von Website-Betreibern einschränken und so unter Umständen einen Teil des Angebots an Websites gefährden.[607] Die Belästigung für den einzelnen User würde abgebaut – um den Preis, dass dessen Lieblings-Website möglicherweise verschwinden könnte oder dass einzelne Angebote nicht mehr kostenlos, sondern nur noch kostenpflichtig abgerufen werden könnten.[608]

155 Freilich ist auch diese Argumentation einzuschränken: Banner-Werbung wurde weniger bejubelt, und die Banner-Preise sanken dramatisch, nachdem man die vergleichsweise geringe Effektivität von Banner-Werbung festgestellt hatte. Es wäre interessant, Statistiken oder zumindest Umfragen über den Erfolg von Pop-Ups zu sehen. Zumindest als Belästigung empfundene Pop-Ups dürften eigentlich weder Interesse wecken noch Renommee oder Bekanntheit des mittels Pop-Up Werbenden positiv steigern Mit einer Belästigung möchte der Werbende kaum assoziiert werden. Reaktanz der angesprochenen Verkehrs-

---

601 *Pohle* K&R 2008, 711, 714.
602 *Pohle* K&R 2008, 711, 714f.
603 *Pohle* K&R 2008, 711, 715.
604 *Pohle* K&R 2008, 711, 715.
605 *Pohle* K&R 2008, 711, 715.
606 *Pohle* K&R 2008, 711, 715.
607 Bröcker/Czychowski/Schäfer/*Dustmann* § 11 Rn 62.
608 Bröcker/Czychowski/Schäfer/*Dustmann* § 11 Rn 62, 65.

kreise ist weitaus wahrscheinlicher als Sympathiegewinnung.[609] Aufmerksamkeit wird erst recht nicht bei jenen Usern erzielt, die jedes Pop-Up routiniert und sofort wegklicken, ohne sich überhaupt anzuschauen, wofür geworben wird. Wahrgenommen wird nur, dass es ein Pop-Up gibt, aber nicht, welchen Inhalt das Pop-Up hat.

3. Keine Differenzierung nach dem beworbenen Inhalt

Die Belästigung erfolgt durch den Überraschungseffekt und die Art des Auftretens, also 156 dadurch, dass der User überhaupt mit einem Pop-Up konfrontiert wird. Es macht keinen Unterschied, ob für Erotik-Dienste, Sportwetten, TK-Dienstleistungen oder Handys geworben wird. Das Pop-Up mit seinen Charakteristika ist das Störende, nicht der Inhalt. Der Inhalt mag noch so seriös oder kontextsensitiv[610] sein, die Art des Auftretens stört. Der Überfall auf die Sinne und die Notwendigkeit, aktiv zu werden, um sich von dem lästigen Eindringling zu befreien, sind das Entscheidende. Sie mögen noch verstärkt werden durch Schikanen, welche das Wegklicken erschweren. Zusätzliche Fährnisse bestärken das Verdikt noch. Sie haben erst recht nichts mit dem Inhalt zu tun.

4. Keine Differenzierung nach dem Zeitpunkt des Aufscheinens

Für die rechtliche Beurteilung macht es keinen relevanten Unterschied, ob es sich um 157 ein Exit-Interstitial, ein Pop-Up im engeren Sinne oder ein Eingangs-Insterstitial handelt. Letztere sind erfahrungsgemäß die häufiger anzutreffende Variante. Sie springen bereits bei Betreten der Website an. Exit-Pop-Ups dagegen sind tückischer, weil man sich ihrer noch weniger versieht. Zudem werden die Betreiber der verlassenen Website in ihren Abreden mit den Pop-Up-Betreibern weniger strenge Vorgaben machen. Ein Eingangs-Pop-Up könnte die Wahrnehmung der eigentlichen Website verhindern oder dazu führen, dass auch diese sofort verlassen wird. Insoweit ist ein unmittelbares und vitales Interesse des Website-Betreibers betroffen. Scheint das Pop-Up dagegen erst auf, wenn die Website bereits verlassen ist bzw. der User die Website gerade verlässt, bestehen kein Aufmerksamkeitskonflikt und keine Gefahr, dass die Website gleich mit abgelehnt würde. Der Website-Betreiber läuft dann keine Gefahr, durch Aufmerksamkeitsentzug mitabgestraft zu werden.

Bei Exit-Interstitials kann sich allerdings obendrein die besondere Gefahr einer Her- 158 kunftsverwirrung ergeben, wenn diese externen Links auf Angebote Dritter vorgeschaltet sind, sofern jene Dritten mit den beworbenen Produkten nicht assoziiert werden wollen oder ihr Angebot bewusst werbefrei betreiben. Dann kann in dem Interstitial sowohl eine Irreführung als auch unter Umständen ein Ausbeuten fremden Leistungen liegen.[611]

5. Keine stillschweigende Einwilligung des Users

Es liegt auch keine stillschweigende Einwilligung des Users vor. Zwar bedient sich der 159 User eines Mediums und betritt eine Website, die in der einen oder anderen Form finanziert sein müssen, damit dieses Angebot überhaupt besteht. Werbung Dritter ist ein denkbarer Weg zur Finanzierung. Im Fernsehen akzeptiert man Werbeblöcke klaglos. Man akzeptiert Anzeigen in Zeitungen und Zeitschriften. In der Sache ist richtigerweise zwischen den einzelnen Werbeformen bei Websites zu differenzieren: Banner-Werbung ist allgemein akzeptiert. Sie ist ähnlich zurückhaltend wie eine Anzeige. Man kann ihr auf einfache Weise ausweichen. Man muss nicht aktiv werden, um sie wegzublenden. Pop-Ups dagegen sind aggressiv. Sie springen dem Betrachter eben ins Gesicht. Sie setzen gerade auf diesen größere Aufmerksamkeit erheischenden Effekt. Das hebt sie heraus und bedingt ihre andere rechtliche Einordnung. Ein Refinanzierungsinteresse ist legitim. Es kann aber nicht auf Kosten anderer ausgelebt werden, zumal wenn weniger belästigende Formen zur Verfügung stünden.

---

609 Leupold/Bräutigam/*Pfeiffer* WRP 2000, 575, 591.
610 Bettinger/Leistner/*Leistner* Teil 1 A Rn 44.
611 Bröcker/Czychowski/Schäfer/*Dustmann* § 11 Rn 66.

160 Eine stillschweigende Einwilligung des Users ist in keiner Weise zu unterstellen. Wenn es Statistiken über die tatsächlichen Verweildauern von Pop-Ups auf Bildschirmen gäbe, also Statistiken, aus welchen sich ablesen ließe, wie schnell und unmittelbar Pop-Ups weggeklickt werden, würde dies belegen, wie wenig Interesse User an Pop-Ups haben und wie schnell sie sich dieser entledigen. Pop-Ups werden als Übel empfunden – aber nicht als notwendiges Übel. Die weit überwiegende Mehrzahl aller Websites wird im Übrigen nicht durch Pop-Ups verunziert. Auch und gerade sie prägen aber das Vorstellungsbild.

III. Behinderung und Rufausbeutung

161 In besonderen Fällen können Pop-Ups auch wegen Rufausbeutung und Behinderung nach § 4 Nr. 10 wettbewerbswidrig sein.[612] Einige Pop-Ups schalten sich im Wege des sog. **in-context behavioural advertising** auf fremde Websites auf, ohne vorher die Einwilligung des Website-Betreibers einzuholen. Damit versucht der Pop-Up-Betreiber den guten Ruf und die Attraktivität jener Website zu nutzen, behindert deren Betreiber und versucht Interessenten auf die eigenen Werbeangebote abzulenken. Sie leiten Kundenströme auf eigene Werbekunden um und hindern den Websitebetreiber, seinen eigenen guten Ruf vollständig auszunutzen.[613]

G. Missachtung von Kennzeichnungs- und Informationspflichten

162 Im Internet besteht eine Reihe spezifischer Kennzeichnungspflichten. An erster Stelle stehen jene für Telemedien aus § 5 TMG. An zweiter Stelle folgen jene aus § 312e BGB. Daneben sind die fernabsatzrechtlichen Pflichten aus § 312c BGB zu nennen, die allerdings nicht internetspezifisch sind. Darüber hinaus können besondere Pflichten bestehen, zB für Heilmittelwerbung aus § 4 HWG.[614]

I. Kennzeichnungspflicht für Telemedien aus § 5 TMG

1. Grundvoraussetzungen des § 5 TMG

163 **a) Telemedium.** Der Begriff des Telemediums ist weit zu verstehen. Praktisch erfasst er grundsätzlich jede Internetpräsenz, welche den Abruf von Daten durch einen Nutzer ermöglicht.[615] Einschränkungsmöglichkeiten erscheinen insoweit denkbar, als eine Website nur der persönlichen Selbstdarstellung dient und keine für den Nutzer brauchbare und verwertbare Leistung darstellt.[616] Es ginge allerdings zu weit, geschäftsmäßige Angebote auszunehmen, soweit sie keine Bestellmöglichkeiten bieten.[617] Dies kollidierte sowohl mit dem weiten Katalog des § 2 Abs. 2 TMG als auch mit der Zielsetzung des TMG.[618] Das TMG stellt nirgends ein Erfordernis auf, dass ein Telemedium eine unmittelbare Interaktions- oder Reaktionsmöglichkeit für den Nutzer eröffnen müsste.

164 **b) Geschäftsmäßigkeit.** Weitere Voraussetzung ist, dass der Telemedium geschäftsmäßig betrieben wird. Dafür kann man sich grundsätzlich an den allgemeinen Kriterien für Ge-

---

[612] LG Köln MMR 2004, 840 = JurPC Web-Dok. 230/2004; *Bornkamm/Seichter* CR 2005, 747, 752; MünchKomm/*Leible* UWG § 7 Rn 267; *Pierson* K&R 2006, 489, 494.

[613] Dazu LG Köln MMR 2004, 840 = JurPC Web-Dok. 230/2004; *Pierson* K&R 2006, 489, 494.

[614] Dazu OLG München GRUR-RR 2002, 206 – Pflichtangaben; OLG Hamburg GRUR-RR 2003, 121 – Navigationsbox.

[615] *Stickelbrock* GRUR 2004, 111, 112.

[616] Dafür *Wüstenberg* WRP 2002, 782, 784.

[617] Dafür aber OLG Hamm MMR 2003, 410.

[618] *Stickelbrock* GRUR 2004, 111, 112.

werbsmäßigkeit orientieren. Jedenfalls ist nicht ersichtlich, dass insoweit Wertungsunterschiede bestünde, die zwingend ein abweichendes Verständnis geböten.

Wenn über eBay nachhaltig und in größerem Umfang neue oder gebrauchte Waren verkauft werden, lässt der Umfang der Verkaufstätigkeit den Rückschluss auf eine gewerbliche Tätigkeit des Verkäufers zu.[619] Insoweit bietet auch das Prädikat als **Powerseller** ein wertvolles Indiz. Denn das Prädikat Powerselling wird umsatzabhängig und abhängig von der Transaktionszahl vergeben. Je höher der Umsatz ist, desto näher liegt aber Gewerblichkeit. Das Indiz wird umso stärker, je höhere Stufen der Anbieter in einem differenzierten Powerselling-System erreicht. Sozusagen „goldenes Powerselling" zumindest bildet ein kaum zu widerlegendes Indiz für Gewerblichkeit. Dabei spielt es keine Rolle, welchen Haupt- oder Brotberuf der Powerseller ausüben mag. Auch nebenberufliche Tätigkeit kann selbstständig oder gewerblich sein. Abhängige Beschäftigung im Hauptberuf oder im erlernten Beruf ist daher kein Gegenindiz, dass die Tätigkeit als Powerseller nicht gewerblich wäre. Insoweit muss man die Tätigkeit als Verkäufer bei Auktionen grundsätzlich isoliert sehen. 165

2. Inhaltliche Anforderungen des § 5 TMG

Nach § 5 S. 1 TMG haben Anbieter von geschäftsmäßigen Telemedienn zumindest die in den § 5 S. 1 TMG nachfolgend aufgeführten Informationen leicht erkennbar, unmittelbar erreichbar und ständig verfügbar zu halten. Diese Informationen müssen an gut wahrnehmbarer Stelle, ohne langes Suchen und jederzeit aufzufinden sein.[620] § 5 TMG verpflichtet die Anbieter geschäftsmäßiger Dienste dazu, bestimmte Mindestinformationspflichten zu erfüllen. Diese werden in § 5 S. 1 Nr. 1 bis 6 TMG im Einzelnen aufgelistet. Parallele Informationspflichten statuierte früher auch § 10 Abs. 2 S. 1 Nr. 1 bis 6 MDStV für geschäftsmäßige Mediendienste. 166

Gefordert sind vollständiger Name und ladungsfähige[621] Anschrift des Anbieters (§ 5 S. 1 Nr. 1 TMG). Eine Postfachadresse reicht nicht aus.[622] Anzugeben ist die Anschrift der Niederlassung, bei mehreren Niederlassungen die Anschrift jener Niederlassung, welche für den Telemedium verantwortlich ist bzw. bei welcher die für das Telemedium notwendigen organisatorischen Ressourcen gebündelt sind, im Zweifelsfall wohl der Hauptniederlassung.[623] Bei Gesellschaften sind Rechtsformzusätze auszuschreiben, insbesondere bei ungebräuchlicheren oder ausländischen Gesellschaftsformen.[624] 167

Die Adressangabe beinhaltet Name und Anschrift eines Vertretungsberechtigten bei juristischen Personen.[625] Rechtsgeschäftliche Vertretungsmacht reicht aus; die Angabe der gesetzlich vertretenden Organpersonen ist nicht notwendig,[626] wie der Umkehrschluss aus § 35 a GmbHG zeigt.[627] Sofern von dieser Möglichkeit kein Gebrauch gemacht wird, muss bei Kapitalgesellschaften & Co. KG auch die haftende Kapitalgesellschaft nebst ihren Vertretungsberechtigten angegeben werden.[628] Die rückzuverfolgende Vertretungskette muss bis zur ersten natürlichen Person gehen.[629] Auf Grund der Gleichstellung in § 3 S. 2 TMG gilt die gleiche Verpflichtung jenseits der juristischen Personen auch für Personengesellschaft, die 168

---

[619] LG Schweinfurt WRP 2004, 654.

[620] Begr. der Bundesregierung zum Entwurf eines Gesetzes über rechtliche Rahmenbedingungen für den elektronischen Geschäftsverkehr, BT-Drucks. 14/6098 S. 21.

[621] Zur neueren Gesetzgebungsgeschichte der Anforderung *Bernd Lorenz* K&R 2008, 340, 343.

[622] *Wolters* DuD 1999, 634; *Brunst* MMR 2004, 8, 10; *Bernd Lorenz* K&R 2008, 340, 343.

[623] *Hoenike/Hülsdunk* MMR 2002, 415, 418; *Brunst* MMR 2004, 8, 10.

[624] *Bernd Lorenz* K&R 2008, 340, 343.

[625] OLG München MMR 2002, 173, 174; *Hoenike/Hülsdunk* MMR 2002, 415, 418; *Stickelbrock* GRUR 2004, 111, 113.

[626] OLG München MMR 2002, 173, 174. AA LG Berlin WRP 2004, 1198.

[627] *Hoß* CR 2003, 687, 688.

[628] *Roßnagel/Brönneke* § 6 TDG Rn 49; *Ernst* CR 2003, 759.

[629] *Ernst* CR 2003, 759.

Rechte erwerben und Verbindlichkeiten eingehen können, bis hinab zur unternehmerisch tätigen Gesellschaft bürgerlichen Rechts.[630]

169 Verlangt ist sodann eine Möglichkeit zur schnellen Kontaktaufnahme durch Angabe einer Telefon- oder Faxnummer oder einer E-Mail-Adresse (§ 5 S. 1 Nr. 2 TMG). Ein automatisierter E-Mail-Link ist hilfreich, aber rechtlich nicht zwingend verlangt.[631] Traditionelle Kommunikationsmedien reichen, wenn sie schnell genug sind. Die Angabe einer bloßen Postadresse genügt dagegen nicht.[632] Sie ist bereits in den Anforderungen zur Adressangabe nach § 5 S. 1 Nr. 1 TMG enthalten und hätte daher keinen eigenen Wert.[633] Wer Telemedien anbietet, darf für Kommunikation nicht auf Medienbrüche setzen und Kommunikation per Post verlangen. Zwingend verlangt ist daher zumindest die Angabe einer Telefonnummer.[634] Der Intention des § 5 S. 1 Nr. 2 TMG läuft es erst recht zuwider, wenn der Kontakt nur über eine kostenpflichtige Mehrwertdienstenummer mit erhöhtem Verbindungsentgelt möglich ist.[635] Ein unbedingter Zwang, eine E-Mail-Adresse einzurichten, besteht nicht, zumal damit nicht kostenfreie Überwachungspflichten des Anbieters verbunden sein könnten.[636]

170 Die zuständige Aufsichtsbehörde bei Tätigkeiten, die eine behördliche Zulassung erfordern (§ 5 S. 1 Nr. 3 TMG). Dies gilt zB bei Gastronomiebetrieben, Maklern, Bauträgern oder Spielhallenbetreibern.[637] Bedarf die Tätigkeit des Anbieters keiner behördlichen Zulassung, so greift das akzessorische Angabeerfordernis ebenfalls nicht, da es anderenfalls ins Leere liefe. Nicht verlangt ist indes die Angabe der für eine eventuelle Gewerbeanmeldung zuständigen Behörde, da darin keine behördliche Zulassung liegt.[638] Auch die Eintragung in die Handwerksrolle ist keine Zulassung, so dass Handwerksbetriebe in der Regel § 5 S. 1 Nr. 3 TMG nicht genügen müssen.[639]

171 Anzugeben ist des Weiteren die Handels-, Vereins-, Partnerschafts- oder Genossenschaftsregisternummer einschließlich des zuständigen Registers, sofern der Anbieter in ein Register eingetragen ist (§ 5 S. 1 Nr. 4 TMG). Die Angabe „Handelsregisternr. 12345 (Amtsgericht Hamburg)" genügt.[640] Weitere Register kommen in Deutschland nicht in Betracht.[641] Ausländischen Gesellschaften, die nicht in einem deutschen Register eingetragen sind, verlangt § 5 S. 1 Nr. 4 TMG die Angabe ihrer ausländischen Handelsregisternummer ab.[642] Dies entspricht auch Zielsetzung und richtlinienkonformer Auslegung unter Berücksichtigung des Art. 5 lit. d E-Commerce-Richtlinie.[643] Bei ausländischen Gesellschaften hat der Verbraucher als geschützte Marktgegenseite nämlich ein mindestens ebenso großes Interesse an Gründungsrecht, Gesellschaftern und Vertretungsverhältnissen wie bei inländischen Gesellschaften.[644] Verlangt werden darf aber nur die Angabe der ausländischen Handelsregisternummer, mag diese auch das Informationsbedürfnis nach inländischen Maßstäben nicht voll befriedigen.[645]

172 Berufsträger, deren Beruf ein Diplom, einen verliehenen Titel oder eine sonstige verliehene Bezeichnung verlangt, haben nach § 5 S. 1 Nr. 5 TMG Angaben zur zuständigen

---

[630] *Brunst* MMR 2004, 8, 10.

[631] *Ernst* CR 2003, 759.

[632] OLG Köln MMR 2004, 412.

[633] OLG Köln MMR 2004, 412f.

[634] OLG Köln MMR 2004, 412, 413 sowie öOGH MMR 2004, 599, 601 – „phonesex.at"; öOGH CR 2004, 684 m. Anm. *U. W. Schulte.* AA OLG Hamm MMR 2004, 549.

[635] AA *Frhr. v. Gravenreuth/Kleinjung* JurPC Web-Dok. 273/2003; *Schulte* CR 2004, 55, 56.

[636] *Hohl/Leible/Sosnitza/Waldenberger* 2002 S. 97, 104.

[637] *Stickelbrock* GRUR 2004, 111, 113.

[638] *Kaestner/Tews* WRP 2002, 1011, 1013.

[639] *Kaestner/Tews* WRP 2002, 1011, 1013f.

[640] LG Berlin WRP 2004, 1198; *Kaestner/Tews* WRP 2002, 1011, 1014.

[641] Begr. der Bundesregierung zum Entwurf eines Gesetzes über rechtliche Rahmenbedingungen für den elektronischen Geschäftsverkehr (Elektronischer Geschäftsverkehr-Gesetz – EGG), BT-Drucks. 14/6098 S. 21; *Stickelbrock* GRUR 2004, 111, 113.

[642] LG Frankfurt/M MMR 2003, 597, 598; *Hoß* CR 2003, 687, 688; *Schulte* CR 2004, 55, 56.

[643] *Hoß* CR 2003, 687, 688.

[644] LG Frankfurt/M MMR 2003, 597, 598.

[645] Dazu *Geyrhalter/Gänßler* NZG 2003, 409, 412f.

Kammerorganisation zu machen, außerdem zur gesetzlichen Berufsbezeichnung und zu Möglichkeiten, die Berufsregeln einzusehen. Letzteres lässt sich durch einen Link auf entsprechende Websites der Kammerorganisationen bewerkstelligen, da diese inzwischen die Berufsregeln flächendeckend ins Netz gestellt haben.[646]

Als nächstes verlangt § 5 S. 1 Nr. 6 TMG die Angabe der Umsatzsteueridentifikationsnummer. Diese wird vom Bundesamt für Finanzen vergeben und ist nicht identisch mit der Umsatzsteuernummer.[647] Die Angabe „USt-IdNr. DE 123 456 789" genügt.[648] 173

Schließlich enthält § 5 S. 1 Nr. 7 TMG eine Neuerung und Erweiterung im Vergleich mit der Vorgängerreglung § 6 TDG: Er fordert bei einer AG, KGaA oder GmbH die Angabe eines Abwicklungs- oder Liquidationsverfahrens, sofern ein solches eingeleitet ist. Dies gilt nach dem Gesetzeswortlaut nicht für andere Gesellschaftsformen, insbesondere für Personengesellschaften.[649] Bei diesen besteht allerdings ein gleiches Schutzbedürfnis des Rechtsverkehrs, so dass eine Analogie sinnvoll erscheint.[650] Zweck der Norm ist es, den Nutzer eine informierte Entscheidung darüber zu erlauben, ob er noch Geschäfte mit einer im Abwicklungs- oder Liquidationsstadium befindlichen Gesellschaft machen und so Gefahr laufen will, dass er seine Ansprüche aus einem solchen Geschäft nicht oder nur quotenmäßig geltend machen kann.[651] Abwicklungs- oder Liquidationsverfahren ist insbesondere ein Insolvenzverfahren, unabhängig davon, ob eine konkrete Insolvenz vorrangig Sanierungs- und nicht Liquidationszwecke verfolgt. Die Anordnung vorläufiger Insolvenzverwaltung reicht hin. Die Pflicht aus § 5 S. 1 Nr. 7 TMG müssen die Organe der Gesellschaften erfüllen, nicht ein eventueller Insolvenzverwalter, wohl aber ein nach §§ 264 ff; 290 AktG; 66 ff GmbHG bestellter Liquidator.[652] 174

3. Kommunikationsanforderungen des § 5 TMG

Es besteht keine gesetzliche Vorgabe, unter welcher Bezeichnung die Anbieterkennzeichnung erfolgen soll.[653] **„Kontakt"** und **„Impressum"** sind rechtstatsächlich am gebräuchlichsten und rechtlich jedenfalls grundsätzlich nicht zu beanstanden.[654] Man muss sich frei machen von einer rein presserechtlichen Prägung des Begriffs „Impressum",[655] über welche das Begriffsverständnis der Internet-User hinweggegangen ist. Bei „Kontakt" besteht allerdings eine Verwechslungsgefahr, weil sich darunter häufig ein mail to-Link für die direkte Kontaktaufnahme mit dem Anbieter findet.[656] Für die Anbieterkennzeichnung (aber nur für diese) kann auch eine Rubrik „mich" oder „Über mich" genügen.[657] „Backstage" reicht dagegen nicht, da es in die Irre führt.[658] Ebenso wenig reichen Angaben allein in den AGB.[659] 175

Unmittelbare Erreichbarkeit im Sinne des § 5 S. 1 TMG verlangt eine Zugangsmöglichkeit ohne wesentliche Zwischenschritte.[660] Aufwand und Mühe dürfen nicht so groß und 176

---

[646] *Ernst* CR 2003, 759.
[647] *Ernst* CR 2003, 759; *Bernd Lorenz* K&R 2008, 340, 344.
[648] *Kaestner/Tews* WRP 2002, 1011, 1015.
[649] *Bernd Lorenz* K&R 2008, 340, 344.
[650] Dazu *Jens Schmittmann/Bernd Lorenz* ZinsO 2007, 797, 798; *Bernd Lorenz* K&R 2008, 340, 344.
[651] *Bernd Lorenz* K&R 2008, 340, 344.
[652] *Bernd Lorenz* K&R 2008, 340, 344.
[653] OLG München CR 2004, 53, 54 m. Anm. *Schulte* sowie *Woitke* NJW 2003, 8971, 872.
[654] BGH GRUR 2007, 159 – Anbieterkennzeichnung im Internet; OLG Hamburg CR 2003, 283, 285; OLG München CR 2004, 53, 54 m. Anm. *Schulte;* OLG Hamburg GRUR-RR 2007, 167 – Sofort kaufen; *Kaestner/Tews* WRP 2002, 1011, 1016; *Ott* WRP 2003, 945, 949; *Hoß* CR 2003, 687, 689; *Brunst* MMR 2004, 8, 9; *Stickelbrock* GRUR 2004, 111, 114 f. Tendenziell anders *Woitke* NJW 2003, 871, 872.
[655] In diese Richtung noch OLG Karlsruhe WRP 2002, 849, 850.
[656] OLG Karlsruhe WRP 2002, 849, 850; *Ernst* GRUR 2003, 759, 760; BGH GRUR 2009, 159.
[657] KG GRUR-RR 2007, 326 – Link „mich"; „Unternehmen" OLG Hamburg OLGR 2009, 567.
[658] OLG Hamburg GRUR-RR 2003, 92; *Klute* MMR 2003, 108; *Beckmann* CR 2003, 141; *Hoß* CR 2003, 687, 689; *Schulte* CR 2004, 55, 56.
[659] LG Berlin MMR 2003, 202, 203; *Hoß* CR 2003, 687, 688.
[660] BGH GRUR 2007, 159 – Anbieterkennzeichnung im Internet; OLG Hamburg GRUR-RR 2003, 92; OLG München CR 2004, 53, 54 m. Anm. *Schulte; Hoß* CR 2003, 687, 689.

letztlich prohibitiv sein, dass der Adressat auf die Informationserlangung regelmäßig verzichtet. Doppelte Links werden überwiegend als diesem Maßstab genügend und daher zulässig beurteilt.[661] Dafür werden indiziell die Verhaltensregeln für den elektronischen Handel der Internationalen Liga für Wettbewerbsrecht herangezogen,[662] deren Teil 3 Nr. 1 zufolge ein Nutzer nicht mehr als zwei Schritte benötigen soll, um die Identifizierungsinformation zu erhalten. Mausklicks und Links seien so üblich, dass man dem Nutzer zwei von ihnen zumuten könne.[663] Findet man die Angaben allerdings erst auf der dritten oder einer noch späteren anzuklickenden Seite, so ist die Grenze überschritten.[664] Ebenso verhält es sich bei Wegen, bei denen der Einstieg nur mit Schwierigkeiten ersichtlich ist oder die so verschlungen sind, dass sie erhebliche Kenntnisse im Ungang mit Informationstechnologie oder bestimmten Programmen voraussetzen.[665]

177 Lässt man zwei Mausklicks oder zwei Links genügen, so folgt daraus zugleich, dass nicht jede Unterseite, sondern nur die Startseite den entscheidenden Link enthalten muss, denn der durchschnittlich informierte Nutzer wird ihn dort vermuten und kann über einen Klick von jeder Unterseite zur Startseite kommen.[666] Startseite ist jede Seite, die für den externen Nutzer ersichtlich als Portal- oder Einstiegsseite gedacht ist.[667] Anderenfalls drohten Probleme bei untergliederten Anbietern (zB Unternehmen mit Tochtergesellschaften oder formell eigenständig auftretenden Abteilungen).[668]

178 Dem Verfolgen mehrerer Links vergleichbar ist die Frage, in welchem Umfang dem Nutzer zugemutet werden kann, bei einem umfangreichen Text ggf. über mehrere Bildschirmseiten zu scrollen, um zur Anbieterkennzeichnung zu gelangen. Die von § 5 S. 2 TMG verlangte leichte und unmittelbare Erkennbarkeit kann dies beeinträchtigen.[669] Eine generell strenge Handhabung[670] wäre allerdings kaum konform und konsistent mit Liberalität bei doppelten Links.[671] In beiden Fällen entstehen Zeitaufwand und (marginale) Kosten für den Aufbau mehrerer Bildschirmseiten. Beim **Scrollen** wird es im Zweifel sogar schneller gehen. Insoweit sind die Wertungen für die einzelnen Techniken aufeinander abzustimmen. Wenn man sich an die Faustformel „Nicht mehr als zwei Zwischenschritte" hält, würde die Notwendigkeit zum Scrollen von zwei Bildschirmen noch nicht schaden. Auch eine Kombination verschiedener Schritte (einmal scrollen, ein Link) ist noch zu akzeptieren.[672] Empfehlenswert erscheint aber eine Link-Konstruktion jedenfalls zu Beginn der Startseite.

179 Die Anbieterkennzeichnung muss keine direkten Kontakt zum Anbieter ermöglichen und daher nicht zwingend einen automatisierten E-Mail-Link enthalten.[673] Der Nutzer soll nur eine Möglichkeit zur Kontaktaufnahme haben, diese Möglichkeit muss ihm aber nicht automatisch dargereicht werden. Gefordert sind nur *Angaben* zur Kontaktaufnahme, nicht das unmittelbare Herstellen eines Kontakts. E-Mail-Adressen abschreiben und eintippen zu müssen ist zwar mühsam, aber zumutbar.[674]

---

[661] OLG Hamburg GRUR-RR 2003, 121 – N.box; BGH GRUR 2007, 159 – Anbieterkennzeichnung.

[662] OLG München CR 2004, 53, 54 m. Anm. *Schulte; Kaestner/Tews* WRP 2002, 1011, 1016; *Ott* WRP 2003, 945, 947.

[663] OLG München CR 2004, 53, 54 m. Anm. *Schulte* gegen *Woitke* NJW 2003, 871, 873.

[664] OLG Hamburg GRUR-RR 2003, 121, 122 – Navigationsbox; LG Düsseldorf MMR 2003, 341, 342.

[665] LG Düsseldorf MMR 2003, 341, 342.

[666] *Schulte* CR 2004, 55, 56.

[667] *Brunst* MMR 2004, 8, 12.

[668] *Brunst* MMR 2004, 8, 11 f.

[669] OLG Hamburg GRUR-RR 2003, 92; ebenso LG Hannover CR 2006, 529, 530; *Müglich* CR 2006, 531, 532 für SMS und PAngV.

[670] Dafür OLG Hamburg GRUR-RR 2003, 92 sowie im fernabsatzrechtlichen Kontext *Mankowski* CR 2001, 767, 770; *Hoenike/Hülsdonk* MMR 2002, 415, 416.

[671] Dazu *Ernst* GRUR 2003, 759, 760.

[672] Dazu *Klute* MMR 2003, 108; *Ott* WRP 2003, 945, 946f; aA OLG Hamburg MMR 2003, 105; LG Hamburg JurPC Web-Dok. 370/2002; *Hoenike/Hülsdonk* MMR 2002, 415, 417; *Woitke* NJW 2003, 871, 872.

[673] *Ernst* GRUR 2003, 759, 760; *Schulte* CR 2004, 55, 56.

[674] *Ernst* GRUR 2003, 759, 760; *Schulte* CR 2004, 55, 56.

Probleme können sich allerdings ergeben, wenn PDF-Dateien oder JavaScript-Formate zu lesen sind, weil dies nicht von jedem Browser unterstützt wird.[675] Eine Orinetierung an den Default-Einstellungen konventioneller und vrebreiteter Browser, sozusagen ein Standard, den man dem User abverlangen kann, wäre dabei fehl am Platze.[676] Ähnliches gilt bei Einbindung in kompliziertere Graphiken. Jedenfalls nicht ausreichend sind **Applets** wie Flash, Shockwave usw., die zwingend die Installation eines **Plug-ins** erforderten.[677] Sehr kleine, blasse und drucktechnisch nicht hervorgehobene Schrift reicht jedenfalls nicht.[678] 180

Erforderlich sind Möglichkeiten zu einer schnellen Kontaktaufnahme und einer unmittelbaren und effizienten Kommunikation.[679] Daher ist auch nach Art. 5 Abs. 1 lit. c E-Commerce-Richtlinie nicht zwingend erforderlich, dass eine Telefonnummer angegeben wird.[680] Statt ihrer kann eine elektronische Anfragemaske ausreichen.[681] Allerdings ist dem möglichen Ausfall elektronischer Wege Rechnung zu tragen[682] und ein zusätzlicher, nicht-elektronischer Kommunikationsweg offenzuhalten.[683] Jedenfalls muss der Anbieter während der Geschäftszeiten eine schnelle Antwort gewährleisten. Eine Wartezeit darf nicht zu lang sein, damit das Kommunikationsmittel noch als effizient gelten kann. Dies ist etwa bei Dauereinsatz von Anrufbeantwortern oder nicht abgenommenen Telefonen gefährdet.[684] Die mehr als nur zeitweilige Ausstattung mit einem Anrufbeantworter oder die verschleierte Abweisung („Alle unsere Plätze sind derzeit besetzt, bitte rufen Sie später wieder an") sind jedenfalls problematisch.[685] Telefonkontakt zu prohibitiv hohen Kosten ist keine effektive Möglichkeit, obwohl die Kontaktmöglichkeit im Prinzip nicht als kostenfrei vorgeschrieben ist.[686] 181

4. § 5 TMG als Marktverhaltensregel?

a) Grundsätzliches. Wettbewerbsrechtlich ist für den Tatbestand des Rechtsbruchs von Bedeutung, ob es sich bei § 5 TMG um eine wertneutrale Ordnungsnorm oder um eine wertbezogene Marktverhaltensnorm handelt.[687] Richtigerweise ist wegen des verbraucherschützenden Charakters[688] des § 5 TMG dessen wertbezogener Charakter als Marktverhaltensnorm grundsätzlich zu bejahen.[689] Dagegen scheint allerdings der Vergleich mit den 182

---

[675] *Ernst* GRUR 2003, 759, 760; *ders.* Rn 126; *Schulte* CR 2004, 55, 56; *Brömmelmeyer* S. 318.

[676] *Brömmelmeyer* S. 318.

[677] *Brunst* MMR 2004, 8, 10.

[678] OLG Frankfurt K&R 2009, 197, 199.

[679] EuGH NJW 2008, 3553 Rn 16 – Bundesverband der Verbraucherzentralen/Erste Deutsche Internet-Versicherung.

[680] EuGH NJW 2008, 3553 Rn 26–32 – Bundesverband der Verbraucherzentralen/Erste Deutsche Internet-Versicherung.

[681] EuGH NJW 2008, 3553 Rn 34–36 – Bundesverband der Verbraucherzentralen/Erste Deutsche Internet-Versicherung.

[682] EuGH NJW 2008, 3553 Rn 21, 37 f – Bundesverband der Verbraucherzentralen/Erste Deutsche Internet-Versicherung.

[683] EuGH NJW 2008, 3553 Rn 23 f – Bundesverband der Verbraucherzentralen/Erste Deutsche Internet-Versicherung.

[684] *Ernst* jurisPR-ITR 2/2009 Anm. 2.

[685] *Ernst* jurisPR-ITR 2/2009 Anm. 2.

[686] *Ernst* jurisPR-ITR 2/2009 Anm. 2.

[687] Für letzteres BGH GRUR 2007, 159, 160 – Anbieterkennzeichnung im Internet; OLG Frankfurt MMR 2007, 379; OLG Frankfurt K&R 2009, 197, 200; OLG Hamm MMR 2003, 410, 411; OLG Hamm Urt. vom 9. 12. 2002 – 4 U 79/02; LG Hamburg NJW-RR 2001, 1075 m. Anm. *Dieselhorst;* LG Berlin MMR 2003, 200, 201; *Wüstenberg* WRP 2002, 782, 785; *Schneider* MDR 2002, 1236, 1238; *Hoß* AnwBl 2002, 377, 382; *ders.* CR 2003, 687, 690; *Weidert* FS Helm S. 123, 142; *Beckmann* CR 2003, 140, 141; *Klute* MMR 2003, 107; *Schulte/Schulte* NJW 2003, 2140; *Stickelbrock* GRUR 2004, 111, 115 f. Offen lassend OLG Hamburg GRUR-RR 2003, 92 m. Anm. *Klute;* LG Hamburg VuR 2002, 418 m. Anm. *Nachtwey; Brömmelmeyer* S. 336.

[688] S. nur Begr. der Bundesregierung zum Entwurf eines Gesetzes zur Regelung der Rahmenbedingungen für Informations- und Kommunikationsdienste (Informations- und Kommunikationsdienste-Gesetz – IuKDG), BT-Drucks. 13/7385 S. 21.

[689] LG Berlin MMR 2003, 202, 203; LG Düsseldorf Urt. vom 7. 11. 2002 – 34 O 172/02; LG Düsseldorf MMR 2003, 341, 342; LG Frankfurt/M GRUR-RR 2003, 347 – Online-Stellenmarkt; LG Düsseldorf JurPC Web-Dok. 216/2003; LG Berlin WRP 2004, 1198; *Lettl* GRUR-RR 2004, 225, 227. Dagegen

Pflichtangaben für Geschäftsbriefe aus §§ 37 a; 125 a; 177 HGB; 7 Abs. 5 PartGG; 35 a GmbHG; 80 AktG; 25 a GenG zu sprechen,[690] denen vorherrschend nur Wertneutralität und damit ein Charakter als reine Ordnungsnormen ohne Wettbewerbsbezug bescheinigt wird.[691] Sofern man indes einen wettbewerbsschützenden Sekundärzweck hinreichen lässt, sind bereits jene gesellschaftsrechtlichen Normen, zumal nach ihrer Neufassung durch das EHUG,[692] als Marktverhaltensnormen einzuordnen.[693] Verbraucherschutz allein mag zwar allgemein keine wettbewerbsrechtliche Wertbezogenheit indizieren,[694] bei einzelnen Normkomplexen kann es sich jedoch anders verhalten. Indes wird nur eine nach den Einzeltatbeständen differenzierende Betrachtung der Frage nach der Wettbewerbswidrigkeit ihrer Missachtung voll gerecht.[695]

183 Für die verbraucherschutzrechtliche Unterlassungsklage gelten andere Maßstäbe.[696] Sie setzt keine Wertbezogenheit voraus, sondern verlangt ein Kollektivinteresse der Verbraucher an der Rechtsverfolgung.[697] Entsprechend ist eine Verletzung der Kennzeichnungspflicht aus § 5 TMG unter dem UKlaG schon wegen ihrer Inbezugnahme in § 2 Abs. 2 Nr. 2 TMG zu verfolgen, denn sie dient der Umsetzung des Art. 5 E-Commerce-Richtlinie.[698]

184 **b) Pflichtigkeit.** Pflichtig ist der Anbieter des jeweiligen Telemediums.[699] Dies ergibt sich eindeutig aus Wortlaut und Stellung der Norm. § 5 TMG nimmt geschäftsmäßige Anbieter von Telemedien in die Pflicht, und die Norm steht richtig im TMG. Der Telemedienanbieter muss keineswegs mit demjenigen identisch sein, um dessen Werbung es im Kern geht. Zwar kann auch eine Website mit Werbung für eigene Angebote ein Telemedium sein. Dies erlaubt aber nicht den umgekehrten Schluss, dass automatisch der Werbende Anbieter des Telemediums wäre. Man muss zwischen dem Werbenden einerseits und dem Träger des Werbemediums andererseits unterscheiden.[700] § 5 TMG richtet sich nicht an den Werbenden. Er richtet sich vielmehr an den Träger des potentiellen Werbemediums Telemedium. Insoweit verhält er sich parallel den presserechtlichen Impressumspflichten. Diese richten sich ebenfalls nur an den Betreiber des Presseorgans. Impressumspflichten setzen beim Medium an, nicht beim Inhalt.[701]

185 Auch sachlich ist der Telemedienanbieter der richtige Adressat. Die Impressumspflicht soll Externen einen Ansprechpartner geben, zB wenn sie über den Telemedium transportierte Inhalte monieren wollen. Nur der Telemedienanbieter kann fremde Inhalte aus seinem Dienst entfernen und bestimmen, was der Dienst transportiert und was nicht.[702] Er mag sich in vertraglichen Bindungen zu Werbenden befinden, aber sich mit diesen Werbenden auseinanderzusetzen wird dann zur Frage des Vertragsrechts und verschiebt sich in das relative Innenverhältnis zwischen Telemedienanbieter und Werbendem.[703] Die Anbieterkennzeichnung dagegen richtet sich an die Allgemeinheit und an jeden Interessierten. Sie steht im Außenverhältnis. Besonders deutlich wird die richtige Verortung der Impressumspflicht beim

---

ausdrücklich OLG Hamburg GRUR-RR 2003, 92 m. Anm. *Klute;* LG Hamburg VuR 2002, 418 m. Anm. *Nachtwey; Stickelbrock* GRUR 2004, 111, 116, 117; *Simon* RdW 2004, 135, 136 f; *Bernd Lorenz* K&R 2008, 340, 343.

690 *Ernst* GRUR 2003, 759, 760; *Stickelbrock* GRUR 2004, 111, 115.

691 S. nur KG GmbHR 1991, 470; LG Berlin WM 1991, 1615. AA allerdings LG Bonn Urt. vom 22. 6. 2006 – 14 O 50/06.

692 Gesetz über elektronische Handelsregister und Genossenschaftsregister sowie das Unternehmensregister (EHUG) vom 10. 11. 2006, BGBl. I S. 2553.

693 *Rath/Sebastian Hansen* K&R 2007, 113, 114.

694 BGH GRUR 1974, 281, 282 – Clipper; OLG Hamburg GRUR-RR 2003, 92; *Ernst* GRUR 2003, 759, 760; *U. W. Schulte* CR 2004, 687, 688.

695 *Ernst* GRUR 2003, 759.

696 *Schulte* CR 2004, 55, 56.

697 *Schaumburg* DB 2002, 723.

698 OLG München CR 2002, 55; OLG München CR 2004, 53 m. Anm. *Schulte.*

699 S. nur OLG Frankfurt MMR 2007, 379.

700 *Mankowski* MMR 2007, 381.

701 *Mankowski* MMR 2007, 381.

702 *Mankowski* MMR 2007, 381.

703 *Mankowski* MMR 2007, 381.

Telemedienanbieter, wenn der Telemedium Werbung für mehrere verschiedene Unternehmen trägt. Bei Bannern für unterschiedliche Werbende ist es augenfällig. Bei kommerzieller Kommunikation mehrerer Werbender allgemein wird die Notwendigkeit der gedanklichen wie rechtlichen Trennung deutlich. Der Telemedium bietet die Plattform für die Werbung, und die Plattform muss den *für sie* Verantwortlichen ausweisen. Bei Verweisungen auf fremde Werbeinhalte gilt nichts anderes. Der Einstieg erfolgt über eine Plattform, und der für diese Plattform Verantwortliche muss sich zu erkennen geben.[704]

Gesetzestechnisch und systematisch spiegelt sich die unterschiedliche Pflichtigkeit auch in der Trennung zwischen § 5 TMG einerseits und § 6 TMG andererseits wider. Unter § 6 TMG hat der Telemedienanbieter die Person identifizierbar zu machen, in deren Auftrag eine kommerzielle Kommunikation erfolgt. Den Telemedienanbieter treffen also zwei Pflichten, wenn er anderen eine Plattform für deren kommerzielle Kommunikation zur Verfügung stellt. Er wird doppelt und in zweierlei Hinsicht in die Pflicht genommen.[705] Wenn er für andere tätig ist und mit diesen eine Partnerschaft eingegangen, muss er dafür sorgen, dass Externe wissen, wer diese anderen sind.[706] Die Externen müssen daneben aber auch wissen, wer die Plattform betreibt. Insoweit erkennt der Gesetzgeber die Möglichkeit von Personenverschiedenheit ausdrücklich an. Dementsprechend ist auch der Pflichtenkreis der einzelnen Beteiligten jeweils gesondert zu ermitteln. Eine Zurechnung von Pflichten findet gemeinhin nicht statt. **186**

Freilich ist nicht von vornherein ausgeschlossen, dass zwei Telemedienanbieter im Spiel sind: der eine für die Einstiegsseite, der andere für eine verlinkte Seite. Hier kann man trennen. Die Impressumspflichten beziehen sich auf das einzelne Telemedium. Wenn die verlinkte Seite ein Eigenangebot des Werbenden ist, insbesondere dessen eigene Unternehmenshomepage, so wird der Werbende zum Telemedienanbieter hinsichtlich jener verlinkten Seite.[707] Er wird nicht verantwortlicher Anbieter für die Einstiegsseite, aber er muss für seinen nach außen als eigen eingerichteten Bereich einstehen. Soweit also die Werbenden eigene Untersites unterhalten, sind sie hinsichtlich dieser Sites Telemedienanbieter. Indem sie auf ihren eigenen Untersites Werbung für ihre kommerziellen Aktivitäten machen, betreiben sie auch geschäftsmäßige Telemedien. Wer aber keinen eigenen oder weiteren Internetauftritt unterhält, sondern nur über eine fremde Plattform kommerzielle Kommunikation einstellt, ist selber keine Telemedienanbieter.[708] **187**

Nicht in Konflikt mit § 5 TMG geraten kann, wer nur auf fremden Websites wirbt. Eine Unternehmensgruppe mag sich veranlasst fühlen, eine Konzerngesellschaft gezielt als Telemedienanbieter für die gesamte Gruppe einzusetzen und so die eigentlich operativen Unternehmen zu schützen.[709] **188**

Dass jemand anderes den eigenen Auftritt des Werbenden verwaltet, administriert und aktualisiert, reicht nicht aus, um die Zurechnung des eigenen Auftritts zum Werbenden zu unterbinden.[710] Der andere ist dann nur Hilfsperson und ist nur intern eingeschaltet. Auf diese rein interne Verteilung kann sich der Werbende gegenüber Externen nicht berufen und zurückziehen. Gegenüber Externen muss er eben für den Auftritt einstehen, den er nach außen als den seinen erscheinen lässt. Die technischen Hilfspersonen haben ebenso wenig nach außen einzustehen wie die Werbeagenturen, die Webdesigner und die inhaltlichen Zuarbeiter.[711] **189**

Gegen inhaltliche Angreifbarkeiten von Werbung immunisiert es in keinem Fall, dass ein anderes Unternehmen als der Werbende Träger des Werbemediums und für die Einhaltung **190**

---

[704] *Mankowski* MMR 2007, 381.
[705] *Mankowski* MMR 2007, 381.
[706] OLG Frankfurt MMR 2007, 379; *Mankowski* MMR 2007, 381.
[707] *Mankowski* MMR 2007, 381.
[708] *Mankowski* MMR 2007, 381.
[709] *Mankowski* MMR 2007, 381, 382.
[710] *Mankowski* MMR 2007, 381, 382.
[711] *Mankowski* MMR 2007, 381, 382.

der Impressumspflichten Verantwortlicher ist.[712] Der Telemedienanbieter hat seine eigene Pflichtenposition als Träger des Werbemediums. Inhaltlich aber hat der Werbende seine Werbung zu verantworten. Insoweit fördert das Telemedium allenfalls fremden Wettbewerb.

191 **c) Bewertung der Einzeltatbestände. aa) Fehlende Adressangabe.** Unvollständige Adressangaben verschaffen dem Anbieter einen wettbewerbsrechtlich unzulässigen Vorsprung: Er selber kann an die erlangten Kundenadressen liefern, während den Kunden bei eventuellen Reklamationen die fehlende, unvollständige oder unzutreffende Adressangabe Probleme bereiten kann.[713] § 5 S. 1 Nr. 1 TMG benutzt die Adress- und Identitätsangabe (einschließlich des ebenfalls grundsätzlich im Impressum anzugebenden Vornamens bei natürlichen Personen[714]) zuvörderst, um den Nutzern des Telemediums das spätere Verfolgen ihrer Rechte zu erleichtern.[715] Dieses anerkannte Bedürfnis vereitelt die nicht korrekte oder fehlende Angabe.[716] Der Anbieter wird für Kunden bei Reklamationen zumindest schlechter erreichbar, kann deshalb geringeren Aufwand für Gewährleistungen treiben und dies kalkulatorisch in seine Preise umsetzen.[717] Dies gilt insbesondere bei echten Online-Umsatzgeschäften, bei denen die Bezahlung per Kreditkarte oder electronic cash erfolgt.[718] Zugestanden sei allerdings, dass die Möglichkeit, besonders günstige Angebote zu machen oder vorzuhalten, weil wegen der unterdrückten Angaben straf- oder zivilrechtliche Konsequenzen weniger zu befürchten sind,[719] eher gering zu veranschlagen ist.[720]

192 Außerdem widerstreitet die fehlende oder nicht korrekte Angabe dem weiteren Zweck des § 5 S. 1 Nr. 1 TMG, dass die Nutzer sich ein Bild von dem Anbieter machen können: Wer teilweise anonym bleibt, kann sich in diesem Punkt Vorteile verschaffen.[721] In keiner Weise verschlägt, dass Verbraucher auch durch die weiterreichenden fernabsatzrechtlichen Informationspflichten nach § 312c BGB geschützt sein werden.[722] Fehlende Angaben mögen zwar als Signal für Unseriosität einzelne Interessenten auch abschrecken;[723] indes bleibt ein hinreichend großer Teil der angesprochenen Verkehrskreise, der sich dadurch nicht abschrecken lässt.

193 Anders kann sich die Bewertung der Zulässigkeit gestalten, wenn bei einer reinen Werbeplattform Adress- und Kontaktangaben fehlen. Dann schneidet sich der Werbende selber die Möglichkeit ab, Umsatz zu machen; dann fehlt es einer Eignung, Vorteile aus der Rechtsverletzung zu erzielen.[724]

194 Relevanz kann eine fehlende Angabe allerdings wiederum erlangen, wenn auf der betreffenden Website und mittels des betreffenden Telemediens Schutzrechte (Marken, Namen, Urheberrechte usw.) Dritter verletzt werden. Die fehlende Adressangabe erschwert dann die Verfolgungsmöglichkeiten.[725] Der Anbieter erhöht seine Chance, dass seine Schutzrechtsverletzungen ungeahndet bleiben. Dies kann er bereits zuvor bei der Entscheidung darüber einkalkuliert haben, ob er eine Erlaubnis oder Lizenz vom Berechtigten einholen und dafür ein Entgelt zahlen soll.

195 **bb) Fehlende Angabe Vertretungsberechtigter.** Wettbewerbsrechtlich irrelevant ist regelmäßig auch, wenn Angaben über die Vertretungsverhältnisse fehlen.[726] Die Kunden

---

712 *Mankowski* MMR 2007, 381, 382.
713 OLG Hamm MMR 2003, 410, 411.
714 OLG Düsseldorf K&R 2009, 125, 126.
715 *Engel-Flesching/Maennel* TDG § 6 Rn 6.
716 OLG Hamm MMR 2003, 410, 411; *U. W. Schulte* CR 2004, 687, 688.
717 OLG Hamm MMR 2003, 410, 411; OLG Hamburg GRUR-RR 2003, 92, 93 m. Anm. *Klute;* LG Berlin MMR 2003, 200, 201; *Ernst* GRUR 2003, 759, 761.
718 *Ernst* GRUR 2003, 759, 761.
719 OLG Hamburg GRUR-RR 2003, 92, 93, 105 m. Anm. *Klute.*
720 *Stickelbrock* GRUR 2004, 111, 116.
721 OLG Hamm MMR 2003, 410, 411.
722 Entgegen *Hoß* CR 2003, 687, 690.
723 LG Berlin MMR 2003, 200, 201; *Hoß* CR 2003, 687, 690.
724 LG Berlin MMR 2003, 200, 201; *Ernst* GRUR 2003, 759, 761 f sowie *Simon* RdW 2004, 135, 137.
725 *Ernst* GRUR 2003, 759, 761.
726 *Ernst* GRUR 2003, 759, 761.

und Dritte, deren Schutzrechte verletzt werden, werden ihre Rechte gegenüber dem Unternehmen verfolgen. Dies ist ihnen auch ohne Kenntnis der Vertretungsberechtigten möglich. Bei gerichtlicher Verfolgung offenbart ein Einblick in das zuständige Handelsregister nötigenfalls die Organpersonen. Da auch die Angabe rechtsgeschäftlich Vertretungsbefugter, ohne dass Organpersonen aufgeführt würden,[727] ausreichen würde, kann man in dieser eventuellen Zusatzmühe keinen relevanten Abschreckungseffekt gegenüber den Kunden und keinen relevanten Vorsprung sehen.

cc) Fehlende Möglichkeit zur schnellen Kontaktaufnahme. Wird § 5 S. 1 Nr. 2 TMG verletzt, so fehlt es an einer Möglichkeit zur schnellen Kontaktaufnahme. Der Sinn dieses Erfordernisses liegt darin, den Kunden schnelle Ansprache für ihre Beschwerden und mögliche Reklamationen zu eröffnen. Die fehlende Möglichkeit verweist die Kunden unweigerlich auf schriftliche, briefliche Kontaktaufnahme per Post oder auf eine Suche nach Telefonnummern.[728] Dies kann eine Barriere aufbauen, jedenfalls Verzögerungen erzeugen, welche die Kontaktaufnahme für die Kunden weniger attraktiv erscheinen lassen können. 196

dd) Fehlende Angaben der Registernummer. Die Angabe der Handelsregisternummer dient einerseits der Identifizierung und andererseits einer Art Existenznachweis. Wer im Handelsregister eingetragen ist, existiert zumindest formell und ist nicht nur ein Phantasiegebilde.[729] 197

ee) Fehlende Angabe der zuständigen Aufsichtsbehörde oder Kammerorganisation. Die Angabe der zuständigen Aufsichtsbehörde oder Kammerorganisation soll den Kunden erlauben, sich über den Anbieter beschweren zu können. Zugleich effektuiert sie die Aufsicht, weil sie für die Behörde einen zweiten Informationskanal neben eigenen Recherchen eröffnet. Je effektiver die Aufsicht ist, desto größer ist die Wahrscheinlichkeit, dass die Anbieter Kosten aufwenden, um den Anforderungen des Aufsichtsrechts zu entsprechen. Will der Anbieter bewusst vereiteln, dass man sich über ihn beschweren kann, so kann dies ein relevanter Vorteil sein. Problematisch sind insoweit reine Online-Anbieter, bei denen schon die Zuordnung in den räumlichen Zuständigkeitsbereich einer bestimmten Aufsichtsbehörde unklar sein kann[730] (allerdings wird sich die Zuordnung regelmäßig über den Unternehmenssitz herstellen lassen). 198

ff) Fehlende Angabe der Umsatzsteueridentifikationsnummer. Die Nichtangabe der Umsatzsteueridentifikationsnummer und die daraus folgende Verletzung des § 5 S. 1 Nr. 6 TMG kann keine ersichtlichen Vorteile im Wettbewerb zeitigen. Sie ist daher grundsätzlich nicht als wettbewerbswidrig anzusehen.[731] 199

gg) Keine leichte Zugänglichkeit. Der Verstoß gegen die Kommunikationsanforderungen des § 5 S. 2 TMG folgt im Prinzip akzessorisch den Wertungen zu § 5 S. 1 TMG.[732] Er führt im Ergebnis dazu, dass die betreffenden Pflichtangaben als nicht gemacht gelten. Daher kann er unterstützend einen Rechtsbruch untermauern.[733] 200

II. E-Commerce-rechtliche Informationspflichten aus § 312 e BGB

1. Überblick über die Pflichtentatbestände

§ 312e Abs. 1 S. 1 BGB, Nr. 1, 3, 4 unmittelbar, Nr. 2 iVm § 3 BGB-InfoV, erlegt Anbietern im E-Commerce, die durch Tele- oder Mediendienste[734] agieren, spezifische 201

[727] → Rn 168.
[728] → Rn 200.
[729] Siehe dazu OLG Hamm MMR 2009, 552; auch OLG Köln WRP 2007, 680.
[730] *Ernst* GRUR 2003, 759, 762.
[731] *Weidert* FS Helm S. 123, 143; *Ernst* GRUR 2003, 759, 762; *U. W. Schulte* CR 2004, 687, 688.
[732] Dazu LG Düsseldorf MMR 2003, 341, 342.
[733] Dazu LG Düsseldorf MMR 2003, 341, 342.
[734] Dieser Begriff ist im Lichte des Begriffs „Dienst der Informationsgesellschaft" aus Art. 2 lit. a E-Commerce-Richtlinie richtlinienkonform auszulegen, da § 312e BGB der Umsetzung von Art. 10; 11 E-Com-

Informationspflichten auf: Erstens müssen sie dem Kunden angemessene, wirksame und zugängliche technische Hilfsmittel zur Verfügung stellen, damit dieser Eingabefehler vor Abgabe seiner Bestellung erkennen und berichtigen kann. Insoweit wird das bei elektronischen Vorgängen besonders ausgeprägte und statistisch häufiger realisierte Risiko des Vertippens angegangen und stärker als sonst der Gegenpartei des Irrenden zugewiesen.[735] So sollen versehentliche Erklärungen ohne Erklärungsbewusstsein möglichst verhindert werden.[736] Technische Reaktion des Anbieters kann etwa ein Bestätigungsfenster auf der Website sein.[737] Entsprechende Mechanismen sind bereits aus den Textverarbeitungsprogrammen bekannt, schon seit langem gängig, ohne weiteres standardisierbar und damit billig.[738] Es genügt eine Wiederholung der Bestellangaben mit der Abfrage, ob diese Angaben korrekt sind und jetzt abgeschickt werden können.[739] Im eigentlichen Sinne handelt es sich bei § 312e Abs. 1 S. 1 Nr. 1 BGB nicht um eine Informationspflicht, sondern um einen Pflichtentyp neuen und innovativen Gehalts.[740] Er kombiniert eine Bereitstellungspflicht mit einer partiellen Rechtsberatungspflicht.[741]

202 Zweitens müssen die Unternehmen dem Kunden die nach § 3 BGB-InfoV verlangten Informationen klar und verständlich mitteilen. Insbesondere soll dies dem Kunden die Möglichkeit eröffnen, Informationssammlung und Angebotssammlung vom eigentlichen Bestellvorgang zu unterscheiden.[742] Die Information darüber, ob der Vertrag nachfolgend gespeichert wird und ob er dem Kunden zugänglich ist, effektuiert daneben eine vertragliche Dokumentationspflicht.[743] Drittens müssen sie den Zugang der Bestellung unverzüglich auf elektronischem Wege bestätigen. Dadurch sollen (unter deutschen Recht zwar nicht normativ, aber faktisch und psychologisch bestehende) Unsicherheiten über das Zustandekommen des Vertrages ausgeschlossen werden: Die Rückäußerung schafft Klarheit.[744] Viertens müssen sie dem Kunden die Möglichkeit verschaffen, die Vertragsbestimmungen einschließlich der Allgemeinen Geschäftsbedingungen bei Vertragsschluss abzurufen und in wiedergabefähiger Form zu speichern. Alle diese Pflichten müssen im vorvertraglichen Bereich erfüllt werden; ihre zeitliche Grenze zieht der Erfüllung die Abgabe seiner Vertragserklärung durch den anderen Vertragspartner.[745]

2. Ausnahme bei individueller Kommunikation nach § 312e Abs. 2 S. 1 BGB

203 Bei individueller Kommunikation[746] findet § 312e Abs. 1 S. 1 Nr. 1 bis 3 BGB gemäß § 312e Abs. 2 S. 1 BGB keine Anwendung. In Umsetzung von Art. 10 Abs. 4; 11 Abs. 2 E-Commerce-Richtlinie werden solche Vertragsschlüsse ausgegrenzt, weil sie jenen am Telefon und per Brief ähneln und deshalb keine spezifischen Besonderheiten des Online-Rechtsverkehrs aufweisen sollen.[747] Eine **individuelle Kommunikation** ist gegeben, wenn beide Parteien ohne vom Unternehmer vorgegebene Struktur (zB ein Online Shop-

---

merce-Richtlinie dient; *Lütcke* FernabsatzR § 312e BGB Rn 16; *Micklitz/Tonner/Micklitz* § 312e BGB Rn 30–35.

735 Näher zum rechtsökonomischen Hintergrund *Hultmark Ramberg* (2001) 26 Eur. L. Rev. 429, 444–448.

736 *Grigoleit* WM 2001, 597, 601.

737 *Pichler* Eur. L. Reporter 1999, 74, 78; *Mankowski* ZMR 2002, 317, 326.

738 *Hoeren* MMR 1999, 192, 199.

739 S. nur *Lütcke* FernabsatzR § 312e BGB Rn 14; *Ernst* Rn 136.

740 S. nur *Howells/Nordhausen* in: *Nielsen/Sandfeld Jacobsen/Trzaskowski* (eds.), EU Electronic Commerce Law, København 2004, S. 49, 61.

741 *Micklitz/Tonner/Micklitz* § 312e BGB Rn 54.

742 *Ernst* VuR 1999, 397, 404.

743 *Grigoleit* WM 2001, 597, 602f.

744 S. nur *Maennel* MMR 1999, 187, 191; *Hohl/Leible/Sosnitza/Ann* 2002 S. 53, 67f.

745 S. nur *Schneider* K&R 2001, 344, 345; *Glatt* S. 78.

746 Näher zu diesem Begriff *Spindler* MMR-Beilage 7/2000, 4, 11; *Glatt* ZUM 2001, 390, 391.

747 Begr. der Bundesregierung zum Entwurf eines Gesetzes zur Modernisierung des Schuldrechts, BT-Drucks. 14/6040 S. 173; *Hassemer* MMR 2001, 635, 636; mit Recht skeptisch *Micklitz* EuZW 2001, 133, 137f.

System) Nachrichten austauschen, etwa durch direkte Ansprache des Kunden per E-Mail oder SMS.[748] Normalfall[749] ist die reine E-Mail-Kommunikation, gleichsam als beschleunigte Form des traditionellen Briefes.[750] Die Verwendung von E-Mail-Formularen ist unschädlich,[751] ebenso die massenhafte Versendung von E-Mails, weil dies am grundsätzlichen Charakter der E-Mail als Ansprache nur des einen Adressaten nichts ändert.[752] Vertragsbestimmungen und AGB muss der Unternehmer aber bei Vertragsschluss abrufbar halten, denn § 312e Abs. 1 S. 1 Nr. 4 BGB ist anwendbar.[753] Unter § 312e Abs. 2 S. 1 BGB fällt nicht die Konstellation, dass der Unternehmer auf seiner Website zum E-Mail-Kontakt auffordert und seinerseits per E-Mail annimmt, denn insoweit erfolgt eine Anbahnung über einen Telemedium.[754]

3. Anwendbarkeit im B2B-Bereich

Die Informationspflichten nach § 312e BGB bestehen auch im B2B-Bereich, d.h. bei 204
der Anbahnung von Vertragsschlüssen zwischen Unternehmen. Das E-Commerce-Recht des § 312e BGB ist kein spezifisches Verbraucherschutzrecht. Unternehmen (genauer: Nicht-Verbraucher[755]) können aber untereinander nach § 312e Abs. 2 S. 2 BGB vereinbaren, dass § 312e Abs. 1 S. 1 Nr. 1 bis 3 BGB keine Anwendung finden sollen. Insofern besteht für den B2B-Bereich Vertragsfreiheit, die im B2C-Bereich nicht herrscht. Da es sich wesentlich um vorvertragliche Pflichten handelt, muss eine entsprechende Vereinbarung im Prinzip vor dem eigentlichen Vertragsschluss getroffen werden.[756] Auf individuelle Vereinbarung sind die Parteien aber nicht festgelegt, vorlaufende AGB-Verwendung für die Abbedingung als solche ist möglich.[757] Insbesondere sind Rahmenvereinbarungen zulässig. Auf B2B-Marktplätzen erschiene es umständlich und übertriebene Förmelei, eine abdingende Vereinbarung speziell für jedes einzelne Geschäft zu verlangen.[758]

4. Wettbewerbsrechtliche Sanktionierung

Die Verletzung der Informationspflichten aus § 312e BGB ist lauterkeitsrechtlich sank- 205
tioniert. Jene Pflichten stellen werthaltige Marktverhaltensvorschriften dar. Ihre Verletzung ist als Rechtsbruch nach § 4 Nr. 11 pönalisiert.[759]

---

[748] Begr. der Fraktionen von SPD und Bündnis 90/Die Grünen zum Entwurf eines Gesetzes zur Modernisierung des Schuldrechts, BT-Drucks. 14/6040 S. 172.

[749] Denkbar ist daneben auch eine Kombination von E-Mail-Bestellung des Kunden und Auslieferung der bestellten Ware als konkludenter Annahme; *Glatt* S. 79.

[750] *Micklitz/Tonner/Micklitz* § 312e BGB Rn 38.

[751] *Wilmer/Hahn/Wilmer* 2 A VI § 312e BGB Rn 18.

[752] *Lütcke* FernabsatzR § 312e BGB Rn 24.

[753] *Lütcke* FernabsatzR § 312e BGB Rn 24.

[754] *Micklitz/Tonner/Micklitz* § 312e BGB Rn 41; *Ernst* Rn 138 sowie Erwägungsgrund Nr. 39 der E-Commerce-RL; *Spindler* MMR-Beilage 7/2000, 4, 11; aA *Glatt* ZUM 2001, 390, 391f.

[755] Stellungnahme des Bundesrates, BT-Drucks. 14/6857 S. 21; Gegenäußerung der Bundesregierung, BT-Drucks. 14/6857 S. 56.

[756] Begr. der Fraktionen von SPD und Bündnis 90/Die Grünen zum Entwurf eines Gesetzes zur Modernisierung des Schuldrechts, BT-Drucks. 14/6040 S. 172; *Lütcke* FernabsatzR § 312e BGB Rn 26; *Ernst* Rn 137.

[757] Dazu *Lütcke* FernabsatzR § 312e BGB Rn 26.

[758] *Micklitz/Tonner/Micklitz* § 312e BGB Rn 45; aA verbatim *Lütcke* FernabsatzR § 312e BGB Rn 27; *Ernst* Rn 137; *Palandt/Heinrichs* BGB § 312e Rn 10.

[759] Begr. der Fraktionen von SPD und Bündnis 90/Die Grünen zum Entwurf eines Gesetzes zur Modernisierung des Schuldrechts, BT-Drucks. 14/6040 S. 173; LG Berlin CR 2003, 63, 64; *Lütcke* FernabsatzR § 312e BGB Rn 66; *Katko* CR 2003, 931, 932; *Wüstenberg* TKMR 2004, 65, 73; Hoeren/Sieber/*Süßenberger* Kap. 11.1 Rn 87 (Juni 2006); *Brömmelmeyer* S. 334f.

III. Fernabsatzrechtliche Informationspflichten aus § 312c BGB iVm § 1 BGB-InfoV

1. Überblick

206 **a) Verhältnis zum E-Commerce-Recht.** Neben den E-Commerce-spezifischen Pflichten des § 312e BGB stehen für den B2C-Bereich die fernabsatzrechtlichen Pflichten aus § 312c BGB iVm § 1 BGB-InfoV. Beide Pflichtenregimes stehen miteinander in Idealkonkurrenz, d.h. es herrscht ein kumulatives Verhältnis, ohne dass ein Regime die Anwendung des anderen ausschlösse. § 312c Abs. 4 BGB einerseits und § 312e Abs. 3 S. 1 BGB andererseits stellen dies eindeutig klar. Alles andere stünde auch mit Art. 1 Abs. 3 E-Commerce-Richtlinie nicht in Einklang.

207 **b) Fernabsatzgeschäft.** Voraussetzung für ein Eingreifen des Fernabsatzrechts ist ein Fernabsatzgeschäft im Sinne des § 312b BGB. Ein Unternehmer (§ 14 BGB) muss Waren oder Dienstleistungen an einen Verbraucher (§ 13 BGB) erbringen.[760] Der Vertragsabschluss muss vollständig unter Einsatz von Fernkommunikationsmitteln (Legaldefinition in § 312b Abs. 2 BGB) geschlossen sein, d.h. nicht unter gleichzeitiger körperlicher Anwesenheit der Parteien.[761] Persönlicher Kontakt in der Vertragsanbahnungsphase schließt ein Fernabsatzgeschäft aus.[762] Beim **PostIdent-Verfahren** liegt der Vertragsschluss nicht erst bei der Ablieferung durch den Postboten, sondern früher; anderenfalls gelangte man über § 312f BGB aber ebenfalls zum Fernabsatzrecht.[763]

208 Der Unternehmer kann als Ausnahmetatbestand nachweisen,[764] dass der Vertragsschluss nicht im Rahmen eines für den Fernabsatz organisierten Vertriebs- oder Dienstleistungssystems erfolgt ist. Grundsätzlich besteht eine Vermutung, dass ein per Fernkommunikation geschlossener Vertrag im Rahmen eines solchen Systems geschlossen wird.[765] Auszuklammern sind Gelegenheitsgeschäfte im Fernabsatz.[766] Das Bewerben eines eigenen Leistungsangebots über eine Website ist keine zufällige Gelegenheit. Vielmehr erfolgt es bewusst an eine potenzielle Vielzahl von Interessenten gerichtet. Eine Website mit einer Möglichkeit zum Vertragsabschluss per Bestellmaske, E-Mail, Fax, Brief oder Telefon begründet daher prinzipiell ein Fernabsatzsystem,[767] unabhängig davon, ob dahinter eine zur Bearbeitung sachlich und personell hinreichende Organisation steht[768] oder der Unternehmer einen eigenen Vertriebszweig für den Fernabsatz eingerichtet hat.[769] Beides sind Interna, die keine Verteidigung bieten können.[770] Generell ist der nach außen erweckte Eindruck mitprägend.[771] Unerheblich ist auch, ob das Internet der einzige

---

[760] Einzelheiten zu Vertragsparteien und Vertragsgegenstand zB MünchKomm/*Wendehorst* BGB § 312b Rn 11–38.

[761] S. nur *Meents* CR 2000, 610, 611; *Bräutigam/Leupold/Klein* B III Rn 403.

[762] S. nur *Gößmann* MMR 1998, 88, 89; *Fuchs* ZIP 2000, 1273, 1279; *Meents* CR 2000, 610, 611; *Schmidt-Räntsch* VuR 2000, 427, 428; *Mankowski* ZMR 2002, 317, 322.

[763] OLG Schleswig CR 2004, 300, 301.

[764] S. nur Begr. der Bundesregierung zum Entwurf eines Gesetzes über Fernabsatzverträge und andere Fragen des Verbraucherrechts sowie zur Umstellung von Vorschriften auf Euro, BT-Drucks. 14/2658 S. 31; *Härting/Schirmbacher* MDR 2000, 917, 918; *Meents* CR 2000, 610, 611.

[765] S. nur *Lorenz* JuS 2000, 833, 838; *Riehm* Jura 2000, 505, 510; *Mankowski* ZMR 2002, 317, 322.

[766] Begr. der Bundesregierung zum Entwurf eines Gesetzes über Fernabsatzverträge und andere Fragen des Verbraucherrechts sowie zur Umstellung von Vorschriften auf Euro, BT-Drucks. 14/2658 S. 30; *Mankowski* ZMR 2002, 317, 322f.

[767] *Mankowski* ZMR 2002, 317, 323.

[768] Insoweit aA *Micklitz* ZEuP 1999, 875, 877; *Gaertner/Gierschmann* DB 2000, 1601; *Härting/Schirmbacher* MDR 2000, 917, 918; *Meents* CR 2000, 610, 611; *Lüke* JuS 2000, 1138, 1139; *Bräutigam/Leupold/Klein* B III Rn 422.

[769] Insoweit aA *Härting/Schirmbacher* MDR 2000, 917, 918.

[770] *Mankowski* ZMR 2002, 317, 323.

[771] *Bräutigam/Leupold/Klein* B III Rn 426.

Vertriebskanal ist, der hauptsächliche, nur einer unter mehreren oder nur ein Nebenkanal.[772]

209 **c) Vorvertragliche und vertragliche Informationspflichten.** In § 312c BGB sind zwei Arten von Informationspflichten zu unterscheiden:[773] Die erste Art umfasst Pflichten, die im Vorfeld des Vertragsschlusses zu erfüllen sind (vorvertragliche Pflichten), und ist in § 312c Abs. 1 BGB geregelt. Die zweite Art umfasst Pflichten, die im Umfeld des Vertragsschlusses oder nachlaufend zu erfüllen sind (vertragliche Pflichten), und ist in § 312c Abs. 2 BGB geregelt. Der Gesetzgeber hat diese Dichotomie im Rahmen der Schuldrechtsreform deutlicher gemacht, indem er die frühere Dreiteilung des § 2 Abs. 1 bis 3 FernAbsG zu Gunsten einer klaren Gliederung in zwei Absätze aufgegeben hat.[774] Für die Zwecke des Lauterkeitsrechts stehen die vorvertraglichen Pflichten aus § 312c Abs. 1 BGB im Vordergrund. Ihnen fehlt es – anders als den vertraglichen Pflichten aus § 312c Abs. 2 BGB, bei deren Verletzung § 312d Abs. 2 BGB anordnet, dass die Widerrufsrecht nicht zu laufen beginnt – an einer spezifisch zivilrechtlichen Sanktionsbewehrung. Sie sind nicht im eigentlichen Sinn vertragsrechtlicher, sondern zuvörderst wettbewerbsrechtlicher Natur.[775] Ihre Sanktionierung erfolgt primär[776] mit dem Mitteln des Lauterkeits- und des Unterlassungsklagerechts.

210 Die Informationspflichten nach § 312c Abs. 1 BGB sollen eine informierte und rationale Entscheidung des Verbrauchers über Vertragsabschluss und Leistungsbezug sicherstellen.[777] Sie sollen die zwischen Unternehmer und Verbraucher bestehende Informationsasymmetrie so weit wie möglich ausgleichen. Dafür nehmen sie den cheapest information provider in die Pflicht. Für den Unternehmer ist das Darreichen der Informationen eine Routineangelegenheit. Er ist repeat player. Auf seiner bestehen Rationalisierungs- und Standardisierungspotenzial. Dadurch sinken die Informationskosten im Vergleich zu der Summe, die eine Vielzahl von Verbrauchern aufwenden müsste, um sich jeweils die Informationen zu beschaffen.[778] Der Unternehmer wird seinen vorvertraglichen Informationspflichten in der Regel schon dadurch nachzukommen versuchen, dass er einen Link auf standardisierte Informationen in seine Website integriert.

211 **d) Vorvertragliche Informationspflichten nach § 312c Abs. 1 BGB iVm § 1 Abs. 1 BGB-InfoV.** In Fortsetzung des in § 2 Abs. 1 FernAbsG noch ausdrücklich statuierten Verbots anonymer Werbung verlangt § 1 Abs. 1 Nr. 1 BGB-InfoV dem Anbieter nun dessen Identität ab. Dies meint den vollen Namen, ohne dass wesentliche Teile (zB der Vorname eines Einzelunternehmers) abgekürzt würden.[779] § 1 Abs. 1 Nr. 2 BGB-InfoV erfordert die Angabe einer ladungsfähigen Anschrift, also einer Anschrift mit Land, Ort, Postleitzahl und Straße der betroffenen Niederlassung.[780] Eine Postfachadresse genügt dem nicht.[781]

---

772 Begr. der Bundesregierung zum Entwurf eines Gesetzes über Fernabsatzverträge und andere Fragen des Verbraucherrechts sowie zur Umstellung von Vorschriften auf Euro, BT-Drucks. 14/2658 S. 30; *Freund* FS Horn S. 228, 245; *Micklitz* EuZW 2001, 133, 134; *Schmidt-Räntsch* ZBB 2000, 344, 345; *ders.* DRiZ 2000, 434; *Riehm* Jura 2000, 505, 510; *Gounalakis/Leßmann/Leßmann* § 11 Rn 17.

773 S. nur *Mankowski* CR 2001, 767, 768; *ders.* ZMR 2002, 317, 323; *Lütcke* FernabsatzR § 312c BGB Rn 4; *Härting* CR 2003, 204f.

774 Begr. der Fraktionen von SPD und Bündnis 90/Die Grünen zum Entwurf eines Gesetzes zur Modernisierung des Schuldrechts, BT-Drucks. 14/6040 S. 168.

775 S. nur *Härting* FernAbsG § 2 Rn 13f; *Lütcke* FernabsatzR § 312c BGB Rn 6.

776 Daneben mit den Mitteln des Vertragsschlussrechts und der AGB-Inhaltskontrolle dergestalt, dass nicht gebotene Informationen, die zugleich Vertragsbestimmungen sein sollen, nicht einbezogen werden; MünchKomm/*Wendehorst* BGB § 312c Rn 72f. Ungenau *Härting* FernAbsG § 2 Rn 149; *ders.* CR 2000, 691, 695.

777 S. nur *Fuchs* ZIP 2000, 1273, 1280; *Gaertner/Gierschmann* DB 2000, 1601, 1602.

778 *Mankowski* CR 2001, 767, 769; *ders.* ZMR 2002, 317, 323.

779 KG GRUR-RR 2007, 328 – Identitätsangabe im Internet. Differenzierend für Abkürzung eines Vornamens in der Firma einer Gesellschaft KG GRUR-RR 2008, 362, 353 – Eigentümergebrauch II.

780 S. nur *Lütcke* FernabsatzR § 312c BGB Rn 13; MünchKomm/*Wendehorst* BGB § 312c Rn 44; *Bernd Lorenz* VuR 2008, 321, 324f.

781 S. nur OLG Hamburg JurPC Web-Dok. 150/2003; *Bernd Lorenz* VuR 2008, 321, 324.

Insoweit hat der Verordnungsgeber sich über die Rechtssprechung des BGH[782] zum liberaler formulierten § 355 Abs. 2 BGB aF hinweggesetzt.[783] Im Grundsatz sind sämtliche relevanten Kommunikationsmittel sind anzugeben. Dies meint indes nur die vorhandenen Kommunikationsmittel. Die Angabe zwingt nicht dazu, bestimmte Kommunikationsmittel vorzuhalten.

212 Nach § 1 Abs. 1 Nr. 3 BGB-InfoV ist über die wesentlichen Merkmale der Ware und Dienstleistung sowie über die Art des Zustandekommens des Vertrages zu informieren. Verlangt ist eine Produkt- oder Leistungsbeschreibung, die Grundlage für eine rationale und informierte Entscheidung des Verbrauchers sein kann.[784] Gefordert ist eine Information über die leistungsbezogenen essentialia negotii, nicht über jedes Detail.[785] Zu informieren ist im Übrigen nicht mehr über das Wann, sondern nur noch über das Wie des Vertragsschlusses. Der Verbraucher soll den angestrebten Ablauf des Vertragsschlusses erkennen können.[786] Die Information soll zudem erkennen lassen, ob sich der Unternehmer eine Annahme kundenseitiger Angebote vorbehalten will.[787] Der Unternehmer muss nur den Normalfall bzw. den konkreten Fall des Vertragsabschlussmodus' skizzieren, nicht alle denkbaren Varianten.[788]

213 Für Dauer- oder Sukzessivschuldverhältnisse mit dauerndem oder regelmäßig wiederkehrendem Bezug von Leistungen schreibt § 1 Abs. 1 Nr. 4 BGB-InfoV die Angabe der Mindestlaufzeit des Vertrages vor. Mindestlaufzeit ist der Zeitraum, nach welchem der Vertrag automatisch endet oder vom Verbraucher erstmals gekündigt werden kann.[789] Ratenlieferungsverträge fallen nicht unter die Nr. 4, sondern nur unter die Nr. 8 des § 1 Abs. 1 BGB-InfoV.[790] § 1 Abs. 1 Nr. 5 BGB-InfoV zwingt den Unternehmer, über eventuelle Leistungsvorbehalte auf seiner Seite, auch hinsichtlich möglicher gleichwertiger Ersatzleistungen, vorab zu informieren. Er deckt also Ersatz- und Selbstlieferungsvorbehalt ab, sofern der Unternehmer diese in den Vertrag aufnehmen möchte. Er zwingt dagegen keineswegs dazu, solche Vorbehalte zu machen.[791] Sofern der Unternehmer keine Vorbehalte machen will, muss er natürlich auch nicht informieren. Nach § 1 Abs. 1 Nr. 6 BGB-InfoV ist der Preis der Ware einschließlich aller Steuern und sonstiger Preisbestandteile zu nennen. Gefordert ist also der Gesamtbruttopreis samt allen sog. „Entgelten" oder „Nebenleistungsvergütungen". Die Steuern dürfen nach § 1 Abs. 1 S. 1 PAngV nicht gesondert ausgewiesen werden. Insgesamt genügt eine Preisangabe, welche die Anforderungen des § 1 Abs. 5 PAngV erfüllt.[792] Bei zusammengesetzten Preisen ist Angabe der Einzelpreise nötig.[793]

214 Gegebenenfalls zusätzlich anfallende **Liefer- und Versandkosten** sind in § 1 Abs. 1 Nr. 7 BGB-InfoV ausdrücklich genannt. Darunter fallen nicht Downloadkosten, welche dem Verbraucher seitens seines eigenen Access Providers entstehen.[794] Versandkosten sind aufgeschlüsselt anzugeben, wenn sie je nach Bestellung unterschiedlich hoch anfallen.[795] Im Übrigen dürften vergleichbare Anforderungen wie unter § 1 Abs. 2 PAngV[796] gelten.[797] § 1 Abs. 1 Nr. 8 BGB-InfoV verlangt Einzelheiten hinsichtlich Zahlung und Leistung oder

---

782 BGH GRUR 2002, 720 – Postfachanschrift.
783 OLG Hamburg GRUR-RR 2004, 82f – CINEMA-Filmkalender; *Erman/Saenger* BGB § 312c Rn 7.
784 Dazu *Micklitz/Tonner/Micklitz* BGB § 312e Rn 74; *Erman/Saenger* BGB § 312c Rn 8.
785 *Lütcke* FernabsatzR § 312c BGB Rn 16.
786 Beschlussempfehlung und Bericht des Rechtsausschusses, BT-Drucks. 14/7052 S. 209.
787 Beschlussempfehlung und Bericht des Rechtsausschusses, BT-Drucks. 14/7052 S. 209.
788 MünchKomm/*Wendehorst* BGB § 312c Rn 48.
789 *Lütcke* FernabsatzR BGB § 312c Rn 25.
790 *Lütcke* FernabsatzR BGB § 312c Rn 24; MünchKomm/*Wendehorst* BGB § 312c Rn 50; *Erman/Saenger* BGB § 312c Rn 9.
791 *Micklitz/Tonner/Micklitz* BGB § 312e Rn 83.
792 *Lütcke* FernabsatzR § 312c BGB Rn 35; MünchKomm/*Wendehorst* BGB § 312c Rn 58.
793 *Micklitz/Tonner/Micklitz* BGB § 312e Rn 87; *Erman/Saenger* BGB § 312c Rn 11.
794 *Lütcke* FernabsatzR § 312c BGB Rn 37.
795 OLG Frankfurt WRP 2002, 1309; HK/*Schulte-Nölke* BGB § 312c Rn 2.
796 → § 4–S14 Rn 130ff.
797 *Wekwerth* MMR 2008, 378.

Erfüllung, also zB über die Zulässigkeit von Karten- oder Lastschriftzahlung oder Skonti,[798] aber auch die Währung[799] und ein eventuelles Zahlungsziel.[800]

Die in § 1 Abs. 1 Nr. 9 BGB-InfoV vorgeschriebene Information über das **Bestehen eines Widerrufs- oder Rückgaberechts** ist nicht identisch mit der eigentlichen Widerrufsbelehrung.[801] Letztere ist in § 312 c Abs. 3 Nr. 1 BGB geregelt und weit detaillierter angesprochen. Der Internetauftritt muss gemäß § 1 Abs. 1 Nr. 9 BGB-InfoV nur einen Hinweis enthalten, dass für Geschäfte der beworbenen Art bzw. für ein Geschäft, das über jenen Internetauftritt angebahnt wird, ein Widerrufsrecht besteht. Besteht kein Widerrufsrecht, so ist ein Hinweis auf das Nichtbestehen empfehlenswert, aber nicht rechtlich geboten.[802] Ein Hinweis darauf, dass der Unternehmer die Rücksendekosten zu tragen habe, kann fehlen, wenn und soweit wirksam nach § 357 Abs. 2 S. 3 BGB vereinbart ist, dass der Verbraucher etwaige Rücksendekosten zu tragen habe.[803] 215

Abgerundet wird der fernabsatzrechtliche Kanon zunächst durch § 1 Abs. 1 Nr. 10 BGB-InfoV: Anzugeben sind Kosten, welche dem Verbraucher durch die Nutzung von Fernkommunikationsmitteln entstehen, sofern diese Kosten über die üblichen Grundtarife hinausgehen, mit welchen der Verbraucher rechnen muss. Dies zielt auf Mehrwertdienstenummern.[804] Miterfasst sind indes auch ausländische Telefonnummern.[805] § 1 Abs. 1 Nr. 11 BGB-InfoV schließlich zielt auf die Gültigkeitsdauer befristeter Angebote,[806] insbesondere hinsichtlich des Preises. Dies zielt zuvörderst auf Sonderaktionen mit gesenkten Preisen. Es erfasst aber auch die Zeitspanne, innerhalb der befristete Preise verbindlich sind. Verlangt ist die Angabe der Zeitspanne mit Schlussdatum.[807] 216

Schließlich gebietet (in Umsetzung von Art. 4 Abs. 2 Fernabsatz-Richtlinie) § 312 c Abs. 1 S. 1 Nr. 2 BGB direkt, d. h. ohne Verweisung auf die BGB-InfoV, den geschäftlichen Zweck des Kontakts offenzulegen. Der User soll von einer werblichen Ansprache nicht überrascht und überrumpelt werden.[808] Offenzulegen sind die Absicht eines Vertragsabschlusses und die Gewinnerzielungsabsicht.[809] Betritt der User eine Unternehmenswebsite, so muss er grundsätzlich mit deren werblichem Charakter rechnen. Dies wird in aller Regel schon durch Aufmachung und Gestaltung der Website klar.[810] 217

e) Darreichung der Informationen und Gestaltung des Internetauftritts. Zeitlich muss die Erfüllung vorvertraglicher Informationspflichten vor dem Vertragsschluss erfolgen, wie bereits der Gesetzeswortlaut des § 312 c Abs. 1 S. 1 pr. BGB unmissverständlich besagt. Optimaliter und idealerweise erfolgt sie bereits auf der Website. Die zeitlich letzte Möglichkeit liegt so rechtzeitig vor Vertragsschluss, dass der Verbraucher die Informationen noch aufnehmen und gedanklich verarbeiten kann und nicht dergestalt unter Druck gerät, dass ihm für seine Entscheidung über das Ob des Vertragsschlusses keine Bedenkzeit mehr bleibt; zu spät ist jeder Zeitpunkt, nachdem der Verbraucher bereits eine Vertragserklärung abgegeben hat.[811] 218

---

798 *Lütcke* FernabsatzR § 312 c BGB Rn 40.
799 *Erman/Saenger* BGB § 312 c Rn 13.
800 MünchKomm BGB/*Wendehorst* BGB § 312 c Rn 63.
801 *Härting* FernAbsG § 2 Rn 133; *ders.* CR 2003, 204, 205; *Mankowski* CR 2001, 767, 769.
802 HK/*Schulte-Nölke* BGB § 312 c Rn 2; MünchKomm/*Wendehorst* BGB § 312 c Rn 67.
803 KG GRUR-RR 2008, 134 – Rücksendekosten.
804 S. nur *Micklitz/Tonner/Micklitz* BGB § 312 e Rn 95.
805 *Erman/Saenger* BGB § 312 c Rn 15.
806 Verstanden nicht im rechtsgeschäftlichen Sinn des § 145 BGB; *Erman/Saenger* BGB § 312 c Rn 16.
807 *Erman/Saenger* BGB § 312 c Rn 16.
808 Begr. der Bundesregierung zum Entwurf eines Gesetzes über Fernabsatzverträge und andere Fragen des Verbraucherrechts sowie zur Umstellung von Vorschriften auf Euro, BT-Drucks. 14/2658 S. 38.
809 MünchKomm/*Wendehorst* BGB § 312 c Rn 70.
810 *Hoenike/Hülsdonk* MMR 2002, 415, 419.
811 S. nur Begr. der Bundesregierung zum Entwurf eines Gesetzes über Fernabsatzverträge und andere Fragen des Verbraucherrechts sowie zur Umstellung von Vorschriften auf Euro, BT-Drucks. 14/2658 S. 38; *Gounalakis/Leßmann/Leßmann* § 11 Rn 52; *Howells/Nordhausen* in *Nielsen/Sandfeld Jacobsen/Trzaskowski* (eds.), EU Electronic Commerce Law, København 2004, S. 49, 63.

219 Die Informationen sind ausweislich § 312c Abs. 1 S. 1 BGB in einer dem eingesetzten Fernkommunikationsmittel entsprechenden Weise klar und verständlich darzureichen. Sie müssen eine reale Chance zur effektiven Wahrnehmung bieten. Sie dürfen nicht an so versteckter Stelle platziert sein, dass real keine solche Chance besteht.[812] In der Sache unterscheiden sich die Anforderungen an die Präsentation nicht von jenen unter § 5 TMG.[813] Zwei Links sind damit noch akzeptabel, entsprechend auch zweimaliges Scrollen des Bildschirms. Jeder weitere Zwischenschritt schadet. Zu verlangen ist auch eine hinreichend aussagekräftige Bezeichnung des Links, damit der Verbraucher weiß, was er dahinter finden kann.[814] Zu empfehlen ist eine graphisch hervorgehobene Gestaltung des Links.[815] Mit einer **Zwangsführung**[816] ist der Unternehmer jedenfalls auf der sicheren Seite.[817] Indes ist dies nicht als Minimalvoraussetzung zu fordern,[818] sondern nur der hinreichend auffällige und gekennzeichnete Link.[819] „Impressum" ist hier ebenso wenig eine fehlerhafte Bezeichnung wie unter § 5 TMG.[820] Ein Link zu den Pflichtinformationen auf jeder Untersite genügt in jedem Fall.[821]

220 „Mich" lässt nicht erwarten, darunter Pflichtinformationen zur Widerrufsbelehrung zu finden.[822] Es reicht nicht aus, seinen Internetauftritt irgendwo mit einer Widerrufsbelehrung zu versehen. Vielmehr muss man die Widerrufsbelehrung so zuordnen und so kennzeichnen, dass der durchschnittliche Verbraucherkunde sie auch finden kann. Diese Gestaltungsanforderung bewegt sich zwischen Inhalt und Form. Sie reguliert zwar nicht den Inhalt der Widerrufsbelehrung selbst, aber den Inhalt des Weges zur Widerrufsbelehrung. Die hyperkorrekt formulierte, an sich allerschönste und makellose Widerrufsbelehrung reicht nicht, wenn sie falsch eingestellt ist. Sie muss auch so eingestellt sein, dass man sie finden kann. Sie darf nicht gleichsam versteckt sein. Der Grundsatz lautet ehern: Der Anbieter muss dem Kunden die Widerrufsbelehrung *darreichen*. Der Kunde soll nicht unter Zeit- und Kostenaufwand suchen müssen. Die Informationsobliegenheiten ist ja gerade deshalb ein so probates Mittel, weil sie die wissende Partei in die Pflicht nimmt, um Informationsasymmetrien zu beseitigen, und gleichzeitig die Möglichkeit gibt, Rationalisierungspotenziale zu realisieren.[823]

221 Nichts hindert einen Internetanbieter, in seinem Angebot einen Link „Widerrufsbelehrung nach Fernabsatzrecht" bereits auf die Seite mit dem Angebot zu stellen. Extrakosten entstehen nicht in nennenswertem Umfang.[824] Darreichen heißt: aktiv darreichen, augenfällig machen. „Bitte suchen Sie selbst" reicht dafür nicht. Dies gilt im Übrigen nicht nur für die Widerrufsbelehrung, sondern für sämtliche Pflichtinformationen nach Verbraucherschutzrecht. Der Anbieter muss arbeiten, nicht der Kunde.[825]

222 Man muss zwischen transaktionsbezogenen Informationen einerseits und personenbezogenen Informationen andererseits differenzieren. Die Widerrufsbelehrung gehört eindeutig

---

812 S. nur *Mankowski* CR 2001, 767, 770.

813 → Rn 163ff.

814 S. nur *Wendehorst* DStR 2000, 1311, 1315; *Roth/Schulze* RIW 2000, 924, 927; *Steins* MMR 2001, 530, 531; *Mankowski* CR 2001, 767, 771.

815 *Mankowski* CR 2001, 767, 771; MünchKomm/*Wendehorst* BGB § 312c Rn 34.

816 OLG Frankfurt CR 2001, 782 m. Anm. *Vehslage;* OLG Frankfurt MMR 2001, 529 m. Anm. *Steins;* OLG Frankfurt GRUR-RR 2007, 56 – Sprechender Link.

817 *Mankowski* CR 2001, 767, 771f; MünchKomm/*Wendehorst* BGB § 312c Rn 35.

818 So wohl OLG Frankfurt CR 2001, 782 m. Anm. *Vehslage;* OLG Frankfurt MMR 2001, 529 m. Anm. *Steins.* Kritisch dazu *Steins* MMR 2001, 530, 531; *Schafft* K&R 2002, 44, 45; *Lütcke* FernabsatzR § 312c BGB Rn 68.

819 OLG Frankfurt GRUR-RR 2007, 56 – Sprechender Link; *Mankowski* CR 2001, 767, 771f; MünchKomm/*Wendehorst* BGB § 312c Rn 35 sowie BGH GRUR 2007, 159 – Anbieterkennzeichnung im Internet.

820 → Rn 174; aA OLG Karlsruhe WRP 2002, 849, 850.

821 *Hoenike/Hülsdonk* MMR 2002, 415, 417.

822 OLG Hamm GRUR-RR 2005, 285, 286 = NJW 2005, 2319 – Internet-Widerrufsbelehrung.

823 *Mankowski* S. 754.

824 *Mankowski* EWiR § 312c BGB 1/05, 589, 590.

825 Zu abrufbaren Informationen OLG Hamburg OLGR 2007, 68; OLG Hamburg OLGR 2007, 567.

zu den transaktionsbezogenen Informationen.[826] Wer sie zu den personenbezogenen Informationen stellt, macht einen Fehler. Dies gilt für das Einzelangebot wie für ein Angebot im Rahmen eines Shops gleichermaßen. Sich auf angebliche Vorgaben von eBay oder anderen Plattformbetreibern zu berufen, kann keine Rechtfertigung bieten.[827] Plattformbetreiber haben mit Blick auf das über sie abgewickelte provisionsträchtige Transaktionsvolumina ein eigenes Interesse daran, dass alles gesetzeskonform ausläuft. Sie haben insbesondere ein Interesse daran, dass über ihre Plattform wirksame Geschäfte zustande kommen und dass deshalb den Anforderungen des Fernabsatzrechts, soweit einschlägig, genügt ist. Sie haben dagegen kein Interesse an mit dem Fernabsatzrecht nicht konform gehenden Gestaltungen. Wenn es tatsächlich einen Widerspruch geben sollte, müsste der Plattformbetreiber seine Vorgaben ändern. Fernabsatzrecht ist zwingend und nicht dispositiv, erst recht weicht es nicht privaten Vorgaben eines am eigentlichen Fernabsatzvertrag gar nicht beteiligten Dritten.[828]

2. Wettbewerbsrechtliche Sanktionierung

Den fernabsatzrechtlichen Informationspflichten aus § 312c BGB wird teilweise nur der Charakter wertneutraler Ordnungsvorschriften zugebilligt.[829] Dem ist nicht zuzustimmen. Die darzureichenden Informationen können zu einem Plus an nichtinformierten Kunden führen, die bei ordnungsgemäßer Information eventuell Abstand vom Vertragsschluss nehmen könnten.[830] Zudem drohten sonst sich nicht rechtstreu verhaltende Anbieter gegenüber rechtreuen Anbietern Kostenvorteile zu erlangen, denn das Erfüllen der Pflichten verursacht Mühen und Kosten.[831] Anderenfalls wären die Informationspflichten zudem nur durch ein Unterlassungsklagerecht von Verbraucherschutzverbänden nach dem UKlaG bewehrt und dadurch in ihrer Effektivität zu stark gemindert. Der effet utile des Fernabsatzrechts verlangt nach einer absichernden lauterkeitsrechtlichen Sanktionierung. Nur so wird auch dem Gebot des Art. 11 Abs. 1 Fernabsatz-Richtlinie Genüge getan. So wird auch die lauterkeitsrechtliche Dimension des Art. 4 Abs. 2 Fernabsatz-Richtlinie abgedeckt, die früher in § 2 Abs. 1 FernAbsG deutlicher hervortrat.[832] Die fernabsatzrechtlichen Informationspflichten sind wertbezogene Marktverhaltensnormen und nach § 4 Nr. 11 sanktioniert.[833] 223

IV. Kennzeichnung gewerblichen Charakters bei Hinweis auf Domain-Namen

Bei gewerblichen Anzeigen unter Hinweis auf einen nicht näher gekennzeichneten Domain-Namen ist grundsätzlich ein zusätzlicher, ausdrücklicher Hinweis auf den gewerblichen Charakter des Angebots notwendig.[834] Anderenfalls liegt eine getarnte Werbung vor,[835] die gegen § 4 Nr. 3 verstößt.[836] Hiermit wird das Trennungsgebot sanktioniert.[837] 224

Macht bereits der Domain-Name den gewerblichen Charakter deutlich (zB „www.autohaus-merkhoffer.de"), so ist ein solcher zusätzlicher Hinweis nicht erforderlich. Der Zusam- 225

---

826 OLG Hamm GRUR-RR 2005, 285, 286 = NJW 2005, 2319 – Internet-Widerrufsbelehrung.
827 *Mankowski* EWiR § 312c BGB 1/05, 589, 590.
828 *Mankowski* EWiR § 312c BGB 1/05, 589, 590.
829 *Weidert* FS Helm S. 123, 142.
830 *Katko* CR 2003, 931, 932.
831 S. nur *Mankowski* ZMR 2002, 317, 324.
832 Dazu *Micklitz/Tonner/Micklitz* BGB § 312 e Rn 12–14.
833 S. nur OLG Jena GRUR-RR 2006, 283 – Pflichtbelehrung; KG NJW 2006, 3215, 3217; KG GRUR-RR 2007, 328 – Identitätsangabe im Internet; OLG Köln GRUR-RR 2008, 88, 89 – „Sofort-Kaufen"-Option; KG GRUR-RR 2008, 134, 135 – Rücksendekosten; Hoeren/Sieber/*Süßenberger* Kap. 11.1 Rn 87 (Juni 2006); *Brömmelmeyer* S. 334.
834 LG Essen MMR 2003, 343 – gubin.de m. Anm. *Mietzel.*
835 LG Essen MMR 2003, 343 – gubin.de m. Anm. *Mietzel.*
836 Allgemein BGH NJW 1987, 3196 – Getarnte Werbung II; OLG Köln WRP 1985, 580; OLG Hamm WRP 1989, 532, 533 – Private Partnervermittlung; OLG Hamm WRP 1998, 327, 328 – Anzeigenserie.
837 → Rn 23–27.

menhang mit anderen Anzeigen gewerblicher Anbieter dagegen hilft prinzipiell nicht,[838] da die Platzierung von Anzeigen zufällig ist.[839]

V. Preisangabepflichten aus der PAngV

226 Die Verletzung des Preisangabenrechts kann als Rechtsbruch gegen § 4 Nr. 11 verstoßen.[840] Allerdings gilt dies nur bei Werbung für entgeltlich angebotene Leistungen.[841] Websites weisen teilweise die Besonderheit auf, dass sie Zwischenschritte dokumentieren und erlauben, die endgültigen Preisangaben vorgelagert sind. Dies ist preisangabenrechtlich zu berücksichtigen: Soweit ein Preis ersichtlich nur ein Zwischenpreis ist und weitere, notwendige Positionen für einen Endpreis noch ersichtlich fehlen, sind solche bloß vorläufigen Angaben nicht zu beanstanden, wenn sie durch weitere elektronische Verknüpfungen zum Endpreis komplettiert werden können; dem Gebot eindeutiger Zuordnung und leichter Erkennbarkeit aus § 1 Abs. 6 S. 2 PAngV ist dann genügt.[842]

227 Ob bereits ein Angebot im Sinne des § 1 Abs. 1 S. 1 Alt. 1 PAngV vorliegt, kann davon abhängen, ob noch für eine Kaufentscheidung wesentliche Spezifikationen fehlen.[843] Ein „Angebot" im Sinne des § 1 Abs. 1 S. 1 Alt. 1 PAngV liegt vor, wenn alle wesentlichen Leistungseigenschaften und -spezifika aufgeführt sind und aus sich selbst heraus die alleinige Grundlage für die Entscheidung des potenziellen Kunden über den Vertragsabschluss bilden.[844] Nicht erforderlich ist, dass es sich auch um ein vertragsrechtlich bindendes Angebot im Sinne des § 145 BGB handelt.[845] Sind die Spezifikationen über Links abrufbar, so liegt ein Angebot vor.[846] Bloße Abrufbarkeit über einen E-Mail-Kontakt überschreitet die Grenze zum preisangabenrechtlichen Angebot dagegen noch nicht.[847] Hinreichende Bestimmtheit ist auch bei standardisierten oder durch Typenbezeichnungen identifizierten Produkten gegeben.[848] Einen Hinweis, das es sich um ein „beratungsintensives Produkt" handele, wird der normale Interessent als Offerte verstehen, Beratung in Anspruch nehmen zu können, aber nicht dahingehend, dass er für die Erwerbsentscheidung Beratung zwingend benötigen würde.[849] Angaben zur Person des online Buchenden gehören nicht zum Leistungsangebot.[850] Bei echten Auktionen kann der Preis zu beginn der Auktion nicht feststehen und ist daher nicht anzugeben.[851]

228 Es reicht aus, wenn die Endpreise auf Grund einfacher elektronischer Verknüpfung, zB durch einen Wechsel in ein Preisverzeichnis[852] oder durch weitere fortlaufende Eingaben über die betreffende Website festgestellt werden können und der User klar und unmissver-

---

[838] Entgegen LG Essen MMR 2003, 343 – gubin.de m. Anm. *Mietzel.*

[839] Treffend *Mietzel* MMR 2003, 343, 344.

[840] S. nur BGH GRUR 2003, 971 – Telefonischer Auskunftsdienst; OLG Düsseldorf K&R 2001, 262, 263 – Biet & Flieg; OLG Hamburg MMR 2004, 424, 425; OLG Hamburg GRUR-RR 2004, 150, 151 – Top Tagespreis; OLG Köln ZUM 2004, 674; OLG Hamburg GRUR-RR 2007, 167, 168 – Sofort kaufen; OLG Stuttgart MMR 2008, 754; LG Ellwangen MMR 1999, 675; *Weidert* FS Helm S. 123, 139. → § 4–S 14.

[841] OLG Karlsruhe CR 1998, 361, 362.

[842] BGH GRUR 2003, 889, 890 – Internet-Reservierungssystem.

[843] Allg. BGH GRUR 1980, 305, 306 – Effektiver Jahreszins; BGH GRUR 1982, 493, 494 – Sonnenring; BGH GRUR 1983, 658, 660 – Herstellerpreisempfehlung in Kfz-Händlerwerbung; BGH GRUR 1994, 222, 223 – Flaschenpfand.

[844] S. nur *Mankowski* K&R 2001, 257.

[845] BGH GRUR 1980, 304, 305 f – Effektiver Jahreszins; *Kohlmann/Sander* GRUR 1975, 120, 121. Missverständlich *Hackbarth* CR 2001, 123, 124.

[846] Dazu OLG Düsseldorf K&R 2001, 262, 263 – Biet & Flieg; *Mankowski* K&R 2001, 257 f.

[847] *Mankowski* K&R 2001, 257, 259.

[848] OLG Hamburg MMR 2004, 424, 425.

[849] OLG Hamburg MMR 2004, 424, 425.

[850] OLG Düsseldorf K&R 2001, 262, 263 – Biet & Flieg.

[851] LG Hof K&R 2007, 223.

[852] BGH GRUR 2003, 889, 890 – Internet-Reservierungssystem; OLG Düsseldorf K&R 2001, 262, 263 – Biet & Flieg; OLG Frankfurt NJW-RR 2001, 1696; *Völker* PAngV § 4 Rn 34, § 5 Rn 20 sowie *Köhler/Piper* UWG § 4 PAngV Rn 11.

ständlich darauf hingewiesen wird.[853] Entschiedenes Beispiel ist ein online-Reservierungssystem für Flugreisen, das ein Reisebüro eingerichtet hatte und in dem der letztlich angegebene Preis (wie erforderlich[854]) sämtliche vom jeweiligen Reiseziel abhängigen Steuern und Gebühren beinhaltete.[855] Allerdings muss der Link zumindest als solcher gekennzeichnet sein. Ein sprechender Link, bei dem man ein Wort anklicken muss, um zur eigentlichen Preisangabe zu gelangen, reicht nicht aus, wenn diese Tatsache nicht ersichtlich ist.[856] Auch ein Hinweis „Details" reicht nicht, weil er nicht hinreichend deutlich werden lässt, was der Nutzer dahinter zu erwarten hat.[857]

Liefer- und Versandkosten sind im Gesamtpreis mitanzugeben. Es verstößt gegen § 1 229
Abs. 6 PAngV, wenn sie erst über einen eigenen Link abgerufen werden müssen,[858] ohne dass ein zwangsweiser Aufruf notwendig vor Geschäftsabschluss erfolgen würde.[859] Der Hinweis auf ihr Anfallen muss an einer Stelle erfolgen, wo der Adressat ihn notwendig wahrnimmt.[860] Ein genereller Hinweis neben dem Angebot dürfte ausreichen.[861] Eine Angabe neben jedem Einzelpreis ist nicht zwingend erforderlich.[862] Unternehmer dürfen sich nicht auf Kenntnis der Verkehrskreise verlassen, dass im Zweifel Liefer- und Versandkosten anfallen, sondern haben ihre Angaben vorsichtig zu gestalten.[863] Das gleiche wie für Versand- und Lieferkosten gilt grundsätzlich für Angaben zur Umsatzsteuer.[864]

Wer nur fremde Angebote vermittelt, ist hinsichtlich jener Angebote kein Anbieter im 230
Sinne der PAngV, da er keine Preise gegenüber dem Endverbraucher festsetzt und von diesem fordert.[865] Eine Ausnahme gilt, wenn er als Anbieter des Leistungspakets erscheint.[866] Vermittelnde Agenten, die für einen vom Kunden gesetzten Höchstpreis („Nennen Sie uns den Preis, den Sie zahlen wollen. Wir stellen Ihnen dann das Leistungspaket zusammen".) sind damit keine Anbieter.[867] Ein Kommissionär rückt dagegen in die preisangabenrechtliche Verantwortung, da er einziger Vertragspartner des Verbrauchers wird. Dies gilt sowohl bei Vergütung durch eigenen Geschäftsgewinn als auch bei prozentualer Berechnung in Abhängigkeit vom Geschäftsvolumen.[868]

VI. Pflicht zur zuverlässigen Altersverifikation aus § 4 Abs. 2 JMStV

Jugendgefährdende Inhalte sind vor Jugendlichen zuverlässig abzuschirmen und zu 231
schützen. Insbesondere sind pornographische Inhalte nach § 4 Abs. 2 S. 1 Nr. 1 JMStV mit einem zuverlässigen und effektiven Jugendschutz zu versehen. Vertriebsbeschränkungen des Jugendschutzrechts sind Marktverhaltensregelungen im Sinne des § 4 Nr. 11.[869] Verstöße gegen das Verbot, pornographische Inhalte in Telemedien ohne verlässliche Altersverifika-

[853] BGH GRUR 2003, 889, 890 – Internet-Reservierungssystem; OLG Köln ZUM 2004, 674.
[854] BGH GRUR 2001, 1166, 1168 – Fernflugpreise.
[855] BGH GRUR 2003, 889, 890 – Internet-Reservierungssystem.
[856] OLG Hamburg GRUR-RR 2004, 150 – Top Tagespreis.
[857] OLG Frankfurt GRUR-RR 2002, 113 – Null Pfennig.
[858] BGH NJW 2006, 211; OLG Hamburg GRUR-RR 2007, 167, 168 – Sofort kaufen; OLG Stuttgart MMR 2008, 754, 755; OLG Hamburg MMR 2008, 681.
[859] Dazu BGH GRUR 2008, 84, 87 – Versandkosten; *Helmut Hoffmann* MMR 2008, 43.
[860] BGH GRUR 2008, 84, 86 – Versandkosten.
[861] *Ernst* LMK 2008, 250007.
[862] *Ernst* LMK 2008, 250007.
[863] *Hullen* BB 2008, 76f.
[864] OLG Hamburg GRUR-RR 2005, 27; OLG Hamburg GRUR-RR 2007, 167 – Sofort kaufen.
[865] S. nur OLG Hamm GewArch 1988, 277f; OLG Stuttgart WRP 1995, 757, 762; *Mankowski* K&R 2001, 257, 260.
[866] S. nur BGH GRUR 1991, 845, 846 – Nebenkosten; BGHZ 139, 368, 375 – Handy für 0,00 DM.
[867] *Mankowski* K&R 2001, 257, 260.
[868] *Mankowski* K&R 2001, 257, 260.
[869] BGH GRUR 2008, 534, 539 – ueber18.de; Ullmann/*Link* UWG § 4 Nr. 11 Rn 159; Hefermehl/*Köhler*/Bornkamm UWG § 4 Rn 11.35, 11.180. AA *Scherer* WRP 2006, 401, 405f.

tion anzubieten, sind ebenso unlauter im Sinne des § 3 wie Verstöße gegen das Verbot des Versandhandels mit jugendgefährdenden Medien.[870]

232 Ein **Altersverifikationssystem**, welches den Zugang zu pornographischen Angeboten, nach Eingabe einer Ausweisnummer und der Postleitzahl des Ausstellungsortes ermöglicht, stellt keine effektive Barriere für den Zugang Minderjähriger dar, wie sie verlangt ist,[871] und genügt § 4 Abs. 2 JMStV daher nicht. Dies gilt auch, wenn zusätzlich die Eingabe einer Adresse, einer Kreditkartennummer oder Bankverbindung und die Zahlung eines geringfügigen Betrags verlangt werden.[872] Ein zuverlässiges System muss einfache, naheliegende und evidente Umgehungsmöglichkeiten ausschließen,[873] insbesondere dass Jugendliche sich Ausweispapiere bei Eltern oder Freunden besorgen.[874] Unerheblich ist, ob die Jugendlichen dabei ihrerseits rechtswidrig handeln.[875] Erforderlich ist vielmehr eine Alterskontrolle, die einer zweistufigen Kontrolle im Versandhandel (Ausgangskontrolle und Kontrolle der Inempfangnahme) gleichwertig ist.[876] Der Standard muss demjenigen einer persönlichen Alterskontrolle gleichwertig sein.[877] Rein technische Verfahren sind als solche nicht ausgeschlossen, zB mit Hilfe eines zuverlässig gestalteten Webcam-Check oder mit Hilfe biometrischer Merkmale.[878] Geldzahlungen allein stellen nichts sicher, da Jugendliche häufig bereits über eigene, von ihren Eltern nicht kontrollierte Girokonten verfügen.[879] Es muss eine effektive Barriere bestehen. Dies ist umso weniger der Fall, wenn im Internet einfache Wege zur Umgehung kursieren.[880] Bereits Kenntnisnahmemöglichkeiten durchlöchern die Effektivität des Systems, so dass unerheblich ist, ob sich Jugendliche solche Kenntnisse wirklich verschafft haben.[881] Dass kein System einen absoluten Ausschluss von Umgehungsmöglichkeiten zu garantieren vermag, verschlägt nicht,[882] denn es geht um die möglichst gute Erreichung des Zieles. Ein Ausweichen auf ausländische Anbieter schadet ebenfalls nicht,[883] da der deutsche Jugendschutz auch diese tatbestandlich erfasst.

H. Platzieren von Cookies

I. Phänomen

233 Cookies sind kleine, von einem Webserver erzeugte Datensätze oder Programme, welche der Anbieter im Browser des Nutzers platziert (zumeist als eigene Cookie-Datei).[884] Sie ermöglichen, Daten über den Zustand einer HTTP-Verbindung zwischen einem Client und einem Server zu sammeln,[885] also darüber, welche Websites der User ansteuert und

[870] BGH GRUR 2008, 534, 539 – ueber18.de; BGHZ 173, 188 = GRUR 2007, 890 – Jugendgefährdende Medien bei eBay.
[871] S. nur OLG Düsseldorf MMR 2004, 409 m. Anm. *Erdemir;* OLG Düsseldorf MMR 2005, 611 m. Anm. *Liesching;* LG Duisburg Urt. vom 30. 8. 2004 – 41 O 57/04; LG Saarbrücken MMR 2006, 250, 251.
[872] BGH GRUR 2008, 534, 539 – ueber18.de; LG Saarbrücken MMR 2006, 250, 251.
[873] BGH GRUR 2008, 534, 537 – ueber18.de; *Döring/Günter* MMR 2004, 231, 234; *Erdemir* MMR 2004, 409, 412.
[874] BGH GRUR 2008, 534, 537 – ueber18.de.
[875] BGH GRUR 2008, 534, 537 – ueber18.de; KG NStZ-RR 2004, 249, 250 = MMR 2004, 478.
[876] BGH GRUR 2008, 534, 537 – ueber18.de im Anschluss an BGHZ 173, 188 = GRUR 2007, 890 – Jugendgefährdende Medien bei eBay.
[877] BGH GRUR 2008, 534, 537 f – ueber18.de.
[878] BGH GRUR 2008, 534, 537 f – ueber18.de.
[879] BGH GRUR 2008, 534, 537 – ueber18.de.
[880] *Döring/Günter* MMR 2004, 231, 233; *Liesching* MMR 2004, 482.
[881] BGH GRUR 2008, 534, 537 – ueber18.de.
[882] Entgegen *Sellmann* K&R 2008, 366, 367.
[883] Entgegen *Sellmann* K&R 2008, 366, 367.
[884] *Wichert* DuD 1998, 273; *Peter Schaar* DuD 2000, 275; *Strömer* 2002 S. 354; *Kröger/Nöcker/Nöcker/Grammann* S. 84, 86; *Bräutigam/Leupold/Büllesbach* A III Rn 59; *Schmittmann* 2003 S. 233; *Gounalakis/Brühann* § 8 Rn 36; *Gounalakis/Niedermeier* § 19 Rn 52.
[885] *Moritz/Dreier/Wächter* D Rn 681.

wie häufig er dies tut. Der Anbieter kann die gesammelten Daten abrufen, sobald der Nutzer das Angebot erneut ansteuert,[886] und so ein Profil des Nutzers erstellen, auf das er die Ansprache des Nutzers zielgenau ausrichten kann.[887] Unter Umständen erlauben sie auch, gezielte Subliminalwerbung auszusenden.[888] Cookies können also elektronische Bewegungen des Nutzers registrieren. Sie können auch registrieren, ob der Nutzer eine bestimmte E-Mail öffnet und, wenn ja, wann er sie geöffnet hat. Sie haben den zusätzlichen Vorteil, dass die eigentliche Datensammlung lokal beim Nutzer erfolgt und deshalb nicht nötig, eine große und umfangreiche Datenbank beim Anbieter aufwändig zu unterhalten.[889]

II. Grundsätzliche datenschutzrechtliche Unzulässigkeit

Cookies verstoßen in aller Regel gegen das Datenschutzrecht:[890] Bereits das Setzen von Cookies ist ein Erheben, Verarbeiten und Nutzen von Daten gemäß §§ 3 Abs. 1 TDDSG; 3 Abs. 3 bis 5 BDSG und früher § 12 Abs. 2 MDStV.[891] Cookies dienen ihrem Zweck nach gerade dazu, einen Nutzer zu identifizieren und über ihn gewonnene Daten miteinander zu verknüpfen.[892] Dies gilt insbesondere, wenn in elektronische Formulare (namentlich Bestellformulare) eingefüllte Daten wie Name und Adresse mit dem Cookie in Verbindung gebracht werden, etwa durch direkte Einspeicherung im Cookie oder durch Zuteilung einer bestimmten Kennung.[893] Art. 5 Abs. 3 Richtlinie 2002/58/EG gestattet die Speicherung von Informationen oder den Zugriff auf Informationen, die im Endgerät eines Teilnehmers oder Nutzers gespeichert sind, nur unter der Bedingung, dass der Teilnehmer über die Zwecke der Verarbeitet informiert und auf das Recht hingewiesen wird, diese Verarbeitung zu verweigern. Dies betrifft neben Cookies auch Webbugs und Spyware.[894] Dies geht insbesondere mit dem vorgeschriebenen Hinweis auf das Widerspruchsrecht über die bisherige milde Hinweispflicht nach § 4 Abs. 1 S. 2 TDDSG hinaus.[895] 234

Eine grundsätzliche Ausnahme von dem datenschutzrechtlichen Verdikt, weil keine personenbezogenen Daten im Sinne des § 1 Abs. 1 TDDSG iVm § 3 Abs. 1 BDSG erhoben werden, ist nur zu machen, soweit die Daten keiner bestimmten Person zugeordnet werden können, sondern im Sinne des § 3 Abs. 6 BDSG anonymisiert sind.[896] Entsprechend ist das Gewinnen von Nutzerprofilen zum Zwecke der Werbung mittels Cookies gemäß § 6 Abs. 3 Nr. 1 TDDSG sowie früher § 13 Abs. 4 S. 1 MDStV nur bei nicht personalisierter Pseudonymisierung des Nutzers zulässig.[897] 235

---

886 *Moritz/Dreier/Wächter* D Rn 682.

887 *Damker/Müller* DuD 1997, 24, 25; *Wichert* DuD 1998, 273, 274; *Bizer* DuD 1998, 277, 277; *Mayer-Schönenberger* (1998) 14 Comp. L. & Sec. Rep. 166 f; *Eichler* K&R 1999, 76 f; *Mankowski* GRUR Int. 1999, 995, 1002; *Kröger/Gimmy/Moos* S. 497, 522; *Köhntopp/Köhntopp* CR 2000, 248, 252 f; *Peter Schaar* DuD 2000, 275 f; *Ihde* CR 2000, 413 f; *Lange* BB 2002, 561, 564; *Moritz/Dreier/Miedbrodt* D Rn 535; *Brandl* S. 111, 129; *Kröger/Nöcker/Nöcker/Grammann* S. 84, 86.

888 *Schmittmann* 2003 S. 119.

889 *Schmittmann* 2003 S. 233.

890 Eingehend *Bizer* DuD 1998, 277–281 sowie *Sebastian Meyer* WRP 2002, 1028, 1029–1031; außerdem zB *Strömer* S. 355; *Simitis* § 1 BDSG Rn 223; *Gounalakis/Niedermeier* § 19 Rn 55–58.

891 *Bizer* DuD 1998, 277, 279; *Beucher/Leyendecker/v. Rosenberg* Mediengesetze § 6 TDDSG Rn 2; *Ihde* CR 2000, 413, 415; *Lange* BB 2002, 561, 564.

892 *Roßnagel/Peter Schaar* § 4 TDDSG Rn 50.

893 *Roßnagel/Peter Schaar* § 4 TDDSG Rn 50; *Moritz/Dreier/Wächter* D Rn 682; *Gounalakis/Niedermeier* § 19 Rn 55.

894 *Jahnel* ÖJZ 2004, 336, 339.

895 *Ohlenburg* MMR 2003, 82, 85.

896 *Imhof* CR 2000, 110, 111 f; *Ihde* CR 2000, 413, 416 f; *Lange* BB 2002, 561, 564; *Sebastian Meyer* WRP 2002, 1028, 1029 f sowie *Strömer* S. 283; *Jahnel* ecolex 2001, 84, 88; *Moritz/Dreier/Miedbrodt* D Rn 537; *Lehmann/Schneider* 2002 R Rn 67; *Gounalakis/Niedermeier* § 19 Rn 59; dazu aber *Bizer* DuD 1998, 277, 278; *Hoeren/Sieber/Ulrich Sieber* Teil 19 Rn 558 (Dezember 1998); *Kröger/Gimmy/Moos* S. 497, 522 f und für Österreich *Brandl/Mayer-Schönenberger* ecolex 1999, 366, 368; *Brandl* S. 111, 130.

897 *Bizer* DuD 1998, 277, 279 f; *Lange* BB 2002, 561, 564; *Boehme-Neßler* K&R 2002, 217, 219; *Schmittmann* 2003 S. 234.

III. Einwilligung des Nutzers als Erlaubnistatbestand

236 Eine Einwilligung des Nutzers begründet nach §§ 3 Abs. 7 TDDSG; 12 Abs. 8 TDDSG eine Ausnahme zum Verbot von Cookies.[898] In der Praxis genügen viele Procederes nicht den an eine Einwilligung zu stellenden Anforderungen.[899] Insoweit hat die Novellierung des § 4 Abs. 2 TDDSG durch das EGG allerdings einige, jedoch nicht wirklich substantielle Erleichterungen für den Anbieter geschaffen. Einsatz und Nutzung von Cookies verletzen zudem schon im allgemeinen Zivilrecht das allgemeine Persönlichkeitsrecht des Nutzers,[900] namentlich dessen Recht auf informationelle Selbstbestimmung.[901] Cookies sind darüber hinaus wettbewerbsrechtlich inkriminiert, soweit sie einen Vorsprung durch Rechtsbruch begründen würden.[902]

237 Allgemein unterstützen und akzeptieren Browser in ihren Normaleinstellungen zwar Cookies. Man kann aber aus der Nichtänderung dieser Browser-Einstellung (oder dem Nichteinsatz sog. Cookie-Killer[903]) keine Einwilligung des Users in das Setzen von Cookies ableiten.[904] Zudem würde es sich nur um eine generelle Einwilligung handeln, welche den datenschutzrechtlichen Anforderungen nicht genügte, die eine jeweils individuelle Einwilligung verlangen.[905] Selbst ein Fortfahren trotz Aufblinkens einer vom Browser generierten Cookie-Warnung wäre keine Einwilligung.[906]

IV. Ausnahmsweise Rechtfertigung entsprechend § 28 Abs. 1 Nr. 1 oder Nr. 2 BDSG

238 Eine Ausnahme vom datenschutzrechtlichen Verdikt besteht, soweit unter dem BDSG eine Datenerhebung nach § 28 Abs. 1 Nr. 1 oder Nr. 2 BDSG gerechtfertigt wäre. Indes kann dies nur für Cookies gelten, die in ihrer Funktion nicht über Lesebestätigungen für E-Mails hinausgehen. Soweit sie nur dokumentieren, wann der User Erklärungen des Anbieters aufgenommen hat, und darüber einen Zugangsnachweis sicherstellen sollen, können Cookies gerechtfertigt sein. Darüber hinaus gehende Cookies, eingesetzt, um Nutzerprofile zu gewinnen, deckt dies aber nicht.

V. Wettbewerbsrechtliche Konsequenz

239 Die mit Hilfe rechtswidriger Cookies erlangten Daten verschaffen einen erheblichen Wettbewerbsvorsprung, indem sie eine individuelle Ausrichtung der Anbietermaßnahmen erlauben und so die Chance auf einen Abschluss mit dem umworbenen potentiellen Kunden erhöhen. Daher begründen sie einen nach § 4 Nr. 11 unzulässigen Rechtsbruch.[907] Dies gilt unabhängig davon, ob man Vorschriften des Datenschutzrechts prinzipiell als wertbezogen[908] oder als wertneutral[909] einordnet. Die Datenschutzgesetze schützen zwar

---

[898] Näher *Bizer* DuD 1998, 277, 280; *Kröger/Gimmy/Moos* S. 497, 523; dazu auch *Hoeren/Sieber/Schmitz* Teil 16.4 Rn 142 (Feb. 2000); *Bräutigam/Leupold/Büllesbach* A III Rn 59.

[899] *Ihde* CR 2000, 413 f; *Boehme-Neßler* K&R 2002, 217, 219.

[900] S. nur *Mankowski* GRUR Int. 1999, 995, 1002; *Moritz/Dreier/Miedbrodt* D Rn 536.

[901] Eingehend *Mayer-Schönenberger* (1998) 14 Comp. L. & Sec. Rep. 166–174.

[902] *Mankowski* GRUR Int. 1999, 995, 1002; *Moritz/Dreier/Moritz/Herrmann* D Rn 536.

[903] Zu diesen *Kröger/Nöcker/Nöcker/Grammann* S. 84, 91.

[904] *Eichler* K&R 1999, 76, 80; *Jahnel* ecolex 2001, 84, 88; *Sebastian Meyer* WRP 2002, 1028, 1030 f; S. auch *Moritz/Dreier/Wächter* D Rn 682; *Simitis* BDSG § 1 Rn 223.

[905] *Sebastian Meyer* WRP 2002, 1028, 1031.

[906] *Peter Schaar* DuD 2000, 275, 277.

[907] *Sebastian Meyer* WRP 2002, 1028, 1033 f; *Weidert* FS Helm S. 123, 146; Hoeren/Sieber/*Süßenberger* Kap. 11.1 Rn 83 (Juni 2006).

[908] So LG Stuttgart DuD 1999, 294, 295 – Vermarktung von Adressdaten; *Weidert* FS Helm S. 123, 145.

[909] So OLG Frankfurt CR 2001, 294, 295 – Haushaltsumfrage; *Frhr. v. Gamm* GRUR 1996, 574, 577 f; *v. Westerholt* FS Beier S. 561, 568 f.

das Recht auf informationelle Selbstbestimmung, das isoliert betrachtet kein Schutzgut des Wettbewerbsrechts ist und keinen direkten Wettbewerbsbezug aufweist;[910] die durch rechtswidrige Datenerlangung ermöglichte individuelle Kundenansprache und erst ein Kundenprofil aber sind wettbewerbliche Maßnahmen.[911] Im Übrigen lässt sich die Wertbezogenheit zum einen darauf stützen, dass eben das Recht auf informationelle Selbstbestimmung eine grundrechtlich induzierte Basis der objektiven Wertordnung ist.[912] Zum anderen steht hinter dem Datenschutzrecht ein aufsichtsbehördlicher System und steht die Sanktionierung von Verstößen nicht zu ausschließlichen Disposition der betroffenen Privaten.[913]

Bereits das persönliche Begrüßen eines wiederholten Nutzers, der auf Grund eines Cookies wiedererkannt worden ist, sollte ausreichen.[914] Es geht über den anonymen Zutritt zu einer Website hinaus, ist ungewöhnlich und erzeugt Aufmerksamkeit. Cum grano salis kann man es mit dem Begrüßen eines Stammgastes in einem Restaurant vergleichen. Persönliche Ansprache zwingt in stärkerer Weise dazu, sich mit dem Angebot auseinander zu setzen, weil es dem Nutzer scheinbar kein Abtauchen in die Anonymität mehr erlaubt. 240

Handeln zum Zwecke des Wettbewerbs ist bei gewerblichen Unternehmen, die Cookies einsetzen, in aller Regel zu bejahen.[915] Eine Verteidigung, dass man zwar Cookies einsetze, diese aber nicht auslese und auswerte, kann keinen Bestand haben.[916] Dabei handelt es sich um interne organisatorische Maßnahmen des Anbieters. Die Betroffenen können deren Einhaltung nicht zuverlässig kontrollieren, und der Anbieter kann diese Maßnahmen jederzeit ändern. Ein Nachweis, dass vorhandene Datenbestände tatsächlich ausgewertet wurden, ist den Betroffenen nicht zuzumuten. 241

VI. CGI-Scripts

Dasselbe wie für Cookies gilt auch für sog. CGI-Scripts, eine andere Form von Miniprogrammen, die durch das Ansteuern einer Website oder das Anklicken von Links ohne Wissen des Nutzers gestartet werden.[917] 242

I. Auktionen

I. Gewerberechtliche Erlaubnispflicht?

Wettbewerbsrechtliche Relevanz kann bei sog. Internet-Auktionen der Vorsprung durch Rechtsbruch gemäß § 4 Nr. 11 haben, wenn und soweit Online-Auktionen der gewerberechtlichen Erlaubnis nach § 34b Abs. 6 Nr. 5 lit. b GewO bedürfen und es konkret an der erforderlichen Erlaubnis fehlt. Denn § 34b Abs. 6 Nr. 5 lit. b GewO reguliert nicht nur den Marktzutritt, sondern will mit seinem Zuverlässigkeitskriterium die spätere Einhaltung von Verhaltensregeln schützen;[918] er dient dem Schutz der Verbraucher vor Übervorteilung durch Ausnutzen des Spieltriebs.[919] Die entscheidende Frage ist, ob § 34b Abs. 6 Nr. 5 243

[910] *Frhr. v. Gamm* GRUR 1996, 574, 578.
[911] *Sebastian Meyer* WRP 2002, 1028, 1034.
[912] *Weidert* FS Helm S. 123, 145.
[913] *Weidert* FS Helm S. 123, 146.
[914] Zweifelnd *Sebastian Meyer* WRP 2002, 1028, 1034.
[915] *Sebastian Meyer* WRP 2002, 1028, 1032f.
[916] Im Ansatz liberaler *Sebastian Meyer* WRP 2002, 1028, 1033.
[917] *Kröger/Gimmy/Moos* S. 497, 523.
[918] *Dunckel* S. 58f unter Hinweis auf BGH GRUR 2002, 825, 826 – Elektroarbeiten; *Köhler* GRUR 2001, 777, 781; *Ullmann* GRUR 2003, 817, 824 für die generellen Maßstäbe.
[919] BVerwG NVwZ 1998, 425; KG MMR 2001, 765; *Dunckel* S. 59.

lit. b GewO sog. Internet-Auktionen generell, nur in bestimmten Spielarten oder überhaupt nicht erfasst. Dabei darf man sich nicht an die inzwischen in den allgemeinen Sprachgebrauch eingeflossene Benennung als „Online-Auktion" klammern. Diese Bezeichnung vereint verschiedene Gestaltungen mit unterschiedlichen Charakteristika. Sie besagt nicht, dass es sich immer um eine Auktion oder Versteigerung im Rechtssinne und speziell im Sinne des Gewerbsrechts handeln müsste.[920] Vielmehr sind jedenfalls Rückwärtsauktionen und holländische Auktionen[921] bloße Verkäufe gegen Höchstgebot und keine Versteigerungen.[922] Das Gleiche gilt für „verdeckte Auktionen", bei denen jeder Bieter in Unkenntnis der anderen Gebote nur ein einziges eigenes Gebot abgeben darf und das höchste Gebot gewinnt.[923]

244 Eine Versteigerung im Rechtssinn setzt eine Möglichkeit voraus, dass Bieter das bisherige Höchstgebot überbieten können. Essentiell sind Reaktions- und Überbietungsmöglichkeit. Diese sind bei den üblichen Modellen von Internet-Auktionen gegeben[924] (außer bei Rückwärts-, holländischen und verdeckten Auktionen). Nicht essentiell ist dagegen ein Zuschlag, jedenfalls in der Gestalt, dass der Auktionator die Auktion durch eine Zuschlagserteilung abschlösse. Diese Art des konkreten Zuschlags ersetzt funktionell ein „abstrakter" Zuschlag, wenn die Auktion nach den Teilnahmebedingungen zu einem bestimmten, vorher festgesetzten Zeitpunkt endet und derjenige, welcher zu diesem Zeitpunkt das höchste Gebot abgegeben hat, den Zuschlag erhält. Im Zivilrecht stellt § 156 BGB zwar den konkreten Zuschlag durchaus in den Vordergrund, jedoch nur als dispositives Tatbestandsmerkmal.[925] Es erfolgt zwar kein Gebot an einen Versteigerer als Person,[926] aber eine antizipierte Annahme des Höchstgebots durch den Einlieferer.[927]

245 Sofern man Zeitdruck für ein Merkmal hält,[928] ist dies gegen Auktionsende gegeben.[929] Eine zeitliche Begrenzung stellt auch und gerade ein zeitlich festgesetztes Auktionsende dar.[930] Ein enger Zeitrahmen ist dagegen nicht zu verlangen.[931] Bis zum Auktionsende ist ein Überbieten möglich.[932] Zeitliche Konzentration setzt auch keine Dauerpräsenz des einzelnen Bieters voraus.[933] Eine räumliche Konzentration ist kein notwendiges Merkmal einer Versteigerung.[934] Prägend ist das Zusammenführen von Angebot und Geboten mit Reaktionsmöglichkeiten für Bietkonkurrenten.[935] Treffpunkt von Angebot und Gebot kann auch eine virtuelle Plattform sein.[936] Maßgebend sind Kommunikation und Interaktion.[937] Gedanklich mag man auch mit einem „virtuellen Raum" arbeiten.[938] Dies ist jedoch nur eine bildhafte Hilfskonstruktion.[939] Legt man diese Maßstäbe zugrunde, so sind

---

[920] OLG Frankfurt NJW 2001, 1434; KG NJW 2001, 3272.

[921] → Rn 247f.

[922] S. nur *Spindler/Wiebe/Ernst* B Rn 12; *Mankowski* EWiR § 3 UWG 1/01, 547, 548.

[923] S. nur *Spindler/Wiebe/Ernst* B Rn 12; *Mankowski* EWiR § 3 UWG 1/01, 547, 548.

[924] S. nur *Hess* FS Hertin S. 391, 398f; *Dunckel* S. 61f.

[925] S. nur BGHZ 138, 339, 343; *Staudinger/Bork* BGB §§ 134–163 § 156 Rn 9.

[926] Wenn man den Versteigerer nur als Funktionsbegriff sieht, könnte man auch von einem Gebot an das Programm des Auktionshauses sprechen; *Hess* FS Hertin S. 391, 399f.

[927] S. nur *Hess* FS Hertin S. 391, 401.

[928] So KG NJW 2001, 3272.

[929] *Mankowski* EWiR § 34b GewO 1/01, 1053, 1054.

[930] LG Hamburg CR 1999, 526, 527 m. Anm. *Vehslage; Dunckel* S. 71.

[931] *Hess* FS Hertin S. 391, 395.

[932] Dies missachten LG Münster MMR 2000, 280, 281 – ricardo.de; *Bräutigam/Leupold/v. Samson-Himmelstjerna/Rücker* B V Rn 31. Dazu immerhin *Gounalakis/Hauke/Scheffler* § 42 Rn 19.

[933] Entgegen *Vehslage* MMR 1999, 680, 681.

[934] So KG NJW 2001, 3272.

[935] *Mankowski* EWiR § 34b GewO 1/01, 1053, 1054; *Dunckel* S. 68f.

[936] LG Hamburg CR 1999, 526, 527 m. Anm. *Vehslage; Mankowski* EWiR § 34b GewO 1/01, 1053, 1054.

[937] *Mankowski* EWiR § 34b GewO 1/01, 1053, 1054.

[938] So LG Hamburg CR 1999, 526, 527 m. Anm. *Vehslage; Heckmann* NJW 2000, 1370, 1374; *Hess* FS Hertin S. 391, 396.

[939] *Mankowski* EWiR § 34b GewO 1/01, 1053, 1054.

die meisten der sog. „Versteigerungen" im Internet Versteigerungen im Sinne des Gewerberechts,[940] unter Ausgrenzung der Rückwärts- und der verdeckten Auktionen.[941]

246 Hat der Auktionsveranstalter bei der zuständigen Behörde um eine Genehmigung nachgesucht oder nachgefragt, ob seine Veranstaltung genehmigungsbedürftig sei, und die Negativauskunft erhalten, dass keine Genehmigungsbedürftigkeit bestehe,[942] so kann sich der Veranstalter auf diese Auskunft verlassen. Ihm ist kein Vorwurf zu machen, dass er sich planmäßig über Rechtsnormen hinwegsetzte. Vielmehr hat er von seiner Seite alles unternommen, um sich rechtstreu zu verhalten. Zu seinen Gunsten streitet auch der Vertrauensschutz. Damit scheidet dann auch eine wettbewerbsrechtliche Bewehrung des objektiven Rechtszustandes aus.[943] Solange die Gewerbeaufsichtsämter bei der verneinenden Auffassung bleiben und Negativatteste erteilen, besteht kein reales Rechtsrisiko für die Veranstalter von Internet-Auktionen.[944]

II. Rückwärtsauktionen und holländische Auktionen

247 **Rückwärtsauktionen** (noch spezifischer: **holländische Auktionen**[945]) vollziehen sich dergestalt, dass von einem hohen Preis ausgehend der Preis solange gesenkt wird, bis das erste Gebot eingeht. Der erste Bieter erhält dann den „Zuschlag". Eine Möglichkeit für andere Bieter, ihn zu überbieten, besteht beim Grundmodell nicht. Das Grundmodell ist keine Versteigerung im Rechtssinne, sondern für alle Rechtsgebiete ein bloßer Verkauf gegen Höchstgebot, denn ihm fehlt es eben an der für Versteigerungen konstitutiven Möglichkeit für potenzielle Bietkonkurrenten, zu reagieren und das aktuelle Höchstgebot zu überbieten.

248 Indes lassen sich (wenn auch selten) Varianten finden, in denen sich an das Grundmodell ein zweiter Teil anschließt, in dem nun die Möglichkeit zum Überbieten besteht. Das erste Gebot bezeichnet dann den Ausgangspunkt für eine echte Versteigerung. Der Verlauf der Gesamtveranstaltung kann sich gleichsam U-förmig gestalten: Abstieg bis zum ersten Gebot und dann möglicher Wiederaufstieg.

249 Lauterkeitsrechtlich gelten keine Besonderheiten für holländische Online-Auktionen gegenüber offline durchgeführten holländischen Auktionen. Die Wende vom Verbot wegen der Verbindung aleatorischer Elemente mit der Wertreklame[946] hin zur grundsätzlichen lauterkeitsrechtlichen Zulässigkeit[947] hat sich zuerst offline vollzogen und ist dann richtigerweise[948] auf Online-Auktionen übertragen worden.[949] Dass sich die Auktionsgeschwindigkeit erhöht, d. h. dass der zeitliche Abstand zwischen den einzelnen Senkungsschritten erheblich kleiner geworden ist, begründet keinen wesentlichen Unterschied.[950]

---

[940] LG Hamburg CR 1999, 526, 527 m. Anm. *Vehslage;* LG Wiesbaden MMR 2000, 376, 377; *Huppertz* MMR 2000, 376, 377; *Hess* FS Hertin S. 391, 394–402; *Rüßmann/Reich* K&R 2000, 116; *Heckmann* NJW 2000, 1370, 1374 f; *Spindler/Wiebe/Ernst* B Rn 11–14; *Spindler/Wiebe/Wiebe* D Rn 23 f; *Mankowski* EWiR § 3 UWG 1/01, 547, 548; *ders.* EWiR § 34 b GewO 1/01, 1053, 1054. AA KG NJW 2001, 3272; *Bullinger* WRP 2000, 253, 255; *Bräutigam/Leupold/v. Samson-Himmelstjerna/Rücker* B V Rn 29; *Gounalakis/Hauke/Scheffler* § 42 Rn 16–21 sowie (mit unhaltbarer Begr. eines Ausschlusses durch § 5 TDG aF) *Stögmüller* K&R 1999, 391, 393.

[941] → Rn 243.

[942] Auf der Grundlage Bund-Länder-Ausschuss Gewerberecht GewArch 1997, 60, 63; Bund-Länder-Ausschuss Gewerberecht GewArch 2000, 50, 51.

[943] LG Hamburg CR 1999, 526 m. Anm. *Vehslage; Mankowski* EWiR § 34 b GewO 1/99, 699; *Hess* FS Hertin S. 391, 403.

[944] *Gounalakis/Hauke/Scheffler* § 42 Rn 14; s. auch *Hoeren* EWiR § 156 BGB 1/01, 213, 214.

[945] *Leible/Sosnitza* CR 2002, 755; *dies.* CR 2004, 293.

[946] BGH GRUR 1986, 622 – Umgekehrte Versteigerung I.

[947] BGH GRUR 2003, 626 – Umgekehrte Versteigerung II m. Anm. *Leible/Sosnitza;* BGH CR 2003, 517 m. Anm. *Lindenberg;* BGH K&R 2003, 350 m. Anm. *Steinbeck.*

[948] *Leible/Sosnitza* MMR 2003, 466, 467; *dies.* CR 2004, 293.

[949] BGH GRUR 2004, 249, 250 – Umgekehrte Versteigerung im Internet = CR 2004, 291 m. Anm. *Leible/Sosnitza; Dunckel* S. 145–148 sowie BGH GRUR 2004, 251 – Hamburger Auktionatoren.

[950] *Leible/Sosnitza* CR 2004, 293.

250 Holländische Auktionen enthalten zwar aleatorische Elemente[951] und vermitteln den Nervenkitzel des Spielers, ob man an der richtigen Stelle zuschlägt oder sich verspekuliert und andere in einem schon interessanten Bereich schneller sind. Der Anreiz, sich mit dem Angebot zu befassen, wird umso stärker, je länger der Veranstaltungszeitraum fortschreitet.[952] Der Anreiz, durch Zuwarten gleichsam eine höhere Spanne zu den eigenen Gunsten erzielen zu können, entbindet den Interessenten aber nicht davon, die absolute Preiswürdigkeit des Angebots zu prüfen und seine eigene oberste „Schmerzschwelle" zu definieren.[953] Die Konkurrenz mit anderen um ein knappes Gut ist nicht auktionsspezifisch.[954] Für ein Verdikt müssen besondere, wettbewerbliche Unlauterkeit begründende Umstände hinzutreten.[955]

251 Allerdings bleibt ein nicht widerspruchsfreies Spannungsverhältnis zur Rechtsprechung zum psychischen Kaufzwang.[956] Das Spannungsverhältnis resultiert daraus, dass jene Rechtsprechungslinie zum psychischen Kaufzwang[957] einer restriktiveren Haltung der damaligen Judikative entsprang,[958] während die Rechtsprechung zumal des BGH in jüngerer Zeit deutliche Liberalisierungstendenzen zeigt.

III. Einsatz von Sniper-Software

1. Phänomen

252 **Sniper-Software** erlaubt Bietern bei Online-Auktionen, eine Software unter ihrem eigenen Pseudonym oder ihrem eigenen Passwort genau zu einem voreingestellten Zeitpunkt ein eingestelltes Gebot abzugeben. Vorzugsweise liegt der eingegebene Zeitpunkt unmittelbar vor dem Ende einer Auktion, das sich wegen der zeitlichen Eingrenzung und dem Zuschlag durch Zeitablauf bei der Mehrzahl der Online-Auktionen genau bestimmen lässt. **Sniping** verfolgt das Ziel, einen niedrigen Preis durch punktgenaues Zuschlagen zu erzielen, weil man erst spät einsteigt und zuvor nur geringes Bieterinteresse sich materialisiert.[959] Sniper-Software kann dabei auf dem externen Rechner eines entsprechenden Diensteanbieters installiert sein (Sniper-Dienst).[960] Sie kann sich aber auch auf dem eigenen Rechner des Bieters befinden.[961]

2. Verleiten zum Vertragsbruch?

253 Wettbewerbsrechtlich greifen die Online-Auktionshäuser die Anbieter von Sniper-Software vorrangig wegen Verleitens zum Vertragsbruch an. Denn die AGB von eBay schreiben in § 2 Nr. 4 S. 2 fest: „Das Passwort muss geheim gehalten werden" sowie (seit dem 4. 7. 2002) in § 8 Nr. 5: „Die Abgabe von Geboten mittels automatisierter Datenverarbeitungsprozesse ist ausgeschlossen" und in § 15 Nr. 1 S. 1: „Die Nutzer sind nicht berechtigt, Mechanismen, Software oder sonstige Routinen in Verbindung mit der Nutzung der eBay-Website zu verwenden, die das Funktionieren der eBay-Website stören können". Hinter-

---

[951] BGH GRUR 2004, 249, 250 – Umgekehrte Versteigerung im Internet m. Anm. *Leible/Sosnitza.*

[952] BGH GRUR 2004, 249, 250 – Umgekehrte Versteigerung im Internet m. Anm. *Leible/Sosnitza.*

[953] BGH GRUR 2003, 626, 627 – Umgekehrte Versteigerung II; BGH GRUR 2004, 249, 250 – Umgekehrte Versteigerung im Internet m. Anm. *Leible/Sosnitza.*

[954] BGH GRUR 2004, 249, 250 – Umgekehrte Versteigerung im Internet m. Anm. *Leible/Sosnitza.*

[955] BGH GRUR 2003, 626, 627 – Umgekehrte Versteigerung II; BGH GRUR 2004, 249, 250 – Umgekehrte Versteigerung im Internet m. Anm. *Leible/Sosnitza,* jeweils unter Hinweis auf BGH GRUR 1998, 735, 736 – Rubbelaktion; BGH GRUR 2000, 820, 821 – Space Fidelity Peepshow.

[956] *Leible/Sosnitza* CR 2004, 293, 294.

[957] → § 4–1 Rn 251.

[958] ZB BGH WRP 1998, 162, 163 – Erstcoloration.

[959] *Weber/Skirpsky* sic! 2003, 685, 687.

[960] *Leible/Sosnitza* CR 2003, 344 f.

[961] *Leible/Sosnitza* CR 2003, 344, 345.

grund dieser Schritte seitens der Online-Auktionshäuser ist deren Gebühreninteresse.[962] Die Gebühr des Auktionshauses richtet sich nach dem Höchstgebot. Die Auktionshäuser haben daher ein Interesse an einem möglichst hohen Höchstgebot und an einem wechselseitigen Hochschaukeln des Gebots durch die Bieter. Dem dient ua das Angebot elektronischer Bietagenten, die bis zu einer eingegebenen absoluten Obergrenze immer das bisherige Höchstgebot überbieten, durch die Auktionshäuser selber.[963] Ein direktes Verbot von Sniper-Software durch eine AGB-Klausel wird als überraschende Klausel an § 305c Abs. 1 BGB scheitern.[964]

Verleiten zum Vertragsbruch wurde teilweise bejaht, soweit ein Sniper-Dienst zwingend die Mitteilung des Passworts durch den Bieter beinhaltet, da diese Mitteilung dem Bieter von eBay vertraglich untersagt sei.[965] Dagegen lassen sich indes Bedenken formulieren:[966] Das Verbot, Passworte weiterzugeben, dient üblicherweise dazu, Dritte von dem Leistungsangebot auszuschließen und das Risiko des Missbrauchs durch Dritte zu minimieren. Sniper-Dienste stellen aber weder ein Missbrauchsrisiko dar,[967] noch wollen sie überhaupt am Leistungsangebot des Online-Auktionshauses partizipieren. Diesem Gedanken könnte man durch eine entsprechende Reduktion der Klausel, zugestandenermaßen entgegen ihrem weiteren und einschränkungslosen Wortlaut, Sorge zu tragen versuchen. 254

Bei Sniper-Software auf dem eigenen Rechner des Bieters entfällt sogar die Weitergabe des Passwortes an einen Dritten. Ein möglicher Vertragsbruch würde nur die Klausel betreffen, dass die Abgabe von Geboten mittels automatisierter Datenverarbeitungsprozesse untersagt sei; die Software kann nur unter Bruch dieser Klausel eingesetzt werden. Indes bestehen insoweit massive Zweifel an der inhaltlichen Wirksamkeit der Klausel. Diese dürfte an § 307 Abs. 1 BGB scheitern, da sie den Bieter in dessen Möglichkeiten beschneidet, insbesondere in dessen Möglichkeiten, sein Bietverhalten zu rationalisieren, und nur einseitig dem Gebühreninteresse des Auktionshauses dient.[968] 255

Eine unlautere Ausbeutung fremder Leistung ist in Sniper-Software nicht zu erblicken:[969] Ersatzteile oder Zusatzmöglichkeiten zu den Leistungen anderer zu schaffen ist zulässig. Es wird nicht das Modell eines anderen kopiert und schmarotzerisch für eigene Zwecke ausgenutzt. Es erfolgt keine Nachbildung, sodass auch keine Marktverwirrung zu beklagen ist. Schließlich fehlt es auch an einem zu sanktionierenden Eingriff in den eingerichteten und ausgeübten Gewerbebetrieb der Online-Auktionshäuser.[970] 256

3. Unlautere Absatzbehinderung?

Ein weiterer zu untersuchender Tatbestand ist die unlautere Absatzbehinderung als Untertatbestand der Marktstörung.[971] Sozusagen rein „menschliche" Bieter könnten davon abgeschreckt werden, dass sie gegen einen Computer anzutreten hätten und von vornherein chancenlos wären.[972] Indes lassen sich mindestens drei Szenarien erfolglosen Snipings denken:[973] Erstens kann der eingegebene Betrag nicht der Höchstbetrag sein; zweitens kann eine korrekte Übermittlung des Gebots an technischen Gegebenheiten, insbesondere an zu viel traffic, scheitern; drittens kann es feindliches Sniping geben, wenn mehrere Bieter (dieselbe) Sniper-Software einsetzen. Insoweit fehlt es mangels Zuschlags an den snipenden Bieter schon an einer Absatzkanalisierung. Sniping ähnelt der Abgabe eines Gebots 257

---

962 *Leible/Sosnitza* CR 2003, 344, 345.
963 *Leible/Sosnitza* CR 2003, 344.
964 Dazu *Weber/Skirpsky* sic! 2003, 685, 691.
965 LG Hamburg CR 2002, 763.
966 *Leible/Sosnitza* CR 2003, 344, 346 f.
967 Insoweit aA *Weber/Skirpsky* sic! 2003, 685, 691.
968 *Leible/Sosnitza* CR 2003, 344, 347.
969 *Leible/Sosnitza* CR 2003, 344, 348.
970 *Leible/Sosnitza* CR 2003, 344, 348 f.
971 Bejaht von LG Hamburg CR 2002, 763.
972 LG Hamburg CR 2002, 763, 764; LG Hamburg K&R 2003, 297; *Weber/Skirpsky* sic! 2003, 685, 688.
973 *Leible/Sosnitza* CR 2003, 344, 345 f.

in einem verschlossenen Umschlag, da keine weitere Reaktion erfolgt; ein solches Gebot ist aber zulässig.[974] Den Verkäufer wird es sogar freuen, wenn die Sniper-Software das bisherige Höchstgebot überbietet. Zudem ist der Markt weit differenzierter und gibt es weit mehr unterschiedliche Bietertypen, als dass man sich zu pauschalen Verdikten verleiten lassen dürfte.[975]

258 Das Interesse der Online-Auktionshäuser richtet sich nur auf eine Chance. Niemand kann ihnen garantieren, dass es durch Hochschaukeln zu einem hohen Preis kommt. Mit dem eigenen Gebot bis kurz vor Schluss zuzuwarten und so auf die bekannten Rahmenbedingungen zu reagieren ist eine legitime Bietstrategie bei einer zeitlich begrenzten Auktion. Niemand würde einem Bieter einen Vorwurf machen, wenn er seine Strategie so einrichtete und ohne technische Hilfsmittel umsetzte. Nahe liegt etwa der Vergleich mit einem im Raum präsenten, weisungsgebundenen Strohmann bei einer Platzauktion.[976] Der bloße Einsatz technischer Hilfsmittel ändert aber nichts an der Legitimität.[977] Denn eine unlautere Absatzbehinderung müsste sich aus der Strategie ergeben, nicht aus den zur Umsetzung der Strategie benutzten Hilfsmitteln, da diese das Gesamtbild nicht prägen.

259 Dass Käufer oder Verkäufer in größerem Umfang aus Angst vor Sniping Abstand von Online-Auktionen als Institution nehmen würden, ist ebenfalls nicht ersichtlich. Im Gegenteil kann eine teilweise Rationalisierung des Bietverhaltens durch Sniping die Attraktivität von Auktionen bei risikoaversen und auf Risikolimitierung bedachten Bieterschichten, die kein Interesse haben, vom Rausch gepackt Gebote in die Höhe zu treiben, sogar noch erhöhen. Man kann sogar von einem gewissen Schutz gegen Manipulationen des Auktionsablaufs sprechen.[978] Jedenfalls aber eröffnet Sniping Teilnahmemöglichkeiten für einen Kreis, der nicht jeweils zum Auktionsende selber vor dem PC sitzen will, und erweitert so sogar den Wirkungsgrad des Auktionsangebots.[979]

IV. Störerhaftung des Auktionshauses

1. Haftungsprivilegierung nach §§ 7 bis 10 TMG?

260 **a) Störerhaftung und Haftungsprivilegierung nach §§ 7 bis 10 TMG?** Online-Auktionshäuser können unter dem Aspekt der wettbewerbsrechtlichen Störerhaftung[980] belangt werden. Ihre Haftung kann aber auf Grund der Haftungsprivilegierung nach § 10 S. 1 TMG entfallen. Online-Auktionshäuser sind Anbieter von Telemedien[981] (ganz genau: Abrufdienste nach § 2 Nr. 4 TMG[982]) und kommen deshalb sachlich-persönlich grundsätzlich in den Genuss der Privilegierungen des TMG. §§ 7 bis 10 TMG erfüllen eine (Vor-) Filterfunktion.[983] Sie gehen einer Prüfung, ob nach allgemeinen Regeln überhaupt eine Haftung besteht, voraus.[984] Weniger deutlich als zuvor in § 5 Abs. 4 TDG aF ist aber die allgemeine Störerhaftung jetzt in § 7 Abs. 2 S. 2 TMG vorbehalten. Indes sollte die Ände-

---

[974] *Leible/Sosnitza* CR 2003, 344, 346.

[975] LG Berlin CR 2003, 857.

[976] LG Berlin CR 2003, 857, 858.

[977] *Weber/Skirpsky* sic! 2003, 685, 689 sowie MünchKomm/*Wiebe* UWG Anh. §§ 1–7 A Rn 61.

[978] *Weber/Skirpsky* sic! 2003, 685, 688.

[979] LG Berlin CR 2003, 857.

[980] Zur Störerhaftung allgemein → § 8 UWG Rn 132.

[981] S. nur LG Potsdam ZUM 2002, 838, 849; LG Potsdam K&R 2003, 86, 88 m. Anm. *Leible/Sosnitza;* LG Berlin MMR 2004, 195, 198; *Ehret* CR 2003, 754, 755; *Leible/Sosnitza* WRP 2004, 592, 593; Leible/Sosnitza/*Staudinger* Teil 3 E sub II 1.

[982] LG Düsseldorf CR 2003, 211, 212; *Spindler* MMR 2001, 737; *Leible/Sosnitza* WRP 2004, 592, 593.

[983] Begr. der Bundesregierung zum Entwurf eines Gesetzes über rechtliche Rahmenbedingungen für den elektronischen Geschäftsverkehr (Elektronischer Geschäftsverkehr-Gesetz – EGG), BT-Drucks. 14/6098 S. 23, Vorbem. zu §§ 8–11; BGH NJW 2003, 3764 m. Anm. *Spindler* = MMR 2004, 166, 167; OLG Köln MMR 2002, 110; *Hoeren* MMR 2004, 168.

[984] S. nur *Leupold* TKMR 2003, 49, 50; *Leible/Sosnitza* WRP 2004, 592, 593. Ungenau formuliert *Ehret* CR 2003, 754, 755f.

rung im Wortlaut keine so einschneidende Änderung in der Sache bewirken; daher fließt in § 7 Abs. 2 S. 2 TMG derselbe Gedanke wie zuvor in § 5 Abs. 4 TDG aF.[985]

261 Umstritten ist, ob die Störerhaftung durch die Filterfunktion der §§ 7 bis 10 TMG beschränkt ist[986] oder aber außerhalb der Privilegierungen steht.[987] Problemfall im System der Haftungsprivilegierungen kann nämlich gerade die Störerhaftung sein. § 7 Abs. 2 S. 2 TMG könnte seinerseits als Schranke der Haftungsprivilegierungen fungieren. Die Privilegierungen extensiv zu verstehen könnte das gesamte Privilegierungsnetz aushöhlen und von innen sprengen. Rechtspolitisch stehen die Privilegierungen der §§ 7 bis 10 TMG nicht außerhalb jeden Zweifels. Sie reflektieren Mengenprobleme und die an Hand dieser zu prognostizierende Höhe von Kontrollaufwendungen. Man möchte den Providern nicht zumuten, jedes über sie laufenden Angebot zu untersuchen und zu kategorisieren. Außerdem stehen Geschäftschancen der Provider in Rede. Ihnen soll des Weiteren nicht zugemutet sein, eventuelle Streitigkeiten mit ihren Kunden auf ihre eigenen Kosten und unter eigenen Mühen durchfechten zu müssen, obwohl die Kontrolle letztlich in fremdem Interesse liegt. Auf der anderen Seite beeinträchtigen die Privilegierungen die gatekeeper-Funktion von Access, Service und Host Providern. Diese werden gesellschaftlich nicht voll in die Pflicht genommen. Über die Haftungsprivilegierung werden die Anreize, die gatekeeper-Funktion effektiv wahrzunehmen, jedenfalls stark vermindert.[988] Dies spräche dafür, die Störerhaftung nicht durch die Haftungsprivilegierungen einzuschränken, sofern man dazu nicht ausdrücklich gezwungen ist.

262 Unter dem ursprünglichen TDG aF schlug die systematische Stellung des § 5 Abs. 4 TDG aF am Ende des § 5 TDG aF nach den eigentlichen Haftungsprivilegien in dieselbe Kerbe. Dieses systematische Argument lässt sich unter dem jetzigen TMG wegen der veränderten Stellung des § 7 Abs. 2 S. 2 TMG nicht mehr vorbringen. Hier müsste § 7 Abs. 2 S. 2 TMG ausgrenzendes Gewicht aus sich selbst heraus entfalten.[989] Entsprechende Ausnahmen enthalten bereits Art. 12 Abs. 3; 13 Abs. 2; 14 Abs. 3 E-Commerce-Richtlinie. Die Berücksichtigung der Richtlinie, in der jede einzelne Haftungsnorm am Schluss eine eigene Ausnahme zu Gunsten der allgemeinen Haftungsregeln enthält, spricht dafür, die geänderte systematische Stellung nicht stark zu betonen und § 7 Abs. 2 S. 2 TMG vielmehr als eine vor die Klammer gezogene Aussage zu verstehen, die auch § 10 TMG einzuschränken geeignet ist.[990] Dafür streitet mittelbar auch Art. 15 Abs. 1 E-Commerce-Richtlinie. Die Störerhaftung unterscheidet sich als Unterlassungshaftung von einer Schadensersatzhaftung dadurch, dass ihre Rechtsfolgen in die Zukunft gerichtet sind.[991]

263 **b) Auktionsangebote als für die Online-Auktionshäuser fremde Inhalte.** Im gestuften Haftungssystem der §§ 7 bis 10 TMG besteht, wenn man es denn auf die Störerhaftung anwenden will, die geringste und schwächste Verantwortlichkeit von Plattformbetreibern und Online-Auktionshäuser für ihnen fremde Inhalte. Für die Plattformbetreiber fremde Inhalte sind Inhalte, die dritte Anbieter über sie einstellen, die ihnen nicht zuzu-

---

[985] Begr. der Bundesregierung zum Entwurf eines Gesetzes über rechtliche Rahmenbedingungen für den elektronischen Geschäftsverkehr (Elektronischer Geschäftsverkehr-Gesetz – EGG), BT-Drucks. 14/6098 S. 23 zu § 8 Absatz 2.

[986] Dafür OLG Brandenburg WRP 2004, 627, 631 – Handelsplattform für Online-Auktionen m. Anm. *Spindler;* OLG Düsseldorf WRP 2004, 631, 637 – Rolex-Plagiate bei eBay m. Anm. *Leupold; Bräutigam/Leupold/v. Samson-Himmelstjerna/Rücker* B V Rn 126f; *Ehret* CR 2003, 754, 759f; *Leible/Sosnitza* WRP 2004, 592, 597f.

[987] Dafür BGH vom 4. 3. 2004 – III ZR 96/03 – Rolex; BGH WRP 2004, 1287 – Rolex-Plagiate; *Spindler* MMR 2001, 737, 742; *ders.* MMR 2004, 333, 334; *ders.* GRUR 2004, 724, 727; *Jacobs* FS Erdmann S. 327, 340f; *Helle* JZ 2002, 593, 598; *Spindler/Volkmann* WRP 2003, 1, 3f; *Volkmann* CR 2003, 440; *Heermann/Ohly/Freytag* S. 137, 150f; *Lehment* WRP 2003, 1058, 1063f sowie BGH WRP 2004, 899, 901f – Schöner Wetten (Nichterwähnung der §§ 8 bis 11 TDG).

[988] *Mankowski* MMR 2002, 28, 30.

[989] Dafür *Spindler* MMR 2004, 333, 334.

[990] Dazu *Spindler/Volkmann* WRP 2003, 1, 3f; *Spindler* MMR 2004, 333, 334.

[991] *Lehment* WRP 2003, 1058, 1063.

rechnen sind und die sie sich nicht zu eigen machen.[992] In der Regel wird dies für den Nutzer erkennbar sein; bei fehlender Erkennbarkeit ist eine ernsthafte Distanzierung veranlasst.[993] Art. 14 E-Commerce-Richtlinie impliziert Fremdheit, wenn der Fremde die Informationen eingibt und der Dienstebetreiber nur den Zugang eröffnet.[994] Formulieren die Anbieter die Angebote, so handelt es sich bei den Angeboten nicht um eigene Inhalte der Online-Auktionshäuser.[995]

264 Die Beteiligung der Online-Auktionshäuser am Einstellen der Angebote beschränkt sich darauf, den Rahmen für das automatisierte Bietverfahren und eventuelle weitere Extras (Bewertungsmasken, Powerselling-Prädikat usw.) bereitzustellen; sie agieren nach außen deutlich erkennbar nur als Vermittler,[996] auch wenn sie ein eigenes Provisionsinteresse haben.[997] Inhaltliche Aussagen zu den angebotenen Inhalten, indem sie diese im eigenen Namen einzeln bewürben oder kommentierten, treffen sie nicht.[998] Eine gleichgelagerte Wertung enthält schon Erwägungsgrund Nr. 42 der E-Commerce-Richtlinie.[999] Die Tätigkeiten des Auktionshauses sind grundsätzlich technischer, automatischer und passiver Art.[1000] Auch eventuell angebotene Bietagenten sind reine Softwarefunktionen.[1001] Die eventuellen Zusatzleistungen und ein Copyright-Vermerk zu Gunsten des Auktionshauses auf den Auktionssites schaden nicht.[1002] Ebenso wenig werden die Inhalte zu eigenen (oder zu eigen gemachten[1003]) Inhalten des Auktionshauses, weil es diese in Listen aufnimmt und bestimmten Kategorien zuordnet[1004] oder Links schaltet.[1005] Das Auktionshaus steht nicht in einem Wettbewerbsverhältnis zu Konkurrenten des einzelnen Nutzers.[1006] Registrierungen durch die Auktionshäuser betreffen nicht einzelne Leistungsangebote, sondern nur die Person des Anbietenden einschließlich Namen und Adresse.[1007] Bis zur Grenze der Kenntnis von der Rechtswidrigkeit bestehen daher ausweislich § 10 S. 1 TMG keine Unterlassungsansprüche gegen die Plattformbetreiber.[1008] Wegen des Löschens der Daten nach Auktionsende, wozu eine vertragliche Verpflichtung besteht, liegt kein Bereithalten im Sinne des § 2 Nr. 1 TMG vor.[1009]

---

[992] S. nur LG Potsdam K&R 2003, 86, 88 m. Anm. *Leible/Sosnitza;* LG Potsdam ZUM 2003, 152 m. Anm. *Gercke;* LG Düsseldorf MMR 2003, 120; *Pichler* MMR 1998, 79, 86f; *Ehret* CR 2003, 754, 758; *Leible/Sosnitza/Staudinger* Teil 3 E sub II 2a. Zur Kategorie des Zueigenmachens unter dem heutigen TDG eingehend *Matthies* S. 140–145.

[993] LG Potsdam K&R 2003, 86, 88 m. Anm. *Leible/Sosnitza;* LG Potsdam ZUM 2003, 152 m. Anm. *Gercke; Spindler* NJW 1997, 3193, 3196.

[994] *Freytag* CR 2000, 600, 603; *Leupold* TKMR 2003, 49, 50; *Matthies* S. 141.

[995] OLG Brandenburg WRP 2004, 627, 628 – Handelsplattform für Online-Auktionen m. Anm. *Spindler;* OLG Düsseldorf WRP 2004, 631, 636f – Rolex-Plagiate bei eBay m. Anm. *Leupold; Leible/Sosnitza* WRP 2004, 592, 595.

[996] LG Potsdam K&R 2003, 86, 88 m. Anm. *Leible/Sosnitza;* LG Potsdam ZUM 2003, 152 m. Anm. *Gercke.*

[997] OLG Brandenburg WRP 2004, 627, 628 – Handelsplattform für Online-Auktionen m. Anm. *Spindler.*

[998] LG Potsdam K&R 2003, 86, 88f m. Anm. *Leible/Sosnitza;* LG Potsdam ZUM 2003, 152 m. Anm. *Gercke; Leupold* TKMR 2003, 49, 50.

[999] OLG Düsseldorf WRP 2004, 631, 636f – Rolex-Plagiate bei eBay; *Leupold* MMR 2004, 318.

[1000] Erwägungsgrund Nr. 42 der E-Commerce-RL; *Leupold* MMR 2004, 318; *Leible/Sosnitza/Staudinger* Teil 3 E sub II 2a.

[1001] OLG Düsseldorf WRP 2004, 631, 637 – Rolex-Plagiate bei eBay m. Anm. *Leupold.*

[1002] *Leible/Sosnitza* K&R 2003, 90.

[1003] Ob es diese Kategorie unter § 11 TDG noch gibt, ist umstritten; dafür zB *Leible/Sosnitza* WRP 2004, 592, 595; dagegen zB *Spindler* NJW 2002, 921, 923; *ders. Hohl/Leible/Sosnitza* S. 111, 123.

[1004] *Leible/Sosnitza* K&R 2003, 90, 91. AA *Hoeren/Müglich/Nielen/Nielen* S. 237, 261.

[1005] *Leible/Sosnitza* WRP 2004, 592, 596.

[1006] OLG Koblenz GRUR-RR 2006, 380 – Markenparfüms; LG Mainz BeckRS 2006, 10250. AA *Nils Weber* GRUR-RR 2007, 65.

[1007] *Leupold* MMR 2004, 318.

[1008] LG Potsdam K&R 2003, 86, 88f m. Anm. *Leible/Sosnitza;* LG Potsdam ZUM 2003, 152 m. Anm. *Gercke;* LG Düsseldorf MMR 2003, 120 m. Anm. *Leupold;* LG Berlin MMR 2004, 195, 196.

[1009] *Wüstenberg* WRP 2002, 497, 499.

2. Fehlen einer Haftungsprivilegierung infolge Kenntnis gemäß § 10 S. 1 Nr. 1 Alt. 1 TMG

Ein Haftungsprivileg besteht ausweislich § 10 S. 1 Nr. 1 Alt. 1 TMG nicht, wenn der Diensteanbieter Kenntnis von der Rechtswidrigkeit für ihn fremder Informationen hat oder nach Erlangen solcher Kenntnis die betreffenden Informationen nicht unverzüglich entfernt oder den Zugang zu diesen sperrt. Bezugsgegenstand der Kenntnis ist die Rechtswidrigkeit der Handlung oder Information.[1010] Dies gebietet eine richtlinienkonforme Auslegung unter Berücksichtigung des in allen Sprachfassungen eindeutigen Art. 14 Abs. 1 E-Commerce-Richtlinie.[1011] Aus der unglücklichen Formulierung des § 10 S. 1 Nr. 1 Alt. 1 TMG, dort namentlich dem „der“ vor „Information“, ableiten zu wollen, dass Kenntnis der Information ausreichte,[1012] ginge zu weit und entwertete entgegen der gesetzgeberischen Zielsetzung die Haftungsprivilegierung, indem sie diese für fremde, vom Diensteanbieter ins Netz gestellte Inhalte praktisch entfallen ließe.[1013] 265

§ 10 S. 1 Nr. 1 Alt. 1 TMG begründet also grundsätzliche eine nur eingeschränkte und kenntnisabhängige Verantwortlichkeit für fremde Inhalte. Die Haftungserweiterung nach § 10 S. 2 TMG für Inhalte, deren Content Provider dem Telemedienanbieter untersteht oder von diesem beaufsichtigt wird, ist für Online-Auktionshäuser ohne praktische Bedeutung.[1014] Hinweise in den AGB und Stichproben führen nicht dazu, dass der Nutzer allgemein den Weisungen des Auktionshauses unterworfen wäre.[1015] Die Störerhaftung greift ab Kenntnis des Auktionshauses von der Rechtsverletzung. Dies ergibt sich auch aus der Gesetzesbegründung[1016] und aus dem Zusammenhang des § 7 Abs. 2 TMG mit § 10 TMG.[1017] Das Verbot von Überwachungspflichten in § 7 Abs. 2 S. 1 TMG führt zwar nicht zum Ausschluss der Störerhaftung, unterstützt aber diese weitgehende Privilegierung.[1018] 266

Internet-Auktionshäuser schaffen durch ihre Plattformen eine für sie selbst profitable Quelle von Gefahren für andere; ihnen, die teilweise erhebliche Prominenz erlangt haben, bringt der Rechtsverkehr höhere Sicherheitserwartungen entgegen als relativ unbekannten Host oder Access Providern, so dass sie eher einer Störerhaftung unterliegen als jene.[1019] Auf der anderen Seite erhöht eine strenge Haftung das Risiko und kann in letzter Konsequenz ein vom Markt in erstaunlich kurzer Zeit hervorragend angenommenes Geschäftsmodell gefährden oder zumindest erheblich stören.[1020] Rechtlich ist dies am Tatbestandsmerkmal der Kenntnis festzumachen. Sofern das Einstellen der Angebote in einem vollautomatisierten Verfahren erfolgt, erlangt das Online-Auktionshaus vor der erstmaligen Veröffentlichung keine Kenntnis,[1021] sondern bekommt erst mit der erstmaligen Beanstandung durch einen Dritten schädliche Kenntnis.[1022] 267

[1010] *Hoffmann* MMR 2002, 284, 288; *Koch* K&R 2002, 120, 122; *Spindler* NJW 2002, 921, 924; *Eck/Ruess* MMR 2003, 363; *Ehret* CR 2003, 754, 759. AA *Nickels* CR 2002, 302, 307; *Gercke* MMR 2003, 601, 603; *Matthies* S. 178f.

[1011] *Leible/Sosnitza* WRP 2004, 592, 596.

[1012] Dafür *Jacobs* FS Erdmann S. 327, 338.

[1013] Im Ergebnis ebenso *Tettenborn/Bender/Lübben/Karenfort* BB Beilage 10 zu Heft 50/2001, 1, 32; *Spindler* NJW 2002, 921, 924; *Leible/Sosnitza* WRP 2004, 592, 596.

[1014] *Wüstenberg* WRP 2002, 497, 499; *Leible/Sosnitza/Staudinger* Teil 3 E sub II 5.

[1015] *Leible/Sosnitza* K&R 2003, 90, 91.

[1016] Begr. der Bundesregierung zum Entwurf eines Gesetzes über rechtliche Rahmenbedingungen für den elektronischen Geschäftsverkehr (Elektronischer Geschäftsverkehr-Gesetz – EGG), BT-Drucks. 14/6098 S. 23 zu § 8 Abs. 2; *Spindler/Volkmann* WRP 2003, 1, 3.

[1017] *Bräutigam/Leupold/v. Samson-Himmelstjerna/Rücker* B V Rn 131.

[1018] Eingehend *Spindler/Volkmann* WRP 2003, 1, 3f.

[1019] *Spindler/Volkmann* WRP 2003, 1, 9, 13.

[1020] *Leible/Sosnitza* WRP 2004, 592.

[1021] OLG Köln MMR 2002, 110 m. Anm. *Hoeren;* OLG Köln CR 2002, 50 m. Anm. *Wiebe* = K&R 2002, 93 (dazu *Spindler* K&R 2002, 83) = ITRB 2002, 29 m. Anm. *Klawitter; Leible/Sosnitza/Staudinger* Teil 3 E sub II 4a.

[1022] LG Düsseldorf MMR 2003, 120 m. Anm. *Leupold;* LG Berlin MMR 2004, 195, 197 sowie *Spindler* MMR 2001, 737, 742.

268 Kenntnis ist nur positive Kenntnis; bloßes Kennenmüssen reicht nicht hin.[1023] Die Beweislast für die Kenntnis des Diensteanbieters, hier des Online-Auktionshauses, trägt der Anspruchsteller, nicht zuletzt, weil er durch eigenes Kenntnisgeben den Anbieter bösgläubig machen kann.[1024] Praktisch läuft dies auf Kenntnis des Diensteanbieters erst nach einer bösgläubig machenden Abmahnung hinaus, da der Anspruchsteller zuvor kaum hinreichenden Einblick in die Interna des Diensteanbieters gehabt haben wird, um dessen Kenntnis nachweisen zu können.[1025]

269 Allgemeines Wissen des Diensteanbieters reicht nicht aus,[1026] ebenso wenig generelle Hinweise von dritter Seite, dass sich (nicht näher namhaft gemachte) rechtswidrige Angebote auf den Aufgangssites befänden.[1027] Erforderlich ist tatsächliche, nicht rechtsgeschäftliche Kenntnis, wie sich aus Art. 14 Abs. 1 lit. a und Erwägungsgrund Nr. 46 der E-Commerce-Richtlinie übertragen lässt.[1028] Auch das Klassifizieren und Einordnen von Angeboten in bestimmte Rubriken begründet noch keine Kenntnis.[1029] Allerdings entstehen dadurch rechtspolitisch problematische Anreize, Kontrollen zunächst zu unterlassen, um sich nicht selber bösgläubig zu machen.[1030] Zu weit ginge allerdings die Korrektur, einer positiven Kenntnis die Strategie gleichzustellen, sich eventueller Kenntnis zu entziehen.[1031] Dies stünde in Konflikt mit § 7 Abs. 2 S. 1 TMG.[1032] Anderenfalls wäre auch § 10 S. 1 Nr. 2 TMG unverständlich, der eindeutig auf Maßnahmen nach menschlicher Kenntnisnahme abhebt.[1033] In der Realität führen Wettbewerb, das Interesse am Erhalt des eigenen Renommee und der Wille, Negativschlagzeilen vermeiden, dazu, dass Kontrollen etabliert sind und die problematischen Anreize sich nicht verwirklichen.[1034] Sie werden durch Gegenanreize austariert.

270 Dass Angebote von einem bereits zuvor auffällig gewordenen Anbieter stammen, führt nicht zu einem aktuellen Wissen, das über eine Art Generalverdacht vermittelt würde.[1035] Proaktiven Kontrollpflichten steht schon § 7 Abs. 2 S. 1 TMG entgegen.[1036] Es kommt auch bei potenziellen Wiederholungstätern auf konkretes Wissen im aktuellen Einzelfall an.[1037] Dass sich die Rechtswidrigkeit bereits aus Angebotsbeschreibung oder Angebotstitel ergäbe, begründet als solches noch keine aktuelle Kenntnis.[1038]

1023 BGH NJW 2003, 3764 m. Anm. *Spindler; Hoeren* MMR 2004, 168.

1024 BGH NJW 2003, 3764 m. Anm. *Spindler:* OLG Düsseldorf WRP 2004, 631, 635 – Rolex-Plagiate bei eBay m. Anm. *Leupold; Hoeren* MMR 2004, 168.

1025 *Spindler* CR 2004, 50 f.

1026 LG Potsdam K&R 2003, 86, 89 m. Anm. *Leible/Sosnitza;* LG Potsdam ZUM 2003, 152 m. Anm. *Gercke; Leupold* TKMR 2003, 49, 51. AA *Hoeren* MMR 2002, 113.

1027 *Spindler* CR 2004, 50, 51; *Leupold* MMR 2004, 318.

1028 OLG Brandenburg WRP 2004, 627, 630 – Handelsplattform für Online-Auktionen m. Anm. *Spindler; Leible/Sosnitza* WRP 2004, 592, 596.

1029 LG Potsdam K&R 2003, 86, 89 m. Anm. *Leible/Sosnitza;* LG Potsdam ZUM 2003, 152 m. Anm. *Gercke; Spindler* MMR 2001, 737, 738. AA *Hoeren* MMR 2002, 113, 114 sowie noch *Spindler/Wiebe/Spindler* E Rn 65.

1030 LG München I MMR 2000, 434; *Hoeren* MMR 2004, 168.

1031 Dafür aber *Hoeren* MMR 2002, 113; dazu auch *Freytag* S. 183. Wie hier OLG Brandenburg WRP 2004, 627, 630 – Handelsplattform für Online-Auktionen m. Anm. *Spindler;* LG Düsseldorf MMR 2003, 120, 126; *Leible/Sosnitza/Staudinger* Teil 3 E sub II 4 b.

1032 OLG Brandenburg WRP 2004, 627, 630 – Handelsplattform für Online-Auktionen m. Anm. *Spindler; Leible/Sosnitza* WRP 2004, 592, 596.

1033 *Spindler* MMR 2004, 333.

1034 *Matthies* S. 189.

1035 LG Potsdam K&R 2003, 86, 89 m. Anm. *Leible/Sosnitza* = ZUM 2003, 152 m. Anm. *Gercke;* auch *Leible/Sosnitza/Staudinger* Teil 3 F sub II 2 b.

1036 OLG Düsseldorf WRP 2004, 631, 634 – Rolex-Plagiate bei eBay m. Anm. *Leupold; Wiebe* CR 2002, 52, 54; *Spindler* K&R 2002, 83, 85; *Leible/Sosnitza* CR 2002, 372, 373; *dies.* K&R 2003, 90, 91; *Spindler/Volkmann* WRP 2003, 1, 3 f; *Leupold* TKMR 2003, 49, 51.

1037 *Leible/Sosnitza* K&R 2003, 90, 91 f.

1038 OLG Brandenburg WRP 2004, 627, 630 – Handelsplattform für Online-Auktionen m. Anm. *Spindler.*

3. Erweiterte Schadensersatzhaftung nach § 10 S. 1 Nr. 1 Alt. 2 TMG

Die Schadensersatzhaftung ist weiter, weil weniger strengen subjektiven Voraussetzungen 271
unterworfen, als die Unterlassungshaftung.[1039] Nach § 10 S. 1 Nr. 1 Alt. 2 TMG schadet bei der Haftung auf Schadensersatz bereits die Kenntnis von Tatsachen oder Umständen, aus denen die rechtswidrige Handlung oder Information offensichtlich wird. Darin liegt eine Haftungserweiterung auf grobe Fahrlässigkeit.[1040] Gehaftet wird im Ergebnis für grobfahrlässige Nichtkenntnis der Rechtswidrigkeit.[1041] Für die Störerhaftung ist dies aber insgesamt ohne Bedeutung, wenn man sie letztlich aus §§ 862; 1004 BGB (analog) ableitet und sie nur auf (von Verschulden unabhängige) Abwehransprüche, aber nicht auf Schadensersatzansprüche hinauslaufen lässt.[1042]

4. Haftungsprivilegierung nach § 10 S. 1 Nr. 2 TMG

Selbst nach Kenntniserlangung haftet ein Dienstebetreiber gemäß § 10 S. 1 Nr. 2 TMG 272
dann nicht, wenn er unverzüglich nach jener Kenntniserlangung tätig geworden ist, um die Information zu entfernen oder Zugang zu dieser zu sperren. So behält er einen Anreiz zur Selbstkontrolle. Gefordert sind nur nachträgliche, aber keine präventiven Kontrollen.[1043] Auf der anderen Seite erhalten Betroffene über das Informieren des Dienstebetreibers einen im Zweifel schnelleren und effektiveren Weg, um inkriminierte Inhalte aus dem Netz entfernen zu lassen und Abhilfe zu erhalten, als durch Einschaltung der Gerichte.[1044] Der Diensteanbieter muss unverzüglich (d. h. nach der allgemein geltenden Legaldefinition aus § 121 Abs. 2 S. 1 BGB ohne schuldhaftes Zögern[1045]) Schritte ergreifen, die zum Löschen oder Sperren der problematischen Inhalte führen. Er muss dazu alle technisch möglichen und ihm zumutbaren Maßnahmen ergreifen.[1046] Verzögerter Eintritt des Erfolgs schadet nicht, wenn nur die Handlung rechtzeitig vorgenommen wurde.[1047] Gegenstand der Sperrung oder Löschung ist der konkrete inkriminierte Inhalt, nicht etwa das gesamte Auktionsangebot oder ganze Warengruppen.[1048]

Die Verpflichtung, Schritte zu ergreifen, steht unter dem Vorbehalt, dass solche Schritte 273
möglich und zumutbar sind; dies ergibt sich zwar nicht unmittelbar aus dem Gesetzeswortlaut, aber aus übergeordneten allgemeinen Grundsätzen.[1049] Bei Online-Auktionshäusern wirkt sich diese Einschränkung indes praktisch nicht aus. Denn technisch besteht die Möglichkeit, inkriminierte Angebote zu entfernen oder zu sperren, und dies ist den Auktionshäusern auch zumutbar. In der Realität bemühen sich die renommierten Online-Auktionshäuser schon im Eigeninteresse am Erhalt ihrer Reputation aktiv darum, ihren Pflichten nachzukommen. Insoweit haben sich teilweise sogar stehende Zusammenarbeiten mit den Behörden entwickelt, die für das Verfolgen bestimmter Inhalte zuständig sind. Die Auktionshäuser fördern daneben eigene Programme, zB ein Verifizierte Rechte-Inhaber Programm (VeRI) bei eBay.[1050]

[1039] *Spindler* K&R 2002, 83, 85; *ders.* CR 2004, 50, 51.

[1040] *Spindler* MMR-Beilage 7/2000, 4, 18; *Härting* CR 2001, 271, 276; *Tettenborn/Bender/Lübben/Karenfort* BB Beilage 10 zu Heft 50/2000, 1, 32; *Matthies* S. 184.

[1041] *Freytag* CR 2000, 600, 608 Fn 44 a; ähnlich *Matthies* S. 183.

[1042] So BGH GRUR 2001, 82, 83 – Neu in Bielefeld; BGH WRP 2002, 532, 533 – Meißner Dekor.

[1043] S. nur OLG Düsseldorf WRP 2004, 631, 637 – Rolex-Plagiate bei eBay m. Anm. *Leupold.*

[1044] *Matthies* S. 184; dazu auch OLG Düsseldorf WRP 2004, 631, 637 – Rolex-Plagiate bei eBay m. Anm. *Leupold.*

[1045] *Matthies* S. 186.

[1046] Begr. der Bundesregierung zum Entwurf eines Gesetzes über rechtliche Rahmenbedingungen für den elektronischen Geschäftsverkehr (Elektronischer Geschäftsverkehr-Gesetz – EGG), BT-Drucks. 14/6098 S. 25; *Moritz/Dreier/Buschle/Dieselhorst* D Rn 283; *Leible/Sosnitza/Staudinger* Teil 3 E sub II 4.

[1047] *Matthies* S. 185.

[1048] *Spindler* MMR 2004, 333, 334.

[1049] Dazu Begr. der Bundesregierung zum Entwurf eines Gesetzes über rechtliche Rahmenbedingungen für den elektronischen Geschäftsverkehr (Elektronischer Geschäftsverkehr-Gesetz – EGG), BT-Drucks. 14/6098 S. 23.

[1050] Dazu OLG Düsseldorf WRP 2004, 631, 637 – Rolex-Plagiate bei eBay m. Anm. *Leupold.*

5. Nichtanwendbarkeit der Haftungsprivilegien bei Unterlassungsansprüchen

274 Auf **Unterlassungsansprüche** finden die Haftungsprivilegierungen des TMG keine Anwendung.[1051] Wesentlich wurde dies aus § 8 Abs. 2 S. 2 TDG abgeleitet.[1052] Jener Norm zufolge bleibt eine Haftung nach den allgemeinen Gesetzen unberührt, auch wenn nach §§ 9 bis 11 TDG keine Verantwortlichkeit bestehen sollte. Art. 14 Abs. 3 und Erwägungsgrund Nr. 46 der E-Commerce-Richtlinie machten deutlich, dass das Privileg aus Art. 14 Abs. 1 E-Commerce-Richtlinie bei Unterlassungsansprüchen nicht zum Zuge kommen solle.[1053] Wäre auch der Unterlassungsanspruch von der Haftungsprivilegierung erfasst, würde man an Unterlassungsansprüche insgesamt höhere Anforderungen stellen als an Schadensersatzansprüche.[1054] § 5 Abs. 4 TDG aF deutete ebenfalls darauf, dass Unterlassungsansprüche nicht haftungsprivilegiert sein sollten.[1055] § 5 Abs. 1 bis 3 TDG aF sollten nur für die strafrechtliche und die Schadensersatzhaftung greifen, während die objektiven, schuldunabhängigen Unterlassungsansprüche von dieser Norm unberührt bleiben sollten.[1056] An der Nichtanwendung der Haftungsprivilegierungen auf Unterlassungsansprüche hat sich durch den Übergang vom TDG zum TMG nichts geändert.[1057]

6. Rechtslage bei Nichtanwendung der §§ 7 bis 10 TMG

275 Wendet man §§ 7 bis 10 TMG auf Unterlassungsansprüche oder auf die Störerhaftung nicht an, so bleibt es bei der Anwendung allgemeiner Regeln. An den Ergebnissen ändert dies nichts Entscheidendes.[1058] Denn auch im Rahmen der allgemeinen Regeln steht die Frage im Raum, in welchem Umfang man den Diensteanbietern Kontroll- und Prüfungspflichten auferlegen möchte. Sämtliche eingehenden Leistungsangebote auf deren Gesetzeskonformität zu prüfen würde die Auktionshäuser personell wie organisatorisch und finanziell überfordern und kann ihnen deshalb nicht zugemutet werden.[1059] Die Zumutbarkeit zieht Pflichtenpositionen eine immanente Grenze[1060] und ist schon bei der Formulierung des Pflichtentatbestandes miteinzubeziehen. Die Störerhaftung ist schon allgemein keine reine Kausalhaftung, sondern bezieht Leistungsfähigkeit und Zumutbarkeit auf Seiten des Pflichtigen ein.[1061]

276 Das Verbot proaktiver Überwachungspflichten aus § 7 Abs. 2 S. 1 TMG ist als allgemeiner Gedanke auch auf die Störerhaftung zu erstrecken.[1062] Dies gebietet schon die richtlinienkonforme Auslegung.[1063] Denn in der E-Commerce-Richtlinie steht jenes Gebot in Art. 15 Abs. 1 E-Commerce-Richtlinie, der seinerseits auch Art. 12 Abs. 3; 13 Abs. 2; 14 Abs. 3 E-Commerce-Richtlinie einschränkt, welche die Störerhaftung von den sonstigen Privile-

---

[1051] BGHZ 158, 236, 246 f = GRUR 2004, 860 – Internetversteigerung I; BGHZ 172, 119, 123 f = GRUR 2007, 708 – Internetversteigerung II; BGH GRUR 2008, 702, 705 – Internetversteigerung III. Weiter zur Diskussion *Dennis Schultz* WRP 2004, 1347; *Leible/Sosnitza* NJW 2004, 3225; *Hoeren* MMR 2004, 672; *Volkmann* CR 2004, 767; *Neubauer* K&R 2004, 482; *Spindler* JZ 2005, 37; *Lement* GRUR 2005, 210; *Rücker* CR 2005, 347; *Sessinghaus* WRP 2005, 697; *Libertus/Axel Schneider* ZUM 2006, 487; *Uwe Jürgens* K&R 2007, 392.

[1052] BGHZ 158, 236, 246 f = GRUR 2004, 860 – Internetversteigerung I.

[1053] BGHZ 158, 236, 246 f = GRUR 2004, 860 – Internetversteigerung I.

[1054] BGHZ 158, 236, 246 f = GRUR 2004, 860 – Internetversteigerung I.

[1055] BGHZ 158, 236, 247 = GRUR 2004, 860 – Internetversteigerung I.

[1056] Begr. der BReg. zum Entwurf eines Gesetzes zur Regelung des elektronischen Geschäftsverkehrs, BT-Drucks. 13/7385 S. 20 f; BGHZ 158, 236, 247 = GRUR 2004, 860 – Internetversteigerung I.

[1057] BGHZ 172, 119, 123 f = GRUR 2007, 708 – Internetversteigerung II; BGH GRUR 2008, 702, 705 – Internetversteigerung III.

[1058] *Spindler* MMR 2004, 333, 334.

[1059] BGH vom 4. 3. 2004 – III ZR 96/03 – Rolex; *Spindler* MMR 2004, 333, 334.

[1060] BGH vom 4. 3. 2004 – III ZR 96/03 – Rolex; BGH WRP 2004, 899, 901 – Schöner Wetten mwN.

[1061] BGH GRUR 1997, 313, 315 – Architektenwettbewerb; BGH GRUR 1997, 909, 911 – Branchenbuch-Nomenklatur; BGHZ 148, 13, 17 f – ambiente.de sowie BGH GRUR 1994, 841, 842 – Suchwort.

[1062] *Freytag* CR 2000, 600, 605; *Spindler/Volkmann* WRP 2003, 1, 3 f; *Volkmann* CR 2004, 440, 441; *Leible/Sosnitza/Staudinger* Teil 3 F sub II 1.

[1063] *Stadler* Rn 66 f.

gierungen ausnehmen.[1064] Hinzu tritt das genetische Argument, dass der Gesetzgeber keine substanziellen Änderungen gegenüber § 5 Abs. 4 TDG aF wollte.[1065] Zum dritten ist im Wortlaut des § 7 Abs. 2 S. 2 TMG nur von Pflichten zur Entfernung oder Sperrung der Nutzung von Informationen die Rede, nicht aber von Pflichten zur Verhinderung der Rechtsverletzung.[1066]

Sobald das Auktionshaus aber konkrete Kenntnis von der Rechtswidrigkeit von Angebo- **277**
ten erhalten hat, ist es zur unverzüglichen Sperrung verpflichtet sowie zur Vorsorge, dass keine gleichlaufenden Verletzungen mehr geschehen.[1067] Kenntnis ergibt sich jedenfalls als Folge einer einschlägigen Abmahnung.[1068] Den leichten Wertungswidersprüche, dass man für initiale Unterlassungsansprüche Kenntnis fordert, für nachlaufende Schadensersatzansprüche aber nach Maßgabe von § 10 S. 1 Nr. 1 Alt. 2 TMG grobe Fahrlässigkeit genügen lässt,[1069] ist hinzunehmen. Im Übrigen ist – in klarer Abgrenzung zwischen Prüfungs- und Kontrollpflichten[1070] – ein angemessener Umfang an Prüfungspflichten zu entwickeln. Prüfungspflichten sind Verkehrssicherungspflichten.[1071] Möglichkeit der Prüfung und eigener ökonomischer Nutzen sind dabei unter anderem Abwägungsfaktoren.[1072] Auktionshäuser sind attraktive Multiplikatoren und bieten attraktive Plattformen. Sie unterliegen daher strengeren Anforderungen als andere Provider.[1073] Geboten ist eine risikoadäquate Überwachung.[1074]

J. Community Shopping (Power Shopping)

I. Phänomen

Community Shopping (auch **Power Shopping** genannt)[1075] setzt den Preis pro Ein- **278**
zelstück in Beziehung zur Zahl der Käufer. Je größer die Zahl der Käufer oder die Zahl der gekauften Stücke, desto geringer ist der Preis pro Einzelstück. Die Idee des Mengenrabattes wird auf eine ansonsten miteinander nicht verbundene Mehrheit von Käufer ausgedehnt. Der einzelne Käufer profitiert umso mehr, je mehr Käufer sich insgesamt finden. Die Interessenten sollen gleichsam virtuelle Einkaufsgemeinschaften bilden. Üblicherweise sinkt der Preis, sobald vom Anbieter festgelegte Stufen erreicht sind. Die Stufen definieren sich durch die Zahl der insgesamt verkauften Stücke.[1076]

II. Frühere rabattrechtliche Problematik

Ob Community Shopping mit dem RabattG vereinbar war, war fraglich. Ein Verdikt **279**
wurde folgendermaßen begründet:[1077] Aus der Sicht der angesprochenen Verkehrskreise

[1064] *Volkmann* CR 2004, 440, 441; *Leible/Sosnitza/Staudinger* Teil 3 F sub II 1.

[1065] *Spindler/Volkmann* WRP 2003, 1, 4.

[1066] *Lehment* WRP 2003, 1058, 1064; *Volkmann* CR 2004, 440, 441.

[1067] BGH 4. 3. 2004 – III ZR 96/03 – Rolex; *Spindler/Volkmann* WRP 2003, 1, 4; *Leible/Sosnitza/Staudinger* Teil 3 F sub II 2 a sowie *Reese* Verantwortlichkeit im Netz S. 181, 185. Missverständlich formuliert OLG Köln MMR 2002, 548, 549 – Steffi Graf.

[1068] *Spindler/Volkmann* WRP 2003, 1, 4; *Lehment* WRP 2003, 1058, 1064.

[1069] Dazu *Lehment* WRP 2003, 1058, 1064.

[1070] *Spindler/Volkmann* WRP 2003, 1, 6.

[1071] *Spindler/Volkmann* WRP 2003, 1, 6–8.

[1072] *Spindler/Volkmann* WRP 2003, 1, 9 f.

[1073] *Spindler/Volkmann* WRP 2003, 1, 13 sowie *Lehment* WRP 2003, 1058, 1060; *Leible/Sosnitza/Staudinger* Teil 3 F sub II 2 a.

[1074] *Lehment* WRP 2003, 1058, 1060.

[1075] So die Bezeichnung bei letsbuyit.com. Power Shopping darf nicht mit dem anders gelagerten Powerselling (Prädikat für bestimmte Umsätze als Verkäufer über eBay) verwechselt werden.

[1076] Zu den verschiedenen Erscheinungsformen *Bräutigam/Leupold/Meyer/Specht/Friemel* A II Rn 95 f, 101–109.

[1077] Grundlegend OLG Hamburg WRP 2000, 412, 413. Dem folgend LG Hamburg CR 2000, 774, 775; LG Nürnberg-Fürth MMR 2000, 640.

handele es sich bei den verschiedenen Preisstufen nicht um nebeneinander bestehende Normalpreise,[1078] sondern um einen Höchstpreis als Normalpreis, nämlich den Ausgangspreis der ersten Preisstufe, und darauf gewährte Mengenrabatte.[1079] Niedrigeren Preis mit höherem Umsatz zu verknüpfen sei dem Verkehr als Mengenrabatt geläufig. Dessen Gedanke werde auf die Ankündigung und Gewährung eines umsatzabhängigen Preisnachlasses übertragen, auch wenn der Absatz nicht nur an einen, sondern an mehrere Abnehmer erfolge. Damit sei ein „echter" Preisnachlass im Sinne des § 1 Abs. 2 RabattG gegeben.

280 Der Ausnahmetatbestand des § 7 Abs. 1 RabattG liege nicht vor, da es an der Handelsüblichkeit fehle.[1080] Im Übrigen hätte es für § 7 Abs. 1 RabattG auch an dem weiteren Merkmal gefehlt, dass die Waren „in einer Lieferung", veräußert würden, d. h. die Gesamtleistung auf Grund eines einheitlichen Vertrages erbracht würde.[1081] Es fehlte an der von § 7 Abs. 1 RabattG vorausgesetzten[1082] rechtlichen Einheit.[1083] Bloße Zusammenfassung in einer Sammelliste oder Sammelbestellung macht diese nicht zu einer rechtlichen Einheit.[1084] Man konnte die Kundenmehrheit mangels einigenden vertraglichen Bandes nicht als Einkaufsgesellschaft bürgerlichen Rechts ansehen.[1085] Schädlich war in jedem Fall die Einzelabrechnung gegenüber dem jeweiligen einzelnen Kunden.[1086] Außerdem vermittelte der Websitebetreiber nur die Geschäfte, und der Zweck des § 7 Abs. 1 RabattG, durch bloß formelle Zusammenfassung Vorteile zu erzielen, wäre anderenfalls unterlaufen worden.[1087] Gestaltungen als Club-Mitgliedschaften kämen im Kern über Registrierungen nicht hinaus und vermochten bei § 7 Abs. 1 RabattG kein anderes Ergebnis zu tragen.[1088]

281 Mit der Aufhebung des RabattG ist diese früher primäre lauterkeitsrechtliche Problematik des Community Shopping weitgehend weggefallen.[1089] Sie lebt für Fälle nach der Aufhebung des RabattG nur noch insoweit fort, als man Gedanken des früheren Rabattrechts inhaltlich den Normen des allgemeinen Wettbewerbsrechts einpflanzen könnte.[1090] Soweit diese Möglichkeiten bieten, das Gedankengut des RabattG wenigstens partiell zu retten, ist auch Community Shopping noch daran zu messen. Die vollständige Aufhebung und Ausschaltung rabattrechtlichen Gedankenguts war nicht bezweckt, vielmehr sollten allgemeines Lauterkeitsrecht und PAngV einen angemessenen Schutz der Verbraucher vor übermäßigen Rabatten sicherstellen.[1091] Nur das Regel-Ausnahme-Verhältnis hat sich umgekehrt.[1092] Dabei ist allerdings die gesetzgeberische Zielsetzung bei der Aufhebung von RabattG und ZugabeVO mitzubedenken:[1093] Diese Aufhebung sollte neuen und innovativen Geschäfts-

---

1078 Dafür aber *Menke* WRP 2000, 337, 340; *Huppertz* MMR 2000, 329, 331 f. Dagegen wiederum *Mankowski* EWiR § 1 RabG 1/2000, 247, 248; *Ernst* CR 2000, 239, 241; *Leible/Sosnitza* ZIP 2000, 732, 734; *Spindler/Wiebe/Ernst* C Rn 61.

1079 AA *Leible/Sosnitza* ZIP 2000, 732, 734 f (Normalpreis sei der allerdings erst bei Transaktionsende feststehende Preis); *Ernst* CR 2000, 239, 241; *Spindler/Wiebe/Ernst* C Rn 62 (fehlende Möglichkeit, die niedrigeren Preisstufen als Sonderpreise im Sinne von§ 1 Abs. 2 Alt. 2 RabattG einzuordnen).

1080 OLG Hamburg WRP 2000, 412, 413.

1081 *Ernst* CR 2000, 239; *Huppertz* MMR 2000, 329, 332; *Spindler/Wiebe/Ernst* C Rn 66 unter Hinweis auf KG GRUR 1986, 808, 809 – Disketten-Mengenrabatt.

1082 OLG Hamburg WRP 1992, 45, 46 – Bonus-Aktion.

1083 *Mankowski* EWiR § 1 RabG 1/2000, 247, 248.

1084 *Huppertz* MMR 2000, 65, 70 f; *Mankowski* EWiR § 1 RabG 1/2000, 247, 248 unter Hinweis auf OLG Oldenburg WRP 1957, 85, 87 sowie OLG Hamm WRP 1976, 486, 487 f – Sammelbestellung; LG Aachen GewArch 1979, 28, 29; außerdem *Heckmann* NJW 2000, 1370, 1371.

1085 *Mankowski* EWiR § 1 RabG 1/2000, 247, 248.

1086 *Mankowski* EWiR § 1 RabG 1/2000, 247, 248 unter Hinweis auf OLG Oldenburg WRP 1957, 85, 87.

1087 *Spindler/Wiebe/Ernst* C Rn 67.

1088 *Spindler/Wiebe/Ernst* C Rn 68.

1089 *Köhler/Piper* UWG § 1 Rn 297; *Bettinger/Leistner/Leistner* Teil 1 A Rn 62.

1090 Zu dieser Problematik allgemein *Berlit* WRP 2001, 349; *Berneke* WRP 2001, 615; *Heermann* WRP 2001, 855; *Cordes* WRP 2001, 867; *Köhler* GRUR 2001, 1067; → § 4–S 1.

1091 Begr. der Bundesregierung zum Entwurf eines Gesetzes zur Aufhebung des Rabattgesetzes und zur Anpassung anderer Rechtsvorschriften, BT-Drucks. 14/5441 S. 3 sub A III 1.

1092 *Bräutigam/Leupold/Huppertz* B VI Rn 10.

1093 *Lindacher* EWiR § 1 UWG 11/01, 831, 832; *Bettinger/Leistner/Leistner* Teil 1 A Rn 67.

modellen zur Bündelung privater Nachfrage und Verkaufsformen wie dem ausdrücklichen genannten Community Shopping mehr rechtlichen Raum geben.[1094] Ansonsten kann das RabattG für Altfälle noch Bedeutung haben,[1095] die sich jedoch im wettbewerbsrechtlichen Bereich erledigt haben dürfen, zumal auf die Zukunft gerichtete Unterlassungsansprüche sich an der jeweils aktuellen Rechtslage orientieren müssen.

III. Aleatorische Anreize

Mit dem weitgehenden Entfallen der rabattrechtlichen Problematik keineswegs gesagt, 282
dass Community Shopping wettbewerbsrechtlich[1096] immer zulässig wäre.[1097] Denn eine unzulässige Ausnutzung des Spieltriebs über übertriebene aleatorische Anreize könnte immer noch bestehen.[1098] Zumindest bei zeitlicher Befristung der einzelnen Preisstufen und beschränkter Abgabemenge auf einer Stufe, also sog. geschlossenen Preisstufen, heizt das spekulative Element die **Spiellust** an. Dies gilt umso mehr, je höher die versprochenen Preisnachlässe auf höheren Stufen sind. Die Teilnehmer wollen durch ihr Zugreifen in den Genuss der noch nicht geschlossenen Stufe kommen. Dies setzt Anreize, die Kaufentscheidung nicht allein von Preiswürdigkeit und Qualität der Ware abhängig zu machen und auf Grund sachfremder Parameter zu treffen.[1099] Die Interessenten können darauf spekulieren, dass die höhere Mindestinteressenzahl auf der nächstniedrigeren Preisstufe nicht mehr erreicht würde, und deshalb verlockt sein, sich auf jeweils kurz vor der Schließung befindlichen Stufen noch zu beteiligen.[1100] Dass Community Shopping ein spielerisches Moment eignet, lässt sich nicht in Abrede stellen: Jeder rational auf Eigennutzenmaximierung bedachte Teilnehmer hofft zum einen, dass er auf der niedrigsten oder zumindest auf einer möglichst niedrigen Preisstufe erwerben kann, und zum anderen, dass sich genügend Teilnehmer finden, damit diese gewünschte Stufe zum Zuge kommt.[1101]

Freilich ist immer abzuwägen, ob wirklich die Spiellust die Oberhand gewinnt. Schon das 283
moderne Leitbild des durchschnittlich informierten und verständigen Verbrauchers zwingt, Spiellust und Sachorientierung einander gegenüberzustellen.[1102] Insoweit kann auch eine Differenzierung zwischen verschiedenen Ausgestaltungen von Community Shopping veranlasst sein. Die Variante der geschlossenen Preisstufen ist besonders gefährlich, weil sie ohne den Kunden ohne eigentliche sachliche Notwendigkeit in eine Situation des Entscheidungszwangs unter Zeitdruck hineinzwingt,[1103] auch vor dem allgemeinen Auktionsende.[1104] Zudem muss sich der Kunde bei ihnen zum jeweils aktuellen Preis verpflichten; dies begründet Wettlauf- und Spielcharakter, weil unklar ist, ob und inwieweit dieser Preis noch sinken wird, und kann den Kunden auch zum „Verlierer" machen, wenn sich nicht genügend Gleichgesinnte für den erhofften Preis finden.[1105]

[1094] Begr. der Bundesregierung zum Entwurf eines Gesetzes zur Aufhebung des Rabattgesetzes und zur Anpassung anderer Rechtsvorschriften, BT-Drucks. 14/5441 S. 7.

[1095] *Bräutigam/Leupold/Huppertz* B VI Rn 7.

[1096] Denkbar ist auch eine Irreführung durch Hinweis auf eine unverbindliche Preisempfehlung, die einen „Mindpreis" abbildet; *Spindler/Wiebe/Ernst* C Rn 90.

[1097] Entgegen *Gounalakis/Lochen* ZHR 167 (2003), 632, 635 Fn 13.

[1098] OLG Köln GRUR-RR 2002, 40 – Powershopping m. Anm. *Leible/Sosnitza;* LG Köln CR 2000, 318; LG Köln MMR 2001, 54; LG Nürnberg-Fürth MMR 2000, 640; LG Hamburg CR 2001, 774, 775.

[1099] Zu eng *Steinbeck* WRP 2002, 604, 607.

[1100] Insbesondere OLG Köln GRUR-RR 2002, 40 – Powershopping m. Anm. *Leible/Sosnitza;* LG Köln CR 2000, 318; LG Hamburg CR 2001, 774, 775.

[1101] *Bräutigam/Leupold/Huppertz* B VI Rn 14.

[1102] *Leible/Sosnitza* CR 2001, 547, 548; *Lange* WRP 2001, 888, 891 f; *Hucke* ZUM 2001, 770, 774; *Bettinger/Leistner/Leistner* Teil 1 A Rn 67; *Bräutigam/Leupold/Huppertz* B VI Rn 24 sowie generell *Köhler* GRUR 2001, 1067, 1075.

[1103] *Lindacher* EWiR § 1 UWG 11/01, 831, 832.

[1104] *Steinbeck* WRP 2002, 604, 606.

[1105] *Spindler/Wiebe/Ernst* C Rn 76.

284 Der aleatorische Charakter verschwindet dagegen, wenn keine endgültige Festlegung verlangt ist und der Kunde gleichsam bei einem Höchstwert einsteigen (oder eine Grenze ziehen), aber späteres Absinken des Preises auf niedrigere Niveaus mitmachen kann: Ist der Kunde wegen seines großen Interesses bereit, auch seinen persönlichen Maximalpreis zu zahlen, verliert er an Schutzwürdigkeit.[1106] Nur bis zu einem Höchstwert mitzubieten und im Kern darunter zu operieren, in der Hoffnung, dass die niedrigeren Preisstufen erreicht werden, ist ein durchaus rationales Verhalten, das mit Freude am Spiel weniger zu tun hat. Es beinhaltet eine Begrenzung des eigenen Risikos und signalisiert deutlich eine maximale Preisbereitschaft. Ein so rational agierender Kunde dürfte zuvor auch geprüft haben, ob er wirklich Bedarf an der angebotenen Ware hat.[1107] Idealiter hat er auch einen Preisvergleich mit dem klassischen stationären Handel angestellt und an Hand dessen seine maximale Preisbereitschaft definiert. Dass man sich aus taktischen Gründen auf teureren als den eigentlich anvisierten Preisstufen bewerben würde,[1108] ist recht weit hergeholt und erscheint nicht sonderlich realistisch.[1109] Die Gefahr einer Irreführung, weil Teilnehmer irrtümlich eine Versteigerung annehmen[1110] oder Community Shopping mit einer holländischen Versteigerung verwechseln könnten, ist ebenfalls nicht zu bejahen.[1111] Bei holländischen Versteigerungen ist der aleatorische Anreiz im Übrigen weitaus größer,[1112] und das Risiko eines Interessenten, leer auszugehen oder nur zu Nicht-Wunschkonditionen zum Zuge zu kommen, missbilligt die Rechtsordnung nicht per se.[1113]

IV. Laienwerbung

285 Hinzu treten allerdings massive Anreize zur **Laienwerbung.** Denn um bestimmte Preisstufen entweder auszuschöpfen oder zu schließen, wird der Teilnehmer verlockt, noch an Schwellenwerten fehlenden weitere Teilnehmer im eigenen Freundes- und Bekanntenkreis zu werben.[1114] Die meisten Community Shopping-Angebote erleichtern dies sogar gezielt, indem sie auf ihren eigenen Websites die Möglichkeit bieten, andere (insbesondere Freunde und Bekannte) per E-Mail über die Angebote zu informieren.[1115]

286 Allerdings ist es nicht ohne weiteres wettbewerbswidrig, Laien einzuschalten, die für ihre Werbetätigkeit in den Genuss einer Prämie oder anderer Vorteile kommen.[1116] Wettbewerbswidrig wird allerdings eine Kommerzialisierung der Privatsphäre, soweit die Laien vornehmlich ihren eigenen Bekanntenkreis ansprechen.[1117] Für die Beurteilung der Unzulässigkeit kommt es auch auf die Anreizwirkung der Vorteilshöhe an: Bei außer Verhältnis hohen Vorteilen kann sich der Laie zu unbotmäßiger intensiver Anpreisung der Leistung veranlasst sehen.[1118] Die Anreizwirkung des Vorteils darf nicht außer Verhältnis zum Zeitaufwand des Laien stehen.[1119] Diese Momente sprechen eher gegen eine Wettbewerbswidrigkeit des Community Shopping wegen Laienwerbung. Denn der eigene Vorteil des Laien

---

[1106] *Spindler/Wiebe/Ernst* C Rn 76.
[1107] Dazu *Bröcker/Czychowski/Schäfer/Dustmann* § 11 Rn 151.
[1108] So LG Köln CR 2000, 318.
[1109] *Spindler/Wiebe/Ernst* C Rn 76.
[1110] So *Huppertz* MMR 2000, 65, 68.
[1111] *Spindler/Wiebe/Ernst* C Rn 83.
[1112] *Hucke* ZUM 2001, 770, 774.
[1113] *Bräutigam/Leupold/Huppertz* B VI Rn 23 unter Hinweis auf BGH GRUR 1986, 622 – Umgekehrte Versteigerung I.
[1114] LG Köln CR 2000, 318; LG Hamburg CR 2001, 774, 775.
[1115] Näher *Leible/Sosnitza* ZIP 2000, 732, 737 f.
[1116] S. nur BGH GRUR 1981, 655, 656 – Italienwerbung für Makleraufträge; BGH GRUR 1991, 150 – Laienwerbung für Kreditkarten; BGH GRUR 1995, 122, 123 – Laienwerbung für Augenoptiker; *Köhler/Piper* UWG § 1 Rn 78.
[1117] *Spindler/Wiebe/Ernst* C Rn 77.
[1118] S. nur BGH GRUR 1981, 655, 656 – Italienwerbung für Maklerauftrage; BGH GRUR 1995, 122, 123 – Laienwerbung für Augenoptiker.
[1119] BGH GRUR 1995, 122, 123 – Laienwerbung für Augenoptiker; *Köhler/Piper* UWG § 1 Rn 78.

ist nicht übermäßig hoch, da der Verkäufer seine Preise auf allen Stufen so kalkuliert haben wird, dass er selber noch seinen Schnitt macht.[1120] Insoweit ist auch das Verhältnis zum Zeitaufwand des Laien gewahrt. Zu werbende Bekannte (die anzusprechen in der Tat das Nächstliegende ist) müssten wegen der technisch beschränkten Zugangsmöglichkeit E-Mail-Zugang haben.[1121] Indes dürfte dies heute keine ernsthafte Hürde mehr sein. Andererseits sollte man die Kombination mit den aleatorischen Anreizen nicht unterschätzen. Ähnlich wie bei Auktionen kann den Umworbenen eine Art „Fieber" packen, das ihn hier dazu veranlassen könnte, seine eigenen Anstrengungen, um weitere Teilnehmer zu gewinnen, zu erhöhen oder gar zu vervielfachen. Dagegen ist aber wieder die Parallele zur an sich zulässigen Sammelbestellung auf die Waagschale zu legen.[1122]

V. Übertriebenes Anlocken

Allein wegen der systembedingt erzielbaren Preisreduzierung lässt sich Community Shopping-Modellen kein wettbewerbswidriges übertriebenes Anlocken attestieren.[1123] Die Anlockwirkung eines preislich reduzierten Angebots ist dem Leistungswettbewerb immanent[1124] und unterscheidet sich wesentlich von der Wertreklame, die wesentlich mit Zusatzleistungen lockt. Ein Übermaß an Vorteilen, welches nach Art und Wert geeignet sein könnte, die Entschließungskraft des Käufers unsachlich zu beeinflussen, liegt bei Community Shopping nicht vor.[1125] Daran ändert auch zeitliche Begrenzung der einzelnen Angebotsaktionen nichts, jedenfalls wenn extrem kurze Zeiträume von wenigen Stunden überschritten sind.[1126] 287

Ein Zusammenspiel mit aleatorischen Anreizen ist zunächst getrennt nach den beiden möglicherweise betroffenen Kategorien zu beurteilen; die Kombination kann allerdings in besonderen Fällen eigenes Gewicht entfalten.[1127] Dabei ist jedoch wiederum Sorge zu tragen, dass die Kombination zweier an sich, d. h. bei je isolierter Betrachtung zulässiger Anreize nicht vorschnell einen Wettbewerbsverstoß begründen darf.[1128] Auch hier sind die als Folge des modernen Verbraucherleitbildes und des Wegfalls der ZugabeVO gestiegenen Anforderungen an ein übertriebenes Anlocken zu beachten, dass die Rationalität der Nachfrageentscheidung völlig in den Hintergrund zu treten habe.[1129] Eine so starke Beeinflussung dürfte beim Community Shopping selbst unter Berücksichtigung seiner aleatorischen Komponente kaum je vorliegen.[1130] 288

VI. Preisangabenrecht

Letzte mögliche Verstoßdimension ist das Preisangabenrecht, mit dem wettbewerbsrechtlichen Transmissionsriemen des Rechtsbruchs nach § 4 Nr. 11 und den hinsichtlich des 289

[1120] *Spindler/Wiebe/Ernst* C Rn 78; *Bräutigam/Leupold/Huppertz* B VI Rn 26 sowie *Menke* WRP 2000, 337, 345; *Leible/Sosnitza* ZIP 2000, 732, 737 f; *Gounalakis/Backhaus* § 26 Rn 36.

[1121] *Spindler/Wiebe/Ernst* C Rn 78.

[1122] *Leible/Sosnitza* ZIP 2000, 732, 738; *Gounalakis/Backhaus* § 26 Rn 36 unter Hinweis auf BGH GRUR 1963, 578 – Sammelbesteller.

[1123] OLG Köln GRUR-RR 2002, 40 – Powershopping m. Anm. *Leible/Sosnitza; Spindler/Wiebe/Ernst* C Rn 79–81; *Bräutigam/Leupold/Huppertz* B VI Rn 20. Anders LG Köln CR 2000, 318; LG Köln MMR 2001, 54.

[1124] Allgemein BGH GRUR 1999, 94 – Handy-Endpreis; BGH WRP 1999, 505 – „Nur 1 Pfennig"; BGH WRP 1999, 509 – „Kaufpreis nur je 1,– DM".

[1125] *Spindler/Wiebe/Ernst* C Rn 81 sowie *Bröcker/Czychowski/Schäfer/Dustmann* § 11 Rn 151.

[1126] *Spindler/Wiebe/Ernst* C Rn 81; dazu auch *Bröcker/Czychowski/Schäfer/Dustmann* § 11 Rn 151.

[1127] Dazu LG Köln CR 2000, 318; LG Nürnberg-Fürth MMR 2000, 640; LG Hamburg CR 2001, 774; *Gounalakis/Backhaus* § 26 Rn 37 sowie *Bettinger/Leistner/Leistner* Teil 1 A Rn 64.

[1128] *Hucke* ZUM 2001, 770, 773.

[1129] So allgemein BGH GRUR 2002, 976, 978 – Koppelungsangebot I.

[1130] *Gounalakis/Backhaus* § 26 Rn 37.

Preisangabenrechts insoweit allgemein geltenden Kautelen.[1131] Ein Verstoß gegen die PAngV läge dann vor, wenn mehrere Normalpreise für dieselbe Leistung offeriert würden. Genau dies geschieht aber nicht.[1132] In keinem Fall bestehen simultan zwei Preise für dieselbe Leistung mit demselben Gesamtleistungsumfang. Ein System gestaffelter Normalpreise anzunehmen würde den Begriff des Normalpreises ad absurdum führen.[1133] Dem Verbraucherschutzgedanken der PAngV ist an sich Genüge getan, wenn der höchstmögliche Preis ersichtlich ist,[1134] wenn der (natürlich besonders herausgestellte) „beste Preis" als solcher gekennzeichnet und dem Startpreis gegenüber gestellt ist.[1135] Beim Community Shopping sind die einzelnen Preisstufen klar und nicht mehrdeutig oder in ihrer Höhe unbestimmt. Insoweit besteht ein gewichtiger Unterschied zu Margenpreisen „ab Euro ...". oder „von ... bis ...".[1136] Bei Abgabe des Angebots steht nur noch nicht fest, welche Preisstufe einschlägig sein wird. Dem Verbraucher wird aber ein Vergleich der feststehenden Preisstufen mit den üblichen Marktpreisen ermöglicht und so dem Zweck des § 1 PAngV genügt.[1137] Von einer Preisangabe kann im Übrigen generell abgesehen werden, wenn diese tatsächlich nicht möglich ist. Dies könnte man dahingehend ausweiten, dass auch unzumutbare Anforderungen und der drohende Tod eines ganzen Geschäftsmodells zu berücksichtigen wären.[1138]

VII. Abgrenzung zu anderen Phänomenen

290 Dem Community Shopping benachbart, aber trotzdem anders liegen Fälle, in denen Unternehmen Gruppenrabatte oder besondere Preise für Gruppen anbieten und andere Unternehmen über das Internet Interessentengruppen zusammenführen. Diese andere Unternehmen bieten eine Dienstleistung an, die letztlich dazu führt, dass ihre Kunden die günstigeren Gruppenpreise der ersten Unternehmen ausnutzen können. Es handelt sich um sog. **Nachfrageaggregatoren.**[1139] Typisches Beispiel ist die Organisation von Bahnfahrendengruppen, um verbilligte Gruppentarife der Deutschen Bahn AG ausnutzen zu können. Darin liegt keine unlautere Behinderung von Absatzinteressen der Deutschen Bahn AG.[1140] In diesem Modell liegt eine elektronische Unterstützung in der Vorbereitungsphase.[1141] Andere Nachfrageaggregatoren verfahren so, dass sie Interessenten zur Angabe der gewünschten Menge und der akzeptablen Preisspanne auffordern und am Ende einer Periode zu bündeln und den besten Preis bei einem Anbieter auszuhandeln versuchen.[1142]

291 Vom Community Shopping ist des Weiteren das sog. **Customer Driven Pricing** (CDP) zu unterscheiden:[1143] CDP ist ein Prozess der umgekehrten Preisbildung. Ein Anbieter möchte Restposten oder Restkapazitäten vermarkten, ohne die eigene Preispositionierung zu zerstören. Daher fordert er Interessenten auf, anzugeben, zu welchem Preis sie jeweils zu kaufen bereit wären. Anders als beim „normalen" Verkauf setzt also nicht der Verkäufer den ersten Preisvorschlag, sondern der Kaufinteressent. Der Kaufinteressent legt seine Preisbereitschaft offen, und der Anbieter kann entscheiden, ob er bereit ist, auf dieser Basis ein verbindliches Vertragsangebot zu machen.

[1131] → § 4–S 14.
[1132] *Spindler/Wiebe/Ernst* C Rn 84.
[1133] *Mankowski* EWiR § 1 RabG 1/2000, 247, 248.
[1134] *Leible/Sosnitza* ZIP 2000, 732, 738f; *Spindler/Wiebe/Ernst* C Rn 84.
[1135] *Spindler/Wiebe/Ernst* C Rn 88.
[1136] *Bräutigam/Leupold/Huppertz* B VI Rn 15.
[1137] *Leible/Sosnitza* ZIP 2000, 732, 739; *Bräutigam/Leupold/Huppertz* B VI Rn 15 sowie *Ernst* CR 2000, 239, 242; dazu auch *Menke* WRP 2000, 337, 343.
[1138] So *Menke* WRP 2000, 337, 343; *Bräutigam/Leupold/Huppertz* B VI Rn 16.
[1139] *Bräutigam/Leupold/Meyer/Specht/Friemel* A II Rn 97.
[1140] LG Frankfurt/M CR 2001, 125 – www.kartenfuchs.de; *Leible* CR 2001, 127f; *Gounalakis/Backhaus* § 26 Rn 19.
[1141] *Bräutigam/Leupold/Meyer/Specht/Friemel* A II Rn 99.
[1142] *Bräutigam/Leupold/Meyer/Specht/Friemel* A II Rn 100.
[1143] *Stoffmehl* MMR-Beilage 8/2001, 35, 36; *Schmittmann* 2003 S. 105f.

K. Gatoring

Gatoring oder **Online Behavioral Marketing** arbeitet mit einer **Spyware.** Die Bezeichnung ist vom ursprünglichen Namen desjenigen Unternehmens, welche angeblich das größte Internet-Marketing-Netzwerk (aber keineswegs einzige) dieser Art betrieb, abgeleitet: Gator Corp., die sich später in Claria Corp. umbenannte.[1144] Die Spyware für das Gator Advertising Information Network (GAIN) wurde mit anderen Programmen im Bundling verbunden. Der User stand vor der Alternative, ob er diese anderen Programme kostenfrei herunterlud, aber mit Spyware oder kostenpflichtig, dann ohne Spyware. Die installierte Spyware überträgt fortlaufend Daten über das Nutzerverhalten an den Server des Gatoring betreibenden Unternehmens. Treten dabei Schlüsselwörter auf, die in eine bestimmte Rasterkategorie des Unternehmers passen, so wird einschlägige Werbung auf den PC des Users aufgespielt.[1145] Eine andere Option ist das Unterlegen der eigentlich besuchten Site mit einem Werbefenster, das sich entweder bei Betätigen eines Button oder beim Verlassen der Site als Pop-Under-Werbung öffnet.[1146] Die Werbung wird also nicht vom Betreiber der Site, sondern vom Marketing-Unternehmen ausgelöst; Site-Betreiber wissen häufig nichts davon, dass Gatoring auf ihrer Site stattfindet.[1147] 292

Rechtlich steht ein Verstoß gegen § 4 Nr. 10 in Rede. Die Werbung auf fremden Websites wird mit der Werbung auf fremden Grundstücken verglichen.[1148] Selbst die Exit-Pop-Under-Werbung soll noch eine Ablenkung darstellen.[1149] Zudem soll eine Absatzbehinderung durch Abfangen von Kunden zumindest bei solchen Websites, die Bestellfunktionen enthalten, denkbar sein.[1150] Unterstützend wird ein Vergleich zum Keyword-Advertising als benachbartem Fall der Kontextwerbung gezogen.[1151] Außerdem kann eine verdeckte Anlehnung vorliegen, weil die unterlegte Werbung vom guten Ruf der besuchten Site zu profitieren versucht und keine Abgrenzung erfolgt, die deutlich machen würde, dass der Site-Betreiber von der Werbung nichts weiß.[1152] Belästigende Werbung gemäß § 7 Abs. 1 liegt namentlich bei den Pop under-Konstruktionen vor, denn es werden Arbeitsspeicher, Cache und Übertragungsrate belastet und die Zeit des Users für Erfassen und Schließen des Fensters verbraucht.[1153] Insofern bestehen Parallelen zur Pop Up-Werbung.[1154] Zudem kann die Spyware nach ihrer Installation Instabilitäten des Systems beim User hervorrufen.[1155] 293

L. In-Game-Advertising

Computerspiele werden als Träger von Werbung genutzt. Unternehmen zahlen durchaus namhafte Beträge für Product Placement in Computerspielen. Das Phänomen heißt **In-Game-Advertising.** Es ist für Werbende interessant, denn sie können eine attraktive, konsumorientierte und nicht selten finanzkräftige Zielgruppe ansprechen, während die Werbebotschaften durch ihr Umfeld mit einem positiven emotionalen Erlebnis und einem Me- 294

1144 *Vykydal/Diemar* WRP 2004, 1237.
1145 *Vykydal/Diemar* WRP 2004, 1237, 1238.
1146 *Vykydal/Diemar* WRP 2004, 1237, 1238.
1147 *Vykydal/Diemar* WRP 2004, 1237, 1238 f.
1148 *Vykydal/Diemar* WRP 2004, 1237, 1240.
1149 LG Köln MMR 2004, 840; *Vykydal/Diemar* WRP 2004, 1237, 1240.
1150 LG Köln MMR 2004, 840; *Vykydal/Diemar* WRP 2004, 1237, 1240.
1151 *Vykydal/Diemar* WRP 2004, 1237, 1240 f.
1152 LG Köln MMR 2004, 840; *Vykydal/Diemar* WRP 2004, 1237, 1241.
1153 *Vykydal/Diemar* WRP 2004, 1237, 1241; MünchKomm/*Leible* UWG § 7 Rn 268.
1154 → Rn 149 ff.
1155 *Vykydal/Diemar* WRP 2004, 1237, 1241.

dieninvolvement verbunden sind.[1156] Zudem dürfen sie auf Wiederholungseffekte zählen, da Computerspiele selten nur einmal gespielt werden.[1157] User-Sympathie lässt sich gewinnen, indem man die Werbung in das Spiel integriert und den Gesamteindruck des Spiels noch erhöht, indem subjektiv Realismus und Authentizität gesteigert werden.[1158] Als Hauptvarianten begegnen In-Game Slots (entsprechend klassischem Product Placement zB durch T-Shirt-Aufdrucke von Spielfiguren) und sogar aktive Einbindung in die Spielhandlung.[1159]

295 Hier steht eine deutliche Verletzung des Trennungsgrundsatzes in Rede. Rechtliche Sanktionshebel sind § 4 Nr. 3 und ggf. § 5.[1160] Was für Product Placement in Filmen gilt, sollte entsprechend auch für Product Placement in Spielen gelten. Strenge Maßstäbe können geboten sein, weil User zumeist jugendlich sind und keine voll ausgebildete Medienkompetenz besitzen.[1161] § 7 Abs. 1 S. 2, Abs. 2 Nr. 1 kann ins Spiel kommen bei kundgetaner Ablehnung von Werbung seitens der User.[1162] Auch § 7 Abs. 1 S. 1 ist unter Umständen einschlägig, wenn es an einem vorherigen Hinweis auf die Werbung fehlte und sich die Werbung nicht einfach wegklicken lässt.[1163]

296 Abzugrenzen davon sind reine Werbespiele, sog. **AdGames.**[1164] Bei ihnen tritt der Werbecharakter offen zutage, und es ist dem Trennungsgebot genügt.[1165]

M. „Kostenfallen"

297 **Kostenfallen** sind kostenpflichtige Angebote, bei denen der durchschnittlich verständige User wegen der Art ihres Angebots und wegen des Gesamtzusammenhangs ihrer Präsentation nicht mit einer Kostenpflicht rechnet. ZB mag eine Website zum Durchstöbern einer Datenbank einladen. Dies verbindet der Verkehr nicht automatisch mit einer Kostenpflicht. Gerade im Internet sind kostenfreie Angebote die Regel und bestehen vor kostenpflichtigen Angeboten typischerweise Registrierungsmechanismen oder besondere Aufmerksamkeitsschwellen. Bei einer typischen Kostenfalle werden dagegen Preise und Zahlungsmodalitäten nicht augenfällig angesprochen, sondern verstecken sich gern in Sternchen-Fußnoten an Stellen, an denen man mit solchen Hinweisen nicht rechnet, zB bei „Bitte füllen Sie alle Felder vollständig aus".[1166] Das Betätigen des Eingabebuttons soll dann zu einem Vertragsschluss führen. Preisangaben werden vornehmlich am Ende längerer Texte versteckt.

298 Kostenfallen sind unter mehreren Aspekten wettbewerbswidrig: Erstens verstoßen sie massiv gegen die PAngV. Daher sind sie ein Fall des Rechtsbruchs, konkret nach § 4 Nr. 11 iVm § 1 Abs. 1, Abs. 6 S. 2 PAngV.[1167] Zweitens führen sie in relevanter Weise über die Kostenpflichtigkeit des mit ihnen verbundenen Angebots irre und verstoßen deshalb gegen § 5.[1168]

1156 *Oliver Schaar* GRUR 2005, 912.
1157 *Oliver Schaar* GRUR 2005, 912.
1158 *Oliver Schaar* GRUR 2005, 912 unter Hinweis auf Der Spiegel 37/2003, 184; PRWeb vom 13. 3. 2003 <http://www.prweb.com/releases/2003/3/prweb59819.htm>.
1159 *Oliver Schaar* GRUR 2005, 912, 913 mit Beispielen.
1160 *Lober* MMR 2006, 643, 644 f; *Pohle* K&R 2008, 711, 715; Gloy/Loschelder/*Hasselblatt* § 58 Rn 106.
1161 *Oliver Schaar* GRUR 2005, 912, 915.
1162 *Pohle* K&R 2008, 711, 715.
1163 *Lober* MMR 2006, 643, 644 f; *Burmeister,* Belästigung als Wettbewerbsverstoß, 2006, S. 95 f; Hefermehl/*Köhler*/Bornkamm UWG § 7 Rn 145; Gloy/Loschelder/*Hasselblatt* § 58 Rn 106.
1164 *Lober* MMR 2006, 643, 645; *Pohle* K&R 2008, 711, 715. Näher zu AdGames *Klinger* S. 398–402.
1165 *Lober* MMR 2006, 643, 645; *Pohle* K&R 2008, 711, 715.
1166 OLG Frankfurt K&R 2009, 197, 198 f.
1167 OLG Frankfurt K&R 2009, 197, 198.
1168 OLG Frankfurt K&R 2009, 197, 198.

N. Affiliate Marketing und Associate Marketing (Partnerprogramme)

I. Phänomen

Bei **Associate Marketing** oder **Partnerprogrammen** findet wechselseitige Bewerbung innerhalb eines Verbundes, der sog. **Associate Partnership,** statt.[1169] **Affiliate Marketing** ist funktionell dieselbe Gestaltung.[1170] Bei diesem Werbemodell setzt ein werbewilliges Unternehmen, der **Merchant** oder **Advertiser,** seine Werbung nicht selbst, sondern beteiligt sich an einem Online-Netzwerk, für das sich Partner anmelden können, die an der Übernahme der Werbung interessiert sind, die **Associates, Affiliates** oder **Publisher.**[1171] Letztere binden gegen erfolgsbezogene Vergütungen Online-Werbemittel des Merchant bis hin zu ganzen Online-Shops in ihre Websites oder ihr sonstiges Online Marketing ein.[1172] Es gibt prinzipiell vier Beteiligte: Merchant/Advertiser; Affiliate-Publisher; Netzwerk; Endkunde.[1173] 299

Häufiger ist der Verbund enger, da die betreffende Unternehmen nicht nur miteinander kooperieren, sondern gesellschaftsrechtlich in einer Gruppenstruktur verbunden sind, typischerweise als Schwestergesellschaften unter der Leitung einer Mutter. Für das Associate Marketing ist charakteristisch, dass ein Unternehmer auf seiner Website Waren oder Dienstleistungen eines anderen Unternehmens bewirbt oder empfiehlt. Dies geschieht unter im Zweifel wechselseitiger Verlinkung. Besonders sinnvoll ist eine Associate Partnership zwischen einem Hersteller und seinen Händlern, bei welchen die betreffenden Produkte dann direkt bestellt und bezogen werden können. Eine Variation des Gesamtmodells besteht darin, dass der Kontakt der Associates nicht zum Merchant selber, sondern nur zu einem Vermittler vorliegt.[1174] Dann gibt es zwei Vertragsbeziehungen: Merchant/Netzwerk und Netzwerk/Publisher.[1175] 300

Benachbarte, im Zweifel noch engere Gestaltungen sind Shop Integration und Exclusive Deals. Bei einer **Shop Integration** (auch **integratives Affiliate Marketing** genannt) werden die Produkte des Merchant direkt in einem Online-Shop auf der Website des Partners offeriert.[1176] Die Website des Partners wird zum echten Point of Sale des Merchant.[1177] Noch weiter gehen **Exclusive Deals:** Bei ihnen wird ein umfassendes Paket verschiedener Werbe-, Informations-, Dienstleistungs-, Marketing- oder Transaktionselemente des Anbieters so eng in die Partnerwebsite integriert, dass die User dem Anbieter überall auf der Partnerwebsite begegnen.[1178] 301

II. Trennungsgebot

Ein Knackpunkt aus wettbewerbsrechtlicher Sicht ist beim Associate Marketing das **Trennungsgebot.** Die nicht unmittelbar ersichtliche Vernetzung und Kooperation zwischen den Anbietern erzeugt die Gefahr, dass Informationen der verweisenden Website als echter redaktioneller Inhalt aufgefasst werden. Man schreibt ihnen eine Neutralität und Seriosität zu, die sie in Wirklichkeit nicht genießen. Der Websitebetreiber kann den Ein- 302

[1169] Dazu *Moritz/Dreier/Jessen/Müller* B Rn 429–432; *Ernst* Rn 702–708; *Klinger* S. 409–413; *Schirmbacher/Ihmor* CR 2009, 245.
[1170] Zahlen zur rechtstatsächlichen Bedeutung bei *Janal,* CR 2009, 317.
[1171] OLG München WRP 2008, 1471 – Affiliate-Werbung auf jugendgefährdenden Internetseiten.
[1172] *Klinger* jurisPR-ITR 24/2008 Anm. 3.
[1173] *Schirmbacher/Ihmor* CR 2009, 245.
[1174] OLG München WRP 2008, 1471 – Affiliate-Werbung auf jugendgefährdenden Internetseiten.
[1175] *Schirmbacher/Ihmor* CR 2009, 245, 246.
[1176] *Klinger* S. 414.
[1177] *Klinger* S. 414.
[1178] *Klinger* S. 414.

druck erwecken, einen redaktionellen Zusatzservice zu bieten und kein, sei es auch nur mittelbares, Eigeninteresse zu haben.[1179] Um einen solchen Eindruck zu zerstören oder gar nicht erst aufkommen zu lassen, ist eine deutliche Kennzeichnung des Links oder der Empfehlung als Werbung zu verlangen.[1180] Ein Link, der aus einem redaktionellen Zusammenhang heraus auf eine Werbesite führt, muss so gestaltet sein, dass für den Nutzer erkennbar ist, dass auf eine Werbesite verwiesen wird.[1181] Eine relevante Täuschung im Sinne von § 4 Nr. 3 liegt vor, wenn dem Leser eine gleichsam getarnte Anzeige als redaktioneller Beitrag präsentiert wird.[1182] Eine unsachliche Beeinflussung im Sinne von § 4 Nr. 1 kann vorliegen, wenn gezielt Personen als Publisher geworben werden, auf deren besondere Neutralität das Publikum vertraut.[1183]

III. Störerhaftung oder Haftung des Merchant nach § 8 Abs. 2

303 Noch gewichtiger ist aber die Frage nach einer wettbewerblichen **Störerhaftung** des Merchant für Handlungen der Associates[1184] oder gar einer Haftung aus § 8 Abs. 2.[1185] Wer durch sein Handeln im geschäftlichen Verkehr die Gefahr schafft oder andauern lässt, dass Dritte durch das Wettbewerbsrecht geschützte Interessen von Marktteilnehmern verletzen, ist dazu verpflichtet, diese Gefahr im Rahmen des Möglichen und Zumutbaren zu begrenzen.[1186] Auf der anderen Seite dürfen, um eine unangemessene Ausdehnung der Haftung für Rechtsverstöße Dritter zu vermeiden, keine Anforderungen auferlegt werden, die ein von der Rechtsordnung gebilligtes Geschäftsmodell gefährden oder dessen Tätigkeit unverhältnismäßig erschweren.[1187] Die Werbung auf einer fremden Website als solche löst per se noch keine Prüfungspflichten aus.[1188] Eine anlassunabhängige Überwachungs- und Nachforschungspflicht besteht angesichts § 7 Abs. 2 Nr. 1 TMG nicht.[1189] Eine Handlungspflicht besteht aber, sobald Kenntnis von konkreten rechtswidrigen Inhalten des für die Werbung vorgesehenen Internetauftritts erlangt ist.[1190] Zahlungen innerhalb des Affiliate-Programms verstärken die Teilnahme, weil sie die von den betreffenden Websites ausgehende Gefahr andauern lassen.[1191] Finanzierungsunterstützung allein, welche natürlich dazu beiträgt, die finanzierte Website am Leben zu erhalten, kann aber kaum tragen, da anderenfalls auch eine Bank wettbewerbsrechtlichen Handlungspflichten treffen könnten.[1192] Die Zusammenarbeit mag zwar nicht unmittelbar kausal für den in der Vergangenheit liegenden Verstoß gewesen sein,[1193] fördert aber jedenfalls mögliche zukünftige Verstöße.

[1179] Näher *Janal* CR 2009, 317.

[1180] Bettinger/Leistner/*Leistner* Rn 54; *Pierson* K&R 2006, 547, 552.

[1181] KG K&R 2006, 466, 468.

[1182] BGH GRUR 1981, 835 – Getarnte Werbung I; BGH GRUR 1997, 907, 909 – Emil-Grünbär-Club; KG K&R 2006, 466, 468.

[1183] *Janal* CR 2009, 317, 318.

[1184] Bejahend OLG München WRP 2008, 1471, 1473 f – Affiliate-Werbung auf jugendgefährdenden Internetseiten; LG München I B. vom 9. 10. 2007 – 11 HK O 21 494/07; LG Frankfurt/M MMR 2008, 346, 347; *Knupfer* MMR 2008, 348. Verneinend *Schirmbacher* CR 2008, 325; *Witzmann* K&R 2008, 317; *Klinger* jurisPR-ITR 24/2008 Anm. 3.

[1185] Bejahend OLG Köln CR 2008, 521 = K&R 2008, 465 = OLGR 2008, 531; LG Potsdam K&R 2008, 117, 118; *Janal* CR 2009, 317, 320 f.

[1186] BGH GRUR 2007, 890, 894 – Jugendgefährdende Medien bei eBay; OLG München WRP 2008, 1471, 1473 – Affiliate-Werbung auf jugendgefährdenden Internetseiten.

[1187] BGH GRUR 2007, 890, 894 – Jugendgefährdende Medien bei eBay; OLG München WRP 2008, 1471, 1473 – Affiliate-Werbung auf jugendgefährdenden Internetseiten.

[1188] OLG München WRP 2008, 1471, 1474 – Affiliate-Werbung auf jugendgefährdenden Internetseiten; *Janal* CR 2009, 317, 320 f.

[1189] *Knupfer* MMR 2008, 348 unter Hinweis auf BGH GRUR 2007, 890, 894 – Jugendgefährdende Medien bei eBay.

[1190] OLG München WRP 2008, 1471, 1474 – Affiliate-Werbung auf jugendgefährdenden Internetseiten.

[1191] OLG München WRP 2008, 1471, 1474 – Affiliate-Werbung auf jugendgefährdenden Internetseiten; *Hoeren/Semrau* MMR 2008, 571, 575.

[1192] *Schirmbacher* CR 2008, 325, 326; *Klinger* jurisPR-ITR 24/2008 Anm. 3.

[1193] *Schirmbacher* CR 2008, 325, 326; *Witzmann* K&R 2008, 317.

Zwar scheint man auf den ersten Blick dem Merchant eine Einflussnahme nicht aufzwingen können, soweit er rechtlich keine Einflussmöglichkeiten hat, weil er in keiner direkten oder über den Vermittler vermittelten indirekten rechtlichen Verbindung zu den Associates steht.[1194] Allerdings ist hier nicht vorschnell Behauptungen des Merchant Glauben zu schenken, dass es sich so verhalte und er keinen Einfluss habe. Wer zB in seinen eigenen AGB versucht, Affiliates Pflichten aufzuerlegen, verhält sich widersprüchlich, wenn er später eigenen Einflussmöglichkeiten in Abrede stellt und so seine eigenen AGB desavouieren möchte. Für die Zwecke des § 8 Abs. 2 führt der Verstoß des Partners gegen vertragliche Abreden nicht dazu, dass eine Zuwiderhandlung „in einem Unternehmen" zu verneinen wäre.[1195] Zumutbarkeitsüberlegungen spielen unter § 8 Abs. 2 keine Rolle, denn dabei handelt es sich um eine Erfolgshaftung ohne Entlastungsmöglichkeit.[1196] Die ratio der Norm würde unterlaufen, wenn man Zumutbarkeitsüberlegungen anstellen würde.[1197] 304

Der Händler darf sich nicht hinter seinen Affiliates verstecken können. Denn diese betreiben Wettbewerb, der ihm zugute kommen soll.[1198] Wer seine Produkte über ein Direktvertriebssystem selbständiger Partner vertreibt und ihnen dafür Online-Werbemittel zur Verfügung stellt, mit deren Hilfe Interessenten an ihn weitergeleitet werden, wer sodann die Bestellungen abwickelt und den Partnern eine Provision zahlt, hat für das Handeln seiner Partnern auf den betreffenden Websites miteinzustehen.[1199] Wer viele Hilfspersonen oder Partner einschaltet und von diesen profitiert, muss umgekehrt auch die Risiken tragen, welche diese Organisation seines Geschäftsmodells mit sich bringt.[1200] Zudem partizipiert der Merchant wesentlich am Bekanntheitsgrad seiner Affiliates.[1201] Wer Werbung durch die Affiliates ausnutzt, indem er Werbung bei diesen aufschalten lässt, haftet.[1202] Er muss zumindest nach Kenntniserlangung das Erscheinen seiner Werbung auf Websites mit rechtswidrigem Inhalt verhindern.[1203] Bei Shop-Integration und Exclusive Deals wird der Anbieter allemal Einfluss auf die ihm dann ja besonders eng verbundenen Partner nehmen und schon zuvor Sorgfalt bei der Auswahl seiner Partner walten lassen können. Dies alles gilt umso mehr bei vertraglicher Verbindung mit den Affiliates[1204] und erst Recht bei Kontrolle, welche Werbemittel eingesetzt werden.[1205] 305

Wer eine unüberschaubar große Zahl von Affiliates einschaltet, d.h. sich auf Modelle oder Programme einlässt, bei denen er nicht überblicken kann, mit wem er verbunden ist, kann einfach aus solchen Modellen oder Programmen aussteigen. Die ggf. übergroße Zahl von Affiliates ist jedenfalls kein Argument gegen eine Haftung.[1206] Dass bei strenger Haftung Affiliate Marketing weniger attraktiv wird und dieser Werbeform dann das Aus drohen mag, ist kein relevantes Argument.[1207] Der vom Arbeitskreis Ad Networks des Bundesverbands Digitale Wirtschaft (BVDW) erstellte Code of Conduct[1208] sieht mit Recht eine 306

1194 *Witzmann* K&R 2008, 317, 318 f; *Klinger* jurisPR-ITR 24/2008 Anm. 3.

1195 OLG Köln CR 2008, 521 = K&R 2008, 465 = OLGR 2008, 531 in Abgrenzung zu BGH GRUR 1995, 605, 608 – Franchise-Nehmer; BGH WRP 2007, 1356 – Gefälligkeit.

1196 BGH GRUR 2000, 907, 909 – Filialleiterfehler; OLG Köln CR 2008, 521 = K&R 2008, 465 = OLGR 2008, 531.

1197 OLG Köln CR 2008, 521 = K&R 2008, 465 = OLGR 2008, 531.

1198 LG Potsdam K&R 2008, 117, 118.

1199 OLG Köln CR 2008, 521 = K&R 2008, 465 = OLGR 2008, 531.

1200 OLG Köln CR 2008, 521 = K&R 2008, 465 = OLGR 2008, 531 unter Hinweis auf BGH GRUR 2007, 995 – Schuldnachfolge; aA noch *Janal* CR 2009, 317, 320.

1201 LG Berlin CR 2009, 262, 263.

1202 LG Frankfurt/M MMR 2008, 346, 347.

1203 *Ernst/Seichter* WRP 2006, 810, 814; *Ott* WRP 2009, 351, 357; *Schirmbacher/Ihmor* CR 2009, 245, 251.

1204 Zu deren Ausgestaltung *Schirmbacher/Ihmor* CR 2009, 245, 246 ff.

1205 Vgl. *Schirmbacher/Ihmor* CR 2009, 245, 249.

1206 So aber *Schirmbacher* CR 2008, 325, 326; *Schirmbacher/Ihmor* CR 2009, 245, 250; vgl. auch *Ernst/Spieker* GRUR 2009, 903, 906; *Hoeren /Semrau* MMR 2008, 571, 574; *Janal* CR 2009, 317, 320.

1207 LG Potsdam K&R 2008, 117, 118 unter Hinweis auf OLG Köln Urt. vom 24. 5. 2006 – 6 U 200/95; LG Berlin MMR 2006, 118.

1208 <http://www.bvdw.org/index.php?id=1835&no_cache=1&Sword_list%5B0%5D=conduct>.

Selbstverpflichtung vor, keine Werbung auf Websites mit anstößigen oder sittenwidrigen Inhalten zu betreiben. Dies ist keineswegs der Tod des Affiliate-Modells. Zudem bestehen Modelle bei denen ein Affiliate gesondert freizuschalten ist[1209] und insofern eine Kontrolle möglich ist.

O. Störerhaftung und Haftungsprivilegierung von Access oder Host Providern

I. Störerhaftung

307 **Störer**[1210] im wettbewerbsrechtlichen Sinne ist jeder, auf dessen Willensbetätigung das wettbewerbswidrige Verhalten – ungeachtet Art und Umfang seines Tatbeitrags oder seines Interesses an der Verletzung – unmittelbar oder mittelbar zurückgeht.[1211] Eine **Störerhaftung** setzt weder ein Verschulden[1212] noch eine Wettbewerbsförderungsabsicht voraus,[1213] ebenso wenig ein Wettbewerbsverhältnis zum Antragsteller.[1214] Wer in seinem Verantwortungsbereich eine Gefahrenquelle schafft oder andauern lässt, muss die ihm zumutbaren Maßnahmen und Vorkehrungen treffen, die zur Abwehr der Dritten von dieser Quelle drohenden Gefahren notwendig sind.[1215] Auch ein bloßer Mittler von Inhalten kann wettbewerbsrechtliche Verkehrspflichten[1216] verletzen.[1217] Für die Entstehung von Verkehrspflichten reicht es aus, wenn Dritte sich eine geschaffene Gefahrenquelle für Rechtsverletzungen zunutze machen und damit die Gefahr einer Verletzung durch jene Dritte als unmittelbar Handelnde erhöht wird.[1218]

308 Ein Host oder Access Provider wird als Störer belangt, weil er fremden Wettbewerb, nämlich den seines Kunden, fördert. Er wird nicht belangt, weil er sich in seinem eigenen Wettbewerb mit seinen unmittelbaren Konkurrenten im Provider-Gewerbe unlauterer Mittel bedient hätte.[1219] Allenfalls ließe sich argumentieren, die Bereitschaft, sich an fremdem Rechtsbruch zu beteiligen, verschaffe einen Vorsprung im eigenen Markt hinsichtlich des Marktsegments jener Kunden, welche einen Rechtsbruch begehen wollen. Schon bei bloß fahrlässiger Störung aber vermöchte ein solcher materieller Ansatz nicht zu überzeugen.[1220]

309 Im Gegensatz zur Providerhaftung im Deliktsrecht geht es bei der Störerhaftung im Wettbewerbsrecht nicht unbedingt darum, einen Verantwortlichen für den Fall zu erhalten, dass der eigentliche Täter nicht zu ermitteln ist, und dem Provider schon im Interesse sei-

---

1209 Vgl. LG Berlin CR 2009, 262.

1210 Zur Störerhaftung allgemein → § 8 UWG Rn 132.

1211 S. nur BGH GRUR 1957, 352, 353 – Pertussin II; BGH GRUR 1970, 510, 512 – Fußstützen; BGH NJW 1974, 1244 – Reparaturversicherung; BGH GRUR 1977, 114, 115 – VUS; BGH GRUR 1984, 54 – Kopierläden; BGH NJW 1990, 1529, 1530 – Schönheits-Chirurgie; BGH GRUR 1997, 313 – Architektenwettbewerb.

1212 Tendenziell anders BGH WRP 2001, 28, 31 – dentalästhetika; BGH AfP 2003, 428, 429 – Buchpreisbindung; BGH WRP 2003, 886, 888 – Kleidersack; offen BGH GRUR 2003, 969, 970 – Ausschreibung von Vermessungsleistungen.

1213 S. nur BGH GRUR 1991, 769, 770 – Honoraranfrage; BGH GRUR 1994, 441, 443 – Kosmetikstudio; BGH GRUR 1997, 313, 315 – Architektenwettbewerb; BGHZ 148, 13, 17 – ambiente.de; BGH WRP 2002, 532, 533 – Meißner Dekor; BGH GRUR 2002, 902, 904 – Vanity-Nummer; BGH WRP 2004, 899, 901 – Schöner Wetten; OLG Köln GRUR-RR 2004, 181, 182 – Internet-Telefonbuch.

1214 S. nur LG Hamburg GRUR-RR 2003, 155 – Telefaxabruf.

1215 BGH GRUR 2007, 890, 894 – Jugendgefährdende Medien bei eBay.

1216 Zu diesem zentralen Tatbestandsmerkmal der neustrukturierten Störerhaftung *Köhler* GRUR 2008, 1; *Köster/Jürgens* MMR 2007, 639.

1217 BGH GRUR 2007, 890, 894 – Jugendgefährdende Medien bei eBay; *Volkmann* CR 2008, 282.

1218 BGH GRUR 2007, 890, 894 – Jugendgefährdende Medien bei eBay; *Spindler/Volkmann* WRP 2003, 1, 7; *Hans-Jürgen Ahrens* WRP 2007, 1281, 1288.

1219 *Mankowski* GRUR Int. 1999, 995, 1003.

1220 *Mankowski* GRUR Int. 1999, 995, 1003.

nes eigenen Regresses Anreize zu geben, sich der Identität seiner Kunden zu versichern.[1221] Denn der Werbende ist regelmäßig erkennbar. Es ist gerade der Sinn von Werbung, auf die eigene Person und das eigene Angebot aufmerksam zu machen. Eine Werbemaßnahme, bei der nicht erkennbar ist, wer hinter ihr steht, verpufft wirkungslos und ist aus Sicht des Werbenden Verschwendung von Ressourcen.[1222] Allerdings greift diese ratio des zweiten, effektiv greifbaren Schuldners, wenn der Provider oder Nummernvertreiber angegangen wird, um im Ergebnis Spamming oder Faxvertrieb durch einen nicht greifbaren oder zumindest nicht effektiv angreifbaren Anbieter zu unterbinden.

Für **Access Provider** ist allerdings eine Gefahrerhöhung mit Bezug auf etwaige rechtswidrig bereitgehaltene Inhalte zu verneinen.[1223] Denn am Bereithalten jenes Inhalts ist er nicht beteiligt.[1224] Vielmehr fördert er nur die Kenntnisnahme seines Kunden, die als solche nicht rechtswidrig ist.[1225] Für rechtswidrige Handlungen seines Kunden steht allerdings auch der Access Provider in der Haftung, denn ohne den vom Access Provider vermittelten Zugang könnte der Kunde seine Handlungen nicht begehen.[1226] 310

Prüfpflichten und **Überwachungspflichten** wachsen mit der Kenntnis von Verstößen der eigenen Kunden und damit von der Gefahrenquelle. Beispielsweise trifft Plattformbetreiber eine Störerhaftung, wenn bekannt ist, dass Kunden dieser Plattform gegen deren Impressumspflichten aus § 5 TMG verstoßen.[1227] 311

II. Haftungsprivilegierung von Access, Service oder Host Providern

Für die Haftung von Host, Access und Service Providern sind wiederum die **Haftungsprivilegierungen** des TMG bedeutsam.[1228] Ob die Störerhaftung angesichts § 7 Abs. 2 S. 2 TMG unter die Haftungsprivilegierungen fällt, ist genauso zu entscheiden wie bei der Störerhaftung von Online-Auktionshäusern.[1229] Die systematische Einordnung der Störerhaftung differenziert nicht nach Person oder Branche des Pflichtigen. Proaktive Kontrollpflichten unterbinden in jedem Fall § 7 Abs. 2 S. 1 TMG und dessen allgemeiner Rechtsgedanke.[1230] Host Provider sind angesichts der Masse nur zu groben Prüfungen verpflichtet.[1231] Moderatoren von Newsgroups wiederum kommen zwangsläufig vorab in Berührung mit den Inhalten und sind mit diesen in der Sache befasst. Für sie ist der Gedanke des § 7 Abs. 2 S. 1 TMG teleologisch zu reduzieren.[1232] 312

Auf **Unterlassungsansprüche** finden die Haftungsprivilegierungen des TMG keine Anwendung.[1233] An dieser Rechtslage hat sich durch den Übergang vom TDG zum TMG nichts geändert.[1234] 313

[1221] *Mankowski* GRUR Int. 1999, 995, 1003. Zum Internationalen Deliktsrecht vor der Rom II-VO insoweit *Mankowski* RabelsZ 63 (1999) 203, 285–288.

[1222] Selbst wenn eine professionelle Agentur für eine Kunden spamming betreibt und durch Manipulationen erreicht, dass die Ausgangsadresse für das Spamming nicht mehr identifiziert werden kann, wird der Kunde in aller Regel erkennbar sein. Eine Ausnahme könnte für eine bloße Negativkampagne gegen Konkurrenten gelten.

[1223] OLG Frankfurt CR 2008, 282; *Gercke* CR 2006, 210, 215; *Volkmann* CR 2008, 282, 283.

[1224] LG Kiel CR 2008, 126 = K&R 2008, 61, 64; *Volkmann* CR 2008, 282, 283.

[1225] OLG Frankfurt CR 2008, 282.

[1226] *Gercke* CR 2006, 210, 215; *Volkmann* CR 2008, 282, 283.

[1227] OLG Frankfurt CR 2009, 189, 190.

[1228] *Hoeren/Sieber/Spindler* Kap. 29 Rn 442–445 (Dezember 1998) sowie *Hackbarth* CR 1998, 302, 303; *Pichler* MMR 1998, 540, 542f.

[1229] → Rn 260ff.

[1230] → Rn 276.

[1231] *Spindler/Volkmann* WRP 2003, 1, 11.

[1232] *Spindler/Volkmann* WRP 2003, 1, 14.

[1233] BGHZ 158, 236, 246f = GRUR 2004, 860 – Internetversteigerung I; BGHZ 172, 119, 123f = GRUR 2007, 708 – Internetversteigerung II; BGH GRUR 2008, 702, 705 – Internetversteigerung III. Näher → Rn 274.

[1234] BGHZ 172, 119, 123f = GRUR 2007, 708 – Internetversteigerung II; BGH GRUR 2008, 702, 705 – Internetversteigerung III.

P. Besonderheiten bei Beweisführung und Durchsetzung

314 Wettbewerbsprozesse um Internet-Sachverhalte fügen sich in den allgemeinen verfahrens- und beweisrechtlichen Rahmen. Insoweit bestehen für sie keine Sonderregeln. Allerdings können Besonderheiten bei den tatsächlich zur Verfügung stehenden Beweismitteln stehen. Beweismittel über den als inkriminiert angegriffenen Inhalt oder Zuschnitt einer Website oder Domain werden technisch generiert sein. ZB mag der Antragsteller über einen per Browser-Button generierten Ausdruck belegen wollen, welchen Inhalt eine Website zu einem bestimmten Zeitpunkt hatte. Auch die Zuordnung einer IP-Adresse zu einer Person hat einen im Einzelfall einzuschätzenden Beweiswert.[1235] Für die **Beweiswürdigung** wird dann von entscheidender Bedeutung, wie schnell, wie einfach und mit welcher Wahrscheinlichkeit man solche Beweismittel technisch fälschen kann.

315 Einen per Browser-Button generierten **Ausdruck** kann man etwa manipulieren, indem man die Seite ausdruckt, wieder einscannt und über ein sog. OCR-Programm laufen lässt. Allerdings scheint dabei eine gewisse Gefahr des Daten- oder Genauigkeitsverlusts zu bestehen. Lässt sich indes ein verlustfreier Druck ins Werk setzen, so ist die Manipulation gelungen. Eine weitere Möglichkeit besteht darin, ein Programm als Druckertreiber einzusetzen, das zuerst eine Bitmap erzeugt. Diese wird dann mit einem Bildbearbeitungsprogramm (solche Programme sind teilweise sogar kostenfrei im Internet erhältlich) bearbeitet. Dies soll pixelgenau und ohne Verlust möglich sein. Die Manipulationsmöglichkeiten scheinen Legion und sollen nach Aussage von Experten relativ einfach zu verwirklichen sein. Dies schwächt die Aussagekraft des Ausdrucks einer Website auch dann, wenn die URL unten links angegeben ist. Im Wege der freien Beweiswürdigung nach § 287 ZPO muss das Gericht berücksichtigen, wie hoch es die konkrete Fälschungswahrscheinlichkeit veranschlagt. Ein selbst gefertigter Ausdruck wird umso problematischer, je weniger Zeugenaussagen über die Modalitäten seiner Anfertigung zur Verfügung stehen, um ihn zu unterstützen.[1236]

[1235] Näher *Gietl/Mantz* CR 2008, 810.

[1236] Dazu LG Hamburg CR 2008, 401; *Stücke* CR 2008, 401 f.

Informationspflichten im Internet (§ 4–S13)

Übersicht

	Rn
A. Einführung	**1**
I. Allgemeines	1
II. Europarechtliche Grundlagen	3
III. Anwendbarkeit deutschen Rechts	4
B. Informationspflichten für Mediendienste nach dem TMG	**7**
I. Allgemeines zum TMG	7
II. Der Begriff der Telemedien	9
III. Anwendungsbereich der Informationspflichten	10
IV. Umfang der Informationspflichten	11
1. Name	11
2. Anschrift	13
3. Kontakt	14
4. Aufsichts- und Registerinformationen	17
5. Berufsspezifische Angaben	18
6. Journalistische Angebote	19
7. Kommerzielle Kommunikation	21
8. Spamschutz	23
9. Datenschutz	27
10. Sprache	32
V. Erkenn-, Erreich- und Verfügbarkeit	33
1. Unmittelbare Erreichbarkeit/leichte Erreichbarkeit	34
2. Ständige Verfügbarkeit	40
C. Informationspflichten aus anderen Gesetzen	**43**
I. Allgemeine Geschäftsbedingungen	43
II. Fernabsatzverträge	47
III. Preisangaben	56
IV. Angabe des Jugend-/Datenschutzbeauftragten	65
V. E-Mail/Geschäftsbriefe	67
D. Konsequenzen bei Pflichtverletzungen	**69**
I. Unlautere Wettbewerbshandlung im Sinne des § 4 Nr. 11	69
1. Die aktuelle Rechtslage	69
a) §§ 5 TMG, 55 RfStV	70
b) §§ 312 c, 312 e BGB iVm der BGB-InfoV	72
c) PAngV	73
d) HGB, AktG, GmbHG	74
2. Die UWG-Reform 2008	75
a) Zur Richtlinie über unlautere Geschäftspraktiken	76
b) Änderungen für das deutsche UWG	80
II. Bußgeld	89
III. Unterlassungsansprüche	90

Schrifttum: *Aigner/Hofmann,* Fernabsatz im Internet, 2003; *Beckmann,* Anmerkung zu LG Berlin, Az.: 103 O 102/02, CR 2003, 139; *Brunst,* Umsetzungsprobleme der Impressumspflicht bei Webangeboten, MMR 2004, 8; *Ernst,* Internet und Recht, JuS 1997, 776; *ders.,* Die wettbewerbsrechtliche Relevanz der Online-Informationspflichten des § 6 TDG, GRUR 2003, 759; *ders.,* Die Pflichtangaben nach § 1 II PAngV im Fernabsatz, GRUR 2006, 636; *ders.,* Anforderungen der Preisangabenverordnung bei Internetangeboten – Versandkosten, LMK 2008, 250 007; *Franosch,* Rechtliche Fallstricke der anwaltlichen Impressumspflicht im Internet, NJW 2004, 3155; *Härting,* Umsetzung der E-Commerce-Richtlinie, DB 2001, 80; *Hoenicke/Hülsdunk,* Die Gestaltung von Fernabsatzangeboten im elektronischen Geschäftsverkehr nach neuem Recht, MMR 2002, 415; *Hoeren,* Informationspflichten im Internet – im Lichte des neuen UWG, MMR 2004, 2461; *Hoeren/Pfaff,* Pflichtangaben im elektronischen Geschäftsverkehr aus juristischer und technischer Sicht, MMR 2007, 207; *Hoeren,* Das Telemediengesetz, NJW 2007, 801; *Hoffmann,* Die Entwicklung des Internetrechts bis Mitte 2004, NJW 2004, 2569; *Horn,* Verbraucherschutz bei Internetgeschäften, MMR 2002, 209; *Hoß,* Web-Impressum und Wettbewerbsrecht, CR 2003, 687; *Kaestner/Tews,* Die Anbieterkennzeichnungspflichten nach § 6 Teledienstegesetz, WRP 2002, 1011; *Klute,* Anmerkung zu OLG Hamburg, Az.: 5 W 80/02 – Impressums- und Kennzeichnungspflichten, MMR 2003, 105; *Koecher,* Zentrale Spam- und Virenfilterung, DuD 2004, 272; *Koehler,* Allgemeine Geschäftsbedingungen im Internet, MMR 1998, 289; *Limbach,* 25 Jahre Bundesdatenschutzgesetz, RDV 2002, 163; *Löffler,* Presserecht – Kommentar zu den Landespressegesetzen der Bundesrepublik Deutschland, 4. Auflage, 1997; *Masuch,* Neufassung des Musters für Widerrufsbelehrungen, BB 2005, 344; *Masuch,* Neues Muster für Widerrufsbelehrungen, NJW 2008, 1700; *Martis/Mainhof,* Voraussetzungen des Widerrufs nach § 355 BGB, MDR 2004, 11; *Mulch,* Internet – Konkrete Anforderungen an Informationspflichten für Anbieter, MDR 2007, 309; *Oppermann/Müller,* Wie verbraucherfreundlich muss das neue UWG sein? – Eine Synopse lauterkeitsrechtlicher Instrumente, GRUR 2005, 281; *Ott,* Informationspflichten im Internet und ihre Erfüllung durch das Setzen von Hyperlinks, WRP 2003, 945; *Ott,* Impressumspflicht für Webseiten – Die Neuregelungen nach § 5 TMG, § 55 RStV, MMR 2007, 354; *Rohnke,* Die Preisangabenverordnung und die Erwartungen des Internetnutzers, GRUR 2007, 381; *Rössel,* Anmerkung zu LG Halle Az.: 1 S 28/05 – Informationspflichten, Widerrufsbelehrung, Anforderungen, CR 2006, 709; *Schaefer,* Die Kennzeichnungspflicht der Tele- und Mediendienste im Internet, DuD 2003, 248; *Stickelbrock,* „Impressumspflicht" im Internet – eine kritische Analyse der neueren Rechtsprechung zur Anbieterkennzeichnung nach § 6 TDG, GRUR 2004, 111; *Woitke,* Das „Wie" der Anbieterkennzeichnung gemäß § 6 TDG, NJW 2003, 871; *Wolters,* Einkauf via Internet: Verbraucherschutz durch Datenschutz, DuD 1999, 633; *Wüstenberg,* Das Fehlen von in § 6 TDG aufgeführten Informationen auf Homepages und seine Bewertung nach § 1 UWG, WRP 2002, 782.

A. Einführung

I. Allgemeines

1 Während das Internet innerhalb des letzten Jahrzehnts zum Alltagsmedium heranwuchs, stellte es die bestehenden Rechtsordnungen weltweit vor ungeahnte Probleme: Grundsätze zum Abschluss von Verträgen, Urheberrechtsnormen und Strafvorschriften mussten auf Sachverhalte angewandt werden, denen sie nicht gerecht werden konnten; ebenso entstand der Bedarf nach neuen, internet-spezifischen Regelungen. So sahen sich die Gesetzgeber weltweit gefordert, der zunehmenden Nutzung des Internets Rechnung zu tragen. Die Folge war eine Vielzahl von neuen Gesetzen sowie Reformen und Änderungen alter Gesetze. Insbesondere die Bereiche des Urheberrechts, des Haftungs- sowie des Vertragsrechtes bedurften der Anpassung an die neuen Gegebenheiten. Im Zuge dieser Änderungen wurden auch bestimmte **Informationspflichten** für Internetangebote eingeführt, um die Anwender zu schützen und Rechtssicherheit zu schaffen.

2 Wie bei vielen Reformen hat der Gesetzgeber Zeit gebraucht, um nutzbare Lösungen zu **entwickeln,** ebenso wie die Rechtsprechung, die diese sinnvoll **anzuwenden** hatte. Mittlerweile ist ein Punkt erreicht, an dem sich auf der einen Seite für die meisten Sachverhalte im Internet Rechtssicherheit eingestellt hat; auf der anderen Seite aber auch eine ganze Reihe von Regelungen im Raum stehen, die es zu beachten gilt.

II. Europarechtliche Grundlagen

3 Die mit der Informationsgesellschaft einhergehende virtuelle Mobilität der Nutzer – der europäische Verbraucher hat die Möglichkeit, europa- oder gar weltweit Produkte und Dienstleistungen zu vergleichen und zu kaufen – machte zum Jahrtausendwechsel eine europaweite Angleichung im Bereich der **Informationspflichten** notwendig. Europäische Rechtsgrundlage dafür war die E-Commerce-Richtlinie,[1] die den Regelungsansatz aufgriff, den Deutschland 1997 mit einem der ersten Gesetze für das Internet weltweit gesetzt hatte. Art. 5 Abs. 1 E-Commerce-Richtlinie schrieb den Mitgliedstaaten der EU **Min-**

[1] Richtlinie 2000/31/EG des Europäischen Parlaments und des Rates vom 8. 6. 2000 über bestimmte rechtliche Aspekte der Dienste der Informationsgesellschaft, insbesondere des elektronischen Geschäftsverkehrs, im Binnenmarkt, ABl. EG Nr. L 178 S. 1.

destanforderungen im Bereich der Informationspflichten vor, deren Umsetzung diese recht zügig nachkamen. Den Nutzern von Diensten im Internet sollte die Möglichkeit gegeben werden, durch die vorgeschriebenen Angaben bzgl. der Identität des Diensteanbieters und des Ortes der Niederlassung im Konfliktfall einen Anknüpfungspunkt für eine Rechtsverfolgung zu erhalten.

III. Anwendbarkeit deutschen Rechts

Der Anwender am heimischen Computer hat über das Internet Zugriff auf Webseiten und Angebote aus allen Ländern der Welt, also auch auf die Homepages solcher Anbieter, die ihren Wohn- oder Geschäftssitz außerhalb Deutschlands haben. Ebenso kann eine von einem deutschen Anbieter betriebene Homepage von fast jedem Land der Erde aus abgerufen werden. Es stellt sich daher die Frage, welche **Rechtsordnung** für die Homepage an sich gelten soll und damit auch die Frage, für welche Seiten die Informationspflichten nach deutschem Recht Geltung finden sollen. 4

Das EGBGB geht zur Bestimmung der geltenden Rechtsordnung von lokalen Parametern aus: so wird auf Tatort oder Erfüllungsort etc. abgestellt. Eine Einordnung nach diesen Kriterien erscheint beim Internet schwierig: So kann eine deutsche Homepage, die von einem Deutschen betrieben und von Deutschen besucht wird, auf einem Server in der Mongolei liegen. Zur Beantwortung der Frage, wo in einem solchen Fall der Tatort liegen soll, wurde im Rahmen der Vorüberlegungen zur E-Commerce-Richtlinie unter anderem das **Bestimmungslandprinzip** erwogen, dem zufolge das Recht aller Staaten gilt, für die der Dienst bestimmt ist. Dies hätte bei einem europaweit angebotenen Angebot bedeutet, dass der Betreiber die Rechtsordnungen aller EU-Mitgliedstaaten hätte berücksichtigen müssen. Da dadurch eine Beeinträchtigung der Entwicklung des elektronischen Handels befürchtet wurde, wandte man sich dem **Herkunftslandprinzip** zu, dem zufolge das Recht des Landes gilt, in dem der Anbieter seinen Sitz hat. 5

Letztendlich fand eine **Mischform des Herkunftslandprinzips** Einzug in die E-Commerce-Richtlinie. Für den Anbieter gilt erst einmal das Recht seines Herkunftslandes; werden Angebote aus dem Ausland für den inländischen Markt angeboten, so darf der Anbieter nach nationalem Recht nicht weiter sanktioniert werden, wenn sein Angebot dem Recht seines Heimatstaates genügt. Im Folgenden wird vom Normalfall eines deutschen Anbieters mit Sitz in der BRD ausgegangen. 6

B. Informationspflichten für Mediendienste nach dem TMG

I. Allgemeines zum TMG

Vor allem die immer stärker ins tägliche Einkaufsbild rückenden **Online-Shops** und Internet-Auktionshäuser waren es, für die der Gesetzgeber einheitliche Regeln schaffen wollte, als er 2007 das TMG verabschiedete.[2] In Ablösung von Teledienstegesetz (TDG) und Mediendienstestaatsvertrag (MDStV), die bisher um Anwendungsfälle **stritten,** sowie des Teledienstedatenschutzgesetzes (TDDSG), machten sich die Verantwortlichen zur Aufgabe, die rechtlichen Anforderungen für elektronische Informations- und Kommunikationsdienste zu regeln und zu **vereinheitlichen.**[3] 7

Der dabei neu geschaffene Begriff der **Telemedien** stellt eine Zusammenschau der früheren Teledienste und Mediendienste dar. Wo wegen Kompetenzstreitigkeiten zwischen 8

---

[2] Das Telemediengesetz wurde am 18. 1. 2007 als Art. 1 des Gesetzes zur Vereinheitlichung von Vorschriften über bestimmte elektronische Informations- und Kommunikationsdienste (Elektronischer-Geschäftsverkehr-Vereinheitlichungsgesetz – ElGVG; BGBl. I S. 179) verabschiedet und trat am 1. 3. 2008 in Kraft.

[3] Für eine ausführliche Darstellung des Gesetzes s. *Hoeren* NJW 2007, 801.

Bund (zuständig für Telekommunikation) und Ländern (zuständig für Rundfunk und rundfunkähnliche Dienste) letztlich Unklarheit darüber bestand, wie Medien- und Teledienste sauber voneinander zu unterscheiden waren, sollen vom neuen TMG nun gemäß § 1 Abs. 1 alle elektronischen Informations- und Kommunikationsdienste erfasst werden, soweit sie nicht Telekommunikationsdienste, telekommunikationsgestützte Dienste oder Rundfunk sind. Der Anwendungsbereich lässt sich also nur noch **negativ** durch eine Abgrenzung zu den vom TKG oder RfStV erfassten Fällen bestimmen. Letzterer ist als 9. Rundfunkänderungsstaatsvertrag zeitgleich mit dem TMG in Kraft getreten und enthält ebenfalls wichtige Hinweispflichten, die für Online-Angebote maßgeblich sein können.

II. Der Begriff der Telemedien

9 Anders als § 2 Abs. 2 TDG und § 2 Abs. 2 MDStV enthält das TMG keinen **Katalog** von Fallbeispielen, der die Klassifizierung eines Angebots als Mediendienst vereinfachen würde. Dafür enthält die Gesetzesbegründung **Beispiele,** die bei der Einordnung von Diensten als Orientierungshilfe dienen können. Ausdrücklich erwähnt werden hier die Online-Angebote von Waren und Dienstleistungen mit unmittelbarer Bestellmöglichkeit, elektronische Presse, Chatrooms und das Angebot von Teleshopping, das bisher als „Rundfunk" galt.[4] Ebenso werden Internet-Suchmaschinen und die kommerzielle Versendung von Werbe-E-Mails dazu gezählt, des Weiteren Fernseh- und Radiotext sowie Video-on-Demand-Dienste, sofern der Dienst auf individuellen Abruf eines Dienstleistungsempfängers erfolgt.[5] Ausgenommen sind hingegen über die Definitionen in § 3 Nr. 24 und 25 TKG sowie entsprechend der Erläuterungen im Gesetzesentwurf[6] Angebote von **Access-Providern,** so lange es nur um die reine Zugangsvermittlung im Bereich des Internets geht, außerdem – ausdrücklich – der herkömmliche Rundfunk, Live-Streaming, Webcasting und die Internet-Telefonie.

III. Anwendungsbereich der Informationspflichten

10 Das TMG enthält nicht für alle Telemedien spezielle Hinweispflichten, sondern nur für solche, die **geschäftsmäßig** und in der Regel gegen **Entgelt** angeboten werden (§ 5 Abs. 1 TMG). Schon das TDG verstand unter dem geschäftsmäßigen Angebot jede auf Dauer ausgerichtete Tätigkeit, unabhängig von einer damit verbundenen Gewinnerzielungsabsicht. Damit sie – ähnlich den Regelungen im TKG – „ gegen Entgelt" angeboten wird, muss für sie eine wirtschaftliche Gegenleistung eingefordert werden. Diese Einschränkung führt dazu, dass **rein private Anbieter,** die zuvor häufig Opfer von Abmahnwellen wurden, nunmehr von den Hinweispflichten ausgenommen werden. Ebenso wenig unterliegen diesen die Betreiber privater Homepages, sofern sie dort keine Dienste bereitstellen, die sonst nur gegen Entgelt verfügbar sind. Damit sehen sich auch solche Anbieter den Pflichten ausgesetzt, die Dienste kostenfrei anbieten, sofern ihre Konkurrenten dafür üblicherweise ein Entgelt verlangen.

IV. Umfang der Informationspflichten

1. Name

11 Die Anbieterkennzeichnung muss den Namen des Anbieters enthalten. Dabei ist es unerheblich, ob dieser eine natürliche Person, eine juristische Person oder eine Personenver-

[4] *Schemmer/Kempen* in: BeckOK, Ed. 1 März 2008, GG Art. 5 Rn 67; VG Stuttgart MMR 1998, 322.
[5] Gesetzentwurf der Bundesregierung, Entwurf eines Gesetzes zur Vereinheitlichung von Vorschriften über bestimmte elektronische Informations- und Kommunikationsdienste (Elektronischer-Geschäftsverkehr-Vereinheitlichungsgesetz – ElGVG), BT-Drucks. 16/3078 S. 13.
[6] RegE BT-Drucks. 16/3078 S. 13.

einigung ist. Der Zweck der Namensangabe besteht darin, den Anbieter eindeutig **identifizieren** zu können. Bei natürlichen Personen besteht der Name aus dem **Familiennamen** sowie mindestens einem **Vornamen;**[7] ein Künstlername ist ausreichend, sofern er eindeutig zuzuordnen ist und die Identifikation nicht erschwert.

Handelt es sich bei dem Anbieter um ein **Unternehmen,** so ist dessen vollständiger Name entsprechend der Vorschriften der §§ 18ff HGB anzugeben. Ist das Unternehmen überdies eine juristische Person, so muss schon aufgrund handelsrechtlicher Normen (§ 19 HGB, § 4 GmbHG, § 4 AktG) auch die gewählte **Rechtsform** angegeben werden. 12

2. Anschrift

Die Anschrift muss als **ladungsfähige Adresse** gemäß § 253 Abs. 1 Nr. 1 ZPO iVm § 130 Nr. 1 ZPO angegeben sein; Postfachadressen reichen nicht aus. Die Angabe der Anschrift zielt gerade darauf ab, ggf. rechtliche Schritte gegen den Betreiber unternehmen zu können. Auch E-Mail-Adressen oder Fax-Nummern reichen als Anschrift nicht aus. 13

3. Kontakt

Nach § 5 Abs. 1 TMG sind, entsprechend der Gepflogenheiten des modernen Geschäftsverkehrs, auch Angaben zur Ermöglichung einer schnellen elektronischen Kontaktaufnahme und unmittelbaren Kommunikation zu machen. Schon bezüglich der gleich lautenden Pflichten in TDG und MDStV herrschte Unklarheit darüber, ob neben der **E-Mail-Adresse** auch eine **Telefonnummer** anzugeben war,[8] und ob statt der Angabe der Daten eine Maske mit einem **Kontaktformular,** mit dem der Kunde den Anbieter über die Internetseite anschreiben konnte, den Anforderungen genügte.[9] Die Begründung zum Regierungsentwurf des EGG sieht es als erforderlich an, dass der Diensteanbieter eine Telefonnummer angibt, um eine unmittelbare Kommunikation zu ermöglichen.[10] Dies war für den BGH jedoch nicht ausreichend, um die Pflicht zu konkretisieren: Am 26. 4. 2007 hat das Gericht stattdessen die Frage, ob Diensteanbieter nach Art. 5 Abs. 1 lit. c der E-Commerce-Richtlinie verpflichtet sind, vor Vertragsschluss eine Telefonnummer anzugeben, dem **EuGH** zur Entscheidung vorgelegt.[11] Die bislang noch ausstehende Antwort des EuGH dürfte auch insoweit interessant sein, als der BGH auf diesem Wege auch die Unklarheit bezüglich der Zulässigkeit einer Eingabemaske zu klären suchte. 14

Die eindeutige Formulierung in Art. 5 Abs. 1 Nr. c der E-Commerce-Richtlinie, dass **Angaben** zu nennen sind, die die E-Mail-Adresse beinhalten sollen, widerspricht der Annahme, dass allein auch dieser Hinweis ausreichen könnte. Stattdessen ist der Bundesregierung zuzustimmen, dass auch die **Telefonnummer** des Anbieters für den Nutzer ersichtlich sein muss. Die Zulässigkeit von Kontaktformularen ist allerdings angesichts des im europäischen Rechts angestrebten hohen Verbraucherschutzes fraglich. Hier ist damit zu rechnen, dass eine Zulässigkeit nur im Einzelfall möglich ist, sofern Vorkehrungen für ei- 15

---

[7] Palandt/*Heinrichs* BGB § 12 Rn 4.

[8] Zugunsten der Notwendigkeit der Angabe einer Telefonnummer → § 4–S 12 RdNr. 149; OLG Köln GRUR-RR 2005, 24; *Spindler* in: Spindler/Schmitz/Geis TDG, 2004, § 6 RdNr. 25; *Aigner/Hofmann* Fernabsatzrecht im Internet RdNr. 372; *Wüstenberg* WRP 2002, 782, 783; *Kaestner/Tews* WRP 2002, 1011, 1013; *Ernst* GRUR 2003, 759; *Stickelbrock* GRUR 2004, 111, 113. AA OLG Hamm NJW-RR 2004, 1045; *Härting* DB 2001, 80, 81; *Föhlisch* in: Hoeren/Sieber Hdb. Multimedia-Recht (Stand August 2006) Kap. 13.4 Rn 127f.

[9] Gegen die alleinige Bereitstellung eines Formulars etwa LG Essen MMR 2008, 196: „Dem Interessenten muss es auch möglich sein, ohne vorheriges Ausfüllen eines Kontaktformulars zu erkennen, auf welche Weise ein elektronischer Kontakt mit dem Verfügungsbeklagten möglich ist.".

[10] Bundesregierung, Entwurf eines Gesetzes über rechtliche Rahmenbedingungen für den elektronischen Geschäftsverkehr (Elektronischer Geschäftsverkehr-Gesetz – EGG), BT-Drucks. 14/6098 S. 21. Dort heißt es: „Angaben, die eine schnelle elektronische Kontaktaufnahme mit dem Diensteanbieter ermöglichen, beziehen sich zumindest auf die Angabe der Telefonnummer und die Angabe einer E-Mail-Adresse.".

[11] BGH MMR 2007, 505.

nen unmittelbaren Zugang und eine dauernde Erreichbarkeit des Betreibers der Seite getroffen wurden.

16 **Messenger-Kennungen** wie ICQ oder AIM sind für die schnelle Kontaktaufnahme zwar empfehlenswert, aber nicht verpflichtend.

4. Aufsichts- und Registerinformationen

17 Wird das Angebot im Rahmen eines zulassungsbedürftigen Gewerbes erbracht, so muss die Anbieterkennzeichnung gemäß § 5 Abs. 1 Nr. 3 TMG auch die zuständige **Aufsichtsbehörde** enthalten. Zulassungsbedürftige Gewerbe sind beispielsweise Banken, Fahrschulen, Gaststätten, Makler, Pfandleihhäuser, private Krankenhäuser, Reiseanbieter, Spielhallen und Versicherungsunternehmen. Ist der Anbieter in das **Handels-, Vereins-, Partnerschafts- oder Genossenschaftsregister** eingetragen, so ist das entsprechende Register nebst der Registernummer ebenfalls anzuführen. Für ausländische Registereinträge gilt die Regelung nach aktueller Rechtsprechung entsprechend, wenn kein deutscher Registereintrag vorliegt.[12] Ebenfalls notwendig ist – sofern vorhanden – die Angabe der **Umsatzsteuer-Identifikationsnummer** gemäß § 27a UStG oder der **Wirtschafts-Identifikationsnummer** nach § 139c AbgO (§ 5 Abs. 1 Nr. 6 TMG).

5. Berufsspezifische Angaben

18 Für bestimmte Berufsgruppen ist es gemäß § 5 Abs. 1 Nr. 5 TMG notwendig, weitergehende Informationen anzuführen. Dies gilt für alle Berufe, deren Ausübung durch Rechtsvorschriften von **bestimmten Qualifikationen** abhängt.[13] Dies sind beispielsweise Rechtsanwälte, Ärzte, Zahnärzte, Architekten, Steuerberater und Wirtschaftsprüfer. Diese müssen neben der zuständigen **Kammer** auch die für sie geltenden berufsrechtlichen Regelungen bezeichnen und angeben, „wie diese zugänglich sind". Mittlerweile haben einzelne Kammern bereits die entsprechenden Informationen auf ihren Seiten zugänglich gemacht; eine Verlinkung auf die Seiten der Kammer wird dabei als ausreichend erachtet.[14]

6. Journalistische Angebote

19 In § 55 RfStV, auf den § 1 Abs. 4 TMG verweist, ist in Abs. 2 für alle Telemedien mit journalistisch-redaktionell gestalteten, periodischen Angeboten die Einführung einer **Impressumspflicht** und damit die Pflicht zur Nennung eines Verantwortlichen vorgesehen. Analog zur allgemeinen Anbieterkennzeichnung müssen auch hier Name und Anschrift des Betreffenden genannt werden. Außerdem ist bei umfangreicheren Angeboten klarzustellen, für welchen Bereich der Betreffende verantwortlich sein soll.

20 Die Vorschrift führt dazu, dass die alte **Unterscheidung** zwischen Telediensten und Mediendiensten wieder aufgefrischt wird, muss doch geklärt werden, ob es sich bei einem Angebot um einen „normalen" Telemediendienst handelt oder um einen solchen, in dem journalistisch-redaktionell gestaltete Inhalte zu finden sind und in periodischer Folge Texte verbreitet werden. Für die Beantwortung der Frage, was die Kriterien einer journalistisch-redaktionellen Gestaltung sind, sind die Grundsätze des **Presserechts** heranzuziehen. **Weblogs** und elektronische Tagebücher im Netz dürften dieser Impressumspflicht unterliegen, ohne dass sie dafür aber die typischen Privilegien journalistischer Arbeit in Anspruch nehmen könnten, wie etwa die Berufung auf Schweige- oder Zugangsrechte.

7. Kommerzielle Kommunikation

21 Für Diensteanbieter kommerzieller Kommunikation enthält § 6 TMG, angelehnt an die Vorgaben des TDG, spezielle Informationspflichten, um gerade für Verbraucher eine be-

---

[12] LG Frankfurt/M GRUR-RR 2003, 347 – Ausländisches Register.

[13] *Kaestner/Tews* WRP 2002, 1011, 1014.

[14] *Brunst* MMR 2004, 8, 11.

sondere Transparenz sicherzustellen und sie vor versteckter Werbung und Lockangeboten zu schützen.[15] So muss kommerzielle Kommunikation als solche **erkennbar** sein, der werbende Charakter einer E-Mail hat schon vor ihrem Öffnen sichtbar zu sein, und es ist klar anzuzeigen, dass es sich bei einer Nachricht um ein Angebot zur Verkaufsförderung, um ein Preisausschreiben oder um ein Gewinnspiel handelt.

Unklar ist allerdings, welche Kontaktaufnahmen überhaupt unter den Begriff der kommerziellen Kommunikation fallen. § 2 Nr. 5 TMG enthält eine Legaldefinition, die an Art. 2 lit. f der E-Commerce-Richtlinie angelehnt ist. Diese versteht unter **„commercial communication"** „alle Formen der Kommunikation, die der unmittelbaren oder mittelbaren Förderung des Absatzes von Waren und Dienstleistungen oder des Erscheinungsbildes eines Unternehmens, einer Organisation oder einer natürlichen Person dienen, die eine Tätigkeit in Handel, Gewerbe, Handwerk oder einem reglementierten Beruf ausübt". Dies bedeutet nicht, dass alle **unentgeltlichen** Informationsangebote von den Hinweispflichten ausgenommen würden; auch **indirekte** wirtschaftliche Einnahmen, etwa durch Werbung, werden vom Begriff der kommerziellen Dienste (Art. 6 iVm Art. 2 lit. f der Richtlinie) erfasst. In Anbetracht einer so extensiven Auslegung fällt es schwer, überhaupt noch etwas als „nicht-kommerziell" anzusehen, denn die meisten Anbieter kostenloser Dienste – sofern sie nicht nur soziale Zwecke damit verbinden – werden damit indirekte wirtschaftliche Vorteile anstreben. Unklar bleibt auch, ob Anfragen von **Meinungsforschungsinstituten** unter den Begriff fallen. Auf jeden Fall sind aber Werbe-E-Mails erfasst, die demnach eindeutig als solche zu kennzeichnen sind. So wirkt sich bereits § 6 Abs. 1 TMG auf die Versendung von **Spam-Werbung** aus, die oft ungewollt das E-Mail-Postfach verstopft. Werbe-E-Mails sind als Werbung zu kennzeichnen, damit spezielle Spamschutz-Programme sie abfangen und in entsprechende Ordner verschieben können.[16] 22

8. Spamschutz

Trotzdem enthält das TMG in § 6 Abs. 2 eine separate **Spam-Vorschrift,** die nicht nur wegen dieses doppelten Regelungsgehalts verfehlt wirkt. Die Regelung sieht vor, dass in der Kopf- und Betreffzeile von E-Mail-Werbung weder der Absender noch der kommerzielle Charakter der Nachricht **verschleiert oder verheimlicht** werden darf. Die Zeilen dürfen also nicht so gestaltet werden, dass der Empfänger vor Einsichtnahme in den Inhalt der Kommunikation keine oder irreführende Informationen über die Identität des Absenders oder den Werbegehalt der E-Mail erhält. Als Beispiel enthält die Gesetzesbegründung etwa E-Mails, die angeblich von offiziellen Stellen oder Gläubigern stammen und fälschlicherweise mit Betreffs wie „Letzte Mahnung" oder „Ihr Strafzeichen XY" versehen wurden. Die entsprechende Ordnungsvorschrift in § 16 Abs. 1 TMG ist mit einem Ordnungsgeld bis zu 50 000 Euro bewehrt. 23

Die praktische **Relevanz** der Vorschrift scheint indes fraglich. Spammer stammen typischerweise nicht aus Deutschland, sondern aus Ländern mit niedrigem oder gar nicht vorhandenem Schutzniveau, was die Frage des Spammings angeht. Zwar gelten die Vorschriften des TMG auch für E-Mails, die aus dem Ausland an deutsche Empfänger gesandt werden: § 3 TMG enthält zwar das bisher in § 4 TDG verankerte **Herkunftslandprinzip,** nach Abs. 4 Nr. 3 TDG gilt dieses jedoch nicht für „nicht angeforderte Kommunikation durch elektronische Post". Für die Frage, ob eine unverlangte E-Mail rechtlich zulässig ist, kommt es also nicht auf das Recht des Staates an, in dem der Absender seinen Sitz hat, sondern auf die nationalen Vorschriften des Landes, in dem die E-Mail-Werbung **empfangen** wird, da dort die maßgeblichen wettbewerblichen Interessen aufeinander treffen.[17] 24

---

[15] *Haupt/Hagemann* in Büchting/Heussen (Hrsg.), Beck'sches Rechtsanwaltshandbuch, Kap. C 27 Rn 54–59.

[16] So ausdrücklich Begründung RegE BT-Drucks. 16/3078 S. 23.

[17] Gloy/Loschelder/*Schulte-Beckhausen* § 29 Rn 76.

25 Trotzdem dürfte es kaum möglich sein, die entsprechende Informationspflicht bei Anbietern etwa mit Sitz in Russland oder auch nur im EU-Land Zypern **durchzusetzen.** Da ein vergleichbarer Straftatbestand im internationalen Raum fehlt, sind Rechtshilfeersuchen nicht Erfolg versprechend. Außerdem wird eine zuständige Bußgeldbehörde im Gesetz nicht definiert.

26 Hinzu kommt, dass sich § 6 Abs. 2 TMG gegen das **absichtliche** Irreführen oder Verschleiern richtet. Die **Beweislast** für dieses absichtliche Handeln liegt bei der verfolgenden Behörde, nachdem der Gesetzgeber den Vorschlag des Bundesrates, insofern eine Beweislastumkehr zu regeln, verworfen hat.[18] Damit besteht aber immer noch die Möglichkeit, dass jemand auf technische Probleme bei der Gestaltung einer E-Mail hinweist und sich so dem Spam-Vorwurf entzieht. Zudem scheint nach dem Wortlaut der Regelung der **Unrechtsgehalt** im absichtlichen Tun zu liegen und nicht im Spamming an sich. Dabei ist doch das Versenden solcher ungewollter Mails bereits nach **§ 7,** im Fall des Versands an Privatpersonen zudem als Verletzung des **allgemeinen Persönlichkeitsrechts** des Empfängers[19] (während beim Versand an geschäftlich genutzte Accounts ein Eingriff in den **eingerichteten Geschäftsbetrieb** angenommen wird)[20] unzulässig – und wird nach dem Entwurf des Bundeskabinetts vom 21. 5. 2008 gemäß § 7 Abs. 2 Nr. 3 „ohne vorherige ausdrückliche Einwilligung“ weiterhin unzulässig sein. So stellt sich die Frage, welchen **Zweck** die Informationspflicht des § 6 Abs. 2 TMG verfolgt. Der Betroffene hat keinen Vorteil davon, genau zu wissen, wer ihm eine Spam-Mail geschickt hat; wichtiger wäre, bereits den Zugang der Nachricht verhindern zu können. Eine zentrale Markierung, die eine automatisierte Spamfilterung tatsächlich ermöglichen würde, sieht das Gesetz allerdings nicht vor. Die Vorschrift wirkt daher wie ein zahnloser Tiger, wie unnötige Effekthascherei, ohne am Übel etwas zu ändern.

9. Datenschutz

27 Datenschutzrechtliche Fragen spielen im Internet und allgemein in der sich entwickelnden Informationsgesellschaft zunehmend eine wichtige Rolle. Das System eines ausgewogenen Datenschutzes wird zum Teil gar als „Funktionselement der Demokratie“[21] bezeichnet. Für Onlineangebote gelten nach dem Inkrafttreten des TMG weitestgehend die alten Regeln des TDDSG fort, nun integriert in die §§ 11 bis 15 TMG. Wie schon zum TDDSG gilt, dass diese Vorschriften grundsätzlich **abschließend** sind und auf die allgemeinen Erlaubnistatbestände des BDSG nur dann zurückzugreifen ist, wenn dies explizit vorgesehen ist.

28 Die Erhebung und entsprechende Verarbeitung personenbezogener Daten bedürfen gemäß § 12 Abs. 1 und 2 TMG der **Einwilligung** des Betroffenen, soweit nicht das TMG oder eine andere Rechtsnorm die Nutzung ausdrücklich zulässt. Diese Einwilligung kann nach § 13 Abs. 2 Nr. 4 TMG auch elektronisch erteilt werden, sofern sichergestellt ist, dass sie jederzeit **widerrufbar** ist. Auf die Möglichkeit des Widerrufs hat der Anbieter den Nutzer im Vorfeld seiner Einwilligungserklärung hinzuweisen; gemäß § 13 Abs. 3 S. 2 iVm Abs. 1 S. 3 TMG muss der Inhalt der entsprechenden Unterrichtung jederzeit **abrufbar** sein.

29 Dem Bereich der Informationspflichten ist auch die Vorgabe des § 13 Abs. 1 S. 1 TMG zuzuordnen, die insofern der Wahrung der Transparenz der Datenverarbeitung dient. Demnach hat ein Anbieter Nutzer **zu Beginn des Nutzungsvorgangs** über Art, Umfang, Ort und Zweck der Erhebung, Verarbeitung und Nutzung ihrer personenbezogenen Daten zu unterrichten. Nachdem das TDDSG von 1997 noch eine Verpflichtung zur Un-

---

[18] Gegenäußerung der Bundesregierung BT-Drucks. 16/3135 S. 2, gegen die Stellungnahme des Bundestages BT-Drucks. 556/06 S. 2.

[19] LG Berlin MMR 2000, 704 – Unverlangte E-Mail-Werbung.

[20] *Koecher* DuD 2004, 272, 273.

[21] *Limbach* in einem Vortrag anlässlich des 25-jährigen Bestehens des BDSG, RDV 2002, 163, 164.

terrichtung „vor Erhebung" der Daten enthielt, wurde die Änderung aus praktischen Gründen bereits in die letzte Fassung des Gesetzes übernommen. Da bei Abruf des Angebotes durch den Nutzer bereits eine automatische Erhebung von Nutzungsdaten erfolgen kann, wäre eine Unterrichtung vor Erhebung bei automatisierten Verfahren nicht möglich. Die Pflicht zur Unterrichtung des Nutzers „zu Beginn" des automatisierten Verfahrens aus § 13 Abs. 1 S. 2 TMG muss nicht bei jeder neuen Nutzung wiederholt werden, da der Anbieter den Hinweis gemäß § 13 Abs. 1 S. 3 TMG ohnehin zum jederzeitigen Abruf bereithalten muss.

Nach § 13 Abs. 7 TMG hat der Nutzer einen Anspruch auf unverzügliche **Auskunft,** 30
auf Wunsch auch elektronisch, der entsprechend dem Auskunftsersuchen nach § 34 BDSG zu erfüllen ist.

Erfolgt die Verarbeitung der Daten in Staaten außerhalb des Anwendungsbereichs der 31
Datenschutzrichtlinie,[22] so ist der Nutzer über diesen Umstand zu unterrichten. Nicht-EU-Staaten weisen oftmals kein dem deutschen Recht vergleichbares Datenschutzniveau auf, daher soll dem besonderen Transparenzbedürfnis des Nutzers Rechnung getragen werden.

10. Sprache

Fraglich ist, in welcher Sprache die Anbieterinformationen gehalten sein müssen. Hier 32
ist davon auszugehen, dass **dieselbe Sprache** ausreicht, in der auch die Website gehalten ist. Da es sich bei der Anbieterkennung im Regelfall ohnehin weitestgehend um Daten handelt, die nicht übersetzt werden (wie Namen, Adressen etc.), erscheint der Gesichtspunkt der gewählten Sprache als wenig relevant. Anders verhält es sich jedoch, wenn das Impressum bewusst in einer anderen Sprache gehalten wurde, um die Identifikation des Anbieters zu erschweren.

V. Erkenn-, Erreich- und Verfügbarkeit

Scheinbar leicht zu erfüllen, riefen die Angaben aus TMG und RfStV dennoch bereits 33
während ihrer Anordnung durch § 6 TDG und § 10 Abs. 2 MDStV praktische Probleme bezüglich des „Wie" der Pflichterfüllung hervor. Grundsätzlich gilt, im TMG wie bereits in TDG und MDStV, das **Transparenzgebot:** Die Angaben sind leicht erkennbar, unmittelbar erreichbar und ständig verfügbar zu halten. Für Online-Angebote, bei denen sich der Nutzer regelmäßig von einer Internetseite zur anderen klickt, stellt sich hier eine besondere Situation: Wäre es doch unter strengen Gesichtspunkten nötig, dass die Angaben auf jeder einzelnen Webseite aufgeführt sein müssen. Andererseits würde ein so enges Erfordernis nicht den Gepflogenheiten im Internet entsprechen, sind Verlinkungen doch charakteristisch für Online-Angebote.

1. Unmittelbare Erreichbarkeit/leichte Erkennbarkeit

Der BGH machte 2006 in einem **weitsichtigen** und an die Gepflogenheiten im Inter- 34
net angepassten Urteil deutlich, dass zulässig ist, was dem **Sinn und Zweck der Hinweispflichten** entspricht.[23] Zweck der Pflichten sei, dass der Unternehmer den Verbraucher klar und unmissverständlich darauf hinweise, mit wem er in Kontakt trete. Befänden sich die erforderlichen Angaben **nicht auf der Startseite,** gehöre hierzu, dass der Anbieter für weiterführende Links Bezeichnungen wähle, die verständlich seien und sich dem Nutzer ohne weiteres erschlössen.[24] Es ist somit möglich, die Informationen auf einer Un-

---

[22] Richtlinie 95/46/EG des Europäischen Parlaments und des Rates vom 24. 10. 1995 zum Schutz natürlicher Personen bei der Verarbeitung personenbezogener Daten und zum freien Datenverkehr, ABl. EG Nr. L 281 S. 31.

[23] Zustimmend *Mulch* MDR 2007, 309, 310: „[D]ie Betätigung eines Links ist ebenso wie das Scrollen einer Seite für die Nutzung des Internets typisch.".

[24] BGH MMR 2007, 40.

terseite, einem Pop-up-Fenster oder in einer aufzurufenden Datei unterzubringen, solange die Bezeichnung des Links oder der Datei für den Nutzer eindeutig auf den Inhalt hinweist. Sogar die Begriffe **„Kontakt"** und **„Impressum"** hat das Gericht dafür ausreichen lassen: Dem durchschnittlich informierten Nutzer des Internets sei mittlerweile bekannt, dass damit Links bezeichnet würden, über die der Nutzer zu Angaben zum Anbieter gelange.[25] Es sollte jedoch vermieden werden, diese Begriffe in Verbindung mit ähnlichen Bezeichnungen gleichzeitig zu verwenden; befindet sich beispielsweise direkt über dem „Impressum"-Link ein Verweis mit dem Titel „Über uns", so kann dies als irreführend angesehen werden und die leichte Erkennbarkeit der im Impressum befindlichen Anbieterkennzeichnung aufheben.[26] Die Titulierung als „Anbieterkennzeichnung" erscheint umständlich und wird teilweise sogar als vom Nutzer nicht erkennbar abgelehnt,[27] ist aber nichtsdestotrotz **deskriptiv eindeutig** und insofern als leicht erkennbar einzustufen.

35 Voraussetzung für die Einhaltung des Erfordernisses der unmittelbaren Erreichbarkeit ist unabhängig von der Kennzeichnung, dass nicht mehr als zwei Zwischenschritte nötig sind, um über den Link zu den Hinweisen zu gelangen (sog. **2-Klick-Regelung**).[28] Die Angaben müssen ohne langes Suchen auffindbar sein,[29] dafür ist ausreichend, wenn ein Link zurück zur Startseite besteht, über die dann wiederum direkt das Impressum aufgerufen werden kann.[30]

36 In **pdf-Dateien** enthaltene Informationen werden in den meisten Fällen nicht unmittelbar erreichbar und leicht erkennbar sein,[31] ebenso wenig Angaben, die für einen Nutzer kaum zu lesen sind, weil der Bildschirm insoweit mit einer **hohen Pixeldichte** versehen wurde.[32] Schwieriger gestaltet sich die Frage der Zulässigkeit von Informationen in Bild- **oder Grafikdateien** im Gegensatz zum ausgeschriebenen Hinweis im AS CII-Format. Vor dem Hintergrund eines zunehmenden Handels mit Adressen, Telefonnummern und E-Mail-Adressen zu **Werbezwecken** hat sich insbesondere bei privaten Homepageanbietern die Besorgnis entwickelt, ihre persönlichen Daten im Klartext zu veröffentlichen. Mittlerweile gibt es Suchprogramme und -maschinen, die den Quelltext von Homepages gezielt auf verwertbare Daten wie Anschriften, Telefonnummern und E-Mail-Adressen durchsuchen und diese in Datenbanken eintragen. Hat der Homepage-Anbieter nun diese Daten in Form einer Grafikdatei angelegt, können diese nicht maschinell erkannt werden, sondern nur **durch das menschliche Auge.**

37 Einer Anbieterkennzeichnung in Form einer Grafikdatei wird teilweise die Legitimität abgesprochen, da nicht jeder Browser Grafiken anzeige;[33] andererseits wird sogar gefordert, die E-Mail-Adresse müsse unmittelbar durch eine mailto-Anweisung so verlinkt sein, dass

---

[25] → § 4–S 12 Rn 154; → § 4–S 13 Rn 46; ebenso OLG Hamburg GRUR-RR 2003, 92; *Wolters* DuD 1999, 633, 634; *Kaestner/Tews* WRP 2002, 1011, 1015, *Ott* WRP 2003, 945, 949; *Hoß* CR 2003, 687, 689; *Brunst* MMR 2004, 8, 13; *Hoffmann* NJW 2004,2569, 2570; *Franosch* NJW 2004, 3155, 3156. AA OLG Karlsruhe WRP 2002, 849, 850; *Woitke* NJW 2003, 871, 872; *Schaefer* DuD 2003, 348, 352. Das KG hielt es sogar für ausreichend, dass ein eBay-Händler die Angaben auf seiner Shopseite unter der Bezeichnung „mich" bereithielt (KG MMR 2007, 791). Dagegen hielt das OLG Hamburg einen mit „Backstage" bezeichneten Link für irreführend, da dieses aus der Musikszene bekannte Wort nicht auf für eine Kontaktaufnahme notwendige Informationen hindeute (OLG Hamburg MMR 2003, 105, 106).

[26] OLG München MMR 2004, 321 – Impressumspflicht des Telediensteanbieters.

[27] *Woitke* NJW 2003, 871, 872, der stattdessen die Verlinkung als „Impressum/Anbieterkennzeichnung gemäß § 6 Teledienstegesetz" vorschlägt – und zwar auf jeder einzelnen Seite.

[28] Ebenso OLG Hamburg MMR 2004, 36, 37 unter Hinzuziehung der Verhaltensregeln für den lauteren elektronischen Handel der Internationalen Liga für Wettbewerbsrecht vom 30. 9. 2000. → § 4–S 12 Rn 155; → § 4–S 13 Rn 40 f., *Kaestner/Tews* WRP 2002, 1011, 1016; *Ott* WRP 2003, 945, 948. AA *Hoenike/Hülsdunk* MMR 2002, 415, 417; *Woitke* NJW 2003, 871, 873.

[29] So auch die Begründung zum RegE des EGG, BT-Drucks. 14/6098 S. 21.

[30] OLG München CR 2004, 53, 54 m. Anm. *Schulte.*

[31] *Ernst* GRUR 2003, 759, 760. AA unter Hinweis auf die gestiegene Verbreitung des pdf-Programms *Ott* MMR 2007, 354, 358.

[32] OLG Hamburg MMR 2003, 105 – Backstage; OLG Hamburg MMR 2004, 321 – Impressumspflicht des Telediensteanbieters.

[33] *Woitke* NJW 2003, 871, 873.

durch einfaches Anklicken eine E-Mail verfasst werden könne.[34] Dieser Ansicht ist entgegenzuhalten, dass Grafiken eine **normale und übliche Nutzung** des HTML-Standards darstellen. Nicht-grafikfähige Browser (zB Lynx unter Linux) sind heutzutage kaum noch in Benutzung. Hat der Nutzer selbst die Darstellung von Grafiken deaktiviert, so ist dies nicht dem Anbieter anzulasten. Darüber hinaus hat der Homepageanbieter ein legitimes Interesse daran, sich vor **unverlangter Werbung** zu schützen. So ist zumindest die Darstellung der E-Mail-Adresse als Grafikdatei anzuraten und auch als legitim anzusehen.[35]

Schwieriger stellt sich der Sachverhalt bei Inhalten dar, die über bestimmte Plugins angezeigt werden, etwa mittels der **Shockwave- oder Flash-Formate**. Diese Plugins folgen nicht dem HTML-Standard und stehen auch nicht für alle Systemplattformen zur Verfügung. Handelt es sich bei der Website um ein einziges großes Flash-Applet, bei dem die Anbieterkennzeichnung innerhalb des Applets verlinkt ist, so reicht es aus, wenn sie ebenfalls im Flash-Format vorliegen, da der Anwender ohne Flash-Plugin die Inhalte gar nicht wahrnehmen könnte und keinen Bedarf nach einer Anbieterkennzeichnung hätte.[36] 38

Vereinzelt wird sogar gefordert, die Anbieterkennzeichnung an alle **Standardbrowser** anzupassen (und zwar in den Standard-Konfigurationen wie auch für vom Benutzer veränderte Einstellungen) sowie bestimmte **Standardschriftarten** zu verwenden.[37] Dabei wird verkannt, dass es längst nicht alle „Standardbrowser" und „Standardschriftarten" für jedes System gibt. Zudem ist es unmöglich, eine Seite an alle Browser und alle denkbaren Einstellungen anzupassen. Hier ist es vollkommen ausreichend, wenn die Seite den **HTML-Spezifikationen** entspricht und damit von jedem Browser, der mit dem HTML-Standard konform geht, angezeigt werden kann. 39

2. Ständige Verfügbarkeit

Die Anbieterkennzeichnung muss überdies **ständig verfügbar** sein. Dies kann dadurch gewährleistet werden, dass ein **Link** zur Kennzeichnung auf jeder Unterseite der Homepage angebracht ist. An seine Grenzen stößt dieses sog. „one and two click"-Prinzip aber dann, wenn eine Website **Framing-Techniken** anwendet, wie es häufig zur Darstellung von Navigationsleisten der Fall ist. Betritt der Nutzer eine solche Seite über die Startseite, wird das Frameset in der Regel korrekt angezeigt werden; ein im Navigationsframe enthaltener Link auf die Anbieterkennzeichnung ist insofern für den Nutzer ständig verfügbar. 40

Problematisch wird es, wenn der Nutzer über einen **Hyperlink** oder eine **Suchmaschine** direkt auf eine Inhaltsseite der Website geleitet wird, ohne die Startseite zu betreten. Auf diese Weise kann es passieren, dass nur eine Inhaltsseite geladen wird, die keinen Link zur Anbieterkennzeichnung oder zum Impressum enthält. Hier wird wiederum vertreten, **jede einzelne Seite** müsse einen Link zur Anbieterkennzeichnung enthalten.[38] Diese Art der Ausführung ist jedoch kaum praktikabel. In einem Frameset mit drei Frames etwa würde dies dazu führen, dass die Anbieterkennzeichnung gleich drei Mal verlinkt wird. Eine derartige „Bombardierung" mit der Anbieterkennzeichnung ist nicht im Interesse funktionierenden Verbraucherschutzes[39] und taugt eher zur **Verringerung der Nutzbarkeit** der Homepage.[40] Aus diesem Grunde bietet es sich an, nach der allgemeinen Verwendung des WWW vorzugehen: ein Anwender, der über eine Suchmaschine eine einzelne Inhaltsseite ohne Impressum aufruft, wird versuchen, zur Startseite vorzudringen, 41

[34] *Hoenike/Hülsdunk* MMR 2002, 415, 418.
[35] *Ott* MMR 2007, 354, 358; *Woitke* NJW 2003, 871, 873.
[36] Anders *Brunst* MMR 2004, 8, 10, der in diesem Fall eine Unzulässigkeit annimmt.
[37] *Woitke* NJW 2003, 871, 872, 873.
[38] *Hoenike/Hülsdunk* MMR 2002, 415, 417; *Woitke* NJW 2003, 871, 873.
[39] *Klute* Anm. zu OLG Hamburg MMR 2003, 105, 108.
[40] *Beckmann* Anm. zu LG Berlin CR 2003, 139, 140.

beispielsweise durch Löschung eines Teiles der Pfadangaben in der URL, so dass eine einzelne Verlinkung nicht notwendig ist.[41]

42 Umstritten ist überdies, ob die Anbieterkennzeichnung auch **ausdruckbar** sein muss. Insbesondere beim Einsatz von proprietären Plugins (Shockwave, Flash) besteht nur dann eine Möglichkeit zum Druck, wenn der Autor diese ausdrücklich aktiviert hat. Im Interesse des Verbraucherschutzes wird gefordert, dass für den Anwender eine **Archivierungsmöglichkeit** in Form eines Ausdrucks bestehen muss. Gemessen am Charakter des Internets als nicht beständiges Medium ist diese Sichtweise jedoch abzulehnen. Eine Archivierung kann der Nutzer auch durch einfaches **Notieren** der Daten vornehmen. Die ständige Verfügbarkeit muss dadurch gewährleistet werden, dass die Informationen jederzeit im Internet abgerufen werden können, nicht dadurch, dass der Nutzer jederzeit auf seinen physikalischen Ausdruck schauen kann.

C. Informationspflichten aus anderen Gesetzen

I. Allgemeine Geschäftsbedingungen

43 Klauseln in Allgemeinen Geschäftsbedingungen werden nur dann Bestandteil eines Vertrages, wenn sie nach § 305 BGB wirksam in selbigen **einbezogen** werden und ihr Inhalt der Kontrolle nach den §§ 307 ff BGB standhält. Vor allem diese Einbeziehung stellt den Rechtsanwender aber erneut vor die Frage des „Wie", wenn das Rechtsgeschäft durch wenige Klicks im Internet abgeschlossen werden soll.

44 Nach § 305 Abs. 2 Nr. 1 BGB können AGB zunächst einbezogen werden, wenn ihr Nutzer ausdrücklich oder durch deutlich sichtbaren Aushang am Ort des Vertragsschlusses auf sie hinweist. Ein solcher Hinweis ist im Internet natürlich ebenfalls möglich und von Nöten.[42] Ausdrücklich ist der Hinweis dann, wenn er von einem normalen Kunden auch bei **flüchtiger Betrachtung** nicht übersehen werden kann.[43] Empfehlenswert ist die Platzierung des Hinweises im direkten Umfeld des **Bestell-Icons** bzw. die Platzierung des Bestell-Icons unterhalb der eigentlichen AGB.[44]

45 § 305 Abs. 2 Nr. 2 BGB beinhaltet zusätzlich die Möglichkeit der Einbeziehung mittels Einräumung der **Möglichkeit** zur zumutbaren Kenntnisnahme. Im Fall von Online-Shops wurde als ausreichend erachtet, dass die AGB des Anbieters spätestens bei der Abgabe der Willenserklärung des Kunden über einen auf der Bestellseite gut sichtbaren Link aufgerufen und ausgedruckt werden können.[45] Ähnlich wie im Bereich des TMG und RfStV ist auch hier entscheidend, ob ein durchschnittlicher Internetnutzer damit rechnen kann, dass über einen vorhandenen Link für ihn wichtige Informationen einsehbar sind. So führte der BGH aus, dass die Verwendung von Links und deren Darstellung durch Unterstreichen zu den in dem Medium Internet üblichen Gepflogenheiten gehören und Verwender von Allgemeinen Geschäftsbedingungen daher davon ausgehen können, dass Verbraucher, die sich für ihre Bestellung des Internets bedienen, mit solchen Links ohne weiteres umgehen können.[46]

46 Nach den Vorschriften zur AGB-Einbeziehung ergibt sich auch keine Pflicht, dem Kunden die Bedingungen in **Textform** zur Verfügung zu stellen. § 305 BGB ist selbst durch eine bloße Einblendung (etwa durch ein Scroll-Fenster) genügt, solange dem Kunden nach Umfang und Gestaltung des Textes eine kritische Prüfung möglich ist.[47]

---

[41] *Brunst* MMR 2004, 8, 12.
[42] *Horn* MMR 2002, 209.
[43] BGH NJW-RR 1987, 112, 113 f.
[44] *Koehler* MMR 1998, 289, 291.
[45] BGH NJW 2006, 2976.
[46] BGH NJW 2006, 2976, 2977.
[47] Palandt/*Heinrichs* BGB § 305 Rn 38.

II. Fernabsatzverträge

47 Ein Vertrag, der mit Hilfe des Internets zustande kommt, unterliegt den speziellen Anforderungen des Fernabsatzrechts.[48] Das Fernabsatzgesetz trat 2000 zur Umsetzung der sog. Fernabsatzrichtlinie[49] in Kraft und wurde im Zuge der Schuldrechtsreform in das BGB integriert. Es wird den besonderen **Gefahren** von Vertragsabschlüssen mittels moderner Kommunikationsmittel gerecht, die sich daraus ergeben, dass sich der Kunde weder dem Anbieter noch dem Produkt direkt gegenüber sieht. Zu seinem Schutz unterliegt der im Internet tätige Unternehmer zum Beispiel umfassenden Hinweispflichten (§ 312c Abs. 1 BGB). Diese werden durch die Verpflichtung ergänzt, dem Verbraucher die **„wesentlichen“** Informationen auf einem dauerhaften Datenträger zu Verfügung zu stellen (§ 312c Abs. 2 BGB).

48 Gemäß § 312c Abs. 1 BGB iVm Art. 240 EGBGB muss der Unternehmer dem Verbraucher gegenüber vor Abgabe von dessen Vertragserklärung die in der BGB-Informationsverordnung **(BGB-InfoV)** enthaltenen Angaben machen. Dazu gehören zB sein Name (§ 1 Abs. 1 Nr. 1 BGB-InfoV), seine Anschrift (Nr. 3),[50] wesentliche Merkmale des Vertragsgegenstandes (Nr. 4), der Gesamtpreis (Nr. 7) und etwaig anfallende Versand- oder Lieferkosten (Nr. 8) sowie Einzelheiten zu seinem **Rücktritts- oder Widerrufsrecht** (Nr. 10).

49 Gerade die letzte Informationspflicht führt bei ihrer Umsetzung in die Praxis immer wieder zu Problemen. Erfolgt die Belehrung über das Widerrufsrecht gemäß § 355 BGB nicht in ausreichender Weise, verhält sich der Unternehmer wettbewerbswidrig im Sinne der §§ 3, 4 Nr. 11. Die Folge können **Abmahnungen** durch Mitbewerber oder Verbraucherschutzverbände sein – eine Möglichkeit, die sich in einigen Kreisen geradezu zu einer eigenen Verdienstquelle entwickelt hat, sind doch die Anforderungen an die Widerrufsbelehrung so komplex, dass es Laien fast unmöglich ist und selbst erfahrenen Praktikern schwer fällt, eine rechtlich einwandfreie Information zu formulieren.

50 Da dieses Problem seit Jahren bekannt ist, hat der Gesetzgeber das Bundesjustizministerium in Art. 245 Nr. 1 EGBGB ermächtigt, Inhalt und Gestaltung der Belehrung festzulegen. Davon hat das Ministerium 2002 Gebrauch gemacht und in die BGB-InfoV in § 14 eingefügt, der bestimmt, dass den Anforderungen an die Widerrufs- bzw. Rücktrittsbelehrung entspricht, wer das in Anlage 2 (bzw. Anlage 3 für die Erklärung über das Rücktrittsrecht) aufgeführte **Muster** benutzt. Dieses stieß allerdings wegen peinlicher Mängel auf massive Kritik und wurde inzwischen gerichtlich für **gesetzeswidrig** erklärt.[51] Grund dafür ist unter anderem die Bestimmung zum Beginn der Widerrufsfrist, denn der Zeitpunkt „mit Erhalt der Belehrung“ entspricht eben nicht dem Tag nach Erhalt der Belehrung gemäß § 187 Abs. 1 BGB. Solche Abweichungen des Musters von den gesetzlichen Vorgaben zum Nachteil des Verbrauchers begründeten die Gefahr, die Ingangsetzung der Widerrufsfrist zu vereiteln und wettbewerbsrechtliche Abmahnungen zu provozieren.[52]

---

[48] Nach § 312b Abs. 1 S. 1 BGB gelten solche Verträge als Fernabsatzverträge, die sich auf Waren und Dienstleistungen beziehen, die zwischen einem Unternehmer und einem Verbraucher unter ausschließlicher Verwendung von Fernkommunikationsmitteln (nach Abs. 2 etwa Briefe, Kataloge, Telefonanrufe, E-Mails, Rundfunk und Mediendienste) im Rahmen eines für den Fernabsatz organisierten Vertriebssystems abgeschlossen werden.

[49] Richtlinie 97/7/EG des europäischen Parlaments und des Rates vom 20. 5. 1997 über den Verbraucherschutz bei Vertragsabschlüssen im Fernabsatz.

[50] Dem entspricht die Verpflichtung zur Identifizierung im Bereich des Datenschutzrechts nach § 4 Abs. 3 Nr. 1 BDSG, falls Internetanbieter Daten der Besucher ihrer Webseiten verarbeiten.

[51] Vgl. LG Halle CR 2006, 709 m. Anm. *Rössel*: „Weil § 14 Abs. 1 BGB-InfoV und dessen Anlage 2 allerdings – zum Nachteil des Verbrauchers – nicht mit den gesetzlichen Regelungen in §§ 355 Abs. 2, 187 Abs. 1 BGB übereinstimmen (…), ist § 14 Abs. 1 BGB-InfoV einschließlich seiner Anlage 2 rechtswidrig und mangels hinreichender Verordnungsermächtigung nichtig.“ So auch LG Koblenz BB 2007, 239; OLG Hamm K&R 2007, 324; unterstützt durch Palandt/*Grüneberg* BGB-InfoV § 14 Rn 5; *Masuch* BB 2005, 344; *Martis/Mainhof* MDR 2004, 11. AA LG Münster WM 2007, 121.

[52] *Masuch* NJW 2008, 1700, 1701.

51 Obwohl das Bundesjustizministerium offiziell jeden Regelungsbedarf verneint hat,[53] gibt es seit dem 1. April 2008 ein **neues Belehrungsmuster.**[54] Dieses stellt nun – mit wenigen Ausnahmen, vor allem im Bereich der verbundenen Verträge – eine **sachgerechte** und gut handhabbare Umsetzung der rechtlichen Vorgaben dar.[55]

52 Zu den Anforderungen aus § 312c Abs. 1 BGB kommen nach Abs. 2 iVm § 1 Abs. 2 BGB-InfoV zusätzliche Hinweispflichten hinzu, die allerdings auch erst zu einem **späteren** Zeitpunkt als vor Abgabe der Vertragserklärung erbracht werden können. Dazu zählen etwa der Hinweis auf die Allgemeinen Geschäftsbedingungen und die Vertragsbestimmungen sowie im Fall von Finanzdienstleistungen gemäß § 1 Abs. 2 BGB-InfoV Informationen über die vertraglichen Kündigungsbedingungen einschließlich etwaiger Vertragsstrafen (Nr. 3). Über sie kann der Anbieter im Fall der Lieferung von Waren und bei Dienstleistungsverträgen auch noch bis zum Zeitpunkt der Erfüllung des Vertrages, also bis zur Lieferung der Ware informieren; ist vertragliche Leistung eine Finanzdienstleistung, wird der Zeitpunkt vorverlagert, und zwar auf den Moment „unverzüglich nach Abschluss" des Vertrages.

53 Nicht nur bezüglich des Zeitpunkts bestehen Unterschiede zwischen den Pflichten nach § 312c Abs. 1 und § 312c Abs. 2 BGB, auch was die konkrete Umsetzung angeht, findet eine Differenzierung statt.[56] Während die Information nach § 312c Abs. 1 BGB nur in einer dem eingesetzten Fernkommunikationsmittel entsprechenden Weise **„klar und verständlich"** zu erfolgen hat, muss die Erfüllung der Pflichten gemäß § 312c Abs. 2 BGB in **Textform** im Sinne von § 126b BGB erfolgen – damit so verkörpert, dass eine dauerhafte Wiedergabe möglich ist. Dem entsprechen Verkörperungen auf Papier, Diskette, CD-ROM, E-Mail (sofern ein Ausdruck möglich ist) und Computerfax – aber nach einer überwiegenden Meinung in der Rechtsprechung eben nicht die bloße Veröffentlichung auf einer Webseite, wenn diese nicht zunächst zum **Download** abgerufen werden muss.[57]

54 Hingegen genügt dem Erfordernis der klaren und verständlichen Information aus § 312c Abs. 1 S. 1 BGB sogar, wer die nötigen Informationen auf einer Webseite bereithält, die nur über den mit **„Mich"** bezeichneten Link zu erreichen ist. Nach Ansicht des KG[58] ist das Symbol „Mich" in diesem Zusammenhang nicht anders zu beurteilen als Schaltflächen mit der (insofern eindeutigeren) Bezeichnung „Kontakt" oder „Impressum". Hingegen ist auch im Bereich der schwächeren Anforderungen aus § 312c Abs. 1 BGB die Pflicht zur Information nicht erfüllt, wenn die nötigen Angaben nur in einem Scroll-Fenster aufgeführt sind und dieses so klein ist, dass der Leser jeweils nur einen sehr kleinen Teil des gesamten Belehrungstextes zur Kenntnis nehmen kann.[59]

55 Werden zum Vertragsschluss die früheren Tele- und Mediendienste, heute Telemedien, eingesetzt, kommen die speziellen Anforderungen aus § 312e BGB iVm § 3 BGB-InfoV hinzu, und zwar ausnahmsweise auch dann, wenn der Vertragspartner des Anbieters ein **Unternehmer** ist.[60] Vor allem Online-Shops müssen dann ein Bestellsystem bereitstellen, mit dem der Kunde die Möglichkeit hat, Eingabefehler vor Abgabe seiner Bestellung zu erkennen und zu berichtigen – dies erfolgt in der Regel durch eine Webseite, auf der alle ausgewählten Produkte aufgeführt sind, versehen mit der Frage, ob diese Bestellung tat-

---

[53] So hat das Bundesjustizministerium zB eine Kleine Anfrage der FDP-Fraktion im Bundestag vom 18. 11. 2006 noch abschlägig beschieden (BT-Drucks. 16/3595 S. 2): „Die Bundesregierung sieht die Musterwiderrufsbelehrung als wirksam an.".

[54] Eingefügt durch die Dritte Verordnung zur Änderung der BGB-Informationspflichten-Verordnung vom 4. 3. 2008, BGBl. I S. 292.

[55] Zu den einzelnen Punkten des neuen Musters *Masuch* NJW 2008, 1700, 1703.

[56] OLG Hamburg CR 2007, 659, 660.

[57] KG NJW 2006, 3215; KG MMR 2006, 678; OLG Hamburg MMR 2006, 675, 676; OLG Köln MMR 2007, 713, 715; Palandt/*Heinrichs/Ellenberger* BGB § 126b Rn 3. AA LG Flensburg MMR 2006, 686, 687; LG Paderborn MMR 2007, 191.

[58] KG K&R 2007, 406.

[59] OLG Frankfurt K&R 2007, 411.

[60] Palandt/*Grüneberg* BGB § 312e Rn 3.

sächlich abgesendet werden soll. Zudem müssen die ergänzenden Informationen nach § 3 BGB-InfoV wiederum vor Abgabe der Bestellung mitgeteilt werden und der Kunde muss unverzüglich nach Zugang eine Bestätigung seiner Bestellung erhalten.

III. Preisangaben

Zweck der Preisangabenverordnung (PAngV) ist es, durch eine sachlich zutreffende und vollständige Verbraucherinformation **Preiswahrheit und -klarheit** zu gewährleisten und durch optimale Preisvergleichsmöglichkeiten die Stellung der Verbraucher gegenüber Handel und Gewerbe zu stärken und den Wettbewerb zu fördern.[61] Wer gewerbs- bzw. geschäftsmäßig oder regelmäßig (also nicht privat) Endverbrauchern Waren oder Leistungen anbietet, muss vor Vertragsschluss den **Endpreis** angeben, und zwar einschließlich der Umsatzsteuer und sonstiger Preisbestandteile. Die Angabe des Nettopreises, versehen mit dem Zusatz, dass die Mehrwertsteuer noch hinzukäme, genügt also nicht:[62] Der Verbraucher muss den Preis der Ware deutlich **erkennen** können. Dem ist aber nicht so, wenn er ihn erst durch eine zusätzliche Rechnung ermitteln muss.[63] Allerdings dürfen diese Vorgaben nicht mit den üblichen Werbeanzeigen in Verbindung gebracht werden. Denn **Werbung** darf auch ohne Angabe von Preisen erfolgen; wird allerdings ein Preis genannt, dann muss es der Endpreis sein. 56

Dabei bleibt es aber nicht, werden Waren oder Dienstleistungen im Internet angeboten. § 1 Abs. 2 PAngV sieht vor, dass auch die Umsatzsteuer, etwaig anfallende **Flughafen- oder Sicherheitsgebühren** und Liefer- oder Transportkosten in konkreter Höhe anzugeben sind. Hier reicht es nicht, wenn etwa der Hinweis auf die Versandkosten bei einem Online-Katalog erst am Ende der Webseite und womöglich erst nach längerem Scrollen zu sehen ist. Keinesfalls ausreichend ist es, wenn diese Angaben erst auf dem Bestellformular zu finden sind.[64] 57

Gerade die Internetauftritte und Werbeanzeigen von **Flugreiseanbietern** machten Verbraucherschützern in der Vergangenheit Sorgen, obwohl die rechtlichen Vorgaben insofern eindeutig sind. Ein Anbieter von Linienflügen, der in seiner Werbung nur die eigentlichen Flugpreise nennt und ohne Angabe konkreter Flughafensteuern und Sicherheitsgebühren lediglich pauschal darauf hinweist, es fielen zusätzlich solche Kosten an, erfüllt seine Hinweispflichten nicht.[65] Nicht zulässig ist ebenfalls seit geraumer Zeit Werbung, die die Flughafen- oder Startgebühr nennt, sie aber nicht mit in den Endpreis für die Flugreise einrechnet.[66] 58

Trotzdem gingen die bestehenden Regeln zumindest dem Europäischen Parlament nicht weit genug. So beschlossen die Parlamentarier am 9. 7. 2008 eine **Verordnung,**[67] deren Ziel speziell der Kampf gegen missverständliche Preise und Lockangebote von Flugreiseanbietern im Internet ist. Die Verordnung, die nach ihrem demnächst zu erwartenden Inkrafttreten auch in Deutschland unmittelbare Anwendung finden wird, sieht wie die 59

---

[61] BGH GRUR 2003, 971, 972 – Telefonischer Auskunftsdienst.

[62] BGH GRUR 1979, 553 – Luxus-Ferienhäuser; BGH GRUR 1974, 281 – Clipper; LG Ellwangen MDR 1999, 675, 676.

[63] BGH GRUR 1999, 762, 763 – Herabgesetzte Schlussverkaufspreise. Vgl. aber § 9 Abs. 2 PAngV: Dies gilt nicht für Preisnachlässe, die individuell ausgehandelt oder nach Kalendertagen zeitlich begrenzt und in der Werbung bekannt gemacht werden.

[64] *Ernst* GRUR 2006, 636, 637.

[65] BGH GRUR 2004, 435, 436 – FrühlingsFlüge; OLG Düsseldorf NJWE-WettbR 1998, 104. Allerdings ist es zulässig, dass der Endpreis bei einem Online-Reservierungssystem nicht bereits bei der erstmaligen Bezeichnung von Preisen ermittelt wird, sofern der jeweilige Nutzer darauf zuvor klar und unmissverständlich hingewiesen wird, BGH GRUR 2003, 889, 890 – Internet-Reservierungssystem; OLG Köln GRUR-RR 2005, 90.

[66] BGH GRUR 1981, 140 – Flughafengebühr.

[67] Verordnung des Europäischen Parlaments und des Rates über gemeinsame Vorschriften für die Durchführung von Luftverkehrsdiensten in der Gemeinschaft (16160/4/2007 – C6–0176/2008–2006/0130 (COD)).

PAngV vor, dass der zu zahlende Endpreis anzugeben ist, einschließlich aller Steuern und Gebühren, Zuschläge und Entgelte. Passagiere sollen künftig in ganz Europa eine vollständige Aufschlüsselung des Flugpreises, der Steuern, Flughafen- und sonstigen (Sicherheits- oder Treibstoff-)Gebühren, Zuschläge und Entgelte erhalten. „Fakultative Zusatzkosten", etwa durch die Mitnahme eines (zusätzlichen) Gepäckstücks, müssen auf klare, transparente und eindeutige Art und Weise zu Beginn jedes Buchungsvorgangs mitgeteilt werden. Zumindest was die Preisangaben anbelangt, verspricht die Verordnung damit in Deutschland aber nichts Neues.

60 Bezüglich der **Form** der Mitteilung der erforderlichen Informationen gilt nach der PAngV zunächst, dass, sofern eine Anzeige oder ein Werbeangebot einen Preis enthält, dieser dem Angebot oder der Werbung eindeutig zugeordnet werden und leicht erkennbar, deutlich lesbar oder sonst gut wahrnehmbar sein muss (§ 1 Abs. 6 S. 2 PAngV). Für Online-Shops, die auf einer Internetseite oft dutzende Produkte zeigen, stellt sich die Frage, wie diese Vorgaben umgesetzt werden müssen.

61 Mittlerweile gerichtlich entschieden ist, dass nicht sämtliche Angaben neben jeder vorhandenen Abbildung auszuweisen sind: Die Zuordnung eines Preises zu einem Produkt kann auch durch einen klaren unmissverständlichen **Sternchenhinweis** geschehen, wenn dadurch die Zuordnung der Angaben in der Werbung gewahrt bleibt und die Angaben gut lesbar und vollständig sind.[68] Immer noch umstritten ist allerdings, ob ebenso ein **Link** vom Produkt zu einer anderen Angebotsseite ausreicht, die – nach dem Prinzip „eine für alle" – die Hinweise über sämtliche Kosten für sämtliche Produkte bereitstellt. Unter Berufung auf und in entsprechender Anwendung von § 4 Abs. 4 PAngV vertraten bisher einige, dass sich neben einer Abbildung der Ware mit Preisangabe auch der Hinweis auf die Versandkosten befinden muss. Ein allgemeiner Hinweis, etwa am unteren Ende der Webseite, reiche jedenfalls nicht aus, weil ihm der konkrete Bezug zu jedem einzelnen Artikel des auf dieser Seite abgebildeten Warenangebots fehle.[69] Die Gegenauffassung lehnte dies ab und zog dafür unter anderem die Rechtsprechung des BGH zur Anbieterkennzeichnung nach §§ 6 TDG, 10 Abs. 2 MDStV[70] heran. Darin komme deutlich zum Ausdruck, dass es bei der Frage, auf welche Art und Weise bestimmte Angaben im Internet zu machen sind, stets entscheidend darauf ankomme, was den üblichen Gepflogenheiten im Internet entspreche, womit der Nutzer vertraut sei und was er dementsprechend erwarte.[71] Gemessen an diesen Maßstäben sei es ausreichend und entspreche es den **Gepflogenheiten,** wenn der Internetbenutzer die nötigen Informationen über einen Link erreichen könne.[72]

62 In einer jüngst veröffentlichten Entscheidung hat sich der BGH noch einmal eindeutig auf die Seite der Anhänger der letztgenannten Ansicht gestellt.[73] In einem sehr ausführlichen obiter dictum wies der BGH die strenge Auffassung des OLG Hamburg zurück und machte deutlich, dass von dem allein zu beachtenden § 1 Abs. 6 PAngV **kein unmittelbarer räumlicher Bezug** der Hinweise auf Versand- oder sonstige Kosten zu den Abbildungen von Waren oder ihren Beschreibungen gefordert werde. § 4 Abs. 4 PAngV beziehe sich nur auf den (End-)Preis an sich und könne deshalb nicht, mangels Regelungslücke in § 1 Abs. 2 PAngV auch nicht in entsprechender Anwendung, herangezogen werden. Stattdessen müsse stets auf den **durchschnittlichen Internetnutzer** abgestellt werden, der mit den Besonderheiten des Internets vertraut sei und in diesem Fall (es ging um einen Internetversandhandel für Computer und Elektrogeräte) wisse, dass Informationen zu den angebotenen Waren auf mehrere Seiten verteilt sein könnten, die untereinander durch Links verbunden wären.[74] Verbrauchern sei auch allgemein bekannt, dass neben dem Endpreis

---

[68] BGH GRUR 1999, 264, 267 – Handy für 0,00 DM; OLG Hamburg MMR 2005, 318, 320.
[69] OLG Hamburg CR 2005, 127, 129; OLG Hamburg MD 2005, 49.
[70] BGH GRUR 2007, 159 – Anbieterkennzeichnung im Internet.
[71] *Rohnke* GRUR 2007, 381, 383.
[72] *Rohnke* GRUR 2007, 381, 383.
[73] BGH MMR 2008, 39 – Versandkosten.
[74] BGH MMR 208, 39, 42 – Versandkosten.

üblicherweise **Liefer- und Versandkosten** anfielen,[75] und zwar nicht für jedes Produkt, sondern bezogen auf eine Sendung. Daher ist es nach Auffassung des Gerichts ausreichend, wenn die Informationen „alsbald sowie leicht erkennbar und gut wahrnehmbar" auf einer gesonderten Seite angegebenen werden, sofern diese Seite dem Verbraucher noch vor Einleitung des Bestellvorgangs gezeigt wird.

In der Praxis ist insbesondere die letzte Anforderung mit einiger Vorsicht zu behandeln, 63 denn in der Regel beinhalten Online-Bestellsysteme einen sog. **Warenkorb,** in den ein Käufer die von ihm gewünschten Waren „hineinlegt" und jederzeit daraus wieder entfernen kann, bevor er sich durch Betätigung des entsprechenden Hinweises endgültig zum Kauf entschließt. Nach Ansicht des Gerichts ist ein Nutzer aber bereits zum Erwerb entschlossen und leitet den Bestellvorgang bereits ein, wenn er die Waren in den Warenkorb hineinlegt, so dass ein auf dieser Webseite platzierter Hinweis auf zusätzlich anfallende Kosten den Anforderungen nicht genügen würde.[76] Trotz der auf den ersten Blick wohlwollenden Einstellung des Gerichts läuft die Rechtsprechung also darauf hinaus, dass Anbieter auf der Seite, die die Schaltfläche zum Ablegen der Waren in den Warenkorb enthält, (zumindest) einen Hinweis auf Versandkosten und (in der Regel inklusive) zu leistende Umsatzsteuer platzieren müssen.[77]

Endpreise sind im Übrigen gemäß § 1 Abs. 6 S. 3 PAngV immer gegenüber anderen Be- 64 trägen **hervorzuheben.**

IV. Angabe des Jugend-/Datenschutzbeauftragten

Anbieter von Telemedien müssen, seitdem das GjS durch den Jugendmedienschutz- 65 Staatsvertrag abgelöst wurde, unter gewissen Voraussetzungen einen **Jugendschutzbeauftragten** stellen, und zwar unabhängig davon, ob ihr Angebot gewerbsmäßig ist. Gemäß § 7 Abs. 1 S. 2 JMStV erstreckt sich die Pflicht, einen Jugendschutzbeauftragten zu stellen, auf geschäftsmäßige Anbieter allgemein zugänglicher Telemedien, sofern diese jugendgefährdende oder entwicklungsbeeinträchtigende Inhalte bereitstellen, sowie auf Anbieter von Suchmaschinen. Die Pflicht zur Bestellung eines Jugendschutzbeauftragten entfällt folglich bei Anbietern, die dafür Vorsorge getroffen haben, dass entsprechende Inhalte nicht in ihrem Angebot vorkommen. Nach § 7 Abs. 3 JMStV existiert die Möglichkeit, anstatt der Bestellung eines eigenen Jugendschutzbeauftragten einer Einrichtung der freiwilligen Selbstkontrolle beizutreten und entsprechende Aufgaben auf diese zu übertragen, sofern der Anbieter über weniger als 50 Mitarbeiter verfügt und weniger als 10 Mio. Zugriffe im Monatsdurchschnitt aufweist. Es besteht zwar keine explizite Pflicht, den Jugendschutzbeauftragten im Rahmen des Impressums zu erwähnen, bedenkt man aber die Funktion des Jugendschutzbeauftragten als **Kontaktperson nach außen,** so ist zu empfehlen, entsprechende Angaben im Rahmen der Informationspflichten zu berücksichtigen.

Nicht behördliche Anbieter von Telemedien haben unter den Voraussetzungen des 66 § 4f BDSG einen Datenschutzbeauftragten zu stellen. Dies ist der Fall, wenn mehr als 4 Personen beschäftigt werden, die mit einer automatisierten Datenverarbeitung von personenbezogenen Daten betraut sind bzw. wenn mindestens 20 Personen mit der manuellen Datenverarbeitung personenbezogener Daten beschäftigt werden. Auch bezüglich des Datenschutzbeauftragten sei hier aufgrund seiner Stellung als Ansprechpartner für die Nutzer empfohlen, entsprechende Kontaktinformationen etwa im Rahmen des Impressums zu berücksichtigen.

---

[75] BGH GRUR 1997, 479, 480 – Münzangebot; BGH NJW 2006, 211.
[76] BGH MMR 2008, 40, 42 – Versandkosten.
[77] So nun auch *Ernst* LMK 2008, 250007.

V. E-Mail/Geschäftsbriefe

67 Seit dem Inkrafttreten des Gesetzes über elektronische Handelsregister und Genossenschaftsregister sowie das Unternehmensregister (EHUG)[78] am 1. 1. 2007, gelten Pflichtangaben für Geschäftsbriefe auch im elektronischen Geschäftsverkehr. Die Neuregelung wird der immer gängigeren Praxis gerecht, dass mehr und mehr geschäftlicher Schriftverkehr inzwischen nur noch unter Nutzung von E-Mails stattfindet. Dabei gilt als Geschäftsverkehr im rechtlichen Sinne jedes Schreiben betreffend **geschäftliche Angelegenheiten,** das an einen bestimmten Empfänger gerichtet ist,[79] also etwa Rechnungen, Quittungen, Bestellscheine oder Lieferscheine.[80] Nachdem durch das EHUG in § 125a Abs. 1 S. 1 HGB („...Geschäftsbriefen der Gesellschaft...") der Zusatz „gleichviel welcher Form" eingefügt wurde, gelten nun auch für E-Mails, die solche Schreiben übermitteln, die folgenden Pflichtangaben:

- Unabhängig von der Gesellschaftsform müssen grundsätzlich die **Firma,** so wie sie im Handelsregister eingetragen ist, der **Rechtsformzusatz,** auch in Abkürzung (wie zB e.K., OHG etc.), der Ort der **Handelsniederlassung** und das **Registergericht** des Sitzes sowie die **Handelsregisternummer** angegeben werden. Für den Einzelkaufmann und die OHG sind diese Angaben bereits ausreichend.
- Bei einer Partnergesellschaft müssen gemäß § 7 Abs. 5 PartGG iVm § 125a HGB ebenfalls nur die Grundangaben gemacht werden, anstelle der Firma ist dann der in das Partnerschaftsregister eingetragene Name anzugeben.
- Ist kein Gesellschafter der OHG eine natürliche Person, so muss der Geschäftsbrief zusätzlich die Firmen aller persönlich haftenden Gesellschafter angeben. Sofern es sich bei den persönlich haftenden Gesellschaftern um eine GmbH oder eine Aktiengesellschaft (AG) handelt, sind die für diese Rechtsform vorgeschriebenen Angaben zusätzlich zu machen.
- Dasselbe gilt gemäß § 177a iVm § 125a HGB für die Kommanditgesellschaft (KG). Bei einer GmbH sind gemäß § 35a GmbHG alle Geschäftsführer und die stellvertretenden Geschäftsführer mit Familiennamen und mindestens einem ausgeschriebenen Vornamen zu bezeichnen. Falls vorhanden, ist in derselben Weise auch der Aufsichtsratsvorsitzende zu nennen.
- Angaben über das Stammkapital der GmbH sind nicht erforderlich. Wird das Stammkapital dennoch freiwillig mit angegeben, so ist ebenfalls ein noch ausstehender Teil der Geldanlagen anzuzeigen.
- Im Falle einer AG sind gemäß § 80 Abs. 1 AktG alle Vorstandsmitglieder und deren Stellvertreter mit Familiennamen und mindestens einem ausgeschriebenen Vornamen zu nennen, der Vorstandsvorsitzende muss als solcher bezeichnet werden. Zusätzlich muss der Vorsitzende des Aufsichtsrats mit Familiennamen und einem ausgeschriebenen Vornamen angegeben sein. Angaben über das Kapital sind auch hier nicht erforderlich.

68 Auch wenn diese Informationen eine E-Mail künstlich **„aufblähen",** dürfen sie – anders als etwa die von § 6 TMG geforderten Informationen – nicht nur über einen Link zu erreichen sein. Anders als im Telemedienrecht legt die Formulierung „Pflichtangaben in Geschäftsbriefen" nämlich schon dem Wortlaut nach fest, dass die Informationen im **Word-Body der E-Mail** enthalten sein müssen.[81]

---

[78] Vom 10. 11. 2006, BGBl. I S. 2553.

[79] Baumbach/*Hopt* HGB, 33. Aufl. 2008, § 37a Rn 4.

[80] *Hüffer* AktG, 8. Aufl. 2008, § 80 Rn 2.

[81] Eine ausführlichere Betrachtung der Pflichtangaben im elektronischen Geschäftsverkehr liefern *Hoeren/Pfaff* MMR 2007, 207.

D. Konsequenzen bei Pflichtverletzungen

I. Unlautere Wettbewerbshandlung im Sinne des § 4 Nr. 11

1. Die aktuelle Rechtslage

Nachdem die frühere Unterscheidung zwischen **„wertbezogenen"** und **„wertneutralen"** Normen[82] mit der letzten UWG-Reform von 2004 und der Einführung von § 4 endgültig aufgegeben wurde, ist nach den aktuellen Vorschriften für die Klassifizierung eines Rechtsverstoßes als unlauterer „Vorsprung durch Rechtsbruch" gemäß § 4 Nr. 11 nur noch maßgeblich, ob die verletzte Norm **dazu bestimmt** ist, im Interesse der Marktteilnehmer das Marktverhalten zu regeln. 69

a) §§ 5 TMG, 55 RfStV. Während der Unterscheidung zwischen wertbezogenen und wertneutralen Normen herrschte Uneinigkeit über den Schutzzweck der damals noch in den §§ 6 TDG, 10 MDStV enthaltenen Informationspflichten. Die presserechtliche Impressumspflicht galt als bloße **Ordnungsvorschrift,**[83] die der Durchsetzung zivilrechtlicher Individualansprüche und der Sicherung strafrechtlicher Verfolgung von Pressedelikten diente. Daran angelehnt sahen einige in den Hinweispflichten keine Wertentscheidungen oder Vorschriften zur Ordnung des Wettbewerbs: Sie wären vor allem Ausdruck **ordnender Zweckmäßigkeit** und daher als wertneutrale Norm anzusehen.[84] Von dieser Ansicht machte der BGH allerdings 2006 eine Abkehr:[85] Da die Vorschriften der Umsetzung von Art. 5 der Richtlinie über den elektronischen Geschäftsverkehr[86] dienten, komme ihnen als **Verbraucherschutzvorschriften** eine lauterkeitsrechtlich zu berücksichtigende Schutzfunktion zu.[87] 70

Im Ergebnis ist dieser Einordnung der §§ 5 TMG, 55 RfStV als verbraucherschützende Normen zuzustimmen, jedoch wäre eine so pauschale Argumentation allein anhand der gesetzgeberischen Intention verfehlt.[88] Vielmehr ist jede einzelne Hinweispflicht im **Einzelfall** auf ihre schützende oder ordnungsrechtliche Aufgabe hin zu überprüfen. Aus Gründen des Verbraucherschutzes ist es für den Nutzer eines Internetangebots von großer Wichtigkeit, anhand der entsprechenden Angaben im Impressum schnell und unkompliziert mit dem Anbieter Kontakt aufnehmen zu können. Die Notwendigkeit der Angabe etwa von **Name, E-Mail-Adresse** und **ladungsfähiger Anschrift** für den Fall eines gerichtlichen Vorgehens müssen daher ohne Zweifel als verbraucherschützend angesehen werden. Anders liegt die Wertung etwa bei der Pflicht, die Umsatzsteuer-Identifikationsnummer nach § 27a UStG anzugeben. Fehlt sie, hat dies keinen Einfluss auf den Nutzer 71

---

[82] Verstöße gegen wertbezogene Normen (Normen, die entweder sittlich fundiert, d. h. Ausdruck einer sittlichen Grundanschauung, waren oder dem Schutze eines wichtigen Gemeinschaftsgutes dienten) begründeten ohne weiteres die Wettbewerbswidrigkeit einer damit zusammenhängenden Wettbewerbshandlung, Verstöße gegen wertneutrale Normen (Normen, die lediglich aus Gründen ordnender Zweckmäßigkeit erlassen worden waren) jedoch nur dann, wenn der Verstoß bewusst und planmäßig erfolgt war. Dazu etwa BGH GRUR 1991, 769, 771 – Honoraranfrage.

[83] Löffler/*Ricker* Kap. 13 Rn 1; BGH GRUR 1989, 830 – Impressumspflicht. AA Gloy/Loschelder/*Hasselblatt* § 50 Rn 74.

[84] BGH NJW 1990, 1991, 1992; OLG Hamm MMR 2003, 105 – Backstage; LG Braunschweig GRUR-RR 2005, 25. AA LG Berlin MMR 2003, 202; LG Frankfurt GRUR-RR 2003, 347.

[85] BGH NJW 2007, 40.

[86] Richtlinie 2000/31/EG des Europäischen Parlaments und des Rates vom 8. 6. 2000 über bestimmte Aspekte der Dienste der Informationsgesellschaft, insbesondere des elektronischen Geschäftsverkehrs im Binnenmarkt, ABl. EG Nr. L 178 S. 1.

[87] So auch Erwägungsgrund 10 der Richtlinie und Begründung zum Regierungsentwurf eines Gesetzes über rechtliche Rahmenbedingungen für den elektronischen Geschäftsverkehr, BT-Drucks. 14/6098, S. 21. Wie der BGH auch bereits OLG Frankfurt MMR 2001, 529; außerdem Hefermehl/*Köhler*/Bornkamm UWG § 4 Rn 11.169; *Oppermann/Müller* GRUR 2005, 281, 287.

[88] *Hoeren* WM 2004, 2461, 2468; OLG Hamburg GRUR-RR 2003, 92, 93; Gloy/Loschelder/*Hasselblatt* § 50 Rn 68.

der Internetseiten in seiner Stellung als Verbraucher. Auch bei der Pflicht, die Handelsregisternummer anzugeben, lässt sich nur ein schwacher Bezug zum Verbraucherschutz feststellen.

72 **b) §§ 312c, 312e BGB iVm der BGB-InfoV.** Ein Verstoß gegen die Informationspflichten aus §§ 312c, 312e BGB iVm der BGB-InfoV wird in der Regel auf Grund der gesetzgeberischen Intention als Verletzung **verbraucherschützender** Vorschriften eingestuft,[89] wenn auch einige dies erst nach einer Gesamtbeurteilung des Verhaltens und seiner Auswirkungen auf das Marktgeschehen und die geschützten Rechtsgüter annehmen wollen.[90]

73 **c) PAngV.** Unbestritten verbraucher- und damit **marktteilnehmerschützend** im Sinne des UWG sind die Vorgaben aus der PAngV. Sie sind dazu bestimmt, durch Information optimale Preisvergleichsmöglichkeiten für den Verbraucher zu schaffen und so seine Stellung gegenüber den Unternehmern zu stärken und zu fördern.[91]

74 **d) HGB, AktG, GmbHG.** Schwieriger ist eine Einordnung der unternehmensbezogenen Hinweispflichten, etwa aus § 35a GmbHG oder § 80 AktG. Denn diese Vorschriften sollen zwar den Geschäftspartnern wichtige Informationen über die Anbieter von Waren oder Dienstleistungen vermitteln und ihnen die Einholung registergerichtlicher Informationen ermöglichen[92] und können insofern durchaus als Regeln zum Schutz der Marktteilnehmer gelten. Allerdings dürften Verstöße gegen die Vorgaben regelmäßig im **Bagatellbereich** liegen und damit keine wettbewerbswidrige Handlung darstellen.[93]

2. Die UWG-Reform 2008

75 Am 22. 12. 2008 wurde die **Richtlinie über unlautere Geschäftspraktiken**[94] umgesetzt und änderte das UWG grundlegend.[95]

76 **a) Zur Richtlinie über unlautere Geschäftspraktiken.** Als Mittel zur Schaffung eines einheitlichen und transparenten Rechts, als „Vorteil für beide Seiten", für Unternehmer wie Verbraucher, wurde sie bezeichnet,[96] trotzdem ließ die Umsetzung der bereits am 12. 6. 2007 in Kraft getretenen Richtlinie ins deutsche Recht auf sich warten. Es handelt sich um eine sog. Rahmenrichtlinie mit Vollharmonisierungsansatz. Letzterer wird etwa in Erwägungsgrund Nr. 13 deutlich, in dem festgelegt ist, dass das „durch diese Richtlinie eingeführte, einzige, gemeinsame generelle Verbot" die in den Mitgliedstaaten der Union existierenden unterschiedlichen Generalklauseln und Rechtsgrundsätze beseitigen soll, um den Weg zur Erreichung der europäischen Ziele zu ebnen.

77 Die Richtlinie steckt den Rahmen für das Werberecht zwischen Unternehmen und Verbrauchern ab und beansprucht, eine abschließende Regelung zu sein. Für das deutsche Recht scheint dies schon beim Regelungsbereich ein Problem zu sein, denn die Richtlinie

---

89 LG Magdeburg GRUR-RR 2003, 55; OLG Hamburg NJW 2004, 1114, 1115; OLG Hamm GRUR-RR 2005, 285, 286; *Piper*/Ohly UWG § 4 Rn 11/21.

90 Gloy/Loschelder/*Hasselblatt* § 50 Rn 69; Hefermehl/*Köhler*/Bornkamm UWG § 4 Rn 11.157a.

91 Ständige Rechtsprechung, BGH GRUR 2008, 84, 86; BGH GRUR 2003, 971, 972 – Telefonischer Auskunftsdienst; BGH GRUR 1997, 767, 769 – Brillenpreise II; Hefermehl/*Köhler*/Bornkamm UWG § 4 Rn 11.142.

92 Hefermehl/*Köhler*/Bornkamm UWG § 4 Rn 11.164.

93 Hefermehl/*Köhler*/Bornkamm UWG § 4 Rn 11.158, 11.164.

94 Richtlinie 2005/29/EG des Europäischen Parlaments und des Rates vom 11. 5. 2005 über unlautere Geschäftspraktiken im binnenmarktinternen Geschäftsverkehr zwischen Unternehmen und Verbrauchern und zur Änderung der Richtlinie 84/450/EWG des Rates, der Richtlinien 97/7/EG, 98/27/EG und 2002/65/EG des Europäischen Parlaments und des Rates sowie der Verordnung (EG) Nr. 2006/2004 des Europäischen Parlaments und des Rates (Richtlinie über unlautere Geschäftspraktiken), ABl. EG Nr. L 149 S. 22.

95 Erstes Gesetz zur Änderung des Gesetzes gegen den unlauteren Wettbewerb vom 22. 12. 2008, BGBl. I S. 2949.

96 *Zypries* Rede auf der Jahrestagung der Zentrale zur Bekämpfung unlauteren Wettbewerbs e. V. am 7. 5. 2008 in Berlin.

regelt und gilt nur für den Bereich **B2C,** also das Verhältnis zwischen Gewerbetreibenden und Verbrauchern.[97] Das UWG hingegen hat stets eine „Schutztrias" verfolgt: einen Schutz, der sich gleichermaßen auf Mitbewerber, Verbraucher und sonstige Marktteilnehmer erstreckt.

Nach zutreffender Ansicht des Bundeskabinetts bedarf es keiner **Verengung** dieses Schutzbereichs in Anlehnung an die Richtlinie. Denn zunächst einmal sieht die Richtlinie selbst zumindest mittelbar auch den Schutz im B2B-Bereich zwischen Unternehmen vor, sofern unlauteres Verhalten in diesem Verhältnis negative Auswirkungen für Verbraucher hätte.[98] Außerdem verwehrt die Richtlinie den nationalen Gesetzgebern nicht, über ihren Regelungsbereich **hinausgehende** lauterkeitsrechtliche Bestimmungen zu erlassen, die (auch) das Verhältnis von Unternehmen und ihren Mitbewerbern betreffen: Sie zwingt nicht „zu einer Aufgabe des deutschen Rechts".[99] 78

Das Festhalten am alten Schutzbereich wird auch durch eine Begrifflichkeit deutlich, denn das UWG 2008 weicht insofern von den Vorgaben der Richtlinie ab, als die enthaltenen Begriffe „geschäftliche Praxis" und „Praktiken" nicht übernommen wurden. Ihnen käme in der deutschen Sprache ein abwertender Gehalt zu, daher werden statt der bisher üblichen „Wettbewerbshandlung" (§ 2 Abs. 1 Nr. 1) zukünftig **„geschäftliche Handlungen"** geregelt.[100] Solche geschäftlichen Handlungen können aber von allen erbracht werden, Verbrauchern wie Unternehmen, im B2B oder B2C-Bereich. So nennt § 1 auch weiterhin Mitbewerber, Verbraucher und sonstige Marktteilnehmer als geschützte Personenkreise. 79

b) Änderungen für das deutsche UWG. Das UWG 2008 hält zudem an den Regelungen in §§ 3, 4 Nr. 11 und der Unlauterkeit des Vorsprungs durch Rechtsbruch fest. 80

Neu eingefügt wurde, konkret bezogen auf Informationspflichten und ihre Bedeutung für den Wettbewerb, aber § 5a UWG 2008. Nach Abs. 2 handelt unlauter, wer die Entscheidungsfähigkeit von Verbrauchern im Sinne des § 3 Abs. 2 dadurch beeinflusst, dass er eine Information **vorenthält,** die im konkreten Fall unter Berücksichtigung aller Umstände einschließlich der Beschränkungen des Kommunikationsmittels wesentlich ist. Die Vorschrift setzt den Richtlinien-Abschnitt zu „irreführenden Geschäftspraktiken" um, der in Art. 7 Vorgaben für „irreführende Unterlassungen" enthält: Als **irreführend** gelten nach den europäischen Bestimmungen Geschäftspraktiken, die wesentliche Informationen vorenthalten, die der durchschnittliche Verbraucher je nach den Umständen benötigt, um eine informierte Entscheidung zu treffen, und die somit einen Durchschnittsverbraucher zu einer geschäftlichen Entscheidung veranlassen oder zu veranlassen geeignet sind, die er sonst nicht getroffen hätte. Abs. 2 stellt diesem Vorenthalten das **Verheimlichen** von Informationen und ihre Bereitstellung auf unklare, unverständliche, zweideutige oder nicht rechtzeitige Weise gleich, ebenso wie die mangelnde Kenntlichmachung des kommerziellen Zwecks der Geschäftspraxis. Für die Frage, ob eine Information wesentlich ist oder nicht, gibt die Richtlinie zumindest für die Situation der **„Aufforderung zum Kauf"** Vorgaben, etwa die Hinweise zu den wesentlichen Merkmalen des betreffenden Produkts, Anschrift und Identität des Gewerbetreibenden und der Preis einschließlich aller Steuern und Abgaben. Wesentlich sind nach Erwägungsgrund Nr. 15 auch alle anderen vom Gemeinschaftsrecht genannten Informationsanforderungen bezüglich Werbung, kommerzielle Kommunikation und Marketing – aber eben nur die von der Gemeinschaft genannten An- 81

[97] Vgl. Art. 1 der E-Commerce-Richtlinie, in dem „Geschäftspraktiken, die die wirtschaftlichen Interessen der Verbraucher beeinträchtigen" als Regelungsgegenstand genannt werden. Die E-Commerce-Richtlinie gilt daher, wie Art. 3 Abs. 1 klarstellt, nur für „unlautere Geschäftspraktiken, die die wirtschaftlichen Interessen der Verbraucher beeinträchtigen".

[98] So sieht Erwägungsgrund Nr. 8 vor, dass die Richtlinie „auch mittelbar rechtmäßig handelnde Unternehmen vor Mitbewerbern [schützt], die sich nicht an die Regeln dieser Richtlinie halten".

[99] RegE des Ersten Gesetzes zur Änderung des Gesetzes gegen den unlauteren Wettbewerb, BT-Drucks. 16/10145 S. 41.

[100] RegE BT-Drucks. 16/10145 S. 40.

forderungen: Um zu verhindern, dass die EU-Mitgliedstaaten in diesem Bereich zu stark voneinander abweichen, sieht Erwägungsgrund Nr. 15 nämlich vor, dass es im nationalen Recht keine weitere Auflistung wesentlicher Informationen geben darf. Zwar können die Mitgliedstaaten strengere Bestimmungen einführen, um Verbraucher in noch größerem Maße zu schützen. Dann müssen sie allerdings eine zusätzliche Vorschrift schaffen, denn eine Erweiterung der europäischen Aufzählung ist nicht möglich.

82 Während § 5 UWG 2008 irreführende geschäftliche Handlungen (und nicht mehr Wettbewerbshandlungen) für unlauter erklärt, erfasst § 5a UWG 2008 entsprechend der Richtlinie die Irreführung durch **Unterlassen,** genauer: durch das Vorenthalten wesentlicher Informationen (Abs. 2). Abs. 3 enthält Beispiele für die Klassifizierung einer Information als wesentlich – allerdings nur für die Situation eines Kauf- oder Dienstleistungsvertrags (insofern hat das Bundeskabinett also den Anwendungsbereich gegenüber den Vorgaben der Richtlinie erweitert) und nur für den Fall, dass der Kunde Verbraucher ist. An dieser Stelle macht der Entwurf also eine Ausnahme von der grundsätzlich geltenden wettbewerbsrechtlichen Schutztrias und übernimmt den **eingeschränkten Schutzbereich** der Richtlinie. Der zugrunde liegende Gedanke ist klug: Man wollte den kaufmännischen Verkehr nicht mit Informationspflichten belasten, die in erster Linie dem Verbraucherschutz dienen.[101] Zwar kann auch für Unternehmen im geschäftlichen Verkehr das Verschweigen einer Tatsache nach § 5a Abs. 1 UWG 2008 als unlauter gelten; allerdings gibt der Gesetzesentwurf den Gerichten und Behörden insofern keine Beurteilungshilfe an die Hand. Stattdessen ist in diesem Bereich eine **Gesamtabwägung** aller Umstände maßgeblich, unter Berücksichtigung insbesondere der Bedeutung der Tatsachen für die geschäftliche Entscheidung sowie der Eignung des Verschweigens zur Beeinflussung der Entscheidung des Geschäftspartners.

83 Zu den nach § 5a Abs. 3 UWG 2008 und Art. 7 Abs. 4 zu übermittelnden Informationen zählen unter anderem die **wesentlichen Merkmale** des Produktes. Dabei entspricht die Regelung den Vorgaben aus § 1 Abs. 1 S. 2 Nr. 4 BGB-InfoV. Parallel zu § 1 Abs. 1 Nr. 1 und 3 der BGB-InfoV werden Anschrift und Identität des Gewerbetreibenden verpflichtend gemacht. § 1 Abs. 1 Nr. 7 und 8 der BGB-InfoV entsprechen dem Hinweis auf die Preise inklusive der entsprechenden Steuersätze und Transportkosten. Die Leistungsbedingungen finden ihr Pendant in § 1 Abs. 1 Nr. 9 der BGB-InfoV, ähnlich wie das Widerrufsrecht in § 1 Abs. 1 Nr. 10 BGB-InfoV. Es **fehlen** allerdings noch entsprechende Regelungen in Bezug auf § 1 Abs. 1 Nr. 2, 5, 6, 11 und 12 sowie § 1 Abs. 2 BGB-InfoV. Daher ist unklar, ob ein Verstoß gegen diese Informationspflichten nach dem Willen des Richtliniengebers folgerichtig also auch nicht mehr als Verstoß gegen das UWG angesehen werden kann.

84 Wichtig sind in diesem Zusammenhang auch § 5a Abs. 4 UWG 2008 bzw. Art. 7 Abs. 5, die auf im Gemeinschaftsrecht festgelegte Informationsanforderungen bezüglich kommerzieller Kommunikation verweisen, die auf jeden Fall als Verletzung wesentlicher Pflichten gelten sollen. Zwar befindet sich im UWG 2008 anders als in der Richtlinie kein Anhang II mit Verweisen auf europäische Bestimmungen. Jedoch erklärt § 5a Abs. 4 UWG 2008 Pflichten, die „auf Grund gemeinschaftsrechtlicher Verordnungen oder nach Rechtsvorschriften zur Umsetzung gemeinschaftsrechtlicher Richtlinien für kommerzielle Kommunikation einschließlich Werbung und Marketing“ auferlegt wurden, für wesentlich im Sinne des § 5a Abs. 2 UWG 2008 und entspricht somit letzten Endes der ausdrücklich nicht erschöpfend gestalteten Aufzählung in Anhang II. Insofern wird die deutsche Rechtsprechung mit ihren **Differenzierungen** etwa zu den Impressumspflichten[102] und deren Wesentlichkeit nunmehr Gesetz werden.

85 Die Liste in § 5a Abs. 3 UWG 2008 entspricht den Vorgaben aus Art. 7 Abs. 4 der Richtlinie, die allerdings ihrem Wortlaut nach allein „die Aufforderung zum Kauf“ betreffen. Davon ist aber in zweierlei Hinsicht abzuweichen:

---

[101] RegE BT-Drucks. 16/10 145 S. 49.
[102] Beispielhaft BGH WRP 2006, 1507.

– Zunächst ist der in der Richtlinie mit „Aufforderung zum Kauf" umschriebene Begriff des Angebots untechnisch zu verstehen, also nicht im Sinne einer **invitatio ad offerendum** oder eines rechtlich bindenden Vertragsangebots im Sinne des § 145 BGB, sondern im Sinne der PAngV. Damit sind – wie der Referentenentwurf es richtigerweise ausdrückt – alle Erklärungen eines Unternehmers erfasst, „auf Grund derer sich der Verbraucher zum Erwerb einer bestimmten Ware oder zur Inanspruchnahme einer bestimmten DL entschließen kann".[103]
– Zudem erfasste die Richtlinie, würde Art. 7 Abs. 4 wörtlich ins deutsche Recht umgesetzt, nur Kaufverträge. Die Gründe für eine derartig enge Beschränkung des Anwendungsbereichs liegen aber im Dunkeln, kann doch der Schutz eines Verbrauchers nicht nur davon abhängen, ob er etwas kauft oder nicht. Entsprechend wurde die „Aufforderung zum Kauf" im UWG 2008 durch die Wendung „Angebot von Waren oder Dienstleistungen" ersetzt.[104]

Unklar ist, ob diese Aufführung wesentlicher Informationen als **abschließend** oder als nur beispielhaft anzusehen ist. Der Gesetzgeber geht ausdrücklich, aber ohne Begründung, von letzterem aus[105] – eine fragwürdige Ansicht, denn Art. 5 Abs. 5 der Richtlinie spricht, wie oben erläutert, eindeutig davon, dass eine Änderung der Liste (als auch eine Erweiterung) nur durch eine Änderung der Richtlinie möglich ist. Eine Einbeziehung auch anderer „wesentlicher" Informationen ist daher durch Auslegung nicht möglich und nicht durch Richterspruch zu erwarten. 86

Während die Richtlinie in Art. 7 das bewusste Verheimlichen, die unklare, unverständliche, zweideutige oder nicht rechtzeitige Bereitstellung von Informationen und die nicht Kenntlichmachung des kommerziellen Zwecks ausdrücklich einem Vorenthalten von Informationen gleichstellt, spricht § 5a UWG 2008 nur vom **„Verschweigen"** bzw. **„Vorenthalten"** derselben. Allerdings konkretisiert das Gesetz den Begriff insofern, als auch die in der Richtlinie genannten Verhaltensweisen erfasst sein sollen.[106] 87

Der Beurteilung, ob wesentliche Informationen vorenthalten wurden, sind nach dem Willen des Richtliniengebers auch die **räumlich-zeitlichen Beschränkungen** des eingesetzten Kommunikationsmittels und etwaige Versuche des Anbieters, die Hinweise auf anderen Wegen mitzuteilen, zugrunde zu legen (Art. 7 Abs. 3). Diese Vorgabe ist 2007 bereits in eine Entscheidung des OLG Frankfurt eingeflossen, das für eine Ankündigung eines Gewinnspiels in einem TV-Spot eben keine Pflicht zur Angabe aller Teilnahmebedingungen annahm, da sich diese im Rahmen einer Fernsehwerbung kaum sachgerecht vermitteln ließen, nehme der Durchschnittsverbraucher Werbespots doch mit eher geringerer Aufmerksamkeit wahr.[107] Das Bundeskabinett sieht in der Vorgabe aus Art. 7 Abs. 3 aber keinen Grund, eine separate Regelung zu schaffen; die Berücksichtigung aller Umstände des Einzelfalls soll bereits in § 5a Abs. 2 UWG 2008 niedergelegt sein. 88

II. Bußgeld

Der Verstoß gegen allgemeine Informationspflichten stellt eine **Ordnungswidrigkeit** dar. Wird eine Information im Sinne des § 5 TMG vorsätzlich oder fahrlässig nicht richtig oder nicht vollständig verfügbar gehalten, so kann dem Anbieter gemäß § 16 Abs. 2 und 3 TMG eine **Geldbuße von bis zu 50 000 Euro** auferlegt werden. Dasselbe gilt für die unvollständige, nicht rechtzeitige oder falsche Unterrichtung des Nutzers über Art, Umfang und Zweck der Erhebung, Verarbeitung und Nutzung **personenbezogener Daten** sowie über die Verarbeitung seiner Daten in Staaten außerhalb des Anwendungsbereichs 89

103 RegE BT-Drucks. 16/10 145 S. 51.
104 RegE BT-Drucks. 16/10 145 S. 50.
105 RegE BT-Drucks. 16/10 145 S. 50.
106 RegE BT-Drucks. 16/10 145 S. 49 f.
107 OLG Frankfurt MMR 2007, 441, 442.

der Richtlinie 95/46/EG. Verstöße gegen die speziellen Hinweispflichten für kommerzielle Kommunikation werden nach § 16 Abs. 1 TMG nur im Falle **absichtlichen** Handelns geahndet.

III. Unterlassungsansprüche

90 Folgenreicher als mögliche Bußgelder dürften in der Praxis Unterlassungsansprüche sein, besonders, wenn diese gemäß § 2 Abs. 1 UKlaG im Interesse des Verbraucherschutzes erfolgen. Gemäß dem Beispiel aus § 2 Abs. 2 Nr. 2 UKlaG handelt es sich insbesondere bei den Vorschriften anlässlich der Umsetzung von Art. 5 E-Commerce-Richtlinie um Verbraucherschutzgesetze. Folglich ist auch § 5 TMG davon umfasst. Bei einer Inanspruchnahme im Interesse des Verbraucherschutzes, etwa durch eine **Abmahnung,** ist ein wettbewerbswidriges Verhalten nicht erforderlich. Das OLG München sah Verstöße gegen Pflichten zur Anbieterkennzeichnung als hinreichend gewichtig an, um im Interesse des Verbraucherschutzes unterbunden zu werden.[108] Entsprechend gab es relativ zeitnah zur Erweiterung der Informationspflichten mit Änderung des TDG im Jahre 2001 eine wahre Abmahnwelle. Indes steht es dem Unterlassungsanspruch aber gemäß § 2 Abs. 3 UKlaG entgegen, wenn eine Geltendmachung unter Berücksichtigung der gesamten Umstände missbräuchlich ist, insbesondere wenn sie vorwiegend dazu dient, gegen den Zuwiderhandelnden einen Anspruch auf Ersatz von Aufwendungen oder Kosten der Rechtsverfolgung entstehen zu lassen. Da § 2 Abs. 3 UKlaG wortlautgleich mit § 9 Abs. 4 ist, kann die dazu ergangene Rechtsprechung entsprechend berücksichtigt werden. Mitbewerber, die im Sinne des UKlaG nicht aktivlegitimiert sind, können sich indes unter den entsprechenden Voraussetzungen auf Verstöße im Sinne des § 3 stützen.

---

[108] Noch zu § 6 TDG OLG München MMR 2002, 173, 174 – Vertretungsangaben auf Homepage.

Preisangabenrecht (§ 4–S14)

Übersicht

	Rn
A. Einleitung	**1**
I. Allgemeines	2
II. Überblick über die nationalen Vorschriften	4
1. Kernvorschriften	4
2. Spezialbestimmungen	6
III. Das Preisrecht	7
IV. Europäisches Gemeinschaftsrecht	11
1. Historische Entwicklung	12
2. Die Preisangabenrichtlinie	13
3. Die Verbraucherkreditrichtlinien	20
4. Die Richtlinien zur irreführenden und zur vergleichenden Werbung	27
5. Die Fernabsatzrichtlinie	31
6. Die sog. E-Commerce-RL	33
7. Die RL über unlautere Geschäftspraktiken	38
8. Euro-Einführung	43
V. Rechtsvergleichung	45
1. Schweiz	45
2. Österreich	47
B. Die Preisangabenverordnung	**50**
I. Allgemeines	50
1. Geschichtliche Entwicklung	51
2. Normzweck	57
3. Systematischer Überblick über die PAngV	59
4. Anwendungsbereich	63
5. Überwachung und Sanktionen	68
6. Verhältnis zum Wettbewerbsrecht	72
7. Verhältnis zum sonstigen Zivilrecht	77
a) Verbraucherdarlehensverträge	77
b) Fernabsatzverträge	78
c) § 823 Abs. 2 BGB	81
II. Grundvorschriften der PAngV (§ 1)	82
1. Allgemeines	82
2. Verpflichtung zur Angabe von Endpreisen (§ 1 Abs. 1)	84
a) Allgemeines	84
b) Persönlicher Geltungsbereich/Verpflichtete	89
c) Waren/Leistungen	93
d) Letztverbraucher	96
e) Angebot von Ware bzw. Werben unter Preisangabe	97
aa) Angebot	98
bb) Werbung	101
cc) Angabe von Preisen	103
dd) Endpreise	107
f) Zusätzliche Angaben (§ 1 Abs. 1 Satz 2 PAngV)	122
aa) Verkaufs- und Leistungseinheit	123
bb) Gütebezeichnung	125
g) Preisverhandlungsbereitschaft (§ 1 Abs. 1 Satz 3 PAngV)	128
3. Fernabsatzverträge (§ 1 Abs. 2)	130
a) Allgemeines	130
b) Geltungsbereich	132
c) Zusätzliche Pflichten	133
aa) Umsatzsteuer und sonstige Preisbestandteile	134
bb) Liefer- und Versandkosten	138
4. Preiswahrheit und Preisklarheit (§ 1 Abs. 6)	142
a) Allgemeine Verkehrsauffassung	143

Rn
b) Preisklarheit ... 145
c) Preiswahrheit ... 149
d) Form der Preisangabe (§ 1 Abs. 6 Satz 2) ... 151
aa) Eindeutige Zuordnung ... 152
bb) Leichte Erkennbarkeit ... 153
cc) Deutliche Lesbarkeit oder sonstige Wahrnehmbarkeit ... 157
e) Hervorhebung des Endpreises (§ 1 Abs. 6 Satz 3) ... 159
5. Ergänzungsvorschriften (§ 1 Abs. 3–5 PAngV) ... 161
a) Verrechnungssätze bei Leistungen (§ 1 Abs. 3 PAngV) ... 161
b) Flaschenpfand (§ 1 Abs. 4 PAngV) ... 164
c) Änderungsvorbehalte (§ 1 Abs. 5 PAngV) ... 166
III. Die Grundpreisbestimmung (§ 2 PAngV) ... 169
1. Allgemeines ... 169
2. Grundpreis (§ 2 Abs. 1 PAngV) ... 170
3. Lose Ware (§ 2 Abs. 2 PAngV) ... 177
4. Mengeneinheiten ... 179
5. Ausnahmen ... 184
IV. Spezialregelung für Elektrizität, Gas, Fernwärme und Wasser (§ 3) ... 186
1. Allgemeines ... 186
2. Angabe verbrauchs- bzw. leistungsabhängiger Preise ... 187
3. Zusätzliche Angabe verbrauchsunabhängiger Preise ... 189
V. Handel mit Waren (§ 4) ... 190
1. Allgemeines ... 190
2. Sichtbar ausgestellte Waren (§ 4 Abs. 1) ... 192
3. Weitere Warenangebote (§ 4 Abs. 2) ... 196
4. Warenangebot nach Musterbüchern (§ 4 Abs. 3) ... 198
5. Angebote nach Katalogen, Warenlisten und Bildschirmen (§ 4 Abs. 4) ... 199
6. Preise auf Grund von Tarifen und Gebührenregelungen (§ 4 Abs. 5) ... 202
VI. Angebot von Dienstleistungen (§ 5) ... 203
1. Allgemeines ... 203
2. Grundvorschrift (§ 5 Abs. 1) ... 205
a) Preisverzeichnisse ... 205
b) Wesentliche Leistungen ... 208
c) Anbringung von Preisverzeichnissen ... 210
3. Umfassende Preisverzeichnisse (§ 5 Abs. 2) ... 214
4. Fachabteilungen von Handelsbetrieben (§ 5 Abs. 3) ... 217
VII. Kredite (§ 6) ... 218
1. Allgemeines ... 218
2. Anwendungsbereich ... 220
3. (Anfänglicher) effektiver Jahreszins (§ 6 Abs. 1 und 6) ... 225
4. Berechnung des anfänglichen (effektiven) Jahreszinses (§ 6 Abs. 2–5) ... 230
a) Berechnungsmethode ... 230
b) Berechnungsgrundlage ... 231
c) Berechnung bei variablen Kreditkonditionen (§ 6 Abs. 5) ... 235
5. Neufestsetzung der Kreditkonditionen (§ 6 Abs. 6) – Hinweispflicht (§ 6 Abs. 7) ... 236
6. Bauspardarlehen (§ 6 Abs. 8) ... 239
7. Kontokorrentkredite (§ 6 Abs. 9) ... 242
VIII. Sonderregelungen für Gaststätten und Beherbergungsbetriebe (§ 7) ... 243
1. Allgemeines ... 243
2. Regelung für Gaststätten ... 245
a) Begriff ... 245
b) Preisverzeichnisse für Speisen und Getränke ... 246
c) Aushang des Preisverzeichnisses (§ 7 Abs. 2) ... 250
3. Regelung für Beherbergungsbetriebe (§ 7 Abs. 3) ... 252
4. Bedienungsgeld und Telekommunikationsanlagen ... 254
a) Bedienungsgeld und sonstige Zuschläge (§ 7 Abs. 5) ... 254
b) Telekommunikationsanlagen (§ 7 Abs. 4) ... 255
IX. Regelungen für Tankstellen und Parkplätze (§ 8) ... 257
1. Allgemeines ... 257
2. Tankstellen (§ 8 Abs. 1) ... 258
a) Preisangabepflicht ... 258
b) Autobahntankstellen ... 260

Rn
c) Sonstige Tankstellen 261
3. Garagen, Einstellplätze, Parkplätze (§ 8 Abs. 2) 262
X. Ausnahmen (§ 9) 263
1. Allgemeines 263
2. Generelle Ausnahmen von der Preisangabepflicht (§ 9 Abs. 1) 264
a) Nichtprivate Letztverbraucher 264
b) Gebietskörperschaften 267
c) Werbeverbote 268
d) Mündliche Angebote 269
e) Versteigerungen 270
3. Neuregelung des § 9 Abs. 2 (Sonderaktionen) 271
4. Fernabsatzverträge (§ 9 Abs. 3) 276
5. Ausnahmen von der Pflicht zur Grundpreisangabe nach § 2 Abs. 1 (§ 9 Abs. 4 bis 6) 277
a) § 9 Abs. 4 PAngV 277
b) § 9 Abs. 5 PAngV 279
c) § 9 Abs. 6 PAngV 280
6. Ausnahmen von den Pflichten nach § 4 (§ 9 Abs. 7) 283
7. Ausnahmen von den Pflichten nach § 5 (§ 9 Abs. 8) 289
XI. Ordnungswidrigkeiten (§ 10) 293
1. Allgemeines 293
2. Täter 294
3. Tathandlungen 296
4. Konkurrenzen 297
5. Rechtsfolgen sowie Verjährung 298

Schrifttum: *Boest,* Die Neuregelung der Preisangabe für Kredite, NJW 1993, 40; *ders.,* Die neue Preisangabenverordnung, NJW 1995, 1440; *Bullinger,* Internet-Auktionen – Die Versteigerung von Neuwaren im Internet aus wettbewerbsrechtlicher Sicht, WRP 2000, 253; *Donderer,* Rabattbesteuerung und Preisangabenverordnung, DB 1994, 1159; *Ebisch/Gottschalk,* Preise und Preisprüfung, 7. Aufl. 2001; *Enßlin,* Verpflichtung zur Angabe von Preisen in der Werbung für Telefonmehrwertdienste, WRP 2001, 359; *Ernst,* Die Pflichtangaben nach § 1 II PAngV im Fernabsatz, GRUR 2006, 636; *ders.,* Rechtliche Zulässigkeit von Preisnachlässen an virtuelle Kaufgemeinschaften im Internet, CR 2000, 239; *ders.,* Abmahnungen aufgrund von Normen außerhalb des UWG, WRP 2004, 1133; *Gelberg,* Die Verordnung über Preisangaben in der Verwaltungspraxis und Rechtsprechung der Jahre 1982 und 1983, GewArch 1983, 353; *ders.,* Erste Erfahrungen mit der neuen Preisangabenverordnung 1985, GewArch 1986, 281; *ders.,* Verwaltungspraxis und Rechtsprechung zur Preisangabenverordnung in den Jahren 1986/87, GewArch 1987, 313; *ders.,* Verwaltungspraxis und Rechtsprechung zur Preisangabenverordnung in den Jahren 1987/88, GewArch 1989, 145 und 177; *ders.,* Verwaltungspraxis und Rechtsprechung zur Preisangabenverordnung in den Jahren 1989/90, GewArch 1991, 1 und 41; *ders.,* Verwaltungspraxis und Rechtsprechung zur Preisangabenverordnung in den Jahren 1990/91, GewArch 1992, 161 und 217; *ders.,* Verwaltungspraxis und Rechtsprechung zur Preisangabenverordnung in den Jahren 1992/93, GewArch 1994, 1 und 54; *ders.,* Verwaltungspraxis und Rechtsprechung 1992 bis 1995 zur Preisangabenverordnung, GewArch 1995, 393; *ders.,* Dritte Verordnung zur Änderung der Preisangabenverordnung, GewArch 1997, 461; *ders.,* Verwaltungspraxis und Rechtsprechung 1995/1996 zur Preisangabenverordnung, GewArch 1997, 135; *ders.,* Verwaltungspraxis und Rechtsprechung 1997/1998 zur Preisangabenverordnung, GewArch 1999, 95; *Gelberg,* Novellierung der Preisangabenverordnung und der Fertigpackungsverordnung, GewArch 2000, 393; *ders.,* Verwaltungspraxis und Rechtsprechung 1998/1999 zur Preisangabenverordnung, GewArch 2000, 41; *ders.,* Verwaltungspraxis und Rechtsprechung 1999/2001 zur Preisangabenverordnung, GewArch 2002, 225; *ders.,* Vierte Verordnung zur Änderung der Preisangabenverordnung, GewArch 2003, 137; *Gimbel,* Die neue Preisangabenverordnung, GewArch 1985, 155; *Gimbel/Boest,* Die neue Preisangabeverordnung, Texte mit Erläuterungen, 1985; *Hanreich,* Das neue österreichische Wettbewerbs- und Preisrecht, ÖZW 1994, 33 (Teil 2) sowie 65 (Teil 3); *Hoeren,* Die Pflicht zur Preisangabe für Leistungen eines telefonischen Auskunftdienstes, MMR 2003, 784; *Hoß/Laschet,* Die Einführung des Euro in der vertrags- und wettbewerbsrechtlichen Praxis, MDR 1999, 726; *Landman/Rohmer,* Gewerbeordnung und ergänzende Vorschriften, Bd. II, 2003; *Mankowski,* Preisangaben in ausländischer Werbung und deutscher Werbemarkt, GRUR 1995, 539; *Metz,* Tilgungsverrechnung – Transparenz durch AGB-Recht und Preisangabenverordnung, NJW 1991, 668; *Ott,* Verlinkung notwendiger Preisangaben ITRB 2005, 64; *Quantius,* Zur Preisangabepflicht bei der Bewerbung von Auskunftsdienstleistungen im TK-Sektor, WRP 2002, 901; *Rohnke,* Die Preisangabenverordnung und die Erwartungen des Internetnutzers, GRUR 2007, 381; *Ruff,* Das Wettbewerbsrecht und die Preisangabenverordnung bei dem Verkauf kommunaler Grundstücke, Gemeindehaushalt 2003, 250; *Schirmbacher,* Zur Preisangabepflicht bei Werbung für Service-Rufnummern, CR 2003, 817; *Schlegel,* Hinweispflicht des Internetshopbetreibers auf Umsatzsteuer und Versandkosten, MDR 2008, 417; *Scholz,* Preisangabenverordnung für das Kreditgeschäft verändert, FLF 1992, 161; *Steinbeck,* Umgekehrte Versteigerung und Lauterkeitsrecht, K&R 2003, 344; *Steppeler/Astfalk,* Preisrecht und

Preisangaben in der Kreditwirtschaft, 1986; *Stögmüller,* Auktionen im Internet, K&R 1999, 391; *Strecker/Reinhard/Roesner/Rüssing/Engberg,* Kommentar zum Fertigpackungsrecht, 2001; *Strömer,* Zur Zulässigkeit von Werbung mit Nettopreisen im Internet, CR 1998, 362; *Tonner,* Zur Pflicht des Reiseveranstalters, Endpreise für Ferienwohnungen anzugeben, VuR 1992, 21; *Trube,* Preisangaben nach Wegfall des RabattG, WRP 2001, 878; *ders.,* Befristet-pauschale Preisherabsetzungen nach der Preisangabenverordnung, GewArch 1999, 95; *Völker,* Änderungen im Recht der Preisangaben, NJW 1997, 1405; *ders.,* Preisangabenrecht, 2. Aufl. 2002; *ders.,* Neue Entwicklungen im Recht der Preisangaben, NJW 2000, 2787; *ders.,* Preisangaben und Preiswerbung nach Einführung des Euro, WRP 1999, 756; *ders.,* Änderungen im Recht der Preisangaben, NJW 1997, 3405; *Voigt,* Preisangabenverordnung erzwingt mehr Transparenz im Spendenmarkt, WRP 2007, 44; *Wekwerth,* Anforderungen an preisbezogene Pflichtangaben im Fernabsatz, MMR 2008, 378; *Wimmer,* Die neue Preisangabenverordnung, WM 2001, 447; *Wimmer/Stöckl-Pukall,* Die Preisangabenverordnung der Banken, 1998; *Zipfel/Rathke* (Hrsg.), Lebensmittelrecht, Kommentar, 2003.

A. Einleitung

1 Das Preisangabenrecht ist eine stark zersplitterte Rechtsmaterie; es gibt keine einheitliche Rechtsgrundlage. Kernstück des deutschen Preisangabenrechts ist die **Preisangabenverordnung**[1] (nachfolgend kurz **PAngV**). Daneben gibt es noch eine Vielzahl von Gesetzen und Verordnungen, die preisangabenrechtliche Bestimmungen enthalten.[2] Der Schwerpunkt der folgenden Darstellung liegt auf der PAngV. Zudem wird an relevanten Stellen auch auf einige der Spezialbestimmungen eingegangen.

I. Allgemeines

2 **Größtmögliche Preistransparenz** ist eine unerlässliche Bedingung für eine funktionierende Marktwirtschaft. Der Preis ist – neben der Qualität eines Produktes – wesentlicher Parameter für jede Kaufentscheidung. Nur wenn der Preis eines Produktes, sei es Ware oder Dienstleistung, eindeutig erkennbar und korrekt ist, kann der Verbraucher eine objektiv am Markt orientierte und für ihn – subjektiv – optimale Kaufentscheidung treffen. Daher besteht der Hauptzweck des Preisangabenrechts darin, für **lauteren Preiswettbewerb,** also **Preiswahrheit** und **Preisklarheit** zu sorgen (§ 1 Abs. 6 PAngV). Vor jedem Warenkauf sowie vor jeder Inanspruchnahme einer (Dienst)leistung des täglichen Bedarfs steht eine Preisinformation. Verbraucher und Wirtschaft sind somit nahezu täglich mit dem Preisangabenrecht konfrontiert.

3 Unter das Preisangabenrecht fallen alle Bestimmungen, welche die Art und Weise der Angabe von Preisen beim Angebot von und bei der Werbung für Waren und/oder Dienstleistungen gegenüber bestimmten Adressaten oder der Allgemeinheit im **geschäftlichen Verkehr** zum Gegenstand haben.[3] Im Vordergrund des Preisangabenrechts steht heute zweifellos der **Verbraucherschutz.**[4] Der größtmögliche Schutz der Verbraucher ist die bestimmende Motivation des nationalen Gesetzgebers bei Erlass des Preisangaben- und Preisklauselgesetzes[5] und der darauf basierenden Preisangabenverordnung,[6] aber auch des europäischen Gesetzgebers bei der Gestaltung diverser einschlägiger Richtlinien.[7] Daneben kommt dem Preisangabenrecht aber auch eine wettbewerbsfördernde bzw. wettbewerbsschützende Funktion zu, indem es zu mehr **Markttransparenz** beitragen soll.[8]

---

[1] PAngV vom 18. 10. 2002, BGBl. I S. 4195, zuletzt geändert durch § 20 Abs. 9 des Gesetzes vom 3. 7. 2004, BGBl. I S. 1414.

[2] → Rn 6.

[3] *Völker* Einf. Rn 1.

[4] *Völker* Einf. Rn 2.

[5] Art. 1 § 1 des Preisangaben- und Preisklauselgesetzes, verkündet als Artikel 1 des Gesetzes zur Regelung der Preisangaben vom 3. 12. 1984, BGBl. I S. 1429, zuletzt geändert durch Art. 11 des Gesetzes vom 7. 9. 2007, BGBl. I, S. 2246.

[6] Neueste Fassung nach der 4. Änderungsverordnung vom 18. 10. 2002, BGBl. I S. 4198. Zur Geschichte der Preisangabenverordnung → Rn 49 ff.

[7] → Rn 11 ff.

[8] → Fn 3.

II. Überblick über die nationalen Vorschriften

1. Kernvorschriften

Die in der Praxis bedeutsamste Vorschrift ist die **PAngV.**[9] Grundlage für die PAngV ist das **Preisangaben- und Preisklauselgesetz,**[10] welches aus lediglich drei Bestimmungen besteht. § 1 des Preisangaben- und Preisklauselgesetzes bildet dabei die Ermächtigungsgrundlage für die PAngV. Diese regelt die Art und Weise der Preisangaben für Waren und Leistungen gegenüber **privaten Letztverbrauchern** (§ 1 Abs. 1 Satz 1 PAngV). Die PAngV findet keine Anwendung im Bereich des Geschäftsverkehrs von Handelsbetrieben sowie gegenüber Letztverbrauchern, welche die Ware in ihrer selbstständigen beruflichen oder gewerblichen oder ihrer behördlichen oder dienstlichen Tätigkeit verwenden (§ 9 Abs. 1 Nr. 1 PAngV). 4

Ferner wird das Gesetz zur weiteren Vereinfachung des Wirtschaftsstrafrechts **(„Wirtschaftsstrafgesetz 1954")**[11] zum Kernbereich des Preisangabenrechts gezählt,[12] da es die Rechtsgrundlage für die Ordnungswidrigkeitstatbestände in § 10 PAngV liefert. Schließlich sind noch einige Vorschriften des **UWG,**[13] speziell § 5 UWG, zum engeren Bereich des Preisangabenrechts zu zählen. Insbesondere § 5 UWG liefert einen Wertungsmaßstab für die Art und Weise zulässiger Preisankündigungen, speziell für den von der PAngV nicht erfassten Bereich des gewerblichen Geschäftsverkehrs, sei es im Verhältnis zu Endabnehmern oder sei es von Händlern untereinander.[14] 5

2. Spezialbestimmungen

In folgenden Gesetzen bzw. Verordnungen finden sich weitere Vorschriften über Preisangaben: 6

- Bausparkassengesetz (BSpG)[15]
- Vorschriften über Fernabsatzverträge (§§ 312b bis 312d BGB)[16]
- Fahrlehrergesetz[17]
- Makler- und Bauträgerverordnung[18]
- Personenbeförderungsgesetz[19] sowie Eisenbahn-Verkehrsordnung[20]
- Pfandleiherverordnung[21]
- Verbraucherdarlehensrecht (§§ 491 ff, 502, 655b BGB)[22]

---

[9] → Rn 49ff.

[10] → Fn 5.

[11] Neufassung durch Bekanntmachung vom 3. 6. 1975, BGBl. I S. 1313, zuletzt geändert durch § 20 Abs. 2 des Gesetzes vom 9. 4. 2008, BGBl. S. 714.

[12] *Völker* Einf. Rn 9.

[13] Gesetz gegen den unlauteren Wettbewerb vom 3. 7. 2004, BGBl. I S. 1414, zuletzt geändert durch Art. 5 des Gesetzes vom 21. 12. 2006, BGBl. S. 3367.

[14] *Völker* Einf. Rn 10 für das UWG aF.

[15] Gesetz über Bausparkassen idF der Bekanntmachung vom 15. 2. 1991, BGBl. I S 454, zuletzt geändert durch Art. 3 des Gesetzes vom 29. 7. 2008, BGBl. I S. 1509.

[16] → Rn 30f.

[17] Gesetz über das Fahrlehrerwesen vom 25. 8. 1969, BGBl. I S. 1336, zuletzt geändert durch Gesetz vom 19. 3. 2008, BGBl. I S. 418.

[18] MaBV – Verordnung über die Pflichten der Makler, Darlehens- und Anlagenvermittler, Bauträger und Baubetreuer idF vom 7. 11. 1990, BGBl. I S. 2479, zuletzt geändert durch Art. 10 des Gesetzes vom 21. 12. 2007, BGBl. I S. 3089.

[19] Personenbeförderungsgesetz idF der Bekanntmachung vom 8. 8. 1990, BGBl. I S. 1690, zuletzt geändert durch Art. 27 des Gesetzes vom 7. 9. 2007, BGBl. I S. 2246.

[20] Eisenbahn-Verkehrsordnung idF der Bekanntmachung vom 20. 4. 1999, BGBl. I S. 782, zuletzt geändert durch Art. 4 des Gesetzes vom 20. 7. 2007, BGBl. I S. 1595.

[21] Verordnung über den Geschäftsbetrieb der gewerblichen Pfandleiher idF der Bekanntmachung vom 1. 6. 1976, BGBl. I S. 1334, zuletzt geändert durch Art. 1 der Verordnung vom 14. 11. 2001, BGBl. I S. 3073.

[22] → Rn 19ff.

– Versteigererverordnung[23]
– Wohnungsvermittlungsgesetz.[24]

III. Das Preisrecht

7 Das Preisangabenrecht ist Teil des sog. Preisrechts. Das Preisrecht seinerseits wird üblicherweise in einen materiellen und einen formellen Aspekt unterteilt: Das Preisangabenrecht regelt die Art und Weise, wie ein Preis anzugeben ist, also die Form – es wird daher auch als **formelles Preisrecht** oder **Preisordnungsrecht** bezeichnet.[25]

8 In Ergänzung dazu regelt das **materielle Preisrecht** den Preis selbst, insbesondere dessen Kalkulation und Höhe, ggf. die Überwachung.[26] Die Bedeutung des materiellen Preisrechts ist in einer freien Marktwirtschaft vergleichsweise gering, da die Wirtschaftsteilnehmer in Bezug auf die Preisgestaltung weitgehend frei sind. Allerdings gibt es (immer noch) Bereiche, bei denen Preisermittlung sowie Preisgestaltung beschränkt sind, wie zB bei **öffentlichen Aufträgen.**[27] Daneben sind ehedem staatlich regulierte Wirtschaftsbereiche zu erwähnen, so der **Energiesektor,**[28] die **Telekommunikation**[29] oder der Bereich der Postdienstleistungen.[30] Rechtsgrundlage ist hierfür das Übergangsgesetz über Preisbildung und Preisüberwachung aus dem Jahre 1948.[31] Aber auch die Gebührenordnungen für die Angehörigen bestimmter freier Berufe, zB Architekten,[32] Ärzte[33] oder Rechtsanwälte[34] sind dem materiellen Preisrecht zuzuordnen.[35] Das im Jahre 2001 **abgeschaffte Rabattgesetz**[36] mit seinem grundsätzlichen Verbot der Ankündigung und Gewährung von Preisnachlässen und Sonderpreisen im Verhältnis zum Endverbraucher fiel ebenfalls unter das materielle Preisrecht.

9 Schließlich haben auch einige der generalklauselartigen Bestimmungen des UWG in ihrer durch Rechtsprechung und Literatur über Jahrzehnte erfahrenen Ausprägung preisangaberechtlichen Charakter. Dies trifft vor allem für das Verbot der irreführenden Werbung, §§ 3, 5 UWG zu.[37] So wird zB eine unklare oder unvollständige Preisauszeichnung wegen Irreführung über den Preis bzw. die Preisbemessung in der Regel auch gegen §§ 3, 5 UWG verstoßen.[38]

10 Einen janusköpfigen Charakter besitzt das **Preisangaben- und Preisklauselgesetz,**[39] welches in § 1 die Ermächtigungsgrundlage für die PAngV enthält und somit dem formellen Preisrecht unterfällt. Zugleich bestimmt § 2 dieses Gesetzes das grundsätzliche Verbot

---

[23] Verordnung über gewerbsmäßige Versteigerungen vom 24. 4. 2003, BGBl. I S. 547.

[24] Gesetz zur Regelung der Wohnungsvermittlung vom 4. 11. 1971, BGBl. I S. 1745, 1747, zuletzt geändert durch Art. 8 des Gesetzes vom 9. 12. 2004, BGBl. I S. 3214.

[25] *Völker* Einf. Rn 3.

[26] *Völker* Einf. Rn 3.

[27] Ausführlich dazu *Ebisch/Gottschalk.*

[28] ZB Zweites Gesetz zur Neuregelung des Energiewirtschaftsrechts idF der Bekanntmachung vom 13. 7. 2005, BGBl. I S. 1970.

[29] ZB § 45 g Telekommunikationsgesetz idF der Bekanntmachung vom 26. 6. 2004, BGBl. I S. 1190.

[30] §§ 19 ff Postgesetz vom 22. 12. 1997, BGBl. I S. 3294, zuletzt geändert durch Art. 272 V. v. 31. 10. 2006, BGBl. I S. 2407.

[31] Preisgesetz vom 10. 4. 1948, BGBl. III 1948, 720–1, geändert durch Art. 22 des Gesetzes vom 18. 2. 1986, BGBl. I S. 265.

[32] Honorarordnung für Architekten und Ingenieure (HOAI) idF der Bekanntmachung vom 4. 3. 1991, BGBl. I S 553, zuletzt geändert durch Art. 5 des Gesetzes vom 10. 11. 2001, BGBl. I S. 2992.

[33] Gebührenordnung für Ärzte idF der Bekanntmachung vom 9. 2. 1996, BGBl. I S. 210, zuletzt geändert durch Art. 17 des Gesetzes vom 4. 12. 2001, BGBl. I S. 3320.

[34] Rechtsanwaltsvergütungsgesetz (RVG) vom 5. 5. 2004, BGBl. I S. 718, 788, zuletzt geändert durch Art. 6 des Gesetzes vom 31. 7. 2008, BGBl. I S. 1629.

[35] So auch *Völker* Einf. Rn 3.

[36] Gesetz außer Kraft gesetzt zum 23. 7. 2001, BGBl. I S. 1663.

[37] So auch *Völker* Einf. Rn 2 für §§ 1, 3 UWG aF; für das neue UWG Hefermehl/*Köhler*/Bornkamm UWG Vorb PAngV Rn 6.

[38] OLG Hamburg GRUR-RR 2007, 169, 171.

[39] → Fn 11. *Völker* spricht in diesem Zusammenhang von einer „Zwitterstellung" des Preisangaben- und Preisklauselgesetzes, s. *Völker* Einf. Rn 4.

der Indexierung,[40] welches dem materiellen Preisrecht zuzurechnen ist. Weiterhin enthält § 2 eine Ermächtigungsgrundlage für eine Rechtsverordnung, welche die Ausnahmen zum grundsätzlichen Indexierungsverbot regelt. Die entsprechende Vorschrift, die sog. Preisklauselverordnung,[41] regelte früher die Genehmigungsfähigkeit bzw. Genehmigungsfreiheit von Preisklauseln. Die Preisklauselverordnung ist jedoch zum 13. 9. 2007 außer Kraft gesetzt worden.[42]

IV. Europäisches Gemeinschaftsrecht

Das deutsche Preisangabenrecht wird, wie alle anderen Bereiche des Wirtschaftsrechts 11
auch, zunehmend von europarechtlichen Vorgaben bestimmt. Da das Preisangabenrecht vor allem verbraucherschützende Funktion besitzt,[43] sind die einschlägigen EG-Vorschriften im Wesentlichen dem Verbraucherschutzrecht zuzurechnen.

1. Historische Entwicklung

Die Europäische Gemeinschaft hat schon frühzeitig erkannt, dass Preisangaberegelungen 12
der Markttransparenz dienen und damit dem Wettbewerb zugute kommen. So hat der Rat in **zwei Entschließungen** aus den Jahren 1975[44] und 1981[45] jeweils betreffend ein „Programm für eine Politik zum Schutz und zur Unterrichtung der Verbraucher" vorgesehen, dass gemeinsame Grundsätze für die Angabe von Preisen auszuarbeiten sind. Erstmals wurden diese Grundsätze mit der **RL 79/581/EWG**[46] über den Schutz der Verbraucher bei der Angabe der Preise für Lebensmittel in eine verbindliche Rechtsvorschrift umgesetzt. Diese Vorschrift wurde später durch die RL 88/314/EWG vom 7. 6. 1988 über den Schutz des Verbrauchers bei der Angabe der Preise für andere Erzeugnisse als Lebensmittel[47] ergänzt. Auch in den Jahren danach gehörte das Preisangabenrecht zu denjenigen Gebieten, in denen der Rat weiteren gemeinschaftsweiten Handlungsbedarf sah, wie er in der Entschließung über künftige Prioritäten für den Ausbau der Verbraucherschutzpolitik vom 13. 7. 1992[48] zu erkennen gab. Dem Rat war speziell daran gelegen, eine größere Preistransparenz bei freiberuflichen und finanziellen Dienstleistungen zu schaffen.

2. Die Preisangabenrichtlinie

Die beiden genannten Richtlinien 79/581/EWG und 88/314/EWG sind im Jahre 1998 13
durch eine neue, einheitliche RL 98/6/EG über den Schutz der Verbraucher bei der Angabe von Preisen **(sog. Preisangabenrichtlinie)**[49] ersetzt worden. Die Vorgaben der Preisangabenrichtlinie wurde durch die Verordnung des Bundesministeriums für Wirtschaft

[40] Die Indexierung ist in § 2 Abs. 1 Satz 1 des Preisangaben- und Preisklauselgesetzes wie folgt umschrieben: „Der Betrag von Geldschulden darf nicht unmittelbar und selbstständig durch den Preis oder Wert von anderen Gütern oder Leistungen bestimmt werden, die mit den vereinbarten Gütern oder Leistungen nicht vereinbar sind."

[41] Preisklauselverordnung vom 23. 9. 1998 (BGBl. I S. 3043), zuletzt geändert durch Gesetz vom 20. 12. 2000, BGBl. I S. 1956, 1963.

[42] Aufgehoben mit Wirkung vom 14. 9. 2007, BGBl. I S. 2246.

[43] S. auch *Wimmer/Stöckl-Pukall* S. 1.

[44] Entschließung des Rates vom 14. 4. 1975 betreffend ein Erstes Programm der EWG für eine Politik zum Schutz und zur Unterrichtung der Verbraucher ABl. EG 1975 Nr. C 92, S. 1.

[45] Entschließung des Rates vom 19. 5. 1981 betreffend ein zweites Programm der EWG für eine Politik zum Schutz und zur Unterrichtung der Verbraucher, ABl. EG 1981 Nr. C 133, S. 1.

[46] ABl. EG 1979 Nr. L 158, S. 19, aufgehoben durch die RL 98/6/EG des Europäischen Parlaments und des Rates vom 16. 2. 1998, ABl. EG 1998 Nr. L 80, S. 27.

[47] ABl. EG 1988 Nr. L 142, S. 19, zuletzt geändert durch RL 98/6/EG des Europäischen Parlaments und des Rates vom 16. 2. 1998, ABl. EG 1998 Nr. L 80, S. 27.

[48] ABl. EG 1992 Nr. C 186, S. 1.

[49] RL 98/6/EG des Europäischen Parlaments und des Rates vom 16. 2. 1998 über den Schutz der Verbraucher bei der Angabe der Preise der ihnen angebotenen Erzeugnisse, ABl. EG 1998 Nr. L 80, S. 27.

und Technologie zur Änderung der Preisangaben- und der Fertigverpackungsverordnung vom 28. 7. 2000[50] in das deutsche Recht umgesetzt; die Verordnung trat am 1. 9. 2000 in Kraft (Art. 4 Satz 1 der VO).

14 Wesentliches Ziel dieser RL ist es, ein einheitlich hohes Verbraucherschutzniveau durch eine genaue, transparente und unmissverständliche Information der Verbraucher über die Preise der ihnen angebotenen Erzeugnisse zu gewährleisten und dadurch einen Preisvergleich zwischen verschiedenen Produkten zu erleichtern.[51] Die RL gilt für alle Arten von Waren und Erzeugnissen, die Verbrauchern offeriert werden, gleich ob Lebensmittel oder andere Produkte. **Dienstleistungen werden** aber – im Gegensatz zur deutschen PAngV (zB §§ 1, 5, 6, 7 sowie 8 Abs. 2 PAngV) – grundsätzlich **nicht erfasst.** Die RL beschränkt sich auf eine Regelung der Preisangabe gegenüber Verbrauchern; **Schutzobjekt der RL** ist ausschließlich der **Verbraucher.** Ein Verbraucher wird von der RL definiert als natürliche Person, die ein Erzeugnis für einen Zweck kauft, welcher nicht im Zusammenhang mit der kommerziellen oder beruflichen Tätigkeit der betreffenden Person steht.[52] Hauptadressat der RL ist der **Händler.** Dies ist nach Art. 2 lit. d der RL jede natürliche oder juristische Person, die unter ihre kommerzielle oder berufliche Tätigkeit fallende Erzeugnisse verkauft oder zum Verkauf anbietet. Damit fallen auch **Hersteller** unter den Händlerbegriff der RL, sofern sie ihre Produkte direkt an einen Verbraucher im Sinne der RL verkaufen.[53]

15 Die RL bestimmt, dass zwei Arten von Preisen anzugeben sind, einerseits der „Verkaufspreis", andererseits der „Preis je Maßeinheit". Unter dem **Verkaufspreis** versteht die RL „den Endpreis für eine Produkteinheit oder eine bestimmte Erzeugnismenge, der die Mehrwertsteuer und alle sonstigen Steuern einschließt", Art. 2 lit. a der RL. Der **„Preis je Maßeinheit"** ist in Art. 2 lit. b der RL als Endpreis, der die Mehrwertsteuer und alle sonstigen Steuern einschließt, für ein Kilogramm, einen Liter, einen Meter, einen Quadratmeter oder einen Kubikmeter des Erzeugnisses oder eine sonst im betreffenden Mitgliedstaat für das jeweilige Produkt allgemein verwendete Maßeinheit beschrieben. Art. 3 Abs. 1 der RL schreibt vor, dass beim Angebot von Waren sowohl der Verkaufspreis als auch der Preis je Maßeinheit anzugeben ist. Diese **generelle Pflicht zur Doppelpreisangabe** findet sich nach Umsetzung der RL in der deutschen PAngV in den §§ 1 Abs. 1 Satz 1 (Endpreis) und 2 (Grundpreis) wieder. Art. 4 Abs. 1 Satz 1 der RL schreibt ferner vor, dass sowohl der Verkaufspreis als auch der Preis je Maßeinheit „unmissverständlich, klar erkennbar und gut lesbar" sein muss, wobei die Mitgliedstaaten vorsehen können, dass die Zahl der anzugebenden Preise begrenzt wird (Art. 4 Abs. 1 Satz 2 der RL). Die RL gestattet eine Ausnahme von der generellen Pflicht zur Doppelpreisangabe: Der Preis je Maßeinheit (also der Grundpreis nach deutscher Terminologie, s. § 2 Abs. 1 PAngV) muss zB nach Art. 3 Abs. 1 Satz 2 der RL dann nicht angegeben werden, wenn er mit dem Verkaufspreis identisch ist.

16 Weitere **Ausnahmen von der Pflicht zur Preisangabe** finden sich in folgenden Vorschriften:

17 Es ist den Mitgliedstaaten freigestellt, die jeweilige nationale Preisangabenbestimmung nicht auf Produkte anzuwenden, die bei der Erbringung einer Dienstleistung (mit)geliefert werden (Art. 3 Abs. 2, 1. Spiegelstrich). Damit sind diejenigen Fälle gemeint, bei denen die Dienstleistung wertmäßig (als Hauptleistung) im Vordergrund steht, während die Warenlieferung lediglich die Nebenleistung darstellt.[54] Darüber hinaus erlaubt die RL den Mitglied-

[50] BGBl. I S. 1238; gleichzeitig wurden mit dieser Verordnung auch die Vorgaben der III. Verbraucherkredit-Änderungsrichtlinie 98/7/EG vom 16. 2. 1998 (ABl. EG Nr. L 101, S. 17) ins deutsche Recht umgesetzt; ausführlich zur Umsetzung im Rahmen der deutschen VO *Gelberg* GewArch 2000, 393 ff.

[51] 2., 6. und 12. Erwägungsgrund sowie Art. 1 der RL 98/6/EG.

[52] Art. 2 lit. e der RL 98/6/EG; diese Definition des Verbrauchers findet sich auch in anderen verbraucherschützenden RL, so zB der Verbrauchsgüterkauf-RL 1999/44/EG vom 25. 5. 1999, ABl. EG 1999 Nr. L 171, S. 12, Art. 1 Abs. 2 lit. a.

[53] So auch *Völker* Einf. Rn 29.

[54] So auch *Völker* Einf. Rn 31 mit einleuchtendem Beispiel.

staaten für **Versteigerungen** sowie Verkäufe von Kunstgegenständen und Antiquitäten von den Vorschriften der RL abweichende Bestimmungen zu schaffen (Art. 3 Abs. 2, 2. Spiegelstrich).[55] Als weitere Ausnahme sieht die RL vor, dass bei **Erzeugnissen,** die **in losem Zustand** zum Verkauf angeboten werden,[56] lediglich der Preis je Maßeinheit anzugeben ist (Art. 3 Abs. 3 der RL). Dies ist sinnvoll, da die Ware in diesen Fällen regelmäßig nach dem individuellen Wunsch des Verbrauchers abgepackt wird, die Verkaufsmenge also im Vorhinein gar nicht bestimmbar ist (hierunter fallen zB Verkäufe von Gemüse oder Obst auf Wochenmärkten).

Ferner gestattet Art. 5 Abs. 1 der RL den Mitgliedstaaten, Erzeugnisse von der Pflicht 18 zur Angabe des Preises je Maßeinheit auszunehmen, wenn die Angabe auf Grund der Beschaffenheit oder Zweckbestimmung der Erzeugnisses **nicht sinnvoll** oder **geeignet wäre,** zu **Verwechslungen** zu führen. Letzteres könnte zB dann der Fall sein, wenn verschiedene Erzeugnisse in derselben Verpackung vertrieben würden.[57] Es ist denkbar, dass die Angabe mehrerer unterschiedlicher Grundpreise neben einem Endpreis in einem solchen Fall beim Verbraucher zu Verwirrung führen kann.[58] Fraglich ist, in welchen Fällen eine Preisangabe je Maßeinheit „nicht sinnvoll" sein kann. Im 10. Erwägungsgrund der RL ist der Fall erwähnt, dass die Angabe der Warenmenge für den Preisvergleich nicht relevant ist. Es fällt nicht leicht, sich einen solchen Fall vorzustellen. Gleichwohl finden sich im deutschen Recht Beispiele von Ausnahmen vom Preisangabegebot, die wohl dadurch motiviert sind, dass die Angabe des Grundpreises nicht sinnvoll erscheint: Dies betrifft zum einen den Fall der **Warenabgabe in sehr kleinen Mengen,** so dass eine Preisangabe pro 100 Gramm oder gar Kilogramm für den Verbraucher wenig hilfreich wäre (§ 9 Abs. 2 Nr. 1 und Abs. 3 Nr. 2 PAngV).[59] In diesem Zusammenhang ist auch die Ausnahmeregelung des § 9 Abs. 6 Nr. 2 PAngV aufzuführen, nach der bei **leicht verderblichen Lebensmitteln** eine Herabsetzung des Endpreises ohne Angabe des entsprechend geänderten Grundpreises zulässig ist, sofern die Preisherabsetzung wegen einer drohenden Gefahr des Verderbs der Ware erfolgt.[60] Eine pauschale Ermächtigung der Mitgliedstaaten zum Erlass einer Ausnahmeregelung von der grundsätzlichen Pflicht zur Angabe des Preises je Maßeinheit für „bestimmte kleine Einzelhandelsgeschäfte" findet sich in Art. 6 der RL.[61]

Des Weiteren verpflichtet Art. 8 der RL die Mitgliedstaaten, **für den Fall von Zuwi-** 19 **derhandlungen** gegen die aufzuerlegenden nationalen Preisangabepflichten wirksame, verhältnismäßige und abschreckende **Sanktionen** vorzusehen und diese bei Verstößen auch durchzusetzen. Der deutsche Gesetzgeber hat diese Vorgabe durch einen umfangreichen **Katalog von Ordnungswidrigkeiten in § 10 PAngV** erfüllt. Schließlich stellt Art. 10 der RL klar, dass die Vorschriften der RL nur einen Mindeststandard festlegen; es bleibt den Mitgliedstaaten vorbehalten, weitergehende Regelungen zum Schutze der Verbraucher zu schaffen. Die entsprechenden deutschen Regelungen der PAngV gehen in vielen Einzelpunkten über die Vorgaben der RL hinaus.[62] Zudem ist bei Verstößen gegen Preisangaben auch immer an das wettbewerbsrechtliche Irreführungsverbot des § 5 UWG zu denken, der auch in Fällen anzuwenden ist, bei denen die PAngV nicht einschlägig ist, speziell im Geschäftsverkehr zwischen Händlern und bei Geschäften mit nichtprivaten Letztverbrauchern.

---

[55] In Deutschland sind Versteigerungen generell von der Anwendbarkeit der PAngV ausgenommen (§ 9 Abs. 1 Nr. 5 der PAngV).

[56] Eine Definition von „in losem Zustand zum Verkauf angebotenen Erzeugnissen" findet sich in Art. 2 lit. c der RL.

[57] So im 10. Erwägungsgrund der RL aufgeführt.

[58] S. auch *Völker* Einf. Rn 34.

[59] *Völker* Einf. Rn 34.

[60] → Rn 281. Weitere Beispiele finden sich bei *Völker* Einf. Rn 34.

[61] Ausführlich dazu *Völker* Einf. Rn 36.

[62] Im Einzelnen dazu *Völker* Einf. Rn 23 ff.

3. Die Verbraucherkreditrichtlinien

20 Im Jahre 1986 regelte die EG mit der **RL 87/102/EWG** des Rates zur Angleichung der Rechts- und Verwaltungsvorschriften der Mitgliedstaaten über den Verbraucherkredit[63] erstmalig den Bereich der Konsumentenkredite. Hauptzweck der Vorschrift bestand darin, die bis anhin sehr unterschiedlichen Regelungen der Mitgliedstaaten auf einem hohen Schutzniveau zu harmonisieren. Die RL beschränkte sich nicht auf den Bereich der Preisangabe von Waren, sondern erfasste ua die Angabe der preislichen Konditionen von Krediten und griff damit in den Bereich des tertiären Sektors ein.[64]

21 Die RL verpflichtete die Mitgliedstaaten, den **effektiven Jahreszins** sowie die Bedingungen, unter denen er geändert werden kann, in der jeweiligen nationalen Bestimmung anzugeben.[65] So mussten die Verbraucher vor Vertragsabschluss bzw. bis zum Zeitpunkt des Vertragsabschlusses über den Jahreszins und die bei Abschluss des Kreditvertrages in Rechnung gestellten Kosten informiert werden sowie darüber, unter welchen Voraussetzungen diese wieder geändert werden können, nach Art. 6 Abs. 1 der RL. Eine Änderung der PAngV war zum damaligen Zeitpunkt nicht erforderlich, da die Pflicht zur Angabe des effektiven Jahreszinses in Deutschland bereits seit 1973 bestand.[66] Die weiteren Regelungen der RL betrafen ua die von den Kreditinstituten in einer Kreditvertragsurkunde zwingend vorzunehmenden Angaben, mit dem Ziel, den Verbraucher bestmöglich aufzuklären, wie zB durch die Angabe von Anzahl und Zeitpunkt der vom Verbraucher zu entrichtenden Zahlungen, die der Verbraucher zur Tilgung des Kredits und Entrichtung der Zinsen oder sonstiger Kosten vornehmen muss oder die Aufstellung bestimmter vom Verbraucher unter bestimmten Umständen zu tragenden Kostenelemente (zB Art. 4 Abs. 2 iVm Art. 1 a Abs. 2 der RL).

22 Die **II. Verbraucherkreditrichtlinie 90/88/EWG** vom 22. 2. 1990[67] sollte ausschließlich die Angabe des Effektivzinssatzes in den Mitgliedstaaten harmonisieren. Dabei legte die EG die sog. **AIBD-Methode**[68] als gemeinschaftliche Methode für die Berechnung des Zinssatzes fest. Nach dieser Methode hat der Kreditgeber den effektiven Jahreszins – auch unterjährig – nach der exponentiellen Zinsrechnung zu ermitteln. Dies führt zu einem präziseren Ergebnis, da eine tägliche Zinskapitalisierung auf der Grundlage eines 365-Tage-Zinsjahres durchzuführen ist.[69] Deutschland machte allerdings von dem in Art. 1 a Abs. 5 lit. a der RL eingeräumten Wahlrecht Gebrauch, die damals in Deutschland geltende 360-Tage-Methode beizubehalten, und zwar bis zur Vorlage eines endgültigen Beschlusses des Rates (ursprünglich längstens bis zum 31. 12. 1995).[70]

23 Der in der II. Verbraucherkreditrichtlinie vorgesehene Zeitplan konnte jedoch nicht eingehalten werden.[71] Daher wurde die 360-Tage-Zinsberechnungsmethode in Deutschland bis zum 31. 8. 2000 beibehalten. Erst mit Inkrafttreten der Verordnung des Bundesministeriums für Wirtschaft und Technologie zur Änderung der Preisangaben- und der Fertigverpackungsverordnung vom 28. 7. 2000,[72] basierend auf der vom Rat und Europäischen Parlament am 16. 2. 1998 beschlossenen **III. Änderungsrichtlinie 98/7/EG,**[73] wurde mit Wirkung zum 1. 9. 2000 auch in Deutschland die AIBD-Methode in die PAngV (§ 6 PAngV, insbesondere Abs. 2) eingeführt. Gleichwohl wurde bereits zuvor, im Rahmen der Ersten Änderungsverordnung der PAngV 1992,[74] der Begriff des effektiven Jahreszinses

63 ABl. EG 1987 Nr. L 42, S. 48.
64 *Völker* Einf. Rn 42.
65 *Wimmer* WM 2001, 447.
66 *Wimmer* WM 2001, 447.
67 ABl. EG 1990 Nr. L 61, S. 14.
68 AIBD = Association of International Bond Dealers.
69 Ausführlich dazu *Wimmer* WM 2001, 447, 448 ff.
70 *Wimmer* WM 2001, 447, 448.
71 *Wimmer* WM 2001, 447, 448.
72 BGBl. I S. 1238.
73 ABl. EG 1998 Nr. L 101, S. 17.
74 BGBl. I S. 846.

im damaligen § 4 PAngV neu gefasst. Der deutsche Gesetzgeber hob das **Verbraucherkreditgesetz** im Rahmen der **Schuldrechtsreform**[75] auf und stellte einen Großteil der Bestimmungen zur Umsetzung der Verbraucherkreditrichtlinien in das BGB ein (§§ 491 ff, 502, 655 b BGB).[76]

24 Im **April 2008** wurde nach jahrelangen, teilweise schwierigen Gesprächen und Verhandlungen[77] die **neue Verbraucherkredit-RL 2008/48/EG**[78] verabschiedet. Sie ersetzt mit Wirkung zum 12. 5. 2010 die RL 87/102/EWG (Art. 29 der RL 2008/48/EG). Die neue RL sieht – im Gegensatz zur RL 87/102/EWG – eine **Vollharmonisierung** in weiten Bereichen des Verbraucherkreditgeschäfts vor (Art. 22 der RL). Dadurch will man die Förderung des grenzüberschreitenden Kreditgeschäfts erreichen.[79] Gleichwohl wird das Prinzip der Vollharmonisierung durch eine Reihe von Umsetzungs-"Optionen" durchbrochen. Die Mitgliedstaaten haben die Möglichkeit, im Einzelfall bestimmte Vorschriften der RL nicht umzusetzen, beispielsweise Art. 2 Abs. 5 und 6 der RL.[80]

25 Die neue RL beinhaltet ua eine Vorschrift über Standardinformationen, die in die Werbung für Kreditverträge aufzunehmen sind (Art. 4 der RL). Werden Zinssätze oder sonstige auf die Kosten eines Kredits bezogene Zahlen in der Werbung genannt, so müssen nach Art. 4 Abs. 2 der RL in der Werbung ua folgende Informationen enthalten sein:
- der feste oder variable **Sollzins,** ggf. mit Informationen über alle für den Verbraucher anfallenden und in die Gesamtkreditkosten einbezogene Kosten
- der Gesamtkreditbetrag
- der effektive Jahreszins, einschließlich der Option der Mitgliedstaaten, diesen Punkt bei Werbung für Überziehungsmöglichkeiten ausschließen zu können
- bei Krediten in Form eines Zahlungsaufschubs den Barzahlungspreis sowie den Betrag allfälliger Anzahlungen.

26 Weiterhin enthält die RL in Art. 5 und 6 umfassende Pflichten über die **vorvertragliche Beratung und Information des Verbrauchers.** Völlig neu ist ferner die Verpflichtung der Kreditgeber zur **Prüfung der Kreditwürdigkeit** des einen Kredit anfragenden Verbrauchers (Art. 8). Der Inhalt von Verbraucherkreditverträgen ist in Art. 10 der RL festgelegt. Ua ist der Sollzinssatz, die Bedingungen für die Anwendung desselben und – soweit vorhanden – Indizes oder Referenzzinssätze, welche sich auf den anfänglichen Sollzinssatz beziehen, anzugeben (Art. 10 Abs. 2 lit. f der RL). Zudem müssen nach Art. 10 Abs. 2 lit. g der RL im Vertrag der effektive Jahreszins sowie die Gesamtkosten des Kredits, berechnet zum Zeitpunkt des Vertragsabschlusses, erscheinen. Details zur Berechnung des effektiven Jahreszinses findet man in Art. 19 der RL, welcher seinerseits hinsichtlich der mathematischen Berechnungsformel auf Teil I des Anhangs I der RL verweist.

4. Die Richtlinien zur irreführenden und zur vergleichenden Werbung

27 Das allgemeine Lauterkeitsrecht wurde erst vergleichsweise spät das Ziel von Harmonisierungsbemühungen der EG. Mit der **RL 84/450/EWG** des Rates zur Angleichung der Rechts- und Verwaltungsvorschriften der Mitgliedstaaten über irreführende Werbung vom 10. 9. 1984[81] wollte die Gemeinschaft Mindeststandards beim Schutz gegen irreführende Werbung gewährleisten. Nach Art. 1 der RL besteht deren Zweck darin, die Verbraucher, die Teilnehmer am Wirtschaftsleben sowie die Allgemeinheit gegen irreführende Werbung und deren unlautere Auswirkungen zu schützen. In den Anwendungsbereich der RL fallen

---

[75] Gesetz zur Modernisierung des Schuldrechts vom 26. 11. 2001, BGBl. I S. 3138.

[76] → Rn 76.

[77] Zur Vorgeschichte der RL 2008/48/EG ausführlich *Rott* WM 2008, 1104, 1105; s. ferner *Siems* EuZW 2008 454, 455.

[78] RL 2008/48/EG des Europäischen Parlaments und des Rates vom 23. 4. 2008 über Verbraucherkreditverträge und zur Aufhebung der RL 87/102/EWG des Rates, ABl. EG Nr. L 133, S. 66.

[79] Erwägungsgründe (6) und (7) der RL.

[80] Zu weiteren Ausnahmen *Rott* WM 2008, 1104, 1106 f.

[81] ABl. EG 1984 Nr. L 250, S. 17.

dabei auch **Angaben über den Preis** sowie die **Art und Weise, wie er berechnet wird** (Art. 3 lit. b).

28 Deutschland hielt eine ausdrückliche Umsetzung dieser RL auf Grund des auf der Basis von § 3 UWG aF sehr weit entwickelten Schutzes gegen irreführende Werbung für entbehrlich.[82] Da es sich bei der irreführenden Werbung inzwischen aber um einen harmonisierten Rechtsbereich handelt, ist die Auslegung der RL durch den EuGH auch bei Anwendung und Auslegung der deutschen Vorschriften, insbesondere von § 5 UWG, zu beachten.[83] So hat diese Tatsache erheblichen Einfluss bei Beantwortung der Frage des im Rahmen von § 5 UWG zu berücksichtigenden Verbraucherleitbildes.[84] Gleiches gilt für die Frage der für einen Verstoß gegen § 5 UWG erforderlichen Quote irregeführter Personen.[85]

29 Die zweite RL im Bereich des Lauterkeitsrecht, die **RL zur vergleichenden Werbung 97/55/EG** vom 6. 10. 1997 zur Änderung der RL 84/450/EWG über irreführende Werbung zwecks Einbeziehung der vergleichenden Werbung[86] hatte demgegenüber einen unmittelbaren Einfluss auf das deutsche Recht. Sie wurde vom deutschen Gesetzgeber mit Gesetz vom 1. 9. 2000[87] durch Einführung eines neuen § 2 in das UWG aF umgesetzt. Bereits vor der Umsetzung hatte der BGH in der bedeutenden **Testpreis-Angebot**-Entscheidung vom 5. 2. 1998 unter Aufgabe der bis dato geltenden Rechtsprechung im Wege der richtlinienkonformen Auslegung des § 1 UWG aF vergleichende Werbung für grundsätzlich zulässig erklärt.[88] Nach Umsetzung der Vorgaben der RL in § 2 sowie 3 S. 2 UWG aF wurden erstmalig im deutschen Recht werbliche Preisvergleiche unter den in § 2 UWG aF (entspricht § 6 UWG) aufgeführten Voraussetzungen erlaubt.[89] Eine vergleichende Werbung im Sinne des § 6 UWG setzt dabei eine konkrete Bezugnahme auf einen Konkurrenten bzw. Konkurrenzpreise voraus.[90] In Bezug auf den Gesetzesaufbau ist jedoch nicht unproblematisch, dass der deutsche Gesetzgeber das von der RL vorgesehene Regel-Ausnahme-Verhältnis umgekehrt hat.[91] Die vom Gesetzgeber diesbezüglich aufgeführte Begründung[92] überzeugt nicht.

30 Mit einer weiteren **RL über die irreführende und vergleichende Werbung** (RL 2006/114/EG)[93] hat der europäische Gesetzgeber im **Jahre 2006** die zuvor genannten Inhalte aus Gründen der Übersichtlichkeit und Klarheit neu gefasst. Die RL ist zum 12. 12. 2007 in Kraft getreten (Art. 11 der RL). Inhaltlich nimmt die RL nur graduelle Änderungen im Verhältnis zur alten RL vor. Die neue RL sieht in Art. 3 lit. b – identisch mit Wortlaut der alten RL 84/450/EWG – vor, dass der Preis bzw. die Art und Weise, wie er berechnet wird, bei der Beurteilung der Frage der Irreführung einer Werbung zu berücksichtigen ist. Die RL beschränkt sich hinsichtlich der irreführenden Werbung auf eine Mindestharmonisierung der nationalen Vorschriften (Art. 8 Abs. 1 der RL). Gleichzeitig sieht sie für den **Bereich der vergleichenden Werbung eine Vollharmonisierung** vor (Art. 8 Abs. 1 Unterabs. 2 der RL). Der deutsche Gesetzgeber hat durch die neue RL keinen Umsetzungsbedarf: In Bezug auf die irreführende Werbung erfüllt § 5 UWG die An-

---

[82] Piper/*Ohly* UWG Einf. C Rn 30.

[83] *Köhler* GRUR Int. 1994, 396, 397 sowie *Völker* Einl. UWG Rn 40.

[84] ZB EuGH EuZW 1998, 526, 528 – Gut Springheide m. Anm. *Leible* oder EuGH WRP 2000, 289 ff – Lifting-Creme; ausführlich zu dieser Problematik Hefermehl/*Köhler*/Bornkamm UWG § 1 Rn 19 ff.

[85] Zur historischen Entwicklung der Rechtsprechung in diesem Punkt Hefermehl/Köhler/*Bornkamm* UWG § 5 Rn 2.104 ff.

[86] ABl. EG 1997 Nr. L 290, S. 18.

[87] Gesetz zur vergleichenden Werbung und zur Änderung wettbewerbsrechtlicher Vorschriften vom 1. 9. 2000, BGBl. I S. 1374.

[88] BGH WRP 1998, 718 – Testpreis-Angebot.

[89] Ausführlich zur Entwicklung der deutschen Rechtsprechung im Vorfeld der Richtlinienumsetzung: Piper/*Ohly* UWG § 6 Rn 5 ff sowie *Völker* Einl. UWG Rn 9 ff.

[90] Hefermehl/*Köhler*/Bornkamm UWG § 6 Rn 20.

[91] Dazu *Marx* EWS 2001, 353, 354.

[92] *Marx* Fn 91.

[93] ABl. EG 2006 Nr. L 376, S. 21.

forderungen der neuen RL;[94] die Vorschriften zur vergleichenden Werbung sind bereits in §§ 5 Abs. 3 sowie 6 UWG umgesetzt. Eine Änderung dieser Vorschriften durch die neue RL ist nicht erforderlich.[95]

5. Die Fernabsatzrichtlinie

Mit der RL 97/7/EG des Europäischen Parlaments und des Rates vom 20. 5. 1997 über 31
den Verbraucherschutz bei Vertragsabschlüssen im Fernabsatz[96] hat die Gemeinschaft den **Bereich der telekommunikativ abgeschlossenen Verträge** harmonisiert.[97] Die RL enthält verschiedene Bestimmungen, die preisangabenrechtlich relevant sind. In Art. 4 Abs. 1 lit. c und d ist festgelegt, dass der Verbraucher vor Abschluss eines Vertrages im Fernabsatz über den Preis der Ware oder Dienstleistung, einschließlich aller Steuern und ggf. Lieferkosten zu informieren ist. Ferner besteht für den gewerblich tätigen Vertragspartner („Lieferer", Art. 2 Ziff 3 der RL) die Pflicht, die Kosten für den Einsatz der Fernkommunikationstechnik vor Vertragsabschluss zu offenbaren, sofern diese nicht nach dem Grundtarif berechnet werden (Art. 4 Abs. 1 lit. g der RL).

In Deutschland hat die RL ihre Umsetzung in §§ 312b bis 312d BGB gefunden.[98] 32
§ 312c Abs. 2 BGB verweist seinerseits auf eine nach Art. 240 EGBGB[99] zu erlassende Rechtsverordnung, welche die Einzelheiten der Unternehmerpflichten regelt. Diese Pflichten haben in der Verordnung über Informationspflichten nach Bürgerlichem Recht **(BGB-InfoV)**[100] ihren Niederschlag gefunden.[101]

6. Die sog. E-Commerce-RL

Als weitere europarechtliche Bestimmung mit Einfluss auf den Bereich der Preisangaben 33
und der Preiswerbung ist die RL 2000/31/EG über bestimmte rechtliche Aspekte der Informationsgesellschaft, insbesondere des elektronischen Geschäftsverkehrs, im Binnenmarkt vom 8. 6. 2000[102] („E-Commerce-RL") zu nennen. Die RL regelt ua die elektronisch, insbesondere mit Hilfe von Internet oder E-Mail vorgenommene „kommerzielle Kommunikation"[103] zwischen einem „Diensteanbieter" (§ 2 Nr. 1, 2 TMG) und dem jeweiligen „Nutzer" (§ 2 Nr. 3 TMG). Dabei fallen sowohl das Online-Angebot von Dienstleistungen, auch wenn die Dienstleistung selbst nicht online erbracht wird, als auch der Online-Vertrieb von Waren[104] in den Anwendungsbereich dieser RL.[105]

Ein Kernpunkt der E-Commerce-RL und gleichzeitig von erheblicher Bedeutung für 34
den Bereich der Preisangaben und Preiswerbung ist die Einführung des sog. **Herkunftslandsprinzips**[106] (Art. 3 Abs. 2 der RL). Danach hat der Staat, in dem der Diensteanbieter (in der Regel der Werbende) seine Niederlassung hat, dafür Sorge zu tragen, dass sein innerstaatliches Recht im sog. koordinierten Bereich eingehalten wird (Art. 3 Abs. 1 der RL;

---

[94] So auch Hefermehl/*Köhler*/Bornkamm UWG Einl. UWG Rn 3.44.

[95] So auch Hefermehl/*Köhler*/Bornkamm UWG Einl. UWG Rn 3.45.

[96] ABl. EG 1997 Nr. L 144, S. 19, zuletzt geändert durch RL 2007/64/EG des Europäischen Parlamentes und des Rates vom 13. 11. 2007, ABl. EG 2007 Nr. L 319, S. 1.

[97] Allgemein zur Fernabsatzrichtlinie *Lorenz* JuS 2000, 833 ff; *Marx* WRP 2000, 1227 ff sowie *Micklitz* ZEuP 1999, 875 ff.

[98] Zum deutschen Fernabsatzrecht allgemein *Wilmer/Hahn* FernabsatzR sowie *Redeker* Rn 887 ff.

[99] Einführungsgesetz zum Bürgerlichen Gesetzbuch idF der Bekanntmachung vom 21. 9. 1994, BGBl. S. 2494; 1997 BGBl. I, S. 1061, zuletzt geändert durch Art. 5 des Gesetzes vom 26. 3. 2008, BGBl. I S. 441.

[100] BGB-Informationspflichten-Verordnung idF der Bekanntmachung vom 5. 8. 2002, BGBl. I S. 3002, zuletzt geändert durch die Verordnung vom 4. 3. 2008, BGBl. I S. 292.

[101] Weitere Einzelheiten zur Regelung über Fernabsatzverträge → Rn 77 ff sowie 129 ff.

[102] ABl. EG 2000 Nr. L 178, S. 1.

[103] Zur Definition s. § 2 Nr. 5 Telemediengesetz (nachfolgend kurz TMG) vom 26. 2. 2007, BGBl. I S. 179.

[104] 18. Erwägungsgrund der RL.

[105] So auch *Völker* Einf. Rn 47.

[106] Dazu ausführlich *Bodewig* GRUR Int. 2000, 475 ff oder *Ohly* GRUR Int. 2001, 899 ff oder *Sack* WRP 2001, 1408 ff oder *ders.* WRP 2002, 271 ff.

s. auch § 4 Abs. 1 TMG). Zum „koordinierten Bereich" zählt nach Art. 2 Unterabs. h (i) auch die Werbung, folglich auch Preisangaben in der Werbung und wohl auch außerhalb einer Werbung.[107] Die anderen Mitgliedstaaten hingegen dürfen den freien Verkehr von Diensten der Informationsgesellschaft, insbesondere die kommerzielle Kommunikation, nicht aus Gründen einschränken, die den koordinierten Bereich betreffen (Art. 3 Abs. 2 der RL). Hinsichtlich der Werbung eines Anbieters im Internet hat dies zur Folge, dass der Mitgliedstaat, in welchem der Verbraucher („Nutzer") die Information abruft, zwar grundsätzlich sein Recht auf diese Werbung anwenden darf. Gleichwohl darf dies nicht dazu führen, dass die Werbung strenger beurteilt wird als nach dem Recht des Herkunftslandes des Anbieters.

35 Falls man nach den Grundsätzen des deutschen IPR in einem Fall deutsches Wettbewerbsrecht anzuwenden hat, muss daher stets gleichzeitig geprüft werden, ob die Werbung im Heimatstaat des Werbenden zulässig ist. Sollte dies der Fall sein, ist die Werbung zulässig, auch wenn sie gegen die Vorschriften des Mitgliedstaates verstößt, in welchem der Nutzer die Werbung empfängt. Es ist zu beachten, dass sich dabei regelmäßig das weniger strenge Recht des Herkunftslandsprinzips gegenüber einem strengeren Recht im „Nutzerland" durchsetzt.[108] Im Ergebnis bedeutet dies, dass im **Anwendungsbereich der E-Commerce-RL** für **Preisangaben und Preiswerbung** das **Herkunftslandprinzip gilt** und somit möglicherweise strengere deutsche Vorschriften verdrängt werden, sofern die betroffene Preisangabe oder Preiswerbung den Anforderungen des Heimatstaates des Diensteanbieters genügt.[109]

36 Da der Bereich von Preisangaben und Preiswerbung jedoch durch die unter oben aufgeführten Richtlinien EG-weit harmonisiert sind, halten sich die praktischen Auswirkungen der Geltung des Herkunftslandsprinzips in Grenzen, auch wenn die Richtlinien zum Teil nur einen Mindeststandard vorgeben. Lediglich im nicht harmonisierten Bereich, also zB bei Warenangeboten gegenüber nicht privaten Letztverbrauchern oder Zwischenhändlern oder im Bereich des Angebotes von Dienstleistungen, öffnet sich ein größerer Anwendungsspielraum für das Herkunftslandsprinzip. Für diesen Bereich gilt aber **Art. 5 Abs. 2 der RL als Mindeststandard,** nach dem die Mitgliedstaaten dafür Sorge zu tragen haben, dass bei einer Bezugnahme auf Preise, diese **„klar und unzweideutig"** ausgewiesen werden und insbesondere anzugeben ist, **ob Steuern und Versandkosten** in den Preisen enthalten sind.[110]

37 Keine Anwendung findet das Herkunftslandprinzip auf die Frage der Zulässigkeit „nicht angeforderter kommerzieller Kommunikation mittels elektronischer Post", nach Art. 3 Abs. 3 iVm dem Anhang der RL. Diese Einschränkung der Anwendbarkeit des Herkunftslandsprinzips betrifft v.a. die Zulässigkeit **unerbetener E-Mail-Werbung (sog. Spamming).** Art. 7 der RL stellt für E-Mail-Werbung zwei Mindestanforderungen auf: erstens muss die Werbung zum Zeitpunkt des Eingangs beim Nutzer als solche klar erkennbar sein; zweitens müssen die Nutzer die Möglichkeit besitzen, sich in sog. **„Robinson"-Listen** eintragen zu lassen, welche von den Diensteanbietern beachtet werden müssen. Es bleibt jedoch jedem Mitgliedstaat überlassen, ob eine E-Mail-Werbung überhaupt zulässig sein soll (s. § 6 Abs. 3 TMG, der die Vorschriften des UWG ausdrücklich unberührt lässt). Der BGH hat inzwischen das Versenden von E-Mails zu Werbezwecken ohne Zustimmung des Empfängers auch im geschäftlichen Verkehr für grundsätzlich unzulässig erklärt.[111]

---

107 *Völker* Einf. Rn 47, der wegen der weiten Formulierung der Definition des „koordinierten Bereichs" in der RL auch „sonstige Preisangaben" außerhalb einer Preiswerbung als unter den koordinierten Bereich fallend ansieht.

108 Allgemein zum Herkunftslandprinzip Piper/*Ohly* UWG Einf. C Rn 65 ff mwN; speziell zum Herkunftslandprinzip im Rahmen der E-Commerce-RL Piper/*Ohly* UWG Einf. C Rn 71, 79 sowie MünchKomm/*Mankowski* IntWettbR Rn 38 ff mit umfangreichen Literaturhinweisen zum Herkunftslandprinzip.

109 *Völker* Einf. Rn 48.

110 Ausführlich zu dieser Problematik *Völker* Einf. Rn 50.

111 BGH WM 2004, 1049 – E-Mail-Werbung.

7. Die RL über unlautere Geschäftspraktiken

Die RL 2005/29/EG über unlautere Geschäftspraktiken[112] bringt die **erste größere Reform des UWG 2004.** Sie zielt auf eine vollständige Harmonisierung des Lauterkeitsrechts für den Bereich des geschäftlichen Verkehrs zwischen Gewerbetreibenden und Verbrauchern.[113] Gleichzeitig beansprucht die RL im Verhältnis zu bestehenden Rechtsvorschriften der EG nach Art. 3 Abs. 4 der RL lediglich subsidiäre Geltung. Die RL war bis zum 12. 6. 2007 in nationales Recht umzusetzen (Art. 19 der RL). Diese Frist hat der deutsche Gesetzgeber verstreichen lassen. Der Entwurf eines Umsetzungsgesetzes liegt vor;[114] der genaue Zeitpunkt der Verabschiedung ist noch ungewiss. 38

Die neue RL statuiert in Art. 5 ein generelles Verbot unlauterer Geschäftspraktiken. Eine genaue Beschreibung „unlauterer Geschäftspraktiken" findet man in Art. 5 Abs. 2 der RL. Danach ist ein Geschäftsgebaren als unlauter anzusehen, wenn es den Erfordernissen der beruflichen Sorgfalt widerspricht und zudem geeignet ist, das Verbraucherverhalten wesentlich zu beeinflussen. Art. 5 Abs. 3 der RL führt beispielhaft **irreführende** und **aggressive Geschäftspraktiken** auf. In Art. 5 Abs. 4 der RL findet man dann einen Verweis auf den Anhang I zur RL, welcher eine Liste jener Geschäftspraktiken enthält, die auf jeden Fall als „unlauter" im Sinne der RL anzusehen sind. 39

Die RL enthält zwei Vorschriften, die im Hinblick auf Preisangaben unmittelbar relevant sind: Zum einen ist in **Art. 6 der RL (Irreführende Handlungen)** in **Abs. 1 lit. d** geregelt, dass der Preis, die Art der Preisberechnung oder das Vorhandensein eines besonderen Preisvorteils Gegenstand einer irreführenden Handlung sein können. Dieser europarechtlichen Vorgabe wird im neuen § 5 Abs. 2 Satz 2 Nr. 2 UWG 2008 dadurch Rechnung getragen, dass dem bislang in § 5 Abs. 2 Nr. 2 UWG verwendeten Merkmal „Anlass des Verkaufs" das zusätzliche Merkmal „Vorhandensein eines besonderen Preisvorteils" hinzugefügt wird.[115] Damit sollen diejenigen Fälle erfasst werden, in denen die angesprochenen Verkehrskreise zB aus den Umständen, unter denen eine Ware oder eine Dienstleistung angeboten wird, unberechtigterweise auf das Vorhandensein eines besonderen Preisvorteils schließen.[116] 40

Zum anderen gibt **Art. 7 (Irreführende Unterlassungen) in Abs. 4 lit. c** vor, dass im Falle der Aufforderung des Verbrauchers zum Kauf eines Produktes ua der Preis einschließlich aller Steuern und Abgaben als „wesentliche Information" im Sinne des Art. 7 Abs. 4 der RL gilt, welche dem Verbraucher nicht vorenthalten werden darf. Wenn der Preis aufgrund der Beschaffenheit des Produktes vernünftigerweise nicht im Voraus berechnet werden kann, dann gilt die Art der Preisberechnung als „wesentliche Information" sowie ggf. alle zusätzlichen Fracht-, Liefer- oder Zustellkosten. In den Fällen, in denen diese Kosten vernünftigerweise nicht im Voraus berechnet werden können, wird die Tatsache, dass solche zusätzlichen Kosten anfallen können, ebenfalls als „wesentliche Information" im Sinne des Art. 7 Abs. 4 der RL angesehen. 41

In § 1 Abs. 1 PAngV ist eine ausführliche Regelung für die Angabe von Endpreisen gegenüber (Letzt)-Verbrauchern enthalten.[117] Zudem ist bei Fernabsatzverträgen nach § 1 Abs. 2 Nr. 2 PAngV anzugeben, ob und welche zusätzlichen Liefer- und Versandkosten anfallen. Ferner können im Falle von Leistungsangeboten gemäß § 1 Abs. 3 PAngV in Ergänzung von § 1 Abs. 1 PAngV anstelle der Endpreise die entsprechenden Verrechnungssätze vom Gewerbetreibenden angegeben werden. Mit diesen Bestimmungen der PAngV sind nach Auffassung des deutschen Gesetzgebers bei geltender Rechtslage bereits die Vor- 42

---

112 ABl. EG 2005 Nr. L 149, S. 22.

113 Zum Problembereich der Vollharmonisierung ausführlich MünchKomm/*Micklitz* EG E Rn 181 ff; s. ferner Hefermehl/*Köhler*/Bornkamm UWG Einl. Rn 3.56, 3.63 mwN.

114 Entwurf eines Ersten Gesetzes zur Änderung des Gesetzes gegen den unlauteren Wettbewerb, BR-Drucks. 345/08 vom 23. 5. 2008.

115 Begründung RegE des UWG 2008, BR-Drucks. 345/08 vom 23. 5. 2008, S. 46.

116 Begründung RegE des UWG 2008, BR-Drucks. 345/08 vom 23. 5. 2008, S. 46.

117 Begründung RegE des UWG 2008, BR-Drucks. 345/08 vom 23. 5. 2008, S. 51.

gaben von Art. 7 As. 4 lit. c der RL erfüllt.[118] Gleichwohl soll im Rahmen einer **neuen Vorschrift „Irreführung durch Unterlassen“** in § 5a Abs. 3 Nr. 3 UWG herausgestellt werden, dass als „wesentliche“ Information für den Verbraucher auch „Preisangaben, ggf. mit zusätzlichen Fracht,- Liefer- oder Zustellkosten“, anzusehen sind. Darüber hinaus gilt bei Preisen, die nicht im Voraus berechnet werden können, die Art der Preisberechnung ebenfalls als „wesentlich“ im Sinne des § 5a Abs. 3 Nr. 3 UWG. Diese Ergänzung erscheint dem Gesetzgeber als geboten, um die Bedeutung hervorzuheben, welche vorenthaltenen Preisangaben für das Lauterkeitsrecht zukommt.[119] Dabei erfüllen Verstöße gegen die oben genannten preisangabenrechtlichen Bestimmungen bereits nach der geltenden Rechtslage regelmäßig den lauterkeitsrechtlichen Rechtsbruchtatbestand des § 4 Nr. 11 UWG und sind somit auch für das UWG relevant.[120]

8. Euro-Einführung

43 Einen erheblichen Einschnitt für Recht und insbesondere Praxis der Preisangaben stellte die Einführung des Euro als neue Europäische Währung zum 1. 1. 1999 dar. Nach einer Übergangszeit von zwei Jahren, in welcher die nationalen Währungen noch neben dem Euro verwendet werden durften, hat der **Euro zum 1. 1. 2001 in Deutschland die Deutsche Mark als nationale Währungseinheit ersetzt;** dies gilt selbstverständlich auch für den Bereich von Preisangaben und Preiswerbung.[121] Die Währungsumstellung war für Wirtschaft und Verbraucher mit einem nicht unerheblichen Aufwand verbunden, da sämtliche Angaben von Preisen sowie die Preiswerbung betroffen waren. Für die in die Euro-Einführung involvierten Mitgliedstaaten gab die **Kommission** eine rechtlich **unverbindliche Empfehlung 98/287/EG** hinsichtlich bestimmter Aspekte der doppelten Angabe von Preisen und sonstiger Geldbeträge heraus.[122] Der deutsche Gesetzgeber beschränkte sich auf eine „fragmentarische“ Übergangsregelung[123] in **§ 11 PAngV,** die ihrerseits durch die Neuregelung der PAngV **im Rahmen der UWG-Reform 2004 aufgehoben** wurde.[124]

44 Neben dem primären Gemeinschaftsrecht (Art. 116ff EG) bestehen die wesentlichen europarechtlichen Vorgaben für die Einführung des Euro aus der Verordnung (EG) Nr. 1103/97 des Rates vom 17. 6. 1997 über bestimmte Vorschriften im Zusammenhang mit der Einführung des Euro[125] sowie der Verordnung (EG) Nr. 974/98 des Rates vom 3. 5. 1998 über die Einführung des Euro.[126] Keine dieser Vorschriften enthält jedoch besondere Regelungen im Hinblick auf das Preisangabenrecht oder das Recht der Preiswerbung.[127]

V. Rechtsvergleichung

1. Schweiz

45 Die preisangabenrechtliche Basisnorm der Eidgenossen findet man im schweizerischen **Gesetz gegen den unlauteren Wettbewerb (UWG).**[128] Das UWG-CH konstituiert in

[118] Begründung RegE des UWG 2008, BR-Drucks. 345/08 vom 23. 5. 2008, S. 51.
[119] Begründung RegE des UWG 2008, BR-Drucks. 345/08 vom 23. 5. 2008, S. 51.
[120] ZB aus jüngerer Vergangenheit OLG Hamburg GRUR-RR 2007, 167; LG Hanau MMR 2008, 488; OLG Schleswig MD 2007, 505; s. auch *Piper*/Ohly Einf. PAngV Rn 22.
[121] Allgemein zur Euro-Einführung *Völker* WRP 1999, 756ff; *Hoß/Laschet* MDR 1999, 726ff.
[122] ABl. EG 1998 Nr. L 130, S. 26. Ausführlich zu dieser Empfehlung *Völker* WRP 1999, 756, 757f.
[123] So *Völker* Einf. Rn 53.
[124] Beschlussempfehlung und Bericht des Rechtsausschusses des Bundestages vom 24. 3. 2004, BT-Drucks. 15/2795 S. 52.
[125] ABl. EG 1997 Nr. L 162, S. 1 – Euro-VO I.
[126] ABl. EG 1998 Nr. L 139, S. 1 – Euro-VO II.
[127] Weitergehende Ausführungen bei *Völker* WRP 1999, 756ff.
[128] Gesetz vom 19. 12. 1986, SR 241 (Stand am 1. 4. 2007). Ausführlich zum UWG-CH *Baudenbacher* Lauterkeitsrecht Vor Art. 1.

Art. 16 Abs. 1 eine (verwaltungsrechtliche) Pflicht zur Bekanntgabe von Preisen für Waren und Dienstleistungen. Diese Pflicht wird gemäß Art. 16 Abs. 2 UWG-CH durch die **Preisbekanntgabeverordnung (PBV)**[129] konkretisiert. Die Preisbekanntgabepflicht soll die Klarheit und Vergleichbarkeit der Preise und damit die Markttransparenz und das Preisbewusstsein fördern sowie gleichzeitig die Irreführung der Verbraucher verhindern.[130] Im Bereich der Irreführung werden die preisangabenrechtlichen Vorschriften von Art. 18 UWG-CH und der PBV durch Art. 3 UWG-CH ergänzt, der unlautere Werbe- und Verkaufsmethoden, wie zB irreführende Äußerungen untersagt.[131]

Nach Art. 3 und 10 Abs. 1 PBV ist beim **Verkauf von Waren und** zahlreichen **Dienstleistungen an Konsumenten** sowohl beim Angebot als auch bei der an Konsumenten gerichteten Werbung der tatsächlich zu bezahlende Preis in Schweizer Franken anzugeben. Zu den in Art. 10 Abs. 1 PBV aufgelisteten Dienstleistungen zählen ua das Coiffeurgewerbe, das Garagengewerbe für Serviceleistungen, das Gastgewerbe und die Hotellerie sowie das Taxigewerbe. Die Preisbekanntgabepflicht selbst ist in Art. 3 Abs. 1 PBV festgehalten (sog. **Detailpreis**). Daneben ist für messbare Waren zusätzlich der **Grundpreis** anzugeben (Art. 5 Abs. 1 PBV). Weitere Preise (zB Einführungspreis oder Selbstvergleich) neben dem tatsächlich zu bezahlenden Preis dürfen nur unter den engen Voraussetzungen des Art. 16 PBV angegeben werden. Sowohl der Detailpreis als auch der Grundpreis müssen nach Art. 8 PBV leicht sichtbar und gut lesbar sein. Weitere Einzelheiten über die Form der Bekanntgabe von Preisen finden sich in den Art. 7 („Anschrift"), Art. 12 („Trinkgeld") und Art. 14 („Spezifizierung") PBV. 46

2. Österreich

Das österreichische Recht kennt verschiedene gesetzliche Regelungen bezüglich Preisangaben: Das österreichische **Preisgesetz 1992**[132] ist ein lenkungsrechtliches Instrument zur staatlichen Festsetzung von Preisen.[133] Es gilt für die Regulierung von Preisen von Sachgütern und Leistungen, sofern nicht besondere bundesgesetzliche Vorschriften bestehen.[134] Solche finden sich zB in der Gewerbeordnung 1994[135] für Gastgewerbetreibende oder Bestatter[136] oder im Apothekengesetz für die Abgabepreise von Apotheken.[137] Daneben steht das **Preistransparenzgesetz,**[138] welches die Pflicht zur Information über die Preise bestimmter einzelner Produkte (zB Erdöl und Mineralölerzeugnisse sowie Gas- und Strompreise) normiert. Ferner regelt dieses Gesetz auch Maßnahmen zur Regelung der Preisfestsetzung bei Arzneimitteln für den menschlichen Gebrauch (§ 3 Preistransparenzgesetz). 47

Die preisangabenrechtlich für den österreichischen Verbraucher bedeutendste Vorschrift ist das **Preisauszeichnungsgesetz (PrAG).**[139] Es normiert im Interesse der Transparenz des Marktes umfassende Preisauszeichnungspflichten.[140] Der Anwendungsbereich des PrAG erstreckt sich auf Sachgüter und Leistungen, deren Anbieten der Gewerbeordnung 1994 in der jeweils geltenden Fassung unterliegt, jedoch beschränkt auf das **Anbieten an „Letztverbraucher".**[141] Keine Anwendung findet das PrAG im Fall des Anbietens von Ware 48

[129] VO über die Bekanntgabe von Preisen vom 11. 12. 1978 (Stand am 1. 4. 2007), SR 942.211.

[130] Art. 1 PBV sowie *Baudenbacher/Glöckner* Lauterkeitsrecht Art. 3 lit. b Rn 191.

[131] Einzelheiten zu Art. 3 lit. a bis m finden sich bei *Baudenbacher/Glöckner* Lauterkeitsrecht.

[132] Österr. BGBl. Nr. 145/1992, zuletzt geändert durch das Bundesgesetz Österr. BGBl I Nr. 2/2008.

[133] *Rauschauer/Puck* Rn 623.

[134] *Puck* (Fn 133) Rn 625.

[135] Österr. BGBl. Nr. 194/1994, zuletzt geändert Österr. BGBl. I Nr. 68/2008.

[136] Zu Einzelheiten *Puck* (Fn 133) S. 240, dort Fn 62.

[137] § 7 österr. ApG, RGBl. Nr. 5/1907, zuletzt geändert Österr. BGBl. I Nr. 75/2008; weitere Ausnahmen finden sich in einer Auflistung bei *Binder* Rn 1582.

[138] Österr. BGBl. Nr. 761/1992 idF BGBl. I Nr. 2/2008.

[139] Österr. BGBl. Nr. 144/1983, idF österr. BGBl. I Nr. 125/1998, zuletzt BGBl. I Nr. 6/2006. Ausführlich zum Preisauszeichnungsgesetz *Hanreich* ÖZW 1994, 65 ff.

[140] *Raschauer/Puck* Rn 626.

[141] *Raschauer/Pauger* Rn 460.

oder Leistungen an Unternehmer. Preisauszeichnungsbestimmungen nach anderen Bundesgesetzen, etwa nach dem österreichischen UWG[142] oder auch nach der Gewerbeordnung, gehen dem PrAG vor.[143]

49 Nach dem PrAG haben Unternehmer die Preise für sichtbar ausgestellte oder in Geschäftsräumlichkeiten zum Verkauf bereitgehaltene Sachgüter entsprechend den im Gesetz formulierten Bedingungen auszuzeichnen (§ 2 Abs. 1 PrAG). Für die Preisauszeichnung von Leistungen gibt es eine spezielle Regelung, und zwar die Verordnung betreffend Preisauszeichnung für bestimmte Leistungen und für Treibstoffe bei Tankstellen.[144] Das PrAG selbst enthält detaillierte Bestimmungen über die Art der Ersichtlichmachung von Preisen für Sachgüter sowie von Preisen der Gastgewerbetreibenden, beispielsweise auf Preisschildern und Speisekarten (§§ 6 bis 8 PrAG). In § 4 PrAG werden die Unternehmer ganz allgemein verpflichtet, die Preise sichtbar ausgestellter Sachgüter so auszuzeichnen, dass ein durchschnittlich aufmerksamer Betrachter sie leicht lesen und zuordnen kann. Dabei sind die Preise einschließlich der Umsatzsteuer sowie aller sonstigen Angaben und Zuschläge auszuzeichnen (Bruttopreise) (§ 9 Abs. 1 PrAG). Die allgemeine Verkaufspreisregelung findet sich in § 10 PrAG; die Grundpreisbestimmung in Umsetzung der RL 98/6/EG[145] in § 10a PrAG.

B. Die Preisangabenverordnung

I. Allgemeines

50 Die PAngV ist die **Kernvorschrift des deutschen formellen Preisrechts.** Sie begründet die Verpflichtung zur Angabe von Preisen beim Angebot oder bei der Werbung für Waren und Leistungen gegenüber Endverbrauchern.[146] Die PAngV wurde als **Rechtsverordnung** vom Bundeswirtschaftsminister mit Zustimmung des Bundesrates am 14. 3. 1985 erlassen (nachfolgend kurz auch PAngV 1985).[147] Ermächtigungsgrundlage für den Erlass der PAngV 1985 ist das Preisangaben- und Preisklauselgesetz vom 3. 12. 1984.[148]

1. Geschichtliche Entwicklung

51 Bereits vor der PAngV 1985 existierten in Deutschland diverse Regelungen zur Preisauszeichnung von Waren.[149] Die unmittelbare Vorgängerverordnung der PAngV 1985, die Preisangabenverordnung von 1973,[150] entsprach in den Grundzügen der heutigen Regelung, insbesondere war bereits der Dienstleistungsbereich in die Preisangabenpflicht einbezogen.[151]

52 Die PAngV 1985 wurde im Jahre 1992 erstmals in wichtigen Punkten überarbeitet. Durch die **Erste Verordnung zur Änderung der Preisangabenverordnung vom 3. 4. 1992**[152] wurde der damalige § 4 (Kredite), heute § 6 PAngV, aus Anlass der Umsetzung der EG-Verbraucherkreditrichtlinie[153] neu gefasst. Gleichzeitig wurde der Begriff des „effektiven Jahreszinses" in einer neuen, dem EG-Recht entsprechenden Version in die

142 Österr. BGBl. Nr. 448/1994; idF österr. BGBl. I Nr. 97/2007.
143 So *Pauger* (Fn 141).
144 Österr. BGBl. Nr. 813/1992 idF österr. BGBl. I Nr. 312/2008.
145 → Rn 13ff.
146 *Piper*/Ohly Einf. PAngV Rn 1.
147 BGBl. I S. 580; s. auch die Begründung zur PAngV: BAnz Nr. 70/1985 vom 13. 4. 1985 S. 3730.
148 BGBl. I S. 1429; → Fn 5.
149 Ausführlich zu den Vorgängerregelungen *Piper*/Ohly Einf. PAngV Rn 2 und 3.
150 VO vom 10. 5. 1973, VO PR Nr. 3/73, BGBl. I S. 461.
151 *Völker* Einl. PAngV Rn 8ff.
152 BGBl. I S. 846.
153 → Rn 19ff.

PAngV integriert.[154] Noch im gleichen Jahr nahm der deutsche Gesetzgeber die nächste Änderung vor. Mit der **Zweiten Verordnung zur Änderung der Preisangabenverordnung vom 14. 10. 1992**[155] überarbeitete er nochmals den damaligen § 4 PAngV (Kredite); zudem wurde die Bußgeldbestimmung des § 8 Abs. 2 PAngV 1985 ergänzt.

Die nächste wesentliche Änderung brachte das **Informations- und Kommunikations-dienste-Gesetz (IuKDG)** vom 22. 7. 1997.[156] Diese Norm erweitert erstens die Ermächtigungsgrundlage des § 1 Preisangaben- und PreisklauselG[157] dahingehend, dass nunmehr auch per Rechtsverordnung Bestimmungen über die Angabe des Preisstandes fortlaufender Leistungen der elektronischen Informations- und Kommunikationsdienste erlassen werden können.[158] Zweitens wurde der damalige § 3 Abs. 1 PAngV (heute § 5 Abs. 1 PAngV) durch die Sätze 3 und 4 erweitert und zudem die Ordnungswidrigkeitsbestimmung des § 8 Abs. 2 Nr. 2 PAngV 1985 (heute § 10 Abs. 2 Nr. 2) neu formuliert. Die **dritte Verordnung zur Änderung der Preisangabenverordnung,** ebenfalls – wie das IuKDG – **vom 22. 7. 1997,**[159] brachte vor allem eine Vereinfachung und Aktualisierung des Preisangabenrechts im Hinblick auf die neuen Medien, wie zB Internet oder Onlinedienste.[160] Darüber hinaus sollte die Preistransparenz in Einzelfällen verbessert werden.[161] So wurde ua mit der dritten Verordnung die Vorschrift des § 1 Abs. 3 PAngV 1985, in dem Preisangaben auf der Grundlage von Preisen anhand gesetzlich festgesetzter oder behördlich genehmigter Tarife oder Gebührenregelungen fixiert waren, aufgehoben und durch eine neue Regelung der Preisangaben für rückerstattbare Sicherheiten (Flaschenpfand) neben dem Waren- oder Leistungspreis ersetzt.[162] Weitere Änderungen betrafen die Bestimmungen über Preisangaben in Gaststätten und Beherbergungsbetrieben nach § 5 PAngV 1985 (heute § 7 PAngV).[163] 53

Die nächste größere Veränderung der PAngV wurde durch das Europarecht veranlasst. Die Umsetzung der Preisangabenrichtlinie 98/6/EG[164] sowie der III. Änderungsrichtlinie der Verbraucherkreditrichtlinie 98/7/EG[165] durch die **Verordnung zur Änderung der Preisangabenverordnung und der Fertigpackungsverordnung vom 28. 7. 2000**[166] brachte zahlreiche Neuerungen für die deutsche Preisangabenverordnung (nunmehr PAngV 2000), darunter einige grundlegende. So führte die Umsetzung der Preisangabenrichtlinie 98/6/EG unter Aufhebung des alten § 1 Abs. 5 PAngV zur Verbesserung der Preistransparenz **erstmals die Verpflichtung zur Angabe von Grundpreisen** in die PAngV ein (§ 2 PAngV 2000). Des Weiteren wurde im Interesse einer europaweit einheitlichen Berechnungsweise für den **effektiven Jahreszins die AIBD-Methode** in § 6 Abs. 2 PAngV 2000 etabliert.[167] Ferner regelte der Verordnungsgeber die Preisangaben für leistungsgebundene Energien (Elektrizität, Gas, Fernwärme) und für Wasser neu in § 9 Abs. 2 bis 4 PAngV 2000. Weitere Änderungen betrafen die Ordnungswidrigkeitstatbestände des § 8 PAngV 1985, die den geänderten Bestimmungen der §§ 2 und 3 PAngV 2000 angepasst wurden. Mit Blick auf die Einführung des Euro wurde eine Übergangsregelung in § 11 PAngV aufgenommen.[168] 54

Die letzte Änderung vor der UWG-Reform 2004 erfolgte durch die **Vierte Verordnung zur Änderung der Preisangabenverordnung vom 18. 10. 2002.**[169] Diese Fas- 55

[154] *Piper*/Ohly Einf. PAngV Rn 5.
[155] BGBl. I S. 1765.
[156] BGBl. I S. 1870.
[157] → Fn 5.
[158] S. die durch Art. 9 IuKDG geänderten §§ 3 und 8 PAngV aF, jetzt § 5 und § 10 PAngV.
[159] BGBl. I S. 1910.
[160] *Piper*/Ohly Einf. PAngV Rn 6 sowie *Völker* Einl. PAngV Rn 13.
[161] So die amtliche Begründung BR-Drucks. 238/97 S. 6.
[162] *Piper*/Ohly Einf. PAngV Rn 6.
[163] Ausführlich dazu *Völker* NJW 1997, 3405 ff.
[164] → Rn 13.
[165] → Rn 22.
[166] BGBl. I S. 1238.
[167] → Rn 21 ff.
[168] Zu Einzelheiten *Völker* NJW 2000, 2787 ff.
[169] BGBl. I S. 4195. Zu Einzelheiten der Vierten Änderungsverordnung *Gelberg* GewArch 2003, 137 ff.

sung der PAngV wird auch als PAngV 2002 bezeichnet.[170] Die PAngV 2002 erhielt vor allem **neue Bestimmungen zur Preisangabe bzw. Preiswerbung bei Geschäften im Fernabsatz** (§§ 1 Abs. 2 und 9 Abs. 3) sowie eine Neuregelung für Mengeneinheiten des Grundpreises bei „nach Länge angebotenen Waren" (§ 2 Abs. 3 S. 4). Weiterhin wurde die Vorschrift über Preisangaben in Beherbergungsbetrieben neu gefasst (§ 7 Abs. 3 PAngV) und die Ausnahmevorschrift des § 9 PAngV dahingehend novelliert, dass nach dem neuen § 9 Abs. 2 PAngV 2002 der § 1 Abs. 1 PAngV unter bestimmten Voraussetzungen nicht anzuwenden ist.[171] Die weiteren Änderungen betrafen die Vorschriften über Ordnungswidrigkeiten (§ 10), bestimmte redaktionelle Anpassungen hinsichtlich der Rechtsfolge[172] sowie die Übergangsregelungen des § 11 PAngV.

56 Die mit der **UWG-Reform 2004** einhergehenden **Neuerungen der PAngV** dienten vor allem der Anpassung des Preisangabenrechts an die Neufassung des UWG.[173] So wurde die PAngV in § 9 Abs. 2 an die Tatsache der Aufhebung des § 7 UWG aF (Sonderveranstaltungsverbot) angepasst. Ferner wurde durch eine Änderung des § 1 Abs. 2 die Preistransparenz bei der Angabe von Liefer- und Versandkosten bei im Fernabsatz angebotenen Waren und Leistungen erhöht. Die übrigen Änderungen der PAngV (§§ 5, 6, 7, 9 und 11) betrafen technische Anpassungen und Berichtigungen von Fehlern.[174] Das neue UWG 2008 bringt keine Änderungen der PAngV mit sich.

2. Normzweck

57 Mit der Preisangabenverordnung verfolgt der Gesetzgeber zwei Ziele: Zum einen soll die **Position des Verbrauchers durch die Gewährleistung eines optimalen Preisvergleichs gestärkt** werden.[175] Nur der informierte Verbraucher ist nach Ansicht des Verordnungsgebers in der Lage, beim Kauf von Waren oder bei der Inanspruchnahme von Dienstleistungen dem günstigsten Angebot den Vorzug zu geben und damit zugleich auch einen Beitrag zur Dämpfung des Preisauftriebs zu leisten.[176] Zum anderen soll mit den Vorschriften der PAngV gleichzeitig eine **wesentliche Voraussetzung für das Funktionieren der marktwirtschaftlichen Ordnung** geschaffen und der Wettbewerb gefördert werden.[177]

58 Damit soll die PAngV die **ordentliche und ordnungsgemäße Information der Verbraucher sicherstellen** und dadurch den Verbraucherschutz fördern und zudem den sachbezogenen Leistungswettbewerb unterstützen.[178] Sie soll **Preistransparenz, Preisklarheit sowie Preiswahrheit** schaffen bzw. sichern, und zwar durch die Angabe von Endpreisen einschließlich aller Preisbestandteile unter Vermeidung jeglicher Irreführung des Verbrauchers.[179] Gleichzeitig soll sie verhindern, dass der Verbraucher sich Preisvorstellungen macht anhand von nicht vergleichbaren Preisen.[180] Nach früher überwiegend vertretener Auffassung schloss der aufgeführte Zweck der PAngV aus, ihr über die Funktion einer Regelung im Bereich des formellen Preisordnungsrechts hinaus Bedeutung auch für das materielle Preisrecht beizumessen.[181] Seit der BGH-Entscheidung „Telefonischer Aus-

---

[170] ZB *Landmann/Rohmer/Gelberg* PAngV Vorbem. Rn 4 a.

[171] Zu Einzelheiten *Gelberg* GewArch 2003, 137 ff.

[172] Ausführlich dazu *Gelberg* GewArch 2003, 137 ff.

[173] Zu den Details der mit der UWG-Reform einhergehenden Neuerungen s. die Ausführungen bei den einzelnen Vorschriften.

[174] So Beschlussempfehlung und Bericht des Rechtsausschusses der Bundestages vom 24. 3. 2004, BT-Drucks. 15/2795 S. 49.

[175] Amtliche Begründung zur PAngV 1985, Abschnitt A; s. auch *Völker* Einl. PAngV Rn 2.

[176] Amtliche Begründung zur PAngV 1985, Abschnitt A; s. auch BVerfGE 65, 248, 260; BGH GRUR 1997, 767, 769 – Brillenpreise II.

[177] BGH GRUR 1999, 762, 763 – Herabgesetzte Schlussverkaufspreise; ferner *Köhler/Piper* Einf. PAngV Rn 8.

[178] So auch *Piper*/Ohly Einf. PAngV Rn 10.

[179] BGH GRUR 1991, 847, 848 – Kilopreise II.

[180] So zB BGH GRUR 1981, 140, 141 – Flughafengebühr; BGH GRUR 2001, 1166, 1168 – Fernflugreise.

[181] Statt aller *Piper*/Ohly Einf. PAngV Rn 21.

kunftsdienst“[182] ist jedoch davon auszugehen, dass die PAngV eine Marktverhaltensregelung zum Schutze der Verbraucher darstellt und somit die Vorschriften der PAngV einen unmittelbaren Wettbewerbsbezug besitzen.[183]

3. Systematischer Überblick über die PAngV

Bereits die erste Vorschrift der PAngV, § 1 Abs. 1, enthält zwei zentrale Bestimmungen 59
des Preisangabenrechts: Zum einen gibt § 1 Abs. 1 S. 1 PAngV die **generelle Verpflichtung zur Angabe von Preisen** vor, sofern einem Letztverbraucher Waren oder Leistungen gewerbs- oder geschäftsmäßig angeboten werden oder gegenüber einem Letztverbraucher unter Angabe von Preisen geworben wird; zum anderen bestimmt § 1 Abs. 1 S. 1 PAngV, dass **stets der Endpreis anzugeben ist,** also derjenige Preis, der einschließlich der Umsatzsteuer und sonstiger Preisbestandteile tatsächlich zu zahlen ist, unabhängig von einer möglichen Rabattgewährung im Einzelfall. Weiterhin ist die Verpflichtung in § 1 Abs. 6 PAngV von grundlegender Bedeutung, nach der alle Angaben nach der PAngV der **allgemeinen Verkehrsauffassung** sowie den Grundsätzen von **Preisklarheit und Preiswahrheit** entsprechen müssen.

§ 2 der PAngV schreibt für das Angebot eines Großteils der Waren die Pflicht zur **An-** 60
gabe des Grundpreises – neben der des Endpreises nach § 1 Abs. 1 PAngV – vor. Damit soll vor allem bei den Waren ein Preisvergleich erleichtert werden, die in unterschiedlichen Mengen oder Größen angeboten werden.[184] Eine **Sonderregelung für die Anbieter von leitungsgebundenen Medien, wie Elektrizität, Gas, Fernwärme und Wasser** findet sich in § 3 PAngV. Danach ist der verbrauchsabhängige Preis je Mengeneinheit im Angebot bzw. der Werbung anzugeben. In § 4 PAngV („Handel“) ist die Pflicht zur Endpreisangabe sowie die Art und Weise der Preisauszeichnung von Waren geregelt. § 5 PAngV schreibt die Pflicht zur **Preisangabe für Dienstleistungen** durch sog. Preisverzeichnisse fest. Danach sind anstelle der Endpreisangabe nach § 1 Abs. 1 PAngV auch Stunden- sowie Kilometersätze oder auch andere Verrechnungssätze erlaubt.

Eine Spezialregelung für den Kreditsektor findet sich in § 6 PAngV. Nach dieser Vor- 61
schrift haben die Kreditunternehmen – als Ausnahme von der generellen Pflicht zur Angabe eines Endpreises beim Warenverkauf – bei Angeboten von bzw. Werbung mit Krediten den Letztverbrauchern den sog. **effektiven Jahreszins** bekannt zu geben. Regelungsdetails finden sich vor allem in den Abs. 2 bis 5 sowie 8 und 9 des § 6 PAngV. Die §§ 7 und 8 PAngV enthalten **weitere Sondervorschriften für** das **Gaststätten- und Beherbergungsgewerbe** sowie **für Tankstellen und Parkplätze,** die den jeweiligen Besonderheiten dieser Branchen Rechnung tragen.

Der umfangreiche **Ausnahmekatalog** des § 9 PAngV nimmt eine Reihe von Produk- 62
ten bzw. Bereichen von der Anwendbarkeit der PAngV bzw. von Teilen der PAngV aus. § 10 („Ordnungswidrigkeiten“) normiert **zahlreiche Bußgeldtatbestände** in Form von Vorschriften zur Ausfüllung der Blankettnorm des § 3 Abs. 1 Nr. 2 WiStG bei Verstößen gegen die überwiegende Mehrzahl der Bestimmungen der PAngV. **§ 11 („Übergangsregelung zur Euro-Einführung“) wurde mit der UWG-Reform 2004 wieder aufgehoben,**[185] da sich der Inhalt dieser Vorschrift erledigt hat.

4. Anwendungsbereich

Die PAngV ist im Jahre 1985 für das Gebiet der Bundesrepublik Deutschland erlassen[186] 63
und seinerzeit vom Land Berlin übernommen[187] worden. Mit der Wiedervereinigung im

[182] BGH GRUR 2003, 971, 972 – Telefonischer Auskunftdienst. Diese Entscheidung wurde später bestätigt in BGH GRUR 2004, 435, 436 – FrühlingsgeFlüge.
[183] So auch Hefermehl/Köhler/Bornkamm UWG PAngV Vorb Rn 5 mwN; ausführlich → Rn 71 ff.
[184] S. auch *Völker* Einl. PAngV Rn 5.
[185] → Rn 55.
[186] → Rn 49.
[187] GVBl. 1985 S. 965.

Jahre 1990 wurde der **räumliche Geltungsbereich der PAngV** durch Art. 8 des Einigungsvertrages auf die neuen Bundesländer erstreckt.[188] Die PAngV findet daher im **gesamten Bundesgebiet** auf **alle Angebote und jede Werbung unter Angabe von Preisen** im Sinne des § 1 Abs. 1 S. 1 Anwendung.

64 Dies gilt unabhängig davon, ob der Anbieter bzw. Werbende ein Inländer ist.[189] So gilt die PAngV bzw. auch für einen **ausländischen Werbeinserenten,** wenn dieser eine Werbung in einer inländischen Zeitschrift schaltet.[190] Dagegen ist die PAngV nicht auf Angebote und Werbung **von inländischen oder ausländischen Unternehmen im Ausland** anwendbar, auch wenn sich das Angebot bzw. die Werbung an Adressaten richtet, die ihren gewöhnlichen Aufenthalt im Inland haben, zB an befristet im Ausland befindliche deutsche Urlauber.[191] Dies gilt selbst dann, wenn eine Werbeveranstaltung gezielt in das Ausland verlegt wird, um deutschen Schutzvorschriften zu entgehen (sog. Kaffeefahrt).[192] Da das Preisangabenrecht, speziell die PAngV, dem öffentlichen Recht zuzurechnen ist, kommt hier das nach hM geltende Territorialitätsprinzip zum Tragen.[193] Allerdings bleibt ein Verstoß gegen § 3 UWG nF möglich, falls ein Anbieter einer Werbeveranstaltung bewusst und zielgerichtet deutsche Verbraucherschutzvorschriften durch Verlegung der Veranstaltung ins Ausland umgehen will.[194]

65 Der **persönliche Anwendungsbereich** der PAngV ist auf das Verhältnis von Anbieter bzw. Werbenden zum sog. Letztverbraucher beschränkt. Durch die PAngV verpflichtet sind alle Personen, die gewerbs- oder geschäftsmäßig oder regelmäßig in sonstiger Weise Waren oder Leistungen anbieten oder dafür als Anbieter unter Angabe von Preisen werben (§ 1 Abs. 1 S. 1 PAngV). Privatpersonen, die gelegentlich Ware veräußern, werden nicht von der PAngV erfasst.[195] Weitere Einschränkungen des Anwendungsbereichs der PAngV auf der Anbieterseite ergeben sich aus der sog. **E-Commerce-RL** 2000/31/EG und deren Umsetzung im Rahmen des TMG.[196] Eine Person, die gewerbsmäßig für ihren Auftraggeber mit Preisangaben wirbt bzw. ein Geschäft vermittelt, wird jedoch unter die PAngV fallen.[197]

66 **Schutzobjekt der PAngV** ist vor allem der **private Endverbraucher.** Der Anwendungsbereich der PAngV ist daher auf Angebote sowie Preiswerbung gegenüber privaten Letztverbrauchern beschränkt (§ 1 Abs. 1 S. 1 iVm § 9 Abs. 1 Nr. 1 PAngV). Letztverbraucher sind Endverbraucher, die Waren erwerben oder Leistungen in Anspruch nehmen, ohne diese weiter umsetzen oder anderweitig verwerten zu wollen.[198] Unter diesen Begriff fallen aber nicht nur Abnehmer, die Waren oder Leistungen zu privaten Zwecken verwenden, sondern grundsätzlich auch **gewerbliche Verbraucher,** die Waren für ihren Betrieb erwerben, ohne diese weiter umsetzen zu wollen.[199] Jedoch nimmt § 9 Abs. 1 Nr. 1 PAngV solche gewerblichen Verbraucher vom Anwendungsbereich aus, welche die Ware oder Leistung in ihrer selbstständigen beruflichen oder gewerblichen oder in ihrer behördlichen oder dienstlichen Tätigkeit, zB als Wiederverkäufer, gewerbliche Verbraucher oder Großabnehmer (zB Behörde oder kirchliche Einrichtung)[200] verwenden. Darüber hinaus sind durch § 9 Abs. 1 Nr. 2 bis 4 PAngV auch **bestimmte Einzelbereiche von der Anwendbarkeit der PAngV ausgenommen,** so bestimmte Leistungen von Gebietskörper-

[188] Gesetz vom 31. 8. 1990, BGBl. II S. 885.
[189] So zu Recht *Völker* Einl. PAngV Rn 14.
[190] BGH GRUR 1993, 53 – Ausländischer Inserent.
[191] So *Völker* Einl. PAngV Rn 15 mit Verweis auf BGH GRUR 1991, 463, 464f – Kauf im Ausland, zum damaligen Haustürwiderrufsgesetz iVm § 1 UWG aF.
[192] S. auch *Völker* Einl. PAngV Rn 15.
[193] Großkomm/*Schricker* Einl. UWG Rn F 163f mwN.
[194] So auch *Völker* Einl. PAngV Rn 15 mwN.
[195] So auch *Völker* Einl. PAngV Rn 16.
[196] → Rn 32ff; ferner *Völker* Einl. PAngV Rn 16.
[197] *Piper*/Ohly Einf. PAngV Rn 15.
[198] *Piper*/Ohly Einf. PAngV Rn 15.
[199] So auch *Piper*/Ohly Einf. PAngV Rn 16.
[200] *Piper*/*Ohly* Einf. PAngV Rn 16.

schaften des öffentlichen Rechts, Waren bzw. Leistungen mit Werbeverbot, mündliche Angebote ohne Preisangabe sowie Versteigerungen.

Der **sachliche Anwendungsbereich** der PAngV beschränkt sich auf den **geschäftlichen Verkehr** zwischen dem Anbieter bzw. Werbenden einerseits und dem Letztverbraucher andererseits. Der Begriff des „geschäftlichen Verkehrs" umfasst dabei den gesamten Bereich wirtschaftlicher Betätigung, i. E. alle Maßnahmen, die auf Förderung eines beliebigen Geschäftszwecks gerichtet sind.[201] Dazu zählt zB die Tätigkeit der Kaufleute und sonstigen Gewerbetreibenden (Hersteller, Händler, Handwerker), aber auch der freien Berufe (Ärzte, Apotheker, Rechtsanwälte usw.) sowie die Tätigkeit der öffentlichen Hand, sofern nicht die Ausnahmeregelung des § 9 Abs. 1 Nr. 2 PAngV greift.[202] 67

5. Überwachung und Sanktionen

Die PAngV ist als Teil des Wirtschaftsordnungsrechts dem öffentlichen Recht zuzurechnen.[203] Die zuständigen Landesbehörden überwachen die Einhaltung der PAngV.[204] Das Preisangaben- und Preisklauselgesetz[205] begründet in § 1 Abs. 3 für die **präventiv tätigen Behörden** ein **Auskunfts- und Überprüfungsrecht.**[206] Die für die Verfolgung von Ordnungswidrigkeiten nach § 10 PAngV zuständigen Behörden werden ebenfalls vom jeweiligen Landesrecht bestimmt.[207] Werden die Behörden repressiv durch Verhängung eines Bußgeldes tätig, so sind die gesetzlichen Grundlagen § 10 PAngV iVm § 3 Abs. 1 S. 1 Nr. 2 und 3 des Wirtschaftsstrafgesetzes 1954 (WiStG)[208] zu entnehmen. Für das repressive Verfahren sind darüber hinaus die Vorschriften des Gesetzes über Ordnungswidrigkeiten[209] gemäß § 46 OWiG sowie die der Strafprozessordnung[210] einschlägig. Eine **spezielle Regelung gilt für den Bereich des Kreditwesens.** Dort erfolgt die Aufsicht ergänzend durch das Bundesamt für Kreditwesen, die sich auch auf die Preiswerbung der Kreditinstitute erstreckt.[211] 68

Neben der Verhängung von Bußgeldern nach § 10 PAngV können die zuständigen Landesbehörden dem zur Preisangabe Verpflichteten auch durch **ordnungsbehördliche Verfügung zur Gefahrenabwehr** aufgeben, seine preisangaberechtlichen Pflichten zu erfüllen.[212] Zur Durchsetzung einer Verfügung kann die Behörde mit den üblichen Mitteln des Verwaltungszwangs vorgehen.[213] Die Rechtmäßigkeit einer solchen Verfügung kann durch die Verwaltungsgerichte überprüft werden. 69

Die Sicherung ordnungsgemäßer Preisangaben erfolgt aber nicht nur im Verwaltungswege. Daneben hat sich im Laufe der Jahre eine **effektive wettbewerbsrechtliche Kontrolle der Preisangabepflichten** durch die Rechtsprechung der Zivilgerichte etabliert. Zuwiderhandlungen gegen Preisangabepflichten wurden in der Vergangenheit regelmäßig als Verstöße gegen die §§ 1 und/oder 3 UWG gewertet.[214] In der Praxis stammt gar die Mehrzahl der gerichtlichen Entscheidungen zur PAngV aus dem Bereich des Wettbewerbsrechts.[215] 70

---

201 Der Begriff des geschäftlichen Verkehrs wird genau so verstanden wie im UWG; dazu *Köhler/Piper* Einf. PAngV Rn 15.

202 Ausführlich dazu *Piper/Ohly* Einf. PAngV Rn 17.

203 *Völker* Einl. PAngV Rn 19.

204 *Landmann/Rohmer/Gelberg* PAngV Vorbem. Rn 12 mit Verweis auf das einschlägige Landesgesetz für NRW in Rn 13.

205 → Fn 5.

206 Ausführlich *Landmann/Rohmer/Gelberg* PAngV Vorbem. Rn 13.

207 *Landmann/Rohmer/Gelberg* PAngV Vorbem. Rn 12.

208 IdF der Bekanntmachung vom 3. 6. 1975, BGBl. I S. 1313.

209 IdF der Bekanntmachung vom 19. 2. 1987, BGBl. I S. 602.

210 IdF der Bekanntmachung vom 7. 4. 1987, BGBl. I S. 1074, berichtigt S. 1319.

211 *Völker* Einl. PAngV Rn 19 mwN.

212 *Völker* Einl. PAngV Rn 19.

213 *Landmann/Rohmer/Gelberg* PAngV Vorbem. Rn 13.

214 Ausführlich dazu *Landmann/Rohmer/Gelberg* PAngV Vorbem. Rn 12.

215 So *Landmann/Rohmer/Gelberg* PAngV Vorbem. Rn 12.

71 Die für den Vollzug der PAngV zuständigen obersten Verwaltungsbehörden des Bundes und der Länder haben zur Unterstützung der mit der Anwendung der PAngV befassten Behörden und Gerichte Auslegungsgrundsätze und Entschließungen zum Vollzug der PAngV publiziert. Ferner besteht seit längerem ein **Bund-Länder-Ausschuss „Preisangaben“** (nachfolgend kurz BL-A), der die Verwaltungsaufsicht koordiniert und aktuelle Probleme behandelt.[216] So hat der Ausschuss zB in seiner 39. Sitzung am 30. 11. 2000 zur Frage der örtlichen Zuständigkeit der Vollzugsbehörden für die Verfolgung und Ahndung bei Verstößen gegen die PAngV Folgendes entschieden: Falls Prospekte überregional tätiger Supermarktketten (o.ä. Anbieter) Verstöße gegen die PAngV enthalten, soll es jedem einzelnen Bundesland überlassen bleiben, ob und wie es an Ort und Stelle vorgehen will.[217]

6. Verhältnis zum Wettbewerbsrecht

72 Die PAngV wurde als Teil des formellen Preisrechts bzw. Preisordnungsrechts früher primär als eine **öffentlich-rechtliche Regelung mit gewerbepolizeilichem Charakter** angesehen.[218] Man war der Auffassung, dass die Bestimmungen der PAngV keine sittliche Wertung enthielten; sie sollten Ausdruck ordnender Zweckmäßigkeit ohne unmittelbaren wettbewerbsrechtlichen Bezug sein.[219] Eine unmittelbare Wettbewerbs- bzw. Wertbezogenheit der preisordnungsrechtlichen Vorschriften wurde abgelehnt.[220] Dies hatte zur Konsequenz, dass nicht jeder Verstoß gegen die PAngV automatisch auch einen Wettbewerbsverstoß darstellte.[221]

73 Diese Auffassung ist jedoch seit der Entscheidung des BGH „Telefonischer Auskunftsdienst“[222] aus dem Jahre 2003 nicht mehr haltbar. Es ist nunmehr davon auszugehen, dass die Vorschriften der PAngV einen Wettbewerbsbezug aufweisen.[223] Die PAngV hat den Zweck, durch eine sachlich zutreffende und vollständige Information des Verbrauchers Preiswahrheit und Preisklarheit zu gewährleisten und somit durch eine optimale Preisvergleichsmöglichkeit die Stellung des Verbrauchers gegenüber Handel und Gewerbe zu stärken und den Wettbewerb zu fördern.[224] Damit dient die PAngV dem **Schutz der Verbraucher** und zugleich dem **Schutz des Wettbewerbs.**[225] Dies wiederum hat zur Konsequenz, dass ein Verstoß gegen die PAngV regelmäßig dann auch als wettbewerbswidrig einzustufen sein wird, wenn er sich gleichzeitig gemäß § 3 UWG „nicht nur unerheblich“ auf den Wettbewerb auswirkt.[226] Die **Erheblichkeitsschwelle** ist beispielsweise dann überschritten, wenn nicht unerhebliche Versandkosten nicht nach § 1 Abs. 4 PAngV erkennbar gemacht wurden.[227] Tendenziell setzt der BGH in seiner jüngeren Rechtsprechung im Falle eines Verstoßes gegen die PAngV die Bagatellschwelle des § 3 UWG nicht besonders hoch an[228] bzw. bezieht zur Frage der Erheblichkeit gar keine Stellung, sondern geht

---

[216] Einzelheiten finden sich bei *Landmann/Rohmer/Gelberg* PAngV Vorbem. Rn 14 sowie *Völker* Einl. PAngV Rn 19.

[217] Nachzulesen bei *Landmann/Rohmer/Gelberg* PAngV Vorbem. Rn 14.

[218] *Piper*/Ohly Einf. PAngV Rn 21.

[219] So auch *Piper*/Ohly Einf. PAngV Rn 21.

[220] So die frühere ständige Rechtsprechung des BGH, zB BGH GRUR 1988, 699, 700 – qm-Preisangaben II; BGH GRUR 1989, 836, 837 – Stundungsangebote; s. ferner *Piper*/Ohly Einf. PAngV Rn 21 mwN.

[221] *Piper*/Ohly Einf. PAngV Rn 21 mwN.

[222] BGHZ 155, 301 = GRUR 2003, 971, 972 – Telefonischer Auskunftdienst.

[223] So auch *Piper*/Ohly § 4.11 Rn 285 sowie MünchKomm/*Emst* UWG Anh §§ 1–7 G, PAngV Einl Rn 5.

[224] BGH GRUR 2003, 971, 975 – Telefonischer Auskunftdienst; BGH GRUR 2004, 435, 436 – FrühlingsgeFlüge.

[225] So auch MünchKomm/*Emst* UWG Anh §§ 1–7, PAngV Einl, G Rn 5 sowie Hefermehl/*Köhler*/Bornkamm UWG Vorbem. PAngV Rn 2.

[226] MünchKomm/*Emst* UWG Anh §§ 1–7 G, PAngV Einl Rn 5 mwN zur Problematik der Erheblichkeit bei Verstößen gegen die PAngV.

[227] OLG Köln GRUR 2005, 89, 90.

[228] So Kaufmann in der Anm. zu BGH CR 2008, 108, 109 – Versandkosten.

davon aus, dass Verstöße gegen die PAngV grundsätzlich wettbewerbswidrig im Sinne des § 3 UWG sind.[229] Jedoch gibt es auch unterinstanzliche Entscheidungen aus jüngerer Zeit, die nicht davon ausgehen, dass jeder Verstoß gegen die PAngV automatisch einen Verstoß gegen § 3 UWG darstellt.[230]

Bereits unter der Geltung des alten UWG bejahte die Rechtsprechung bei Verstößen gegen Vorschriften der PAngV immer dann auch einen Verstoß gegen § 1 UWG aF, wenn besondere Umstände vorlagen, die das Vorgehen wettbewerbsrechtlich als anstößig erscheinen ließen, so zB wenn der Verletzer sich über die Bestimmungen der PAngV bewusst und planmäßig hinwegsetzte, obwohl erkennbar war, dass er dadurch einen Vorsprung im Wettbewerb vor seinen gesetzestreuen Mitbewerbern erlangte.[231] Diese Rechtsprechung setzt sich in anderer Terminologie nach dem geltenden UWG fort. Die Vorschriften der PAngV sind nämlich auch dazu bestimmt, im Interesse der Marktteilnehmer das Marktverhalten im Sinne des § 4 Nr. 11 UWG (Vorsprung durch Rechtsbruch) zu regeln.[232] Folglich ist davon auszugehen, dass ein Verstoß gegen die PAngV als Zuwiderhandlung gegen eine Marktverhaltensregelung zum Schutz der Verbraucher stets auch einen Verstoß gegen das UWG, insbesondere § 4 Nr. 11 UWG, darstellt.[233] 74

Neben einer Verletzung des § 4 Nr. 11 UWG kommt aus preisangabenrechtlicher Sicht im Falle einer Verletzung des Gebots der Preisklarheit und Preiswahrheit (§ 1 Abs. 6 PAngV) auch stets ein Verstoß gegen das Irreführungsverbot des § 5 UWG in Betracht.[234] So hat das OLG Hamburg eine **unklare Darstellung der Preise eines Anbieters von Webhosting-Produkten** auf seiner Homepage als gleichzeitigen Verstoß gegen § 1 Abs. 6 PAngV und § 5 Abs. 2 Nr. 2 UWG gewertet.[235] Zugleich bedeutet aber die Verneinung eines Verstoßes gegen die PAngV im Einzelfall nicht, dass nicht trotzdem eine Irreführung nach § 5 UWG oder ein anderer wettbewerbsrechtlich relevanter Verstoß vorliegen kann.[236] 75

Das Wettbewerbsrecht in der Form des UWG und die PAngV kämpfen für dieselbe Sache, haben aber eine graduell unterschiedliche Zielrichtung: Die **PAngV** dient in erster Linie **dem Verbraucherschutz** sowie der Verbraucherinformation und daneben – in zweiter Linie – der **Förderung des Wettbewerbs** zwecks Sicherung des Funktionierens der marktwirtschaftlichen Ordnung.[237] Das **UWG** dient seit der **UWG-Reform 2004** sowohl dem Schutz des Wettbewerbs als auch dem des **Verbrauchers als „gleichberechtigter Partner"**,[238] so dass man für das UWG von einer Gleichrangigkeit der Schutzobjekte ausgehen kann. Zusammengenommen bilden PAngV und UWG eine Schutzeinheit zugunsten der Verbraucher und gleichzeitig zugunsten des Wettbewerbs. 76

7. Verhältnis zum sonstigen Zivilrecht

a) Verbraucherdarlehensverträge. Die Bestimmungen des ehemaligen Verbraucherkreditgesetzes sind durch die Schuldrechtsreform[239] in das BGB überführt worden. Die §§ 491 ff BGB (**„Verbraucherdarlehensvertrag"**) sind **neben den Bestimmungen der** 77

---

229 BGH CR 2008, 108 – Versandkosten; so auch OLG Hamburg GRUR-RR 2007, 169, 173.

230 OLG Frankfurt K & R 2008, 462 vertritt diese Auffassung zumindest in Bezug auf § 1 Abs. 2 S. 1 Nr. 1 PAngV. S. auch KG WRP 2007, 1380 zu § 1 Abs. 2 S. 1 Nr. 2 bzw. Abs. 2 S. 2 PAngV.

231 BGH GRUR 2001, 1166, 1168 – Fernflugreise; BGH GRUR 1992, 856, 857 Kilopreise IV. Weitere Nachweise findet man bei *Piper*/Ohly Einf. PAngV Rn 21.

232 BGH CR 2008, 108 – Versandkosten; s. auch OLG Köln MD 2004, 791; OLG Frankfurt K & R 2008, 462.

233 So auch BGH GRUR 2006, 164, 166 – Aktivierungskosten II; ferner OLG Stuttgart Urteil vom 17. 1. 2008 – 2 U 12/07 in Bezug auf § 1 Abs. 2 Nr. 2 PAngV; *Piper*/Ohly Einf. PAngV Rn 22.

234 *Piper*/Ohly Einf. PAngV Rn 23.

235 OLG Hamburg GRUR-RR 2007, 169, 171 f

236 MünchKomm/*Ernst* UWG Anh §§ 1–7 G, PAngV Einl Rn 6.

237 → Rn 56 f.

238 Beschlussempfehlung und Bericht des Rechtsausschusses des Bundestages vom 24. 3. 2004, BT-Drucks. 15/2795 S. 1.

239 Art. 6 Nr. 3 des Gesetzes zur Modernisierung des Schuldrechts vom 26. 11. 2001, BGBl. I 3188.

PAngV anzuwenden. Die PAngV erfasst dabei regelmäßig auch alle in den Anwendungsbereich der Regelungen über den Verbraucherdarlehensvertrag fallenden Sachverhalte.[240] So verpflichtet die Werbung für einen solchen Vertrag unter den Voraussetzungen des § 1 Abs. 1 S. 1 PAngV auch zur **Angabe des effektiven bzw. anfänglich effektiven Jahreszinses** nach § 6 PAngV. Weiterhin gelten die Grundsätze von Preisklarheit und Preiswahrheit auch in den Fällen des § 492 BGB. In § 492 Abs. 2 BGB ist ausdrücklich bestimmt, dass der effektive bzw. anfänglich effektive Jahreszins nach § 6 PAngV zu berechnen ist.

78 **b) Fernabsatzverträge.** Ganz ähnlich wie bei den Bestimmungen zum Verbraucherkredit sind auch die Vorschriften des ehemaligen Fernabsatzgesetzes durch die Schuldrechtsreform[241] in das BGB integriert worden. Die Vorschriften über Fernabsatzverträge finden sich in §§ 312b ff BGB. Nach §§ 312b Abs. 1 und 2 BGB sind Fernabsatzverträge solche, die unter **ausschließlicher Verwendung von Fernkommunikationsmitteln** (zB Brief, Telefon, Telefax, E-Mail, Internet) ohne gleichzeitige körperliche Anwesenheit der Vertragspartner zustande kommen, sofern der Vertragsschluss im Rahmen eines für den Fernabsatz organisierten Vertriebs- oder Dienstleistungssystems erfolgt.

79 Der Verbraucher muss nach § 312c Abs. 1 BGB iVm § 1 Abs. 1 BGB-InfoV rechtzeitig vor Abschluss eines Fernabsatzvertrages über **klare und verständliche Informationen** über den Vertragspartner (Unternehmer) selbst sowie über die wesentlichen Vertragskonditionen verfügen. Ein großer Teil der Informationen muss in Textform[242] und in einer hervorgehobenen und deutlich gestalteten Form an den Verbraucher übermittelt werden (§ 312c Abs. 2 BGB iVm § 1 Abs. 2 BGB-InfoV). In § 1 Abs. 1 Nr. 6 BGB-InfoV ist geregelt, dass ein Unternehmer den Verbraucher vor Abschluss eines Fernabsatzvertrages **mindestens** über den **Preis der Ware oder Dienstleistung einschließlich aller Steuern und sonstiger Preisbestandteile** informieren muss. Hinzu kommt, dass auch gegebenenfalls zusätzlich anfallende Liefer- und Versandkosten nach § 1 Abs. 1 Nr. 7 BGB-InfoV dem Verbraucher entsprechend bekannt zu geben sind.

80 Die genannten speziellen, materiell-rechtlichen Preisangabepflichten für Fernabsatzverträge lassen die Preisangabepflichten der PAngV unberührt, nach § 312c Abs. 4 BGB. Man wird davon ausgehen können, dass solche Angaben, die § 1 Abs. 6 PAngV genügen, in der Regel auch „klar und verständlich" im Sinne des § 312c Abs. 1 BGB sind.[243] Gleichwohl ist – ua auf Grund der jeweils unterschiedlichen Ausnahmeregelungen (§ 9 PAngV einerseits und § 312b Abs. 3 BGB andererseits) – der Anwendungsbereich der Vorschriften über Fernabsatzverträge nicht deckungsgleich mit dem der PAngV.[244] Daher sind im Falles des Vorliegens eines Fernabsatzvertrages stets die Preisangabepflichten nach beiden Bestimmungen zu beachten.[245]

81 **c) § 823 Abs. 2 BGB.** Nach allgemeiner Auffassung ist die **PAngV kein Schutzgesetz** im Sinne des § 823 Abs. 2 BGB, da die PAngV nicht dazu dient, den Einzelnen oder einen bestimmten Personenkreis gegen die Verletzung eines Rechtsguts zu schützen.[246] Die allgemeine Zielsetzung der PAngV, den Verbraucher zu schützen sowie zu informieren, rechtfertigt keine entsprechende Qualifikation als Schutzgesetz im Sinne des § 823 Abs. 2 BGB.[247]

---

[240] So auch *Piper*/Ohly Einf. PAngV Rn 26.
[241] → Fn 75.
[242] § 126b BGB.
[243] S. auch *Piper*/Ohly Einf. PAngV Rn 27.
[244] So auch *Piper*/Ohly Einf. PAngV Rn 27.
[245] So auch *Piper*/Ohly Einf. PAngV Rn 27.
[246] *Völker* Einl. PAngV Rn 25 sowie Hefermehl/*Köhler*/Bornkamm UWG Vorbem. PAngV Rn 7.
[247] OLG Düsseldorf WRP 1965, 181, 183 zur damals geltenden Preisauszeichnungsverordnung, der Vorgängerregelung der PAngV.

II. Grundvorschriften der PAngV (§ 1)

1. Allgemeines

§ 1 PAngV stellt die **Basisnorm der PAngV** und zugleich des gesamten Preisangabenrechts dar. Insbesondere die in § 1 Abs. 1 PAngV enthaltene **Pflicht zur Angabe von Endpreisen** im geschäftlichen Verkehr gegenüber Letztverbrauchern ist eine der zentralen Bestimmungen der PAngV. Alle weiteren Vorschriften der PAngV – sowohl die Regelungen in den folgenden Absätzen des § 1 als auch die §§ 2 bis 8 PAngV – kommen nur dann zur Anwendung, wenn die Tatbestandsvoraussetzungen des § 1 Abs. 1 PAngV erfüllt sind.[248] Neben der Pflicht zur Endpreisangabe in Abs. 1 ist noch der **Abs. 6 Satz 1 des § 1 PAngV** von hervorgehobener Bedeutung. Nach § 1 Abs. 6 S. 1 PAngV müssen alle Preisangaben nach Maßgabe der allgemeinen Verkehrsauffassung und unter Beachtung der **Grundsätze von Preisklarheit und Preiswahrheit** erfolgen. 82

Die Bestimmungen der PAngV gelten zudem nur bei Waren- oder Leistungsangeboten gegenüber **privaten Letztverbrauchern** oder bei der Werbung mit Preisangaben, die sich an Letztverbraucher wendet. Sie gelten nicht im Wirtschaftsverkehr auf Handelsstufen, die dem Verkehr mit privaten Letztverbrauchern vorgelagert sind, also zB im Verhältnis Hersteller-(Groß)Händler, Importeur-Exporteur[249] (s. auch § 1 Abs. 1 S. 1 iVm § 9 Abs. 1 Nr. 1 PAngV). 83

2. Verpflichtung zur Angabe von Endpreisen (§ 1 Abs. 1)

a) Allgemeines. § 1 Abs. 1 S. 1 PAngV enthält die **Pflicht zur Angabe von Endpreisen gegenüber Letztverbrauchern,** wenn Waren oder Leistungen angeboten oder unter Angabe von Preisen beworben werden. Die Tatbestandsmerkmale dieser Vorschrift sind bewusst weit gefasst. Damit soll sichergestellt werden, dass die Anbahnung des gesamten geschäftlichen Verkehrs mit privaten Letztverbrauchern erfasst wird.[250] 84

Die Grundverpflichtung des § 1 Abs. 1 S. 1 PAngV enthält **zwei Bestandteile:** Erstens die **Verpflichtung zur Angabe des Preises an sich.** Wenn jemand einem Letztverbraucher Waren oder Leistungen anbietet oder diese bewirbt, ist der Anbieter zur Preisangabe verpflichtet. Es ist nicht in das Belieben des Anbieters gestellt, ob ein Preis anzugeben ist oder nicht.[251] Die Bewerbung eines Produktes verbunden mit dem Hinweis „Preis auf Anfrage" entbindet jedenfalls nicht von der Pflicht zur Angabe eines Preises.[252] Zweitens muss zudem der **Endpreis** angegeben werden. Dieser ist in § 1 Abs. 1 S. 1 PAngV definiert als Preis „einschließlich Umsatzsteuer und sonstiger Preisbestandteile". Der noch in der Fassung der PAngV vom 18. 10. 2002[253] enthaltene Zusatz „unabhängig von einer Rabattgewährung" ist durch die UWG-Reform 2004 entfallen. Da individuelle Preisnachlässe nunmehr in § 9 Abs. 2 PAngV geregelt werden, bedarf es der Normierung in § 1 Abs. 1 S. 1 PAngV nicht mehr.[254] 85

Die PAngV findet grundsätzlich nur dann Anwendung, wenn überhaupt ein Preis für eine Ware oder Leistung verlangt wird. Der **Begriff des Preises** ist weit zu verstehen und erfasst **jedes Entgelt für eine Ware oder Leistung,** unabhängig von der Rechtsnatur des Vertrages oder vom Vertragstypus.[255] Dabei gilt als Preis im Sinne der PAngV die als Geldbe- 86

---

[248] AllgM, so zB *Völker* § 1 Rn 1 mwN.
[249] *Piper*/Ohly § 1 PAngV Rn 3.
[250] *Völker* § 1 Rn 4 mwN.
[251] OLG Düsseldorf WRP 2001, 291 – Werbung für Fernreisen im Internet.
[252] So auch *Völker* § 1 Rn 5.
[253] → Rn 54.
[254] Beschlussempfehlung und Bericht des Rechtsausschusses des Bundestages vom 24. 3. 2004, BT-Drucks. 15/2795 S. 50.
[255] *Völker* § 1 Rn 6.

trag angegebene Vergütung.[256] Ein Anbieter, der eine Vergütung oder Gegenleistung anderer Art verlangt, zB eine Ware oder Leistung, gibt folglich keinen Preis im Sinne der PAngV an.[257] Angebote unentgeltlicher Waren oder Leistungen, zB Werbegeschenke, Zugaben usw., fallen ebenso nicht unter die PAngV.[258]

87 Die Pflichten der PAngV gelten nur für die **Anbieterseite bzw. den mit einem Angebot Werbenden,**[259] nicht für den Nachfrager, in der Regel den Verbraucher. Wenn aber ein Kreditinstitut seinen Kunden eine Kapitalanlagemöglichkeit anbietet, handelt es sich grundsätzlich um einen Fall der Kapitalnachfrage (aus Sicht des Kreditinstituts). In einem solchen Fall ist **der Werbende/Anbieter ausnahmsweise gleichzeitig der Nachfragende.** Es wird daher vertreten, dass der dem Kunden für die Kapitalüberlassung gezahlte Zins und die dazu zu verkündenden Angaben nicht unter die Vorschriften der PAngV fallen.[260] In den Kategorien der Geldwirtschaft gedacht, mag dies richtig sein. Gleichwohl ist es nicht vertretbar, dem Letztverbraucher (= Kunden des Kreditinstitutes) mit Hilfe dieses formalen Argumentes dem ihm üblicherweise in seiner – gegenüber dem Kreditinstitut schwächeren – Position gewährten Schutz der PAngV zu entziehen.

88 Weiterhin sind auch Personen, die für Dritte Geschäfte vermitteln oder für Dritte als Anbieter von Waren oder Leistungen werben, wie zB **Makler oder Reiseveranstalter,** preisangabepflichtig, auch wenn sie selbst nicht Vertragspartner des Verbrauchers werden.[261] Dies gilt unabhängig davon, ob ihre eigene Leistung für den Verbraucher kostenpflichtig ist oder nicht.[262] Wenn aber die eigene Leistung des Vermittlers nach § 1 Abs. 1 S. 1 PAngV angeboten oder beworben wird, dann unterliegt auch die Vermittlungsleistung selbst der Preisangabepflicht.[263]

89 **b) Persönlicher Geltungsbereich/Verpflichtete.** Der Kreis der zur Preisangabe Verpflichteten ergibt sich zunächst aus § 1 Abs. 1 S. 1 PAngV. Danach haben all diejenigen die Pflicht zur Preisangabe im Sinne der PAngV, die **gewerbs- oder geschäftsmäßig oder regelmäßig in sonstiger Weise** Waren oder Leistungen anbieten oder unter Preisangabe für Waren oder Leistungen gegenüber Letztverbrauchern werben, soweit nicht die Ausnahmevorschriften des § 9 PAngV greifen.[264] Auf der Anbieterseite setzt die PAngV ein gewerbs- oder geschäftsmäßiges Handeln voraus. Damit soll der gesamte geschäftliche Verkehr mit privaten Endverbrauchern erfasst werden.[265] Nur rein privates Handeln sowie innerbetriebliche Vorgänge fallen – ganz ähnlich wie im UWG – nicht unter die PAngV.[266]

90 **Gewerbsmäßig** handelt derjenige, der beruflich in der Absicht dauernder Gewinnerzielung geschäftlich tätig wird.[267] Dabei ist unerheblich, ob es sich um eine Haupt- oder Nebentätigkeit handelt.[268] Alle Tätigkeiten in Gewinnerzielungsabsicht, gleich ob eine private Tätigkeit oder eine solche der öffentlichen Hand, werden von diesem Tatbestandsmerkmal erfasst.[269]

91 **Geschäftsmäßig** handelt, wer die Wiederholung gleichartiger Tätigkeit zum wiederkehrenden Bestandteil seiner Beschäftigung macht bzw. machen möchte, unabhängig da-

---

[256] *Völker* § 1 Rn 6.
[257] So auch *Völker* § 1 Rn 6.
[258] So auch *Völker* § 1 Rn 7.
[259] MünchKomm/*Ernst* UWG Anh §§ 1–7, PAngV § 1 Rn 6.
[260] So zB *Steppeler/Astfalk* S. 16f, 20ff; ferner *Völker* § 1 Rn 8 sowie MünchKomm/*Ernst* UWG Anh §§ 1–7 G PAngV § 1 Rn 8.
[261] BGH GRUR 1999, 264 – Handy für 0,00 DM; s. auch MünchKomm/*Ernst* UWG Anh §§ 1–7 G PAngV § 1 Rn 7.
[262] MünchKomm/*Ernst* UWG Anh §§ 1–7 G PAngV § 1 Rn 7.
[263] *Piper*/Ohly § 1 PAngV Rn 9 mwN.
[264] Zu den Ausnahmevorschriften ausführlich → Rn 263ff.
[265] *Völker* § 1 Rn 11.
[266] MünchKomm/*Ernst* UWG Anh §§ 1–7 G PAngV § 1 Rn 4.
[267] So BGHZ 49, 258, 260f zu § 196 BGB.
[268] MünchKomm/*Ernst* UWG Anh §§ 1–7 G PAngV § 1 Rn 5.
[269] *Völker* § 1 Rn 12.

von, ob er mit Gewinnerzielungsabsicht handelt oder nicht.[270] Dieses Tatbestandsmerkmal findet ebenfalls auf die Tätigkeit Privater genauso Anwendung wie auf die wirtschaftliche Betätigung der öffentlichen Hand.[271] Ferner handeln auch sog. **Powerseller bei Internet-Auktionen** in der Regel geschäftsmäßig.[272] Bei Wiederholungsabsicht erfüllt bereits die erste Handlung den Begriff der „Geschäftsmäßigkeit".[273] Lediglich einmalige, seltene oder völlig unregelmäßige geschäftliche Vorgänge, wie zB der Verkauf eines Privatfahrzeugs durch eine Privatperson oder das Zeitungsinserat zum Verkauf des Eigenheims durch eine Privatperson werden nicht erfasst.[274]

Eine **regelmäßige Tätigkeit in sonstiger Weise** liegt dann vor, wenn jemand – ohne 92
bereits gewerbs- oder geschäftsmäßig zu handeln – in sonstiger Weise nachhaltig, d.h. immer wieder, im geschäftlichen Verkehr Letztverbrauchern Ware oder Leistungen anbietet oder hierfür unter Angabe von Preisen wirbt.[275] Hierbei handelt es sich um einen Auffangtatbestand, dem nur geringe praktische Bedeutung zukommt.[276] Grundsätzlich werden auch staatliche Stellen von diesem Tatbestandsmerkmal erfasst.[277] Falls eine Gemeinde ein Grundstück parzelliert und die einzelnen Grundstücke unter Angabe von Preisen zum Verkauf an Private anbietet, würde die PAngV Anwendung finden.[278]

c) Waren/Leistungen. Die Begriffe „Waren" und „Leistungen" entsprechen im We- 93
sentlichen den Begriffen „Waren oder gewerbliche Leistungen" bzw. „Waren oder Dienstleistungen" im UWG.[279] Alle wirtschaftlich verwertbaren Güter, die Gegenstand eines Handels im geschäftlichen Verkehrs sein können, sind als **„Waren"** im Sinne der PAngV anzusehen.[280] Dazu gehören alle **beweglichen Sachen,** unabhängig vom jeweiligen Aggregatzustand.[281] Folglich sind auch **unkörperliche Gegenstände,** wie zB elektrischer Strom, Fernwärme oder Gas zu den Waren im Sinne der PAngV zu zählen. Darüber hinaus gelten nach der Rechtsprechung auch Computersoftware-Programme als preisangabenpflichtige Ware.[282] Gleiches gilt für gewerbliche Schutzrechte, wie Patente und Marken sowie für andere übertragbare Rechte, wie zB urheberrechtliche Nutzungsrechte oder Know-how und Goodwill.[283]

Weiterhin sind **Immobilien** (zB Grundstücke und Eigentumswohnungen) als Waren 94
im Sinne der PAngV anzusehen.[284] Nicht zum Verkauf stehende, sondern lediglich der Auslagengestaltung dienende Dekorationsstücke unterliegen keiner Preisangabepflicht.[285] Gleichwohl sind aus leeren Umhüllungen bestehende **Attrappen und Schaupackungen** (zB Buchhüllen, leere Flaschen, Kartons) als Ware im Sinne der PAngV anzusehen, weil sie stellvertretend für die zum Verkauf stehende Ware ausgestellt werden.[286] Mit einem **Schild „verkauft" gekennzeichnete Ware** ist dann preisangabepflichtig, wenn nicht zu erkennen ist, dass die gleiche Ware nicht mehr zum Verkauf steht, weil zB das Produkt abver-

[270] OLG München WRP 1983, 704, 705.
[271] *Völker* § 1 Rn 13.
[272] MünchKomm/*Ernst* UWG Anh §§ 1–7 G PAngV § 1 Rn 5; zur Unternehmereigenschaft im Sinne des § 14 BGB von Powersellern LG Mainz MMR 2006, 51.
[273] So auch *Piper*/Ohly § 1 PAngV Rn 6 sowie MünchKomm/*Ernst* UWG Anh §§ 1–7 G PAngV § 1 Rn 5.
[274] So auch *Landmann/Rohmer/Gelberg* PAngV § 1 Abs. 1 Rn 5 sowie *Völker* § 1 Rn 13.
[275] *Landmann/Rohmer/Gelberg* PAngV § 1 Abs. 1 Rn 5 sowie *Piper*/Ohly § 1 PAngV Rn 6.
[276] So auch *Völker* § 1 Rn 14.
[277] So *Landmann/Rohmer/Gelberg* § 1 Abs. 1 PAngV Rn 5.
[278] So zu Recht *Landmann/Rohmer/Gelberg* PAngV § 1 Abs. 1 Rn 5.
[279] S. auch *Piper*/Ohly § 1 PAngV Rn 20.
[280] *Piper*/Ohly § 1 PAngV Rn 21.
[281] *Piper*/Ohly § 1 PAngV Rn 21.
[282] BGH GRUR 1985, 1055 – Datenverarbeitungsprogramme als „Ware"; BGHZ 94, 276, 286ff – Inkasso-Programm.
[283] So MünchKomm/*Ernst* UWG Anh §§ 1–7 G PAngV § 1 Rn 9; ganz ähnlich *Völker* § 1 Rn 16.
[284] BGH GRUR 1982, 493, 494 – Sonnenring.
[285] *Piper*/Ohly § 1 PAngV Rn 21.
[286] So zu Recht *Landmann/Rohmer/Gelberg* PAngV § 1 Abs. 1 Rn 7.

kauft ist.[287] Die Pflicht zur Preisangabe soll nur dann entfallen, wenn aus den Umständen zu erkennen ist, dass die gleichen Waren zukünftig nicht mehr zum Verkauf angeboten werden.[288] Auch Gegenstände, für die ein Pfand erhoben wird, insbesondere Flaschenpfand, sind als Ware im Sinne der PAngV anzusehen, wenn es dem Käufer freisteht, das Pfandstück zurückzugeben oder zu behalten.[289]

95 Unter dem Begriff der **„Leistungen" im Sinne der PAngV** sind **alle wirtschaftlichen Leistungen mit umsatzfähigem Wert** zu verstehen, welche im geschäftlichen Verkehr erbracht werden.[290] Zu den geldwerten Leistungen im Sinne der PAngV zählen insbesondere alle Handwerksleistungen (§ 5 PAngV), die Leistungen des Kredit-, Hotel- und Gaststättengewerbes (§§ 6 und 7 PAngV) und der Vermieter von Garagen, Einstell- und Parkplätzen (§ 8 PAngV). Versicherungs-, Beförderungs- und Reiseunternehmen[291] fallen ebenso unter den Leistungsbegriff der PAngV wie Freiberufler sowie die öffentliche Hand. In Bezug auf die beiden letztgenannten Kreise sind jedoch die Ausnahmebestimmungen des § 9 PAngV zu beachten.[292] Immobilienmakler und Kreditvermittler[293] erbringen ebenfalls Leistungen im Sinne der PAngV hinsichtlich der von ihnen im fremden Namen angebotenen bzw. beworbenen Kredite oder Immobilien.[294] Weiterhin verpflichtet das Angebot eines **Fax-Abrufservices unter Verwendung einer 0190-Rufnummer** den Anbieter dieser Dienstleistung zur Angabe der dabei entstehenden Kosten in Form von zeitbezogenen Rechnungssätzen.[295]

96 **d) Letztverbraucher.** Die Preisangabenpflicht gilt für alle Personen, die ihre Waren oder Leistungen gegenüber Letztverbrauchern anbieten oder diesen gegenüber Preiswerbung betreiben. Für den Fall der **Inanspruchnahme einer Leistung** ist derjenige Letztverbraucher, der die Leistung unmittelbar in Anspruch nimmt bzw. dem die Leistung oder ihr Ergebnis unmittelbar zugute kommt.[296] **Letztverbraucher** ist zudem jeder, der eine Ware – in verarbeitetem oder unverarbeitetem Zustand – als **letztes Glied der Warenverteilungskette** erwirbt, ohne sie weiterzuveräußern oder sonst gewerblich verwenden zu wollen.[297] Nach § 9 Abs. 1 Nr. 1 PAngV sind aber Gewerbetreibende, welche die Ware oder Leistung in ihrer selbstständigen beruflichen oder gewerblichen oder in ihrer behördlichen oder dienstlichen Tätigkeit verwenden keine Letztverbraucher im Sinne der PAngV, so dass im Ergebnis die PAngV im Wesentlichen nur gegenüber **privaten Letztverbrauchern** zur Anwendung gelangt.[298] Daneben bleiben noch diejenigen Personen als „Letztverbraucher" übrig, die zwar dem Kreis der in § 9 Abs. 1 Nr. 1 PAngV aufgeführten Personen angehören, aber die angebotenen bzw. mit Preisen beworbenen Waren oder Leistungen nicht für ihren selbstständigen beruflichen oder gewerblichen oder für ihren behördlichen oder dienstlichen, sondern ausschließlich für ihren privaten Bereich verwenden.[299]

97 **e) Angebot von Ware bzw. Werben unter Preisangabe.** Die Preisangabenpflicht des § 1 Abs. 1 S. 1 PAngV gilt für zwei unterschiedliche Tatbestände: einerseits das **Anbieten** von Waren und/oder Leistungen; andererseits das **Werben für den Verkauf** von Wa-

287 *Landmann/Rohmer/Gelberg* PAngV § 1 Abs. 1 Rn 7.
288 *Landmann/Rohmer/Gelberg* PAngV § 1 Abs. 1 Rn 7.
289 *Piper*/Ohly § 1 PAngV Rn 21 mit Verweis auf BGH GRUR 1994, 222, 223 – Flaschenpfand I; BGH GRUR 1998, 955 – Flaschenpfand II.
290 *Völker* § 1 Rn 20 oder *Piper*/Ohly § 1 PAngV Rn 22.
291 BGH WRP 1991, 652 – Nebenkosten.
292 S. auch *Piper*/Ohly § 1 PAngV Rn 22 sowie *Völker* § 1 Rn 20 und 21.
293 BGH GRUR 1980, 304, 305 – Effektiver Jahreszins.
294 *Landmann/Rohmer/Gelberg* PAngV § 1 Abs. 1 Rn 8.
295 OLG Frankfurt WRP 1999, 454 – „Fax-Abruf 0190 ...".
296 *Völker* § 1 Rn 9.
297 BGHZ 70, 18, 34 – Metro I. S. auch *Landmann/Rohmer/Gelberg* PAngV § 1 Abs. 1 Rn 6.
298 S. auch *Völker* § 1 Rn 10.
299 So auch *Landmann/Rohmer/Gelberg* PAngV § 1 Abs. 1 Rn 6; eine andere, teilweise differenzierende Auffassung zu dieser Problematik und darüber hinaus speziell zum Problem des Miterwerbs betriebsfremder Waren zum Eigenverbrauch vertreten *Piper*/Ohly § 1 PAngV Rn 11.

ren bzw. Leistungen unter Angabe von Preisen. Beide Tatbestandsmerkmale haben unterschiedliche Anforderungen.[300] So verlangt die Annahme eines Angebots im Sinne der PAngV besondere Umstände, die über die Merkmale einer Werbung im Sinne der PAngV hinausgehen.[301] In Bezug auf das Verhältnis der beiden Tatbestandsmerkmale ist davon auszugehen, dass das Werben im Sinne des § 1 Abs. 1 PAngV ein Minus im Verhältnis zum Anbieten darstellt,[302] welches nur dann preisangaberechtlich relevant ist, wenn unter Angabe von Preisen geworben wird. Eine Werbung im Sinne des PAngV liegt in der Regel dann vor, wenn es noch ergänzender Angaben und weiterer Verhandlungen bedarf, um ein Geschäft zum Abschluss zu bringen.[303] Das vergleichsweise konkrete Angebot wird durch den allgemein gehaltenen „Auffangtatbestand" der Werbung ergänzt,[304] jedoch fällt eine klare Abgrenzung schwer.[305] Beide Tatbestandsalternativen zusammen erfassen jedenfalls grundsätzlich **jede Form der Kommunikation,** gleich ob mündlich oder schriftlich, ob an eine unbestimmte Zahl von Personen gerichtet oder bei gezielter Ansprache an eine Person in einem Beratungs- oder Verkaufsgespräch oder in einem Telefonat.[306] Daneben werden auch Angebote bzw. Werbung über die elektronischen Medien (Rundfunk, TV, Internet, E-Mail oder Videotext) von der PAngV erfasst.[307]

aa) Angebot. Der Begriff des „Angebots" im Sinne des PAngV ist nicht identisch mit dem des BGB. Zwar stellen wohl alle Vertragsangebote im Sinne des § 145 BGB gleichzeitig auch ein Angebot im Sinne der PAngV dar;[308] darüber hinaus fallen aber auch alle Erklärungen unter die PAngV, die vom Verkehr in einem rein tatsächlichen Sinne als Angebot aufgefasst werden, auch wenn sie keine Vertragsofferte im rechtstechnischen Sinne des § 145 BGB darstellen.[309] Nach der Rechtsprechung jedenfalls ist **jede Erklärung eines Kaufmanns, die im Verkehr üblicherweise als Angebot an den Verbraucher verstanden wird,** als Angebot im Sinne der PAngV zu verstehen.[310] Die Preisangabenpflicht gilt daher in der Regel auch für solche Fälle, die rechtstechnisch nur als Aufforderung, ein verbindliches Angebot abzugeben („invitatio ad offerendum"), anzusehen sind.[311] **98**

Anzeigen in Zeitschriften, Zeitungen sowie Prospekte sind grundsätzlich (noch) nicht als Angebot, sondern eher als Werbung im Sinne der PAngV anzusehen.[312] Ein Angebot im Sinne der PAngV kann aber dann vorliegen, wenn der Inhalt einer **Anzeige oder Werbebroschüre so konkret gestaltet** ist, dass der Abschluss des Geschäfts aus der Sicht des Kunden ohne weiteres möglich ist.[313] Falls jedoch wesentliche Hinweise oder Angaben fehlen, die ihrerseits zum Vertragsabschluss erforderlich sind, zB Informationen über die Größe des Objekts oder das aufzubringende Eigenkapital bei einem Immobilienangebot, liegt wiederum kein Angebot im Sinne der PAngV vor.[314] Gleiches gilt, wenn Journalisten einmalig in einer **Radio oder TV-Sendung** Waren unter Preisnennung vorstellen; nach Auffassung des BL-A stellt dies weder ein Angebot noch eine Werbung „unter Angabe von **99**

---

300 ZB BGH GRUR 1982, 493 – Sonnenring.

301 *Gimbel/Boest* § 1 Abs. 1 Anm. 8c.

302 So *Piper*/Ohly § 1 PAngV Rn 14; s. auch *Völker* § 1 Rn 33.

303 BGH GRUR 2004, 960, 961–500 DM-Gutschein für Autokauf; s. auch Hefermehl/*Köhler*/Bornkamm UWG § 1 PAngV Rn 8.

304 *Landmann/Rohmer/Gelberg* PAngV § 1 Abs. 1 Rn 15.

305 So auch MünchKomm/*Ernst* UWG Anh §§ 1–7 G PAngV § 1 Rn 11.

306 *Völker* § 1 Rn 23 mwN sowie *Piper*/Ohly § 1 PAngV Rn 19.

307 OLG Oldenburg ZUM-RD 2001, 354.

308 So auch *Piper*/Ohly § 1 PAngV Rn 15.

309 MünchKomm/*Ernst* UWG Anh §§ 1–7 G PAngV § 1 Rn 8 sowie *Piper*/Ohly § 1 PAngV Rn 15.

310 BGH GRUR 1980, 304, 306 – effektiver Jahreszins.

311 So *Landmann/Rohmer/Gelberg* PAngV § 1 Abs. 1 Rn 9 mwN; s. auch *Völker* § 1 Rn 25.

312 *Gutachterausschuss* WRP 1981, 609 sowie OLG Koblenz WRP 1987, 264f.

313 BGH GRUR 1982, 493, 494 – Sonnenring; BGH GRUR 1983, 658, 660 – Hersteller-Preisempfehlungen in KfZ-Händlerwerbung; BGH GRUR 1980, 304, 306 – Effektiver Jahreszins.

314 BGH GRUR 1982, 493, 494 – Sonnenring; OLG München GRUR 1981, 916f – Immobilien-Anzeige.

Preisen" dar.[315] Es besteht in einem solchen Fall daher auch keine Pflicht zur Grundpreisangabe nach § 2 PAngV. Wird aber eine Ware im Rahmen einer **Verkaufspräsentation** vorgestellt und beschrieben, liegt in der Regel ein Angebot im Sinne der PAngV vor.[316] Dasselbe gilt für **Präsentationen im privaten Bereich,** wenn zB bei Hausveranstaltungen Produkte persönlich geladenen Bekannten vorgestellt werden mit dem Ziel, diese Produkte zu verkaufen.[317]

100 Ein **Warenkatalog** mit detailliert aufgeführten Artikeln unter Beifügung eines Bestellscheines stellt ein Angebot im Sinne der PAngV dar.[318] Gleiches gilt für einen **Internetanbieter von Flugreisen,** der alle für eine Buchungsentscheidung notwendigen Angaben aus dem Flugplan der Fluggesellschaft auflistet; und zwar auch dann, wenn der Kunde aufgefordert wird, seinerseits für den von ihm aus dem Angebot des Internetreiseanbieters auszuwählenden Flug einen bestimmten Preis zu bieten, welchen das Unternehmen dann entweder akzeptieren oder ablehnen kann.[319] Dagegen stellen allgemein gehaltene **Kfz-Verkaufsanzeigen** in Zeitungen in der Regel kein Angebot dar, da zahlreiche, für den Kaufentschluss wesentliche Faktoren meist unerwähnt bleiben.[320] Ähnlich verhält es sich mit Anzeigen für anspruchsvolle Geräte der Unterhaltungselektronik, weil regelmäßig wesentliche Umstände eine Besichtigung und Prüfung der Geräte vor Ort erforderlich machen.[321] Man wird allgemein davon ausgehen können, dass eine Anzeigenwerbung für **hochwertige und komplexe Wirtschaftsgüter,** bei denen der Kunde zu der Kaufentscheidung umfangreiche Informationen sowie technische Angaben und Einzelheiten wissen muss bzw. möchte, üblicherweise kein Angebot im Sinne der PAngV darstellt.[322] Jedoch sind solche Anzeigen in der Regel eine Werbung im Sinne der PAngV und fallen daher, sofern mit Preisen geworben wird, unter § 1 Abs. 1 S. 1 der PAngV.[323]

101 **bb) Werbung.** Unter dem Begriff der „Werbung" ist jede auf Absatzförderung zielende visuelle oder akustische produkt- oder leistungsbezogene Kommunikation im geschäftlichen Verkehr zu verstehen.[324] Eine Werbung im Sinne der PAngV liegt in der Regel dann vor, wenn es noch ergänzender Angaben und weiterer Verhandlungen bedarf, um ein Geschäft zum Abschluss zu bringen.[325] Als Werbeformen kommen neben den in § 1 Abs. 1 S. 1 PAngV aufgeführten (Zeitungen, Zeitschriften, Prospekte, Plakate, Rundfunk oder Fernsehen) auch alle anderen Kommunikationsformen in Betracht, zB Handzettel, Kinowerbung sowie Werbung in elektronischen Medien (zB Internet).[326] Auch Anzeigenblätter sind Zeitungen im Sinne des § 1 Abs. 1 S. 1 PAngV.[327]

102 Grundsätzlich fällt nur das **„Werben unter Angabe von Preisen"** unter den Tatbestand des § 1 Abs. 1 S. 1 PAngV. Wenn hingegen für Waren oder Leistungen ohne Preisangabe geworben wird, ist die PAngV nicht einschlägig.[328] Gleichwohl ist nicht nur eine Werbung mit dem eigentlichen (End)Preis eine Werbung im Sinne der PAngV; auch **Wer-**

---

[315] So der Bund-Länder-Ausschuss „Preisangaben" 39. Sitzung TOP 2i, zitiert bei *Landmann/Rohmer/Gelberg* PAngV § 1 Abs. 1 Rn 5.

[316] *Völker* § 1 Rn 23.

[317] KG GRUR 1975, 148f sowie OVG Rheinland-Pfalz GewArch 1979, 132 – Abgrenzen von „Anbieten" und „Werbung".

[318] So zu Recht MünchKomm/*Ernst* UWG Anh §§ 1–7 G PAngV § 1 Rn 9 sowie *Piper*/Ohly § 1 PAngV Rn 16.

[319] OLG Düsseldorf WRP 2001, 291, 293 – Biet & Flieg m. Anm. *Hackbarth* CR 2001, 123.

[320] BGH GRUR 1983 658, 660 – Hersteller-Preisempfehlungen in KfZ-Händlerwerbung; BGH GRUR 1983, 661, 662f – Sie sparen 4000 DM.

[321] OLG Stuttgart WRP 1989, 277, 279f.

[322] *Völker* § 1 Rn 26.

[323] S. auch *Landmann/Rohmer/Gelberg* PAngV § 1 Abs. 1 Rn 15.

[324] *Völker* § 1 Rn 32.

[325] BGH GRUR 2004, 960, 961–500 DM-Gutschein für Autokauf; s. auch Hefermehl/*Köhler*/Bornkamm UWG § 1 PAngV Rn 8 sowie MünchKomm/*Ernst* UWG Anh §§ 1–7 G PAngV § 1 Rn 11.

[326] *Völker* § 1 Rn 32.

[327] BGH GRUR 1982, 439, 440 – Münchener Anzeigenblätter zu §§ 23, 24 GWB aF.

[328] So auch *Landmann/Rohmer/Gelberg* PAngV § 1 Abs. 1 Rn 14.

bung mit Preiselementen oder Preisbestandteilen im Sinne des § 1 Abs. 1 S. 1 PAngV hat bereits die Anwendung der PAngV zur Folge.[329] Für den Fall einer Werbung lediglich mit Preiselementen, ist daher die Verpflichtung zur Endpreisangabe zu beachten. So ist zB bei einer Werbung für Immobilien die bloße Angabe des qm-Preises eine unzureichende Preisangabe im Sinne der PAngV, da der Endpreis nicht erkennbar ist. In einem solchen Fall ist der vollständige und konkrete Immobilienpreis in Euro als Endpreis anzugeben.[330] Die Pflicht zur Angabe des Endpreises besteht auch dann, wenn die Werbung alle für die Ermittlung des Endpreises erforderlichen Angaben enthält und der Verbraucher den Preis selbst zusammen rechnen könnte.[331] Bei einer Werbung für Immobilien ist bereits die Angabe des erforderlichen Eigenkapitals eine endpreisangabenpflichtige Handlung.[332] Das Eigenkapital ist ein wesentlicher Bestandteil des Endpreises, welcher bei den angesprochenen Verkehrskreisen bestimmte Preisvorstellungen weckt.[333]

cc) Angabe von Preisen. Eine allgemeine Rechtspflicht zur Angabe von Preisen in der Werbung gibt es in Deutschland nicht. Wenn jemand aber mit Preisen für eine Ware oder Leistung werben möchte, hat er die Bestimmungen der PAngV zu beachten. Der Tatbestand des § 1 Abs. 1 S. 1 PAngV erfasst **nur Werbung unter Angabe von Preisen.** Eine Angabe von Preisen im Sinne der PAngV liegt dann vor, wenn die Angabe geeignet ist, beim Publikum konkrete Vorstellungen über den Preis oder zumindest das Preisniveau der beworbenen Ware bzw. Leistung hervorzurufen.[334] Eine nach der PAngV unvollständige Werbung unter Angabe von Preisen liegt dann vor, wenn ein Telefonie-Anbieter mit einer für Wochenende und Feiertage geltenden Angabe „Telefonieren für 0 Cent" wirbt, während der Bereitstellungspreis sowie der monatliche Grundpreis nicht angegeben werden.[335] 103

Allgemeine Hinweise, durch die der Preis nicht genau bestimmt („Preis auf Anfrage")[336] oder durch die (lediglich) auf die Verhandlungsbereitschaft des Anbieters bezüglich des Preises hingewiesen wird („Preis Verhandlungssache" oder „ Preis VB"),[337] ohne einen konkreten Preis zu nennen, **stellen keine Preisangaben im Sinne der PAngV dar.**[338] Gleiches gilt für abstrakte Äußerungen zur Preisgestaltung in einer Werbung, wie zB „das Haus der kleinen Preise"[339] oder „Superpreise"[340] oder „Tiefstpreise".[341] 104

Die (unverbindliche) **Preisempfehlung eines Herstellers** für einen Markenartikel bzw. auf der Verpackung des Artikels[342] unterliegt nicht der PAngV, sofern der Hersteller nicht der Anbieter des Produktes an den Letztverbraucher im Sinne der PAngV ist, d.h., wenn die Ware über einen Händler veräußert wird.[343] Gleichwohl kann eine **Werbung eines Kfz-Händlers** unter ausschließlicher Nennung der **„unverbindlichen Preisempfehlung"** des Herstellers unter die PAngV fallen, wenn aus der Sicht der angesprochenen 105

[329] *Landmann/Rohmer/Gelberg* PAngV § 1 Abs. 1 Rn 16.

[330] BGH WRP 1983, 674 – qm-Preisangaben I. Zu einer speziellen Sachverhaltskonstellation, die als Ausnahme bezeichnet werden kann *Landmann/Rohmer/Gelberg* PAngV § 1 Abs. 1 Rn 16.

[331] BGH GRUR 1988, 699f – qm-Preisangaben II.

[332] *Völker* § 1 Rn 39.

[333] OLG Stuttgart WRP 1981, 119, 120; OLG Düsseldorf WRP 1981, 150, 151f.

[334] So *Völker* § 1 Rn 35.

[335] OLG Düsseldorf GRUR-RR 2005, 87.

[336] OLG Koblenz WRP 1987, 264f – Abgrenzung zwischen Anbieten und Werbung und OLG Stuttgart WRP 1989, 277, 280 – Preisangaben bei der Werbung für Unterhaltungselektronik.

[337] KG NJW 1983, 894f.

[338] So auch MünchKomm/*Ernst* UWG Anh §§ 1–7 G PAngV § 1 Rn 15 sowie *Völker* § 1 Rn 35.

[339] *Landmann/Rohmer/Gelberg* PAngV § 1 Abs. 1 Rn 17.

[340] *Völker* § 1 Rn 35.

[341] Unberührt bleibt eine Prüfung nach § 5 UWG.

[342] Im Rahmen der 7. GWB-Novelle vom Juli 2005 wurden die Bestimmungen über Preisempfehlungen im deutschen GWB (§§ 22 und 23 GWB) gestrichen; damit ist die früher nur eingeschränkt zulässige Nennung von (Hersteller-)Preisempfehlungen nur noch an der EG-Gruppenfreistellungsverordnung Nr. 2790/999, EG ABl. Nr. L 336, S. 21 zu messen.

[343] *Völker* § 1 Rn 37; allgemein zur wettbewerbsrechtlichen Zulässigkeit der Werbung mit einem empfohlenen Verkaufspreis sowie zur Verwendung des Kürzels „UVP" BGH GRUR 2007, 603.

Verkehrskreise diese werbliche Äußerung als eine auf die eigene Preisgestaltung des Händlers bezogene Angabe angesehen werden kann.[344] In einem solchen Fall trifft den Kfz-Händler die Verpflichtung zur Angabe des von ihm verlangten Endpreises. Dieser kann identisch mit der unverbindlichen Preisempfehlung sein oder auch darunter liegen, nach seiner freien Entscheidung.[345] Die Bezugnahme auf eine unverbindliche Preisempfehlung kann aber aus Sicht der angesprochenen Verkehrskreise auch als eine **neutrale Information des Händlers** über den Inhalt der Preisempfehlung empfunden werden,[346] mit der Folge, dass die PAngV nicht einschlägig ist.[347] Letztgenannter Fall wird jedoch die Ausnahme darstellen, da dem Verkehr regelmäßig klar sein dürfte, dass der Händler keine „neutralen" Preisinformationen gibt. Üblicherweise möchte der Händler durch die Bezugnahme auf die unverbindliche Preisempfehlung des Herstellers in einer Werbung zum Ausdruck bringen, dass sein Preis zumindest nicht über dem des Herstellers liegt, so dass im Ergebnis doch konkrete Preisvorstellungen in den angesprochenen Verkehrskreisen geweckt werden.[348]

106 Bezifferte **Angaben über Preisersparnisse** ohne Nennung einer festen Bezugsgröße stellen grundsätzlich keine Preisangabe im Sinne des § 1 Abs. 1 S. 1 PAngV dar, gleich ob die Angabe prozentual[349] oder als bestimmter Betrag („Sie sparen 4000,– DM")[350] erfolgt.[351] Ebenso verhält es sich mit der Werbung von nicht auf bestimmte Waren bezogenen **sog. Margenpreisen** („Von ... bis ..."-Preise).[352] Etwas anderes gilt für den Fall der Angabe „bis zu 20% unter der unverbindlichen Preisempfehlung",[353] weil hier – zumindest mittelbar – eine konkrete Bezugsgröße vom Verbraucher zu erkennen ist. Die Anzeigenwerbung mit einem **alten durchgestrichenen Preis** und einer blickfangartig herausgestellten Preisherabsetzung („bis zu ca. 50% billiger") ist ebenfalls als Preisangabe im Sinne der PAngV anzusehen.[354] Dies gilt auch, wenn nur mit dem früheren durchgestrichenen Preis geworben wird.[355]

107 **dd) Endpreise.** Unter dem **Endpreis** ist gemäß § 1 Abs. 1 S. 1 PAngV der **tatsächlich zu zahlende Preis einschließlich der Umsatzsteuer und sonstiger Preisbestandteile** zu verstehen, d.h. der insgesamt für die Ware oder Leistung aufzubringende Betrag.[356] Der Endpreis im Sinne der PAngV ist folglich stets der **Bruttopreis.**[357] Die Verpflichtung der Endpreisangabe soll verhindern, dass der Letztverbraucher seine Preisvorstellungen anhand untereinander nicht vergleichbarer Preise, Einzelpreise, Teilpreise, ca.-Preise oder Preisbeispiele bilden muss.[358]

108 Der Endpreis ist auch dann anzugeben, wenn der Endverbraucher bei bestimmten Angeboten (zB Flugtickets) daran gewöhnt ist, aufgeführte Einzelpreise selbst zu einem Endpreis zusammenzurechnen.[359] Ferner ist bei einer Werbung für **Zeitungs- bzw. Zeitschriftenabonnements** nicht nur der Preis der einzelnen Zeitungs- oder Zeitschriftenausgabe im Abonnement anzugeben, sondern der Gesamtpreis für den Abonnementszeitraum

---

[344] S. auch *Völker* § 1 Rn 37.

[345] *Gimbel/Boest* § 1 Abs. 1 Anm. 10 mwN; BGH GRUR 1985, 983, 984 f – Kraftfahrzeug-Rabatt.

[346] BGH GRUR 1983, 658, 659 f – Hersteller-Preisempfehlung in Kfz-Händlerwerbung; BGH GRUR 1989, 606, 607 f – Unverbindliche Preisempfehlung.

[347] So auch Hefermehl/*Köhler*/Bornkamm UWG PAngV § 1 Rn 5.

[348] So auch *Völker* § 1 Rn 37 mit ausführlicher und überzeugender Argumentation.

[349] OLG Stuttgart NJW-RR 1991, 1451 f.

[350] BGH GRUR 1983, 661, 663 – Sie sparen 4000,– DM.

[351] Hefermehl/*Köhler*/Bornkamm UWG PAngV § 1 Rn 5.

[352] OLG Stuttgart WRP 1983, 445, 446.

[353] OLG München WRP 1979, 890 f.

[354] BGH GRUR 1991, 685 f – Zirka-Preisangabe.

[355] OLG München WRP 1978, 312.

[356] BGH GRUR 1983, 665, 666 – qm-Preisangaben I; *Völker* § 1 Rn 40.

[357] *Piper*/Ohly § 1 Rn 23.

[358] BGH GRUR 2001, 1166, 1168 – Fernflugreise.

[359] BGH GRUR 1981, 140, 141 – Flughafengebühr; BGH GRUR 2001, 1166, 1168 – Fernflugreise sowie MünchKomm/*Ernst* UWG Anh §§ 1–7 G PAngV § 1 Rn 16.

bis zum frühestmöglichen Beendigungszeitpunkt.[360] Die Pflicht zur Endpreisangabe ist bei einer **Werbung für Foto-Farbabzüge,** die blickfangartig zu einem Preis von einem Pfennig beworben wird, nicht erfüllt, wenn nicht auf die erheblich höheren Kosten der Erstentwicklung des Films und der Indexabzüge hingewiesen wird.[361] Unzulässig ist daher die Herausstellung eines besonders günstigen Preises eines einzelnen Leistungsbestandteiles, obwohl sich ein Gesamtpreis bilden ließe.[362] Selbst wenn der Endpreis im Einzelfall unschwer durch einen einfachen Rechenvorgang vom Verbraucher selbst ermittelt werden kann, ist nach der Rechtsprechung die Angabe desselben durch die PAngV vorgeschrieben.[363] So verstößt es auch gegen die Pflicht zur Endpreisangabe, wenn ein Kaufmann auf Hinweisschildern im Verkaufsraum ankündigt, dass die auf den Preisschildern unmittelbar auf der Ware ausgezeichneten **Preise um 20% an der Kasse reduziert** werden.[364]

Die Pflicht zur Angabe eines Endpreises im Sinne des § 1 Abs. 1 S. 1 PAngV verlangt **109** grundsätzlich die Mitteilung eines **festen Endpreises.** Die bloße Angabe von **„ca. ...“-Preisen** ist daher **regelmäßig unzulässig,** da eine solche Preisangabe keinen hinreichend genauen Preisvergleich erlaubt.[365] Ausnahmsweise kann aber auch eine „ca. ...“-Preisangabe zulässig sein, und zwar dann, wenn der Endpreis zum Zeitpunkt des Angebotes tatsächlich (noch) nicht mitgeteilt werden kann. Dies ist zB bei Ankündigungen geplanter Neuerscheinungen im Buchhandel denkbar, bei denen üblicherweise der genaue Endpreis noch nicht feststeht.[366] Ein ähnliches Problem stellt sich bei der **Verkaufswerbung für noch unvermessenes Bauland,** wenn das einzelne Grundstück durch Parzellierung eines größeren Areals erst noch gebildet werden soll und daher die Größe des einzelnen Grundstücks zur Zeit der Werbung noch nicht feststeht oder von der Zahl der Käufer abhängt.[367] Wenn dann in der Werbung für solches Bauland eine „ca. ...“-Angabe erscheint, ist jedenfalls in Bezug auf die aufgeführte ungefähre Größe auch der Endpreis anzugeben.[368] Sollte selbst die Marge noch nicht feststehen, hat der Anbieter beispielhaft für eine bestimmte Größe den Endpreis anzugeben.[369] Erschließungskosten, deren Höhe zum Zeitpunkt des Angebots noch nicht feststeht und bei denen die Höhe der Kosten von Umständen abhängt, die zum Angebotszeitpunkt noch nicht bekannt sind, sind nicht in den Endpreis einzubeziehen.[370]

Angebote unter Nennung von sog. **Eckpreisen** („ab ...“-Preis) oder von **Preismargen** („von ... bis ...“-Preis) sind wegen der Pflicht zur Nennung eines festen Endpreises **in der Regel unzulässig.**[371] Allerdings ist die **Werbung mit Eckpreisen oder Preismargen** grundsätzlich dann **zulässig,** wenn in allgemeiner Form für eine bestimmte Warengattung geworben wird, sofern für die beworbenen Einzelstücke unterschiedliche Preise verlangt werden und wenn mit der Werbung lediglich auf den Umfang des Angebotes hingewiesen wird.[372] Falls eine Ware mit einer Vielzahl unterschiedlicher Gewichte verkauft und dadurch mit entsprechend unterschiedlichen Preisen beworben wird (zB vorverpacktes Fleisch oder Geflügel), ist dem Anbieter die (End)Preisauszeichnung mittels einer „von ... **110**

---

360 OLG Köln NJWE-WettbR 1997, 9.

361 BGH GRUR 2001, 446, 447–1-Pfennig-Farbbild; s. auch *Völker* § 1 Rn 40.

362 BGH GRUR 2001, 446, 447–1-Pfennig-Farbbild.

363 BGH GRUR 1979, 553, 554 – Luxus-Ferienhäuser; BGH GRUR 2001, 258, 259 – Immobilienpreisangaben.

364 BGH GRUR 1999, 762, 763 – Herabgesetzte Schlussverkaufspreise.

365 BGH GRUR 1991, 685, 686 – Zirka-Preisangabe sowie MünchKomm/*Ernst* UWG Anh §§ 1–7 G PAngV § 1 Rn 18.

366 MünchKomm/*Ernst* UWG Anh §§ 1–7 G PAngV § 1 Rn 18 sowie *Völker* § 1 Rn 42.

367 *Völker* § 1 Rn 51.

368 OLG Karlsruhe WRP 1983, 634, 635.

369 Zahlreiche Beispiele der Rechtsprechung zur Baulandpreisangabe findet man bei *Völker* § 1 Rn 51.

370 KG WRP 1989, 168, 170; so auch die amtl. Begr. zur PAngV 1985, Bundesanzeiger 1985 Nr. 70 S. 3730, Nr. 3 zu § 1 Abs. 1.

371 *Piper*/Ohly § 1 PAngV Rn 30.

372 OLG Stuttgart WRP 1983, 51, 52 sowie OLG Stuttgart NJW-RR 1988, 358; s. auch *Landmann/Rohmer/Gelberg* PAngV § 1 Abs. 1 Rn 26; *Piper*/Ohly § 1 PAngV Rn 30.

bis …"-Angabe erlaubt.[373] Daneben ist natürlich noch der Grundpreis im Sinne des § 2 PAngV anzugeben, zB als Kilopreis.

111 Beim **Verkauf von Brillen** hat der Optiker den sog. **Selbstzahlerpreis** anzugeben.[374] Dies ist das Entgelt, das sich im Falle des Verkaufs an ein Mitglied einer gesetzlichen Krankenkasse aus dem Betrag zusammensetzt, den der Optiker vom Käufer selbst und dem Anteil, den der Optiker von der Kasse erhält. Eine Werbung, die als Preisangabe lediglich den Selbstbeteiligungsbetrag des Käufers/Versicherten enthält, verstößt gegen die Endpreisangabepflicht des § 1 Abs. 1 S. 1 PAngV.[375] Dies gilt selbst dann, wenn der Optiker **ausschließlich Brillen an Kassenpatienten verkauft.**[376] In einer Preiswerbung für eine Brille ist nicht zwischen dem Preis für die Fassung und dem für die Gläser zu differenzieren. Der Verbraucher sieht eine **Brille als einheitliches Angebot.** Die unterschiedliche sozialversicherungsrechtliche Einstandspflicht für Fassung und Gläser ist für die Verkehrsauffassung nicht maßgebend.[377]

112 In den Endpreis sind die (jeweils geltende) **Umsatzsteuer und alle sonstigen Preisbestandteile** einzurechnen nach § 1 Abs. 1 S. 1 PAngV. Die Angabe des Nettopreises und separat daneben der Umsatzsteuer ohne Nennung des (Gesamt)Endpreises ist unzulässig.[378] Unter den **sonstigen Preisbestandteilen im Sinne des § 1 Abs. 1 S. 1 PAngV** sind alle Teil- oder Basisangaben über den Kaufpreis zu verstehen; d.h. alle Preise und Kosten, die der Verkäufer üblicherweise in die Kalkulation seiner Endpreise einbezieht (sog. notwendige Preisbestandteile).[379] So muss zB die bei jeder **Flugreise** zwangsläufig anfallende und bei der Buchung zu entrichtende **Flughafengebühr** im Endpreis enthalten sein.[380] Gleiches gilt für die „sonstigen" Flughafenabgaben wie zB Flughafensteuer oder Passagier- und Sicherheitsgebühren.[381] Der einfache Zusatz, dass neben den genannten Flugpreisen Kosten und Gebühren anfallen, ist nicht ausreichend.[382] Gleichwohl verstößt der Anbieter eines **Reservierungssystems für Linienflüge im Internet** nicht gegen § 1 Abs. 1 S. 1 PAngV (iVm § 1 Abs. 6 PAngV), wenn das System bei der erstmaligen Bezeichnung eines Flugpreises nicht bereits den Endpreis angibt, sondern dieser erst bei der fortlaufenden Eingabe in das Reservierungssystem ermittelt wird, sofern der Nutzer hierauf zuvor klar und deutlich hingewiesen wurde.[383] Kein Verstoß gegen § 1 Abs. 1 S. 1 PAngV liegt ebenfalls vor, wenn in einem Reisekatalog für eine bestimmte, ausschließlich über ein Reisebüro buchbare Reise darauf hingewiesen wird, dass zu dem aufgeführten Grundpreis der Reise noch ein Flughafenzuschlag (oder ggf. -abschlag) in Höhe von maximal 50 Euro treten kann, dessen genaue Höhe der Verbraucher aber im Reisebüro zu erfragen hat.[384]

113 Die Kosten für **zwangsläufig anfallende Nebenleistungen** sind ebenfalls in den Endpreis einzubeziehen. Der Mietzins für eine **Ferienwohnung** muss daher auch die pauschal und in jedem Fall zu zahlenden **Nebenkosten** für Strom, Wasser, Gas, Heizung und Endreinigung usw. enthalten.[385] In die gleiche Kategorie fallen die **obligatorisch** zu zahlenden **Überführungskosten beim Neuwagenkauf,**[386] die als Preisbestandteil in den Endpreis

---

[373] BGH GRUR 1991, 847, 848 – Kilopreise II.

[374] BGH GRUR 1997, 767 – Brillenpreise II; BGH NJW-RR 1989, 101 – Brillenpreise I; ferner MünchKomm/*Ernst* UWG Anh §§ 1–7 G PAngV § 1 Rn 19.

[375] BGH NJW-RR 1989, 101, 102 – Brillenpreise I.

[376] BGH GRUR 1997, 767, 769 – Brillenpreise II.

[377] BGH GRUR 2000, 918, 919 – Null-Tarif; s. auch *Piper*/Ohly § 1 PAngV Rn 27.

[378] BGH GRUR 1979, 553, 554 – Luxus-Ferienhäuser.

[379] *Piper*/Ohly § 1 PAngV Rn 32.

[380] BGH GRUR 1981, 140, 141 – Flughafengebühr.

[381] BGH GRUR 2001, 1166, 1168 – Fernflugreise sowie OLG Düsseldorf WRP 1999, 115, 116f.

[382] OLG Düsseldorf WRP 1999, 115, 116f.

[383] BGH WRP 2003, 1222 – Internet-Reservierungssystem.

[384] OLG Celle, VuR 2008, 223.

[385] BGH WRP 1991, 652 – Nebenkosten; s. jüngst LG München I WRP 2008, 273 sowie OLG Schleswig OLGR 2007, 523.

[386] BGH GRUR 1983, 443, 445 – Kfz-Endpreis sowie OLG Düsseldorf WRP 1995, 732, 734 – Inserat für Neufahrzeuge mit „0 km".

zu integrieren sind.[387] Bei einem Kfz-Leasing ist die Angabe der Überführungskosten dann erforderlich, wenn ansonsten der Eindruck entstünde, die Überführungskosten seien im Preis mitenthalten.[388] Falls die Überführungskosten für das Kfz ausnahmsweise nicht angegeben werden können, weil zB die verschiedenen Niederlassungen eines Unternehmens räumlich weit auseinander liegen oder weil es sich um ein Importfahrzeug handelt und die Kosten zum Zeitpunkt der Werbung noch nicht feststehen, hat der Anbieter diese zusätzlichen Kosten nach den Grundsätzen des § 1 Abs. 6 PAngV (Preisklarheit und Preiswahrheit) in geeigneter Weise kenntlich zu machen („zuzüglich Überführungskosten").[389]

Kosten für den Versand von Ware, zB im Versandhandel, sind nach der Rechtspre- 114
chung des BGH ein üblicherweise nicht auf den Endpreis anzurechnender Preisbestandteil, da die Kosten nicht auf die Ware selbst, sondern auf die Versendung erhoben werden.[390] Dies kann aber nur dann gelten, sofern **kein Fernabsatzgeschäft** im Sinne des § 1 Abs. 2 PAngV iVm § 312b BGB vorliegt.[391] Im Falle der Werbung oder des Angebots für ein Fernabsatzgeschäft müssen auch sämtliche Liefer- und Versandkosten zusätzlich zum angegebenen Waren- bzw. Leistungspreis genannt werden (§ 1 Abs. 2 PAngV).[392]

Nebenkosten, die im Falle des Zustandekommens eines Geschäfts an Dritte zu zahlen 115
sind bzw. beim Erwerb einer Sache mittelbar anfallen, wie zB Maklerprovision, Grunderwerbssteuer, gesetzliche Gebühren von Ämtern oder Notaren oder auch Erschließungskosten bei Baugrundstücken, zählen nicht zu den „sonstigen Preisbestandteilen" im Sinne des § 1 Abs. 1 S. 1 PAngV, da der Verkehr diese Kosten dem Endpreis üblicherweise nicht zurechnet.[393]

Preise für **fakultative Zusatzleistungen,** die der Kunde beliebig auswählen kann, sind 116
hingegen in der Regel **keine Preisbestandteile** im Sinne des § 1 Abs. 1 S. 1 PAngV und daher auch nicht endpreispflichtig. Dazu zählen ua die (nicht serienmäßigen) **Sonderausstattungen beim Kfz** (wie zB Schiebedach, Ledersitze, Navigationssystem usw.), die ein Kunde gegen Aufpreis zusätzlich erwerben kann[394] oder auch die fakultative Miete einer Garage bzw. eines Autoabstellplatzes bei einem Wohnraummietangebot.[395] Ferner ist bei Pauschalferienreisen das Entgelt für zusätzliche Angebote wie die Nutzung von Strandkorb oder Tennisplatz nicht in den Endpreis einzubeziehen. In dieselbe Kategorie fällt auch die Garderobengebühr bei Theater- oder Konzertveranstaltungen oder Museen.[396] Richtigerweise sind hingegen **Saisonzuschläge** bei Ferienreisen in den Endpreis zu integrieren, da der Kunde diesbezüglich keine Wahlmöglichkeit hat.[397]

Noch nicht bezifferbare Kosten, die auf den Kunden mit Abschluss eines Vertrages 117
zukommen, können (und müssen auch) nicht in den Endpreis einbezogen werden.[398] Wenn sich einzelne Preisbestandteile nicht in den Endpreis einrechnen lassen, weil sie zB verbrauchs- oder laufzeitabhängig sind, braucht auch aus den bereits feststehenden Preisbestandteilen kein Teil(gesamt)preis gebildet zu werden.[399] Wird zB der Abschluss eines **Netzkartenvertrages** für einen Mobiltelefonanschluss mit der **Abgabe eines Mobiltelefons** verbunden (wobei das Handy regelmäßig zu einem sehr günstigen Preis veräußert

---

387 OLG Schleswig MD 2007, 505.

388 OLG Frankfurt WRP 1998, 324, 325 – zzgl. Überführungskosten.

389 OLG Stuttgart NJWE-WettbR 1998, 78, 79 sowie *Piper*/Ohly § 1 PAngV Rn 32, die in einem solchen Fall den Zusatz „zuzüglich Überführungskosten" empfehlen. Zum Fall der lediglich „fakultativ" anfallenden Überführungskosten s. LG Krefeld, MMR 2008, 125.

390 BGH GRUR 1997, 479, 480 – Münzangebot; aA KG GewArch 1987, 100, 101.

391 S. auch *Piper*/Ohly § 1 PAngV Rn 33 und 34.

392 Ausführlich → Rn 129.

393 S. auch *Piper*/Ohly § 1 PAngV Rn 33.

394 *Völker* § 1 Rn 46.

395 *Gelberg* GewArch 1989, 145, 150.

396 *Völker* § 1 Rn 46.

397 *Völker* § 1 Rn 46.

398 *Piper*/Ohly § 1 PAngV Rn 28; KG WRP 1989, 168, 170; so auch die amtl. Begr. zur PAngV 1985, BAnz. 1985 Nr. 70 S. 3730, Nr. 3 zu § 1 Abs. 1.

399 *Piper*/Ohly § 1 PAngV Rn 28.

wird), kann daher weder ein Endpreis über das Gesamtangebot noch ein Teilgesamtpreis erstellt werden, weil der Netzkartenvertrag zum Zeitpunkt des Vertragsschlusses noch nicht überschaubare laufzeit- und verbrauchsabhängige Preisbestandteile beinhaltet.[400] Es besteht folglich **keine Pflicht zur Bildung eines einheitlichen Endpreises für Mobiltelefon und Netzkartenvertrag,**[401] obwohl in solchen Fällen mehrere zu einer Einheit zusammengefasste Waren bzw. Leistungen als neue selbstständige Verkaufseinheit angeboten werden (sog. Kopplungsangebot oder Vorspannangebot) und somit diese neue Verkaufseinheit eigentlich die Angabe eines einheitlichen Endpreises erforderlich macht. Nichtsdestotrotz ist in den **sog. Handy-Fällen** der Verbraucher auf die mit dem Abschluss des Netzkartenvertrages verbundenen Entgelte und kostenbildenden Faktoren wie zB Mindestlaufzeit(einmalig) anfallende Anschlussgebühr, monatliche Grundgebühren, Mindestumsätze, mögliche weitere verbrauchsunabhängige Festentgelte, Vergütungssätze für verbrauchsabhängige variable Entgelte usw. ausreichend deutlich und leserlich(!) hinzuweisen, und zwar derart, dass die verschiedenen kostenbildenden Faktoren dem Handy-Preis eindeutig zugeordnet werden können.[402]

118 Optisch müssen dabei die Angaben über die Kosten des Netzkartenvertrages eindeutig dem (üblicherweise) blickfangartig herausgestellten Preis für das Mobiltelefon zugeordnet sein;[403] dies kann allerdings auch durch einen klaren und unmissverständlichen sog. Sternchenhinweis geschehen.[404] In Bezug auf die Darstellung des Tarifsystems besteht zwar **keine Pflicht zur einfachen oder übersichtlichen Gestaltung;**[405] allerdings können unklare oder unübersichtliche Preisangaben – je nach dem Gesamteindruck einer Werbung – gegen den Grundsatz von Preisklarheit und Preiswahrheit verstoßen.[406] Die grafische Gestaltung einer Anzeige darf daher das richtige Verständnis der Preisangaben nicht erschweren.[407] Beim **Kauf eines Mobiltelefons** zusammen mit einer **sog. Prepaid-Card** (mit festem Startguthaben) besteht hingegen keine Verpflichtung neben dem Kombinationspreis (= Endpreis), bestehend aus dem Handy-Preis und dem Preis der Pre-Paid-Card, auch die Telefongebühren oder die Tarifstruktur des sog. Providers aufzuführen.[408] Ferner hat ein **Anbieter von Telefonendgeräten** und Telefonanschlussdienstleistungen lediglich die Preise für die unmittelbar angebotenen bzw. beworbenen Produkte (ISDN-Telefone und -Anschlüsse) anzugeben, nicht aber auch für diejenigen Produkte, die für die Verwendung der angebotenen bzw. beworbenen Produkte erforderlich (wie zB Telefontarife) oder mit diesen kompatibel sind.[409]

119 Für **gekoppelte Verträge über die Internetnutzung** bzw. die Einrichtung eines ISDN-Anschlusses einerseits und damit zusammenhängender Produkte wie zB Softwarepaket, ISDN-Box, PC-Karte usw. andererseits gelten die zuvor für Mobiltelefon/Netzkartenvertrag dargestellten Grundsätze in ganz ähnlicher Weise.[410] Auch bei den **gebührenpflichtigen sog. Servicenummern** mit den Vorwahlen „0190" und „0180" steht die

---

[400] *Piper*/Ohly § 1 PAngV Rn 28.

[401] BGH GRUR 1999, 264, 266f – Handy für 0,00 DM; BGH GRUR 1999, 261, 262f – Handy-Endpreis.

[402] OLG Stuttgart, WRP 2005, 919; ferner BGH GRUR 1999, 264, 266f – Handy für 0,00 DM; BGH GRUR 1999, 261, 262f – Handy-Endpreis; weitere Details zu diesen beiden Urteilen finden sich bei *Völker* § 1 Rn 48.

[403] BGH GRUR 1999, 261, 264 – Handy-Endpreis.

[404] BGH GRUR 1990, 1027, 1028 – Inkl. MwSt. I.

[405] BGH GRUR 1999, 264, 266f – Handy für 0,00 DM.

[406] BGH GRUR 2002, 287, 288 – Widerruf der Erledigungserklärung.

[407] OLG Köln WRP 1999, 1198.

[408] OLG Köln MMR 2000, 753 – Handy-Free and Easy Christmas Set; Einzelheiten zu weiteren Gerichtsurteilen betreffend Pre-Paid-Karten finden sich bei *Landmann/Rohmer/Gelberg* § 1 Abs. 1 PAngV Rn 30.

[409] BGH WRP 2008, 928 – Werbung für Telefondienstleistungen.

[410] OLG Hamburg NJWE-WettbR 2000, 57; OLG Hamburg GRUR 2001, 19 – Internet zum Pauschalpreis sowie OLG Hamburg GRUR 2001, 15 – Internet zum Festpreis I. Ausführlich zu diesen Urteilen *Landmann/Rohmer/Gelberg* § 1 PAngV Rn 30.

letztlich vom Nutzer zu leistende Vergütung nicht im Vorhinein fest. Der Anbieter solcher Nummern hat – da die Gebühren für ein solches Telefonat meist höher sind als die üblichen Gebühren für ein normales Telefonat – die Gebühren je Zeiteinheit anzugeben, also meist ein bestimmter Geldbetrag pro Minute.[411] Die Werbung eines Telefondienstleisters mit einem Minutenpreis für Gespräche vom Handy ins Festnetz muss zudem die Angabe enthalten, dass der Kunde für die Inanspruchnahme der Leistung ein sog. Prepaid-Konto mit einem bestimmten Mindestguthaben einrichten muss. Anderenfalls verstößt eine solche Werbung gegen § 1 Abs. 1 S. 1 PAngV.[412]

Auch **Waren in Fertigpackungen** (nach der Definition des § 6 Fertigpackungsverordnung[413]), in **offenen Packungen** (zB Erdbeeren im Spankörbchen im Supermarkt) sowie **Waren ohne Umhüllung** (zB Schläuche, unverpackte Lebensmittel beim Bäcker) unterliegen der Endpreisangabepflicht,[414] ungeachtet der Verpflichtung zur Angabe des Grundpreises nach § 2 PAngV. Lediglich bei loser Ware gemäß § 2 Abs. 2 PAngV, zB bei Obst oder Gemüse auf dem Wochenmarkt, ist eine Endpreisangabe entbehrlich. 120

Grundsätzlich haben **alle Anbieter auf dem deutschen Markt ihre Preise in Euro** anzugeben. Gleichwohl gibt es **Ausnahmesituationen,** in denen Angebote in ausländischer Währung bzw. die Werbung für solche Angebote zulässig sein können. Wenn zB ein **Geschäft vollständig im Ausland abgewickelt** werden soll, ist auch die Werbung für dieses Geschäft in einer ausländischen Währung denkbar (zB bei einer Werbung oder einem Angebot in einer ausländischen Zeitung, die (zufällig) auch in Deutschland bezogen werden kann, die sich aber eigentlich an Leser ihres Landes richtet).[415] Gleiches gilt, wenn ein Wettbewerb mit inländischen Anbietern in Bezug auf die beworbene Ware oder Leistung überhaupt nicht stattfindet, zB bei einer Werbung für innerstaatliche Flugreisen in den USA mit Preisangaben in U. S.-Währung.[416] Preisangabenrechtlich unbedenklich ist nach der Rechtsprechung die Werbung für im Ausland zu bestellende und in ausländischer Währung zu zahlende Ware in einer deutschen Zeitung, auch ohne zusätzliche Preisangabe in Euro.[417] 121

f) Zusätzliche Angaben (§ 1 Abs. 1 Satz 2 PAngV). Jedem Anbieter von Waren oder Leistungen steht es **grundsätzlich frei,** ob er in seinem Angebot oder in der Werbung bestimmte **Verkaufs- oder Leistungseinheiten oder Gütebezeichnungen** angeben will, die sich auf die Preise der beworbenen oder angebotenen Waren oder Leistungen beziehen.[418] Wenn es allerdings der **allgemeinen Verkehrsauffassung** entsprechen sollte, sind die genannten Angaben zwingend.[419] Dabei sind regionale Unterschiede möglich; maßgeblich sind die Umstände des Einzelfalls.[420] Sollten Verkaufs- oder Leistungseinheiten bzw. Gütebezeichnungen aber durch Gesetz vorgeschrieben sein, was vor allem im Lebensmittelbereich der Fall ist,[421] kommt es auf das Bestehen einer allgemeinen Verkehrsauffassung gar nicht mehr an.[422] Solche Angaben sind zB in lebensmittelrechtlichen Spezialbestimmungen wie der Lebensmittel-Kennzeichnungsverordnung[423] oder der Nährwert-Kennzeich- 122

---

411 OLG Frankfurt NJW-RR 1999, 409 – „Fax-Abruf 0190...“; LG München I WRP 1999, 247 – Service-Telefonnummer 0180/5. Nach *Enßlin* WRP 2001, 359 soll eine „0180“-Nummer kein Angebot im Sinne der PAngV darstellen.

412 OLG Frankfurt WRP 2005, 635; s. auch *Piper*/Ohly § 1 PAngV Rn 28.

413 IdF der Bekanntmachung der Neufassung vom 8. 3. 1994, BGBl. I S. 451, zuletzt geändert durch Art. 1 der Verordnung vom 11. 6. 2008, BGBl. I S. 1079.

414 *Piper*/Ohly § 1 PAngV Rn 35.

415 *Piper*/Ohly § 1 PAngV Rn 38.

416 *Piper*/Ohly § 1 PAngV Rn 38.

417 BGH GRUR 1995, 274, 275 – Dollar-Preisangaben.

418 MünchKomm/*Ernst* UWG Anh §§ 1–7 G PAngV § 1 Rn 27 und *Völker* § 1 Rn 61.

419 *Piper*/Ohly § 1 PAngV Rn 39 sowie MünchKomm/*Ernst* UWG Anh §§ 1–7 G PAngV § 1 Rn 27 und *Völker* § 1 Rn 61.

420 *Völker* § 1 Rn 69.

421 → Rn 125.

422 *Piper*/Ohly § 1 PAngV Rn 39.

423 IdF der Bekanntmachung vom 15. 12. 1999, BGBl. I S. 2464, zuletzt geändert durch Art. 1 der Verordnung vom 18. 12. 2007, BGBl. I S. 3011.

nungsverordnung vom 25. 10. 1999 zu finden.[424] Ein bedeutendes Beispiel für die gesetzlich vorgeschriebene Angabe von Verkaufseinheiten ist die in §§ 6 ff Fertigpackungsverordnung enthaltene Pflicht zur Kennzeichnung bei Fertigpackungen.[425]

123 **aa) Verkaufs- und Leistungseinheit.** Unter der **Verkaufseinheit** einer Ware ist eine **bestimmte Warenmenge** zu verstehen, die entweder nach Gewicht (kg, g), Länge oder Größe (m, cm), Fläche (qm, cm^2), oder Volumen (l, ml, m^3, cm^3) oder Stückzahl, manchmal auch nach der Packungsanzahl bemessen wird.[426] Beim **Verkauf textiler Stoffe** nach Metern ist der Meter die richtige Verkaufseinheit, weder das Kilogramm noch der Quadratmeter;[427] beim Verkauf **flächiger Stoffe** wie zB loser Frottierware (Handtücher, Badetücher, Waschlappen) hingegen stellt die Fläche (Länge x Breite/cm oder m) die richtige Verkaufseinheit dar.[428] Bei **Kerzen** ist die einzelne Kerze (Stückzahl) oder eine Packung mit einer bestimmten Anzahl gleicher Kerzen die korrekte Verkaufseinheit.[429] Die Werbeankündigung „1 kg CDs zum Preis von 25 Euro" ist jedoch nur dann zulässig, wenn gleichzeitig mitgeteilt wird, dass mit 1 kg CDs die Anzahl von zehn Stück gemeint sei.[430]

124 Eine **Leistungseinheit** ist die Maßeinheit zur Quantifizierung von Leistungen, zB für **elektrische Energie** die Kilowattstunde (kwh), für **Verbrennungsmotoren** die Angabe in Kilowatt (kw), der Quadratmeter bei der Bearbeitung von Flächen wie Maler-, Tapezier- oder Fliesenlegerarbeiten oder der Kubikmeter für Gas und Wasser.[431] Die Rechtsprechung hält die alleinige Verwendung der althergebrachten Bezeichnung „PS" für die Motorenstärke eines Autos bei dem Angebot von bzw. der Werbung für Kfz für unzulässig.[432]

125 **bb) Gütebezeichnung.** Unter einer Gütebezeichnung versteht man alle Angaben, die eine **Aussage über die Qualität** der angebotenen oder beworbenen Ware oder Leistung beinhalten.[433] Neben allgemeinen sprachlichen Angaben können auch bestimmte Zeichen, wie einfache Wort- und Bildzeichen, Prüfzeichen oder gar Marken eine Gütebezeichnung im Sinne der PAngV darstellen.[434] Gütezeichen im Sinne der PAngV sind insbesondere die nach den Grundsätzen des deutschen Instituts für Gütesicherung und Kennzeichnung e. V. entwickelten sog. **RAL-Gütezeichen,** die ein besonderes Anerkennungsverfahren unter Beteiligung der betroffenen Wirtschafts- und Verbraucherkreise und der zuständigen Behörden voraussetzen und für eine ständig geprüfte und überwachte Produktqualität stehen.[435] In der Praxis bedeutsam sind ferner die **Prüfzeichen** des Verbandes Deutscher Elektrotechniker **(VDE-Zeichen),** das **TÜV-Maschinenzeichen** der regionalen Technischen Überwachungsvereine sowie das **GS-Zeichen** für geprüfte Sicherheit.[436] Auch die **DIN-Normen** des Deutschen Instituts für Normierung e. V. sind als Gütebezeichnung im Sinne der PAngV anzusehen, da sie in der Regel einen Beschaffenheits- und Qualitätsstandard der ausgezeichneten Waren gewährleisten.[437] Vergleichbare Institutionen gibt es auf europäischer Ebene: Das europäische Institut für Normung – CEN; das Europäische Ko-

---

[424] IdF der Bekanntmachung vom 25. 11. 1994, BGBl. I S. 3526, zuletzt geändert durch Art. 1 der Verordnung vom 22. 2. 2006, BGBl. I S. 444; weitere gesetzliche Vorschriften sind aufgelistet bei *Piper*/Ohly § 1 PAngV Rn 39.

[425] Weitere Beispiele finden sich bei *Völker* § 1 Rn 62 und 63.

[426] *Piper*/Ohly § 1 PAngV Rn 40.

[427] BGH GRUR 1981, 289 – Kilopreise I sowie OLG München WRP 1977, 819 bezogen auf Gardinen.

[428] BGH GRUR 1992, 856, 857 – Kilopreise IV.

[429] BGH GRUR 1993, 62, 63 – Kilopreise III. Weitere Beispiele zu unterschiedlichen Waren finden sich bei *Piper*/Ohly § 1 PAngV Rn 40 und *Gelberg* GewArch 1994, 1, 4 f sowie sehr ausführlich bei *Völker* § 1 Rn 71.

[430] OLG Frankfurt WRP 1995, 848 f – 1 Kilo CDs.

[431] *Völker* § 1 Rn 65 und *Piper*/Ohly § 1 PAngV Rn 41.

[432] BGH GRUR 1993, 679, 680 – PS-Werbung I; BGH GRUR 1994, 220, 221 – PS-Werbung II.

[433] *Völker* § 1 Rn 65.

[434] *Völker* § 1 Rn 65.

[435] *Piper*/Ohly § 1 PAngV Rn 42.

[436] *Piper*/Ohly § 1 PAngV Rn 42 und *Völker* § 1 Rn 65.

[437] BGH GRUR 1985, 973, 974 – DIN 2093.

mitee für elektrotechnische Normung – CENELEC sowie das Europäische Institut für Telekommunikationsstandards – ETS I. Der Begriff der Gütebezeichnung kann aber nicht nur Hinweise auf eine besonders gute, sondern ggf. auch auf eine **mindere oder unterdurchschnittliche Qualität** (zB „Mängelexemplar“) erfassen.[438] So hat der BGH die Notwendigkeit eines Hinweises beim Verkauf von minderwertigem Benzin ausdrücklich festgestellt („Otto-Kraftstoff zweite Wahl“).[439]

Im **Lebensmittelbereich** nehmen die **Handels- und Güteklassenbezeichnungen** in der Praxis einen wichtigen Platz ein und sind Beispiele für Gütebezeichnungen im Sinne der PAngV. Auf der Grundlage des Handelsklassengesetzes vom 5. 12. 1968[440] wurden zahlreiche Rechtsverordnungen erlassen,[441] so zB die Verordnung über gesetzliche Handelsklassen für Speisekartoffeln vom 6. 3. 1985.[442] 126

Auch ein **Herstellername** oder eine **Marke** oder **bestimmte Typenbezeichnung eines Herstellers** kann eine nach allgemeiner Verkehrsauffassung anzugebende Gütebezeichnung darstellen. Insbesondere bei hochwertiger Markenware, bei der ein Hersteller durch die Kennzeichnung mit einer Marke zumindest eine gleich bleibende Qualität der Ware gewährleisten will, kann die Marke eine Gütebezeichnung im Sinne der PAngV darstellen, deren Angabe aus Sicht der angesprochenen Verkehrskreise erforderlich sein kann.[443] Keine Pflicht zur Angabe des Herstellers und der Typenbezeichnung besteht nach der Rechtsprechung jedoch bei Geräten der Unterhaltungselektronik,[444] bei elektrischen Haushaltsgeräten[445] und sonstigen Elektrogeräten.[446] 127

g) Preisverhandlungsbereitschaft (§ 1 Abs. 1 Satz 3 PAngV). Nach § 1 Abs. 1 S. 3 PAngV darf der Anbieter bzw. Werbende auf seine Bereitschaft, über den angegebenen Preis zu verhandeln, hinweisen. Dies aber nur dann, wenn es der Verkehrsauffassung entspricht und wenn keine Rechtsvorschriften entgegenstehen. Im **Immobilienbereich** und beim **Verkauf von Gebrauchtwagen** steht bei der Preisangabe die Verwendung des Zusatzes „Verhandlungsbasis“ („VB“ oder „VHB“) jedenfalls im Einklang mit der Verkehrsauffassung.[447] Der Verkehr fasst regelmäßig den mit diesem Zusatz gekennzeichneten Preis als Höchstpreis auf, der dem Anbieter als Grundlage für Preisverhandlungen dient.[448] Auch bei anderen Branchen kommt eine entsprechende Verkehrsauffassung grundsätzlich in Betracht. Zwar wurde durch die Rechtsprechung früher eine solche für den Bereich des Teppicheinzelhandels abgelehnt;[449] gleichwohl dürfte nach dem Wegfall des Rabattgesetzes auch in anderen Branchen als der Immobilienbranche und dem Gebrauchtwagenhandel sich entsprechende Verhaltensweisen herausbilden.[450] Hier ist zB an den Bereich der höherwertigen Unterhaltungselektronik oder andere höherwertige Konsumgüter zu denken, wie zB mechanische Armbanduhren.[451] 128

Der Ankündigung der Verhandlungsbereitschaft über den Preis dürfen **Rechtsvorschriften nicht entgegenstehen.** Bis zu seiner Abschaffung im Jahre 2001 war vor allem das 129

[438] *Völker* § 1 Rn 67.
[439] BGH GRUR 1988, 832, 834 – Benzinwerbung.
[440] In der Bekanntmachung der Neufassung vom 23. 11. 1972, BGBl. I S. 2201 mit späteren weiteren Änderungen.
[441] Ausführlich zu weiteren Regelungen im Lebensmittelbereich *Völker* § 1 Rn 63 und 64.
[442] BGBl. I S. 542, geändert durch die erste ÄnderungsVO vom 14. 12. 1989, BGBl. I S. 2245 und durch Gesetz vom 2. 8. 1994, BGBl. I S. 2018, 2043.
[443] So auch *Völker* § 1 Rn 68; aA MünchKomm/*Ernst* UWG Anh §§ 1–7 G PAngV § 1 Rn 29.
[444] OLG Hamm WRP 1982, 43, 44; OLG Köln GRUR 1984, 71f – Werbung für Unterhaltungselektronik.
[445] OLG Hamm WRP 1982, 41, 42 hinsichtlich Typenbezeichnung.
[446] OLG Koblenz WRP 1982, 657ff; s. auch *Völker* § 1 Rn 68 mwN.
[447] OLG Köln GRUR 1986, 177 – Zusatz VB (für Immobilien) sowie OLG Koblenz WRP 1983, 438 (für Gebrauchtfahrzeuge).
[448] *Piper*/Ohly § 1 PAngV Rn 44 mwN.
[449] OLG Stuttgart GewArch 1988, 238.
[450] S. auch *Völker* § 1 Rn 73.
[451] *Völker* § 1 Rn 73 führt beispielhaft den Bereich des Neuwagenverkaufs an.

Rabattgesetz[452] zu beachten. Nach Wegfall des Rabattgesetzes sind heute insbesondere gesetzliche Vergütungsbestimmungen zu beachten, welche Entgelte zwingend fix vorschreiben oder welche nicht unter- oder überschritten werden dürfen, also sich innerhalb einer bestimmten Marge bewegen müssen.[453] Zu den Bestimmungen gehören die berufsbezogenen Gebühren- sowie Honorarordnungen der Ärzte und Zahnärzte (Gebührenordnung für Ärzte bzw. Zahnärzte),[454] der Rechtsanwälte (RVG bzw. früher BRAGO[455]), der Steuerberater (Steuerberatergesetz),[456] Notare (Bundesnotarordnung)[457] sowie Architekten und Ingenieure (Honorarordnung für Architekten und Ingenieure).[458] Aber auch die Preisbindungsregelungen für den öffentlichen Personenverkehr (Straßenbahn, Eisenbahn, Omnibuslinienverkehr, Taxen sowie Linienflugverkehr) sowie für den Energiebereich (Elektrizität und Gas) oder im Arzneimittelsektor sind zu diesen Vorschriften zu zählen.[459]

3. Fernabsatzverträge (§ 1 Abs. 2)

130 **a) Allgemeines.** § 1 Abs. 2 PAngV enthält eine **Sonderregelung,** nach der für Angebote von Waren oder Leistungen im Rahmen von **Fernabsatzverträgen** besondere, über § 1 Abs. 1 sowie § 2 Abs. 2 PAngV hinausgehende Angabepflichten gelten. Der in der PAngV verwendete Begriff des Fernabsatzvertrages entspricht dem des § 312b Abs. 1 BGB,[460] wonach Fernabsatzverträge Verträge über die Lieferung von Waren oder über die Erbringung von Dienstleistungen sind, die zwischen einem Unternehmer und einem Verbraucher unter ausschließlicher Verwendung von Fernkommunikationsmitteln abgeschlossen werden, es sei denn, dass der Vertragsschluss nicht im Rahmen eines für den Fernabsatz organisierten Vertriebs- oder Dienstleistungssystems erfolgt. Nach § 312b Abs. 2 BGB, der auf der Fernabsatzrichtlinie 97/7/EG[461] beruht, sind **Fernkommunikationsmittel** solche Kommunikationsmittel, die zur Anbahnung oder zum Abschluss eines Vertrages zwischen einem Verbraucher und einem Unternehmer **ohne gleichzeitige körperliche Anwesenheit der Vertragspartner** eingesetzt werden können. Konkret sind folgende Medien in § 312b Abs. 2 BGB aufgelistet: Briefe, Kataloge, Telefon, Telefax, E-Mail, Rundfunk sowie Tele- und Mediendienste. Zudem sollen nach der amtlichen Begründung der 4. Änderungsverordnung der PAngV 2002[462] auch alle Angebote und Werbung via Bildschirm und anderer Medien sowie alle Dienste der Informationsgesellschaft im Sinne der RL 2000/31/EG unter die Vorschrift des § 1 Abs. 2 PAngV fallen.[463] Die Regelung der PAngV soll aber nicht nur für den Bereich des sog. E-Business (Internet, E-Mail) gelten, sondern darüber hinaus für **alle im Fernabsatz angebotenen oder mit Preisen beworbenen Waren und Leistungen.**[464] Der Verordnungsgeber nimmt in der amtlichen Begründung für die Regelung in § 1 Abs. 2 der PAngV 2002 auf die sog. **E-Commerce-RL 2000/31/EG**[465] Bezug. Dort findet man eine weitere europarechtliche Preisangabenregelung. Nach Art. 5 Abs. 2 der RL 2000/31/EG gilt für den Fall, dass „Dienste der Informationsgesellschaft auf

[452] Gesetz zur Aufhebung des Rabattgesetzes und zur Anpassung anderer Rechtsvorschriften vom 23. 7. 2001, BGBl. I S. 1663.
[453] *Piper*/Ohly § 1 PAngV Rn 45.
[454] § 12 Abs. 1 S. 3 MBO-Ä 1997, abgedruckt in NJW 1997, 3076.
[455] → Fn 35.
[456] § 64 StBerG, Gesetz vom 4. 11. 1975, BGBl. I S. 2735, zuletzt geändert durch Gesetz vom 12. 6. 2008 BGBl. I S. 1000.
[457] § 17 Abs. 1 BNotO, idF vom 24. 2. 1961, BGBl. I S. 97, zuletzt geändert durch Gesetz vom 12 12. 2007, BGBl. I 2840.
[458] → Fn 33.
[459] *Piper*/Ohly § 1 PAngV Rn 45.
[460] Amtl. Begr. zur 4. ÄnderungsVO, BR-Drucks. 579/02 Abschnitt B Art. 1 Nr. 1 lit. a; s. auch *Gelberg* GewArch 2003, 137, 139.
[461] → Rn 30 f.
[462] → Rn 54.
[463] So *Landmann/Rohmer/Gelberg* § 1 Abs. 2 PAngV Rn 3.
[464] *Landmann/Rohmer/Gelberg* § 1 Abs. 2 PAngV Rn 3.
[465] → Rn 32 ff.

Preise Bezug nehmen, dass diese **klar und unzweideutig** ausgewiesen werden" müssen und insbesondere angegeben wird, **ob Steuern und Versandkosten in den Preisen enthalten** sind.

Aufgrund der Tatsache, dass die **Preisangabepflichten** für den Bereich des **E-Business europarechtlich gleich zweifach geregelt** sind, in der E-Commerce-RL 2000/31/EG (für den Bereich der Dienste der Informationsgesellschaft) sowie in der Fernabsatzrichtlinie 97/7/EG (für den Bereich der Fernabsatzverträge), hat der deutsche Gesetz- bzw. Verordnungsgeber auch eine zweigeteilte Umsetzung für erforderlich gehalten. Einerseits findet man die Pflicht zur Angabe des Preises der Ware oder Dienstleistung einschließlich aller Steuern und sonstiger Preisbestandteile in der BGB-InfoV,[466] dort in § 1 Abs. 1 Nr. 7,[467] in Umsetzung der Fernabsatzrichtlinie. Andererseits gibt es die Angabepflichten in § 1 Abs. 2 PAngV als Umsetzung des Art. 5 Abs. 2 der E-Commerce-RL. Während erstgenannte Regelung rein zivilrechtlichen Charakter hat, ist die PAngV dem öffentlichen Recht zuzuordnen.[468] Beide Vorschriften stehen nebeneinander und sind ergänzend anzuwenden,[469] auch wenn sie sich größtenteils inhaltlich überlappen dürften.[470] 131

b) Geltungsbereich. Die Vorschrift des § 1 Abs. 2 PAngV gilt für das gewerbs- oder geschäftsmäßige Anbieten von Waren und Leistungen oder das regelmäßige Anbieten in sonstiger Weise gegenüber Letztverbrauchern und zudem auch für das Werben mit Preisen im Fernabsatzhandel.[471] Insoweit sind die Voraussetzungen identisch mit denen des § 1 Abs. 1 PAngV; hinsichtlich der Auslegung kann auf § 1 Abs. 1 PAngV verwiesen werden.[472] Zusätzlich zu den Anforderungen des § 1 Abs. 1 PAngV ist für die Anwendung des Abs. 2 erforderlich, dass der Anbieter dem Letztverbraucher einen Fernabsatzvertrag andient.[473] Nur im Falle des Vorliegens eines solchen Vertrages kommt Abs. 2 des § 1 PAngV zur Anwendung. 132

c) Zusätzliche Pflichten. Wer Letztverbrauchern ein Fernabsatzgeschäft anbietet, unterliegt nach § 1 Abs. 2 PAngV neben den ausdrücklich (nochmals) erwähnten Pflichten des § 1 Abs. 1 und des § 2 Abs. 2 PAngV noch **weiteren Angabepflichten.** 133

aa) Umsatzsteuer und sonstige Preisbestandteile. Erstens schreibt § 1 Abs. 2 S. 2 Nr. 1 PAngV vor, dass die für Waren oder Leistungen geforderten Preise „die Umsatzsteuer und sonstige Preisbestandteile enthalten" müssen. Die Vorschrift verlangt damit zum einen, dass die Endpreise die (jeweils geltende) **Umsatzsteuer** enthalten. Zum anderen sind **alle sonstigen Preisbestandteile** in den Endpreis einzubeziehen. Da diese beiden Angabepflichten bereits nach § 1 Abs. 1 S. 1 PAngV einzuhalten sind, kann hinsichtlich der Auslegung auf diese Vorschrift verwiesen werden.[474] 134

Problematisch ist die Frage der **Gestaltung von Websites bei Online-Angeboten** im Hinblick auf den Ort der **Angabe der Umsatzsteuer (in der Regel „inkl. MwSt")** sowie andere Preisbestandteile. Grundsätzlich muss die fragliche Angabe dem Angebot bzw. der Werbung eindeutig zuzuordnen sein gemäß § 1 Abs. 6 S. 2 PAngV.[475] Wie diese Vorgabe tatsächlich umgesetzt wird, ist jedoch einzelfallabhängig. So sollte sich die Angabe 135

---

466 → Fn 100.

467 Zudem ist in § 1 Abs. 1 Nr. 8 BGB-InfoV die Pflicht zur Angabe von zusätzlich anfallenden Liefer- und Versandkosten normiert.

468 S. auch *Gelberg* GewArch 2003, 137, 139.

469 So auch *Völker* Anhang § 1 Rn 9 für das Verhältnis der PAngV in der damaligen Fassung zur BGB-InfoV.

470 Zur Überlappungsproblematik detailliert *Landmann/Rohmer/Gelberg* § 1 Abs. 2 PAngV Rn 6.

471 OLG Hamburg GRUR-RR 2005, 236, 238; s. auch *Piper*/Ohly § 1 PAngV Rn 60.

472 → Rn 81 ff.

473 Zur Definition eines Fernabsatzvertrages → Rn 77.

474 → Rn 81 ff. Es gibt Stimmen in der Literatur, die die Wiederholung der Angabenpflicht im Rahmen von § 1 Abs. 2 PAngV als problematisch im Hinblick auf die Rechtsprechung des BGH zur Werbung mit Selbstverständlichkeiten ansehen; dazu ausführlich: MünchKomm/*Ernst* UWG Anh §§ 1–7 G PAngV § 1 Rn 34 mwN.

475 S. auch *Landmann/Rohmer/Gelberg* § 1 Abs. 2 PAngV Rn 5.

grundsätzlich **bei jedem Einzelpreis** befinden;[476] zwingend ist die unmittelbare räumliche Nähe von Angebot bzw. Werbung und Angabe gleichwohl nicht. Im jedem Fall muss sich die Angabe dort befinden, wo es die „allgemeine Verkehrsauffassung" erwartet.[477] Nach der jüngsten Rechtsprechung des BGH ist ein unmittelbarer räumlicher Bezug zwischen dem Hinweis auf die Umsatzsteuer (bzw. sonstige Preisbestandteile sowie Versandkosten[478]) und der angebotenen Ware nicht erforderlich.[479] Der durchschnittliche, mit den Besonderheiten des Internets vertraute Benutzer wisse, dass Informationen zu den angebotenen Waren auf mehrere Web-Seiten verteilt sein können, welche regelmäßig durch elektronische Verweise, sog. Links, verbunden sind.[480] Es ist daher nach Auffassung des BGH ausreichend, wenn die fraglichen Informationen „leicht erkennbar und gut wahrnehmbar" auf einer gesonderten Seite abrufbar sind, welche aber zwingend noch vor Einleitung des Bestellvorgangs notwendigerweise abzurufen ist.[481]

136 Damit ist die Auffassung des OLG Hamburg zur Frage der Gestaltung von Websites bei Online-Angeboten im Hinblick auf den Ort der Angabe der Umsatzsteuer vom obersten Zivilgericht kassiert worden. Das OLG Hamburg war zuvor der Ansicht, dass nur dann dem Erfordernis einer eindeutigen Zuordnung nach § 1 Abs. 6 S. 2 PAngV genüge getan sei, wenn der Hinweis auf die Umsatzsteuer oder sonstige Preisbestandteile einen räumlichen Bezug zur angebotenen Ware besitze und dem jeweiligen Einzelpreis eindeutig zugeordnet werden könne[482]. Nicht ausreichend sei es, wenn bei einem Webpage-Angebot ein allgemeiner Preishinweis, der für alle auf der Website angebotenen Waren gelten solle, erst am Ende der gesamten Website oder am Bildschirmrand zu finden sei.[483]

137 Nach der **„Versandkosten"-Entscheidung des BGH** sollte es in jedem Fall nach § 1 Abs. 2 PAngV zulässig sein, wenn ein Online-Anbieter auf seiner Homepage hinter den Preis einer Ware ein **(hochgestelltes) Sternchen** stellt, welches verlinkt ist und klar erkennbar auf eine Zusatzangabe zum Preis verweist, sofern die Zusatzangabe leicht zu finden ist. Dabei muss die Auflösung des Sternchens sich nicht zwingend am Ende der Seite oder in der Fußzeile der selben Seite erfolgen, auf der die in Bezug genommene Ware sich befindet.[484]

138 **bb) Liefer- und Versandkosten. Zweitens** hat der Anbieter nach § 1 Abs. 2 S. 1 Nr. 2 PAngV dem Verbraucher mitzuteilen, **ob zusätzliche Liefer- und Versandkosten anfallen.** Dies ist im Verhältnis zu § 1 Abs. 1 PAngV eine zusätzliche Bestimmung. Das Angebot ist so zu kennzeichnen, dass der angesprochene Verbraucher erkennen kann, ob weitere Kosten – neben dem Endpreis – auf ihn zukommen, die auf Grund der Eigenart des Fernabsatzgeschäftes als Distanzgeschäft entstehen (Lieferung und Versand der Ware).[485] Wenn tatsächlich weitere Kosten durch Lieferung und Versand der Ware entstehen sollten, so hat der Anbieter die **Höhe der zusätzlichen Kosten** nach § 1 Abs. 2 S. 2 PAngV anzugeben. Sofern die zusätzlichen Kosten fix sind, ist eine eindeutige Angabe dieser Kosten ohne weiteres möglich.

139 Häufig wird aber die genaue Angabe der Versand- und Lieferkosten im vorhinein nicht möglich sein, zB weil deren Höhe vom Bestellwert der Ware abhängt. Satz 3 des § 1 Abs. 2 PAngV bestimmt, dass in solchen Fällen, in denen die **vorherige Angabe der zusätzli-**

---

476 So MünchKomm/*Ernst* UWG Anh §§ 1–7 G PAngV § 1 Rn 35.

477 § 1 Abs. 6 S. 1 PAngV; s. auch BGH CR 2008, 108, 109 – Versandkosten.

478 → Rn 106 f.

479 BGH CR 2008, 108, 109 – Versandkosten.

480 BGH CR 2008, 108, 109 – Versandkosten.

481 BGH CR 2008, 108, 109 – Versandkosten.

482 OLG Hamburg CR 2006, 127; ausführlich dazu auch MünchKomm/*Ernst* UWG Anh §§ 1–7 G PAngV § 1 Rn 35, der ebenfalls die Meinung des OLG Hamburg vertritt.

483 OLG Hamburg CR 2006, 127.

484 OLG Hamburg MMR 2005, 318, 320, s. auch MünchKomm/*Ernst* UWG Anh §§ 1–7 G PAngV § 1 Rn 35 .

485 Bereits lange vor Integration des neuen § 1 Abs. 2 in die PAngV waren nach hM und Rechtsprechung Liefer- und Versandkosten grundsätzlich nicht in den Endpreis einzurechnen; s. nur BGH GRUR 1997, 479 – Münzangebot sowie *Gelberg* GewArch 2003, 137, 139.

chen Liefer- und Versandkosten nicht möglich ist, dem Verbraucher die näheren Einzelheiten dieser Kosten mitzuteilen sind, auf Grund derer sich der Verbraucher die Höhe der Kosten selbst leicht errechnen kann. Der Online-Anbieter hat in diesem Fall zB einen **Link „Liefer- und Versandkosten"** einzurichten, unter welchem dann die genauen Kosten für den Verbraucher – gut verständlich – erläutert werden oder per integriertem Rechner leicht errechenbar sind.[486]

Auch die Angabe der Liefer- und Versandkosten sollte grundsätzlich in räumlicher Nähe **140** des Einzelpreises erfolgen.[487] Die von § 1 Abs. 6 S. 2 PAngV geforderte „eindeutige Zuordnung" von Preisangabe und Ware kann aber im Einzelfall auf unterschiedliche Weise erfolgen. Der **Hinweis auf die Versandkosten** muss sich nach der neuesten Rechtsprechung des BGH – genau wie der Hinweis auf die Umsatzsteuer sowie sonstige Preisbestandteile[488] – **nicht zwingend in unmittelbarem räumlichen Zusammenhang neben der Ware bzw. Warenabbildung oder dem Preis befinden.**[489] Wenn aber der Benutzer zur Feststellung der Versandkosten per Link oder „Sternchen" auf eine gesonderte Seite verwiesen wird, dann ist die Website so zu konzipieren, dass diese Seite noch vor Einleitung des Bestellvorgangs zwingend aufgerufen werden muss.[490]

Es verstößt nicht gegen § 1 Abs. 2 PAngV, wenn der Versandkostenhinweis bei einem **141** Online-Katalog erst am Ende der Website zu finden ist;[491] dies gilt selbst dann, wenn nur eine einzige Ware beworben wird.[492] Auch bei den Versandkosten sollte – ähnlich wie bei der Umsatzsteuer – eine Sternchenkennzeichnung neben der Ware, inkl. Verlinkung zulässig sein, sofern das Sternchen elektronisch verknüpft aufgelöst wird und die einschlägigen Versandkosten dann klar und deutlich aufgelistet sind.[493] Die Pflicht zur Angabe von Umsatzsteuer, sonstigen Preisbestandteilen sowie Liefer- und Versandkosten gilt auch für die in den letzten Jahren in Mode gekommenen **TV-Dauerwerbesendungen** sowie allgemein für das Teleshopping. Die vorgeschriebenen Angaben sind stets dann erforderlich, sofern und solange ein Produkt unter Preisangabe beworben wird.[494]

4. Preiswahrheit und Preisklarheit (§ 1 Abs. 6)

Neben § 1 Abs. 1 S. 1 PAngV enthält **§ 1 Abs. 6 PAngV** die **zweite bedeutende Basisnorm** des Preisangabenrechts. Nach der Generalklausel des Abs. 6 müssen alle Angaben **142** im Sinne der PAngV zum einen der **allgemeinen Verkehrsauffassung** und zum anderen den **Grundsätzen von Preisklarheit und Preiswahrheit** entsprechen. Diese unbestimmten Tatbestandsmerkmale erlauben und gebieten die Berücksichtigung der wirtschaftlichen Praxis sowie der Verbrauchererwartungen (zusammen genommen des geschäftlichen Verkehrs), einschließlich deren Wandlung und Weiterentwicklung.[495] Nach Abs. 6 S. 2 und 3 PAngV sind die Anbieter ferner verpflichtet, ihre Angaben dem Angebot oder der Werbung eindeutig zuzuordnen sowie **leicht erkennbar** und **deutlich lesbar** oder sonst **gut wahrnehmbar** auszuzeichnen und zudem im Falle der Aufgliederung von Preisen die Endpreise in hervorgehobener Form herauszustellen. Die genannten, allgemein gehaltenen Vorschriften betreffen die Form von Angaben; sie gelten grundsätzlich für alle nach der PAngV vorgeschriebenen Angaben.[496]

---

486 OLG Köln MMR 2005, 111, 112.

487 Noch strenger wohl MünchKomm/*Ernst* UWG Anh §§ 1–7 G PAngV § 1 Rn 37, der verlangt, dass die Angabe beim Einzelpreis erfolgen *muss.*

488 → Rn 106f.

489 BGH CR 2008, 108, 109 – Versandkosten.

490 BGH CR 2008, 108, 109 – Versandkosten.

491 So noch OLG Hamburg CR 2006, 127.

492 MünchKomm/*Ernst* UWG Anh §§ 1–7 G PAngV § 1 Rn 37.

493 OLG Hamburg MMR 2005, 318, 320.

494 Ausführlich dazu sowie zu Angaben bei Werbung im Rahmen von Hörfunkprogrammen MünchKomm/*Ernst* UWG Anh §§ 1–7 G PAngV § 1 Rn 38.

495 *Völker* § 1 Rn 97.

496 So auch MünchKomm/*Ernst* UWG Anh §§ 1–7 G PAngV § 1 Rn 49 sowie *Völker* § 1 Rn 98.

143 **a) Allgemeine Verkehrsauffassung.** Der in der PAngV häufig verwendete Begriff der „allgemeinen Verkehrsauffassung“ (zB § 1 Abs. 1 S. 2 und 3; § 2 Abs. 3 S. 3 und 4 PAngV) bedeutet, dass bei der Beurteilung einer (Preis)Angabe im Sinne der PAngV auf den Eindruck ankommt, den der allgemeine Verkehr der Angabe entnimmt.[497] Bei der Ermittlung der Verkehrsauffassung kann auf die von der Rechtsprechung zum § 5 UWG entwickelten Prinzipien zurückgegriffen werden.[498] Es ist dabei auf die **Vorstellungen und Erwartungen des ganz überwiegenden Teils** der vom Angebot oder der Werbung **angesprochenen Verkehrskreise** abzustellen.[499] Bei Waren des täglichen Bedarfs sind das alle Normalverbraucher, im Falle der Betroffenheit eines speziellen bzw. eingeschränkten Personenkreises selbstverständlich nur dieser.[500] Bei der konkreten Ermittlung kann auf Meinungsforschungsgutachten zurückgegriffen werden.[501] Grundsätzlich ist der jeweils geltenden Verkehrsauffassung ein Durchschnittsmaßstab zugrunde zu legen. Die deutsche Rechtsprechung im Bereich des Wettbewerbsrechts ging jahrzehntelang dabei von der Auffassung eines flüchtigen, ungezwungenen Betrachters auf der Grundlage des objektiven Erklärungsinhaltes der jeweiligen Angabe aus.[502] Nach Vorgabe durch den EuGH[503] stellt nunmehr allerdings auch der BGH auf den **durchschnittlich informierten, aufmerksamen und verständigen Durchschnittsverbraucher** als Maßstab für das fragliche Werbeverhalten ab.[504] Unerheblich ist dabei stets, wie der Anbieter bzw. Werbende subjektiv seine Angabe verstanden wissen will.[505]

144 Als Indiz oder Hinweis für die Verkehrsauffassung kommen ferner der **allgemeine Sprachgebrauch, Bezeichnungsvorschriften, Industrienormen und DIN-Normen** in Betracht.[506] Aber auch **Handelsbräuche, Rechtsprechung sowie die Praxis von (Vollzugs)Behörden** können die Verkehrsauffassung ganz erheblich beeinflussen bzw. mitprägen.[507] Daneben sind für die Bestimmung der allgemeinen Verkehrsauffassung auch die Ziele der PAngV selbst zu beachten.[508]

145 **b) Preisklarheit.** Alle Angaben gemäß der PAngV müssen die Forderung nach Preisklarheit und Preiswahrheit erfüllen; beide zusammen stellen einen Grundpfeiler des Preisangabenrechts dar[509] und dienen vor allem dem **Verbraucherschutz** als bedeutendem **Belang des Gemeinwohls.**[510] Üblicherweise zitiert die Rechtsprechung die beiden Begriffe gemeinsam.[511] Gleichwohl ist zu differenzieren: **Preisklarheit** verlangt die **Eindeutigkeit und Unmissverständlichkeit** der Preisangabe – **Preiswahrheit** betrifft die **inhaltliche Richtigkeit** der Preisangabe.[512]

146 Der Begriff der **Preisklarheit** bedeutet, dass eine Preisangabe vom angesprochenen Verbraucher sofort und ohne weiteres Nachdenken auf den ersten Blick verstanden werden

---

[497] BGH GRUR 1997, 479, 480 – Münzangebot.
[498] So zu Recht *Völker* § 1 Rn 113 sowie *Piper*/Ohly § 1 PAngV Rn 47 .
[499] So auch *Völker* § 1 Rn 113; s. auch BGH GRUR 1997, 479, 480 – Münzangebot.
[500] *Piper*/Ohly § 1 PAngV Rn 48.
[501] *Piper*/Ohly § 1 PAngV Rn 48.
[502] So zB BGH GRUR 1959, 365, 366 – English Lavendel; BGH GRUR 1982, 564, 566 – Elsässer Nudeln.
[503] EuGH GRUR Int. 1995, 804, 805 – Mars oder EuGH GRUR Int. 1998, 795, 797 – Gut Springheide.
[504] ZB BGH GRUR 2000, 619, 621 – Orientteppichmuster; BGH GRUR 2001, 1061, 1063 – Mitwohnzentrale.de; s. auch *Piper*/Ohly § 5 UWG Rn 119 ff mwN.
[505] *Piper*/Ohly § 1 PAngV Rn 48.
[506] *Piper*/Ohly § 1 PAngV Rn 48.
[507] BGH GRUR 1989, 440, 441 f – Dresdner Stollen I; BGH GRUR 1990, 461, 463 Dresdner Stollen II.
[508] BGH GRUR 1981, 289 – Kilopreise I sowie *Völker* § 1 Rn 115.
[509] MünchKomm/*Ernst* UWG Anh §§ 1–7 G PAngV § 1 Rn 49.
[510] S. nur BVerfG GRUR 1993, 751, 753 – Großmarktwerbung I sowie BVerfG NJW 1993, 1969, 1971 – Großmarktwerbung II.
[511] ZB jüngst BGH CR 2008, 108 – Versandkosten. Ferner BGH GRUR 1981, 289 – Kilopreise I; BGH GRUR 1983, 443, 445 – Kfz-Endpreis.
[512] So auch *Piper*/Ohly § 1 PAngV Rn 49 und *Völker* § 1 Rn 99.

kann.[513] Das Gebot der Preisklarheit verlangt zB, dass ausschließlich **genau bezifferte und feste Preise** angegeben werden. „Ca....“-Preise, „Von ... bis ...“-Preise und andere Margenpreise sowie Angaben zur Verhandlungsbereitschaft (§ 1 Abs. 1 S. 3 PAngV) und Preisänderungsvorbehalte (§ 1 Abs. 5 PAngV) sind nur ausnahmsweise und lediglich im Rahmen von Werbeangaben zulässig.[514] Ferner bleiben auch Preisdifferenzierungen möglich, wenn die Voraussetzungen für die Gültigkeit der verschiedenen Preise klar genug zum Ausdruck kommen.[515] Eine Differenzierung der **Preise im Café oder Schnellrestaurant** danach, ob die Ware im Lokal verzehrt oder mitgenommen wird, ist zulässig, sofern der Preisunterschied ausreichend klar zum Ausdruck gebracht wird.[516] Gleiches gilt für die Preisdifferenzierung in Restaurants danach, ob man bedient wird oder sich selbst bedient[517] oder für eine Differenzierung in Gaststätten oder Bars hinsichtlich des Preises von Getränken nach verschiedenen Tageszeiten („happy hour“).[518]

Weiterhin ist die Bildung von **besonderen Preisen für bestimmte Verbrauchergruppen** wie zB Schüler und Studenten oder Familien oder Rentner zulässig.[519] Auch das sog. **Power Shopping** (auch Community Shopping genannt) ist unter dem Gesichtspunkt der Preisklarheit nicht ohne weiteres unzulässig, da grundsätzlich keine Unklarheit über den Preis besteht, sondern über die Tatsache, ob ein Kaufvertrag zu dem anvisierten Preis zustande kommt.[520] Neben dem aktuellen Preis noch den früheren Preis anzugeben und auf diese Weise einen **Preisvergleich** herbeizuführen, zB um auf eine Preisherabsetzung aufmerksam zu machen, ist dann zulässig, wenn eindeutig erkennbar ist, welches der frühere und welches der aktuelle Preis ist, zB indem der alte Preise deutlich sichtbar durchgestrichen wird.[521] Versandkosten sind aus Gründen der Preisklarheit (und auch der Wahrheit) nicht in den Endpreis einzubeziehen, weil dies einen Preisvergleich erschweren kann.[522] 147

Wenn eine **unverbindliche Preisempfehlung** (des Herstellers) neben dem Endpreis angegeben wird, ist erstgenannte unmissverständlich und eindeutig als unverbindliche Preisempfehlung zu kennzeichnen und der Endpreis ist aus Gründen der Preisklarheit hervorzuheben.[523] Es verstößt gegen das Gebot der Preisklarheit, wenn üblicherweise in Metern bemessene und verkaufte Ware, wie zB Stoffe, in Kilopreisen angeboten wird.[524] Eine Pflicht zur Aufgliederung des Preises (neben der Angabe des Endpreises) ergibt sich aus dem Gebot der Preisklarheit nicht.[525] Ausnahmsweise kann jedoch eine Preisaufgliederung aus Gründen der Preisklarheit geboten sein, zB wenn bei **Kopplungsangeboten** die gekoppelten Waren oder Leistungen anderswo separat erhältlich sind und die angebotene Kopplung neu und ungewöhnlich ist.[526] Der aufgegliederte Preis seinerseits muss selbstverständlich auch den Anforderungen von Preisklarheit und Preiswahrheit entsprechen.[527] 148

c) Preiswahrheit. Neben der formalen Klarheit der Preisangabe verlangt der Grundsatz von Preisklarheit und Preiswahrheit auch die **inhaltliche Richtigkeit sowie die Vollständigkeit der Angabe.**[528] Das, was ausgezeichnet ist, muss der **Wahrheit** entsprechen;[529] dh 149

---

513 *Völker* § 1 Rn 99.
514 *Piper*/Ohly § 1 PAngV Rn 49; → Rn 109.
515 *Völker* § 1 Rn 101.
516 So auch *Völker* § 1 Rn 101.
517 *Piper*/Ohly § 1 PAngV Rn 50; s. auch BGH GRUR 1992, 465, 466 – Rent-o-mat.
518 *Völker* § 1 Rn 101.
519 *Völker* § 1 Rn 101.
520 Ausführlich dazu *Völker* § 1 Rn 101.
521 BGH GRUR 1988, 836, 837 f – Durchgestrichener Preis.
522 BGH GRUR 1997, 479, 480 f – Münzangebot.
523 So auch *Völker* § 1 Rn 102.
524 BGH GRUR 1981, 289 f – Kilopreise I. S. ferner OLG Hamm GRUR 1990, 629 – Blusen von der Stange.
525 *Völker* § 1 Rn 104.
526 OLG Frankfurt WRP 1976, 476, 478 – Verdeckte Koppelung bei Fotofilmen.
527 OLG Köln NJWE-WettbR 1997, 9.
528 MünchKomm/*Ernst* UWG Anh §§ 1–7 G PAngV § 1 Rn 51.
529 S. auch *Piper*/Ohly § 1 PAngV Rn 49.

der Preis muss tatsächlich verlangt werden und zudem so wie ausgezeichnet auch zu bezahlen sein.[530] So ist zB die **Angabe verschiedener Preise für dieselbe Ware** (bzw. Leistung) dann unzulässig, wenn sich die von einem Lebensmittelanbieter an Kühltheken oder Regalen befindlichen Preisangaben von den bereits an der Ware selbst vom Produzenten angebrachten Preise unterscheiden.[531] Bei einer Werbung mit herabgesetzten Preisen hat der Händler durch organisatorische Maßnahmen sicherzustellen, dass der Werbepreis mit dem an der Ware im Geschäft ausgezeichneten und tatsächlich verlangten Preis übereinstimmt.[532]

150 Der für eine Ware oder Leistung verlangte Preis ist üblicherweise in **inländischer Währung** zu zahlen, also in Euro (vgl. § 244 Abs. 1 BGB) Auf die Währung kann durch einen Zusatz („Euro" oder „Euro" oder „EUR") hingewiesen werden; dies ist jedoch nicht zwingend.[533] Die Angabe eines in Euro zu zahlenden Betrages allein in einer Fremdwährung verstößt allerdings gegen den Grundsatz der Preiswahrheit.[534] Sollte ein Preis aber tatsächlich in ausländischer Währung zu zahlen sein, zB weil der Zahlungsort im Ausland liegt, ist er in der jeweiligen Fremdwährung anzugeben.[535] In solchen Fällen ist eine ergänzende Angabe des in Euro umgerechneten Preises nicht erforderlich; dies könnte gar zu Verwirrung führen, da die Währungskurse Schwankungen unterliegen.[536]

151 **d) Form der Preisangabe (§ 1 Abs. 6 Satz 2).** Preisangaben müssen dem Angebot oder der Werbung **eindeutig zugeordnet, leicht erkennbar** und **deutlich lesbar** oder **sonst gut wahrnehmbar** sein, nach § 1 Abs. 6 S. 2 PAngV. Nur wenn Preisangaben eindeutig zu erkennen sind sowie übersichtlich angegeben werden, entsprechen sie dem Gebot von Preisklarheit und Preiswahrheit.[537] Ein Verstoß gegen diese Anforderungen verletzt nicht nur § 1 Abs. 6 S. 2 PAngV, sondern ist darüber hinaus auch noch wettbewerbswidrig im Sinne des § 4 Nr. 11 UWG.[538]

152 **aa) Eindeutige Zuordnung.** Das Gebot der eindeutigen Zuordnung gilt für alle Pflichtangaben im Sinne der PAngV. Danach muss der angesprochene Verbraucher **sofort und mühelos** erkennen können, auf welche Ware bzw. Leistung sich eine Angabe bezieht.[539] Die eindeutige Zuordnung geschieht zB durch **Beschriftung der Ware selbst**, durch **Preisanhänger** oder **Preisetiketten;**[540] ferner durch **Stellschilder, Stelltafeln oder Regalpreisschildchen,** sofern diese in unmittelbarer Nähe der Ware angebracht werden.[541] Sog. Sammelpreisschilder mit Angaben für mehrere in oder auf einem Behältnis (zB Tiefkühltruhe oder Wühltisch) befindliche Waren sind nur dann zulässig, wenn die Beschriftung vollständig und übersichtlich und darüber hinaus in einer Weise gestaltet ist, die den angesprochenen Verkehrskreisen die notwendige Information ohne weiteres verschafft.[542] Im Falle von **Sammelpreisschildern** sind an das Merkmal der „eindeutigen Zuordnung" besonders strenge Anforderungen zu stellen. Man muss die jeweilige Ware dem entsprechenden Preis sofort und ohne größeres Nachdenken zuordnen können.[543] Dies dürfte insbesondere bei Waren mit einem ähnlichen äußeren Erscheinungsbild schwer fallen.[544]

---

[530] BGHSt 31, 91, 92 sowie BayObLG NStZ 1982, 74.
[531] KG GewArch 1992, 195, 196.
[532] BGH GRUR 1988, 629, 630 – Konfitüre (zu § 3 UWG aF).
[533] S. auch *Völker* § 1 Rn 112.
[534] OLG Frankfurt GRUR 1987, 554f sowie LG Frankfurt WRP 1990, 724 – Flugscheinangebot in US-Dollar.
[535] BGH GRUR 1995, 274, 275 – Dollar-Preisangaben.
[536] BGH GRUR 1995, 274, 275 – Dollar-Preisangaben sowie OLG Hamburg AfP 1993, 491 – Dollarpreisangabe in Anzeigen.
[537] *Piper*/Ohly § 1 PAngV Rn 51.
[538] BGH GRUR 2002, 287, 288 – Widerruf der Erledigungserklärung zu § 1 UWG aF.
[539] *Völker* § 1 Rn 117.
[540] *Völker* § 1 Rn 118 hält diese beiden Methoden für die beste Form der „eindeutigen Zuordnung".
[541] *Piper*/Ohly § 1 PAngV Rn 52.
[542] *Gelberg* GewArch 1994, 1, 6 sowie *Piper*/Ohly § 1 PAngV Rn 52.
[543] So zu Recht *Völker* § 1 Rn 119.
[544] So auch *Völker* § 1 Rn 119.

Die Verwendung von sog. **Preisschlüsseln,** bei denen die Preise bestimmten Symbolen zugeordnet sind, dürfte in der Regel das Gebot der eindeutigen Zuordnung nicht erfüllen.[545]

bb) Leichte Erkennbarkeit. Das Tatbestandsmerkmal der leichten Erkennbarkeit verlangt, dass der Verbraucher die Preisangabe ohne Schwierigkeiten auffinden kann.[546] Die Anforderung der leichten Erkennbarkeit betrifft folglich die **räumliche bzw. örtliche Platzierung der Angabe,** also das „wo".[547] Die Preisangabe darf insbesondere nicht versteckt oder erschwert lesbar sein. Ein solcher Fall liegt zB dann vor, wenn ein Preisschild auf dem Kopf steht.[548] Bei **Schaufensterauslagen** müssen die dazugehörigen Preisangaben nach außen gewandt sein, so dass Passanten sie ohne weiteres erkennen können, ohne das Geschäft betreten zu müssen.[549] Auch im **Inneren eines Geschäfts** muss der Verbraucher die angebotene Ware leicht erkennen können, sofern dies möglich und soweit es üblich ist.[550] Dabei ist der Preis grundsätzlich auf der dem Verbraucher zugewandten Seite anzubringen.[551] Bei sichtbar ausgestellter Ware muss der Preis aus „angemessener" Entfernung für den Verbraucher erkennbar sein.[552] Bei Waren, die üblicherweise nicht mit bereits aus der Entfernung lesbaren Preisschildern versehen werden, wie zB Bücher oder Schuhe, ist es ausreichend, wenn die Preisangabe bei näherem Hinsehen oder beim Aufnehmen der Ware erkennbar ist.[553] Ein allgemeiner Hinweis in einem Geschäft derart, dass auf alle ausgezeichneten Preise an der Kasse eine Reduzierung von 20% vorgenommen wird, verstößt nicht nur gegen das Gebot zur Bildung eines Endpreises gemäß § 1 Abs. 1 S. 1 PAngV, sondern zugleich auch gegen die Anforderung der leichten Erkennbarkeit.[554] 153

Für den Bereich des **Selbstbedienungseinzelhandels** wird vertreten, dass die „leichte Erkennbarkeit" verlange, dass der Verbraucher die Ware nicht in die Hand nehmen müsse, um den Preis zu lesen.[555] Dies könne zB dadurch geschehen, dass die Preise bei Regalware auf der dem Verbraucher zugewandten Seite angebracht werde;[556] denkbar wäre aber auch die Auszeichnung durch ein eindeutig zuordnungsfähiges Regalschild. Jedoch wird man heute sagen müssen, dass nach der allgemeinen Verkehrsauffassung dem Verbraucher in Selbstbedienungsgeschäften zuzumuten ist, die Ware in die Hand zu nehmen, um den Preis zu prüfen,[557] zumindest dann, wenn die Ware leicht erreichbar ist. Mit einer korrekten Preisauszeichnung der Ware selbst wird dem Merkmal der „leichten Erkennbarkeit" genüge getan. Ein unzulässiger psychologischer Kaufzwang ist heutzutage mit dem „In-die-Hand-nehmen-müssen" der Ware nicht mehr verbunden.[558] 154

Die leichte Erkennbarkeit der Preisangabe setzt weiterhin voraus, dass die Preisangabe nicht in einer Fülle von anderen Angaben auf der Ware verschwindet, zB in einem längeren Fliesstext.[559] Sofern eine **Preisangabe in räumlichem Zusammenhang mit anderen Angaben** über die Ware oder Leistung erfolgt, ist sie von den anderen Informationen hinreichend deutlich abzusetzen,[560] zB durch von den anderen Informationen deutlich ab- 155

---

545 OLG München WRP 1983, 116, 117 – Schuhwaren. Zu den Voraussetzungen, wann doch ausnahmsweise das Gebot der eindeutigen Zuordnung erfüllt sein könnte, *Völker* § 1 Rn 119.

546 OLG Hamm GRUR 1990, 629, 630 – Blusen von der Stange; OLG Düsseldorf WRP 1988, 40, 42.

547 *Völker* § 1 Rn 120.

548 MünchKomm/*Ernst* UWG Anh §§ 1–7 G PAngV § 1 Rn 55.

549 *Piper*/Ohly § 1 PAngV Rn 53.

550 *Piper*/Ohly § 1 PAngV Rn 53 sowie *Völker* § 1 Rn 122.

551 *Gimbel/Boest* § 1 Anm. 36 sowie *Völker* § 1 Rn 122.

552 OLG Düsseldorf WRP 1978, 460, 461 sowie *Piper*/Ohly § 1 PAngV Rn 53.

553 *Piper*/Ohly § 1 PAngV Rn 53 sowie *Völker* § 1 Rn 122.

554 BGH GRUR 1999, 762, 763 – Herabgesetzte Schlussverkaufspreise.

555 So BayObLG ZLR 1974, 66 sowie OLG Düsseldorf WRP 1978, 460, 461.

556 So *Völker* § 1 Rn 122.

557 So auch richtigerweise *Piper*/Ohly § 1 PAngV Rn 53.

558 So *Piper*/Ohly § 1 PAngV Rn 53 unter Bezugnahme auf OVG Rheinland-Pfalz GRUR 1983, 458, 459 – Preisauszeichnung in SB-Geschäft.

559 OLG Düsseldorf WRP 1988, 40, 42.

560 *Völker* § 1 Rn 126.

weichende Buchstaben- bzw. Zahlengröße und/oder durch entsprechende farbige Gestaltung.

156 Für die beliebten **Kopplungsangebote** im Bereich des Verkaufs von **Mobiltelefonen** gilt Folgendes: Im Falle der Werbung für ein Mobiltelefon, das ausschließlich zusammen mit dem Abschluss eines Netzkartenvertrages verkauft wird, verlangt der Grundsatz von Preiswahrheit und Preisklarheit, dass die Angaben über die Kosten des Netzzugangs dem blickfangartig herausgestellten Preis für das Handy (Werbung: „Fast geschenkt" oder „Nur 49 Pfennig") räumlich eindeutig zugeordnet werden sowie leicht erkennbar und deutlich lesbar sind.[561] Gleiches gilt im übrigen für den Fall der Kopplung des Verkaufs eines Fernsehers mit einem Stromliefervertrag.[562] Bei **Angeboten von Waren und Leistungen via Internet** ist der Forderung der leichten Erkennbarkeit genüge getan, wenn der Interessent klar und unmissverständlich mittels elektronischem Verweis **(„Link")** von einer (unvollständigen) Preisangabe zur (vollständigen) Endpreisangabe verwiesen wird. [563]

157 **cc) Deutliche Lesbarkeit oder sonstige Wahrnehmbarkeit.** Das Gebot der deutlichen Lesbarkeit ist dann erfüllt, wenn die Preisangabe von einem Verbraucher mit **normaler Sehkraft aus angemessener Entfernung ohne Hilfsmittel und ohne Mühe gelesen** werden kann.[564] Ob eine Angabe deutlich lesbar ist, ist stets unter Berücksichtigung der Umstände des Einzelfalls zu ermitteln.[565] Neben der Schriftgröße spielt auch das Druckbild (Gliederung, Farbe, Hintergrund sowie Wort- und Zahlenanordnung) eine Rolle.[566] Darüber hinaus ist auch der Abstand zu berücksichtigen, aus dem ein Verbraucher eine Angabe liest. „Sichtbar ausgestellte" Waren im Sinne des § 4 Abs. 1 PAngV müssen aus größerer Entfernung gut lesbar sein, während es bei Waren, die im Selbstbedienungseinzelhandel ohne besondere Herausstellung in Regalen zur Entnahme bereitgehalten werden, ausreichend ist, wenn der Kunde den Preis erkennen kann, sobald er vor dem Regal steht.[567] Bei hinter dem Tresen (evtl. in einer Vitrine) gehaltenen **Tabakwaren,** insbesondere bei Zigarren, ist der Preis auf der Banderole ausreichend, um dem Gebot der „deutlichen Lesbarkeit" zu genügen;[568] dies gilt auch generell für den SB-Handel mit Tabakwaren.[569]

158 Das Gebot der **„sonstigen guten Wahrnehmbarkeit"** ist ein **Auffangtatbestand,** der nach der amtlichen Begründung der PAngV 1985 in erster Linie im Hinblick auf akustische Werbung zur Anwendung kommt.[570] Mündliche Angebote bzw. Werbung, speziell im **Rundfunk** oder im **Kino** sowie im **Fernsehen,** müssen deutlich wahrnehmbar und bei Einblendung im Fernsehen auch für eine angemessene Zeit sichtbar sein, um eine mühelose Kenntnisnahme des Verbrauchers zu ermöglichen.[571]

159 **e) Hervorhebung des Endpreises (§ 1 Abs. 6 Satz 3).** Im Falle der **Aufgliederung von Preisen** ist der Anbieter nach § 1 Abs. 6 S. 3 PAngV verpflichtet, den Endpreis hervorzuheben. Eine inhaltlich korrekte und nicht irreführende Preisaufgliederung oder eine entsprechende Einzelpreisangabe ist neben der Endpreisnennung allerdings zulässig.[572] Sie erhöht grundsätzlich die Preistransparenz und kann im Einzelfall für den Verbraucher sehr nützlich sein, insbesondere im **Immobilienbereich** (zB Angabe des qm-Preises bei Woh-

[561] Dazu BGH GRUR 1999, 264, 267 – Handy für 0,00 DM; BGH NJWE-WettbR 2000, 232, 233 f – Fast geschenkt.
[562] OLG Karlsruhe GRUR-RR 2002, 168, 169.
[563] BGH CR 2008, 108, 109 – Versandkosten; BGH WRP 2003, 1222 – Internet-Reservierungssystem. ferner *Piper*/Ohly § 1 PAngV Rn 53 mwN.
[564] OVG Rheinland-Pfalz GRUR 1983, 458 sowie *Piper*/Ohly § 1 PAngV Rn 54.
[565] *Piper*/Ohly § 1 PAngV Rn 54.
[566] *Völker* § 1 Rn 129.
[567] AA wohl *Völker* § 1 Rn 129.
[568] *Piper*/Ohly § 1 PAngV Rn 54 mwN.
[569] *Gelberg* GewArch 1983, 353, 365.
[570] Amtl. Begr. Bundesanzeiger 1985, Nr. 70, 3731.
[571] MünchKomm/*Ernst* UWG Anh §§ 1–7 G PAngV § 1 Rn 58 sowie *Piper*/Ohly § 1 PAngV Rn 55.
[572] BGH GRUR 1983, 665, 666 – qm-Preisangaben I.

nungsmiete oder Grundstückskauf), aber auch bei **Bankgeschäften** (Angabe des Normalzinses, Bearbeitungsgebühr bzw. Disagio bei Darlehen).[573] Die Pflicht zur Aufgliederung besteht bei jeder Art der Preisdifferenzierung. Darunter fällt jede Form der Nennung einzelner Preisbestandteile, selbst wenn diese zusammen genommen nicht den Endpreis ergeben.[574]

Die Art der Hervorhebung des Endpreises ist gesetzlich nicht geregelt; sie bleibt dem Anbieter überlassen. Bei schriftlichen Angaben kann eine Hervorhebung durch Wahl einer bestimmten **auffälligen Schriftart,** einer **größeren Schrift, Fettdruck, Unterstreichung oder Einrahmung** erfolgen.[575] Eine lediglich farblich unterschiedliche Gestaltung von Endpreis einerseits sowie anderen Preisangaben andererseits bei gleichem Schriftbild und gleicher Schrifthöhe wurde vom BGH für eine Hervorhebung im Sinne des S. 3 als nicht ausreichend erachtet.[576] Eine Hervorhebung kann zB auch dadurch erfolgen, dass zwar nicht die Preisangabe selbst, wohl aber ein ihr unmittelbar beigefügter Hinweis wie „Endpreis" oder „Kaufpreis" herausgestellt wird.[577] Die bloße Beifügung eines solchen Hinweises ohne weitere Hervorhebung genügt den Anforderungen des § 1 Abs. 6 S. 3 PAngV aber nicht ohne weiteres.[578] 160

5. Ergänzungsvorschriften (§ 1 Abs. 3–5 PAngV)

a) Verrechnungssätze bei Leistungen (§ 1 Abs. 3 PAngV). § 1 Abs. 3 PAngV normiert die Möglichkeit der **Abweichung von der grundsätzlichen Verpflichtung zur Endpreisangabe** des § 1 Abs. 1 S. 1 PAngV für den Fall des Angebots von bzw. der Werbung mit Leistungen. Anstelle des Endpreises bei Waren können **Verrechnungssätze** für die angebotenen bzw. beworbenen Dienstleistungen mitgeteilt werden. Die Ausnahmeregelung basiert auf der Überlegung, dass in zahlreichen Fällen, insbesondere bei **Handwerkerleistungen,** zum Zeitpunkt der Werbung oder des Angebots der genaue Leistungsumfang noch nicht feststeht, weil der tatsächlich erforderliche Zeit-, Fahr-, Arbeits- oder Materialaufwand noch nicht exakt bestimmbar ist.[579] In solchen Fällen kann der Anbieter bestimmte Sätze angeben, die er dann seiner späteren Berechnung zu Grunde legt. 161

In der gesetzlichen Regelung sind **Stunden- und Kilometersätze** als gängige Verrechnungssätze für **Zeit- sowie Fahraufwand** genannt. Andere Verrechnungssätze bleiben möglich, sofern sie üblich sind. Die Angabe aller Verrechnungssätze, nicht nur der „anderen" Verrechnungssätze, steht unter dem Vorbehalt der „Üblichkeit" nach § 1 Abs. 3 S. 1 PAngV. Üblich im Sinne dieser Vorschrift ist, was sich nach allgemeiner Auffassung der beteiligten Verkehrskreise im Rahmen vernünftiger kaufmännisch-unternehmerischer Gepflogenheiten hält.[580] Als üblich sind in diesem Zusammenhang die **sog. Arbeitswerte** für standardisierte Reparaturleistungen **im Kfz-Handwerk** zu bezeichnen, die auf vorgegebenen Arbeitszeiten für die Reparatur basieren, aber unabhängig von der tatsächlichen Reparaturdauer berechnet werden.[581] Ferner sind auch die **Tagestarife von Autovermietern** zu den durchaus üblichen, „anderen Verrechnungssätzen" zu zählen.[582] Jedoch ist die Bildung eigener Verrechnungssätze grundsätzlich unzulässig, da diese mangels Verkehrsbekanntheit Preisvergleiche zumindest erschweren, wenn nicht gar verunmöglichen.[583] Sämtliche Leistungselemente müssen in die Verrechnungssätze einbezogen werden. Es steht dem 162

---

[573] *Völker* § 1 Rn 132.
[574] *Völker* § 1 Rn 133.
[575] *Völker* § 1 Rn 133.
[576] BGH GRUR 2001, 846, 849 – Metro V.
[577] KG Berlin WRP 1983, 56.
[578] OLG Köln CR 1997, 410, 411 f; aA wohl *Piper*/Ohly § 1 PAngV Rn 58, die entscheidend darauf abstellen, ob der Letztverbraucher den zu zahlenden Endpreis „ohne weiteres" erkennen kann.
[579] *Piper*/Ohly § 1 PAngV Rn 61.
[580] S. auch *Piper*/Ohly § 1 PAngV Rn 61.
[581] *Gimbel/Boest* § 1 Anm. 19.
[582] OLG München MDR 1996, 1019, 1020.
[583] So auch *Piper*/Ohly § 1 PAngV Rn 61.

Anbieter nach § 1 Abs. 3 S. 2 PAngV allerdings frei, die Materialkosten in die Verrechnungssätze zu integrieren.

163 Im Bereich der **Werbung für sog. Servicenummern** existieren einige Urteile zur Frage, wie spezielle Verrechnungssätze anzugeben sind. So muss die Werbung eines Finanzdienstleisters, der unter einer **0190-Nummer** über Fax oder Telefon abrufbare Informationen zur Verfügung stellt, die zeitbezogenen Kosten klar und eindeutig aufführen.[584] Auch ein Werbender, der sog. **Shared-cost-Dienste 0180-X** benutzt, hat den Preis pro Anruf und Minute (Betrag, Währung, Zeiteinheit) anzugeben, um den Anforderungen der PAngV zu genügen.[585]

164 **b) Flaschenpfand (§ 1 Abs. 4 PAngV).** Nach der Bestimmung des § 1 Abs. 4 PAngV ist die Höhe einer rückerstattbaren Sicherheit neben dem Waren- bzw. Leistungspreis anzugeben. Diese Vorschrift gilt für alle Fälle, in denen mit Geld für eine Ware oder Leistung eine rückerstattbare Sicherheit gefordert wird, wenn also zB im Bereich der Gastronomie für Gläser oder Geschirr ein Pfand zu leisten ist. Hauptanwendungsfall ist aber sicherlich der Bereich des **Pfandes für Mehrwegflaschen** im Getränkeeinzelhandel.[586]

165 Die Bildung eines Gesamtpreises (Einbeziehung des Flaschenpfandes in den Endpreis), wie es früher durch die Rechtsprechung vorgegeben war,[587] ist nach der Bestimmung des § 1 Abs. 4 PAngV nicht mehr zulässig. Beim Verkauf von Ware in Pfandflaschen muss daher der Endpreis für die Ware (ohne Flasche) angegeben werden und daneben der Pfandbetrag (zB „zuzüglich 0,15 Euro Pfand"). Gleiches gilt für den Fall der Erbringung einer Dienstleistung gegen rückerstattbare Sicherheit.

166 **c) Änderungsvorbehalte (§ 1 Abs. 5 PAngV).** Grundsätzlich sind **Preisänderungsvorbehalte** im Anwendungsbereich der PAngV **nicht zulässig.** Als weitere Ausnahme vom Erfordernis der Angabe fester Endpreise – neben § 1 Abs. 3 PAngV – gestattet § 1 Abs. 5 PAngV dennoch die Angabe von Preisen mit Änderungsvorbehalt unter bestimmten Voraussetzungen. So ist ein Änderungsvorbehalt zulässig bei Vereinbarung von **Liefer- oder Leistungsfristen** für Waren oder Dienstleistungen von **mehr als vier Monaten** nach § 1 Abs. 5 S. 1 Halbs. 1 PAngV. Dies dürfte vor allem den **Kfz-Handel** und den **Möbeleinzelhandel** betreffen.[588] Diese Regelung trägt dem Umstand Rechnung, dass bei Lieferfristen, die länger sind als vier Monate, ein Festhalten des Anbieters an dem bei Vertragsschluss vereinbarten Festpreis wegen der zeitlich bedingten schwierigen Preiskalkulation zu unzumutbaren Härten führen kann.[589]

167 Weiterhin ist ein Änderungsvorbehalt nach § 1 Abs. 5 S. 2 PAngV erlaubt, wenn im Rahmen von **Dauerschuldverhältnissen** Leistungen erbracht oder Waren verkauft werden. Dauerschuldverhältnisse sind alle längerfristigen vertraglichen Leistungsbeziehungen,[590] wobei es eine feste zeitliche Grenze nicht gibt, ab der ein Dauerschuldverhältnis vorliegt. Im Einzelfall kann das Dauerschuldverhältnis gar kürzer als vier Monate sein.[591] Einschlägige Schuldverhältnisse, bei denen eine Preisanpassung möglich und sinnvoll ist, sind zB **Versicherungsverträge mit Prämienanpassungsklauseln,**[592] aber auch Darlehensverträge oder **Stromlieferungsverträge.**[593]

168 Falls Liefer- oder Leistungsfristen länger als vier Monate dauern, ist neben der Angabe des zum Zeitpunkt des Angebots oder der Werbung geltenden Preises sowie des Änderungsvorbehaltes nach § 1 Abs. 5 S. 1 Halbs. 2 PAngV die voraussichtliche Liefer- oder

---

584 OLG Frankfurt GRUR 1999, 359 – „Fax-Abruf 0190…".
585 OLG Stuttgart NJWE-WettbR 2000, 107, 108.
586 So auch *Völker* § 1 Rn 87.
587 BGH GRUR 1994, 222, 224 – Flaschenpfand I; BGH GRUR 1998, 955 – Flaschenpfand II.
588 So auch *Piper*/Ohly § 1 PAngV Rn 63.
589 BGH GRUR 1974, 416, 417 – Tagespreis.
590 *Völker* § 1 Rn 96.
591 S. auch *Völker* § 1 Rn 96.
592 So auch *Piper*/Ohly § 1 PAngV Rn 63.
593 *Völker* § 1 Rn 96 mwBsp.

Leistungsfrist anzugeben. Wenn der Zeitraum zwischen Vertragsschluss und Lieferung der Ware (oder Erbringung der Leistung) **geringer als vier Monate** ist, wird ein Preisänderungsvorbehalt wohl unzulässig sein.[594] Gleichwohl ist davon auszugehen, dass sog. Tagespreisklauseln, die individualvertraglich vereinbart werden, weiterhin zulässig sind.[595]

III. Die Grundpreisbestimmung (§ 2 PAngV)

1. Allgemeines

169 Die Pflicht zur Grundpreisangabe basiert auf den Vorgaben der **RL 98/6/EG („Preisangabenrichtlinie")**[596] vom 16. 2. 1998. Der deutsche Verordnungsgeber hat damit erstmals eine allgemeine Regelung zur Angabe des Grundpreises – neben der Endpreisangabepflicht – in die PAngV aufgenommen.[597] § 2 Abs. 1 S. 1 PAngV schreibt die Angabe eines Grundpreises (je Mengeneinheit) für alle diejenigen vor, die gewerbs- oder geschäftsmäßig oder in sonstiger Weise Letztverbrauchern Waren anbieten, die in Fertigpackungen, offenen Packungen oder als Verkaufseinheiten ohne Umhüllung nach Gewicht, Volumen, Länge oder Fläche angeboten werden. Diese Pflicht gilt ebenfalls für die Werbung unter Angabe von Preisen nach § 2 Abs. 1 S. 2 PAngV. Die gesamte **Grundpreisregelung gilt ausschließlich für Waren** und nicht für Leistungen. Auch die Art und Weise der Grundpreisangabe hat den allgemeinen Anforderungen des § 1 PAngV, namentlich der **allgemeinen Verkehrsauffassung** sowie den **Grundsätzen von Preisklarheit und Preiswahrheit,** zu genügen.[598]

2. Grundpreis (§ 2 Abs. 1 PAngV)

170 Zunächst trifft die Grundpreisangabepflicht alle diejenigen, die Letztverbrauchern gewerbs- oder geschäftsmäßig oder in sonstiger Weise Waren anbieten. Hinsichtlich des Kreises der aus dieser Vorschrift Verpflichteten kann auf die Ausführungen zu § 1 Abs. 1 S. 1 PAngV verwiesen werden.[599] Die Pflicht zur Grundpreisangabe erfasst weiter **Angebote und Werbung** mit Preisangaben für Produkte in Fertigpackungen, offenen Packungen sowie Verkaufseinheiten ohne Umhüllung, die nach Gewicht, Volumen, Länge oder Fläche offeriert werden (§ 2 Abs. 1 PAngV).

171 **Fertigpackungen** sind nach § 6 Abs. 1 Eichgesetz Erzeugnisse in Verpackungen beliebiger Art, die in Abwesenheit des Käufers abgepackt und verschlossen werden, wobei die Menge des darin enthaltenen Erzeugnisses ohne Öffnen oder merkliche Änderung der Verpackung nicht verändert werden kann.[600] Damit werden folglich alle vorverpackten Produkte in geschlossenen Verpackungen erfasst,[601] zB Lebensmittelkonserven, Tiefkühlkost oder Behälter mit Farben oder Lacken oder Spülmittel.[602]

172 **Offene Packungen** sind solche, die nicht oder nicht völlig geschlossen sind, so dass der Packungsinhalt ohne Öffnen der Verpackung oder eine merkliche Veränderung daran zugänglich ist.[603] Die Abfüllung einer offenen Packung hat in Abwesenheit des Kunden zu erfolgen.[604] Falls die Abfüllung in Anwesenheit des Kunden erfolgt, liegt in der Regel lose Ware im Sinne des § 2 Abs. 2 PAngV[605] vor. Als Beispiel für Ware, die typischerweise in

---

594 So auch *Piper*/Ohly § 1 PAngV Rn 64.

595 *Piper*/Ohly § 1 PAngV Rn 64 mit ausführlicher Begründung unter Verweis auf BGH GRUR 1974, 416, 417 – Tagespreis.

596 → Rn 13 ff.

597 Ausführlich zu den Vorgängerbestimmungen im deutschen Preisangabenrecht *Völker* § 2 Rn 2.

598 *Völker* § 2 Rn 5.

599 → Rn 81 ff.

600 *Strecker/Reinhard/Roesner/Rüssing/Engberg* § 6 EichG Anm. 3.

601 *Völker* § 2 Rn 7.

602 *Landmann/Rohmer/Gelberg* § 2 PAngV Rn 3.

603 *Strecker/Reinhard/Roesner/Rüssing/Engberg* § 31 a FPVO Anm. 3.

604 *Völker* § 2 Rn 8.

605 MünchKomm/*Ernst* UWG Anh §§ 1–7 G PAngV § 2 Rn 5; → Rn 176.

offener Packung im Einzelhandel angeboten wird, sind im Körbchen angebotene Obstsorten zu nennen, zB Zwetschgen oder Erdbeeren.

173 Die Pflicht zur Grundpreisangabe gilt auch für **Verkaufseinheiten,** die **ohne Umhüllung nach Gewicht, Volumen, Länge oder Fläche** angeboten oder beworben werden. Dieses Tatbestandsmerkmal erfasst **unverpackte Ware,** die in bestimmten festen Verkaufseinheiten offeriert wird, d. h. nicht erst in Anwesenheit und nach Wunsch des Kunden abgemessen wird.[606] Darunter fallen zB Garne, Draht, Kabel, Schläuche usw. (§ 33 FPVO),[607] nicht aber Tapete, die als sog. Euro-Rolle angeboten wird.[608] **Keine Pflicht zur Grundpreisangabe** besteht bei Waren, die nach anderen Mengeneinheiten als den aufgeführten angeboten oder beworben werden, also insbesondere wenn Ware **stück- oder paarweise** abgegeben wird.[609] Dies ist zB bei Waschlappen oder auch bei Handtüchern der Fall, welche in der Regel stückweise verkauft werden. Auch Produkte, bei denen eine Angabe über Gewicht, Volumen, Länge oder Fläche zur Information des Verbrauchers bzw. zur Erläuterung des Produktes erfolgt, unterliegen nicht der Grundpreisangabepflicht.[610] Dies ist zB bei Längenangaben für Reißverschlüsse oder Gürtel oder bei der Angabe des Volumens von Töpfen der Fall.[611]

174 Der **Grundpreis** ist der **Preis je Mengeneinheit** nach § 2 Abs. 1 S. 1 PAngV. Die grundpreisrelevante Mengeneinheit ist nicht beliebig wählbar. Der Anbieter ist an die in Abs. 3 des § 2 PAngV vorgesehenen Mengeneinheiten[612] gebunden. Genau wie der Endpreis ist der Grundpreis einschließlich der Umsatzsteuer und sonstiger Preisbestandteile anzugeben. Daher kann wiederum auf die Ausführungen zu § 1 Abs. 1 S. 1 PAngV verwiesen werden.[613] Der Grundpreis ist stets **in unmittelbarer Nähe zum Endpreis** zu platzieren.[614] Dies bedeutet, dass nur ein **geringer räumlicher Abstand** zwischen beiden Angaben bestehen darf.[615] Es dürfen keine weiteren Angaben zwischen den beiden Angaben stehen; der Verbraucher muss Grund- und Endpreis mit einem Blick wahrnehmen können.[616]

175 Eine Pflicht zur Hervorhebung des Endpreises gegenüber dem Grundpreis besteht üblicherweise nicht,[617] da die Zweiteilung von End- und Grundpreis keine Preisaufgliederung im Sinne des § 1 Abs. 6 S. 3 PAngV darstellt. Beide Preise müssen allerdings nicht in identischer Größe angegeben werden. Eine optische Differenzierung ist möglich; man kann zB den Grundpreis kleiner oder grafisch anders als den Endpreis gestalten.[618] Jedoch ist darauf zu achten, dass durch die **optische Gestaltung** der Verbraucher zB durch eine Hervorhebung des Grundpreises, der dadurch als Endpreis erscheint, nicht getäuscht werden darf.[619] Wenn Grundpreis und Endpreis identisch sind, kann auf die **Angabe des Grundpreises verzichtet** werden nach § 2 Abs. 1 S. 3 PAngV. In diesen Fällen ist die alleinige Angabe des Endpreises ausreichend.[620]

176 Neben der Sonderregelung für Haushaltswaschmittel in Abs. 4 des § 2 PAngV existieren noch eine Reihe von weiteren Ausnahmen von der Grundpreisangabepflicht in den §§ 9 Abs. 2 bis 4 PAngV.

---

606 *Völker* § 2 Rn 9.
607 S. auch *Völker* § 2 Rn 9.
608 So MünchKomm/*Ernst* UWG Anh §§ 1–7 G PAngV § 2 Rn 7 sowie *Völker* § 2 Rn 9.
609 *Völker* NJW 2000, 2787 f.
610 So *Völker* § 2 Rn 9 mit Verweis auf die amtliche Begründung BT-Drucks. 180/00 S. 24.
611 *Völker* § 2 Rn 11.
612 → Rn 178.
613 → Rn 81 ff.
614 MünchKomm/*Ernst* UWG Anh §§ 1–7 G PAngV § 2 Rn 9.
615 *Völker* § 2 Rn 16.
616 So auch MünchKomm/*Ernst* UWG Anh §§ 1–7 G PAngV § 2 Rn 9 sowie *Völker* § 2 Rn 16.
617 S. auch *Piper*/Ohly § 2 PAngV Rn 3.
618 *Völker* § 2 Rn 17.
619 So auch *Piper*/Ohly § 2 PAngV Rn 3.
620 S. auch *Piper*/Ohly § 2 PAngV Rn 3.

3. Lose Ware (§ 2 Abs. 2 PAngV)

177 Eine spezielle Grundpreisangabepflicht findet man in § 2 Abs. 2 PAngV. Danach ist lose Ware, die Letztverbrauchern nach Gewicht, Volumen, Länge oder Fläche angeboten oder gegenüber Letztverbrauchern mit Preisangaben beworben wird, lediglich mit einer Grundpreisangabe gemäß § 2 Abs. 3 PAngV zu versehen. Das bedeutet, dass bei loser Ware, die in der Art des § 2 Abs. 3 PAngV angeboten wird, der Endpreis nicht angegeben werden muss.[621] Unter „loser Ware" im Sinne des § 2 Abs. 2 PAngV ist solche Ware zu verstehen, die **unverpackt** ist **und in Anwesenheit oder auf Veranlassung des Verbrauchers** abgemessen wird. Der Begriff des **„Abmessens"** umfasst dabei sowohl das Messen nach Volumen, Länge oder Fläche als auch das Abwiegen nach Gewicht.[622]

178 Unter den Begriff der „losen Ware" fallen vor allem unverpackte Lebensmittel, insbesondere Obst und Gemüse, aber auch Nägel, Draht, Farben, Teppichböden, Hölzer, Stoffe, Kabel, Schrauben sowie nicht abgepackte Schreibwaren und ähnlicher Bürobedarf.[623] Auch die lose Ware muss „gewerbs- oder geschäftsmäßig oder regelmäßig in sonstiger Weise dem Letztverbraucher" offeriert werden. Hinsichtlicht der letztgenannten, bereits bekannten Tatbestandsmerkmale kann wiederum auf die Kommentierung zu § 1 Abs. 1 S. 1 PAngV verwiesen werden.[624]

4. Mengeneinheiten

179 § 2 Abs. 3 PAngV bestimmt die **verschiedenen Arten von Mengeneinheiten** für den jeweiligen Grundpreis, je nach dem, ob eine Ware nach Gewicht (dann 1 Kilogramm), nach Volumen (dann 1 Liter oder 1 Kubikmeter), nach Ausdehnung bzw. Länge (dann 1 Meter) oder nach Fläche (dann 1 Quadratmeter) bemessen wird. Eine **(nicht zwingende) Sonderbestimmung** gibt es für Waren, die in **Kleinmengen** angeboten werden: Wenn das Nenngewicht oder Nennvolumen üblicherweise 250 Gramm oder Milliliter nicht übersteigt, darf als Mengeneinheit für den Grundpreis 100 Gramm oder 100 Milliliter angegeben werden nach § 2 Abs. 3 S. 2 PAngV.

180 Die Begriffe **„Nenngewicht"** sowie **„Nennvolumen"** sind bei Fertigpackungen im Sinne der Nennfüllmenge gemäß § 6 ff FPVO zu verstehen.[625] Bei nach Gewicht oder Volumen verkauften offenen Verpackungen oder als Verkaufseinheit angebotenen Waren ist die im Angebot oder in der Werbung genannte Füllmenge relevant.[626] Bei Ware, die typischerweise in **Großmengen** (das sind Mengen von mehr als 100 Liter oder mehr als 50 kg) verkauft werden, zB bei Brennstoffen wie Kohle oder Heizöl oder Lagerkartoffeln, ist jedoch **zwingend** von der Grundregel des § 2 Abs. 3 S. 1 PAngV abzuweichen (§ 2 Abs. 3 S. 4 PAngV).[627] Danach ist die maßgebende Mengeneinheit die, die der allgemeinen Verkehrsauffassung entspricht,[628] also bei Kohle oder Kartoffeln zB Zentner oder Doppelzentner.[629]

181 Für nach **Gewicht oder Volumen** angebotene **lose Ware** gilt ausschließlich die Sonderbestimmung des § 2 Abs. 3 S. 3 PAngV. Danach ist die allgemeine Verkehrsauffassung dafür maßgeblich, ob der Grundpreis entweder für ein Kilogramm oder 100 Gramm bzw. entweder für einen Liter oder 100 Milliliter anzugeben ist. Bei **Obst und Gemüse** wird der Preis nach allgemeiner Verkehrsauffassung weit überwiegend nach Gewicht, und zwar

---

[621] *Völker* § 2 Rn 27.
[622] MünchKomm/*Ernst* UWG Anh §§ 1–7 G PAngV § 2 Rn 14.
[623] *Gimbel/Boest* § 1 Anm. 27; s. auch *Völker* § 2 Rn 25 sowie MünchKomm/*Ernst* UWG Anh §§ 1–7 G PAngV § 2 Rn 15.
[624] → Rn 81 ff.
[625] *Völker* § 2 Rn 33.
[626] S. auch *Völker* § 2 Rn 33.
[627] AA *Völker* § 2 Rn 50, nach dem Satz 4 ein Abweichen von der Grundregel „gestattet". Nach hier vertretener Auffassung ist der Wortlaut des § 2 Abs. 3 S. 4 PAngV jedoch eindeutig.
[628] So auch *Piper*/Ohly § 2 PAngV Rn 5.
[629] S. auch *Völker* § 2 Rn 50.

in kg anzugeben sein (Äpfel, Birnen, Bananen bzw. Zucchini, Möhren/Karotten oder Paprika). Bei bestimmten Waren ist aber eine **Preisangabe pro 100 g** üblich, zB bei Himbeeren, Heidelbeeren, Pilzen oder Datteln und Feigen. Andere Obst- und Gemüsesorten werden wiederum eher **pro Stück** angeboten, so Kohlrabi, Blumenkohl, Zuckermais oder Sellerie. Teilweise erfolgt auch eine Preisangabe **pro Bund,** so bei Küchenkräutern oder Rettich.[630] **Brot- oder Backwaren** sowie **Konditoreiwaren wie zB Kuchen** werden üblicherweise entsprechend der Abgabeform pro Stück ausgezeichnet; **Fisch** hingegen wird ganz überwiegend nach Gewicht verkauft, je nach Sorte pro 100 g oder pro kg. **Fleisch-, Wurst- und Käseware** wird regelmäßig nach Gewicht (100 g oder kg) angeboten und verkauft, auch wenn die Ware zum Verkauf teilweise in Scheiben geschnitten wird. Bei bestimmten **Wurst- bzw. Fleischwaren** erfolgt die Preisangabe auch paarweise (zB Landjäger) oder pro Stück (Wildgeflügel).[631]

182 Entspricht eine **auf die Länge der Ware** bezogene Preisangabe der allgemeinen Verkehrsauffassung, zB bei Gardinen, Stoffen oder Kabeln, so ist der Meterpreis anzugeben.[632] Bei **nach Fläche verkaufter Ware,** wie zB Teppichböden oder Profilholz sowie bei lose verkauften Badetüchern und anderen flächigen Textilwaren, erfolgt die Preisangabe in Quadratmetern.[633]

183 Nach § 2 Abs. 3 S. 5 PAngV ist bei Waren, bei denen das **Abtropfgewicht** anzugeben ist, der Grundpreis auf das angegebene Abtropfgewicht zu beziehen. Bei bestimmten Waren ist nach § 11 Abs. 1 S. 1 FPVO neben der gesamten Füllmenge einer Ware auch das sog. Abtropfgewicht anzugeben. Diese Vorschrift betrifft **feste Lebensmittel, die in Fertigpackungen in einer Aufgussflüssigkeit** verkauft werden, zB Obst- oder Gemüsekonserven. Da die Flüssigkeit normalerweise nicht (mit)verzehrt wird und daher auch nicht wertbestimmend bzw. für den Verbraucher relevant ist, soll der Verbraucher nur über das reine Gewicht der gekauften Ware ohne Aufgussflüssigkeit informiert werden.[634] Folglich hat sich der Grundpreis bei solchen Waren nicht auf die Gesamtfüllmenge, sondern lediglich auf das Abtropfgewicht zu beziehen. Etwas Vergleichbares gilt bei Konzentraten, zB Gemüsebrühwürfel, bei denen das Trockengewicht entscheidend für den Grundpreis ist.[635]

5. Ausnahmen

184 Die Vorschrift des § 2 Abs. 4 PAngV gestattet zwei Ausnahmen von der Grundpreisangabepflicht: zum einen für Haushaltswaschmittel (S. 1), zum anderen für sonstige Wasch- und Reinigungsmittel (S. 2). Anstelle der in § 2 Abs. 3 PAngV vorgesehenen Mengeneinheit kann als Mengeneinheit **bei Haushaltswaschmitteln eine „übliche Anwendung"** angegeben werden. Bei § 2 Abs. 4 PAngV handelt es sich um eine **„kann"-Vorschrift.**[636] Der Grundpreis kann aber auch nach Maßgabe des Abs. 3 angegeben werden. Als Haushaltswaschmittel im Sinne der PAngV ist jedes zum Waschen von Haushaltswäsche bestimmte Erzeugnis für Letztverbraucher zu verstehen.[637] Eine übliche Anwendung entspricht bei Haushaltswaschmitteln in der Regel **eine Messbecherfüllung für einen Waschgang.**[638] Zur besseren praktischen Umsetzbarkeit dieser Bestimmung haben die europäischen Waschmittelhersteller einen Verhaltenskodex erarbeitet, nach dem auf allen Packungen von Haushaltswaschmitteln angegeben wird, wie viele Messbecherfüllungen diese enthalten.[639]

---

630 Ausführlich auch *Völker* § 2 Rn 36.
631 Zu weiteren Einzelheiten *Völker* § 2 Rn 36 ff.
632 BGH GRUR 1981, 289 f – Kilopreise I sowie OLG München WRP 1977, 819.
633 BGH GRUR 1992, 856 f – Kilopreise IV; s. auch *Völker* § 2 Rn 49.
634 S. auch *Völker* § 2 Rn 51.
635 MünchKomm/*Ernst* UWG Anh §§ 1–7 G PAngV § 2 Rn 23.
636 So auch MünchKomm/*Ernst* UWG Anh §§ 1–7 G PAngV § 2 Rn 24.
637 *Landmann/Rohmer/Gelberg* § 2 PAngV Rn 22.
638 *Völker* § 2 Rn 52.
639 *Landmann/Rohmer/Gelberg* § 2 PAngV Rn 21.

Auch bei **sonstigen Wasch- und Reinigungsmitteln** kann als Mengeneinheit eine „übliche Anwendung" angegeben werden, aber nur unter der Voraussetzung, dass sie einzeln portioniert sind und die Zahl der Portionen zusätzlich zur Gesamtfüllmenge angegeben ist (§ 2 Abs. 4 S. 2 PAngV). Wasch- und Reinigungsmittel im Sinne dieser Vorschrift sind **Waschmittel für Wäsche, einschließlich Bleichmittel und Weichspüler, Geschirrspülmittel sowie Scheuerpulver.**[640] Der Begriff des Portionierens verlangt grundsätzlich eine gesondert abgepackte Anwendungseinheit. Darüber hinaus kann ein Wasch- und Reinigungsmittel aber auch dann „portioniert" im Sinne des § 2 Abs. 4 S. 2 PAngV sein, wenn es in unverpackten Produkteinheiten abgegeben wird, die der üblichen Anwendung entsprechen und vom Verbraucher einfach entnommen und verwendet werden.[641] Es ist jedoch zwingend, dass der Verbraucher nicht selbst das Produkt portionieren muss, um es anwenden zu können.[642] 185

IV. Spezialregelung für Elektrizität, Gas, Fernwärme und Wasser (§ 3)

1. Allgemeines

Mit der Vorschrift des § 3 PAngV will der Verordnungsgeber auch im Bereich der Elektrizitäts- und Wasserversorgung für größtmögliche Preistransparenz sorgen.[643] Die Bestimmung gilt **ausschließlich für leitungsgebundene Angebote von Elektrizität, Gas, Fernwärme oder Wasser** gegenüber Letztverbrauchern bzw. die Werbung dafür unter Angabe von Preisen. Sie gilt nicht für den Verkauf der genannten Waren in festen Behältnissen, wie zB Elektrizität in Form von Batterien oder Gas bzw. Wasser in Flaschen.[644] Die Vorschrift gilt wiederum nur für Angebote bzw. Werbung, die gewerbs- oder geschäftsmäßig oder regelmäßig in sonstiger Weise erfolgt. Diesbezüglich kann auf die Kommentierung zu § 1 Abs. 1 S. 1 PAngV verwiesen werden.[645] Da beim Bezug der aufgeführten leitungsgebundenen Waren meist **Dauerschuldverhältnisse** eingegangen werden (zB ein Stromlieferungsvertrag), ist die Angabe von mit Änderungsvorbehalt versehenen Preisen grundsätzlich zulässig nach § 1 Abs. 5 S. 2 PAngV.[646] Typischerweise setzt sich die Vergütung bei den genannten Versorgungsleistungen aus einem **verbrauchsabhängigen Teil** und einem **verbrauchsunabhängigen Preisbestandteil** zusammen.[647] 186

2. Angabe verbrauchs- bzw. leistungsabhängiger Preise

§ 3 S. 1 iVm S. 2 PAngV enthalten das Gebot zur **Angabe des verbrauchsabhängigen Preises je Mengeneinheit,** einschließlich Umsatzsteuer und aller spezifischen Verbrauchssteuern (sog. Arbeits- oder Mengenpreis). Der **Arbeits- oder Mengenpreis** entspricht dem für die meisten anderen Waren in § 2 der PAngV normierten Grundpreis, wobei sich der Begriff des Mengenpreises auf das Wasser bezieht und der des Arbeitspreises auf die anderen drei in § 3 PAngV genannten Waren.[648] Nach § 3 S. 2 PAngV ist als Mengeneinheit für den Arbeitspreis bei Elektrizität, Gas und Fernwärme eine **Kilowattstunde** und für den Mengenpreis bei Wasser ein **Kubikmeter** zu verwenden. Dem Anbieter ist es erlaubt, in seinem Angebot bzw. in der Werbung verschiedene Arbeits- bzw. Mengenpreise anzugeben und dabei nach der Abnahmemenge des Verbrauchers zu differenzieren.[649] Die 187

[640] MünchKomm/*Ernst* UWG Anh §§ 1–7 G PAngV § 2 Rn 25 sowie *Völker* § 2 Rn 54.
[641] So *Völker* § 2 Rn 54.
[642] *Völker* § 2 Rn 54.
[643] *Piper*/Ohly § 3 PAngV Rn 1.
[644] S. auch *Völker* § 3 Rn 3.
[645] → Rn 81 ff.
[646] → Rn 166.
[647] S. auch MünchKomm/*Ernst* UWG Anh §§ 1–7 G PAngV § 3 Rn 1.
[648] *Völker* § 3 Rn 5.
[649] Ausführlich dazu *Völker* § 3 Rn 8 und 9.

Bildung von Berechnungsbeispielen („repräsentative Abnahmefälle") ist sinnvoll und vom Verordnungsgeber erwünscht,[650] um dem Verbraucher eine sinnvolle Vergleichsmöglichkeit an die Hand zu geben.

188 Sollten neben dem Arbeits- bzw. Mengenpreis **weitere leistungsabhängige Preise** verlangt werden, so sind diese nach § 3 S. 3 PAngV vollständig in unmittelbarer Nähe des Arbeits- oder Mengenpreises anzugeben. Da im **Bereich der Elektrizitätswirtschaft** Stromlieferungen nicht nur nach Kilowattstunden, sondern teilweise auch nach verbrauchsabhängigen Leistungspreisen verrechnet werden, hielt der Verordnungsgeber diese Ergänzung der Grundregelung des § 3 S. 1 und 2 PAngV für geboten.[651] Leistungsabhängige Preise werden dabei üblicherweise unter der Mengeneinheit „Euro/Leistungswert und Jahr" oder „Euro/Kilowatt und Jahr" angegeben.[652] Mit dem Tatbestandsmerkmal „unmittelbare Nähe" ist die räumliche (oder bei akustischer Werbung zeitliche) Nähe gemeint.[653]

3. Zusätzliche Angabe verbrauchsunabhängiger Preise

189 Neben den verbrauchs- und leistungsabhängigen Entgelten nach § 3 S. 1 bis 3 PAngV werden bei Elektrizität, Gas, Fernwärme und Wasser häufig außerdem noch **einmalig** (zB eine Anschlussgebühr) **oder periodisch anfallende Beträge** verlangt, deren Höhe unabhängig vom Verbrauch des jeweiligen Mediums ist. Diese zusätzlich zum verbrauchs- bzw. leistungsabhängigen Betrag zu zahlenden Entgelte sind grundsätzlich zulässig.[654] Nach § 3 S. 4 iVm S. 3 PAngV sind entsprechende Beträge aber in der Werbung bzw. im Angebot vollständig und in unmittelbarer Nähe des Arbeits- oder Mengenpreises anzugeben.[655]

V. Handel mit Waren (§ 4)

1. Allgemeines

190 § 4 PAngV trifft detaillierte Regelungen für die **Form der Preisauszeichnung von Waren.** Die Vorschrift ergänzt die Grundregel des § 1 Abs. 6 PAngV in Bezug auf die Art und Weise der Preisangaben, jedoch beschränkt auf Angebote von Waren. Auf Werbung sowie auf Leistungen im Sinne des § 1 Abs. 1 S. 1 PAngV ist § 4 PAngV nicht anzuwenden.[656] Insbesondere werden Preisankündigungen in Zeitungsanzeigen oder sonstige werbliche Mitteilungen nicht vom Begriff „Preisauszeichnung" erfasst.[657] Folglich ist der Begriff der Preisauszeichnung enger gefasst als der der Preisangabe.[658] § 4 PAngV kommt vor allem bei Dienstleistungsbetrieben, zB bei Gaststätten, Tankstellen oder Friseurgeschäften zur Anwendung, sofern diese in entsprechender Weise Ware zum Verkauf anbieten.[659] Zudem unterliegt der gesamte Bereich des elektronischen Geschäftsverkehrs, insbesondere der **Warenhandel über das Internet,** der Vorschrift des § 4 PAngV. Die Vorschrift gilt ausschließlich für Angebote gegenüber Letztverbrauchern,[660] auch wenn dieser Begriff ausdrücklich in der Vorschrift nicht erscheint.

191 Zum Verhältnis von § 4 zu § 1 PAngV ist Folgendes festzuhalten: Falls die Voraussetzungen des § 1 PAngV nicht vorliegen sollten, ist auch § 4 PAngV nicht anwendbar. Umgekehrt jedoch bleiben die Pflichten nach § 1 PAngV bestehen, auch wenn § 4 PAngV nicht eingreift.[661]

---

[650] Amtliche Begr. zu § 3, abgedruckt bei *Völker* PAngV Anhang 2.5.
[651] *Völker* § 3 Rn 10.
[652] *Völker* § 3 Rn 10.
[653] → Rn 173.
[654] S. auch *Piper*/Ohly § 3 PAngV Rn 2.
[655] *Piper*/Ohly § 3 PAngV Rn 2.
[656] S. auch *Völker* § 4 Rn 2 sowie *Piper*/Ohly § 4 PAngV Rn 2.
[657] BGH GRUR 1989, 446, 447 – Preisauszeichnung.
[658] So auch *Piper*/Ohly § 4 PAngV Rn 1.
[659] BayObLG NJW 1973, 1088.
[660] So auch *Völker* § 4 Rn 2 mit ausführlicher Begründung.
[661] *Piper*/Ohly § 4 PAngV Rn 3.

2. Sichtbar ausgestellte Waren (§ 4 Abs. 1)

Die Vorschrift des § 4 Abs. 1 PAngV enthält zwei Tatbestandsalternativen. Sie gilt einerseits für Warenangebote, die **sichtbar ausgestellt** sowie andererseits für solche, die **vom Verbraucher unmittelbar entnommen** werden können.[662] Ein „sichtbares Ausstellen" im Sinne der Vorschrift liegt dann vor, wenn die **Ware aus Werbezwecken in auffallender Form als dekorativer, die Kauflust des Publikums anregender Blickfang zur Schau gestellt wird.**[663] Dies ist zB dann der Fall, wenn Ware in Schaufenstern, Schaukästen (zB Glasvitrinen) oder an Verkaufsständen innerhalb oder außerhalb eines Verkaufsraumes präsentiert wird, nach § 4 Abs. 1 PAngV. Auch Ware, die nicht unmittelbar im Schaufenster ausgestellt ist, aber durch ein Fenster von der Straße her sichtbar ist, unterliegt der Vorschrift des § 4 PAngV.[664] 192

§ 4 Abs. 1 PAngV erfasst grundsätzlich alle Waren, die **durch ein Geschäftsfenster sichtbar** sind und dadurch eine Werbewirkung beim Verbraucher entfalten (können).[665] Bei Ware, die sowohl durch ein Schaufenster als auch vom Verkaufsraum her als „ausgestellt" wirkt (zB bei Blumengeschäften), muss die Preisauszeichnung aus beiden Perspektiven gut erkennbar sein; im Zweifel muss die Ware doppelt ausgezeichnet werden.[666] **Artikel in Regalen hinter einem Verkaufstresen** fallen hingegen nicht unter den Begriff des „sichtbar Ausstellens" und unterliegen daher nicht der Angabepflicht nach § 4 Abs. 1 PAngV.[667] Gleiches gilt für reine **Dekorationsstücke,** sofern sie als solche auch zweifelsfrei vom Verbraucher zu erkennen sind.[668] **Attrappen und Schaupackungen,** die stellvertretend für die „echte" Ware ausgelegt sind, unterliegen allerdings der Preisauszeichnungspflicht.[669] 193

Unter dem Begriff der **„Waren, die unmittelbar vom Verbraucher entnommen werden können"** sind solche Waren zu verstehen, die der Verbraucher ohne Hilfe des Personals und ohne Überwindung besonderer Hindernisse entnehmen kann.[670] Darunter fällt dem Publikum unmittelbar zugängliche Regalware sowie Ware in Tiefkühlvitrinen, die der Verbraucher selbst öffnen kann.[671] Grundsätzlich erfasst dieses Tatbestandsmerkmal alle in SB-Geschäften angebotene Waren, auch wenn diese nicht „sichtbar ausgestellt" sein sollten.[672] Für all diese Waren besteht die Auszeichnungspflicht nach § 4 Abs. 1 PAngV. 194

Die Preisauszeichnung kann mittels **Preisschildern** oder **Beschriftung** der Ware erfolgen nach § 4 Abs. 1 PAngV. Preisschilder sind an der Ware befestigte Anhänger, insbesondere **Preisetiketten.**[673] Ein Preisschild muss stets auch die Preisangabe selbst enthalten. Auf der Ware angebrachte Etiketten, die nicht den Preis selbst, sondern ein Symbol für eine bestimmte Preisgruppe enthalten, genügen den Anforderungen des § 4 Abs. 1 PAngV nicht.[674] Der Anbieter kann die beiden Möglichkeiten der Preisauszeichnung kombinieren, jedoch nicht durch eine andere Form der Preisangabe, zB ein Preisverzeichnis, ersetzen.[675] Die Anforderungen des § 1 Abs. 6 S. 2 PAngV (eindeutige Zuordnung, leichte Erkennbarkeit sowie deutliche Lesbarkeit) sind dabei stets zu beachten.[676] Die **Preisauszeichnungs-** 195

---

[662] *Piper*/Ohly § 4 PAngV Rn 4.
[663] So BayObLG NJW 1973, 1088; OLG Düsseldorf WRP 1978, 460, 461; ferner *Völker* § 4 Rn 7.
[664] OLG Köln GewArch 1980, 196f; s. auch *Völker* § 4 Rn 9.
[665] VG Stade NJW-RR 1993, 299f.
[666] So richtigerweise *Gimbel/Boest* § 2 Anm. 3 sowie *Völker* § 4 Rn 9.
[667] BayObLG BB 1973, 353; AG Berlin-Tiergarten ZLR 1992, 438, 439s. auch MünchKomm/*Ernst* UWG Anh §§ 1–7 G PAngV § 4 Rn 3.
[668] *Piper*/Ohly § 4 PAngV Rn 4.
[669] BayObLG BB 1954, 730; s. auch *Piper*/Ohly § 4 PAngV Rn 4. Ferner → Rn 93.
[670] *Völker* § 4 Rn 12.
[671] *Völker* § 4 Rn 12.
[672] *Piper*/Ohly § 4 PAngV Rn 5.
[673] MünchKomm/*Ernst* UWG Anh §§ 1–7 G PAngV § 4 Rn 6 sowie *Völker* § 4 Rn 16.
[674] OLG München GRUR 1983, 76f – Schuhwaren.
[675] *Völker* § 4 Rn 14 mwN.
[676] Ausführlich dazu *Völker* § 4 Rn 14 und 15.

pflicht besteht dauerhaft, sobald und solange die Ware sichtbar ausgestellt wird.[677] Bei einer **Preisänderung** ist die Preisauszeichnung umgehend anzupassen.[678] Dies gilt auch bei vorübergehenden und kurzfristigen Preisherabsetzungen.[679]

3. Weitere Warenangebote (§ 4 Abs. 2)

196 Diese Vorschrift findet auf diejenigen Waren Anwendung, die in einem Verkaufsraum zum Verkauf angeboten werden, jedoch weder „sichtbar ausgestellt" noch „vom Verbraucher unmittelbar entnommen werden können" (§ 4 Abs. 1 PAngV). Anders formuliert gilt § 4 Abs. 2 PAngV für **präsente, verkaufsbereite Ware, die** – gleich ob für das Publikum sichtbar oder unsichtbar – **in geschlossenen Schränken, Vitrinen, Schubladen oder in Regalen hinter dem Verkaufstresen aufbewahrt** wird.[680] § 4 Abs. 2 PAngV erfasst grundsätzlich nur im Verkaufsraum angebotene Ware. Verkaufsräume sind alle vom Verkäufer für den allgemeinen Kundenbesuch freigegebenen Räume, so ggf. auch zur Kundenbesichtigung zugängliche Büro- oder Werkstatträume.[681] Nicht erfasst sind hingegen alle Räumlichkeiten, die für den Kunden nicht zugänglich sind, also das Hinterzimmer oder Lagerräume.[682]

197 Nach § 4 Abs. 2 PAngV besitzt der Anbieter **drei Möglichkeiten** der Preisauszeichnung. Er kann die Ware mit **Preisschildern** versehen oder beschriften (§ 4 Abs. 1 PAngV).[683] Weiterhin bietet die Vorschrift die Möglichkeit der **Beschriftung der Warenbehältnisse sowie -regale.** Damit ist die Angabe des Preises und aller sonstigen nach der PAngV erforderlichen Angaben gemeint.[684] Ein merklicher Unterschied zum „Preisschild" im Sinne des § 4 Abs. 1 PAngV ist nicht zu erkennen.[685] Schließlich kann der Anbieter **Preisverzeichnisse** anbringen oder zur Einsichtnahme auslegen. Preisverzeichnisse sind Listen verschiedener Waren, in denen neben der Bezeichnung der Ware jeweils der eindeutig zugeordnete Preis und ggf. die sonstigen nach der PAngV vorgeschriebenen Angaben (zB § 1 Abs. 1 S. 2 oder § 2 PAngV) aufgeführt werden.[686] Alle Varianten sind gleichwertig; eine Mischung der drei Möglichkeiten ist zulässig,[687] sofern im Einzelfall die Anforderungen des § 1 Abs. 6 PAngV beachtet werden.[688]

4. Warenangebote nach Musterbüchern (§ 4 Abs. 3)

198 Für Ware, die nach Musterbüchern verkauft wird, gilt folgende Spezialregelung: Der Anbieter hat stets den **Preis pro Verkaufseinheit** anzugeben, und zwar entweder auf dem Muster selbst oder auf dem damit fest verbundenen Preisschild oder auf im Musterbuch eingehefteten Preisverzeichnissen (§ 4 Abs. 3 PAngV). Musterbücher sind Sammlungen, die Muster der Ware selbst enthalten.[689] Man findet Musterbücher vor allem im Handel mit Stoffen, Gardinen, Tapeten, Teppichböden sowie anderen Bodenbelägen.[690] Druckerzeugnisse, die lediglich Warenabbildungen enthalten, sind keine Musterbücher, sondern Katalo-

---

677 *Völker* § 4 Rn 19.

678 BGH GRUR 1999, 762, 763 – Herabgesetzte Schlussverkaufspreise; MünchKomm/*Ernst* UWG Anh §§ 1–7 G PAngV § 4 Rn 8.

679 BGH GRUR 1999, 762, 763 – Herabgesetzte Schlussverkaufspreise; s. auch OLG Düsseldorf WRP 1990, 760, 762; aA *Trube* WRP 1999, 1241, 1243.

680 BayObLG BB 1973, 353.

681 *Piper*/Ohly § 4 PAngV Rn 7; s. auch BGH GRUR 1973, 655 – Möbelauszeichnung, zu neu angelieferten Möbeln in Verkaufshallen.

682 MünchKomm/*Ernst* UWG Anh §§ 1–7 G PAngV § 4 Rn 9.

683 Insoweit ist auf die Ausführungen auf Rn 191 ff zu verweisen.

684 So auch *Völker* § 4 Rn 26.

685 *Völker* § 4 Rn 26.

686 *Landmann/Rohmer/Gelberg* § 4 PAngV Rn 15.

687 *Völker* § 4 Rn 24.

688 *Piper*/Ohly § 4 PAngV Rn 7.

689 MünchKomm/*Ernst* UWG Anh §§ 1–7 G PAngV § 4 Rn 11 sowie *Völker* § 4 Rn 28.

690 *Piper*/Ohly § 4 PAngV Rn 8.

ge im Sinne des § 4 Abs. 4 PAngV.[691] Bei Angeboten nach Musterbüchern ist der Preis für eine bestimmte Verkaufseinheit anzugeben. Was als Verkaufseinheit im Sinne dieser Vorschrift anzusehen ist, richtet sich nach der **allgemeinen Verkehrsauffassung** im Sinne des § 1 Abs. 1 S. 2 PAngV sowie § 1 Abs. 6 PAngV.[692]

5. Angebote nach Katalogen, Warenlisten und Bildschirmen (§ 4 Abs. 4)

Die Spezialbestimmung des § 4 Abs. 4 PAngV gilt für Angebote nach Katalogen, Warenlisten und Bildschirmen. **Kataloge** sind Druckerzeugnisse mit Abbildungen (einer größeren Anzahl) von Waren.[693] Unter einer **Warenliste** versteht man eine schriftliche Aufstellung verschiedener Produkte ohne Abbildung.[694] Der Verkauf von Produkten über Kataloge und Warenlisten erfasst vor allem den Versandhandel, aber auch Buch- und Musikclubs sowie Autohändler.[695] Zusätzlich gilt § 4 Abs. 4 PAngV auch für **alle Waren, die per Bildschirm** angeboten werden, zB über das **Fernsehen** oder per **Internet.** Diese Vorschrift erfasst aber nicht nur alle Angebote, die online präsentiert werden (Internet), sondern darüber hinaus auch diejenigen, die sonst über einen Bildschirm abgerufen werden können, zB mittels CD-ROM.[696] Die Kinoleinwand ist kein „Bildschirm" im Sinne der Vorschrift.[697] 199

Dem Anbieter stehen nach § 4 Abs. 4 PAngV unterschiedliche Arten der Preisangabe zur Wahl: Die Preise können **unmittelbar bei der jeweiligen Warenabbildung oder Warenbeschreibung** angegeben werden; daneben kann die Preisangabe aber auch in mit Katalogen bzw. Warenlisten in Zusammenhang stehenden **Preisverzeichnissen** erfolgen. Im Gegensatz zur Regelung in § 4 Abs. 3 PAngV müssen die Preisverzeichnisse nicht körperlich fest mit den Katalogen oder Warenlisten verbunden sein.[698] Es ist ausreichend, wenn sie dem Preisverzeichnis lose beigelegt werden oder sich inhaltlich darauf beziehen.[699] Das **Gebot der eindeutigen Zuordnung** der Preise nach § 1 Abs. 6 PAngV ist aber auch hier zu beachten.[700] Dies gilt selbstverständlich auch für **auf Bildschirm abrufbare Angebote.** In der Literatur wird in Bezug auf **Bildschirmangebote** vertreten, dass schon aus technischen Gründen Preisangaben mittels Preisverzeichnis nicht dem Erfordernis der eindeutigen Zuordnung gerecht werden könnten.[701] Insoweit käme dann nur noch eine Preisangabe gleichzeitig mit oder unmittelbar neben der Warenabbildung in Betracht. Für Angebote per TV mag diese Auffassung überzeugen, nicht jedoch für **Internetangebote,** da auf Grund der technischen Möglichkeiten über die Einblendung von Dateien in ein aufgerufenes Bild das gleichzeitige Abrufen von Waren und Preisverzeichnis möglich ist.[702] 200

Versandkosten im Versandhandel werden nicht auf die Ware selbst, sondern auf die Sendung erhoben und sind daher regelmäßig nicht in den Endpreis einzuberechnen.[703] 201

6. Preise auf Grund von Tarifen und Gebührenregelungen (§ 4 Abs. 5)

§ 4 Abs. 5 PAngV verweist für die Angebote von Waren, deren Preise üblicherweise auf Basis von Tarifen oder Gebührenregelungen berechnet werden, auf die Bestimmungen des 202

---

[691] MünchKomm/*Ernst* UWG Anh §§ 1–7 G PAngV § 4 Rn 11.
[692] *Völker* § 4 Rn 29.
[693] MünchKomm/*Ernst* UWG Anh §§ 1–7 G PAngV § 4 Rn 12 sowie *Völker* § 4 Rn 31.
[694] *Völker* § 4 Rn 31 sowie MünchKomm/*Ernst* UWG Anh §§ 1–7 G PAngV § 4 Rn 12.
[695] *Piper*/Ohly § 4 PAngV Rn 9 sowie *Völker* § 4 Rn 31.
[696] *Völker* NJW 1997, 3405, 3406 sowie *Völker* § 4 Rn 32.
[697] *Zipfel/Rathke* § 4 PAngV Rn 12.
[698] S. auch *Landmann/Rohmer/Gelberg* § 4 PAngV Rn 23.
[699] *Piper*/Ohly § 4 PAngV Rn 10.
[700] *Piper*/Ohly § 4 PAngV Rn 10.
[701] *Landmann/Rohmer/Gelberg* § 4 PAngV Rn 23.
[702] So auch *Völker* § 4 Rn 34; s. hierzu auch die Entscheidung des BGH CR 2008, 108 – Versandkosten (→ Rn 134 ff); aA MünchKomm/*Ernst* UWG Anh §§ 1–7 G PAngV § 4 Rn 14; die Auffassung von *Ernst* dürfte jedoch nach der aufgeführten BGH-Entscheidung nicht mehr haltbar sein.
[703] BGH GRUR 1997, 479, 480 – Münzangebot; → Rn 113.

§ 5 Abs. 1 und 2 PAngV. Die Vorschrift des § 4 Abs. 5 PAngV **betrifft vor allem leitungsgebundene Angebote** im Sinne des § 3 PAngV, insbesondere **Gas und Wasser,**[704] für die ohne die in § 4 Abs. 5 PAngV enthaltene Regelung § 4 Abs. 1 bis 4 PAngV gelten würde. Der Verordnungsgeber möchte aber Gas und Wasser gleich behandelt wissen wie Elektrizität und hat daher die Bereiche Wasser und Gas von der Anwendung der für den Warenhandel geltenden Vorschriften ausgenommen.[705] Bei diesen müssen nach § 4 Abs. 5 PAngV in allen Angeboten und in der Werbung die Arbeits- und Mengenpreise und ggf. auch die leistungsabhängigen sowie verbrauchsunabhängigen Preise aufgeführt werden.

VI. Angebot von Dienstleistungen (§ 5)

1. Allgemeines

203 Diese Vorschrift normiert **spezielle Preisangabepflichten für Angebote von Leistungen,** ganz ähnlich wie § 4 PAngV dies für Warenangebote vorsieht. Wie § 4 PAngV gilt § 5 PAngV ebenfalls **nur für das Anbieten** von Leistungen, nicht für die Werbung mit Leistungen. Grundsätzlich müssen Anbieter von Dienstleistungen für ihre wesentlichen Leistungen nach § 5 Abs. 1 PAngV ein Preis- und Leistungsverzeichnis aushängen. Die Bestimmung des § 5 PAngV gilt für sämtliche Dienstleistungsbetriebe wie zB Abschlepp- und Bergungsunternehmen, Bestattungsbetriebe, Campingplätze, Friseure, Autoreparaturwerkstätten, Mietwagenunternehmen, Makler, Reinigungen, Schuhmacher, Wäschereien.[706] § 5 PAngV gilt darüber hinaus aber auch für **Dienstleistungsangebote von Handelsunternehmen oder von Mischbetrieben,** die gleichermaßen Waren und Leistungen anbieten, zB für Schneiderarbeiten im Bekleidungshandel.[707] Für Finanzdienste, Gaststätten, Beherbergungsbetriebe, Tankstellen und Garagen gelten zusätzlich die Sondervorschriften der §§ 6 bis 8 PAngV.[708]

204 Auch § 5 PAngV kommt – ganz ähnlich wie zB § 4 PAngV – nur dann zur Anwendung, wenn die Tatbestandsvoraussetzungen des § 1 Abs. 1 S. 1 PAngV vorliegen, also nur im **geschäftlichen Verkehr mit Letztverbrauchern.** Die Bestimmung des § 5 PAngV stellt aber keine ausschließende Spezialvorschrift im Verhältnis zu § 1 PAngV dar; letztgenannte Bestimmung wird durch § 5 PAngV lediglich ergänzt. Dies bedeutet, dass die beiden wesentlichen Grundvorschriften der PAngV, § 1 Abs. 1 S. 1 sowie § 1 Abs. 6 neben § 5 PAngV vollumfänglich anwendbar sind.[709]

2. Grundvorschrift (§ 5 Abs. 1)

205 **a) Preisverzeichnisse.** Nach § 5 Abs. 1 PAngV haben Leistungsanbieter Preisverzeichnisse anzubringen, in welchen die Preise für die wesentlichen Leistungen des Anbieters enthalten sind. **Preisverzeichnisse** sind Aufstellungen verschiedener Leistungen des Anbieters, in denen neben der Bezeichnung der Leistung jeweils der eindeutig zugeordnete Preis und ggf. die sonstigen nach der PAngV vorgeschriebenen Angaben (zB § 1 Abs. 1 S. 2 oder § 2 PAngV) aufgeführt werden.[710] Die Angaben des Anbieters sind dabei präzise und unmissverständlich zu fassen.[711] Für eine Anzahl von Gewerbezweigen (Chemische Reinigungsbetriebe, Wäschereien, Schuhmacher- bzw. Schuhreparaturhandwerk usw.) haben die

---

[704] *Piper*/Ohly § 4 PAngV Rn 12.
[705] *Piper*/Ohly § 4 PAngV Rn 12.
[706] Weitere Beispiele finden sich bei *Piper*/Ohly § 5 PAngV Rn 1.
[707] So auch *Völker* § 5 Rn 1.
[708] MünchKomm/*Ernst* UWG Anh §§ 1–7 G PAngV § 5 Rn 1.
[709] *Völker* § 5 Rn 3.
[710] *Piper*/Ohly § 5 PAngV Rn 3.
[711] MünchKomm/*Ernst* UWG Anh §§ 1–7 G PAngV § 5 Rn 2.

betroffenen Wirtschaftskreise in Zusammenarbeit mit dem Bundeswirtschaftsministerium und den Preisbehörden der Länder **sog. Musterpreisverzeichnisse** erarbeitet.[712]

Die Musterpreisverzeichnisse enthalten die für die jeweilige Branche **typischen „wesentlichen" Regelleistungen,** sind aber – da rechtlich unverbindlich – durchaus von den einzelnen Betrieben durch Einsetzen von anderen Preisen bzw. Anbieten von weiteren Leistungen (oder ggf. das Streichen von Leistungen) an ihre individuellen Bedürfnisse und Gegebenheiten anzupassen.[713] Dadurch verlieren sie auch ihre kartellrechtliche Brisanz.[714] Die einzelnen Leistungspositionen innerhalb eines Preisverzeichnisses sind stets deutlich zu umschreiben und mit festen Preisen zu versehen.[715] Die Angabe von **Margenpreisen** sowie **„ca. . . ."-** oder **„ab . . ."-Preisen** ist **grundsätzlich unzulässig,**[716] da sie dem Grundsatz der Preisklarheit widersprechen (§ 1 Abs. 6 PAngV). 206

Die in den Preisverzeichnissen angegebenen Preise müssen grundsätzlich **Endpreise** sein, die alle Bestandteile, zB die Materialkosten des Handwerkers, enthalten.[717] Anstelle der Preise für Leistungen können im Preisverzeichnis nach § 5 Abs. 1 PAngV allerdings auch **Verrechnungssätze** im Sinne des § 1 Abs. 3 PAngV angegeben werden. Ob Endpreise oder Verrechnungssätze anzugeben sind, richtet sich danach, was nach den Usancen und Anschauungen der beteiligten Verkehrskreise üblich ist.[718] Wenn Verrechnungssätze verwendet werden, hat der jeweilige Anbieter aus Gründen der Preisklarheit darauf hinzuweisen, ob die angegebenen Verrechnungssätze auch die Materialkosten enthalten.[719] Dies ist insofern relevant, als Verrechnungssätze heutzutage insbesondere im häufig materialkostenintensiven Sanitär-, Heizungs-, und Elektroreparaturgewerbe verwendet werden.[720] Die Beschränkung der Preisangabe auf die wesentlichen Leistungen gilt bei der Verwendung von Verrechnungssätzen nicht, da sich **Verrechnungssätze** regelmäßig auf **sämtliche angebotenen Leistungen** beziehen.[721] 207

b) Wesentliche Leistungen. Nur wesentliche Leistungen müssen nach § 5 Abs. 1 S. 1 PAngV in die Preisverzeichnisse aufgenommen werden. Das sind solche Leistungen, die der **Verkehr beim anbietenden Betrieb erfahrungsgemäß besonders häufig in Anspruch nimmt.**[722] Welche dies im Einzelfall sind, richtet sich nach den Gegebenheiten des jeweiligen Betriebes auf Basis einer individualisierten Betrachtung,[723] nicht nach der jeweiligen Branche (generalisierende Betrachtung) oder gar abstrakt leistungsbezogen.[724] Entscheidend ist jeweils, ob die in Betracht kommenden Leistungen des anbietenden Unternehmens im Rahmen seines **Gesamtangebotes** für dieses wesentlich sind.[725] Dies gilt speziell für Handelsbetriebe, die neben hauptsächlich angebotenen Waren auch Leistungen offerieren.[726] Würde man nur auf die angebotenen Leistungen abstellen, unterläge auch ein Handelsbetrieb möglicherweise der Auszeichnungspflicht nach § 5 Abs. 1 PAngV, und zwar 208

---

712 Eine detaillierte Auflistung der Gewerbezweige, für die Musterpreisverzeichnisse erarbeitet wurden, verbunden mit weiteren Hinweisen findet sich bei *Landmann/Rohmer/Gelberg* § 5 PAngV Rn 8. – Am selben Ort gibt es auch eine Auflistung über diejenigen Bereiche, für die keine Musterpreisverzeichnisse existieren.

713 *Piper*/Ohly § 5 PAngV Rn 3.

714 Zu dieser Problematik *Landmann/Rohmer/Gelberg* § 5 PAngV Rn 8.

715 *Piper*/Ohly § 5 PAngV Rn 3.

716 So auch MünchKomm/*Ernst* UWG Anh §§ 1–7 G PAngV § 5 Rn 2; ferner *Gimbel/Boest* § 3 Anm. 7 sowie *Piper*/Ohly § 5 PAngV Rn 3.

717 *Piper*/Ohly § 5 PAngV Rn 4.

718 *Piper*/Ohly § 5 PAngV Rn 4.

719 *Gimbel/Boest* § 3 Anm 7.

720 *Gimbel/Boest* § 3 Anm 3.

721 So auch *Piper*/Ohly § 5 PAngV Rn 6; aA *Völker* § 5 Rn 10.

722 OLG Saarbrücken NJW 1961, 743, 744; *Völker* § 5 Rn 6 mwN.

723 *Gimbel/Boest* § 3 Anm 1; *Piper*/Ohly § 5 PAngV Rn 5; MünchKomm/*Ernst* UWG Anh §§ 1–7 G PAngV § 5 Rn 4.

724 *Völker* § 5 Rn 7.

725 *Piper*/Ohly § 5 PAngV Rn 5.

726 *Völker* § 5 Rn 7.

auch für solche Leistungen, die im Rahmen eines reinen Dienstleistungsangebotes vergleichbarer Art als unwesentlich i. S. dieser Vorschrift angesehen würden.[727]

209 Für die Zuordnung, ob auch ein Handelsbetrieb eine „wesentliche Leistung" anbietet, kommt es entscheidend auf die konkreten Waren und Leistungen an, die am jeweiligen Ort des Leistungsangebotes, insbesondere im **Geschäftslokal,** offeriert werden.[728] In Bezug auf Angebote in **Fachabteilungen von Handelsbetrieben** ist ausschließlich auf das Angebot der Fachabteilung abzustellen (§ 5 Abs. 3 PAngV). Als nicht wesentlich im Sinne des § 5 Abs. 1 PAngV sind heutzutage häufig Reparaturleistungen bei Nähmaschinen- oder bei Fotohändlern anzusehen. Dies gilt ebenso für Optiker und Juweliere, während im Uhren-, Fahrrad- oder Autohandel Reparaturleistungen in der Regel als wesentlich im Rahmen des Gesamtbetriebes einzustufen sind.[729] In den meisten Fällen wird die Frage der Wesentlichkeit jedoch nur im Rahmen einer **Einzelfallbetrachtung** einer Lösung zuzuführen sein.[730]

210 **c) Anbringung von Preisverzeichnissen.** Ein Preisverzeichnis ist stets **am Ort des konkreten Leistungsangebotes** anzubringen nach § 5 Abs. 1 S. 2 PAngV. Dies ist regelmäßig der Ort, an dem das Publikum mit der angebotenen Leistung konfrontiert wird, üblicherweise im **Geschäftslokal,**[731] alternativ am sonstigen Ort des Leistungsangebotes (§ 5 Abs. 1 S 2 PAngV). Das Geschäftslokal kann als der dem Kunden bestimmungsgemäß zugängliche Teil eines Betriebes definiert werden.[732] Im Falle von **mehreren Angebotsorten** ist das Preisverzeichnis an jedem dieser Orte anzubringen.[733] Dies gilt auch dann, wenn einer der Orte das Geschäftslokal ist.[734] So ist zB bei einem **Abschleppunternehmen** das Verzeichnis sowohl in den Geschäftsräumen als auch außen am Abschleppfahrzeug selbst anzubringen.[735]

211 Orte des Leistungsangebotes sind auch **Geldautomaten,** mit der Folge, dass die einschlägigen Gebühren für Geldbezug von Fremdkunden am Automaten selbst anzubringen sind.[736] Hingegen müssen eigene Kunden an Geldautomaten nicht darauf hinwiesen werden, dass möglicherweise bei Geldabhebungen oder anderen Kontobewegungen Buchungskosten anfallen.[737] Falls vorhanden, muss ein **Preisverzeichnis auch im Schaufenster oder Schaukasten** ausgestellt werden. Diese Pflicht besteht zusätzlich zur Pflicht zur Anbringung im Geschäftslokal bzw. am Ort des Leistungsangebotes.[738] Ein Fenster ist nur dann ein Schaufenster im Sinne dieser Vorschrift, wenn es auch zur Werbung für den Betrieb genutzt wird.[739] Grundsätzlich hat die Anbringung eines Preisverzeichnisses so zu geschehen, dass die enthaltenen Angaben den formellen Anforderungen des § 1 Abs. 6 PAngV gerecht werden, d. h. sie müssen eindeutig zuordnungsfähig, leicht erkennbar und deutlich lesbar sein.

212 Auch eine **Anzeige per Bildschirm** ist ein Ort des Leistungsangebotes nach § 5 Abs. 1 S. 3 PAngV.[740] Folglich müssen entgeltliche Dienstleistungen, die über die neuen Medien den Verbraucher erreichen, wie zB **„Online"-Leistungsangebote per Internet,** ebenfalls mit Preisangaben versehen werden.[741] Dies gilt auch dann, wenn die Leis-

---

[727] *Gimbel/Boest* § 3 Anm. 2 sowie *Völker* § 5 Rn 7.
[728] *Völker* § 5 Rn 7.
[729] *Völker* § 5 Rn 8 mit weiteren Beispielen.
[730] So auch *Völker* § 5 Rn 8.
[731] MünchKomm/*Ernst* UWG Anh §§ 1–7 G PAngV § 5 Rn 5.
[732] *Gimbel/Boest* § 3 Anm. 8.
[733] *Piper*/Ohly § 5 PAngV Rn 7.
[734] *Völker* § 5 Rn 15.
[735] *Gimbel/Boest* § 3 Anm. 8 sowie *Völker* § 5 Rn 15; aA *Landmann/Rohmer/Gelberg* § 5 PAngV Rn 10, der von einer strikten Alternativität von Geschäftslokal und „sonstigem Leistungsort" ausgeht.
[736] So auch *Gelberg* GewArch 1994, 54, 56; *Völker* § 5 Rn 15.
[737] OLG Frankfurt NJW-RR 1999, 1347.
[738] *Völker* § 5 Rn 18.
[739] OLG Köln GewArch 1978, 173 f sowie *Völker* § 5 Rn 18 mit weiteren Ausführungen.
[740] MünchKomm/*Ernst* UWG Anh §§ 1–7 G PAngV § 5 Rn 6.
[741] *Piper*/Ohly § 5 PAngV Rn 8 sowie *Völker* § 5 Rn 19.

tung selbst nicht über den Bildschirm erbracht wird.[742] Wie bei § 4 Abs. 4 PAngV unterliegen auch „Offline“-Leistungsangebote, etwa per **CD-ROM** oder **Videotext** sowie Angebote im Fernsehen per Dauerwerbesendung der entsprechenden Preisangabepflicht.[743] Voraussetzung ist lediglich, dass tatsächlich eine Leistung per Bildschirm angeboten wird. Die bloße Werbung per Bildschirm (ohne Angabe von Preisen) fällt allerdings nicht unter § 5 Abs. 1 S. 3 PAngV.[744]

Falls die Leistung selbst zudem über eine Bildschirmanzeige erbracht wird, gilt zusätzlich **213** § 5 Abs. 1 S. 4 PAngV. Zu den Leistungen, die unmittelbar per Bildschirm erbracht werden, zählen vor allem entgeltliche Online-Abrufe von Daten aus dem Internet. In einem solchen Fall muss der Erbringer der Leistung erstens den **Preis nach Einheiten** berechnen (zB Zeiteinheiten) und zweitens eine **gesonderte Anzeige über den Preis der fortlaufenden Nutzung** unentgeltlich anbieten (§ 5 Abs. 1 S. 4 PAngV). Eine gesonderte Anzeige verlangt, dass der Leistungserbringer im Rahmen einer von der eigentlichen Leistung getrennten Anzeige den Benutzer über den Preis informiert, zB über ein selbstständig abrufbares Bildschirmfeld.[745] Für diese Anzeige darf der Leistungserbringer keine zusätzliche Vergütung verlangen.[746]

3. Umfassende Preisverzeichnisse (§ 5 Abs. 2)

Diese Vorschrift enthält eine **Sonderregelung** für sog. umfassende Preisverzeichnisse; **214** das sind Verzeichnisse, die Preise bzw. Verrechnungssätze für **sämtliche angebotenen Leistungen** enthalten. Danach muss das Preisverzeichnis unter zwei Voraussetzungen nicht im Geschäftslokal bzw. am Ort des Leistungsangebotes angebracht werden. Das „Bereithalten“ eines Preisverzeichnisses ist ausreichend, wenn es **erstens** für den jeweils in Frage kommenden Betrieb der **allgemeinen Verkehrsauffassung** entspricht, dass ein umfassendes Preisverzeichnis geführt wird und **zweitens,** dass das Anbringen des umfassenden Preisverzeichnisses **wegen des Umfangs** dem jeweiligen Betrieb **nicht zumutbar** sein darf (§ 5 Abs. 2 PAngV). An die Zumutbarkeit ist grundsätzlich ein strenger Maßstab anzulegen, um eine Umgehung des § 5 Abs. 1 PAngV zu verhindern.[747] Konkret sind von dieser Regelung zB Angebote in Reisebüros, Versicherungen oder Krankenhäusern betroffen.[748]

Die Maßgeblichkeit der allgemeinen Verkehrsauffassung soll verhindern, dass umfassende **215** Preisverzeichnisse in der Absicht erstellt werden, die Aushangpflicht nach § 5 Abs. 1 PAngV zu umgehen. Nach allgemeiner Verkehrsauffassung wird ein umfassendes Preisverzeichnis nur dann in Betracht kommen, wenn zwischen unterschiedlichen, von einem Betrieb angebotenen Leistungen wegen einer ähnlichen Nachfrageintensität keine Unterscheidung unter dem Gesichtspunkt der Wesentlichkeit möglich ist.[749] Nach der Rechtsprechung soll dies nur bei solchen Leistungen möglich sein, die auf Grund von Tarif- und Gebührenregelungen erbracht werden, zB bei **Gas-, Strom- oder Fernwärmelieferungen.**[750]

Wenn die Voraussetzungen des § 5 Abs. 2 PAngV vorliegen, greift die Privilegierung der **216** betroffenen Unternehmen hinsichtlich des Aushangs von Preisverzeichnissen. Das Preisverzeichnis muss in diesen Fällen dem Kunden nicht unmittelbar zugänglich sein. Es ist ausreichend, wenn einem Kunden auf Nachfrage Einsicht gewährt wird.[751] Allerdings muss es

---

742 *Piper*/Ohly § 5 PAngV Rn 8.
743 So auch MünchKomm/*Ernst* UWG Anh §§ 1–7 G PAngV § 5 Rn 6 sowie *Völker* § 5 Rn 19.
744 *Völker* § 5 Rn 19.
745 *Völker* § 5 Rn 25.
746 Ausführlich zu den einzelnen Voraussetzungen des § 5 Abs. 1 S. 4 *Völker* § 5 Rn 23 ff.
747 MünchKomm/*Ernst* UWG Anh §§ 1–7 G PAngV § 5 Rn 10 sowie *Völker* § 5 Rn 29.
748 MünchKomm/*Ernst* UWG Anh §§ 1–7 G PAngV § 5 Rn 10 mit weiteren Beispielen.
749 *Völker* § 5 Rn 29.
750 OLG Düsseldorf GewArch 1993, 303 f; aA *Völker* § 5 Rn 29, der auch in anderen Branchen eine solche Verkehrauffassung für denkbar hält. Dazu auch *Landmann/Rohmer/Gelberg* § 5 PAngV Rn 12.
751 *Völker* § 5 Rn 30.

jederzeit dem Kunden vorgelegt werden können[752] und dazu im Geschäftslokal bzw. am Ort des Leistungsangebotes entweder körperlich vorhanden oder sofort auf Bildschirm abrufbar sein.[753]

4. Fachabteilungen von Handelsbetrieben (§ 5 Abs. 3)

217 Diese Vorschrift trifft eine Sonderregelung für solche **Handelsbetriebe, die gleichzeitig Fachabteilungen unterhalten,** welche Leistungen anbieten. Nach § 5 Abs. 3 PAngV ist das Anbringen von Preisverzeichnissen in den jeweiligen Fachabteilungen ausreichend, sofern die einschlägigen Voraussetzungen vorliegen. Ein **Handelsbetrieb** im Sinne dieser Vorschrift ist dann ein solcher, wenn das Warenangebot aus Sicht der angesprochenen Verkehrskreise klar im Vordergrund steht und im Verhältnis zum Leistungsangebot deutlich überwiegt.[754] Die Bestimmung erfasst auch Fachabteilungen, in denen sowohl Waren als auch Leistungen angeboten werden, so wenn zB eine Fachabteilung für Elektroartikel einen angeschlossenen Reparatur- und Servicebetrieb hat.[755] Eine **Fachabteilung** im Sinne der Vorschrift liegt dann vor, wenn bestimmte Dienstleistungen aus dem Gesamthandelsbetrieb so ausgegliedert sind, dass eine vom Verkehr erkennbare Trennung zwischen ihnen besteht und die fraglichen Leistungen ausschließlich in dieser Abteilung angeboten werden.[756] Eine besondere räumliche Trennung ist aber nicht zwingend erforderlich.[757] Als Beispiel kann die Tätigkeit eines Reisebüros oder eines Schlüsseldienstes innerhalb eines Kaufhauses genannt werden.[758]

VII. Kredite (§ 6)

1. Allgemeines

218 Diese Vorschrift trifft **Sonderregelungen** für die **Preisangabepflicht des Kreditgewerbes.** Basis für alle Preisvergleiche im Kreditbereich ist der **effektive bzw. anfängliche effektive Jahreszins.** Beim effektiven Jahreszins sind alle wesentlichen Kostenfaktoren für die Inanspruchnahme eines Darlehens in die Berechnung mit einzubeziehen. Durch dessen Angabe beim Angebot bzw. in der Werbung soll die **Preistransparenz für Kredite erhöht,** die **finanzielle Gesamtbelastung vorausschaubar** gemacht und ein **Preisvergleich** zwischen verschiedenen Angeboten erleichtert werden.[759] Die bloße Angabe des Normalzinses ist als Grundlage für einen möglichst objektiven Vergleich nicht ausreichend, da zahlreiche andere Faktoren, wie zB Bearbeitungsgebühren, Kreditvermittlungsprovision, Disagio, Agio, Kontoführungsgebühren oder die Wertstellungspraxis die Gesamtbelastung des Kreditnehmers erheblich beeinflussen können.[760] Allerdings kann auch die Aussagekraft des anfänglichen effektiven Jahreszinses beschränkt sein, zB bei Krediten mit variablen Konditionen.[761] Die Vorschrift des § 6 PAngV beruht im Wesentlichen auf europarechtlichen Vorgaben.[762]

219 § 6 PAngV kommt nur dann zur Anwendung, wenn der Grundtatbestand des § 1 Abs. 1 PAngV erfüllt ist. Daneben gelten die **Grundpflichten von Preisklarheit und Preiswahrheit** des § 1 Abs. 6 S. 1 PAngV sowie die Pflicht zur Hervorhebung des effektiven Jahreszinses im Verhältnis zu anderen preisbezogenen Angaben (§ 1 Abs. 6 S. 3 PAngV)

---

752 *Landmann/Rohmer/Gelberg* § 5 PAngV Rn 14.

753 *Völker* § 5 Rn 30.

754 *Völker* § 5 Rn 33.

755 So *Völker* § 5 Rn 33; aA *Gimbel/Boest* § 3 Anm. 10, nach denen nur reine Dienstleistungs(fach)-abteilungen von dieser Vorschrift erfasst werden.

756 *Gimbel/Boest* § 3 Anm. 10 sowie *Piper*/Ohly § 5 PAngV Rn 11.

757 So auch *Völker* § 5 Rn 33; aA *Gimbel/Boest* § 3 Anm. 10.

758 So *Piper*/Ohly § 5 PAngV Rn 11 sowie *Völker* § 5 Rn 33; zur Problematik der „shop in the shop"-Betriebe ausführlich *Völker* § 5 Rn 35.

759 BGH GRUR 1989, 59 – Anfänglicher effektiver Jahreszinssatz; BGH WM 1990, 1307, 1308 – Mietkauf.

760 *Völker* § 6 Rn 3; s. auch BGH GRUR 1982, 236, 238 – Realkredite.

761 *Völker* § 6 Rn 4.

762 → Rn 19ff; *Piper*/Ohly § 6 PAngV Rn 2.

auch für den Kreditbereich.[763] Die Pflichten des § 6 PAngV treffen daher alle gewerbs- oder geschäftsmäßigen Anbieter, die privaten Letztverbrauchern **Darlehen** und **ähnliche Leistungen** anbieten oder dafür unter Angabe von Preisen werben. Die praktische Bedeutung des § 6 PAngV liegt damit hauptsächlich im Bereich von Verbraucherkrediten, privaten Immobilienkrediten sowie Bauspardarlehen.[764] Auf andere Angebote der Kreditwirtschaft, zB Anlageangebote, ist die Vorschrift nicht anzuwenden. Auch nicht auf Kredite für Existenzgründer,[765] weil es in diesen Fällen an der Verbrauchereigenschaft mangelt.

2. Anwendungsbereich

Diese Vorschrift gilt für **Kreditangebote** und bei der **Werbung unter Angabe von Preisen.**[766] Wird unter Angabe des Normalzinses oder mit einer beispielhaften Darstellung verschiedener Kreditsummen und Ratenzahlungsmöglichkeiten geworben oder mit Monatsraten, dann liegt eine Preiswerbung im Sinne des § 6 PAngV vor.[767] Unter den Begriff der „Kreditangebote" fallen auch vom Darlehensgeber vorformulierte Kreditanträge, die der Darlehensnehmer zu unterzeichnen hat.[768] 220

Die Pflicht zur Angabe des Effektivzinses besteht bei allen Arten von Geschäften, die eine entgeltliche Überlassung von Geld zum Gegenstand haben (sog. Geldkreditgeschäfte).[769] Darunter fallen neben „normalen" Kreditgeschäften (= **Darlehensgeschäfte**) auch **Abzahlungsgeschäfte, Konsumentenkredite** sowie die **Finanzierung von Dienstleistungen und Warenkauf.**[770] Auch Kredite, die zur Finanzierung eines Warenerwerbs vom Händler selbst angeboten werden, ohne dass ein Dritter als Kreditgeber eingeschaltet wird, werden von der Vorschrift erfasst.[771] Weiterhin unterliegt ebenfalls die **Gewährung eines Zahlungsaufschubs** (zB bei einem Abzahlungsgeschäft) oder eines **Stundungsangebotes** oder ähnlicher Finanzierungshilfen, sofern deren Gewährung entgeltlich erfolgt, der Pflicht zur Angabe des effektiven Jahreszinses.[772] Die Gewährung eines **unentgeltlichen Darlehens** fällt hingegen nicht unter § 6 PAngV; dies gilt auch für unentgeltlichen Zahlungsaufschub.[773] Wenn ein Händler aber einen zinspflichtigen Zahlungsaufschub anbietet, bei dem Kaupreis und Zinsen als einmaliger Gesamtbetrag nach sechs Monaten fällig werden, so unterliegt dieses Vorgehen § 6 PAngV.[774] Wird ein unentgeltlicher Zahlungsaufschub nicht vom Händler selbst, sondern von einem vom Händler vermittelten Kreditinstitut angeboten, besteht hingegen die Pflicht zur Jahreszinsangabe, und zwar auch dann, wenn Barzahlungspreis und Finanzierungspreis identisch sind.[775] 221

Auch ein **Mietkauf** ist ein zur Angabe des effektiven Jahreszinses verpflichtender Kredit im Sinne des § 6 PAngV, sofern der am Ende der Mietlaufzeit zu zahlende Preis zuzüglich der bis dato gezahlten Raten den Barzahlungskaufpreis übersteigt.[776] Gleiches gilt für den kreditierten Teil des Kaufpreises bei den im Kfz-Handel üblichen **Privatleasing-Angeboten,** wenn eine Kaufoption vereinbart ist.[777] Im Gegensatz dazu wird die Möglichkeit eines **Kreditkarteninhabers** zum bargeldlosen Einkauf in der Regel nicht als Kredit im Sinne des § 6 PAngV anzusehen sein.[778] Gleiches gilt regelmäßig für die von Handelsunter- 222

---

[763] S. auch OLG Düsseldorf WRP 1988, 40, 42 f.
[764] *Völker* § 6 Rn 15.
[765] MünchKomm/*Ernst* UWG Anh §§ 1–7 G PAngV § 6 Rn 3.
[766] *Piper*/Ohly § 6 PAngV Rn 4.
[767] KG NJW-RR 1987, 1128.
[768] BGH NJW 1980, 2076, 2078 – Kreditantrag; s. auch *Völker* § 6 Rn 20 mwN.
[769] *Völker* § 6 Rn 6.
[770] MünchKomm/*Ernst* UWG Anh §§ 1–7 G PAngV § 6 Rn 2 sowie *Piper*/Ohly § 6 PAngV Rn 4.
[771] BGHZ 108, 39 – Stundungsangebote; BGH WM 1990, 1307, 1308 – Mietkauf.
[772] *Völker* § 6 Rn 6; s. auch BGHZ 108, 39 – Stundungsangebote.
[773] BGH WM 1990, 1307, 1308 – Mietkauf.
[774] OLG Düsseldorf GRUR 1987, 727, 728.
[775] BGH GRUR 1994, 311, 312 – Finanzkaufpreis ohne Mehrkosten; ausführlich auch *Völker* § 6 Rn 9.
[776] BGH NJW-RR 1990, 1257, 1258 – Mietkauf.
[777] OLG Frankfurt NJW-RR 1987, 1523 f.
[778] So auch *Völker* § 6 Rn 10 mit weiteren Ausführungen.

nehmen ausgegebenen sog. **Kundenkarten,**[779] sofern solche Karten nicht über die reine Funktion als Zahlungsmittel hinaus auch die Möglichkeit zur Inanspruchnahme eines entgeltlichen Kredits in Form eines Zahlungsaufschubs oder der Möglichkeit zur Ratenzahlung gewähren.[780]

223 § 6 PAngV richtet sich an alle Personen und Unternehmen, die Kredite an private Letztverbraucher vergeben. Nicht nur Banken und Sparkassen/Volksbanken sowie andere Kreditinstitute sind von dieser Vorschrift betroffen, sondern auch in diesem Bereich tätige Versicherungen und Kreditvermittler.[781] Für **gewerblich tätige Kreditvermittler** im Sinne des § 34c Abs. 1 Nr. 1a GewO[782] besteht zudem die Pflicht bei der Vermittlung von Darlehensverträgen für Privatkunden vor Annahme des Vermittlungsauftrages ua den effektiven bzw. anfänglichen effektiven Jahreszins im Sinne des § 6 PAngV dem Kunden mitzuteilen gemäß § 11 S. 1 Nr. 2 iVm § 10 Abs. 2 und 3 Nr. 4 der Makler- und Bauträgerverordnung.[783]

224 In den meisten Fällen der Kreditgewährung an einen privaten Letztverbraucher wird neben § 6 PAngV auch §§ 491 ff BGB (Verbraucherdarlehensvertrag) zur Anwendung kommen. Die Anwendungsbereiche der PAngV sowie der §§ 491 ff BGB sind jedoch nicht deckungsgleich.[784]

3. (Anfänglicher) effektiver Jahreszins (§ 6 Abs. 1 und 6)

225 Die Vorschriften der § 6 Abs. 1 und 6 PAngV verpflichten zur Angabe des **effektiven Jahreszinses.** Dabei handelt es sich um eine **Preisvergleichszahl** in Form des jährlichen „Vomhundertsatzes" des gewährten Kredites auf der Basis der Kredit-Gesamtkosten.[785] Der effektive Jahreszins ist stets als ein **bestimmter Prozentsatz** anzugeben. Dabei hat die Angabe auf zwei Dezimalstellen genau zu erfolgen. Wenn die auf die zweite Dezimalstelle folgende Stelle größer oder gleich fünf ist, ist aufzurunden.[786] Mit der Bezeichnung „effektiv" soll zum Ausdruck gebracht werden, dass bei Berechnung dieser Vergleichszahl alle den Kreditnehmer belastenden Kosten zu berücksichtigen sind.[787]

226 Der **Zeitmaßstab** für die Zinsangabe ist **ein Jahr;** darüber hinaus sind ergänzende Angaben zur monatlichen oder vierteljährlichen Belastung zulässig.[788] Zu weiteren Angaben – neben der des effektiven Jahreszinses – verpflichtet § 6 Abs. 1 PAngV nicht. Insbesondere hat der Anbieter eines Kredites nicht die Gesamtkosten für den Kredit anzugeben oder die verschiedenen Kostenfaktoren aufzugliedern.[789] Falls der Kreditgeber freiwillig zusätzliche Angaben zu den Kosten des Kredits macht, zB Bearbeitungsgebühren oder Disagio, so ist der effektive Jahreszins gemäß § 1 Abs. 6 S. 3 PAngV hervorzuheben.[790]

227 Neben dem **effektiven Jahreszins,** der Preisvergleichszahl für Kredite mit **festen Konditionen,** steht der **„anfängliche effektive Jahreszins",** welcher bei Krediten mit **variablen Konditionen,** zB bei Zinssatzänderungsmöglichkeit, einschlägig ist. Mit der Bezeichnung „anfänglich" soll zum Ausdruck gebracht werden, dass die ursprüngliche jährliche Belastung sich ändern kann.[791] Die Berechnungsmethode des anfänglichen effektiven Jahreszinses ist speziell in § 6 Abs. 4 PAngV geregelt.[792]

---

[779] So auch *Völker* § 6 Rn 14.
[780] OLG Düsseldorf GRUR 1990, 1056.
[781] *Piper*/Ohly § 6 PAngV Rn 4; s. auch BGH GRUR 1980, 304, 306 – Effektiver Jahreszins.
[782] IdF der Bekanntmachung vom 22. 2. 1999, BGBl. I S. 202, zuletzt geändert durch Artikel 9 des Gesetzes vom 17. 3. 2008, BGBl. I S. 399.
[783] → Fn 18.
[784] → Rn 19 ff sowie 76. Im Einzelnen s. auch *Völker* § 6 Rn 28.
[785] *Völker* § 6 Rn 33.
[786] Anhang zu § 6 PAngV Ziff 5, abgedruckt bei *Völker* PAngV in Anhang 3.1.
[787] *Völker* § 6 Rn 37.
[788] *Völker* § 6 Rn 36.
[789] *Völker* § 6 Rn 34 mit weiteren Ausführungen.
[790] So auch *Völker* § 6 Rn 34.
[791] *Piper*/Ohly § 6 PAngV Rn 6.
[792] Ausführlich dazu *Völker* § 6 Rn 75 ff.

Sowohl der effektive Jahreszins als auch der anfängliche effektive Jahreszins sind stets in eine einzige Prozentzahl zu fassen.[793] Diese ist dann als **Endpreis** im Sinne des § 1 Abs. 1 S. 1 PAngV anzusehen.[794] Grundsätzlich ist die ausdrückliche wörtliche Bezeichnung als „effektiver Jahreszins" bzw. „anfänglicher effektiver Jahreszins" erforderlich.[795] Abweichende Bezeichnungen, wie zB Gesamtbelastung oder Gesamtkosten, sind nicht erlaubt.[796] **Zulässig** sind jedoch allgemein verständliche Abkürzungen, wie **„anfängl. effekt. Jahreszins".**[797] Unzulässig hingegen sind **Abkürzungen,** bei denen die Gefahr besteht, dass der Verbraucher sie nicht als Bezeichnung für die von der PAngV gebrauchten Begriffe versteht,[798] wie zB „Effektivzins"[799] für „effektiven Jahreszins" oder „anf." für „anfänglich"[800] oder „JZ" oder gar nur „J" oder „Z" für das Wort „Jahreszins".[801] 228

Für einen abschließenden Preisvergleich ist die alleinige Angabe des effektiven bzw. anfänglichen effektiven Jahreszinses nicht ausreichend. Daher findet sich in § 6 Abs. 1 S. 2 PAngV die **Verpflichtung zu weiteren Angaben.** Zum einen ist der frühestmögliche Änderungszeitpunkt anzugeben, wenn ein Änderungsvorbehalt für preisbestimmende Faktoren vereinbart wurde, nach § 6 Abs. 1 S. 2 1. HS PAngV.[802] Zum anderen sind zusätzliche Angaben für den Fall erforderlich, dass nicht der volle Kreditbetrag an den Verbraucher ausbezahlt wird **(Disagio)** oder ein Aufschlag auf den Kreditbetrag vereinbart wird **(Agio).** Falls solche Belastungen in den anfänglichen effektiven Jahreszins einberechnet werden, ist vom Kreditgeber mitzuteilen, auf welchen Zeitraum diese Belastungen verrechnet werden gemäß § 6 Abs. 1 S. 2 Halbs. 1 PAngV. Der Verrechnungszeitraum ist dabei stets konkret anzugeben, entweder durch das Enddatum oder die genaue Dauer der Belastung nach Jahren, Monaten und Tagen.[803] 229

4. Berechnung des anfänglichen (effektiven) Jahreszinses (§ 6 Abs. 2–5)

a) Berechnungsmethode. Die viele Jahre in Deutschland gültige 360-Tage-Methode zur Berechnung des effektiven bzw. anfänglichen effektiven Jahreszinses wurde im Jahre 2000 durch die Verordnung zur Änderung der PAngV und der FPVO vom 28. 7. 2000[804] durch die neue, gemeinschaftsrechtlich vorgegebene **AIBD-Methode** („Association of International Bond Dealers") ersetzt. Die neue Berechnungsmethode besteht in einer – durch einige Hinweise zur Berechnung ergänzten – mathematischen Formel, die im Anhang zu § 6 PAngV zu finden ist, so § 6 Abs. 2 S. 1 PAngV.[805] Ausgangspunkt der Berechnung ist nach § 6 Abs. 2 S. 2 PAngV der vorgesehene Kreditverlauf nach den jeweiligen Kreditkonditionen, basierend auf den tatsächlichen Zahlungen des Kreditgebers und des Verbrauchers, auf der Grundlage taggenauer Verrechnung aller Leistungen. Die Berechnung selbst ist äußerst komplex; üblicherweise wird sie mittels einer speziellen Software durchgeführt.[806] 230

b) Berechnungsgrundlage. Grundlage für die Berechnung des effektiven bzw. anfänglichen effektiven Jahreszinses sind die **Gesamtkosten des Kredites** für den Kreditnehmer 231

---

[793] *Piper*/Ohly § 6 PAngV Rn 6.
[794] *Piper*/Ohly § 6 PAngV Rn 6.
[795] *Piper*/Ohly § 6 PAngV Rn 6.
[796] *Piper*/Ohly § 6 PAngV Rn 6.
[797] BGH GRUR 1989, 59, 60 – Anfänglicher effektiver Jahreszinssatz; BGH WM 1996, 838, 839 – Effektivzins.
[798] BGH GRUR 1989, 59, 60 – Anfänglicher effektiver Jahreszinssatz.
[799] BGH GRUR 1996, 421, 422 – Effektivzins.
[800] KG MD 1991, 524, 525 f.
[801] OLG Saarbrücken NJW-RR 1991, 162, 164; OLG Frankfurt GRUR 1990, 58 – Klagebefugnis.
[802] Ausführlich dazu auch *Völker* § 6 Rn 41.
[803] *Völker* § 6 Rn 44.
[804] BGBl. I S. 1238, → Rn 53.
[805] Anhang zu § 6 PAngV, BGBl. 2000 I S. 1249, 1250. Der Anhang zu § 6 PAngV ist auch abgedruckt bei *Völker* PAngV als Anhang 3.1. Detaillierte Ausführungen zur Zinsberechnung nach der AIBD-Methode finden sich bei *Wimmer* WM 2001, 447, 448 f.
[806] *Völker* NJW 2000, 2787, 2789; s. auch *Piper*/Ohly § 6 PAngV Rn 9.

einschließlich allfälliger Vermittlungskosten (§ 6 Abs. 3 S. 1 PAngV). Diese setzen sich zusammen aus dem Nominalzins sowie allen anderen Kosten, die unmittelbar oder mittelbar mit der Inanspruchnahme des Kredites verbunden sind,[807] wie zB die Kosten einer Versicherung, mit der die Rückzahlung des Kredits abgesichert wird. Folgende Kosten bilden in der Praxis regelmäßig die Gesamtkosten im Sinne des § 6 Abs. 3 S. 1 PAngV: Der **Nominalzins** (der vom Kreditnehmer zu zahlende Zinssatz),[808] **Bearbeitungsgebühren** bzw. Verwaltungskostenbeiträge, **Disagio** (Abschlag von der vereinbarten Kreditsumme), **Agio** (vom Kreditnehmer zu zahlender Zuschlag zur vereinbarten Kreditsumme – üblicherweise verbunden mit einer Senkung des Nominalzinssatzes), **Kreditvermittlungskosten** (Maklerkosten), von der gesetzlichen Regelung zum Nachteil des Kreditnehmers abweichende **Fälligkeit** der **Zinszahlungen** sowie **Tilgungskonditionen.**[809]

232 Von den in den effektiven Zinssatz einzubeziehenden Gesamtkosten sind folgende, in § 6 Abs. 3 Nr. 1 bis 5 PAngV aufgeführte Kosten, ausgenommen: Dies sind zunächst solche, die vom Kreditnehmer bei Nichterfüllung seiner Verpflichtungen aus dem Kreditvertrag zu tragen sind; ferner kreditunabhängige Kosten, wie zB Nebenkosten beim Grundstückskauf (Notariats- oder Grundbuchkosten);[810] weiterhin Überweisungs- und Kreditkontenkosten; darüber hinaus Mitgliedsbeiträge für Vereine oder Gruppen, die sich aus anderen Vereinbarungen als dem Kreditvertrag ergeben, obwohl sie sich auf die Kreditbedingungen auswirken, wie zB Mitgliedsbeiträge für Genossenschaften; schließlich Kosten für Versicherungen oder Sicherheiten.[811]

233 Unter die letztgenannte Rubrik **(„Kosten für Sicherheiten")** fallen zB Kosten, die für die Absicherung des Darlehens entstehen, insbesondere Notariatsgebühren und Grundbuchkosten bei Sicherung eines Kredits durch Grundschuld oder Hypothek.[812] Gleiches gilt auch für tatsächlich entstehende Schätzkosten zur Wertermittlung des Sicherungsobjektes (Gutachterkosten).[813] Bei **Versicherungskosten** ist eine differenzierte Betrachtung geboten: Kosten für Versicherungen sind bei der Berechnung des (anfänglichen) effektiven Jahreszinses dann nicht zu berücksichtigen, wenn die Versicherung sich auf den mit dem Darlehen erworbenen Gegenstand bezieht, so zB Gebäude- oder Hausratversicherung bei Hauskauf. Wenn aber durch die Versicherung die Rückzahlung des Kredites gedeckt werden soll, zB bei Tod oder Invalidität, Krankheit oder Arbeitslosigkeit, sind diese vom Kreditnehmer zu tragenden Kosten in den Jahreszins einzubeziehen.[814]

234 Eine **Sonderregelung** für die Berechnung des anfänglichen effektiven Jahreszinses findet man in **§ 6 Abs. 4 PAngV.** Nach § 6 Abs. 2 S. 2 PAngV sind der Berechnung die zum Zeitpunkt des Angebotes bzw. der Werbung geltenden preisbestimmenden Faktoren zugrunde zu legen. Dabei ist gemäß § 6 Abs. 4 aE PAngV von der Fiktion auszugehen, dass der Zinssatz (Nominalzinssatz) und die sonstigen Kosten gemessen an der ursprünglichen Höhe fest bleiben und bis zum Ende des Kreditvertrages gelten. Diese Spezialvorschrift findet keine Anwendung, wenn sich die Kreditkonditionen während der Laufzeit ändern, die Änderungen aber schon von Beginn an vereinbart sind, zB durch Vereinbarung eines zeitlich gestaffelten Nominalzinssatzes.[815]

235 **c) Berechnung bei variablen Kreditkonditionen (§ 6 Abs. 5).** § 6 Abs. 5 PAngV enthält weitere Sonderbestimmungen für die Berechnung des effektiven bzw. anfänglichen effektiven Jahreszinses für den Fall, dass keine Darlehensobergrenze, kein Tilgungszeitplan oder mehrere Termine für die Auszahlung oder Rückzahlung des Darlehens vorgesehen

---

807 *Völker* § 6 Rn 54 mwN.
808 BGH NJW-RR 1992, 591, 592 – Erbbauzinsanspruch.
809 Ausführlich zu diesen einzelnen Positionen *Völker* § 6 Rn 58 bis 64.
810 *Völker* § 6 Rn 67.
811 Ausführlich zu den einzelnen Kosten *Völker* § 6 Rn 66 bis 74.
812 *Völker* § 6 Rn 71.
813 *Völker* § 6 Rn 71.
814 So auch *Völker* § 6 Rn 72.
815 *Völker* § 6 Rn 75.

sind. Im Falle einer **fehlenden Darlehensobergrenze** ist nach § 6 Abs. 5 Nr. 1 PAngV für die Berechnung des (anfänglichen) effektiven Jahreszinses von einem Kreditbetrag von 2000 Euro auszugehen. Falls eine zeitliche Regelung für die Darlehenstilgung zum Zeitpunkt der Werbung bzw. des Angebotes fehlen sollte, ist nach § 6 Abs. 5 Nr. 2 PAngV für die Berechnung des Jahreszinses von einer Kreditlaufzeit von einem Jahr auszugehen; d.h., dass ein Jahr nach Auszahlung des Darlehens die vollständige Rückzahlung des Kredits zu erfolgen hat.[816] Sofern die Vertragspartner im Rahmen einer Kreditvereinbarung mehrere alternative Termine für die Auszahlung und/oder Rückzahlung vorgesehen haben, ist nach § 6 Abs. 5 Nr. 3 PAngV jeweils der „frühestmögliche Zeitpunkt" für die Berechnung des (anfänglichen) effektiven Jahreszinses zugrunde zu legen. Damit ist der Zeitpunkt der frühestmöglichen Fälligkeit gemeint, also der Termin, zu dem der jeweilige Gläubiger frühestmöglich die Zahlung verlangen kann.[817]

5. Neufestsetzung der Kreditkonditionen (§ 6 Abs. 6) – Hinweispflicht (§ 6 Abs. 7)

Für den Fall, dass die Kreditkonditionen nicht für die gesamte Laufzeit festgeschrieben sind, sondern zwischen den Vertragsparteien ab oder zu einem bestimmten Zeitpunkt neu verhandelt werden können **(„Abschnittsfinanzierung"),** hat der Kreditgeber nach § 6 Abs. 6 PAngV bei Vorlage eines neuen Angebotes den effektiven bzw. anfänglichen effektiven Jahreszins anzugeben. Zwingende Voraussetzung für die Anwendung von § 6 Abs. 6 PAngV ist, dass in der Kreditvereinbarung eine einvernehmliche Neuregelung der Kreditkonditionen oder einzelner preisrelevanter Faktoren vorgesehen ist.[818] 236

Nach § 6 Abs. 7 PAngV hat der Kreditgeber die Pflicht, den Verbraucher auf die **Notwendigkeit** einer **Mitgliedschaft oder Versicherung** hinzuweisen, falls die Kreditgewährung allgemein von einer Mitgliedschaft oder vom Abschluss einer Versicherung abhängen sollte. Die Hinweispflicht des Kreditgebers besteht nur dann, wenn die Gewährung des Kredites generell von einer Mitgliedschaft oder Versicherung abhängig gemacht wird. Wenn die Kreditgewährung jedoch nur in bestimmten Einzelfällen von Umständen, die zB in der Person des Kreditnehmers liegen, abhängig gemacht werden, wie Alter, Gesundheitszustand oder Bonität, ist § 6 Abs. 7 PAngV nicht einschlägig.[819] 237

Die Hinweispflicht besteht nach dem Wortlaut der Vorschrift darüber hinaus dann nicht, wenn die Mitgliedschaft oder Versicherung sich lediglich begünstigend auf die Kreditkonditionen auswirkt, nicht aber Vergabevoraussetzung ist.[820] Als **Mitgliedschaft** im Sinne der Vorschrift kommen die **Zugehörigkeit zu einem Verein,** einer **Genossenschaft,** einer **Gesellschaft,** einem Klub oder jeder anderen Gruppe in Betracht, unabhängig davon, ob die Mitgliedschaft mit finanziellen Beitragsleistungen oder einer Verpflichtung zum Warenbezug o.ä. Pflichten verbunden ist.[821] **Versicherungen** im Sinne des § 6 Abs. 7 PAngV sind **alle Arten von Versicherungen,** zB diejenigen, welche die Rückzahlung des Kredites sichern (Restschuldversicherungen), aber auch Versicherungen, die der Werterhaltung des mit Kreditmitteln erworbenen Gegenstandes dienen, wie zB Gebäudeversicherung bei Hauserwerb oder Kaskoversicherung bei Erwerb eines KfZ.[822] 238

6. Bauspardarlehen (§ 6 Abs. 8)

Diese Vorschrift trifft Sonderregelungen für die Leistungen der Bausparkassen aus Bausparverträgen. **Bausparkassen** sind Kreditinstitute, deren Geschäftsbetrieb darauf ausge- 239

816 S. auch *Völker* § 6 Rn 83.
817 So auch *Völker* § 6 Rn 85.
818 *Völker* § 6 Rn 87 mit weiteren Ausführungen aaO.
819 *Völker* § 6 Rn 90.
820 So auch *Völker* § 6 Rn 91.
821 So zu recht *Völker* § 6 Rn 93; s. auch *Piper*/Ohly § 6 PAngV Rn 10.
822 So *Piper*/Ohly § 6 PAngV Rn 10 wie auch *Völker* § 6 Rn 94; partiell aA *Boest* NJW 1993, 40, 41.

richtet ist, Einlagen von Bausparern entgegenzunehmen und aus den angehäuften Beträgen den Bausparern für wohnungswirtschaftliche Maßnahmen Gelddarlehen zu gewähren nach § 1 Abs. 1 S. 1 Bauspargesetz. Das **Bauspardarlehen** unterscheidet sich vor allem durch die **sog. Ansparphase** von einem gewöhnlichen Kredit. Dies bedeutet, dass der Bausparer zunächst ein Guthaben in einer bestimmten Höhe ansparen muss, um einen Anspruch auf Gewährung des Bauspardarlehens zu haben (§ 2 Bauspargesetz). Auch das Bauspargesetz enthält in § 5 Abs. 3 Regelungen zu Preisangaben, so zB in Nr. 1 über die Höhe und Fälligkeit der Leistungen des Bausparers und der Bausparkasse oder in Nr. 3 über die Höhe der den Bausparern berechneten Kosten und Gebühren.[823] Gleichwohl lässt § 5 Bauspargesetz die preisangabenrechtlichen Pflichten der PAngV unberührt.[824]

240 **Auch für Bauspardarlehen** ist der **effektive Jahreszins** anzugeben. Da jedoch auf Grund der Besonderheiten des Bauspardarlehens das Verhältnis von individuellem Ansparguthaben und Darlehen von Fall zu Fall unterschiedlich sein kann und insbesondere im Zeitpunkt von Werbung bzw. Angebot in der Regel noch nicht feststeht, schreibt § 6 Abs. 8 PAngV vor, dass für die **Berechnung des effektiven Jahreszinses** von der Ansparung des vertraglich vorgesehenen Mindestsparguthabens zum Zeitpunkt der Darlehensauszahlung, mithin von der maximalen Darlehenshöhe, auszugehen ist.[825] Auf diesen Darlehensanteil ist auch die vom Bausparer üblicherweise zu zahlende und in den Jahreszins zu integrierende **Abschlussgebühr** zu berechnen, soweit nichts anderes vereinbart wird.[826]

241 Eine **weitere Sonderbestimmung** findet sich in § 6 Abs. 8 S. 3 der PAngV. Diese Vorschrift regelt die Preisangabepflicht für Kredite, die der **Vor- oder Zwischenfinanzierung** von Bauspardarlehen dienen. Dabei ist unerheblich, ob die Vor- oder Zwischenfinanzierung durch die Bausparkasse selbst oder ein anderes Institut erfolgt.[827] Da die Laufzeit des Vor- oder Zwischenfinanzierungsdarlehens zum Zeitpunkt der Werbung bzw. des Angebotes nicht bekannt ist, fingiert das Gesetz die Laufzeit für den angenommenen Fall, dass die Kreditkonditionen bis zur Zuteilung des Bauspardarlehens fix sind.[828] Der **Zuteilungszeitpunkt** ist mittels der **Zielbewertungszahl gleichartiger Bausparverträge** zu errechnen. Die Laufzeitfiktion gilt nur für solche Kredite, deren preisbestimmende Faktoren bis zur Zuteilung der Bausparsumme unveränderlich sind (§ 6 Abs. 8 S. 3 PAngV).

7. Kontokorrentkredite (§ 6 Abs. 9)

242 Eine **weitere Sonderbestimmung** für Preisangaben von Krediten, die auf einem laufenden Konto zur Verfügung gestellt werden, findet sich in § 6 Abs. 9 PAngV. Diese Vorschrift spielt eine wichtige Rolle bei der Nutzung des Kreditrahmens von privaten Girokonten.[829] Danach ist der Preisangabepflicht bei den sog. **Kontokorrentkrediten** (Dispositions- bzw. Überziehungskrediten) genüge getan, wenn – anstelle des (anfänglichen) effektiven Jahreszinses – der **Normalzins** und **die Zinsbelastungsperiode** angegeben werden (§ 6 Abs. 9 PAngV). Diese Ausnahme greift aber nur dann, wenn die Zinsbelastungsperiode nicht kürzer als drei Monate ist und für die Einräumung des Kredits neben dem Zins keine weiteren Kosten anfallen, ausgenommen die allgemeinen Kontoführungskosten.[830] Grundsätzlich gilt § 6 Abs. 9 PAngV nur für die einem Kunden von vornherein eingeräumte Möglichkeit, über sein Girokonto einen laufenden Kredit aufzunehmen. Jedoch sollte diese Vorschrift auch auf (zumindest vorübergehend) geduldete Überziehungskredite anzuwenden sein.[831]

---

823 Zu Einzelheiten *Völker* § 6 Rn 95 ff.
824 *Gimbel/Boest* § 4 Anm. 24 sowie *Völker* § 6 Rn 96.
825 *Völker* § 6 Rn 97.
826 *Piper*/Ohly § 6 PAngV Rn 11; s. auch *Völker* § 6 Rn 99.
827 So auch *Völker* § 6 Rn 100.
828 *Piper*/Ohly § 6 PAngV Rn 11.
829 S. auch *Völker* § 6 Rn 102.
830 *Völker* § 6 Rn 102.
831 S. auch MünchKomm/*Ernst* UWG Anh §§ 1–7 G PAngV § 6 Rn 11. Ausführlich zu dieser Problematik mit zustimmendem Ergebnis *Völker* § 6 Rn 103.

VIII. Sonderregelungen für Gaststätten und Beherbergungsbetriebe (§ 7)

1. Allgemeines

§ 7 PAngV enthält preisangabenrechtliche Sonderbestimmungen für Gaststätten, Selbstbedienungsgaststätten sowie Beherbergungsbetriebe. Auch die Vorschrift des § 7 PAngV kommt nur dann zur Anwendung, wenn die Grundvoraussetzungen des § 1 Abs. 1 PAngV erfüllt sind, also **im geschäftlichen Verkehr mit Letztverbrauchern.**[832] Zudem müssen alle Angaben den Vorgaben des § 1 Abs. 6 PAngV (Preisklarheit und Preiswahrheit) entsprechen.[833] Sollten in einer Gaststätte andere Waren als Speisen und Getränke veräußert oder Speisen und Getränke außer Haus verkauft werden (Straßenverkauf), ist § 4 PAngV und nicht § 7 PAngV anwendbar.[834] Sofern aber der Anwendungsbereich des § 7 PAngV eröffnet ist (d. h. bei Angebot von Speisen und Getränken innerhalb von Gaststätten sowie beim Zimmerangebot von Beherbergungsbetrieben), geht diese Vorschrift den §§ 4 und 5 PAngV als branchenspezifische, speziellere Bestimmung vor.[835] Gleichwohl ist § 7 keine abschließende Spezialvorschrift, welche die allgemeinen Bestimmungen der PAngV ausschließen würde;[836] § 7 PAngV ergänzt diese lediglich. 243

Im Falle des **Angebotes von Beherbergungsleistungen** im **Internet** hat der Betrieb zu beachten, dass nach § 5 Abs. 1 S. 3 PAngV auch die Bildschirmanzeige als Ort des Leistungsangebots im Sinne dieser Vorschrift zu verstehen ist; daher ist die Internetseite mit einem Preisverzeichnis zu versehen.[837] Im Übrigen hindert die PAngV den Gastwirt bzw. Hotelier nicht, von den Angaben abweichende individuelle Preisvereinbarungen zu treffen, da die PAngV formelles und nicht materielles Preisrecht enthält und daher die materielle Vertragsfreiheit der Parteien nicht beschränkt.[838] 244

2. Regelung für Gaststätten

a) Begriff. Die Sonderregelungen für Gaststätten sind in den Abs. 1 und 2 sowie 4 des § 7 PAngV zu finden. Der **Begriff der Gaststätte** orientiert sich an der Definition des § 1 Abs. 1 Nr. 1 und 2 Gaststättengesetz.[839] Ein Gaststättenbetrieb ist danach ein Geschäftsbetrieb, der im stehenden Gewerbe Getränke und/oder zubereitete Speisen zum Verzehr an Ort und Stelle verabreicht (Schank- und Speisewirtschaften), sofern der Betrieb jedermann oder bestimmten Personenkreisen zugänglich ist.[840] Damit fallen auch Gaststättenteile von Beherbergungsbetrieben (also Restaurants oder Bars von Hotels) sowie Restaurants in Kaufhäusern, Supermärkten oder Möbelhäusern unter diesen Begriff.[841] Weiterhin erfasst § 7 Abs. 1 S. 1 PAngV auch „ähnliche Betriebe“ wie Gaststätten, in denen Speisen und/oder Getränke angeboten werden. Dazu zählen zB Erfrischungshallen, Kioske, Bierzelte sowie Schnellimbissbuden oder Fast-Food-Restaurants.[842] 245

b) Preisverzeichnisse für Speisen und Getränke. Die Gaststättenbetriebe haben die Pflicht, Preisverzeichnisse[843] für Speisen und Getränke aufzustellen. **Getrennte Verzeichnisse** von Speisen und Getränken (z. B. Weinkarte) **sind zulässig;**[844] sie müssen in ihrer 246

---

[832] MünchKomm/*Ernst* UWG Anh §§ 1–7 G PAngV § 7 Rn 1.
[833] → Rn 141 ff.
[834] *Gimbel/Boest* § 5 Anm. 1 sowie *Völker* § 7 Rn 2.
[835] So auch *Völker* § 7 Rn 2.
[836] So auch *Völker* § 7 Rn 3.
[837] MünchKomm/*Ernst* UWG Anh §§ 1–7 G PAngV § 7 Rn 1; s. auch *Völker* § 7 Rn 2.
[838] *Piper*/Ohly § 7 PAngV Rn 1.
[839] IdF der Bekanntmachung vom 20. 11. 1998, BGBl. I S. 3418, zuletzt geändert durch Art. 10 des Gesetzes vom 7. 9. 2007, BGBl. I S. 2246.
[840] S. auch *Völker* § 7 Rn 5.
[841] *Piper*/Ohly § 7 PAngV Rn 3 sowie MünchKomm/*Ernst* UWG Anh §§ 1–7 G PAngV § 7 Rn 2.
[842] So auch *Völker* § 7 Rn 6.
[843] Zum Begriff des „Preisverzeichnisses“ → Rn 204 ff.
[844] *Piper*/Ohly § 7 PAngV Rn 4.

Gesamtheit aber alle im Betrieb üblicherweise angebotenen Speisen und Getränke enthalten.[845] Der Gaststättenbetrieb hat stets den **Endpreis** anzugeben (s. auch § 7 Abs. 5 PAngV); daneben ggf. auch Verkaufs- oder Leistungseinheiten oder Gütebezeichnungen (§ 1 Abs. 1 S. 2 PAngV).

247 Die Angabe von **Margenpreisen** („Von ... bis ...“-Preise oder „Ab ...“-Preise) im Preisverzeichnis ist **unzulässig.** Grundsätzlich sind auch allgemeine Angaben wie „Preis je nach Größe oder Gewicht“ unzulässig. Gleichwohl kann bei bestimmten Speisen anstelle der Angabe pro Gedeck auch der Preis für eine bestimmte Einheit (zB nach Gewicht oder Stückzahl) angegeben werden, sofern der Kunde auf dieser Grundlage die Größe der Portion bestimmten kann, zB bei ganzem Fisch oder Steak oder Hummer[846] oder bei Austern. Eine (auch preisliche) Differenzierung zwischen einer „kleinen“ und einer „großen“ Portion ist zulässig.[847] Im Preisverzeichnis ist auf **Zuschläge,** die für die Erfüllung von Sonderwünschen oder bei Zahlung mit Kreditkarte verlangt werden, hinzuweisen.[848] Bei Getränken ist regelmäßig die Verkaufseinheit nach Volumen anzugeben.[849] **Gesamtangebote,** bestehend aus einem Gedeck oder einem Menü, ggf. einschließlich eines Getränks, sind zulässig.[850]

248 Ein Gaststättenbetreiber hat drei Möglichkeiten, seinem Publikum das Preisverzeichnis zur Verfügung zu stellen: Erstens durch **Auslage auf den Tischen;** dann hat auf jedem Tisch von jedem Preisverzeichnis mindestens ein Exemplar auszuliegen.[851] Zweitens durch unaufgeforderte **Vorlage des Verzeichnisses beim Gast** vor der Entgegennahme von Bestellungen und auf Verlangen bei der Abrechnung gemäß § 7 Abs. 1 S. 2 PAngV. Drittens durch **gut lesbare Anbringung,** zB auf einer großen, mühelos vom Ort der Bestellung aus lesbaren Tafel in einer Imbissbude. Die Preisverzeichnisse müssen stets leicht erkennbar und deutlich lesbar sein (§ 1 Abs. 6 S. 2 PAngV).[852]

249 Für den Fall, dass Speisen und Getränke in **Schaufenstern, Schaukästen** oder in sonstiger Weise sichtbar ausgestellt werden nach § 4 Abs. 1 PAngV, ist die Preisauszeichnung durch Preisschilder oder Beschriftung der Ware vorzunehmen (§ 7 Abs. 1 S. 3 PAngV).[853] Sollten zu unterschiedlichen Tages- bzw. Nachtzeiten unterschiedliche Preise verlangt werden, so muss auf die unterschiedlichen Preise eindeutig hingewiesen werden.[854] Für in Gaststättenbetrieben angebotene „wesentliche Getränke“ existiert ein Musterpreisverzeichnis.[855]

250 **c) Aushang des Preisverzeichnisses (§ 7 Abs. 2).** Zusätzlich zu den Preisangabepflichten nach § 7 Abs. 1 PAngV hat der Gastwirt ein weiteres Preisverzeichnis **neben dem Eingang der Gaststätte auszuhängen** nach § 7 Abs. 2 PAngV. Als Eingang ist der Ort des unmittelbaren Zutritts in den Gaststättenbereich zu verstehen.[856] Das Verzeichnis muss örtlich in unmittelbarer Nähe des Eingangs ausgehängt sein, so dass sich der Gast vor Betreten des Lokals über die verlangten Preise informieren kann.[857] Anders als das Preisverzeichnis nach § 7 Abs. 1 PAngV muss der Aushang nicht alle Angebote erfassen. Nach § 7 Abs. 2 PAngV sind nur die **wesentlichen Speisen und Getränke** auszuhängen; dies sind die im jeweiligen Gaststättenbetrieb häufig nachgefragten Speisen und Getränke.[858] Die Aushangpflicht besteht im Übrigen nur während der **Öffnungszeiten** der Gaststätte.[859]

---

[845] *Piper*/Ohly § 7 PAngV Rn 4 sowie *Völker* § 7 Rn 7.
[846] S. auch *Völker* § 7 Rn 7.
[847] *Gimbel/Boest* § 5 Anm. 2.
[848] *Gelberg* GewArch 1995, 393, 398 sowie *Landmann/Rohmer/Gelberg* § 7 PAngV Rn 5.
[849] Ausführlich dazu *Völker* § 7 Rn 8.
[850] *Völker* § 7 Rn 9.
[851] *Völker* § 7 Rn 10; s. auch *Piper*/Ohly § 7 PAngV Rn 4.
[852] Im Einzelnen zu dieser Anforderung für den Gaststättenbereich *Völker* § 7 Rn 11.
[853] Ausführlich zu dieser Variante *Völker* § 7 Rn 14.
[854] *Piper*/Ohly § 7 PAngV Rn 6 sowie *Gimbel/Boest* § 5 Anm. 5.
[855] Abgedruckt bei *Völker* PAngV Anhang 4.9.
[856] Zum Begriff des „Eingangs“ s. *Völker* § 7 Rn 17.
[857] *Piper*/Ohly § 7 PAngV Rn 4 sowie *Völker* § 7 Rn 17.
[858] So auch *Völker* § 7 Rn 20.
[859] BayObLG NJW 1976, 984, 985.

§ 7 Abs. 2 S. 2 PAngV enthält eine **Ausnahmeregelung für Gaststätten in Handelsbetrieben,** also zB Restaurants in Supermärkten, Kaufhäusern oder Möbelmärkten.[860] In diesen Fällen ist der Aushang des Preisverzeichnisses am Eingang des Gaststättenteils ausreichend. 251

3. Regelung für Beherbergungsbetriebe (§ 7 Abs. 3)

Auch für Beherbergungsbetriebe gibt es eine preisangabenrechtliche Sonderbestimmung. 252
Beherbergungsbetriebe sind Betriebe des Gaststättengewerbes, die Gäste beherbergen und jedermann oder bestimmten Personenkreisen zugänglich sind nach § 1 Abs. 1 Nr. 3 Gaststättengesetz. Unter diesen Begriff fallen **Hotels, Pensionen und Gaststätten mit Fremdenzimmern.** Aber auch **kleinere Betriebe,** die Frühstückzimmer oder Ferienwohnungen vermieten, sind Beherbergungsbetriebe, sofern sie im geschäftlichen Verkehr im Sinne des § 1 Abs. 1 S. 1 PAngV tätig werden.[861]

Nach § 7 Abs. 3 PAngV ist **beim Eingang oder bei der Anmeldestelle** des Betriebes 253
an gut sichtbarer Stelle ein **Preisverzeichnis** anzubringen oder auszulegen. Das Preisverzeichnis muss die Preise der im Wesentlichen angebotenen Zimmer und ggf. den Preis für das Frühstück enthalten, sofern ein solches angeboten wird. Das früher noch vorgeschriebene Zimmerpreisverzeichnis ist mit der 4. VO zur Änderung der PAngV vom 18. 10. 2002[862] obsolet geworden. Ausreichend ist nunmehr die gut sichtbare, d. h. nicht verdeckte oder versteckte Auslage bzw. Anbringung des Verzeichnisses beim Eingang des Beherbergungsbetriebes – gleich ob innen oder außen – oder bei der Rezeption (= Anmeldestelle).[863] Der Betrieb hat die „im Wesentlichen" angebotenen Zimmer in das Preisverzeichnis aufzunehmen. Damit sind die gängigen Zimmerkategorien, die den überwiegenden Teil des Angebotes des jeweiligen Beherbergungsbetriebes abdecken, gemeint.[864]

4. Bedienungsgeld und Telekommunikationsanlagen

a) Bedienungsgeld und sonstige Zuschläge (§ 7 Abs. 5). Diese Vorschrift gebietet 254
die **Pflicht zur Endpreisangabe** im Gaststätten- und Beherbergungsbereich. Der Endpreis hat nach § 7 Abs. 5 PAngV das Bedienungsgeld und alle sonstigen Zuschläge zu erfassen. Das Bedienungsgeld erfasst sämtliche anfallenden **Personalkosten** für die nach § 7 erbrachten Leistungen.[865] Unter die „sonstigen Zuschläge" fallen zB in Restaurants die Kosten für das **Gedeck** oder bei vermieteten Zimmern oder Ferienwohnungen die Kosten für die **Heizung** oder **Bettwäsche.** Eine Preisaufgliederung mit der Angabe einzelner Positionen ist grundsätzlich zulässig, sofern der Endpreis hervorgehoben wird nach § 1 Abs. 6 S. 3 PAngV. Für die entgeltliche Zurverfügungstellung von Parkplätzen oder Einstellplätzen durch Beherbergungsbetriebe gilt § 8 Abs. 2 PAngV.[866]

b) Telekommunikationsanlagen (§ 7 Abs. 4). Diese Spezialregelung wurde durch 255
die UWG-Reform 2004 geändert.[867] Für den Fall, dass eine Gaststätte oder ein Beherbergungsbetrieb eine Telekommunikationsanlage zur Verfügung stellt, hat der Betrieb nach § 7 Abs. 4 PAngV den für die Benutzung geforderten Preis je Minute oder je Benutzung anzugeben, und zwar in der Nähe der Anlage. Nicht nur die klassischen Gaststätten- und Beherbergungsbetriebe, sondern auch die in den letzten Jahren vermehrt vorkommenden sog. **Internet-Cafés** werden von dieser Vorschrift erfasst.[868]

---

[860] MünchKomm/*Ernst* UWG Anh §§ 1–7 G PAngV § 7 Rn 14.
[861] S. auch *Piper*/Ohly § 7 PAngV Rn 7.
[862] → Rn 54.
[863] *Piper*/Ohly § 7 PAngV Rn 8.
[864] MünchKomm/*Ernst* UWG Anh §§ 1–7 G PAngV § 7 Rn 16; zur früheren Regelung *Völker* § 7 Rn 28.
[865] *Völker* § 7 Rn 31.
[866] → Rn 261 ff.
[867] Beschlussempfehlung und Bericht des Rechtsausschusses zu dem Gesetzentwurf der Bundesregierung vom 24. 3. 2004, BT-Drucks. 15/2795 S. 32 und 51.
[868] So auch MünchKomm/*Ernst* UWG Anh §§ 1–7 G PAngV § 7 Rn 20.

256 Der Begriff der „Telekommunikationsanlage“ schließt alle Telekommunikationsdienstleistungen ein, gleich ob **Telefon, Telefax oder Internet.**[869] Der in der Nähe der Telekommunikationsanlage anzugebende Preis muss leicht erkennbar und deutlich lesbar sein (§ 1 Abs. 6 PAngV). Dieses Gebot gilt in Bezug auf Telefone sowohl für Apparate im Gaststättenbereich als auch für **Zimmertelefone** von Beherbergungsbetrieben. Die Preisangaben müssen sich jeweils in unmittelbarer Nähe zum Gerät befinden. Zur Ermöglichung von Preisvergleichen sind getaktete Entgelte (zB Minutenpreise) oder Fixpreise pro Benutzung anzugeben.[870]

IX. Regelungen für Tankstellen und Parkplätze (§ 8)

1. Allgemeines

257 Auch § 8 PAngV enthält – ähnlich wie § 7 PAngV – branchenspezifische **Sonderbestimmungen,** erstens für das **Kraftstoffangebot von Tankstellen,** zweitens für die **Vermietung von Garagen, Einstellplätzen** und **Parkplätzen** sowie drittens für das **Bewachen und Verwahren von Kraftfahrzeugen.** Für das sonstige Warenangebot an Tankstellen gilt § 4 PAngV; für von Tankstellen angebotene Leistungen, wie zB Öl- oder Reifenwechsel oder Autowäsche, gilt § 5 PAngV.[871] Letztgenannte Vorschrift ist zudem für anderweitige Leistungen im Bereich Unterbringung bzw. Überwachung von Fahrzeugen einschlägig. Voraussetzung für die Anwendbarkeit des § 8 PAngV ist wiederum das Vorliegen des Grundtatbestandes des § 1 Abs. 1 S. 1 PAngV.[872] Sollte eine Tankstelle zusammen mit einer Gaststätte betrieben werden, ist für den Gaststättenbereich § 7 PAngV anzuwenden.[873] Wie die anderen Spezialvorschriften der §§ 4 bis 7 PAngV trifft auch § 8 PAngV keine abschließende Regelung mit Ausschlusswirkung.[874]

2. Tankstellen (§ 8 Abs. 1)

258 **a) Preisangabepflicht.** § 8 Abs. 1 PAngV unterscheidet bei der Preisauszeichnungsregelung zwischen Bundesautobahn-Tankstellen (Abs. 1 Nr. 2) und anderen Tankstellen (Abs. 1 Nr. 3). Die allgemeine Preisangabebestimmung des § 8 Abs. 1 PAngV gilt jedoch für beide Arten von Tankstellen. Nach dieser Vorschrift sind **Kraftstoffpreise deutlich lesbar** auszuzeichnen; dies gilt auch für Kraftstoffgemische, die vorgemischt und automatisch der Zapfsäule entnommen werden können. Anzugeben ist jeweils der **Endpreis** im Sinne des § 1 Abs. 1 S. 1 PAngV. Kraftstoff wird üblicherweise in Einheiten vom einem Liter verkauft; demzufolge hat die Preisangabe nach der allgemeinen Verkehrsauffassung jeweils für **einen Liter** zu erfolgen (§ 1 Abs. 1 S. 2 PAngV).

259 Die Bezeichnungen „Normal bleifrei“ bzw. „Benzin bleifrei“, „Super bleifrei“, „Super Plus bleifrei“ oder „Diesel“[875] oder auch andere im Verkehr durchgesetzte Bezeichnungen wie zB „Shell V-Power“ oder „Aral Ultimate“ sind als Gütebezeichnungen im Sinne des § 1 Abs. 1 S. 2 PAngV anzusehen und daher obligatorisch.[876] Der Hinweis auf die einschlägige **DIN-Norm** entsprechend der jeweiligen Kraftstoffqualität ist nicht erforderlich.[877] Die Preisauszeichnungspflicht nach § 8 Abs. 1 PAngV ist nicht auf die **Öffnungszeiten** der Tankstellen beschränkt, um dem Verbraucher auch außerhalb der Öffnungszeiten die

[869] MünchKomm/*Ernst* UWG Anh §§ 1–7 G PAngV § 7 Rn 20.
[870] MünchKomm/*Ernst* UWG Anh §§ 1–7 G PAngV § 7 Rn 21.
[871] S. auch *Völker* § 8 Rn 1.
[872] *Piper*/Ohly § 8 PAngV Rn 1.
[873] S. auch *Völker* § 8 Rn 1.
[874] *Völker* § 8 Rn 1.
[875] S. auch § 5 Abs. 1 der Verordnung über die Beschaffenheit und die Auszeichnung der Qualitäten von Kraftstoffen – 10. BImSchV vom 13. 12. 1993, BGBl. I S. 2036, zuletzt geändert durch Verordnung vom 22. 12. 1999, BGBl. I S. 2845.
[876] *Piper*/Ohly § 8 PAngV Rn 2.
[877] So *Piper*/Ohly § 8 PAngV Rn 2 sowie *Völker* § 8 Rn 5.

Möglichkeit zu geben, sich einen bestmöglichen Marktüberblick zu verschaffen.[878] Bei nicht ausreichendem Tageslicht sind alle Angaben zu beleuchten, so dass sie gut sichtbar bleiben.[879] Angabepflichtig ist der tatsächliche Betreiber der Tankstelle, also der Eigentümer oder Pächter.[880]

b) Autobahntankstellen. Nach § 8 Abs. 1 Nr. 1 PAngV hat die Preisauszeichnung (erst) für den in den BAB-Tankstellenbereich einfahrenden Kraftfahrer „deutlich lesbar" zu sein. Nach richtiger Auslegung bedeutet dies, dass die Preisangaben für den Kraftfahrer **unmittelbar beim Einfahren in den Tankstellenbereich** gut (dh in deutlich lesbarer Form[881]) zu erkennen sein müssen, damit er den Tankstellenbereich unverzüglich wieder verlassen kann, falls ihm die Preise nicht zusagen, dh in der Regel zu hoch sein sollten.[882] Diesem Erfordernis wird in der Praxis bedauerlicherweise kaum eine Tankstelle an einer BAB gerecht. 260

c) Sonstige Tankstellen. Bei allen anderen, nicht an den Bundesautobahnen gelegenen Tankstellen, hat die Preisangabe derart zu erfolgen, dass sie für den auf der Straße heranfahrenden Kraftfahrer deutlich lesbar ist nach § 8 Abs. 1 Nr. 2 PAngV. Dies gilt auch für reine Kartentankstellen, die Kraftstoff ausschließlich an Inhaber codierter Kundenkarten abgeben.[883] Die Preisauszeichnung muss für den sich mit angemessener Geschwindigkeit nähernden Fahrer mit kurzem Blick rechtzeitig zu erkennen sein, so dass sich dieser ohne Störung des fließenden Verkehrs zum Tanken entschließen kann.[884] In Bezug auf die **Zifferngröße** der Preisangabe wird im innerörtlichen Bereich in der Regel eine Höhe von 40 cm ausreichen.[885] Eine **Buchstabengröße** von 9 cm für die Schrift der Kraftstoffsorten genügt den Vorgaben des § 8 Abs. 1 jedenfalls nicht.[886] Die **Preistafeln** selbst sind regelmäßig senkrecht zur Fahrbahn anzubringen.[887] 261

3. Garagen, Einstellplätze, Parkplätze (§ 8 Abs. 2)

Diese Vorschrift regelt die Preisangabepflicht für Fälle der **kurzfristigen Vermietung bzw. Bewachung von Garagen, Einstellplätzen** sowie Parkplätzen oder sonstigen Verwahrung von Kraftfahrzeugen. Nach § 8 Abs. 2 PAngV haben die Betreiber bzw. Inhaber der genannten Räumlichkeiten bzw. Abstellflächen am Anfang der jeweiligen Zufahrt Verzeichnisse mit den von ihnen geforderten Preisen anzubringen. Die Vorschrift erfasst nur **Parkangebote** für einen Zeitraum von **weniger als einem Monat.** Die Anbringung des Verzeichnisses hat so zu erfolgen, dass der interessierte Kraftfahrer den Inhalt gut erkennen kann, bevor er in die Zufahrt einfährt, damit er die Preisinformation noch vor seiner Entscheidung erhält, ob er einfahren will oder nicht.[888] Nur wenn auf Grund der örtlichen Verhältnisse eine derartige Anbringung ausnahmsweise nicht möglich sein sollte, kann das Verzeichnis auch an einer später sichtbaren Stelle angebracht werden.[889] In der Praxis ist dies häufig bei Einfahrten in Tiefgaragen oder Parkhäusern der Fall. An die Zulässigkeit solcher Ausnahmen sind aber strenge Anforderungen zu stellen.[890] 262

---

[878] AA *Völker* § 8 Rn 6 sowie MünchKomm/*Ernst* UWG Anh §§ 1–7 G PAngV § 8 Rn 4.
[879] MünchKomm/*Ernst* UWG Anh §§ 1–7 G PAngV § 8 Rn 4.
[880] OLG Düsseldorf WRP 1988, 170, 172 – Größe der Preistafeln für Kraftstoffpreise.
[881] *Piper*/Ohly § 8 PAngV Rn 4.
[882] So auch *Völker* § 8 Rn 7.
[883] OLG Karlsruhe NJWE-WettbR 1996, 248, 249.
[884] *Piper*/Ohly § 8 PAngV Rn 5 sowie *Völker* § 8 Rn 8 und 9 und *Gimbel/Boest* § 6 Anm. 2.
[885] *Gimbel/Boest* § 6 Anm. 2.
[886] OLG Düsseldorf WRP 1988, 170, 172 – Größe der Preistafeln für Kraftstoffpreise.
[887] *Gimbel/Boest* § 6 Anm. 2.
[888] *Gimbel/Boest* § 6 Anm. s. auch *Völker* § 8 Rn 15.
[889] *Völker* § 8 Rn 15.
[890] So richtigerweise auch *Gelberg* GewArch 1994, 54, 58 sowie *Völker* § 8 Rn 15.

X. Ausnahmen (§ 9)

1. Allgemeines

263 Aufgrund des weiten Anwendungsbereichs von § 1 Abs. 1 S. 1 PAngV hielt der Verordnungsgeber eine **umfangreiche Ausnahmeregelung** für erforderlich. Diese findet man in § 9 PAngV; sie ist vergleichsweise komplex ausgefallen: § 9 Abs. 1 PAngV enthält Ausnahmetatbestände, bei deren Vorliegen die PAngV insgesamt nicht anwendbar ist. In § 9 Abs. 2 PAngV findet sich eine Spezialregelung in der Nachfolge der ehemaligen Sonderveranstaltungsausnahmebestimmung[891] zur **Preisangabe bei Sonderaktionen** als Ausnahme zu den §§ 1 Abs. 1 und 2 Abs. 1 PAngV.[892] § 9 Abs. 3 PAngV trifft eine **Ausnahmeregelung für bestimmte Typen von Fernabsatzverträgen** und nimmt diese von der Anwendung des § 1 Abs. 2 PAngV aus. Die Abs. 4 bis 6 des § 9 PAngV enthalten Ausnahmevorschriften im Hinblick auf die Grundpreisregelung des § 2 Abs. 1 PAngV; § 1 PAngV bleibt in diesen Fällen gleichwohl anwendbar. Schließlich gibt es noch Ausnahmen von den waren- bzw. leistungsgebundenen Pflichten des § 4 PAngV in Abs. 7 sowie des § 5 PAngV in Abs. 8 des § 9 PAngV. Die aufgezählten Ausnahmetatbestände sind abschließend[893] und grundsätzlich eng auszulegen.[894]

2. Generelle Ausnahmen von der Preisangabepflicht (§ 9 Abs. 1)

264 **a) Nichtprivate Letztverbraucher.** In § 9 Abs. 1 Nr. 1 PAngV ist die **bedeutendste Ausnahmevorschrift** zu finden. Danach ist die PAngV als Ganzes nicht auf solche Letztverbraucher[895] anzuwenden, welche die angebotene bzw. beworbene Ware oder Leistung in ihrer selbstständigen beruflichen oder gewerblichen oder in ihrer behördlichen oder dienstlichen Tätigkeit verwenden. Anders formuliert ist die **PAngV nur** auf Angebote sowie Preiswerbung **gegenüber privaten Letztverbrauchern** für solche Waren und Leistungen anzuwenden, die diese für den privaten Bereich benötigen. Nach der Rechtsprechung kommen damit aber auch Gewerbetreibende in den Genuss des Schutzes des PAngV, sofern sie Waren oder Leistungen für den privaten Bereich einkaufen.[896] Die Ausnahmeregelung des § 9 Abs. 1 Nr. 1 PAngV hat vor allem für den **Großhandel** eine erhebliche Bedeutung. Sofern dieser Waren oder Leistungen an Einzelhändler, sonstige Wiederverkäufer, gewerbliche Verbraucher und Großabnehmer absetzt, ist eine Preisauszeichnung mit Endpreisen (einschließlich Umsatzsteuer) weder praktikabel noch im Hinblick auf die fehlende Schützwürdigkeit dieses Abnehmerkreises erforderlich.[897]

265 Falls eine beworbene bzw. angebotene Leistung bzw. Ware **sowohl einer privaten als auch einer selbstständigen beruflichen Verwendung** zugeführt wird, findet die PAngV vollumfänglich Anwendung. Wenn ein Selbstständiger einen Baukredit aufnimmt zur Erstellung eines Eigenheimes mit geschäftlich genutztem Büro, wird man ihm den Schutz der PAngV nicht versagen können.[898] Angebote und Werbungen müssen sich gezielt an nichtprivate Letztverbraucher im Sinne des § 9 Abs. 1 Nr. 1 PAngV wenden, um von der Anwendung der PAngV ausgenommen zu sein; maßgeblich ist dabei die Sicht der angesprochenen Verkehrskreise, die mit der Werbung in Berührung kommen.[899] Wenn eine

---

[891] Der Text der Vorgängerregelung ist bei *Landmann/Rohmer/Gelberg* PAngV S. 101–103 zu finden.
[892] Diese Regelung ist mit der UWG-Reform 2004 neu in die PAngV aufgenommen worden.
[893] *Piper*/Ohly § 9 PAngV Rn 1.
[894] BayObLG GewArch 1983, 35.
[895] Zum Begriff des „Letztverbrauchers" → Rn 95 ff.
[896] *Völker* § 9 Rn 5; vgl auch BGH GRUR 1978, 173, 178 – Metro I; aA, differenzierend *Piper*/Ohly § 9 PAngV Rn 3, nach denen Gewerbetreibende im Sinne des § 9 Abs. 1 Nr. 1 nur dann dem Schutz der PAngV unterliegen (d. h., dass die Ausnahmevorschrift dann nicht greift), wenn sie über den Betrieb *betriebsfremde* Waren bzw. Leistungen zu privaten Zwecken erwerben.
[897] So auch *Piper*/Ohly § 9 PAngV Rn 3.
[898] So auch *Völker* § 9 Rn 13.
[899] BGH GRUR 1990, 617, 623 – Metro III.

eigentlich an gewerbliche Abnehmer gerichtete Werbung in erheblichem Umfang auch gegenüber privaten Letztverbrauchern betrieben wird, kann sie nicht unter die Ausnahmebestimmung des § 9 Abs. 1 Nr. 1 PAngV fallen.[900] Die bloße Katalogangabe „nur für Industrie, Handel, Handwerk und Gewerbe" reicht jedenfalls nicht aus, um sich der Anwendung der PAngV zu entziehen.[901] Bei bestimmten Waren bzw. Leistungen kommen von vorneherein jedoch nur nichtprivate Letztverbraucher als Abnehmer in Betracht, zB bei der **Vermietung von Büroräumen**[902] **oder Arzt- oder Anwaltspraxen**[903] oder beim **Handel mit LKW.**[904]

266 Die Privilegierung des § 9 Abs. 1 Nr. 1 PAngV (Freistellung von der Anwendung der PAngV) verlangt, dass derjenige, der sie in Anspruch nehmen möchte, dafür Sorge zu tragen hat, dass keine privaten Letztverbraucher die Waren bzw. Leistungen erwerben und nur die in § 9 Abs. 1 Nr. 1 PAngV genannten Personen in ihrer gewerblichen Tätigkeit verwendbare Ware erwerben (§ 9 Abs. 1 Nr. 1 Halbs. 2 PAngV). Dies erfordert beim privilegierten Handelsunternehmen die **Durchführung von wirksamen Kontrollen,**[905] und zwar sowohl Eingangskontrollen[906] als auch Ausgangskontrollen.[907] Allerdings gibt es eine Toleranzgrenze für an sich unzulässige Einkäufe, die aus Praktikabilitätsgründen toleriert werden, weil sie auch bei Durchführung der gebotenen Kontrollen nicht verhindert werden können.[908]

267 **b) Gebietskörperschaften.** Diese Vorschrift stellt **Bund, Länder, Städte und Gemeinden sowie Landkreise** von der Anwendung der PAngV bei **Entgelten für hoheitliche Leistungen** frei. Hoheitliche Leistungen im Sinne dieser Bestimmung sind zB Gerichts- und Notariatsgebühren, Gebühren für das Ausstellen von Urkunden, Ausweisen oder Zeugnissen.[909] Diese Privilegierung gilt jedoch nicht für Leistungen, für die Benutzungsgebühren oder privatrechtliche Entgelte zu zahlen sind (§ 9 Abs 1 Nr. 2 PAngV). Dies sind zB Leistungen im Bereich der Daseinsvorsorge, wie die Lieferung von elektrischer Energie, Strom, Gas, Wasser oder die Abfallbeseitigung sowie die Nutzung von Schwimmbädern, Museen oder Theatern oder Krankenhäusern.[910]

268 **c) Werbeverbote.** Die PAngV ist dann gesamthaft nicht anzuwenden, wenn eine Werbung für Waren oder Leistungen auf Grund von Rechtsvorschriften untersagt ist (§ 9 Abs. 1 Nr. 3 PAngV). Werbeverbote können sich auf Waren oder Leistungen, aber auch auf Angehörige bestimmter Berufsgruppen beziehen.[911] In der Praxis existieren Werbeeinschränkungen vor allem für den Bereich der **freien Berufe.** So unterliegen Ärzte, Zahnärzte, Tierärzte, Heilpraktiker[912] und Apotheker Werbeverboten, teilweise auf Grund des Heilmittelwerbegesetzes,[913] teilweise auf Grund der jeweiligen Berufsordnung. Aber auch für Rechts- und Patentanwälte[914] sowie Notare[915] und für Steuerberater und Wirtschaftsprüfer[916] gibt es umfangreiche Werbeverbote.[917]

---

[900] BGH GRUR 1979, 61, 62 – Schäfer-Shop; für Internet-Angebote LG Ellwangen/J. CR 2000, 188, 189 – E-Mail-Werbung.
[901] BGH GRUR 1979, 61, 62 – Schäfer-Shop.
[902] BGH GRUR 1993, 984, 985 – Geschäftsraumwerbung.
[903] OLG Düsseldorf WRP 1982, 588 f.
[904] BayObLG GewArch 1983, 35.
[905] *Piper*/Ohly § 9 PAngV Rn 4.
[906] BGH GRUR 1990, 617, 623 – Metro III.
[907] BGH GRUR 1978, 173, 178 – Metro I.
[908] BGH GRUR 1990, 617, 623 – Metro III; s. auch *Piper*/Ohly § 9 PAngV Rn 4 mwN.
[909] *Völker* § 9 Rn 24.
[910] *Köhler/Piper* § 9 PAngV Rn 6.
[911] *Völker* § 9 Rn 25.
[912] Ausführlich *Völker* § 9 Rn 32 bis 34.
[913] Gesetz über die Werbung auf dem Gebiet des Heilwesens vom 18. 10. 1978, BGBl. I S. 1678, idF vom 19. 10. 1994, BGBl. I S. 3068, zuletzt geändert am 26. 4. 2006, BGBl. I S. 984.
[914] Ausführlich *Völker* § 9 Rn 29, 31.
[915] Ausführlich *Völker* § 9 Rn 30.
[916] Ausführlich *Völker* § 9 Rn 27, 28.
[917] S. auch *Piper*/Ohly § 9 PAngV Rn 7 mwN.

269 **d) Mündliche Angebote.** Nach § 9 Abs. 1 Nr. 4 PAngV ist die PAngV insgesamt auf mündliche Angebote von Waren und Leistungen, **die ohne Angabe von Preisen erfolgen, nicht anzuwenden.** Dies gilt auch für fernmündliche Angebote ohne Preisangabe.[918] Wird allerdings (freiwillig) ein Preis angegeben, so gilt die PAngV uneingeschränkt,[919] dh die Angabe hat dann insbesondere den Grundsätzen von Preisklarheit und Preiswahrheit zu genügen.[920] Die Ausnahmebestimmung gilt unabhängig davon, ob es in der jeweiligen Branche oder im individuell betroffenen Betrieb üblich oder unüblich ist, ein mündliches Angebot – mit oder ohne Preisangabe – zu unterbreiten.[921] Auch telefonische Werbeansagen, zB in Warteschleifen oder als Anrufbeantwortertexte, werden von der Ausnahmeregelung des § 9 Abs. 1 Nr. 4 PAngV erfasst.[922]

270 **e) Versteigerungen.** Auch Versteigerungen sind nach § 9 Abs. 1 Nr. 5 PAngV von der Preisangabepflicht befreit. Ohne diese Regelung wären Versteigerungen gar nicht denkbar, da der Preis für die versteigerte Ware oder Dienstleistung regelmäßig erst mit dem Zuschlag an den Meistbietenden feststeht.[923] Die Vorschrift erfasst nicht nur die Versteigerung selbst, sondern auch entsprechende Ankündigungen sowie die Versteigerungskataloge.[924] Virtuelle Versteigerungen (sog. **Internet-Auktionen**) sind grundsätzlich gleich zu behandeln wie die klassische Versteigerung und fallen daher auch unter die Ausnahmevorschrift.[925] Dies gilt auch für die im Internet stattfindenden umgekehrten Versteigerungen, die sog. **Rückwärts- (oder Abwärts)auktionen.**[926] Die Ausnahmebestimmung erfasst nur das zur Versteigerung stehende Warenangebot, nicht die Leistung des Versteigerers selbst und dessen Vergütung.[927] Jedoch gelten insofern die Sondervorschriften der Versteigererverordnung,[928] die Vorrang vor § 5 PAngV haben.[929]

3. Neuregelung des § 9 Abs. 2 (Sonderaktionen)

271 Nach § 9 Abs. 2 PAngV sind § 1 Abs. 1 und § 2 Abs. 1 PAngV nicht auf individuelle Preisnachlässe sowie auf nach Kalendertagen zeitlich begrenzte und durch Werbung bekannt gemachte generelle Preisnachlässe anzuwenden. Die Vorschrift enthält damit zwei verschiedene Regelungen:

272 **Zum einen** bestimmt sie, dass **individuell ausgehandelte Preisnachlässe** generell weder dem Endpreis- noch dem Grundpreisgebot unterliegen.[930] Dies macht Sinn, denn im Falle des Aushandelns eines individuellen Preisnachlasses, kann der Anbieter gar keine konkrete Angabe zum Preis bzw. Preisnachlass machen, da dieser ja erst nach Beendigung der Verhandlungen feststeht. Den gewöhnlich geforderten Preis (ggf. inklusive des dazugehörigen Grundpreises) muss der Anbieter gleichwohl angeben.[931]

273 **Zum anderen** regelt § 9 Abs. 2 PAngV, dass bei zeitlich begrenzten und durch Werbung bekannt gemachten Sonderaktionen mit **generellen Preisnachlässen** ebenfalls keine Preisangabepflicht besteht. Die für Sonder- und Rabattaktionen geltende Regelung be-

[918] OLG Hamburg NJWE-WettbR 2000, 37, 38 für sog. Telefon-Sonderdienste.
[919] *Völker* § 9 Rn 37.
[920] MünchKomm/*Ernst* UWG Anh §§ 1–7 G PAngV § 9 Rn 5.
[921] OLG Hamburg NJWE-WettbR 2000, 37, 38.
[922] MünchKomm/*Ernst* UWG Anh §§ 1–7 G PAngV § 9 Rn 5.
[923] MünchKomm/*Ernst* UWG Anh §§ 1–7 G PAngV § 9 Rn 6.
[924] *Völker* § 9 Rn 40.
[925] *Völker* § 9 Rn 40; s. auch LG Hamburg MMR 1999, 678, 680 – ricardo.de – Versteigerung im Internet sowie *Bullinger* WRP 2000, 253, 255 f; aA *Berlit* WRP 2001, 349, 354, der das Vorliegen einer Gewerbeerlaubnis für erforderlich hält.
[926] Zu deren wettbewerbsrechtlicher Beurteilung OLG München GRUR-RR 2001, 112 f – Rückwärtsauktionen im Internet sowie OLG Hamburg GRUR-RR 2001, 113 f – Befristete Verkaufsaktion; s. auch *Steinbeck* K&R 2003, 344, 347.
[927] So zu Recht *Völker* § 9 Rn 41.
[928] IdF der Bekanntmachung vom 24. 4. 2006, BGBl. I S. 547.
[929] Ausführlich zur Versteigererverordnung *Völker* § 9 Rn 94.
[930] MünchKomm/*Ernst* UWG Anh §§ 1–7 G PAngV § 9 Rn 7.
[931] MünchKomm/*Ernst* UWG Anh §§ 1–7 G PAngV § 9 Rn 7.

gründet eine Ausnahme von der Pflicht zur End- sowie Grundpreisangabe unter folgenden Voraussetzungen: **Erstens** muss es sich um eine **zeitlich begrenzte Aktion** handeln. Gewöhnliche Preissenkungen ohne Befristung im Rahmen des normalen Geschäftsbetriebes fallen nicht unter diese Ausnahmeregelung. In Anlehnung an das alte, für Sonderverkäufe geltende Recht, wird man davon ausgehen können, dass eine Aktion, die sich über **10 bis 15 Werktage** erstreckt, zeitlich befristet im Sinne der neuen Vorschrift ist.[932] Nach Ablauf der Sonderangebotsaktion muss die Ware wieder zum alten, jedenfalls zu einem höheren Preis als während der Aktion angeboten werden.[933] Die zeitliche Befristung hat der Anbieter zwingend nach Kalendertagen in der Werbung anzukündigen.[934]

Zweitens muss es sich um **generelle Preisnachlässe** handeln. Das sind Nachlässe, die 274 **für jedermann oder für einen bestimmten Personen**kreis, zB für Inhaber von Kundenkarten oder alle Personen unter 16 Jahren, gelten.[935] Diese Regelung kann jedoch zu der paradoxen Situation führen, dass „normale" Sonderangebote, die grundsätzlich der Endpreisangabepflicht unterliegen, nicht mit einer Preisreduzierung (zB Sonnenschirm A – 10% Rabatt bis zum 15. 7.") ohne zusätzliche Endpreisauszeichnung beworben werden dürfen, während die entsprechend beworbene Warengruppe sehr wohl ohne Endpreisangabe auskäme („Alle Sonnenschirme um 10% bis zum 15. 7. reduziert").

Drittens schließlich muss die generelle Preissenkung **durch Werbung bekannt ge-** 275 **macht** werden. Der Verbraucher muss vor Beginn der Aktion aufgrund einer Ankündigung durch Werbeträger, zB Zeitungsanzeigen, Prospekte, Rundfunk, Fernsehen oder Internet auf die Aktion aufmerksam gemacht werden.[936]

4. Fernabsatzverträge (§ 9 Abs. 3)

Die in § 312b Abs. 3 Nr. 1 bis 4 und 7 BGB aufgeführten Verträge werden durch § 9 276 Abs. 3 PAngV von der Anwendung des § 1 Abs. 2 PAngV ausgenommen. § 1 Abs. 2 PAngV enthält **zusätzliche Preisangabepflichten für Fernabsatzverträge.** Da das BGB selbst in § 312b Abs. 3 bestimmte Verträge von der Anwendung der für Fernabsatzverträge geltenden Bestimmungen ausnimmt, ist es nur konsequent, wenn die PAngV diesen Schritt für das Preisangabenrecht zumindest teilweise nachvollzieht, vor allem weil für die in Nr. 1 bis 4 und 7 des § 312b Abs. 3 BGB aufgelisteten Verträge entweder spezialgesetzliche Vorschriften oder andere Vorschriften der PAngV einschlägig sind. Der Verordnungsgeber wollte mit diesen Ausnahmen eine „Überreglementierung" der betroffenen Bereiche vermeiden.[937] Folgende Vertragstypen sind von der Ausnahmeregelung des § 9 Abs. 3 PAngV betroffen: Fernunterrichtsverträge (Nr. 1);[938] Teilzeitwohnrechtsverträge (Nr. 2); Finanzgeschäfte (Nr. 3); Bau-, Kauf- und andere Verträge über Immobilien (Nr. 4) sowie Automatenverträge und Benutzungsverträge für öffentliche Fernsprecher (Nr. 5). Weiterhin erfasst von § 1 Abs. 2 PAngV bleiben die Verträge nach § 312b Abs. 3 Nr. 5 und 6 BGB.[939]

5. Ausnahmen von der Pflicht zur Grundpreisangabe nach § 2 Abs. 1 (§ 9 Abs. 4 bis 6)

a) § 9 Abs. 4 PAngV. Nach dieser Vorschrift sind bestimmte Waren von der Grund- 277 preispflicht des § 2 Abs. 1 PAngV ausgenommen. Die Ausnahmebestimmungen beruhen

---

932 Beschlussempfehlung und Bericht des Rechtsausschusses der Bundestages vom 24. 3. 2004, BT-Drucks. 15/2795 S. 52.

933 MünchKomm/*Ernst* UWG Anh §§ 1–7 G PAngV § 9 Rn 9.

934 MünchKomm/*Ernst* UWG Anh §§ 1–7 G PAngV § 9 Rn 9.

935 Hefermehl/*Köhler*/Bornkamm § 9 PAngV Rn 11; s. auch Beschlussempfehlung und Bericht des Rechtsausschusses der Bundestages vom 24. 3. 2004, BT-Drucks. 15/2795 S. 52.

936 MünchKomm/*Ernst* UWG Anh §§ 1–7 G PAngV § 9 Rn 9; Hefermehl/*Köhler*/Bornkamm § 9 PAngV Rn 11.

937 *Landmann/Rohmer/Gelberg* § 9 PAngV Rn 10b.

938 Fernunterrichtsschutzgesetz idF der Bekanntmachung vom 4. 12. 2000, BGBl. I S. 1670.

939 Zu Einzelheiten *Landmann/Rohmer/Gelberg* § 9 PAngV Rn 10b.

auf Vorgaben der Preisangabenrichtlinie 98/6/EG.[940] Alle Ausnahmeregelungen beschränken sich auf die in § 2 Abs. 1 PAngV geregelten Warenkategorien, also Waren in Fertigpackungen, offenen Packungen oder als Verkaufseinheiten ohne Umhüllung nach Gewicht, Volumen, Länge oder Fläche angebotene Ware.

278 Im Einzelnen sind von der Grundpreisangabepflicht ausgenommen: **Kleinstwaren** von weniger als 10 g Gewicht oder 10 ml Volumen (Nr. 1);[941] Waren mit nicht miteinander vermischten oder vermengten **verschiedenartigen Erzeugnissen** (Nr. 2), zB „Studentenfutter", mit Weinbrand gefüllte Pralinen oder fertig zubereiteter Salat mit gesondert abgepackter Fertigsauce;[942] **kleine Direktvermarkter sowie Einzelhändler,** bei denen die Warenausgabe überwiegend im Wege der Bedienung erfolgt (Nr. 3), zB Hofläden, Winzer oder kleine „Tante Emma"-Läden oder Kioske;[943] Warenangebote im Rahmen einer Dienstleistung (Nr. 4);[944] Waren in Getränke- und Verpflegungsautomaten (Nr. 5).[945]

279 **b) § 9 Abs. 5 PAngV.** Diese Vorschrift konstituiert weitere, rein warenbezogene Ausnahmen von der Grundpreisangabepflicht. Selbige gilt nicht bei **Kau- und Schnupftabak** (in Fertigpackungen) mit einem Nenngewicht bis 25 Gramm (Nr. 1). Weiterhin sind **kosmetische Mittel** zur Färbung und Verschönerung von Haut, Haaren oder Nägeln im Ausnahmekatalog enthalten (Nr. 2). Kosmetische Mittel sind nach § 2 Abs. 5 des Lebensmittel- und Futtergesetzes[946] Stoffe oder Zubereitungen aus Stoffen, die dazu bestimmt sind, äußerlich am Menschen oder in seiner Mundhöhle zur **Reinigung, Pflege oder zur Beeinflussung des Aussehens oder des Körpergeruchs** oder zur Vermittlung von Geruchseindrücken angewendet zu werden.[947] Darüber hinaus gilt die Ausnahmevorschrift auch für **Parfüms und parfümierte Duftwässer,** die mindestens drei Volumenprozent Duftöl und mindestens 70 Volumenprozent reinen Äthylalkohol enthalten (Nr. 3).[948]

280 **c) § 9 Abs. 6 PAngV.** Schließlich gibt es eine weitere Ausnahmevorschrift, nach der die Grundpreisangabe nicht erforderlich ist und zwar, weil sie mit **unverhältnismäßigem Aufwand** verbunden wäre (Nr. 1) oder weil eine solche Angabe den **rechtzeitigen Verkauf der Ware gefährden** könnte (Nr. 2).

281 § 9 Abs. 6 Nr. 1 PAngV betrifft solche Fälle, in denen **ein und dieselbe Ware in unterschiedlichen Qualitäten** angeboten wird. Voraussetzung ist weiterhin, dass die einzelnen Packungen oder Verkaufseinheiten auf der Grundlage eines einheitlichen Grundpreises offeriert werden, wenn auch wegen des Angebots in unterschiedlichen Mengen zu unterschiedlichen Preisen.[949] Die Ausnahmebestimmung des § 9 Abs. 6 Nr. 1 PAngV greift dann ein, wenn der geforderte Endpreis um einen einheitlichen Betrag heruntergesetzt wird. Die Vorschrift gilt zudem für offene Packungen ungleicher Nennfüllmenge im Sinne des § 2 Abs. 1 PAngV (iVm § 31 a FPVO), also zB für **offene Obstkörbchen** mit ungleicher Nennfüllmenge, wenn deren Preis um einen einheitlichen Betrag herabgesetzt wird.[950]

282 Weiterhin sind **Fertigpackungen mit leicht verderblichen Lebensmitteln** von der Grundpreisangabepflicht ausgenommen, und zwar dann, wenn die Gefahr des Verderbs droht (§ 9 Abs. 6 Nr. 2 PAngV). Leicht verderblich ist Ware im Sinne dieser Vorschrift,

---

940 → Rn 13 ff.

941 Ausführlich dazu *Völker* § 9 Rn 44.

942 Ausführlich dazu *Landmann/Rohmer/Gelberg* § 9 PAngV Rn 12 sowie *Völker* § 9 Rn 45 und MünchKomm/*Ernst* UWG Anh §§ 1–7 G PAngV § 9 Rn 13.

943 Ausführlich *Landmann/Rohmer/Gelberg* § 9 PAngV Rn 12 sowie *Völker* § 9 Rn 45 bis 51.

944 ZB Beherbergungsbetriebe oder Friseurgeschäfte, ausführlich dazu *Völker* § 9 Rn 52, 53.

945 Ausführlich *Völker* § 9 Rn 54.

946 Lebensmittel- und Futtermittelgesetzbuch idF der Bekanntmachung vom 26. 4. 2006, BGBl. I S. 945, zuletzt geändert durch Artikel 12 des Gesetzes vom 26. 2. 2008, BGBl. I S. 215.

947 Ausführlich *Landmann/Rohmer/Gelberg* § 9 PAngV Rn 13; *Völker* § 9 Rn 58 bis 61.

948 Ausführlich *Landmann/Rohmer/Gelberg* § 9 PAngV Rn 13; *Völker* § 9 Rn 62.

949 S. auch *Völker* § 9 Rn 64.

950 *Völker* § 9 Rn 67.

wenn sie nicht länger als zwei bis drei Tage haltbar ist.[951] Der Verderb „droht", wenn mit ihm am nächsten Verkaufstag zu rechnen ist.[952]

6. Ausnahmen von den Pflichten nach § 4 (§ 9 Abs. 7)

Eine **spezielle Ausnahmeregelung für Waren** trifft § 9 Abs. 7 PAngV. Die in Nr. 1–3 aufgeführten Produkte sind nicht nach § 4 PAngV auszuzeichnen. Gleichzeitig bleiben für die in Nr. 1 bis 3 aufgeführten Produkte die Grundpflichten aus § 1 PAngV vollumfänglich bestehen.[953] 283

Nach § 9 Abs. 7 Nr. 1 PAngV sind **Kunstgegenstände, Sammlungsstücke und Antiquitäten** (im Sinne des Kapitels 97 des Gemeinsamen Zolltarifs – GZT) von der Anwendung des § 4 PAngV ausgenommen. Die für die Auslegung dieser Vorschrift relevanten europarechtlichen Vorschriften sind in der Verordnung (EWG) Nr. 2658/87 des Rates über die zolltarifliche und statistische Nomenklatur sowie den Gemeinsamen Zolltarif vom 23. 7. 1987[954] zu finden.[955] 284

Zunächst nimmt die Vorschrift **Kunstgegenstände** von der Anwendung des § 4 PAngV aus. Kunstgegenstände sind solche mit einer gewissen Schöpfungshöhe.[956] Dies sind zB Gemälde aller Art (auch Collagen) sowie Zeichnungen, Originalstiche und -schnitte. Nicht zu den Kunstgegenständen zählen zB Baupläne und -zeichnungen, technische Zeichnungen und andere Pläne oder Originalentwürfe für Mode oder Schmuck.[957] Unerheblich für die Einordnung als Kunstgegenstand im Sinne dieser Vorschrift ist die Tatsache, ob es sich um ein urheberrechtlich schutzfähiges Werk handelt oder ob der Gegenstand einen anderen Sonderrechtsschutz genießt.[958] 285

Unter den Begriff der **„Sammlungsstücke"** fallen zoologische, botanische, mineralogische oder anatomische Gegenstände sowie Sammlungen bzw. Sammlungsstücke von historischem, archäologischem, paläontologischem, völkerkundlichem oder münzkundlichem Wert.[959] Sammlungsstücke im Sinne dieser Vorschrift sind Gegenstände, die verhältnismäßig selten sind, normalerweise nicht ihrem ursprünglichen Verwendungszweck gemäß benutzt werden, Gegenstand eines Spezialhandels außerhalb des üblichen Handels mit ähnlichen Gebrauchsgegenständen sind und einen hohen Wert besitzen.[960] **Antiquitäten** sind Gegenstände mit einem Mindestalter von 100 Jahren, deren Wert ua auch auf ihrer Seltenheit beruht, zB alte Möbel, Vasen, Teppiche usw.[961] 286

Auch **bei Warenangeboten anlässlich von Werbevorführungen,** zB auf Hauspartys („Tupperware-Party") oder durch sog. **Marktschreier,** entfallen die Preisangabepflichten des § 4 PAngV. Voraussetzung ist aber, dass der Preis der angebotenen Ware bei der Vorführung und zudem unmittelbar vor Abschluss des Kaufvertrages genannt wird, § 9 Abs. 7 Nr. 2 PAngV. Dies gilt auch dann, wenn der Vertrag erst nach der Werbevorführung abgeschlossen wird.[962] Die angepriesene Ware muss aber über einen normalen Standbetrieb hinaus „vorgeführt" werden; dh ihr Nutzen, die Anwendungsmöglichkeit(en) bzw. die allgemeine praktische Bedeutung der Ware muss hervorgehoben durch eine Person vor Ort oder aber auch per Videoeinspielung auf einer Leinwand erläutert oder demonstriert werden.[963] 287

---

951 Ausführlich dazu *Völker* § 9 Rn 69 bis 73.
952 MünchKomm/*Ernst* UWG Anh §§ 1–7 G PAngV § 9 Rn 20.
953 *Piper*/Ohly § 9 PAngV Rn 18.
954 ABl. EG 1987 Nr. L 256, S. 1, geändert durch VO (EG) Nr. 254/2000 des Rates vom 31. 1. 2000, ABl. EG 2000 Nr. L 28, S. 16.
955 Zu weiteren Einzelheiten *Völker* § 9 Rn 75.
956 *Piper*/Ohly § 9 PAngV Rn 19.
957 *Völker* § 9 Rn 76, 77.
958 So auch *Völker* § 9 Rn 78.
959 *Völker* § 9 Rn 79.
960 EuGH Slg. 1985, 3363, 3377 ff.
961 *Völker* § 9 Rn 80 sowie *Piper*/Ohly § 9 PAngV Rn 19.
962 *Piper*/Ohly § 9 PAngV Rn 20 sowie MünchKomm/*Ernst* UWG Anh §§ 1–7 G PAngV § 9 Rn 22.
963 MünchKomm/*Ernst* UWG Anh §§ 1–7 G PAngV § 9 Rn 22.

288 Schließlich ist nach § 9 Abs. 7 Nr. 3 PAngV noch der **Direkt- bzw. Freilandverkauf von Blumen und Pflanzen** privilegiert. Diese Bestimmung gilt ausschließlich für den unmittelbaren Verkauf von Pflanzen und Blumen vom Freiland, Treibbeet oder Treibhaus durch den Urproduzenten.[964] Dabei müssen Blumen und Pflanzen sich noch in der Erde befinden. **Obst** wird man nicht zu den „Pflanzen" zählen können, auch dann nicht, wenn es noch nicht geerntet ist.[965]

7. Ausnahmen von den Pflichten nach § 5 (§ 9 Abs. 8)

289 Eine spezielle Ausnahmeregelung für Leistungen trifft § 9 Abs. 8 PAngV. Die in Nr. 1 bis 3 aufgeführten Produkte sind nicht nach § 5 PAngV auszuzeichnen, d. h. § 9 Abs. 8 PAngV befreit lediglich von der Verpflichtung zur Aufstellung und Anbringung von Preisverzeichnissen. Die Preisangabepflicht nach § 1 PAngV bleibt bestehen.

290 Nach Nr. 1 sind **einzelfallbezogene Leistungsangebote** von der Pflicht des § 5 PAngV ausgenommen, wenn die Leistungsangebote (zB Kostenvoranschläge im Baugewerbe) schriftlich unterbreitet werden und zudem diese Angebotsform üblich ist, d. h. allgemeiner Verkehrsauffassung entspricht.[966] Dies wird regelmäßig im Handwerksbereich bzw. in der Baubranche der Fall sein.

291 Nr. 2 nimmt **künstlerische, wissenschaftliche und pädagogische Leistungen** von der Anwendung des § 5 PAngV aus. Diese Bestimmung erfasst zB Musikstunden oder Malereiunterricht sowie schulische Nachhilfestunden, auch wenn diese in den privaten Räumlichkeiten des Leistungserbringers angeboten werden.[967] Leistungen, die im Konzertsaal oder in anderen öffentlichen Einrichtungen (Theater, Schule usw.) oder allgemein zugänglichen Räumlichkeiten erbracht werden, fallen nicht unter die Nr. 2.[968]

292 Schließlich gehen nach Nr. 3 **Sonderbestimmungen** über Preisangaben bei Leistungen **in Gesetzen und Rechtsverordnungen** den allgemeineren Bestimmungen der PAngV vor. Zu den Spezialbestimmungen gehören ua das Personenbeförderungsgesetz,[969] die Eisenbahn-Verkehrsordnung,[970] die Pfandleiherverordnung,[971] das Gesetz über das Fahrlehrerwesen,[972] die Versteigererverordnung[973] sowie das Wohnungsvermittlungsgesetz.[974]

XI. Ordnungswidrigkeiten (§ 10)

1. Allgemeines

293 Ein Verstoß gegen die PAngV stellt eine Ordnungswidrigkeit im Sinne des § 3 Abs. 1 Nr. 2 Wirtschaftsstrafgesetz 1954 dar, und zwar dann, wenn **vorsätzlich oder fahrlässig** einer der Tatbestände des § 10 PAngV verwirklicht wird. Die einzelnen Tatbestände des § 10 PAngV nehmen ihrerseits auf die speziellen Regelungen der PAngV Bezug. Für die Prüfung einer Ordnungswidrigkeit ist daher neben dem einschlägigen Tatbestand des § 10 PAngV auch die jeweils in Bezug genommene Bestimmung zu berücksichtigen.[975] Dane-

---

[964] *Völker* § 9 Rn 86 sowie *Piper*/Ohly § 9 PAngV Rn 21.

[965] So auch *Piper*/Ohly § 9 PAngV Rn 21; aA *Völker* § 9 Rn 86 und MünchKomm/*Ernst* UWG Anh §§ 1–7 G PAngV § 9 Rn 23.

[966] *Völker* § 9 Rn 88.

[967] *Piper*/Ohly § 9 PAngV Rn 24.

[968] *Piper*/Ohly § 9 PAngV Rn 24.

[969] → Fn 19.

[970] → Fn 20.

[971] → Fn 21.

[972] → Fn 17.

[973] → Fn 23.

[974] → Fn 24. Einen ausführlichen Überblick über diese und weitere Sonderbestimmungen gibt *Völker* § 9 Rn 90 ff.

[975] *Völker* § 10 Rn 1.

ben sind stets auch § 1 Abs. 1 S. 1 PAngV sowie die zahlreichen Ausnahmevorschriften zu beachten (§ 5 Abs. 3, § 7 Abs. 2 S. 2, § 8 Abs. 1 S. 2 und insbesondere § 9 PAngV).

2. Täter

Als Täter einer Ordnungswidrigkeit nach § 10 PAngV kommen **die zur Preisangabe Verpflichteten** in Betracht, also diejenigen, die im Sinne des § 1 Abs. 1 S. 1 PAngV Waren oder Leistungen anbieten oder für diese unter Preisangabe werben. Üblicherweise ist dies der Geschäftsinhaber bei Betrieben oder Unternehmen.[976] Sollte der Betrieb in Form einer juristischen Person oder als Personenhandelsgesellschaft organisiert sein, haften die gesetzlichen Vertreter (§ 9 OWiG),[977] zB der Geschäftsführer einer GmbH, ggf. auch die juristische Person oder die Personenhandelsgesellschaft selbst gemäß § 30 OWiG.[978] 294

Jede Form der **Beteiligung** ist ordnungswidrigkeitsrechtlich relevant. Wenn sich Anstifter und/oder Gehilfen vorsätzlich an dem vorsätzlichen Tun des Täters beteiligen, handeln sie ebenfalls ordnungswidrig nach § 14 OWiG.[979] Eine unterschiedliche Behandlung von Tätern oder Beteiligten kennt § 14 OWiG nicht. 295

3. Tathandlungen

Ordnungswidrig handelt jeder, der einer der in § 10 PAngV detailliert aufgeführten Tathandlungen begeht. Bei Vorliegen einer Ausnahme nach § 9 PAngV entfällt die Tatbestandsmäßigkeit.[980] Auf der subjektiven Seite muss beim Täter entweder Vorsatz oder Fahrlässigkeit vorliegen (§ 10 Abs. 1 und 2 iVm § 3 Abs. 1 WiStG 1954). Bedingter Vorsatz („dolus eventualis") ist ausreichend für die Annahme von Vorsatz; für Fahrlässigkeit reicht jede weitere Form der Vorwerfbarkeit aus.[981] Ein **Verbotsirrtum ist grundsätzlich unbeachtlich** nach § 11 Abs. 2 OWiG. 296

4. Konkurrenzen

Sollte eine Zuwiderhandlung gegen die PAngV **gleichzeitig einen Verstoß gegen ein Strafgesetz** darstellen, wird im Falle der Verhängung einer Strafe nach § 21 OWiG allein das Strafgesetz angewendet.[982] Treffen verschiedene Ordnungswidrigkeiten in Tateinheit zusammen, zB bei mehreren Vergehen gegen die PAngV, wird eine einzige Geldbuße festgesetzt (§ 19 OWiG). Im Falle des Vorliegens einer Tatmehrheit wird jede Tat gesondert geahndet.[983] 297

5. Rechtsfolgen sowie Verjährung

Vorsätzlich begangene Ordnungswidrigkeiten können mit einer **Geldbuße bis zu 25 000 Euro** (§ 3 Abs. 2 WiStG), **fahrlässige** mit einer Buße bis **12 500 Euro** (§ 3 Abs. 2 WiStG iVm § 17 Abs. 2 OWiG) geahndet werden. Eine Überschreitung dieser Höchstgrenzen ist unter den Voraussetzungen des § 17 Abs. 4 OWiG möglich. Die **Verfolgung eines Verstoßes** gegen die PAngV geschieht **von Amts wegen** und liegt nach § 47 Abs. 1 OWiG im pflichtgemäßen Ermessen der sachlich zuständigen Verwaltungsbehörde (§ 36 OWiG). Die Verwaltungsbehörde hat auch die Möglichkeit anstelle bzw. neben der Verfolgung als Ordnungswidrigkeit, den Täter zu verwarnen oder ihm durch ordnungsbehördliche Verfü- 298

---

[976] Zum Fall eines Handelsvertreters, der für Rechnung und im Namen eines anderen Unternehmers auftritt, BayObLGSt 1972, 91, 93 – Tankstellenhalter.

[977] Gesetz über Ordnungswidrigkeiten iFd Bekanntmachung vom 19. 2. 1987, BGBl. I S. 602, zuletzt geändert durch Art. 2 des Gesetzes vom 7. 8. 2007, BGBl. I S. 1786.

[978] S. auch *Piper*/Ohly § 10 PAngV Rn 2.

[979] MünchKomm/*Ernst* UWG Anh §§ 1–7 G PAngV § 10 Rn 2.

[980] *Piper*/Ohly § 10 PAngV Rn 3.

[981] *Piper*/Ohly § 10 PAngV Rn 4.

[982] So auch MünchKomm/*Ernst* UWG Anh §§ 1–7 G PAngV § 10 Rn 3.

[983] *Piper*/Ohly § 10 PAngV Rn 5.

gung aufzugeben, seine Pflichten aus der PAngV zu erfüllen.[984] **Verfolgungsverjährung** tritt gemäß § 31 Abs. 2 Nr. 1 OWiG nach **drei Jahren** ein. Die Verjährung beginnt mit dem Ende der ordnungswidrigen Handlung (§ 31 Abs. 3 OWiG).

299 Eine Zuwiderhandlung gegen die PAngV stellt, auch wenn sie als Ordnungswidrigkeit mit einer Geldbuße bewährt ist, nicht per se immer auch einen Verstoß gegen das **UWG** dar.[985] Gleichwohl ist in den Fällen eines Verstoßes gegen § 4 Nr. 11 UWG (Rechtsbruch) sowie § 5 UWG (Irreführung) regelmäßig von einem gleichzeitigen Verstoß gegen die PAngV auszugehen.[986] Die PAngV enthält kein Verbot im Sinne des § 134 BGB, so dass ein Verstoß gegen die PAngV die Rechtmäßigkeit einer privatrechtlichen Abrede üblicherweise nicht tangiert.[987]

---

[984] *Piper*/Ohly § 10 PAngV Rn 6.
[985] → Rn 71 ff.
[986] → Rn 73.
[987] *Piper*/Ohly § 10 PAngV Rn 7 mwN.

Wettbewerb der öffentlichen Hand (§ 4–S15)

Übersicht

	Rn
A. Begriff der öffentlichen Hand; Organisations- und Handlungsformen	**1**
B. Anwendungsbereich des UWG	**3**
C. Rechtsweg	**5**
D. Geschäftliche Handlung	**8**
E. Unlauterkeit	**20**
I. Allgemeines	20
II. Fallgruppen unlauteren Verhaltens der öffentlichen Hand	23
1. Rechtsbruch	23
a) Grundrechtsverstöße	23
b) Sonstige Normverstöße	24
2. Amtliche Empfehlungen und Auskünfte	28
3. Autoritäts- oder Vertrauensmissbrauch	31
4. Nutzung amtlicher Ressourcen und hoheitlicher Regelungsbefugnisse	35
5. Preisgestaltung	41

Schrifttum: *Ackermann,* Der Rückzug des Zivilrechts von der wettbewerbsrechtlichen Beurteilung des Handelns der öffentlichen Hand – Ende eines „zivilgerichtlichen Dilettierens“ oder Ende der Freiheit der privaten Marktteilnehmer?, FS Tilmann, 2003, S. 73; *Alexander,* Öffentliche Auftragsvergabe und unlauterer Wettbewerb, WRP 2004, 700; *Bosten,* Wettbewerb ohne Wettbewerbsrecht?, WRP 1999, 9; *Brohm,* Wirtschaftstätigkeit der öffentlichen Hand und Wettbewerb, NJW 1994, 281; *Broß,* Überlegungen zum Wettbewerb der öffentlichen Hand, FS Piper, 1996, S. 107; *Diekmann/Wildberger/v. Quast,* Rechtswegzuweisung nach § 51 Abs. 2 SGG bei unlauterem Wettbewerb gesetzlicher Krankenkassen, NZS 2005, 187; *Emmerich,* Der unlautere Wettbewerb der öffentlichen Hand, 1969; *Ennuschat,* Kommunalrecht und Wettbewerbsrecht, WRP 1999, 405; *ders.,* Rechtsschutz privater Wettbewerber gegen kommunale Konkurrenz, WRP 2008, 883; *Frenz,* Kommunalwirtschaft außerhalb des Wettbewerbsrechts?, WRP 2002, 1367; *Gaa,* Anwendung privaten Wirtschaftsrechts bei schlicht hoheitlichem Handeln?, WRP 1997, 837; *v Gamm,* Verfassungs- und wettbewerbsrechtliche Grenzen des Wettbewerbs der öffentlichen Hand, WRP 1984, 303; *Gröning,* Kommunalrechtliche Grenzen der wirtschaftlichen Betätigung der Gemeinden und Drittschutz auf dem ordentlichen Rechtsweg, WRP 2002, 17; *Hauck,* Dabeisein ist alles . . . – Der Rechtsschutz privater Unternehmen gegen die Teilnahme der öffentlichen Hand am Wettbewerb, WRP 2006, 323; *Hauck,* Der „Standortvorteil“ im Wettbewerb – Problematik der Chancengleichheit zwischen kommunalen und privaten Anbietern, GRUR 2008, 665; *Heimlich,* Zur Zulässigkeit der Werbung von Hoheitsträgern am Beispiel der öffentlichen Feuerwehr, NVwZ 2000, 746; *Immenga,* Wettbewerbsrechtliche Grenzen von Standortvorteilen der öffentlichen Hand, NJW 1995, 1921; *Kittler,* Die öffentliche Hand als Werbeträger im Internet, NJW 2000, 122; *Köhler,* Wettbewerbsrechtliche Grenzen der Betätigung kommunaler Unternehmen, WRP 1999, 1205; *ders.,* Wettbewerbsverstoß durch rechtswidrigen Marktzutritt?, GRUR 2001, 777; *ders.,* Der Rechtsbruchtatbestand im neuen UWG, GRUR 2004, 381; *ders.,* Zur wettbewerbsrechtlichen Sanktionierung öffentlich-rechtlicher Normen, FS Schmitt Glaeser, 2003, S. 499; *Köhler/Steindorff,* Öffentlicher Auftrag, Subvention und unlauterer Wettbewerb, NJW 1995, 1705; *Koenig/Engelmann/Hentschel,* Die wettbewerbsrechtliche Beurteilung von Werbemaßnahmen gesetzlicher Krankenkassen, WRP 2003, 831; *Mees,* Wettbewerbsrechtliche Ansprüche und EG-Beihilfenrecht, FS Erdmann, 2002, S. 657; *Melullis,* Zum zivilprozessualen Rechtsschutz gegen wettbewerbswidriges Handeln staatlicher Einrichtungen, WRP 1988, 228; *Mestmäcker,* Die Abgrenzung von öffentlich-rechtlichem und privatrechtlichem Handeln im Wettbewerbsrecht, NJW 1969, 1; *Piper,* Zum Wettbewerb der öffentlichen Hand, GRUR 1986, 574; *Schink,* Wirtschaftliche Betätigung kommunaler Unternehmen, NVwZ 2002, 129; *Schünemann,* Der Maßstab der guten Sitten für die wirtschaftende öffentliche Hand, WRP 2001, 466; *Tettinger,* Rechtsschutz gegen kommunale Wettbewerbsteilnahme, NJW 1998, 3473; *Tilmann,* Privatwirtschaftliche Betätigung der Kommunen, FS Schricker, 2005, S. 763; *Tilmann/Schreibauer,* Rechtsfolgen rechtswidriger nationaler Beihilfen, GRUR 2002, 212; *P. Ulmer,* Die Anwendung von Wettbewerbs- und Kartellrecht auf die wirtschaftliche Tätigkeit der öffentlichen Hand, ZHR 146 (1982), 466; *Ullmann,* Das Koordinatensystem des Rechts des unlauteren Wettbewerbs im Spannungsfeld von Europa und Deutschland, GRUR 2003, 817.

A. Begriff der öffentlichen Hand; Organisations- und Handlungsformen

1 Der Begriff der **öffentlichen Hand** (vgl. § 130 Abs. 1 Satz 1 GWB) umfasst Bund, Länder, Gemeinden und die weiteren Rechtssubjekte öffentlichen Rechts. Der Begriff ist weiter als der Begriff des öffentlichen Unternehmens, weil letzterer nur die unternehmerische Teilnahme am Wirtschaftsleben betrifft, während die öffentliche Hand auch **hoheitlich** tätig sein kann. Die öffentliche Hand kann unternehmerisch tätig sein mittels **öffentlich-rechtlich organisierter Organisationen,** die entweder mit eigener Rechtspersönlichkeit ausgestattet sind, wie Körperschaften, Anstalten und Stiftungen des öffentlichen Rechts (zB Rundfunkanstalten, öffentliche Hochschulen, gesetzliche Krankenkassen,[1] Sparkassen, Handwerkskammer, Handelskammern[2]), oder lediglich organisatorisch verselbständigt sind, aber keine eigene Rechtspersönlichkeit haben, wie kommunale Eigenbetriebe[3] als Sondervermögen oder Regiebetriebe. Ein unternehmerisches Handeln der öffentlichen Hand kann auch mittels **privatrechtlich organisierter Unternehmen** in den Rechtsformen von Handelsgesellschaften erfolgen, bei denen die öffentliche Hand alleinige Anteilseignerin (Eigengesellschaften), Mehrheitseignerin, ansonsten beteiligt ist (gemischtwirtschaftliche Unternehmen, sog. Public Private Partnerships),[4] oder die von einem Rechtssubjekt der öffentlichen Hand verwaltet werden. Zur öffentlichen Hand gehören auch die Deutsche Bahn AG, die Deutsche Post AG sowie die Deutsche Telekom AG.

2 Die öffentliche Hand kann **hoheitlich** handeln, wenn sie einseitig verbindliche Regelungskompetenzen wahrnimmt (zB Warnungen, Verbote). Im Fall eines tatsächlichen Handelns ohne Regelungscharakter, etwa bei Leistungen im Rahmen der Daseinsvorsorge oder beim Aussprechen von Empfehlungen liegt ein **schlicht-hoheitliches** Handeln vor. **Fiskalisches Handeln** der öffentlichen Hand ist gegeben im Rahmen privatrechtlicher Leistungsverwaltung, der Vornahme privatrechtlicher **Hilfsgeschäfte der Verwaltung** (zB Materialbeschaffung) und weiterer **erwerbswirtschaftlicher Betätigung.** Für die Frage, ob auf ein bestimmtes Verhalten der öffentlichen Hand Wettbewerbsrecht anzuwenden ist, kommt es darauf an, ob das Verhalten als geschäftliche Handlung im Sinne von § 2 Abs. 1 Nr. 1 anzusehen ist. Es muss also unabhängig von der konkreten Organisationsform, derer sich die öffentliche Hand bedient, ein marktbezogenes geschäftliches Handeln vorliegen.

B. Anwendungsbereich des UWG

3 Ein Verhalten der öffentlichen Hand kann dem Lauterkeitsrecht unterfallen, soweit ein marktbezogenes Handeln im geschäftlichen Verkehr vorliegt.[5] Die öffentliche Hand ist dann sowohl an das UWG gebunden, sie kann sich umgekehrt aber auch auf den **Schutz des UWG** berufen.[6] Darauf, dass eine öffentlich-rechtliche Handlungsform gegeben ist, kommt es nicht an.[7] Daraus ergibt sich eine schwierige Abgrenzungsproblematik,[8] weil nicht schon jedes irgendwie marktbeeinflussende Verhalten der öffentlichen Hand lauterkeitsrechtlich qualifiziert und dem Rechtsweg zu den ordentlichen Gerichten zugeordnet werden kann. Da den ordentlichen Gerichten die besondere Sachkompetenz für die Beur-

---

[1] BGH NJW 1998, 3418, 3419.
[2] BGH NJW 1956, 711.
[3] BGH GRUR 1999, 256–1000 DM Umwelt-Bonus.
[4] Hefermehl/*Köhler*/Bornkamm UWG § 4 Rn 13.2.
[5] → § 2 B Rn 18f.
[6] BGH NJW 1962, 1295, 1298; BGH NJW 1977, 951, 952 – Der 7. Sinn; BGH GRUR 1993, 692, 694 – Guldenburg.
[7] BGH NJW 1977, 951, 952 – Der 7. Sinn.
[8] Dazu auch *Piper/Ohly* UWG Einf D Rn 21.

teilung von staatlichem Handeln fehlt,[9] ist eine Abgrenzung von erheblicher Bedeutung. Andererseits kann auch im Rahmen hoheitlichen Handelns der öffentlichen Hand im Verhältnis zu Dritten zugleich eine Beziehung im Sinne eines Gleichordnungsverhältnisses entstehen, in der sich die öffentliche Hand und andere Anbieter als Mitbewerber gegenüberstehen. Auch wenn ein solches Verhältnis zwischen verschiedenen öffentlich-rechtlich organisierten Marktteilnehmern besteht, ist eine wettbewerbsrechtliche Streitigkeit möglich.[10]

Das Handeln im geschäftlichen Verkehr ist der öffentlichen Hand nicht durch das Grundgesetz verboten und bedarf keiner verfassungsrechtlichen Legitimation.[11] Ungeachtet des öffentlich-rechtlichen Charakters einer Organisation ist sie grundsätzlich befugt, sich auch durch gewisse Formen erwerbswirtschaftlicher Betätigung Einnahmen zu verschaffen.[12] Die **Grenzen der Zulässigkeit** solchen Handelns liegen dort, wo der Rahmen der der öffentlichen Hand zugewiesenen Aufgaben überschritten wird. Damit sind Tätigkeiten im Rahmen der **Daseinsvorsorge** unproblematisch. Zulässig ist auch die so genannte **Randnutzung,** etwa in Form von Nutzungs- und Verwertungstätigkeiten.[13] Beispielsweise ist einer öffentlich-rechtlichen Rundfunkanstalt etwa Titelmerchandising grundsätzlich erlaubt (vgl. § 12 Abs. 1 RStV). Dabei müssen aber Wesen und Auftrag der Rundfunkanstalten sowie tragende Grundsätze des Medienrechts berücksichtigt werden, namentlich die Gebote der Neutralität im Wettbewerb, der Bewahrung der Unabhängigkeit der Programmgestaltung und der Abwehr sachfremder Einflüsse Dritter auf die Programmgestaltung.[14] Erwerbswirtschaftliche Aktivitäten zur Einnahmenerzielung sind unzulässig, soweit sie mit der öffentlichen Hand zugewiesenen öffentlichen Aufgaben oder mit einschlägigen Grundsätzen kollidieren. Liegt eine solche Kollision vor, dann unterfällt die Betätigung nicht dem Schutz des Wettbewerbsrechts.[15] 4

C. Rechtsweg

Nach **§ 13 GVG** ist der Rechtsweg zu den ordentlichen Gerichten eröffnet, wenn eine bürgerlich-rechtliche Streitigkeit vorliegt, wozu auch wettbewerbsrechtliche Streitigkeiten gehören und wenn nicht die Verwaltungsgerichte nach § 4 VwGO oder besondere Gerichte, namentlich die Sozialgerichte nach § 51 Abs. 1 SGG zuständig sind. Nach § 17 Abs. 2 GVG entscheidet das zuständige Gericht den Rechtsstreit unter allen in Betracht kommenden rechtlichen Gesichtspunkten; andere Gerichte sind nach § 17a Abs. 1 GVG an eine rechtskräftige Erklärung des Gerichts, dass der zu ihm beschrittene Rechtsweg zulässig sei, gebunden. Maßgeblich für die Qualifikation als bürgerlich-rechtliche, öffentlich-rechtliche bzw. sozialrechtliche Streitigkeit ist die rechtliche Natur des Klagebegehrens. Hierzu sind die in der Klagebegründung vorgetragenen Tatsachen zu würdigen; auf die eigene Einschätzung des Klägers oder die geltendgemachte Anspruchsgrundlage kommt es nicht an.[16] Stellt sich das Verhältnis der Beteiligten als hoheitlich geprägtes Verhältnis mit Über- und Unterordnung dar (Subordinationstheorie) oder ist die öffentliche Hand in dem Rechtsverhältnis zwingend als Hoheitsträger berechtigt oder verpflichtet (Sonderrechtstheorie, modifizierte Subjektstheorie), dann liegt eine öffentlich-rechtliche Streitigkeit vor. Stehen sich die Beteiligten als Wettbewerber im Gleichordnungsverhältnis gegenüber, ist eine wettbewerbsrechtliche Streitigkeit anzunehmen.[17] Hat eine hoheitliche Tätigkeit zugleich 5

[9] *Tettinger* NJW 1998, 3473, 3474.
[10] *Schünemann* WRP 2000, 1001, 1007.
[11] BGH GRUR 1971, 168, 169 – Ärztekammer; BGH GRUR 1987, 116, 118 – Kommunaler Bestattungswirtschaftsbetrieb I.
[12] BGH GRUR 1993, 692, 694 – Guldenburg; BGH GRUR 2002, 550, 553 – Elternbriefe.
[13] → Rn 35ff.
[14] BGH GRUR 1993, 692, 694 – Guldenburg.
[15] Hefermehl/*Köhler*/Bornkamm UWG § 4 Rn 13.7.
[16] BGH NJW 1995, 2295, 2296 – Remailing.
[17] BGHZ 39, 352, 356 – Vortragsabend.

wettbewerbsrelevante Auswirkungen, so kommt bei einer zugleich öffentlich-rechtlichen und wettbewerbsrechtlichen **Doppelqualifikation** eine Kontrolle sowohl durch die Verwaltungsgerichte als auch durch die ordentlichen Gerichte in Betracht.[18] Den Sozialgerichten sind die in § 51 Abs. 1 SGG aufgeführten besonderen Streitigkeiten zugewiesen. Zudem entscheiden die Sozialgerichte über privatrechtliche Streitigkeiten im Zusammenhang mit der gesetzlichen Krankenversicherung und der Pflegeversicherung, soweit Dritte betroffen sind (§ 51 Abs. 2 SGG). Ob die Streitigkeit privatrechtlicher oder öffentlich-rechtlicher Natur ist, ist nicht von Bedeutung.[19]

6 Die Art und Weise der Betätigung der öffentlichen Hand im Wettbewerb ist als Wettbewerbsstreitigkeit vor den ordentlichen Gerichten zu klären, während die Frage ob die konkrete Betätigung öffentlich-rechtlich zulässig ist, den Verwaltungsgerichten zugewiesen ist.[20] Eine abschließende Sonderregel für die Rechtsbeziehungen der Krankenkassen und ihrer Verbände zu den Leistungserbringern und ihren Verbänden enthält **§ 69 SGB V.**[21] Für eine Streitigkeit zwischen **gesetzlichen Krankenkassen** über die Unlauterkeit einer **Mitgliederwerbung** sind nicht die ordentlichen Gerichte sondern die Sozialgerichte zuständig, weil das Konkurrenzverhältnis zwischen den gesetzlichen Krankenkassen und Ersatzkassen auch bei der Mitgliederwerbung von im Interesse der Allgemeinheit liegenden sozialversicherungsrechtlichen Normen beherrscht wird und die Beziehungen der gesetzlichen Krankenkassen untereinander durch öffentlich-rechtliche Regelungen bestimmt werden.[22] Für entsprechende Streitigkeiten zwischen **privaten Krankenkassen** oder nach § 8 Abs. 3 klagebefugten Einrichtungen und einer gesetzlichen Krankenkasse über deren Mitgliederwerbung ist zu differenzieren: wird der wettbewerbsrechtliche Anspruch ausschließlich auf wettbewerbsrechtliche Normen gestützt, die für jeden Wettbewerber gelten, ist der Rechtsweg zu den ordentlichen Gerichten eröffnet. Beruht der Anspruch dagegen auf einer Verletzung sozialrechtlicher Normen, sind die Sozialgerichte zuständig.[23] Allgemein ist maßgeblich, ob das Schwergewicht des Rechtsstreits in einem Aufgabenbereich angesiedelt ist, dessen Erfüllung den Krankenkassen unmittelbar aufgrund der öffentlich-rechtlichen Bestimmungen des SGB V obliegt oder ob der geltend gemachte Anspruch im Wesentlichen auf Normen des Zivilrechts beruht.[24] Grundsätzlich kann sich sogar ein schlicht-hoheitliches Verhalten einer gesetzlichen Krankenkasse gegenüber potentiellen oder aktuellen Mitgliedern im Verhältnis zu privaten Mitbewerbern als zivilrechtlich zu beurteilender Wettbewerbsverstoß darstellen.[25] Steht ein bestimmtes **Werbeverhalten** einer gesetzlichen Krankenkasse oder Ersatzkasse in Frage, das sich auch an potentielle Versicherte von privaten Krankenversicherungsunternehmen richtet[26] und nicht die inhaltliche Ausgestaltung der Aufklärungsarbeit der Krankenkasse, ist der Rechtsweg zu den ordentlichen Gerichten eröffnet.[27]

7 Lediglich die Verwaltungsgerichte, nicht aber die Zivilgerichte können hoheitliche Anordnungen aufheben.[28] Auch soweit dadurch der öffentlich-rechtliche Tätigkeitsbereich der öffentlichen Hand berührt wird, können die Zivilgerichte jedoch Verbote aussprechen.[29]

---

[18] Hefermehl/*Köhler*/Bornkamm UWG § 4 Rn 13.11; *Piper/Ohly* UWG Einf D Rn 23; aA *Brohm* NJW 1994, 281, 287 ff; *Gaa* WRP 1997, 837 ff.

[19] BGH GRUR 2004, 444, 445 – Arzneimittelsubstitution.

[20] HK-UWG/*Plaß* § E4 Rn 5; → Rn 20.

[21] BGH GRUR 2004, 247, 249 – Krankenkassenzulassung; BGH GRUR 2006, 517 Rn 22 – Blutdruckmessungen.

[22] GmS-OBG NJW 1990, 1527; BGH GRUR 1998, 744 – Mitgliederwerbung; s. auch LSG Schleswig-Holstein Beschl. v. 26. 9. 2007 – L 5 B 522/07 KR ER Rn 28.

[23] BGH GRUR 2007, 535 Rn 13 – Gesamtzufriedenheit.

[24] OLG Koblenz WRP 2004, 922, 923; OLG München WRP 2003, 1145, 1146.

[25] BGH GRUR 1999, 88, 89 – Ersatzkassen-Telefonwerbung.

[26] OLG Hamburg GRUR-RR 2003, 249, 250.

[27] BGH GRUR 1999, 88, 89 – Ersatzkassen-Telefonwerbung; OLG München WRP 2003, 1145, 1146; s. auch OLG Celle WRP 2002, 858; aA *Diekmann/Wildberger/von Quast* NZS 2005, 187, 189 f.

[28] BGH GRUR 1982, 425, 427 – Brillen-Selbstabgabestellen; OLG Frankfurt WRP 1992, 488.

[29] BGH GRUR 1982, 425, 427 – Brillen-Selbstabgabestellen; Hefermehl/*Köhler*/Bornkamm UWG § 4 Rn 13.16; aA BayObLG GRUR 1982, 500, 502.

D. Geschäftliche Handlung

Voraussetzung für die Anwendung des Lauterkeitsrechts auf die Tätigkeit der öffentlichen Hand ist die Qualifikation der konkreten Tätigkeit als **geschäftliche Handlung** nach § 2 Abs. 1 Nr. 1. Die Tätigkeit der öffentlichen Hand muss in hinreichendem **objektivem Zusammenhang mit dem Absatz oder dem Bezug von Waren oder Dienstleistungen** stehen. Dabei war schon das im vor Inkrafttreten des Ersten Gesetzes zur Änderung des Gesetzes gegen den unlauteren Wettbewerb vom 22. 12. 2008 (BGBl. I S. 2949) geltenden Begriff der **Wettbewerbshandlung** als Finalität verstandene **Förderungsziel** auf der Grundlage des UWG 2004 im Sinne einer objektiven Zielsetzung, bzw. eines **objektiven Marktbezugs,**[30] also als **objektives Tatbestandsmerkmal** zu verstehen.[31] Im Gegensatz zu § 1 aF stellte § 3 UWG 2004 nämlich nur noch auf die (objektive) Eignung zur Beeinträchtigung des Wettbewerbs ab. In diesem Licht war das Tatbestandsmerkmal der Wettbewerbshandlung im Sinne des § 2 Abs. 1 Nr. 1 aF zu lesen, so dass der Begriff des Förderungsziels ebenfalls objektiviert verstanden werden musste.[32] Das folgte auch aus einer schutzzweckkonformen Auslegung des § 2 Abs. 1 Nr. 1 aF, da der Wettbewerb unabhängig von einer subjektiven Absicht des Marktteilnehmers bereits dann tangiert ist, wenn eine objektive Eignung zur Beeinträchtigung gegeben ist. Nach **abweichender Auffassung** musste das Verhalten weiterhin neben einem objektiven Marktbezug eine subjektive Zielsetzung zur Förderung des eigenen oder eines fremden Wettbewerbs enthalten.[33] Teilweise wurde die Bedeutung des subjektiven Aspektes jedoch auch auf der Grundlage dieser Auffassung so weit zurückgedrängt, dass dann im Ergebnis ein Unterschied zur rein objektivistischen Auffassung kaum mehr bestand.[34] Mit dem Begriffswechsel von der Wettbewerbshandlung zur geschäftlichen Handlung hat sich an der schon vorher geltenden objektivistischen Sichtweise in der Sache nichts geändert; ein hinreichender objektiver Zusammenhang im Sinne des § 2 Abs. 1 Nr. 1 nF ist bei Vorliegen eines objektiven Marktbezugs anzunehmen. 8

In Fällen **erwerbswirtschaftlicher Betätigungen** der öffentlichen Hand war die von der Rechtsprechung zum UWG aF für die Bejahung einer Wettbewerbshandlung vorausgesetzte subjektive Wettbewerbsabsicht von der an diesem Tatbestandsmerkmal weiterhin festhaltenden Auffassung vermutet worden und zwar[35] unabhängig von der Organisationsform, der Ausgestaltung des Rechtsverhältnisses zwischen der öffentlichen Hand und den möglichen Abnehmern[36] oder dem Vorliegen einer Gewinnerzielungsabsicht.[37] Darin lag eine Beweiserleichterung zu Lasten des handelnden Wettbewerbers, dem es oblag, die tatsächliche Vermutung der Wettbewerbsabsicht zu widerlegen.[38] Dass die öffentliche Hand mit ihrem erwerbswirtschaftlichen Handeln zugleich öffentliche Zwecke verfolgt, spielte keine Rolle, solange die Erfüllung öffentlicher Aufgaben nicht Hauptzweck des Handelns war, bzw die Wettbewerbsförderung nicht als völlig nebensächlich hinter anderen Beweggründen zurücktrat und lediglich notwendige Folge des Handelns in Erfüllung öffentlicher Aufgaben war.[39] Das Fehlen der Gewinnerzielungsabsicht konnte ein Indiz für eine zu vernachlässigende Wettbewerbsförderung darstellen.[40] 9

---

[30] BGH GRUR 2007, 987 Rn 22.

[31] → § 2 B Rn 19; § 3 Rn 63; *Piper/Ohly* UWG § 2 Rn 22ff.

[32] → § 3 Rn 63.

[33] Hefermehl/*Köhler*/Bornkamm 26. Aufl. UWG § 2 Rn 24; HK-UWG/*Plaß* § E4 Rn 16.

[34] Harte/Henning/*Keller* UWG § 2 Rn 38f [„objektives Zweckmoment"], unter zumindest nomineller Aufrechterhaltung der Auffassung, dass subjektiv ein Absatzförderungsziel gegeben sein muss, welches jedoch keiner Ermittlung bedürfe.

[35] BGH GRUR 1990, 463, 464 – Firmenrufnummer.

[36] BGH GRUR 1982, 425, 427 – Brillen-Selbstabgabestellen.

[37] BGH GRUR 1974, 733, 734 – Schilderverkauf; BGH GRUR 1981, 823, 825 – Ecclesia-Versicherungsdienst; BGH GRUR 1993, 917, 919 – Abrechnungs-Software für Zahnärzte.

[38] BGH GRUR 1983, 374, 375 – Spendenbitte; Harte/Henning/*Keller* UWG § 2 Rn 47.

[39] BGH GRUR 1988, 38, 39 – Leichenaufbewahrung.

[40] *Piper/Ohly* UWG Einf D Rn 25.

10 Nach Entfallen des subjektiven Tatbestandselements der Wettbewerbsabsicht gemäß der neuen Rechtslage ist in den Fällen erwerbswirtschaftlicher Betätigung regelmäßig vom Vorliegen einer **objektiven Anlage der Handlung zur Förderungseignung** bzw. eines objektiven Marktbezugs auszugehen; die von der Rechtsprechung nach alter Rechtslage zum Vorliegen einer Wettbewerbshandlung festgestellten Kriterien werden – wie schon zum im Rahmen des Begriffs der Wettbewerbshandlung maßgeblichen objektiven Förderungsziel – teilweise als Indizien für das Vorliegen des **objektiven Förderungszusammenhangs** herangezogen werden können.[41] Da die Vermutung einer Wettbewerbsabsicht nach alter Rechtslage als **Beweiserleichterung** vor allem im Hinblick auf die Schwierigkeit des Beweises subjektiver Finalität gerechtfertigt war, dürfte nach der neuen Rechtslage nicht mehr von einer generellen Vermutung auszugehen sein.[42]

11 In den Fällen **hoheitlichen und schlicht-hoheitlichen Handelns** der öffentlichen Hand wurde von der Rechtsprechung zum UWG aF und von der Auffassung im Schrifttum, die weiterhin eine Gewinnerzielungsabsicht voraussetzte, verlangt, dass die Wettbewerbsabsicht positiv festgestellt wird,[43] weil Handlungen der Verwaltung außerhalb erwerbswirtschaftlicher Tätigkeit in der Regel der Erfüllung öffentlicher Aufgaben dienen. Entsprechendes gilt für das Vorliegen eines objektiven Förderungszusammenhangs der Handlung.[44] Im Einzelfall kann aber auch hier eine geschäftliche Handlung gegeben sein.[45]

12 Die **Rechtsprechung zur früheren Rechtslage** hatte eine **Wettbewerbsabsicht** in folgenden Fällen **bejaht:** Kostenlose **Abgabe** von Abrechnungssoftware an Zahnärzte durch eine Krankenkasse.[46] Kostengünstige Abgabe von Brillengestellen durch eine Krankenkasse an ihre Mitglieder.[47] **Werbung** einer öffentlich-rechtlichen Rundfunkanstalt für geschäftliche Interessen eines Privatunternehmens im redaktionellen Programm.[48] Versendung von im öffentlichen Interesse stehender Informationspost durch eine Stadt zusammen mit Werbematerial einer Sparkasse unter Portoübernahme durch die Sparkasse.[49] Einseitige **Empfehlung** eines bestimmten Anbieters von Hilfsmitteln durch eine Krankenkasse.[50] Bewusste und nicht sachlich begründete Nichtnennung eines Störfallnotdienstes bei **Auskunftsanfragen** und damit verbundene Bevorzugung von Innungsnotdiensten durch ein als Eigenbetrieb einer öffentlich-rechtlichen Gebietskörperschaft geführtes Energieversorgungsunternehmen.[51] Abraten von der Beauftragung eines anderen Bestattungsunternehmens als des von ihr mit der Wahrnehmung bestimmter hoheitlicher Aufgaben betrauten Unternehmens durch eine Gemeinde.[52] Koppelung von Grundstückskauf und Energiebezugsverpflichtung durch eine Gemeinde, unabhängig davon, dass dadurch zugleich umweltpolitische Ziele verfolgt werden.[53] **Zuschussvergabe** durch eine Gemeinde für den Kauf einer wassersparenden Waschmaschine, wobei der Zuschuss an den Kauf bei einem ortsansässigen Händler gebunden wurde. Dass die Gemeinde damit zugleich ein ökologisches Ziel verfolgte, war unbeachtlich, da dieses Ziel auch ohne Bindung des Kaufs an ei-

[41] Zur indiziellen Bedeutung subjektiver Aspekte bei der Prüfung der objektiven Auswirkung auf den Wettbewerb Staudinger/*Fezer/Koos* Internationales Wirtschaftsrecht Rn 650, 887.

[42] AA Harte/Henning/*Keller* UWG § 2 Rn 47, jedoch auf der Grundlage einer nominell subjektivistischen Sichtweise, s. daselbst Rn 39.

[43] BGH GRUR 1990, 463, 464 – Firmenrufnummer; BGH GRUR 2002, 550, 554 – Elternbriefe; Hefermehl/*Köhler*/Bornkamm 26. Aufl. UWG § 4 Rn 13.22, vgl. da selbst 27. Aufl.; Harte/Henning/*Keller* UWG § 2 Rn 55; HK-UWG/*Plaß* E4 Rn 17.

[44] → Rn 10.

[45] Zur Wettbewerbshandlung BGH GRUR 1990, 611, 613 – Werbung im Programm; BGH GRUR 2002, 550, 554 – Elternbriefe.

[46] BGH GRUR 1993, 917 – Abrechnungs-Software für Zahnärzte.

[47] BGH GRUR 1982, 425, 430 – Brillen-Selbstabgabestellen.

[48] BGH GRUR 1990, 611, 613 – Werbung im Programm.

[49] BGH GRUR 2002, 550, 554 – Elternbriefe.

[50] OLG Frankfurt WRP 1997, 1205 – Inkontinenzartikel.

[51] BGH GRUR 1994, 516 – Auskunft über Notdienste.

[52] OLG München NJW-RR 1995, 1004, 1005.

[53] BGH GRUR 2003, 77, 78 – Fernwärme für Börnsen.

nen ortsansässigen Wettbewerber erreicht werden konnte.[54] Ausstrahlung eines werbefreien Rundfunkprogramms durch eine öffentlich-rechtliche Rundfunkanstalt, die sich auch durch Werbeeinnahmen in anderen Programmen finanziert.[55]

Die Wettbewerbsabsicht war in folgenden Fällen **verneint** worden: Unentgeltliche Durchführung einer Lärmmessung für die EWG-Baumusterprüfung nach § 4 der 15. BImSchV durch die Zentralstelle für Unfallverhütung und Arbeitsmedizin, soweit diese Lärmmessung nach Art und Umfang ohnehin bei der Erledigung der ihr im Rahmen des vorbeugenden Arbeitsschutzes gemäß § 546 RVO iVm. § 3 Abs. 4 GerätesicherheitsG obliegenden Aufgaben anfiel. In diesem Fall trat der Hauptverband der Berufsgenossenschaften zwar in den Wettbewerb mit anderen Prüfstellen, doch trat eine Absicht, die eigene Wettbewerbsposition gegenüber den anderen Prüfstellen zu fördern hinter die Wahrnehmung der gesetzlich begründeten berufsgenossenschaftlichen Aufgaben zurück.[56] Kostenlose Überlassung von Sachmitteln zwischen zwei Hoheitsträgern.[57] Beauftragung eines bestimmten Bestattungsunternehmens durch einen Altenheimträger bei Versterben von Heimbewohnern.[58] Beauftragung einer Servicegesellschaft mit der Abwicklung der Ausgabe von Wertgutscheinen an Asylbewerber durch einen Landkreis in Erfüllung seiner Pflicht zur Versorgung von Asylbewerbern.[59] An Ärzte gerichtete Empfehlung einer Krankenkasse, ein preiswerteres Substitutmedikament zu verschreiben.[60] 13

Die Bejahung einer geschäftlichen Handlung der öffentlichen Hand liegt umso näher, je stärker die Handlung objektiv das Wettbewerbsgefüge berührt. Dabei sind nach hier vertretener Auffassung besonders **objektive Kriterien,** daneben aber weiterhin **indiziell** auch **subjektive Aspekte** zu betrachten. Auch ein rein hoheitliches Handeln der öffentlichen Hand kann dabei theoretisch wenigstens mittelbare Auswirkungen auf den Wettbewerb haben; dennoch müssen entsprechende rein hoheitliche Sachverhalte auch unter Zugrundelegung der geltenden objektiven Sichtweise von der Erfassung durch das Wettbewerbsrecht ausgeschlossen bleiben, um die Erfüllung öffentlicher Aufgaben, die mittelbar in vielen Fällen Auswirkungen auf den Wettbewerb zeitigen wird (immanente Marktwirkungen), nicht ausufernd der privatrechtlichen Beurteilung zu unterwerfen. Bei Maßgeblichkeit einer **subjektiven Wettbewerbsabsicht** war die Abgrenzung insoweit ohne weiteres dadurch begründbar, dass die öffentliche Hand bei der Erfüllung öffentlicher Aufgaben gerade nicht *beabsichtigt,* den Wettbewerb Dritter oder eigenen Wettbewerb zu fördern.[61] Unter der Geltung eines allein **objektiven Tatbestandsmerkmals** im Rahmen des vor Geltung des Ersten Gesetzes zur Änderung des Gesetzes gegen den unlauteren Wettbewerb vom 12. 12. 2008 (BGBl. I S. 2949) maßgeblichen Begriffs der Wettbewerbshandlung war entweder auf eine fehlende objektive „Gerichtetheit" oder ein fehlendes „objektives Zweckmoment"[62] des Handelns in Erfüllung öffentlicher Aufgaben abzustellen. Problematisch war bei Verwendung solcher eine Zielrichtung beschreibenden Begriffe allerdings, dass jegliche Zielgerichtetheit oder ein Zweckmoment an sich finale und damit stets subjektive Kriterien darstellen, die nicht einfach ohne logischen Bruch objektiviert werden können. In ein konsequent objektiviertes Tatbestandssystem lassen sich eine objektive Gerichtetheit oder objektives Zweckmoment nur einfügen, soweit man sie ausschließlich als Marktbezug ohne finale Steuerung des Handelnden auffasst.[63] Dann kommt es aber nicht darauf an, dass die öffentliche Hand nicht in den 14

---

[54] OLG Frankfurt WRP 1997, 592, 593; s. auch OLG Stuttgart WRP 1980, 101, 102 – Verteilung von Gutscheinen zum Bezug von Schulbüchern bei örtlich ansässigen Buchhändlern durch eine Gemeinde.

[55] OLG Dresden GRUR 1996, 73 – MDR-Sputnik.

[56] BGH GRUR 1993, 106, 107 f – EWG-Baumusterprüfung.

[57] OLG Karlsruhe NJWE-WettbR 2000, 6.

[58] BGH GRUR 1988, 38, 39 – Leichenaufbewahrung.

[59] BGH GRUR 2003, 257, 258 – Wertgutscheine für Asylbewerber.

[60] BGH GRUR 1965, 110, 114 – EU-MED.

[61] S. etwa Hefermehl/*Köhler*/Bornkamm 26. Aufl. UWG § 4 Rn 13.22, ebenso 27. Aufl. 2009.

[62] So unter Beibehaltung des Merkmals der Wettbewerbsabsicht Harte/Henning/*Keller* UWG § 2 Rn 39; → Rn 8.

[63] → aber auch § 2 B Rn 63.

Wettbewerb eingreifen, sondern nur öffentliche Aufgaben erfüllen will. Der insoweit schwierig begründbare Finalitätsaspekt ist in dem Begriff der geschäftlichen Handlung nach § 2 Abs. 1 Nr. 1 nF nicht mehr enthalten.[64] Es ist eine **wertende Zuordnung der Handlung zum öffentlich-rechtlichen oder wettbewerbsrechtlichen Bereich** nach Einzelfallkriterien und ergänzend der Intensität der Beeinflussung des Wettbewerbs im Sinne eines **de minimis-Gedankens** vorzunehmen. Maßgeblich muss sein, ob die Handlung in sachlicher Hinsicht notwendigerweise vorrangig der öffentlichen Aufgabenerfüllung zuzuordnen ist, namentlich wenn das konkrete Verhalten nach Art und Umfang gerade notwendig ist, um den **öffentlichen Zweck** zu erreichen.[65] Eine damit verbundene Belastung Dritter stellt sich immer als eine immanente und nach wertender Sichtweise nicht beachtliche Marktauswirkung dar. Im Übrigen wird man ergänzend einen hinreichenden objektiven Marktbezug auszuschließen haben, wenn die Marktauswirkungen der Handlung in ihrer Intensität gegenüber der öffentlichen Aufgabenerfüllung zu vernachlässigen ist. Die in Betracht kommenden Kriterien zur Feststellung einer Wettbewerbshandlung nach früherem Recht sind regelmäßig auch für die gegebenenfalls wertend eingeschränkte Feststellung eines objektiven Marktbezugs nach neuem Recht relevant.

15 Die objektiv feststellbare tatsächliche Begünstigung von Unternehmen der öffentlichen Hand ist weiterhin ein Indiz für das Vorliegen einer geschäftlichen Handlung. Auch ein eigenes **Interesse der öffentlichen Hand am wirtschaftlichen Erfolg eines begünstigten Privatunternehmens,** etwa, weil die Verwaltung mit dem Unternehmen in vertraglicher Beziehung steht, ist ein solches Indiz.[66] Hier war unter der Geltung von § 1 UWG aF allgemein eine subjektive Wettbewerbsabsicht neben der objektiven Begünstigungseignung angenommen worden. Eine **Sachzuwendung** an die öffentliche Hand durch ein Privatunternehmen, etwa in Form der Sachspende eines Fotografen an eine Schule bei Zulassung einer Klassenfotoaktion auf dem Schulgelände, ist für sich noch kein zwingendes Indiz für eine geschäftliche Handlung, wenn sie sich letztlich als Gegenleistung für die eigene Mitwirkung an der Durchführung der Aktion darstellt und von dem kommerziellen Erfolg der Aktion unabhängig gewährt wird. Ein solches Indiz liegt aber vor, wenn die Zuwendung erfolgsabhängig ist, so dass die öffentliche Hand ein eigenes Interesse an dem Erfolg der Aktion hat. Dann war auch eine Wettbewerbsabsicht nach hergebrachter Auffassung zur früheren Rechtslage anzunehmen.[67] Darüber hinaus ist objektiv und unabhängig von der Erfolgsabhängigkeit der Sachspende darin eine unmittelbare **Marktgerichtetheit** zu sehen, dass der Wettbewerb des einzig zugelassenen Fotografen besonders intensiv gefördert wird, indem ihm eine Art Monopolstellung eingeräumt wird.[68] Bei jetzt alleiniger Maßgeblichkeit der objektiven Marktbezogenheit führt das Vorliegen entsprechender Aspekte dazu, dass die Marktwirkung des Handelns der öffentlichen Hand im konkreten Fall über eine immanente, gleichsam mittelbare Marktwirkung hoheitlichen Verhaltens hinausgeht und im Wege einer wertenden Betrachtung dem Wettbewerbsrecht unterworfen ist. Nach der vermittelnden Auffassung zur früheren Rechtslage, wonach zwar weiterhin eine Wettbewerbsabsicht erforderlich war, subjektive Beweggründe jedoch nicht festgestellt werden mussten, es vielmehr allein auf die „nach außen tretende Zielrichtung" ankam (objektives Zweckmoment), trat der Wettbewerbsförderungszweck in solchen Fällen anhand von objektiven Kriterien (Ausmaß der Begünstigung, bestehende vertragliche oder sonstige Beziehungen der öffentlichen Hand zum Privatunternehmen, aus denen die Verwaltung ein Interesse an dem wirtschaftlichen Erfolg des Unternehmens herleiten wird) feststellbar objektiv nach außen zu Tage.

16 Ein *Indiz* gegen die Annahme einer geschäftlichen Handlung ist jegliches Fehlen einer wirtschaftlichen Selbst- oder Fremdbegünstigungsabsicht; eine objektive Marktgerichtetheit

---

[64] Dazu Begründung RegE BT-Drucks. 16/10145 S. 40.

[65] BGH WRP 1993, 106, 108 – EWG-Baumusterprüfung; HK-UWG/*Plaß* § E4 Rn 17 auf der Grundlage der subjektiven Sichtweise.

[66] BGH GRUR 1990, 463, 464 – Firmenrufnummer; BGH GRUR 2002, 550, 554 – Elternbriefe.

[67] BGH GRUR 2006, 77 Rn 19 f – Schulfotoaktion.

[68] OLG Brandenburg WRP 2003, 903, 904 – Schulfotovertrieb; zur Lauterkeitsbeurteilung → Rn 27.

ist aber auch in diesen Fällen prinzipiell nicht ausgeschlossen. Die allein faktische Benachteiligung einzelner Unternehmen infolge einer amtlichen **Auskunftserteilung** oder einer **Empfehlung** im öffentlichen Interesse führt nicht ohne weiteres zur Bejahung einer geschäftlichen Handlung. Wenn die Auskunftserteilung im Einzelfall ein öffentlich-rechtlich unzulässiges Verhalten der öffentlichen Hand darstellt, kann aber je nach konkreter Bewertung des Verhaltens eine geschäftliche Handlung aufgrund eines Überschreitens der Grenze immanenter mittelbarer Marktwirkungen anzunehmen sein. Allerdings führt die öffentlich-rechtliche Rechtswidrigkeit der Empfehlung nicht notwendig zur Bejahung einer geschäftlichen Handlung.[69] Der wertend festzustellende objektive Marktbezug ist dann auszuschließen, wenn das empfohlene Unternehmen aus vertretbaren Gründen der öffentlichen Aufgabenerfüllung und nicht rein willkürlich herausgestellt wird. Im letzteren Fall würde eine subjektivistische Sichtweise allerdings ebenfalls regelmäßig keine Wettbewerbshandlung nach alter Rechtslage angenommen haben, weil es auch dann an einer Wettbewerbsabsicht gefehlt hätte. Nach der objektivistischen Sichtweise kommt es nur auf eine wertende Betrachtung objektiver Marktwirkungen an. Keine geschäftliche Handlung liegt demnach vor, wenn vor Produkten konkreter Unternehmen aufgrund einer von der öffentlichen Hand angenommenen Gefahrenlage gewarnt wird. Eine damit verbundene Benachteiligung der betroffenen Unternehmen ist nach wertender Betrachtung eine allein mittelbare Folge der öffentlichen Aufgabenerfüllung und zwar auch dann, wenn die Warnung etwa auf einer fehlerhaften Ermittlung der Gefahrensituation durch die öffentliche Hand beruht. Diese Frage wäre auf dem Verwaltungsrechtsweg zu prüfen. Kein über die immanente mittelbare Marktwirkung hinausgehender Marktbezug liegt vor, wenn eine Gemeinde, die einem bestimmten Bestattungsunternehmen die mit Bestattungen verbundenen hoheitlichen Aufgaben übertragen hat, auf Anfrage von der Beauftragung eines anderen Bestattungsunternehmens mit der Begründung abrät, hierdurch seien höhere Kosten zu erwarten, wenn sich dieser Hinweis nicht auf die allgemeine Preiswürdigkeit der privaten Bestatterleistungen bezieht, sondern auf den Kostenaspekt, der sich aus der Übernahme der hoheitlichen Aufgaben durch das betraute Unternehmen ergibt.[70] Die Zusammenarbeit mit einzelnen Unternehmen oder die Empfehlung bestimmter Unternehmen zwecks Erzielung von Kostendämpfungseffekten wird man demgegenüber objektiv als unmittelbaren Eingriff in den Wettbewerb anzusehen haben, auch wenn durchaus ein öffentliches Interesse an solchen Maßnahmen bestehen kann. Allerdings sind die Einholung von Preisvergleichen und die Information der Versicherten über günstige Bezugsquellen den Krankenkassenträgern durch § 127 Abs. 3 SGB V zugewiesen. Davon sind allerdings nicht einseitige Empfehlungen einzelner Anbieter zu Lasten von ebenso kostengünstigen Anbietern umfasst.[71] Wenn sich die öffentliche Hand im Anschluss an ein Vergabeverfahren zur Veröffentlichung amtlicher Informationen des Internetprogramms eines privaten Unternehmens bedient,[72] steht die öffentliche Aufgabenerfüllung im Vordergrund, jedenfalls, wenn die Auswahl des Unternehmens nicht willkürlich erfolgt ist und die Marktauswirkung nach ihrer Intensität zu vernachlässigen ist.

Gibt ein Träger einer gesetzlichen Krankenversicherung kostengünstig Brillen an seine 17
Mitglieder aus, so liegt eine geschäftliche Handlung vor.[73] Maßgeblich ist, dass der Krankenkassenträger objektiv unmittelbar und in nicht zu vernachlässigender Intensität in den Wettbewerb der Augenoptiker eingreift, ohne dass eine notwendige öffentliche Aufgabenerfüllung im Vordergrund stünde. Nach wertender Betrachtung treten die objektiven Marktauswirkungen des hoheitlichen Handelns nicht gegenüber der öffentlichen Aufgabenerfüllung zurück. Entsprechend ist die Zurverfügungstellung einer Abrechnungssoft-

[69] *Piper/Ohly* UWG Einf D Rn 29; s. auch Hefermehl/*Köhler*/Bornkamm UWG § 4 Rn 13.28.

[70] OLG München NJW-RR 1995, 1004, 1005 nimmt Wettbewerbsabsicht an; kritisch *Piper/Ohly* UWG Einf D Rn 39.

[71] OLG Frankfurt WRP 1997, 1205 – Inkontinenzartikel; HK-UWG/*Plaß* § E4 Rn 17.

[72] KG GRUR-RR 2002, 198, 200 – Online-Öffentlichkeitsarbeit.

[73] Zur Wettbewerbshandlung BGH GRUR 1982, 425, 430 – Brillen-Selbstabgabestellen; aA *Piper/Ohly* UWG Einf D Rn 28.

ware an Zahnärzte zu beurteilen.[74] Die unentgeltliche Durchführung einer Lärmmessung für die EWG-Baumusterprüfung nach § 4 der 15. BImSchV durch die Zentralstelle für Unfallverhütung und Arbeitsmedizin wirkt sich objektiv eindeutig auf den Wettbewerb der Prüfstellen aus und wäre insoweit als geschäftliche Handlung zu qualifizieren. Nach wertender Zuordnungsbetrachtung muss aber der Umstand, dass eine solche Prüfung gerade zur Erfüllung der öffentlichen Aufgabe notwendig ist, zu einer öffentlich-rechtlichen Qualifikation führen.[75]

18 Die Anwendbarkeit des UWG auf **Beihilfen** (Subventionen) ist umstritten. Nach einer Auffassung sind Beihilfenvergaben allein als Ausübung hoheitlicher Regelungsbefugnis zu qualifizieren;[76] sie stellen danach schon deshalb keine geschäftlichen Handlungen dar. Insoweit würde hierfür entsprechendes gelten wie allgemein für Maßnahmen staatlicher Wirtschaftslenkung, namentlich mit den Mitteln des Steuerrechts.[77] Für Beihilfen dürfte indes nichts anderes gelten als allgemein für Handlungen der öffentlichen Hand, die auch in Wahrnehmung ihrer Aufgaben vorgenommen werden, etwa Empfehlungen.[78] Es kommt allein auf die Auswirkung auf den Wettbewerb an und darauf, ob nach wertender Betrachtung die Auswirkungen auf den Wettbewerb im Rahmen der Qualifikation gegenüber der öffentlichen Aufgabenerfüllung in den Hintergrund treten. Dabei ist maßgeblich, dass Beihilfen gerade auf den Wettbewerb abzielen, indem sie aus wirtschaftspolitischen Gründen eine ungünstige Position des Beihilfeempfängers im Wettbewerb ausgleichen sollen oder bestimmte Wettbewerber aus anderen, etwa umweltpolitischen Gründen begünstigen sollen. Damit liegt sowohl eine Wettbewerbsabsicht in subjektivistischer Hinsicht, als auch – im Einklang mit der erheblichen Indizwirkung der Finalität des Handelns – ein objektiver Marktbezug vor. Auch in der Beihilfevergabe kann demnach eine geschäftliche Handlung liegen. Ein Handlung unter Verstoß gegen das Beihilfeverbot nach Art. 87 Abs. 1 EG kann im Einzelfall vom Rechtsbruchtatbestand des § 4 Nr. 11 erfasst sein.[79]

19 Wenn das Handeln der öffentlichen Hand keine **Außenwirkung** hat, etwa bei verwaltungsinternen Dienstanweisungen, liegt keine geschäftliche Handlung vor,[80] auch soweit die Öffentlichkeit davon Kenntnis erlangt hat.[81] Eine geschäftliche Handlung kann auch fehlen, soweit die öffentliche Hand oder ein im Rahmen eines ihm anvertrauten öffentlichen Amtes als „verlängerter Arm" der Behörde handelnder Privater[82] unmittelbar **in Ausführung von gesetzlich zugewiesenen Aufgaben oder Befugnissen** handelt.[83] Sie fehlt immer, wenn die Handlung zur Erfüllung der öffentlichen Aufgaben notwendig ist. Dann tritt auch nach der objektiven Sichtweise die damit möglicherweise verbundene Marktauswirkung hinter der gesetzlichen Aufgabenerfüllung zurück, so dass nach wertender Betrachtung der öffentlich-rechtliche Charakter dominiert. Das ist der Fall, wenn die öffentliche Hand allgemein **Steuern** erhebt,[84] auch wenn dadurch die Wettbewerbsposition von der Steuer belasteter Wettbewerber verschlechtert sein kann. Allerdings erscheint es nicht ausgeschlossen, dass eine in ihrer Zielrichtung wirtschaftslenkende, etwa selektive Besteuerung analog zur Situation bei den Beihilfen nach wertender Gesamtbetrachtung eine geschäftliche Handlung darstellen kann. **Gesetzgebungsakte** fallen grundsätzlich nicht unter die wettbewerbsrechtliche Beurteilung.[85]

---

[74] BGH GRUR 1993, 917 – Abrechnungs-Software für Zahnärzte.
[75] → Rn 14; zur Beurteilung nach der bisherigen Rechtsprechung → Rn 13.
[76] OLG München GRUR 2004, 169, 171 – Städtisches Krematorium; *Mees* FS Erdmann S. 657, 659; *Piper/Ohly* UWG Einf D Rn 30.
[77] → Rn 19.
[78] Hefermehl/*Köhler*/Bornkamm UWG § 2 Rn 13.26.
[79] Weitergehend *Tilmann/Schreibauer* GRUR 2002, 212, 220.
[80] BGH GRUR 1987, 829, 830 – Krankentransporte.
[81] OLG Koblenz WRP 1983, 225, 226.
[82] BGH GRUR 2006, 428 Rn 14 – Abschleppkosten-Inkasso.
[83] BGH GRUR 2006, 428 Rn 12 – Abschleppkosten-Inkasso.
[84] OLG München GRUR 2004, 169, 171 – Städtisches Krematorium; zu Beihilfen → Rn 18.
[85] Hefermehl/*Köhler*/Bornkamm UWG § 2 Rn 13.29.

E. Unlauterkeit

I. Allgemeines

Auch nach der UWG-Reform 2004 kann auf die von der Rechtsprechung zu § 1 aF entwickelten Grundsätze zurückgegriffen werden. Bei der wettbewerbsrechtlichen Beurteilung des Handelns der öffentlichen Hand sind neben § 3 Abs. 1 vor allem § 4 Nr. 1 und Nr. 2, § 4 Nr. 10 sowie Nr. 11 von Bedeutung.[86] Lauterkeitsrechtlich ist es der öffentlichen Hand nicht verwehrt, sich im Wettbewerb zu betätigen. Ausnahmen können sich aus öffentlich-rechtlichen Normen, namentlich in den Gemeindeordnungen (vgl. Art. 87 BayGO; § 107 NWGO) ergeben, die allein Marktzutrittsregelungen darstellen und nicht zugleich der Marktverhaltensregelung dienen.[87] Die Förderung eigenen oder fremden Wettbewerbs durch die öffentliche Hand ist erst dann unlauter, wenn über die bloße wirtschaftliche Betätigung hinaus **besondere Umstände** hinzutreten. Der Unlauterkeitsprüfung unterfällt also nicht das **„Ob"** der Beteiligung der öffentlichen Hand am Wettbewerb sondern allein das **„Wie"**.[88] Die Entscheidung über die Frage, ob sich die öffentliche Hand am Wettbewerb beteiligen darf, ist allein eine wirtschaftspolitische Entscheidung, die öffentlichrechtlicher Natur ist und vor den Verwaltungsgerichten zu klären ist.[89] Bei der lauterkeitsrechtlichen Beurteilung des Verhaltens der öffentlichen Hand sind wettbewerbsrechtliche Ausgangslage, der Anlass und Zweck des Handelns, die Begleitumstände und die Auswirkungen auf den Leistungswettbewerb zu berücksichtigen.[90] Die öffentliche Hand ist grundsätzlich an die generell für alle Marktteilnehmer geltenden Regeln lauteren Wettbewerbsverhaltens gebunden **(Grundsatz der Gleichbehandlung der öffentlichen Hand)**.[91] Umgekehrt kann sie sich gegenüber Mitbewerbern auf das Wettbewerbsrecht berufen, nach Auffassung des BGH jedoch nicht, soweit der konkreten Betätigung zwingende Vorschriften des öffentlichen Rechts entgegenstehen.[92] Diese Einschränkung wird man im Hinblick darauf abzulehnen haben, dass es für die Wettbewerbsverzerrung durch das Verhalten des Mitbewerbers nicht auf die öffentlich-rechtliche Rechtmäßigkeit der Betätigung der öffentlichen Hand ankommen kann, da die Beseitigung des Lauterkeitsverstoßes nicht allein im Individualinteresse des klagenden Mitbewerbers steht. Mithin kann der Umstand, dass sich der Mitbewerber bei seiner Marktbetätigung nach öffentlichem Recht rechtswidrig verhält, nicht dazu führen, dass er sich nicht mehr auf das auf sein Verhalten grundsätzlich anwendbare Wettbewerbsrecht berufen kann. 20

Die öffentliche Hand hat, wenn sie sich am Wettbewerb beteiligt, oft eine **besondere Position** inne, die sich aus Aspekten ergibt, wie einer besonderen Autorität, besonderen Vertrauens der Marktgegenseite in die Kompetenz oder Seriosität der öffentlichen Hand, das sich auch auf die von der öffentlichen Hand angebotenen Leistungen überträgt oder einer starken Finanzkraft sowie eines besonderen Zugangs zu Ressourcen und amtlichen Einrichtungen. Daraus können sich **Wettbewerbsverzerrungen** ergeben, die vom Wettbewerbsrecht zu beachten und gegebenenfalls auszugleichen sind und insoweit besondere Umstände für die Annahme unlauteren Verhaltens begründen können. Die nachfol- 21

[86] BGH GRUR 2005, 960, 961 – Friedhofsruhe; *Piper/Ohly* UWG Einf D Rn 31.

[87] → § 4–11 Rn 85.

[88] BGH GRUR 1987, 116, 118 – Kommunaler Bestattungswirtschaftsbetrieb I; GRUR 2005, 960, 961 – Friedhofsruhe; OLG Frankfurt GewArch 2008, 492 – Städtische Pietät.

[89] *Piper* GRUR 1986, 574, 578; Hefermehl/*Köhler*/Bornkamm UWG § 4 Rn 13.13; HK-UWG/*Plaß* § E4 Rn 21; BGH GRUR 1982, 425, 430 – Brillen-Selbstabgabestellen; → Rn 6.

[90] BGH GRUR 1982, 425, 430 – Brillen-Selbstabgabestellen; BGH WRP 1999, 176, 180 – Verwaltungsstellenleiter.

[91] BGH GRUR 1973, 530, 531 – Crailsheimer Stadtblatt; BGH GRUR 2003, 77, 78 – Fernwärme für Börnsen; BVerwGE 39, 329, 336; HK-UWG/*Plaß* § E4 Rn 20.

[92] BGH 1993, 692, 694 – Guldenburg; Hefermehl/*Köhler*/Bornkamm UWG § 4 Rn 13.7; zweifelnd *Piper/Ohly* UWG Einf D Rn 33.

gend[93] dargestellten Fallgruppen orientieren sich an diesen Besonderheiten. Eine marktbeherrschende Position der öffentlichen Hand schränkt diese in ihrem Handlungsspielraum für sich gesehen noch nicht ein. Wenn sie jedoch ihre überragende Stellung gerade aus ihrer öffentlichen Aufgabe ableitet, handelt sie unlauter: Die öffentliche Hand, die sich privatwirtschaftlich betätigt, darf sich bei der Wahrnehmung ihrer erwerbswirtschaftlichen Betätigung nicht dadurch einen unsachlichen Vorsprung vor ihren Mitbewerbern verschaffen, dass sie ihre hoheitlichen Befugnisse zur Durchsetzung ihrer privatwirtschaftlichen Interessen und zur Förderung ihres Wettbewerbs einsetzt oder die privaten Mitbewerber mit Mitteln verdrängt, die diesen nicht zugänglich sind, ihr dagegen auf Grund ihrer öffentlich-rechtlichen Sonderstellung zur Verfügung stehen, etwa indem sie eine öffentlich-rechtliche Monopolstellung ausnutzt.[94] Die öffentliche Hand muss allerdings nicht generell auf die **Wahrnehmung von Wettbewerbschancen** verzichten, die jedem Wettbewerber offen stehen. Sie kann durch Werbung auf Kosten privater Anbieter anderer Bereiche Kunden an sich ziehen oder ein Angebot im Rahmen der Erfüllung einer öffentlichen Aufgabe erweitern oder attraktiver gestalten und damit die Konkurrenz zu privaten Anbietern intensivieren.[95] Das gilt grundsätzlich auch dann, wenn sie in einem bestimmten Wirtschaftsbereich ein Monopol innehat. Je nach dem Grad der Marktmacht, dem Bestehen von Restwettbewerb und der Höhe der Marktzutrittsschranken muss die öffentliche Hand ihr Verhalten lediglich an eine allgemein marktbedingt gesteigerte Verantwortung anpassen.[96] Eine besondere Rücksichtnahme- oder Maßhaltepflicht der öffentlichen Hand aufgrund öffentlich-rechtlicher **Verwaltungsgrundsätze** besteht nicht.[97] Die besondere Position der öffentlichen Hand gibt dieser umgekehrt nicht das Recht, sich unter Berufung auf die Erfüllung der ihr obliegenden Aufgaben oder auf öffentlich-rechtliche Grundsätze, etwa das Gebot der Sparsamkeit,[98] den Regeln des lauteren Wettbewerbs zu entziehen.

22 Die Grundsätze zur Unlauterkeit des Verhaltens der öffentlichen Hand finden entsprechende Anwendung, wenn einer ansonsten nicht der öffentlichen Hand zugehörigen Stelle oder einem privaten Unternehmen in einer konkreten Situation oder einem bestimmten Zusammenhang eine **quasiamtliche Stellung** zukommt. Das ist zum Beispiel der Fall bei einer Züchtervereinigung im Sinne des Tierschutzgesetzes bei der Führung eines Zuchtbuchs.[99]

II. Fallgruppen unlauteren Verhaltens der öffentlichen Hand

1. Rechtsbruch

23 **a) Grundrechtsverstöße.** Bei hoheitlichem und schlicht hoheitlichem Tätigwerden ist die öffentliche Hand nach Art. 1 Abs. 3 GG an die **Grundrechte** gebunden.[100] Die privatwirtschaftliche Betätigung der öffentlichen Hand ohne entsprechende gesetzliche Ermächtigung stellt erst dann einen Grundrechtsverstoß dar, wenn sie gezielt Mitbewerber verdrängt oder wenn durch behördliche Maßnahmen ein unerlaubtes Monopol geschaffen wird.[101] In Betracht kommen vor allem Verstöße gegen den **Gleichheitsgrundsatz** nach Art. 3 Abs. 1 GG. Eine unterschiedliche Behandlung von Marktteilnehmern durch die öffentliche Hand ohne sachlichen Grund ist unlauter, wenn das Verhalten als geschäftliche Handlung zu qualifizieren ist.[102]

---

93 → Rn 23 ff.
94 BGH GRUR 1999, 256, 257–1000 DM Umwelt-Bonus; BGH GRUR 2003, 167, 169 – Kommunaler Schilderprägebetrieb.
95 OLG Dresden GRUR 1996, 73, 74 – MDR Sputnik.
96 BGH GRUR 1999, 256, 257 – 1000 DM Umwelt-Bonus.
97 Hefermehl/*Köhler*/Bornkamm UWG § 4 Rn 13.50.
98 BGH GRUR 2003, 633, 634 – Ausrüstungsgegenstände für Feuerlöscher.
99 BGH WRP 1999, 650, 655 – Holsteiner Pferd.
100 BGHZ 91, 84, 98 – Löschwasser; *Piper*/*Ohly* UWG Einf D Rn 35.
101 BVerwG NJW 1995, 2938, 2939; Hefermehl/*Köhler*/Bornkamm UWG § 4 Rn 13.12, 13.49.
102 → Rn 8 ff.

b) Sonstige Normverstöße. Nach §§ 3 Abs. 1, 4 Nr. 11 handelt unlauter, wer einer gesetzlichen Vorschrift zuwiderhandelt, die auch dazu bestimmt ist, im Interesse der Marktteilnehmer das **Marktverhalten** zu regeln. Nach früherer nunmehr überholter Rechtsprechung begründete die Verletzung einer Regelung zum Schutz eines wichtigen Gemeinschaftsgutes ohne weiteres die Unlauterkeit.[103] Nach neuerer Rechtsprechung des BGH kommt es dagegen darauf an, dass von dem Verstoß zugleich eine unlautere Störung des Wettbewerbs auf dem Markt ausgeht. Es muss eine am Schutzzweck des § 3 Abs. 1 auszurichtende Gesamtwürdigung des Verhaltens vorgenommen werden, um festzustellen, ob das Verhalten durch den Gesetzesverstoß das Gepräge eines unlauteren Verhaltens bekommt.[104] Die verletzte Norm muss zumindest auch eine auf die Lauterkeit des Wettbewerbs bezogene Schutzfunktion haben.[105] **24**

Öffentlich-rechtliche **Marktzutrittsbeschränkungen** fallen auch bei Annahme eines grundsätzlichen Marktbezugs nicht unter den lauterkeitsrechtlichen Rechtsbruchtatbestand. Soweit sie vorrangig dem Schutz der privaten Anbieter vor einem dominanten Wettbewerb durch die öffentliche Hand dienen und damit einen **Marktbezug** aufweisen, bezwecken sie in erster Linie den Marktstrukturerhalt. Da § 4 Nr. 11 nur Marktverhaltensregeln erfasst, muss bei Marktzutrittsregeln geprüft werden, ob diese zumindest sekundär auch der Marktverhaltensregelung dienen **(doppelfunktionale Vorschriften).**[106] Ein Verstoß gegen **§ 107 NWGO**[107] oder **Art. 87 BayGO**[108] sowie entsprechende Regelungen der Gemeindeordnungen anderer Länder begründet nach hM daher keinen Anspruch auf Unterlassung aus § 1 aF, weil die Vorschriften zwar auch die private Wirtschaft schützen sollen, indem sie der erwerbswirtschaftlichen Betätigung der Gemeinden Schranken setzen, jedoch nicht zur Kontrolle der Lauterkeit des Marktverhaltens von Gemeinden dienen.[109] Ein Lauterkeitsverstoß scheidet aus diesem Aspekt auch dann aus, wenn der Verstoß bewusst, hartnäckig oder planmäßig begangen oder bereits durch die Aufsichtsbehörde beanstandet wurde, weil der Gesetzesverstoß die Lauterkeit der erwerbswirtschaftlichen Tätigkeit als solche schon nicht berührt.[110] Die Regelungen sind auch keine Schutzgesetze im Sinne des § 823 Abs. 2 BGB.[111] Es können sich Lauterkeitsverstöße aber noch aus anderen besonderen Umständen, namentlich einem Autoritätsmissbrauch oder einem Missbrauch amtlicher Information ergeben.[112] Reine Marktzutrittsregelungen, die lediglich dem Erhalt der Marktstruktur dienen, sind auch Normen des **Baurechts,** die im Interesse der Mitbewerber in bestimmten Gebieten eine gewerbliche Tätigkeit verbieten.[113] Eine Marktzutrittsregelung ist auch § 30 SGB IV, wonach die Träger der Sozialversicherung nur Geschäfte zur Erfüllung ihrer gesetzlich vorgeschriebenen oder zugelassenen Aufgaben führen und ihre Mittel nur für diese Aufgaben sowie die Verwaltungskosten verwenden dürfen.[114] **25**

Handelt es sich bei der verletzten Norm nicht um eine reine Marktzutrittsnorm sondern um eine Norm, die zumindest auch den Zweck hat, das Marktverhalten im Interesse der Marktteilnehmer zu regeln (primäre oder sekundäre **Marktverhaltensregelung**), so kommt ein Verstoß gegen §§ 3 Abs. 1, 4 Nr. 11 in Betracht. Aufgrund des ausdrücklich **26**

---

[103] BGH GRUR 1990, 611, 615 – Werbung im Programm; BGH GRUR 2000, 1076, 1079 – Abgasemissionen; näher → § 4–11 Rn 18.

[104] BGH GRUR 2004, 247, 249 – Krankenkassenzulassung.

[105] BGH GRUR 2002, 825, 826f – Elektroarbeiten; BGH GRUR 2003, 164, 165 – Altautoverwertung; aA *Emmerich* Unlauterer Wettbewerb 7. Aufl. § 20 II 2; → auch § 4–11 Rn 20.

[106] BGH GRUR 2002, 825, 826f – Elektroarbeiten; BGH GRUR 2003, 164, 165 –Altautoverwertung; ausführlich zur Kritik des Schrifttums → § 4–11 Rn 26ff.

[107] BGH GRUR 2003, 164, 165f – Altautoverwertung.

[108] BGH GRUR 2002, 825, 826f – Elektroarbeiten.

[109] BGH GRUR 2003, 164, 166 – Altautoverwertung; aA mit guten Gründen *Emmerich* § 20 IV 2.

[110] BGH GRUR 2002, 825, 827 – Elektroarbeiten.

[111] BGH GRUR 2002, 825, 826 – Elektroarbeiten; BGH GRUR 2003, 164, 165 – Altautoverwertung.

[112] *Piper/Ohly* UWG Einf D Rn 51.

[113] *Köhler* GRUR 2004, 381, 384.

[114] Hefermehl/*Köhler*/Bornkamm UWG § 4 Rn 13.58; abweichend zur Rechtslage vor Inkrafttreten des § 4 Nr. 11 BGH GRUR 1996, 213, 216 – Sterbegeldversicherung.

auf den Schutzzweck des § 3 Abs. 1 ausgerichteten Wortlauts von § 4 Nr. 11 führt der Umstand, dass die Regelung dem **Schutz wichtiger Gemeinschaftsgüter** dient, nicht mehr zur zwingenden Annahme eines Lauterkeitsverstoßes.[115] Ein entsprechender auf wichtige Allgemeingüter bezogener Schutzzweck indiziert auch keinen Lauterkeitsverstoß, auch dann nicht, wenn die verletzte Norm im Übrigen, etwa wegen des Zwecks des Marktstrukturschutzes, einen unmittelbaren Marktbezug aufweist.[116]

27 Marktverhaltensregelnd sind: Das Gebot der **Trennung von Werbung und redaktionellem Programm** nach § 7 Abs. 3 RStV, weil es auch dem Schutz der Verbraucher und der Anbieter dient.[117] Bestimmte Regelungen in kommunalen **Friedhofssatzungen,**[118] namentlich die in der Satzung getroffene Regelung der zulässigen Arbeitszeiten für Grabpflegearbeiten.[119] Das **Verbot von Geschäften auf dem Schulgelände** nach § 47 Abs. 3 BbgSchulG ohne Bestehen einer Ausnahmegenehmigung durch den Schulträger.[120] Gestattet eine Schule einem privaten Fotounternehmen die Anfertigung und den Verkauf von Kinderportraits auf dem Schulgelände und ist das auf den Wettbewerb des Anbieters gerichtete Förderungsziel im Einzelfall feststellbar, wird ein Verstoß gegen §§ 3 Abs. 1, 4 Nr. 11 gleichwohl auch dann ausscheiden, wenn die Schule die Einholung der Ausnahmegenehmigung beim Schulträger unterlassen hat, weil es sich bei der Genehmigungseinholung um eine verwaltungsinterne Pflicht der Schulleitung ohne Wettbewerbsbezug handelt.[121] **Kartellrechtliche Vorschriften** sind per se marktbezogen und können darüber hinaus Marktverhaltensregelungen im Sinne des § 4 Nr. 11 darstellen.[122] Zudem kommt ein Verstoß gegen §§ 3 Abs. 1, 4 Nr. 10 in Betracht.[123] Die strafrechtlichen Verbote der **Vorteilsannahme** und -gewährung (§§ 331, 333 StGB) und der **Bestechlichkeit** und Bestechung (§§ 332, 334 StGB) sind marktverhaltensregelnd.[124] Das Verbot wettbewerbsverfälschender **Beihilfen** nach **Art. 87 EG** wird entgegen der hM als Marktverhaltensregel zu qualifizieren sein,[125] auch aus der Notwendigkeit heraus, den aus Marktordnungs- und Marktverhaltensrecht bestehenden Wettbewerbsschutz als in sich kompatibles Gesamtsystem zu verstehen. Das gemeinschaftsrechtliche Beihilfeverbot dient allerdings primär dem Wettbewerbsinstitutionsschutz und der Vervollständigung des Binnenmarktes. Damit ist es zwar Marktstrukturrecht; es ist jedoch auf das marktbezogene Verhalten der öffentlichen Hand gerichtet. Das rechtfertigt es, Art. 87 EG als Marktverhaltensregel im Sinne des § 4 Nr. 11 zu verstehen. Vorschriften des **Haushaltsrechts** sind dagegen keine Marktverhaltensregelungen, weil sie nicht dem Schutz von Mitbewerbern und Verbrauchern dienen.[126] Das Gleiche gilt für die **Immissionsschutzvorschriften** der 13. BImSchV, die für sämtliche Produktionszwecke gleich dem Nachbarschutz und dem Schutz der Allgemeinheit vor Emissionen von Großfeuerungsanlagen dienen, nicht jedoch dem Wettbewerbsinteresse der Mitbewerber und Verbraucher.[127] Ein Verstoß gegen **§ 126 Abs. 1 Satz 1 SGB V,** wonach

---

[115] Zur alten Rechtsprechung BGH GRUR 1990, 611, 615 – Werbung im Programm.

[116] Zur Rechtslage vor der Reform BGH GRUR 2000, 1076, 1079 – Abgasemissionen; BGH GRUR 2003, 250, 251 – Unzulässiges Remailing; BGH GRUR 2002, 269 f – Sportwetten-Genehmigung; dazu *Emmerich* § 20 II 1.

[117] BGH GRUR 1990, 611, 615 – Werbung im Programm, wo noch von einem aufgrund des auf ein wichtiges Gemeinschaftsgut bezogenen Schutzzwecks (Rundfunkfreiheit Art. 5 Abs. 1 Satz 2 GG) zwingend anzunehmenden Wettbewerbsverstoß ausgegangen wurde; Hefermehl/*Köhler*/Bornkamm UWG § 4 Rn 13.54.

[118] BGH GRUR 2005, 960, 961 – Friedhofsruhe.

[119] OLG Celle GRUR-RR 2004, 374, 375.

[120] BGH GRUR 2006, 77 Rn 25 – Schulfotoaktion.

[121] BGH GRUR 2006, 77 Rn 26 – Schulfotoaktion.

[122] BGH GRUR 2003, 77, 78 – Fernwärme für Börnsen.

[123] Hefermehl/*Köhler*/Bornkamm UWG § 4 Rn 13.61.

[124] BGH GRUR 2006, 77 Rn 27; *Piper/Ohly* UWG Einf D Rn 41.

[125] Hefermehl/*Köhler*/Bornkamm UWG § 4 Rn 13.59 (Verweis auf den Effektivitätsgrundsatz); aA OLG München GRUR 2004, 169, 170 – Städtisches Krematorium („kein auch nur sekundärer Marktbezug"); *Mees* FS Erdmann S. 657, 666 f; *Ullmann* GRUR 2003, 817, 822; Gloy/Loschelder/*Hasselblatt* § 50 Rn 80; MünchKomm/*Schaffert* UWG § 4 Nr. 11 Rn 65.

[126] Hefermehl/*Köhler*/Bornkamm UWG § 4 Rn 13.55.

[127] BGH GRUR 2000, 1076, 1079 – Abgasemissionen.

Hilfsmittel an Versicherte gesetzlicher Krankenkassen nur von zugelassenen Leistungserbringern abgegeben werden dürfen, führt nicht zu einem wettbewerbsrechtlichen Unterlassungsanspruch einer Handwerksinnung, da die Rechtsbeziehungen der Krankenkassen zu den Leistungserbringern, auch soweit sich daraus Rechte Dritter ergeben, nach § 69 SGB V ausschließlich sozialversicherungsrechtlich und nicht privatrechtlich geregelt und damit dem Rechtsschutz nach dem UWG entzogen sind.[128]

2. Amtliche Empfehlungen und Auskünfte

Wenn die öffentliche Hand **Empfehlungen** zu Gunsten oder zu Lasten der Leistungen eines privaten Anbieters abgibt, kann darin eine geschäftliche Handlung liegen, soweit sie damit ihren eigenen oder den Wettbewerb des begünstigten Anbieters fördert, insbesondere, wenn die öffentliche Hand ein **wirtschaftliches Eigeninteresse** an der Förderung eines fremden Wettbewerbs durch die Empfehlungsabgabe hat.[129] In der Empfehlung muss ein Übertreten der öffentlichen Aufgabenerfüllung liegen, da Auswirkungen auf den Wettbewerb anderenfalls bloße lauterkeitsrechtlich unbeachtliche immanente Marktwirkungen des Handelns der öffentlichen Hand sind und dann keine geschäftliche Handlung angenommen werden kann.[130] Ihre öffentliche Aufgabenerfüllung übertritt die öffentliche Hand namentlich dann, wenn sie sich bei der Abgabe der amtlichen Empfehlung nicht an die Erfordernisse aus der **Objektivität und Neutralität der Amtsführung** hält. Im Missbrauch des der öffentlichen Hand entgegengebrachten Vertrauens in die Objektivität und Neutralität der Amtsführung oder der Autorität der Verwaltung,[131] liegt regelmäßig ein besonderer Grund für die Bejahung der Unlauterkeit. Das ist der Fall, wenn die Empfehlung nicht das Ergebnis einer sachlichen und unparteiischen Wertung ist, sondern von geschäftlichen Interessen bestimmt wird und die Gleichbehandlung von Mitbewerbern beeinträchtigt.[132] Die Unlauterkeit kann sich zudem nach Abwägung der Umstände des Einzelfalls aus dem Gesichtspunkt der **unbilligen Behinderung** (§ 4 Nr. 10) ergeben. Eine unbillige Behinderung scheidet aus, wenn die Empfehlung der öffentlichen Hand in einem schutzwürdigen **öffentlichen Interesse** liegt. So sah der BGH keine unbillige Behinderung der inländischen zahntechnischen Betriebe darin, dass ein Verband von Ersatzkassen Zahnärzten und Patienten empfahl, kostengünstigeren Zahnersatz aus den Philippinen zu beziehen. Der Verband handelte dabei im legitimen Eigeninteresse an Kostendämpfung, da die ihm angeschlossenen Krankenkassen die zahntechnischen Leistungen als Sachleistung gewähren und damit auch zu bezahlen haben.[133] 28

Entsprechendes wie für Empfehlungen gilt allgemein für amtliche **Auskünfte**. Bewusst unvollständige oder irreführende Auskünfte sind jedenfalls unlauter.[134] Eine lückenlose und alle in Betracht kommenden Anbieter benennende Auskunftserteilung ist regelmäßig jedoch nicht erforderlich.[135] Im Einzelfall hängt der Umfang der notwendigen Auskunft von der konkreten Auskunftssituation ab. Ob ein Verhalten der öffentlichen Hand als amtliche Empfehlung aufzufassen ist, ist aus der Perspektive des angesprochenen Verkehrs unter Heranziehung des Leitbilds eines durchschnittlich informierten, aufmerksamen und verständigen Adressaten zu bestimmen.[136] Verstehen die angesprochenen **Verkehrskreise** die Handlung nicht als amtliche Empfehlung sondern als Aussage eines gewöhnlichen Marktteilnehmers, fehlt es an den besonderen Umständen, die zu einer dem Missbrauch besonderer 29

[128] BGH GRUR 2004, 247, 249 – Krankenkassenzulassung; → Rn 6.
[129] BGH GRUR 2002, 550, 551 – Elternbriefe.
[130] → Rn 16.
[131] BGH GRUR 1984, 665, 667- Werbung in Schulen; → Rn 31 ff.
[132] BGH GRUR 1956, 216 – Bad Ems; BGH GRUR 2002, 550, 551 – Elternbriefe.
[133] BGH WRP 2000, 759, 761 – Zahnersatz aus Manila (zu § 20 Abs. 1 GWB); s. aber nunmehr § 69 SGB V, → Rn 6.
[134] BGH GRUR 1994, 516, 517 – Auskunft über Notdienste.
[135] BGH GRUR 1994, 516, 517 – Auskunft über Notdienste.
[136] BGH GRUR 2002, 550, 551 f – Elternbriefe.

Autorität oder Objektivität beruhenden Unlauterkeit führen könnten. Deshalb ist bei der Werbung erwerbswirtschaftlich tätiger Unternehmen in staatlicher Hand im Regelfall kein Missbrauch von besonderem Vertrauen oder Autorität anzunehmen.[137] Die Unlauterkeit kann im Einzelfall auch dadurch entfallen, dass durch die Herstellung von ausreichender **Transparenz** der Zusammenarbeit der öffentlichen Hand mit einem privaten Anbieter die besondere Vertrauenserwartung der angesprochenen Verkehrskreise relativiert wird.[138] Gerade, wenn den maßgeblichen Verkehrskreisen deutlich gemacht wird, dass die Verwaltung eine Zusammenarbeit im Interesse ihrer Aufgabenerfüllung wegen eines in diesem Zusammenhang mit der Zusammenarbeit erzielten sachgerechten Vorteils vornimmt, mag der Eindruck einer Empfehlung unter Inanspruchnahme eines besonderen Vertrauens im Einzelfall zurücktreten. So wird man die Genehmigung von sowohl dem öffentlichen Erziehungsinteresse als auch daneben der Imagewerbung dienenden Aktionen privater Unternehmen durch eine **Schule** nicht als unlauter anzusehen haben. Die Zulassung von Werbung einzelner Unternehmen in Schulen durch die Schulleitung ohne eine Verbindung zur Aufgabenerfüllung der Schule ist dagegen bedenklich.[139] Wenn kein unsachlicher Einfluss seitens der Schule auf die Eltern ausgeübt wird, sind Schulfotoaktionen nicht als unlautere Empfehlungen anzusehen, auch dann nicht, wenn der Zulassung der Aktion eine Sachspende an die Schule vorangegangen ist.[140] Wenn nach dem Gesamtbild der Handlung die angesprochenen Verkehrskreise keine auch nur schlüssige eigene Stellungnahme der Verwaltung zu dem Angebot des privaten Marktteilnehmers sehen, sondern nur einen neutralen Bezug, liegt ebenfalls keine Unlauterkeit vor. Soweit die angesprochenen Verkehrskreise die **Beilage von Werbematerial** in amtlichen Schreiben ohne einen Bezug auf die Werbung in der amtlichen Äußerung selbst nur als von letzterer unabhängige Werbung eines privaten Anbieters ansehen, scheidet die Annahme eines Missbrauchs amtlicher Objektivität aus.[141] Die Vermietung von **Werbeflächen** in öffentlichen Gebäuden ist regelmäßig nicht als gegen die Gebote der Objektivität verstoßende Stellungnahme aufzufassen.[142] Anders kann es sein, wenn sich die Auswahl der zugelassenen Anbieter als offensichtlich unsachlich darstellt, weil bei der Vergabe von Werbeflächen nur bestimmte Anbieter bevorzugt werden, von deren wirtschaftlichem Erfolg die öffentliche Hand über die bloße Gegenleistung aus dem Mietvertrag hinaus unmittelbar profitiert.

30 Als geschäftliche Handlungen zu qualifizierende[143] **Kritik** an Mitbewerbern oder **Warnungen** vor bestimmten Produkten von Mitbewerbern unterliegen aus Sicht des Wettbewerbsrechts keinen strengeren Anforderungen als entsprechende Handlungen Privater. Wenn sich die öffentliche Hand selbst am Wettbewerb beteiligt, kann sie sich derselben Mittel bedienen, wie ein privater Mitbewerber und ist insoweit keinem besonderen Neutralitätsgebot unterworfen.[144] Ansonsten sind Warnungen oder Kritik zulässig, wenn sie im Rahmen der Aufgabenerfüllung der öffentlichen Hand erfolgen und zur Gefahrenabwehr erforderlich sind.[145]

3. Autoritäts- oder Vertrauensmissbrauch

31 Die Fallgruppe des Autoritäts- bzw. Vertrauensmissbrauchs überschneidet sich zum Teil einerseits mit der Fallgruppe der amtlichen Information,[146] andererseits mit der Fallgruppe

---

[137] *Piper/Ohly* UWG Einf D Rn 39.
[138] S. auch *Piper/Ohly* UWG Einf D Rn 39.
[139] Hefermehl/*Köhler*/Bornkamm UWG § 4 Rn 13.38; BGH GRUR 1984, 665, 666 – Werbung in Schulen.
[140] *Piper/Ohly* UWG Einf D Rn 39; BGH GRUR 2006, 77 Rn 16 ff; aA die Vorinstanz OLG Brandenburg WRP 2003, 903, 905 – Schulfotovertrieb.
[141] BGH GRUR 2002, 550, 552 – Elternbriefe.
[142] Hefermehl/*Köhler*/Bornkamm UWG § 4 Rn 13.38.
[143] → Rn 16.
[144] *Piper/Ohly* UWG Einf D Rn 40.
[145] HK-UWG/*Plaß* § E4 Rn 34.
[146] → Rn 28 f.

der missbräuchlichen Nutzung amtlicher Ressourcen, Informationen oder Einflussmöglichkeiten (Rn 35 ff). Im Grundsatz ist die öffentliche Hand, die am Wettbewerb teilnimmt, den gleichen lauterkeitsrechtlichen Regeln unterworfen wie andere Marktteilnehmer.[147] Sie kann in gewissem Rahmen auch ein ihr vom Publikum entgegengebrachtes **Vertrauen** in Seriosität oder Sachkunde nutzen, ebenso, wie private Marktteilnehmer eine ihnen entgegengebrachte besondere Sachkompetenz, etwa aufgrund langjähriger Markterfahrung oder starker Marktposition ausnutzen können. Eingeschränkt kann der Handlungsspielraum der öffentlichen Hand allgemein dann sein, wenn keine hinreichende **Trennung zwischen der hoheitlichen Aufgabenerfüllung und der erwerbswirtschaftlichen Betätigung** gewahrt ist, so dass eine Überleitung des der öffentlichen Hand in ihrer Amtsfunktion entgegengebrachten spezifischen Vertrauens auf dem Eindruck der Öffentlichkeit beruht, die erwerbswirtschaftliche Betätigung sei Teil der hoheitlichen Aufgabenerfüllung.[148] Bei **erwerbswirtschaftlicher Betätigung** der öffentlichen Hand ist nicht ohne Weiteres davon auszugehen, dass die Verbraucher im Sinne des maßgeblichen Leitbilds des **durchschnittlich informierten, aufmerksamen und verständigen Verbrauchers** ein besonders gesteigertes Vertrauen aufbringen, welches über einen auch von privaten Mitbewerbern erreichbaren Kompetenzkredit hinausgeht.[149] Anders ist dies bei **hoheitlichem** oder schlicht hoheitlichem Tätigwerden, insbesondere bei der Abgabe von Auskünften durch staatliche Stellen. In diesem Rahmen ist die Schwelle zur Annahme eines unlauteren Missbrauchs besonderen Vertrauens niedriger als bei rein erwerbswirtschaftlicher Betätigung. Ein Hinweis auf **hoheitliche Regelungsautorität** wird im Rahmen rein erwerbswirtschaftlicher Betätigung der öffentlichen Hand unzulässig sein, weil dies im Zusammenhang mit erwerbswirtschaftlicher Betätigung einen sachfremden Gesichtspunkt darstellt. Im Rahmen der ihr zugewiesenen Aufgaben kann die öffentliche Hand bei **hoheitlichem und schlicht hoheitlichem Tätigwerden,** das als geschäftliche Handlung zu qualifizieren ist, von ihrer Autorität Gebrauch machen.[150] Ein Missbrauch kommt erst bei Hinzutreten besonderer Umstände in Betracht, die den Einsatz der amtlichen Autorität als sachwidrig erscheinen lassen. Dann kann neben einem Verstoß gegen die Generalklausel eine unsachliche Beeinflussung nach § 4 Nr. 1, ein Fall des § 4 Nr. 2 im Fall einer Einwirkung auf besonders schutzwürdige Personenkreise oder eine Irreführung vorliegen.

Nach diesen Grundsätzen liegt ein **unlauterer Vertrauensmissbrauch** als unsachliche 32
Beeinflussung im Sinne des § 4 Nr. 1 vor, wenn eine staatliche Stelle in hoheitlicher Aufgabenerfüllung die Leistungen eines bestimmten privaten Anbieters **empfiehlt,** ohne sich im Rahmen einer sachlichen und unparteiischen Wertung zu bewegen, sondern ihre Empfehlung von geschäftlichen Interessen bestimmen lässt und dadurch Mitbewerber diskriminiert.[151] Die durch das besondere Vertrauen in die sachliche und weitestmöglich objektive Amtsführung vermittelte besondere Beeinflussung der angesprochenen Verkehrskreise ist dann unlauter, weil sie tatsächlich auf einer unsachlichen Abwägung beruht. Es kann deshalb ein unlauterer Missbrauch der amtlichen Vertrauensstellung sein, wenn ein kommunales Fremdenverkehrsbüro auf gezielte eng umschriebene Nachfrage eines Interessenten ausschließlich einen staatlichen Hotelbetrieb nennt und andere, im Gemeindebereich offensichtlich in Betracht kommenden Betriebe, nicht berücksichtigt.[152] Die Nichtbeauftragung eines privaten Krankentransportunternehmens anstatt eines gemeinnützigen Krankentransports entgegen dem ausdrücklichen Wunsch des Patienten durch einen öffentlichen Krankenhausträger wurde ebenfalls als unlauter angesehen.[153] Dagegen liegt kein Lauterkeitsverstoß in der generellen Weiterleitung der anfallenden Transportaufträge an die

---

147 → Rn 20.
148 HK-UWG/*Plaß* § E4 Rn 39.
149 S. auch *Piper/Ohly* UWG Einf D Rn 36.
150 HK-UWG/*Plaß* § E4 Rn 28.
151 BGH GRUR 2002, 550, 551 – Elternbriefe; zu den Einzelgestaltungen → Rn 28.
152 BGH GRUR 1956, 216, 217 f – Bad Ems.
153 BGH GRUR 1989, 430, 431 – Krankentransportbestellung.

örtliche Rettungsleitstelle.[154] Der Krankenhausträger ist nicht gehalten, auch ohne ausdrücklichen Wunsch eines Patienten in jedem Einzelfall eine gesonderte Auswahlentscheidung unter Einbeziehung sämtlicher Krankentransportunternehmen zu treffen. Keine unlautere Beeinflussung stellt es dar, wenn in amtlichen **Mitteilungsblättern** Werbung geschaltet ist oder Werbebroschüren zusammen mit **Behördenpost** versendet werden,[155] soweit darin aus Sicht der angesprochenen Verkehrskreise, für die der Maßstab des gemeinschaftsrechtlich entwickelten Durchschnittsverbrauchers anzulegen ist, keine eigene werbende Stellungnahme bzw. einseitige Empfehlung der Behörde zu sehen ist. Anderenfalls besteht die Gefahr, dass das besondere Vertrauen in die Amtsführung bzw. die amtliche Autorität auf das werbende Unternehmen übergeleitet wird.[156] Zudem kann in der Zurverfügungstellung der behördlichen Adressdaten zu Werbezwecken eine unlautere Ausnutzung amtlicher Informationen im Sinne einer **Verquickung hoheitlicher und erwerbswirtschaftlicher Interessen** liegen.[157] Es ist unlauter, wenn eine gesetzliche Krankenkasse mit der Herausstellung des Logos eines Optikerbetriebs neben dem eigenen Logo den Eindruck einer ständigen Partnerschaft gerade mit diesem Optikerbetrieb erweckt.[158] Auch bei der Duldung von **Vertreterwerbung** für eine Jugendzeitschrift in **öffentlichen Schulen** kann der Eindruck entstehen, dass die Schule oder deren Funktionsträger hinter dem Angebot stehen. Nachdem die Schule für die Eltern jedenfalls in der Frage der Beurteilung der pädagogischen Qualität von solchen Zeitschriften als sachverständig und damit als, wenn auch vielleicht nicht alleinige, Autorität gilt, kann eine Beeinflussung stattfinden, die auf besonderem Vertrauen in die Kompetenz der öffentlichen Einrichtung beruht. Dieses Vertrauen wird aber nicht ohne weiteres missbräuchlich eingesetzt, wenn die Eltern ihre Kaufentscheidung nur auf die besondere pädagogische Sachkenntnis der Lehrer stützen, die der Entscheidung über die Duldung der Werbung zugrunde liegt und nicht auf sachfremde Erwägungen. Eine unsachliche Einflussnahme liegt in solchen Fällen aber vor, wenn die Duldungsentscheidung der zuständigen Lehrer ihrerseits auf sachfremden Erwägungen beruht, wie etwa im Fall des Versprechens besonderer persönlicher Vorteile gegenüber dem verantwortlichen Lehrer für das Dulden der Werbung.[159] Eine Sachspende für die Schule, die unabhängig von einem Verkaufserfolg der Werbeaktion gewährt wird, reicht regelmäßig nicht aus,[160] ebenfalls nicht, wenn die Werbeaktion unmittelbar mit dem Erziehungsauftrag der Schule verbunden wird, etwa bei von Privatunternehmen gesponsorten Verkehrserziehungsveranstaltungen. Stellt ein Unternehmen Produkte zur Verfügung, die im Schulbetrieb verwendet werden, ist erst recht nicht von einem Missbrauch des der Schule entgegengebrachten Vertrauens in die Kompetenz der öffentlichen Hand auszugehen, solange nicht im Einzelfall über das bloße werbliche Inerscheinungtreten hinausgehende und die Qualifizierung der Werbemaßnahme als unlauter rechtfertigende Umstände erkennbar sind.[161]

33 Ein **Autoritätsmissbrauch** liegt vor, wenn amtliche Autorität dazu eingesetzt wird, in unsachlicher Weise den Entscheidungsprozess der angesprochenen Verkehrskreise durch Druck oder Zwang zu beeinflussen. Das ist der Fall, wenn den Verbrauchern nachteilige Konsequenzen für den Fall der Nichtbeachtung einer als amtliche Anordnung oder ernsthafte Empfehlung verstandenen Maßnahme in Aussicht gestellt werden. Würde den Eltern im Rahmen von Werbemaßnahmen an Schulen der Eindruck vermittelt, bei Nichtbezug des beworbenen Produktes drohe den Kindern eine nachteilige Behandlung in der Schule, wäre dies missbräuchlich.[162] Eine Inanspruchnahme amtlicher Autorität kann grundsätzlich

---

[154] BGH GRUR 1987, 829, 831 – Krankentransporte.
[155] BGH GRUR 2002, 550, 553 – Elternbriefe.
[156] HK-UWG/*Plaß* § E4 Rn 42; zu diesem Gesichtspunkt dagegen *Piper/Ohly* UWG Einf D Rn 45.
[157] → Rn 39; s. auch *Piper/Ohly* UWG Einf D Rn 45.
[158] OLG Frankfurt WRP 1998, 1011, 1012 – Gemeinschaftswerbung von Krankenkasse und Optiker.
[159] BGH GRUR 1984, 665, 667 – Werbung in Schulen.
[160] → Rn 29.
[161] OLG Frankurt WRP 2001, 294, 296 – Schulprogramm als Werbeträger.
[162] BGH GRUR 1984, 665, 667 – Werbung in Schulen.

auch darin liegen, dass die öffentliche Hand es zulässt, dass ein erwerbswirtschaftliches Unternehmen in **unmittelbarer räumlicher Nähe zu Amtsräumen** seine Leistungen anbietet oder wenn sie ihre eigene erwerbswirtschaftliche Tätigkeit in unmittelbarer Nähe von Amtsräumen anbietet, soweit die Nachfrager daraus eine implizite amtliche Empfehlung der Leistungen des Anbieters entnehmen können. Der letztere Fall überschneidet sich mit der Fallgruppe der missbräuchlichen Nutzung von Hoheitsbefugnissen oder besonderen Standortvorteilen der öffentlichen Hand bzw. der unzulässigen Verquickung öffentlich-rechtlicher Aufgaben mit einer erwerbswirtschaftlichen Tätigkeit der öffentlichen Hand,[163] allerdings steht beim Vertrauens- und Autoritätsmissbrauch gerade die Einwirkung auf die Verbraucherentscheidung im Vordergrund. Soweit die Räume einer gemeindlichen Friedhofsverwaltung und eines von der Gemeinde gewerblich betriebenen Bestattungsbetriebs räumlich hinreichend voneinander getrennt sind und Hinterbliebene zwischen den verschiedenen Angeboten gewerblicher Bestattungsunternehmen frei wählen können, liegt kein unangemessener unsachlicher Einfluss auf mögliche Kunden vor.[164]

Für **Eigenwerbung von Unternehmen der öffentlichen Hand** gelten die gleichen Grundsätze wie für Werbung privater Anbieter. Besondere Zurückhaltungspflichten, erst recht eine Neutralitätspflicht im Hinblick auf ein mögliches gesteigertes Vertrauen der Werbeadressaten in die Seriosität der öffentlichen Hand, bestehen nicht generell,[165] da der verständige Durchschnittsverbraucher nicht davon ausgeht, dass ein staatliches Unternehmen auf Werbung für die eigene Leistung verzichtet. Zurückhaltungspflichten können sich aber im Einzelfall ergeben, falls ein besonderes Vertrauen im Zusammenhang oder im Vorfeld der Werbung über den bloßen Umstand hinaus, dass es sich um ein Unternehmen der öffentlichen Hand handelt, begründet wurde. Ein staatliches Unternehmen ist regelmäßig auch nicht zu gegenüber der Werbung anderer Anbieter besonders sachlicher und informativer Werbung verpflichtet.[166] Es dürfte generell als unlautere Einflussnahme auf die Verbraucherentscheidung zu bewerten sein, wenn sich ein gewerbliches Unternehmen der öffentlichen Hand direkt oder indirekt auf irgendwie geartete eigene hoheitliche Autorität beruft, da dies eine sachfremde Verbindung zwischen einer erwerbswirtschaftlichen Betätigung mit den gleichen Mitteln wie private Mitbewerber und hoheitlicher Autorität darstellt. Ein kommunales Bestattungsunternehmen, das den irreführenden Eindruck erweckt, es nehme eine hoheitliche Aufgabe wahr, handelt unlauter, weil es damit beim Verkehr eine besondere Vertrauenswürdigkeit in Anspruch nimmt.[167] 34

4. Nutzung amtlicher Ressourcen und hoheitlicher Regelungsbefugnisse

Die Fallgruppe umfasst Fälle, in denen die öffentliche Hand ihre aufgrund ihrer öffentlich-rechtlichen Position spezifisch zukommenden Möglichkeiten im Rahmen ihrer erwerbswirtschaftlichen Betätigung missbräuchlich ausnutzt, und sich dadurch einen unlauteren Vorteil im Wettbewerb mit anderen Mitbewerbern verschafft. Nach der Rechtsprechung bedient sich die öffentliche Hand sittenwidriger Mittel, wenn sie sich bei der Wahrnehmung ihrer erwerbswirtschaftlichen Betätigung einen unsachlichen Vorsprung vor ihren Mitbewerbern dadurch verschafft, dass sie ihre hoheitlichen Befugnisse zur Verbesserung ihrer privatwirtschaftlichen Interessen und zur Förderung ihres Wettbewerbs einsetzt oder die privaten Mitbewerber mit diesen nicht zugänglichen Mitteln, die ihr aufgrund ihrer öffentlich-rechtlichen Sonderstellung zur Verfügung stehen, verdrängt, etwa indem sie eine öffentlich-rechtliche Monopolstellung ausnutzt.[168] Die zur Unlauterkeit führende Missbräuchlichkeit 35

---

163 → Rn 35 ff.

164 BGH GRUR 2005, 960, 962 – Friedhofsruhe.

165 Hefermehl/*Köhler*/Bornkamm UWG § 4 Rn 13.41; *Piper/Ohly* UWG Einf D Rn 36.

166 *Piper/Ohly* UWG Einf D Rn 36; aA BGH GRUR 1985, 975, 976 – Sparkassenverkaufsaktion; HK-UWG/*Plaß* § E4 Rn 35.

167 OLG Frankfurt GewArch 2008, 492 – Städtische Pietät.

168 Ständige Rechtsprechung, BGH GRUR 1999, 256, 257–1000 DM Umwelt-Bonus; BGH GRUR 1987, 116, 118 – Kommunaler Bestattungswirtschaftsbetrieb I; BGH GRUR 2003, 77, 78 – Fernwärme für

liegt also in der Verletzung der **Waffengleichheit** als Ausfluss des Grundsatzes der Gleichbehandlung der erwerbswirtschaftlich tätigen öffentlichen Hand mit privaten Wettbewerbern. Während bei der Fallgruppe des Vertrauens- und Autoritätsmissbrauchs, bei dem es letztlich auch um einen Einsatz spezifischer Vorteile der öffentlichen Hand im Wettbewerb geht, die unsachliche Einwirkung auf die Verbraucher im Vordergrund steht, steht bei dieser Fallgruppe die Verletzung der Mitbewerberinteressen durch Ausnutzung eines durch amtliche Möglichkeiten geschaffenen Vorteils im Vordergrund.[169] Nutzt die öffentlichen Hand die ihr zur Erfüllung ihrer Aufgaben zur Verfügung stehenden öffentliche Ressourcen im Rahmen einer erwerbswirtschaftlichen Tätigkeit lediglich sekundär mit, so dass sich die Nutzung der öffentlichen Ressourcen als reine **Randnutzung** darstellt, ist dies grundsätzlich zulässig, soweit eine hinreichende Trennung zwischen amtlichem und erwerbswirtschaftlichem Tätigkeitsbereich gewährleistet ist.[170] Die öffentliche Hand ist grundsätzlich nicht gehindert, für ihre erwerbswirtschaftliche Tätigkeit in angemessener Weise Mittel einzusetzen, die ihr auf Grund ihrer öffentlich-rechtlichen Stellung zur Verfügung stehen, da es im **öffentlichen Interesse** liegt, dass die Mittel, die der öffentlichen Hand zur Verfügung stehen, wirtschaftlich eingesetzt werden.[171]

36 Die öffentliche Hand kann grundsätzlich im Wettbewerb mit privaten Mitbewerbern **Standortvorteile** nutzen. Sie muss dabei aber dafür sorgen, dass es einerseits unter dem Gesichtspunkt des Vertrauens- bzw. Autoritätsmissbrauchs nicht zu einer unsachlichen Beeinflussung der Verbraucherentscheidung kommen kann.[172] Andererseits darf es unter dem Gesichtspunkt des Missbrauchs hoheitlicher Sondervorteile nicht zu einer Verletzung von Mitbewerberinteressen kommen. In diesem Sinne muss eine **Verquickung von amtlicher und privatwirtschaftlicher Tätigkeit** vermieden werden. Eine solche Verquickung, die zur Beurteilung als unlauteres Verhalten der öffentlichen Hand führt, liegt etwa vor, wenn keine hinreichende räumliche Trennung zwischen amtlich genutzten Räumlichkeiten und den Bereichen, in denen die privatwirtschaftliche Betätigung stattfindet, besteht. So kann eine Gemeinde auf dem Gelände des gemeindlichen Friedhofs einen gewerblichen Bestattungsdienst als Eigenbetrieb betreiben.[173] Darin liegt eine grundsätzlich zulässige Randnutzung. Eine unzulässige Verquickung von öffentlich-rechtlicher Aufgabe mit einer erwerbswirtschaftlichen Betätigung wurde vom BGH hingegen im Fall der Unterhaltung eines kommunalen Schilderprägebetriebs im selben Gebäude wie die gemeindliche Kfz-Zulassungsstelle angenommen. Maßgeblich war nach Auffassung des BGH, dass die Gemeinde ihre aus der Erfüllung der hoheitlichen Aufgabe im Zusammenhang mit dem Betrieb der Kfz-Zulassungsstelle folgende marktbeherrschende Stellung gezielt ausgenutzt habe, um auf diese Weise für sich den größten wirtschaftlichen Vorteil zu erzielen. Diese subjektive Bewertung[174] dürfte allein allerdings nicht geeignet sein, um eine erlaubte Randnutzung von einer unlauteren Verquickung von amtlicher und erwerbswirtschaftlicher Tätigkeit sicher vorzunehmen und den Fall hinreichend von dem Fall des Betriebs eines gewerblichen Bestattungsdienstes auf dem gemeindlichen Friedhof abzugrenzen. Ein wesentlicher Unterschied lag jedoch darin, dass die Gemeinde ihren eigenen Schilderprägebetrieb gegenüber den privaten Mitbewerbern, denen sie im selben Gebäude Räumlichkeiten vermietet hatte, bevorzugt hatte, indem sie insoweit auf ein ansonsten durchgeführtes Ausschreibungsverfahren verzichtet hatte. Demgegenüber lag in dem Fall des Betriebs eines Bestattungsdienstes keine Behinderung von Mitbewerbern, abgesehen von dem Umstand der Nutzung des besonderen Standortvorteils, vor. Daraus dürfte zu folgern sein, dass die öffentliche Hand

---

Börnsen; BGH GRUR 2003, 167, 169 – Kommunaler Schilderprägebetrieb; BGH GRUR 2005, 960, 961 – Friedhofsruhe.

169 *Piper/Ohly* UWG Einf D Rn 42.

170 → Rn 33.

171 BGH GRUR 2005, 960, 962 – Friedhofsruhe.

172 → Rn 31 ff.

173 BGH GRUR 2005, 960, 962 – Friedhofsruhe.

174 Deutlich etwa HK-UWG/*Plaß* § E4 Rn 48; s. auch *Piper/Ohly* UWG Einf D Rn 43.

zwar durchaus einen gewerblichen Schilderprägebetrieb im Gebäude der Kfz-Zulassungsstelle betreiben und die damit verbundenen Standortvorteile ausnutzen, jedoch Mitbewerber darüber hinaus nicht unbillig behindern darf.[175]

Es ist jedenfalls nicht zu beanstanden, soweit die erwerbswirtschaftliche Betätigung der öffentlichen Hand unter Ausnutzung öffentlicher Ressourcen im **öffentlichen Interesse** liegt, weil sie zu einer effektiveren Erfüllung der öffentlichen Aufgaben beiträgt und sich insoweit lediglich als **Hilfstätigkeit der öffentlichen Aufgabenerfüllung** darstellt. Voraussetzung dafür ist ein enger **sachlicher Zusammenhang zwischen dem öffentlichen Zweck der amtlichen Betätigung und der erwerbswirtschaftlichen Hilfstätigkeit.**[176] Eine Gemeinde, die ein eigenes Bestattungsunternehmen betreibt, muss deshalb allein aus Rücksichtnahme auf die wirtschaftlichen Interessen der Mitbewerber nicht zu Lasten des Publikums und ihres eigenen Verwaltungsablaufs den Gang der Auftragserteilung im Bestattungswirtschaftsbetrieb, mit dem sie im öffentlichen Interesse liegende Aufgaben angemessen und sachgerecht erfüllt, durch Verlegung der dafür erforderlichen Diensträume in weiter entfernt liegende Gebäudeteile oder sogar ganz nach außerhalb erschweren, verlangsamen und verteuern.[177] Entsprechendes gilt für den Betrieb eines kommunalen Schilderprägeunternehmens, der jedenfalls im Interesse einer effektiven Versorgung der Kunden mit Kfz-Schildern grundsätzlich im öffentlichen Interesse liegt und insoweit gerechtfertigt ist[178] oder für den Betrieb einer Altautoverwertung.[179] Die öffentliche Hand muss in diesem Rahmen allerdings auf die wettbewerblichen Interessen der privaten Mitbewerber in angemessener Weise Rücksicht nehmen[180] und sich des schonendsten Mittels bedienen.[181] Die im Vergleich zu privaten Anbietern gesteigerte Rücksichtnahmepflicht[182] ergibt sich auch daraus, dass der hoheitliche Charakter der öffentlich-rechtlichen Aufgabenerfüllung insoweit auf die gewerbliche Hilfstätigkeit ausstrahlt. Die öffentliche Hand muss sich in Erfüllung der **Rücksichtnahmepflicht,** aber auch im Fall, dass private Anbieter die Versorgung ebenfalls zufrieden stellend übernehmen könnten, nicht gänzlich der entsprechenden erwerbswirtschaftlichen Betätigung enthalten und das Geschäft privaten Anbietern überlassen.[183] Wenn sie das Geschäft jedoch nicht oder nicht alleine betreibt, sondern öffentliche Bereiche an private Anbieter vermietet, muss sie willkürfrei vorgehen und die Interessen sämtlicher Interessenten bestmöglich wahren.[184] Insbesondere darf sie nicht einzelne Interessenten aus unsachlichen Gründen ausschließen.[185] Gegebenenfalls muss ein Ausschreibungsverfahren durchgeführt werden.[186] 37

Es ist der öffentlichen Hand grundsätzlich untersagt, **amtliche Beziehungen zur Werbung oder zum Abschluss von Verträgen auszunutzen,** um sich oder einem Dritten auf diese Weise Vorteile im Wettbewerb zu verschaffen.[187] Darin kann eine unlautere Nutzung öffentlicher Ressourcen unter Verquickung öffentlicher Aufgabenerfüllung und privatwirtschaftlicher Tätigkeit liegen. Auch hierfür gilt, dass bei hinreichend engem Zusammenhang zwischen der hoheitlichen Tätigkeit und der privatwirtschaftlichen Betätigung, so dass sich letztere als Hilfstätigkeit der öffentlichen Verwaltung darstellt, kein unlauteres Verhalten vorliegt. Die entgeltpflichtige Entsorgung von Schrottautos durch die für die Abmeldung 38

---

175 Der BGH hat die Frage, ob sich die Gemeinde in der gegebenen Konstellation der erwerbswirtschaftlichen Tätigkeit vollständig enthalten muss, ausdrücklich offen gelassen, BGH GRUR 2003, 167, 169 – Kommunaler Schilderprägebetrieb.

176 BGH GRUR 2003, 164, 166 – Altautoverwertung.

177 BGH GRUR 1987, 116, 118 – Kommunaler Bestattungswirtschaftsbetrieb I.

178 BGH GRUR 2003, 167, 169 – Kommunaler Schilderprägebetrieb.

179 BGH GRUR 2003, 164, 166 – Altautoverwertung.

180 BGH GRUR 1989, 603, 606 – Kommunaler Bestattungswirtschaftsbetrieb III.

181 BGH GRUR 1974, 733, 735 – Schilderverkauf; BGH GRUR 2003, 164, 167 – Altautoverwertung.

182 → zu rein erwerbswirtschaftlicher Betätigung aber Rn 31.

183 BVerwGE 39, 329, 336; aA Hefermehl/*Köhler*/Bornkamm UWG § 4 Rn 13.44.

184 HK-UWG/*Plaß* § E4 Rn 47.

185 BGH GRUR 2003, 164, 167 – Altautoverwertung.

186 BGH GRUR 1999, 278, 280 f – Schilderpräger im Landratsamt.

187 BGH GRUR 2003, 164, 166 – Altautoverwertung.

zuständige Zulassungsstelle etwa liegt im **öffentlichen Interesse** an einer schnellen, gefahrlosen und für die Bürger bequemen Entsorgung von Altautos und steht in engem sachlichen Zusammenhang mit der öffentlichen Aufgabenerfüllung durch die Zulassungsbehörde.[188] Keine unlautere Verquickung wurde auch in einem Fall angenommen, in dem eine Gemeinde den Verkauf von Grundstücken in einem Neubaugebiet mit der Verpflichtung gekoppelt hatte, den Heizenergiebedarf durch ein von einer gemeindeeigenen Gesellschaft betriebenes Blockheizkraftwerk zu decken, weil diese Koppelung im berechtigten öffentlichen Interesse am Klima- und Umweltschutz lag.[189]

39 Die **Ausnutzung amtlich erlangter Informationen** für eine erwerbswirtschaftliche Betätigung kann der öffentlichen Hand einen erheblichen Wettbewerbsvorteil vor privaten Mitbewerbern verschaffen. Sie ist daher unzulässig, soweit die öffentliche Hand ihren Informationsvorsprung dazu ausnutzt, sich oder Dritten einen ungerechtfertigten Wettbewerbsvorsprung zu verschaffen.[190] Die Weitergabe behördlich erlangter Informationen, etwa über Sterbefälle, Geburten, Gemeindezuzüge oder Verkehrsunfälle an bestimmte private Unternehmen oder ein eigenes erwerbswirtschaftliches Unternehmen unter Diskriminierung anderer Unternehmen, ist deshalb unlauter. Ein **rechtfertigender sachlicher Grund** für die Diskriminierung ist aber anzunehmen, wenn ein berechtigtes öffentliches Interesse an der Bevorzugung des bestimmten Unternehmens besteht. Als unlauter wird danach die generelle oder primäre Weiterleitung von Sterbefallmitteilungen an ein gemeindliches Bestattungsunternehmen angesehen.[191] Ein Seniorenheimträger darf aber fest mit einem bestimmten Bestattungsunternehmen zusammenarbeiten, weil das betriebliche Interesse des Heimträgers an einer möglichst raschen und komplikationslosen Verbringung verstorbener Heimbewohner in eine behördlich anerkannte Leichenhalle innerhalb der kommunalgesetzlich bestimmten Frist sachlich berechtigt ist.[192] Eine vorrangige Mitteilung der entsprechenden Information an dieses Unternehmen durch den Heimträger oder seine Mitarbeiter wird insoweit nicht unlauter sein. Entsprechendes gilt für die Weiterleitung von Transportaufträgen an die örtliche Rettungsleitstelle durch einen Krankenhausträger, für die vorbehaltlich eines entgegenstehenden ausdrücklichen Wunsches des Patienten[193] ein sachlicher Grund besteht.[194] Keine unlautere Randnutzung liegt jedenfalls vor, wenn behördliche Informationen auch anderen Mitbewerbern zumindest auf Verlangen zugänglich gemacht werden.[195]

40 Unlauter ist der **Missbrauch der hoheitlichen Regelungsbefugnis** des Staates. Ein Missbrauch liegt namentlich vor, wenn die öffentliche Hand ihre Hoheitsgewalt dazu ausnutzt, die eigene erwerbswirtschaftliche Betätigung zu fördern oder einen bestimmten Mitbewerber zu begünstigen oder zu benachteiligen, ohne dass öffentliche Belange dies rechtfertigen. Gegenüber der Fallgruppe des Missbrauchs öffentlichen Vertrauens und öffentlicher Autorität ist der Missbrauch von Hoheitsgewalt in seiner Einwirkung auf die Verbraucher intensiver. Es geht in dieser Fallgruppe um Fälle, in denen eine unmittelbare hoheitliche Weisung gegebenenfalls unter in Aussichtstellung von Sanktionen erteilt wird oder in denen infolge hoheitlicher Gestaltung die Auswahlentscheidung durch die Verbraucher unmittelbar gebunden ist. Die gesetzgeberische Tätigkeit selbst ist nicht dem Wettbewerbsrecht unterworfen.[196] So ist es missbräuchlich, wenn eine Behörde die Erteilung einer Genehmigung oder sonstiger Vorteile von der Abnahme eines bestimmten Produktes oder der Beauftragung eines bestimmten Unternehmens abhängig macht.[197] Die Koppelung des

---

[188] BGH GRUR 2003, 164, 166 – Altautoverwertung.
[189] BGH GRUR 2003, 77, 79 – Fernwärme für Börnsen.
[190] BGH GRUR 2002, 550, 553 – Elternbriefe.
[191] Piper GRUR 1986, 574, 579.
[192] BGH GRUR 1988, 38, 39 – Leichenaufbewahrung.
[193] BGH GRUR 1989, 430, 431 – Krankentransportbestellung.
[194] BGH GRUR 1987, 829, 831 – Krankentransporte.
[195] BGH GRUR 2002, 550, 553 – Elternbriefe.
[196] → Rn 19.
[197] BGH GRUR 1964, 210, 213 – Landwirtschaftsausstellung.

Verkaufs von einer Gemeinde erschlossener Grundstücke mit dem obligatorischen Abschluss eines Versorgungsvertrags mit einem örtlichen Blockheizwerk wurde vom BGH allerdings unter dem Gesichtspunkt des Umweltschutzes als gerechtfertigt angesehen.[198] Gerechtfertigt ist aus dem sachlichen Grund der Standardisierung der staatlichen Prüfung die alleinige Zulassung bestimmter Verlagsprodukte in einem juristischen Staatsexamen durch ein Justizprüfungsamt.[199] Eine Schule darf den Eltern der Schüler aber nicht den Bezug von Schulbüchern bei einer bestimmten Buchhandlung vorschreiben. Sie darf den Eltern auch nicht den Eindruck vermitteln, wenn sie ein bestimmtes in der Schule empfohlenes Produkt nicht beziehen, seien ihre Kinder einer nachteiligen Behandlung durch die Schule ausgesetzt.[200]

5. Preisgestaltung

Die öffentliche Hand ist bei der Preisgestaltung grundsätzlich frei; sie kann daher die 41
Preise privater Mitbewerber unterbieten und als Nachfrager überbieten. Es ist auch nicht unter dem Gesichtspunkt einer missbräuchlichen Ausnutzung besonderer nur der öffentlichen Hand zur Verfügung stehender Vorteile ohne weitere besondere Umstände unlauter, wenn die öffentliche Hand für erwerbswirtschaftliche Zwecke auf öffentliche Steuer- und Abgabeneinnahmen zurückgreift, weil ihr ansonsten durch das Recht des unlauteren Wettbewerbs jede erwerbswirtschaftliche Tätigkeit untersagt wäre.[201] Die Verwendung solcher Mittel ist daher auch zur Preisgestaltung möglich; ebenso ist es nicht bedenklich, dass die öffentliche Hand gegebenenfalls eine günstigere Kostenstruktur ausnutzen kann.[202] Erst recht darf die öffentliche Hand gewisse Preisvorteile für bestimmte Bevölkerungsgruppen zwecks Verbesserung der Versorgung und zur Kostendämpfung gewähren, da diese Aspekte im **öffentlichen Interesse** liegen und einen Einsatz öffentlicher Mittel zur Preisgestaltung rechtfertigen können.[203]

Besondere Umstände, die den Einsatz öffentlicher Mittel zur Preisunterbietung unlauter 42
machen können, liegen dann vor, wenn die öffentliche Hand unter Einsatz öffentlicher Mittel einen **Verdrängungswettbewerb** zu Lasten privater Anbieter betreibt, indem sie unangemessen niedrige Preise verlangt, die den Charakter von **Dumpingpreisen** annehmen.[204] Auf eine **Verdrängungsabsicht** kommt es dabei nicht an; das Preisgebaren muss aber objektiv geeignet sein, private Mitbewerber durch Preisunterbietungen vom Markt zu verdrängen oder sonst in wettbewerbswidriger Weise zu benachteiligen.[205] Allgemein gilt, dass die öffentliche Hand private Mitbewerber mit diesen nicht zugänglichen Mitteln, die ihr aufgrund ihrer öffentlich-rechtlichen Sonderstellung zur Verfügung stehen, nicht verdrängen darf. Kalkuliert sie deshalb Preise zur Unterbietung der Mitbewerber ohne dabei die aus vorgehaltenen aus öffentlichen Mitteln finanzierten Ressourcen zur öffentlichen Aufgabenerfüllung folgenden Fixkosten anteilig zu berücksichtigen, kann aus diesem Gesichtspunkt eine unlautere Preisgestaltung vorliegen.[206] Aus dem Gesichtspunkt der **Zweckentfremdung öffentlicher Mittel** ist zudem die Verwendung von zweckgebundenen Mitteln zur Preisunterbietung nicht zulässig, es sei denn die Preisunterbietung stünde in sachlichem Zusammenhang mit der öffentlichen Aufgabenerfüllung der handelnden Stelle.[207] Aus diesem Gedanken ergibt sich, dass ein Sozialversicherungsträger keinen Preis-

---

198 BGH GRUR 2003, 77, 78 – Fernwärme für Börnsen.

199 Hefermehl/*Köhler*/Bornkamm UWG § 4 Rn 13.43.

200 BGH GRUR 1984, 665, 667 – Werbung in Schulen.

201 BGH GRUR 1987, 116, 118 – Kommunaler Bestattungswirtschaftsbetrieb I; BGH GRUR 2003, 164, 166 – Altautoverwertung.

202 Hefermehl/*Köhler*/Bornkamm UWG § 4 Rn 13.32.

203 Hefermehl/*Köhler*/Bornkamm UWG § 4 Rn 13.32.

204 BGH GRUR 1982, 433, 436 – Kinderbeiträge; BGH GRUR 2003, 164, 166 – Altautoverwertung.

205 BGH GRUR 1987, 116, 118 – Kommunaler Bestattungswirtschaftsbetrieb I.

206 Hefermehl/*Köhler*/Bornkamm UWG § 4 Rn 13.32.

207 BGH GRUR 1993, 125, 126 – EWG-Baumusterprüfung; *Piper/Ohly* UWG Einf D Rn 48 (sachlicher Zusammenhang mit dem jeweiligen Zweck, zu dem die Mittel gewidmet sind).

unterbietungswettbewerb zu Lasten der privaten Krankenversicherer betreiben darf, indem er die Beiträge für freiwillig Versicherte so kalkuliert, dass die Beiträge hinter dem sozialversicherungsrechtlich Gebotenen (Solidarprinzip) zurückbleiben.[208] In diesem Fall müssten die sich aus der unangemessenen Beitragsgestaltung ergebenden Fehlbeträge durch einen Rückgriff auf die Beiträge der übrigen Kassenmitglieder ausgeglichen werden, was zweckwidrig wäre. Ein weiteres Beispiel für eine zweckwidrige Verwendung öffentlicher Mittel ist es, wenn eine auf dem Gebiet der gewerblichen Zimmervermittlung tätige Kurverwaltung für die Kalkulation ihrer eigenen Sonderangebote niedrigere Preise für die Benutzung eines kommunalbetriebenen Badezentrums einsetzt, als sie den privaten Mitkonkurrenten auf dem Markt der Zimmervermittlung gewährt.[209] In diesem Fall liegt die Zweckentfremdung darin, dass die öffentliche Hand ihre Konditionensouveränität über eine aus öffentlichen Mitteln errichtete und unterhaltene Einrichtung diskriminierend zur Preisunterbietung einsetzt.

43 Schließlich kann eine mit öffentlichen Mitteln finanzierte Preisunterbietung oder kostenlose Abgabe von Produkten auch unter dem Gesichtspunkt einer Gefährdung des Wettbewerbsbestands unlauter sein. Maßgeblich ist, ob sich aus dem Verhalten der öffentlichen Hand eine ernstliche **Gefahr für den Bestand des Wettbewerbs** auf einem bestimmten Markt ergibt, weil der Leistungswettbewerb in nicht unerheblichem Umfang ausgeschaltet wird.[210] Der BGH hat das etwa in einem Fall angenommen, in dem eine Ortskrankenkasse in Selbstabgabestellen Brillen an ihre Mitglieder abgegeben hatte, ohne dazu sozialversicherungsrechtlich verpflichtet zu sein. Da die Ortskrankenkasse gegenüber den mit ihr insoweit im Wettbewerb stehenden selbständigen Augenoptikern eine privilegierte Ausgangsstellung einnahm, bestehe für Mitbewerber die Gefahr eines ruinösen Konkurrenzkampfs mit der Möglichkeit ihrer Ausschaltung als selbständige Gewerbetreibende aus dem Wirtschaftsleben, zumindest aber die Gefahr einer erheblichen Beeinträchtigung der freien Berufstätigkeit der Augenoptiker und anderer auf diesem Gebiet freiberuflich Tätiger.[211] In einem weiteren Fall wurde vom BGH angenommen, dass die Abgabe und Wartung von Abrechnungs-Software für Zahnärzte durch eine kassenzahnärztliche Vereinigung den Wettbewerb privater Anbieter für entsprechende Software in unangemessener Weise beeinträchtigte.[212]

44 Allerdings ist eine unlautere Marktstörung uU nicht gegeben, wenn sich die öffentliche Hand im Rahmen der **öffentlichen Aufgabenerfüllung** hält. Handelt sie gemäß dem **gesetzlich Vorgeschriebenen** oder ist ihr Handeln im **öffentlichen Interesse zwingend geboten,** ist das Handeln nicht unlauter, auch soweit der Wettbewerb privater Mitbewerber dadurch beeinträchtigt ist; gegebenenfalls kommt eine Entschädigung wegen enteignungsgleichen Eingriffs in Betracht.[213] Im Übrigen ist die öffentliche Hand nicht auf zwingende Gründe der **Daseinsvorsorge,** wie zum Beispiel die gemeindliche Betätigung im Bestattungswesen[214] beschränkt. Es reicht, wenn ihre Tätigkeit ein an sich legitimes öffentliches Interesse, etwa sozialpolitische Belange trifft[215] oder wirtschaftlich vernünftigen Erwägungen entspricht.[216] Es darf jedoch die Grenzen des **verfassungsrechtlich Zulässigen** nicht überschreiten. In Betracht kommen insoweit Verstöße gegen Art. 2, 12 und 14 GG sowie die Verletzung des **Verhältnismäßigkeitsgrundsatzes.** Im Fall der kostenlosen Abgabe von Abrechnungssoftware an Zahnärzte durch eine kassenzahnärztliche Vereinigung wurde ein Verstoß gegen den Verhältnismäßigkeitsgrundsatz angenommen, weil die

[208] BGH GRUR 1982, 433, 436 – Kinderbeiträge.
[209] OLG Schleswig GRUR 1996, 141, 143 – Badespaß.
[210] BGH GRUR 1982, 425, 430 – Brillen-Selbstabgabestellen.
[211] BGH GRUR 1982, 425, 430 – Brillen-Selbstabgabestellen.
[212] BGH GRUR 1993, 917, 919 – Abrechnungs-Software für Zahnärzte.
[213] HK-UWG/*Plaß* § E4 Rn 56.
[214] BGH GRUR 1987, 116, 118 – Kommunaler Bestattungswirtschaftsbetrieb I.
[215] BVerwG NJW 1978, 1539f.
[216] BGH GRUR 1993, 917, 919 – Abrechnungs-Software für Zahnärzte.

erhebliche Beeinträchtigung des Wettbewerbs der Arztsoftwareanbieter nicht durch die als solche schutzwürdige Erwägung der Rationalisierung des Abrechnungsvorgangs gerechtfertigt werden konnte. Zu diesem Zweck war es nach Auffassung des BGH nicht zwingend erforderlich, dass die kassenzahnärztlichen Mitglieder der Vereinigung über eine einheitliche Software eines bestimmten Herstellers verfügten.[217] Da die Fallgruppe der Wettbewerbsbestandsgefährdung die Frage betrifft, ob die öffentliche Hand ohne Gewinnerzielungsabsicht auf einem bestimmten Markt tätig werden darf, also insoweit eine Frage des „ob" der wirtschaftlichen Betätigung der öffentlichen Hand ist,[218] wird im Schrifttum erwogen, diese Beurteilung den Verwaltungsgerichten zu überlassen.[219] Keine Gefährdung des Wettbewerbsbestands wurde im privatwirtschaftlichen Betrieb eines Bestattungsunternehmens durch eine Gemeinde gesehen, da der Auftragsanteil des gemeindlichen Betriebs seit Aufkommen privater Mitbewerber auf dem Markt kontinuierlich bis auf ca. 50% des Gesamtauftragsvolumens zurückgegangen war.[220] Eine Bestandsgefährdung wurde mangels hinreichender Umsatzeinbußen der privaten Mitbewerber auch bei einer gemeindlichen Betätigung im Bereich der Anzeigenpublikation nicht angenommen.[221] Ebenfalls verneint wurde eine Bestandsgefährdung des Wettbewerbs mit Rechtsanwälten durch den Betrieb einer Inkassostelle durch eine Kreishandwerkerschaft, da allein durch die Inkassotätigkeit der Berufsstand der Rechtsanwälte in seiner Existenz nicht gefährdet war.[222]

---

217 BGH GRUR 1993, 917, 919 – Abrechnungs-Software für Zahnärzte.
218 → Rn 20; s. auch HK-UWG/*Plaß* § E4 Rn 56.
219 So *Piper/Ohly* UWG Einf D Rn 49.
220 BGH GRUR 1987, 116, 118 – Kommunaler Bestattungswirtschaftsbetrieb I.
221 BGH GRUR 1973, 530, 532 – Crailsheimer Stadtblatt.
222 BGH GRUR 1991, 53, 55 – Kreishandwerkerschaft I.

Sachverzeichnis

Benutzerhinweis

Fette Zahlen bedeuten §§; magere Zahlen bedeuten Randnummern.

E	bedeutet Einleitung (Abschnitt 1); **E** 7 bedeutet Einleitung Abschnitt 1 Rn 7.
I	bedeutet Internationales Wettbewerbsrecht (Einleitung Abschnitt 2);
I 7	bedeutet Einleitung Abschnitt 2 Rn 7.
2 A 5	bedeutet § 2 A Rn 5.
3 8	bedeutet § 3 Rn 8.
4–1 5	bedeutet § 4 Nr. 1 Rn 5.
4–S 3 7	bedeutet § 4 Spezialthema 3 Rn 7.
A 19 5	bedeutet Anhang zu § 3 Abs. 3 UWG Nr. 19 Rn 5.

Abfangen von Kunden 4–S 11 209; **4–S 12** 60, 87, 90
Abgrenzung kosmetische Mittel/Arzneimittel 4–S 4 112 ff
– Aknemittel **4–S 4** 113
– Badezusätze **4–S 4** 114
– Büstenmittel **4–S 4** 115
– Cellulitismittel **4–S 4** 116
– Franzbranntwein-Gel **4–S 4** 117
– Gemeinschaftskodex für Humanarzneimittel **4–S 4** 112
– Grenzprodukte **4–S 4** 112
– Haarwuchsmittel **4–S 4** 118
– Neurodermitis-Creme **4–S 4** 119
– Propolis-Produkte **4–S 4** 120
– Schuppenshampoos **4–S 4** 121
Abgrenzung Lebensmittel/Arzneimittel 4–S 4 71 ff
– ambivalente Wirkung **4–S 4** 82
– Anschein eines Arzneimittels **4–S 4** 90
– Arzneimittel-Richtlinie 2001/83 **4–S 4** 71, 96
– Auffüllcharakter **4–S 4** 79
– Carnitin **4–S 4** 98
– Darreichungsform **4–S 4** 92
– Depotcharakter **4–S 4** 79
– Dosierungsempfehlung **4–S 4** 91
– einheitliche Auslegung **4–S 4** 75 f
– Ermessensspielraum **4–S 4** 76
– Ernährungszweck **4–S 4** 80
– Gingko **4–S 4** 99
– Ginseng **4–S 4** 100
– gleichwertiger Zweck **4–S 4** 81
– krankheitsbezogene Werbeangaben **4–S 4** 89
– Kunstbezeichnungen **4–S 4** 88
– Marke **4–S 4** 88
– Muskelaufbau **4–S 4** 81
– objektiv-abstrakte Methode **4–S 4** 83 ff
– physiologische Wirkung **4–S 4** 79
– Preis **4–S 4** 94
– Regel-/Ausnahmeverhältnis **4–S 4** 77
– subjektiv-konkrete Komponenten **4–S 4** 87 ff
– Verpackung **4–S 4** 92
– Vertrieb über Apotheken **4–S 4** 93
– Verzehrhinweis **4–S 4** 91
– Vitamine **4–S 4** 101
– Zweckbestimmung **4–S 4** 83
– Zweifelsregel **4–S 4** 97
Abgrenzung Recht am Unternehmen/Unternehmenspersönlichkeitsrecht 4–S 7 105 ff
Abgrenzung sachliche Information/redaktionelle Werbung 4–S 7 23 ff
Abgrenzung Sozialsphäre/Öffentlichkeitssphäre 4–S 7 68
– Beweisbarkeit **4–S 7** 50
– bildliche Darstellung **4–S 7** 55
– Durchschnittsempfänger **4–S 7** 50, 59
– Eindruck **4–S 7** 55
– Empfängerhorizont **4–S 7** 52
– Formulierung **4–S 7** 55
– Frage **4–S 7** 55
– Gerücht **4–S 7** 55
– Hypothese **4–S 7** 55
– innere Tatsache **4–S 7** 50
– Karikatur **4–S 7** 55
– konkreter Adressatenkreis **4–S 7** 52
– Meinungsäußerung **4–S 7** 51
– Prognose **4–S 7** 55
– Sachverständigengutachten **4–S 7** 55
– Satire **4–S 7** 55
– Schlagzeile **4–S 7** 55
– Schlussfolgerung **4–S 7** 55
– Sinnzusammenhang **4–S 7** 55
– Tatsachenbehauptung **4–S 7** 50
– Tatsachenbehauptung/Meinungsäußerung **4–S 7** 52 ff
– Tatsachenkern **4–S 7** 54
– Verdachtsäußerung **4–S 7** 55
– Vermengung von Tatsachenbehauptung und Meinung **4–S 7** 54
– versteckte Behauptung **4–S 7** 55
– Werturteil **4–S 7** 51
– Zitat **4–S 7** 55
Abgrenzung TDG/MDStV 4–S 13 7 ff
Abhängigmachen der Gewinnauskehrung 4–6 73
Abhängigmachen der Teilnahme 4–6 54
Abholpreis 5 356, 364
„Abholpreise“ 5 281
Abholung des Gewinns 4–6 58
Abkürzungen 5 247, 345, 360, 396
Abmahnung 12 1 ff
– Abwehransprüche **12** 52
– Androhung gerichtlicher Maßnahmen **12** 24

– angemessene Frist **12** 21
– Antwortpflicht des Schuldners **12** 39 ff
– Aufklärungspflicht des Abmahnenden **12** 42
– Aufklärungspflicht des Schuldners **12** 39 ff
– Aufwendungsersatzanspruch **12** 36, 60 ff
– Begriff **12** 2
– Drittunterwerfung **12** 39
– Eilbedürftigkeit **12** 30
– Eingriff in den eingerichteten und ausgeübten Gewerbebetrieb **12** 56
– Ende der Frist **12** 22
– Entbehrlichkeit **12** 26 ff
– Erledigungserklärung **12** 136
– fehlende Erfolgsaussichten der Abmahnung **12** 27
– fehlende Fristsetzung **12** 21
– Feststellungsinteresse **12** 45 f
– Feststellungsklage **12** 44
– Form **12** 5 ff
– Fristbeginn **12** 22
– Fristsetzung **12** 21
– Gegenabmahnung **12** 45, 48
– Gegenansprüche des Abgemahnten **12** 51 ff
– gegenläufige Leistungsklage **12** 47
– Gelegenheit zur Unterwerfung **12** 32 ff
– geschäftsähnliche Rechtshandlung **12** 4
– Inhalt **12** 12 ff
– kein sofortiges Anerkenntnis **12** 37
– keine Prozessvoraussetzung **12** 2
– konkludente Verfahrensandrohung **12** 24
– Kosten der Abmahnung s. Aufwendungsersatz bei der Abmahnung
– Leistungsklage des Abmahnenden **12** 46
– Mängel der Unterwerfungserklärung **12** 42
– Presserecht **4–S 7** 196, 200
– Rechtsfolgen einer berechtigten Abmahnung **12** 36 ff
– Rechtsfolgen einer unberechtigten Abmahnung **12** 43 ff
– Rechtsnatur **12** 4
– Schadensersatzanspruch **12** 53 f
– Schutzrechtsverletzung **12** 16, 364
– sofortiges Anerkenntnis **12** 37
– Sonderverbindung eigener Art **12** 38
– Unzumutbarkeit **12** 29
– Veranlassung zur Klage **12** 26
– Verlangen einer Unterwerfungserklärung **12** 18 ff
– Vertretungsnachweis **12** 5 ff
– Verwarnung **12** 3
– unberechtigte **12** 55
– Vollmachtsurkunde **12** 9 ff
– vorsätzlicher Verstoß **12** 28
– Vorwurf wettbewerbswidrigen Verhaltens **12** 16 f
– Widerklage **12** 47
– Zugang **12** 6 ff
– Zweck **12** 3
Abmahnungen 4–S 7 196, 200; **9** 24; **10** 106, 109
Abnehmer
– Begriff **10** 193 ff
– potenzielle **5** 206, 208
Abnehmererwartung 8 28
Absatzförderung 2 B 41
Absatzhelfer 4–S 9 16 f
Absatzmittler 4–S 9 2, 16, 18
abschließender Charakter der Sonderrechte E 11
Abschlusserklärung 8 94; **12** 163 ff
– Auslegung **12** 166
– Form **12** 168
– Inhalt **12** 164 ff
– Rechtsfolgen **12** 170
– Wegfall der Wiederholungsgefahr **12** 171
– Zugang **12** 169
– Zweck **12** 163
Abschlussschreiben 4–S 7 201; **12** 172 ff
– Bedeutung **12** 172 f
– Form **12** 176
– Inhalt **12** 178 ff
– Kosten **12** 181 ff
– Notwendigkeit **12** 174 f
– Zugang **12** 177
Abschlussverfahren 12 163 ff
– s. Abschlusserklärung
– s. Abschlussschreiben
Abschöpfung wettbewerbswidrigen Vermögenszuwachses 10 100
absolute Person der Zeitgeschichte 4–S 7 166 f
absolute Umweltfreundlichkeit 4–S 2 25 ff, 54
abstrakte Gefährdungstatbestände E 43; **5** 35, 46
abstrakte Schadensberechnung 9 29
abstraktes Irreführungsverbot 5 70, 442 ff
abstraktes Wettbewerbsverhältnis 2 D 3, 30
Abwägen, sorgfältiges 4–2 44
Abwehranspruch
– belästigende Werbung **7** 48, 99, 203, 225
– s. Beseitigungsanspruch
– s. Unterlassungsanspruch
Abwehrvergleich 6 2 f, 26, 223, 244 f, 271
Abwertung 4–S 8 211 ff
Abwicklung 4–6 67
Access Provider 8 144
– Haftungsprivilegierung **4–S 12** 212 f
– Interessenlage bei Spamming **7** 189
– Störerhaftung **4–S 12** 307 ff
Adäquanztheorie 9 9, 20
Adressbuchschwindel E 403; **16** 23 f, 88, 105
Adressdaten 4–5 162
Adressgewinnung 4–5 162
Adressnutzung 4–5 162
„ältester Produzent“ 5 187
Äquivalente A 20 25
Äquivalenztheorie 9 9, 20
aggressive Geschäftspraktiken E 133, 137, 156; **4–1** 21 f, 27; **4–6** 26
Airbag 5 288; **5 a** 17, 22, 44
Akademie 5 393
akademischer Grad 5 375 f, 378
– Fortführung einer akademischen Firma **5** 377
Aktivlegitimation 2 B 10
Aktualität 4–S 8 230 ff
„aktuell“ 5 300
aleatorische Anreize 4–1 67, 248 ff, 275, 349, 354; **4–2** 17, 21; **4–5** 28; **4–6** 29; **4–S 12** 282 ff
aleatorische Werbemittel 4–5 26
Alkoholika 5 192, 320
– Bier **5** 221
– Branntwein **5** 236, 238
– Rum **5** 286
– weinhaltige Getränke **5** 297
– Whisky **5** 297
– – Alter **5** 301

Alleinstellung 5 184, 187, 255, 351, 389, 482
Alleinstellungsbehauptung 4–S 2 65; **6** 68, 110, 302
– einschränkende Angaben **4–S 12** 63
– unzulässige **4–S 12** 48 ff
Allgemeine Geschäftsbedingungen E 47; **4–5** 101, 166, 176 ff
allgemeine Marktbehinderung 4–S 1 1 ff, 12 ff, 23
– Abgabe zu Probezwecken **4–S 1** 180 ff
– Absatzmarketing **4–S 1** 320
– allgemeine Marktbehinderung **4–S 1** 1, 12 ff, 23
– Ambivalenz unternehmerischen Verhaltens **4–S 1** 14 ff
– Anbieterschutz **4–S 1** 41
– Angebot unter Einstandspreis **4–S 1** 101
– Anstandsformel **4–S 1** 154
– Anzeigenblätter **4–S 1** 226 ff, 244 ff
– Ausbeutung **4–S 1** 307 ff
– Bonusprogramme **4–S 1** 203 ff
– Bundeskartellamt, Auslegungsgrundsätze **4–S 1** 306
– Einführungspreise **4–S 1** 274
– Eintrittsgelder **4–S 1** 322
– Fachzeitschriften **4–S 1** 247 ff
– Fallgruppen **4–S 1** 172 ff
– freie Marktwirtschaft **4–S 1** 49
– freie Preisbildung **4–S 1** 118
– funktionsfähiger Wettbewerb **4–S 1** 56
– Gratiszeitungen **4–S 1** 235 ff
– Grünbuch Verbraucherschutz **4–S 1** 9
– Grundsätze des Leistungswettbewerbs **4–S 1** 4
– Herkunftslandprinzip **4–S 1** 78 f, 88, 97
– horizontale Austauschbeziehungen **4–S 1** 12
– individuelle Marktbehinderung **4–S 1** 267
– Institutionenschutz **4–S 1** 65 ff, 150 ff
– Interessenabwägung **4–S 1** 164 ff
– Konditionenanpassung für die Zukunft **4–S 1** 343
– Konditionenanpassung, rückwirkende **4–S 1** 340 ff
– Konvergenzthese **4–S 1** 123 ff
– Kundenbindungssysteme **4–S 1** 205 ff
– lauterkeitsrechtlicher Institutionenschutz **4–S 1** 105 ff
– Lauterkeitsrichtlinie **4–S 1** 80 ff, 83
– Leistungswettbewerb **4–S 1** 111 ff
– Liberalismus **4–S 1** 50
– Markenartikel **4–S 1** 275 f
– Markt, räumlich relevanter **4–S 1** 107
– Markt, sachlich relevanter **4–S 1** 106
– Markt, zeitlich relevanter **4–S 1** 108
– Marktabgrenzung **4–S 1** 105
– marktbezogene Unlauterkeit **4–S 1** 4
– Marktfolgen **4–S 1** 137
– Marktstärke **4–S 1** 4, 121
– Marktverstopfung **4–S 1** 183, 189
– Mittelstand **4–S 1** 127
– Nachahmungsgefahr **4–S 1** 138 ff, 178, 183, 197
– Nebenleistungswettbewerb **4–S 1** 89, 97, 195, 437
– Originalwaren **4–S 1** 181
– Pariser Verbandsübereinkunft **4–S 1** 66
– Platzmieten **4–S 1** 321
– Preisauszeichnung **4–S 1** 310, 320, 323
– Preisgestaltung **4–S 1** 116 ff, 267
– Preiskampf **4–S 1** 267 ff
– Preiskontrolle **4–S 1** 303 ff
– Preisunterbietung **4–S 1** 270 ff, 284 ff
– Preisverschleierung **4–S 1** 206
– Presseerzeugnisse **4–S 1** 217 ff, 221 ff
– Pressefreiheit **4–S 1** 220
– Pressemarkt **4–S 1** 218 f
– Probezweck **4–S 1** 178, 180, 183
– Regalmiete **4–S 1** 321
– Regalpflege **4–S 1** 310
– Sales-Promotion-VO **4–S 1** 87 ff
– Schaufenstermiete **4–S 1** 321
– Schaufensterwettbewerb **4–S 1** 331
– Schaufensterwettbewerbe **4–S 1** 310
– Schutz der Abnehmer **4–S 1** 41 ff
– Schutz der Allgemeinheit **4–S 1** 41 ff
– Schutz der Verbraucher **4–S 1** 41 ff
– Schutzzweck **4–S 1** 30 ff
– soziale Marktwirtschaft **4–S 1** 42
– sozialrechtliche Betrachtungsweise **4–S 1** 34
– Sperrwirkung des GWB **4–S 1** 134
– Systemtheorie **4–S 1** 58 f
– Tageszeitungen **4–S 1** 225
– Treuerabatte **4–S 1** 310, 334 f
– TRIPS-Übereinkommen **4–S 1** 68
– unentgeltliche Abgabe von Waren und Dienstleistungen **4–S 1** 175 ff
– UWG, wirtschaftspolitische Neutralität **4–S 1** 126 ff
– UWG-Novelle **4–S 1** 6 ff
– Verbleibgelder **4–S 1** 322
– Verbrauchergewöhnung **4–S 1** 138
– Verbraucherleitbild **4–S 1** 84 ff, 93 ff, 196
– Verbraucherschutz **4–S 1** 41 ff
– Verhaltensintensivierung **4–S 1** 310
– Verkauf unter Selbstkosten **4–S 1** 89, 91, 272
– Verkaufsprämien **4–S 1** 310
– Verschenken von Original-Ware **4–S 1** 176 ff, 237
– vertikale Austauschbeziehungen **4–S 1** 12
– vollkommene Konkurrenz **4–S 1** 53 ff
– Vorfeldthese **4–S 1** 132 ff
– Warenproben **4–S 1** 176 ff
– Werbegeschenke **4–S 1** 201
– Werbekostenzuschüsse **4–S 1** 324
– Wertangabe für Zugaben **4–S 1** 91
– Wettbewerb – Bestandsgarantie **4–S 1** 37, 70, 280 ff
– Wettbewerb der Anbieter **4–S 1** 12
– Wettbewerb der Nachfrager **4–S 1** 12
– Wettbewerb, Funktion **4–S 1** 158
– Wettbewerbsfreiheit **4–S 1** 58 f, 156
– wettbewerbspolitisches Leitbild **4–S 1** 21 f, 26
– Wettbewerbstheorien **4–S 1** 48 ff
– Zugabe **4–S 1** 192 ff, 210
allgemeines Persönlichkeitsrecht 4–S 7 36, 63 ff, 110, 124, 136, 149, 152, 158 f, 173 f, 204, 259; **4–S 12** 41, 236; **6** 51; **7** 13, 114, 129, 199, 340
– Abgrenzung von Sozial- und Öffentlichkeitssphäre **4–S 7** 68
– Abwägung **4–S 7** 69
– Anspruchskonkurrenz **E** 316
– Bildnisschutz **4–S 7** 151 ff
– Ehrenschutz **4–S 7** 74 ff, 94 ff
– Entwicklungsgeschichte **1** 38 f

– Erkennbarkeit **4–S 7** 63
– Erklärung sexuellen Inhalts **4–S 7** 71
– Geheimnissphäre **4–S 7** 70
– Identifizierbarkeit **4–S 7** 64
– Intimsphäre **4–S 7** 71
– juristische Person **4–S 7** 87 ff
– Krankheit **4–S 7** 67
– Lebensbild **4–S 7** 70
– natürliche Person **4–S 7** 63 ff
– Öffentlichkeitssphäre **4–S 7** 68
– persönliche Ehre **4–S 7** 73 ff
– Personengemeinschaften **4–S 7** 87 ff
– Privatsphäre **4–S 7** 66 ff
– Rahmenrecht **4–S 7** 63
– Recht am eigenen Bild **4–S 7** 83
– Recht am gesprochenen Wort **4–S 7** 84
– Recht auf informationelle Selbstbestimmung **4–S 7** 81 f
– Recht, von der Unterschiebung nicht getaner Äußerungen verschont zu bleiben **4–S 7** 85
– Schmähkritik **4–S 7** 74
– Schutzgüter **4–S 7** 65
– Schutzumfang **4–S 7** 65
– Schutz vor Unwahrheiten **4–S 7** 86
– Selbstbestimmungsrecht **4–S 7** 70
– Sozialsphäre **4–S 7** 68
– Träger des Persönlichkeitsrechts **4–S 7** 63, 92
– Unternehmenspersönlichkeitsrecht **4–S 7** 87 ff
– Verfügungsrecht über die Darstellung der eigenen Person **4–S 7** 70 ff
Allgemeininteresse I 21 f; **1** 41, 59, 70, 75, 79, 82, 84; **3** 214; **4–2** 20, 42, 46 f; **7** 48
– Dualismus der Schutzzwecke **1** 58 ff, 79 ff
– Gemeinwohlbelange **1** 74 ff, 79 ff; **3** 179, 214 ff
– Wettbewerbsverhältnis **2** I 29
– s. Schutzzweckparität
– s. Schutzzwecktrias
Alterangabe 5 297, 386
Alterswerbung 5 297, 386
– Formen der Alterswerbung **5** 387
amtliches Handeln 2 B 75
Anbieterbefragung 4–S 8 64
Anbietervorinformation 4–S 8 54 ff
Anbieterwettbewerb E 263; **2** C 5, C 9, D 18 ff
Androhung von Nachteilen 4–2 58, 61, 102
Anerkennungsschreiben 5 257
Angabe 4–S 2 11, 16, 23, 33, 50, 92; **16** 6 f, 40 f, 44 ff, 50 ff; **A 16** 27 ff; **A 17** 23
– Mehrdeutigkeit **4–S 2** 34, 37, 39, 55, 59, 91
Angebot A 20 23
Angebot, kostenpflichtiges 4–6 158
Angebotsanalyse 4–S 8 45
Angebotsfreiheit der Wettbewerber 3 179, 216
Angebotswettbewerb E 263; **2** C 5, C 9, D 18 ff
Angebot unter Einstandspreis 4–S 1 101
angemaßte Eigengeschäftsführung 9 32 ff, 35
angemessene Lizenzgebühr 9 28 f, 31, 33
angesprochener Verkehrskreis 5 83, 85, 182 ff, 184, 190, 202, 208
Angstwerbung 4–2 6, 36 f, 39 ff, 46, 54, 61
– s. Angstwerbung Nr. 12 Anh. UWG
Angstwerbung (Nr. 12 Anh. UWG) A 12 1 ff
– Kausalitätsbehauptung **A 12** 9
– konkrete Gefahr
– – persönliche Sicherheit **A 12** 8
– – familiäre Sicherheit **A 12** 8
– unwahre Angabe **A 12** 7, 9
– Wirkaussagen (sicherheitsfördernde) **A 12** 6
Anknüpfung
– akzessorische **I** 256
– alternative **I** 391
– sachnormzweckspezifische **I** 68, 210, 222, 237
– wettbewerbsspezifische **I** 66, 188, 205 ff, 224 ff
Ankündigung 4–6 76, 163
Anlehnung an Kennzeichen E 356
Anlocken
– Community Shopping als übertriebenes **4–S 12** 287
– Meta-Tagging als unlauteres **4–S 12** 91
– übertriebenes **4–1** 41, 213 ff, 270 ff, 285 f, 292 ff, 311 ff, 325 ff, 341 ff, 368 ff; **4–2** 7, 115, 172, 175; **4–5** 37; **4–6** 40, 74, 133, 147
– Wirkung **5** 21, 206
anlockende Wirkung 5 21, 206
Anmeldung 4–5 107
Anmutungen 5 192
Annoncenangebot (Werbung) 5 26, 193
Anreize
s. aleatorische Anreize
Anruf, kostenpflichtiger 4–6 133
Anrufmaschine, automatische 4–5 165
Anschwärzung E 31; **4–8** 1 ff
– Abnehmerverwarnung **4–8** 54 ff
– Bagatellklausel des § 3 **4–8** 75
s. Erheblichkeitsschwelle
– Behauptung **4–8** 44 ff
– berechtigtes Interesse bei vertraulichen Behauptungen **4–8** 64 ff
– Beweiserleichterung bei Behauptungen **4–8** 61
– Beweislast **4–8** 58 ff
– Dienstleistungen **4–8** 31 f
– Eignung einer Behauptung zur Schädigung des Betroffenen **4–8** 49 ff
– Erweislichkeit der Wahrheit **4–8** 58 ff
– Fachkreise, Verständnis einer Behauptung **4–8** 49
– Geheimhaltung einer Mitteilung **4–8** 64 ff
– geschäftliche Verhältnisse **4–8** 30
– Grundrechtskontrolle **4–8** 7, 36 f, 43
– Konkurrenzen zu §§ 823 ff BGB **4–8** 14 ff
– Mitbewerber **4–7** 29 ff; **4–8** 24 ff
– persönliche Verhältnisse **4–8** 30
– privilegierte Mitteilungen in gerichtlichen oder behördlichen Verfahren **4–8** 71 ff
– Schädigung des Betroffenen **4–8** 49 ff
– Tätigkeiten **4–8** 10, 30
– Tatsachenbehauptungen **4–8** 35 ff
– verbotenes Handeln **4–8** 34 ff
– Verbraucherleitbild **4–8** 49
– Verbreitung von Tatsachen **4–8** 44 ff
– vertrauliche Mitteilungen **4–8** 64 ff
– Wahrheit, Erweislichkeit **4–8** 59 ff
– Waren **4–8** 31 f
– Werturteile **4–7** 44 ff, 53 ff, 107 ff
– wider besseren Wissens **4–8** 70
– s. Geschäftsehrverletzung
Ansprechen
– am Unfallort **7** 304 ff
– Ausrufen kein Ansprechen **7** 293 ff
– Einwilligung **7** 300 ff
– in der Öffentlichkeit **7** 279 ff
– individuelles **7** 292
– Konstellationen **7** 304 ff

– Meinungsumfrage **7** 298f
– Verteilen von Werbematerial **7** 296f
– von Straßenpassanten **4–2** 95, 115
– von Unfallopfern **4–2** 7, 63ff
– von Verbrauchern **4–2** 93ff, 115f
Anspruchsdurchsetzung 12 1ff
Anspruchskonkurrenz
– UWG zu Immaterialgüterrecht **E** 316f
anständige Gepflogenheiten in Gewerbe oder Handel E 28
anständige Marktgepflogenheiten 2 H 15
Anstalt (Werbung mit Bezeichnung) 5 393
Anstalten des öffentlichen Rechts 4–S 15 1
Antike E 2
Antinomie UWG zu GWB E 214ff; **1** 42
Antiquitäten (Warenbeschaffenheit) 5 301
Anwaltskanzlei (Unternehmensbezeichnung) 5 371, 410
– „Anwalts- und Steuerkanzlei" **5** 380
– Sozietät **5** 393
Antwortkarte 4–6 107
Anvertrauensgeber 18 18
Anvertrautsein 17 32; **18** 16
Anwaltsranglisten 4–2 268
Anwendbarkeit des UKlaG
– Auskunftsanspruch **8** 299
Anwendungsbereich 4–6 47; **A 17** 20
Anwendungsbereich des UWG 1 65; **2** B 4ff
Anzahl der Mitspieler 4–5 136
Anzahl der Teilnahmeversuche 4–6 132
Anzeigen 4–S 7 2, 9, 11, 18, 26, 34, 41ff, 46, 80, 97, 149, 180, 209, 280; **4–S 8** 153f
Anzeigenblätter 4–3 35; **4–S 1** 226ff, 244ff; **7** 345
Apotheker (Berufsbezeichnung) 5 381
Arbeitgeberverbände 2 B 74
Arbeitsgruppe unlauterer Wettbewerb E 52; **4–5** 3; **4–6** 7
Architekt (Berufsbezeichnung) 5 381
Artenschutz 4–2 266, 268
Arzneimittel 4–S 4 5, 7ff
– Abgrenzung zu kosmetischen Mitteln s. Abgrenzung kosmetische Mittel/Arzneimittel
– Abgrenzung zu Lebensmitteln s. Abgrenzung Lebensmittel/Arzneimittel
– Abgrenzung zu Medizinprodukten **4–S 4** 24
– äußere Form **4–S 4** 18
– ambivalente Stoffe **4–S 4** 19
– Anwendungsinformationen **4–S 4** 16
– Arzneimittelkategorien **4–S 4** 10ff
– Bestimmungsarzneimittel **4–S 4** 10ff
– dual use-Produkte **4–S 4** 20
– Frischzellenpräparate **4–S 4** 15
– Funktionsarzneimittel **4–S 4** 23ff
– Gemeinschaftskodex für Humanarzneimittel **4–S 4** 7ff
– Gesundheitsgefahr **4–S 4** 30
– Grenzprodukte **4–S 4** 8
– L-Carnitin **4–S 4** 26
– Muskelaufbau **4–S 4** 17
– pharmakologische Wirkung **4–S 4** 25ff
– Präsentationsarzneimittel **4–S 4** 12f
– Richtlinie 2001/83/EG **4–S 4** 7f
– Richtlinie 2004/27/EG **4–S 4** 8
– subjektive Umstände **4–S 4** 15ff
– Umstände des Einzelfalls **4–S 4** 28
– Vertriebsweg **4–S 4** 18
– Verzehrempfehlung **4–S 4** 18
– Vitaminpräparat **4–S 4** 32
– Wandel der Verkehrsauffassung bei dual use-Produkten **4–S 4** 20
– wirkungslose Produkte **4–S 4** 21
– Zweckbestimmung **4–S 4** 10ff
Arzneimittelwerbung 5 40; **5 a** 17, 71
– s. Heilmittelwerbung
– s. Lebensmittelwerbung
Arzt (Berufsbezeichnung) 5 381
assoziative Werbung 5 192
Attraktivität der Preise 4–5 131
Aufbrauch- oder Beseitigungsfrist 8 163ff
– Abmahnung **8** 168
– Interessenabwägung **8** 164
– materiell-rechtlicher Einwand **8** 165
– Rechtsmittel **8** 167
Aufbrauch- und Umstellungsfristen 8 163ff
– Rechtsnatur **8** 165
– Verfügungsverfahren **8** 167
– Voraussetzungen **8** 164
aufgedrängte Werbung 4–S 5 61
Aufgreifschwelle (Irreführung) 5 202, 218f
aufklärende Zusätze 5 268, 287; **5 a** 12
Aufklärungspflichten E 143, 153; **4–S 2** 12, 33ff, 54, 91, 93, 95ff; **5 a** 3
– Richtigstellung **5 a** 12
Aufklärungspflichten bei Umweltwerbung 4–S 2 12, 33ff, 54, 91, 93, 95, 96, 97
Auflagenhöhe (Werbung mit) 5 311
Auflistung 4–S 8 4
Aufmerksamkeit
– s. situationsadäquate Aufmerksamkeit
Aufmerksamkeitswerbung 4–1 73, 197; **4–5** 27, 30, 71; **4–6** 44; **5** 51, 53, 81, 192, 206, 258, 260
Aufwendungsersatz bei der Abmahnung 12 60ff
– Abmahnpauschale **12** 71
– Erstattung der Abmahnkosten **12** 60ff
– Kostenfestsetzungsverfahren **12** 70
– Mehrfachabmahnung **12** 64
– Rechtsanwaltskosten **12** 68, 71
– Schubladenverfügung **12** 72
– Umfang **12** 67ff
– Verbände **12** 69
– Voraussetzungen **12** 63
– Vorratsverfügung **12** 72
– wiederholte Abmahnung **12** 64
Auktionen
– Begriff **4–S 12** 243ff
– gewerberechtliche Beurteilung **4–S 12** 243
– holländische **4–S 12** 243f, 247ff
– Negativattest bei **4–S 12** 246
– umgekehrte **4–S 12** 243f, 247ff
Auktionsangebote 4–S 12 259, 263, 272
Auktionshaus
– Snipping und Gebühreninteresse **4–S 12** 253ff
– Störerhaftung **4–S 12** 260ff
„aus Altpapier" 5 234
Ausbeutung 4–S 1 307ff
– österreichisches Recht **4–S 1** 412
– Schweizer Recht **4–S 1** 381
Ausblick 4–6 161
Auskunft 8 299ff
– Anspruch auf **4–S 10** 27, 173f

– Belegvorlage **8** 325
– berechtigtes Geheimhaltungsinteresse **8** 325
– Ergänzung **8** 336
– Erteilung durch Dritte **8** 335
– Inhalt **8** 335 ff
– mangelnde Sorgfalt **8** 336
– Nachforschungspflicht **8** 325
– Schriftform **8** 325
– Umfang **8** 325 ff
– Wissenserklärung **8** 325
– s. Auskunftsanspruch
Auskunftsanspruch E 392; **I** 377; **4–S 7** 261; **8** 299 ff; **9** 36
– Anwendbarkeit des UKlaG **8** 299
– Amtsanordnung **8** 319
– Arbeitsaufwand **8** 315
– Ausforschung von Tatsachen **8** 313
– Auskunft **8** 302 ff
– Auskunftsberechtigte Verbände **8** 300
– Auskunftszeitraum **8** 331
– Auswahlrecht **8** 320
– berufsrechtliche Schweigepflicht **8** 318
– Beschränkung **8** 327
– betriebsinterne Informationen **8** 318
– Drittauskunft **8** 310
– eidesstattliche Versicherung **8** 336
– Erlöschen **8** 334 ff
– Hauptanspruch **8** 312
– Herausgabe des Verletzergewinns **8** 327
– Interessenabwägung **8** 316, 322
– Kosten des Wirtschaftsprüfers **8** 319
– Lizenzanalogie **8** 327 ff
– Notwendigkeit der Auskunft **8** 314
– Pressefreiheit **8** 316
– prozessuale Fragen **8** 339
– Schadensschätzung **8** 329
– Selbst- oder Fremdbezichtigung **8** 317
– selbstständiger Auskunftsanspruch **8** 309 f
– spezialgesetzliche Regelung **8** 310
– Straf- und Ordnungswidrigkeitsverfahren **8** 317
– Treu und Glauben **8** 316
– unselbstständiger Auskunftsanspruch **8** 307 f, 311 ff
– Verhältnismäßigkeitsgrundsatz **8** 316
– Verwertungverbot **8** 317
– Voraussetzungen **8** 311 ff
– Wirtschaftsprüfervorbehalt **8** 319
– Wissenserklärung **8** 325
– Zumutbarkeit der Auskunftserteilung **8** 315 ff
– Zwangsmittel **8** 336
Auskunftsanspruch, Anwendbarkeit des UKlaG 8 299 ff
– Anwendbarkeit des UKlaG **8** 299 ff, 306 ff
– Auskunftsberechtigter **8** 300
– Gegenstand **8** 302
– Zentrale zur Bekämpfung unlauteren Wettbewerbs **8** 300
Auskunftsanspruch des Verbrauchers E 386
Auskunftsvergleich 6 2 f, 141, 152, 163, 171, 181
„aus Kunststoff“ 5 287
ausländisches Recht 4–11 49
Auslaufmodell 5 288, 360; **5 a** 19
Auslegung 3 208 ff
– richtlinienkonforme **E** 112, 416
– richtlinienoptimierende **E** 112, 416, 421
Auslegungsdirektive E 124
Auslieferung des Gewinns 4–6 58
Auslobung 4–5 79
Ausnahmen vom Kopplungsverbot 4–6 152
Ausnutzung der Angst 4–2 35 ff
– s. Ausnutzung der geschäftlichen Unerfahrenheit, Leichtgläubigkeit, Angst oder Zwangslage
Ausnutzung der geschäftlichen Unerfahrenheit, Leichtgläubigkeit, Angst oder Zwangslage 4–2 1 ff
– Abergläubische Vorstellung **4–2** 105 ff
– Abschleppunternehmen **4–2** 63
– Abschleppvertrag **4–2** 66
– AIDS **4–1** 125; **4–2** 245, 262 f, 283, 317, 320 f, 359
– aleatorische Reize **4–2** 172
– Allgemeininteressen **4–2** 34, 38 f, 171, 292
– Altertypische Entwicklung **4–2** 156 f, 159 f, 187, 202
– alterstypischer Sammeltrieb **4–2** 181 f, 184
– alterstypische Unerfahrenheit **4–2** 131, 135, 186, 191 f, 197
– Analphabetismus **4–2** 234
– Androhung von Nachteilen **4–2** 58, 61, 102
– Angstwerbung **4–2** 6, 36 f, 39 ff, 46, 54, 61
– Ansprechen von Unfallopfern **4–2** 7, 63 ff
– Ansprechen von Verbrauchern **4–2** 93 ff, 115 f
– Anwaltsranglisten **4–2** 268
– Artenschutz **4–2** 266, 268
– Arzneimittel **4–2** 45
– Asylantenwohnheim **4–2** 132, 234
– Ausnahmesituation **4–2** 12,15, 19 f, 22, 66 f, 75 ff, 108, 114, 125 f
– Autoritätspersonen **4–2** 179 f, 201
– Bagatellfälle **4–2** 23
– Beeinträchtigung des Wettbewerbs **4–2** 20, 25, 115 ff
– Behinderte **4–2** 264, 354 ff
– Behindertendiskriminierung **4–2** 354 ff
– Beeinflussung, unsachliche **4–1** 126; **4–2** 37
– Beeinflussung, werbliche **4–2** 189, 191, 193, 196, 202, 227
– Beeinflussung, wesentliche **4–2** 31
– Beeinträchtigung in menschenverachtender Weise **4–1** 123, 125, 128
– Belästigung, unzumutbare **4–2** 9, 74, 92, 96
– Benetton **4–1** 123 ff; **4–2** 5, 244 ff, 255, 257 f, 260, 264 ff, 282 f, 317, 319, 321
– Bestattungsunternehmen **4–2** 70
– Bewegungsfreiheit**4–2** 112, 114
– Bewusstsein, Umgehung des **4–1** 132
– Buchclub **4–2** 93, 95
– Bundesverfassungsgericht **4–2** 27, 260, 265 ff, 279, 295
– Dankbarkeitsgefühle **4–2** 87
– Daten, personenbezogene **4–2** 142
– Defizit, altersbedingtes **4–2** 160, 172 ff, 180, 189, 192, 194, 199
– Defizit, alters- oder gesundheitsbedingtes **4–2** 232
– Defizit, entwicklungstypisches **4–2** 160, 172 ff, 180 ff, 189, 192, 194, 199 ff
– Defizit, massives **4–2** 144, 150, 153, 220, 228 ff, 234 ff, 240, 243
– Degradierung des Verbrauchers zum Objekt **4–2** 133

- diskriminierende Werbung **4–2** 5, 244, 247 ff, 251 ff, 264, 347, 363
- Druckausübung **4–1** 135; **4–2** 10 f, 166
- Durchschnittsverbraucher **4–1** 129; **4–2** 22, 31, 118, 126 f, 144, 146, 148 ff, 221, 225, 233, 242
- Entscheidung, unsachliche **4–2** 27, 39, 295 f
- Entscheidungsfreiheit **4–1** 123, 125 f, 127 ff, 132 ff, 138 f; **4–2** 8 f, 28, 166, 220, 224 ff, 227, 252
- europäisches, neues Verbraucherleitbild **4–2** 2, 17, 109, 120, 123, 145, 147, 150, 238
- Fernsehrichtlinie **4–2** 110, 138, 208, 248, 250
- Gefahr der Überrumplung **4–2** 64
- Geldwertstabilität **4–2** 34, 38 f
- geschäftliche Unerfahrenheit **4–2** 11, 128, 132, 134, 143 f, 147, 172, 180, 189, 197, 200 f, 229, 232, 243
- Geschenk **4–2** 87 ff, 119, 183, 229
- Geschmackszensur **4–2** 252
- Gesetzeszweck **4–2** 34, 226 f
- Gesundheit **4–2** 35, 45, 82, 142, 254
- Gewinn **4–2** 84, 86 f, 89, 93, 165
- Gewinnspiel **4–2** 142, 175, 181, 200
- Gewissen, schlechtes **4–2** 38
- Grabsteinaufträge **4–2** 75
- Handy-Klingeltöne **4–2** 173, 177
- Hilflosigkeit **4–2** 64, 67
- H. I. V. positiv **4–2** 246, 255, 258 f, 263, 320 f
- Imagewerbung **4–2** 244 f, 278, 280, 282, 288
- Inflation **4–2** 35, 41, 43 f
- Interessen der anderen Marktteilnehmer **4–2** 293, 301, 307, 309
- Jugendliche **4–2** 3, 110, 128 ff, 135, 137, 152, 156 ff, 170, 172, 175, 177, 189, 193, 195, 197, 199 ff
- Kaffeefahrten **4–2** 132, 229
- Karenzzeit **4–2** 72
- Kaufpsychose **4–2** 21, 37
- Kenntnisnahme von Werbung **4–2** 9, 133, 135
- Kettenbrief **4–2** 107
- Kfz-Werkstätte **4–2** 63
- Kinder **4–2** 3, 110, 128 ff, 135 ff, 139 ff, 152, 156 f, 159 f, 164 ff, 172 ff, 177 ff, 190 ff, 194 ff, 208 ff, 212, 216 ff, 220 ff, 227, 246, 255, 283, 355
- Kinderarbeit **4–2** 255, 257
- Kinderprostitution **4–2** 344
- Kinderwerbung **4–2** 186
- kommerzielle Meinungsäußerung **4–2** 260, 279
- Lego-Hotline **4–2** 174, 199
- Leichtgläubigkeit **4–2** 4, 10 f, 106, 109, 128, 131 ff, 138 f, 143 f, 147, 228 f, 232, 238 ff, 243
- Marktteilnehmer **4–2** 11, 23, 292 f, 301, 307 ff, 353
- Meinungsfreiheit **4–2** 253, 260 f, 267, 290 ff, 306, 310
- Menschenwürde **4–1** 127, 129, 133 ff, 138 f; **4–2** 57, 254, 259, 262 f, 265, 304, 306 ff, 311 ff, 320, 322 f, 325 ff, 330 ff, 333 ff, 340 f, 343 ff, 348 f, 351, 354, 357 ff, 366 ff, 373
- Milchtaler **4–2** 177
- Minderjährige **4–2** 130 ff, 138, 141, 157 ff, 164, 170, 171, 175 f, 179, 185, 190, 198, 201, 210, 224
- Misserfolg **4–2** 40 f, 52 f, 298
- Nachteile, Androhung von **4–2** 10, 58 ff, 61, 102
- Nachteile, massive persönliche **4–2** 114
- Nachteile, in Aussicht gestellte **4–1** 135
- Nachteile, konkrete unzulässige **4–2** 10, 58 ff, 61, 102
- Nachteile, zugefügte **4–1** 135
- Normzweck **4–2** 12, 137, 207
- Objektformel **4–2** 310, 322, 370
- ölverschmutzte Ente **4–2** 246, 255, 257
- Panikkäufe **4–2** 21, 42, 47, 55
- postmortales Pesönlichkeitsrecht **4–2** 57
- Produkte, unbestellt gelieferte **4–2** 14, 59
- psychologischer Kaufzwang **4–2** 7, 115, 123 f
- Rabattgesetz **4–2** 17, 88, 109, 118
- Richtlinie über unlautere Geschäftspraktiken **4–1** 130; **4–2** 13, 31, 121, 123, 128, 137, 206 f, 251
- Sales-Promotion-Aktion **4–2** 200
- Sammelbetrieb **4–2** 181 f, 184, 203
- Sanktionen, sexuelle **4–2** 40
- Sanktionen, soziale **4–2** 40, 52
- Scheitern, berufliches **4–2** 51
- Scheitern, geschäftliches **4–2** 35
- Schiedsfunktion **4–2** 25 f, 163, 294 f
- Schiedsrichter **4–2** 25, 28, 163 f, 166, 183, 294 f
- Schockwerbung **4–1** 123, 125, 139 f; **4–2** 5, 244 ff, 278, 320
- Schokoriegel **4–2** 175 f
- Schuldgefühle **4–2** 50
- s-club **4–2** 173
- Steinmetzunternehmen **4–2** 70
- Straßenpassanten **4–2** 95, 115
- Todesfall **4–2** 70 ff, 75 ff, 79
- Trauer **4–2** 75 ff, 80
- Überrumpelung **4–2** 64, 116
- Überrumplungsversuch **4–2** 91
- übertriebenes Anlocken **4–2** 7, 115, 172, 175
- Umweltfreundlichkeit **4–2** 49 f
- Umweltschutz **4–2** 34, 38 f
- Umweltzerstörung **4–2** 35, 40, 49 f, 257, 283
- Unerfahrenheit, geschäftliche **4–2** 11, 128, 132, 134, 143 f, 147, 172, 180, 189, 197, 200 f, 229, 232, 243
- Unfallopfer **4–2** 7, 54 f, 57, 63, 66 f
- Unglücksfall **4–2** 47
- Unsachlichkeit **4–2** 26
- Urteilsvermögen des Verbrauchers **4–2** 13, 68
- Verbraucherleitbild, europäisches, neues **4–2** 2, 17, 109, 120, 123, 145, 147, 150, 238
- Verbraucherleitbild, altes **4–2** 118
- Vertragsentscheidung, konkrete **4–2** 9, 133, 135
- Vertreterbesuche, erschlichene **4–2** 84, 86, 115
- Vertreterbesuche, unaufgeforderte **4–2** 75, 77, 79, 88, 91
- Vertreterbesuche, unerbetene **4–2** 7, 70, 85
- Volksgesundheit **4–2** 34, 171
- Ware, unbestellte **4–2** 7, 60, 97 ff, 115
- Werbegeschenk **4–2** 118 f
- Werberat **4–2** 142, 338, 345, 355, 369, 373 f
- Werbeverkaufsfahrt **4–2** 132, 229, 238
- Werbung durch Betreuungspersonal **4–2** 115
- Werbung mit Laien **4–2** 115
- Wertreklame **4–2** 88, 115
- Willensentschließung, freie **4–2** 8 f, 25 f, 58, 61, 133, 135, 163, 165 f, 186, 295, 317
- Zugabeverordnung **4–2** 17, 88, 109, 118
- Zusendung unbestellter Ware **4–2** 7, 97 ff, 100 f, 104, 115

– Zwangslage **4–2** 4, 7, 9 ff, 15 f, 18 f, 22, 63, 67, 70, 76, 84 f, 87, 89, 92, 95, 97 f, 100 f, 104, 106, 108, 112, 114 ff, 118, 125 f, 134
Ausnutzung der Leichtgläubigkeit 4–2 128 ff
– s. Ausnutzung der geschäftlichen Unerfahrenheit, Leichtgläubigkeit, Angst oder Zwangslage
Ausnutzung der Spiellust 4–5 29; **4–6** 45
Ausnutzung der Unerfahrenheit 4–2 128 ff
– s. Ausnutzung der geschäftlichen Unerfahrenheit, Leichtgläubigkeit, Angst oder Zwangslage
Ausnutzung der Zwangslage 4–2 62 ff
– s. Ausnutzung der geschäftlichen Unerfahrenheit, Leichtgläubigkeit, Angst oder Zwangslage
Ausreißer 4–S 8 57
Ausschließlichkeitsrecht 4–S 10 32 f
Ausspielung 4–5 51
Ausverkaufswesen E 31
Auswahlentscheidung 4–5 156
Auswahlverfahren 4–5 156
Ausweichklausel I 62, 69, 71, 205, 253 ff
Auswirkungsprinzip I 29, 67, 68, 76 ff, 82 ff, 92, 211 f, 215, 226 ff, 238, 240 ff, 273, 284, 319, 322, 335; **6** 36
Auszeichnung 5 400
autonome Auslegung I 473
Autoritätsleihe 5 401

„Backstube“ 5 298
Bagatellgrenze 4–6 117; **6** 36
– s. Erheblichkeitsschwelle
Bagatellklausel 3 758
– s. Erheblichkeitsschwelle
Bagatellschwelle (Irreführende Werbung) 5 9, 16, 177, 264, 349
Bahnfahrten (Dienstleistungsbezeichnung) 5 279, 281
Bait and switch (Nr. 6 Anh. UWG) A 6 1 ff
– bait and switch **A 6** 8 ff
– elektronischer Geschäftsverkehr **A 6** 8
– Lock(vogel)angebote **A 6** 4
– Platzkäufe **A 6** 8
– Umlenkungsabsicht **A 6** 10, 14
– s. Lockvogelangebote
Bank 5 410
– Sparkasse **5** 410
Bannerwerbung 4–S 5 32 f; **4–S 12** 28 ff, 37, 67 ff
Barauszahlung 4–5 157
Baugleichheit 4–S 8 275
Baumaterial (Produktbeschreibung) 5 284, 302
Beauftragte
– s. Haftung für Mitarbeiter und Beauftragte nach § 8 Abs. 2
Bedeutungswandel 5 254, 312
Bedienungsanleitung A 16 27
Beeinflussung
– unangemessene **4–1** 76 ff, 94 ff
– unsachliche **I** 267, 274; **4–1** 76 ff, 98 ff, 213 ff; **4–2** 37
– unzulässige **4–1** 27
– werbliche **4–2** 189, 191, 193, 196, 202, 227
– wesentliche **4–1** 28, 97; **4–2** 31
Beeinflussung des wirtschaftlichen Verbraucherverhaltens 3 27
Beeinträchtigung des Wettbewerbs 4–2 307
Beendigung 4–5 107
Beerdigung (Preiswerbung für) 5 355
Begehungsgefahr 8 50
Begehungsort I 454, 469
Begriffsbestimmung 4–5 180
Begünstigung Dritter 4–6 79
Behinderung 4–10 90 ff; **9** 34
– durch Kennzeichenverwendung **4–10** 145
– kundenbezogene Behinderung **4–10** 93
– Nachfragebehinderung **4–10** 138
– produktbezogene Behinderung **4–10** 112 ff
– vertriebsbezogene Behinderung **4–10** 121
– Werbebehinderung **4–10** 139
Behinderung durch Kennzeichenverwendung 4–10 145
– Behinderung durch Internetdomains **4–10** 155 ff
– Behinderung durch Spekulationsmarken **4–10** 153 ff
– Behinderung durch Sperrzeichen **4–10** 150 ff
– Behinderung durch Vanity-Rufnummern **4–10** 147 ff
– Verhältnis zum Markenrecht **4–10** 46 ff, 160
Behinderungstatbestände 4–10 22 ff
– Abwerben von Mitarbeitern **4–10** 45 ff
– Behinderung **4–10** 90 ff
– Behinderung durch Kennzeichenverwendung **4–10** 145 ff
– Betriebsstörungen **4–10** 43 ff
– Boykott **4–10** 22 ff
– gezielte Kampfpreisunterbietung **4–10** 33
– Liefer- oder Bezugssperre **4–10** 27
– Missbrauch von Nachfragemacht **4–10** 40
– Nachfragebehinderung **4–10** 138
– Preisunterbietung **4–10** 33 ff
– Testmaßnahmen **4–10** 48 ff
– unberechtigte Abmahnung **4–10** 63 ff
– unberechtigte Schutzrechtsverwarnung **4–10** 68 ff
– Verkäufe unter Selbstkosten **4–10** 35
– Vernichtungswettbewerb **4–10** 21, 33, 36
– Werbebehinderung **4–10** 138
Behörden 4–S 8 40
Behinderungswettbewerb E 373, 375; **9** 34
– s. Behinderungstatbestände
Beihilfen 4–S 15 17, 26
Beispielskatalog 3 166
– s. Generalklausel
Beispielskatalog für Angabenl4–5 140
Bekanntgabe
– des Gewinners **4–6** 75
– des Gewinns **4–6** 75
belästigende Werbung 7 1 ff
– Ablehnung, erkennbare **7** 340 ff
– Abwehranspruch **7** 48, 199, 203, 225
– Adresse
– – Angabepflicht des Werbenden **7** 226 ff
– – ausländische **7** 228
– – E-Mail-Adresse **7** 8, 14, 90, 171, 195, 206, 238, 265, 267, 272
– ähnliche Leistungen **7** 261 ff
– AGB-Recht **7** 142, 268
– Allgemeininteresse **7** 48
– Ambulance Chasing **7** 304
– Ankündigung
– – Hausbesuch **7** 327 f
– – Zusendung **7** 360 ff

– Anrufbeantworter
– – Angerufener **7** 173 ff
– – Werbender **7** 176
– Anrufmaschine
– – Anrufbeantworter auf Seiten des Angerufenen **7** 173 ff
– – Anrufbeantworter auf Seiten des Werbenden**7** 176
– – ausgehende Anrufmaschine auf Seiten des Werbenden **7** 172
– Ansprechen **7** 279 ff
s. Ansprechen
– Anzeigenblätter **7** 345
– Arbeitsteilung
– – Briefkastenwerbung 7 343 f
– Aufkleber „Bitte keine Werbung einwerfen“ **7** 92
– Ausrufen, öffentliches **7** 293 ff
– automatisierte Werbung **7** 170, 176 ff
– Berufsausübung **7** 2, 72
– Beschwerdeadresse
– – Mehrwertdiensterufnummer 7 230
– – Premium Rate-Dienst 7 230
– Besitzstand der Werbenden bei Haustürwerbung **7** 317 ff
– Bestellung **7** 5, 318, 358 ff
– Betriebsbezogenheit **7** 160
– Beweislast **7** 154, 206, 235, 252
– Beweislastumkehr **7** 235
– Bewerben eigener ähnlicher Leistungen **7** 257 ff
– Bigfoot Privacy List **7** 194
– Briefbeilagenwerbung **7** 331
– Briefkastenwerbung **7** 337 ff
– Briefwerbung **7** 330 ff
s. Briefwerbung
– Btx-Werbung **7** 187
– Call-Center **7** 23, 172, 175
– Datenschutzrichtlinie **7** 4, 128, 251
– Dienstleistung
– – Bewerbung **7** 8, 118
– – Verkauf als Umsatzgeschäft **7** 253
– Direktvertrieb **7** 309, 317
– Direktwerbung **7** 5, 90, 172, 224, 226
– Dokumentationslast Unternehmer **7** 220
– Double opt-in-Systeme **7** 219
– E-Commerce-Richtlinie **7** 120, 203, 314
– eigene Leistungen **7** 257 ff
– Einverständnis **7** 142, 155, 162, 234, 266
– Einwilligung **7** 126 ff, 206 f, 300 ff
– elektronische Post **7** 185, 237
– E-Mail-Account **7** 195, 206
s. E-Mail-Account
– E-Mail-Adresse **7** 171, 195, 206, 238 ff
s. E-Mail-Adresse
– E-Mail-Werbung **7** 231 ff
s. E-Mail-Werbung
– Entscheidungsfreiheit Schutz **7** 43 f
– Entstehungsgeschichte **7** 5 ff
– Erkennbarkeit
– – Ablehnung **7** 92 ff
– – Wille des Empfängers **7** 88 ff
– E-Robinson-Liste **7** 95, 120, 194, 267
– Faxwerbung **7** 14, 170, 180, 237
– Fernabsatzrecht **7** 89, 113, 117, 126, 170, 172, 314, 364, 376
– Fernabsatzrichtlinie **7** 89, 113, 117 f, 126, 170, 172, 314, 364, 376
– Flächenwerbung **7** 1
– Gewerberecht kein Präjudiz für Lauterkeitsrecht **7** 320
– Gewerbetreibender **7** 2, 155, 200, 370
– Gratisblätter **7** 345
– Grundrechte **7** 2, 114, 333, 339
– Haftung des Werbenden **7** 341 f, 344
– Handzettel **7** 348 ff
– Harmonisierung **7** 22, 90, 232
– Haustürgeschäfte **7** 87, 290, 300, 307, 310, 319, 322, 328
– – Verhältnis zum Lauterkeitsrecht **7** 307 f, 311 ff
– Haustürwerbung **7** 309 ff
s. Haustürwerbung
– Herkunftslandprinzip **7** 19, 22, 120
– Identität des Werbenden **7** 14, 225, 262
– Informationsfreiheit negative **7** 2, 16, 114
– karitative Zwecke **7** 223
– Katalog **7** 337
– Kenntnis der E-Mail-Adresse als Voraussetzung zulässiger E-Mail-Werbung **7** 238 ff
– Kennzeichnungspflicht **7** 120, 198, 203
– Konkurrenteninteressen **7** 48
– Kosten
– – Kommunikations- **7** 229 f
– – Kontrolle **7** 197, 341
– – Widerspruch **7** 272
– ladungsfähige Anschrift
– – keine Angabepflicht **7** 227
– Lauterkeitsrichtlinie **7** 4, 20, 111, 227, 304
– Mehrwertdiensterufnummer
– – Aufforderung zur Abstimmung mittels **7** 182
– – als Beschwerdeadresse **7** 230
– allgemeines Persönlichkeitsrecht **7** 13, 114, 129, 199, 340
– Meinungsäußerungsfreiheit **7** 16, 114
– Meinungsumfrage **7** 289 f
– Multi Media Services **7** 186, 224
– negative Handlungsfreiheit **7** 2
– Normaltarife Widerspruchsmöglichkeit **7** 272 ff
– Normzweck **7** 1 ff
– Öffentlichkeit **7** 287 ff
– Opt in-Lösung **7** 108 ff
– Opt out-Lösung **7** 9, 12, 16, 20, 109, 119, 170
– Preisabweichung **7** 364
– Premium Rate-Dienste **7** 14, 230
– Privatbrief Tarnung **7** 334 f
– –Schutz der Privatsphäre **7** 41 ff
– Privatwohnung **7** 321 f
– Qualitätsabweichung **7** 364
– Recht am eingerichteten und ausgeübten Gewerbebetrieb **7** 114, 123, 199
– Regelbeispiele
– – unzumutbare belästigende Werbung **7** 83 ff
– – Verhältnis zueinander **7** 270 f
– Reisegewerbe **7** 320
– Robinson-Liste **7** 95, 120, 194, 267
– Rücksendungskosten **7** 372, 363
– Schweigen **7** 135, 367
– Selbstbestimmungsrecht **7** 88, 340
– SMS-Mitteilungen **7** 86, 224
– Spamming **7** 120, 154, 188 ff
– Systemüberwachungskosten **7** 197
– Telefaxwerbung **7** 177 ff

– Telefonmarketing **7** 13
– Telefonwerbung ohne Einwilligung **7** 108 ff
– Systematik **7** 41 ff
– Telex-Werbung **7** 187
– Transparenzgebot **7** 199, 203, 225
– Umsatzgeschäft als Voraussetzung zulässiger E-Mail-Werbung **7** 238 ff
– Umsetzungsrecht **7** 4, 70, 232, 254, 376
– unbestellte Dienstleistungen **7** 356, 360, 363, 373
– Unterlassungsansprüche **7** 14, 225
– unzulässige **4–5** 164
– unzumutbare **4–5** 159
– Unzumutbarkeitsschwelle **7** 70 ff
– Verbindungskosten, normale **7** 278
– Verbotsschild Hausbesuche **7** 325
– Verbraucher-Adressat **7** 122 ff
– Verkaufsveranstaltungen **7** 291
– Versandhandel **7** 318
– Zusenden unbestellter Ware **7** 356 ff
– Verschleierung
– – Adresse des Werbenden **7** 226 ff
– – elektronische Kommunikation **7** 224
– – Identität des Werbenden **7** 225
– VoicE-Mail-System **7** 89, 170, 172
– Vorbereitung von Hausbesuchen **7** 327 ff
– Werbeadressenliste **7** 95
– Werbeanrufe **7** 168
– Werbebeilage **7** 346
– Werbebrief **7** 334
– Werbe-E-Mail **7** 120, 189, 194, 198, 203
– Werbematerial **7** 296 f
– Werbeprospekt **7** 331
– Werbetafel **7** 10
– Werbewurfsendung **7** 11
– Werkvertrag **7** 254
– Widerruf **7** 151, 277, 307, 360
– Widerspruch
– – fehlender bei E-Mail-Werbung **7** 265 ff
– – Verhältnis zu vorheriger Einwilligung **7** 268 f
– – zu Normaltarifen **7** 272 ff
– Zeitungsbeilagenwerbung **7** 346 f
– Zusenden unbestellter Waren **7** 5, 356 ff
– Zustimmung **7** 89, 126, 206, 268, 356, 360, 367, 376
Belästigung
– s. belästigende Werbung
Benetton 4–1 123 ff; **4–2** 5, 144 ff, 255, 257 f, 260, 264 ff, 282 f, 317, 319, 321
Benetton-Entscheidungen 5 45
Benutzung 4–S 10 13, 37, 69, 224 ff
Benutzungsrecht 4–S 10 41, 232
Benzinwerbung 5 307, 399
berechtigte Interessen 4–S 7 132, 140 ff, 178 ff, 209 ff
– s. Wahrnehmung berechtigter Interessen
Berechtigungsanfrage 12 55
Bereicherungsanspruch im Presserecht 4–S 7 278 ff
– angemessenes Honorar **4–S 7** 280
– Ausschließlichkeitsrecht **4–S 7** 278
– Durchsetzung **4–S 7** 281
– Eingriffskondiktion **4–S 7** 278
– Höhe der Bereicherungsforderung **4–S 7** 280
– Lizenzanalogie **4–S 7** 280
– Voraussetzungen **4–S 7** 279
Bereicherungsanspruch nach § 812 BGB 8 351 ff; **9** 4, 31, 33 f, 35
– Anwendungsbereich **8** 351 ff
– Immaterialgüterrechte **8** 352
– Lizenzgebühr **8** 355
– Recht am eingerichteten und ausgeübten Gewerbebetrieb **8** 353
– Rechtsfolgen **8** 355
– Verkehrswert **8** 356
– Voraussetzungen **8** 351 ff
– Zuweisungsgehalt **8** 352
Berichterstattung A 16 27
Berichtigungsanspruch im Presserecht 4–S 7 132, 139, 150, 204, 209, 232 ff, 268, 271
– Abdruck der Berichtigung **4–S 7** 248
– Abgrenzung zu anderen Ansprüchen **4–S 7** 232
– Anspruchsberechtigter **4–S 7** 239
– Anspruchsverpflichteter **4–S 7** 240
– Art und Stelle der Veröffentlichung **4–S 7** 248
– Arten der Berichtigung **4–S 7** 242 ff
– Behaupten **4–S 7** 235
– Durchsetzung des Berichtigungsanspruchs **4–S 7** 246 ff
– eingeschränkter Widerruf **4–S 7** 244
– Erforderlichkeit **4–S 7** 238
– erweiterte Darlegungslast **4–S 7** 235
– Folgeberichterstattung **4–S 7** 245
– Folgenbeseitigungsanspruch **4–S 7** 232
– Fortdauern der Beeinträchtigung **4–S 7** 237
– Hauptsacheverfahren **4–S 7** 247
– Leserbrief **4–S 7** 237
– Nichtaufrechterhaltung **4–S 7** 244
– qualifizierter Widerruf **4–S 7** 242
– Rechtswidrigkeit **4–S 7** 236
– Richtigstellung **4–S 7** 243
– Tatsachenbehauptung **4–S 7** 234
– Verbreiten **4–S 7** 235
– Voraussetzungen **4–S 7** 233 ff
– Widerruf **4–S 7** 242
berufliche Sorgfalt 2 A 30, F 4, H 1, 12
berufliche Sorgfaltspflicht E 128
berufliche Sorgfaltspflichtverletzung 3 26
Berufsausübungsfreiheit
– und Werberecht der freien Berufe **4–S 3** 6, 22 ff
– und Werbung **5** 43
Berufsbezeichnungen 5 378, 383
– s. auch geschützte Berufsbezeichnungen
Berufsrecht der freien Berufe
– Liberalisierung **4–S 3** 5
– Werbeverbot **4–S 3** 1 ff
Beschaffenheitsangabe 5 254
Beschlagnahme 4–S 10 183
Beschreibung der Gewinne 4–5 145
Beschreibung der Preise 4–5 153
Beseitigung
– s. Beseitigungsanspruch
Beseitigungsanspruch 5 467; **8** 7, 9 ff
– Abgrenzung zum Schadensersatzanspruch **8** 10
– Abwehranspruch **8** 9
– Alternativverurteilung **8** 41
– andauernde Störung **8** 11
– Aufbrauchfrist **8** 17
– Beseitigungsart **8** 18 ff
– Beseitigungsfrist **8** 17
– Bestimmtheitsgrundsatz **8** 41
– Boykottmaßnahmen **8** 22

– Darlegungs- und Beweislast **8** 37
– einstweilige Verfügung **8** 43
– Einwilligung in die Löschung **8** 19
– Einzelfallabwägung **8** 17
– Erlöschen **8** 13
– Gläubiger **8** 14
– Haftung für Mitarbeiter und Beauftragte **8** 214 ff
– Hemmung der Verjährung **8** 9
– Inhalt **8** 16
– Klageantrag **8** 41 ff
– Kostenerstattung für Beseitigungsmaßnahmen **8** 24
– Marktverwirrung **8** 23
– missbräuchliche Geltendmachung der Abwehransprüche **8** 281 ff
– presserechtliche Gegendarstellung **8** 24, 35
– Rechtsnatur **8** 9
– rechtswidriger Störungszustand **8** 7, 12
– Sanktionensystem **8** 1
– sekundäre Darlegungslast **8** 39
– Schuldner **8** 15
– Störung **8** 11
– Störung durch Registereintragung **8** 19
– Störung durch Sachen **8** 18
– Streitgegenstand **8** 9
– Verhältnismäßigkeitsgrundsatz **8** 16 f
– Verhältnis zum Unterlassungsanspruch **8** 9
– Verletzungshandlung **8** 10 f
– Verwirkung **8** 13
– Vollstreckung **8** 44
– Voraussetzungen **8** 11 ff
– vorbeugender Beseitigungsanspruch **8** 11
– Widerrufsanspruch **8** 25 ff
– s. Widerrufsanspruch

Beseitigungsfrist
– Unterlassungsanspruch **8** 163

Beseitigung und Unterlassung **8** 1 ff

Besichtigungsanspruch nach § 809 BGB **8** 342 ff
– Augenscheinnahme **8** 347
– Geheimhaltungsinteresse **8** 346
– Gläubiger **8** 348
– Interessenabwägung **8** 346
– Rechtsverletzung **8** 345
– Schuldner **8** 348
– Substanzeingriff **8** 347

Besitzstandsstörung **E** 373

besondere wettbewerbsrechtliche Umstände **4–9** 84 ff
– Behinderung **4–9** 109
– Erschleichung und Vertrauensbruch **4–9** 103
– Rufausbeutung und Rufbeeinträchtigung **4–9** 97
– vermeidbare Herkunftstäuschung (betriebliche Herkunftsverwechslung) **4–9** 89 ff

besonderes öffentliches Interesse
– s. öffentliches Interesse

besonders verwerfliche Fälle **4–6** 46

Bestätigungslösung **E** 202

Bestechung **E** 31

Bestellschein **4–6** 100

Bestimmtheit **4–5** 191

Bestimmungslandprinzip **4–S 13** 5

Betriebliche Herkunft (Nr. 13 Anh. UWG) **A 13** 1 ff
– ähnliche Ware oder Dienstleistung **A 13** 12
– Lizenzbeziehung **A 13** 13
– Nachahmung **A 13** 13
– markenrechtlicher Sonderschutz **A 13** 9
– minderwertiges Produkt **A 13** 7
– Täuschungsabsicht **A 13** 13 f
– Werbung **A 13** 10

Betriebsbezogenheit **4–S 8** 117

Betriebsstörungen **4–10** 43 ff
– Abwerben von Mitarbeitern **4–10** 45 ff
– physische Einwirkungen und Betriebsspionage **4–10** 43
– Testmaßnahmen **4–10** 58
– unberechtigte Abmahnung **4–10** 63 ff
– unberechtigte Schutzrechtsverwarnung **4–10** 68 ff

Betriebs- und Geschäftsgeheimnisse **I** 42, 325; **4–S 7** 104, 110, 118; **17** 7 ff

Betriebsspionage **17** 2, 50 ff

betrügerische Insertionsofferten **E** 403

Betrug **16** 23, 29, 31, 33 f, 113, 169

Beweisbedürftigkeit **5** 471, 473

Beweiserhebung (Irreführung) **5** 474

Beweisführung (Irreführung) **5** 485

Beweislast
– belästigende Werbung **7** 54, 206, 235, 252
– Gewinnabschöpfung **10** 283 ff, 297, 320 ff
– Irreführende Werbung 5 89, 478 ff
– – Frankreich **5** 128
– – Italien 5 136
– – Österreich **5** 146
– – Schweiz **5** 154
– – USA **5** 113
– – Vereinigtes Königreich **5** 121
– Kenntnis des Diensteanbieters **4–S 12** 268
– Presserecht **4–S 7** 130, 139, 162, 255
– strafbare Werbung **16** 43; **20** 5
– vergleichende Werbung **6** 297, 312 ff

Beweislastumkehr
– belästigende Werbung **7** 235
– Gewinnabschöpfung **10** 313, 322, 327, 336
– Irreführung **5** 89, 479, 484
– – bei § 5 Abs. 4 UWG **5** 461
– – bei Alleinstellungsbehauptung **5** 482
– – beim Unterlassen von Angaben **5** 477
– – bei unterlassender Dokumentation **5** 464
– – bei wissenschaftlichen Äußerungen **5** 484
– Presserecht **4–S 7** 127, 139, 235

Beweisverfahren in Wettbewerbssachen **12** 318 ff
– Auskünfte **12** 327 ff
– Auswahl des Sachverständigen **12** 332
– Beweiserhebung **12** 327 ff
– Beweislastverteilung **12** 335 ff
– Darlegungs- und Beweiserleichterungen **12** 336
– Darlegungslast bei Allein- und Spitzenstellungswerbung **12** 341
– Erfahrungswissen **12** 320, 322
– innerbetriebliche Verhältnisse **12** 340
– Meinungsforschungsgutachten **12** 330
– richterliche Sachkunde **12** 321
– Sachverständigengutachten **12** 320, 331
– sekundäre Darlegungslast **12** 336
– Verkehrsauffassung **12** 319 ff
– Zeugenbeweis **12** 320

Bewerbung **4–5** 115; **4–6** 163

Bewertung **4–S 8** 201 ff
– s. Wertungen

Bewusstsein der Unlauterkeit 9 13
Bewusstsein, Umgehung des 4–1 132
Bezeichnungen (Unternehmen)
– Firma **5** 253, 270, 370, 475
– firmenähnliche Geschäftsbezeichnung **5** 373
– Firmenzusatz **5** 372, 392
– Rechtsformzusatz **5** 372
bilaterale Staatsverträge I 50, 345
bilaterale Wettbewerbsverstöße I 69, 93, 164, 252, 325 ff
Bild 4–S 7 4, 55, 83, 93, 152 ff, 199, 207, 222, 262 f, 268, 278 f, 282
bildliche Darstellung (Werbung) 5 193, 271, 312, 439
Bildnisschutz
– s. Recht am eigenen Bild
Bildwerbung 5 434 f
– als Stellvertreter von Wortinformationen **5** 441
– Begriff **5** 439
Billigung Dritter A 4 1 ff
– Bedeutung **A 4** 5
– Billigung (Bestätigung, Genehmigung) **A 4** 12
– – bezogen auf eine geschäftliche Handlung (verhaltensbezogene) **A 4** 16
– – bezogen auf Waren und Dienstleistungen **A 4** 15
– – unternehmensbezogene **A 4** 14
– billigende Stelle **A 4** 11
– Einhaltung der Bedingungen für die Billigung **A 4** 17
– unrichtig erteilte Billigung **A 4** 18
– unwahre Angabe **A 4** 9 f, 18
– Verkaufsförderung **A 4** 16
– werbliche Übertreibung **A 4** 12
s. werbliche Übertreibung
Binnenmarkt 3 246; **4–S 15** 26
– als Rechtsprinzip **3** 246
Binnenmarkt-IPR I 94
Binnenmarktprinzip E 123; **3** 246 ff
Binnenmarktregel I 70, 129 ff, 148 f
„bio“ 5 298
„biologisch“ 5 298
bisherige Rechtslage 4–6 38
Black List (Anh. UWG nach § 22) E 134, 188
– s. per se-Verbote
Blauer Engel 4–S 2 25, 50, 54, 55, 64, 67 ff
Blickfangwerbung 5 225, 226, 246, 255, 271, 282
Blockwerbung 4–S 5 83
Bocksbeutelfalsche 5 268, 440
Bonitätsprüfung (Irreführung über B. bei Kreditvergabe) 5 290
Börse (Tätigkeitsbezeichnung) 5 393
bösgläubige Markenanmeldung E 372
Bonusprogramme 4–S 1 203
– s. Kundenbindungssystem
Boykott 4–10 22 ff
– Begriff und Beteiligte **4–10** 22
– Boykottaufruf **4–S 7** 104, 117; **9** 34
– Unlauterkeitsvoraussetzungen **4–10** 26 ff
– Verhältnis zu anderen Vorschriften **4–10** 24 ff
Branchenfremdheit (von Lockvogelangeboten) 5 483
Branchenverschiedenheit 2 D 47
Briefkastenwerbung 7 204 ff
Briefwerbung 4–5 163
– Begriff **7** 330 f
– getarnte **7** 334 f
– zulässige **7** 332 f
Brillen (Werbung für) 5 257, 353
– „Fertiglesebrille“ **5 a** 17, 44
Brüsseler Übereinkommen I 350
„Brunnen“ 5 286
Brustzentrum 5 393
Bruttoprinzip 10 32, 219
„B-Sortierung“ 5 307
b2 b-Geschäftsverkehr E 122
b2 c-Geschäftsverkehr E 122, 170; **3** 2, 31
Btx-Werbung 7 187
Buchclub 4–2 93, 95
„Buchführungshelfer“ 5 44
Buchhaltungsdienstleistung 5 289
Bücher (Werbung für) 5 248
– Antiquitäten (Werbung mit Altersangabe) **5** 301
– gesammelte Werke (Warenbezeichnung) **5 a** 23
– Loseblattsammlung **5 a** 24, 54
– Neuheit **5** 300; **5 a** 19
– Verfasserangabe **5** 316
Bundesrat 4–6 12
Bundesverband (Unternehmensbezeichnung) 5 393
Bund-Länder-Ausschuss „Preisangaben“ 4–S 14 71
Business Torts 5 102, 115
Butter (Produktangabe) 5 285

Call by Call Verfahren 5 238
Call-Center 7 22, 74, 77
Cassis-Entscheidung 5 68
Center 5 393
Champagnerklausel 6 9
Chance
– s. Gewinnchance
checks and balances-Grundsatz E 111, 419
Chicago School 4–S 9 26 f
China (Volksrepublik) 5 156 ff
– Beweis **5** 164
– Durchsetzung **5** 165 f
– – behördliche **5** 165
– – zivilrechtliche **5** 166
– Irreführungsbegriff **5** 161
– maßgebliche Verkehrsauffassung **5** 162
– Meinungsumfragen **5** 164
– Rechtsgrundlagen irreführender Werbung **5** 156 f
– Relevanz **5** 163
– Schutzzweck **5** 160
– werbliche Übertreibungen **5** 159
– Werbung **5** 158
Class Action 10 6, 44, 50, 211, 251
Code of Conduct 2 F 37
Codierungssysteme 4–S 9 86 f
Community Shopping
– Abgrenzung **4–S 12** 290 f
– Zulässigkeit **4–S 12** 278 ff
Computer 5 280, 288
– Handbuch **5** 288
– Neuheit **5 a** 19
– Verfügbarkeit **5** 218 f
„Computer des Jahres“ 5 235
Computerspionage 17 57
concurrence déloyale E 6
concurrence parasitaire 4–9 18

Cookies 5 192
– Arten **4–S 12** 233
– datenschutzrechtliche Beurteilung **4–S 12** 234 f
– Platzieren von **4–S 12** 233 ff
Corporate Social Responsibility E 238, 240, 301
Co-Shopping 4–1 362 ff
CSR E 238, 240, 301
Cybersquatting 4–S 11 118; **4–S 12** 42

Damenbinden (Warenbeschaffenheit) 5 286
Darlegungslast (Irreführende Werbung) 5 461, 464, 478 ff
Darstellung (Testergebnisse) 4–S 8 217 ff
Dassonville-Formel I 97; **5** 68; **6** 36
Datenschutzrichtlinie I 111; **2** E 1 ff; **7** 4, 128, 251
Dauerniedrigpreise 5 351, 449
„Dauertiefstpreis" 5 333
Deep Linking 4–S 12 119
Definition 4–5 77 ff
Definitionen des UWG 2 A 1 ff
– Marktteilnehmer **2** A 20, C 1 ff
– Mitbewerber **2** A 21, C 4 f, D 1 ff
– Nachricht **2** A 22, E 1 ff
– Unternehmer **2** A 28 f, D 16 f, G 1 ff
– Verbraucher **2** A 32, C 4 f, I 1 ff
– Wettbewerbshandlung **2** A 15 f, B 1, B 7 ff, B 81 ff, B 169 ff
Definitionenkatalog der UGP-RL 2 A 4
Definitionsnorm 2 A 2
Degradierung des Verbrauchers zum Objekt 4–1 133
Dekompilieren 17 16
Delegationsnorm 3 153
„Delikatess-" 5 306
deliktsrechtliche Ansprüche 9 2 f, 5, 7
deliktsrechtliche Generalklausel 3 148
Deliktsschutz UWG E 20
Deliktsstatut I 36 ff, 81 f, 85 f, 88 f, 164, 202, 220 f, 225, 237, 325 ff
demoskopische Gutachten 2 I 33; **3** 190
DENIC 4–S 11 22, 41 ff
DENICdirect 4–S 11 25
Deregulierung E 40
„Deutsches Spitzenerzeugnis" 5 184
Deutsche Werbewirtschaft 4–S 7 18
„diätetisch" 5 321
diätetische Lebensmittel 4–S 4 54 ff
– Abgrenzung zu Arzneimitteln **4–S 4** 63
– Beschwerden **4–S 4** 58
– bilanzierte Diäten **4–S 4** 57 ff
– Diätetika **4–S 4** 54
– DiätV **4–S 4** 54
– Erlaubnisvorbehalt **4–S 4** 66 ff
– ernährungsmedizinischer Zweck **4–S 4** 59
– Grundsatz des freien Warenverkehrs **4–S 4** 65 ff
– Indikationen **4–S 4** 61
– Kommission **4–S 4** 69
– Krankheiten **4–S 4** 58
– krankheitsbezogene Werbung **4–S 4** 55
– Lebensmittelchemische Gesellschaft **4–S 4** 59
– menopausale Beschwerden **4–S 4** 60
– Mineralstoffe **4–S 4** 62
– Nahrungsergänzungsmittel **4–S 4** 64
– pharmakologische Wirkung **4–S 4** 63
– Vitamine **4–S 4** 62
– ZZulV 1981 **4–S 4** 70
Diätmittel 5 317, 321
Dienstleistung 2 A 19, B 189, B 196, B 199
– Begriff **2** A 19, B 189 ff, C 10, D 24
– Bewerbung von Dienstleistungen **7** 5, 8, 118
– strafbare Werbung **16** 140 ff
– Verkauf als Umsatzgeschäft **7** 253
Dienstleistungsfreiheit I 54 f, 107 f; **5** 67, 72, 82, 95, 265
– aktive **5** 72
– passive **5** 72
Dienstleistungstest
– Ablauf **4–S 8** 62
Differenzhypothese 9 22
Differenzschaden 9 22, 29
DIN-Norm 4–S 8 185 ff; **5** 241, 305, 307; **A 2** 11, 15
Diplom (Berufsbezeichnung) 5 375
„direkt ab Werk" 5 343
Direktmarketing 4–1 3; **4–S 9** 1; **7** 5, 90, 172, 224, 226, 309, 317
„Direktverkauf" 5 343
Direktvertriebssysteme E 33
Disclaimer 4–S 12 57
„Discountpreis" 5 351, 393
diskriminierende Werbung 4–1 1 ff; **4–2** 5, 244, 247 ff, 251 ff, 264, 347, 363
– Schutzgegenstand des UWG **3** 217
– UWG- Reform **E** 45
Diskussionsentwurf A 16 4; **A 17** 2; **A 20** 3
Diskussionsstand 4–6 29
Distanzdelikt I 391
Doktortitel 5 375, 400
Dokumentarsendungen 4–S 5 86; **4–S 6** 11
Domain
– Anmeldung **4–S 11** 25
– Begriffe und Bedeutung **4–S 11** 3 f, 6 ff
– Behinderung durch generische **4–S 12** 47 ff, 60 ff
– Benutzung **4–S 11** 79 ff
– Ebenen (Levels) **4–S 11** 4
– Erwerb von Kennzeichenrechten **4–S 11** 69 ff
– Freigabe **4–S 11** 136 ff
– generische Domain, Begriff **4–S 12** 47
– generische Domain, mit geographischer Angabe **4–S 12** 58 f
– irreführende **5** 284
– Kennzeichenschutz **4–S 11** 63 ff
– Löschung **4–S 11** 135
– Pfändbarkeit **4–S 11** 56 ff
– Rechtsnatur **4–S 11** 46
– Übertragung **4–S 11** 46 ff
– Verantwortlichkeit **4–S 11** 41 ff
– Vergabe **4–S 11** 19 ff, 23 ff
– s. Domainrecht
Domain-Grabbing 4–S 11 118 ff
– Erscheinungsformen **4–S 12** 41 ff
– wettbewerbsrechtliche Beurteilung **4–S 12** 45 f
Domainnamen E 375
Domain Name Hijacking 4–S 12 42
Domain Name System (DNS) 4–S 11 3
Domainrecht 4–S 11 1 ff
– Abfangen von Kunden **4–S 11** 209
– Abrufbarkeit der Website **4–S 11** 152
– administrativer Ansprechpartner (Admin-C) **4–S 11** 45

– Adressfunktion **4–S 11** 63
– aero-Domains **4–S 11** 10 ff
– Ankündigungsrecht des Händlers **4–S 11** 181 f
– Anmeldung von Domains **4–S 11** 25
– anwendbares Recht **4–S 11** 154 ff
– Auskunftsanspruch **4–S 11** 143, 145
– Begehungsort **4–S 11** 151, 153
– Behinderungsabsicht **4–S 11** 119 ff
– bekannte Kennzeichen **4–S 11** 95 ff
– Bekanntheit **4–S 11** 95, 217
– Benutzung der Domain **4–S 11** 79 ff, 83 ff
– Benutzungsmarke **4–S 11** 81
– Benutzungszwang **4–S 11** 79
– Beseitigungsansprüche **4–S 11** 136, 139
– besondere Geschäfts- und Unternehmensbezeichnungen **4–S 11** 74 f
– bestimmungsgemäße Verbreitung **4–S 11** 152
– .biz-Domains **4–S 11** 21, 29, 37, 40, 67
– Branchennähe **4–S 11** 91 ff
– ccTLD **4–S 11** 31
– ccTLD-Manager **4–S 11** 22
– .com-Domains **4–S 11** 9 ff
– .coop-Domains **4–S 11** 9 ff
– Cybersquatting **4–S 11** 118
– Dateiverzeichnisse **4–S 11** 5
– .de-Domains **4–S 11** 12 ff, 32
– defensive Registration **4–S 11** 38
– deliktsrechtliche Ansprüche **4–S 11** 117 ff
– Deliktsstatut **4–S 11** 151, 158
– DENIC **4–S 11** 22, 41 ff
– DENICdirect **4–S 11** 25
– Dispute-Eintrag **4–S 11** 140
– Domain Name System (DNS) **4–S 11** 3
– Domain-Grabbing **4–S 11** 118 ff
– Domain-Recherchen **4–S 11** 25
– Domain-Sharing **4–S 11** 52 ff
– Eligibility Requirements Dispute Resolution Policy (ERDRP) **4–S 11** 38
– Erfolgsort **4–S 11** 151
– .eu-Domains **4–S 11** 15, 40
– Frame Link **4–S 11** 192 f
– Framing **4–S 11** 192 f
– Freigabe der Domain **4–S 11** 136 ff
– Gattungsbegriff, Gattungsbezeichnung **4–S 11** 125 ff
– Gemeinschaftsmarke **4–S 11** 149, 156
– generische Top-Level-Domain (gTLD) **4–S 11** 6, 9 ff
– geographische Herkunftsangabe **4–S 11** 99
– geographische Top-Level-Domain (ccTLD) **4–S 11** 6, 12 ff
– Gerechtigkeitsprinzip der Priorität **4–S 11** 23, 113
– Gerichtsstand **4–S 11** 147 ff
– geschäftlicher Verkehr **4–S 11** 83 ff, 177 ff, 211
– Geschäftsabzeichen **4–S 11** 74, 76
– Geschäftsbezeichnung, besondere **4–S 11** 74 f
– gesponsorte gTLDs **4–S 11** 11, 30
– Gleichnamigkeit **4–S 11** 113 ff
– Handlungsort **4–S 11** 151
– Herkunftslandprinzip **4–S 11** 155, 158
– Hold Period **4–S 11** 37
– Hyperlink **4–S 11** 175, 189 ff
– Identitätsverwirrung **4–S 11** 107 ff
– .info-Domains **4–S 11** 10 ff, 36
– Inhaberwechsel **4–S 11** 33 f
– Inline Link **4–S 11** 194 ff
– Interessenausgleich **4–S 11** 113 ff
– internationale Zuständigkeit **4–S 11** 146 ff
– Internet Corporation for Assigned Names and Numbers (ICANN) **4–S 11** 2, 19 ff
– Internet Service Provider (ISP) **4–S 11** 25, 44
– IP-Adresse **4–S 11** 1 f
– IP-Claim **4–S 11** 37
– Irreführung **4–S 11** 132
– Kennzeichen- und Namensfunktion **4–S 11** 64 ff
– Kennzeichenerwerb **4–S 11** 69 ff
– kennzeichenmäßige Benutzung **4–S 11** 85, 179, 212
– Kennzeichenrechtsverletzung durch Webinhalte **4–S 11** 174 ff
– Keyword Advertising **4–S 11** 175, 221 ff
– Keyword Buys **4–S 11** 221
– KK-Verfahren **4–S 11** 33
– Konnektivitäts-Koordinierung **4–S 11** 33
– Länder-Codes **4–S 11** 12 f
– legitimes Interesse **4–S 11** 107 ff
– Link **4–S 11** 175, 189 ff
– Lizenzenanalogie **4–S 11** 144
– Löschung von Domain-Namen **4–S 11** 135
– Markengesetz **4–S 11** 83 ff
– Marktort **4–S 11** 153
– Meta Tagging/Meta Tags **4–S 11** 175, 208 ff
– .museum-Domains **4–S 11** 10 ff
– .name-Domains **4–S 11** 10, 29, 38
– Namensanmaßung **4–S 11** 107 ff
– Namensleugnung **4–S 11** 103 ff
– Namensrecht **4–S 11** 78, 100 ff
– .net-Domains **4–S 11** 10
– Network Information Center (NIC) **4–S 11** 23
– .org-Domains **4–S 11** 10
– Prioritätsprinzip **4–S 11** 23, 113
– .pro-Domains **4–S 11** 10, 29, 39
– Produktähnlichkeit **4–S 11** 91 ff
– Providerwechsel **4–S 11** 34
– rechtserhaltende Kennzeichenbenutzung **4–S 11** 79 ff
– Rechtsfolgen **4–S 11** 136 ff
– Rechtsnatur von Domains **4–S 11** 46
– Rechtsschutz im Vergabeverfahren von Domains **4–S 11** 35 ff
– Registermarke **4–S 11** 72, 80
– Registrar **4–S 11** 26
– Registrar, Wechsel **4–S 11** 33 f
– Registrierung **4–S 11** 23 ff
– Registrierungsstelle **4–S 11** 21 ff
– Registry Operator **4–S 11** 21
– Reservierung eines Domainnamens **4–S 11** 26
– Restrictions Dispute Resolution Policy (RDRP) **4–S 11** 37
– Rücksichtnahme **4–S 11** 113 ff
– Rufausbeutung **4–S 11** 96
– Schadenersatzanspruch **4–S 11** 143 f
– Schädigungsabsicht **4–S 11** 119 ff
– Schutzlandprinzip **4–S 11** 154 f
– Schutzschranken **4–S 11** 94, 180 ff
– Schutzwürdiges Interesse **4–S 11** 107 ff
– Second-Level-Domain **4–S 11** 4, 6 ff, 68
– standesrechtliche Regelungen **4–S 11** 134
– Start-up Trademark Opposition Pocily (STOP) **4–S 11** 37
– Suchgewohnheiten der Internetnutzer **4–S 11** 66

– Suchmaschine/Suchprogramm **4–S 11** 175, 208, 221
– Sunrise Challenge **4–S 11** 36
– Sunrise Period **4–S 11** 36
– Teledienstgesetz **4–S 11** 200
– Telemediengesetz **4–S 11** 200
– Territorialitätsgrundsatz **4–S 11** 154
– Third-Level-Domain **4–S 11** 4, 68
– Titelschutz **4–S 11** 77
– Top-Level-Domain **4–S 11** 4, 6 ff, 111
– Transmission Control Protocol/Internet Protocol **4–S 11** 1
– UDRP-Verfahren **4–S 11** 159 ff
– Übertragbarkeit der Domain **4–S 11** 46 ff
– Übertragungsanspruch **4–S 11** 141
– Uniform Domain Name Dispute Resolution Policy **4–S 11** 159 ff
– Unlauterkeit **4–S 11** 98
– Unterlassungsansprüche **4–S 11** 136 ff
– Unternehmenskennzeichen **4–S 11** 74 f
– Unterscheidungskraft **4–S 11** 87
– Verantwortlichkeit Dritter **4–S 11** 41 ff
– Verantwortlichkeit für **4–S 11** 199 ff
– Vergabeverfahren der Domainnamen **4–S 11** 23 ff
– Verkehrsanschauung **4–S 11** 65, 89
– Verkehrsgeltung **4–S 11** 73, 76
– Verletzung von Kennzeichenrechten **4–S 11** 82 ff, 176 ff
– Verwässerung **4–S 11** 97
– Verwechslungsgefahr **4–S 11** 86
– Waren-/Dienstleistungsähnlichkeit **4–S 11** 91 ff
– Werbehinweisrecht des Händlers **4–S 11** 181 f
– Werktitel **4–S 11** 77
– Wettbewerbsbehinderung **4–S 11** 131
– Who is-Datenbank **4–S 11** 25
– Word Stuffing **4–S 11** 175, 219 ff
– World Wide Web **4–S 11** 175
– Zeichenähnlichkeit **4–S 11** 88 ff
– Zuständigkeit für Vergabe von Domainnamen **4–S 11** 21 ff
Domain-Sharing 4–S 11 52 ff
Doppelbestrafungsverbot 10 149
„doppelt gebrannt“ 5 238
Double Opt-in-Systeme 7 219
dreifache Schadensberechnung 9 28 ff
„Dresdner Stollen“ 5 254
Dringlichkeitsvermutung 12 73 ff
– Anwendungsbereich **12** 75 ff
– Dauerhandlung **12** 62, 90
– erneute **12** 91
– forum shopping **12** 87
– Gebrauchsmustergesetz **12** 76
– Geschmacksmustergesetz **12** 76
– GWB **12** 76
– Markengesetz **12** 76
– Marktbeobachtungspflicht **12** 80
– Patentgesetz **12** 76
– Reichweite **12** 74 ff
– Schubladenverfügung **12** 86
– Unterlassungsklagengesetz **12** 75
– Urheberrecht **12** 76
– Verfahrensdauer **12** 89
– vertraglicher Unterlassungsanspruch **12** 77
– Verzögerung der Rechtsverfolgung **12** 79 ff
– Vorratsverfügung **12** 86
– widerlegliche Vermutung **12** 74
– Widerlegung **12** 78 ff
– Wissenszurechnung **12** 81
– s. einstweilige Verfügung
Druckausübung 4–1 135; **4–2** 10 f, 166
– physisch **4–1** 103
– psychisch **4–1** 104 ff
– sozial oder wirtschaftlich **4–1** 117 ff, 121 ff
Druckerpatronen (Werbung für) 5 a 19
Druckerzeugnisse 5 311
DS L-Dienste 5 a 20
duales System der Schutzinteressen E 63 ff
– s. Schutzzweckparität
– s. Schutzzwecktrias
Dualismus der Schutzzwecke E 117; **1** 58, 87
Dualismus der Lauterkeitsrechtsordnungen 1 28; **3** 2
Dualismus des Lauterkeitsrechts E 106, 383
Durchführung 4–6 163; **A 17** 37; **A 20** 32
Durchschlagseffekt
– s. Abwertung
Durchschnittsverbraucher E 130; **3** 116; **4–1** 129; **4–2** 22, 31, 118, 126 f, 144, 146, 148 ff, 221, 225, 233, 242; **4–5** 41; **5** 213 f
Dynamik des Marktes E 253, 266

„echt“ 5 286
E-Commerce-Recht 4–S 12 15, 201 ff
E-Commerce-Richtlinie E 49; **I** 7, 57, 1112, 121 ff, 306; **2** B 16; **4–5** 11; **4–S 12** 23 f, 70, 121, 131, 171, 183; **4–S 13** 3; **4–S 14** 33, 65, 130; **5** 94; **7** 120, 203, 314
effet utile E 111, 416
EG-Öko-VO 4–S 2 31
EGV E 83, 87
Ehre
– s. Ehrenschutz
Ehrenschutz 4–S 7 74 ff, 86, 94 ff
– Abwägung **4–S 7** 77
– Beispiele **4–S 7** 77
– Beleidigung **4–S 7** 124
– Beschränkung des Ehrenschutzes **4–S 7** 57
– innere und äußere Ehre **4–S 7** 74
– Schimpfwörter **4–S 7** 76
– Schmähkritik **4–S 7** 76
– üble Nachrede **4–S 7** 125 ff
– Unternehmensehre **4–S 7** 94 ff
Eigenart, wettbewerbsrechtliche
– s. wettbewerbsrechtliche Eigenart
Eigenfertigung (Tätigkeitsangabe) 5 253, 298
Eigenpreisvergleich 6 69, 160
Eigenwettbewerb der Medien 4–S 7 11, 14, 34 ff, 42
Eignung des Mittels E 111
Eilverfahren 4–S 8 159
Eindeutigkeit 4–5 191, 194
Eindruck des Gewinns eines Preises A 17 14, 23
– Inhalt der Mitteilung **A 17** 24
– Gestaltung der Mitteilung **A 17** 24
Eindruck der Kopplung 4–6 55; **A 16** 36
Einführungspreis 5 352, 449
eingerichteter und ausgeübter Gewerbebetrieb E 20; **7** 114, 123, 199
– s. Recht am Unternehmen
Eingriff in die Individualsphäre 4–6 59
Eingriffskondiktion 9 33 f

Eingriffsschwelle (Irreführung) 5 85, 217 f
Einheitsrecht I 3, 51, 345
Einigungsstellen 15 1 ff
– Ablehnung **15** 26
– Anrufung **15** 49 ff
– Auslagen **15** 86
– Besetzung **15** 16
– Einigungsverfahren **15** 47 ff
– Errichtung **15** 12
– Kosten der Parteien **15** 85
– mündliche Verhandlung **15** 63–69
– Ordnungsgeld **15** 57
– persönliches Erscheinen **15** 55
– Schiedsgericht **15** 14
– streitiges Verfahren **15** 100 ff
– Unterwerfungserklärung **15.** 105
– Vergleich **15** 75 ff
– Verjährungshemmung **15** 110
– Vollstreckungsklausel **15** 78 ff
– Wiederholungsgefahr **15** 117
– Zuständigkeit **15** 29 ff
Einigungsverfahren 15 47 ff
Einsatz 4–5 52 ff, 62, 77
Einsatz, erheblicher 4–5 65
Einschieben in fremde Serie 4–9 121 f
Einschleichjournalismus 4–S 7 133
Einsendefrist 4–5 125
einstweilige Verfügung I 470; **4–S 7** 186, 195 f, 200, 202, 227, 247; **8** 43; **12** 73 ff
– Abgabe von Willenserklärungen **12** 96
– Abschlusserklärung **12** 163 ff
– Abschlussschreiben **12** 172 ff
– Abschlussverfahren **12** 163 ff
– Anordnung der Klageerhebung **12** 139 ff
– Antrag nach § 926 Abs. 2 ZPO **12** 143 ff
– Anwaltszwang **12** 117
– Aufhebung wegen veränderter Umstände **12** 146 ff
– Auskunftsanspruch **12** 95
– Begründung **12** 123
– Berufung **12** 131 ff, 138
– Beschleunigungsgrundsatz **12** 133
– Beseitigungsanspruch **8** 43; **12** 94
– besondere Dringlichkeit **12** 121
– Bestimmtheitserfordernis **12** 113
– Beweislastverteilung **12** 103
– Beweiswert eidesstattlicher Versicherungen **12** 101
– Dringlichkeitsvermutung **12** 73 ff
– eidesstattliche Versicherung **12** 100 f
– eingeschränkter Widerruf **8** 43
– Entscheidung durch Beschluss **12** 121 ff
– Entscheidung durch Urteil **12** 125 ff
– erneute Vollziehung **12** 159
– existenzielle Interessen **12** 95
– Gericht der Hauptsache **12** 105 ff
– Glaubhaftmachung **12** 100 ff
– Heilung von Zustellungsmängeln **12** 158
– Kosten der Schutzschrift **12** 118 ff
– Kosten des Aufhebungsverfahrens **12** 151
– Kostenwiderspruch **12** 136 ff
– Leistungsverfügung **12** 93
– mündliche Verhandlung **12** 121, 125
– negative Feststellungsklage **12** 107
– präsente Beweismittel **12** 100
– Privatgutachten **12** 100
– Rechtsbehelfe **12** 128 ff
– Rechtsbeschwerde **12** 130
– Rechtsfolgen nicht ordnungsgemäßer Vollziehung **12** 162
– Regelungsverfügung **12** 92
– schriftliche Anhörung **12** 121
– Schutzschrift **12** 116 ff
– Sicherungsverfügung **12** 92
– sofortige Beschwerde **12** 128 ff
– Streitwertminderung **12** 204 ff
– TRIPS-Abkommen **12** 142
– Urteilsveröffentlichung **12** 186 ff
– Verfahren **12** 105 ff
– Verfahrensaussetzung **12** 126
– Verfügungsanspruch **12** 92 ff
– Verfügungsantrag **12** 112 ff
– Verfügungsgrund **12** 97 ff
– Veröffentlichungsbefugnis **12** 186 ff
– Versäumung der Frist zur Erhebung der Hauptsacheklage **12** 149
– Versäumung der Vollziehungsfrist **12** 149
– Verspätungsvorschriften **12** 125
– Verwirkung des Widerspruchs **12** 134
– Verzicht auf die mündliche Verhandlung **12** 121
– Vollziehung **I** 496; **12** 152 ff
– Vollziehungsfrist **12** 160 f
– Vorlage an den EuGH **12** 126
– Widerrufsanspruch **12** 94
– Widerspruch des Antragsgegners **12** 134 ff
– Widerspruch, zuständiges Gericht **12** 135
– zuständiges Gericht **12** 105 ff
einstweiliger Rechtsschutz I 470
Eintritt ins Spielgeschehen 4–6 62
Einwilligung E 193
Einwilligung bei belästigender Werbung
– anderer Adressat **7** 155–169
– Angesprochener **7** 300–303
– Begriff **7** 206
– Bekanntgabe der Telefaxnummer keine Einwilligung **7** 212
– Beweislast **7** 206
– mutmaßliche Einwilligung **7** 155 ff
– Verbraucher-Adressat **7** 126 ff
Einwilligung im Presserecht 4–S 7 140 ff, 149, 162
– Anfechtung **4–S 7** 143
– Beweislast bei Entgelt **4–S 7** 162
– Bindungswirkung **4–S 7** 143
– Erklärung **4–S 7** 141
– Sorgfaltspflicht **4–S 7** 162
– Umfang **4–S 7** 142
– Widerruf **4–S 7** 143
– Zweckübertragungslehre **4–S 7** 142
Einwilligungserklärung
– individualisierte **4–5** 166
– vorformulierte **4–5** 166
Einwirkung 4–1 130, 137; **4–2** 15, 221
Einwirkungsmarkt I 79, 83, 270, 311
Einzelfallbeurteilung E 133, 134, 135, 136; **4–6** 27
Einzelurteile 4–S 8 60
Einzelwerbung 5 6
„einzig“ 5 389
Elektrogüter 5 364; **5 a** 19
Elektronikgeräte 5 460
elektronische Signaturen E 47

elektronischer Handel E 47
elektronischer Zahlungsverkehr E 47
E-Mail
– s. E-Mail-Werbung
E-Mail-Account
– Einrichtung keine Einwilligung **7** 206
– Spamming **7** 196
E-Mail-Adresse
– Austragen aus Bezugsliste **7** 171
– eigene Leistungen kein Weiterverkauf über E-Mail-Adresse **7** 257
– Kenntnis aus früherem Umsatzgeschäft **7** 238, 247 ff
– Offline-Nutzung **7** 196
– Verwendung keine Einwilligung **7** 206
– Widerspruch bei Kenntnis der E-Mail-Adresse **7** 265, 273
E-Mail-Werbung I 7, 123, 169, 268, 274 f, 304
– als unzumutbar belästigende Werbung **7** 185 ff
– ausnahmsweise zulässige **7** 231 ff
– s. erlaubte E-Mail-Werbung
E-Mercials 4–S 5 34, 144, 147 f; **4–S 12** 35 f
Empfehlungen 5 257
Empfinden 4–6 99
Emotionen
– Ansprechen von Emotionen **4–1** 157 ff
Endpreise 4–S 14 15, 59, 84 ff, 102, 107 ff, 133, 159, 207, 254
enge Auslegung 4–6 62
entgangener Gewinn 9 22, 27, 29, 30, 32
Entgelt 4–5 50, 77
Entgeltlichkeit 4–5 52
Entkopplung 4–6 95
Entschädigung
– s. Geldentschädigung
Entscheidungsfähigkeit 5 a 30
Entscheidungsfreiheit 4–1 3, 19; **4–2** 8 f, 28, 166, 220, 224 ff, 227, 252; **4–5** 115
Entscheidungsfreiheit der Verbraucher 3 179, 216; **4–1** 3, 19, 28, 82, 84 ff; **4–5** 177; **5** 458
– s. Erzeugung von Entscheidungsdruck
Entscheidungsverhalten 5 54
– habitualisierte Entscheidungen **5** 57, 222, 313
– – impulsive **5** 58, 60, 74, 77, 192, 227
– – rationale **5** 59, 74, 215, 226, 318
Entschlüsselung 17 17
Entstehungsgeschichte 4–6 6; **A 16** 1; **A 17** 1; **A 20** 1
Entstehungsgeschichte des UWG-Entwurfs E 52 ff
Entstehungsgeschichte des § 4 Nr. 5 UWG 4–5 2
Entstehungsgeschichte § 8 8 1 ff
– Rechtsfolgen von Wettbewerbsverstößen **8** 1
Entwicklung 4–6 24
Entwicklung, alterstypische 4–2 156 f, 159 f, 187, 202
Entwicklungsländer E 283
Erfahrungsgut 5 53, 222, 224. 228
Erfahrungssätze (als Grundlage richterlicher Entscheidungen) 5 232, 245, 271
Erfolgsort I 395, 455
– Domainrecht **4–S 11** 151
– Recht des Erfolgsortes **I** 62 ff, 71, 85, 90 f, 183
Erfolgsunrecht 3 181 ff, 234; **4–9** 3
Erfordernisse der beruflichen Sorgfalt 4–6 29
Erfüllungsgehilfe 8 154
ergänzender wettbewerbsrechtlicher Leistungsschutz
– s. wettbewerbsrechtlicher Leistungsschutz
Erheblichkeit 4–S 2 40 f, 58, 62
Erheblichkeitsschwelle 3 78, 89; **4–2** 23 f, 118; **5** 177; **6** 27 ff, 78, 91, 98, 103, 133, 143, 153, 213, 235, 300, 303 f
– Adressatenkreis **3** 90
– Anschwärzung **4–8** 75
– Anwendungsbereich **3** 89 ff
– Eignung **3** 91
– Geschäftsehrverletzung **4–7** 94 ff
– Prognoseentscheidung **3** 93
– Spürbarkeitstest bei Art. 28 EGV **3** 245
– s. Bagatellgrenze
– s. Bagatellklausel
Erkennbarkeit, äußere 4–5 174
Erlaubnis 4–5 64
erlaubte E-Mail-Werbung
– Bewerben eigener ähnlicher Leistungen **7** 257 ff
– Kenntnis der E-Mail-Adresse **7** 238 ff
– Kumulation von Voraussetzungen **7** 235 f
– Tatbestandsvoraussetzungen **7** 235 ff
– Umsatzgeschäft **7** 238 ff
– s. E-Mail-Werbung
Erledigung der Hauptsache
s. Hauptsacheerledigung
Ermessensspielraum 4–S 8 67
– s. Freiraum
Eröffnungspreis 5 352, 449
„Eröffnungspreise" 5 332
Ersatzteile 5 286, 316
Erschleichung 4–9 14, 33, 103
erschöpfende Regelung des Markenschutzes E 6
Erstbegehungsgefahr 8 50, 95, 99 ff
– Ausräumung **8** 108 f
– Berühmung **8** 103 f
– Fortfall **8** 108 f
– Presserecht **4–S 7** 190
– Vergleichsverhandlungen **8** 103
– Vorbereitungshandlungen **8** 104
„Erste"/„Erster" 5 191
„erste Wahl" 5 306
Erweiterung des Ausnahmetatbestands 4–6 130
Erzeugung von Entscheidungsdruck (Nr. 7 Anh. UWG) A 7 1 ff
– Aufmerksamkeitswerbung **A 7** 10
– Darlegungs- und Beweislast **A 7** 17
– informierte Entscheidung **A 7** 2, 5, 16
– Knappheitsbehauptung **A 7** 3
– Lock(vogel)angebot **A 7** 12
– psychologischer Kaufzwang **A 7** 5
– Räumungsverkauf **A 7** 6, 14
– Sonder- oder Ausverkauf **A 7** 6, 14
– Sonderveranstaltung **A 7** 7, 14
s. Sonderveranstaltung
– übertriebenes Anlocken **A 7** 5
– unwahre Angabe **A 7** 8 f
– Verfügbarkeit **A 7** 13
– – sehr begrenzter Zeitraum **A 7** 13
– – zu bestimmten Bedingungen **A 7** 14
– s. auch Lockvogelangebote
Etikettierungsrechtsprechung 5 70

EuGVO I 352; **14** 39ff
– Anerkennungs- und Vollstreckungsausführungsgesetz (AVAG) **14** 40
– Annexzuständigkeit **14** 50
– Ansprüche aus unerlaubtem Wettbewerb **14** 49
– Anwendungsbereich der EuGVO **14** 43ff
– Arrest **14** 57
– Auskunftsanspruch **14** 49
– ausschließlicher Gerichtsstand **14** 45ff
– Disclaimer **14** 54
– einstweilige Maßnahmen **14** 55ff
– einstweilige Verfügung **14** 57
– Erfolgsort **14** 52, 54
– Geltungsbereich eines Unterlassungsurteils **14** 52
– Gerichtsstand der unerlaubten Handlung **14** 49ff
– Gerichtsstand des Erfüllungsortes **14** 48
– Gerichtsstandsvereinbarung **14** 44
– gewerbliche Schutzrechte **14** 46
– Haager Abkommen über die Internationale Hinterlegung gewerblicher Muster oder Modelle **14** 46
– Handlungsort **14** 51, 54
– Interessenkollision **14** 54
– Internet **14** 54
– Klagen nach dem Unterlassungsklagengesetz **14** 49
– Madrider Abkommen über die Internationale Registrierung von Fabrik- oder Handelsmarken **14** 46
– Marktort **14** 54
– Mehrheit von Erfolgsorten **14** 52
– Rechnungslegungsanspruch **14** 49
– Sitz **14** 44
– Top-Level-Domain **14** 54
– vorbeugende Unterlassungsklage **14** 53
– Vorlage an den EuGH **14** 42
– Wahlrecht **14** 42
– Wohnsitz **14** 44
EuGVÜ I 350
„Euro“ 5 475
Europarechtskonformität 4–6 29
europäisches Verbraucherleitbild 2 I 32; **3** 238
– s. Verbraucherleitbild
Europäisierung E 40; **4–5** 41
Europäisierung des Lauterkeitsrechts E 80
European Advertising Standards Alliance I 74, 112
Evolutionstheorie E 253
exklusive Bezeichnung 5 254
Exkulpation 9 5, 16
externe Spionage 17 52

„fabrikneu“ 5 300
„Fabrikverkauf“ 5 343
„Fach-“ 5 383
Fachanwalt 5 380, 393, 410
Fachbetrieb 5 383, 402
Fachgutsachten (Werbung mit) 5 256
fachliche Sorgfalt 2 A 30, H 1, H 12
Fachtermini 4–5 196
Fachtherapeut 5 291, 383
Fachverband 5 402
factory outlet 5 343
Fahrlässigkeitsmaßstab, objektivierter 9 13
Fahrräder (Verfügbarkeit bei Bewerbung) 5 281
Fahrschule 5 291
Fahrzeug (PKW)
– Ausstattung **5a** 22
– Händlergarantie **5** 425; **5 a** 22, 61
– Neuheit **5** 200, 205, 288; **5 a** 19
– Preisangaben **5** 355
– Umweltverträglichkeit **5** 310
Familienrezept (Werbung) 5 481
Faxgerät 4–5 165
Faxwerbung 7 14, 170, 180, 237
„Ferienintensivkurs“ 5 291
Fernabsatz 5 228
Fernabsatzrecht 4–S 12 6, 162, 192, 206ff
Fernabsatzrichtlinie 4–S 14 31f; **7** 89, 113, 117f, 126, 170, 172, 314, 364, 376
Fernabsatzverträge E 47
Fernsehbereich 4–5 198
Fernsehrichtlinie E 49; **I** 119, 136, 173f, 275; **4–2** 110, 138, 208, 248, 250
Fernsehwerbung I 275, 291, 296; **4–S 5** 1ff
Fertighaus 5 439
„Fertiglesebrille“ 5 a 17, 44
Fertigungsmethode 5 298
Fertigverpackungen 5 312
„Festpreis“ 5 355
Feststellungsklage
– Feststellungsinteresse **12** 263ff, 270, 272
– Fortfall des Feststellungsinteresses **12** 274
– gegenläufige Leistungsklage **12** 273
– gegenwärtiges Rechtsverhältnis **12** 264
– negative **12** 258, 271
– positive **12** 265
– Schadensersatzverpflichtung und Vertragsstrafeanspruch **12** 269
– Stufenklage **12** 267
– zukünftige Leistung **12** 268
Fiktionshaftung 4–S 8 265; **9** 5
fiktive Figuren 4–S 6 27
Filiale 5 278
Filmwerbung 4–S 5 1ff
Fixkosten 9 31f
Finanzberater 5 355
Finanzdienstleistungen E 162, 167; **5** 290
Finanzierungskauf 5 354
„Finanz- und Vermögensberater“ 5 292
Firmenbezeichnung 5 254, 270

Fitnessprodukte 5 317
Flughafen (Reiseleistungswerbung) 5 294, 392
Förderungsabsicht 2 B 43
Förderungseignung
– s. Wettbewerbsbeeinträchtigung
– s. Wettbewerbshandlung
Folgeänderungen des UWG 20 1
Folgenanalyse E 297, 298; **3** 232
Folgenbeseitigungsanspruch im Presserecht 4–S 7 232
Folgeverträge E 196, 396, 412; **2** B 124; **4–6** 164
Format
– Adaptionen **4–S 6** 14f, 24ff, 43ff, 48ff, 71ff
– als Mittel der Programmstrukturierung **4–S 6** 6ff
– Anlehnung, offene **4–S 6** 69, 73ff
– – systematische Behinderung **4–S 6** 86f
– Anlehnungsintensität **4–S 6** 13, 15, 45, 56
– Auslandsbezug **4–S 6** 54, 79f, 96
– Begriff **4–S 6** 9ff

– Behinderungswettbewerb **4–S 6** 78 ff
– Dienstleistung **4–S 6** 44
– Dokumentationsfilme **4–S 6** 11
– dramaturgisches Konzept **4–S 6** 24, 35
– fiktionale Programme **4–S 6** 11 f, 24 ff
– fiktionales Format **4–S 6** 11 f, 24 ff
– Herkunftstäuschung **4–S 6** 47 ff
– historische Entwicklung **4–S 6** 1 ff
– Magazinierung der Programme **4–S 6** 2
– nicht fiktionales Format **4–S 6** 11, 31 ff
– Markenrecht **4–S 6** 59
– Marktzutrittsverhinderung **4–S 6** 79 f
– Modeneuheiten-Rechtsprechung **4–S 6** 81
– Motivschutz **4–S 6** 22, 36
– Nachahmungstatbestand **4–S 6** 43 ff
– Paper Format **4–S 6** 16, 28, 44, 99
– Printmedien **4–S 6** 10
– Programmcharakter **4–S 6** 50
– Programme Format **4–S 6** 16, 44
– Programmformat **4–S 6** 9
– Programmstruktur **4–S 6** 4 ff
– Protagonist als formatprägendes Element **4–S 6** 61 ff, 75, 101
– Registrierung **4–S 6** 16
– Sendeformat **4–S 6** 9, 11 f, 33 ff, 55, 60, 62 f, 72, 74 ff, 80, 92
– Senderwechsel des Protagonisten **4–S 6** 62 ff, 75, 101
– Showformat **4–S 6** 33 ff
– Spielregeln 34 f
– Sportsendungen **4–S 6** 37
– stilistische Mittel **4–S 6** 22, 37
– systematisches Anhängen **4–S 6** 84 ff
– Talk-Show **4–S 6** 35 f, 61 ff, 75, 101
– Titelschutz **4–S 6** 59
– unredliche Kenntniserlangung **4–S 6** 88 ff
– –Erschleichen von Vorlagen **4–S 6** 88, 91
– – Kenntnis anlässlich von Verhandlungskontakten **4–S 6** 89, 95 ff
– – Kenntnis nach Kooperationsablauf **4–S 6** 89, 97
– Verkehrsbekanntheit **4–S 6** 52, 55
– Verkehrskreise **4–S 6** 51–54
– Vertraulichkeitsgebot **4–S 6** 94 ff
– Verwechslungsgefahr **4–S 6** 49, 57 ff
– Vorlagenfreibeuterei **4–S 6** 91
– Wechselwirkungsgrundsatz **4–S 6** 55, 60, 87
– Werbeidee **4–S 6** 21, 72
– Werkbegriff (Urheberrecht) und Formatschutz **4–S 6** 17–23
– Werkkategorie **4–S 6** 18
– Wertschätzung, Ausnutzen oder Beeinträchtigen der **4–S 6** 69 ff
– wettbewerbliche Eigenart **4–S 6** 47 ff, 60, 74, 84
– s. Formatschutz
Formatadaption 4–S 6 14 f, 24 ff, 43 ff, 48 ff, 71 ff
– Aktivlegitimation **4–S 6** 64, 98 ff
– Urheberrechtsschutz **4–S 6** 17 ff
Formathandel 4–S 6 16, 79 ff, 84, 96
Formatrahmen
– „harte" und „weiche" Vorgaben **4–S 6** 13
Formatregister 4–S 6 16
Formatschutz 4–S 6 1 ff
– duales Rundfunksystem **4–S 6** 4
– Einschaltquoten **4–S 6** 52
– Fabel **4–S 6** 24, 26
– formgebundene Einheit **4–S 6** 19
– Fortsetzungswerk **4–S 6** 26, 29
– freie Benutzung **4–S 6** 25 ff
– Gemeingut **4–S 6** 35, 37
– Gesamtbetrachtung **4–S 6** 55, 60, 87
– Geschmacksmusterschutz **4–S 6** 59
– gestalterische Konkretisierung **4–S 6** 23, 34, 48, 74, 76
– Herkunftstäuschung **4–S 6** 47 ff
– Herkunftstäuschung durch Titelbenutzung **4–S 6** 59
– Hörfunk **4–S 6** 9
– Ideenschutz **4–S 6** 20 ff, 44, 48, 81
– Inlandsbezug **4–S 6** 54, 79 f
– nachvertragliche Bindungswirkung **4–S 6** 89, 92, 97
– Neuheit **4–S 6** 48, 55
– Spielideen **4–S 6** 34 f
– systematisches Anhängen **4–S 6** 84 ff
– unmittelbare Leistungsübernahme **4–S 6** 83
– Vermeidbarkeit der Herkunftstäuschung **4–S 6** 58 ff
– wettbewerbsrechtlicher Leistungsschutz **4–S 6** 41 ff
– s. Format
Forschungsgeheimnisse staatlicher Einrichtungen 17 11
Fortbildungsleistungen 5 291
Fortschrittsvergleich 6 2 f, 69, 221
Forum Shopping I 395, 403, 406, 412
Fotoaufnahmen
– s. Recht am eigenen Bild
Framing 4–S 11 192 f
– Erscheinungsformen **4–S 12** 139
– Herkunftstäuschung **4–S 12** 141
– Leistungsübernahme **4–S 12** 142
– Rufausbeutung **4–S 12** 142
– Werbebehinderung **4–S 12** 140
Freibeuterei E 31
freie Berufe 2 B 67
– Geheimnisverrat **17** 27, 29; **18** 7
– keine Beschränkung auf bestimmte Werbeträger **4–S 3** 678 ff
– Werbeverbot **4–S 3** 1 ff
– Werbung **4–S 3** 1 ff
– Werbung im Internet **4–S 3** 96 ff
– Werbung mit Gästebuch im Internet **4–S 3** 72, 108
– Werbung mit Logos u.ä **4–S 3** 70, 88 ff
– Zulässigkeit der Werbung durch Eintragung in Verzeichnisse **4–S 3** 69
– s. geschäftlicher Verkehr
– s. Unternehmer
– s. Verbraucher
freie Marktwirtschaft 4–S 1 49
freie Preisbildung 4–S 1 118
Freiheit des Wettbewerbs E 214 ff
Freiraum 4–S 8 192, 198
Freistellung 4–6 155
„frei von Rückständen und Schadstoffen" 5 286
Fremdbeuteilung (Werbung) 5 274
fremde Dienstleistungen 4–6 79
Fremdenrecht I 2, 46
fremde Waren 4–6 79
„Frischfisch" 5 278

Friseurbetrieb 5 371
frisch gepresst 5 298
Frühkapitalismus E 1
„Führend"/„Führender"/„Führende" 5 191, 389
Füllanzeigen 5 311
Füllmenge 5 279, 312
Fundstelle 4–S 8 288
funktionale Auslegung 4–S 2 44 f
funktionale Rechtsanwendung 3 197
Funktionsbedingungen des Wettbewerbs 4–S 2 46
funktionsfähiger Wettbewerb E 267 f; **4–S 1** 56
Funktionswandel des UWG 1 33; **2** D 29; **3** 151
Funktionswandel des Wettbewerbsrechts 1 45

Garantenstellung 16 67 ff, 72 ff, 111 f; **17** 35 f
Garantieausschlussklauseln 4–S 9 88 f
Garantien 5 53, 363, 400, 422; **5 a** 10, 11, 21 f, 61
– Erfolgsgarantie **4–1** 284
– lebenslange **4–1** 283
Gattungsbezeichnung 5 254, 284
Gattungsbezogene Merkmale 5 284
Gebrauchsmusterschutz (Werbung mit) 5 396 ff
Gefahrenpotenzial 4–5 137
gefühlsbetonte Werbung 5 43
– Umweltwerbung **4–S 2** 48, 75 ff
Gegenannoncen 4–S 8 256
Gegendarstellung 4–S 8 251
Gegendarstellungsanspruch im Presserecht 4–S 7 139, 204 ff, 232, 238, 254, 268, 270
– Abdruck **4–S 7** 229 ff
– Abdruckverlangen **4–S 7** 226
– Änderung der Gegendarstellung **4–S 7** 228
– Aktualitätsgrenze **4–S 7** 224
– Alles-oder-Nichts-Prinzip **4–S 7** 228
– Ankündigung im Inhaltsverzeichnis **4–S 7** 230
– Anspruchsberechtigter **4–S 7** 211
– Anspruchsverpflichteter **4–S 7** 212
– Anzeigen **4–S 7** 209
– Ausschluss des Entgegnungsrechts **4–S 7** 209
– Ausschlussfrist **4–S 7** 224
– Äußerungen Dritter **4–S 7** 220
– Behauptungen in Gegendarstellungen **4–S 7** 209
– berechtigtes Interesse **4–S 7** 209
– Bild **4–S 7** 222
– Blankounterschrift **4–S 7** 215
– Durchsetzung der Gegendarstellung **4–S 7** 223 ff
– Eindruck **4–S 7** 207, 220
– Einschaltung und Weglassung **4–S 7** 230
– Entgegnung **4–S 7** 221 ff
– Entschuldigung **4–S 7** 209
– Erfüllung **4–S 7** 229 ff
– formelle Voraussetzungen **4–S 7** 213 ff
– Frist **4–S 7** 224 f
– Gerichtsberichte **4–S 7** 209
– Glossierung **4–S 7** 229
– Inhalt der Gegendarstellung **4–S 7** 219 ff
– Inhaltsverzeichnis **4–S 7** 230
– Internet **4–S 7** 210, 229
– irreführende Gegendarstellung **4–S 7** 209
– Parlamentsberichte **4–S 7** 209
– periodische Druckwerke **4–S 7** 206
– Person oder Stelle **4–S 7** 211
– Schriftform **4–S 7** 214
– Stellungstheorie **4–S 7** 212
– Tatsachenbehauptung **4–S 7** 207
– Titelseite **4–S 7** 230
– Überschrift **4–S 7** 220
– Umfang **4–S 7** 218
– Unterzeichnung **4–S 7** 215
– unverzüglich **4–S 7** 224
– unzulässiger Inhalt **4–S 7** 222
– Verhältnis zur Berichtigung **4–S 7** 204
– Vertretung **4–S 7** 216
– Voraussetzungen **4–S 7** 205 ff
– Waffengleichheit **4–S 7** 230
– Wahrheitsgehalt **4–S 7** 208
– Weglassung und Einschaltung **4–S 7** 230
– Wiedergabe der Behauptung **4–S 7** 220
– Zuleitung **4–S 7** 224
– Zuständigkeit **4–S 7** 226
Geheimhaltungsinteresse 17 19 ff, 30
Geheimhaltungswille 17 18 f, 39, 45
Geheimnis 9 34; **17** 17
Geheimnisverrat E 31; **17** 27, 29; **18** 7
Geheimnishehlerei 17 64 ff
geistige Eigentumsrechte (Werbung) 5 384, 395 f
– ausländische **5** 397
Geldentschädigung 4–S 7 139, 150, 259 ff
– Anlass und Beweggrund **4–S 7** 266
– Anspruchsberechtigter **4–S 7** 269
– Anspruchsverpflichteter **4–S 7** 272
– Art und Intensität des Eingrifs **4–S 7** 262, 274
– Ausgleich auf andere Weise **4–S 7** 268
– Berichtigung **4–S 7** 268
– Besänftigung des Opfers **4–S 7** 275
– Durchsetzung der Geldentschädigung **4–S 7** 281
– erfundene Äußerung **4–S 7** 263
– Funktionen **4–S 7** 259
– Gegendarstellung **4–S 7** 268
– Genugtuung **4–S 7** 259, 270 f, 275
– Hartnäckigkeit **4–S 7** 265
– Höhe der Geldentschädigung **4–S 7** 273 ff
– Intimsphäre **4–S 7** 262
– juristische Person **4–S 7** 270 ff
– Prävention **4–S 7** 259, 276
– Privatsphäre **4–S 7** 262
– Promibonus **4–S 7** 273
– Schmähkritik **4–S 7** 262
– Schmerzensgeld **4–S 7** 259
– Schwere der Persönlichkeitsverletzung **4–S 7** 261 ff
– Verbreitungsgrad **4–S 7** 264
– Verbreitung von Unwahrheiten **4–S 7** 263
– Verschulden **4–S 7** 267
– Voraussetzungen **4–S 7** 260 ff
– Werbung **4–S 7** 263
Geldgewinnspiele 16 125, 134, 145 f, 153
Geldgutschein 4–6 86
Geldwertstabilität 4–2 34, 38 f
„Geld-zurück-Garantie" 5 351, 363
„Gelegenheit" 5 331
Gelegenheit zur Unterwerfung 12 32 ff
– Rechtzeitigkeit des Zugangs **12** 34
– Zugang der Unterwerfungserklärung **12** 34
Gemeinkosten 9 32
gemeinnützige Unternehmen 2 B 71
Gemeinnützigkeit 5 393

Gemeinschaftskodex für Humanarzneimittel I 111; **4–S 4** 7 ff, 112 ff, 347 ff
Gemeinschaftsrecht I 4, 51 ff, 94 ff; **4–6** 16; **A 17** 7; **A 20** 7
– Anwendungsvorrang des **I** 4, 44, 51, 94, 140
Gemeinwohlbelange 1 74, 76, 80
– als Rechtfertigung für Werbebeschränkungen im Berufsrecht für Freiberufler **4–S 3** 23, 25 ff
– s. Allgemeininteresse
– s. Schutzobjekt des UWG
Generalklausel E 25, 70, 76, 101, 133; **1** 36; **2** B 1 f, B 4 f, B 8 f, H 5 ff; **3** 1, 14, 136
– Allgemeines **3** 21
– Auffangtatbestand **3** 173
– Beispielskatalog **3** 166
– beredte Generalklausel **3** 155
– Delegationsnorm **E** 126; **3** 153 ff
– Konkurrenzen **3** 167 ff
– kumulative Anwendung **3** 167 ff
– Rechtsmethodik **E** 126
– Richterrecht **3** 208 ff
– spezielle **3** 19
– Subsidiarität **3** 172 f
Generalklausel des § 17 Abs. 1 Nr. 5 LMBG 4–S 4 202 ff
– § 17 Abs. 1 Nr. 4 LMBG **4–S 4** 233
– Angabe **4–S 4** 218
– aufklärende Hinweise **4–S 4** 216
– Aufmachung **4–S 4** 219
– Aussage **4–S 4** 221
– Begriffe **4–S 4** 217 ff
– Bezeichnung **4–S 4** 217
– Durchschnittsverbraucher **4–S 4** 209
– flüchtiger Verbraucher **4–S 4** 211
– Formen der Irreführung **4–S 4** 214 ff
– Fortwirkung früherer Werbung **4–S 4** 215
– gesundheitsbezogene Aussagen **4–S 4** 223
– Irreführung **4–S 4** 202, 207
– mehrdeutige Werbeaussagen **4–S 4** 214
– Mogelpackung **4–S 4** 225 f
– Qualitätsauslobung **4–S 4** 227
– Rechtsprechung des EuGH **4–S 4** 212 f
– Regelbeispiele **4–S 4** 204
– Reinheitsangaben **4–S 4** 230 ff
– Verbraucherleitbild **4–S 4** 208
– Werbung mit Selbstverständlichkeiten **4–S 4** 205, 234 f
– Zusatzstoffe **4–S 4** 232
Generic Placement 4–S 5 24
generische Domains 4–S 12 47 ff
generische Kennzeichenbenutzung E 370
generische Top-Level-Domain (gTLD) 4–S 11 6, 9 ff
geografische Herkunftsangabe als Firmenbestandteil E 361
geographische Beschränkungen 4–5 151
geographische Herkunftsangaben I 47 ff, 50, 59, 285, 342, 344 f; **4–S 10** 1 ff; **5** 41, 65, 254, 313, 354, 366, 439; **6** 200, 208, 267
– Ähnlichkeitsbereich **4–S 10** 110, 136 ff
– Ähnlichkeitsschutz **4–S 10** 136 ff
– Agrarerzeugnisse **4–S 10** 7, 238, 247 ff
– Aktivlegitimation **4–S 10** 177 ff
– Anspruch auf Besichtigung **4–S 10** 173 f
– Benutzung **4–S 10** 12, 62
– Benutzungsrecht **4–S 10** 39
– Beschlagnahme **4–S 10** 183
– Denaturierung **4–S 10** 76 ff, 96
– Drittauskunft **4–S 10** 173 f
– Eigenschaft, besondere **4–S 10** 111 ff
– einfache **4–S 10** 51 ff, 86 ff
– Entlokalisierung **4–S 10** 140 ff
– Etikettierung **4–S 10** 236
– europäisches Schutzsystem **4–S 10** 235 ff
– fiktive **4–S 10** 151, 208
– Freihaltebedürfnis **4–S 10** 29, 211 f, 218 ff
– Gattungsangabe **4–S 10** 71 ff, 273 ff, 326
– geographische Gattungsangabe **4–S 10** 71 ff
– geographische Herkunftsmarke **4–S 10** 210, 217 ff
– geographische Kollektivmarke **4–S 10** 210, 228 ff
– geographische Scheinbezeichnung **4–S 10** 151
– geschützte geographische Angabe, g. g. A. **4–S 10** 253 ff
– geschützte Ursprungsbezeichnung, g. U. **4–S 10** 253 ff
– Herkunft **4–S 10** 173
– Herkunftsabkommen, bilaterale **4–S 10** 200, 316 ff
– Herkunftshinweis, betrieblicher **4–S 10** 30
– Individualmarke **4–S 10** 30, 39, 217 ff, 227
– Integritätsinteresse **4–S 10** 170
– Interessenabwägung **4–S 10** 101 ff
– Irreführungsschutz **4–S 10** 88 ff, 97 ff
– kennzeichenrechtliche Funktion **4–S 10** 45
– Kollektivmarke **4–S 10** 30, 228 ff
– Lebensmittel **4–S 10** 7, 236 ff, 239 ff, 246 ff
– Lissaboner Ursprungsabkommen (LUA) **4–S 10** 334
– Madrider Herkunftsabkommen (MHA) **4–S 10** 332
– Markensatzung **4–S 10** 230
– Mineralwasser **4–S 10** 237 f, 249
– mittelbare aHA **4–S 10** 57 ff
– Monopolisierungswirkung **4–S 10** 231
– multilaterale Verträge **4–S 10** 313 ff, 327 ff
– Pariser Verbandsübereinkunft (PVÜ) **4–S 10** 328
– Passivlegitimation **4–S 10** 177 ff
– Phantasieangaben **4–S 10** 64 ff
– qualifizierte **4–S 10** 20, 67 ff
– Qualitätsschutz **4–S 10** 105 ff
– Rechtsnatur **4–S 10** 31, 190
– Relokalisierung **4–S 10** 84 ff
– Ruf, besonderer **4–S 10** 121 ff
– Rufausbeutung **4–S 10** 119 ff
– Schadensersatz **4–S 10** 27, 164 f
– scheingeographische Angaben **4–S 10** 64 ff, 208
– Scheinlagenamen **4–S 10** 66
– SolingenV **4–S 10** 159
– Spirituosenbezeichnungen **4–S 10** 237, 250, 344 ff
– Terminologie **4–S 10** 19 ff
– Territorialitätsprinzip **4–S 10** 80, 320
– TRIPS-Übereinkommen **4–S 10** 314, 338 ff
– unmittelbare **4–S 10** 57 ff
– Unterlassungsanspruch **4–S 10** 27, 160 ff
– Unterscheidungskraft **4–S 10** 119, 129
– Ursprungsbezeichnung **4–S 10** 20, 105, 253 ff
– Verbraucherleitbild **4–S 10** 93 ff
– Verbraucherschutz **4–S 10** 191
– vergleichende Werbung **4–S 10** 153

– Verhältnismäßigkeit **4–S 10** 101
– Verjährung **4–S 10** 27, 182
– Verkehrsauffassung **4–S 10** 13, 51, 53 ff, 74
– Vernichtung **4–S 10** 27, 171 ff, 184
– VO (EG) Nr. 510/2006 **4–S 10** 196, 245 ff
– VO (EWG) Nr. 2081/92 **4–S 10** 239 ff
– Warenverkehrsfreiheit **4–S 10** 82, 282, 323 ff
– Weinbauerzeugnisse **4–S 10** 199, 237, 249, 344 ff
– Zusätze **5** 191, 391
– Zusätze, entlokalisierende **4–S 10** 104, 140 ff
geographische Gattungsangabe 4–S 10 71 ff, 273 ff, 326
geographische Herkunftsmarke 4–S 10 210, 217 ff
geographische Kollektivmarke 4–S 10 210, 228 ff
– Benutzungsbefugnis **4–S 10** 232
– Inhaber **4–S 10** 229
– Markensatzung **4–S 10** 230
– Monopolisierungswirkung **4–S 10**, 231
– Unterscheidungskraft **4–S 10** 228
– Zugangsrecht **4–S 10** 231
geographische Top-Level-Domain (ccTLD) 4–S 11 6, 12 ff
geographische Zusätze 5 191, 254, 391 f, 439
geprüft 5 236, 257, 308, 383
„geprüfte Sicherheit (GS)“ 5 308
Gerichtsstand 14 1 ff
– Domainrecht **4–S 11** 147 ff
Gerichtsstand im Internationalen Wettbewerbsverfahrensrecht
– allgemeiner **I** 466
– ausschließlicher **I** 458
– der unerlaubten Handlung **I** 375
– der Niederlassung **I** 418
– fliegender **I** 457
– Gerichtsstandsvereinbarungen **I** 434, 479, 486
– örtlicher **I** 374
– Vermögensgerichtsstand **I** 485
Geringfügigkeit 4–5 75
Geringfügigkeitsschwelle 4–6 138
Gesamtaufmachung 4–5 182
Gesamtverweisung I 9
geschäftliche Bezeichnungen E 31
geschäftliche Handlung E 116, 307; **2** A 15, B 1, B 20, B 33, B 47; **3** 146; **4–3** 17; **4–S 8** 137; **4–S 15** 2, 3, 8 ff, 22, 27, 29, 30; **6** 28, 30 f, 53, 151, 318, 320
– Abmahnschreiben **2** B 165
– amtliches Handeln **2** B 169
– Anwendungsvoraussetzung des UWG **2** B 2
– Anzeigengeschäft **2** B 179
– Arzt **2** B 166
– Begriff **2** B 2 ff
– Definitionsnorm **2** A 1 ff
– de minimis **4–S 15** 13
– Fachverband **2** B 184
– Förderung eigenen Wettbewerbs **2** B 161 ff
– Förderung fremden Wettbewerbs **2** B 164
– Förderungseignung als Nebenfolge **2** B 167
– Förderungsziel **2** B 150
– Gemeinde **2** B 187
– immanente Marktwirkungen **2** B 169 ff
– Kenntnis **3** 206
– kirchliches Handeln **2** B 169
– konkretes Wettbewerbsverhältnis **2** D 3 ff
– künftiger Wettbewerb **2** B 163
– Legaldefinition **2** B 1 ff
– Marktbezug **2** B 52
– Mitgliederwerbung **2** B 74
– objektive Kriterien **4–S 15** 8, 10, 13 ff, 41
– politisches Handeln **2** B 74, B 169
– Produktzusammenhang **2** B 41
– publizistisches Handeln **2** B 170
– soziales Handeln **2** B 169
– subjektive Indizien **4–S 15** 9 f, 13, 15, 17
– Tätigkeitsbereiche **2** B 169
– Vertragszusammenhang **2** B 41
– weltanschauliches Handeln **2** B 169 ff
– Zeitraum **2** B 39, B 81
geschäftliche Unerfahrenheit 4–2 11, 128, 132, 134, 143 f, 147, 172, 180, 189, 197, 200 f, 229, 232, 243
geschäftliche Verhältnisse 5 27
geschäftlicher Verkehr 2 B 47 ff; **4–S 11** 83 ff, 177 ff, 211; **16** 61, 137 ff; **18** 6 ff
– Amtsverkehr **2** B 57, B 70
– Anmeldung von Schutzrechten **2** B 74
– Arbeitgeberverband **2** B 74
– Begriff **2** B 47 ff
– Berufsvertretung **2** B 73
– Fernsehinterview **2** B 72
– freie Berufe **2** B 67
– gemeinnützige Unternehmen **2** B 69, B 71
– Gewinnerzielungsabsicht **2** B 69
– Gewerkschaft **2** B 74
– Idealverein **2** B 73
– Mitgliederwerbung **2** B 74
– öffentliche Hand **2** B 67, B 78
– positives Tun **2** B 60 ff
– Privatverkehr **2** B 70, B 72, B 75
– Unterlassen **2** B 60 ff
– unternehmensinterner Verkehr **2** B 70, B 75, B 77
– Vermutung bei Kaufleuten **2** B 70, B 72
– Wirtschaftsverband **2** B 73
– s. Geschäftsverkehr
Geschäftsaufgabe (Nr. 15 Anh. UWG) A 15 1 ff
– Begriff **A 15** 10
– Darlegungs-und Beweislast **A 15** 9
– Eilbedürftigkeit („demnächst“) **A 15** 11
– unwahre Angabe **A 15** 7 f
– Verkaufsanlass **A 15** 4
s. Verkaufsanlassangaben
Geschäftsbetrieb
– s. Unternehmen
Geschäftsehrverletzung E 31; **I** 327, 447; **4–7** 1 ff
– Abwehrvergleich **4–7** 6
– Auslegung **4–7** 7
– Außenwirkung von Tatsachen **4–7** 37 f
– Austauschbarkeit von Waren oder Dienstleistungen **4–7** 29
– Bagatellklausel des § 3 **4–7** 94 ff
s. Erheblichkeitsschwelle
– Beeinträchtigung von Kennzeichen **4–7** 10
– Dienstleistungen **4–7** 35 ff
– Form der Mitteilung **4–7** 51
– Fortschrittsvergleich **4–7** 6

– Freiheit der Meinungsäußerung **4–7** 54 f
– geschäftliche Verhältnisse **4–7** 38
– Grundrechtskontrolle **4–7** 54 f
– Herabsetzung **4–7** 7, 14 ff, 44 ff, 91 ff
– Kennzeichen, Begriff **4–7** 85 ff
– Leistungswettbewerb **4–7** 1
– Meinungsäußerungsfreiheit **4–7** 54 f
– Mitbewerber **4–7** 29 ff
– notwendiger Vergleich **4–7** 6
– öffentliche Äußerungen **4–7** 50
– persönliche Verhältnisse **4–7** 39
– Richtlinie vergleichende Werbung **4–7** 9 f
– satirische Überzeichnungen **4–7** 110 ff
– Tatsachenbehauptungen **4–7** 18, 54 f
– Tätigkeiten **4–7** 37
– Täuschungsvorwurf **4–7** 25
– Unternehmen, Schädigung durch Behauptung, **4–7** 21
– verbotenes Handeln **4–7** 40 ff
– Verbraucherschutz **4–7** 6
– vertrauliche Mitteilungen **4–7** 97
– Verunglimpfung **4–7** 7, 47 ff, 85 ff
– wahrheitswidrige Behauptungen **4–7** 79
– Waren **4–7** 35 f
– Werturteile **4–7** 18, 44 ff, 53 ff
– Zurechnung von Äußerungen Dritter zu Lasten des Begünstigten **4–7** 30 f
– s. Anschwärzung
Geschäftsführung ohne Auftrag 9 7, 32 f, 35 f; **12** 61
Geschäftsjubiläum 5 336
Geschäftspraktik E 127; **2** A 15, B 1, B 20
Geschäftspraktiken
– aggressive **4–1** 21 f, 27
– irreführende **4–1** 20
Geschäftsräume des Veranstalters 4–5 158
Geschäfts- und Betriebsgeheimnis
– Begriff **17** 7 ff
– Presserecht **4–S 7** 104, 110, 118
– Format **4–S 6** 90
– strafrechtlicher Schutz **17–19**
s. Unternehmensgeheimnis
Geschäftsverkehr 2 B 33, 47
Geschäftsverlegung
– Begriff **A 15** 10
– s. Geschäftsaufgabe
Geschenk 4–2 87 ff, 119, 183, 229
Geschichte des Lauterkeitsrechts E 1 ff, 16, 2
geschichtliche Entwicklung 4–5 27
Geschicklichkeitsspiele 4–5 85
Geschmacksmusterschutz
– Format **4–S 6** 90
– Werbung mit Geschmacksmusterschutz **5** 384, 398
Geschmackszensur 4–2 251
geschützte Berufsbezeichnungen 5 378
– Apotheker **5** 381
– Architekt **5** 381, 410
– Arzt **5** 381
– Meister **5** 410
– Rechtsanwalt **5** 410
– Steuerberater **5** 410
geschützte Ursprungsbezeichnung g. U. 4–S 10 253 ff
Gesetzesentwurf A 16 10; **A 17** 5; **A 20** 5
Gesetzessprache E 114
Gesetzesverletzung
– s. Rechtsbruch
– s. Vorsprung durch Rechtsbruch
gesetzliche Aufklärungspflichten 5a 10
gesetzliche Auskunfts- und Aussagepflichten 17 46
gesetzliche Vorschriften 4–S 8 192 ff
gesetzlicher Unterlassungsanspruch 8 45 ff
– allgemeines Persönlichkeitsrecht **8** 48
– Begehungsgefahr **8** 50
– Erstbegehungsgefahr **8** 50
– Gläubiger **8** 110 ff
– Kenntnis der Tatumstände **8** 53
– mittelbarer Unterlassungsanspruch **8** 48
– Rechtsgrundlage **8** 47 ff
– Systematik **8** 50
– Verletzungshandlung **8** 51
– Wiederholungsgefahr **8** 41, 46 ff
– s. Unterlassungsanspruch
gestalterische Konkretisierung eines Formats 4–S 6 23, 34, 48, 74, 76
– durch Auswahl, Anordnung und Kombination von Gestaltungsmitteln **4–S 6** 23
Gestaltung, äußere 4–5 174
Gestaltung der Teilnahmemöglichkeiten 4–6 56
Gesundheit 4–2 35, 45, 82, 142, 254
gesundheitsbezogene Werbung 5 218 f, 223, 317 f, 320; **A 18** 5
– bewährt bei Grippe **5** 320
– Herzsymbol **5** 320
– medizinische Wirkung **5** 228, 317; **A 18** 12
– Schlangenzeichen **5** 192, 320
– Schlankheitsmittel **5** 317 f
Gesundheits- und Sicherheitsaspekte E 161
getarnte Werbung 4–3 1 ff, 131 ff; **4–S 5** 25, 42, 53, 60 f, 112; **5** 28
– Internetwerbung **4–3** 151
– Printmedien **4–3** 131
– Product Placement **4–3** 136 ff
– Rundfunk und Filmwerbung **4–3** 132 ff
– Sponsoring **4–3** 132 ff
„Get More“ 5 185, 187
Gewerbebetrieb
– s. Unternehmen
Gewerbefreiheit E 4
Gewerbeordnung E 4
Gewerbetreibender 2 A 29, D 17, G 3; **7** 2, 155, 200, 370
– s. Unternehmer
Gewerkschaften 2 B 74
Gewichtsangaben, Werbung mit 5 306, 312
Gewichtungen 4–S 8 31, 85, 207
Gewinn 4–2 84, 86 f, 89, 93, 165
– Begriff **10** 212
– Gewinncoupons **4–6** 156
Gewinnabschöpfung 10 1 ff
– Abmahngebühren **10** 106, 110
– Abmahnungen **10** 106, 109
– Abnehmer, Begriff **10** 207 ff
– Abschöpfung wettbewerbswidrigen Vermögenszuwachses **10** 100
– action civile **10** 51
– Anscheinsbeweis **10** 222, 286, 312, 323 ff
– auf Kosten **10** 67, 74, 79, 86, 90, 178, 181, 186, 191

– Aufwendungen, erstattungsfähige **10** 264 ff, 271 ff,
– Auskunftsanspruch des Aktivlegitimierten **10** 42, 63, 78, 213, 217, 234, 294 ff, 306 ff, 333
– Auskunftspflicht gegenüber der zuständigen Stelle des Bundes **10** 73, 263
– Bagatell- und Streuschäden **10** 3, 50, 52, 64, 169, 208 f, 251,
– Behörde **10** 146
– Beweislast **10** 283 ff, 292, 320 ff
– Beweislastumkehr **10** 313, 322, 327 f, 336
– Beweisvereitelung**10** 336
– Bruttoprinzip **10** 32, 219
– Bundeshaushalt **10** 73, 154, 246 f, 260
– class action **10** 6, 44 ff, 50, 211, 251
– Darlegungslast **10** 213, 217, 311, 335
– Deregulierung **10** 36, 108, 113, 139, 166
– Direktmarketing **10** 203 ff
– Doppelbestrafungsverbot **10** 149
– Durchsetzungsdefizite **10** 1, 3, 8
– Eingriffsbefugnis **10** 134, 142 f
– Fahrlässigkeit **10** 67 ff, 70, 170 f
– Fallgruppen **10** 68, 169, 202 ff, 223 f, 232
– Freiheitsstrafe **10** 150
– Fremdgeschäftsführung **10** 97 f, 277
– Geldstrafe, anrechnungsfähige **10** 75, 77, 88, 93, 151, 249 ff, 253 ff, 259
– Gesamtgläubigerschaft **10** 260 f
– Gewinn, Begriff **10** 212
– Gewinnberechnung **10** 40, 71, 214 ff
– Gruppenklage **10** 6, 16, 44, 62
– GWB **10** 14, 18 ff, 91, 220, 227, 329
– Kausalität Zuwiderhandlung und Gewinnerzielung **10** 220 ff, 323 ff
– Kausalität Zuwiderhandlung und wirtschaftliche Schlechterstellung **10** 197
– Klageantrag, unbezifferter **10** 217, 280 ff
– Kollektivklage **10** 6, 16, 44 ff, 50, 52, 54, 57, 59, 61 ff
– Kosten, abzugsfähige **10** 212, 214, 218 f,
– Kostenrisiko der Kläger **10** 247, 277
– Mehrerlös **10** 18 ff, 23, 31
– Mehrerlös, dreifacher **10** 22 ff, 220
– Mehrerlösabschöpfung **10** 18 ff, 227, 329
– Mehrfachprozesse, Vorbeugung **10** 260 f
– Nettoprinzip **10** 27, 32, 219
– Ordnungsgelder, Anrechnungsfähigkeit **10** 254 f, 259
– Ordnungswidrigkeit **10** 22 ff, 26 ff, 34 f
– Organhaftung **10** 238 f
– Pauschalierung **10** 76, 157, 216, 326
– Praktikabilität **10** 152 ff
– Prävention **10** 2, 54, 92, 100, 116 ff, 121 ff, 125 ff, 235, 247, 254 ff
– Privatisierung **10** 135 ff
– Privatstrafe **10** 135
– punitive damages **10** 46, 54, 116 f, 130, 134, 141, 149, 216
– Rechnungslegungsanspruch des Aktivlegitimierten **10** 42, 234, 295, 307 ff, 333
– Rechnungslegungspflicht gegenüber der zuständigen Stelle des Bundes **10** 263
– Rechtsirrtum **10** 174, 285
– Rechtsverfolgungskosten **10** 214
– Sanktionscharakter **10** 2, 54, 71, 87, 102, 104, 114 ff, 121 ff, 125 ff, 133, 167
– Schadensberechnung, dreifache **10** 38 f, 65
– Schadensersatz **10** 38, 54, 91
– Schadensersatzansprüche, individuelle **10** 5, 50, 228, 249
– Schadensersatzleistungen, anrechnungsfähige **10** 67 f, 72, 75, 88, 149 ff, 252 ff
– Schätztatsachen **10** 29, 232, 332 ff
– Schätzung **10** 23, 29, 32, 42, 63, 67 f, 71, 152, 217, 220, 227, 233, 280 ff, 308, 329 ff
– Schmerzensgeld und Prävention **10** 119 ff
– Schutzzweck **10** 186, 189 ff, 193, 327
– Strafmonopol, staatliches **10** 131 f, 138 ff
– Strafrecht **10** 30, 33, 36, 106 ff, 148 ff
– Stufenklage **10** 279
– sui generis, Anspruch **10** 100
– Unlauterkeitsgewinn **10** 222, 225 ff
– Unmittelbarkeitszusammenhang **10** 179 f, 182, 189, 198 ff, 205 f, 235, 237, 291
– Verbandsklage **10** 1, 6 ff, 47 ff, 53 ff, 56, 58, 61 ff
– Verbraucherschutz **10** 1 ff, 4, 8, 10 ff, 49 f, 53 f, 56, 58 ff, 61, 66, 103, 113
– Verbraucherverbände **10** 1 ff, 9, 16, 48 f, 52 ff, 57, 106, 153 f, 168, 277
– Verfall **10** 31 ff, 106 ff, 148, 257
– Verfassungsmäßigkeit **10** 115
– Verhältnismäßigkeit **10** 144 f, 172, 302
– Verletzergewinn **10** 37, 39 ff, 65, 226, 308
– Vermögensnachteil der Abnehmern **10** 180 ff, 181 ff, 190 ff, 199, 205
– Verrichtungsgehilfe **10** 241 ff
– Vertragsstrafen, Anrechnungsfähigkeit **10** 252, 255, 259
– Verursacherkosten **10** 216, 335
– Verwendung, zweckgebundene **10** 55, 63, 68, 246 f
– Vielzahl von Abnehmern **10** 69, 74, 209
– Vorsatz **10** 67 ff, 70, 89, 174 ff, 243 ff
– Vorsatz, Beweisanforderungen **10** 176 f, 283 ff
– Vorsatzerfordernis, Entwicklung **10** 170 ff
– Vorsatztheorie **10** 174
– Vorteilsabschöpfung **10** 14
– Werbewirkung **10** 222, 225
– wirtschaftliche Schlechterstellung **10** 75, 79, 179, 188, 190 ff
– Wirtschaftsprüfervorbehalt **10** 42, 78, 217, 305
– zu Lasten **10** 79, 86, 90, 190 ff
– zu Lasten, Entwicklung **10** 178 ff
– zu Lasten, Rechtsfolgenseite **10** 235 ff
– Zurechnung vorsätzlichen Handelns Dritter **10** 239 ff
– Zuwiderhandlung gegen § 3 oder § 7 **10** 169, 188, 298
Gewinnabschöpfungsanspruch E 72, 390; **9** 3, 4, 28
– s. Gewinnabschöpfung
Gewinnanspruch 4–5 158
Gewinnauskehrung 4–5 158; **4–6** 61; **A 17** 17
– intransparente Gewinnauskehrung **A 17** 21
Gewinnbedingungen, intransparente A 17 29
Gewinnberechnung 10 40, 71, 214 ff
Gewinnchance 4–1 323, 326; **4–5** 132 ff; **4–6** 9, 19, 26, 35, 39, 53, 77, 91 f, 94, 98 f; **A 16** 10, 26
Gewinneinbuße 9 21
Gewinner 4–5 88
Gewinnerdaten 4–5 148
Gewinnermittlung 4–5 146, 161

Gewinnerzielungsabsicht 4–S 15 9, 11, 43
– Förderungsziel **2** B 162
– geschäftlicher Verkehr **2** B 69
Gewinnhöhe 4–5 138
Gewinninformation 4–5 147
Gewinnspiel 4–2 142, 175, 181, 200
Gewinnspiele E 105; **I** 308, 310, 313; **4–1** 6, 319 ff, 323; **4–5** 85; **4–6** 1 ff; **4–S 5** 66; **4–S 7** 22; **4–S 12** 6; **5** 32, 347; **5 a** 1; **A 14** 1 ff
– s. Verkaufsfördermaßnahmen
Gewinnspiele, mehrwertgebührenpflichtige 4–6 137
Gewinnspielkopplung 4–6 33
Gewinnung von Adressen 4–5 99
Gewinnversprechen, vorgetäuschtes 4–6 8
Gewinnwahrscheinlichkeit 4–5 137
Gewinnzusage 4–5 91 ff; **A 17** 23, 27
Gewinnzusagen, falsche A 17 23 ff
„Giga"/"Gigantisch" 5 185
Gläubiger des Unterlassungsanspruchs 8 110 ff, 230 ff
– Anwendungsbereich **8** 234
– Entstehungsgeschichte **8** 230
– ergänzender wettbewerbsrechtlicher Leistungsschutz **8** 239
– Industrie- und Handelskammern **8** 280
– Klage- und Sachbefugnis **8** 231
– Mitbewerber **8** 231, 236 ff
– Normzweck **8** 230
– Popularklage **8** 230
– qualifizierte Einrichtungen zum Schutz von Verbraucherinteressen **8** 268 ff
– Verband **8** 240 ff
– Wettbewerbsverhältnis **8** 239
Glas (Beschaffenheitsangabe) 5 248
„Glaserei" 5 298
Gleichbehandlung 4–S 8 175 ff
Gleichbehandlung der öffentlichen Hand 4–S 15 19
Gleichheitsgrundsatz 4–S 15 22
Gleichwertigkeit 4–6 96
Gleichstellungs-/Gleichwertigkeitsbehauptung 6 73, 79, 82 ff, 210, 224, 226, 277 ff
Glücksspiel 4–5 39, 47 ff, 77; **A 16** 30
– unerlaubtes **4–6** 134
– verdecktes **4–6** 21, 119
GlüStV 4–5 55
Good-Will 5 53, 402
– kollektiver **5** 41
– s. Verhaltenskodex
Gratisleistungen 5 356
Gratisangebote (Nr. 21 Anh. UWG) A 21 1 ff
– Angebot **A 21** 6
– Begriff **A 21** 8
– Kommunikationskosten **A 21** 12
– Kosten **A 21** 8, 12 f
– Opportunitätskosten **A 21** 12
– Preisberechnung **A 21** 4
– Preisklarheit **A 21** 4
– Quersubventionierung **A 21** 11
– Transaktionskosten **A 21** 8
– unvermeidbare Kosten **A 21** 12
– vermeidbare Kosten **A 21** 13
Gratisleistungen 5 356; **A 21** 5
– s. Gratisangebote
Gratismeilen 5 30
Gratisverlosung 4–5 82, 84
Grenzbeschlagnahmeverordnung 4–S 10 184
„größte Auswahl" 5 187
„größtes Teppichhaus der Welt" 5 191
„große deutsche Tageszeitung" 5 189, 191
Großhändlereigenschaft 5 344 f, 356, 393, 442
Großhändlerwerbung E 33, 43, 71; **2** I 4; **5** 10, 343, 356
Grünbuch über kommerzielle Kommunikation E 90; **I** 112, 116
Grünbuch zum Verbraucherschutz E 51, 100; **I** 117; **4–S 1** 9
Grüner Punkt 4–S 2 50, 58
Grundfreiheiten E 85, 301; **I** 54 f, 95 ff, 140
Grundpreis 4–S 14 15, 60, 170 ff, 277 f
Grundsatz der Verhältnismäßigkeit
s. Verhältnismäßigkeitsgrundsatz
Grundsatz des Koppelungsgeschäfts 4–6 53
Gruppenklage 10 6, 16, 44, 62
Gruppenurteile 4–S 8 207
Günstigkeitsprinzip I 10, 62, 100, 104, 129, 134
Güterabwägung 4–S 8 126 ff, 128, 189, 247
Güter- und Interessenabwägung 1 46; **3** 196 f
– Presserecht **4–S 7** 5, 63, 69, 78, 79, 84, 105, 108, 112, 132, 134, 137, 152, 158, 178, 238, 282
Gütesiegel 5 240, 257
– Wollsiegel **5** 286
Gütezeichen 4–S 2 51, 56 ff, 67 ff; **4–S 14** 122, 125 ff; **5** 256 f, 305, 309, 400; **A 2** 1 ff
– Ähnliches **A 2** 11
– allgemeine Produktgattungsbezeichnungen **A 2** 12
– allgemeine Qualitätsaussagen **A 2** 12
s. Qualitätsaussagen
– Angaben über die Herstellungsart **5** 298; **A 2** 12
– Bedeutung **A 2** 4
– Bio-Marken **A 2** 12
– Corporate Social Responsibility **A 2** 3
s. Verhaltenskodex
– genehmigende Stelle **A 2** 14
– Genehmigung **A 2** 13
– Good Corporate Citizen **A 2** 8
s. Verhaltenkodex
– kartellrechtliche Relevanz **A 2** 3
– Kontrolle **A 2** 13
– marktausschließende Wirkung **A 2** 3
– Missbrauchsgefahren **A 2** 9
– Prüfzeichen **A 2** 6, 11
s. Prüfzeichenwerbung
– Qualitätskennzeichen **A 2** 5, 11
– Selbststeuerung **A 2** 3
– Verleihung **A 2** 13
– Verwendung ohne Genehmigung **A 2** 15
– Zertifizierung **A 2** 2, 11
– Zertifizierung aufgrund objektiver Prüfung **A 2** 11
gute Sitten im Wettbewerb E 28; **1** 85 f, 94 f; **3** 174 ff
s. Sittenwidrigkeit
Gutscheine 4–1 35, 164, 261, 316 ff; **4–5** 153
GWB und UWG E 214 ff

Händler 4–6 48
Händlereigenschaft 5 343 f, 356, 393, 442
Haftung der Medien 4–S 7 13 ff, 35 ff
– eingeschränkte **4–S 7** 41

– für Anzeigen-/Werbeinhalte **4–S 7** 35 ff
– für eigenwettbewerbliches Verhalten **4–S 7** 34 ff, 42
– für redaktionelle Beiträge **4–S 7** 13 ff
– nach dem Medienrecht **4–S 7** 48 ff
Haftung für Beauftragte 2 G 44
Haftung für Mitarbeiter 2 G 44
Haftung für Mitarbeiter und Beauftragte nach § 8 Abs. 2 8 214 ff
– Anwendungsbereich **8** 218 f
– Beauftragte **8** 222 ff
– Entstehungsgeschichte **8** 214 ff
– Haftung für Dritte **8** 147 ff, 220
– Inhaber des Unternehmens **8** 227
– mehrgliedrige Haftungskette **8** 225
– Mitarbeiter **8** 221 ff
– Normzweck **8** 214 ff
– Rechtsfolgen **8** 229
– Unternehmensbezogenheit **8** 226
– Unternehmensinhaber **8** 227
– Unternehmensnachfolge **8** 229
– Verletzungshandlung **8** 220
– Voraussetzungen **8** 220 ff
Halbfett 5 285
Handel 4–S 8 5
Handeln
– positives Tun **2** B 60
– Unterlassen **2** B 60
Handeln im Auftrag eines Unternehmers 2 G 40
Handeln im geschäftlichen Verkehr
– s. geschäftlicher Verkehr
Handeln zu Zwecken des Wettbewerbs 2 B 8, B 144 ff, D 27 f; **3** 199
– s. Wettbewerbsabsicht
– s. Wettbewerbsverhältnis
Handelsbräuche 3 191
Handlungsort I 62 ff, 71, 184, 205 f, 412, 455
Handlungsunrecht 4–9 3, 27
Handy-Klingeltöne 4–2 173, 177
Harmonisierung
– der Vorschriften über irreführende Werbung **5** 61, 67, 74, 78, 93, 95, 100
– von Kennzeichnungsstandards **5** 87
Hauptsacheerledigung 12 343 ff
– Anfechtung der Kostenentscheidung **12** 349
– einseitige Erledigungserklärung **12** 345
– Erledigungserklärung **12** 344
– Kostenentscheidung **12** 345, 347
haushaltsübliche Menge 5 279
„Hausmacherart" 5 298
Haustürgeschäfte E 47; **7** 87, 290, 300, 307, 310, 319, 322, 328
Haustürwerbung 16 16, 85
– geschützter Bereich **7** 321 ff
– Schutz **7** 309 ff
– Unlauterkeit aufgrund Vorbereitung **7** 327 ff
– Verbot durch Wohnungsinhaber **7** 325
Hautstraffung (Werbung) 5 322
Health Claims-Verordnung 4–S 4 334 ff
– Gemeinschaftsliste **4–S 4** 342
– gesundheitsbezogene Angabe **4–S 4** 338
– Krankheitsrisiko **4–S 4** 339
– Nährwertprofil **4–S 4** 341
– Zulassungsverfahren **4–S 4** 342
Heilmittel 4–S 4 344 ff
– Arzneimittel **4–S 4** 344 f
– Begriff **4–S 4** 344 ff
– Heilmittelwerbegesetz **4–S 4** 344
– kosmetische Mittel **4–S 4** 345
– Krankheitsbezug **4–S 4** 345
– Medizinprodukte **4–S 4** 345
– s. Heilmittelwerbung
Heilmittelwerbegesetz 4–S 4 349 ff
– Äußerungen Dritter **4–S 4** 470
– Allheilmittel **4–S 4** 387
– Angstgefühle **4–S 4** 465 **4–S 4**
– Anwendungsbereich **4–S 4** 358 ff
– Apothekenbestellung **4–S 4** 436
– Arzneimittel **4–S 4** 365
– Arzneimittel-Muster **4–S 4** 474 ff
– arzneimittelrechtliche Pflichtangaben **4–S 4** 362
– audivisuelle Medien **4–S 4** 413
– Außenseitermeinung **4–S 4** 383
– Beweiserleichterung **4–S 4** 381
– bildliche Darstellungen **4–S 4** 457 ff
– Darlegungs- und Beweislast **4–S 4** 381
– Dosierung **4–S 4** 401
– einheitlicher Irreführungsbegriff **4–S 4** 379
– elektronischer Handel **4–S 4** 376
– Erfolgsversprechen **4–S 4** 389
– Erinnerungswerbung **4–S 4** 415 ff
– Fachkreise **4–S 4** 371 f
– Fachkreiswerbung **4–S 4** 422
– Fernbehandlung **4–S 4** 437 f
– Fernsehwerbung **4–S 4** 414
– Garantieversprechen **4–S 4** 390
– Gegenanzeigen **4–S 4** 391, 406
– getarnte Werbung **4–S 4** 394 ff, 468
– Gutachtenwerbung **4–S 4** 422 ff, 450 f, 470
– Heilmittel **4–S 4** 364
– heilmittelwerberechtliche Pflichtangaben **4–S 4** 363
– homöopathische Arzneimittel **4–S 4** 421
– Imagewerbung **4–S 4** 359 f
– Indikation **4–S 4** 400
– Internetwerbung **4–S 4** 412
– Irreführungsverbot **4–S 4** 378
– kosmetische Mittel **4–S 4** 367
– Krankengeschichten **4–S 4** 455 f
– Krankheitenkatalog **4–S 4** 443, 446, 479, 482 f
– Krankheitsbezug **4–S 4** 369
– Krankheitsverhütung **4–S 4** 368 ff, 386
– marktschreierische Übertreibungen **4–S 4** 379
– Medizinprodukte **4–S 4** 366, 484
– Mindestangaben **4–S 4** 423 f
– Monopräparate **4–S 4** 405
– Naturwerbung **4–S 4** 397
– Nebenwirkungen **4–S 4** 391, 406
– Neuheitenwerbung **4–S 4** 397
– Packungsbeilage **4–S 4** 361
– Packungsbeilagenwerbung **4–S 4** 419 f
– Pflichtangaben **4–S 4** 403 ff
– Preisausschreiben **4–S 4** 427, 473
– produktbezogene Absatzwerbung **4–S 4** 360
– Prospektwerbung **4–S 4** 412, 448
– Psychopharmaka **4–S 4** 445
– Publikumswerbeverbote **4–S 4** 439
– Publikumswerbung **4–S 4** 371 f, 407 f
– redaktionell gestaltete Werbeanzeigen **4–S 4** 394 ff
– Richtlinienkonformität **4–S 4** 443, 446, 478 f

– Schlafmittel **4–S 4** 443
– Sedativa **4–S 4** 444, 447
– Selbstmedikation **4–S 4** 469
– Stiftung Warentest **4–S 4** 452
– Teleshopping **4–S 4** 435
– Übersetzung **4–S 4** 425
– Verbraucheranfragen **4–S 4** 375
– Verbraucherleitbild **4–S 4** 380
– vergleichende Werbung **4–S 4** 477
– Verkehrsauffassung **4–S 4** 380
– Verlosung **4–S 4** 473
– Versandhandel **4–S 4** 434
– verschreibungspflichtige Arzneimittel **4–S 4** 440 ff
– vertriebsbezogene Werbung **4–S 4** 434 ff
– Vorher-Nachher-Werbung **4–S 4** 460
– Werbeadressat **4–S 4** 371 ff
– Werbebegriff **4–S 4** 436
– Werbebeschränkungen und -verbote **4–S 4** 377 ff
– Werbegaben **4–S 4** 426 ff
– Werbevorträge **4–S 4** 466 f
– Werbung gegenüber Kindern **4–S 4** 472
– wissenschaftliche Absicherung **4–S 4** 382
– s. Heilmittelwerbung
Heilmittelwerbung 4–S 4 1 ff, 344 ff; **4–S 7** 39; **5** 256, 317; **5 a** 10
– Arzneimittel **4–S 4** 5, 7 ff
– Aufklärungspflichten **5a** 10
– ausländische Unternehmen **4–S 4** 486
– Gemeinschaftskodex für Humanarzneimittel **4–S 4** 347 ff
– Heilmittel **4–S 4** 344 ff
– Heilmittelwerbegesetz **4–S 4** 349 f
– Impulskauf **5** 318
– kosmetische Mittel **4–S 4** 6
– Medizinprodukte **4–S 4** 5, 122 ff
– Mindeststandard **4–S 4** 348, 350
– Richtlinienkonformität des Heilmittelwerbegesetzes **4–S 4** 350
– spezialgesetzliche Regelungen **4–S 4** 354 ff
– Teilharmonisierung **4–S 4** 348
– Verhältnis zum allgemeinen Wettbewerbsrecht **4–S 4** 351 ff
– Vollharmonisierung **4–S 4** 348, 350
– s. Lebensmittelwerbung
Heilwirkungsaussagen (Nr. 18 Anh. UWG) A 18 1 ff
– Darlegungs- und Beweislast **A 18** 10
– Funktionsstörungen **A 18** 14
– Krankheiten **A 18** 14
– Missbildungen **A 18** 14
– mittelbare **A 18** 13
– unmittelbare **A 18** 12
– unwahre Angabe **A 18** 8 f
Heimatrecht, gemeinsames I 67, 250 ff
Heimwärtsstreben I 67, 183
Hemmung der Verjährung 11 52 ff
– Ablaufhemmung **11** 58
– Abmahnung **11** 56
– Anmeldung des Anspruchs im Insolvenzverfahren **11** 70
– Anrufung der Einigungsstelle **11** 71
– Anspruch aus abgetretenem Recht **11** 64
– Anspruch aus eigenem Recht **11** 64
– Antrag auf Erlass eines Mahnbescheids **11** 70
– Antrag auf Gerichtsstandsbestimmung **11** 70
– Aufrechnung im Prozess **11** 70
– Beendigung der Hemmung **11** 72 ff
– Bekanntgabe des erstmaligen Prozesskostenhilfeantrags **11** 70
– demnächst iSv § 167 ZPO **11** 60 f
– einstweilige Verfügung **11** 69
– formelle Rechtskraft **11** 73
– Hauptantrag **11** 64
– Hemmungstatbestände **11** 55 ff
– Hilfsantrag **11** 64
– Klageerhebung **11** 59 ff
– Mahnbescheid **11** 70
– negative Feststellungsklage **11** 59
– Neubeginn der Verjährung **11** 54
– Prozesskostenhilfeantrag **11** 70
– prozessualer Anspruch **11** 65, 68
– Reichweite des Hemmungstatbestandes **11** 67
– schiedsrichterliches Verfahren **11** 70
– Streitgegenstand **11** 65, 68
– Streitverkündung **11** 70
– Stufenklage **11** 66
– unzulässige Klage **11** 62
– Verfahrensstillstand **11** 74 ff
– Verhandlung über den Anspruch **11** 55
– wesensgleiche Ansprüche **11** 64
– Wirksamkeit der Klageerhebung **11** 62
– Wirkung **11** 52 ff
– Zustellung der Klage **11** 60
– Zustellung der Streitverkündung **11** 70
– s. Verjährung
Herabsetzung und Verunglimpfung 6 3, 20, 25, 32, 34, 40, 52, 78, 150, 230 ff, 236 ff, 271 f, 274, 307, 335
Herausgabe des Verletzergewinns 9 28, 32
Herkunftsabkommen, bilaterale I 50, 347; **4–S 10** 200, 316 ff, 323 ff
Herkunftsangaben 5 315
Herkunftslandprinzip E 44, 49; **I** 54 f, 57 f, 68, 99 ff, 108, 112, 116 f, 119, 124 ff, 129 ff, 134 ff, 148 f, 168 ff, 173, 215, 236, 239, 296 f; **4–1** 91; **4–3** 85 f; **4–S 1** 78 f, 88, 97; **4–S 11** 155, 158; **4–S 13** 5; **4–S 14** 34 f; **7** 19, 22, 120
Herkunftstäuschung
– s. vermeidbare Herkunftstäuschung
Herkunftszeichen 5 316
Herstellereigenschaft 5 10, 343, 356, 442, 475
Herstellerpreis 5 359 f
Herstellerpreisempfehlung 5 359 f, 449, 452
Herstellerwerbung E 33, 71; **2** D 23, I 4
High End (Server) 5 306
Hochquotenspiel A 16 35
Hörfunkbereich 4–5 198
„Hoflieferant" 5 401
„Hollywood" 5 192
homo constitutionis E 288, 292
homo oeconomicus E 288
horizontales Marktverhältnis E 118; **1** 58 ff; **2** C 5; **4–S 1** 12
Host-Provider 4–6 162; **8** 145
Hotline 4–6 110
Hyperlinking 4–S 11 175, 189 ff
– Behinderung **4–S 12** 118 ff, 127 ff
– Hervorrufen des Eindrucks einer Verbindung **4–S 12** 125
– Phänomen **4–S 12** 118 ff
– unzulässiges **4–S 12** 124 ff

Idealverein 2 B 73
ideelle Werbung 4–S 5 12
Ideenschutz 4–S 6 20 ff, 44, 48, 81
– Spielideen **4–S 6** 34 f
Identifizierbarkeit schutzbedürftiger Verbrauchergruppen 3 123
illegale Geheimnisse 17 21
illoyale Konkurrenz E 22
Image Placement 4–S 5 24
Imagetransfer 4–S 12 87; **5** 313; **6** 207, 210, 212 ff, 224, 229
Imagewerbung E 303; **2** B 67; **4–1** 72, 379; **4–S 2** 5, 13, 74, 78 f, 85, 87 f, 92 f; **5** 43, 51, 53, 174, 179, 369; **6** 54 f, 73, 93 ff, 103, 138, 139, 143 f, 168, 178
– von Rechtsanwälten **4–S 3** 39, 88
Imitationsmarketing E 142
Immanenztheorie 2 B 169
Immaterialgüterrecht 1 39
Immaterialgüterrechtsstatut I 10, 35, 214, 223, 239, 285, 339 ff, 343 f
Immobilienangaben
– Beziehbarkeit **5a** 29
– Fertighaus **5** 439
– Fertigstellung **5** 292
– Wohnfläche **5** 292
Immobiliendienstleistungen 5 292
Impressum 4–S 13 19 ff
– geschäftsmäßig **4–S 13** 10
– Gewinnerzielungsabsicht **4–S 13** 10
– Hinweispflicht **4–S 13** 10
impulsive Kaufentscheidung 5 58, 74, 77, 192, 227, 318
Inanspruchnahme des Gewinns 4–6 44
Individualschutz E 17; **1** 35, 45; **16** 118
Individualwerbung 16 86 ff
individuelle Leistung 4–5 90
individuelle Marktbehinderung 4–S 1 3, 267
Industrieökonomik E 255
Inflation 4–2 35, 41, 43 f
Information
– Werbung **5** 1, 38, 42, 52 ff, 70 f, 74 ff
– wesentliche **5 a** 30
– Zuverlässigkeit **5** 74
– s. Nachricht
informational overkill E 382; **4–5** 112
information chunks (Schlüsselinformationen) 5 55, 59, 74, 85, 225 f, 255, 282, 305, 307, 310, 313, 440; **5 a** 15
informationelle Selbstbestimmung 4–S 7 81
Informationen, wesentliche 4–5 104
Informationsasymmetrien 5 82
Informationsbedürfnis 4–5 10; **5** 49, 82, 91, 231; **5 a** 8, 14
Informationsdichte 4–5 116, 123
Informationsfreiheit 4–S 7 4
– negative **7** 2, 16, 114
Informationsfreiheit der Verbraucher 3 216
Informationsgrundlage 5 42
Informationsinteresse 4–5 70, 119; **5** 49, 82, 91, 231; **5 a** 8, 14
Informationsinteresse, situationsadäquates 4–5 112
Informationskosten 5 53, 60
Informationsmacht 5 60
Informationsmodell E 103, 105, 153, 238, 378
– europäisches **4–1** 16, 43
– des Verbraucherschutzes **E** 378, 394 ff
– s. Informationspflichten
Informationsökonomie 5 74
Informationspflichten E 45, 104, 143, 144, 150, 381, 394; **I** 153, 310, 330; **2** H 11; **4–1** 43 ff, 183 ff; **4–4** 12 ff; **4–5** 1, 42, 124, 132; **4–S 13** 43 ff; **5** 76, 98, 200, 419; **5 a** 14
– in AGB **4–S 13** 43 f
– Datenschutz **4–S 13** 65 ff
– E-commerce-rechtliche **4–S 12** 201 ff
– E-Mail **4–S 13** 67 f
– Erkennbarkeit **4–S 13** 34 ff
– Erreichbarkeit **4–S 13** 34 ff
– europarechtliche Vorgaben **4–S 13** 3 ff
– fernabsatzrechtliche **4–S 12** 206 ff
– Fernabsatzverträge **4–S 13** 47 ff
– Geschäftsbriefe **4–S 13** 67 f
– Informationsmodell des Verbraucherschutzes **E** 394 ff
– Kontakt **4–S 13** 18
– Preisangaben **4–S 13** 56 ff
– Spezielle Formen **4–S 13** 43 ff
– TDDSG **4–S 13** 7 ff
– Umfang **4–S 13** 11 ff
– Verfügbarkeit **4–S 13** 40 ff
– vertragliche **4–S 12** 209 f
– Vorsprung durch Rechtsbruch bei Verstoß gegen **4–S 12** 200, 205
– vorvertragliche **4–S 12** 209 ff
– UWG-Reform **E** 45
– s. Informationsmodell
Informationspflichten bei Verkaufsförderungsmaßnahmen 4–4 1 ff
– Gutschein **4–4** 10
– Informationspflichten **4–4** 12 ff
– Kundenbindungssysteme **4–4** 35 ff
– Prämien **4–4** 38 ff
– Preisnachlass **4–4** 16, 33 f
– Rabatt **4–4** 15 ff, 19, 32, 40
– Richtlinie unlautere Geschäftspraktiken **4–4** 5 f
– Transparenzgebot **4–4** 2, 42 ff
– Verkaufsförderungsmaßnahmen **4–4** 9 ff
– Werbegeschenk **4–4** 20
– Zugabe **4–4** 16, 18, 22 f, 25, 29, 40
Informationspflichten im Internet 4–S 13 1 ff
– Abgrenzung TDG – MDStV **4–S 13** 9 ff
– Anschrift **4–S 13** 13
– Ansprüche aus UWG **4–S 13** 69 ff
– anwendbares Recht **4–S 13** 4 ff
– Aufsichts- und Registerinformationen **4–S 13** 17
– berufsspezifische Angaben **4–S 13** 14
– Bestimmungslandprinzip **4–S 13** 5
– Bußgeld **4–S 13** 89
– Datenschutz **4–S 13** 27 ff
– E-Commerce-Richtlinie **4–S 13** 3
– Erkenn-, Erreich- und Verfügbarkeit **4–S 13** 33 ff
– Herkunftslandprinzip **4–S 13** 5
– Impressum **4–S 13** 19 ff
– Informationspflichten **4–S 13** 43 ff
– journalistische Angebote **4–S 13** 19 f
– kommerzielle Kommunikation **4–S 13** 21 ff
– Kontakt **4–S 13** 14
– Mediendienste **4–S 13** 8 ff

– Mediendienstestaatsvertrag Entwicklung **4–S 13** 7 ff
– Name **4–S 13** 11
– Ordnungswidrigkeit **4–S 13** 89
– Pflichtverletzung Folgen **4–S 13** 69 ff
– Spamschutz **4–S 13** 23 ff
– Sprache **4–S** 13 32
– Teledienste **4–S 13** 8 ff
– Teledienstegesetz **4–S 13** 7 ff
– Telemedien **4–S 13** 9
– Unterlassungsansprüche **4–S 13** 90
Informationspflichten über Preise 4–5 127
informationspflichtig 4–5 110
informationspflichtige Merkmale 4–5 193
Informationsquellen, alternative 4–5 121
Informationsrechte E 150, 381
Informationsrisiko 5 42
Informationsüberlastung 5 55, 74, 99, 255
Informationsumfang 4–5 102
Informations- und Kommunikationsdienste-Gesetz (IuKDG) 4–S 14 53
Informationswerbung E 395
Informationszugangsinteresse 5 44
Inhalt der Leistung 4–6 145
„inkl. MWSt“ 5 239
Inländerbehandlungsgrundsatz I 46
Inländerdiskriminierung I 109
Inline Link 4–S 11 194 ff; **4–S 12** 120
Insolvenzwareneigenschaft 5 284, 340, 366
Insolvenzwarenverkauf E 71
Institution des Wettbewerbs 1 43, 47
Institutionenschutz 4–11 2; **4–S 1** 65 ff, 150 ff
– des Wettbewerbs **E** 214 ff; **1** 70, 76, 83, 84, 91; **2** B 21, B 109, D 29; **3** 179
Integrationsmodell der Schutzzwecktrias E 82, 117
Integrationsmodell des Interessenschutzes E 82
„Inter“ 5 391
Interessenabwägung 4–S 2 9, 24, 42 ff; **4–S 8** 69, 239
– s. Güterabwägung
Interessen der Mitbewerber 4–5 123
Interessenkollision
– s. Interessenkollisionslösung
Interessenkollisionslösung I 68, 77, 188, 206 ff, 224, 238, 240
Interessenschutz 1 43; **3** 184, 214 ff
Interessenverbände 2 B 181
Internationales Deliktsrecht I 10, 12, 36 ff, 62
Internationales Immaterialgüterrecht I 10, 35, 343 f
Internationales Kartellrecht I 28 ff
Internationales Lauterkeitsrecht
– Abgrenzung zum allgemeinen Deliktsstatut **I** 36 ff
– Abgrenzung zum Immaterialgüterrechtsstatut **I** 33 ff
– Abgrenzung zum Internationalen Strafrecht **I** 42
– Abgrenzung zum Kartellrechtsstatut **I** 27 ff
– Abgrenzung zum Vertragsstatut **I** 40 f
– Bedeutung des **I** 43
– Funktion **I** 23 ff
– Rechtsquellen **I** 44 ff
Internationales Privatrecht I 2 f; **A 17** 19
Internationales Prozessrecht A 17 19
Internationales Strafrecht I 42
Internationales Vertragsrecht I 5 f, 40 f, 123, 131
Internationales Wettbewerbsprivatrecht I 1 ff
– s. Internationales Wettbewerbsrecht
Internationales Wettbewerbsrecht I 1 ff
– Absatzmarkt **I** 398
– – Recht des Absatzmarktes **I** 71, 77, 78, 319, 322, 324, 334, 341
– Agentur **I** 449
– Aktivlegitimation **I** 520
– Allgemeininteressen **I** 21 f
– Anerkennung **I** 488, 494
s. auch Vollstreckung
– Anknüpfung **I** 67 f, 205 ff, 224 ff
s. Anknüpfung
– Arrest **I** 477
– Aufenthalt **I** 453
– Auskunftsansprüche **I** 377
– ausländisches Recht, Berücksichtigung **I** 249
– Ausrichtung **I** 409
– Außenseiterwettbewerb **I** 337
– Ausweichklausel **I** 62, 69, 71, 205, 253 ff
– Auswirkungsprinzip **I** 29, 67, 68, 76 ff, 82 ff, 92, 211 f, 215, 226 ff, 238, 240 ff, 272, 284, 318, 322, 335
– autonome Auslegung **I** 473
– Beeinflussung, unsachliche **I** 267, 274
– Begehungsort **I** 454, 468
– Begriff der unerlaubten Handlung **I** 376
– Behinderung
s. Mitbewerberbehinderung
– Belästigung unzumutbare **I** 268, 274
– Beseitigungsklagen **I** 377, 403, 411
– betriebsbezogene Wettbewerbsverstöße **I** 39, 176, 325 ff
– Betriebsbezogenheit der Klage **I** 423
– Betriebsspionage **I** 327
– Betriebs- und Geschäftsgeheimnisse Verletzung **I** 42, 325
– Beweisverfahren, förmliches **I** 506
– bilaterale Staatsverträge **I** 50, 347
– bilaterale Wettbewerbsverstöße **I** 69, 93, 165, 325
– Binnenmarkt-IPR **I** 94, 168
– Binnenmarktregel **I** 70, 122 ff, 148 f
– Boykott **I** 322, 323 f
– Brüsseler Übereinkommen **I** 350
– Bündel-Patente **I** 428
– Dassonville-Formel **I** 97
– Datenschutzrichtlinie **I** 111
– Deliktsstatut **I** 36 ff, 81 f, 85 f, 88 f, 165, 202, 220 f, 225, 237, 325 ff
– Dienste der Informationsgesellschaft
s. Online-Geschäftsverkehr
– Dienstleistungsfreiheit **I** 54 f, 107 f
– Dienstleistungsrichtlinie für Rechtsanwälte **I** 115
– Disclaimer **I** 15, 302, 305, 409
– Diskriminierungsverbot **I** 56, 95, 109
– Distanzdelikt **I** 391
– Doppelfunktionalität **I** 353, 444
– Drittinteressen **I** 13, 257
– Drittstaatenbezug **I** 364
– E-Commerce-Richtlinie **I** 7, 57, 112, 122 ff, 306
– Einheitsrecht **I** 3, 51, 347
– einstweiliger Rechtsschutz **I** 470
– einstweilige Verfügung **I** 470
– – Vollziehung **I** 496

– Einwirkungsmarkt Recht **I** 79, 83, 271, 312
– E-Mail-Werbung **I** 7, 124, 169, 268, 274 f, 304
– Erfolgsort **I** 395, 455
– –Recht des Erfolgsortes **I** 62 ff, 71, 85, 90 f, 183
– ergänzender wettbewerbsrechtlicher Leistungsschutz **I** 34, 46, 173, 339 ff
– Erkenntnismittel, präsente **I** 512
– Ermittlungspflicht **I** 499
– Ersatzrecht **I** 515
– Erscheinungsort **I** 271
– Erstschaden **I** 397 f
– EuGVO **I** 352
– EuGVÜ **I** 350
– European Advertising Standards Alliance **I** 74, 112
– Fernsehrichtlinie **I** 119, 136, 173 f, 275
– Fernsehsendungen **I** 174, 402, 414
– Fernsehwerbung **I** 275, 291, 296
– Flugpreise **I** 50
– Forum shopping **I** 395, 403, 406, 412
– Frankreich **I** 85 ff
– Freibeweisverfahren **I** 505
– freiwillige Selbstkontrolle **I** 74
– Fremdenrecht **I** 2, 46
– Funktionswandel des Lauterkeitsrechts **I** 21 f, 226
– Geheimnisschutz **I** 42
– Gemeinschaftskodex für Humanarzneimittel **I** 111
– Gemeinschaftsrecht **I** 4, 51 ff, 94 ff
– – Anwendungsvorrang **I** 4, 44, 51, 94, 140
– geographische Herkunftsangaben **I** 47 ff, 50, 59, 285, 342, 344 f
– Gerichtsstand
s. Gerichtsstand im Internationalen Wettbewerbsverfahrensrecht
– Gesamtverweisung **I** 9
– Geschädigter, mittelbar **I** 396
– Geschäftsehrverletzung **I** 325, 327
– Geschäftsführung ohne Auftrag **I** 386
– Gesellschaft **I** 466
– Gesellschaftssitz **I** 372
– gewerbliche Schutzrechte, Verletzung **I** 415
– Gewinnabschöpfung **I** 386
– Gewinnmitteilung **I** 378
– Gewinnspiele **I** 308, 310, 313
– „Gran Canaria"-Fälle **I** 196 f, 280 ff
– Großbritannien **I** 88 f
– Grünbuch über kommerzielle Kommunikation **I** 112, 116
– Grünbuch zum Verbraucherschutz **I** 117
– Grundfreiheiten **I** 54 f, 95 ff, 140
– Grundrechteverstoß **I** 260
– Günstigkeitsprinzip **I** 10, 62, 100, 104, 129, 134
– Guidelines on Interactive Marketing **I** 74, 113
– Handlungsort **I** 412, 455
– – Recht des Handlungsortes **I** 62 ff, 72, 184, 205 f
– – Verletzung **I** 404
– Heimatrecht, gemeinsames **I** 67, 250 ff
– Heimwärtsstreben **I** 67, 183 ff
– Herkunftsabkommen, bilaterale **I** 50, 347
– Herkunftslandprinzip, kollisionsrechtliches **I** 54 f, 57 f, 68, 99 ff, 108, 112, 116 f, 119, 124 ff, 128 ff, 134 ff, 148 f, 153, 168 ff, 173, 215, 236, 239, 296 f
– Immaterialgüterrecht **I** 33 f
– Immaterialgüterrechtsstatut **I** 10, 35, 214, 223, 239, 285, 339 ff, 343 f
– Informationspflichten **I** 155, 310, 330
– Inländerbehandlungsgrundsatz **I** 46
– Inländerdiskriminierung **I** 109
– Inländerwettbewerb im Ausland **I** 67, 191, 193
– Interessenkollisionslösung **I** 68, 77, 188, 206 ff, 224, 238, 240
– Interessenverflechtung **I** 24, 178
– Internationales Deliktsrecht **I** 10, 13, 36 ff, 62
– Internationales Immaterialgüterrecht **I** 10, 35, 343 f
– Internationales Kartellrecht **I** 28 ff
– Internationales Lauterkeitsrecht **I** 27 ff
s. Internationales Lauterkeitsrecht
– Internationaler Sachverhalt **I** 362
– Internationales Privatrecht **I** 2 f
– Internationales Strafrecht **I** 42
– Internationales Vertragsrecht **I** 5 f, 40 f, 123, 131
– Internationales Wirtschaftskollisionsrecht **I** 18 ff
– internationale Wettbewerbsinteressen **I** 26
– Internet **I** 416, 457
– Internetwerbung **I** 15, 201, 286, 288, 298 ff, 406
– irreführende Werbung **I** 42, 175, 264, 266, 274, 285
– Irreführungsrichtlinie **I** 111, 118, 265
– Italien **I** 90 f
– Iura novit curia **I** 499
– Jugendschutz **I** 119, 173
– Juristische Person **I** 467
– Kabelweiterleitung **I** 114
– „Kaffeefahrten" **I** 197, 254, 283
– Kartellrecht **I** 27 f
– Kartellrechtsstatut **I** 28 ff
– Kennzeichenrechtsverletzung **I** 35, 343 f
– Kollisionsnormen
– – einseitige **I** 20, 29, 92, 100, 229
– – versteckte **I** 100
– Kollisionsrecht **I** 2 ff, 44 ff, 61 ff, 128 ff
– kollisionsrechtliche Grundfragen **I** 2 ff
– kollisionsrechtliche Interessen **I** 23
– Kollisionsrechtsvereinheitlichung **I** 3 f, 49, 50, 57, 69, 71
– Konnexität **I** 416, 427
– Kort geding Verfahren **I** 475
– Kundenbindungssysteme **I** 307, 330
– Länderberichte
s. Rechtsvergleichung
– Lauterkeitsrichtlinie **I** 146 ff, 168, 169, 172, 175
– Lauterkeitsstatut **I** 2, 63 ff, 179 ff, 204 ff
– Lebensversicherung Dritte Richtlinie **I** 115
– Leistungsschutz ergänzender wettbewerbsrechtlicher **I** 34, 46
– Leistungsverfügung **I** 475
– lex fori **I** 5, 50, 53, 67, 89, 91, 130, 513
– lex loci delicti **I** 62, 76, 81, 85 f, 90
– lex loci protectionis **I** 415
– Lockvogelangebote **I** 308
– Luganer Übereinkommen **I** 351
– Madrider Herkunftsabkommen **I** 49
– Marktort **I** 395, 405
– Marktortregel **I** 60, 63, 68, 69, 72, 105, 115, 154, 169, 174, 202, 233 ff, 247
– Marktstörung **I** 317 ff
– Maßnahme gleicher Wirkung **I** 97 f
– Mitbewerberbehinderung, individuelle **I** 323 f

- Mosaiktheorie **I** 403
- multilaterale Staatsverträge **I** 44 ff
- Multistate-Problematik **I** 198 ff, 209, 213, 215, 286 ff, 402
- Nachahmungsschutz **I** 339 ff
- Niederlassung
- – Begriff **I** 420
- – gewerbliche **I** 445 f
- – Recht der Niederlassung **I** 81, 121, 143, 148, 312
- Nussbaum'sche Formel **I** 67, 184 ff, 191
- öffentliche Güter, Schutz **I** 123
- öffentliche Sicherheit und Ordnung **I** 123
- Österreich **I** 76 ff
- Offline-Geschäftsverkehr **I** 122, 169, 174
- Online-Geschäftsverkehr **I** 122, 148, 173, 275
- Opt-in-Prinzip **I** 123
- Ordre Public **I** 16, 102, 260 ff
- par conditio concurrentium **I** 63 f
- Pariser Verbandsübereinkunft **I** 45 ff
- perpetuatio fori **I** 373
- Personalstatut, gemeinsames **I** 67, 250 ff
- Persönlichkeitsverletzungen **I** 402
- Preisausschreiben **I** 308, 310, 313
- Preiskampf **I** 323 f
- Presseveröffentlichungen **I** 402, 414
- Primärrecht **I** 95 ff, 140, 171
- Printmedien **I** 290, 291, 296
- Prinzip der gegenseitigen Anerkennung **I** 58, 94, 139, 153
- Product Placement **I** 286, 290
- produktbezogene Maßnahmen **I** 98, 107, 140
- Prozessführungsbefugnis **I** 520
- Punkt-zu-Punkt-Dienste **I** 122
- Qualifikation **I** 5 ff
- –autonome **I** 5 f, 354
- Rabattgesetz **I** 264, 310 f
- reale Verknüpfung **I** 482 f
- Recht des Herkunftslandes **I** 395
- Recht des Schutzlandes **I** 35, 46, 68, 214, 223, 340 f, 343 f
- Recht des Ursprungslandes **I** 49, 50, 347
- Recht des Werbemarktes **I** 71, 271, 278 ff
- Rechtliches Gehör **I** 488
- Rechtsgefälle Ausnutzung **I** 333
- Rechtshängigkeit **I** 487
- Rechtsquellen des Lauterkeitskollisionsrechts **I** 4, 44 ff
- Rechtsschein **I** 422, 450
- rechtsvergleichende Methode **I** 5
- Rechtsvergleichung **I** 75 ff
- Rechtswahl **I** 13 ff, 62, 64, 123, 138, 257 f
- Reform des Kollisionsrechts der außervertraglichen Schuldverhältnisse **I** 61 ff, 69, 71 f
- Renvoi
  s. Rück- und Weiterverweisung
- Rheinwasser-Fall **I** 391
- Richtlinie betreffend bestimmte Organismen für gemeinsame Anlage in Wertpapieren **I** 115
- Richtlinie über vergleichende Werbung **I** 111, 118
- Richtliniengesetzgebung **I** 111 ff, 118 ff
- Rom II-Entwurf **I** 160 ff, 233 ff
- Römisches Übereinkommen über das auf vertragliche Schuldverhältnisse anzuwendende Recht **I** 131
- Rom II-VO **I** 154, 179, 233, 248, 260
- Rück- und Weiterverweisung **I** 9 ff
- rügelose Einlassung **I** 435, 469, 484
- –zur Hauptsache **I** 361
- Rufausbeutung **I** 274, 285, 324, 339, 341
- Sachnormen
- – für internationale Wettbewerbssachverhalte **I** 68, 216, 218
- – räumlicher Anwendungsbereich **I** 2
- Sachnormverweisung **I** 10, 135
- sachnormzweckspezifische Anknüpfung **I** 68, 210, 222, 239
- Sachrechtsharmonisierung **I** 43 ff, 110 ff
- Sachzusammenhang **I** 424
- Satellitenrundfunk **I** 114
- Schadenseintrittsort **I** 183, 230, 272
- Schaden
- – bloßer Schadensort **I** 397
- – Ort der Schadensfeststellung **I** 401
- Schadensversicherung Dritte Richtlinie **I** 115
- Schädigung, vorsätzliche sittenwidrige **I** 400
- Schleichbezug **I** 335, 338
- Schneeballsysteme **I** 42
- Schutz des gewerblichen oder kommerziellen Eigentums **I** 97
- Schutzland **I** 415
- – Recht des Schutzlandes **I** 35, 46, 68, 214, 223, 340 f, 343 f
- Schutzrechtsverwarnungen, unbegründete **I** 328
- Schutzzwecktrias **I** 22, 37, 177, 219
- Schweiz **I** 82 ff
- Sekundärrecht **I** 110 ff, 172
- Sendelandprinzip **I** 114, 119, 297
- Serverstandort **I** 299
- Shevill-Doktrin **I** 403, 411, 415, 476, 480
- Sicherheitsleistung **I** 476
- Sinnklausel **I** 9
- Sonderveranstaltungen, Recht der **I** 264, 308
- Spanien **I** 92 f
- Spezialabkommen **I** 366
- Spillover-Problematik **I** 289, 295
- Sponsoring **I** 119, 173, 286, 290
- Spürbarkeitsgrenze **I** 84, 200, 206, 209, 292 ff, 301 ff
- staatliche Rechtsanwendungsinteressen, Berücksichtigung **I** 217 f
- Staatsverträge **I** 4, 44 ff
- – bilaterale **I** 50
- – multilaterale **I** 45 ff
- Statutenhäufung **I** 230
- Streitgenossen **I** 425
- Streudelikte **I** 402
- Subsidiaritätsverhältnis **I** 38
- Tabakwerberichtlinie **I** 111
- Tatortprinzip **I** 62 ff, 82, 89
- Telefonwerbung **I** 268, 274, 286
- Territorialitätsprinzip **I** 35, 42, 214, 223, 340, 343 f, 404
- Tochtergesellschaft **I** 422
- TRIPS-Übereinkommen **I** 48
- Ubiquitätsprinzip **I** 37, 412
- Unerfahrenheit, Ausnutzung **I** 267
- ungerechtfertigte Bereicherung **I** 384
- Universalitätsprinzip **I** 183, 214
- Unterlassungsklagen, vorbeugende **I** 377, 380, 403, 411

– Unterlassungsverfügung **I** 483
– Unternehmenskennzeichen **I** 47, 342 f
– Urheberrecht **I** 123, 173
– Verbandsklagen **I** 356, 418, 458
– – internationale – **I** 519
– europäisches Verbraucherleitbild **I** 22
– Verbrauchersachen **I** 361, 408
– Verbraucherschutz **I** 8, 22, 97, 123, 146 ff, 196 f, 228
– Verbraucherschutzverband **I** 382
– Verbraucherverträge **I** 8, 40 f, 123, 173
– Verkaufsfördermaßnahmen **I** 264, 307 ff, 330
– Verkaufsmodalitäten **I** 98, 107, 140
– Vermögensschaden, reiner **I** 399
– Vertragsstatut **I** 5 f, 40 f, 123
– Vertriebsbindungssysteme **I** 335 ff
– Video-on-Demand **I** 122
– Vollstreckung **I** 488, 494
– Vorbereitungshandlung **I** 189, 192, 272, 412
– Vorfragen **I** 390
– – Anknüpfung **I** 41, 331, 336
– Verordnung über das auf außervertragliche Schuldverhältnisse anzuwendende Recht **I** 13, 53, 59, 69, 110, 160 ff, 233 ff, 245 ff, 252, 255
– Vorschlag einer Verordnung über Verkaufsförderung im Binnenmarkt **I** 70, 153 ff, 309
– Vorsprung durch Rechtsbruch **I** 41, 329 f, 3335 ff
– Warenverkehrsfreiheit **I** 54 f, 97 ff
– Webseite im Internet **I** 421
– Werbegeschenke **I** 283, 307
– Werbemarkt **I** 398
– – Recht des Werbemarktes **I** 71, 271, 278 ff
– Werbung **I** 122, 173 f, 265 ff, 274 ff
– – irreführende **I** 42, 174, 264, 266, 274, 285
– – vergleichende **I** 266, 274
– Wettbewerbsrecht, Ermittlung ausländischen **I** 498 ff
– wettbewerbsspezifische Anknüpfung **I** 67, 188, 205 ff, 224 ff
– Wettbewerbsstatut **I** 2, 63 ff
s. Wettbewerbsstatut
– Wettbewerbsverstöße, betriebsbezogene **I** 39, 176, 325 ff
– Widerklage **I** 432
– Wohnsitz **I** 371, 446, 452, 466
– Zugabeverordnung **I** 264, 310 f
– Zuständigkeit, ausschließliche **I** 361
– Zuständigkeitsvereinbarungen **I** 361
– Zustellung im Ausland **I** 495
– Zweigniederlassung **I** 418
– Zweite Bankenrichtlinie **I** 115
Internationales Wettbewerbsverfahrensrecht **I** 349 ff
– s. Internationales Wettbewerbsrecht
Internationales Wirtschaftskollisionsrecht **I** 18 ff
internationale Zuständigkeit 14 35 ff
– Amtsprüfung **14** 35
– Anerkennungs- und Vollstreckungsausführungsgesetz (AVAG) **14** 40
– bilaterale Abkommen **14** 36
– EuGVO **14** 39 ff
– EuGVÜ **14** 38 ff
– Grundlagen **14** 36 ff
– Internationales Zivilprozessrecht **14** 36
– Lugano-Übereinkommen **14** 38 ff
– Prozessvoraussetzung **14** 35
interne Spionage 17 52
Internet
– s. Wettbewerbsrecht des Internet
Internetadresse 4–6 114
Internetauktion 5 345
Internet Corporation for Asigned Names and Numbers (ICANN) 4–S 11 19 ff
Internetradio 4–6 160
Internetrecht 4–S 12 1 ff
– s. Wettbewerbsrecht des Internet
Internetseite 4–5 122
Internetverkehr 2 B 79
Internetwerbung I 15, 201, 286, 288, 298 ff, 406; **5** 225, 227, 229, 255
– Adressatenkreis **4–3** 87
– Banner-Werbung **4–3** 101 ff
– Begriff **4–3** 81
– Domain-Bezeichnung **4–3** 107
– Formen **4–3** 92 ff
– Framing **4–3** 100
– getarnte Werbung **4–3** 131
– Haftung für fremde Inhalte **4–3** 112 ff
– Haftung für zu eigen gemachte Angebote Dritter **4–3** 109 ff
– Haftung, Beweislast **4–3** 122
– Haftungsprivilegierung **4–3** 112 ff
– Herkunftslandprinzip **4–3** 85 f
– Information durch Links **5** 229
– Inline-Linking **4–3** 100
– Link als Werbeangabe **5** 402
– Passivlegitimation **4–3** 108
– Rechtsanwälte **4–S 3** 96 ff
– Rechtsrahmen **4–3** 82 ff
– Spamming **4–3** 104 ff
– Trennungsgebot **4–3** 89 ff
– Verbraucherleitbild **5** 225
– Verfügbarkeit von Waren **5** 225, 277, 281
– Verlinkung **4–3** 97 ff
Internetzugangsdienstleistung 5 355
Interstitials 4–S 5 33; **4–S 12** 28 f, 145, 157 f
IP-Adresse 4–S 11 1 f
irreführende Angaben 4–5 33
irreführende geschäftliche Handlungen 5 1 ff
– Abholpreis **5** 356, 364
– „Abholpreise" **5** 281
– Abkürzungen **5** 247, 345, 360, 396
– Abnehmer, potentielle **5** 206, 208
– abstrakter Gefährdungstatbestand **5** 35, 46
– abstraktes Irreführungsverbot **5** 70, 442
– „ältester Produzent" **5** 187
– Airbag **5** 288; **5 a** 17, 22, 44
– Akademie **5** 393
– akademischer Grad **5** 375 f, 378
– – Fortführung einer akademischen Firma **5** 377
– aktive Dienstleistungsfreiheit **5** 72
– „aktuell" **5** 300
– Alkoholika **5** 192, 320
– – Bier **5** 221
– – Branntwein **5** 236, 238
– – Rum **5** 286
– – weinhaltige Getränke **5** 297
– – Whisky **5** 297
– – Alter **5** 301
– Alleinstellung **5** 184, 187, 255, 351, 389, 482

– Altersangabe **5** 297, 386
– Alterswerbung **5** 297, 386
– – Formen der Alterswerbung **5** 387
– Anerkennungsschreiben **5** 257
– angesprochener Verkehrskreis **5** 83, 85, 184, 190
– anlockende Wirkung **5** 21, 206
– Anmutungen **5** 192
– Annonceangebot (Werbung) **5** 26, 193
– Anstalt (Werbung mit Bezeichnung) **5** 393
– Antiquitäten (Warenbeschaffenheit) **5** 301
– Anwaltskanzlei (Unternehmensbezeichnung) **5** 371, 410
– – Sozietät **5** 393
– – „Anwalts- und Steuerkanzlei" **5** 380
– Apotheker (Berufsbezeichnung) **5** 381
– Architekt (Berufsbezeichnung) **5** 381
– Arzneimittelwerbung **5** 40; **5 a** 17, 71
– Arzt (Berufsbezeichnung) **5** 381
– assoziative Werbung **5** 192
– Aufgreifschwelle **5** 202, 218 f
– aufklärende Zusätze **5** 268, 287; **5 a** 12
– Aufklärungspflichten **5a** 3
– – Richtigstellung **5 a** 12
– Auflagenhöhe (Werbung mit) **5** 311
– Aufmerksamkeit, situationsadäquate 5 55, 167, 215, 220 ff, 270, 412
– Aufmerksamkeitswerbung **5** 51, 53, 81, 192, 206, 258, 260
– „aus Altpapier" **5** 234
– „aus Kunststoff" **5** 287
– Auslaufmodell **5** 288, 360; **5 a** 19
– Auszeichnung **5** 400
– Autoritätsleihe **5** 401
– „Backstube" **5** 298
– Bagatellschwelle **5** 9, 16, 177, 264, 349
– Bahnfahrten (Dienstleistungsbezeichnung) **5** 279, 281
– Bank **5** 410
– – Sparkasse **5** 410
– Baumaterial (Produktbeschreibung) **5** 284, 302
– Bedeutungswandel **5** 254, 315
– Beerdigung (Preiswerbung für) **5** 355
– Benetton-Entscheidungen **5** 45
– Benzinwerbung **5** 307, 399
– Berufsausübungsfreiheit **5** 43
– Berufsbezeichnungen **5** 378, 383
– – s. geschützte Berufsbezeichnungen
– Beschaffenheitsangabe **5** 254
– Beseitigungsanspruch **5** 467
– Beweisbedürftigkeit **5** 471, 473
– Beweiserhebung **5** 474
– Beweisführung **5** 485
– Beweislast **5** 89, 478 ff
– – Frankreich **5** 128
– – Italien **5** 136
– – Österreich **5** 146
– – Schweiz **5** 154
– – USA **5** 113
– – Vereinigtes Königreich **5** 121
– Beweislastumkehr **5** 89, 479, 484
– – bei § 5 Abs. 4 UWG **5** 461
– – bei Alleinstellungsbehauptung **5** 482
– – beim Unterlassen von Angaben **5** 477
– – bei unterlassener Dokumentation **5** 464
– – bei wissenschaftlichen Äußerungen **5** 484
– Bezeichnung (Unternehmen)
– – Firma **5** 253, 270, 370, 475
– – firmenähnliche Geschäftsbezeichnungen **5** 373
– – Firmenzusatz **5** 372, 392
– – Rechtsformzusatz **5** 372
– bildliche Darstellungen (Werbung) **5** 193, 271, 312, 439
– Bildwerbung **5** 434 f
– – als Stellvertreter von Wortinformationen **5** 441
– – Begriff **5** 439
– „bio-" **5** 298
– „biologisch" **5** 298
– Blickfangwerbung **5** 225 f, 246, 255, 271, 282
– Bocksbeutelflasche **5** 268, 440
– Börse (Tätigkeitsbezeichnung) **5** 393
– Bonitätsprüfung (Irreführung über Bonität bei Kreditvergabe) **5** 290
– Branchenfremdheit von Lockvogelangeboten **5** 483
– Brillenwerbung **5** 257, 353
– – „Fertiglesebrille" **5 a** 17, 44
– „Brunnen" **5** 286
– „B-Sortierung" **5** 307
– Brustzentrum **5** 393
– „Buchführungshelfer" **5** 44
– Buchhaltungsdienstleistung **5** 289
– Bücher **5** 248
– – Antiquitäten (Werbung mit Altersangaben) **5** 301
– – gesammelte Werke (Warenbezeichnung) **5 a** 23
– – Loseblattsammlung **5 a** 24, 54
– – Neuheit **5** 300; **5 a** 19
– – Verfasserangabe **5** 316
– Bundesverband (Unternehmensbezeichnung) **5** 393
– Business Torts **5** 102, 115
– Butter (Produktangabe) **5** 285
– Call by Call Verfahren **5** 238
– Cassis-Entscheidung **5** 68
– Center **5** 393
– China (Volksrepublik) **5** 156 ff
– – Beweis **5** 164
– – Durchsetzung **5** 165 f
– – – behördliche **5** 165
– – – zivilrechtliche **5** 166
– – Irreführungsbegriff **5** 161
– – maßgebliche Verkehrsauffassung **5** 162
– – Meinungsumfragen **5** 164
– – Rechtsgrundlagen **5** 156 f
– – Relevanz **5** 163
– – Schutzzweck **5** 160
– – werbliche Übertreibungen **5** 159
– – Werbung **5** 158
– Computer 280, 288
– – Handbuch 288
– – Neuheit **5 a** 19
– – Verfügbarkeit **5** 281 f
– „Computer des Jahres" **5** 235
– Cookies **5** 192
– Damenbinden (Warenbeschaffenheit) **5** 286
– Darlegungslast **5** 461, 464, 478 ff
– Dassonville-Formel **5** 68
– Dauerniedrigpreise **5** 351, 449
– „Dauertiefpreis" **5** 333
– „Delikatess-" **5** 306
– „Deutsches Spitzenerzeugnis" **5** 184
– „diätetisch" **5** 321

– Diätmittel **5** 317, 321
– Dienstleistungsfreiheit **5** 67, 72, 82, 95, 265
– – aktive **5** 72
– – passive **5** 72
– DIN-Norm **5** 241, 305, 307
– Diplom (Berufsbezeichnung) **5** 375
– „direkt ab Werk" **5** 343
– „Direktverkauf" **5** 343
– „Discountpreis" **5** 351, 393
– Doktortitel **5** 375, 400
– Domain **5** 284
– „doppelt gebrannt" **5** 238
– „Dresdner Stollen" **5** 254
– Druckerpatronen **5 a** 19
– Druckerzeugnisse **5** 311
– DS L-Dienste **5 a** 20
– Durchschnittsverbraucher **5** 213 f
– „echt" **5** 286
– E-Commerce-Richtlinie **5** 94
– Eigenfertigung (Tätigkeitsangabe) **5** 253, 298
– Einführungspreis **5** 352, 449
– Eingriffsschwelle **5** 85, 217 f
– Einzelwerbung **5** 6
– „einzig" **5** 389
– Elektrogüter **5** 364; **5 a** 19
– Elektronikgeräte **5** 460
– Empfehlungen **5** 257
– Entscheidungsfähigkeit **5 a** 30
– Entscheidungsfreiheit des Verbrauchers **5** 458 s. Erzeugung von Entscheidungsdruck
– Entscheidungsverhalten **5** 54
– – habitualisierte Entscheidungen **5** 57, 222, 313
– – – impulsive **5** 58, 60, 74, 77, 192, 227
– – – rationale **5** 59, 74, 215, 226, 318
– Erfahrungsgut **5** 53, 222, 224, 228
– Erfahrungssätze als Grundlage richterlicher Entscheidung **5** 232, 245, 271
– Erheblichkeitsschwelle **5** 177
– Eröffnungspreis **5** 352, 449
– „Eröffnungspreise" **5** 332
– Ersatzteile **5** 286, 316
– „Erste"/„Erster" **5** 191
– „erste Wahl" **5** 306
– Etikettierungsrechtsprechung **5** 70
– „Euro" **5** 475
– exklusive Bezeichnung **5** 254
– „fabrikneu" **5** 300
– „Fabrikverkauf" **5** 343
– „Fach-" **5** 383
– Fachanwalt **5** 380, 393, 410
– Fachbetrieb **5** 383, 402
– Fachgutachten (Werbung mit) **5** 256
– Fachtherapeut **5** 291, 383
– Fachverband **5** 402
– factory outlet **5** 343
– Fahrräder (Verfügbarkeit bei Bewerbung) **5** 281
– Fahrschule **5** 291
– Fahrzeug (PKW)
– – Ausstattung **5 a** 22
– – Händlergarantie **5** 425; **5 a** 22, 61
– – Neuheit **5** 200, 205, 288; **5 a** 19
– – Preisangaben **5** 355
– – Umweltverträglichkeit **5** 310
– Familienrezept **5** 481
– „Ferienintensivkurs" **5** 291
– Fernabsatz **5** 228
– Fertighaus **5** 439
– „Fertiglesebrille" **5 a** 17, 44
– Fertigungsmethode **5** 298
– Fertigverpackungen **5** 312
– „Festpreis" **5** 355
– Filiale **5** 278
– „Finanz- und Vermögensberater **5** 292
– Finanzberater **5** 355
– Finanzdienstleistungen **5** 290
– Finanzierungskauf **5** 354
– Firmenbezeichnung **5** 254, 270
– Fitnessprodukte **5** 317
– flaggenartige Verpackung **5** 249, 439
– Flughafen (Reiseleistungswerbung) **5** 294, 392
– Fortbildungsleistungen **5** 291
– „frei von Rückständen und Schadstoffen" **5** 286
– Fremdbeurteilungen **5** 274
– „Frischfisch" **5** 278
– frisch gepresst **5** 298
– Friseurbetrieb **5** 371
– „Führend"/„Führender"/„Führende" **5** 191, 389
– Füllanzeigen **5** 311
– Füllmenge **5** 279, 312
– Garantien **5** 53, 363, 400, 422; **5 a** 10, 11, 21 f, 61
– Gattungsbezeichnung **5** 254,284
– Gattungsbezogene Merkmale **5** 284
– Gebrauchsmusterschutz, Werbung **5** 396 ff
– gefühlsbetonte Werbung **5** 43
– geistige Eigentumsrechte **5** 384, 395 f
– – ausländische **5** 397
– „Geld-zurück-Garantie" **5** 351, 363
– „Gelegenheit" **5** 331
– Gemeinnützigkeit **5** 393
– geographische Herkunftsangaben **5** 41, 65, 254, 313, 345, 366, 439
– geographische Zusätze **5** 191, 254, 391 f, 439
– geprüft **5** 236, 257, 308, 383
– „geprüfte Sicherheit (GS)" **5** 308
– geschäftliche Verhältnisse **5** 27
– Geschäftsjubiläum **5** 336
– Geschmacksmusterschutz (Werbung mit) **5** 384, 398
– geschützte Berufsbezeichnungen **5** 378
– – Apotheker **5** 381
– – Architekt **5** 381
– – Arzt **5** 381
– – Meister **5** 410
– – Rechtsanwalt **5** 410
– – Steuerberater **5** 410
– gesetzliche Aufklärungspflichten **5a** 10
– gesundheitsbezogene Werbung **5** 218, 219, 223, 317 f, 320
– – „bewährt bei Grippe" **5** 320
– – Herzsymbol **5** 320
– – medizinische Wirkung **5** 228, 317
– – Schlangenzeichen **5** 192, 320
– – Schlankheitsmittel **5** 317 f
– getarnte Werbung **5** 28
– „Get More" **5** 185, 187
– Gewichtsangaben, Werbung mit **5** 306, 312
– Gewinnspiele **5** 32, 347; **5 a** 1
– „Giga"/„Gigantisch" **5** 185
– Glas (Beschaffenheitsangabe) **5** 248
– „Glaserei" **5** 298
– Good-Will **5** 53, 402

– – kollektiver **5** 41
– – s. Verhaltenskodex
– Gratisleistungen **5** 356
– Gratismeilen **5** 30
– „größte Auswahl" **5** 187
– „größtes Teppichhaus der Welt" **5** 191
– „große deutsche Tageszeitung" **5** 189, 191
– Großhändlereigenschaft **5** 344 f, 356, 393, 442
– Gütesiegel **5** 240, 257
– – Wollsiegel **5** 286
– Gütezeichen **5** 256 f, 305, 309, 400
– – Angaben über die Herstellungsart **5** 298
– Halbfett **5** 285
– Händlereigenschaft **5** 343 f, 356, 393, 442
– Harmonisierung der Vorschriften
– – über irreführende Werbung **5** 61, 67, 74, 78, 93, 95, 100
– – von Kennzeichnungsstandards **5** 87
– haushaltsübliche Menge **5** 279
– „Hausmacherart" **5** 298
– Hautstraffung (Werbung) **5** 322
– Heilmittelwerbung **5** 256, 317
– – Aufklärungspflichten **5 a** 10, 17
– – Impulskauf **5** 318
– Herkunftsangaben **5** 315
– Herkunftszeichen **5** 316
– Herstellereigenschaft **5** 10, 343, 356, 441, 475
– Herstellerpreis **5** 359, 360
– Herstellerpreisempfehlung **5** 359, 449, 452
– Imagetransfer **5** 313
– High End (Server) **5** 306
– „Hoflieferant" **5** 401
– „Hollywood" **5** 192
– Imagetransfer **5** 313
– Imagewerbung **5** 43, 51, 53, 174, 179, 369
– Immobilienangaben
– – Beziehbarkeit **5 a** 29
– – Fertighaus **5** 439
– – Fertigstellung **5** 292
– – Wohnfläche **5** 292
– Immobiliendienstleistungen **5** 292
– impulsive Kaufentscheidung **5** 86, 74, 77, 192, 227, 318
– Information **5** 1, 38, 42, 52 ff, 70 f, 74 ff
– – wesentliche **5 a** 30
– – Zuverlässigkeit **5** 74
– information chunks (Schlüsselinformationen) **5** 55, 59, 74, 85, 225 f, 255, 282, 305, 307, 310, 313, 440; 5 a 15
– Informationsasymmetrien **5** 82
– Informationsbedürfnis **5** 49, 82, 91, 213; **5 a** 8, 14
– Informationsgrundlage **5** 42
– Informationsinteresse **5** 49, 82, 91, 213; **5 a** 8, 14
– Informationskosten **5** 53, 60
– Informationsmacht **5** 60
– Informationsökonomie **5** 74
– Informationspflichten **5** 76, 98, 200, 419; **5 a** 14
– Informationsrisiko **5** 42
– Informationsüberlastung **5** 55, 74, 99, 255
– Informationszugangsinteresse **5** 44
– „inkl. MWSt" **5** 239
– Insolvenzwareneigenschaft **5** 284, 340, 366
– „Inter" **5** 391
– Internetauktion **5** 345
– Internetwerbung (Verfügbarkeit von Waren) **5** 225, 227, 229, 255
– – Information durch Links **5** 229
– – Link als Werbeangabe **5** 402
– – Verbraucherleitbild **5** 225
– – Verfügbarkeit von Waren **5** 225, 277, 281
– Internetzugangsdienstleistung **5** 355
– Irreführung
s. Irreführung
– Irrefühungsquote
s. Irreführungsquote
– Irreführungsrichtlinie **5** 61, 67, 80, 100, 179, 203, 205, 214, 259, 270, 273 f, 368, 432, 446, 461, 479 f
– Irreführungsvermutung **5** 4446, 454
– „Irrtümer vorbehalten" **5** 235
– „jetzt nur" **5** 450
– „Joghurt" **5** 70
– Kaffee **5** 302, 312, 316, 332
– Kalorienangaben **5** 321
– Kapitalanlagedienstleistung **5** 218
– Karat **5** 306
– Katalogangaben **5a** 12, 35, 38
– Kaufentscheidung
s. Kaufentscheidung
– Kaufsituation **5** 212, 215
s. Entscheidungsverhalten
– Keck-Formel **5** 71, 73, 327
– Kennzeichen **5** 41, 271, 313, 327, 399
– Kennzeichenrecht **5** 40 f, 102, 117, 314, 399, 427 f, 430
– Kennzeichnungsvorschriften **5** 36, 38, 46, 70, 229, 285
– – Harmonisierung von Kennzeichnungsstandards **5** 87
– – Kennzeichnung in einer Fremdsprache **5** 71
– – produktspezifische **5** 76, 424
– Kfz-Sachverständiger **5** 383, 401
– „Kilometer: 0" **5** 261; **5 a** 19
– „Kinder-Konfitüre" **5** 286
– Klageberechtigung **5** 466
– Klarheitsgebot **5** 48
– klarstellende Zusätze **5** 268, 287; **5 a** 12
– Kleidergrößenangaben **5** 278
– Kleidungsangaben **5** 278
– Klinkerbeschaffenheit **5** 284
– Know-how-Hinweise **5** 301, 385
– „Knüllerpreise" **5** 351
– „Kölnisch Wasser" **5** 254
– kognitive Dissonanz **5** 59, 192
– kollektiver Good Will **5** 41, 313
– Kombinationsangebote **5** 358
– Kompetenz
– – Begrenzung durch europäisches Primärrecht **5** 67
– – zur Regelung des Lauterkeitsrechts **5** 66
– „Komplettpreis" **5** 355
– Konfektionsware **5** 298
– konkreter Gefährdungstatbestand **5** 17, 21
– Konsumentenverhalten **5** 54 f, 59
– „kontinental" **5** 391
– Koppelungsangebot **5a** 24
– Kosmetikprodukte **5** 322; **5 a** 19
– Kraftstoffangaben **5** 399
– Krankenkassenleistungen **5** 440

– „künstlerisches Erlebnis“ **5** 186
– Kundenbindungssysteme **5** 29, 98, 350
– „Kunst“ **5** 287
– Kunstglas **5** 287
– Kunsthandwerksleistungen **5** 298
– Kunstseide **5** 236, 286
– Lagerverkauf **5** 343
– Last Minute **5** 294
– Lebensmittelwerbung **5** 219, 223, 286, 317
s. Lebensmittelwerbung
– Leistungsgarantie **5** 185, 363, 401, 426
– „Liefermöglichkeit vorbehalten“ **5** 282
– Lieferschwierigkeiten **5** 283
– „Lieferung auf Bestellung“ **5** 282
– Lieferzeitangaben **5** 365
– Listenpreisangaben **5** 359
– Lockvogelangebote **5** 17, 198, 282, 329, 348, 446, 483
s. Erzeugung von Entscheidungsdruck
s. Lockangebote
– Lohnsteuerverein **5** 289
– Loseblattsammlungen **5a** 24, 54
– Lotterieleistungen **5** 72
– „Luxusausführung“ **5** 306
– Luxuswarenwerbung **5** 209, 222
– – Preisdauerangaben **5** 460
– Maklerangaben **5** 292
– Manufaktur **5** 393
– Margarinewerbung **5** 253, 286
– Marke **5** 271, 389, 397
– „Markenqualität“ **5** 399
– Markenschutz (Werbung mit) **5** 397, 399
– Markenware **5** 26, 399; **5 a** 21
– „Markt“ **5** 393
– – „Supermarkt“ **5** 393
– – „Verbrauchermarkt“ **5** 393
– Marktentscheidungsrelevanz **5** 20, 85, 96, 203, 235, 258 ff, 284, 323 447; **5 a** 27 ff
– – beim Unterlassen von Angaben **5** 477
– – von Informationen **5 a** 14, 28 f
– „Marktführer in Qualität“ **5** 187
– Marktintransparenz **5** 38, 48, 82, 85, 251, 312
– Marktneuheit **5** 300
– Markttransparenz **5** 1, 84, 91, 98, 176, 178, 237, 360; **5 a** 1
– Massenartikelwerbung **5** 209, 297
– Maßkonfektionswarenwerbung **5** 271
– „med“ **5** 320
– Medaillenwerbung **5** 236, 257, 400
– „Mediator“ **5** 410
– „medical“ **5** 320
– medizinische Wirkungsangaben **5** 228, 317
– „Mega“ 5 185
– – Mehl **5** 238
– Meinungsfreiheit (und Werbung) **5** 43, 183, 265, 323
– Meinungsumfragen **5** 23, 164, 216, 218, 230
– – Fragetechnik 5 471, 486
– – Meinungsforschungsinstitute **5** 487 f
– „Meisterbetrieb“ **5** 410
– Meisterbezeichnung **5** 410
– Mengenangaben **5** 279, 312
– Metatag **5** 284
– Mietwagen **5** 293
– Milch **5** 238
– „Milcherzeugnis“ **5** 76, 79
– Mindesthaltbarkeitsdatum **5** 304; **5 a** 15, 44
s. Verkehrsfähigkeit
– Mindestvorratspflicht **5** 279, 446, 483
– – Computer **5** 280
– Mineralwasser **5** 286
– „Mitnahmegarantie“ **5** 282
– Mobiltelefonwerbung **5** 246; **5 a** 24
– Modellneuheit **5** 300; **5 a** 19
– Möbelwerbung
– – Abholpreis **5** 356
– – Antiquitäten **5** 301
– – Eigenfertigung **5** 298
– – Gütesiegel **5** 257
– – Holzfurnier **5 a** 21
– – Preisdauer **5** 460
– – Schlafmöbel **5** 355
– Mogelpackung **5** 312, 440
– Mondpreiswerbung **5** 360, 447, 456
– – umgekehrter Mondpreis **5** 451
– Motorradkleidung **5** 250
– Nachfolgeprodukte **5** 300
– Nachhilfedienstleistungen **5** 291
– „nach Maß“ **5** 271
– nachträgliche Richtigstellung **5** 206, 255
– Nährwertangaben **5** 318
– Nationalfarben (Werbung mit) **5** 249, 439
– „natürlich“ **5** 234, 286
– Naturproduktwerbungen **5** 286
– „naturrein“ **5** 37, 87, 286
– „naturrot“ **5** 243
– Nebenleistungswerbung **5** 362
– – Garantien **5** 363, 422
– „Nektar“ **56** 38, 242
– Nettopreis **5** 239
– „neu“ **5** 300
– „neuester Trend“ **5** 300
– Neuwagenwerbung **5** 200, 205, 288
s. Neuwagenwerbung
– „neuwertig“ **5** 300
– „Notverkauf **5** 341
– „Nummer 1“ **5** 250
– „nur regional erhältlich“ **5** 278
– Nutzfläche (Wohnung) **5** 292
– OEM-Nummern **5** 81
– öffentliche Bestellung von Sachverständigen **5** 383
– „original“ **5** 286
– Originalteilwerbung **5** 316
– Pariser Verbandsübereinkunft **5** 63, 100
– Parteigutachten (Irreführungsnachweis) **5** 472, 489 f
– Patentschutzangaben **5** **261,** 396
– Pauschalpreis bei Rechtsanwaltsleistungen **5** 349
– Per-se-Verbote (Anh. UWG nach § 22) **5** 26, 28, 171, 223, 234, 238, 240, 257, 304, 313, 318, 320, 341, 345, 409, 419, 446, 483
s. Per-se-Verbote
– pharmazeutische Erzeugnisse **5** 209
– „plus 10%“ **5** 70, 312
– Porzellanwerbung **5** 385
– positive Transparenzpflicht (Werbung) **5** 46
– potentielle Abnehmer **5** 206
– „Prager Schinken“ **5** 254
– praktische Konkordanz **5** 84 ff, 214, 265
– Preisangabenwerbung **5** 348 ff
s. Preisangabenwerbung

– Preisausschreiben **5** 32, 98
– Preisauszeichnung **5** 453
– Preisempfehlung **5** 359 f
s. Herstellerpreisempfehlung
– „Preisfeuerwerk" **5** 351
– Preisführerschaft **5** 351
– Preisgarantiewerbung **5** 351, 363, 426
– Preisgegenüberstellungswerbung **5** 70, 85, 348, 357, 361, 443, 445 ff, 449, 483 f
– Preisherabsetzungswerbung **5** 198, 348, 357, 447, 449 ff
– – Ernsthaftigkeit **5** 455
– Preisheraufsetzung **5** 451
– „Preiskiller" **5** 184
– Preisklarheit **5** 349; **5 a** 54
s. Gratisangebote
– „Preisknaller" **5** 234, 351
– Preisschaukelei **5** 457
– Preisskandal **5** 185, 225, 351
– Preiswahrheit **5** 349
– Premium **5** 185, 363, 401
– Presseäußerungen (Verwendung in der Werbung) **5** 256
– Privatverkauf **5** 345
– produktbezogene Angaben **5** 274
– Produktcharakteristika **5** 274; **5 a** 21
– Produktimage **5** 51
– Produktionsunternehmen **5** 393
– Produkttestwerbung, Anforderungen **5** 228, 247, 305, 323 ff; **5 a** 26
s. Produkttestwerbung
– Produktveränderungen **5a** 21
– Professorenbezeichnungen **5** 373
– Prominentenwerbung **5** 192, 361
– Prüfzeichenwerbung **5** 305, 400
– – TÜV-Zeichen **5** 236, 257, 308
– – Umweltzeichen **5** 257, 310
– – s. Gütezeichen
– „pur" **5** 286
– „PVC-frei" **5** 236
– qualifizierte Herkunftsbezeichnungen **5** 315
– Qualitätsaussagen **5** 306
s. Gütezeichen
– Qualitätskontrollen **5** 401
– „radikal gesenkte Preise" **5** 184
– „radikal reduziert" **5** 331
– rationale Kaufentscheidung **5** 59, 74, 215
– Rechtsanwaltsbezeichnung **5** 410
– – Sozietät **5** 393
– Rechtsfolgen **5** 466 ff
– Rechtsformangaben **5** 372
– Rechts- oder Tatsachenfrage (Irreführung als) **5** 216, 471
– „reduziert: 50%" **5** 450
– Reifedauerangaben **5** 301
– Reinigungsdienstleistungen **5** 293
– Reisedienstleistungen **5** 294
– – Flughafen **5** 294
– – Nebenkosten **5** 294
– – Reisedauer **5** 312
– Rezeptangaben **5** 298
– richterliche Sachkunde **5** 474
– Richtigstellung von Werbeangaben **5** 206, 255
– Richtlinie unlautere Geschäftspraktiken **5** 259
– „Rum" **5** 286
– Rundfunksendungen als Dienstleistungen **5** 72
– Rundfunkwerbung **5** 225, 286
– – akustische Kommunikationszeichen **5** 440
– Rundstempel **5** 383
– Saatgutangaben **5** 240
– Sachverständigenbeweis **5** 486, 489
– Sachverständigengutachten **5** 85, 88, 471
– – Parteigutachten **5** 472, 490
– Sachverständigenwerbung **5** 257
– „Sachverständiger" **5** 257, 383, 401
– „Saft" **5** 38, 242
– „Sale" **5** 450
– Schachprogramm **5** 433; **5a** 12
– Schlagbohrmaschine **5** 278
– Schlangenzeichen **5** 192, 320
– Schlankheitswerbung **5** 321
– Schleichwerbung **5** 28
– Schlüsselinformationen **5** 55, 59, 74, 225 f, 255, 282, 295, 305, 307, 310, 313, 323, 440; **5 a** 1, 15
– – s. Informationsüberlastung
– „schönster Aussichtspunkt" **5** 186
– Schuhe **5** 279
– Schulbezeichnungen **5** 382
– – „Ergänzungsschule" **5** 382
– Schutzzwecktrias des UWG **5** 47
– Sehhilfen **5** 245
– Sehtest (Werbung für) **5** 238
– „seit 1900" **5** 194
– Selbstbedienungsgroßhandel **5** 281
– Selbstkontrolle **5** 416 ff; **5 a** 62
– Selbstverständlichkeiten **5** 238, 423; **5 a** 16
s. Verbraucherrechte als Selbstverständlichkeiten
– Setpreisangaben **5** 358
– situationsadäquate Aufmerksamkeit **5** 55, 167, 215 ff, 270 ff
– Ski **5** 267
– – Bindungen **5 a** 29
– „sofortige Lieferbarkeit" **5** 282
– „sofortige Mitnahme" **5** 282
– sofortige Mitnahme/Verfügbarkeit **5** 277, 471
s. sofortige Mitnahme/Verfügbarkeit
– Sofortkredite **5** 290
– „Sommerkollektion" **5** 282
– Sonderangebotswerbung **5** 335
– Sonderpostenwerbung **5** 246, 334
– Sonderveranstaltungen **5** 10, 35, 98, 227, 327 f, 331, 444
s. Sonderveranstaltungen
– „Sparvorwahl" **5** 351
– „Spezial" **5** 303
– „Spezialreinigung" **5** 293
– „Spitzenerzeugnis **5** 306
– Spitzenstellungsbehauptungen **5** 174, 187 ff, 250, 306, 326, 351
– Sponsoring **5** 43, 96, 368; 5 a 1, 407
– Spürbarkeitsklausel **5** 46, 96, 170, 177 f, 197, 199, 206, 264
– Städtenamen in der Unternehmensbezeichnung **5** 392
– Stellenanzeigen **5** 174
– Sternchenhinweis **5** 225 f, 246, 282, 349 f
– Steuerberater(bezeichnung) **5** 410
– Stiftung Warentest **5** 323
– Strafbarkeit **16** 1 ff
– strukturelle Unterlegenheit **5** 74
– „Style" **5** 192
– subjektives Verständnis (Irreführung) **5** 5

– Suchgüter **5** 53, 222, 278
– Suchmaschinen und Irreführung **5** 284
– Suggestivwerbung **5** 149, 169, 192
– Superlativwerbung **5** 184, 187, 191, 389
– – negativer Komparativ **5** 191
– Sympathiewerbung **5** 44, 369
– Tabakerzeugnisse **5** 37
– Tagesfrisch **5** 298
– Tageszulassung (Werbung mit) **5** 261
– Tampon **5** 319
– Taschentuch **5** 316
- Tatsache
s. Tatsache
– Telefonanbieterdienstleistungen **5** 351
– – Mehrwertedienst **5 a** 10, 20
– Telefonmehrwertdienstleistungen **5a** 10, 20
– Telefontarifangaben **5** 354
– Telefonvermittlungsdienstleistungen **5** 353
– Telekommunikationsleistungen **5** 238; **5 a** 54
– „Testergebnis gut" **5** 326
– „Testergebnis sehr gut" **5** 326
– Testergebnisse (Werbung für) **5** 323; **5 a** 26
– Testkäufe **5** 277, 279
– Testnote **5** 326
– „Testsieger" **5** 326
– „Tiefstpreis" **5** 351
– Titelbezeichnungen **5** 271
– Traditionswerbung **5** 299, 369, 385
– Transparenzgebote **5** 28 f
– TRIPS-Abkommen **5** 63, 65
– „TÜV-geprüft" **5** 236, 257
– Überweisung **5** 356
– Ulmer-Gutachten **5** 100
– „umsatzstärkstes Unternehmen **5** 187
– Umsatzsteuerangaben **5** 239
– umweltbezogene Werbung **5** 219, 224, 317
– Umweltzeichen **5** 257, 310
– unerbetene Telefonwerbung **5** 73; **20** 1 ff
– „unschlagbar" **5** 184 f
– Unterhaltungselektronik **5** 278
– Unterlassungsanspruch **5** 90
– Unternehmensalterangaben **5** 386
– – Filialalter **5** 386
– – Formen der Alterswerbung **5** 387
– – Kontinuität **5** 386
– Unternehmensgruppe **5** 393
– Unternehmenskennzeichnung **5** 267
– unternehmerische Tradition **5** 299, 396, 385
– Unterschieben
– – von Rechnungen (ohne Bestellung) **5** 26
– – von Waren **5** 26
– Unterzeichner
s. Verhaltenskodex
– unverbindliche Preisempfehlungen **5** 359 f
– Urteilstenor **5** 468
– „uvp" **5** 247, 360
– Verbandsbezeichnungen **5** 402
s. Verbandsbezeichnungen
– Verbraucher
s. Verbraucher
– Verbraucherleitbild **5** 31, 41, 46, 84 f, 93, 189 f, 212, 282, 474
s. Verbraucherleitbild
– Verbraucherschutz
s. Verbraucherschutz
– Verbraucherschutzniveau **5** 62, 66, 78, 95
– Verbrauchsgüterkaufrichtlinie **5** 42, 422
– Verbreitung von Presseerzeugnissen **5** 311
– Verhaltenskodex **5** 416 ff
– Verkaufsanlassangaben **5** 328, 330, 450
s. Geschäftsaufgabe
– Verkaufsmodalität **5** 71
– Verkehrsauffassung **5** 22, 202
s. Verkehrsauffassung
– Verkehrsbefragung **5** 23, 154, 216, 218, 230, 471 ff
– Verkehrsfähigkeit (einer Ware, Irreführung) **5** 304; **5 a** 25
– Verkehrskreis, angesprochener **5** 83, 85, 182 ff, 190, 202, 208
– Verpackungsaufschriften **5** 70
– – flaggenartige Verpackung **5** 249, 439
– Versicherungsdienstleistungen **5** 295
– – Haftungsausschlüsse **5** 295
– – Reparaturkostenversicherung **5** 295
– Versicherungsmakler **5** 174
– „versilbert" **5** 287
– vertragliche Aufklärungspflichten **5a** 11
– vertragliche Haftungsansprüche **5** 42, 251
– Vertrauensgut **5** 53, 222, 224, 228, 313, 374, 385
– Vertrauenswerbung **5** 53
– Verwendungsverbot **5** 304; **5 a** 25
– Vitamine **5** 320
– „Volltreffer" **5** 278
– „von Privat" **5** 345
– vorher–nachher-Angaben **5** 271
– Vorratsmengenangaben **5** 282, 468
– Wachstumsstärke **5** 189, 389
– Wahrheitsgebot **5** 48, 169, 236
– Wahrheitsschutz **5** 5
– Waren
– – des täglichen Bedarfs **5** 209
– – Luxuswaren **5** 209, 281
– – weiße Ware **5** 222; **5 a** 19
– Warenproben **5** 312
– Warentests **5** 175, 274, 323; **5 a** 26
– Warenverkehrsfreiheit **5** 67 f, 70, 82, 84
– Warenvorratsangaben **5** 282, 468
– Wäschestärkemittel **5** 238
– „watti" **5** 286
– Wein **5** 440
– „Weingut" **5** 298
– weinhaltige Getränke **5** 297
– weiße Ware **5** 222
– „weltbekannt" **5** 306
– „Weltpatent **5** 396
– „Weltruf" **5** 306
– „weltweit die Nr. 1" **5** 191
– Werbeanzeigen, Werbung mit Auflagenhöhe **5** 311
– Werbefahrt **5** 289, 347
– Werbevergleiche **5** 8, 91 ff, 196, 432, 484
– Werbeversprechen **5** 277
– Werbeware, „ausgenommen Werbeware" **5** 30
– werbliche Übertreibung **5** 45, 190, 250, 278, 305, 350
– Werbung
s. Werbung
– wesentliche Informationen **5 a** 30
– Wettbewerbsrechtsordnung **5** 46
– Wiedereröffnung **5** 352
– Wiederholungsgefahr **5** 468

– Wirkaussagen 5 320
  s. Angstwerbung
  s. Heilwirkungsaussagen
– Wirtschaftsjurist **5** 380
– Wirtschaftsprüferbezeichnung **5** 410
– Wohnfläche und Nutzfläche **5** 292
– Wollsiegel **5** 286
  s. Gütezeichen
– Zeitungswerbung **5** 225, 261
– Zentrale (als Unternehmens-/Verbandsbezeichnung) **5** 390
– Zentrum (Center) **5** 393
– Zulassung **5** 409 ff
– – von Produkten **5** 304, 411
– – von Unternehmen **5** 410

irreführende Geschäftspraktiken E 133, 137, 138
irreführende Produktvermarktung E 173, 175, 345
irreführende Unterlassungen E 143, 190
irreführende Werbung E 47, 190; **I** 42, 174, 264, 274, 285; **4–S 12** 83, 94 ff, 111; **6** 118, 295 ff
– Beseitigungsanspruch **4–S 11** 136, 139
– s. irreführende geschäftliche Handlungen
Irreführung 4–5 124; **4–6** 39; **5** 20, 22
– abstrakte **5** 21, 70, 197 ff, 442
– Anlockwirkung **5** 206, 260, 330, 337, 352
  s. Lockangebote
– Aufgreifschwelle **5** 202, 218 f
– aufgrund späterer Entwicklung **5** 254, 460
– Begriff **5** 83 ff, 201, 203, 233, 473
– – Frankreich **5** 125
– – Italien **5** 132
– – Österreich **5** 142
– – Schweiz **5** 151
– – USA **5** 106
– – Vereinigtes Königreich **5** 117
– durch unklare Angaben **5** 247
– durch Unterlassen **5** 93, 96, 98, 410; **5 a** 1 ff
– ergänzende **5** 38, 71
– Formen der **5** 234 ff
– – objektiv falsche Angabe **5** 234 f
– – objektiv richtige Angabe **5** 236 ff
– Fortwirkung einer **5** 253
– Irreführungseignung **5** 21, 161, 205, 234
– Irreführungsfiktion **5** 96 f
– konkrete **5** 20, 177, 197
– lückenhafte Angaben **5** 83, 167, 200, 237, 246
– mittelbarer Irreführungsschutz **5** 76
– normativer Irreführungsbegriff **5** 71, 202
– Relevanz einer Irreführung **5** 22, 66, 258 ff
– spezialgesetzliche Irreführungsverbote **5** 36, 39 ff, 322
– über die Bezugsquelle **5** 342, 345, 366, 371; **A 19** 10
  s. Marktbedingungen
– über die Preisbemessung **5** 348 ff, 357
– über die Verfügbarkeit **5** 276 ff, 296, 348
– verbleibende Irreführungsgefahr nach Kennzeichnung **5** 71
– vermutete Irreführung **5** 446, 454
– Zeitpunkt der Irreführung **5** 251
Irreführung durch Unterlassen 4–S 2 12, 38, 45
Irreführungsgefahr 4–S 2 18 f, 21 ff, 30, 42, 45, 51, 58, 96
Irreführungsmaßstab 6 42 ff, 295 ff
Irreführungsquote 4–S 2 9, 19 ff, 27, 36, 42; **5** 85, 162, 178, 211, 218 f
– Aufaddierung **5** 249
– Frankreich **5** 128
– Italien **5** 134
– Österreich **5** 144
– Schweiz **5** 152
– USA **5** 111
– Vereinigtes Königreich **5** 120
Irreführungsrichtlinie 5 61, 67, 80, 100, 179, 203, 205, 214, 259, 270, 273 f, 368, 432, 446, 461, 479 f
– s. Richtlinie irreführende Werbung
Irreführungsverbot
  s. abstraktes Irreführungsverbot
Irreführungsvermutung 5 446, 454
„Irrtümer vorbehalten“ 5 235

„jetzt nur“ 5 450
Joghurt 5 70
journalistische Sorgfalt
– s. publizistische Sorgfalt
Jubiläumsverkäufe E 41, 71
Jugendliche 4–2 3, 110, 128 ff, 135, 137, 152, 156 ff, 170, 172, 175, 177, 189, 193, 195, 197, 199 ff
Jugendschutz 4–5 40
Jugendschutz und Werbung 4–S 5 96, 144

Kaffee 5 302, 312, 316, 332
Kaffeefahrten 4–2 132, 229
Kaffeefahrten I 197, 254, 283; **16** 21, 30, 100 f
Kalorienangaben 5 321
Kapitalanlagedienstleistung 5 218
Karat 5 306
Kartellrecht 2 F 39
Kartellrechtsstatut I 27 ff
Kasse 4–6 105
Kassenbon 4–6 85
Katalogangaben 5 a 12, 35, 38
Kaufentscheidung
– habituelle **5** 57, 222, 313
– impulsive **5** 58 f, 74, 192
– rationale **5** 58, 60, 77
Kaufmann 2 I 2
– s. Unternehmer
Kaufmannsbegriff 2 G 1
Kaufscheinhandel E 33, 43, 71
Kaufsituation 5 212, 215
– s. Entscheidungsverhalten
Kaufzwang 4–6 57 ff
– psychischer **4–1** 106 ff, 251, 298 ff, 314, 392 f, 417; **4–5** 37; **4–6** 39, 57
– psychologischer **4–2** 7, 115, 123 f
– rechtlicher **4–1** 123; **4–6** 85
Kausalität
– haftungsausfüllende **9** 9, 20
– haftungsbegründende **9** 9, 20
Keck-Formel 5 71, 73, 327; **6** 36
kein Kaufzwang 4–5 195
Kenntnis
– Diensteanbieter **4–S 12** 268 ff
– der Unlauterkeitsumstände **3** 203 f
Kennzeichen 5 41, 271, 313, 327, 399
Kennzeichenausbeutung E 359
Kennzeichenimitationsmarketing E 142, 345

Kennzeichennachahmung E 358
Kennzeichenrecht 5 40f, 102, 117, 314, 399, 427f, 430
Kennzeichenrechtsanmaßung E 363
Kennzeichen und Namensfunktion im Domainrecht 4–S 11 64ff
Kennzeichnungsvorschriften 5 36, 38, 46, 70, 229, 285
– Kennzeichnung in einer Fremdsprache **5** 71
– produktspezifische **5** 76, 242
– Harmonisierung von Kennzeichnungsstandards **5** 87
Kettenbrief 4–2 107; **16** 125, 131ff, 147f
– s. verwaltete Kettenbriefsysteme
Keyword
– allgemeine Begriffe **4–S 12** 107
– Advertising **4–S 11** 175, 221ff; **4–S 12** 99ff
– Buying **4–S 12** 109ff
– Domains, irreführende **4–S 12** 83
– Namen und Marken als **4–S 12** 101ff
– Stuffing **4–S 12** 97
Kfz-Sachverständiger 5 383, 401
"Kilometer: 0" 5 261; **5 a** 19
Kinder 4–2 3, 110, 128ff, 135ff, 139ff, 152, 156f, 159f, 164ff, 172ff, 177ff, 190ff, 194ff, 208ff, 212, 216ff, 220ff, 227, 246, 255, 283, 355
Kinderarbeit 4–2 255, 257
„Kinder-Konfitüre" 5 286
Kinderprostitution 4–2 344
Kinderwerbung 4–2 186
– UWG-Reform **E** 45
Klageberechtigung 5 466
Klageverfahren 12 287ff
– anderweitige Rechtshängigkeit **12** 244
– Angelegenheit der gesetzlichen Krankenversicherung **12** 228
– Antrag bei Auskunftsklagen **12** 311f
– Antrag bei Beseitigungsklagen **12** 309
– Antrag bei Rechnungslegungsanspruch **12** 314
– Antrag bei Schadensersatzklage **12** 315f
– Antrag bei Unterlassungsklagen **12** 287ff
– Auslegung des Klageantrags **12** 289
– Bestimmtheitsgebot **12** 287, 290, 292ff
– Beweisverfahren **12** 318ff
– bürgerliche Rechtsstreitigkeit **12** 222ff
– eventuelle Klagehäufung **12** 306ff
– funktionelle Zuständigkeit **12** 254
– gesetzeswiederholende Unterlassungsanträge **12** 299f
– Haupt- und Hilfsantrag bei der Unterlassungsklage **12** 306ff
– Hinweispflicht **12** 288
– Internationale Zuständigkeit **12** 251
– konkrete Verletzungsform bei der Unterlassungsklage **12** 301ff
– Konkretisierungsgebot bei der Unterlassungsklage **12** 304f
– objektive Klagehäufung **12** 245
– öffentliche Hand im Wettbewerb **12** 223ff
– örtliche Zuständigkeit **12** 253
– perpetuatio fori **12** 244
– Prüfung des Rechtswegs **12** 242ff
– Rechtsmittel gegen Rechtswegbestimmung **12** 247f
– Rechtsschutzinteresse **12** 255ff
– Rechtsweg zu den Arbeitsgerichten **12** 232ff
– Rechtsweg zu den ordentlichen Gerichten **12** 219ff
– Rechtsweg zu den Sozialgerichten **12** 226ff
– Rechtsweg zu den Verwaltungsgerichten **12** 225
– sachliche Zuständigkeit **12** 252
– Streitgegenstand **12** 275ff
– subjektive Klagehäufung **12** 245
– Unzulässigkeit des Rechtswegs **12** 249
– Urteil **12** 350ff
– Verallgemeinerungen beim Klageantrag **12** 291ff
– Verfahren zur Rechtswegbestimmung **12** 246
– vertragliches Wettbewerbsverbot **12** 234
– Verwendung mehrdeutiger Begriffe im Klageantrag **12** 292
– Wirtschaftsprüfervorbehalt **12** 313
– Zulässigkeit des Rechtswegs **12** 220
– Zuständigkeit **12** 251ff
– zweigliedriger Streitgegenstandsbegriff **12** 257
Klarheitsgebot 5 48
klarstellende Zusätze 5 286, 287; **5 a** 12
Klarstellung 4–5 143
Kleidergrößenangaben 5 278
Kleidungsangaben 5 278
Klinkerbeschaffenheit 5 284
Know-How
– Eingriffskondiktion **9** 34
– Hinweise **5** 301, 385
– Vertrag **18** 16
„Knüllerpreise" 5 351
„Kölnisch Wasser" 5 254
kognitive Dissonanz 5 59, 192
kollektiver Good-Will 5 41, 313
Kollektivklage 10 6, 16, 44ff, 50, 52, 54, 57, 59, 61ff
Kollisionsnormen
– einseitige **I** 20, 29, 92, 100, 229
– versteckte **I** 100
– s. Kollisionsrecht
Kollisionsrecht
– Abgrenzung **I** 2f
– autonomes **I** 61ff
– gespaltenes **I** 145, 236
– Rechtsquellen **I** 4, 44ff, 119, 128ff
Kollisionsrechtsvereinheitlichung I 3f, 49f, 57, 69, 70
Kombinationsangebote 5 358
kommerzielle Kommunikation E 104, 306, 309; **2** B 16, 52, 65; **4–S 12** 23, 32, 34, 70, 121; **6** 55
– s. Werbung
kommerzielle Marktkommunikation
s. kommerzielle Kommunikation
kommerzielles Interesse 2 B 202
Kommunikation
s. kommerzielle Kommunikation
Kommunikationsmedium 4–5 113
Kommunikationsweg, alternativer 4–6 127
Kompatibilitätswerbung 6 79f, 82ff, 128, 144, 221, 276ff
Kompetenz
– Begrenzung durch europäisches Primärrecht **5** 67
– zur Regelung des Lauterkeitsrechts **5** 66
„Komplettpreis" 5 355

Konditionenanpassung
– für die Zukunft **4–S 1** 343
– rückwirkende **4–S 1** 340 ff
Konfektionsware 5 298
konkrete Schadensberechnung 9 29, 32
konkreter Gefährdungstatbestand 5 17, 21
konkretes Wettbewerbsverhältnis 2 B 10, D 3, D 25
Konkretisierung der Unlauterkeit 3 208
Konkurrentenschutzrecht E 27
Konkurrenz, Konkurrenzfreiheit E 4
Konkurrenzen 3 167
Konkurrenzlehre E 316
Konkurrenzprodukte 4–S 8 113, 119
Konkurrenz von UWG und Berufsrecht 4–S 3 45
Konkurswarenverkauf E 31
Konsumentensouveränität E 345; **1** 55
Konsumentenverhalten 5 54 f, 59
„kontinental“ 5 391
Konvergenzthese 4–S 1 123 ff
Koppelung 4–6 83
– der Teilnahmeberechtigung **4–5** 36
– Dreieckskoppelung **4–1** 226 ff, 431
– Entkoppelung **4–6** 95
– missbräuchliche **4–1** 177 ff, 181 ff, 213 ff
– mittelbare **4–5** 194; **4–6** 91
– rechtliche **4–6** 143
– unmittelbare **4–6** 84
– zeitliche Begrenzung **4–1** 205 ff
Koppelungsangebot 4–1 37, 160 ff, 170; **4–6** 31; **4–S 14** 148, 156; **5a** 24
– offen **4–1** 155 ff
– verdeckt **4–1** 171 f
Kopplungsangebote E 135
Kopplungsverbot bei Gewinnspielen 4–6 1 ff
– s. Kopplungsverbot bei Preisausschreiben und Gewinnspielen
Kopplung bei der Gewinnzuteilung 4–6 61
Kopplungsverbot bei Preisausschreiben 4–6 1 ff
– s. Kopplungsverbot bei Preisausschreiben und Gewinnspielen
Kopplungsverbot bei Preisausschreiben und Gewinnspielen 4–6 1 ff
– aggressive Werbepraktiken **4–6** 26, 29, 33
– aleatorische Reize **4–6** 42, 45 f, 57, 63 f
– alternative Teilnahmemöglichkeiten **4–6** 95 ff
– Antwortkarten **4–6** 105 ff
– Bagatellgrenze Glücksspiel **4–6** 117 ff
– Bestellschein **4–6** 100 ff
– E-Mail **4–6** 134
– Fernsehen **4–6** 146
– Flyer **4–6** 110
– Gewinnchancen **4–6** 9, 19, 26, 35, 39, 53, 77, 91 f, 94, 98 f
– Gewinncoupons **4–6** 156
– Glücksspiel **4–6** 134 ff, 160
– Irreführung über Gewinnchancen **4–6** 40
– Kaufzwang **4–6** 55 ff
– Kopplung **4–6** 84 ff
– – mittelbar **4–6** 91 ff
– – unmittelbar **4–6** 84
– Mehrwertdienste(-rufnummer) **4–6** 121 ff
– naturgemäße Verbindung **4–6** 140 ff
– Post **4–6** 80, 108 f
– Preisrätsel **4–6** 154 ff
– Presse **4–6** 149 ff
– Radio **4–6** 149 ff
– – Internetradio **4–6** 160
– Anlocken, übertriebenes **4–6** 40, 74, 133, 147
– redaktionelle Werbung **4–6** 151
– Richtlinie über unlautere Geschäftspraktiken **4–6** 23 ff
– Rubbellose **4–6** 110
– Rundfunk **4–6** 149 ff
– SMS **4–6** 110, 113
– Spiellust **4–6** 45, 68
– Sweepstakes **4–6** 7
– Teilnahme **4–6** 95 ff
– Teilnahmebedingungen **4–6** 56, 91, 93
– Teilnahmekarte/-schein **4–6** 92, 100, 104 ff
– Telefon **4–6** 92, 101, 104, 106, 110 ff, 128, 132
– Transparenz **4–6** 19, 27, 40, 55, 64, 98
– Übermittlungskosten **4–6** 101, 104, 118, 125, 127 ff
– Verkaufsförderungs-Verordnung **4–6** 18 ff
– Versandhandel **4–6** 100, 109
Kopplung mit dem Warenabsatz 4–6 78
Kosmetikprodukte 5 322; **5 a** 19
Kosmetikwerbung 4–S 4 487 ff
– Anschein eines Arzneimittels **4–S 4** 493
– dermatologisch getestet **4–S 4** 499
– Doktortitel **4–S 4** 505
– fremdsprachige Bezeichnungen **4–S 4** 507
– Garantie **4–S 4** 504
– Irreführung **4–S 4** 496 ff
– Irreführungsverbot **4–S 4** 487 ff
– Kosmetik-Richtlinie **4–S 4** 487, 495
– Kosmetik-Verordnung **4–S 4** 494 f
– krankheitsbezogene Werbung **4–S 4** 510
– Lebensmittel- und Futtermittelgesetzbuch **4–S 4** 490 ff
– medizinische Kosmetik **4–S 4** 498
– Mogelpackung **4–S 4** 508
– Naturkosmetik **4–S 4** 509
– Tierversuche **4–S 4** 488, 501
– wertbestimmende Angaben **4–S 4** 506
– Wirkaussage **4–S 4** 502 f
kosmetische Mittel 4–S 4 103 ff; **5** 297, 391
– Abgrenzung zu Arzneimittel s. Abgrenzung kosmetische Mittel/Arzneimittel
– Beeinflussung der Körperformen **4–S 4** 107, 109
– Begriff **4–S 4** 103 ff
– Kosmetik-Richtlinie **4–S 4** 103
– Legaldefinition **4–S 4** 109 ff
– Schutzeffekt **4–S 4** 110
– Zahnersatz **4–S 4** 107, 111
– Zweckbestimmung **4–S 4** 110
Kosten 12 369 ff
– der Parteien **15** 85
– Patentanwalt **12** 372
– Reisekosten **12** 371
– Testkäufe **12** 373
Kostenerstattung für Beseitigungsmaßnahmen 8 24
Kraftstoffangaben 5 399
Krankenkassenleistungen (Werbung) 5 440
krankheitsbezogene Werbung 4–S 4 55, 292 ff, 510

– Angst **4–S 4** 327 ff
– Anleitungsschriften **4–S 4** 330
– ärztliche Empfehlungen **4–S 4** 317
– ärztliche Gutachten **4–S 4** 317
– bildliche Darstellungen **4–S 4** 323 ff
– Bluthochdruck **4–S 4** 311
– Blutzellen **4–S 4** 312
– cholesterinsenkende Wirkung **4–S 4** 313
– Cholesterinspiegel **4–S 4** 334
– Code of Practice **4–S 4** 332
– Diätetika **4–S 4** 294
– Ernährungskongress **4–S 4** 318
– Etikettierungs-Richtlinie 2000/13 **4–S 4** 331 ff
– gesundheitsbezogene Werbung **4–S 4** 295 f
– Health Claims-Verordnung **4–S 4** 334 ff
– Heilberufe **4–S 4** 293
– Herz **4–S 4** 314
– Immunsystem **4–S 4** 315
– Körperorgane **4–S 4** 305
– Krankengeschichten **4–S 4** 320
– Krankheit **4–S 4** 298
– Liberalisierung **4–S 4** 309 ff
– Mangelerscheinungen **4–S 4** 300
– medizinisch kontrolliert **4–S 4** 318
– Menstruationsbeschwerden 316
– Selbstmedikation **4–S 4** 292
– Symptome **4–S 4** 301
– Verhütung **4–S 4** 307 f
– wissenschaftliche Gutachten **4–S 4** 319
Kreditgefährdung 4–S 7 129 ff
– Beweislast **4–S 7** 130
– Haftungsprivileg **4–S 7** 132
– Verschulden **4–S 7** 132
– Voraussetzungen **4–S 7** 130 ff
Kriterienkatalog 4–5 140 ff, 184
Kritischer Rationalismus E 279
„künstlerisches Erlebnis“ 5 186
Kundenbindungssysteme 4–1 164, 336 ff; **4–6** 90; **4–S 1** 205 ff; **5** 29, 98, 350
Kundendienstleistungen in anderem Mitgliedstaat (Nr. 24 Anh. UWG) A 24 1 ff
– after-sales-service **A 24** 9 f
– anderer Mitgliedstaat **A 24** 11
– Begriff **A 24** 9
– Erwecken des unzutreffenden Eindrucks **A 24** 7
– unwahre Angabe **A 24** 7
– Verkaufsstaat **A 24** 10
Kundendienstleistungen in anderer Sprache (Nr. 8 Anh. UWG) A 8 1 ff
– after-sales-service **A 8** 4, 7 f
– Aufklärung über Sprachenwechsel **A 8** 9
– Begriff **A 8** 7
– Nebenleistungen **A 8** 7 f
– Verhandlungssprache **A 8** 5, 8
Kundenfang 4–1 1, 58, 74
Kundenzeitschriften 4–3 36
„Kunst“ 5 287
Kunstglas 5 287
Kunsthandwerksleistungen 5 298
Kunstseide 5 236, 286
Kurzfassungen 4–S 8 228
– s. auch test-Kompass
kurze Verjährungsfrist 11 11 ff
– Anspruch auf Gewinnabschöpfung **11** 11
– Anspruch aus § 945 ZPO **11** 18
– Anwendungsbereich **11** 11
– Aufwendungsersatzanspruch für die Abmahnung **11** 11
– Auskunftserteilung **11** 17
– Bereicherungsanspruch **11** 18
– Beseitigungsanspruch **11** 14
– einmaliges Unterlassen **11** 14
– Rechnungslegung **11** 17
– Schadensersatzanspruch **11** 11
– selbstständiger Auskunftsanspruch **11** 17
– Unterlassungsanspruch **11** 12
– Verletzungshandlungen in verjährter Zeit **11** 13
– vertraglicher Schadensersatzanspruch **11** 15
– vertraglicher Unterlassungsanspruch **11** 15
– verwirkte Vertragsstrafe **11** 20
– Widerrufs- und Löschungsanspruch **11** 16
– s. Verjährung

Ladenschlussgesetz 4–11 149
Länderberichte
– s. Rechtsvergleichung
Lagerverkauf 5 343
Laienwerbung 4–1 119, 315, 376 f, 410 ff
– verdeckte **4–1** 427
Lauterkeitsrecht
– Dogmatik **1** 35
– s. unlauterer Wettbewerb
lauterkeitsrechtlicher Institutionenschutz 4–S 1 105 ff
– österreichisches Recht **4–S 1** 390
– Schweizer Recht **4–S 1** 365 f
Lauterkeitsrichtlinie E 51
– s. Richtlinie unlautere Geschäftspraktiken
– s. UGP-RL
Lauterkeitsstatut I 2, 63 ff, 182 ff, 204 ff
Lebensmittel 4–S 4 4, 34 ff
– Abgrenzung zu Arzneimitteln s. Abgrenzung Lebensmittel/Arzneimittel
– Aufnehmen **4–S 4** 40
– Begriff **4–S 4** 34 ff
– diätetische Lebensmittel **4–S 4** 54 ff
– Ernährungs- und Genusszweck **4–S 4** 38
– Kaugummi **4–S 4** 41
– Kontaminanten **4–S 4** 44
– Magen-Darm-Trakt **4–S 4** 40
– Nahrungsergänzungsmittel **4–S 4** 45 ff
– Stoff **4–S 4** 39
– Trinkwasser **4–S 4** 42
– Verarbeitungshilfsstoffe **4–S 4** 43
– Verzehren **4–S 4** 40
– Zusatzstoffe **4–S 4** 43
– s. Lebensmittelwerbung
Lebensmittelbezeichnungen 5 286
Lebensmittel- und Bedarfsgegenständegesetz 4–S 4 142 ff
– Anschein eines Arzneimittels **4–S 4** 283 ff
– antizipierte Sachverständigengutachten **4–S 4** 153
– Auslegungshilfen für die Verkehrsauffassung **4–S 4** 150
– Deutsches Lebensmittelbuch **4–S 4** 151
– Ermittlung der Verkehrsauffassung **4–S 4** 160 ff
– Handelsbräuche **4–S 4** 157
– Herstellerrichtlinien **4–S 4** 157
– Kochbücher **4–S 4** 159
– krankheitsbezogene Werbung **4–S 4** 292 ff
– Mousse au chocolat **4–S 4** 148

– normative Bestimmung der Verkehrsauffassung **4–S 4** 144 ff
– Regelbeispiele des § 17 Abs. 1 Nr. 5 b LMBG **4–S 4** 247 ff
– richterliche Sachkunde **4–S 4** 163
– schlankheitsbezogene Werbung **4–S 4** 288 ff
– Verbrauchererwartung **4–S 4** 146 f, 152
– Verkehrsauffassung **4–S 4** 144
– Verkehrskreise **4–S 4** 143
– Wirkaussagen **4–S 4** 236 ff
– s. Lebensmittel
– s. Lebensmittelwerbung
Lebensmitteltests 4–S 8 53
Lebensmittelwerbung 4–S 4 1 ff, 125 ff; **5** 219, 223, 286, 317
– Abgrenzung **4–S 4** 3 ff
– abstrakte Täuschungsgefahr **4–S 4** 135
– Änderung der stoffliche Zusammensetzung **4–S 4** 132
– Anwendungsvorrang des EG-Rechts **4–S 4** 125 f
– Aufklärungspflichten **5a** 10
– Butter **5** 285
– Direktbezug **5** 343
– Ekel **4–S 4** 132
– Erkennbarkeit der Verzehrsuntauglichkeit **4–S 4** 136
– Fertigverpackungen **5** 312
– Frischfisch **5** 278
– für den Verzehr nicht geeignet **4–S 4** 130, 165 ff
– Generalklausel des § 17 Abs. 1 Nr. 5 LMBG **4–S 4** 202 ff
– geschönte Lebensmittel **4–S 4** 177 ff, 197 ff
– Gesundheitsgefahr **4–S 4** 133
– Haltbarkeitsdatum **5** 304; **5 a** 44
– Kaffee **5** 302, 312, 216, 332
– Kindernahrungsmittel **5** 286
– Kontamination **4–S 4** 132
– Lebensmittel **4–S 4** 4, 34 ff
– Lebensmittel- und Bedarfsgegenständegesetz **4–S 4** 142 ff
– LFGB **4–S 4** 126 f
– Margarine **5** 253, 286
– Milch **5** 238
– nachgemachte Lebensmittel **4–S 4** 177 ff, 184 ff
– nachträgliche Beseitigung der Verzehrsuntauglichkeit **4–S 4** 137
– Nudeln **5** 286, 298, 440
– Schimmel **4–S 4** 130
– schlankheitsbezogene Werbung **4–S 4** 128
– Schokolade **5** 287
– Täuschung über die Darbietungsform **4–S 4** 125
– Täuschung über die Zusammensetzung **4–S 4** 125
– Verbot aus § 5 UWG **4–S 4** 129
– VO (EG) Nr. 178/2002 **4–S 4** 4
– Wertminderung **4–S 4** 138, 177 ff, 189 ff
– s. Heilmittelwerbung
Last Minute 5 294
Legaldefinition 2 A 6, 11
– Arten **2** A 4 f
– europäisches Richtlinienrecht **2** A 7
– Funktion **2** A 11 ff
– Rechtstechnik **2** A 6 ff
Legalinterpretation 2 A 6
– s. Legaldefinition
Lego-Hotline 4–2 174, 199
Leichtgläubigkeit 4–2 4, 10 f, 106, 109, 128, 131 ff, 138 f, 143 f, 147, 228 f, 238 ff, 243
Leistung 4–6 159
Leistung der Teilnehmer 4–5 78
Leistungsgarantie 5 185, 363, 401, 426
Leistungsschutz E 84, 376
– s. ergänzender Leistungsschutz
Leistungsschutz, ergänzender wettbewerbsrechtlicher 4–9 27 ff
– Anspruch auf Drittauskunft **4–9** 139
– Bereicherungsanspruch **4–9** 137
– besondere wettbewerbliche Umstände **4–9** 84 ff
– Einschieben in fremde Serie **4–9** 121 f
– Europäisches Gemeinschaftsrecht **4–9** 16
– good will **4–9** 18
– Harmonisierung **4–9** 16
– Klagebefugnis **4–9** 84
– Modeneuheiten **4–9** 127
– Nachbau von Ersatzteilen **4–9** 125
– Rechtsvergleichung **4–9** 9
– Schadensersatz **4–9** 135
– Vernichtungsanspruch **4–9** 134
Leistungswettbewerb E 227, 239; **1** 48; **2** F 37; **3** 218 ff; **4–1** 73, 77 ff, 168; **4–5** 28; **4–6** 42; **4–S 1** 111 ff; **4–S 8** 3; **4–S 10** 191; **4–S 15** 42; **6** 17 f, 32 ff, 92, 99, 105, 138, 151, 167, 220, 237, 241, 243, 246 f, 273, 310, 315
– globaler Leistungswettbewerb **E** 235, 237
– Rechtsprechung des BVerfG **3** 222 f
– s. Verbraucher
– s. Verbraucherleitbild
– s. Verbraucherrechte
– s. Verbraucherschutz
Letztverbraucher (Endverbraucher) 2 B 75, C 5, I 4; **4–S 14** 66, 83, 96, 264
– s. Verbraucher
lex fori I 5, 50, 53, 67, 89, 91, 130, 513
lex loci delicti I 62, 76, 81, 85 f, 90
lex loci protectionis I 415
lex-specialis-Doktrin E 316, 335
Liberalisierung E 40
Liberalismus
– s. ökonomischer Liberalismus
– s. Ordoliberalismus
„Liefermöglichkeit vorbehalten" 5 282
Lieferschwierigkeiten 5 283
„Lieferung auf Bestellung" 5 282
Lieferzeitangaben 5 365
Link, doppelter 4–5 201
Linking 4–S 12 117 ff
Links 4–5 201; **4–S 11** 175, 189 ff; **4–S 12** 117 ff
Lissaboner Ursprungsabkommen (LUA) 4–S 10 334
Listenpreisangaben 5 359
Lizenzanalogie 4–S 7 280; **9** 28 ff
Lockangebote (Nr. 5 Anh. UWG) A 5 1 ff
– Angebot **A 5** 9, 12 ff
– Anlockwirkung **A 5** 6
– Aufforderung zum Kauf **A 5** 1, 10 f, 13
– Bedeutung **A 5** 5
– „bereitstellen lassen" **A 5** 18
– Darlegungs- und Beweislast (unangemessener Zeitraum) **A5** 27 ff
– fehlende Aufklärung über Verfügbarkeitsgrenzen **A 5** 16 f, 22
– gleichartige Ware oder Dienstleistung **A 5** 19

– Hauptware **A 5** 7
– invitatio ad offerendum **A 5** 13 f
– Mindestvorratspflicht **A 5** 7
– Sonderangebote **A 5** 22
– Verfügbarkeit, Bevorratung **A 5** 18, 24 ff
– – hinreichende Gründe für Knappheit **A 5** 20 f
– – unangemessene Menge **A 5** 26
– – unangemessener Zeitraum **A 5** 25
– – Zeitspanne **A 5** 22
– Zugaben **A 5** 7
s. Zugaben
Lockanrufe A 17 35
Lockmittel, sachfremdes 4–5 28
Lockspitzel 17 2, 34
Lockvogelangebote 5 17, 198, 282, 329, 348, 446, 483
– „Bait and switch"
s. „Bait and switch"
– s. Erzeugung von Entscheidungsdruck
– s. Lockangebote
Lösungshinweise, irreführende 4–5 125
Lösungsweg 4–6 116
Lohnsteuerverein 5 289
Loseblattsammlungen 5 a 24, 54
Lotterie 4–5 39, 51
Lotterieleistungen 5 72
Luganer Übereinkommen I 351
„Luxusausführung" 5 306
Luxuswarenwerbung 5 209, 222
– Preisdauerangaben **5** 460

Madrider Herkunftsabkommen (MHA) 4–S 10 332
Madrider Übereinkommen I 49
Magnetband A 16 31
Maklerangaben 5 292
Manufaktur 5 393
Margarinewerbung 5 253, 286
Margenpreise 4–S 14 106, 109 f, 146, 206
Marke 5 271, 384, 397
„Markenqualität" 5 399
Markenrechtsrichtlinie 6 83, 89 f, 191, 213, 267
Markenrechtsverträge 2 B 129
Markenrichtlinie E 351
Markenschutz (Werbung mit) 5 397, 399
Markenware 5 26, 399; **5 a** 21
Marketinginstrument 4–5 28
Markt
– räumlich relevanter **4–S 1** 107
– sachlich relevanter **4–S 1** 106
– zeitlich relevanter **4–S 1** 108
– s. Markttheorien
„Markt" 5 393
– „Supermarkt" **5** 393
– „Verbrauchermarkt" **5** 393
Marktabgrenzung 4–S 1 100
Marktauswahl 4–S 8 43
Marktauswirkungsprinzip
– s. Auswirkungsprinzip
Marktbedingungen A 19 10
– Absicht (Verleiten zur Inkaufnahme ungünstigerer Bedingungen) **A 19** 13
– allgemeine **A 19** 5, 10
– Ausstattung **A 19** 10
– Bedingungen **A 19** 10
– Darlegungs- und Beweislast **A 19** 8
– Kausalität **A 19** 12
– Lieferbedingungen **A 19** 10
– Preis **A 19** 10
– Preiswürdigkeit des Angebots **A 19** 5
– sachlich unrichtige Information **A 19** 6
– unwahre Angabe **A 19** 6
Marktbehinderung
– s. allgemeine Marktbehinderung
Marktbeteiligter 2 C 3
– s. Marktteilnehmer
marktbezogene Unlauterkeit 1 47; **2** B 15; **3** 235; **4–S 1** 4
Marktbezug 2 B 18, 38
– objektiver **4–S 15** 8, 10, 13, 14, 15, 17
– Rechtsbruchstatbestand **4–S 15** 24 f
Marktentscheidungsrelevanz 5 20, 85, 96, 203, 235, 258 ff, 284, 323, 447; **5 a** 27 ff
– beim Unterlassen von Angaben **5** 477
– von Informationen **5a** 14, 28 f
Marktforschungspreisausschreiben 4–6 90
Marktfreiheit, Marktverantwortung E 281
– s. Markttheorien
– s. Wettbewerbstheorien
„Marktführer in Qualität" 5 187
Marktintransparenz 5 38, 48, 82, 85, 251, 312
Marktneuheit 5 300
Marktort I 395, 405
– Recht des Marktortes
– s. Marktortregel
Marktortanknüpfung
– s. Marktortregel
Marktortprinzip
– s. Marktortregel
Marktortregel I 60, 63, 68 f, 72, 105, 115, 160, 169, 174, 202, 233 ff, 247
Marktrecht 2 B 152
Marktrelevanzkriterium 3 64, 73, 82, 97
Marktstärke 1 98; **4–S 1** 4, 121
Marktstörungen 1 47
Marktstruktur 1 94
Marktteilnehmer 2 A 20, C 1; **4–2** 11, 23, 292 f, 301, 307 ff, 353
– Anbieter **2** C 8 f
– Begriff **2** C 1 ff
– Definitionsnorm **2** A 1 ff
– freie Berufe **2** C 8
– Nachfrager **2** C 8 f
– Oberbegriff **1** 65 ff; **2** C 2
– Schutzsubjekt **1** 65 ff
– sonstige Marktteilnehmer **2** C 6 ff
Marktteilnehmerinteressen 3 58
Markttheorien E 241 ff
– Dialogtheorie **E** 247 ff, 260
– Evolutionstheorie **E** 277 ff
– marxistische Marktkritik **E** 250
– Preistheorie **E** 246
– Systemtheorie **E** 6254 ff
– Topographie des Marktes **E** 243 ff
– s. Wettbewerbstheorien
Markttransparenz E 45, 88, 394; **3** 216, 247; **4–S 8** 3; **5** 1, 84, 91, 98, 176, 178, 237, 360; **5 a** 1; **6** 17, 33, 54 f, 99, 141 ff, 159, 194, 201 f, 205, 216, 243, 275, 282, 289, 315
Marktverhalten 4–11 57
– Arbeitnehmerschutzvorschriften **4–11** 67 f
– berufsrechtliche Regelungen **4–11** 76 f

– Produktionsvorschriften **4–11** 63 f
– Regelungen zum Schutz des geistigen Eigentums **4–11** 75
– Straßen- und Wegerecht **4–11** 73
– Verkehrsvorschriften **4–11** 74
Marktverhaltensrecht 1 94; **2** B 36, 151; **3** 43
Marktverhaltensregelungen 4–S 15 19, 23 ff
Marktverstopfung 4–S 1 183, 189
– Österreichisches Recht **4–S 1** 399
Marktverwirrung 9 21, 25 f
Marktverwirrungskosten, fiktive 9 26
Marktwettbewerb E 220
Marktzutritts- und Marktverhaltensregelungen (Doppelfunktion) 4–11 82, 86
Marktzutrittsregelungen 4–11 80 ff; **4–S 15** 19, 23 ff
– allgemeine Grundsätze **4–11** 80 ff
– bürgerlich-rechtliche Normen **4–11** 85
– Handels- und Gesellschaftsrecht **4–11** 85
– kommunalrechtliche Vorschriften **4–11** 83
Massenartikelwerbung 5 209, 279
Maßkonfektionswarenwerbung 5 271
Maßnahme gleicher Wirkung I 97 f
MDStV 4–5 173
„med“ 5 320
Medaillenwerbung 5 236, 257, 400
„Mediator“ 5 410
„medical“ 5 320
Medien 4–6 146
Mediendienste 4–5 198; **4–S 5** 149 ff; **4–S 13** 7 ff
– Entwicklung **4–S 13** 7 ff
Mediendienstestaatsvertrag 4–S 7 28, 204, 210
– Entwicklung **4–S 13** 4 ff
Medienklausel E 147
medizinische Wirkungsangaben 5 228, 317
Medizinprodukte 4–S 4 122 ff
– Abgrenzung zu Arzneimitteln **4–S 4** 123
– Augenspüllösungen **4–S 4** 124
– Hauptwirkung **4–S 4** 122
„Mega“ 5 185
Mehl 5 238
Mehrerlösabschöpfung E 390; **10** 18 ff, 227, 329
Mehrwertdiensterufnummer 4–6 121, 124; **4–S 12** 169, 216
– Aufforderung zu Abstimmung mittels **7** 182
– Unlauterkeit von Mehrwertdiensterufnummern als Beschwerdeadresse **7** 230
Meinungsäußerung 4–S 7 4, 44, 49, 51 ff, 74, 125, 133, 207, 268
– Grundrecht **4–S 8** 10, 100
Meinungsäußerungsfreiheit 4–6 152
Meinungsfreiheit 4–S 2 43, 78, 80; **4–S 7** 4, 44, 55, 75 f; **5** 43, 183, 265, 323; **6** 14, 247, 259, 322 f, 324 ff; **7** 16, 114
Meinungsumfrage 2 I 33; **3** 190; **5** 23, 164, 216, 218, 230
– Fragetechnik **5** 471, 486
– Meinungsforschungsinstitute **5** 487 f
„Meisterbetrieb“ 5 410
Meisterbezeichnung 5 410
Mengenangaben 5 279, 312
menschenverachtende Werbung 4–1 124 ff
– UWG-Reform
Menschenwürde 4–1 135 ff; **4–2** 57, 254, 259, 262 f, 265, 304, 306 ff, 311 ff, 320, 322 f, 325 ff, 330 ff, 333 ff, 340 f, 343 ff, 348 f, 351, 354, 357 ff, 354, 357 ff, 366 ff, 373
Merkantilismus E 1
Meta-Tagging/Meta Tags 4–S 11 175, 208 ff; **4–S 12** 85 ff
– irreführende **5** 284
Mietwagen 5 293
Milch 5 238
„Milcherzeugnis“ 5 76, 79
Milchtaler 4–2 177
Mindererfüllung von Vertragspflichten 2 B 126
Minderjährige 4–2 130 ff, 138, 141, 157 ff, 164, 170, 173, 175 f, 179, 185, 190, 198, 201, 210, 224
Mindesthaltbarkeitsdatum 5 304; **5 a** 15, 44
– s. Verkehrsfähigkeit
Mindestschaden 9 27, 31
Mindesvorratspflicht 5 279, 446, 483
– Computer **5** 280
– s. Lockangebote
Mineralwasser **5** 286
missbräuchliche Geltendmachung von Abwehransprüchen 8 281 ff
– Amtsprüfung **8** 297
– Art und Weise der gerichtlichen Verfolgung **8** 290
– Aufwendungsersatz **8** 298
– Ausschluss der Prozessführungsbefugnis **8** 283
– Auswahl des Schuldners **8** 292
– Beweislast **8** 297
– Feststellunglast (non liquet) **8** 297
– Freibeweis **8** 297
– getrenntes Vorgehen **8** 291
– Indizien für Missbrauch **8** 287
– Konzernunternehmen **8** 291
– Kosten der Rechtsverfolgung **8** 288
– Mehrfachabmahnungen **8** 289
– Missbrauch **8** 281 ff
– Missbrauch bei Verbänden **8** 292 f
– Normzweck **8** 281 ff
– Rechtsfolgen **8** 298
– Rechtsnatur **8** 281 ff
– Voraussetzungen **8** 284 ff
Missbrauch von Nachfragemacht 4–10 40 ff
– kartellrechtliche Schranken **4–10** 42
– Problembeschreibung **4–10** 40
– wettbewerbsrechtliche Schranken **4–10** 41
Mitarbeiter
– s. Haftung für Mitarbeiter und Beauftragte nach § 8 Abs. 2
Mitbewerber 2 A 21, B 13, D 1, 7; **6** 101 ff
– als Anbieter **2** D 19
– als Nachfrager **2** D 23
– Außenwirkung **2** D 22
– Begriff **1** 67; **2** D 1 ff
– Definitionsnorm **2** A 1 ff
– konkretes Wettbewerbsverhältnis **2** D 25 ff
– subjektiver Tatbestand **2** D 27 ff
– Unternehmer **2** D 16 f
– Vorbereitungshandlungen **2** D 22
– Wettbewerbsabsicht **2** D 27 ff
– s. Wettbewerbshandlung
– s. Wettbewerbsverhältnis
mitbewerberbezogenes Lauterkeitsrecht E 122, 384; **1** 13, 23, 62; **3** 1
mitbewerberbezogene Verbotstatbestände 1 30

Mitbewerberschutzrecht E 19, 22; **1** 58; **2** B 25
„Mitnahmegarantie“ 5 282
mittelalterliche Wirtschaft E 3
mittelbares Wettbewerbsverhältnis 2 D 45
Mittelstandsschutz E 32, 33
Mitverschulden 9 18 f
Mobiltelefonwerbung 5 246; **5 a** 24
Modellneuheit 5 300; **5 a** 19; **4–9** 72
Modeneuheiten 4–9 127
Modernisierung des Lauterkeitsrechts E 39
Möbelwerbung
– Abholpreis **5** 356
– Antiquitäten **5** 301
– Eigenfertigung **5** 298
– Gütesiegel **5** 257
– Holzfurnier **5 a** 21
– Preisdauer **5** 460
– Schlafmöbel **5** 355
Mogelpackung 5 312, 440
Mondpreis
– Mondpreiswerbung **5** 360, 447, 456
– Strafbarkeit **16** 19
– umgekehrter Mondpreis **5** 451
Monopolunternehmen 2 B 13, D 33
Mosaiktheorie I 403
Motivationsfaktor 4–5 127
Motorradkleidung 5 250
multilaterale Staatsverträge I 45 ff
Multi-Level-Marketing 16 136, 159
Multistate-Problematik I 198 ff, 209, 213, 215, 286 ff, 402

Nachahmungsfreiheit 4–9 1, 11, 26
Nachahmungsgefahr 3 232; **4–S 1** 138 ff, 178, 183, 197
Nachahmungstatbestand bei Formaten 4–S 6 43 ff
Nachbau von Ersatzteilen 4–9 125
Nachbilden von Vorlagen 18 24 f
Nachbildungshandlungen 4–9 64 ff
Nachbildungstatbestände 4–9 9, 33, 70 ff
– ästhetische Erzeugnisse **4–9** 72
– Kennzeichen **4–9** 79 ff
– Leistungen jeder Art **4–9** 71
– technische Erzeugnisse **4–9** 74
– Verhältnis zum urheberrechtlichen Leistungsschutz **4–9** 38 f
Nachfolgeprodukte 5 300
Nachfragevergleich 6 55, 141, 152, 163, 171, 174, 178, 181
Nachfragewettbewerb E 263; **2** C 8 f, D 18, D 23;
3 16
nachgemachte Lebensmittel 4–S 4 177 ff, 184 ff
– Falschbezeichnung **4–S 4** 185
– Nachmachen **4–S 4** 184
Nachhaltigkeit E 233, 234, 301
Nachhilfedienstleistungen 5 291
„nach Maß“ 5 271
Nachprüfungen 4–S 8 168 ff
Nachricht E 1; **2** A 22
– Ausnahmen **2** E 19
– Austausch von Informationen **2** E 5
– Begriff **2** E 1 ff
– Definitionsnorm **2** A 1 ff
– elektronischer Kommunikationsdienst **2** E 13 ff
– Information **2** E 4 ff
– Kommunikationsdienst **2** E 13 ff
– öffentliche Zugänglichkeit **2** E 17 f
– Rundfunkdienst **2** E 19
– Weiterleitung von Informationen **2** E 6
Nachteil der Marktteilnehmer 3 69
nachträgliche Richtigstellung 5 206, 255
Nachvertragskontrolle 2 B 106
Nährwertangaben 5 318
Nahrungsergänzungsmittel 4–S 4 45 ff
– gemischte Tocopherole **4–S 4** 50
– Guarana **4–S 4** 47
– Kennzeichnung **4–S 4** 49
– Legaldefinition **4–S 4** 45
– Mineralstoffe **4–S 4** 51
– Nährstoffe **4–S 4** 46
– Pflanzen- und Kräuterextrakte **4–S 4** 47
– Rezeptur **4–S 4** 49
– Vitamine **4–S 4** 51
Nationalfarben, Werbung mit 5 249, 349
"natürlich" 5 234, 286
Naturalrabatt 4–1 35, 166, 262
Naturalrestitution 9 5, 23 ff
naturgemäße Verbindung 4–6 140 ff
Naturproduktwerbungen 5 286
Naturrechtsgesetzbücher E 82
„naturrein“ 5 37, 87, 286
„naturrot“ 5 243
Nebenleistungswerbung 5 362
– Garantien **5** 363, 422
Nebenleistungswettbewerb 4–S 1 89, 97, 195, 347
neoliberale Wettbewerbstheorie 1 77
„Nektar“ 5 38, 242
Nettopreis 5 239
„neu“ 5 300
„neuester Trend“ 5 300
neue Weltwirtschaftsordnung E 284
Neubeginn der Verjährung 11 77 ff
– Abschlagszahlung **11** 77
– Androhung eines Ordnungsmittels **11** 78
– Anerkenntnis **11** 77
– Anerkenntnis des Schuldners **11** 77
– behördliche Vollstreckungshandlung **11** 78
– gerichtliche Vollstreckungshandlung **11** 78
– Sicherheitsleistung **11** 77
– Unterwerfungserklärung **11** 77
– Vollstreckungsantrag **11** 78
– Vollstreckungshandlung **11** 78
– Zinszahlung **11** 77
– Zustellung des Vollstreckungstitels **11** 78
– s. Verjährung
Neubewertung 4–6 41
Neutralität 4–S 8 67, 135 ff, 148
Neuwagenwerbung 5 200, 205, 288
– Airbag **5 a** 17, 44
– Auslaufmodell **5** 288, 300
– Ausstattung **5** 288
– Lagerzeiten **5** 288
– reimportiertes Fahrzeug **5** 300; **5 a** 17
– Tageszulassung **5** 261
„neuwertig“ 5 300
New Harvard School 4–S 9 28 ff
Niederlassung
– Begriff **I** 420
– gewerbliche **I** 446 f

– Recht der Niederlassung **I** 81, 121, 143, 148, 306
Nötigung 4–1 26
normativer Schaden 9 22 ff
Normenkonkurrenz E 12, 316
– kumulative **E** 326
– subsidiäre **E** 329
Normzweckklausel E 117, 185; **1** 1, 15
– s. Schutzzweckklausel
Notenstufen 4–S 8 60, 205
„Notverkauf" 5 341
numerus clausus der Immaterialgüterrechte E 11, 316
„Nummer 1" 5 250
„nur regional erhältlich" 5 278
Nussbaum'sche Formel I 67, 184 ff, 191
Nutzfläche (Wohnung) 5 292

Objektformel 4–2 311, 323, 370
objektive Empfängersicht 4–5 191
objektive Schadensberechnung 9 4, 22, 27 ff
objektive Theorie der Lauterkeit 2 B 42, B 150, B 152
Objektivität 4–S 8 67, 155
Objektivitätsgebot 6 148 ff, 166 f, 180, 184, 296, 327 f, 334, 337
Objektivitätsvermutung 6 346
öffentlich 4–5 67
öffentliche Bestellung von Sachverständigen 5 383
öffentliche Hand 2 B 67, B 78, B 186; **4–S 15** 1 ff
– Altautoverwertung **4–S 15** 36
– Amtliche Empfehlungen und Auskünfte **4–S 15** 15, 27 ff
– Anstalten des öffentlichen Rechts **4–S 15** 1
– Außenwirkung **4–S 15** 18
– Ausnutzung amtlich erlangter Informationen **4–S 15** 38
– Autoritäts- und Vertrauensmissbrauch **4–S 15** 20, 24, 28, 30 ff
– Baurecht **4–S 15** 24
– Begriff **4–S 15** 1 f
– Behinderungswettbewerb **4–S 15** 27
– Behördenschreiben **4–S 15** 28, 31
– Beihilfen **4–S 15** 17, 26
– Bestand des Wettbewerbs, Gefährdung **4–S 15** 43
– Bestattungsunternehmen **4–S 15** 15, 35, 36, 38, 43
– Bestechlichkeit **4–S 15** 26
– Daseinsvorsorge **4–S 15** 4, 43
– Doppelfunktionale Vorschriften **4–S 15** 24
– Doppelqualifikation **4–S 15** 5
– Dumpingpreise **4–S 15** 41
– Eigenbetriebe **4–S 15** 1
– Eigenwerbung von Unternehmen der öffentlichen Hand **4–S 15** 33
– erwerbswirtschaftliche Betätigung **4–S 15** 9, 24, 30
– Fallgruppen unlauteren Verhaltens **4–S 15** 19 ff
– fiskalisches Handeln **4–S 15** 2
– Friedhofsatzungen **4–S 15** 26
– Friedhofsverwaltung **4–S 15** 32
– Gemeindeordnungen **4–S 15** 19, 24
– gemischtwirtschaftliche Unternehmen **4–S 15** 1
– geschäftliche Handlung **4–S 15** 2, 3, 8 ff, 22, 27, 29, 30
– – de minimis **4–S 15** 13
– – objektive Kriterien **4–S 15** 8, 10, 13 ff, 41
– – subjektive Indizien **4–S 15** 9 f, 13, 15, 17
– Gesetzgebungsakte **4–S 15** 18
– Gewinnerzielungsabsicht **4–S 15** 9, 11, 43
– Gleichbehandlung der öffentlichen Hand **4–S 15** 19
– Gleichheitsgrundsatz **4–S 15** 22
– Grundrechtsverstoß **4–S 15** 22, 43
– Handlungsformen **4–S 15** 2
– Haushaltsrecht **4–S 15** 26
– Hilfstätigkeiten der öffentlichen Aufgabenerfüllung **4–S 15** 36 f
– hoheitliche Regelungsautorität **4–S 15** 30
– hoheitliches Handeln **4–S 15** 2, 11, 30 ff, 34 ff
– Immissionsschutzvorschriften **4–S 15** 26
– kartellrechtliche Vorschriften **4–S 15** 26
– Körperschaften des öffentlichen Rechts **4–S 15** 1
– kommunale Eigenbetriebe **4–S 15** 1
– Krankenhausträger **4–S 15** 38
– Krankenkassen
– – gesetzliche **4–S 15** 5, 16, 26, 42
– – Mitgliederwerbung **4–S 15** 6
– Marktbezug, objektiver **4–S 15** 8, 10, 13, 14, 15, 17
– Marktbezug, Rechtsbruchtatbestand **4–S 15** 24 f
– Marktstrukturerhalt **4–S 15** 24 ff
– Marktverhaltensregelungen **4–S 15** 19
– Marktzutrittsregelungen **4–S 15** 19, 23 ff
– Missbrauch hoheitlicher Regelungsbefugnis **4–S 15** 39
– Monopolstellung **4–S 15** 20, 34
– Nutzung amtlicher Ressourcen und hoheitlicher Regelungsbefugnisse **4–S 15** 34 ff
– Objektivität und Neutralität der Amtsführung **4–S 15** 27
– öffentliche Aufgabenerfüllung **4–S 15** 4, 13, 18, 20, 30, 35, 43
– öffentlich-rechtliche Rundfunkanstalten
– – Titelmerchandising **4–S 15** 4
– Organisationsformen **4–S 15** 1
– Preisgestaltung **4–S 15** 40 ff
– Produktwarnungen **4–S 15** 15, 29
– Public Private Partnership **4–S 15** 1
– quasiamtliche Stellung Privater **4–S 15** 21
– Randnutzung **4–S 15** 4, 34 ff
– Rechtsbruch **4–S 15** 17, 22 ff
– Rechtsweg **4–S 15** 5 ff
– Regiebetriebe **4–S 15** 1
– Rücksichtnahme- und Maßhaltepflicht **4–S 15** 20, 36
– Sachzuwendungen **4–S 15** 14
– Schilderprägebetrieb **4–S 15** 35, 36
– Schulen **4–S 15** 26, 28, 31
– Solidarprinzip **4–S 15** 41
– Sonderrechtstheorie **4–S 15** 5
– Sondervermögen **4–S 15** 1
– Sozialversicherungsträger **4–S 15** 24, 41
– staatliche Wirtschaftslenkung **4–S 15** 17
– Standortvorteile **4–S 15** 32
– Steuererhebung **4–S 15** 18
– Stiftungen des öffentlichen Rechts **4–S 15** 1
– Subjektstheorie, modifizierte **4–S 15** 5
– Subordinationstheorie **4–S 15** 5

– Subventionen **4–S 15** 17
– Trennung von Werbung und redaktionellem Programm **4–S 15** 26
– Unlauterkeit **4–S 15** 19 ff
– Verbraucherleitbild **4–S 15** 30
– Verdrängungswettbewerb **4–S 15** 41
– Verhältnismäßigkeitsgrundsatz **4–S 15** 43
– Verquickung hoheitlicher und erwerbswirtschaftlicher Interessen **4–S 15** 31 ff, 35, 37
– Verwaltungsgrundsätze **4–S 15** 20
– Vorteilsannahme **4–S 15** 16
– Waffengleichheit **4–S 15** 34
– Wettbewerbshandlung **4–S 15** 8 ff
– – Finalität **4–S 15** 13
– wichtige Gemeinschaftsgüter **4–S 15** 22, 25
– Zweckentfremdung öffentlicher Mittel **4–S 15** 41
– s. geschäftlicher Verkehr
– s. Wettbewerbshandlung
öffentliches Interesse 4–1 254
öffentliches Zurschaustellen 4–S 7 157
Öffentlichkeit 4–5 67
Öko-Audit 4–S 2 4, 50
Öko-Bilanz 4–S 2 26, 35
Ökologie E 229, 234, 282
ökonomische Rechtstheorie E 289
ökonomischer Liberalismus E 4
ökosoziale Marktwirtschaft E 229, 282
OEM-Nummern 5 81
örtliche Zuständigkeit 14 1 ff
– Aufenthaltsort **14** 2
– Auskunftsanspruch **14** 7
– ausländische Niederlassung **14** 12
– ausländischer Wohnsitz **14** 12
– ausschließlicher Gerichtsstand **14** 3
– Begehungsort **14** 25, 27 ff
– Begehungsort bei Verbreitung von Druckwerken **14** 28
– Beseitigungsklage **14** 7
– Beziehung zu der gewerblichen Niederlassung **14** 19
– Boykottaufruf **14** 32
– Disclaimer bei Internetwerbung **14** 31
– Drittauskunft **14** 7
– einstweilige Verfügung **14** 9
– Eintragung der Niederlassung im Handelsregister **14** 16
– E-Mail-Werbung **14** 32
– Erfolgsort **14** 27
– ergänzender wettbewerbsrechtlicher Leistungsschutz **14** 32
– Faxwerbung **14** 32
– Fernsehwerbung **14** 32
– Feststellungsklage **14** 7 ff
– fliegender Gerichtsstand **14** 28
– Gericht der Hauptsache **14** 9
– Gerichtsstände **14** 12 ff
– Geschäftsstelle der Niederlassung **14** 15
– Gesetzessystematik **14** 2
– Gewerbebetrieb **14** 13
– gewerbliche Niederlassung **14** 12 ff
– Gewinnabschöpfungsanspruch **14** 7
– Handlungsort **14** 27
– Inhaber der Niederlassung **14** 12
– inländischer Aufenthaltsort **14** 24
– Internationale Zuständigkeit **14** 35 ff
– Internetwerbung **14** 29
– Klagen auf Grund dieses Gesetzes **14** 7 ff, 26
– Leistungsklage **14** 7
– Marktortprinzip **14** 29
– maßgeblicher Sachvortrag **14** 11
– Nachahmung von Waren oder Dienstleistungen **14** 32
– Normzweck **14** 1
– Prüfung im Rechtsmittelverfahren **14** 6
– Prüfung von Amts wegen **14** 6
– räumliche Begrenzung des Angebots bei Internetwerbung **14** 30
– Rechnungslegungsanspruch **14** 7
– Rechtsmittel **14** 6
– Rechtsschein einer Niederlassung **14** 18
– regelmäßiges Vertriebsgebiet **14** 28
– Rundfunkwerbung **14** 32
– Sachvortrag des Klägers **14** 11
– Schadensersatzklage **14** 7
– selbstständige berufliche Niederlassung **14** 12 ff
– selbstständige berufliche Tätigkeit **14** 13
– Sitz juristischer Personen **14** 23
– Tätigkeitsort der Geschäftsführung **14** 23
– Telefonwerbung **14** 32
– Überprüfung durch das Rechtsmittelgericht **14** 6
– Unterlassungsklage **14** 7
– Verbreitung von Druckwerken **14** 28
– Verfahren im ersten Rechtszug **14** 6
– Wahlrecht **14** 25 f
– Warendurchfuhr **14** 32
– Widerklage **14** 8
– Wohnsitz **14** 20 ff
Offline-Geschäftsverkehr I 122, 169, 174
Online
– s. Internet
Online-Auktionen 4–S 12 243 ff
– s. Auktionen
Online-Geschäftsverkehr I 122, 148, 173, 275
Online-Handel 4–6 3
Online-Shops 4–S 13 7
Opt-in-Lösung I 123
– Gemeinschaftsrecht **7** 117 ff
– Grundsatzentscheidung **7** 108 ff
– Telefonwerbung **7** 108 ff
– Verfassungskonformität **7** 114 ff
Opt-out-Lösung 7 9, 12, 16, 20, 109, 119, 170
Ordoliberalismus E 220
– Neoliberalismus **1** 77
– s. Liberalismus
– s. ökonomischer Liberalismus
Ordre public I 16, 102, 260 ff
Ordnungsmittel 12 375 ff
– Androhung **12** 383 ff
– – Grundlage **12** 389
– – Inhalt **12** 386, 388
– – juristische Person als Schuldner **12** 387
– – Zuständigkeit **12** 386
– Auswahl und Höhe **12** 404
- Beweislast **12** 398
– Fortsetzung **12** 399 ff
– Funktion **12** 379
– Kosten **12** 410 ff, 418
– Ordnungsgeld **15** 57
– Rechtsmittel **12** 411
– Zuwiderhandlung **12** 390 ff
s. Zwangsvollstreckung von Unterlassungstiteln

Organhaftung 9 5
Organverantwortlichkeit 2 G 46
„original“ 5 286
Originalteilwerbung 5 316
Originalwaren 4–S 1 181
– Österreichisches Recht **4–S 1** 398
– Schweizer Recht **4–S 1** 367

Panikkäufe 4–2 21, 42, 47, 55
Paradigmenwechsel des UWG 1 33, 54; **3** 151
Parfümklausel 6 266
Pariser Verbandsübereinkunft I 44 ff; **4–S 1** 66; **5** 63, 100
Parteiautonomie
– s. Rechtswahl
Parteigutachten (Irreführungsnachweis) 5 472, 489 f
Passing Off 4–9 18
Patentschutzangaben 5 261, 396
pauschaler Verletzungszuschlag 9 31
Pauschallizenz 9 31
Pauschalpreis
– bei Rechtsanwaltsleistungen **5** 349
Pauschalreisen E 47
perpetuatio fori I 373
per se-Unlauterkeit 3 28
Per-se-Verbote (Anh. UWG nach § 22) E 134; **3** 126
– absichtliche Täuschung über die betriebliche Herkunft (Nr. 13) **5** 313; **A 13** 1 ff
s. betriebliche Herkunft
– Allgemeines **5** 171, 234
– Angebot von Gewinnspielen ohne angemessene Gewinnmöglichkeit (Nr. 20) **A 20** 1 ff
– Angstwerbung (Nr. 12) **5** 223; **A 12** 1 ff
– Bait & switch-Praktiken (Nr. 6) **A 6** 1 ff
– Leistungserbringung in anderer Sprache (Nr. 8) **A 8** 1 ff
s. Kundendienstleistungen in anderer Sprache
– Lockangebote (Nr. 5) **5** 446, 483; **A 5** 1 ff
s. Lockangebote
– redaktionelle Tarnung (Nr. 11) **5** 28; **A 11** 1 ff
– Schneeball- oder Pyramidensysteme (Nr. 14) **A 14** 1 ff
s. Schneeball- oder Pyramidensysteme
– unwahre Angabe der Billigung von Unternehmen und geschäftlichen Handlungen (Nr. 4) **A 4** 1 ff
s. Billigung Dritter
– unwahre Angabe begrenzter Vorräte (Nr. 7) **A 7** 1 ff
– unwahre Angabe der Genehmigung eines Verhaltenskodexes (Nr. 3) **5** 419; **A 3** 1 ff
– unwahre Angabe über ausländischen Kundendienst (Nr. 24) **A 24** 1 ff
s. Kundendienst in anderem Mitgliedstaat
– unwahre Angabe über Marktbedingungen oder Bezugsquellen (Nr. 19) **A 19** 1 ff
s. Marktbedingungen
– unwahre Angabe Unterzeichner eines Verhaltenskodexes zu sein (Nr. 1) **5** 419; **A 1** 1 ff
– unwahre Behauptung der Erhöhung von Gewinnchancen durch Leistungserwerb (Nr. 16) **A 16** 1 ff
– unwahre Behauptung der Geschäftsaufgabe oder Geschäftsverlegung (Nr. 15) **A 15** 1 ff
s. Geschäftsaufgabe
– unwahre Heilwirkungsaussagen (Nr. 18) **5** 223, 318, 320; **A 18** 1 ff
s. Heilwirkungsaussagen
– unwahre oder täuschende Angabe über die Verkehrsfähigkeit (Nr. 9) **5** 304, 409; **5 a** 25; **A 9** 1 ff
s. Verkehrsfähigkeit
– unwahres Auftreten eines Unternehmers als Privatmann (Nr. 23) **5** 341, 345; **A 23** 1 ff
s. Scheinverbraucher (privates Handeln)
– Verbraucherrechte als Selbstverständlichkeiten (Nr. 10) **5** 238; **5 a** 16; **A 10** 1 ff
s. Verbraucherrechte als Selbstverständlichkeiten
– Verwendung von Gütezeichen ohne Genehmigung (Nr. 2) **5** 240, 257; **A 2** 1 ff
s. Gütezeichen
– wahrheitswidrige Gratisangebote (Nr. 21) **A 21** 1 ff
– wahrheitswidriges Inaussichtstellen von Gewinnen (Nr. 17) **A 17** 1 ff
– Werbematerial mit Rechnung (Nr. 22) **5** 26; **A 22** 1 ff
Persönlichkeitsschutz 1 39
Personalstatut, gemeinsames I 67, 250 ff
Person der Zeitgeschichte 4–S 7 70, 72, 79, 164 ff, 178 ff
– Absolute Person der **4–S 7** 166 f
– Abwägung **4–S 7** 165
– Begleitperson **4–S 7** 168
– Entscheidung des EGMR **4–S 7** 171
– Kontext-neutrale Fotos **4–S 7** 167
– Kritik **4–S 7** 169
– relative Person der Zeitgeschichte **4–S 7** 167 f
personengebundene Beschränkungen 4–5 151
persönliche vergleichende Werbung 6 21 ff, 28, 52, 71 f, 115, 120 ff, 136, 236, 246, 262 ff
Persönlichkeitsrecht
– postmortales **4–2** 57
– s. Allgemeines Persönlichkeitsrecht
pharmazeutische Erzeugnisse 5 209
physische Einwirkungen und Betriebsspionage 4–10 43 ff
Planwirtschaft E 220, 252
Pluralismus E 47
– offene Gesellschaft **E** 85; **3** 175
– pluralistische Wettbewerbstheorie **1** 45
pluralistische Rechtstheorie E 288
„plus 10%“ 5 70, 312
point of sale 4–6 105
– Wertvorstellungen **3** 175
Pokerspiel A 16 32
Pop-Ups 4–S 12 144 ff
Porzellanwerbung 5 385
positive Transparenzpflicht (Werbung) 5 46
positiver Schaden 9 22
Post 4–6 108
Post, elektronische 4–5 165
Postkarte 4–6 101, 109
potentielle Abnehmer 5 206
Power-Shopping 4–S 12 278 ff; **4–S 14** 147
– alte Rechtslage **4–S 12** 279 ff
Präjudizienrecht E 82
Prämierung 4–S 2 65

Prävention 9 28, 31 f
„Prager Schinken" 5 254
praktische Konkordanz 5 84 ff, 214, 265
Preis A 17 28; **A 20** 25, 29
Preisangaben- und Preisklauselgesetz 4–S 14 4, 10
Preisangabenrecht 4–S 14 1 ff
– Abschleppunternehmen **4–S 14** 210
– Abtropfgewicht **4–S 14** 183
– AIBD-Methode **4–S 14** 22, 54
– allgemeine Verkehrsauffassung **4–S 14** 143 ff, 214
– Angebot **4–S 14** 98 ff
– Anwendungsbereich **4–S 14** 63 ff
– Attrappen **4–S 14** 93, 193
– Ausland, ausländische Unternehmen **4–S 14** 64, 121
– Autovermietung **4–S 14** 162
– Bausparkasse **4–S 14** 239 ff
– Bedienungsgeld **4–S 14** 254
– Brillenpreis **4–S 14** 111
– Brot- und Backwaren, Kuchen **4–S 14** 181
– Bruttopreis **4–S 14** 107
– Bund-Länder-Ausschuss „Preisangaben" **4–S 14** 71
– Dienstleistungen **4–S 14** 60, 95, 161, 203 ff
– Doppelpreisangabe **4–S 14** 15
– E-Business **4–S 14** 130 f
– E-Commerce-Richtlinie **4–S 14** 33, 65, 130
– effektiver Jahreszins **4–S 14** 21, 61, 77, 225 ff
– EG-Recht **4–S 14** 11 ff
– Elektrizität, Gas, Fernwärme und Wasser **4–S 14** 186 ff, 202, 215
– Endpreis **4–S 14** 15, 59, 84 ff, 102, 107, 133 ff, 159, 207, 254
– Euro (Preisangabe in Euro) **4–S 14** 43 f, 121
– Fernabsatzrichtlinie **4–S 14** 31 f
– Fernabsatzvertrag **4–S 14** 78 ff, 130 ff, 276
– Fertigpackung **4–S 14** 171, 183
– Flaschenpfand **4–S 14** 164 f
– Fleisch- und Wurstwaren **4–S 14** 181
– Flugreisen, Flugverkehr **4–S 14** 100, 112
– Form der Preisangabe **4–S 14** 151 ff
– formelles Preisrecht **4–S 14** 7, 50
– Gaststätten und Beherbergungsbetriebe **4–S 14** 61, 243 ff
– Geldautomat **4–S 14** 210
– Gewerbs- bzw. geschäftsmäßige Tätigkeit **4–S 14** 90 f
– Grundpreis, Grundpreisangabe **4–S 14** 15, 60, 170 ff, 277 f
– Gütebezeichnungen, Gütezeichen **4–S 14** 122, 125 ff
– Handelsbetrieb **4–S 14** 217
– Haushaltswaschmittel **4–S 14** 184
– Herkunftslandprinzip **4–S 14** 34 f
– Immobilien **4–S 14** 128, 159
– Informations- und Kommunikationsdienste-Gesetz (IuKDG) **4–S 14** 53
– Internet **4–S 14** 100, 119, 190, 212 f, 244, 255
– Kataloge, Warenlisten **4–S 14** 199 ff
– Kfz-Händler, Kfz-Handel **4–S 14** 100, 105, 166, 222, 265
– Kontokorrentkredit **4–S 14** 242
– Kopplungsangebote **4–S 14** 148, 156
– Kredit, Kreditinstitut **4–S 14** 218 ff
– Kreditkarte, Kundenkarte **4–S 14** 222
– Kunstgegenstände, Sammlungsstücke **4–S 14** 284 f
– Leasing **4–S 14** 222
– Letztverbraucher (Endverbraucher) **4–S 14** 66, 83, 96, 264
– lose Ware **4–S 14** 177
– Margenpreise **4–S 14** 106, 109 f, 146, 206
– Markttransparenz **4–S 14** 3
– materielles Preisrecht **4–S 14** 8
– Mengeneinheiten **4–S 14** 179 ff
– Möbelhandel **4–S 14** 166
– Mobiltelefon **4–S 14** 117 f, 156
– Musterbücher **4–S 14** 198
– 0190-Nummer, Servicenummern **4–S 14** 95, 163
– Österreich **4–S 14** 47 ff
– offene Packungen **4–S 14** 172
– Ordnungswidrigkeiten **4–S 14** 293 ff
– Parkplätze **4–S 14** 61, 262
– Power Shopping **4–S 14** 147
– Preisangabenrichtlinie **4–S 14** 13 ff, 169
– Preisangaben- und Preisklauselgesetz **4–S 14** 4, 10
– Preisbestandteil(e) **4–S 14** 112, 116 f
– Preis je Maßeinheit **4–S 14** 15
– Preisschilder **4–S 14** 195
– Preistransparenz **4–S 14** 2, 58, 218
– Preisverzeichnis(se) **4–S 14** 201 ff, 246 ff
– Preiswahrheit und Preisklarheit **4–S 14** 2, 58, 59, 113, 142 ff, 169, 219
– Rabattgesetz **4–S 14** 8
– Richtlinie zur irreführenden Werbung **4–S 14** 27 ff
– Richtlinie zur vergleichenden Werbung **4–S 14** 29
– Saisonzuschlag **4–S 14** 116
– Schaufenster, Geschäftsfenster **4–S 14** 193, 210
– Schweiz **4–S 14** 45 f
– Tabakwaren **4–S 14** 157
– Tankstellen **4–S 14** 61, 257 ff
– Tiefkühltruhe(n) **4–S 14** 194
– unverbindliche Preisempfehlung **4–S 14** 105, 148
– Verbraucherdarlehensvertrag **4–S 14** 77
– Verbraucherkreditrichtlinie **4–S 14** 20 ff
– Verbraucherschutz **4–S 14** 57, 72
– Verkaufs- oder Leistungseinheit **4–S 14** 122, 123 f, 173
– Verkaufspreis **4–S 14** 15
– Verrechnungssätze **4–S 14** 161 f
– Versandhandel **4–S 14** 199, 201
– Versandkosten **4–S 14** 114, 130, 201
– Versteigerung **4–S 14** 16, 270
– Waren iSd PAngV **4–S 14** 93
– Warenhandel **4–S 14** 190 ff
– Wasch- und Reinigungsmittel **4–S 14** 185
– Werbeverbote **4–S 14** 268
– Werbung **4–S 14** 101 ff
– Wettbewerbsrecht **4–S 14** 72
– Wirtschaftsstrafgesetz 1954 **4–S 14** 5
– Zeitungsabonnement **4–S 14** 108
– s. Preisangabenwerbung
Preisangabenrichtlinie 4–S 14 13 ff, 169
Preisangabenwerbung 5 348 ff
– Abholpreis **5** 356
– Europreisangaben **5** 349

– Fremdwährung **5** 349
– Herstellerpreisempfehlung **5** 360
– Kombinationsangebote **5** 358
– Listenpreis **5** 359
– unvollständige oder mehrdeutige Preisangaben **5** 354
– versehentliche Falschauszeichnung **5** 353
Preisangabepflicht 4–1 43; **4–S 12** 226 ff
– Einzelpreise **4–1** 210
– Gesamtpreise **4–1** 207 ff
Preisangabenverordnung (PAngV) 4–11 146 ff
Preisausschreiben E 105; **4–5** 79 ff, 100; **4–6** 1 ff; **5** 32, 98
– s. Gewinnspiele, Verkaufsfördermaßnahmen
Preisauszeichnung 5 453
Preisbestandteile 4–S 14 112, 116 f
Preisbewerbung 4–5 79
Preisempfehlung 5 359 f
– s. Herstellerpreisempfehlung
„Preisfeuerwerk" 5 351
Preisführerschaft 5 351
Preisgarantie 4–1 278 ff; **6** 110, 160
Preisgarantiewerbung 5 351, 363, 426
Preisgegenüberstellungswerbung 5 70, 85, 348, 357, 361, 443, 445 ff, 449, 483 f
Preisgestaltung 4–S 1 116 ff, 267
Preisherabsetzungswerbung 5 198, 348, 357, 447, 449 ff
– Ernsthaftigkeit **5** 455
Preisheraufsetzung 5 451
Preiskampf 4–S 1 267 ff
– Methoden (Österreichisches Recht) **4–S 1** 404 ff
– Methoden (Schweizer Recht) **4–S 1** 370 ff
„Preiskiller" 5 184
Preisklarheit 5 349; **5 a** 54; **A 21** 4
– s. Gratisangebote
„Preisknaller" 5 234, 351
Preisrätsel 4–5 83 f; **4–6** 154 ff
Preisrätselzeitschriften 4–5 83
Preisschaukelei 5 457
Preisskandal 5 185, 225, 351
Preistransparenz 4–S 14 2, 58, 218
Preisunterbietung 4–10 33 ff; **4–S 1** 270 ff, 284 ff; **4–S 12** 6
– gezielte Kampfreisunterbietung **4–10** 36
– Grundsatz der freien Preisgestaltung **4–10** 34
– Verhältnis zu § 20 GWB **4–10** 39
– Verkäufe unter Selbstkosten **4–10** 35
– Zusammenhang mit dem Vernichtungswettbewerb **4–10** 33
Preisvergleich 4–S 8 78; **6** 3, 19, 69, 110, 123, 132, 145 f, 147, 149, 156, 157 ff, 182 f, 199, 202 f, 249 ff, 289, 290 ff, 303 ff
Preisverschleierung 4–S 1 206
Preisverzeichnis 4–S 14 205 ff, 246 ff
Preiswahrheit 5 349
Preiswahrheit und Preisklarheit 4–S 14 2, 58 f, 113, 142 ff, 169, 219
Premium 5 185, 363, 401
Presse 2 B 175; **4–5** 83, 149; **4–6** 151; **4–S 7** 1 ff
– s. Presse im Wettbewerbsrecht
Presseäußerungen (Verwendung in der Werbung) 5 256
Presseerzeugnisse, Umsonstlieferung 4–S 1 217 ff, 221 ff
– Schweizer Recht **4–S 1** 369
Pressefreiheit 4–S 7 4; **9** 38 f, 41
Presse im Wettbewerbsrecht 4–S 7 1 ff
– Abdruckverlangen **4–S 7** 214, 226
– Abgrenzung Recht am Unternehmen/Unternehmenspersönlichkeitsrecht **4–S 7** 105 ff
– Abgrenzung sachliche Information/redaktionelle Werbung **4–S 7** 23 ff
– Abgrenzung Sozialsphäre/Öffentlichkeitssphäre **4–S 7** 68
– Abgrenzung Tatsachenbehauptung/Meinungsäußerung **4–S 7** 52 ff
– Abmahnung **4–S 7** 197, 200
– Abonnentenakquisition **4–S 7** 34
– Abschlussschreiben **4–S 7** 201
– Absicht der Interessenwahrung **4–S 7** 137
– absolute Person der Zeitgeschichte **4–S 7** 166 f
– Abwägung
s. Güter- und Interessenabwägung
– Adel **4–S 7** 166
– Adressatenkreis **4–S 7** 52, 64
– Adresse **4–S 7** 64, 82
– Aktualitätsgrenze **4–S 7** 224
– Alles-oder-nichts-Prinzip **4–S 7** 228
– Allgemeines Persönlichkeitsrecht **4–S 7** 36, 63 ff, 110, 124, 136, 149, 152, 158 f, 178 f, 183, 204, 259
s. Allgemeines Persönlichkeitsrecht
s. Unternehmenspersönlichkeitsrecht
– Anfechtung **4–S 7** 143
– Anfertigen von Bildnissen **4–S 7** 158 f
– Anfertigen von Gegenstandsbildern **4–S 7** 168
– angemessenes Honorar **4–S 7** 280
– Anspruchsberechtigter **4–S 7** 45, 191, 211, 239, 257, 269
– Anspruchsverpflichteter **4–S 7** 46, 192 f, 212, 240, 258, 272
– Ansprüche **4–S 7** 185 ff
– Anzeigen **4–S 7** 2, 9, 11, 18, 26, 34 ff, 41, 46, 80, 97, 149, 180, 209, 280
– Arten der Berichtigung **4–S 7** 242 ff
– Aufbrauchfrist **4–S 7** 203
– Aufhebung wegen veränderter Umstände **4–S 7** 200
– Auflagenvergleiche **4–S 7** 42
– Aufnahmen zu Beweiszwecken **4–S 7** 159
– Augenbalken **4–S 7** 154
– Auskunftsanspruch **4–S 7** 282
– Ausschlussfrist **4–S 7** 224
– Äußerung **4–S 7** 49 ff
– Ausstrahlungswirkung der Grundrechte **4–S 7** 5
– Autor **4–S 7** 46, 193, 240, 258
– befriedetes Besitztum **4–S 7** 183
– Begleitperson **4–S 7** 168
– Behaupten **4–S 7** 58 f, 125, 130, 182, 235, 240
– Beleidigung **4–S 7** 124
– Bemühen um Wahrheit **4–S 7** 115, 146 f
– berechtigte Interessen **4–S 7** 132, 140 ff, 178 ff, 209 ff
s. auch Wahrnehmung berechtigter Interessen
– Bereich der Zeitgeschichte **4–S 7** 164 ff
– Bereicherung
s. ungerechtfertigte Bereicherung
– Berichtigungsanspruch **4–S 7** 132, 139, 150, 204, 209, 232 ff, 268, 271
s. Berichtigungsanspruch im Presserecht

– Berufung **4–S 7** 200
– Besänftigung des Opfers **4–S 7** 275
– betriebsbezogener Eingriff **4–S 7** 111
– Betriebsgeheimnisse **4–S 7** 104, 110, 118
– Betroffenheit **4–S 7** 131, 171, 211, 239, 257, 269
– Beweislast **4–S 7** 130, 139, 162, 255
– Beweislastumkehr **4–S 7** 127, 139, 235
– Beweismittel **4–S 7** 84
– Bild **4–S 7** 4, 55, 83, 93, 152 ff, 199, 207, 222, 262 f, 268, 278 f, 282
– Bildnis **4–S 7** 153
– Bildnisanfertigung **4–S 7** 158 f
– Bildniserschleichung **4–S 7** 159
– Bildnisschutz
s. Recht am eigenen Bild
– Blankounterschrift **4–S 7** 215
– Boykottaufruf **4–S 7** 119, 133
– Chefredakteur
s. Redakteur
– deutsche Werbewirtschaft **4–S 7** 18
– Diffamierung **4–S 7** 74, 107, 122
– Diskriminierende Herabsetzung **4–S 7** 35, 122
– Distanzierung
s. ernsthaftes Distanzieren
– Double **4–S 7** 153, 280
– Dringlichkeit **4–S 7** 196, 200 f
– Drucker **4–S 7** 41, 46, 194
– Durchschnittsempfänger **4–S 7** 50, 59
– Ehe(-probleme) **4–S 7** 67, 79
– Ehrenschutz **4–S 7** 74 ff, 86, 94 ff
s. Ehrenschutz
– Eigenwettbewerb der Medien **4–S 7** 11, 14, 34 ff, 42
– Eindruck **4–S 7** 55, 147, 207, 220, 222, 231, 242 f
– eingeschränkte Haftung der Medien **4–S 7** 41, 60
– eingeschränkte Prüfungspflicht **4–S 7** 36 ff, 44
– eingeschränkter Widerruf **4–S 7** 244
– Einkommens- und Vermögensverhältnisse **4–S 7** 67
– Einschaltquotenvergleiche **4–S 7** 42
– Einschleichjournalismus **4–S 7** 133
– einstweilige Verfügung **4–S 7** 186, 195 f, 200, 202, 227, 247
– Einwilligung **4–S 7** 140 ff, 149, 162
s. Einwilligung im Presserecht
– elektronische Medien **4–S 7** 28, 212, 229, 240 f
– Empfängerhorizont **4–S 7** 52, 64
– entgangener Gewinn **4–S 7** 254
– Entschädigung
s. Geldentschädigung
– Entscheidung des EGMR **4–S 7** 171
– Entschuldigung **4–S 7** 209
– entstellende Aufnahmen **4–S 7** 76, 181
– Erforderlichkeit **4–S 7** 238
– erfundene Äußerungen **4–S 7** 91, 263, 274
– erhöhte Prüfungspflicht **4–S 7** 39
– Erkennbarkeit des Betroffenen **4–S 7** 63, 154
– Erkennbarkeit von Werbung **4–S 7** 18, 41
– Ermittlungsverfahren **4–S 7** 137, 245
– ernsthaftes Distanzieren **4–S 7** 60
– Erstbegehungsgefahr **4–S 7** 190
– erweiterte Darlegungslast **4–S 7** 130, 235
– Familie **4–S 7** 57, 67, 169, 191, 211
– Fernsehen
s. Rundfunk
– fliegender Gerichtsstand **4–S 7** 199, 227
– Folgeberichterstattung **4–S 7** 245
– Folgenbeseitigungsanspruch **4–S 7** 232
– Förderung eigenen Wettbewerbs **4–S 7** 8, 44 f
– Förderung fremden Wettbewerbs **4–S 7** 9
– Form der Behauptung **4–S 7** 59
– Fortdauern der Beeinträchtigung **4–S 7** 238
– Fotoaufnahmen
s. Recht am eigenen Bild
– Fotomontage **4–S 7** 153, 181, 207, 220
– Fristsetzungsverfahren **4–S 7** 200
– Funktionsschutz **4–S 7** 89 ff, 270 ff
– Gegendarstellung **4–S 7** 139, 204 ff, 232, 238, 254, 268, 270
s. Gegendarstellungsanspruch
– Gegenstandsbilder **4–S 7** 183
– Geheimsphäre **4–S 7** 70, 148
– geistiger Meinungskampf **4–S 7** 61
– Geldentschädigung **4–S 7** 139, 150, 259 ff
s. Geldentschädigung im Presserecht
– Genugtuung des Verletzten **4–S 7** 186, 238, 259, 269 f, 275
– Gerichtsberichte **4–S 7** 209
– Gerücht **4–S 7** 55, 125
– Geschäftsinteressen Dritter **4–S 7** 80, 180
– Geschäfts- und Betriebsgeheimnisse **4–S 7** 104, 110, 118
– getarnte Werbung
s. redaktionelle Werbung
– Gewinnspiele **4–S 7** 27
– Glossierung **4–S 7** 229
– Gratisverteilung von Presseerzeugnissen **4–S 7** 42
– Grenzen des Bildnisschutzes **4–S 7** 160 ff
– grobe und offensichtliche Verstöße **4–S 7** 36, 46, 149, 196, 268, 275
– Güter- und Interessenabwägung **4–S 7** 5, 63, 69, 78, 79, 84, 105, 108, 112, 132, 134, 137, 152, 158, 178, 238, 282
– Haftung der Medien **4–S 7** 13 ff, 35 ff
s. Haftung der Medien
– Haftungsprivileg **4–S 7** 41, 132
– Hartnäckigkeit **4–S 7** 265, 275
– Hauptsacheverfahren **4–S 7** 195, 201, 227, 247, 281
– Heil- und Gesundheitswerbung **4–S 7** 39
– Herausgabeanspruch **4–S 7** 282
– Herausgeber **4–S 7** 193, 240, 258
– Hilfsansprüche **4–S 7** 282
– Höhe der Bereicherungsforderung **4–S 7** 280
– Höhe der Geldentschädigung **4–S 7** 273 ff
– Hörfunk
s. Rundfunk
– Hypothese **4–S 7** 55
– Identifizierbarkeit **4–S 7** 64, 154
s. auch Erkennbarkeit
– identifizierende Berichterstattung **4–S 7** 64, 154
– individuelle Betroffenheit
s. Betroffenheit
– Informant **4–S 7** 44, 148, 193, 240, 258
– Informantenhaftung
s. Informant
– informationelle Selbstbestimmung **4–S 7** 81

– Informationsbedürfnis der Öffentlichkeit **4–S 7** 23, 166, 168, 180
– Informationsfreiheit **4–S 7** 4
– innere Tatsache **4–S 7** 50
– Inserentenakquisition **4–S 7** 42
– intellektuelle Verbreiter **4–S 7** 193, 240, 258
– Internet **4–S 7** 4, 28, 151, 157, 186, 193, 199, 204, 210, 212, 221, 224, 229, 240
– Interview **4–S 7** 55, 60, 85, 207, 227, 263, 274, 277
– Intimsphäre **4–S 7** 66, 71 f, 159, 180, 262, 274
– irreführende Werbung **4–S 7** 41
– journalistische Sorgfalt
s. publizistische Sorgfalt
– juristische Person **4–S 7** 87 ff, 191, 211, 216, 257, 270 ff
– Karikatur **4–S 7** 55, 153
– Kausalität **4–S 7** 255
– Kennzeichnungspflicht für Anzeigen **4–S 7** 18, 41
– Kinder **4–S 7** 169, 211
– Kino **4–S 7** 28
– Kiosk- und Gegenübersitzerleser **4–S 7** 55
– Klagfristsetzung **4–S 7** 200
– Kommerzialisierung **4–S 7** 276
– kommerzielle Meinungsäußerung **4–S 7** 4
– Kommunikationsgrundrechte **4–S 7** 4 f
– Koppelungsbeiträge **4–S 7** 26
– Krankheit **4–S 7** 67
– Kreditgefährdung **4–S 7** 129 ff
s. Kreditgefährdung
– Kreuzworträtsel **4–S 7** 27
– Kritik an der Person der Zeitgeschichte **4–S 7** 170
– Lebensbild **4–S 7** 77, 86
– Leserakquisition **4–S 7** 42
– Leseranalyse **4–S 7** 42
– Leserbrief **4–S 7** 60, 149, 207, 230, 237
– Leserstrukturanalyse **4–S 7** 42
– Lizenzanalogie **4–S 7** 280
– Markt der Meinungen **4–S 7** 193
– Mediendienste-Staatsvertrag **4–S 7** 28, 204, 210
– Meinungsäußerung **4–S 7** 4, 44, 49, 51 ff, 74, 125, 133, 207, 268
– Meinungsfreiheit **4–S 7** 4, 44, 55, 76 f
– Meinungskampf **4–S 7** 33, 74, 85
– Merchandising **4–S 7** 180
– Nachahmung von Aufmachung und Design **4–S 7** 42
– Nacktaufnahmen **4–S 7** 71, 179, 262
– Neugier **4–S 7** 69, 171
– Nichtaufrechterhaltung **4–S 7** 244
– Notwehr **4–S 7** 84
– objektive Wettbewerbsförderung **4–S 7** 7 ff
– öffentlicher Meinungskampf **4–S 7** 33
– öffentliches Zurschaustellen **4–S 7** 157
– Öffentlichkeitssphäre **4–S 7** 68
– Online
s. Internet
– Opfer **4–S 7** 168 f
– Parlamentsberichte **4–S 7** 209
– periodische Druckwerke **4–S 7** 41, 206, 210
– Person der Zeitgeschichte **4–S 7** 70, 72, 79, 164 ff, 178 ff
s. Person der Zeitgeschichte
– Personengemeinschaften **4–S 7** 87 ff
– persönliche Ehre
s. Ehrenschutz
– Persönlichkeitsrecht
s. Allgemeines Persönlichkeitsrecht
– politische üble Nachrede **4–S 7** 128
– Prävention **4–S 7** 259, 271, 273, 276 f
– Prangerwirkung **4–S 7** 79, 181
– Preistest
s. Warentest
– Preiswettbewerb **4–S 7** 42
– Pressefehde **4–S 7** 33
– Pressefreiheit **4–S 7** 4
– Pressekodex **4–S 7** 144
– Pressemitteilung **4–S 7** 44, 148
– Presseprivileg **4–S 7** 41
– Privatsphäre **4–S 7** 66 ff, 140, 159, 166, 179, 183, 262
s. Privatsphäre
– privilegierte Äußerungen **4–S 7** 57
– privilegierte Quelle **4–S 7** 1348
– Product Placement **4–S 7** 28
– Produktinformation **4–S 7** 24, 44
– Produktkritik **4–S 7** 114 ff
– Prognose **4–S 7** 55
– Programmfreiheit **4–S 7** 4
– Promibonus **4–S 7** 273
– Prüfungspflicht **4–S 7** 36 ff, 44, 46, 148, 253
– Prüfungsvorbehalt **4–S 7** 44
– publizistische Sorgfalt **4–S 7** 36, 85, 138, 144 ff
s. publizistische Sorgfalt
– publizistischer Anlass **4–S 7** 26
– Puppe **4–S 7** 153
– qualifizierter Widerruf **4–S 7** 242
– Rahmenrecht **4–S 7** 63
– Recherche **4–S 7** 59, 127, 137, 146, 148 f, 190, 199
– Recht am eigenen Bild **4–S 7** 83, 93, 151 ff
s. Recht am eigenen Bild
– Recht am gesprochenen Wort **4–S 7** 84, 88
– Recht am Unternehmen **4–S 7** 105 ff
s. Recht am Unternehmen
– Recht auf informationelle Selbstbestimmung **4–S 7** 81 f
– Recht, von der Unterschiebung nicht getaner Äußerungen verschont zu bleiben **4–S 7** 85
– Rechtfertigung **4–S 7** 132, 134 ff, 158
– Rechtsberatungsgesetz **4–S 7** 128
– Rechtsschutzbedürfnis **4–S 7** 57
– Rechtsweg **4–S 7** 199, 227, 247
– Rechtswidrigkeit **4–S 7** 134 ff
– – Abwägung **4–S 7** 134
– – Einwilligung **4–S 7** 140 ff
– – Wahrnehmung berechtigter Interessen **4–S 7** 135 ff
– Redakteur **4–S 7** 41, 46, 193, 212, 227, 240, 258
– redaktioneller Beitrag **4–S 7** 13 ff, 44
– redaktionelle Werbung **4–S 7** 13, 17 ff, 37, 41
s. redaktionelle Werbung
– relative Person der Zeitgeschichte **4–S 7** 168 f
– Restaurantkritik **4–S 7** 111, 117
– Revision **4–S 7** 49
– rhetorische Frage
s. Frage
– Richtigstellung **4–S 7** 209, 243

– Richtlinien des Zentralverbandes der Deutschen Werbewirtschaft **4–S 7** 18
– Rubrik **4–S 7** 220, 230
– Rückrufanspruch **4–S 7** 282
– Rundfunk **4–S 7** 4, 8, 28, 35, 153, 193, 204, 209, 224, 229, 282
– Rundfunkfreiheit **4–S 7** 4
– Rundfunkstaatsvertrag **4–S 7** 28
– Sachverständigengutachten **4–S 7** 55, 222
– Satire **4–S 7** 55
– Schaden **4–S 7** 254
– Schadensersatz **4–S 7** 41, 46, 132, 139, 150, 250 ff
  s. Schadensersatz im Presserecht
– schadensmindernde Maßnahmen **4–S 7** 254
– Schimpfwörter **4–S 7** 74
– Schlagzeile **4–S 7** 55, 147
– Schmähkritik **4–S 7** 49, 74, 95, 112, 122, 137, 262
– Schmerzensgeld **4–S 7** 259, 273
– Schlussfolgerung **4–S 7** 55
– Schutz vor Unwahrheiten **4–S 7** 86
– Schutzgesetz **4–S 7** 123 ff
– Schutzgüter des allgemeinen Persönlichkeitsrechts **4–S 7** 65 ff
– schwere Persönlichkeitsverletzung **4–S 7** 261 ff
– Selbstbestimmungsrecht **4–S 7** 77 f, 81 f, 84 f, 100 f, 152
– Sensationslust **4–S 7** 179
– Sinnzusammenhang **4–S 7** 55
– sittenwidrige Schädigung **4–S 7** 133
– Sittenwidrigkeit **4–S 7** 133
– Sonderveranstaltung **4–S 7** 37
– sonstiges Recht **4–S 7** 62
– Sorgfaltspflicht
  s. publizistische Sorgfalt
– sozialer Geltungsanspruch **4–S 7** 85 f, 89 f, 94, 96 f, 103 f, 127, 270 f
– Sozialsphäre **4–S 7** 68
– Sponsoring **4–S 7** 28
– Stasi-Unterlagengesetz **4–S 7** 128
– Stellungstheorie **4–S 7** 212
– Strafrecht **4–S 7** 79, 84, 94, 137, 159, 184, 245
– subjektive Wettbewerbsförderungsabsicht **4–S 7** 10 f
– Systemkritik **4–S 7** 131
– Tagebücher **4–S 7** 70
– Tatsachenbehauptung **4–S 7** 4, 50 ff, 115, 125 f, 129, 207 f, 220, 234 f
– Tatsachenkern **4–S 7** 54, 125
– technische Verbreiter **4–S 7** 199, 258
– Titelseite **4–S 7** 55, 180, 230
– Tonbandaufnahmen **4–S 7** 70, 84
– Tonträger **4–S 7** 84
– Träger des allgemeinen Persönlichkeitsrechts **4–S 7** 63
– Träger des Unternehmenspersönlichkeitsrechts **4–S 7** 92
– Trennungsgrundsatz **4–S 7** 18, 26, 28, 37, 44
– typisch wettbewerbsfördernde Tätigkeit **4–S 7** 11
– übermäßige Herausstellung **4–S 7** 23
– üble Nachrede **4–S 7** 125 ff
– – Beweislastumkehr **4–S 7** 127
– – Voraussetzungen **4–S 7** 125 ff
– übliche Vergütung **4–S 7** 279 f
– Umkehr der Beweislast
  s. Beweislastumkehr
– Umsatzrückgang **4–S 7** 254
– unentgeltliche Leistungen gegenüber Anzeigenkunden **4–S 7** 42
– unentgeltliche Leserbelieferung **4–S 7** 42
– ungerechtfertigte Bereicherung **4–S 7** 278 ff
– unlautere Händlerwerbung **4–S 7** 42
– unlautere Leserwerbung **4–S 7** 42
– unmittelbare Betroffenheit **4–S 7** 131, 191, 211, 239, 257, 269
– Unterhaltungsinteresse **4–S 7** 69, 137, 179
– Unterlassung **4–S 7** 45, 139, 150, 186 ff
  s. Unterlassungsanspruch im Presserecht
– Unterlassungsveröffentlichung **4–S 7** 201
– Unterlassungsverpflichtungserklärung **4–S 7** 189, 196 f, 200 f, 237
– Unternehmensehre **4–S 7** 94 ff, 271
– Unternehmenspersönlichkeitsrecht **4–S 7** 87 ff, 270 f
  s. Unternehmenspersönlichkeitsrecht
– unverzüglich **4–S 7** 224, 228 f, 268
– Unwahrheit
  s. Wahrheit
– Ursächlichkeit **4–S 7** 255
– verantwortlicher Redakteur
  s. Redakteur
– Verbreiten **4–S 7** 58, 60, 125, 130, 157, 235
– Verbreiter **4–S 7** 35, 41, 46, 193 f, 240
– Verbreitungsgrad **4–S 7** 230, 264, 274, 280, 282
– Verbreitungsvergleich **4–S 7** 42
– Verdachtsäußerung **4–S 7** 55, 125, 147, 159, 169
– Verfügungsanspruch **4–S 7** 200
– Verfügungsgrund **4–S 7** 200
– Verfügungsrecht über die Darstellung der eigenen Person **4–S 7** 77 ff
  s. Verfügungsrecht über die Darstellung der eigenen Person
– Verfügungsrecht über die Darstellung des Unternehmens **4–S 7** 99 ff
– vergleichende Warentests
  s. Warentests
– Verleger **4–S 7** 18, 36, 41, 46, 193, 212, 240, 258, 282
– Verletzung von Privatgeheimnissen **4–S 7** 128
– Verleumdung **4–S 7** 128
– Vermengung von Tatsachenbehauptung und Meinung **4–S 7** 54
– Vermutung für reine Informationstätigkeit **4–S 7** 14
– Vermutung für Wettbewerbsförderungsabsicht **4–S 7** 10, 33, 34
– Vernichtungsanspruch **4–S 7** 282
– Verschulden **4–S 7** 132, 144 ff, 187, 192, 253, 258, 267, 272, 275, 279
  s. publizistische Sorgfalt
– versteckte Behauptung **4–S 7** 55
– Verstoß gegen die guten Sitten **4–S 7** 133
– Vertragsstrafe **4–S 7** 198
– Vertretung **4–S 7** 216
– Verunglimpfung des Andenkens Verstorbener **4–S 7** 128
– Waffengleichheit **4–S 7** 230
– Wahrheit **4–S 7** 36, 49, 55, 73, 78, 86 ff, 127, 130, 138 f, 145 ff, 208 f, 221 f, 231, 235, 247 f, 263

– Wahrheitsbeweis **4–S 7** 127, 130
– Wahrheitsschutz
s. Schutz vor Unwahrheiten
– Wahrnehmung berechtigter Interessen **4–S 7** 60, 127, 132, 135 ff, 150, 190, 236, 253
s. Wahrnehmung berechtigter Interessen
– Wahrnehmung von Informationsinteressen **4–S 7** 14, 136
– Warenkritik **4–S 7** 111, 114 ff
– Warentest **4–S 7** 115 f
– Wechselwirkung **4–S 7** 5
– Werbeanzeige
s. Anzeige
– Werbung **4–S 7** 41, 42, 80, 99 f, 162, 180, 209, 263, 278 ff
– Werbeträgeranalyse **4–S 7** 42
– Werturteil
s. Meinungsäußerung
– Wettbewerbsabsicht **4–S 7** 10 ff, 108, 115
– – bei Eigenwettbewerb der Medien **4–S 7** 34 ff, 42
– – bei Medienveröffentlichungen **4–S 7** 11
– – Beispiele **4–S 7** 16
– – Vermutung **4–S 7** 10, 14, 33
– Wettbewerbshandlung **4–S 7** 6 ff
– – Anzeigengeschäft **4–S 7** 11
– – Eigenwettbewerb der Medien **4–S 7** 11, 14
– – Förderung eigenen Wettbewerbs **4–S 7** 8
– – Förderung fremden Wettbewerbs **4–S 7** 9
– – objektive Wettbewerbsförderung **4–S 7** 7 ff
– – subjektive Wettbewerbsförderungsabsicht **4–S 7** 10 f
– – typisch wettbewerbsfördernde Tätigkeit **4–S 7** 11
– – Vermutung für Wettbewerbsförderungsabsicht **4–S 7** 10
– wettbewerbsrechtliche Haftung **4–S 7** 6 ff
– Wettbewerbsverhältnis **4–S 7** 45
– Widerruf **4–S 7** 139, 189, 235, 242, 244, 270
– Widerruf der Einwilligung **4–S 7** 143
– Widerspruch **4–S 7** 200
– Wiederholungsgefahr **4–S 7** 139, 189, 197, 200 f
– wirtschaftliche Betätigung **4–S 7** 88, 103, 105, 131
– Wirtschaftsberichterstattung **4–S 7** 23, 131
– Wirtschaftswerbung **4–S 7** 4, 17, 28
– Zahlungsansprüche **4–S 7** 249 ff
– – Geldentschädigung **4–S 7** 259 ff
– – Schadensersatz **4–S 7** 250 ff
– – ungerechtfertigte Bereicherung **4–S 7** 278 ff
– Zentralverband der Deutschen Werbewirtschaft **4–S 7** 18
– Zitat **4–S 7** 55, 85, 148, 220, 263, 274
– Zueigenmachen **4–S 7** 59
– Zuständigkeit **4–S 7** 195, 199, 227, 247
– Zweck der Äußerung **4–S 7** 74
– Zweckübertragungslehre **4–S 7** 142
Pressekodex 4–S 7 145
Presseprivileg 4–S 7 41; **9** 1, 38 ff
Primärrecht I 94 ff, 140, 171
Primat der Verbraucherinteressen E 124, 173; **1** 23; **3** 8
Printmedien 4–3 26 ff; **4–S 6** 10
– getarnte Werbung **4–3** 131 ff
– Werbeanzeigen **4–3** 27 ff
– Werbeanzeigen, Gestaltung **4–3** 28
– Werbeanzeigen, Kennzeichnung **4–3** 29 ff
– Werbung **4–3** 26 ff
Prinzip der gegenseitigen Anerkennung I 58, 139, 148, 153
Privatgutachten 9 16, 24
Privatsphäre 4–S 7 66 ff, 140, 159, 166, 179, 183, 262
– Abgrenzung von Sozial- und Öffentlichkeitssphäre **4–S 7** 68
– Abwägung **4–S 7** 69
– Adresse **4–S 7** 67
– Ehe **4–S 7** 67
– Eifersucht **4–S 7** 67
– Einkommens- und Vermögensverhältnisse **4–S 7** 67
– Familie **4–S 7** 67
– Handlungen im Privatleben **4–S 7** 67
– Krankheit **4–S 7** 67
– Neugier **4–S 7** 69
– Öffentlichkeitssphäre **4–S 7** 68
– private Gespräche **4–S 7** 67
– private Umstände **4–S 7** 67
– Pullovereinkauf **4–S 7** 67
– Religion **4–S 7** 67
– Scheidung **4–S 7** 67
– Schutz **7** 43 f
– Sozialsphäre **4–S 7** 68
– Telefonnummer **4–S 7** 67
– Trauerfeier **4–S 7** 67
– Unterhaltungsinteresse **4–S 7** 69
Privatverkauf 5 345
Privilegienrecht E 1
Product Placement I 286, 290; **4–S 5** 23 ff, 61, 110 f
Produkt 2 A 19
Produktabsatzförderungszusammenhang 2 B 41, 137
Produktbeschreibung A 16 27 ff
produktbezogene Angaben 5 274
Produktbezugsförderungszusammenhang 2 B 41, 137
Produktcharakteristika 5 274; **5 a** 21
Produkthaftung E 47
Produktimage 5 51
Produktimitationsmarketing E 142
Produktionsunternehmen 5 393
Produktlebenszyklus E 237
Produktqualität E 237, 238
Produktsicherheit E 47
Produktstandards E 239
Produkttest
– s. vergleichender Warentest
Produkttestwerbung Anforderungen 5 228, 274, 305, 323 ff; **5 a** 26
– Aktualität **5** 326
– Neutralität **5** 324
– Urteil „gut" **5** 326
– Urteil „sehr gut" **5** 326
Produktveränderungen 5 a 21
Produktverkehrsfreiheit E 85
Produktverpackung 4–6 92
Produktzusammenhang 2 B 133, B 143
Professorenbezeichnungen 5 373
Prognoseentscheidung 3 85
Programmstruktur 4–S 6 4 ff
– Hörfunk **4–S 6** 9

– horizontale **4–S 6** 7
– interne **4–S 6** 8
– vertikale **4–S 6** 6
progressive Kundenwerbung E 35; **16** 120 ff
Prominentenwerbung 5 192, 261
Providerwechsel 4–S 11 34
Prozessqualität E 237, 238
Prüfgutachten 4–S 8 54
Prüfinstitut
– Auswahl **4–S 8** 49, 148
– Neutralität **4–S 8** 148
Prüfmuster
– Anzahl **4–S 8** 167
– Auswahl **4–S 8** 169
– Einkauf **4–S 8** 50
– Richtigkeit **4–S 8** 166
Prüfprogramm 4–S 8 47, 64
Prüfungspflicht im Presserecht 4–S 7 36 ff, 44, 46, 148, 253
Prüfzeichenwerbung 5 305, 400
– TÜV-Zeichen **5** 236, 257, 308
– Umweltzeichen **5** 257, 310
– s. Gütezeichen
pseudo-private E-Mails 4–S 12 33
psychischer Kaufzwang
– s. Kaufzwang
psychologischer Kaufzwang
– s. Kaufzwang
Public Relations E 303
publizistische Sorgfalt 4–S 7 36, 85, 138, 144 ff
– Anzeigen **4–S 7** 36
– Bedeutung **4–S 7** 150
– Bemühen um Wahrheit **4–S 7** 146
– Blickfangwerbung **4–S 7 37**
– eingeschränkte Prüfungspflicht **4–S 7** 36
– erhöhte Prüfungspflicht **4–S 7** 38
– Fotoveröffentlichung **4–S 7** 148
– grobe und offensichtliche Verstöße **4–S 7** 36
– Heil- und Gesundheitswerbung **4–S 7** 38
– Inhalt **4–S 7** 146 ff
– Maßstab **4–S 7** 144
– privilegierte Quelle **4–S 7** 148
– Prüfungspflicht **4–S 7** 36, 38
– Recherchepflicht **4–S 7** 146
– redaktionelle Werbung **4–S 7** 37
– Schlagzeile **4–S 7** 147
– Sonderveranstaltung **4–S 7** 37
– Trennungsgrundsatz **4–S 7** 37
– Vollständigkeit **4–S 7** 147
publizistische Werbung 4–3 123 ff
– Presseveröffentlichung **4–3** 127
punitive damages 10 46, 54, 111 f, 124, 128, 135, 143, 202
„pur“ 5 286
„PVC-frei“ 5 236
Pyramidensystem 16 125, 128 ff

Qualifikation I 5 ff
– autonome **I** 5 f, 355
qualifizierte Einrichtungen zum Schutz von Verbraucherinteressen 8 268 ff
– allgemeine Verbraucherinteressen **8** 273
– Ausschluss der Klagebefugnis **8** 276
– Bundesverwaltungsamt **8** 271
– Eintragung **8** 275
– Eintragungsvoraussetzungen **8** 272
– qualifizierte Einrichtungen **8** 271 ff
– qualifizierte Einrichtungen anderer Mitgliedstaaten **8** 277
– Ruhen der Eintragung **8** 275
qualifizierte Herkunftsbezeichnungen 5 315
Qualitätsaussagen 5 306
– s. Gütezeichen
Qualitätskontrollen 5 401
Qualitätsrang 4–S 8 276
Qualitätsurteil 4–S 8 87, 215
Qualitätswerbung 4–S 8 7
Quellencode 17 57
Quizsendung 4–S 5 128 ff

Rabatt E 105; **4–1** 34 f, 164, 260; **4–4** 15 ff, 19, 32, 40; **4–6** 64
– Höchstgrenze **4–1** 270
– Informationspflichten **4–1** 43, 268
– zeitliche Begrenzung **4–1** 273
Rabattaktionen
– s. Verkaufsfördermaßnahmen
Rabattgesetz E 32, 40; **I** 264, 310 f; **4–2** 17, 88, 109, 118; **4–S 14** 8
Rabattgewinn 4–6 63
Rabattwürfeln 4–6 87
race to the bottom E 49
„radikal gesenkte Preise“ 5 184
„radikal reduziert“ 5 331
Räumungsverkauf E 41, 42, 71; **16** 19, 26
RAL 4–S 2 56, 68 ff
Ranglisten 4–S 8 83
rationale Kaufentscheidung 5 59, 74, 215
reasonable competitor 1 93; **3** 61
Rechnungslegungsanspruch 8 340 ff; **9** 37
– Gewinnabschöpfung **10** 42, 234, 295, 307 ff, 333
– Klageantrag **8** 341
– Lizenzanalogie **8** 340
– Verletzergewinn **8** 340
– Vollstreckung **8** 341
Recht am eigenen Bild 4–S 7 83, 93, 151 ff
– absolute Person der Zeitgeschichte **4–S 7** 164 f
– Abwägung **4–S 7** 152, 178
– Anfertigen **4–S 7** 158 f
– Aufnahmen zu Beweiszwecken **4–S 7** 159
– Augenbalken **4–S 7** 154
– Ausnahmen vom Veröffentlichungsverbot **4–S 7** 163 ff
– befriedetes Besitztum **4–S 7** 183
– Begleitperson **4–S 7** 169
– Beiwerk **4–S 7** 175
– berechtigte Interessen **4–S 7** 178 ff
– Bereich der Zeitgeschichte **4–S 7** 164 ff
– Bild **4–S 7** 155, 175 ff
– Bildnis **4–S 7** 153
– Bildnisanfertigung **4–S 7** 158
– Bildniserschleichung **4–S 7** 159
– Double **4–S 7** 153
– Einwilligung **4–S 7** 162
– Entscheidung des EGMR **4–S 7** 171
– entstellende Aufnahmen **4–S 7** 181
– Erkennbarkeit **4–S 7** 154
– Fotomontage **4–S 7** 153
– Gegenstandsbild **4–S 7** 183
– Geschäftsinteressen Dritter **4–S 7** 180
– Grenzen des Bildnisschutzes **4–S 7** 160 ff

– höheres Interesse der Kunst **4–S 7** 177
– Interesse der Rechtspflege und der öffentlichen Sicherheit **4–S 7** 182
– Intimsphäre **4–S 7** 159, 179
– Karikatur **4–S 7** 153
– Kinder **4–S 7** 169
– Kontext-neutrale Fotos **4–S 7** 168
– Kritik an der Person der Zeitgeschichte **4–S 7** 170
– Nacktaufnahme **4–S 7** 162, 179
– Öffentliches Zurschaustellen **4–S 7** 154
– Person der Zeitgeschichte **4–S 7** 165 ff
– Prangerwirkung **4–S 7** 181
– Privatsphäre **4–S 7** 179
– Puppe **4–S 7** 153
– relative Person der Zeitgeschichte **4–S 7** 168 f
– Schauspieler **4–S 7** 153
– Sorgfaltspflicht **4–S 7** 162
– Strafrecht **4–S 7** 184
– Verbreiten **4–S 7** 156
– Versammlung **4–S 7** 176
– Werbung **4–S 7** 180
Recht am Unternehmen 4–S 7 108 ff
– Abgrenzung zum Unternehmenspersönlichkeitsrecht **4–S 7** 105 ff
– Abwägung **4–S 7** 108
– Anspruchskonkurrenz **E** 316
– Auffangtatbestand **4–S 7** 105 ff, 108 129
– betriebsbezogener Eingriff **4–S 7** 111
– Betriebsgeheimnisse **4–S 7** 118
– Boykottaufruf **4–S 7** 119
– Entwicklungsgeschichte **1** 38 f
– exemplarisches Vorführen **4–S 7** 120
– Gewerbebetrieb **4–S 7** 110
– Preistest **4–S 7** 116
– Produktkritik **4–S 7** 111, 114 ff
– Rechtswidrigkeit **4–S 7** 112
– Schmähung **4–S 7** 122
– Schutzgüter **4–S 7** 113 ff
– vergleichende Warentests **4–S 7** 115
– Voraussetzungen **4–S 7** 109 ff
Recht auf informationelle Selbstbestimmung 4–S 7 81 f
Recht des Herkunftslandes I 395
Recht des Marktortes
– s. Marktortregel
Recht des Schutzlandes I 35, 46, 68, 214, 223, 340 f, 343 f
Recht des Ursprungslandes I 49 f, 347
Recht des Werbemarktes I 71, 271, 278 ff
rechtlicher Kaufzwang
– s. Kaufzwang
rechtmäßiges Alternativverhalten 9 9, 21
Rechtsänderungen 4–6 41
Rechtsänderungen als Folgeänderungen des UWG 20 1
rechtsangleichende Auslegung 3 212
Rechtsanwalt(sbezeichnung) 5 410
– Sozietät **5** 393
Rechtsanwaltswerbung 4–S 3 1 ff
Rechtsaufspaltung 1 29
rechtsberatende Berufe 4–11 96 ff
– Rechtsanwälte **4–11** 96 f
– Steuerberater **4–11** 115
Rechtsbruch 3 191; **4–11** 1 ff; **4–S 15** 17, 22 ff
– historische Entwicklung **4–11** 5 ff
– Paradigmenwechsel der Rechtsprechung **4–11** 18 ff
– Rechtsvergleichung **4–11** 12 ff
– Zweck und Bedeutung **4–11** 1
Rechtsbruchtatbestand 4–11 45 ff
– Abgrenzung von Marktverhaltensregelungen **4–11** 62 ff
– gesetzliche Vorschrift **4–11** 48 ff
– Regelung des Marktverhaltens **4–11** 57 ff
– Verhältnis zu § 3 UWG **4–11** 45 ff
Rechtsfolgen A 16 38; **A 17** 36; **A 20** 31
Rechtsfolgen irreführender Werbung 5 466 ff
Rechtsformangaben 5 372
Rechtsgeschäfte 4–6 50
Rechtsharmonisierung E 46, 81; **3** 154
Rechtsharmonisierung des Mitbewerberschutzrechts E 121
Rechtslage
– bisherige **4–6** 121
– neue **4–6** 124
Rechts- oder Tatsachenfrage (Irreführung als) 5 216, 471
Rechtsschutzbedürfnis 12 255 ff
– behördliches Verfahren **12** 260
– bei bestehendem Vollstreckungstitel **12** 261
– Beseitigungsklage **12** 309
– Feststellungsinteresse **12** 263 ff
– Feststellungsklage **12** 263 ff
– gegenwärtiges Rechtsverhältnis **12** 264
– gerichtliches Verfahren **12** 260
– Leistungsklage **12** 256 ff
– negative Feststellungsklage **12** 258
– positive Feststellungsklage **12** 265 ff
– Unterlassungsklage **12** 257, 260
– Vollstreckungstitel **12** 261
– Widerrufsanspruch **8** 31
Rechtssystematik der Generalklausel 3 36
Rechtsverfolgungskosten 9 30; **10** 214
Rechtsvergleich I 75 ff; **4–3** 6 ff
– englisches Recht **4–3** 8 f
– französisches Recht **4–3** 11 ff
– internationale Handelskammer **4–3** 15
– italienisches Recht **4–3** 14
– österreichisches Recht **4–3** 156 ff
– Schweizer Recht **4–3** 152 ff
– US-amerikanisches Recht **4–3** 6 f
Rechtswahl I 13 ff, 62, 64, 123, 138, 257 f
Rechtsweg 12 219 ff
– Arbeitsgerichte **12** 232 ff
– bürgerliche Rechtsstreitigkeiten **12** 222
– erwerbswirtschaftliche Tätigkeit der öffentlichen Hand **12** 225
– Klagevorbringen **12** 221
– objektive Klagehäufung **12** 245
– öffentliche Hand **12** 223
– ordentliche Gerichtsbarkeit **12** 219 ff
– Prozessvoraussetzung **12** 220
– Prüfung des Rechtswegs **12** 242 ff
– Sozialgerichte **12** 226 ff
– Streitgegenstand **12** 245
– Verwaltungsgerichte **12** 225
– Zivilgerichte **12** 224, 231
Rechtswidrigkeit im Presserecht 4–S 7 134 ff
– Abwägung **4–S 7** 134
– Einwilligung **4–S 7** 140 ff
– Wahrnehmung berechtigter Interessen **4–S 7** 135 ff

redaktionelle Äußerungen 2 B 44
redaktionelle Werbung 4–3 20ff; **4–5** 155; **4–6** 151; **4–S 5** 112ff; **4–S 7** 13, 17ff, 37, 41
– Abgrenzung sachliche Information/redaktionelle Werbung **4–S 7** 23ff
– Anzeige **4–3** 21
– Anzeigengeschäft **4–S 7** 26
– Elektronische Medien **4–S 7** 28
– Erkennbarkeit von Werbung **4–S 7** 18
– Gewinnspiele **4–S 7** 27
– Hinweis **4–3** 22, 39ff
– Hinweis, Incentive-Aktionen **4–3** 51ff
– Hinweis, Unzulässigkeit **4–3** 39ff
– Hinweis, Zulässigkeit **4–3** 49ff
– Internet **4–S 7** 28
– Kennzeichnungspflicht für Anzeigen **4–S 7** 18
– Kino **4–S 7** 28
– Koppelungsbeiträge **4–S 7** 26
– Kreuzworträtsel **4–S 7** 27
– Mediendienste-Staatsvertrag **4–S 7** 28
– Passivlegitimation **4–3** 54ff
– Passivlegitimation, Produkthersteller **4–3** 57
– Passivlegitimation, Unternehmen **4–3** 55
– Passivlegitimation, Verleger **4–3** 54
– Product Placement **4–S 7** 28
– Produktinformation **4–S 7** 24
– Publizistischer Anlass **4–S 7** 26
– Rundfunk **4–S 7** 28
– Rundfunkstaatsvertrag **4–S 7** 28
– Sponsoring **4–S 7** 28
– Trennungsgrundsatz **4–S 7** 18, 26, 28
– übermäßige Herausstellung **4–S 7** 23
– Wirtschaftsberichterstattung **4–S 7** 23
– Wirtschaftswerbung **4–S 7** 28
– Zentralverband der Deutschen Werbewirtschaft **4–S 7** 18
„reduziert: 50%" 5 450
Referentenentwurf 4–5 7; **4–6** 11; **A 16** 8; **A 17** 2; **A 20** 3
Reflexwirkung 4–S 8 112ff
Regelbeispiele E 70, 76; **3** 162ff
– Indizwirkung **3** 170, 223
– Konkurrenzen **3** 167ff
– unzumutbare belästigende Werbung **7** 83–230
– Verhältnis zueinander **7** 270f
Regelbeispiele des § 17 Abs. 1 Nr. 5b LMBG 4–S 4 247ff
– Beschaffenheit **4–S 4** 277
– Betriebsstätte **4–S 4** 251
– Bezeichnungsschutz **4–S 4** 267
– einfache Herkunftsangaben **4–S 4** 259
– entlokalisierende Zusätze **4–S 4** 261ff
– fremdsprachige Angaben **4–S 4** 253
– Fruchtabbildungen **4–S 4** 280
– Gattungsbezeichnungen **4–S 4** 266ff
– geographische Herkunftsangaben **4–S 4** 247ff
– Haltbarkeit **4–S 4** 273ff
– Herkunft **4–S 4** 248
– LFGB **4–S 4** 276ff
– mittelbare Angaben **4–S 4** 249
– Mozzarella **4–S 4** 269
– Parmesan **4–S 4** 270
– personengebundene Herkunftsangaben **4–S 4** 260
– qualifizierte Herkunftsangaben **4–S 4** 256ff
– Relokalisierung **4–S 4** 252
– Steinhäger **4–S 4** 269
– Ursprungsbezeichnungen **4–S 4** 258
– VO (EWG) 2081/92 **4–S 4** 257
– Wertvorstellungen **4–S 4** 254
Regelbeispiele und per se-Verbote 3 155
Regelungen ohne Marktbezug 4–11 62ff
Regelungen zu Gewinnspielen 4–6 26
Regelungsgehalt 4–6 42
Regelungsübersicht UWG E 68ff
Regelungsumfang A 17 15
Reifedauerangaben 5 301
Reinigungsdienstleistungen 5 293
Reisedienstleistungen 5 294
– Flughafen **5** 294
– Nebenkosten **5** 294
– Reisedauer **5** 312
relative Person der Zeitgeschichte 4–S 7 168f
relative Umweltfreundlichkeit 4–S 2 27ff
Renvoi
– s. Rück- und Weiterverweisung
Repräsentantenhaftung 2 G 46
Reverse Engineering 17 16, 42, 57
Rezeptangaben 5 298
Richterrecht 3 153ff, 208ff
Richtigstellung 4–S 7 209, 243
– von Werbeangaben **5** 206, 255
Richtlinien
– für die Ausübung des Anwaltsberufs **4–S 3** 1ff
– des Zentralverbandes der Deutschen Werbewirtschaft **4–S 7** 18
Richtlinie irreführende Werbung E 47; **I** 111, 118; **2** B 16, B 192; **4–5** 11; **4–S 14** 27ff; **5** 8, 17, 23, 61, 67, 78, 80ff, 100, 179, 214, 259, 274, 368, 432, 446, 461; **6** 4
Richtlinie irreführende und vergleichende Werbung (kodifiziert Fassung) 6 8
Richtliniengesetzgebung E 47ff; **I** 111ff, 118ff
– Legaldefinitionen **2** A 7
richtlinienkonforme Auslegung 1 20, 26, 29, 51; **2** B 23, H 15, I 3; **3** 154, 210
– interpretatorische Vorrangregel **3** 210
– Legaldefinitionen **2** A 4, A 10
Richtlinie unlautere Geschäftspraktiken E 51; **I** 70, 146; **2** A 4, A 9f, A 14ff; **4–1** 17ff; **4–2** 13, 31, 121, 123, 128, 137, 139, 207f, 251; **4–5** 18; **4–6** 3, 23; **4–S 1** 80ff; **4–S 2** 10ff; **5** 259; **6** 12f, 16, 17, 190, 194; **7** 4, 20, 22f, 111, 304
– s. Lauterkeitsrichtlinie
– s. UGP-RL
Richtlinie vergleichende Werbung E 47; **I** 111, 118; 265; **4–S 14** 29; **5** 11, 22, , 50, 78, 80f, 91ff, 98, 264, 368, 412; **6** 5ff, 9f
Römisches Übereinkommen über das auf vertragliche Schuldverhältnisse anzuwendende Recht I 131
Rom II-Entwurf I 166ff, 233ff
Rom II-VO I 154, 179, 233, 248, 260
Rückgaberecht 4–1 278ff
Rückkehr zum einheitlichen Verordnungsrang 21 1
Rückruf 4–S 8 236f
Rückrufanspruch 4–S 7 282
Rücktrittsrecht E 71; **19** 12
Rücktrittsrecht bei strafbarer irreführender Werbung E 71
Rück- und Weiterverweisung I 9ff

Rückwärtsversteigerung 4–S 12 243 ff, 247 ff
– s. umgekehrte Auktion
Rufausbeutung 4–9 8, 33, 97; **6** 75, 92 ff, 103, 190, 204 ff, 212 ff, 272 ff, 284 ff, 335
„Rum“ 5 286
Rundfunk 4–S 7 4, 8, 28, 35, 153, 193, 204, 209, 224, 229, 282
Rundfunkfreiheit 4–S 7 4
Rundfunksendungen als Dienstleistungen 5 72
Rundfunkstaatsvertrag 4–S 7 28
Rundfunkwerbung 4–3 59 ff; **5** 225, 286
– Abgrenzung MDStV **4–3** 76 f
– akustische Kommunikationszeichen **5** 440
– getarnte Werbung **4–3** 131 ff
– Rechtsquellen **4–3** 60 ff
– RfStV **4–3** 61
– Schleichwerbeverbot **4–3** 65
– Screensplitting **4–3** 73 ff
– Trennungsgebot **4–3** 66 ff
– Umfang **4–3** 59
– unterschwellige Werbung **4–3** 71 f
– s. Fernsehwerbung
Rundstempel 5 383

Saatgutangaben 5 240
Sachgesamtheiten 4–S 8 179 ff
Sachgewinne 4–5 157
sachfremde Einflüsse 4–6 44
sachfremde Überlegungen 4–6 43
Sachkunde 4–S 8 157
Sachkunde des Richters (Irreführung) 5 474
sachliche Zuständigkeit 13 1 ff
– Abtrennung eines prozessualen Anspruchs **13** 21
– Anhängigkeit **13** 10
– Anspruch auf Grund dieses Gesetzes **13** 6 ff
– Aufrechnung **13** 14
– Auskunftsklage **13** 6
– ausschließliche Zuständigkeit **13** 4 ff, 33
– Berufung **13** 23
– Beseitigungsanspruch **13** 6
– Bindungswirkung der Entscheidungsverweisung **13** 28
– bürgerliche Rechtsstreitigkeiten **13** 5
– doppelt relevante Tatsachen **13** 13
– Einreden **13** 14
– einstweilige Verfügung **13** 10
– Einwendungen **13** 14
– Entscheidung über die Verweisung **13** 28 ff
– Entstehungsgeschichte **13** 1 f
– Erstattung der Abmahnkosten **13** 6
– Erzwingung von Unterlassungen und Duldungen **13** 11
– eventuelle Klagehäufung **13** 21
– Feststellungsklage **13** 10
– Gericht der Hauptsache **13** 10
– Gerichtsstandsvereinbarung **13** 22
– gesetzlich geregelte Geschäftsverteilung **13** 25
– Gewinnabschöpfung **13** 6
– Hauptantrag **13** 21
– Hilfsantrag **13** 21
– Hinweispflicht **13** 18
– Honorarklage **13** 9
– Internationale Zuständigkeit **13** 10, 23
– Klage auf Herausgabe des Vollstreckungstitels **13** 11
– Klagehäufung **13** 21
– Konzentrationsermächtigung **13** 32
– Kosten des Abschlussschreibens **13** 9
– Leistungsklage **13** 10
– maßgeblicher Sachvortrag **13** 13 f
– Mehrheit ausschließlicher Gerichtsstände **13** 17
– Mehrheit von Streitgegenständen **13** 21
– Mehrheit von Streitgenossen **13** 21
– Mehrheit von Zuständigkeiten **13** 16
– negative Feststellungsklage **13** 11
– negativer Kompetenzkonflikt **13** 28
– Normzweck **13** 3
– objektive Klagehäufung **13** 21
– prozessuale Fragen **13** 22 f
– Prüfung im Rechtsmittelverfahren **13** 23
– Prüfungsumfang **13** 15
– Rechnungslegungsklage **13** 6
– Rechtsmissbrauch **13** 20
– Rechtswegzuständigkeit **13** 10
– Regressprozess **13** 9
– Revision **13** 23
– rügelose Einlassung **13** 22
– Sachzusammenhang **13** 24
– Schadensersatzanspruch **13** 6
– Schadensersatzanspruch nach § 945 ZPO **13** 12
– subjektive Klagehäufung **13** 21
– Unterlassungsanspruch **13** 6
– Verhältnis Zivilkammer und Kammer für Handelssachen **13** 25
– Verhandlung vor der Kammer für Handelssachen **13** 26 f
– Vertragliche Ansprüche **13** 7
– Vertragsstrafe **13** 7
– Vertragsstrafeversprechen **13** 7
– Verweisung **13** 22
– Verweisung durch die Kammer für Handelssachen **13** 29 f
– Verweisung durch die Zivilkammer **13** 31
– Vollstreckung der Rechnungslegung **13** 11
– Vollstreckung einer Auskunft **13** 11
– Vollstreckung wegen vertretbarer und nicht vertretbarer Handlungen **13** 11
– Vollstreckungsgegenklage **13** 11
– Vollstreckungsverfahren **13** 11
– Widerklage **13** 18 f
– Zurückbehaltungsrecht **13** 14
– Zuständigkeit der allgemeinen Zivilkammern **13** 24 ff
– Zuständigkeit der Kammern für Handelssachen **13** 24 ff
– Zuständigkeitskonkurrenz **13** 16 f
Sachlichkeitsgebot 6 18, 22, 26, 34 ff, 105, 111, 148, 151, 154, 158, 161, 180, 216, 250, 299, 346, 348
Sachnormverweisung I 10, 135
sachnormzweckspezifische Anknüpfung I 68, 210, 222, 239
Sachverständigenbeweis 5 486, 489
Sachverständigengutachten 4–S 8 73; **5** 85, 88, 471; **9** 24; **12** 320, 331
– Parteigutachten **5** 472, 490
Sachverständigenwerbung 5 257
„Sachverständiger“ 5 257, 383, 401
Sachzusammenhang 4–S 2 49, 76, 80
„Saft“ 5 38, 242
„Sale“ 5 450

Sales Promotion E 105, 303
Sales-Promotion-Aktion 4–2 200
Sales-Promotion-VO E 51, 104; **4–1** 30 ff; **4–S 1** 87 ff
Sammelangebot A 16 37
Sammelbetrieb 4–2 181 f, 184, 203
Sanktionenrechte der Verbraucher
– s. Verbraucherrechte
Satelliten- und Kabelweiterverbreitungsrichtlinie E 49
Schachprogramm 5 433, **5 a** 12
Schaden 4–S 7 254
Schadensersatz 9 1 ff
– Abmahnung **9** 24; **12** 62
– abstrakte Schadensberechnung **9** 29
– Abwehr **9** 11
– Abwehrmaßnahmen **9** 19
– Abwerbung **9** 23
– Adäquanztheorie **9** 9, 20
– Äquivalenztheorie **9** 9, 20
– Aktivlegitimation **9** 3
– angemaßte Eigengeschäftsführung **9** 32 ff
– Angemessene Lizenzgebühr **9** 28 f, 31, 33
– Ansehensverlust **9** 21, 25
– Anstifter **9** 5
– Anwaltskosten **9** 5
– Ausgleichsfunktion **9** 28 ff
– Auskunftsanspruch **9** 36
– Behinderungswettbewerb **9** 34
– Bereicherungsanspruch **9** 4, 31, 33 ff
– Beweislast **9** 21, 42
– Bewusstsein der Unlauterkeit **9** 13
– BGB-Gesellschaft **9** 5
– Boykottaufruf **9** 34
– deliktische Ansprüche im BGB **9** 2 f, 5, 7
– Differenzhypothese **9** 22
– Differenzschaden **9** 22, 29
– dreifache Schadensberechnung **9** 28 ff
– Eigenwerbung **9** 41
– Eingriffskondiktion **9** 33 f
– entgangener Gewinn **9** 22, 27 ff
– ergänzender Leistungsschutz **9** 34
– Erwerbs- und Gewinnchancen **9** 34
– Exkulpation **9** 5, 16
– Fahrlässigkeit **9** 13
– Fahrlässigkeitsmaßstab, objektivierter **9** 13
– Fiktionshaftung **9** 5
– Fixkosten **9** 31 f
– Geheimnisschutz **9** 34
– Gehilfe **9** 5
– Gemeinkosten **9** 32
– Gesamthandsgesellschaft **9** 5
– Geschäftsführung ohne Auftrag **9** 7, 32 f, 35 f
– Gewerbebetrieb, eingerichteter und ausgeübter **9** 34
– Gewinnabschöpfungsanspruch **9** 3 f, 28
– Gewinneinbuße **9** 21
– Herausgabe des Verletzergewinns **9** 28, 32 f, 35
– Immaterialgüterrechte **9** 28, 32
– Inanspruchnahme gerichtlicher Hilfe **9** 11
– Irreführungsverbot **9** 38
– Juristische Person **9** 5
– Kausalität, haftungsausfüllende **9** 9, 20
– Kausalität, haftungsbegründende **9** 9, 20
– Know how **9** 34
– konkrete Schadensberechnung **9** 29, 32
– Lizenzanalogie **9** 28 ff
– Marktverwirrung **9** 21, 25 f
– Marktverwirrungskosten, fiktive **9** 26
– Meinungsumfrage **9** 24
– Mindestschaden **9** 27, 31
– Mitarbeiterabwerbung **9** 34
– Mitbewerber **9** 2, 5 f
– Mittäter **9** 5
– Mitverschulden **9** 18 f
– Naturalrestitution **9** 5, 23 ff
– normativer Schaden **9** 22 ff
– objektive Schadensberechnung **9** 4, 22, 27 ff
– Organhaftung **9** 5
– pauschaler Verletzungszuschlag **9** 31
– Pauschallizenz **9** 31
– Pflichtverletzung, Schadensersatz aus **9** 4
– positiver Schaden **9** 22
– Prävention **9** 28, 31 f
– Pressefreiheit **9** 38 f, 41
– Presseprivileg **9** 38 ff
– Privatgutachten **9** 16, 24
– Rechnungslegungsanspruch **9** 37
– rechtmäßiges Alternativverhalten **9** 9, 21
– Rechtsirrtum **9** 14 ff
– Rechtsverfolgungskosten **9** 30
– Rechtswidrigkeit **9** 10
– Sachverständigengutachten **9** 24
– Schleichwerbung **9** 41
– Schutzgesetz **9** 3, 7
– Schutzrechtsverwarnung **9** 17, 34
– Schutzzweck der Norm **9** 9, 20
– Schutzzwecktrias **9** 3
– Sonderbeziehung zwischen Abmahnenden und Abgemahnten **9** 5
– Sorgfaltsmaßstab **9** 13 ff
– Störer **9** 38
– Störungsbeseitigung **9** 25
– Stücklizenz **9** 31
– Substituierbarkeit **9** 6
– Testkäufe **9** 24
– Umsatzeinbuße **9** 27
– variable Kosten **9** 32
– Verbände **9** 7
– Verbraucherunterlassungsklage **9** 3
– Verbraucherverbände **9** 3
– vergleichende Werbung **9** 11
– Verhältnismäßigkeit **9** 11, 23 ff, 36
– Verkehrsüblichkeit einer Lizenzeinräumung **9** 31
– Verletzergewinn **9** 27, 32 ff
– Verletzungshandlung **9** 8
– Verquickungsverbot **9** 30 f
– Verrichtungsgehilfe **9** 5
– Verschuldenszurechnung **9** 5
– Vorlagenschutz **9** 34
– Vorsatz **9** 13
– Vorsatztheorie **9** 14
– Wahlschuldverhältnis **9** 30
– Wahrnehmung berechtigter Interessen **9** 10
– Werbung **9** 6, 11, 17, 19, 25 f, 41
– Wettbewerbsverhältnis, konkretes **9** 6
– Wettbewerbsverhältnis, mittelbares **9** 6
– Zuweisungsgehalt **9** 33
Schadensersatzanspruch 4–S 8 252 ff
– individueller **E** 388
– kollektiver **E** 389
– Verwirkung **8** 358 ff

Schadensersatzanspruch der Verbraucher **E** 388
Schadensersatz im Presserecht 4–S 7 41, 46, 132, 139, 150, 250 ff
– Abgrenzung zu anderen Ansprüchen **4–S 7** 249
– Anspruchsberechtigter **4–S 7** 257
– Anspruchsverpflichteter **4–S 7** 258
– Aufwendungen zur Schadensabwehr **4–S 7** 254
– Durchsetzung **4–S 7** 281
– entgangener Gewinn **4–S 7** 254
– Feststellung der Schadensersatzpflicht **4–S 7** 256
– Kausalität **4–S 7** 255
– Schaden **4–S 7** 254
– Schadensmindernde Maßnahmen **4–S 7** 254
– Umsatzrückgang **4–S 7** 254
– Ursächlichkeit **4–S 7** 255
– Verschulden **4–S 7** 253
– Voraussetzungen **4–S 7** 251 ff
Schädigungsabsicht 17 44; **19** 11
Scheinlagenamen 4–S 10 66
Scheinverbraucher (privates Handeln) A 23 1 ff
– aufklärender Zusatz **A 23** 9
– Erwecken eines unzutreffenden Eindrucks **A 23** 8
– privates Handeln **A 23** 10 f
– soziale und humanitäre Zwecke **A 23** 5, 10
– unwahre Angabe **A 23** 7
– Verbraucher als Unternehmer **A 23** 11
Schiedsfunktion 4–2 25 f, 163, 294 f
Schiedsgericht 15 14
Schiedsrichter 4–2 25, 28, 163 f, 166, 183, 294 f
Schiedsrichterfunktion der Verbraucher 3 218
Schiedsvereinbarung 12 241
Schlagbohrmaschine 5 278
Schlangenzeichen 5 192, 320
Schlankheitswerbung 5 321
Schlechterfüllung von Vertragspflichten 2 B 126
Schleichbezug I 335, 338; **4–S 9** 84 f
Schleichwerbeverbot 4–3 2 f
– Begriff **4–3** 17 ff
– Gesetzesbegründung **4–3** 2 ff
– Normzweck **4–3** 2 ff
– s. Schleichwerbung
Schleichwerbung 4–3 1 ff; **4–5** 155; **5** 28
– Anzeigenblätter **4–3** 35
– getarnte Werbung **4–3** 131 ff
– Herkunftslandprinzip **4–3** 85 f
– Internetwerbung **4–3** 81 ff
– Kundenzeitschriften **4–3** 36
– Printmedien **4–3** 26 ff
– Publizistische Werbung **4–3** 123 ff
– Rechtsvergleich **4–3** 6 ff, 152 ff
– redaktionelle Werbung **4–3** 27 ff
– Rundfunkwerbung **4–3** 59 ff
– Schleichwerbeverbot **4–3** 2 f
– Trennungsgebot **4–3** 23 ff
– Wahrheitsgrundsatz **4–3** 2
– Werbecharakter **4–3** 18
– Wettbewerbshandlung **4–3** 17
– wissenschaftliche Werbung **4–3** 123 ff
Schlüsselinformationen 5 55, 59, 74, 225 f, 255, 282, 295, 305, 307, 310, 313, 323, 440; **5 a** 1, 15
– s. Informationsüberlastung
Schlussverkäufe E 41, 71
Schmähkritik 4–S 7 49, 74, 95, 112, 122, 137, 262; **4–S 8** 127
Schmieren E 31
Schneeballsysteme I 42; **4–1** 430; **16** 125, 128 ff
Schneeball- und Pyramidensysteme A 14 1 ff
– Bedeutung **A 14** 4
– Definition **A 14** 6
– geschäftliche Handlung **A 14** 6
– Multi-Level-Marketing **A 14** 8
– progressive Kundenwerbung **A 14** 1, 8
– Vergütung **A 14** 4, 8
– Vermittlung des Eindrucks der Erzielung von Vergütungen **A 14** 10
– zivilrechtliche Rückabwicklung **A 14** 5
Schockwerbung 4–1 123 f, 125, 139 f; **4–2** 5, 244 ff, 278, 320
„schönster Aussichtspunkt“ 5 186
Schokoriegel 4–2 175 f
Schriftgröße 4–5 188
Schuhe 5 279
Schulbezeichnungen 5 382
– „Ergänzungsschule“ **5** 382
Schuldnerwechsel 8 156
Schutz
– der Abnehmer **4–S 1** 41 ff
– der Allgemeinheit **4–S 1** 41 ff
– der Spieler **4–5** 40
– der Verbraucher **4–S 1** 41 ff
– des gewerblichen oder kommerziellen Eigentums **I** 97
schutzbedürftige Verbrauchergruppen 3 115
Schutz der Rechtspflege 4–11 96 ff
Schutz der Volksgesundheit 4–11 119
Schutzgegenstandstheorie E 326
Schutzgesetz 4–S 15 24; **9** 3, 7
Schutzland I 415
– Recht des Schutzlandes **I** 35, 46, 68, 214, 223, 340 f, 343 f
– Schutzlandprinzip **4–S 11** 154 f
Schutzobjekt des UWG 1 14, 38, 65
– Gemeinwohlbelange **1** 74 ff
Schutzrechtsverwarnung 9 17, 34
– Abwehransprüche **12** 57
– Schadensersatzanspruch **12** 57
– unberechtigte **12** 55
Schutzsubjekte des UWG 1 14, 45, 65; **3** 214 ff
Schutzzweckbestimmung 1 2
Schutzzweck der Norm 4–5 109
Schutzzweck des UWG 1 2 ff; **4–S 1** 30 ff
– Auslegungsdirektive **1** 15 ff
Schutzzweckklausel E 65, 69, 75, 117; **1** 15; **3** 1
– schweizUWG **1** 6; **3** 93, 179
– s. Schutzzweck
Schutzzweckparität E 44, 106, 117, 393; **1** 10
– s. Schutzzwecktrias
– s. Schutzzweck des UWG
Schutzzwecktrias E 44, 106, 117, 393; **I** 22, 37, 177, 219; **1** 10; **5** 47; **9** 3
– Abschied von der **1** 11, 49
– Auslegungsdirektive **1** 16
– Entwicklungsgeschichte **1** 33
– s. Schutzzweckparität
– s. Schutzzweck des UWG
– strafbare Werbung **16** 9 ff, 31, 118

Schutzzweckverschiedenheit E 106
Schwarze Liste E 134
– s. Black List
schweizUWG 1 6
s-club 4–2 173
Scrollen 4–5 200
Second-Level-Domain 4–S 11 4, 6 ff, 68; **4–S 12** 124
Sehhilfen 5 245
Sehtest (Werbung für) 5 238
„seit 1900“ 5 194
Sekundärrecht I 110 ff, 172
Selbstbedienungsgroßhandel 5 281
Selbstkontrolle 5 416 ff; **5 a** 62; **A 1** 5
Selbstläufersysteme 16 132, 138
Selbstreferenz E 256
Selbstverständlichkeiten 5 238, 423; **5 a** 16
– s. Verbraucherrechte als Selbstverständlichkeiten
selektiver Vertrieb 4–S 9 1 ff
– Alleinvertriebsbindung **4–S 9** 14
– Begründung **4–S 9** 25 ff
– Bestandsschutz **4–S 9** 75
– Bezugsbindung **4–S 9** 6
– Diskriminierungsfreiheit **4–S 9** 93
– Downstream-Bindung **4–S 9** 5 ff
– Funktion der Marke **4–S 9** 46 ff
– Funktionsfähigkeit **4–S 9** 93
– Gebietsbindung **4–S 9** 10
– kartellrechtliche Zulässigkeit **4–S 9** 53 ff
– Kooperationsbindungen **4–S 9** 1 ff
– Kopplungsbindung **4–S 9** 7
– Kundenbindung **4–S 9** 11, 14
– Lückenlosigkeit **4–S 9** 78 ff, 90 ff
– marketingspezifische Bindung **4–S 9** 12
– ökonomische Grundlagen **4–S 9** 1 ff
– Preis- und Konditionenbindung **4–S 9** 9, 14
– qualitative Selektionskriterien **4–S 9** 20 ff
– quantitative Selektionskriterien **4–S 9** 23 f
– Selektion **4–S 9** 2
– Upstream-Bindung **4–S 9** 14 f
– Verwendungsbindung **4–S 9** 13
– Vorsprung **4–S 9** 90
– Wettbewerbsverbot **4–S 9** 8
– wirtschaftliche Effizienz **4–S 9** 40 ff
Sendeformat
– Begriff **4–S 6** 9, 11 f
– prägende Faktoren **4–S 6** 33 ff
– Urheberrecht **4–S 6** 31 ff
– unlauterer Wettbewerb **4–S 6** 41 ff
Sensorische Prüfung 4–S 8 51
Setpreisangaben 5 358
Shevill-Doktrin I 403, 411, 415, 476, 480
Sicherheitsprüfung 4–S 8 52, 211
Sinn und Zweck 4–6 42; **A 17** 15
SIM-Lock-Sperre 17 17, 57
situationsadäquate Aufmerksamkeit 5 55, 167, 215 ff, 270 ff
Ski 5 261
– Bindungen **5 a** 29
Sittenwidrigkeit
s. Gute Sitten
SMS 4–5 165; **4–6** 110, 113, 126
SMS-Mitteilungen 7 186, 224
Sniping 4–S 12 252 ff
„sofortige Lieferbarkeit“ 5 282
„sofortige Mitnahme“ 5 282
sofortige Mitnahme/Verfügbarkeit 5 277, 471; **A 5** 1 ff
– Beschränkung der Werbebehauptung **5** 282
– Darlegungs- und Beweislast **5** 283
– Modifikation nach Art der Ware oder des Vertriebswegs **5** 281
Sofortkredit 5 290
SolingenV 4–S 10 159
„Sommerkollektion“ 5 282
Sonderangebotswerbung 5 335; **6** 288 ff; **16** 19, 30
Sondererlaubnis 4–6 146
Sonderpostenwerbung 5 246, 334
Sonderrechtstheorie 4–S 15 5
Sonderveranstaltungen E 41; **5** 10, 35, 98, 227, 327 f, 331, 444
– Insolvenzwarenverkauf **5** 328, 340
– Jubiläumsverkauf **5** 328, 336
– Räumungsverkauf **5** 35, 328, 337
– Recht der **I** 264, 308
– Rechtsentwicklung **5** 331, 335, 337, 339
– Schlussverkauf **5** 227, 327, 337, 339
– s. Erzeugung von Entscheidungsdruck
Sonderveranstaltungsrecht E 71
Sorgfaltsmaßstab 9 13 ff
Sorgfaltspflicht 4–S 8 253
soziale Grundwerte E 219, 295; **1** 72, 79, 82
soziale Marktwirtschaft E 219, 229, 230, 231, 282; **4–S 1** 42
Sozialethik E 235
Sozialmoral 3 175
sozialrechtliche Wettbewerbstheorie 1 74; **3** 151
Spähprogramme 17 57
Spamming 4–S 12 33 f, 40, 80, 98; **7** 120, 154, 188, 195, 199, 203, 231
„Sparvorwahl“ 5 351
Sperrmarke E 373
„Spezial“ 5 303
Spezialabkommen I 366
„Spezialreinigung“ 5 293
Spezialtatbestände E 70, 76; **3** 162
– Konkurrenzen **3** 37, 167 ff
Spezialthemen 4–S 1 1 ff
spezielle Generalklausel 3 31
Spielevermittler, gewerblicher A 16 34
Spielgemeinschaft A 16 34
Spiellust 4–6 45, 68
Spielregeln 4–S 6 34, 35
– s. Ideenschutz
„Spitzenerzeugnis“ 5 306
Spitzenstellungsbehauptungen 4–S 12 48 ff; **5** 174, 187 ff, 250, 306, 326, 351
Spitzenstellungswerbung 6 27, 68, 110, 302, 307
split screen 4–S 5 29, 51, 67, 76 f, 127
Sponsoring E 303; **I** 119, 173, 286, 290; **2** B 67; **4–S 5** 37 ff, 135; **4–S 7** 28; **5** 43, 96, 368; **5 a** 1
– Rechtsanwälte **4–S 3** 38, 41, 71, 86
Sponsoringwerbung E 153
Spotwerbung 4–S 5 18
Spürbarkeit einer Beeinträchtigung der Marktteilnehmerinteressen 3 73
Spürbarkeit einer Beeinträchtigung der Verbraucherentscheidung 3 73
Spürbarkeitsgrenze I 84, 200, 206, 209, 292 ff, 301 ff; **3** 73 ff
– s. Erheblichkeitsschwelle

Spürbarkeitsklausel 3 97; **5** 46, 96, 170, 177 f, 197, 199, 206, 264
Spürbarkeitskriterium 3 81
Staatsverträge I 4, 44 ff
– bilaterale **I** 50
– multilaterale **I** 45 ff
Städtenamen in der Unternehmensbezeichnung 5 302
Standesregeln 4–11 55
Start-up Trademark Opposition Policy (STOP) 4–S 11 37
Statuslehre E 296
Stellenanzeigen 5 174
Stellungnahme 4–6 33, 70, 146
Sternchenhinweis 5 225 f, 246, 282, 349 f
Steuerberater(bezeichnung) 5 410
Stiftung Warentest E 238; **5** 323; **6** 316, 318, 321, 324, 329, 357 ff
– Empfehlungen zur Werbung mit Testergebnissen **4–S 8** 263 ff
– Fachbeiräte **4–S 8** 22
– Kuratorium **4–S 8** 18 ff
– Organe **4–S 8** 15 ff
– Sonderrolle **4–S 8** 200
– Stiftungszweck **4–S 8** 12 f
– Verschwiegenheitspflicht **4–S 8** 24, 26
– Verwaltungsrat **4–S 8** 16
– Vorstand **4–S 8** 15
– Warentestprojekte **4–S 8** 31
– Wettbewerbshandlung **2** B 185
Störer 8 130 ff; **9** 5, 38
– Medien- und Telediensteanbieter **8** 138 ff
– Presseunternehmen **8** 137
– Prüfungspflichten **8** 134
– Registrierungsstellen **8** 136
– vorbeugender Unterlassungsanspruch **8** 136
Störungsbeseitigung 9 25
strafbare Werbung 16 1 ff
– Abnahme **16** 142
– Adressbuchschwindel **16** 23 f, 88, 105
– Angabe **16** 6 f, 40 f, 44 ff, 50 ff
– Anschein eines günstigen Angebots **16** 95 ff, 105
– besonderer Vorteil **16** 148 ff, 153 f
– besonders günstiges Angebot **16** 94, 96 f, 105
– Bestimmtheitsgebot **16** 36 ff, 63
– Betrug **16** 23, 29, 31, 33 f, 113, 169
– Beweislast **16** 43
– Dienstleistung **16** 144 ff
– durch Unterlassen **16** 67 ff, 72 ff, 108 f
– Einzeladressaten **16** 81 ff, 88 ff
– Garantenstellung **16** 67 ff, 72 ff, 111 f
– Geldgewinnspiele **16** 125, 134, 145 f, 153
– geschäftliche Verhältnisse **16** 5, 24 f, 60
– geschützter Personenkreis **16** 140, 160
– Haustürwerbung **16** 16, 85
– im geschäftlichen Verkehr **16** 60, 137 ff
– Individualschutz **16** 122
– Individualwerbung **16** 86 ff
– irreführend **16** 38 f, 77 f
– Kaffeefahrt **16** 21, 30, 100 f
– Kettenbriefsystem **16** 125, 131 ff, 147 f
– Kettenelement **16** 156 ff
– konkludentes Tun **16** 66 f, 70 f
– Konkurrenzen **16** 29 ff, 113, 168 ff
– Mitteilungen für einen größeren Personenkreis **16** 81 ff, 87 ff
– Mondpreis **16** 19
– Multi-Level-Marketing **16** 136, 159
– notwendige Teilnahme **16** 27, 169 f
– öffentliche Bekanntmachung **16** 80
– öffentliches Interesse **16** 27 f, 31, 114
– Privatklagedelikt **16** 114 f, 170
– progressive Kundenwerbung **16** 120 ff
– Publikumswerbung **16** 81 ff
– Pyramidensystem **16** 125, 128 ff
– Räumungsverkauf **16** 19, 26
– rechnungsähnliche Offerte **16** 23, 66
– Schneeballsystem **16** 125 ff, 158
– Schutzzweck **16** 9 ff, 31,122
– Selbstläufersysteme **16** 132, 138
– Sonderangebot **16** 19, 30
– Straßenwerbung **16** 17, 85
– Subsumtionsirrtum **16** 93, 105
– sukzessive Bekanntgabe **16** 84 f
– sukzessive Telefonwerbung **16** 85
– Superlativwerbung **16** 54 f
– Tatbestandsirrtum **16** 92 f, 161
– Täterschaft und Teilnahme **16** 110 ff, 163 ff
– ultima-ratio-Funktion **16** 44 f, 48
– unwahre Angabe **16** 61 ff
– UWG-Reform **16** 4 ff, 11, 115 f, 168 ff
– Veranlassen **16** 141
– Verbraucher **16** 35, 38, 47, 58 f, 77 f, 140
– Verbotsirrtum **16** 93, 107 ff, 162
– vergleichbares Verhalten von Mitbewerbern **16** 97, 106
– Verschweigen **16** 67 ff, 72 ff
– Versprechen **16** 147
– Vertreterwerbung **16** 16, 85
– verwaltete Kettenbriefsysteme **16** 133, 145 f, 151 f
– Vorsatz **16** 91 ff
– Vorteil **16** 148 ff
– Vorteilserlangung durch Dritte **16** 152 ff
– Ware **16** 143
– Werbung **16** 76, 80
– Werturteil **16** 51 ff
– Wesentlichkeitsschwelle **16** 45, 48, 79
– Zeitschriftenwerbung **16** 103
– Zusammenhang zwischen Angabe und Angebot **16** 98 ff
Strafmonopol, staatliches 10 131 f, 138 ff
Strafvorschriften E 79
Streitgegenstand
– Änderung **12** 280 f
– alternative Klagehäufung **12** 285
– beim Beseitigungsanspruch **8** 9
– beim Unterlassungsanspruch **8** 97 f
– Markenparfümverkäufe **12** 282 ff
– Mehrheit **12** 276 ff
– Rechtsmittel **12** 285
– zweigliedriger Streitgegenstandsbegriff **12** 275
Streitwertminderung 12 204 ff
– Anwendungsbereich **12** 206
– Bestimmung **12** 205
– einfache Rechtssache **12** 208 f
– einstweilige Verfügung **12** 205
– Entscheidung **12** 216 ff
– Gebührenstreitwert **12** 204
– nicht tragbare Belastung **12** 210 ff
– Streitwertbemessung **12** 205
– Streitwertschätzung **12** 205

– Umfang **12** 213 ff
– Voraussetzungen **12** 207 ff
Streuschäden
– s. Bagatell- und Streuschäden
strukturelle Unterlegenheit 5 74
Stücklizenz 9 31
Stufenwettbewerb 4–5 76
„Style“ 5 192
subjektive Erfordernisse 4–11 164
subjektives Recht 1 38
subjektives Verständnis (Irreführung) 5 5
Subjektstheorie, modifizierte 4–S 15 5
sublimale Werbung
– s. unterschwellige Werbung
Subordinationstheorie 4–S 15 5
Subsidiarität des BGB E 6
Subsidiarität des Wettbewerbsrechts E 12
Subsidiaritätsprinzip E 113
Substituierbarkeit 6 93 ff, 100, 101 ff, 123 ff, 179, 259, 273, 328; **9** 6
Substitutionswerbung 2 D 49
Subventionen 4–S 15 17
Suchgüter 5 53, 222, 278
Suchmaschine 4–S 11 175, 208, 221; **8** 146
– Einträge in **4–S 12** 37
– Funktionsweise **4–S 12** 76
– Hyperlink Vector Voting durch **4–S 12** 78 ff
Suchmaschinen und Irreführung 5 284
Suchtpotenzial 4–5 58
Suggestivwerbung 5 149, 169, 192
Superlativwerbung 5 184, 187, 191, 389; **16** 54 f
– negativer Komparativ **5** 191
Sweepstakes 4–6 7
Sympathiewerbung 5 44, 369
Systematik des UWG E 68 ff
Systematischer Überblick 4–6 37
Systemtheorie 4–S 1 58 f

Tabakerzeugnisse 5 37
Tabakwerberichtlinie I 111
Tabakwerbung 4–S 5 99, 101
Tätlichkeiten 4–1 130
täuschende Angaben 4–5 33
Täuschung 4–5 124, 138, 193
Täuschungseignung 4–S 2 18, 45
Tagesfrisch 5 298
Tageszulassung (Werbung mit) 5 261
Talk-Show 4–S 5 128 ff
– Format **4–S 6** 36, 61 ff, 75, 101
Tampon 5 319
Taschentuch 5 361
Tatort
s. Tatortprinzip
Tatortprinzip I 62 ff, 82, 89
Tatsache
– aufklärende Zusätze **5** 287
– künftige **5** 26, 182
– nachträgliche Richtigstellung **5** 206
– objektiv richtige **5** 236
– Täuschungseignung **5** 205, 209
– Tatsachenkern **5** 81, 351
– unvollständige Angaben **5** 246
– unwahre **5** 45, 182, 234
– – aufklärende Zusätze **5** 287
– – nachträgliche Richtigstellung **5** 206, 255
– Verschweigen von **5** 203; **5 a** 1 ff, 4
Tatsachenbehauptung 4–S 7 4, 50 ff, 115, 125 f, 129, 207 f, 222, 234 f
– Abgrenzung von Werturteil **4–S 8** 68 ff, 94, 256, 295
– Zulässigkeit **4–S 8** 238 ff
Tatsachenkern 4–S 7 54, 127; **5** 184 f, 189, 192, 318, 351, 390, 438
technische Regeln (DIN-Normen) 4–11 56
Teilharmonisierung E 110
Teilnahmealternativen 4–6 96
Teilnahme an Preisausschreiben und Gewinnspielen
– Teilnahmebedingung **4–6** 56, 91, 93
– Teilnahmeerlaubnis **4–5** 14
– Teilnahmekarte/-schein **4–6** 92, 100, 104 ff
– Teilnahmeleistung **4–5** 144
– Teilnahmeschluss **4–5** 146
– Teilnahmeweg **4–5** 144
Teilnahmebedingungen 4–5 44, 101 ff, 174, 182, 189
Teilnahmechance 4–6 132
Teilnahmekarte 4–6 105
Teilnahmemöglichkeiten, alternative 4–5 194
Teilnahme, telefonische 4–5 195
Teilnahme von Minderjährigen 4–5 56
Teilnahmeweg 4–6 102
Teilzeiteigentum E 47
Teledienste 4–5 198; **4–S 13** 20 ff
– Begriff **4–S 12** 163
– Geschäftsmäßigkeit **4–S 12** 164 f
– Kennzeichnungspflichten **4–S 12** 166 ff
Teledienstegesetz
– Domainrecht **4–S 11** 200
– Entwicklung **4–S 13** 7 ff
Telefaxwerbung 7 177 ff
Telefonanbieterdienstleistungen 5 351
– Mehrwertdienst **5a** 10, 20
Telefonanrufe 4–5 165
Telefonmarketing E 193
Telefonmehrwertdienstleistungen 5 416
Telefontarifangaben 5 354
Telefonvermittlungsdienstleistungen 5 353
Telefonwerbung E 193; **I** 266, 274, 286; **5** 73; **7** 13; **20** 1 ff
– Bußgeldtatbestand **20** 1 ff
– Gesetzgebungsverfahren **E** 201
– ohne Einwilligung **7** 108 ff
– Regelungsinhalt **E** 202, 210
– Unlauterkeit **7** 170 ff
– Verbotsirrtum **20** 11
Telekommunikationsleistungen 5 238; **5 a** 54
Telemedien 4–S 5 145; **4–S 13** 9
– Begriff **4–S 12** 163
– Geschäftsmäßigkeit **4–S 12** 164 f
– Kennzeichnungspflichten **4–S 12** 166 ff
Telemediengesetz 4–5 168
Telex-Werbung 7 187
Terminologie, verständliche 4–5 199
Territorialitätsprinzip I 35, 42, 214, 223, 340, 343 f, 404
Testbericht 4–S 8 45, 57, 66 ff, 74, 84 ff, 127, 135 ff, 217 ff
„Testergebnis gut“ 5 326
„Testergebnis sehr gut“ 5 326
Testergebnisse (Werbung für) 5 323; **5 a** 26; **6** 329 ff

Testkäufe 5 277, 279; **9** 24
test-Kompass 4–S 8 228
– s. auch Kurzfassung
Testmaßnahmen 4–10 58
Testnote 5 326
Testpreiswerbung 4–S 8 287
„Testsieger“ 5 326
Testveranstalter
– Behörden **4–S 8** 39 ff
– Stiftung Warentest **4–S 8** 11 ff
– weitere **4–S 8** 34 ff
Testverfahren 4–S 8 160 ff
Theorie bestreitbarer Märkte 4–S 9 33 f
Third-Level-Domain 4–S 11 4, 68
„Tiefstpreis“ 5 351
Titelbezeichnungen 5 271
Titelschutz
– Format **4–S 6** 59
Top-Level-Domain 4–S 11 4, 6 ff, 111
– Blockadewirkung **4–S 12** 48
Traditionswerbung 5 299, 369, 385
Transaktionskostenökonomik 4–S 9 35 ff
Transparenzgebot 4–1 5 ff, 43; **4–4** 2, 42; **4–5** 99 ff, 178; **4–6** 40; **4–S 2** 93, 98; **5** 28 f; **7** 199, 203, 225
– im Bereich der elektronischen Kommunikation **4–5** 113
Transparenzgebot bei Gewinnspielen 4–5 1 ff
– s. Transparenzgebot bei Preisausschreiben und Gewinnspielen **4–5** 1 ff
Transparenzgebot bei Preisausschreiben 4–5 1 ff
– s. Transparenzgebot bei Preisausschreiben und Gewinnspielen **4–5** 1 ff
Transparenzgebot bei Preisausschreiben und Gewinnspielen 4–5 1 ff
– Absatzmaßnahmen, Tarnung von **4–5** 5
– Adressgewinnung **4–5** 162
– aleatorische Anreize **4–5** 28
– Alter **4–5** 14
– Altersbeschränkung **4–5** 152
– Aufmerksamkeitswerbung **4–5** 27
– Aushändigung, Gewinne **4–5** 15
– Ausspielung **4–5** 51
– Barauszahlung **4–5** 145, 157
– Beschränkungen, geographische **4–5** 14, 151
– Beschränkungen, personengebundene **4–5** 14, 151
– Briefwerbung **4–5** 163
– Coupons **4–5** 150
– Daten, persönliche **4–5** 162
– E-Commerce-Richtlinie **4–5** 11
– Einsatz, erheblicher **4–5** 65
– Einsendeschluss **4–5** 14, 146
– Einsendungen **4–5** 15
– Elektronischer Geschäftsverkehr-Gesetz, EEG **4–5** 174
– E-Mail **4–5** 164
– Fernsehen **4–5** 142
– Gewinn, Art **4–5** 14
– Gewinn, Handelswert **4–5** 14, 145
– Gewinnauskehrung **4–5** 158
– Gewinnchance **4–5** 14, 16, 132, 138
– Gewinner, Bekanntmachung **4–5** 15
– Gewinnerdaten **4–5** 148
– Gewinnerermittlung **4–5** 146
– Gewinnhöhe, Täuschung über **4–5** 138
– Gewinninformation **4–5** 147
– Gewinnspiel **4–5** 85
– Gewinnzusage, Charakter **4–5** 81, 82
– Glücksspiel **4–5** 47, 50
– Gratisverlosung **4–5** 82
– Gutscheine **4–5** 153
– Herstellername **4–5** 156
– Information über individuelle **4–5** 14
– Informationsdichte **4–5** 123
– Internet **4–5** 200
– irreführende Angaben **4–5** 33
– Irreführung **4–5** 33
– Irreführungsquote **4–5** 4
– Irreführungsrichtlinie **4–5** 12
– Jury **4–5** 15
– Kaufzwang **4–5** 196
– Kaufzwang, psychischer **4–5** 37
– Links **4–5** 201
– Lockmittel **4–5** 28
– Lotterie **4–5** 51
– Mediendienste **4–5** 199
– Mehrwertdienste-Rufnummer **4–5** 144, 198
– Mindestinformationspflicht **4–5** 9
– mittelbare Kopplung **4–5** 194
– Nachahmungsgefahr **4–5** 158
– Ort **4–5** 14
– Preisangabenverordnung **4–5** 175
– Preisausschreiben **4–5** 79, 84
– Preisausschreiben, echte **4–5** 83
– Preisausschreiben, unechte **4–5** 83
– Preiskategorie **4–5** 15
– Preisrätsel **4–5** 83, 84
– Presse **4–5** 155
– Printmedien **4–5** 172
– Rabattgewinn **4–5** 153
– Radio **4–5** 142
– Sachgewinne **4–5** 157
– Sachpreise **4–5** 145, 157
– Schleichwerbung **4–5** 155 ff
– Schriftgröße **4–5** 188, 189
– scrollen **4–5** 201
– senkrecht **4–5** 187
– sms **4–5** 165
– Sportwette **4–5** 66
– Sternchenverweis **4–5** 181
– Stufenwettbewerb **4–5** 76
– täuschende Angaben **4–5** 33
– Täuschung **4–5** 33
– Täuschung über Gewinnchancen **4–5** 138
– Teilnahmebedingung **4–5** 101
– Teilnahmeerlaubnis **4–5** 14
– Teilnahmeleistung **4–5** 144
– Teilnahmeschluss **4–5** 146
– Teilnahmeweg **4–5** 144
– Telemediendienste **4–5** 199
– Überraschungspreis **4–5** 153
– übertriebenes Anlocken **4–5** 31, 37, 154
– Unlauterkeitsmerkmale **4–5** 31
– Unlauterkeitsrichtlinie **4–5** 13
– Unterhaltungszweck **4–5** 85
– Veranstalteridentität **4–5** 145
– Verbraucher, flüchtiger **4–5** 4
– Verbraucherleitbild **4–5** 41
– Verkaufsförderungsverordnung, Vorschlag **4–5** 13
– Verlosung **4–5** 82

– Versandhandel **4–5** 149
– Versandtasche **4–5** 186
– Vertreterbesuch **4–5** 158
– Waagerecht **4–5** 187
– Werbecharakter **4–5** 95
– Werbeveranstaltungen **4–5** 153
– Werbung, redaktionelle **4–5** 155
– Wette **4–5** 66
– Widerspruchsrecht **4–5** 148, 163
– Zufall **4–5** 78, 82, 87
– Zugänglichkeit **4–5** 172
Transparenzgebot bei Umweltwerbung 4–S 2 93, 98
Transparenzlisten 4–S 8 40
transparenzpflichtig 4–5 110
Transparenzregelungen 4–6 19; **A 17** 34
Trennungsgebot 4–3 23 ff; **4–S 5** 2, 5, 42, 57 f, 73 ff, 108
– Einträge in Suchmaschinen **4–S 12** 37
– E-mercials **4–S 12** 35 f
– Entgeltlichkeit **4–3** 23
– Ziele **4–3** 24
Treu und Glauben 2 H 15; **3** 176
TRIPS-Übereinkommen I 48; **4–S 1** 68; **4–S 10** 338 ff; **5** 63, 65
„TÜV-geprüft" 5 236, 257

Ubiquitätsprinzip I 37, 412
UDRP-Verfahren 4–S 11 159 ff
Übergangsvorschriften 22 2
Übergangszeitraum bei UGP-RL E 166
Übermittlung der Teilnahmeerklärung 4–6 80
Übermittlungskosten, übliche 4–6 125, 127
Überrumpelung 4–1 116; **4–2** 64, 116
– Überrumpelungsversuch **4–2** 91
übertriebenes Anlocken 4–2 7, 115, 172, 175; **4–5** 37; **4–6** 39
– Power Shopping **4–S 12** 287 f
Überweisung 5 356
üble Nachrede 4–S 7 125 ff
– Beweislast **8** 38
– Beweislastumkehr **4–S 7** 127
– Voraussetzungen **4–S 7** 125 ff
Üblichkeitsgrenze 4–6 134
UGP-RL E 51, 90, 106, 168, 342
– Finanzdienstleistungen **E** 167
– Generalklausel **E** 126
– Harmonisierungsqualität **E** 108
– Immobilien **E** 167
– Mindestangleichungsklauseln **E** 166
– Normzweck **E** 124
– Regelungsinhalt **E** 124
– Teilharmonisierung **E** 110
– Telos **E** 111
– Übergangszeitraum **E** 166
– Vollharmonisierung **E** 109
– s. Lauterkeitsrichtlinie
– s. Richtlinie über unlautere Geschäftspraktiken
Ulmer Gutachten 5 100
Umgehungsgefahr der Glücksspielsverbots 4–6 22
Umkehr der Beweislast
– s. Beweislastumkehr
Umfang der Informationspflichten 4–5 68
Umsatzeinbuße 9 27
„umsatzstärkstes Unternehmen" 5 187
Umsatzsteuerangaben 5 239
Umsetzung der Richtlinie 4–6 27
Umstände, besondere wettbewerbliche (Leistungsschutz) 4–9 84 ff
– Behinderung **4–9** 109
– Erschleichung und Vertrauensbruch **4–9** 103
– Rufausbeutung und Rufbeeinträchtigung **4–9** 97
– vermeidbare Herkunftstäuschung (betriebliche Herkunftsverwechslung) **4–9** 89 ff
Umtauschrecht 4–1 182, 296 ff
Umwandlung 4–S 10 84
Umweltappelle 4–S 2 5, 74, 84 f, 97
Umweltschlagworte 4–S 2 4, 14, 55, 59
Umweltschutz 4–S 2 5, 28, 43 ff, 76, 80, 84, 93, 97
Umweltsponsoring 4–S 2 5, 13, 84, 96
Umweltwerbung 4–S 2 1 ff; **5** 219, 224, 317
– absolute Umweltfreundlichkeit **4–S 2** 25 ff, 54 f
– Alleinstellungsbehauptung **4–S 2** 65
– Allgemeininteressen **4–S 2** 20, 42, 46
– Angaben **4–S 2** 11, 16, 23, 33, 50, 92
– Aufklärungspflichten **4–S 2** 12, 33 ff, 54, 91, 93, 95 ff
– Blauer Engel **4–S 2** 25, 50, 54, 55, 64, 67
– Funktionsbedingungen des Wettbewerbs **4–S 2** 46 f
– gefühlsbetonte Werbung **4–S 2** 48, 76 ff
– Grüner Punkt **4–S 2** 50, 58
– Gütezeichen **4–S 2** 51, 56, 67 ff
– Imagewerbung **4–S 2** 5, 13, 74, 78 f, 85, 87 f, 92 f
– Interessenabwägung **4–S 2** 9, 24, 42 ff
– Irreführungsgefahr **4–S 2** 18 f, 21 ff, 30, 42, 45, 51, 58, 96
– Irreführungsquoten **4–S 2** 9, 19 ff, 27, 36, 42
– Mehrdeutigkeit von Angaben **4–S 2** 34, 37, 39, 55, 59, 91
– Meinungsfreiheit **4–S 2** 43, 78, 80
– Nebenleistungen, umweltbezogene **4–S 2** 89 f, 98
– Öko-Audit **4–S 2** 4, 50
– Öko-Bilanz **4–S 2** 26, 35
– Prämierung **4–S 2** 65
– RAL **4–S 2** 56, 68 ff
– relative Umweltfreundlichkeit **4–S 2** 27 ff
– Richtlinie zum Lauterkeitsrecht **4–S 2** 10 ff
– Sachzusammenhang **4–S 2** 49, 76, 80 ff
– Schutzgegenstand des UWG **4–S 2** 3, 83
– Täuschungseignung **4–S 2** 18, 45
– Transparenzgebot **4–S 2** 93, 98
– TÜV-Prüfzeichen **4–S 2** 66
– Umweltappelle **4–S 2** 5, 74, 84 f, 97
– umweltbezogene Nebenleistungen **4–S 2** 89 f, 98
– Umweltschlagworte **4–S 2** 4, 14, 55 59
– Umweltschutz **4–S 2** 5, 28, 43 ff, 76, 80, 84, 93, 97
– Umweltsponsoring **4–S 2** 5, 13, 84, 96
– Umweltzeichen **4–S 2** 4, 11, 50 ff, 59, 61 ff
– unsachliche Beeinflussung **4–S 2** 76 f, 81, 88 ff
– Verbraucherleitbild **4–S 2** 15, 17, 19 ff, 36, 41 f, 45, 49, 52, 55, 65, 92
– Verhaltenskodizes **4–S 2** 51, 71
– Verhältnismäßigkeitsprinzip **4–S 2** 42
– Verkaufsmodalität **4–S 2** 21
– Verschweigen von Tatsachen **4–S 2** 35
– Wertreklame **4–S 2** 86, 90

– wettbewerbliche Relevanz **4–S 2** 16, 39f, 45, 71, 88
– Zugabe **4–S 2** 86, 90
Umweltzeichen 4–S 2 4, 11, 50ff, 59, 61ff; **5** 257, 310
unangemessene unsachliche Beeinflussung 4–1 1ff
– aleatorische Reize **4–1** 67, 248ff, 275, 349, 354
– Ankaufsfördermaßnahmen **4–1** 70ff
– Anlocken, übertriebenes **4–1** 41, 213ff, 270ff, 285f, 292ff, 311ff, 325ff, 341ff, 368ff
– Aufmerksamkeitswerbung **4–1** 73, 197
– Auftraggeber **4–1** 38
– Autoritäten **4–1** 118, 399ff
– Beeinflussung **4–1** 76ff, 94ff, 213ff
– Belästigung **4–1** 120, 414
– berufliche Sorgfalt **4–1** 20
– Bonussystem **4–1** 164, 336ff
– Co-Shopping **4–1** 362ff
– Direktmarketing **4–1** 3
– Dreieckskoppelung **4–1** 226ff, 431
– Druck **4–1** 100ff
– Emotionen, Ansprechen von **4–1** 157ff
– Erfolgsgarantie **4–1** 284
– Fallgruppen, entbehrliche **4–1** 154ff
– Funktionseinheit **4–1** 220ff
– Garantie, lebenslange **4–1** 283
– Gesamtangebot **4–1** 161
– geschäftliche Handlung **4–1** 68ff
– Geschäftspraxis **4–1** 23
– Gewinnchancen **4–1** 323, 326
– Gewinnspiele **4–1** 6, 319ff, 323
– Gutscheine **4–1** 35, 164, 261, 316ff
– Herkunftslandsprinzip **4–1** 91
– Imagewerbung **4–1** 72, 379
– Informationsmodell, europäisches **4–1** 16, 43
– Informationspflichten **4–1** 43, 183ff
– Internet **4–1** 91, 112, 191f, 351, 357, 373
– Kaufzwang **4–1** 106ff, 251, 298ff, 314, 392f, 417
– Kommunikation, kommerzielle **4–1** 32
– Kopplungsangebot **4–1** 37, 160ff, 170
– Kunde **4–1** 38, 74f
– Kundenbeförderung, unentgeltliche **4–1** 304ff
– Kundenbindungssysteme **4–1** 164, 336ff
– Kundendiskriminierung **4–1** 276, 350
– Kundenfang **4–1** 1, 58, 74
– Laienwerbung **4–1** 119, 315, 376f, 410ff
– Leistungswettbewerb **4–1** 73, 77ff, 168
– Liberalisierung **4–1** 39, 95, 1276
– missbräuchliche Koppelung **4–1** 177ff, 181ff, 213ff
– Naturalrabatt **4–1** 35, 166, 262
– Nötigung **4–1** 26, 101
– öffentliche Interessen **4–1** 254
– Österreich, Rechtsvergleich **4–1** 58ff
– Preisangabenpflicht **4–1** 43
– Preisausschreiben **4–1** 319ff
– Preisgarantien **4–1** 278ff
– Preisnachlass **4–1** 35, 260
– Rabatt **4–1** 34, 165, 260ff
– RabattG, Aufhebung **4–1** 87ff
– Richtlinie über unlautere Geschäftspraktiken **4–1** 17ff
– richtlinienkonforme Auslegung **4–1** 13
– Rückgaberechte **4–1** 278ff
– Sammelbesteller **4–1** 258, 428
– Schneeballsystem **4–1** 430
– Schockwerbung **4–1** 124ff; **4–2** 5, 244ff, 278, 320
– Schweiz, Rechtsvergleich **4–1** 63ff
– Social production **4–1** 72, 378
– Social sponsoring **4–1** 72, 377
– Starwerbung **4–1** 419
– Stundungen **4–1** 278ff
– Teilzahlungskauf **4–1** 286
– Transparenz, fehlende **4–1** 143f, 181ff, 267ff, 282ff, 291, 323f, 353, 367, 387ff
– Transparenzgebot **4–1** 5ff, 146, 163, 183, 269, 289, 323, 341
– Überrumpelung **4–1** 116
– Umtauschrecht **4–1** 164, 278ff
– unberechtigte Abmahnung s. Abmahnung
– Verbraucherleitbild **4–1** 84ff, 111
– Verbraucherschutz **4–1** 80
– Verkaufsfahrten **4–1** 308ff
– Verkaufsförderaktion **4–1** 33
– Verkaufsfördermaßnahmen **4–1** 40, 70ff
– Verkaufsförderungsverordnung **4–1** 30ff
– Versteigerungen, umgekehrte **4–1** 351ff
– Vorspannangebote **4–1** 172
– Warenrabatt **4–1** 35, 166, 262
– Werbefahrten **4–1** 308ff
– Werbefreiheit **4–1** 80
– Werbegeschenke **4–1** 167, 287ff
– Werbung **4–1** 32, 72ff, 124ff, 376
– wertqualifizierende Merkmale **4–1** 196ff
– Wertreklame **4–1** 73, 168f
– zeitliche Begrenzung der Koppelung **4–1** 205ff
– Zugabe **4–1** 37, 161, 169
– ZugabeVO, Aufhebung **4–1** 87ff
– Zuwendung, unentgeltliche **4–1** 36
unberechtigte Abmahnung 4–10 63ff
unberechtigte Schutzrechtsverwarnung 4–10 68ff; **12** 55
– Haftungsvoraussetzungen **4–10** 72ff
– Interessenlage **4–10** 71
– Kennzeichnung **4–10** 70
– Rechtswidrigkeit **4–10** 69
– Schadensersatzanspruch **4–10** 84
– Unterlassungs- und Beseitigungsanspruch **4–10** 83
unentgeltliche Abgabe von Waren und Dienstleistungen 4–S 1 175ff
unerbetene Telefonwerbung 5 73
Unerfahrenheit, alterstypische 4–2 131, 135, 186, 191f, 197
unerlaubte Werbung E 31
Uniform Domain Name Dispute Resolution Policy 4–S 11 159ff
Universalitätsprinzip I 183, 214
unlauterer Wettbewerb E 4
– Deliktsrecht **3** 181ff
– Individualschutz **E** 17; **1** 35, 45
– Rechtsbegriff **3** 189ff
– Rechtsharmonisierung **E** 46
– Referenzmodell des UWG **3** 176, 222
– UWG 1896 **E** 16ff
– UWG 1909 **E** 21f
– UWG 2004 **E** 37ff, 52ff, 68ff
– Unzulässigkeit **3** 3, 181

– Verbotsnorm **3** 1 ff, 150 ff
– Verhältnis zum Kartellrecht **E** 214 ff
– s. Unlauterkeit
Unlauterkeit 3 25, 148 ff
– als Deliktsrecht **3** 181
– als objektiver Tatbestand **3** 198
– als Rechtsbegriff **3** 189
– als Rechtswidrigkeitskriterium **3** 174
– Auslegung **3** 208 ff
– Begriff **3** 174
– Beurteilungsmaßstäbe **3** 208 ff
– einheitlicher Begriff **3** 38, 43 ff
– Gewinn **10** 222, 225 ff
– gute Sitten Norm **3** 174
– Konkretisierung **3** 208
– objektive Finalität **3** 200 ff
– Wertungskriterien **3** 208 ff
– s. unlauterer Wettbewerb
Unlauterkeitsmerkmale, besondere 4–5 31
Unlock
– Code **17** 17, 57
– Know-How **17** 17, 57
Unrecht im Wettbewerbsrecht
– Dogmatik **1** 35 ff
– Interessenschutz **1** 52 ff
– Wettbewerbsdeliktsrecht **1** 94 ff; **3** 151, 181 ff
– Kernbereich **3** 162 ff
Unrechtsgewinnabschöpfungsanspruch E 390
unrichtige Vorstellung 4–5 138
unsachliche Beeinflussung 4–S 2 76 f, 81, 88 f
„unschlagbar“ 5 184 f
Unterbrecherwerbung 4–S 5 18, 84 ff
Unterhaltungselektronik 5 278
Unterhaltungsstoff 4–6 152
Unterlassung 8 6; **17** 35 f
– Verhalten **8** 6
– s. Unterlassungsanspruch
Unterlassungsanspruch 4–S 8 244 ff; **4–S 11** 136 ff; **7** 14, 225; **8** 45 ff
– Abtretung **8** 114
– Aktivlegitimation **8** 230 ff
– Anstifter **8** 118, 125 ff
– Aufbrauchfrist **8** 163 ff
– Auskunftsanspruch **8** 299 ff
– Beauftragte **8** 147
– Beseitigungsfrist **8** 163 ff
– Entstehungsgeschichte **8** 1 ff
– Einstandspflicht für Dritte **8** 147 ff
– Erstbegehungsgefahr **8** 99 ff
– Gehilfe **8** 118, 125 ff
– Gesamtrechtsnachfolge **8** 117
– Gesamtschuld **8** 161
– Gesetzessystematik **8** 46
– gesetzlicher Unterlassungsanspruch **8** 45 ff
– gewillkürte Prozessstandschaft **8** 115
– Gläubiger **8** 110 ff, 230 ff
– Gläubigerwechsel **8** 114
– Haftung für Erfüllungs- und Verrichtungsgehilfen **8** 118, 154 f
– Haftung für Mitarbeiter und Beauftragte **8** 212 ff
– Hemmung der Verjährung **8** 9
– irreführende Werbung **5** 90
– Kenntnis der Tatumstände **8** 53
– Konkretisierungsgebot **12** 304 f
– missbräuchliche Geltendmachung der Abwehransprüche **8** 281 ff
– Mitarbeiter **8** 147
– Mitbewerber **8** 236 ff
– Mittäter **8** 118, 120
– Objektive Bestimmung der Unlauterkeit **8** 54
– Organhaftung **8** 118, 148
– Organisationsfehler **8** 151
– positives Tun **8** 6
– Prozessstandschaft **8** 114
– räumlicher Geltungsbereich **8** 162
– Rechtsgrundlage **8** 47 ff
– Rechtsnachfolge **8** 156
– Sanktionensystem **8** 1 ff
– Schuldner **8** 118 ff
– Schuldnerwechsel **8** 156
– Störer **8** 130 ff
– Streitgegenstand **8** 9
– Täter **8** 120
– Teilnehmer **8** 125 ff
– Teilunterwerfung **8** 181
– Umstellungsfrist **8** 163 ff
– Unterlassen **8** 6
– Verbände **8** 241 ff
– Verbandsklagebefugnis **8** 241 ff
– verfassungsmäßig berufener Vertreter **8** 149
– Verhältnis zum Beseitigungsanspruch **8** 9
– Verletzer **8** 119 ff
– Verletzungshandlung **8** 51
– Verletzungsunterlassungsanspruch **8** 51 ff
– Verletzung von Verkehrspflichten **8** 123
– vertraglicher Unterlassungsanspruch **8** 169 ff
– Verwirkung **8** 358 ff
– Voraussetzungen **8** 50
– vorbeugender Unterlassungsanspruch **8** 95 ff
– Wechsel des Unternehmensträgers **8** 15
– Wiederholungsgefahr **8** 55
Unterlassungsanspruch im Presserecht 4–S 7 45, 139, 150, 186 ff
– Abmahnung **4–S 7** 196
– Abschlussschreiben **4–S 7** 201
– Anspruchsberechtigter **4–S 7** 191
– Anspruchsverpflichteter **4–S 7** 192 ff
– Aufbrauchfrist **4–S 7** 203
– Dringlichkeit **4–S 7** 200
– Durchsetzung des Unterlassungsanspruchs **4–S 7** 195 ff
– einstweiliges Verfügungsverfahren **4–S 7** 200
– Elektronische Medien **4–S 7** 193
– Erstbegehungsgefahr **4–S 7** 190
– Hauptsacheverfahren **4–S 7** 201
– intellektuelle Verbreiter **4–S 7** 193
– Rechtsmittel **4–S 7** 200
– Rechtsweg **4–S 7** 199
– technische Verbreiter **4–S 7** 194
– Umfang des Unterlassungsgebots **4–S 7** 202
– Unterlassungsveröffentlichung **4–S 7** 201
– Unterlassungsverpflichtungserklärung **4–S 7** 197
– Verfügungsanspruch **4–S 7** 200
– Verfügungsgrund **4–S 7** 200
– Voraussetzungen **4–S 7** 187 ff
– Wiederholungsgefahr **4–S 7** 189
Unterlassungsverpflichtungserklärung 4–S 7 189, 196 f, 200 f, 237
Unterlassungsvertrag 8 169 ff
– abstraktes Schuldversprechen **8** 169
– Annahmeerklärung **8** 171
– Änderung der Rechtslage **8** 191

– Änderung der Rechtsprechung **8** 192
– Aufhebung **8** 186 f
– auflösende Bedingung **8** 186 ff
– Auslegung **8** 174 ff
– Beendigung **8** 186 ff
– Dauerschuldverhältnis **8** 188
– erneuter Verstoß **8** 184
– gleichartige Verletzungsformen **8** 175
– hinreichende Bestimmtheit **8** 173
– Inhalt **8** 172 ff
– Kartellrecht **8** 179
– konkrete Verletzungsform **8** 176
– Kündigung aus wichtigem Grund **8** 188
– Kündigungserklärung **8** 194 f
– Kündigungsfrist **8** 194 f
– Kündigung wegen Änderung der Rechtsprechung **8** 192
– Kündigung wegen Änderung der Verhältnisse **8** 188 ff
– Kündigung wegen Änderung gesetzlicher Vorschriften **8** 191
– Rechtsfolgen der Kündigung **8** 196 f
– Rechtsmissbrauch **8** 196
– Rechtsnatur **8** 169
– Reichweite **8** 177
– Schriftform **8** 169
– Unterwerfungserklärung **8** 170
– Verletzungsform **8** 175
– Verzicht auf den Zugang **8** 170
– Wegfall des Schutzrechts **8** 190
– Wirksamkeit **8** 178 f
– Zustandekommen **8** 169 ff
– zweifelhafte Rechtslage **8** 193
– s. vertraglicher Unterlassungsanspruch
Unternehmen 17 3, 27
Unternehmensaltersangaben 5 386
– Filialalter **5** 386
– Formen der Alterswerbung **5** 387
– Kontinuität **5** 386
unternehmensbezogene Werbung 6 21 ff, 28, 52, 70 ff, 115, 120 ff, 136, 236, 246, 262 ff
Unternehmensgeheimnis 17 7 ff; **18** 22
Unternehmensgruppe 5 393
Unternehmenskennzeichnung (Werbung) 5 267
Unternehmenspersönlichkeitsrecht 4–S 7 87 ff, 270 f
– Abgrenzung Unternehmenspersönlichkeitsrecht/Recht am Unternehmen **4–S 7** 105 ff
– Bundesgerichtshof **4–S 7** 89
– Bundesverfassungsgericht **4–S 7** 88
– Ehrenschutz **4–S 7** 94 ff
– freie Entfaltung der wirtschaftlichen Betätigung **4–S 7** 88
– Funktionsschutz **4–S 7** 89
– Geist der Gründer **4–S 7** 90, 91
– Literatur-Meinungsstand **4–S 7** 90
– Menschenwürde **4–S 7** 88, 90
– Recht von der Unterschiebung nicht getaner Äußerungen verschont zu bleiben **4–S 7** 104
– Schutzgüter des Unternehmenspersönlichkeitsrechts **4–S 7** 93
– Schutz von Geschäfts- und Betriebsgeheimnissen **4–S 7** 104
– sozialer Geltungsanspruch **4–S 7** 89 f, 94, 96
– Träger des Unternehmenspersönlichkeitsrechts **4–S 7** 92
– Verfügungsrecht über die Darstellung des Unternehmens **4–S 7** 99 ff
– weitere Schutzgüter **4–S 7** 104
– Wesen der juristischen Person **4–S 7** 88 ff
Unternehmensschutz 1 39
Unternehmensstandards E 239
Unternehmer 2 A 28, D 16, G 1
– Abschluss von Rechtsgeschäften **2** G 4, G 6
– Begriff **2** G 1 ff, G 7 ff
– Beweislast **2** G 35 ff
– Definitionsnorm **2** A 1 f
– Existenzgründung **2** G 33
– freie Berufe **2** G 31
– gemeinnützige Unternehmen **2** G 30
– Gewerbetreibender **2** D 17, G 3 ff
– gewerbliches Handeln **2** G 28 f
– juristische Personen des öffentlichen Rechts **2** G 12 ff
– juristische Personen des Privatrechts **2** G 10 f
– Kapitalgesellschaften **2** G 11
– Kaufmann **2** I 2
– Künstler **2** G 31
– Landwirtschaft **2** G 31
– Mischfälle **2** G 34
– Mitbewerber **2** D 16 f
– natürliche Person **2** G 9
– Nebengeschäfte **2** G 28, G 32
– Personengesellschaften **2** G 19 ff
– Personenkreis **2** G 8
– unternehmensbezogene Rechtsgeschäfte **2** G 39
– Unternehmerleitbild **2** G 2
– Verein **2** GO 11
– Wissenschaft **2** G 31
– Zweckrichtung des Unternehmerverhaltens **2** G 26 ff
Unternehmerbegriff 2 G 7
unternehmergleiche Personen 2 G 40
unternehmerische Leistung 3 228 ff
unternehmerische Sorgfalt 2 F 3
unternehmerische Tradition 5 299, 369, 385
Unternehmerleitbild 2 G 2
– s. reasonable competitor
Unterschieben
– von Waren **5** 26; **A 22** 6
– von Rechnungen (ohne Bestellung) **5** 26; **A 22** 1 ff
– s. Werbematerial mit Rechnung
unterschwellige Werbung 4–S 5 80 f, 108
Unterwerfung 12 32 ff
– s. Gelegenheit zur Unterwerfung
Unterwerfungserklärung 8 65 ff; **15** 105
– abstraktes Schuldversprechen **8** 68
– Aufbrauchfrist **8** 72
– Aufklärungspflichten **8** 90
– Auslegung **8** 67
– Bedingung **8** 70
– Befristung **8** 70
– Darlegungs- und Beweislast **8** 89
– Drittunterwerfung **8** 89
– empfangsbedürftige Willenserklärung **8** 67
– Endtermin **8** 70
– erneuter Verstoß **8** 91
– Ernsthaftigkeit **8** 89
– Ernstlichkeit **8** 73

– Folgen **8** 88 f
– Form **8** 67 ff
– Haftung für Dritte **8** 71
– Inhalt **8** 69 ff
– Rechtsfolge **8** 88
– Rechtsnatur **8** 67 ff
– Teilunterwerfung **8** 74
– Umfang **8** 69 ff
– Verhältnis zu Dritten **8** 89
– Vertragsstrafe **8** 75 ff
– Vertragsstrafeversprechen **8** 75
– Wiederholungsgefahr **8** 65
– Zugang **8** 67
– Zweitabmahner **8** 89
Unterzeichner
– s. Verhaltenskodex
unverbindliche Preisempfehlung 4–S 14 105, 148; **5** 359 f
unverfälschter Wettbewerb 1 85, 96; **3** 59, 214, 245[8]
Unzulässigkeit einer geschäftlichen Handlung 3 54
unzumutbare Belästigungen I 268, 274; **4–2** 9, 74, 92, 96
– Meta-Tagging **4–S 12** 92
– s. belästigende Werbung
Urheber eines Kodex 2 A 26
Ursprungsbezeichnungen 4–S 10 20, 105, 253 ff; **6** 200, 208
– s. geographische Herkunftsangaben
Urteil 12 350 ff
– Aufbrauchfrist **12** 356
– Bestimmtheit der Urteilsformel **12** 352
– Kosten **12** 369 ff
– Kosten eines Patentanwalts **12** 372
– Kosten von Testkäufen **12** 373
– Ordnungsmittelandrohung **12** 359
– Prozessurteil **12** 350 ff
– Prüfung der Prozessvoraussetzungen **12** 351
– Rechtskraft **12** 360 ff
– – Auskunfts- oder Rechnungslegungsanspruch **12** 364
– – Erstreckung nach § 11 UKlaG **12** 386
– – gesetzlicher Unterlassungsanspruch **12** 364
– – negative Feststellungsklage **12** 362
– – objektive **12** 360
– – Präjudizialität **12** 363
– – Prüfung von Amts wegen **12** 361
– – Rechtsfolge **12** 366
– – Schadensersatzanspruch **12** 364
– – subjektive **12** 367
– – Unterlassungsurteil **12** 365
– – Verstoß gegen Gemeinschaftsrecht **12** 366
– Reisekosten des Rechtsanwalts **12** 371
– Sachurteil **12** 350 ff
– sofortiges Anerkenntnis **12** 370
– teilweises Obsiegen **12** 369
– Veröffentlichungsbefugnis **12** 186 ff
– zeitliche Reichweite des Auskunftsurteils **12** 357 f
– zeitliche Reichweite des Unterlassungsurteils **12** 354
Urteilstenor (irreführende Werbung) 5 468
„uvp“ 5 247, 360
UWG 1896 E 16
UWG 1909 E 21
UWG 2004 E 39, 52, 68; **1** 2
UWG 2008 E 80, 168
– Rechtssystematik **E** 171
– Regelungsinhalt **E** 171
UWG-Novelle 2008 E 37, 80, 168
UWG-Reform 2004 E 37, 39, 68

variable Kosten 9 32
veralteter Test 4–S 8 281 ff
Veranstalteridentität 4–5 145
Verantwortungsethik E 235
Verantwortungsstufung E 296, 298
Verband 8 241 ff; **9** 7
– ausländische Verbände **8** 249
– Ausstattung **8** 260 ff
– Dachverband **8** 251
– erhebliche Zahl von Unternehmern **8** 257
– Fachverband **8** 251
– finanzielle Ausstattung **8** 260, 262
– Förderung der gewerblichen oder selbstständigen beruflichen Interessen **8** 250
– gemischte Verbände **8** 259
– Geschäftsführung **8** 261
– Geschäftsstelle **8** 261
– Interessenberührung **8** 265
– Mitglieder **8** 253 ff
– mittelbare Verbandszugehörigkeit **8** 258
– personelle Ausstattung **8** 260 f
– Sachbefugnis **8** 266
– sachliche Ausstattung **8** 260 f
– sachlicher und räumlicher Markt **8** 253
– Satzungszweck **8** 263 f
– Verbandszweck **8** 247
– Wettbewerbsverein **8** 251
– s. Verbandsklagebefugnis
Verbandsbezeichnungen 5 402
– Bundesverband **5** 393, 402
– Fachverband **5** 402
– Winzergenossenschaft **5** 393
– Wirtschaftskammer **5** 485
Verbandsklage I 356, 418, 458; **10** 1, 6 ff, 47 ff, 53 ff, 56, 58, 61 ff
– internationale **I** 519
Verbandsklagebefugnis 8 241 ff
– Doppelfunktion **8** 245
– eidesstattliche Versicherung **8** 267
– Freibeweis **8** 267
– Industrie- und Handelskammern **8** 280
– Handwerkskammern **8** 280
– Mitgliederinteressen **8** 265
– Prozessführungsbefugnis von Verbänden **8** 245 ff, 266
– Rechtsnatur **8** 243
– Verbandsausstattung **8** 260
– Verbandszugehörigkeit **8** 258
– Verbraucherverbände **8** 268 ff
– Voraussetzungen **8** 258
Verbot aufdringlicher Werbung für Freiberufler 4–S 3 64, 77
Verbot irreführender Werbung für Freiberufler 4–S 3 64, 78 ff
Verbot reklamehafter Werbung für Freiberufler 4–S 3 64 ff, 74 ff
Verbotsnorm 3 150
– s. Generalklausel
Verbot unlauteren Wettbewerbs 3 150 ff

Verbot unsachlicher Werbung für Freiberufler 4–S 3 64 ff
Verbraucher 2 A 32, I 1; **4–6** 47; **A 17** 25
– Abschluss von Rechtsgeschäften **2** I 29 f
– adressatenbezogene Umstände **5** 221, 469
– Arbeitnehmer **2** I 22
– Begriff **1** 68; **2** I 7 ff
– Beweislast **2** I 27 f
– branchenfremde Nebengeschäfte **2** I 26
– Definitionsnorm **2** A 1 ff
– dual-use **2** I 23
– eheliche Gütergemeinschaft **2** I 17
– Einzelperson **2** I 9
– Erbengemeinschaft **2** I 17
– Existenzgründung **2** I 25
– flüchtiger Verbraucher **2** I 31
– freie Berufe **2** I 22
– Gelegenheitsgemeinschaft **2** I 18
– Geschäftszweck **2** I 19
– Gesellschaft bürgerlichen Rechts **2** I 18
– gewerblicher Zweck **2** I 21
– Insolvenzverwalter **2** I 16
– lauterkeitsrechtliche Begriffsbestimmung **2** I 14
– letzter Verbraucher **2** C 5, I 4
– nachgeordneter Zweck **2** I 23
– natürliche Person **2** I 8 ff, I 16 ff
– Nebenerwerbszweck **2** I 24
– Personenmehrheit **2** I 15
– Personenverband **2** I 14
– privater Zweck **2** I 20
– produktbezogene Umstände **5** 222
– richtlinienkonforme Auslegung **2** I 5 f
– Situationsangemessenheit **2** I 35
– Testamentsvollstrecker **2** I 16
– Treuhänder **2** I 16
– unternehmensbezogene Rechtsgeschäfte **2** I 28
– Verbands-GbR **2** I 18
– Vermögensverwaltung **2** I 24
– verständiger Verbraucher **2** I 31 ff; **5** 85, 214, 225 ff, 239, 262, 271, 469
– vertriebsbezogene Umstände **5** 225
– Wohnungseigentümergemeinschaft **2** I 17
– Zweck des Verbraucherverhaltens **2** I 19 ff
– s. Verbraucherleitbild
– s. Verbraucherrechte
– s. Verbraucherschutz
Verbraucherbegriff 2 I 2, I 7
verbraucherbezogenes Lauterkeitsrecht E 122, 384; **1** 23, 62; **3** 1
Verbrauchererwartung 4–5 114
Verbrauchergruppe E 132; **3** 115
Verbraucherinnen
– weibliche Sprachform **1** 14[2]
Verbraucherinteressen 3 214
– s. Verbraucherschutz
Verbraucherkredit E 47
Verbraucherkreditrichtlinie 4–S 14 20 ff
Verbraucherleistung A 17 31
Verbraucherleitbild E 50, 130, 155, 382; **I** 22; **2** I 31; **3** 238; **4–1** 15, 84 ff, 111; **4–5** 41, 42; **4–S 1** 84 ff, 93 ff, 196; **4–S 2** 8, 15, 17, 19 ff, 36, 41 f, 45, 49, 52, 55, 65, 92; **4–S 15** 30; **5** 31, 41, 46, 84 f, 93, 189 f, 212, 282, 474; **6** 18, 36, 55, 102, 162, 194, 207, 238, 248, 295, 305, 307
– adressatenbezogene Umstände **5** 221
– altes **4–2** 118
– demoskopische Gutachten **2** I 33
– Erheblichkeitsschwelle **3** 77
– europäisches Verbraucherleitbild **I** 22; **2** I 32 ff; **3** 238 ff; **6** 18, 207, 295, 305, 307
– europäisches, neues **4–2** 2, 17, 109, 120, 123, 145, 147, 150, 238
– flüchtiger Verbraucher **2** I 31; **5** 49, 58, 85
– Gefährdungstatbestände **E** 43
– produktbezogene Umstände **5** 187, 208
– Rechtsharmonisierung **E** 50
– Rechtsvergleichung **5** 213, 318
– – Frankreich **5** 127
– – Italien **5** 133
– – Österreich **5** 143
– – Schweiz **5** 152
– – USA **5** 109
– – Vereinigtes Königreich **5** 118
– situationsadäquat aufmerksamer Verbraucher **5** 53, 55, 59 f, 74, 202, 214 ff, 219 ff, 310
– Situationsangemessenheit **2** I 35
– strafbare Werbung **16** 35, 38, 46, 58 f, 77 f, 136
– verständiger Verbraucher **2** I 32
– s. Verbraucher
– s. Verbraucherschutz
– s. Verbraucherrechte
verbraucherpolitische Äußerungen 2 B 44
Verbraucherrechte E 383, 409
– Auskunftsanspruch **E** 392
– Gewinnabschöpfungsanspruch **E** 390
– Schadensersatzanspruch **E** 388
– Vertragsauflösungsrecht **E** 391
– s. Verbraucherschutz
Verbraucherrechte als Selbstverständlichkeiten A 10 1 ff
– Erwecken des unzutreffenden Eindrucks **A 10** 9 f
– gesetzlich bestehende Rechte **A 10** 7
– Kulanz **A 10** 8
– unwahre Angabe **A 10** 9 f
– vereinbarte Rechte **A 10** 8
Verbraucherrelevanzkriterium 3 67, 73, 82, 105
Verbraucherschutz E 69, 87, 170; **I** 8, 22, 97, 123, 146 ff, 196, 228 f; **1** 10; **4–1** 80; **4–S 1** 41 ff; **4–S 5** 100 ff; **4–S 8** 1; **4–S 14** 57, 72; **5** 47, 61; **6** 16, 17 f, 33, 36, 99, 140; **10** 1 ff, 4, 8, 10 ff, 49 f, 53 f, 56, 58 ff, 61, 66, 103, 113
– Binnenmarkt **3** 246 ff
– Informationsmodell **E** 378 ff, 394
– Konsumentensouveränität **E** 271
– Korrektiv von Unvollkommenheiten im Informationsverhalten **5** 74
– originärer Verbraucherschutz **1** 13 ff
– rechtgutsbezogene Rechtswidrigkeit **3** 185
– Schutzrichtung **5** 82, 212
– Schutz vor manipulativen Marketingtechniken **5** 74
– UWG-Reform **E** 44, 56 ff, 69
– Verbraucherbegriff **5** 82
– Verbraucherinteressen **1** 23, 47, 63, 70 ff
– Verbraucherrechte **E** 378 ff
– Verbraucherschutzgesetze **2** I 3
– Verbraucherschutzniveau **5** 62, 66
– „zwingendes Erfordernis" als europarechtliche Rechtfertigung **5** 68, 73
– s. Leistungswettbewerb
– s. Verbraucher

– s. Verbraucherleitbild
– s. Verbraucherrechte
Verbraucherschutzniveau 5 62, 66, 78, 95
Verbraucherschutzrecht 1 58
Verbraucherunterlassungsklage 9 3
Verbraucherverbände 8 268 ff; **9** 3; **10** 1 ff, 9, 16, 48 f, 52 ff, 57, 106, 153 f, 168, 277
Verbraucherverträge E 47
Verbrauchsgüterkaufrichtlinie 5 42, 422
Verbreitung von Presseerzeugnissen 5 311
Verfahrensvorschriften E 78
Verfassung
– Markt **E** 260, 277 ff
– Werbung **E** 312
– Wettbewerb **E** 222, 223, 277 ff
verfassungskonforme Auslegung 3 211
– Legaldefinition **2** A 12
verfassungsoptimierende Auslegung 3 211
verfassungsmäßiger Vertreter 8 148 ff
verfassungsrechtlich geschützte Rechtsgüter 4–11 89 ff
Verfügungsrecht über die Darstellung der eigenen Person 4–S 7 77 ff
– Abwägung **4–S 7** 78
– Informationelle Selbstbestimmung **4–S 7** 81
– Lebensbild **4–S 7** 77
– Selbstbestimmungsrecht **4–S 7** 77
– Straftäter **4–S 7** 79
– Werbung **4–S 7** 80
Verfügungsrecht über die Darstellung des Unternehmens 4–S 7 99 ff
Vergabe A 20 28
Vergabeverfahren der Domainnamen 4–S 11 23 ff
vergleichender Warentest 4–S 7 115 f; **5** 175, 274, 323; **5 a** 26; **6** 56, 186, 315 ff
– Abwertung **4–S 8** 211 ff
– Aktualität **4–S 8** 230 ff
– Anbieterbefragung **4–S 8** 64
– Anbietervorinformation **4–S 8** 54 ff
– Angebotsanalyse **4–S 8** 45 ff
– Anzahl der Prüfmuster **4–S 8** 167
– Anzeigen **4–S 8** 153
– Auflistung **4–S 8** 4
– Ausreißer **4–S 8** 57
– Auswahl der Prüfmuster **4–S 8** 169
– Baugleichheit **4–S 8** 275
– Behörden **4–S 8** 40
– Betriebsbezogenheit **4–S 8** 117 ff
– Bewertung **4–S 8** 201 ff
– Darstellung (Testergebnisse) **4–S 8** 217 ff
– Dienstleistungstest **4–S 8** 62
– DIN-Normen **4–S 8** 185 ff
– Durchschlagseffekt s. Abwertung
– Eilverfahren **4–S 8** 159 ff
– Einkauf der Prüfmuster **4–S 8** 50
– Einzelurteile **4–S 8** 60
– Ermessenspielraum **4–S 8** 67 s. Freiraum
– Fiktionshaftung **4–S 8** 265
– Freiraum **4–S 8** 192, 198
– Fundstelle **4–S 8** 288
– Gegenannoncen **4–S 8** 256
– Gegendarstellung **4–S 8** 251
– geschäftliche Handlungen **4–S 8** 137
– gesetzliche Vorschriften **4–S 8** 192
– Gewichtungen **4–S 8** 31, 85, 207
– Gleichbehandlung **4–S 8** 175
– Gruppenurteile **4–S 8** 207
– Güterabwägung **4–S 8** 126 ff, 128, 189, 247
– Handel **4–S 8** 5
– Interessenabwägung **4–S 8** 69, 239 s. Güterabwägung
– Konkurrenzprodukte **4–S 8** 113, 119
– Kurzfassungen **4–S 8** 228 s. test-Kompass
– Lebensmitteltests **4–S 8** 53
– Leistungswettbewerb **4–S 8** 3
– Marktauswahl **4–S 8** 43
– Markttransparenz **4–S 8** 3
– Meinungsäußerung **4–S 8** 10, 100
– Messergebnisse **4–S 8** 55, 106
– Nachprüfungen **4–S 8** 168 ff
– Neutralität **4–S 8** 67, 135 ff, 148
– Neutralität des Prüfinstituts **4–S 8** 148
– Notenstufen **4–S 8** 60, 205
– Objektivität **4–S 8** 67, 155
– Preisvergleich **4–S 8** 78
– Prüfgutachten **4–S 8** 54
– Prüfinstitut **4–S 8** 49, 148
– Prüfmuster **4–S 8** 166 ff
– Prüfprogramm **4–S 8** 47, 64
– Qualitätsrang **4–S 8** 276
– Qualitätsurteil **4–S 8** 87, 215
– Qualitätswerbung **4–S 8** 7
– Ranglisten **4–S 8** 83
– Reflexwirkung **4–S 8** 112 ff
– Richtigkeit der Prüfmuster **4–S 8** 166
– Rückruf **4–S 8** 236
– Sachgesamtheiten **4–S 8** 179 ff
– Sachkunde **4–S 8** 157
– Sachverständigengutachten **4–S 8** 73
– Schadensersatzanspruch **4–S 8** 252 ff
– Schmähkritik **4–S 8** 127
– sensorische Prüfung **4–S 8** 51
– Sicherheitsprüfung **4–S 8** 52, 211
– Sorgfaltspflicht **4–S 8** 253
– Stiftung Warentest
– – Bedingungen und Empfehlungen zur Werbung mit Testergebnisse **4–S 8** 263
– – Fachbeiräte **4–S 8** 22
– – Kuratorium **4–S 8** 18 ff
– – Organe **4–S 8** 15 ff
– – Sonderrolle **4–S 8** 200
– – Stiftungszweck **4–S 8** 12
– – Verschwiegenheitspflicht **4–S 8** 24, 26
– – Verwaltungsrat **4–S 8** 16
– – Vorstand **4–S 8** 15
– – Warentestprojekte **4–S 8** 31
– Tatsachenbehauptung **4–S 8**
– – Abgrenzung von Werturteil **4–S 8** 68 ff, 94, 256, 295
– – Zulässigkeit **4–S 8** 238 ff
– Testbericht **4–S 8** 45, 57, 66 ff, 74, 84 ff, 127, 135 ff
– test-Kompass **4–S 8** 217 s. Kurzfassung
– Testpreiswerbung **4–S 8** 287
– Testveranstalter **4–S 8**
– – Behörden **4–S 8** 39 ff
– – Stiftung Warentest **4–S 8** 11 ff

– – weitere **4–S 8** 34 ff
– Testverfahren **4–S 8** 160 ff
– Transparenzlisten **4–S 8** 40
– Unterlassungsanspruch **4–S 8** 244 ff
– veralteter Test **4–S 8** 281 ff
– Verbraucherschutz **4–S 8** 1
– Vergleichsobjekte **4–S 8** 163
– Vertretbarkeit **4–S 8** 131
s. Ermessensspielraum, Freiraum
– Werbung mit Testergebnissen **4–S 8** 265 ff
– Werturteil
– – Abgrenzung von Tatsachenbehauptung **4–S 8** 68 ff, 111 ff, 256, 295
– Wettbewerbsabsicht **4–S 8** 142, 146
– Wettbewerbshandlungen **4–S 8** 66 ff
– Widerruf **4–S 8** 250
– Zerstörungstests **4–S 8** 197
vergleichende Werbung E 36, 47; **I** 266, 274; **4–S 5** 64 f; **4–S 12** 8; **6** 1 ff; **9** 11
– Abwehrvergleich **6** 2, 26, 223, 244 f, 271
– Aufforderung zum Selbstvergleich **6** 73 f, 94, 331
– Auskunftsvergleich **6** 2, 141, 152, 163, 171, 181
– Bagatellgrenze **6** 31, 36
– Binnenmarkt **6** 15, 16, 33
– Champagnerklausel **6** 9
– Eigenpreisvergleich **6** 69, 160
– Eigenvergleich **6** 69
– ergänzender Leistungsschutz **6** 93, 269, 271
– Erheblichkeitsschwelle **6** 29 ff, 85 f, 99, 106, 141, 151, 161, 220, 239, 242, 243, 307, 310 f
– Förderungsziel **6** 53
– Fortschrittsvergleich **6** 2 f, 69, 221
– Generikawerbung **6** 272, 279
– Gleichwertigkeitsbehauptung **6** 73, 79, 82 ff, 210, 224, 226, 277 ff
– Herabsetzung und Verunglimpfung **6** 3, 20, 25, 32, 34, 40, 52, 78, 150, 230 ff, 236 ff, 271 f, 274, 307, 335
– Humanarzneimittel, vergleichende Werbung für **6** 10, 19
– Imagetransfer **6** 207, 210, 212 ff, 224, 229
– Imagewerbung **6** 54 f, 73, 93 ff, 103, 138, 139, 143 f, 168, 178
– irreführende vergleichende Werbung **6** 118, 295 ff
– Irreführungsmaßstab **6** 42 ff, 295 f
– Kompatibilitätswerbung **6** 79 f, 82 ff, 138, 144, 221, 276 ff
– Leistungswettbewerb **6** 17 f, 32 ff, 92, 99, 105, 138, 151, 167, 220, 237, 241, 243, 246 f, 273, 310, 315
– Liberalisierungsverbot **6** 6 f, 15
– markenmäßige Benutzung **6** 49, 90
– Markenrecht, Verhältnis zum 6 49, 89 f, 191
– Markenrechtsrichtlinie **6** 83, 89 f, 191, 213, 267
– Meinungsbefragungen **6** 97, 142, 154, 189, 336, 343
– Mitbewerber **6** 101 ff
– Nachfragevergleich **6** 55, 141, 152, 163, 171, 174, 178, 181
– Nichtleistungswettbewerb **6** 37
– Objektivitätsgebot **6** 148 ff, 166 f, 180, 184, 296, 327 f, 334, 337
– Öffnungsklausel **6** 47
– Parfümklausel **6** 266
– persönliche vergleichende Werbung **6** 21 ff, 28, 52, 71 f, 115, 120 ff, 136, 236, 246, 262 ff
– Persönlichkeitsrecht, Verhältnis zum **6** 51
– Personalwerbung **6** 54
– Preisgarantie **6** 110, 160
– Preisvergleich **6** 3, 19, 69, 110, 123, 132, 145 f, 147, 156, 157 ff, 182 f, 199, 202 f, 149 ff, 189, 190 ff, 303 ff, 320
– Produktbegriff **6** 36, 99
– Rufausbeutung **6** 75, 92 ff, 103, 204 ff, 212 ff, 272 ff, 284 ff, 335
– Rufbeeinträchtigung **6** 204 ff, 227 ff
– Sachlichkeitsgebot **6** 18, 22, 26, 34 ff, 105, 111, 148, 151, 158, 161, 180, 216, 250, 299, 346, 348
– Schmarotzen **6** 2
– Sonderangebotswerbung **6** 288 ff
– Spitzenstellungswerbung **6** 27, 68, 110, 302, 307
– Stiftung Warentest **6** 316, 318, 321, 324, 329, 357 ff
– Substituierbarkeit **6** 93 ff, 100, 101 ff, 123 ff, 179, 259, 273, 328
– Systemvergleich **6** 2 f, 27, 52, 76 f, 110, 111, 112, 123
– Testergebnisse, Werbung mit **6** 329 ff
– unternehmensbezogene Werbung **6** 21 ff, 28, 52, 70 f, 115, 120 ff, 136, 236, 246, 262 ff
– Urheberrecht, Verhältnis zum **6** 50
– Ursprungsbezeichnungen **6** 200, 208
– Verbotskatalog **6** 6, 14, 15, 28, 121
– Verbraucherleitbild **6** 18, 36, 48, 55, 102, 162, 194, 207, 238, 248, 295, 305, 307
– Vergleich, Begriff **6** 160 ff
– Verhältnismäßigkeitsgrundsatz **6** 18, 26, 32, 36, 135, 142, 218, 228, 243, 310, 312
– Verwechslungsgefahr **6** 190, 193
– Wahrnehmung berechtigter Interessen **6** 3, 244
– Warenartvergleich **6** 52, 78
– Warengattungsvergleich **6** 78
– Warentest **6** 58, 186, 315 ff
– Warenverkehrsfreiheit **6** 5, 36, 140, 216
– Werbeverbote **6** 19
– Werbung, Begriff **6** 53 ff
– Wettbewerbsrechtssystem, integratives **6** 17 f, 26, 33, 151, 310
– Wettbewerbsverfälschung **6** 17 f, 29 ff, 141, 151, 161, 311
– Wettbewerbsverhältnis **6** 85, 86, 101 f, 309, 318, 321
– Zulässigkeitskatalog **6** 6, 9, 13, 15, 24, 61, 62
Vergleichsobjekte 4–S 8 163
Verhaltenskodex 2 A 24, F 1; **4–S 2** 51, 71; **5** 416 ff; **A 1** 1 ff; **A 3** 1 ff
– Bedeutung **A 1** 8 f
– Begriff **2** F 20
– Beispiele **2** F 40
– berufsständische Verhaltenspflichten **A 1** 5, 13
– billigende Stelle **A** 3, 7 f
– Billigung **A 3** 2, 9
– Bindung **A 1** 13
– Codes of Conduct **A 1** 8
– Corporate Citizenship **A 1** 5, 8, 11
– Corporate Social Responsibility (CRS) **A 1** 5
– Definiton **A 1** 13; **A 3** 6
– Effizienz **A 1** 9
– Freiwilligkeit **A 1** 8

– Good Will **A 1** 11; **A 3** 4
s. Good-Will
– Gütezeichen **A 1** 4
s. Gütezeichen
– irreführende Angaben **2** F 27
– kartellrechtliche Zulässigkeit **A 1** 10
– Marktausschluss **A 1** 8
– Nachteile **A 1** 9
– per se-Verbote **2** F 30
– Qualitätscharta **A 1** 4
– Sanktionierung **A 1** 3, 9
– Selbstkontrolle **A 1** 5 f
s. Selbstkontrolle
– Selbstregulierung **A 1** 5 f
– Selbststeuerung **A 1** 5 f
– Selbstverpflichtung **A 1** 5, 8; **A 3** 4
– Unterzeichner **A 1** 14
– unwahre Angabe der Billigung **A 3** 3 ff
– unwahre Angabe der Unterzeichnung **A 1** 15 f
– Urheber eines Kodex **2** F 16
– Verbindlichkeit **A 1** 5
– Vorteile **A 1** 9
– Zertifizierung **A 3** 4 f
– s. Verhaltenskodizes
Verhaltenskodizes **E** 142; **2** F 1, H 9
– Kontrolle **2** F 5
– s. Verhaltenskodex
Verhaltensunrecht **3** 234 ff
Verhältnismäßigkeitsgrundsatz **E** 50, 111, 420; **3** 242; **4–S 2** 42
– Erheblichkeitsschwelle **3** 277
– europäischer Verhältnismäßigkeitsgrundsatz **3** 242 ff; **6** 18, 26, 36, 248
– Gefährdungstatbestände **E** 43
– Rechtsharmonisierung **E** 50
Verhältnismäßigkeit zwischen Mittel und Zweck **E** 111
Verjährung **11** 1 ff
– Ablaufhemmung **11** 5
– abschließende Regelung **11** 5
– allgemeine Vorschriften **11** 5
– Anspruch auf Urteilsveröffentlichung **11** 51
– Anspruch aus eigenem Schutzrecht **11** 7
– Ansprüche aus ergänzendem wettbewerbsrechtlichen Leistungsschutz **11** 7
– Anspruch aus § 945 ZPO **11** 18
– Ansprüche aus ungerechtfertigter Bereicherung **11** 9
– Ansprüche aus vollstreckbaren Urkunden **11** 5
– Ansprüche aus vollstreckbaren Vergleichen **11** 5
– Anspruchskonkurrenz **11** 6 ff
– Ansprüche wegen Kreditgefährdung **11** 6
– Ansprüche wegen Namensverletzung **11** 6
– Ansprüche wegen Verletzung absoluter Rechte **11** 6
– Ansprüche wegen Verletzung der Firma **11** 6
– Ansprüche wegen Verletzung eines Schutzgesetzes **11** 7
– Ansprüche wegen vorsätzlicher sittenwidriger Schädigung **11** 6
– Auskunftsanspruch **11** 17
– Beginn **11** 5, 21
– Bereicherungsanspruch **11** 18
– Beweislast **11** 81
– Darlegungslast **11** 81
– Eigentum **11** 6
– Eingriff in den eingerichteten und ausgeübten Gewerbebetrieb **11** 7
– Einrede **11** 80
– Entstehungsgeschichte **11** 1 ff
– ergänzender wettbewerbsrechtlicher Leistungsschutz **11** 7
– Erstbegehungsgefahr **11** 13
– Festsetzungsverjährung **11** 18
– fortgesetzte Handlung **11** 28
– Gesetzeskonkurrenz **11** 6
– Gesetzessystematik **11** 4
– Gewinnabschöpfungsanspruch **11** 51
– Hemmung **11** 52 ff
– Hemmung der Verjährung **11** 52 ff
– Hemmungstatbestände **11** 55
– Höchstfristen **11** 46
– im Insolvenzverfahren festgestellte Ansprüche **11** 5
– Kosten des Abschlussschreibens **11** 8
– kurze Verjährungsfrist **11** 11 ff
– Leistungsverweigerungsrecht **11** 80
– Löschungsanspruch **11** 16
– Neubeginn **11** 5, 77 f
– Normzweck **11** 3
– Ordnungsmittel **11** 19
– Persönlichkeitsrecht **11** 6
– Rechnungslegungsanspruch **11** 17
– rechtskräftig festgestellte Ansprüche **11** 5, 19
– Rechtsnachfolge **11** 36
– Schadensersatzanspruch **11** 18
– sekundäre Darlegungslast **11** 81
– Unterlassungsanspruch **11** 12
– Verhältnis zu den Verjährungsvorschriften des BGB **11** 5 ff
– Verhältnis zu spezialgesetzlichen Verjährungsvorschriften **11** 5 ff
– Verjährungsbeginn **11** 21 ff
– Verjährungseinrede in der Revisionsinstanz **11** 80
– Verjährungseinrede in der Tatsacheninstanz **11** 80
– Verjährungsfrist **11** 45, 49
– Verletzung absoluter Rechte **11** 6
– Verletzungsunterlassungsanpruch **11** 12
– Veröffentlichungsanspruch **11** 16
– vertraglicher Unterlassungsanspruch **11** 15
– Vertragsstrafe **8** 209 f
– verwirkte Vertragsstrafe **11** 15, 20
– Vollstreckungsverjährung **11** 19
– vorbeugender Unterlassungsanspruch **11** 12
– Wettbewerbsverbot **11** 10
– Widerrufsanspruch **11** 16
– Wirkung **11** 80
Verjährungsbeginn **11** 21 ff
– Abwehransprüche **11** 24 ff
– Beseitigungsanspruch bei Dauerhandlung **11** 29
– dauernde Beeinträchtigung **11** 26
– Einzelhandlung **11** 25
– Entstehung des Anspruchs **11** 23 ff
– Entstehung des Schadensersatzanspruchs **11** 24 ff
– fortgesetzte Handlung **11** 28
– Fortsetzungszusammenhang **11** 25
– Gesetzessystematik **11** 21
– Gewinnabschöpfung **11** 51 f
– Gläubiger **11** 40
– grob fahrlässige Unkenntnis **11** 22, 38

– Handlungseinheit **11** 28
– Informationsabfragepflicht **11** 43
– Informationsweiterleitungspflicht **11** 43
– Kenntnis **11** 34 ff
– Kenntnis des Gläubigers **11** 40 ff
– Kenntnis des rechtsgeschäftlichen Vertreters **11** 40
– Kenntnis des Wissensvertreters **11** 40
– Kenntnis von der Person des Schuldners **11** 35 f
– Kenntnis von Organen **11** 41
– Kenntnis von Organmitgliedern **11** 41
– Kenntnis von Tatumständen **11** 34
– Marktbeobachtungspflicht **11** 38
– Mehrheit von Gläubigern **11** 42
– Mehrzahl von Einzelhandlungen **11** 26
– Nachforschungspflicht **11** 38
– § 717 Abs. 2 ZPO **11** 33
– rechtskräftig festgestellter Unterlassungsanspruch **11** 32
– Rechtsnachfolge **11** 44
– Schadensersatzanspruch **11** 24 ff, 30, 47 f
– Schadensersatzanspruch bei Dauerhandlung **11** 30
– Schadensersatzanspruch nach § 945 ZPO **11** 33
– Schuldner **11** 35
– Spätfolgen **11** 24
– Unterlassungsanspruch **11** 26
– unvorhersehbare Schadensfolgen **11** 24
– Verletzerwille **11** 25
– vertraglicher Unterlassungsanspruch **11** 31
– Vertragsstrafe **11** 31
– Widerrufsanspruch **11** 29
– Wissensvertreter **11** 40
– Wissenszurechnung bei juristischen Personen **11** 43
Verjährungshemmung 11 52 ff
– s. Hemmung der Verjährung
Verkaufsanlassangaben 5 328, 330, 450
– s. Geschäftsaufgabe
Verkaufsfahrten
– s. Werbefahrten
verkaufsfördernde Aktionen 4–6 18
Verkaufsförderung E 303
Verkaufsförderung im Binnenmarkt
– Vorschlag einer Verordnung **I** 153 ff; **4–6** 18 ff
– s. Sales-Promotion-VO
Verkaufsförderungsmaßnahmen E 105; **I** 264, 307 ff, 330; **4–1** 33, 40 ff, 52 ff, 70 ff; **4–4** 9 ff; **4–5** 47
– Informationspflichten **4–1** 43
Verkaufsförderungsverordnung 4–5 13; **4–6** 18
Verkaufsmodalität 4–S 2 21; **5** 71
Verkaufsort 4–6 105
Verkaufsveranstaltungen E 41 f
Verkaufsverlosung 4–6 66
– Irreführung durch **5** 330, 332
Verkaufsvertreter 4–6 59
Verkauf unter Selbstkosten 4–S 1 89, 91, 272
Verkehrsauffassung 5 22, 202
– Bedeutung der **5** 207, 469
– Ermittlung **5** 202, 216, 231; **12** 319 ff
– Irreführungsgefahr **12** 325
– keine internetspezifische **4–S 12** 11 ff
– normative bedingte **5** 241, 470
– regional gespaltene **5** 210, 472
– Wandel **5** 254, 310
Verkehrsbefragung 5 23, 154, 216, 218, 230, 471 ff
Verkehrsfähigkeit (einer Ware, Irreführung) 5 304; **5 a** 25; **A 9** 1 ff
Verkehrsfähigkeit (Nr. 9 Anh. UWG) A 9 1 ff
– Ausreißer **A 9** 9
– Einschränkungen der Nutzungsmöglichkeit **A 9** 3 f
– Erwecken eines unzutreffenden Eindrucks **A 9** 5
– fehlende Verkehrsfähigkeit **A 9** 7 ff
– – Ausreißer **A 9** 9
– – gesetzliches Verbot **A 9** 7 f
– – Mindesthaltbarkeitsdatum **A 9** 9
– – Zulassung **A 9** 8
– unwahre Angabe **A 9** 5
Verkehrskreis
– s. angesprochener Verkehrskreis
Verkehrssitten 3 191
Verkehrssitten und Handelsbräuche 4–11 52
Verkehrsverwirrung E 371
Verleiten und Erbieten zum Verrat 19 1 ff
– Bestimmen zur Tat **19** 6 f, 9
– Eigennutz **19** 8, 11
– Konkurrenzen **19** 12
– limitierte Akzessorietät **19** 7
– rechtfertigender Notstand **19** 9
– Rücktritt **19** 12
– Schädigungsabsicht **19** 11
– Schutzzweck **19** 3
– Sonderdelikt **19** 9
– Straftat **19** 2, 7
– strenge Akzessorietät **19** 7
– Täterschaft und Teilnahme **19** 9
– UWG-Reform **19** 2, 13
– Vergehen **19** 2, 7
– Verleiten **19** 6 f, 9
– versuchte Anstiftung **19** 1 f, 5 ff
– Vorbereitungsstadium **19** 8
– Vorsatz **19** 8
– zu Zwecken des Wettbewerbs **19** 8, 11
– zugunsten eines Dritten **19** 11
Verletzergewinn 9 27 f, 30, 32, 35, 37; **10** 37, 39 ff, 65, 226, 308
Verletzungshandlung 9 8
Verletzungsunterlassungsanspruch 8 51 ff
Verlierer 4–5 88
Verlosung 4–5 82
vermeidbare Herkunftstäuschung E 360; **4–9** 12, 50, 52, 89 f
Vermögensnachteil der Abnehmer 10 180 ff, 190 ff, 199, 205
Vermutung der Rechtswidrigkeit E 135
Vernichtungsanspruch im Presserecht 4–S 7 282
Veröffentlichungsbefugnis 12 186 ff
– allgemeiner Veröffentlichungsanspruch **12** 201 ff
– Anspruch **12** 191
– Antrag **12** 192
– Art und Umfang **12** 197
– Beginn und Ende der Befugnis **12** 198 ff
– berechtigtes Interesse **12** 193 ff
– einstweilige Verfügung **12** 202
– Interessenabwägung **12** 193 ff
– vorläufig vollstreckbares Urteil **12** 202
Verordnungsermächtigung 21 1
Verordnungsrang 21 1

Verordnung über Preisangaben 4–5 175
Verpackungsaufschriften 5 70
– flaggenartige Verpackung **5** 249, 439
Verquickungsverbot (Vermengungsverbot) 9 30f
Verrat von Geschäfts- und Betriebsgeheimnissen
– Abschreiben **17** 58
– Abzeichnen **17** 58
– Anvertrautsein **17** 32
– Arbeitnehmererfindungen **17** 18, 33
– Auffangtatbestand **17** 69
– Auslandsbezogene Taten **17** 81
– Ausspähen **17** 51
– Bankgeheimnis **17** 24
– Bankkundendaten **17** 24
– Beendigung des Dienstverhältnisses **17** 37f
– Beschäftigte, beim Unternehmen **17** 3, 26f
– Betriebsbezogenheit **17** 10f
– Betriebsspionage **17** 2, 50ff
– Computerspionage **17** 57
– Dekompilieren **17** 16
– detektivisches Interesse **17** 42, 61
– Durchschnittsfachmann **17** 12ff
– eigene Arbeit **17** 58
– Eigennutz **17** 2, 42
– Einschreiten von Amts wegen **17** 86
– Einwilligung **17** 45, 62
– eng begrenzter Personenkreis **17** 14f
– Entschlüsselung **17** 17
– Erlaubnistatbestandsirrtum **17** 39, 48
– externe Spionage **17** 52
– Forschungsgeheimnisse staatlicher Einrichtungen **17** 11
– Freiberufler **17** 27, 29
– Garantenstellung **17** 35f
– Geheimhaltungsinteresse **17** 19ff
– Geheimhaltungswille **17** 18f, 45
– Geheimnis **17** 17
– Geheimnishehlerei **17** 64ff
– gesetzliche Auskunfts- und Aussagepflichten **17** 46
– gewerbsmäßiges Handeln **17** 3, 80
– größere Schwierigkeiten und Opfer **17** 12, 16f
– ideologische Motive **17** 43
– illegale Geheimnisse **17** 21
– im Rahmen des Dienstverhältnisses **17** 31
– interne Spionage **17** 52
– Konkurrenzen **17** 83
– Kundenlisten **17** 67, 74
– Lockspitzel **17** 2, 34
– Mitteilung **17** 34
– öffentliches Interesse **17** 63, 86
– Offenbarung **17** 34
– Offenbarungsbefugnis **17** 47
– Offenbarungspflicht **17** 46
– Offenkundigkeit **17** 7, 12ff, 45
– persönlicher Vorteil **17** 42
– Privatklagedelikt **17** 86, 87
– Quellencode **17** 57
– rechtfertigender Notstand **17** 47
– Regelbeispiel **17** 3, 80
– Reverse Engineering **17** 16, 42, 57
– Schädigungsabsicht **17** 44
– schuldrechtlicher Anspruch **17** 63
– Schutzzweck **17** 4
– Sichern **17** 54, 68
– Sichverschaffen **17** 53, 68
– SIM-Lock-Sperre **17** 57
– Sonderdelikt **17** 30
– Spähprogramme **17** 57
– Strafantrag **17** 83
– Strafschärfungen **17** 2
– Strafverfolgung **17** 47, 83
– Tatbestandsirrtum **17** 39, 77
– Täterschaft und Teilnahme **17** 28f, 75
– technische Mittel **17** 56
– unbefugt **17** 45, 62f, 67 ff, 72ff, 79
– Unlock-Code **17** 17, 57
– Unlock-Know-How **17** 17, 57
– unredliches Erlangen **17** 70ff
– Unterlassen **17** 35f
– Unternehmen **17** 3, 27
– Unternehmensgeheimnis **17** 5, 7f, 14f, 16f, 24
– Unterordnungsverhältnis **17** 36
– UWG-Reform **17** 87
– Verbotsirrtum **17** 49, 78
– verdeckte Recherche **17** 63
– verkörperte Wiedergabe **17** 58
– Verkörperung **17** 59
– Vermögensvorteil **17** 42
– Versuch **17** 2, 34, 79
– Vertraulichkeit **17** 17ff, 38, 45; **18** 5, 17
– Verwertung **17** 64, 76
– Vorsatz **17** 40ff, 60, 77f
– Vortat **17** 64ff, 70
– Wahrung eigener Vermögensinteressen **17** 47
– Wegnahme **17** 59
– Wirtschaftsgeheimnisse **17** 22f
– wissenschaftliches Interesse **17** 42, 61
– Zeugnispflichten **17** 46
– Zeugnisverweigerungsrecht **17** 46
– Zugang **17** 33f
– Zugangs-Code **17** 17
– zugunsten Dritter, Handeln **17** 2, 43
– zu Zwecken des Wettbewerbs **17** 41, 61
Versandhandel 4–5 149
Verschenken von Original-Ware 4–S 1 176ff, 237
Verschuldenszurechnung 9 5
Verschweigen von Tatsachen 4–S 2 35
Versicherungsdienstleistungen 5 295
– Reparaturkostenversicherung **5** 295
– Haftungsausschlüsse **5** 295
Versicherungsmakler 5 174
„versilbert“ 5 287
Verständlichkeit 4–5 191
Versteigerung
– umgekehrte **4–1** 351ff; **4–S 12** 243, 247ff
– s. Auktion
vertikales Marktverhältnis E 118; **1** 58ff; **2** C 5, D 23
Vertikal-GVO 4–S 9 1ff, 59ff
– Bedarfsmarktkonzept **4–S 9** 63
– Ersatzteilvertrieb **4–S 9** 67
– Freistellung **4–S 9** 63
– Geltungsbereich **4–S 9** 60ff
– Legaldefinition **4–S 9** 59
– Kernbeschränkungen **4–S 9** 64ff
– Nachvertragliche Wettbewerbsverbote **4–S 9** 70
– Preisbindung zweiter Hand **4–S 9** 64
– Querlieferung **4–S 9** 66

– Rote Klauseln **4–S 9** 68
– Rücklieferung **4–S 9** 66
– Schwarze Klauseln **4–S 9** 64 ff
– Sprunglieferung **4–S 9** 66
– Vertikale Gebiets- und Kundenbindung **4–S 9** 65
– Vertragliche Wettbewerbsverbote **4–S 9** 69
vertragliche Aufklärungspflichten 5 a 11
vertragliche Haftungsansprüche 5 42, 251
vertraglicher Unterlassungsanspruch 8 112, 169 ff
– Erlassvertrag **8** 183
– Gläubiger **8** 112
– Klageweise Geltendmachung **8** 185
– Rechtsnatur **8** 169 ff
– Teilunterwerfung **8** 181
– Verhältnis zum gesetzlichen Unterlassungsanspruch **8** 180
– Vertragsstrafe **8** 198 ff
– s. Unterlassungsvertrag
Vertragsabschlusskontrolle 2 B 105
Vertragsabschlusszusammenhang 2 B 41, B 137
Vertragsauflösungsrecht E 391, 407, 408
Vertragsbindung E 406, 409
Vertragsbruch bei selektivem Vertrieb
– Ausnutzen **4–S 9** 78 ff
– besondere Umstände **4–S 9** 82
– Verleiten **4–S 9** 83
– Wettbewerbsvorsprung **4–S 9** 82
Vertragsdurchführungskontrolle 2 B 105
Vertragsdurchführungszusammenhang 2 B 41, B 137
Vertragskontrolle 2 B 103, B 113
Vertragsstatut I 5 f, 40 f, 123
Vertragsstrafe 8 198 ff
– Abtretbarkeit **8** 213
– Akzessorietät **8** 200
– Angemessenheit **8** 204 ff
– Anrechnungsfähigkeit auf Gewinnabschöpfung **10** 252, 255, 259
– Bestimmungsrecht **8** 86
– Bezifferung **8** 82
– Darlegungs- und Beweislast **8** 86
– Druckfunktion **8** 198
– Erfüllungsanspruch **8** 205
– Fortsetzungszusammenhang **8** 203
– Gesamtschuld **8** 213
– Herabsetzung **8** 85, 204 ff
– Höhe **8** 78
– Mehrzahl von Zuwiderhandlungen **8** 203
– Obergrenze **8** 86
– Ordnungsgeld **8** 211 f
– Schadensausgleichsfunktion **8** 198
– Schadensersatzanspruch **8** 205 f
– Sicherungsfunktion **8** 81, 204
– Treu und Glauben **8** 208
– Verjährung **8** 209 f
– Vertragsstrafeanspruch **8** 211 f
– Verwirkung **8** 201
– Zweck **8** 81, 198
Vertragsstrafeversprechen 8 75
– Bezifferung **8** 82
– Beseitigung der Wiederholungsgefahr **8** 78
– Rechtsnachfolge **8** 160
– Wirksamkeit **8** 199
– Zahlung an einen Dritten **8** 87
– Zustandekommen **8** 199 f
Vertragszusammenhang 2 B 133, B 143
Vertrauensbruch 4–9 9, 10, 14, 33
Vertrauensgut 5 53, 222, 224, 228, 313, 374, 385
Vertrauenswerbung 5 53
Vertraulichkeit 17 17 ff, 38, 45
Vertretbarkeit 4–S 8 131
– s. auch Ermessensspielraum und Freiraum
Vertreterbesuch 4–5 159
– erschlichener **4–2** 84, 86, 115
– unaufgeforderter **4–2** 75, 77, 79, 88, 91
– unerbetener **4–2** 7, 70, 85
Vertreterwerbung 16 16, 85
Vertriebskette 4–5 121
verwaltete Kettenbriefsysteme 16 133, 135, 145 f, 151 f
Verwaltungsakte 4–11 51
Verwaltungsanordnungen 4–11 50
Verwendungsverbot 5 304; **5 a** 25
– per-se-Verbot Nr. 9 (Verkehrsfähigkeit) **5** 304; **5 a** 25; **A 9** 1 ff
Verwertung 17 64, 76; **18** 23 ff
Verwertung von Unterlagen 18 1 ff
– Abschreiben **18** 13
– Anvertrauensgeber **18** 18
– Anvertrautsein **18** 16
– Computerprogramme **18** 12
– eigene Arbeit **18** 21
– Eigennutz **18** 29
– Endverbraucher **18** 8
– Freiberufler **18** 7
– Geheimhaltungsverpflichtung s. Vertraulichkeit
– größere Schwierigkeiten und Opfer **18** 21, 23
– im geschäftlichen Verkehr **18** 6 ff
– Know-How-Vertrag **18** 16
– Konkurrenzen **18** 30
– Kopieren **18** 13
– Lizenzvertrag **18** 16
– Mitteilung **18** 26
– Nachbilden von Vorlagen **18** 24 f
– Offenbarung **18** 5
– Offenkundigkeit **18** 17 ff
– privater Kunde **18** 8
– Schutzzweck **18** 3, 18
– Täterschaft und Teilnahme **18** 6
– unbefugt **18** 29
– Unternehmensgeheimnis **18** 22
– UWG-Reform **18** 31
– Vertraulichkeit **18** 5, 17
– Verwerten **18** 23 ff
– Vorbildfunktion **18** 13
– Vorlagen **18** 11 ff, 19 f
– Vorsatz **18** 27 f
– Vorschriften kaufmännischer Art **18** 14
– Vorschriften technischer Art **18** 14 f, 19 f
– Werbeslogans **18** 13
– zu Zwecken des Wettbewerbs **18** 29
Verwirkung 8 357 ff
– Abmahnung **8** 359
– Allgemeininteresse **8** 358
– fahrlässige Zuwiderhandlung **8** 360
– Gesamtabwägung **8** 363
– Individualinteresse **8** 358
– redliches Verhalten **8** 360

– Treu und Glauben **8** 357
– Unterlassungsanspruch **8** 358 ff
– Vertragsstrafeanspruch **8** 210
– Vertrauensmoment **8** 360
– vorsätzliche Zuwiderhandlung **8** 360
– Wechselwirkung **8** 363
– wertvoller Besitzstand **8** 362
– Zeitmoment **8** 359
Verzehrsuntauglichkeit 4–S 4 130, 165 ff
– abstrakter Gefährdungstatbestand **4–S 4** 167
– Ekel **4–S 4** 166, 169 f, 173
– LFGB **4–S 4** 174 ff
– nachträgliche Beseitigung **4–S 4** 172
– Verkehrsauffassung **4–S 4** 171
– Wertminderung **4–S 4** 162
– Widerwille **4–S 4** 166, 169 f
virtuelle Werbung 4–S 5 30 f, 51, 67, 77, 124 ff
Vitamine 5 320
VO (EG) 510/2006 4–S 10 196, 245 ff
– Anspielung **4–S 10** 284, 288
– Anwendungsbereich **4–S 10** 250
– Ausschließungsregeln **4–S 10** 263 ff
– Einspruchsverfahren **4–S 10** 307 ff
– Gattungsangaben **4–S 10** 273 ff
– geschützte geografische Angabe **4–S 10** 247
– geschützte Ursprungsbezeichnung **4–S 10** 247
– Individualverfahren **4–S 10** 244, 297 ff
– Rufausbeutung **4–S 10** 289 ff
– Sammelverfahren **4–S 10** 241 ff
– Schutzumfang **4–S 10** 277
– Spezifikation **4–S 10** 247, 278, 281 ff, 299
VO (EWG) Nr. 2081/92 4–S 10 239 ff, 245
– Einzelanmeldung **4–S 10** 244
– Sammelverfahren **4–S 10** 241 ff
Vollharmonisierung E 109; **4–6** 3
vollkommene Konkurrenz E 264 ff; **4–S 1** 53 ff
Vollstreckung des Beseitigungsanspruchs 8 44
– Löschung einer Registereintragung **8** 44
„Volltreffer" 5 278
Vollziehung der einstweiligen Verfügung 12 152 ff
– Erforderlichkeit **12** 152 f
– erneute Vollziehung **12** 159
– Heilung von Zustellungsmängeln **12** 158
– Rechtsfolgen nicht ordnungsgemäßer Vollziehung **12** 162
– Vollziehungsfrist **12** 152, 160 f
– Vollziehungsmaßnahmen **12** 154 ff
– s. einstweilige Verfügung
„von Privat" 5 345
Voraussetzungen für die Teilnahme 4–5 144
vorbeugender Beseitigungsanspruch 8 11
– Ansprüche aus ergänzendem wettbewerbsrechtlichem Leistungsschutz **8** 11
– betriebsinterne Vorgänge **8** 11
– Zeichenanmeldung **8** 11
– s. Beseitigungsanspruch
vorbeugender Unterlassungsanspruch 8 95 ff
– Erstbegehungsgefahr **8** 95, 99 ff
– Klageänderung **8** 97
– Klageantrag **8** 97
– Rechtskraft **8** 98
– Streitgegenstand **8** 97
– Verhältnis zum Verletzungsunterlassungsanspruch **8** 97
– s. Unterlassungsanspruch
Vorfeld der Teilnahmemöglichkeit 4–5 70
Vorfeldthese 4–S 1 132 ff
Vorfragen I 390
– Anknüpfung von **I** 41, 331, 336
vorgetäuschte Rechnungsstellungen E 403
vorher-nachher-Angaben 5 271
Vorlagen 18 11 ff, 19 f
Vorlagenschutz 9 34
Vorlageverfahren 4–5 58
Vorrang der Mitbewerberinteressen 1 26
Vorrang der Verbraucherinteressen E 124, 173; **1** 23; **3** 8
Vorrang des milderen Mittels E 111
Vorrangthese E 332, 343
Vorratsmengenangaben 5 282, 468
Vorsatztheorie 9 14
Vorschriften
– kaufmännischer Art **18** 14
– technischer Art **18** 14 f, 19 f
Vorspannangebote 4–1 158
Vorsprung durch Rechtsbruch 4–11 1 ff
– Adressangaben **4–S 12** 191
– Auktionen **4–S 12** 243 ff
– Cookies **4–S 12** 236, 239
– Informationspflichten **4–S 12** 205
– Kennzeichnungspflichten **4–S 12** 200
– s. Rechtsbruch
– s. Rechtsbruchtatbestand
Vorsprung durch Rechtsbruch im Internet
– Power Shopping **4–S 12** 289
– Preisangaben **4–S 12** 226, 289
Vorteil A 17 28
Vorteilsabschöpfung 10 14

Wachstumsstärke 5 189, 389
Wäschestärkemittel 5 238
Wahlschuldverhältnis 9 30
Wahrheit 4–S 7 36, 49, 55, 73, 78, 86 ff, 127, 130, 138 f, 145 ff, 208 f, 221 f, 231, 235 247 f, 263
Wahrheitsgebot 4–3 2; **5** 48, 169, 236
Wahrheitsschutz 5 5
Wahrnehmung berechtigter Interessen im Presserecht 4–S 7 60, 127, 132, 135 ff, 150, 190, 236, 253; **6** 3, 244; **8** 31; **9** 10
– Absicht der Interessenwahrung **4–S 7** 137
– Abwägung **4–S 7** 137
– Bedeutung **4–S 7** 139
– berechtigte Informationsinteressen **4–S 7** 136
– Beweislastumkehr **4–S 7** 139
– Publizistische Sorgfalt **4–S 7** 138
– Voraussetzungen **4–S 7** 136 ff
– Wiederholungsgefahr **4–S 7** 139
Wahrsagerin A 16 31
Ware 2 A 19, B 189, B 196, B 199; **4–6** 82
– Begriff **2** B 189, C 10, D 24
– des täglichen Bedarfs **5** 209
– Luxuswaren **5** 209, 281
– weiße Ware **5** 222; **5 a** 19
Warenartvergleich 6 52, 78
Warengattungsvergleich 6 78
Warenproben 4–S 1 176 ff; **5** 312
– österreichisches Recht **4–S 1** 398
– Schweizer Recht **4–S 1** 367
Warenrabatt
– s. Naturalrabatt

Warentest
– s. vergleichender Warentest
Warenverkehrsfreiheit I 54 f, 97 ff; **4–S 10** 82, 282, 323 ff; **5** 67 f, 70, 82, 84; **6** 5, 36, 140, 216
Warenvorratsangaben 5 282, 468
„watti" 5 286
Wechselwirkungstheorie 1 92
Wein 5 440
„Weingut" 5 298
weinhaltige Getränke 5 297
weiße Ware 5 222
weite Auslegung 4–6 67
Weiterverweisung
– s. Rück- und Weiterverweisung
weltanschauliche Äußerungen 2 B 44
„weltbekannt" 5 306
„Weltpatent" 5 396
„Weltruf" 5 306
„weltweit die Nr. 1" 5 191
Weltwohlfahrt E 284
Werbeanzeige
– s. Anzeige
Werbeanzeigen, Werbung mit Auflagenhöhe 5 311
Werbebanner
– s. Bannerwerbung
Werbebeschränkungen 4–5 57
Werbecharakter 4–5 95 ff
Werbe-E-Mail 7 120, 189, 194, 198, 203
Werbefahrt 4–1 308 ff; **5** 289, 347
Werbegeschenk E 105; **4–2** 118 f
Werbegeschenke 4–1 167, 287 ff; **4–S 1** 201
– Wertangabe **4–1** 43, 281
– s. Verkaufsförderungsmaßnahmen
Werbemaßnahme 4–5 95 f
Werbematerial mit Rechnung A 22 1 ff
– Beifügung einer Zahlungsaufforderung **A 22** 6, 8
– Darlegungs- und Beweislast **A 22** 8
– Irreführung über vertragliche Bindung **A 22** 1, 4
– Übermittlung **A 22** 7
– unzutreffender Eindruck einer Bestellung **A 22** 9
– Zusendung unbestellter Waren **A 22** 5
s. Zusendung unbestellter Waren
Werbemedium 4–5 70 f, 113
Werberat 4–2 142, 338, 345, 355, 369, 373 f; **4–S 5** 106 f
Werberecht E 46
Werberegelungen für freie Berufe 4–11 93 f
– Apotheker **4–11** 127
– Grundlagen **4–11** 93
– Heilberufe **4–11** 119
– Heilpraktiker **4–11** 125
– rechtsberatende Berufe **4–11** 96 ff
– Tierärzte **4–11** 123 f
– Zahnärzte **4–11** 122
Werberichtlinie E 351
Werbevergleich (Irreführung) 5 8, 91 ff, 196, 432, 484
Werbeverkaufsfahrt 4–2 132, 229, 238
Werbeverkaufsveranstaltung 4–5 153
Werbeversprechen 5 277
Werbeware, „ausgenommen Werbeware" 5 30
werbliche Übertreibung 5 45, 190, 250, 278, 305, 350; **A 4** 12
Werbung 4–5 46; **4–6** 76
– Adressaten **5** 207, 271
– – Kinder und Jugendliche **5** 221
– Äußerungen Dritter **5** 256 ff
– Alleinstellungswerbung **5**, 149, 187 ff, 189, 255, 326, 351, 389, 482
– Allgemeine Verbote **5** 37, 76
– als Information **5** 52
– als kommerzielle Äußerung **5** 43, 271
– als Manipulationsinstrument **5** 60
– an Fachkreise **5** 134
– assoziative Werbung **5** 192, 286
– Aufmerksamkeitswerbung **5** 206
s. Erzeugung von Entscheidungsdruck
s. Billigung Dritter
– Begriff **4–1** 32, 72; **6** 53 ff
– belästigende
s. belästigende Werbung
– Bestandteile **5** 270
– Blickfangwerbung **5** 225 f, 246, 255, 271, 282
– Definitionen **5** 50, 81; **A 13** 10
– diskriminierende **4–1** 123 f, 125, 139 f; **4–2** 5, 244, 247 ff, 251 ff, 264, 347, 363
– durch Betreuungspersonal **4–2** 115
– Fernsehen **4–S 5** 1 ff
– Film **4–S 5** 1 ff
– Formen der Werbung **E** 303
– Funktion **5** 50
– gefühlsbetonte **4–1** 72, 157 ff, 376 ff; **5** 43
– gesundheitsbezogene **5** 218 f, 223, 320, 321
– getarnte **4–S 12** 224; **5** 390
– Größenbehauptungen **5** 389 f
– Informationswerbung **E** 395
– Katalog **5** 294, 312
– kommerzielle Kommunikation **E** 302 ff;
– Komparative **5** 191
– konkludente Werbeangaben **5** 193, 195
– Lebensmittelwerbung **5** 219, 223
– menschenverachtende **4–1** 123 ff
s. menschenverachtende Werbung
– missverständliche **5** 200, 237
– mit Bildern **5** 434 ff
– mit Laien **4–2** 115
– mit Medaillen/Gütesiegeln **5** 236, 240, 257
– mit Selbstverständlichkeiten **5** 238, 245, 423
s. Verbraucherrechte als Selbstverständlichkeiten
– mit Symbolen **5** 224
– mit Testergebnissen **4–S 8** 265 ff; **5** 323 ff
– mit Tradition und Alter **5** 53, 297, 299, 369
– Modellneuheit **5** 300
– national unterschiedliche Konzepte **5** 61, 286
– ohne Warenvorrat **4–S 12** 6
– progressive Kundenwerbung **16** 116 ff
– redaktionelle **5** 28, 48, 175
– Reklame **E** 305
– Starwerbung **4–1** 409
– Strafbarkeit
s. strafbare Werbung
– sublimale **4–1** 4
– Suggestivwerbung **5** 59
– Superlativwerbung **5** 186 f
– symbolischer Zusatznutzen **5** 192, 250
– über den Verkaufsanlass **5** 328, 341 f, 389
– Überprüfung **4–S 8** 265 ff
– umweltbezogene Werbung **5** 209, 224, 310
– Verfassung **E** 312 f

– Werbehandlung **5** 149, 182
– Werbeträger **5** 209, 224
– Werturteile **5** 140, 149, 183 ff, 325
Werbung der freien Berufe 4–S 3 1 ff
– Ahndung von Wettbewerbsverstößen durch Berufskammern **4–S 3** 56 ff
– Anwaltssuchdienst **4–S 3** 4, 70
– Anwendbarkeit des UWG auf Freiberufler **4–S 3** 43
– Ärzte Werbeverbot **4–S 3** 1 ff
– Berufsausübungsfreiheit und Werberecht der freien Berufe **4–S 3** 6, 22 ff
– Erfordernis der Berufsbezogenheit der Werbung durch Freiberufler **4–S 3** 89 ff
– Berufsbild
– – des Rechtsanwalts **4–S 3** 4
– – Verfälschung des **4–S 3** 4, 27
– Berufsordnung
– – Werbung nach der Berufsordnung für Ärzte und Zahnärzte **4–S 3** 17 f, 154 ff
– – Werbung nach der Berufsordnung für Apotheker **4–S 3** 20
– – Werbung nach der Berufsordnung für Architekten **4–S 3** 21
– – Werbung nach der Berufsordnung für Notare **4–S 3** 15 f
– – Werbung nach der Berufsordnung für Patentanwälte **4–S 3** 9 f
– – Werbung nach der Berufsordnung für Steuerberater **4–S 3** 11 f, 151 ff
– – Werbung nach der Berufsordnung für Rechtsanwälte **4–S 3** 5, 7 f, 117 ff
– – Werbung nach der Berufsordnung für Wirtschaftsprüfer und vereidigte Buchprüfer **4–S 3** 13 f
– Berufsrechtsverstoß als Wettbewerbsverstoß **4–S 3** 46 ff
– Berufswidrigkeit der Werbung durch Freiberufler **4–S 3** 1 ff
– Briefbögen von Rechtsanwälten **4–S 3** 36, 148 ff
– Drittwerbung
– – für Arzt **4–S 3** 114, 157
– – für Rechtsanwalt **4–S 3** 113 ff
– Facharztqualifikation, Werbung mit **4–S 3** 157
– freie Berufe **4–S 3** 1 ff, 96 ff, 88 ff, 678 ff
– Funktionsfähigkeit der freien Berufe und Werbung **4–S 3** 28
– Funktionsfähigkeit der Rechtspflege und Anwaltswerbung **4–S 3** 4, 28, 49, 66, 67, 68, 73, 8, 96
– Gästebuch im Internet – Anwaltswerbung durch **4–S 3** 73, 106, 115
– Gemeinwohlbelange als Rechtfertigung für Werbebeschränkungen **4–S 3** 23, 25 ff
– Homepage eines Rechtsanwalts **4–S 3** 103 ff
– Imagewerbung von Rechtsanwälten **4–S 3** 39, 90
– Informationswerbung durch Rechtsanwälte **4–S 3** 90
– Interessenschwerpunkte, Werbung von Rechtsanwälten **4–S 3** 5, 7, 127
– Internet-Adresse eines Rechtsanwalts **4–S 3** 108 ff
– Internetwerbung durch Rechtsanwälte **4–S 3** 103 ff
– Kanzleibezeichnung von Rechtsanwälten **4–S 3** 144 ff
– Klagebefugnis von Berufskammern nach § 8 UWG **4–S 3** 57 ff
– Klinikwerbung **4–S 3** 159
– Kommerzialisierung der freien Berufe **4–S 3** 26, 66
– Konkurrenz von UWG und Berufsrecht **4–S 3** 45 ff
– Kundgabe beruflicher Zusammenarbeit durch Rechtsanwälte **4–S 3** 143
– Kurzbezeichnung bei Rechtsanwälten **4–S 3** 144 ff
– Nebeneinanderanwendbarkeit von UWG und Berufsrecht **4–S 3** 45 ff
– Patentanwälte, Werbeverbot **4–S 3** 1 ff
– Professorentitel in Werbung eines Arztes **4–S 3** 158
– Rechtsanwälte Werbeverbot **4–S 3** 1 ff
– Richtlinien für die Ausübung des Anwaltsberufs **4–S 3** 1 ff
– Sanatoriumswerbung **4–S 3** 159
– Schutzfunktion des Berufsrechts **4–S 3** 52
– Sponsoring durch Rechtsanwälte **4–S 3** 38, 41, 72, 92
– Steuerberater **4–S 3** 1 ff
– Tätigkeitsschwerpunkt
– – Anwaltswerbung **4–S 3** 29, 30, 81, 125, 127, 130 ff
– – Arztwerbung **4–S 3** 156, 157
– Verbot aufdringlicher Werbung für Freiberufler **4–S 3** 4, 26, 30, 65, 78
– Verbot irreführender Werbung für Freiberufler **4–S 3** 30, 65, 79 ff
– Verbot reklamehafter Werbung für Freiberufler **4–S 3** 30, 65, 66 ff, 75 ff
– Verbot unsachlicher Werbung für Freiberufler **4–S 3** 65 ff
– Vereinbarkeit von Werbebeschränkungen freier Berufe mit Art. 12 Abs. 1 GG **4–S 3** 25 ff
– Verfälschung des Berufsbildes der freien Berufe **4–S 3** 4, 27
– Vernissage, Veranstaltung Rechtsanwalt **4–S 3** 38, 39, 72, 94 ff
– Verstoß gegen Berufsrecht als Wettbewerbsverstoß **4–S 3** 46 ff
– Vertrauen in die Anwaltschaft **4–S 3** 26, 66
– Werbebegriff des Berufsrechts für Freiberufler **4–S 3** 37 ff
– Werbeverbot
– – Entwicklung des Werbeverbots für Rechtsanwälte **4–S 3** 1 ff
– – Kern des Werbeverbots für freie Berufe **4–S 3** 30
– – verfassungsrechtliche Rechtfertigung **4–S 3** 25 ff
– werbewirksames Verhalten von Freiberuflern **4–S 3** 41
– Werbung durch Dritte für Rechtsanwalt **4–S 3** 113 ff
– Werbung um Mandant im Einzelfall durch Freiberufler **4–S 3** 97 ff
– Werbung um Praxis durch Freiberufler **4–S 3** 4, 30, 97 ff
– Wettbewerbsrelevanz von Berufsrechtsverstößen **4–S 3** 46 ff Werbung im Film

– Wirtschaftsprüfer und vereidigte Buchprüfer **4–S 3** 13 f
– Würde des freien Berufs **4–S 3** 25
– Zahnärzte Werbeverbot **4–S 3** 1 ff
Werbung in Film und Fernsehen 4–S 5 1 ff
– akustische Platzierung **4–S 5** 137 f
– Arzneimittel **4–S 5** 102 ff
– aufgedrängte Werbung **4–S 5** 61, 124
– Auftragsproduktion **4–S 5** 116 ff
– Ausstatterhinweise **4–S 5** 19 f
– Bandenwerbung **4–S 5** 123 f
– Bannerwerbung **4–S 5** 32 f
– Blockwerbung **4–S 5** 83
– Bruttoprinzip **4–S 5** 87
– Co-Produktion **4–S 5** 116
– Dauerwerbesendungen **4–S 5** 82
– digitales Fernsehen **4–S 5** 35 f
– Dokumentarsendungen **4–S 5** 86
– Eigenproduktion **4–S 5** 115
– Eigenwerbung **4–S 5** 16
– E-Mercials **4–S 5** 34, 114, 147 f
– Generic Placement **4–S 5** 24
– geschmacklose Werbung **4–S 5** 25
– getarnte Werbung **4–S 5** 25, 42, 53, 60 f, 112
– Gewinnspiele **4–S 5** 66
– gezielte Werbung **4–S 5** 22, 31
– Hobbythek **4–S 5** 117, 120
– ideelle Werbung **4–S 5** 12
– Image Placement **4–S 5** 24
– Interstitials **4–S 5** 33
– Irreführung **4–S 5** 143
– Jugendschutz und Werbung **4–S 5** 96, 144
– Kaufproduktion **4–S 5** 116 ff
– Kennzeichnungsgebot **4–S 5** 75 ff
– Kindersendung **4–S 5** 94 f
– Kunstfreiheit **4–S 5** 51
– Mediendienst **4–S 5** 149 ff
– Nachrichtensprecher **4–S 5** 93
– Nachspannwerbung **4–S 5** 19 f
– Nettoprinzip **4–S 5** 87
– öffentlich-rechtliche Rundfunkanstalten **4–S 5** 43 ff
– Online-Werbung **4–S 5** 144 ff
– Product Placement **4–S 5** 23 ff, 61, 110 f
– Programmhinweise **4–S 5** 16
– Quizsendung **4–S 5** 128 ff
– Ratgebersendung **4–S 5** 119, 131
– redaktionell aufgemachte Werbung **4–S 5** 112 f
– Reihen **4–S 5** 86
– Schleichwerbung **4–S 5** 23 ff, 114 ff
– Serien **4–S 5** 27, 86
– Social Advertising **4–S 5** 17
– Sonderwerbeformen **4–S 5** 22, 143
– Split Screen **4–S 5** 29, 51, 67, 76 f, 127
– Sponsoring **4–S 5** 37 ff, 135
– Sportübertragung **4–S 5** 124 ff
– Spotwerbung **4–S 5** 18
– subliminale Werbung **4–S 5** 80 f
– Tabakwerbung **4–S 5** 99, 101
– Talk-Show **4–S 5** 128 ff
– Teledienst **4–S 5** 145
– Titelsponsoring **4–S 5** 135
– Trennungsgebot **4–S 5** 2, 5, 42, 57 f, 73 ff, 108
– Trikotwerbung **4–S 5** 124, 126
– Übernahme von Sendungen **4–S 5** 123
– Unterbrecherwerbung **4–S 5** 18, 84 ff
– unterschwellige Werbung **4–S 5** 80 f, 108
– Verbraucherschutz **4–S 5** 100 ff
– vergleichende Werbung **4–S 5** 64 f
– Verlags-TV **4–S 5** 136
– virtuelle Werbung **4–S 5** 30 f, 51, 67, 77, 124 ff
– Werbebanner **4–S 5** 32 f 149
– Werbe-Crawls **4–S 5** 29, 127
– Werberat **4–S 5** 106 f
– Wirtschaftswerbung **4–S 5** 12 f
Werbung mit Eigenvergleichen E 34
Werbung mit mengenmäßigen Beschränkungen E 34
Werbung mit Preisgegenüberstellungen E 34
Werbung mit Werbegaben § 7 HWG 4–S 4 426 ff
– apothekenpflichtige Arzneimittel **4–S 4** 430
– Bestechlichkeit **4–S 4** 428
– geringwertige Kleinigkeiten **4–S 4** 430
– Preisausschreiben **4–S 4** 427
– Rabattwerbung **4–S 4** 429
– Veranstaltungen **4–S 4** 433
– Vorteilsannahme **4–S 4** 428
– Werbegaben **4–S 4** 426
– Wertreklame **4–S 4** 427
Wert der Preise 4–5 154
wertgeminderte Lebensmittel 4–S 4 177 ff, 189 ff
– Brauchbarkeit **4–S 4** 196
– Genusswert **4–S 4** 195
– Minderung **4–S 4** 193
– Nährwert **4–S 4** 194
– unerhebliche Wertminderung **4–S 4** 191
wertqualifizierende Merkmale 4–1 196 ff
Wertreklame E 105; **4–1** 73, 168; **4–2** 86, 90; **4–6** 25; **4–S 2** 101
Werturteil
– Abgrenzung von Tatsachenbehauptung **4–S 8** 68 ff, 111 ff, 256, 295
– Zulässigkeit **4–S 8** 74
Wertvoller Besitzstand
– Verwirkung **8** 362
wesentliche Beeinflussung des Verbraucherverhaltens E 129
wesentliche Beeinflussung des wirtschaftlichen Verbraucherverhaltens 3 27
Wesentlichkeit der Wettbewerbsbeeinträchtigung 3 84 ff; **16** 45, 48, 79
– s. Erheblichkeitsschwelle
– s. Wettbewerbsbeeinträchtigung
Wesentlichkeitskriterium 3 84
Wettbewerb A 20 19
– Bestandsgarantie **4–S 1** 37, 70, 280 ff
– der Anbieter **4–S 1** 12
– der Nachfrager **4–S 1** 12
– Funktion **4–S 1** 158
– Verfassung **E** 223 ff
– s. Markttheorien
– s. Wettbewerbstheorien
Wettbewerb als Institution
– s. Institutionenschutz
Wettbewerber
– s. Mitbewerber
Wettbewerberinteressen 3 214
– Leistungswettbewerb **3** 218
wettbewerbliche Relevanz 4–S 2 16, 39 f, 45, 71, 88

wettbewerbliches Unrecht
– s. Unrecht im Wettbewerbsrecht
Wettbewerbsabsicht **2** B 43, B 148, D 32; **3** 199; **4–S 7** 10 ff, 108, 115; **4–S 8** 142, 146
– s. Wettbewerbshandlung
Wettbewerbsbeeinträchtigung **3** 59
– eigener Wettbewerb **3** 70
– Eignung **3** 59
– Erheblichkeit **3** 75 ff
s. Erheblichkeitsschwelle
– Förderungseignung **2** B 149; **3** 63
– Förderungsziel **2** B 150
– fremder Wettbewerb **3** 70
– Handeln Dritter **3** 70
– Marktrelevanz **3** 63
– Nachteil eines Marktteilnehmers **3** 69 ff
– Wesentlichkeit **3** 84 ff
– Wettbewerbsabsicht **2** B 144, B 148; **3** 199
Wettbewerbsbestand
– s. Institutionenschutz
Wettbewerbsdeliktsrecht
– s. Unrecht im Wettbewerbsrecht
Wettbewerbsförderungsabsicht **2** B 153
Wettbewerbsfreiheit **E** 226, 260; **4–S 1** 58 f, 156
– Theorie der Wettbewerbsfreiheit **E** 269 ff
– s. Freiheit des Wettbewerbs
Wettbewerbsfunktionen **E** 262
Wettbewerbshandlung **2** A 15, B 1, B 7; **4–3** 17; **4–S 7** 6 ff; **4–S 15** 8 ff
– Abmahnschreiben **2** B 165
– amtliches Handeln **2** B 169
– Anwendungsvoraussetzung des UWG **2** B 1
– Anzeigengeschäft **2** B 179; **4–S 7** 11
– Arzt **2** B 166
– Begriff **2** B 1 ff
– Definitionsnorm **2** A 1
– Eigenwettbewerb der Medien **4–S 7** 11, 13
– Fachverband **2** B 184
– Fernsehen **2** B 180
– Finalität **4–S 15** 13
– Förderung eigenen Wettbewerbs **2** B 161 ff; **3** 70; **4–S 7** 8
– Förderung fremden Wettbewerbs **2** B 164; **3** 70; **4–S 7** 9
– Förderungseignung **2** B 149; **3** 63
– Förderungseignung als Nebenfolge **2** B 167
– Förderungsziel **2** B 150
– Gemeinde **2** B 187
– Handeln Dritter **3** 70
– immanente Marktwirkungen **2** B 169 ff
– kassenärztliche Vereinigung **2** B 182
– Kenntnis **3** 203 f
– kirchliches Handeln **2** B 169
– konkretes Wettbewerbsverhältnis **2** D 3 ff
– Konsumgenossenschaft **2** B 181
– Krankenkasse **2** B 188
– Legaldefinition **2** B 1
– Marktbezug **2** B 18 f, B 38, B 47 ff
– Marktrelevanz **3** 63
– Mitgliederwerbung **2** B 74
– objektive Finalität **3** 198 ff
– objektive Wettbewerbsförderung **4–S 7** 7 ff
– öffentliche Hand **2** B 186
– politisches Handeln **2** B 74, B 169
– Presse **2** B 175
– privates Handeln **2** B 170
– publizistisches Handeln **2** B 169, B 175
– Rechtsberatung **2** B 165
– Rentenversicherungsträger **2** B 186
– Rundfunk **2** B 180
– Schutzrechtsverwarnung **2** B 165
– soziales Handeln **2** B 169
– Sozialhilfebehörde **2** B 187
– Stiftung Warentest **2** B 185
– subjektive Wettbewerbsförderungsabsicht **4–S 7** 10 f
– Tätigkeitsbereiche **2** B 169
– Unlauterkeit **3** 174 ff
– Verbände **2** B 181 ff
– Verbraucherverband **2** B 185
– Versicherungsmakler **2** B 165
– weltanschauliches Handeln **2** B 169 ff
– Wettbewerbsabsicht **2** B 145, B 148, B 170 f; **3** 199
– Wirtschaftsverband **2** B 161
– wissenschaftliches Handeln **2** B 174
– s. geschäftliche Handlung
– s. geschäftlicher Verkehr
– s. Wettbewerbsverhältnis
Wettbewerbshandlungen **4–S 8** 66
wettbewerbspolitisches Leitbild **4–S 1** 21 f, 26
Wettbewerbsrecht des Internet **4–S 12** 1 ff
– Abfangen von Kunden **4–S 12** 60, 86, 90
– Absatzbehinderung, unlautere **4–S 12** 87, 257 f
– Abwehrprogramme **4–S 12** 74 f
– Abwehr von Linkingformen **4–S 12** 135
– Access Provider
– – Haftungsprivilegierung **4–S 12** 212 f
– – Störerhaftung **4–S 12** 307 ff
– Ad-Killer **4–S 12** 74
– Adresse
– – Angabepflicht **4–S 12** 168
– – Fehlen der Angabe **4–S 12** 191 ff
– .ag als Top Level Domain **4–S 12** 64 f
– aleatorische Anreize **4–S 12** 282 ff
– Alleinstellungsbehauptung **4–S 12** 48 ff, 63
s. Alleinstellungsbehauptung
– Altersverifikation, Pflicht zur zuverlässigen **4–S 12** 231 f
– Anhängen an fremden Ruf **4–S 12** 90
– Anlocken
– – Community Shopping **4–S 12** 287
– – Meta-Tagging **4–S 12** 91
– Antigua und Barbuda Top Level Domain.ag **4–S 12** 64 f
– Anzeige, Kennzeichnung **4–S 12** 31
– Aufsichtsbehörde
– – Angabepflicht **4–S 12** 170
– – Fehlen der Angabe **4–S 12** 198
– Auktionen **4–S 12** 243 ff
s. Auktionen
– Auktionsangebote **4–S 12** 259, 263, 272
– Auktionshaus
– – Sniping und Gebühreninteresse **4–S 12** 253 ff
– – Störerhaftung **4–S 12** 260 ff
– Bannerwerbung **4–S 12** 28 ff, 37, 67 ff
– Behinderungswettbewerb **4–S 12** 61 f
– belästigende Werbung durch Pop-Ups **4–S 12** 149 ff
– Belästigung durch Meta-Tagging **4–S 12** 92 f
– Berufsrecht, Angabepflichten **4–S 12** 172

– Berufsverband, Links auf die Websites **4–S 12** 138
– Berufswerbung **4–S 12** 6, 9
– Beweisführung **4–S 12** 314 f
– Beweislast, Kenntnis des Diensteanbieters **4–S 12** 268
– Bietagent, elektronischer **4–S 12** 253
– Big Size Banner **4–S 12** 68
– Blend Banner **4–S 12** 69
– Branchenabgrenzung **4–S 12** 53
– Branchenbezeichnung **4–S 12** 51 ff
– „Branchen-Domain" **4–S 12** 54
– Branchenverband **4–S 12** 54
– Brückenseiten **4–S 12** 80
– B2B, Informationspflichten **4–S 12** 204
– CGI-Scripts **4–S 12** 242
– Cloaking **4–S 12** 112
– Community Shopping **4–S 12** 278 ff, 290 f
– s. Community Shopping
– Confetti Banner **4–S 12** 68
– Context behavioral advertising **4–S 12** 161
– Cookies
– – Arten **4–S 12** 233
– – datenschutzrechtliche Beurteilung **4–S 12** 234 f
– – Platzieren **4–S 12** 233 ff
– Cursor-Werbung **4–S 12** 28, 72 f
– Curtain Banner **4–S 12** 69
– Customer Driven Pricing **4–S 12** 291
– Cybersquatting **4–S 12** 42
– Datenbankschutz **4–S 12** 134
– Deep Linking **4–S 12** 119
– Disclaimer **4–S 12** 57
– Domain Name Hijacking **4–S 12** 42
– Domain Grabbing
s. Domain Grabbing
– Domains
s. Domain
– Doorwaypages **4–S 12** 80, 115
– E-Commerce-Recht **4–S 12** 15, 201 ff
– E-Commerce-Richtlinie **4–S 12** 23 f, 70, 121, 131, 171, 183
– Eingangs-Interstitial **4–S 12** 157
– Einwilligung
– – Cookies **4–S 12** 236 f
– – Links **4–S 12** 127, 142
– – Pop-Ups **4–S 12** 159 f
– E-Mercials **4–S 12** 35 f
– Exit-Interstitial **4–S 12** 158
– Expanding Banner **4–S 12** 68
– Explosion Banner **4–S 12** 68
– Fernabsatzgeschäft **4–S 12** 207 f
– Fernabsatzrecht **4–S 12** 6, 162, 192, 206 ff
– Flying Banner **4–S 12** 28
– Framing **4–S 12** 139 ff
s. Framing
– Freundschaftswerbung **4–S 12** 6
– Gatewaypages **4–S 12** 80
– Gattungsbezeichnung **4–S 12** 61
– Gemeingut, Branchenbezeichnung **4–S 12** 51 f
– generische Domains **4–S 12** 47 ff
– Geschäftsbriefe **4–S 12** 182
– Geschäftsmäßigkeit **4–S 12** 164 f
– Gewerbeeigenschaft **4–S 12** 164 f
– Gewinnspiel **4–S 12** 6
– Glücksspiel, unerlaubtes **4–S 12** 6
– „Google-Bombing" **4–S 12** 80
– Haftungsprivilegierung
– – Hyperlinks **4–S 12** 131
– – Online-Auktionen **4–S 12** 260 ff
– Header **4–S 12** 85
– Herkunftstäuschung
– – Framing **4–S 12** 141
– – Keyword advertising **4–S 12** 101, 107
– – Links **4–S 12** 124
– Hinweise auf rechtswidrige Angebote **4–S 12** 269
– Host Provider
– – Haftungsprivilegierung **4–S 12** 312
– – Störerhaftung **4–S 12** 307 ff
– Hyperlinking **4–S 12** 118 ff
s. Hyperlinking
– Hyperlink Vector Voting
– – Begriff **4–S 12** 78
– – rekursives **4–S 12** 79 ff
– Imagetransfer **4–S 12** 87
– Impressum **4–S 12** 64, 175
– Index spamming **4–S 12** 98
– informationelle Selbstbestimmung **4–S 12** 236, 239
– Informationspflichten
s. Informationspflichten im Internet
– Inhalte von Werbebotschaften, keine Internetspezifität **4–S 12** 8 ff
– Inline linking **4–S 12** 120
– Internet **4–6** 114; **4–S 12** 1 f
– Internetauftritt, Gestaltung **4–S 12** 218 ff
– Internetradio **4–S 12** 6
– Internetspezifität **4–S 12** 1 ff, 6 ff
– Interstitial **4–S 12** 28 f, 145, 157 f
– Junk-buster **4–S 12** 74 f
– Kammerorganisation
– – Angabepflicht **4–S 12** 172
– – Fehlen der Angabe **4–S 12** 198
– Kartellrecht **4–S 12** 62
– Kennenmüssen des Diensteanbieter **4–S 12** 268
– Kenntnis des Diensteanbieter **4–S 12** 268 ff
– Kennzeichenrecht **4–S 12** 4 f
– Kennzeichnungsklausel **4–S 12** 24
– Kennzeichnungspflichten
– – Telemedium **4–S 12** 163 ff
– – Überblick **4–S 12** 162
– Keyword **4–S 12** 99 ff
s. Keyword
– Kommunikation
– – individuelle **4–S 12** 203
– – kommerzielle **4–S 12** 23, 32, 34, 70, 121
– Kommunikationsdetails **4–S 12** 166 ff
– konkurrierende Angebote, Hinweise **4–S 12** 55 f
– Kontaktdaten
– – Angabepflicht **4–S 12** 175 ff
– – Fehlen der Angabe **4–S 12** 191 ff
– Kritik-Domain **4–S 12** 66
– Laienwerbung **4–S 12** 285 f
– Lauterkeit, Keine internetspezifische **4–S 12** 14 ff
– Leistungsübernahme
– – Framing **4–S 12** 142
– – Symbolimport als Schmarotzen **4–S 12** 137
– Link-Farmen **4–S 12** 80
– Linking **4–S 12** 117 ff
– Linking-agreements **4–S 12** 84
– Link-popularity-Konzept **4–S 12** 78

– Links **4–S 12** 117 ff
– Logocursor **4–S 12** 72 f
– Mail to-Link **4–S 12** 175
– Manipulation
– – Ranking von Links **4–S 12** 78, 80 ff
– – Suchmechanismen **4–S 12** 78, 80 ff
– – wettbewerbsrechtliche Beurteilung **4–S 12** 83 f
– Markenrecht **4–S 12** 41
– Mehrwertdienstenummern **4–S 12** 169, 216
– Meta-Tagging **4–S 12** 85 ff
– Microsites **4–S 12** 84
– Multiple Link Banner **4–S 12** 68
– Nachfrageaggregatoren **4–S 12** 290
– Namensschutz **4–S 12** 41
– Nanosite Banner **4–S 12** 68
– Netiquette **4–S 12** 19
– Not-Quite Domain Name Grabbing **4–S 12** 44
– Oasenstaat **4–S 12** 18
– Online-Auktionen **4–S 12** 243 ff
– Online-Community **4–S 12** 13
– Persönlichkeitsrecht, allgemeines **4–S 12** 41, 236
– Pflichtangaben **4–S 12** 64, 182, 200
– Piktogrammimport **4–S 12** 137
– Pop-Ups **4–S 12** 144 ff
– PostIdent-Verfahren **4–S 12** 207
– Power Shopping **4–S 12** 278 ff
s. Power Shopping
– Preisangabenrecht bei Power Shopping **4–S 12** 189
– Preisangabepflichten **4–S 12** 226 ff
– Preisunterbietung **4–S 12** 6
– Presseerklärung **4–S 12** 6
– Pseudo-private E-Mails **4–S 12** 33
– Rankingerhöhung **4–S 12** 76 ff
– Refinanzierungsfunktion **4–S 12** 154 f
– Registernummer
– – Angabepflicht **4–S 12** 171
– – Fehlen der Angabe **4–S 12** 197
– Rich Media Banner **4–S 12** 69
– Rotation Banner **4–S 12** 69
– Rückgaberecht **4–S 12** 215
– Rückwärtsversteigerung **4–S 12** 243 ff, 247 ff
– Rufausbeutung
– – Framing **4–S 12** 142
– – Keywords **4–S 12** 101, 105
– – Links **4–S 12** 123, 138
– – Meta Tagging **4–S 12** 87
– Schadensersatzhaftung
– – Online-Auktionen **4–S 12** 262, 271, 277
– Scratchy Banner **4–S 12** 68
– Search Engine Optimizer **4–S 12** 81
– Search Engine Spamming **4–S 12** 80
– Second Level Domain **4–S 12** 124
– Site-submissioning **4–S 12** 80
– Sniper-Software **4–S 12** 252 ff
– Sniping **4–S 12** 252 ff
– Spamdexing **4–S 12** 83
– Spam-mails **4–S 12** 33 f, 40, 80, 98
– Spamming **4–S 12** 33 f, 40, 80, 98
– Sperrdomain **4–S 12** 46
– Spitzenstellungsbehauptung **4–S 12** 48 ff
– Störerhaftung
– – Haftungsprivilegierung nach §§ 7 bis 10 TMG **4–S 12** 260 ff
– – Keywords **4–S 12** 105
– – Links **4–S 12** 131
– – Online-Auktionen **4–S 12** 260 ff
– Suchmaschinen **4–S 12** 37, 76 ff
s. Suchmaschinen
– Symbolimport **4–S 12** 137
– Telemedium
– – Begriff **4–S 12** 163
– – Geschäftsmäßigkeit **4–S 12** 164 f
– – Kennzeichnungspflichten **4–S 12** 166 ff
– Top Level Domain, Blockadewirkung **4–S 12** 48
– Transactive Banner **4–S 12** 68
– Trennungsgebot
– – Banner **4–S 12** 28 ff
– – Cursor-Werbung **4–S 12** 28 ff
– – Einträge in Suchmaschinen **4–S 12** 37
– – E-mercials **4–S 12** 35 f
– – Homepages **4–S 12** 32
– – Links **4–S 12** 38
– – Pop-Ups **4–S 12** 28 ff
– – Websites **4–S 12** 32
– – Werbe-E-Mails **4–S 12** 33 f
– übertriebenes Anlocken bei Power Shopping **4–S 12** 287 f
– Umsatzsteueridentifikationsnummer
– – Angabepflicht **4–S 12** 173
– – Fehlen der Angabe **4–S 12** 199
– Unterlassungsklagengesetz **4–S 12** 205
– Verkehrsanschauung, keine internetspezifische **4–S 12** 11 ff
– Verleiten zum Vertragsbruch, Sniping **4–S 12** 253 ff
– „Verschobene" Websites **4–S 12** 114
– Versteigerung, umgekehrte **4–S 12** 243, 247 ff
– Vertretungsberechtigte
– – Angabepflicht **4–S 12** 168
– – Fehlen der Angabe **4–S 12** 195
– Vorsprung durch Rechtsbruch
s. Vorsprung durch Rechtsbruch im Internet
– Webwasher **4–S 12** 74
– Weiterleitung **4–S 12** 81
– Werbeblocker **4–S 12** 75
– Werbebotschaft
– – Inhalt **4–S 12** 8
– – internetspezifische **4–S 12** 8
– Werbecursor **4–S 12** 72 f
– Werbe-E-Mails, Trennungsgebot **4–S 12** 33 f
– Werbung
– – getarnte **4–S 12** 224
– – irreführende **4–S 12** 84, 94 ff, 111
– – Kennzeichnung **4–S 12** 31
– – ohne Warenvorrat **4–S 12** 6
– – vergleichende **4–S 12** 8
– wertbezogene Norm
– – Fernabsatzrecht **4–S 12** 223
– – § 5 TMG **4–S 12** 182
– wettbewerbswidrige Websites, Verlinkung **4–S 12** 131
– Widerrufsrecht **4–S 12** 209, 215
– Wissen des Diensteanbieters **4–S 12** 269
– Word-stuffing **4–S 12** 97 f
– Zugangskontrolldienste, Gesetz über den Schutz **4–S 12** 135

wettbewerbsrechtliche Eigenart 4–9 6, 8, 33, 52 f, 111
– allgemeines Freihaltebedürfnis **4–9** 54
– Anforderungen **4–9** 54 f
– Bekanntheit **4–9** 60 f

– Beurteilung der **4–9** 63
– Freiheit des Standes der Technik **4–9** 75
– Idee **4–9** 54
– Kombination von Gestaltungselementen **4–9** 57
– Neuheit **4–9** 56
– Verhältnis zu den Sonderschutzrechten **4–9** 58 f
– Werbeslogan **4–9** 35 f, 82
wettbewerbsrechtliche Nebengesetze E 32
wettbewerbsrechtlicher Leistungsschutz E 63; **I** 34, 46, 173, 339 ff; **3** 231; **4–9** 1 ff; **4–S 6** 41 f; **9** 34
– Art. 11 des Spanischen UWG **4–9** 22
– Art. 5 des Schweizer UWG **4–9** 23
– Art. 2598 Nr. 1 des Italienischen Codice Civile **4–9** 21
– Computerprogramme **4–9** 42
– Eigenart s. wettbewerbsrechtliche Eigenart
– gezielte Behinderung **4–S 6** 82 ff
– Nachbildungstatbestände s. Nachbildungstatbestände
— § 8 des Schwedischen Marktvertriebsgesetzes **4–9** 20
Resolution der AIPPI **4–9** 24
– Schutzdauer **4–9** 116
– Schutz gegen Herkunftsverwechslungen **4–S 6** 46 ff
– Schutzvoraussetzungen im Überblick **4–9** 7 ff
– subjektive Voraussetzungen **4–9** 115
– systematisches Anhängen **4–S 6** 84 ff
– technische und nicht technische Gegenstände **4–9** 5
– unangemessenes Ausnutzen oder Beeinträchtigen der Wertschätzung **4–S 6** 69 ff
– unmittelbare Leistungsübernahme **4–S 6** 83
– Verhältnis zu den Sonderschutzrechten **4–9** 58
– Wechselwirkung **4–9** 35
– WIPO Model Provisions **4–9** 25, 65, 87, 88, 113
– Zuvorkommen durch Inlandsvertretung **4–S 6** 54, 79, 80
wettbewerbsrechtliche Spezialthemen 4–S 1 1 ff
Wettbewerbsrechtsordnung 5 46
Wettbewerbsrechtssystem, integratives 6 17 f, 26, 33, 151, 310
Wettbewerbsregeln E 83; **2** F 1; **3** 191; **4–11** 52
Wettbewerbsstatut I 2, 63 ff
– allgemeine Bestimmung **I** 179 ff, 204
– Durchbrechung des **I** 249 ff
Wettbewerbstheorien 4–S 1 48 ff
– Evolutionstheorie **E** 277
– funktionale **E** 219
– funktionsfähiger Wettbewerb **E** 268 f
– Geschichte des UWG **1** 38
– optimale Wettbewerbsintensität **E** 271
– Theorie der Wettbewerbsfreiheit **E** 269 ff
– vollkommene Konkurrenz **E** 264 ff
– workable competition **E** 267 f
– s. Markttheorien
Wettbewerbsverfälschungen E 84; **4–6** 117; **6** 17 f, 29 ff, 141, 151, 161, 311
Wettbewerbsverhältnis 2 D 3 ff
– Abgrenzung Wettbewerbshandlung **2** B 144 f
– abstraktes Wettbewerbsverhältnis **2** D 30
– Aktivlegitimation **2** B 11
– Beispiele **2** D 39, D 45, D 50
– Branchenverschiedenheit **2** D 47
– gleiche Wirtschaftsstufe **2** D 36
– konkretes Wettbewerbsverhältnis **2** B 10, B 144, B 147, D 3, D 25 ff; **3** 70
– mittelbare Absatzbehinderung **2** D 38
– mittelbares Wettbewerbsverhältnis **2** D 45
– Monopolunternehmen **2** B 13, D 33
– subjektiver Tatbestand **2** B 27
– Substitutionswerbung **2** D 49
– unmittelbar Verletzter **2** D 3
– verschiedene Branchen **2** D 47
– verschiedene Wirtschaftsstufen **2** D 44
– Wechselbeziehung **2** D 3
– Wettbewerbsabsicht **2** B 27
– s. Wettbewerbshandlung
Wettbewerbswidrigkeit 3 187 f
Wettbewerbszweck
– s. Handeln zu Zwecken des Wettbewerbs
Widerruf 4–S 8 250
Widerruf im Presserecht 4–S 7 139, 189, 235, 242, 244, 270
Widerrufsanspruch 8 25 ff
– Abnehmererwartung **8** 28
– Allgemeines **8** 25
– Anschwärzung **8** 38
– behördliches Verfahren **8** 29
– Darlegungs- und Beweislast **8** 38
– eingeschränkter Widerruf **8** 29
– Fortdauer der Störung **8** 32
– gerichtliches Verfahren **8** 31
– Gläubiger **8** 37
– Interessenabwägung **8** 33
– Klageantrag **8** 42
– Kontext der Äußerung **8** 30
– Kreditgefährdung **8** 38
– presserechtliche Gegendarstellung **8** 35
– Rechtsschutzbedürfnis **8** 31
– Rechtswidrigkeit **8** 31 f
– Richtigstellung durch den Betroffenen **8** 34
– Schuldner **8** 36
– sekundäre Darlegungslast **8** 39
– Tatsachenbehauptung **8** 26
– üble Nachrede **8** 38
– Unwahrheit der Tatsachenbehauptung **8** 29
– Urteilsformel **8** 42
– Verhältnismäßigkeit **8** 33
– Verschulden **8** 25
– Vollstreckung **8** 44
– Voraussetzungen **8** 26
– Wahrnehmung berechtigter Interessen **8** 31
– Werturteile **8** 26
– Widerrufsklage **8** 31
– s. Beseitigungsanspruch
Widerspruchserklärung 4–5 163
Widerspruchsrecht 4–5 163
Wiedereröffnung 5 352
Wiederholungsgefahr 4–S 7 139, 189, 197, 200 f; **5** 468; **8** 55 ff; **15** 117
– Abschlusserklärung **8** 94
– Beseitigung der Wiederholungsgefahr ohne Unterwerfungserklärung **8** 92 ff
– einstweilige Verfügung **8** 94
– Fehlen **8** 64
– Fortfall **8** 58
– insbesondere-Zusatz **8** 62
– Tatfrage **8** 57

– Unterlassungsurteil **8** 94
– Unterwerfungserklärung **8** 65 ff
– verjährte Verletzungshandlung **8** 63
– Vertragsstrafe **8** 75
– Wiederholungsvermutung **8** 59 ff
Wiederverkäufer 4–6 48
Willensentschließung, freie 4–1 1 ff; **4–2** 8 f, 25 f, 58, 61, 133, 135, 163, 165 f, 186, 295, 317
Wirkaussagen 4–S 4 236 ff
– ALS **4–S 4** 239
– Beweislast **4–S 4** 240
– probiotische Kulturen **4–S 4** 242
– schlankheitsbezogene Angaben **4–S 4** 243
– übertreibende Werbeaussagen **4–S 4** 244
– Werbeanpreisung **4–S 4** 245
– wissenschaftlich umstrittene Behauptungen **4–S 4** 236 ff
Wirksamkeit, praktische 4–6 4
Wirksamkeitsmaxime E 111, 158, 416; **1** 56
Wirkungsaussagen 5 320
– s. Angstwerbung
– s. Heilwirkungsaussagen
Wirtschaftsgeheimnisse 17 22 f
Wirtschaftsjurist 5 380
wirtschaftspolitische Neutralität des Grundgesetzes E 226
Wirtschaftsprüferbezeichnung 5 410
Wirtschaftsprüfervorbehalt 8 319 ff; **10** 42, 78, 217, 305
– Amtsanordnung **8** 319
– Auswahlrecht **8** 320
– Kostenentscheidung **8** 323
– selbstständiger Auskunftsanspruch **8** 324
– Teilabweisung der Klage **8** 323
Wirtschaftsrecht E 214 ff
– Ethisierung **E** 220
– Internationalisierung **E** 220
Wirtschaftsstufen
– gleiche **2** D 36
– verschiedene **2** D 44
Wirtschaftsverbände 2 B 73
wissenschaftliche Äußerungen 2 B 44
wissenschaftliche Werbung 4–3 123 ff
– Empfehlungen Dritter **4–3** 126
– Gutachten **4–3** 124 f
– Meinungsumfragen **4–3** 128 ff
Wohlfahrtsökonomie E 255
Wohnfläche und Nutzfläche 5 292
Wohnsitz I 371, 446, 452, 466
Wollsiegel 5 286
– s. Gütezeichen
Word Stuffing 4–S 11 175, 219 ff; **4–S 12** 97 f
World Wide Web 4–S 11 175

Zeitpunkt 4–5 68
Zeitpunkt der Gewinnauskehrung 4–6 71
Zeitpunkt der Informationspflicht 4–5 111
Zeitpunkt der Preisauskehrung A 20 28
Zeitraum der geschäftlichen Handlung 2 B 81
Zeitungswerbung 5 225, 261
Zentrale (als Unternehmens- oder Verbandsbezeichnung) 5 390
Zentralverband der Deutschen Werbewirtschaft 4–S 7 18
Zentrum (Center) 5 393
Zerstörungstests 4–S 8 197
Zeugnisverweigerungsrecht 17 46
Ziehung der Lose 4–5 125
Zitat 4–S 7 55, 85, 148, 220, 263, 274
Zufall 4–5 67, 78, 82, 85; **A 20** 21
Zufallselement 4–5 66
Zugabe E 105; **4–1** 37, 161 ff, 169; **4–6** 64; **4–S 1** 192 ff, 210; **A 17** 28
– Wertangabe **4–1** 43, 196 ff, 211
Zugabeverordnung E 32, 40; **I** 264, 310 f; **4–2** 17, 88, 109, 118
zugunsten eines Dritten 19 11
– Handeln **17** 2, 43
Zulässigkeitsschranken A 20 25
Zulassung 5 409 ff
– von Produkten **5** 304, 411; **A 9** 1 ff s. Verkehrsfähigkeit
– von Unternehmen **5** 410
Zunftwirtschaft E 1
Zusenden unbestellter Ware 4–2 7, 97 ff, 100 f, 104, 115; **7** 5, 356 ff; **A 22** 6
– s. Werbematerial mit Rechnung
Zuständigkeit 4–S 7 195, 199, 227, 247; **12** 251 ff
– ausschließliche **I** 361
– funktionelle **12** 254
– internationale Zuständigkeit im Domainrecht **4–S 11** 146 ff
– Vergabe von Domainnamen **4–S 11** 19 ff
– Zuständigkeitsvereinbarungen **I** 361
Zuzahlung 4–5 153
Zwangslage 4–2 4, 7, 9 ff, 15 f, 18 f, 22, 63, 67, 70, 76, 84 f, 87, 89, 95, 97 f, 100 f, 104, 106, 108, 112, 114 ff, 118, 125 f, 134
Zwangsmittel, physisches 4–2 130
Zwangsvollstreckung 12 375 ff
– Auskunftsanspruch **12** 422
– Beseitigungsanspruch **12** 421
– Rechnungslegungsanspruch **12** 422
– Unterlassungstitel **12** 375 ff
– s. Ordnungsmittel
– s. Zwangsvollstreckung von Unterlassungstiteln
Zwangsvollstreckung von Unterlassungstiteln 12 275 ff
– Anwaltszwang für Antrag auf Festsetzung des Ordnungsmittels **12** 400
– Beweislast für die Zuwiderhandlung **12** 398
– Festsetzung des Ordnungsmittels **12** 399 ff
– Fortsetzungszusammenhang **12** 408
– Höhe des Ordnungsmittels **12** 404
– Prozessvergleich **12** 376
– Verhältnismäßigkeitsgrundsatz **12** 403
– Verjährungsfrist für die Festsetzung des Ordnungsmittels **12** 414
– Vollstreckungstitel **12** 376
– Vollstreckungsvoraussetzungen **12** 375 ff
– Wahl des Ordnungsmittels **12** 403 f
– Wegfall des Unterlassungstitels **12** 419 f
– Zuwiderhandlung **12** 390 ff, 395
– s. Ordnungsmittel
– s. Zwangsvollstreckung
Zweckartikel E 174; **1** 9
Zweck des UWG 1 2 ff
Zweckübertragungslehre 4–S 7 142
Zweck und Bedeutung des Behinderungswettbewerbs 4–10 1 ff
– allgemeine Marktbehinderung (Marktstörung) **4–10** 161 ff

- Entstehungsgeschichte **4–10** 4 ff
- gezielte Behinderung **4–10** 18
- Rechtsvergleichung und europäische Harmonisierung **4–10** 9
- Überblick **4–10** 15 ff
- Verhältnis zum BGB **4–10** 14
- Verhältnis zum Kartellrecht **4–10** 11 ff
- Verhältnis zum UWG **4–10** 10